PONS

Schülerwörterbuch

Englisch - Deutsch
Deutsch - Englisch

Ernst Klett Sprachen
Barcelona · Belgrad · Budapest · Ljubljana · London · Posen · Prag · Sofia · Stuttgart · Zagreb

PONS Schülerwörterbuch Englisch-Deutsch
herausgegeben von Prof. Dr. Erich Weis †

Kompaktwörterbuch Englisch-Deutsch von Prof. Dr. Erich Weis †
Mitarbeit: Cornelia Enz, Veronika Schnorr

Kompaktwörterbuch Neubearbeitung 1991:
Hugh Keith, Elisabeth Meyer-Koch

Kompaktwörterbuch Neubearbeitung 1997:
Gudrun Küper, Rupert Livesey
unter Mitwirkung und Leitung von Andrea Ender

Schülerwörterbuch Neuentwicklung 1999:
Mitwirkung und Leitung von Andrea Ender

Schülerwörterbuch Neubearbeitung 2003:
Rupert Livesey, Dr. Kurt Schwab, Gregor Vetter
unter Mitwirkung und Leitung von Andrea Ender

Infoboxen: Darcy Bruce Berry, Jean Leow, Lucia Richter,
Anne Seaton, Amanda Seidel, Caroline Wilcox Reul

Illustrationen: Terry McKenna, Anthony Morris

Landkarten: Klett-Perthes, Gotha

2. neu bearbeitete Auflage 2003 - Nachdruck 2006 (1,08)

Internet: www.pons.de
E-Mail: info@pons.de

Projektleitung und Redaktion: Andrea Ender
Sprachdatenverarbeitung: Andreas Lang, conTEXT AG
für Informatik und Kommunikation, Zürich
Einbandgestaltung: Ira Häußler, Stuttgart;
Logoentwurf: Erwin Poell, Heidelberg
Satz und Datentechnik: Dörr und Schiller GmbH, Stuttgart
Druck: Clausen und Bosse, Leck
Printed in Germany
ISBN 10: 3-12-517129-6
ISBN 13: 978-3-12-517129-9

INHALT

CONTENTS

Infokästen *Land und Leute* im englisch-deutschen Wörterbuchteil
Boxes *Land und Leute* in the English-German Dictionary

diner
dispatch box
DIY
doctorate
Number 10 Downing Street
Dragon Boat Festival
dreamtime
drinking fountain
drive through bottle shops
Easter
Edinburgh International Festival
Established Church
Estuary English
extreme sports
FA Cup
fairies
fast foods
FBI
festa
Fianna Fáil
Fine Gael
fish and chips
Flag Day
Fleet Street
float trips
flying doctor
football
Fourth of July
French toast
freshman
Friends of the Earth
front benches
GCSE
Generation X
George Cross, George Medal
Sir WS Gilbert
GP
grading system
grammar schools
Grand National
Great Britain
Great Plains
Greenwich
Groundhog Day
Guards
Guide Movement
Guy Fawkes
haka
Hallowe'en
Hari Raya Haji
Hari Raya Puasa
Harry Potter
hen night
Higher Grade
high school
hip-hop
Hogmanay
Hollywood
homecoming
homelands
Hong Kong
honor roll
Hui
independent schools
Irish Republic
le joual
junior school
kilt
knighthood
L
Labor Day
Labour Party
Liberal Democrats
Loch Ness Monster
London Eye
Lord Mayor
Lunar (Chinese) New Year
Madame Tussaud
mahjong
Malta
Isle of Man
Maoris
Mardi Gras
marshmellows
Mary, Queen of Scots
master's degree
Maundy Thursday
May Day
Melbourne Cup
Memorial Day
milk shake
mince pies
mint julep
Monty Python's Flying Circus
Mooncake Festival
Morris dancing
muffins
multiracial society
national emblem
National Trust
Normans
Northern Ireland
Notting Hill Carnival
O level
Open University
opposition
outback
Oxbridge
Pancake Day
pantomime
Parliament
patron saints
Picts
Plaid Cymru
pot luck
preparatory school
primary school
Prince of Wales
prom
public school
pumpkin pie
pupils
Queen of Heaven
Received Pronounciation
recliner
Red Nose Day
regents classes
Remembrance Day
The Lord of the Rings
road trains
Robin Hood
rodeo
root beer
Route 66
Royal Academy of Arts
Royal Society
Sadie Hawkins Day
Saint-Jean-Baptiste
Saint Patrick's Day
Samaritans
Saxons
school of the air
school system
Scottish National Party
Scottish Parliament
Scout Movement
secondary school
senior school
Singapore
Sinn Féin
sixth-form college
skateboard
skin cancer
snack foods
solicitor
speed limit
square dance
stag night
Standard Grade
Star Ferry
Strine
submarine sandwich
summer vacation
Sunday papers
surf livesaving clubs
Syariah Court
tea
Thaipusam
Thanksgiving
tiki
Treasury

Infokästen *Grammatik* im englisch-deutschen Wörterbuchteil

Boxes *Grammatik* in the English-German Dictionary

Infokästen *Land und Leute* im deutsch-englischen Wörterbuchteil

Boxes *Land und Leute* in the German-English Dictionary

Infokästen *Grammatik* im deutsch-englischen Wörterbuchteil

Boxes *Grammatik* in the German-English Dictionary

Benutzerhinweise

1. Die Stichwörter

Alle **Stichwörter** sind alphabetisch geordnet und durch **Fettdruck** hervorgehoben.

abrupt [ə'brʌpt] *adj* ❶ plötzlich, unerwartet, abrupt ❷ (*Verhalten*) schroff, unhöflich, barsch ❸ (*Fels, Pfad*) sehr steil
ABS [ˌeɪbiː'es] *s Abk. von* **antilock braking system** ABS *nt*
TÜV ['tyf] <-s, -s> *m Akr. von* **Technischer Überwachungsverein** MOT; **TÜV-Plakette** *f German MOT sticker*

Substantive mit Ausnahme der Wörter, die nur im Plural gebraucht werden, werden im Singular aufgeführt, Verben in der Infinitivform.

trom·bone [trɒm'bəʊn] *s* Posaune *f*
trousers ['traʊzəz] *s pl* (*pair of* ~) (lange) Hose *f;* **wear the** ~ (*fig*) die Hosen anhaben
sing [sɪŋ] <*irr:* sang, sung> **I.** *s* Singen *nt;* **have a** ~ singen **II.** *vi* singen; (*Ohren*) klingen, dröhnen; (*Wasser, Kessel*) summen **III.** *vt* singen; ~ **s.o. to sleep** jdn in den Schlaf singen; ~ **s.o.'s praises** ein Loblied auf jdn singen

Reise ['raɪzə] <-, -n> *f* (*mit festem Ziel*) journey; (*Schiffs~*) voyage; (*kurze*) trip; **eine ~ machen** go on a journey; **eine ~ antreten** set out on a journey; **gute ~!** have a pleasant journey! [*o* a nice trip!]; **wir gehen jeden Sommer auf ~n** we go away every summer; **eine ~ um die Welt machen** travel round the world
Bauchschmerzen *pl:* **ich habe** ~ I have (a) stomach ache *sing*
tanzen *vi, vt* dance

Unterscheiden sich zwei Stichwörter nur durch Klein- und Großschreibung, so steht das kleingeschriebene Wort vor dem großgeschriebenen.

au·gust [ɔː'gʌst] *adj* erhaben
Au·gust ['ɔːgəst] *s* August *m;* **in** ~ im August

User's Guide

1. Headwords

All **headwords** are presented in alphabetical order and printed in **bold** type.

Nouns, with the exception of those that are only used in the plural, are given in the singular, and verbs in the infinitive.

When there are two headwords whose only difference is that one is written with a capital letter, the word starting with a capital is given second.

Die deutschen Umlaute **ä, ö, ü** werden wie die entsprechenden nicht umgelauteten Vokale behandelt, **ß** wie **ss**. Bei ansonsten gleicher Schreibung folgt das Wort mit Umlaut dem ohne Umlaut, das Wort mit ß dem mit ss.

For the purpose of alphabetical ordering the German umlauts **ä, ö, ü** are treated as unaccented vowels and **ß** is treated as **ss**. When there are two words whose only difference is an umlaut, the word with the unaccented vowel comes before that with the umlaut; similarly, ss appears before ß.

Buchse ['bʊksə] <-, -n> *f* socket
Büchse ['bʏksə] <-, -n> *f* ❶ (*Dose*) can; (*Konserven~*) tin; (*Sammel~*) collecting box ❷ (*Gewehr*) rifle

Bindestriche, Apostrophe und Wortzwischenräume werden bei der alphabetischen Einordnung ignoriert. In eckigen Klammern stehende, fakultative Buchstaben werden dagegen berücksichtigt.

For the purpose of alphabetical ordering, hyphens, apostrophes and spaces are ignored; optional letters in square brackets are not.

com·puter [kəm'pju:tə(r)] *s* Computer *m;* Rechner *m;* Datenverarbeitungsanlage *f;* ~**-aided design, CAD** computergestützter Entwurf; **digital** ~ digitale Rechenanlage; **personal** ~ PC *m;* **computer-aided** *adj* rechnergestützt; **computer centre** *s* Rechenzentrum *nt*

ocher (*Am*), **ochre** ['əʊkə(r)] **I.** *s* Ocker *m od nt* **II.** *adj* ockerfarben
o'clock [ə'klɒk] *adv:* **it's 2** ~ es ist 2 Uhr
OCR *s Abk. von* **optical character recognition, reader** (INFORM) optische Zeichenerkennung; (~ *reader*) OCR-Lesegerät *nt*

Für alle Substantive, die ein natürliches Geschlecht haben und Personen bezeichnen, wird die **feminine neben der maskulinen Form** angegeben.

The **feminine** forms of nouns appear either as a bracketed suffix immediately after the masculine headword or as a separate word.

am·bas·sa·dor [æm'bæsədə(r)] *s* Botschafter *m;* **am·bas·sa·dress** [æm'bæsədrɪs] *s* Botschafterin *f*
fi·ancé [fɪ'ɒnseɪ] *s* Verlobte(r) *m;* **fiancée** [fɪ'ɒnseɪ] *s* Verlobte *f*
Abgeordnete(r) <-n, -n> *f m* representative; (*im Parlament*) member of parliament; ~ **des Europäischen Parlaments** Member of the European Parliament, MEP
Abiturient(in) *m(f) person who has done the Abitur*
Arzt [artst, *pl:* 'ɛrtstə] <-es, Ärzte> *m* doctor, physician; **praktischer** ~ general practitioner
Ärztin ['ɛrtstɪn] *f* female doctor

Englische Wörter mit Bindestrich und deutsche zusammengesetzte Stichwörter, deren erster Wortteil gleich ist und die alphabetisch aufeinander folgen, werden in **Nestern** zusammengefasst.

Hyphenated English words and compound German words whose first element is the same and which follow alphabetically, are given in **blocks**.

bloody ['blʌdɪ] **I.** *adj* ❶ blutig, blutend ❷ (*vulg*) verdammt, verflucht; ~ **hell!** (*sl*) verdammt! Menschenskind! **II.** *adv* (*vulg*) sehr; **bloody-minded** [ˌblʌdɪ'maɪndɪd] *adj* (*fam*) stur

Kabelanschluss *m* (TV) cable connection; ~ **bekommen** get cable; **Kabelfernsehen** *nt* cable television

Hochgestellte arabische Ziffern machen gleich geschriebene Wörter mit unterschiedlicher Bedeutung (Homographen) kenntlich.

Headwords with the same spelling but different meanings (homographs) are differentiated by the use of **superior (raised) numbers**.

down[1] [daʊn] *s* Daunen *fpl*, Flaum *m*
down[2] [daʊn] *s meist pl* Hügelland *nt*

Kiefer[1] <-, -n> *f* (*Nadelbaum*) pine
Kiefer[2] ['ki:fɐ] <-s, -> *m* (ANAT) jaw

2. Grammatische Zeichen

Der feine Strich kennzeichnet die trennbare Vorsilbe bei nicht fest zusammengesetzten deutschen Verben.

2. Grammatical symbols

A thin vertical line indicates the separable part of a German compound verb.

durch|greifen *irr vi* ❶ (*durchfassen*) reach through ❷ take vigorous action
durch|halten **I.** *irr vi* hold out **II.** *vt* stand

3. Aufbau der Einträge

3.1. Römische Ziffern

Römische Ziffern untergliedern ein Stichwort in verschiedene Wortarten und Verben in transitiven, intransitiven und reflexiven Gebrauch.

3. Layout

3.1. Roman numerals

Roman numerals subdivide an entry into different parts of speech and verbs into transitive, intransitive and reflexive usage.

3.2. Arabische Ziffern

Arabische Ziffern kennzeichnen die unterschiedlichen Bedeutungen eines Stichworts innerhalb einer Wortart.

3.2. Arabic numerals

Arabic numerals indicate the different meanings within a particular part of speech.

> **even** ['i:vn] **I.** *adj* ❶ eben, flach, glatt ❷ gleichmäßig; gleichförmig; regelmäßig ❸ (*Mensch*) ausgeglichen, ruhig ❹ gleich (groß) ❺ (*Zahl*) gerade ❻ (*Maßangabe*) genau …
>
> **eben** ['e:bən] **I.** *adj* (*gleichmäßig*) even; (*von gleicher Höhe*) level; (*flach*) flat; (*glatt*) smooth; (MATH) plane; **auf ~er Strecke** on the flat; **zu ~er Erde** at ground level **II.** *adv* ❶ (*gerade noch*) just ❷ (*genau*) exactly, precisely ❸ (*einfach, nun einmal*) just, simply …

4. Grammatische Informationen

4.1. Geschlecht oder Zahl bei Substantiven

Bei allen deutschen Substantiven wird das Geschlecht (Genus) oder die Zahl (Numerus) angegeben, wobei nur bei dem letzten von zwei oder mehreren Substantiven mit gleichem Geschlecht die Geschlechtsbezeichnung steht.

4. Grammatical information

4.1. Noun gender and number

The gender or number of every German noun is indicated, although when two or more nouns are the same gender, only the last will have the gender indicated.

> **car·rot** ['kærət] *s* Mohrrübe, Karotte *f;* **the stick and the ~** (*fig*) Zuckerbrot und Peitsche
>
> **news** [nju:z] *s pl mit sing* ❶ Nachricht *f;* Neuigkeit(en *pl*) *f* ❷ (TV RADIO) Nachrichten *fpl;* **break the ~ to s.o.** jdm die schlimme Nachricht überbringen; **what's the ~?** was gibt's Neues?; **that's ~ to me** das ist mir neu; **that's no ~ to me** das wusste ich schon; **I've had no ~ from him for a long time** ich habe lange nichts von ihm gehört; **a piece of ~** eine Neuigkeit, Nachricht; **~ in brief** Kurznachrichten *fpl*
>
> **Baustein** *m* stone; (*fig*) constituent; **elektronischer ~** chip
>
> **Bauten** *pl* buildings

Bei Substantiven werden **unregelmäßige Pluralformen** in Spitzklammern angegeben.

Irregular plurals are given in angle brackets.

child [tʃaɪld] <*pl* children> *s* Kind *nt;* **give birth to a ~** ein Kind zur Welt bringen; **children's allowance** Kinderzulage *f*
mouse [maʊs] <*pl* mice> **I.** *s* ① (*a. von Computer*) Maus *f* ② (*fig*) Angsthase *m* **II.** *vi* Mäuse fangen

Aroma [a'ro:ma, *pl:* a'ro:mən/ a'ro:mas/ a'ro:mata] <-s, -men/-mas/ -mata> *nt* ① (*Duft*) aroma ② (*Geschmack*) flavour
Atlas ['atlas, *pl:* at'lantən] <-, -lanten> *m* ① (GEOG) Atlas ② (*Kartenwerk*) atlas

4.2. Verben

Unregelmäßige englische Verbformen sind bei der Grundform in Spitzklammern in der Reihenfolge Präsens, Präteritum, Partizip Perfekt angegeben. Sie werden auch am alphabetischen Ort aufgeführt und zur Grundform verwiesen.

4.2. Verbs

The irregular parts of **irregular English verbs** are given under the basic form of the verb in angle brackets in the order of present (where applicable), past tense, past participle. They also appear in alphabetical order in the main body of the dictionary with a cross-reference to the basic form of the verb.

go [gəʊ] <*irr:* goes, went, gone> …
caught [kɔ:t] *s.* **catch**

4.3. Adjektive

Unregelmäßige Steigerungsformen werden in Spitzklammern angegeben.

4.3. Adjectives

Irregular comparative and superlative forms are given in angle brackets.

good [gʊd] <better, best> …
gut [gu:t] <besser, best> …

5. Wie finde ich die richtige Übersetzung?

Übersetzungen, die nur durch Kommas getrennt nebeneinander stehen, sind gleichbedeutend und somit austauschbar. Nicht austauschbare Übersetzungen werden mit entsprechenden Wegweisern versehen, die bei der Auswahl der jeweils korrekten Übersetzung helfen. Die folgenden **Wegweiser** können einzeln oder kombiniert vorkommen:

5. How to find the correct translation?

Translations which are separated by commas are interchangeable. Translations that are not interchangeable are often preceded by a label to assist the reader in finding the correct translation. The following **labels** may appear singly or in combination:

5.1. Sachgebietsangaben

Sachgebietsangaben in Kapitälchen (z. B.: INFORM, MED, PHYS) geben einen Hinweis darauf, auf welchen Wissensbereich sich eine bestimmte Übersetzung bezieht.

5.1. Subject-field labels

Subject-field labels in small capitals (e.g. INFORM, MED, PHYS) indicate to which subject area a particular translation refers.

group [gru:p] **I.** *s* ❶ Gruppe *f* ❷ (*Br*) Geschwader *nt;* (*Am*) Gruppe *f* ❸ (COM) Konsortium *nt;* Unternehmensgruppe *f;* Konzern *m* ❹ (THEAT) Ensemble *nt* **II.** *vt* gruppieren; anordnen

Abbau <-(e)s> *m* ❶ (MIN) mining; (*über Tage*) quarrying ❷ (COM: *Preis~*) cut (*von* in) ❸ (CHEM: *Auflösung, Trennung*) decomposition ❹ (*von Fabrikeinrichtung*) dismantling; **~ von Arbeitskräften** reduction in labour *sing*

5.2. Bedeutungshinweise

Kursive Bedeutungshinweise in runden Klammern sind bei Stichwörtern erforderlich, die mehrere Bedeutungen mit jeweils unterschiedlichen Übersetzungen haben. Sie geben an für welche Bedeutung die jeweilige Übersetzung gilt.

5.2. Meaning indicators

Where there are several different meanings – and therefore translations – of a particular headword, **meaning indicators** are given in **italics** and **round brackets** (parentheses).

mild [mɪlt] *adj* ❶ mild ❷ (*nachsichtig*) lenient; **... und das ist noch ~e ausgedrückt** ... to put it mildly; **~e Luft** gentle air

Gang [gaŋ, *pl:* 'gɛŋə] <-s, Gänge> *m* ❶ (*Spazier~*) stroll, walk; (*Besorgung*) errand ❷ (*von Personen*) gait ❸ (*Flur*) hallway; (RAIL: *in Eisenbahnwagen*) corridor ❹ (*beim Essen*) course ❺ (AUTO) gear; **etw in ~ halten** keep s.th. moving; **etw in ~ setzen** set s.th. going; **etw ist im ~e** something's up; **in den zweiten ~ schalten** change into second (gear) *Br,* shift into second (gear)

5.3. Kontextpartner

Mitunter ist die Übersetzung eines Stichworts vom jeweiligen Kontext abhängig. Das Stichwort steht nämlich oft in einer engen, typischen Verbindung mit anderen Wörtern, die man als Kontextpartner oder Kollokatoren bezeichnet, die kursiv dargestellt sind.

5.3. The words in context

The translation of a headword is sometimes dependent upon its context. A word is often used with other particular words (collocators) which appear in italics.

5.3.1. Typische direkte Objekte des Verbs

Die typischen direkten Objekte des Verbs stehen vor der Übersetzung in runden Klammern.

5.3.1. Typical direct objects

Typical direct objects of a particular verb appear in round brackets before the translation.

> **cast** [kɑst] <*irr:* cast, cast> **I.** *vt* ① (ab-, weg)werfen; (*Netze, Angel*) auswerfen ② (*Zahn, Huf*) verlieren ③ (*Junge*) werfen ④ (TECH) gießen ⑤ formen, gestalten ⑥ (*Schauspieler*) einteilen (*for* für); (*Rolle*) besetzen (*to* mit) …
>
> **kochen** ['kɔxən] **I.** *vi* ① (*Wasser*) boil ② (*Mahlzeiten*) cook; **vor Wut ~** (*fam*) be boiling with rage; **er kocht gut** he is a good cook **II.** *vt* ① (*Essen*) cook ② (*Wasser, Suppe*) boil; (*Kaffee*) make; **hart gekochtes Ei** hard-boiled egg; **weich gekochtes Ei** soft-boiled egg

5.3.2. Typische Substantive beim Adjektiv

Die typischen Substantive, die sich mit einem Adjektiv verbinden können, stehen vor der Übersetzung.

5.3.2. Typical nouns used with adjectives

Nouns that are typically used with a particular adjective appear before the translation.

> **true** [tru:] **I.** *adj* ① wahr ② (*Bericht, Beschreibung*) wahrheitsgemäß; (*Kopie*) getreu ③ (*Gefühle*) wahr, echt; (*Grund*) wirklich ④ (*Leder etc*) echt ⑤ (*Eigentümer, Erbe*) rechtmäßig ⑥ (*Mann, Freund*) treu ⑦ (*Wand, Fläche*) gerade; (*Kreis*) rund; (MUS) rein ⑧ (PHYS) tatsächlich; (**it is**) **~** allerdings, zwar …
>
> **treu** [trɔɪ] *adj* (*Partner*) faithful; (*Freund, Sohn*) loyal; (*Diener*) devoted; **seinem Vorsatz ~ bleiben** keep to one's resolution; **zu ~en Händen** in trust

6. Beschreibende Angaben

6.1. Stilangaben

Weicht ein Stichwort von der neutralen Standardsprache ab, so wird dies mit folgenden Abkürzungen in runden Klammern gekennzeichnet:

6. Descriptive elements

6.1. Style labels

Headwords that are not neutral in style are designated in round brackets by the following abbreviations:

fam	bezeichnet einen **umgangssprachlichen Sprachgebrauch**, wie er zwischen Familienmitgliedern und Freunden in zwangloser Unterhaltung und in privaten Briefen verwendet wird. In formelleren Situationen und förmlichem Schriftverkehr wäre dieser Stil unangebracht.	*fam*	indicates **familiar** or **colloquial usage** as one might expect to find between friends or family during a casual conversation or in a letter. This style would be out of place in more formal situations and correspondence.
sl	bezeichnet **Slang-Ausdrücke**.	*sl*	indicates a **slang expression**
vulg	bezeichnet Wörter, die allgemein als **vulgär** gelten und daher oft tabu sind. Ihr Gebrauch erregt meist Anstoß.	*vulg*	denotes words considered to be **vulgar** and therefore often taboo. Their use generally causes offence.

6.2. Rhetorische Angaben

Viele Wörter und Wendungen können in einer bestimmten Sprechabsicht verwendet werden. Dies wird bei der Ausgangssprache durch folgende Abkürzungen vermerkt:

6.2. Rhetorical labels

Many words and phrases can be used to convey a different meaning from the literal translation. These are indicated in the source language by the following abbreviations:

euph	bezeichnet einen **verhüllenden Sprachgebrauch**; statt des eigentlichen Worts wird stellvertretend dieser beschönigende Ausdruck gebraucht.	*euph*	indicates a **euphemistic use**, designed to replace a cruder term.
fig	bezeichnet einen **übertragenen Sprachgebrauch**. Das Wort oder die Wendung dient (in einem übertragenen Sinn) als Bild für das, was man ausdrücken will.	*fig*	indicates a **figurative use**. The word or phrase, rather than being used literally, conveys an image of what one is trying to express.
hum	bezeichnet einen **scherzhaften Sprachgebrauch**.	*hum*	indicates **humorous usage**.
iron	bezeichnet einen **ironischen Sprachgebrauch**. Der Sprecher meint eigentlich das Gegenteil dessen, was er sagt.	*iron*	indicates **ironical usage**. The speaker actually means the opposite of what he says.
pej	bezeichnet einen **abwertenden Sprachgebrauch**. Der Sprecher drückt damit seine abschätzige Haltung aus.	*pej*	indicates **pejorative usage**. The speaker is thus conveying a derogatory or disparaging attitude.

6.3. Regional- und Sachgebietsangaben

Weitere Angaben werden zu beiden Sprachen gemacht, wenn der Gebrauch eines Wortes auf eine bestimmte Region beschränkt ist:

6.3. Regional and subject-field labels

Further labels are used for both languages when the usage is restricted to a certain region:

Am	**amerikanisches Englisch**	*Am*	**American English**
Br	**britisches Englisch**	*Br*	**British English**
CH	in der **Schweiz** gebrauchter Ausdruck	*CH*	expression used in **Switzerland**
österr	in **Österreich** gebrauchter Ausdruck	*österr*	expression used in **Austria**

Zu beiden Sprachen werden auch Angaben gemacht, wenn das Wort ein Fachausdruck ist, z. B. ANAT für das Sachgebiet Anatomie oder SCHULE für das Sachgebiet Schule.

Labels are also used to indicate when a particular word is a technical or specialist term; e.g. ANAT for the field of anatomy or SCHULE for education.

7. Phrasal Verbs

Feste Verbindungen von Verb und Präposition im Englischen, **Phrasal Verbs**, werden in einer eigenen Kategorie zusammengefasst, die mit einer römischen Ziffer und dem Zusatz *(mit Präposition)* gekennzeichnet ist. Transitiver und intransitiver Gebrauch wird unterschieden, grundlegende Bedeutungsunterschiede werden mit arabischen Ziffern differenziert. Beispielsätze stehen am Ende des jeweiligen Phrasal-Verb-Eintrags. Die Phrasal Verbs sind innerhalb der Kategorie alphabetisch geordnet. Um ein Auffinden des jeweiligen Phrasal Verbs zu erleichtern, ist in jedem neuen Untereintrag das Stichwort ausgeschrieben. In den Beispielsätzen steht für das Verb eine Tilde, die Präposition wird wiederholt.

7. Phrasal verbs

Phrasal verbs are grouped together in alphabetical order under the relevant main verb entry. Transitive and intransitive use is indicated (with Roman numerals), as are basic differences in meaning (with Arabic numerals). Example sentences appear at the end of the phrasal verb entry. In order to make them easy to find, each new phrasal verb headword is written out in its entirety. In the example sentences however, a swung dash (tilde ~) is used in place of the verb but the preposition is repeated.

pass away **I.** *vi* ① zu Ende gehen ② *(euph)* entschlafen, hinscheiden **II.** *vt* *(Zeit)* verbringen

Liste der Abkürzungen
Abbreviations

a.	auch	*also*
Abk	Abkürzung	*abbreviation*
acc	Akkusativ	*accusative*
adj	Adjektiv	*adjective*
adv	Adverb	*adverb*
AGR	Landwirtschaft	*agriculture*
allg	allgemein	*generally*
Am	amerikanisches Englisch	*American English*
ANAT	Anatomie	*anatomy*
ARCH	Architektur	*architecture*
ASTR	Astronomie, Astrologie	*astronomy, astrology*
attr	attributiv	*attributive*
AUTO	Auto und Verkehr	*cars and traffic*
aux	Hilfsverb	*auxiliary verb*
AVIAT	Luftfahrt	*aviation*
bes.	besonders	*particularly*
BIOL	Biologie	*biology*
BOT	Botanik	*botany*
Br	britisches Englisch	*British English*
CH	schweizerdeutsch	*Swiss German*
CHEM	Chemie	*chemistry*
COM	Handel	*commerce*
conj	Konjunktion	*conjunction*
dat	Dativ	*dative*
ECCL	kirchlich	*ecclesiastical*
ELEK	Elektrizität	*electricity*
etc.	und so weiter	*et cetera*
etw	etwas	*something*
euph	euphemistisch, verhüllend	*euphemistic*
f	Femininum	*feminine gender*
fam	umgangssprachlich, familiär	*colloquial*
fig	bildlich, figurativ	*figurative*
FILM	Film	*film*
FIN	Finanzwesen	*finances*
GEOG	Geografie	*geography*
GEOL	Geologie	*geology*
gen	Genitiv	*genitive*
GRAM	Grammatik	*grammar*
hist	historisch	*historical*
hum	humoristisch	*humorously*
impers	unpersönlich	*impersonal*
inf	Infinitiv	*infinitive*
INFORM	Informatik	*computer science*
interj	Interjektion	*interjection*

iro	ironisch	*ironical*
irr	unregelmäßig	*irregular*
jd	jemand	*someone*
jdm	jemandem	*someone('s)*
jdn	jemanden	*someone*
jds	jemandes	*someone's*
JUR	juristisch	*legal*
LING	Linguistik	*linguistics*
LIT	literarisch, Literatur	*literary, literature*
m	Maskulinum	*masculine gender*
MAR	Seefahrt	*marine*
MARKT	Marketing	*marketing*
MATH	Mathematik	*mathematics*
MED	Medizin	*medicine*
METE	Meteorologie	*meteorology*
MIL	Militärwesen	*military*
MIN	Mineralogie, Bergbau	*mineralogy, mining*
MUS	Musik	*music(al)*
nt	Neutrum	*neuter gender*
num	Zahlwort	*numeral*
obs	veraltet	*obsolete*
o, od	oder	*or*
OPT	Optik	*optics*
ORN	Vogelkunde	*ornithology*
o.s.	sich	*oneself*
österr	österreichisch	*Austrian*
PARL	parlamentarisch	*parliamentary*
pej	pejorativ, abwertend	*pejorative*
PHILOS	Philosophie	*philosophy*
PHOT	Fotografie	*photography*
PHYS	Physik	*physics*
PHYSIOL	Physiologie	*physiology*
pl	Plural	*plural*
pl mit sing	Plural mit Singularkonstruktion	*plural with singular construction*
poet	poetisch	*poetical*
POL	Politik	*politics*
pp	Partizip Perfekt	*past participle*
ppr	Partizip Präsens	*present participle*
pred	prädikativ	*predicative*
pref	Präfix, Vorsilbe	*prefix*
prep	Präposition	*preposition*
pron	Pronomen	*pronoun*
prov	Sprichwort	*proverb*
PSYCH	Psychologie	*psychology*
RADIO	Rundfunk, Radio	*radio*
RAIL	Eisenbahnwesen	*railway, railroad*
REL	Religion	*religion*

RR	Rechtschreibreform	*German spelling reform*
S	Sache	*thing*
s	Substantiv	*noun*
s.	siehe	*see*
SCHULE	Schule	*school*
sing	Singular	*singular*
sl	Slang	*slang*
s. o.	jemand(en, em)	*someone*
s. o.'s	jemandes	*someone's*
SPORT	Sport	*sports*
s.th.	etwas	*something*
TECH	technisch	*technical*
TELE	Nachrichtentechnik	*telecommunications*
THEAT	Theater	*theatre*
TV	Fernsehen	*television*
TYP	Typografie, Buchdruck	*typography*
u., u.	und	*and*
v	Verb	*verb*
VET	Tiermedizin	*veterinary medicine*
vi	intransitives Verb	*intransitive verb*
vr	reflexives Verb	*reflexive verb*
vt	transitives Verb	*transitive verb*
vulg	vulgär	*vulgar*
®	Warenzeichen	*trademark*
ZOO	Zoologie	*zoology*

A a

A, a [eɪ] <*pl* -'s> *s* ❶ (*a.* MUS) A, a *nt* ❷ (*Schulnote*) eins, sehr gut; **from A to Z** von A bis Z; **A1** (MAR) erstklassig, Ia

a, an [ə, *betont* eɪ, ən, *betont* æn] *art* ein, eine, ein; **five pounds ~ week** fünf Pfund pro Woche; **in ~ day or two** in ein paar Tagen; **he is an Englishman** er ist Engländer; **he is ~ teacher** er ist Lehrer; **~ Mr Myer** ein (gewisser) Herr Myer; **in ~ sense** in gewissem Sinne

aback [ə'bæk] *adv:* **be taken ~** verblüfft sein

aban·don [ə'bændən] **I.** *vt* verlassen; aussetzen; aufgeben; verzichten (*s.th.* auf etw) **II.** *vr:* **~ o.s.** sich hingeben (*to despair* der Verzweiflung) **III.** *s:* **with ~** leidenschaftlich, mit Leib und Seele; **aban·doned** [ə'bændənd] *adj* ❶ verlassen ❷ (*Leben*) lasterhaft, liederlich

abashed [ə'bæʃt] *adj:* **feel ~** sich schämen

abate [ə'beɪt] **I.** *vt* vermindern; (*Schmerz*) mildern **II.** *vi* (*Wind*) abnehmen, abflauen, sich legen; **abate·ment** [-mənt] *s* ❶ Abnahme *f* ❷ (JUR: *Übelstand*) Beseitigung *f;* **noise ~** Lärmbekämpfung *f*

ab·at·toir ['æbətwɑ:(r), *Am* ˌæbə'twɑ:(r)] *s* Schlachthof *m*

ab·bess ['æbes] *s* Äbtissin *f;* **ab·bey** ['æbɪ] *s* Abtei *f;* **ab·bot** ['æbət] *s* Abt *m*

ab·brevi·ate [ə'bri:vɪeɪt] *vt* abkürzen, verkürzen; **ab·brevi·ation** [əˌbri:vɪ'eɪʃn] *s* Abkürzung *f*

ABC [ˌeɪbi:'si:] *s* ❶ Abc, Alphabet *nt* ❷ (*fig*) Anfangsgründe *mpl* ❸ (RAIL) alphabetischer Fahrplan ❹ (atomic, biological and chemical) ABC; **ABC weapons** ABC-Waffen *fpl*

ab·di·cate ['æbdɪkeɪt] **I.** *vt:* **~ responsibility** sich der Verantwortung entziehen; **~ the throne** abdanken **II.** *vi* abdanken; **ab·di·ca·tion** [ˌæbdɪ'keɪʃn] *s* Abdankung *f*

ab·do·men ['æbdəmən] *s* ❶ (Unter)Leib, Bauch *m* ❷ (*Insekt*) Hinterleib *m;* **ab·domi·nal** [æb'dɒmɪnl] *adj* abdominal, Unterleibs-

ab·duct [æb'dʌkt] *vt* entführen; **ab·duc·tion** [æb'dʌkʃn] *s* Entführung *f*

ab·er·ra·tion [ˌæbə'reɪʃn] *s* ❶ Abweichung *f* ❷ Verirrung *f,* Irrweg *m* ❸ (*mental ~*) geistige Verwirrung

abet [ə'bet] *vt* (*Verbrechen*) begünstigen; **aid and ~ a criminal** einen Täter begünstigen

abey·ance [ə'beɪəns] *s:* **in ~** in der Schwebe; **fall into ~** außer Kraft treten

ab·hor [əb'hɔ:(r)] *vt* verabscheuen; **ab·hor·rence** [əb'hɒrəns] *s* Abscheu *m;* **hold in ~** verabscheuen

abide [ə'baɪd] **I.** *vi:* **~ by** festhalten an; treu bleiben *dat* **II.** *vt:* **he can't ~ him** er kann ihn nicht ausstehen

abil·ity [ə'bɪlətɪ] *s* ❶ Fähigkeit *f* (*for* für, zu) ❷ Talent *nt,* Klugheit *f;* Können *nt;* **to the best of one's ~** nach besten Kräften

ab·ject ['æbdʒekt] *adj* ❶ elend, erbärmlich ❷ verworfen, gemein; **in ~ poverty** in tiefster Armut

ablaze [ə'bleɪz] *adv, adj pred* ❶ in Flammen; lodernd ❷ (*fig*) glänzend, funkelnd (*with* von, vor); **set ~** entflammen

able ['eɪbl] *adj* ❶ fähig, kompetent ❷ talentiert, begabt; tüchtig, gewandt; **an ~ teacher** ein talentierter Lehrer; **be ~ to** können, vermögen, in der Lage sein zu; **able-bodied** [-'bɒdɪd] *adj* (körperlich) kräftig, gesund; **~ seaman** Vollmatrose *m*

ab·nor·mal [æb'nɔ:ml] *adj* anomal, abnorm; ungewöhnlich; **ab·nor·mal·ity** [ˌæbnə'mælɪtɪ] *s* ❶ Regelwidrigkeit *f* ❷ (MED) Abnormität *f*

aboard [ə'bɔ:d] *adv, prep* an Bord, im Zug, Omnibus, Flugzeug; **go ~** an Bord gehen, sich einschiffen; (*in Zug, Bus, Flugzeug*) einsteigen; **all ~!** alle Mann an Bord!; (RAIL) alles einsteigen!

abode [ə'bəʊd] *s* Aufenthalt *m;* **with** [*o* **of**] **no fixed ~** ohne festen Wohnsitz

ab·ol·ish [ə'bɒlɪʃ] *vt* abschaffen; **ab·oli·tion** [əbəl'ɪʃn] *s* Abschaffung *f*

abom·in·able [ə'bɒmɪnəbl] *adj* scheußlich, widerwärtig; **abom·in·ate** [ə'bɒmɪneɪt] *vt* verabscheuen; **abom·in·ation** [əˌbɒmɪ'neɪʃn] *s* ❶ Abscheu *m* (*of* vor) ❷ Gräuel *m*

abo·rig·inal [ˌæbə'rɪdʒənl] **I.** *adj* ❶ eingeboren, ursprünglich ❷ einheimisch **II.** *s* Ureinwohner(in) *m(f)*

i Land & Leute

Die **Aboriginal Flag** wurde zum ersten Mal bei der Demonstration zum *Aboriginal Day* 1971 von dem Designer der Flagge, dem Künstler Harold Thomas, gehisst. Der schwarze, obere Teil soll das Volk der Aborigines darstellen, der rote Teil darunter symbolisiert die Erde und der gelbe Kreis in der Mitte ist die Sonne.

Abo·ri·gi·ne [ˌæbə'rɪdʒɪnɪ] *s* Ureinwohner(in) *m(f)* Australiens

abort [ə'bɔːt] **I.** *vt* (*Embryo*) abtreiben; (*Schwangerschaft, Mission*) abbrechen **II.** *vi* ❶ abtreiben ❷ fehlgebären; **abor·tion** [ə'bɔːʃn] *s* ❶ (MED) Früh-, Fehlgeburt *f* ❷ Schwangerschaftsabbruch *m*, Abtreibung *f* ❸ Fehlschlag *m*; **abort·ive** [ə'bɔːtɪv] *adj* erfolglos

abound [ə'baʊnd] *vi* ❶ im Überfluss vorhanden sein; reich sein (*in* an) ❷ Überfluss haben an, wimmeln (*with* von)

about [ə'baʊt] **I.** *prep* ❶ (*räumlich*) um, um … herum, über … hin, auf allen Seiten; **a fence ~ the garden** ein Zaun um den Garten herum ❷ nahe bei, nicht weit von; an ❸ (*Zeit, Maß*) um, ungefähr, etwa, gegen; (**at**) **~ five o'clock** gegen fünf Uhr; **it is ~ the same** es ist ungefähr dasselbe; **~ my size** etwa meine Größe ❹ bei sich, an sich; **have you any money ~ you?** haben Sie Geld bei sich? ❺ in, an; **her hair is the worst thing ~ her** ihr Haar ist das Hässlichste an ihr ❻ (*hinweisend, bezüglich*) von, über, in Bezug auf, betreffend, wegen; **what do you know ~ him?** was wissen Sie über ihn?; **what is it all ~?** um was handelt es sich?; **how ~ money?** wie steht es mit Geld?; **what ~ dinner?** was ist mit dem Abendessen? **II.** *adv* ❶ herum, umher ❷ ringsherum, rundherum, im Kreise ❸ ungefähr, fast, beinahe, nahezu; gleich ❹ abwechselnd; **be ~** sich handeln um; im Begriff sein; auf den Beinen sein; im Umlauf sein, verbreitet sein; **bring ~** zu Wege, zu Stande bringen; **all ~** überall; **round ~** ringsum; **just ~ enough** gerade noch genug; **that will just ~ do** das reicht gerade noch; **about-face/about-turn** [ə'baʊtfeɪs, ə'baʊttɜːn] *s* ❶ Kehrtwendung *f* ❷ (*fig*) (völliger) Umschwung *m*

above [ə'bʌv] **I.** *adv* ❶ oben, droben, oberhalb; aufwärts, hinauf; darüber ❷ (*Rang, Bedeutung, Stellung*) höher ❸ stromaufwärts; **as** (**mentioned**) **~** wie oben erwähnt **II.** *prep* ❶ über; höher als ❷ mehr als; stärker als ❸ nördlicher als; **~ all** vor allem; **over and ~** obendrein; **~ ten minutes** mehr als 10 Minuten; **be ~ s.o.** jdm überlegen sein, jdn übertreffen; **he is ~ it** er steht darüber; **it is ~ me** das geht über meinen Horizont **III.** *adj* obig; oben erwähnt **IV.** *s:* **the ~ is confirmed** Obiges wird bestätigt; **it follows from the ~** aus Vorstehendem ergibt sich; **above board** [ˌ-'bɔːd] *adj pred* ehrlich, redlich; **everything is ~** alles ist einwandfrei; **above-men·tioned** [ˌ-'menʃnd] *adj* oben erwähnt

ab·rasion [ə'breɪʒn] *s* ❶ Abschleifen *nt* ❷ (MED) Abschürfung, Schürfwunde *f*; **ab·ras·ive** [ə'breɪsɪv] **I.** *s* Schleifmittel *nt* **II.** *adj* ❶ (ab)schleifend, schmirgelartig ❷ (*Person*) scharfzüngig

abreast [ə'brest] *adv* Seite an Seite; nebeneinander; **keep ~ of** [*o* **with**] Schritt halten mit

abridge [ə'brɪdʒ] *vt* ❶ (ab-, ver)kürzen ❷ (*Buch*) zusammenfassen; **abridg(e)ment** [-mənt] *s* ❶ (Ab-, Ver)Kürzung *f* ❷ (*Buch*) gekürzte Ausgabe

abroad [ə'brɔːd] *adv* ❶ im [*o* ins] Ausland ❷ weit umher, (weit) verbreitet; **from ~** aus dem Ausland; **the news quickly spread ~** die Nachricht breitete sich rasch aus; **at home and ~** im In- und Ausland

abrupt [ə'brʌpt] *adj* ❶ plötzlich, unerwartet, abrupt ❷ (*Verhalten*) schroff, unhöflich, barsch ❸ (*Fels, Pfad*) sehr steil

ABS [ˌeɪbiː'es] *s Abk. von* **antilock braking system** ABS *nt*

ab·scess ['æbses] *s* (MED) Abszess *m*, Geschwür *nt*

ab·scond [əb'skɒnd] *vi* flüchten (*from* vor), sich davonmachen

ab·seil ['æbsaɪl] *vr* sich abseilen

ab·sence ['æbsəns] *s* ❶ Abwesenheit *f* (*from* von) ❷ Fernbleiben *nt* ❸ Fehlen, Nichtvorhandensein *nt* ❹ (*~ of mind*) Zerstreutheit, Unachtsamkeit *f*; **in ~ of** mangels *+gen*; **on leave of ~** auf Urlaub; **ab·sent** ['æbsənt] **I.** *adj* ❶ abwesend, fehlend ❷ geistesabwesend, zerstreut; **be ~** fehlen, abwesend sein; **be ~ without leave** (MIL) sich unerlaubt von der Truppe entfernt haben **II.** [əb'sent] *vr:* **~ o.s. from** fernbleiben von; **ab·sen·tee** [ˌæbsən'tiː] *s* Abwesende(r) *f m*; **ab·sen·tee·ism** [-ɪzəm] *s* ❶ (dauernde) Abwesenheit *f* ❷ unentschuldigtes Fernbleiben; **ab·sen·tee land·lord** *s* nicht ortsansässiger Grund-, Hausbesitzer; **ab·sent-minded** [ˌæbsənt'maɪndɪd] *adj* zerstreut, geistesabwesend

ab·so·lute ['æbsəluːt] **I.** *adj* ❶ absolut, völlig, vollkommen ❷ (CHEM) unvermischt ❸ (POL) absolut, unumschränkt **II.** *s* Absolutum *nt*; **ab·so·lute·ly** [-lɪ, *alleinstehend:* ˌæbsə'luːtlɪ] *adv* ❶ absolut ❷ völlig, vollkommen; **~!** (*fam*) genau!; **ab·sol·ution** [ˌæbsə'luːʃn] *s* Absolution *f*; **ab·so·lut·ism** ['æbsəluːtɪzəm] *s* (POL) Absolutismus *m*

ab·solve [əb'zɒlv] *vt* ❶ los-, freisprechen ❷ (*von Versprechen*) entbinden (*from* von)

ab·sorb [əb'sɔːb] *vt* ❶ ein-, aufsaugen ❷ (*fig*) ganz in Anspruch nehmen ❸ (*fig*) verdauen, aufnehmen

ab·sorbed [əb'sɔːbd] *adj* (*fig*) vertieft; **ab·sorb·ent** [əb'sɔːbənt] *adj* absorbierend; **ab·sorb·ing** [-ɪŋ] *adj* (*fig*) fesselnd, interessant; **ab·sorp·tion** [əb'sɔːpʃn] *s* ❶ (CHEM) Absorption *f* ❷ (*fig*) Vertieftsein *nt;* eindringliche Beschäftigung (*in* mit)

ab·stain [əb'steɪn] *vi* sich enthalten (*from s.th.* einer Sache)

ab·stemi·ous [əb'stiːmɪəs] *adj* mäßig; enthaltsam

ab·sten·tion [əb'stenʃn] *s* ❶ Enthaltung *f* (*from* von) ❷ (POL) Stimmenthaltung *f;* **ab·sten·tion party** *s* Partei *f* der Nichtwähler

ab·sti·nence ['æbstɪnəns] *s* Enthaltsamkeit *f* (*from* von)

ab·stract ['æbstrækt] **I.** *adj* abstrakt **II.** *s* (*Buch*) Auszug, Abriss *m;* Zusammenfassung *f;* **in the ~** abstrakt **III.** [əb'strækt] *vt* ❶ einen Auszug machen (*from* von) ❷ (*fam*) entwenden; **ab·stracted** [æb'stræktɪd] *adj* (*fig*) geistesabwesend; **ab·strac·tion** [əb'strækʃn] *s* ❶ Abstraktion *f* ❷ (*fig*) Zerstreutheit *f* ❸ Entwendung *f* ❹ abstrakter Begriff

ab·struse [əb'struːs] *adj* schwerverständlich; abstrus

ab·surd [əb'sɜːd] *adj* absurd, unsinnig; **ab·surd·ity** [əb'sɜːdətɪ] *s* Unsinn *m*

abun·dance [ə'bʌndəns] *s* Überfluss *m,* Fülle *f* (*of* an); **abun·dant** [ə'bʌndənt] *adj* ❶ reich (*in* an), üppig ❷ reichlich versehen (*with* mit)

abuse [ə'bjuːz] **I.** *vt* ❶ missbrauchen; falsch anwenden ❷ beschimpfen, beleidigen **II.** [ə'bjuːs] *s* ❶ Missbrauch *m;* Missstand *m* ❷ Beschimpfung *f;* **abusive** [ə'bjuːsɪv] *adj* beleidigend; **~ language** Schimpfworte *ntpl*

abut [ə'bʌt] *vi* (an)grenzen (*on, upon* an)

abys·mal [ə'bɪzməl] *adj* (*fig*) entsetzlich (schlecht); **~ ignorance** grenzenlose Unwissenheit

abyss [ə'bɪs] *s* Abgrund *m*

aca·demic [ˌækə'demɪk] **I.** *adj* ❶ akademisch ❷ wissenschaftlich; geistig; **that is ~** das ist nicht direkt relevant **II.** *s* Akademiker(in) *m(f);* **acad·emy** [ə'kædəmɪ] *s* Akademie *f;* **riding ~** Reitschule *f;* **~ of music** Musikhochschule *f*

ac·cede [æk'siːd] *vi:* **he ~d to the office of mayor** er trat das Amt des Bürgermeisters an

ac·cel·er·ate [ək'seləreɪt] **I.** *vt* beschleunigen **II.** *vi* schneller werden; **ac·cel·er·ation** [əkˌselə'reɪʃn] *s* Beschleunigung *f;* **ac·cel·er·ator** [ək'seləreɪtə(r)] *s* ❶ (AUTO) Gaspedal *nt* ❷ (PHYS) Beschleuniger *m*

ac·cent ['æksənt] **I.** *s* Ton *m;* Betonung *f;* Akzent *m* **II.** [æk'sent] *vt* betonen; **ac·cen·tu·ate** [ək'sentʃʊeɪt] *vt* betonen, heraus-, hervorheben

ac·cept [ək'sept] *vt* ❶ annehmen, akzeptieren; in Empfang nehmen ❷ einverstanden sein (*s.th.* mit etw), glauben (*s.th.* an etw) ❸ (*Tatsache*) anerkennen, gelten lassen; **ac·cept·able** [-əbl] *adj* ❶ annehmbar ❷ angenehm, zufriedenstellend; **ac·cept·ance** [ək'septəns] *s* ❶ Annahme, Entgegennahme *f* ❷ Zustimmung, Einwilligung *f* ❸ (COM) Zusage *f*

ac·cess ['ækses] **I.** *s* ❶ Zutritt *m* (*to* zu) ❷ (~ *road*) Zugang *m,* Zugangsstraße *f;* Zufahrt *f* ❸ (INFORM) Zugriff *m;* **~ privileges** (INTERNET) Zugriffsberechtigung *f* **II.** *vt* (INFORM: *Daten*) zugreifen (auf); **ac·cess·ibil·ity** [ækˌsesə'bɪlətɪ] *s* Erreichbarkeit, Zugänglichkeit *f;* **ac·cess·ible** [ək'sesəbl] *adj* zugänglich; erreichbar (*to* für); **ac·ces·sion** [æk'seʃn] *s* (*Bibliothek*) Zugang *m,* Neuerwerbung *f;* **~ to power** Machtergreifung, -übernahme *f;* **~ to the throne** Thronbesteigung *f*

ac·ces·sory [ək'sesərɪ] *s* ❶ Mitschuldige(r) *f m* ❷ Zubehör *nt;* **motor-car accessories** Autozubehör *nt;* **toilet accessories** Toilettenartikel *pl*

ac·ci·dent ['æksɪdənt] *s* ❶ Zufall *m* ❷ Unglück *nt;* Unfall *m;* **by ~** zufällig; **in an ~** bei einem Unfall; **without ~** unfallfrei; **meet with an ~** einen Unfall erleiden; **~ insurance** Unfallversicherung *f;* **~ prevention** Unfallverhütung *f;* **be ~-prone** vom Pech verfolgt sein; **ac·ci·den·tal** [ˌæksɪ'dentl] *adj* zufällig; unabsichtlich, versehentlich; unfallbedingt

ac·claim [ə'kleɪm] *vt* zujubeln (*s.o.* jdm); **~ s.o. king** jdn zum König ausrufen; **ac·cla·ma·tion** [ˌæklə'meɪʃn] *s* ❶ lauter Beifall, Zustimmung *f* ❷ (POL) Zuruf *m;* **elect by ~** durch Akklamation wählen

ac·cli·mate ['æklɪmeɪt] (*Am*) (an)gewöhnen, akklimatisieren (*to* an); **ac·cli·ma·tion** [ˌæklaɪ'meɪʃn] *s* (*Am*) Akklimatisierung *f* (*to* an); **ac·cli·mat·iz·ation** [əˌklaɪmətaɪ'zeɪʃn] *s* (*Br*) Akklimatisierung *f* (*to* an); **ac·cli·mat·ize** [ə'klaɪmətaɪz] *vt* (*Br*) (an)gewöhnen, akklimatisieren (*to* an)

ac·com·mo·date [ə'kɒmədeɪt] *vt* ❶ anpassen (*to* an) ❷ einen Dienst, einen Gefallen erweisen (*s.o.* jdm), gefällig sein (*with* mit) ❸ beherbergen, unterbringen ❹ Platz haben für; **ac·com·mo·dat·ing** [-ɪŋ] *adj* ❶ gefällig ❷ zuvorkommend; **ac·com·mo·da·tion** [əˌkɒmə'deɪʃn] *s* ❶ Platz *m* ❷ Einigung, Übereinkunft *f* ❸ Unterbringung(smöglichkeit), Unterkunft *f*, (Fremden)Zimmer *nt*

ac·com·pani·ment [ə'kʌmpənɪmənt] *s* (MUS) Begleitung *f* (*to, for* zu); **ac·com·pan·ist** [ə'kʌmpənɪst] *s* Begleiter(in) *m(f)*; **ac·com·pany** [ə'kʌmpənɪ] *vt* ❶ (*a.* MUS) begleiten (*on* auf) ❷ verbinden (*with* mit); **be accompanied with** verbunden sein mit

ac·com·plice [ə'kʌmplɪs] *s* Mittäter(in) *m(f)*, Komplize *m*, Komplizin *f*

ac·com·plish [ə'kʌmplɪʃ] *vt* ❶ vollenden ❷ vollbringen, zu Stande bringen, leisten ❸ (*Zweck, Aufgabe*) erfüllen; (*Plan*) verwirklichen, ausführen; (*Arbeit*) verrichten; **ac·com·plished** [ə'kʌmplɪʃt] *adj* ❶ (*a. fig*) vollendet ❷ kultiviert, vielseitig; **ac·com·plish·ment** [-mənt] *s* ❶ Durchführung, Realisierung *f* ❷ **~s** Fähigkeiten, Fertigkeiten *fpl*

ac·cord [ə'kɔ:d] **I.** *vi* übereinstimmen (*with* mit) **II.** *vt* gewähren, zugestehen **III.** *s* (JUR) Abkommen *nt* (*with* mit, *between* zwischen); **in ~ with** in Einklang mit; **of one's own ~** aus eigenem Antrieb, von sich aus; **with one ~** einstimmig; **ac·cord·ance** [ə'kɔ:dəns] *s*: **in ~ with** entsprechend; gemäß; **ac·cord·ing** [ə'kɔ:dɪŋ] *prep* gemäß, laut, entsprechend (*to dat*); **~ to all appearances** allem Anschein nach; **~ to schedule** fahrplanmäßig; **ac·cord·ing·ly** [-lɪ] *adv* dementsprechend; danach

ac·cord·ion [ə'kɔ:dɪən] *s* (MUS) Akkordeon, Schifferklavier *nt*

ac·cost [ə'kɒst] *vt* ansprechen

ac·count [ə'kaʊnt] **I.** *s* ❶ Rechnung, Berechnung *f* ❷ Konto, Guthaben *nt* (*with* bei); (INTERNET) Benutzerkonto *nt* ❸ Rechenschaft, Darlegung *f*; Bericht *m* ❹ **~s** (COM) Buchhaltung, -führung *f*; Bücher *ntpl*; **of no ~** unwichtig, unbedeutend; **not on any ~, on no ~** auf keinen Fall; **on ~ of** wegen, auf Grund +*gen*; **on this ~** aus diesem Grund; **on one's ~** für eigene Rechnung; **call to ~** zur Rechenschaft ziehen (*for* wegen); **give an ~ of s.th.** über etw Bericht erstatten; über etw Rechenschaft ablegen; **open an ~ with the bank** ein Bankkonto eröffnen; **take into ~** in Betracht ziehen, berücksichtigen; **current ~** Girokonto *nt* **II.** *vi* ❶ Bericht erstatten (*for* über), erklären (*for s.th.* etw) ❷ Rechenschaft ablegen (*for* über); **how do you ~ for that?** wie erklären Sie (sich) das?; **that ~s for it** das ist die Erklärung dafür; **there's no ~ing for tastes** über Geschmack lässt sich streiten; **ac·count·abi·li·ty** [əˌkaʊntə'bɪlɪtɪ] *s* Verantwortlichkeit *f*; **ac·count·able** [-əbl] *adj* verantwortlich (*for* für); **ac·count·ancy** [ə'kaʊntənsɪ] *s* Buchhaltung *f*; **ac·count·ant** [ə'kaʊntənt] *s* Buchhalter(in) *m(f)*; **certified public ~** Wirtschaftsprüfer(in) *m(f)*; **ac·count·ing** *s* Buchführung *f*, Buchhaltung *f*; **account(s) book** *s* Geschäftsbuch *nt*

ac·cred·it [ə'kredɪt] *vt* ❶ beglaubigen; (POL) akkreditieren (*to* bei) ❷ zuschreiben (*s.o. with s.th.* jdm etw); **ac·credi·ta·tion** [əˌkredɪ'teɪʃn] *s* Beglaubigung *f*; **reciprocal ~ of study** gegenseitige Anerkennung von Studiengängen

ac·crue [ə'kru:] *vi* (*Betrag*) an-, zufallen (*to s.o.* jdm), sich ansammeln

ac·cu·mu·late [ə'kju:mjʊleɪt] **I.** *vt* auf-, anhäufen; ansammeln **II.** *vi* sich (an)sammeln, anwachsen; **ac·cu·mu·la·tion** [əˌkju:mjʊ'leɪʃn] *s* Anhäufung, Ansammlung *f*; **ac·cu·mu·la·tor** [ə'kju:mjʊleɪtə(r)] *s* (TECH) Akku(mulator) *m*

ac·cu·racy ['ækjərəsɪ] *s* Genauigkeit *f*; **ac·cu·rate** ['ækjərət] *adj* genau, exakt

ac·cu·sa·tion [ˌækju:'zeɪʃn] *s* Anklage *f*; **bring an ~ against s.o.** gegen jdn Anklage erheben

ac·cus·ative [ə'kju:zətɪv] *s* (GRAM) Akkusativ *m*

ac·cus·at·ory [ækju:'zeitəri] *adj* vorwurfsvoll

ac·cuse [ə'kju:z] *vt* ❶ anklagen, beschuldigen (*of a crime* eines Verbrechens, *of having done s.th.* etw getan zu haben) ❷ vorwerfen (*of being s.th.* etw zu sein); **ac·cused** [ə'kju:zd] *s sing und pl* Angeklagte(r) *f m*

ac·cus·tom [ə'kʌstəm] *vt* gewöhnen (*to* an); **ac·cus·tomed** [ə'kʌstəmd] *adj* gewohnt; **be ~** gewohnt sein (*to* an); **get ~** sich gewöhnen (*to* an)

AC/DC[1] [ˌeɪsi:'di:si:] *s Abk. von* **alternating current/direct current** Allstrom-

AC/DC[2] [ˌeɪsi:'di:si:] *adj* (*sl*) bi(sexuell)

ace [eɪs] *s* ❶ (*Spielkarte*) Ass *nt*; (*auf Würfeln*) Eins *f* ❷ (*Experte*) Ass *nt*; **serve an ~** ein Ass spielen; **within an ~** um Haaresbreite; **~!** (*fam*) Spitze!

acet·ate ['æsɪteɪt] *s* (CHEM) Azetat *nt*; **acetic** [ə'si:tɪk] *adj* (CHEM): **~ acid** Essigsäure *f*; **acety·lene** [ə'setəli:n] *s* (CHEM) Azetylen *nt*

ache [eɪk] **I.** *s*: **~s and pains** Schmerzen *mpl* **II.** *vi*: **my foot ~s** mein Fuß tut mir weh

achieve [ə'tʃi:v] *vt* zu Stande bringen; erreichen; (*Ziele*) verwirklichen; (*Erfolg*) erzielen; **achieve·ment** [-mənt] *s* ❶ Vollendung, Ausführung *f* ❷ Leistung *f*; Errungenschaft *f*

acid [ˈæsɪd] **I.** *adj* sauer, herb, scharf, beißend; ~ **drops** saure Drops *pl;* ~ **rain** saurer Regen; ~ **test** (*fig*) Feuerprobe *f* **II.** *s* ❶ Säure *f* ❷ (*LSD*) Acid *nt;* **acid·ic** [əˈsɪdɪk] *adj* sauer; säurehaltig, Säure-; **acid·ify** [əˈsɪdɪfaɪ] *vt* übersäuern; **acid·ity** [əˈsɪdətɪ] *s* Säuregehalt, -grad *m*

ac·knowl·edge [əkˈnɒlɪdʒ] *vt* ❶ anerkennen (*s.o. to be s.th.* jdn als etw) ❷ bestätigen; quittieren ❸ sich erkenntlich zeigen (*s.th. to s.o.* jdm für etw); **this is to ~ receipt of** ich bestätige hiermit den Empfang *+gen;* **ac·knowl·edg(e)·ment** [-mənt] *s* ❶ Anerkennung *f* ❷ Bestätigung *f;* **in ~ of** zum Zeichen der Anerkennung für

acne [ˈæknɪ] *s* (MED) Akne *f*

acorn [ˈeɪkɔːn] *s* (*Frucht der Eiche*) Eichel *f*

acous·tic [əˈkuːstɪk] **I.** *adj* akustisch **II.** *s pl* Akustik *f;* **acous·tic coup·ler** [ˈkʌplə(r)] *s* (INFORM) Akustikkoppler *m;* **acoustic guitar** *s* Akustikgitarre *f;* **acoustic nerve** *s* Gehörnerv *m*

ac·quaint [əˈkweɪnt] *vt* bekannt, vertraut machen (*with* mit); **be ~ed with s.th.** mit etw vertraut sein; **become** [*o* **get**] **~ed with s.o.** mit jdm bekannt werden; **ac·quaint·ance** [əˈkweɪntəns] *s* Bekanntschaft *f;* Bekannte(r) *f m;* **make s.o.'s ~** jds Bekanntschaft machen

ac·qui·esce [ˌækwɪˈes] *vi* sich abfinden (*in* mit); **ac·qui·es·cence** [ˌækwɪˈesns] *s* Einwilligung *f* (*in* in); **ac·qui·es·cent** [ˌækwɪˈesnt] *adj* fügsam, nachgiebig

ac·quire [əˈkwaɪə(r)] *vt* ❶ erlangen; erwerben ❷ (*Kenntnisse*) sich aneignen; **~ a taste for s.th.** Geschmack an etw finden; **caviar is an ~d taste** Kaviar ist etwas für Kenner; **acquired immunity** *s* erworbene Immunität; **ac·qui·si·tion** [ˌækwɪˈzɪʃn] *s* ❶ Erwerb *m,* Erwerbung *f* ❷ Anschaffung *f;* **ac·quis·itive** [əˈkwɪzətɪv] *adj* habsüchtig, gierig (*of* auf)

ac·quit [əˈkwɪt] **I.** *vt* (JUR) freisprechen (*of a charge* von einer Anklage) **II.** *vr* sich verhalten; **~ o.s. well** seine Schuldigkeit tun; seine Sache gut machen; **ac·quit·tal** [əˈkwɪtl] *s* (JUR) Freispruch *m*

acre [ˈeɪkə(r)] *s* Morgen *m* (= *160 square poles = 43 560 square feet = 0,40467 ha*); **acre·age** [ˈeikrədʒ] *s* Fläche *f*

ac·rid [ˈækrɪd] *adj* scharf, ätzend

ac·ri·moni·ous [ækrɪˈməʊnɪəs] *adj* (*fig*) scharf, bitter, beißend; **ac·ri·mony** [ˈækrɪmənɪ] *s* (*fig*) Schärfe, Bitterkeit *f*

ac·ro·bat [ˈækrəbæt] *s* Akrobat(in) *m(f);* **ac·ro·batic** [ˌækrəˈbætɪk] **I.** *adj* akrobatisch **II.** *s pl* Akrobatik *f*

across [əˈkrɒs] **I.** *adv* quer durch; jenseits; drüben **II.** *prep* quer über, quer durch; auf der anderen Seite *+gen,* jenseits *+gen,* über; **~ the board** pauschal; **come ~** stoßen auf; **come ~ as (being) nervous** nervös wirken; **come ~ s.o.** jdm begegnen; **put ~** durchbringen, -drücken; **get s.th. ~ to s.o.** jdm etw klarmachen; **just ~** gerade gegenüber; **right ~** quer durch; **live ~ the street** gegenüber wohnen; **ten metres ~** zehn Meter breit

act [ækt] **I.** *s* ❶ Handlung, Tat *f* ❷ (THEAT) Akt, Aufzug *m* ❸ (JUR) Gesetz *nt;* Rechtshandlung *f;* **caught in the ~** auf frischer Tat ertappt; **get your ~ together!** reiß dich zusammen!; **in the ~ of going** gerade dabei zu gehen; **in on the ~** mit von der Partie; **don't put on an ~!** spiel doch nicht Komödie!; **the Acts (of the Apostles)** die Apostelgeschichte; **~ of God** höhere Gewalt **II.** *vt* ❶ (THEAT: *eine Rolle*) spielen; (*Stück*) aufführen ❷ so tun (*a child* wie ein Kind) **III.** *vi* ❶ sich benehmen, sich verhalten (*like* wie) ❷ sich in Szene setzen ❸ handeln, tun, tätig werden (*as* als) ❹ einwirken (*on* auf), beeinflussen (*on s.th.* etw); **~ for s.o.** in jds Namen, für jdn handeln; **~ on** (be)folgen; sich richten, handeln nach; **~ up** (*fam*) Ärger machen; sich schlecht benehmen; **act·ing** [ˈæktɪŋ] **I.** *adj* stellvertretend, geschäftsführend **II.** *s* Schauspielkunst *f*

ac·tion [ˈækʃn] *s* ❶ Tätigkeit *f;* Handeln *nt;* Tat *f* ❷ Wirkung *f* ❸ (JUR) Klage *f;* Prozess *m* ❹ (MIL) Kampf(handlung *f*) *m* ❺ Handlungsweise *f;* **for further ~** zur weiteren Veranlassung; **out of ~** (TECH) außer Betrieb; **bring s.th. into** [*o* **put s.th. in**] **~** etw in Gang setzen; **take ~** Schritte unternehmen, Maßnahmen ergreifen; **take** [*o* **bring**] **an ~ against s.o.** gegen jdn eine Klage einreichen; **field** [*o* **sphere**] **of ~** Tätigkeitsbereich *m;* **where's the ~?** (*sl*) wo geht's ab?; **actionable** [-əbl] *adj* (JUR) verfolgbar, klagbar; **action-packed** *adj* aktionsgeladen; **~ holiday** Aktivurlaub *m;* **action replay** *s* (TV) Wiederholung *f*

ac·ti·vate [ˈæktɪveɪt] *vt* (*a.* CHEM) aktivieren;

ac·tive [ˈæktɪv] *adj* ❶ tätig, aktiv, handelnd ❷ betriebsam ❸ (*Geist*) beweglich, lebendig; **take an ~ part in s.th.** an etw regen Anteil nehmen; **~ agent** Wirkstoff *m;* **ac·tive·wear** [ˈæktɪvˌweə(r)] *s* Sportkleidung *f;* **ac·tiv·ist** [ˈæktɪvɪst] *s* Aktivist(in) *m(f);* **ac·tiv·ity** [ækˈtɪvətɪ] *s* Tätigkeit *f;* Geschäftigkeit, Aktivität *f;* **there is little ~** es ist wenig los

ac·tor ['æktə(r)] *s* (THEAT) Schauspieler *m;* **ac·tor-di·rec·tor** *s* regieführende(r) Schauspieler(in); **ac·tress** ['æktrɪs] *s* Schauspielerin *f*

ac·tual ['æktʃʊəl] *adj* wirklich, tatsächlich (vorhanden); eigentlich; **ac·tual·ly** ['æktʃʊlɪ] *adv* ❶ eigentlich, übrigens ❷ tatsächlich, wirklich

actuarial [,æktʃʊ'eərɪəl] *adj* versicherungsmathematisch; **ac·tu·ary** ['æktʃʊərɪ] *s* Versicherungsmathematiker(in) *m(f)*

ac·tu·ate ['æktʃʊeɪt] *vt* in Gang bringen; auslösen, betätigen

acu·punc·ture ['ækjʊpʌŋktʃə(r)] *s* (MED) Akupunktur *f*

acute [ə'kju:t] *adj* ❶ spitz ❷ (*Sinne*) scharf ❸ (*Frage*) brennend ❹ (*Ton*) schrill ❺ (*Winkel*) spitz ❻ (MED) akut

ad [æd] *s* (*fam*) *s.* **advertisement** Anzeige *f*

AD *s Abk. von* **Anno Domini** n. Chr.

adagio [ə'dɑ:dʒɪəʊ] *adj, adv* adagio

Adam ['ædəm] *s* Adam *m;* **not to know s.o. from** ~ jdn überhaupt nicht kennen

ada·mant ['ædəmənt] *adj* (*fig*) unnachgiebig (*to* gegenüber)

Adam's apple *s* Adamsapfel *m*

adapt [ə'dæpt] *vt* ❶ anpassen (*to* an) ❷ (*Roman*) bearbeiten; **adapt·able** [-əbl] *adj* anpassungsfähig (*to* an); **adapt·abil·ity** [ə,dæptə'bɪlətɪ] *s* Anpassungsfähigkeit *f;* **ad·ap·ta·tion** [,ædæp'teɪʃn] *s* ❶ Anpassung *f* (*to* an) ❷ (THEAT) Bearbeitung *f;* **adapter, adaptor** [ə'dæptə(r)] *s* ❶ Bearbeiter *m* ❷ (TECH) Adapter *m;* **universal ~ plug** Sammelstecker *m*

add [æd] **I.** *vt* ❶ hinzusetzen, -tun, -fügen (*to* zu) ❷ (~ *up*) zusammenzählen, addieren **II.** *vi* beitragen (*to* zu), vermehren (*to s.th.* etw); ~ **up to** sich belaufen auf; **ad·den·dum** [ə'dendəm, *pl* ə'dendə] <*pl* -da> *s* Zusatz, Nachtrag *m*

ad·der ['ædə(r)] *s* (*ungiftige Schlange*) Natter *f*

ad·dict ['ædɪkt] *s* Süchtige(r); Abhängige(r) *f m;* **ad·dic·ted** [ə'dɪktɪd] *adj* süchtig; ~ **to drugs** rauschgiftsüchtig; **ad·dic·tion** [ə'dɪkʃən] *s* Sucht *f*

ad·ding-ma·chine ['ædɪŋmə'ʃi:n] *s* Addier-, Rechenmaschine *f*

ad·di·tion [ə'dɪʃn] *s* ❶ Bei-, Zugabe *f;* Beifügung *f* ❷ Zusatz *m* ❸ (MATH) Addition *f* ❹ (*Familie*) Zuwachs *m;* **in** ~ außerdem (noch); dazu; **in ~ to** (zusätzlich) zu; **ad·di·tional** [ə'dɪʃənl] *adj* zusätzlich; ergänzend; ~ **charge** Preiszuschlag *m;* **ad·di·tion·ally** [ə'dɪʃənəlɪ] *adv* zusätzlich; außerdem; **ad·di·tive** ['ædɪtɪv] *s* Zusatz *m*

ad·dress [ə'dres] **I.** *vt* ❶ (*Brief*) adressieren ❷ (*Person*) anreden; eine Ansprache halten an (*a meeting* eine Versammlung) ❸ (*Anfrage*) richten (*to* an); ~ **o.s. to** sich wenden an; ansprechen **II.** [*Am* 'ædres] *s* ❶ Anrede, Ansprache *f* ❷ Anschrift, Adresse *f;* **deliver an** ~ eine Ansprache halten; **business** ~ Geschäftsadresse *f;* **form of** ~ Anredeform *f;* **home** [*o* **private**] ~ Privatanschrift *f;* **ad·dressee** [,ædre'si:] *s* Empfänger(in) *m(f),* Adressat(in) *m(f)*

ad·duce [ə'dju:s] *vt* (*Beispiel*) anführen; (*Beweis*) erbringen

ad·en·oids ['ædɪnɔɪdz] *s pl* (MED) Rachenmandeln, Polypen *pl*

adept ['ædept] **I.** *s* Kenner(in) *m(f),* Sachverständige(r) *f m* **II.** *adj* erfahren; sehr geschickt (*in* in, *at doing s.th.* etw zu tun)

ad·equacy ['ædɪkwəsɪ] *s* Angemessenheit *f;* **ad·equate** ['ædɪkwət] *adj* ausreichend (*to* für)

ad·here [əd'hɪə(r)] *vi* ❶ haften, kleben (*to* an) ❷ (*fig*) festhalten (*to* an), bleiben (*to* bei); ~ **to an opinion** bei einer Meinung bleiben; **ad·her·ence** [əd'hɪərəns] *s* Festhalten *nt* (*to* an); **ad·her·ent** [əd'hɪərənt] *s* Anhänger(in) *m(f)*

ad·hes·ive [əd'hi:sɪv] **I.** *adj* klebend; haftend; ~ **plaster** Heftpflaster *nt;* ~ **tape** Kleb(e)streifen *m* **II.** *s* Klebstoff *m*

adi·pose tis·sue ['ædɪpəʊs,tɪʃu:] *s* Fettgewebe *nt*

ad·jac·ent [ə'dʒeɪsnt] *adj* angrenzend, anliegend, anstoßend (*to* an); **be ~ to** angrenzen an

ad·jec·tival [,ædʒɪk'taɪvl] *adj* adjektivisch; **ad·jec·tive** ['ædʒɪktɪv] *s* Adjektiv, Eigenschaftswort *nt*

ad·join [ə'dʒɔɪn] **I.** *vt* angrenzen an; sehr nahe liegen bei **II.** *vi* nahe beieinander liegen; **ad·join·ing** [-ɪŋ] *adj* benachbart

ad·journ [ə'dʒɜ:n] *vt, vi* vertagen (*for a week* um eine Woche)

ad·junct *s* Zusatz *m,* Ergänzung *f*

ad·just [ə'dʒʌst] **I.** *vt* ❶ anpassen, verstellen; abstimmen (*to* auf); (TECH) einstellen ❷ richtig stellen; in Ordnung bringen; (*Rechnung*) berichtigen **II.** *vr:* ~ **o.s. to** sich anpassen, sich gewöhnen an; sich einstellen auf; **ad·just·able** [-əbl] *adj* regulierbar; ein-, verstellbar; **adjustable spanner** *s* Engländer *m;* **ad·just·ment** [-mənt] *s* ❶ Anpassung, Angleichung *f* ❷ (TECH) Einstellung, Regulierung *f;* ~ **range** (AUTO) Einstellbereich *m*

ad·ju·tant ['ædʒʊtənt] *s* Adjutant *m*

ad-lib [,æd'lɪb] **I.** *vt, vi* improvisieren **II.** *adv* aus dem Stegreif

ad·man ['ædmæn] <*pl* -men> *s* Anzeigen-, Werbefachmann *m;* **ad·mass** ['ædmæs] *s* durch Werbung leicht zu beeinflussende Menschen *pl*

ad·min·is·ter [əd'mɪnɪstə(r)] *vt* ① verwalten; (*Amt*) versehen ② (*Trost*) spenden ③ (*Medizin*) verabreichen; ~ **justice** Recht sprechen; **the oath was ~ed to him** er wurde vereidigt; **ad·min·is·trate** [əd'mɪnɪstreɪt] *vt* (*Am*) verwalten, kontrollieren; **ad·min·is·tra·tion** [əd,mɪnɪ'streɪʃn] *s* ① Verwaltung *f;* Amtsführung, -zeit *f;* Behörde *f* ② (POL) Regierung *f* ③ (*Medizin*) Eingeben *nt* ④ (*Sakrament*) Spenden *nt* ⑤ (*Eid*) Abnahme *f;* ~ **of justice** Rechtspflege *f;* **ad·min·is·tra·tive** [əd'mɪnɪstrətɪv] *adj* verwaltungsmäßig; **through ~ channels** auf dem Verwaltungsweg; **administrative building** *s* Verwaltungsgebäude *nt;* **ad·min·is·tra·tor** [əd'mɪnɪstreɪtə(r)] *s* ① Verwalter(in) *m(f),* Leiter(in) *m(f)* ② (~ *of an estate*) Nachlassverwalter(in) *m(f)*

ad·mir·able ['ædmərəbl] *adj* wunderbar, herrlich; bewundernswert

ad·miral ['ædmərəl] *s* (MAR: *a. Schmetterling*) Admiral *m;* **Ad·miral·ty** ['ædmərəltɪ] *s* (*in GB*) Marineministerium *nt;* **First Lord of the ~** (*in GB*) Marineminister *m*

ad·mir·ation [,ædmə'reɪʃn] *s* Bewunderung *f* (*of, for* für); **ad·mire** [əd'maɪə(r)] *vt* bewundern (*for* wegen); **ad·mirer** [əd'maɪərə(r)] *s* Bewunderer *m,* Bewunderin *f*

ad·miss·ible [əd'mɪsəbl] *adj* zulässig, statthaft; **ad·mis·sion** [əd'mɪʃn] *s* ① Einlass, Eintritt, Zutritt *m* ② Eintrittspreis *m,* -geld *nt* ③ Ein-, Zugeständnis *nt;* **gain ~ to** Zutritt erhalten zu; ~ **free** Eintritt frei; **no ~!** Eintritt verboten!

ad·mit [əd'mɪt] **I.** *vt* ① hereinlassen (*into a house* in ein Haus), aufnehmen (*to a club* in einen Klub) ② (*Saal*) Raum haben für ③ zugeben, ein-, zugestehen; ~ **to the Bar** als Rechtsanwalt, -anwältin zulassen **II.** *vi* gestatten, erlauben (*of no doubt* keinen Zweifel); ~ **of no other meaning** keine andere Bedeutung zulassen; **ad·mit·tance** [əd'mɪtns] *s* Einlass, Zutritt *m;* **no ~!** Zutritt verboten!; **no ~ except on business** kein Zutritt für Unbefugte!; **ad·mit·ted·ly** [əd'mɪtɪdlɪ] *adv* zugegebenermaßen

ad·mon·ish [əd'mɒnɪʃ] *vt* ① ermahnen ② verwarnen; **ad·mo·ni·tion** [,ædmə'nɪʃn] *s* ① Ermahnung *f* ② Warnung *f;* Verwarnung *f*

ado [ə'du:] *s:* **much ~ about nothing** viel Lärm um nichts; **without further ~** ohne weitere Umstände

ado·les·cence [,ædə'lesns] *s* Jugend *f;* Pubertät *f;* **ado·les·cent** [,ædə'lesnt] **I.** *adj* jugendlich **II.** *s* Jugendliche(r) *f m*

adopt [ə'dɒpt] *vt* ① (JUR) adoptieren, an Kindes statt annehmen ② (*Bericht*) billigen; (*Gedanken*) übernehmen; (*Maßnahmen*) ergreifen; ~ **a motion** einen Antrag annehmen; **adop·tion** [ə'dɒpʃn] *s* ① Adoption *f;* Annahme *f* an Kindes statt ② Annahme, Billigung *f*

ador·able [ə'dɔ:rəbl] *adj* ① liebenswert ② reizend, entzückend; **ador·ation** [,ædə'reɪʃn] *s* Anbetung *f;* Verehrung *f;* **adore** [ə'dɔ:(r)] *vt* ① anbeten; verehren ② (*fam*) sehr gern haben; **ador·ing** [ə'dɔ:rɪŋ] *adj* bewundernd

adorn [ə'dɔ:n] *vt* (ver)zieren, schmücken, verschönern; **adorn·ment** [-mənt] *s* Schmuck *m;* Verzierung *f*

ad·ren·alin(e) [ə'drenəlɪn] *s* Adrenalin *nt;* **ad·ren·alin junkie** *s* jemand, der den ständigen Nervenkitzel braucht

adrift [ə'drɪft] *adv, adj pred* (MAR) (ab)treibend; **come adrift** (*fig*) sich lösen; (*Pläne*) fehlschlagen

adroit [ə'drɔɪt] *adj* gewandt, geschickt

adu·la·tion [,ædjʊ'leɪʃn] *s* Verherrlichung *f*

adult ['ædʌlt] **I.** *adj* erwachsen; ausgewachsen; (*fig*) reif **II.** *s* ① Erwachsene(r) *f m* ② ausgewachsenes Tier; **adult education** *s* Erwachsenenbildung *f*

adul·ter·ate [ə'dʌltəreɪt] *vt* verfälschen; (*Wein*) panschen; **adul·ter·ation** [ə,dʌltə'reɪʃn] *s* (Ver)Fälschung *f*

adul·terer [ə'dʌltərə(r)] *s* Ehebrecher *m;* **adul·ter·ess** [ə'dʌltərɪs] *s* Ehebrecherin *f;* **adul·ter·ous** [ə'dʌltərəs] *adj* ehebrecherisch; **adul·tery** [ə'dʌltərɪ] *s* Ehebruch *m*

adul·tes·cents *s Erwachsene, die sich in Kleidung und Verhalten an der Jugendkultur orientieren*

adult film *s* Film *m* nur für Erwachsene

ad·vance [əd'vɑ:ns] **I.** *vt* ① vorrücken ② befördern ③ (*Meinung*) vorbringen, äußern; (*Grund*) anführen, vortragen ④ (*Geld*) vorschießen, -strecken **II.** *vi* ① vorgehen, -stoßen, -dringen ② Fortschritte machen ③ (*Preise*) steigen; (*Qualität*) besser werden **III.** *s* ① Vorrücken *nt* ② Fortschritt *m,* Besserung, Aufwärtsentwicklung *f* ③ (Preis)Erhöhung *f* ④ Vorschuss *m;* An-, Vorauszahlung *f;* Darlehen *nt* ⑤ (*Beamter*) Beförderung *f;* **in ~** im Voraus; **be in ~ of one's times** seiner Zeit voraus sein; **be on the ~** (COM) im Steigen begriffen sein; **book in ~** vorausbestellen, -belegen;

make ~s to s.o. (*fig*) an jdn herantreten; (*pej*) sich an jdn ranmachen; **ad·vance booking** *s* Vor(aus)bestellung *f;* Vorverkauf *m;* **ad·vanced** [əd'vɑ:nst] *adj* ① (*Alter*) vorgeschritten ② fortschrittlich; **ad·vance·ment** [əd'vɑ:nsmənt] *s* Förderung *f;* (*beruflich*) Beförderung *f;* **advance notice** *s* Voranzeige, Voranmeldung, -kündigung *f;* **ad·vance payment** *s* Vorauszahlung *f*

ad·van·tage [əd'vɑ:ntɪdʒ] *s* ① Vorteil *m* ② Vorzug *m;* Überlegenheit *f* (*over, of* über) ③ günstige Gelegenheit; **to s.o.'s ~** zu jds Gunsten; **to the best ~** so vorteilhaft wie möglich; **be of ~** von Nutzen, nützlich sein; **have an ~ over s.o.** jdm gegenüber im Vorteil sein; **take ~ of** übervorteilen (*s.o.* jdn), ausnutzen (*s.th.* etw); **turn to ~** Vorteil, Nutzen ziehen aus; **ad·van·tage·ous** [ˌædvən'teɪdʒəs] *adj* vorteilhaft

ad·vent ['ædvənt] *s* Anbruch *m;* **Advent** Advent *m*

ad·ven·ture [əd'ventʃə(r)] *s* Abenteuer *nt;* **ad·ven·ture ad·dict** *s* Abenteuersüchtige(r) *f m;* **ad·ven·turer** [əd'ventʃərə(r)] *s* ① Abenteurer(in) *m(f)* ② Hochstapler(in) *m(f);* **ad·ven·tur·ous** [əd'ventʃərəs] *adj* abenteuerlich

ad·verb ['ædvɜ:b] *s* Adverb *nt;* **ad·verb·ial** [æd'vɜ:bɪəl] *adj* adverbial

ad·ver·sary ['ædvəsərɪ] *s* Gegner(in) *m(f);* **ad·verse** ['ædvɜ:s] *adj* ungünstig, nachteilig; (*Umstände*) widrig; **ad·ver·sity** [əd'vɜ:sətɪ] *s* Unglück, Missgeschick *nt;* Elend *nt,* Not *f*

ad·ver·tise ['ædvətaɪz] **I.** *vt* ① anzeigen, ankündigen ② werben für; annoncieren **II.** *vi* ① inserieren; annoncieren ② Reklame machen, Werbung betreiben; **~ for** inserieren nach; durch eine Zeitungsanzeige suchen; **ad·ver·tise·ment** [əd'vɜ:tɪsmənt, *Am* ˌædvər'taɪzmənt] *s* ① (Zeitungs)Anzeige *f,* Inserat *nt,* Annonce *f* ② Reklame, Werbung *f;* **TV ~s** Werbefernsehen *nt;* **ad·ver·tiser** ['ædvətaɪzə(r)] *s* ① Inserent *m* ② Anzeigenkunde *m;* **ad·ver·tis·ing** ['ædvəˌtaɪzɪŋ] *s* Werbung, Reklame *f;* **radio ~** Rundfunkreklame *f;* **advertising agency** *s* Werbeagentur *f;* **advertising campaign** *s* Werbekampagne *f;* **advertising hoarding** *s* Reklametafel, Plakatwand *f;* **advertising media** *s* Werbemittel *ntpl;* **advertising space** *s* Reklamefläche *f;* (*Zeitung*) Inserateteil, Anzeigenteil *m*

ad·ver·to·rial [ˌædvɜ:'tɔ:rɪəl] *s* Werbetext *m* (*in Form eines Leitartikels*)

ad·vice [əd'vaɪs] *s* ① Rat(schlag) *m* ② Gutachten *nt* ③ (COM) Benachrichtigung *f* (*from* von); **a piece** [*o* **a bit**] **of ~** ein Rat; **act on s.o.'s ~** jds Rat befolgen; **ask s.o.'s ~** jdn um Rat fragen; **take medical ~** einen Arzt aufsuchen

? Grammatik

advice mit **c** ist ein Substantiv und wird nie im Plural gebraucht: *a piece of advice, some advice;*
advise mit **s** ist ein Verb: *Jane advised him to go to Oxford.*

ad·vis·able [əd'vaɪzəbl] *adj* ratsam, empfehlenswert; **ad·vise** [əd'vaɪz] *vt* ① raten, empfehlen ② (COM) benachrichtigen; **be well ~d** wohl beraten sein; **we strongly ~ you to …** wir raten Ihnen dringend, … zu; **ad·viser** [əd'vaɪzə(r)] *s* Berater(in) *m(f);* **my legal ~** mein(e) Rechtsanwalt (-anwältin) *m (f);* **my medical ~** mein(e) (Haus)Arzt (-Ärztin) *m (f);* **ad·vis·ory** [əd'vaɪzərɪ] *adj* beratend; **in an ~ capacity** in beratender Eigenschaft; **~ committee** Beratungsausschuss *m;* Beirat *m*

ad·vo·cacy *s* Befürwortung *f,* Eintreten *nt;* **advocacy group** *s* Lobby *f*

ad·vo·cate ['ædvəkət] **I.** *s* ① Fürsprecher(in) *m(f),* Verfechter(in) *m(f)* ② Anwalt *m,* Anwältin *f* **II.** ['ædvəkeɪt] *vt* eintreten (*s.th.* für etw), befürworten

i Land & Leute

In Schottland ist ein **advocate** ein Rechtsanwalt vor einem höheren Gericht, der in England und Wales einem *barrister* entspricht.

ad-writer ['ædraɪtə(r)] *s* Texter(in) *m(f)*

aegis ['i:dʒɪs] *s* (*fig*) Schirmherrschaft *f*

aeon ['i:ən] *s* Ewigkeit *f*

aer·ate ['eəreɪt] *vt* ① lüften ② mit Kohlensäure versetzen

aer·ial ['eərɪəl] **I.** *adj* ① Luft- ② (*Kabel*) oberirdisch **II.** *s* (*Br*) Antenne *f;* **aerial view** *s* Luftbild *nt*

aero- ['eərə] *PRÄF* Luft-, Flug-, Aero-

aero·bics [eə'rəʊbɪks] *s pl* Aerobic *ntsing*

aero·drome ['eərədrəʊm] *s* Flugplatz *m;* **aero·dy·nam·ics** [ˌeərəʊdaɪ'næmɪks] *s pl mit sing* Aerodynamik *f;* **aero·naut·ic(al)** ['eərənɔ:tɪk(l)] *adj* aeronautisch; **~ engineering** Luftfahrttechnik *f;* **~ medicine** Luftfahrtmedizin *f;* **aero·naut·ics**

[ˌeərə'nɔːtɪks] *s pl mit sing* Aeronautik *f;* **aero·plane** ['eərəpleɪn] *s* Flugzeug *nt;* **aero·sol** ['eərəsɒl] *s* Sprühdose *f*

aes·thet·ic(al) [iːs'θetɪk(l)] *adj* ästhetisch; **aes·thet·ics** [iːs'θetɪks] *s pl mit sing* Ästhetik *f*

afar [ə'fɑː(r)] *adv:* **from ~** aus der Ferne

affa·bil·ity [ˌæfə'bɪləti] *s* Leutseligkeit, Umgänglichkeit *f;* **af·fable** ['æfəbl] *adj* umgänglich

af·fair [ə'feə(r)] *s* ❶ Angelegenheit, Sache *f* ❷ Veranstaltung *f* ❸ (*love ~*) Verhältnis *nt* ❹ Affäre *f,* Skandal *m;* **foreign ~s** (POL) auswärtige Angelegenheiten *fpl;* **Secretary of State for Foreign Affairs** Außenminister(in) *m(f)*

af·fect [ə'fekt] *vt* ❶ beeinflussen, in Mitleidenschaft ziehen ❷ (MED) angreifen, befallen ❸ einen tiefen Eindruck machen (*s.o.* auf jdn), bewegen, (be)rühren ❹ vortäuschen, vorgeben; **af·fec·ta·tion** [ˌæfek'teɪʃn] *s* ❶ Verstellung *f* ❷ Künstelei *f;* **af·fected** [ə'fektɪd] *adj* ❶ geziert, affektiert ❷ in Mitleidenschaft gezogen; angegriffen, erkrankt; **af·fec·tion** [ə'fekʃn] *s* (Zu)Neigung *f;* Liebe *f* (*for, towards* zu); **af·fec·tion·ate** [ə'fekʃənət] *adj* liebevoll, herzlich, zärtlich; **yours ~ly** mit herzlichen Grüßen

af·fi·da·vit [ˌæfɪ'deɪvɪt] *s* (JUR) eidesstattliche Versicherung

af·fili·ate [ə'fɪlɪeɪt] **I.** *vt* ❶ angliedern ❷ (*Mitglied*) aufnehmen (*to, with* in) **II.** *vi* eng verbunden sein (*to, with* mit), ein Mitglied sein (*to, with* bei) **III.** *s* (*Am*) Tochter(gesellschaft) *f,* **af·fili·ated** [ə'fɪlɪeɪtɪd] *adv* angeschlossen, verbunden, Schwester-; **af·fili·ation** [əˌfɪlɪ'eɪʃn] *s* ❶ Verbindung *f,* Anschluss *m* ❷ Angliederung *f*

af·fin·ity [ə'fɪnəti] *s* ❶ Verwandtschaft *f* ❷ Neigung *f* (*for, to* zu) ❸ (CHEM) Affinität *f*

af·firm [ə'fɜːm] **I.** *vt* (nachdrücklich) erklären; versichern, bestätigen **II.** *vi* (JUR) feierlich versichern; **af·firm·ation** [ˌæfə'meɪʃn] *s* ❶ Bestätigung, Versicherung *f* ❷ (JUR) Erklärung *f* an Eides statt; **af·firm·ative** [ə'fɜːmətɪv] *adj* bejahend; **answer in the ~** mit „Ja" antworten

af·fix [ə'fɪks] **I.** *vt* anheften, anbringen (*to* an); (*Stempel*) aufdrücken; (*Unterschrift*) beifügen **II.** ['æfɪks] *s* (GRAM) Affix *nt*

af·flict [ə'flɪkt] *vt* betrüben, kränken; heimsuchen; **~ed with a disease** von einer Krankheit geplagt; **~ed by doubts** von Zweifeln geplagt; **the ~ed** die Leidenden *pl;* **af·flic·tion** [ə'flɪkʃn] *s* ❶ Leiden *nt,* Pein *f* ❷ Kummer *m,* Betrübnis *f* ❸ Gebrechen *nt*

af·flu·ence ['æfluəns] *s* Reichtum *m;* Fülle *f;* Überfluss *m;* **af·flu·ent** ['æfluənt] *adj* reich (*in, of, with* an); **~ society** Wohlstandsgesellschaft *f*

af·ford [ə'fɔːd] *vt* ❶ sich erlauben, sich leisten ❷ (*Vergnügen*) geben, gewähren; (*Gewinn*) einbringen; **I can't ~ it** ich kann es mir nicht leisten; **you can ~ to laugh** Sie haben gut lachen; **af·ford·able** [ə'fɔːdəbl] *adj* leicht erschwinglich

af·for·est [ə'fɒrɪst] *vt* aufforsten; **af·for·est·ation** [əˌfɒrɪ'steɪʃn] *s* Aufforstung *f*

af·front [ə'frʌnt] **I.** *vt* beleidigen **II.** *s* Beleidigung *f*

Af·ghan ['æfgæn] **I.** *s* ❶ Afghane *m,* Afghanin *f* ❷ (*Hund*) Afghane *m* **II.** *adj* afghanisch; **Af·ghani·stan** [æf'gænɪstæn] *s* Afghanistan *nt*

afield [ə'fiːld] *adv* in die Ferne; fort, weg; **far ~** weit weg

aflame [ə'fleɪm] *adv, adj pred* in Flammen

afloat [ə'fləʊt] *adv, adj pred* ❶ schwimmend ❷ überflutet ❸ (*fig*) in Umlauf; **set rumours ~** Gerüchte ausstreuen

afoot [ə'fʊt] *adv, adj pred* im Gange

afore·men·tioned, afore·said [əˌfɔː'menʃnd, əˌfɔː:sed] *adj* oben genannt

afraid [ə'freɪd] *adj pred:* **be ~** (sich) fürchten, Angst haben (*of* vor); **I am ~ I have to go** ich muss leider gehen; **don't be ~ to …** scheuen Sie sich nicht zu …

afresh [ə'freʃ] *adv* wieder, erneut

Af·ri·ca ['æfrɪkə] *s* Afrika *nt;* **Af·ri·can** ['æfrɪkən] **I.** *s* Afrikaner(in) *m(f)* **II.** *adj* afrikanisch; **Af·ri·can-Ameri·can** *s* Afroamerikaner(in) *m(f)*

af·ter ['ɑːftə(r)] **I.** *adv* hinterher, darauf, danach, nachher **II.** *prep* ❶ (*räumlich*) hinter, nach, hinter … her ❷ (*zeitlich*) nach ❸ (*Reihenfolge*) hinter ❹ (*Verhältnis*) entsprechend ❺ (*Grund*) auf Grund von, infolge; bei ❻ (*Gegensatz*) trotz; **day ~ day** Tag für Tag **the day ~ tomorrow** übermorgen; **one ~ another** einer nach dem andern; **time ~ time** immer wieder; **~ all** schließlich, eben, doch; letzten Endes; **~ hours** nach Geschäftsschluss; **~ that** danach, nachher, daraufhin **III.** *conj* nachdem; **after-care** ['ɑːftəkeə(r)] *s* (MED) Nachbehandlung *f;* **after-din·ner** [ˌɑːftə'dɪnə(r)] *adj* nach Tisch; **~ speech** Tischrede *f;* **after-ef·fect** ['ɑːftərɪˌfekt] *s* Nachwirkung *f;* **after-life** ['ɑːftəlaɪf] *s* Leben *nt* nach dem Tod; **af·ter·mar·ket** ['ɑːfterˌmɑːrkɪt] *s* Nachbörse *f;* **after·math** ['ɑːftəmæθ] *s* (*fig*) Nachwirkungen *fpl;* **after·noon** [ˌɑːftə'nuːn] *s* Nachmittag *m;*

in the ~(s) nachmittags, am Nachmittag (*at* um); **this ~** heute Nachmittag; **good ~!** Guten Tag!; **after-sales service** [ˌɑːftəˈseilz] *s* Kundendienst *m*

after·shock [ˈɑːftəʃɒk] *s* Nachbeben *nt;* **after·thought** [ˈɑːftəθɔːt] *s* nachträgliche Überlegung

after·wards [ˈɑːftəwədz] *adv* danach, später

again [əˈgen] *adv* wieder; noch einmal, nochmals; **as much ~** noch einmal so viel; **never ~** nie wieder, nie mehr; **now and ~** dann und wann; **over and over ~, time and time ~, ~ and ~** immer wieder

against [əˈgenst] *prep* gegen, wider; entgegen(gesetzt zu); **be for or ~ s.th.** für oder gegen etw sein; **I'm not ~ it** ich habe nichts dagegen

ag·ate [ˈægət] *s* Achat *m*

age [eɪdʒ] **I.** *s* ❶ Alter *nt* ❷ Zeitalter *nt;* Epoche *f;* **at the ~ of** im Alter von; **for ~s** (*fam*) ewig lang; **in ~s to come** in künftigen Zeiten; **over ~** über der Altersgrenze; **under ~** minderjährig; **be** [*o* **take**] **~s** ewig brauchen; **come of ~** mündig, volljährig werden; **~-related illness** altersbedingte Krankheit; **the Ice Age** die Eiszeit; **the Stone Age** die Steinzeit; **the Middle Ages** das Mittelalter **II.** *vi* alt, reif werden; altern; **~ing population** Alterung *f* der Bevölkerung **III.** *vt* alt werden lassen, altern; (*Kleidung*) alt machen; (*Käse, Wein*) lagern, reifen; **age-bracket, age-group** *s* Jahrgang *m;* **age-gap** [ˈeɪdʒˌgæp] *s* Altersunterschied *m*

aged¹ [eɪdʒd] *adj* im Alter von

aged² [ˈeɪdʒɪd] **I.** *adj* ❶ bejahrt, betagt ❷ (*Gebäude, Auto*) sehr alt **II.** *s:* **the ~** die alten Leute

age·ism [ˈeɪdʒɪzm] *s* Diskriminierung *f* auf Grund des Alters; **age·less** [ˈeɪdʒlɪs] *adj* zeitlos; nicht alternd; **age limit** *s* Altersgrenze *f;* **age-long** [ˈeɪdʒlɒŋ] *adj* ewig dauernd

agency [ˈeɪdʒənsɪ] *s* ❶ Geschäftsstelle *f;* Vertretung *f,* Büro *nt;* Agentur *f;* (*government* ~) Behörde, Dienststelle *f* ❷ Tätigkeit, Wirkung *f;* **by** [*o* **through**] **the ~ of** durch Vermittlung von; **tourist** [*o* **travel**] **~** Reisebüro *nt*

agenda [əˈdʒendə] *s* Tagesordnung *f;* **be on the ~** auf der Tagesordnung stehen; **place** [*o* **put**] **on the ~** auf die Tagesordnung setzen; **item on the ~** Tagesordnungspunkt *m*

agent [ˈeɪdʒənt] *s* ❶ Mittel, Agens *nt;* (CHEM) Wirkstoff *m* ❷ Vertreter(in) *m(f),* Repräsentant(in) *m(f),* Beauftragte(r) *f m,* Agent(in) *m(f);* **estate ~** Grundstücks-, Immobilienmakler(in) *m(f);* **forwarding ~** Spediteur *m;* **insurance ~** Versicherungsagent(in) *m(f),* -vertreter(in) *m(f);* **sole ~** Alleinvertreter *m;* **travel ~** Reiseverkehrskaufmann *m,* -frau *f*

ag·glom·er·ate [əˈglɒməreɪt] **I.** *vt, vi* zusammenballen, (sich) anhäufen **II.** [əˈglɒmərət] *adj* an-, aufgehäuft; zusammengeballt **III.** [əˈglɒmərət] *s* (GEOL) Agglomerat *nt;* **ag·glom·er·ation** [əˌglɒməˈreɪʃn] *s* Zusammenballung, Anhäufung *f*

ag·gra·vate [ˈægrəveɪt] *vt* ❶ verschlimmern ❷ ärgern; reizen; **ag·gra·vat·ing** [-ɪŋ] *adj* ärgerlich, lästig; **ag·gra·va·tion** [ˌægrəˈveɪʃn] *s* ❶ Verschlimmerung *f;* Erschwerung *f* ❷ Ärger *m*

ag·gre·gate [ˈægrɪgɪt] **I.** *adj* gesamt, ganz; **~ amount** Gesamtbetrag *m;* **~ weight** Gesamtgewicht *nt* **II.** *s* ❶ (*a.* GEOL) Aggregat *nt* ❷ Menge, Summe, Masse *f;* Gesamtheit *f;* Gesamtsumme *f* **III.** [ˈægrɪgeɪt] *vt* ❶ anhäufen, vereinigen, verbinden (*to* mit) ❷ sich belaufen (auf)

ag·gres·sion [əˈgreʃn] *s* Aggression *f;* Angriff *m;* **ag·gres·sive** [əˈgresɪv] *adj* aggressiv; **ag·gres·sive·ness** [-nəs] *s* Aggressivität *f;* **ag·gres·sor** [əˈgresə(r)] *s* Angreifer(in) *m(f)*

ag·grieved [əˈgriːvd] *adj* ❶ betrübt (*at, by* über) ❷ verletzt (*at, by* durch); (*Blick, Stimme*) gekränkt; **the ~** (**party**) (JUR) der/die Beschwerte

aghast [əˈgɑːst] *adj pred* entsetzt, bestürzt (*at* über)

agile [ˈædʒaɪl, *Am* ˈædʒl] *adj* beweglich, wendig; flink, behände; **agil·ity** [əˈdʒɪlətɪ] *s* Beweglichkeit, Wendigkeit *f,* Behändigkeit *f*

agi·tate [ˈædʒɪteɪt] **I.** *vt* ❶ auf-, erregen, beunruhigen (*about* wegen) ❷ schütteln, rütteln **II.** *vi* agitieren (*against* gegen, *for* für); **agi·ta·tion** [ˌædʒɪˈteɪʃn] *s* ❶ Auf-, Erregung *f* ❷ Beunruhigung *f;* Agitation *f;* **agi·ta·tor** [ˈædʒɪteɪtə(r)] *s* Aufrührer, Agitator *m*

aglow [əˈgləʊ] *adj pred* ❶ glühend ❷ (*fig*) erregt (*with* von, vor)

ag·nos·tic [ægˈnɒstɪk] *s* Agnostiker(in) *m(f)*

ago [əˈgəʊ] *adv* vor; **three months ~** vor drei Monaten; **a long time ~** schon lange her; (**just**) **a moment ~** eben noch; **not long ~** vor kurzem, unlängst; **a while ~** vor einer Weile; **how long ~?** wie lange ist es her?

agog [əˈgɒg] *adj pred* gespannt; **be ~ with curiosity** vor Neugier fast platzen; **set s.o. ~** jdn auf die Folter spannen

ag·on·ize ['ægənaɪz] *vi* sich quälen; **ag·onized** ['ægənaɪzd] *adj* gequält; **ag·on·iz·ing** ['ægənaɪzɪŋ] *adj* quälend; **ag·ony** ['ægənɪ] *s* ❶ Qual *f* ❷ Todeskampf *m*

i Land & Leute

Agony column nennt man eine Leserbriefspalte in einer Zeitung oder einer Zeitschrift, in der um Rat für persönliche Probleme gesucht wird; eine *agony aunt* (oder ganz selten auch ein *agony uncle*) gibt dann gute Ratschläge.

agree [ə'gri:] *vi* ❶ einverstanden sein (*to* mit), einwilligen (*to* in), übereinstimmen (*with* mit) ❷ sich einigen, einig sein (*on* über) ❸ verabreden, vereinbaren (*on s.th.* etw) ❹ (*Speisen*) gut bekommen (*with s.o.* jdm); **I don't ~ with children staying up late** ich bin dagegen, dass Kinder lange aufbleiben

? Grammatik

Man sagt: *to* **agree with** *someone: I agree with Anne.*
- aber *to* **agree to** *something: We agreed to the plan.*

agreeable [-əbl] *adj* ❶ angenehm ❷ liebenswürdig; **be ~** einverstanden sein (*to* mit); **agree·ment** [-mənt] *s* ❶ Vereinbarung *f*, Übereinkommen *nt*, Übereinkunft *f*, Abkommen *nt*, Abmachung *f*; Vertrag *m* ❷ Zustimmung, Verständigung, Einigung *f*, Einverständnis, Einvernehmen *nt*; **by mutual ~** in gegenseitigem Einverständnis; **come to an ~** zu einem Übereinkommen gelangen, sich verständigen (*with* mit)

ag·ri·bio·tech ['ægri:ˌbaɪətek] *s* Agrobiotechnologie *f*; **ag·ri·busi·ness** ['ægrɪˌbɪznɪs] *s* Agroindustrie *f*

ag·ri·cul·tural [ˌægrɪ'kʌltʃərəl] *adj* landwirtschaftlich; **ag·ri·cul·ture** ['ægrɪkʌltʃə(r)] *s* Landwirtschaft *f*

agrono·my [ə'grɒnəmɪ] *s* Agronomie *f*

ag·ro·tour·ism [ˌəgrɒ'tʊərɪzm] *s* Ferien auf dem Bauernhof

aground [ə'graʊnd] *adj pred* gestrandet; **run ~** auf Grund laufen

ah [ɑ:] *interj* ach! ah!; **aha** [ɑ:'hɑ:] *interj* aha!

ahead [ə'hed] *adv* vor, voran, voraus; **~ of** vor; **full speed ~** volle Kraft voraus; **~ of time** vorzeitig; **be ~ of s.o.** jdm voraus sein; **get ~** vorwärtskommen; **go ~** voran-, vorausgehen; weitermachen, fortfahren; **go ~ and tell her** sag's ihr doch!; **straight ~** geradeaus; **way ~** weit voraus

ahem [ə'həm] *interj* hm!

ahoy [ə'hɔɪ] *interj* (MAR) ahoi!

AI [ˌeɪ'aɪ] *s* ❶ (MED) *Abk. von* **artificial insemination** künstliche Befruchtung ❷ (INFORM) *Abk. von* **artificial intelligence** künstliche Intelligenz

aid [eɪd] **I.** *vt* helfen (*s.o.* jdm, *in* bei) **II.** *s* Hilfe, Unterstützung *f*; **in ~ of** zu Gunsten, zur Unterstützung von; **give first ~** erste Hilfe leisten; **grant in ~** staatliche Subvention; **aid convoy** *s* Hilfskonvoi *m*

Aids, **AIDS** [eidz] *s Abk. von* **Acquired Immune Deficiency Syndrome** (MED) Aids *nt*, Immunschwächekrankheit *f*

ail [eɪl] **I.** *vt* schmerzen; **what's ~ing him?** was fehlt ihm? **II.** *vi* kränkeln

aileron ['eɪlərɒn] *s* (AVIAT) Querruder *nt*

ail·ing ['eɪlɪŋ] *adj* leidend; (*fig: Wirtschaft, Industrie*) krank, krankend; **ail·ment** ['eɪlmənt] *s* Gebrechen, Leiden *nt*; **all his little ~s** all seine kleinen Wehwehchen

aim [eɪm] **I.** *vi, vt* ❶ zielen (*at* auf, nach) ❷ (*Anstrengungen*) richten (*at* auf, *to do* zu tun) ❸ beabsichtigen, bezwecken (*at doing, to do* zu tun) **II.** *s* Ziel *nt*; Zweck *m*, Absicht *f*; **take ~ at** zielen auf, aufs Korn nehmen; **aim·less** ['eɪmlɪs] *adj* ziellos

air [eə(r)] **I.** *s* ❶ Luft *f*; (*a. fig*) Atmosphäre *f* ❷ (RADIO) Äther *m* ❸ Miene *f*, Aussehen *nt*; **a breath of fresh ~** (*a. fig*) frische Luft; **by ~** auf dem Luftweg; mit dem Flugzeug; **in the ~** in der Schwebe, unentschieden; allgemein bekannt; in der Luft liegend; **in the open ~** unter freiem Himmel; **on the ~** über den Rundfunk; **be on the ~** im Rundfunk gesendet werden; **put on** [*o* **give o.s.**] **~s** sich wichtig machen; **take some ~** frische Luft schnappen; **walk on ~** (*fam*) überglücklich sein; **open-~(theatre)** Freilichtbühne *f*; **prevention of ~ pollution** Reinhaltung *f* der Luft **II.** *vt* ❶ (aus-, durch)lüften ❷ (*fig*) bekannt machen; **air bag** *s* (AUTO) Luftsack, Airbag *m*; **air·borne** ['eəbɔ:n] *adj* in der Luft; Luftlande-; **air·brake** ['eəbreɪk] *s* Luftdruckbremse *f*; **air bubble** *s* Luftblase *f*; **air-con·di·tioned** ['eəkən'dɪʃnd] *adj* klimatisiert; **air-con·di·tion·ing** ['eəkən'dɪʃnɪŋ] *s* Klimatisierung *f*; (*~ plant*) Klimaanlage *f*; **air-cooled** ['eəku:ld] *adj* luftgekühlt; **air corridor** *s* Luftkorridor *m*; **air·craft** ['eəkrɑ:ft] *s* Flugzeug *nt*; **air·craft car·rier** *s* Flugzeugträger *m*; **air·craft industry** *s* Flugzeugindustrie *f*; **air·crew** ['eəkru:] *s* (Flugzeug)Besatzung *f*;

air cushion *s* Luftkissen *nt;* **air fan** *s* Ventilator *m;* **air·field** ['eəfi:ld] *s* Flugplatz *m;* **air filter** *s* Luftfilter *m;* **air force** *s* Luftwaffe *f;* **air freight** *s* Luftfracht *f;* **air gun** *s* Luftgewehr *nt;* **air hole** *s* Luftloch *nt;* **air host·ess** *s* Stewardess *f;* **air lift** *s* Luftbrücke *f;* **air·line** ['eəlaɪn] *s* Fluglinie, -gesellschaft *f;* **air·liner** ['eəlaɪnə(r)] *s* Verkehrsflugzeug *nt;* **air·mail** ['eəmeɪl] **I.** *vt* mit Luftpost senden **II.** *s* Luftpost *f;* **air·man** ['eəmən] <*pl* -men> *s* Flieger, Flugzeugführer *m;* **air·plane** ['eəpleɪn] *s* (*Am*) Flugzeug *nt;* **air pollutant** *s* Luftschadstoff *m;* **air pollution** *s* Luftverschmutzung *f;* **air·port** ['eəpɔ:t] *s* Flughafen *m;* **air quality** *s* Luftqualität *f;* **air·raid** *s* Luft-, Fliegerangriff *m;* **air·sick** ['eəsɪk] *adj* luftkrank; **air·sick·ness** ['eə,sɪknɪs] *s* Luftkrankheit *f;* **air space** *s* Luftraum *m;* **air spam** *s* (*sl*) Spamming *nt* auf dem Handy (*unerwünschte Werbebotschaft auf dem Handy, die den potenziellen Käufer direkt zum Anbieter dirigieren soll*)*;* **air·strip** ['eəstrɪp] *s* Start- und Landebahn *f;* **air terminal** *s* Flughafen(abfertigungsgebäude *nt*) *m;* **air ticket** *s* Flugschein *m;* **air·tight** ['eətaɪt] *adj* luftdicht; **air traffic** *s* Flugverkehr *m;* **air-traffic controller** *s* Fluglotse *m;* **air·way** ['eəweɪ] *s* Fluglinie, -gesellschaft *f;* **air·worthi·ness** ['eə,wɜ:ðɪnɪs] *s* Flugtüchtigkeit *f;* **airworthy** ['eə,wɜ:ðɪ] *adj* flugtüchtig

airy ['eərɪ] *adj* ❶ luftig ❷ (*fig*) lässig, blasiert; (*Versprechen, Theorie*) vage

airy-fairy ['eərɪ'feərɪ] *adj* versponnen; unausgegoren

aisle [aɪl] *s* Gang *m;* **lead a woman down the ~** eine Frau zum Altar führen

ajar [ə'dʒɑ:(r)] *adv* halboffen; angelehnt

akim·bo [ə'kɪmbəʊ] *adv:* **with arms ~** mit in die Seite gestemmten Armen

akin [ə'kɪn] *adj pred* verwandt (*to* mit), ähnlich, gleich

alac·rity [ə'lækrətɪ] *s* Bereitwilligkeit *f;* **accept with ~** ohne weiteres annehmen

alarm [ə'lɑ:m] **I.** *s* ❶ Alarm *m;* Warnung *f;* (*~ signal*) Alarmsignal *nt* ❷ Beunruhigung *f,* Schreck *m* ❸ (*~ clock*) Wecker *m;* **give the ~** Alarm schlagen **II.** *vt* alarmieren; beunruhigen, erschrecken (*at* über); **alarm·ing** [-ɪŋ] *adj* beunruhigend, alarmierend; **alarm·ism** [ə'lɑ:mɪzm] *s no pl* Schwarzmalerei *f;* **alarm·ist** [-ɪst] **I.** *s* Panik-Macher(in) *m(f)* **II.** *adj* Panikstimmung erzeugend

alas [ə'læs] *interj* ach! leider!

Al·ba·nia [æl'beɪnɪə] *s* Albanien; **Al·ba·ni·an** [-n] **I.** *s* ❶ (das) Albanisch(e) ❷ Alban(i)er(in) *m(f)* **II.** *adj* albanisch

al·ba·tross ['ælbətrɒs] *s* (*großer Sturmvogel*) Albatros *m*

al·beit *conj* obgleich

al·bino [æl'bi:nəʊ] <*pl* -binos> *s* Albino *m*

al·bum ['ælbəm] *s* Album *nt*

al·bu·men ['ælbjʊmɪn] *s* Eiweiß *nt;* (CHEM) Albumin *nt*

i Land & Leute

Alcatraz ist ein ehemaliges Gefängnis auf der Alcatraz Island in der Bucht von San Francisco. Da die Insel aus 5 Hektar massivem Felsen besteht, bekam das Gefängnis den Spitznamen *The Rock*. Besonders gefährliche Verbrecher wurden nach **Alcatraz** geschickt.

al·co·hol ['ælkəhɒl] *s* Alkohol *m;* **blood ~ level** Blutalkoholkonzentration *f;* **al·co·holic** [,ælkə'hɒlɪk] **I.** *adj* alkoholisch **II.** *s* Alkoholiker(in) *m(f);* **al·co·hol·ism** [-ɪzəm] *s* Alkoholismus *m;* **al·co·pop** ['ælkəpɒp] *s* Limonade mit Alkoholzusatz

al·cove ['ælkəʊv] *s* Alkoven *m;* Nische *f*

al·der ['ɔ:ldə(r)] *s* (*Baum oder Strauch*) Erle *f*

al·der·man ['ɔ:ldəmən] <*pl* -men> *s* Ratsherr *m*

ale [eɪl] *s* Ale, Bier *nt;* **real ~** biologisch gebrautes Bier, Real Ale *nt*

alert [ə'lɜ:t] **I.** *adj* lebhaft; aufgeweckt **II.** *s* Alarm *m,* Alarmsignal *nt;* **be on the ~** auf der Hut sein **III.** *vt* alarmieren; warnen

i Land & Leute

Das **A Level** (*Advanced Level*) ist eine Abschlussprüfung, die Schüler der 6. Klasse einer höheren Schule ablegen. Die meisten Schüler wählen drei Prüfungsfächer, aber es ist auch möglich, jeweils nur ein Fach zu nehmen. Mit den bestandenen **A Levels** können die Schulabgänger dann an einer Universität studieren.

alga ['ælgə, *pl* 'ældʒi:] <*pl* algae> *s* Alge *f;* **al·gal bloom** ['ælgəl,blu:m] *s* Algenblüte, Algenpest *f*

al·ge·bra ['ældʒɪbrə] *s* Algebra *f;* **al·gebra·ic** [,ældʒɪ'breɪɪk] *adj* algebraisch

Al·ge·ria [æl'dʒɪərɪə] *s* Algerien *nt;* **Al·ge·ri·an** [-n] **I.** *s* Algerier(in) *m(f)* **II.** *adj* algerisch

ali·as ['eɪlɪəs] **I.** *adv* sonst … genannt, alias **II.** *s* Deckname *m*

ali·bi ['ælɪbaɪ] *s* (JUR) Alibi *nt*

Alice band ['ælɪs,bænd] *s* Haarreif *m*

al·ien ['eɪlɪən] **I.** *s* Ausländer(in) *m(f)*, außerirdisches Wesen **II.** *adj* ❶ ausländisch; außerirdisch ❷ fremd, unbekannt (*to dat*); **al·ien·ate** ['eɪlɪəneɪt] *vt* ❶ befremden; (*Gefühle*) zerstören ❷ (JUR) veräußern; ~ **o.s. from s.th.** sich einer S entfremden; **al·ien·ation** [,eɪlɪə'neɪʃn] *s* ❶ Entfremdung *f* (*from* von) ❷ (*Eigentum*) Veräußerung *f*

alight[1] [ə'laɪt] *adj pred* ❶ brennend ❷ (*Gesicht*) glühend, strahlend; **be** ~ brennen; in Flammen stehen; **set** ~ in Brand setzen, stecken; **keep** ~ nicht ausgehen lassen

alight[2] [ə'laɪt] *vi* ❶ ab-, aussteigen (*from* von) ❷ (*Vogel, Flugzeug*) landen ❸ zufällig stoßen, treffen (*upon* auf)

align [ə'laɪn] **I.** *vt* (*a. fig*) in eine Linie bringen, (aus)richten (*with* nach) **II.** *vr:* ~ **o.s.** sich anschließen (*with* an); **align·ment** [-mənt] *s* ❶ (*a. fig*) Ausrichtung *f* ❷ Orientierung, Gruppierung *f;* **out of** ~ nicht richtig ausgerichtet (*with* nach)

alike [ə'laɪk] **I.** *adj pred* ähnlich, gleich **II.** *adv* in gleicher Weise; ohne Unterschied; **treat** ~ gleich behandeln

ali·mony ['ælɪmənɪ] *s* Unterhalt *m;* Alimente *pl*

aline [ə'laɪn] **I.** *vt* in eine Linie bringen, (aus)richten (*with* nach) **II.** *vr:* ~ **o.s.** sich anschließen (*with* an)

A-list ['eɪlɪst] *s:* **be on the** ~ zu der Crème de la Crème gehören

alive [ə'laɪv] *adj meist pred* ❶ lebend(ig) ❷ tätig, unternehmend; **be** ~ **to s.th.** sich etwas bewusst sein; **be** ~ **with s.th.** von etw wimmeln; **keep** ~ am Leben erhalten

al·kali ['ælkəlaɪ] *s* (CHEM) Alkali *nt*, Lauge *f;* **al·kal·ine** ['ælkəlaɪn] *adj* alkalisch

all [ɔ:l] **I.** *adj* (*mit Plural*) alle; (*mit Singular*) ganze(r, s); (*mit Possessivpronomen*) all; ~ **the children** alle Kinder; ~ **the butter** die ganze Butter, all die Butter, alle Butter; ~ **my friends** alle meine Freunde; ~ **my life** mein ganzes Leben (lang); ~ **London** ganz London; **with** ~ **possible speed** so schnell wie möglich; **for** ~ **her beauty** trotz (all) ihrer Schönheit **II.** *pron* alles; alle *pl;* ~ **of them** sie alle; ~ **of it** alles; ~ **of Germany** ganz Deutschland; ~ **of five minutes** ganze fünf Minuten; **richest of** ~ am reichsten; **I like that best of** ~ das mag ich am meisten **III.** *adv* ganz; ~ **dirty** ganz schmutzig; ~ **round** rundum; ~ **the same** trotzdem; **not as stupid as** ~ **that** gar nicht so dumm; **I'm** ~ **for it** ich bin ganz dafür; ~ **the hotter** umso heißer; noch heißer **IV.** *s* alles; **give one's** ~ alles geben **V.** (*Wendungen*): **above** ~ vor allem, vor allen Dingen; **after** ~ trotzdem; schließlich (und endlich); **at** ~ überhaupt; **for** ~ **that** trotzdem; **from** ~ **over** von überall her; **in** ~ insgesamt; **not at** ~ keineswegs; überhaupt nicht; nicht im Geringsten; keine Ursache!; **once and for** ~ ein für alle Mal; ~ **in** ~ alles in allem; im Ganzen genommen; ~ **alone** ganz allein; ~ **but** beinahe, nahezu; alle, alles außer; ~ **day/night long** den ganzen Tag/die ganze Nacht hindurch; ~ **at once** plötzlich; ~ **right** in Ordnung; schön; einverstanden; ~ **the same** ganz gleich, ganz einerlei; trotzdem; ~ **of a sudden** auf einmal; ~ **the time** die ganze Zeit; ~ **told** alles zusammengenommen; alles in allem; ~ **over** (**the place**) überall; ~ **over the world** in der ganzen Welt; **be** ~ **ears** ganz Ohr sein; **be** ~ **there** auf Draht, schlau, gewitzt sein; **tremble** ~ **over** an allen Gliedern zittern; **you of** ~ **people** vor allem du; **in June, of** ~ **times** ausgerechnet im Juni; **he isn't** ~ **there** er ist nicht richtig im Oberstübchen; **is that** ~ **right with you?** ist Ihnen das recht?; **don't worry, it'll be** ~ **right** mach dir keine Sorgen, es kommt schon alles in Ordnung; **it's** ~ **over with him** er ist erledigt, fertig, ruiniert; ~ **hands on deck!** alle Mann an Deck!; **if that's** ~ **there is to it** wenn's weiter nichts ist; **that's** ~ **I needed** das hat mir gerade noch gefehlt; **our plans are** ~ **set** unsere Pläne stehen fest

all clear [,ɔ:l'klɪə(r)] *s* (MIL) Entwarnung *f*

al·le·ga·tion [,ælɪ'geɪʃn] *s* Behauptung *f;* **al·lege** [ə'ledʒ] *vt* behaupten; **al·leged** [ə'ledʒd] *adj*, **al·leged·ly** [ə'ledʒɪdlɪ] *adv* angeblich

al·le·giance [ə'li:dʒəns] *s* Treue *f;* **oath of** ~ Treueeid *m*

al·le·goric(al) [,ælɪ'gɒrɪk(l)] *adj* allegorisch; **al·le·gory** ['ælɪgərɪ] *s* Allegorie *f*

al·le·luia [,ælɪ'lu:jə] *s* Hallelujah *nt*

al·ler·gen ['ælədʒən] *s* (MED) Allergen *nt;* **al·ler·genic** [ælə'dʒenɪk] *adj* (MED) allergen; **al·ler·gic** [ə'lɜ:dʒɪk] *adj* (*a. fig*) allergisch (*to* gegen); **al·lergy** ['ælədʒɪ] *s* (MED) Allergie *f;* **he suffers from an** ~ er ist Allergiker

al·levi·ate [ə'li:vɪeɪt] *vt* (*Schmerz*) lindern, mildern

al·ley ['ælɪ] *s* ❶ Gasse *f* ❷ (*bowling* ~) Kegelbahn *f;* **blind** ~ Sackgasse *f;* (*fig*) ausweglose Lage; **alley cat** *s* ❶ streunende Katze ❷ (*sl*) Nutte *f*

All Fools' Day [ˌɔːlˈfuːlzdeɪ] *s* der erste April; **All Hallows'** [ˌɔːlˈhæləʊz] *s* Allerheiligen *nt*

al·liance [əˈlaɪəns] *s* ❶ Bündnis *nt* ❷ (*Familien*) Verbindung, Verschwägerung *f* ❸ Zusammenschluss *m*

al·lied [ˈælaɪd] *adj* ❶ verbündet, alliiert ❷ verwandt (*to* mit); **the Allied Forces** die Alliierten

al·li·ga·tor [ˈælɪgeɪtə(r)] *s* Alligator *m*

all-in [ɔːlˈɪn] *adj* einschließlich, gesamt, global; **I'm ~** (*fam*) ich bin völlig erledigt

all-nighter [ɔːlˈnaɪtə] *s* etwas, das die ganze Nacht dauert; (*Person*) jemand, der die ganze Nacht durchmacht

al·lo·cate [ˈæləkeɪt] *vt* an-, zuweisen; **al·lo·ca·tion** [ˌæləˈkeɪʃn] *s* ❶ Zuteilung *f;* An-, Zuweisung *f* ❷ Quote *f;* zugeteilter Betrag

al·lot [əˈlɒt] *vt* ❶ zu-, anweisen; verteilen ❷ zubilligen; **al·lot·ment** [-mənt] *s* ❶ Zu-, Verteilung *f* ❷ An-, Zuweisung *f;* Anteil *m* ❸ (*Br*) Parzelle *f;* Schrebergarten *m*

all-out [ɔːlˈaʊt] *adj* (*fam*) umfassend, total

all-over *adj* gleichmäßig

al·low [əˈlaʊ] **I.** *vt* ❶ erlauben, gestatten (*s.o. to do, doing s.th.* jdm etw), zulassen ❷ bewilligen; anerkennen ❸ (*Betrag*) einkalkulieren, vorsehen, ansetzen (*for* für); **will you ~ me?** darf ich? **II.** *vi* ❶ erlauben, gestatten, zulassen (*of s.th.* etw) ❷ berücksichtigen, in Betracht ziehen (*for s.th.* etw) **III.** *vr:* **~ o.s. s.th** sich etw gönnen; sich etw erlauben; **allow·able** [-əbl] *adj* statthaft, zulässig; **allowable expenses** *s pl* abzugsfähige Geschäftsausgaben *fpl;* **allow·ance** [əˈlaʊəns] *s* ❶ Bewilligung, Genehmigung *f* ❷ Zuteilung *f;* Zuschuss *m;* Taschengeld *nt;* Beihilfe, Unterstützung *f* ❸ Nachlass, Abzug, Rabatt *m* ❹ (TECH) Toleranz *f;* **make ~(s) for s.th.** etw berücksichtigen; **children's ~** Kindergeld *nt;* **daily ~** Tagessatz *m;* **family ~** Familienzulage *f;* **tax ~** Steuerfreibetrag *m*

alloy [ˈælɔɪ] *s* Legierung *f*

all-pur·pose [ɔːlˈpɜːpəs] *adj attr* Allzweck-; **all right** **I.** *adj* ❶ anständig, zuverlässig ❷ in Ordnung, okay **II.** *adv* schon; ganz gut; **are you feeling ~?** fehlt Ihnen etwas?; **all-round** [ˌɔːlˈraʊnd] *adj* vielseitig; **all-roun·der** [ɔːlˈraʊndə(r)] *s* Multitalent *nt,* Allroundsportler(in) *m(f);* **All Saints' Day** *s* Allerheiligen *nt;* **all-seater stadium** *s* Stadion *nt* ohne Stehplätze; **All Souls' Day** *s* Allerseelen *nt;* **all-time high** [ɔːlˌtaɪmˈhaɪ] *s* Höchstleistung *f,* -stand *m;* **all-time low** [ɔːlˌtaɪmˈləʊ] *s* absoluter Tiefstand

? Grammatik

all together = alle/alles zusammen: *Put them all together and count them up;*

altogether = ganz und gar; insgesamt: *He has stopped playing football altogether. That comes to £28.99 altogether.*

allude [əˈluːd] *vi* anspielen (*to* auf)

allure [əˈlʊə(r)] *s* Reiz, Zauber *m;* **allur·ing** [əˈlʊərɪŋ] *adj* verlockend, verführerisch

al·lu·sion [əˈluːʒn] *s* Anspielung *f* (*to* auf)

all-weather [ˌɔːlˈweðə(r)] *adj attr* Allwetter-

ally [ˈælaɪ] **I.** *s* Bundesgenosse, Verbündete(r) *m;* (HIST) Alliierte(r) *m* **II.** [əˈlaɪ] *vt* verbünden; vereinigen (*to, with* mit)

al·ma·nac [ˈɔːlmənæk] *s* Almanach, Kalender *m*

al·mighty [ɔːlˈmaɪtɪ] **I.** *adj* allmächtig **II.** *s:* **the Almighty** der Allmächtige

almond [ˈɑːmənd] *s* Mandel(baum *m*) *f*

al·most [ˈɔːlməʊst] *adv* fast, beinahe

aloe vera [ˌaləʊˈvɪərə] *s* (*tropische Pflanze*) Aloe Vera *f*

alone [əˈləʊn] *adv, adj* allein; nur, bloß; **leave it ~!** lassen Sie es bleiben!; **leave me ~!** lass mich in Ruhe!; **let ~ …** ganz abgesehen von …

along [əˈlɒŋ] **I.** *prep* entlang, längs; an … entlang **II.** *adv* geradeaus, weiter; vorwärts; längs; **all ~** schon immer; **~ here** in dieser Richtung; **~ with** zusammen mit; **come ~** mitkommen; **get ~** Fortschritte machen (*with* mit), auskommen, fertig werden (*with* mit), durchkommen, leben; **take ~** mitnehmen; **how are you getting ~?** wie geht es Ihnen denn?; **along·side** [əˌlɒŋˈsaɪd] **I.** *prep* neben **II.** *adv* Seite an Seite; daneben; (MAR) längsseits

aloof [əˈluːf] **I.** *adv* abseits, entfernt, von weitem, fern **II.** *adj* unnahbar, zurückhaltend; **stand** [*o* **hold o.s.**] **~ from s.th.** sich von etw zurückhalten

aloud [əˈlaʊd] *adv* laut; **read ~** vorlesen

al·pha [ˈælfə] *s* Alpha *nt;* **al·pha·bet** [ˈælfəbet] *s* Alphabet, Abc *nt;* **al·pha·beti·cal** [ˌælfəˈbetɪkl] *adj* alphabetisch; **alpha male** *s* dominanter Mann; **al·pha·nu·mer·ic** [ˌælfənjuːˈmerɪk] *adj* alphanumerisch; **alpha ray** *s* Alphastrahl *m*

al·pine [ˈælpaɪn] *adj* alpin

Alps [ælps] *s pl* die Alpen *pl*

al·ready [ɔːlˈredɪ] *adv* schon, bereits

al·sa·tian [ælˈseɪʃn] *s* (*Br*) Schäferhund *m;* **Al·sa·tian** *adj* elsässisch

also [ˈɔːlsəʊ] *adv* auch, ebenfalls

? Grammatik

also klingt im Englischen ziemlich gespreizt und sollte besser durch *as well* oder *too* ersetzt werden: *Susan plays tennis and her sister does too/as well.*

al·tar [ˈɔːltə(r)] *s* Altar *m*

al·ter [ˈɔːltə(r)] **I.** *vt* (ab-, um-, ver)ändern **II.** *vi* sich wandeln, sich (ver)ändern; **al·ter·able** [ˈɔːltərəbl] *adj* veränderlich; **al·ter·ation** [ˌɔːltəˈreɪʃn] *s* Änderung *f;* (*an Gebäude*) Umbau *m;* **subject to ~** Änderungen vorbehalten

al·ter·ca·tion [ˌɔːltəˈkeɪʃn] *s* Auseinandersetzung *f*

al·ter·nate [ɔːlˈtɜːnət] **I.** *adj* abwechselnd; **on ~ days** jeden zweiten Tag **II.** [ˈɔːltəneɪt] *vt* abwechseln lassen **III.** [ˈɔːltəneɪt] *vi* abwechseln (*with* mit); **al·ter·nat·ing** [ˈɔːltəneɪtɪŋ] *adj* wechselnd; **~ current** Wechselstrom *m;* **al·ter·na·tive** [ɔːlˈtɜːnətɪv] **I.** *adj* alternativ; sich gegenseitig ausschließend **II.** *s* Alternative *f;* **there is no ~** es gibt keine andere Möglichkeit; **al·ter·na·tive·ly** [-lɪ] *adv* im anderen Falle; **alter·nator** [ˈɔːltəneɪtə(r)] *s* (ELEK) Wechselstromgenerator *m;* (AUTO) Lichtmaschine *f*

al·though [ɔːlˈðəʊ] *conj* obgleich, wenn auch, obschon

al·tim·eter [ˈæltɪmiːtə(r)] *s* Höhenmesser *m*

al·ti·tude [ˈæltɪtjuːd] *s* Höhe *f;* Höhenlage *f;* **fly at an ~ of …** in einer Höhe von … fliegen

alto [ˈæltəʊ] <*pl* altos> *s* (MUS) Alt *m;* **alto clef** *s* (MUS) Altschlüssel *m*

al·to·gether [ˌɔːltəˈgeðə(r)] *adv* ❶ gänzlich, ganz und gar, völlig ❷ alles in allem, insgesamt, im Ganzen

alto saxophone *s* Altsaxophon *nt*

al·tru·ism [ˈæltruːɪzəm] *s* Selbstlosigkeit *f,* Altruismus *m;* **al·tru·ist** [ˈæltruːɪst] *s* Altruist *m;* **al·tru·is·tic** [ˌæltruːˈɪstɪk] *adj* altruistisch, selbstlos

alu·min·ium [ˌæljʊˈmɪnɪəm] *s* Aluminium *nt;* **aluminium oxide** *s* Tonerde *f;* **alu·mi·num** [əˈluːmɪnəm] *s* (*Am*) Aluminium *nt;* **alu·mi·nize** [əˈluːmɪˌnaɪz] *vt* aluminieren, mit Aluminium überziehen

al·ways [ˈɔːlweɪz] *adv* ❶ immer, stets, (be)ständig ❷ von jeher, schon immer

am [əm, *betont* æm] *1. Person Singular Präsens* **be**

a.m. *Abk. von* **ante meridiem** vormittags

amal·gam [əˈmælgəm] *s* ❶ (CHEM) Amalgam *nt* ❷ (*fig*) Mischung *f;* **amal·ga·mate** [əˈmælgəmeɪt] **I.** *vt* vermischen; vereinigen, verschmelzen **II.** *vi* ❶ sich vereinigen, verschmelzen ❷ (COM) fusionieren; **amal·ga·ma·tion** [əˌmælgəˈmeɪʃn] *s* ❶ Amalgamierung *f* ❷ Vereinigung, Verschmelzung, Fusion *f;* Fusionieren *nt*

amass [əˈmæs] *vt* an-, aufhäufen; zusammentragen, -bringen

ama·teur [ˈæmətə(r)] *s* Amateur *m;* **ama·teur·ish** [ˈæmətərɪʃ] *adj* dilettantisch

amaze [əˈmeɪz] *vt* verblüffen, sehr überraschen; **be ~d at** erstaunt sein über; **amaze·ment** [-mənt] *s* Erstaunen *nt,* Verblüffung *f;* **amaz·ing** [-ɪŋ] *adj* erstaunlich

Am·azon [ˈæməzən] *s* (GEOG) Amazonas *m*

am·bas·sa·dor [æmˈbæsədə(r)] *s* Botschafter *m;* **am·bas·sa·dress** [æmˈbæsədrɪs] *s* Botschafterin *f*

am·ber [ˈæmbə(r)] **I.** *s* ❶ Bernstein *m* ❷ (*Verkehrsampel*) Gelb *nt* **II.** *adj* bernsteinfarben

am·bi·dex·trous [ˌæmbɪˈdekstrəs] *adj* beidhändig

am·bi·guity [ˌæmbɪˈgjuːətɪ] *s* Mehr-, Doppeldeutigkeit *f;* Zweideutigkeit *f;* **am·bigu·ous** [æmˈbɪgjʊəs] *adj* mehr-, doppel-, zweideutig

am·bi·tion [æmˈbɪʃn] *s* Ehrgeiz *m;* **be filled with ~** ehrgeizig sein; **am·bi·tious** [æmˈbɪʃəs] *adj* ehrgeizig

amble [ˈæmbl] *vi* schlendern

am·bu·lance [ˈæmbjʊləns] *s* Kranken-, Sanitätswagen *m*

am·bush [ˈæmbʊʃ] **I.** *s* Hinterhalt *m;* **lie in ~** im Hinterhalt liegen **II.** *vt* aus dem Hinterhalt überfallen

ameba *s* (*Am*) Amöbe *f;* **amebic** *adj* (*Am*): **~ dysentery** Amöbenruhr *f*

ameli·or·ate [əˈmiːlɪəreɪt] *vt* verbessern; **ameli·or·ation** [əˌmiːlɪəˈreɪʃn] *s* Verbesserung *f*

amen [ɑːˈmen, *Am* eɪˈmen] *s* Amen *nt*

amen·able [əˈmiːnəbl] *adj* zugänglich (*to* für)

amend [əˈmend] *vt* ❶ verbessern ❷ (*Gesetze*) (ab)ändern; **amend·ment** [-mənt] *s* ❶ Verbesserung, Richtigstellung *f* ❷ Änderung *f*

amen·ity [əˈmiːnətɪ] *s* ❶ öffentliche Einrichtung ❷ angenehme Lage; **close to all amenities** in günstiger (Einkaufs- und Verkehrs)Lage; **a house with every ~** ein Haus mit allem Komfort; **high ~ district** gute Wohngegend

Ameri·ca [əˈmerɪkə] *s* Amerika *nt*

Ameri·can [əˈmerɪkən] **I.** *s* Amerikaner(in) *m(f)* **II.** *adj* amerikanisch

? Grammatik

Es gibt im **American English** (*Am*) ein paar Unterschiede in der Schreibweise zum **British English** (*Br*):
Die meisten Wörter, die im britischen Englisch mit **-our** enden, hören im amerikanischen Englisch mit **-or** auf: *colour* (*Br*) – *color* (*Am*); *humour – humor.*
Einige Verben, besonders solche, die mit **l** oder **p** enden, werden im britischen Englisch in den Formen mit **-ed** und **-ing** verdoppelt und im amerikanischen Englisch nicht: *kidnapped – kidnaped; travelling – traveling.*
Viele Wörter, die im *Br* mit **-re** aufhören, werden im *Am* mit **-er** geschrieben: *centre – center, metre – meter; theatre – theater.*
Im *Am* werden einige Wörter verkürzt: *axe → ax, catalogue → catalog, cheque → check, programme → program, doughnut → donut.*

Ameri·can·ism [-ɪzəm] *s* amerikanischer Ausdruck, Amerikanismus *m;* **Ameri·can·ize** [-aɪz] *vt* amerikanisieren

am·ethyst [ˈæmɪθɪst] *s* (MIN) Amethyst *m*

amia·bil·ity [ˌeɪmɪəˈbɪlətɪ] *s* Freundlichkeit, Liebenswürdigkeit *f;* **ami·able** [ˈeɪmɪəbl] *adj* liebenswürdig

amic·able [ˈæmɪkəbl] *adj* freundschaftlich, friedlich

amid(st) [əˈmɪd(st)] *prep* mitten unter, inmitten

amiss [əˈmɪs] **I.** *adj pred* in Unordnung, schlecht; mangelhaft; **there's something ~** da stimmt irgendetwas nicht **II.** *adv:* **take s.th. ~** etw übelnehmen

am·me·ter [ˈæmɪtə(r)] *s* (ELEK) Amperemeter *nt*

am·mo·nia [əˈməʊnɪə] *s* (CHEM) Ammoniak *nt*

am·mu·ni·tion [ˌæmjʊˈnɪʃn] *s* Munition *f;* **ammunition dump** *s* Munitionslager *nt*

am·nesia [æmˈniːzɪə] *s* (MED) Amnesie *f,* Gedächtnisschwund *m*

am·nesty [ˈæmnəstɪ] *s* Amnestie *f*

amoeba [əˈmiːbə] *s* Amöbe *f;* **amoebic** [əˈmiːbɪk] *adj:* **~ dysentery** Amöbenruhr *f*

amok [əˈmɒk] *s:* **run ~** Amok laufen

among(st) [əˈmʌŋ(st)] *prep* ❶ unter, zwischen; in; bei ❷ zusammen mit; **~ other things** unter anderem; **be popular ~ them** bei ihnen populär sein; **they agreed ~ themselves** sie kamen untereinander überein; **settle that ~ yourselves!** machen Sie das unter sich aus!

amoral [ˌeɪˈmɒrəl] *adj* amoralisch

am·or·ous [ˈæmərəs] *adj* amourös

amor·phous [əˈmɔːfəs] *adj* ❶ (CHEM MIN) amorph ❷ gestaltlos

amor·ti·za·tion [əˌmɔːtɪˈzeɪʃn] *s* Amortisation, Tilgung *f;* **amor·tize** [əˈmɔːtaɪz] *vt* amortisieren, tilgen

amount [əˈmaʊnt] **I.** *s* ❶ Betrag *m,* Summe *f* ❷ Menge *f;* **any ~ of** beliebig viel; **up to the ~ of** bis zum Betrag von; **large ~s of money** beträchtliche Geldsummen **II.** *vi* ❶ sich belaufen (*to* auf), (den Betrag) erreichen (*to* von), betragen, ausmachen (*to s.th.* etw) ❷ hinauslaufen (*to* auf), bedeuten (*to s.th.* etw); **~ to nothing** belanglos sein; **amount carried forward** *s* (COM) Übertrag *m*

am·pere [ˈæmpeə(r)] *s* Ampere *nt*

am·pheta·mine [æmˈfetəmiːn, -mɪn] *s* Amphetamin *nt*

am·phib·ian [æmˈfɪbɪən] *s* Amphibie *f;* Amphibienfahrzeug *nt;* **am·phibi·ous** [æmˈfɪbɪəs] *adj* amphibisch

amphi·theatre [ˈæmfɪˌθɪətə(r)] *s* Amphitheater *nt*

ample [ˈæmpl] *adj* ❶ geräumig, ausgedehnt ❷ reichlich; ausreichend, genügend; **we've (got) ~ time** wir haben reichlich Zeit

am·pli·fi·ca·tion [ˌæmplɪfɪˈkeɪʃn] *s* ❶ Erweiterung, Ausdehnung *f* ❷ zusätzliche Einzelheiten, weitere Ausführungen *fpl* (*upon* über) ❸ (ELEK) Verstärkung *f;* **am·pli·fier** [ˈæmplɪfaɪə(r)] *s* (ELEK) Verstärker *m;* **am·plify** [ˈæmplɪfaɪ] *vt* ❶ (*a.* ELEK) verstärken ❷ erweitern, ausdehnen, vergrößern ❸ (*Thema*) näher ausführen, ausführlich darstellen

am·pli·tude [ˈæmplɪtjuːd] *s* ❶ Weite, Größe *f,* Umfang *m;* Fülle *f* ❷ (PHYS) Amplitude *f*

am·poule [ˈæmpuːl] *s* (MED) Ampulle *f*

am·pul·la [æmˈpʊlə] <*pl* -lae> *s* Ampulle *f*

am·pu·tate [ˈæmpjʊteɪt] *vt* amputieren; **am·pu·ta·tion** [ˌæmpjʊˈteɪʃn] *s* (MED) Amputation *f*

amuck [əˈmʌk] *adv:* **run ~** Amok laufen

amu·let [ˈæmjʊlɪt] *s* Amulett *nt*

amuse [əˈmjuːz] **I.** *vt* belustigen, amüsieren; **be ~d at** [*o* **by**] **s.th.** sich freuen über etw **II.** *vr* sich die Zeit vertreiben (*by doing s.th.*

A

mit etw); **amu·se·ment** [-mənt] *s* Belustigung, Unterhaltung *f;* Zeitvertreib *m;* Vergnügen *nt* (*at* über); **amu·se·ment ar·cade** *s* Spielhalle *f;* **amus·ing** [-ɪŋ] *adj* unterhaltend, belustigend, amüsant (*to* für)

an [ən, *betont* æn] *art s.* **a**

ana·bol·ic ster·oid [ˌænə'bɒlɪk'stɪərɔɪd] *s* Anabolikum *nt*

anach·ron·ism [ə'nækrənɪzəm] *s* Anachronismus *m;* **anach·ron·is·tic** [əˌnækrə'nɪstɪk] *adj* anachronistisch

ana·conda [ˌænə'kɒndə] *s* (*Riesenschlange*) Anakonda *f*

anae·mia [ə'ni:mɪə] *s* (MED) Anämie, Blutarmut *f;* **anaemic** [ə'ni:mɪk] *adj* blutarm

an·aes·thesia [ˌænɪs'θi:zɪə] *s* (MED) Narkose, Anästhesie *f;* **an·aes·thetic** [ˌænɪs'θetɪk] **I.** *adj* betäubend **II.** *s* Betäubungsmittel *nt;* **anaes·the·tize** [ə'ni:sθətaɪz] *vt* betäuben, narkotisieren

ana·gram ['ænəgræm] *s* Anagramm *nt*

anal ['eɪnəl] *adj* anal, Anal-

an·al·gesic [ˌænæl'dʒi:sɪk] **I.** *s* schmerzstillendes Mittel, Analgetikum *nt* **II.** *adj* schmerzstillend

an·a·log ['ænəlɒg] *adj* (INFORM) analog; **anal·og·ic(al)** [ˌænə'lɒdʒɪk(l)] *adj* analog; **anal·og·ous** [ə'næləgəs] *adj* analog, entsprechend; **anal·ogy** [ə'nælədʒɪ] *s* Analogie, Ähnlichkeit *f;* **on the ~ of** analog zu

ana·lyse ['ænəlaɪz] *vt* ❶ analysieren, zergliedern, zerlegen ❷ (*fig*) untersuchen; (*Bericht*) auswerten; **analy·sis** [ə'næləsɪs, *pl* -si:z] <*pl* -ses> *s* ❶ Analyse *f* ❷ Untersuchung, Auswertung *f;* **ana·lyst** ['ænəlɪst] *s* Analytiker(in) *m(f)*, Psychotherapeut(in) *m(f);* **food ~** Lebensmittelchemiker(in) *m(f);* **ana·lyti·c(al)** [ˌænə'lɪtɪkl] *adj* analytisch; **ana·lyze** (*Am*) *s.* **analyse**

an·archic, an·archi·cal [ə'nɑ:kɪk(l)] *adj* anarchisch; **an·arch·ism** ['ænəkɪzəm] *s* Anarchismus *m;* **an·arch·ist** ['ænəkɪst] *s* Anarchist(in) *m(f);* **an·arch·istic** [ˌænə'kɪstɪk] *adj* anarchistisch; **an·archy** ['ænəkɪ] *s* Anarchie *f*

ana·tomi·cal [ˌænə'tɒmɪkl] *adj* anatomisch; **ana·to·mize** [ə'nætəmaɪz] *vt* ❶ sezieren ❷ (*fig*) in allen Einzelheiten prüfen; **anat·omy** [ə'nætəmɪ] *s* ❶ Anatomie *f* ❷ (*fig*) Aufbau *m*

an·ces·tor ['ænsestə(r)] *s* Vorfahr *m;* **an·ces·tral** [æn'sestrəl] *adj* angestammt, seiner/ihrer Vorfahren; **~ home** Stammsitz *m;* **an·ces·try** ['ænsestrɪ] *s* Vorfahren *mpl,* Abstammung *f*

an·chor ['æŋkə(r)] **I.** *s* Anker *m;* **at ~** vor Anker; **cast** [*o* **drop**] **~** Anker werfen; **ride at ~** vor Anker liegen; **weigh ~** den Anker lichten **II.** *vt* verankern **III.** *vi* ankern; **an·chor·age** ['æŋkərɪdʒ] *s* Liege-, Ankerplatz *m;* Anker-, Liegegebühren *fpl;* **an·chor·man, an·chor·woman** ['æŋkəmæn, -wʊmən] <*pl* -men, -women> *s* (TV) Koordinator(in) *m(f)*

an·chovy ['æntʃəvɪ] *s* Anschovis, Sardelle *f*

ancient ['eɪnʃənt] **I.** *adj* ❶ alt, aus alter Zeit; antik ❷ (*Person*) uralt **II.** *s:* **the ~s** Menschen *m pl* des Altertums

an·cil·lary [æn'sɪlərɪ, *Am* 'ænsəlerɪ] *adj* ❶ zusätzlich, ergänzend (*to* für) ❷ Neben-, Hilfs-

and [ən, ənd, *betont* ænd] *conj* und; und auch; und dazu; **for days ~ days** tagelang; **years ~ years** jahrelang; **nice ~ warm** schön warm; **~ so on** und so weiter (usw.); **try ~ do it** versuch's doch mal!; **wait ~ see** abwarten

an·dro·gyne ['ændrəˌdʒaɪn] *s* Zwitter *m*

an·dro·pause ['ændrəˌpɔ:z] *s* Wechseljahre des Mannes

an·ec·do·tal [ˌænɪk'dəʊtl] *adj* anekdotisch; **an·ec·dote** ['ænɪkdəʊt] *s* Anekdote *f*

ane·mia [ə'ni:mɪə] *s* (*Am:* MED) Anämie, Blutarmut *f;* **anemic** [ə'ni:mɪk] *adj* (*Am*) blutarm

ane·mom·eter [ˌænɪ'mɒmɪtə(r)] *s* Anemometer *nt,* Windmesser *m*

anem·one [ə'nemənɪ] *s* Anemone *f*

an·es·thesia [ˌænɪs'θi:ʒə] *s* (*Am:* MED) Narkose, Anästhesie *f;* **an·esthetic** **I.** *adj* (*Am*) betäubend **II.** *s* Betäubungsmittel *nt;* **an·es·the·tize** *vt* (*Am*) betäuben, narkotisieren

anew [ə'nju:] *adv* wieder, von neuem

angel ['eɪndʒl] *s* (*a. fig*) Engel *m;* **angelic** [æn'dʒelɪk] *adj* engelhaft

anger ['æŋgə(r)] **I.** *s* Ärger, Zorn *m,* Wut *f* (*at* über); **in** (**a moment of**) **~** im Zorn **II.** *vt* wütend machen, ärgern

angle¹ ['æŋgl] **I.** *s* ❶ Winkel *m* ❷ Ecke *f* ❸ Seite *f* ❹ Standpunkt *m,* Position *f;* **at an ~ of** in einem Winkel von; **at an ~** schräg; **consider s.th. from all ~s** etw von allen Seiten betrachten **II.** *vt* ❶ ausrichten, einstellen ❷ (*Information*) färben

angle² ['æŋgl] *vi* angeln; **~ for** (*fig*) fischen nach, aus sein auf; **ang·ler** ['æŋglə(r)] *s* Angler(in) *m(f)*

i Land & Leute

Die **Angles** (Angeln) waren ein germanischer Stamm, der von Dänemark aus zusammen mit den *Saxons* (Sachsen) im 5. und 6. Jh. im Süden Britanniens einwanderte und ihn besiedelte.

Der Name England bedeutet *land of the Angles* und die Bezeichnung *Anglo-Saxons* (Angelsachsen) sollte die *Saxons of England* von den *Saxons of Germany* unterscheiden.

Ang·li·can ['æŋglɪkən] **I.** *s* Anglikaner(in) *m(f)* **II.** *adj* anglikanisch; **Anglican Church** *s* anglikanische Kirche

ang·li·cism ['æŋglɪsɪzəm] *s* Anglizismus *m;* **ang·li·cist** ['æŋglɪsɪst] *s* Anglist(in) *m(f);* **ang·li·cize** ['æŋglɪsaɪz] *vt* anglisieren

Anglo [ˌæŋgləʊ] *PRÄF* Anglo-; englisch-; **anglo·phile** **I.** *s* Anglophile(r) *f m,* Englandfreund *m* **II.** *adj* anglophil, englandfreundlich; **anglo·pho·bia** [ˌæŋgləʊ'fəʊbɪə] *s* Anglophobie *f,* Englandhass *m;* **Anglo-Saxon** [ˌæŋgləʊ'sæksən] **I.** *s* Angelsachse *m,* Angelsächsin *f* **II.** *adj* angelsächsisch

An·go·la [æŋ'gəʊlə] *s* Angola *nt;* **An·go·lan** [æŋ'gəʊlən] **I.** *adj* angolanisch **II.** *s* Angolaner(in) *m(f)*

an·gora [æŋ'gɔːrə] *s* Angorawolle *f;* **angora cat** *s* Angorakatze *f*

angry ['æŋgrɪ] *adj* ❶ verärgert (*at s.th.* über etw, *with s.o.* auf jdn) ❷ (MED) entzündet ❸ (*See*) aufgewühlt; **be ~** sich ärgern, ärgerlich sein; böse sein (*at, with* auf, mit); **what are you ~ about?** worüber ärgern Sie sich?

an·guish ['æŋgwɪʃ] *s* Schmerz *m,* Qual *f;* **be in ~** Qualen ausstehen

angu·lar ['æŋgjʊlə(r)] *adj* ❶ wink(e)lig; eckig ❷ (*Mensch*) knochig

ani·mal ['ænɪml] **I.** *s* Tier *nt* **II.** *adj* tierisch, animalisch; **animal husbandry** *s* Viehwirtschaft *f;* **animal kingdom** *s* Tierreich *nt*

ani·mate ['ænɪmeɪt] **I.** *vt* ❶ beleben, mit Leben erfüllen ❷ aufmuntern, ermutigen, begeistern ❸ (FILM) animieren **II.** ['ænɪmət] *adj* belebt, lebendig; **ani·ma·ted** ['ænɪmeɪtɪd] *adj* ❶ lebhaft, rege; angeregt ❷ beseelt (*by, with* von); **~ cartoon** (Zeichen)Trickfilm *m*

ani·mat·ics [ˌænɪ'mætɪks] *s* (INFORM: *Computerdesign einer Filmszene*) Animatics *pl*

ani·ma·tion [ˌænɪ'meɪʃn] *s* ❶ Aufmunterung *f;* Lebhaftigkeit *f* ❷ (FILM) Animation *f;* **ani·ma·tor** ['ænɪmeɪtə(r)] *s* Animator(in) *m(f)*

ani·ma·tron·ic [ænɪmə'trɒnɪk] *adj* computeranimiert

ani·mos·ity [ˌænɪ'mɒsətɪ] *s* Feindseligkeit *f;* starke Abneigung (*against* gegen, *between* zwischen)

an·ise ['ænɪs] *s* Anis *m;* **ani·seed** ['ænɪsiːd] *s* Anis(samen) *m*

an·kle ['æŋkl] *s* Fußknöchel *m;* **sprain one's ~** sich den Fuß verstauchen; **ankle-biter** *s* (*Aus: sl*) Kind *nt;* **ankle·bone** ['æŋklbəʊn] *s* Sprungbein *nt;* **ankle-deep** *adj, adv* knöcheltief, bis zum Knöchel; **ankle sock** *s* Söckchen *nt*

anklet ['æŋklɪt] *s* Fußkettchen *nt*

an·nal·ist ['ænəlɪst] *s* Chronist(in) *m(f);* **an·nals** ['ænlz] *s pl* Annalen *pl;* (*von Verein*) Bericht *m*

an·neal [ə'niːl] *vt* kühlen; (aus)glühen, tempern; (*fig*) stählen

an·nex ['æneks] **I.** *s* ❶ (ARCH) Anbau *m,* Nebengebäude *nt* ❷ Anhang *m;* Nachtrag *m* (*to* zu) **II.** [ə'neks] *vt* ❶ (POL) annektieren ❷ anhängen, beifügen; **an·nex·ation** [ˌænek'seɪʃn] *s* (POL) Annexion *f*

an·ni·hi·late [ə'naɪəleɪt] *vt* vernichten; auslöschen; **an·ni·hi·la·tion** [əˌnaɪə'leɪʃn] *s* Vernichtung, Zerstörung, Zerschlagung *f*

an·ni·ver·sary [ˌænɪ'vɜːsərɪ] *s* Jahrestag *m;* **wedding ~** Hochzeitstag *m*

an·no·tate ['ænəteɪt] *vt* mit Anmerkungen versehen, kommentieren; **anno·ta·tion** [ˌænə'teɪʃn] *s* Anmerkung *f,* Kommentar *m;* **an·no·ta·tor** ['ænəteɪtə(r)] *s* Kommentator(in) *m(f)*

an·nounce [ə'naʊns] *vt* ❶ ankündigen, melden; ansagen, durchgeben ❷ bekannt geben, machen, anzeigen; **an·nounce·ment** [-mənt] *s* ❶ Ankündigung, Anzeige, Bekanntmachung *f* ❷ (RADIO) Durchsage, Ansage *f;* **an·noun·cer** [ə'naʊnsə(r)] *s* (RADIO) Ansager(in) *m(f)*

an·noy [ə'nɔɪ] *vt* ärgern; aufregen; belästigen; **be ~ed** sich ärgern (*at s.th.* über etw, *with s.o.* über jdn); **get ~ed** sich aufregen; **an·noy·ance** [-əns] *s* ❶ Ärger *m* ❷ Belästigung, Plage *f;* **an·noy·ing** [-ɪŋ] *adj* lästig, störend; ärgerlich

an·nual ['ænjʊəl] **I.** *adj* jährlich; **~ general meeting** Jahreshauptversammlung *f;* **~ ring** (*von Baumstämmen*) Jahresring *m;* **~ salary** Jahresgehalt *nt;* **~ work contract** Jahresarbeitszeitverhältnis *nt* **II.** *s* ❶ Jahrbuch *nt* ❷ einjährige Pflanze; **an·nual·ly** ['ænjʊəlɪ] *adv* jährlich; **twice ~** zweimal im Jahr, zweimal jährlich

an·nu·ity [ə'njuːətɪ] *s* Jahresrente, Annuität *f;* **life ~** Lebens-, Leibrente *f*

an·nul [ə'nʌl] *vt* annullieren, aufheben, für ungültig erklären; **an·nul·ment** [-mənt] *s* Annullierung, Aufhebung, Nichtigkeitserklärung *f;* Abschaffung *f*

An·nun·ci·ation [əˌnʌnsɪ'eɪʃn] *s* Mariä Verkündigung *f* (*25. März*)

an·ode ['ænəʊd] *s* (ELEK) Anode *f*

ano·dyne [ænədaɪn] **I.** *s* schmerzstillendes Mittel **II.** *adj* schmerzstillend, beruhigend; (*fig*) harmlos

anoint [ə'nɔɪnt] *vt* salben

anom·al·ous [ə'nɒmələs] *adj* unregelmäßig; anomal; **anom·aly** [ə'nɒməlɪ] *s* Anomalie *f*

an·omie ['ænʊəmɪ] *s* Anomie *f*

ano·nym·ity [ˌænə'nɪmətɪ] *s* Anonymität *f;* **anony·mous** [ə'nɒnɪməs] *adj* anonym

an·or·ak ['ænəræk] *s* Anorak *m*

an·or·exia [ˌɑnə'reksɪə] *s* Magersucht, Anorexie *f*

an·other [ə'nʌðə(r)] **I.** *adj* ① noch eine(r, s) ② ein Zweiter ③ ein anderer; **at ~ time** zu einer anderen Zeit; **in ~ place** an einem anderen Ort **II.** *pron* ein anderer; **one ~** einander, sich

answer ['ɑːnsə(r)] **I.** *s* ① Antwort *f;* Entgegnung, Erwiderung *f* ② (*Problem*) Lösung *f;* **in ~ to** als Antwort auf **II.** *vi* ① antworten, erwidern, entgegnen ② geeignet sein, taugen; **~ to the name of ...** auf den Namen ... hören **III.** *vt* ① beantworten, antworten auf; antworten (*s.o.* jdm) ② (*einer Beschreibung, einem Zweck*) entsprechen; (*Verpflichtungen*) nachkommen; (*den Anforderungen*) genügen; (*Hoffnung*) erfüllen; (*Gebet*) erhören; (*Bedürfnis*) befriedigen ③ (JUR) sich verantworten wegen; **~ the door** die Tür öffnen; **~ the telephone** ans Telefon gehen; **~ a description** einer Beschreibung entsprechen; **answer back** *vi* widersprechen; frech sein; **don't ~ back!** keine Widerrede!; **~ s.o. back** jdm widersprechen; jdm eine freche Antwort geben; **answer for** *vi* ① verantwortlich sein für, verantworten ② sich verbürgen für; sprechen für; **he has a lot to ~ for** er hat einiges auf dem Gewissen; **answer to** *vi* entsprechen; **~ to a description** einer Beschreibung entsprechen; **~ to s.o. for s.th.** jdm für etw Rechenschaft schuldig sein; **~ to the controls** auf die Steuerung ansprechen; **answer·able** ['ɑːnsərəbl] *adj* ① beantwortbar ② (JUR) verantwortlich; **be (held) ~ to s.o. for s.th.** für etw gegenüber jdm verantwortlich sein; **answer·ing ma·chine** ['ɑːnsərɪŋ mə'ʃiːn] *s* Anrufbeantworter *m*

ant [ænt] *s* Ameise *f*

an·tag·on·ism [æn'tægənɪzəm] *s* Gegensatz *m;* Feindseligkeit *f;* **be in ~ with** im Gegensatz stehen zu; **an·tag·on·is·tic** [ænˌtægə'nɪstɪk] *adj* feindselig; (*Macht*) gegnerisch, feindlich; (*Interessen*) widerstreitend; **an·tag·on·ize** [æn'tægənaɪz] *vt* zu seinem Gegner machen

ant·arc·tic [æn'tɑːktɪk] **I.** *s:* **the Antarctic** die Antarktis **II.** *adj* antarktisch; **Antarctic Circle** *s* Südpolarkreis *m;* **Antarctic Ocean** *s* Südpolarmeer *nt*

ant·eater ['æntˌiːtə(r)] *s* Ameisenbär *m*

ante·ced·ent [ˌæntɪ'siːdnt] **I.** *adj* früher (*to* als), vorangehend **II.** *s pl* Vorleben *nt;* Abstammung *f*

ante·cham·ber ['æntɪʃeɪmbə(r)] *s* Vorzimmer *nt*

ante·di·luvian [ˌæntɪdɪ'luːvɪən] *adj* ① (*a. fig*) vorsintflutlich ② altmodisch

ante·lope ['æntɪləʊp] *s* Antilope *f*

ante·na·tal [ˌæntɪ'neɪtl] *adj* vor der Geburt; **~ clinic** Klinik *f* für schwangere Frauen

an·tenna¹ [æn'tenə, *pl* æn'teniː] <*pl* -tennae> *s* Fühler *m*

an·tenna² [æn'tenə] <*pl* -tennas> *s* (TECH) Antenne *f*

an·ter·ior [æn'tɪərɪə(r)] *adj* ① (*Ort*) vordere(r, s) ② (*Zeit*) vorhergehend, früher (*to* als)

ante·room ['æntɪrʊm] *s* Vor-, Wartezimmer *nt*

an·them ['ænθəm] *s* Hymne *f*

an·ther ['ænθə(r)] *s* (BOT) Staubbeutel *m*

ant·hill ['ænthɪl] *s* Ameisenhaufen *m*

an·thol·ogy [æn'θɒlədʒɪ] *s* Anthologie *f*

an·thra·cite ['ænθrəsaɪt] *s* (MIN) Anthrazit *m*

an·thro·poid ['ænθrəpɔɪd] **I.** *adj* menschenähnlich **II.** *s* Menschenaffe *m;* **an·thro·po·logi·cal** [ænθrəpə'lɒdʒɪkl] *adj* anthropologisch; **an·thro·pol·ogy** [ˌænθrə'pɒlədʒɪ] *s* Anthropologie *f*

anti ['æntɪ, *Am* 'æntaɪ] *prep* gegen; **anti-** *PRÄF* Anti-, anti-; **anti-air·craft** [ˌæntɪ'eəkrɑːft] *adj attr* Flugabwehr-; **~ artillery** Flak *f;* **~ defence** Luftverteidigung *f;* **~ fire** Flakfeuer *nt;* **~ gun** Flak *f;* **anti·biotic** [ˌæntɪbaɪ'ɒtɪk] *s* Antibiotikum *nt;* **anti-blem·ish stick** [ˌæntɪ'blemɪʃˌstɪk] *s* Antipickelstift *m;* **anti-body** ['æntɪbɒdɪ] *s* Antikörper *m*

an·tic ['æntɪk] *s meist pl* dummer Streich, Posse *f*

an·ti·car·cino·gen·ic [ˌæntɪ'kɑːsɪnʊədʒenɪk] *adj* (MED) antikarzinogen, Krebs hemmend

Anti·christ ['æntɪkraɪst] *s* Antichrist *m*

an·tici·pate [æn'tɪsɪpeɪt] *vt* ① erwarten ② (*zeitlich*) vorwegnehmen, zuvorkommen (*s.th.* einer Sache) ③ vorausberechnen, vorhersehen; voraussehen; ahnen ④ im Voraus bezahlen; im Voraus verbrauchen; **an·tici·pated** *adj* erwartet, vorhergesehen; **an·tici·pa·tion** [ænˌtɪsɪ'peɪʃn] *s* ① Erwartung, Voraussicht, Ahnung *f;*

Erwartungshaltung *f* ② Vorwegnahme *f;* Zuvorkommen *nt* ③ Vorausberechnung *f;* **in** ~ im Voraus; in Erwartung (*of +gen*); **an·tici·pa·tory** [ænˌtɪsɪˈpeɪtərɪ] *adj* vorwegnehmend

anti·cleri·cal [ˌæntɪˈklerɪkl] *adj* antiklerikal; **anti·cli·max** [ˌæntɪˈklaɪmæks] *s* Enttäuschung *f;* (*lit*) Antiklimax *m;* **anti·clock·wise** [ˌæntɪˈklɒkwaɪz] *adj, adv* entgegen dem Uhrzeigersinn; **anti·coagu·lant** [ˌæntɪkəʊˈægjʊlənt] **I.** *s* Antikoagulans *nt* **II.** *adj* blutgerinnungshemmend; **anti·cor·ros·ive** [ˌæntɪkəˈrəʊsɪv] *adj* Korrosionsschutz-; **anti·cyc·lone** [ˌæntɪˈsaɪkləʊn] *s* Hoch(-druckgebiet) *nt;* **anti·dazzle** [ˌæntɪˈdæzl] *adj* blendfrei; ~ **mirror** blendfreier Spiegel; **anti·dis·crimi·na·tion** [ˌæntɪdɪˌskrɪmɪˈneɪʃn] *adj* Antidiskriminierungs-; **an** ~ **law** ein Antidiskriminierungsgesetz; **anti·dote** [ˈæntɪdəʊt] *s* Gegenmittel, Gegengift *nt* (*against, for, to* gegen); **anti·freeze** [ˈæntɪfriːz] *s* Frostschutzmittel *nt;* **anti·gen** [ˈæntɪdʒən] *s* (BIOL) Abwehrstoff *m;* **anti·glob·al·ist** [ˌæntɪˈgleʊblɪst] *s* Globalisierungsgegner(in) *m(f);* **anti·his·ta·mine** [ˌæntɪˈhɪstəˌmiːn] *s* Antihistamin *nt;* **anti·knock** [ˌæntɪˈnɒk] *adj* (*Benzin*) klopffest; **anti·lock brak·ing sys·tem** [æntɪˈlɒk ˈbreɪkɪŋ ˈsɪstəm] *s* (AUTO) Antiblockiersystem, ABS *nt*

anti·mat·ter [ˈæntɪmætə(r)] *s* Antimaterie *f;* **anti·mis·sile** [ˌæntɪˈmɪsaɪl] *adj* Raketenabwehr-; **anti·oxi·dant** [ˌæntɪˈɒksɪdənt] *s* Antioxydationsmittel *nt*

an·tipa·thy [ænˈtɪpəθɪ] *s* Antipathie, Abneigung *f;* Widerwillen *m* (*to, towards, against* gegen); **anti·per·spir·ant** [ˌæntɪˈpɜːspərənt] *s* Deodorant *nt*

an·tipo·des [ænˈtɪpədiːz] *s pl* entgegengesetzte Teile *m pl* der Erde

anti·quar·ian [ˌæntɪˈkweərɪən] **I.** *adj* antiquarisch **II.** *s* Antiquitätenhändler(in) *m(f);* **anti·quary** [ˈæntɪkwərɪ] *s* ① Antiquar(in) *m(f)* ② Altertumsforscher(in) *m(f);* **anti·quated** [ˈæntɪkweɪtɪd] *adj* antiquiert; altmodisch; rückständig; **an·tique** [ænˈtiːk] **I.** *s* Antiquität *f* **II.** *adj* antik; ~ **dealer** Antiquitätenhändler(in) *m(f);* **an·tiquity** [ænˈtɪkwətɪ] *s* ① Altertum *nt* ② **antiquities** Altertümer *pl*

anti-rust [ˌæntɪˈrʌst] *adj* Rostschutz-; ~ **agent** Rostschutzmittel *nt;* ~ **protection** Rostschutz *m;* ~ **paint** Rostschutzfarbe *f;* **anti-Sem·ite** [ˌæntɪˈsiːmaɪt] *s* Antisemit *m;* **anti-Sem·itic** [ˌæntɪsɪˈmɪtɪk] *adj* antisemitisch; **anti-Sem·it·ism** [æntɪˈsemɪtɪsm] *s* Antisemitismus *m;* **anti·sep·tic** [ˌæntɪˈseptɪk] **I.** *adj* (MED) antiseptisch, keimtötend **II.** *s* keimtötendes Mittel, Antiseptikum *nt;* **anti·so·cial** [ˌæntɪˈsəʊʃl] *adj* unsozial; ungesellig; asozial; **anti·static** [ˌæntɪˈstætɪk] *adj* antistatisch; **anti·tank** [ˌæntɪˈtæŋk] *adj* Panzerabwehr-

anti·thes·is [ænˈtɪθəsɪs, *pl* ænˈtɪθəsiːz] <*pl* -eses> *s* Antithese *f,* Gegensatz *m;* **anti·theti·cal** [ˌæntɪˈθetɪkl] *adj* gegensätzlich

anti·toxin [ˌæntɪˈtɒksɪn] *s* Gegengift *nt*

anti·trust law *s* (*esp Am*) Kartellgesetz *nt*

anti-wrinkle cream [ˌæntɪˈrɪŋklˌkriːm] *s* Antifaltencreme *f*

ant·ler [ˈæntlə(r)] *s* Geweihsprosse *f;* ~**s** Geweih *nt*

an·to·nym [ˈæntənɪm] *s* Antonym, Gegensatzwort *nt*

anus [ˈeɪnəs] *s* (ANAT) After *m*

an·vil [ˈænvɪl] *s* (*a.* ANAT) Amboss *m*

anxiety [æŋˈzaɪətɪ] *s* ① Besorgnis, Angst(-gefühl *nt*) *f* (*for, about* um) ② (dringender) Wunsch, Verlangen *nt* (*for* nach); **with** ~ angstvoll, besorgt; **anxious** [ˈæŋkʃəs] *adj* ① besorgt, beunruhigt (*about* wegen) ② begierig (*for* nach), gespannt (*for* auf); **be** ~ bestrebt sein (*to do s.th.* etw zu tun), besorgt sein, sich Sorgen machen (*about* um)

any [ˈenɪ] **I.** *adj* ① (*in Frage- und Bedingungssätzen, in verneinenden Sätzen*) irgendein(e); irgendwelche; etwas; **not** ~ kein(e); **have you** ~ **other questions?** haben Sie noch eine Frage?; **do you have** ~ **money with you?** haben Sie Geld bei sich?; **if it's** ~ **help** (**at all**) wenn das irgendwie hilft ② jede(r, s) beliebige; alle; **come at** ~ **time** kommen Sie zu jeder (beliebigen) Zeit; **in** ~ **case** jederzeit; auf jeden Fall; **at** ~ **rate** auf jeden Fall; **do it** ~ **way you like** mach es wie du willst **II.** *pron* ein(e), welche(r, s) **III.** *adv* ① noch; **not** ~ **colder** nicht kälter; ~ **more?** noch mehr? ② überhaupt

? Grammatik

any wird meistens in Fragen und negativen Sätzen gebraucht: *Do you have any money? I don't want any.*

any·body [ˈenɪbɒdɪ] *s, pron* ① irgendjemand; **is** ~ **ill?** ist jemand krank? ② jeder (beliebige); ~ **can do that** jeder kann das; ~ **else** (irgend)ein anderer; **if** ~ wenn überhaupt jemand; **not** ~ niemand; (*einzelne*) keine(r, s)

any·how [ˈenɪhaʊ] *adv* ① jedenfalls, trotzdem; ~, **you can try** du kannst es trotzdem versuchen; **he did it** ~ er tat es doch

② irgendwie; **he does his work** ~ er erledigt seine Arbeit schlecht und recht

any·one ['enɪwʌn] *s, pron* ① irgendjemand; **is** ~ **ill?** ist jemand krank? ② jeder (beliebige); ~ **can do that** jeder kann das; ~ **else** (irgend)ein anderer; **if** ~ wenn überhaupt jemand; **not** ~ niemand; (*einzelne*) keine(r, s)

any·thing ['enɪθɪŋ] **I.** *pron* (irgend) etwas, jedes beliebige; alles; **is there** ~ **new?** gibt es etwas Neues?; **is** ~ **left over?** ist noch was übrig?; **if** ~ womöglich, noch; eher, sogar; **not** ~ nichts; **not for** ~ um keinen Preis; **scarcely** ~ fast nichts; kaum etwas; ~ **but** alles andere als; nichts weniger als; ~ **else** noch etwas, sonst etwas **II.** *adv* irgendwie, in irgendeiner Art, überhaupt; **it isn't** ~ **like him** das sieht ihm überhaupt nicht ähnlich; **it's not worth** ~ **like that** es ist bei weitem nicht so viel wert

any·way ['enɪweɪ] *adv* irgendwie; ohnehin, sowieso; trotzdem, (*fam: Satzanfang*) auf jeden Fall; **I didn't want to go** ~ ich wollte sowieso nicht gehen; **I did it** ~ ich tat es trotzdem

any·where ['enɪweə(r)] *adv* irgendwo(hin); wo ... auch (immer); überall (hin); **are you going** ~ **tomorrow?** gehen Sie morgen irgendwohin?; ~ **you go** wohin Sie auch gehen; **he'll never get** ~ er kommt nie auf einen grünen Zweig; **that won't get you** ~ damit erreichen Sie gar nichts; **it isn't** ~ **near the truth** es kommt der Wahrheit auch nicht einmal annähernd nahe; **it isn't** ~ **near as nice** es ist bei weitem nicht so schön; **if** ~ wenn überhaupt (irgendwo); **not** ~ nirgendwo(hin); nirgends

i Land & Leute

Der **Anzac Day** (**A**ustralian and **N**ew **Z**ealand **A**rmed **C**orps), der 25. April, ist in Australien und Neuseeland ein nationaler Volkstrauertag mit Gottesdiensten und Trauermärschen zum Gedenken an die Landung der *Anzacs* auf der türkischen Halbinsel Gallipoli im Ersten Weltkrieg am 25. April 1915, die dann später besiegt wurden. Die symbolische Bedeutung liegt darin, dass Australier dort erstmals außerhalb ihres Landes als eindeutig australische Einheiten kämpften.

A-OK [ˌeɪˌəʊ'keɪ] *adj* (*Am: fam*) eins a

aor·ta [eɪ'ɔːtə] *s* (ANAT) Aorta *f*

apart [ə'pɑːt] *adv* ① auseinander, getrennt ② zur Seite; abseits (*from* von) ③ abgesehen von; ~ **from** abgesehen von; **know** ~ auseinander halten können; **live** ~ getrennt leben; **set** ~ beiseite legen; **stand** ~ beiseite, abseits stehen (*from* von); **take** ~ auseinander nehmen, zerlegen; beiseite nehmen; **joking** ~**!** Scherz beiseite!

apart·heid [ə'pɑːtheɪt] *s* Apartheid *f*

apart·ment [ə'pɑːtmənt] *s* ① (*Am*) (Miet)Wohnung, Etagenwohnung *f* ② (*Br*) Zimmer *nt;* Apartment *nt;* **apart·ment house** *s* (*Am*) Mietshaus *nt*

apa·thetic [ˌæpə'θetɪk] *adj* apathisch, teilnahmslos; **apa·thy** ['æpəθɪ] *s* Apathie, Teilnahmslosigkeit *f* (*to* gegen)

ape [eɪp] **I.** *s* Affe *m* **II.** *vt* nachäffen

ap·er·ture ['æpətʃə(r)] *s* ① Öffnung *f* ② (PHOT) Blende *f*

apex ['eɪpeks, *pl* 'eɪpɪsiːz] <*pl* apexes, apices> *s* Spitze *f;* (*a. fig*) Höhepunkt *m*

aph·or·ism ['æfərɪzəm] *s* Aphorismus *m;* **apho·rize** ['æfəˌraɪz] *vi* viele Aphorismen (Sinnsprüche) verwenden

api·ar·ist ['eɪpɪərɪst] *s* Bienenzüchter(in) *m(f),* Imker(in) *m(f);* **api·ary** ['eɪpɪərɪ] *s* Bienenhaus *nt;* **api·cul·ture** ['eɪpɪkʌltʃə(r)] *s* Bienenzucht *f*

apiece [ə'piːs] *adv* je Stück; pro Kopf

apoca·lypse [ə'pɒkəlɪps] *s* Apokalypse *f;* **apoca·lyp·tic** [əˌpɒkə'lɪptɪk] *adj* apokalyptisch; ~ **mood** Weltuntergangsstimmung *f*

apoc·rypha [ə'pɒkrəfə] *s pl* ① Schriften zweifelhafter Herkunft ② (REL) Apokryphen *pl*

apo·gee ['æpədʒiː] *s* ① (ASTR) Apogäum *nt* ② (*fig*) Höhepunkt *m*

apolo·getic [əˌpɒlə'dʒetɪk] *adj,* **apolo·geti·cal·ly** [-əlɪ] *adv* entschuldigend; **apolo·gize** [ə'pɒlədʒaɪz] *vi* sich entschuldigen (*to s.o. for s.th.* bei jdm wegen etw); **apol·ogy** [ə'pɒlədʒɪ] *s* ① Entschuldigung *f* ② Rechtfertigung *f;* **offer s.o. an** ~ jdn um Verzeihung bitten; **make apologies** sich entschuldigen; **an** ~ **for a ...** ein armseliges Exemplar

apo·plec·tic [ˌæpə'plektɪk] *adj* (MED) apoplektisch

apostle [ə'pɒsl] *s* Apostel *m*

apos·trophe [ə'pɒstrəfɪ] *s* Apostroph *m*

ap·pal [ə'pɔːl] *vt,* **ap·pall** (*Am*) erschrecken; entsetzen; **ap·palled** [-d] *adj* entsetzt; **ap·pal·ling** [-ɪŋ] *adj,* **ap·pal·ling·ly** [-ɪŋlɪ] *adv* schrecklich, furchtbar, entsetzlich

ap·par·atus [ˌæpə'reɪtəs] *s* Apparat *m,* Gerät *nt,* Vorrichtung *f*

ap·parel [əˈpærəl] *s* (*Am*) Kleidung *f*
ap·par·ent [əˈpærənt] *adj* ❶ offenbar, offensichtlich ❷ scheinbar; vermeintlich; **ap·par·ent·ly** [-lɪ] *adv* anscheinend
ap·par·ition [ˌæpəˈrɪʃn] *s* Erscheinung *f;* Gespenst *nt;* Geist *m*
ap·peal [əˈpiːl] **I.** *s* ❶ dringende Bitte (*for* um), Aufruf, Appell *m* ❷ (*fig*) Anziehungskraft *f* ❸ (JUR) Einspruch *m;* Berufung, Revision *f* (*from* gegen) ❹ Flehen *nt;* **without further ~** in letzter Instanz; **lodge an ~** Berufung einlegen (*with* bei) **II.** *vt* (JUR): **~ the case** Berufung einlegen **III.** *vi* ❶ sich wenden, appellieren (*to* an), anrufen (*to s.o.* jdn) ❷ (*fig*) zusagen, gefallen (*to s.o.* jdm), Anklang finden (*to* bei) ❸ (JUR) Berufung einlegen (*against* gegen); **ap·peal·ing** [-ɪŋ] *adj* ❶ flehentlich ❷ reizvoll, ansprechend; **ap·peal·ing·ly** [-ɪŋlɪ] *adv* bittend
ap·pear [əˈpɪə(r)] *vi* ❶ (*a.* JUR) erscheinen; zum Vorschein kommen, sichtbar werden, auftauchen ❷ scheinen, den Anschein haben ❸ (*Zeitung*) erscheinen, veröffentlicht werden; (*Buch*) herauskommen; stehen (*in the list* auf der Liste) ❹ (THEAT) auftreten; **~ for s.o.** jdn als Anwalt vor Gericht vertreten; **ap·pear·ance** [əˈpɪərəns] *s* ❶ Erscheinen, Auftauchen *nt* ❷ (*Schauspieler*) Auftritt *m* ❸ Aussehen *nt;* Äußere(s) *nt* ❹ **~s** Anschein, Schein *m;* **~s can deceive** der Schein trügt; **by his ~** seinem Aussehen, seinem Äußeren nach; **to all** [*o* **by all**] [*o* **from all**] **~s** allem Anschein nach; **judge by ~s** nach dem Äußeren urteilen; **keep up ~s** den äußeren Schein wahren; **make an ~** sich zeigen
ap·pease [əˈpiːz] *vt* ❶ beruhigen, beschwichtigen ❷ (*Neugier*) befriedigen; **ap·pease·ment** [-mənt] *s* Beruhigung *f;* Befriedigung *f;* **appeasement policy** *s* Beschwichtigungspolitik *f*
ap·pel·lant [əˈpelənt] *s* (JUR) Berufungskläger(in) *m(f)*
ap·pend [əˈpend] *vt* anhängen; beifügen; **ap·pend·age** [əˈpendɪdʒ] *s* Beifügung *f;* Anhang *m;* **ap·pen·di·ci·tis** [əˌpendɪˈsaɪtɪs] *s* Blinddarmentzündung *f;* **ap·pen·dix** [əˈpendɪks, *pl* əˈpendɪsiːz] <*pl* -dices> *s* ❶ Anhang *m;* Zusatz *m* (*to* zu) ❷ (ANAT) Blinddarm *m*
ap·per·tain [ˌæpəˈteɪn] *vi* ❶ gehören (*to* zu) ❷ betreffen; sich beziehen (*to* auf)
ap·pe·tite [ˈæpɪtaɪt] *s* Appetit *m;* Lust *f* (*for* auf), Verlangen *nt* (*for* nach); **lose one's ~** keinen Appetit haben; **appetite suppressant** *s* Appetitzügler *m;* **ap·pe·tizer** [ˈæpɪtaɪzə(r)] *s* Appetithappen *m;* **ap·pe·tiz·ing** [ˈæpɪtaɪzɪŋ] *adj* appetitanregend
ap·plaud [əˈplɔːd] *vi, vt* Beifall klatschen; applaudieren (*s.o.* jdm); **applause** [əˈplɔːz] *s* Beifall, Applaus *m*
apple [ˈæpl] *s* Apfel *m;* **the ~ of s.o.'s eye** (*fig*) jds Liebling; **the Big Apple** (*fam*) New York *nt;* **apple cart** *s:* **upset the ~** alles über den Haufen werfen; **apple juice** *s* Apfelsaft *m;* **apple pie** *s* gedeckter Apfelkuchen; **apple sauce** *s* Apfelmus *nt;* **apple tree** *s* Apfelbaum *m*

> **i Land & Leute**
>
> Johnny **Appleseed** war ein amerikanischer Volksheld. Eigentlich hieß er John Chapman und war ein Pionier, der viele Apfelbäume im Grenzgebiet pflanzte und 490 Hektar Obstplantagen besaß. Er soll allen Leuten Apfelsamen und auch junge Apfelbäume geschenkt haben.

ap·pli·ance [əˈplaɪəns] *s* Gerät *nt* (*for doing s.th.* um etw zu tun), Apparat *m,* Vorrichtung *f;* **domestic ~s** Haushaltsgeräte *ntpl*
ap·pli·cable [ˈæplɪkəbl] *adj* zutreffend, anwendbar (*to* auf); **ap·pli·cant** [ˈæplɪkənt] *s* Bewerber(in) *m(f)* (*for* um), Antragsteller(in) *m(f),* Kandidat(in) *m(f);* **applicant states** *s pl* (*EU*) Bewerberstaaten *mpl;* **ap·pli·ca·tion** [ˌæplɪˈkeɪʃn] *s* ❶ An-, Verwendung *f,* Gebrauch *m* (*to* für, auf) ❷ Antrag *m* (*for* auf), Gesuch *nt;* Bewerbung *f* (*for* um), Bewerbungsschreiben *nt* ❸ (*Verband*) Anlegung *f;* (*Salbe*) Auftragen *nt;* Umschlag *m* ❹ Fleiß, Eifer *m* (*in* bei); **on ~ to** auf Antrag, auf Ansuchen an; **file an ~** eine Bewerbung, einen Antrag, eine Anmeldung einreichen (*with* bei); **for external ~** (MED) äußerlich; **this has no ~ to** dies findet keine Anwendung auf; **field of ~** Anwendungsgebiet *nt,* -bereich *m;* **letter of ~** Bewerbungsschreiben *nt;* **~ form** Bewerbungs-, Antragsformular *nt;* **~ program** (INFORM) Anwendungsprogramm *nt*
ap·plied [əˈplaɪd] *adj* angewandt
ap·ply [əˈplaɪ] **I.** *vt* ❶ anwenden (*to* auf); (*Mittel*) benutzen, verwenden ❷ (*Farbe*) auftragen; (*Pflaster*) auflegen ❸ (*Bremse*) betätigen; **~ one's mind** seinen Kopf anstrengen **II.** *vi* ❶ sich beziehen, zutreffen (*to* auf), gelten (*to* für) ❷ sich wenden (*to* an), sich bewerben (*for* um) ❸ beantragen (*for s.th.* etw), bitten, nachsuchen (*for*

um); ~ **to** Näheres bei **III.** *vr* sich anstrengen

ap·point [əˈpɔɪnt] *vt* ① ernennen, bestellen, berufen (*s.o. judge* jdn zum Richter), anstellen ② (*Arbeit*) zuteilen ③ (*Termin*) verabreden; vereinbaren; **ap·pointed** [-ɪd] *adj:* **well/badly** ~ gut/dürftig ausgestattet; **ap·point·ment** [-mənt] *s* ① Ernennung *f;* Bestellung *f* ② Stelle, Anstellung *f* (*in a firm* bei einer Firma) ③ Termin *m;* Verabredung, Vereinbarung *f* ④ *meist pl* Ausstattung *f;* Mobiliar *nt;* **break an** ~ eine Verabredung nicht einhalten; **have an** ~ eine Verabredung haben (*with* mit), bestellt sein (*at the dentist's* zum Zahnarzt); **keep an** ~ eine Verabredung einhalten; **make an** ~ eine Verabredung treffen; sich anmelden (*with* bei); **appointment book** *s* Terminkalender *m*

ap·por·tion [əˈpɔːʃn] *vt* gleichmäßig, anteilmäßig zu-, verteilen

ap·po·site [ˈæpəzɪt] *adj* passend; (*Bemerkung*) treffend; **ap·po·si·tion** [ˌæpəˈzɪʃn] *s* (GRAM) Apposition, Beifügung *f*

ap·prai·sal [əˈpreɪzl] *s* Schätzung, Bewertung *f;* **ap·praise** [əˈpreɪz] *vt* abschätzen, taxieren (*to* auf)

ap·preci·able [əˈpriːʃəbl] *adj* merkbar, merklich; **it makes an** ~ **difference** es macht einen fühlbaren Unterschied; **ap·preci·ate** [əˈpriːʃɪeɪt] **I.** *vt* ① schätzen, (zu) würdigen (wissen) ② gut verstehen, gut begreifen ③ anerkennen; dankbar sein (*s.th.* für etw); **I would** ~ **it, if** es wäre mir lieb, wenn; **I quite** ~ **that** ich verstehe ganz gut, dass **II.** *vi* im Wert steigen; **ap·preci·ation** [əˌpriːʃɪˈeɪʃn] *s* ① Ab-, Einschätzung *f* ② Würdigung *f;* Verständnis *nt* (*of* für) ③ Dank *m,* Anerkennung *f* ④ (COM) Wertzuwachs *m;* **ap·preci·ative** [əˈpriːʃɪətɪv] *adj* ① verständnisvoll (*of* für) ② dankbar

ap·pre·hend [ˌæprɪˈhend] *vt* ① festnehmen, verhaften ② begreifen, erfassen ③ (be)fürchten; **ap·pre·hen·sion** [ˌæprɪˈhenʃn] *s* ① Verständnis *nt* ② *oft pl* Furcht, Besorgnis *f* ③ Festnahme *f;* **ap·pre·hen·sive** [ˌæprɪˈhensɪv] *adj* besorgt (*for* um, *of* wegen)

ap·pren·tice [əˈprentɪs] **I.** *s* Lehrling *m,* Auszubildende(r) *f m* **II.** *vt* in die Lehre geben (*to* bei); **ap·pren·tice·ship** [əˈprentɪʃɪp] *s* Lehrzeit *f;* Lehre, Ausbildung *f*

ap·proach [əˈprəʊtʃ] **I.** *vi* sich nähern **II.** *vt* ① sich wenden, herantreten (*s.o. about s.th.* an jdn wegen etw) ② herangehen (*a problem* an ein Problem) ③ zugehen auf **III.** *s* ① Herannahen, Heranrücken *nt;* Annäherung *f* ② Zugang *m;* (*a. fig:* ~ *road*) Zufahrt(sstraße) *f* ③ *fig*) Weg *m,* Methode *f* (*to* zu), Einstellung *f* (*to* zu) ④ (AVIAT) Landeanflug *m;* **easy/difficult of** ~ leicht/schwer zugänglich; (*fig*) leicht, schwer ansprechbar; **make** ~**es to s.o.** an jdn herantreten; Annäherungsversuche machen; **ap·proach·able** [-əbl] *adj* ① zugänglich, erreichbar ② umgänglich

ap·pro·ba·tion [ˌæprəˈbeɪʃn] *s* Billigung *f*

ap·pro·pri·ate [əˈprəʊprɪət] **I.** *adj* passend, geeignet, zweckdienlich (*to, for* für); (*Bemerkung*) angebracht **II.** [əˈprəʊprɪeɪt] *vt* ① sich aneignen ② (*Geld*) bestimmen, anweisen, zuteilen (*for* für)

ap·pro·pri·ation [əˌprəʊprɪˈeɪʃn] *s* ① Aneignung *f* ② Verwendung *f;* (~ *of funds*) (Geld)Zuteilung, Zuweisung, Bereitstellung *f*

ap·pro·val [əˈpruːvl] *s* Zustimmung, Einwilligung, Billigung, Genehmigung *f* (*of s.th.* für, zu etw); **on** ~ zur Ansicht, auf Probe; **does it meet with your** ~**?** sind Sie damit einverstanden?; **approve** [əˈpruːv] **I.** *vt* billigen, genehmigen **II.** *vi* zustimmen (*of dat*), einverstanden sein (*of* mit), billigen (*of s.th.* etw); **ap·proved** [əˈpruːvd] *adj:* **read and** ~ gelesen und genehmigt; ~ **school** (*Br obs*) Erziehungsheim *nt;* **ap·prov·ing·ly** [əˈpruːvɪŋlɪ] *adv* zustimmend, billigend

ap·proxi·mate [əˈprɒksɪmət] **I.** *adj* annähernd, ungefähr **II.** [əˈprɒksɪmeɪt] *vt, vi* nahe kommen, sich nähern (*to*); (*Summe*) ungefähr betragen; **ap·proxi·mate·ly** [əˈprɒksɪmətlɪ] *adv* ungefähr, etwa; **ap·proxi·ma·tion** [əˌprɒksɪˈmeɪʃn] *s* Annäherung *f* (*to* an)

apri·cot [ˈeɪprɪkɒt] *s* Aprikose *f*

April [ˈeɪprəl] *s* April *m;* ~ **fool!** April, April!

i Land & Leute

Der **April Fool's Day** ist der 1. April. Einer der erfolgreichsten Aprilscherze in Großbritannien war ein Beitrag der BBC Sendung *Panorama* über die italienische Spaghetti-Ernte.

apron [ˈeɪprən] *s* ① Schürze *f* ② (AVIAT) Vorfeld *nt* ③ (THEAT: ~ *stage*) Vorbühne *f;* **apron-strings** *s pl* Schürzenbänder *ntpl*

apse [æps] *s* (ARCH) Apsis *f*

apt [æpt] *adj* ① fähig (*to do* zu tun) ② geeignet, geschickt (*at* in) ③ (*Bemerkung*) treffend, passend; **be** ~ **to do s.th.** dazu neigen etw zu tun; **I'm** ~ **to be out** (*Am*) es kann sein, dass ich nicht da bin; **ap·ti·tude** ['æptɪtju:d] *s* ① Fähigkeit, Tauglichkeit, Eignung *f* ② Begabung *f*, Talent *nt* (*for* für); **aptitude test** *s* Eignungsprüfung *f*

aqua·cul·ture ['ækwəˌkʌltʃə(r)] *s* Aquakultur *f*; **aqu·aerobics** [ˌækweə'rəʊbɪks] *s* Wasseraerobic *nt*; **aqua·lung** ['ækwəlʌŋ] *s* Tauchgerät *nt*; **aqua·mar·ine** [ˌækwəmə'ri:n] **I.** *s* (MIN) Aquamarin *m* **II.** *adj* aquamarin(blau); **aqua·plan·ing** [ˌækwə'pleɪnɪŋ] *s* Aquaplaning *nt*; **aqua·rium** [ə'kweərɪəm] *s* Aquarium *nt*; **Aqua·rius** [ə'kweərɪəs] *s* (ASTR) Wassermann *m*; **aqua·tic** [ə'kwætɪk] *adj* im Wasser lebend; Wasser-; ~ **sports** Wassersportarten *fpl*

aque·duct ['ækwɪdʌkt] *s* Aquädukt *m*

aqui·line ['ækwɪlaɪn] *adj* Adler-; ~ **nose** Adlernase *f*

Arab ['ærəb] **I.** *s* Araber(in) *m(f)* **II.** *adj* arabisch; **ara·besque** [ˌærə'besk] *s* Arabeske *f*; **Ara·bian** [ə'reɪbɪən] *adj* arabisch; **the ~ Nights** Tausendundeine Nacht; **Ara·bic** ['ærəbɪk] **I.** *s* (das) Arabisch(e), arabische Sprache **II.** *adj* arabisch

ar·able ['ærəbl] *adj* bebaubar, Acker-

ar·bi·ter ['ɑ:bɪtə(r)] *s* Schiedsrichter(in) *m(f)* (*of* über); **ar·bit·rary** ['ɑ:bɪtrərɪ] *adj* ① willkürlich ② tyrannisch; **ar·bi·trate** ['ɑ:bɪtreɪt] **I.** *vt* schlichten, schiedsrichterlich entscheiden **II.** *vi* Schiedsrichter sein; **ar·bi·tra·tion** [ˌɑ:bɪ'treɪʃn] *s* Schiedsspruch *m*; Schlichtung *f*; **ar·bi·tra·tor** ['ɑ:bɪtreɪtə(r)] *s* Schiedsrichter(in) *m(f)*, Schlichter(in) *m(f)*

ar·bor *s* (*Am*) Laube *f*

i Land & Leute

Am **Arbor Day** werden in den USA Bäume gepflanzt. In manchen Staaten gilt er als gesetzlicher Feiertag. Das genaue Datum von **Arbor Day** ist von Staat zu Staat verschieden, da die geeignete Zeit, Bäume zu pflanzen, nicht überall gleich ist.

arbori·cul·ture ['ɑ:bərɪˌkʌltʃə(r)] *s* Baumkultur *f*

ar·bour ['ɑ:bə(r)] *s* Laube *f*

arc [ɑ:k] *s* Bogen *m*

ar·cade [ɑ:'keɪd] *s* Arkade *f*; Bogengang *m*

arch¹ [ɑ:tʃ] **I.** *s* ① (ARCH) Bogen *m*; Gewölbe(bogen *m*) *nt* ② (~ *of the foot*) Fußrücken *m* ③ (*triumphal* ~) Triumphbogen *m* **II.** *vt* wölben **III.** *vi* sich wölben

arch² [ɑ:tʃ] *adj* schelmisch, schalkhaft

arch³ [ɑ:tʃ] *adj attr* Erz-; ~ **enemy** Erzfeind *m*

ar·chae·ologi·cal [ˌɑ:kɪə'lɒdʒɪkl] *adj* archäologisch; **ar·chae·ol·ogist** [ˌɑ:kɪ'ɒlədʒɪst] *s* Archäologe *m*, Archäologin *f*; **ar·chae·ol·ogy** [ˌɑ:kɪ'ɒlədʒɪ] *s* Archäologie *f*

ar·chaic [ɑ:'keɪɪk] *adj* altertümlich; veraltet, archaisch

arch·angel ['ɑ:keɪndʒl] *s* Erzengel *m*

arch·bishop [ˌɑ:tʃ'bɪʃəp] *s* Erzbischof *m*; **arch·bishop·ric** [-rɪk] *s* Erzbistum *nt*; **arch·deacon** [ˌɑ:tʃ'di:kən] *s* Archidiakon *m*; **arch·dio·cese** [ˌɑ:tʃ'daɪəsɪs] *s* Erzdiözese *f*

archer ['ɑ:tʃə(r)] *s* Bogenschütze *m*; **arch·ery** ['ɑ:tʃərɪ] *s* Bogenschießen *nt*

arche·type ['ɑ:kɪtaɪp] *s* (PSYCH) Archetyp *m*; Urbild *nt*

archi·pel·ago [ˌɑ:kɪ'peləgəʊ] <*pl* -ago(e)s> *s* Archipel *m*, Inselgruppe *f*

archi·tect ['ɑ:kɪtekt] *s* Architekt(in) *m(f)*, Baumeister(in) *m(f)*; **archi·tec·ture** ['ɑ:kɪtektʃə(r)] *s* Baukunst, Architektur *f*

ar·chives ['ɑ:kaɪvz] *s pl* Archiv *nt*; **archi·vist** ['ɑ:kɪvɪst] *s* Archivar(in) *m(f)*

arch·way ['ɑ:tʃweɪ] *s* (ARCH) Bogengang *m*; gewölbter Eingang

arc·lamp *s* Bogenlampe *f*

arc·tic ['ɑ:ktɪk] **I.** *adj* arktisch; Polar- **II.** *s*: **the Arctic** die Arktis; **Arc·tic Cir·cle** *s* Polarkreis *m*; **Arc·tic Ocean** *s* Nordpolarmeer *nt*

arc·weld·ing *s* (Licht)Bogenschweißung *f*

ar·dent ['ɑ:dnt] *adj* leidenschaftlich; enthusiastisch, begeistert; brennend, heftig

ar·dor *s* (*Am*), **ar·dour** ['ɑ:də(r)] *s* ① Eifer *m*, Leidenschaft *f*; große Begeisterung (*for* für) ② (*fig*) Wärme, Glut, Inbrunst *f*

ar·du·ous ['ɑ:djʊəs] *adj* anstrengend; mühsam

are [ə(r), *betont* ɑ:(r)] *2. Person Singular, 1., 2., 3. Person Plural Präsens* **be**

area ['eərɪə] *s* ① (*a. fig*) Gebiet *nt*, Bereich *m* ② Teil *m*; Raum *m* ③ (Grund-, Boden)Fläche *f*; Flächenraum, -inhalt *m* ④ (*Haus*) Vorplatz *m*; **city ~** Stadtgebiet *nt*; **depressed ~** Notstandsgebiet *nt*; **penalty ~** (*Fußball*) Strafraum *m*; **postal ~** Postbezirk *m*; **~ of responsibility** Verantwortungsbereich *m*; **area code** *s* (TELE) Vorwahl *f*

arena [ə'ri:nə] *s* (*a. fig*) Arena *f*; **boxing-~** Boxkampfarena *f*

Ar·gen·ti·na [ˌɑ:dʒən'ti:nə] *s* Argentinien *nt*; **Ar·gen·tine** ['ɑ:dʒəntaɪn] *s*: **the ~** Argentinien *nt*; **Ar·gen·tin·ian** [ˌɑ:dʒən'tɪnɪən] **I.** *s* Argentinier(in) *m(f)* **II.** *adj* argentinisch

ar·gu·a·bly ['ɑːgjuːəblɪ] *adv* wohl; **ar·gue** ['ɑːgjuː] **I.** *vi* ❶ diskutieren, sich auseinander setzen (*with* mit, *about* über, *against* gegen) ❷ sich streiten (*about* über) **II.** *vt* ❶ überreden (*s.o. into doing s.th.* jdn, etw zu tun) ❷ bestreiten ❸ (*Gesichtspunkt*) ausführen, darlegen ❹ behaupten (*that* dass); ~ **s.o. out of s.th.** jdm etw ausreden; **ar·gu·ment** ['ɑːgjʊmənt] *s* ❶ Argument *nt* (*in his favour* zu seinen Gunsten, *against* gegen) ❷ Beweisführung, Erörterung, Debatte *f* (*about* über) ❸ Auseinandersetzung *f;* Wortwechsel *m* ❹ Thema *nt;* Inhaltsangabe *f;* **he doesn't want an ~ with you** er will nicht mit Ihnen streiten; **have an ~** sich streiten; **ar·gu·men·ta·tive** [ˌɑːgjʊ'mentətɪv] *adj* (*Person*) streitsüchtig

aria ['ɑːrɪə] *s* (MUS) Arie *f*

arid ['ærɪd] *adj* ❶ trocken, dürr; wasserarm ❷ (*fig*) langweilig; reizlos

Aries ['eəriːz] *s* (ASTR) Widder *m*

arise [ə'raɪz] <*irr:* arose, arisen> *vi* ❶ hervorkommen, -gehen, entstehen (*from, out of* aus) ❷ (*Schwierigkeiten*) sich zeigen, sich ergeben; (*Problem*) aufkommen, auftauchen; herrühren (*from* von)

arisen [ə'rɪzn] *pp of* **arise**

ar·is·toc·racy [ˌærɪ'stɒkrəsɪ] *s* Aristokratie *f;* **ar·is·to·crat** ['ærɪstəkræt] *s* Aristokrat(in) *m(f);* **ar·is·to·cratic** [ˌærɪstə'krætɪk] *adj* aristokratisch

arith·me·tic [ə'rɪθmətɪk] *s* Arithmetik *f,* Rechnen *nt;* **ar·ith·meti·cal** [ˌærɪθ'metɪkl] *adj* arithmetisch

ark [ɑːk] *s* Arche *f;* **Noah's ~** die Arche Noah; **~ of the Covenant** Bundeslade *f*

arm¹ [ɑːm] *s* ❶ Arm *m* ❷ Ärmel *m* ❸ (*~ of the sea*) (Meeres)Arm *m* ❹ (*Baum*) dicker Ast; **~ in ~** Arm in Arm; **hold** [*o* **keep**] **s.o. at ~'s length** sich jdn vom Leibe halten; **welcome s.o. with open ~s** jdn mit offenen Armen empfangen

arm² [ɑːm] **I.** *vt* bewaffnen (*with* mit); **~ed with patience** mit Geduld gewappnet **II.** *vi* aufrüsten **III.** *s s.* **arms**

ar·ma·ment ['ɑːməmənt] *s* ❶ Bewaffnung *f;* Ausrüstung *f* ❷ Aufrüstung *f;* **~s industry** Rüstungsindustrie *f*

ar·ma·ture ['ɑːmətʃʊə(r)] *s* (ELEK) Anker *m,* Armatur *f*

arm·chair ['ɑːmˌtʃeə(r)] *s* Lehnstuhl *m;* **armchair politician** *s* Stammtischpolitiker(in) *m(f)*

armed [ɑːmd] *adj* bewaffnet; **~ forces** Streitkräfte *fpl*

arm·ful ['ɑːmfʊl] *s* Arm voll *m;* **arm·hole** *s* Armloch *nt*

arm·ing ['ɑːmɪŋ] *s* Bewaffnung, Ausrüstung *f*

ar·mis·tice ['ɑːmɪstɪs] *s* Waffenstillstand *m*

ar·mor *s* (*Am*), **ar·mour** ['ɑːmə(r)] *s* ❶ Panzer *m* ❷ (HIST) Rüstung *f* ❸ (MIL) Panzertruppe *f;* **ar·mour-clad** ['ɑːmə'klæd] *adj* Panzer-, gepanzert; **ar·moured** ['ɑːməd] *adj* Panzer-, gepanzert

arm·pit ['ɑːmpɪt] *s* Achselhöhle *f;* **arm·rest** ['ɑːmrest] *s* Armlehne *f*

arms [ɑːmz] *s pl* ❶ Waffen *fpl* ❷ Wappen *nt;* **take up ~** zu den Waffen greifen; (*fig*) zum Angriff übergehen; **be up in ~ about s.th.** über etw empört sein; **be under ~** unter Waffen stehen; **arms control** *s* Rüstungskontrolle *f;* **arms control talks** *s pl* Rüstungskontrollverhandlungen *fpl;* **arms conversion** *s* Rüstungskonversion *f;* **arms limitation** *s* Rüstungsbegrenzung *f;* **arms race** *s* Wettrüsten *nt,* Rüstungswettlauf *m;* **arms reduction** *s* Rüstungsabbau *m*

army ['ɑːmɪ] *s* ❶ Armee *f;* Heer *nt;* Militär *nt* ❷ (*fig*) Menge, große Zahl *f,* Heer *nt;* **Salvation Army** Heilsarmee *f;* **~ headquarters** Armeeoberkommando *nt;* **be in the ~** beim Militär sein; **join the ~** zum Militär gehen

aroma [ə'rəʊmə] *s* Aroma *nt;* **aroma·ther·apy** [əˌrəʊmə'θerəpɪ] *s* Aromatherapie *f;* **aro·matic** [ˌærə'mætɪk] *adj* aromatisch, würzig

arose [ə'rəʊz] *s.* **arise**

around [ə'raʊnd] **I.** *adv* ringsherum, rundherum; nach, auf allen Seiten; überall; (*fam*) in der Nähe; **is he ~?** ist er da?; **he's been ~!** der kennt sich aus! **II.** *prep* ❶ um ... herum, ringsum; am Rande ❷ ungefähr, etwa um; **somewhere ~ here** irgendwo hierherum

arouse [ə'raʊz] *vt* ❶ (auf)wecken ❷ erregen

ar·range [ə'reɪndʒ] *vt* ❶ (an)ordnen; aufstellen ❷ verabreden, planen, arrangieren (*to do s.th., for doing s.th.* dass etw getan wird) ❸ (MUS) umsetzen, bearbeiten ❹ (*Streit*) schlichten; **as ~d** wie abgesprochen; **~ it so that** richten Sie es so ein, dass; **ar·range·ment** [-mənt] *s* ❶ Ordnung *f;* Anordnung, Gruppierung *f* ❷ **~s** Vorkehrungen *fpl* ❸ Abmachung, Abrede, Vereinbarung, Übereinkunft *f* ❹ (MUS) Bearbeitung *f;* **come to an ~** zu einer Einigung kommen; **make ~s** Vorbereitungen treffen

ar·ray [ə'reɪ] **I.** *s* ❶ (An)Ordnung, Aufstellung *f* ❷ (*Kleider*) Staat *m* ❸ Ansammlung *f* **II.** *vt* (an)ordnen; bereitstellen; (*Truppen*) aufstellen

ar·rears [əˈrɪəz] *s pl* ① Rückstände *mpl* ② unerledigte Sachen *fpl;* **be in ~** im Rückstand sein

ar·rest [əˈrest] **I.** *vt* ① auf-, anhalten; verhindern, hemmen ② (*Aufmerksamkeit*) fesseln ③ (JUR) festnehmen, verhaften **II.** *s* Verhaftung, Festnahme *f;* **under ~** in Haft; **grant a warrant of ~** einen Haftbefehl erlassen; **ar·rest·ing** [-ɪŋ] *adj* fesselnd, auffallend, interessant

ar·ri·val [əˈraɪvl] *s* ① Ankunft *f;* Eintreffen *nt;* (*Waren*) Eingang *m* ② Ankömmling *m;* (*Hotel*) neuer Gast; **on ~** bei Ankunft; **~s and departures** (RAIL) Ankunft/Abfahrt *f;* (AVIAT) Ankunft *f*/Abflug *m;* **~s board** Ankunftstafel *f;* **ar·rive** [əˈraɪv] *vi* ① ankommen (*at, in* in), eintreffen ② (*fig*) gelangen, kommen (*at a decision* zu einer Entscheidung) ③ Erfolg haben; **~ home** nach Hause kommen

ar·ri·viste [ˌæriːˈviːst] *s* Emporkömmling *m*

ar·ro·gance [ˈærəgəns] *s* Arroganz *f,* Hochmut *m;* **ar·ro·gant** [ˈærəgənt] *adj* arrogant, überheblich

ar·row [ˈærəʊ] *s* Pfeil *m;* **ar·row·head** [-hed] *s* Pfeilspitze *f*

arse [ɑːs] *s* (*vulg*) Arsch *m*

ar·senal [ˈɑːsənl] *s* ① Arsenal *nt* ② Waffen-, Munitionsfabrik *f*

ar·senic [ˈɑːsnɪk] *s* (CHEM) Arsen(ik) *nt*

ar·son [ˈɑːsn] *s* Brandstiftung *f*

art [ɑːt] *s* ① Kunst *f* ② Kunstfertigkeit *f;* Geschicklichkeit *f* ③ Verschlagenheit, List *f* ④ **~s** Geisteswissenschaften *fpl* ⑤ **~s** Kniffe, Schliche *mpl;* **~s and crafts** Kunstgewerbe *nt;* **work of ~** Kunstwerk *nt;* **~ of printing** Druckkunst *f;* **art collection** *s* Kunstsammlung *f;* **art critic** *s* Kunstkritiker(in) *m(f);* **art dealer** *s* Kunsthändler(in) *m(f)*

arte·fact [ˈɑːtɪfækt] *s* Artefakt *nt*

ar·ter·ial [ɑːˈtɪərɪəl] *adj* (MED) Arterien-, Schlagader-; **~ road** Hauptverkehrsstraße *f;* **ar·terio·scler·osis** [ɑːˌtɪərɪəʊskləˈrəʊsɪs] *s* Arterienverkalkung *f;* **ar·tery** [ˈɑːtərɪ] *s* ① (MED) Arterie, Schlagader *f* ② Verkehrsader *f*

ar·tesian well [ɑːˈtiːzɪənˈwel] *s* artesischer Brunnen

art·ful [ˈɑːtfl] *adj* verschlagen, listig

ar·thri·tic [ɑːˈθrɪtɪk] *adj* arthritisch; **ar·thri·tis** [ɑːˈθraɪtɪs] *s* Gelenkentzündung, Arthritis *f*

ar·ti·choke [ˈɑːtɪtʃəʊk] *s* Artischocke *f*

ar·ticle [ˈɑːtɪkl] **I.** *s* ① (*a.* GRAM JUR COM) Artikel *m;* Gegenstand *m,* Objekt *nt* ② Aufsatz *m;* (*newspaper ~*) Zeitungsartikel *m* ③ (GRAM) Geschlechtswort *nt* ④ (JUR) Klausel, Bestimmung *f,* Abschnitt, Paragraf *m* **II.** *vt* in die Lehre geben (*to* bei)

ar·ticu·late [ɑːˈtɪkjʊlət] **I.** *adj* klar, gegliedert; unterteilt; deutlich, artikuliert **II.** [ɑːˈtɪkjʊleɪt] *vt* ① durch ein Gelenk verbinden ② gliedern ③ artikulieren; deutlich aussprechen; **~d lorry** Sattelschlepper *m;* **~d bus** Gelenkbus *m;* **ar·ticu·la·tion** [ɑːˌtɪkjʊˈleɪʃn] *s* ① Gelenkverbindung *f* ② (*Sprache*) Aussprache, Artikulation *f*

ar·ti·fice [ˈɑːtɪfɪs] *s* ① List *f* ② Gewandtheit, Geschicklichkeit *f;* **ar·ti·ficial** [ˌɑːtɪˈfɪʃl] *adj* ① künstlich ② unnatürlich; geziert, gekünstelt, unecht; **~ ice** Kunsteis *nt;* **~ insemination** künstliche Befruchtung; **~ intelligence** (INFORM) künstliche Intelligenz; **~ leather** Kunstleder *nt;* **~ leg** Beinprothese *f;* **~ manure** Kunstdünger *m;* **~ respiration** künstliche Atmung; **ar·ti·fici·al·ity** [ˌɑːtɪfɪʃɪˈælətɪ] *s* künstlicher Charakter; Unnatürlichkeit *f*

ar·til·lery [ɑːˈtɪlərɪ] *s* Artillerie *f;* **ar·til·lery·man** [ɑːˈtɪlərɪmən] <*pl* -men> *s* Artillerist *m*

ar·ti·san [ˌɑːtɪˈzæn] *s* Handwerker(in) *m(f)*

art·ist [ˈɑːtɪst] *s* ① Künstler(in *f*) *m* ② Könner *m*

art·iste [ɑːˈtiːst] *s* Artist(in) *m(f),* Sänger(in) *m(f),* Tänzer(in) *m(f)*

ar·tis·tic [ɑːˈtɪstɪk] *adj* ① künstlerisch; geschmackvoll ② kunstverständig; **art·is·try** [ˈɑːtɪstrɪ] *s* Kunstsinn *m;* Kunstfertigkeit *f;* künstlerische Fähigkeiten *fpl*

art·less [ˈɑːtlɪs] *adj* einfach, natürlich, harmlos

art·work [ˈɑːtwɜːk] *s* (*book*) Bildmaterial *nt*

arty [ˈɑːtɪ] *adj* (*fam*) gewollt künstlerisch

Aryan [ˈeərɪən] **I.** *adj* arisch **II.** *s* Arier(in) *m(f)*

as [əz, *betont* æz] **I.** *adv* wie, als; wie zum Beispiel; **~ … ~** (eben)so … wie; **not so … ~** nicht so … wie; **~ long ~** so lang(e) wie; **~ much (many) … ~** ebenso viel(e) … wie; bis zu …; **~ yet** bis jetzt; bisher; **not ~ yet** noch nicht; **~ well** auch; **~ well ~** sowie, dazu, (und) außerdem; **~ far ~** bis (zu); so viel; so weit; **I thought ~ much** das dachte ich mir doch **II.** *conj* da, weil; als, während; (in der Art) wie, genauso wie; wie, als; obgleich; als (ob); **~ it were** sozusagen, gleichsam; **~ if** [*o* **though**] als ob; **~ … so** wie …, so; **~ soon ~** sobald (als), sowie; **everything stands ~ it was** alles bleibt beim Alten **III.** *prep* als; in der Eigenschaft als; **~ for** [*o* **to**] was … anbetrifft; hinsichtlich; **~ to whether** ob; **so ~ to** um zu; **so ~ to be sure** um sicher zu sein **IV.** *pron* welche(r, s); was; wie; **in**

proportion ~ in dem Maße, wie
as·bes·tos [æz'bestɒs] *s* Asbest *m*
as·bes·tos·is [ˌæsbes'təʊsɪs] *s* (MED) Asbestose, Asbestlunge *f*
as·cend [ə'send] **I.** *vi* ❶ auf-, ansteigen, sich erheben (*from* von) ❷ (*Ton*) steigen **II.** *vt* ❶ be-, ersteigen; erklettern ❷ (*Thron*) besteigen; **as·cend·ancy**, **as·cend·ency** [-ənsɪ] *s* (*fig*) Vormachtstellung, Vorherrschaft *f*; **as·cend·ant**, **as·cend·ent** [-ənt] *adj* aufsteigend; **in the** ~ im Aufgehen
As·cen·sion [ə'senʃn] *s* Christi Himmelfahrt *f*
as·cent [ə'sent] *s* Aufsteigen *nt*, Aufstieg *m*
as·cer·tain [ˌæsə'teɪn] *vt* feststellen, ermitteln, herausfinden
as·cetic [ə'setɪk] **I.** *adj* asketisch **II.** *s* Asket *m*; **as·ceti·cism** [ə'setɪsɪzəm] *s* Askese *f*

i Land & Leute

Ascot ist ein Dorf in Berkshire, in dem es eine runde Rennbahn gibt, die 1711 auf Wunsch von Queen Anne gebaut wurde. Das *Royal Ascot* ist eine viertägige Rennveranstaltung, die jedes Jahr im Juni stattfindet und meistens von der Königin besucht wird. Der *Ascot Cold Cup* ist ein 4-km-Rennen für Pferde, die älter als drei Jahre sind. Das *Royal Ascot* ist auch wegen der dort zur Schau getragenen ausgefallen Mode berühmt.

As·cot heater® ['æskət] *s* (ELEK) Durchlauferhitzer *m*
as·crib·able [ə'skraɪbəbl] *adj* zuzuschreiben; **as·cribe** [ə'skraɪb] *vt* zuschreiben, beimessen (*to s.o.* jdm); **as·crip·tion** [ə'skrɪpʃn] *s* Zuschreiben *nt* (*to s.o.* jdm)
ASEAN *s Abk. von* **Association of South-East Asian Nations** Verband Südostasiatischer Nationen, ASEAN; ~ **members** ASEAN-Staaten
asex·ual [ˌeɪ'sekʃʊəl] *adj* geschlechtslos
ash¹ [æʃ] *s* (~ *tree*) Esche *f*
ash² [æʃ] *s* ❶ Asche *f* ❷ ~**es** Asche *f*, sterbliche Überreste *mpl*
ashamed [ə'ʃeɪmd] *adj pred* beschämt; **be** ~ sich schämen (*of s.th.* einer S, *to do s.th.* etw zu tun); **you ought to be** ~ **of yourself** du solltest dich schämen
ash bin ['æʃbɪn] *s* Ascheneimer *m*; **ashcan** ['æʃkæn] *s* (*Am*) Ascheneimer *m*
ashore [ə'ʃɔ:(r)] *adv* am Ufer, an Land; **go** ~ an Land gehen
ash-pan ['æʃpæn] *s* Aschenkasten *m*; **ash-tray** *s* Aschenbecher *m*; **Ash Wednesday** *s* Aschermittwoch *m*
Asia ['eɪʃə] *s* Asien *nt*; **Asia Minor** *s* Kleinasien *nt*; **Asian**, **Asi·atic** ['eɪʃn, ˌeɪʃɪ'ætɪk] **I.** *adj* asiatisch **II.** *s* Asiat(in) *m(f)*
aside [ə'saɪd] *adv* beiseite; abseits; auf die Seite; weg, fort; ~ **from** (*Am*) abgesehen von; außer; (**all**) **joking** ~**!** Spaß beiseite!; **lay** ~ beiseite legen; (*Gewohnheit*) ablegen, aufgeben; **put** ~ auf die Seite legen, beiseite legen; (*Waren, Geld*) zurücklegen; **set** ~ weg-, beiseite legen; (*Geld*) beiseite legen, zurücklegen; (*Anspruch*) abweisen; (*Einwand*) verwerfen; (*Urteil*) aufheben; **stand** [*o* **step**] ~ zur die Seite gehen
ask [ɑ:sk] **I.** *vt* ❶ fragen (*s.o. for s.th., s.o. s.th.* jdn nach etw); (*Frage*) stellen ❷ einladen ❸ bitten (*s.th. of s.o.* jdn um etw, *s.o. to do s.th.* jdn, etw zu tun), erbitten; erwarten, fordern, verlangen ❹ (*Preis*) verlangen; ~ **s.o.'s advice** jdn um Rat fragen; ~ **me another!** frag mich bloß das nicht! **II.** *vi* fragen (*for* nach), sich erkundigen (*about, after, for* nach), sich informieren (*about* über); ~ **after** sich erkundigen nach; ~ **for permission** um Erlaubnis bitten; ~ **for trouble** Schwierigkeiten heraufbeschwören
askance [ə'skæns] *adv*: **look** ~ **at s.th.** etw misstrauisch, missbilligend betrachten
askew [ə'skju:] *adv* schief, quer, schräg
ask·ing ['ɑ:skɪŋ] *s*: **it's yours for the** ~ Sie brauchen nur darum zu bitten; ~ **price** Verkaufspreis *m*
aslant [ə'slɑ:nt] **I.** *adv* schief, schräg **II.** *prep* quer über, quer durch
asleep [ə'sli:p] *adj pred* ❶ schlafend ❷ (*Glieder*) eingeschlafen; **be** ~ schlafen; **fall** ~ einschlafen
as·para·gus [ə'spærəgəs] *s* Spargel *m*
as·pect ['æspekt] *s* ❶ Aussehen *nt*, Erscheinung *f*; Anblick *m* ❷ (*eines Problems*) Seite *f*, Aspekt, Stand-, Gesichtspunkt *m* ❸ (ASTR GRAM) Aspekt *m* ❹ (*Haus*) Seite, Lage, Fläche *f*
as·pen ['æspən] *s* Espe, Zitterpappel *f*
as·per·ity [æ'sperətɪ] *s* ❶ Rauheit, Unebenheit *f* ❷ (*fig*) Schroffheit, Strenge, Härte *f*
as·per·sion [ə'spɜ:ʃn] *s*: **cast** ~**s on s.o.** jdn verleumden
as·phalt ['æsfælt] **I.** *s* Asphalt *m* **II.** *vt* asphaltieren
as·phyxia [æs'fɪksɪə] *s* (MED) Erstickung, Asphyxie *f*; **as·phyxi·ate** [əs'fɪksɪeɪt] *vt* ersticken; **as·phyxi·ation** [əsˌfɪksɪ'eɪʃn] *s* Erstickung *f*
as·pir·ant [ə'spaɪərənt] *s* Bewerber(in) *m(f)* (*to, after* um), Anwärter(in) *m(f)* (*to, after*

auf); **as·pir·ation** [ˌæspəˈreɪʃn] *s* Verlangen, Streben *nt,* Sehnsucht *f* (*after, for* nach); **as·pire** [əˈspaɪə(r)] *vi* streben, trachten (*after, at, to* nach)

as·pirin [ˈæsprɪn] *s* (MED) Aspirin *nt*

as·pir·ing [əˈspaɪərɪŋ] *adj* ehrgeizig; strebend (*after, to* nach)

ass [æs] *s* ❶ (*a. fig*) Esel *m* ❷ (*fig*) Dummkopf *m;* **make an ~ of o.s.** sich lächerlich machen

as·sail [əˈseɪl] *vt* angreifen, überfallen; **~ s.o. with questions** jdn mit Fragen bestürmen; **be ~ed by doubts** von Zweifeln geplagt sein; **as·sail·able** [-əbl] *adj* angreifbar; anfechtbar

as·sas·sin [əˈsæsɪn] *s* (Meuchel)Mörder(in) *m(f);* **as·sas·sin·ate** [əˈsæsɪneɪt] *vt* ermorden; **as·sas·sin·ation** [əˌsæsɪˈneɪʃn] *s* Ermordung *f,* Attentat *nt*

as·sault [əˈsɔːlt] **I.** *s* ❶ (Sturm)Angriff, Überfall *m* (*upon* auf) ❷ (JUR) tätliche Beleidigung **II.** *vt* ❶ angreifen, überfallen ❷ (JUR) angreifen; sich vergehen an; **assault and battery** *s* (JUR) Körperverletzung *f*

as·semble [əˈsembl] **I.** *vt* ❶ versammeln ❷ (TECH) montieren; zusammensetzen ❸ (*Parlament*) einberufen **II.** *vi* sich versammeln; **as·sem·bly** [əˈsemblɪ] *s* ❶ Versammlung *f;* Zusammenkunft, Veranstaltung *f* ❷ (POL) gesetzgebende Körperschaft ❸ (TECH) Montage *f;* Zusammensetzen *nt;* **~ line** Fließ-, Montageband *nt;* **~ hall** Aula *f*

as·sent [əˈsent] **I.** *vi* einwilligen (*to* in), zustimmen (*to dat*), billigen (*to s.th.* etw), beipflichten (*to an opinion* einer Meinung) **II.** *s* Zustimmung, Einwilligung, Billigung *f;* **by common ~** mit Zustimmung aller; **with one ~** einmütig

as·sert [əˈsɜːt] **I.** *vt* ❶ feststellen; bestehen auf, behaupten ❷ (*Recht*) geltend machen; beanspruchen; (*Forderung*) durchsetzen **II.** *vr* sich durchsetzen; auf seinem Recht bestehen; **as·ser·tion** [əˈsɜːʃn] *s* ❶ Erklärung *f;* Behauptung, Feststellung *f* ❷ (*Rechte*) Geltendmachung *f;* **make an ~** eine Behauptung aufstellen; **as·sert·ive** [əˈsɜːtɪv] *adj* bestimmt; **as·sert·ive·ness** [əˈsɜːtɪvnɪs] *s* Bestimmtheit *f*

as·sess [əˈses] *vt* ❶ bewerten, den Wert feststellen (*s.th.* einer S) ❷ festsetzen, feststellen (*at* auf), (ab)schätzen, veranschlagen ❸ (*fig*) einschätzen; **as·sess·ment** [-mənt] *s* ❶ Feststellung, Festsetzung *f* ❷ Ab-, Einschätzung *f* ❸ Bemessung, Veranlagung *f;* **as·sessor** [əˈsesə(r)] *s* ❶ (*~ of taxes*) Steuerbeamte(r) *m,* -beamtin *f* ❷ (JUR) Beisitzer(in) *m(f)*

as·set [ˈæset] *s* ❶ (*fig*) Vorteil *m,* Plus *nt* ❷ **~s** Aktivposten *mpl,* Aktiva *pl,* Vermögensstand *m,* Aktivvermögen *nt;* **capital ~s** Anlagevermögen *nt;* **~s and liabilities** Aktiva und Passiva *pl*

as·si·du·ity [ˌæsɪˈdjuːətɪ] *s* Fleiß, Eifer *m;* **as·sidu·ous** [əˈsɪdjʊəs] *adj* fleißig, eifrig; gewissenhaft

as·sign [əˈsaɪn] *vt* ❶ festlegen, festsetzen, bestimmen ❷ an-, zuweisen; zuteilen; (*Aufgabe*) beauftragen mit ❸ (*Ursache*) zuschreiben, bezeichnen (*as* als); (*Bedeutung*) beilegen ❹ (JUR) übertragen, abtreten ❺ ernennen (*to a post* auf einen Posten); **as·signed** *adj* zugeteilt, zugewiesen; **as·sign·ment** [-mənt] *s* ❶ Zuteilung *f;* An-, Zuweisung *f* ❷ zugewiesene Aufgabe, Auftrag *m* ❸ Ernennung *f;* Posten *m* ❹ (JUR) Übertragung *f*

as·simi·late [əˈsɪməleɪt] *vt* ❶ aufnehmen, einverleiben, integrieren ❷ assimilieren ❸ (geistig) verdauen; **as·simi·la·tion** [əˌsɪməˈleɪʃn] *s* ❶ Angleichung, Assimilation *f* ❷ Übereinstimmung *f*

as·sist [əˈsɪst] **I.** *vt* ❶ helfen (*s.o.* jdm), unterstützen, behilflich sein (*s.o.* jdm) ❷ mitwirken (*in doing s.th.* etw zu tun, *in* bei) **II.** *vi* ❶ Hilfe leisten ❷ beiwohnen; teilnehmen (*at* an); **as·sis·tance** [əˈsɪstəns] *s* Hilfe, Unterstützung *f;* **as·sis·tant** [əˈsɪstənt] **I.** *s* Assistent(in) *m(f),* Helfer(in) *m(f),* Mitarbeiter(in) *m(f)* **II.** *adj* stellvertretend; **~ director** stellvertretende(r) Direktor(in); **~ member** außerordentliches, assoziiertes Mitglied; **~ physician** Assistenzarzt *m,* -ärztin *f;* **~ professor** (*Am*) Assistenzprofessor(in) *m(f);* **as·sis·ted liv·ing** *s* betreutes Wohnen

as·sizes [əˈsaɪzɪz] *s pl* Schwurgerichtssitzungen *f pl* des High Court of Judges

as·so·ci·ate [əˈsəʊʃɪət] **I.** *s* ❶ Mitarbeiter(in) *m(f)* ❷ (COM) Partner(in) *m(f),* Teilhaber(in) *m(f)* **II.** *adj* verbündet, beigeordnet; **~ professor** (*Am*) außerordentliche(r) Professor(in) **III.** [əˈsəʊʃɪeɪt] *vt* ❶ vereinigen, verbinden ❷ hinzufügen; zuordnen; in Zusammenhang bringen (*with* mit) **IV.** [əˈsəʊʃɪeɪt] *vi* verkehren (*with s.o.* mit jdm); **he never did ~ with us very much** er war nie mit uns besonders befreundet; **as·so·ci·ation** [əˌsəʊsɪˈeɪʃn] *s* ❶ Vereinigung *f,* Verein *m;* Gesellschaft *f;* Genossenschaft *f* ❷ Umgang, Verkehr *m* (*with* mit), Beziehung *f* (*with* zu) ❸ Gedankenverbindung, Assoziation *f;* **call up ~s** Erinnerungen wachrufen; **join an ~** einem Verein beitreten; **~ football** Fußball *m,* Soccer *nt*

as·so·nance [ˈæsənəns] *s* Assonanz *f*

as·sorted [əˈsɔːtɪd] *adj* ❶ sortiert; geordnet ❷ verschiedenartig; gemischt; **ill-~** schlecht zusammenpassend; **well-~** gut zusammenpassend; **as·sort·ment** [əˈsɔːtmənt] *s* ❶ Sortieren, Klassifizieren *nt* ❷ Auswahl *f*, Sortiment *nt*

as·sume [əˈsjuːm] *vt* ❶ voraussetzen; annehmen, vermuten ❷ vorgeben, unterstellen ❸ (*Macht*) sich anmaßen; (*Amt*) antreten; (*Verantwortung*) übernehmen; (*Namen*) annehmen; **assuming that it is true** angenommen, es stimmt; **as·sumed** [əˈsjuːmd] *adj* (*Name*) angenommen

as·sump·tion [əˈsʌmpʃn] *s* ❶ An-, Übernahme *f* ❷ Aneignung *f* ❸ Vermutung, Annahme, Voraussetzung *f* ❹ Anmaßung *f*; Überheblichkeit *f*; **the Assumption** (Mariä) Himmelfahrt *f*; **on the ~ that** unter der Annahme, Voraussetzung, dass

as·sur·ance [əˈʃʊərəns] *s* ❶ Versicherung, Beteuerung, Zusicherung *f* ❷ Sicherheit, Gewissheit *f*, Vertrauen *nt*; Selbstsicherheit *f* ❸ Überheblichkeit *f* ❹ (COM) Versicherung *f*; **life ~** Lebensversicherung *f*; **as·sure** [əˈʃʊə(r)] *vt* ❶ versichern (*s.o. of s.th.* jdm etw), beteuern ❷ garantieren; bürgen für; zusichern ❸ beruhigen ❹ (COM) versichern; **as·sur·ed·ly** [əˈʃʊərɪdlɪ] *adv* sicherlich

as·ter·isk [ˈæstərɪsk] *s* (TYP) Sternchen *nt*

astern [əˈstɜːn] *adv* (MAR) achtern

as·ter·oid [ˈæstərɔɪd] *s* (ASTR) Asteroid *m*

asthma [ˈæsmə] *s* (MED) Asthma *nt*; **asth·matic** [æsˈmætɪk] *adj* asthmatisch

as·ton·ish [əˈstɒnɪʃ] *vt* in Erstaunen setzen, überraschen; **be ~ed** erstaunt, überrascht sein; sich wundern (*at* über); **as·ton·ish·ing** [-ɪŋ] *adj* erstaunlich, verwunderlich; **it's ~ to me** das überrascht mich; **as·ton·ish·ment** [-mənt] *s* Erstaunen *nt*, Verwunderung *f* (*at* über)

astound [əˈstaʊnd] *vt* erstaunen

astray [əˈstreɪ] *adj*: **go ~** in die Irre gehen; **lead ~** vom rechten Weg abführen

astride [əˈstraɪd] *adv, prep, adj pred* rittlings (auf)

as·trin·gent [əˈstrɪndʒənt] *adj* ❶ adstringierend ❷ (*fig: Humor*) ätzend

as·trol·oger [əˈstrɒlədʒə(r)] *s* Astrologe *m*, -login *f*; **as·tro·logi·cal** [ˌæstrəˈlɒdʒɪkl] *adj* astrologisch; **as·trol·ogy** [əˈstrɒlədʒɪ] *s* Astrologie *f*

as·tro·naut [ˈæstrənɔːt] *s* Astronaut(in) *m(f)*; **as·tro·naut·ics** [ˌæstrəˈnɔːtɪks] *s pl mit sing* Astronautik, Raumfahrt *f*

as·tron·omer [əˈstrɒnəmə(r)] *s* Astronom(in) *m(f)*; **as·tro·nomi·cal** [ˌæstrəˈnɒmɪkl] *adj* (*a. fig*) astronomisch; **as·tron·omy** [əˈstrɒnəmɪ] *s* Astronomie *f*

as·tute [əˈstjuːt] *adj* schlau; scharfsinnig; **as·tute·ness** [-nɪs] *s* ❶ Schlauheit, List *f* ❷ Scharfsinn *m*

asy·lum [əˈsaɪləm] *s* ❶ Asyl *nt* ❷ (Irren)Anstalt *f*; **ask for ~** um Asyl bitten; **apply for ~** Asyl beantragen; **~ seeker** Asylbewerber(in) *m(f)*

at [ət] *prep* ❶ (*Ort*) in, bei, an, auf, zu; **~ Oxford** in Oxford; **~ a distance** in einer Entfernung; **~ school** in der Schule; **~ sign** (INTERNET) Klammeraffe *m*, @-Symbol *nt*; **~ the office** im Büro; **~ the dentist's** beim Zahnarzt; **~ work** bei der Arbeit; **~ the sight** beim Anblick (*of +gen*); **~ the next corner** an der nächsten Ecke; **~ the station** auf dem Bahnhof; **~ home** zu Hause ❷ (*Art und Weise*) in, zu; **be ~ a loss** in Verlegenheit sein; **~ his request** auf seine Bitte (hin) ❸ (*zeitlich*) um; in; zu; **~ midnight** um Mitternacht; **~ night** in der Nacht; **~ noon** mittags; **~ the age of** im Alter von; **~ Christmas** zu Weihnachten ❹ (*Zustand*) in; **~ peace** im Frieden; **~ rest** in Ruhe; **I feel ~ ease** mir ist wohl zu Mute ❺ (*Richtung*) nach, gegen, zu, an, auf; **aim ~** zielen nach; **arrive ~ a decision** zu einer Entscheidung kommen; **be astonished ~** erstaunt sein über; **he is mad ~ me** er ist wütend auf mich ❻ (*bei Zahlangabe*) zu; **buy ~ a pound** zu einem Pfund kaufen ❼ (*Wendungen*): **~ all** überhaupt; **not ~ all** gar nicht, durchaus nicht; **not ~ all!** gern geschehen!; **~ best** bestenfalls; **~ first** zuerst; **~ last** endlich; **~ least** mindestens, wenigstens; **~ most** höchstens; (**all**) **~ once** sofort; auf einmal

ata·vism [ˈætəvɪzəm] *s* Atavismus *m*; **ata·vis·tic** [ˌætəˈvɪstɪk] *adj* atavistisch

ate [et, *Am* eɪt] *s.* **eat**

athe·ism [ˈeɪθɪɪzəm] *s* Atheismus *m*; **athe·ist** [ˈeɪθɪɪst] *s* Atheist *m*; **athe·is·tic** [ˌeɪθɪˈɪstɪk] *adj* atheistisch

ath·lete [ˈæθliːt] *s* Athlet(in) *m(f)*, Leichtathlet(in) *m(f)*, Sportler(in) *m(f)*; **ath·letic** [æθˈletɪk] **I.** *adj* sportlich; athletisch **II.** *s pl a. mit sing* (Leicht)Athletik *f*

At·lan·tic [ətˈlæntɪk] **I.** *s* Atlantischer Ozean, Atlantik *m* **II.** *adj* atlantisch

at·las [ˈætləs] *s* (GEOG) Atlas *m*

ATM [ˌeɪtiːˈem] *s Abk. von* **automated teller machine** Geldautomat, Bankomat *m*

at·mos·phere [ˈætməsfɪə(r)] *s* (*a. fig*) Atmosphäre *f*; **at·mos·pheric** [ˌætməsˈferɪk] *adj* atmosphärisch; **~ conditions** Witterung *f*; **~ pollution** Luftverschmutzung, Luftbelastung *f*; **~ pressure** Luftdruck *m*; **~ resistance** Luftwiderstand *m*

at·mos·pher·ics [ˌætməsˈferɪks] *s pl* (TECH) atmosphärische Störungen *fpl*

atoll [ˈætɒl] *s* (GEOG) Atoll *nt*

atom [ˈætəm] *s* ❶ (CHEM) Atom *nt* ❷ (*fig*) winzige Kleinigkeit; **atom bomb** *s* Atombombe *f;* **atomic** [əˈtɒmɪk] *adj* atomar; Atom-; ~ **energy** Atomenergie *f;* ~ **fission** Atomspaltung *f;* ~ **nucleus** Atomkern *m;* ~ **power** Atomkraft *f;* ~ **reactor** Atomreaktor *m;* ~ **weight** Atomgewicht *nt;* **at·om·ize** [ˈætəmaɪz] *vt* atomisieren; zerstäuben; **at·om·izer** [ˈætəmaɪzə(r)] *s* Zerstäuber *m*

atone [əˈtəʊn] *vi* sühnen (*for* für); **atone·ment** [-mənt] *s* Sühne, Buße *f*

atro·cious [əˈtrəʊʃəs] *adj* ❶ grausam ❷ (*fam*) abscheulich, scheußlich; **atro·city** [əˈtrɒsətɪ] *s* ❶ Grausamkeit *f* ❷ Gräueltat *f*

atro·phy [ˈætrəfɪ] **I.** *s* (MED) Atrophie *f* **II.** *vi* verkümmern **III.** *vt* verkümmern lassen

at-seat TV [ætˌsiːtˈtiːviː] *s* (*im Flugezug, ICE*) in der Rückenlehne eingebauter Fernseher

at·tach [əˈtætʃ] *vt* ❶ anheften, befestigen (*to* an); (*einem Schriftstück*) beifügen ❷ (*Bedeutung*) beilegen, beimessen ❸ (MIL) abkommandieren; ~ **o.s. to** sich anschließen an; (*Partei*) beitreten *dat;* **be** ~**ed** eng verbunden sein (*to* mit), hängen (*to* an); ~ **value to** Wert legen auf; **at·tached** *adj* beigefügt, beigeheftet

at·taché [əˈtæʃeɪ] *s* (POL) Attaché *m;* **attaché case** *s* Aktentasche *f*

at·tach·ment [əˈtætʃmənt] *s* ❶ Befestigung, An-, Beifügung *f* ❷ Bei-, Anlage *f;* (INTERNET) Anlage *f* ❸ (*fig*) Zuneigung *f* ❹ (TECH) Zusatzvorrichtung *f,* -gerät *nt*

at·tack [əˈtæk] **I.** *vt* ❶ (*a.* CHEM) angreifen; sich stürzen (*s.th.* auf etw) ❷ (*Aufgabe*) anpacken, in Angriff nehmen ❸ (*Krankheit*) befallen **II.** *s* ❶ Angriff *m* (*on* auf, gegen) ❷ (*Arbeit*) Inangriffnahme *f* ❸ (*Krankheit*) Anfall *m;* **heart** ~ Herzanfall *m;* Herzinfarkt *m;* **attack-dog** [əˈtækdɒg] *adj* (*fig fam*) hinterlistig

at·tain [əˈteɪn] **I.** *vt* erreichen, erlangen; vollenden; ~ **power** an die Macht gelangen **II.** *vi* gelangen (*to* bis zu); ~ **a very great age** sehr alt werden; **at·tain·able** [-əbl] *adj* erreichbar; **at·tain·ment** [-mənt] *s* ❶ (*Ziel*) Erreichen *nt;* Erlangung *f* ❷ ~**s** Kenntnisse, Fähigkeiten, Fertigkeiten *fpl*

at·tempt [əˈtempt] **I.** *vt* versuchen; wagen; sich bemühen (*to do, at doing s.th.* etw zu tun) **II.** *s* ❶ Versuch *m* (*at* mit) ❷ Anschlag *m;* **make an** ~ **on s.o.'s life** auf jdn einen Anschlag verüben

at·tend [əˈtend] **I.** *vt* ❶ (*Schule*) besuchen; beiwohnen (*a meeting* einer Versammlung); (*Vorlesung*) hören ❷ betreuen, bedienen, pflegen; (*Arzt*) behandeln ❸ (*fig*) begleiten **II.** *vi* ❶ anwesend, zugegen sein (*at* bei) ❷ aufpassen, sich konzentrieren, hören, Acht geben (*to* auf) ❸ beachten, einhalten (*to s.th.* etw) ❹ sich befassen (*to* mit), sorgen (*to* für), sich kümmern (*to* um), besorgen, erledigen (*to s.th.* etw) ❺ erfüllen (*to one's duties* seine Pflicht), ausführen (*to an order* einen Auftrag) ❻ bedienen (*to a customer* einen Kunden); **at·tend·ance** [əˈtendəns] *s* ❶ Anwesenheit *f;* Besuch *m* ❷ (Zu)Hörerschaft *f* (*at* bei), Beteiligung *f* (*at* bei, an) ❸ Dienerschaft, Begleitung *f* ❹ (TECH) Wartung *f* ❺ (MED) Behandlung *f;* **be in** ~ Dienst haben (*at* bei); **the** ~ **at the meeting was poor** die Versammlung war schwach besucht; **medical** ~ ärztliche Behandlung; ~ **at school** Schulbesuch *m;* ~ **list** [*o* **book**] Anwesenheitsliste *f;* **at·tend·ant** [əˈtendənt] **I.** *adj* ❶ begleitend, dazugehörig ❷ anwesend; ~ **circumstances** Begleitumstände *mpl* **II.** *s* ❶ Diener(in) *m(f),* Wärter(in) *m(f),* Aufseher(in) *m(f)* ❷ Begleiter(in) *m(f)* ❸ Anwesende(r) *f m*

at·ten·tion [əˈtenʃn] *s* ❶ Aufmerksamkeit *f* ❷ Berücksichtigung, Beachtung *f* ❸ (MIL) Habachtstellung *f;* ~**!** (MIL) stillgestanden!; **without attracting** ~ unauffällig; **attract** ~ Aufmerksamkeit erregen; **call** [*o* **draw**] **s.o.'s** ~ **to s.th.** jdn auf etw hinweisen; (**for the**) ~ **of** (*Brief*) zu Händen von; **pay** ~ Acht geben, aufpassen; **pay** ~ **to s.o.** jdm aufmerksam zuhören; **pay** ~ **to s.th.** etw beachten, auf etw achten; **attention deficit disorder** *s* Aufmerksamkeitsdefizitsyndrom *nt;* **at·tent·ive** [əˈtentɪv] *adj* ❶ aufmerksam (*to* auf) ❷ zuvorkommend, gefällig (*to* gegenüber)

at·tenu·ate [əˈtenjʊeɪt] *vt* ❶ verdünnen; schwächen ❷ verkleinern, verringern ❸ (*fig*) abschwächen

at·test [əˈtest] **I.** *vt* ❶ bestätigen; beweisen; klarlegen ❷ beglaubigen, bescheinigen, beurkunden **II.** *vi* bezeugen (*to s.th.* etw); **at·tes·ta·tion** [ˌæteˈsteɪʃn] *s* ❶ Bescheinigung, Bestätigung *f;* Beurkundung, Beglaubigung *f* ❷ Beweis *m*

at·tic [ˈætɪk] *s* Dachboden, Speicher *m*

at·ti·tude [ˈætɪtjuːd] *s* Haltung *f;* Verhalten *nt,* Einstellung *f* (*towards* gegenüber); **adopt an** ~ eine Haltung einnehmen; **strike an** ~ sich affektiert benehmen

at·tor·ney [əˈtɜːnɪ] *s* (JUR) ❶ Bevollmächtigte(r) *f m* ② Rechtsanwalt *m*, -anwältin *f*; **letter** [*o* **power**] **of** ~ Vollmacht *f*

at·tract [əˈtrækt] *vt* ① (*a. fig*) anziehen ② (*Aufmerksamkeit*) erregen, auf sich lenken ③ (*fig*) fesseln, reizen, anlocken; **without** ~**ing attention** unauffällig; **at·trac·tion** [əˈtrækʃn] *s* ① (*a.* PHYS) Anziehung *f*; (*power of* ~) Anziehungskraft *f* ② Reiz, Zauber *m* ③ (THEAT) Attraktion, Zugnummer *f*; **at·tract·ive** [əˈtræktɪv] *adj* ① fesselnd, anziehend ② (*fig*) verlockend, attraktiv

at·tri·bute [əˈtrɪbjuːt] **I.** *vt* zuschreiben, beimessen (*to s.th.* einer S) **II.** [ˈætrɪbjuːt] *s* ① Eigenschaft *f*, Merkmal *nt*; (*a.* GRAM) Attribut *nt* ② Kennzeichen *nt*; **at·tribu·tive** [əˈtrɪbjʊtɪv] **I.** *adj* (GRAM) attributiv **II.** *s* (GRAM) Attribut *nt*

at·tri·tion [əˈtrɪʃn] *s* Abnutzung *f*, Verschleiß *m*; (*fig*) Zermürbung *f*; **war of** ~ Zermürbungskrieg *m*

au·ber·gine [ˈəʊbəʒiːn] *s* Aubergine *f*

au·burn [ˈɔːbən] *adj* rotbraun, kastanienbraun

auc·tion [ˈɔːkʃn] **I.** *s* Auktion, (öffentliche) Versteigerung *f*; **buy by** ~ ersteigern; **sell by** ~ versteigern **II.** *vt* (~ *off*) versteigern; **auc·tion·eer** [ˌɔːkʃəˈnɪə(r)] *s* Auktionator(in) *m(f)*

aud·acious [ɔːˈdeɪʃəs] *adj* ① kühn, wagemutig ② frech, dreist; **aud·ac·ity** [ɔːˈdæsətɪ] *s* ① Kühnheit *f*, Wagemut *m* ② Dreistigkeit *f*

aud·ible [ˈɔːdəbl] *adj* hörbar; vernehmlich

audi·ence [ˈɔːdɪəns] *s* ① Publikum *nt*; Zuhörer(schaft *f*) *mpl*; (TV) Zuschauer *mpl*; (RADIO) Hörer *mpl* ② Audienz *f* (*with* bei)

audio- [ˈɔːdɪəʊ] *PRÄF* Ton-, Radio-, Hör-; ~**-visual aids** Anschauungsmaterial *nt*; audiovisuelle Hilfsmittel *ntpl*

au·dit [ˈɔːdɪt] **I.** *s* Buchprüfung *f*; (~ *of accounts*) Rechnungsprüfung *f* **II.** *vt* prüfen

aud·ition [ɔːˈdɪʃn] **I.** *s* ① (Zu-, An)Hören *nt* ② (THEAT) Sprech-, Hörprobe *f* **II.** *vt* vorsprechen, vorsingen lassen

au·di·tor [ˈɔːdɪtə(r)] *s* ① Wirtschafts-, Buchprüfer(in) *m(f)* ② (*Am: Universität*) Gasthörer(in) *m(f)*

au·di·tor·ium [ˌɔːdɪˈtɔːrɪəm] *s* ① Hörsaal *m*, Auditorium *nt* ② Vortrags-, Konzertsaal *m*

aug·ment [ɔːgˈment] **I.** *vt* vermehren, vergrößern **II.** *vi* zunehmen, sich vergrößern; **aug·men·ta·tion** [ˌɔːgmenˈteɪʃn] *s* Vermehrung, Steigerung, Vergrößerung *f*; Zunahme *f*

au·gur [ˈɔːgə(r)] **I.** *vt* weissagen, vorhersagen **II.** *vi* ein Vorzeichen sein; ~ **ill/well** ein schlechtes/gutes Vorzeichen sein (*for* für); **au·gury** [ˈɔːgjʊrɪ] *s* Vorzeichen *nt*

au·gust [ɔːˈgʌst] *adj* erhaben

Au·gust [ˈɔːgəst] *s* August *m*; **in** ~ im August

aunt [ɑːnt, *Am* ænt] *s* Tante *f*

aura [ˈɔːrə] *s* Aura *f*

au·ral [ˈɔːrəl] *adj* Ohr-; ~ **surgeon** Ohrenarzt *m*

aur·icle [ˈɔːrɪkl] *s* ① (*Herz*) Vorhof *m* ② Ohrmuschel *f*; **aur·icu·lar** [ɔːˈrɪkjʊlə(r)] *adj* Ohr-

aur·ora [ɔːˈrɔːrə] *s*: ~ **australis** Südlicht; ~ **borealis** Nordlicht *nt*

aus·pices [ˈɔːspɪsɪz] *s pl*: **under the** ~ **of s.o.** unter jds Schirmherrschaft; **aus·pi·cious** [ɔːˈspɪʃəs] *adj* Erfolg versprechend

aus·tere [ɔːˈstɪə(r)] *adj* ① streng ② schmucklos, einfach; **aus·ter·ity** [ɔːˈsterətɪ] *s* ① Strenge *f*; Ernst *m* ② Schmucklosigkeit, strenge Einfachheit *f* ③ (COM) Sparmaßnahmen *fpl*

Aus·tralia [ɒˈstreɪlɪə] *s* Australien *nt*; **Aus·tral·ian** [ɒˈstreɪlɪən] **I.** *s* Australier(in) *m(f)* **II.** *adj* australisch

i Land & Leute

Der **Australia Day** am 26. Januar ist ein nationaler Feiertag zum Gedenken an die Gründung der ersten britischen Siedlung 1788 in Sydney Cove. Für die *Aborigines*, die Ureinwohner Australiens, ist es der Tag der Invasion ihres Landes. An diesem Tag gibt es viele kulturelle Veranstaltungen, die schwarze und weiße Australier zusammenbringen sollen.

i Land & Leute

Die **Australian Football Rules** zählen zu den härtesten Fußballregeln, da das Tackling mit dem ganzen Körper erlaubt ist und die Spieler zum Schutz gegen Verletzungen keine gepolsterte Kleidung tragen. Das Spiel findet auf einem großen, ovalen Feld statt, wo zwei Mannschaften mit je 18 Spielern versuchen Tore zu schießen. Fußball ist Australiens beliebtester Zuschauersport.

Aus·tria [ˈɒstrɪə] *s* Österreich *nt*; **Aus·trian** [ˈɒstrɪən] **I.** *s* Österreicher(in) *m(f)* **II.** *adj* österreichisch

auth·en·tic [ɔː'θentɪk] *adj* authentisch; echt; verbürgt; **auth·en·ti·cate** [ɔː'θentɪkeɪt] *vt* ❶ beglaubigen ❷ die Echtheit nachweisen (*s.th. +gen*); **auth·en·ti·ca·tion** [ɔːˌθentɪ'keɪʃn] *s* Beglaubigung *f;* **auth·en·tic·ity** [ˌɔːθən'tɪsətɪ] *s* Echtheit *f*

author ['ɔːθə(r)] *s* ❶ Autor(in) *m(f),* Verfasser(in) *m(f),* Schriftsteller(in) *m(f)* ❷ Urheber(in) *m(f);* **author·ess** ['ɔːθərɪs] *s* Schriftstellerin *f*

auth·ori·tar·ian [ɔːˌθɒrɪ'teərɪən] *adj* autoritär; **auth·ori·tat·ive** [ɔː'θɒrɪtətɪv] *adj* ❶ maßgebend; zuverlässig ❷ gebieterisch; entschieden; **auth·or·ity** [ɔː'θɒrətɪ] *s* ❶ (Amts-, Befehls)Gewalt *f* ❷ Befugnis, Vollmacht *f* ❸ Ansehen *nt,* Autorität *f* ❹ Kapazität, Autorität *f,* Experte *m,* Expertin *f* (*on* auf dem Gebiet *+gen*) ❺ zuverlässige Quelle, Nachweis *m* ❻ *meist pl* Behörde(n) *f (pl);* **from competent** ~ von maßgebender Seite; **on one's own** ~ auf eigene Verantwortung; **under the** ~ **of** im Auftrag von; **without** ~ unbefugt, unberechtigt; **apply to the proper** ~ sich an die zuständige Stelle wenden; **have** ~ befugt, ermächtigt sein (*to do* zu tun); **parental** ~ elterliche Gewalt

auth·or·iz·ation [ˌɔːθəraɪ'zeɪʃn] *s* Ermächtigung *f;* **give s.o.** ~ jdn ermächtigen (*to do* zu tun, *for* zu); **auth·or·ize** ['ɔːθəraɪz] *vt* ❶ bevollmächtigen, ermächtigen; die Befugnis erteilen (*s.o.* jdm) ❷ genehmigen, bewilligen; **through ~d channels** auf dem Dienstweg; **be ~d** befugt, ermächtigt, autorisiert sein (*to* zu); **~d to sign** zeichnungsberechtigt

author·ship ['ɔːθəʃɪp] *s* ❶ Verfasserschaft *f* ❷ Schriftstellerberuf *m*

auto·bio·graphi·cal [ˌɔːtəbaɪə'græfɪkl] *adj* autobiografisch; **au·to·bi·ogra·phy** [ˌɔːtəbaɪ'ɒgrəfɪ] *s* Autobiografie *f*

auto-bronzer ['ɔːtəbrɒnzə(r)] *s* Selbstbräuner *m;* **auto-bronzing cream** *s* Selbstbräunungscreme *f*

au·toc·racy [ɔː'tɒkrəsɪ] *s* Autokratie, Selbstherrschaft *f;* **au·to·crat** ['ɔːtəkræt] *s* Autokrat(in) *m(f);* **au·to·cratic** [ˌɔːtə'krætik] *adj* autokratisch

au·to·cue ['ɔːtəˌkjuː] *s* (TV) Teleprompter *m*

au·to·graph ['ɔːtəgrɑːf] **I.** *s* Autogramm *nt* **II.** *vt* signieren

au·to·mate ['ɔːtəmeɪt] *vt* automatisieren; **au·to·ma·ted** ['ɔːtəmeɪtɪd] *adj* automatisiert; **automated teller machine, ATM** *s* Geldautomat, Bankomat *m;* **au·to·matic** [ˌɔːtə'mætɪk] **I.** *adj* ❶ automatisch, selbsttätig ❷ (*fig*) mechanisch; ~ **choke** Startautomatik *f;* ~ **pilot** Autopilot *m;* ~ **dialling** (TELE) Wählautomatik *f;* ~ **exposure** (PHOT) Belichtungsautomatik *f;* ~ **gear change** (AUTO) Automatikschaltung *f;* ~ **rewind** (*Kamera, Video*) Rückspulautomatik *f* **II.** *s* Maschinenwaffe *f;* Automatikwagen *m;* Waschautomat *m;* **au·to·ma·tion** [ˌɔːtə'meɪʃn] *s* Automatisierung *f;* **au·toma·ton** [ɔː'tɒmətən] *s* Automat, Roboter *m*

au·to·mo·bile ['ɔːtəməbiːl] *s* Auto(mobil) *nt;* **auto·mo·tive** [ˌɔːtə'məʊtɪv] *adj* selbstbeweglich; mit Selbstantrieb; Kfz-

au·ton·omous [ɔː'tɒnəməs] *adj* autonom; **au·ton·omy** [ɔː'tɒnəmɪ] *s* Autonomie *f*

au·topsy ['ɔːtɒpsɪ] *s* (MED) Autopsie *f*

au·tumn ['ɔːtəm] *s* (*a. fig*) Herbst *m;* **in** ~ im Herbst; **au·tum·nal** [ɔː'tʌmnəl] *adj* herbstlich

aux·ili·ary [ɔːg'zɪlɪərɪ] **I.** *adj* Hilfs-; zusätzlich **II.** *s* ❶ (~ *verb*) Hilfszeitwort *nt* ❷ **auxiliaries** (MIL) Hilfstruppen *fpl*

avail [ə'veɪl] **I.** *vr* Gebrauch machen (*of* von) **II.** *vi* helfen **III.** *s:* **of no** ~ nutzlos; erfolglos; **to no** [*o* **without**] ~ vergeblich; **be of little** ~ von geringem Nutzen sein (*to* für); **avail·able** [ə'veɪləbl] *adj* ❶ verfügbar ❷ (COM) lieferbar, erhältlich; **by all** ~ **means** mit allen verfügbaren Mitteln; **no longer** ~ (*Buch*) vergriffen; (*Ware*) nicht mehr lieferbar; **be** ~ erhältlich sein; **avail·abil·ity** *s* Lieferbarkeit *f;* **subject to** ~ nur solange Vorrat reicht

ava·lanche ['ævəlɑːnʃ] *s* (*a. fig*) Lawine *f*

avant-garde [ˌævɒŋ'gɑːd] *adj* avantgardistisch

av·ar·ice ['ævərɪs] *s* Habsucht *f;* Geiz *m;* **av·ar·icious** [ˌævə'rɪʃəs] *adj* habsüchtig; geizig

avenge [ə'vendʒ] **I.** *vt* rächen; strafen **II.** *vr* sich rächen (*on* an)

av·enue ['ævənjuː] *s* ❶ Allee *f* ❷ (*fig*) Weg, Zugang *m* (*to* zu)

av·er·age ['ævərɪdʒ] **I.** *s* Durchschnitt *m;* **on (an)** ~ durchschnittlich, im Durchschnitt; **be above (below) (the)** ~ über (unter) dem Durchschnitt liegen **II.** *adj* durchschnittlich, Durchschnitts- **III.** *vt* ❶ im Durchschnitt betragen ❷ den Durchschnitt nehmen von; im Durchschnitt ausmachen, im Mittel ergeben ❸ durchschnittlich verdienen

averse [ə'vɜːs] *adj* abgeneigt (*to dat*), zuwider; **aver·sion** [ə'vɜːʃn] *s* ❶ Widerwille *m,* Abneigung *f* (*to* gegen), Widerstreben *nt* ❷ Gräuel *m*

avert [ə'vɜːt] *vt* ❶ abwenden (*from* von) ❷ verhindern, verhüten

avi·ary ['eɪvɪərɪ] *s* Vogelhaus *nt*

avi·ation [ˌeɪvɪ'eɪʃn] *s* Luftfahrt *f,* Fliegen, Flugwesen *nt;* **civil** ~ Zivilluftfahrt; **commercial** ~ Verkehrsluftfahrt *f;* ~ **fuel** Flugbenzin *nt*

avid ['ævɪd] *adj* gierig (*for, of* nach), begierig (*for* auf, *of* nach); **avid·ity** [ə'vɪdətɪ] *s* Begierde *f;* Gier *f* (*of, for* nach)

avo·ca·do [ˌævə'kɑːdəʊ] *s* Avocado *f*

avoid [ə'vɔɪd] *vt* ❶ meiden, aus dem Wege gehen (*s.o.* jdm), ausweichen (*s.o.* jdm) ❷ vermeiden (*doing s.th.* etw zu tun); (*Schaden*) verhüten; **avoid·able** [-əbl] *adj* vermeidbar; **avoid·ance** [-əns] *s* (Ver)Meiden *nt;* Verhütung *f;* **tax** ~ Umgehung *f* von Steuern

avow [ə'vaʊ] *vt* anerkennen, zugeben, eingestehen; **avowal** [ə'vaʊəl] *s* Eingeständnis *nt;* **avow·ed·ly** [ə'vaʊɪdlɪ] *adv* zugegebener-, eingestandenermaßen

AWACS ['eɪwæks] *s Abk. von* **Airborne Warning and Control System** Frühwarnsystem, AWACS *nt*

await [ə'weɪt] *vt* ❶ erwarten, warten auf ❷ abwarten

awake [ə'weɪk] <*irr:* awoke, awoken (awaked)> **I.** *vt* aufwecken **II.** *vi* aufwachen **III.** *adj pred* wach, munter; **be** ~ wach sein; **be** ~ **to s.th.** sich einer S bewusst sein; **wide** ~ hellwach; **awaken** [ə'weɪkən] **I.** *vt* aufwecken **II.** *vi* aufwachen; **awaken·ing** [ə'weɪknɪŋ] *s* (*a. fig*) Erwachen *nt*

award [ə'wɔːd] **I.** *s* ❶ Preis *m;* Auszeichnung *f* ❷ (JUR) Urteilsspruch *m;* (Sachverständigen)Gutachten *nt* ❸ Stipendium *nt* **II.** *vt* ❶ zuerkennen, zusprechen ❷ (*Preis*) verleihen (*s.o.* jdm); **award-winning** *adj* preisgekrönt

aware [ə'weə(r)] *adj pred* bewusst; **I'm** ~ **of that** ich bin mir dessen bewusst; **aware·ness** [ə'weənɪs] *s* Bewusstsein *nt*

away [ə'weɪ] *adv* ❶ weg, fort ❷ entfernt, abseits ❸ abwesend; **far** ~ weit weg; **far and** ~ bei weitem; **right** [*o* **straight**] ~ auf der Stelle; sofort; **do** ~ **with** abschaffen; beseitigen; **give** ~ verschenken (*s.th.* etw); **give o.s.** ~ sich verraten; **go** ~ weg-, fortgehen; **take** ~ weg-, fortnehmen; **work** ~ unablässig arbeiten; **away match** *s* (SPORT) Auswärtsspiel

awe [ɔː] **I.** *s* Ehrfurcht *f;* Scheu *f;* **keep s.o. in** ~ jdm imponieren; **stand** [*o* **be**] **in** ~ **of s.o.** jdn fürchten; **strike s.o. with** ~ jdm Furcht einflößen **II.** *vt* Ehrfurcht einflößen (*s.o.* jdm); **be** ~**d** eingeschüchtert sein; **awe-in·spir·ing** ['ɔːɪnˌspaɪərɪŋ] *adj,* **awe·some** ['ɔːsəm] *adj* Ehrfurcht gebietend; **what did you think of it? - ~!** (*sl*) wie war's? - geil!; **awe·struck** ['ɔːstrʌk] *adj* tief beeindruckt

aw·ful ['ɔːfl] *adj* ❶ furchtbar ❷ (*fam*) scheußlich; **aw·fully** ['ɔːflɪ] *adv* ❶ schrecklich ❷ (*fam*) furchtbar, schrecklich; äußerst, sehr

awk·ward ['ɔːkwəd] *adj* ❶ linkisch, unpraktisch, ungeschickt ❷ (*Situation*) peinlich, unangenehm; (*Frage*) schwierig; peinlich; ~ **age** schwieriges Alter

awn·ing ['ɔːnɪŋ] *s* ❶ Plane *f* ❷ (MAR) Sonnensegel *nt* ❸ Markise *f*

awoke, awoken [ə'wəʊk, ə'wəʊkən] *s.* **awake**

awry [ə'raɪ] *adj pred, adv* schief, krumm; **go** ~ schiefgehen

ax *s* (*Am*), **axe** [æks] **I.** *s* Axt *f;* Beil *nt;* Hacke *f;* **get the** ~ (*fam*) entlassen, hinausgeworfen werden; **have an** ~ **to grind** persönliche Interessen verfolgen **II.** *vt* (*fig*) stark beschneiden, kürzen, abbauen, streichen

ax·iom ['æksɪəm] *s* Axiom *nt,* Grundsatz *m*

axis ['æksɪs, *pl* 'æksiːz] <*pl* axes> *s* ❶ (PHYS POL) Achse *f* ❷ (MATH) Mittellinie *f*

axle ['æksl] *s* (Rad)Achse, Welle *f*

ay·a·tol·lah [ˌaɪjə'tɒlə] *s* Ajatollah *m*

aye [aɪ] **I.** *interj* jawohl! **II.** *s* (PARL) Jastimme *f;* **the ~s have it** die Mehrzahl ist dafür

aza·lea [ə'zeɪlɪə] *s* Azalee *f*

az·ure ['æʒə(r)] **I.** *s* Himmelblau *nt,* Azur *m* **II.** *adj* himmelblau, azurblau

Bb

B, b [biː] <*pl* -'s> *s* ❶ B, b *nt* ❷ (MUS) H, h *nt* ❸ (SCHULE) gut

baa [bɑː] *vi* (*Schaf*) blöken

babble ['bæbl] **I.** *vt, vi* ❶ stammeln, lallen, plappern; schwatzen ❷ (*Wasser*) murmeln, plätschern **II.** *s* Geplapper *nt;* Geschwätz *nt*

babe [beɪb] *s* ❶ (*poet*) Kind *nt* ❷ (*fam*) netter Käfer, Puppe *f;* ~ **in arms** Säugling *m*

babel ['beɪbl] *s* Wirrwarr *m,* Durcheinander *nt*

ba·boon [bə'buːn] *s* (*großer Affe*) Pavian *m*

ba·by ['beɪbɪ] **I.** *s* ❶ Baby *nt,* Säugling *m* ❷ (*fam*) Schätzchen *nt* ❸ (*sl*) Sache *f;* **carry** [*o* **hold**] **the** ~ (*fam*) die Sache am Hals haben **II.** *vt* verzärteln, verhätscheln

i Land & Leute

In Amerika teilt man die Bevölkerung in drei Altersgruppen, die angeblich auch gemeinsame Eigenschaften besitzen. Die **Baby Boomers**, so genannt, weil die Bevölkerung in der Nachkriegszeit sehr stark gewachsen ist, sind Leute, die zwischen 1945 und 1960 geboren wurden. Angeblich sind diese Leute tüchtig, aber auch selbstsüchtig und von Geld und Macht besessen. Zur nächsten Gruppe, der *Generation X*, gehören Leute, die zwischen 1961 und 1981 zur Welt kamen. Sie werden als pessimistisch, faul, weltfremd, aber auch als erfinderisch und innovativ charakterisiert. Die neue Generation heißt nun die *Millenials* oder *Generation Y*. Sie hat Grips, ist selbstbewusst, freigebig und optimistisch.

baby carriage *s* (*Am*) Kinderwagen *m;* **baby cleansing wipe** *s* Babypflegetuch *nt;* **baby food** *s* Babykost *f;* **baby·hood** ['beɪbɪhʊd] *s* Säuglingsalter *nt;* **baby pants** *s pl* Gummihöschen *nt;* **baby-sit·ter** ['beɪbɪˌsɪtə(r)] *s* Babysitter(in) *m(f);* **baby stroller** *s* (zusammenklappbarer) Kindersportwagen; **baby wipe** *s* Babypflegetuch *nt*

bach·elor ['bætʃələ(r)] *s* ❶ Bakkalaureus *m* (*unterster akad. Grad*) ❷ Junggeselle *m*

i Land & Leute

Ein **Bachelor's degree** ist meistens ein erster Universitätsabschluss, den Studenten nach drei (in einigen Fächern nach vier oder fünf) Jahren Studium erhalten. Die wichtigsten Abschlüsse sind *BA* (*Bachelor of Arts*) für geisteswissenschaftliche Fächer, *BSc* (*Bachelor of Science*) für naturwissenschaftliche Fächer, *BEd* (*Bachelor of Education*) für die pädagogische Ausbildung, *LLB* (*Bachelor of Laws*) für die Rechtswissenschaft und *BMus* (*Bachelor of Music*) für die Musikwissenschaft.

ba·cil·lus [bə'sɪləs, *pl* bə'sɪlaɪ] <*pl* -li> *s* Bazillus *m*

back [bæk] **I.** *s* ❶ (*a. fig*) Rücken *m* ❷ Rückgrat *nt* ❸ Rücklehne *f* ❹ (AUTO) Rücksitz *m* ❺ Rückseite *f;* Hintergrund *m* ❻ (*fig*) Kehrseite *f* ❼ (*Fußball*) Verteidiger *m;* **get s.o.'s ~ up** jdn auf die Palme bringen; **put one's ~ into s.th.** (*fam*) sich in eine S hineinknien; **~ of a book/hill** Buch-/Bergrücken *m;* **~ of the hand** Handrücken *m;* **~ to ~** Rücken an Rücken; **at the ~ of** hinter; (*fig*) hinter dem Rücken von; **behind s.o.'s ~** (*fig*) hinter jds Rücken; **with one's ~ to the wall** (*fig*) in der Klemme **II.** *adj* ❶ rückwärtig; hinter ❷ (*Betrag*) rückständig ❸ abgelegen, fern **III.** *adv* rückwärts; zurück (*from* von), hinten; wieder; **5 years ~** vor fünf Jahren; **~ and forth** hin und her; **answer ~** frech antworten; widersprechen; **stand** [*o* **keep**] **~!** zurück(bleiben)!; **go ~ on one's word** sein Versprechen nicht halten **IV.** *vt* ❶ (unter)stützen ❷ (*~ up*) den Rücken decken, beistehen (*s.o.* jdm) ❸ zurückschieben; (AUTO) zurückstoßen ❹ wetten (*s.th.* auf etw); **back away** *vi* zurückweichen; **back down** *vi* klein beigeben; **back on to** *vi* hinten angrenzen an; **back out of** *vi* (*fig*) aussteigen aus; (AUTO) rückwärts herausfahren aus; **back up I.** *vi* (AUTO) zurückstoßen **II.** *vt* ❶ unterstützen; (*Geschichte*) bestätigen; (*Theorie*) untermauern ❷ (AUTO) zurückfahren ❸ (INFORM) sichern

back·bencher [ˌbæk'bentʃə(r)] *s* (PARL) Hinterbänkler(in) *m(f)*

i Land & Leute

Als **back benches** im *House of Commons* (Unterhaus) im Londoner Parlament bezeichnet man alle Bänke hinter den beiden *Front Benches* (die Bänke zum Mittelgang hin), wo die *Members of Parliament* (Parlamentsabgeordneten) sitzen, die kein besonderes Amt in der Regierung oder in der Opposition haben; sie werden auch *backbenchers* genannt.

back·bit·ing ['bækˌbaɪtɪŋ] *s* Verleumdung *f;* **back·bone** ['bækbəʊn] *s* (*a. fig*) Rückgrat *nt;* **back catalogue** *s* (*von Künstler*) Repertoire *nt;* **back·cloth** ['bækˌklɒθ] *s* (THEAT) Hintergrund(vorhang) *m;* **back·door** [ˌbæk'dɔː(r)] **I.** *adj* (*fig*) heimlich, verstohlen **II.** *s* (*a. fig*) Hintertür *f*

backer ['bækə(r)] *s* ❶ Helfer(in) *m(f),* Förderer *m,* Förderin *f* ❷ (COM) Geldgeber(in) *m(f)* ❸ Wettende(r) *f m*

B

back·fire [ˌbækˈfaɪə(r)] **I.** *s* (AUTO) Fehlzündung *f* **II.** *vi* ① fehlzünden ② schief gehen; (*fam*) ins Auge gehen; **back·gam·mon** [bækˈgæmən] *s* Backgammon *nt* (*Spiel*)

back·ground [ˈbækgraʊnd] *s* ① Hintergrund *m;* (*a. fig*) Umwelt *f,* Milieu *nt* ② (*fig*) berufliche Erfahrung, Aus-, Vorbildung *f* ③ Vorgeschichte *f* ④ Zusammenhänge *mpl;* **keep in the ~** im Hintergrund bleiben; **background check** *s* Nachforschungen *pl*

back·hand [ˈbækhænd] **I.** *s* (*Tennis*) Rückhand *f* **II.** *adj* Rückhand-; **back·hander** [-ə(r)] *s* Schmiergeld *nt*

back·ing [ˈbækɪŋ] *s* ① Stütze, Unterstützung, Hilfe *f;* Rückhalt *m* ② (MUS) Begleitung *f* ③ Rücken(verstärkung *f*) *m*

back·lash [ˈbæklæʃ] *s* ① (TECH) Gegenschlag *m* ② Gegenreaktion *f;* **back·log** [ˈbæklɒg] *s* (COM) Rückstände *mpl;* **back matter** *s* ① Anhang *m* ② Nachspann *m;* **back·number** *s* ① (*Zeitung*) alte Nummer ② (*fam fig*) altmodischer Mensch; **back·pack** [ˈbækpæk] *s* (*Am*) Rucksack *m;* **back·packer** *s* (*Am*) Rucksacktourist(in) *m(f);* **back·packing** *s* Rucksacktourismus *m;* **back pay** *s* Nachzahlung *f;* **back·seat** [bækˈsiːt] *s* Rücksitz *m;* **take a ~** sich zurückhalten; **back·seat driver** *s* (*fig*) Besserwisser(in) *m(f);* **back·side** [ˈbæksaɪd] *s* (*fam*) Hintern *m;* **back·slap·per** [ˈbækˌslæpə] *s* (*fam*) kumpelhafter Typ; **back-slap·ping** *adj* kumpelhaft; **back·space** [ˈbækspeɪs] *vi* (INFORM) zurücksetzen; **back·stage** [bækˈsteɪdʒ] *adj, adv* hinter der Bühne; **back·stairs** [ˌbækˈsteəz] *s pl* Hintertreppe *f;* **back·stroke** [ˈbækstrəʊk] *s* Rückenschwimmen *nt;* **back·talk** [ˈbæktɔːk] *s* (*Am*) unverschämte Antwort; **back·track** [ˈbæktræk] *vi* umkehren; sich zurückziehen; **back-up** [ˈbækʌp] *s* ① Unterstützung ② (INFORM) Sicherung *f;* **back-up copy** *s* (INFORM) Sicherungskopie *f*

back·ward [ˈbækwəd] *adj* ① rückwärtig; rückwärts gerichtet ② zurückgeblieben, rückständig, spät entwickelt; **back·wards** [ˈbækwədz] *adv* rückwärts, zurück; **~ and forwards** hin und her

back·wash [ˈbækwɒʃ] *s* ① zurücklaufende Strömung ② (*fig*) Nach-, Rückwirkung *f;* **back·water** [ˈbækˌwɔːtə(r)] *s* ① Rückstau *m;* Stauwasser *nt* ② (*fig*) Stillstand *m;* Stagnation *f* ③ rückständiges Nest; **back·woods** [ˈbækwʊdz] *s pl* abgelegene Gegend; **back·woods·man** [ˈbækwʊdzmən] *s* Hinterwäldler *m;* **back·yard** [ˌbækˈjɑːd] *s* Hinterhof *m*

ba·con [ˈbeɪkən] *s* (durchwachsener) Speck *m;* **save one's ~** (*fam*) mit heiler Haut davonkommen; **bac·teria** [bækˈtɪərɪə] *s pl* Bakterien *fpl;* **bac·teri·ol·ogist** [bækˌtɪərɪˈɒlədʒɪst] *s* Bakteriologe *m,* -login *f;* **bac·ter·ium** [bækˈtɪərɪəm] <*pl* -ia> *s* Bakterie *f*

bad [bæd] <*Komparativ* worse, *Superlativ* worst> **I.** *adj* ① schlecht ② übel ③ böse, schlimm ④ (*Fehler*) schwer ⑤ widerlich, -wärtig, ärgerlich ⑥ unanständig; ungezogen ⑦ verdorben; (*Ei*) faul ⑧ unpässlich; krank ⑨ (*sl*) toll, geil; **~ debt** uneinbringliche Forderung; **~ news** (*sl*) übel; **from ~ to worse** immer schlimmer; **in ~ faith** wider Treu und Glauben; **in a ~ temper** wütend; verärgert; **not (half) ~** (*fam*) nicht übel; **go ~** schlecht werden, verderben; **I feel ~** mir ist nicht wohl; **he feels very ~ about it** es tut ihm sehr Leid; **that is too ~!** das ist zu dumm!; **~ luck** Pech *nt;* **~ hair day** (*fam*) Tag, an dem alles schief geht **II.** *s* (das) Böse, Schlechte

bad(e) [bæd] *s.* **bid²**

badge [bædʒ] *s* Abzeichen *nt,* Button *m,* Kennzeichen, Merkmal *nt*

badg·er [ˈbædʒə(r)] **I.** *s* Dachs *m* **II.** *vt* plagen

bad·ly [ˈbædlɪ] <*Komparativ* worse, *Superlativ* worst> *adv* ① schlecht, schlimm ② arg, dringend; **come off ~** schlecht wegkommen; **be ~ off** finanziell schlecht dran sein; **want ~** dringend brauchen [*o* benötigen]; **~ beaten** vernichtend geschlagen

bad·min·ton [ˈbædmɪntən] *s* Federball, Badminton *nt*

baf·fle [ˈbæfl] **I.** *vt* ① vor den Kopf stoßen; aus dem Konzept bringen ② verblüffen, verwirren ③ (*Pläne*) durchkreuzen, vereiteln; **I am completely ~d** ich stehe vor einem Rätsel **II.** *s* (AUTO) Umlenkblech *nt;* **baf·fling** [-ɪŋ] *adj* ① verwirrend; unverständlich ② rätselhaft

bag [bæg] **I.** *s* ① Tasche *f;* (*sack*) Beutel, Sack *m;* (*paper ~*) Tüte *f;* (*hand ~*) Handtasche *f;* **~s** Gepäck *nt* ② (*game ~*) Jagdbeute *f;* **~s of** (*fam*) jede Menge; **the whole ~ of tricks** die ganze Trickkiste; **let the cat out of the ~** die Katze aus dem Sack lassen; **a ~ of bones** Haut und Knochen; **old ~** (*pej*) alte Schachtel **II.** *vt* ① in den Sack stecken; (*fig*) einstecken ② (*sl*) sich unter den Nagel reißen ③ erbeuten, erlegen **III.** *vi* sich ausbeulen

i Land & Leute

Ein **bagel** ist eine Art zähes, ringförmiges Brötchen. **Bagels** sind eigentlich ein jüdisches Gebäck, das inzwischen auch unter der nichtjüdischen Bevölkerung ziemlich beliebt ist.

bag·gage ['bægɪdʒ] *s* (*Am*) (Reise)Gepäck *nt;* **baggage car** *s* (*Am*) Gepäckwagen *m;* **baggage check** *s* (*Am*) Gepäckkontrolle *f;* **baggage check-in counter** *s* Abfertigungs-, Abflugschalter *m;* **baggage claim** *s* Gepäckausgabe *f;* **baggage room** *s* Gepäckaufbewahrung *f*

bag·gy ['bægɪ] *adj* bauschig; ausgebeult; sackartig

bag·lady ['bægleɪdɪ] *s* Stadtstreicherin *f*

bag·piper ['bægpaɪpə(r)] *s* Dudelsackpfeifer(in) *m(f);* **bag·pipes** ['bægpaɪps] *s pl* Dudelsack *m*

Ba·ha·mas [bə'hɑːməz] *s pl* Bahamas, Bahamainseln *pl*

Bah·rain [bɑː'reɪn] *s* Bahrain *nt*

bail¹ [beɪl] **I.** *s* (JUR) Bürgschaft, Kaution *f;* **out on** ~ auf freiem Fuß gegen Sicherheitsleistung; **go** ~ **for** Bürgschaft leisten für **II.** *vt:* ~ **out** gegen Bürgschaft freibekommen; (*fig*) retten

bail² [beɪl] *s* (*Kricket*) Querholz *nt*

bail³ [beɪl] *vi, vt* ❶ (*Wasser*) schöpfen ❷ bündeln

baili·wick ['beɪlɪwɪk] *s* Spezialgebiet *nt;* **be the** ~ **of s.th.** (*Am*) zu etw gehören, etw zugeordnet werden

bai·liff ['beɪlɪf] *s* ❶ Gerichtsvollzieher(in) *m(f),* Gerichtsdiener(in) *m(f)* ❷ (Guts)Verwalter(in) *m(f)*

bait [beɪt] **I.** *vt* ❶ mit einem Köder versehen ❷ (mit Hunden) hetzen ❸ (*Menschen*) quälen **II.** *s* Köder *m;* (*fig*) (Ver)Lockung, Versuchung *f;* **rise to the** ~ anbeißen, sich ködern lassen

bake [beɪk] **I.** *vt* ❶ backen ❷ (*durch Hitze*) härten; dörren; (*Ziegel*) brennen **II.** *vi* backen; (*a. fig*) braten; **baker** ['beɪkə(r)] *s* Bäcker(in) *m(f);* **bak·ery** ['beɪkərɪ] *s* Bäckerei *f;* **bak·ing** ['beɪkɪŋ] **I.** *s* Backen *nt;* Brennen *nt* **II.** *adj* glühend heiß; **baking powder** *s* Backpulver *nt*

bal·ance ['bæləns] **I.** *s* ❶ (*a. fig*) Waage *f* ❷ Gleichgewicht *nt* ❸ (innere) Ausgeglichenheit *f;* Gleichmut *m* ❹ (COM) Überschuss *m;* Saldo *m;* Guthaben *nt;* Bilanz *f;* Rechnungs-, Kontenabschluss *m* ❺ Rest, Überschuss *m;* **in the** ~ in der Schwebe; **on** ~ alles in allem; **be** (**thrown**) **off** ~ das Gleichgewicht verloren haben; **draw the** ~, **make up the** ~, **strike the** ~ die Bilanz ziehen; **hold the** ~ das Zünglein an der Waage bilden; **lose one's** ~ das Gleichgewicht, den Kopf verlieren; **credit** ~ Habensaldo *m;* **cash** ~ Kassenbestand *m;* ~ **of payments** Zahlungsbilanz *f* **II.** *vt* ❶ ins Gleichgewicht bringen ❷ (COM) ausgleichen; (*Rechnung*) abschließen ❸ (TECH) auswuchten **III.** *vi* ❶ sich im Gleichgewicht halten ❷ (COM) sich ausgleichen; **bal·anced** ['bælənst] *adj* ab-, ausgeglichen, ausgewogen; **bal·ance sheet** *s* (COM) Bilanz *f;* ~ **totals** *pl* Bilanzsumme *f*

bal·anc·ing *s:* ~ **act** Balanceakt *m*

bal·cony ['bælkənɪ] *s* Balkon *m*

bald [bɔːld] *adj* (*Kopf*) kahl; (*Stil*) knapp

bald-head ['bɔːldhed] *s* Kahlkopf *m;* **bald-headed** [ˌbɔːld'hedɪd] *adj* kahlköpfig; **bald·ly** ['bɔːldlɪ] *adv* frei heraus, unverblümt; **bald·ness** ['bɔːldnɪs] *s* ❶ Kahlköpfigkeit *f* ❷ (*fig*) Dürftigkeit, Knappheit *f*

bale¹ [beɪl] **I.** *s* (COM) Ballen *m;* Bündel *nt* **II.** *vt* bündeln

bale² [beɪl] *vt:* ~ **out** (AVIAT) abspringen

ba·leen [bə'liːn] *s* Barte *f;* **baleen whale** *s* Bartenwal *m*

bale·ful [beɪlfʊl] *adj* unheilvoll; übel, böse

balk, baulk [bɔːk] **I.** *s* ❶ Balken *m* ❷ Hindernis *nt;* Hemmschuh *m* **II.** *vt* vereiteln, hemmen **III.** *vi* zurückschrecken (*at* vor); (*Pferd*) scheuen (*at* vor)

Balkan States ['bɔlkən steɪts] *s pl* Balkanländer *ntpl*

ball¹ [bɔːl] *s* ❶ Kugel *f;* Knäuel *m* ❷ (SPORT) (Spiel)Ball *m* ❸ (~ *of the thumb, of the foot*) Hand-, Fußballen *m* ❹ (*sl: Testikel*) Ei *nt;* **on the** ~ (*fam*) auf Draht; **keep the** ~ **rolling** das Gespräch in Gang halten; **play** ~ (*fam*) mitmachen, zusammenarbeiten; **set the** ~ **rolling** den Stein ins Rollen bringen; **the** ~ **is in his court** er ist am Ball; ~**s!** (*sl*) Quatsch!

ball² [bɔːl] *s* (Tanz)Ball *m*

bal·lad ['bæləd] *s* Ballade *f;* **bal·lad·eer** [ˌbælə'dɪə] *s* Liedermacher(in) *m(f)*

bal·last ['bæləst] **I.** *s* ❶ Ballast *m* ❷ Schotter *m* **II.** *vt* mit Ballast beladen

ball-bear·ing [ˌbɔːl'beərɪŋ] *s* (TECH) Kugellager *nt*

bal·let ['bæleɪ] *s* Ballett *nt*

ball field ['bɔːlfiːld] *s* (*Am*) Baseballplatz *m;* **ball game** *s* Ballspiel *nt;* (*Am*) Baseballspiel *nt*

bal·lis·tic [bə'lɪstɪk] **I.** *adj* ballistisch; ~ **missile** Flugkörper *m;* **go** ~ (*fam*) an die Decke gehen, in die Luft gehen **II.** *s pl meist mit sing* Ballistik *f*

bal·loon [bə'luːn] *s* ❶ Ballon *m* ❷ Sprechblase *f;* **bal·loon·ist** [-ɪst] *s* Ballonfahrer(in) *m(f)*

bal·lot ['bælət] **I.** *s* ❶ Stimmzettel *m* ❷ (Geheim)Abstimmung *f;* Stimmen(-zahl *f*) *fpl;* **take a ~** (geheim) abstimmen; **~-box** Wahlurne *f;* **~ paper** Wahlzettel, Stimmzettel *m* **II.** *vi* (geheim) abstimmen (*for* über)

ball player ['bɔːlˌpleɪə(r)] *s* Ballspieler(in) *m(f);* (*Am*) Baseballspieler(in) *m(f);* **ball·point-pen** [ˌbɔːlpɔɪnt'pen] *s* Kugelschreiber *m*

ball·room ['bɔːlrʊm] *s* Ballsaal *m*

balls-up ['bɔːlzʌp] *s* (*Br sl*) Durcheinander *nt*

balm [bɑːm] *s* Balsam *m;* **balmy** ['bɑːmɪ] *adj* ① balsamisch ② mild; lindernd, heilend

Bal·tic ['bɔːltɪk] **I.** *adj* Ostsee-; **~ Sea** Ostsee *f* **II.** *s:* **the ~** die Ostsee

bal·us·trade [ˌbælə'streɪd] *s* Balustrade *f*

bam·boo [bæm'buː] *s* Bambus(rohr *nt*) *m*

bam·boozle [bæm'buːzl] *vt* (*fam*) beschwindeln (*out of s.th.* um etw), verblüffen; hereinlegen

ban [bæn] **I.** *s* Verbot *nt;* Bann *m;* **place** [*o* **put**] **under a ~** verbieten **II.** *vt* ① verbieten ② (SPORT) sperren

ba·nal [bə'nɑːl] *adj* banal, abgedroschen; **ba·nal·ity** [bə'nælətɪ] *s* Banalität *f;* Gemeinplatz *m*

ba·nana [bə'nɑːnə] *s* Banane *f;* **banana republic** *s* Bananenrepublik *f*

band [bænd] **I.** *s* ① Band *nt* ② Ring, Streifen *m;* Leiste *f;* Binde *f;* Gurt *m* ③ (RADIO ANAT) Band *nt* ④ Bande, Schar *f* ⑤ (Musik)Kapelle *f* **II.** *vt, vi* zusammenbinden; **~ together** sich zusammenschließen

ban·dage ['bændɪdʒ] **I.** *s* Bandage, Binde *f;* Verband *m* **II.** *vt* verbinden

ban·dit ['bændɪt] *s* Bandit, Räuber *m*

band·master ['bændmɑːstə(r)] *s* Kapellmeister *m;* **bands·man** ['bændzmən] <*pl* -men> *s* Musiker *m;* **band·stand** ['bændstænd] *s* Musikpavillon *m*

band·wagon ['bændwægən] *s* (*Am*) Festwagen *m* mit Musikkapelle; **climb** [*o* **jump**] **on the ~** sich dranhängen, zur siegreichen Partei übergehen

band·width ['bændˌwɪdθ] *s* Bandbreite *f*

bandy ['bændɪ] **I.** *vt* (*Worte, Blicke, Schläge*) tauschen, wechseln; **~ about** (*Nachricht*) verbreiten, herumerzählen; (*Gerüchte*) unter die Leute bringen **II.** *adj* krumm; **~-legged** O-beinig

bang [bæŋ] **I.** *s* ① (heftiger) Schlag *m* ② (lauter) Knall *m;* **go off with a ~** ein Bombenerfolg sein **II.** *vt* ① heftig schlagen (*on s.th.* an etw) ② (*Tür*) zuschlagen; **he ~ed his fist on the table** er schlug mit der Faust auf den Tisch **III.** *vi* ① (laut) knallen ② heftig stoßen (*against* gegen) **IV.** *adv* heftig, mit lautem Knall; **go ~** knallen **V.** *interj* peng! bums!

banger ['bæŋə(r)] *s* ① (Brat)Wurst *f* ② (*fam*) Klapperkiste *f*

bangle ['bæŋgl] *s* Arm-, Fußring *m*

bang-up *adj* (*Am: sl*) prima, klasse

ban·ish ['bænɪʃ] *vt* ① ausweisen (*from* aus), verbannen ② (*Gedanken*) vertreiben; **ban·ish·ment** [-mənt] *s* Verbannung, Ausweisung *f*

ban·is·ter ['bænɪstə(r)] *s a. pl* Treppengeländer *nt*

ban·jo ['bændʒəʊ] <*pl* banjo(e)s> *s* (MUS) Banjo *nt*

bank[1] [bæŋk] **I.** *s* ① (Fluss-, See)Ufer *nt;* Böschung *f* ② Damm, Deich *m* ③ (*sand~*) (Sand)Bank *f;* (*~ of snow*) (Schnee)Verwehung *f;* (*cloud ~*) (Wolken)Bank *f* **II.** *vt* aufschütten, anhäufen **III.** *vi* (AVIAT) in die Kurve gehen; **bank up I.** *vt* aufhäufen **II.** *vi* (*Schnee*) sich anhäufen; (*Wolken*) sich auftürmen

bank[2] [bæŋk] **I.** *s* ① Bank(haus, -geschäft *nt*) *f* ② (*Spiel*) Bank *f* ③ (MED: *blood ~*) (Blut)Bank *f* ④ Reserven *fpl* **II.** *vt* (*Geld*) auf die Bank bringen, einzahlen **III.** *vi* ① ein Bankkonto haben ② (*Spiel*) die Bank halten; **~ with s.o.** bei jdm ein Konto haben; **~ (up)on** sich verlassen auf, rechnen mit, zählen auf

bank[3] [bæŋk] *s* ① Ruderbank *f* ② Reihe *f*

bank ac·count ['bæŋkəkaʊnt] *s* Bankkonto *nt;* **bank balance** *s* Kontostand *m;* **bank-book** *s* Sparbuch *nt;* **bank charges** *s pl* Bankgebühren *fpl;* **bank clerk** *s* Bankangestellte(r) *f m;* **bank code** (**number**) *s* Bankleitzahl *f;* **banker** ['bæŋkə(r)] *s* Bankier *m;* **~'s order** Zahlungsauftrag *m;* **bank holiday** *s* (*Br*) Feiertag *m;* (*Am*) Bankfeiertag *m*

i Land & Leute

> Ein **bank holiday** ist einer der ursprünglich etwa 30 Feiertage, die von der *Bank of England* als Urlaubstage gerechnet wurden. Heutzutage ist ein **bank holiday** ein gesetzlicher Feiertag, *a public holiday.*

bank·ing ['bæŋkɪŋ] *s* ① Bankwesen *nt* ② (AVIAT) Schräglage *f;* **banking hall** *s* Schalterhalle *f;* **banking hours** *s pl* Schalterstunden *fpl;* **bank manager** *s* Bankdirektor(in) *m(f);* **bank·note** ['bæŋknəʊt] *s* Banknote *f;* **bank-rate** *s* Diskontsatz *m;*

B

bank robber *s* Bankräuber(in) *m(f)*; **bank robbery** *s* Banküberfall *m*

bank·rupt ['bæŋkrʌpt] **I.** *s* Bankrotteur *m*; (*a. fig*) Gemein-, Konkursschuldner(in) *m(f)* **II.** *adj* bankrott, zahlungsunfähig; **go** [*o* **become**] ~ in Konkurs gehen **III.** *vt* zu Grunde richten; **bank·ruptcy** ['bæŋkrəpsɪ] *s* ① Bankrott, Konkurs *m* ② (*fig*) Schiffbruch, Ruin *m*; **bankruptcy proceedings** *s pl* Konkursverfahren *nt*

bank statement [bæŋksteɪtmənt] *s* Kontoauszug *m*; **bank transfer** *s* Banküberweisung *f*

ban·ner ['bænə(r)] *s* ① Banner *nt*; Fahne *f* ② Spruch-, Reklametafel *f*; Spruchband *nt*; (INTERNET) Werbebanner *nt*; **banner headlines** *s pl* (*Zeitung*) Schlagzeilen *fpl*

banns [bænz] *s pl* (kirchliches) Aufgebot *nt*

ban·quet ['bæŋkwɪt] *s* Bankett, Festessen *nt*; **banquet-hall** *s* Speise-, Festsaal *m*

ban·tam ['bæntəm] *s* Zwerghuhn *nt*; ~ **weight** (*Boxen*) Bantamgewicht *nt*

ban·ter ['bæntə(r)] **I.** *s* Geplänkel *nt* **II.** *vi* Spaß, Ulk machen, scherzen (*with* mit)

bap·tism ['bæptɪzəm] *s* (*a. fig*) Taufe *f*; **Bap·tist** ['bæptɪst] *s* Baptist(in) *m(f)*; **bap·tize** [bæp'taɪz] *vt* taufen

bar [bɑː(r)] **I.** *s* ① Stange *f* ② (*Schokolade*) Tafel *f* ③ Querriegel *m*; Schlagbaum *m*; Schranke, Barriere *f*; (Straßen)Sperre *f* ④ Sandbank *f* ⑤ (*fig*) Hindernis *nt* (*to* für), Schranke *f* ⑥ Querstrich *m*; Querstreifen *m* ⑦ (MUS) Taktstrich *m* ⑧ Gerichtsschranke *f*, Gericht *nt* ⑨ Ausschank, Schanktisch *m*; Büfett *nt*; Bar, Theke *f*; Tresen *m*; **the Bar** der Anwaltsberuf, der Stand der Barrister; **at the Bar** vor Gericht; **prisoner at the Bar** Angeklagte(r) *f m*; **be called to the Bar** als Anwalt/Anwältin vor Gericht zugelassen werden; **read for the Bar** Jura studieren; **parallel ~s** (SPORT) Barren *m*; **toll** ~ Zollschranke *f* **II.** *vt* ① (*Tür, Fenster*) verriegeln, ab-, ver-, zusperren; zumachen, schließen ② (*Weg*) (ver)sperren ③ (*fig*) verbieten, untersagen; (*Person*) hindern (*from* an) **III.** *prep* (*fam*) abgesehen von, außer; ~ **none** ohne Ausnahme; ~ **one** außer einem

barb [bɑːb] *s* ① (*Angel, Pfeil*) Widerhaken *m* ② (*fig*) Schärfe, Spitze *f*

Bar·ba·dos [bɑː'bəɪdɒs] *s* Barbados *nt*

bar·bar·ian [bɑː'beərɪən] **I.** *s* Barbar(in) *m(f)* **II.** *adj* barbarisch; roh, ungesittet; **bar·baric** [bɑː'bærɪk] *adj* barbarisch, roh; **bar·bar·ity** [bɑː'bærətɪ] *s* Barbarei *f*; Unmenschlichkeit, Rohheit *f*; **bar·bar·ous** ['bɑːbərəs] *adj* barbarisch, unmenschlich, grausam

bar·be·cue ['bɑːbɪkjuː] **I.** *s* ① Grill *m* ② Grillfleisch *nt* ③ Grillparty *f* **II.** *vt* auf dem Rost braten, grillen

i Land & Leute

Feste, vor allem solche von Kirchen, Schulen und Vereinen, werden oft nach dem angebotenen Essen benannt. Ein **barbecue**, manchmal auch *cook-out* genannt, ist ein Grillfest. Bei einem *clam bake* werden – meistens am Strand – Steine durch ein Feuer erhitzt und mit Seetang bedeckt; anschließend werden darauf Muscheln gegart und gegessen. Bei einem *corn roast* brät man Zuckermaiskolben im Feuer und isst sie heiß mit Butter und Salz. Die freiwillige Feuerwehr gibt oft ein *pancake breakfast*, bei dem jeder für $2–$3 so viele amerikanische Pfannkuchen mit Butter und Ahornsirup essen kann, wie er möchte.

barbed [bɑːbd] *adj* mit Widerhaken; ~ **wire** Stacheldraht *m*

bar·ber ['bɑːbə(r)] *s* (Herren)Friseur *m*; **barber('s) shop** *s* Friseursalon *m*

bar·bitu·rate [bɑː'bɪtjʊrɪt] *s* Barbiturat *nt*

bar code ['bɑːkəʊd] *s* Strichcode *m*; **bar code scanner** *s* Strichcodeleser *m*

bare [beə(r)] **I.** *adj* ① nackt, bloß ② kahl; ohne, entblößt (*of* von) ③ (*Raum*) unmöbliert, leer ④ schmucklos ⑤ (*fig*) unverhüllt, offen; (*Tatsachen*) nackt ⑥ (*Mehrheit*) knapp ⑦ bloß, nur …, … allein; **lay** ~ entblößen; aufdecken, offen darlegen; **a ~ ten people** nur [*o* gerade] zehn Leute **II.** *vt* ① entblößen; aufdecken ② (*fig*) enthüllen, bloßlegen; ~ **one's heart** sein Herz ausschütten; **bare·back** ['beəbæk] *adj, adv* (*Pferd*) ohne Sattel; **bare·faced** ['beəfeɪst] *adj* unverfroren, unverschämt; **bare·foot(ed)** [ˌbeə'fʊt[ɪd]] *adj, adv* barfuß; **bare·headed** [ˌbeə'hedɪd] *adj* barhäuptig; **bare-knuckled** *adj* ① ohne Boxhandschuhe ② (*fig*) brutal; **bare·ly** ['beəlɪ] *adv* ① kaum, knapp ② dürftig, spärlich; **bare·ness** ['beənɪs] *s* ① Nacktheit, Blöße *f* ② Ärmlichkeit, Dürftigkeit *f*

bar·gain ['bɑːgɪn] **I.** *s* ① Handel *m*; Geschäft(sabschluss *m*) *nt* ② günstiges Angebot, Gelegenheitskauf *m*; **into the** ~ obendrein, noch dazu; **drive a hard** ~ hart handeln; **make the best of a bad** ~ (*fig*) sich so gut wie möglich aus der Affäre ziehen; **make a good** ~ ein gutes Geschäft machen; **it's a** ~**!** abgemacht!; **it's a** ~ **at that price!** das ist geschenkt zu dem Preis!; **a** ~**'s a** ~**!** abgemacht ist abgemacht! **II.** *vi* ❶ handeln, feilschen (*with s.o. for s.th.* mit jdm um etw) ❷ verhandeln; abmachen (*with s.o. for s.th., to do* mit jdm, etw zu tun); ~ **away** mit Verlust verkaufen; verspielen; veräußern; ~ **for** handeln, feilschen um; rechnen mit, zählen auf, erwarten; **bargain-bin** *s* Wühlkorb *m;* **bargain counter** *s* (*Warenhaus*) Sonderangebotstisch *m;* **bargaining table** *s* Verhandlungstisch *m;* **bargain price** *s* Sonderpreis *m;* **bargain sale** *s* Ausverkauf *m*

barge [bɑːdʒ] **I.** *s* ❶ Last-, Schleppkahn *m;* Barke *f* ❷ Hausboot *nt* **II.** *vi* (*fam*): ~ **about** herumtrampeln; ~ **in** dazwischenplatzen, sich einmischen; ~ **into** hineinrennen in, hineinplatzen

bar·hop·ping ['bɑːr,hɒpɪŋ] *s* (*Am: fam*) Kneipenbummel *m*

bari·tone ['bærɪtəʊn] *s* Bariton *m*

bark¹ [bɑːk] **I.** *s* (*Baum*) Rinde, Borke *f* **II.** *vt* ❶ ab-, entrinden ❷ wund reiben, wund scheuern

bark² [bɑːk] **I.** *s* Bellen *nt;* **his** ~ **is worse than his bite** (*prov*) Hunde, die bellen, beißen nicht **II.** *vi* ❶ bellen, kläffen ❷ anfahren (*at s.o.* jdn); ~ **up the wrong tree** auf dem Holzweg sein

bar·keeper ['bɑːkiːpə(r)] *s* Barmann *m;* Gastwirt *m*

bar·ley ['bɑːlɪ] *s* Gerste *f*

bar·maid ['bɑːmeɪd] *s* Bardame *f;* Bedienung *f;* **bar·man** ['bɑːmən] <*pl* -men> *s* Barmann *m;* Kellner *m*

barn [bɑːn] *s* Scheune, Scheuer *f;* (*Am*) Stall *m;* **barn-yard** *s* (Bauern)Hof *m*

ba·rom·eter [bə'rɒmɪtə(r)] *s* (*a. fig*) Barometer *nt;* **baro·met·ric**(**al**) [,bærə'metrɪk(l)] *adj* barometrisch; ~ **pressure** Luftdruck *m*

bar·on ['bærən] *s* ❶ Baron *m* ❷ (*fig*) Magnat *m;* **bar·on·ess** ['bærənɪs] *s* Baronin *f;* **bar·onet** ['bærənɪt] *s* Baronet *m;* **bar·o·nial** [bə'rəʊnɪəl] *adj* freiherrlich; großartig, prächtig

ba·roque [bə'rɒk] **I.** *adj* (*Kunst*) barock **II.** *s* Barock(stil *m*) *nt*

bar·rack ['bærək] **I.** *s* *meist pl* ❶ (MIL) Kaserne *f* ❷ (Miets)Kaserne *f* **II.** *vt* ❶ kasernieren ❷ (SPORT) auspfeifen

bar·rage ['bærɑːʒ] *s* ❶ Damm *m;* Talsperre *f* ❷ (~ *fire*) Sperrfeuer *nt* ❸ (*fig*) Flut *f;* **tidal** ~ Gezeitensperrmauer *f;* ~ **of questions** Flut von Fragen

bar·rel ['bærəl] *s* ❶ Fass *nt* ❷ (TECH) Tank *m* ❸ (Kanonen)Rohr *nt;* (Gewehr)Lauf *m* ❹ (*Maßeinheit für Öl*) Barrel *nt;* **barrel-organ** *s* Drehorgel *f*

bar·ren ['bærən] *adj* ❶ unfruchtbar; (*a. fig*) steril ❷ dürr, karg ❸ (*fig*) unergiebig, unproduktiv, unrentabel; **bar·ren·ness** [-nɪs] *s* ❶ Unfruchtbarkeit *f* ❷ (*fig*) Dürftigkeit *f;* Unergiebigkeit *f;* Unproduktivität *f*

bar·ri·cade [,bærɪ'keɪd] **I.** *s* Barrikade *f* **II.** *vt* (*Straße*) verbarrikadieren

bar·rier ['bærɪə(r)] *s* ❶ Schranke, Sperre *f;* Barriere *f* ❷ (*fig*) Schranke *f;* Hindernis *nt* (*to* für); **barrier cream** *s* (Haut)Schutzcreme *f*

bar·ring ['bɑːrɪŋ] *prep* außer +*dat,* ausgenommen +*acc,* abgesehen von

bar·ris·ter ['bærɪstə(r)] *s* (~-*at-law*) (vor Gericht auftretende(r)) Anwalt *m,* Anwältin *f*

i Land & Leute

In England und Wales ist ein **barrister** ein Rechtsanwalt vor einem höheren Gericht, der in Schottland einem *advocate* entspricht.

bar·row ['bærəʊ] *s* (*hand-*~) (Trag)Bahre *f;* (*wheel-*~) Schubkarren *m*

bar·ten·der ['bɑːtendə(r)] *s* Barkeeper *m*

bar·ter ['bɑːtə(r)] **I.** *vt* (aus-, ein)tauschen (*against, for* gegen); ~ **away** verspielen **II.** *vi* Tauschhandel betreiben **III.** *s* Tausch(handel) *m*

ba·salt ['bæsɔːlt] *s* (GEOL) Basalt *m*

base [beɪs] **I.** *s* ❶ (*a.* MATH) Basis *f,* Grundlinie, Grundfläche *f;* Grundzahl *f* ❷ Fundament *nt;* (ARCH) Fuß, Sockel *m* ❸ (~ *plate*) Grundplatte *f* ❹ Grund(-lage *f*) *m,* Basis *f;* Ausgangspunkt *m* ❺ (MIL) Basis *f;* Stützpunkt *m* ❻ (SPORT) Mal *nt;* Standlinie *f* ❼ (TECH) Grundstoff *m* ❽ (CHEM) Base *f* **II.** *adj* ❶ niedrig; gewöhnlich, gemein ❷ gering-, minderwertig; (*Münze*) falsch, unecht; (*Metall*) unedel **III.** *vt* basieren, gründen, stützen (*on* auf); ~ **o.s. on** sich stützen auf

base·ball ['beɪsbɔːl] *s* Baseball *m*

i Land & Leute

Baseball ist der amerikanische Nationalsport. Zwei Mannschaften sind abwechselnd *up*, d.h. sie versuchen *runs* (Punkte) zu machen indem die Spieler vier *bases* (Platten) in einem

Quadrat nacheinander berühren. Der *pitcher* (Werfer) der Gegenseite wirft den Ball und ein Spieler versucht, den Ball mit seinem Schläger zu treffen. Dann rennt er los und will mindestens die erste Platte erreichen, bevor die Gegenseite den Ball unter Kontrolle bekommt.

base·camp ['beiskæmp] *s* Basis-, Versorgungslager *nt;* **base coat** *s* Unter(na-gel)lack *m*

base·less ['beɪslɪs] *adj* grundlos, unbegründet

base·ment ['beɪsmənt] *s* ① (ARCH) Fundament *nt* ② Kellergeschoss *nt*

base·ness ['beɪsnɪs] *s* ① Niedrigkeit *f;* Gemeinheit, Niedertracht *f* ② Minderwertigkeit *f* ③ Unechtheit *f*

base rate ['beisreit] *s* (FIN) Leitzins *m*

bash [bæʃ] **I.** *vt* (*fam*) heftig schlagen **II.** *s* heftiger Schlag; **have a ~!** (*fam*) probier mal!

bash·ful ['bæʃfl] *adj* ① scheu, schüchtern ② verlegen, befangen; **bash·ful·ness** ['bæʃfʊlnɪs] *s* Schüchternheit *f;* Befangenheit *f*

ba·sic ['beɪsɪk] *adj* ① grundsätzlich (wichtig), prinzipiell; fundamental, elementar ② (CHEM) basisch; **ba·si·cally** [-lɪ] *adv* im Grunde; **basic idea** *s* Grund-, Leitgedanke *m;* **basic pay** *s* Grundgehalt *nt;* Grundlohn *m;* **basic research** *s* Grundlagenforschung *f;* **basic vocabulary** *s* Grundwortschatz *m;* **basic wage(s)** *s* (*a. pl*) Grundlohn *m*

ba·sil·ica [bə'zɪlɪkə] *s* (ARCH) Basilika *f*

ba·sin ['beɪsn] *s* ① Schale, Schüssel *f;* Waschbecken *nt* ② (GEOG) Becken *nt* ③ Bucht *f;* Hafenbecken *nt*

ba·sis ['beɪsɪs, *pl* 'beɪsi:z] <*pl* bases> *s* ① Basis, Grundlage *f;* Fundament *nt* ② Grund *m;* **on the ~ of** auf Grund +*gen,* auf der Grundlage +*gen;* **serve as a ~** als Grundlage dienen

bask [bɑ:sk] *vi* (*a. fig*) sich sonnen; **~ in the sun** ein Sonnenbad nehmen

bas·ket ['bɑ:skɪt] *s* Korb *m;* **clothes-~** Wäschekorb *m;* **basket·ball** *s* (SPORT) Basketball *m*

bass[1] [bæs] *s* Flussbarsch *m*

bass[2] [beɪs] *s* (MUS) Bass *m*

bas·soon [bə'su:n] *s* (MUS) Fagott *nt*

bas·tard ['bɑ:stəd] **I.** *s* ① Bastard *m* ② (*sl*) Schweinehund *m* **II.** *adj* unehelich

baste [beɪst] *vt* ① heften ② (*bratendes Fleisch*) mit Fett begießen ③ verprügeln; beschimpfen

bas·tion ['bæstɪən] *s* Bastion *f*

bat[1] [bæt] *s* Fledermaus *f;* **blind as a ~** stockblind

bat[2] [bæt] **I.** *s* (SPORT) Schlagholz *nt;* **off one's own ~** auf eigene Faust **II.** *vt* (SPORT) (mit dem Schlagholz) schlagen

bat[3] [bæt] *vt:* **not to ~ an eyelid** nicht mal mit der Wimper zucken

batch [bætʃ] *s* ① (*Bäckerei*) Schub *m* ② Haufen, Stoß, Stapel *m;* **batch pro·ces·sing** *s* (INFORM) Stapelverarbeitung *f*

bated ['beɪtɪd] *adj:* **with ~ breath** mit angehaltenem Atem, voller Spannung

bath [bɑ:θ] **I.** *s* ① (*a.* CHEM PHOT) Bad *nt* ② Badewanne *f;* Badezimmer *nt* ③ **~s** (Stadt)Bad *nt;* Badeanstalt *f* ④ Kurort *m;* **have** [*o* **take**] **a ~** ein Bad nehmen **II.** *vt* baden; **bath cube** *s* Würfel *m* Badesalz

bathe [beɪð] **I.** *vt* baden, *a. vi,* befeuchten, benetzen; **go bathing** schwimmen, baden gehen **II.** *s* Baden *nt;* Schwimmen *nt*

bather ['beɪðə(r)] *s* Badende(r) *f m;* **bath·ing** ['beɪðɪŋ] *s* Baden *nt;* **bathing-cap** *s* Badehaube *f;* **bathing-costume** *s* Badeanzug *m;* **bathing-trunks** *s pl* Badehose *f*

bath·robe ['bɑ:θrəʊb] *s* Bademantel *m;* **bath·room** ['bɑ:θru:m] *s* Badezimmer *nt;* **bath towel** *s* Badetuch *nt;* **bath·tub** ['bɑ:θtʌb] *s* Badewanne *f*

ba·tik [bə'ti:k] *s* (*Textil*) Batik(druck) *m*

baton ['bætən] *s* ① Kommando-, Marschallstab *m* ② Taktstock *m* ③ (SPORT) (Staffel)Stab *m*

bats·man ['bætsmən] <*pl* -men> *s* (SPORT) Schlagmann *m*

bat·tal·ion [bə'tælɪən] *s* (MIL) Bataillon *nt*

bat·ten ['bætn] **I.** *s* Leiste, Latte *f* **II.** *vt* (*~ down*) mit Brettern verstärken **III.** *vi:* **~ on** schmarotzen bei

bat·ter ['bætə(r)] **I.** *vt, vi* ① heftig, wiederholt schlagen, verprügeln ② (*~ down, in*) nieder-, einschlagen ③ trommeln (*at the door* gegen die Tür) ④ böse zurichten **II.** *s* ① (*Spiel*) Schlagmann *m* ② Teig *m* (*aus Eiern, Milch und Mehl*); **bat·tered** ['bætəd] *adj* ① stark mitgenommen, abgenutzt ② (*fig*) ausgemergelt, abgezehrt; misshandelt; **~ babies** misshandelte Kinder *ntpl;* **~ wives** verprügelte Frauen *fpl;* **bat·ter·ing** ['bætərɪŋ] *s* Schläge *mpl;* **child ~** Kindesmisshandlung *f;* **battering ram** ['bætəriŋræm] *s* (HIST) Sturmbock *m*

bat·tery ['bætərɪ] *s* ① (MIL, ELEK) Batterie *f* ② Reihe, Serie *f* ③ (JUR) tätlicher Angriff; Tätlichkeiten *fpl* ④ (AGR) Legebatterie *f;* **battery charger** *s* (ELEK) Ladegerät *nt;* **battery hen** *s* (AGR) Batteriehuhn *nt*

battery powered *adj* batteriebetrieben

bat·ting [ˈbætɪŋ] *s* ① (Baumwoll)Watte *f* ② (SPORT) Schlagen *nt*

battle [ˈbætl] **I.** *s* ① Schlacht *f* (*of* bei), Gefecht *nt* (*for* um) ② (*fig*) Kampf *m* (*for* um); **give** [*o* **offer**] ~ sich zum Kampf stellen **II.** *vi* sich schlagen, kämpfen, streiten (*for* um, *with* mit); **battle-axe** *s* ① Streitaxt *f* ② Hausdrachen *m;* **battle-cry** *s* Schlachtruf *m;* **battle·dress** [ˈbætldres] *s* Kampfanzug *m;* **battle·field**, **battle·ground** [ˈbætlfiːld, ˈbætlgraʊnd] *s* Schlachtfeld *nt;* **battle·ments** [-mənts] *s pl* (ARCH MIL HIST) Zinnen *fpl;* **battle·ship** [ˈbætlʃɪp] *s* Schlachtschiff *nt*

baulk [bɔːk] **I.** *s* ① Balken *m* ② Hindernis *nt;* Hemmschuh *m* **II.** *vt* vereiteln, hemmen **III.** *vi* zurückschrecken (*at* vor); (*Pferd*) scheuen (*at* vor)

baux·ite [ˈbɔːksaɪt] *s* (MIN) Bauxit *m*

bawdy [ˈbɔːdɪ] *adj* derb, obszön

bawl [bɔːl] **I.** *vt* (~ *out*) herausschreien, brüllen **II.** *vi* brüllen, grölen; anschreien (*at s.o.* jdn)

bay[1] [beɪ] *s* Lorbeer(baum) *m*

bay[2] [beɪ] *s* Bucht, Bai *f*

bay[3] [beɪ] *s* ① Erker *m* ② (RAIL) Abstellgleis *nt* ③ (AVIAT) Schacht *m*

bay[4] [beɪ] **I.** *s* Bellen *nt;* **at** ~ (*Wild*) gestellt; (*fig*) ohne Ausweg; **hold** [*o* **keep**] **at** ~ in Schach halten **II.** *vi* bellen

bay[5] [beɪ] *adj* (*Pferd*) rotbraun

bay·leaf *s* Lorbeerblatt *nt*

bay·onet [ˈbeɪənɪt] *s* Bajonett, Seitengewehr *nt*

bay win·dow [ˌbeɪˈwɪndəʊ] *s* Erkerfenster *nt*

ba·zaar [bəˈzɑː(r)] *s* ① Basar *m* ② Kaufhaus *nt* ③ (Wohltätigkeits)Basar *m*

be [biː] <*irr:* am, are, is, are, being, was, were, been> *aux, vi* ① sein, existieren, leben, vorhanden sein; sich befinden ② (*Zustand*) herrschen; bleiben ③ (*beruflich*) sein; (*in Zukunft*) werden ④ stattfinden, geschehen, sich ereignen ⑤ gehören ⑥ betragen, ausmachen; kosten ⑦ bedeuten; gelten (*to s.o.* jdm) ⑧ müssen, sollen (*to do* tun); (*verneint*) nicht dürfen ⑨ (*Passiv*) werden; ~ **about** in der Nähe sein; ~ **about to do s.th.** im Begriff sein, etw zu tun; ~ **after s.th.** hinter etw her sein; ~ **at s.th.** bei, an etw sein; ~ **at s.o.** an jdm herumnörgeln; ~ **behind** im Rückstand, zu spät dran sein; ~ **by s.o.** jdm zur Seite stehen; ~ **doing** gerade tun; ~ **down** schlecht dran sein; niedergeschlagen sein; ~ **for** eintreten für; (MAR) bestimmt sein nach; ~ **in** zu Hause sein; (PARL) einen Sitz im Parlament haben; (*fig*) am Ruder sein; ~ **in for** sich beteiligen an; zu erwarten haben; ~ **long** viel Zeit brauchen; ~ **off** weggehen; ~ **on to s.o.** jdm auf die Schliche gekommen sein; ~ **out** nicht zu Hause sein; (PARL) seinen Sitz im Parlament verlieren; Unrecht haben, auf dem Holzweg sein; ~ **out for s.th.** auf der Suche nach etw sein; ~ **up** aufgestanden sein, auf sein; ~ **up to s.o.** jds Aufgabe sein; ~ **up to s.th.** etw im Schilde führen; etw bewältigen können; **it is me** das bin ich; **as it is** wie die Dinge liegen; **here you are!** siehst du! sehen Sie!; **how is he?** wie geht es ihm?; **how is it that …?** wie kommt es, dass …?; **how much will that ~?** wie viel macht das?; **let it ~!** lass sein!; **that is his** das gehört ihm; **that is to say** das heißt; **there is/there are …** es gibt …; **there you are!** da haben Sie's!; da sind Sie ja!; **when is that to ~?** wann soll das sein?; ~ **that as it may!** wie dem auch sei!; ~ **off with you!** fort mit dir/euch! raus!; **his wife to ~** seine Zukünftige

beach [biːtʃ] **I.** *s* Strand *m* **II.** *vt* (*Schiff*) auf den Strand setzen

> **i Land & Leute**
>
> Da Australien eine Insel ist, wird es von **beaches** (Stränden) umgeben. An vielen Stränden gibt es rote und gelbe Fahnen – als Zeichen dafür, dass sie von Rettungsschwimmern überwacht werden. Manche Strände haben auch Netze, um die Schwimmer vor Haien oder *stingers* (Quallen) zu schützen. *Stingers* sind besonders giftige Quallen. Wird man von ihren Brennfäden berührt, muss die Wunde mit Essig ausgewaschen und wie ein Schlangenbiss versorgt werden. An den nordaustralischen Stränden und den Ufern von Flüssen weisen Warnschilder auf eine weitere Gefahr hin: Krokodile!

beach·comber [ˈbiːtʃkəʊmə(r)] *s* ① Strandwelle *f* ② (*fam*) Strandgutsammler(in) *m(f);* **beach·head** [ˈbiːtʃhed] *s* (MIL) Landekopf *m;* **beach·wear** [ˈbiːtʃweə(r)] *s* Strandkleidung *f*

bea·con [ˈbiːkən] *s* ① Leuchtfeuer, Lichtsignal *nt* ② (AVIAT MAR) Bake *f* ③ Verkehrs-, Warnsignal *nt*

bead [biːd] *s* ① Perle *f* ② Tropfen *m;* **say** [*o* **tell**] **one's ~s** den Rosenkranz beten;

bead·ing ['bi:dɪŋ] *s* Perlschnur *f;* Perlstab *m;* **beady** ['bi:dɪ] *adj:* ~ **eyes** Kulleraugen *ntpl;* **cast one's** ~ **eyes on s.th.** sich etw (gut) ansehen

beak [bi:k] *s* ① Schnabel *m* ② (*sl*) Kadi *m*

beaker ['bi:kə(r)] *s* Becherglas *nt*

beam [bi:m] **I.** *s* ① Balken *m* ② (~ *of balance*) Waagebalken *m* ③ (*Schiff*) Deck-, Querbalken *m* ④ (MAR, AVIAT) (größte) Breite *f* ⑤ (~ *of light*) (Licht)Strahl *m* ⑥ (RADIO) Leit-, Richtstrahl *m* ⑦ (*fig*) strahlender Blick; **off** ~ vom Kurs abgekommen; **on** ~ auf Kurs; **be on one's** ~**-ends** (*fig*) aus dem letzten Loch pfeifen; **broad in the** ~ breit gebaut (*Mensch*) **II.** *vt* (TV) ausstrahlen, senden **III.** *vi* (übers ganze Gesicht) strahlen (*with joy* vor Freude); **beam·ing** ['-ɪŋ] *adj* (*Mensch*) strahlend (*with* vor)

bean [bi:n] *s* ① Bohne *f* ② (*sl*) Birne *f;* **spill the** ~**s** (*fam*) nicht dichthalten; **I haven't a** ~ (*fam*) ich bin (völlig) abgebrannt; **full of** ~**s** in guter Laune, übermütig; **bean·feast** *s* Festessen *nt;* **bean sprout** *s* Sojasprosse *f,* Sojabohnenkeim *m*

bear¹ [beə(r)] **I.** *s* ① Bär *m* ② (*fig*) (grober) Klotz *m* ③ (COM) Baissespekulant(in) *m(f)* **II.** *vi* auf Baisse spekulieren

bear² [beə(r)] <*irr:* bore, borne> **I.** *vt* ① tragen; (*Namen, Waffe*) führen, tragen; (*Zeichen*) tragen ② (*Amt*) ausüben, innehaben ③ (*Gefühl*) hegen (*against* gegen) ④ (*Frucht*) tragen, (hervor)bringen; (*Zinsen, Geld*) (ein)bringen, eintragen ⑤ (*fig*) (v)ertragen, aushalten, erdulden, leiden ⑥ ertragen, dulden, zulassen, gestatten ⑦ (*Menschen*) ausstehen, leiden (können); ~ **comparison** einem Vergleich standhalten (*with* mit); ~ **s.o. a grudge** jdm grollen, jdm böse sein; ~ **s.o. in mind** an jdn denken; ~ **s.th. in mind** etw berücksichtigen; ~ **s.o. out** jds Aussagen bestätigen; ~ **(a) resemblance to** gleichen *dat,* ähneln, ähnlich sein *dat;* ~ **witness** Zeugnis ablegen (*to* für) **II.** *vi* ① sich wenden, sich halten (*to the right* nach rechts, rechts), eine Richtung einschlagen (*to* nach) ② sich stützen; sich drücken ③ (*fig*) lasten (*on* auf) ④ einen Einfluss haben (*on* auf); sich beziehen (*on* auf); **bring pressure to** ~ Druck ausüben (*on* auf); **bear down** *vi* sich stürzen, losgehen (*on* auf); (*fig*) belasten (*on s.o.* jdn); **bear off** *vt* davontragen; entfernen; (*fig*) gewinnen; **bear up** *vi* sich tapfer zeigen; standhaft bleiben; **bear upon** *vi* Bezug haben auf; Bedeutung haben für; **bear with** *vi* Geduld haben mit

bear·able ['beərəbl] *adj* erträglich

beard [bɪəd] *s* Bart *m;* **bearded** ['-ɪd] *adj* bärtig; **beard·less** ['-lɪs] *adj* bartlos

bearer ['beərə(r)] *s* ① Träger(in) *m(f)* ② (COM) Überbringer(in) *m(f)*

bear·ing ['beərɪŋ] *s* ① Ertragen, Dulden, Aushalten *nt* ② Verhalten, Auftreten, Benehmen *nt* ③ Bezeichnung *f,* Bezug *m* (*on* auf) ④ Tragweite *f;* Wirkung *f;* Einfluss *m* (*on* auf) ⑤ ~**s** Lage *f;* Kompasskurs *m* ⑥ (TECH) Lager(ung *f*) *nt;* **beyond** [*o* **past**] **all** ~ unerträglich; **have a** ~ **upon** von Bedeutung sein für, Einfluss haben auf; **have lost one's** ~**s** sich verlaufen haben; (*fig*) nicht mehr aus noch ein wissen; **take one's** ~**s** sich orientieren

bear·skin ['beəskɪn] *s* Bärenfellmütze *f*

beast [bi:st] *s* ① (wildes) Tier *nt* ② (*fig*) Biest *nt;* **beast·ly** ['-lɪ] *adj* ① (*fig*) viehisch ② (*fam*) grässlich, abscheulich

beat [bi:t] <*irr:* beat, beat(en)> **I.** *vt* ① schlagen; (*Pfad*) trampeln; (*Weg*) bahnen; (*Teppich*) klopfen; (*Regen*) peitschen (*against the trees* gegen die Bäume), schlagen (*the windows* an die Fenster); (*Eier, Feind*) schlagen ② (*Wild*) aufstöbern ③ (*den Takt*) schlagen ④ hauen, verhauen, prügeln; (*fam*) verdreschen ⑤ (*Gegend*) absuchen ⑥ (MIL SPORT) schlagen, besiegen; ~ **s.th. into s.o.** jdm etw einbläuen; ~ **s.o. to s.th.** jdm bei etw zuvorkommen; ~ **a retreat** das Weite suchen; ~ **time** den Takt schlagen; ~ **it!** hau ab! **II.** *vi* ① schlagen (*on* an, gegen), klopfen (*a. Herz*), pochen (*at* an) ② stürmen, tosen ③ (*Regen*) prasseln, klatschen (*on* an, auf) ④ (MAR) lavieren, kreuzen **III.** *s* ① Schlag(en *nt*) *m;* Klopfen, Pochen *nt* ② (Herz)Schlag *m* ③ Takt *m* ④ (~ *music*) Beat *m* ⑤ Rundgang *m;* Runde *f;* (Jagd)Revier *nt* **IV.** *adj* (*sl*) ausgepumpt, geschafft, fertig; **dead** ~ (*fam: Mensch*) völlig erledigt, total kaputt; **beat about, beat around** *vi* um sich schlagen; ~ **about the bush** wie die Katze um den heißen Brei herumschleichen; **beat back** *vt* zurückschlagen; **beat down** *vt* ein-, niederschlagen; (*Preis*) drücken; **beat in** *vt* (*Tür, Wand*) einschlagen, -stoßen; **beat off** *vt* abwehren; **beat up** *vt* (*Küche*) kräftig verrühren; (*Menschen*) verdreschen

beaten ['bi:tn] **I.** *pp of* **beat II.** *adj* ① geschlagen ② (*Weg*) ausgetreten ③ (*fig*) geschlagen; **off the** ~ **track** (*fig*) weit abgelegen; **beater** ['bi:tə(r)] *s* ① Schläger, Klopfer *m* ② (*Jagd*) Treiber(in) *m(f)*

bea·tif·ic [bɪə'tɪfɪk] *adj* (glück)selig; **beati·fi·ca·tion** [bɪˌætɪfɪ'keɪʃn] *s* Seligsprechung

f; **be·ati·fy** [bɪ'ætɪfaɪ] *vt* selig sprechen
beat·ing ['bi:tɪŋ] *s* Schlagen *nt;* Prügel *pl;* **give s.o. a good ~** jdm eine tüchtige Tracht Prügel geben
beat·nik ['bi:tnɪk] *s* Beatnik *m*
beau·tician [bju:'tɪʃn] *s* Kosmetiker(in) *m(f);* **beau·ti·ful** ['bju:tɪfl] *adj* schön; herrlich, wundervoll; **beau·tify** ['bju:tɪfaɪ] *vt* verschönern; **beauty** ['bju:tɪ] *s* ❶ Schönheit *f* ❷ Prachtexemplar *nt;* **a ~** etw Schönes; **~ is only skin-deep** der äußere Schein kann trügen; **Sleeping Beauty** Dornröschen *nt;* **beauty contest** *s* Schönheitswettbewerb *m;* **beauty par·lo(u)r, beauty salon** *s* Schönheitssalon *m;* **beauty-spot** *s* Schönheitspflästerchen *nt;* schöne Gegend
bea·ver ['bi:və(r)] *s* Biber *m;* **eager ~** Streber(in) *m(f),* Enthusiast(in) *m(f)*
be·calmed [bɪ'kɑ:md] *adj:* **be ~** (*Schiff*) in eine Flaute geraten sein
be·came [bɪ'keɪm] *s.* **become**
be·cause [bɪ'kɒz] **I.** *conj* weil, da **II.** *prep:* **~ of** wegen, infolge *+gen;* **~ of her/him** ihret-/seinetwegen
beck [bek] *s:* **be at s.o.'s ~ and call** nach jds Pfeife tanzen
beckon ['bekən] *vt* (zu)winken (*s.o.* jdm)
be·come [bɪ'kʌm] <*irr:* became, become> **I.** *vi* werden **II.** *vt* ❶ (gut) stehen (*s.o.* jdm), kleiden, passen (*s.o.* jdm) ❷ sich schicken für; **be·com·ing** [-ɪŋ] *adj* kleidsam; **be ~ to s.o.** jdm sehr gut stehen; sich für jdn schicken
bec·querel ['bekərel] *s* Becquerel *nt*
bed [bed] **I.** *s* ❶ Bett *nt* ❷ (Blumen)Beet *nt* ❸ (*river ~*) Flussbett *nt;* Meeresboden *m* ❹ (TECH) Unterbau *m,* -lage *f;* **get out of ~** aufstehen; **go to ~** zu Bett, schlafen gehen; **put to ~** zu Bett bringen; **take to one's ~** sich ins Bett legen (müssen); **double ~** Doppelbett *nt* **II.** *vt* setzen, pflanzen; **bed down** *vt* das Bett machen für; **bed in** *vt* einbetten; **bed and breakfast** *s* Zimmer *nt* mit Frühstück
be·daubed [bɪ'dɔ:bd] *adj* beschmiert (*with* mit)
bed-clothes ['bedkləʊðz] *s pl* Bettwäsche *f,* -zeug *nt;* **bed·ding** ['bedɪŋ] *s* ❶ Bettzeug *nt,* -wäsche *f* ❷ Streu *f*
be·deck [bɪ'dek] *vt* schmücken, zieren
be·dev·il [bɪ'devl] *vt:* **be ~(l)ed** durcheinander gebracht, gestört sein
bed-fellow ['bed,feləʊ] *s* Schlafkamerad(in) *m(f);* (*fig*) Freund(in) *m(f)*
bed·lam ['bedləm] *s* (*fig*) Tollhaus, Chaos *nt*
bed·linen ['bed,lɪnɪn] *s* Bettwäsche *f*
Bed·ouin ['bedʊɪn] **I.** *s* Beduine *m,* Beduinin *f* **II.** *adj* beduinisch
be·drag·gled [bɪ'drægld] *adj* beschmutzt
bed·ridden ['bed,rɪdn] *adj* bettlägerig; **bed-rock** ['bedrɒk] *s* ❶ (GEOL) gewachsener Fels ❷ (*fig*) Grundlage *f;* **bed·room** ['bedrʊm] *s* Schlafzimmer *nt;* **bed·side** ['bedsaɪd] *s:* **have a good ~ manner** (*Arzt*) gut mit Kranken umzugehen verstehen; **sit at s.o.'s ~** an jds Bett sitzen; **bed-side lamp** *s* Nacht(tisch)lampe *f;* **bed-side rug** *s* Bettvorleger *m;* **bedside table** *s* Nachttisch *m;* **bed·sit·ting-room, bed·sit·ter** [,bed'sɪtɪŋrʊm, ,bed'sɪtə(r)] *s* Wohn-Schlaf-Zimmer *nt;* möbliertes Zimmer; **bed·sore** ['bedsɔ:(r)] *s* wundgelegene Stelle; **bed·spread** ['bedspred] *s* Tagesdecke *f;* **bed·stead** ['bedsted] *s* Bettgestell *nt;* **bed·time** ['bedtaɪm] *s* Schlafenszeit *f*
bee [bi:] *s* ❶ Biene *f* ❷ (*Am*) Zirkel *m,* Kränzchen *nt;* **busy as a ~** fleißig wie eine Biene; **have a ~ in one's bonnet** einen Tick haben; **queen ~** Bienenkönigin *f*
Beeb [bi:b] *s* (*fam*) BBC *f*
beech [bi:tʃ] *s* Buche(nholz *nt*) *f;* **beech·nut** ['bi:tʃnʌt] *s* Buchecker *f*
beef [bi:f] **I.** *s* ❶ Rindfleisch *nt* ❷ (*fam: Mensch*) (Muskel)Kraft *f* **II.** *vi* (*sl*) meckern (*about* über); **beef·cake** ['bi:fkeɪk] *s* (*sl*) leicht bekleidete Männer (*bes. in Zeitschriften*); **beef·eater** ['bi:f,i:tə(r)] *s* Tower-Wärter *m;* **beef·steak** [,bi:f'steɪk] *s* Beefsteak *nt;* **beef(steak) tomato** *s* Fleischtomate *f;* **beefy** ['bi:fɪ] *adj* fleischig
bee·hive ['bi:haɪv] *s* Bienenstock *m;* **bee·keeper** ['bi:,ki:pə(r)] *s* Imker(in) *m(f),* Bienenzüchter(in) *m(f);* **bee-line** *s:* **make a ~ for** gerade(wegs) zugehen auf
been [bi:n] *s.* **be**
beer [bɪə(r)] *s* Bier *nt;* **beery** ['bɪərɪ] *adj* in Bierlaune, bierselig
bees·wax ['bi:zwæks] *s* Bienenwachs *nt*
beet [bi:t] *s* Rübe *f;* **red ~** rote Rübe, Bete; **sugar ~** Zuckerrübe *f*
beetle[1] ['bi:tl] *s* Ramme *f;* Stampfer *m*
beetle[2] ['bi:tl] **I.** *s* Käfer *m* **II.** *vi* überhängen, hervorragen, überstehen; **~ off** abschwirren, abziehen; **beetle-browed** ['bi:tl,braʊd] *adj* mit buschigen Augenbrauen
beet·root ['bi:tru:t] *s* rote Bete; **beet sugar** *s* Rübenzucker *m*
be·fall [bɪ'fɔ:l] *irr vt* widerfahren (*s.o.* jdm); **what has befallen him?** was ist ihm zugestoßen?
be·fit [bɪ'fɪt] *vt* angebracht, passend sein

(*the occasion* für die Gelegenheit); **be·fit·ting** [-ɪŋ] *adj* angemessen, schicklich

be·fore [bɪ'fɔː(r)] **I.** *prep* (*zeitlich, räumlich*) vor; **the day ~ yesterday** vorgestern; **~ long** bald, in Bälde; **business ~ pleasure** (*prov*) erst die Arbeit, dann das Vergnügen **II.** *adv* vorn; voran; voraus; (*zeitlich*) (schon) früher, vorher, zuvor; ehemals; **the day ~** am Tag vorher; **long ~** lange vorher, viel früher **III.** *conj* bevor, eher; ehe; **be·fore·hand** [bɪ'fɔːhænd] *adv* im Voraus, (schon) vorher

be·friend [bɪ'frend] *vt* als Freund behandeln; helfen, unterstützen

beg [beg] **I.** *vt* erbitten; bitten um; **~ a favour of s.o.** jdn um etw bitten; **~ leave to** um Erlaubnis bitten zu; **I ~ your pardon** Verzeihung! wie bitte?; **we ~ to inform you** wir gestatten uns Ihnen mitzuteilen **II.** *vi* ❶ bitten (*for* um) ❷ betteln (gehen) (*for* um); **it is going ~ging** es ist noch zu haben

be·gan [bɪ'gæn] *s.* **begin**

be·get [bɪ'get] <*irr:* begot, begot(ten)> *vt* (er)zeugen, hervorbringen

beg·gar ['begə(r)] **I.** *s* ❶ Bettler(in) *m(f)* ❷ (*fam*) Bürschchen *nt*, Kerl(chen *nt*) *m* **II.** *vt* an den Bettelstab bringen, ruinieren; **beg·gar·ly** ['begəlɪ] *adj* ärmlich, arm(selig); (*a. fig*) dürftig

be·gin [bɪ'gɪn] <*irr:* began, begun> **I.** *vt* beginnen, anfangen; starten **II.** *vi* ❶ seinen Anfang nehmen; entstehen; beginnen ❷ ausgehen (*at* von); **~ again** (wieder) von vorn anfangen; **to ~ with** erstens; zunächst; **he began by saying ...** zuerst sagte er ...; **be·gin·ner** [bɪ'gɪnə(r)] *s* Anfänger(in) *m(f)*; **be·gin·ning** [-ɪŋ] *s* ❶ Beginn *m;* Anfang *m* ❷ Ausgangspunkt, Ursprung *m;* **at the very ~** ganz am Anfang; **from the ~** von Anfang an; **from ~ to end** von Anfang bis Ende; **in the ~** anfangs, am Anfang

be·gonia [bɪ'gəʊnɪə] *s* Begonie *f*

be·got, **be·got·ten** [bɪ'gɒt, bɪ'gɒtn] *s.* **beget**

be·grudge [bɪ'grʌʤ] *vt* beneiden (*s.o. s.th.* jdn um etw); nicht gönnen (*s.o. s.th.* jdm etw); **~ doing s.th.** etw widerwillig tun

be·guile [bɪ'gaɪl] *vt* ❶ täuschen, betrügen ❷ verführen, verleiten (*into doing s.th.* etw zu tun) ❸ (*Zeit*) vertreiben

be·gun [bɪ'gʌn] *s.* **begin**

be·half [bɪ'hɑːf] *s:* **on ~ of** im Interesse, zu Gunsten, im Sinne von; für; im Namen von

be·have [bɪ'heɪv] **I.** *vi* ❶ sich betragen, sich (gut) benehmen ❷ (*Sache*) gehen, laufen, funktionieren; **he doesn't know how to ~** er weiß sich nicht zu benehmen **II.** *vr* sich benehmen; **~ yourself!** benimm dich!; **be·hav·ior** *s* (*Am*), **be·hav·iour** [bɪ'heɪvɪə(r)] *s* Verhalten, Betragen, Benehmen *nt* (*to, towards* gegen); **be on one's best ~** sich von seiner besten Seite zeigen; **be·hav·iour·ism** [-ɪzəm] *s* Behaviorismus *m* (*psychol. Richtung*); **behaviour pattern** *s* Verhaltensweise *f*

be·head [bɪ'hed] *vt* enthaupten

be·hind [bɪ'haɪnd] **I.** *prep* hinter (*a. zeitlich, Reihenfolge*); (*Rangfolge*) unter; **he has s.o. ~ him** hinter ihm steht jemand; **who's ~ that scheme?** wer steckt hinter dem Plan?; **~ time** zu spät; **be ~ the times** hinter seiner Zeit zurück sein **II.** *adv* hinten; nach hinten, zurück; dahinter; (*a. fig*) hinterher; rückständig (*with, in* mit); **be ~ in** [*o* **with**] **s.th.** mit einer Sache im Rückstand sein; **fall ~** zurückbleiben; **my watch is ten minutes ~** meine Uhr geht zehn Minuten nach **III.** *s* (*fam*) Hintern *m;* **be·hind·hand** [bɪ'haɪndhænd] *adv* zurück, im Rückstand (*with* mit)

be·hookie [biː'hʊkɪ] *s* (*Am: fam*) Hintern *m*

beige [beɪʒ] *adj* beige

be·ing ['biːɪŋ] **I.** *ppr of* **be II.** *s* ❶ Dasein *nt* ❷ Wesen *nt*, Natur *f;* Existenz *f* ❸ (Lebe)Wesen, Geschöpf *nt;* **in ~** existierend, vorhanden; **this ~ so ...** da dies (nun einmal) so ist ...; **the time ~** zum gegenwärtigen Zeitpunkt; zurzeit; **for the time ~** einstweilen; **come into ~** entstehen

Be·la·rus [ˌbelə'rʌs] *s* Weißrussland *nt;* **Be·la·rus·sian** [ˌbelə'rʌʃn] **I.** *adj* weißrussisch **II.** *s* Weißrusse *m*, -russin *f*

be·lated [bɪ'leɪtɪd] *adj* verspätet

belch [beltʃ] **I.** *vi* rülpsen, aufstoßen **II.** *vt* von sich geben, ausstoßen, auswerfen **III.** *s* ❶ Aufstoßen *nt* ❷ (*Vulkan*) Ausbruch *m*

be·leaguer [bɪ'liːgə(r)] *vt* belagern

bel·fry ['belfrɪ] *s* Glockenturm *m*

Bel·gian ['belʤən] **I.** *s* Belgier(in) *m(f)* **II.** *adj* belgisch; **Bel·gium** ['belʤəm] *s* Belgien *nt*

be·lie [bɪ'laɪ] *vt* ❶ belügen, hintergehen ❷ Lügen strafen

be·lief [bɪ'liːf] *s* ❶ (*a.* REL) Glaube(n) *m* (*in* an), Vertrauen *nt* (*in* zu), Zuversicht *f* ❷ Meinung, Überzeugung *f;* **beyond** [*o* **past**] **all ~** unglaublich; **to the best of one's ~** nach bestem Wissen und Gewissen; **be·liev·able** [bɪ'liːvəbl] *adj* glaubhaft, glaubwürdig; **be·lieve** [bɪ'liːv] **I.** *vi* ❶ glauben (*in* an), vertrauen (*in* auf), überzeugt sein (*in* von) ❷ der Meinung sein (*that* dass); **~ in** Vertrauen haben zu; **I ~ so** ich glaube Ja; **I ~ not** ich glaube Nein **II.** *vt*

❶ glauben ❷ denken, meinen ❸ halten für; **would you ~ it!** hätten Sie das für möglich gehalten!; **be·liever** [bɪˈliːvə(r)] *s* Gläubige(r) *f m;* **he is a great ~** er glaubt fest (*in* an)

be·little [bɪˈlɪtl] *vt* herabsetzen, -würdigen, schmälern

bell [bel] *s* ❶ Glocke *f;* Schelle, Klingel *f* ❷ Läuten *nt* ❸ (Blüten)Kelch *m* ❹ (MAR) Schiffsglocke *f;* **answer the ~** die (Haus)Tür öffnen; **this rings a ~** das kommt mir bekannt vor; **sound as a ~** gesund und munter

bella·donna [ˌbeləˈdɒnə] *s* Tollkirsche *f*

bell·boy [ˈbelbɔɪ] *s* Page *m;* **bell-flower** *s* Glockenblume *f*

bel·li·cose [ˈbelɪkəʊs] *adj* kriegerisch

bel·liger·ent [bɪˈlɪdʒərənt] *adj* Krieg führend; (*Mensch*) aggressiv

bel·low [ˈbeləʊ] **I.** *vi* brüllen; (*vor Schmerz*) heulen **II.** *s* Gebrüll *nt*

bel·lows [ˈbeləʊz] *s pl* Blasebalg *m*

bell-push [ˈbelpʊʃ] *s* Klingelknopf *m*

belly [ˈbelɪ] *s* ❶ Bauch *m* ❷ Magen *m;* Unterleib *m* ❸ Ausbauchung *f;* **belly·ache I.** *s* Leibschmerzen *mpl;* (*fam*) Bauchweh *nt* **II.** *vi* mächtig jammern, klagen; **belly button** *s* (*fam*) Bauchnabel *m;* **belly dancer** *s* Bauchtänzerin *f;* **belly landing** *s* Bauchlandung *f*

be·long [bɪˈlɒŋ] *vi* ❶ gehören (*to s.o.* jdm) ❷ (*einer Gemeinschaft*) angehören (*to dat*), dazugehören ❸ zukommen, gebühren (*to s.o.* jdm); **~ here** hergehören, am rechten Platz sein; **I ~ here** ich bin von hier; **where does that ~?** wohin gehört das?; **be·long·ings** [-ɪŋz] *s pl* Eigentum *nt,* Habe *f,* Sachen *fpl;* **my ~** meine Habseligkeiten *fpl*

be·loved [bɪˈlʌvɪd] **I.** *adj* (innig) geliebt, (heiß) geliebt (*of, by* von) **II.** *s* Geliebte(r) *f m,* Liebling *m*

be·low [bɪˈləʊ] **I.** *prep* (*Ort, Rang, Wert*) unter; unterhalb *+gen,* niedriger; geringer; **~ him** unter seiner Würde; **~ the mark** von geringer Qualität **II.** *adv* unten; nach unten, abwärts; hinunter, hinab; niedriger im Rang; **see ~** siehe unten; **go ~** unter Deck gehen

belt [belt] **I.** *s* ❶ Gürtel *m;* Riemen *m;* Gurt *m* ❷ (SPORT) Gürtellinie *f* ❸ Zone *f,* (Anbau)Gebiet *nt* ❹ (TECH) Treibriemen *m;* **below the ~** unter der Gürtellinie; (*fig*) unfair; **hit s.o. below the ~** jdm einen Tiefschlag versetzen; **tighten one's ~** (*a. fig*) den Gürtel enger schnallen; **fasten your seat ~s!** anschnallen!; **green ~** Grüngürtel *m* (*einer Stadt*); **safety ~** Sicherheitsgurt *m* **II.** *vt* ❶ um-, anschnallen ❷ verdreschen, verprügeln; **belt out** *vt* (*fam*) schmettern; **belt up** *vi* (*sl*) die Klappe halten

belter [ˈbeltə(r)] *s* (*sl*) stimmungsvolles Lied

be·moan [bɪˈməʊn] *vt* beklagen, bedauern

be·mused [bɪˈmjuːzd] *adj* verwirrt

bench [bentʃ] *s* ❶ (Sitz)Bank *f* ❷ Richteramt *nt,* Richter *mpl,* Gericht *nt* ❸ Werkbank *f;* **be on the ~** Richter sein; (SPORT) auf der Reservebank sein; **be raised to the ~** zum Richter bestellt werden; **carpenter's ~** Hobelbank *f;* **bench·mark** *s* (*fig*) Maßstab *m;* **~ price** Richtpreis *m;* **bench test** *s* Test *m* auf dem Prüfstand

bend [bend] <*irr:* bent, bent> **I.** *vt* ❶ biegen, beugen, knicken, krümmen; abbiegen (*from* von); (*Bogen*) spannen; (*Kopf*) wenden (*towards us* uns zu) ❷ unterwerfen (*s.o. to one's will* jdn seinem Willen); **~ s.th. out of shape** etwas verbiegen; **~ the law** das Gesetz beugen **II.** *vi* ❶ sich biegen, sich beugen, sich neigen; sich krümmen ❷ (*fig*) sich unterwerfen ❸ (*Fluss, Straße, Bahn*) eine Biegung machen **III.** *s* Biegung, Krümmung *f;* Kurve *f;* **round the ~** (*fam*) verrückt; **bend back** *vi* sich zurückbiegen; **bend down** *vi* sich bücken; **bended** [ˈbendɪd] *adj* gebeugt; **on one's ~ knees** kniefällig

be·neath [bɪˈniːθ] **I.** *prep* (*Ort und Rang*) unter, unterhalb; **that's ~ him** das ist unter seiner Würde **II.** *adv* (weiter) unten, tiefer

bene·dic·tion [ˌbenɪˈdɪkʃn] *s* Segen(sspruch) *m;* Segnung *f*

bene·fac·tion [ˌbenɪˈfækʃn] *s* ❶ Wohltat *f* ❷ (Geld)Spende *f;* **bene·fac·tor, bene·fac·tress** [ˈbenɪfæktə(r), -trɪs] *s* Wohltäter(in) *m(f),* Förderer *m,* Förderin *f*

be·nefi·cence [bɪˈnefɪsns] *s* Mildtätigkeit, Wohltätigkeit *f;* **be·nefi·cent** [bɪˈnefɪsnt] *adj* wohltätig

bene·fi·cial [ˌbenɪˈfɪʃl] *adj* ❶ nützlich; wohltuend, gesund ❷ (JUR) nutznießend; **bene·fi·ci·ary** [ˌbenɪˈfɪʃərɪ] *s* (JUR) Begünstigte(r) *f m,* Nutznießer(in) *m(f)*

bene·fit [ˈbenɪfɪt] **I.** *s* ❶ Wohltat *f;* Gunst *f;* Hilfe *f* ❷ Nutzen, Vorteil, Gewinn *m* ❸ (*finanziell*) Unterstützung, Beihilfe *f* ❹ (THEAT) Benefizvorstellung *f;* **for the ~ of** zum Nutzen von; **for the public ~** im öffentlichen Interesse; **sickness ~** Krankengeld *nt;* **unemployment ~** Arbeitslosengeld *nt* **II.** *vt* gut tun, nützen (*s.o.* jdm) **III.** *vi* Nutzen ziehen (*by* aus), begünstigt sein (*by* durch)

ben·ev·ol·ence [bɪˈnevələns] *s* Wohltätigkeit *f;* **ben·ev·ol·ent** [bɪˈnevələnt] *adj* wohlwollend; wohltätig, hilfsbereit; ~ **fund** Unterstützungsfonds *m*

be·nign [bɪ'naɪn] *adj* ① gütig, hilfsbereit, gefällig ② (*Klima*) mild, gesund ③ (MED) gutartig

bent [bent] **I.** *pt, pp of* **bend II.** *s* (*fig*) Neigung *f*, Hang *m;* Begabung *f* (*for* zu, für); **follow one's ~** seinen Neigungen nachgehen **III.** *adj* versessen (*on* auf); **be ~ on doing s.th.** entschlossen sein etw zu tun

be·numbed [bɪ'nʌmd] *adj* ① steif (gefroren), starr, erstarrt (*with cold* vor Kälte) ② (*fig*) benommen, wie gelähmt

ben·zene ['benzi:n] *s* (CHEM) Benzol *nt;* **ben·zine** ['benzi:n] *s* Benzin *nt* (*bes. Reinigungsmittel*)

be·queath [bɪ'kwi:ð] *vt* vererben; **be·quest** [bɪ'kwest] *s* Hinterlassenschaft *f*

be·rate [bɪ'reɪt] *vt* ausschimpfen

be·reave [bɪ'ri:v] <*irr:* bereft, bereft> *vt* ① berauben (*of +gen*) ② rauben, nehmen (*s.o. of s.o.* jdm jdn); **the ~d** die Hinterbliebenen *pl;* **be·reave·ment** [-mənt] *s* Trauerfall *m;* schmerzlicher Verlust

be·reft [bɪ'reft] *pt, pp of* **bereave**

beret ['bereɪ] *s* Baskenmütze *f*, Béret *nt*

Ber·mu·da shorts [bɜ:'mju:dəˌʃɔ:ts] *s pl* Bermudashorts *pl*

berry ['berɪ] *s* Beere *f*

ber·serk [bə'sɜ:k] *adj:* **go ~** rabiat werden

berth [bɜ:θ] **I.** *s* ① (MAR) Koje *f;* (RAIL) Schlafwagenplatz *m* ② Liege-, Ankerplatz *m;* **give s.th. a wide ~** einen weiten Bogen um etw machen **II.** *vi* (*Schiff*) anlegen

be·seech [bɪ'si:tʃ] <*irr:* beseeched (besought) , beseeched (besought)> *vt* (*Person*) ersuchen, anflehen (*for* um); **be·seech·ing** [-ɪŋ] *adj* flehentlich

be·set [bɪ'set] <*irr:* beset, beset> *vt* bedrängen, heimsuchen; **~ with difficulties** mit Schwierigkeiten überhäuft; **be·set·ting** [-ɪŋ] *adj:* **~ sin** Gewohnheitslaster *nt*

be·side [bɪ'saɪd] *prep* ① (*örtlich*) neben, (nahe) an, bei, dicht bei ② (*fig*) neben, verglichen mit; **be ~ oneself** außer sich sein; **that is ~ the point** [*o* **question**] das hat nichts mit der Sache zu tun

be·sides [bɪ'saɪdz] **I.** *prep* außer, neben; abgesehen von **II.** *adv* außerdem, ferner, (noch) dazu, überdies, sonst

be·siege [bɪ'si:dʒ] *vt* (*a. fig*) belagern; **~ s.o. with questions** jdn mit Fragen bestürmen

be·smirch [bɪ'smɜ:tʃ] *vt* (*meist fig*) beschmutzen, besudeln

be·sot·ted [bɪ'sɒtɪd] *adj* ① betrunken, betäubt (*with* von) ② vernarrt (*with* in)

be·sought [bɪ'sɔ:t] *pt, pp of* **beseech**

best [best] <*Superlativ von* good, well> **I.** *adj* beste(r, s) **II.** *s:* **the ~** der, die, das Beste **III.** *adv* am besten; am meisten **IV.** *vt* (*fam*) übertreffen, übertrumpfen **V.** (*Wendungen*): **at ~** bestenfalls, höchstens; **~ before date** Haltbarkeitsdatum *nt;* **in one's** (**Sunday**) **~** im Sonntagsstaat; **to the ~ of one's knowledge** nach bestem Wissen; **to the ~ of one's power** [*o* **ability**] so gut man kann; **with the ~ of them** so gut wie nur einer; **be at one's ~** ganz auf der Höhe sein; **do one's ~** sein Bestes, Möglichstes tun; **make the ~ of it** das Beste aus der Sache machen; **put one's ~ foot forward** (*fig*) sein Bestes tun; **the ~ part of s.th.** das meiste von etwas; **like ~** am liebsten mögen; **you had ~ …** du würdest am besten, du solltest …

i Land & Leute

Der **best man**, der Trauzeuge, ist oft der beste Freund des Bräutigams. Bei einer typischen Hochzeit begleitet er den Bräutigam zur Kirche und bleibt während der ganzen Zeremonie neben ihm; dann gibt er ihm den Ehering für die Braut. Bei der *wedding reception*, der Hochzeitsfeier, liest er die Glückwunschtelegramme vor und hält dann eine möglichst witzige Rede über den Bräutigam.

bes·tial ['bestɪəl] *adj* tierisch; unmenschlich; bestialisch; **bes·ti·al·ity** [ˌbestɪ'ælətɪ] *s* ① Bestialität, Brutalität *f* ② Perversität *f*

be·stir [bɪ'stɜ:(r)] *vr* sich rühren, sich regen

be·stow [bɪ'stəʊ] *vt* verleihen (*s.th. on s.o.* jdm etw); **be·stowal** [bɪ'stəʊəl] *s* Verleihung, Übertragung *f*

best-seller ['bestselə(r)] *s* Bestseller *m*

bet [bet] <*irr:* bet (betted), bet (betted)> **I.** *vi, vt* wetten; **I ~ five pounds on that horse** ich setze fünf Pfund auf das Pferd; **he ~ me five pounds** er wettete mit mir um fünf Pfund; **you ~!** (*fam*) aber sicher!; **you can ~ your bottom dollar** (*fam*) darauf können Sie Gift nehmen!; **I ~ you** (**ten to one**) **that …** ich wette mit Ihnen (zehn gegen eins), dass … **II.** *s* Wette *f;* Wetteinsatz *m;* **that's your best ~!** das ist Ihre beste Chance!

beta-blocker ['bi:tɜ'blɒkə(r)] *s* (MED) Betablocker *m*

beta·carot·ene [ˌbi:tə'kærəti:n] *s* Beta-Karotin *nt*

bete noire [bet'nwɑ:] *s* Gräuel *nt;* **be s.o.'s ~** jdm ein Dorn im Auge sein

be·tray [bɪ'treɪ] *vt* ① verraten (*to* an) ② (*Geheimnis*) preisgeben; (*Vertrauen*) missbrauchen; (*Versprechen*) nicht halten ③ untreu werden (*s.o.* jdm); ~ **o.s.** sich verraten; **be·tray·al** [bɪ'treɪəl] *s* Verrat *m* (*of* an)

bet·ter ['betə(r)] <*Komparativ von* good, well> **I.** *adj* besser; mehr (*than* als) **II.** *s*: **the** ~ der, die, das Bessere; **one's** ~**s** Höhergestellte *pl* **III.** *adv* besser **IV.** *vt* (ver)bessern; übertreffen; ~ **o.s.** sich (beruflich) verbessern; vorwärtskommen **V.** (*Wendungen*): **for** ~ **(f)or worse** in Freud und Leid; **change for the** ~ sich zum Besseren wenden; **get the** ~ **of s.o.** jdn übertreffen; **I am getting** ~ **now** es geht mir (gesundheitlich) (wieder) besser; **I know** ~ da lasse ich mir nichts vormachen; **he thought** ~ **of it** er überlegte es sich noch einmal; **all the** ~**, so much the** ~ umso besser; ~ **off** besser dran; wohlhabender, reicher; **the sooner the** ~ je eher, desto besser; **the** ~ **part** [*o* **half**] **of** der größere Teil +*gen,* mehr als die Hälfte; ~ **and** ~ immer besser; **like** ~ lieber haben, vorziehen; **you had** ~ **go, you** ~ **go now** du tätest besser daran jetzt zu gehen; **you had** ~ **not!** das will ich dir nicht geraten haben!

bet·ter, bet·tor ['betə(r)] *s* Wettende(r) *f m*

bet·ter·ment ['betəmənt] *s* ① Verbesserung *f* ② (Wert)Steigerung *f,* Zuwachs *m*

bet·ting ['betɪŋ] *s* Wetten *nt;* **betting office** *s* Wettbüro *nt*

be·tween [bɪ'twiːn] **I.** *prep* (*zeitlich, örtlich, der Menge, dem Grad nach*) zwischen, unter; dazwischen, darunter; **far** ~ in großen Abständen; **few and far** ~ (*fig*) dünn gesät; **in** ~ dazwischen; inmitten; ~ **you and me** unter uns (gesagt) **II.** *adv* dazwischen, darunter; mittendrin

bevel ['bevl] **I.** *s* (TECH) Abschrägung *f* **II.** *vt* (*Kante*) abschrägen

bev·er·age ['bevərɪdʒ] *s* Getränk *nt*

bevvy ['bevɪ] *s* ① (*Br fam*) (alkoholisches) Getränk *nt* ② (*Br fam*) Saufabend *m*

be·wail [bɪ'weɪl] *vt* beklagen

be·ware [bɪ'weə(r)] *vi* (*nur im Imperativ inf*) sich in Acht nehmen; ~ **what you say!** gib Acht auf das, was du sagst!; ~ **of the dog!** Achtung, bissiger Hund!; ~ **of pickpockets!** vor Taschendieben wird gewarnt!

be·wil·der [bɪ'wɪldə(r)] *vt* verwirren; verblüffen; **be·wil·dered** [bɪ'wɪldəd] *adj* verwirrt; verblüfft; **be·wil·der·ing** [-ɪŋ] *adj* verwirrend; verblüffend; **be·wil·der·ment** [-mənt] *s* Verwirrung *f;* Verblüffung *f*

be·witch [bɪ'wɪtʃ] *vt* bezaubern, verhexen; **be·witch·ing** [-ɪŋ] *adj* bezaubernd, hinreißend

be·yond [bɪ'jɒnd] **I.** *prep* ① jenseits +*gen,* über ... hinaus; (*a. fig*) außerhalb +*gen,* weiter als ② (*örtlich*) nach ③ (*zeitlich*) länger als (bis), später als ④ mehr als; außer, neben; ~ **belief** unglaublich; ~ **control** unkontrollierbar; ~ **hope** hoffnungslos; ~ **imagination** unvorstellbar; **be** ~ **s.o.** jdn übertreffen; **live** ~ **one's income** über seine Verhältnisse leben; **he is** ~ **help** ihm ist nicht (mehr) zu helfen; **that is** ~ **me** das ist mir zu hoch **II.** *adv* jenseits; darüber hinaus **III.** *s*: **the** ~ das Jenseits

bi- [ˌbaɪ] *PRÄF* Zwei-, Doppel-; **bi·an·nual** [ˌbaɪ'ænjʊəl] *adj* halbjährlich

bias ['baɪəs] **I.** *s* (*fig*) ① Neigung *f,* Hang *m* (*towards* zu), Vorliebe *f* (*towards* für) ② Voreingenommenheit *f* **II.** *adj* schräg; quer verlaufend **III.** *vt* ① beeinflussen, in eine bestimmte Richtung lenken ② einnehmen (*towards the plan* für den Plan); **bias(s)ed** ['baɪəst] *adj* ① (*fig*) voreingenommen (*against* gegen) ② (JUR) befangen

bib [bɪb] *s* ① Lätzchen *nt* ② (Schürzen)Latz *m*

Bible ['baɪbl] *s* Bibel *f;* **bib·li·cal** ['bɪblɪkl] *adj* biblisch

bib·li·ogra·pher [ˌbɪblɪ'ɒgrəfə(r)] *s* Bibliograf(in) *m(f);* **bib·li·ogra·phic(al)** [ˌbɪblɪɒ'græfɪk(l)] *adj* bibliografisch; **bib·li·ogra·phy** [ˌbɪblɪ'ɒgrəfɪ] *s* Bibliografie *f;* **bib·lio·phile** ['bɪblɪəfaɪl] *s* Bibliophile(r) *f m,* Bücherfreund(in) *m(f)*

bi·car·bon·ate [ˌbaɪ'kɑːbənət] *s* (CHEM): ~ **of soda** Natron *nt*

bi·cen·ten·ary [ˌbaɪsen'tiːnərɪ] *s* Zweihundertjahrfeier *f*

bi·ceps ['baɪseps] *s* (ANAT) Bizeps *m*

bicker ['bɪkə(r)] *vi* (sich herum)zanken; **bicker·ing** [-ɪŋ] *s* Gezänk *nt*

bi·coast·al [baɪ'kəʊstəl] *adj* (*Am*) an der Ost- und Westküste der USA

bi·cycle ['baɪsɪkl] *s* Fahrrad *nt;* **ride a** ~ Rad fahren

bid[1] [bɪd] <*irr:* bid, bid> **I.** *vt* ① bieten (*for* auf) ② (*Kartenspiel*) reizen **II.** *vi* bieten **III.** *s* ① (*Auktion*) Gebot *nt* ② Preisangebot *nt* ③ (*Karten*) Reizen *nt* ④ Versuch *m,* Bewerbung, Bemühung *f* (*for* um); **make a** ~ **for power** nach der Macht greifen

bid[2] [bɪd] <*irr:* bad(e), bidden> *vt* (*Gruß*) entbieten (*s.o.* jdm); ~ **s.o. farewell** jdm Lebewohl sagen

bidden ['bɪdn] *pp of* **bid**[2]

bid·der ['bɪdə(r)] *s* (*Auktion*) Bieter(in) *m(f);* **bid·ding** ['bɪdɪŋ] *s* ① (*Auktion*) Gebot *nt* ② Geheiß *nt,* Befehl *m*

bide [baɪd] *vt:* ~ **one's time** seine Zeit, Gelegenheit abwarten

bi·en·nial [baɪ'enɪəl] *adj* ❶ zweijährlich ❷ zweijährig

bier [bɪə(r)] *s* (Toten)Bahre *f*

bi·focals [baɪ'fəʊklz] *s pl* Bifokalbrille *f*

big [bɪg] **I.** *adj* ❶ groß, dick ❷ groß, erwachsen ❸ groß, bedeutend, wichtig ❹ großzügig, -mütig ❺ hochmütig, anmaßend; **have ~ ideas** große Pläne haben; ~ **with** voller, voll von; **the Big Apple** (*fam*) New York **II.** *adv* aufgeblasen, großspurig; **talk ~** (*fam*) große Töne reden, spucken

big·am·ist ['bɪgəmɪst] *s* Bigamist *m;* **big·amy** ['bɪgəmɪ] *s* Bigamie *f*

i Land & Leute

Big Ben war der ursprüngliche Spitzname der großen, 1856 gegossenen Glocke im Turm der *Houses of Parliament,* benannt nach Sir Benjamin Hall, dem damaligen *Chief Commissioner of Works.* Heutzutage wird der Name für die große Uhr und den Turm verwendet. Das Schlagen der vollen Stunden des **Big Bens** kann man vor bestimmten Radio- und Fernsehnachrichten hören.

big busi·ness [ˌbɪg'bɪznɪs] *s* Großkapital *nt;* **big game** *s* Hochwild *nt*

bigot ['bɪgət] *s* ❶ engstirniger Mensch ❷ (*pej*) Frömmler(in) *m(f);* **bigoted** [-ɪd] *adj* engstirnig; bigott; **bigotry** [-rɪ] *s* ❶ Engstirnigkeit *f;* Fanatismus *m* ❷ Bigotterie *f*

big pic·ture [ˌbɪg'pɪktʃə(r)] *s* (*fam*) Überblick *m;* **big-screen tv** [bɪg'skriːnˌtiːviː] *s* Großbildschirmfernseher *m;* **big shot** ['bɪgʃɒt] *s* (*fam*) Bonze *m;* **big-time** *adj* (*fam*) Haupt-, Star-; **big top** *s* (*Zirkus*) Hauptzelt *nt;* **big·wig** ['bɪgwɪg] *s* (*sl*) großes Tier

bike [baɪk] *s* (*fam*) (Fahr)Rad *nt;* **bike lane** *s* Radweg *m;* **biker boot** *s* Motorradstiefel *m*

bi·kini [bɪ'kiːnɪ] *s* Bikini *m*

bi·lat·eral [ˌbaɪ'lætərəl] *adj* bilateral, zweiseitig

bil·berry ['bɪlbərɪ] *s* Heidel-, Blaubeere *f*

bile [baɪl] *s* ❶ (MED) Galle *f* ❷ (*fig*) schlechte Laune

bil·har·zia [bɪl'hɑːzɪə] *s* (MED) Bilharzia, Bilharziose *f*

bi·lin·gual [baɪ'lɪŋgwəl] *adj* zweisprachig

bil·ious ['bɪlɪəs] *adj* ❶ Gallen- ❷ (*fig: Mensch*) gallig, reizbar; ~ **attack** Gallenkolik *f*

bilk [bɪlk] *vt* prellen

bill¹ [bɪl] *s* Schnabel *m*

bill² [bɪl] **I.** *s* ❶ Rechnung *f* ❷ Anschlag(zettel) *m,* Plakat *nt* ❸ (Theater-, Konzert)Programm *nt* ❹ (PARL) Gesetzesvorlage *f,* -entwurf *m* ❺ (COM: ~ *of exchange*) Wechsel *m* ❻ (*Am*) Banknote *f,* Geldschein *m;* **cash** [*o* **honour**] **a ~** einen Wechsel einlösen; **draw a ~ on s.o.** einen Wechsel auf jdn ziehen; **fit** [*o* **fill**] **the ~** (*fig*) passen; **foot the ~** (*fam*) dafür aufkommen; **pass a ~** ein Gesetz verabschieden; **stick a ~** ein Plakat ankleben; **post no ~s!** Plakate ankleben verboten!; **the ~, please!** bitte zahlen!; ~ **of lading** (MAR) Seefrachtbrief *m;* ~ **of entry** Zolleinfuhrerklärung, -deklaration *f;* ~ **of fare** Speisekarte *f;* ~ **of health** Gesundheitsbescheinigung *f,* -pass *m;* ~ **of sale** Kaufurkunde *f* **II.** *vt* ❶ (*durch Anschlag*) bekannt machen, geben; anschlagen ❷ (~ *for*) in Rechnung stellen

bill·board ['bɪlbɔːd] *s* Anschlag-, Plakattafel *f*

bil·let¹ ['bɪlɪt] **I.** *s* ❶ (MIL) Quartierschein *m;* (Privat)Quartier *nt* ❷ (*fam*) Stellung, Arbeit *f* **II.** *vt* einquartieren, unterbringen (*on s.o.* bei jdm, *in, at* in)

bil·let² ['bɪlɪt] *s* (Holz)Scheit *m*

bill·fold ['bɪlfəʊld] *s* (*Am*) Brieftasche *f*

bil·liards ['bɪlɪədz] *s pl mit sing* Billard(spiel) *nt;* **a game of ~** eine Partie Billard

bil·lion ['bɪlɪən] *s* Milliarde *f*

bil·low ['bɪləʊ] **I.** *s* (*lit*) Woge *f* **II.** *vi* ❶ wogen ❷ sich (auf)türmen; **bil·lowy** ['bɪləʊɪ] *adj* wogend

bill-poster, bill-sticker ['bɪlˌpəʊstə(r), 'bɪlˌstɪkə(r)] *s* Plakat-, Zettelankleber *m;* **bill·post·ing** ['bɪlˌpəʊstɪŋ] *s* Plakatankleben *nt*

billy ['bɪlɪ] *s* (~ *-can*) Kochgeschirr *nt;* **billy-goat** *s* Ziegenbock *m*

bimbo ['bɪmbəʊ] *s* (*pej sl*) Puppe *f*

bi-month·ly [ˌbaɪ'mʌnθlɪ] *adj* zweimonatlich

bin [bɪn] *s* ❶ Behälter *m* ❷ Mülltonne *f*

bi·nary ['baɪnərɪ] *adj* binär; **binary code** *s* (INFORM) Binärcode *f*

bind [baɪnd] <*irr:* bound, bound> **I.** *vt* ❶ binden (*a. Buch*) ❷ befestigen (*to, on* an) ❸ (*Küche*) binden ❹ verbinden ❺ einfassen (*with* mit) ❻ (*fig*) binden, verpflichten; ~ **o.s. to s.th.** sich zu etw verpflichten; ~ **over** rechtlich verpflichten; ~ **together** zusammenbinden; (*fig*) verbinden; ~ **up** an-, hoch-, zu-, zusammenbinden

B

II. *vi* fest, hart werden; **binder** ['baɪndə(r)] *s* ❶ (Buch)Binder(in) *m(f)* ❷ Band *nt;* Binde *f* ❸ Aktendeckel *m* ❹ (AGR) Mähbinder *m* ❺ (TECH) Bindemittel *nt;* **bind·ery** ['baɪndərɪ] *s* Buchbinderei *f;* **bind·ing** ['baɪndɪŋ] **I.** *adj* bindend, verbindlich, verpflichtend (*on* für); **be ~ for s.o.** für jdn rechtsverbindlich sein; **legally ~** rechtsverbindlich; **not ~** unverbindlich **II.** *s* ❶ (*Buch*) Einband *m* ❷ Besatz *m;* Saum *m* ❸ (*Ski*) Bindung *f*

bind·weed ['baɪndwi:d] *s* (*Kletterpflanze*) Winde *f*

binge [bɪndʒ] *s* (*sl*) Sauferei *f*

bingo ['bɪŋgəʊ] *s* Bingo *nt* (*Spiel*)

bin·ocu·lars [bɪ'nɒkjʊləz] *s:* **pair of ~** Fernglas *nt*

bi·nomial [baɪ'nəʊmɪəl] *adj* (MATH) binomisch

bio- [,baɪəʊ] *pref* Bio-, Lebens-

bio·aer·ation [,baɪəʊeə'reɪʃn] *s* Belebtschlammverfahren *nt,* Schlammbelebung *f;* **bio·chemi·cal** [,baɪəʊ'kemɪkl] *adj* biochemisch; **bio·chem·ist** [,baɪəʊ'kemɪst] *s* Biochemiker(in) *m(f);* **bio·chem·is·try** [,baɪəʊ'kemɪstrɪ] *s* Biochemie *f;* **bio·chip** ['baɪəʊtʃɪp] *s* (*chips loaded with DNA*) Biochip *m;* **bio·degrad·able** [,baɪəʊdɪ'greidəbl] *adj* biologisch abbaubar; **bio·degrade** [,baɪəʊdɪ'greid] *vi* sich (biologisch) abbauen; **bio·de·ter·gent** [,baɪəʊdɪ'tɜ:dʒənt] *s* biologisches Wasch-, Reinigungsmittel; **bio·di·ver·sity** [,baɪəʊdaɪ'vɜ:sətɪ] *s* Artenvielfalt *f;* **bio·dy·nam·ic** [,baɪəʊdainæmik] *adv* biodynamisch; **bio·en·gin·eer·ing** [,baɪəʊendʒɪ'nɪərɪŋ] *s* Biotechnik *f;* **bio·eth·ics** [baɪəʊ'eθɪks] *s pl* Bioethik *f;* **bio·feed·back** [,baɪəʊ'fi:dbæk] *s* Biofeedback *nt;* **bio·fuel** ['baɪəʊ,fju:l] *s* Biobrennstoff *m*

bi·og ['baɒ:g] *s Abk. von* **biography** Biografie *f;* (*Person*) Biograf(in) *m(f)*

bio·gas ['baɪəʊ,gæs] *s* Biogas *nt*

bio·graphi·cal [,baɪə'græfɪkl] *adj* biografisch; **bi·ogra·phy** [baɪ'ɒgrəfɪ] *s* Biografie, Lebensbeschreibung *f*

bio·in·for·mat·ics [,baɪə(ʊ)ɪnfə'mætɪks] *s* Bioinformatik *f*

bio·logi·cal [,baɪə'lɒdʒɪkl] *adj* biologisch; **biological control, biocontrol** *s* biologische Schädlingsbekämpfung; **biological indicator** *s* Bioindikator *m;* **bi·ol·ogist** [baɪ'ɒlədʒɪst] *s* Biologe *m,* Biologin *f;* **bi·ol·ogy** [baɪ'ɒlədʒɪ] *s* Biologie *f*

bio·mass [,baiəmæs] *s* Biomasse *f;* **bio·medi·cine** [baɪəʊ'med(ɪ)sɪn] *s* Biomedizin *f;* **bio·morph·ic** [,baɪəʊ'mɔ:fɪk] *adj* biomorph; **bio·pes·ti·cide** [,baɪəʊ'pestɪsaɪd] *s* Pflanzenschutzmittel *nt* auf Naturstoffbasis; **bio·physics** [,baɪəʊ'fɪzɪks] *s pl mit sing* Biophysik *f*

bio·pic ['baɪəʊ,pɪk] *s* Filmbiographie *f*

bio·rhythm ['baɪəriðəm] *s meist pl* Biorhythmus *m;* **bio·sphere** ['baɪəsfi:ə(r)] *s* Biosphäre *f;* **bio·tech·no·lo·gy** [,baɪəʊtek'nɒlədʒɪ] *s* Biotechnik *f;* **bio·tope** ['baɪətəʊp] *s* Biotop *nt*

bio·weap·on ['baɪəʊwepn] *s* biologische Waffe

bi·par·ti·san [,baɪpɑ:tɪ'zæn] *adj* (POL) Zweiparteien-

bi·ped ['baɪped] *s* (ZOO) Zweifüßler *m*

bi·plane ['baɪpleɪn] *s* (AVIAT) Doppeldecker *m*

bi·polar [,baɪ'pəʊlə(r)] *adj* bipolar, zweipolig

bi·ra·cial [baɪ'reɪʃl] *adj* gemischtrassig

birch [bɜ:tʃ] **I.** *s* ❶ Birke(nholz *nt*) *f* ❷ (*~-rod*) (Birken)Rute *f* **II.** *vt* mit der Rute schlagen

bird [bɜ:d] *s* ❶ Vogel *m* ❷ (*sl*) Puppe, Biene *f* ❸ (*fam*) Kauz *m;* **kill two ~s with one stone** (*fig*) zwei Fliegen mit einer Klappe schlagen; **~s of a feather flock together** (*prov*) Gleich und Gleich gesellt sich gern; **a ~ in the hand is worth two in the bush** (*prov*) der Spatz in der Hand ist besser als die Taube auf dem Dach; **early ~** Frühaufsteher(in) *m(f);* **~ of passage** Zugvogel *m;* **~ of prey** Raub-, Greifvogel *m;* **bird-cage** *s* Vogelkäfig *m,* -bauer *nt;* **bir·die** ['bɜ:dɪ] *s* ❶ Vögelchen *nt* ❷ (*Golf*) Birdie *nt;* **Bird of Paradise** *s* Paradiesvogel *m;* **bird·seed** ['bɜ:dsi:d] *s* Vogelfutter *nt;* **bird's-eye view** [,bɜ:dzaɪ'vju:] *s* Vogelperspektive *f;* **bird's nest** *s* Vogelnest *nt;* **bird table** *s* Futterhäuschen *nt*

birth [bɜ:θ] *s* ❶ (*a. fig*) Geburt *f* ❷ Abstammung, Herkunft *f,* Ursprung *m* ❸ Entstehung *f,* Aufkommen *nt;* Ausgangspunkt, Anbruch *m;* **at ~** bei der Geburt; **by ~** von Geburt; **from his ~** von Geburt an; **give ~ to** zur Welt bringen; (*fig*) ins Leben rufen; **date of ~** Geburtsdatum *nt;* **place of ~** Geburtsort *m;* **premature ~** Frühgeburt *f;* **birth certificate** *s* Geburtsurkunde *f;* **birth-control** *s* Geburtenregelung, -kontrolle *f;* **birth·day** ['bɜ:θdeɪ] *s* Geburtstag *m;* **birthday party** *s* Geburtstagsfeier, -party *f;* **birthday present** *s* Geburtstagsgeschenk *nt;* **birthday suit** *s* (*hum*) Adamskostüm *nt;* **birth·mark** *s* Muttermal *nt;* **birth·place** *s* Geburtsort *m,* -haus *nt;* **birth·rate** *s* Geburtenziffer *f;* **falling ~** Geburtenrückgang *m*

birth·stone ['bɜ:θstəʊn] *s* Monatsstein *m*

bis·cuit ['bɪskɪt] *s* Keks *m;* (*Am*) Brötchen *nt*

i Land & Leute

Biscuits and gravy, ein Gericht aus den Südstaaten, wird in den USA sehr gern zum Frühstück gegessen. *Biscuits* sind eine Art flache Brötchen, die mit *gravy* (Bratensoße) serviert werden. In manchen Gegenden bekommt man **biscuits and gravy** nur noch in *truck stops* (Fernfahrerlokale).

bi·sect [baɪ'sekt] *vt* halbieren; **bi·sec·tion** [baɪ'sekʃn] *s* Halbierung *f*

bi·sex·ual [ˌbaɪ'sekʃʊəl] **I.** *adj* bisexuell **II.** *s* Bisexuelle(r) *f m*

bishop ['bɪʃəp] *s* ❶ (REL) Bischof *m* ❷ (*Schach*) Läufer *m;* **bishop·ric** [-rɪk] *s* Bistum *nt*

bi·son ['baɪsn] *s* Wisent *m;* (*in den USA*) Bison *m*

bit¹ [bɪt] *s* ❶ (*Pferd*) Gebiss *nt* ❷ Bohrer *m;* **take the ~ between one's teeth** (*fig*) sich ins Zeug legen

bit² [bɪt] *s* Bissen *m;* Stückchen *nt;* **a ~** ein bisschen; ein Weilchen; **a ~ at a time, ~ by ~** Stück für Stück, schrittweise; **not a ~** kein bisschen, nicht im Geringsten; **do one's ~** seine Pflicht tun; **smash to ~s** kurz und klein schlagen; **he's a ~ better** es geht ihm etwas besser; **I'm going to sleep for a ~** ich gehe eine Weile schlafen

bit³ [bɪt] *s* (INFORM) Bit *nt*

bit⁴ [bɪt] *s.* **bite**

bitch [bɪtʃ] **I.** *s* ❶ Hündin *f* ❷ (*sl pej*) Weibsstück *nt* **II.** *vi* (*sl*) meckern

bite [baɪt] <*irr:* bit, bitten> **I.** *vt* ❶ beißen ❷ (*Insekt*) stechen ❸ (TECH) ätzen, zerfressen; **~ the dust** (*fam*) ins Gras beißen; **~ one's lips** sich auf die Lippen beißen; **~ one's nails** an den Nägeln kauen; **~ off** abbeißen; **once bitten twice shy** (*prov*) ein gebranntes Kind scheut das Feuer **II.** *vi* ❶ (hinein-, zu)beißen (*into, at* in), schnappen (*at s.th.* nach etw) ❷ brennen, stechen ❸ (TECH) eingreifen (*in* in) ❹ (*Fisch*) anbeißen **III.** *s* ❶ Biss(wunde *f*) *m;* Stich *m* ❷ (*Angel*) Anbiss *m* ❸ Happen, Imbiss *m* ❹ (TECH) Eingreifen *nt;* Ätzen *nt;* Fassen *nt* ❺ (*fig*) Schärfe, Bitterkeit *f;* **bit·ing** ['-ɪŋ] *adj* ❶ (*Wind, Kälte*) schneidend ❷ (*fig: Worte*) scharf, beißend; **bite-sized** ['baɪtˌsaɪzd] *adj* mundgerecht

bit-map ['bɪtmæp] *vt* als digitales Muster speichern; **~ped graphics** als digitales Muster gespeicherte Grafik

bit·ten ['bɪtn] *s.* **bite**

bit·ter ['bɪtə(r)] **I.** *adj* ❶ bitter ❷ (*fig*) schmerzlich, hart, schwer ❸ sarkastisch, scharf, heftig ❹ (*Wind*) scharf, rau; (*Kälte*) streng; **to the ~ end** bis zum bitteren Ende; **a ~ pill to swallow** eine bittere Pille **II.** *s* dunkles Bier; **bit·ter·ly** [-lɪ] *adv* bitterlich; **bit·ter·ness** [-nɪs] *s* ❶ Bitterkeit, Herbheit *f* ❷ (*fig*) Verbitterung *f*

bitu·men ['bɪtjʊmən] *s* Bitumen *nt;* **bitu·mi·nous** [bɪ'tju:mɪnəs] *adj* (GEOL) bituminös; **~ coal** Fettkohle *f*

bi·valve ['baivælv] *s* zweischalige Muschel

biv·ouac ['bɪvʊæk] *s* (MIL) Biwak *nt*

bi-week·ly [ˌbaɪ'wi:klɪ] *adj* ❶ vierzehntäglich ❷ zweimal wöchentlich

bi·zarre [bɪ'zɑ:(r)] *adj* bizarr

blab [blæb] **I.** *vi* schwatzen, plappern **II.** *vt* ausplaudern

black [blæk] **I.** *adj* ❶ schwarz ❷ dunkel, düster, finster ❸ schmutzig, dreckig ❹ dunkel(häutig) ❺ (*fig*) unheimlich, unheilvoll, drohend ❻ ärgerlich, mürrisch; böse, abscheulich; **~ ice** Glatteis *nt;* **give s.o. a ~ look** jdn finster anblicken; **have s.th. down in ~ and white** etw schwarz auf weiß haben; **he is not so ~ as he is painted** er ist nicht so schlecht wie sein Ruf **II.** *s* ❶ Schwarz *nt,* schwarze Farbe, Schwärze *f* ❷ (*Person*) Schwarze(r) *f m;* **in the ~** (FIN) in den schwarzen Zahlen **III.** *vt* schwarz machen, schwärzen; (*Schuhe*) wichsen; **black out I.** *vt* verdunkeln **II.** *vi* ohnmächtig werden; **black·ball** ['blækbɔ:l] *vt* stimmen gegen; **black·berry** ['blækbərɪ] *s* Brombeere *f;* **black·bird** ['blækbɜ:d] *s* Amsel *f;* **black·board** ['blækbɔ:d] *s* Wandtafel *f;* **write on the ~** an die Tafel schreiben; **black book** *s:* **be in s.o.'s ~s** bei jdm auf der schwarzen Liste stehen; **black·cur·rant** [ˌblæk'kʌrənt] *s* schwarze Johannisbeere; **blacken** ['blækən] **I.** *vt* ❶ schwarz machen, schwärzen ❷ (*fig*) anschwärzen, schlecht sprechen von **II.** *vi* schwarz, dunkel werden; **black·eye** *s* blaues Auge

black·guard ['blægɑ:d] **I.** *s* Schuft, Schurke, Lump *m* **II.** *vt* heruntermachen, schlecht machen (*s.o.* jdn)

black·head ['blækhed] *s* Mitesser *m;* **black·ing** ['blækɪŋ] *s* schwarze Schuhcreme, -wichse *f;* **black·ish** ['blækɪʃ] *adj* schwärzlich; **black·jack** ['blækˌdʒæk] *s* (*Am*) Totschläger *m* (*Waffe*)*;* **black-lead** [ˌblæk'led] *s* Graphit *m;* **black·leg** ['blækleg] **I.** *s* (*Br*) Streikbrecher(in) *m(f)* **II.** *vi* (*Br*) Streikbrecher sein; **black·list**

['blæklɪst] **I.** *s* schwarze Liste **II.** *vt* auf die schwarze Liste setzen; **black·mail** ['blækmeɪl] **I.** *s* Erpressung *f* **II.** *vt* erpressen; **black·mailer** ['blækmeɪlə(r)] *s* Erpresser(in) *m(f)*; **black mark** *s* (*fig*) Minuspunkt *m*, schlechte Note; **black market** *s* schwarzer Markt; **black mar·ke·teer** [ˌblækˌmɑːkɪ'tɪə(r)] *s* Schwarzhändler(in) *m(f)*

black·ness ['blæknɪs] *s* Schwärze *f*

black·out ['blækaʊt] *s* ① Stromausfall *m*; Blackout *m*; Verdunkelung *f* ② Bewusstlosigkeit *f* ③ (*Zensur*) Streichung, Nachrichtensperre *f*; **black pudding** *s* Blutwurst *f*; **Black Sea** *s* Schwarzes Meer; **black sheep** *s* (*fig*) schwarzes Schaf; **black·smith** ['blæksmɪθ] *s* (Grob)Schmied *m*; **black·thorn** ['blækθɔːn] *s* Schwarzdorn *m*

blad·der ['blædə(r)] *s* (ANAT) Blase *f*

blade [bleɪd] **I.** *s* ① Klinge *f* ② (Ruder-, Säge)Blatt *nt*; (Turbinen)Schaufel *f*; (Propeller)Flügel *m* ③ (*shoulder-~*) (Schulter)Blatt *nt* ④ (BOT) Halm *m* **II.** *vi* (*fam*) Inliners fahren

blag [blæg] *vt* (*Br: sl*) schnorren

blah [blɑː] *s* (*fam*) Quatsch *m*, Geschwafel *nt*

blame [bleɪm] **I.** *vt* ① tadeln (*for* wegen) ② die Schuld geben (*s.o. for s.th.* jdm an etwas) ③ Vorwürfe machen (*s.th. on s.o.* jdm wegen etw), vorwerfen (*s.th. on s.o.* jdm etw); **be to ~** (**for**) schuld sein (an); **I'm not blaming you for anything** ich werfe Ihnen nichts vor **II.** *s* ① Tadel *m*, Rüge *f*, Verweis *m* ② Schuld *f* (*on, for* an); **bear the ~** Schuld haben; **lay the ~ for s.th. on s.o.** jdm die Schuld an etw geben; **take the ~ for s.th.** die Schuld für etw auf sich nehmen; **blame·less** ['bleɪmlɪs] *adj* untadelig; schuldlos; **blame·worthy** ['bleɪmwɜːðɪ] *adj* tadelnswert

blanch [blɑːntʃ] **I.** *vt* ① weiß machen, bleichen ② (*durch Brühen*) schälen, enthülsen; (*Küche*) blanchieren **II.** *vi* erbleichen, erblassen

blanc·mange [blə'mɒnʒ] *s* Pudding *m*

bland [blænd] *adj* ① freundlich, umgänglich, angenehm, nett ② (*Klima*) mild ③ nichtssagend ④ (*Geschmack*) fade; **bland·ish·ment** ['blændɪʃmənt] *s* Schmeichelei *f*

blank [blæŋk] **I.** *adj* ① weiß, leer, unbeschrieben, unausgefüllt ② ausdruckslos; inhaltsleer ③ verblüfft; **~ cheque** Blankoscheck *m*, **~ form** unausgefülltes Formular, Vordruck *m*; **~ space** freier Raum, frei gelassene Stelle; **~ verse** Blankvers *m* **II.** *s* ① (*Buch, Blatt, Papier*) leere Stelle, freier Raum ② (*Lotterie*) Formblatt, Formular *nt* zum Ausfüllen, Vordruck *m* ③ (*~ cartridge*) Platzpatrone *f*; **draw a ~** eine Niete ziehen

blan·ket ['blæŋkɪt] **I.** *s* (Woll)Decke *f*; **wet ~** Spiel-, Spaßverderber(in) *m(f)*; **~ of snow** Schneedecke *f* **II.** *adj attr* allgemein, umfassend, pauschal **III.** *vt* be-, über-, zudecken; einhüllen

blare [bleə(r)] **I.** *vt, vi* ① (*Trompete*) schmettern ② grölen **II.** *s* Schmettern *nt*; Lärm *m*

blas·pheme [blæs'fiːm] **I.** *vt* (*Gott*) lästern **II.** *vi* fluchen; lästern (*against* gegen); **blas·phemer** [blæs'fiːmə(r)] *s* Gotteslästerer *m*, -lästerin *f*; **blas·phem·ous** ['blæsfəməs] *adj* (*Mensch*) lästernd; **blas·phemy** ['blæsfəmɪ] *s* Gotteslästerung *f*

blast [blɑːst] **I.** *s* ① Windstoß *m* ② Knall *m*, Druckwelle, Explosion *f* ③ Trompetenstoß *m*; Hornsignal *nt*; **in** (*o* **at**) **full ~** auf vollen Touren **II.** *vt* ① sprengen ② verdorren; erfrieren lassen; vernichten **III.** *vi* (*~ off*) starten (*Rakete*) **IV.** *interj* (*sl*): **~ (it)!** verflucht!; **blasted** ['blɑːstɪd] *adj* (*sl*) verflixt, verdammt; **blast-furnace** *s* Hochofen *m*; **blast-off** ['blɑːstɒf] *s* (*Rakete*) Abschuss *m*; **blast wave** *s* Druckwelle *f*

bla·tant ['bleɪtnt] *adj* ① geräuschvoll, laut; aufdringlich ② (*Unrecht*) krass, schreiend, offensichtlich

blaze[1] [bleɪz] **I.** *s* ① (lodernde) Flamme *f*; Glut *f* ② Feuer *nt*, Brand *m* ③ heller Schein **II.** *vi* (*Sonne*) brennen; **blaze away** *vi* drauflos feuern (*at* auf); **blaze up** *vi* aufflammen

blaze[2] [bleɪz] **I.** *s* (*Pferd, Rind*) Blesse *f* **II.** *vt* (*Baum*) markieren; **~ a trail** einen Weg bezeichnen

blazer ['bleɪzə(r)] *s* Blazer *m*, leichte Sportjacke

blaz·ing ['bleɪzɪŋ] *adj* ① brennend; lodernd; auffallend ② (*Lüge*) offenkundig; **in the ~ sun** in der prallen Sonne; **~ hot** glühend heiß

bleach [bliːtʃ] **I.** *s* Bleichmittel *nt* **II.** *vt* bleichen; **bleach·ers** ['bliːtʃəz] *s pl* (*Am:* SPORT) Zuschauersitze *mpl* (*im Freien*); **bleach·ing** [-ɪŋ] *s* Bleichen *nt*

bleak [bliːk] *adj* ① kahl, öde ② kalt, rau ③ (*fig*) unfreundlich, trostlos, trübe

bleary ['blɪərɪ] *adj* unscharf, undeutlich, verschwommen; (*Auge*) trüb; **bleary-eyed** [ˌblɪərɪ'aɪd] *adj* trübäugig

bleat [bliːt] **I.** *vi* ① (*Schaf*) blöken; (*Ziege*) meckern ② weinerlich reden **II.** *s* Blöken, Meckern *nt*

bled [bled] *pt, pp of* **bleed**

bleed [bli:d] <*irr:* bled, bled> **I.** *vi* ❶ bluten (*from* von) ❷ (BOT) Saft verlieren ❸ (*fig:* ~ *for*) leiden (mit); ~ **to death** verbluten **II.** *vt* ❶ zur Ader lassen ❷ (*fig*) schröpfen ❸ (TECH) entlüften; ~ **s.o. white** (*fam*) jdn total ausnehmen; **bleeder** ['bli:də(r)] *s* (MED) Bluter(in) *m(f);* **a cheeky little** ~ (*fam*) ein frecher Lümmel; **bleed·ing** ['-ɪŋ] **I.** *adj* (*sl*) verdammt **II.** *s* ❶ Blutung *f;* Aderlass *m* ❷ (TECH) Entlüften *nt*

bleep [bli:p] *vt* anpiepsen; **bleeper** ['blɪ:pə(r)] *s* (TELE) Piepser *m*

blem·ish ['blemɪʃ] **I.** *s* ❶ Fehler, Mangel, Makel *m* ❷ Hautfleck *m* **II.** *vt* entstellen, verunstalten, beflecken; **blemished** *adj:* ~ **skin** unreine Haut

blench [blentʃ] *vi* bleich werden

blend [blend] **I.** *vt* ❶ (*Tee, Kaffee, Tabak*) mischen; (*Wein*) verschneiden ❷ übergehen lassen (*into* in) **II.** *vi* ❶ sich (ver)mischen (*with* mit) ❷ (*Farben*) harmonieren (*with* mit) **III.** *s* Mischung *f;* **blender** [blendə(r)] *s* Mixer *m*

bless [bles] *vt* ❶ segnen ❷ preisen; **blessed** ['blesɪd] *adj* ❶ gesegnet, (glück)selig, glücklich ❷ (REL) heilig; selig ❸ Glück bringend ❹ (*sl*) verflixt; **be** ~ **with** gesegnet sein mit; **bless·ing** ['-ɪŋ] *s* ❶ Segen *m;* Gnade *f* ❷ (*fig*) Wohltat *f* (*to* für); **a** ~ **in disguise** Glück *nt* im Unglück

blew [blu:] *s.* **blow**

blight [blaɪt] **I.** *s* ❶ (BOT) Mehltau *m* ❷ schädlicher Einfluss **II.** *vt* (*fig*) vereiteln, zunichte machen; **blighter** ['blaɪtə(r)] *s* (*sl*) Ekel *nt;* Kerl *m;* **blight-rid·den** [blaɪt'rɪdn] *adj* (*fam*) trostlos

bli·mey ['blaɪmɪ] *interj* (*sl*) verdammt!; Mensch!

blind [blaɪnd] **I.** *adj* ❶ blind ❷ (*fig*) uneinsichtig, verständnislos (*to* gegenüber) ❸ planlos; sinnlos ❹ (*Kurve*) unübersichtlich; **be** ~ **in one eye** auf einem Auge blind sein **II.** *s* Blende *f;* Markise *f;* Rollo *nt;* **the** ~ die Blinden *pl;* ~ **sight** sechster Sinn der Blinden **III.** *vt* ❶ blind machen (*to* für), blenden ❷ (*fig*) verblenden; **blind alley** *s* (*a. fig*) Sackgasse *f;* **that's leading up a** ~ das führt in eine Sackgasse; **blinder** ['blaɪndə(r)] *s* (*Am*) Scheuklappe *f;* **blind flying** *s* (AVIAT) Blindflug *m;* **blind·fold** ['blaɪndfəʊld] **I.** *vt* die Augen verbinden (*s.o.* jdm) **II.** *adj* mit verbundenen Augen **III.** *s* Augenbinde *f;* **blind landing** *s* (AVIAT) Blindlandung *f;* **blind-man's buff** [ˌblaɪndmænz'bʌf] *s* Blindekuh(spiel *nt*) *f;* **blind·ness** ['-nɪs] *s* Blindheit *f;* **blind spot** *s* (ANAT) blinder Fleck; (AUTO) toter Winkel; (*fig*) schwacher Punkt; **blind·worm** ['blaɪndwɜ:m] *s* Blindschleiche *f*

blink [blɪŋk] **I.** *vt, vi* ❶ blinzeln, zwinkern (*one's eyes* mit den Augen) ❷ (*Licht, Stern*) flimmern; (*Licht*) blinken ❸ (*fig*) nicht sehen wollen, übergehen (*at s.th.* etw) **II.** *s* Blinzeln *nt;* **blink·ers** ['blɪŋkəz] *s pl* Scheuklappen *fpl;* **blink·ing** ['-ɪŋ] *adj* (*sl*) verflixt

bliss [blɪs] *s* (Glück)Seligkeit *f;* **bliss·ful** ['blɪsfl] *adj* (glück)selig, überglücklich

blis·ter ['blɪstə(r)] **I.** *s* (MED) Blase *f;* Bläschen *nt* **II.** *vt* Blasen bilden auf **III.** *vi* Blasen bekommen; (TECH) Blasen werfen

blith·er·ing ['blɪðərɪŋ] *adj* (*fam*) blöde, dämlich; **a** ~ **idiot** ein Vollidiot

blitz [blɪts] **I.** *s* Blitzkrieg *m;* Luftangriff *m;* (*fig fam*) Blitzaktion *f* **II.** *vt* heftig bombardieren; ~**ed town** zerbombte Stadt

bliz·zard ['blɪzəd] *s* Schneesturm *m*

bloated ['bləʊtɪd] *adj* aufgedunsen (*with* von)

bloater ['bləʊtə(r)] *s* (*geräucherter Hering*) Bückling *m*

blob [blɒb] *s* Tropfen, Klecks *m*

bloc [blɒk] *s* (POL) Block *m*

block [blɒk] **I.** *s* ❶ (Holz)Klotz *m;* (Fels)Block *m;* Hack-, Hauklotz *m* ❷ Richtblock *m* ❸ Wohn-, Häuserblock *m* ❹ (*writing* ~) Schreibblock *m* ❺ (Verkehrs)Hindernis *nt,* Sperre *f* ❻ (TECH) Flaschenzug *m* ❼ (TYP) (Druck)Stock *m,* Klischee *nt* ❽ (*Spielzeug*) Bauklotz *m* ❾ (*fig*) Block *m,* geschlossene Gruppe, Satz *m* ❿ (MED) Verlegung *f;* ~ **of flats** Wohnblock *m* **II.** *vt* ❶ blockieren, verstopfen, aufhalten, (ver)sperren ❷ (*Ball*) abfangen; **block off** *vt* abschirmen, absperren; **block up** *vt* einsperren; zumauern; versperren

block·ade [blɒ'keɪd] **I.** *s* Blockade *f* **II.** *vt* blockieren; (ver)sperren; **block·age** ['blɒkɪdʒ] *s* (MED) Verlegung *f*

block·house ['blɒkhaʊs] *s* Blockhaus *nt;* **block letters** *s pl* Blockschrift *f*

bloke [bləʊk] *s* (*sl*) Kerl, Bursche *m*

blond [blɒnd] *adj* (*Mann*) blond; **blonde** [blɒnd] **I.** *adj* (*Frau*) blond **II.** *s* Blondine *f*

blood [blʌd] *s* ❶ Blut *nt* ❷ Abstammung, Herkunft *f;* Rasse *f;* **in cold** ~ kaltblütig; **make bad** ~ **between** Unfrieden stiften zwischen; **my** ~ **ran cold** ich war starr vor Schrecken; **his** ~ **was up** er war sehr erregt; **it made my** ~ **boil** ich kochte vor Wut; **circulation of the** ~ Blutkreislauf *m;* **my own flesh and** ~ mein eigenes Fleisch und Blut; **blood alcohol** *s* Blutalkohol *m;* **blood bank** *s* (MED) Blutbank *f;* **blood clot** *s* Blutgerinnsel *nt;* **blood-curd·ling** ['blʌdˌkɜ:dlɪŋ] *adj* haarsträubend

blood-donor *s* Blutspender(in) *m(f)*; **blood-group** *s* Blutgruppe *f*; **blood·hound** ['blʌdhaʊnd] *s* Bluthund *m*

blood·less ['blʌdlɪs] *adj* ❶ blutleer; bleich ❷ unblutig

blood-poison·ing ['blʌd,pɔɪznɪŋ] *s* Blutvergiftung *f*; **blood pressure** *s* Blutdruck *m*; **blood-relation** *s* Blutsverwandte(r) *f m*; **blood·shed** ['blʌdʃed] *s* Blutvergießen *nt*; **blood·shot** ['blʌdʃɒt] *adj* blutunterlaufen; **blood·stained** ['blʌdsteɪnd] *adj* blutbefleckt; **blood-stock** *s* Vollblutpferde *ntpl*; **blood·stream** *s* (MED) Blutstrom *m*; **blood-sucker** *s* ❶ (*Ringelwurm*) Blutegel *m* ❷ (*fig*) Blutsauger *m*; **blood sugar** *s* Blutzucker *m*; **blood test** *s* Blutprobe; Blutuntersuchung *f*; **blood-thirsty** ['blʌd,θɜ:stɪ] *adj* blutdurstig; **blood-transfusion** *s* Blutübertragung *f*; **blood-vessel** *s* (ANAT) Blutgefäß *nt*

bloody ['blʌdɪ] **I.** *adj* ❶ blutig, blutend ❷ (*vulg*) verdammt, verflucht; ~ **hell!** (*sl*) verdammt! Menschenskind! **II.** *adv* (*vulg*) sehr; **bloody-minded** [,blʌdɪ'maɪndɪd] *adj* (*fam*) stur

bloom [blu:m] **I.** *s* ❶ Blüte; (*a. fig*) Blume *f* ❷ Schimmer *m*; **in** (**full**) ~ in (voller) Blüte **II.** *vi* (*a. fig*) blühen

bloomer [blu:mə(r)] *s* (*sl*) Bock, Schnitzer *m*

bloom·ing ['blu:mɪŋ] *adj* ❶ (*a. fig*) blühend ❷ (*sl*) verflixt, verteufelt

blos·som 'blɒsəm] **I.** *s* (Baum)Blüte *f*; **in** ~ in (voller) Blüte **II.** *vi* ❶ (auf)blühen ❷ (*fig:* ~ *out*) erblühen, sich entwickeln, sich entfalten (*into* zu)

blot [blɒt] **I.** *s* ❶ Fleck, Klecks *m* ❷ (*fig*) Makel, Schandfleck *m* **II.** *vt* ❶ einen Klecks machen (*s.th.* auf etw) ❷ ablöschen; ~ **out** unleserlich machen, verdecken

blotch [blɒtʃ] *s* Klecks, Fleck *m*; **blotchy** ['blɒtʃɪ] *adj* fleckig

blot·ter ['ɔlɒtə(r)] *s* ❶ Löscher *m* ❷ (*Am*) Kladde *f*; **blot·ting** ['blɒtɪŋ] *adj:* ~ **pad** Schreibunterlage *f*; ~ **paper** Löschpapier *nt*

blotto ['blɒtəʊ] *adj* (*sl*) sternhagelvoll

blouse [blaʊz] *s* Bluse *f*

blo·vi·ate ['bləʊvi:eɪt] *vi* (*Am: pej*) schwafeln

blow¹ [bləʊ] <*irr:* blew, blown> **I.** *vi* ❶ (*Wind*) wehen, blasen, pfeifen; stürmen ❷ (*im Wind*) wegfliegen ❸ (*Blasinstrument*) ertönen ❹ heftig atmen, keuchen, blasen, pusten ❺ (ELEK: *Sicherung*) durchbrennen **II.** *vt* ❶ blasen, wehen ❷ (*Feuer*) anblasen, anfachen ❸ (MUS: *Instrument*) blasen ❹ (*sl: Geld*) verpulvern; ~ **the horn** (AUTO) hupen; ~ **hot and cold** nicht wissen, was man will; ~ **one's nose** sich die Nase putzen; ~ **it!** verdammt noch mal!; ~ **the expense!** egal, was es kostet! **III.** *s* Blasen *nt*; **go for a** ~ an die (frische) Luft gehen; **blow away I.** *vi* (*im Wind*) wegfliegen **II.** *vt* ❶ wegwehen, -blasen, -fegen ❷ (*Am sl*) erschießen ❸ (*Am sl*) vernichtend schlagen; **blow down** *vt* (*Sturm*) umwerfen; **blow off I.** *vi* (*im Wind*) wegfliegen **II.** *vt* wegwehen, -blasen, -fegen; **blow out I.** *vi* (*Reifen*) platzen **II.** *vt* (*Streichholz*) ausblasen; ~ **one's brains out** sich eine Kugel durch den Kopf jagen; **blow over** *vi* vorbei-, vorübergehen; **blow up I.** *vt* ❶ aufblasen, -pumpen ❷ sprengen, in die Luft jagen ❸ (PHOT) vergrößern **II.** *vi* (*a. fig*) explodieren

blow² [bləʊ] *s* (*a. fig*) Schlag, Stoß *m*; **at one** ~ auf einen Schlag; **without striking a** ~ ohne jede Gewalt; **come to** ~**s** sich in die Haare geraten; **strike a** ~ **for s.th.** einer Sache einen großen Dienst erweisen

blow-dry ['bləʊ,draɪ] *vt* fönen

blower ['bləʊə(r)] *s* ❶ Bläser *m* ❷ Gebläse *nt*

blow·fly ['bləʊflaɪ] *s* Schmeißfliege *f*; **blow·hole** ['bləʊhəʊl] *s* ❶ (*Wal*) Nasenloch *nt* ❷ Luftloch *nt*; **blow·lamp** ['bləʊlæmp] *s* Schweißbrenner *m*; **blown** [bləʊn] *s.* **blow¹**; **blow·out** ['bləʊaʊt] *s* ❶ (ELEK) Durchschmelzen *nt* ❷ (AUTO) Reifenpanne *f* ❸ (*sl*) Schlemmerei *f*; **blow·pipe** ['bləʊpaɪp] *s* ❶ Lötrohr *nt* ❷ Blasrohr *nt*; **blow·torch** ['bləʊtɔ:tʃ] *s* Schweißbrenner *m*; **blow-up** ['bləʊʌp] *s* ❶ Explosion *f* ❷ (*fam*) Zornesausbruch *m* ❸ (PHOT) Vergrößerung *f*

blub·ber ['blʌbə(r)] **I.** *s* Walfischspeck *m* **II.** *vi* weinen, heulen

bludgeon ['blʌdʒən] **I.** *s* Knüppel *m* **II.** *vt* ❶ niederknüppeln ❷ zwingen (*into doing s.th.* etw zu tun)

blue [blu:] **I.** *adj* ❶ blau ❷ (*fig*) trübsinnig, schwermütig, niedergeschlagen ❸ unanständig, zweideutig; **dark/light** ~ dunkel-/hellblau; **once in a** ~ **moon** alle Jubeljahre (einmal) **II.** *s* ❶ Blau *nt*, blaue Farbe ❷ (POL) Konservative(r) *f m* ❸ ~**s** Trübsinn *m*, Schwermut *f*; **out of the** ~ aus heiterem Himmel, unerwartet; **have the** ~**s** (*Am*) Trübsal blasen; **like a bolt from the** ~ wie ein Blitz aus heiterem Himmel; **blue·berry** ['blu:bərɪ] *s* Blau-, Heidelbeere *f*; **blue-bottle** ['blu:,bɒtl] *s* Schmeißfliege *f*; **Blue Flag** *s* (EU) blaue Flagge; **blue mussel** *s* Miesmuschel *f*;

blue pencil *vt* ausstreichen, korrigieren; zensieren; **blue·print** ['blu:prɪnt] *s* ❶ Blaupause *f* ❷ Plan, Entwurf *m*

i Land & Leute

Blue Peter ist eine Kindersendung, die 1958 zum ersten Mal gesendet wurde und jetzt dreimal pro Woche im Fernsehen gezeigt wird. Auf dem Programm stehen Abenteuer in der Natur, Bastelstunden, Tierpflege und andere praktische Dinge; Wettbewerbe und Sammlungen für gute Zwecke werden außerdem organisiert. Die Sendung möchte den Kindern vor allem soziale Verantwortung näher bringen.

blues [blu:z] *s* (MUS) Blues *m*
Bluetooth ['blu:tu:θ] *s* (TECH) Bluetooth-Technologie *f* (*drahtlose Verbindung elektronischer Geräte*)
bluff[1] [blʌf] **I.** *s* Steilufer *nt;* Klippe *f* **II.** *adj* ❶ (*Klippe*) schroff, abschüssig ❷ (*fig*) rau, aber herzlich
bluff[2] [blʌf] **I.** *vi* bluffen **II.** *s* Bluff *m;* **I'd call his ~** ich würde ihn auf die Probe stellen
bluffer ['blʌfə(r)] *s* Angeber(in) *m(f)*
blu·ish ['blu:ɪʃ] *adj* bläulich
blun·der ['blʌndə(r)] **I.** *vi* ❶ stolpern (*on, against* gegen, *into* in) ❷ (*~ in*) hineingeraten ❸ einen Bock schießen **II.** *s* (dummer) Fehler, Schnitzer *m;* **blun·derer** ['blʌndərə(r)] *s* Tölpel, Stümper(in) *m(f)*
blunt [blʌnt] **I.** *adj* ❶ stumpf ❷ geradeheraus, unverblümt **II.** *vt* stumpf machen **III.** *vi* (*fig*) abstumpfen; **blunt·ly** [-lɪ] *adv* ganz offen, frei heraus, unverblümt; **blunt·ness** [-nɪs] *s* ❶ (*a. fig*) Stumpfheit *f* ❷ (*fig*) Unverblümtheit *f*
blur [blɜ:(r)] **I.** *vt* ❶ trüben ❷ trübe, undeutlich, unscharf, verschwommen machen ❸ verwischen, verschmieren **II.** *s* ❶ undeutliches, verschwommenes Bild ❷ Trübung, Verschwommenheit *f* ❸ Fleck *m*
blurb [blɜ:b] *s* Waschzettel, Klappentext *m*
blurred [blɜ:d] *adj* verschwommen, unscharf
blurt [blɜ:t] *vt:* ~ **out** herausplatzen (*s.th.* mit einer S)
blush [blʌʃ] **I.** *vi* ❶ erröten, (scham)rot werden (*with, for* vor) ❷ sich schämen **II.** *s* Schamröte *f;* Erröten *nt;* **at (the) first ~** auf den ersten Blick; **blusher** [-ə(r)] *s* Rouge *nt;* **blusher brush** *s* Rougepinsel *m;* **blush·ing** [-ɪŋ] *adj* errötend
blus·ter ['blʌstə(r)] **I.** *vi* ❶ brausen, toben ❷ schimpfen, poltern **II.** *s* ❶ Toben, Heulen *nt* ❷ Wutgeheul, -geschrei *nt*
boa ['bəʊə] *s* (*Riesenschlange; langer Federschal*) Boa *f*
boar [bɔ:(r)] *s* Eber *m;* Keiler *m*
board [bɔ:d] **I.** *s* ❶ Brett *nt;* Diele, Planke *f* ❷ Karton *m,* Pappe *f* ❸ (Anschlag-, Wand)Tafel *f* ❹ Spielbrett *nt* ❺ Platte *f* ❻ Kost, Verpflegung *f* ❼ Ausschuss *m;* Kommission *f;* Behörde *f;* Ministerium *nt;* Vorstand *m* ❽ (MAR) Bord *m;* Deck *nt;* **the ~s** (THEAT) die Bretter *ntpl;* **above ~** offen, ehrlich; **on ~ (a) ship** an Bord eines Schiffes; **be a member of the ~** Mitglied des Vorstandes sein; **go by the ~** (*fig*) fallen gelassen werden; **go on ~ ship** sich einschiffen; **sweep the ~** (*fig*) alle Preise gewinnen; **advisory ~** Beratungsausschuss *m;* **arbitration ~** Schlichtungsausschuss *m;* **bulletin ~** (*Am*) schwarzes Brett; **chess-~** Schachbrett *nt;* **examination ~** Prüfungskommission *f;* **school ~** Schulbehörde *f;* **Board of Admiralty** Marineministerium *nt;* **Board of Trade** Wirtschaftsministerium *nt;* **~ of directors** Vorstand *m,* Aufsichtsrat *m* **II.** *vt* ❶ verschalen, dielen ❷ an Bord gehen (*a ship* eines Schiffes), besteigen, einsteigen (*the train* in den Zug) **III.** *vi* ❶ in Pension sein (*with* bei) ❷ Internatsschüler(in) sein ❸ (AVIAT) die Maschine besteigen; **flight LH 283 now ~ing** Aufruf für Passagiere des Fluges LH 283; **~ out** in Pension wohnen; **boarder** ['bɔ:də(r)] *s* ❶ Kostgänger(in) *m(f)* ❷ Internatsschüler(in) *m(f);* **board·ing** ['-ɪŋ] *s* ❶ Täfelung *f,* Dielen *fpl* ❷ Verpflegung, Kost *f;* **boarding-card** *s* (AVIAT) Bordkarte *f;* **boarding house** *s* ❶ Pension *f* ❷ Wohngebäude *nt* eines Internats; **boarding-school** *s* Internat *nt;* **board meeting** *s* Vorstandssitzung *f;* **board·room** ['bɔ:drʊm] *s* Sitzungssaal *m;* **board·walk** ['bɔ:dwɔ:k] *s* (*Am*) Holzsteg *m*

i Land & Leute

The Boardwalk ist eine Uferpromenade in der Gegend von Atlantic City. Über zwei Drittel der Strecke befinden sich in Atlantic City und der Rest in der südlich angrenzenden Ventnor City. **The Boardwalk** enthält Hotels, Restaurants, Läden und Theater. Die *Miss America Pageant*, dieWahl der Miss America, wird jeden September im

Convention Center auf **The Boardwalk** abgehalten.

boast ['bəʊst] **I.** *s* 1 Prahlerei *f* 2 Stolz *m* **II.** *vi* prahlen (*of* mit) **III.** *vt* 1 sich rühmen (*s.th.* einer S) 2 prahlen; **boaster** ['bəʊstə(r)] *s* Aufschneider, Prahlhans *m;* **boast·ful** ['bəʊstfl] *adj* prahlerisch

boat [bəʊt] *s* 1 Boot *nt;* Kahn *m* 2 Schiff *nt;* Dampfer *m* 3 (*gravy* ~) Soßenschüssel *f;* **in the same** ~ (*fig*) in der gleichen Lage; **cargo** ~ Frachtdampfer *m;* **motor-**~ Motorboot *nt;* **rowing** ~ Ruderboot *nt;* **sailing** ~ Segelboot *nt;* ~**s for hire** Bootsverleih *m;* **boat-hook** *s* Bootshaken *m;* **boat-house** *s* Bootshaus *nt;* **boat·ing** ['bəʊtɪŋ] *s* Bootfahren *nt;* **boat·man** ['bəʊtmən] <*pl* -men> *s* 1 Bootsverleiher *m* 2 Ruderer *m,* Ruderin *f;* **boat-people** ['bəʊtpɪ:pl] *s pl* Bootsflüchtlinge *mpl;* **boat race** *s* (Ruder)Regatta

i Land & Leute

Das alljährliche **Boat Race** (Bootsrennen) wird an einem Samstag im März auf der *Thames* (Themse) von jeweils acht Ruderern der Universitäten Oxford und Cambridge ausgetragen. Es ist ein nationales Ereignis mit weltweit 460 Millionen Zuschauern.

boat·swain ['bəʊsn] *s* (MAR) Bootsmann *m;* **boat-train** ['bəʊt,treɪn] *s* Zug *m* mit Schiffsanschluss; **boat trip** *s* Bootsfahrt *f*

bob¹ [bɒb] **I.** *vi* 1 sich auf- und abbewegen 2 knicksen; ~ **up** auftauchen **II.** *vt* nicken mit **III.** *s* 1 Knicks *m* 2 Nicken *nt*

bob² [bɒb] *s* Bubikopf(frisur *f*) *m*

bob³ [bɒb] *s* (SPORT) Bob *m;* Kufe *f;* **two-man** ~ Zweierbob *m*

bob⁴ [bɒb] *s* (*Br fam*) Shilling *m*

bob·bin ['bɒbɪn] *s* (Garn)Spule *f;* Rolle *f*

bobble hat ['bɒbl,hæt] *s* Pudel-, Bommelmütze *f*

bobby ['bɒbɪ] *s* (*Br fam*) Polizist *m;* **bobby pin** *s* Haarklemme *f*

bob·sled, bob·sleigh ['bɒbsled, 'bɒbsleɪ] *s* (SPORT) Bob *m*

bob·tail ['bɒbteɪl] *s* Stutzschwanz *m*

bode [bəʊd] *vt:* ~ **ill** ein schlechtes (Vor)Zeichen sein (*for* für)

bod·ice ['bɒdɪs] *s* Mieder, Leibchen *nt;* Oberteil *nt*

bodi·less ['bɒdɪlɪs] *adj* körperlos

bod·ily ['bɒdəlɪ] **I.** *adj* körperlich, leiblich; **grievous** ~ **harm** (JUR) schwere Körperverletzung **II.** *adv* 1 in Person, persönlich; leibhaftig 2 geschlossen; im Ganzen, als Ganzes 3 gewaltsam

bo·dy ['bɒdɪ] *s* 1 Körper, Leib *m* 2 Rumpf *m* 3 (*dead* ~) Leiche *f;* Leichnam *m* 4 (*fam*) Person *f,* Mensch *m* 5 (JUR) Körperschaft *f;* Gremium *nt;* Organ *nt* 6 (MIL) (Truppen)Verband *m* 7 (Menschen)Gruppe, Ansammlung, Masse *f* 8 Komplex *m;* Material *nt;* Masse *f* 9 (AUTO) Karosserie *f* 10 (*fig*) Gehalt *m;* Stärke, Güte *f* 11 (PHYS) Körper *m;* **in a** ~ im Ganzen, zusammen, insgesamt; **governing** ~ Direktion, Leitung *f;* **heavenly** ~ Himmelskörper *m;* **legislative** ~ gesetzgebende Körperschaft; **body-bag** *s* Leichensack *m;* **body-building** *s* Bodybuilding *nt;* **body·guard** ['bɒdɪgɑ:d] *s* Leibwache *f;* **body language** *s* Körpersprache *f;* **body lotion** *s* Körperlotion *f;* **body politic** *s* Staat(swesen *nt*) *m;* **body search** *s* Leibesvisitation *f;* **body(suit)** ['bɒdɪ(,su:t)] *s* Body(suit) *m;* **body·work** ['bɒdɪwɜ:k] *s* (AUTO) Karosserie *f;* **body-wrap** ['bɔ:di:,ræp] *s* Ganzkörperpackung *f*

bof·fo ['bɔ:fəʊ] *adj* (*Am: sl*) Super-, eins a

bog [bɒg] *s* 1 Sumpf, Morast *m;* Moor *nt* 2 (*Br fam*) Klo *nt;* **peat** ~ Torfmoor *nt;* **bog down** *vt:* **be** ~**ged down** feststecken; (*fig*) sich festgefahren haben; **get** ~**ged down** steckenbleiben; (*fig*) sich festfahren

bog·gle ['bɒgl] *vi* sprachlos sein; **the mind** ~**s** das ist ja Wahnsinn

bog·gy ['bɒgɪ] *adj* sumpfig

bo·gie ['bəʊgɪ] *s* (RAIL) Drehgestell *nt*

bo·gus ['bəʊgəs] *adj* falsch, unecht

bogy, bo·gey ['bəʊgɪ] *s* 1 Kobold *m;* (*fig*) Schreckgespenst *nt* 2 (*Golf*) Bogey *nt* 3 (*sl*) Popel *m*

Bo·he·mi·an [bəʊ'hi:mɪən] *s* 1 (GEOG) Böhme *m,* Böhmin *f* 2 **b**~ Bohemien, Künstlertyp *m*

boil [bɔɪl] **I.** *vi, vt* 1 kochen, sieden 2 (*fig: vor Wut*) kochen, schäumen (*with* vor) 3 (*Fluten*) wogen, toben; **make s.o.'s blood** ~ jdn rasend machen **II.** *s* Siedepunkt *m;* **be on the** ~ kochen; **come to the** ~ zu kochen anfangen; **bring s.th. to the** ~ etw aufkochen lassen; **boil away** *vi* verkochen, verdampfen; weiterkochen; **boil down I.** *vt* einkochen **II.** *vi* dickflüssig werden; ~ **down to s.th.** (*fig*) auf etw hinauslaufen; **boil over** *vi* überkochen; (*fig*) sich zuspitzen; (*Mensch*) explodieren; **boil up** *vi* aufkochen; (*fig: Wut*) sich steigern; **boil·er** ['bɔɪlə(r)] *s* 1 Warmwasserbereiter, Boiler *m* ② (MAR) Kessel *m* ③ (*Küche*) Suppenhuhn *nt;* **boiler·house** *s* (MAR) Kesselhaus *nt;* **boiler·man** ['bɔɪləmən] <*pl* -men> *s* Heizer *m;* **boiler·plate** ['bɔɪləpleɪt] **I.** *adj* Standard- **II.** *s no pl* (*Am*) klischeebehaftete Sprache; **boiler-room** *s* Kesselraum *m;* Heizungskeller *m;* **boiler-suit** *s* Overall *m,* blauer Anton; **boil·ing** [-ɪŋ] *adj* kochend, siedend; ~ **hot** (*fam*) kochend, siedend, glühend heiß; ~**-point** (*a. fig*) Siedepunkt *m*

bois·ter·ous ['bɔɪstərəs] *adj* ① heftig, stürmisch ② lärmend, laut, ausgelassen

bold [bəʊld] *adj* ① kühn, tapfer, mutig ② forsch; keck; gewagt; dreist ③ (*Farbe, Muster*) kräftig; fest umrissen; (*Stil*) ausdrucksvoll ④ (TYP) fett; halbfett; **make** (**so**) ~ es wagen (*as to* zu), sich erkühnen; **as** ~ **as brass** frech wie Oskar; **bold·ness** [-nɪs] *s* ① Kühnheit, Tapferkeit *f* ② Unverfrorenheit *f* ③ (*fig*) Kräftigkeit *f;* Ausdruckskraft *f*

bole [bəʊl] *s* (Baum)Stamm *m*

bo·le·ro [bə'leərəʊ] *s* Bolero *m*

Bo·liv·ia [bə'lɪvɪə] *s* Bolivien *nt;* **Bo·liv·ian** [bə'lɪvɪən] **I.** *adj* boliv(ian)isch **II.** *s* Bolivi(an)er(in) *m(f)*

bol·ster ['bəʊlstə(r)] **I.** *s* Nackenrolle *f* **II.** *vt* (~ *up*) unterstützen, Mut machen (*s.o.* jdm); (*Währung*) stützen; (*Stellung, Ansehen*) aufbessern

bolt [bəʊlt] **I.** *s* ① (Tür)Riegel *m* ② Bolzen *m* ③ (*a. fig*) Blitz(strahl) *m* ④ (*Stoff*) Ballen *m* ⑤ (*fam*) Satz *m,* plötzlicher Sprung; **make a** ~ **for it** Fersengeld geben; **a** ~ **from the blue** ein Blitz aus heiterem Himmel **II.** *vi* ① davonstürzen, abhauen ② (*Pferd*) durchgehen **III.** *vt* ① (~ *down*) hinunterschlingen ② verriegeln ③ ver-, festschrauben; **bolt-hole** *s* Schlupfloch *nt;* **bolt upright** *adv* kerzengerade

bomb [bɒm] **I.** *s* Bombe *f;* **go like a** ~ (*sl*) ein Bombenerfolg sein; **cost a** ~ (*sl*) ein Heidengeld kosten **II.** *vt* bombardieren; ~ **out** ausbomben **III.** *vi* (*fam*) durchfallen

bom·bard [bɒm'bɑ:d] *vt* ① (*a. fig*) bombardieren ② (*fig*) bestürmen, überschütten; **bom·bard·ment** [bɒm'bɑ:dmənt] *s* Bombardierung *f*

bom·bast ['bɒmbæst] *s* Schwulst, Bombast *m;* **bom·bas·tic** [bɒm'bæstɪk] *adj* bombastisch, schwülstig

bomb cra·ter ['bɒm,kreɪtə(r)] *s* Bombenkrater *m;* **bombed** [bɒmd] *adj* (*sl*) besoffen, high; **bomber** ['bɒmə(r)] *s* ① Bomber *m,* Bombenflugzeug *nt* ② Bombenattentäter(in) *m(f);* **bomb·ing** [-ɪŋ] *s* Bombenabwurf *m;* **bomb-proof** *adj* bombensicher; **bomb·shell** ['bɒmʃel] *s* (*fig*) Überraschung *f;* **the news came like a** ~ die Nachricht schlug ein wie eine Bombe

bona fide [,bəʊnə'faɪdɪ] *adj* (JUR) bona fide, ehrlich, aufrichtig, gutgläubig

bon·anza [bə'nænzə] **I.** *s* Goldgrube *f;* **oil** ~ Ölboom *m* **II.** *adj attr* ergiebig, ertragreich, Boom-

bond [bɒnd] **I.** *s* ① Übereinkommen *nt* ② (Ver)Bindung *f,* Band *nt* ③ (COM) Verbindlichkeit, Verpflichtung *f* ④ Pfandbrief *m,* Obligation *f;* festverzinsliches Wertpapier ⑤ Zollverschluss *m* ⑥ Haftfestigkeit *f* ⑦ ~**s** Fesseln *fpl;* **in** ~ unter Zollverschluss **II.** *vt* ① verpfänden ② unter Zollverschluss nehmen

bond·age ['bɒndɪdʒ] *s* Knechtschaft *f*

bonded ['bɒndɪd] *adj:* ~ **warehouse** Zollspeicher *m;* **bond-holder** ['bɒnd,həʊlde(r)] *s* Inhaber(in) *m(f)* von Wertpapieren

bone [bəʊn] **I.** *s* ① Knochen *m* ② (*Fisch*) Gräte *f* ③ (*Substanz*) Bein *nt* ④ ~**s** Gebeine *ntpl;* **to the** ~ bis auf die Knochen, völlig; **be nothing but skin and** ~**s** nur noch Haut und Knochen sein; **have a** ~ **to pick with s.o.** mit jdm ein Hühnchen zu rupfen haben; **as dry as a** ~ knochentrocken **II.** *vt* ① entbeinen; (*Fisch*) entgräten ② (*sl*) klauen, mopsen **III.** *vi:* ~ **up on** (*sl*) pauken, büffeln; **bone fracture** *s* Knochenbruch *m;* **bone-head** *s* (*sl*) Dummkopf *m;* **bone-headed** *adj* (*sl*) blöd; **bone idle** *adj* (*sl*) stinkfaul; **bone·less** ['-lɪs] *adj* ohne Knochen; (*Fisch*) ohne Gräten; **bone·meal** ['bəʊnmi:l] *s* Knochenmehl *nt;* **boner** ['bəʊnə] *s* (*sl Am, Aus*) Schnitzer *m;* **bone·shaker** ['bəʊn,ʃeɪkə(r)] *s* (*fam*) Klapperkasten *m;* **bone·yard** *s* (*sl*) Friedhof *m*

bon·fire ['bɒnfaɪə(r)] *s* Freudenfeuer *nt;* Feuer *nt* im Freien

bon·net ['bɒnɪt] *s* ① Haube *f* ② (AUTO) Motorhaube *f* ③ Wollmützchen

bonny ['bɒnɪ] *adj* schön, gut aussehend

i Land & Leute

Bonnie Prince Charlie, mit vollem Namen *Prince Charles Edward Stuart,* ist für viele Schotten noch immer ein romantischer Held. Er war der Enkel des Katholiken James II., des letzten Königs aus dem Hause Stuart. Er verlor seinen Thron als man 1688 William of Orange aus den Niederlanden, dem protestantischen Ehemann von James' Tochter Mary, die Königskrone anbot und ihn als William III. zum König krönte. Die *Jacobites* wollten wieder einen König aus dem Hause Stuart und überredeten Prince Charles dazu, einen Aufstand anzuführen. Charles kam dann 1745 aus dem Exil in Frankreich nach Schottland zurück und war anfangs auch erfolgreich. Doch wurde seine Armee 1746 in der *Battle of Culloden*, bei Inverness, vernichtend geschlagen. Nach vielen Abenteuern flüchtete Charles wieder nach Frankreich.

bo·nus ['bəʊnəs] *s* ① Bonus *m*, Gratifikation, Prämie *f* ② (COM) Sonderdividende *f*; **Christmas** ~ Weihnachtsgratifikation *f*; **cost-of-living** ~ Teuerungszulage *f*

bony ['bəʊnɪ] *adj* ① voller Knochen; (*Fisch*) voller Gräten ② knochig ③ knochendürr

boo [buː] **I.** *interj* bah! pah! buh! **II.** *vt* auspfeifen, -buhen **III.** *vi* buhen

boob [buːb] **I.** *s* ① (*fam*) Schnitzer *m* ② (*fam*) Brust *f* **II.** *vi* einen Schnitzer machen; **boob job** *s* (*sl*) kosmetische Brustoperation; **booby** ['buːbɪ] *s* Tölpel, Trottel *m*; **booby prize** *s* Trostpreis *m*

book [bʊk] **I.** *s* ① Buch *nt* ② Heft *nt*; Block *m* ③ ~**s** (COM) Bücher *ntpl* ④ Wettliste *f* ⑤ (~ *of matches*) (Streichholz)Heftchen *nt* ⑥ (MUS) Textbuch *nt*; **balance the ~s** die Bücher abschließen; **be in s.o.'s black/good ~s** bei jdm schlecht/gut angeschrieben sein; **in my** ~ meines Wissens nach; **keep ~s** Bücher führen; ~ **of stamps** Briefmarkenheft *nt*; ~ **of tickets** Fahrscheinheft *nt*; **the** (**good**) **Book** das Buch der Bücher **II.** *vt* ① buchen ② auf-, niederschreiben; notieren; vormerken ③ (*Platz*) (vor)bestellen, buchen, belegen; (*Karte*) bestellen; (*Gepäck*) aufgeben; (*Fahrkarte*) lösen; **book in I.** *vi* sich eintragen; absteigen (*at* in) **II.** *vt* ① eintragen ② reservieren lassen (*s.o.* jdm); **book through** *vi* direkt lösen (*to* bis); **book up I.** *vi* buchen **II.** *vt* reservieren lassen; **be ~ed up** ausgebucht sein; ausverkauft sein; **book·able** [-əbl] *adj* im Vorverkauf erhältlich; **book·binder** ['bʊkˌbaɪndə(r)] *s* Buchbinder(in) *m(f)*; **book-bind·ing** ['bʊkˌbaɪndɪŋ] *s* Buchbinderei *f*; **book·case** ['bʊkkeɪs] *s* Bücherschrank *m*; **book-club** *s* Buchklub *m*; Lesering *m*; **book-end** *s* Bücherstütze *f*

i Land & Leute

Der **Booker Prize**, kurz für: *Booker McConnell Prize for Fiction*, wurde 1969 von der Maschinenbaufirma Booker McConnell ins Leben gerufen. Der angesehene Literaturpreis wird jedes Jahr im September für den besten, im vorangegangenen Jahr auf Englisch erschienenen Roman vergeben. 2000 gewann Margaret Atwood mit ihrem Roman *The Blind Assassin* den **Booker Prize**.

bookie ['bʊkɪ] *s* (*sl*) Buchmacher *m*

book·ing ['bʊkɪŋ] *s* Buchung, Bestellung *f*; Reservierung *f*; **booking clerk** *s* Fahrkartenverkäufer(in) *m(f)*; **booking office** *s* Fahrkartenschalter *m*; Vorverkaufsstelle *f*

book·ish ['bʊkɪʃ] *adj* ① lesefreudig ② gelehrt ③ (*Stil*) papieren

book·keeper ['bʊkˌkiːpə(r)] *s* Buchhalter(in) *m(f)*; **book·keep·ing** ['bʊkˌkiːpɪŋ] *s* Buchhaltung, -führung *f*

book·let ['bʊklɪt] *s* Broschüre *f*

book·maker ['bʊkˌmeɪkə(r)] *s* Buchmacher(in) *m(f)*; **book·mark** ['bʊkmɑːk] *s* (*a.* INTERNET) Lesezeichen *nt*; **book of matches** *s* Streichholzheftchen *nt*; **book·plate** ['bʊkpleɪt] *s* Exlibris *nt*; **book review** *s* Buchbesprechung *f*; **book reviewer** *s* Kritiker(in) *m(f)*; **book·seller** ['bʊkˌselə(r)] *s* Buchhändler(in) *m(f)*; **book·shelf** <*pl* -shelves> *s* Bücherregal, -bord *nt*; **book·shop** *s* Buchhandlung *f*; **book·stall** ['bʊkstɔːl] *s* Buchverkaufsstand *m*; Zeitungskiosk *m*; **book·store** ['bʊkstɔː(r)] *s* (*Am*) Buchhandlung *f*; **book token** *s* Büchergutschein *m*; **book trade** *s* Buchhandel *m*; **book·worm** ['bʊkwɜːm] *s* (*a. fig*) Bücherwurm *m*

boom¹ [buːm] *s* (TECH) ① (*derrik* ~) Ladebaum *m*; Ausleger *m* ② Sperre *f* ③ Galgen *m* für Mikrofon

boom² [buːm] **I.** *s* Brausen, Donnern *nt*; ~ **boom** (AVIAT) Schallknall *m* **II.** *vi* brausen, hallen, dröhnen **III.** *vt*: ~ **out** dröhnen

boom³ [buːm] **I.** *s* (COM) Boom, Aufschwung *m*; Hochkonjunktur *f* **II.** *vi* einen Aufschwung nehmen; in die Höhe schnellen; **be ~ing** florieren, im Aufschwung begriffen sein, boomen

boom box *s* (*Am: s.*) Ghettoblaster *m*

boom·er·ang ['buːməræŋ] *s* (*a. fig*) Bumerang *m*

boom·let ['buːmlɪt] *s* Miniboom *m*

boon [buːn] *s* Wohltat *f*, Segen *m*

boor [bʊə(r)] *s* Rüpel *m*; **boor·ish** [-ɪʃ] *adj* rüpel-, lümmelhaft

boost [buːst] **I.** *vt* ① (*Preise*) in die Höhe

treiben ② ankurbeln ③ (ELEK: *Strom, Leistung*) verstärken **II.** *s* ① Auftrieb *m* ② (ELEK) Verstärkung *f;* **that was a ~ to my ego** das hat mir Auftrieb gegeben; **booster** [bu:stə(r)] *s* ① (MED) Wiederholungsimpfung *f* ② (ELEK) Puffersatz *m;* (RADIO) Zusatzverstärker *m;* (AUTO) Kompressor *m;* Gebläse *nt* ③ (AVIAT) Zusatztriebwerk *nt;* **booster rocket** *s* Start-, Trägerrakete *f;* **booster seat** *s* Stuhlaufsatz *m*

boot [bu:t] **I.** *s* ① Stiefel *m* ② (*Br*) Kofferraum *m;* **die with one's ~s on** in den Sielen sterben; **get the ~** (*sl*) rausgeschmissen werden; **give s.o. the ~** (*sl*) jdn rausschmeißen; **the ~ is on the other foot** (*fig*) es ist gerade andersherum **II.** *vt* ① einen Fußtritt geben (*s.th.* einer S); (*Ball*) kicken ② (INFORM) urladen, hochladen; **boot out** *vt* (*fam*) rausschmeißen; **boot·black** ['bu:tblæk] *s* Schuhputzer *m*

bootee ['bu:ti:] *s* ① Halbstiefel *m* ② gestrickter Babyschuh

booth [bu:ð] *s* (Markt)Bude *f;* Messestand *m;* **interpreter's ~** Dolmetscherkabine *f;* **polling** [*o* **voting**] **~** Wahlzelle, -kabine *f;* **telephone ~** Fernsprech-, Telefonzelle *f*

boot·jack ['bu:tdʒæk] *s* Stiefelknecht *m;* **boot·lace** ['bu:tleɪs] *s* Schnürsenkel *m;* **boot·leg** ['bu:tleg] *vt* schwarz brennen; schwarz herstellen; schwarz verkaufen; **boot·licker** ['bu:tlɪkə(r)] *s* Speichellecker(in) *m(f);* **boot-maker** *s* Schuhmacher(in) *m(f)*

booty ['bu:tɪ] *s* (*a. fig*) Beute *f*

booze [bu:z] **I.** *vi* (*fam*) saufen **II.** *s* (*fam*) ① Alkohol *m* ② (*~ -up*) Sauferei *f;* **boozer** ['bu:zə(r)] *s* (*fam*) ① Säufer(in) *m(f)* ② (*sl*) Kneipe *f;* **boozy** ['bu:zɪ] *adj* (*fam*) be-, versoffen

bor·der ['bɔ:də(r)] **I.** *s* ① Kante *f;* Rand(streifen) *m* ② (Landes)Grenze *f* ③ Saum *m;* Einfassung *f* ④ (*Garten*) Rabatte *f;* **~ control** Grenzkontrolle *f* **II.** *vt* begrenzen; einfassen **III.** *vi:* **~ on** (*a. fig*) grenzen an; **bor·derer** ['bɔ:dərə(r)] *s* Grenzbewohner(in) *m(f);* **bor·der·ing** [-ɪŋ] *adj* angrenzend (*on* an); **bor·der·land** ['bɔ:dəlænd] *s* Grenzgebiet *nt;* **bor·der·line** ['bɔ:dəlaɪn] *s* Grenzlinie *f;* **borderline case** *s* Grenzfall *m*

bore¹ [bɔ:(r)] **I.** *vt* ① ausbohren, -höhlen ② (*~ through*) durchbohren ③ (*Loch*) bohren **II.** *vi* bohren (*for* nach) **III.** *s* ① Kaliber *nt;* lichte Weite; Durchmesser *m* ② (*~ -hole*) Bohrloch *nt*

bore² [bɔ:(r)] **I.** *vt* langweilen; **~ s.o. to death** jdn zu Tode langweilen; **be ~d** sich langweilen **II.** *s* langweiliger Mensch, Langweiler *m*

bore³ [bɔ:(r)] *s.* **bear²**

bore·dom ['bɔ:dəm] *s* Langeweile *f*

borer ['bɔ:rə(r)] *s* (TECH) Bohrer *m*

boric ['bɔ:rɪk] *adj* Bor-; **~ acid** Borsäure *f*

bor·ing ['bɔ:rɪŋ] *adj* langweilig

born [bɔ:n] *adj* geboren; **be ~** geboren werden; (*fig*) entstehen; **where were you ~?** wo sind Sie geboren?; **he was ~ in the year 1940** er wurde im Jahre 1940 geboren; **he was ~ blind** er ist von Geburt blind; **born-again** ['bɔ:nəgen] *adj* wieder geboren

borne [bɔ:n] *s.* **bear²**

boron ['bɔ:rɒn] *s* (CHEM) Bor *nt*

bor·ough ['bʌrə] *s* Bezirk *m;* Stadt(gemeinde) *f*

bor·row ['bɒrəʊ] *vt* borgen, (aus-, ent)leihen, entlehnen (*of, from* von)

? Grammatik

to **borrow from** *someone* = etwas **von** jemandem leihen: *Tom borrowed $20 from his friend.*
Wenn man aber etwas jemandem leiht, heißt es *to* **lend to** *someone*: *Jane lent her mobile phone to Paul. He often lends me money.*

bor·rower ['bɒrəʊə(r)] *s* ① Borger(in) *m(f),* (Ent)Leiher(in) *m(f)* ② (COM) Kreditnehmer(in) *m(f);* **bor·row·ing** [-ɪŋ] *s* Ausborgen *nt;* Anleihe *f*

Bos·nia ['bɒznɪə] *s* Bosnien *nt;* **Bos·nian** ['bɒznɪən] **I.** *adj* bosnisch **II.** *s* Bosnier(in) *m(f)*

bosom ['bʊzəm] *s* ① (*a. fig*) Busen *m* ② (*Kleid*) Brustteil *m* ③ (*fig*) (das) Innere; **in the ~ of one's family** im Schoße der Familie; **~ friend** Busenfreund(in) *m(f)*

boss¹ [bɒs] **I.** *s* (*fam*) Boss, Chef *m* **II.** *vt* arrangieren, leiten; **~ around** herumkommandieren

boss² [bɒs] *s* Knauf, Buckel *m*

bossy ['bɒsɪ] *adj* (*fam*) herrschsüchtig; rechthaberisch

bo'sun ['bəʊsn] *s* (MAR) Bootsmann *m*

bot·an·ical [bə'tænɪkl] *adj* botanisch; **bot·an·ist** ['bɒtənɪst] *s* Botaniker(in) *m(f);* **bot·any** ['bɒtənɪ] *s* Botanik, Pflanzenkunde *f*

botch [bɒtʃ] **I.** *s* Flickwerk *nt,* Pfuscherei *f* **II.** *vt* (*~ up*) verpfuschen; **botcher** ['bɒtʃə(r)] *s* Stümper(in) *m(f),* Pfuscher(in) *m(f)*

both [bəʊθ] **I.** *adj, pron* beide; beides; **we ~**

B

can go, we can ~ go wir beide können gehen; **~ (the) brothers** beide Brüder; **on ~ sides** auf beiden Seiten **II.** *adv:* **~ … and** sowohl … als auch

bother ['bɔðə(r)] **I.** *s* ① Mühe, Schererei, Schwierigkeit *f* ② Plage *f* **II.** *vt* ① lästig sein (*s.o.* jdm), belästigen; plagen, quälen ② aufregen, aus der Ruhe bringen **III.** *vi* sich Sorgen machen (*about* um), sich kümmern (*about* um); **~ (it)!** zum Kuckuck!; **don't ~!** bemühen Sie sich nicht!

bother·ation [ˌbɒðə'reɪʃn] *interj* verflixt!; **bother·some** ['bɒðəsəm] *adj* ärgerlich, lästig

Bot·swa·na [ˌbɒt'swɑːnə] *s* Botswana *nt;* **Bot·swa·nan** [ˌbɒtswɑːnən] **I.** *adj* botswanisch **II.** *s* Botswaner(in) *m(f)*

bottle ['bɒtl] **I.** *s* Flasche *f;* **lose one's ~** (*sl*) die Nerven verlieren **II.** *vt* in Flaschen füllen; **~ up** (*fig*) in sich hineinfressen; **bottle bank** *s* Altglascontainer *m*

i Land & Leute

Bottle banks (Altglascontainer) findet man heutzutage überall in Großbritannien. Oft stehen sie zusammen mit Behältern für Blechdosen, Altpapier und manchmal auch für Altkleider. Gebrauchte Kleidung wird jedoch meist den *charity shops* gegeben.

bottle brush *s* Flaschenbürste *f;* **bottled** ['bɒtld] *adj* in Flaschen; **bottle-feed·ing** ['bɒtlˌfiːdɪŋ] *s* Füttern *nt* mit der Flasche; **bottle-green** *adj* flaschengrün; **bottle heater** *s* Fläschchenwärmer *m;* **bottle-neck** ['bɒtlnek] *s* (*a. fig*) Engpass *m;* **bottle-party** *s* Bottleparty *f* (*Party, bei der jeder Gast ein Getränk mitbringt*)

bot·tom ['bɒtəm] **I.** *s* ① Boden, Grund *m* (*a. eines Gewässers*) ② Basis *f;* unteres Ende, Fuß *m* (*bes. eines Berges*) ③ Schiffsboden *m* ④ Sitz *m;* Sitzfläche *f* ⑤ Hintern *m* ⑥ (*fig*) Grundlage *f;* Kern *m;* Ursache *f;* **at ~** (*fig*) im Grunde; **from top to ~** von oben bis unten; **from the ~ of my heart** aus tiefstem Herzen; **be at the ~ of s.th.** hinter etw stecken; **get to the ~ of s.th.** einer Sache auf den Grund gehen; **knock the ~ out of s.th.** etw widerlegen **II.** *adj attr* letzte(r, s), unterste(r, s), niedrigste(r, s) **III.** *vi:* **~ out** den tiefsten Stand erreichen; **bot·tom·less** [-lɪs] *adj* ① grundlos; ohne Boden ② (*fig*) unergründlich; **a ~ pit** ein Fass ohne Boden; **bot·ty** ['bɒti] *s* (*fam: bottom*) Po(po) *m*

botu·lism ['bɒtjʊlɪzəm] *s* Lebensmittelvergiftung *f,* Botulismus *m*

bough [baʊ] *s* Ast, Zweig *m*

bought [bɔːt] *s.* **buy**

boul·der ['bəʊldə(r)] *s* Felsblock *m*

bounce [baʊns] **I.** *vi* ① auf-, zurückprallen ② springen; stürzen ③ hochschnellen ④ (*fam: Scheck*) platzen; **~ back** (*fig*) sich nicht unterkriegen lassen **II.** *vt* ① aufprallen lassen ② (*sl*) an die Luft setzen **III.** *s* ① Rückprall, -stoß *m* ② Elastizität *f* ③ Aufprall *m;* **bouncer** ['baʊnsə(r)] *s* (*fam*) Rausschmeißer *m;* **bounc·ing** ['-ɪŋ] *adj* (*fam*) stramm, drall; **bouncing cradle** *s* Babywippe *f*

bound¹ [baʊnd] **I.** *s* (*a. fig*) Grenze *f;* **out of ~s** Betreten verboten (*im Lokal*)*;* **within the ~s** innerhalb der Grenzen **II.** *vt* begrenzen

bound² [baʊnd] **I.** *s* Sprung, Satz *m* **II.** *vi* springen, einen Satz machen

bound³ [baʊnd] *adj pred:* **be ~ for** auf dem Weg sein nach; gehen nach; **homeward ~** auf der Heimreise, -fahrt; **outward ~** auf der Ausreise

bound⁴ [baʊnd] **I.** *pt, pp of* **bind II.** *adj* verpflichtet, gebunden; **be ~ to do s.th.** etw bestimmt tun; **it's ~ to happen** das muss so kommen; **~ up in** sehr interessiert an; **be ~ up with** ganz in Anspruch genommen sein von

bound·ary ['baʊndrɪ] *s* Grenze, Trennungslinie *f*

bound·less ['baʊndlɪs] *adj* grenzen-, maßlos; unbeschränkt

boun·te·ous ['baʊntɪəs] *adj,* **boun·ti·ful** ['baʊntɪfl] *adj* freigebig, großzügig; **bounty** ['baʊntɪ] *s* ① Freigebigkeit, Großzügigkeit *f* ② großzügige Gabe ③ Zulage *f*

bou·quet [bʊ'keɪ] *s* ① Bukett *nt,* (Blumen)Strauß *m* ② Bukett *nt;* Blume *f* (*des Weines*)

bout [baʊt] *s* ① (MED) Anfall *m* ② Runde *f* (*Boxen*)

bov·ine ['bəʊvaɪn] *adj* ① Rind(er)-, Ochsen- ② (*fig*) blöd(e), doof, dumm; **~ spongiform encephalopathy (BSE)** (VET: *Rinderkrankheit*) Bovine Spongiform-Enzephalopathie *f*

bow¹ [baʊ] *s* (MAR) Bug *m*

bow² [bəʊ] **I.** *s* ① (*Waffe*) Bogen *m* ② (MUS) Geigenbogen *m* ③ (*rain~*) Regenbogen *m* ④ Knoten *m;* Schleife *f;* **have two strings to one's ~** (*fig*) zwei Eisen im Feuer haben **II.** *vi* den Bogen führen

bow³ [baʊ] **I.** *s* Verbeugung *f* **II.** *vi* ① sich verbeugen, sich verneigen ② sich biegen ③ (*fig*) sich beugen; **have a ~ing**

acquaintance sich nur flüchtig kennen; ~ **out** sich verabschieden **III.** *vt:* ~ **one's head** den Kopf senken

bowd·ler·ize ['baʊdləraɪz] *vt* (*Buch*) von anstößigen Stellen säubern

bowel ['baʊəl] *s meist pl* Eingeweide *pl;* **bowel movement** *s* Stuhl(gang) *m;* **the ~s of the earth** das Erdinnere

bower ['baʊə(r)] *s* Laube *f*

bowl[1] [bəʊl] *s* ① Schüssel *f;* Napf *m;* Schale *f* ② Schöpfteil *m*

bowl[2] [bəʊl] **I.** *s* ① (schwere) Holzkugel *f* ② **~s** Bowling *nt* (*Kugelspiel auf dem Rasen*) **II.** *vt* (SPORT: *Ball*) werfen; (*Kugel*) schieben, rollen; ~ **over** umwerfen, -stoßen; (*fig*) aus dem Konzept bringen; **be ~ed over** sprachlos sein **III.** *vi* Bowling spielen; werfen; ~ **along** (dahin)rollen

bow-legged [,bəʊ'legd] *adj* o-beinig

bowler ['bəʊlə(r)] *s* ① (*Kricket*) Ballmann, Werfer *m* ② (~ *hat*) Melone *f* (*Hut*)

bowl·ing ['bəʊlɪŋ] *s* ① Bowlingspiel *nt* ② (*Kricket*) Werfen *nt* des Balles; **bowling alley** *s* Kegelbahn *f;* **bowling-green** *s* Rasenplatz *m* für Bowling

bow·man ['bəʊmən] <*pl* -men> *s* Bogenschütze *m;* **bow·string** ['bəʊstrɪŋ] *s* Bogensehne *f;* **bow tie** *s* Fliege *f;* **bow window** *s* Erkerfenster *nt*

bow-wow [,baʊ'waʊ] **I.** *interj* wauwau! **II.** *s* (*Kindersprache*) Wauwau *m*

box[1] [bɒks] *s* Buchsbaum *m*

box[2] [bɒks] **I.** *s* ① Schachtel *f* ② Kiste *f;* Kasten, Behälter *m;* Karton *m* ③ Etui, Futteral *nt* ④ Koffer *m* ⑤ (Wahl)Urne *f* ⑥ Fach *nt;* Feld *nt;* Rubrik *f* ⑦ (*letter-~*) Briefkasten *m* ⑧ (*money-~*) Kasse, Geldkassette *f* ⑨ (TECH) Gehäuse *nt* ⑩ (THEAT) Loge *f* ⑪ (JUR) Zeugenstand *m* ⑫ (*Stall, Garage*) Box *f* ⑬ (*Am*) Postfach *nt* **II.** *vt* in eine Schachtel packen; **box in** *vt* einklemmen; (*a. fig*) einengen; **box off** *vt* unterteilen; **box up** *vt* einschließen

box[3] [bɒks] **I.** *vt, vi* boxen; ~ **s.o.'s ears** jdn ohrfeigen **II.** *s* Stoß, Schlag *m;* ~ **on the ear** Ohrfeige *f*

box calf ['bɒkskɑːf] *s* Boxkalf *nt* (*Leder*)

boxer ['bɒksə(r)] *s* Boxer *m;* **box·ing** ['bɒksɪŋ] *s* Boxen *nt,* Boxsport *m*

Box·ing Day *s* zweiter Weihnachtsfeiertag

i Land & Leute

In Großbritannien wird der 26. Dezember **Boxing Day** genannt. Der Name stammt aus einer Zeit als Lehrlinge nach dem ersten Weihnachtstag in *boxes* (Schachteln) Trinkgelder bei den Kunden ihrer Meister einsammelten. Früher wurde auch das Geld, das man einem Lieferanten oder Angestellten zu Weihnachten gab, als *Christmas box* bezeichnet.

boxing-gloves *s pl* Boxhandschuhe *mpl;* **boxing-match** *s* Boxkampf *m*

box-num·ber ['bɒksnʌmbə(r)] *s* ① Chiffre(-nummer) *f* ② Postfach *nt;* **box-office** *s* (Theater)Kasse *f;* ~ **hit** Kassenschlager *m*

boy [bɔɪ] *s* ① Knabe, Junge *m* ② Bursche *m;* **my ~!** (*fam*) mein Lieber!; **old ~!** (*fam*) alter Junge!; **oh, ~!** Junge! Junge!

boy·cott ['bɔɪkɒt] **I.** *s* (COM POL) Boykott *m* **II.** *vt* boykottieren

boy·friend ['bɔɪfrend] *s* Freund *m;* **boy·hood** ['bɔɪhʊd] *s* Knabenalter *nt;* **boy·ish** ['bɔɪɪʃ] *adj* knaben-, jungenhaft; **boy scout** *s* Pfadfinder *m*

bra [brɑː] *s* Büstenhalter, BH *m*

brace [breɪs] **I.** *s* ① Klammer *f* ② (TECH) Strebe, Stütze *f,* Stützbalken *m,* Versteifung *f* ③ (~ *and bit*) Bohrer *m* ④ Klammer, Spange *f* (*für Zähne*) ⑤ **~s** (*Br: pair of ~s*) Hosenträger *mpl* ⑥ geschweifte Klammer **II.** *vt* ① verklammern; befestigen; (ver)spannen; (ab)stützen, verstreben ② festigen; (*a. fig*) stärken; **brace up** *vi* sich zusammenreißen, -nehmen

brace·let ['breɪslɪt] *s* Armband *nt*

bracken ['brækn] *s* Adlerfarn *m*

bracket ['brækɪt] **I.** *s* ① Träger, Arm *m;* Konsole *f* ② (TYP) Klammer *f* ③ (*fig*) (Einkommens)Klasse, Gruppe, Schicht *f;* **in ~s** in Klammern; **income ~** Einkommensgruppe *f;* **round ~** runde Klammer; **square ~** eckige Klammer **II.** *vt* ① einklammern ② (zu einer Gruppe) zusammenstellen

brack·ish ['brækɪʃ] *adj* brackig

brag [bræg] **I.** *vi* prahlen (*of, about s.th.* mit einer S), angeben **II.** *s* Prahlerei *f;* **brag·gart** ['brægət] *s* Prahler(in) *m(f),* Aufschneider(in) *m(f)*

braid [breɪd] **I.** *s* ① Litze, Kordel, Tresse, Borte *f* ② (Band, Haar)Flechte *f* **II.** *vt* ① mit Litze besetzen ② (*Litze, Haar*) flechten

braille [breɪl] *s* Blinden-, Brailleschrift *f*

brain [breɪn] *s* ① Gehirn *nt* ② (*fig: meist pl*) Geist, Verstand *m;* Intelligenz *f;* Fähigkeiten *fpl;* **rack one's ~(s)** sich den Kopf zerbrechen; **blow one's ~s out** sich eine Kugel durch den Kopf jagen; **have ~s** Köpfchen haben, intelligent sein; **have s.th. on the ~** auf etw versessen, erpicht sein; **pick s.o.'s ~** sich von jdm inspirieren lassen; **brain-child** *s* Geistesprodukt *nt;* Idee *f;* **brain dead** *adj* (MED) hirntot; **brain death** *s* (MED) Hirntod *m;* **brain drain** *s* Abwanderung *f* von Wissenschaftlern; **brain fever** *s* Hirnhautentzündung *f;* **brain·less** ['-lɪs] *adj* gedankenlos; dumm; **brain scan** *s* (MED) Brain-, Gehirnscan *nt;* **brain-storm** *s* ❶ verrückte Idee ❷ geistige Verwirrung; **brain·storm·ing** ['breɪnstɔ:mɪŋ] *s* Brainstorming *nt;* **brains trust** *s* Podiumsdiskussion *f;* **brain tumo(u)r** *s* (MED) Gehirntumor *m;* **brain·wash·ing** ['breɪnwɒʃɪŋ] *s* Gehirnwäsche *f;* **brain·wave** ['breɪnweɪv] *s* Geistesblitz *m;* **brain-worker** *s* Kopf-, Geistesarbeiter(in) *m(f);* **brainy** ['breɪnɪ] *adj* klug

braise [breɪz] *vt* (*Küche*) schmoren

brake¹ [breɪk] *s* Unterholz *nt*

brake² [breɪk] **I.** *s* (TECH) Bremse *f;* **put on the ~s** die Bremsen betätigen, bremsen **II.** *vt, vi* bremsen; **brake block** *s* Bremsklotz *m;* **brake fluid** *s* (AUTO) Bremsflüssigkeit *f;* **brake shoe** *s* Bremsschuh *m*

brak·ing ['breɪkɪŋ] *s* Bremsen *nt;* **braking distance** *s* Bremsweg *m*

bramble ['bræmbl] *s* Brombeerstrauch *m;* Brombeere *f*

bran [bræn] *s* Kleie *f*

branch [brɑ:ntʃ] **I.** *s* ❶ Zweig, Ast *m* ❷ Nebenfluss *m;* (Fluss)Arm *m* ❸ (*Straße, Bahn*) Abzweigung, Nebenstrecke *f* ❹ (*fig*) Zweig *m;* Abschnitt *m* ❺ (COM) Branche *f,* Zweig *m* **II.** *vi* sich gabeln; **branch off** *vi* abzweigen, auseinander gehen; **branch out** *vi* sein Geschäft erweitern, vergrößern; **branch line** *s* (RAIL) Zweiglinie, Nebenstrecke *f;* **branch office** *s* Zweigstelle *f,* -geschäft *nt,* Filiale *f*

brand [brænd] **I.** *s* ❶ Marke *f;* Warenzeichen *nt* ❷ Brandmal *nt* **II.** *vt* ❶ (*a. fig*) brandmarken, ein Zeichen einbrennen (*the cattle* dem Vieh) ❷ mit dem Waren-, Gütezeichen versehen

bran·dish ['brændɪʃ] *vt* schwingen

brand man·age·ment *s* Markenpositionierung *f;* **brand name** ['brændneɪm] *s* (COM) Markenname *m,* Marke *f*

brand-new [ˌbrænd'nju:] *adj* (funkel)nagelneu

brandy ['brændɪ] *s* Weinbrand *m;* **brandy snap** *s* Ingwerwaffel *f*

brash [bræʃ] *adj* nassforsch, frech; unverschämt

brass [brɑ:s] **I.** *s* ❶ Messing *nt* ❷ (MUS: *the ~*) Blasinstrumente *ntpl* ❸ (*sl*) Geld *nt,* Zaster *m* **II.** *adj* Messing-, aus Messing; **brass band** *s* Blaskapelle *f;* **brass hat** *s* (MIL: *sl*) hohes Tier

brass·iere ['bræsɪə(r)] *s* Büstenhalter *m*

brass plate [ˌbrɑ:s'pleɪt] *s* Messing-, Türschild *nt;* **brass-ware** *s* Messingwaren *fpl;* **brassy** ['brɑ:sɪ] *adj* ❶ messingartig ❷ (*Ton*) blechern ❸ (*fam*) frech

brat [bræt] *s* (*pej*) ungezogenes Kind

bra·vado [brə'vɑ:dəʊ] *s* forsches Auftreten, Draufgängertum *nt*

brave [breɪv] **I.** *adj* tapfer, mutig, unerschrocken, furchtlos **II.** *vt* mutig entgegentreten, trotzen (*s.th.* einer S.); **~ it out** mutig die Stirn bieten; **brav·ery** ['breɪvərɪ] *s* Tapferkeit *f;* (Wage)Mut *m*

bravo [ˌbrɑ:'vəʊ] <*pl* bravo(e)s> **I.** *interj* bravo! **II.** *s* Bravo *nt*

brawl [brɔ:l] **I.** *s* Schlägerei *f* **II.** *vi* ❶ sich zanken, streiten ❷ (*Fluss*) rauschen, tosen; **brawl·ing** [-ɪŋ] *s* Schlägereien *fpl*

brawn [brɔ:n] *s* ❶ Muskeln *mpl* ❷ (*fig*) (Muskel)Kraft *f* ❸ Sülze *f;* **brawny** ['brɔ:nɪ] *adj* muskulös; kräftig

bray [breɪ] **I.** *s* Iahen *nt* **II.** *vi* (*Esel*) iahen

braze ['breɪz] *vt* hartlöten

brazen ['breɪzn] **I.** *adj* ❶ ehern; metallen ❷ (*~-faced*) schamlos, unverschämt **II.** *vt:* **~ it out** frech leugnen

braz·ier ['breɪzɪə(r)] *s* Kohlenbecken *nt*

Bra·zil [brə'zɪl] *s* Brasilien *nt;* **Bra·zil·ian** [brə'zɪlɪən] **I.** *s* Brasilianer(in) *m(f)* **II.** *adj* brasilianisch

breach [bri:tʃ] **I.** *s* ❶ (*fig*) Bruch *m* ❷ (*fig*) Verstoß *m,* Verletzung *f* ❸ Lücke *f;* (MIL) Bresche *f;* **commit ~ of contract** vertragsbrüchig werden; **stand in** [*o* **step into**] **the ~** in die Bresche springen; **~ of promise** Bruch *m* des Eheversprechens; **~ of the peace** öffentliche Ruhestörung, Friedensbruch *m* **II.** *vt* eine Bresche schlagen in, durchbrechen

bread [bred] **I.** *s* ❶ Brot *nt* ❷ Lebensunterhalt *m;* **earn one's ~** seinen Lebensunterhalt verdienen; **know which side one's ~ is buttered** wissen, wo man seinen Vorteil hat; **the daily ~** das tägliche Brot; **a loaf/slice/piece of ~** ein Laib/eine Scheibe/ein Stück Brot **II.** *vt* panieren; **bread and butter** *s* ❶ Butterbrot *nt* ❷ (*fam*) Lebensunterhalt *m;* **bread-basket** *s* ❶ Brotkorb *m* ❷ (*sl*) Magen *m;* **bread·bin** ['bredbɪn] *s* Brotkasten *m;* **bread·crumb** ['bredkrʌm] *s* ❶ Brotkrume *f* ❷ **~s** Paniermehl *nt*

breadth ['bretθ] *s* ❶ Breite *f;* Weite *f* ❷ (*fig*) Großzügigkeit *f;* **in ~** breit, in der Breite; **~ of mind** Weitherzigkeit *f*

bread·win·ner ['bredˌwɪnə(r)] *s* Ernährer(in) *m(f)*

break [breɪk] <*irr* broke, broken> **I.** *vt*

① (zer)brechen, zerreißen, zerstoßen, aufschlagen ② ruinieren, zu Grunde richten; kaputtmachen ③ (*Fensterscheibe*) einschlagen ④ (*fig: Gesetz*) übertreten; (*sein Wort, Versprechen*) nicht halten; (*Verabredung*) nicht einhalten; (*Vertrag*) verletzen ⑤ (*Verlobung*) auflösen ⑥ unter-, abbrechen ⑦ (*Rekord*) brechen ⑧ (ELEK) abschalten ⑨ (*Tier*) zähmen, abrichten ⑩ abgewöhnen (*s.o. of s.th.* jdm etw) ⑪ (*Weg*) bahnen ⑫ mitteilen, eröffnen; (*fam*) beibringen ⑬ (*Banknote*) klein machen; **be broken** kaputt, ruiniert sein; ~ **camp** das Lager abbrechen; ~ **the link** abkoppeln; ~ **one's neck** sich den Hals brechen; ~ **the news** die Nachricht eröffnen **II.** *vi* ① (zer)brechen, zu Bruch gehen; zerreißen ② (*Tag*) anbrechen, beginnen ③ (*Unwetter*) aus-, los-, hereinbrechen ④ (*Wetter*) sich ändern, wechseln ⑤ aufhören, zu Ende gehen; **my heart ~s** es tut mir in der Seele weh **III.** *s* ① Bruch(stelle *f*) *m*, Sprung, Riss, Knick *m* ② Lücke *f*; Nische *f*; Lichtung *f* ③ Unterbrechung *f*; Pause *f*; Urlaub *m* ④ Absatz *m* (*in Schrift und Druck*) ⑤ Anbruch, Beginn *m* ⑥ Wechsel, Umschwung *m*, Wende *f*; (Wetter)Umbruch *m*; **without a ~** ununterbrochen; **give us a ~!** (*fam*) halt mal die Luft an!; **at ~ of day** bei Tagesanbruch; **bad ~** Pech *nt*; **break away** *vi* ① ab-, ausbrechen; abreißen ② sich losreißen, sich trennen, sich lossagen (*from* von) ③ (*Gewohnheiten*) aufgeben (*from s.th.* etw); **break down I.** *vt* ① abbrechen, zusammenschlagen; auseinander nehmen, abmontieren ② (*fig: Widerstand*) brechen ③ (*Kosten, Rechnung*) aufgliedern **II.** *vi* ① aufhören zu funktionieren; kaputtgehen ② (AUTO) eine Panne haben ③ (*fig*) versagen, ausfallen; (*Mensch*) zusammenbrechen; **break even** *intr* (COM) kostendeckend arbeiten, die Ertragsschwelle erreichen; **break forth** *vi* ① ausbrechen (*in cheers* in Hochrufe) ② hervorbrechen; **break in I.** *vt* ① aufbrechen ② abrichten, dressieren ③ (*Person*) einarbeiten ④ (*Schuhe*) einlaufen **II.** *vi* ① einbrechen ② unterbrechen; **break into** *vi* ① einbrechen in ② plötzlich beginnen mit ③ (*Geld*) anbrechen; **break loose I.** *vt* los-, abbrechen **II.** *vi* ausbrechen; **break off I.** *vt* ① abbrechen ② (*fig: Verlobung*) aufheben, lösen **II.** *vi* (*in der Rede*) aufhören, abbrechen; **break out** *vi* ① (*Gefangener, Feuer, Krieg*) ausbrechen ② (MED: *~ out in a rash*) einen Ausschlag bekommen ③ (*fig*) losplatzen; **break through** *vt* durchstoßen, -brechen; **break up I.** *vt* ① auf-, er-, zerbrechen, zerstören ② (TECH) auseinander nehmen ③ (*fig: Veranstaltung*) abbrechen, aufheben; (*Versammlung*) auflösen ④ unterteilen (*into* in), aufschlüsseln, aufgliedern **II.** *vi* ① in Stücke gehen, zerschellen ② (*fig*) nachlassen, abnehmen, zusammenfallen ③ in die Ferien gehen

break·able ['breɪkəbl] *adj* zerbrechlich; **break·age** ['breɪkɪdʒ] *s* ① Bruch(stelle *f*) *m* ② Bruch(schaden) *m*; **break-away** ['breɪkəweɪ] *s* (POL) Absplitterung *f*; **break·down** ['breɪkdaʊn] *s* ① Versagen *nt*; Ausfall *m*; (Betriebs)Störung *f*; (AUTO) Panne *f* ② (*fig*) Versagen, Scheitern *nt* ③ (MED) Zusammenbruch *m* ④ listenmäßige Aufstellung; Aufgliederung, Aufschlüsselung *f*; **break·down lorry** *s* Abschleppwagen *m*; **break·down service** *s* Pannendienst *m*

breaker ['breɪkə(r)] *s* (*Welle*) Brecher *m*

break·fast ['brekfəst] **I.** *s* Frühstück *nt*; **have ~** frühstücken **II.** *vi* frühstücken

i Land & Leute

In Amerika wird viel Wert auf ein großes **breakfast** (Frühstück) gelegt. Neben dem üblichen Frühstück gibt es oft Riesenportionen von Rühreiern, Speck oder Bratwurst und Bratkartoffeln. Am Wochenende isst man auch *pancakes*, eine Art dicke Pfannkuchen oder *French toast* – Brot, das in geschlagene Eier getaucht und kurz angebraten wird.

break·ing ['breɪkɪŋ] *s* Bruch *m*; **breaking-off** *s* Abbruch *m*; **breaking-test** *s* Bruch-, Zerreißprobe *f*; **break·neck** ['breɪknek] *adj* halsbrecherisch; **break·through** ['breɪkθruː] *s* Durchbruch *m*; **break·up** ['breɪkʌp] *s* ① Auf-, Zerbrechen, Zerreißen *nt* ② (*a. fig*) Zerfall *m*, Auflösung *f* ③ Zusammenbruch *m* ④ (*Ehe*) Zerrüttung *f*; (*zwischen Freunden*) Bruch *m*; **break·water** ['breɪkwɔːtə(r)] *s* Wellenbrecher *m*

breast [brest] **I.** *s* Brust *f*; (*a. fig*) Busen *m*; **make a clean ~ of s.th.** sich etw vom Herzen reden **II.** *vt* die Stirn bieten, trotzen (*s.th.* einer S); **breast·bone** ['brestbəʊn] *s* (ANAT) Brustbein *nt*; **breast cancer** *s* (MED) Brustkrebs *m*; **breast·feed** ['brestfiːd] *vt, vi* (*Säugling*) stillen; **breast-fed child** Brustkind *nt*; **breast pocket** *s* Brusttasche *f*; **breast screening** *s* (MED) Vorsorge-, Reihenuntersuchung *f* auf Brustkrebs; **breast·stroke** ['breststrəuk] *s* Brustschwimmen *nt*

breath [breθ] *s* ❶ Atem(zug *m*, -luft *f*) *m* ❷ (Luft)Hauch *m* ❸ (*fig*) Spur *f*, Anflug *m*; **bad** ~ Mundgeruch *m*; **below** [*o* **under**] **one's** ~ leise, flüsternd; **out of** ~ außer Atem, atemlos; **catch one's** ~ verschnaufen; **gasp for** ~ nach Luft schnappen; **save one's** ~ sich seine Worte sparen; **waste one's** ~ seine Worte verschwenden; **take** ~ Atem holen; **take a deep** ~ tief Luft holen; **it took my** ~ **away** (*fig*) es verschlug mir den Atem

breath·alyze ['breθəlaɪz] *vt* (MED) jdm eine Atemprobe abnehmen; **breath·alyzer** ['breθəlaɪzə(r)] *s* (AUTO) Alkoholtest *m*; Promillemesser *m*

breathe [bri:ð] **I.** *vi* ❶ atmen ❷ Luft holen; ~ **again** [*o* **freely**] (*fig*) aufatmen **II.** *vt* ❶ einatmen ❷ atmen ❸ flüstern; ~ **one's last** den letzten Atemzug tun; **don't** ~ **a word about …** verrate kein Wort über …; **breather** ['bri:ðə(r)] *s* Atem-, Verschnaufpause *f*; **take a** ~ verschnaufen; **breath·ing** ['-ɪŋ] *s* Atmung *f*; **breathing apparatus** *s* Sauerstoffgerät *nt*; **breathing space** *s* Atem-, Ruhepause *f*; **breath·less** ['breθlɪs] *adj* ❶ außer Atem, atemlos ❷ (*fig*) atemberaubend; **breath·tak·ing** ['breθteɪkɪŋ] *adj* atemberaubend; **breath test** *s* (AUTO) Alkoholtest *m*

bred [bred] *s.* **breed**

breech [bri:tʃ] **I.** *s* (*Gewehr*) Verschluss *m* **II.** *adj attr* (MED) Steiß-

breeches ['brɪtʃɪz] *s pl* Kniehose *f*

breed [bri:d] <*irr:* bred, bred> **I.** *vi* ❶ sich fortpflanzen, sich vermehren ❷ Junge bekommen **II.** *vt* ❶ (AGR) züchten ❷ (*fig*) hervorbringen, erzeugen, die Ursache sein +*gen* **III.** *s* Zucht *f*; Rasse *f*; Art *f*; **breeder** ['bri:də(r)] *s* ❶ Züchter(in) *m(f)* ❷ (PHYS) Brüter *m*; **breed·ing** ['-ɪŋ] *s* ❶ Fortpflanzung *f*; (*a.* PHYS) Brüten *nt* ❷ (AGR) Zucht *f* ❸ (*fig*) Erziehung *f* ❹ Benehmen *nt*; Bildung *f*

breeze [bri:z] *s* Brise *f*; **there's not a** ~ **stirring** es weht kein Lüftchen; **breeze in** *vi* fröhlich hereinschneien; **breeze block** [bri:z blɒk] *s* Ytong® *m*; **breezy** ['bri:zɪ] *adj* ❶ (leicht) windig; (*Platz*) luftig ❷ (*fig*) lebhaft, flott; kess

breth·ren ['breðrən] *s pl* Brüder *mpl*

breve [bri:v] *s* (MUS) Brevis *f*

brevi·ary ['bri:vɪərɪ] *s* Brevier *nt*

brev·ity [brevətɪ] *s* Kürze *f*

brew [bru:] **I.** *vt* ❶ (*Bier*) brauen ❷ (*Getränk*) zubereiten ❸ (*fig*) zu Stande bringen; ausbrüten, -hecken **II.** *vi* ❶ brauen ❷ (*fig*) sich zusammenbrauen, im Anzug sein, in der Luft liegen **III.** *s* Gebräu *nt*; **brew up** *vi* (*fam*) Tee machen; **brewer** ['bru:ə(r)] *s* Brauer(in) *m(f)*; **brew·ery** ['brʊərɪ] *s* Brauerei *f*

briar ['braɪə(r)] *s* Dornstrauch *m*; Heckenrose *f*

bribe [braɪb] **I.** *s* Schmier-, Bestechungsgeld *nt* **II.** *vt* ❶ bestechen ❷ (*fig*) verleiten, verführen; **bri·bery** ['braɪbərɪ] *s* Bestechung *f*; **attempt at** ~ Bestechungsversuch *m*; (**not**) **open to** ~ (un)bestechlich

bric-a-brac ['brɪkəbræk] *s* Nippes, Nippsachen *pl*

brick [brɪk] *s* ❶ Ziegel, Backstein *m* ❷ Block, Riegel *m* ❸ Bauklotz *m* (*Spielzeug*); **drop a** ~ (*fam*) ins Fettnäpfchen treten; **brick in, brick up** *vt* zu-, vermauern; **brickie** ['brɪkɪ] *s* (*fam*) Maurer(in) *m(f)*; **brick·layer** ['brɪk,leɪə(r)] *s* Maurer(in) *m(f)*; **brick·work** ['brɪkwɜ:k] *s* Maurerarbeit *f*; Mauern *fpl*; **brick·works**, **brick·yard** ['brɪkwɜ:ks, 'brɪkjɑ:d] *s* Ziegelei *f*

bri·dal ['braɪdl] *adj* Braut-; hochzeitlich; **bride** ['braɪd] *s* Braut *f*; **bride·groom** ['braɪdgrʊm] *s* Bräutigam *m*; **brides·maid** ['braɪdzmeɪd] *s* Brautjungfer *f*

bridge [brɪdʒ] **I.** *s* ❶ (*a.* ELEK SPORT) Brücke *f* ❷ (MAR) Kommandobrücke *f* ❸ (*Geige, Brille*) Steg *m* ❹ Nasenrücken *m* ❺ (*Zahnprothese*) Brücke *f* ❻ (*Kartenspiel*) Bridge *nt* **II.** *vt* ❶ eine Brücke schlagen/ bauen über +*acc* ❷ (*fig*) überbrücken; **bridg·ing loan** ['brɪdʒiŋ'ləun] *s* Überbrückungskredit *m*

bridle ['braɪdl] **I.** *s* Zaum(zeug *nt*) *m* **II.** *vt* ❶ (auf)zäumen ❷ (*fig*) im Zaum halten, zügeln **III.** *vi* ❶ den Kopf hoch tragen ❷ sich entrüstet wehren (*at* gegen)

bridle-path *s* Reitweg *m*

brief [bri:f] **I.** *s* ❶ (JUR) Auftrag *m*; Unterlagen *f pl* zu einem Fall; (*Br sl*) Anwalt *m*, Anwältin *f* ❷ (COM) Auftrag *m* ❸ (MIL AVIAT) Flugbesprechung *f* **II.** *vt* ❶ einen Auftrag geben (*s.o.* jdm) ❷ einweisen, instruieren, unterrichten **III.** *adj* ❶ kurz ❷ kurz gefasst, knapp, gedrängt; **in** ~ in Kürze, kurz, *adj*; **be** ~ sich kurz fassen; **brief·case** ['bri:fkeɪs] *s* Aktentasche, -mappe *f*; **brief·ing** ['-ɪŋ] *s* ❶ Einsatzbesprechung *f* ❷ Einweisung, Instruktion *f*, Briefing *nt*; **brief·ly** ['-lɪ] *adv* kurz; in Kürze, mit wenigen Worten; **brief·ness** ['-nɪs] *s* Kürze *f*; Gedrängtheit *f*

briefs [bri:fs] *s pl* Damenschlüpfer, Slip *m*

brier, **briar** ['braɪə(r)] *s* Dornstrauch *m*; Heckenrose *f*

brig·ade [brɪ'geɪd] *s* ❶ (MIL) Brigade *f* ❷ Kolonne *f;* Trupp *m;* **fire** ~ Feuerwehr *f*
bright [braɪt] *adj* ❶ leuchtend, strahlend, hell ❷ (*Wetter*) heiter; klar ❸ glücklich, freudig ❹ aufgeweckt, gescheit, klug; **brighten** (**up**) ['braɪtn (ʌp)] **I.** *vt* ❶ hell, glänzend machen, aufhellen, (auf)polieren ❷ aufheitern, glücklich machen **II.** *vi* ❶ (*Himmel*) sich aufhellen ❷ (*Gesicht*) aufleuchten; **brightener** [-ə(r)] *s* (optischer) Aufheller; **bright·ness** ['-nɪs] *s* ❶ Glanz *m;* Klarheit, Helligkeit *f* ❷ (*fig*) Aufgewecktheit *f*
brill ['brɪl] *adj* (*fam*) prima, toll, Spitze!
bril·liance, **bril·liancy** ['brɪlɪəns, 'brɪlɪənsɪ] *s* ❶ heller Glanz, Leuchtkraft *f* ❷ (*fig*) geistige Wendigkeit; Brillanz *f;* **bril·liant** ['brɪlɪənt] *adj* ❶ hell leuchtend ❷ (*fig*) glänzend, brillant; (*Mensch*) geistreich
brim [brɪm] **I.** *s* ❶ Rand *m* (*eines Gefäßes*) ❷ (*Hut*) Krempe *f;* **full to the** ~ randvoll **II.** *vi* voll sein; ~ **over** überfließen (*with* mit); **brim·ful** [ˌbrɪm'fʊl] *adj* randvoll; **he is** ~ **of new ideas** er steckt voller Ideen
brine [braɪn] *s* Lake, Sole *f*
bring [brɪŋ] <*irr:* brought, brought> *vt* ❶ (mit-, her)bringen ❷ mitführen, bei sich haben ❸ im Gefolge haben ❹ verschaffen, schenken, geben ❺ (*Gründe*) vorbringen; (*Gewinn*) einbringen; (*Preis*) erzielen ❻ (*Person*) dazu bringen, veranlassen, bewegen; ~ **upon o.s.** sich zuziehen; sich zuzuschreiben haben; sich aufladen; ~ **an action against s.o.** gegen jdn eine Klage einreichen; ~ **to bear** anwenden (*on* auf), anbringen (*on* bei), geltend machen; ~ **to an end** beenden; ~ **home to s.o.** jdm verständlich machen; jdn überzeugen; ~ **to light** ans Licht bringen; ~ **into the open** an die Öffentlichkeit bringen; ~ **into play** ins Spiel bringen; ins Feld führen; ~ **s.o. to his senses** jdn zur Vernunft bringen

? Grammatik

to **bring** bedeutet etwas **her**bringen: *Terry, bring me your schoolbook, please*;
to **take** bedeutet etwas **weg**bringen: *Bill, take your books to your bedroom, please*;
to **fetch** bedeutet etwas **holen**: *Kate, fetch me my glasses from the kitchen, please.*

bring about *vt* verursachen; zu Stande, zu Wege bringen; **bring along** *vt* mitbringen; **bring back** *vt* ❶ ins Gedächtnis (zurück)rufen ❷ (*Gegenstand*) zurückbringen; ~ **s.o. back to health** jdn wieder gesund machen; **bring down** *vt* ❶ herunterbringen, -holen ❷ (*Preis*) herabsetzen ❸ (*Tier*) zur Strecke bringen; ~ **down the house**, ~ **the house down** (THEAT) die Zuschauer mitreißen; **bring forth** *vt* ❶ zur Welt, hervorbringen ❷ verursachen; **bring forward** *vt* ❶ vorbringen ❷ vorverlegen ❸ zur Sprache bringen ❹ (COM) über-, vortragen; **bring in** *vt* ❶ (*finanziell*) einbringen, abwerfen ❷ hereinbringen ❸ einführen ❹ (*Gesetzesvorlage*) einbringen; **bring off** *vt* ❶ retten, wegbringen ❷ zu Stande, zu Wege bringen; **bring on** *vt* ❶ verursachen, bewirken ❷ zur Sprache bringen ❸ fördern, weiterbringen; **bring out** *vt* ❶ klar, deutlich machen ❷ (*Standpunkt*) vorbringen ❸ (*Buch*) herausbringen ❹ (*Ware*) auf den Markt bringen; ~ **s.o. out of himself** jdm die Hemmungen nehmen; **bring over** *vt* umstimmen, überzeugen; **bring round** *vt* ❶ wieder zu Bewusstsein bringen ❷ umstimmen ❸ bringen (*to* auf); **bring through** *vt* (*Kranken*) durchbringen; **bring to** *vt* ❶ (*Ohnmächtigen*) wieder zu sich bringen ❷ (MAR) beidrehen; **bring under** *vt* ❶ unterwerfen ❷ bringen unter; **bring up** *vt* ❶ auf-, erziehen ❷ zum Stillstand bringen ❸ zur Sprache bringen ❹ erbrechen ❺ (*Truppen*) einsetzen; ~ **up the rear** als Letzter kommen
brink [brɪŋk] *s* (*a. fig*) Rand *m;* **on the** ~ **of disaster** am Rande des Abgrunds
briny ['braɪnɪ] *adj* salz(halt)ig
bri·quet(**te**) [brɪ'ket] *s* Brikett *m*
brisk [brɪsk] *adj* ❶ lebhaft, munter ❷ schnell, rasch, flott ❸ belebend, anregend, feurig; **brisk·ness** [-nɪs] *s* Lebhaftigkeit *f*
bristle ['brɪsl] **I.** *s* Borste *f* **II.** *vi* ❶ (*Haar*) (sich) sträuben ❷ strotzen (*with* vor) ❸ (~ *with anger*) zornig werden; **brist·ly** ['brɪslɪ] *adj* stachelig; struppig
Brit [brɪt] *s* (*fam*) Brite *m*, Britin *f*
Brit·ain ['brɪtn] *s* Großbritannien *nt;* **Bri·tan·nic** [brɪ'tænɪk] *adj:* **Her/His** ~ **Majesty** Ihre/Seine Britannische Majestät; **Brit·ish** ['brɪtɪʃ] **I.** *adj* britisch **II.** *s:* **the** ~ die Briten *pl;* **British Broadcasting Corporation**, **BBC** *s* britische Rundfunkgesellschaft, BBC *f;* **Briton** ['brɪtn] *s* Brite *m*, Britin *f*

B

i Land & Leute

Das **British Commonwealth** ist die alte Bezeichnung für das *Commonwealth of Nations*; das ‚British' wurde nach dem Zweiten Weltkrieg weggelassen.

i Land & Leute

Die **British Library**, die britische Staatsbibliothek, die 1997 vom *British Museum* in neue Gebäude bei St Pancras in London umgezogen ist, beherbergt rund 12 Millionen Bücher.

i Land & Leute

Britpop ist die Bezeichnung für eine britische Version der Popmusik der 90er Jahre, bei der die Melodie im Vordergrund steht und Elemente der Popmusik der 60er Jahre verwendet werden.

brittle ['brɪtl] *adj* ❶ zerbrechlich, spröde ❷ *(fig)* reizbar

broach [brəʊtʃ] *vt* ❶ anzapfen, -stechen ❷ *(Thema)* anschneiden

broad [brɔ:d] *adj* ❶ breit; weit ❷ allgemein, umfassend ❸ grob, vage ❹ großzügig, tolerant ❺ klar, deutlich, unmissverständlich ❻ *(Sprache)* breit; **in ~ outline** in groben Zügen; **~ hint** deutlicher Wink; **~ daylight** helles Tageslicht; **~ deficiencies** wesentliche Mängel; **~-leaved tree** Laubbaum *m;* **the ~ of the back** die Schultergegend; **broad bean** *s* dicke Bohne, Saubohne *f*

broad·cast ['brɔ:dkɑ:st] <*irr:* broadcast, broadcast> **I.** *s* Rundfunk-, Fernsehübertragung *f* **II.** *vt* ❶ senden, übertragen, im Rundfunk, Fernsehen übertragen ❷ an die große Glocke hängen, ausposaunen **III.** *vi* ❶ senden ❷ im Rundfunk, Fernsehen auftreten; **broad·caster** ['brɔ:dkɑstə(r)] *s* Fernseh- Rundfunksprecher(in) *m(f);* **news ~** Nachrichtensprecher(in) *m(f);* **broad·cast·ing** [-ɪŋ] *s* Rundfunk-, Fernsehübertragung *f;* **broadcasting station** *s* Sender *m*

broaden ['brɔ:dn] **I.** *vi* sich verbreitern, sich erweitern **II.** *vt* verbreitern, erweitern

broad·ly ['brɔ:dlɪ] *adv* ❶ allgemein ❷ beträchtlich; **~ speaking** ganz allgemein gesprochen

broad-minded [,brɔ:d'maɪndɪd] *adj* tolerant

broad·sheet ['brɔ:dʃi:t] *s* großformatige Zeitung; **~ format** Planobogen *m*

broad·side ['brɔ:dsaɪd] *s* ❶ (MAR) Breitseite *f* ❷ *(fam)* Schimpfkanonade *f*

i Land & Leute

Broadway ist eine lange Straße in New York City. An dieser Straße befindet sich das berühmte Theaterviertel mit dem gleichen Namen. **Broadway** steht für das große amerikanische Theater und fast alle wichtigen Theaterstücke wurden hier gespielt. Theaterstücke, die nicht in diesem Viertel gezeigt werden, sind oft experimentelle oder billige Produktionen und werden als *off-Broadway plays* bezeichnet.

bro·cade [brə'keɪd] *s* Brokat *m*

broc·coli ['brɒkəlɪ] *s* Brokkoli *pl*

bro·chure ['brəʊʃə(r)] *s* Broschüre *f*

brogue [brəʊg] *s* derber (Arbeits)Schuh

broil [brɔɪl] *vt* auf dem Rost braten, grillen; **broiler** ['brɔɪlə(r)] *s* ❶ Brathuhn *nt* ❷ Grill *m*

broke [brəʊk] **I.** *pt of* **break II.** *adj (sl)* abgebrannt, pleite; **go ~** Pleite gehen; **bro·ken** ['brəʊkn] **I.** *pp of* **break II.** *adj* ❶ kaputt, gebrochen, zerbrochen ❷ *(Stimmung)* gedrückt; *(Gesundheit)* zerrüttet ❸ *(Gelände)* uneben; **~ English** gebrochenes Englisch; **~ sleep** unterbrochener Schlaf; **broken-down** *adj (Maschine)* nicht betriebs-, gebrauchsfähig; **broken-hearted** *adj* mit gebrochenem Herzen; untröstlich

bro·ker ['brəʊkə(r)] *s* ❶ Makler(in) *m(f),* Agent(in) *m(f),* Vermittler(in) *m(f)* ❷ Gerichtsvollzieher(in) *m(f);* **real estate ~** Grundstücksmakler(in) *m(f);* **bro·ker·age** ['brəʊkərɪdʒ] *s* ❶ Maklergeschäft *nt* ❷ Maklergebühr, Courtage *f*

brol·la·bil·ity [,brɒlə'bɪlɪtɪ] *s (Br: fam)* Wahrscheinlichkeit, dass es regnen wird;

brol·ly ['brɒlɪ] *s (Br: fam)* Schirm *m*

bro·mide ['brəʊmaɪd] *s* ❶ (CHEM) Bromid *nt* ❷ Beruhigungsmittel *nt* ❸ *(fam)* Banalität *f*

bro·mine ['brəʊmi:n] *s* Brom *nt*

bron·chi ['brɒŋkaɪ, *sing* -kəs] <*sing* bronchus> *s pl* (ANAT) Bronchien *fpl;* **bron·chial** ['brɒŋkɪəl] *adj* Bronchial-

bron·chi·tis [brɒŋ'kaɪtɪs] *s* Bronchitis *f*, Bronchialkatarrh *m*

bronze [brɒnz] **I.** *s* Bronze *f* **II.** *adj* bronzen; bronzefarben; **Bronze Age** *s* Bronzezeit *f*

brooch [brəʊtʃ] *s* Brosche *f*

brood [bru:d] **I.** *s* (*a. pej*) Brut *f* **II.** *vi* (*a. fig*) brüten (*on, over* über); **broody** ['bru:dɪ] *adj* (*a. fig*) brütend

brook¹ [brʊk] *s* Bach *m*

brook² [brʊk] *vt* (*meist verneint*) ertragen, dulden

broom [bru:m] *s* ❶ Ginster *m* ❷ Besen *m*; **a new ~ sweeps clean** neue Besen kehren gut; **broom·stick** ['bru:mstɪk] *s* Besenstiel *m*

broth [brɒθ] *s* (Fleisch)Brühe *f*

brothel ['brɒθl] *s* Bordell *nt*

brother ['brʌðə(r)] *s* ❶ (*a. fig*) Bruder *m* ❷ **~s** (COM) Gebrüder *mpl*; **~(s) and sister(s)** Geschwister *pl*; **brother·hood** [-hʊd] *s* ❶ Brüderschaft *f* ❷ Brüderlichkeit *f*; **brother-in-law** ['brʌðərɪnlɔ:] <*pl* brothers-in-law> *s* Schwager *m*; **brother·ly** ['-lɪ] *adj* brüderlich; **~ love** Nächstenliebe *f*

brought [brɔ:t] *s.* **bring**

brow [braʊ] *s* ❶ Augenbraue *f* ❷ (*a. fig*) Stirn *f* ❸ Vorsprung *m*; (Berg)Kuppe *f*; **knit one's ~s** die Stirn runzeln; **brow·beat** ['braʊbi:t] <*irr:* browbeat, browbeaten> *s* unter Druck setzen (*into doing s.th.* etw zu tun)

brown [braʊn] **I.** *adj* braun **II.** *s* Braun *nt* **III.** *vt* bräunen; (*Fleisch*) anbraten; **I'm ~ed off** (*fam*) das hängt mir zum Hals raus **IV.** *vi* braun werden; **brown bread** *s* Misch-, Graubrot *nt*; **brown goods** [,braʊn'gʊdz] *s pl* Unterhaltungselektronik *f*

brownie ['braʊnɪ] *s* Wichtel *m*; **~ points** Pluspunkte *mpl*

brown-nose ['braʊn,nəʊz] *vi* (*Am: sl*) hinten reinkriechen; **brown-noser** *s* (*Am: sl*) Arschkriecher *m*

brown paper ['braʊn'peɪpə(r)] *s* Packpapier *nt*; **brown rice** *s* Naturreis *m*; **brown·stone** ['braʊnstəʊn] *s* (*Am*) brauner Sandstein

browse [braʊz] *vi* ❶ weiden ❷ (*fig*) sich umsehen; (*in Büchern*) (herum)schmökern; **browser** *s* (INTERNET) Browser *m*

bruise [bru:z] **I.** *s* (MED) Quetschung *f*; blauer Fleck **II.** *vt* ❶ quetschen; stoßen ❷ grün und blau schlagen **III.** *vi* blaue Flecke bekommen; **bruiser** ['bru:zə(r)] *s* (*fam*) Schläger *m*

brunch [brʌntʃ] *s* (*fam*) Brunch *nt* (*Frühstück und Mittagessen zugleich*)

bru·nette [bru:'net] **I.** *adj* brünett **II.** *s* Brünette *f*

brunt [brʌnt] *s:* **bear the ~ of s.th.** die Hauptlast einer S tragen

brush [brʌʃ] **I.** *s* ❶ Bürste *f* ❷ Pinsel *m* ❸ Abbürsten *nt* ❹ (Fuchs)Schwanz *m* ❺ Gestrüpp, Unterholz *nt* ❻ Zusammenstoß *m* **II.** *vt* ❶ bürsten ❷ fegen, kehren ❸ streifen; **~ one's teeth** sich die Zähne putzen; **brush aside** *vt* zur Seite schieben, abtun; **brush away** *vt* abbürsten; **brush off** *vt* ❶ abbürsten ❷ (*fam*) abblitzen lassen; **brush up** *vt* ❶ aufkehren ❷ (*fig*) auffrischen; **brush-off** ['brʌʃɒf] *s* Abfuhr *f*; **give sb the ~** (*fam*) jdm eine Abfuhr erteilen; **brush·wood** ['brʌʃwʊd] *s* Unterholz, Dickicht *nt*

brusque [bru:sk] *adj* brüsk, barsch; **brusque·ness** [-nɪs] *s* Schroffheit *f*

Brus·sels ['brʌslz] *s* Brüssel *nt*; **Brussels sprouts** *s pl* Rosenkohl *m*

bru·tal ['bru:tl] *adj* roh, brutal; **bru·tal·ity** [bru:'tælətɪ] *s* Rohheit, Brutalität *f*; **brutal·ize** ['bru:təlaɪz] *vt* brutal behandeln

brute [bru:t] **I.** *s* ❶ Tier, Vieh *nt* ❷ Rohling *m* **II.** *adj* viehisch, grausam, brutal; roh; stumpf, gefühllos; **by ~ force** mit roher Gewalt; **brut·ish** ['bru:tɪʃ] *adj* tierisch, viehisch; roh

B-school ['bi:sku:l] *s* (*Am: fam*) *Wirtschaftskurs an einer Universität*

BSE *s Abk. von* **bovine spongiform encephalopathy** BSE *f*

B2B [,bi:tə'bi:] *s Abk. von* **business to business** Firmenkundengeschäft *nt*

B2C [,bi:tə'si:] *s Abk. von* **business to customer** Endkundengeschäft *nt*

B2E [,bi:tə'i:] *s Abk. von* **business to employee** *Aktionen zwischen Unternehmen und ihren Mitarbeitern*

bubble ['bʌbl] **I.** *s* ❶ (Luft, Seifen)Blase *f* ❷ (*fig*) Schwindel *m* **II.** *vi* sprudeln, blubbern, schäumen; **bubble over** *vi* überfließen, -sprudeln; **bubble bath** *s* Schaumbad *nt*; **bubble gum** *s* Bubblegum *m*; **bub·bly** ['bʌblɪ] **I.** *adj* sprudelnd **II.** *s* (*fam*) Schampus *m*

bu·bonic [bju:'bɒnɪk] *adj:* **~ plague** Beulenpest *f*

buc·ca·neer [,bʌkə'nɪə(r)] *s* Seeräuber *m*

buck [bʌk] **I.** *s* ❶ Bock *m* (*Reh- und Steinwild*); (*Hase*) Rammler *m* ❷ (*old ~*) Geck, Stutzer *m* ❸ (*Am sl*) Dollar *m*; **earn a fast ~** schnelles Geld machen; **pass the ~** die Verantwortung abschieben (*to* auf) **II.** *vi* ❶ (*Pferd*) bocken ❷ (*Mensch*) bocken, sich sträuben; **buck up I.** *vi* (*fam*) ❶ sich beeilen ❷ sich zusammenreißen **II.** *vt* ❶ Dampf machen (*s.o.* jdm) ❷ aufmuntern

bucket [ˈbʌkɪt] **I.** *s* ❶ Eimer, Kübel *m* ❷ (TECH) Schaufel *f;* **kick the ~** (*sl*) ins Gras beißen **II.** *vt* (*Pferd*) zu Schanden reiten; **bucket·ful** [-fʊl] *s* Eimervoll *m*

i Land & Leute

Der **Buckingham Palace** ist der Londoner Wohnsitz des britischen Monarchen. Der Palast hat über 600 Räume und wurde von 1821 bis 1830 von John Nash für King George IV gebaut. Das Gebäude wurde 1837 zur Thronbesteigung Queen Victorias eingeweiht.

buckle [ˈbʌkl] **I.** *s* Schnalle, Spange *f* **II.** *vt* ❶ an-, um-, zuschnallen ❷ (TECH) (ver)biegen, krümmen **III.** *vi* (TECH) sich werfen; sich verziehen; **~ down to s.th.** etw ernsthaft in Angriff nehmen

buck·shot [ˈbʌkʃɒt] *s* Rehposten *m;* **buck·skin** [ˈbʌkskɪn] *s* Wildleder *nt*

buck·wheat [ˈbʌkwiːt] *s* Buchweizen *m*

bud [bʌd] **I.** *s* Knospe *f;* **in (the) ~** voller Knospen; **nip in the ~** (*fig*) im Keim ersticken **II.** *vi* knospen; (*a. fig*) keimen; **bud·ding** [-ɪŋ] *adj* (*fig*) angehend

buddy [ˈbʌdɪ] *s* (*Am fam*) Kumpel *m;* **buddy system** *s* (*Am*) Klüngelei *f*

budge [bʌdʒ] *vt:* **I can't ~ it** ich kann es nicht von der Stelle bringen; **it won't ~** es lässt sich nicht bewegen

bud·geri·gar [ˈbʌdʒərɪgɑː(r)] *s* Wellensittich *m*

budget [ˈbʌdʒɪt] **I.** *s* Etat, Finanzplan *m,* Budget *nt* **II.** *vi* haushalten; **~ for s.th.** etw im Haushaltsplan vorsehen; **budget·ary** [ˈbʌdʒɪtərɪ] *adj* Haushalts-, Budget-

buff [bʌf] **I.** *s* ❶ dickes, weiches Leder ❷ (*fam*) bloße Haut ❸ stumpfes Gelbbraun; **in the ~** im Adamskostüm **II.** *adj* lederfarben **III.** *vt* polieren

buf·falo [ˈbʌfələʊ] <*pl* buffalo(e)s> *s* Büffel *m;* Bison *m*

buf·fer [ˈbʌfə(r)] *s* ❶ (TECH) Puffer, Prellbock *m* ❷ (INFORM) Puffer, Zwischenspeicher *m* ❸ Polierpfeile *f*

buf·fet¹ [ˈbʌfɪt] **I.** *s* (*a. fig*) Schlag *m* **II.** *vt* hin- und herwerfen

buf·fet² [ˈbʊfeɪ] *s* ❶ Büfett *nt;* Theke, Bar *f* ❷ kaltes Büfett; **buffet car** *s* (*Br:* RAIL) Speisewagen *m*

buf·foon [bəˈfuːn] *s* Possenreißer, Clown *m*

bug [bʌg] **I.** *s* ❶ Wanze *f* ❷ (*allgemein*) Insekt *nt;* (*Am*) Käfer *m* ❸ (*fam*) Bazillus *m* ❹ (*sl a.* INFORM) Fehler, Defekt *m* ❺ (*big ~*) hohes Tier ❻ (*Abhörgerät*) Wanze *f* **II.** *vt* ❶ eine Wanze einbauen in ❷ (*fam*) ärgern

bug·bear [ˈbʌgbeə(r)] *s* Schreckgespenst *nt*

bug·ger [ˈbʌgə(r)] **I.** *s* (*sl*) Kerl, Bursche *m;* (*als Schimpfwort*) Scheißkerl *m;* **you lucky ~!** da hast du aber Schwein gehabt! **II.** *vt* anal verkehren mit; **(oh,) ~!** (*vulg*) Scheiße!; **bugger off** *vi* (*sl*) abhauen; **bugger up** *vt* (*sl*) versauen; **bug·gery** [ˈbʌgərɪ] *s* Sodomie *f*

bugging [ˈbʌgɪŋ] *s* Abhöraktion *f;* **bugging system** *s* Abhörsystem *nt*

buggy [ˈbʌgɪ] *s* ❶ Buggy *m* ❷ (*Am*) Kinderwagen *m*

bugle [ˈbjuːgl] *s* (MUS) Waldhorn *nt;* **bugler** [ˈbjuːglə(r)] *s* Hornist(in) *m(f)*

build [bɪld] <*irr:* built, built> **I.** *vt* ❶ bauen (*of* aus) ❷ auf-, erbauen, errichten **II.** *vi* (ein Haus) bauen **III.** *s* Körperbau *m;* Figur *f;* **build in** *vt* einbauen, einplanen; **build on** *vt* anbauen; **build up** **I.** *vt* ❶ aufbauen, aufbessern ❷ steigern, erhöhen, kräftigen ❸ bebauen **II.** *vi* ❶ entstehen, zunehmen ❷ sich verdichten

builder [ˈbɪldə(r)] *s* ❶ Erbauer(in) *m(f)* ❷ Baumeister(in) *m(f)* ❸ Bauunternehmer(in) *m(f)* ❹ (*fig*) (Be)Gründer(in) *m(f)*

build·ing [ˈbɪldɪŋ] *s* ❶ Bau *m,* Bauen *nt;* Baukunst *f* ❷ Bau(werk *nt*) *m,* Gebäude *nt;* **building contractor** *s* Bauunternehmer(in) *m(f);* **building site** *s* Baustelle *f;* **building society** *s* Bausparkasse *f*

build-up [ˈbɪldʌp] *s* ❶ Reklame; Propaganda *f* ❷ Steigerung *f* ❸ Akkumulation *f;* **give s.o. a ~** jdn aufbauen; **a ~ of traffic** eine Verkehrsverdichtung

built [bɪlt] *s.* **build;** **built-in** [ˈbɪltˈɪn] *adj* eingebaut; **built-up** [ˈbɪltʌp] *adj:* **~ area** bebautes Gelände; geschlossene Ortschaft

bulb [bʌlb] *s* ❶ (Blumen)Zwiebel, Knolle *f* ❷ (Glas)Kolben *m* ❸ (Glüh)Birne *f;* **bulbous** [ˈbʌlbəs] *adj* (BOT) zwiebelförmig

Bul·garia [bʌlˈgeərɪə] *s* Bulgarien *nt;* **Bul·gar·ian** [bʌlˈgeərɪən] **I.** *s* Bulgare *m,* Bulgarin *f* **II.** *adj* bulgarisch

bulge [bʌldʒ] **I.** *s* ❶ Ausbuchtung *f;* Rundung *f;* Beule *f* ❷ Zunahme *f* **II.** *vi* anschwellen, sich wölben; einen Wulst bilden; **bulg·ing** [-ɪŋ] *adj* prall gefüllt

bul·imia [bʊlɪːmɪə] *s* (MED) Bulimie *f*

bulk [bʌlk] **I.** *s* ❶ Masse *f;* Umfang *m;* Volumen *nt;* Größe *f* ❷ Hauptteil *m;* Mehrzahl *f* (*of* +*gen*); **in ~** unverpackt, lose; in großen Mengen; (COM) en gros; **the ~ of** der größte Teil +*gen* **II.** *vi:* **~ large** bedeutend erscheinen; **bulk buying** *s* Großeinkauf *m;* **bulked-up** ['bʌlktʌp] *adj* gestärkt

bulk·head ['bʌlkhed] *s* (MAR) Schott *nt*

bulky ['bʌlkɪ] *adj* ❶ umfangreich, massig ❷ unhandlich; sperrig

bull[1] [bʊl] **I.** *s* ❶ Stier, Bulle *m* ❷ (COM) Haussespekulant *m;* **like a ~ in a china shop** wie ein Elefant im Porzellanladen *m;* **take the ~ by the horns** (*fig*) den Stier bei den Hörnern packen **II.** *vi* (COM) auf Hausse spekulieren **III.** *vt* die Kurse in die Höhe treiben

bull[2] [bʊl] *s* (REL) Bulle *f*

bull·dog ['bʊldɒg] *s* Bulldogge *f*

bull·doze ['bʊldəʊz] *vt* planieren; **~ s.o. into doing s.th.** jdn zwingen etw zu tun; **bull·dozer** ['bʊldəʊzə(r)] *s* Planierraupe *f,* Bulldozer *m*

bul·let ['bʊlɪt] *s* Gewehrkugel *f;* Geschoss *nt*

bull·etin ['bʊlətɪn] *s* ❶ amtlicher Bericht, Bulletin *nt* ❷ Tages-, Krankenbericht *m;* **bulletin board** *s* (*Am*) schwarzes Brett

bul·let·proof *adj* kugelsicher; **bullet train** *s* japanischer Hochgeschwindigkeitszug

bull·fight ['bʊlfaɪt] *s* Stierkampf *m;* **bull·fighter** ['bʊlfaɪtə(r)] *s* Stierkämpfer *m;* **bull·finch** ['bʊlfɪntʃ] *s* Dompfaff *m;* **bull-headed** [ˌbʊl'hedɪd] *adj* starrsinnig, starrköpfig

bul·lion ['bʊlɪən] *s* Gold-, Silberbarren *m*

bull-neck ['bʊlnek] *s* Stiernacken *m*

bul·lock ['bʊlək] *s* Ochse *m*

bull·ring ['bʊlrɪŋ] *s* Stierkampfarena *f;* **bull's-eye** ['bʊlzaɪ] *s* Scheibenmittelpunkt *m*

bull·shit **I.** *s* (*vulg*) Scheiße *f;* **~!** Quatsch! **II.** *vi* (*vulg*) Scheiß erzählen

bully[1] ['bʊlɪ] **I.** *s* Tyrann *m;* (*in der Schule*) Rabauke *m* **II.** *vt* einschüchtern; schikanieren; fertig machen

bully[2] ['bʊlɪ] *s* (~ *beef*) Cornedbeef *nt*

bully[3] ['bʊlɪ] *interj* (*fam*) prima!; **~ for you!** gratuliere!

bul·rush ['bʊlrʌʃ] *s* Binse *f*

bul·wark ['bʊlwək] *s* ❶ Bollwerk *nt* ❷ (MAR) Schanzkleid *nt*

bum[1] [bʌm] *s* (*fam*) Gesäß *nt,* Hintern *m*

bum[2] [bʌm] **I.** *s* (*sl*) Penner *m* **II.** *adj* (*sl*) mies, erbärmlich, schlecht **III.** *vi* (*sl*) ❶ rumgammeln ❷ schnorren (*off s.o.* bei jdm)

bum·ble around ['bʌmblˌəraʊnd] *vi* (*Br: fam*) herumwursteln

bum·ble-bee ['bʌmblbiː] *s* Hummel *f*

bumf [bʌmf] *s* (*sl*) Papierkram *m*

bummed *adj* (*Am: sl*) stinksauer

bump [bʌmp] **I.** *vt* ❶ stoßen (*s.th.* gegen etw), rammen ❷ auffahren **II.** *vi* ❶ stoßen, bumsen (*against, into* gegen, an) ❷ (*Wagen*) rumpeln, holpern **III.** *s* ❶ Stoß, Puff, Bums *m* ❷ Beule *f* (*on the head* am Kopf) ❸ (AVIAT) Bö *f* ❹ (*Straße*) Unebenheit *f* **IV.** *adv* mit einem Ruck; **bump off** *vt* (*sl*) um die Ecke bringen

bum·per ['bʌmpə(r)] **I.** *s* Stoßstange *f* **II.** *adj:* **~ crop** Rekordernte *f;* **bumper car** *s* (Auto)Scooter *m;* **bumper-to-bumper** *adj* Stoßstange an Stoßstange

bumph *s* (*sl*) Papierkram *m*

bump·kin ['bʌmpkɪn] *s* Tölpel *m*

bump·tious ['bʌmpʃəs] *adj* überheblich, anmaßend

bumpy ['bʌmpɪ] *adj* holp(e)rig

bun [bʌn] *s* ❶ (*England*) süßes Brötchen ❷ (Haar)Knoten *m*

bunch [bʌntʃ] **I.** *s* ❶ Büschel, Bündel *nt* ❷ (*Blumen*) Strauß *m* ❸ (*fam*) Haufen *m,* Gruppe *f;* Trupp, Schwarm *m;* **the best of the ~** das Beste an der ganzen Sache, das Allerbeste; **a ~ of people** eine Menschengruppe; **~ of grapes** Weintraube *f;* **~ of keys** Schlüsselbund *m* **II.** *vt:* **~ together** zusammenfassen **III.** *vi* sich bauschen

bundle ['bʌndl] **I.** *s* (*a. fig*) Bündel *nt,* Paket *nt* **II.** *vt* ❶ (zusammen)bündeln, zusammenbinden ❷ (unordentlich) (hinein)stopfen (*into* in) ❸ (*Menschen*) verfrachten; **~ away/off/out** (schnell) weg-/fort-/hinausbefördern; **~ s.o. off to bed** jdn ins Bett packen

bung [bʌŋ] **I.** *s* ❶ Spund *m* ❷ (*sl*) Schmiergeld *nt* **II.** *vt* verspunden; **~ up** verstopfen; **~ed-up** geschwollen; verstopft

bun·ga·low ['bʌŋgələʊ] *s* Bungalow *m*

bun·gee jump·ing ['bʌndʒɪˌdʒʌmpɪŋ] *s* Bungeespringen *nt*

bung-hole ['bʌŋhəʊl] *s* Spundloch *nt*

bungle ['bʌŋgl] **I.** *vi* pfuschen, stümpern **II.** *vt* verpfuschen **III.** *s* Pfuscherei, Pfuscharbeit *f;* **bung·ler** ['bʌŋglə(r)] *s* Pfuscher(in) *m(f),* Stümper(in) *m(f);* **bungling** ['-ɪŋ] *adj* stümperhaft

bunk[1] [bʌŋk] *s* Koje *f;* **bunk bed** *s* Etagen-, Stockbett *nt*

bunk[2] [bʌŋk] *s:* **do a ~** (*sl*) türmen; **bunk off** *vt* (*sl*) schwänzen

bunker ['bʌŋkə(r)] **I.** *s* ❶ (MAR) Kohlenbunker *m* ❷ (MIL) Bunker *m* ❸ (*Golf*) Bunker *m* **II.** *vt:* **be ~ed** in der Klemme sitzen; **bunker mentality** *s* Bunker-Mentalität *f*

bun·kum ['bʌŋkəm] *s* Blödsinn *m*

bunny ['bʌnɪ] *s* (*Kindersprache*) Kaninchen *nt*

bunt·ing ['bʌntɪŋ] *s* Fahnentuch *nt*

i Land & Leute

Paul **Bunyan** ist ein legendärer Riese, der als Holzfäller große Teile Amerikas geschaffen haben soll. Der Legende nach grub er die Meerenge *Puget Sound* im Staate *Washington* aus, um Baumstämme zur Sägemühle zu flößen. In *North* und *South Dakota* soll er das Land von Bäumen geräumt und zu Ackerland verwandelt haben. Er soll die Großen Seen ausgegraben haben, um seinen großen blauen Ochsen, *Babe*, mit Wasser zu versorgen.

i Land & Leute

Das **Bunyip** ist ein australisches Monster, das angeblich in Sümpfen, Lagunen und Wasserlöchern haust. Dieses Fabelwesen tauchte ungefähr zur gleichen Zeit erstmals in den Erzählungen der Aborigines auf, als die europäischen Siedler Rinder nach Australien brachten. Wissenschaftler vermuten deshalb, dass die Aborigines sich vor dem Gebrüll der unbekannten Rinder, die sich im Schlamm von Wasserlöchern aufhielten, fürchteten. So soll die Vorstellung vom Sumpfmonster, dem **Bunyip**, entstanden sein.

buoy [bɔɪ] **I.** *s* ❶ (MAR) Boje, Bake *f* ❷ (*life*~) Rettungsring *m* **II.** *vt* (~ *out*) durch Bojen bezeichnen; ~ **up** über Wasser halten; (*fig*) Auftrieb geben, Mut zusprechen (*s.o.* jdm); **buoy·ancy** [ˈbɔɪənsɪ] *s* ❶ (*Wasser*) Tragfähigkeit *f;* (*Gegenstand*) Schwimmfähigkeit *f* ❷ (*fig*) Spannkraft *f,* Schwung, Lebensmut *m;* **buoy·ant** [ˈbɔɪənt] *adj* ❶ (*Wasser*) tragend; (*Gegenstand*) schwimmend ❷ (*fig*) schwungvoll ❸ (COM) steigend; lebhaft

bur(r) [bɜː(r)] *s* ❶ (*a. fig*) Klette *f* ❷ (TECH) Grat *m*

burb [bɜːb] *s* (*fam: kurz für suburb*) Vorort *m*

burble [ˈbɜːbl] **I.** *vi* ❶ murmeln, plätschern; gurgeln ❷ (*fam*) daherquasseln **II.** *s* Plätschern *nt*

bur·den [ˈbɜːdn] **I.** *s* ❶ (*a. fig*) Last *f* ❷ (*Schiff*) Tragkraft *f,* Tonnengehalt *m* ❸ Kehrreim, Refrain *m* ❹ Leitgedanke *m;* **be a ~ on s.o.** jdm zur Last fallen; ~ **of proof** Beweislast *f* **II.** *vt* (*a. fig*) belasten; **bur·den·some** [-səm] *adj* lästig, beschwerlich

bureau [ˈbjʊərəʊ] *s* ❶ Schreibtisch *m* ❷ Büro *nt;* **information** [*o* **tourist**] ~ Auskunft *f*

bureau·cracy [bjʊəˈrɒkrəsɪ] *s* Bürokratie *f;* **bureau·crat** [ˈbjʊərəkræt] *s* Bürokrat(in) *m(f);* **bureau·cratic** [ˌbjʊərəˈkrætɪk] *adj* bürokratisch

bur·geon [ˈbɜːdʒən] *vi* (*lit*) knospen, keimen, sprießen

bur·ger [ˈbɜːgə(r)] *s* Hamburger *m*

bur·glar [ˈbɜːglə(r)] *s* Einbrecher(in) *m(f);* **bur·glar·ize** [ˈbɜːgləraɪz] *vt* (*Am*) einbrechen (*a house* in ein Haus); **bur·glary** [ˈbɜːglərɪ] *s* Einbruch(sdiebstahl) *m;* **bur·gle** [ˈbɜːgl] *vt* einbrechen in; **we were ~d** bei uns wurde eingebrochen

burial [ˈberɪəl] *s* Begräbnis *nt,* Bestattung, Beerdigung *f;* **burial ground** *s* Friedhof *m;* **burial place** *s* Grabstätte *f;* **burial service** *s* Trauerfeier *f;* **burial site** *s* Endlager *nt*

bur·lesque [bɜːˈlesk] **I.** *s* ❶ Burleske, Posse *f* ❷ (*Am*) Varietee *nt* **II.** *adj* possenhaft

burly [ˈbɜːlɪ] *adj* stämmig, kräftig

burn [bɜːn] <*irr:* burnt (burned), burnt (burned)> **I.** *vt* ❶ verbrennen ❷ anbrennen, anzünden, in Brand stecken; (*ein Loch in eine S*) brennen ❸ (*Kohle*) verfeuern; (*Ziegel*) brennen ❹ (*den Mund, die Finger*) sich verbrennen ❺ (*Speise*) anbrennen lassen ❻ (*Hitze*) versengen, verdorren lassen, ausdörren; ~ **one's fingers** sich die Finger verbrennen **II.** *vi* ❶ brennen, in Flammen stehen ❷ (*Licht*) brennen, eingeschaltet sein ❸ (*Speise*) anbrennen ❹ (*fig*) darauf brennen (*to* zu) ❺ (*vor Wut*) kochen, schäumen **III.** *s* Brandwunde, Verbrennung *f;* **burn away** *vi* ab-, aus-, verbrennen; **burn down** *vt, vi* ab-, niederbrennen; **burn out** *vt, vi* ❶ völlig aus-, verbrennen, ausgehen ❷ (ELEK) durchbrennen; ~ **o.s. out** sich kaputtmachen; **burn up I.** *vt* ❶ verbrennen ❷ (*fig*) verzehren **II.** *vi* ❶ in Flammen aufgehen; wieder aufflammen ❷ verglühen; **burner** [ˈbɜːnə(r)] *s* Brenner *m;* **burn·ing** [ˈbɜːnɪŋ] *adj* ❶ (*a. fig*) brennend, glühend ❷ (*fig*) leidenschaftlich, feurig ❸ (*Schmach*) empörend; ~ **hot** glühend heiß; ~ **issue** [*o* **question**] brennende Frage

bur·nish [ˈbɜːnɪʃ] *vt* polieren

i Land & Leute

Die **Burns Night** am 25. Januar, dem Geburtstag des schottischen Dichters

Robert Burns (1759–96), wird weltweit von Schotten und anderen Burns-Anhängern gefeiert. Zu dieser Feier gibt es ein besonderes Essen, das *Burns Supper*, zu dem *haggis*, eine Art Hackbraten aus gewürzten Eingeweiden eines Schafes, vermischt mit Hafer und Zwiebeln, die im Schafsmagen gekocht und später im Ofen gebraten werden, *neeps* (Rüben) und *mashed tatties* (Kartoffelbrei) gehören.

burnt [bɜ:nt] **I.** *pt, pp of* **burn II.** *adj* verbrannt; **have a ~ taste** angebrannt schmecken

burp [bɜ:p] *vi* (*fam*) rülpsen

burr [bɜ:(r)] *s* ❶ (*a. fig*) Klette *f* ❷ (TECH) Grat *m*

bur·row [ˈbʌrəʊ] **I.** *s* Bau *m* **II.** *vt* (*Bau*) graben **III.** *vi* ❶ sich einwühlen, -graben ❷ (*fig*) sich vergraben (*into* in)

bur·sar [ˈbɜ:sə(r)] *s* Schatzmeister(in) *m(f)*, Quästor(in) *m(f)*; **bur·sary** [ˈbɜ:sərɪ] *s* ❶ Quästur *f* ❷ Stipendium *nt*

burst [bɜ:st] <*irr:* burst, burst> **I.** *vi* ❶ bersten, (zer)platzen, reißen, zerspringen; explodieren ❷ (*Knospe*) aufbrechen; (*Sturm*) ausbrechen; (*Gewitter*) sich entladen ❸ (*a. fig*) bersten, platzen (*with* vor); **~ open** aufbrechen; **be ~ing with health** vor Gesundheit strotzen; **be ~ing to** darauf brennen zu; **~ into tears** in Tränen ausbrechen **II.** *vt* sprengen; bersten, platzen lassen; **~ one's side(s) with laughter** vor Lachen platzen; **~ its banks** über die Ufer treten **III.** *s* ❶ Bersten, Zerspringen *nt* ❷ (MIL: **~** *of fire*) Feuerstoß *m* ❸ (*fig*) Ausbruch, Anfall *m*; **~ of applause** Beifallssturm *m*; **burst forth** *vi* ausbrechen (*into* in); **burst in** *vi* ❶ hereinstürzen ❷ dazwischenplatzen; **burst out** *vi* ausbrechen in, ausrufen, (plötzlich) schreien; **~ out crying** in Tränen ausbrechen; **~ out laughing** sich vor Lachen nicht halten können; loslachen

Bu·run·di [bʊˈrʊndɪ] *s* Burundi *nt*; **Bu·run·dian** [bʊˈrʊndɪən] **I.** *adj* burundisch **II.** *s* Burundier(in) *m(f)*

bury [ˈberɪ] *vt* ❶ begraben, beerdigen ❷ ein-, vergraben ❸ verbergen ❹ (*fig*) vergessen, auf sich beruhen lassen; **~ o.s. in one's books** sich in seinen Büchern vergraben; **buried in thought** gedankenversunken

bus [bʌs] <buses, busses *Am*> **I.** *s* ❶ Bus, Omnibus, Autobus *m* ❷ (AUTO: *fam*) Kiste *f*; **go by ~** mit dem Bus fahren; **miss the ~** (*fam*) den Anschluss verpassen **II.** *vt* mit dem Bus befördern; **bus driver** *s* Busfahrer(in) *m(f)*

bush [bʊʃ] *s* ❶ Busch, Strauch *m*; Gebüsch *nt* ❷ Busch *m* (*in Afrika*) ❸ Haarschopf *m*; **beat about the ~** (*fig*) wie die Katze um den heißen Brei herumschleichen

bushel [ˈbʊʃl] *s* Scheffel *m* (*36,37 l*); **hide one's light under a ~** (*prov*) sein Licht unter den Scheffel stellen

Bush·man [ˈbʊʃmən] <*pl* -men> *s* Buschmann *m*; **bushy** [ˈbʊʃɪ] *adj* buschig

busi·ly [ˈbɪzɪlɪ] *adv* geschäftig, eifrig

busi·ness [ˈbɪznɪs] *s* ❶ Geschäftsleben *nt*, Handel *m*, Gewerbe *nt* ❷ geschäftliches Unternehmen, Geschäftsbetrieb *m*, gewerblicher Betrieb ❸ Aufgabe *f*; Angelegenheit, Sache *f* ❹ Problem *nt*; **in ~** im Geschäftsleben; **on ~** geschäftlich; **be in ~** Geschäftsmann sein; **do ~** Geschäfte machen; **have no ~ to** kein Recht haben zu; **get down to ~** zur Sache kommen; **mean ~** es ernst meinen; **retire from ~** sich aus dem Geschäftsleben zurückziehen; **set up in ~** ein Geschäft anfangen; **mind your own ~!** kümmern Sie sich um Ihre eigenen Angelegenheiten!; **send s.o. about his ~** jdn in seine Schranken weisen; **that's none of your ~!** das geht Sie nichts an!; **what's his ~?** was macht, wovon lebt er?; **what's your ~ (with me)?** was führt Sie zu mir?; **what ~ is he in?** in welcher Branche arbeitet er?; **business address** *s* Geschäftsadresse *f*; **business card** *s* Visitenkarte *f*; **business end** *s* scharfes Ende; **business expenses** *s pl* Geschäftskosten *pl*; **business hours** *s pl* Geschäftszeit(en) *f (pl)*; **business letter** *s* Geschäftsbrief *m*; **busi·ness·like** [-laɪk] *adj* ❶ geschäftstüchtig ❷ praktisch (veranlagt), gewandt; **busi·ness·man** [-mæn] <*pl* -men> *s* Geschäftsmann *m*; **business park** *s* Industriegelände *nt*; **business transaction** *s* Geschäftsvorfall *m*; **business trip** *s* Geschäftsreise *f*; **busi·ness·woman** [-wʊmən, *pl* -wɪmɪn] <*pl* -women> *s* Geschäftsfrau *f*

busker [ˈbʌskə(r)] *s* Straßenmusikant(in) *m(f)*

bus·load [ˈbʌsləʊd] *s* Busladung *f*; **by the ~, in ~s** busweise; **busman's holiday** *s* Fortsetzung *f* der Berufstätigkeit in den Ferien; **bus service** *s* Busverbindung *f*; **bus station** *s* Busbahnhof *m*; **bus stop** *s* Bushaltestelle *f*

bust¹ [bʌst] *s* ❶ Busen *m* ❷ (*Kunst*) Büste *f*

bust² [bʌst] **I.** *vt* ❶ kaputtmachen ❷ (*Am*)

eine Razzia durchführen (in) **II.** *vi* kaputtgehen; **go ~** Pleite gehen

bustle ['bʌsl] **I.** *vi* sich geschäftig bewegen, sich tummeln; **~ about** sehr geschäftig tun **II.** *s* Geschäftigkeit, Eile, Hetze *f*

bust-up ['bʌstʌp] *s* (*sl*) Krach, Streit *m*

busy ['bɪzɪ] **I.** *adj* ❶ beschäftigt ❷ bewegt, belebt ❸ (*Straße*) verkehrsreich, belebt; (*Tag*) voll ausgefüllt; (*Mensch*) ausgelastet ❹ (TELE) besetzt; **be ~ doing s.th.** gerade etw tun **II.** *vr* sich beschäftigen (*with* mit); **busy·body** ['bɪzɪˌbɒdɪ] *s* Gschaftlhuber(in) *m(f)*, Wichtigtuer(in) *m(f)*

but [bʌt] **I.** *conj* ❶ aber, dennoch, (je)doch, indessen, nichtsdestoweniger, andererseits ❷ sondern; außer dass; ohne dass, ohne zu; wenn nicht ❸ (*nach Verneinung*) dass; **~ that** außer dass, ohne dass; **not only … ~ also** nicht nur …, sondern auch **II.** *prep* außer; **anything ~** nichts weniger als; **nothing ~** nichts als; **the last ~ one** der Vorletzte; **all ~ one** alle bis auf einen; **~ for** ohne **III.** *adv* nur, bloß; **all ~** beinahe, fast, nahezu; **~ then** dafür aber **IV.** *pron* (*nach verneintem Hauptsatz*): **there was not one ~ was wounded** es war nicht einer da, der nicht verwundet war **V.** *s* Aber *nt*

bu·tane ['bju:teɪn] *s* Butan(gas) *nt*

butch [bʊtʃ] *adj* (*sl*) maskulin

butcher ['bʊtʃə(r)] **I.** *s* ❶ Metzger(in) *m(f)*, Fleischer(in) *m(f)*, Schlachter(in) *m(f)* ❷ (*fig*) Schlächter *m*; **~'s shop** Fleischerei, Metzgerei *f*; **at the ~'s** beim Fleischer **II.** *vt* (*Menschen*) (hin)schlachten, niedermetzeln; **butchery** ['bʊtʃərɪ] *s* ❶ Metzgerhandwerk *nt* ❷ (*fig*) Gemetzel *nt*

but·ler ['bʌtlə(r)] *s* Butler *m*

butt¹ [bʌt] *s* ❶ großes Fass ❷ Tonne *f* ❸ (*~-end*) stumpfes Ende

butt² [bʌt] *s* ❶ (Gewehr)Kolben *m* ❷ Zigarettenstummel *m*

butt³ [bʌt] *s* ❶ Schießscheibe *f* ❷ **~s** Kugelfang *m* ❸ (*fig*) Zielscheibe *f*

butt⁴ [bʌt] **I.** *vt* mit dem Kopf stoßen **II.** *vi* (*fam*): **~ in** sich einmischen; **~ into** dazwischenplatzen; **~ out!** (*Am*) hau ab! verpiss dich!; **~ out** (*a cigarette, Am: fam*) eine Zigarette ausmachen

but·ter ['bʌtə(r)] **I.** *s* Butter *f*; **peanut-~** Erdnussbutter *f* **II.** *vt* mit Butter bestreichen; **~ up** schmeicheln (*s.o.* jdm); **but·ter·cup** ['bʌtəkʌp] *s* Butterblume *f*, Hahnenfuß *m*; **butter-dish** *s* Butterdose *f*; **but·ter·fin·gers** ['bʌtəˌfɪŋgəz] *s sing* Schussel *m*

but·ter·fly ['bʌtəflaɪ] *s* ❶ Schmetterling *m* ❷ (SPORT) Schmetterlings-, Delphinstil *nt*

but·ter·milk ['bʌtəmɪlk] *s* Buttermilch *f*

but·tery ['bʌtərɪ] *s* ❶ Speisekammer *f* ❷ Cafeteria *f*

but·tock ['bʌtək] *s* ❶ Hinterbacke *f* ❷ *meist pl* Hinterteil, Gesäß *nt*

but·ton ['bʌtn] **I.** *s* ❶ Knopf *m* ❷ junger Champignon ❸ (ELEK) Klingel-, Schaltknopf *m* ❹ **~s** (*fam*) Page *m*; **press the ~** auf den Knopf drücken **II.** *vt* zuknöpfen; **~ your lip!** (*sl*) halt den Mund! **III.** *vi* sich knöpfen lassen; **~ up** (zu)knöpfen; (*fam: Aufgabe*) erledigen, fertigbringen; **but·toned-down** *adj* ❶ (*Kragen*) mit angeknöpften Enden ❷ (*Am: fam*) fantasielos; **but·ton·hole** [-həʊl] **I.** *s* ❶ Knopfloch *nt* ❷ Sträußchen *nt* im Knopfloch **II.** *vt* (*fig*) sich schnappen

but·tress ['bʌtrɪs] **I.** *s* ❶ (ARCH) Strebepfeiler *m* ❷ (*fig*) Stütze *f* **II.** *vt* (*a. fig*) stützen

buxom ['bʌksəm] *adj* drall, vor Gesundheit strotzend

buy [baɪ] <*irr:* bought, bought> **I.** *vt* ❶ kaufen; erwerben, erstehen ❷ (*Fahrkarte*) lösen ❸ (*fig*) erkaufen (*with* mit); **~ at an auction** ersteigern; **~ at a loss/profit** mit Verlust/Gewinn kaufen; **~ s.th.** (*fig*) etw akzeptieren; etw glauben **II.** *s* (*fam*) (guter) Kauf; **buy back** *vt* zurückkaufen; **buy in** *vt* einkaufen; **buy off** *vt* (*fam*) bestechen; **buy out** *vt* auszahlen; aufkaufen; (*Gefangene*) freikaufen; **buy up** *vt* aufkaufen; **buyer** ['baɪə(r)] *s* ❶ Käufer(in) *m(f)*, Abnehmer(in) *m(f)* ❷ Einkäufer(in) *m(f)*; **~'s market** Käufermarkt *m*

buzz [bʌz] **I.** *vi* summen, surren, schwirren, brausen, brummen **II.** *vt* ❶ durch Summer herbeirufen ❷ (AVIAT) niedrig fliegen (*a field* über ein Feld) **III.** *s* ❶ Summen, Brausen, Brummen *nt* ❷ Gemurmel, Stimmengewirr *nt* ❸ (*fam*) (Telefon)Anruf *m*; **give s.o. a ~** (*fam*) jdn anrufen; **buzz about** *vi* herumschwirren; **buzz off** *vi* (*sl*) abhauen

buz·zard ['bʌzəd] *s* Bussard *m*

buzzer ['bʌzə(r)] *s* (TECH) Summer *m*; **buzz word** *s* Schlagwort *nt*

by [baɪ] **I.** *prep* ❶ (*örtlich*) bei, an, neben; **~ the sea** an der See; **close ~ the river** dicht am Fluss; **sit ~ me** setz dich zu mir, neben mich ❷ (*örtlich*) durch, über; **I went ~ Paris** ich bin über Paris gefahren ❸ (*örtlich*) an … vorbei; **I walked ~ the post-office** ich bin an der Post vorbeigegangen ❹ (*zeitlich*) während, in, an; **~ day** bei, am Tage, tagsüber ❺ (*zeitlich*) vor, bis (zu), spätestens an, um; **~ tomorrow** bis morgen; **~ now** bisher, bis jetzt; **~ then** bis dahin ❻ (*je*): **~ the day** am Tag, täglich, pro Tag; **~ the pound** pfundweise ❼ (*Ausdehnung*): **four feet ~ six** vier zu sechs

Fuß ❽ von, durch, mit, (ver)mittels, an; **a tragedy ~ Shakespeare** eine Tragödie von Shakespeare; ~ **car/rail/train/tram/bus/boat** mit dem Wagen/der Bahn/dem Zug/der Straßenbahn/dem Bus/dem Schiff; ~ **plane** im Flugzeug; ~ **land/sea/air** zu Lande/zu Wasser/auf dem Luftwege; **live ~ bread** von Brot leben ❾ nach (*einer S urteilen*); **swear ~ s.th.** (*fig*) auf etw schwören; **what do you mean ~ that?** was meinen Sie damit? was wollen Sie damit sagen?; **judge ~ appearances** nach dem Äußeren urteilen **II.** (*Wendungen*): (**all**) ~ **o.s.** (ganz) allein; ohne Hilfe; **day ~ day** Tag für Tag, täglich; **little ~ little** nach und nach, langsam, allmählich, stufen-, schrittweise; **one ~ one** einer nach dem andern; **step ~ step** Schritt für Schritt, schrittweise; ~ **chance** zufällig; ~ **degrees** stufenweise; ~ **the dozen** dutzendweise, im Dutzend; ~ **far** bei weitem, (sehr) viel; ~ **all/no means** auf jeden/keinen Fall; ~ **name** dem Namen nach; ~ **the name of** unter dem Namen *+gen;* ~ **nature** von Natur (aus); ~ **right** von Rechts wegen; ~ **the way** [*o* **by**(**e**)] übrigens **III.** *adv* vorbei; **I can't get ~** ich kann, komme nicht vorbei; **in days gone ~** in vergangener, früherer Zeit; **stand ~** in der Nähe, bereit sein; **put** [*o* **lay**] ~ (*fig*) auf die Seite legen, sparen; ~ **and ~** nach und nach; ~ **and large** im Großen und Ganzen

? Grammatik

by wird zusammen mit Fahrzeugen gebraucht: *to go by car/by train/by bus/by tram/by plane* – mit dem Auto/mit dem Zug/mit dem Bus/mit der Straßenbahn fahren/mit dem Flugzeug fliegen.

bye [baɪ] *s* ❶ etw Nebensächliches ❷ (*Kricket*) angerechneter Lauf für einen vorbeigelassenen Ball

bye-bye ['baɪ'baɪ] **I.** *s* (*Kindersprache*) Heia *f,* Bettchen *nt* **II.** *interj* auf Wiedersehen!

by(**e**)**-law** ['baɪlɔː] *s* Verordnung *f;* **by-election** ['baɪɪlekʃn] *s* (PARL) Nachwahl *f;* **by-gone** ['baɪgɒn] **I.** *adj* vergangen **II.** *s:* **let ~s be ~s** lasst die Vergangenheit begraben sein

i Land & Leute

Ein **BYO-restaurant** (**B**ring **Y**our **O**wn) ist in Australien ein Restaurant, das keine Alkohollizenz hat und deshalb können die Gäste ihre eigenen alkoholischen Getränke mitbringen.

by·pass ['baɪpɑːs] **I.** *s* ❶ Umgehungsstraße *f* ❷ (MED) Bypass *m* **II.** *vt* ❶ umfahren, herumfahren um, umleiten ❷ (*fig*) umgehen; **by·pass op·era·tion** *s* (MED) Bypassoperation *f;* **by·path** ['baɪpɑːθ] *s* Neben-, Seitenweg *m;* **by·play** ['baɪpleɪ] *s* Nebenhandlung *f;* **by·prod·uct** ['baɪprɒdʌkt] *s* Nebenprodukt *nt;* **by·road** ['baɪrəʊd] *s* Neben-, Seitenstraße *f;* **by·stander** ['baɪstændə(r)] *s* Zuschauer(in) *m(f);* **byte** [baɪt] *s* (INFORM) Byte *nt;* **by·way** ['baɪweɪ] *s* Seitenweg *m;* **by·word** ['baɪwɜːd] *s* Inbegriff *m;* **become a ~ for** gleichbedeutend werden mit

Cc

C, c [siː] <*pl* -'s> *s* ❶ (*a.* MUS) C, c *nt* ❷ (*Schulnote*) befriedigend

cab [kæb] *s* ❶ (*taxi~*) Taxe *f,* Taxi *nt* ❷ (RAIL) Führerstand *m* (*a. Kran, Bagger*) ❸ (*Lastkraftwagen*) Führerhaus *nt;* **go by ~** mit der Taxe fahren

cab·aret ['kæbəreɪ] *s* Kabarett *nt*

cab·bage ['kæbɪdʒ] *s* ❶ Kohl *m* ❷ (*fam*) geistiger Krüppel

cabby ['kæbɪ] *s* (*fam*) Taxifahrer(in) *m(f)*

cabin ['kæbɪn] *s* ❶ Hütte *f* ❷ Wochenendhaus *nt* ❸ (MAR) Kabine, Kajüte *f* ❹ Führerhaus *nt;* (AVIAT) Kanzel *f;* **cabin attendant** *s* Steward *m,* Stewardess *f;* **cabin-class** *s* (MAR) zweite Klasse; **cabin cruiser** *s* Motorboot *nt* mit Kabine

cabi·net ['kæbɪnɪt] *s* ❶ Glasschrank *m,* Vitrine *f* ❷ Schrank *m;* Kasten *m* ❸ (*radio*) Gehäuse *nt;* **Cabinet** (POL) Kabinett *nt;* **filing ~** Aktenschrank *m;* **shadow ~** Schattenkabinett *nt*

i Land & Leute

In Großbritannien ist das **Cabinet** ein Gremium wichtiger Minister, das regelmäßig mit dem *Prime Minister* zusammenkommt. Das *Shadow Cabinet*, das Schattenkabinett, ist ein Gremium wichtiger Mitglieder der Opposition.

cabi·net-maker [-ˌmeɪkə(r)] *s* Möbeltischler(in) *m(f)*, -schreiner(in) *m(f)*

cable [ˈkeɪbl] **I.** *s* ① Tau *nt;* (Draht)Seil *nt* ② Ankertau *nt,* -kette *f;* Trosse *f* ③ (TELE) Kabel *nt;* Kabelnachricht *f* ④ (ELEK) Kabel *nt;* Leitung *f;* **by ~** durch Kabel, telegrafisch **II.** *vt, vi* (TELE) kabeln; **cable car** *s* Wagen *m* einer (Draht)Seilbahn, Straßenbahn; **cable·gram** [ˈkeɪblgræm] *s* Kabel *nt;* **cable network** *s* Kabelnetz *nt;* **cable railway** *s* Drahtseilbahn *f;* **cable stitch** *s* Zopfmuster *nt;* **cable television** *s* Kabelfernsehen *nt*

ca·boodle [kəˈbuːdl] *s:* **the whole ~** *(fam)* der ganze Kram; der ganze Haufen

cab-rank, cab-stand [ˈkæbræŋk, ˈkæbstænd] *s* Taxi-, Taxenstand *m*

cab·rio·let [ˌkæbrɪəʊˈleɪ] *s* (AUTO) Kabriolett *nt*

ca·cao [kəˈkɑːəʊ] *s* ① (~ *bean*) Kakaobohne *f* ② (~-*tree*) Kakaobaum *m*

cache [kæʃ] **I.** *s* Versteck *nt;* versteckter Vorrat **II.** *vt* verstecken, verbergen

ca·chet [ˈkæʃeɪ] *s* ① (Qualitäts-, Herkunfts)Stempel *m* ② (MED) Kapsel *f*

cackle [ˈkækl] **I.** *s* Gegacker *nt;* *(fig)* Gekicher *nt* **II.** *vi* gackern; *(fig)* plappern; kichern

ca·coph·ony [kæˈkɒfənɪ] *s* Missklang *m,* Kakophonie *f*

cac·tus [ˈkæktəs, *pl* ˈkæktaɪ] <*pl* -tuses, -ti> *s* Kaktus *m*

CAD *s Abk. von* **computer-aided design** CAD *nt*

ca·daver [kəˈdeɪvə(r)] *s* Kadaver *m;* **cadaver bag** *s (Am)* Leichensack *m*

caddie [ˈkædi] *s (Golf)* Caddie *m*

caddy [ˈkædɪ] *s* Teebüchse *f*

ca·dence [ˈkeɪdns] *s* ① Kadenz *f* ② Rhythmus *m* ③ Tonfall *m*

ca·det [kəˈdet] *s* (MIL) Kadett *m*

cadge [kædʒ] *vi, vt* schnorren; **cad·ger** [ˈkædʒə(r)] *s* Schnorrer(in) *m(f)*

cad·mium [ˈkædmjəm] *s* Cadmium *nt*

cadre [ˈkɑːdə(r)] *s* Kader *m*

Caesar·ian [sɪˈzeərɪən] *s, adj:* **~ section** (MED) Kaiserschnitt *m*

cae·sium [ˈsiːzjəm] *s* Cäsium *nt*

café [ˈkæfeɪ] *s* ① Café *nt* ② Restaurant *nt;* **cafe·teria** [ˌkæfɪˈtɪərɪə] *s* Selbstbedienungsrestaurant *nt,* Cafeteria *f;* **caf·fein(e)** [ˈkæfiːn] *s* Koffein *nt;* **caf·fei·nate** [ˈkæfɜːˌneɪt] *vt (sl)* Kaffee trinken

cage [keɪdʒ] **I.** *s* ① Käfig *m* ② *(Aufzug)* Kabine *f* ③ (MIN) Förderkorb *m* ④ *(Hockey)* Tor *nt* **II.** *vt* in einen Käfig sperren; **cagey** [ˈkeɪdʒɪ] *adj* ① *(fam)* zurückhaltend ② berechnend ③ *(Am)* gerissen

ca·hoots [kəˈhuːts] *s (fam):* **be in ~ with s.o.** mit jdm unter einer Decke stecken

cairn [keən] *s* Steinpyramide *f*

ca·jole [kəˈdʒəʊl] *vt* schmeicheln *(s.o.* jdm); **~ s.o. into/out of doing s.th.** jdn dazu bringen etw zu tun/zu unterlassen; **~ s.th. out of s.o.** jdm etw abbetteln

cake [keɪk] **I.** *s* ① Kuchen *m* ② Stück *nt (of soap* Seife), Riegel *m,* Tafel *f (of chocolate* Schokolade) ③ (TECH) Masse *f,* Klumpen *m;* **be a piece of ~** *(fam)* kinderleicht sein **II.** *vi* zusammenbacken, einen Klumpen bilden

ca·lam·ity [kəˈlæmətɪ] *s* ① Unglück *nt;* Schicksalsschlag *m* ② Not *f,* Elend *nt*

cal·ci·fer·ous [kælˈsɪfərəs] *adj* kalkhaltig; **cal·cify** [ˈkælsɪfaɪ] *vt, vi* verkalken; **cal·cium** [ˈkælsɪəm] *s* (CHEM) Kalzium *nt;* **~ carbide** Kalziumkarbid *nt*

cal·cu·lable [ˈkælkjʊləbl] *adj* berechenbar; kalkulierbar; **cal·cu·late** [ˈkælkjʊleɪt] **I.** *vi* rechnen *(on* mit); *(fig)* sich verlassen *(on* auf) **II.** *vt* aus-, be-, errechnen; veranschlagen, kalkulieren; **be ~d to** *(mit inf)* darauf berechnet, zugeschnitten sein, zu, dass; **cal·cu·lated** [-ɪd] *adj* berechnet, vorbedacht, absichtlich; **take a ~ risk** ein kalkulierbares Risiko eingehen; **cal·cu·lat·ing** [-ɪŋ] *adj* berechnend; überlegt; **~ error** Rechenfehler *m;* **~-machine** Rechenmaschine *f;* **cal·cu·la·tion** [ˌkælkjʊˈleɪʃn] *s* ① Kalkulation, (Be)Rechnung *f* ② Überschlag, Voranschlag *m* ③ Überlegung *f;* **~ of cost** Kostenberechnung *f;* **cal·cu·la·tor** [ˈkælkjʊleɪtə(r)] *s* ① Kalkulator *m* ② Rechner *m;* Rechentabelle *f* ③ Taschenrechner *m;* **cal·cu·lus** [ˈkælkjʊləs, *pl* -liː] <*pl* -li> *s* ① (MED) Stein *m* ② (MATH) Rechnungsart *f;* Differenzialrechnung *f*

cal·en·dar [ˈkælɪndə(r)] *s* ① Kalender *m* ② Verzeichnis, Register *nt,* Liste *f* ③ (JUR) Terminkalender *m;* **~ of events** Veranstaltungskalender *m;* **ca·len·dri·cal** [kæˈlendrɪkl] *adj* kalendarisch; **calendar month** *s* Kalendermonat *m*

calf¹ [kɑːf, *pl* kɑːvz] <*pl* calves> *s* ① Kalb *nt* ② *(Mensch)* Ochse, Esel *m* ③ (~-*skin*) Kalbleder *nt* ④ Eisscholle *f;* **in** [*o* **with**] **~** *(Kuh)* trächtig

calf² [kɑːf, *pl* kɑːvz] <*pl* calves> *s* Wade *f*

calf-love [ˈkɑːflʌv] *s* Jugendliebe *f*

cali·ber *s (Am)* ① Kaliber *nt* ② *(fig)* Format *nt,* Bedeutung *f,* Kaliber *nt (eines Menschen)*

cali·brate [ˈkælɪbreɪt] *vt* kalibrieren; *(Messgerät)* eichen; **cal·ibre** [ˈkælɪbə(r)] *s* ① Kaliber *nt* ② *(fig)* Format *nt,* Bedeutung *f,* Kaliber *nt (eines Menschen)*

cal·ico ['kælɪkəʊ] <*pl* -ico(e)s> *s* Kaliko *m;* (*Am*) Kattun *m*

call [kɔ:l] **I.** *vt* ① rufen; (TELE) anrufen; (*Namen*) aufrufen; (*Schauspieler vor den Vorhang*) herausrufen ② (*Arzt, Taxe*) holen, rufen ③ wecken ④ nennen; bezeichnen ⑤ betrachten, ansehen als, halten für ⑥ (*in ein Amt*) berufen ⑦ (*Versammlung*) einberufen ⑧ (*Pause*) einlegen; **be ~ed** heißen, genannt werden (*after s.o.* nach jdm); **~ to account** zur Rechenschaft ziehen; **~ attention to** aufmerksam machen auf; **~ into being** ins Leben rufen; **~ it a day** Feierabend machen; **~ to mind** sich erinnern an; **~ s.o. names** jdn be-, ausschimpfen; **~ to order** zur Ordnung rufen; **~ into question** in Frage stellen **II.** *vi* ① rufen ② kurz besuchen, vorsprechen ③ (TELE) anrufen **III.** *s* ① Ruf *m* ② (TELE) Anruf *m,* (Telefon)Gespräch *nt* ③ (dringende) Bitte, Aufforderung *f* ④ Abruf *m;* Aufruf *m* ⑤ An-, Nachfrage *f* (*for* nach) ⑥ Anspruch *m* (*for, on* auf) ⑦ (THEAT) Vorhang *m* ⑧ (JUR) Aufruf *m* (*of a case* einer Sache) ⑨ (kurzer) Besuch *m* ⑩ (RAIL) Aufenthalt, Halt *m* ⑪ (MAR, AVIAT) Zwischenlandung *f* ⑫ Signal *nt* ⑬ (*meist verneint*) Notwendigkeit, Gelegenheit *f,* Grund *m,* Ursache *f* (*for, to* zu); **at ~** bereit; verfügbar, greifbar; **at** [*o* **on**] **~** (FIN) auf tägliche Kündigung; **on ~** auf Abruf, auf Anforderung; in Bereitschaft; **within ~** in Ruf-, Hörweite; **give s.o. a ~** (TELE) jdn anrufen; **local ~** (TELE) Ortsgespräch *nt;* **roll ~** namentlicher Aufruf; **trunk** [*o* **long-distance**] **~** Ferngespräch *nt;* **~ for help** Hilferuf *m;* **~ to order** Ordnungsruf *m;* **call at** *vi* ① vorsprechen bei ② (*einem Ort*) halten in; (*einen Hafen*) anlaufen; (AVIAT) anfliegen; **call away** *vt* ab-, wegrufen; **call back** *vt* zurückrufen; **call down** *vt* ① herunterrufen ② (*Zorn*) auf sich ziehen; **call for** *vt* ① fragen nach, (dringend) verlangen ② benötigen, erfordern ③ (*Konferenz*) einberufen, ansetzen ④ (*Menschen*) abholen; **to be ~ed for** postlagernd; **call forth** *vt* ① einsetzen, anwenden ② hervorbringen ③ erfordern; **~ forth all one's energy** seine ganze Kraft zusammennehmen; **call in** **I.** *vt* ① hereinrufen; herbeirufen, -holen ② (*einen Arzt*) holen, zuziehen ③ (*Geld*) zurückfordern; einziehen **II.** *vi* vorsprechen (*on* bei); **call off** *vt* ① ab-, wegrufen ② (*Veranstaltung*) absagen, abblasen, abbrechen; **call on** *vi* ① auf-, besuchen (*at s.o.'s home, office* in jds Heim, Büro), vorsprechen bei ② sich wenden an ③ auffordern (*s.o.* jdn); **call out** **I.** *vt* ① herausrufen ② in Aktion bringen ③ (*Namen*) (auf)rufen ④ (*Haltestelle*) ausrufen ⑤ (*Truppen*) einsetzen ⑥ (*Am: Schauspieler*) herausrufen ⑦ (*Feuerwehr*) herbeirufen ⑧ zum Streiken auffordern **II.** *vi* (laut) aufschreien; **call up** *vt* ① aufrufen ② (TELE) anrufen ③ ins Gedächtnis rufen ④ (*fig*) hervorrufen, wachrufen; aufwecken ⑤ (MIL) einberufen

call-box ['kɔ:lbɒks] *s* Telefonzelle *f;* **call diversion** *s* Rufumleitung *f;* **called** [kɔ:ld] *adj* genannt; **many are ~** viele sind berufen; **caller** ['kɔ:lə(r)] *s* ① Besucher(in) *m(f)* ② (TELE) Anrufer(in) *m(f);* **caller ID** *s no pl* Anruferkennung *f;* **call-girl** ['kɔ:lgɜ:l] *s* Callgirl *nt*

cal·ligra·phy [kə'lɪgrəfɪ] *s* Kalligrafie *f*

call·ing ['kɔ:lɪŋ] *s* Berufung *f;* **calling card** *s* Visitenkarte *f*

cal·lous ['kæləs] *adj* ① schwielig ② (*fig*) gefühllos, abgestumpft (*to* gegen)

call-sign ['kɔ:lsaɪn] *s* (RADIO) Sendezeichen *nt;* **call-up** ['kɔ:lʌp] *s* Einberufung *f*

cal·lus ['kæləs] *s* ① Schwiele *f* ② Hornhaut *f* ③ (MED) Kallus *m*

call waiting *s* (TELE) Anklopfen *nt*

calm [kɑ:m] **I.** *s* ① Ruhe, Stille *f* ② Windstille, Flaute *f* ③ (*fig*) (innere) Ruhe *f* **II.** *adj* ① ruhig ② (wind)still ③ (*fig*) ruhig, friedlich **III.** *vt* beruhigen; **~ down** sich beruhigen; (*Wind*) abflauen; **calm·ness** [-nɪs] *s* (innere) Ruhe *f;* Stille *f*

cal·oric ['kælərɪk] *adj* kalorisch; Wärme-; **cal·orie** ['kælərɪ] *s* Kalorie *f;* **cal·or·if·ic** [ˌkælər'ɪfək] *adj* wärmeerzeugend; **~ value** Heizwert *m*

cal·umny ['kæləmnɪ] *s* Verleumdung *f*

Cal·vary ['kælvərɪ] *s* Golgatha *nt;* Kalvarienberg *m*

calve [kɑ:v] *vi* kalben (*a. Eisberg, Gletscher*)

Cal·vin·ism ['kælvɪnɪzəm] *s* Kalvinismus *m;* **Cal·vin·ist** ['kælvɪnɪst] *s* Kalvinist(in) *m(f)*

CAM ['kæm] *s Abk. von* **computer-aided manufacture** computergestützte Fertigung

cam [kæm] *s* (TECH) Nocken, Mitnehmer, Daumen *m*

cam·ber ['kæmbə(r)] **I.** *s* ① Wölbung, Schweifung *f* ② (AUTO) Radsturz *m* **II.** *vt* wölben

Cam·bo·dia [kæm'bəʊdɪə] *s* Kambodscha *nt;* **Cam·bo·dian** [kæm'bəʊdɪən] **I.** *adj* kambodschanisch **II.** *s* Kambodschaner(in) *m(f)*

cam·cord ['kæmˌkɔ:rd] *vt* (mit einer Videokamera) filmen

cam·cor·der ['kæmkɔːdə(r)] *s* Camcorder *m*
came [keɪm] *s.* **come**
camel ['kæml] *s* Kamel *nt;* **camel·hair** *s* Kamelhaar *nt*
cameo ['kæmɪəʊ] *s* Kamee *f*
cam·era ['kæmərə] *s* Kamera *f;* Fotoapparat *m;* **in** ~ (JUR) unter Ausschluss der Öffentlichkeit; **camera angle** *s* Blickwinkel *m;* **cam·era·man** <*pl* -men> *s,* **cam·era·wo·man** *s* ❶ (FILM) Kameramann *m,* Kamerafrau *f* ❷ Pressefotograf(in) *m(f),* Bildberichter(in) *m(f);* **camera-ready copy, CRC** *s* (TYP) reproreife Vorlage; **camera shot** *s* Einstellung *f;* **camera-shy** *adj* kamerascheu
Came·roon [ˌkæmə'ruːn] *s* Kamerun *nt;* **Came·roo·nian** [ˌkæmə'ruːnɪən] **I.** *adj* kamerunisch **II.** *s* Kameruner(in) *m(f)*
camo·mile ['kæməmaɪl] *s* Kamille *f*
cam·ou·flage ['kæməˌflɑːʒ] **I.** *s* (MIL) Tarnung *f* **II.** *vt* (MIL) tarnen
camp¹ [kæmp] **I.** *s* ❶ (Zelt)Lager *nt;* Lagerplatz *m* ❷ (*fig*) (Partei)Lager *nt;* **break up** [*o* **strike**] ~ das Lager abbrechen; **training** ~ Ausbildungslager *nt* **II.** *vi* lagern; kampieren; (~ *out*) zelten
camp² [kæmp] **I.** *adj* ❶ schwul ❷ tuntenhaft ❸ übertrieben, manieriert **II.** *vt:* ~ **up** übertrieben darstellen; (*fam*) aufmotzen; ~ **it up** übertreiben; sich weibisch benehmen
cam·paign [kæm'peɪn] **I.** *s* ❶ Feldzug *m;* (*fig*) Kampagne, Aktion *f* ❷ (*electoral* ~) Wahlkampf *m* ❸ (TECH) Kampagne *f;* **advertising** ~ Werbekampagne *f* **II.** *vi* ❶ an einem Feldzug teilnehmen ❷ (*fig*) agitieren, sich einsetzen (*for* für); **cam·paigner** [kæm'peɪnə(r)] *s* ❶ Feldzugsteilnehmer(in) *m(f),* Kämpfer(in) *m(f)* ❷ Befürworter(in) *m(f),* Gegner(in) *m(f),* Wahlhelfer(in) *m(f)*
camp-bed ['kæmpˌbed] *s* Feldbett *nt;* Campingliege *f;* **camp-chair** *s* Campingstuhl *m;* **camper** ['kæmpə(r)] *s* ❶ Camper(in) *m(f)* ❷ Campingbus *m,* Wohnmobil *nt;* **camp-fever** *s* (MED) Typhus *m;* **camp-fire** *s* Lagerfeuer *nt;* **camp-fol·lower** ['kæmpˌfɒləʊə(r)] *s* ❶ Schlachtenbummler(in) *m(f)* ❷ (MIL) Marketender(in) *m(f)* ❸ (POL) Mitläufer(in) *m(f)*
cam·phor ['kæmfə(r)] *s* (MED) Kampfer *m*
camp·ing ['kæmpɪŋ] *s* Zelten, Camping *nt;* **go** ~ zelten; **~-ground** Camping-, Zeltplatz; ~ **van** Wohnmobil *nt;* **camp·site** ['kæmpsaɪt] *s* Camping-, Lager-, Zeltplatz *m;* **camp-stool** *s* Campingstuhl *m*
cam·pus ['kæmpəs] *s* Universitätsgelände *nt,* Campus *m*
cam·shaft ['kæmʃɑːft] *s* Nocken-, Steuerwelle *f*
can¹ [kæn] **I.** *s* ❶ Kanne *f;* Behälter *m* ❷ (Konserven)Dose, Büchse *f* ❸ Kanister *m* ❹ Mülleimer *m* ❺ (*Am sl*) Kittchen *nt* ❻ (*Am sl*) Klosett *nt;* **carry the** ~ (*fam*) den Kopf hinhalten **II.** *vt* ❶ eindosen ❷ (*Am sl*) aufhören mit
can² [kən, *betont* kæn] <*irr:* could> *aux* können; **you can't go** du darfst nicht gehen; **could I look at it?** darf ich es mir ansehen?; **I could have kissed her** ich hätte sie küssen können
Cana·da ['kænədə] *s* Kanada *nt;* **Ca·na·dian** [kə'neɪdɪən] **I.** *adj* kanadisch **II.** *s* Kanadier(in) *m(f)*
ca·nal [kə'næl] *s* ❶ Kanal *m* ❷ (ANAT) Röhre *f,* Gang *m;* **ca·nal·iz·ation** [ˌkænəlaɪ'zeɪʃn] *s* Kanalisierung *f;* **ca·nal·ize** ['kænəlaɪz] *vt* ❶ kanalisieren ❷ (*fig*) lenken (*into* in), dirigieren
ca·nary [kə'neərɪ] **I.** *s* Kanarienvogel *m* **II.** *adj* hellgelb; **canary seed** *s* (Kanarien)Vogelfutter *nt*
ca·nasta [kə'næstə] *s* Kanasta *nt* (*Kartenspiel*)
can·cel ['kænsl] **I.** *vt* ❶ (aus-, durch)streichen; ungültig machen ❷ (*Briefmarke*) entwerten ❸ rückgängig machen, abbestellen; widerrufen, annullieren; (COM) stornieren ❹ (*Veranstaltung*) absagen ❺ (*Vertrag*) lösen ❻ (*Anordnung*) zurückziehen ❼ (MATH: *in einem Bruch, einer Gleichung*) streichen, kürzen ❽ (INFORM) abbrechen, löschen **II.** *vi* absagen; stornieren; sich (gegenseitig) aufheben; **can·cel·la·tion** [ˌkænsə'leɪʃn] *s* ❶ Streichung *f* ❷ Entwertung *f* ❸ Absage *f* ❹ Kündigung *f* ❺ Annullierung *f,* Abbestellung *f;* (COM) Stornierung *f;* ~ **clause** Rücktrittsklausel *f*
can·cer ['kænsə(r)] *s* ❶ (MED) Krebs *m* ❷ (*fig*) Krebsgeschwür, Übel *nt* ❸ (ASTR) Krebs *m;* **cancer check-up** *s* Krebsvorsorge(untersuchung) *f;* **cancer clinic** *s* Krebsklinik *f;* **can·cer·ous** ['kænsərəs] *adj* krebsartig; **cancer research** *s* Krebsforschung *f;* **cancer screening** *s* Krebsvorsorgeuntersuchung *f*
can·de·la·brum [ˌkændɪ'lɑːbrəm, *pl* ˌkændɪ'lɑːbrə] <*pl* -bra> *s* Kandelaber *m*
can·did ['kændɪd] *adj* ❶ aufrichtig, ehrlich ❷ unvoreingenommen ❸ freimütig ❹ (PHOT) unbemerkt aufgenommen
can·di·dacy ['kændɪdəsɪ] *s* Kandidatur *f;* **can·di·date** ['kændɪdət] *s* Kandidat(in) *m(f),* Bewerber(in) *m(f),* Anwärter(in) *m(f),* Prüfling *m;* **can·di·da·ture** ['kændɪdətʃə(r)] *s* (*Br*) Bewerbung, Kandidatur *f*

C

can·died ['kændɪd] *adj* (*Früchte*) kandiert, überzuckert

candle ['kændl] *s* Kerze *f;* **light a ~** eine Kerze anzünden; **burn the ~ at both ends** (*fig*) sich keine Ruhe gönnen; **it is not worth the ~** es lohnt sich nicht; **candle·light** *s* Kerzenlicht *nt;* **Candle·mas** ['kændlməs] *s* Lichtmess *f;* **candle·power** *s* Licht-, Kerzenstärke *f* (*Lichteinheit*); **candle·stick** *s* Leuchter *m;* **candle·wick** ['kændl,wɪk] *s* Kerzendocht *m*

can·dor *s* (*Am*), **can·dour** ['kændə(r)] *s* Aufrichtigkeit, Offenheit, Ehrlichkeit *f*

candy ['kændɪ] **I.** *s* ❶ (*sugar-~*) Kandis(zucker) *m* ❷ (*Am*) Bonbon *m;* (*sweets*) Süßigkeiten *fpl* **II.** *vt* ❶ (*Früchte*) kandieren, überzuckern ❷ (*Zucker*) kristallisieren; **candy floss** ['kændɪ,flɒs] *s* (*Br*) Zuckerwatte *f;* **candy store** *s* (*Am*) Süßwarenhandlung *f*

cane [keɪn] **I.** *s* ❶ (Schilf-, Zucker)Rohr *nt* ❷ (Spazier-, Rohr)Stock *m* **II.** *vt* ❶ (ver)prügeln ❷ das Rohr einziehen in (*einen Stuhlrahmen*); **~ s.th. into s.o.** jdm etw einbläuen; **cane chair** *s* Rohrstuhl *m;* **cane sugar** *s* Rohrzucker *m*

can·is·ter ['kænɪstə(r)] *s* Kanister *m,* Blechbüchse, -dose *f*

can·na·bis ['kænəbɪs] *s* ❶ Hanf *m* ❷ Cannabis *m*

can·ned [kænd] *adj* ❶ eingemacht, eingedost; Büchsen- ❷ mechanisch konserviert, Konserven- ❸ serienmäßig hergestellt ❹ (*sl*) besoffen; **~ meat** Büchsenfleisch *nt;* **~ milk** Büchsenmilch *f;* **~ music** (*fam*) Musikberieselung *f;* **canner** ['kænə(r)] *s* Konservenfabrikant, -arbeiter *m;* **can·nery** ['kænərɪ] *s* Konservenfabrik *f*

can·ni·bal ['kænɪbl] **I.** *s* Kannibale *m* **II.** *adj* kannibalisch; **can·ni·bal·ism** ['kænɪbəlɪzəm] *s* Kannibalismus *m;* **can·ni·bal·ize** ['kænɪbəlaɪz] *vt* (AUTO) ausschlachten

can·ning ['kænɪŋ] *adj:* **~ factory** Konservenfabrik *f;* **~ industry** Konservenindustrie *f*

can·non ['kænən] **I.** *s* ❶ Kanone *f,* Geschütz *nt* ❷ (TECH) Zylinder *m* ❸ (*Br: Billard*) Karambolage *f* **II.** *vi* ❶ karambolieren ❷ (*fig*) zusammenstoßen (*into s.th.* mit etw); **cannon-ball** *s* Kanonenkugel *f;* **can·non·fod·der** ['kænənfɒdə(r)] *s* Kanonenfutter *nt*

can·not ['kænɒt] *verneinte Form von* **can**

canny ['kænɪ] *adj* ❶ schlau, pfiffig ❷ vorsichtig ❸ sparsam

ca·noe [kə'nu:] **I.** *s* Kanu, Paddelboot *nt* **II.** *vi* Kanu fahren; paddeln; **ca·noe·ing** [-ɪŋ] *s* Kanufahren *nt;* **ca·noe·ist** [-ɪst] *s* Kanufahrer(in) *m(f)*

canon·iz·ation [,kænənaɪ'zeɪʃn] *s* Heiligsprechung *f;* **canon·ize** ['kænənaɪz] *vt* heilig sprechen

can opener ['kæn,əʊpənə(r)] *s* Büchsenöffner *m*

can·opy ['kænəpɪ] *s* ❶ Baldachin *m;* Betthimmel *m* ❷ (ARCH) Vordach *nt* ❸ Überdachung *f* ❹ (AVIAT) Kabinendach *nt* ❺ (BOT) Kronenschluss *m,* Kronen-, Laubdach *nt*

can't [kɑ:nt] = **cannot**

cant[1] [kænt] **I.** *s* ❶ geneigte Fläche; Schräglage *f* ❷ (*Straße*) Kurvenüberhöhung *f* **II.** *vt* ❶ abschrägen ❷ verkanten **III.** *vi* sich verkanten, umkippen

cant[2] [kænt] *s* ❶ Zunftsprache *f;* Jargon *m* ❷ Gaunersprache *f* ❸ Geschwätz *nt* ❹ Heuchelei, Scheinheiligkeit *f* ❺ Redensart *f*

can·tank·er·ous [kæn'tæŋkərəs] *adj* zänkisch, streitsüchtig; rechthaberisch

can·tata [kæn'tɑ:tə] *s* (MUS) Kantate *f*

can·teen [kæn'ti:n] *s* ❶ Kantine *f* ❷ (MIL) Feldflasche *f;* Kochgeschirr *nt* ❸ Besteckkasten *m*

can·ter ['kæntə(r)] **I.** *s* Handgalopp *m* **II.** *vi* Handgalopp reiten

> **i Land & Leute**
>
> Der **Archbishop of Canterbury** ist der Erzbischof der südlichen Provinz der *Church of England* oder *Anglican Church* und als Oberhaupt der Kirche trägt er den Titel *Primate of All England*. Er spielt in der *Anglican Church* weltweit eine wichtige Rolle, er ist der *First Peer of the Realm* und hat auch die Aufgabe, den Monarchen in der *Westminster Abbey* zu krönen. Der *Archbishop of York* ist der Erzbischof der nördlichen Provinz.

can·ti·lever ['kæntɪli:və(r)] **I.** *s* (ARCH) Frei-, Konsol-, Kragträger *m;* (*Brückenbau*) Ausleger *m* **II.** *adj* freitragend

can·vas ['kænvəs] *s* ❶ Kanevas *m* ❷ Segeltuch *nt* ❸ Zeltbahn *f,* -tuch *nt* ❹ Packleinwand *f* ❺ (*Malerei*) Leinwand *f*

can·vass ['kænvəs] **I.** *vt* ❶ (*Kunden, Wähler*) werben, besuchen ❷ (*Wahlstimmen*) werben ❸ Wahlwerbung machen in (*einem Gebiet*) **II.** *vi* ❶ (COM POL) werben (*for* für), sich um Aufträge bemühen ❷ einen Wahlfeldzug führen ❸ sich bewerben (*for* um)

III. *s* ❶ (Stimmen-, Kunden)Werbung *f* ❷ Werbe-, Wahlfeldzug *m* ❸ (*Am*) Wahlprüfung *f*; **can·vasser** [ˈkænvəsə(r)] *s* ❶ (Kunden-, Abonnenten)Werber(in) *m(f)* ❷ (POL) Propagandist(in) *m(f)* ❸ (*Am*) Wahlprüfer(in) *m(f)*; **can·vass·ing** [-ɪŋ] *s* ❶ (Stimmen-, Kunden)Werbung *f*; (Wahl)Propaganda *f* ❷ (COM) Werbefeldzug *m*; ~ **for votes** Stimmenfang *m*

can·yon [ˈkænjən] *s* Cañon *m*; Schlucht *f*

CAP [ˈkæp] *s Abk. von* **Common Agricultural Policy** (EU) gemeinsame Agrarpolitik

cap [kæp] **I.** *s* ❶ Mütze, Kappe, Haube *f*; Barett *nt*; (Sport-, Klub)Mütze *f* ❷ (TECH) Aufsatz, Deckel *m*; Kappe, Haube *f* ❸ Kapsel *f*; (*a. einer Flasche*) Verschluss *m* ❹ Spreng-, Zündkapsel *f* ❺ Gipfel *m*, Spitze *f* ❻ Höchstgrenze *f* ❼ (*Empfängnisverhütung*) Pessar *nt*; **set one's ~ at s.o.** (*fam*) jdn angeln **II.** *vt* ❶ eine Mütze aufsetzen (*s.o.* jdm) ❷ mit einem Deckel, einer Kappe versehen ❸ (*fig*) übertreffen ❹ einen akademischen Grad verleihen (*s.o.* jdm) ❺ (FIN POL) eine Obergrenze setzen ❻ (*Br*) einen Höchstsatz setzen; ~ **everything** alles übertreffen

ca·pa·bil·ity [ˌkeɪpəˈbɪlətɪ] *s* ❶ Fähigkeit *f* (*of* zu) ❷ **capabilities** Begabung *f*; **ca·pable** [ˈkeɪpəbl] *adj* ❶ fähig, tüchtig ❷ befähigt; geeignet ❸ (*pej*) fähig (*of* zu); **be ~ of** im Stande sein zu; können (*singing* singen); ~ **of earning** erwerbsfähig; ~ **of work** arbeitsfähig; **he is ~ of anything** er ist zu allem fähig

ca·pac·ity [kəˈpæsətɪ] *s* ❶ Inhalt *m*, Volumen *nt* ❷ Fassungskraft *f*, -vermögen *nt* ❸ (*fig*) Umfang *m* ❹ Fähigkeit *f*; geistige Fähigkeiten *fpl* ❺ (TECH) Leistung(sfähigkeit) *f*; Tragkraft *f*; Produktionsvermögen *nt* ❻ (AUTO) Hubraum *m* ❼ (ELEK) Kapazität *f* ❽ (JUR) Befugnis *f* ❾ Funktion, Aufgabe, Stellung *f*; **in my ~ as** in meiner Eigenschaft als; **buying ~** Kaufkraft *f*; **filled to ~** (THEAT) voll (besetzt); **have a seating ~ of 600** 600 Sitzplätze haben

cape[1] [keɪp] *s* Umhang *m*, Cape *nt*

cape[2] [keɪp] *s* Kap *nt*

ca·per[1] [ˈkeɪpə(r)] *s* Kapernstrauch *mpl*; (*Gewürz*) Kapern *fpl*

ca·per[2] [ˈkeɪpə(r)] **I.** *s* ❶ Luftsprung *m* ❷ *meist pl* Kapriolen *fpl*, Streiche *mpl* **II.** *vi* (*cut ~s, a ~*) Luftsprünge machen, herumtollen; (*fig*) Kapriolen machen; (*fam*) ein Ding drehen

cap·il·lary [kəˈpɪlərɪ] **I.** *adj* haarfein; Kapillar- **II.** *s* (ANAT) Kapillargefäß *nt*

capi·tal [kæpɪtl] **I.** *s* ❶ Kapital, Vermögen *nt* ❷ Hauptstadt *f* ❸ Großbuchstabe *m* ❹ (ARCH) Kapitell *nt*; **federal ~** Bundeshauptstadt *f*; **fixed ~** Anlagekapital *nt* **II.** *adj* ❶ (*Strafe, Urteil*) Todes-; (*Verbrechen*) todeswürdig, schwer ❷ verhängnisvoll ❸ hauptsächlich; Haupt- ❹ (*fam*) glänzend, prächtig, tadellos, famos ❺ (*Buchstabe*) groß ❻ Kapital-; **capital assets** *s pl* Anlagevermögen *nt*; **capital crime** *s* Kapitalverbrechen *nt*; **capital gains tax** *s* Kapitalertragssteuer *f*; **capital investment** *s* Kapitalanlage *f*; **capital investment company** *s* Kapitalbeteiligungsgesellschaft *f*

capi·tal·ism [ˈkæpɪtəlɪzəm] *s* Kapitalismus *m*; **capi·tal·ist** [ˈkæpɪtəlɪst] **I.** *s* Kapitalist(in) *m(f)* **II.** *adj* kapitalistisch; **capi·tal·is·tic** [ˌkæpɪtəˈlɪstɪk] *adj* kapitalistisch

capi·tal·iz·ation [ˌkæpɪtəlaɪˈzeɪʃn] *s* ❶ Kapitalisierung *f* ❷ Großschreibung *f*; **capi·tal·ize** [ˈkæpɪtəlaɪz] **I.** *vi* Nutzen ziehen (*on* aus) **II.** *vt* ❶ kapitalisieren ❷ groß schreiben

capi·tal let·ter [ˈkæpɪtl ˈletə(r)] *s* Großbuchstabe *m*; **capital punishment** *s* Todesstrafe *f*

ca·pitu·late [kəˈpɪtʃʊ eɪt] *vi* kapitulieren (*to* vor); **ca·pitu·la·tion** [kəˌpɪtʃʊˈleɪʃn] *s* Kapitulation, Übergabe *f*

ca·price [kəˈpriːs] *s* Laune *f*; (lustiger, launiger) Einfall *m*; **ca·pri·cious** [kəˈprɪʃəs] *adj* launisch, launenhaft

Cap·ri·corn [ˈkæprɪkɔːn] *s* (ASTR) Steinbock *m*

cap·size [kæpˈsaɪz] **I.** *vi* (*Schiff*) kentern **II.** *vt* kentern lassen

cap·stan [ˈkæpstən] *s* (MAR) Gangspill *nt*, Ankerwinde *f*

cap·sule [ˈkæpsjuːl] *s* ❶ (ANAT BOT MED) Kapsel *f* ❷ (BOT) Hülse *f* ❸ (Flaschen)Kapsel *f*

cap·tain [ˈkæptɪn] **I.** *s* ❶ (MIL) Hauptmann *m* ❷ (MAR) Kapitän *m* ❸ (AVIAT) Flugzeugführer, -kapitän *m* ❹ Führer(in) *m(f)*, Leiter(in) *m(f)* ❺ (SPORT) Kapitän *m*, Mannschaftsführer(in) *m(f)* ❻ (SCHULE) Sprecher(in) *m(f)* **II.** *vt* ❶ (SPORT: *die Mannschaft*) führen ❷ (MAR) befehligen

cap·tion [ˈkæpʃn] **I.** *s* ❶ (*Buch*) Kapitelüberschrift *f*; (*Zeitung*) Beitrags-, Artikelüberschrift *f* ❷ Titel, Kopf *m*, Schlagzeile *f* ❸ (Bild)Erklärung *f*; Bildunterschrift *f* ❹ (FILM) Untertitel, (erläuternder) Zwischentext *m* **II.** *vt* mit einer Überschrift versehen

cap·ti·vate [ˈkæptɪveɪt] *vt* (*fig*) fesseln, faszinieren, bezaubern; **cap·tive** [ˈkæptɪv] **I.** *adj* gefangen **II.** *s* Gefangene(r) *f m*; **hold ~** gefangen halten; **take ~** gefangen nehmen; **cap·tiv·ity** [kæpˈtɪvətɪ] *s* Gefangenschaft, Haft *f;* **cap·ture** ['kæptʃə(r)] **I.** *s* ❶ Gefangennahme *f* ❷ (MAR) Prise *f* ❸ Eroberung *f;* Beute *f,* Raub *m* ❹ Fang *m* **II.** *vt* ❶ gefangen nehmen ❷ (*Tier, Augenblick, Atmosphäre*) einfangen ❸ (*Stadt*) einnehmen; (*Schatz*) erobern; (*Schiff*) kapern ❹ (*Preis, Stimmen*) erbeuten; (*Aufmerksamkeit*) an sich reißen ❺ (INFORM) erfassen

car [kɑː(r)] *s* ❶ (Kraft)Wagen *m,* Auto(mobil) *nt* ❷ (Straßenbahn)Wagen *m;* (*Am*) (Eisenbahn)Wagen, Waggon *m* ❸ (*Ballon*) Gondel *f* ❹ (*Aufzug*) Fahrstuhl *m;* **by ~** mit dem Wagen, Auto; **drive a ~** einen Wagen fahren, Auto fahren; **put the ~ in the garage** das Auto in die Garage fahren; **car accessories** *s pl* Ersatzteile *pl;* **car aerial** *s* Autoantenne *f*

ca·rafe ['kærəf] *s* Karaffe *f*

cara·mel ['kærəmel] *s* ❶ Karamel(zucker) *m* ❷ Karamelbonbon *m*

carat ['kærət] *s* Karat *nt*

cara·van ['kærəvæn] *s* ❶ Karawane *f* ❷ (*Br*) Wohnwagen *m* ❸ Zigeuner-, Zirkus-, Wanderschauwagen *m;* **cara·van·sary, cara·van·serai** [ˌkærər'vænsərɪ] *s* Karawanserei *f*

cara·way ['kærəweɪ] *s* Kümmel *m;* **caraway seeds** *s pl* (*Gewürz*) Kümmel *m*

car·bide ['kɑːbaɪd] *s* (CHEM) Karbid *nt*

car·bine ['kɑːbaɪn] *s* Karabiner *m*

car body ['kɑːbɒdɪ] *s* Karosserie *f*

carbo·hy·drate [ˌkɑːbəʊ'haɪdreɪt] *s* Kohlehydrat *nt;* **car·bolic** [kɑː'bɒlɪk] *adj* (CHEM) Karbol-; **~ acid** Karbolsäure *f,* Phenol *nt*

car bomb ['kɑːbɒm] *s* Autobombe *f*

car·bon ['kɑːbən] *s* ❶ (CHEM) Kohlenstoff *m* ❷ (ELEK) Kohlestift *m* (*für Bogenlicht*) ❸ (*~ paper*) Kohlepapier *nt* ❹ (*~ copy*) Durchschlag *m,* -schrift *f;* **~ trading** (POL) Kohlenstoffhandel *m;* **car·bon·ated** ['kɑːbəneɪtɪd] *adj* mit Kohlensäure; **carbon copy** *s* Durchschlag *m;* (*fig*) Ebenbild *nt;* **carbon-copy crime** *s* Nachahmungstat *f;* **carbon dating** *s* Kohlenstoffdatierung *f;* **carbon dioxide** *s* (CHEM) Kohlendioxyd *nt;* **car·bonic** [kɑː'bɒnɪk] *adj* (CHEM) Kohlen-; **~ acid** Kohlensäure *f;* **~ oxide** Kohlenoxyd *nt;* **car·bon·ize** ['kɑːbənaɪz] *vt* ❶ verkohlen ❷ (*Kohle*) verkoken; **carbon monoxide** *s* Kohlenmonoxyd *nt;* **carbon paper** *s* Kohle-, Durchschreibepapier *nt*

car-boot sale ['kɑːbuːtˌseɪl] *s privater Flohmarkt, bei dem der Kofferraum als Verkaufsfläche dient*

car·buncle ['kɑːbʌŋkl] *s* ❶ (MIN) Karfunkel *m* ❷ (MED) Karbunkel *m*

car·bu·ret ['kɑːbjʊˌret] *vt* ❶ (CHEM) karburieren ❷ (AUTO) vergasen; **car·bu·ret(t)or** [ˌkɑːbjʊ'retə(r)] *s* Vergaser *m*

car·cass, car·case ['kɑːkəs] *s* ❶ Leiche *f;* Tierleiche *f,* Kadaver *m* ❷ (*Metzgerei*) Rumpf *m* ❸ (*Haus, Schiff*) Gerippe *nt,* Skelett *nt;* Rohbau *m* ❹ (*Reifen*) Karkasse *f* ❺ (*fig*) Trümmer *pl*

car·ci·no·gen ['kɑːsinəˌdʒen] *s* Karzinogen *nt;* **car·ci·no·gen·ic** [-ɪk] *adj* karzinogen, krebserzeugend

car·ci·noma [ˌkɑːsɪ'nəʊmə] *s* (MED) Karzinom *nt,* Krebs(geschwulst) *m (f)*

card [kɑːd] *s* ❶ (Spiel-, Post-, Besuchs)Karte *f* ❷ (SPORT) Programm(nummer *f*) *nt* ❸ Pappe *f* ❹ **~s** (Arbeits)Papiere *ntpl;* **on the ~s** wahrscheinlich, möglich; **have a ~ up one's sleeve** etw in petto haben; **play (at) ~s** Karten spielen; **put** [*o* **lay**] **one's ~s on the table** seine Karten aufdecken; **game of ~s** Kartenspiel *nt;* **picture post-~** Ansichtskarte *f;* **reply ~** Antwortkarte *f;* **visiting-** [*o* **business**] **~** Visitenkarte *f;* **card·board** ['kɑːdbɔːd] *s* Pappe *f;* **~ box** Pappschachtel *f,* -karton *m*

car deck ['kɑːˌdek] *s* Autodeck *nt*

car·diac ['kɑːdɪæk] *adj* (MED) Herz-; **~ arrest** Herzstillstand *m*

car·di·gan ['kɑːdɪgən] *s* Wolljacke, -weste *f*

car·di·nal ['kɑːdɪnl] **I.** *adj* ❶ hauptsächlich; Haupt- ❷ hochrot **II.** *s* Kardinal *m;* **cardinal number** *s* Kardinalzahl *f;* **cardinal points** *s pl* Himmelsrichtungen *fpl*

card in·dex ['kɑːdˌɪndeks] *s* Kartei, Kartothek *f*

car·dio·gram ['kɑːdɪəʊgræm] *s* Kardiogramm *nt*

car door ['kɑːdɔː(r)] *s* Wagentür *f*

card·phone ['kɑːdfəʊn] *s* Kartentelefon *nt;* **card punch** ['kɑːdˌpʌntʃ] *s* Lochkartenmaschine *f;* **card reader** *s* Lesemaschine *f;* **card table** *s* Kartenspieltisch *m*

care [keə(r)] **I.** *s* ❶ Sorgfalt, Achtsamkeit *f* ❷ Pflege *f;* Wartung *f* ❸ Fürsorge *f* ❹ Obhut *f* ❺ Anteilnahme *f,* Interesse *nt* ❻ Sorge, Besorgnis *f,* Not *f,* Kummer *m;* **free from ~s** ohne Sorgen, sorgenfrei; **in** [*o* **under**] **s.o.'s ~** in jds Obhut; (**in**) **~ of, c/o** c/o, bei; **take ~** vorsichtig sein, sich hüten, aufpassen; sorgen (*of* für), sich kümmern (*of* um), Acht geben (*of* auf, *that* dass), erledigen (*of s.th.* etw), aufbewahren (*of s.th.* etw); **take ~!** pass auf dich auf!; **take ~ of o.s.** sich pflegen; **that takes ~ of that** damit wäre das erledigt **II.** *vi, vt* sich Sorgen, sich Gedanken machen (*about* über); **~ about** Interesse haben an, Lust haben zu; sich kümmern um; **~ for** sorgen für, aufpassen auf, sich kümmern um; pflegen; (*fragend und verneint*) gern haben, mögen, Interesse haben an; wünschen, haben wollen; **be ~d for** versorgt, aufgehoben sein; ~ **to** Lust haben zu; **not to ~ a rap** sich keinen Deut kümmern (*whether* ob, *for* um); **I don't ~** das ist mir gleich; **what do I ~!** was geht's mich an!; **who ~s?** wen interessiert das schon?; **would you ~ to ...?** macht es Ihnen etwas aus zu ...?; würden Sie vielleicht gerne ...?

ca·reer [kəˈrɪə(r)] **I.** *s* ❶ Laufbahn, Karriere *f;* Beruf *m* ❷ voller Galopp; **in full ~** in vollem Galopp; **enter upon a ~** eine Laufbahn einschlagen **II.** *vi* laufen, eilen, rennen, rasen; **~ about/along/over/through** umher-/entlang-/hinüber-/hindurchrasen; **ca·reer·ist** [kəˈrɪərɪst] *s* Karrieremacher(in) *m(f),* Streber(in) *m(f);* **career woman** *s* Karrierefrau *f*

care·free [ˈkeəfriː] *adj* ohne Sorgen, sorglos;

care·ful [ˈkeəfl] *adj* sorgfältig; achtsam; sorgsam; **be ~** vorsichtig sein, aufpassen; **I was ~ not to go** ich habe mich gehütet zu gehen; **care·ful·ness** [-nɪs] *s* Sorgfalt *f;* Achtsamkeit, Um-, Vorsicht *f;* **care·less** [ˈkeəlɪs] *adj* ❶ sorglos; gleichgültig, gedankenlos; achtlos ❷ unachtsam (*of* gegen), unvorsichtig; nachlässig ❸ sorgenfrei; **care·less·ness** [-nɪs] *s* Sorglosigkeit *f;* Unachtsamkeit *f;* Nachlässigkeit *f*

ca·ress [kəˈres] **I.** *s* Liebkosung *f* **II.** *vt* liebkosen, streicheln

care·taker [ˈkeəˌteɪkə(r)] *s* ❶ Verwalter, Aufseher *m* ❷ Hausmeister *m;* **~ government** Interimsregierung *f;* **care·worn** [ˈkeəwɔːn] *adj* erschöpft, ausgemergelt

car ferry *s* Autofähre *f*

car·go [ˈkɑːgəʊ] <*pl* -go(e)s> *s* (AVIAT MAR) Fracht, (Schiffs)Ladung *f;* **cargo aircraft, cargo plane** *s* Transportflugzeug *nt;* **cargo boat** *s* Frachtschiff *nt;* **cargo trousers** *s pl* Cargohose *f*

car hire [ˈkɑːˌhaɪə(r)] *s* Autovermietung *f*

Car·ib·bean [ˌkærɪˈbiːən, *Am* ˌkæˈrɪbiːən] **I.** *adj* karibisch **II.** *s* Karibik *f*

cari·ca·ture [ˈkærɪkətjʊə(r)] **I.** *s* Karikatur *f* **II.** *vt* karikieren; **cari·ca·tur·ist** [-ɪst] *s* Karikaturist(in) *m(f),* Karikaturenzeichner(in) *m(f)*

car·ies [ˈkeəriːz] *s* (MED) Karies *f;* **dental ~** Zahnfäule *f*

car insurance [ˈkɑːɪnˌʃʊərəns] *s* Kraftfahrzeug-, Autoversicherung *f*

car·nal [ˈkɑːnl] *adj* fleischlich; sinnlich, geschlechtlich

car·na·tion [kɑːˈneɪʃn] *s* (*Blume*) Nelke *f*

car·ni·val [ˈkɑːnɪvl] *s* ❶ Karneval, Fasching *m* ❷ Rummel *m,* Volksfest *nt*

car·ni·vore [ˈkɑːnɪvɔː(r)] *s* (ZOO) Fleischfresser *m;* **car·ni·vor·ous** [kɑːˈnɪvərəs] *adj* (ZOO BOT) Fleisch fressend

carol [ˈkærəl] **I.** *s* ❶ frohes Lied ❷ (*Christmas ~*) Weihnachtslied *nt* **II.** *vi* jubilieren; **carol singers** *s pl* Sternsinger *pl*

car owner [ˈkɑːrəʊnə(r)] *s* Autobesitzer(in) *m(f)*

carp¹ [kɑːp] *s* Karpfen *m*

carp² [kɑːp] *vi* nörgeln, etwas auszusetzen haben (*at* an)

car·pal tun·nel syn·drome *s no pl* Karpaltunnelsyndrom *nt*

car park [ˈkɑːpɑːk] *s* Parkplatz *m;* **multistorey ~** Parkhaus *nt;* **underground ~** Tiefgarage *f*

car·pen·ter [ˈkɑːpəntə(r)] **I.** *s* Zimmermann *m,* Tischler(in) *m(f)* **II.** *vt, vi* zimmern; **car·pen·try** [ˈkɑːpəntrɪ] *s* Zimmerhandwerk *nt,* -arbeit *f*

car·pet [ˈkɑːpɪt] **I.** *s* Teppich *m,* Läufer *m;* **be on the ~** zur Debatte, zur Diskussion stehen; **have s.o. on the ~** (*fam*) sich jdn vorknöpfen, -nehmen; **sweep s.th. under the ~** (*fig*) etw unter den Teppich kehren **II.** *vt* ❶ mit einem Teppich, einem Läufer belegen ❷ (*fam*) herunterputzen; **car·pet-bag** [ˈkɑːpɪtbæg] *s* Reisetasche *f;* **car·pet·bag·ger** [ˈkɑːpɪtˌbægə(r)] *s* (*Am*) politischer Abenteurer; Schwindler *m;* **carpet bombing** *s* Flächenbombadierung *f;* **car·pet·ing** [ˈkɑːpɪtɪŋ] *s* Teppich, Teppichboden *m;* Teppiche *mpl;* **car·pet-sweeper** [ˈkɑːpɪtˌswiːpə(r)] *s* Teppichkehrmaschine *f*

car pool [ˈkɑːpuːl] *s* ❶ (*Am*) Fahrgemeinschaft *f* ❷ Fuhrpark *m*

car·riage [ˈkærɪdʒ] *s* ❶ (*Güter*) Transport *m;* Beförderung *f* ❷ Fracht *f* ❸ Transportgebühr *f,* Frachtkosten *pl,* Fuhrlohn *m,* Rollgeld *nt* ❹ Wagen *m;* Waggon *m;* (Eisenbahn-, Personen)Wagen *m;* Kutsche *f* ❺ Wagengestell, Laufwerk *nt;* Laufkatze *f* ❻ (MIL: *gun-~*) Lafette *f* ❼ (TECH) Wagen (*a. d. Schreibmaschine*), Schlitten *m;* (AVIAT: *under-~*) Fahrgestell *nt* ❽ (Körper)Haltung *f;* Auftreten *nt;* Verhalten, Betragen *nt;* **~ free** [*o* **paid**] frachtfrei; **~ by air/by rail/by sea** Luft-/Bahn-/Seetransport *m;* **car·riage return** *s* (*Schreibmaschine*) Wagenrücklauf *m;* **carriage·way** [ˈkærɪdʒˈweɪ] *s* Fahrbahn *f;* **dual ~** Schnellstraße *f*

car·rier [ˈkærɪə(r)] *s* ❶ (Last-, Gepäck-, Aus)Träger; (*a.* ELEK) Bote *m* ❷ Fuhrmann *m;* Fuhrunternehmer, Spediteur *m* ❸ (MED) Bazillenträger(in) *m(f)* ❹ (TECH) Mitnehmer, Schlitten *m* ❺ Tragnetz, -gestell *nt*

⑥ (*Fahrrad*) Gepäckständer, -träger *m* ⑦ (*aircraft* ~) Flugzeugträger *m* ⑧ (~ *-pigeon*) Brieftaube *f;* **carrier-bag** *s* Tragetasche *f*

car·rion ['kærɪən] *s* Aas *nt;* **carrion crow** *s* Rabenkrähe *f*

car·rot ['kærət] *s* Mohrrübe, Karotte *f;* **the stick and the** ~ (*fig*) Zuckerbrot und Peitsche; **car·roty** ['kærətɪ] *adj* rötlich, rot(haarig)

carry ['kærɪ] **I.** *vt* ① tragen, fahren, befördern, transportieren; (über)bringen ② (*Wasser, Strom, Öl*) leiten, führen ③ (bei sich) haben (*about one* mit sich), führen, tragen ④ (*Kopf, Körper*) halten ⑤ (ARCH TECH) halten, stützen, tragen; (*Gewicht, Last*) aushalten ⑥ (*Buchung*) über-, vortragen ⑦ (*den Sieg*) davontragen; (*Preis*) gewinnen; (*Argument*) (erfolgreich) behaupten ⑧ (*Menschen*) für sich einnehmen, gewinnen, überzeugen, mitreißen ⑨ (PARL: *Antrag*) durchbringen ⑩ (*Am: Ware*) führen, auf Lager haben ⑪ (*Nachrichten in Zeitungen*) drucken, bringen; ~ **the can** (*fig*) es ausbaden müssen; ~ **coals to Newcastle** (*fig*) Eulen nach Athen tragen; ~ **consequences** Folgen haben; ~ **conviction** überzeugend wirken; ~ **current** Strom führen; ~ **interest** Zins(en) tragen; ~ **one's point** seine Ansicht durchdrücken; ~ **weight** Gewicht haben, von (ausschlaggebender) Bedeutung sein; **be carried** (*Antrag*) durchgehen, angenommen werden **II.** *vi* (*bis zu einer bestimmten Entfernung*) reichen, gehen, tragen, dringen **III.** *s* ① Trag-, Reichweite *f* ② (*Golf*) Flug(strecke *f*) *m* (*des Balles*) ③ (*Am*) Tragen *nt* eines Bootes; **carry along**, **carry away** *vt* ① wegtragen, -bringen, -schaffen ② (*fig*) mitreißen, begeistern; **carry forward** *vt* ① fortsetzen ② (*Buchung*) vor-, übertragen; (**amount**) **carried forward** Übertrag *m;* **carry off** *vt* ① wegschleppen, weg-, mitnehmen, entführen ② (*Preis*) gewinnen; ~ **it off well** eine Schwierigkeit glänzend meistern; **carry on I.** *vt* ① fortsetzen, weiterführen ② (*Gespräch, Krieg*) führen ③ (*Geschäft*) betreiben ④ (*Beruf*) ausüben **II.** *vi* ① weitermachen ② (*fam*) sich aufregen; die Nerven verlieren; verrückt spielen, den wilden Mann markieren ③ unaufhörlich reden ④ es haben (*with* mit); **carry out** *vt* aus-, durchführen; (*Versprechen*) halten; (*Drohung*) wahrmachen; **carry over** *vt* ① (*Buchung*) vor-, übertragen ② vertagen; **carry through** *vt* ① durchführen, zu Ende bringen ② durchhelfen (*s.o.* jdm)

carry-cot ['kærɪˌkɒt] *s* Tragbettchen *nt;* **carry-forward** [ˌkærɪ'fɔːwəd] *s* (COM) Saldovortrag *m;* **carry·ing** ['kærɪɪŋ] *s* ① Beförderung *f,* Transport *m,* Fracht *f;* Spedition *f* ② (~ *fees*) Transportkosten *pl,* Fracht *f* ③ (*Gesetzesvorlage*) Annahme *f;* ~**s-on** (*fam*) Getue *nt;* Lärm *m;* Treiben *nt;* **carrying agent** *s* Spediteur *m;* **carrying capacity** *s* Tragfähigkeit *f;* Nutzlast *f;* Platzzahl *f;* **carrying trade** *s* Fuhrunternehmen *nt;* **carry-over** [ˌkærɪ'əʊvə(r)] *s* (COM) ① Übertrag *m* ② Rest *m* ③ Prolongation(sgeschäft *nt*) *f*

cart [kɑːt] **I.** *s* Karren *m;* (zweirädriger) Wagen *m;* **put the** ~ **before the horse** (*fig*) das Pferd am Schwanz aufzäumen **II.** *vt* befördern, transportieren

car·tel [kɑː'tel] *s* ① (FIN) Kartell *nt,* Ring *m* ② (~ *agreement*) Kartellvertrag *m*

car·ter ['kɑːtə(r)] *s* Fuhrmann *m;* **cart·horse** ['kɑːtˌhɔːs] *s* Zugpferd *nt*

car·ti·lage ['kɑːtɪlɪdʒ] *s* (ANAT) Knorpel *m*

cart-load ['kɑːtˌləʊd] *s* Fuhre *f*

car·togra·pher [kɑː'tɒgrəfə(r)] *s* Kartograf(in) *m(f);* **car·togra·phy** [kɑː'tɒgrəfɪ] *s* Kartografie *f*

car·ton ['kɑːtn] *s* Karton *m,* Pappschachtel *f;* (*Milch*) Tüte *f;* (*Zigaretten*) Stange *f*

car·toon [kɑː'tuːn] *s* ① (*Kunst*) Karton, Entwurf *m* ② (politische) Karikatur, Cartoon *m* ③ (Zeichen)Trickfilm *m;* Trickzeichnung *f,* -bild *nt;* **car·toon·ist** [-ɪst] *s* (Karikaturen-, Trickfilm)Zeichner(in) *m(f);* **car·toony** *adj* wie ein Cartoon

car·tridge ['kɑːtrɪdʒ] *s* ① (MIL) Patrone *f* ② (PHOT) Kassette *f;* (*Füllfederhalter*) Patrone *f* ③ (*Plattenspieler*) Tonabnehmer *m;* **cartridge case** *s* Patronenhülse *f;* **cartridge paper** *s* (starkes) Zeichenpapier *nt*

cart-wheel ['kɑːtˌwiːl] *s* (Wagen)Rad *nt;* **turn a** ~ (SPORT) Rad schlagen

carve [kɑːv] *vt* ① schnitzen (*on/in(to)/out of wood* in/aus Holz), meißeln (*on, in(to) stone* in Stein), hauen (*out of stone* aus Stein) ② (*Name*) (ein)ritzen, (ein)schneiden ③ (*zubereitetes Fleisch*) (zer)schneiden, tranchieren, zerlegen ④ (~ *up*) einteilen; in Stücke schneiden; ~ **out** (*fig*) erkämpfen, erarbeiten; **carver** ['kɑːvə(r)] *s* ① Bildschnitzer(in) *m(f)* ② Tranchiermesser *ntpl,* Tranchierbesteck *nt;* **carv·ing** [-ɪŋ] *s* Schnitzerei *f;* **carving-knife** *s* Tranchiermesser *nt*

car·wash ['kɑːwɒʃ] *s* Autowäsche *f;* Autowaschanlage *f*

cas·cade [kæ'skeɪd] **I.** *s* ① Kaskade *f,* Wasserfall *m* ② (TECH: ~ *connection*) Stufen-,

Kaskadenschaltung *f* **II.** *vi* in Kaskaden herunterfallen

case¹ [keɪs] *s* ❶ Fall *m* ❷ (GRAM) Fall, Kasus *m* ❸ (Rechts)Fall *m,* Sache *f;* Prozess *m* ❹ (Krankheits)Fall *m;* Kranke(r) *f m,* Patient(in) *m(f),* Betroffene(r) *f m* ❺ (*fam*) sonderbarer Mensch; (**just**) **in** ~ im Falle, für den Fall dass; **in** ~ **of** im Fall +*gen;* **in** ~ **of doubt** im Zweifelsfall; **in** ~ **of emergency** im Notfall; **in any** ~ auf jeden Fall; **close the** ~ die Beweisaufnahme schließen; **make out one's** ~ **for** seine Gründe darlegen für; **put the** ~ **that** den Fall annehmen, dass; **that's not the** ~ das ist nicht der Fall; **as the** ~ **stands** so wie die Dinge liegen

case² [keɪs] **I.** *s* ❶ Behälter *m* ❷ Hülle, Hülse, Kapsel *f* ❸ Etui, Futteral *nt,* Scheide *f* ❹ Gehäuse *nt;* Fach *nt;* Tasche *f,* Beutel, Sack *m;* Mappe *f* ❺ Schachtel *f,* Kästchen *nt,* Kasten *m,* Kiste *f* ❻ (*glass* ~) Glas-, Schaukasten *m* ❼ (TECH) Be-, Umkleidung *f,* Mantel *m* **II.** *vt* ❶ in einen Behälter stecken ❷ (TECH: ~ *up, over*) überziehen, be-, umkleiden

case-book ['keɪs,bʊk] *s* Patientenbuch *nt;* Buch *nt,* in dem die Fälle aufgezeichnet werden; **case law** ['keis,lɔː] *s* Fallrecht *nt;* **case study** ['keɪs,stʌdɪ] *s* Fallstudie *f*

cash [kæʃ] **I.** *s* Bargeld *nt;* Kasse *f;* Barzahlung *f;* Sofortzahlung *f;* **against/for/in/in ready** ~/~ **down** (gegen, in) bar; **in** ~ bei Kasse; **out of** ~ nicht bei Kasse, ohne Geld; ~ **on delivery** per Nachnahme; **buy for** ~ (gegen) bar kaufen; **pay** (**in**) ~ bar (be)zahlen; **I have no** ~ **with me** ich habe kein Geld bei mir; ~ **in hand** Bar-, Kassenbestand *m;* **discount for** ~ Rabatt bei Barzahlung; Skonto *nt* **II.** *vt* ❶ einwechseln; (*Scheck*) einlösen ❷ (ein)kassieren, einziehen; **cash down**, **cash over** *vt* (*Am fam*) das Geld auf den Tisch legen für; **cash in I.** *vt* einlösen **II.** *vi* (*sl*) abkratzen, ins Gras beißen (müssen); **cash in on** profitieren von; nach Kräften ausnutzen

cash-and-carry [,kæʃn'kærɪ] *s* Cash-and-Carry, Abhol-, Mitnahme-, Verbrauchermarkt *m;* **cash balance** *s* Kassenbestand *m;* **adverse** ~ Kassendefizit *nt;* **cash box** *s* (Geld)Kassette *f;* **cash card** *s* Geldautomatenkarte *f;* **cash cow** *s* (COM) Milchkuh *f;* **cash crop** *s* für den Markt erzeugte Ernte; **cash dispenser** [di'spensə] *s* Geldautomat *m*

ca·shew ['kæʃuː] *s* Nierenbaum *m,* Cashewnuss *f*

cash flow ['kæʃ,fləʊ] *s* Cashflow *m*

cash·ier¹ [kæ'ʃɪə(r)] *s* Kassierer(in) *m(f)*

cash·ier² [kæ'ʃɪə(r)] *vt* entlassen

cash·mere ['kæʃmɪə] *s* Kaschmir(schal, -stoff) *m*

cash pay·ment ['kæʃ,peɪmənt] *s* Barzahlung *f;* **cash point** *s* Geldautomat *m;* **cash register** *s* Registrierkasse *f;* **cash sale** *s* Barverkauf *m*

cas·ing ['keɪsɪŋ] *s* ❶ (TECH) Be-, Umkleidung, Umhüllung, Hülle *f,* Futteral *nt,* Mantel *m* ❷ Überzug *m;* Gehäuse *nt* ❸ (ARCH) (Ver)Schalung *f;* Auskleidung *f* ❹ Tür-, Fensterrahmen *m* ❺ (AUTO) (Reifen)Mantel *m* ❻ ~**s** Därme *mpl* (*als Wursthüllen*)

ca·sino [kə'siːnəʊ] <*pl* -sinos> *s* Kasino *nt*

cask [kɑːsk] *s* Fass *nt;* Tonne *f;* **cas·ket** ['kɑːskɪt] *s* ❶ (Schmuck)Kästchen *nt* ❷ Urne *f* ❸ (*Am*) Sarg *m*

cas·ser·ole ['kæsərəʊl] *s* Kasserolle *f,* Schmortopf *m*

cas·sette [kə'set] *s* (Film-, Tonband-, Video)Kassette *f;* **cassette deck** *s* Kassettendeck; **cassette recorder** *s* Kassettenrecorder *m*

cast [kɑst] <*irr:* cast, cast> **I.** *vt* ❶ (ab-, weg)werfen; (*Netze, Angel*) auswerfen ❷ (*Zahn, Huf*) verlieren ❸ (*Junge*) werfen ❹ (TECH) gießen ❺ formen, gestalten ❻ (*Schauspieler*) einteilen (*for* für); (*Rolle*) besetzen (*to* mit); ~ **anchor** Anker werfen; ~ **dice** würfeln; ~ **an eye** [*o* **a glance**] **at** [*o* **on**] [*o* **over**] **s.th.** einen Blick auf etw werfen; ~ **a horoscope** ein Horoskop erstellen; ~ **light/a shadow on** Licht/seinen Schatten werfen auf; ~ **lots** Lose ziehen; das Los entscheiden lassen; ~ **one's skin** (*Schlange*) sich häuten; ~ **a spell on s.o.** jdn verhexen; ~ **a vote** [*o* **ballot**] seine (Wahl)Stimme abgeben **II.** *vi* ❶ (*Holz*) sich werfen, sich verziehen ❷ würfeln ❸ die Angel auswerfen ❹ die Rollen besetzen **III.** *s* ❶ Wurf(weite *f*) *m;* Auswerfen *nt* (*Angel, Netz*) ❷ Wurf *m* (*beim Würfeln*) ❸ (ZOO) (das) Abgeworfene; (*von Raubvögeln*) Gewölle *nt* ❹ (TECH) Gussform *f;* Abguss *m* ❺ (*plaster* ~) Gipsverband *m* ❻ (THEAT) (Rollen)Besetzung *f;* Ensemble *nt* ❼ (*fig*) Neigung, Anlage, Eigenart *f* ❽ (Farb)Nuance, Schattierung *f,* Schimmer, Anstrich *m* ❾ Eigenschaft *f,* Charakter, Wesenszug *m;* (~ *of features*) Gesichtszüge *mpl;* (~ *of mind*) Geistes-, Wesensart *f;* **cast about** *vi* (herum)suchen (*for* nach), (hin und her) überlegen; **cast aside** *vt* wegwerfen; (*fig*) ablegen; (*Person*) fallen lassen; **cast away** *vt* wegwerfen; **be** ~ **away** gestrandet sein; **cast down** *vt* ❶ niederwerfen ❷ (*Augen*)

C

senken ❸ (*fig*) niederschmettern, deprimieren; **be ~ down** niedergeschlagen, traurig sein; **cast in** *vt* (*fig*) teilen (*one's lot with s.o.* sein Los mit jdm); **cast off** **I.** *vt* ❶ (*alte Kleider*) ablegen ❷ (*Masche beim Stricken*) abketten ❸ (TYP: *Manuskript*) be-, ausrechnen (*in Druckseiten*) ❹ (*fig*) verstoßen **II.** *vi* in See stechen; **cast on** *vt* (*Maschen*) anschlagen; **cast out** *vt* hinauswerfen; vertreiben; **cast up** *vt* ❶ hochwerfen ❷ (*die Augen*) nach oben richten; (*den Kopf*) hochwerfen ❸ (*an den Strand*) anspülen ❹ vorhalten (*to s.o.* jdm)

cast·an·ets [kæstə'nets] *s pl* Kastagnetten *pl*

cast·away ['kɑːstəweɪ] **I.** *s* ❶ Verworfene(r), Ausgestoßene(r) *f m* ❷ Schiffbrüchige(r) *f m* **II.** *adj* ❶ verstoßen; unnütz ❷ schiffbrüchig, gestrandet

caste [kɑːst] *s* ❶ (REL) Kaste *f* ❷ Kaste, Gesellschaftsschicht *f* ❸ soziale Stellung, Rang *m*

cas·ter ['kɑːstə(r)] *s* ❶ (TECH) Gießer *m* ❷ Streuer *m* ❸ (Lauf)Rolle *f*; **caster sugar** *s* Raffinade *f*

cas·ti·gate ['kæstɪgeɪt] *vt* ❶ züchtigen ❷ (*fig*) heruntermachen; **cas·ti·ga·tion** [ˌkæstɪ'geɪʃn] *s* ❶ Züchtigung *f* ❷ heftiger Tadel

cast·ing ['kɑːstɪŋ] *s* ❶ Guss *m* ❷ **~s** Gusseisen *nt*; Abguss *m* ❸ (THEAT) Rollenverteilung *f* ❹ roher Bewurf ❺ Auswerfen *nt* der Angel ❻ (*~ of votes*) Stimmabgabe *f*; **casting vote** *s* (PARL) entscheidende Stimme; **the chairman has the ~** die Stimme des Vorsitzenden entscheidet

cast iron [ˌkɑːst'aɪən] **I.** *s* Gusseisen *nt* **II.** *adj*: (**cast-iron**) gusseisern; (*fig*) hart, unbeugsam; (*Wille*) eisern

castle ['kɑːsl] **I.** *s* ❶ Burg *f*; (festes) Schloss *nt* ❷ (*Schach*) Turm *m*; **~s in the air** [*o* **in Spain**] Luftschlösser *pl* **II.** *vi* (*Schach*) rochieren

cast-off [ˌkɑːst'ɒf] **I.** *s* ❶ Verstoßene(r) *f m* ❷ (das) Weggeworfene ❸ **~s** abgelegte Kleider *ntpl* ❹ Umfangsberechnung *f* **II.** *adj* abgelegt

castor ['kɑːstə(r)] *s* ❶ Laufrolle *f* ❷ (Salz)Streuer *m*; **castor oil** *s* (MED) Rizinusöl *nt*; **castor stand** *s* (*Am*) Menage *f*; **castor sugar** *s* (*Br*) Sandzucker *m*; Raffinade *f*

cas·trate [kæ'streɪt] *vt* kastrieren

cas·ual ['kæʒʊəl] **I.** *s* ❶ Gelegenheitsarbeiter(in) *m(f)* ❷ **~s** Freizeitkleidung *f*; Slipper *mpl* **II.** *adj* ❶ zufällig, unerwartet ❷ gelegentlich ❸ (*Bekanntschaft*) flüchtig ❹ zwanglos ❺ lässig; **casual labour**, **casual work** *s* Gelegenheitsarbeit *f*; **casual labourer**, **casual worker** *s* Gelegenheitsarbeiter *m*

casu·al·ty ['kæʒʊəltɪ] *s* ❶ Un(glücks)fall *m* ❷ Verunglückte(r), Verletzte(r) *f m*; (*Krieg*) Gefallene(r) *f m*, Opfer *nt* ❸ **casualties** (MIL) Ausfälle, Verluste *mpl*, Opfer *ntpl* ❹ (*~ list*) Verlustliste *f*; **~ insurance** Schadensversicherung *f*; **~ report** Verlustmeldung *f*; **~ (ward)** Unfallstation *f* (*Krankenhaus*)

cat [kæt] *s* ❶ Katze *f* ❷ (AUTO: *catalytic converter*) Katalysator *m* ❸ Raupenschlepper *m*; **let the ~ out of the bag** (*fig*) die Katze aus dem Sack lassen; **there is not room to swing a ~** man kann sich dort nicht umdrehen; **it's raining ~s and dogs** es regnet in Strömen

cata·combs ['kætəkuːmz] *s pl* Katakomben *fpl*

cata·log(ue) ['kætəlɒg] **I.** *s* ❶ Katalog *m*, Verzeichnis *nt*; (*price ~*) Preisliste *f*; Prospekt *m* ❷ (*Am*) Vorlesungsverzeichnis *nt* **II.** *vt* katalogisieren

ca·ta·ly·sis [kə'tæləsɪs] *s* (CHEM) Katalyse *f*; **cata·lyst** ['kætəlɪst] *s* ❶ (CHEM) Katalysator *m* ❷ (*fig*) beschleunigender Faktor; **ca·ta·ly·tic** *adj* katalytisch; **~ converter** Katalysator *m*

cata·maran [ˌkætəmə'ræn] *s* ❶ Katamaran *m* ❷ Floß *nt*

cat·a·pult ['kætəpʌlt] **I.** *s* (AVIAT) Katapult *nt* **II.** *vt* (AVIAT: *~ off*) katapultieren; (heraus)schleudern

cata·ract ['kætərækt] *s* ❶ Katarakt *m*; Wasserfall *m* ❷ (MED) grauer Star

ca·tarrh [kə'tɑː(r)] *s* (MED) Katarr *m*

ca·tas·trophe [kə'tæstrəfɪ] *s* Katastrophe *f*; (*a.* THEAT) Schicksalsschlag *m*, großes Unglück; **cata·strophic** [ˌkætə'strɒfɪk] *adj* katastrophal

cat·call ['kætkɔːl] **I.** *s* (THEAT) Pfeifen, Zischen *nt* **II.** *vt* auspfeifen, -zischen

catch [kætʃ] <*irr:* caught, caught> **I.** *vt* ❶ (auf-, ein)fangen ❷ ergreifen, packen, schnappen ❸ (fest)halten; (*Finger*) einklemmen ❹ treffen (*on* auf), einholen, erreichen ❺ (*Ball*) abfangen ❻ (*Zug, Bus*) (noch) erreichen ❼ ertappen, erwischen (*at* bei) ❽ hängen bleiben (*a coat* mit einem Mantel) ❾ erlangen, erhalten, bekommen ❿ (*Krankheit*) sich holen, sich zuziehen; (*Gewohnheit*) annehmen ⓫ mitkriegen, hören, verstehen; **~ in the act** [*o* **red-handed**] auf frischer Tat ertappen; **~ (a) cold** sich einen Schnupfen holen; **~ s.o.'s eye** jds Blick, Aufmerksamkeit auf sich ziehen; **~ fire** Feuer fangen; ~

hold of ergreifen, packen, anfassen; ~ **it** *(fam)* eins abkriegen; ausgeschimpft, bestraft werden; ~ **the Speaker's eye** (PARL) das Wort erhalten; **I caught my breath** mir stockte der Atem; ~ **me!** denkste! das fällt mir nicht im Traum ein! **II.** *vi* ① sich verfangen (*on a nail* an einem Nagel), sich einklemmen, eingeklemmt werden ② (*Schloss, Riegel*) einschnappen, einrasten ③ (*Schlag*) treffen (*on the nose* auf die Nase) ④ in Brand geraten, Feuer fangen ⑤ (MED) anstecken(d sein) **III.** *s* ① (*a. fig*) Fang *m* ② (*Ball*) Fangen *nt* ③ Beute *f*, Fang *m* ④ (SPORT) Fangball *m* ⑤ (PHOT) Verschluss *m* ⑥ (TECH) Anschlag *m*, Arretierung, Sperre *f* ⑦ (Tür)Klinke *f*; (Fenster)Griff *m* ⑧ (*fig*) Haken, Nachteil *m*; (~ *question*) Fangfrage *f* ⑨ (*Frau*) Partie *f*; **there is a ~ in it** die Sache hat einen Haken; ~-**22 situation** Zwickmühle *f*;

catch at *vi* greifen, fassen, haschen nach; **catch on** *vi* ① begreifen, verstehen ② Anklang finden, Mode werden; **catch out** *vt* ① (*Kricket*) abfangen ② (*fig*) ertappen; erwischen; **catch up** *vt* ① (*Gewohnheit*) annehmen ② (*Redenden*) unterbrechen ③ aufholen (*s.o., with s.o.* jdn), einholen; (SPORT) überholen

catch·all [ˈkætʃɔːl] *s* ① (*Am*) Rumpelkammer *f* ② (~ *phrase*) allgemeine Bezeichnung; **catcher** [ˈkætʃə(r)] *s* (*a.* SPORT) Fänger *m*; **catch·ing** [ˈkætʃɪŋ] *adj* ansteckend; **catch·ment** [ˈkætʃmənt] *s* (Wasser)Stauung *f*; Reservoir *nt*; (~ *area*) Einzugsgebiet *nt*; ~-**basin** Staubecken *nt*; **catch phrase** *s* Schlagwort *nt*; **catch question** *s* Fangfrage *f*

catch·up [ˈkætʃəp] *s* (*Am*) Ketchup *nt/m*, Ketschup *nt/m*; **catch·word** [ˈkætʃˌwɜːd] *s* ① Schlagwort *nt* ② Stichwort *nt*; **catchy** [ˈkætʃɪ] *adj* ① eingängig; anziehend, einnehmend, gefällig ② verfänglich ③ schwierig

cat·echism [ˈkætɪkɪzəm] *s* Katechismus *m*; **put s.o. through his ~** (*fig*) jdn genau ausfragen

cat·egori·cal [ˌkætɪˈgɒrɪkl] *adj* kategorisch; **cat·egory** [ˈkætɪgərɪ] *s* Kategorie *f*; Klasse *f*

cater [ˈkeɪtə(r)] *vi* ① be-, heranschaffen, liefern (*for* für), für Verpflegung sorgen ② bringen, beschaffen, geben (*to dat*); ~ **for** beliefern; sorgen für; (*Bedürfnisse*) befriedigen; **caterer** [ˈkeɪtərə(r)] *s* Lieferfirma *f* für Speisen und Getränke; **cater·ing** [ˈkeɪtərɪŋ] *s* Versorgung *f* mit Speisen und Getränken; Partyservice *m*

cat·er·pil·lar [ˈkætəpɪlə(r)] *s* (*a.* TECH) Raupe *f*; **caterpillar tractor** *s* Raupenschlepper *m*

cat·er·waul [ˈkætəwɔːl] **I.** *vi* miauen **II.** *s* Miauen *nt*

cat·gut [ˈkætgʌt] *s* ① (MUS, SPORT) Darmsaite *f* ② (MED) Katgut *nt*

ca·the·dral [kəˈθiːdrəl] *s* Kathedrale *f*, Dom *m*

cath·erine-wheel [ˈkæθərɪnˌwiːl] *s* ① (ARCH) Rosette *f* ② (*Feuerwerk*) Feuerrad *nt*

cath·eter [ˈkæθɪtə(r)] *s* (MED) Katheter *m*

cath·ode [ˈkæθəʊd] *s* (ELEK) Kathode *f*

cathode ray *s* Kathodenstrahl *m*

cath·olic [ˈkæθəlɪk] *adj* ① universal, allgemein ② verständnisvoll, tolerant; **Cath·olic** [ˈkæθəlɪk] **I.** *adj* katholisch **II.** *s* Katholik(in) *m(f)*; **Ca·tholi·cism** [kəˈθɒləsɪzəm] *s* Katholizismus *m*

cat·kin [ˈkætkɪn] *s* (*von Weiden*) Kätzchen *nt*; **cat litter** *s* Katzenstreu *f*; **cat·nap** [ˈkætˌnæp] *s* kurzes Schläfchen; **cat's cradle** [ˌkætsˈkreɪdl] *s* Katzenleiter *f*, Abnehmespiel *nt*; **cat's eye** [ˈkætsaɪ] *s* (AUTO) Katzenauge *nt*; **cat·tery** [ˈkætərɪ] *s* Katzenheim *nt*

cat·tle [ˈkætl] *s pl* Rind(vieh) *nt*; **raise ~** Vieh züchten; **10 (head of) ~** 10 Stück Rindvieh; **cattle-breeder** *s* Viehzüchter(in) *m(f)*; **cattle-breeding** *s* Rinderzucht *f*; **cattle-car** *s* (RAIL) Viehwagen *m*; **cattle range** *s* Weidegründe *mpl*; **cattle-thief** *s* Viehdieb *m*

cat·ty [ˈkætɪ] *adj* ① katzenhaft ② (*fig*) giftig, boshaft, gehässig; **cat-walk** [ˈkætˌwɔːk] *s* Laufsteg *m*

Cau·ca·sian [kɔːˈkeɪzɪən] **I.** *adj* ① weiß ② kaukasisch **II.** *s* ① Weiße(r) *f m* ② Kaukasier(in) *m(f)*

cau·cus [ˈkɔːkəs] *s* (*Am*) ① Parteiführerversammlung *f* ② Partei-, Wahlausschuss *m* ③ Clique *f*

caught [kɔːt] *s.* **catch**

caul·dron [ˈkɔːldrən] *s* großer Kessel

cau·li·flow·er [ˈkɒlɪflaʊə(r)] *s* Blumenkohl *m*

caulk [kɔːk] *vt* abdichten; (MAR) kalfatern

causal [ˈkɔːzl] *adj* ursächlich; kausal; **cau·sal·ity** [kɔːˈzælətɪ] *s* Kausalzusammenhang *m*; **cau·sa·tive** [ˈkɔːzətɪv] *adj* ① verursachend ② (GRAM) kausativ

cause [kɔːz] **I.** *s* ① Ursache *f* ② Veranlassung *f*; Grund, Anlass *m* (*for* zu) ③ Sache, Angelegenheit *f* ④ (JUR) Prozess, Streitfall *m*; **be the ~ of s.th.** Anlass zu etw sein; **make common ~ with s.o.** mit jdm gemeinsame Sache machen; **plead a ~** (*vor Gericht*) eine Sache vertreten; ~ **of divorce** Scheidungsgrund *m* **II.** *vt* ① verursachen; (*Schaden*) zufügen, anrichten

❷ veranlassen ❸ (*Überraschung*) hervorrufen, erregen

cause·way ['kɔːzˌweɪ] *s* (Straßen)Damm *m*

caus·tic ['kɔːstɪk] **I.** *adj* ❶ ätzend ❷ (*fig*) beißend, scharf, sarkastisch; ~ **lime/potash/soda** Ätzkalk *m*/-kali/-natron *nt* **II.** *s* Ätzmittel *nt*

cau·ter·ize ['kɔːtəraɪz] *vt* ❶ (MED) ausbrennen, ätzen ❷ (*fig*) abstumpfen

cau·tion ['kɔːʃn] **I.** *s* ❶ Vorsicht, Bedachtsamkeit, Umsicht *f* ❷ (JUR) Verwarnung *f* **II.** *vt* ❶ warnen (*against* vor) ❷ verwarnen; **cau·tious** ['kɔːʃəs] *adj* vorsichtig, umsichtig

cav·al·cade [ˌkævl'keɪd] *s* Kavalkade *f;* **cav·alry** ['kævlrɪ] *s* Reiterei, Kavallerie *f;* **cav·alry·man** [-mən] <*pl* -men> *s* Kavallerist *m*

cave [keɪv] **I.** *s* ❶ Höhle *f* ❷ (*Br:* POL) Parteispaltung *f* **II.** *vt* aushöhlen **III.** *vi* ❶ (POL) sich abspalten ❷ zusammensacken ❸ (~ *in*) einsinken, -stürzen; **cave·dweller** *s* Höhlenbewohner(in) *m(f);* **cave-in** ['keɪvɪn] *s* Einsturz *m;* **cave·man** [-mæn] <*pl* -men> *s* Höhlenmensch *m;* (*fig*) primitiver Mensch; **cave painting** *s* Höhlenmalerei *f;* **caver** ['keɪvə(r)] *s* Höhlenforscher(in) *m(f)*

cav·ern ['kævən] *s* (große) Höhle *f;* **cav·ern·ous** [-əs] *adj* ❶ höhlenreich ❷ porös ❸ (*Augen*) hohl, tief(liegend); (*Wangen*) eingefallen ❹ (*Dunkelheit*) tief

caviar(e) ['kævɪɑː(r)] *s* Kaviar *m*

cav·ity ['kævɪtɪ] *s* ❶ Hohlraum *m,* Höhlung *f* ❷ (*Zahn*) Loch *nt;* **abdominal** ~ Bauchhöhle *f*

ca·vort [kə'vɔːt] *vi* (*fam*) herumtollen

caw [kɔː] **I.** *vi* (*Rabe, Krähe*) krächzen **II.** *s* Krächzen *nt*

cay·enne [keɪ'en] *s* (~ *pepper*) Cayennepfeffer *m*

CB *s Abk. von* **citizens' band radio** CB-Funk *m*

CCTV [ˌsiːsiːtiː'viː] *s Abk. von* **closed circuit TV** Fernsehüberwachungsanlage *f*

CD *s Abk. von* **compact disc** CD *f;* **CD player** *s* CD-Gerät *nt,* CD-Spieler *m;* **CD recorder** *s* CD-Brenner *m;* **CD-ROM** *s Abk. von* **compact disc read-only memory** CD-ROM *f;* **CD-ROM player** [ˌsiːdiː'rɒmˌpleɪə(r)] *s* CD-ROM-Laufwerk *nt;* **CD-RW** [ˌsiːdiːɑː'dʌbljuː] *s Abk. von* **compact disc-rewritable** CD-RW *f*

cease [siːs] **I.** *vi* ❶ aufhören ❷ ablassen (*from* von) **II.** *vt* einstellen, aufhören mit; ~ **payment** (FIN) die Zahlungen einstellen; ~ **work** die Arbeit(en) einstellen; **cease-fire** [ˌsiːs'faɪə(r)] *s* (MIL) Feuereinstellung *f;* Waffenruhe *f;* **cease·less** ['siːslɪs] *adj* unaufhörlich, pausenlos

CEECs *s Abk. von* **Central and Eastern European countries** mittel- und osteuropäische Länder, MOEL

cedar ['siːdə(r)] *s* Zeder *f;* (~ *-wood*) Zedernholz *nt*

cede [siːd] *vt* abtreten, überlassen (*to* an)

i Land & Leute

Ein **ceilidh**, keltisch für besuchen, war früher ein Nachbarschaftstreffen in den *Scottish Highlands*, im schottischen Hochland, oder in *Ireland*. Bei einem **ceilidh** wurde musiziert, gesungen und auch Geschichten erzählt. In den letzten Jahren bezeichnet man mit **ceilidh** eine große Party, bei der es vor allem schottisches *country dancing*, eine Art Volkstanz, mit einer Band gibt.

ceil·ing ['siːlɪŋ] *s* ❶ (Zimmer)Decke *f* ❷ (*Schiffbau*) Innenbeplankung *f* ❸ (AVIAT) untere Wolkengrenze ❹ (AVIAT) Gipfelhöhe *f* ❺ (FIN) oberste Grenze; Höchstpreis *m;* Plafond *m*

ce·leb [sɪ'leb] *s* (*kurz für celebrity*) berühmte Persönlichkeit

cel·ebrate ['selɪbreɪt] *vi, vt* ❶ (*Messe*) zelebrieren ❷ feiern; **cel·ebrated** [-ɪd] *adj* gefeiert; berühmt (*for* für, wegen); **cel·ebra·tion** [ˌselɪ'breɪʃn] *s* Feier *f;* **celeb·rity** [sɪ'lebrətɪ] *s* Berühmtheit *f* (*a. Person*)

ce·leriac [sə'lerɪæk] *s* (Knollen)Sellerie *m od f;* **ce·le·ry** ['selərɪ] *s* Stangensellerie *m od f*

ce·les·tial [sɪ'lestɪəl] *adj* ❶ (ASTR) Himmels- ❷ himmlisch; **celestial body** *s* Himmelskörper *m*

celi·bacy ['selɪbəsɪ] *s* Ehelosigkeit *f,* Zölibat *nt;* **celi·bate** ['selɪbət] **I.** *adj* ehelos **II.** *s* Ehelose(r) *f m*

cell [sel] *s* Zelle *f*

cel·lar ['selə(r)] **I.** *s* Keller *m;* **keep a good** ~ einen guten Tropfen (im Keller) haben **II.** *vt* einkellern

cel·list ['tʃelɪst] *s* Cellist(in) *m(f)*

cel·lo ['tʃeləʊ] <*pl* cellos> *s* (MUS) Cello *nt*

cel·lo·phane ['seləfeɪn] *s* Zellophan *nt*

cell phone ['selˌfəʊn] *s* (*Am*) Handy *nt*

cel·lu·lar ['seljʊlə(r)] *adj* ❶ (BIOL) zellular ❷ netzförmig; ~ **telephone** Funktelefon *nt;* ~ **therapy** Frischzellentherapie *f*

cel·lu·loid ['seljʊlɔɪd] *s* Zelluloid *nt*

cel·lu·lose ['seljʊləʊs] *s* Zellulose *f,* Zellstoff *m*

Celt [kelt, selt] *s* Kelte *m,* Keltin *f*

Celtic ['keltɪk, 'seltɪk] **I.** *s* (das) Keltisch(e) **II.** *adj* keltisch

i Land & Leute

Als die Römer vor rund 2000 Jahren Britannien besetzten, war es von den **Celts** (Kelten) bewohnt. Nachdem die Römer wieder abgezogen waren, wanderten von Dänemark und Germanien aus die *Angles* (Angeln) und *Saxons* (Sachsen) im Süden Britanniens ein. Die Kelten blieben jedoch in Wales und Cornwall und ihre Sprache wird noch heute in Wales gesprochen. In der Zwischenzeit ließ sich auf der Insel Man und im Westen Schottlands ein anderer Keltenstamm aus Irland nieder, so dass dort eine Form des *Irish Gaelic* (Gälisch) gesprochen wird.

i Land & Leute

Bei den **Celtic languages**, den keltischen Sprachen der *British Isles*, der britischen Inseln, unterscheidet man zwei Arten: *P-Celtic* und *Q-Celtic*. Die P-Celtic-Gruppe: *Welsh* und *Cornish* hat ein *p*, wo die Q-Celtic-Gruppe: *Irish*, *Scottish Gaelic* und *Manx*, das Keltisch der Insel Man, einen *k*-Laut hat: z. B. das P-Celtic *pen* und das Q-Celtic *ceann* (anglisiert zu *kin*) für ‚der Kopf'. Die Sprachen Irisch, Gälisch und Walisisch haben überlebt und werden auch an den Schulen unterrichtet; Manx wurde wieder belebt, und Cornisch, das eigentlich seit 1800 ausgestorben ist, wurde künstlich wieder eingeführt.

ce·ment [sɪ'ment] **I.** *s* ❶ Zement *m* ❷ Kitt *m;* Bindemittel *nt* ❸ *(fig)* Band *nt* **II.** *vt* ❶ (aus)zementieren; (ver)kitten, kleben ❷ *(fig)* festigen, zusammenhalten; **cement mixer** *s* Betonmischmaschine *f*

cem·etery ['semətrɪ] *s* Friedhof *m*

cen·ser ['sensə(r)] *s* Weihrauchfass *nt*

cen·sor ['sensə(r)] **I.** *s* Zensor *m* **II.** *vt* zensieren; prüfen; **cen·sori·ous** [sen'sɔːrɪəs] *adj* kritisch; **cen·sor·ship** [-ʃɪp] *s* Zensur *f;* **cen·sus** ['sensəs] *s* (Volks)Zählung *f,* Zensus *m*

cent [sent] *s* Cent *m;* **I don't care a** ~ das ist mir völlig egal; **per** ~ von Hundert

cen·ten·ar·ian [ˌsentɪ'neərɪən] **I.** *adj* (*Mensch*) hundertjährig **II.** *s* Hundertjährige(r) *f m;* **cen·ten·ary** [sen'tiːnərɪ], **cen·ten·nial** [sen'tenɪəl] **I.** *adj* hundertjährig **II.** *s* Jahrhundert *nt;* Hundertjahrfeier *f*

cen·ter **I.** *s* (*Am*) ❶ Mittelpunkt *m,* Zentrum *nt;* Mitte *f* ❷ Zentrale, Zentralstelle *f* ❸ Sitz, Herd *m* ❹ (SPORT: ~ *forward*) Mittelstürmer *m;* **business** ~ Geschäftszentrum *nt;* ~ **back** Vorstopper *m;* **shopping** ~ Einkaufszentrum *nt;* ~ **of gravity** [*o* **mass**] Schwerpunkt *m;* ~ **half** (SPORT) Mittelläufer *m;* ~**-line** Mittellinie *f* **II.** *vi* ❶ seinen Mittelpunkt haben (*in* in), beruhen (*on* auf) ❷ sich drehen (*round* um) ❸ sich konzentrieren (*on* auf) **III.** *vt* ❶ in den Mittelpunkt stellen ❷ konzentrieren ❸ (SPORT) zur Mitte abspielen ❹ (INFORM) zentrieren; **be** ~**ed on** sich drehen, kreisen um

cen·ti·grade ['sentɪgreɪd] *adj* (*Thermometer*) Celsius-; **degree** ~ Grad *m* Celsius; **cen·ti·gram(me)** ['sentɪgræm] *s* Zentigramm *nt;* **cen·ti·meter** (*Am*), **centi·metre** ['sentɪˌmiːtə(r)] *s* Zentimeter *m;* **cen·ti·pede** ['sentɪpiːd] *s* Tausendfüß(l)er *m*

cen·tral ['sentrəl] **I.** *adj* in der Mitte gelegen, zentral, Haupt-; **Central Bank** Zentralbank *f;* ~ **corridor** [*o* **gangway**] (RAIL) Mittelgang *m;* **Central European country** mitteleuropäisches Land; ~ **heating** Zentralheizung *f;* ~ **locking** (AUTO) Zentralverriegelung *f;* ~ **processing unit, CPU** (INFORM) Zentraleinheit *f;* ~ **processor** (INFORM) Zentraleinheit *f;* ~ **reserve** [*o* **reservation**] Mittel-, Grünstreifen *m* (*auf Autobahn*); ~ **station** Hauptbahnhof *m;* (ELEK) Kraftwerk *nt* **II.** *s* (*Am:* TELE) Zentrale, Vermittlung *f;* (*Am*) Vermittler(in) *m(f);* **cen·tral·i·za·tion** [ˌsentrəlaɪ'zeɪʃn] *s* Zentralisierung *f;* **cen·tral·ize** ['sentrəlaɪz] *vt* zentralisieren

cen·tre ['sentə(r)] **I.** *s* ❶ Mittelpunkt *m,* Zentrum *nt;* Mitte *f* ❷ Zentrale, Zentralstelle *f* ❸ Sitz, Herd *m* ❹ (SPORT: ~ *forward*) Mittelstürmer *m;* **business** ~ Geschäftszentrum *nt;* ~ **back** (*Fußball*) Vorstopper *m;* ~ **forward** (*Fußball*) Mittelstürmer *m;* ~ **of gravity** [*o* **mass**] Schwerpunkt *m;* ~ **half** (SPORT) Mittelläufer *m;* ~**-line** Mittellinie *f;* **shopping** ~ Einkaufszentrum *nt* **II.** *vi* ❶ seinen Mittelpunkt haben (*in* in), beruhen (*on* auf) ❷ sich drehen (*round* um) ❸ sich konzentrieren (*on* auf) **III.** *vt* ❶ in den Mittelpunkt stellen ❷ konzentrieren ❸ (SPORT) zur Mitte abspielen ❹ (INFORM) zentrieren; **be** ~**ed**

on sich drehen, kreisen um

cen·tri·fu·gal [sen'trɪfjʊgl] *adj* zentrifugal; ~ **force** Fliehkraft *f;* **cen·tri·fuge** ['sentrɪfju:dʒ] *s* Zentrifuge *f;* **cen·tri·pe·tal** [sen'trɪpɪtl] *adj* zentripetal

cen·tury ['sentʃərɪ] *s* ① Jahrhundert *nt* ② (*Kricket*) 100 Läufe *mpl*

CEO [ˌsi:i:'əʊ] *s Abk. von* **chief executive officer** Generaldirektor(in) *m(f)*

ce·ramic [sɪ'ræmɪk] **I.** *adj* keramisch **II.** *s* ① **~s** Keramik *f* ② **~s** Töpferwaren *fpl;* **~ hob** Kochfeld *nt*

cer·eal ['sɪərɪəl] **I.** *adj* Getreide- **II.** *s* ① **~s** Getreide *nt;* Getreideflocken *fpl* ② Getreideflocken *pl* (*Cornflakes, Müsli etc*)

cer·ebel·lum [ˌserɪ'beləm] *s* Kleinhirn *nt;* **cer·ebral** ['serɪbrəl] *adj* Gehirn-; **cer·ebrum** ['serɪbrəm] *s* Großhirn *nt*

cer·emo·nial [ˌserɪ'məʊnɪəl] **I.** *adj* ① zeremoniell, feierlich ② förmlich **II.** *s* Zeremoniell *nt;* **cer·emo·ni·ous** [ˌserɪ'məʊnɪəs] *adj* ① feierlich ② rituell ③ zeremoniös, steif; **cer·e·mo·ny** ['serɪmənɪ] *s* Zeremonie *f;* Feierlichkeit *f;* Förmlichkeit *f;* **without ~** zwanglos; **stand (up)on ~** auf Äußerlichkeiten Wert legen; **no ~, please!** bitte keine Umstände!

cert [sɜ:t] *s* (*sl*) todsichere Sache

cer·tain ['sɜ:tn] *adj* ① bestimmt; gewiss; sicher ② verlässlich, zuverlässig ③ überzeugt, sicher (*of +gen, that* dass); **a ~** ein(e) gewisse(r, s); **for ~** bestimmt, (ganz) sicher, *adj;* **to a ~ extent** bis zu einem gewissen Grade; **under ~ circumstances** unter bestimmten Umständen; **make ~** sich vergewissern; **cer·tain·ly** [-lɪ] *adv* sicher(lich), gewiss, wirklich, bestimmt; **I ~ won't do it** ich tue es bestimmt nicht; **cer·tain·ty** [-tɪ] *s* ① Gewissheit, Sicherheit, Bestimmtheit *f* ② unbestrittene Tatsache; **for a ~** ohne jeden Zweifel

cer·ti·fi·able [ˌsɜ:tɪ'faɪəbl] *adj* ① feststellbar ② (*fam*) unzurechnungsfähig; **cer·ti·fied** *adj* geprüft; **~ cheque** bestätigter Scheck; **~ mail** (*Am*) Einschreiben *nt*

cer·ti·fi·cate [sə'tɪfɪkət] **I.** *s* Zeugnis *nt,* Bescheinigung *f,* Attest *nt;* Urkunde *f;* **birth/marriage ~** Geburts-/Heiratsurkunde *f;* **school ~** Schulzeugnis *nt;* **~ of origin** Ursprungszeugnis *nt* **II.** [sə'tɪfɪˌkeɪt] *vt* bescheinigen, beurkunden; eine Bescheinigung ausstellen (*s.o.* jdm); **cer·ti·fi·ca·tion** [ˌsɜ:tɪfɪ'keɪʃn] *s* ① Bescheinigung *f* ② Beglaubigung, Beurkundung *f*

cer·tify ['sɜ:tɪfaɪ] *vt* ① bestätigen; bescheinigen ② beurkunden; **this is to ~** hiermit wird bescheinigt; **certified copy** beglaubigte Abschrift; **certified public accountant** (*Am*) Wirtschaftsprüfer(in) *m(f)*

cer·ti·tude ['sɜ:tɪtju:d] *s* Gewissheit *f*

cer·vical ['sɜ:vɪkl, sɜ:'vaɪkl] *adj* zervikal, Gebärmutterhals-; **~ smear** Abstrich *m;* **cer·vix** ['sɜ:vɪks, *pl* 'sɜ:vɪsi:z] <*pl* -vixes, -vices> *s* Gebärmutterhals *m*

ce·sium ['sɪ:zjəm] *s* (*Am*) Cäsium *nt*

ces·sa·tion [se'seɪʃn] *s* Aufhören *nt;* Stillstand *m*

cess·pit, cess·pool ['sespɪt, 'sespu:l] *s* ① Senkgrube *f* ② (*fig*) (Sünden)Pfuhl *m*

Cey·lon [sɪ'lɒn] *s* Ceylon *nt;* **Cey·lo·nese** [sɪlɒ'ni:z] **I.** *adj* ceylonesisch **II.** *s* Ceylonese *m,* Ceylonesin *f*

CFC [ˌsi:ef'si:] *s Abk. von* **chlorofluorocarbon** FCKW *nt;* **CFC-free** *adj* FCKW-frei

Chad [tschæd] *s* Tschad *m*

chafe [tʃeɪf] **I.** *vt* ① wund reiben, wund scheuern ② reizen, ärgern **II.** *vi* ① sich reiben (*on, against* an), sich wund scheuern ② sich auf-, erregen, sich ärgern ③ aufgeregt, -gebracht sein, toben **III.** *s* wund geriebene Stelle

chafer ['tʃeɪfə(r)] *s* ① (Mai)Käfer *m* ② (*rose-~*) Rosenkäfer *m*

chaff[1] [tʃɑ:f] *s* (AGR) ① Spreu *f* ② Häcksel *m* ③ Abfall, Plunder *m*

chaff[2] [tʃɑ:f] **I.** *s* Neckerei *f* **II.** *vt* necken

chaf·finch ['tʃæfɪntʃ] *s* Buchfink *m*

chain [tʃeɪn] **I.** *s* ① Kette *f* ② Schmuck-, Halskette *f* ③ (*fig*) (Gedanken)Kette, Folge, Reihe *f* ④ **~s** Ketten, Fesseln *fpl* ⑤ (COM) Ladenkette *f;* **in ~s** in Ketten; **~ of mountains** Bergkette *f* **II.** *vt* (an)ketten, fesseln; (*~ up*) anketten, an die Kette legen; **chain·mail** [ˌtʃeɪn'meɪl] *s* (HIST) Panzerhemd *nt;* **chain reaction** *s* Kettenreaktion *f;* **chain saw** *s* Kettensäge *f;* **chain·smoker** *s* Kettenraucher(in) *m(f)*

chair [tʃeə(r)] **I.** *s* ① Stuhl *m;* Sessel *m* ② (*fig*) Lehrstuhl *m* ③ Vorsitzende(r) *f m,* Vorsitz *m* ④ (*Am: electric ~*) elektrischer Stuhl; **with Mr. X in the ~** unter dem Vorsitz von Herrn X; **leave the ~** die Sitzung beenden; **take a ~** Platz nehmen; **take the ~** den Vorsitz übernehmen; die Sitzung eröffnen **II.** *vt* ① den Vorsitz führen bei ② im Triumph umhertragen; **chair lift** *s* Sessellift *m;* **chair·man** ['tʃeəmən] <*pl* -men> *s* Vorsitzende(r) *m;* **act as ~** den Vorsitz führen; **chair·man·ship** ['tʃeəmənʃɪp] *s* Vorsitz *m;* **chair·per·son** *s* Vorsitzende(r) *f m;* **chair·woman** ['tʃeəwʊmən, *pl* -wɪmɪn] <*pl* -women> *s* Vorsitzende *f*

chalet ['ʃæleɪ] *s* ① Sennhütte *f* ② Schweizerhaus *nt* ③ Ferienhaus *nt*

chalk [tʃɔ:k] **I.** *s* Kreide *f;* **as like as ~ and**

cheese grundverschieden, sehr ungleich; **by a long** ~ bei weitem **II.** *vt* mit Kreide zeichnen, markieren; **chalk out** *vt* skizzieren, entwerfen; **chalk up** *vt* ankreiden (*against s.o.* jdm); **chalky** ['tʃɔ:kɪ] *adj* kreidehaltig; voll Kreide, Kalk

chal·lenge ['tʃælɪndʒ] **I.** *s* ❶ Aufforderung *f;* Anruf *m* (*durch einen Posten*) ❷ (*Jagd*) Anschlagen *nt* (*der Hunde*) ❸ Herausforderung *f* ❹ Anzweifeln, Infragestellen *nt* ❺ Wettstreit *m;* Probe *f* ❻ lockende Aufgabe; Problem *nt,* Schwierigkeit *f* ❼ Ablehnung *f* (*cf a juror* eines Geschworenen), Anfechtung *f* **II.** *vt* ❶ auffordern ❷ (*Posten*) anrufen ❸ herausfordern ❹ beanspruchen, verlangen ❺ in Frage stellen, bezweifeln, bestreiten, anfechten ❻ (*Aufgabe*) reizen ❼ Einwendungen machen gegen, einen Einwand erheben gegen; (JUR) (als befangen) ablehnen; **I** ~ **anybody else to do that!** das soll mir jemand nachmachen!; **chal·len·ger** ['tʃælɪndʒə(r)] *s* Herausforderer(in) *m(f),* Konkurrent(in) *m(f),* Gegner(in) *m(f);* **chal·leng·ing** [-ɪŋ] *adj* ❶ herausfordernd ❷ (*fig*) lockend; faszinierend ❸ schwierig

cham·ber ['tʃeɪmbə(r)] *s* ❶ (POL) Kammer *f;* gesetzgebende Körperschaft; (Handels)Kammer *f* ❷ ~**s** (JUR) Richterzimmer *nt* ❸ (TECH: *Schusswaffe*) Kammer *f* ❹ Zimmer *nt* ❺ ~**s** (JUR) Rechtsanwaltskanzlei *f;* **cham·ber·lain** ['tʃeɪmbəlɪn] *s* Kammerherr *m;* **cham·ber·maid** ['tʃeɪmbəmeɪd] *s* Zimmermädchen *nt;* **chamber music** *s* Kammermusik *f;* **chamber-pot** *s* Nachttopf *m*

cha·mel·eon [kə'mi:lɪən] *s* Chamäleon *nt;* **cha·me·le·on·ic** [kə,mi:lɪ'ɒnɪk] *adj* (*sl*) sehr wechselhaft

cham·ois ['ʃæmwɑ:, *Am* 'ʃæmɪ] <*pl* -> *s* ❶ Gämse *f* ❷ (~ *-leather*) Sämisch-, Fensterleder *nt*

champ [tʃæmp] **I.** *vt, vi* geräuschvoll kauen **II.** *vi* mit den Zähnen knirschen; **at the bit** sich ungeduldig gebärden **III.** *s* (*sl*) Meister *m;* Sportskanone *f*

cham·pagne [ʃæm'peɪn] *s* Champagner *m*

cham·pion ['tʃæmpɪən] **I.** *s* ❶ Verfechter(in) *m(f)* ❷ (SPORT) Meister(in) *m(f)* **II.** *adj* Meister-; Preis-; beste(r, s), erste(r, s) **III.** *vt* sich einsetzen für, verfechten; verteidigen; **cham·pion·ship** [-ʃɪp] *s* ❶ Eintreten (*of* für), Verfechten *nt* ❷ (SPORT) Meisterschaft *fpl,* Meisterschaftskämpfe *mpl*

chance [tʃɑ:ns] **I.** *s* ❶ Zufall *m* ❷ Möglichkeit, Aussicht, Chance *f;* Gelegenheit *f;* Glück(sfall *m*) *nt* ❸ Wagnis, Risiko *nt* ❹ Los *nt;* **by** ~ zufällig, durch Zufall; **on the** ~ **of** im Falle +*gen,* in der Hoffnung auf; **give s.o. a** ~ jdm eine Chance geben; **give s.o. a fair** ~ jdm jede Möglichkeit geben; **stand a** (**good, fair**) ~ Aussichten, Chancen haben; **take a** ~ es darauf ankommen lassen; **take one's** ~ sein Glück versuchen; **the** ~**s are against it** vieles spricht dagegen; **not a** ~**!** keine Spur!; ~ **of winning** Gewinnaussichten, -chancen *fpl* **II.** *adj* zufällig **III.** *vi* zufällig geschehen; ~ (**up**)**on** stoßen auf, zufällig finden; **I** ~**d to be** zufällig war ich **IV.** *vt:* ~ **it** es riskieren, wagen; es darauf ankommen lassen; **chance acquaintance** *s* Zufallsbekanntschaft *f;* **chance hit** *s* Zufallstreffer *m*

chan·cel·lor ['tʃɑ:nsələ(r)] *s* Kanzler(in) *m(f);* **Chancellor of the Exchequer** Schatzkanzler(in) *m(f)*

i Land & Leute

Chancellor of the Exchequer heißt der Finanzminister der britischen Regierung, der für die Vorbereitungen des jährlichen Budgets verantwortlich ist.
Der *Lord Chancellor,* ein Regierungsminister, ist der *Speaker of the House of Lords* und der oberste Richter im englischen Rechtssystem. Er berät den Monarchen bei der Ernennung hoher Richter.

chan·cel·lory ['tʃɑ:nsəlrɪ] *s* Kanzlei *f* (*eines Konsulats, einer Botschaft*), Kanzleramt *nt*

chancy ['tʃɑ:nsɪ] *adj* (*fam*) riskant

chan·de·lier [ʃændə'lɪə(r)] *s* Kronleuchter *m*

change ['tʃeɪndʒ] **I.** *s* ❶ (Ver)Änderung *f;* (Ver)Wandlung *f* ❷ Wandel, Wechsel, Umschwung *m* ❸ Abwechs(e)lung *f;* Unterschied *m* ❹ frische Wäsche, Kleidung *f* ❺ Kleingeld, Wechselgeld *nt;* Wechselkurs *m* ❻ Börse *f;* **for a** ~ zur Abwechs(e)lung; **bring about a** ~ Wandel schaffen; **give** ~ **for** herausgeben auf; **ring the** ~**s** (*fig*) dasselbe immer wieder in anderer Form tun [*o* sagen]; **many** ~**s have taken place** es hat sich viel verändert; **can you give me** ~ (**for a pound**)? können Sie (ein Pfund) wechseln?; ~ **for the better** Besserung *f;* ~ **of direction** Richtungsänderung *f;* (*fig*) Kurswechsel *m;* ~ **of leadership** (POL) Führungswechsel *m;* ~ **of life** Wechseljahre *ntpl;* ~ **in values** Wertewandel *m;* ~ **in the weath-**

er Wetterwechsel, -umschwung *m* **II.** *vt* 1 (ab-, um-, ver)ändern; um-, verwandeln (*into* in) 2 (aus-, um)tauschen; (*Geld*) (um)wechseln 3 (*Bett*) frisch überziehen; (*andere Kleider*) anziehen 4 (TECH) umschalten 5 (*Baby*) wickeln; ~ **hands** den Besitzer wechseln; ~ **one's mind** seine Meinung ändern; **I've ~d my mind** ich hab's mir anders überlegt **III.** *vi* 1 sich (ver)ändern 2 (*trains, buses*) umsteigen 3 sich umziehen; ~ **over** die Stellung wechseln; ~ **up/down** (AUTO) in einen höheren/niederen Gang schalten; ~ **for the better** sich verbessern; ~ **for the worse** sich verschlechtern; **all ~, please!** bitte alle aussteigen!; **change·able** ['tʃeɪndʒəbl] *adj* 1 veränderlich 2 wankelmütig; **change machine** ['tʃeɪndʒmaˌʃɪn] *s* (Geld)Wechselautomat *m;* **change·over** ['tʃeɪndʒəʊvə(r)] *s* Umstellung, -schaltung *f* (*to* auf); Übergang, Wechsel *m;* **chang·ing** ['tʃeɪndʒɪŋ] *s:* ~ **cubicle** Umkleidekabine *f;* ~ **mat** Wickelmulde *f;* ~ **of the guard** Wachablösung *f;* ~ **room** Umkleideraum *m*

chan·nel ['tʃænl] **I.** *s* 1 (MAR) Kanal *m* 2 Fluss-, Kanalbett *nt;* Fahrrinne *f* 3 Rinne *f,* Graben *m* 4 (ARCH) Hohlkehle *f* 5 (RADIO) Kanal *m* 6 (*fig*) Weg *m,* Verbindung, Vermittlung, Übertragung *f;* **through official ~s** auf dem Dienstweg; ~ **of communication** Nachrichtenverbindung *f;* ~ **of distribution** Absatzweg *m;* **the (English) Channel** der (Ärmel)Kanal **II.** *vt* 1 (*Rinne*) graben 2 (ARCH) auskehlen 3 hinleiten (*to* zu)

i Land & Leute

Die **Channel Islands**, die Kanalinseln, liegen vor der französischen Küste, westlich der Halbinsel Cotentin und gehörten 1066, zur Zeit der normannischen Invasion Englands, den *Dukes of Normandy.* Seither sind sie ein Schutzgebiet der britischen Krone, sie gehören jedoch, wie auch die *Isle of Man*, nicht zum *United Kingdom.* Sie sind in die zwei Verwaltungseinheiten, den so genannten *bailiwicks Guernsey*, von wo aus die Inseln *Alderney* und *Sark* verwaltet werden, und *Jersey* unterteilt. Sie haben ihre eigene Rechtsprechung, erheben ihre eigenen Steuern und gelten als *tax haven* – als Steuerparadies. Man spricht dort Englisch und Französisch und vereinzelt auch einen normannisch-französischen Dialekt.

channel-surf *vi* (TV) ständig umschalten; **Channel Tunnel** *s* (Ärmel)Kanaltunnel *m*

chant [tʃɑ:nt] **I.** *s* 1 Gesang *m* 2 Singsang *m* **II.** *vt, vi* 1 singen 2 (*pej*) (herunter-, her)leiern

chan·te·relle [ˌtʃæntə'rel] *s* (*Speisepilz*) Pfifferling *m*

chaos ['keɪɒs] *s* Chaos *nt,* völliges Durcheinander, Wirrwarr *m;* **Chaos Theory** *s* (PHYS) Chaostheorie *f;* **cha·otic** [keɪ'ɒtɪk] *adj* chaotisch, wirr

chap¹ [tʃæp] *s* 1 Riss, Sprung *m* 2 *meist pl* Kinnbacken *m* (*bes. d. Tiere*)

chap² [tʃæp] *s* (*fam*) Kerl, Bursche, Junge *m*

chapel ['tʃæpl] *s* 1 (REL) Kapelle *f;* (nichthochkirchliches) Gotteshaus *nt* (*in Großbritannien*) 2 betriebliche Druckergewerkschaft

chap·er·on(e) ['ʃæpərəʊn] *s* Anstandsdame *f*

chap·lain ['tʃæplɪn] *s* (Haus)Kaplan *m*

chap·ter ['tʃæptə(r)] *s* 1 Kapitel *nt* 2 (*fig*) Stück (*einer Erzählung*), (ausgewähltes) Kapitel, Thema *nt* 3 (REL) Domkapitel *nt* 4 (*Am*) Ortsgruppe *f;* **give ~ and verse for s.th.** etw genau belegen; **chapter-house** *s* 1 Domstift *nt* 2 Klubhaus *nt*

char [tʃɑ:(r)] **I.** *vt* verkohlen; schwärzen **II.** *vi* reinemachen, putzen **III.** *s* (~ *woman*) Reinemache-, Putzfrau *f*

char·ac·ter ['kærəktə(r)] *s* 1 Kennzeichen *nt* 2 Anlage, Natur *f,* Wesen(sart *f*) *nt;* Charakter *m;* (PSYCH) Verhaltensweise *f* 3 Persönlichkeit, Person *f* 4 (THEAT) (handelnde) Person, Rolle *f* 5 Stellung *f,* Rang, Stand *m* 6 Zeugnis *nt,* Empfehlung *f* (*eines Arbeitgebers*) 7 Name, Ruf (*of, for +gen*), guter Ruf *m* 8 Schriftzeichen *nt,* Buchstabe *m;* Ziffer *f;* **in the ~ of** in der Eigenschaft als; **it is out of ~** es passt nicht; **character actor** *s* Charakterdarsteller(in) *m(f);* **char·ac·ter·is·tic** [ˌkærəktə'rɪstɪk] **I.** *adj* charakteristisch, be-, kennzeichnend, typisch (*of* für) **II.** *s* Kennzeichen, Merkmal *nt,* Besonderheit *f;* **char·ac·ter·is·ti·cally** [ˌkærəktə'rɪstɪklɪ] *adv* bezeichnenderweise; **char·ac·ter·iz·ation** [ˌkærəktəraɪ'zeɪʃən] *s* Charakterisierung, Beschreibung *f;* **char·ac·ter·ize** ['kærəktəraɪz] *vt* 1 charakterisieren, beschreiben (als) 2 kennzeichnen

char·coal ['tʃɑ:kəʊl] *s* 1 Holzkohle *f* 2 Kohlestift *m;* **charcoal-burner** *s* Köhler *m*

charge [tʃɑːdʒ] **I.** *s* ❶ Ladung *f;* (TECH) Beschickung, Füllung *f;* Einsatz *m* ❷ (*oft pl*) Lasten *fpl,* Kosten *pl,* Preis *m* ❸ (*Konto*) Belastung *f;* Lastschrift *f;* Gebühr, Taxe *f* ❹ Amt *nt,* Pflicht, Verpflichtung, Verantwortung *f* ❺ Auftrag, Befehl *m* ❻ (Polizei)Aufsicht *f,* Gewahrsam *m;* Überwachung, Obhut, Fürsorge *f* ❼ anvertraute Person/Sache; Schützling *m,* Mündel *nt* ❽ (REL) Schafe *ntpl,* Herde *f* ❾ anvertrautes Gut ❿ Ermahnung, Anweisung *f;* Vorwurf *m;* Beschuldigung, Anklage(punkt *m*) *f* ⓫ (JUR) Rechtsbelehrung *f* (*der Geschworenen*) ⓬ (MIL) Angriff(ssignal *nt*), Sturm *m;* **at s.o.'s** ~ zu jds Lasten; auf jds Kosten; **under s.o.'s** ~ unter jds Aufsicht; **be in** ~ **of s.th.** die Aufsicht über, die Verantwortung für etw haben; **bring a** ~ **against s.o.** jdn anklagen; **have** ~ **of s.th.** für etw verantwortlich sein; **take** ~ **of s.th.** für etw die Verantwortung übernehmen; **there's no** ~ es kostet nichts; Eintritt frei; **free of** ~ gebührenfrei; gratis; **overhead** ~**s** allgemeine Unkosten *pl;* **travelling** ~**s** Reisekosten *pl* **II.** *vt* ❶ (be)laden; belasten (*with* mit) ❷ (*Schusswaffe*) laden; (*Batterie*) aufladen ❸ (CHEM) sättigen ❹ (TECH) beschicken ❺ (COM: *Preis*) fordern, verlangen; rechnen für (*eine Ware, Arbeit*), berechnen (*too much* zu viel); (~ *upon, against s.o.*) jdm aufrechnen ❻ (*Abnehmer*) belasten mit ❼ (~ *off*) abschreiben, abbuchen ❽ anvertrauen (*s.o. with s.th.* jdm etw), beauftragen ❾ anweisen, befehlen (*s.o.* jdm) ❿ ermahnen ⓫ zur Last legen, vorwerfen (*s.o. with s.th., s.th. on s.o.* jdm etw), beschuldigen, anklagen ⓬ angreifen (*s.o., at s.o.* jdn), anstürmen; (SPORT) (an)rempeln; ~ **to s.o.'s account** auf jds Rechnung setzen **III.** *vi* ❶ (einen Preis) fordern; berechnen (*for s.th.* etw) ❷ sich stürzen (*at* auf +*acc*), angreifen (*at s.o.* jdn); **charge·able** ['tʃɑːdʒəbl] *adj* ❶ zu Lasten (*to* von) ❷ gebührenpflichtig ❸ strafbar; **to whom is this** ~**?** wer soll das bezahlen?; **charge account** *s* Kunden(kredit)konto *nt;* **charge card** *s* Kunden(kredit)karte *f*

chargé d'affaires [ʃɑːʒeɪdæ'feə(r)] *s* (POL) Geschäftsträger *m*

chari·table ['tʃærɪtəbl] *adj* ❶ wohl-, mildtätig ❷ nachsichtig; **char·ity** ['tʃærətɪ] *s* ❶ Nächstenliebe *f* ❷ Wohltätigkeit *f* ❸ Almosen *ntpl;* **charity** (**organisation**) *s* Wohltätigkeitsverein *m,* karitative Organisation

charm [tʃɑːm] **I.** *s* ❶ Zauber *m* ❷ Amulett *nt* ❸ Anmut *f,* Reiz, Zauber, Charme *m* **II.** *vt* ❶ verzaubern ❷ bezaubern, entzücken; ~ **s.th. out of s.o.** jdm etw entlocken **III.** *vi* reizend sein; **charmer** ['tʃɑːmə(r)] *s* ❶ (*fig*) Zauberer *m;* Charmeur *m* ❷ bezaubernde Frau; **snake** ~ Schlangenbeschwörer *m;* **charm·ing** [-ɪŋ] *adj* berückend, betörend; bezaubernd, entzückend, reizend, charmant

chart [tʃɑːt] **I.** *s* ❶ (MAR) Seekarte *f* ❷ Schaubild *nt,* grafische Darstellung, Diagramm *nt* ❸ Tabelle *f* ❹ ~**s** Hitliste *f* **II.** *vt* ❶ in einer Karte darstellen ❷ entwerfen, skizzieren

char·ter ['tʃɑːtə(r)] **I.** *s* ❶ Grundgesetz *nt,* Verfassungsurkunde *f* ❷ bewilligtes Recht, Vorrecht, Privileg *nt* ❸ (MAR, AVIAT) Charter(vertrag) *m* **II.** *vt* ❶ ein (Vor)Recht verleihen (*s.o.* jdm) ❷ (*Schiff, Flugzeug*) chartern; **charter company** *s* (AVIAT) Chartergesellschaft *f;* **char·ter·ed** ['tʃɑːtəd] *adj:* ~ **accountant** (vereidigte(r)) Wirtschaftsprüfer(in) *m(f);* **char·terer** ['tʃɑːtərə(r)] *s* Befrachter *m;* **charter flight** *s* (AVIAT) Charterflug *m*

chary ['tʃeərɪ] *adj* ❶ vorsichtig ❷ zurückhaltend (*of* gegenüber)

chase [tʃeɪs] **I.** *s* ❶ Verfolgung *f* ❷ Jagd *f* ❸ verfolgtes Schiff **II.** *vt* ❶ verfolgen; (nach)jagen (*s.o.* jdm, *s.th.* einer S) ❷ hetzen ❸ (~ *away*) weg-, verjagen, vertreiben **III.** *vi* herrennen (*after s.o.* hinter jdm), nachlaufen (*after s.o.* jdm); (~ *about*) herumrennen

chasm ['kæzəm] *s* ❶ (Erd)Spalt, Abgrund *m* ❷ (*fig*) Lücke *f*

chas·sis ['ʃæsɪ] <*pl* -> *s* Fahrgestell, Chassis *nt*

chaste [tʃeɪst] *adj* ❶ keusch ❷ (*fig*) streng, einfach

chas·ten ['tʃeɪsn] *vt* ❶ züchtigen ❷ mäßigen ❸ reinigen; vereinfachen

chas·tise [tʃæ'staɪz] *vt* züchtigen, strafen

chas·tity ['tʃæstətɪ] *s* ❶ Keuschheit *f* ❷ Reinheit, Unberührtheit *f*

chat [tʃæt] **I.** *s* ❶ Geplauder *nt* ❷ (INTERNET) Chat *m* **II.** *vi* plaudern, sich unterhalten; ~ **s.o. up** (*fam*) anquatschen; **chat partner** *s* Chatpartner(in) *m(f);* **chat room** *s* Chatroom *m*

chat·tel ['tʃætl] *s meist pl:* **goods and** ~**s** Hab und Gut *nt*

chat·ter ['tʃætə(r)] **I.** *vi* ❶ (*Menschen*) schnattern, plappern, quasseln ❷ (*Zähne, a.* TECH) klappern **II.** *s* Geschnatter, Geplapper *nt;* ~**-box** Plappermaul *nt;* **chatty** ['tʃætɪ] *adj* ❶ redselig, geschwätzig ❷ familiär, formlos

chauf·feur ['ʃəʊfə(r)] *s* Chauffeur(in) *m(f),* Fahrer(in) *m(f)*

C

chau·vin·ism ['ʃəʊvɪnɪzəm] *s* Chauvinismus *m;* **chau·vin·ist** ['ʃəʊvɪnɪst] *s* Chauvinist *m;* **male ~ (pig)** (*fam*) Chauvi *m*

cheap [tʃi:p] *adj, adv* ① billig; preiswert ② verbilligt ③ minderwertig, schlecht ④ kitschig ⑤ schäbig, gemein; **on the ~** sehr billig; **feel ~** sich schäbig vorkommen; **get off ~** billig davonkommen; **hold ~** geringschätzen; **dirt ~** (*fam*) spottbillig; **cheapen** ['tʃi:pən] **I.** *vt* verbilligen, herabsetzen **II.** *vi* billiger werden; **cheap-jack** ['tʃi:pdʒæk] *adj* Ramsch-; **cheap labour** *s* billige Arbeitskräfte *pl;* **cheap·ness** ['tʃi:pnɪs] *s* Billigkeit *f;* Minderwertigkeit *f;* Schäbigkeit *f;* **cheap·skate** ['tʃi:p,skeɪt] *s* (*sl*) Knicker, Knauser *m*

cheat [tʃi:t] **I.** *vt* betrügen (*of, out of* um); **~ s.o. out of s.th.** jdn um etw bringen, betrügen, prellen **II.** *vi* mogeln, betrügen **III.** *s* ① Betrug, Schwindel *m* ② Betrüger(in) *m(f),* Schwindler(in) *m(f);* **cheat sheet** *s* (INFORM) Spickzettel *m*

check [tʃek] **I.** *vt* ① zum Stillstand bringen, Einhalt gebieten (*s.th.* einer S), hindern, zurückhalten, unterbinden ② eindämmen, hemmen; (TECH) drosseln ③ tadeln, einen Verweis erteilen (*s.o.* jdm) ④ (nach-, über)prüfen, kontrollieren, nachrechnen; (prüfend) vergleichen (*by* mit) ⑤ anstreichen, markieren, abhaken ⑥ (*Gepäck*) ab-, aufgeben; (*Hut*) an der Garderobe abgeben ⑦ Schach bieten (*s.o.* jdm) **II.** *vi* ① übereinstimmen ② (*Am*) einen Scheck ausstellen (*for, against an amount* über einen Betrag, *upon s.o.* auf jdn) **III.** *s* ① Schach *nt* ② Stillstand, Aufschub, Rückschlag *m* ③ Misserfolg *m;* (*fam*) Schlappe *f* ④ Hindernis *nt,* Widerstand *m* ⑤ (Nach-, Über)Prüfung *f;* Kontrolle *f* (*on* über), Probe *f;* (prüfender) Vergleich *m* ⑥ Prüf-, Kontrollzeichen *nt,* -marke *f,* Haken *m* ⑦ (*Am*) Gepäckschein *m;* Garderobenmarke *f* ⑧ (*Textil*) Karo *nt* (*Muster*), karierter Stoff ⑨ (*Am*) Scheck *m;* (*bill*) Rechnung *f;* **act as a ~ on** hemmend, nachteilig wirken auf; **hold** [*o* **keep**] **in ~** (*fig*) in Schach halten; **spot ~** Stichprobe *f;* **check in** *vi* (*Hotel*) sich eintragen, ankommen; (AVIAT) einchecken; **check off** *vt* abhaken; (nach)zählen; **check out** *vi* (*Hotel*) die Rechnung bezahlen und abreisen; (*Gepäck*) abholen; weggehen; **check through** *vt* ① durchsehen, durchgehen ② (*Gepäck*) durchchecken; **check up** *vi* im Einzelnen nachprüfen, genau vergleichen (*on s.th.* etw)

check·book ['tʃek,bʊk] *s* (*Am*) Scheckheft *nt*

checker·board ['tʃekə(r),bɔ:d] *s* (*Am*) Schach-, Damebrett *nt;* **check·ered** ['tʃekə(r)d] *adj* (*Am*) kariert; (*history*) bewegt; **check·ers** ['tʃekəz] *s pl mit sing* (*Am*) Dame(spiel *nt*) *f*

check-in desk ['tʃekin,desk] *s* (AVIAT) Abfertigungsschalter *m*

check·ing ['tʃekɪŋ] *s* Kontrolle *f;* **checking account** *s* (*Am*) Girokonto *nt;* **checking form, checking slip** *s* Kontrollzettel, -abschnitt *m*

check-in time ['tʃekin,taim] *s* (AVIAT) Eincheckzeit *f*

check-list ['tʃek,lɪst] *s* ① Kontrollliste *f* ② (POL) Wahlliste *f*

check·mate ['tʃekmeɪt] **I.** *s* (Schach) Matt *nt;* (*fig*) hoffnungslose Lage **II.** *vt* matt setzen

check·out *s* (*Supermarkt*) Kasse *f*

check·point ['tʃekpɔɪnt] *s* Kontrollstelle *f;* **check room** *s* (*Am*) ① (RAIL) Gepäckaufbewahrung *f,* -schalter *m* ② (*Hotel*) Gepäckraum *m;* **check·up** ['tʃekʌp] *s* ① genaue Prüfung, Kontrolle *f* ② (MED) gründliche Untersuchung ③ (TECH) Nachuntersuchung *f*

cheek [tʃi:k] **I.** *s* ① (*a.* TECH) Backe, Wange *f* ② (*fig fam*) Unverschämtheit, Frechheit *f;* **he said that tongue in ~** das hat er nicht ernst gemeint **II.** *vt* frech sein gegen; **cheek·bone** ['tʃi:kbəʊn] *s* Backenknochen *m;* **cheeky** ['tʃi:kɪ] *adj* (*fam*) frech, unverschämt

cheep [tʃi:p] *vi* piepen

cheer [tʃɪə(r)] **I.** *s* ① (gute) Stimmung *f;* Frohsinn *m,* Freude *f* ② Hoch, Hurra(ruf *m*) *nt* ③ Jubel, Beifall(sruf) *m* ④ Ermutigung *f;* **be of good ~** guten Mutes, voller Hoffnung sein; **give three ~s for s.o.** ein dreifaches Hoch auf jdn ausbringen; **give s.o. a ~** jdn hochleben lassen; **three ~s** ein dreifaches Hoch (*for* für); **cheers!** prosit!; (*als Dank*) danke! **II.** *vt* ① in gute Stimmung versetzen ② (*a.* **~** *up*) auf-, ermuntern ③ zujubeln (*s.o.* jdm), laut Beifall zollen (*s.o.* jdm) ④ (*Nachricht*) freudig begrüßen **III.** *vi* Hurra schreien, jubeln (*at the news* bei der Nachricht); **~ up** froh werden; Mut fassen, Hoffnung schöpfen; **~ up!** Kopf hoch!; **cheer·ful** ['tʃɪəfʊl] *adj* ① fröhlich ② gut aufgelegt; aufgeräumt ③ erfreulich, angenehm ④ gefällig, entgegenkommend; **cheer·ful·ness, cheeri·ness** [-nɪs, 'tʃɪərɪnɪs] *s* Heiterkeit *f;* **cheer·io** [,tʃɪərɪ'əʊ] *interj* (*fam*) mach's gut!; **cheer·leader** *s* (*Am*) *Teilnehmerin am organisierten Beifall bei College-Sportwettkämpfen;* **cheery** ['tʃɪərɪ] *adj* heiter

i Land & Leute

Cheerleaders sind in den USA Mädchen oder junge Frauen, die ihre Sportmannschaft anfeuern. Sie leiten das unterstützende Geschrei der Fans und unterhalten mit Showeinlagen, bei denen oft *pompoms* zum Einsatz kommen. Die Uniform der **cheerleaders** besteht meistens aus einem kurzen Kleid oder Rock mit Bluse, Socken und Lederschuhen – alles in den Farben der Schule oder der Mannschaft.

cheese [tʃi:z] *s* Käse *m;* **hard ~!** Pech!; **~-and-tomato sandwich** Käse-Tomaten-sandwich *nt;* **cheese·burg·er** *s* Cheeseburger *m;* **cheese·cake** *s* ① Käsekuchen *m* ② (*sl*) leichtbekleidete Frauen (*bes. in Zeitschriften*); **cheese·cloth** ['tʃi:zklɒθ] *s* indische Baumwolle; **cheesed-off** [ˌtʃi:zd'ɒf] *adj* (*fam*) angeödet; **I'm ~** mir stinkt's; **cheese fries** *s pl* (*Am*) Pommes mit Käse überbacken; **cheese-paring** ['tʃi:zˌpeərɪŋ] *s* Knauserei *f;* **cheesy** *adj* (*Am: sl*) albern, klischeehaft

chee·tah [tʃɪ:tə] *s* Gepard *m*

chef [ʃef] *s* Küchenchef *m;* Koch *m*

chemi·cal ['kemɪkl] **I.** *adj* chemisch; **~ warfare** chemische Kriegführung; **~ weapons** Chemiewaffen *pl* **II.** *s pl* Chemikalien *fpl;* **chem·ist** ['kemɪst] *s* ① Chemiker(in) *m(f)* ② (*Br*) Drogist(in) *m(f);* (*dispensing ~*) Apotheker(in) *m(f);* **~'s shop** Drogerie *f;* Apotheke *f;* **chem·is·try** ['kemɪstrɪ] *s* Chemie *f*

chemo·thera·py *s* (MED) Chemotherapie *f*

cheque [tʃek] *s* Scheck *m* (*for* auf); **cash a ~** einen Scheck einlösen; **give a blank ~ to s.o.** jdm einen Blankoscheck geben; (*fig*) jdm Blankovollmacht geben, (völlig) freie Hand lassen; **make out a ~** einen Scheck ausstellen; **crossed ~** Verrechnungsscheck *m;* **traveller's ~** Reisescheck *m;* **cheque-account** *s* Girokonto *nt;* **cheque-book** *s* Scheckbuch *nt;* **cheque card** *s* Scheckkarte *f*

chequ·ered ['tʃekəd] *adj* ① kariert ② abwechslungsreich; **a ~ career** eine bewegte Karriere

cher·ish ['tʃerɪʃ] *vt* ① hegen (und pflegen) ② hängen an, (großen) Wert legen auf

che·root [ʃə'ru:t] *s* Stumpen *m* (*Zigarre*)

cherry ['tʃerɪ] **I.** *s* Kirsche *f;* (*~-tree*) Kirschbaum *m* **II.** *adj* kirschrot; **cherry-blossom** *s* Kirschblüte *f;* **cherry brandy** *s* Kirschlikör *m;* **cherry·stone** *s* Kirschkern *m*

cherub[1] ['tʃerəb, *pl* 'tʃerəbɪm] <*pl* cherubim> *s* (*Engel*) Cherub *m*

cherub[2] ['tʃerəb] <*pl* -s> *s* Putte *f;* Engelskopf *m*

cher·vil ['tʃɜ:vɪl] *s* Kerbel *m*

chess [tʃes] *s* Schach(spiel) *nt;* **play (at) ~** Schach spielen; **chess-board** *s* Schachbrett *nt;* **chess·man** <*pl* -men> *s,* **chess·piece** *s* Schachfigur *f*

chest [tʃest] *s* ① Kiste *f,* Kasten, Behälter *m* ② Brust(kasten *m*) *f;* **that's a load off my ~** da fällt mir ein Stein vom Herzen; **~ of drawers** Kommode *f*

chest·nut ['tʃesnʌt] **I.** *s* ① Kastanie *f* ② (*~-tree, -wood*) Kastanie(nbaum *m,* -nholz *nt*) *f* ③ Braune(r) *m* (*Pferd*) ④ (*fam*) alte Geschichte **II.** *adj* kastanienbraun

chesty ['tʃestɪ] *adj* ① (*fam*) erkältet; (*Husten*) rau, tief ② (*Frau*) mit großen Brüsten

chew [tʃu:] **I.** *vt, vi* ① kauen ② nachdenken, -sinnen (*upon, over* über) **II.** *s* Kauen *nt;* Priem *m;* **chew·ing-gum** ['tʃu:ɪŋgʌm] *s* Kaugummi *m*

chic [ʃi:k] *adj* schick, elegant

chi·cane [ʃɪ'kein] *s* (SPORT) Schikane; **chi·can·ery** [ʃɪ'keɪnərɪ] *s* Schikane *f*

chick [tʃɪk] *s* ① Küken *nt;* junger Vogel ② (*fam*) Kind(chen) *nt;* **chick·en** ['tʃɪkɪn] *s* ① Huhn *nt;* Küken *nt;* Hähnchen, Hühnchen *nt* ② (*fig*) Gänschen *nt* ③ (*sl*) Feigling *m;* **I'm no ~** ich bin (doch) kein Kind mehr; **she is no ~** sie ist nicht mehr die Jüngste; **chicken out** *vi* (*fam*) kneifen; **chicken-broth** *s* Hühnersuppe *f;* **chicken-farm** *s* Hühnerfarm *f*

chicken-feed *s* lächerliche Summe, Lappalie *f*

chicken-hearted, chicken-livered [ˌtʃɪkɪn'hɑ:tɪd, ˌtʃɪkɪn'lɪvəd] *adj* bange, feige

chicken-pox *s* Windpocken *pl*

chicken-run *s* Hühnerhof *m*

chick-pea ['tʃɪkpi:] *s* Kichererbse *f*

chic·ory ['tʃɪkərɪ] *s* Chicorée *m od f;* Zichorie *f*

chief [tʃi:f] <*pl* -s> **I.** *s* ① Chef *m,* (Ober)Haupt *nt,* (An)Führer(in) *m(f);* Leiter(in) *m(f),* Vorgesetzte(r) *f m* ② Häuptling *m* (*eines Stammes*) **II.** *adj* erste(r, s), oberste(r, s); führend, leitend; **chief accent** *s* (MUS) Hauptton *m;* **chief clerk** *s* Büro-, Kanzleivorsteher(in) *m(f);* **chief editor** *s* Hauptschriftleiter(in) *m(f);* **chief executive officer, CEO** *s* Generaldirektor(in) *m(f);* **chief justice** *s* Gerichtspräsident(in) *m(f);* **chief·ly** [-lɪ] *adv* hauptsächlich, besonders

chief·tain [ˈtʃiːftən] *s* ❶ Häuptling *m* ❷ Oberhaupt *nt,* Älteste(r) *f m*

chil·blain [ˈtʃɪlbleɪn] *s* Frostbeule *f*

child [tʃaɪld] <*pl* children> *s* Kind *nt;* **give birth to a ~** ein Kind zur Welt bringen; **children's allowance** Kinderzulage *f;* **child abuse** [ˈtʃaildəbjuːs] *s* Kindesmisshandlung *f;* **child-bear·ing** [ˈtʃaɪldbeərɪŋ] **I.** *s* Mutterschaft *f* **II.** *adj* (*Alter*) gebärfähig; (*Becken*) gebärfreudig; **child-birth** [ˈtʃaɪldbɜːθ] *s* Entbindung, Niederkunft *f,* Kindbett *nt;* **child-hood** [ˈtʃaɪldhʊd] *s* Kindheit *f;* **childish** [ˈtʃaɪldɪʃ] *adj* kindisch; **child·less** [ˈtʃaɪldlɪs] *adj* kinderlos; **child·like** [ˈtʃaɪlaɪk] *adj* kindlich; einfach; **child minder** *s* Tagesmutter *f;* **child-proof** *adj* kindersicher; **chil·dren** [ˈtʃɪldrən] *s pl von* **child**; **child-resistant** *adj* kindersicher; **child (safety) seat** *s* Kindersitz *m* im Auto; **child's play** *s* Kinderspiel *nt*

Chile [ˈtʃɪlɪ] *s* Chile *nt;* **Chil·ean** [ˈtʃɪlɪən] **I.** *adj* chilenisch **II.** *s* Chilene *m,* Chilenin *f*

chili [ˈtʃɪlɪ] *s* (*Am*) Peperoni *f;* (*Gewürz*) Chili *m;* **chili dog** *s* (*Am*) Hotdog *m* mit Chilisauce

> **i Land & Leute**
>
> **Chili** ist ein beliebtes amerikanisches Gericht. Es enthält meistens Peperonis oder Chilipulver, Tomaten, Fleisch und rote Kidneybohnen. Fast jeder hat sein eigenes Chili-Rezept – vom ganz einfachen Eintopf bis hin zur Feinschmeckerausführung.

chill [tʃɪl] **I.** *s* ❶ Frost *m,* Kälte *f* ❷ Kältegefühl, Frösteln *nt* ❸ Erkältung *f* ❹ (*fig*) abgekühlte Atmosphäre ❺ (TECH) Gussform, Kokille *f* **II.** *adj* ❶ kühl ❷ (*fig*) (gefühls)kalt, frostig **III.** *vt* ❶ kühlen ❷ (*Blut*) erstarren lassen ❸ (*fig: Atmosphäre, Begeisterung*) abkühlen ❹ (TECH) abschrecken

chilli [ˈtʃɪlɪ] *s* Peperoni *f;* (*Gewürz*) Chili *m*

chill(i)·ness [ˈtʃɪl(ɪ)nɪs] *s* (*a. fig*) Kälte *f*

chill out [ˌtʃɪlˈaʊt] *vi* (*sl*) sich entspannen

chil·ly [ˈtʃɪlɪ] *adj* ❶ frostig ❷ (*fig*) kühl; **feel ~** frösteln

chime [tʃaɪm] **I.** *s* Geläut, Glockenspiel *nt* **II.** *vt* ❶ (*die Glocken*) läuten ❷ (*Stunde*) schlagen **III.** *vi* ❶ (*Glocke*) schlagen, läuten ❷ ertönen ❸ (*~ in, together*) in Einklang sein, übereinstimmen (*with* mit); **~ in** sich einschalten

chim·ney [ˈtʃɪmnɪ] *s* Rauchfang, Kamin *m* (*a. im Hochgebirge*), Schornstein *m;* **chimney pot** *s* Schornsteinaufsatz *m;* **chimney stack** *s* Fabrikschornstein *m;* **chimney-sweep(er)** [-ˌswiːpə(r)] *s* Schornsteinfeger(in) *m(f)*

chim·pan·zee [ˌtʃɪmpænˈziː] *s* Schimpanse *m*

chin [tʃɪn] *s* Kinn *nt;* **~ up!** Kopf hoch!

china [ˈtʃaɪnə] **I.** *s* (*~-ware*) Porzellan *nt* **II.** *adj* Porzellan-

China [ˈtʃaɪnə] *s* China *nt*

chin·chil·la [tʃɪnˈtʃɪlə] *s* Chinchilla *f*

Chi·nese [tʃaɪˈniːz] **I.** *adj* chinesisch **II.** *s* ❶ Chinese *m,* Chinesin *f* ❷ (das) Chinesisch(e); **Chinese cabbage** *s* Chinakohl *m;* **Chinese lantern** *s* Lampion *m;* **Chinese mushroom** *s* Austernpilz *m;* **Chinese restaurant** *s* Chinarestaurant *nt*

> **i Land & Leute**
>
> Zum Gedenken an ihre Vorfahren besuchen Familien in Hongkong im Frühling am **Ch'ing Ming**-Tag die Friedhöfe. Die Gräber werden von Unkraut befreit und Grabsteininschriften werden mit Farbe erneuert. Wenn die Opfergaben ausgebreitet sind und die Räucherstäbchen angezündet werden, kniet die gesamte Familie nieder um ihre Ahnen zu ehren.

chink [tʃɪŋk] **I.** *s* ❶ Ritze *f,* Spalt, Schlitz *m* ❷ Klang *m* **II.** *vt, vi* klingen lassen; (*Gläser*) anstoßen

Chink [tʃɪŋk] *s* (*sl pej*) Chinese *m,* Chinesin *f*

chintz [tʃɪnts] *s* Chintz *m*

chin·wag [ˈtʃɪnˌwæg] *s* (*sl*) Schwatz *m*

chip [tʃɪp] **I.** *s* ❶ Splitter *m;* Span *m;* Scherbe *f* ❷ (*Porzellan, Glas*) lädierte Stelle ❸ **~s** Pommes frites *pl;* (*Am*) Kartoffelchip *m* ❹ Spielmarke *f* ❺ (INFORM) Chip *nt;* **carry a ~ on one's shoulder** einen Komplex haben; **he is a ~ off the old block** (*prov*) der Apfel fällt nicht weit vom Stamm **II.** *vt* ❶ (*Holz*) zerhacken, spalten ❷ (*Geschirr*) anschlagen, lädieren, ausbrechen (*off, from* aus) **III.** *vi* (*Porzellan, Glas*) (leicht) angestoßen, beschädigt werden; **~ in** (*fam*) ins Wort fallen; (*fam*) Geld (her)geben (*für eine S*), beitragen (zu etw); **chip-basket** *s* Fritiersieb *nt;* **chip buttie** *s* (*Br*) Brötchen *nt* mit Pommes; **chip·munk** [ˈtʃɪpmʌŋk] *s* Chipmunk *m* (*nordamerik. Erdhörnchen*); **chip-pan** *s* Friteuse *f;* **chipped** [ˈtʃɪpt] *adj* (*Porzellan, Glas*) angestoßen, angeschlagen; **chip·ping** ['tʃɪpɪŋ] *s* ① (*Am*) Einschnitt *m* ② ~**s** Splitter *mpl*, Späne *mpl*, (Straßen)Schotter *m*; **chippy** ['tʃɪpɪ] **I.** *adj* ① trocken, langweilig ② reizbar **II.** *s* (*fam*) Fisch- und Pommes frites-Bude *f*

chi·rop·odist [kɪ'rɒpədɪst] *s* Fußpfleger(in) *m(f)*; **chi·rop·ody** [kɪ'rɒpədɪ] *s* Fußpflege *f*

chi·ro·prac·tic ['kaɪrəpræktɪk] *s* Chiropraktik *f*; **chi·ro·prac·tor** ['kaɪrəpræktə(r)] *s* Chiropraktiker(in) *m(f)*

chirp [tʃɜ:p] **I.** *vi, vt* zirpen, zwitschern; (*Lied*) trällern **II.** *s* Gezirp, Gezwitscher *nt*; **chirpy** ['tʃɜ:pɪ] *adj* lebhaft, munter

chir·rup ['tʃɪrəp] *vi* zwitschern, zirpen

chisel ['tʃɪzl] **I.** *s* Meißel *m* **II.** *vt* ① (aus)meißeln ② (*sl*) begaunern, betrügen (*out of* um)

chit [tʃɪt] *s* ① (*fam*) Kindchen *nt* ② (*pej*) junges, freches Ding ③ Notiz *f*, Zettel *m*; abgezeichnete Rechnung (*bes. des Kellners*); **chit-chat** ['tʃɪt,tʃæt] *s* Geplauder *nt*

chiv·al·rous ['ʃɪvlrəs] *adj* ritterlich; **chiv·al·ry** ['ʃɪvlrɪ] *s* ① Rittertum *nt* ② Ritterlichkeit *f*

chives [tʃaɪvz] *s pl* Schnittlauch *m*

chlor·ide ['klɔ:raɪd] *s* Chlorid *nt*; **chlor·in·ate** ['klɔ:rɪneɪt] *vt* chlorieren, chloren; **chlor·ine** ['klɔ:ri:n] *s* Chlor *nt*; **chloro·fluoro·carbon** ['klɔrə,flʊərə,kɑ:bən] *s* (CHEM) Fluorchlorkohlenwasserstoff *m*; **chloro·form** ['klɒrəfɔ:m] **I.** *s* Chloroform *nt* **II.** *vt* chloroformieren; **chloro·phyll** ['klɒrəfɪl] *s* Chlorophyll, Blattgrün *nt*; **chlor·ous** ['klɔ:rəs] *adj* chlorig

choc-ice [tʃɒk,aɪs] *s* Eis *nt* mit Schokoladenüberzug

chock [tʃɒk] **I.** *s* (~*-block*) Bremsklotz, -schuh *m* **II.** *vt* (~ *up*) verkeilen; **chock-a-block, chock-full** [,tʃɒkə'blɒk, tʃɒk'fʊl] *adj* (*fam*) gerammelt, gedrängt voll (*with* von)

choc·olate ['tʃɒklət] **I.** *s* ① Schokolade *f* ② Praline *f*; **bar of** ~ Tafel *f* Schokolade; ~ **bar** Schoko(laden)riegel *m*; **a box of** ~**s** eine Schachtel Pralinen **II.** *adj* schokoladenbraun

choice ['tʃɔɪs] **I.** *s* ① (Aus)Wahl *f* ② (das) Beste, (die) Auslese; **by** ~ vorzugsweise; **have no** ~ keine andere Wahl haben; **make a** ~ eine Wahl treffen; **I have no** ~ es bleibt mir nichts anderes übrig; **he is my** ~ ich habe ihn gewählt (*for* als); **a large** ~ eine große Auswahl; **ladies'** ~ Damenwahl *f* **II.** *adj* vorzüglich, ausgezeichnet; (aus)gewählt, ausgesucht

choir ['kwaɪə(r)] *s* ① (MUS) (Kirchen)Chor *m* ② (ARCH) Chor *m*; **choir·mas·ter** ['kwaɪə,mɑ:stə(r)] *s* Chordirigent *m*; **choir stalls** *s pl* Chorgestühl *nt*

choke [tʃəʊk] **I.** *vt* ① (er)würgen, ersticken ② (~ *up*) verstopfen, versperren, vollpfropfen (*with* mit) ③ (*Gefühl*) unterdrücken, ersticken ④ (TECH) (ab)drosseln **II.** *vi* (zu) ersticken (drohen), keine Luft bekommen; würgen **III.** *s* ① Würgen *nt* ② (AUTO) Choke, Starterzug *m*; **choke back** *vt* unterdrücken, herunterschlucken (*the tears* die Tränen); **choke down** *vt* hinunterwürgen; (*Gefühl*) unterdrücken; **choke off** *vt* (*fig*) anschnauzen; abschrecken; **choke up** *vt* verstopfen, ersticken

choker ['tʃəʊkə(r)] *s* Halsreif *m*

chol·era ['kɒlərə] *s* (MED) Cholera *f*

chol·eric ['kɒlərɪk] *adj* cholerisch, jähzornig

cho·les·terol [kə'lestərɒl] *s* Cholesterin *nt*; **cholesterol level** *s* Cholesterinspiegel *m*

choose [tʃu:z] <*irr:* chose, chosen> **I.** *vt* ① (aus)wählen, aussuchen ② vorziehen, lieber wollen, sich entscheiden für **II.** *vi* wählen; **have to** ~ **between** die Wahl haben zwischen; **I cannot** ~ **but** mir bleibt nichts anderes übrig als zu; **choosey** ['tʃu:zɪ] *adj*, **choosy** *adj* (*fam*) wählerisch

chop [tʃɒp] **I.** *vt* ① hacken; (*Holz*) spalten ② (~ *up*) zerkleinern; (*fig: Wort, Satz*) zerhacken **II.** *vi* hacken, hauen, schlagen (*at* nach); ~ **and change** wechseln, schwanken, unbeständig sein **III.** *s* ① Hieb, Schnitt *m*; Schlag *m* ② Kotelett *nt* ③ ~**s** Kiefer *mpl*; (*fig*) Rachen *m* ④ (*Indien, China*) Siegel *nt*, Stempel *m*; **first-**~/**second-**~ erstklassig/zweitklassig; **get the** ~ (*sl*) rausgeschmissen werden; **chop away** *vt* wegschneiden, -hacken; **chop down** *vt* umhacken, -legen; (*Baum*) fällen; **chop off** **I.** *vt* abhacken, -schneiden, -hauen **II.** *vi* (*Wind*) umschlagen; **chop-chop** *interj* (*fam*) dalli, dalli!; **chop·per** ['tʃɒpə(r)] *s* Hackmesser *nt*; (*fam*) Helikopter *m*; **chop·ping** [-ɪŋ] *s*: ~ **block** Hackklotz *m*; Block *m*; ~ **board** Hackbrett *nt*; **choppy** ['tʃɒpɪ] *adj* ① unbeständig ② (*See*) kabbelig ③ (*Worte, Sätze*) abgehackt; **chop-sticks** ['tʃɒpstɪks] *s pl* Essstäbchen *ntpl*

chop·suey [,tʃɒp 'su:ɪ] *s* Chopsuey *nt* (*chinesisches Gericht*)

choral ['kɔ:rəl] **I.** *adj* Chor- **II.** *s* Choral *m*

chord ['kɔ:d] *s* ① (ANAT) Band *nt* ② (MATH) Sehne *f* ③ (*fig*) Saite *f* ④ (MUS) Akkord *m* ⑤ (TECH) Gurt(ung *f*) *m*; **strike the right** ~ (*fig*) die richtige Saite anklingen lassen; **does that strike a** ~**?** erinnert dich das an etwas?; **spinal** ~ Rückenmark *nt*; **vocal** ~ Stimmband *nt*

chore [tʃɔ:(r)] *s meist pl* ① unangenehme

Arbeit ❷ Hausarbeit *f*

chor·eogra·pher [ˌkɒrɪ'ɒgrəfə(r)] *s* Choreograf(in) *m(f)*; **chor·eogra·phy** [ˌkɒrɪ'ɒgrəfɪ] *s* Choreografie *f*; Tanz-, Ballettkunst *f*

chor·is·ter ['kɒrɪstə(r)] *s* Chorsänger(in) *m(f)*, Chorknabe *m*; **chorus** ['kɔːrəs] **I.** *s* ❶ (*a.* THEAT) Chor *m* ❷ Chorgesang *m* ❸ Refrain *m* ❹ (*Revue*) Tanzgruppe *f*; **in ~** im Chor, alle zusammen; **~ girl** Revuetänzerin *f* **II.** *vt, vi* im Chor singen, (auf)sagen, sprechen

chose, **chosen** [tʃəʊz, 'tʃəʊzn] *s.* **choose**

chow [tʃaʊ] *s* ❶ (~ ~) Chow-Chow *m* (*Hunderasse*) ❷ (*sl*) Futter *nt*; Fraß *m*

chow·der ['tʃaʊdə(r)] *s* (*Am*) dicke (Fisch)Suppe

Christ [kraɪst] **I.** *s* Christus *m* **II.** *interj* Herrgott!; **christen** ['krɪsn] *vt* taufen; **Chris·ten·dom** ['krɪsndəm] *s* die Christenheit; **christen·ing** ['krɪsnɪŋ] *s* Taufe *f*

Chris·tian ['krɪstʃən] **I.** *adj* christlich **II.** *s* Christ(in) *m(f)*; **Christian burial** *s* kirchliches Begräbnis; **Christian era** *s* christliche Zeitrechnung; **Chris·ti·an·ity** [ˌkrɪstɪ'ænətɪ] *s* das Christentum; **Chris·tian·ize** ['krɪstʃənaɪz] *vt* christianisieren; **Christian name** *s* Vorname *m*

Christ·mas, **Xmas** ['krɪsməs] *s* Weihnachten *nt*; **at ~** an Weihnachten; **merry ~!** frohe Weihnachten!; **Father ~** der Weihnachtsmann; **Christmas carol** *s* Weihnachtslied *nt*; **Christmas Day** *s* der 1. Weihnachtstag (*25. Dez.*); **Christmas Eve** *s* der Heilige Abend (*24. Dez.*); **Christmas pudding** *s* Plumpudding *m*; **Christmas tree** *s* Weihnachts-, Christbaum *m*

i Land & Leute

In Großbritannien werden schon ab Anfang Dezember Weihnachtskarten, **Christmas cards**, verschickt. Dieser Brauch wurde Mitte des 19. Jhs. eingeführt. Am *Christmas Eve* (Heiligabend), der in Großbritannien ein normaler Arbeitstag ist, hängen Kinder vor dem Schlafengehen *Christmas stockings* (große Socken) oder auch Kopfkissenbezüge auf, damit sie in der Nacht mit Geschenken gefüllt werden sollen. Am *Christmas Day*, dem 25. Dezember, gibt es bei den meisten Familien einen mit Brät gefüllten Truthahn, dazu isst man Röstkartoffel und eine Preiselbeersoße, anschließend gibt es *den Christmas pudding* oder *plum pudding*, einen gedämpften Kuchen mit Korinthen, Rosinen und Sultaninen. *Christmas crackers*, eine weitere britische Erfindung aus der Mitte des 19. Jhs., sind verzierte Papprollen mit einem kleinen Geschenk in der Mitte, einem witzigen Spruch und einer Papierkrone; sie werden meistens während des Mittagessens von jeweils zwei Personen auseinander gerissen.

chro·matic [krəʊ'mætɪk] *adj* (PHYS MUS) chromatisch; **chrome** [krəʊm] *s* (CHEM) Chrom *nt*; **chro·mium** ['krəʊmɪəm] *s* (CHEM) Chrom *nt*

chro·mo·some ['krəʊməsəʊm] *s* (BIOL) Chromosom *nt*

chron·ic ['krɒnɪk] *adj* ❶ (MED) chronisch ❷ dauernd, (be)ständig ❸ (*sl*) widerlich

chroni·cle ['krɒnɪkl] *s* Chronik *f*; **chroni·cler** ['krɒnɪklə(r)] *s* Chronist(in) *m(f)*

chrono·logi·cal [ˌkrɒnə'lɒdʒɪkl] *adj* chronologisch; **in ~ order** in zeitlicher Folge; **~ chart** Zeittafel *f*; **chrono·logy** [krə'nɒlədʒɪ] *s* Chronologie *f*; chronologische Übersicht; **chrono·psy·chol·ogy** [ˌkrəʊnə(ʊ)saɪ'kɒlədʒi] *s no pl* Chronopsychologie *f* (*untersucht den natürlichen Körperrhythmus*)

chry·sa·lis ['krɪsəlɪs] *s* (*Insektenlarve*) Puppe *f*

chry·san·the·mum [krɪ'sænθəməm] *s* Chrysantheme *f*

chubby ['tʃʌbɪ] *adj* pausbäckig

chuck [tʃʌk] **I.** *vt* ❶ wegwerfen ❷ loswerden; **~ s.o. under the chin** jdn ans Kinn schlagen; **~ it!** (*fam*) lass das! **II.** *s* ❶ Schlag *m* ans Kinn ❷ Wurf *m* ❸ (*sl*) Entlassung *f*, Hinauswurf *m*; **chuck away** *vt* (*Gelegenheit*) verpassen, versäumen; (*Sachen*) wegwerfen; **chuck out** *vt* (*Menschen*) hinauswerfen; **chuck up** *vt* wegwerfen; (*Arbeitsplatz*) aufgeben

chucker-out [ˌtʃʌkər'aʊt] *s* (*sl*) Rausschmeißer *m*

chuckle ['tʃʌkl] **I.** *vi* ❶ kichern; (*~ to o.s.*) in sich hineinlachen ❷ (*Henne*) glucksen **II.** *s* Gekicher, Glucksen *nt*

chug [tʃʌg] **I.** *s* Blubbern, Tuckern *nt* **II.** *vi* (*Motor*) blubbern, tuckern; (*Maschine*) stampfen; **~ along** entlangzockeln; (*Schiff*) entlangtuckern; (*fig fam*) (gut) vorankommen

chug·alug ['tʃʌgəlʌg] *vt* (*Am: sl*) runterkippen

chum [tʃʌm] *s* (Schul)Kamerad *m;* (*fam*) Kumpel *m;* **chum up with/around with** *vi* (*Am fam*) sich (eng) anschließen an; **chummy** ['tʃʌmɪ] *adj* (*fam*) eng befreundet

chump [tʃʌmp] *s* ❶ (Holz)Klotz *m* ❷ Keule *f* ❸ (*fam*) Trottel *m;* **be off one's** ~ eine Meise haben

chunk [tʃʌŋk] *s* ❶ Brocken *m;* Klumpen *m;* (Holz)Klotz *m* ❷ ziemlich hoher Betrag; **chunky** ['tʃʌŋkɪ] *adj* (*fam*) untersetzt; dick

Chun·nel ['tʃʌnl] *s s.* **Channel Tunnel** (*fam*) Kanaltunnel *m*

church [tʃɜːtʃ] *s* ❶ Kirche *f* ❷ Gottesdienst *m* ❸ (die) Christen *mpl* ❹ Geistlichkeit *f;* **at** [*o* **in**] ~ in der Kirche, beim Gottesdienst; **in the** ~ in der Kirche; **go to** ~ in die Kirche gehen, den Gottesdienst besuchen; **church·goer** ['tʃɜːtʃˌgəʊə(r)] *s* Kirchgänger(in) *m(f);* **church·war·den** [ˌtʃɜːtʃ'wɔːdn] *s* Kirchenvorsteher, -älteste(r) *m;* **church·yard** [ˌtʃɜːtʃ'jɑːd] *s* Kirchhof *m*

churl [tʃɜːl] *s* ungehobelter Kerl

churl·ish ['tʃɜːlɪʃ] *adj* ❶ flegelhaft ❷ filzig, knauserig ❸ mürrisch

churn [tʃɜːn] **I.** *s* ❶ Butterfass *nt* ❷ (*Br*) große Milchkanne **II.** *vt* ❶ zu Butter verarbeiten ❷ (~ *up*) auf-, umwühlen **III.** *vi* ❶ buttern ❷ schäumen ❸ sich heftig bewegen

chute [ʃuːt] *s* ❶ Stromschnelle *f* ❷ Rutsche *f* ❸ (SPORT) Rutschbahn *f* ❹ (*fam*) Fallschirm *m*

chut·ney ['tʃʌtnɪ] *s* Chutney *m*

cider ['saɪdə(r)] *s* Apfelwein, Most *m*

cigar [sɪ'gɑː(r)] *s* Zigarre *f;* **cigar·box** [sɪ'gɑːbɒks] *s* Zigarrenkiste *f;* **cigar-case** *s* Zigarrenetui *nt;* **cigar-cutter** *s* Zigarrenabschneider *m*

ciga·rette [ˌsɪgə'ret, *Am* 'sɪgəret] *s* Zigarette *f;* **cigarette-case** *s* Zigarettenetui *nt;* **cigarette end** *s* Zigarettenstummel *m;* (*fam*) Kippe *f;* **cigarette holder** *s* Zigarettenspitze *f;* **cigarette paper** *s* Zigarettenpapier *nt*

ciga·rillo [sɪgə'rɪləʊ] *s* Zigarillo *nt*

cin·der ['sɪndə(r)] *s* ❶ Schlacke *f* ❷ verkohltes Stück Holz ❸ ~**s** Asche *f;* ~**-track** (SPORT) Aschenbahn *f*

Cin·de·rella [ˌsɪndə'relə] *s* Aschenbrödel, -puttel *nt*

cine- ['sɪnɪ] *PRÄF* Film-, Kino-; **cin·east(e)** ['sɪnɪˌæst] *s* Kinoliebhaber(in) *m(f);* **cine camera** *s* Filmkamera *f;* **cine film** *s* Schmalfilm *m;* **cin·ema** ['sɪnəmə] *s* Kino, Film-, Lichtspieltheater *nt;* **cinema·goer** *s* Kinobesucher(in) *m(f);* **Cin·ema·scope**® ['sɪnɪməˌskəʊp] *s* Breit- (lein)wand *f;* **cin·ema·tic** [ˌsɪnə'mætɪk] *adj* Film-; **cine-pro·jec·tor** ['sɪnɪprəˌdʒektə(r)] *s* Filmprojektor *m*

cin·na·mon ['sɪnəmən] *s* Zimt *m*

ci·pher, cy·pher ['saɪfə(r)] **I.** *s* ❶ (MATH) Ziffer, Zahl *f;* Null(zeichen *nt*) *f* ❷ (*fig*) Null *f,* völlig unbedeutender Mensch ❸ Chiffre *f;* Chiffrierverfahren *nt* ❹ (~ *-key*) Schlüssel *m* (*einer Geheimschrift*) **II.** *vt* verschlüsseln, chiffrieren; **cipher code** *s* Chiffrierschlüssel *m*

cir·ca·dian [sɜː'keɪdiən] *adj* (*recurring at approximately 24-hour cycles*) zirkadian, im 24-Stunden-Rhythmus

cir·cle ['sɜːkl] **I.** *s* ❶ (MATH) Kreis *m* ❷ (ASTR) Kreisbahn *f* ❸ Ring *m;* Reif *m* ❹ (SPORT) Rundlauf *m* ❺ (THEAT) Rang *m* ❻ Kreis *m,* Gebiet *nt* ❼ (~ *of friends*) Freundes-, Bekanntenkreis *m* ❽ Wirkungskreis *m,* (Einfluss)Sphäre *f;* Spielraum, Bereich *m;* **full** ~ rundherum, im Kreise; **square the** ~ (*fig*) das Unmögliche versuchen; **dress** ~ (THEAT) 1. Rang *m* **II.** *vt* umkreisen; sich bewegen um; umfahren, umgeben **III.** *vi* fahren, segeln, fliegen (*round, about s.th.* um etw), sich im Kreis bewegen; (*Vogel, Flugzeug*) kreisen

cir·cuit ['sɜːkɪt] **I.** *s* ❶ Umkreis, Umfang *m* ❷ Gebiet *nt,* Bezirk *m* ❸ Runde *f,* Rundgang *m,* -fahrt *f,* -flug *m* (*of* um), Rundreise *f* ❹ (JUR) Rundreise *f* (eines Richters); Gerichtsbezirk *m* ❺ (*Am: methodistischer*) (Kirchen)Sprengel *m* ❻ Ring *m;* Kreislauf *m;* Periode *f* ❼ Theater-, Kinoring *m* ❽ (SPORT) Rennbahn *f;* Turnierrunde *f* ❾ (ELEK) Stromkreis *m;* Schaltung *f;* **short** ~ (ELEK) Kurzschluss *m* **II.** *vt* umfahren, -schiffen, -segeln, -fliegen **III.** *vi* eine Runde, Rundfahrt, -reise machen; sich im Kreis bewegen; **circuit board** *s* (ELEK) Schaltplatte *f;* **circuit breaker** *s* (ELEK) Stromkreisunterbrecher *m;* **circuit diagram** *s* (ELEK) Schaltplan *m;* **cir·cu·itous** [sɜː'kjuːɪtəs] *adj* weitschweifig; weitläufig; umständlich

cir·cu·lar ['sɜːkjʊlə(r)] **I.** *adj* kreisförmig, rund **II.** *s* Rundschreiben *nt;* **circular letter** *s* Rundschreiben *nt;* **circular saw** *s* Kreissäge *f;* **circular ticket** *s* Rundreisekarte *f;* **circular tour, circular trip** *s* Rundreise, -fahrt *f;* **cir·cu·late** ['sɜːkjʊleɪt] **I.** *vi* ❶ zirkulieren (*a. Blut*), umlaufen ❷ die Runde machen ❸ herumreisen **II.** *vt* in Umlauf setzen; **cir·cu·lat·ing** [-ɪŋ] *adj* (FIN) umlaufend; ~ **capital** Umlaufkapital *nt;* **cir·cu·la·tion** [ˌsɜːkjʊ'leɪʃn] *s* ❶ (Blut)Zirkulation *f,* Kreislauf *m* ❷ (*Zei-*

tung) Verbreitung *f;* Auflage(nhöhe, -ziffer) *f* ❸ (Geld)Umlauf *m;* **out of** ~ außer Kurs; **with a wide** ~ mit hoher Auflage; **be in** ~ in Umlauf sein; **put into** ~ in Umlauf setzen, in Verkehr bringen; **withdraw from** ~ außer Kurs setzen; **cir·cu·la·tory** [ˌsɜːkjʊˈleɪtərɪ] *adj* Kreislauf-; ~ **system** Blutkreislauf *m*

cir·cum- [ˈsɜːkəm] *PRÄF* (her)um-; Um-; **cir·cum·cise** [ˈsɜːkəmsaɪz] *vt* (REL MED) beschneiden; **cir·cum·ci·sion** [ˌsɜːkəmˈsɪʒn] *s* Beschneidung *f;* **cir·cum·fer·ence** [səːˈkʌmfərəns] *s* (MATH) Umfang *m,* Peripherie *f;* **cir·cum·lo·cu·tion** [ˌsɜːkəmləˈkjuːʃn] *s* Umschreibung *f;* Weitschweifigkeit *f;* **cir·cum·navi·gate** [ˌsɜːkəmˈnævɪgeɪt] *vt* umschiffen, -segeln; **cir·cum·navi·ga·tion** [ˌsɜːkəmˌnævɪˈgeɪʃn] *s* Umschiffung, Umsegelung *f;* **cir·cum·scribe** [ˈsɜːkəmskraɪb] *vt* ❶ (MATH: *Figur*) einen Kreis beschreiben um ❷ begrenzen, einschränken ❸ definieren; **cir·cum·scrip·tion** [ˌsɜːkəmˈskrɪpʃn] *s* ❶ (MATH) Umschreibung *f* ❷ Ab-, Begrenzung, Beschränkung *f* ❸ (*Münze*) Umschrift *f;* **cir·cum·spect** [ˈsɜːkəmspekt] *adj* umsichtig; bedachtsam, vorsichtig

cir·cum·stance [ˈsɜːkəmstəns] *s* ❶ Umstand *m,* Tatsache *f;* Sachverhalt *m* ❷ ~**s** Einzelheiten, Gegebenheiten *fpl,* Verhältnisse *ntpl,* Fall *m;* **in** [*o* **under**] **the** ~**s** unter diesen Umständen; **in** [*o* **under**] **no** ~**s** auf keinen Fall; **in all** ~**s** unter allen Umständen; **in easy/good/flourishing** ~**s** in angenehmen/guten Verhältnissen; **in bad**~**s** in schlechten Verhältnissen; **the** ~ **that** der Umstand, dass; **that depends on** ~**s** das kommt darauf an; **aggravating/extenuating** ~**s** (JUR) erschwerende/mildernde Umstände *mpl;* **cir·cum·stan·tial** [ˌsɜːkəmˈstænʃl] *adj* ❶ genau, eingehend, ausführlich ❷ zufällig, nebensächlich; ~ **evidence** (JUR) Indizienbeweis *m*

cir·cum·vent [ˌsɜːkəmˈvent] *vt* umgehen

cir·cus [ˈsɜːkəs] *s* ❶ Zirkus *m* ❷ (*Br*) runder Platz

cir·rho·sis [sɪˈrəʊsɪs] *s* (MED) Leberzirrhose *f*

cir·rus [ˈsɪrəs, *pl* ˈsɪraɪ] <*pl* -ri> *s* ❶ (BOT) Ranke *f* ❷ (~ *cloud*) Zirrus(wolke *f*) *m,* Federwolke *f*

CIS [ˌsiːaɪˈes] *s Abk. von* **Commonwealth of Independent States** GUS *f*

cis·sy [ˈsɪsɪ] **I.** *s* (*pej*) Waschlappen *m,* Weichling *m* **II.** *adj* (*pej: Mann*) weibisch, verweichlicht

cis·tern [ˈsɪstən] *s* Zisterne *f;* (*Toilette*) Spülkasten *m*

cita·del [ˈsɪtədəl] *s* Zitadelle *f*

ci·ta·tion [saɪˈteɪʃn] *s* ❶ (JUR) (Vor)Ladung *f* ❷ Anführung *f;* Zitat *nt* ❸ (MIL) ehrenvolle Erwähnung; **cite** [saɪt] *vt* ❶ (JUR) vorladen (*before* vor) ❷ zitieren, anführen; sich berufen (*s.th.* auf etw)

i Land & Leute

Viele amerikanische **cities**, Großstädte, haben Spitznamen. New York heißt *Gotham* oder *The Big Apple*. In Anspielung auf letzteres nennen manche Los Angeles *The Big Orange*, aber andere bevorzugen den Namen *The City of the Angels*. Chicago wiederum heißt *The Windy City. The City of Brotherly Love* bezieht sich auf Philadelphia. Denver heißt wegen seiner Höhenlage *The Mile-High City* und Detroit wird aufgrund der Autoindustrie als *Motor City bezeichnet.*

citi·zen [ˈsɪtɪzn] *s* ❶ Bürger(in) *m(f)* ❷ Staatsangehörige(r) *f m;* **citi·zens' band** *s* CB-Funk *m;* **citi·zen·ship** [-ʃɪp] *s* Bürgerrecht *nt;* Staatsangehörigkeit *f*

cit·ric [ˈsɪtrɪk] *adj:* ~ **acid** Zitronensäure *f;* **cit·rus** [ˈsɪtrəs] *s* (~ *fruit*) Zitrusfrucht *f*

city [ˈsɪtɪ] *s* ❶ (große, bedeutende) Stadt *f* ❷ Stadtgemeinde *f* ❸ Zentrum *nt,* Altstadt *f,* Geschäftsviertel *nt,* City *f;* **city-father** *s* Stadtrat *mpl,* Stadtväter *mpl;* **city hall** *s* Rathaus *m;* **city planner** *s* (*Am*) Stadtplaner(in) *m(f)*

civic [ˈsɪvɪk] **I.** *adj* (staats)bürgerlich; städtisch **II.** *s pl mit sing* Staatsbürgerkunde *f*

civ·ies [ˈsɪvɪz] *s pl* (*sl*) Zivilkleidung *f*

civil [ˈsɪvl] *adj* ❶ (staats)bürgerlich ❷ zivil(rechtlich) ❸ zivil, bürgerlich ❹ höflich, gesittet; **civil action** *s* Zivilprozess *m,* zivilrechtliche Klage; **civil aviations** *s pl* Zivilluftfahrt *f;* **civil court** *s* Zivilgericht *nt;* **civil defence** *s* Zivilschutz *m;* **civil disobedience** *s* passiver Widerstand, ziviler Ungehorsam; **civil engineer** *s* Bauingenieur(in) *m(f)*

ci·vil·ian [sɪˈvɪlɪən] **I.** *s* Zivilist(in) *m(f)* **II.** *adj* bürgerlich

ci·vil·ity [sɪˈvɪlətɪ] *s* Höflichkeit *f*

civi·li·za·tion [ˌsɪvəlaɪˈzeɪʃn] *s* Zivilisation, Kultur *f;* **civi·lize** [ˈsɪvəlaɪz] *vt* zivilisieren

civil law [ˈsɪvlˈlɔː] *s* bürgerliches Recht; **civil marriage** *s* standesamtliche Trauung; **civil population** *s* Zivilbevölkerung *f;* **civil rights** *s pl* Bürgerrechte, bürgerliche Ehrenrechte *ntpl;* **civil rights move-**

ment *s* Bürgerrechtsbewegung *f;* **civil servant** *s* (Staats)Beamte(r) *f m;* **civil service** *s* Staatsdienst *m*

i Land & Leute

Der **Civil Service** in Großbritannien ist Teil der Zentralverwaltung des Landes; zu ihm gehören der diplomatische Dienst, das Finanzamt – *the Inland Revenue*, das Gesundheits- und Sozialamt und auch staatliche Bildungseinrichtungen. Die *civil servants*, die Staatsbeamten, sind fest angestellt und sind von einem Regierungswechsel nicht betroffen.

civil war *s* Bürgerkrieg *m*

civ·vies ['sɪvɪz] *s pl* (*sl*) Zivilkleidung *f*

clack [klæk] **I.** *s* ❶ Klappern *nt* ❷ Plappern *nt* ❸ Ventil(klappe *f*) *nt* **II.** *vi* ❶ klappern ❷ (*fam*) schwatzen

claim [kleɪm] **I.** *s* ❶ Anspruch *m* (*to* auf) ❷ Forderung *f* (*on s.o.* gegen jdn) ❸ Behauptung *f* ❹ Anrecht *nt* ❺ (MIN) (beanspruchte) Parzelle *f;* Mutung *f;* Kux *m* ❻ (JUR) Schadenssumme *f,* Klage, Mängelrüge, Reklamation *f;* **baggage ~** (AVIAT) Gepäckausgabe *f;* **lay ~ to, make a ~ to** Anspruch erheben auf; **~ for damages** Schadensanspruch *m* **II.** *vt* ❶ (*Person*) Anspruch erheben auf ❷ (*Unterstützung*) beantragen; beanspruchen ❸ verlangen, fordern, geltend machen ❹ behaupten, versichern; **~ attention** Aufmerksamkeit erfordern; **where do I ~ my baggage?** wo bekomme ich mein Gepäck? **III.** *vi* Schadensersatz verlangen; **~ for s.th.** sich etw erstatten lassen; **claim·ant** ['kleɪmənt] *s* Antragsteller(in) *m(f),* Anspruchsberechtigte(r) *f m,* Kläger(in) *m(f)*

clair·voy·ance [kleə'vɔɪəns] *s* Hellsehen *nt;* **clair·voy·ant** [kleə'vɔɪənt] *s* Hellseher(in) *m(f)*

clam [klæm] *s* ❶ Venusmuschel *f* ❷ (*Am sl*) maulfauler Mensch; **clam up** *vi* das Maul halten

clam·ber ['klæmbə(r)] *vi* (mühsam) klettern

clam chow·der ['klæm,tʃaʊdə(r)] *s* (*Am*) Suppe *f* mit Venusmuscheln

clammy ['klæmɪ] *adj* feucht(kalt)

clam·or·ous ['klæmərəs] *adj* lärmend, schreiend; **clam·our** ['klæmə(r)] **I.** *s* Geschrei *nt,* Lärm *m* **II.** *vi* schreien, lärmen **III.** *vi, vt* laut fordern, rufen (*s.th., for s.th.* nach etw), laut protestieren (*s.th., against s.th.* gegen etw)

clamp [klæmp] **I.** *s* ❶ (Eisen)Klammer *f;* Klemme, (Schraub)Zwinge *f;* (*Kabel*) Schelle *f* ❷ (*Ski*) Strammer *m* **II.** *vt* ❶ (ver)klammern; festklemmen; (ein)spannen ❷ (*Auto*) mit einer Parkkralle festsetzen; **clamp down** *vi* (*fam*) strenger vorgehen (*on s.o.* gegen jdn)

clan [klæn] *s* ❶ (*in Schottland*) Clan *m* ❷ Sippschaft *f;* Clique *f*

clan·des·tine [klæn'destɪn] *adj* heimlich, geheim

clang [klæŋ] **I.** *s* Klang *m,* Klirren, Rasseln *nt* **II.** *vi* klingen, klirren, rasseln **III.** *vt* klappern lassen; (*Glocke*) läuten; **clanger** ['klæŋgə(r)] *s* (*Br fam*) Fauxpas, Schnitzer *m;* **drop a ~** ins Fettnäpfchen treten

clan·gor *s* (*Am*), **clang·our** ['klæŋə(r)] *s* Klirren *nt,* Schall *m;* (*Trompete*) Geschmetter *nt*

clank [klæŋk] **I.** *s* Geklirr, Gerassel *nt* **II.** *vi* klirren, rasseln **III.** *vt* klirren lassen

clap [klæp] **I.** *vt* ❶ (zusammen)schlagen ❷ einen Klaps geben (*s.o.* jdm) ❸ beklatschen, Beifall spenden (*s.o.* jdm); **~ eyes on s.o.** jdn erblicken; **~ one's hands** in die Hände klatschen; **~ s.o. on the shoulder** jdm (freundschaftlich) auf die Schulter klopfen; **he ~ped his hat on** er setzte rasch seinen Hut auf **II.** *vi* (Beifall) klatschen **III.** *s* ❶ (lauter) Schlag *m* ❷ (Hände)Klatschen *nt;* Beifall, Applaus *m* ❸ Klaps, leichter Schlag *m* ❹ (*sl*) Tripper *m;* **~ of thunder** Donnerschlag *m;* **clapped-out** [,klæpt'aʊt] *adj* (*fam*) ❶ erschöpft ❷ (*Auto*) klapprig; **clap·per** ['klæpə(r)] *s* ❶ (*Glocke*) Klöppel *m* ❷ (Vogel)Klapper *f;* **run like the ~s** mit einer Affengeschwindigkeit rennen; **clap·per·board** *s* (FILM) Klappe *f;* **clap·trap** ['klæptræp] *s* Geschwätz *nt;* Unsinn *m*

claret ['klærət] *s* roter Bordeauxwein

clari·fi·ca·tion [,klærɪfɪ'keɪʃn] *s* ❶ Klärung *f* ❷ Klarstellung, Verdeutlichung *f;* **clar·ify** ['klærɪfaɪ] **I.** *vt* ❶ abklären, läutern, reinigen ❷ aufklären **II.** *vi* ❶ sich klären ❷ (*fig*) sich aufklären

clari·net [,klærɪ'net] *s* (MUS) Klarinette *f*

clar·ity ['klærətɪ] *s* Klarheit, Deutlichkeit *f*

clash [klæʃ] **I.** *vi* ❶ klirren, rasseln ❷ (zusammen-, aufeinander) prasseln, prallen (*with* mit) ❸ aneinander stoßen, zusammenstoßen, kollidieren ❹ (*fig*) (zeitlich) zusammenfallen ❺ sich widersprechen ❻ nicht zusammenpassen, zueinander passen (*with* mit) ❼ (*Farben*) sich beißen ❽ sich streiten **II.** *s* ❶ Klirren *nt* ❷ Zusammenprall, -stoß *m* ❸ (*fig*) Widerstreit *m;* Disharmonie, Diskrepanz *f* ❹ Kollision *f*

❺ (zeitliches) Zusammentreffen *nt*

clasp [klɑ:sp] **I.** *vt* ❶ fest-, an-, einhaken ❷ umklammern, umfassen; fassen, (er)greifen; fest drücken (*to* an); ~ **s.o. in one's arms** jdn in die Arme schließen; ~ **s.o.'s hand** jdm die Hand drücken; ~ **one's hands** die Hände falten **II.** *s* ❶ Haken (und Öse *m*) *f*, Klammer *f*; Schnalle *f*; Spange *f* ❷ Umklammerung *f*; Umarmung *f*; Händedruck *m*; **clasp knife** <*pl* -knives> *s* Klappmesser *nt*

class [klɑ:s] **I.** *s* ❶ Klasse *f* ❷ (Gesellschafts)Klasse, Schicht *f* ❸ (SCHULE RAIL) Klasse *f*; Unterrichts-, Schulstunde *f*; Vorlesung *f*; Kurs *m* ❹ (*Br: Universität*) Klassifizierung *f* im Examen ❺ (*Am*) Jahrgang *m* ❻ Qualität, Klasse, Güte, Sorte *f*; **in a ~ by itself** von besonderer Qualität; einzigartig; **not to be in the same ~ with** sich nicht messen können mit **II.** *vt* ❶ einstufen, in Gruppen einteilen; einordnen ❷ betrachten (*as* als); **class-conscious** *adj* klassenbewusst; **class distinctions** *s pl* Klassenunterschiede *mpl*

classic ['klæsɪk] **I.** *adj* klassisch **II.** *s* Klassiker *m*; **clas·si·cal** ['klæsɪkl] *adj* ❶ klassisch ❷ (*Bildung*) humanistisch ❸ (ARCH) klassizistisch; **clas·si·cism** ['klæsɪsɪzəm] *s* Klassik *f*; Klassizismus *m*; **clas·si·cist** ['klæsɪsɪst] *s* Altphilologe *m*, -philologin *f*; **clas·sics** ['klæsɪks] *s pl mit sing* Altphilologie *f*

clas·si·fi·ca·tion [ˌklæsɪfɪ'keɪʃn] *s* Klassifizierung, Einteilung *f*; **clas·si·fied** ['klæsɪfaɪd] *adj* ❶ (MIL) geheim ❷ in Klassen eingeteilt; ~ **ad(vertisement)** Kleinanzeige *f*; ~ **directory** Branchenverzeichnis *nt*; **clas·sify** ['klæsɪfaɪ] *vt* klassifizieren, einteilen

class·less ['klɑ:ʃlɪs] *adj* klassenlos; **class·mate** ['klɑ:smeɪt] *s* Klassen-, Schulkamerad, Schulfreund *m*; **class·room** ['klɑ:srʊm] *s* Klassenzimmer *nt*; **class struggle** *s* Klassenkampf *m*

classy ['klɑ:sɪ] *adj* (*fam*) Klasse, prima, in Ordnung

clat·ter ['klætə(r)] **I.** *s* ❶ Klappern, Rasseln, Rattern *nt* ❷ Lärm, Tumult *m* **II.** *vi* klappern, rasseln, rattern; ~ **along** dahinrattern, -rasseln **III.** *vt* klappern, rattern, rasseln mit

clause [klɔ:z] *s* ❶ Satz *m* ❷ (JUR) Vertragsbestimmung, Klausel *f*; Absatz, Paragraf *m*; **jurisdiction ~** Gerichtsstandklausel *f*; **main ~, subordinate ~** Haupt-, Nebensatz *m*

claus·tro·pho·bia [ˌklɔ:strə'fəʊbɪə] *s* Klaustrophobie, Platzangst *f*

clav·icle ['klævɪkl] *s* (ANAT) Schlüsselbein *nt*

claw [klɔ:] **I.** *s* ❶ Kralle, Klaue *f*; (*a.* TECH) Tatze, Pfote *f*, (Krebs)Schere *f* ❷ (TECH) Haken *m* **II.** *vt* ❶ packen ❷ zerkratzen ❸ reißen (*a hole* ein Loch) **III.** *vi* greifen (*at* nach), zerren (*at* an)

clay [kleɪ] *s* Lehm *m*; Ton *m*; **clay pigeon** *s* Tontaube *f*

clean [kli:n] **I.** *adj* ❶ sauber ❷ frisch, neu, unbenutzt ❸ (*Papier*) weiß, unbeschrieben ❹ (*fig*) einwand-, fehlerfrei, tadellos, anständig; fair ❺ unschuldig ❻ vorbehaltlos, uneingeschränkt; (*Wechsel*) einwandfrei ❼ (*Bruch, Schnitt*) sauber; (*Linien*) klar ❽ umweltschonend ❾ geschickt, gewandt; gekonnt; **have ~ hands/a ~ slate** (*fig*) eine reine Weste haben; **have a ~ record** eine tadellose Vergangenheit haben; **keep ~** sauber halten; **make a ~ breast of s.th.** sich etw vom Herzen reden; **make a ~ copy of s.th.** etw ins Reine schreiben; **make a ~ sweep of s.th.** mit einer S vollständig aufräumen **II.** *adv* ❶ vollkommen, -ständig, völlig, ganz ❷ sauber, rein **III.** *vt* ❶ reinigen, säubern, putzen ❷ (*Fisch, Geflügel*) ausnehmen; **clean down** *vt* abwischen, -bürsten; gründlich abwaschen; **clean out** *vt* beseitigen, aus-, aufräumen; (*Geld*) aufbrauchen; ~ **s.o. out** (*fam*) jdn ausnehmen; **be ~ed out** (*fam*) blank sein, kein Geld mehr haben; **clean up I.** *vt* ❶ sauber machen ❷ (*fam*) fertig machen ❸ (*sl: als Gewinn*) einstecken, in die Tasche stecken, absahnen **II.** *vi* aufräumen; sich waschen

clean-cut [ˌkli:n'kʌt] *adj* ❶ wohlgeformt; gut aussehend ❷ scharf umrissen ❸ (*fig*) klar;

cleaner ['kli:nə(r)] *s* ❶ Reiniger *m* ❷ Putzfrau *f*; **dry-~'s** chemische Reinigung *f* (*Geschäft*); **take s.o. to the ~'s** (*fam*) jdn übers Ohr hauen, reinlegen; **clean·ing** ['kli:nɪŋ] *s* Reinigung, Säuberung *f*; **cleaning lady, cleaning woman** *s* Putzfrau *f*; **clean·li·ness** ['klenlɪnɪs] *s* Reinlichkeit, Sauberkeit *f*; **clean·ly** ['klenlɪ] **I.** *adv* sauber **II.** *adj* reinlich, sauber; **cleanse** ['klenz] *vt* reinigen, säubern; (*Bibel: vom Aussatz*) heilen, rein machen; (*fig*) läutern; (*von Sünde*) frei machen; **cleanser** ['klenzə(r)] *s* Reinigungsmittel *nt*; **clean-shaven** ['kli:n'ʃeɪvn] *adj* glatt rasiert; **cleansing cream** *s* Reinigungscreme *f*; **cleansing tissue** *s* Erfrischungstuch *nt*; **clean-up** ['kli:nʌp] *s* ❶ Reine-, Saubermachen *nt* ❷ (*fam*) Säuberungsaktion *f*

clear [klɪə(r)] **I.** *adj* ❶ klar; hell, rein ❷ deutlich, scharf, fest umrissen ❸ verständlich; eindeutig ❹ (*Straße*) frei; (*Weg*) offen, frei (*of* von) ❺ sicher, zuversichtlich, entschlossen (*of, on* in, hinsichtlich) ❻ frei von Schuld, unschuldig ❼ (*Zeit, Summe*) voll; schuldenfrei ❽ (*Gewinn*) Rein-; Netto- ❾ (*Himmel*) wolkenlos **II.** *adv* ❶ (voll und) ganz, völlig, vollständig ❷ (*fam*) geradeswegs, mitten durch **III.** *s* ❶ Klartext *m* ❷ (*Am*) Lichtung *f* ❸ lichte Weite **IV.** *vt* ❶ klar, hell, deutlich machen; auf-, erhellen ❷ (*Straße*) freimachen; räumen ❸ (*Wald*) roden ❹ (*Weg*) bahnen ❺ (*Konto*) ausgleichen; (*Schuld*) bereinigen, begleichen ❻ säubern; (*Tisch*) abräumen; aufräumen ❼ (INFORM) löschen ❽ (COM: *Lager*) räumen ❾ überholen, springen über, vorbeikommen an ❿ (*fig*) freimachen, befreien (*of, from* von) ⓫ (JUR) entlasten, freisprechen (*of* von) ⓬ für unbedenklich erklären; genehmigen; freigeben ⓭ (FIN) bezahlen, begleichen; einlösen; (*Grundstück*) von Belastungen freimachen ⓮ (rein) gewinnen, einnehmen ⓯ (RADIO: *Sendezeit*) kaufen ⓰ (*Ware*) verzollen; zollamtlich abfertigen ⓱ (TECH) entstören; (*Störung*) beseitigen; (*Aufnahme*) löschen **V.** *vi* ❶ klar, hell, deutlich werden ❷ (*Himmel: ~ up*) aufklaren ❸ (*Schiff*) absegeln, -fahren; klarkommen; (*~ in, out*) Hafengebühren bezahlen **VI.** (*Wendungen*): **in the ~** aus allem heraus; **come out of a ~ sky** aus heiterem Himmel kommen; **get ~ of s.th.** etw loswerden; **keep ~ of s.th.** etw meiden; **make o.s. ~** sich verständlich machen; **~ the hurdle** die Schwierigkeiten überwinden; **~ one's throat** sich räuspern; **all ~!** Gefahr vorbei!; **~ the decks!** (MAR) klar Deck!; **a ~ conscience** ein reines Gewissen; **three ~ days** drei volle Tage; **~ profit** [*o* **gain**] Reingewinn *m*; **clear away** *vt* ❶ ab-, wegräumen ❷ (*fig: Zweifel*) beseitigen ❸ (*Schwierigkeiten*) überwinden; **clear off I.** *vt* wegbringen, beseitigen, weg-, fortschaffen **II.** *vi* (*fam*) abhauen, türmen; **clear out I.** *vt* säubern, reinigen; ausräumen **II.** *vi* sich aus dem Staub machen; **clear up** *vt* aufräumen; ins Reine, in Ordnung bringen; (auf)klären

clear·ance ['klɪərəns] *s* ❶ (Auf)Räumung(sarbeiten *f*) *pl*, Beseitigung *f* ❷ (COM) Räumung *f* des Lagers ❸ (FIN) Tilgung *f*; Deckungsbestätigung *f* (*von Scheck*) ❹ Rodung *f* ❺ (*Brücke*) lichte Höhe ❻ (TECH) Spiel(raum *m*) *nt*, Abstand, Zwischenraum, freier Raum *m* ❼ Genehmigung, Erlaubnis *f* ❽ (*a.* AVIAT) Verzollung, Zollabfertigung, Freigabe, Abfertigung *f* ❾ (*bill of ~*) Zoll(abfertigungs)schein *m* ❿ (AVIAT) Starterlaubnis, -freigabe *f*; **clearance sale** *s* Räumungs-, Ausverkauf *m*

clear-cut ['klɪə'kʌt] **I.** *adj* ❶ scharf geschnitten ❷ (*fig*) klar, eindeutig **II.** *vt* kahl schlagen, abholzen; **clear-fell** *vt* kahl schlagen, abholzen; **clear film** *s* Klarsichtfolie *f*; **clear-headed** [ˌklɪə'hedɪd] *adj* einsichtig, verständig

clear·ing ['klɪərɪŋ] *s* ❶ Ab-, Verrechnung *f*, Clearing *nt* ❷ Rodung *f*; Lichtung *f*; **clearing bank** *s* Clearingbank *f*; **clearing-house** *s* Verrechnungsstelle *f*; **clearing office** *s* Ausgleichs-, Ab-, Verrechnungsstelle *f*

clear·ly ['klɪəlɪ] *adv* ❶ klar (und deutlich) ❷ eindeutig; **clear·ness** ['klɪənɪs] *s* Klarheit, Deutlichkeit *f*; **clear-sighted** [ˌklɪə'saɪtɪd] *adj* ❶ klar sehend ❷ scharfsichtig

cleav·age ['kli:vɪdʒ] *s* ❶ (Auf)Spaltung *f*, Spalte *f* ❷ Dekolletee *nt*

cleave [kli:v] <*irr:* cleft (cleaved, clove), cleft (cleaved)> **I.** *vt* ❶ (auf)spalten, zerhacken, auseinander brechen, zerbrechen ❷ (*Weg*) bahnen ❸ (*Menschen*) trennen **II.** *vi* sich spalten

clef [klef] *s* (MUS) (Noten)Schlüssel *m*

cleft [kleft] **I.** *pt, pp cf* **cleave II.** *s* Spalte *f*, Riss *m*; Kluft *f*

cle·ma·tis ['klemətɪs] *s* Klematis *f*; Waldrebe *f*

clem·ency ['klemənsɪ] *s* Milde *f*; Nachsicht *f*; **clem·ent** ['klemənt] *adj* milde; nachsichtig

clench [klentʃ] *vt* ❶ (fest) zusammendrücken, -pressen ❷ ergreifen, packen

clergy ['klɜ:dʒɪ] *s sing mit pl* Klerus *m*, Geistlichkeit *f*; **clergy·man** [-mən] <*pl* -men> *s* Geistliche(r) *m*; **clergy·woman** [-wʊmən] *s* Pfarrerin *f*

cleric ['klerɪk] *s* Geistliche(r) *f m*

cleri·cal ['klerɪkl] *adj* ❶ geistlich ❷ (POL) klerikal ❸ Büro-, Schreib-; **clerical error** *s* Schreibfehler *m*; **clerical staff** *s* Büropersonal *nt*; **clerical work** *s* Büroarbeit *f*

clerk [klɑ:k, *Am* klɜ:rk] *s* ❶ Büroangestellte(r) *f m*, Sekretär(in) *m(f)* ❷ Buchhalter(in) *m(f)*, Kontorist(in) *m(f)* ❸ Leiter(in) *m(f)*, Vorsteher(in) *m(f)*

clev·er ['klevə(r)] *adj* ❶ klug, gescheit (*a. Rede, Schrift*) ❷ begabt ❸ geschickt, gewandt (*at* in) ❹ tüchtig ❺ gewieft, raffiniert; **clever dick** *s* (*fam*) Besserwisser *m*; **clever·ness** [-nɪs] *s* ❶ Klugheit *f* ❷ Geschicklichkeit, Gewandtheit *f* ❸ Raffinesse *f*

cliché ['kli:ʃeɪ] *s* ❶ Klischee *nt* ❷ (*fig*) (abgedroschene) Redensart *f*, Gemeinplatz *m*

click [klɪk] **I.** *s* ❶ Klicken *nt*; Knacken *nt*;

Schnalzen *nt* ② Sperrhaken *m*, -klinke *f* **II.** *vi* ① klicken; knacken; zuschnappen ② (*sl*) zusammenpassen; erfolgreich ankommen (*for* bei) ③ (*fam*) sich verknallen **III.** *vt* schnalzen (*one's tongue* mit der Zunge); ~ **one's heels** die Hacken zusammenschlagen; **click around** *vi* (*mit der Maus*) herumklicken; **click on** *vt* (INFORM) anklicken

cli·ent ['klaɪənt] *s* ① Klient(in) *m(f)*, Mandant(in) *m(f)* (*eines Rechtsanwalts*) ② Patient(in) *m(f)* ③ Kunde *m*, Kundin *f*; **cli·en·tele** [ˌkliːɒn'tel] *s* ① Kundschaft *f* ② (JUR) Klientel *f* ③ (MED) Patienten *pl*

cliff [klɪf] *s* Klippe *f*; **cliff-hanger** ['klɪfhæŋə(r)] *s spannender Schluss ohne Lösung des Rätsels*

cli·mac·ter·ic [klaɪ'mæktərɪk] **I.** *adj* ① kritisch, entscheidend ② (PHYSIOL) klimakterisch **II.** *s* ① Wechseljahre *pl* ② (*fig*) kritische Zeit; **cli·mac·tic** [ˌklaɪ'mæktɪk] *adj*: **a ~ scene** ein Höhepunkt *m*

cli·mate ['klaɪmɪt] *s* ① Klima *nt* ② (*fig*) Stimmung, Atmosphäre *f*; **cli·mate change** *s* Klimawandel *m*, Klimaveränderungen *pl*; ~ **levy** *eine Art Ökosteuer*; **cli·mat·ic** [klaɪ'mætɪk] *adj* klimatisch; **cli·ma·tol·ogist** [ˌklaɪmə'tɒlədʒist] *s* Klimatologe *m*, Klimatologin *f*, Klimaforscher(in) *m(f)*; **cli·ma·tol·ogy** [ˌklaɪmə'tɒlədʒɪ] *s* Klimatologie *f*

cli·max ['klaɪmæks] **I.** *s* ① Höhepunkt *m* ② Orgasmus *m* **II.** *vi* seinen Höhepunkt erreichen

climb [klaɪm] **I.** *vt* ① ersteigen, erklimmen, erklettern ② steigen, klettern (*the tree* auf den Baum) **II.** *vi* ① klettern ② (*Straße*) steigen; (empor-, auf)steigen ③ rasch hineinschlüpfen (*into* in) **III.** *s* ① Klettern *nt*; Steigung *f*; Steigen *nt* ② Aufstieg *m* ③ Kletterpartie *f*; **climb down** *vi* hinab-, hinunterklettern, -steigen; (*fig*) nachgeben; zurücktreten; **climber** ['klaɪmə(r)] *s* ① Kletterer *m*; Bergsteiger(in) *m(f)* ② (*social ~*) Aufsteiger *m* ③ Kletterpflanze *f*; **climb·ing** ['klaɪmɪŋ] *s* ① Klettern *nt*; Bergsteigen *nt* ② (AVIAT) Steigflug *m*; **climbing iron** *s* Steigeisen *nt*

clinch [klɪntʃ] **I.** *vt* ① (*Boxkampf*) umklammern; festhalten ② (*Nagel*) krumm schlagen ③ (*Tau*) festmachen ④ (*fig*) fest abmachen; (*Geschäft*) abschließen **II.** *s* ① (*Boxkampf*) Clinch *m* ② (*sl*) Umarmung *f*; **have s.th. in a ~** etw fest in der Hand haben; **clincher** ['klɪntʃə(r)] *s* entscheidendes Argument; **that's a ~** damit ist der Fall erledigt

cling [klɪŋ] <*irr:* clung, clung> *vi* ① haften, sich klammern (*to* an) ② (*fig*) hängen, festhalten (*to* an); ~ **together** (fest) zusammenhalten; **cling film** ['kliŋfilm] *s* Frischhaltefolie *f*; **cling·ing** [-ɪŋ] *adj* ① (*Kleidung*) eng anliegend ② (*fig*) (sehr) anhänglich

cli·nic ['klɪnɪk] *s* ① (MED) klinisches Praktikum ② Klinik *f*; Poliklinik *f*; **speech ~** Beratungsstelle *f* für Sprachgestörte; **cli·ni·cal** ['klɪnɪkl] *adj* ① klinisch ② (*fig*) kühl, unpersönlich; steril; ~ **thermometer** Fieberthermometer *nt*

clink [klɪŋk] **I.** *vi* klirren, klinge(l)n **II.** *vt* klirren lassen; klimpern mit; ~ **glasses** anstoßen **III.** *s* ① Klirren *nt* ② (*sl*) Kittchen *nt*

clinker ['klɪŋkə(r)] *s* ① Klinker *m* ② Schlacke *f* ③ (*Am sl*) Fehler *m*

clip[1] [klɪp] **I.** *s* ① Halter *m*; Klammer *f*; Spange *f* ② (*paper ~*) Büroklammer *f*; (*laundry ~*) Wäscheklammer *f* ③ (*Rohr*) Schelle *f* ④ (RAIL) Lasche *f* ⑤ (MIL) Ladestreifen *m* ⑥ (Ohr)Klips *m*; ~(**-on**) **earring** Klipp, Clip *m* **II.** *vt* festklammern, -klemmen, -halten

clip[2] [klɪp] **I.** *vt* ① (*Haar*) schneiden; (*Hund*) scheren ② stutzen; kappen; (*Hecke*) beschneiden ③ (*Fahrschein*) knipsen ④ (*aus einer Zeitung*) ausschneiden ⑤ (*fig: Laut, Silbe*) verschlucken **II.** *s* ① (Schaf)Schur *f*; Schneiden *nt*; Stutzen *nt* ② Klaps, Schlag *m* ③ (Film)Ausschnitt *m* ④ (*fam*) hohes Tempo

clip·board ['klipbɔːd] *s* Klemmbrett *nt*

clip·per ['klɪpə(r)] *s* ① Klipper, Schnellsegler *m* ② (AVIAT) Verkehrsflugzeug *nt* ③ **~s** Schere *f*; **nail-~s** Nagelzwicker *m*

clip·ping ['klɪpɪŋ] *s* ① (Zeitungs)Ausschnitt *m* ② **~s** Abfälle *mpl*

clique [kliːk] *s* Clique *f*, Klüngel *m*

cliquish, **cliquey** ['kliːkɪʃ, 'kliːkɪ] *adj* cliquenhaft

clit·oris ['klɪtərɪs] *s* (ANAT) Klitoris *f*

cloak [kləʊk] **I.** *s* ① Umhang, (weiter) Mantel *m* ② (*fig*) Deckmantel, Vorwand *m* (*for* für); **under the ~ of** unter dem Vorwand, im Schutz von; ~ **and dagger operation** Nacht-und-Nebel-Aktion *f* **II.** *vt* (*fig*) verbergen, bemänteln; **cloak·room** ['kləʊkrʊm] *s* ① Garderobe *f* ② (*Br*) Toilette *f*

clob·ber ['klɒbə(r)] **I.** *s* (*sl*) ① Kram *m* ② Kleider *ntpl* **II.** *vt* (*fam*) ① (vollkommen) erledigen, fertigmachen ② verprügeln

clock [klɒk] **I.** *s* ① (*Wand-, Turm-*) Uhr *f* ② (*fam*) Tacho(meter) *m*; **it is ten o'~** es ist 10 Uhr; **round the ~** rund um die Uhr; **put the ~ back** die Uhr zurückstellen, *fig*

-drehen; **alarm-~** Wecker *m;* **cuckoo ~** Kuckucksuhr *f* **II.** *vt* mit der Stoppuhr messen, abstoppen; (*Zeit*) registrieren; **clock in** *vi* einstempeln; **clock out** *vi* ausstempeln; **clock up** *vt* ① (*Entfernung*) zurücklegen ② (*Geschwindigkeit*) erreichen ③ (*Schulden*) machen ④ (*Erfolg*) verbuchen; **clock·face** *s* Zifferblatt *nt;* **clock radio** *s* Radiowecker *m;* **clock timer** *s* Schaltuhr *f;* **clock-watcher** *s jd, der dauernd auf die Uhr schaut;* **clock·wise** ['klɒkwaɪz] *adj, adv* im Uhrzeigersinn; **clock·work** ['klɒkwɜːk] *s* Uhrwerk *nt;* **like ~** (*fig*) wie am Schnürchen; **~ toy** mechanisches Spielzeug

clod [klɒd] *s* ① (Erd)Klumpen *m* ② (*Mensch*) Trottel *m;* Trampel *m*

clog [klɒg] **I.** *s* ① (Holz)Klotz *m* ② (*fig*) Klotz *m* am Bein, Hindernis *nt* ③ Holzschuh *m* **II.** *vt* ① (*fig*) hemmen ② (TECH) verstopfen, verschmieren; blockieren; **be ~ged up** verstopft sein **III.** *vi* ① sich (zusammen)ballen ② verstopfen; blockiert werden; **clog-dance** ['klɒgdɑːns] *s* Holzschuhtanz *m*

clois·ter ['klɔɪstə(r)] **I.** *s* ① Kloster *nt* ② Kreuzgang *m* **II.** *vt* ins Kloster stecken **III.** *vr:* **~ o.s.** (**away**) sich von der Welt verschließen

clone [kləʊn] **I.** *s* Klon *m* **II.** *vt* klonen; **clon·ing** ['kləʊnɪŋ] *s* Klonen *nt*

close¹ [kləʊs] **I.** *adj* ① (*örtlich, zeitlich*) nahe ② (ab-, ein)geschlossen; (*Kleidung*) eng (anliegend) ③ knapp ④ (*Deckel*) dicht schließend ⑤ (*Gelände*) bedeckt, bewachsen ⑥ (*fig*) beschränkt, begrenzt ⑦ eng (stehend), eng aneinander gerückt ⑧ (*fig*) scharf, streng (bewacht) ⑨ vertraut, eng befreundet; (eng) zusammenhängend ⑩ voll(ständig), völlig, vollkommen ⑪ genau, sorgfältig ⑫ sparsam, geizig ⑬ verborgen, geheim ⑭ zurückhaltend, verschlossen ⑮ (POL) in scharfem Wettbewerb befindlich ⑯ (*Luft*) verbraucht, stickig ⑰ (*Übersetzung*) getreu, genau ⑱ (*Aufmerksamkeit*) gespannt ⑲ (*Am fam*) tüchtig **II.** *adv* dicht, nahe (*by* dabei), dicht, eng zusammen **III.** (*Wendungen*): **~ by** in der Nähe; **~ on** nahezu; beinahe; **~ to** dicht, nahe bei; **~ up to** dicht heran an; **from ~ up** aus der Nähe; **~ together** dicht beisammen; **~ to the ground** dicht am Boden; **~-to-the-vest behaviour** Heimlichtuerei *f;* **after ~ consideration** nach reiflicher Überlegung; **at ~ quarters** in nächster Nähe; **in ~ confinement** unter strenger Bewachung; **in ~ contact** in enger Berührung; **come ~r together** zusammenrücken; **cut ~** glatt abschneiden; **drive up ~** dicht heranfahren; **have a ~ shave** (*fig*) mit knapper Not davonkommen; **press s.o. ~** jdn streng behandeln; **sit ~** eng beieinander sitzen; **stick ~ to s.o.** sich eng an jdn halten; **that was a ~ call!** das war knapp!; **he is a ~ friend of mine** er und ich, wir sind eng miteinander befreundet

close² [kləʊz] **I.** *vt* ① schließen, zumachen; (*Straße*) sperren ② in Verbindung, Berührung bringen; (ELEK: *Stromkreis*) schließen ③ beenden, ab-, beschließen; (*Versammlung, Sitzung*) schließen ④ (*Fabrik*) stilllegen ⑤ (COM) abschließen, saldieren, liquidieren ⑥ (*Hypothek*) löschen; **~ a deal** ein Geschäft abschließen; **~ one's eyes to s.th.** (*fig*) die Augen vor etw verschließen **II.** *vi* ① schließen; sich schließen ② aufhören, zu Ende gehen ③ zumachen; (*Betrieb*) stillgelegt werden ④ sich nähern **III.** *s* ① (Ab)Schluss *m,* Ende *nt* ② Handgemenge *nt;* **bring to a ~** zu Ende bringen; **draw to ~** zu Ende gehen; **close down** *vt* ① (*Betrieb*) stilllegen ② (*Geschäft*) schließen; **close in I.** *vi* ① näher kommen ② (*Winter*) anbrechen; (*Nacht*) hereinbrechen ③ (*Tage*) kürzer werden **II.** *vt* umgeben; **~ in on s.o.** jdm zu Leibe rücken; **close off** *vt* abriegeln, absperren; **close up I.** *vt* (ver)sperren, blockieren **II.** *vi* ① nahe rücken ② (MIL) aufschließen; **close with** *vi* schließen mit; **~ with s.o.** mit jdm zu einem Kompromiss kommen; **~ with an offer** ein Angebot annehmen

closed [kləʊzd] *adj* ① geschlossen; gesperrt ② (ELEK) eingeschaltet, geschlossen; **declare** (**a debate, a meeting**) **~** (eine Aussprache, eine Sitzung) für beendet erklären; **road ~!** Straße gesperrt!; **~-circuit television** interne Fernsehanlage *f;* Fernsehüberwachungsanlage *f;* **~-shop system** Gewerkschaftszwang *m;* **close-down** ['kləʊzdaʊn] *s* ① Betriebsstilllegung *f* ② (RADIO) Ende *nt* (*der Sendung*)*;* **close-knit** [ˌkləʊs'nɪt] *adj* (*fig*) eng zusammengehörig; **close·ly** [ˌkləʊslɪ] *adv* ① dicht, eng ② streng ③ genau; **close·ness** ['kləʊsnɪs] *s* ① Enge, Knappheit *f* ② Nähe *f* ③ Schärfe, Strenge *f* ④ Lückenlosigkeit *f;* Vollständigkeit, Genauigkeit, Sorgfalt *f* ⑤ Schwüle *f;* **close season** *s* (*Jagd*) Schonzeit *f*

closet ['klɒzɪt] **I.** *s* ① eingebauter (Wand)Schrank ② (*water-~*) WC *nt,* Abort *m* **II.** *vt, vr:* **~ o.s.** sich zurückziehen (*with* mit) **III.** *adj:* **a ~ liberal** ein heimlicher Liberaler; **be ~ed** eine vertrauliche Besprechung haben

close-up ['kləʊsʌp] *s* (FILM) Nahaufnahme *f*

C

clos·ing ['kləʊzɪŋ] *s* Schließung, Beendigung *f;* (Ab)Schluss *m;* **early ~ day** Tag *m* mit frühem Ladenschluss; **~ of an account** Abschluss *m* eines Kontos; **clos·ing date** *s* Einsendeschluss *m;* **clos·ing down** *s* (*Firma*) Schließung *f;* **clos·ing-down sale** *s* Räumungsverkauf *m;* **clos·ing price** *s* (*Börse*) Schlusskurs *m;* **clos·ing time, closing hour** *s* Geschäfts-, Ladenschluss *m;* Polizeistunde *f*

clo·sure ['kləʊʒə(r)] *s* ❶ (Ver)Schließen *nt;* Schließung *f* ❷ (TECH) (Ver)Schluss *m* ❸ (PARL) Schluss *m* der Debatte; **apply (the) ~ to a debate** eine Debatte schließen; **move the ~** Antrag auf Schluss der Debatte stellen

clot [klɒt] **I.** *s* ❶ Klümpchen *nt;* Blutgerinnsel *nt* ❷ (*sl*) Depp *m* **II.** *vi* gerinnen **III.** *vt* gerinnen lassen

cloth [klɒθ] *s* ❶ Tuch *nt,* Stoff *m* ❷ Tuch *nt,* Lappen *m* ❸ Geistlichkeit *f*

clothe [kləʊð] *vt* ❶ kleiden, mit Kleidung versorgen ❷ ankleiden, anziehen ❸ (*fig*) (ein)hüllen ❹ (*fig: Gedanken*) einkleiden

clothes [kləʊðz] *s pl* ❶ Kleider *ntpl,* Kleidung *f* ❷ Wäsche *f;* **put on/take off one's ~** sich anziehen/ausziehen; **bed-~** Bettwäsche *f*

? Grammatik

clothes wird immer im Plural gebraucht: *Warm clothes are essential in cold weather;*
clothing dagegen, wird nie im Plural gebraucht: *Warm clothing is essential.*
Um ein Kleidungsstück (im Singular) zu bezeichnen, verwendet man **piece, item** oder **article of clothing.**

clothes hanger *s* Kleiderbügel *m;* **clothes-horse** *s* Wäscheständer *m;* **clothes-line** *s* Wäscheleine *f;* **clothes moth** *s* Kleidermotte *f;* **clothes peg, clothes·pin** *s* Wäscheklammer *f*

cloth·ing ['kləʊðɪŋ] *s* Kleidung *f;* **cloth·ing industry** *s* Bekleidungsindustrie *f*

cloud [klaʊd] **I.** *s* ❶ Wolke *f* ❷ trüber Fleck, Schleier *m* ❸ (*Vögel*) Schwarm *m* ❹ (*Pfeile*) Hagel *m* ❺ (*fig*) Schatten *m,* Drohung *f;* **on a ~** (*fam*) im sieb(en)ten Himmel; **be on ~ nine, have one's head in the ~s** überglücklich sein; (*fig*) in den Wolken schweben, (mit den Gedanken) ganz woanders sein; **there's more ~ today than yesterday** es ist heute wolkiger als gestern; **~ of dust** Staubwolke *f;* **~ of flies** Fliegenschwarm *m* **II.** *vt, vi* ❶ (*~ over, up*) (sich) bewölken ❷ (TECH) trüben ❸ (*fig*) (sich) umwölken, (sich) umschatten, (sich) verdüstern; **cloud·burst** *s* Wolkenbruch *m;* **cloud-capped** ['klaʊdkæpt] *adj* (*Berggipfel*) in Wolken gehüllt; **cloud-cuckoo-land** [klaʊd'kʊku:lænd] *s* Wolkenkuckucksheim *nt;* **clouded** ['klaʊdɪd] *adj* ❶ bewölkt, bedeckt, wolkig ❷ (*fig*) trübe; **cloud·less** ['klaʊdlɪs] *adj* wolkenlos; ungetrübt; **cloudy** ['klaʊdɪ] *adj* ❶ wolkig, bewölkt ❷ trübe ❸ verschwommen, unklar ❹ düster

clout [klaʊt] **I.** *s* ❶ Lappen *m* ❷ (*fam*) Schlag *m* ❸ (*sl*) Kleidungsstück *nt* ❹ (POL) Einfluss *m* **II.** *vt* (*fam*) schlagen

clove¹ [kləʊv] *s* ❶ (Gewürz)Nelke *f* ❷ (BOT) Brutzwiebel *f;* **~ of garlic** Knoblauchzehe *f*

clove² [kləʊv] *s.* **cleave; clo·ven** ['kləʊvn] **I.** *pp of* **cleave II.** *adj* gespalten; **~ hoof** gespaltener Huf

clo·ver ['kləʊvə(r)] *s* Klee *m;* **be** [*o* **live**] **in ~** wie die Made im Speck leben; **clover-leaf** <*pl* -leaves> *s* Kleeblatt *nt*

clown [klaʊn] **I.** *s* ❶ Clown *m* ❷ Tölpel *m* **II.** *vi* ❶ (*Clown*) seine Späße machen ❷ (*fig*) sich dumm benehmen; **clown·ish** ['klaʊnɪʃ] *adj* ❶ tölpelhaft, ungeschliffen ❷ töricht, dumm

club [klʌb] **I.** *s* ❶ Keule *f* ❷ (Golf)Schläger *m* ❸ (Gummi)Knüppel *m* ❹ Klub, Verein *m,* Gesellschaft *f;* (*~ -house, -rooms*) Klub-, Vereinshaus *nt,* Klubräume *mpl* ❺ **~s** (*Spielkarten*) Kreuz, Treff *nt,* Eichel(n *pl*) *f;* **Indian ~s** (SPORT) Keulen *fpl;* **join the ~!** ach, du auch! **II.** *vt* ❶ mit der Keule, mit dem Gewehrkolben schlagen ❷ beisteuern, -tragen ❸ (*Geld*) zusammenlegen **III.** *vi* (*~ together*) sich zusammentun

club·bing *s no pl:* **go ~** in die Disko gehen, clubben gehen

club-foot <*pl* -feet> *s* Klumpfuß *m*

clue [klu:] *s* ❶ Anhaltspunkt, Schlüssel *m* (*to* zu) ❷ (roter) Faden, Verlauf *m* (*der Ereignisse*)*;* **he hasn't a ~** er hat keine Ahnung; **clue up** *vt* informieren; **all ~d up** bestens informiert; **clue·less** ['klu:lɪs] *adj* (*fam*) unbedarft

clump [klʌmp] **I.** *s* ❶ (Erd)Klumpen *m,* (Holz)Klotz *m* ❷ (Baum)Gruppe *f* ❸ (*~ -sole*) Doppelsohle *f* ❹ schwerer Tritt ❺ Bakterien *fpl* **II.** *vi* schwer auftreten **III.** *vt* ❶ zusammenballen; anhäufen ❷ (*Bäume, Büsche*) massieren ❸ (*Schuhe*) doppelt sohlen

clum·si·ness ['klʌmzɪnɪs] *s* ❶ Schwerfälligkeit *f;* Ungeschicktheit *f* ❷ Taktlosigkeit *f;*

clumsy ['klʌmzɪ] *adj* ❶ plump, schwerfällig ❷ unelegant; ungeschickt ❸ taktlos

clung [klʌŋ] *s.* **cling**

clus·ter ['klʌstə(r)] **I.** *s* ❶ Traube *f*, Büschel, Bündel *nt* ❷ Gruppe *f*, Schwarm *m* **II.** *vi* ❶ in Trauben wachsen ❷ (~ *together*) sich scharen um

clutch [klʌtʃ] **I.** *s* ❶ fester Griff ❷ (TECH) Klaue *f* ❸ (AUTO) Kupplung *f* ❹ Gelege *nt;* (*Eier*) Brut *f* ❺ ~**es** (*fig*) Hände, Klauen *fpl*, Gewalt *f;* **fall into s.o.'s** ~**es** jdm in die Hände fallen; **let in/disengage the** ~ (AUTO) ein-/auskuppeln; **slip the** ~ (AUTO) die Kupplung schleifen lassen **II.** *vt* (er)greifen, packen, festhalten, umklammern **III.** *vi* greifen, schnappen (*at* nach); ~ **at a straw** sich an einen Strohhalm klammern

clut·ter ['klʌtə(r)] **I.** *s* Wirrwarr *m*, Unordnung *f;* **be in a** ~ in Unordnung sein **II.** *vt* ❶ anhäufen ❷ (~ *up*) in Unordnung bringen

coach [kəʊtʃ] **I.** *s* ❶ Reise(omni)bus *m* ❷ (SPORT) Trainer *m* ❸ (Eisenbahn)Wagen *m* ❹ Kutsche *f;* (*stage-*~) Postkutsche *f* **II.** *vt* ❶ aufs Examen vorbereiten ❷ trainieren; **coach·builder** ['kəʊtʃbɪldə(r)] *s* Karosseriebauer *m;* **coach car** *s* (RAIL) Großraumwagen *m;* **coach·ing** [-ŋ] *s* Trainieren *nt;* **coach·man** ['kəʊtʃmən] <*pl* -men> *s* Kutscher *m;* **coach-work** *s* (AUTO) Karosserie *f*

co·agu·late [kəʊ'ægjʊleɪt] **I.** *vi* gerinnen **II.** *vt* gerinnen lassen; **co·agu·lation** [kəʊˌægjʊ'leɪʃn] *s* Gerinnen *nt;* Verdichtung *f*

coal [kəʊl] **I.** *s* (Stein)Kohle(n *pl*) *f;* **haul s.o. over the** ~**s** jdm die Leviten lesen; **carry** ~**s to Newcastle** (*fig*) Eulen nach Athen tragen; **heap** ~**s of fire on s.o.'s head** (*fig*) feurige Kohlen auf jds Haupt sammeln **II.** *vt* (MAR) mit Kohlen versorgen **III.** *vi* (MAR) Kohlen einnehmen; **coal-bed, coal-seam** *s* Kohlenflöz *nt;* **coal-box** *s* Kohlenkasten *m;* **coal-bunker** *s* Kohlenbunker *m,* **coal-face** *s* Streb *m;* **at the** ~ im Streb; (*fig*) vor Ort; **coal-fired power station** *s* Kohlekraftwerk *nt*

co·ali·tion [ˌkəʊə'lɪʃn] *s* ❶ Vereinigung *f* ❷ (POL) Koalition *f*

coal-mine, coal-pit ['kəʊlmaɪn, -pɪt] *s* Kohlenbergwerk *nt,* Zeche *f;* **coal-miner** *s* Bergmann *m;* **coal-mining** *s* Kohlenbergbau *m;* **coal-tar** ['kəʊltɑː(r)] *s* Steinkohlenteer *m;* ~ **soap** Teerseife *f*

coarse [kɔːs] *adj* ❶ rau, grob ❷ (ganz) gewöhnlich, sehr einfach ❸ grob(körnig) ❹ (*fig*) derb, unfein; **coarsen** ['kɔːsn] **I.** *vt* vergröbern **II.** *vi* sich vergröbern; **coarse·ness** ['kɔːsnɪs] *s* Grobheit, Rohheit *f*

coast [kəʊst] **I.** *s* ❶ Küste *f;* Meeresufer *nt;* Küstenlandstrich *m* ❷ (*Am*) (Ski)Abfahrt *f;* **on the** ~ an der Küste; **the** ~ **is clear** (*fig*) die Luft ist rein **II.** *vi* ❶ (MAR) an der Küste entlang fahren ❷ (hinunter)rodeln ❸ (AUTO) im Leerlauf fahren; ausrollen ❹ sich ziellos bewegen; **coastal** ['kəʊstl] *adj* Küsten-; ~ **navigation/trade** Küstenschiffahrt *f*, -handel *m;* ~ **waters** Küstengewässer *ntpl;* **coaster** ['kəʊstə(r)] *s* ❶ (MAR) Küstenfahrzeug *nt* ❷ (*für ein Glas*) Untersetzer *m* ❸ (*Am*) Berg-und-Tal-Bahn *f;* **coast-guard** *s* Küstenwache *f;* **coast-line** *s* Küstenlinie *f*

coat [kəʊt] **I.** *s* ❶ Jacke *f* ❷ Mantel *m* ❸ (*von Pelztieren*) Fell *nt*, Pelz *m* ❹ Hülle *f*, Überzug *m*, Decke *f;* Anstrich *m;* **cut one's** ~ **according to one's cloth** sich nach der Decke strecken; ~ **of arms** Wappen *nt;* ~ **of paint** Anstrich *m* **II.** *vt* ❶ bestreichen (*with* mit) ❷ mit einem Überzug versehen; (ein)hüllen (*with* in), umkleiden; **coat check** *s* (*Am*) Garderobe *f;* **coated** ['kəʊtɪd] *adj* ❶ überzogen ❷ bedeckt (*with* mit) ❸ beschichtet ❹ (MED) belegt; **coat-hanger** *s* Kleiderbügel *m;* **coat·ing** ['kəʊtɪŋ] *s* ❶ Jacken-, Mantelstoff *m* ❷ Überzug *m*, Hülle *f;* (äußere) Schicht *f* ❸ Belag *m;* Anstrich *m;* (Ver)Putz *m*

coax [kəʊks] *vt* ❶ überreden (*s.o. to do, into doing s.th.* dass jd etw tut), beschwatzen ❷ schmeicheln (*s.o.* jdm); ~ **s.th. out of** [*o* **from**] **s.o.** jdm etw abschmeicheln

cob [kɒb] *s* ❶ (männlicher) Schwan *m* ❷ kurzbeiniges Pferd ❸ (~ *-nut*) (große) Haselnuss *f* ❹ Stück, Klümpchen *nt* ❺ (*corn on the* ~) Maiskolben *m*

co·balt ['kəʊbɔːlt] *s* ❶ (CHEM) Kobalt *nt* ❷ (~ *-blue*) Kobaltblau *nt*

cob·ble ['kɒbl] **I.** *s* ❶ Kopfstein *m* ❷ ~**s** Eier-, Nusskohlen *fpl* **II.** *vt:* ~ **together** (*fam*) zusammenschustern

cob·bler ['kɒblə(r)] *s* ❶ Flickschuster *m* ❷ (*fig*) Stümper *m* ❸ (*Getränk*) Cobbler *m;* **a load of old** ~**s** (*sl*) Unsinn *m*

cobble·stone ['kɒblstəʊn] *s* Pflaster-, Kopfstein *m;* ~ **pavement** Kopfsteinpflaster *nt*

co·bra ['kəʊbrə] *s* (*Giftschlange*) Kobra *f*

cob·web ['kɒbweb] *s* ❶ Spinn(en)gewebe *nt*, -faden *m* ❷ (*fig*) Hirngespinst *nt;* **blow the** ~**s away** sich einen klaren Kopf schaffen

coca ['kəʊkə] *s* Kokastrauch *m*) *f;* **Coca-Cola**® [ˌkəʊkə'kəʊlə] *s* Coca-Cola *nt*

co·caine [kəʊ'keɪn] *s* Kokain *nt*

cock [kɒk] **I.** *s* ❶ Hahn *m* ❷ (Vogel)Männchen *nt* ❸ (An)Führer *m* ❹ (Wasser)Hahn

C

m ❺ (*Gewehr*) Abzug *m* ❻ (*weather* ~) Wetterfahne *f* ❼ Aufrichten *nt* ❽ (*Augen*) Zwinkern *nt* ❾ Neigung, Schräglage *f* ❿ (*sl*) Mensch, Kamerad *m* ⓫ (*sl*) Penis *m* ⓬ Heuhaufen *m;* **go off at half** ~ ohne genügende Vorbereitung handeln **II.** *vt* ❶ (~ *up*) aufrichten ❷ (*Gewehr*) spannen; ~ **one's ears** die Ohren spitzen; ~ **one's eye at s.o.** jdm zublinzeln; ~ **one's hat** den Hut schief aufsetzen; ~ **one's nose** die Nase rümpfen; **he knocked all my plans into a** ~**ed hat** (*sl*) er machte alle meine Pläne zur Sau

cock·ade [kɒ'keɪd] *s* Kokarde *f*

cock-a-doodle-doo [ˌkɒkəˌduːdl'duː] *s* Kikeriki *nt;* Hahn *m;* **cock-a-hoop** [ˌkɒkə'huːp] *adj, adv* außer sich vor Freude; frohlockend; (*Am*) in Unordnung

cock-and-bull story [ˌkɒkən'bʊlˌstɔːrɪ] *s* Lügengeschichte *f*

cocka·too [ˌkɒkə'tuː] *s* Kakadu *m*

cock·chafer ['kɒktʃeɪfə(r)] *s* Maikäfer *m*

cock-crow ['kɒkkrəʊ] *s* ❶ Hahnenschrei *m* ❷ (Morgen)Dämmerung *f*

cocker ['kɒkə(r)] *s* (~ *spaniel*) Cockerspaniel *m*

cock·erel ['kɒkərəl] *s* junger Hahn; **cock·eyed** ['kɒkaɪd] *adj* ❶ schielend ❷ schief ❸ doof; **cock·fight(ing)** *s* Hahnenkampf *m;* **cocki·ness** ['kɒkɪnɪs] *s* Keckheit, Frechheit, Arroganz *f*

cockle ['kɒkl] *s* ❶ (*corn*~) Kornrade *f* ❷ (~-*shell*) Herzmuschel *f* ❸ (~ *boat*) Nussschale *f;* Jolle *f;* **delight** [*o* **warm**] **the** ~**s of s.o.'s heart** jdm wird es warm ums Herz

cock·ney ['kɒknɪ] *s* Cockney *m,* (gebürtige(r)) Londoner(in) *m(f)*

i Land & Leute

Als ein **Cockney** wurde ursprünglich ein verweichlichter Städter bezeichnet. Im 17. Jh. wurde jeder, der innerhalb der historischen Grenzen der *City of London* geboren wurde so genannt. Der **Cockney**-Dialekt wird jetzt hauptsächlich mit dem Londoner *East End* in Verbindung gebracht.

cock·pit ['kɒkpɪt] *s* ❶ (Hahnen)Kampfplatz *m* ❷ (AVIAT) Cockpit *nt,* Kanzel *f* ❸ (*Rennwagen*) Cockpit *nt,* Fahrersitz *m* ❹ (*Jacht*) Cockpit *nt,* Kabinenvorraum *m*

cock·roach ['kɒkrəʊtʃ] *s* Küchenschabe *f*

cocks·comb ['kɒkskəʊm] *s* ❶ Kamm *m* (*des Hahnes*) ❷ (*fam: versch. Pflanzen*) Hahnenkamm *m;* **cock·sure** [ˌkɒk'ʃʊə(r)] *adj* ❶ todsicher ❷ felsenfest überzeugt (*of, about* von) ❸ von sich überzeugt; **cock·tail** ['kɒkteɪl] *s* Cocktail *m;* ~ **cabinet** Hausbar *f;* **cock-up** ['kɒkʌp] *s* (*sl*) völliges Durcheinander; **cocky** ['kɒkɪ] *adj* keck, dreist, frech

coco ['kəʊkəʊ] <*pl* cocos> *s* (~(*nut*) *tree*) Kokospalme *f*

co·coa ['kəʊkəʊ] *s* Kakao(pulver *nt*) *m;* Kakaobohne *f*

coco·nut ['kəʊkənʌt] *s* Kokosnuss *f;* **coconut butter** *s* Kokosbutter *f;* **coconut matting** *s* Kokosmatte *f;* **coconut milk** *s* Kokosmilch *f;* **coconut palm** *s* Kokospalme *f;* **coconut shy** *s* Wurfbude *f*

co·coon·ing [kə'kuːnɪŋ] *s* Cocooning *nt* (*Zurückziehen in die eigenen vier Wände*)

cod [kɒd] <*pl* -> *s* (~ *fish*) Kabeljau, Dorsch *m;* **dried** ~ Stockfisch *m;* ~**-liver oil** Lebertran *m*

COD ['siːəʊ'diː] *Abk. von* **cash/collect on delivery** per Nachnahme

coddle ['kɒdl] *vt* ❶ verweichlichen; verhätscheln, verwöhnen ❷ (*Ei*) pochieren

code [kəʊd] **I.** *s* ❶ Kodex *m,* Gesetzbuch *nt* ❷ Chiffre *f,* Code, Kode *m* ❸ Telegrafenschlüssel *m* ❹ (INFORM) Code *m;* ~ **of conduct** Verhaltenskodex *m;* ~ **of honour** Ehrenkodex *m* **II.** *vt* (ver)schlüsseln, chiffrieren; **code name** *s* Deckname *m;* **code number** *s* Kennnummer *f*

co-de·ter·mi·na·tion [ˌkəʊdɪtɜːmɪ'neɪʃn] *s* Mitbestimmung *f*

code word *s* Kennwort *nt*

codi·fy ['kəʊdɪfaɪ] *vt* kodifizieren

cod·ing ['kəʊdɪŋ] *s* (MATH) Kodierung *f*

co-ed ['kəʊed] *s* gemischte Schule; **co-edu·ca·tion** [ˌkaʊˌedʒʊ'keɪʃn] *s* Koedukation *f*

co-ef·fi·cient [ˌkəʊɪ'fɪʃnt] *s* (MATH PHYS) Koeffizient *m,* Kennzahl *f*

co·erce [kəʊ'ɜːs] *vt* ❶ (*Person*) zwingen, nötigen (*into doing* zu tun) ❷ (*Verhalten*) erzwingen; unterdrücken; **co·ercion** [kəʊ'ɜːʃn] *s* Zwang *m,* Gewalt *f;* **under** ~ unter Zwang, gezwungenermaßen

co·exist [ˌkəʊɪg'zɪst] *vi* gleichzeitig, zusammen (vorhanden) sein, bestehen (*with* mit); **co·exist·ence** [ˌkəʊɪg'zɪstəns] *s* (POL) Koexistenz *f;* **co·exist·ent** [ˌkəʊɪg'zɪstənt] *adj* gleichzeitig (bestehend, vorhanden)

cof·fee ['kɒfɪ] *s* Kaffee *m;* **wake up and smell the** ~ (*fam*) sich plötzlich einer [oft schwierigen] Situation bewusst werden; **coffee bar** *s* (kleines) Café *nt;* **coffee bean** *s* Kaffeebohne *f;* **coffee break** *s* Kaffeepause *f;* **coffee cup** *s* Kaffeetasse *f;* **coffee grinder** *s* Kaffeemühle *f*

C

coffee grounds *s pl* Kaffeesatz *m;* **coffee machine** *s* Kaffeemaschine *f;* **coffee pot** *s* Kaffeekanne *f;* **coffee set** *s* Kaffeeservice *nt;* **coffee shop** *s* Café *nt;* **coffee table** *s* Kaffeetisch *m*

cof·fer ['kɒfə(r)] *s* ❶ Kiste *f,* Kasten *m* (*für Wertsachen*) ❷ Kasse *f,* Geldschrank *m* ❸ (TECH) Caisson *m* ❹ ~**s** Tresor(raum) *m*

cof·fin ['kɒfɪn] *s* Sarg *m;* **drive a nail into s.o.'s** ~ jds Untergang sein

co-fi·nance [ˌkəʊ'faɪnæns] *s* Mitfinanzierung *f*

cog [kɒg] *s* ❶ (TECH) (Rad)Zahn *m* ❷ (*fig:* ~ *in the machine*) Rädchen *nt* (*Mensch*)

co·gency ['kəʊdʒənsɪ] *s* Stichhaltigkeit *f*

co-gen·era·tion [ˌkəʊˌdʒenə'reɪʃn] *s* Kraft-Wärme-Kopplung *f*

co·gent ['kəʊdʒənt] *adj* ❶ (*Beweis*) zwingend ❷ (*Grund*) triftig

cogi·tate ['kɒdʒɪteɪt] *vi* (tief) nachdenken, nachsinnen (*upon* über); **cogi·tation** [ˌkɒdʒɪ'teɪʃn] *s* ❶ (Nach)Denken, Nachsinnen *nt* ❷ ~**s** Überlegungen *fpl*

cog·nac ['kɒnjæk] *s* Kognak *m*

cog·nate ['kɒgneɪt] **I.** *adj* verwandt **II.** *s* ❶ Verwandte(r) *m* ❷ verwandtes Wort

cog·ni·tion [kɒg'nɪʃn] *s* Erkenntnis(vermögen *nt*) *f;* **cog·ni·tive** ['kɒgnɪtɪv] *adj* kognitiv

cog·no·men [kɒg'nəʊmən] *s* Zu-, Bei-, Spitzname *m*

cog-wheel ['kɒgwiːl] *s* Zahnrad *nt*

co·habit [kəʊ'hæbɪt] *vi* ehelich zusammenwohnen; **co·habi·ta·tion** [ˌkəʊhæbɪ'teɪʃn] *s* ❶ eheliches Zusammenwohnen ❷ Beischlaf *m*

co·here [kəʊ'hɪə(r)] *vi* ❶ (miteinander) verbunden sein ❷ zusammenhängen; **co·her·ence** [kəʊ'hɪərəns] *s* Stimmigkeit; Kohärenz *f;* **co·her·ent** [kəʊ'hɪərənt] *adj* ❶ zusammenhängend, innerlich verbunden ❷ klar gegliedert und verständlich ❸ (*Argument*) stimmig; **co·he·sion** [kəʊ'hiːʒn] *s* ❶ (PHYS) Kohäsion *f* ❷ (*fig*) Zusammenhalt *m;* **Cohesion Fund** (EU) Kohäsionsfonds *m;* **co·he·sive** [kəʊ'hiːsɪv] *adj* ❶ (PHYS) Kohäsions- ❷ (*fig*) geschlossen

coil [kɔɪl] **I.** *s* ❶ Spirale *f;* Spule *f* ❷ (MED) Spirale ❸ Windung *f* **II.** *vt* (~ *up*) (auf)wickeln, -rollen **III.** *vi* sich winden, sich zusammenrollen; **coil spring** *s* Sprungfeder *f*

coin [kɔɪn] **I.** *s* ❶ Münze *f* ❷ Metall-, Hartgeld *nt;* **pay s.o. back in his own** ~ (*fig*) jdm mit gleicher Münze heimzahlen **II.** *vt* ❶ (*Geld, Wort*) prägen ❷ (*fig*) ausdenken, ersinnen; **be** ~**ing money** (*fig fam*) das Geld scheffeln; **coin·age** ['kɔɪnɪdʒ] *s* ❶ Prägen (*des Geldes*), Ausmünzen *nt* ❷ (*fig*) Erfindung, Prägung *f* (*neuer Wörter*); **coin-box telephone** *s* Münzfernsprecher *m*

> **i Land & Leute**
>
> Die **coins** (Münzen) der USA haben spezielle Namen. Während ein *dollar* aus 100 *cents* besteht, heißt eine Ein-Cent-Münze ein *penny.* Die nächstkleinste Münze ist 5 Cent wert und heißt ein *nickel.* Eine Zehn-Cent-Münze wird *dime* genannt. Die 25-Cent-Münze wird als *quarter* (Vierteldollar) bezeichnet. Es gibt auch *half dollars* und *dollar coins.*

co·incide [ˌkəʊɪn'saɪd] *vi* ❶ (*räumlich*) sich decken ❷ (*zeitlich*) zusammenfallen ❸ (*fig*) übereinstimmen; **co·inci·dence** [kəʊ'ɪnsɪdəns] *s* ❶ Zusammentreffen *nt* ❷ Übereinstimmung *f* ❸ Zufall *m;* **what a** ~**!** so ein Zufall!; **co·inci·dent** [kəʊ'ɪnsɪdənt] *adj* ❶ gleichzeitig; zusammentreffend ❷ übereinstimmend; **co·inci·den·tal** [kəʊˌɪnsɪ'dentl] *adj* ❶ zufällig ❷ übereinstimmend

co·itus ['kəʊɪtəs] *s* Beischlaf, Koitus *m*

coke [kəʊk] *s* ❶ Koks *m* ❷ (*sl*) Kokain *nt*

Coke® [kəʊk] *s* (*fam*) Coca-Cola *nt*

col·an·der ['kɒləndə(r)] *s* Durchschlag *m,* (Küchen)Sieb *nt*

cold [kəʊld] **I.** *adj* ❶ kalt ❷ (*fig*) kühl, leidenschaftslos ❸ (*Empfang*) eisig, frostig ❹ (*sl*) besinnungslos ❺ frigid; **be** [*o* **feel**] ~ frieren; **I am** ~ ich friere, mir ist kalt; **be** ~ **to s.o.** kühl zu jdm sein; **in** ~ **blood** kaltblütig; **get** ~ **feet** (*fig*) kalte Füße kriegen; **give s.o. the** ~ **shoulder** jdm die kalte Schulter zeigen; ~ **sweat** Angstschweiß *m* **II.** *adv:* **refuse** ~ rundweg ablehnen; **make s.o.'s blood run** ~ jdn erschaudern lassen; **come** ~ **to s.th.** unvorbereitet an etw herangehen; **stop** ~ plötzlich stehen bleiben, anhalten **III.** *s* ❶ Kälte *f* ❷ Erkältung *f,* Schnupfen *m;* (**shivering**) **with** ~ (zitternd) vor Kälte; **be left out in the** ~ links liegen gelassen werden; **catch** (**a**) ~ sich erkälten, sich einen Schnupfen holen; **suffer from the** ~ unter der Kälte leiden; **cold-blooded** [ˌkəʊld'blʌdɪd] *adj* ❶ (*Tier, a.fig*) kaltblütig ❷ (*fig*) gefühl-, herzlos; **cold cream** *s* Coldcream *f;* **cold cuts** *s pl* kalter Aufschnitt, kalte Platte; **cold front** *s* (METE) Kaltfront *f;* **cold-hearted** [ˌkəʊld'hɑːtɪd] *adj* gefühl-, herzlos; kaltherzig; **cold·ish** ['kəʊldɪʃ] *adj* etwas kalt, kühl; **cold·ness** ['kəʊldnɪs] *s* Kälte *f;* **cold start** *s* (INFORM AUTO) Kaltstart *m;* **cold storage** *s* Lagerung *f* im Kühlraum; **put in** ~ (*fig*) auf Eis legen; **cold store** *s* Kühlhaus *nt;* **cold turkey** *adj* (*sl*): ~ (**cure**) (*sl: Drogen*) totale Entziehung; **cold war** *s* kalter Krieg; **cold wave** *s* (METE) Kältewelle *f*

cole·slaw ['kəʊlslɔː] *s* Krautsalat *m*

colic ['kɒlɪk] *s* Kolik *f*

col·lab·or·ate [kə'læbəreɪt] *vi* zusammenarbeiten (*with* mit); **col·lab·or·ation** [kə,læbə'reɪʃn] *s* Zusammenarbeit *f;* (MIL) Kollaboration *f;* **in** ~ **with** in Zusammenarbeit mit; **col·lab·or·ator** [kə'læbəreɪtə(r)] *s* Mitarbeiter *m;* (MIL) Kollaborateur *m*

col·lapse [kə'læps] **I.** *s* ❶ Einsturz *m* ❷ (*fig*) Zusammenbruch *m* ❸ (MED) Kollaps, Nervenzusammenbruch *m* ❹ (*Börse*) Krach, Sturz *m* **II.** *vi* ❶ zusammen-, einstürzen, zusammenbrechen ❷ einen (Nerven)Zusammenbruch haben; **col·laps·ible** [-əbl] *adj* zusammenlegbar, zusammenklappbar; ~ **boat** Faltboot *nt;* ~ **chair** Klappstuhl *m*

col·lar ['kɒlə(r)] **I.** *s* ❶ Kragen *m* ❷ (*Hund*) Halsband *nt* ❸ (*Pferd*) Kum(me)t *nt* ❹ (TECH) Ring, Reif(en) *m,* Manschette, Muffe *f;* **hot under the** ~ (*fam*) aufgeregt; **blue-~ worker** Arbeiter(in) *m(f);* **white-~ worker** Büroangestellte(r) *f m* **II.** *vt* ❶ beim Kragen nehmen ❷ festhalten ❸ (*sl*) sich unter den Nagel reißen; **collar-bone** *s* (ANAT) Schlüsselbein *nt*

col·lat·eral [kə'lætərəl] **I.** *adj* ❶ seitlich ❷ parallel ❸ zusätzlich ❹ entsprechend **II.** *s* ❶ (Seiten)Verwandte(r) *f m* ❷ Sicherheit, Deckung *f;* **col·lat·eral loan** *s* (FIN) Lombardkredit *m;* **col·lat·erally** [kə'lætərəlɪ] *adv* in der Seitenlinie; zusätzlich

col·league ['kɒliːg] *s* Kollege *m,* Kollegin *f*

col·lect [kə'lekt] **I.** *vt* ❶ (ein)sammeln; zusammentragen, zusammenfassen ❷ beschaffen; abholen, mitnehmen; (*Geld*) einkassieren ❸ (*Briefmarken, Gedanken*) sammeln; ~ **information** sich orientieren; ~ **the mail** den Briefkasten, die Briefkästen leeren **II.** *vi* ❶ sich (an)sammeln; zusammenkommen ❷ Geld einziehen **III.** ['kɒlekt] *s* Kollekte *f* **IV.** *adj, adv* (*Am*): **telephone** ~ ein R-Gespräch führen; ~ **on delivery** (**COD**) gegen Nachnahme; **collect call** *s* (*Am*) R-Gespräch *nt;* **col·lected** [kə'lektɪd] *adj* (*fig*) gefasst; **col·lec·tion** [kə'lekʃn] *s* ❶ Sammlung *f;* Sammeln *nt;* Ansammlung *f* ❷ Abholung *f;* (Briefkasten)Leerung *f* ❸ Einziehung *f,* Einkassieren *nt;* (*Steuer*) Erhebung *f* ❹ (*Nachrichten*) Beschaffung *f* ❺ (COM) Kollektion *f* ❻ (Geld-, Spenden)Sammlung *f,* Kollekte *f;* **stamp** ~ Briefmarkensammlung *f;* ~ **agent** Inkassobevollmächtigte(r) *f m;* **col·lec·tive** [kə'lektɪv] **I.** *adj* gemeinsam, gemeinschaftlich; vereint, kollektiv; ~ **agreement** Kollektivvertrag *m;* ~ **bargaining** Tarifverhandlungen *fpl;* ~ **consignment** Sammelladung *f;* ~ **farm** Kolchos(e *f*) *m;* ~ **ownership** Gemeineigentum *nt;* ~ **responsibility** gemeinsame Verantwortung **II.** *s* ❶ Sammelbegriff *m* ❷ (POL) Kollektiv *nt* ❸ Gruppe, Gemeinschaft *f;* **col·lec·tor** [kə'lektə(r)] *s* ❶ Sammler(in) *m(f)* ❷ (ELEK) Stromabnehmer *m;* ~**'s item** Liebhaberstück *nt*

col·lege ['kɒlɪdʒ] *s* ❶ College *nt* ❷ (kleinere) Universität, Akademie *f;* (Fach)Hochschule *f* ❸ Universitäts-, Schulgebäude *nt* ❹ Kolleg(ium) *nt*

i Land & Leute

College bezeichnet die Zeit an der Universität bis zum Abschluss des *bachelor's degree*, normalerweise 4–5 Jahre. Universitäten, an denen die Studenten nur *bachelor's degrees* erwerben können, werden oft **colleges** genannt; ebenso gewisse Berufsschulen. Richtige *universities* dagegen bieten auch *higher degrees*, höhere Abschlüsse an, wie *master's degrees* und *doctorates*. An *junior colleges* kann man die ersten zwei Collegejahre absolvieren oder einen technischen Beruf erlernen.

col·le·giate [kə'liːdʒɪət] *adj* College-, Universitäts-

col·lide [kə'laɪd] *vi* ❶ kollidieren, zusammenstoßen, -prallen (*with* mit) ❷ (*fig*) in Widerspruch stehen (*with* zu)

col·lie ['kɒlɪ] *s* Collie, schottischer Schäferhund *m*

col·lier ['kɒlɪə(r)] *s* ❶ Bergmann *m* ❷ Kohlenschiff *nt;* **col·liery** ['kɒlɪərɪ] *s* (Kohlen)Grube, Zeche *f*

col·li·sion [kə'lɪʒn] *s* ❶ Zusammenstoß, -prall *m* ❷ (*fig*) Widerspruch, Konflikt *m*

col·lo·quial [kə'ləʊkwɪəl] *adj* umgangssprachlich, familiär; **col·lo·quial·ism** [-ɪzəm] *s* umgangssprachlicher Ausdruck;

col·lo·quy ['kɒləkwɪ] *s* Gespräch *nt,* Konferenz *f,* Kolloquium *nt*

col·lu·sion [kəˈluːʒn] *s* geheimes Einverständnis

Co·lom·bia [kəˈlʌmbɪə] *s* Kolumbien *nt;* **Co·lom·bian** [kəˈlʌmbɪən] **I.** *adj* kolumb(ian)isch **II.** *s* Kolumbi(an)er(in) *m(f)*

co·lon [ˈkəʊlən] *s* ❶ (ANAT) Dickdarm *m* ❷ (TYP) Doppelpunkt *m*

co·lo·nel [ˈkɜːnl] *s* Oberst *m*

co·lo·nial [kəˈləʊnɪəl] *adj* kolonial; **co·lo·nial·ism** [-ɪzəm] *s* Kolonialismus *m;* **co·lon·ist** [ˈkɒlənɪst] *s* Kolonist(in) *m(f),* Siedler(in) *m(f);* **col·on·iz·ation** [ˌkɒlənaɪˈzeɪʃn] *s* Kolonisation, Besiedlung *f;* **col·on·ize** [ˈkɒlənaɪz] **I.** *vt* kolonisieren **II.** *vi* eine Kolonie gründen; (sich an)siedeln; **col·on·izer** [ˈkɒlənaɪzə(r)] *s* Kolonisator *m*

co·lon·os·copy <*pl* -pies> [ˌkɒlənˈɒskəpi] *s* Darmspiegelung *f*

col·ony [ˈkɒlənɪ] *s* ❶ Kolonie, (An)Siedlung *f* ❷ Kolonie *f* (*einer Landsmannschaft*) ❸ (ZOO) Kolonie *f;* (*a.* BOT) Volk *nt;* ~ **of ants** Ameisenvolk *nt;* ~ **of artists** Künstlerkolonie *f*

color [ˈkʌlə(r)] (*Am*) *s.* **colour**

Colo·rado beetle [ˌkɒləˈrɑːdəʊˈbiːtl] *s* Kartoffelkäfer *m*

col·ora·tion [ˌkʌləˈreɪʃn] *s* Färbung *f*

co·los·sal [kəˈlɒsl] *adj* kolossal, gewaltig, gigantisch; **co·los·sus** [kəˈlɒsəs, *pl* -ˈlɒsaɪ] <*pl* -suses, -si> *s* Koloss *m*

col·our [ˈkʌlə(r)] **I.** *s* ❶ Farbe *f* ❷ *meist pl* Farbe *f,* Farbstoff *m* ❸ Haut-, Gesichtsfarbe *f* ❹ (Farb)Ton *m,* Färbung *f* ❺ (*fig*) Anstrich, (An)Schein *m,* Ausrede *f* ❻ (*fig*) Wesen *nt,* Charakter *m;* Eigenart *f* ❼ Schattierung *f,* Kolorit *nt* ❽ ~**s** Farben *fpl* (*als Kennzeichen*) ❾ ~**s** Fahne, Flagge *f;* **be off** ~ (*fam*) sich nicht wohl fühlen; **change** ~ rot werden; **give** [*o* **lend**] ~ **to** (*fig*) unterstreichen; glaubhaft machen; **lose** ~ blass werden; **see s.th. in its true** ~**s** (*fig*) etw im rechten Licht sehen; **what** ~ **is it?** welche Farbe hat es? **II.** *vt* ❶ färben ❷ (*fig*) einen Anstrich geben (*s.th.* einer S), färben ❸ (*fig*) entstellen; ~ **in** anmalen **III.** *vi* sich (ver)färben; erröten; **colo(u)r-bar** *s* Rassenschranke *f;* **colo(u)r-blind** *adj* farbenblind; **colo(u)r-blindness** *s* Farbenblindheit *f;* **colo(u)r consultant** *s* Farbberater(in) *m(f);* **Coloured** [ˈkʌləd] *s* Farbige(r) *f m;* **col·o(u)red** [ˈkʌləd] *adj* farbig; ~ **pencil** Farbstift *m,* Buntstift *m;* ~ **people** Farbige *pl;* **col·o(u)r-fast** [ˈkʌlə(r)fɑːst] *adj* farbecht; **colo(u)r filter** *s* Farbfilter *m;* **col·o(u)rful** [ˈkʌləfl] *adj* ❶ bunt ❷ (*fig*) farbig; **col·o(u)r·ing** [ˈkʌlərɪŋ] *s* ❶ Färbung *f,* Farbton *m,* Schattierung *f* ❷ (Gesichts-, Augen-, Haar)Farbe *f* ❸ (*fig*) Färbung, Darstellungsweise *f;* Schein *m;* ~ **cream** Tönungscreme *f;* **col·o(u)r·less** [ˈkʌləlɪs] *adj* (*a. fig*) farblos; **colo(u)r line** *s* (*Am*) Rassentrennung *f;* **colo(u)r scheme** *s* Farbgebung, Farbzusammenstellung *f;* **colo(u)r slide** *s* Farbdia *nt;* **colo(u)r television** *s* Farbfernsehen *nt;* (~ *set*) Farbfernseher *m*

colt [kəʊlt] *s* Hengstfohlen *nt*

i Land & Leute

Columbus Day ist der Jahrestag der Entdeckung der neuen Welt durch Kolumbus am 12. Oktober 1492. Seit 1971 wird der **Columbus Day** in den USA immer am zweiten Montag im Oktober gefeiert.

col·umn [ˈkɒləm] *s* ❶ (*a. fig*) Säule *f* ❷ (TYP) Spalte *f* ❸ regelmäßig erscheinender Zeitungsartikel ❹ (MIL MATH) Kolonne *f;* ~ **of figures** Zahlenreihe *f;* ~ **of mercury** Quecksilbersäule *f;* ~ **of smoke** Rauchsäule *f;* **col·um·nist** [ˈkɒləmnɪst] *s* Kolumnist(in) *m(f)*

coma [ˈkəʊmə] *s* (MED) Koma *nt,* tiefe Bewusstlosigkeit; **coma·tose** [ˈkəʊmətəʊs] *adj* im Koma befindlich

comb [kəʊm] **I.** *s* ❶ Kamm *m* ❷ (TECH: *Textil*) (Hechel)Kamm *m* ❸ (Hahnen)Kamm *m* ❹ (*fig*) (Berg-, Wellen)Kamm *m* ❺ (*honey*~) Honigwabe *f,* **your hair needs a good** ~ du solltest dich kämmen **II.** *vt* ❶ kämmen; (*Pferd*) striegeln ❷ (*Textil*) hecheln, (aus)kämmen ❸ (*fig*) durchkämmen, -suchen; ~ **out** auskämmen

com·bat [ˈkɒmbæt] **I.** *s* Kampf *m;* Gefecht *nt;* Einsatz *m;* **close** ~ Nahkampf *m* **II.** *vi* kämpfen **III.** *vt* bekämpfen, kämpfen gegen; **combat aircraft** *s* Kampfflugzeug *nt;* **com·bat·ant** [ˈkɒmbətənt] **I.** *adj* kämpfend **II.** *s* Kämpfer(in) *m(f)*

com·bi·na·tion [ˌkɒmbɪˈneɪʃn] *s* ❶ Zusammensetzung *f;* (CHEM) Verbindung *f;* (MATH) Kombination *f* ❷ gemeinsames Handeln, gemeinsame Aktion Zusammenwirken *nt* ❸ (POL COM) (Interessen)Verband *m;* Kartell *nt* ❹ (~ *lock*) Kombinationsschloss *nt* ❺ Motorrad *nt* mit Beiwagen ❻ ~**s** Hemdhose *f;* **com·bine** [kəmˈbaɪn] **I.** *vt* ❶ zusammenstellen; (miteinander) verbinden; verknüpfen; vermischen ❷ (CHEM) verbinden ❸ kombinieren **II.** *vi* ❶ sich verbinden; (*a.* CHEM) sich vereinigen, sich zusammenschließen (*with* mit) ② zusammenarbeiten **III.** ['kɒmbaɪn] *s* ① Verband, Ring *m*, Kartell *nt*, Trust *m* ② Finanzgruppe *f* ③ (*Am*) Mähdrescher *m;* **com·bined** [kəm'baɪnd] *adj* gemeinsam; kombiniert; ~ **board** vermischter Ausschuss

com·bust·ible [kəm'bʌstəbl] **I.** *adj* ① brennbar; entzündlich ② (*fig*) erregbar **II.** *s meist pl* Brennmaterial *nt;* **com·bus·tion** [kəm'bʌstʃən] *s* Verbrennung *f;* **combustion chamber** *s* Brennkammer *f*

come [kʌm] <*irr:* came, come> *vi* ① (an-, her-, herbei)kommen ② erreichen (*to s.th.* etw) ③ sich belaufen (*to* auf), hinauslaufen (*to* auf) ④ (*der Ordnung nach*) kommen, folgen ⑤ geschehen, sich ereignen, stattfinden ⑥ die Folge sein (*of doing* davon dass, wenn man tut) ⑦ sich zeigen, sich erweisen als; ~ **of age** mündig werden; ~ **to an agreement** zu einer Vereinbarung gelangen; ~ **to blows** handgreiflich werden; ~ **to a decision** sich entscheiden; ~ **to s.o.'s ear**(**s**) jdm zu Ohren kommen; ~ **to the fore** ins Blickfeld geraten; ~ **into effect** [*o* **force**] in Kraft treten; ~ **to an end** zu Ende kommen, aufhören; ~ **into fashion** [*o* **style**] Mode werden; ~ **to grief** [*o* **harm**] zu Schaden kommen, Schaden (er)leiden; ~ **to grips with** klarkommen mit; ~ **into s.o.'s head** jdm in den Kopf kommen, einfallen; ~ **home** heimkommen, nach Hause kommen; ~ **home to s.o.** jdm einleuchten; ~ **to s.o.'s knowledge** [*o* **notice**] Kenntnis erhalten, erfahren; ~ **to light** ans Licht kommen; ~ **to nothing** ins Wasser fallen; (*fig*) fehlschlagen; ~ **to pass** sich ereignen, geschehen; ~ **and see,** ~ **to see** besuchen; ~ **short of** nicht erreichen, nicht befriedigen, hinter den Ansprüchen zurückbleiben; ~ **into sight** in Sicht kommen, auftauchen; ~ **to a standstill** zum Stillstand kommen; ~ **to terms with s.o.** mit jdm einig werden; ~ **true** wahr werden; in Erfüllung gehen; **how ~s it that …?** wie kommt es, dass …?; ~ **what may!** komme, was (da) wolle!; **I don't know whether I'm coming or going** (*fig*) ich weiß nicht, wo mir der Kopf steht; **~!** hör mal! hör zu!; **~, ~!** komm, mach keinen Unsinn!; **come about** *vi* sich ereignen, geschehen, passieren; **come across** *vi* ① (zufällig) treffen, begegnen (*s.o.* jdm), stoßen auf ② (*Rede*) gut ankommen ③ den Eindruck machen (*as …* dass …); ~ **across with** (*fam*) blechen für, bezahlen; **come again** *vi* wiederkommen; ~ **again!** sag es noch mal!; **come along** *vi* ① mitkommen, -gehen (*with s.o.* mit jdm) ② (*Gelegenheit*) sich zufällig ergeben ③ gesünder werden ④ (*Arbeit*) vorangehen, gedeihen; ~ **along!** los!, vorwärts!; **everything's coming along fine** alles geht gut; **come apart** *vi* auseinander gehen, in Stücke gehen; **come around** *vi* ① (zufällig) vorbeikommen, hereinschauen; gelegentlich wiederkommen ② (*einer Auffassung*) sich anschließen (*to dat*) ③ nachgeben, einlenken ④ sich wieder erholen, wieder auf die Beine kommen; **come at** *vi* ① kommen, gelangen zu, erreichen ② herfallen über, anfallen, -greifen; **come away** *vi* ① weggehen ② abgehen, sich lösen; **come back** *vi* ① zurückkehren, wiederkommen ② wieder einfallen ③ es heimzahlen; die passende Antwort geben; **come by** *vi* ① kommen zu ② vorbei-, vorübergehen; **come down** *vi* ① herunterkommen, heruntergehen, -reichen (*to* bis) ② mit dem Preis heruntergehen ③ (*durch Überlieferung*) kommen (*to* auf) ④ (ein)stürzen, fallen ⑤ (*fig: sozial*) (ab)sinken; ~ **down** (**up**)**on s.o.** jdn tadeln, bestrafen, zur Rechenschaft ziehen; sich auf jdn stürzen; ~ **down with influenza** sich die Grippe geholt haben; ~ **down in favour of s.o.** jdn unterstützen; **come forward** *vi* ① vortreten ② sich freiwillig melden; **come from** *vi* (her)kommen von; abstammen von; **come in** *vi* ① hereinkommen ② (*Geld*) hereinkommen ③ aufkommen; (*Kleidung*) modern werden; ~ **in for** erhalten (*Erbschaft*); ~ **in handy** [*o* **useful**] nützlich sein; ~ **in second** (SPORT) Zweiter werden, den zweiten Platz belegen; **he came in on the plan** er machte bei dem Projekt mit; **where do I ~ in?** und was ist mit mir?; ~ **in!** herein!; **come into** *vt* erben; ~ **into one's own** zu seinem Recht kommen; **come of** *vi* ① die Folge sein *+gen* ② stammen aus; **come off** *vi* ① (*Knopf*) abgehen ② sich ereignen, stattfinden ③ eintreten, in Erfüllung gehen ④ Erfolg haben, ins Schwarze treffen; ~ **off it!** das ist doch nicht dein Ernst!; **come on** *vi* ① an die Reihe kommen ② nachkommen ③ anfangen, beginnen; (*Dunkelheit*) hereinbrechen ④ vorankommen ⑤ (*Frage*) sich erheben, sich ergeben ⑥ (THEAT) auftreten; ~ **on!** los! komm schon!; **come out** *vi* ① herauskommen ② (*Fleck*) herausgehen ③ hervorgehen (*aus einem Examen*), an den Tag treten, sich zeigen, bekanntwerden, offenkundig werden ④ (*Zeitung, Druckschrift*) erscheinen, herauskommen ⑤ (*als junge Dame*) in die Gesellschaft eingeführt werden ❻ in (den) Streik treten ❼ sich als Homosexueller/Lesbierin bekennen; ~ **out against** sich erklären gegen; ~ **out with** gestehen; herausrücken mit; veröffentlichen; auf den Markt bringen; **he came out third** er wurde Dritter; **come over** *vi* ❶ herüberkommen ❷ übergehen (*to* zu) ❸ (*Gefühle*) überkommen; **what's ~ over you?** was ist in dich gefahren?; **come round** *vi* ❶ außen herumkommen ❷ zu Besuch vorbeikommen ❸ wieder zu sich kommen ❹ sich eines anderen belehren lassen; ~ **round to doing s.th.** dazu kommen etw zu tun; **come through** *vi* ❶ durchkommen, das Ziel erreichen ❷ überstehen ❸ den Erwartungen entsprechen; **come to** *vi* ❶ dazu kommen (*to do* zu tun), führen zu ❷ (wieder) zu sich kommen ❸ sich belaufen auf; **come under** *vi* ❶ fallen unter ❷ unter Aufsicht kommen *+gen;* **come up** *vi* ❶ heraufkommen ❷ (*Gewitter*) im Anzug sein ❸ in die Stadt kommen ❹ die Universität beziehen ❺ (*fig: Mode*) aufkommen ❻ (*Gedanke*) zur Sprache kommen; ~ **up against** stoßen auf; ~ **up to** reichen bis zu; sich belaufen auf; (*den Erwartungen*) entsprechen; (*seinen Platz*) ausfüllen; ~ **up with** erreichen, einholen; vorschlagen, zur Sprache bringen; **something has ~ up** es ist etwas dazwischengekommen; **come upon** *vt* ❶ überfallen, überraschen ❷ in Anspruch nehmen ❸ zufällig treffen, stoßen auf; **come·back** ['kʌmbæk] *s* ❶ Wieder-, Rückkehr *f* ❷ (THEAT FILM) Comeback *nt* ❸ Antwort *f*

com·edian [kə'mi:dɪən] *s* Komiker(in) *m(f)*

come-down ['kʌmdaʊn] *s* ❶ (*fig*) Abstieg *m* ❷ Reinfall *m*

com·edy ['kɒmədɪ] *s* ❶ Lustspiel *nt,* Komödie *f* ❷ komische Geschichte

come·li·ness ['kʌmlɪnɪs] *s* Anmut *f;* **come·ly** ['kʌmlɪ] *adj* (*Mensch*) gut aussehend, hübsch

come-on ['kʌmɒn] *s* ❶ Lockmittel *nt* ❷ Einladung, Aufforderung *f*

comet ['kɒmɪt] *s* (ASTR) Komet *m*

com·fort ['kʌmfət] **I.** *s* ❶ Trost *m,* Beruhigung *f* (*to* für) ❷ Stütze, Hilfe *f* ❸ Zufriedenheit, Ausgeglichenheit *f* ❹ Bequemlichkeit *f,* Komfort *m;* **live in ~** in angenehmen Verhältnissen leben **II.** *vt* trösten, beruhigen; **com·fort·able** ['kʌmftəbl] *adj* ❶ bequem, behaglich, gemütlich ❷ komfortabel, gut eingerichtet ❸ auskömmlich ❹ sorgenfrei ❺ (*Patient*) ohne Beschwerden; **make yourself ~** machen Sie sich's bequem!; **com·fort·ably** ['kʌmftəblɪ] *adv:* **be ~ off** wohlhabend sein; ~ **warm** angenehm warm; **com·forter** ['kʌmfətə(r)] *s* ❶ Tröster *m* ❷ Schnuller *m* ❸ wollenes Halstuch ❹ (*Am*) Steppdecke *f;* Deckbett *nt;* **com·fort·ing** ['kʌmfətɪŋ] *adj* tröstlich; **com·fort·less** ['kʌmfətlɪs] *adj* ohne Komfort; unbehaglich, ungemütlich; **comfort station** *s* (*Br fam*) Pinkelpause *f;* **comfy** ['kʌmfɪ] *adj* (*fam*) behaglich

com·ic ['kɒmɪk] **I.** *adj* ❶ komisch ❷ spaßig, lustig **II.** *s* ❶ Komiker(in) *m(f)* ❷ Comicheft *nt* ❸ ~**s** (*Am*) Comics *mpl*

com·ical ['kɒmɪkl] *adj* ❶ amüsant, lustig ❷ drollig, komisch

comic book *s* Comicheft *nt;* **comic strip** *s* Comic *m*

com·ing ['kʌmɪŋ] **I.** *adj* kommend, (zu)künftig **II.** *s* Kommen *nt;* Ankunft *f;* ~**s and goings** Kommen *nt* und Gehen *nt;* ~ **of age** Mündigwerden *nt* **III.** *interj* ja! (ich) komme gleich! sofort!

com·ma ['kɒmə] *s* Komma *nt*

com·mand [kə'mɑ:nd] **I.** *s* ❶ Befehl *m* ❷ Befehlsgewalt *f,* Oberbefehl *m* ❸ Führung, Leitung *f* ❹ Beherrschung *f;* Überblick *m,* Übersicht *f* ❺ Herrschaft *f* (*of* über) ❻ (MIL) Befehlsbereich *m;* **at my ~** zu meiner Verfügung; auf mein Kommando; **by ~** auf Befehl (*of +gen*); **under s.o.'s ~** unter jds Befehl; **be in ~** die Befehlsgewalt, das Kommando haben (*of* über); **have a good ~ of s.th.** etw beherrschen; **take ~ of** die Befehlsgewalt, das Kommando übernehmen über **II.** *vt* ❶ befehlen (*s.o. to do s.th.* jdm etw zu tun) ❷ kommandieren ❸ verfügen über; beherrschen, herrschen über ❹ (*fig: Gefühl*) beherrschen, in der Gewalt haben ❺ (*Achtung*) fordern, gebieten; (*Mitgefühl*) verdienen ❻ (*Preis*) erzielen **III.** *vi* ❶ befehlen; herrschen ❷ (MIL) kommandieren; **com·man·dant** [ˌkɔmən'dænt] *s* (MIL) Kommandant *m;* Befehlshaber *m;* **com·mander** [kə'mɑ:ndə(r)] *s* (MIL) ❶ (*Einheit*) Kommandeur *m;* (Truppen)Führer *m,* Führer *m* einer Einheit ❷ (MAR) Fregattenkapitän *m* ❸ (*Panzer, Flugzeug*) Kommandant *m;* ~**-in-chief** Oberbefehlshaber *m;* **com·mand·ing** [kə'mɑ:ndɪŋ] *adj* ❶ kommandierend; befehlshabend ❷ (*Anhöhe, Stellung*) beherrschend ❸ (*fig*) gebieterisch

command key *s* (INFORM) Befehlstaste *f*

com·mand·ment [kə'mɑ:ndmənt] *s* Gebot *nt;* Vorschrift *f;* **the Ten Commandments** die Zehn Gebote *pl;* **command module** *s* (*Raumschiff*) Kommandokapsel *f;* **com·mando** [kə'mɑ:ndəʊ] <*pl* -mandos> *s* (Angehöriger eines) Kommando-, Sabotagetrupp(s) *m;* **command post** *s* Gefechtsstand *m;* **command prompt** *s* (INFORM) Befehlseingabeformat *nt*

com·mem·or·ate [kəˈmeməreɪt] *vt* ❶ gedenken (*s.o., s.th.* jds, einer S), feiern ❷ (*Sache*) erinnern an; **com·mem·or·ation** [kə͵meməˈreɪʃn] *s* (*a.* REL) Gedenk-, Gedächtnisfeier *f;* **in ~ of s.o.** zur Erinnerung an jdn; **com·mem·or·ative** [kəˈmemərətɪv] *adj* erinnernd (*of* an); **~ plaque** Gedenktafel *f;* **~ stamp** Sondermarke *f*

com·mence [kəˈmens] *vt, vi* beginnen, anfangen (*to do/doing s.th.* etw zu tun); **com·mence·ment** [-mənt] *s* ❶ Anfang, Beginn *m* ❷ Promotion(stag *m*, -feier *f*)

com·mend [kəˈmend] *vt* ❶ anvertrauen; (an)empfehlen ❷ empfehlen, loben; **com·mend·able** [-əbl] *adj* empfehlens-, lobenswert; **com·men·da·tion** [͵kɒmenˈdeɪʃn] *s* ❶ Empfehlung *f* ❷ Lob *nt,* Preis *m;* **com·men·da·tory** [kəˈmendətrɪ] *adj* empfehlend; **~ letter** Empfehlungsschreiben *nt*

com·men·sur·able [kəˈmenʃərəbl] *adj* vergleichbar (*with, to* mit, dat); **com·men·sur·ate** [kəˈmenʃərət] *adj* ❶ angemessen, entsprechend (*with, to dat*) ❷ im richtigen, rechten Verhältnis (*with, to* zu)

com·ment [ˈkɒment] **I.** *s* ❶ Bemerkung *f* ❷ Kommentar *m,* Stellungnahme *f* ❸ Erklärung, Erläuterung *f;* **no ~!** ich habe nichts dazu zu sagen! kein Kommentar! **II.** *vi* ❶ kommentieren (*on s.th.* etw) ❷ seine Meinung äußern (*on* über); **com·men·tary** [ˈkɒməntrɪ] *s* Kommentar *m* (*on* zu); **com·men·tate** [ˈkɒmənteɪt] *vt* kommentieren; **com·men·ta·tor** [ˈkɒmənteɪtə(r)] *s* Kommentator(in) *m(f)*

com·merce [ˈkɒmɜːs] *s* Handel *m;* (Geschäfts)Verkehr *m;* **com·mer·cial** [kəˈmɜːʃl] **I.** *adj* ❶ geschäftlich, kaufmännisch, kommerziell, Handels- ❷ gewerbsmäßig ❸ auf Gewinn aus; gewinnbringend; **~ building** Geschäftsgebäude *nt;* **~ company** Handelsgesellschaft *f;* **~ correspondence** Handelskorrespondenz *f;* **~ firm** [*o* **house**] Handelshaus *nt;* **~ interests** Geschäftsinteressen *ntpl;* **~ television** Privatfernsehen *nt;* **~ vehicle** Nutzfahrzeug *nt* **II.** *s* ❶ Funk-, Fernsehwerbung *f* ❷ Werbespot *m;* **com·mer·ciali·zation** [kə͵mɜːʃəlaɪˈzeɪʃn] *s* Vermarktung, Kommerzialisierung *f;* **com·mer·cial·ize** [kəˈmɜːʃəlaɪz] *vt* kommerzialisieren

com·miser·ate [kəˈmɪzəreɪt] *vi* Mitleid haben (*with* mit); **com·miser·ation** [kə͵mɪzəˈreɪʃn] *s* Mitleid *nt*

com·mis·sion [kəˈmɪʃn] **I.** *s* ❶ Auftrag *m,* Instruktion *f* ❷ Amt *nt,* Funktion *f* ❸ Indienststellung *f* (*eines Schiffes*) ❹ (Offiziers)Patent *nt* ❺ Kommission *f,* Ausschuss *m* ❻ (COM) Bestellung *f,* Auftrag *m,* Order *f* ❼ Kommission *f;* Provision *f* ❽ (JUR) Begehung, Verübung *f;* **by ~** im Auftrag; **in ~** in Betrieb; **in** [*o* **on**] **~** (COM) gegen Provision; **on** [*o* **by**] **way of ~** (COM) in Kommission, im Auftrag; **out of ~** außer Betrieb; **appoint a ~** eine Kommission einsetzen; **carry out a ~** einen Auftrag ausführen; **give/take in ~** (COM) in Kommission geben/nehmen; **European ~** EU-Kommission *f* **II.** *vt* ❶ beauftragen, den Auftrag erteilen (*s.o.* jdm) ❷ ermächtigen, bevollmächtigen ❸ (*Schiff*) in Dienst stellen ❹ (MIL) (zum Offizier) befördern ❺ (COM) bestellen; **com·mis·sion·aire** [kə͵mɪʃəˈneə(r)] *s* (uniformierter) Portier *m;* **com·mis·sioned** [kəˈmɪʃnd] *adj:* **~ officer** (durch Patent bestallter) Offizier *m;* **com·mis·sioner** [kəˈmɪʃənə(r)] *s* ❶ Beauftragte(r), Bevollmächtigte(r) *f m* ❷ Kommissions-, Ausschussmitglied *nt* ❸ Regierungsvertreter(in) *m(f)* ❹ (*Europäische Union*) Kommissar *m;* **~ for oaths** (*Br*) Notar(in) *m(f)*

com·mit [kəˈmɪt] **I.** *vt* ❶ übergeben, anvertrauen ❷ einem Ausschuss überweisen ❸ (*Verbrechen*) begehen, verüben; **~ to earth/to the flames** der Erde/den Flammen übergeben; **~ to memory** dem Gedächtnis einprägen; **~ to paper/print/writing** niederschreiben; **~ to prison** ins Gefängnis einliefern, festnehmen **II.** *vr* sich festlegen (*on* auf); **~ o.s. to do** [*o* **to doing**] **s.th.** sich verpflichten etw zu tun; **be ~ted to s.th.** sich für etw einsetzen; **com·mit·ted** *adj* engagiert; **com·mit·ment** [-mənt] *s* ❶ Verpflichtung, Bindung *f* ❷ (FIN) Verbindlichkeit *f* ❸ (PARL) Überweisung *f* (an einen Ausschuss) ❹ Einlieferung *f* (*ins Gefängnis*) ❺ Einweisung *f* (*to* in) ❻ Inhaftierung *f;* **without ~** unverbindlich

com·mit·tee [kəˈmɪtɪ] *s* Ausschuss *m,* Kommission *f,* Komitee *nt;* **appoint** [*o* **set up**] **a ~** einen Ausschuss, eine Kommission einsetzen; **be** [*o* **sit**] **on a ~** einem Ausschuss, einer Kommission angehören; **arbitration ~** Schlichtungsausschuss *m;* **~ of experts** Fach-, Sachverständigenausschuss *m*

com·mode [kəˈməʊd] *s* ❶ Kommode *f* ❷ (*Am*) Waschtisch *m* ❸ (*night-~*) Nachtstuhl *m* ❹ (*Am*) Toilette *f*

com·modi·fi·ca·tion [kə͵mɒdɪfɪˈkeɪʃn] *s* Kommodifikation *f*

com·modi·ous [kəˈməʊdɪəs] *adj* geräumig;

com·mod·ity [kə'mɒdətɪ] *s* ❶ (Gebrauchs)Artikel *m* ❷ **commodities** Waren *fpl,* Produkte, Verbrauchsgüter *ntpl;* ~ **exchange** Warenbörse *f;* ~ **market** Waren-, Rohstoffmarkt *m*

com·mo·dore ['kɒmədɔː(r)] *s* ❶ (MAR) Flottillenadmiral *m* ❷ (*dienstältester*) Kapitän *m* (*a. einer Schifffahrtslinie*) ❸ Präsident *m* eines Jachtklubs

com·mon ['kɒmən] **I.** *adj* ❶ gemein(sam, -schaftlich) ❷ öffentlich; allgemein, (weit) verbreitet ❸ häufig, alltäglich, abgedroschen ❹ ordinär, vulgär, niedrig; **by ~ consent** mit Zustimmung aller; **for the ~ good** im allgemeinen Interesse; für das allgemeine Wohl; **be ~ practice** allgemein üblich sein; **make ~ cause with** gemeinsame Sache machen mit; **it is ~ knowledge that** es ist allgemein bekannt, dass **II.** *s* ❶ Gemeindeland *nt,* -weide *f* ❷ **~s** (das) gemeine Volk, (die) Bürgerschichten *fpl* ❸ Gemeinschaftsverpflegung *f;* **the (House of) Commons** das Unterhaus; **have s.th. in ~** etw gemein haben; **have interests in ~** gemeinsame Interessen haben; **Common Agricultural Policy, CAP** *s* (EU) gemeinsame Agrarpolitik; **common denominator** *s* (MATH) gemeinsamer Nenner

com·moner ['kɒmənə(r)] *s* Bürgerliche(r) *f m*

common ground *s* gemeinsame Diskussions-, Verhandlungsgrundlage; **common land** *s* Gemeindeland *nt;* **common law** *s* Gewohnheitsrecht *nt;* **common-law wife** *s* in eheähnlicher Gemeinschaft lebende Frau; **com·mon·ly** ['kɒmənlɪ] *adv* gewöhnlich; im Allgemeinen, allgemein; **Common Market** *s* (HIST) Gemeinsamer Markt, EG *f;* **com·mon·or·gar·den** [ˌkɒmənə'gɑːdn] *adj* ganz gewöhnlich; **com·mon·place** ['kɒmənpleɪs] **I.** *s* Gemeinplatz *m,* Banalität *f;* alltägliche Sache **II.** *adj* alltäglich; uninteressant; **common room** *s* Gemeinschaftsraum *m;* (SCHULE) Lehrerzimmer *nt;* **common sense** *s* gesunder Menschenverstand; **common stock** *s* (FIN) Stammaktien *fpl;* **com·mon·wealth** ['kɔmənwelθ] *s* Gemeinwesen *nt;* **Commonwealth of Independent States, CIS** Gemeinschaft unabhängiger Staaten, GUS *f;* **the Commonwealth of Nations** das Commonwealth

i Land & Leute

Das **Commonwealth of Nations** (früher *British Commonwealth*) ist eine freiwillige Organisation unabhängiger Staaten, die sich nach und nach aus dem alten *British Empire* entwickelt hat. 1931 wurde es offiziell mit dem *Statute of Westminster* gegründet. Zu diesem Zeitpunkt waren Kanada, Australien, Südafrika und Neuseeland bereits selbstverwaltet und waren zusammen mit dem Vereinigten Königreich die ersten Mitglieder. Die meisten der anderen früher von Großbritannien regierten Länder haben sich mit ihrer Unabhängigkeit entschieden, dem *Commonwealth* beizutreten. Heutzutage verbindet die Organisation in erster Linie die kulturelle und wirtschaftliche Zusammenarbeit. Die Staatsoberhäupter der *Commonwealth*-Länder treffen sich zweimal im Jahr.

com·mo·tion [kə'məʊʃn] *s* ❶ (heftige) Erregung, Erschütterung *f* ❷ Tumult, Aufruhr *m*

com·mu·nal ['kɒmjʊnl] *adj* ❶ Gemeinde-, Kommunal-; kommunal; gemeindeeigen ❷ Gemeinschafts-; öffentlich

com·mune¹ [kə'mjuːn] *vi* ❶ sich vertraulich unterhalten (*with* mit, *together* miteinander) ❷ (*Am*) kommunizieren

com·mune² ['kɒmjuːn] *s* Kommune *f*

com·muni·cable [kə'mjuːnɪkəbl] *adj* (*Idee, Gefühle*) vermittelbar; (*Krankheit*) übertragbar

com·muni·cate [kə'mjuːnɪkeɪt] **I.** *vt* ❶ mitteilen ❷ (*a.* PHYS MED) übertragen (*to* auf) ❸ (*Gefühl, Botschaft*) rüberbringen **II.** *vi* ❶ (REL) das Abendmahl empfangen ❷ in Verbindung stehen (*with* mit), sich besprechen (*with* mit) ❸ (*Zimmer*) durch eine Tür miteinander verbunden sein

com·muni·ca·tion [kəˌmjuːnɪ'keɪʃn] *s* ❶ Mitteilung *f* (*to* an) ❷ (PHYS MED) Übertragung *f* ❸ Verbindung *f,* Verkehr *m* ❹ Unterredung, Besprechung *f;* Mitteilung, Nachricht *f* ❺ Verbindung(sweg *m*) *f,* Verkehr(sweg *m,* -mittel *nt*) *m* ❻ Fernmeldewesen *nt;* Fernmeldeeinrichtungen *fpl;* ~(s) **centre** (MIL) Nachrichtensammelstelle *f;* Fernmeldezentrale *f;* ~ **cord** (RAIL) Notbremse *f;* ~ **line** Verbindungslinie *f;* ~ **network** Kommunikationsnetz *nt;* ~ **satellite** Kommunikations-, Nachrichtensatellit *m;* **com·muni·cat·ive** [kə'mjuːnɪkətɪv] *adj* mitteilsam, gesprächig

com·mu·nion [kə'mjuːnɪən] *s* ❶ Gemeinschaft *f* ❷ enge Beziehungen *fpl,* Gedankenaustausch *m* ❸ Glaubensgemeinschaft *f* ❹ (*Holy* ~) (heilige) Kommunion *f;* Abendmahl *nt;* **go to** ~ zur Kommunion, zum Abendmahl gehen

com·mu·ni·qué [kəˈmju:nɪkeɪ] *s* Kommunikee *nt,* amtliche Mitteilung

com·mu·nism [ˈkɒmjʊnɪzəm] *s* Kommunismus *m;* **com·mu·nist** [ˈkɒmjʊnɪst] **I.** *s* Kommunist(in) *m(f)* **II.** *adj* kommunistisch

com·mu·nity [kəˈmju:nətɪ] *s* ❶ Gemeinschaft *f* ❷ Gemeinwesen *nt* ❸ Gemeinsamkeit *f;* (Interessen)Gemeinschaft *f* ❹ (REL) Gemeinde *f* ❺ (BIOL) Lebensgemeinschaft *f;* **the** ~ die Allgemeinheit, die Öffentlichkeit, der Staat; **community centre** *s* Gemeindehaus, -zentrum *nt;* **community home** *s* Erziehungsheim *nt;* **community singing** *s* gemeinschaftliches Liedersingen; **Community Support Frameworks, CSFs** *s pl* (EU) Gemeinschaftliche Förderkonzepte, GFK; **community worker** *s* Sozialarbeiter(in) *m(f)*

com·mut·able [kəˈmju:təbl] *adj* umwandelbar; **com·mu·ta·tion** [ˌkɒmju:ˈteɪʃn] *s* ❶ (Aus-, Um)Tausch *m* ❷ Ablösung(ssumme) *f* ❸ (Straf)Umwandlung, Herabsetzung *f;* (*Am*) Benutzung *f* einer Zeitkarte; ~ **ticket** (*Am*) Zeitkarte *f;* **com·mute** [kəˈmju:t] **I.** *vt* ❶ (aus-, ein-, um)tauschen (*for* gegen) ❷ (FIN) ablösen ❸ (JUR: *Strafe*) umwandeln, herabsetzen (*to, into* in) **II.** *vi* pendeln; **com·muter** [kɒˈmju:tə(r)] *s* Pendler(in) *m(f);* **commuter belt** *s* städtischer Einzugsbereich; **commuter train** *s* Pendler-, Vorort(s)zug *m*

com·pact¹ [ˈkɒmpækt] ❶ (*powder* ~) Puderdose *f* ❷ (*Am*) Kompaktwagen *m*

com·pact² [ˈkɒmpækt] *s* Vertrag *m,* Abkommen *nt*

com·pact³ [kəmˈpækt] **I.** *adj* ❶ kompakt ❷ (*Stil*) gedrängt ❸ (*Schnee, Masse*) fest **II.** *vt* fest zusammenpressen, -drängen; **be ~ed of** sich zusammensetzen aus; ~ **camera** Kompaktkamera *f;* ~ **disc** Compact-Disc, CD *f;* ~ **disc player** CD-Spieler *m;* **com·pact·ness** [kəmˈpæktnɪs] *s* ❶ (*fig*) Knappheit *f;* Gedrängtheit *f* ❷ Festigkeit, Dichte *f*

com·pan·ion [kəmˈpænɪən] *s* ❶ Begleiter(in) *m(f),* Genosse *m,* Genossin *f;* Gefährte *m,* Gefährtin *f* ❷ Gesellschafter(in) *m(f)* ❸ Gegenstück, Pendant *nt* ❹ Ratgeber, Leitfaden *m* (*Buch*); **travelling** ~ Reisebegleiter(in), -gefährte *m,* -gefährtin *f,* Mitreisende(r) *f m;* **com·pan·ion·able** [-əbl] *adj* gesellig, umgänglich; **com·pan·ion·ship** [-ʃɪp] *s* Gesellschaft *f;* **com·pan·ion·way** [-weɪ] *s* Kajütentreppe *f*

com·pany [ˈkʌmpənɪ] *s* ❶ Gesellschaft, Begleitung *f;* Umgang, Verkehr *m* ❷ Gäste *mpl,* Besuch *m* ❸ (Handels)Gesellschaft, Firma *f* ❹ (Schauspieler)Truppe *f* ❺ (*ship's* ~) Besatzung *f* ❻ (MIL) Kompanie *f;* **for** ~ zur Gesellschaft; **in** ~ zusammen, gemeinsam; **be good/bad/poor** ~ ein guter/schlechter Gesellschafter sein; **keep** ~ **with** verkehren mit; **part** ~ sich trennen (*with* von)

com·par·able [ˈkɒmpərəbl] *adj* vergleichbar; ähnlich; entsprechend; **com·para·tive** [kəmˈpærətɪv] **I.** *adj* ❶ vergleichend ❷ verhältnismäßig, relativ **II.** *s* (GRAM: ~ *degree*) Komparativ *m;* **com·para·tive·ly** [-lɪ] *adv* vergleichsweise; verhältnismäßig;

com·pare [kəmˈpeə(r)] **I.** *vt* ❶ (*prüfend*) vergleichen (*with, to* mit) ❷ gleichstellen, auf eine Stufe stellen (*to* mit) ❸ (GRAM) steigern **II.** *vi* sich vergleichen (lassen) (*with* mit); ~ **favo(u)rably with** bei einem Vergleich günstig abschneiden mit **III.** *s:* **beyond** [*o* **past**] ~ [*o* **without**] unvergleichlich, *adv;* **com·pari·son** [kəmˈpærɪsn] *s* ❶ Vergleich *m* (*to, with* mit) ❷ Gegenüberstellung *f* ❸ (GRAM) Steigerung *f* ❹ (INFORM) Abgleich *m;* **by** ~ vergleichsweise, verhältnismäßig, *adv;* **in** ~ **with** im Vergleich zu; **bear** [*o* **stand**] ~ **with** sich vergleichen lassen, den Vergleich aushalten mit; **there is no ~ between them** sie lassen sich nicht vergleichen

com·part·ment [kəmˈpɑ:tmənt] *s* ❶ Abteilung *f* ❷ Fach, Feld *nt* ❸ (RAIL) Abteil *nt* ❹ (MAR) Schott *nt*

com·pass [ˈkʌmpəs] *s* ❶ Umfang, -kreis *m* ❷ Um-, Einfassung, Begrenzung *f* ❸ Bezirk *m,* Gebiet *nt,* Bereich *m* ❹ (MUS) Stimmumfang *m* ❺ (*mariner's* ~) (Schiffs)Kompass *m* ❻ **~es** Zirkel *m* (*Gerät*)

com·pas·sion [kəmˈpæʃn] *s* Mitleid, -gefühl *nt* (*for* mit); **have** [*o* **take**] ~ **on** Mitleid haben mit; **com·pas·sion·ate** [kəmˈpæʃənət] *adj* mitleid(s)voll, mitfühlend; ~ **leave** (*Br:* MIL) Sonderurlaub *m* aus familiären Gründen

com·pati·bil·ity [kəmˌpætəˈbɪlətɪ] *s* ❶ Vereinbarkeit *f* ❷ Verträglichkeit *f* ❸ Kompatibilität *f;* **com·pat·ible** [kəmˈpætəbl] *adj* ❶ vereinbar, verträglich (*with* mit), in Übereinstimmung (*with* mit) ❷ angemessen (*with s.th.* einer S) ❸ kompatibel

com·patriot [kəmˈpætrɪət] *s* Landsmann *m,*

-männin *f*

com·pel [kəm'pel] *vt* ❶ zwingen (*to do* zu tun) ❷ erzwingen (*from* von); **com·pel·ling** [-ɪŋ] *adj* ❶ zwingend ❷ (*fig*) verlockend; unwiderstehlich

com·pen·dium [kəm'pendɪəm, *pl* kəm'pendɪə] <*pl* -diums, -dia> *s* ❶ Zusammenfassung, Übersicht *f* ❷ Grundriss, Leitfaden *m*

com·pen·sate ['kɒmpənseɪt] **I.** *vt* ❶ ausgleichen, ersetzen; aufwiegen ❷ (PSYCH TECH) kompensieren ❸ (FIN) entschädigen ❹ (*Schaden*) ersetzen; vergüten **II.** *vi* ❶ ausgleichen (*for s.th.* etw) ❷ wieder gutmachen (*for s.th.* etw), Ersatz leisten; **com·pen·sa·tion** [ˌkɒmpen'seɪʃn] *s* ❶ Ausgleich, Ersatz *m* ❷ (PSYCH TECH) Kompensation *f* ❸ (FIN) Entschädigung *f*, Schadenersatz *m;* Vergütung *f* ❹ (*Am*) (Be)Zahlung, Entlohnung *f;* Lohn *m,* Gehalt *nt;* **as** [*o* **by way of**] ~ **for** als Ersatz, als Entschädigung für

com·pere ['kɒmpeə(r)] **I.** *s* Ansager(in) *m(f)* **II.** *vt* ansagen

com·pete [kəm'piːt] *vi* ❶ sich mitbewerben (*for* um) ❷ teilnehmen (*in a contest* an einem Wettbewerb) ❸ wetteifern (*with s.o. for s.th.* mit jdm um etw), konkurrieren, sich messen (*against s.o. in a race* mit jdm bei einem Rennen)

com·pet·ence ['kɒmpɪtəns] *s* ❶ Kompetenz *f;* Können, Geschick *nt;* Befähigung, Qualifikation *f* (*for s.th.* zu etw) ❷ (JUR) Zuständigkeit *f;* **com·pet·ent** ['kɒmpɪtənt] *adj* ❶ kompetent; geschickt, fähig; befähigt, qualifiziert (*for s.th.* zu etw, *to do* zu tun) ❷ genügend, ausreichend, entsprechend ❸ (JUR) zuständig; (*Zeuge, Beweise*) zulässig

com·pe·ti·tion [ˌkɒmpə'tɪʃn] *s* ❶ Wettbewerb, -streit, -kampf *m* (*for* um) ❷ (COM) Konkurrenz(kampf *m*) *f* ❸ Preisausschreiben *nt;* **be in** ~ **with** im Wettbewerb stehen mit; **enter into** ~ **with** in Wettbewerb treten mit; **keen** ~ scharfer Wettbewerb; harte Konkurrenz; ~ **rules** *pl* Wettbewerbsregeln *pl;* **com·peti·tive** [kəm'petətɪv] *adj* ❶ konkurrierend ❷ konkurrenzfähig; ~ **spirit** Wettbewerbs-, Konkurrenzgeist *m;* Kampfgeist *m;* **com·peti·tive·ness** [kəm'petətɪvnəs] *s* Wettbewerbsfähigkeit *f;* **com·peti·tor** [kəm'petɪtə(r)] *s* ❶ Mitbewerber(in) *m(f)* ❷ (COM) Konkurrent(in) *m(f)* ❸ (SPORT) Wettkämpfer(in) *m(f)*, Teilnehmer(in) *m(f)* (*for* um)

com·pi·la·tion [ˌkɒmpɪ'leɪʃn] *s* Auf-, Zusammenstellung *f;* Kompilation *f;* **com·pile** [kəm'paɪl] *vt* ❶ (*Material*) zusammentragen ❷ (*Liste*) zusammenstellen; **com·pil·er** [ˌkɒm'pɪlə(r)] *s* (INFORM) Compiler *m*

com·pla·cence, **com·pla·cency** [kəm'pleɪsns(ɪ)] *s* Selbstzufriedenheit, -gefälligkeit *f;* **com·pla·cent** [kəm'pleɪsnt] *adj* selbstzufrieden, -gefällig

com·plain [kəm'pleɪr] *vi* ❶ klagen, sich beklagen (*of* über) ❷ sich beschweren (*of, about* über, *to* bei) ❸ jammern ❹ (COM) reklamieren; **com·plain·ant** *s* (JUR) Kläger(in) *m(f);* **com·plaint** [kəm'pleɪnt] *s* ❶ Klage, Beschwerde, Beanstandung *f* ❷ (COM) Reklamation, Mängelrüge *f* ❸ (JUR) Klage, Strafanzeige *f* (*against* gegen) ❹ (MED) Beschwerden *fpl,* Leiden *nt;* **make** [*o* **lodge**] **a** ~ **against s.o.** sich über jdn beschweren; ~ **book** Beschwerdebuch *nt*

com·plais·ance [kəm'pleɪzəns] *s* Gefälligkeit *f;* **com·plais·ant** [kəm'pleɪzənt] *adj* gefällig, entgegenkommend, willfährig

com·ple·ment ['kɒmplɪmənt] **I.** *s* ❶ (*a.* MATH GRAM) Ergänzung *f* ❷ (MAR) Bemannung *f* ❸ (MIL) Sollstärke *f* ❹ (AVIAT) volle Besatzung **II.** ['kɒmplɪment] *vt* ergänzen, vervollständigen; **com·ple·ment·ary** [ˌkɒmplɪ'mentrɪ] *adj* Ergänzungs-; sich ergänzend; ~ **colours** Komplementärfarben *fpl;* **complemented** *adv* ergänzt

com·plete [kəm'pliːt] **I.** *adj* ❶ vollständig, -kommen, völlig, ganz ❷ vollendet, fertig (gestellt), zu Ende (gebracht), abgeschlossen; ~ **with** mitsamt, komplett mit **II.** *vt* ❶ vervollständigen, vollständig machen, abschließen ❷ (*Formular*) ausfüllen ❸ beenden, fertig stellen, fertig machen; ~ **picture** Gesamtüberblick *m;* **com·plete·ly** [-lɪ] *adv* völlig, ganz (und gar), vollständig, vollkommen; **com·plete·ness** [-nɪs] *s* Vollständigkeit *f;* Vollkommenheit *f;* **com·ple·tion** [kəm'pliːʃn] *s* ❶ Vervollständigung *f* ❷ Abschluss *m;* (*a.* JUR) Erledigung, Fertigstellung, Vollendung *f* ❸ Ergänzung, Vervollständigung *f* ❹ Ausfüllung *f* (*eines Formulars*) ❺ (*Vertrag*) Erfüllung *f;* **on** ~ **of** bei Beendigung + *gen;* **be nearing** ~ vor dem Abschluss stehen

com·plex ['kɒmpleks] **I.** *adj* ❶ komplex; vielschichtig, vielseitig ❷ kompliziert, verwickelt **II.** *s* (das) Ganze; (*a.* PSYCH) Komplex *m*

com·plexion [kəm'plekʃn] *s* ❶ (Haut-, Gesichts)Farbe *f,* Aussehen *nt* ❷ (*fig*) Aspekt, Anstrich *m*

com·plex·ity [kəm'pleksətɪ] *s* Komplexität *f;* Kompliziertheit *f*

com·pli·ance [kəm'plaɪəns] *s* ❶ (*Gesetz*) Befolgung *f* ❷ Einverständnis *nt,* Willfährigkeit *f;* **in ~ with** in Übereinstimmung mit; entsprechend, gemäß +*dat;* **com·pli·ant** [kəm'plaɪənt] *adj* nachgiebig; willfährig

com·pli·cate ['kɒmplɪkeɪt] *vt* komplizieren, (noch) verwickelter, schwieriger machen; **that ~s matters** das macht die Sache noch schwieriger; **com·pli·cated** [-ɪd] *adj* kompliziert; verwickelt; **com·pli·ca·tion** [ˌkɒmplɪ'keɪʃn] *s* Komplikation *f*

com·plic·ity [kəm'plɪsətɪ] *s* Mitschuld (*in* an), Mittäterschaft *f* (*in* bei)

com·pli·ment ['kɒmplɪmənt] **I.** *s* ① Kompliment *nt* ② Anerkennung *f,* Lob *nt* ③ Ehrenerweisung *f* ④ **~s** (*in Briefen*) Grüße *mpl,* Gruß *m;* Empfehlung *f;* **angle** [*o* **fish**] **for ~s** Komplimente hören wollen; **pay a ~ to s.o.** jdm ein Kompliment machen; **with the ~s of the season** mit den besten Wünschen zum Fest **II.** ['kɒmplɪment] *vt* ① ein Kompliment machen (*s.o.* jdm) ② beglückwünschen (*on* zu); **com·pli·men·tary** [ˌkɒmplɪ'mentrɪ] *adj* ① höflich, artig ② Ehren-; Gratis-; **~ copy** Freiexemplar *nt;* **~ ticket** Frei-, Ehrenkarte *f;* **com·pliments slip** *s* (Firmen)Begleitkarte *f*

com·ply [kəm'plaɪ] *vi* ① Folge leisten (*with dat*) ② einwilligen (*with* in), zustimmen (*with dat*) ③ (*Wunsch, Bedingung, Bitte*) erfüllen (*with s.th.* etw)

com·po·nent [kəm'pəʊnənt] **I.** *adj* einzeln; Einzel-, Teil- **II.** *s* Bestandteil *m;* **additional ~** (AUTO) Nachrüstsatz *m;* **component parts** *s pl* Zubehör-, Einzelteile *ntpl*

com·pose [kəm'pəʊz] **I.** *vt* ① zusammensetzen ② (an)ordnen, bilden ③ ab-, verfassen, aufsetzen, dichten ④ (MUS) komponieren ⑤ (TYP) setzen ⑥ (*Streit*) (gütlich) beilegen, schlichten, (glücklich) beenden ⑦ (*Gedanken*) sammeln; **be ~d of** bestehen aus **II.** *vi* ① schriftstellern; dichten ② (MUS) komponieren **III.** *vr* sich beruhigen, sich fassen; **com·posed** [kəm'pəʊzd] *adj* gefasst, ruhig, gelassen; **com·poser** [kəm'pəʊzə(r)] *s* ① (MUS) Komponist(in) *m(f)* ② Verfasser(in) *m(f);* **com·pos·ite** ['kɒmpəzɪt] *adj* zusammengesetzt; vielfältig; **~ photograph** Fotomontage *f;* **com·po·si·tion** [ˌkɒmpə'zɪʃn] *s* ① Zusammensetzung, (An)Ordnung, Anlage, Bildung *f* ② Abfassung *f* ③ (MUS) Komposition *f* ④ (TYP) (Schrift)Satz *m* ⑤ (Schul)Aufsatz *m* ⑥ Übersetzung *f* ⑦ Zusammensetzung *f,* (Auf)Bau *m* ⑧ (PSYCH) Anlage, Art *f,* Wesen *nt* ⑨ (JUR) Verständigung *f,* Vergleich *m;* **com·po·si·tor** [kəm'pɒzɪtə(r)] *s* (TYP) (Schrift)Setzer(in) *m(f)*

com·post ['kɒmpɒst] *s* Kompost *m;* **com·post·ing** *s* Kompostierung *f*

com·po·sure [kəm'pəʊʒə(r)] *s* Fassung, Gelassenheit, (Gemüts)Ruhe *f*

com·pound ['kɒmpaʊnd] **I.** *adj* ① zusammengesetzt; aus einzelnen Teilen bestehend ② gemischt ③ (TECH) Verbund- **II.** *s* ① Zusammensetzung *f;* Mischung *f* ② (*chemische*) Verbindung *f* ③ (GRAM: ~ *word*) zusammengesetztes Wort ④ eingefriedeter Platz **III.** [kəm'paʊnd] *vt* ① zusammensetzen; verbinden; mischen ② (*Streit*) beilegen ③ (*Schuld*) tilgen; in Raten abzahlen ④ (*Zinsen*) kapitalisieren ⑤ verschlimmern; **this only ~s our difficulties** das erschwert unsere Lage noch zusätzlich **IV.** *vi* ① sich vergleichen, sich einigen, sich verständigen (*with* mit) ② pauschalieren (*for s.th.* etw); **compound fracture** *s* (MED) komplizierter Bruch; **compound interest** *s* (FIN) Zinseszins *m*

com·pre·hend [ˌkɒmprɪ'hend] *vt* ① verstehen, einsehen ② umfassen, einschließen

com·pre·hen·sible [ˌkɒmprɪ'hensəbl] *adj* verständlich, begreiflich; **com·pre·hen·sion** [ˌkɒmprɪ'henʃn] *s* ① Verstehen, Begreifen *nt* ② Verständnis *nt* (*of* für), Einsicht *f;* Fassungs-, Begriffsvermögen *nt* ③ (Bedeutungs-, Begriffs)Umfang *m;* **beyond ~** unbegreiflich

com·pre·hen·sive [ˌkɒmprɪ'hensɪv] *adj* umfassend; **~ coverage** ausführliche Berichterstattung; **~ insurance** kombinierte Haftpflicht- und Vollkaskoversicherung; **~ school** Gesamtschule *f*

i Land & Leute

Eine **comprehensive school** ist eine Gesamtschule für 11- bis 18-jährige Schüler. In den 60er und 70er Jahren ersetzten die **comprehensive schools** in vielen Gegenden die *secondary modern school* und die *grammar school,* eine Schule für die Schüler, die die Prüfung *eleven-plus examination* bestanden haben.

com·press¹ [kəm'pres] *vt* zusammendrücken, (zusammen)pressen, komprimieren

compress² ['kɒmpres] *s* (MED) Kompresse *f*

com·pressed [kəm'prest] *adj* zusammengedrückt; zusammengepresst; **~ air** Pressluft *f;* **com·pres·sor** [kəm'presə(r)] *s* (TECH) Kompressor *m*

com·prise [kəm'praɪz] *vt* ① umfassen; bestehen aus ② einschließen (*within* in)

com·pro·mise ['kɒmprəmaɪz] **I.** *s* Kompromiss *m;* Übereinkunft *f,* Vergleich *m* **II.** *vi* einen Kompromiss, einen Vergleich schließen (*on* über) **III.** *vt* ❶ kompromittieren; (*Ruf*) schaden (*s.th.* einer S) ❷ gefährden

comp·trol·ler [kən'trəʊlə(r)] *s* Controller *m*, Rechnungsprüfer(in) *m(f)*

com·pul·sion [kəm'pʌlʃn] *s* Zwang *m*; **under** ~ unter Zwang; **com·pul·sive** [kəm'pʌlsɪv] *adj* Zwangs-; zwingend; **com·pul·sory** [kəm'pʌlsərɪ] *adj* obligatorisch; zwingend, bindend; ~ **auction** Zwangsversteigerung *f*; ~ **education** Schulpflicht *f*; ~ **insurance** Pflichtversicherung *f*; ~ **schooling** allgemeine Schulpflicht; ~ **subject** (SCHULE) Pflichtfach *nt*

com·punc·tion [kəm'pʌŋkʃn] *s* Schuldgefühl *nt*; Gewissensbisse *mpl*, Reue *f*; **with no** ~ ohne sich schuldig zu fühlen

com·pu·ta·tion [ˌkɒmpjʊ'teɪʃn] *s* (Be-, Er)Rechnung *f*; Überschlag *m*, Schätzung *f*; **com·pu·ta·tion·al** *adj* Computer-; **com·pute** [kəm'pju:t] *vt, vi* ❶ (aus-, be-, er)rechnen ❷ überschlagen, schätzen, veranschlagen (*at* auf); **com·puter** [kəm'pju:tə(r)] *s* Computer *m*; Rechner *m*; Datenverarbeitungsanlage *f*; ~**-aided design, CAD** computergestützter Entwurf; **digital** ~ digitale Rechenanlage; **personal** ~ PC *m*; **computer-aided** *adj* rechnergestützt; **computer centre** *s* Rechenzentrum *nt*; **computer crime** *s* Computerkriminalität *f*; **computer freak** [fri:k] *s* Computerfreak *m*; **computer game** *s* Computerspiel *nt*; **computer-generated** *adj* computergeneriert; **computer graphics** *s pl* Computergrafik *f*; **com·puter·iz·ation** [kəmˌpju:təraɪ'zeɪʃn] *s* Computerisierung *f*; **com·puter·ize** [kəm'pju:təraɪz] *vt* ❶ auf Computer umstellen ❷ in einen Computer eingeben; **computer network** *s* Computernetzwerk *nt*, Rechnerverbund *m*; **computer programmer** *s* Programmierer(in) *m(f)*; **computer science** *s* Informatik *f*; **computer scientist** *s* Informatiker(in) *m(f)*; **computer search** *s* Rasterfahndung *f*; **computer tomography** *s* Computertomographie *f*; **computer virus** *s* Computervirus *m*; **computer workstation** *s* Computerarbeitsplatz *m*, Workstation *f*

com·rade ['kɒmreɪd] *s* ❶ Kamerad(in) *m(f)* ❷ (POL) Genosse *m*, Genossin *f*; **com·rade·ship** ['kɒmreɪdʃɪp] *s* Kameradschaft *f*

con¹ [kɒn] **I.** *vt* betrügen (*out of* um) **II.** *s* Schwindel, Betrug *m*

con² [kɒn]: **pros and** ~**s** Für *nt* und Wider *nt*

con art·ist [ˌkɒn'ɑ:tɪst] *s* Hochstapler(in) *m(f)*

con·cat·ena·tion [kɒnˌkætɪ'neɪʃn] *s* Verkettung *f*; Kette, Folge *f*

con·cave ['kɒnkeɪv] *adj* konkav; **con·cav·ity** [kən'kævɪtɪ] *s* Konkavität *f*

con·ceal [kən'si:l] *vt* verstecken, verbergen; verheimlichen (*from* vor); **concealer stick** *s* Abdeckstift *m*; **con·ceal·ment** [-mənt] *s* ❶ Verbergen *nt*; Verheimlichung *f* ❷ Geheimhaltung *f* ❸ Versteck *nt*

con·cede [kən'si:d] **I.** *vt* ❶ einräumen, zugeben, anerkennen (*that* dass) ❷ zugestehen ❸ nachgeben (*a point* in einem Punkt) ❹ (SPORT: *Punkte*) vorgeben ❺ (SPORT: *sl*) verlieren; ~ **defeat** die Niederlage eingestehen **II.** *vi* sich geschlagen geben

con·ceit [kən'si:t] *s* Selbstgefälligkeit, Einbildung *f*; **con·ceited** [-ɪd] *adj* eingebildet

con·ceiv·able [kən'si:vəbl] *adj* denkbar, vorstellbar; **con·ceive** [kən'si:v] **I.** *vt* ❶ aus-, erdenken, ersinnen ❷ (*Gedanken*) fassen; in Worte fassen ❸ sich denken, sich vorstellen, meinen ❹ begreifen, verstehen ❺ (*Kind*) empfangen **II.** *vi* ❶ schwanger werden ❷ sich vorstellen (*of s.th.* etw)

con·cen·trate ['kɒnsəntreɪt] **I.** *vt* ❶ konzentrieren ❷ (CHEM) verdichten, eindicken, kondensieren ❸ (*Strahlen*) bündeln **II.** *vi* sich sammeln, sich konzentrieren (*upon, on* auf), seine Gedanken zusammennehmen **III.** *s* Konzentrat *nt*; **con·cen·trated** [-ɪd] *adj* ❶ konzentriert ❷ (*fig*) stark; **con·cen·tration** [ˌkɒnsn'treɪʃn] *s* ❶ Ansammlung *f* ❷ Konzentration *f*; **lacking in** ~ unkonzentriert; **concentration camp** *s* Konzentrationslager *nt*

con·cen·tric [kən'sentrɪk] *adj* konzentrisch

con·cept ['kɒnsept] *s* Begriff *m*; Vorstellung, Idee *f*; **con·cep·tion** [kən'sepʃn] *s* ❶ (geistige) Gestaltungskraft *f*; Vorstellungsvermögen *nt*, Fassungskraft *f* ❷ Begriff *m*; Auffassung, Vorstellung, Idee *f*; Gedanke *m* ❸ Plan, Entwurf *m* ❹ (PHYSIOL) Empfängnis *f*; **con·cep·tual** [kən'septjʊəl] *adj* Begriffs-; **con·cep·tua·lize** [kən'septjʊəlaɪz] *vt* sich eine Vorstellung machen von; einen Plan fassen von

con·cern [kən'sɜ:n] **I.** *vt* ❶ betreffen, angehen, interessieren; wichtig sein für ❷ beunruhigen; **be** ~**ed about** sich Gedanken, Sorgen machen um; ~ **o.s. about** sich bemühen, sich Mühe machen um; ~ **o.s. with** sich befassen, zu tun haben, sich abgeben mit; **as** ~**s** was … betrifft, betreffend, betreffs; **as far as I am** ~**ed** was mich angeht, von mir aus; **to whom it may** ~ an die zuständige Stelle **II.** *s* ❶ Beziehung *f*, Bezug *m* ❷ Interesse *nt*, Anteil *m* ❸ Sorge, Besorgnis, Beunruhigung *f* (*over* wegen) ④ Angelegenheit, Sache *f* ⑤ Geschäft, Unternehmen *nt*, Betrieb *m* ⑥ (*fam*) Kram, Plunder, Dreck *m*; **with deep** ~ sehr besorgt, *adv*; **have a** ~ **in** interessiert sein, Anteil haben an; **that is no** ~ **of yours** das geht Sie nichts an; **business** ~**s** Geschäftsinteressen *ntpl*; **going** ~ gutgehendes Geschäft, Unternehmen; **con·cerned** [kən'sɜːnd] *adj* ① betroffen (*in* von), beteiligt (*in* an) ② besorgt, in Unruhe (*at, for s.o.* um jdn, *about s.th.* wegen einer S); **all** ~ alle Beteiligten *mpl*; **the persons** ~ die Interessenten *mpl*, die Betroffenen *mpl*; **con·cern·ing** [-ɪŋ] *prep* betreffend, betreffs; bezüglich, in Bezug auf

con·cert[1] ['kɒnsət] *s* Konzert *nt*; **in** ~ im Chor; gemeinsam; live; **work in** ~ **with** zusammenarbeiten mit

con·cert[2] [kən'sɜːt] *vt* (*Kräfte*) vereinigen; **con·certed** [kən'sɜːtɪd] *adj* gemeinsam; (POL) konzertiert

con·cert grand ['kɒnsət grænd] *s* Konzertflügel *m*; **con·cer·tina** [ˌkɒnsə'tiːnə] *s* Ziehharmonika, Konzertina *f*; **con·cert·mas·ter** [ˌkɒnsət'mæstə(r)] *s* Konzertmeister *m*; **con·certo** [kən'tʃeətəʊ] <*pl* -certos> *s* Konzert *nt*; **concert pitch** *s* (MUS) Kammerton *m*

con·ces·sion [kən'seʃn] *s* ① (behördliche) Bewilligung, Genehmigung, Konzession *f* ② Einräumung *f*, Zugeständnis, Entgegenkommen *nt*; **grant a** ~ eine Konzession erteilen; **make** ~**s** Zugeständnisse machen; **tax** ~ Steuervergünstigung *f*

con·cili·ate [kən'sɪlɪeɪt] *vt* ① beschwichtigen, besänftigen ② in Übereinstimmung, in Einklang bringen; ~ **s.o.** jds Wohlwollen gewinnen; **con·cili·ation** [kənˌsɪlɪ'eɪʃn] *s* Ausgleich *m*; Einigung *f*; Schlichtung *f*; **conciliation board** *s* Schlichtungskommission *f*; **con·cili·atory** [kən'sɪlɪətərɪ] *adj* versöhnlich, vermittelnd, ausgleichend

con·cise [kən'saɪs] *adj* kurz (und bündig), knapp, gedrängt, prägnant; **con·cise·ness**, **con·cision** [kən'saɪsnɪs, kən'sɪʒən] *s* Kürze, Knappheit, Prägnanz *f*

con·clave ['kɒnkleɪv] *s* Konklave *nt*; **sit in** ~ eine Geheimsitzung abhalten

con·clude [kən'kluːd] **I.** *vt* ① beenden, (be-, ab)schließen, zu Ende führen ② (*Vertrag*) (ab)schließen ③ (*Am*) beschließen, entscheiden **II.** *vi* ① schließen, den Schluss ziehen, folgern (*that* dass, *from* aus) ② enden, aufhören ③ zu einem Entschluss, zu einem Ergebnis kommen; **con·clud·ing** [-ɪŋ] *adj* abschließend, Schluss-

con·clusion [kən'kluːʒn] *s* ① Beendigung *f*; (Ab)Schluss *m* ② Abschluss *m* (*eines Vertrages*) ③ Beschluss, Entscheid(ung *f*) *m* ④ Schluss(folgerung *f*) *m*, Folgerung *f* ⑤ Ende, Ergebnis *nt*; **in** ~ zuletzt, schließlich; zum Schluss; **bring to a** ~ zum Abschluss bringen; **come to a** ~ zu einer Ansicht, Überzeugung kommen; **draw the** ~ **from** den Schluss, die Folgerung ziehen aus; **jump to** ~**s** voreilige Schlüsse ziehen; **con·clus·ive** [kən'kluːsɪv] *adj* ① abschließend, endgültig; entscheidend ② (*Beweis*) schlüssig

con·coct [kən'kɒkt] *vt* ① zusammenbrauen ② (*fig*) austüfteln, aushecken; **con·coc·tion** [kən'kɒkʃn] *s* ① Zusammenbrauen *nt* ② Gebräu *nt* ③ (*fig*) Aushecken *nt*; Erfindung, Idee *f*

con·course ['kɒŋkɔːs] *s* ① Zusammentreffen *nt* ② (Menschen)Auflauf *m*, Gewühl, Gedränge *nt*; Menge, Masse *f* ③ (*Am*) Aufmarschgelände *nt*; (großer) freier Platz, breite Straße, Durchfahrt *f*; (RAIL) Bahnhofshalle *f*

con·crete[1] ['kɒnkriːt] *adj* ① fest (geworden), (ver)dicht(et), kompakt ② (*Zahl*) benannt ③ real, wirklich; konkret; ~ **action** konkrete Maßnahme *f*

con·crete[2] ['kɒnkriːt] **I.** *s* Beton *m* **II.** *adj* Beton- **III.** *vt* betonieren; **concrete mixer** *s* Betonmischmaschine *f*

con·cu·bine ['kɒŋkjʊbaɪn] *s* Konkubine *f*; Nebenfrau *f*

con·cur [kən'kɜː(r)] *vi* ① zusammenkommen, -treffen, -fallen ② zusammen-, mitwirken, (mit) dazu beitragen (*to do s.th.* etw zu tun) ③ beipflichten, -stimmen (*with s.o.* jdm) ④ übereinstimmen (*with* mit); **con·cur·rence** [kən'kʌrəns] *s* ① Zusammentreffen, -fallen *nt* ② Zusammenwirken *nt*, Mitwirkung *f* ③ Einverständnis *nt*; **con·cur·rent** [kən'kʌrənt] **I.** *adj* ① gleichzeitig; zusammentreffend, -fallend ② mitwirkend ③ übereinstimmend **II.** *s* Begleitumstand *m*

con·cuss [kən'kʌs] *vt* erschüttern; **con·cus·sion** [kən'kʌʃn] *s* Gehirnerschütterung *f*; Erschütterung *f*

con·demn [kən'dem] *vt* ① verurteilen, missbilligen, ablehnen ② (JUR) für schuldig erklären, verurteilen (*to* zu) ③ für abbruchreif erklären; für nicht mehr seetüchtig erklären ④ (*Kranken*) aufgeben ⑤ (*Am*) beschlagnahmen; enteignen; **con·dem·na·tion** [ˌkɒndem'neɪʃn] *s* ① Missbilligung, Ablehnung *f* ② (JUR) Verurteilung *f* ③ (*Am*) Beschlagnahme *f*; Enteignung *f*

con·den·sa·tion [ˌkɒnden'seɪʃn] *s* ① Verdichtung, Kondensation *f* ② Kondensat *nt*;

Schwitzwasser *nt* ③ *(fig)* Zusammenfassung, Straffung *f;* **con·dense** [kɒn'dens] **I.** *vi* kondensieren, sich niederschlagen **II.** *vt* ① kondensieren ② *(fig)* zusammenfassen; **~d milk** Kondens-, Büchsenmilch *f;* **con·denser** [kɒn'densə(r)] *s* ① (CHEM) Kühler *m* ② (OPT RADIO ELEK) Kondensator *m*

con·de·scend [ˌkɒndɪ'send] *vi* sich herablassen *(to do* zu tun); **con·de·scend·ing** [-ɪŋ] *adj* herablassend

con·di·ment ['kɒndɪmənt] *s* Gewürz *nt,* Würze *f;* Zutat *f*

con·di·tion [kən'dɪʃn] **I.** *s* ① Bedingung, Voraussetzung *f (of* für) ② Zustand *m,* Beschaffenheit *f* ③ Stand *m,* Stellung *f,* Rang *m;* Personenstand *m* ④ (SPORT) gute Form ⑤ (JUR) Vorbehalt *m,* Klausel *f* ⑥ **~s** Umstände *mpl,* Gegebenheiten *fpl,* Lage *f;* **in good ~** in gutem Zustand, gut erhalten; (SPORT) in Form; **on ~ (that)** unter der Voraussetzung [*o* Bedingung] (, dass); **on** [*o* **under**] **no ~** unter keinen Umständen, auf keinen Fall; unter keiner Bedingung; **out of ~** in schlechter Verfassung; (SPORT) in schlechter Form; **under favo(u)rable ~s** unter günstigen Umständen; **answer** [*o* **fulfil**] **a ~** eine Bedingung erfüllen; **be in no ~ to** nicht in der Lage sein zu; **keep in good ~** gut im Stande halten; **make s.th. a ~** etw zur Voraussetzung machen **II.** *vt* ① zur Bedingung machen *(to do* zu tun), an eine Bedingung knüpfen ② in einen guten Zustand versetzen, in Form bringen ③ regeln, bestimmen ④ gewöhnen *(to* an) ⑤ (TECH) konditionieren ⑥ *(fig)* programmieren *(to, for* auf) ⑦ (COM: *Waren)* prüfen; **con·di·tional** [kən'dɪʃənl] *adj* ① an eine Bedingung geknüpft ② bedingt *(on* durch), abhängig *(on* von); **con·di·tional·ly** [kən'dɪʃənəlɪ] *adv* bedingt, unter gewissen Bedingungen; **con·di·tioned** [kən'dɪʃənd] *adj* ① bedingt; abhängig *(upon* von) ② beschaffen, geartet ③ (TECH) klimatisiert ④ (PSYCH) gewöhnt *(to* an), konditioniert; **con·di·tion·er** [kən'dɪʃənə(r)] *s* ① *(für Wäsche)* Weichspüler *m* ② *(für Haare)* Spülung *f*

con·do [ˌkɒndəʊ] *s (Am)* Eigentumswohnung *f*

con·dol·ence [kən'dəʊləns] *s meist pl* Beileid *nt*

con·dom ['kɒndəm] *s* Kondom *nt*

con·do·min·ium [ˌkɒndə'mɪnɪəm] *s* (POL) Kondominium *nt;* Kondominat *nt*

con·done [kən'dəʊn] *vt* ① verzeihen ② (mit Absicht) nicht beachten ③ *(Fehler)* stillschweigend dulden

con·duc·ive [kən'djuːsɪv] *adj* dienlich, zuträglich *(to* für)

con·duct [kən'dʌkt] **I.** *vt* ① führen; leiten ② *(Unternehmen)* (durch)führen, leiten ③ *(Geschäft)* führen ④ *(Orchester, Chor)* leiten; dirigieren **II.** *vr* sich betragen, sich benehmen **III.** ['kɒndʌkt] *s* ① Führung, Leitung, Verwaltung *f* ② Handhabung *f* ③ Verhalten, Betragen, Benehmen *nt;* Führung *f;* **con·duc·tive** [kən'dʌktɪv] *adj* (PHYS ELEK) leitend; **con·duc·tor** [kən'dʌktə(r)] *s* ① Führer(in) *m(f),* Leiter(in) *m(f),* Direktor(in) *m(f)* ② (MUS) Dirigent(in) *m(f)* ③ Schaffner(in) *m(f);* *(Am)* Zugführer(in) *m(f)* ④ (PHYS ELEK) (Wärme)Leiter *m;* Blitzableiter *m* ⑤ *(Kabel)* Ader *f;* **con·duc·tress** [kən'dʌktrɪs] *s* Schaffnerin *f*

cone [kəʊn] *s* ① (MATH) Kegel *m;* Konus *m* ② (Berg)Kegel *m* ③ Eistüte *f* ④ (BOT) Zapfen *m* ⑤ *(Verkehr)* Pylon *m;* **~ of light** Lichtkegel *m*

con·fec·tion [kən'fekʃn] *s* Konfekt *nt;* **con·fec·tioner** [kən'fekʃənə(r)] *s* Konditor(in) *m(f);* **con·fec·tion·ery** [kən'fekʃənərɪ] *s* ① Süßwaren *fpl* ② Süßwarenhandlung, Konditorei *f*

con·fed·er·acy [kən'fedərəsɪ] *s* ① Bund *m,* Bündnis *nt* ② Verschwörung *f;* **con·fed·er·ate** [kən'fedərət] **I.** *adj* konföderiert; verbündet **II.** *s* ① Bundesgenosse, Alliierte(r) *m* ② Komplize, Verschwörer *m;* **the Confederates** (HIST) die Konföderierten *mpl;* **con·fed·er·ation** [kənˌfedə'reɪʃn] *s* Bund *m,* Bündnis *nt;* Staatenbund *m*

i Land & Leute

Der **Confederation Day** oder *Canada Day* ist der Nationalfeiertag Kanadas, der am 1. Juli gefeiert wird.

con·fer [kən'fɜː(r)] **I.** *vt* verleihen, übertragen *(on, upon s.o.* jdm) **II.** *vi* sich beraten, verhandeln *(with* mit); **con·fer·ence** ['kɒnfərəns] *s* ① Tagung, Konferenz *f* ② Besprechung, Unterredung, Verhandlung *f;* **be in ~** bei einer Besprechung sein; **conference call** *s* Konferenzschaltung *f*

con·fess [kən'fes] **I.** *vt* ① bekennen, (ein-, zu)gestehen *(to have, to having* zu haben) ② (REL) beichten ③ die Beichte abnehmen *(s.o.* jdm); **I must ~** ich muss zugeben **II.** *vi* ① seine Schuld, seinen Fehler eingestehen ② ein Geständnis ablegen; **con·fess·ed·ly** [-ɪdlɪ] *adv* zugestandenermaßen; **con·fes·sion** [kən'feʃn] *s* ① Bekenntnis, Geständnis *nt* ② (REL) Beichte *f* ③ Bekenntnis *nt,* Konfession *f;* **make a full ~**

ein volles Geständnis ablegen; **con·fes·sional** [kən'feʃənl] *s* Beichtstuhl *m;* **con·fes·sor** [kən'fesə(r)] *s* Beichtvater *m*

con·fetti [kən'fetɪ] *s* Konfetti *nt*

con·fi·dant [ˌkɒnfɪ'dænt] *s* Vertraute(r) *m;* **con·fi·dante** [ˌkɒnfɪ'dænt] *s* Vertraute *f*

con·fide [kən'faɪd] **I.** *vt* anvertrauen (*to s.o.* jdm) **II.** *vi* ① vertrauen (*in s.o.* jdm) ② sich verlassen (*in s.o.* auf jdn)

? Grammatik

to **confide in** *someone* = sich jemandem anvertrauen: *Lisa confided in her best friend;*
to **confide** *a secret* **to** *someone* = jemandem ein Geheimnis anvertrauen: *Bob confided his secret to his brother.*

con·fi·dence ['kɒnfɪdəns] *s* ① Vertrauen (*in* auf), Zutrauen *nt* (*in* zu) ② Zuversicht, Überzeugung *f;* Selbstsicherheit *f* ③ vertrauliche Mitteilung, Geheimnis *nt;* **in strict ~** streng vertraulich; **place ~ in s.o.** in jdn Vertrauen setzen; **take s.o. into ~** jdn ins Vertrauen ziehen; **question of ~** (POL) Vertrauensfrage *f;* **~ trick** Schwindel *m;* **~ trickster** [*o* **man**] Schwindler *m;* **con·fi·dent** ['kɒnfɪdənt] *adj* ① sicher, überzeugt (*of* von) ② zuversichtlich ③ selbstsicher ④ überheblich

con·fi·den·tial [ˌkɒnfɪ'denʃl] *adj* ① (*Mitteilung*) vertraulich, geheim ② vertraut, eingeweiht; **con·fid·en·tial·ly** [ˌkɒnfɪ'denʃəlɪ] *adv* im Vertrauen; **con·fid·ing** [kən'faɪdɪŋ] *adj* vertrauensvoll

con·figu·ra·tion *s* Konfiguration *f;* (ASTR) Anordnung *f,* Aspekt *f*

con·fine ['kɒnfaɪn] **I.** *s meist pl* Grenze *f;* Grenzstreifen *m;* (*fig*) Grenzgebiet *nt* **II.** [kən'faɪn] *vt* ① begrenzen, beschränken (*to* auf) ② einsperren, gefangenhalten (*in, to* in); **be ~d** niederkommen, entbunden werden; **be ~d to one's bed** ans Bett gefesselt sein; **be ~d to one's room** das Zimmer nicht verlassen können; **~ o.s. to** sich beschränken auf; **con·fine·ment** [kən'faɪnmənt] *s* ① Einschränkung, Beschränkung *f* ② Haft *f;* Einsperren *nt;* Einweisung *f;* Gefangenschaft *f* ③ Niederkunft *f,* Wochenbett *nt*

con·firm [kən'fɜ:m] *vt* ① bestätigen ② (*Entschluss*) bekräftigen (*in* in), (be)stärken, festigen ③ (REL) konfirmieren; firmen; **con·fir·ma·tion** [ˌkɒnfə'meɪʃn] *s* ① Bestätigung, Bekräftigung *f* ② Festigung *f* ③ (REL) Konfirmation *f;* Firmung *f;* **con·firmed** [kən'fɜ:md] *adj* ① eingefleischt ② (MED) chronisch ③ unverbesserlich

con·fis·cate ['kɒnfɪskeɪt] *vt* beschlagnahmen

con·flict ['kɒnflɪkt] **I.** *s* ① Zusammenstoß, Kampf *m* ② Streit, Konflikt *m;* Meinungsverschiedenheit *f;* Widerstreit *m* (*der Gefühle*)*;* **in ~ with** im Gegensatz zu; **~ of interests** Interessenkonflikt *m* **II.** [kən'flɪkt] *vi* ① im Widerspruch stehen (*with* zu), kollidieren (*with* mit) ② sich widersprechen; **conflict attenuation** *s* Konfliktbegrenzung, -eindämmung *f;* **con·flict·ing** [kən'flɪktɪŋ] *adj* (*Gefühle*) widerstreitend; widersprechend

con·flu·ence ['kɒnflu:əns] *s* Zusammenfluss *m*

con·form [kən'fɔ:m] **I.** *vt* in Übereinstimmung bringen (*to* mit), anpassen (*to* an) **II.** *vi* ① übereinstimmen (*to* mit), entsprechen (*to dat*) ② sich anpassen (*to* an); **con·form·ist** [kən'fɔ:mɪst] *s* Anpasser(in) *m(f),* Konfirmist(in) *m(f);* **con·form·ity** [kən'fɔ:mɪtɪ] *s* ① Übereinstimmung *f* (*with* mit) ② Anpassung *f* (*to* an); **in ~ with** gemäß, übereinstimmend mit

con·found [kən'faʊnd] *vt* ① verwechseln (*with* mit) ② durcheinander bringen, durcheinander werfen ③ verwirren, aus der Fassung bringen ④ zunichte machen; **~ it!** verdammt (noch mal)!; **con·found·ed** [-ɪd] *adj* (*fam*) verdammt, verflixt; abscheulich

con·front [kən'frʌnt] *vt* ① gegenüberstellen (*with dat*), konfrontieren (*with* mit) ② gegenüber-, entgegentreten (*s.th.* einer S), ins Auge sehen (*danger* der Gefahr); **con·fron·ta·tion** [ˌkɒnfrʌn'teɪʃn] *s* Konfrontation *f;* **con·fron·ta·tional** [ˌkɒnfrʌn'teɪʃnəl] *adj* Konfrontations-

con·fuse [kən'fju:z] *vt* ① durcheinander bringen, durcheinander werfen ② verwechseln (*with* mit); **con·fused** [kən'fju:zd] *adj* ① verwirrt ② in Verlegenheit ③ verworren, unklar; **con·fusion** [kən'fju:ʒn] *s* ① Verwirrung *f,* Durcheinander *nt* ② Aufruhr, Tumult *m* ③ Verworrenheit *f* ④ Verwirrtheit, Bestürzung *f* ⑤ Verwechs(e)lung *f*

con·geal [kən'dʒi:l] **I.** *vt* (*Kälte*) erstarren lassen **II.** *vi* ① (vor Kälte) erstarren, steif werden ② (*Flüssigkeit*) fest werden, (ge)frieren ③ gerinnen

con·gen·ial [kən'dʒi:nɪəl] *adj* ① geistesverwandt (*with, to s.o.* jdm) ② freundlich, sympathisch ③ (*Sache*) angenehm, zusagend ④ passend, angemessen (*to dat*)

con·gested [kən'dʒestɪd] *adj* ① überfüllt;

übervölkert ❷ sehr dicht besiedelt ❸ (*Straßen*) verstopft ❹ (MED) mit Blutandrang; **con·ges·tion** [kən'dʒestʃən] *s* ❶ (MED) Blutandrang *m* ❷ Überfüllung *f* ❸ (~ *of traffic*) (Verkehrs)Stauung, Stockung, Verstopfung *f* ❹ (~ *of population*) Übervölkerung *f*

con·glom·er·ate [kən'glɒmərət] **I.** *adj* zusammengewürfelt; (*Sprache*) Misch- **II.** *s* Konglomerat *nt;* (*fig*) zusammengewürfelte Masse; (COM) (Misch)Konzern *m* **III.** [kən'glɒməreɪt] *vi* sich zusammenballen, verschmelzen; **con·glom·er·ation** [kən,glɒmə'reɪʃn] *s* Zusammenballung, Anhäufung *f;* Konglomerat *nt*

Con·go ['kɒŋgəʊ] *s* Kongo *m;* **Con·go·lese** [,kɒŋgəʊ'li:z] **I.** *adj* kongolesich **II.** *s* Kongolese *m,* Kongolesin *f*

con·gratu·late [kən'grætʃʊleɪt] *vt* Glück wünschen (*s.o.* jdm), gratulieren (*s.o.* jdm, *on* zu); ~ **o.s. on s.th.** sich über etw freuen, über etw froh sein; **con·gratu·lation** [kən,grætʃʊ' eɪʃn] *s meist pl* Glückwunsch *m,* Gratulation *f;* ~**s on passing the exam!** ich gratuliere zum bestandenen Examen!

con·gre·gate ['kɒŋgrɪgeɪt] *vi* zusammenkommen, sich versammeln (*round* um +*acc*); **con·gre·ga·tion** [,kɒŋgrɪ'geɪʃn] *s* ❶ Ansammlung *f;* Zusammenkunft, Versammlung *f* ❷ (REL) Gemeinde *f;* **con·gre·ga·tional** [,kɒŋgrɪ'geɪʃənl] *adj* (REL) Gemeinde-

con·gress ['kɒŋgres] *s* Zusammenkunft, Tagung *f;* Kongress *m;* Parteitag *m;* **Congress** (*Am*) der Kongress; **Con·gress·man** [-mən] <*pl* -men> *s* Kongressabgeordnete(r) *m;* **Con·gress·woman** [-wʊmən, *pl* -wɪmɪn] <*pl* -women> *s* Kongressabgeordnete *f*

con·gru·ence ['kɒŋgrʊəns] *s* ❶ (*a.* GRAM) Übereinstimmung *f* ❷ (MATH) Kongruenz *f;* **con·gru·ent** ['kɒŋgrʊənt] *adj* ❶ (*a.* GRAM) übereinstimmend (*with* mit) ❷ entsprechend, gemäß (*with dat*), passend (*with* zu) ❸ (MATH) kongruent

conical ['kɒnɪkl] *adj* konisch, kegelförmig

coni·fer ['kɒnɪfə(r)] *s* Nadelbaum *m;* **coni·ferous** [kə'nɪfərəs] *adj* (BOT) zapfentragend; ~ **tree** Nadelbaum *m*

con·jec·tural [kən'dʒektʃərəl] *adj* mutmaßlich; **con·jec·ture** [kən'dʒektʃə(r)] **I.** *s* Vermutung, Mutmaßung *f* **II.** *vt* mutmaßen, vermuten **III.** *vi* Vermutungen anstellen

con·ju·gal ['kɒndʒʊgl] *adj* ehelich

con·ju·gate ['kɒndʒʊgeɪt] **I.** *vt* (GRAM) konjugieren **II.** *vi* (BIOL) sich paaren; **con·ju·ga·tion** [,kɒndʒʊ'geɪʃn] *s* ❶ (BIOL) Paarung *f* ❷ (GRAM) Konjugation *f*

con·junc·tion [kən'dʒʌŋkʃn] *s* ❶ Verbindung *f* ❷ Zusammentreffen, -fallen *nt* ❸ (GRAM ASTR) Konjunktion *f;* **in** ~ **with** in Verbindung mit

con·junc·ti·vitis [kər,dʒʌŋktɪ'vaɪtɪs] *s* (MED) Bindehautentzündung *f*

con·jure ['kʌndʒə(r)] *vt, vi* zaubern; **conjure away** *vt* wegzaubern; **conjure up** *vt* hervorzaubern; (*fig*) heraufbeschwören; (*Geist*) beschwören; **con·jurer** ['kʌndʒərə(r)] *s* ❶ Zauberkünstler(in) *m(f),* Taschenspieler(in) *m(f)* ❷ Zauberer *m,* Zauberin *f;* **con·jur·ing** [-ɪŋ] *s* Zaubern *nt;* Zauberei *f;* **conjuring trick** *s* Zauberkunststück *nt;* **con juror** ['kʌndʒərə(r)] *s* ❶ Zauberkünstler(in) *m(f),* Taschenspieler(in) *m(f)* ❷ Zauberer *m,* Zauberin *f*

conk [kɒŋk] **I.** *vt* (*fam*) hauen **II.** *s* (*fam*) Zinken *m;* **conk out** *vi* ❶ (*fam*) versagen; (AUTO) stehenbleiben ❷ (*fam: Mensch*) umkippen; sterben

conker ['kɒŋkə(r)] *s* Rosskastanie *f*

con·man ['kɒnmæn] <*pl* -men> *s* Schwindler, Hochstapler *m*

con·nect [kə'nekt] **I.** *vt* ❶ verbinden (*with* mit); (TELE) anschließen (*with* an) ❷ (TECH) koppeln, kuppeln (*with* mit), an-, einschalten ❸ (*fig*) miteinander in Verbindung, in Zusammenhang bringen; ~ **through** (TELE) durchschalten; **be** ~**ed with** in Verbindung stehen mit; **be well** ~**ed** gute Beziehungen haben **II.** *vi* ❶ in Verbindung stehen (*with* mit) ❷ (*Zug*) Anschluss haben (*with* an) ❸ landen (*with a blow* einen Schlag); **con·nec·ted** [-ɪd] *adj* ❶ verbunden ❷ verwickelt (*with* in) ❸ verwandt ❹ (*fig*) zusammenhängend, logisch aufgebaut; **con·nect·ing** [-ɪŋ] *adj:* ~ **flight** Anschlussflug *m;* ~ **link** Zwischen-, Bindeglied *nt;* ~ **rod** Pleuelstange *f;* ~ **train** Anschlusszug *m*

con·nec·tion, con·nex·ion [kə'nekʃn] *s* ❶ Verbindung *f;* (TELE, RAIL) Anschluss *m* ❷ Zusammenhang *m* ❸ (*a. pl*) Beziehungen *f* (*with* zu), Verbindungen *fpl* ❹ Kundenkreis *m,* Kundschaft *f* ❺ Bekanntschaft *f;* Bekanntenkreis *m;* Verwandtschaft *f;* **in this** ~ in diesem Zusammenhang; **in** ~ **with** im Zusammenhang mit; in Bezug auf; **with good** ~**s** mit guten Beziehungen; **establish a** ~ sich einen Kundenkreis schaffen; **what is the** ~ **between …?** welcher Zusammenhang besteht zwischen, wie hängen … zusammen?; **parallel** ~ (ELEK) Parallelschaltung *f;* **rail/train** ~ Bahn-/Zugverbindung *f;* **telephone** ~ Fernsprechverbindung *f;* ~ **by air/by sea**

Flug-/Schiffsverbindung *f;* **con·nect·or** [kə'nektə(r)] *s* (ELEK) Lüsterklemme *f*

con·niv·ance [kə'naɪvəns] *s* (sträfliche) Nachsicht (*at, in* mit), Begünstigung *f;* **con·nive** [kə'naɪv] *vi* (*Unrecht*) mit Absicht übersehen (*at s.th.* etw), stillschweigend dulden (*at s.th.* etw), Vorschub leisten (*at s.th.* einer S)

con·nois·seur [ˌkɒnə'sɜː(r)] *s* Kenner *m*

con·no·ta·tion [ˌkɒnə'teɪʃn] *s* Nebenbedeutung, Assoziation *f;* (LING) Konnotation *f*

con·quer ['kɒŋkə(r)] **I.** *vt* ① erobern ② besiegen, überwältigen, überwinden (*Schwierigkeit*) ③ (*fig*) Herr werden über **II.** *vi* siegen, siegreich sein; **con·queror** ['kɒŋkərə(r)] *s* Eroberer *m,* Eroberin *f;* Sieger(in) *m(f)*

con·quest ['kɒŋkwəst] *s* ① (*a. fig*) Eroberung *f* ② (JUR) Errungenschaft *f*

con·science ['kɒnʃəns] *s* Gewissen *nt;* **in all ~** (*fam*) alles, was recht ist; **have on one's ~** auf dem Gewissen haben; **have no ~** gewissenlos sein; **con·scien·tious** [ˌkɒnʃɪ'enʃəs] *adj* gewissenhaft; **con·scien·tious·ness** [-nɪs] *s* Gewissenhaftigkeit *f;* **conscientious objector** *s* Kriegs-, Wehrdienstverweigerer *m*

con·scious ['kɒnʃəs] *adj* ① bewusst ② absichtlich, wissentlich; vorsätzlich ③ (MED) bei Bewusstsein; **be ~ of s.th.** sich über etw im Klaren sein; **con·scious·ness** ['kɒnʃəsnɪs] *s* ① Bewusstsein *nt* (*of +gen, that* dass) ② Wissen *nt* (*of* um), Kenntnis *f* (*of* von)

con·script [kən'skrɪpt] **I.** *vt* (MIL) einziehen, einberufen **II.** ['kɒnskrɪpt] *s* Wehrdienstpflichtige(r) *m;* **con·scrip·tion** [kən'skrɪpʃn] *s* ① Einberufung *f* ② Wehrpflicht *f*

con·se·crate ['kɒnsɪkreɪt] *vt* ① (REL) weihen, konsekrieren ② widmen ③ heiligen; **con·se·cra·tion** [ˌkɒnsɪ'kreɪʃn] *s* ① (REL) Weihe, Konsekration *f* ② Hingabe *f* (*to* an)

con·secu·tive [kən'sekjʊtɪv] *adj* aufeinander folgend, fortlaufend; **~ clause** (GRAM) Konsekutivsatz *m;* **~ interpreting** Konsekutivdolmetschen *nt;* **consecu·tive·ly** [-lɪ] *adv* nacheinander; fortlaufend

con·sen·sus [kən'sensəs] *s* ① Übereinstimmung *f* ② (*~ of opinion*) übereinstimmende Meinung, allgemeine Ansicht

con·sent [kən'sent] **I.** *vi* einwilligen (*to* in), einverstanden sein (*to* mit) **II.** *s* Einwilligung *f* (*to* in), Einverständnis *nt* (*to* mit), Zustimmung *f* (*to* zu); **by mutual ~** in gegenseitigem Einvernehmen; **give one's ~ to** seine Zustimmung erteilen zu

con·se·quence ['kɒnsɪkwəns] *s* ① Folge, Konsequenz *f;* Ergebnis *nt* ② Folgerung *f,* Schluss *m* ③ Bedeutung, Wichtigkeit *f,* Einfluss *m;* **in ~** folglich; **in ~ of** infolge *+gen;* **of ~** bedeutend, wichtig (*to* für); **of no ~** unwichtig, unbedeutend; **be the ~ of s.th.** die Folge einer S sein; **have serious ~s** ernste Folgen haben; **bear the ~s** die Folgen tragen; **that's of no further ~** das fällt nicht weiter ins Gewicht; **con·se·quent** ['kɒnsɪkwənt] *adj* folgend (*upon* auf), sich ergebend (*upon* aus); **conse·quen·tial** [ˌkɒnsɪ'kwenʃl] *adj* ① sich ergebend (*on* aus) ② dünkelhaft ③ folgerichtig; **con·se·quent·ly** ['kɒnsɪkwəntlɪ] *adv* folglich

con·ser·va·tion [ˌkɒnsə'veɪʃn] *s* ① Erhaltung, Bewahrung *f;* Schutz *m* ② Umweltschutz *m* ③ Konservierung *f;* **soil ~** Bodenmelioration *f;* **~ area** Naturschutzgebiet *nt;* Gebiet *nt* unter Denkmalschutz; **con·ser·va·tion·ist** [ˌkɒnsə'veɪʃənɪst] *s* Umweltschützer(in) *m(f),* Denkmalpfleger(in) *m(f);* **conservation technology** *s* Umweltschutztechnik *f*

con·ser·va·tism [kən'sɜːvətɪzəm] *s* (BES. POL) Konservat(iv)ismus *m;* **con·ser·va·tive** [kən'sɜːvətɪv] **I.** *adj* ① (*a.* POL) konservativ ② vorsichtig, zurückhaltend **II.** *s* (POL) Konservative(r) *f m*

> **i Land & Leute**
>
> Die **Conservative Party** ist in Großbritannien die Partei der rechten Mitte. Die *Conservatives* werden umgangssprachlich oft als *Tories* bezeichnet. In diesem Jahrhundert hat die Partei vor allem eine liberale Wirtschaftspolitik verfolgt (z. B. die Privatisierungen). Die bedeutendsten *Conservative* Premierminister in diesem Jahrhundert waren Neville Chamberlain, Winston Churchill und Margaret Thatcher.

con·ser·va·toire [kən'sɜːvətwɑː(r)] *s* (*Br*) Musikhochschule *f*

con·ser·va·tory [kən'sɜːvətrɪ] *s* ① Treibhaus *nt;* Wintergarten *m* ② (MUS) Konservatorium *nt,* Musik(hoch)schule *f*

con·serve [kən'sɜːv] **I.** *vt* ① erhalten, bewahren ② sparsam umgehen mit ③ konservieren, einmachen, -kochen **II.** *s meist pl* (das) Eingemachte

con·sider [kən'sɪdə(r)] **I.** *vt* ① betrachten, erwägen, bedenken ② reiflich überlegen, prüfen ③ berücksichtigen, Rücksicht nehmen auf ④ ansehen, betrachten als, halten für; **all things ~ed** wenn man alles in

Betracht zieht; **I** ~ ich bin der Auffassung (*that* dass) **II.** *vi* nachdenken, überlegen;
con·sider·able [kən'sɪdərəbl] *adj* ① bedeutend ② beachtlich, beträchtlich; **con·siderate** [kən'sɪdərət] *adj* rücksichtsvoll, aufmerksam, zuvorkommend (*of* gegen); **be ~ of** Rücksicht nehmen auf; **con·sider·ation** [kən,sɪdə'reɪʃn] *s* ① Überlegung, Erwägung *f* ② Gesichtspunkt *m* ③ Beweggrund, Anlass *m;* Umstand *m* ④ Rücksicht(nahme), Aufmerksamkeit, Zuvorkommenheit *f* (*of* gegenüber) ⑤ Vergütung *f,* Entgelt *nt;* Gegenleistung *f;* **after long ~** nach reiflicher Überlegung; **in ~ of** in Anbetracht *+gen,* im Hinblick, mit Rücksicht auf; **for a ~** entgeltlich; **of no ~ (at all)** (völlig) belanglos, unerheblich; **on [o under] no ~** auf keinen Fall, unter keinen Umständen; **on further ~** bei näherer Überlegung; **out of ~ for** mit Rücksicht auf; in Anbetracht *+gen;* **be (still) under ~** noch nicht entschieden sein; **come into ~** in Frage, in Betracht kommen; **give careful ~ to s.th.** etw sorgfältig erwägen, überdenken; **take into ~** in Betracht, in Erwägung ziehen; berücksichtigen; **con·sidered** [kən'sɪdəd] *adj* überlegt; **your ~ opinion** Ihre geschätzte Meinung; **con·sider·ing** [kən'sɪdərɪŋ] **I.** *prep* in Anbetracht *+gen,* in Hinblick auf **II.** *adv* (*fam*) den Umständen nach **III.** *conj* da

con·sign·ment [kən'saɪnmənt] *s* ① Versand *m,* Zustellung, Aushändigung *f* ② (Waren)Sendung *f* ③ Kommission *f;* Konsignation *f*

con·sist [kən'sɪst] *vi* bestehen, sich zusammensetzen (*of* aus); **~ in** bestehen in; **con·sist·ency** [kən'sɪstənsɪ] *s* ① Dichte, Festigkeit, Konsistenz *f* ② Übereinstimmung *f* ③ logische Folge, Zusammenhang *m,* Folgerichtigkeit *f* ④ Beständigkeit, Einheitlichkeit *f;* **con·sist·ent** [kən'sɪstənt] *adj* ① in Übereinstimmung, in Einklang, vereinbar (*with* mit) ② beständig, gleich bleibend ③ konsequent (*about s.th.* in etw)

con·so·la·tion [,kɒnsə'leɪʃn] *s* Trost *m;* **con·solation prize** *s* Trostpreis *m;* **con·sola·tory** [kən'sɒlətərɪ] *adj* tröstend

con·sole[1] ['kɒnsəʊl] *s* ① Konsole *f* ② Wandgestell *nt* ③ Musiktruhe *f* ④ (RADIO) Gehäuse *nt* ⑤ (TECH) Steuerpult *nt*

con·sole[2] [kən'səʊl] *vt* trösten (*for* über)

con·soli·date [kən'sɒlɪdeɪt] *vt* ① stärken, festigen ② miteinander verbinden, vereinigen, zusammenschließen; (*a.* FIN) zusammenlegen ③ (FIN) fundieren, konsolidieren; **con·soli·dated** [-ɪd] *adj* ① (FIN) fundiert, konsolidiert ② (*Am*) gemeinsam, für mehrere Betriebe arbeitend; **con·soli·da·tion** [kən,sɒlɪ'deɪʃn] *s* ① Stärkung, Festigung *f* ② Verbindung, Vereinigung *f,* Zusammenschluss *m,* Fusion *f;* (*a.* FIN) Zusammenlegung *f* ③ (FIN) Konsolidierung *f*

con·sommé [kən'sɒmeɪ] *s* (klare) Fleischbrühe *f*

con·so·nance ['kɒnsənəns] *s* (MUS) Wohlklang *m,* Konsonanz *f*

con·son·ant ['kɒnsənənt] **I.** *adj* ① übereinstimmend (*with* mit) ② harmonisch ③ (GRAM) konsonantisch **II.** *s* (GRAM) Konsonant *m*

con·sort [kən'sɔ:t] **I.** *vi* ① Umgang haben, verkehren (*with* mit) ② in Einklang stehen, harmonieren (*with* mit) **II.** ['kɒnsɔ:t] *s* ① Gemahl(in *f*) *m* ② (MAR) Begleitschiff *nt;* **prince ~** Prinzgemahl *m;* **con·sor·tium** [kən'sɔ:tɪəm] *s* Konsortium *nt*

con·spicu·ous [kən'spɪkjʊəs] *adj* ① deutlich sichtbar ② auffällig, auffallend ③ bemerkenswert (*by, for* durch, wegen); **be ~ by one's absence** durch Abwesenheit glänzen; **make o.s. ~** sich auffällig benehmen

con·spir·acy [kən'spɪrəsɪ] *s* Verschwörung *f;* **con·spira·tor** [kən'spɪrətə(r)] *s* Verschwörer(in) *m(f);* **con·spire** [kən'spaɪə(r)] *vi* ① sich verschwören (*against* gegen) ② (*fig*) zusammenwirken

con·stable ['kʌnstəbl] *s* Polizist(in) *m(f);* **con·sta·bu·lary** [kən'stæbjʊlərɪ] *s* Polizei *f*

con·stancy ['kɒnstənsɪ] *s* ① Standhaftigkeit, Beständigkeit *f* ② Treue *f* ③ Stabilität *f;* Dauerhaftigkeit *f*

con·stant ['kɒnstənt] **I.** *adj* ① standhaft, beständig ② ununterbrochen, fortwährend, dauernd ③ gleich bleibend, konstant **II.** *s* (MATH PHYS) Konstante *f;* **con·stant·ly** [-lɪ] *adv* (be)ständig, immer(zu), unaufhörlich

con·stel·la·tion [,kɒnstə'leɪʃn] *s* Sternbild *nt;* (*a. fig*) Konstellation *f*

con·ster·na·tion [,kɒnstə'neɪʃn] *s* Bestürzung, Fassungslosigkeit *f*

con·sti·pate ['kɒnstɪpeɪt] *vt* (MED) verstopfen; **be ~d** Verstopfung haben; **con·sti·pa·tion** [,kɒnstɪ'peɪʃn] *s* Verstopfung *f*

con·sti·tu·ency [kən'stɪtjʊənsɪ] *s* ① Wähler(schaft *f*) *mpl* (*eines Wahlbezirks*) ② Wahlbezirk, -kreis *m;* **con·sti·tu·ent** [kən'stɪtjʊənt] **I.** *adj* ① wählend ② verfassunggebend ③ (*Teil*) einzeln **II.** *s* ① Wähler(in) *m(f)* ② Auftrag-, Vollmachtgeber(in) *m(f),* Mandant(in) *m(f)* ③ (*~ part*) Grundbestandteil *m;* Bauteil *m;* Komponente *f;* Satzteil *m*

con·sti·tute ['kɒnstɪtju:t] *vt* ① (*Person*) einsetzen, ernennen ② (*Körperschaft*) konsti-

C

tuieren, begründen; (*Ausschuss*) bilden; (*Einrichtung*) schaffen ③ (*Gesetz*) in Kraft setzen ④ (*ein Ganzes*) ausmachen, bilden, darstellen ⑤ (*Summe*) betragen

con·sti·tu·tion [ˌkɒnstɪˈtjuːʃn] *s* ① (Auf)Bau *m*, Struktur *f* ② (*Mensch*) Konstitution *f* ③ Wesensart *f*, Charakter *m* ④ Gesellschafts-, Staats-, Regierungsform *f* ⑤ Verfassung *f*, (Staats) Grundgesetz *nt;* Satzung *f;* **con·sti·tu·tional** [ˌkɒnstɪˈtjuːʃənl] **I.** *adj* ① Verfassungs-; (*Monarchie*) konstitutionell; (*Regierung, Vorgang*) verfassungsmäßig ② (MED) konstitutionell, der Veranlagung entsprechend; (*Abneigung*) naturgegeben; **it's not** ~ das ist verfassungswidrig **II.** *s* Spaziergang *m*

constrain [kənˈstreɪn] *vt* (er)zwingen; nötigen; **be ~ed by circumstances** Sachzwängen unterliegen; **find o.s. ~ed** sich gezwungen, genötigt sehen; **con·straint** [kənˈstreɪnt] *s* ① Zwang *m* ② Verlegenheit, Befangenheit *f;* Zurückhaltung *f* ③ Einschränkung *f;* **under** ~ unter Zwang, zwangsweise; **be under** ~ sich in einer Zwangslage befinden

con·strict [kənˈstrɪkt] *vt* ① einengen ② zusammenziehen ③ beschränken; **con·stric·tion** [kənˈstrɪkʃn] *s* ① Einengung *f* ② Zusammenziehen *nt* ③ Beschränkung *f;* **con·strictor** [-ə(r)] *s* (MED) Schließmuskel, Konstriktor *m*

con·struct¹ [kənˈstrʌkt] *vt* ① (auf-, er)bauen, errichten, konstruieren ② (*fig*) aus-, erdenken, ersinnen; (*Theorie*) entwickeln ③ (GRAM: *Satz*) konstruieren

con·struct² [ˈkɒnstrʌkt] *s* Gedankengebäude *nt*

con·struc·tion [kənˈstrʌkʃn] *s* ① Bau *m*, Erbauung, Errichtung *f;* Konstruktion *f* ② Gestaltung, Konstruktion *f;* Bauart, -weise, Ausführung *f;* Aufbau *m* ③ Gebäude *nt*, Bau(werk *nt*) *m*, Anlage *f* ④ (*fig*) Deutung, Erklärung, Auslegung *f* ⑤ (GRAM) Konstruktion *f;* Satzbau *m;* **under** [*o* **in the course of**] ~ im Bau; **put a** (**good, wrong**) ~ **on** (günstig, falsch) auslegen; ~ **material** Baumaterial *nt;* ~ **supervision** Bauaufsicht *f;* **con·struc·tio·nal** [kənˈstrʌkʃnl] *adj* baulich; ~ **drawing** Konstruktionszeichnung *f;* ~ **element** Bauelement *nt;* **construc·tive** [kənˈstrʌktɪv] *adj* ① (*fig*) aufbauend, konstruktiv, positiv ② (*Mensch*) schöpferisch, erfinderisch ③ (JUR) hypothetisch; ~ **dismissal** fingierte Entlassung; **con·structor** [kənˈstrʌktə(r)] *s* Erbauer(in) *m(f);* Konstrukteur(in) *m(f)*

con·strue [kənˈstruː] **I.** *vt* ① (*Satz*) konstruieren ② wörtlich übersetzen ③ erklären, deuten, auslegen **II.** *vi* (*Satz*) sich konstruieren lassen

con·sul [ˈkɒnsl] *s* Konsul *m;* **con·su·lar** [ˈkɒnsjʊlə(r)] *adj* konsularisch; **con·su·late** [ˈkɒnsjʊlət] *s* Konsulat *nt;* **consulate general** *s* Generalkonsulat *nt;* **consul general** <*pl* -s-> *s* Generalkonsul *m*

con·sult [kənˈsʌlt] **I.** *vt* ① um Rat fragen, zu Rate ziehen, konsultieren ② (*Buch*) nachschlagen in ③ beachten, berücksichtigen, bedenken **II.** *vi* sich beraten (*with s.o. about s.th.* mit jdm über etw); **con·sul·tan·cy** [kənˈsʌltənsɪ] *s* Beratung *f;* Beratungsbüro *nt;* **con·sul·tant** [kənˈsʌltənt] **I.** *adj* beratend **II.** *s* ① Berater(in) *m(f)*, (Rechts)Konsulent(in) *m(f)* ② (MED) Spezialist(in) *m(f)*, Facharzt *m*, -ärztin *f;* **con·sul·ta·tion** [ˌkɒnsʌlˈteɪʃn] *s* ① Befragung, Konsultation, Beratung *f* (*with* mit) ② Konferenz (*on* über), Sitzung *f;* **on** ~ **with** nach Rücksprache mit; ~ **hour** Sprechstunde *f;* **con·sult·ing** [kənˈsʌltɪŋ] *adj* beratend; **~-room** (MED) Sprechzimmer *nt*

con·sume [kənˈsjuːm] *vt* ① verzehren, konsumieren ② ver-, aufbrauchen ③ (*Geld, Zeit, Kraft*) verbrauchen ④ (*Zeit*) in Anspruch nehmen ⑤ zerstören, vernichten; (*Feuer*) verzehren; **con·sumer** [kənˈsjuːmə(r)] *s* Verbraucher(in) *m(f)*, Konsument(in) *m(f)*, Abnehmer(in) *m(f);* **~-friendly** verbraucherfreundlich; ~ **resistance** Kaufunlust *f;* ~ **society** Konsumgesellschaft *f;* ~ **durables** langlebige Gebrauchsgüter *ntpl;* **~-goods** Konsum-, Verbrauchsgüter *pl;* ~ **protection** Verbraucherschutz *m;* ~ **advice centre** Verbraucherzentrale *f;* ~ **spending** Verbraucherausgaben *pl;* **con·sumer·ism** [-ɪzəm] *s* Konsumsteigerung *f;* Konsumverhalten *nt;* **con·sum·er·ist** *adj* Konsum-

con·sum·mate [ˈkɒnsəmeɪt] **I.** *vt* ① vollenden ② (JUR: *Ehe*) vollziehen **II.** [kənˈsʌmət] *adj* vollständig, vollkommen, vollendet; **con·sum·ma·tion** [ˌkɒnsəˈmeɪʃn] *s* ① Vollendung *f;* (*a.* COM) Abschluss *m*, Ende *nt* ② (JUR) Vollziehung *f* (der Ehe) ③ (*fig*) Höhepunkt *m;* Erfüllung *f*

con·sump·tion [kənˈsʌmpʃn] *s* ① Verbrauch, Konsum *m* (*of* an), Absatz *m* ② (MED) Schwindsucht *f;* ~ **of energy/fuel/materials/water** Energie-/Brennstoff-/Material-/Wasserverbrauch *m;* **con·sump·tive** [kənˈsʌmptɪv] *adj* schwindsüchtig, tuberkulös

con·tact [ˈkɒntækt] **I.** *s* ① Kontakt *m;* (*a.* ELEK) Berührung *f;* (ELEK) Kontakt *m* ② (*fig*)

Verbindung (*with* mit), Beziehung *f* (*with* zu), Kontaktperson *f;* Verbindungsmann *m* ③ (MED) Kontaktperson *f* ④ Ansprechpartner(in) *m(f);* **be in ~ with** in Verbindung stehen mit; **make ~** Verbindung anknüpfen (*with* mit); (ELEK) Kontakt herstellen **II.** *vt* Fühlung nehmen, in Verbindung treten mit; sich wenden an; **~ by telephone** sich telefonisch in Verbindung setzen mit, anrufen; **try to ~ s.o.** versuchen, jdn zu erreichen; **contact-breaker** *s* (ELEK) Unterbrecher *m;* **contact lens** *s* Kontaktlinse *f;* **contact man** <*pl* -men> *s* Verbindungsmann *f;* **contact print** *s* (PHOT) Kontaktabzug *m*

con·tagion [kən'teɪdʒən] *s* ① (MED) Ansteckung, Übertragung *f;* ansteckende Krankheit, Seuche *f* ② (*fig*) verderblicher Einfluss; **con·tagious** [kən'teɪdʒəs] *adj* (*a. fig*) ansteckend, übertragbar

con·tain [kən'teɪn] **I.** *vt* ① enthalten ② (um)fassen, einschließen, in sich begreifen ③ (*Gefühl*) beherrschen, zügeln ④ begrenzen, einschließen **II.** *vr* sich beherrschen, sich in der Gewalt haben, sich zurückhalten; **con·tainer** [kən'teɪnə(r)] *s* ① Behälter *m;* Gefäß *nt;* (Benzin)Kanister *m* ② (COM) Container *m;* **con·tainer·ize** [kən'teɪnəraɪz] *vt* ① auf Containerbetrieb umstellen ② in Containern transportieren; **container ship** *s* Containerschiff *nt;* **con·tain·ment** [kən'teinmənt] *s* ① (MIL) Abwehr *f;* In-Schach-Halten *nt* ② (*in Kernkraftwerk*) Sicherheitsbehälter *m*

con·tami·nants [kən'tæmɪnənts] *s pl* Schadstoffe *mpl;* **con·tami·nate** [kən'tæmɪneɪt] *vt* ① verschmutzen, verunreinigen ② (MED) verseuchen; (*Gelände*) (radioaktiv) verseuchen ③ (*fig*) verderben; **~ed by radiation** strahlenverseucht; **con·tami·na·tion** [kən,tæmɪ'neɪʃn] *s* ① Verschmutzung, Verunreinigung *f* ② (radioaktive) Verseuchung *f* ③ Ansteckung *f;* verderblicher Einfluss ④ (GRAM) Kontamination *f*

con·tem·plate ['kɒntempleɪt] **I.** *vt* ① betrachten, beschauen ② nachdenken, (nach)sinnen über ③ ins Auge fassen, vorhaben, beabsichtigen ④ erwarten, rechnen mit **II.** *vi* (nach)sinnen, meditieren (*on* über); **con·tem·pla·tion** [,kɒntem'pleɪʃn] *s* ① Betrachtung *f* ② Nachdenken, (Nach)Sinnen *nt* ③ Beschaulichkeit *f* ④ Absicht *f* ⑤ Erwartung *f;* **con·tem·pla·tive** [kən'templətɪv] *adj* nachdenklich, besinnlich, beschaulich

con·tem·por·ary [kən'temprərɪ] **I.** *adj* ① gleichzeitig (*with* mit) ② zeitgenössisch ③ gleichaltrig **II.** *s* Zeit-, Altersgenosse *m,* -genossin *f*

con·tempt [kən'tempt] *s* ① Verachtung, Geringschätzung *f* ② Schande *f* ③ (*~ of court*) Missachtung *f* des Gerichts; Beeinflussung *f* der Rechtspflege; **con·tempt·ible** [kən'temptəbl] *adj* verächtlich, verachtenswert; **con·temptu·ous** [kən'temptʃuəs] *adj* verächtlich, geringschätzig

con·tend [kən'tend] **I.** *vi* ① kämpfen, ringen ② sich bewerben (*for* um) ③ streiten, disputieren (*with s.o. about s.th.* mit jdm über etw); **~ with s.o./s.th.** mit jdm/etw fertig werden **II.** *vt* verfechten; behaupten (*that* dass)

con·tent[1] ['kɒntent] *s meist pl* ① Rauminhalt *m,* Volumen, Fassungsvermögen *nt* ② Inhalt *m* ③ Inneneinrichtung *f* ④ (*fig*) Gehalt *m;* **table of ~s** (*Buch*) Inhaltsverzeichnis *nt;* **~ monitoring schemes** *pl* Überwachung der Inhalte (im Internet)

con·tent[2] [kən'tent] **I.** *adj* ① zufrieden (*with* mit) ② geneigt, bereit, gewillt (*to do* zu tun) **II.** *s* Zufriedenheit *f;* **to one's heart's ~** nach Herzenslust **III.** *vt* zufrieden stellen, befriedigen; **~ o.s. with** zufrieden sein, sich begnügen mit; **con·tented** [kən'tentɪd] *adj* zufrieden (*with* mit)

con·ten·tion [kən'tenʃn] *s* ① Streit, Zank *m* ② Disput *m,* Wortgefecht *nt,* Kontroverse *f* ③ Streitpunkt *m* ④ (JUR) Behauptung *f;* **con·ten·tious** [kən'tenʃəs] *adj* ① streitsüchtig ② (JUR) streitig; (*Sache*) strittig, umstritten

con·tent·ment [kən'tentmənt] *s* Zufriedenheit *f*

con·test [kən'test] **I.** *vt* ① umkämpfen, kämpfen um ② sich bemühen, sich bewerben, wetteifern um ③ bestreiten, in Frage stellen; (*Wahl*) anfechten; **~ a seat in Parliament** für einen Sitz im Unterhaus kandidieren **II.** *vi* streiten, kämpfen (*with, against s.o.* mit jdm) **III.** ['kɒntest] *s* ① Kampf, Streit *m* ② Wettkampf, -streit, -bewerb *m* (*for* um); **con·testant** [kən'testənt] *s* ① Wettkämpfer(in) *m(f)* ② Kandidat(in) *m(f)* ③ Bewerber(in) *m(f);* **contested takeover** *s* (COM) angefochtene Übernahme

con·text ['kɒntekst] *s* ① (Satz-, Sinn)Zusammenhang *m* ② Milieu *nt;* Umgebung *f;* Rahmen *m;* **in this ~** in diesem Zusammenhang; **con·tex·tual** [kən'tekstʃuəl] *adj* Kontext-; **con·tex·tual·ize** [-ɑɪz] *vt* in einen Zusammenhang setzen

con·ti·nent[1] ['kɒntɪnənt] *adj* ① zurückhaltend; enthaltsam; keusch ② (MED) fähig,

Stuhl und Harn zurückzuhalten

con·ti·nent² ['kɒntɪnənt] *s* Festland *nt,* Kontinent *m;* **the Continent** (Kontinental)Europa *nt;* **con·ti·nen·tal** [ˌkɒntɪ'nentl] **I.** *adj* kontinental, europäisch; ~ **climate** Landklima *nt;* ~ **quilt** Steppdecke **II.** *s* Bewohner *m* des Kontinents; (Festlands)Europäer(in) *m(f)*

con·tin·gency [kən'tɪndʒənsɪ] *s* ❶ Möglichkeit *f* ❷ Zufälligkeit *f;* Zufall *m;* Eventualität *f* ❸ **contingencies** unvorhergesehene Ausgaben *fpl;* **be prepared for all contingencies** für alle Eventualitäten vorbereitet sein; ~ **plan** Ausweichplan *m;* **con·tin·gent** [kən'tɪndʒənt] **I.** *adj* ❶ möglich, eventuell; unsicher, ungewiss; zufällig ❷ abhängig (*on, upon* von), bedingt **II.** *s* Kontingent *nt,* Quote *f,* Anteil *m*

con·tin·ual [kən'tɪnjʊəl] *adj* ❶ wiederholt, ständig wiederkehrend ❷ fortwährend, beständig, dauernd

? Grammatik

continual bedeutet immer wieder, ständig, jedoch mit kurzen Unterbrechungen: *I can't work with these continual interruptions;*
continuous bedeutet ununterbrochen: *the continuous hum of the central heating.*

con·tin·ual·ly [-lɪ] *adv* immer wieder; ohne Unterbrechung; **con·tinu·ation** [kənˌtɪnjʊ'eɪʃn] *s* ❶ Fortsetzung, Weiterführung *f* ❷ Fortdauer *f,* -bestehen *nt,* -bestand *m* ❸ Beibehaltung *f* ❹ Erweiterung *f,* Zusatz *m;* Verlängerung *f* ❺ (COM) Prolongation *f;* **con·tinue** [kən'tɪnju:] **I.** *vt* ❶ fortsetzen, fortfahren, weitermachen mit ❷ verlängern, ausdehnen ❸ wiederaufnehmen ❹ (bei)behalten ❺ (JUR) vertagen; ~ **to do s.th.** etw weiterhin tun; ~ **to read** weiterlesen; **to be ~d** Fortsetzung folgt **II.** *vi* ❶ fortfahren, weitermachen; fortdauern, anhalten ❷ (ver)bleiben; weiterhin sein, sich weiterhin befinden ❸ weitergehen, fortgeführt werden ❹ sich fortsetzen, sich (weiter) erstrecken ❺ wieder anfangen, fortfahren; ~ **on** (**one's way**) weiterfahren, -reisen; **con·ti·nu·ity** [ˌkɒntɪ'nju:ətɪ] *s* ❶ (Fort)Dauer, Beständigkeit, Stetigkeit *f* ❷ natürliche Folge, Zusammenhang *m* ❸ (FILM) Anschluss *m* ❹ (RADIO) Ansagen *fpl* ❺ (*fig*) roter Faden; **in** ~ im Zusammenhang, in der richtigen Reihenfolge; **out of** ~ nicht im Zusammenhang; ~ **of programme** Sendefolge *f;* ~ **girl** Scriptgirl *nt;* **con·tinu·ous** [kən'tɪnjʊəs] *adj* ❶ zusammenhängend, durchgehend, -laufend ❷ stetig, beständig; fortlaufend; ununterbrochen, dauernd ❸ kontinuierlich; ~ **current** (ELEK) Gleichstrom *m;* ~ **paper** [*o* **stationery**] (INFORM) Endlospapier *nt;* ~ **performance** (FILM) durchgehende Vorstellung; **present/past** ~ Verlaufsform *f* Präsens/Vergangenheit

con·tort [kən'tɔ:t] *vt* ❶ verdrehen, verzerren ❷ (TECH) verformen; **con·tor·tion** [kən'tɔ:ʃn] *s* ❶ Verzerrung *f;* Krümmung *f* ❷ (TECH) Verformung *f* ❸ Verrenkung *f;* **con·tor·tion·ist** [kən'tɔ:ʃənɪst] *s* Schlangenmensch *m*

con·tour ['kɒntʊə(r)] **I.** *vt* ❶ umreißen ❷ (TECH) formen, profilieren ❸ (GEOG) einer Höhenlinie folgen lassen **II.** *s* Umriss(linie *f*) *m;* **contour line** *s* (GEOG) Höhenlinie *f;* **contour map** *s* Höhenschichtkarte *f*

contra·band ['kɒntrəbænd] *s* ❶ Schmuggel *m* ❷ Schmuggelware *f*

contra·cep·tion [ˌkɒntrə'sepʃn] *s* Empfängnisverhütung *f;* **contra·cep·tive** [ˌkɒntrə'septɪv] **I.** *adj* empfängnisverhütend **II.** *s* Verhütungsmittel *nt*

con·tract¹ [kən'trækt] **I.** *vt* ❶ zusammenziehen, verkürzen ❷ enger machen, einengen ❸ (*Pupille*) verengen ❹ (*Schulden*) ansammeln ❺ (*Krankheit*) erkranken (an); entwickeln **II.** *vi* ❶ sich zusammenziehen; zusammenschrumpfen; einlaufen ❷ enger werden, sich verenge(r)n

contract² ['kɒntrækt] **I.** *s* ❶ Vertrag *m,* Abkommen *nt,* Kontrakt *m* ❷ Übereinkunft, Vereinbarung *f* ❸ (Liefer-, Werk)Vertrag *m* ❹ (*Bridge*) Kontrakt *m;* **by** ~ vertraglich; **enter into** [*o* **make a**] ~ einen Vertrag abschließen; **breach of** ~ Vertragsbruch *m;* **marriage** ~ Ehevertrag *m;* ~ **of carriage** Frachtvertrag *m;* ~ **of employment** Arbeits-, Anstellungsvertrag *m* **II.** *adj* vertraglich festgelegt, vereinbart **III.** [kən'trækt] *vt* ❶ (*Schulden*) machen ❷ (*Krankheit*) sich zuziehen, bekommen ❸ (*Angewohnheit, Laster*) annehmen; (*Vorliebe*) entwickeln ❹ (*Freundschaft*) schließen; (*Ehe*) eingehen; (*Bekanntschaft*) machen ❺ (*Verpflichtung*) übernehmen **IV.** [kən'trækt] *vi* ❶ sich vertraglich verpflichten ❷ sich verbünden; **contract in** *vi* sich anschließen; (*einer Versicherung*) beitreten; **contract out I.** *vi* austreten (*of* aus) **II.** *vt* (*Arbeit*) (außer Haus) vergeben

con·trac·tion [kən'trækʃn] *s* ❶ Zusammenziehung *f;* (*Pupille*) Verengung *f* ❷ (GRAM)

Verkürzung *f* ③ (MED) Wehe *f;* (*von Krankheit*) Erkrankung *f* (*of* an)

con·tractor [kən'træktə(r)] *s* ① Vertragschließende(r) *f m,* Lieferant(in) *m(f)* ② (Bau)Unternehmer(in) *m(f);* **con·trac·tual** [kən'træktʃʊəl] *adj* vertraglich

con·tra·dict [ˌkɒntrə'dɪkt] *vt* ① widersprechen (*s.o.* jdm) ② für unrichtig erklären ③ im Widerspruch stehen (*s.o., s.th.* zu jdm, zu einer S), unvereinbar sein (*s.th.* mit einer S); **con·tra·dic·tion** [ˌkɒntrə'dɪkʃn] *s* ① Widerspruch *m,* Widerrede *f* ② Unvereinbarkeit *f;* **con·tra·dic·tory** [ˌkɒntrə'dɪktərɪ] *adj* (sich) widersprechend, widerspruchsvoll

con·tralto [kən'træltəʊ] <*pl* -traltos> *s* Alt(stimme *f*) *m;* Altistin *f*

con·trap·tion [kən'træpʃn] *s* (*fam pej*) Apparat *m;* komisches Ding(s)

con·trary[1] ['kɒntrərɪ] **I.** *adj* ① entgegengesetzt, gegenteilig; gegensätzlich ② ungünstig ③ entgegen, gegen; ~ **to** entgegen +*dat,* gegen; ~ **to expectations** wider Erwarten; ~ **to order** [*o* **rule**] befehls-/regelwidrig **II.** *s* Gegenteil *nt* (*to* von); **on the** ~ im Gegenteil; **to the** ~ im entgegengesetzten Sinn; **proof to the** ~ Gegenbeweis *m*

con·trary[2] [kən'treərɪ] *adj* widerspenstig, bockig

con·trast [kən'trɑːst] **I.** *vt* vergleichen (*with* mit), gegenüberstellen (*with dat*), in Gegensatz stellen (*with* zu) **II.** *vi* sich (stark) abheben (*with* von), abstechen (*with* von, gegen), kontrastieren; im Widerspruch stehen (*with* zu) **III.** ['kɒntrɑːst] *s* Gegensatz *m* (*to* zu), Kontrast *m;* **by** ~ **with** im Vergleich zu; **in** ~ **to** im Gegensatz zu; **contrast control** *s* Kontrastregelung *f;* Kontrastregler *m*

con·tra·vene [ˌkɒntrə'viːn] *vt* ① zuwiderhandeln (*s.th.* einer S), verstoßen (*a law* gegen ein Gesetz); (*Bestimmung, Vorschrift*) nicht beachten ② widersprechen (*s.th.* einer S), in Abrede stellen, Stellung nehmen (*s.th.* gegen etw) ③ im Widerspruch stehen (*s.th.* zu einer S); **con·tra·ven·tion** [ˌkɒntrə'venʃn] *s* Zuwiderhandlung *f,* Verstoß *m;* **in** ~ **of the rules** entgegen den Vorschriften

con·trib·ute [kən'trɪbjuːt] **I.** *vt* ① geben (*to* für), beitragen, beisteuern ② (*einen Beitrag*) liefern **II.** *vi* ① mitwirken, helfen (*to* bei) ② beitragen (*to* zu); ~ **to a newspaper** für eine Zeitung schreiben; **con·tri·bu·tion** [ˌkɒntrɪ'bjuːʃn] *s* ① Mitwirkung *f* ② Beitrag *m* (*to* zu) ③ Spende *f;* Beitragsleistung, Beisteuer *f* ④ (COM) Einlage *f;*

con·tribu·tor [kən'trɪbjuːtə(r)] *s* (*Zeitschrift*) Mitarbeiter(in) *m(f);* (*Geld*) Spender(in) *m(f);* **con·tribu·tory** [kən'trɪbjʊtrɪ] *adj* ① beitragend (*to* zu) ② mitwirkend (*to* an), mitverursachend

con·trite ['kɒntraɪt] *adj* zerknirscht; reumütig; **con·trition** [kən'trɪʃn] *s* ① Zerknirschung *f,* Schuldbewusstsein *nt* ② Reue *f*

con·triv·ance [kən'traɪvəns] *s* ① Erfindung(sgabe) *f* ② Plan, Entwurf, Gedanke *m,* Idee *f* ③ Kunstgriff, Kniff, Dreh *m* ④ Erfindung, Vorrichtung *f,* Apparat *m;* **con·trive** [kən'traɪv] **I.** *vt* ① ausdenken, ersinnen ② erfinden; planen, entwerfen ③ zu Stande, zu Wege bringen, bewerkstelligen **II.** *vi:* **he** ~**d to escape** es gelang ihm zu fliehen; **she** ~**d to shock me** sie brachte es fertig, mich zu schockieren

con·trol [kən'trəʊl] **I.** *vt* ① beherrschen, in seiner Gewalt haben ② einen beherrschenden, entscheidenden Einfluss haben auf ③ leiten, lenken, dirigieren, steuern ④ in Schranken halten; zügeln, mäßigen, einschränken ⑤ beaufsichtigen, überwachen; prüfen, kontrollieren ⑥ (TECH) regulieren, regeln, steuern **II.** *s* ① Herrschaft, Gewalt, Macht *f* (*of* über) ② Beherrschung *f,* beherrschender, entscheidender Einfluss (*of* auf) ③ Leitung, Lenkung, Führung, Steuerung *f* ④ Bewirtschaftung *f* ⑤ Zurückhaltung, Zügelung, Mäßigung, Einschränkung *f* ⑥ Aufsicht (*of, over* über), Beaufsichtigung, Überwachung *f;* Kontrolle *f* ⑦ (TECH) Regulierung, Steuerung, Betätigung, Bedienung *f;* Schaltung *f;* Regler *m* ⑧ (AVIAT) Steuerung *f* ⑨ (~ *room*) Zentrale *f;* (~ *tower*) Kontrollturm *m;* **out of** ~ herren-, führerlos; **under** ~ unter Aufsicht; **gain** ~ **over, get** ~ **of** die Herrschaft gewinnen über; **bring** [*o* **get**] **under** ~ unter Kontrolle bringen; **lose** ~ **of** [*o* **over**] die Gewalt, die Herrschaft verlieren über; **remote** ~ Fernlenkung, -steuerung *f;* (TV) Fernbedienung *f;* **volume** ~ (RADIO) Lautstärkeregler *m;* **control board** *s* Schalttafel *f;* **control centre** *s* Schaltzentrale *f;* Kontrollzentrum *nt;* **control character** *s* (INFORM) Steuerzeichen *nt;* **control column** *s* Steuersäule *f;* **control desk** *s* Schaltpult *nt;* (TV) Regiepult *nt;* **control freak** *s* (*sl*) Kontrollfreak *m;* **con·trol·lable** [-əbl] *adj* ① lenkbar; regulierbar ② kontrollierbar; **con·trolled** [kən'trəʊld] *adj* beherrscht; kontrolliert; (*Preise*) gebunden; ~ **thermonuclear fusion** kontrollierte Kernfusion; **con·trol·ler** [kən'trəʊlə(r)] *s* ① Leiter(in) *m(f),* Aufseher(in) *m(f),* Aufsichtführende(r) *f m*

② Rechnungsprüfer(in) *m(f)* ③ Kontrolleur(in) *m(f)* ④ (ELEK) Steuer-, Fahrschalter, Regler *m;* **control lever** *s* Schalthebel *m;* **control light** *s* Kontrolllampe *f;* **control panel** *s* Schalttafel *f;* (AVIAT TV) Bedienungsfeld *nt;* (AUTO) Armaturenbrett *nt;* (INFORM) Betriebs-, Steuerpult *nt;* **control point** *s* Kontrollpunkt *m,* -stelle *f;* **control switch** *s* Kontrollschalter *m;* **control tower** *s* (AVIAT) Kontrollturm *m;* **control unit** *s* (INFORM) Steuer-, Leitwerk *nt*

con·tro·ver·sial [ˌkɒntrəˈvɜːʃl] *adj* ① strittig, umstritten ② polemisch, streitlustig; ~ **issue** Reizthema, umstrittenes Thema *nt;* **be highly** ~ stark umstritten sein; **con·tro·versy** [ˈkɒntrəvɜːsɪ, kənˈtrɒvəsɪ] *s* ① Streitfrage *f;* Kontroverse *f* ② (Wort)Streit, Disput *m,* (erregte) Debatte *f;* Polemik *f;* **beyond** ~ unumstritten

con·tusion [kənˈtjuːʒn] *s* Quetschung, Prellung *f*

co·nun·drum [kəˈnʌndrəm] *s* Scherzfrage *f;* knifflige Frage

con·ur·ba·tion [ˌkɒnɜːˈbeɪʃn] *s* Ballungsraum *m*

con·va·lesce [ˌkɒnvəˈles] *vi* genesen, (wieder) gesund werden; **he is convalescing** er ist auf dem Wege der Besserung; **con·va·les·cence** [ˌkɒnvəˈlesns] *s* Genesung, Rekonvaleszenz *f;* **con·vales·cent** [ˌkɒnvəˈlesnt] **I.** *adj* genesend **II.** *s* Rekonvaleszent(in) *m(f)*

con·vec·tion *s* (PHYS) Konvektion *f;* **convection oven** *s* Heißluftherd *nt*

con·vec·tor (heater) [kənˈvektə(r)ˈhiːtə(r)] *s* Heizstrahler *m*

con·vene [kənˈviːn] **I.** *vi* zusammenkommen, sich versammeln **II.** *vt* ① zusammenkommen lassen; (*eine Versammlung*) einberufen ② (JUR) (vor)laden; **con·vener** [kənˈviːnə(r)] *s* Einberufende(r) *f m*

con·veni·ence [kənˈviːnɪəns] *s* ① Bequemlichkeit, Annehmlichkeit *f;* Vorteil *m* ② *meist pl* Bequemlichkeiten *fpl,* Komfort *m* ③ Waschgelegenheit *f;* Klosett *nt;* **at your earliest** ~ möglichst bald; **at your (own)** ~ wenn es Ihnen recht ist [*o* passt]; **make a** ~ **of s.o.** jdn ausnutzen; **(public)** ~ öffentliche Toilette; **with all modern** ~**s** mit allem modernen Komfort; **con·veni·ent** [kənˈviːnɪənt] *adj* ① passend, geeignet; (*Zeit*) gelegen ② (*Werkzeug, Gerät*) praktisch, leicht zu handhaben(d); **if it is** ~ **for you** wenn es Ihnen recht ist

con·venor [kənˈviːnə(r)] *s* Einberufende(r) *f m*

con·vent [ˈkɒnvənt] *s* (Nonnen)Kloster *nt*

con·ven·tion [kənˈvenʃn] *s* ① Versammlung *f;* Tagung *f,* Kongress *m;* (*Am:* POL) Parteitag *m* ② Übereinkommen, Abkommen *nt;* Vereinbarung, Konvention *f;* Vertrag *m* ③ Sitte *f,* Brauch *m,* Gewohnheit *f;* **con·ven·tional** [kənˈvenʃənl] *adj* ① konventionell, förmlich ② üblich, herkömmlich, traditionell

con·verge [kənˈvɜːdʒ] *vi* konvergieren, zusammenlaufen; **con·ver·gence** [kənˈvɜːdʒəns] *s* ① (MATH) Konvergenz(-punkt *m*) *f* ② Annäherung *f,* Konvergenz *f;* **con·ver·gent** [kənˈvɜːdʒent] *adj* zusammenlaufend; konvergent

con·ver·sant [kənˈvɜːsnt] *adj* ① vertraut, bekannt (*with* mit) ② erfahren (*with* in)

con·ver·sa·tion [ˌkɒnvəˈseɪʃn] *s* Gespräch *nt,* Unterhaltung *f;* **make** ~ sich unterhalten; **in** ~ **with** im Gespräch mit; **enter into a** ~ ein Gespräch anknüpfen; **con·ver·sa·tional** [ˌkɒnvəˈseɪʃənl] *adj* ① gesprächig; im Plauderton ② (*Sprache*) Umgangs-, gesprochen; **con·ver·sa·tio·nal·ly** [-lɪ] *adv* im Plauderton

con·verse¹ [kənˈvɜːs] *vi* sprechen, sich unterhalten (*with s.o. on, about s.th.* mit jdm über etw)

con·verse² [ˈkɒnvɜːs] **I.** *adj* entgegengesetzt, umgekehrt **II.** *s* Gegenteil *nt*

con·ver·sion [kənˈvɜːʃn] *s* ① Umwandlung *f* (*from* von, *into* in), Umbau *m;* Umstellung *f;* Umrüstung *f* ② (TECH) Umformung *f* ③ (MATH FIN) Umrechnung *f* ④ (REL) Bekehrung *f,* Übertritt *m;* ~ **rate** Umrechnungskurs *m;* ~ **table** Umrechnungstabelle *f*

con·vert [kənˈvɜːt] **I.** *vt* ① ver-, umwandeln (*into* in) ② umbauen, umrüsten; umstellen ③ (MATH FIN) umrechnen ④ (REL) bekehren (*to* zu) ⑤ (TECH) umformen, umsetzen (*into* in) **II.** [ˈkɒnvɜːt] *s* Konvertit *m;* Bekehrte(r) *f m;* **con·verter** [kənˈvɜːtə(r)] *s* ① Konverter *m,* Bessemerbirne *f* ② (ELEK) Umformer *m;* Gleichrichter *m* ③ (AUTO: *catalytic* ~) Katalysator *m;* **con·vert·ible** [kənˈvɜːtəbl] **I.** *adj* ① umwandelbar ② (FIN) konvertierbar; einlösbar (*into* in) **II.** *s* (AUTO) Kabrio(lett) *nt*

con·vex [ˈkɒnveks] *adj* konvex

con·vey [kənˈveɪ] *vt* ① befördern, transportieren, verfrachten ② (über-, weg)bringen, hinschaffen ③ mitteilen ④ (*Nachricht*) übermitteln ⑤ (*Sinn, Gedanken*) vermitteln ⑥ (*Trost*) spenden ⑦ (*Eigentum, Vermögen*) übertragen, abtreten, übereignen (*to* an); **con·vey·ance** [kənˈveɪəns] *s* ① Beförderung *f,* Transport *m,* Spedition *f* ② (TECH) Zuführung, Leitung *f* ③ Übermitt(e)lung, Mitteilung *f* ④ (JUR) Übertragung, Abtretung *f;* ~ **of passengers** Personenbeförderung *f;* **conveyancing** [-ɪŋ] *s* (JUR) (Eigentums)Übertragung *f;* **con·veyor** [kənˈveɪə(r)] *s* ① Übermittler, Beförderer *m* ② Fuhrunternehmer, Spediteur *m* ③ (TECH) Förderband *nt,* -anlage *f;* ~ **belt** Fließ-, Förderband *nt*

con·vict [ˈkɒnvɪkt] **I.** *s* Sträfling *m,* Strafgefangene(r) *f m* **II.** [kənˈvɪkt] *vt* ① überführen (*of a crime* eines Verbrechens) ② für schuldig befinden [*o* erklären]; verurteilen (*on a criminal charge* wegen einer strafbaren Handlung, *of murder* wegen Mords); **con·vic·tion** [kənˈvɪkʃn] *s* ① (JUR) Überführung *f;* Verurteilung *f* ② (feste) Überzeugung *f;* **by** ~ aus Überzeugung; **carry** ~ überzeugend wirken; **have a previous** ~ vorbestraft sein (*for* wegen)

con·vince [kənˈvɪns] *vt* überzeugen (*of* von); **be** ~**d** (**of**) überzeugt sein (von); ~ **o.s.** (**of**) sich überzeugen (von); **con·vinc·ing** [-ɪŋ] *adj* überzeugend; (*Beweis*) schlagend

con·voy [ˈkɒnvɔɪ] **I.** *vt* (BES. MAR) geleiten, eskortieren **II.** *s* Konvoi *m;* Geleit *nt*

con·vulse [kənˈvʌls] *vt* ① erschüttern ② (*Gesicht*) verzerren; **con·vul·sion** [kənˈvʌlʃn] *s* ① (*a. fig*) Erschütterung *f* ② (Nerven)Zuckung *f;* Verkrampfung *f;* ~**s of laughter** Lachanfall, -krampf *m;* **con·vul·sive** [kənˈvʌlsɪv] *adj* krampfhaft, konvulsivisch; ~ **laughter** Lachkrämpfe *mpl*

coo [ku:] **I.** *vi* (*Taube*) gurren **II.** *s* Gurren *nt*

cook [kʊk] **I.** *vt, vi* kochen; sich kochen lassen; **what's** ~**ing?** (*Am fam*) was gibt's Neues? **II.** *vt* ① (*Essen*) zubereiten; braten, backen ② (*fam:* ~ *up*) zusammenbrauen, aushecken, -brüten ③ verfälschen, (auf)frisieren; (*Konten*) frisieren **III.** *s* Koch *m,* Köchin *f;* **cook·book** [ˈkʊkbʊk] *s* (*Am*) Kochbuch *nt;* **cooker** [ˈkʊkə(r)] *s* ① Kocher, Kochapparat *m;* Herd *m* ② ~**s** Kochapfel *nt;* **cook·ery** [ˈkʊkərɪ] *s* Kochen *nt,* Kochkunst, Küche *f;* **cookery book** *s* Kochbuch *nt;* **cookie** [ˈkʊkɪ] *s* (*Am*) ① Keks *m,* Plätzchen *nt* ② (INTERNET) Cookie *nt* ③ (*Mensch*) Typ, Kerl *m;* **that's the way the** ~ **crumbles** so ist das nun mal; **cook·ing** [ˈkʊkɪŋ] *s* ① Kochen *nt* ② Küche *f,* Essen *nt*

cool [ku:l] **I.** *adj* ① kühl, frisch ② (*fig*) kühl; zurückhaltend; ablehnend ③ kaltblütig ④ (*sl*) prima, klasse; **a** ~ **...** (*fam: vor einer Zahlenangabe*) lausige, lumpige, bloß(e), nur; rund ...; **keep** ~ Ruhe bewahren; **play it** ~ die Nerven nicht verlieren **II.** *s* Kühle *f;* **blow** [*o* **lose**] **one's** ~ die Nerven verlieren **III.** *vt* (~ *off*) abkühlen (lassen); ~ **it!** (*sl*) nun mach mal halb lang! **IV.** *vi* kühl werden, abkühlen; ~ **down** [*o* **off**] (*fig*) ruhiger werden; **cooler** [ˈku:lə(r)] *s* ① Kühler *m* ② (*sl*) Gefängnis *nt,* Bau *m;* **cool-headed** [ˌku:lˈhedɪd] *adj* besonnen; **cool·ing** [ˈku:lɪŋ] *s* (Ab)Kühlung *f;* ~**-off period** Rücktrittsfrist *f;* **cooling fan** *s* ① (AUTO) Lüfter *m* ② (INFORM) Kühlgebläse *nt;* **cooling tower** *s* Kühlturm *m;* **cool·ness** [ˈku:lnɪs] *s* ① Kühle *f* ② (*fig*) Kaltblütigkeit *f*

i Land & Leute

Wie in jeder Sprache ändern sich auch im amerikanischen Englisch die Modeausdrücke für ‚sehr gut' oder ‚fantastisch'. So gibt es z. B. das Modewort **cool**, das auch im Deutschen verwendet wird; zwar noch im amerikanischen Englisch, aber die Teenager von heute benutzen immer häufiger andere Modeausdrücke, wenn sie etwas sehr gut finden z. B. **dope:** *Those shoes are dope!*, **sweet:** *I'm getting a car. – Sweet!*, **tight:** *That new CD is tight!* und **phat:** *That's some phat rap!*

coop [ku:p] **I.** *s* Hühnerstall *m* **II.** *vt* (~ *in, up*) einsperren, einschließen

cooper [ˈku:pə(r)] *s* Küfer, Böttcher *m*

co·op·er·ate [kəʊˈɒpəreɪt] *vi* ① zusammenarbeiten (*with* mit) ② mitarbeiten, -wirken, -helfen (*in* an); **co·op·er·ation** [kəʊˌɒpəˈreɪʃn] *s* ① Zusammenarbeit, Mitwirkung *f* ② Zusammenschluss *m;* (COM) Genossenschaft *f;* **in** ~ **with** in Zusammenarbeit mit; **co-op·er·ative** [kəʊˈɒpərətɪv] **I.** *adj* ① zusammenarbeitend, mitwirkend ② hilfsbereit, kooperativ ③ genossenschaftlich **II.** *s* Genossenschaft *f;* **building** ~ Baugenossenschaft *f;* **distributive** [*o* **marketing**] ~ Absatzgenossenschaft *f;* ~ **shop** [*o* **store**] Konsum(vereinsladen) *m*

co-opt [kəʊˈɒpt] *vt* hinzuwählen, kooptieren

co-or·di·nate [ˌkəʊˈɔ:dɪnət] **I.** *adj* ① gleichrangig, -gestellt, -geordnet ② bei-, zugeordnet **II.** *s* ① (das) Zugeordnete ② (MATH) Koordinate *f* **III.** [ˌkəʊˈɔ:dɪneɪt] *vt* ① gleichstellen; bei-, zuordnen, koordinieren ② (aufeinander) abstimmen, einander angleichen; **co-or·di·na·tion** [ˌkəʊˌɔ:dɪˈneɪʃn] *s* ① Gleichstellung *f* ② Zuordnung *f,* Koordinierung *f* ③ Koordination *f*

coot [ku:t] *s* Wasserhuhn *nt;* **as bald as a** ~

(*fam*) ratzekahl

cop [kɒp] **I.** *s* (*sl*) Polizist(in) *m(f)*; **not much** ~ nichts Besonderes **II.** *vt* (*sl*) erwischen, schnappen (*at* bei); ~ **it** Prügel bekommen; bestraft werden

co-part·ner ['kəʊ'pɑːtnə(r)] *s* Teilhaber(in) *m(f)*; **co·part·ner·ship** ['kəʊ'pɑːtnəʃɪp] *s* ❶ Teilhaberschaft *f* ❷ Beteiligung *f* ❸ Mitbestimmung *f*

cope [kəʊp] *vi* sich messen (können) (*with* mit), gewachsen sein (*with dat*), es aufnehmen (*with* mit)

Copenhagen [ˌkəʊpən'heɪgən] *s* Kopenhagen *nt*

copier ['kɒpɪə(r)] *s* Kopierer *m;* Kopiergerät *nt*

co-pilot ['kəʊ'paɪlət] *s* (AVIAT) Kopilot(in) *m(f)*

copi·ous ['kəʊpɪəs] *adj* ❶ reich(lich), massenhaft, in Mengen ❷ weitschweifig ❸ (*fig*) viel produzierend

cop·per ['kɒpə(r)] **I.** *s* ❶ Kupfer *nt* ❷ Kupfermünze *f* ❸ Kupferkessel *m* ❹ Kupferfarbe *f* ❺ (*sl*) Polizist(in) *m(f)* **II.** *adj* kupfern; **copper beech** *s* Blutbuche *f;* **copper-ore** *s* Kupfererz *nt;* **copperplate** ['kɒpəpleɪt] *s* (TYP) Kupferstichplatte *f;* Kupferstich *m;* **copper-smith** *s* Kupferschmied(in) *m(f)*

cop·pice ['kɒpɪs] *s* Dickicht *nt;* (~ *wood*) Unterholz *nt*

copu·late ['kɒpjʊleɪt] *vi* sich paaren; **copu·la·tion** [ˌkɒpjʊ'leɪʃn] *s* Paarung, Begattung *f*

copy ['kɒpɪ] **I.** *s* ❶ Nachbildung, -ahmung *f* ❷ Kopie, Abschrift *f* ❸ Durchschrift *f*, -schlag *m;* Ausfertigung *f* ❹ (PHOT) Abzug *m* ❺ (Druck)Manuskript *nt;* (Werbe)Text *m* ❻ (*Buch, Druck*) Exemplar *nt;* (*Zeitung, Zeitschrift*) Nummer *f* ❼ (*Presse*) Stoff *m;* Artikel *m* ❽ Muster, Modell *nt;* **clean** [*o* **fair**] ~ Reinschrift *f;* **rough** ~ Konzept *nt;* **specimen** ~ Probenummer *f* **II.** *vt, vi* ❶ nachahmen, nachmachen; imitieren; nachbilden ❷ (~ *down*) kopieren, abschreiben ❸ vervielfältigen; durchpausen; ab-, nachzeichnen; (INFORM) kopieren ❹ (PHOT) einen Abzug machen von; ~ **out** ab-, ins Reine schreiben; **copy·book** **I.** *s* Schreibheft *nt;* **blot one's** ~ sich etwas zuschulden kommen lassen **II.** *adj* mustergültig; **copy·cat** *s* (*fam*) Nachahmer(in) *m(f)*, Trittbrettfahrer(in) *m(f)*; **copy desk** *s* Redaktionstisch *m;* **copy editor** *s* Redakteur(in) *m(f)*; **copy·ing** [-ɪŋ] *adj*, **copying ink** *s* Kopiertinte *f;* **copying paper** *s* Durchschlagpapier *nt;* **copying pencil** *s* Kopierstift *m;* **copy-protection** *s* (INFORM) Kopierschutz *m;* **copy·right** ['kɒpɪraɪt] **I.** *s* Urheber-, Verlagsrecht *nt* (*in* an); ~ **reserved** Nachdruck verboten **II.** *vt* urheberrechtlich schützen **III.** *adj* urheberrechtlich geschützt; **copy·writer** ['kɒpɪraɪtə(r)] *s* Texter(in) *m(f)*

coral ['kɒrəl] **I.** *s* Koralle *f* **II.** *adj* (~*-red*) korallenrot; **coral island** *s* Koralleninsel *f;* **coral reef** *s* Korallenriff *nt*

cord [kɔːd] *s* ❶ Seil *nt*, Strick *m* ❷ Bindfaden *m;* (*österreichisch*) Spagat *m* ❸ Leine, Kordel *f;* Litze *f* ❹ (ELEK) Schnur *f*, Kabel *nt* ❺ (ANAT) Band *nt*, Strang *m;* (*umbilical* ~) Nabelschnur *f* ❻ Klafter *m od nt* ❼ Cordsamt *m*

cor·dial ['kɔːdɪəl] **I.** *adj* ❶ (*fig*) freundlich ❷ (MED) (herz)stärkend **II.** *s* ❶ herzstärkendes Mittel ❷ Fruchtlikör *m;* Fruchtsaftkonzentrat *nt;* **cor·dial·ity** [ˌkɔːdɪ'ælətɪ] *s* Freundlichkeit *f*

cord·less *adj* drahtlos, schnurlos; ~ **telephone** schnurloses Telefon

cor·don ['kɔːdn] **I.** *s* ❶ Polizei-, Absperrkette *f*, Kordon *m* ❷ Ordensband *nt* ❸ Kordon, Schnurbaum *m* **II.** *vt* (~ *off*) absperren, -riegeln

cor·du·roy ['kɔːdərɔɪ] **I.** *s* ❶ Cord(samt) *m* ❷ ~**s** Cordhose *f* **II.** *adj* Cord-

core [kɔː(r)] **I.** *s* ❶ (BOT) Kerngehäuse, -haus *nt* ❷ (ELEK) Eisenkern *m;* (Kabel)Ader, Seele *f* ❸ (*fig*) Kern(stück *nt*) *m*, Herz, Mark, (das) Inner(st)e ❹ (*Atomanlage*) Reaktorkern *nt;* **to the** ~ durch und durch, voll und ganz **II.** *vt* (*Apfel*) entkernen; **core memory** *s* (INFORM) Kernspeicher *m;* **core subject** *s* Pflichtfach *nt;* **core time** *s* Kern(arbeits)zeit *f*

cork [kɔːk] **I.** *s* ❶ (*Material*) Kork *m* ❷ (*Stöpsel*) Korken *m* ❸ Angelkork, Schwimmer *m* **II.** *vt* (~ *up*) ver-, zukorken; **cork·age** ['kɔkədʒ] *s* Korkengeld *nt;* **cork·screw** ['kɔːkskruː] **I.** *s* Korkenzieher *m* **II.** *adj* spiralig; (*Locken*) Korkenzieher-

corn[1] [kɔːn] *s* ❶ Korn, Getreide *nt;* (*England meist*) Weizen *m;* (*Schottland, Irland meist*) Hafer *m;* (*Amerika meist*) Mais *m* ❷ Korn(schnaps) *m*

i Land & Leute

Corn (Mais) stammt aus der Neuen Welt. In den USA isst man *corn on the cob* (Maiskolben) gern an Feiertagen und bei Picknicks. *Popcorn* isst man besonders gern im Kino, aber früher war es auch üblich, den Weihnachtsbaum mit Ketten aus *popcorn* zu schmücken. Aus *corn flour*, Maismehl, macht man *Indian pudding*, eine Süßspeise aus Maismehl und Melasse, *cornbread* und im Süden auch *corn pones*, eine Art Maisbrot.

corn² [kɔːn] *s* (MED) Hühnerauge *nt;* **tread on s.o.'s ~s** (*fig*) jdm auf die Füße treten
corn³ [kɔːn] *s* (*fam*) Schmalz, Kitsch *m*
corn·cob *s* Maiskolben *m*
cor·nea ['kɔːnɪə] *s* (ANAT) Hornhaut *f*
cor·ner ['kɔːnə(r)] **I.** *s* ❶ Ecke *f;* Winkel *m;* (*street~*) (Straßen)Ecke *f* ❷ (AUTO) Kurve *f* ❸ (finsterer, heimlicher) Winkel *m,* (abgelegene) Gegend *f* ❹ (*tight ~*) Klemme, schwierige Lage *f* ❺ (COM) (spekulative) Aufkäufe *mpl* ❻ (SPORT: ~ *kick*) Eckball *m;* **just round the ~** gleich um die Ecke; **cut ~s** Kurven schneiden; (*fig*) das Verfahren abkürzen; **turn the ~** (*fig*) es überstehen, über den Berg kommen; **he's in a ~** er sitzt in der Patsche **II.** *vt* ❶ in die Enge treiben ❷ (COM) aufkaufen **III.** *vi* ❶ eine Ecke bilden ❷ (AUTO) um eine Kurve biegen; **cor·nered** ['kɔːnəd] *adj* (*fig*) in der Klemme; **corner house** *s* Eckhaus *nt;* **corner seat** *s* Eckplatz *m;* **corner shop** *s* Tante-Emma-Laden *m;* **cor·ner·stone** ['kɔːnəstəʊn] *s* ❶ Eck-, Grundstein *m* ❷ (*fig*) Grundlage *f,* Fundament *nt*
cor·net ['kɔːnɪt] *s* (MUS) Kornett *nt*
corn·flakes ['kɔːnfleɪks] *s pl* Cornflakes *pl;* **corn·flour** ['kɔːnflaʊə(r)] *s* Maisstärke *f,* Stärkemehl *nt;* **corn-flower** *s* Kornblume *f*
cornice ['kɔːnɪs] *s* Gesims *nt*
corn poppy *s* Klatschmohn *m;* **corny** ['kɔːnɪ] *adj* ❶ kornreich ❷ (*fam*) altmodisch, abgedroschen; rührselig; kitschig; (*Witz*) doof
cor·oll·ary [kər'ɒlərɪ] *s* (MATH) Korollar *nt;* logische Folgerung *f*
cor·on·ary ['kɒrənrɪ] **I.** *adj* (MED) koronar; **~ thrombosis** Herzinfarkt *m* **II.** *s* Herzinfarkt *m*
cor·on·ation [,kɒrə'neɪʃn] *s* Krönung *f,* Krönungsfeierlichkeiten *fpl*
cor·oner ['kɒrənə(r)] *s* (amtlicher) Leichenbeschauer *m;* **~'s inquest** (*bei Todesfall*) amtliche Untersuchung
cor·po·ral ['kɔːpərəl] **I.** *adj* körperlich, leiblich; **~ punishment** körperliche Züchtigung **II.** *s* Ober-, Hauptgefreite(r) *f m*
cor·por·ate ['kɔːpərət] *adj* ❶ vereinigt, zusammengeschlossen ❷ körperschaftlich, gesellschaftlich, korporativ ❸ gemeinsam, gemeinschaftlich ❹ (*of a company*) Firmen-; **~ body** Körperschaft *f;* **~ culture** Unternehmenskultur *f;* **~ identity** Firmenimage *nt;* **~ network** Firmennetzwerk *nt;*
cor·por·ation [,kɔːpə'reɪʃn] *s* ❶ Körperschaft *f;* juristische Person ❷ Innung, Gilde *f* ❸ Gemeindevertretung *f,* -rat *m* ❹ Unternehmen *nt,* Kapitalgesellschaft *f;* (*Am*) Aktiengesellschaft *f;* **corporation bus** *s* städtischer Bus; **corporation tax** *s* Körperschaftssteuer *f*
corps [kɔː(r)] *s* ❶ (MIL) (Armee)Korps *nt;* Truppe *f* ❷ Körperschaft *f;* Korps *nt;* **medical ~** Sanitätstruppe *f;* **corps de ballet** [,kɔːdə'bæleɪ] *s* Ballettgruppe *f*
corpse [kɔːps] *s* Leiche *f,* Leichnam *m*
cor·pus ['kɔːpəs, *pl* 'kɔːpərə] <*pl* -pora> *s* ❶ (MED) Körper *m* ❷ (FIN) Kapitalbetrag *m* ❸ geschlossenes Ganze(s) ❹ Korpus *nt,* (Gesetzes)Sammlung *f;* **Corpus Christi** *s* Fronleichnam *m*
cor·puscle ['kɔːpʌsl] *s* ❶ (PHYS) Korpuskel, Teilchen *nt* ❷ (PHYSIOL) Blutkörperchen *nt*
cor·ral [kə'rɑːl] **I.** *s* ❶ Umzäunung *f,* Pferch *m* ❷ Wagenburg *f* **II.** *vt* (*Vieh*) in einen Pferch einsperren, einpferchen
cor·rect [kə'rekt] **I.** *adj* ❶ richtig, korrekt, genau ❷ (*Antwort*) zutreffend ❸ (*Verhalten*) einwandfrei; (*Kleidung*) vorschriftsmäßig, korrekt **II.** *vt* ❶ verbessern, korrigieren, richtig stellen ❷ (*Uhr*) stellen; (*Fehler*) ausschalten, abstellen ❸ zurechtweisen, tadeln, (be)strafen ❹ ausgleichen; **cor·rec·tion** [kə'rekʃn] *s* ❶ Verbesserung, Korrektur, Berichtigung, Richtigstellung *f* ❷ Zurechtweisung *f,* Tadel *m* ❸ Strafe, Züchtigung *f;* **correction fluid** *s* Korrekturflüssigkeit *f;* **cor·rect·ly** [kə'rektlɪ] *adv* mit Recht; richtig; **cor·rect·ness** [kə'rektnɪs] *s* Richtigkeit, Korrektheit *f*
cor·re·late ['kɒrəleɪt] **I.** *vt* (miteinander) in Beziehung, in Zusammenhang bringen; aufeinander abstimmen **II.** *vi* in Wechselbeziehung stehen (*to, with* zu), sich gegenseitig bedingen; **cor·re·la·tion** [,kɒrə'leɪʃn] *s* Wechselbeziehung *f*
cor·re·spond [,kɒrɪ'spɒnd] *vi* ❶ entsprechen (*to dat*), übereinstimmen, in Einklang stehen (*with, to* mit) ❷ den Anforderungen genügen (*to +gen*) ❸ in Briefwechsel stehen, korrespondieren (*with* mit); **cor·re·spon·dence** [,kɒrɪ'spɒndəns] *s* ❶ Übereinstimmung *f,* Einklang *m* (*with* mit, *between* zwischen) ❷ Entsprechung *f;* Verbindung *f;* Zusammenhang *m* ❸ Schriftverkehr, Briefwechsel *m,* Korrespondenz *f;* Post *f* ❹ (*Zeitung*) Leserbriefe *mpl;* **take care of the ~** die Post erledigen; **be in ~ with** in Briefwechsel stehen,

korrespondieren mit; ~ **clerk** Korrespondent(in) *m(f);* ~ **course** Fernkurs *m;* ~ **school** Fernlehrinstitut *nt;* **cor·re·spon·dent** [ˌkɒrɪˈspɒndənt] **I.** *adj* entsprechend **II.** *s* ❶ Briefpartner(in) *m(f)* ❷ (*Zeitung*) Korrespondent(in) *m(f),* Berichterstatter(in) *m(f),* Einsender(in) *m(f)* ❸ Geschäftsfreund(in) *m(f);* **foreign** ~ Auslandskorrespondent(in) *m(f);* **cor·re·spond·ing** [ˌkɒrɪˈspɒndɪŋ] *adj* ❶ entsprechend (*to dat*), in Einklang (*with* mit) ❷ korrespondierend

cor·ri·dor [ˈkɒrɪdɔː(r)] *s* ❶ (*a.* POL) Gang, Korridor, Flur *m* ❷ (*air* ~) Luftkorridor *m,* Flugschneise *f*

cor·rie [ˈkɒrɪ] *s* (GEOL) Kar *nt*

cor·rob·or·ate [kəˈrɒbəreɪt] *vt* bestätigen, bekräftigen, erhärten; **cor·rob·or·ation** [kəˌrɒbəˈreɪʃn] *s* Bestätigung, Bekräftigung *f;* **cor·rob·or·at·ive** [kəˈrɒbərətɪv] *adj* bestätigend, bekräftigend

cor·rode [kəˈrəʊd] **I.** *vt* ❶ zerfressen, -nagen, -setzen; angreifen, ätzen ❷ (*fig*) verderben, schädigen, beeinträchtigen **II.** *vi* sich zersetzen; korrodieren, rosten; **cor·rosion** [kəˈrəʊʒn] *s* ❶ Zerfressen *nt,* Korrosion *f,* Rosten *nt* ❷ Zerstörung *f;* **cor·ros·ive** [kəˈrəʊsɪv] *adj* ❶ zerfressend, -setzend ❷ (*fig*) nagend, bohrend, quälend

cor·ru·gated [ˈkɒrəgeɪtɪd] *adj* gerillt, gerieffelt, gewellt; ~ **cardboard** [*o* **paper**] ~ Wellpappe *f;* ~ **iron** Wellblech *nt*

cor·rupt [kəˈrʌpt] **I.** *adj* ❶ verdorben, verrottet, faul ❷ (*fig*) (sittlich) verkommen; schlecht, böse ❸ unredlich, unehrenhaft ❹ bestechlich, käuflich; korrupt ❺ (*Text*) entstellt, verfälscht **II.** *vt* ❶ verderben ❷ anstecken, ungünstig beeinflussen, untergraben ❸ bestechen ❹ (*Text*) entstellen, verfälschen **III.** *vi* ❶ verderben, (ver)faulen ❷ (*fig*) verkommen; **cor·rup·tion** [kəˈrʌpʃn] *s* ❶ Fäulnis, Verwesung *f* ❷ (Sitten)Verderbnis *f;* Verkommenheit, Verdorbenheit *f;* Verführung *f* ❸ Bestechung *f;* Käuflichkeit *f;* Korruption *f* ❹ (*Text*) Entstellung, Verfälschung *f*

cor·set [ˈkɔːsɪt] *s* Korsett *nt*

cor·ti·sol [ˈkɔːtɪsɒl] *s no pl* Cortisol *nt,* Hydrocortison *nt*

co-signa·tory [ˌkəʊˈsɪgnətərɪ] *s* Mitunterzeichner(in) *m(f)*

co·sine [ˈkəʊsaɪn] *s* (MATH) Kosinus *m*

cosi·ness [ˈkəʊzɪnɪs] *s* Gemütlichkeit *f*

cos let·tuce [ˈkɒsˌletɪs] *s* Romagnasalat *m,* römischer Salat

cos·metic [kɒzˈmetɪk] **I.** *adj* kosmetisch **II.** *s* ❶ Schönheitsmittel *nt* ❷ ~**s** Kosmetik *f;* **cos·me·tician** [ˌkɒzməˈtɪʃn] *s* Kosmetiker(in) *m(f)*

cos·mic [ˈkɒzmɪk] *adj* ❶ kosmisch ❷ riesig, gewaltig, ungeheuer ❸ (wohl)geordnet, harmonisch; **cos·mo·logy** [kɒzˈmɒlədʒɪ] *s* Kosmologie *f;* **cos·mo·naut** [ˈkɒzmənɔːt] *s* Kosmonaut(in) *m(f);* **cos·mo·poli·tan** [ˌkɒzməˈpɒlɪtən] **I.** *adj* weltbürgerlich, kosmopolitisch **II.** *s* Weltbürger(in) *m(f),* Kosmopolit(in) *m(f);* **cos·mos** [ˈkɒzmɒs] *s* Kosmos *m,* Weltall *nt*

cost [kɒst] <*irr:* cost, cost> **I.** *vt* ❶ kosten ❷ (*fig: Zeit, Mühe*) (er)fordern ❸ (*Schaden, Ärger*) einbringen, machen ❹ (COM) kalkulieren, den Kostenpreis festsetzen; **that will** ~ **him dearly** das wird ihn teuer zu stehen kommen **II.** *s* ❶ Preis *m,* Kosten *pl,* Selbstkostenpreis *m* ❷ Ausgaben, -lagen *fpl* ❸ (*fig*) Einsatz *m;* Schaden, Nachteil, Verlust *m,* Opfer *nt* ❹ ~**s** Kosten *pl,* Gerichtskosten *pl;* **at** ~ zum Selbstkostenpreis; **at the** ~ **of** auf Kosten +*gen;* **at all** ~**s, at any** ~ um jeden Preis; **without** ~ kostenlos, gratis; **bear** [*o* **pay**] **the** ~ die Kosten tragen; **carry** ~**s** Kosten nach sich ziehen; **spare no** ~ keine Kosten scheuen; **overhead** [*o* **operating**] [*o* **running**] [*o* **working**] ~**s** Betriebs(un)kosten *pl;* ~**-benefit analysis** Kosten-Nutzen-Analyse *f;* ~**-effective** kostendeckend; ~**-effectiveness** Preis-Leistungsverhältnis *nt;* ~ **of living** Lebenshaltungskosten *pl;* ~**-of-living bonus** Teuerungszulage *f;* ~**-of-living index** Lebenshaltungsindex *m*

co-star [ˌkəʊˈstɑː(r)] **I.** *vi* eine zweite Hauptrolle spielen **II.** *s* zweite(r) Hauptdarsteller(in)

costly [ˈkɒstlɪ] *adj* ❶ kostspielig, teuer ❷ wertvoll, kostbar

cost price [ˈkɒstˌpraɪs] *s* Einkaufs-, Selbstkostenpreis *m*

cos·tume [ˈkɒstjuːm] *s* ❶ Tracht *f* ❷ Kostüm *nt;* ~ **jewel**(**le**)**ry** Modeschmuck *m*

cosy [ˈkəʊzɪ] **I.** *adj* gemütlich, behaglich, mollig **II.** *s* (*tea-*~) Tee-, Kaffeewärmer *m;* **egg-**~ Eierwärmer *m;* **cosy up** *vi* (*Br: fam*) sich einschmeicheln

cot [kɒt] *s* ❶ (*Br*) Kinderbett *nt* ❷ (*Am*) Klapp-, Feldbett *nt*

co·tan·gent [ˈkəʊˌtændʒənt] *s* (MATH) Kotangens *m*

cot death *s* Krippentod *m*

cot·tage [ˈkɒtɪdʒ] *s* kleines Landhaus; Ferien-, Sommerhaus *nt;* **cottage cheese** *s* Hüttenkäse *m;* **cottage industry** *s* Heimindustrie *f*

cot·ton [ˈkɒtn] **I.** *s* ❶ Baumwolle *f* ❷ (~ *yarn*) Baumwollgarn *nt* ❸ (*absorbent* ~) Watte *f* **II.** *adj* Baumwoll-; **cotton on** *vi* (*fam*) es kapieren; **cotton bud** *s* Wattestäbchen *nt;* **cotton-grower** *s* Baumwollpflanzer *m;* **cotton mill** *s* Baumwollspinnerei *f;* **cotton·seed** *s* Baumwollsamen *m;* **cotton swab** *s* ❶ (*Br*) Tupfer *m* ❷ (*Am*) Wattestäbchen *nt;* **cotton wool** *s* ❶ (*Br*) Watte *f* ❷ (*Am*) Rohbaumwolle *f*

couch [kaʊtʃ] **I.** *s* ❶ Couch *f,* Liegesofa *nt* ❷ Bett *nt* **II.** *vt* (*Gedanken*) ausdrücken; abfassen (*in* in) **III.** *vi* (*Tiere*) (nieder)kauern; **couch·ette** [kuːˈʃet] *s* (RAIL) ❶ Liegewagen *m* ❷ Liegewagenplatz *m;* **couch potato** *s* (*sl*) Dauerglotzer(in) *m(f)*

cough [kɒf] **I.** *s* Husten *m;* **have a bad** ~ einen schlimmen Husten haben **II.** *vi* husten; **cough out** *vt* aushusten; **cough up** *vt* (*sl: Geld*) herausrücken; **cough drop** *s* Hustenbonbon *nt;* **cough mixture** *s* Hustensaft *m;* **cough sweet** *s* Hustenbonbon *nt*

could [kʊd] *s.* **can²**

coun·cil [ˈkaʊnsl] *s* ❶ Rat(sversammlung *f*) *m;* beratende Versammlung; Beratung *f* ❷ (*church* ~) Kirchenrat *m* ❸ Vorstand, Ausschuss *m;* **be in** ~ beraten; **meet in** ~ eine Sitzung abhalten; **cabinet** ~ Kabinetts-, Ministerrat *m;* **municipal** ~ Stadtrat *m;* **council estate** *s* Siedlung *f* des sozialen Wohnungsbaus; **council flat, council house** *s* Sozialwohnung *f;* **council housing** *s* sozialer Wohnungsbau; **coun·cil·lor** [ˈkaʊnsələ(r)] *s* Rat(smitglied *nt*) *m;* Stadtrat *m,* -rätin *f;* **coun·cil·or** *s* (*Am*) ❶ Berater(in) *m(f),* Ratgeber(in) *m(f)* ❷ (*in den USA*) (Rechts)Anwalt *m,* Anwältin *f;* **Council of the Economic and Finance Minister** *s* Rat *m* der Wirtschafts- und Finanzminister; **Council of Europe** *s* Europarat *m;* **Council of Ministers** *s* Ministerrat *m;* **council tax** *s* (*Br*) Gemeindesteuer *f*

i Land & Leute

Die **council tax** ist eine Steuer, die von den Gemeinden erhoben wird und sich nach der Größe des Hauses und des Grundstücks richtet. Diese Steuer ersetzt die von vielen gehasste *community charge* oder auch *poll tax* genannt. Das Prinzip einer *poll tax* ist, dass alle Bürger den gleichen Betrag zahlen. Die *Conservative* Regierung, die diese Steuer 1989 zuerst in Schottland und 1990 in England und Wales einführte, wurde jedoch durch den öffentlichen Widerstand gezwungen, den Ärmsten Steuernachlässe zu gewähren. Die *poll tax* wurde dann 1993 durch die **council tax** ersetzt, nachdem es eine Zahlungsverweigerungskampagne und einen Aufstand auf dem Trafalgar Square in London gab.

coun·sel [ˈkaʊnsl] **I.** *s* ❶ Beratung *f* ❷ Rat(schlag) *m* ❸ (*pl: ohne s*) (Rechts)Anwalt *m,* Anwältin *f;* **keep one's own** ~ seine Meinung für sich behalten; ~ **for the defence** Verteidiger(in) *m(f);* ~ **for the prosecution** Staatsanwalt *m,* -anwältin *f* **II.** *vt* (*Sache*) raten, empfehlen; (*Person*) beraten; **coun·sel·ling** [ˈkaʊnsəlɪŋ] *s* soziale Beratung; **coun·sel·or** [ˈkaʊnsələ(r)] *s* ❶ Berater(in) *m(f),* Ratgeber(in) *m(f)* ❷ (*Irland, Amerika*) (Rechts)Anwalt *m,* Anwältin *f*

count¹ [kaʊnt] *s* Graf *m*

count² [kaʊnt] **I.** *vt* ❶ zählen; (~ *up*) zusammenzählen, -rechnen; (*Geld*) (nach)zählen ❷ (~ *in*) (mit)rechnen, einschließen ❸ halten für, ansehen als; in Rechnung stellen **II.** *vi* ❶ (mit)zählen; rechnen ❷ ins Gewicht fallen, wichtig sein; **that doesn't** ~ das macht nichts; das gilt nicht **III.** *s* ❶ (Zusammen)Zählung *f;* (Be)Rechnung *f* ❷ Gesamtzahl *f;* Summe *f,* Ergebnis *nt* ❸ (JUR) (An)Klagepunkt *m;* **on all** ~**s** in jeder Beziehung; **take no** ~ **of s.th.** etw nicht berücksichtigen; **take the** ~ (*Boxen*) ausgezählt werden; **count against s.o.** sich gegen jdn auswirken; **count me in** ich mache mit; **count off** *vt* abzählen; **count out** *vt* ❶ nicht rechnen mit ❷ (*Geldstücke*) zusammenzählen ❸ (*Boxen*) auszählen

count-down [ˈkaʊntdaʊn] *s* Countdown *m*

coun·ten·ance [ˈkaʊntɪnəns] **I.** *s* ❶ Gesicht(sausdruck *m*) *nt,* Miene *f* ❷ innere Haltung, Fassung *f* ❸ Unterstützung, Ermunterung *f;* **change** (**one's**) ~ den Gesichtsausdruck wechseln; **give** ~ **to** billigen, unterstützen; **keep** (**one's**) ~ Haltung, die Fassung bewahren; **lose** ~ die Fassung verlieren **II.** *vt* ❶ billigen, gutheißen ❷ unterstützen, ermutigen

counter [ˈkaʊntə(r)] **I.** *s* ❶ Zähler *m;* Zählapparat *m,* -werk *nt* ❷ Spielmarke *f* ❸ Laden-, Zahltisch *m;* Theke *f,* Büfett *nt;* (Bank)Schalter *m* ❹ (*Fechten*) Parade *f;* (*Boxen*) Konter *m* ❺ Erwiderung *f;* **at the** ~ an der Theke; **sold over the** ~ rezeptfrei; **under the** ~ unter dem Ladentisch, heimlich **II.** *adv* entgegen, zuwider; ~ **to s.th.** gegen etw, entgegen einer S **III.** *adj* entgegengesetzt **IV.** *vt* ❶ entgegenarbeiten ❷ entgegnen; kontern (*s.o.* jdm) ❸ zuwiderhandeln; durchkreuzen **V.** *vi* kontern

counter·act [ˌkaʊntərˈækt] *vt* ❶ entgegen-, zuwiderhandeln, entgegenarbeiten (*s.o.* jdm, *s.th.* einer S) ❷ neutralisieren; unwirksam machen; **counter·ac·tive** [ˌkaʊntərˈæktɪv] *adj* entgegenwirkend; ~ **measure** Gegenmaßnahme *f;* **counter·at·tack** [ˈkɑːʊntərətæk] **I.** *s* Gegenangriff *m* **II.** *vi* einen Gegenangriff machen **III.** *vt* einen Gegenangriff machen auf; kontern; **counter·bal·ance** [ˈkaʊntəbæləns] **I.** *s* Gegengewicht *nt* (*to* gegen) **II.** *vt* ein Gegengewicht bilden (*s.th.* zu etw), aufwiegen, ausgleichen, kompensieren; **counter·charge** [ˈkaʊntətʃɑːdʒ] *s* ❶ (JUR) Gegenklage *f* ❷ Gegenangriff *m;* **counter·check** [ˈkaʊntətʃek] *s* Gegenkontrolle *f;* **counter-clock·wise** [ˌkaʊntə ˈklɒkwaɪz] *adj, adv* (*Am*) gegen den Uhrzeigersinn; **counter-espion·age** [ˌkaʊntərˈespɪənɑːʒ] *s* (Spionage)Abwehr *f;* **counter-espionage service** *s* militärischer Abschirmdienst *m*

counter·feit [ˈkaʊntəfɪt] **I.** *adj* ❶ gefälscht ❷ falsch; ~ **money** Falschgeld *nt* **II.** *s* Fälschung *f* **III.** *vt* ❶ fälschen ❷ vortäuschen, heucheln

counter·foil [ˈkaʊntəfɔɪl] *s* (Kontroll)Abschnitt *m*

counter-in·tel·li·gence [ˌkaʊntər ɪnˈtelɪdʒəns] *s* (Spionage)Abwehr *f*

counter·mand [ˌkaʊntəˈmɑːnd] *vt* ❶ (*Befehl*) widerrufen; (*Anordnung*) aufheben; (*Bestellung*) zurückziehen ❷ abbestellen; absagen

counter·measure [ˈkaʊntəmeʒə(r)] *s* Gegenmaßnahme *f;* **counter·part** [ˈkaʊntəpɑːt] *s* ❶ Gegenstück *nt* (*of* zu) ❷ Gegenüber *nt* ❸ Ergänzung *f* (*of+gen*) ❹ Ebenbild *nt;* **counter·point** [ˈkaʊntəpɔɪnt] *s* (MUS) Kontrapunkt *m;* **counter·poise** [ˈkaʊntəpɔɪz] *s* ❶ (*a. fig*) Gegengewicht *nt* (*to* zu) ❷ Gleichgewicht *nt;* **counter-pro·duc·tive** [ˌkaʊntəprəˈdʌktɪv] *adj* unsinnig, das Gegenteil bewirkend, destruktiv; **counter-rev·ol·ution** [ˌkaʊntəˌrevəˈluːʃn] *s* Gegenrevolution *f;* **counter·sign** [ˈkaʊntəsaɪn] **I.** *s* ❶ Gegenzeichnung *f* ❷ (MIL) Losung, Parole *f* **II.** *vt* ❶ gegenzeichnen ❷ (*fig*) bestätigen; **counter·sink** [ˈkaʊntəsɪŋk] **I.** *s* (TECH) Versenker *m* **II.** *vt* (*Schraube*) versenken; (*Loch*) senken

counter-terrorism *s* Terrorismusbekämpfung *f*

count·ess [ˈkaʊntɪs] *s* Gräfin *f*

count·less [ˈkaʊntlɪs] *adj* zahllos, unzählig

coun·try [ˈkʌntrɪ] *s* ❶ Land *nt* ❷ Heimat(land *nt*) *f,* Vaterland *nt;* Staat *m;* Volk *nt* ❸ *ohne pl* Land(strich *m*) *nt,* Gegend(en *pl*) *f;* (*a. fig*) Gebiet *nt;* **the** ~ das Land (*im Gegensatz zur Stadt*), die Nation; **from all over the** ~ aus allen Teilen des Landes; **in the** ~ auf dem Land; **go to the** ~ (*Br:* PARL) Neuwahlen ausschreiben; **industrial** ~ Industriestaat *m;* **member** ~ Mitgliedstaat *m;* ~ **of destination** (*Post*) Bestimmungsland *nt;* ~ **of origin** Herkunfts-, Ursprungsland *nt;* **country bumpkin** *s* Bauerntrampel *m,* Bauerntölpel *m,* Hinterwäldler(in) *m(f),* Landpomeranze *f;* **country club** *s* Klub *m* auf dem Lande (für Städter); **country dance** *s* Volkstanz *m;* **country folk** *s* Landvolk *nt;* **country house** *s* Landhaus *nt;* **coun·try·man** [ˈkʌntrɪmən] <*pl* -men> *s* ❶ Landsmann *m* ❷ Landmann *m;* **country road** *s* Landstraße *f;* **coun·try·side** [ˈkʌntrɪsaɪd] *s* Landschaft, Gegend *f;* Land *nt;* **in the** ~ auf dem Lande; **country-wide** *adj* über das ganze Land; landesweit; **coun·try·woman** [ˈkʌntrɪwʊmən, *pl* -wɪmɪn] <*pl* -women> *s* ❶ Landsmännin *f* ❷ Landfrau *f*

county [ˈkaʊntɪ] *s* Grafschaft *f,* (Land)Kreis *m;* (*Am*) (Verwaltungs-, Regierungs)Bezirk *m* (*eines Staates*); **county borough** *s* ≈ kreisfreie Stadt, Stadtkreis *m;* **county council** *s* ≈ Kreis-, Bezirkstag *m;* **county court** *s* ≈ Amtsgericht *nt;* **county seat** *s* (*Am*) Kreisstadt *f;* **county town** *s* (*Br*) Bezirkshauptstadt *f*

coup [kuː] *s* Coup, Putsch *m;* **coup de grace** [ˌkuːdəˈgrɑːs] *s* Gnadenstoß *m;* Gnadenschuss *m;* **coup d'état** [ˌkuːdeɪˈtɑː] *s* (POL) Staatsstreich *m*

coupé [ˈkuːpeɪ] *s* (AUTO) Schrägheck, Coupé *nt*

couple [ˈkʌpl] **I.** *s* ❶ Paar *nt* ❷ (*married* ~) Ehepaar *nt;* **a** ~ **of** (*fam*) zwei; ein paar **II.** *vt* ❶ (ver)koppeln ❷ verheiraten ❸ (*fig*) verbinden, in Verbindung bringen (*with* mit) ❹ (TECH) kuppeln, koppeln **III.** *vi* sich paaren; heiraten

coup·let [ˈkʌplɪt] *s* Reimpaar *nt*

coup·ling [ˈkʌplɪŋ] *s* ❶ Verbindung *f* ❷ (AUTO) Kupp(e)lung *f* ❸ (RADIO CHEM) Kopp(e)lung *f* ❹ Paarung *f*

cou·pon [ˈkuːpɒn] *s* ❶ Abschnitt, Coupon *m* ❷ Zinsschein *m* ❸ Gutschein *m* ❹ Wettschein *m;* **reply** ~ Antwortschein *m*

cour·age [ˈkʌrɪdʒ] *s* Mut *m;* Unerschrockenheit *f;* Tapferkeit *f;* **lose** ~ den Mut verlieren; **pluck up** [*o* **muster up**] [*o* **take**] ~ Mut, sich ein Herz fassen; **cou·rageous** [kəˈreɪdʒəs] *adj* mutig, tapfer, furchtlos, unerschrocken

cour·gette [kʊəˈʒet] *s* Zucchini *mpl*

cour·ier [ˈkʊrɪə(r)] *s* ❶ Kurier, (Eil)Bote *m* ❷ Reiseleiter(in) *m(f);* **by** ~ durch Boten

course¹ [kɔːs] *s* ❶ Gang, Lauf *m,* Fahrt *f* ❷ (*fig*) Ablauf *m;* Fortschritt *m* ❸ Verlauf *m* (*einer Linie, einer Straße*)*;* (*Fluss*) Lauf *m* ❹ Kurs *m,* Richtung, Strecke *f* ❺ (*fig*) Weg *m,* Möglichkeit *f;* (Verhaltens-, Lebens)Weise *f* ❻ (*Mahlzeit*) Gang *m* ❼ Reihe, Folge *f* ❽ (~ *of instruction*) Kurs(us), Lehrgang *m* ❾ (SPORT) Bahn *f,* Sportplatz *m* ❿ (ARCH) (Stein)Lage *f;* **in the** ~ **of** im Verlauf *+gen,* während *+gen;* **in due** ~ zu seiner, zu gegebener Zeit; **in the** ~ **of construction** im Bau (befindlich); **in the** ~ **of time** im Laufe der Zeit; **of** ~ natürlich, selbstverständlich; gewiss, sicher; **run its** ~ seinen Gang gehen, seinen Verlauf nehmen; **set** ~ **for s.th.** etw ansteuern; **stay the** ~ (*fig*) nicht aufgeben; **take its** ~ seinen Verlauf nehmen; **a matter of** ~ eine Selbstverständlichkeit; **as a matter of** ~ selbstverständlich; ~ **of a disease** Krankheitsverlauf *m;* **the** ~ **of events** der Gang der Ereignisse; **the** ~ **of life** der Lauf des Lebens

course² [kɔːs] **I.** *vt* (*Wild*) hetzen, jagen **II.** *vi* ❶ strömen, fließen ❷ jagen

court [kɔːt] **I.** *s* ❶ Hof *m;* Lichthof *m* ❷ (SPORT) (Tennis)Platz *m;* Spielfeld *nt* ❸ (Fürsten)Hof *m;* Hofstaat *m;* Empfang *m* bei Hof ❹ Aufwartung, Aufmerksamkeit *f* ❺ Werben *nt,* Werbung *f* ❻ Gericht(shof *m*) *nt;* Gerichts-, Justizgebäude *nt;* Gerichtssitzung *f;* **at** ~ bei Hof; **in** ~ vor, bei Gericht; **bring to** ~ vor Gericht bringen; **represent s.o. in** ~ jdn vor Gericht vertreten; **the** ~ **is sitting** das Gericht tagt; **juvenile** ~ Jugendgericht *nt;* ~ **of arbitration** Schiedsgericht *nt;* **Court of Justice of the European Communities, CJ** Gerichtshof der Europäischen Gemeinschaften, EuGH **II.** *vt* ❶ den Hof machen (*s.o.* jdm), werben um ❷ (*fig*) sich bemühen um ❸ (*Gelegenheit*) erspähen; (*Gefahr, Unheil*) herausfordern **III.** *vi* jung verliebt sein; auf Freiersfüßen gehen; **when we were** ~**ing** als wir jung verliebt waren

cour·teous [ˈkɜːtɪəs] *adj* höflich, gesittet; aufmerksam, gefällig, freundlich, nett; **cour·tesy** [ˈkɜːtəsɪ] *s* ❶ Höflichkeit, Freundlichkeit *f* ❷ Gefälligkeit *f;* **by** ~ **of** mit freundlicher Genehmigung von; **courtesy bus** *s* gebührenfreier Bus; **courtesy call** *s Anruf von einem Telefonverkäufer/einer Telefonverkäuferin um neue Kunden zu werben;* **courtesy light** *s* (AUTO) Innenleuchte *f;* **courtesy title** *s* Höflichkeitstitel *m*

court hear·ing [ˌkɔːtˈhɪərɪŋ] *s* Gerichtstermin *m;* **court house** *s* Gerichtsgebäude *nt*

court·ier [ˈkɔːtɪə(r)] *s* Höfling *m*

court-mar·tial [ˌkɔːtˈmɑːʃl] **I.** *vt* vor ein Kriegsgericht stellen **II.** *s* Kriegsgericht *nt;* **court of appeal** *s* Berufungs-, Revisionsgericht *nt;* **court room** *s* Gerichtssaal *m;* **court·yard** [ˈkɔːtjɑːd] *s* Hof(raum) *m;* **in the** ~ auf dem Hof

cousin [ˈkʌzn] *s* Cousin *m,* Cousine *f*

cove [kəʊv] *s* ❶ kleine Bucht ❷ Schlupfwinkel, Unterschlupf *m* ❸ (ARCH) Wölbung *f*

cov·en·ant [ˈkʌvənənt] **I.** *s* ❶ (feierlicher) Vertrag, Pakt *m;* Ab-, Übereinkommen *nt* ❷ Vertragsklausel *f* ❸ (REL) Bund *m* **II.** *vt, vi* ❶ einen Vertrag schließen, übereinkommen, vereinbaren (*with* mit) ❷ sich (vertraglich) verpflichten (*with s.o.* jdm gegenüber)

Cov·en·try [ˈkɒvntrɪ] *s:* **send s.o. to** ~ jdn schneiden

cover [ˈkʌvə(r)] **I.** *vt* ❶ be-, zudecken; be-, überziehen (*with* mit), ausbreiten über ❷ sich verbreiten, sich erstrecken über ❸ einschlagen, einwickeln, umhüllen (*with* mit), einhüllen (*with* in) ❹ abschirmen, schützen, decken; verdecken, verbergen ❺ (*finanziell*) sichern, decken, ausreichen für ❻ (*Strecke*) zurücklegen ❼ (MIL SPORT) decken ❽ (*Radar*) erfassen; (*mit Feuer*) belegen; (*Waffe*) richten auf (*with s.th.* etw), in Schach halten (*with* mit); (*Person*) decken, Feuerschutz geben (*s.o.* jdm) ❾ (*Tier*) decken, bespringen ❿ (*fig*) umfassen, einbeziehen, einschließen, decken; vorhersehen ⓫ einen Bericht zusammenstellen, berichten über **II.** *s* ❶ Decke *f;* Deckel *m;* Überzug *m,* (Schutz)Hülle *f,* Umschlag *m,* Futteral *nt* ❷ (*Buch*) Einband(decke *f,* -deckel *m*) ❸ (Brief)Umschlag *m;* Verpackung *f* ❹ Deckung *f,* Schutz *m;* Zuflucht *f,* Unterschlupf *m,* Obdach *nt* ❺ Gebüsch, Dickicht, Unterholz *nt* ❻ Schutz-, Deckmantel, Vorwand *m;* Tarnung *f* ❼ (FIN) Deckung, Sicherheit *f* ❽ Gedeck *nt;* **from** ~ **to** ~ (*Buch*) von Anfang bis Ende; **under the** ~ **of** im Schutz (von) *+gen;* **under the same** ~ beiliegend, als Anlage; **under separate** ~ getrennt; **without** ~ (FIN) ungedeckt;

C

break ~ die Deckung verlassen; **take** ~ in Deckung gehen, Schutz suchen; **cover for** *vt* einspringen für; **cover in** *vt* (*mit Erde*) auffüllen; überdachen; **cover over** *vt* abdecken, -dichten; zudecken; **cover up** **I.** *vt* ❶ zudecken, verhüllen ❷ (*fig*) verbergen, vertuschen **II.** *vi* ❶ sich warm einwickeln, anziehen ❷ alles vertuschen; ~ **up for s.o.** jdn decken

cover·age ['kʌvərɪdʒ] *s* ❶ Geltungs-, Anwendungsbereich *m* ❷ Umfang *m* eines Versicherungsschutzes ❸ (*durch die Medien*) Berichterstattung *f* (*of* über) ❹ Erfassung *f* ❺ (TELE RADIO) Empfangs-, Sendebereich *m;* Reichweite *f*

cover charge ['kʌvətʃɑːdʒ] *s* Preis *m* eines Gedecks, Gedeck *nt*

covered ['kʌvəd] *adj* ❶ bedeckt; überdacht; ~ **by ice** eisbedeckt ❷ (TECH) umsponnen; isoliert; **period** ~ Berichtszeit *f;* ~ **wagon** Planwagen *m*

cover girl ['kʌvəgɜːl] *s* Titelblattmädchen *nt* (*auf Illustrierten*)

cover·ing ['kʌvərɪŋ] *s* ❶ Decke, Hülle *f;* Verkleidung *f,* Überdachung *f* ❷ (TECH) Verschalung *f;* Überzug *m* ❸ (*Fußboden*) Belag *m;* **covering letter** *s* Begleitbrief *m,* -schreiben *nt*

cover note ['kʌvənəʊt] *s* vorläufiger Versicherungsschein; Versicherungsdoppelkarte *f;* **cover story** *s* Titelgeschichte *f*

cov·ert ['kʌvət] **I.** *adj* (*fig*) versteckt, verborgen, verschleiert, heimlich **II.** *s* Versteck *nt*

cover-up ['kʌvərʌp] *s* Verschleierung, Vertuschung *f*

cov·et ['kʌvɪt] *vt* (heftig) begehren; versessen sein auf; **cov·eted** *adj* begehrt

cow¹ [kaʊ] *s* ❶ Kuh *f* ❷ (*pej: Frau*) blöde Kuh; gemeine Ziege; **wait till the ~s come home** warten bis man schwarz wird

cow² [kaʊ] *vt* einschüchtern, verängstigen

cow·ard ['kaʊəd] *s* Feigling *m;* **cow·ard·ice** ['kaʊədɪs] *s* Feigheit, Angst *f;* **cow·ard·ly** ['kaʊədlɪ] *adj* feige

cow·boy ['kaʊbɔɪ] *s* ❶ Cowboy *m* ❷ (*fig fam*) Gauner, Schwindler *m;* **cow·dung** *s* Kuhmist *m*

cower ['kaʊə(r)] *vi* (nieder-, zusammen)kauern, sich ducken

cow·herd ['kaʊhɜːd] *s* Kuhhirt *m;* **cow·hide** ['kaʊhaɪd] *s* ❶ Kuhhaut *f,* -leder *nt* ❷ (*Am*) Ochsenziemer *m*

cowl [kaʊl] *s* ❶ (Mönchs)Kutte *f* ❷ Kapuze *f* ❸ Kaminkappe *f;* **cowl·ing** [-ɪŋ] *s* (AVIAT) Getriebe-, Motorhaube *f*

cow·man ['kaʊmən] <*pl* -men> *s* ❶ (*Am*) Rinder-, Viehzüchter *m* ❷ Stallknecht *m;* **cow·shed** ['kaʊʃed] *s* Kuhstall *m;* **cow·slip** ['kaʊslɪp] *s* ❶ (*Br*) Schlüsselblume *f* ❷ (*Am*) Sumpfdotterblume *f*

cox, cox·swain ['kɒksn] *s* ❶ Boots-, Steuermann *m* ❷ Bootsführer *m*

coy [kɔɪ] *adj* ❶ schüchtern; zurückhaltend ❷ (*Frau*) verschämt; spröde

coy·ote [kɔɪ'əʊt, *Am* kaɪ'əʊtɪ] *s* Steppenwolf, Kojote *m*

cozy ['kəʊzɪ] *adj* (*Am*) gemütlich, behaglich; **cozy up** *vi* (*Am: fam*) sich einschmeicheln

CPU [ˌsiːpiː'juː] *s Abk. von* **central processing unit** (INFORM) Zentraleinheit *f*

crab¹ [kræb] *s* ❶ Krabbe *f;* Taschenkrebs *m* ❷ (TECH) Hebezeug *nt;* Winde *f* ❸ (~ *louse*) Filzlaus *f* ❹ (SPORT) Brücke *f*

crab² [kræb] **I.** *s* Miesmacher *m;* Nörgler *m* **II.** *vi* (*fam*) meckern, nörgeln, schimpfen

crab (apple) ['kræbˌæpl] *s* Holzapfel *m;* **crab·bed** ['kræbɪd] *adj* ❶ mürrisch, griesgrämig ❷ kompliziert, schwierig ❸ schwerverständlich, schlecht lesbar; **crabby** ['kræbɪ] *adj* mürrisch, sauertöpfisch; querköpfig; **crab louse** <*pl* -lice> *s* Filzlaus *f*

crack [kræk] **I.** *vi* ❶ rissig werden; (*Glas*) springen ❷ (auf)platzen, bersten, brechen ❸ knallen, krachen ❹ (*Stimme*) brechen; umschlagen, überschnappen ❺ zusammenklappen, -brechen ❻ rasen; **get ~ing!** (*fam*) los! voran! **II.** *vt* ❶ (zer)brechen; beschädigen, zerstören ❷ (*Nuss*) knacken; (*Ei*) aufschlagen; (*Öl*) kracken ❸ knallen lassen ❹ herausschreien; (*die Stimme*) überschnappen lassen ❺ (*fam*) eine knallen (*s.o.* jdm) ❻ (*fam*) rauskriegen, klären, lösen ❼ (*fam: Stellung*) bekommen, erringen ❽ (*Am fam*) ohne Eintrittskarte, uneingeladen besuchen ❾ (*Geld*) wechseln; ~ **a bottle** einer Flasche den Hals brechen; ~ **a joke** (*fam*) einen Witz reißen; **he didn't ~ a smile** er verzog keine Miene **III.** *s* ❶ Sprung, Riss, Spalt *m;* Ritze *f* ❷ Knall, Krach, (Donner)Schlag *m;* Schlag, Stoß *m* ❸ (*Stimme*) Überschnappen *nt;* (*Peitsche*) Knallen *nt* ❹ (*sl*) Versuch *m* ❺ (*fam*) Moment, Augenblick *m,* Sekunde *f* ❻ (*sl*) Pfunds-, Prachtkerl *m;* hervorragender Spieler, Schütze ❼ (*sl*) Witz, Spaß *m;* bissige Bemerkung ❽ (*Droge*) Crack *m;* **at the ~ of dawn** bei Tagesanbruch; beim Morgengrauen; **in a ~** im Nu; **have a ~ at s.th.** etw versuchen; **what's the ~?** (*sl*) was läuft? **IV.** *adj* (*fam*) großartig; prachtvoll, fantastisch; prima **V.** *interj* krach!; **crack down** *vi* (*fam*) fest anpacken, scharf anfassen (*on s.o.* jdn), vorgehen (*on* gegen); **crack up**

I. *vi* (*fam*) durchdrehen; zusammenbrechen II. *vt* (*fam*) herausstreichen, hochjubeln

crack·down ['krækdaʊn] *s* scharfes Vorgehen (*on* bei); **cracked** [krækt] *adj* ❶ gesprungen; gebrochen; rissig ❷ (*fam*) verrückt

cracker ['krækə(r)] *s* ❶ Knall-, Feuerwerkskörper *m* ❷ (INTERNET) Cracker *m* ❸ (salziger) Keks *m* ❹ Knallbonbon *nt* ❺ (*fam*) tolles Ding; toller Mann; tolle Frau

crack·er·jack ['krækədʒæk] *adj* (*fam*) klasse, fantastisch; **crackers** ['krækəz] I. *adj* (*fam*) übergeschnappt II. *s* Nussknacker *m*

crackle ['krækl] *vi* knistern, prasseln, knattern; **crack·ling** ['kræklɪŋ] *s* ❶ Geknister, Geprassel *nt* ❷ knusprige Kruste (*des Schweinebratens*)

crack·pot ['krækpɒt] I. *s* Spinner(in) *m(f)* II. *adj* verrückt, irre; **crack-up** ['krækʌp] *s* Zusammenbruch, Kollaps *m*

cradle ['kreɪdl] I. *s* ❶ (*a. fig*) Wiege *f* ❷ (*fig*) Kindheit *f*; Ursprung *m* ❸ (TECH) Gestell *nt*; Schlitten *m*; Telefongabel *f*; **from the ~** von klein auf; **in the ~** in frühester Jugend II. *vt* ❶ an sich drücken, halten ❷ (*auf den Armen*) wiegen

craft [krɑːft] *s* ❶ Geschick(lichkeit *f*) *nt*, (Hand-, Kunst)Fertigkeit *f* ❷ Handwerk, Gewerbe, Kunstgewerbe *nt*; (*~ guild*) Zunft, Innung *f* ❸ Schiff(e *pl*) *nt*; Flugzeug(e *pl*) *nt* ❹ (*fig*) Verschlagenheit, List *f*; **crafti·ness** ['-ɪnɪs] *s* Schlauheit, List *f*; **craft·shop** ['krɑːftʃɒp] *s* Kunstgewerbeladen *m*; **crafts·man** ['krɑːftsmən] <*pl* -men> *s* Handwerker *m*; **crafty** ['krɑːftɪ] *adj* listig, schlau, gerissen

crag [kræg] *s* Felsspitze *f*; Klippe *f*; **craggy** ['krægɪ] *adj* zerklüftet; steil, schroff; (*Gesicht*) kantig

cram [kræm] I. *vt* ❶ hineinstopfen; (voll)stopfen, vollpfropfen (*s.th. into s.th.* etw mit einer S) ❷ stopfen, nudeln, mästen ❸ (*fam*) einpauken II. *vi* ❶ pauken, ochsen, büffeln ❷ verschlingen; **cram·full** [ˌkræm'fʊl] *adj* vollgepfropft; **cram·mer** ['kræmə(r)] *s* ❶ Büffler(in) *m(f)* ❷ Einpauker *m* ❸ Paukbuch *m* ❹ Paukschule *f*

cramp¹ [kræmp] I. *s* (MED) Krampf *m* II. *vt* ❶ zusammenpferchen ❷ (MED) Krämpfe verursachen in ❸ (*fig*) hindern, hemmen, be-, einengen; **~ s.o.'s style** jdm hinderlich sein

cramp² [kræmp] I. *s* Krampe, Klammer *f* II. *vt* klammern; **cram·pons** ['kræmpɒnz] *s pl* Steigeisen *ntpl*

cran·berry ['krænbərɪ] *s* Preiselbeere *f*

crane [kreɪn] I. *s* ❶ Kranich *m* ❷ (TECH) Kran *m* II. *vt, vi* (den Hals) recken (*for* nach); **crane·fly** ['kreɪnflaɪ] *s* Schnake *f*

cran·ium ['kreɪnɪəm, *pl* 'kreɪnɪə] <*pl* -ia> *s* (ANAT) Schädel *m*

crank¹ ['kræŋk] *s* Verrückte(r) *f m*

crank² [kræŋk] I. *s* (TECH) Kurbel *f* II. *vt* (*Motor: ~ up*) ankurbeln; **crank·case** ['kræŋkkeɪs] *s* Kurbelgehäuse *nt*, -wanne *f*; **crank·shaft** ['kræŋkʃɑːft] *s* Kurbelwelle *f*

cranky ['kræŋkɪ] *adj* ❶ (TECH) nicht in Ordnung ❷ (*fam*) komisch

cranny ['krænɪ] *s* Riss *m*, Ritze *f*, Spalt(e *f*) *m*

crap [kræp] I. *s* ❶ (*sl*) Unsinn, Schwindel *m*; Käse, Mist *m* ❷ (*vulg*) Kacke *f* II. *vi* (*vulg*) scheißen

crape [kreɪp] *s* ❶ Krepp, Flor *m* ❷ (*~ of mourning*) Trauerflor *m*

crappy ['kræpɪ] *adj* (*sl*) beschissen

crash [kræʃ] I. *vi* ❶ zusammenbrechen, (zusammen)krachen ❷ (*Flugzeug, Computer*) abstürzen ❸ krachen, stürzen (*against* gegen) ❹ (AUTO) einen Unfall haben ❺ brechen (*through* durch), einbrechen (*into* in) ❻ (wirtschaftlich, finanziell) zusammenbrechen II. *vt* ❶ zerschmettern ❷ (AVIAT) zum Absturz bringen; (AUTO) einen Unfall haben mit ❸ (*sl*) eindringen, sich einschleichen in (*eine Veranstaltung*) ❹ (*sl*) pennen III. *s* ❶ Krachen *nt*; Krach *m* ❷ Zusammenbrechen *nt*, (Ein)Sturz *m* ❸ Zusammenstoß *m* ❹ (AVIAT) Absturz *m*; (AUTO) Unfall *m*; (INFORM) Programm-, Systemabsturz *m* ❺ (FIN) Zusammenbruch, Crash *m*; **~ of thunder** Donnerschlag *m* IV. *adj* gewaltsam; unter Einsatz aller Kräfte V. *adv* mit einem Krach; **crash barrier** *s* Leitplanke *f*; **crash course** *s* Intensivkurs *m*; **crash diet** *s* Radikalkur *f*; **crash helmet** *s* (AUTO) Sturzhelm *m*; **crash·ing** [-ɪŋ] *adj* (*fam*) fürchterlich; **crash-land** [ˌkræʃ'lænd] *vi* (AVIAT) bruchlanden; **crash-land·ing** [ˌkræʃ'lændɪŋ] *s* (AVIAT) Bruchlandung *f*; **crash programme** *s* Intensivprogramm *nt*; **crash-test dum·my** ['kræʃtestˌdʌmi] *s* Dummy *m*, Autocrashpuppe *f*

crass [kræs] *adj* grob; krass; absolut

crate [kreɪt] *s* ❶ Lattenkiste *f* ❷ Packkorb *m* ❸ (*fam: Auto, Flugzeug*) Kiste *f*

cra·ter ['kreɪtə(r)] *s* ❶ (GEOL) Krater *m* ❷ Granat-, Bombentrichter *m*

cra·vat [krə'væt] *s* Halstuch *nt*

crave [kreɪv] I. *vt* erbitten, erflehen II. *vi* sich sehnen (*for* nach), sehnlichst wünschen (*for s.th.* etw); **crav·ing** ['kreɪvɪŋ] *s* Verlangen *nt*, Sehnsucht *f* (*for* nach)

crawl [krɔːl] I. *vi* ❶ kriechen (*to* vor), krabbeln; schleichen ❷ (*Ort*) wimmeln (*with* von) ❸ (*Haut*) kribbeln ❹ (SPORT) kraulen **II.** *s* ❶ Kriechen *nt* ❷ (SPORT) Kraul *nt;* **go at a** ~ im Schneckentempo fahren; **craw·ler** ['krɔːlə(r)] *s* ❶ (SPORT) Kraulstilschwimmer *m* ❷ (*fig*) Kriecher(in) *m(f),* Speichellecker(in) *m(f),* Schleimer(in) *m(f)* ❸ ~**s** Spielanzug *m;* **crawler lane** *s* (AUTO) Kriechspur *f;* **crawlers** ['krɔːləz] *s pl* Strampelanzug, Strampler *m;* **crawling suit** ['krɔːlɪŋˌsuːt] *s* Strampelanzug, Strampler *m*

cray·fish ['kreɪfɪʃ] *s* ❶ (Fluss)Krebs *m* ❷ Languste *f*

crayon ['kreɪən] **I.** *s* Zeichen-, Pastellstift *m* **II.** *vt* ❶ mit Kreide zeichnen ❷ (*fig*) skizzieren

craze [kreɪz] **I.** *vt* ❶ den Verstand rauben (*s.o.* jdm) ❷ (*Glasur*) krakelieren **II.** *s* Manie, fixe Idee *f;* Hobby *nt;* Fimmel *m;* **be the** ~ sehr beliebt sein; **the latest** ~ der letzte Schrei; **crazed** [kreɪzd] *adj* wahnsinnig, verrückt (*with* vor); **crazi·ness** ['kreɪzɪnɪs] *s* Wahnsinn *m,* Verrücktheit *f;* **crazy** ['kreɪzɪ] *adj* ❶ wahnsinnig, verrückt (*with* vor, *about* nach) ❷ versessen (*about* auf), wild (*about* nach); ~ **paving** mit unregelmäßigen Platten belegter Weg; **drive** [*o* **send**] **s.o.** ~ jdn wahnsinnig machen; **go** ~ verrückt werden; **at a** ~ **angle** völlig schief

CRC [ˌsiːɑː'siː] *s Abk. von* **camera-ready copy** (TYP) reporeife Vorlage

creak [kriːk] **I.** *vi* knarren; quietschen **II.** *s* Knarren *nt;* Quietschen *nt;* **creaky** ['kriːkɪ] *adj* knarrend; quietschend

cream [kriːm] **I.** *s* ❶ Sahne *f,* Rahm *m* ❷ Creme, Schaum-, Süßspeise *f* ❸ (Haut)Creme *f;* **the** ~ das Beste, die Spitze, die Auslese **II.** *adj* cremefarben **III.** *vi* sahnig werden **IV.** *vt* ❶ entrahmen ❷ eincremen ❸ (*fig: off*) das Beste abschöpfen von ❹ Sahne tun an, in ❺ schaumig schlagen; **cream cheese** *s* Frisch-, Rahmkäse *m;* **cream-colo(u)red** *adj* cremefarben; **cream·ery** ['kriːmərɪ] *s* ❶ Molkerei *f* ❷ Milchgeschäft *nt;* **creamy** ['kriːmɪ] *adj* sahnig

crease [kriːs] **I.** *s* ❶ Falte *f;* Kniff *m* ❷ Bügelfalte *f* ❸ Eselsohr *nt* ❹ (SPORT) (Tor)Linie *f* **II.** *vt* ❶ falten ❷ (*Hose*) bügeln ❸ zerknittern **III.** *vi* knittern

cre·ate [kriː'eɪt] **I.** *vt* ❶ (er)schaffen ❷ hervorbringen, herstellen, machen ❸ ins Leben rufen; hervorrufen, verursachen, bewirken ❹ machen, ernennen (*s.o. s.th.* jdn zu etw) ❺ gründen, errichten ❻ (THEAT: *Rolle*) zum erstenmal spielen **II.** *vi* (*sl*) Theater, Tamtam machen (*about* um); **cre·ation** [kriː'eɪʃn] *s* ❶ Erschaffung *f* ❷ Werk *nt;* Kreation, Modeschöpfung *f* ❸ Erzeugung, Hervorbringung, Herstellung *f* ❹ Verursachung, Bewirkung *f;* Schaffung, Bildung, Gestaltung *f* ❺ (Be)Gründung, Errichtung *f* ❻ Ernennung *f* ❼ (THEAT) Kreieren *nt* (*einer Rolle*); **the Creation** die Schöpfung; **crea·tive** [kriː'eɪtɪv] *adj* kreativ, schöpferisch; produktiv (*of* in); ~ **writing** dichterisches Schreiben; **crea·tive di·rec·tor** *s* Kreativdirektor(in) *m(f);* **cre·ator** [kriː'eɪtə(r)] *s* Schöpfer, Erzeuger, Hersteller *m;* Modeschöpfer *m;* **the Creator** der Schöpfer, Gott *m*

crea·ture ['kriːtʃə(r)] *s* Geschöpf *nt,* Kreatur *f;* **living** ~ Lebewesen *nt;* **lovely** ~ herrliches Geschöpf; **creature comfort** *s* leibliches Wohl

crèche [kreɪʃ] *s* Kinderhort *m*

cre·dence ['kriːdns] *s:* **give** ~ **to** Glauben schenken *dat;* **cre·den·tials** [krɪ'denʃlz] *s pl* ❶ Empfehlungs-, Beglaubigungsschreiben *nt* ❷ Zeugnisse *ntpl,* (Ausweis)Papiere *ntpl*

credi·bil·ity [ˌkredɪ'bɪlətɪ] *s* Glaubwürdigkeit *f;* **cred·ible** ['kredəbl] *adj* glaubwürdig, zuverlässig

cred·it ['kredɪt] **I.** *s* ❶ Glaube *m,* Vertrauen *nt* ❷ Glaubwürdigkeit *f* ❸ Ansehen *nt,* Geltung *f,* (guter) Name, (guter) Ruf *m* ❹ Verdienst *nt,* Ehre *f,* Ruhm *m;* Einfluss *m* ❺ Namensnennung, Quellenangabe *f* ❻ (*Am:* ~ *point*) Gutpunkt *m* ❼ (FIN) Kredit *m;* Guthaben *nt,* -schrift *f* ❽ (COM) Haben *nt;* **on** ~ auf Kredit; **to s.o.'s** ~ zu jds Gunsten; **allow/give/grant/open** ~ **to s.o.** jdm Kredit gewähren/einräumen/eröffnen; **do** ~ Ehre machen; **give s.o.** ~ **for s.th.** jdm etw zutrauen, -schreiben; jdm etw zugute halten; **give s.th. on** ~ etw auf Kredit geben, kreditieren **II.** *vt* ❶ glauben, Glauben schenken, (ver)trauen (*s.o., s.th.* jdm, einer S) ❷ Anerkennung bringen (*s.o.* jdm), (ehrenvoll) erwähnen ❸ (*Am: Universität*) anrechnen ❹ (FIN) Kredit geben (*s.o.* jdm); (COM) gutschreiben, kreditieren; ~ **s.th. to s.o.** [*o* **s.o. with s.th.**] jdm etw zutrauen, -schreiben; **credi·table** ['kredɪtəbl] *adj* rühmlich, anerkennenswert (*to* für); **credit agency** *s* Kreditschutzverein *m;* **credit card** *s* Kreditkarte *f;* **credit department** *s* Kreditabteilung *f;* **credit facilities** *s pl* Kreditmöglichkeiten *fpl;* **credit limit** *s* Kredit-, Verfügungsrahmen *m;* **credit note** *s* Gutschrift(sanzeige) *f;* **credi·tor** ['kredɪtə(r)] *s* Gläubiger(in) *m(f);* **creditor bank** *s* Gläubigerbank *f;* **credit page** *s* Herausgeber-, Mitarbeiterseite *f;* **credit rating** *s*

Kreditwürdigkeit *f;* **credit side** *s* Habenseite *f;* **on his ~** zu seinen Gunsten; **credit terms** *s pl* Kreditbedingungen *fpl;* **creditworthy** ['kredɪtwɜ:ðɪ] *adj* kreditwürdig

cre·du·lity [krɪ'dju:lətɪ] *s* Leichtgläubigkeit *f;* **credu·lous** ['kredjʊləs] *adj* leichtgläubig

creed [kri:d] *s* ① (Glaubens)Bekenntnis *nt* ② Überzeugung *f*

creek [kri:k] *s* ① kleine Bucht ② Flüsschen *nt;* **be up the ~** aufgeschmissen sein; sich völlig vertan haben

creep [kri:p] *<irr: crept, crept>* **I.** *vi* ① kriechen (*Zeit*) ② schleichen ③ (*Pflanze*) sich ranken ④ (*Haut*) kribbeln; **it makes my flesh ~** da bekomme ich eine Gänsehaut **II.** *s* ① Kriechen *nt* ② (*fam*) widerlicher Mensch ③ **~s** Kribbeln *nt,* Schauder *m;* **it gave me the ~s** es überlief mich (eis)kalt, ich bekam eine Gänsehaut; **creep into** *vi* (*fig*) sich einschleichen in; **creep up** *vi* heranschleichen, sich heranarbeiten (*to* an); **creeper** ['kri:pə(r)] *s* ① Kriechtier *nt* ② Kletterpflanze *f* ③ **~s** Steigeisen *ntpl* ④ **~s** Schuhe *m pl* mit Kreppsohlen; **creep·ing** [-ɪŋ] *adj* (*Krankheit*) schleichend; **creepy** ['kri:pɪ] *adj* schaurig; gruselig

cre·mate [krɪ'meɪt] *vt* (*Leiche*) einäschern; **cre·ma·tion** [krɪ'meɪʃn] *s* Einäscherung, Feuerbestattung *f;* **cre·ma·tor·ium** [,kremə'tɔ:rɪəm] *s* Krematorium *nt;* **cre·ma·tory** ['kremətərɪ] *s* (*Am*) Krematorium *nt*

crept [krept] *s.* **creep**

cre·scen·do *vi* (*reach a peak*) den Höhepunkt erreichen

cres·cent ['kresnt] *s* ① Mondsichel *f;* Halbmond *m* ② (*Br*) bogenförmig geschwungene Häuserreihe

cress [kres] *s* Kresse *f*

crest [krest] *s* ① (*Hühner*) Kamm *m* ② (*von Vögeln*) Haube *f;* (*von Pferden, Löwen*) Mähne *f* ③ (*auf Helm*) Helmbusch *m* ④ (*mountain ~*) Bergkamm, -rücken *m* ⑤ (*~ of a wave*) Wellenkamm *m* ⑥ (ARCH) Bekrönung *f* ⑦ (*fig*) Höchst-, Scheitelpunkt, Gipfel *m;* **on the ~ of the wave** (*fig*) auf dem Gipfel des Glücks; **crest·fal·len** ['krest,fɔ:lən] *adj* (*fig*) tief enttäuscht

Crete [kri:t] *s* Kreta *nt*

cre·tin ['kretɪn] *s* ① Kretin *m,* Schwachsinnige(r) *f m* ② (*sl*) Idiot *m*

cre·vasse ['krɪvæs] *s* Gletscherspalte *f*

crev·ice ['krevɪs] *s* Spalte, Ritze *f*

crew [kru:] **I.** *s* ① (MAR AVIAT) Besatzung, Crew *f;* (SPORT) Mannschaft *f* ② Gruppe *f* **II.** *vi* der Vorschormann sein **III.** *vt* die Mannschaft sein von; **crew-cut** *s* Bürstenschnitt *m;* **crew-member** *s* Besatzungsmitglied *nt*

crib [krɪb] **I.** *s* ① Krippe *f* ② (*Am*) Kinderbett *nt* ③ Lachsreuse *f* ④ (*Am*) Behälter *m* (*für Mais*) ⑤ (*fam*) Plagiat *nt* ⑥ (SCHULE) Spickzettel *m;* **~ death** (*Am*) Krippentod *m* **II.** *vt, vi* ① (*fam*) plagiieren ② (SCHULE) abschreiben

crib·bage ['krɪbɪdʒ] *s* (*Kartenspiel*) Cribbage *nt*

crick [krɪk] *s:* **have a ~ in the neck** einen steifen Hals haben

cricket¹ ['krɪkɪt] *s* Grille *f*

cricket² ['krɪkɪt] *s* (SPORT) Kricket *nt;* **not ~** (*fam*) unfair; **cricket·bat** *s* (Kricket)Schläger *m;* **cricketer** ['krɪkɪtə(r)] *s* Kricketspieler(in) *m(f);* **cricket ground** *s* (Rasen)Spielfeld *nt;* **cricket pitch** *s* Wurfbahn *f*

i Land & Leute

Cricket entstand sehr wahrscheinlich im 16. Jh. als eine Sportart für Schäfer und wurde dann während des 17. Jhs. bei den Aristokraten beliebt. Die ersten *Test Matches* zwischen England und Australien wurden bereits 1877 ausgetragen. Beim **Cricket** gibt es zwei Teams mit je elf Spielern, die abwechselnd als *batsmen* Schlagmänner) und *fielders* (Fänger) spielen, mit zwei *bowlers* (Werfer) – einen an jedem Ende des Cricketfeldes. *Batsmen* machen Punkte, indem sie nach dem Schlagen *runs* (Punkte) zwischen den beiden *wickets* (Pfostentore) erzielen. Aus dem Spiel (*out*) sind sie aber, wenn sie gefangen werden (*caught*): wenn ein *fielder* den Ball fängt, wenn sie ausgeschlagen werden (*bowled*): der *bowler* schlägt das *wicket,* oder wenn sie *lbw – leg before the wicket* sind, d. h. der *bowler* trifft das Bein des *batsman.*

crier ['kraɪə(r)] *s* ① Schreihals *m* ② Ausrufer *m;* Gerichtsdiener *m*

crime [kraɪm] *s* ① Verbrechen *nt* ② Sünde, Schande *f;* Frevel *m;* **commit a ~** ein Verbrechen begehen; **crime-busting** *s* Verbrechensbekämpfung *f;* **crime prevention** *s* präventive Verbrechensbekämpfung; **crime-rid·den** ['kraɪm,rɪdn] *adj* mit einer hohen Kriminalitätsrate; **crime wave** *s* Welle *f* von Verbrechen

crimi·nal [ˈkrɪmɪnl] **I.** *adj* ① verbrecherisch, kriminell; strafbar ② *(fam)* schändlich; ~ **assault** Körperverletzung *f;* **Criminal Investigation Department** (**CID**) *(Br)* Kriminalpolizei *f;* ~ **code** Strafgesetzbuch *nt;* ~ **law** Strafrecht *nt;* **have a ~ record** vorbestraft sein **II.** *s* Verbrecher(in) *m(f);* **crimi·nali·ty** [ˌkrɪmɪˈnælətɪ] *s* Kriminalität *f;* **crimi·nol·og·ist** [krɪmɪˈnɒlədʒɪst] *s* Kriminologe *m;* Kriminologin *f;* **crimi·nol·ogy** [ˌkrɪmɪˈnɒlədʒɪ] *s* Kriminologie *f*

crimp [krɪmp] *vt* ① fälteln ② *(Haar)* wellen

crim·son [ˈkrɪmzn] **I.** *adj* purpurrot; blutrot **II.** *vt* rot färben **III.** *vi* rot werden; erröten

cringe [krɪndʒ] *vi* ① zurückschrecken (*at* vor) ② *(fig)* schaudern, sich schütteln ③ kriechen, katzbuckeln; **make s.o.** ~ jdn schaudern lassen, jdm weh tun

crinkle [ˈkrɪŋkl] **I.** *vi* faltig werden; knittern **II.** *vt* zerknittern; **crin·kly** [ˈkrɪŋklɪ] *adj* wellig, faltig; zerknittert

cripple [ˈkrɪpl] **I.** *s* Krüppel *m* **II.** *vt* ① zum Krüppel machen ② *(fig)* lähmen; schwächen, behindern

cri·sis [ˈkraɪsɪs, *pl* ˈkraɪsiːz] <*pl* -ses> *s* Krise *f;* Wendepunkt, entscheidender Augenblick *m;* **bring to a** ~ zu einer Entscheidung bringen; **pass through a** ~ eine Krise durchmachen; **financial** ~ Finanzkrise *f;* **crisis management** *s* Krisenmanagement *nt*

crisp [krɪsp] **I.** *adj* ① knusp(e)rig ② *(Luft)* frisch ③ *(Stil)* lebendig ④ *(Benehmen)* entschieden, klar ⑤ kraus; wellig, faltig **II.** *s* *(Br)* Kartoffelchip *m* **III.** *vt* ① knusp(e)rig machen ② kräuseln; **crisp·bread** [ˈkrɪsbred] *s* Knäckebrot *nt;* **crispy** [ˈkrɪspɪ] *adj* ① knusp(e)rig ② kraus

criss-cross [ˈkrɪskrɒs] **I.** *adj* sich kreuzend, gekreuzt **II.** *adv* kreuzweise; durcheinander **III.** *vt* kreuzweise durchziehen

cri·terion [kraɪˈtɪərɪən, *pl* -ˈtɪərɪə] <*pl* -teria> *s* ① Kriterium *nt* ② Merkmal, Kennzeichen *nt*

critic [ˈkrɪtɪk] *s* ① Kunstkenner(in) *m(f),* -sachverständige(r) *f m* ② Kritiker(in) *m(f);* **criti·cal** [ˈkrɪtɪkl] *adj* ① kritisch; *(Augenblick)* entscheidend; ernst, bedenklich ② tadelsüchtig (*of s.o.* jdm gegenüber); **at the ~ moment** im entscheidenden Augenblick; **in a ~ situation** in einer schwierigen Lage; **criti·cism** [ˈkrɪtɪsɪzəm] *s* ① Kritik *f* (*of* an, über) ② negative Beurteilung; **literary** ~ Literaturkritik *f;* **criti·cize** [ˈkrɪtɪsaɪz] *vt* ① kritisieren ② sich kritisch äußern über; tadeln; **cri·tique** [krɪˈtiːk] *s* Kritik, Besprechung, Rezension *f*

croak [krəʊk] **I.** *s* Quaken *nt,* Krächzen *nt* **II.** *vi* ① *(Frosch)* quaken ② *(Rabe)* krächzen ③ *(sl)* abkratzen

Croat [ˈkrəʊæt] *s* Kroate *m,* Kroatin *f;* **Croa·tia** [krəʊˈeɪʃɪə] *s* Kroatien *nt;* **Croa·tian** [krəʊˈeɪʃɪən] **I.** *adj* kroatisch **II.** *s* Kroate *m,* Kroatin *f*

cro·chet [ˈkrəʊʃeɪ] **I.** *vt, vi* häkeln **II.** *s* (~ *-work*) Häkelarbeit *f;* **crochet·hook** *s* Häkelnadel *f*

crock [krɒk] *s* ① Topf *m,* -scherbe *f* ② (AUTO: *fam*) alte Kiste ③ *(Mensch)* Klappergestell *nt;* **crock·ery** [ˈkrɒkərɪ] *s* Töpferware *f;* Geschirr *nt*

croco·dile [ˈkrɒkədaɪl] *s* Krokodil *nt;* **walk in a** ~ *(Br)* zwei und zwei hintereinander gehen; **crocodile tears** *s pl* Krokodilstränen *fpl*

cro·cus [ˈkrəʊkəs] *s* Krokus *m*

croft [krɒft] *s* ① eingefriedetes Feld ② kleiner Bauernhof; **crofter** [ˈkrɒftə(r)] *s* Kleinpächter(in) *m(f)*

crois·sant [ˈkrwɑːsɒŋ] *s* Hörnchen, Croissant *nt*

crook [krʊk] **I.** *s* ① Haken *m* ② Hirtenstab *m;* (REL) Krummstab *m* ③ *(Fluss)* Krümmung, Biegung *f;* *(Arm)* Beuge *f* ④ *(fam)* Schwindler, Gauner *m* **II.** *vt* krümmen, biegen **III.** *adj* ① *(fam)* unehrlich ② *(Australien)* krank; kaputt; schlecht; wütend; **crooked** [ˈkrʊkɪd] *adj* ① gekrümmt, gebeugt ② krumm, schief ③ buck(e)lig ④ *(fig: Wege)* krumm ⑤ unehrlich

croon [kruːn] *vt, vi* schmalzig singen

crooner [ˈkruːnə(r)] *s* Schlager-, Schnulzensänger(in) *m(f)*

crop [krɒp] **I.** *s* ① *(Vogel)* Kropf *m* ② Feldfrüchte *fpl,* Getreide *nt* ③ Ertrag *m,* Ernte *f;* Ausbeute *f* ④ Haufen *m,* Menge *f* ⑤ Peitschenstiel *m;* Reitpeitsche *f* ⑥ kurzer Haarschnitt; ~ **rotation** Fruchtwechsel *m* **II.** *vt* ① kurz abschneiden, stutzen, scheren ② ab-, kahlfressen, abgrasen; **crop out** *vi* auftauchen; (GEOL) zutage treten; **crop up** *vi* auftauchen; *(fam)* aufkreuzen; dazwischenkommen

crop·per [ˈkrɒpə(r)] *s* ① Kropftaube *f* ② *(Mensch)* Anbauer *m* ③ *(fam)* furchtbarer Sturz ④ *(fam)* Misserfolg, Reinfall *m;* **be a good/bad** ~ (AGR) gut/schlecht tragen; **come a** ~ *(fam)* furchtbar (hin)fallen; versagen; *(im Examen)* durchsausen, -rasseln

crop top [ˈkrɒpˌtɒp] *s* bauchfreies Top

cro·quet [ˈkrəʊkeɪ] *s* (SPORT) Krocket *nt*

cross[1] [krɒs] **I.** *s* ① Kreuz *nt* ② Querstrich *m* (*z. B. beim t*) ③ *(fig)* Kreuz, Leiden *nt* ④ Ordenskreuz *nt* ⑤ (BIOL) (Rassen)Kreuzung *f* ⑥ (ELEK) Überbrückung *f;* **the Cross**

das Kreuz (Christi); **the sign of the Cross** das Kreuzzeichen; **bear one's** ~ sein Kreuz auf sich nehmen **II.** *adj* ❶ quer verlaufend, schräg; sich überschneidend ❷ entgegengesetzt, im Widerspruch (*to* zu) **III.** *vt* ❶ kreuzen, durch-, überqueren, überschreiten ❷ das Kreuz machen (*s.th.* über etw) ❸ (*die Beine*) kreuzen, übereinander schlagen ❹ (*Brücke*) überspannen, hinüberführen (*s.th.* über etw) ❺ mit einem Querstrich versehen ❻ übersetzen (*s.th.* über), überfliegen ❼ (~ *off*, ~ *out*) (durch)streichen ❽ (*Scheck*) zur Verrechnung ausstellen ❾ (*Plan*) durchkreuzen, vereiteln ❿ (*Person*) in den Weg, entgegentreten (*s.o.* jdm), begegnen (*s.o.* jdm) ⓫ (BIOL: *Rassen*) kreuzen; ~ **s.o.'s mind** jdm in den Sinn kommen, einfallen; ~ **s.o.'s path** jds Weg kreuzen, jdm begegnen; ~ **one's t's and dot one's i's** (*fig*) es (ganz) genau nehmen, (sehr) genau sein; ~ **your heart!** Hand aufs Herz!; **I'll keep my fingers** ~**ed** (*fig*) ich halte den Daumen! **IV.** *vi* ❶ hinüberfahren (*from … to* von … nach), (die Straße) überqueren ❷ sich treffen, sich begegnen, sich kreuzen ❸ sich überschneiden ❹ (*Briefe*) sich kreuzen **V.** *vr* sich bekreuzigen; **cross off**, **cross out** *vt* (aus-, durch)streichen; **cross over** *vi* hinübergehen; überwechseln (*to* zu)

cross² [krɒs] *adj* ärgerlich, wütend, böse; **be** ~ **with s.o.** mit jdm, auf jdn böse sein

cross·bar ['krɒsbɑː(r)] *s* ❶ Querholz *nt*, -balken *m*, -stange *f* ❷ (SPORT) Torlatte *f*; **cross·beam** ['krɒsbiːm] *s* Querbalken *m*; (SPORT) Schwebebalken *m*; **cross-bor·der** *adj* grenzüberschreitend; ~ **collaboration** grenzüberschreitende Zusammenarbeit; **cross·bow** ['krɒsbəʊ] *s* (HIST) Armbrust *f*; **cross·breed** ['krɒsbriːd] **I.** *s* (BIOL) Kreuzung *f*; Mischrasse *f*; Mischling *m* **II.** *vt* kreuzen; **cross-check** **I.** *vt* doppelt kontrollieren **II.** *s* Gegenprobe *f*; **cross-coun·try** [ˌkrɒs'kʌntrɪ] **I.** *adj* ❶ querfeldein ❷ (AUTO) geländegängig; ~ **ski** Langlauf-, Tourenski *m*; ~ **skiing** Skilanglauf *m*; ~ **skier** Skilangläufer(in) *m(f)*; ~ **ski run** (Langlauf)Loipe *f*; ~ **flight** (AVIAT) Überlandflug *m*; ~ **race** Querfeldeinrennen *nt* **II.** *adv* querfeldein **III.** *s* Querfeldeinrennen *nt*; **cross-current** *s* Gegenströmung *f*; **cross-disciplinary** *adj* interdisziplinär; **cross-examination** *s* Kreuzverhör *nt*; **cross-examine** *vt* ins Kreuzverhör nehmen; **cross-eyed** ['krɒsaɪd] *adj* schielend; **be** ~ schielen; **cross-fertilization** *s* Fremdbestäubung *f*; (*fig*) gegenseitige Befruchtung; **cross·fire** ['krɒsfaɪə(r)] *s* (*a. fig*) Kreuzfeuer *nt*; **cross-grained** [ˌkrɒs'greɪnd] *adj* ❶ quer gemasert ❷ (*fig*) eigensinnig; widerborstig, mürrisch; **cross·ing** ['krɒsɪŋ] *s* ❶ Kreuzung *f* ❷ Kreuz-, Schnittpunkt *m* ❸ Überquerung *f*, -gang *m*, -fahrt *f* ❹ (RAIL) Überführung *f*; (Fußgänger)Überweg *m* ❺ (ARCH) Vierung *f*; **level** ~ schienengleicher Bahnübergang; **cross-legged** [ˌkrɒs'legd] *adj* mit übergeschlagenen Beinen; **cross-over** ['krɒsəʊvə(r)] *s* ❶ Kreuzungsstelle *f* ❷ Überführung *f*; **cross-promotional** *adj* cross-promotional (*verkaufsfördernd für beide Seiten*); **cross-pur·poses** [ˌkrɒs'pɜːpəsɪz] *s pl*: **be at** ~ **with s.o.** mit jdm eine Meinungsverschiedenheit haben; **talk at** ~ aneinander vorbeireden; **cross-reference** *s* (*Buch*) Verweis *m*; **cross·roads** ['krɒsrəʊdz] *s sing od pl* Wege-, Straßenkreuzung *f*; **at the** ~ (*fig*) am Scheideweg; **cross section** *s* Querschnitt *m*; **cross·talk** ['krɒstɔːk] *s* Wortgefecht *nt*; (TELE) Nebensprechen *nt*; **cross·walk** *s* (*Am*) Fußgängerüberweg *m*; **cross·ways** ['krɒsweɪz] *adv* quer; **cross·wind** ['krɒswɪnd] *s* (AVIAT) Seitenwind *m*; **cross·wise** ['krɒswaɪz] *adv* quer hinüber; kreuzweise; **cross·word** (**puzzle**) ['krɒswɜːd(pʌzl)] *s* Kreuzworträtsel *nt*

crotch [krɒtʃ] *s* ❶ Gabel(ung) *f* ❷ (*Hose*) Schritt *m*

crotchet ['krɒtʃɪt] *s* ❶ (MUS) Viertelnote *f* ❷ (*fig*) Marotte, Schrulle *f*; ~ **rest** (MUS) Viertelpause *f*

crotchety ['krɒtʃɪtɪ] *adj* schrullenhaft; schlecht gelaunt; quengelig

crouch [kraʊtʃ] **I.** *vi* sich ducken, sich (nieder)kauern **II.** *s* geduckte Stellung

croup [kruːp] *s* ❶ (MED) Krupp *m*, Halsbräune *f* ❷ (*Pferd*) Kruppe *f*

crou·pier ['kruːpɪeɪ] *s* Croupier *m*

crow [krəʊ] **I.** *s* ❶ Krähe *f* ❷ (~ *-bar*) Brecheisen *nt*; **as the** ~ **flies** in der Luftlinie **II.** *vi* ❶ krähen ❷ jubeln, triumphieren (*over* über) ❸ (*Kind*) juchzen

crow·bar ['krəʊbɑː(r)] *s* Brecheisen *nt*

crowd [kraʊd] **I.** *s* ❶ (Menschen)Menge *f*, Menschenmassen *fpl* ❷ Gedränge, Gewimmel *nt* ❸ (die) große Masse, (das) gemeine Volk ❹ (*fam*) Gruppe *f*, Haufen, Verein *m*, Gesellschaft *f* ❺ Haufen, Berg, Stoß, Stapel *m*; **follow the** ~ (*fig*) der Masse folgen, mitlaufen **II.** *vi* (~ *round*) sich ansammeln, zusammenströmen; (sich) drängen (*round* um, *into* in); (~ *forward*) vorwärtsdrängen, -stürmen **III.** *vt* ❶ drängen, stoßen, schieben ❷ voll stopfen ❸ (*fam: Menschen*) unter Druck setzen, auf den Leib rücken (*s.o.* jdm); **be ~ed with** wimmeln von; **crowd out** *vt* ausschließen, wegdrängen, verdrängen; **crowd up** *vt* (*Am: Preise*) in die Höhe treiben; **crowded** [-ɪd] *adj* gedrängt, zum Brechen voll (*with* von), zusammengepfercht; ~ **to capacity** bis auf den letzten Platz gefüllt; **crowd·puller** *s* (*fam*) Publikumsmagnet *m*

crown [kraʊn] **I.** *s* (1) Krone *f* (2) (Sieger)Kranz *m* (3) Fünfshillingstück *nt* (4) oberer Teil, Krone *f*, Gipfel *m* (5) Scheitel, Schädel *m* (6) Scheitelpunkt *m;* (Dach)First *m;* (Straßen)Kuppe *f* (7) (Zahn)Krone *f* (8) (Baum)Krone *f* (9) (*fig*) Höhepunkt *m*, Krone *f*, Gipfel *m*, Krönung *f* **II.** *vt* (1) krönen (2) (*fig*) die Krone aufsetzen (*s.th.* einer S), vollenden (3) (*Zahn*) mit einer Krone versehen (4) (*sl*) eins aufs Dach geben (*s.o.* jdm); **to ~ it all** um der Sache die Krone aufzusetzen; ~ **s.o. king** jdn zum König krönen; **crown cap** *s* Kronkorken *m;* **crown colony** *s* Kronkolonie *f;* **crown cork** *s* Kronkorken *m;* **crown·ing** [-ɪŋ] *adj* krönend; **crown jewels** *s pl* Kronjuwelen *pl;* **crown prince** *s* Kronprinz *m;* **crown witness** *s* Kronzeuge *m*, Zeuge *m* der Anklage

crow's feet [ˈkrəʊzfiːt] *s pl* Krähenfüße *mpl* (*im Gesicht*); **crow's nest** *s* (MAR) Mastkorb *m*

cru·cial [ˈkruʃl] *adj* entscheidend, kritisch, ernst; **at the ~ moment** im entscheidenden Augenblick; **put to a ~ test** einer entscheidenden Prüfung unterziehen

cru·cible [ˈkruːsɪbl] *s* (1) Schmelztiegel *m* (2) (*fig*) Feuer-, Bewährungsprobe *f*

cru·ci·fix [ˌkruːsɪˈfɪks] *s* Kruzifix *nt;* **cru·ci·fixion** [ˌkruːsɪˈfɪkʃn] *s* Kreuzigung *f;* **cru·cify** [ˈkruːsɪfaɪ] *vt* (1) kreuzigen (2) (*fig*) fertig machen, keinen guten Faden lassen an

cruddy [ˈkrʌdɪ] *adj* (*sl*) mies

crude [kruːd] *adj* (1) roh (2) (*fig*) ungeformt, unfertig; unreif, nicht durchdacht (3) (*Mensch*) grob, ungeschliffen, ungebildet (4) geschmacklos; ~ **iron** Roheisen *nt;* ~ **oil** Rohöl *nt;* **crud·ity** [ˈkruːdətɪ] *s* (1) Rohheit *f* (2) grobe Bemerkung, Grobheit *f*

cruel [krʊəl] *adj* (1) grausam; unmenschlich, erbarmungs-, mitleid(s)los, herzlos (*to* gegen) (2) (*Wind, Schicksal*) heftig; schrecklich, furchtbar; **cruelty** [ˈkrʊəltɪ] *s* Grausamkeit *f*, Unmenschlichkeit, Herzlosigkeit *f;* ~ **to animals** Tierquälerei *f*

cruise [kruːz] **I.** *vi* (1) (MAR) kreuzen (2) umherfahren (3) mit Reisegeschwindigkeit fahren, fliegen; ~ **the internet** surfen **II.** *s* Kreuz-, Vergnügungsfahrt, Schiffsreise *f;* **go on** [*o* **for**] **a ~** eine Vergnügungsfahrt machen; **cruise missile** *s* (MIL) Marschflugkörper *m;* **cruiser** [ˈkruːzə(r)] *s* (1) (MAR) Kreuzer *m* (2) Jacht *f;* Motorboot *nt* (3) (*Am*) Funkstreifenwagen *m;* **cruis·ing** [-ɪŋ] *adj:* ~ **speed** Reisegeschwindigkeit *f*

crul·ler [ˈkrʌlə] *s* (*Am*) länglicher Berliner mit Zuckerglasur

crumb [krʌm] *s* (1) Stück(chen) *nt*, Krume *f*, Krümel *m* (2) (*fig*) Fetzen *m*, Stück *nt*, Brocken *m* (3) (*sl*) Lump *m* (4) kleine Geldsumme; **a ~ of** ein bisschen …, ein wenig …

crumble [ˈkrʌmbl] **I.** *vt, vi* zerkrümeln, zerbröckeln **II.** *vi* (1) zer-, verfallen (2) (*fig*) einstürzen, zusammenbrechen (3) (*Preise*) abbröckeln; **crum·bly** [ˈkrʌmblɪ] **I.** *adj* krümelig, bröckelig **II.** *s* (*sl*) Grufti *m*

crummy [ˈkrʌmɪ] *adj* (*sl*) (1) schäbig, dürftig, elend (2) krank, angeschlagen

crum·pet [ˈkrʌmpɪt] *s kleines rundes Hefegebäck zum Toasten*

crumple [ˈkrʌmpl] **I.** *vt* zerknittern, faltig machen; zusammenknüllen; eindrücken **II.** *vi* (1) knittern (2) (*fam:* ~ *up*) zusammenbrechen, zusammensacken (3) zusammengedrückt werden; **crumple zone** *s* (AUTO) Knautschzone *f*

crunch [krʌntʃ] **I.** *vt* knacken, zerbeißen; mampfen **II.** *vi* knirschen, krachen **III.** *s* (1) Knacken, Knirschen *nt* (2) (*fam*) Zusammenstoß *m* (3) (*sl*) Krise *f* (4) Knackpunkt *m;* **when it comes to the ~** wenn es darauf ankommt

cru·sade [kruːˈseɪd] **I.** *s* (*a.fig*) Kreuzzug *m* (*against* gegen, *for* für) **II.** *vi* sich an einem Kreuzzug beteiligen; **cru·sader** [kruːˈseɪdə(r)] *s* Kreuzfahrer *m*

crush [krʌʃ] **I.** *vt* (1) (zer-, zusammen)drücken, (zer)quetschen, zermalmen, zerschmettern (2) zerkleinern (3) (zer)knüllen, zerknittern (4) (*fig*) zerstören, vernichten; niederschmettern; unterdrücken **II.** *vi* (1) sich drängen, sich stürzen (2) knittern **III.** *s* (1) (starker) Druck, Stoß *m* (2) Gedränge *nt*, (Menschen)Menge *f*, Massen *fpl* (3) Fruchtsaftgetränk *nt* (4) (*fam*) große Gesellschaft, Haufen *m* (5) (*sl*) Schwärmerei *f;* (*Person*) Schwarm *m;* **have a ~ on s.o.** (*sl*) für jdn schwärmen; **crush down** *vt* niederdrücken; zerkleinern; (*fig*) unterdrücken; **crush out** *vt* (*Frucht*) auspressen; (*fig*) auslöschen, völlig vernichten; **crush up** *vt* zermahlen, zerstampfen; **crush barrier** *s* Absperrung *f;* **crush boy** *s* (*Am: sl*) *Junge, in den sich Mädchen verknallen;* **crush·ing** [-ɪŋ] *adj* überwältigend; erdrückend; niederschmetternd

crust [krʌst] **I.** *s* ① (Brot)Kruste, Rinde *f* ② Stück *nt* trockenes Brot ③ Kruste *f* ④ (MED) Schorf *m* ⑤ (BOT ZOO) Schale *f* ⑥ Ablagerung *f;* Weinstein *m* ⑦ (*sl*) Unverschämtheit *f* **II.** *vi* verkrusten; (*Schnee*) verharschen; ~ **over** zufrieren; verkrusten; **crus·ta·cean** [krʌ'steɪʃn] *s* Krebs-, Schalentier *nt*

crusty ['krʌstɪ] **I.** *adj* ① verkrustet ② knusprig ③ (*fig*) mürrisch **II.** *s* junge(r) Obdachlose(r)

crutch [krʌtʃ] *s* (*a. fig*) Krücke *f;* **go on ~es** an Krücken gehen

crux [krʌks] *s* ① Crux *f,* Haken *m* ② schwieriges Problem

cry [kraɪ] **I.** *vi* ① schreien (*for* nach) ② verlangen (*for* nach) ③ weinen (*with* vor, *for* um), heulen, jammern (*over* über) ④ (*Hund*) anschlagen; ~ **for the moon** Unmögliches verlangen; ~ **o.s. to sleep** sich in den Schlaf weinen; ~ **over spilt milk** Vergangenem nachweinen; ~ (**for**) **vengeance** nach Rache schreien **II.** *vt* ① (aus)rufen, schreien ② verkünden; ~ **one's eyes** [*o* **heart**] **out** sich die Augen aus dem Kopf weinen **III.** *s* ① Schrei, Ruf *m* ② Geschrei *nt* (*for* nach) ③ Ausrufen, Verkünden *nt* ④ Parole *f,* Schlachtruf *m* ⑤ Weinen, Heulen, Geheul *nt* ⑥ (*Tier*) Gebell *nt;* (*Jagdhunde*) Anschlag *m* ⑦ Koppel, Meute *f;* **be a far ~ from ...** ganz anders sein als ...; **in full ~** in vollem Eifer; **within ~** in Rufweite; **follow in the ~** mit der großen Masse mitlaufen; **have a good ~** sich ausweinen; **cry down** *vt* herabsetzen, schlecht machen; niederschreien; **cry for** *vt* dringend gebrauchen, benötigen; verlangen nach; **cry off** *vt* widerrufen; es sich anders überlegen; sich zurückziehen; **cry out** *vt* aufschreien; ~ **out against** scharf protestieren gegen; ~ **out for** schreien nach; dringend verlangen; **cry·ing** ['kraɪɪŋ] **I.** *adj* (himmel)schreiend; dringend; **it is a ~ shame** es ist eine wahre Schande **II.** *s* Weinen *nt;* Schreien *nt*

cryo·gen·ic [ˌkraɪə(ʊ)'dʒenɪk] *adj* Kälte erzeugend

crypt [krɪpt] *s* (ARCH) Krypta *f*

cryp·tic ['krɪptɪk] *adj* geheim, verborgen; hintergründig, rätselhaft

crys·tal ['krɪstl] *s* ① Kristall *m* ② (~ *glass*) Kristall(glas) *nt* ③ (*Am*) Uhrglass *nt;* **crys·tal ball** *s* Glaskugel *f* (*des Hellsehers*); **crystal-clear** *adj* glasklar; **crys·tal·line** ['krɪstəlaɪn] *adj* kristallinisch; **crys·tal·li·za·tion** [ˌkrɪstəlaɪ'zeɪʃn] *s* Kristallbildung *f;* Kristallisierung *f;* **crystal·lize** ['krɪstəlaɪz] **I.** *vt* ① kristallisieren, auskristallisieren ② (*fig*) eine endgültige Gestalt geben (*s.th.* einer S) **II.** *vi* ① Kristalle bilden ② (*fig*) sich herauskristallisieren; feste Form annehmen

cub [kʌb] *s* ① Junge(s) *nt* (*eines Raubtieres*) ② (*Pfadfinder*) Wölfling *m* ③ Neuling, Anfänger *m*

Cuba ['kju:bə] *s* Kuba *nt*

Cuban ['kju:bən] **I.** *adj* kubanisch **II.** *s* Kubaner(in) *m(f)*

cubby-hole ['kʌbɪhəʊl] *s* ① Kämmerchen *nt* ② Fach *nt*

cube [kju:b] **I.** *s* ① Würfel *m* ② (MATH) Kubikzahl *f,* dritte Potenz; ~ **root** (MATH) Kubikwurzel *f* **II.** *vt* ① (MATH) in die dritte Potenz erheben ② in Würfel schneiden; **cu·bic** ['kju:bɪk] *adj* würfelförmig; kubisch; Raum-, Kubik-; ~ **metre** Kubikmeter *m;* ~ **capacity** Fassungsvermögen *nt;* (AUTO) Hubraum *m*

cu·bicle ['kju:bɪkl] *s* Kabine *f*

cuckoo ['kʊku:] **I.** *s* Kuckuck(sruf) *m* **II.** *adj* (*sl*) verrückt, blöd; **cuckoo-clock** *s* Kuckucksuhr *f*

cu·cum·ber ['kju:kʌmbə(r)] *s* Gurke *f;* (**as**) **cool as a ~** völlig ungerührt

cud [kʌd] *s:* **chew the ~** wiederkäuen; (*fig*) gründlich überlegen

cuddle ['kʌdl] **I.** *vt* hätscheln, liebkosen; schmusen mit **II.** *vi* schmusen **III.** *s* Umarmung *f;* **give s.o. a ~** jdn umarmen; mit jdm schmusen

cud·gel ['kʌdʒəl] **I.** *s* Keule *f,* Knüppel *m;* **take up the ~s for s.o.** für jdn Partei ergreifen **II.** *vt* (ver)prügeln

cue [kju:] *s* ① (THEAT) Stichwort *nt* ② Fingerzeig, Hinweis *m* ③ Billardstock *m,* Queue *nt* ④ (MUS) Einsatz *m;* **give s.o. his ~** jdm nahelegen, was er zu tun hat; **take one's ~ from s.o.** sich nach jdm richten

cuff [kʌf] **I.** *s* ① Manschette *f* ② (*Am*) Hosenaufschlag *m* ③ Handschelle *f* ④ Schlag *m,* Ohrfeige *f;* **off the ~** (*sl*) aus dem Stegreif **II.** *vt* schlagen, ohrfeigen; **cuff-link** ['kʌflɪŋk] *s* Manschettenknopf *m*

cui·sine [kwɪ'zi:n] *s* Küche, Kochkunst *f*

cul-de-sac ['kʌldəsæk] *s* (*a. fig*) Sackgasse *f*

cu·li·nary ['kʌlɪnerɪ] *adj* kulinarisch

cull [kʌl] **I.** *vt* ① (*Blumen*) pflücken ② (*fig*) auswählen; ausmerzen; ~ **seals** Robbenschlag betreiben **II.** *s* ① Auslese *f* ② Ausmerzen *nt*

cul·mi·nate ['kʌlmɪneɪt] *vi* ① (*a. fig*) kulminieren ② (*fig*) seinen Höhepunkt erreichen, gipfeln (*in* in); **cul·mi·na·tion** [ˌkʌlmɪ'neɪʃn] *s* ① (ASTR) Kulmination *f* ② (*fig*) Höhepunkt, Gipfel *m*

cu·lottes [kju:'lɒts] *s pl* Hosenrock *m*

C

cul·pa·ble ['kʌlpəbl] *adj* strafbar, schuldhaft; ~ **negligence** (JUR) grobe Fahrlässigkeit; ~ **homicide** fahrlässige Tötung; **cul·prit** ['kʌlprɪt] *s* ❶ Angeklagte(r) *f m* ❷ Missetäter(in) *m(f)*, Übeltäter(in) *m(f)*

cult [kʌlt] *s* ❶ (REL) Kult *m* ❷ Verehrung *f*; **make a ~ out of s.th.** einen Kult mit etw treiben; **cult figure** *s* Kultfigur *f*

cul·ti·vate ['kʌltɪveɪt] *vt* ❶ (AGR) kultivieren, an-, bebauen ❷ (*fig*) kultivieren, pflegen; **cul·ti·vated** [-ɪd] *adj* ❶ (AGR) bebaut; gezüchtet ❷ (*fig*) gebildet, kultiviert; **cul·ti·va·tion** [ˌkʌltɪ'veɪʃn] *s* ❶ (AGR) Anbau *m* ❷ Pflege, Förderung *f* ❸ Kultiviertheit *f*; **cul·ti·va·tor** ['kʌltɪveɪtə(r)] *s* ❶ Landwirt(in) *m(f)* ❷ (AGR) Kultivator *m*; **a ~ of the fine arts** jd, der die schönen Künste pflegt

cul·tural ['kʌltʃərəl] *adj* kulturell; **culture** ['kʌltʃə(r)] *s* ❶ (AGR) Kultur *f*, Anbau *m*, Zucht *f* ❷ (*fig*) Bildung, Kultur *f* ❸ (BIOL) (Bakterien)Kultur *f*; **physical ~** Körperkultur *f*; ~ **medium** Nährboden *m*; **cul·tured** ['kʌltʃəd] *adj* ❶ gebildet, kultiviert ❷ gezüchtet; ~ **pearl** Zuchtperle *f*; **culture vulture** *s* (*pej*) Kulturfanatiker(in) *m(f)*; Kulturkonsument(in) *m(f)*

cum·ber·some, **cum·brous** ['kʌmbəsəm, 'kʌmbrəs] *adj* ❶ lästig, beschwerlich, mühsam ❷ sperrig, unhandlich ❸ schwerfällig

cumin ['kʌmɪn] *s* Kreuzkümmel *m*

cumu·lat·ive ['kju:mjʊlətɪv] *adj* ❶ sich (an)häufend, zunehmend ❷ kumulativ; **cumu·lus** ['kjumjʊləs, *pl* 'kju:mjʊlaɪ] <*pl* -li> *s* Haufenwolke *f*, Kumulus *m*

cun·ning ['kʌnɪŋ] **I.** *adj* schlau, listig; (*fam*) gerissen **II.** *s* Schläue, Gerissenheit *f*

cunt [kʌnt] *s* (*vulg: Vagina*) Fotze *f*, Möse *f*; (*als Schimpfwort*) Arschloch *nt*

cup [kʌp] *s* ❶ Tasse *f* ❷ Becher *m* ❸ (SPORT) Pokal *m* ❹ (REL) Kelch *m*; **that's not my ~ of tea** (*fam*) das ist nicht nach meinem Geschmack; **in one's ~s** angezecht; **cup·board** ['kʌbəd] *s* Schrank *m*; **cup final** *s* Pokalendspiel *nt*; **cup·ful** ['kʌpfʊl] *s* Tasse *f*

cu·pola ['kju:pələ] *s* (ARCH) Kuppel *f*

cuppa ['kʌpə] *s* (*fam*) Tasse *f* Tee

cup-tie ['kʌptaɪ] *s* (SPORT) Pokalspiel *nt*

cup win·ner ['kʌpˌwɪnə(r)] *s* Pokalsieger *m*

cur [kɜ:(r)] *s* ❶ Köter *m* ❷ (*fig*) gemeiner Kerl

cura·bil·ity [ˌkjʊərə'bɪlətɪ] *s* Heilbarkeit *f*; **cur·able** ['kjʊərəbl] *adj* heilbar

cu·rate ['kjʊərət] *s* ❶ Kurat *m* ❷ Vikar *m*

curb [kɜ:b] **I.** *s* ❶ (*Pferd*) Kandare *f* ❷ (*fig*) Zügel *mpl* ❸ Beschränkung *f* ❹ (*Am*) Bordstein *m* **II.** *vt* ❶ an die Kandare nehmen ❷ (*fig*) zügeln, im Zaum halten; bändigen; ~ **one's temper** sich im Zaum halten; **curb bit** *s* Kandare *f*; **curb·stone** ['kɜ:bstəʊn] *s* (*Am*) Bordstein *m*

curd [kɜ:d] *s oft pl* Quark *m*; **curdle** [kɜ:dl] **I.** *vt* gerinnen (lassen) **II.** *vi* gerinnen, sauer werden; **my blood ~d** es durchlief mich eiskalt

cure ['kjʊə(r)] **I.** *s* ❶ (MED) Heilung(sprozess *m*) *f*; Heilmittel, -verfahren *nt*, Heilmethode *f* ❷ Kur *f* (*for* gegen) ❸ (*fig*) Mittel *nt* (*for* gegen), Abhilfe *f* (*for* für) ❹ Pfarrstelle *f*; Seelsorge *f*; **past ~** unheilbar; ~ **of souls** Seelsorge *f*; **there is no ~ for** es gibt kein Mittel gegen **II.** *vt* ❶ heilen ❷ (*fig*) abhelfen (*s.th.* einer S), beheben ❸ pökeln, einsalzen; räuchern; konservieren, haltbar machen ❹ (TECH) vulkanisieren; **cure-all** ['kjʊərɔ:l] *s* Allheilmittel *nt*

cur·few ['kɜ:fju:] *s* Sperrstunde *f*; Ausgehverbot *nt*, -sperre *f*

curi·os·ity [ˌkjʊərɪ'ɒsətɪ] *s* ❶ Neugier(de) *f*; Wissensdurst *m* ❷ Seltenheit, Rarität *f*; ~ **shop** Kuriositätengeschäft *nt*; ~ **killed the cat** (*prov*) man soll nicht so neugierig sein; **curi·ous** ['kjʊərɪəs] *adj* ❶ neugierig; wissbegierig ❷ seltsam, eigenartig, ungewöhnlich ❸ (*fam*) komisch; **be ~ about s.th.** auf etw gespannt sein

curl [kɜ:l] **I.** *s* ❶ Locke *f* ❷ Kräuselung *f*; **in ~s** gekräuselt; gelockt; ~ **of smoke** Rauchwölkchen *ntpl* **II.** *vt* kräuseln **III.** *vi* sich kräuseln; ~ **up** (sich) zusammenrollen; **curlers** ['kɜ:ləz] *s pl* Lockenwickler *mpl*

cur·lew ['kɜ:lju:] *s* Brachvogel *m*

curl·ing ['kɜ:lɪŋ] *s* ❶ Kräuselung *f* ❷ (SPORT) Curling *nt*; **curling iron** *s* Lockenstab *m*; **curly** ['kɜ:lɪ] *adj* lockig, wellig

cur·rant ['kʌrənt] *s* ❶ Korinthe *f* ❷ Johannisbeere *f*

cur·rency ['kʌrənsɪ] *s* ❶ (FIN) Währung *f*, Zahlungsmittel *nt*, Geldsorte, Valuta *f* ❷ Laufzeit, Gültigkeit *f* ❸ (Geld-, Noten)Umlauf *m*; **gain ~** in Umlauf, in Gebrauch kommen; ~ **control** Devisenkontrolle *f*; ~ **depreciation/devaluation** Geldentwertung/Geldabwertung *f*; ~ **reform** Währungsreform *f*; **cur·rent** ['kʌrənt] **I.** *adj* ❶ laufend; im Umlauf befindlich ❷ aktuell; gebräuchlich, üblich ❸ (allgemein)gültig, landläufig **II.** *s* ❶ Strom *m*, Strömung *f*; Luftzug *m* ❷ (ELEK) Strom *m* ❸ Ab-, Verlauf *m*; (*fig*) Tendenz, Richtung *f*; **current account** *s* Girokonto *nt*; **current events** *s pl* Tagesgeschehen *nt*; **current expenses** *s pl* laufende Ausgaben *fpl*; **cur·rent·ly** [-lɪ] *adv* gegenwärtig, jetzt; **current opinion** *s* öffentliche Meinung; **current rate** *s* (Tages-, laufender) Kurs *m*

cur·ricu·lum [kə'rɪkjʊləm, *pl* kə'rɪkjʊlə] <*pl* -la> *s* Studien-, Lehrplan *m;* **curricu·lum vitae** [kə'rɪkjʊləm 'viːtaɪ] *s* Lebenslauf *m*

curry ['kʌrɪ] **I.** *s* (~ *powder*) Curry *m od nt* **II.** *vt* ① (*Pferd*) striegeln ② (*Leder*) zurichten ③ prügeln; ~ **favour with s.o.** sich bei jdm einzuschmeicheln suchen

curse [kɜːs] **I.** *s* ① Verwünschung *f* ② Fluch *m*, Unglück *nt* (*to* für) ③ Fluch(wort *nt*) *m* **II.** *vt* ① verfluchen, verdammen ② fluchen über **III.** *vi* fluchen; **cursed** ['kɜːsɪd] *adj* ① verflucht ② (*fam*) verflixt

cursor ['kɜːsə(r)] *s* (INFORM) Cursor *m*

cur·sory ['kɜːsərɪ] *adj* flüchtig, oberflächlich

curt [kɜːt] *adj* ① kurz, knapp ② barsch (*to* gegen)

cur·tail [kɜː'teɪl] *vt* ① kürzen ② (*Rechte*) schmälern ③ (*Lohn*) herabsetzen; **cur·tail·ment** [-mənt] *s* ① (Ab)Kürzung, Verkleinerung *f* ② Einschränkung, Schmälerung *f*

cur·tain ['kɜːtn] **I.** *s* ① Gardine *f*, Vorhang *m* ② (*fig*) Schleier *m;* **lift the** ~ (*fig*) den Schleier lüften; **the** ~ **rises/falls** (THEAT) der Vorhang geht auf/fällt; **it will be** ~**s** (*sl*) dann ist es endgültig aus **II.** *vt* mit einem Vorhang versehen; ~ **off** mit einem Vorhang abteilen; **curtain-call** *s* (THEAT) Vorhang *m;* **curtain-raiser** *s* ① (THEAT) Eröffnungseinakter *m* ② (FILM) Vorspann *m* ③ Vorspiel *nt*

curt·s(e)y ['kɜːtsɪ] **I.** *s* Knicks *m* **II.** *vi* knicksen; **drop a** ~ einen Knicks machen (*to* vor)

cur·va·ture ['kɜːvətʃə(r)] *s* Krümmung *f;* ~ **of the spine** Rückgrat(ver)krümmunng *f;*

curve [kɜːv] **I.** *s* Kurve, Biegung, Krümmung *f* **II.** *vt* biegen; wölben; krümmen **III.** *vi* sich biegen; sich wölben, sich krümmen

cushion ['kʊʃn] **I.** *s* ① (*a.* TECH) Kissen *nt*, Polster *nt* ② (TECH) Puffer *m* ③ (*Billard*) Bande *f* **II.** *vt* ① polstern ② abschirmen, -decken ③ (TECH) (ab)federn; (*Stoß*) abfangen ④ (*Billard*) auf Bande spielen

cushy ['kʊʃɪ] *adj* (*sl*) bequem, leicht

cuss [kʌs] **I.** *s* (*fam*) Fluch *m;* **not worth a tinker's** ~ keinen Heller wert **II.** *vi* (*fam*) fluchen; **cuss·word** ['kʌs,wɜːd] *s* (*Am: fam*) Schimpfwort *nt*

cus·tard ['kʌstəd] *s* Vanillesoße *f*

cus·tod·ian [kʌ'stəʊdɪən] *s* ① Kustos *m* ② Verwalter(in) *m(f)*, Treuhänder(in) *m(f)* ③ Pfleger(in) *m(f)* ④ Hüter(in) *m(f)* ⑤ Aufseher(in) *m(f)* ⑥ (*Am*) Raumpfleger(in) *m(f);* **cus·tody** ['kʌstədɪ] *s* ① Obhut, Verwahrung *f* ② Aufsicht(spflicht) *f* (*of* über +*acc*) ③ (JUR) Sorgerecht *nt* ④ (JUR) Gewahrsam *m*, Haft *f;* **release from** ~ aus der Haft entlassen; **take into** ~ verhaften

cus·tom ['kʌstəm] **I.** *s* ① Sitte *f*, Brauch *m*, Gewohnheit *f* ② (JUR) Gewohnheitsrecht *nt* ③ (*commercial, trade* ~) Handelsbrauch *m*, Usance *f* ④ (COM) Kundschaft *f;* Kundenkreis *m;* Klientel *f* ⑤ (*pl*) Zoll *m*, Zollverwaltung *f*, Zollgebühren *fpl;* **pass through** ~**s** den Zoll passieren; **it is his** ~ **to do** er pflegt zu tun **II.** *adj* (*Am: Kleidung*) Maß-; **cus·tomary** ['kʌstəmərɪ] *adj* üblich, gebräuchlich, gewöhnlich; **cus·tom-built** ['kʌstəmbɪlt] *adj* spezialangefertigt

cus·tomer ['kʌstəmə(r)] *s* ① Kunde *m*, Kundin *f*, Käufer(in) *m(f)*, Abnehmer(in) *m(f)* ② (*fam*) Kerl *m;* **a queer** ~ (*fam*) ein komischer Kauz; ~**-oriented outlook** an den Bedürfnissen des Kunden orientierte Managementstruktur; **regular** ~ Stammkunde *m*, -kundin *f;* **stray** ~ Laufkunde *m*, -kundin *f;* **customer number** *s* Kundennummer *f;* **customer service** *s* Kundendienst *m*

cus·tom·ize ['kʌstəmaɪz] *vt* (AUTO) individuell aufmachen; **customized** [-d] ① (AUTO) individuell aufgemacht, getunt ② kundenspezifisch

custom-made ['kʌstəm'meɪd] *adj* nach Maß angefertigt, spezialangefertigt; **cus·tom-made clothes** *s pl* (*Am*) Maßkleidung *f*

customs barrier ['kʌstəmz'bærɪə(r)] *s* Zollschranke *f;* **customs clearance** *s* Zollabfertigung *f;* **customs declaration** *s* Zollerklärung *f;* **customs documents** *s pl* Zollbegleitpapiere *pl;* **customs dues**, **cus·toms duties** *s pl* Zollgebühren *fpl;* **cus·toms examination** *s* Zollkontrolle *f;* **cus·tom(s)house** *s* Zollamt *nt;* **customs investigation** *s* Zollfahndung *f;* **customs investigator** *s* Zollfahnder(in) *m(f);* **cus·toms officer** *s* Zollbeamter *m*, -beamtin *f;* **customs matters** *s pl* Zollbereich *m*

cut [kʌt] <*irr:* cut, cut> **I.** *vt* ① (ab-, durch-, zer)schneiden ② (*Hecke*) stutzen ③ (*Gras*) mähen ④ (*Holz*) hacken, spalten ⑤ trennen, (zer)teilen; (auf)schlitzen; abhauen ⑥ (*Tier*) verschneiden, kastrieren ⑦ (*Stoff*) zuschneiden; (*Film*) schneiden ⑧ schnitzen, (ein)gravieren ⑨ (*Karten*) abheben ⑩ (SPORT: *Ball*) schneiden ⑪ (*Getränk*) verschneiden, verdünnen ⑫ (*fig*) beschneiden, verringern, verkleinern; (*Gehalt*) kürzen; (*Preise*) herabsetzen,

C

ermäßigen, reduzieren ⑬ (*fam: Menschen*) schneiden, nicht sehen wollen ⑭ (*fam: Schule*) schwänzen ⑮ (*sl*) stoppen, Schluss machen, aufhören mit; ~ **corners** einsparen (*on* bei); ~ **a figure** Eindruck schinden [*o* machen]; ~ **a tooth** zahnen; ~ **one's teeth on s.th.** sich mit etw versuchen; ~ **it fine** (*fam*) es gerade (so) schaffen; ~ **the ground from under s.o.** [*o* **s.o.'s feet**] (*fig*) jdm den Boden unter den Füßen wegziehen; ~ **no** [*o* **not much**] **ice** (*fam*) nicht viel ausrichten; ~ **the record** den Rekord brechen; ~ **a record** eine Schallplattenaufnahme machen (*of* von); ~ **both ways** (*fig*) ein zweischneidiges Schwert sein; für beide gelten **II.** *vi* ① scharf sein, schneiden ② (*Wind*) schneiden; (~ *through*) pfeifen durch ③ (*fam*) abhauen; (*Schule*) schwänzen ④ (*Karten*) abheben; ~ **and run** (*fam*) abhauen; ~ **loose** (MAR) losmachen; (*fig*) sich freimachen; (*Am*) loslegen **III.** *adj* ① (ab-, aus-, ein)geschnitten; be-, zerschnitten; behauen ② beschnitten, kastriert ③ (*fig*) vekleinert, verringert, reduziert, gekürzt **IV.** *s* ① Schnitt *m;* Stich *m* ② (Ein)Schnitt *m* ③ (Schnitt)Wunde *f* ④ Schnittfuge *f* ⑤ (*Fleisch*) Scheibe *f* ⑥ (*Schafe*) Schur *f* ⑦ Durchstich, Graben *m* ⑧ (Druck)Platte *f,* (Kupfer-, Stahl)Stich *m;* Holzschnitt *m* ⑨ (*Kleidung*) (Zu)Schnitt *m* ⑩ (*Karten*) Abheben *nt* ⑪ (*short* ~) Abkürzung *f* ⑫ (*fig*) Verringerung *f;* Kürzung *f;* **a ~ above** (*fam*) ein bisschen besser als; **salary** ~ Gehaltskürzung *f;* **wage** ~ Lohnkürzung *f;* ~ **in prices** Preissenkung *f;* **cut across** *vt* laufen über, überqueren; widersprechen (*s.th.* einer S); **cut away** *vt* weg-, abschneiden; **cut back** **I.** *vt* ① zurück-, beschneiden ② einschränken; ab-, unterbrechen **II.** *vi* ① (FILM) zurückblenden ② (*Ausgaben, Essen*) sich einschränken; **cut down** **I.** *vt* ① ab-, umhauen; (*Baum*) fällen ② niederhauen, -schlagen ③ (*fig*) kleiner machen, verkleinern, (ver)kürzen, verringern; herabsetzen, einschränken ④ herunterhandeln **II.** *vi* sich einschränken; **cut in** *vi* ① unterbrechen ② (AUTO) nach dem Überholen zu rasch einbiegen; schneiden ③ (*beim Tanzen*) abklatschen; ~ **in on s.o.'s market** jdm Konkurrenz machen; ~ **s.o. in on s.th.** jdn bei etw beteiligen; **cut into** *vt* ① anschneiden ② (*Gespräch*) sich einschalten in ③ (*Verkehr*) sich hineindrängeln in ④ (*fig: Reserven*) angreifen; **cut off** *vt* ① abschneiden, -hauen, -trennen ② plötzlich unterbrechen; (TELE) unterbrechen ③ (*Gas, Strom*) abstellen ④ enterben; **cut out** **I.** *vt* ① ausschneiden; wegschneiden, entfernen ② streichen, weg-, auslassen ③ (*Weg*) bahnen ④ (*Stoff*) zuschneiden ⑤ (*Rivalen*) ausstechen; übertrumpfen, verdrängen ⑥ (*das Rauchen*) aufgeben **II.** *vi* (TECH) aussetzen; **be ~ out for s.th.** für etw geschaffen sein; ~ **it out!** hör auf damit!; **have one's work ~ out** alle Hände voll zu tun haben; **cut short** *vt* ① abkürzen, unterbrechen ② plötzlich beenden; **cut up** *vt* ① zerschneiden, -legen ② vernichten ③ (*seelisch*) mitnehmen, aufwühlen; (*fam*) fertigmachen ④ heftig kritisieren, herunterreißen ⑤ (*Am sl*) dumme Witze machen; ~ **up rough** massiv werden; ~ **up well** reich sterben

cut-and-dried [ˌkʌtn'draɪd] *adj* eindeutig, fix und fertig; (*Meinung*) vorgefasst; **cut·away** ['kʌtəweɪ] (TECH) aufgeschnitten; ~ **drawing** Schnittzeichnung *f;* ~ **model** Schnittmodell *nt;* **cut·back** ['kʌtbæk] *s* ① Kürzung, Verminderung *f;* Einschränkung *f* ② (FILM) Rückblende *f*

cute [kju:t] *adj* ① gewitzt, helle ② (*Am fam*) süß; niedlich; hübsch; **cut(e)y, cutie** ['kju:tɪ] *s* (*Am sl*) süße Maus

cut flowers [ˌkʌt'flaʊəz] *s pl* Schnittblumen *fpl*

cu·ticle ['kju:tɪkl] *s* ① (ANAT BOT) Oberhaut *f* ② Nagelhaut *f*

cut·lass ['kʌtləs] *s* Entermesser *nt*

cut·lery ['kʌtlərɪ] *s* Besteck *nt*

cut·let ['kʌtlɪt] *s* ① Schnitzel *nt* ② Hacksteak *nt*

cut-off ['kʌtɒf] *s* ① (*Am*) Abkürzung *f* ② (TECH) Ausschaltung *f;* **cut·out** ['kʌtaʊt] *s* ① Ausschnitt *m* ② Ausschneidemodell *nt;* Ausschneidepuppe *f* ③ (ELEK) Schalter *m;* (~ *switch*) Unterbrecher *m* ④ (TECH) Aussetzen *nt;* **cut-price** *adj* zu Schleuderpreisen; **cut-rate** *adj* verbilligt; **cut-sheet feed** *s* (INFORM) Einzelblatteinzug *m*

cut·ter ['kʌtə(r)] *s* ① Schneidende(r) *f m,* Schneider(in) *m(f);* Zuschneider(in) *m(f)* ② (FILM) Cutter(in) *m(f)* ③ (TECH) Schneidwerkzeug *nt* ④ (MAR) Kutter *m;* Beiboot *nt;* (*Am*) Küstenschutzboot *nt*

cut-throat **I.** *s* Mörder(in) *m(f)* **II.** *adj* mörderisch

cut·ting ['kʌtɪŋ] **I.** *s* ① Schneiden *nt;* Schnitt *m* ② Einschnitt *m;* Durchstich *m* (*für eine Straße*) ③ (FILM) Schnitt *m* ④ (*Br*) (Zeitungs)Ausschnitt *m* ⑤ (AGR) Ableger *m* ⑥ (*pl*) Abfälle *mpl* **II.** *adj* ① (*Kälte, Wind*) schneidend ② (*Messer, Kante*) scharf ③ (*fig*) beißend, verletzend

cuttle·fish ['kʌtlfɪʃ] *s* Tintenfisch *m*

CV [siː'viː] *s Abk. von* **curriculum vitae** Lebenslauf *m*
cy·an·ide ['saɪənaɪd] *s* (CHEM) Zyanid *nt;* **potassium** ~ Zyankali *nt*
cy·ber- ['saɪbə] *adj* Cyber-, Internet-; **cy·ber·ca·fé** ['saɪbəˌkæfeɪ] *s* (INTERNET) Internetcafé *nt;* **cy·ber·cash** ['saɪbəˌkæʃ] *s* (INTERNET) Cybercash *m;* **cy·ber·net·ics** [ˌsaɪbə'netɪks] *s pl mit sing* Kybernetik *f;* **cy·ber·naut** ['saɪbənɔːt] *s* Cybernaut *m;* **cy·ber·punk** ['saɪbəˌpʌŋk] *s* Cyberpunk *m* (*Mailboxkommunikation in der Science-fictionszene*); **cy·ber·sex** ['saɪbəˌseks] *s* (INTERNET) Cybersex *m;* **cy·ber·shop** ['saɪbəʃɒp] *vi* Internetgeschäft *nt;* **cy·ber·space** ['saɪbəˌspeɪs] *s* (INTERNET) Cyberspace *m* (*vom Computer simulierter dreidimensionaler Raum*)
cy·cla·men ['sɪkləmən] *s* Alpenveilchen *nt*
cy·cle ['saɪkl] **I.** *s* ❶ Kreis(lauf), Zyklus *m* ❷ Periode *f* ❸ Arbeitsgang *m* ❹ (ASTR) (Kreis)Bahn *f* ❺ (LIT) Sagen-, Legendenkreis *m* ❻ (*fam*) (Fahr)Rad *nt;* **economic** [*o* **trade**] [*o* **business**] ~ Konjunkturzyklus *m* **II.** *vi* Rad fahren, radeln
cy·clic(al) ['saɪklɪk(l)] *adj* ❶ zyklisch, periodisch ❷ (COM) konjunkturbedingt
cy·cling ['saɪklɪŋ] *s* Radfahren *nt;* ~ **shorts** Radlerhose *f;* **cy·clist** ['saɪklɪst] *s* Radfahrer(in) *m(f)*
cy·clone ['saɪkləʊn] *s* Wirbelsturm, Zyklon *m*
cyg·net ['sɪgnɪt] *s* junger Schwan
cyl·in·der ['sɪlɪndə(r)] *s* ❶ (MATH TECH AUTO) Zylinder *m* ❷ (TECH) Walze, Trommel, Rolle *f;* **cylinder block** *s* (AUTO) Zylinderblock *m;* **cylinder capacity** *s* (AUTO) Hubraum *m;* **cylinder head** *s* (AUTO) Zylinderkopf *m;* **cy·lin·dri·cal** [sɪ'lɪndrɪkl] *adj* zylindrisch, walzenförmig
cym·bals ['sɪmblz] *s pl* (MUS) Becken *nt*
cyn·ic ['sɪnɪk] **I.** *s* Zyniker(in) *m(f)* **II.** *adj* zynisch; **cyni·cal** ['sɪnɪkl] *adj* zynisch; **cyni·cism** ['sɪnɪsɪzəm] *s* Zynismus *m;* zynische Bemerkung *f*
cy·pher ['saɪfə(r)] **I.** *s* ❶ (MATH) Ziffer, Zahl *f;* Null(zeichen *nt*) *f* ❷ (*fig*) Null *f,* völlig unbedeutender Mensch ❸ Chiffre *f;* Chiffrierverfahren *nt* ❹ (~ *-key*) Schlüssel *m* (*einer Geheimschrift*) **II.** *vt* verschlüsseln, chiffrieren; **cipher code** *s* Chiffrierschlüssel *m*
cy·press ['saɪprəs] *s* Zypresse *f*
Cyp·ri·ot ['sɪprɪət] **I.** *adj* zypriotisch, zyprisch **II.** *s* Zypriot(in) *m(f),* Zyprer(in) *m(f);* **Cy·prus** ['saɪprəs] *s* Zypern *nt*
cyst [sɪst] *s* (MED) Zyste *f;* **cys·ti·tis** [sɪs'taɪtɪs] *s* (MED) Blasenentzündung *f*

czar [zɑː(r)] *s* Zar *m;* **czar·ina** [zɑː'riːnə] *s* Zarin *f*
Czech [tʃek] **I.** *adj* tschechisch **II.** *s* ❶ Tscheche *m,* Tschechin *f* ❷ (das) Tschechisch(e); **Czech Republic** *s* die Tschechische Republik

D d

D, d [diː] <*pl* -'s> *s* ❶ (*a.* MUS) D, d *nt* ❷ (*Schulnote*) ausreichend
dab¹ [dæb] **I.** *vt* ❶ leicht berühren ❷ ab-, betupfen (*with s.th.* mit etw) **II.** *s* ❶ Klecks *m* ❷ Tupfer *m*
dab² [dæb] *adj* (*fam*): **be a ~ hand at doing s.th.** sich darauf verstehen etw zu tun
dabble ['dæbl] **I.** *vt* plantschen **II.** *vi:* ~ **in s.th.** sich nebenbei mit etw beschäftigen
dad(dy) ['dædɪ] *s* (*fam*) Papi, Vati *m*
daddy-long-legs [ˌdædɪ'lɒŋlegz] *s sing* Schnake *f;* (*Am*) Weberknecht *m*
dae·mon ['diːmən] *s* Dämon *m*
daf·fo·dil ['dæfədɪl] *s* Narzisse, Osterglocke *f*
daft [dɑːft] *adj* (*fam*) dumm, blöd
dag·ger ['dægə(r)] *s* ❶ Dolch *m* ❷ (TYP) Kreuz *nt;* **be at ~s drawn with s.o.** mit jdm auf Kriegsfuß stehen; **look ~s at** feindselige Blicke werfen auf
dah·lia ['deɪlɪə] *s* Dahlie *f*
daily ['deɪlɪ] **I.** *adj, adv* täglich; Tages-; ~ **dozen** Morgengymnastik *f;* **one's ~ bread** das tägliche Brot **II.** *s* ❶ (~ *paper*) Tageszeitung *f* ❷ (*fam*) Zugehfrau *f*

i Land & Leute

Das **Dáil** ist das Unterhaus des *Oireachtas*, des Parlaments der *Irish Republic*. Es hat 166 Abgeordnete, die für fünf Jahre demokratisch gewählt werden. Das Oberhaus, der *Seanad* (Senat) hat 60 Abgeordnete, von denen 11 vom *taoiseach* (Premierminister) ernannt werden, 6 werden von den irischen Universitäten gewählt, und 43 werden gewählt, um eine Reihe von wirtschaftlichen, kulturellen und berufsbezogenen Interessen zu vertreten.

dainti·ness ['deɪntɪnɪs] *s* ❶ Zierlichkeit, Zartheit *f* ❷ Anmutigkeit *f;* **dainty** ['deɪntɪ] **I.** *adj* ❶ (*Person*) zierlich; anmutig ❷ wählerisch (*about* in) ❸ appetitlich ❹ zerbrechlich **II.** *s pl* Leckerbissen *mpl*

dairy ['deərɪ] *s* ❶ Molkerei *f* ❷ Milchgeschäft *nt;* **dairy cattle** *s pl* Milchvieh *nt;* **dairy·man** [-mən] <*pl* -men> *s* Melker *m,* Molkereiangestellte(r) *f m;* **dairy produce** *s* Molkereiprodukte *ntpl*

dais ['deɪɪs] *s* Podium *nt*

daisy ['deɪzɪ] *s* Gänseblümchen *nt;* **push up the daisies** (*sl*) die Radieschen von unten begucken; **daisy wheel** *s* Typenrad *nt;* **daisy-wheel typewriter** *s* Typenradschreibmaschine *f*

dally ['dælɪ] *vi* ❶ tändeln, flirten (*with* mit) ❷ die Zeit vertrödeln (*over one's work* bei der Arbeit)

dam [dæm] **I.** *s* ❶ Damm *m;* Talsperre *f* ❷ Stausee *m* **II.** *vt* ❶ (~ *in, up*) stauen, eindämmen ❷ (*fig:* ~ *back*) unterdrücken; (~ *up*) aufstauen

dam·age ['dæmɪdʒ] **I.** *s* ❶ Schaden *m* ❷ **~s** Schadensersatz *m;* ~ **limitation** Schadensbegrenzung *f;* **what's the ~?** (*fam*) was kostet der Spaß? **II.** *vt* ❶ beschädigen ❷ schaden (*s.th.* einer S); **dam·ag·ing** *adj* schädlich; **have a ~ impact on** schädigen

dam·ask ['dæməsk] *s* Damast *m*

dame [deɪm] *s* ❶ (Titel *m* einer) Ordensträgerin *f* ❷ (*obs*) Dame *f*

damn [dæm] **I.** *vt* ❶ (*a.* REL) verdammen ❷ verurteilen; verreißen ❸ (*sl*): ~ **it!** verdammt!; ~ **it all!** zum Donnerwetter!; **I'll be ~ed if I go** ich denk' nicht dran zu gehen **II.** *s:* **not to care** [*o* **give**] **a** ~ sich einen Dreck daraus machen **III.** *adj, adv* (*sl*) verdammt; **dam·nable** ['dæmnəbl] *adj* abscheulich; **dam·na·tion** [dæm'neɪʃn] **I.** *s* (*a.* REL) Verdammung *f* **II.** *interj* (*sl*) verdammt!; **damned** [dæmd] **I.** *adj* (*sl*) verdammt **II.** *adv* (*sl*) äußerst, sehr **III.** *s:* **the** ~ die Verdammten *pl*

damp [dæmp] **I.** *adj* feucht **II.** *s* ❶ Feuchtigkeit *f* ❷ (*fire* ~) schlagende Wetter *ntpl* **III.** *vt* ❶ an-, befeuchten ❷ (PHYS TECH: ~ *down*) drosseln ❸ (ELEK) dämpfen; **damp-course** *s* (ARCH) Isolierschicht *f;* **dampen** ['dæmpən] *vt* drosseln, dämpfen; **damper** ['dæmpə(r)] *s* Dämpfer *m* (*to* für); **cast a ~ over** entmutigen; **damp·ness** ['dæmpnɪs] *s* Feuchtigkeit *f*

dance [dɑːns] **I.** *vi, vt* ❶ tanzen (*with* mit) ❷ hüpfen (*for, with* vor); ~ **attendance on s.o.** sich um jdn unablässig bemühen **II.** *s* ❶ Tanz *m* ❷ Tanzparty *f;* **lead s.o. a pretty** ~ jdm Scherereien machen; **dance band** *s* Tanzkapelle *f;* **dance music** *s* Tanzmusik *f;* **dancer** ['dɑːnsə(r)] *s* Tänzer(in) *m(f);* **danc·ing** [-ɪŋ] **I.** *s* Tanzen *nt* **II.** *adj attr* Tanz-; **dancing master** *s* Tanzlehrer *m;* **dancing partner** *s* Tanzpartner(in) *m(f);* **dancing shoes** *s pl* Tanzschuhe *mpl*

dan·de·lion ['dændɪlaɪən] *s* Löwenzahn *m*

dan·druff ['dændrʌf] *s* Kopfschuppen *fpl*

dandy ['dændɪ] **I.** *s* Dandy *m* **II.** *adj* (*fam*) prima

Dane [dein] *s* Däne *m,* Dänin *f*

dan·ger ['deɪndʒə(r)] *s* Gefahr *f* (*to* für); **in** ~ in Gefahr; **out of** ~ außer Gefahr; **be a ~ to** eine Gefahr bilden für; **be in ~ of losing** Gefahr laufen zu verlieren; **caution, ~!** Achtung, Lebensgefahr!; **danger area** *s* Gefahrenzone *f;* **danger money** *s* Gefahrenzulage *f;* **dan·ger·ous** ['deɪndʒərəs] *adj* gefährlich (*to* für)

dangle ['dæŋgl] **I.** *vt* ❶ baumeln lassen ❷ (*fig*) in Aussicht stellen (*before s.o.* jdm) **II.** *vi* baumeln

Dan·ish ['deɪnɪʃ] **I.** *adj* dänisch **II.** *s* (das) Dänisch(e)

dank [dæŋk] *adj* nasskalt

Danube ['dænjuːb] *s* Donau *f*

dap·per ['dæpə(r)] *adj* elegant; gepflegt

dapple ['dæpl] *vt* sprenkeln

dare [deə(r)] **I.** *vi* es wagen, sich trauen; **don't you ~ !** unterstehen Sie sich! **II.** *vt* ❶ wagen, riskieren (*to do s.th.* etw zu tun) ❷ trotzen, herausfordern; **I ~ say** ich könnte mir denken; vermutlich **III.** *s* Herausforderung *f;* **do s.th. for a** ~ etw als Mutprobe tun; **dare-devil** ['deə,devl] *s* Draufgänger(in) *m(f)*

dar·ing ['deərɪŋ] **I.** *adj* (toll)kühn, waghalsig, gewagt **II.** *s* Wagemut *m*

dark [dɑːk] **I.** *adj* ❶ dunkel, finster ❷ (*Farbe, Haut, Haare*) dunkel ❸ (*fig*) verborgen, versteckt ❹ mutlos, niedergeschlagen, traurig ❺ düster; ~ **horse** unbekannte Größe **II.** *s* ❶ Dunkelheit, Finsternis *f* ❷ (*fig*) Dunkel *nt;* **before** ~ vor Einbruch der Dunkelheit; **after** ~ nach Einbruch der Dunkelheit; **be in the ~ about s.th.** keine Ahnung haben von etw; **Dark Ages** *s pl:* **the** ~ das Mittelalter; **Dark Continent** *s:* **the** ~ der Schwarze Kontinent; **darken** ['dɑːkən] **I.** *vt* dunkel machen; ver-, abdunkeln; ~ **s.o.'s door** zu jdm auf Besuch kommen **II.** *vi* dunkel werden; **darkly** ['dɑːklɪ] *adv* dunkel; finster; **dark·ness** ['dɑːknɪs] *s* ❶ Dunkelheit, Finsternis *f* ❷ (*fig*) Düsterkeit *f;* **dark-room** *s* (PHOT) Dunkelkammer *f;* **dark-skinned**

[ˌdɑːkˈskɪnd] *adj* dunkelhäutig

dar·ling [ˈdɑːlɪŋ] **I.** *s* Liebling *m;* Schatz *m* **II.** *adj* lieb, reizend

darn¹ [dɑːn] **I.** *vt* (*Strümpfe*) stopfen **II.** *s* gestopfte Stelle

darn² [dɑːn] *interj* (*Am sl*): ~ **it!** zum Kuckuck noch mal!; **well I'll be ~ed!** zum Donnerwetter!

darn·ing [ˈdɑːnɪŋ] *s* Stopfen *nt;* **darning-needle** [ˈdɑːnɪŋniːdl] *s* Stopfnadel *f*

dart [dɑːt] **I.** *vt* ① (*Blick*) werfen ② mit einem Pfeil schießen **II.** *vi* sausen, flitzen; schnellen **III.** *s* ① Sprung, Satz *m* ② Pfeil *m* ③ **~s** (SPORT) Darts, Pfeilwurfspiel *nt* ④ (*Textil*) Abnäher *m;* **dart board** *s* Dartscheibe *f*

dash [dæʃ] **I.** *vt* ① schleudern; (zer)schlagen ② (*fig*) zunichte machen ③ (*Brief:* ~ *off*) rasch hinwerfen; ~ **it!** (*fam*) verdammt! **II.** *vi* schlagen, prallen (*against* gegen) **III.** *s* ① Jagd *f* ② Schuss *m;* Spritzer *m;* etwas, ein bisschen ③ (*fig*) Schwung, Elan *m* ④ Gedankenstrich *m* ⑤ (*Morsealphabet*) Strich *m;* **at a** ~ wie der Wind; **make a** ~ losstürzen; **the** ~ der Kurzstreckenlauf; **at one** ~ in einem Zug; **cut a** ~ eine schneidige Figur machen; **dash·board** [ˈdæʃbɔːd] *s* (AUTO) Armaturenbrett *nt;* **dash·ing** [ˈdæʃɪŋ] *adj* ① schwungvoll ② lebhaft; schneidig

das·tard·ly [ˈdæstədlɪ] *adj* hinterhältig, gemein

DAT [ˌdiːerˈtiː] *s Abk. von* **digital audio tape** DAT *nt*

data [ˈdeɪtə] *s pl oft sing* ① Einzelheiten, Tatsachen, Gegebenheiten *fpl* ② Daten *pl,* Angaben *fpl;* **data archaeology** *s no pl* Datenarchivierung *f;* **data bank** *s* (INFORM) Datenbank *f;* **data·base** *s* (INFORM) Datenbasis *f,* Datenbestand *m;* **data bus** *s* Datenbus *m;* **data carrier** *s* (INFORM) Datenträger *m;* **data file** *s* Datei *f;* **data glove** *s* Datenhandschuh *m;* **data network** *s* (INFORM) Datennetz *nt,* Datenverbund *m;* **data processing** *s* (INFORM) Datenverarbeitung *f;* **data protection** *s* Datenschutz *m;* Datensicherheit *f;* **data retrieval** *s* (INFORM) Datenabruf *m;* **data transfer** *s* (INFORM) Datentransfer *m,* Datenübertragung *f*

date¹ [deɪt] **I.** *s* ① Datum *nt,* Zeitangabe *f;* Jahreszahl *f* ② Termin, Zeitpunkt *m* ③ (*fam*) Verabredung *f;* **at that** ~ zu jener Zeit; damals; **of recent** ~ neueren Datums; **out-of-~** überholt, veraltet, altmodisch; **up-to-~** auf dem neuesten Stand, aktuell; **up to** ~ modisch, aktuell; **out of** ~ aus der Mode; **fix** [*o* **set**] **a** ~ eine Frist festlegen; einen Zeitpunkt bestimmen; **have** [*o* **make**] **a** ~ sich verabreden; **what is the** ~ **of … ?** wann war … ?; **what is the** ~ **today?** welches Datum, den Wievielten haben wir heute?; **to** ~ bis heute; ~ **of birth** Geburtsdatum *nt* **II.** *vt* ① datieren; zeitlich festlegen ② ausgehen (*s.o.* mit jdm) **III.** *vi:* ~ **from** stammen aus; ~ **back to** zurückgehen auf

date² [deɪt] *s* Dattel *f*

dated [ˈdeɪtɪd] *adj* altmodisch

date-line *s* (GEOG) Datumsgrenze *f*

date rape *s* Vergewaltigung *f* durch eine dem Opfer bekannte Person

date stamp *s* Datumsstempel *m*

> **i Land & Leute**
>
> Beim **dating** in Amerika gibt es verschiedene Ausdrücke für eine Beziehung zwischen einem Mädchen und einem Jungen. *Seeing each other* heißt, dass zwei sich öfters verabreden, aber trotzdem frei sind, mit anderen Partnern auszugehen. *Going out*, heißt sie sind fest befreundet. Wenn ein Junge an einem Mädchen Interesse hat, fragt er, ob sie mit ihm ausgehen will. *Do you want to go out sometime?* heißt aber nur ‚Sollen wir uns mal verabreden?'

da·tive [ˈdeɪtɪv] **I.** *s* Dativ *m* **II.** *adj* dativisch, Dativ-

daub [dɔːb] **I.** *vt* (be)schmieren; (be)sudeln **II.** *s* ① Schmiererei *f* ② (ARCH) Bewurf *m*

daugh·ter [ˈdɔːtə(r)] *s* Tochter *f;* **daughter-in-law** [ˈdɔːtərɪnlɔː] <*pl* -s-in-law> *s* Schwiegertochter *f*

daunt [dɔːnt] *vt* entmutigen; **nothing ~ed** unverzagt; **daunt·less** [ˈdɔːntlɪs] *adj* unerschrocken

dawdle [ˈdɔːdl] **I.** *vi* (herum)trödeln, -bummeln **II.** *vt:* ~ **away** (*Zeit*) vertrödeln, -bummeln; **daw·dler** [ˈdɔːdlə(r)] *s* Trödler(in) *m(f)*

dawn [dɔːn] **I.** *s* ① (Morgen)Dämmerung *f,* Tagesanbruch *m* ② (*fig*) Beginn *m;* **at** ~ bei Tagesanbruch **II.** *vi* ① dämmern ② (*fig*) heraufkommen, beginnen, anbrechen ③ (*Sinn*) dämmern (*on, upon s.o.* jdm)

day [deɪ] *s* ① Tag *m* ② Termin *m* ③ Epoche, (Blüte)Zeit *f* ④ **~s** Zeiten *fpl;* (**three times**) **a** ~ (dreimal) täglich; **all** ~ den ganzen Tag; **by** ~ am Tag(e), bei Tage; **at the present** ~ gegenwärtig; **at this time of** ~ zu dieser Stunde; **every** ~ jeden Tag, täglich; **from** ~ **to** ~ von Tag zu Tag; **these ~s**

heute, heutzutage; **in those ~s** damals; **in my young ~s** in meiner Jugendzeit; **in ~s to come** in Zukunft; **one ~** eines Tages; einmal; **one of these ~s** in den nächsten Tagen; einmal; **the other ~** kürzlich, neulich; **the present ~** die Gegenwart; **the ~ after tomorrow** übermorgen; **this ~ week/month/year** heute in acht Tagen/vier Wochen/einem Jahr; **up to this ~** bis heute; **~ after** [*o* **by**] **~** Tag für Tag; **the ~ before** der, am Vortag; **~ in, ~ out** tagein, tagaus; **call it a ~** Feierabend, Schluss machen; **have a nice ~!** (ich wünsche Ihnen) einen schönen Tag!; **that'll be the ~** das möcht' ich sehen; **those were the ~s** das waren noch Zeiten; **what ~ of the week is it?** welchen Wochentag haben wir?; **business ~** Werk-, Arbeitstag *m;* Markt-, Börsentag *m;* **present-~** heutig, von heute; **rainy ~** Regentag *m;* **~ of arrival** Ankunftstag *m;* **~ of birth** Geburtstag *m;* **~ of death** Sterbetag *m;* **day·break** ['deɪbreɪk] *s* Tagesanbruch *m;* **at ~** bei Tagesanbruch; **day care centre** *s* Tagesstätte *f;* **day·dream** ['deɪdri:m] **I.** *s* Tagtraum *m* **II.** *vi* mit offenen Augen träumen; **day job** *s* (*fam*) *Job, den man tagsüber ausübt;* **day·light** ['deɪlaɪt] *s* Tageslicht *nt;* **by ~** bei Tageslicht; **in broad ~** am hellichten Tage; **see ~** (*fam*) kapieren; (wieder) Land sehen; **~saving time** (*Am*) Sommerzeit *f;* **day nursery** *s* Tagesheim *nt* für Kleinkinder; Kindertagesstätte *f;* **day release** *s* *tageweise Freistellung von Angestellten zur Weiterbildung;* **day return** *s* (Tages)Rückfahrkarte *f;* **day·school** *s* Tagesschule *f;* **day shift** *s* Tagschicht *f;* **day·time** *s* Tag *m;* **day·time cream** *s* Tagescreme *f;* **during** [*o* **in**] **the ~** bei Tage; **day trip** *s* Kaffeefahrt *f;* Tagesausflug *m*

daze [deɪz] **I.** *vt* benommen machen **II.** *s* Benommenheit *f;* **in a ~** ganz benommen

dazzle ['dæzl] **I.** *vt* blenden **II.** *s* Blenden *nt*

DC *s s.* **direct current**

DDT [ˌdi:di:'ti:] *s Abk. von* **dichlorodiphenyltrichloroethane** DDT *nt*

dea·con ['di:kən] *s* Diakon *m;* **dea·con·ess** ['di:kənɪs] *s* Diakonissin *f*

dead [ded] **I.** *adj* ❶ tot, verstorben ❷ (*Materie*) unbelebt ❸ (*Glieder*) taub, abgestorben ❹ (*Sprache*) tot ❺ (*Maschine*) nicht in Betrieb ❻ reg(ungs)los ❼ öde, langweilig, leblos ❽ (*Schlaf*) tief ❾ (*Wasser*) stehend ❿ (*Feuer*) erloschen ⓫ (*Zigarre*) ausgegangen ⓬ (ELEK) spannungslos ⓭ unproduktiv, unergiebig; **shoot s.o. ~** jdn erschießen; **strike s.o. ~** jdn erschlagen; **he is ~ to pity** er kennt kein Mitleid; **~ to the world** (*fig*) vollkommen weggetreten; **be in a ~ faint** völlig bewusstlos sein; **come to a ~ stop** völlig zum Stillstand kommen **II.** *adv* ❶ genau ❷ total, völlig; **~ tired** todmüde; **~drunk** (*fam*) stockvoll; **~ against** völlig dagegen; **~ on target** genau ins Ziel; **~ slow!** Schritt fahren! **III.** *s:* **the ~** die Toten *mpl;* **in the ~ of night** mitten in der Nacht; **in the ~ of winter** mitten im Winter; **dead-beat** [ˌded'bi:t] *adj* völlig kaputt, erschöpft; **dead centre** *s* Mittelpunkt *m*

deaden ['dedn] *vt* mildern, abschwächen; abstumpfen (*to* gegen)

dead end [ˌded'end] *s* Sackgasse *f;* **come to a ~** (*fig*) in eine Sackgasse geraten; **dead-end** ['dedend] *adj:* **~ street** Sackgasse *f;* **~ job** Arbeitsplatz *m* ohne Aufstiegsmöglichkeit; **dead heat** *s* (SPORT) totes Rennen; **dead·line** ['dedlaɪn] *s* letzter Termin; Einsendeschluss *m;* **fix** [*o* **set**] **a ~** eine Frist setzen; **meet the ~** den Termin einhalten; **dead·lock** ['dedlɒk] *s* völliger Stillstand; **come to** [*o* **reach**] **a ~** auf den toten Punkt gelangen, sich festfahren

deadly ['dedlɪ] **I.** *adj* ❶ tödlich ❷ Tod- ❸ (*fam*) todlangweilig **II.** *adv:* **~ pale** totenbleich

dead·pan [ˌded'pæn] **I.** *s* ausdrucksloses Gesicht **II.** *adj* unbewegt **III.** *vi* (*sl*) Witze reißen, ohne dabei zu lachen; **Dead Sea** *s* das Tote Meer; **dead·wood** ['dedˌwʊd] *s* ❶ morsches Holz ❷ (*fig*) Ballast *m*

deaf [def] **I.** *adj* taub (*to* für, gegen); **be ~ in one ear** auf einem Ohr taub sein; **turn a ~ ear to** nichts hören wollen von; **~ and dumb** taubstumm **II.** *s:* **the ~** die Tauben *pl;* **deaf-aid** *s* Hörapparat *m;* **deafen** ['defn] *vt* taub machen; **deafen·ing** ['defnɪŋ] *adj* ohrenbetäubend; **deaf-mute** [ˌdef'mju:t] *s* Taubstumme(r) *f m;* **deaf·ness** ['defnɪs] *s* Taubheit *f* (*to* gegenüber)

deal[1] [di:l] <*irr:* dealt, dealt> **I.** *vt* (*~ out*) aus-, verteilen; ausgeben; **~ s.o. a blow** jdm einen Schlag versetzen **II.** *vi* ❶ (*Karten*) geben ❷ (*Drogen*) dealen; **~ well by s.o.** jdn gut behandeln; **~ badly by s.o.** schlecht behandeln **III.** *s* ❶ Handel *m,* Geschäft *nt;* Abmachung *f* ❷ (Karten)Geben *nt;* **make a good ~** ein gutes Geschäft machen; **give s.o. a square ~** jdn fair behandeln; **who's ~ is it?** wer ist am Geben?; **deal in** *vt* handeln mit; **deal out** *vt* verteilen; **deal with** *vt* ❶ verhandeln mit ❷ sich kümmern um; sich befassen mit; fertig werden mit ❸ handeln von

deal[2] [di:l] **I.** *s* Menge *f;* **a good** [*o* **a great**]

~ eine Menge, viel **II.** *adj:* **a good** ~ ziemlich viel

dealer ['di:lə(r)] *s* ❶ Händler(in) *m(f)* (*in* mit) ❷ (*mit Drogen*) Dealer(in) *m(f)* ❸ (*Am: Börse*) Makler(in) *m(f)* ❹ Kartengeber(in) *m(f)*; **wholesale** ~ Großhändler(in) *m(f)*, Grossist(in) *m(f)*; **deal·ing** ['di:lɪŋ] *s* ❶ Handel *m;* (*Drogen a.*) Dealen *nt* (*in* mit) ❷ (*Am*) Effektenhandel *m* ❸ ~**s** Geschäfte *ntpl*, Umgang *m;* **have ~s with s.o.** mit jdm in (Geschäfts)Verbindung stehen; **dealt** [delt] *s.* **deal**[1]

dean [di:n] *s* ❶ (*Kirche, Universität, College*) Dekan *m* ❷ (POL) Doyen *m*

dear [dɪə(r)] **I.** *adj* ❶ lieb, teuer ❷ kostspielig, teuer ❸ (*in der Briefanrede*) liebe(r); sehr geehrte(r); **Dear Mr X,** Sehr geehrter Herr X! **II.** *s* Liebling, Schatz *m;* **give it to me, there's a** ~ gib es mir, sei so lieb **III.** *adv* teuer **IV.** *interj:* **oh, ~! ~ me! ~, ~!** ach du liebe Zeit!; **dear·ly** [-lɪ] *adv* ❶ teuer ❷ von ganzem Herzen; **dear·ness** [-nɪs] *s* hoher Preis

dearth [dɜːθ] *s* Mangel *m* (*of* an)

deary, dearie ['dɪərɪ] *s* (*fam*) Liebling *m*

death [deθ] *s* ❶ Tod *m;* Todesfall *m* ❷ (*fig*) Ende *nt*, Vernichtung *f;* **at ~'s door** an der Schwelle des Todes; **on pain of** ~ bei Todesstrafe; **be burnt/frozen/starved to** ~ verbrennen/erfrieren/verhungern; **die a natural** ~ eines natürlichen Todes sterben; **die a violent** ~ eines gewaltsamen Todes sterben; **he'll be the ~ of me yet** er bringt mich noch ins Grab; **put s.o. to** ~ jdn hinrichten; **death-bed** *s* (*a. fig*) Totenbett *nt;* **death-blow** *s* Todesstoß *m* (*to* für); **death-certificate** *s* Totenschein *m;* **death-duties** *s pl* Erbschaftssteuer *f;* **deathly** *adj, adv* tödlich; **death penalty** *s* Todesstrafe *f;* **death-rate** *s* Sterblichkeit(sziffer), Sterberate *f;* **death row** *s* Todestrakt *m;* **death sentence** *s* Todesurteil *nt;* **death squad** *s* Todesschwadron *f*, Todeskommando *nt;* **death-trap** *s* Todesfalle *f*

de·bacle [deɪ'bɑ:kl] *s* (*fig*) Untergang *m*, Debakel *nt*

de·bar [dɪ'bɑ:(r)] *vt* ausschließen (*from doing s.th.* etw zu tun)

de·base [dɪ'beɪs] *vt* ❶ entwürdigen, erniedrigen ❷ (*Münze*) den Wert mindern

de·bat·able [dɪ'beɪtəbl] *adj* ❶ umstritten ❷ strittig; **de·bate** [dɪ'beɪt] **I.** *s* Debatte, Diskussion *f;* **open the** ~ (PARL) die Debatte eröffnen **II.** *vi* diskutieren, debattieren (*with s.o. on s.th.* mit jdm über etw) **III.** *vt* debattieren, diskutieren; **de·bater** [dɪ'beɪtə(r)] *s* Debattierer(in) *m(f)*

de·bauch [dɪ'bɔ:tʃ] **I.** *s* Ausschweifung, Orgie *f* **II.** *vt* verderben; **de·bauch·ery** [dɪ'bɔ:tʃərɪ] *s* Ausschweifung *f*

de·ben·ture [dɪ'bentʃə(r)] *s* ❶ (kurzfristiger) Schuldschein *m* ❷ (COM) Rückzollschein *m;* **debenture stock** *s* Schuldverschreibung *f;* (*Am*) Vorzugsaktie *f*

de·bili·tate [dɪ'bɪlɪteɪt] *vt* schwächen, entkräften; entnerven; **de·bil·ity** [dɪ'bɪlətɪ] *s* (*a. fig*) Schwäche *f*

debit ['debɪt] **I.** *s* Debet, Soll *nt*, Lastschrift *f;* ~ **and credit** Soll und Haben *nt* **II.** *vt* belasten; ~ **s.o.'s account with s.th.** jds Konto mit etw belasten; **debit-side** *s* Passivseite *f*

deb·on·air [,debə'neə(r)] *adj* umgänglich, freundlich

de·bris ['deɪbri:] *s* ❶ Schutt *m* ❷ (GEOL) Geröll *nt*

debt [det] *s* (COM) Schuld *f;* **out of** ~ schuldenfrei; **be in** ~ verschuldet sein; **run** [*o* **get**] **into** ~ Schulden machen; **pay off a** ~ eine Schuld abzahlen; **debt burden** *s* Schuldenlast *f;* **debt-collecting agency** *s* Inkassobüro *nt;* **debt-collector** *s* Inkassobeauftragte(r) *f m;* **debtor** ['detə(r)] *s* Schuldner(in) *m(f)*; **debtor nation** *s* Schuldnerstaat *m;* **debt servicing** *s* (FIN) Schuldendienst *m;* **debt-strapped** *adj* mit Schulden beladen

de·bug [,di:'bʌg] *vt* ❶ (TECH) den Defekt beheben (*s.th.* bei etw) ❷ (*fig*) entwanzen

de·bunk [di:'bʌŋk] *vt* den Nimbus nehmen (*s.o.* jdm)

debut ['deɪbju:] *s* Debüt *nt;* **debu·tante** ['debju:tɑ:nt] *s* Debütantin *f*

dec·ade ['dekeɪd] *s* Dekade *f*, Jahrzehnt *nt*

deca·dence ['dekədəns] *s* Dekadenz *f;* **deca·dent** ['dekədənt] *adj* dekadent

de·caf ['di:kæf] *s* (*fam*) koffeinfreier Kaffee

de·caf·fein·ated [,di:'kæfɪneɪtɪd] *adj* koffeinfrei, entkoffeiniert

de·camp [dɪ'kæmp] *vi* sich (auf und) davon-, sich aus dem Staub(e) machen

de·cant [dɪ'kænt] *vt* umfüllen; **de·canter** [dɪ'kæntə(r)] *s* Karaffe *f*

de·capi·tate [dɪ'kæpɪteɪt] *vt* enthaupten; **de·capi·ta·tion** [dɪ,kæpɪ'teɪʃn] *s* Enthauptung *f*

de·cath·lete [dɪ'kæθli:t] *s* (SPORT) Zehnkämpfer(in) *m(f)*; **de·cath·lon** [dɪ'kæθlən] *s* (SPORT) Zehnkampf *m*

de·cay [dɪ'keɪ] **I.** *vi* ❶ sich zersetzen, verfaulen; schlecht werden ❷ verwittern; verblühen, vergehen ❸ (*a. fig*) verfallen ❹ (*fig*) untergehen, auseinander gehen; verkümmern **II.** *s* ❶ Zersetzung *f;* Verfall, Zerfall *m* ❷ Niedergang, Verfall *m;* **tooth-~** Zahnfäule, Karies *f*

de·cease [dɪ'si:s] *s* Ableben *nt,* Tod *m;* **de·ceased** [dɪ'si:st] **I.** *adj* verstorben **II.** *s:* **the** ~ der, die Verstorbene

de·ceit [dɪ'si:t] *s* Täuschung *f;* Betrug *m;* **de·ceit·ful** [dɪ'si:tfl] *adj* ❶ unaufrichtig, betrügerisch ❷ irreführend

de·ceive [dɪ'si:v] **I.** *vt* täuschen, irreführen, hintergehen **II.** *vi* trügen; **de·ceiver** [dɪ'si:və(r)] *s* Betrüger(in) *m(f)*

de·cel·er·ate [di:'seləreɪt] *vt, vi* langsamer werden; verlangsamen

De·cem·ber [dɪ'sembə(r)] *s* Dezember *m;* **in** ~ im Dezember

de·cency ['di:snsɪ] *s* Anstand *m,* Anständigkeit, Schicklichkeit *f;* **de·cent** ['di:snt] *adj* ❶ anständig ❷ (*fam*) ganz nett, (ganz) ordentlich; annehmbar

de·cen·tra·liz·ation [ˌdi:ˌsentrəlaɪ'zeɪʃn] *s* Dezentralisation, Dezentralisierung *f;* **de·cen·tra·lize** [ˌdi:'sentrəlaɪz] *vt* dezentralisieren; **de·cen·tra·lized** [-d] *adj* dezentral

de·cep·tion [dɪ'sepʃn] *s* Irreführung, Täuschung *f,* Betrug *m;* **practise** ~ **on s.o.** jdn irreführen; **de·cep·tive** [dɪ'septɪv] *adj* täuschend, trügerisch, irreführend

deci·bel ['desɪbel] *s* (TECH) Dezibel *nt*

de·cide [dɪ'saɪd] **I.** *vt* (sich) entscheiden (*between* zwischen, *for, in favour of* zugunsten, *against* gegen); ~ **s.o.'s fate** jds Schicksal bestimmen; ~ **s.o. to do s.th.** jdn veranlassen etw zu tun **II.** *vi* sich entscheiden, sich entschließen; ~ **on** sich entscheiden für; **de·cided** [dɪ'saɪdɪd] *adj* ❶ entschieden; deutlich ❷ entschlossen, bestimmt

de·cidu·ous [dɪ'sɪdjʊəs] *adj* jährlich die Blätter abwerfend; ~ **tree** Laubbaum *m*

deci·mal ['desɪml] *adj* Dezimal-; ~ **fraction** Dezimalbruch *m;* ~ **key** Dezimaltaste *f;* ~ **point** Komma *nt;* ~ **system** Dezimalsystem *nt;* **deci·mal·ize** ['desɪməlaɪz] *vt* auf das Dezimalsystem umstellen

deci·mate ['desɪmeɪt] *vt* dezimieren

de·cipher [dɪ'saɪfə(r)] *vt* entziffern

de·ci·sion [dɪ'sɪʒn] *s* ❶ Entscheidung *f* (*over* über) ❷ Entschluss *m;* Beschluss *m* ❸ Entschlusskraft, Entschlossenheit *f;* **make a** ~ eine Entscheidung treffen; **arrive at** [*o* **come to**] **a** ~ zu einer Entscheidung kommen; **decision maker** *s* Entscheidungsträger *m;* **decision making** *s* Entscheidungsfindung *f*

de·ci·sive [dɪ'saɪsɪv] *adj* ❶ entscheidend, ausschlaggebend (*for* für) ❷ entschieden, entschlossen

deck [dek] **I.** *s* ❶ (MAR) Deck *nt* ❷ Verdeck *nt* ❸ Spiel *nt* Karten; **on** ~ auf Deck; **clear the** ~**s** (*fig*) sich bereit machen **II.** *vt* schmücken, verzieren; ~ **o.s. out** sich herausputzen (*with* mit); **deck chair** *s* Liegestuhl *m*

de·claim [dɪ'kleɪm] **I.** *vt* vortragen **II.** *vi* deklamieren; ~ **against s.th.** gegen etw wettern; **dec·la·ma·tion** [ˌdeklə'meɪʃn] *s* Deklamation, Tirade *f;* **de·clama·tory** [dɪ'klæmətərɪ] *adj* deklamatorisch, pathetisch

dec·lar·ation [ˌdeklə'reɪʃn] *s* ❶ Erklärung, Aussage *f* ❷ (*Zoll*) Deklaration *f;* **give** [*o* **make**] **a** ~ eine Erklärung abgeben; ~ **of independence** Unabhängigkeitserklärung *f;* ~ **of intent** Absichtserklärung *f;* ~ **of love** Liebeserklärung *f;* **de·clare** [dɪ'kleə(r)] **I.** *vt* ❶ erklären; bekannt geben ❷ (*Zoll*) angeben, deklarieren ❸ beteuern, erklären; **have you anything to** ~**?** haben Sie etwas zu verzollen?; ~ **war** (**on s.o.**) (jdm) den Krieg erklären; **I** ~ **this meeting closed** ich erkläre die Sitzung für geschlossen **II.** *vi* sich erklären, sich entscheiden (*against, for* gegen, für)

de·cline [dɪ'klaɪn] **I.** *vi* ❶ verfallen; verblassen ❷ nachlassen, abnehmen; geringer werden ❸ (*Preise*) zurückgehen, sinken, fallen ❹ ablehnen ❺ (GRAM) deklinieren; **in declining health** bei schlechter werdender Gesundheit **II.** *vt* ablehnen, ausschlagen (*doing, to do* zu tun) **III.** *s* ❶ Rückgang *m;* Abnahme *f;* Niedergang, Verfall *m* ❷ Schwächung *f* (*der Gesundheit*)**;** **be on the** ~ abnehmen; (*Preise*) fallen; ~ **of the birthrate** Geburtenrückgang *m*

de·clutch [ˌdi:'klʌtʃ] *vi* (TECH) auskuppeln

de·code [ˌdi:'kəʊd] *vt* entschlüsseln; **de·coder** [di:'kəʊdə(r)] *s* (INFORM) Decoder *m*

de·coke [ˌdi:'kəʊk] *vt* (TECH: *fam*) entkohlen

de·col·on·iz·ation [di:ˌkɒlənaɪ'zeɪʃn] *s* Dekolonisation *f*

de·com·mis·sion [ˌdi:kə'mɪʃn] *vt* stilllegen

de·com·pose [ˌdi:kəm'pəʊz] **I.** *vt* zerlegen, aufspalten **II.** *vi* sich zersetzen; **de·com·po·si·tion** [ˌdi:kɒmpə'zɪʃn] *s* ❶ Aufspaltung, Zerlegung *f* ❷ Zersetzung, Fäulnis *f*

de·com·press [ˌdi:kəm'pres] *vt* den Druck +*gen* vermindern; **de·com·pres·sion** [ˌdi:kəm'preʃn] *s* Druckminderung *f;* **decompression chamber** *s* Unterdruckkammer *f*

de·con·struc·tion [ˌdi:kən'strʌkʃn] *s no pl* Dekonstruktion *f*

de·con·tami·nate [ˌdi:kən'tæmɪneɪt] *vt* entgiften, entseuchen; **de·con·tami·na·tion** [ˌdi:kənˌtæmɪ'neɪʃn] *s* Entseuchung, Entgiftung *f*

de·con·trol [ˌdi:kən'trəʊl] *vt* die Preisüberwachung aufheben; freigeben

dec·or·ate ['dekəreɪt] *vt* ① dekorieren, schmücken, verzieren ② (*Wände*) bemalen; tapezieren ③ (*mit einem Orden*) auszeichnen (*with* mit); **dec·ora·tion** [ˌdekə'reɪʃn] *s* ① Verzierung, Dekoration *f* ② Auszeichnung *f*, Orden *m*; **dec·or·ative** ['dekərətɪv] *adj* dekorativ; **dec·or·ator** ['dekəreɪtə(r)] *s* Maler(in); Tapezierer(in) *m(f)*, Dekorateur(in) *m(f)*

dec·or·ous ['dekərəs] *adj* anständig, schicklich; **de·corum** [dɪ'kɔːrəm] *s* Anstand *m*, Schicklichkeit *f*

de·coy ['diːkɔɪ] **I.** *s* ① (*a. fig*) Lockvogel *m* ② (*fig*) Köder *m* **II.** *vt* (ver)locken (*into doing s.th.* etw zu tun)

de·crease [dɪ'kriːs] **I.** *vi* abnehmen, nachlassen; zurückgehen; **in decreasing order of importance** in der Reihenfolge ihrer Bedeutung **II.** *vt* verringern, reduzieren, herabsetzen **III.** ['diːkriːs] *s* Abnahme, Verringerung *f*, Rückgang *m* (*in* an); **on the ~** im Abnehmen; **~ in population** Bevölkerungsrückgang *m*

de·cree [dɪ'kriː] **I.** *s* ① Erlass *m*, Verordnung, Verfügung *f* ② Gerichtsbeschluss, -entscheid *m*; Urteil *nt*; **issue a ~** eine Verordnung erlassen **II.** *vt* anordnen, verfügen; **decree nisi** [-'naɪsaɪ] *s* (JUR) vorläufiges Scheidungsurteil

de·crepit [dɪ'krepɪt] *adj* altersschwach; (*fig: Strukturen*) verkrustet; **de·crepi·tude** [dɪ'krepitjuːd] *s* Altersschwäche, Verkrustung *f*

de·crimi·na·lize [ˌdiː'krɪmɪnəlaɪz] *vt* entkriminalisieren

de·cruit [diː'kruːt] *vt* (*Personal*) entlassen; **de·cruit·ment** [dɪ'kruːtmənt] *s* (*Am*) Abbau *m* von Arbeitsplätzen

de·cry [dɪ'kraɪ] *vt* anprangern; schlecht machen

dedi·cate ['dedɪkeɪt] *vt* ① (REL) weihen ② (*Buch*) widmen; **~ one's life to s.th.** sein Leben einer Sache widmen; **dedi·cat·ed** *adj* (*fan*) treu; **a ~ follower of fashion** ein Modefreak; **dedi·ca·tion** [ˌdedɪ'keɪʃn] *s* ① Einweihung *f* (*to* an) ② (*Buch*) Widmung *f* ③ Hingabe *f*

de·duce [dɪ'djuːs] *vt* ① ab-, herleiten (*from* von) ② folgern, schließen (*from* aus); **de·duc·ible** [dɪ'djuːsəbl] *adj* ableitbar

de·duct [dɪ'dʌkt] *vt* ① abziehen (*from* von) ② (*Betrag*) einbehalten; **de·duct·ible** [dɪ'dʌktəbl] *adj* absetzbar; abziehbar; **de·duc·tion** [dɪ'dʌkʃn] *s* ① Abzug *m* ② (COM) Rabatt, Nachlass *m* ③ Schlussfolgerung *f*; **after ~ of** nach Abzug von; **de·duct·ive** [dɪ'dʌktɪv] *adj* deduktiv, zu folgern(d), sich ergebend

deed [diːd] **I.** *s* ① Tat, Handlung *f* ② Leistung *f* ③ (JUR) Übertragungsurkunde *f*; **in word and ~** in Wort und Tat; **~ of covenant** Vertragsurkunde *f* **II.** *vt* (*Am*) notariell übertragen; **deed poll** *s* (JUR) einseitige Erklärung

deem [diːm] *vt*: **~ s.o. s.th.** jdn für etw erachten

deep [diːp] **I.** *adj* ① tief ② (*Schlaf*) tief ③ (tief)sinnig, tiefgründig ④ schwerverständlich; **take a ~ breath** tief atmen; **have ~ pockets** viel Geld haben; **a two-metre ~ trench** ein zwei Meter tiefer Graben; **go off the ~ end** (*fig*) aufbrausen **II.** *adv* tief; **still waters run ~** (*prov*) stille Wasser sind tief; **~ into the night** bis tief in die Nacht hinein; **~ in debt** tief verschuldet; **~ in love** sehr verliebt **III.** *s*: **the ~** das Meer; **in the ~ of winter** mitten im tiefsten Winter; **deep-acting** [ˌdiːp'æktɪŋ] *adj* mit Tiefenwirkung

i Land & Leute

> **Deepavali** ist ein Fest zu Ehren des Sieges des Lord Krishnas über den bösen Geist Narakasura. Es wird auch das *Festival of Lights* genannt und wird von den Hindus und Sikhs im Oktober oder November gefeiert. Ihre Häuser werden mit traditionellen Öllampen geschmückt, die den Sieg des Lichts über die Dunkelheit symbolisieren.

deepen ['diːpən] **I.** *vt* ① vertiefen ② (*Farben*) verdunkeln **II.** *vi* sich vergrößern

deep-freeze [ˌdiːp'friːz] **I.** *s* Tiefkühlschrank *m*; Tiefkühltruhe *f* **II.** *vt* einfrieren; **deep-frozen** [ˌdiːp'frəʊzn] *adj* tiefgefroren; **deep-frozen foods** *s pl* Tiefkühlkost *f*; **deep-fry** *vt* im Fett schwimmend braten; **deep·ly** ['diːplɪ] *adv* (zu)tief(st); gründlich; **~ hurt** schwer gekränkt; **deep·ness** ['diːpnɪs] *s* ① Tiefe *f* ② (*fig*) Scharfsinn *m*, Tiefsinnigkeit *f*; **deep-rooted** [ˌdiːp'ruːtɪd] *adj* tief verwurzelt; **deep-sea** *adj* Tiefsee-, Hochsee-; **~ fishing** Hochseefischerei *f*; **deep-seated** [ˌdiːp'siːtɪd] *adj* tief sitzend; **deep space** *s* äußerer Weltraum

deer [dɪə(r)] <*pl* deer> *s* Hirsch *m*; Reh *nt*; **red ~** Rotwild *nt*; **deer-stalker** ['dɪəˌstɔːkə(r)] *s* ① (*Person*) Jäger auf der Pirsch ② (*Hut*) Sherlock-Holmes-Mütze *f*

def [def] *adj* (*Am: sl*) toll, geil

de·face [dɪ'feɪs] *vt* verunstalten

defa·ma·tion [ˌdefə'meɪʃn] *s* Verleumdung,

D

Diffamierung *f;* **de·fama·tory** [dɪˈfæmətrɪ] *adj* verleumderisch, beleidigend; **de·fame** [dɪˈfeɪm] *vt* verleumden

de·fang [dɪˈfæŋ] *vt* abschwächen

de·fault [dɪˈfɔːlt] **I.** *s* ❶ Nichteinhaltung, Nichterfüllung *f;* Versäumnis *nt* ❷ Nichterscheinen, Ausbleiben *nt;* **in ~ of** in Ermangelung *+gen;* **judgement by ~** Versäumnisurteil *nt* **II.** *vi* ❶ säumig sein ❷ vor Gericht nicht erscheinen ❸ (SPORT) nicht antreten; **~ in one's payments** seinen Zahlungsverpflichtungen nicht nachkommen; **default value** *s* (INFORM) Standardwert *m*

de·feat [dɪˈfiːt] **I.** *vt* ❶ besiegen, schlagen ❷ (*Plan*) vereiteln, zunichte machen **II.** *s* ❶ Sieg *m* ❷ Ablehnung *f* ❸ Vereitelung *f* ❹ Niederlage *f;* **suffer a ~** eine Niederlage erleiden; **de·feat·ist** [-ɪst] **I.** *adj* defätistisch **II.** *s* Defätist, Miesmacher *m*

de·fe·cate [ˈdefəkeɪt] *vi* den Darm entleeren; **def·eca·tion** [ˌdefəˈkeɪʃn] *s* (MED) Darmentleerung *f*

de·fect¹ [ˈdiːfekt] *s* Fehler, Defekt *m* (*in* an); **physical ~** körperlicher Schaden

de·fect² [dɪˈfekt] *vi* sich absetzen, abfallen; **~ to the enemy** zum Feind übergehen, überlaufen; **de·fec·tion** [dɪˈfekʃn] *s* Abfall *m,* Überlaufen *nt* (*from* von)

de·fec·tive [dɪˈfektɪv] *adj* ❶ fehlerhaft, schadhaft, defekt ❷ geistesgestört

de·fence [dɪˈfens] *s* ❶ (*a.* SPORT) Verteidigung *f* ❷ Befestigung, Schutzmaßnahme *f* ❸ (JUR) Verteidigung *f;* **body's ~s** Abwehrkräfte (des Körpers); **in s.o.'s ~** zu jds Rechtfertigung; **come to s.o.'s ~** jdn verteidigen; **speak** [*o* **say**] **in s.o.'s ~** für jdn sprechen; jdn verteidigen; **de·fence·less** [-lɪs] *adj* schutzlos; **defence minister** *s* Verteidigungsminister(in) *m(f)*

de·fend [dɪˈfend] *vt* ❶ (*a.* JUR) verteidigen (*against* gegen) ❷ rechtfertigen; **de·fend·ant** [dɪˈfendənt] *s* Angeklagte(r), Beklagte(r) *f m;* **de·fense** [dɪˈfens] *s* (*Am*) ❶ (*a.* SPORT) Verteidigung *f* ❷ Befestigung, Schutzmaßnahme *f* ❸ (JUR) Verteidigung *f;* **body's ~s** Abwehrkräfte (des Körpers); **in s.o.'s ~** zu jds Rechtfertigung; **come to s.o.'s ~** jdn verteidigen; **speak** [*o* **say**] **in s.o.'s ~** für jdn sprechen; jdn verteidigen; **Defense Secretary** *s* (*in den USA*) Verteidigungsminister *m;* **de·fens·ible** [dɪˈfensəbl] *adj* zu verteidigen; vertretbar; **de·fens·ive** [dɪˈfensɪv] **I.** *adj* defensiv; **~ measures** Schutzmaßnahmen *fpl;* **~ weapon** Verteidigungswaffe *f* **II.** *s* Defensive *f;* **on the ~** in der Defensive

de·fer¹ [dɪˈfɜː(r)] *vt* auf-, hinaus-, verschieben (*doing s.th.* etw zu tun), verlegen

de·fer² [dɪˈfɜː(r)] *vi* sich fügen (*to s.o.* jdm, *to s.th.* in etw)

de·fer·ence [ˈdefərəns] *s* Achtung *f,* Respekt *m;* **in** [*o* **out of**] **~ to** aus Achtung vor; **pay ~ to s.o.** jdm Achtung erweisen; **de·fer·en·tial** [ˌdefəˈrenʃl] *adj* ehrerbietig (*to* gegenüber)

de·ferred [dɪˈfɜːd] *adj:* **~ terms** Teilzahlung *f;* **~ payment** Ratenzahlung *f*

de·fiance [dɪˈfaɪəns] *s* Trotz *m* (*of* gegenüber), Missachtung *f;* **in ~ of** trotz, ungeachtet *+gen;* **de·fiant** [dɪˈfaɪənt] *adj* ❶ herausfordernd ❷ aufsässig, trotzig

de·fi·ciency [dɪˈfɪʃnsɪ] *s* ❶ Mangel *m* ❷ (COM) Defizit *nt,* Fehlbetrag *m* ❸ Fehlbestand *m;* **de·fi·cient** [dɪˈfɪʃnt] *adj* unzulänglich; fehlerhaft; **be ~ in** Mangel haben an; **mentally ~** schwachsinnig

defi·cit [ˈdefɪsɪt] *s* Defizit *nt;* **show a ~** ein Defizit aufweisen

de·file¹ [dɪˈfaɪl] *vt* be-, verschmutzen; schänden

de·file² [ˈdiːfaɪl] **I.** *s* Hohlweg *m* **II.** *vi* hintereinander marschieren

de·fine [dɪˈfaɪn] *vt* ❶ scharf abgrenzen; näher bestimmen, festlegen ❷ klarlegen, -stellen; definieren; **be ~d against** sich abheben von, gegen; **~ one's position** seinen Standpunkt darlegen; **define down** *vt* (*Am*) verharmlosen

defi·nite [ˈdefɪnət] *adj* ❶ definitiv; fest ❷ klar, deutlich, unmissverständlich ❸ bestimmt, sicher; **it's ~ that** es ist sicher, dass; **for a ~ period** für eine bestimmte Zeit; **defi·nite·ly** [-lɪ] *adv* ❶ fest, definitiv ❷ sicherlich, zweifellos

defi·ni·tion [ˌdefɪˈnɪʃn] *s* ❶ Definition *f* ❷ scharfe Abgrenzung; Festlegung *f* ❸ (Bild-, Ton)Schärfe *f*

de·fini·tive [dɪˈfɪnətɪv] *adj* ❶ entscheidend; maßgeblich ❷ endgültig, definitiv

de·flate [dɪˈfleɪt] **I.** *vt* ❶ (die) Luft lassen aus ❷ (*Notenumlauf*) verringern, vermindern **II.** *vi* (FIN) eine Deflation herbeiführen; **de·fla·tion** [dɪˈfleɪʃn] *s* (FIN) Deflation *f;* **de·fla·tion·ary** [ˌdɪˈfleɪʃnərɪ] *adj* deflationär, deflationistisch

de·flect [dɪˈflekt] *vt* um-, ablenken (*from* von); **de·flec·tion** [dɪˈflekʃn] *s* Ablenkung *f*

de·foli·ant [ˌdiːˈfəʊlɪənt] *s* Entlaubungsmittel *nt;* **de·foli·ate** [ˌdiːˈfəʊlɪeɪt] *vt* entlauben

de·for·est [ˌdiːˈfɒrɪst] *vt* abholzen, entwalden; **de·for·est·ation** [diːˌfɒrɪˈsteɪʃn] *s* Abholzung, Entwaldung *f*

de·form [dɪˈfɔːm] *vt* ❶ deformieren, verformen ❷ entstellen, verunstalten

de·for·ma·tion [ˌdiːfɔːˈmeɪʃn] *s* ① Deformation *f* ② (TECH) Verformung *f;* **de·formed** [-d] *adj* deformiert; **de·form·ity** [dɪˈfɔːmətɪ] *s* ① Missbildung, Entstellung *f* ② Abartigkeit *f*

de·fraud [dɪˈfrɔːd] *vt* betrügen, hintergehen (*s.o. of s.th.* jdn um etw)

de·fray [dɪˈfreɪ] *vt* (*Kosten*) bestreiten, tragen

de·frost [ˌdiːˈfrɒst] *vt* ① enteisen ② auftauen

deft [deft] *adj* gewandt, geschickt

de·funct [dɪˈfʌŋkt] *adj* verstorben

defy [dɪˈfaɪ] *vt* ① sich widersetzen, trotzen (*s.o.* jdm) ② widerstehen, trotzen, spotten (*s.th.* einer S) ③ herausfordern

de·gen·er·ate [dɪˈdʒenərət] **I.** *adj* degeneriert, entartet **II.** *s* degenerierter Mensch **III.** [dɪˈdʒenəreɪt] *vi* degenerieren, entarten (*into* in, zu); **de·gen·er·ation** [dɪˌdʒenəˈreɪʃn] *s* Entartung, Degeneration *f*

de·grade [dɪˈgreɪd] *vt* ① degradieren ② (*fig*) erniedrigen ③ (GEOL) abtragen ④ (CHEM) abbauen

de·gree [dɪˈgriː] *s* ① (MATH PHYS) Grad *m* ② Maß *nt* ③ akademischer Grad ④ Rang, Stand *m* ⑤ (MUS) Stufe *f* (auf einer Tonleiter); **by ~s** nach und nach, allmählich; **to a certain ~** bis zu einem gewissen Grade; **to some ~** einigermaßen; **to such a ~** in solchem Maße, dermaßen; **drop five ~s** um fünf Grad fallen; **study for a ~** studieren; **get one's ~** seinen akademischen Grad erhalten; **first/second ~ murder** Mord *m*/Totschlag *m;* **~ of development** Entwicklungsstufe *f;* **~ of latitude** Breitengrad; **~ of longitude** Längengrad *m;* **degree course** *s Studiengang, der zu einem akademischen Grad führt*

de·hu·man·ize [ˌdiːˈhjuːmənaɪz] *vt* entmenschlichen

de·hy·drate [ˌdiːˈhaɪdreɪt] *vt* Wasser entziehen (*s.th.* einer S); **de·hy·drated** [ˌdiːhaɪˈdreɪtɪd] *adj* Trocken-; pulverisiert; ausgetrocknet; **be ~** Nachdurst haben; **de·hy·dra·tion** [ˌdiːhaiˈdreiʃn] *s* Austrocknung; Dehydration *f*

de-ice [ˌdiːˈaɪs] *vt* (AUTO AVIAT) enteisen

deign [deɪn] *vt:* **~ to do s.th.** geruhen, sich herablassen etw zu tun

de·ism [ˈdiːɪzəm] *s* Deismus *m*

de·ity [ˈdiːɪtɪ] *s* Gottheit *f*

de·ject [dɪˈdʒekt] *vt* deprimieren; **de·ject·ed** [-ɪd] *adj* bedrückt, niedergeschlagen; **de·jec·tion** [dɪˈdʒekʃn] *s* Niedergeschlagenheit *f*

de·lay [dɪˈleɪ] **I.** *vt* ① ver-, aufschieben (*doing s.th.* etw zu tun) ② aufhalten; **he ~ed writing the letter** er schob den Brief auf **II.** *vi:* **~ in doing s.th.** es verschieben etw zu tun; **don't ~!** verlieren Sie keine Zeit! **III.** *s* ① Aufenthalt *m* ② (*Verkehr*) Stockung *f* ③ (*Zug*) Verspätung *f;* **without ~** sofort, unverzüglich; **admit of no ~** keinen Aufschub dulden; **have a ~** aufgehalten werden; **a two-hour ~** eine zweistündige Verspätung; **delayed-action** *adj* (*Bombe*) mit Zeitzünder; **~ shutter release** (PHOT) Selbstauslöser *m;* **de·lay·ing** [-ɪŋ] *adj* hinhaltend; **~ tactics** Verzögerungstaktik *f*

de·lec·table [dɪˈlektəbl] *adj* köstlich; **de·lec·ta·tion** [ˌdiːlekˈteɪʃn] *s* Vergnügen *nt;* **for your ~** um Ihnen eine Freude zu machen

del·egate **I.** [ˈdelɪgeɪt] *vt* ① delegieren ② (*Vollmacht*) erteilen; (*Befugnisse*) übertragen (*to s.o.* jdm) **II.** [ˈdelɪgət] *s* Delegierte(r) *f m,* bevollmächtigte(r) Vertreter(in) *m(f);* **del·ega·tion** [ˌdelɪˈgeɪʃn] *s* Abordnung, Delegation *f*

de·lete [dɪˈliːt] *vt* ① streichen (*from* aus) ② (INFORM) löschen; **de·le·tion** [dɪˈliːʃn] *s* Streichung *f*

deli [ˈdelɪ] *s s.* **delicatessen** (*fam*) Delikatessengeschäft *nt*

de·lib·er·ate [dɪˈlɪbəreɪt] **I.** *vi* nachdenken (*on, upon* über), sich beraten **II.** *vt* bedenken, erwägen **III.** [dɪˈlɪbərət] *adj* ① bewusst, absichtlich ② (wohl)überlegt; bedächtig; **de·lib·er·ation** [dɪˌlɪbəˈreɪʃn] *s* ① Überlegung *f* ② Beratungen *fpl* (*on* über) ③ Bedächtigkeit *f;* **after due ~** nach reiflicher Überlegung

deli·cacy [ˈdelɪkəsɪ] *s* ① Feinheit, Zartheit *f* ② Anfälligkeit *f* ③ Zart-, Feingefühl *nt* ④ Delikatesse *f;* **of great ~** heikel, schwierig; **deli·cate** [ˈdelɪkət] *adj* ① fein, zart; empfindlich ② (MED) empfindlich, anfällig ③ (*Situation*) heikel, schwierig ④ (*Instrument*) empfindlich ⑤ (*fig*) feinfühlig, zartfühlend ⑥ (*Essen*) delikat; **deli·ca·tessen** [ˌdelɪkəˈtesn] *s* Delikatessengeschäft *nt*

de·li·cious [dɪˈlɪʃəs] *adj* ① herrlich, wunderbar ② (*Essen*) schmackhaft, lecker

de·light [dɪˈlaɪt] **I.** *vt* erfreuen **II.** *vi* seine Freude, seinen Spaß haben (*in doing s.th.* etw zu tun) **III.** *s* Freude *f,* Vergnügen *nt;* **to my ~** zu meiner Freude; **take ~** Freude, Spaß haben (*in doing s.th.* etw zu tun); **give s.o. ~** jdn erfreuen; **de·light·ed** *adj* erfreut; **absolutely ~** hocherfreut; **be ~ to do s.th.** etw sehr gern tun; **de·light·ful** [dɪˈlaɪtfl] *adj* entzückend, reizend, bezaubernd

de·limit [diːˈlɪmɪt] *vt* abgrenzen

de·lin·eate [dɪˈlɪnɪeɪt] *vt* ① skizzieren, entwerfen ❷ beschreiben, schildern

de·lin·quency [dɪ'lɪŋkwənsɪ] *s* ❶ Pflichtvergessenheit *f*, Versäumnis *nt* ❷ Kriminalität *f*; **juvenile** ~ Jugendkriminalität *f*; **de·lin·quent** [dɪ'lɪŋkwənt] **I.** *adj* ❶ straffällig ❷ (*Am: Steuern*) rückständig **II.** *s* Delinquent *m*

de·liri·ous [dɪ'lɪrɪəs] *adj* ❶ im Delirium, phantasierend ❷ (*fig*) außer sich (*with* vor); **de·liri·ous·ly** [-lɪ] *adv:* ~ **happy** überglücklich; **de·lirium** [dɪ'lɪrɪəm] *s* ❶ Delirium *nt* ❷ (*fig*) Taumel *m*

de·liver [dɪ'lɪvə(r)] *vt* ❶ (ab-, aus)liefern, übergeben, zustellen ❷ (*Post*) austragen, zustellen ❸ befreien (*from* von) ❹ (*Rede, Vortrag*) halten ❺ (MED) zur Welt bringen ❻ aushändigen, übergeben ❼ (*Schlag*) versetzen; ~ **the goods** (*fig*) es bringen, schaffen; **delivered** *adj* geliefert, zugestellt; **be** ~ **of** entbunden werden von; ~ **free** frei Haus; **de·liver·ance** [dɪ'lɪvərəns] *s* Befreiung, Erlösung *f* (*from* von); **de·liverer** [dɪ'lɪvərə(r)] *s* ❶ (COM) Lieferant(in) *m(f)* ❷ Erlöser(in) *m(f)*; **de·liv·ery** [dɪ'lɪvərɪ] *s* ❶ (Aus)Lieferung *f*; Zustellung *f* ❷ (MED) Entbindung *f* ❸ Vortrag *m*, Vortragsweise *f* ❹ Wurf *m* (*eines Balles*); **on** ~ bei Lieferung; **take** ~ **of** in Empfang nehmen; **cash on** ~ gegen Nachnahme; **de·livery note** *s* Lieferschein *m*; **delivery room** *s* Kreißsaal *m*; **delivery service** *s* Zustelldienst *m*; **delivery van** *s* (*Br*) Lieferwagen *m*

delta ['deltə] *s* (Fluss)Delta *nt*; **delta wing** *s* (AVIAT) Deltaflügel *m*

de·lude [dɪ'lu:d] *vt* täuschen, irreführen; ~ **s.o. into thinking s.th.** jdn dazu verleiten etw zu glauben; ~ **o.s.** sich etwas vormachen

del·uge ['delju:dʒ] **I.** *s* ❶ Überschwemmung *f* ❷ (*fig*) Flut *f*, Schwall *m*; **the Deluge** die Sintflut **II.** *vt* überfluten; (*a. fig*) überschwemmen (*with* mit)

de·lusion [dɪ'lu:ʒn] *s* ❶ Täuschung, Irreführung *f* ❷ Wahn *m*; **be under a** ~ in einem Wahn leben; ~**s of grandeur** Größenwahn *m*

de luxe [dɪ'lʌks] *adj* Luxus-

delve [delv] *vi* sich vertiefen (*into, among* in), durchforschen (*into s.th.* etw)

dema·gog *s* (*Am*) Demagoge *m*; **dema·gogic** [ˌdemə'gɒgɪk] *adj* demagogisch; **dema·gogue** ['deməgɒg] *s* Demagoge *m*; **dema·gogy** ['deməgɒgɪ] *s* Demagogie *f*

de·mand [dɪ'mɑ:nd] **I.** *vt* ❶ (*Person*) fordern, verlangen, beanspruchen ❷ (*Sache*) erfordern, verlangen, beanspruchen **II.** *s* ❶ Forderung *f*; Verlangen *nt* (*for* nach) ❷ (COM) Bedarf *m*, Nachfrage *f* (*for* nach); **on** ~ auf Verlangen; bei Sicht; **be in great** ~ sehr gefragt sein; **create a** ~ **for s.th.** eine Nachfrage für etw schaffen; **demand note** *s* Zahlungsaufforderung *f*

de·mar·cate ['di:mɑ:keɪt] *vt* abgrenzen (*from* von, gegen); **de·mar·ca·tion** [ˌdi:mɑ:'keɪʃn] *s* Abgrenzung *f*; **demarcation line** *s* Demarkationslinie *f*

de·mean [dɪ'mi:n] *vr* sich erniedrigen

de·mean·or *s* (*Am*), **de·mean·our** [dɪ'mi:nə(r)] *s* Benehmen, Betragen *nt*

de·mented [dɪ'mentɪd] *adj* wahnsinnig, verrückt

de·merit [di:'merɪt] *s* Fehler, Mangel *m*

de·mesne [dɪ'meɪn] *s* Grundbesitz *m*

demi- ['demɪ] *PRÄF* halb-; **demi·god** *s* Halbgott *m*

de·mili·tar·ize [ˌdi:'mɪlɪtəraɪz] *vt* entmilitarisieren

de·mise [dɪ'maɪz] *s* Tod *m*, Ableben *nt*

de·mist [ˌdi:'mɪst] *vt* (AUTO: *Windschutzscheibe*) freimachen; **de·mist·er** [-ə(r)] *s* (AUTO) Gebläse *nt*

de·mo ['deməʊ] *s* Demo *nt*

de·mo·bil·ize [di:'məʊbəlaɪz] *vt* demobilisieren

democ·racy [dɪ'mɒkrəsɪ] *s* Demokratie *f*; **demo·crat** ['deməkræt] *s* Demokrat(in) *m(f)*; **demo·cratic** [ˌdemə'krætɪk] *adj* demokratisch; **de·moc·ra·ti·za·tion** [-eɪʃn] *s* Demokratisierung *f*; **de·moc·ra·tize** [dɪ'mɒkrətaɪz] *vt* demokratisieren

de·mo·graphic sur·vey [ˌdeməgræfɪk'sɜ:veɪ] *s* demographische Erhebung

de·mol·ish [dɪ'mɒlɪʃ] *vt* ❶ (*Gebäude*) abbrechen, niederreißen ❷ (*fig*) zunichte machen; **demo·li·tion** [ˌdemə'lɪʃn] *s* Abbruch *m*

de·mon ['di:mən] *s* ❶ Dämon *m* ❷ (*fam*) Besessene(r) *f m*; ~ **for work** Arbeitstier *nt*; **de·mon·iac** [dɪ'məʊnɪæk] *adj*, **de·monic** [di:'mɒnɪk] *adj* dämonisch

de·mon·strable ['demənstrəbl] *adj* nachweisbar, offensichtlich; **dem·on·strate** ['demənstreɪt] **I.** *vt* ❶ be-, nachweisen; zeigen ❷ vorführen, demonstrieren **II.** *vi* (POL) demonstrieren; **dem·on·stra·tion** [ˌdemən'streɪʃn] *s* ❶ Beweis(führung *f*) *m*; Vorführung *f* ❷ (POL) Kundgebung, Demonstration *f*; **give a** ~ etw demonstrieren; **hold a** ~ eine Demonstration veranstalten; **demonstration model** *s* Vorführmodell *nt*; **de·mon·stra·tive** [dɪ'mɒnstrətɪv] *adj* ❶ demonstrativ ❷ (*Mensch*) offen; **de·mon·stra·tor** ['demənstreɪtə(r)] *s* ❶ (COM) Vorführer(in) *m(f)* ❷ (POL) Demonstrant(in) *m(f)*

de·moral·ize [dɪˈmɒrəlaɪz] *vt* demoralisieren, entmutigen
de·mote [ˌdiːˈməʊt] *vt* degradieren (*to* zu)
de·mure [dɪˈmjʊə(r)] *adj* ❶ ernst, gesetzt ❷ spröde
den [den] *s* ❶ Höhle *f* ❷ (Räuber)Höhle *f* ❸ (*fam*) Bude *f*
de·nation·al·ize [ˌdiːˈnæʃənəlaɪz] *vt* (*Industrie*) entnationalisieren, reprivatisieren
de·nial [dɪˈnaɪəl] *s* ❶ Leugnen *nt;* Dementi *nt* ❷ Ablehnung *f,* abschlägige Antwort ❸ Verleugnung *f;* **give an official** ~ offiziell dementieren (*to s.th.* etw); **de·nied** *adj* ❶ verweigert ❷ geleugnet
deni·grate [ˈdenɪgreɪt] *vt* verunglimpfen
denim [ˈdenɪm] *s* ❶ Zwil(li)ch, Köper *m* ❷ ~**s** Jeans *pl;* **denim jacket** *s* Jeansjacke *f*
deni·zen [denɪzn] *s* (*a.* ZOO BOT) Bewohner *m*
Den·mark [ˈdenmɑːk] *s* Dänemark *nt*
de·nomi·na·tion [dɪˌnɒmɪˈneɪʃn] *s* ❶ (REL) Konfession *f* ❷ Benennung, Bezeichnung *f* ❸ (COM) Nennbetrag *m* ❹ Klasse, Gruppe *f;* **de·nomi·na·tional** [dɪˌnɒmɪˈneɪʃənl] *adj* konfessionell
de·nomi·na·tor [dɪˈnɒmɪneɪtə(r)] *s* (MATH) Nenner *m;* (**lowest**) **common** ~ gemeinsamer Nenner
de·nota·tion [ˌdiːnəʊˈteɪʃn] *s* Begriffsumfang *m,* Denotation *f;* **de·note** [dɪˈnəʊt] *vt* ❶ be-, kennzeichnen; benennen ❷ bedeuten
de·nounce [dɪˈnaʊns] *vt* ❶ heftig kritisieren, anprangern ❷ (JUR) anzeigen, denunzieren ❸ (*Abkommen*) kündigen
dense [dens] *adj* ❶ dicht, eng ❷ (*fig*) schwer von Begriff, beschränkt; **dense·ly** [-lɪ] *adv* dicht; ~ **populated** dicht bevölkert, dicht besiedelt; **den·sity** [ˈdensətɪ] *s* Dichte *f,* ~ **of population** Bevölkerungs-, Besiedlungsdichte *f;* ~ **of traffic** Verkehrsdichte *f;* **single/double** ~ **disk** (INFORM) Diskette *f* mit einfacher/doppelter Schreibdichte
dent [dent] **I.** *s* Beule, Delle *f;* **a** ~ **in one's pride** (*fig*) verletzter Stolz **II.** *vt* eindrücken, -beulen
den·tal [ˈdentl] **I.** *adj* ❶ Zahn- ❷ (GRAM) dental; ~ **floss** Zahnseide *f;* ~ **plate** Zahnprothese *f* **II.** *s* Zahnlaut *m;* **den·tist** [ˈdentɪst] *s* Zahnarzt *m,* -ärztin *f;* **at the** ~(**'s**) beim Zahnarzt; **den·tistry** [ˈdentɪstrɪ] *s* Zahnmedizin *f;* **den·ti·tion** [denˈtɪʃr] *s* ❶ Gebissform *f* ❷ Zahnen *nt;* **den·tures** [ˈdentʃəz] *s pl* Gebiss *nt*
de·nu·clear·ize [dɪˈnjuːklɪəˌraɪz] *vt* atomwaffenfrei machen
de·nude [dɪˈnjuːd] *vt* ❶ entblößen, bloßlegen (*of* von), freilegen ❷ (*fig*) berauben (*of* +*gen*)
de·nunci·ation [dɪˌnʌnsɪˈeɪʃn] *s* ❶ (JUR) Anzeige, Denunziation *f* ❷ Kündigung *f* (*eines Vertrages*) ❸ Verurteilung *f*
deny [dɪˈnaɪ] *vt* ❶ (ver)leugnen, bestreiten ❷ ablehnen, -schlagen, verweigern (*to* zu); ~ **o.s.** sich selbst verleugnen; ~ **all responsibility** jede Verantwortung ablehnen; ~ **a request** eine Bitte abschlagen
de·odor·ant [diːˈəʊdərənt] **I.** *adj* desodorierend; ~ **spray** Deospray *nt* **II.** *s* Deodorant *nt;* **roll-on** ~ Deoroller *m;* **de·odor·ize** [diːˈəʊdəraɪz] *vt* desodorieren
de·part [dɪˈpɑːt] *vi* ❶ abreisen, -fahren; wegfahren ❷ (*fig*) abgehen, abweichen (*from* von); ~ **from the truth** von der Wahrheit abweichen; **be ready to** ~ startbereit sein; **de·parted** [-ɪd] **I.** *adj* verstorben **II.** *s:* **the** ~ der, die Verstorbene
de·part·ment [dɪˈpɑːtmənt] *s* ❶ Abteilung *f;* Ressort *nt* ❷ Fach, Gebiet *nt;* **men's clothing** ~ Abteilung *f* für Herrenkleidung; **de·part·mental** [ˌdiːpɑːtˈmentl] *adj* Abteilungs-; **department store** *s* Waren-, Kaufhaus *nt*
de·par·ture [dɪˈpɑːtʃə(r)] *s* ❶ Aufbruch *m,* Weg-, Abgang *m* ❷ Abreise, -fahrt *f,* -flug *m* ❸ Abweichen *nt* (*from* von) ❹ (*fig*) Richtung *f;* Ansatz *m* ❺ ~**s** Abfahrt *f,* Abflug *m;* **departure gate** *s* (AVIAT) Flugsteig *m;* **departure lounge** *s* (AVIAT) Abflughalle *f;* **departure time** *s* Abfahrts-, Abflugzeit *f*
de·pend [dɪˈpend] *vi* ❶ abhängen, abhängig sein (*on* von) ❷ sich verlassen (*on, upon* auf); ~ **upon it!** verlassen Sie sich darauf!; **that** [*o* **it all**] ~**s** das kommt drauf an, je nachdem; **de·pend·abil·ity** [dɪˌpendəˈbɪlətɪ] *s* Zuverlässigkeit *f;* **de·pend·able** [dɪˈpendəbl] *adj* zuverlässig
de·pend·ant, **de·pend·ent** [dɪˈpendənt] *s* Abhängige(r) *f mpl,* Familienangehörige *pl;* **de·pend·ence** [dɪˈpendəns] *s* ❶ Abhängigkeit *f* (*on, upon* von) ❷ Vertrauen *nt* (*on* auf); **de·pend·ency** [dɪˈpendənsɪ] *s* ❶ Abhängigkeit *f* ❷ Kolonie *f,* Schutzgebiet *nt;* **de·pend·ent** [dɪˈpendənt] **I.** *adj* abhängig (*on* von); **be** ~ **on** abhängen von; abhängig sein von **II.** *s* Abhängige(r) *f mpl,* Familienangehörige *pl*
de·pict [dɪˈpɪkt] *vt* ❶ abbilden ❷ schildern, beschreiben; **de·pic·tion** [dɪˈpɪkʃn] *s* Schilderung, Beschreibung *f*
de·pila·tory [dɪˈpɪlətrɪ] *s* Enthaarungsmittel *nt;* **depilatory cream** *s* Enthaarungscreme *f*
de·plete [dɪˈpliːt] *vt* (aus-, ent)leeren;

D

erschöpfen, vermindern; **de·ple·ted** [-d] *adj* ❶ entleert; erschöpft ❷ (*Uran*) abgereichert; **de·ple·tion** [dɪ'pliːʃn] *s* Erschöpfung; Verminderung *f;* ~ **of natural resources** intensive Nutzung der natürlichen Ressourcen

de·plor·able [dɪ'plɔːrəbl] *adj* bedauerns-, beklagens-, bejammernswert; **de·plore** [dɪ'plɔː(r)] *vt* bedauern, beklagen

de·ploy [dɪ'plɔɪ] **I.** *vt* (MIL) einsetzen, aufmarschieren lassen, stationieren **II.** *vi* sich aufstellen; **de·ploy·ment** [-mənt] *s* (MIL) Einsatz *m;* Stationierung *f*

de·popu·late [ˌdiː'pɒpjʊleɪt] *vt* entvölkern

de·port [dɪ'pɔːt] **I.** *vt* ausweisen, abschieben, deportieren **II.** *vr* sich benehmen; **de·port·ation** [ˌdiːpɔː'teɪʃn] *s* Deportation, Abschiebung *f;* **de·portee** [ˌdiːpɔː'tiː] *s* Ausgewiesene(r), Deportierte(r) *f m;* **de·port·ment** [dɪ'pɔːtmənt] *s* ❶ Betragen, Benehmen *nt* ❷ Haltung *f*

de·pose [dɪ'pəʊz] **I.** *vt* aus dem Amt entfernen, absetzen (*from* von) **II.** *vi* (JUR) unter Eid aussagen

de·posit [dɪ'pɒzɪt] **I.** *vt* ❶ hinlegen; hinstellen ❷ (*Geld*) deponieren (*with* bei) ❸ (COM) einzahlen, hinterlegen (*at the bank* bei der Bank) ❹ (GEOL) ablagern (*on* auf) **II.** *s* ❶ Einlage *f,* Guthaben *nt* ❷ (COM) Anzahlung *f;* Sicherheit, Kaution *f* ❸ (GEOL) Ablagerung *f;* **have money on** ~ ein Guthaben haben; **put down a** ~ eine Anzahlung leisten; **leave** [*o* **pay**] **a** ~ eine Anzahlung machen; **deposit account** *s* Spar-, Depositenkonto *nt;* **de·posi·tion** [ˌdepə'zɪʃn] *s* ❶ Entthronung *f;* Absetzung *f* ❷ (JUR) Aussage *f* unter Eid ❸ (GEOL) Ablagerung *f* ❹ (REL: *Kunst*): ~ **from the cross** Kreuzabnahme *f;* **de·posi·tor** [dɪ'pɒzɪtə(r)] *s* Einleger(in) *m(f),* Einzahler(in) *m(f)*

depot ['depəʊ] *s* (Waren)Lager, Depot, Magazin *nt*

de·prave [dɪ'preɪv] *vt* verderben; **de·praved** [-d] *adj* verworfen; verderbt; **de·prav·ity** [dɪ'prævətɪ] *s* Verderbtheit, Sittenlosigkeit *f*

dep·re·cate ['deprəkeɪt] *vt* missbilligen, ablehnen; **dep·re·cat·ing** [-ɪŋ] *adj* ❶ missbilligend ❷ abwehrend; **dep·re·cation** [ˌdeprə'keɪʃn] *s* Missbilligung *f;* **dep·re·ca·tory** [ˌdeprə'keɪtərɪ] *adj* ❶ missbilligend ❷ abwehrend

de·pre·ci·ate [dɪ'priːʃɪeɪt] **I.** *vt* ❶ im Wert mindern, ent-, abwerten ❷ herabsetzen **II.** *vi* an Wert verlieren; **de·pre·ci·ation** [dɪˌpriːʃɪ'eɪʃn] *s* ❶ Entwertung, Wertminderung *f,* -verlust *m* ❷ Herabsetzung *f;* ~ **of money** Geldentwertung *f*

dep·re·da·tion [ˌdeprə'deɪʃn] *s oft pl* Verheerung, Verwüstung *f*

de·press [dɪ'pres] *vt* ❶ nieder-, herunterdrücken ❷ deprimieren, entmutigen ❸ (*im Preis*) herabsetzen; **de·pres·sant** [dɪ'presnt] **I.** *s* Beruhigungsmittel *nt* **II.** *adj* beruhigend; **de·pressed** [dɪ'prest] *adj* ❶ (*fig*) deprimiert, niedergeschlagen ❷ (COM) flau; notleidend; ~ **area** Notstandsgebiet *nt;* **de·press·ing** [-ɪŋ] *adj* bedrückend, deprimierend; **de·press·ion** [dɪ'preʃn] *s* ❶ (*a.* MED) Depression *f* ❷ Vertiefung, Senke, Mulde *f* ❸ (COM) Flaute, Krise *f* ❹ (METE) Tief(druckgebiet) *nt;* **de·press·ive** [dɪ'presɪv] *adj* depressiv

depri·va·tion [ˌdeprɪ'veɪʃn] *s* ❶ Beraubung *f;* Verlust *m;* Entzug *m* ❷ Entbehrung *f,* Mangel *m;* **de·prive** [dɪ'praɪv] *vt:* ~ **s.o. of s.th.** jdm etw entziehen; jdn um etw bringen; ~ **o.s. of s.th.** sich etw nicht gönnen; **de·prived** [dɪ'praɪvd] *adj* benachteiligt; **from** ~ **backgrounds** aus einem sozial benachteiligten Umfeld

depth [depθ] *s* ❶ Tiefe *f* ❷ (*fig*) Kraft, Tiefe *f;* ~**s** (*fig*) Tiefen *fpl;* **at a** ~ **of** in einer Tiefe von; **get out of one's** ~ (*fig*) den Boden unter den Füßen verlieren; **with great** ~ **of feeling** sehr gefühlvoll; ~ **of field** (PHOT) Tiefenschärfe, Schärfentiefe *f;* **in** ~ eingehend, intensiv; **in the** ~**s of winter** mitten im Winter; **depth charge** *s* Wasserbombe *f*

depu·ta·tion [ˌdepjʊ'teɪʃn] *s* Abordnung *f;* **de·pute** [dɪ'pjuːt] *vt* ❶ abordnen, delegieren ❷ (*Befugnisse*) übertragen (*to s.o.* jdm); **depu·tize** ['depjʊtaɪz] **I.** *vt* ernennen **II.** *vi* vertreten (*for s.o.* jdn); **dep·uty** ['depjʊtɪ] *s* ❶ Stellvertreter(in) *m(f)* ❷ (POL) Delegierte(r) *f m*

de·rail [dɪ'reɪl] **I.** *vt* entgleisen lassen **II.** *vi* entgleisen; **de·rail·ment** [dɪ'reɪlmənt] *s* Entgleisung *f*

de·range [dɪ'reɪndʒ] *vt* ❶ verrückt machen ❷ (*Plan*) durcheinander bringen; **de·ranged** [dɪ'reɪndʒd] *adj* gestört, verwirrt; **be mentally** ~ geistesgestört sein; **de·range·ment** [-mənt] *s* ❶ Geistesgestörtheit *f* ❷ Unordnung *f*

Derby ['dɑːbɪ, *Am* 'dɜːrbɪ] *s* ❶ Derbyrennen *nt* in Epsom ❷ Pferderennen *nt;* **local** ~ Lokalderby *nt*

i Land & Leute

Das **Derby** oder **Derby Stakes**, das 1780 von dem 12. Earl of Derby in Epsom gegründet wurde, ist eines der klassischen Flachrennen in Großbritannien. Es ist ein Rennen für dreijährige Pferde und findet im Mai oder Anfang Juni auf den Epsom Downs statt.

de·regu·la·tion [ˌdiːregjʊˈleɪʃn] *s* ❶ Deregulierung *f* ❷ Wettbewerbsfreiheit *f*

der·el·ict [derəlɪkt] **I.** *adj* ❶ baufällig, verfallen ❷ verlassen **II.** *s* (*a. fig*) Wrack *nt;* **der·el·ic·tion** [ˌderəˈlɪkʃn] *s* Verfall *m;* ~ **of duty** Pflichtversäumnis *nt*

de·ride [dɪˈraɪd] *vt* sich lustig machen über, verhöhnen; **de·rision** [dɪˈrɪʒn] *s* Spott, Hohn *m;* **object of** ~ Zielscheibe *f* des Spottes; **de·ris·ive** [dɪˈraɪsɪv] *adj* spöttisch; **de·ris·ory** [dɪˈraɪsərɪ] *adj* (*Angebot*) lächerlich

deri·va·tion [ˌderɪˈveɪʃn] *s* ❶ (*Wort, Sprache*) Ableitung *f* ❷ Herkunft *f,* Ursprung *m;* **de·riva·tive** [dɪˈrɪvətɪv] **I.** *adj* abgeleitet; nachgeahmt **II.** *s* Ableitung *f;* Derivat *nt;* **de·rive** [dɪˈraɪv] **I.** *vt* ❶ ab-, herleiten (*from* von) ❷ (*Gefallen*) gewinnen, erhalten (*from* von); ~ **benefit/profit from** Nutzen/Vorteile ziehen aus **II.** *vi:* ~ **from** sich ableiten von; herkommen von; **de·rived** *adv* abgeleitet; ~ **from** gewonnen aus

der·ma·ti·tis [ˌdɜːməˈtaɪtɪs] *s* Hautentzündung *f;* **der·ma·tol·ogist** [ˌdɜːməˈtɒlədʒɪst] *s* Dermatologe *m,* Dermatologin *f,* Hautarzt *m,* -ärztin *f;* **der·ma·tol·ogy** [ˌdɜːməˈtɒlədʒɪ] *s* Dermatologie *f*

dero·gate [ˈderəgeɪt] *vi* beeinträchtigen (*from s.th.* etw), schaden (*from s.o.* jdm); **dero·ga·tion** [ˌderəˈgeɪʃn] *s* Beeinträchtigung *f,* Abbruch *m;* **de·roga·tory** [dɪˈrɒgətrɪ] *adj* nachteilig, abträglich (*to* für), abfällig

der·rick [derɪk] *s* ❶ (Lade)Kran *m* ❷ Bohrturm *m*

de·sal·in·ate [ˌdɪˈsælɪneɪt] *vt* entsalzen; **de·sal·in·ation** [ˌdɪsælɪˈneɪʃn] *s* Entsalzung *f;* **desalination plant** *s* (Meerwasser)Entsalzungsanlage *f*

de·scale [ˌdiːˈskeɪl] *vt* entkalken

des·cant [ˈdeskænt] **I.** *s* (MUS) Diskant *m* **II.** [dɪˈskænt] *vi* sich (lobend) auslassen (*on, upon* über)

de·scend [dɪˈsend] **I.** *vi* ❶ herab-, hinabsteigen, herabkommen; hinunterfahren; heruntergehen ❷ abstammen (*from* von) ❸ (*Eigentum*) übergehen (*from* von, *to* auf), vererbt werden ❹ herfallen (*on, upon* über), überfallen (*on s.o.* jdn), hereinbrechen (*on* über) ❺ sich erniedrigen, herablassen (*to* zu); ~ **to details** in die Einzelheiten gehen **II.** *vt* (*Treppe*) hinuntergehen, -steigen; **de·scend·ant** [-ənt] *s* Nachkomme, Abkömmling *m;* **de·scent** [dɪˈsent] *s* ❶ Abstieg *m;* Hinuntergehen, Absteigen *nt;* Abfall *m* ❷ Abstammung, Herkunft *f* ❸ Vererbung, Übertragung *f* (*to* auf) ❹ Überfall *m* (*on, upon* auf) ❺ (*fig*) Niedergang, Verfall *m*

de·scribe [dɪˈskraɪb] *vt* ❶ beschreiben; schildern, darstellen ❷ bezeichnen (*as* als) ❸ (*Kreis*) beschreiben; **de·scrip·tion** [dɪˈskrɪpʃn] *s* ❶ Beschreibung *f;* Schilderung *f* ❷ Bezeichnung *f* ❸ (*fam*) Art, Sorte *f;* **beyond** ~ unbeschreiblich; **of every** ~ jeder Art; **answer to a** ~ einer Beschreibung entsprechen; **de·scrip·tive** [dɪˈskrɪptɪv] *adj* ❶ beschreibend ❷ anschaulich; ~ **writing** Beschreibung *f*

des·ecrate [ˈdesɪkreɪt] *vt* (REL) entweihen; **des·ecra·tion** [ˌdesɪˈkreɪʃn] *s* Entweihung *f*

de·seg·re·gate [ˌdiːˈsegrɪgeɪt] *vt* die Rassentrennung aufheben in; **de·seg·re·ga·tion** [ˌdiːˈsegrɪgeɪʃn] *s* Aufhebung *f* der Rassentrennung, Desegregation *f*

de·sen·si·tize [ˌdiːˈsensɪtaɪz] *vt* ❶ (PHOT) lichtunempfindlich machen ❷ (MED) desensibilisieren

de·sert[1] [dɪˈzɜːt] **I.** *vt* verlassen, im Stich lassen; ~**ed street** verlassene Straße **II.** *vi* desertieren

des·ert[2] [ˈdezət] **I.** *s* Wüste *f* **II.** *adj* ❶ unfruchtbar; Wüsten- ❷ unbewohnt

de·serter [dɪˈzɜːtə(r)] *s* Deserteur *m*

de·ser·ti·fi·ca·tion [dɪˈzɜːtɪfɪkeɪʃn] *s* (GEOG) Wüstenbildung *f*

de·ser·tion [dɪˈzɜːʃn] *s* ❶ (böswilliges) Verlassen *nt* ❷ Desertion, Fahnenflucht *f*

de·serts [dɪˈzɜːts] *s pl* Verdienste *ntpl,* verdiente Belohnung; **according to one's** ~ nach seinen Verdiensten; **get one's (just)** ~ das bekommen, was man verdient hat

de·serve [dɪˈzɜːv] *vt* verdienen; **he** ~**s to be punished** er verdient es bestraft zu werden; **de·serv·ed·ly** [dɪˈzɜːvɪdlɪ] *adv* verdientermaßen, gebührend; **de·serv·ing** [dɪˈzɜːvɪŋ] *adj* verdienstvoll

de·sign [dɪˈzaɪn] **I.** *s* ❶ Zeichnung, Skizze *f* ❷ Entwurf, Plan *m* ❸ Konstruktion *f* ❹ Design *nt;* Muster *nt* ❺ (*fig*) Absicht *f,* Vorhaben *nt;* **by** ~ mit Absicht, absichtlich; **at the** ~ **stage** im Stadium der Konstruktion; **have** ~**s on** [*o* **against**] etw im Schilde führen gegen **II.** *vt* skizzieren; entwerfen; konstruieren; ~ **for s.th.** für etw vorsehen **III.** *vi* planen

des·ig·nate[1] [ˈdezɪgneɪt] *vt* ❶ be-, kennzeichnen ❷ bestimmen, ernennen (*s.o. as* *s.th.* jdn zu etw)

des·ig·nate[2] [ˈdezɪgnɪt] *adj* (*nach Substantiven*) designiert; **des·ig·na·tion** [ˌdezɪgˈneɪʃn] *s* ① Bezeichnung *f;* Name *m;* Kennzeichnung *f* ② Bestimmung, Ernennung *f*

de·sign·ed·ly [dɪˈzaɪnɪdlɪ] *adv* absichtlich; vorsätzlich

de·signer [dɪˈzaɪnə(r)] *s* ① Designer(in) *m(f)* ② Konstrukteur(in) *m(f)* ③ (THEAT) Dekorateur(in) *m(f);* ~ **drug** Designerdroge *f;* **de·sign·ing** [dɪˈzaɪnɪŋ] **I.** *adj* intrigant; verschlagen **II.** *s* Entwerfen *nt;* Planen, Konstruieren *nt*

de·sir·able [dɪˈzaɪərəbl] *adj* ① wünschens-, begehrens-, erstrebenswert ② (*Haus*) reizvoll, attraktiv; **de·sire** [dɪˈzaɪə(r)] **I.** *vt* ① wünschen ② begehren, verlangen nach; **it leaves much to be ~d** das lässt viel zu wünschen übrig **II.** *s* ① Wunsch *m;* Sehnsucht *f* ② Verlangen, Begehren *nt* (*for* nach); **de·sir·ous** [dɪˈzaɪərəs] *adj:* **be ~ of** den Wunsch haben zu

de·sist [dɪˈzɪst] *vi* Abstand nehmen (*from* von)

desk [desk] *s* ① Schreibtisch *m* ② (*Geschäft*) Kasse *f* ③ (*Presse*) Ressort *nt* ④ (*Hotel*) Empfang *m;* **ask at the information ~** sich bei der Auskunft erkundigen; **desk lamp** *s* Schreibtischlampe *f;* **desk·top pub·lish·ing** [ˈdesktɒp ˈpʌblɪʃɪŋ] *s* (INFORM) Desktoppublishing *nt;* **desk rage** *s Wutanfall eines gestressten Büroangestellten, der seinen Frust an seinem Computer abreagiert;* **desk work** *s* Büroarbeit *f*

deso·late [ˈdesəleɪt] **I.** *vt* untröstlich machen, sehr betrüben **II.** [ˈdesələt] *adj* ① verwüstet, verlassen, trostlos ② (*Mensch*) tieftraurig, zu Tode betrübt; **deso·la·tion** [ˌdesəˈleɪʃn] *s* ① Verwüstung *f* ② Öde, Trostlosigkeit *f* ③ Verlassenheit, Einsamkeit *f*

des·pair [dɪˈspeə(r)] **I.** *vi* verzweifeln (*of* an); ~ **of s.th.** alle Hoffnung auf etw aufgeben **II.** *s* Verzweiflung, Hoffnungslosigkeit *f* (*at* über); **in ~** verzweifelt; **give up in ~** verzweifeln, aufgeben; **be the ~ of s.o.** jdn zur Verzweiflung bringen; **des·pair·ing** [-ɪŋ] *adj* verzweifelt

des·per·ado [ˌdespəˈrɑːdəʊ] <*pl* -ado(e)s> *s* Bandit, Desperado *m*

des·per·ate [ˈdespərət] *adj* ① verzweifelt ② zum Äußersten entschlossen ③ (*Lage*) hoffnungslos, ausweglos ④ (*fig*) extrem; **get ~** verzweifeln; **des·per·ation** [ˌdespəˈreɪʃn] *s* Verzweiflung *f;* **in ~** aus Verzweiflung; **drive to ~** zur Verzweiflung bringen

des·pic·able [dɪˈspɪkəbl] *adj* verabscheuungswürdig, widerwärtig

des·pise [dɪˈspaɪz] *vt* verachten, verschmähen

des·pite [dɪˈspaɪt] *prep* trotz

de·spoil [dɪˈspɔɪl] *vt* berauben (*of s.th.* einer S), plündern

de·spon·dent [dɪˈspɒndənt] *adj* mut-, hoffnungslos, niedergeschlagen

des·pot [ˈdespɒt] *s* Despot *m;* **des·potic** [dɪˈspɒtɪk] *adj* despotisch, tyrannisch; **des·pot·ism** [ˈdespətɪzəm] *s* Despotismus *m,* Tyrannei *f*

des·sert [dɪˈzɜːt] *s* Nachtisch *m,* Dessert *nt;* **des·sert·spoon** [dɪˈzɜːtˌspuːn] *s* Dessertlöffel *m*

de·sta·bil·iz·ation [ˌdiːˈsteɪbəlaɪˈzeɪʃn] *s* Destabilisierung *f;* **de·sta·bil·ize** [ˌdiːˈsteɪbəlaɪz] *vt* destabilisieren

des·ti·na·tion [ˌdestɪˈneɪʃn] *s* Bestimmung(sort *m*) *f;* Reiseziel *nt;* **port of ~** Bestimmungshafen *m*

des·tine [ˈdestɪn] *vt* ausersehen (*for* für, zu), bestimmen; **be ~d to do s.th.** dazu bestimmt sein etw zu tun; **it was ~d to happen** es sollte so kommen

des·tiny [ˈdestɪnɪ] *s* Schicksal, Geschick, Los *nt;* **it was his ~** es war sein Schicksal

des·ti·tute [ˈdestɪtjuːt] *adj* ① notleidend; mittellos ② bar (*of +gen*); **des·ti·tu·tion** [ˌdestɪˈtjuːʃn] *s* Not *f;* Mittellosigkeit *f*

de·stroy [dɪˈstrɔɪ] *vt* ① zerstören, vernichten; ruinieren; kaputtmachen ② (*Tier*) einschläfern; **de·stroyer** [dɪˈstrɔɪə(r)] *s* (*a.* MAR) Zerstörer *m*

de·struc·tible [dɪˈstrʌktəbl] *adj* zerstörbar; **de·struc·tion** [dɪˈstrʌkʃn] *s* ① Zerstörung, Vernichtung *f* ② (*fig*) Verwüstung *f;* **de·struc·tive** [dɪˈstrʌktɪv] *adj* zerstörerisch; destruktiv; **de·struc·tive·ness** [-nɪs] *s* zerstörende Wirkung, Destruktivität *f*

de·sul·phur·iz·ation [diːˌsʌlfəraɪˈzeɪʃn] *s* (CHEM) Entschwefelung *f*

des·ul·tory [ˈdesəltrɪ] *adj* flüchtig; halbherzig; vereinzelt

de·tach [dɪˈtætʃ] *vt* ① losmachen; abtrennen; herausnehmen (*from* aus) ② (MIL) (ab)kommandieren; ~ **o.s. from a group** sich von einer Gruppe lösen; **de·tach·able** [-əbl] *adj* ablösbar, abtrennbar, abnehmbar (*from* von); **de·tached** [dɪˈtætʃt] *adj* ① distanziert, unvoreingenommen, kühl ② (*Haus*) freistehend; **de·tach·ment** [dɪˈtætʃmənt] *s* ① Ablösung, Abtrennung *f;* Herausnehmen *nt* ② (*fig*) Distanz *f,* Abstand *m* ③ (MIL) Abordnung *f*

de·tail [ˈdiːteɪl] **I.** *s* ① Detail *nt;* Einzelheit *f;*

Ausschnitt *m* ② unwichtige Einzelheit ③ (MIL) Sondertrupp *m;* **in ~** im Einzelnen, im Detail; **in every ~** Punkt für Punkt; **go into ~s** auf Einzelheiten eingehen **II.** *vt* ① genau erzählen, berichten ② (MIL) abkommandieren (*for* zu); **de·tailed** ['di:teɪld] *adj* ausführlich, detailliert

de·tain [dɪ'teɪn] *vt* ① (*Person*) zurückhalten, aufhalten ② (JUR) inhaftieren; festnehmen; **de·tainee** [ˌdi:ter'ni:] *s* Häftling *m*

de·tect [dɪ'tekt] *vt* ① entdecken; feststellen ② ausfindig machen; wahrnehmen; **de·tect·able** [-əbl] *adj* feststellbar; **de·tec·tion** [dɪ'tekʃn] *s* ① Auf-, Entdeckung *f;* Feststellung *f* ② Ermittlung *f;* **escape ~** nicht gefasst werden; **de·tec·tive** [dɪ'tektɪv] *s* Kriminalbeamte(r) *m,* -beamtin *f;* Detektiv(in) *m(f);* **detective inspector** *s* Kriminalkommisar *m;* **detective novel** *s* Kriminalroman *m;* **detective story** *s* Kriminalroman *m;* **detective superintendent** *s* Kriminalrat *m,* -rätin *f;* **de·tector** [dɪ'tektə(r)] *s* (RADIO) Detektor *m*

de·ten·tion [dɪ'tenʃn] *s* ① (JUR) Haft *f,* Gewahrsam *m* ② (SCHULE) Nachsitzen *nt* ③ (*fig*) Verzögerung *f;* **detention centre** *s* (*Br*) Jugendstrafanstalt *f*

de·ter [dɪ'tɜ:(r)] *vt* ① abhalten, hindern (*from* an) ② abschrecken

de·ter·gent [dɪ'tɜ:dʒənt] *s* Reinigungsmittel *nt;* Waschmittel *nt;* Waschpulver *nt*

de·terio·rate [dɪ'tɪərɪəreɪt] *vi* ① sich verschlechtern, sich verschlimmern ② verfallen; **de·terio·ra·tion** [dɪˌtɪərɪə'reɪʃn] *s* ① Verschlechterung, Verschlimmerung *f* ② Verfall *m*

de·ter·min·able [dɪ'tɜ:mɪnəbl] *adj* bestimmbar; **de·ter·mi·nant** [dɪ'tɜ:mɪnənt] **I.** *adj* determinierend **II.** *s* entscheidender Faktor, Determinante *f;* **de·ter·mi·nate** [dɪ'tɜ:mɪnət] *adj* bestimmt, begrenzt, festgelegt; **de·ter·mi·na·tion** [dɪˌtɜ:mɪ'neɪʃn] *s* ① Entschlossenheit *f;* Entschlusskraft *f* ② Bestimmung *f* (*of* von), Festlegung *f;* **de·ter·mine** [dɪ'tɜ:mɪn] **I.** *vt* ① bestimmen, entscheiden ② (*Preis*) festlegen, -setzen ③ ermitteln ④ (*Person*) veranlassen ⑤ beschließen ⑥ (*Vertrag*) (auf)lösen **II.** *vi:* **~ on** sich entschließen zu; **de·ter·mined** [dɪ'tɜ:mɪnd] *adj* entschlossen (*to do* zu tun)

de·ter·rence [dɪ'terəns] *s* (MIL) Abschreckung *f;* **de·ter·rent** [dɪ'terənt] **I.** *adj* abschreckend **II.** *s* Abschreckungsmittel *nt*

de·test [dɪ'test] *vt* verabscheuen, hassen; **de·test·able** [-əbl] *adj* abscheulich, scheußlich; **de·tes·ta·tion** [ˌdi:te'steɪʃn] *s* Abscheu *m*

de·throne [ˌdi:'θrəʊn] *vt* entthronen

det·on·ate ['detəneɪt] **I.** *vi* zünden, detonieren **II.** *vt* explodieren lassen; **deton·ation** [ˌdetə'neɪʃn] *s* Zündung, Detonation *f;* **det·on·ator** ['detəneɪtə(r)] *s* Zündkapsel *f*

de·tour ['di:tʊə(r)] **I.** *s* Abstecher, Umweg *m;* Umleitung *f* **II.** *vt* umleiten

de·tox·ify [dɪ'tɒksɪfaɪ] *vt* entgiften

de·tract [dɪ'trækt] *vi:* **~ from s.th.** etw beeinträchtigen, einer S Abbruch tun; **de·tract·or** [dɪ'træktə(r)] *s* Kritiker(in) *m(f),* Gegner(in) *m(f)*

det·ri·ment ['detrɪmənt] *s* Nachteil, Schaden *m* (*to* für); **to s.o.'s ~** zu jds Nachteil, Schaden; **without ~ to** ohne Schaden für; **det·ri·men·tal** [ˌdetrɪ'mentl] *adj* nachteilig, ungünstig, schädlich (*to* für)

de·tri·tus [dɪ'traɪtəs] *s* Geröll *nt;* Schutt *m*

deuce [dju:s] *s* ① (*Spielkarten, Würfel*) Zwei *f* ② (*Tennis*) Einstand *m*

de·val·u·ate [ˌdi:'væljʊeɪt] *vt* abwerten; **de·valu·ation** [ˌdi:væljʊ'eɪʃn] *s* (COM) Abwertung *f;* **de·value** [ˌdi:'vælju:] *vt* abwerten

dev·as·tate ['devəsteɪt] *vt* verwüsten, verheeren; **dev·as·tat·ing** [-ɪŋ] *adj* ① (*fig*) verheerend, vernichtend ② (*fam*) umwerfend; **dev·as·ta·tion** [ˌdevə'steɪʃn] *s* Verwüstung *f*

de·vel·op [dɪ'veləp] **I.** *vt* ① (*a.* PHOT) entwickeln ② (*Idee*) entfalten, ausweiten, ausbauen ③ (*Boden*) erschließen ④ (*Haus*) erweitern, ausbauen; sanieren ⑤ (*fig*) ausarbeiten, auswerten ⑥ (*Krankheit*) sich zuziehen **II.** *vi* ① sich entwickeln (*from* aus, *into* zu) ② (*Talent*) sich entfalten ③ entstehen ④ sich herausstellen, sich zeigen, bekannt werden; **de·vel·oper** [dɪ'veləpə(r)] *s* (*a.* PHOT) Entwickler *m;* **de·vel·op·ing** [dɪ'veləpɪŋ] *adj* aufkommend, entstehend; **~ country** Entwicklungsland *nt;* **de·vel·op·ment** [dɪ'veləpmənt] *s* ① Entwicklung *f;* Wachstum *nt* ② Ausführung *f;* Entfaltung *f* ③ Nutzbarmachung, Erschließung *f,* Ausbau *m;* **~ area** Erschließungs-, Fördergebiet *nt*

de·vi·ate ['di:vɪeɪt] *vi* abweichen, abkommen (*from* von); **de·vi·ation** [ˌdi:vɪ'eɪʃn] *s* ① (*fig*) Abweichung *f* ② (*vom Kurs*) Abkommen *nt;* **de·vi·ation·ist** [-ɪst] *s* (POL) Abweichler *m*

de·vice [dɪ'vaɪs] *s* ① Gerät *nt,* Vorrichtung *f* ② Kunstgriff, Trick *m;* **leave s.o. to his own ~s** jdn sich selbst überlassen

devil ['devl] **I.** *s* ① Teufel *m* ② Teufelskerl *m;* **between the ~ and the deep blue sea** in der Klemme; **like the ~** wie ein Verrückter; **play the ~ with** ruinieren; **go to the ~ !** geh zum Teufel!; **run like the ~**

wie ein geölter Blitz sausen; **work like the ~** wie ein Pferd schuften; **what the ~?** was zum Teufel?; **there'll be the ~ to pay** das dicke Ende kommt noch **II.** *vt* scharf gewürzt grillen **III.** *vi* Handlangerdienste tun (*for* für); **devil·ish** ['devəlɪʃ] **I.** *adj* teuflisch, niederträchtig, gemein **II.** *adv* (*fam*) verdammt, mächtig, sehr; **devil-may-care** [ˌdevlmeɪ'keə(r)] *adj* leichtsinnig; **devil·ment** ['devlmənt] *s* grober Unfug; **full of ~** voller Übermut; **dev·ilry** ['devlrɪ] *s* grober Unfug; Teufelei *f*

de·vi·ous ['diːvɪəs] *adj* 1 indirekt, gewunden 2 (*fig*) krumm 3 (*Mensch*) unaufrichtig, verschlagen; **by ~ ways** auf krummen Wegen; **take a ~ route** einen Umweg machen

de·vise [dɪ'vaɪz] *vt* 1 sich ausdenken 2 (JUR) vermachen, hinterlassen

de·void [dɪ'vɔɪd] *adj* ohne; **~ of fear** furchtlos

de·vol·ution [ˌdiːvə'luːʃn] *s* 1 Übertragung *f* (*from … to* von … auf) 2 (POL) Dezentralisierung *f*; **de·volve** [dɪ'vɒlv] **I.** *vt* übertragen (*on* auf) **II.** *vi* übergehen (*to*, (*up*)*on* auf)

i Land & Leute

Devolution heißt in Großbritannien ein Prozess der Verteilung der zentralen Staatsgewalt an Teile des Landes. Das *Scottish Parliament*, die *Northern Ireland Assembly*, und die *Welsh Assembly* haben in regionalen Angelegenheiten alle Befugnisse. Nur England hat kein eigenes Parlament. Das *Parliament of the United Kingdom* in London ist die oberste gesetzgebende Gewalt für alle Teile des Landes, aber es kümmert sich auch um die Belange von England und bestimmt die Außenpolitik, die Verteidigungs- und Wirtschaftspolitik.

de·vote [dɪ'vəʊt] *vt* 1 widmen (*to dat*) 2 verwenden (*to* für); **de·voted** [dɪ'vəʊtɪd] *adj* 1 voller Hingabe (*to* an) 2 ergeben, treu; **be ~ to s.o.** sehr an jdm hängen; **devo·tee** [ˌdevə'tiː] *s* Verehrer(in) *m(f)*, Anhänger(in) *m(f)*, Liebhaber(in) *m(f)*; **de·vo·tion** [dɪ'vəʊʃn] *s* 1 Hingabe *f* (*to* an), Ergebenheit *f* (*to* gegenüber) 2 Verwendung *f* 3 **~s** Andacht *f*; **~ to duty** Pflichteifer *m*; **de·vo·tional** [dɪ'vəʊʃənl] *adj* religiös

de·vour [dɪ'vaʊə(r)] *vt* 1 ver-, hinunterschlingen 2 (*fig*) verschlingen; **be ~ed** erfüllt sein, verzehrt sein (*by hate* von Hass); **de·vour·ing** [-ɪŋ] *adj* (*fig*) verzehrend

de·vout [dɪ'vaʊt] *adj* 1 fromm, religiös 2 aufrichtig, echt

dew [djuː] *s* Tau *m*; **dew·drop** *s* Tautropfen *m*; **dewy** ['djuːɪ] *adj* taufeucht; **~-eyed** schmachtend; naiv

dex·ter·ity [ˌdek'sterətɪ] *s* Geschicklichkeit, Gewandtheit *f*; **dex·ter·ous**, **dex·trous** ['dekstrəs] *adj* geschickt, gewandt

dex·trose ['dekstrəʊz] *s* Traubenzucker *m*, Dextrose *f*

dia·betes [ˌdaɪə'biːtɪz] *s* (MED) Diabetes *m*; **dia·betic** [ˌdaɪə'betɪk] **I.** *s* Diabetiker(in) *m(f)* **II.** *adj* zuckerkrank

dia·bolic(al) [ˌdaɪə'bɒlɪk(l)] *adj* 1 teuflisch 2 (*fam*) widerlich, abscheulich

dia·dem ['daɪədem] *s* Diadem *nt*

di·ag·nose ['daɪəgnəʊz] *vt* (MED) diagnostizieren; **di·ag·no·sis** [ˌdaɪəg'nəʊsɪs, *pl* daɪəg'nəʊsiːz] <*pl* -noses> *s* Diagnose *f*; **di·ag·nos·tic** [ˌdaɪəg'nɒstɪk] *adj* diagnostisch

di·ag·onal [daɪ'ægənl] **I.** *adj* diagonal **II.** *s* (MATH) Diagonale *f*

dia·gram ['daɪəgræm] *s* grafische Darstellung; Schaubild, Diagramm *nt*

dial ['daɪəl] **I.** *s* 1 Zifferblatt *nt* 2 Skala *f* 3 (TELE) Wählscheibe *f* 4 (RADIO) Einstellskala *f* 5 (*sl*) Fresse *f*; Gesicht *nt* **II.** *vt* (TELE) wählen; **~ direct** durchwählen

dia·lect ['daɪəlekt] *s* Dialekt *m*, Mundart *f*; **dia·lectal** [ˌdaɪə'lektl] *adj* mundartlich, dialektal

dia·lec·ti·cal [ˌdaɪə'lektɪkl] *adj* dialektisch

dial·ling ['daɪəlɪŋ]: **~ code** Vorwahlnummer *f*; **~ tone** Amtszeichen *nt*, Wählton *m*

dia·log *s* (*Am*), **dia·logue** ['daɪəlɒg] *s* (*a. fig*) Dialog *m*

di·al·ys·is [daɪ'æləsɪs] *s* (MED) Dialyse *f*

di·am·eter [daɪ'æmɪtə(r)] *s* Durchmesser *m*; **be one metre in ~** einen Durchmesser von einem Meter haben; **dia·metri·cal·ly** [ˌdaɪə'metrɪklɪ] *adv* diametral; **~ opposed** genau entgegengesetzt

dia·mond ['daɪəmənd] *s* 1 Diamant *m* 2 (MATH) Rhombus *m* 3 (*Spielkarten*) Karo *nt* 4 (*Baseball*) Innenfeld *nt*; **rough ~** Rohdiamant *m*; (*fig*) *Mensch mit gutem Kern in rauher Schale*; **diamond cutter** *s* Diamantschleifer *m*; **diamond wedding** *s* diamantene Hochzeit

dia·per ['daɪəpə(r)] *s* (*Am*) Windel *f*

di·apha·nous [daɪ'æfənəs] *adj* durchscheinend, durchsichtig

dia·phragm ['daɪəfræm] *s* 1 (ANAT PHYS

CHEM) Diaphragma *nt* ② (ANAT) Zwerchfell *nt* ③ (PHYS) Membran *f* ④ (PHOT) Blende *f* ⑤ Pessar *nt*
dia·rist ['daɪərɪst] *s* Tagebuchschreiber(in) *m(f)*
di·ar·rhea *s* (*Am*), **di·ar·rhoea** [ˌdaɪə'rɪə] *s* (MED) Durchfall *m*
diary ['daɪərɪ] *s* ① (*a.* COM) Tagebuch *nt* ② Terminkalender *m*
dia·tonic [ˌdaɪə'tɒnɪk] *adj* (MUS) diatonisch
dia·tribe ['daɪətraɪb] *s* Schmährede *f*
dice [daɪs] **I.** *s pl* Würfel *mpl;* **play ~** Würfel spielen **II.** *vi* würfeln; **~ with death** mit dem Tod(e) spielen **III.** *vt* in Würfel schneiden
dicey ['daɪsɪ] *adj* (*fam*) riskant
di·chot·omy [daɪ'kɒtəmɪ] *s* Trennung *f*
dick [dɪk] *s* ① (*vulg*) Penis, Schwanz *m* ② (*Am sl*) Detektiv *m;* **clever ~** (*fam*) Schlaumeier *m*
dick·ens ['dɪkɪnz] *s:* **what the ~!** was zum Teufel!
dicky ['dɪkɪ] *adj* (*fam*) angeknackst
dic·ta·phone® ['dɪktəfəʊn] *s* Diktafon *nt*
dic·tate [dɪk'teɪt] **I.** *vt* diktieren **II.** *vi:* **~ to s.o.** jdm diktieren, Vorschriften machen **III.** ['dɪkteɪt] *s meist pl* Diktat, Gebot *nt;* **dic·ta·tion** [dɪk'teɪʃn] *s* Diktat *nt;* **take a ~** ein Diktat aufnehmen
dic·ta·tor [dɪk'teɪtə(r)] *s* Diktator(in) *m(f);* **dic·ta·torial** [ˌdɪktə'tɔːrɪəl] *adj* diktatorisch; **dic·ta·tor·ship** [-ʃɪp] *s* Diktatur *f*
dic·tion ['dɪkʃn] *s* Ausdruck(sweise *f*) *m,* Diktion *f*
dic·tion·ary ['dɪkʃənrɪ] *s* Wörterbuch *nt*
did [dɪd] *s.* **do**
di·dac·tic [dɪ'dæktɪk] *adj* didaktisch
diddle ['dɪdl] *vt* (*fam*) beschwindeln, übers Ohr hauen
didn't [dɪdnt] = **did not**
die¹ [daɪ] *vi* ① sterben (*of* an); (*im Krieg*) fallen ② (*Liebe*) vergehen, erlöschen ③ (*Sitte*) aussterben; untergehen; **~ of hunger** vor Hunger sterben; **be dying** im Sterben liegen; **be dying to do s.th.** darauf brennen, etw zu tun; **~ hard** nicht totzukriegen sein; **~ in one's bed** eines natürlichen Todes sterben; **die away** *vi* nachlassen; schwächer werden; **die back** *vi* absterben; **die down** *vi* ① nachlassen; herunterbrennen ② (*Lärm*) schwächer werden ③ (*Aufregung*) sich legen; **die off** *vi* wegsterben; **die out** *vi* aussterben
die² [daɪ, *pl* daɪs] <*pl* dice> *s* Würfel *m;* **the ~ is cast** die Würfel sind gefallen
die³ [daɪ, *pl* daɪz] <*pl* dies> *s* Gussform *f;* Prägestempel *m*
die·back ['daɪˌbæk] *s* Baum-, Waldsterben *nt*
die·hard ['daɪhɑːd] *s* zäher Kämpfer
die·sel ['diːzl] *s* ① Dieselmotor *m* ② Dieselkraftstoff *m;* **diesel engine** *s* Dieselmotor *m;* **diesel oil** *s* Dieselöl *nt*
diet¹ ['daɪət] **I.** *s* ① Nahrung *f* ② Diät *f;* Abmagerungskur *f;* **keep to a strict ~** strenge Diät halten; **put s.o. on a ~** jdm eine Diät verordnen; **he is on a ~** er lebt Diät; er macht eine Abmagerungskur **II.** *vi* Diät leben; eine Abmagerungskur machen
diet² ['daɪət] *s* Abgeordnetenversammlung *f*
die·tary ['daɪətərɪ] *adj* diätetisch; **dietary fibre** *s* Ballaststoffe *pl;* **die·tet·ic** [ˌdaɪə'tetɪk] *adj* diätetisch; **die·tet·ics** [ˌdaɪə'tetɪks] *s pl mit sing* Diätetik *f;* **die·tician** [ˌdaɪə'tɪʃn] *s* Diätist(in) *m(f)*
dif·fer ['dɪfə(r)] *vi* ① verschieden sein (*in, as to* in) ② sich unterscheiden, abweichen (*from* von) ③ verschiedener, entgegengesetzter Meinung sein (*on, about, over* über); **agree to ~** verschiedene Meinungen zugestehen; **I beg to ~** Verzeihung, da bin ich anderer Ansicht
dif·fer·ence ['dɪfrəns] *s* ① Unterschied *m* (*between* zwischen); (*a.* MATH) Differenz *f,* Verschiedenheit *f* ② **~s** Meinungsverschiedenheiten *fpl;* **with the ~ that** mit dem Unterschied, dass; **settle one's ~s** die Meinungsverschiedenheiten beilegen; **split the ~** (*fig*) sich auf halbem Wege einigen; **I can't see much ~** ich sehe keinen großen Unterschied; **make a ~ to s.th.** einen Unterschied bei etw machen; **does it make any ~ if ...?** macht es was aus, wenn ...?; **what's the ~?** was macht das schon?; **pay the ~** den Rest bezahlen; **~ in age** Altersunterschied *m*
dif·fer·ent ['dɪfrənt] *adj* ① andere(r, s); anders (*from, to* als) ② verschieden, unterschiedlich; **that's a ~ matter** das ist etwas anderes; **in what way are they ~?** wie unterscheiden sie sich?
dif·fer·en·tial [ˌdɪfə'renʃl] **I.** *adj* unterschiedlich, verschieden; **~ calculus** Differenzialrechnung *f* **II.** *s* ① Unterschied *m* ② (MATH) Differenzial *nt* ③ (AUTO) Differenzial-, Ausgleichsgetriebe *nt;* **wage/salary ~** Lohn-/Gehaltsunterschiede *mpl*
dif·fer·en·ti·ate [ˌdɪfə'renʃɪeɪt] **I.** *vt* ① unterscheiden, trennen ② (*a.* MATH) differenzieren **II.** *vi* sich unterscheiden (*from* von); **dif·fer·en·ti·ation** [ˌdɪfərenʃɪ'eɪʃn] *s* Differenzierung, Unterscheidung *f*
dif·fi·cult ['dɪfɪkəlt] *adj* ① schwer, schwierig ② (*Mensch*) schwierig; anspruchsvoll ③ (*Lage*) schwierig, heikel; **it's ~ to know whether** es ist schwer zu sagen, ob

D

dif·fi·culty ['dɪfɪkəltɪ] *s* ① Schwierigkeit *f* (*in walking* beim Gehen) ② schwierige Angelegenheit; **with** ~ mit Mühe; **be in difficulties** Schwierigkeiten haben; **get into difficulties** in Schwierigkeiten geraten; **work under difficulties** unter schwierigen Umständen arbeiten

dif·fi·dent ['dɪfɪdənt] *adj* zaghaft, schüchtern; **be** ~ kein Selbstvertrauen haben (*about doing s.th.* etw zu tun)

dif·fract [dɪ'frækt] *vt* (*Licht*) brechen, beugen

dif·fuse [dɪ'fju:z] **I.** *vt* ① ausstrahlen, verbreiten ② (*Flüssigkeit*) ausgießen ③ (*Parfüm*) verbreiten **II.** *vi* ① ausstrahlen, sich ausbreiten ② (PHYS) diffundieren ③ (*fig*) sich verbreiten **III.** [dɪ'fju:s] *adj* ① diffus ② (*fig*) weitschweifig, langatmig, wortreich; **dif·fu·sion** [dɪ'fju:ʒn] *s* (OPT) Diffusion *f;* Streuung *f*

dig [dɪg] <*irr:* dug, dug> **I.** *vt* ① (aus-, um)graben ② (*Graben*) ausheben ③ stoßen, schubsen ④ (*sl*) stehen auf; ~ **s.o. in the ribs** jdn in die Rippen stoßen **II.** *vi* ① graben (*for* nach) ② stöbern, suchen (*for* nach) ③ (TECH) schürfen ④ (*fam*) wohnen, hausen **III.** *s* ① Puff, Stoß *m* ② (*fig*) Seitenhieb *m* (*at* auf) ③ Ausgrabung *f;* **dig at** *vi* anmeckern; **dig in I.** *vi* ① (*beim Essen*) zugreifen ② (MIL) sich eingraben **II.** *vt* eingraben; ~ **one's heels in** (*fig*) sich sperren gegen; **dig into** *vt* ① wühlen in ② (*fam*) herfallen über; **dig out** *vt* ausgraben; **dig up** *vt* ① (*Erde*) aufwühlen, umgraben ② (*fig*) ausgraben, ausfindig machen

dig·er·ati [ˌdɪdʒə'rɑ:ti] *s pl* Digerati, Computer-/Internetexperten, -innen *m, f*

di·gest [dɪ'dʒest, daɪ'dʒest] **I.** *vt* ① verdauen ② (*fig*) geistig verarbeiten **II.** *vi* verdauen **III.** ['daɪdʒest] *s* Zusammenfassung *f,* Abriss *m;* **di·gest·ible** [dɪ'dʒestəbl] *adj* verdaulich; **di·ges·tion** [dɪ'dʒestʃən] *s* Verdauung *f;* **di·ges·tive** [dɪ'dʒestɪv] *adj* verdauungsfördernd; ~ **trouble** Verdauungsstörungen *fpl*

dig·ger ['dɪgə(r)] *s* ① Goldgräber(in) *m(f)* ② Bagger *m*

dig·it ['dɪdʒɪt] *s* ① Finger *m;* Zehe *f* ② (MATH) Ziffer *f;* **digi·tal** ['dɪdʒɪtl] *adj* digital; ~ **age** digitales Zeitalter; ~ **audio tape, DAT** digitales Tonband, DAT *nt;* ~ **computer** Digitalrechner *m;* ~ **divide** *Kluft zwischen Nutzern und Nichtnutzern digitaler Medien;* ~ **recording** Digitalaufnahme *f;* ~ **technology** Digitaltechnik *f;* ~ **TV** Digitalfernsehen *nt;* ~ **video disk** DVD *f;* ~ **watch/clock** Digitaluhr *f;* ~ **watermark** digitales Wasserzeichen; **digi·tal·ize** ['dɪdʒɪtəlaɪz] *vt* digitalisieren

dig·ni·fied ['dɪgnɪfaɪd] *adj* würdig; würdevoll; **dig·nify** ['dɪgnɪfaɪ] *vt* ehren, herausstreichen

dig·ni·tary ['dɪgnɪtərɪ] *s* Würdenträger(in) *m(f);* **dig·nity** ['dɪgnətɪ] *s* ① Würde *f* ② Rang *m;* Stellung *f;* **beneath s.o.'s** ~ unter jds Würde; **stand (up)on one's** ~ förmlich sein

di·gress [daɪ'gres] *vi* abschweifen (*from* von); **di·gress·ive** *adj* abschweifend, abweichend

dike [daɪk] **I.** *s* ① (Wasser)Graben *m* ② Deich, Damm *m* ③ (*sl*) Lesbe *f* **II.** *vt* eindeichen

dil·api·dated [dɪ'læpɪdeɪtɪd] *adj* verfallen, baufällig

di·late [daɪ'leɪt] **I.** *vt* weiten, erweitern; dehnen **II.** *vi* sich weiten, sich erweitern; **di·la·tion** [daɪ'leɪʃn] *s* ① Ausdehnung *f* ② (MED) Erweiterung *f* ③ (MATH) Streckung *f*

dila·tory ['dɪlətərɪ] *adj* ① hinhaltend ② (*Person*) langsam

di·lemma [dɪ'lemə, daɪ'lemə] *s* Dilemma *nt,* Verlegenheit *f;* **place s.o. in a** ~ jdn in eine Klemme bringen

dil·et·tante [ˌdɪlɪ'tæntɪ, *pl* ˌdɪlɪ'tæntɪ] <*pl* -tanti> *s* Dilettant(in) *m(f)*

dili·gence ['dɪlɪdʒəns] *s* ① Fleiß *m* ② Sorgfalt *f;* **dili·gent** ['dɪlɪdʒənt] *adj* ① fleißig ② sorgfältig, gewissenhaft

dill [dɪl] *s* Dill *m*

dilly-dally ['dɪlɪdælɪ] *vi* (*fam*) (herum)trödeln, bummeln

di·lute [daɪ'lju:t] **I.** *vt* ① verdünnen (*to* auf) ② verwässern ③ (*fig*) abschwächen, mildern **II.** *adj* verdünnt; **di·lu·tion** [daɪ'lju:ʃn] *s* ① Verdünnung *f;* Verwässerung *f* ② (*fig*) Abschwächung *f*

dim [dɪm] **I.** *adj* ① trübe, matt ② (*Lampe*) schwach, dunkel ③ undeutlich, verschwommen ④ (*Erinnerung*) blass, verschwommen ⑤ (*fam fig*) schwer von Begriff; **take a** ~ **view of s.th.** nicht viel von etw halten **II.** *vi* (*Licht*) schwächer werden **III.** *vt* ① verdunkeln ② (*Licht*) abblenden ③ (*Sinn*) trüben

dime [daɪm] *s* (*in den USA*) Zehncentstück *nt,* Dime *m*

di·men·sion [dɪ'menʃn, daɪ'menʃn] *s* ① (*a.* MATH) Dimension *f* ② Abmessung *f,* Maß *nt;* Ausdehnung *f,* Umfang *m,* Größe *f* ③ ~**s** Ausmaße *ntpl;* **of great** ~**s** sehr groß; **-di·men·sional** [dɪ'menʃənl, daɪ'menʃənl] *adj* (*Suffix*) -dimensional

dim·in·ish [dɪ'mɪnɪʃ] **I.** *vi* ① sich vermindern, sich verringern ② abnehmen (*in* an)

③ nachlassen **II.** *vt* ① vermindern, verringern ② herabsetzen ③ (*fig*) dämpfen; **diminished responsibility** *s* verminderte Zurechnungsfähigkeit; **dim·inution** [ˌdɪmɪˈnjuːʃn] *s* ① Verminderung, Verringerung *f* ② Abnahme *f* (*in* an) ③ (*fig*) Nachlassen *nt;* **dim·inu·tive** [dɪˈmɪnjʊtɪv] **I.** *adj* sehr klein, winzig **II.** *s* (GRAM) Verkleinerungsform *f*

dim·mer [dɪmə(r)] *s* Abblendschalter *m,* -vorrichtung *f;* Dimmer *m;* **dim·ness** [ˈdɪmnɪs] *s* ① Mattheit *f;* Schwäche *f;* Trübheit *f* ② (*fig*) Undeutlichkeit, Verschwommenheit *f*

dimple [ˈdɪmpl] *s* Grübchen *nt*

i Land & Leute

In Hongkong werden sehr gern **dim sum** gegessen. **Dim sum** bedeutet etwa ‚das Herz berühren'; es sind kleine kantonesische Teigtaschen mit den verschiedensten Füllungen. Sie werden in flachen Bambuskörben gedünstet. In Restaurants führen Bedienungen die dampfenden **dim sum** auf Servierwagen vor, damit sich die Gäste einige auswählen können.

din [dɪn] **I.** *s* Lärm *m,* Getöse *nt,* Tumult *m* **II.** *vt:* ~ **s.th. into s.o.** jdm etw einbläuen **III.** *vi* lärmen, toben, dröhnen (*in the ears* in den Ohren)

dine [daɪn] **I.** *vi* speisen; ~ **out** auswärts speisen **II.** *vt* bewirten; **diner** [ˈdaɪnə(r)] *s* ① Speisende(r) *f m* ② (RAIL) Speisewagen *m*

i Land & Leute

In den USA ist ein **diner** eine Art Restaurant, das eine Theke und Nischen statt Tischen hat. Ursprünglich hatten die Diners in den 50er Jahren Hamburger, Pommes und ähnliches Fast-Food auf der Speisekarte. Heute sind sie dafür bekannt, dass dort die Speisekarte ‚so lang wie ein Roman' ist und sie auch Sandwiches, Steaks, Hähnchen und Eiergerichte anbieten. Da viele Diners von griechischen Einwanderern betrieben werden, gibt es dort auch griechische Spezialitäten.

din·ghy [ˈdɪŋgɪ] *s* Ding(h)i *nt;* **collapsible** ~ Schlauchboot *nt*

din·go [ˈdɪŋgəʊ] <*pl* -goes> *s* australischer Wildhund, Dingo *m*

dingy [ˈdɪndʒɪ] *adj* schmuddelig

dining [ˈdaɪnɪŋ]: ~ **car** Speisewagen *m,* Zugrestaurant *nt;* ~ **room** Ess-, Speisezimmer *nt;* ~ **table** Esstisch *m*

dinkies *s pl* (*fam*) *s.* **double income no kids** Doppelverdiener *pl* ohne Kinder; (*fam*) Dinks *pl*

dinky [ˈdɪŋkɪ] *adj* (*fam*) hübsch, nett, reizend

din·ner [ˈdɪnə(r)] *s* Hauptmahlzeit *f;* (Mittag-, Abend)Essen *nt;* **after** ~ nach Tisch; **at** ~ beim Essen; **be having one's** ~ zu Abend, Mittag essen; **for** ~ zum (Mittag-, Abend)Essen; **ask to** ~ zum (Mittag-, Abend)Essen einladen; ~ **is served** bitte zu Tisch!; **dinner jacket** *s* Smoking *m;* **dinner party** *s* Abendgesellschaft *f;* **dinner service** *s* Essservice, Tafelgeschirr *nt;* **dinner table** *s* Tafel *f;* **dinner time** *s* Essenszeit *f*

i Land & Leute

In Großbritannien ist **dinner** die Hauptmahlzeit, egal ob mittags oder abends. Wenn **dinner** abends gegessen wird, heißt das leichtere Mittagessen *lunch.*
Wenn **dinner** mittags gegessen wird, heißt das leichtere Abendessen *supper* oder, besonders im Norden, auch *tea.* *Tea* kann natürlich auch der berühmte Fünfuhrtee mit Kuchen oder Keksen sein.

dino·saur [ˈdaɪnəsɔː(r)] *s* Dinosaurier *m*

dint [dɪnt]: **by** ~ **of** (ver)mittels, mit Hilfe +*gen,* durch

dio·cese [ˈdaɪəsɪs] *s* Diözese *f*

di·ox·ide [daɪˈɒksaɪd] *s* (CHEM) Dioxyd *nt;* **carbon** ~ Kohlendioxyd *nt*

di·oxin [daɪˈɒksɪn] *s* (CHEM) Dioxin *nt*

dip [dɪp] **I.** *vt* ① (ein)tauchen, (ein)tunken (*in* in) ② (*Hand*) stecken ③ (MAR: *Fahne*) dippen ④ (AUTO: *Licht*) abblenden ⑤ (*Kerzen*) ziehen **II.** *vi* ① (*Preise*) fallen ② (~ *down*) sich neigen, sich senken; **the sun ~ped below the horizon** die Sonne verschwand hinter dem Horizont **III.** *s* ① (Ein-, Unter)Tauchen *nt* ② (Wasser-, Farb)Bad *nt;* Desinfektionslösung *f* ③ Senke, Mulde *f* ④ (MAR) Dippen *nt* ⑤ (*Soße*) Dip *m;* **have** [*o* **go for**] **a** ~ [*o* **take**] baden gehen; **dip into** *vi* ① greifen

D

in ❷ einen kurzen Blick werfen in; ~ **into one's pocket** tief in die Tasche greifen; ~ **into one's savings** seine Ersparnisse angreifen

diph·theria [dɪf'θɪərɪə] *s* (MED) Diphtherie *f*

diph·thong ['dɪfθɒŋ] *s* Diphthong *m*

di·ploma [dɪ'pləʊmə] *s* Diplom *nt* (*in* in)

di·plo·macy [dɪ'pləʊməsɪ] *s* (POL) Diplomatie *f;* **diplo·mat** ['dɪpləmæt] *s* Diplomat(in) *m(f);* **diplo·matic** [ˌdɪplə'mætɪk] *adj* (*adv:* ~*ally*) diplomatisch; **the** ~ **corps** das Diplomatische Korps; ~ **answer** diplomatische Antwort; **di·plo·ma·tist** [dɪ'pləʊmətɪst] *s* Diplomat(in) *m(f)*

dip·per ['dɪpə(r)] *s* ❶ Schöpflöffel *m,* Kelle *f* ❷ (AUTO) Abblendschalter *m* ❸ Wasseramsel *f;* **the Big Dipper** (*Am:* ASTR) der Große Bär; **the Little Dipper** (*Am:* ASTR) der Kleine Bär; **big** ~ Achterbahn *f*

dip·so·mania [ˌdɪpsə'meɪnɪə] *s* Trunksucht *f;* **dip·so·maniac** [ˌdɪpsə'meɪnɪæk] *s* Trunksüchtige(r) *f m*

dip·stick ['dɪpstɪk] *s* (AUTO) Ölmessstab *m;* **dip-switch** *s* (AUTO) Abblendschalter *m*

dire ['daɪə(r)] *adj* ❶ schrecklich, furchtbar ❷ äußerste(r, s); **be in** ~ **need** in großer Verlegenheit sein

di·rect [dɪ'rekt, daɪ'rekt] **I.** *adj* ❶ direkt ❷ unmittelbar ❸ (*Zug*) durchgehend ❹ (*Bemerkung*) gerade, offen, deutlich; **be a** ~ **descendant of s.o.** ein direkter Nachkomme von jdm sein; ~**-mail advertising** Postwurfsendung *f* **II.** *adv* direkt, gerade, unmittelbar; **the flight goes** ~ **to Paris** es ist ein Direktflug nach Paris **III.** *vt* ❶ richten (*towards* auf) ❷ lenken, leiten ❸ (*Verkehr*) regeln ❹ anweisen, anordnen (*s.o. to do s.th.* jdn etw zu tun), befehlen ❺ (*Worte*) richten (*to* an) ❻ (*Brief*) adressieren, schicken (*to* an) ❼ (*Orchester*) dirigieren, leiten ❽ (*Film*) Regie führen bei; ~ **one's remark(s) to s.o.** jdn anreden; ~ **one's steps to s.th.** auf etw zugehen; ~ **s.o.'s attention to s.th.** jds Aufmerksamkeit auf etw lenken; **as** ~**ed** (MED) wie verordnet; ~ **a play** Regie führen; **direct action** *s* direkte Aktion; **direct current** *s* (ELEK) Gleichstrom *m;* **direct debit** *s* Direktabbuchung *f;* **direct dial phone** *s* Telefon *nt* mit Direktdurchwahl; **direct hit** *s* Volltreffer *m;* **direct in·sur·ance en·ter·prise** *s* Direktversicherungsunternehmen *nt*

di·rec·tion [dɪ'rekʃn] *s* ❶ Richtung *f* ❷ Leitung, Führung *f* ❸ (THEAT FILM) Regie *f* ❹ ~**s** Anweisungen *fpl,* Angaben *fpl,* Gebrauchsanweisung *f;* **by** ~ **of** auf Anweisung, Anordnung +*gen;* **in the opposite** ~ in entgegengesetzter Richtung; **under the** ~ **of** unter Leitung von; **sense of** ~ Orientierungssinn *m;* **di·rec·tional** [dɪ'rekʃənl] *adj* gerichtet; ~ **microphone** Richtmikrofon *nt*

di·rec·tive [dɪ'rektɪv] *s* Direktive, Richtlinie *f;* ~ **on environmental liability** Richtlinie *f* zur Umwelthaftung

di·rect·ly [dɪ'rektlɪ] **I.** *adv* ❶ direkt, unmittelbar ❷ sofort, gleich **II.** *conj* sobald wie

di·rect-mar·ket·ing *s* Direktmarketing *nt,* Direktverkauf *m*

di·rec·tor [dɪ'rektə(r)] *s* ❶ Direktor(in) *m(f),* Leiter(in) *m(f)* ❷ (THEAT FILM) Regisseur(in) *m(f);* **board of** ~**s** Verwaltungsrat *m;* Vorstand *m;* ~ **general** Generaldirektor(in) *m(f);* **di·rec·tor·ate** [dɪ'rektərət] *s* ❶ Direktorenstelle *f* ❷ Aufsichtsrat *m;* **di·rec·tor·ship** [-ʃɪp] *s* Direktorstelle *f*

di·rec·tory [dɪ'rektərɪ] *s* ❶ Adressbuch, Verzeichnis *nt* ❷ (*telephone* ~) Telefonbuch *nt;* **trade** ~ Branchenverzeichnis *nt;* **directory enquiries** *s pl* Telefonauskunft *f*

dirt [dɜːt] *s* ❶ Schmutz, Dreck *m* ❷ Unrat, Kehricht *m* ❸ (*fig*) Schmutz *m;* schmutzige Wäsche; **treat s.o. like** ~ jdn wie Dreck behandeln; **eat** ~ sich widerspruchslos demütigen lassen; **fling** [*o* **throw**] ~ **at s.o.** jdn in den Schmutz ziehen; **dirt-cheap** [ˌdɜːt'tʃiːp] *adj* spottbillig; **dirt road** *s* unbefestigte Straße; **dirt track** *s* Feldweg *m;* (SPORT) Aschenbahn *f;* **dirty** ['dɜːtɪ] **I.** *adj* ❶ schmutzig, verschmutzt ❷ (*fig*) unflätig, zotig ❸ (*fig*) niederträchtig, gemein ❹ (*Wetter*) stürmisch, windig; **give s.o. a** ~ **look** jdm einen bösen Blick zuwerfen; **play a** ~ **trick on s.o.** jdm einen üblen Streich spielen; ~ **weather** Dreckwetter *nt;* ~ **work** Schmutzarbeit *f* **II.** *vt* schmutzig machen, verschmutzen **III.** *s:* **do the** ~ **on s.o.** jdn reinlegen

dis·abil·ity [ˌdɪsə'bɪlətɪ] *s* ❶ Unfähigkeit *f,* Unvermögen *nt* ❷ Behinderung *f;* Invalidität *f;* ~ **for work** Arbeitsunfähigkeit *f;* **dis·able** [dɪs'eɪbl] *vt* ❶ unfähig, untauglich, unbrauchbar machen ❷ (JUR) für unfähig erklären (*from doing s.th.* etw zu tun); **dis·abled** [dɪs'eɪbld] **I.** *adj* ❶ behindert ❷ unbrauchbar ❸ (JUR) nicht rechtsfähig; ~ **person** Behinderte(r) *f m;* **seriously** ~ schwerbeschädigt **II.** *s:* **the** ~ die Behinderten *pl;* **dis·able·ment** [-mənt] *s* Behinderung *f*

dis·abuse [ˌdɪsə'bjuːz] *vt:* ~ **s.o. of s.th.** jdn von etw befreien

dis·ad·van·tage [ˌdɪsəd'vɑːntɪdʒ] **I.** *vt* benachteiligen **II.** *s* ❶ Nachteil *m* ❷ Schaden *m;* **at a** ~ im Nachteil; **to s.o.'s** ~ zu jds Nachteil; **put at a** ~ benachteiligen; **sell at a** ~ mit Verlust verkaufen; **dis·ad·van·taged** [-d] *adj* benachteiligt; **dis·ad·van·tage·ous** [ˌdɪsˌædvən'teɪdʒəs] *adj* nachteilig, ungünstig, unvorteilhaft (*to* für)

dis·af·fected [ˌdɪsə'fektɪd] *adj* unzufrieden; entfremdet; **dis·af·fec·tion** [ˌdɪsə'fekʃn] *s* Unzufriedenheit *f;* Entfremdung *f*

dis·agree [ˌdɪsə'gri:] *vi* ❶ nicht übereinstimmen (*with* mit), nicht einverstanden sein ❷ eine Meinungsverschiedenheit haben ❸ schlecht bekommen, unzuträglich sein (*with s.o.* jdm); **dis·agree·able** [ˌdɪsə'gri:əbl] *adj* ❶ unangenehm, widerwärtig ❷ (*Wetter*) hässlich ❸ (*Mensch*) unsympathisch; **dis·agree·ment** [ˌdɪsə'gri:mənt] *s* ❶ Unstimmigkeit *f;* Uneinigkeit *f* ❷ Meinungsverschiedenheit *f,* Streit *m*

dis·al·low [ˌdɪsə'laʊ] *vt* nicht gelten lassen, nicht anerkennen

dis·ap·pear [ˌdɪsə'pɪə(r)] *vi* ent-, verschwinden (*from* von, aus); **dis·ap·pear·ance** [ˌdɪsə'pɪərəns] *s* Verschwinden *nt*

dis·ap·point [ˌdɪsə'pɔɪnt] *vt* ❶ enttäuschen ❷ (*Absicht, Plan*) durchkreuzen, zunichte machen; **dis·ap·pointed** [ˌdɪsə'pɔɪntɪd] *adj* ❶ enttäuscht (*in s.o.* von jdm) ❷ (*Hoffnung*) getäuscht; **dis·ap·point·ing** [-ɪŋ] *adj* enttäuschend; **dis·ap·point·ment** [ˌdɪsə'pɔɪntmənt] *s* Enttäuschung *f*

dis·ap·pro·ba·tion [ˌdɪsˌæprə'beɪʃn] *s* Missbilligung *f*

dis·ap·prove [ˌdɪsə'pru:v] **I.** *vt* missbilligen **II.** *vi* dagegen sein; ~ **of s.th.** etw missbilligen

dis·arm [dɪs'ɑ:m] **I.** *vt* entwaffnen **II.** *vi* abrüsten; **dis·arma·ment** [dɪs'ɑ:məmənt] *s* Abrüstung *f;* **disarmament talks** *s pl* Abrüstungsverhandlungen *fpl;* **dis·arm·ing** [dɪs'ɑ:mɪŋ] *adj* (*fig*) entwaffnend

dis·ar·range [ˌdɪsə'reɪndʒ] *vt* durcheinanderbringen

dis·ar·ray [ˌdɪsə'reɪ] **I.** *s* Unordnung *f* **II.** *vt* in Unordnung bringen

dis·as·ter [dɪ'zɑ:stə(r)] *s* ❶ Katastrophe *f* ❷ Unglück *nt;* Fiasko *nt;* ~ **area** Katastrophengebiet *nt;* **dis·as·trous** [dɪ'zɑ:strəs] *adj* katastrophal, verheerend

dis·be·lief [ˌdɪsbɪ'li:f] *s* Zweifel *m;* Ungläubigkeit *f;* **dis·be·lieve** [ˌdɪsbɪ'li:v] *vt* an-, bezweifeln; nicht glauben; **dis·be·liever** [ˌdɪsbɪ'li:və(r)] *s* Ungläubige(r) *f m*

dis·burse [dɪs'bɜ:s] *vt* aus(be)zahlen; **dis·burse·ment** [-mənt] *s* Auszahlung *f*

disc, disk [dɪsk] *s* ❶ Scheibe *f* ❷ (ANAT) Bandscheibe *f* ❸ (Schall)Platte *f* ❹ (INFORM) Diskette *f;* (*hard* ~) Platte *f*

dis·card [dɪ'skɑ:d] **I.** *vt* ❶ (*Karte, Kleider*) ablegen, abwerfen ❷ (*fam*) ausrangieren **II.** ['dɪskɑ:d] *s* ❶ abgelegte Karten *fpl* ❷ Ausschussre *f*

disc brake ['dɪskbreɪk] *s* (AUTO) Scheibenbremse *f*

dis·cern [dɪ'sɜ:n] *vt* ❶ deutlich sehen, wahrnehmen ❷ klar erkennen; **dis·cern·ible** [-əbl] *adj* wahrnehmbar; klar erkennbar; **dis·cern·ing** [-ɪŋ] *adj* ❶ anspruchsvoll ❷ (*Auge*) fein; **dis·cern·ment** [-mənt] *s* ❶ Urteilskraft, -fähigkeit *f* ❷ Wahrnehmung *f;* Erkennen *nt*

dis·charge [dɪs'tʃɑ:dʒ] **I.** *vt* ❶ entladen; (*Ladung, Last*) ab-, ausladen; (MAR) löschen ❷ (ELEK) entladen ❸ (*Schuss*) abfeuern ❹ (*Gas*) ausströmen lassen ❺ (*Eiter*) ausscheiden ❻ (*Patienten*) entlassen ❼ (*Angeklagten*) freisprechen ❽ (*Schuld*) begleichen ❾ (*Pflicht*) erfüllen **II.** *vi* (*Wunde*) eitern **III.** ['dɪstʃɑ:dʒ] *s* ❶ Ab-, Entladen *nt;* (MAR) Löschen *nt* ❷ (ELEK) Entladung *f* ❸ (*Gas*) Aus-, Entströmen *nt* ❹ (MED) Ausfluss *m;* Absonderung *f* ❺ (*Patient*) Entlassung *f* ❻ (JUR) Freispruch *m* ❼ (*Schuld*) Begleichung *f* ❽ (*Pflicht*) Erfüllung *f*

dis·ciple [dɪ'saɪpl] *s* ❶ Anhänger(in) *m(f)* ❷ (REL) Jünger *m*

dis·ci·plin·ary ['dɪsɪplɪnərɪ] *adj* disziplinarisch; ~ **measures** disziplinarische Maßnahmen *fpl;* **dis·ci·pline** ['dɪsɪplɪn] **I.** *s* ❶ Disziplin *f,* Lehrfach *nt* ❷ Zucht, Disziplin *f* ❸ disziplinarische Maßnahmen *fpl;* **keep** [*o* **maintain**] ~ die Disziplin aufrechterhalten **II.** *vt* ❶ disziplinieren; unter Kontrolle halten ❷ bestrafen

disc jockey ['dɪskdʒɒkɪ] *s* Diskjockey *m*

dis·claim [dɪs'kleɪm] *vt* ❶ abstreiten; von sich weisen ❷ (JUR) verzichten auf; ~ **all responsibility** jede Verantwortung von sich weisen; **dis·claimer** [dɪs'kleɪmə(r)] *s* Dementi *nt;* **issue a** ~ eine Gegenerklärung abgeben

dis·close [dɪs'kləʊz] *vt* ❶ enthüllen ❷ bekannt machen, mitteilen; **dis·clos·ure** [dɪs'kləʊʒə(r)] *s* Enthüllung *f;* Mitteilung *f*

disco ['dɪskəʊ] <*pl* discos> *s* Disko *f*

dis·color (*Am*), **dis·col·our** [dɪs'kʌlə(r)] **I.** *vt* verfärben **II.** *vi* sich verfärben

dis·com·fit [dɪs'kʌmfɪt] *vt* Unbehagen verursachen (*s.o.* jdm); **dis·com·fi·ture** [dɪs'kʌmfɪtʃə(r)] *s* Unbehagen *nt*

dis·com·fort [dɪs'kʌmfət] *s* ❶ Un-, Missbehagen *nt* ❷ Beschwerden *fpl*

dis·con·cert [ˌdɪskən'sɜ:t] *vt* aus der Fassung bringen

dis·con·nect [ˌdɪskə'nekt] *vt* ❶ trennen

D

(*from, with* von) ❷ (TECH) auskuppeln ❸ (ELEK) aus-, abschalten ❹ (*Wasser*) abstellen; **dis·con·nected** [-ɪd] *adj* ❶ unzusammenhängend ❷ abgeschaltet, abgestellt

dis·con·tent [ˌdɪskən'tent] *s* Unzufriedenheit *f* (*at, with* mit); **dis·con·tented** [-ɪd] *adj* unzufrieden (*with, about* mit); **dis·con·tent·ment** [-mənt] *s* Unzufriedenheit *f*

dis·con·tinue [ˌdɪskən'tɪnju:] *vt* ❶ unterbrechen, aussetzen mit, aufhören (*doing* zu tun) ❷ (*Geschäft*) aufgeben ❸ (JUR: *Klage*) einstellen; **dis·con·tinued** *adj* abgebrochen, eingestellt; ~ **line** (COM) ausgelaufene Serie; **dis·con·ti·nuity** [ˌdɪskəntɪ'nju:ɪtɪ] *s* Diskontinuität *f;* **dis·con·tinu·ous** [ˌdɪskən'tɪnjʊəs] *adj* nicht kontinuierlich

dis·cord ['dɪskɔ:d] *s* ❶ Uneinigkeit *f* ❷ (MUS) Missklang *m,* Dissonanz *f;* **dis·cor·dant** [dɪ'skɔ:dənt] *adj* ❶ nicht übereinstimmend, widersprechend ❷ (MUS) disharmonisch

dis·co·theque ['dɪskətek] *s* Diskothek *f*

dis·count ['dɪskaʊnt] **I.** *s* ❶ Nachlass, Skonto, Rabatt *m* (*on* auf) ❷ (~ *rate, rate of* ~) Diskontsatz *m;* **at a** ~ auf Rabatt; **give a** ~ **on s.th.** Rabatt auf etw geben; ~ **for cash** Skonto bei Barzahlung; **bank** ~ Bankdiskont *m;* **trade** ~ Händlerrabatt *m* **II.** [dɪs'kaʊnt] *vt* ❶ einen Rabatt gewähren (*s.th.* für etw) ❷ (*Rechnung*) diskontieren ❸ (*fig*) unberücksichtigt lassen; **discount store** *s* Discountladen *m*

dis·cour·age [dɪ'skʌrɪdʒ] *vt* ❶ entmutigen, mutlos machen ❷ abraten (*s.o. from s.th.* jdm von etw) ❸ abhalten, abschrecken (*from* von), zu verhindern suchen; **become** ~**d** den Mut verlieren; **dis·cour·age·ment** [-mənt] *s* ❶ Mutlosigkeit *f* ❷ Abraten *nt* ❸ Verhinderung *f;* **dis·cour·ag·ing** [-ɪŋ] *adj* entmutigend

dis·course ['dɪskɔ:s] **I.** *s* ❶ Diskurs *m,* Rede *f* ❷ Vorlesung *f* ❸ Abhandlung *f* **II.** *vi* ❶ einen Vortrag, eine Vorlesung halten ❷ abhandeln (*upon s.th.* etw)

dis·cour·teous [dɪs'kɜ:tɪəs] *adj* unhöflich; **dis·cour·tesy** [dɪs'kɜ:təsɪ] *s* Unhöflichkeit *f*

dis·cover [dɪ'skʌvə(r)] *vt* ❶ entdecken; finden ❷ (*fig*) ausfindig machen; **dis·cover·er** [dɪ'skʌvərə(r)] *s* Entdecker(in) *m(f);* **dis·covery** [dɪ'skʌvərɪ] *s* Entdeckung *f*

dis·credit [dɪs'kredɪt] **I.** *vt* ❶ an-, bezweifeln; keinen Glauben schenken (*s.o.* jdm) ❷ in Misskredit bringen (*with* bei) **II.** *s* ❶ Zweifel *m;* Misstrauen *nt* ❷ Misskredit *m;* **bring** ~ **on s.o.** jdn in Misskredit bringen; **be a** ~ **to s.o.** eine Schande für jdn sein; **dis·credit·able** [-əbl] *adj* schändlich, diskreditierend

dis·creet [dɪ'skri:t] *adj* diskret, rücksichtsvoll

dis·crep·ancy [dɪ'skrepənsɪ] *s* Diskrepanz *f* (*between* zwischen)

dis·cre·tion [dɪ'skreʃn] *s* ❶ Diskretion *f* ❷ Ermessen *nt;* **be at s.o.'s** ~ in jds Ermessen stehen; **leave to s.o.'s** ~ jdm anheim stellen; **it is within your own** ~ es liegt bei Ihnen

dis·crimi·nate [dɪ'skrɪmɪneɪt] **I.** *vt* unterscheiden (*from* von) **II.** *vi* ❶ kritisch sein ❷ Unterschiede machen; ~ **between** unterscheiden zwischen; ~ **in favour of s.o.** jdn bevorzugen; ~ **against s.o.** jdn benachteiligen; **dis·crimi·nat·ing** [-ɪŋ] *adj* urteilsfähig, kritisch; **dis·crimi·na·tion** [dɪˌskrɪmɪ'neɪʃn] *s* ❶ Unterscheidungsvermögen *nt* ❷ unterschiedliche Behandlung; Diskriminierung; Ungleichbehandlung *f;* **racial** ~ Rassendiskriminierung *f;* **dis·crimi·na·tory** [dɪ'skrɪmɪnətərɪ] *adj* diskriminierend

dis·cur·sive [dɪ'skɜ:sɪv] *adj* weitschweifig

dis·cus ['dɪskəs] *s* (SPORT) Diskus *m*

dis·cuss [dɪ'skʌs] *vt* diskutieren, erörtern, besprechen; ~ **a question with s.o.** mit jdm eine Frage erörtern; **dis·cussion** [dɪ'skʌʃn] *s* ❶ Diskussion *f* ❷ Besprechung, Beratung *f;* **open/close a** ~ eine Diskussion eröffnen/schließen; **be under** ~ zur Diskussion stehen; **after much** ~ nach langen Diskussionen

dis·cus thrower *s* Diskuswerfer(in) *m(f)*

dis·dain [dɪs'deɪn] **I.** *vt* ❶ verachten ❷ verschmähen (*to do* zu tun) **II.** *s* Geringschätzung *f;* **dis·dain·ful** [-fʊl] *adj* verächtlich

dis·ease [dɪ'zi:z] *s* Krankheit *f;* **dis·eased** [dɪ'zi:zd] *adj* krank

dis·em·bark [ˌdɪsɪm'bɑ:k] **I.** *vt* ausschiffen **II.** *vi* von Bord gehen; **dis·em·bar·ka·tion** [ˌdɪsˌembɑ:'keɪʃn] *s* Landung *f*

dis·en·chant [ˌdɪsɪn'tʃɑ:nt] *vt* ernüchtern, enttäuschen

dis·en·fran·chise [ˌdɪsən'fræntʃaɪz] *vt* die bürgerlichen Ehrenrechte aberkennen (*s.o.* jdm)

dis·en·gage [ˌdɪsɪn'geɪdʒ] **I.** *vt* ❶ losmachen, lösen ❷ auskuppeln, -rücken, -klinken ❸ (MIL) abziehen **II.** *vi* (MIL) auseinanderrücken; **dis·en·gage·ment** [-mənt] *s* ❶ (Los)Lösung *f* ❷ (POL) Disengagement *nt;* Abrücken *nt*

dis·en·tangle [ˌdɪsɪn'tæŋgl] *vt* ❶ los-, freimachen, befreien (*from* von) ❷ entwirren, ordnen

dis·favor (*Am*), **dis·favour** [ˌdɪs'feɪvə(r)] *s*

① Missfallen *nt* ② Ungnade *f;* **fall into ~ with** in Ungnade fallen bei; **look with ~ on s.th.** etw missbilligend betrachten

dis·figure [dɪs'fɪgə(r)] *vt* entstellen, verunstalten

dis·fig·ure·ment [dɪs'fɪgə(r)mənt] *s* Entstellung, Verunstaltung *f*

dis·fran·chise [dɪs'fræntʃaɪz] *vt* die bürgerlichen Ehrenrechte aberkennen (*s.o.* jdm)

dis·gorge [dɪs'gɔːdʒ] **I.** *vt* ① ausspeien ② (*fig*) herausrücken **II.** *vi* (*Fluss*) sich ergießen (*into* in)

dis·grace [dɪs'greɪs] **I.** *s* ① Ungnade *f* ② Schande *f* (*to* für); **bring ~ on s.o.** jdm Schande machen; **be in ~** in Ungnade sein **II.** *vt* Schande bringen über **III.** *vr* sich blamieren; **be ~d** blamiert sein; **dis·grace·ful** [dɪs'greɪsfl] *adj* schändlich; skandalös

dis·gruntled [dɪs'grʌntld] *adj* verstimmt (*at* über, *with s.o.* mit jdm)

dis·guise [dɪs'gaɪz] **I.** *vt* verstellen, tarnen **II.** *vr* sich verkleiden (*as* als) **III.** *s* Verkleidung *f;* Verstellung *f;* **in ~** verkleidet, maskiert

dis·gust [dɪs'gʌst] **I.** *s* Ekel *m* (*at* vor), Widerwille *m;* **go away in ~** sich voller Empörung abwenden **II.** *vt* anekeln, anwidern; **be ~ed with s.o.** über jdn empört sein; **dis·gust·ing** [-ɪŋ] *adj* ekelhaft, widerlich

dish [dɪʃ] **I.** *s* ① Schüssel, Schale *f* ② Gericht *nt,* Speise *f* ③ **~es** Geschirr *nt* ④ (*sl*) duftes Mädchen; **do the ~es** das Geschirr spülen **II.** *vt* ① anrichten ② (*Plan*) verpatzen; **dish aerial** *s* Parabolantenne *f,* Schüssel *f;* **dish of the day** *s* Tagesgericht *nt;* **dish out** *vt* austeilen; **dish up** *vt* ① auftragen ② (*fig*) auftischen

dis·ha·bille [ˌdɪsæ'biːl] *s* nachlässige Kleidung

dis·har·moni·ous [ˌdɪshɑː'məʊnɪəs] *adj* disharmonisch; **dis·har·mony** [dɪs'hɑːmənɪ] *s* Disharmonie *f*

dish·cloth ['dɪʃklɒθ] *s* Spültuch *nt;* (*Br*) Geschirrtuch *nt*

dis·hearten [dɪs'hɑːtn] *vt* entmutigen

di·shev·eled (*Am*), **di·shev·elled** [dɪ'ʃevld] *adj* ① (*Kleidung*) in Unordnung ② (*Haare*) zerzaust

dis·hon·est [dɪs'ɒnɪst] *adj* ① unredlich, unehrlich ② (*fig*) unsauber; **dis·hon·esty** [dɪs'ɒnɪstɪ] *s* ① Unredlichkeit, Unehrlichkeit *f* ② Unlauterkeit *f*

dis·honor (*Am*), **dis·hon·our** [dɪs'ɒnə(r)] **I.** *s* Schande, Unehre *f;* **bring ~ upon s.o.** Schande über jdn bringen **II.** *vt* ① Schande bringen über ② (*Wechsel*) nicht einlösen; **dis·honor·able** *adj* (*Am*), **dis·hon·our·able** [-əbl] *adj* unehrenhaft

dish·proof [dɪʃpruːf] *adj* spülmaschinenfest; **dish·towel** *s* (*Am*) Geschirrtuch *nt;* **dish·washer** *s* ① Tellerwäscher(in) *m(f)* ② Geschirrspülmaschine *f;* **dish·water** *s* Spül-, Abwaschwasser *nt*

dis·il·lusion [ˌdɪsɪ'luːʒn] **I.** *vt* desillusionieren **II.** *s* Desillusion *f;* **dis·il·lusioned** [-d] *adj* desillusioniert; **dis·il·lusion·ment** [-mənt] *s* Desillusionierung *f*

dis·in·cli·na·tion [ˌdɪsɪnklɪ'neɪʃn] *s* Abneigung *f* (*for* gegen); **dis·in·clined** ['dɪsɪn'klaɪnd] *adj* abgeneigt

dis·in·fect [ˌdɪsɪn'fekt] *vt* (MED) desinfizieren; **dis·in·fec·tant** [ˌdɪsɪn'fektənt] *s* Desinfektionsmittel *nt;* **dis·in·fec·tion** [ˌdɪsɪn'fekʃn] *s* Desinfektion *f*

dis·in·genu·ous [ˌdɪsɪn'dʒenjʊəs] *adj* unaufrichtig

dis·in·herit [ˌdɪsɪn'herɪt] *vt* enterben

dis·in·te·grate [dɪs'ɪntɪgreɪt] **I.** *vt* auflösen, zersetzen **II.** *vi* ① zerfallen ② (GEOL) verwittern; **dis·in·te·gra·tion** [dɪsˌɪntɪ'greɪʃn] *s* Auflösung, Zersetzung *f,* Zerfall *m*

dis·in·ter·ested [dɪs'ɪntrəstɪd] *adj* ① uneigennützig, selbstlos ② unparteiisch, unvoreingenommen

dis·jointed [dɪs'dʒɔɪntɪd] *adj* zusammenhanglos

disk [dɪsk] *s* ① Scheibe *f* ② (ANAT) Bandscheibe *f* ③ (Schall)Platte *f* ④ (INFORM) Diskette *f;* (*hard ~*) Platte *f;* **single/double-sided ~** einseitig/beidseitig beschreibbare Diskette; **disk drive** *s* Diskettenlaufwerk *nt;* **diskette** [dɪs'ket] *s* Diskette *f*

dis·like [dɪs'laɪk] **I.** *vt* nicht leiden können, nicht gern haben; **~ doing s.th.** etw ungern tun **II.** *s* Abneigung *f,* Widerwille *m,* Antipathie *f* (*of, for* gegen); **take a ~ to** eine Abneigung fassen, einen Widerwillen bekommen gegen

dis·lo·cate ['dɪsləkeɪt] *vt* ① (MED) aus-, verrenken ② (*fig*) durcheinander bringen; **dis·lo·ca·tion** [ˌdɪslə'keɪʃn] *s* ① (MED) Verrenkung *f* ② (*fig*) Durcheinanderbringen *nt*

dis·lodge [dɪs'lɒdʒ] *vt* ① (*Stein*) entfernen, lösen ② herausstochern

dis·loyal [dɪs'lɔɪəl] *adj* nicht loyal (*to* gegen)

dis·mal ['dɪzməl] *adj* ① düster, trübe ② (*fig*) pessimistisch

dis·mantle [dɪs'mæntl] *vt* ① leer machen, ausräumen ② auseinander nehmen, zerlegen; demontieren

dis·may [dɪs'meɪ] **I.** *s* Bestürzung *f;* **in ~** bestürzt **II.** *vt* bestürzen

dis·mem·ber [dɪs'membə(r)] *vt* ① zerstü-

D

ckeln ❷ (*Gebiet*) aufteilen

dis·miss [dɪsˈmɪs] *vt* ❶ (*aus einer Stellung*) entlassen ❷ (*Thema*) fallen lassen; abtun ❸ (JUR) abweisen; **dis·missal** [dɪsˈmɪsl] *s* ❶ Entlassung *f;* Kündigung *f;* Abschied *m* ❷ Abtun *nt* ❸ (JUR) Abweisung *f*

dis·mount [ˌdɪsˈmaʊnt] **I.** *vt* (*Reiter*) abwerfen **II.** *vi* absteigen

dis·obedi·ence [ˌdɪsəˈbiːdjəns] *s* Ungehorsam *m;* **civil** ~ ziviler Ungehorsam; **dis·obedi·ent** [ˌdɪsəˈbiːdjənt] *adj* ungehorsam (*to* gegen)

dis·obey [ˌdɪsəˈbeɪ] *vt* ❶ nicht gehorchen (*s.o.* jdm) ❷ sich widersetzen (*an order* einem Befehl)

dis·oblige [ˌdɪsəˈblaɪdʒ] *vt* keinen Gefallen tun (*s.o.* jdm); **dis·oblig·ing** [-ɪŋ] *adj* ungefällig, unhöflich

dis·order [dɪsˈɔːdə(r)] **I.** *s* ❶ Unordnung *f,* Durcheinander *nt* ❷ (MED) Funktionsstörung *f* ❸ ~**s** (POL) Unruhen *fpl;* **mental** ~ Geistesgestörtheit *f;* **in** ~ durcheinander **II.** *vt* ❶ in Unordnung bringen ❷ (MED) angreifen; **dis·order·ly** [dɪsˈɔːdəlɪ] *adj* ❶ unordentlich, unaufgeräumt ❷ (*Menge*) aufrührerisch ❸ (*Benehmen*) ungehörig; ~ **house** Bordell *nt*

dis·or·gan·ize [ˌdɪsˈɔːgənaɪz] *vt* durcheinander bringen

dis·orient, **dis·orien·tate** [dɪsˈɔːrɪənt, dɪsˈɔːrɪənteɪt] *vt* verwirren

dis·own [dɪsˈəʊn] *vt* ab-, verleugnen; nichts zu tun haben wollen mit

dis·par·age [dɪˈspærɪdʒ] *vt* herabsetzen, -würdigen; **dis·par·age·ment** [-mənt] *s* Herabsetzung *f;* **dis·par·ag·ing** [-ɪŋ] *adj* geringschätzig

dis·par·ate [ˈdɪspərət] *adj* verschiedenartig, ungleich; **dis·par·ity** [dɪˈspærətɪ] *s* Ungleichheit *f;* ~ **in age** Altersunterschied *m;* ~ **in rank** Rangunterschied *m*

dis·pas·sion·ate [dɪˈspæʃənət] *adj* unparteiisch

dis·patch [dɪˈspætʃ] **I.** *vt* ❶ abschicken, -senden; aufgeben ❷ (*Zug*) abfertigen ❸ schnell erledigen ❹ töten **II.** *s* ❶ Abschicken, Absenden, Aufgeben *nt* ❷ Abfertigung, Erledigung *f* ❸ Telegramm *nt,* Depesche *f;* **with** ~ prompt

i Land & Leute

Die **Dispatch Box** im *House of Commons*, dem britischen Unterhaus, ist eine der beiden Boxen, neben denen Minister stehen, wenn sie vor dem *House* sprechen.

dispatch note *s* Versandanzeige *f,* -auftrag *m*

dis·pel [dɪˈspel] *vt* vertreiben, zerstreuen, auflösen

dis·pens·able [dɪˈspensəbl] *adj* entbehrlich

dis·pens·ary [dɪˈspensərɪ] *s* ❶ Apotheke *f* ❷ Arzneiausgabe(stelle) *f*

dis·pen·sa·tion [ˌdɪspenˈseɪʃn] *s* ❶ Aus-, Verteilung *f* ❷ (REL) Befreiung *f* (*from* von) ❸ Fügung *f* (*des Schicksals*) ❹ Glaubenssystem *nt*

dis·pense [dɪˈspens] **I.** *vt* ❶ ausgeben, aus-, verteilen ❷ (*Arznei*) zubereiten, ausgeben ❸ (REL) spenden ❹ befreien, dispensieren (*from* von) **II.** *vi:* ~ **with** verzichten auf; **dis·penser** [dɪˈspensə(r)] *s* ❶ Apotheker(in) *m(f)* ❷ (*Automat*) Spender *m;* **cash** ~ Geldautomat *m*

dis·per·sal [dɪˈspɜːsl] *s* Zerstreuung, Auflösung *f;* **dis·perse** [dɪˈspɜːs] **I.** *vt* ❶ ver-, zerstreuen ❷ (*Nebel*) auflösen ❸ (*Licht*) streuen ❹ (*fig*) verbreiten **II.** *vi* sich zerstreuen, auseinander gehen; **dis·per·sion** [dɪˈspɜːʃn] *s* ❶ Zerstreuung, Auflösung *f* ❷ (OPT) Dispersion, Streuung *f*

dis·pirit·ed [dɪˈspɪrɪtɪd] *adj* mutlos, niedergedrückt

dis·place [dɪsˈpleɪs] *vt* ❶ versetzen, -legen, -lagern, -schieben ❷ ablösen, ersetzen; ~**d person** Verschleppte(r) *f m;* **dis·place·ment** [dɪsˈpleɪsmənt] *s* ❶ Verschiebung *f;* Verlagerung *f* ❷ (*Arbeitskräfte*) Freisetzung *f* ❸ Ablösung *f,* Ersatz *m* ❹ (PSYCH) Verdrängung *f* ❺ (MAR) Wasserverdrängung *f;* ~ **of labour** Freisetzung *f* von Arbeitskräften

dis·play [dɪˈspleɪ] **I.** *vt* ❶ (offen) zeigen, zur Schau stellen; ausstellen ❷ (*Macht*) demonstrieren ❸ (*Kleider*) vorführen ❹ (INFORM) anzeigen **II.** *s* ❶ Zeigen *nt;* Zurschaustellung *f* ❷ (*fig*) Demonstration *f* ❸ Ausstellung *f* ❹ (COM) Auslage *f* ❺ (TYP) Hervorhebung *f* ❻ (INFORM) Display *nt;* Anzeige *f;* **be on** ~ ausgestellt sein; **display case** *s* Vitrine *f;* **display window** *s* Schaufenster *nt*

dis·please [dɪsˈpliːz] *vt* ❶ missfallen (*s.o.* jdm) ❷ verstimmen, verärgern; **be** ~**d with s.o.** über jdn verärgert sein; **dis·pleas·ing** [-ɪŋ] *adj* unangenehm, lästig; **dis·pleasure** [dɪsˈpleʒə(r)] *s* Missfallen *nt* (*at* über)

dis·pos·able [dɪˈspəʊzəbl] *adj* ❶ wegwerfbar; Papier-; Einweg-; Wegwerf- ❷ verfügbar; ~ **income** verfügbares Einkommen; ~ **lenses** Einweglinsen *pl;* ~ **nappy** Wegwerfwindel *f;* **dis·posal** [dɪˈspəʊzl] *s* ❶ Loswerden *nt;* Beseitigung *f;* Veräußerung *f* ② Verfügung(sgewalt) *f* (*of* über) ③ Anordnung *f*, Arrangement *nt;* **be at s.o.'s** ~ zu jds Verfügung stehen; **waste-**~ **unit** Müllschlucker *m;* **dis·pose** [dɪ'spəʊz] **I.** *vt* (an)ordnen; aufstellen; ~ **s.o. to do s.th.** jdn geneigt machen etw zu tun **II.** *vi:* ~ **of** loswerden; beseitigen; veräußern; erledigen; (*Zeit*) verfügen über; **dis·posed** [dɪ'spəʊzd] *adj* bereit; **be well** ~ **towards s.o.** jdm wohl wollen; **be ill** ~ **towards s.o.** jdm übel wollen; **dis·po·si·tion** [ˌdɪspə'zɪʃn] *s* ① Anordnung *f;* Aufstellung *f* ② Veranlagung *f;* Neigung *f,* Hang *m* ③ Verfügungsgewalt *f;* **her cheerful** ~ ihre freundliche Art

dis·pos·sess [ˌdɪspə'zes] *vt* enteignen

dis·proof [dɪs'pru:f] *s* Widerlegung *f*

dis·pro·por·tion·ate [ˌdɪsprə'pɔ:ʃənət] *adj:* **be** ~ in keinem (richtigen) Verhältnis stehen (*to* zu)

dis·prove [dɪs'pru:v] *vt* widerlegen

dis·put·able [dɪ'spju:təbl] *adj* anfechtbar; zweifelhaft; **dis·pu·ta·tion** [ˌdɪspju:'teɪʃn] *s* Disput, Streit *m;* **dis·pu·ta·tious** [ˌdɪspju:'teɪʃəs] *adj* streitsüchtig; **dis·pute** [dɪ'spju:t] **I.** *vi* disputieren, streiten (*with, against* mit, *on, about* über) **II.** *vt* ① bestreiten, anfechten ② (*Frage*) sich streiten über ③ streitig machen (*s.th. to s.o.* jdm etw) **III.** *s* Kontroverse, Meinungsverschiedenheit *f;* Streit *m;* **beyond** [*o* **past**] ~ unbestritten; **without** ~ zweifellos; **in** ~ strittig; fraglich; **settle a** ~ einen Streit beilegen; **wages** ~ Tarifauseinandersetzungen *fpl*

dis·quali·fi·ca·tion [dɪsˌkwɒlɪfɪ'keɪʃn] *s* ① Disqualifizierung *f* ② Untauglichkeit, Unfähigkeit *f* ③ (SPORT) Ausschluss *m;* **dis·qual·ify** [dɪs'kwɒlɪfaɪ] *vt* ① untauglich machen (*from* für) ② (SPORT) disqualifizieren; ~ **s.o. from driving** jdm den Führerschein entziehen

dis·quiet [dɪs'kwaɪət] **I.** *vt* beunruhigen **II.** *s* Unruhe, Besorgnis *f;* **dis·quiet·ing** [-ɪŋ] *adj* beunruhigend

dis·re·gard [ˌdɪsrɪ'gɑ:d] **I.** *vt* ① nicht beachten, ignorieren ② (*Gefahr*) missachten **II.** *s* ① Nichtbeachtung *f* ② Missachtung *f* ③ Geringschätzung *f*

dis·re·pair [ˌdɪsrɪ'peə(r)] *s* Baufälligkeit *f;* **fall into** ~ verfallen; **in a state of** ~ baufällig

dis·repu·table [dɪs'repjʊtəbl] *adj* verrufen; anrüchig; **dis·re·pute** [ˌdɪsrɪ'pju:t] *s* schlechter Ruf; **fall into** ~ in Verruf kommen

dis·re·spect [ˌdɪsrɪ'spekt] *s* Respektlosigkeit *f* (*to* gegenüber); **dis·re·spect·ful** [-fʊl] *adj* respektlos

dis·rupt [dɪs'rʌpt] *vt* stören; unterbrechen; **dis·rup·tion** [dɪs'rʌpʃn] *s* Störung *f;* Unterbrechung *f;* Zerschlagung *f;* **dis·rup·tive** [dɪs'rʌptɪv] *adj* störend

dis·sat·is·fac·tion [ˌdɪsˌsætɪs'fækʃn] *s* Unzufriedenheit *f* (*with* mit); **dis·sat·is·fied** [dɪs'sætɪsfaɪd] *adj* unzufrieden (*with* mit)

dis·sect [dɪ'sekt] *vt* ① (ANAT) sezieren ② (*fig*) zergliedern; **dis·sec·tion** [dɪ'sekʃn] *s* ① (ANAT) Sektion *f* ② (*fig*) Zergliederung *f*

dissed [dɪsd] *adj* (*sl*) gedisst, schlecht gemacht

dis·semble [dɪ'sembl] *vt* (*Gedanken, Gefühle, Absichten*) verbergen, verhehlen

dis·semi·nate [dɪ'semɪneɪt] *vt* (*fig*) verbreiten; **dis·semi·na·tion** [dɪˌsemɪ'neɪʃn] *s* Verbreitung *f*

dis·sen·sion [dɪ'senʃn] *s* Meinungsverschiedenheit, Differenz *f;* **dis·sent** [dɪ'sent] **I.** *vi* ① anderer Ansicht sein (*from* als) ② (REL) sich weigern, die Staatskirche anzuerkennen **II.** *s* andere Ansicht; **express one's** ~ erklären, dass man (mit etw) nicht übereinstimmt; **dis·senter** [dɪ'sentə(r)] *s* ① Dissident(in) *m(f)* ② (REL) Dissenter(in) *m(f)*

dis·ser·ta·tion [ˌdɪsə'teɪʃn] *s* Dissertation *f* (*on* über)

dis·ser·vice [dɪs'sɜ:vɪs] *s:* **do s.o. a** ~ jdm einen schlechten Dienst erweisen

dis·si·dent ['dɪsɪdənt] **I.** *adj* dissident, regimekritisch **II.** *s* Dissident(in) *m(f)*

dis·simi·lar [dɪ'sɪmɪlə(r)] *adj* unterschiedlich, verschieden (*to* von); **dis·simi·lar·ity** [ˌdɪsɪmɪ'lærətɪ] *s* Unterschiedlichkeit, Verschiedenheit *f*

dis·simu·la·tion [dɪˌsɪmjʊ'leɪʃn] *s* Verstellung, Heuchelei *f*

dis·si·pate ['dɪsɪpeɪt] **I.** *vt* ① zerstreuen; auflösen ② (*Energie*) verschwenden, vergeuden **II.** *vi* ① sich auflösen ② (*fig*) sich zerstreuen; **dis·si·pated** ['dɪsɪpeɪtɪd] *adj* zügellos, ausschweifend; leichtlebig; **dis·si·pa·tion** [ˌdɪsɪ'peɪʃn] *s* ① Zerstreuung, Auflösung *f* ② (*Energie*) Verschwendung *f* ③ Ausschweifung *f*

dis·so·ci·ate [dɪ'səʊʃɪeɪt] *vt* ① trennen (*from* von) ② (CHEM) dissoziieren; ~ **o.s. from s.o.** sich von jdm distanzieren; **dis·so·cia·tion** [dɪˌsəʊsɪ'eɪʃn] *s* ① Trennung *f* ② (CHEM) Spaltung *f*

dis·so·lute ['dɪsəlju:t] *adj* ausschweifend, zügellos; **dis·so·lu·tion** [dɪsəl'ju:ʃn] *s* Auflösung *f*

dis·solve [dɪ'zɒlv] **I.** *vt* ① verflüssigen; auflösen ② (*Ehe*) scheiden ③ (*Versammlung*) aufheben ④ (FILM) überblenden **II.** *vi* ① sich (auf)lösen ② (*fig*) sich in nichts auf-

D

lösen; ~ **into tears** in Tränen zerfließen

dis·son·ance [ˈdɪsənəns] *s* Missklang *m,* Dissonanz *f;* **dis·son·ant** [ˈdɪsənənt] *adj* ❶ unharmonisch ❷ (*Meinung*) unvereinbar

dis·suade [dɪˈsweɪd] *vt* ausreden (*s.o. from s.th.* jdm etw), abbringen (*from doing s.th.* etw zu tun)

dis·tance [ˈdɪstəns] **I.** *s* ❶ Abstand *m,* Entfernung *f;* Distanz *f* ❷ Zeitraum *m* ❸ (*fig*) Unterschied *m;* **at** [*o* **from a**] ~ von fern, von weitem; **at some** ~ in einiger Entfernung; **in the** ~ in der Ferne; **it's no** ~ es ist nur ein Katzensprung; **it's within walking** ~ es ist zu Fuß erreichbar; **cover a** ~ eine Strecke zurücklegen; **keep one's** ~ Abstand halten; **what is the** ~ **to ...?** wie weit ist es nach ...?; **keep s.o. at a** ~ jdn auf Distanz halten; ~ **runner** Langstreckenläufer(in) *m(f)* **II.** *vt* (SPORT) hinter sich lassen; (*beim Rennen*) abhängen; **dis·tant** [ˈdɪstənt] *adj* ❶ weit entfernt, fern ❷ (*fig*) weit zurückliegend ❸ (*Verwandter*) weitläufig, entfernt ❹ (*fig*) zurückhaltend; **have a** ~ **view of s.th.** etw in der Ferne sehen; **in the** ~ **future** in ferner Zukunft; **dis·tant·ly** [-lɪ] *adv* ❶ entfernt, fern ❷ (*fig*) kühl, zurückhaltend; ~ **related** entfernt, weitläufig verwandt

dis·taste [dɪsˈteɪst] *s* Abneigung *f,* Widerwille *m* (*for* gegen); **dis·taste·ful** [dɪsˈteɪstfl] *adj* widerwärtig; zuwider, unangenehm

dis·temper¹ [dɪˈstempə(r)] *s* (VET) Staupe *f*

dis·temper² [dɪˈstempə(r)] *s* Temperafarbe *f*

dis·tend [dɪˈstend] *vi* sich blähen; **dis·ten·sion** [dɪˈstenʃn] *s* (*Magen*) Blähung *f*

dis·til [dɪˈstɪl] **I.** *vi* ❶ sich herausdestillieren ❷ langsam heraustropfen **II.** *vt* ❶ destillieren; brennen ❷ tropfenweise absondern; **dis·till** (*Am*) *s.* **distil**; **dis·til·la·tion** [ˌdɪstɪˈleɪʃn] *s* Destillation *f;* Brennen *nt;* Destillat *nt;* **dis·til·ler** [dɪˈstɪlə(r)] *s* Destillateur *m;* Whisky-, Branntweinbrenner *m;* **dis·til·lery** [dɪˈstɪlərɪ] *s* Whisky-, Branntweinbrennerei *f*

dis·tinct [dɪˈstɪŋkt] *adj* ❶ deutlich, klar; ausgeprägt; merklich ❷ verschieden ❸ (*fig*) eigen, individuell; **as** ~ **from** im Unterschied zu; **dis·tinc·tion** [dɪˈstɪŋkʃn] *s* ❶ Unterscheidung *f;* Unterschied *m* ❷ Rang *m;* Vornehmheit *f* ❸ Auszeichnung *f;* **of** ~ ausgezeichnet, von Rang; **without** ~ ohne Unterschied; **award s.o. academic** ~**s** jdm akademische Auszeichnungen verleihen; **draw a** ~ **between** einen Unterschied machen zwischen; **make** ~**s** Unterschiede machen, unterscheiden; **dis·tinc·tive** [dɪˈstɪŋktɪv] *adj* kennzeichnend, charakteristisch; unverwechselbar

dis·tin·guish [dɪˈstɪŋgwɪʃ] **I.** *vt* ❶ unterscheiden ❷ erkennen, wahrnehmen, bemerken ❸ auseinander halten, unterscheiden (*from* von) **II.** *vi* unterscheiden (*between, among* zwischen) **III.** *vr* sich auszeichnen, sich hervortun; **dis·tin·guish·able** [-əbl] *adj* ❶ unterscheidbar ❷ zu erkennen, erkennbar; **dis·tin·guish·ed** [dɪˈstɪŋgwɪʃt] *adj* ❶ von hohem Rang; hervorragend ❷ vornehm

dis·tort [dɪˈstɔːt] *vt* ❶ verdrehen ❷ verzerren ❸ entstellen; **dis·tort·ed** *adj* verzerrt; (*joint*) verformt; (*face*) entstellt; **dis·tor·tion** [dɪˈstɔːʃn] *s* Verzerrung, Entstellung *f*

dis·tract [dɪˈstrækt] *vt* ablenken (*from* von); **dis·tracted** [dɪˈstræktɪd] *adj* besorgt, beunruhigt; außer sich (*with* vor); **dis·trac·tion** [dɪˈstrækʃn] *s* ❶ Unaufmerksamkeit *f* ❷ Ablenkung *f;* Zerstreuung, Unterhaltung *f* ❸ (*fig*) Zerstreutheit, Verwirrung *f;* **to** ~ bis zur Raserei, aufs Äußerste

dis·traught [dɪˈstrɔːt] *adj* verzweifelt, außer sich

dis·tress [dɪˈstres] **I.** *s* ❶ Kummer *m;* Verzweiflung *f* ❷ Not *f,* Elend *nt* ❸ Notlage *f;* **in** ~ (*Schiff*) in Seenot; **be in great** ~ sehr leiden **II.** *vt* Kummer machen, Sorge bereiten (*s.o.* jdm); **dis·tressed** [dɪˈstrest] *adj* bekümmert; ~ **area** Notstandsgebiet *nt;* **dis·tress·ing** [-ɪŋ] *adj* Besorgnis erregend; (*stärker*) erschütternd

dis·trib·ute [dɪˈstrɪbjuːt] *vt* ❶ ver-, aus-, zuteilen ❷ (*Film*) verleihen ❸ (*Dividende*) ausschütten ❹ (COM) vertreiben, absetzen; **dis·tribu·tion** [ˌdɪstrɪˈbjuːʃn] *s* ❶ Ver-, Zuteilung *f* ❷ (*Film*) Verleih *m* ❸ (*Dividende*) Ausschüttung *f* ❹ (COM) Vertrieb, Absatz *m;* **distribution area** *s* Absatzgebiet *nt;* **distribution channel** *s* Absatzweg *m;* **distribution rights** *s pl* (COM) Vertriebsrechte *ntpl;* **dis·tribu·tive** [dɪˈstrɪbjʊtɪv] *adj* verteilend; **dis·tribu·tor** [dɪˈstrɪbjʊtə(r)] *s* ❶ (*a.* AUTO) Verteiler *m* ❷ (COM) Großhändler *m* ❸ Filmverleiher *m*

dis·trict [ˈdɪstrɪkt] *s* ❶ Gebiet, Land(strich *m*) *nt* ❷ (Stadt)Viertel *nt* ❸ (Verwaltungs)Bezirk *m;* **electoral** [*o* **polling**] ~ Wahlbezirk *m;* **postal** ~ Post-, Zustellbezirk *m;* **rural** ~ Landbezirk *m;* **district attorney** *s* (*Am*) Bezirksanwalt *m,* -anwältin *f;* **district council** *s* (*Br*) Bezirksregierung *f;* **district court** *s* (*Am*) Bezirksgericht *nt*

dis·trust [dɪs'trʌst] **I.** *s* Misstrauen *nt* (*of, towards* gegen) **II.** *vt* misstrauen (*s.o.* jdm); **dis·trust·ful** [-fʊl] *adj* misstrauisch (*of* gegenüber)

dis·turb [dɪ'stɜ:b] *vt* ❶ stören; unterbrechen ❷ beunruhigen, verwirren ❸ (*fig*) aufwirbeln; durcheinanderbringen; **dis·turb·ance** [dɪ'stɜ:bəns] *s* ❶ Störung *f* ❷ **~s** (POL) Unruhen *f/pl;* **cause a ~** eine Ruhestörung verursachen; **dis·turbed** [dɪ'stɜ:bd] *adj* ❶ geistig gestört ❷ beunruhigt; **dis·turb·ing** [-ɪŋ] *adj* beunruhigend; störend

dis·unite [ˌdɪsju:'naɪt] *vt* spalten, entzweien; **dis·unity** [dɪs'ju:nətɪ] *s* Uneinigkeit *f*

dis·use [dɪs'ju:s] außer Gebrauch kommen; **dis·used** dɪs'ju:zd] *adj* ❶ außer Gebrauch ❷ (*Bergwerk*) stillgelegt

ditch [dɪtʃ] **I.** *s* Graben *m* **II.** *vt* (*sl*) abservieren; wegschmeißen

dither ['dɪðə(r)] **I.** *vi* (*fam*) zaudern, schwanken **II.** *s* (*fam*): **be all of a ~** ganz aufgeregt sein; ganz verdattert sein

dit·sy ['dɪtzɪ] *adj* (*Am: sl*) einfältig, dumm

ditto ['dɪtəʊ]: **I'd like tea - ~** ich möchte Tee - ich auch

ditty ['dɪtɪ] *s* Liedchen *nt*

di·ur·nal [daɪ'ɜ:nl] *adj* Tages-

di·van [dɪ'væn] *s* Diwan *m;* **divan bed** *s* Liege *f*

dive [daɪv] **I.** *vi* ❶ springen; einen Kopfsprung machen ❷ tauchen ❸ (*U-Boot*) untertauchen ❹ (*fig*) plötzlich verschwinden (*into* in); **~ in** hineinspringen; **he ~d into his pocket** er fischte in seiner Tasche **II.** *s* ❶ Sprung *m;* Kopfsprung *m* ❷ Tauchen *nt* ❸ (*fam*) Spelunke *f;* **make a ~ for s.th.** sich auf etw stürzen; **diver** ['daɪvə(r)] *s* Taucher(in) *m(f);* Turmspringer(in) *m(f);* Kunstspringer(in) *m(f)*

di·verge [daɪ'vɜ:dʒ] *vi* auseinander gehen; divergieren; abweichen (*from* von); **di·ver·gence** [daɪ'vɜ:dʒəns] *s* Abweichung *f;* Divergenz *f;* **di·ver·gent** [daɪ'vɜ:dʒənt] *adj* divergierend; abweichend

di·verse [daɪ'vɜ:s] *adj* verschieden(artig); **di·ver·si·fi·ca·tion** [daɪˌvɜ:sɪfɪ'keɪʃn] *s* ❶ (COM) Diversifikation *f;* Streuung *f* ❷ Abwechslung *f;* **di·ver·sify** [daɪ'vɜ:sɪfaɪ] *vt* ❶ (COM) diversifizieren; auffächern ❷ verschieden(artig), abwechslungsreich gestalten

di·ver·sion [daɪ'vɜ:ʃn] *s* ❶ Umleitung *f* ❷ (*fig*) Unterhaltung *f;* Ablenkung, Zerstreuung *f*

di·ver·sity [daɪ'vɜ:sətɪ] *s* Mannigfaltigkeit, Vielfalt *f*

di·vert [daɪ'vɜ:t] *vt* ❶ (*Verkehr*) umleiten ❷ ablenken (*from* von) ❸ (*fig*) ablenken; zerstreuen; **di·vert·ing** [-ɪŋ] *adj* unterhaltsam, amüsant

di·vest [daɪ'vest] **I.** *vt* ❶ entkleiden ❷ berauben (*s.o. of s.th.* jdn einer S) **II.** *vr* sich trennen (*of* von)

di·vide [dɪ'vaɪd] **I.** *vt* ❶ trennen ❷ teilen (*into* in) ❸ (*Geld*) auf-, verteilen ❹ (MATH) dividieren ❺ (*fig*) entzweien; **~ the House** (*im brit. Parlament*) durch Hammelsprung abstimmen lassen **II.** *vi* ❶ sich teilen, sich gliedern (*into* in) ❷ (MATH) sich dividieren lassen **III.** *s* Wasserscheide *f;* **divide off** *vi* sich abtrennen; **divide out** *vt* aufteilen (*among* unter); **divide up** *vi* sich teilen; **di·vid·ed** [dɪ'vaɪdɪd] *adj* ❶ getrennt ❷ (*fig*) gespalten; geteilt; **be ~ on a question** in einer Frage geteilter Meinung sein

divi·dend ['dɪvɪdend] *s* ❶ (FIN) Dividende *f* ❷ (MATH) Dividend *m;* **pay a ~** eine Dividende ausschütten

di·vid·ing [dɪ'vaɪdɪŋ] *adj:* **~ line** Trenn(ungs)linie *f;* **~ wall** Trennwand *f*

div·i·na·tion [ˌdɪvɪ'neɪʃn] *s* Weissagung, Prophezeiung *f;* **di·vine** [dɪ'vaɪn] **I.** *vt* ❶ weissagen, prophezeien ❷ vermuten, erraten **II.** *s* Geistliche(r) *f m* **III.** *adj* göttlich; **~ service** Gottesdienst *m;* **di·viner** [dɪ'vaɪnə(r)] *s* Wahrsager(in) *m(f)*

div·ing ['daɪvɪŋ] *s* Tauchen *nt;* Wasserspringen *nt;* **div·ing-bell** ['daɪvɪŋbel] *s* Taucherglocke *f;* **div·ing-board** ['daɪvɪŋbɔ:d] *s* Sprungbrett *nt;* **div·ing-suit** ['daɪvɪŋsju:t] *s* Taucheranzug *m*

di·vin·ing-rod [dɪ'vaɪnɪŋ'rɔd] *s* Wünschelrute *f*

di·vin·ity [dɪ'vɪnətɪ *s* ❶ Göttlichkeit *f* ❷ Gottheit *f* ❸ Theologie *f*

di·vis·ible [dɪ'vɪzəbl] *adj* (*a.* MATH) teilbar (*by* durch)

di·vi·sion [dɪ'vɪʒn] *s* ❶ (Ein-, Ver)Teilung *f* ❷ (MATH) Division *f* ❸ Abteilung *f;* Sparte *f;* Fach *nt;* Kategorie *f* ❹ (MIL) Division *f* ❺ Trennungsstrich *m;* Trennlinie, Grenze *f* ❻ (PARL) Abstimmung *f* durch Hammelsprung ❼ (*fig*) Uneinigkeit, Spaltung *f;* **division of labour** *s* Arbeitsteilung *f*

di·vorce [dɪ'vɔ:s] **I.** *s* ❶ (Ehe)Scheidung *f* ❷ (*fig*) Trennung *f;* **apply** [*o* **sue**] **for a ~** die Scheidungsklage einreichen; **~ proceedings** Scheidungsprozess *m* **II.** *vt* ❶ sich scheiden lassen von ❷ (*fig*) trennen (*from* von); **get ~d** sich scheiden lassen; **he ~d his wife** er ließ sich von seiner Frau scheiden; **they have been ~d** sie haben sich scheiden lassen; **di·vor·cee** [dɪˌvɔ:'si:] *s* Geschiedene(r) *f m*

D

di·vot ['dɪvət] *s* (*Golf*) Divot *nt*

di·vulge [daɪ'vʌldʒ] *vt* bekannt machen, veröffentlichen

DIY *s Abk. von* **do-it-yourself** Heimwerken *nt*

i Land & Leute

Unter **DIY** oder *do-it-yourself* versteht man das Selberausführen von Reparaturen im Haus und das Selberbauen von Möbeln usw. In *DIY stores* findet man alles für den Heimwerker.

diz·zi·ness ['dɪzɪnɪs] *s* Schwindel(anfall) *m;* **dizzy** ['dɪzɪ] *adj* ① schwind(e)lig ② (*Höhe*) schwindelerregend ③ verrückt; ~ **spell** Schwindelanfall *m;* **feel** ~ schwindlig sein

DNA *s Abk. von* **desoxyribonucleic acid** DNS *f*

do [du:] <*irr:* does, did, done> **I.** *vt* ① tun, machen; **what are you** ~**ing now?** was machst du nun?; **I will** ~ **what I can** ich werde tun, was ich kann; **I have nothing to** ~ ich habe nichts zu tun ② (*ausführen*) machen; ~ **a play** ein Stück aufführen; ~ **the housework** die Hausarbeit tun; ~ **the shopping** einkaufen gehen, die Einkäufe erledigen; **what can I** ~ **for you?** was kann ich für Sie tun?; **what do you want me to** ~**?** und was soll ich tun? ③ (SCHULE) durchnehmen, behandeln ④ lösen ⑤ (*richten*): ~ **one's hair** sich frisieren; ~ **one's nails** sich die Nägel schneiden; ~ **the shoes** die Schuhe putzen ⑥ (*beim Friseur*): **I will** ~ **you next, sir** Sie kommen als Nächster an die Reihe ⑦ (*vollenden*): **the work's done now** die Arbeit ist gemacht ⑧ (*Museum*) besuchen ⑨ (*Geschwindigkeit*) fahren, machen ⑩ passen (*s.o.* jdm) ⑪ (THEAT) spielen ⑫ übers Ohr hauen; **you've been done!** du bist reingelegt worden ⑬ (*bearbeiten*): **we don't** ~ **letters** wir können keine Briefe annehmen ⑭ (*Essen*) machen, kochen ⑮ (*ermüden*): **he's absolutely done!** er ist völlig geschafft! **II.** *aux* ① (*zur Bildung von Frage- und verneinten Sätzen*): ~ **you understand?** verstehen Sie?; **I** ~ **not** [*o* **don't**] **understand** ich verstehe nicht ② (*zur Betonung*): ~ **stop the noise!** hör' mit dem Lärm auf!; **but I** ~ **like it** aber es gefällt mir wirklich ③ (*um die Wiederholung des Verbs zu vermeiden*): **you speak better than I** ~ Sie sprechen besser als ich ④ (*zur Bestätigung*): **he lives in London, doesn't he?** er lebt doch in London?; **so you know him,** ~ **you?** Sie kennen ihn also, oder? ⑤ (*um bei Antworten das Verb zu ersetzen*): **they speak English** - ~ **they really?** sie sprechen Englisch - wirklich?; **may I come in?** - ~**!** darf ich hereinkommen? - ja, bitte! **III.** *vi* ① handeln; **he did right** er hat richtig gehandelt ② (*Mensch, Lage, Geschäfte*): **how are you** ~**ing?** wie geht es Ihnen?; **the business is** ~**ing well** das Geschäft geht gut ③ (*Essen*) fertig sein ④ gehen; **that will never** ~**!** das geht nicht!; **nothing** ~**ing** nichts zu machen ⑤ reichen; **that'll** ~**!** jetzt reicht's aber! **IV.** *s* ① (*sl*) Schwindel *m* ② (*fam*) Veranstaltung, Fete *f* ③ Sitte *f;* **the** ~**s and don'ts** was man tun und nicht tun sollte; **fair** ~**s** (*sl*) gleiches Recht; **do away with** *vt* ① abschaffen; vernichten ② (*Menschen*) aus dem Wege räumen, erledigen; **do by** *vi:* ~ **well by s.o.** jdn gut behandeln; ~ **badly by s.o.** jdn schlecht behandeln; **do down** *vt* (*fam*) schlecht machen; **do for** *vi* ① (*Person*) fertig machen ② putzen für; **be done for** erledigt sein; **do in** *vt* (*sl*) umlegen, killen; **be done in** fertig, geschafft sein; **do out** *vt* aufräumen, reinigen, putzen; ~ **s.o. out of his job** jdn um eine Stelle bringen; **do over** *vt* ① neu be-, überziehen ② (*sl*) zusammenschlagen; **do up** *vt* ① zumachen ② (*Waren*) zusammenpacken; einwickeln ③ neu herrichten; ~ **o.s. up** sich zurechtmachen; **do with** *vt* ① brauchen ② vertragen; **he can't be** ~**ing with this noise** er kann den Lärm nicht ausstehen; **what has that got to** ~ **with it?** was hat das damit zu tun?; **I could** ~ **with a cup of tea** ich könnte eine Tasse Tee vertragen; **she didn't know what to** ~ **with herself** sie wusste nichts mit sich anzufangen; **do without** *vt* nicht brauchen, nicht nötig haben, auskommen ohne

doc·ile ['dəʊsaɪl, *Am* 'dɒsl] *adj* ① sanftmütig ② gelehrig; **do·cil·ity** [dəʊ'sɪlətɪ] *s* ① Sanftmut *f* ② Gelehrigkeit *f*

dock¹ [dɒk] **I.** *s* ① (MAR) Dock *nt;* Kai *m* ② ~**s** Hafen *m* **II.** *vt* docken **III.** *vi* (MAR) anlegen

dock² [dɒk] *s* (JUR) Anklagebank *f;* **stand in the** ~ auf der Anklagebank sitzen

dock³ [dɒk] **I.** *vt* ① (*Schwanz*) stutzen ② (*Lohn*) kürzen **II.** *s* gestutzter Schweif

dock⁴ [dɒk] *s* Ampfer *m*

docker ['dɒkə(r)] *s* Docker, Hafenarbeiter *m*

docket ['dɒkɪt] **I.** *s* ① (JUR) Urteilsregister *nt* ② (COM) Bestell-, Lieferschein *m;* Laufzettel *m* ③ Zollquittung *f* **II.** *vt* ① (JUR) zusammenfassen ② (COM) etikettieren

dock·ing ['dɒkɪŋ] *s* (*Raumfahrt*) Ankoppelung *f*
dock·yard ['dɒkjɑːd] *s* Werft *f*
doc·tor ['dɒktə(r)] **I.** *s* ❶ (*akademischer Grad*) Doktor *m* ❷ Doktor(in) *m(f)*, Arzt *m*, Ärztin *f*; **take one's ~'s degree** promovieren; **lady** [*o* **woman**] ~ Ärztin *f* **II.** *vt* ❶ (*Erkältung*) behandeln ❷ (*fig*) manipulieren, zurechtbiegen; (*Dokumente*) frisieren, fälschen; **doc·tor·ate** ['dɒktərət] *s* Doktorgrad *m*

i Land & Leute

Eine **doctorate** (Doktorwürde) oder ein *doctor's degree* in einem Fach ist der höchste akademische Grad, den man normalerweise für eine wissenschaftliche Arbeit von einer Universität verliehen bekommt. Die am häufigsten verliehene **doctorate** ist eine *PhD* oder eine *DPhil* (*Doctor of Philosophy*) für eine Doktorarbeit in allen Fächern außer in Jura und Medizin; weitere sind: *DMus* (*Doctor of Music*), *MD* (*Doctor of Medicine*), *LLD* (*Doctor of Laws*), und *DD* (*Doctor of Divinity*, Doktor der Theologie). Einen Ehrendoktor (*honorary doctorate*), z. B. einen *DLitt* (*Doctor of Letters*) oder einen *DSc* (*Doctor of Science*) kann eine Universität einer Persönlichkeit von hohem Rang auf Grund von wichtigen Veröffentlichungen oder sonstigen Arbeiten verleihen.

doc·tri·naire [ˌdɒktrɪ'neə(r)] *adj* doktrinär; **doc·trine** ['dɒktrɪn] *s* Doktrin *f*, Grundsatz *m*
docu·ment ['dɒkjʊmənt] **I.** *s* Urkunde *f*, Dokument *nt* **II.** *vt* ❶ beurkunden ❷ mit Papieren versehen; **docu·men·tary** [ˌdɒkjʊ'mentər] **I.** *adj* urkundlich, dokumentarisch **II.** *s* Dokumentarfilm *m*; **docu·men·ta·tion** [ˌdɒkjʊmen'teɪʃn] *s* Dokumentation *f*; **document folder** *s* Aktenmappe *f*
docu·soap ['dɒkjuːˌsəʊp] *s* realistische Seifenoper
dod·dery ['dɒdərɪ] *adj* vertrottelt
dodge [dɒdʒ] **I.** *vt* ❶ schnell ausweichen (*s.th.* einer S) ❷ (*fig*) sich drücken vor **II.** *vi* ausweichen **III.** *s* ❶ Sprung *m* zur Seite, rasches Ausweichen ❷ Trick *m*; **be up to all the ~s** mit allen Wassern gewaschen sein; **dodge around** *vi* (*Br: sl*): ~ **with s.o.** mit jdm herumhängen; **dodger** ['dɒdʒə(r)] *s* Schlaumeier, Schlawiner *m*
dodgy ['dɒdʒɪ] *adj* (*fam*) ❶ (*Situation*) vertrackt ❷ (*Maschine*) nicht einwandfrei
doe [dəʊ] *s* ❶ Reh *nt*, Hirschkuh *f* ❷ Häsin *f*
doer ['duːə(r)] *s* (*fam*) Macher *m*; aktiver Mensch
does [dʌz] *3. Person Singular Präsens von* **do**
doe·skin ['dəʊskɪn] *s* Rehleder *nt*
doesn't ['dʌznt] = **does not**
dog [dɒg] **I.** *s* ❶ Hund, Rüde *m* ❷ (*fam*) Kerl *m* ❸ ~**s** Hunderennen *nt* ❹ (TECH) Klammer *f*; **a ~'s dinner/breakfast** (*fam*) Schlamassel *m*; **die like a** ~ im Elend sterben; **lead a ~'s life** ein Hundeleben führen; **go to the ~s** vor die Hunde gehen; **give a ~ a bad name** wer einmal in Verruf kommt; ~ **in the manger** Spielverderber(in) *m(f)*; **every ~ has his day** jeder hat einmal Glück; **let sleeping ~s lie** (*prov*) man soll schlafende Hunde nicht wecken; **hot** ~ Hot dog *m*; **lucky** ~ Glückspilz *m*; **dirty** ~ gemeiner Hund **II.** *vt*: ~ **s.o.** jdm hart auf den Fersen sein; **dog biscuit** *s* Hundekuchen *m*; **dog collar** *s* ❶ Hundehalsband *nt* ❷ weißer Stehkragen (*eines Geistlichen*); **dog days** *s pl* Hundstage *mpl*; **dog-eared** ['dɒgˌɪərd] *adj* (*Buch*) mit Eselsohren
dog·ged ['dɒgɪd] *adj* verbissen, hartnäckig
dog·gerel ['dɒgərəl] *s* Knittelvers *m*
dogma ['dɒgmə] *s* Dogma *nt*, Glaubens-, Lehrsatz *m*; **dog·matic** [dɒg'mætɪk] *adj* dogmatisch; **dog·ma·tism** ['dɒgmətɪzəm] *s* Dogmatismus *m*
dogs·body ['dɒgzˌbɒdɪ] *s* Mädchen *nt* für alles; **dog-tired** [ˌdɒg'taɪəd] *adj* hundemüde
do·ing ['duːɪŋ] *s* Tun *nt*; **this is your** ~ das ist dein Werk; **it was none of my** ~ ich hatte nichts damit zu tun; **do·ings** ['duːɪŋz] *s pl* (*fam*) Handlungen, Taten *fpl*
do-it-your·self ['duːɪtjɔː'self] **I.** *s* Heimwerken *nt* **II.** *adj* Bastler-, Hobby-
dol·drums ['dɒldrəmz] *s pl* (GEOG) Kalmenzone *f*; **be in the** ~ Trübsal blasen; (COM) in einer Flaute stecken
dole [dəʊl] **I.** *s* Stempelgeld *nt*; **go** [*o* **be**] **on the** ~ stempeln gehen **II.** *vt*: ~ **out** austeilen; **dole-out** *s* (*pej*) Almosen *pl*
dole·ful ['dəʊlfl] *adj* traurig, trübselig
doll [dɒl] **I.** *s* Puppe *f*; ~**'s house** Puppenhaus *nt* **II.** *vt*: ~ **up** (*fam*) herausputzen
dol·lar ['dɒlə(r)] *s* Dollar *m*
dol·lop ['dɒləp] *s* (*fam*) Schlag *m*
dolly ['dɒlɪ] *s* ❶ (*Kindersprache*) Püppchen *nt* ❷ (FILM) Kamerawagen *m*; **dolly-bird** *s* (*fig fam*) Puppe *f*

D

dol·phin ['dɒlfɪn] *s* Delfin, Delphin *m*
dolt [dəʊlt] *s* Tölpel *m;* **dolt·ish·ly** ['dəʊltɪʃlɪ] *adj* tölpelhaft
do·main [dəʊ'meɪn] *s* ❶ Domäne *f* ❷ (*fig*) Gebiet *nt,* Bereich *m* ❸ (INTERNET) Domain *f;* **do·main name** *s* Domain-Name *m,* Internetadresse *f*
dome [dəʊm] *s* (ARCH) Kuppel *f*
do·mes·tic [də'mestɪk] *adj* ❶ häuslich ❷ (POL COM) Innen-; Inland-; Binnen-; einheimisch ❸ Haus-; ~ **animal** Haustier *nt;* ~ **appliance** Haushaltsgerät *nt;* ~ **disturbance** Ehekrach *m;* ~ **flight** Inlandsflug *m;* ~ **policy** Innenpolitik *f;* ~ **refuse** [*o* **rubbish**] Hausmüll *m;* ~ **science** Hauswirtschaftslehre; ~ **servant** Hausangestellte(r) *f m;* **do·mes·ti·cate** [də'mestɪkeɪt] *vt* ❶ ans Haus gewöhnen ❷ (*Tiere*) zähmen
domi·cile ['dɒmɪsaɪl] **I.** *s* ❶ Wohnsitz *m* ❷ (FIN) Zahlungsort *m* **II.** *vt* ❶ unterbringen (*with* bei) ❷ (FIN) domizilieren
domi·nance ['dɒmɪnəns] *s* Vorherrschaft, Dominanz *f;* **domi·nant** ['dɒmɪnənt] *adj* ❶ (be)herrschend, bestimmend; dominierend ❷ (*Gesichtszug*) hervorstechend ❸ (MUS) dominant; **domi·nate** ['dɒmɪneɪt] **I.** *vt* beherrschen **II.** *vi* dominieren; **domi·na·tion** [,dɒmɪ'neɪʃn] *s* (Vor)Herrschaft *f*
domi·neer [,dɒmɪ'nɪə(r)] *vi* den Ton angeben; ~ **over** beherrschen, tyrannisieren; **domi·neer·ing** [-ɪŋ] *adj* ❶ tonangebend, herrisch ❷ tyrannisch
Do·min·ican Re·pub·lic [də'mɪnɪkən,rɪ'pʌblɪk] *s* Dominikanische Republik
do·min·ion [də'mɪnɪən] *s* ❶ Herrschaft, Souveränität *f* (*over* über) ❷ Herrschaftsgebiet *nt,* -bereich *m*
dom·ino ['dɒmɪnəʊ] <*pl* -inoes> *s* ❶ Domino(stein) *m* ❷ (*Kostüm*) Domino *m;* **play** ~**es** Domino spielen; **domino effect** *s* Dominoeffekt *m*
do·nate [dəʊ'neɪt] *vt* spenden; stiften; **do·na·tion** [dəʊ'neɪʃn] *s* ❶ Spenden *nt;* Stiften *nt* ❷ Spende *f*
done [dʌn] **I.** *pp of* **do II.** *adj* ❶ getan; erledigt; abgemacht ❷ fertig; gar ❸ (*fam*) erschöpft, kaputt
do·ner ke·bab ['dəʊnə(r)kə'bæb] *s* Dönerkebab *m*
don·key ['dɒŋkɪ] *s* Esel *m;* ~**'s years** eine Ewigkeit; **don·key jacket** ['dɒŋki,dʒækət] *s* dicke (gefütterte) Jacke; **donkey-work** *s* Routinearbeit; (*pej*) Dreckarbeit *f*
do·nor ['dəʊnə(r)] *s* ❶ (JUR) Stifter(in) *m(f)* ❷ (MED) Spender(in) *m(f)*
don't [dəʊnt] = **do not**
doodle ['du:dl] **I.** *vi* Männchen malen **II.** *s* Gekritzel *nt*
doom [du:m] **I.** *s* Verhängnis, Schicksal *nt;* **go to one's** ~ seinem Verhängnis entgegengehen **II.** *vt* verurteilen, verdammen; **be** ~**ed** verloren sein; ~**ed to die** dem Tode geweiht; **dooms·day** ['du:mzdeɪ] *s* der Jüngste Tag
door [dɔ:(r)] *s* ❶ Tür *f;* Eingang *m* ❷ (*fig*) Weg *m* (*to* zu); **go from** ~ **to** ~ von Tür zu Tür gehen; **live two** ~**s away** zwei Häuser weiter wohnen; **next** ~ nebenan; **next** ~ **to** (*fig*) beinahe, fast; **open the** ~ **to s.th.** einer S Tür und Tor öffnen; **lay s.th. at s.o.'s** ~ (*fig*) jdm etw zum Vorwurf machen; **show s.o. the** ~ jdn vor die Tür setzen; **back** ~ Hintertür *f;* **front** ~ Haustür *f;* **door·bell** ['dɔ:bel] *s* Türklingel *f;* **door·frame** *s* Türrahmen *m;* **door·keeper** *s* Portier *m;* **door·knob** *s* Türknopf *m;* **door·man** ['dɔ:mən] <*pl* -men> *s* Pförtner, Portier *m;* **door·mat** *s* Türvorleger *m;* **door·nail**: **dead as a** ~ mausetot; **door·plate** *s* Türschild *nt;* **door·step** ['dɔ:step] *s* Türstufe *f;* **door-to-door** [,dɔ:tə'dɔ:(r)] *adj:* ~ **sales** Haustürgeschäft *nt;* ~ **salesman** Vertreter *m;* **door·way** ['dɔ:weɪ] *s* ❶ Eingang *m* ❷ (*fig*) Weg *m*
doozy ['dəʊzɪ] *s* (*Am: sl*) Prachtexemplar *nt*
dope [dəʊp] **I.** *s* ❶ Rauschgift *nt,* Stoff *m* ❷ (*sl*) Information *f,* Tip *m* ❸ (*sl*) Trottel *m* ❹ Lack *m* **II.** *vt* ❶ (*Pferde, Sportler*) dopen ❷ Aufputschmittel, Dopingmittel geben (*s.o.* jdm); **dope peddler, dope pusher** *s* Drogenhändler(in) *m(f),* Dealer(in) *m(f);* **dopey, dopy** ['dəʊpɪ] *adj* (*fam*) ❶ bekloppt, blöd ❷ benommen, benebelt
dop·ing ['dəʊpɪŋ] *s no pl* (*fam*) Doping *nt*
do-rag [du:'ræg] *s* (*Am: sl*) Stirnband *nt*
dor·mant ['dɔ:mənt] *adj* ❶ (BOT) ruhend ❷ (*Vulkan*) untätig ❸ (*Energie*) verborgen, latent; **lie** ~ (*fig*) schlummern
dor·mer(-win·dow) ['dɔ:mə(r)(wɪndəʊ)] *s* Mansardenfenster *nt*
dor·mi·tory ['dɔ:mɪtrɪ] *s* ❶ Schlafsaal *m* ❷ (*Am*) (Studenten)Wohnheim *nt;* ~ **town** Schlafstadt *f;* **dor·mo·bile®** ['dɔ:məʊbi:l] *s* Wohnmobil *nt*
dor·mouse ['dɔ:maʊs] <*pl* -mice> *s* Haselmaus *f*
dor·sal ['dɔ:sl] *adj* (ANAT) Rücken-; ~ **fin** Rückenflosse *f*
DOS [dɒs] *s Abk. von* **Disk Operating System** (INFORM) Diskettenbetriebssystem, DOS *nt*
dos·age ['dəʊsɪdʒ] *s* Dosis *f;* Dosierung *f;* **dose** [dəʊs] **I.** *s* Dosis *f* **II.** *vt* Arznei geben (*s.o.* jdm); ~ **o.s.** Medikamente schlucken
doss [dɒs] *vi* (*sl*) pennen; **dos·ser** ['dɒsə(r)]

s (*Br sl*) Penner(in) *m(f)*; **doss·house** *s* (*Br sl*) billige Unterkunft

dos·sier ['dɒsɪeɪ] *s* Dossier *nt*

dot [dɒt] **I.** *s* ❶ Punkt *m* ❷ Pünktchen *nt*; **on the ~** auf die Minute **II.** *vt* ❶ punktieren ❷ (*fig*) übersäen (*with* mit); **~ an i** einen i-Punkt setzen; **~ one's i's and cross one's t's** (*fig*) peinlich genau sein; **sign on the ~ted line** (*fig*) formell zustimmen

dot·com ['dɒtkɒm] *s* Dotcom-Firma *f*

dote [dəʊt] *vi*: **~ on** vernarrt sein in; **dot·ing** ['dəʊtɪŋ] *adj* vernarrt, heftig verliebt (*on* in)

dot-matrix print·er ['dɒt'meɪtrɪks 'prɪntə(r)] *s* (INFORM) Matrixdrucker *m*

dot·ty ['dɒtɪ] *adj* (*fam*) schrullig

dou·ble ['dʌbl] **I.** *adj* ❶ doppelt, zweifach ❷ Doppel- ❸ (*Blume*) gefüllt ❹ (*fig*) zweideutig; scheinheilig; **have a ~ meaning** doppeldeutig sein; **lead a ~ life** ein Doppelleben führen **II.** *adv* doppelt, noch einmal so (viel); **see ~** doppelt sehen; **he's ~ your age** er ist doppelt so alt wie du **III.** *s* ❶ (das) Doppelte, (das) Zweifache ❷ Ebenbild *nt*; Doppelgänger(in) *m(f)* ❸ (THEAT FILM) Double *nt* ❹ (MIL) Laufschritt *m* ❺ (*Tennis*) Doppel(spiel) *nt*; **~ or quits** doppelt oder nichts; **at the ~** im Laufschritt **IV.** *vt* ❶ verdoppeln ❷ (*Papier*) (einmal) falten ❸ (THEAT FILM) das Double sein (*s.o.* jds) ❹ (MAR) umschiffen ❺ (*Kartenspiel*) verdoppeln **V.** *vi* ❶ sich verdoppeln ❷ (MUS) zwei Instrumente spielen; **~ for s.o.** (THEAT FILM) jds Double sein; **dou·ble back** *vi* kehrtmachen, zurückgehen; **double up I.** *vi* ❶ sich krümmen, sich biegen (*with laughter* vor Lachen) ❷ (*Zimmer*) sich teilen, gemeinsam benutzen **II.** *vt* (*Papier*) falten, knicken

dou·ble-bar·rel·led [ˌdʌbl'bærəld] *adj* ❶ (*Gewehr*) doppelläufig ❷ (*Nachname*) Doppel-; **dou·ble bass** *s* Kontrabass *m*; **dou·ble bed** *s* Doppelbett *nt*; **dou·ble-breasted** [-'brestɪd] *adj* (*Jacke*) zweireihig; **dou·ble-check** *vt* doppelt prüfen; **dou·ble chin** *s* Doppelkinn *nt*; **dou·ble-cross I.** *vt* (*fam*) ein Doppelspiel treiben mit **II.** *s* (*fam*) Doppelspiel *nt*; **dou·ble-crosser** *s* (*fam*) falscher Hund; **dou·ble-dealer** *s* Betrüger(in) *m(f)*; **dou·ble-dealing I.** *s* Betrügerei *f* **II.** *adj* betrügerisch; **dou·ble-decker** *s* Doppeldecker (*a.* Brötchen); **dou·ble-Dutch** *s* (*fam*) Kauderwelsch *nt*; **dou·ble-edged** [-'edʒd] *adj* zweischneidig; **dou·ble-entry book·keeping** *s* doppelte Buchführung; **dou·ble feature** *s* Programm *nt* mit zwei Hauptfilmen; **dou·ble-glaze** *vt* doppelt verglasen; **dou·ble glazing** *s* Doppelverglasung *f*, Doppelfenster *ntpl*; **dou·ble-jointed** [-'dʒɔɪntɪd] *adj* sehr gelenkig; **dou·ble-park** *vi* in der zweiten Reihe parken; **dou·ble-quick I.** *adv* sehr schnell **II.** *adj*: **in ~ time** im Nu

dou·bles ['dʌblz] *s sing od pl* (SPORT) Doppel *nt*

dou·ble-sided *adj* doppelseitig

dou·ble take [ˌdʌbl'teɪk] *s* (*fig fam*) Spätzündung *f*; **do a ~** zweimal hingucken (müssen); **dou·ble talk** *s* doppeldeutiges Gerede; **dou·ble think** *s* widersprüchliches Denken; **dou·ble time** *s* doppelter Lohn

dou·bly ['dʌblɪ] *adv* doppelt

doubt [daʊt] **I.** *s* Zweifel *m* (*of, about* an); **be in great ~ as to s.th.** schwere Bedenken hinsichtlich einer S haben; **I am in ~ as to whether …** ich habe so meine Zweifel, ob …; **in ~** zweifelhaft; **cast ~ on s.th.** etw in Zweifel ziehen; **no ~ he will come tomorrow** höchstwahrscheinlich kommt er morgen; **without (a) ~** ohne Zweifel; **beyond (all) ~** ohne (jeden) Zweifel **II.** *vt* bezweifeln; anzweifeln, Zweifel haben an; **I ~ whether he will come** ich bezweifle, dass er kommen wird **III.** *vi* Zweifel haben;

doubt·ful ['daʊtfl] *adj* ❶ unsicher, zweifelhaft; ungewiss ❷ (*Charakter*) zweifelhaft; zwielichtig; **be ~ about s.th.** einer S gegenüber Zweifel hegen; **look ~** skeptisch aussehen; **doubt·less** ['daʊtlɪs] *adv* ohne Zweifel, zweifellos

dough [dəʊ] *s* ❶ Teig *m* ❷ (*sl*) Moneten *pl*; **dough·nut** ['dəʊnʌt] *s* Berliner (Pfannkuchen) *m*; **doughy** ['dəʊɪ] *adj* ❶ teigig ❷ (*fam*) käsig, bleich

dour [dʊə(r)] *adj* ❶ mürrisch ❷ (*Kampf*) hart

douse [daʊs] *vt* ❶ eintauchen; Wasser gießen über ❷ (*fam: Licht*) auslöschen

dove[1] [dəʊv] (*Am*) *s.* **dive**

dove[2] [dʌv] *s* Taube *f*; **dove·cot(e)** ['dʌvkəʊt] *s* Taubenschlag *m*

dove·tail ['dʌvteɪl] **I.** *s* (TECH) Schwalbenschwanz *m* **II.** *vt* ❶ (TECH) (ver)zinken, verschwalben ❷ (*fig*) koordinieren (*with* mit) **III.** *vi* (*Pläne*) übereinstimmen

dowa·ger ['daʊədʒə(r)] *s* adlige Witwe

dowdy ['daʊdɪ] *adj* schlampig; schlecht gekleidet

dowel ['daʊəl] *s* Dübel *m*

down[1] [daʊn] *s* Daunen *fpl*, Flaum *m*

down[2] [daʊn] *s meist pl* Hügelland *nt*

down[3] [daʊn] **I.** *adv* ❶ her-, hinunter; nach unten ❷ (*statische Position*) unten ❸ (*an*

D

einen anderen Punkt): **on the way ~ from London** auf dem Weg von London hierher; ~ **South** im Süden; **go ~ to the sea** an die See fahren ④ (INFORM) ausgefallen ⑤ (*im Volumen, in der Menge*): **be worn ~** abgetragen sein; **the wind died ~** der Wind nahm ab; **the fire is burning ~** das Feuer erlischt; **the tyres are ~** die Reifen sind platt; **the price of fruit is ~** der Obstpreis ist gefallen ⑥ (*Schreiben*): **write s.th. ~** etw aufschreiben; **get s.th. ~** etw notieren; **be ~ for the next race** für das nächste Rennen gemeldet sein ⑦ (*zeitlich*): **from 1900 ~ to the present** seit 1900 bis zur Gegenwart; ~ **through the ages** von jeher ⑧ (*Wendungen*): **fall ~** herunterfallen; ~ **there** da unten; **he's ~ with flu** er liegt mit Grippe im Bett; **the sun is ~** die Sonne ist untergegangen; **head ~** mit dem Kopf nach unten; **pay s.th. ~** etw anzahlen; **up and ~** hin und her; auf und ab; **be ~ on s.o.** auf jdn sauer sein; **be ~ in the mouth** niedergeschlagen sein **II.** *prep* ① her-, hinunter ② nach unten; **go ~ the hill** den Berg hinuntergehen; **he lives ~ the street** er wohnt ein Stückchen weiter die Straße entlang; **he was walking ~ the street** er ging die Straße entlang; **she's ~ the shops** (*sl*) sie ist einkaufen gegangen; ~ **the ages** durch die Jahrhunderte (hindurch); **ups and ~s** gute und schlechte Zeiten **III.** *vt* niederschlagen; ~ **tools** die Arbeit niederlegen; ~ **a glass of beer** ein Glas Bier runterkippen

down-and-out ['daʊnənaʊt] **I.** *s* Penner(in) *m(f)* **II.** *adj* heruntergekommen; **down·cast** ['daʊnkɑːst] *adj* ① niedergedrückt ② (*Augen*) niedergeschlagen; **down·fall** ['daʊnfɔːl] *s* ① Sturz, Fall *m* ② (*fig*) Ruin *m;* Untergang *m* ③ (*Regen*) Regenschauer, Platzregen *m;* **down·grade** [ˌdaʊn'greɪd] *vt* (*Arbeit*) herunterstufen; degradieren; **down·hearted** [ˌdaʊn'hɑːtɪd] *adj* niedergeschlagen, gedrückt; **down·hill** [ˌdaʊn'hɪl] *adv* bergab, abwärts; **go ~** bergab gehen; (*fig*) auf dem absteigenden Ast sein

i Land & Leute

Die **Number 10 Downing Street** ist der offizielle Wohnsitz des britischen *prime minister* (Premierminister). Das Haus stammt aus dem 17. Jh. und wurde von Sir George Downing, einem Politiker, Immobilienspekulanten und Spion gebaut. Der Premierminister wohnt in einem oberen Stockwerk und im übrigen Gebäude befinden sich die Regierungsbüros sowie die Sitzungsräume des Kabinetts. Der *Chancellor of the Exchequer* (Finanzminister) wohnt im Haus nebenan, in *Number 11*; außerdem gibt es in der **Downing Street** noch weitere Regierungsgebäude.

down·load *vt* (INTERNET) herunterladen, downloaden; **down-mar·ket** [ˌdaʊn'mɑːkɪt] *adj* Billig-, Massen-; **down pay·ment** *s* Anzahlung *f;* **down·pour** ['daʊnpɔː(r)] *s* Platzregen *m;* **down·right** ['daʊnraɪt] **I.** *adj* ① (*Lüge*) glatt ② (*Lügner*) ausgesprochen **II.** *adv* (*unhöflich*) ausgesprochen; **down·shift·er** ['daʊnʃɪftə(r)] *s* Aussteiger(in) *m(f);* **down·side** ['daʊnsaɪd] *s* Nachteil *m;* **down·siz·ing** ['daʊnsaɪzɪŋ] *s* Stellenabbau *m*

Down's Syn·drome ['daʊnz'sɪndrəʊm] *s* (MED) (Morbus)Down-Syndrom *nt*

down·stairs [ˌdaʊn'steəz] **I.** *adv* die Treppe hinunter; (nach) unten **II.** *adj* Parterre-; **the ~ rooms** die unteren Zimmer **III.** *s* Parterre *m;* **down·stream** [ˌdaʊn'striːm] *adv* stromabwärts; **down·time** ['daʊntaɪm] *s* (INFORM COM) Ausfallzeit *f;* **down-to-earth** [ˌdaʊntə'ɜːθ] *adj* praktisch veranlagt; wirklichkeitsnah; nüchtern; **down·town** ['daʊntaʊn] **I.** *adv:* **go ~** in die Innenstadt gehen; **live ~** im Zentrum wohnen **II.** *adj:* ~ **district** Zentrum *nt;* (*Am*) Geschäftsviertel *nt* **III.** *s* Geschäftsviertel *nt;* **down·trod·den** ['daʊntrɒdn] *adj* (*Volk*) unterdrückt; **down·turn** ['daʊntɜːn] *s* (COM) Abflauen *nt;* **down·ward** ['daʊnwəd] **I.** *adj* ① abwärtsführend, geneigt ② (*fig*) absteigend **II.** *adv* (*a. downwards*) abwärts, bergab; **from the 10th century ~** seit dem 10. Jahrhundert

downy ['daʊnɪ] *adj* flaumig

dowry ['daʊərɪ] *s* Aussteuer, Mitgift *f*

dowse[1] [daus] *vt* ① eintauchen; Wasser gießen über ② (*fam: Licht*) auslöschen

dowse[2] [daʊs] *vi* mit der Wünschelrute suchen; **dows·er** ['daʊsə(r)] *s* Rutengänger(in) *m(f);* **dows·ing** ['daʊsɪŋ] *s* Rutengehen *nt*

doyen ['dɔɪən] *s* Doyen *m*

doze [dəʊz] **I.** *vi* (vor sich hin) dösen; ~ **off** einnicken **II.** *s* Nickerchen *nt*

dozen ['dʌzn] *s* Dutzend *nt;* ~**s of times** x-mal, tausendmal; **talk nineteen to the ~** unaufhörlich reden

dozy ['dəʊzɪ] *adj* schläfrig

drab [dræb] *adj* ① graubraun ② (*fig*) trüb(e), düster

dra·co·nian [drə'kəʊnɪən] *adj* drakonisch

draft [drɑːft] **I.** *s* ① Skizze *f*, Entwurf *m* ② (FIN) Wechsel *m* ③ (MIL) Sonderkommando *nt* ④ (*Am:* MIL) Rekruten *mpl*, Einberufung zum Wehrdienst ⑤ (*Am*) (Luft)zug *m* **II.** *vt* ① skizzieren, entwerfen ② (*Am:* MIL) rekrutieren, einberufen; ~ **s.o. to do s.th.** jdn beauftragen etw zu tun; **draft·ee** [ˌdrɑː'ftiː] *s* (*Am:* MIL) Einberufene(r), Wehrpflichtige(r) *f m*; **drafts·man** *s* (*Am*) Zeichner *m*; (*of documents*) Verfasser *m*; **drafty** *adj* (*Am*) zugig; **it's ~ in here** hier zieht es

drag [dræg] **I.** *s* ① Schlepp-, Baggernetz *nt* ② Hemmklotz *m* ③ (*fig*) Hemmschuh *m*, Hindernis *nt* (*on s.o.* für jdn) ④ (AVIAT) Luftwiderstand *m* ⑤ (*sl: Zigarette*) Zug *m* ⑥ (*sl*) Frauenkleidung *f* (von Männern getragen); **what a ~!** (*fam*) Mann, ist das langweilig; so'n Mist **II.** *vt* ① (hinter sich her)ziehen, schleppen ② (*Gewässer*) absuchen (*for* nach); ~ **one's feet** schlurfen; ~ **anchor** vor Anker treiben **III.** *vi* ① schleifen, schlurfen ② hinterherhinken ③ (*Zeit*) sich hinziehen; sich in die Länge ziehen; **drag along** *vt* mitschleppen; **drag away** *vt* wegschleppen, -ziehen; **drag behind** *vi* zurück sein, hinterherhinken; **drag down** *vt* herunterziehen; **drag in** *vt* hineinziehen; **drag lift** *s* Schlepplift *m*; **drag off** *vt* wegzerren; **drag on** *vi* sich in die Länge ziehen; sich hinschleppen; **drag out** *vt* in die Länge ziehen; **drag up** *vt* ① (*Skandal*) ausgraben ② (*fam: Kind*) mehr schlecht als recht aufziehen

dragon ['drægən] *s* (*a. fig*) Drache *m*

i Land & Leute

Das **Dragon Boat Festival** (Drachenbootfest) wird am 5. Tag des 5. Mondmonats in Hongkong zum Gedenken an den Minister Ch'u Yuan (475–221 vor Chr.) gefeiert. Das *Dragon Boat*-Rennen ist heute ein beliebtes jährliches Sportereignis.

drag·on·fly ['drægənflaɪ] *s* Libelle *f*

dra·goon [drə'guːn] **I.** *s* Dragoner *m* **II.** *vt* zwingen (*into doing* zu tun)

drain [dreɪn] **I.** *s* ① Rohr *nt*; Abflussrohr *nt* ② **~s** Kanalisation *f* ③ (*fig*) Belastung *f*; **go down the ~** vor die Hunde gehen; **brain ~** Abwanderung *f* von Wissenschaftlern, Braindrain *m* **II.** *vt* ① (*a.* MED) drainieren, entwässern, trockenlegen ② (*Gemüse*) abgießen ③ (*Boiler*) das Wasser ablassen von ④ (*Glas*) leeren; ~ **s.o. of strength** an jds Kräften zehren; ~ **s.o. dry** jdn ausnehmen **III.** *vi* ① (*Gemüse*) abtropfen ② (*Land*) entwässert werden; **drain away** *vi* ablaufen; (*fig*) dahinschwinden; **drain off** *vt* abgießen; abtropfen lassen; **drain·age** ['dreɪnɪdʒ] *s* ① Entwässerung, Dränage *f* ② Entwässerungssystem *nt*; Kanalisation *f* ③ Abwasser *nt*; **drainage basin** *s* (GEOG) Einzugsgebiet *nt*; **drain·ing board** ['dreɪnɪŋ'bɔːd] *s* Ablauf *m*; **drain·pipe** *s* Abflussrohr *nt*; **drainpipe trousers** *s pl* Röhrenhose *f*

drake [dreɪk] *s* Enterich, Erpel *m*

dram [dræm] *s* Schluck *m* (*Whisky*)

drama ['drɑːmə] *s* (*a. fig*) Drama *nt*; **drama school** *s* Schauspielschule *f*; **dra·mat·ic** [drə'mætɪk] *adj* ① dramatisch ② schauspielerisch; **dra·mati·cal·ly** *adv* dramatisch, extrem; **dra·mat·ics** [drə'mætɪks] *s pl mit sing* theatralisches Getue; **drama·tis per·sonae** [ˌdræmətɪspɜː'səʊnaɪ] *s pl* Personen *f pl* der Handlung; **drama·tist** ['dræmətɪst] *s* Dramatiker(in) *m(f)*; **drama·tiz·ation** [ˌdræmətaɪ'zeɪʃn] *s* Dramatisierung *f*; **drama·tize** ['dræmətaɪz] *vt* dramatisieren

drank [dræŋk] *s.* **drink**

drape [dreɪp] *vt* ① drapieren; mit Vorhängen versehen ② hüllen; ~ **s.th. over s.th.** etw über etw drapieren; **dra·per** ['dreɪpə(r)] *s* (*Br*) Textilkaufmann *m*, -kauffrau *f*; **dra·pery** ['dreɪpərɪ] *s* ① Tuch *nt*, Stoff *m* ② (*Geschäft*) Stoffladen *m*

dras·tic ['dræstɪk] *adj* ① drastisch, durchgreifend ② bedrohlich

drat [dræt] *interj* (*fam*) zum Teufel mit …!

draught [drɑːft] *s* ① (Luft)Zug *m*, Zugluft *f* ② Schluck, Zug *m* ③ (*von Fischen*) Fischzug *m* ④ (MAR) Tiefgang *m* ⑤ Fassbier *nt* ⑥ **~s** (*Br*) Damespiel *nt*; **drink in one ~** in einem Zug, auf einmal austrinken; **beer on ~** Bier vom Fass, Fassbier *nt*; **draught board** *s* (*Br*) Damebrett *nt*; **draughts·man** ['drɑːftsmən] <*pl* -men> *s* ① Zeichner *m*; Verfasser *m* ② (*Br*) Damestein *m*; **draughty** ['drɑːftɪ] *adj* zugig

draw[1] [drɔː] <*irr:* drew, drawn> *vt* zeichnen; (*Linie*) ziehen

draw[2] <*irr:* drew, drawn> **I.** *vt* ① (an-, herab-, heran-, zu)ziehen (*from* aus), zurückschieben ② (*Wasser*) holen ③ (*Interesse*) erregen ④ (*Menge*) anlocken ⑤ einatmen ⑥ (*fig*) herausbringen ⑦ (*Schluss*) ziehen ⑧ (MAR) Tiefgang haben ⑨ (*Tier*) ausnehmen ⑩ (*Fuchs*) aufstöbern; ~ **one's belt tighter** den Gürtel enger schnallen; ~ **a bath** Badewasser einlassen; ~ **money from the bank** Geld abheben; ~ **first prize** den ersten Preis gewinnen; ~ **comfort from s.th.** sich mit etw trösten; **feel ~n towards s.o.** sich zu jdm hingezogen fühlen; ~ **s.o. into s.th.** jdn in etw hineinziehen; ~ **a deep breath** tief Luft holen; ~ **conclusions** Schlüsse ziehen; ~ **a match** unentschieden spielen; ~ **s.th. to a close** etw beenden **II.** *vi* ① (*Zeit, Person*) kommen ② (*Pfeife, Tee*) ziehen ③ (SPORT) unentschieden spielen; ~ **round the table** sich um den Tisch versammeln; ~ **to a close** dem Ende zugehen; ~ **nearer** näher kommen **III.** *s* ① (*Lotterie*) Ziehung *f* ② (SPORT) Unentschieden *nt* ③ (*Film*) Schlager *m;* **be quick on the ~** (*fig*) schlagfertig sein; **draw apart** *vi* sich lösen; sich auseinander leben; **draw aside** *vt* beiseite nehmen; **draw away I.** *vi* ① losfahren ② (*Läufer*) davonziehen ③ (*Person*) sich entfernen **II.** *vt* weglocken; **draw down** *vt* (*Vorhang*) herunterlassen; **draw in I.** *vi* ① (*Zug*) einfahren ② (*Tage*) kürzer werden **II.** *vt* ① (*Luft*) einziehen ② (*fig*) anziehen; **draw off I.** *vi* losfahren **II.** *vt* ausziehen; **draw on I.** *vt* sich stützen auf **II.** *vt* (*Schuhe*) anziehen; **as the night drew on** mit fortschreitender Nacht; **draw out I.** *vt* ① herausziehen ② ziehen; in die Länge ziehen **II.** *vi* ① (*Tag*) länger werden ② (RAIL) abfahren; ~ **s.o. out** jdn aus der Reserve locken; **draw together** *vt* miteinander verknüpfen; **draw up I.** *vi* anhalten **II.** *vt* ① (*Plan*) entwerfen, ausarbeiten ② (*Stuhl*) heranziehen ③ (*Truppen*) aufstellen ④ (*Dokumente*) ausstellen; ~ **o.s. up** sich aufrichten

draw·back ['drɔ:bæk] *s* Nachteil *m;* **draw·bridge** ['drɔ:brɪdʒ] *s* Zugbrücke *f*

drawer ['drɔ:(r)] *s* ① Schublade *f* ② Zeichner(in) *m(f)* ③ (FIN) Aussteller(in) *m(f)* ④ **~s** (*obs*) Unterhosen *fpl*

draw·ing ['drɔ:ɪŋ] *s* Zeichnung *f;* **drawing board** *s* Reißbrett *nt;* **go back to the ~** (*fam*) wieder von vorne anfangen; **drawing pin** *s* (*Br*) Reißzwecke *f;* **drawing room** *s* Wohnzimmer *nt;* Salon *m*

drawl [drɔ:l] **I.** *s* schleppende Sprache **II.** *vi* schleppend sprechen

drawn [drɔ:n] **I.** *pp of* **draw II.** *adj* ① abgespannt ② (*Spiel*) unentschieden

dread [dred] **I.** *vt* (be)fürchten, Angst haben vor; **he ~s going to the dentist** er hat Angst zum Zahnarzt zu gehen **II.** *s* Furcht *f;* Grauen *nt* (*of* vor); **live in ~ of** in ständiger Angst leben vor; **dread·ful** ['dredfl] *adj* furchtbar, schrecklich; **dread·fully** ['dredfəlɪ] *adv* (*fam*) sehr, schrecklich

dream [dri:m] <*irr:* dreamed (dreamt), dreamed (dreamt)> **I.** *s* ① Traum *m* ② Wunsch(bild *nt*) *m* ③ (*fig*) Traum *m,* Gedicht, Wunder *nt;* **have a bad ~** schlecht träumen; **have a ~ about s.th.** von etw träumen; **lost in ~s** traumverloren; **go into a ~** zu träumen anfangen **II.** *vi* träumen (*of* von) **III.** *vt* erträumen, träumen von; **dream away** *vt* verträumen; **dream up** *vt* sich einfallen lassen, ausdenken; **dreamer** ['dri:mə(r)] *s* Träumer(in) *m(f);* **dream·land** ['dri:mlænd] *s* Traumland *nt;* **dream·less** ['dri:mlɪs] *adj* traumlos; **dream·like** ['dri:mlaɪk] *adj* traumähnlich; traumhaft; **dreamt** [dremt] *s.* **dream**; **dream team** *s* (SPORT) Traummannschaft *f*

i Land & Leute

Die **dreamtime** ist nach der Mythologie der *Aborigines*, der Ureinwohner Australiens, die Zeit der Erschaffung der Welt und ihrer Gesetze. Die Erzählungen aus dieser **dreamtime**, die seit Jahrhunderten mündlich überliefert werden, bilden den Kern ihrer Stammesrechte.

dreamy ['dri:mɪ] *adj* ① verträumt ② (*Musik*) zum Träumen ③ traumhaft

dreary ['drɪərɪ] *adj* eintönig; trüb

dredge¹ [dredʒ] **I.** *s* ① Schleppnetz *nt* ② Bagger *m* **II.** *vt* ① (~ *for*) mit dem Schleppnetz fischen ② ausbaggern; ~ **up** ausbaggern; (*fig*) ausgraben

dredge² [dredʒ] *vt* (*Küche*) bestreuen (*over* über), panieren (*with* mit)

dredger¹ ['dredʒə(r)] *s* ① Schleppnetzfischer *m* ② Baggerschiff *nt;* Bagger *m*

dredger² ['dredʒə(r)] *s* Streubüchse *f*

dregs [dregz] *s pl* ① Bodensatz *m* ② (*fig*) Abschaum *m*

drench [drentʃ] *vt:* **be ~ed to the skin** bis auf die Haut durchnässt sein

dress [dres] **I.** *vt* ① (an-, be)kleiden, anziehen ② mit Kleidung versorgen ③ schmücken; (heraus)putzen, dekorieren (*a. Schaufenster*) ④ (*Wunde*) verbinden ⑤ her-, zurichten, vorbereiten ⑥ (*Salat*) anmachen ⑦ (*Geflügel*) putzen, rupfen und ausnehmen ⑧ (MIL: *Front*) ausrichten ⑨ (MAR) beflaggen; **~ed to kill** in Schale, herausgeputzt; ~ **in one's (Sunday) best** seinen Sonntagsstaat anziehen **II.** *vi* ① sich anziehen, -kleiden ② Abendkleidung anziehen **III.** *s* ① Kleidung *f*, Kleider *ntpl* ② (Damen)Kleid *nt*; **in full** ~ in Gala; **dress down I.** *vt* (*fam*) abkanzeln; (*Pferd*) striegeln **II.** *vi* sich unauffällig anziehen; **dress up I.** *vi* ① Gesellschaftskleidung anziehen; sich fein machen ② sich verkleiden **II.** *vt* (*fig: Tatsachen*) ausschmücken; interessant machen; frisieren; **dress circle** *s* (THEAT) erster Rang; **dress coat** *s* Frack *m*; **dresser** ['dresə(r)] *s* ① (THEAT) Gardobier(e) *m (f)* ② (MED) Assistent(in) *m(f)* ③ (Schaufenster)Dekorateur(in) *m(f)* ④ Anrichte *f*, (Küchen)Büfett *nt* ⑤ (*Am*) Frisierkommode *f*; **be an elegant** ~ sich elegant kleiden

dress·ing ['dresɪŋ] *s* ① Ankleiden *nt* ② Verbinden *nt*; Verband *m*; Verbandszeug *nt* ③ Putzen *nt*; Zurichten *nt* ④ (AGR) Düngung *f* ⑤ (*Textil*) Appretur *f* ⑥ (Salat)Soße *f* ⑦ (*Geflügel*) Füllung *f* ⑧ (*fam*) Prügel *pl*; **dressing-down** [ˌdresɪŋ'daʊn] *s* ① (*fam*) Rüffel *m* ② (*fam*) Tracht *f* Prügel; **dressing gown** *s* Morgenrock *m*; **dressing room** *s* Ankleidezimmer *nt*; (THEAT) Garderobe *f*; (SPORT) Umkleidekabine *f*; **dressing table** *s* Frisierkommode *f*

dress·maker ['dresˌmeɪkə(r)] *s* (Damen)Schneider(in) *m(f)*; **dress·making** ['dresmeɪkɪŋ] *s* Damenschneiderei *f*; **dress rehearsal** *s* (THEAT) Generalprobe *f*; **dress shirt** *s* Frackhemd *nt*; **dress suit** *s* Gesellschaftsanzug *m*; **dress uniform** *s* Gala-Uniform *f*; **dressy** ['dresɪ] *adj* ① geschniegelt ② (*Kleidung*) fein, elegant, fesch

drew [druː] *s.* **draw**

dribble ['drɪbl] **I.** *vt* tröpfeln, rinnen lassen **II.** *vi* ① sabbern, geifern ② tröpfeln, rinnen ③ (SPORT) dribbeln **III.** *s* ① Tröpfchen *nt* ② Rinnsal *nt* ③ (SPORT) Dribbling *nt*

drib·let ['drɪblɪt]: **a** ~ ein bisschen, ein wenig, etwas; **in ~s** nach und nach

dribs [drɪbz] *s pl*: **pay in ~ and drabs** abstottern; in kleinen Beträgen zahlen; **in ~ and drabs** kleckerweise

dried [draɪd] *adj* getrocknet; ~ **fruit** Dörr-, Backobst *nt*; ~ **milk** Milchpulver *nt*; **dried-up** [ˌdraɪd'ʌp] *adj* (*fig*) eingetrocknet

drier, dryer ['draɪə(r)] *s* ① Trockenapparat *m* ② Trockenmittel *nt*; **hair-**~ Föhn *m*

drift [drɪft] **I.** *s* ① Strömung *f* ② Fahrtrichtung *f*, Abdrift *f* ③ Tendenz *f*; (*Ereignisse*) Gang *m*; Absicht *f*; Einfluss *m* ④ (Schnee)Verwehung *f* ⑤ (GEOL) Geschiebe *nt* ⑥ Treibsand *m* ⑦ (*fig*) Ziellosigkeit *f*; ~ **from the land** Landflucht *f* **II.** *vi* ① getrieben werden; verweht werden ② (AVIAT) vom Kurs abweichen ③ (*fig*) sich treiben lassen; (~ *along*) plan-, ziellos umherwandern; **let things** ~ die Dinge laufen lassen **III.** *vt* (zusammen)treiben; aufhäufen; **drift apart** *vi* (*fig*) sich auseinander leben; **drift in** *vi* hereinschneien; **drift off** *vi* (*fam*) sich verkrümeln; **drifter** ['drɪftə(r)] *s* ① Logger *m*; Treibnetzfischer *m* ② Gammler, Tunichtgut *m*; **drift-ice** *s* Treibeis *nt*; **drift-sand** *s* Treibsand *m*; **drift-wood** *s* Treibholz *nt*

drill[1] [drɪl] **I.** *s* ① Bohrer *m* ② (MIL) Drill *m* **II.** *vt, vi* ① bohren ② drillen ③ einpauken; ~ **for oil** nach Öl bohren

drill[2] [drɪl] *s* ① (AGR) Furche, Rille *f* ② (*Textil*) Drillich *m*

drill·ing rig ['drɪlɪŋ,rɪg] *s* ① Bohrturm *m* ② Bohrinsel *f*

drink [drɪŋk] <*irr*: drank, drunk> **I.** *vt* ① trinken ② (*Tier*) saufen ③ (~ *off*) austrinken, leeren ④ auf-, einsaugen, absorbieren; ~ **s.o.'s health** auf jds Gesundheit trinken **II.** *vi* trinken; saufen; ~ **to s.o.** jdm zutrinken; ~ **to s.th.** auf etw trinken **III.** *s* ① Trunk *m* (*Wasser*), Schluck *m* ② Getränk *nt*; Drink *m*; **the** ~ (*sl*) der Große Teich (*Ozean*); **have a** ~ ein Gläschen trinken; **take to** ~ zu trinken anfangen; **drink in** *vt* (*fig*) begierig aufnehmen; **drink·able** [-əbl] *adj* trinkbar; **drinker** ['drɪŋkə(r)] *s* Trinker(in) *m(f)*

drink·ing ['drɪŋkɪŋ] *s* Trinken *nt*; **drinking fountain** *s* Trinkwasserspender *m*

i Land & Leute

In den USA ist ein **drinking fountain** ein kleines Becken, aus dem man Wasser trinken kann. Man drückt auf einen Knopf oder tritt auf einen Fußschalter, um einen kleinen Wasserstrahl zu erzeugen. **Drinking fountains** gibt es an vielen Orten, wie z. B. auf dem Schulhof, in öffentlichen Gebäuden und manchmal auch im Supermarkt.

drinking song *s* Trinklied *nt*; **drinking straw** *s* Trinkhalm *m*; **drinking water** *s* Trinkwasser *nt*; **drinking-water supply** *s* Trinkwasserversorgung *f*

drip [drɪp] **I.** *vi* ① tropfen, tröpfeln (*from* von) ② (*fig*) triefen (*with* von) **II.** *vt*: ~ **sweat** von Schweiß triefen **III.** *s* ① Tropfen, Tröpfeln *nt* ② Tropfgeräusch *nt* ③ (*sl*) doofer Kerl; **drip-dry** [ˌdrɪpˈdraɪ] **I.** *adj* bügelfrei **II.** *vt* tropfnass aufhängen; **drip·ping** [ˈdrɪpɪŋ] **I.** *adj* ❶ (~ *wet*) patschnass ❷ (*Hahn, Baum*) tropfend **II.** *s* ❶ Bratenfett *nt* ❷ Tröpfeln, Tropfen *nt*

drive [draɪv] <*irr:* drove, driven> **I.** *vt* ❶ (an-, be)treiben ❷ stoßen, jagen, hetzen ❸ (*Auto, Passagier*) fahren ❹ (*Regen*) peitschen ❺ (*Wolken*) jagen ❻ (*Pfahl*) einrammen ❼ (*fig*) drängen, an-, aufstacheln, aufhetzen ❽ zwingen, veranlassen (*to do* zu tun) ❾ hineinschlagen (*into* in) ❿ (*Sache*) energisch betreiben, durchsetzen, -führen, zum Abschluss bringen; ~ **a hard bargain** hart verhandeln; ~ **into a corner** (*fig*) in die Enge treiben; ~ **home** nach Hause fahren, heimfahren; (*fig*) nahelegen (*s.o. s.th.* jdm etw); (*Nagel*) einschlagen; ~ **one's point home** seinen Standpunkt überzeugend darlegen; ~ **crazy** [*o* **mad**] verrückt machen **II.** *vi* ❶ eilen, stürmen, jagen ❷ (*im Wind*) treiben ❸ (*Fahrzeug, Fahrer*) fahren ❹ schwer arbeiten (*at* an); **can you ~?** können Sie Auto fahren? **III.** *s* ❶ Fahren *nt* ❷ (Spazier)Fahrt *f* ❸ Fahrstraße *f*, -weg *m* ❹ Auf-, Ausfahrt *f* ❺ (AUTO TECH) Antrieb *m*, Triebwerk *nt* ❻ (SPORT) heftiger Schlag, Stoß ❼ (PSYCH) Trieb *m*; Schwung, Unternehmungsgeist *m*, Energie, Tatkraft *f* ❽ Kampagne *f*, (Werbe-, Propaganda)Feldzug *m* (*against* gegen) ❾ (INFORM) Laufwerk; **go for a ~** spazieren fahren; **drive at** *vt* hinauswollen auf; **what are you driving at?** worauf wollen Sie denn hinaus?; **drive off** *vi* wegfahren; wegjagen; **drive out** *vi* hinausfahren (*into the country* aufs Land); **drive up** **I.** *vt* hinauf-, in die Höhe treiben; hinauffahren (auf) **II.** *vi* vorfahren (*to* bei, vor), hinauffahren

drive-by *adj* aus dem fahrenden Auto

drive-in [ˈdraɪvɪn] *s* Drive-in-Restaurant *nt*; **drive-in bank** *s* Bank *f* mit Autoschalter; **drive-in cinema** *s* Autokino *nt*

drivel [ˈdrɪvl] **I.** *vi* faseln **II.** *s* Unsinn *m*

driven [ˈdrɪvn] *s.* **drive**

driver [ˈdraɪvə(r)] *s* ❶ (Auto)Fahrer(in) *m(f)*, Chauffeur(in) *m(f)* ❷ (*Golf*) Schläger *m*; **~'s cab** Führerstand *m*, -haus *nt*; **~'s license** (*Am*) Führerschein *m*; **~'s seat** Fahrersitz *m*

i Land & Leute

Drive through bottle shops gibt es überall in Australien. Oft gehören sie zu Hotels und sehen wie eine offene Garage oder Scheune aus, man nennt sie auch *liquor barns*. Ohne aus dem Auto steigen zu müssen, kann man Wein, Bier und Spirituosen kaufen: man wird direkt durch das offene Autofenster bedient.

driving [ˈdraɪvɪŋ] **I.** *adj* ❶ (TECH) treibend ❷ heftig, stark; ~ **rain** peitschender Regen **II.** *s* Fahren *nt*; **driving ban** *s* Führerscheinentzug *m*; **driving force** *s* Trieb-, treibende Kraft *f*; **driving instructor** *s* Fahrlehrer(in) *m(f)*; **driving lessons** *s pl* Fahrstunden *fpl*; **driving licence** *s* (*Br*) Führerschein *m*; **driving pool** *s* Fahrgemeinschaft *f*; **driving school** *s* Fahrschule *f*; **driving test** *s* Fahrprüfung *f*

drizzle [ˈdrɪzl] **I.** *vi* nieseln **II.** *s* Sprühregen *m*; **driz·zly** [ˈdrɪzlɪ] *adj* feucht und neblig

droll [drəʊl] *adj* drollig, ulkig; komisch

drom·edary [ˈdrɒmədərɪ] *s* Dromedar *nt*

drone [drəʊn] **I.** *s* ❶ (*Männchen der Honigbiene*) Drohne *f* ❷ Summen, Brummen *nt* **II.** *vi* ❶ summen, brummen ❷ monoton reden ❸ faulenzen

drool [dru:l] **I.** *vi* faseln **II.** *s* Unsinn *m*

droop [dru:p] **I.** *vi* ❶ herabsinken; herunterhängen (*over* über) ❷ kraftlos, welk werden ❸ (*Preise*) fallen; (*Kurse*) nachgeben ❹ (*fig*) den Kopf hängen lassen **II.** *vt* hängen lassen

drop [drɒp] **I.** *s* ❶ Tropfen *m* ❷ ein bisschen, ein wenig, etwas ❸ Sinken, Fallen *nt*; Fall, (Ab)Sturz *m* ❹ (COM) Rückgang *m*; (*Börse*) Baisse *f* ❺ Vorhang *m*; ~ **of blood** Blutstropfen *m*; **a ~ in the bucket** [*o* **in the ocean**] ein Tropfen auf den heißen Stein; ~ **in prices** Preissturz *m*; ~ **in production** Produktionsrückgang *m*; ~ **in performance** Leistungsabfall *m*; ~ **of rain** Regentropfen *m*; ~ **in the temperature** Temperatursturz *m* **II.** *vi* ❶ (herab)tropfen, tröpfeln ❷ (herab-, herunter)fallen (*out of the window* aus dem Fenster) ❸ hineingeraten (*into* in), stoßen (*into* auf) ❹ hin-, umfallen; zusammenbrechen, tot umfallen (*from exhaustion* vor Erschöpfung) ❺ schwächer werden, nachlassen; (*Wind*) abflauen ❻ (*Temperatur*) fallen, sinken **III.** *vt* ❶ tropfen, tröpfeln; besprengen ❷ fallen lassen; (*fig*) fallen lassen; (hin)werfen ❸ (*Arbeit*) niederlegen ❹ (*Bomben*) abwerfen ❺ (*Geld*) verlieren ❻ (*Fahrgäste*) absetzen ❼ zu Boden strecken; abschießen ❽ (*Äußerung*) fallen lassen ❾ (*Thema*) auf sich beruhen lassen ❿ (*Gewohnheit*) aufgeben ⓫ (*Buchstaben, Wort*) auslassen ⓬ (*Brief*) einwerfen (*in the letter-box* in den Briefkasten) ⑬ (*Junge*) werfen; **let ~** fallen lassen, aufgeben; **~ anchor** den Anker werfen; **~ a brick** [*o* **a clanger**] (*fam*) eine Dummheit machen; **~ a hint** eine Andeutung fallen lassen; **~ a line** ein paar Zeilen schreiben; **not to be ~ped!** nicht stürzen!; **~ped curb** abgeflachter Gehweg (für Rollstuhlfahrer); **~ it!** lass das!; **drop across** *vt* (*fam*) treffen; in die Arme laufen (*s.o.* jdm); **drop behind** *vi* zurückbleiben (hinter); **drop down** *vi* niedersinken; herunterfallen; **drop in** *vi* besuchen; **drop off** *vi* ① sich zurückziehen ② nachlassen, zurückgehen; **~ s.th. off** etw abgeben (*at* bei); **~ s.o. off** jdn aussteigen lassen; **drop out** *vi* ① nicht mehr teilnehmen (*of* an) ② (aus der Gesellschaft) aussteigen ③ ausfallen ④ ausscheiden

drop-dead ['drɒp,ded] *adj* (*sl*) umwerfend

drop-in *adj* ohne Voranmeldung; **drop-in centre** *s* Beratungsstelle *f;* **drop-in surgery** *s* (*in GB*) Akutsprechstunde *f*

drop kick ['drɒpkɪk] *s* (SPORT) Dropkick, Prellstoß *m;* **drop·let** ['drɒlɪt] *s* Tröpfchen *nt;* **drop·out** ['drɒpaʊt] *s* Aussteiger(in) *m(f);* (*pej*) Asoziale(r) *f m,* Studienabbrecher(in) *m(f);* **drop·per** ['drɒpə(r)] *s* Pipette *f;* Tropfer *m;* **drop·pings** ['drɒpɪŋz] *s pl* Dung, Dünger, Mist *m;* **drop shot** *s* (SPORT) Stoppball *m*

dross [drɒs] *s* ① (Metall)Schlacken *fpl* ② (*fig*) Tand *m*

drought [draʊt] *s* Trockenheit *f;* Dürre(periode, -zeit) *f*

drove¹ [drəʊv] *s.* **drive**

drove² [drəʊv] *s* ① Herde *f* (*Vieh*) ② Menschenmenge, Masse *f;* **they came in ~s** sie kamen in Scharen; **drover** ['drəʊvə(r)] *s* Viehtreiber *m*

drown [draʊn] **I.** *vt* ① ertränken ② überfluten ③ einweichen ④ (*fig*) übertönen, ersticken (*a. in Tränen*); (*Kummer*) betäuben; **be ~ed** ertrinken **II.** *vi* ertrinken

drowse [draʊz] **I.** *s* Schläfrigkeit *f;* Halbschlaf *m* **II.** *vi* schläfrig sein; dösen; **~ off** eindösen; **drowsy** ['draʊzɪ] *adj* ① schläfrig ② einschläfernd ③ (*fig*) schlafmützig

drudge [drʌdʒ] **I.** *s* (*fig*) ① (*Mensch*) Arbeitstier *nt* ② (*Arbeit*) Schufterei *f* **II.** *vi* sich placken, sich (ab)schinden; **drudg·ery** ['drʌdʒərɪ] *s* Plackerei *f*

drug [drʌg] **I.** *s* Medikament *nt;* Droge *f,* Rauschgift *nt;* **be on ~s** Medikamente einnehmen; drogensüchtig sein; **~ on the market** Ladenhüter *m* **II.** *vt* ① (*Speise, Getränk*) etwas zusetzen (*s.th.* einer S) ② betäuben, narkotisieren ③ (*Patienten*) Medikamente geben (*s.o.* jdm); **drug abuse** *s* Medikamenten-, Drogenmissbrauch *m;* **drug addict** *s* Rauschgiftsüchtige(r) *f m;* **drug addiction** *s* Rauschgiftsucht, Drogenabhängigkeit *f;* **drug consumption** *s* Drogenkonsum *m;* **drug culture** *s* Drogenkultur *f;* **drug dealer** *s* Dealer *m;* **drug dependency** *s* Medikamenten-, Drogensucht, Medikamenten-, Drogenabhängigkeit *f;* **drug manufacturer** *s* Pharmahersteller *m;* **drug pusher** *s* Pusher, Dealer *m;* **drug squad** *s* Rauschgiftdezernat *nt;* Drogenfahndungsbehörde *f;* **drug·store** ['drʌgstɔ:(r)] *s* (*in den USA*) Drugstore *m;* **drug taking** *s* Einnehmen *nt* von Drogen, Rauschgift; **drug traf·fic, drug traf·fick·ing** *s* Drogen-, Rauschgifthandel *m;* **drug traf·fick·er** *s* Drogenhändler(in) *m(f);* **drug pre·ven·tion** *s* Drogenprävention *f*

druid ['dru:ɪd] *s* Druide *m*

drum [drʌm] **I.** *s* ① (*a.* TECH) Trommel *f* ② (ANAT: *ear~*) Trommelfell *nt* ③ **~s** Schlagzeug *nt* **II.** *vi, vt* ① trommeln (*s.th., on s.th.* auf etw) ② (*~ up*) ausfindig machen; zusammentrommeln ③ einhämmern (*s.th. into s.o.* jdm etw); **~ up business** die Werbetrommel rühren; **drum·beat** ['drʌmbi:t] *s* Trommeln *nt;* **drum brake** *s* Trommelbremse *f;* **drum·head** ['drʌmhed] *s* Trommelfell *nt;* **drum·major** *s* Tambourmajor *m;* **drum·mer** ['drʌmə(r)] *s* Trommler(in) *m(f),* Schlagzeuger(in) *m(f);* **drum·stick** ['drʌmstɪk] *s* ① Trommelstock *m* ② (*Geflügel*) Schlegel *m*

drunk [drʌŋk] **I.** *pp of* **drink II.** *adj* ① betrunken ② (*fig*) trunken (*with* vor); **get ~** sich betrinken; **~ as a lord** sternhagelvoll **III.** *s* Betrunkene(r) *f m,* Säufer(in) *m(f);* **drunk·ard** ['drʌŋkəd] *s* Trinker(in) *m(f);* **drunken** ['drʌŋkən] *adj* betrunken; trunksüchtig; feuchtfröhlich; **drunken·ness** ['drʌŋkənɪs] *s* Trunkenheit *f,* Rausch *m*

dry [draɪ] **I.** *adj* ① trocken ② (*Holz*) dürr ③ ausgetrocknet ④ (*fig*) trocken, langweilig ⑤ (*Wein*) herb, trocken ⑥ durstig (machend); (**as**) **~ as dust** todlangweilig; **keep ~!** vor Feuchtigkeit zu schützen **II.** *vt* (ab)trocknen **III.** *vi* trocknen, trocken werden; **dry up I.** *vi* abtrocknen **II.** *vt* (*a. fig*) austrocknen; (THEAT) stecken bleiben; **~ up!** (*sl*) halt's Maul!; **dryad** ['draɪəd] *s* Dryade *f*

dry cell ['draɪ,sel] *s* (ELEK) Trockenelement *nt;* **dry cell battery** *s* Trockenbatterie *f;* **dry-clean** *vt* reinigen; **dry-cleaner's** *s* chemische Reinigung (*Geschäft*); **dry-cleaning** *s* chemische Reinigung (*Vor-*

gang); **dry dock** *s* (MAR) Trockendock *nt*
dryer ['draɪə(r)] *s* Wäschetrockner *m*; (*spin* ~) Wäscheschleuder *f*
dry goods ['draɪ'gʊdz] *s pl* (*Am*) Manufakturwaren *fpl*, Textilien *pl*, Kurzwaren *fpl*; **dry ice** *s* Trockeneis *nt*; **dry land** *s* fester Boden; **dry measure** *s* Trockenmaß *nt*; **dry·ness** ['draɪnɪs] *s* Trockenheit *f*; **dry rot** *s* ① (BOT) Trockenfäule *f* ② (*fig*) Verfall *m*, Entartung *f*; **dry-shod** ['draɪʃɒd] *adj* trockenen Fußes; **dry-stone wall** *s* Trockenmauer *f*
DTP [ˌdi:ti:'pi:] *s Abk. von* **desktop publishing** DTP *nt*
dual ['dju:əl] *adj* zweifach, doppelt; **dual carriageway** *s* (*Br*) vierspurige Straße, Schnellstraße *f*; **dual-currency period** *s* Doppelwährungsphase *f*; **dual-deck** *adj* mit Doppelkassettendeck; **dual-fuel** *adj* (AUTO) mit zwei verschiedenen Brennstoffen; **dual·ism** ['djʊəlɪzəm] *s* Dualismus *m*; **dual-use goods** *s pl* Güter mit doppeltem Verwendungszweck
dub [dʌb] *vt* ① zum Ritter schlagen ② einen Spitznamen geben (*s.o.* jdm) ③ (FILM) synchronisieren; **dub·bing** ['dʌbɪŋ] *s* (FILM) Synchronisation *f*
du·bious ['dju:bɪəs] *adj* ① zweifelhaft, fraglich ② verdächtig ③ (*Zukunft, Ergebnis*) ungewiss ④ unsicher, im Zweifel (*of, about* über)
duch·ess ['dʌtʃɪs] *s* Herzogin *f*; **duchy** ['dʌtʃɪ] *s* Herzogtum *nt*
duck [dʌk] **I.** *s* ① Ente *f* ② (*fam*) Liebling *m*; **like a ~ takes to water** (*fig*) mit der größten Selbstverständlichkeit; **like water off a ~'s back** wirkungs-, eindruckslos **II.** *vi* ① sich ducken ② (kurz) untertauchen **III.** *vt* ① (*den Kopf*) schnell einziehen ② ins Wasser tauchen ③ (*sl*) aus dem Wege gehen (*s.o.* jdm, *s.th.* einer S); **duck·boards** ['dʌkbɔ:dz] *s pl* Lattenrost *m*; **duck·ling** ['dʌklɪŋ] *s* Entchen *nt*; **roast ~** Entenbraten *m*; **duck(y)** ['dʌkɪ] *s* (*fam*) Liebling *m*
duct [dʌkt] *s* ① Rohr(leitung *f*) *nt* ② (ANAT) Gang *m*; Kanal *m*
dud [dʌd] *s* ① (*sl*) Versager(in) *m(f)* ② (*Bombe*) Blindgänger *m* ③ (*sl*) ungedeckter Scheck
dude [dju:d] *s* (*Am*) ① Städter *m* ② feiner Pinkel
due [dju:] **I.** *adj* ① (*Gelder, Arbeit*) fällig ② zahlbar ③ (*Verkehrsmittel*) planmäßig ankommend, fällig (*at noon* um 12 Uhr mittags) ④ gebührend, gehörig ⑤ zu verdanken(d), zuzuschreiben(d) (*to dat*), zurückzuführend (*to* auf); **after ~ consideration** nach reiflicher Überlegung; **in ~ course** im rechten Augenblick; **in ~ form** ordnungsgemäß; **in ~ time** zu gegebener Zeit; **when ~** (FIN) bei Fälligkeit; **when is the baby ~?** wann kommt das Kind?; **when is the train ~?** wann soll der Zug ankommen?; **~ east** (MAR) genau Ost; **be ~ to** sollen, müssen; (*Am*) im Begriff sein zu; **be ~ to s.o.** jdm zustehen, gebühren; **be ~ to s.th.** auf etw beruhen; **become** [*o* **fall**] **~** fällig werden; **the train is ~ at …** die planmäßige Ankunft(szeit) des Zuges ist …; **the plane is already ~** das Flugzeug müsste schon da sein **II.** *s* ① *ohne pl* (das) Geschuldete; (das) Zustehende ② **~s** Abgaben, Gebühren *fpl*, Zoll *m*, Zollgebühren *pl*; (Mitglieds)Beitrag *m* ③ **~s** auszuliefernde Bestellungen *pl*
duel ['dju:əl] *s* ① Duell *nt* ② (*fig*) Kampf, Streit *m*
duet [dju:'et] *s* (MUS) Duett *nt*; Duo *nt*
duf·fel bag ['dʌflbæg] *s* Matchsack *m*; **duf·fel coat** *s* Dufflecoat *m*
duf·fer ['dʌfə(r)] *s* Dummkopf *m*
dug[1] [dʌg] *s* Zitze *f*
dug[2] [dʌg] *s.* **dig**; **dug-out** ['dʌgaʊt] *s* ① (MIL) Schützengraben *m* ② (*Boot*) Einbaum *m*
duke [dju:k] *s* Herzog *m*
dull [dʌl] **I.** *adj* ① schwerfällig, langsam ② langweilig ③ (*Person*) lustlos ④ (*Licht*) trüb; matt ⑤ (*Wetter*) grau ⑥ (*Schmerz*) dumpf ⑦ (COM) flau, lustlos; **as ~ as ditch water** sterbenslangweilig **II.** *vt* ① (*Sinne*) abstumpfen ② (*Schmerz*) lindern ③ (*Lärm*) dämpfen; **dull·ard** ['dʌləd] *s* Dummkopf *m*; **dull·ness** ['dʌlnɪs] *s* ① Schwerfälligkeit, Langsamkeit *f* ② Langweiligkeit *f* ③ Lustlosigkeit *f* ④ Trübheit, Mattheit *f* ⑤ Grauheit *f* ⑥ Dumpfheit *f* ⑦ Flauheit *f*
duly ['dju:lɪ] *adv* ① entsprechend; gebührend, ordnungsgemäß ② zur rechten Zeit, rechtzeitig
dumb [dʌm] *adj* ① stumm ② schweigend, sprachlos (*with* vor); **be struck ~** sprachlos sein
dumb-bell ['dʌmbel] *s* (SPORT) Hantel *f*
dumbed-down *adj* vereinfacht
dumb·found [dʌm'faʊnd] *vt* verblüffen; **be ~ed** sprachlos sein
dumb show ['dʌmʃəʊ] *s* Pantomime *f*
dumb·size ['dʌmˌsaɪz] *vi die Belegschaft derartig reduzieren, dass nicht mehr effektiv gearbeitet werden kann*
dumb·struck, dumb·stricken ['dʌmstrʌk, 'dʌmstrɪkən] *adj* sprachlos
dumb waiter [ˌdʌm'weɪtə(r)] *s* ① Servier-

tisch *m*, stummer Diener ❷ (*Am*) Speisenaufzug *m*

dum·found *vt* (*Am*) verblüffen; **be ~ed** sprachlos sein

dummy ['dʌmɪ] **I.** *s* ❶ Attrappe *f*; Schaufensterpuppe *f*; Blindband *m* ❷ (*für Babys*) Schnuller *m* ❸ (*Kartenspiel*) Strohmann *m* ❹ (*Am: pej*) Dummkopf *m* **II.** *adj attr* unecht; **~ run** Probe *f*

dump [dʌmp] **I.** *vt* ❶ (*Abfall*) (hin)werfen, abladen ❷ (*Last*) ausladen, auskippen ❸ (COM) zu Dumpingpreisen verkaufen **II.** *s* ❶ Schutthaufen *m*; Müllkippe *f* ❷ (MIL) Depot *nt* ❸ (*sl*) Dreckloch *nt*; Bruchbude *f*; **be down in the ~s** deprimiert sein; **dumper** ['dʌmpə(r)] *s* Kipper *m*; **dump·ing** [-ɪŋ] *s* ❶ (COM) Dumping *nt* ❷ (TECH: *Abfallstoffe*) Verklappung *f*; **"no ~"** „Schutt abladen verboten"; **dumping ground** *s* Schuttabladeplatz *m*

dump·ling ['dʌmplɪŋ] *s* ❶ Knödel, Kloß *m* ❷ (*apple ~*) Apfel *m* im Schlafrock ❸ (*fam*) Dickerchen *nt*

dumpy ['dʌmpɪ] *adj* pummelig

dun[1] [dʌn] *adj* graubraun

dun[2] [dʌn] *vt* anmahnen

dunce [dʌns] *s* langsame(r) Schüler(in) *m(f)*, Dummkopf *m*

dune [dju:n] *s* Düne *f*

dung [dʌŋ] *s* Dung, Mist *m*

dunga·rees [ˌdʌŋgə'ri:z] *s pl* Latzhosen *fpl*

dun·geon ['dʌndʒən] *s* Verlies *nt*

dung·hill ['dʌŋhɪl] *s* Misthaufen *m*

dunk [dʌŋk] *vt* (ein)tunken

duo ['dju:əʊ] <*pl* duos> *s* Duo *nt*

duo·denum [ˌdju:ə'di:nəm] *s* Zwölffingerdarm *m*

dupe [dju:p] **I.** *s* Betrogene(r) *f m* **II.** *vt* betrügen

du·plex ['dju:pleks] *adj* doppelt; **~ apartment** (*Am*) zweistöckige Wohnung

du·pli·cate ['dju:plɪkət] **I.** *adj* doppelt, zweifach; **~ key** Zweitschlüssel *m* **II.** *s* Duplikat *nt*, Kopie *f*; **in ~** in doppelter Ausfertigung **III.** ['dju:plɪkeɪt] *vt* ❶ kopieren; vervielfältigen ❷ eine Zweitschrift anfertigen von; **du·pli·ca·tor** ['dju:plɪkeɪtə(r)] *s* Vervielfältigungsapparat *m*; **du·plic·ity** [dju:'plɪsətɪ] *s* Doppelspiel *nt*

dura·bil·ity [ˌdjʊərə'bɪlətɪ] *s* Dauer *f*; Haltbarkeit *f*; Widerstandsfähigkeit *f*; **dur·able** ['djʊərəbl] *adj* dauerhaft, haltbar; widerstandsfähig

dur·ation [djʊ'reɪʃn] *s* Dauer, Laufzeit *f*; **for the ~** für die Dauer

dur·ess [djʊ'res] *s* Zwang *m*, Nötigung *f*

dur·ing ['djʊərɪŋ] *prep* während

dusk [dʌsk] *s* (Abend)Dämmerung *f*; **at ~** bei Einbruch der Dunkelheit; **dusky** ['dʌskɪ] *adj* dunkel, schwärzlich

dust [dʌst] **I.** *s* Staub *m*; **throw ~ in s.o.'s eyes** jdm Sand in die Augen streuen; **give s.th. a ~** etw abstauben **II.** *vt* ❶ abstauben ❷ (*Kuchen*) pudern **III.** *vi* Staub wischen;

dust·bin ['dʌstbɪn] *s* (*Br*) Mülltonne *f*;

dust·cart *s* (*Br*) Müllwagen *m*; **dust coat** *s* Kittel *m*; **dust cover**, **dust jacket** *s* Schutzumschlag *m*

duster ['dʌstə(r)] *s* Staubtuch *nt*

dust·man ['dʌstmən] <*pl* -men> *s* Müllmann *m*; **dust·pan** *s* Kehrschaufel *f*; **dust storm** *s* Sandsturm *m*; **dust-up** ['dʌstʌp] *s* (*fam*) Streit *m*

dusty ['dʌstɪ] *adj* staubig; verstaubt

Dutch [dʌtʃ] **I.** *adj* holländisch, niederländisch; **go ~** getrennte Kasse machen; **~ courage** angetrunkener Mut **II.** *s* ❶ (das) Holländisch(e), Niederländisch(e) ❷ (*Menschen*): **the ~** die Holländer, Niederländer *pl*; **Dutch·man** [dʌtʃmən] <*pl* -men> *s* Holländer, Niederländer *m*; **the Flying ~** der Fliegende Holländer; **Dutch·woman** ['dʌtʃˌwʊmən, *pl* -ˌwɪmɪn] <*pl* -women> *s* Holländerin, Niederländerin *f*

duti·able ['dju:tɪəbl] *adj* zollpflichtig

duti·ful ['dju:tɪfl] *adj* pflichtgetreu, -bewusst; gehorsam

duty ['dju:tɪ] *s* ❶ Pflicht *f* ❷ Aufgabe, Obliegenheit *f* ❸ (FIN) Zoll *m*; **do one's ~** seine Pflicht tun; **as in ~ bound** pflichtgemäß; **free from ~** zollfrei; **off ~** außer Dienst; dienstfrei; **on ~** im Dienst; **duty call** *s* Höflichkeitsbesuch *m*; **duty-free** *adj* zollfrei; **~ shop** Dutyfreeshop *m*; **duty roster** *s* Dienstplan *m*

du·vet ['du:veɪ] *s* Duvet, Federbett *nt*

DVD [di:vi:'di:] *s s.* **digital video disk** DVD *f*; **DVD player** *s* DVD-Player *m*

dwarf [dwɔ:f, *pl* dwɔ:vz] <*pl* dwarves> **I.** *s* Zwerg *m* **II.** *vt* klein erscheinen lassen **III.** *adj* zwergenhaft

dweeb [dwi:b] *s* (*Am: sl*) Depp *m*, Blödmann *m*

dwell [dwel] <*irr:* dwelt, dwelt> *vi* wohnen, leben; **~ on** verweilen, sich länger aufhalten bei; **dweller** ['dwelə(r)] *s* Bewohner(in) *m(f)*; **dwell·ing** [-ɪŋ] *s* Wohnsitz *m*; **dwelling house** *s* Wohnhaus *nt*; **dwelt** [dwelt] *s.* **dwell**

dwindle ['dwɪndl] *vi* abnehmen; schwinden; zurückgehen

dye [daɪ] **I.** *s* Farbstoff *m*; **hair ~** Haarfärbemittel *nt* **II.** *vt* färben; **dyed-in-the-wool** *adj* (*fig*) durch und durch; **dye-works** *s pl* Färberei *f*

dy·ing ['daɪɪŋ] *adj* ❶ sterbend ❷ (*Rasse*)

D

aussterbend ③ (*Zivilisation*) untergehend

dyke¹ [daɪk] **I.** *s* ① (Wasser)Graben *m* ② Deich, Damm *m* **II.** *vt* eindeichen

dyke² *s* (*Am sl*) Lesbe *f*

dy·namic [daɪ'næmɪk] *adj* dynamisch; **dy·namics** [daɪ'næmɪks] *s pl mit sing* (*a. fig*) Dynamik *f*

dyna·mite ['daɪnəmaɪt] **I.** *s* Dynamit *nt* **II.** *vt* sprengen

dy·namo ['daɪnəməʊ] <*pl* -namos> *s* Dynamo(maschine *f*) *m*

dyn·asty ['dɪnəstɪ] *s* Dynastie *f*

dys·en·tery ['dɪsəntrɪ] *s* (MED) Ruhr *f*

dys·lex·ia [dɪs'leksɪə] *s* Legasthenie *f;* **dys·lex·ic** [dɪs'leksɪk] **I.** *adj* legasthenisch **II.** *s* Legastheniker(in) *m(f)*

dys·pep·sia [dɪs'pepsɪə] *s* Verdauungsstörung *f*

E e

E, e [iː] <*pl* -'s> *s* ① (*a.* MUS) E, e *nt* ② (SCHULE) mangelhaft

each [iːtʃ] **I.** *adj, pron* ① jede(r, s) (Einzelne); ~ **and every one** jede(r, s) Einzelne ② ~ **other** einander, sich (gegenseitig); **with ~ other** miteinander **II.** *adv* je

eager ['iːgə(r)] *adj* ① eifrig ② begierig (*about, after, for* auf, nach); **be ~** begierig sein; darauf brennen (*to do* zu tun); **eager beaver** *s* (*fam*) Streber(in) *m(f);* **eager·ness** [-nɪs] *s* Eifer *m;* Ungeduld *f*

eagle ['iːgl] *s* Adler *m;* (*Golf*) Eagle *nt;* **eagle-eyed** ['iːglaɪd] *adj* ① scharfsichtig ② (*fig*) sehr aufmerksam

ear¹ [ɪə(r)] *s* ① Ohr *nt* ② Gehör *nt* (*for* für); **be all ~s** ganz Ohr sein; **be out on one's ~** (*fam*) plötzlich seinen Job los sein; **have one's ~ to the ground** Augen und Ohren offen halten; **play it by ~** (*fig*) improvisieren; **his ~s must be burning** (*fig*) seine Ohren müssen ihm klingen; **I pricked up my ~s** ich spitzte die Ohren

ear² [ɪə(r)] *s* (*Getreide*) Ähre *f*

ear·ache ['ɪəreɪk] *s* Ohrenschmerzen *mpl;* **ear·bashing** *s:* **give s.o. an ~** (*sl*) jdm ein Ohr abreden; **ear·drum** *s* Trommelfell *nt;* **ear infection** *s* Ohrenentzündung *f*

earl [ɜːl] *s* (englischer) Graf *m*

ear·lobe ['ɪələʊb] *s* Ohrläppchen *nt*

early ['ɜːlɪ] **I.** *adv* früh(zeitig); bald; **as ~ as May** schon im Mai; **very ~ on** zu sehr früher Zeit; ~ **in life** in jungen Jahren **II.** *adj* früh(zeitig); baldig; **at your earliest convenience** sobald wie möglich; **at the earliest possible date** zum frühest möglichen Zeitpunkt; **in ~ summer** im Frühsommer; ~ **closing** (**day**) halber Geschäftstag; ~ **morning call** telefonischer Weckruf; ~ **retirement** vorzeitige Pensionierung; vorgezogener Ruhestand; ~ **retirement scheme** Vorruhestandsregelung *f;* ~ **stage** Anfangs-, Frühstadium *nt;* ~ **warning system** (MIL) Frühwarnsystem *nt*

ear·mark ['ɪəmɑːk] **I.** *s* ① Eigentumszeichen *nt* am Ohr (*eines Haustieres*) ② (*fig*) Kennzeichen *nt* **II.** *vt* reservieren, zurücklegen, bereitstellen; ~**ed funds** zweckgebundene Mittel *ntpl;* **ear·muffs** *s pl* Ohrenschützer *mpl*

earn [ɜːn] *vt* ① (sich) verdienen; (sich) erwerben ② (*Zinsen*) bringen; **earned income** ['ɜːnd'ɪnkʌm] *s* Einkünfte *pl* aus Erwerbstätigkeit

ear·nest ['ɜːnɪst] **I.** *adj* ① ernsthaft; ernst ② aufrichtig, ehrlich **II.** *s:* **in ~** im Ernst; **in dead ~** in vollem Ernst; **are you in ~?** ist das Ihr Ernst?; **ear·nest·ly** [-lɪ] *adv* ernstlich; inständig

earn·ing ['ɜːnɪŋ] *adj:* ~ **capacity** [*o* **power**] Erwerbs-, Ertragsfähigkeit *f;* **earn·ings** [-ɪŋz] *s pl* Einkommen *nt;* Einkünfte *pl,* Einnahme(n *pl*) *f;* Arbeitslohn *m;* **earn·ings-related** *adj* gehalts-, lohnbezogen

ear·phones ['ɪəfəʊnz] *s pl* (TELE RADIO) Kopfhörer *mpl;* **ear·piece** ['ɪəpiːs] *s* (TELE) Hörer *m;* **ear·plug** *s* Ohrenstöpsel *m;* Oropax® *nt;* **ear·ring** ['ɪərɪŋ] *s* Ohrring *m;* **ear·shot** ['ɪəʃɒt] *s:* **out of/within ~** außer/in Hörweite

earth [ɜːθ] **I.** *s* ① Erde *f* ② (festes) Land *nt;* (Erd)Boden *m;* Erde *f* ③ (Fuchs-, Dachs)Bau *m;* **on ~** auf der Erde; auf Erden; **to** (**the**) **~** auf die Erde, zu Boden; **be down to ~** mit beiden Füßen fest auf der Erde stehen; **come down to ~** (*fig*) auf den Boden der Tatsachen zurückkehren; **move heaven and ~** Himmel und Hölle in Bewegung setzen; **it cost the ~** es kostete einen Haufen Geld; **down to ~** praktisch; nüchtern; sachlich; **why on ~** warum auch **II.** *vt* ① (ELEK RADIO) erden ② (*Kartoffeln:* ~ *up*) häufeln; **earth·bound** ['ɜːθbaʊnd] *adj* erdgebunden; ~ **journey** Flug *m* zur Erde; **earthen·ware** ['ɜːθnweə(r)] *s* Tongeschirr *nt;* **earthi·ness** ['ɜːθɪnɪs] *s* Derbheit *f;* **earth·ling** ['ɜːθlɪŋ] *s* (*pej*) Erdenwurm *m;* **earthly** ['ɜːθlɪ] **I.** *adj* irdisch, weltlich; **of no ~ use** völlig unnütz **II.** *s* (*fam*): **he hasn't an ~**

er hat nicht die geringste Chance; **earth·orbit** ['ɜːθɔːbɪt] *s* Erdumlaufbahn *f;* **earth·quake** ['ɜːθkweɪk] *s* Erdbeben *nt;* **earth·quake zone** *s* Erdbebengürtel *m;* **earth's crust** *s* Erdkruste *f;* **earth-shat·ter·ing** ['ɜːθ,ʃætrɪŋ] *adj* welterschütternd; **earth·work** ['ɜːθwɜːk] *s* Erdarbeiten *fpl;* (MIL) Schanze *f;* **earth·worm** ['ɜːθwɜːm] *s* Regenwurm *m;* **earthy** ['ɜːθɪ] *adj* erdig; (*fig: Mensch, Humor*) derb

ear·wax ['ɪəwæks] *s* Ohrenschmalz *nt;* **ear·wig** ['ɪəwɪg] *s* Ohrwurm *m*

ease [iːz] **I.** *s* ❶ Bequemlichkeit *f;* Behagen *nt* ❷ Leichtigkeit, Mühelosigkeit *f;* **at** ~ frei, ungezwungen; behaglich; (**stand**) **at** ~**!** (MIL) rührt euch!; **with** ~ mit Leichtigkeit; mühelos; **be** (**ill**) **at** ~ sich (nicht) wohl fühlen; **live at** ~ in angenehmen Verhältnissen leben; **take one's** ~ es sich bequem machen **II.** *vt* ❶ entlasten, befreien (*of* von) ❷ (*Schmerz*) lindern ❸ erleichtern ❹ ermäßigen, herabsetzen ❺ (~ *down*) verlangsamen ❻ vorsichtig, behutsam bewegen; lockern **III.** *vi* ❶ (*Börsenkurse*) nachgeben ❷ (*Lage*) sich entspannen; **ease off**, **ease up** *vi* ❶ langsamer werden; sich verlangsamen ❷ (*Lage*) sich entspannen ❸ (*Geschäfte*) ruhiger werden ❹ (*Schmerz, Regen*) nachlassen

easel ['iːzl] *s* Staffelei *f*

eas·ily ['iːzəlɪ] *adv* ❶ leicht, mühelos ❷ zweifellos; bestimmt, bei weitem; **easi·ness** ['iːzɪnɪs] *s* Leichtigkeit *f*

east ['iːst] **I.** *s* Ost(en) *m;* **the East** der Osten, der Orient; **to the** ~ im Osten, östlich (*of* von) **II.** *adj* östlich; Ost- **III.** *adv* ostwärts, nach Osten; **east-bound** ['iːstbaʊnd] *adj* in Richtung Osten

Easter ['iːstə(r)] *s* Ostern *nt;* **at** ~ an Ostern

i Land & Leute

An Ostern, **at Easter**, werden in Großbritannien zwei Arten von Gebäck gegessen: die *hot cross buns*, weiche, gewürzte Brötchen, die oben ein helles Kreuz aus Teigstreifen haben, und der *simnel cake*, ein reichhaltiger Rosinenkuchen, der mit Marzipan dekoriert ist. Oft rollen Kinder hart gekochte Eier einen Hügel hinunter, um zu sehen, wessen Ei am weitesten rollt. Unter einem *Easter egg* (Osterei) versteht man heutzutage ein großes, mit Süßigkeiten gefülltes Schokoladenei, das zu Ostern verschenkt wird.

Easter Day *s* Ostersonntag *m;* **Easter egg** *s* Osterei *nt;* **Easter holidays** *s pl* Osterferien *pl;* **Easter Islands** *s pl* Osterinseln *fpl*

east·er·ly ['iːstəlɪ] **I.** *adj* östlich **II.** *adv* nach, von Osten **III.** *s* Ostwind *m;* **east·ern** ['iːstən] *adj* östlich; (**the**) ~ (**states of**) **Germany** die neuen Bundesländer; **east·erner** ['iːstənə(r)] *s* (*in den USA*) Bewohner(in) *m(f)* der Oststaaten; **east·ern·most** ['iːstənməʊst] *adj* östlichste(r, s)

Easter Sunday *s* Ostersonntag *m*

East Ger·ma·ny [,iːst'dʒɜːmənɪ] *s* Ostdeutschland *nt;* (POL HIST) DDR

east·ward ['iːstwəd] *adj* östlich; **east·ward**(**s**) ['iːstwəd(z)] *adv* ostwärts, nach Osten

easy ['iːzɪ] **I.** *adj* ❶ leicht (*zu tun*), nicht schwer, nicht schwierig ❷ frei von Schmerzen ❸ sorglos, unbekümmert ❹ angenehm, behaglich ❺ (*Kleidung*) bequem ❻ zwanglos ❼ (*Geld*) leicht verdient ❽ (*Börse*) freundlich ❾ (*Zahlungsbedingungen*) günstig; **in** ~ **circumstances**, *Am* **on** ~ **street** in angenehmen Verhältnissen; **on** ~ **terms** (COM) zu günstigen Bedingungen; ~ **on the eye/ear** angenehm zu sehen/zu hören; **I'm** ~ (*fam*) mir ist es eigentlich egal; **it's** ~ **for you to talk** Sie haben gut reden **II.** *adv:* ~**!** ~ **does it!** (immer) sachte!; **take things** ~ sich schonen; **take it** ~**!** immer mit der Ruhe! nimm's nicht so tragisch!; **go** ~ **on** [*o* **with**] **s.th** mit etw sparsam umgehen; **go** ~ **on s.o.** jdn nicht zu streng behandeln; **easy-care** *adj* (*Textilien*) pflegeleicht; **easy-chair** *s* Lehnstuhl *m;* **easy-go·ing** ['iːzɪ,gəʊɪŋ] *adj* (*fig*) gelassen, lässig; großzügig; **easy-to-use** *adj* benutzerfreundlich

eat [iːt] <*irr:* ate, eaten> **I.** *vt* ❶ essen; (~ *up*) aufessen, verzehren ❷ (~ *into*) zerfressen; sich hineinfressen in ❸ (~ *away, up*) aufessen; verbrauchen; vernichten ❹ (*Feuer*) verzehren ❺ (*Wasser*) fortspülen ❻ (*Kilometer*) verschlingen, fressen; ~ **dirt** (*fam*) eine Beleidigung hinunterschlucken; ~ **humble pie** klein beigeben müssen; ~ **one's heart out** sich in Kummer verzehren; ~ **one's words** das Gesagte zurücknehmen; **what's** ~**ing you?** (*fam*) was hast du denn? **II.** *vi* essen; speisen; ~ **out** zum Essen ausgehen **III.** *s pl* (*fam*) Essen *nt;* Esswaren *fpl;* **eat·able** [-əbl] **I.** *adj* ess-, genießbar **II.** *s meist pl* Essen *nt;* Nahrung *f*, Nahrungsmittel *ntpl;* **eat-by date** ['iːtbaɪ,deɪt] *s* Haltbarkeitsdatum *nt;* **eaten** ['iːtn] *s.* **eat;** **eater** ['iːtə(r)] *s* ❶ Esser(in) *m(f)* ❷ Tafelobst *nt;* **a big/poor** ~

E

ein starker/schwacher Esser; **eat·ing** ['i:tɪŋ] *s* Essen *nt;* **eating disorder** *s* Essstörung *f*

eaves [i:vz] *s pl* Dachvorsprung *m*

eaves·drop ['i:vzdrɒp] *vi* horchen, lauschen; ~ **on s.th.** etw belauschen; **eaves·drop·per** ['i:vzdrɒpə(r)] *s* Horcher(in) *m(f)*

ebb [eb] **I.** *s* ① (~ *-tide*) Ebbe *f* ② (*fig*) Tiefstand *m;* **at a low** ~ auf einem Tiefstand **II.** *vi* ① zurückfluten (*from* von), verebben ② (*fig:* ~ *away*) nachlassen

Eb·onics ['ebənɪks] *s* Black English *nt* (*das gesprochene Englisch der Afro-Amerikaner*)

eb·ony ['ebənɪ] *s* Ebenholz *nt*

eBook ['i:bʊk] *s* E-Book *nt* (*digitalisiertes Buch*)

ebul·lient [ɪ'bʌlɪənt] *adj* (*fig*) übersprudelnd (*with* von), enthusiastisch, überschwänglich

EC [i:'si:] *s Abk. von* **European Community** (HIST) EG *f*

e-cash ['i:kæʃ] *s* (INTERNET) *s.* **electronic cash** elektronisches Geld, Cybergeld *nt*

ECB *s Abk. von* **European Central Bank** EZB *m*

ec·cen·tric [ɪk'sentrɪk] **I.** *adj* exzentrisch **II.** *s* ① Exzentriker(in) *m(f)* ② (TECH) Exzenter *m;* **ec·cen·tric·ity** [ˌeksen'trɪsətɪ] *s* (*fig*) Überspanntheit *f*

ec·clesi·as·tic [ɪˌkli:zɪ'æstɪk] *s* Geistliche(r) *f m;* **ec·clesi·as·ti·cal** [ɪˌkli:zɪ'æstɪkl] *adj* kirchlich; geistlich

ECG *s Abk. von* **electrocardiogram** EKG *nt*

eche·lon ['eʃəlɒn] *s* ① Gliederung, Staffelung *f* ② (*fig*) Ebene *f;* **the higher ~s** die höheren Ränge

echo ['ekəʊ] <*pl* echoes> **I.** *s* Echo *nt;* (*fig*) Anklang *m* **II.** *vi* widerhallen (*with* von) **III.** *vt* ① (*Schall*) zurückwerfen ② (*fig*) wiederholen; **echo chamber** *s* Hallraum *m;* **echo-sounder** ['ekəʊˌsaʊndə(r)] *s* Echolot *nt*

eclipse [ɪ'klɪps] **I.** *s* ① (ASTR) Verfinsterung *f;* Finsternis *f* ② (*fig*) Verdunkelung *f;* (Ver)Schwinden *nt;* ~ **of the sun/moon** Sonnen-/Mondfinsternis *f* **II.** *vt* ① verfinstern ② (*fig*) in den Schatten stellen

eco-friend·ly *adj* umweltfreundlich; ~ **approach** umweltfreundlicher Ansatz; **eco-la·bel** *s* Umweltzeichen, Ökozeichen *nt;* **eco·lim·it** *s* Ökogrenze *f* (*höchste Belastbarkeitsgrenze*)

eco·logi·cal [ˌi:kə'lɒdʒɪkl] *adj* ökologisch, Öko-; ~ **disaster** Umweltkatastrophe *f;* **eco·logi·cally** [ˌɪ:kə'lɒdʒɪklɪ] *adv:* ~ **harmless** (*Produkte, Stoffe*) umweltverträglich; ~ **beneficial** umweltfreundlich; **ecol·ogist** [i:'kɒlədʒɪst] *s* Ökologe *m,* Ökologin *f;* **ecol·ogy** [i:'kɒlədʒɪ] *s* Ökologie *f;* **ecol·ogy movement** *s* Umweltbewegung *f;* **ecology party** *s* Ökopartei *f;* **ecology tax** *s* Umweltsteuer *f*

e-com·merce [i:'kɒmɜ:s] *s* E-commerce *m*

eco·nom·ic [ˌi:kə'nɒmɪk] *adj* ökonomisch, (volks)wirtschaftlich; Wirtschafts-; ~ **adviser** Wirtschaftsberater(in) *m(f);* ~ **agreement** Handels-, Wirtschaftsabkommen *nt;* ~ **aid** Wirtschaftshilfe *f;* **Economic and Monetary Union** Wirtschafts- und Währungsunion *f;* **Economic and Social Committee** Wirtschafts- und Sozialausschuss *m;* ~ **boom** Konjunkturaufschwung *m;* ~ **cohesion** wirtschaftlicher Zusammenhalt; ~ **commission** Wirtschaftskommission *f;* ~ **control** Wirtschaftslenkung *f;* (**world**) ~ **crisis** (Welt)Wirtschaftskrise *f;* ~ **cycle** Konjunkturzyklus *m;* ~ **divergence** ökonomischer Unterschied; ~ **downswing** Konjunkturabschwung *m;* ~ **feasibility study** Wirtschaftlichkeitsanalyse *f;* ~ **fluctuations** Konjunkturschwankungen *fpl;* ~ **growth** Wirtschaftswachstum *nt;* ~ **planning** gesamtwirtschaftliche Planung; ~ **policy** Wirtschaftspolitik *f;* ~ **profit** Grenzkostenergebnis *nt;* ~ **recovery** Wirtschaftsbelebung *f;* ~ **refugee** Wirtschaftsflüchtling *m;* ~ **situation** Wirtschaftslage *f;* ~ **structure** Wirtschaftsstruktur *f;* ~ **union** Wirtschaftsunion *f;* ~ **upswing** Konjunkturaufschwung *m;* **eco·nomi·cal** [ˌi:kə'nɒmɪkl] *adj* wirtschaftlich, sparsam (*with* mit); **eco·nom·ics** [ˌi:kə'nɒmɪks] *s pl* ① *mit sing* Wirtschaftswissenschaften *fpl,* Volkswirtschaft(slehre) *f* ② *mit pl* Wirtschaftlichkeit *f;* **econo·mist** [ɪ'kɒnəmɪst] *s* Wirtschaftswissenschaftler(in) *m(f),* Volkswirt(in) *m(f);* **econo·mize** [ɪ'kɒnəmaɪz] *vi* sparsam sein (*in, on* mit)

econo·my [ɪ'kɒnəmɪ] *s* ① Wirtschaft *f* ② Wirtschaftlichkeit; Sparsamkeit *f* ③ Sparmaßnahme, Einsparung *f;* **make economies** sparen; **the state of the** ~ die Wirtschafts-, Konjunkturlage *f;* **controlled** [*o* **planned**] ~ Planwirtschaft *f;* **market** ~ Marktwirtschaft *f;* **national** ~ Volkswirtschaft *f;* **world** ~ Weltwirtschaft *f;* ~ **class** (AVIAT) Touristenklasse *f;* ~**-class syndrome** Economy-Class-Syndrom *nt,* Reisethrombose *f;* ~ **drive** Sparaktion *f;* ~ **price** Sparpreis *m;* ~ **size** Sparpackung *f;* ~ **study** Wirtschaftlichkeitsberechnung *f*

eco·sys·tem ['i:kəʊsɪstəm] *s* Ökosystem *nt;*

eco·tour·ism ['i:kəʊtʊərɪzm] *s* Ökotourismus *m;* **eco·war·ri·or** [ˌiːkəʊˈwɒrɪə] *s* aktiver Umweltschützer

ec·sta·sy [ˈekstəsɪ] *s* ❶ (*a.* REL) Verzückung, Ekstase *f* ❷ Begeisterung(staumel *m*) *f* ❸ (*Droge*) Ecstasy *nt;* **ec·stat·ic** [ɪkˈstætɪk] *adj* ekstatisch; begeistert, verzückt, hingerissen

ec·to·morph·ic [ˌektə(ʊ)ˈmɔːfɪk] *adj* ektomorph, schlankwüchsig

ECU [ˈeɪkjuː, ˈiːkjuː] *s Abk. von* **European Currency Unit** ECU *m*

Ecua·dor [ˈekwədɔː(r)] *s* Ecuador *nt;* **Ecua·dor·ian** [ˌekwəˈdɔːrɪən] **I.** *adj* ecuadorianisch **II.** *s* Ecuadorianer(in) *m(f)*

ecu·meni·cal [ˌiːkjuːˈmenɪkl] *s* ökumenisch

ec·zema [ˈeksɪmə] *s* (MED) Ekzem *nt,* Ausschlag *m*

eddy [ˈedɪ] **I.** *s* Wirbel, Strudel *m* **II.** *vi* wirbeln, strudeln

Eden [ˈiːdn] *s:* **the Garden of** ~ der Garten Eden, das Paradies

edge [edʒ] **I.** *s* ❶ (*Klinge*) Schneide *f* ❷ Kante *f* ❸ (*Buch*) Schnitt *m* ❹ Rand *m* ❺ Ufer *nt* ❻ (*fam*) Vorteil *m* (*on* vor); **at the** ~ **of** am Rande *+gen;* **on** ~ hochkant; (*fig*) nervös, ungeduldig; **have the** ~ **on s.o.** (*fam*) jdm gegenüber im Vorteil, besser sein; **set s.o.'s teeth on** ~ jdm unangenehm sein; **take the** ~ **off** abschwächen **II.** *vt* ❶ (um)säumen, einfassen ❷ (*Messer*) schleifen ❸ schieben, rücken; ~ **one's way through** sich zwängen durch **III.** *vi* sich einen Weg bahnen; sich schieben, vorrücken; **edge away** *vi* sich davonmachen; ~ **away from s.o.** von jdm abrücken; **edge forward** *vi* sich vorschieben, vorrücken; **edge off** *vi* ab-, wegrücken; **edge·ways, edge·wise** [ˈedʒweɪz, ˈedʒwaɪz] *adv* ❶ seitwärts, von der Seite ❷ hochkant; **get a word in** ~ zu Worte kommen

edg·ing [ˈedʒɪŋ] *s* Rand, Saum *m;* Borte *f*

edgy [ˈedʒɪ] *adj* (*fig*) nervös, gereizt

ed·ible [ˈedɪbl] **I.** *adj* ess-, genießbar **II.** *s pl* Lebensmittel *ntpl*

edict [ˈiːdɪkt] *s* Erlass *m;* Edikt *nt*

edi·fi·ca·tion [ˌedɪfɪˈkeɪʃn] *s* (*fig*) Erbauung *f*

edi·fice [ˈedɪfɪs] *s* Bauwerk *nt*

edify [ˈedɪfaɪ] *vt* (geistig) erbauen; **edify·ing** [-ɪŋ] *adj* erbaulich

i Land & Leute

Seit 1947 findet jedes Jahr für drei Wochen ab Mitte August in Edinburgh, der Hauptstadt Schottlands, das **Edinburgh International Festival** mit vielen Theater-, Musik-, Opern-, Tanz- und Kunstveranstaltungen statt. Gleichzeitig gibt es ein großes *Film Festival,* ein *Jazz Festival* und ein *Book Festival.* Neben dem offiziellen *Festival* hat sich ein sehr großes, lebendiges und innovatives *Festival Fringe* mit über 1.000 verschiedenen Veranstaltungen entwickelt.

edit [ˈedɪt] *vt* ❶ (*Buch*) herausgeben ❷ (*Zeitung*) redigieren ❸ (FILM) zusammenstellen ❹ (INFORM: *Daten*) edi(ti)eren, aufbereiten; **edi·tion** [ɪˈdɪʃn] *s* ❶ (*Buch*) Ausgabe *f* ❷ Auflage *f;* **morning/evening** ~ Morgen-/Abendausgabe *f;* **pocket** ~ Taschenausgabe *f;* **edi·tor** [ˈedɪtə(r)] *s* ❶ Herausgeber(in) *m(f)* ❷ Redakteur(in) *m(f),* Schriftleiter(in) *m(f)* ❸ (INFORM) Editor *m* ❹ (*Film*) Cutter(in) *m(f);* **chief** ~, ~ **in chief** Chefredakteur(in) *m(f);* **letter to the** ~ Leserbrief *m;* **edi·tor·ial** [ˌedɪˈtɔːrɪəl] **I.** *adj* redaktionell; ~ **assistent** Redaktionsassistent(in) *m(f);* ~ **staff** Redaktionsstab *m* **II.** *s* (*Zeitung*) Leitartikel *m*

edu·cate [ˈedʒʊkeɪt] *vt* erziehen, (aus-, heran)bilden; **edu·ca·ted** [ˈedʒʊkeɪtɪd] *adj* gebildet; ~ **guess** auf Tatsachen beruhende Vermutung; **edu·ca·tion** [ˌedʒʊˈkeɪʃn] *s* ❶ (*Prozess*) Erziehung, (Aus-, Heran)Bildung *f* ❷ (*Fachgebiet*) Erziehungswissenschaft, Pädagogik *f;* **adult** ~ Erwachsenenbildung *f;* **compulsory** ~ Schulpflicht *f;* **general** ~ Allgemeinbildung *f;* **ministry of** ~ Kultusministerium *nt;* **edu·ca·tional** [ˌedʒʊˈkeɪʃənl] *adj* ❶ erzieherisch ❷ pädagogisch ❸ (*Film, Spiel*) Lehr- ❹ Lehrbuch-; ~ **experience** lehrreiche Erfahrung; ~ **background** Bildungsgang *m;* Vorbildung *f;* ~ **establishment** Bildungsanstalt *f;* ~ **leave** Bildungsurlaub *m;* **edu·ca·tion(·al)·ist** [ˌedʒʊˈkeɪʃən(əl)ɪst] *s* Pädagoge *m,* Pädagogin *f;* Erziehungswissenschaftler(in) *m(f);* **edu·ca·tor** [ˈedʒʊkeɪtə(r)] *s* Erzieher(in) *m(f);* **edu·tain·ment** *s* Edutainment *nt* (*Verbindung von Wissensvermittlung und Unterhaltung*)

EEC [iːiːˈsiː] *s Abk. von* **European Economic Community** (HIST) EWG *f*

eejit [iːdʒɪt] *s* (*Irish, Scottish*) Idiot *m*

eel [iːl] *s* Aal *m*

eerie, eery [ˈɪərɪ] *adj* schaurig, gespenstisch

ef·face [ɪˈfeɪs] **I.** *vt* ❶ ausradieren ❷ auslöschen, streichen, tilgen **II.** *vr* sich zurückhalten

ef·fect [ɪˈfekt] **I.** *s* ❶ Wirkung *f* (*on* auf) ❷ Folge *f,* Ergebnis *nt* (*of +gen*) ❸ Eindruck, Effekt *m* ❹ (JUR) Gültigkeit *f*

❺ (TECH) (Nutz)Effekt *m;* Leistung *f* ❻ **~s** Gegenstände *ntpl,* Sachen *fpl,* Besitz *m,* (bewegliches) Eigentum *nt,* Habe *f;* Effekten *pl;* **in ~** in Wirklichkeit; (*Gesetz*) gültig, in Kraft; **of no ~** wirkungslos; **to this ~** zu dem Zweck; **a letter to the ~** ein Brief des Inhalts; **words to that ~** etwas in diesem Sinne; **with ~ from ...** mit Wirkung vom ...; **come into** [*o* **take**] **~** in Kraft treten; **put into ~** in Kraft setzen **II.** *vt* ❶ bewirken; zu Stande bringen ❷ aus-, durchführen

? Grammatik

effect ist ein Substantiv: *the effect(s) of gravity;*
affect ist ein Verb: *tiredness affects your concentration.*

ef·fec·tive [ɪ'fektɪv] *adj* ❶ wirksam ❷ wirkungs-, eindrucksvoll ❸ tatsächlich, effektiv; **cost ~** kostenwirksam; **~ immediately** mit sofortiger Wirkung; **be ~** gelten; **become ~** in Kraft treten; **ef·fec·tive·ness** [-nɪs] *s* Wirksamkeit *f;* **cost ~** Kostenwirksamkeit *f;* **ef·fec·tual** [ɪ'fektʃʊəl] *adj* wirksam; gültig, in Kraft; **be ~** die gewünschte Wirkung haben; **ef·fec·tuate** [ɪ'fektʃʊeɪt] *vt* bewirken, zu Stande bringen

ef·femi·nacy [ɪ'femɪnəsɪ] *s* (*pej*) Unmännlichkeit *f;* **ef·femi·nate** [ɪ'femɪnət] *adj* (*pej*) unmännlich, weibisch

ef·fer·vesce [ˌefə'ves] *vi* ❶ perlen, sprudeln, moussieren; aufbrausen, -wallen ❷ (*fig*) überschäumen; **ef·fer·ves·cence** [ˌefə'vesns] *s* ❶ Sprudeln, Aufwallen *nt* ❷ (*fig*) Munterkeit, Lebhaftigkeit *f;* **ef·fer·ves·cent** [ˌefə'vesnt] *adj* ❶ sprudelnd, aufbrausend ❷ (*fig*) überschäumend

ef·fete [ɪ'fi:t] *adj* schwach; saft- und kraftlos

ef·fi·ca·cious [ˌefɪ'keɪʃəs] *adj* wirksam; **ef·fi·cacy** ['efɪkəsɪ] *s* Wirksamkeit, Wirkungskraft *f*

ef·fi·ciency [ɪ'fɪʃnsɪ] *s* ❶ Leistungsfähigkeit, Effizienz *f* ❷ Tüchtigkeit *f* ❸ (TECH) Wirkungsgrad *m* ❹ Produktivität *f* ❺ Wirtschaftlichkeit *f;* Rentabilität *f;* **~ bonus** Leistungszulage *f;* **~-minded** leistungsorientiert; **ef·fi·cient** [ɪ'fɪʃnt] *adj* ❶ wirksam, effizient ❷ rationell, wirtschaftlich ❸ leistungsfähig, ergiebig ❹ (*Mensch*) tüchtig, fähig

ef·fi·gy *s* Bildnis *nt*

ef·flu·ent ['eflʊənt] *s* Abwasser *nt,* Abfluss *m*

ef·fort ['efət] *s* ❶ Anstrengung, Mühe *f* ❷ Kraftaufwand *m* ❸ (TECH) Leistung *f* ❹ Bemühung *f* ❺ Werk *nt,* Tat, Leistung *f;* **without ~** mühelos; **be worth the ~** der Mühe wert sein; **make every ~** sich alle Mühe geben; **spare no ~** keine Mühe scheuen; **ef·fort·less** [-lɪs] *adj* mühelos

ef·front·ery [ɪ'frʌntərɪ] *s* Unverschämtheit, Frechheit *f*

ef·fu·sion [ɪ'fju:ʒn] *s* Erguss *m;* **ef·fu·sive** [ɪ'fju:sɪv] *adj* (*fig*) überschwänglich

EFT [ˌi:ef'ti:] *s Abk. von* **electronic funds transfer** elektronischer Zahlungsverkehr

EFTA ['eftə] *s Abk. von* **European Free Trade Association** EFTA *f*

e.g. [ˌi:'dʒi:] *s Abk. von* **exempli gratia** z.B.

egg [eg] *s* ❶ (Hühner)Ei *nt* ❷ (BIOL) Ei(zelle *f*) *nt;* **have ~ on one's face** (*fam*) sich blamieren; **put all one's ~s in one basket** (*fig*) alles auf eine Karte setzen; **teach one's grandmother to suck ~s** das Ei will klüger sein als die Henne; **a bad ~** (*sl*) ein Strolch, ein Taugenichts; **scrambled ~s** Rührei *nt;* **boiled/fried ~s** gekochte Eier/Spiegeleier *ntpl;* **egg on** *vt* aufstacheln, -hetzen; aufmuntern; **egg cell** *s* (BIOL) Eizelle *f;* **egg cup** *s* Eierbecher *m;* **egg·head** ['eghed] *s* (*fam*) Intellektuelle(r) *f m;* **egg·plant** *s* (*Am*) Aubergine *f;* **egg·shell** *s* Eierschale *f;* **egg spoon** *s* Eierlöffel *m;* **egg timer** *s* Eieruhr *f;* **egg yolk** *s* Eidotter *m,* Eigelb *nt*

ego ['egəʊ, *Am* 'i:gəʊ] <*pl* egos> *s* Ich *nt;* Selbstbewusstsein *nt;* **ego·cen·tric** [ˌegəʊ'sentrɪk] *adj* egozentrisch; **ego·ism** ['egəʊɪzəm] *s* Egoismus *m;* **ego·ist** ['egəʊɪst] *s* Egoist(in) *m(f);* **ego·istic(al)** [ˌegəʊ'ɪstɪk(l)] *adj* egoistisch; **ego·tism** ['egəʊtɪzəm] *s* Ichbezogenheit *f;* **ego·tist** ['egəʊtɪst] *s* ichbezogener Mensch, Egozentriker(in) *m(f);* **ego·tis·tic(al)** [ˌegə'tɪstɪk(l)] *adj* geltungsbedürftig; überheblich; **ego trip** ['egəʊtrɪp] *s* (*fam*) Egotrip *m;* **be on an ~** sich selbst beweihräuchern

Egypt ['i:dʒɪpt] *s* Ägypten *nt;* **Egyp·tian** [ɪ'dʒɪpʃn] **I.** *adj* ägyptisch **II.** *s* Ägypter(in) *m(f)*

eh [eɪ] *interj* ❶ nanu? hm! ❷ (*unhöflich*) was?

eider ['aɪdə(r)] *s* (*~ duck*) Eiderente *f;* **eider·down** ['aɪdədaʊn] *s* Daunendecke *f;* Federbett *nt*

eight [eɪt] **I.** *adj* acht **II.** *s* Acht *f;* **have had one over the ~** (*sl*) einen sitzen haben; **eight·een** [ˌeɪ'ti:n] *adj* achtzehn; **eighth** [eɪtθ] *adj* achte(r, s); **eight-hour day** *s* Achtstundentag *m;* **eight·ieth** ['eɪtɪəθ] **I.** *adj* achtzigste(r, s) **II.** *s* Achtzigstel *nt;* Achtzigste(r, s); **eighty** ['eɪtɪ] **I.** *adj* achtzig **II.** *s* Achtzig *f;* **the eighties** die Achtzigerjahre

Eire ['æərə] *s* (*gälischer Name*) Irland *nt*

either ['aɪðə(r)] **I.** *pron, adj* eine(r, s) von beiden; jede(r, s), beide(s) **II.** *adv* (*mit Verneinung*) auch nicht; **I shall not go** ~ ich gehe auch nicht **III.** *conj:* ~ **... or** entweder ... oder

ejacu·late [ɪ'dʒækjʊleɪt] *vt* ❶ (*Wort*) ausstoßen ❷ (PHYSIOL) ejakulieren; **ejacu·la·tion** [ɪ,dʒækjʊ'leɪʃn] *s* ❶ (PHYSIOL) Samenerguss *m* ❷ (Auf)Schrei *m*

eject [ɪ'dʒekt] **I.** *vt* ❶ (*Menschen*) hinauswerfen (*from* aus) ❷ (JUR) exmittieren ❸ (*Flammen, Rauch*) ausstoßen; (*Patrone*) auswerfen ❹ (TECH) auswerfen; (*Piloten*) herausschleudern **II.** *vi* (*Pilot*) den Schleudersitz betätigen; **ejec·tor** [ɪ'dʒektə(r)] *s* (TECH) Auswerfer *m;* **ejector seat** *s* (AVIAT) Schleudersitz *m*

eke out [iːk aʊt] *vt* ❶ verlängern, abrunden (*with, by* durch) ❷ (*Vorrat*) strecken; ~ **a living** sich mühsam durchschlagen

elab·or·ate[1] [ɪ'læbərət] *adj* ❶ sorgfältig, genau ausgearbeitet ❷ ausführlich ❸ kunstvoll ❹ vielgestaltig

elab·or·ate[2] [ɪ'læbəreɪt] **I.** *vt* sorgfältig ausarbeiten **II.** *vi* genauere Einzelheiten (an)geben (*on, upon* über), näher ausführen (*on, upon s.th.* etw); **elab·or·ation** [ɪ,læbə'reɪʃn] *s* genauere Angaben *fpl,* Einzelheiten *fpl*

elapse [ɪ'læps] *vi* (*Zeit*) vergehen, verfließen, verstreichen

elas·tic [ɪ'læstɪk] **I.** *adj* ❶ biegsam, dehnbar ❷ elastisch; ~ **band** Gummiband *nt;* ~ **stockings** Gummistrümpfe *mpl* **II.** *s* Gummiband *nt;* **elas·tic·ity** [,elæ'stɪsətɪ] *s* ❶ Elastizität *f* ❷ (*fig*) Spannkraft *f* ❸ Anpassungsfähigkeit *f*

elate [ɪ'leɪt] *vt:* **be** ~**d** stolz, froh, begeistert sein; **ela·tion** [ɪ'leɪʃn] *s* Begeisterung, Freude *f,* Stolz *m*

el·bow ['elbəʊ] **I.** *s* ❶ Ellbogen *m* ❷ (TECH) Knie(stück) *nt;* **at one's** ~ bei der Hand, dicht dabei; **rub** ~**s with s.o.** mit jdm in nähere Berührung kommen **II.** *vt* sich bahnen (*one's way through* einen Weg durch); ~ **s.o. out of the way** jdn zur Seite drängen; **elbow grease** *s* (*hum*) ❶ (körperliche) Kraft *f* ❷ Schufterei *f;* **elbow room** *s* Bewegungsfreiheit *f;* Spielraum *m*

el·der[1] ['eldə(r)] **I.** *adj attr* (*unter Verwandten*) älter **II.** *s:* **my** ~**s** ältere Leute als ich

? Grammatik

elder und **eldest** werden meistens für Geschwister verwendet und werden nie mit *than* benutzt; ansonsten benutzt man *older, oldest: my eldest sister lives in Hamburg; she is six years older than me.*

el·der[2] ['eldə(r)] *s* Holunder *m*

el·der·berry ['eldəberɪ] *s* Holunderbeere *f;* **elderberry wine** *s* Holunderbeerwein *m*

el·der·ly ['eldəlɪ] *adj* ältlich, ältere(r)

el·dest ['eldɪst] *adj attr* (*unter Verwandten*) älteste(r, s)

elect [ɪ'lekt] **I.** *adj* (*nachgestellt*) designiert, zukünftig **II.** *s* Auserwählte(r) *f m* **III.** *vt* wählen (*president* zum Präsidenten); **elec·tion** [ɪ'lekʃn] *s* Wahl *f;* **hold an** ~ eine Wahl durchführen; **stand for** ~ kandidieren; **election address, election speech** *s* Wahlrede *f;* **election booth** *s* Wahlzelle *f;* **election campaign** *s* Wahlkampf *m;* **election commission, election committee** *s* Wahlausschuss *m;* Wahlkomitee *nt;* **election day** *s* Wahltag *m;* **election defeat** *s* Wahlniederlage *f;* **elec·tion·eer** [ɪ,lekʃə'nɪə(r)] *vi* Wahlpropaganda treiben; **elec·tion·eer·ing** [ɪ,lekʃə'nɪərɪŋ] *s* Wahlpropaganda *f;* Wahlkampf *m;* **election manifesto** *s* Wahlprogramm *nt;* **election meeting** *s* Wahlversammlung *f;* **election platform, election program(me)** *s* Wahlprogramm *nt;* **election poster** *s* Wahlplakat *nt;* **election results, election returns** *s pl* Wahlergebnis *nt*

elec·tive [ɪ'lektɪv] **I.** *adj* ❶ Wahl- ❷ (*Am:* SCHULE) wahlfrei **II.** *s* (*Am:* SCHULE) Wahlfach *nt*

elec·tor [ɪ'lektə(r)] *s* ❶ (*Br*) Wähler(in) *m(f)* ❷ (*Am*) Wahlmann *m;* **Elector** (HIST) Kurfürst *m;* **elec·toral** [ɪ'lektərəl] *adj* Wahl-; ~ **ballot** Wahl-, Abstimmungsergebnis *nt;* ~ **campaign** Wahlkampf *m;* ~ **college** Wahlkollegium *nt;* (*Am*) Wahlmänner *mpl;* ~ **commission** [*o* **committee**] Wahlausschuss *m;* Wahlkomitee *nt;* ~ **defeat** Wahlniederlage *f;* ~ **district** Wahlbezirk *m;* ~ **list** Wählerliste *f;* ~ **rally** Wahlversammlung *f;* ~ **register** [*o* **roll**] Wählerliste *f;* ~ **system** Wahlsystem *nt;* **elec·tor·ate** [ɪ'lektərət] *s* Wähler(schaft *f*) *mpl*

elec·tric [ɪ'lektrɪk] *adj* ❶ elektrisch ❷ (*fig*) elektrisierend; ~ **arc** Lichtbogen *m;* ~ **blanket** Heizdecke *f;* ~ **car** Elektroauto *nt;* ~ **light bulb** Glühbirne *f;* ~ **chair** elektrischer Stuhl; ~ **cooker** Elektroherd *m;* ~ **current** elektrischer Strom; ~ **motor** Elektromotor *m;* ~ **razor** elektrischer Rasierapparat; ~ **shock** elektrischer Schlag; (MED) Elektroschock *m;* ~ **shock treatment**

(MED) Elektroschockbehandlung *f;* **elec·tri·cal** [ɪ'lektrɪkl] *adj* elektrisch; ~ **appliances** Elektrogeräte *ntpl;* ~ **engineer** Elektroingenieur(in) *m(f);* ~ **engineering** Elektrotechnik *f;* ~ **shop** Elektrowerkstatt *f;* **elec·tri·cian** [ɪˌlek'trɪʃn] *s* Elektriker(in) *m(f);* **elec·tric·ity** [ɪˌlek'trɪsətɪ] *s* Elektrizität *f;* Strom *m;* ~ **cut** Stromsperre *f;* Stromausfall *m;* ~ **meter** Stromzähler *m;* ~ **supply** Stromversorgung *f;* ~ **works** Elektrizitätswerk *nt*

elec·tri·fi·ca·tion [ɪˌlektrɪfɪ'keɪʃn] *s* Elektrifizierung *f;* **elec·trify** [ɪ'lektrɪfaɪ] *vt* ① elektrisieren ② elektrifizieren ③ unter Strom setzen

elec·tro·analy·sis [ɪˌlektrəʊə'nælɪsɪs] *s* Elektrolyse *f;* **elec·tro·cardio·gram** [ɪˌlektrəʊ'kɑːdɪəʊgræm] *s* Elektrokardiogramm, EKG *nt;* **elec·tro·cute** [ɪ'lektrəkjuːt] *vt* auf dem elektrischen Stuhl hinrichten; durch elektrischen Strom töten; **elec·tro·cu·tion** [ɪˌlektrə'kjuːʃn] *s* Tod *m* durch Stromschlag; Hinrichtung *f* durch den elektrischen Stuhl; **elec·trode** [ɪ'lektrəʊd] *s* Elektrode *f;* **elec·tro·en·cepha·lo·gram** [ɪˌlektrəʊen'sefələˌgræm] *s* Elektroenzephalogramm, EEG *nt;* **elec·tro·ly·sis** [ɪˌlek'trɒləsɪs] *s* Elektrolyse *f;* **elec·tro·mag·net** [ɪ'lektrəʊ'mægnɪt] *s* Elektromagnet *m;* **elec·tro·mag·netic** [ɪˌlektrəʊmæg'netɪk] *adj* elektromagnetisch; **elec·tron** [ɪ'lektrɒn] *s* Elektron *nt;* **elec·tron·ic** [ˌɪlek'trɒnɪk] **I.** *adj* elektronisch; ~ **brain** Elektronen(ge)hirn *nt;* ~ **commerce** elektronischer Geschäftsverkehr; ~ **data processing, EDP** elektronische Datenverarbeitung, EDV *f;* ~ **funds transfer, EFT** elektronischer Zahlungsverkehr; ~ **mail** (INFORM) elektronische Post; ~ **mailbox** (INFORM) elektronischer Briefkasten; ~ **music** elektronische Musik **II.** *s pl mit sing* Elektronik *f;* **elec·tronics** [ˌɪlek'trɒnɪks] *s* Elektronik *f;* **electron microscope** *s* Elektronenmikroskop *nt;* **elec·tro·plate** [ɪ'lektrəʊpleɪt] *vt* galvanisieren; **elec·tro·scope** [ɪ'lektrəʊˌskəʊp] *s* Elektroskop *nt;* **elec·tro·ther·apy** [ɪˌlektrəʊ'θerəpɪ] *s* Elektrotherapie *f*

el·egance ['elɪgəns] *s* Eleganz *f;* **el·egant** ['elɪgənt] *adj* elegant

el·egiac [ˌelɪ'dʒaɪək] **I.** *adj* elegisch **II.** *s pl* elegische Verse *mpl;* **el·egy** ['elədʒɪ] *s* Elegie *f*

el·ement ['elɪmənt] *s* ① (*a.* MATH CHEM ELEK) Element *nt;* Grundstoff *m* ② Bestandteil *m* ③ Faktor, Umstand *m* ④ (JUR) Tatbestandsmerkmal *nt* ⑤ (TECH) Bauelement, -teil *nt;* **the ~s** die Elemente *ntpl,* Anfangsgründe *mpl,* Grundlagen *fpl* (*einer Wissenschaft*), die Natur(gewalten *pl*) *f;* **in/out of one's ~** in seinem/nicht in seinem Element; ~ **of surprise** Überraschungsmoment *nt;* **el·emen·tal** [ˌelɪ'mentl] *adj* ① elementar ② urgewaltig ③ einfach; **ele·men·tary** [ˌelɪ'mentərɪ] *adj* ① elementar; einführend ② einfach; ~ **particle** Elementarteilchen *nt;* ~ **school** (*Am*) Volks-, Grundschule *f;* ~ **training** Grundausbildung *f*

el·eph·ant ['elɪfənt] *s* Elefant *m;* **white ~** nutzloser Gegenstand; Fehlinvestition *f;* **el·ephan·ti·asis** [ˌelɪfən'taɪəsɪs] *s* (MED) Elefantiasis *f;* **ele·phan·tine** [ˌelɪ'fæntaɪn] *adj* (*fig*) schwerfällig; **elephant's ear** *s* Begonie *f*

el·ev·ate ['elɪveɪt] *vt* ① (hoch)heben ② (*Person*) befördern (*to* zu) ③ (*fig*) erbauen ④ auf eine höhere Stufe heben; **el·ev·ated** ['elɪveɪtɪd] *adj* erhaben, würdevoll, würdig; gehoben; ~ **railway** Hochbahn *f;* ~ **motorway** (*Br*) Hochstraße *f;* **el·ev·ation** [ˌelɪ'veɪʃn] *s* ① Erhebung *f* ② Anhöhe *f* ③ Hoheit, Würde *f;* Erhabenheit *f* ④ (GEOG) Höhe *f* über dem Meeresspiegel ⑤ (ARCH) Aufriss *m;* **front ~** Vorderansicht *f;* **el·ev·ator** ['elɪveɪtə(r)] *s* ① (AVIAT) Höhenruder *nt* ② (TECH) Winde *f* ③ (*Am*) Aufzug, Fahrstuhl *m* ④ (*Am*) (Getreide)Silo *nt*

eleven [ɪ'levn] **I.** *adj* elf **II.** *s* (*a.* SPORT) Elf *f;* **elev·enses** [ɪ'levnzɪz] *s pl* (*Br fam*) zweites Frühstück; **elev·enth** [ɪ'levnθ] **I.** *adj* elfte(r, s); **at the ~ hour** in letzter Minute **II.** *s* Elftel *nt;* Elfte(r, s)

elf [elf, *pl* elvz] <*pl* elves> *s* Elfe *f;* Kobold *m;* **elf·ish** ['elfɪʃ] *adj* ① elfenhaft ② koboldhaft, schelmisch

eli·cit [ɪ'lɪsɪt] *vt* ent-, hervorlocken, herausholen (*from* aus)

el·igi·bil·ity [ˌelɪdʒə'bɪlətɪ] *s* ① Wählbarkeit *f* ② Berechtigung *f;* **eli·gible** ['elɪdʒəbl] *adj* ① wählbar ② (teilnahme)berechtigt (*for* für), geeignet; **be ~** in Frage kommen; ~ **bachelor** gute Partie

elim·in·ate [ɪ'lɪmɪneɪt] *vt* ① entfernen ② ausscheiden, -schalten, -lassen, beseitigen (*from* aus) ③ ausschließen ④ (MATH) eliminieren ⑤ (*Feind, Gegner*) ausschalten, eliminieren; **elim·in·ation** [ɪˌlɪmɪ'neɪʃn] *s* ① Ausschaltung *f* ② Ausmerzung, Beseitigung *f;* Streichung *f;* Nichtberücksichtigung *f* ③ (MED SPORT) Ausscheidung *f;* **elimination contest** *s* Ausscheidungswettbewerb *m*

elite [eɪ'liːt] *s* Elite *f;* **elit·ism** [eɪ'liːtɪsm] *s* Elitedenken *nt;* **elit·ist** [eɪ'liːtɪst] *adj* elitär

elixir [ɪ'lɪksə(r)] *s* Elixier *nt*

elk [elk] *s* ① Elch *m* ② (*Am*) Wapiti *m*

el·lipse [ɪ'lɪps] *s* (MATH) Ellipse *f;* **el·lip·tic(al)** [ɪ'lɪptɪk(l)] *adj* elliptisch

elm [elm] *s* (~ *tree*) Ulme *f*

elo·cu·tion [ˌelə'kjuːʃn] *s* Vortragskunst, -weise *f;* Sprecherziehung *f*

elon·gate ['iːlɒŋgeɪt] **I.** *vt* verlängern **II.** *vi* länger werden; sich strecken

elope [ɪ'ləʊp] *vi* durchbrennen (um zu heiraten)

elo·quent ['eləkwənt] *adj* ① beredsam, redegewandt ② vielsagend, ausdrucksvoll (*of* für)

El Sal·va·dore [el'sælvəˌdɔː(r)] *s* El Salvador *nt*

else [els] *adv* ① sonst, weiter, außerdem, noch ② andere(r, s); **anybody ~?** sonst noch jemand?; **anything ~?** sonst noch etwas?; **everybody ~** alle anderen; **everything ~** alles andere; **nobody ~** sonst niemand; **nothing ~** nichts weiter; **or ~** sonst, andernfalls; **somebody ~** jemand anders; **somewhere ~** woanders; woandershin; **what ~?** was noch? was sonst? was weiter?; **else·where** [ˌels'weə(r)] *adv* ① anderswo, sonst wo, woanders ② anderswohin

elu·ci·date [ɪ'luːsɪdeɪt] *vt* erklären, erläutern

elu·sive [ɪ'luːsɪv] *adj* ① ausweichend ② schwer zu begreifen(d), zu (er)fassen(d)

elv·ish ['elvɪʃ] *adj* koboldhaft

em·aci·ated [ɪ'meːʃɪeɪtɪd] *adj* abgemagert

email ['iːmeɪl] *s* E-Mail *f/nt,* elektronische Post; **email address** *s* E-Mail-Adresse *f*

ema·nate ['eməneɪt] *vi* ① ausfließen, -strömen ② ausstrahlen, ausgehen (*from* von) ③ (*fig*) herrühren, herstammen (*from* von)

eman·ci·pate [ɪ'mænsɪpeɪt] *vt* ① emanzipieren ② befreien; **eman·ci·pated** [-ɪd] *adj* ① emanzipiert ② (*Sklave*) frei(gelassen); **eman·ci·pa·tion** [ɪˌmænsɪ'peɪʃn] *s* Emanzipation *f*

em·balm [ɪm'bɑːm] *vt* (ein)balsamieren

em·bank·ment [ɪm'bæŋkmənt] *s* ① Ufermauer *f,* Damm *m* ② Uferstraße *f*

em·bargo [ɪm'bɑːgəʊ] <*pl* -bargoes> *s* ① Embargo *nt* ② (*fig*) Sperre *f;* **under an ~** mit einem Embargo belegt; **lay** [*o* **put**] **an ~ on** ein Embargo verhängen über; **export/import ~** Aus-/Einfuhrsperre *f*

em·bark [ɪm'bɑːk] **I.** *vt* einschiffen; verladen (*for* nach), an Bord nehmen **II.** *vi* ① sich einschiffen (*for* nach) ② abreisen, -fahren (*for* nach) ③ (*fig*) anfangen (*upon* mit); **em·bar·ka·tion** [ˌembɑː'keɪʃn] *s* Einschiffung *f;* Verladung *f*

em·bar·rass [ɪm'bærəs] *vt* ① in Verlegenheit, aus der Fassung bringen ② (be)hindern; lästig sein (*s.o.* jdm) ③ in finanzielle Schwierigkeiten bringen; **em·bar·rassed** [ɪm'bærəst] *adj* ① in Verlegenheit; verlegen ② in Geldverlegenheit; **em·bar·rass·ing** [-ɪŋ] *adj* peinlich, unangenehm; **em·bar·rass·ment** [-mənt] *s* ① Verlegenheit *f* ② Geldverlegenheit *f;* **be an ~ to s.o.** jdn blamieren

em·bassy ['embəsɪ] *s* (POL) Botschaft *f*

em·bed [ɪm'bed] *vt* einbetten, einlagern; **be ~ded in s.th.** in etw fest verankert sein; **~ in concrete** einbetonieren

em·bel·lish [ɪm'belɪʃ] *vt* verschönern, ausschmücken

em·ber ['embə(r)] *s* ① verglühendes Stück Holz ② **~s** Glut *f*

em·bezzle [ɪm'bezl] *vt* unterschlagen; **em·bezzle·ment** [-mənt] *s* Unterschlagung *f;* **em·bezzler** [ɪm'bezlə(r)] *s* Veruntreuer(in) *m(f)*

em·bit·ter [ɪm'bɪtə(r)] *vt* verbittern; (*Verhältnis*) vergiften

em·blem ['embləm] *s* Sinnbild, Symbol, Emblem *nt*

em·bodi·ment [ɪm'bɒdɪmənt] *s* Verkörperung *f;* **em·body** [ɪm'bɒdɪ] *vt* ① verkörpern; Gestalt geben (*s.th.* einer S) ② ausdrücken ③ enthalten, einschließen

em·bo·lism ['embəlɪsm] *s* (MED) Embolie *f*

em·boss [ɪm'bɒs] *vt* ① erhaben arbeiten ② (*dünnes Metall, Leder*) bossieren, prägen

em·brace [ɪm'breɪs] **I.** *vt* ① umarmen ② (*Gelegenheit, Beruf*) ergreifen ③ (*Glauben, Angebot*) annehmen ④ (*Hoffnung*) hegen ⑤ umgeben, einschließen ⑥ (*fig*) enthalten, umfassen **II.** *s* Umarmung *f*

em·bro·ca·tion [ˌembrə'keɪʃn] *s* Einreibemittel *nt*

em·broider [ɪm'brɔɪdə(r)] *vt* ① besticken ② (*fig*) ausschmücken; **em·broidery** [ɪm'brɔɪdərɪ] *s* ① Stickerei *f* ② (*fig*) Ausschmückung *f*

em·bryo ['embrɪəʊ] <*pl* -bryos> *s* Embryo *m;* **in ~** (*fig*) in den Anfängen; **em·bry·onic** [ˌembrɪ'ɒnɪk] *adj* ① (PHYSIOL) embryonal ② (*fig*) (noch) unentwickelt

emend [ɪ'mend] *vt* verbessern, berichtigen

em·er·ald ['emərəld] **I.** *s* Smaragd *m* **II.** *adj* smaragdgrün

emerge [ɪ'mɜːdʒ] *vi* ① auftauchen ② entstehen (*from, out of* aus) ③ (*fig*) in Erscheinung treten, sichtbar werden; bekannt werden; **emerg·ence** [ɪ'mɜːdʒəns] *s* Auftauchen *nt,* Entstehung *f*

emerg·ency [ɪ'mɜːdʒənsɪ] *s* Dringlichkeits-, Notfall *m;* Notlage *f;* **in an** [*o* **in case of**] **~**

E

im Not-, im Ernstfall; **provide for emergencies** für Notfälle Vorsorge treffen; **state of ~** Notstand *m;* **~ aid** Soforthilfe *f;* **~ brake** Notbremse *f;* **~ call** Notruf *m;* **~ dressing** Notverband *m;* **~ exit** Notausgang *m;* **~ landing** (AVIAT) Notlandung *f;* **~ measure** Notmaßnahme *f;* **~ power** (ELEK) Notstrom *m;* **~ power generator** (ELEK) Notstromaggregat *nt;* **~ ration** eiserne Ration; **~ sale** Notverkauf *m;* **~ seat** Notsitz *m;* **~ service** Not-, Hilfsdienst *m;* **~ stop** Vollbremsung *f;* **~ tank** Reservetank *m;* **~ telephone** Notrufsäule *f*

emerg·ent [ɪ'mɜːdʒənt] *adj* (*Land*) aufstrebend

em·ery ['emərɪ] *s* (MIN) Schmirgel *m;* **emery board** *s* Papiernagelfeile *f;* **emery paper** *s* Schmirgelpapier *nt*

em·etic [ɪ'metɪk] *s* Brechmittel *nt*

EMI [,iːem'aɪ] *s Abk. von* **European Monetary Institute** EWI *nt*

emi·grant ['emɪgrənt] *s* Auswanderer *m,* -wand(r)erin *f,* Emigrant(in) *m(f);* **emi·grate** ['emɪgreɪt] *vi* auswandern, emigrieren (*from* aus, *to* nach); **emi·gra·tion** [,emɪ'greɪʃn] *s* Auswanderung, Emigration *f*

emi·nence ['emɪnəns] *s* ❶ (An)Höhe *f* ❷ Ansehen *nt,* Berühmtheit *f;* **Eminence** (REL) Eminenz *f;* **emi·nent** ['emɪnənt] *adj* hervorragend, bedeutend, ausgezeichnet (*in* in, *for* durch); (*Person*) angesehen, berühmt; **emi·nent·ly** [-lɪ] *adv* in hohem Maße

em·iss·ary ['emɪsərɪ] *s* Bote *m,* Botin *f,* Abgesandte(r) *f m*

emis·sion [mɪʃn] *s* ❶ (FIN) Ausgabe, Emission *f* ❷ (PHYS) Emission, Ausstrahlung *f;* (*Wärme, Schall*) Abgabe *f* ❸ Ausströmen *nt;* Ausfluss, Austritt *m;* **~s trading** Handel *m* mit Emissionsrechten

emit [ɪ'mɪt] *vt* ❶ ausströmen, ausfließen lassen; ausstrahlen; abgeben ❷ (*Gebrüll*) ausstoßen ❸ (FIN) in Umlauf setzen

emolu·ment [ɪ'mɒljʊmənt] *s* Vergütung *f,* Honorar *nt*

emote [β'məʊt] *vt* (*fam*) dramatisieren

emo·ti·con *s* (INTERNET) Emoticon *nt,* Smiley *nt,* :-)

emot·ing [ɪ'məʊtɪŋ] *s no pl* Gefühlsausdruck *m*

emo·tion [ɪ'məʊʃn] *s* ❶ Erregung, (innere) Bewegung, Erregtheit *f* ❷ (starkes) Gefühl *nt;* **emo·tion·al** [ɪ'məʊʃənl] *adj* ❶ gefühlsbetont ❷ (leicht) erregbar ❸ gefühlvoll; **emo·tion·al·ly** *adv:* **~ constipated** (emotional) verkorkst; **emo·tion·less** [-lɪs] *adj* gefühllos

emot·ive [ɪ'məʊtɪv] *adj* gefühlserregend

em·pa·thy ['empəθɪ] *s* Einfühlung(svermögen *nt*) *f*

em·peror ['empərə(r)] *s* Kaiser *m*

em·pha·sis ['emfəsɪs] *s* Betonung *f* (*on* auf); **put** [*o* **lay**] **~ on s.th.** die Betonung auf etw legen; **em·pha·size** ['emfəsaɪz] *vt* Nachdruck legen auf; hervorheben, unterstreichen; **em·phatic** [ɪm'fætɪk] *adj* ❶ emphatisch; nachdrücklich, betont ❷ eindeutig ❸ entscheidend, auffallend; **be ~ about s.th.** etw nachdrücklich betonen

em·pire ['empaɪə(r)] *s* ❶ Reich *nt* ❷ Macht *f* ❸ (*fig*) Imperium *nt*

em·piri·cal [ɪm'pɪrɪkl] *adj* empirisch; erprobt

em·ploy [ɪm'plɔɪ] *vt* ❶ gebrauchen, benutzen; an-, verwenden ❷ beschäftigen (*in* mit) ❸ (*Arbeitskraft*) an-, einstellen; einsetzen; **be ~ed in doing s.th.** damit beschäftigt sein etw zu tun; **be ~ed part-time** teilzeitbeschäftigt sein; **em·ployee** [,ɪmplɔɪ'iː] *s* Arbeitnehmer(in) *m(f),* Angestellte(r) *f m;* **em·ployer** [ɪm'plɔɪə(r)] *s* Unternehmer(in) *m(f),* Arbeitgeber(in) *m(f);* **~'s contribution** Arbeitgeberanteil *m;* **em·ploy·ment** [ɪm'plɔɪmənt] *s* ❶ Beschäftigung *f* ❷ Verwendung *f* ❸ Arbeit(sverhältnis *nt*), Stellung *f;* **out of ~** arbeits-, stellungslos; **full ~** Vollbeschäftigung *f;* **full-time ~** Ganztagsbeschäftigung *f;* **permanent ~** Dauerbeschäftigung *f,* feste(s) Anstellung(sverhältnis *nt*) *f;* **~ agency** [*o* **bureau**] Arbeitsvermittlung *f;* **~ contract** Arbeitsvertrag *m;* **~ exchange** Arbeitsamt *nt;* **~ freeze** Einstellungssperre *f,* Einstellungsstopp *m*

em·por·ium [ɪm'pɔːrɪəm] *s* ❶ Handelsplatz *m;* Markt *m* ❷ Warenhaus *nt*

em·power [ɪm'paʊə(r)] *vt* berechtigen, ermächtigen (*to do* zu tun); **em·power·ment** [im'paʊəmənt] *s* Ermächtigung *f*

em·press ['emprɪs] *s* Kaiserin *f*

emp·ti·ness ['emptɪnɪs] *s* Leere *f;* **empty** ['emptɪ] **I.** *adj* ❶ leer; leer stehend ❷ (*fig*) inhaltslos, leer; **on an ~ stomach** auf nüchternen Magen; **feel ~** Hunger haben; sich innerlich leer fühlen; **~ of** ohne **II.** *s pl* Leergut *nt* **III.** *vt* (~ *out*) (aus-, ent)leeren **IV.** *vi* ❶ sich leeren ❷ (*Fluss*) sich ergießen, münden (*into* in); **empty-handed** [,emptɪ'hændɪd] *adj* mit leeren Händen; **empty-headed** [,emptɪ'hedɪd] *adj* hohlköpfig; **empty phrase** *s* Leerformel *f;* **empty weight** *s* Eigen-, Leergewicht *nt*

EMU [,iːem'juː] *s Abk. von* **European Monetary Union** EWU *f,* Europäische Währungsunion

emu·late ['emjʊleɪt] *vt* nacheifern (*s.o.*

jdm), wetteifern (*s.o.* mit jdm); **emu·la·tion** [ˌemjʊˈleɪʃn] *s* Nacheiferung *f;* Wetteifer *m*

emul·si·fier [ɪˈmʌlsifaɪə(r)] *s* Emulgator *m;* **emul·sify** [ɪˈmʌlsɪfaɪ] *vt* emulgieren; **emul·sion** [ɪˈmʌlʃn] *s* ① Emulsion *f* ② (~ *paint*) Emulsionsfarbe *f*

en·able [ɪˈneɪbl] *vt* ① in den Stand setzen, befähigen (*to do* zu tun) ② ermöglichen, möglich machen (*s.o. to* jdm zu) ③ berechtigen, ermächtigen (*to* zu); **be ~d to** in der Lage sein zu; **enabling act** (JUR) Ermächtigungsgesetz *nt*

en·act [ɪˈnækt] *vt* ① verfügen, verordnen; (*Gesetz*) erlassen ② (THEAT) aufführen; (*Rolle*) spielen; **en·act·ment** [-mənt] *s* Erlass *m* (*eines Gesetzes*)

en·amel [ɪˈnæml] **I.** *s* ① Emaille *f;* Glasur *f;* Nagellack *m* ② (Zahn)Schmelz *m* **II.** *vt* emaillieren

en·amour [ɪˈnæmə(r)] *vt:* **be/become ~ed of** verliebt sein/sich verlieben in

en·camp [ɪnˈkæmp] **I.** *vt* (in einem Lager) unterbringen **II.** *vi* ein Lager aufschlagen; **en·camp·ment** [-mənt] *s* (Zelt)Lager *nt;* Lagern *nt*

en·cap·su·late *vt* (*fig*) zusammenfassen

en·case [ɪnˈkeɪs] *vt:* **be ~d in** eingehüllt sein in

en·cepha·li·tis [ˌensefəˈlaɪtɪs] *s* Gehirnentzündung, Enzephalitis *f*

en·chant [ɪnˈtʃɑːnt] *vt* verzaubern; **be ~ed** entzückt sein (*by, with* über); **en·chanter** [ɪnˈtʃɑːntə(r)] *s* Zauberer *m;* **en·chant·ing** [-ɪŋ] *adj* faszinierend; bezaubernd, entzückend; **en·chant·ment** [-mənt] *s* ① Zauber *m* ② Entzücken *nt;* **en·chant·ress** [ɪnˈtʃɑːntrɪs] *s* ① Zauberin *f* ② bezaubernde Frau

en·cipher [ɪnˈsaɪfə(r)] *vt* verschlüsseln

en·circle [ɪnˈsɜːkl] *vt* ① ein-, umschließen ② umgeben (*with* mit) ③ umzingeln, umfassen; **en·circle·ment** [-mənt] *s* Einkesselung *f;* Einkreisung *f*

en·close [ɪnˈkləʊz] *vt* ① umgeben, einschließen (*in* in) ② (*einem Brief*) beilegen; **en·closed** [ɪnˈkləʊzd] *adj:* **please find ~** in der Anlage erhalten Sie; **~ area** umbauter Raum; **en·clos·ure** [ɪnˈkləʊʒə(r)] *s* ① Einzäunung *f* ② Gehege ③ (*Brief*) Anlage *f*

en·code [ɪnˈkəʊd] *vt* verschlüsseln

en·compass [ɪnˈkʌmpəs] *vt* ① ein-, umschließen ② umfassen

en·core [ɒŋkɔː(r)] *s* Dakapo *nt;* Zugabe *f*

en·coun·ter [ɪnˈkaʊntə(r)] **I.** *vt* ① (unerwartet) treffen ② (*Schwierigkeiten*) stoßen auf **II.** *s* ① Begegnung *f* ② Gefecht *nt;* **~ group** Selbsterfahrungsgruppe *f*

en·cour·age [ɪnˈkʌrɪdʒ] *vt* ① ermutigen ② bestärken (*in* in), unterstützen, helfen (*s.o.* jdm) ③ begünstigen, fördern; **en·cour·age·ment** [-mənt] *s* ① Ermutigung *f* ② Unterstützung, Förderung *f* ③ Ansporn *m* (*to* für); **en·cour·ag·ing** [ɪnˈkʌrɪdʒɪŋ] *adj* ermutigend; viel versprechend

en·croach [ɪnˈkrəʊtʃ] *vi* ① (unberechtigt) übergreifen (*on, upon* auf), eingreifen (*on, upon* in) ② beeinträchtigen, verletzen (*on, upon s.th.* etw); **en·croach·ment** [-mənt] *s* ① Über-, Eingriff *m* ② Beeinträchtigung *f*

en·cum·ber [ɪnˈkʌmbə(r)] *vt* ① (be)hindern, belasten ② (*fig: Grundstück mit einer Hypothek*) belasten; **be ~ed** überfüllt sein (*with* mit), belastet sein (*with debts* mit Schulden)

en·cy·clo·p(a)edia [ɪnˌsaɪkləˈpiːdɪə] *s* Enzyklopädie *f;* **en·cy·clo·p(a)edic** [ɪnˌsaɪkləˈpiːdɪk] *adj* enzyklopädisch

end [end] **I.** *s* ① Ende *nt;* Schluss *m* ② Ende *nt,* Rest *m;* Stummel *m* ③ Zweck *m,* Ziel *nt,* Absicht *f* ④ Ergebnis *nt,* Folge, Konsequenz *f;* **at the ~** am Ende; **at an ~** beendet; **a few loose ~s** einige Kleinigkeiten; **for** [*o* **to**] **this ~** zu diesem Zweck; **in the ~** schließlich, am Ende; **no ~ of** unendlich viel(e) ...; sehr groß; endlos; **on ~** aufrecht, aufgerichtet; (*Kiste*) hochkant; ohne Unterbrechung; **~ on** mit dem Ende voran; **to the ~ that** zu dem Zweck, dass; damit; **without ~** endlos; **be at an ~** zu Ende sein; **be at a loose ~** (*fam*) gerade nichts (Besonderes) vorhaben; **come to an ~** zu Ende gehen; **keep one's ~ up** seinen Mann stehen; **put an ~ to** ein Ende, Schluss machen mit; **make ~s meet** gerade (mit seinem Geld) auskommen; **stand on ~** (*Haare*) zu Berge stehen, sich sträuben; **there is no ~ to it** es nimmt kein Ende; **the ~ justifies the means** (*prov*) der Zweck heiligt die Mittel; **~ of the month** Monatsende *nt;* **~-of-season sale** Saisonschlussverkauf *m;* **~-of-year adjustment** Rechnungsabgrenzung *f* **II.** *vt* beenden; beschließen **III.** *vi* ① enden; zu Ende sein, gehen; Schluss machen ② sein Leben beschließen; **~ in s.th.** mit etw enden; **end off** *vt* zum Abschluss bringen; **end up** *vi* landen; schließlich werden zu; enden; **~ up doing s.th.** schließlich etw tun; **~ up with the wrong thing** schließlich das Falsche haben

en·dan·ger [ɪnˈdeɪndʒə(r)] *vt* gefährden; **endangered species** *s* vom Aussterben bedrohte Art(en)

en·dear·ing [ɪnˈdɪərɪŋ] *adj* gewinnend, einnehmend; **en·dear·ment** [ɪnˈdɪəmənt] *s*

❶ Zärtlichkeit *f* ❷ (*term of* ~) Kosewort *nt*

en·dea·vor (*Am*), **en·deav·our** [ɪn'devə(r)] **I.** *vi* sich bemühen, sich anstrengen **II.** *s* Anstrengung *f* (*to do, at doing* etw zu tun)

en·demic [en'demɪk] *adj* endemisch

end·ing ['endɪŋ] *s* ❶ Ende *nt;* Ausgang *m* ❷ (GRAM) Endung *f*

en·dive ['endɪv, *Am* 'endaɪv] *s* Endivie *f*

end·less ['endlɪs] *adj* ❶ endlos, ohne Ende ❷ unendlich; ~ **belt** Transport-, Förderband *nt*

end mat·ter ['end,mætə(r)] *s* ❶ Anhang *m* ❷ (TYP) Nachspann *m*

en·dorse [ɪn'dɔ:s] *vt* ❶ indossieren ❷ (*auf dem Führerschein*) einen Strafvermerk eintragen ❸ billigen, zustimmen, beipflichten (*s.th.* einer S) ❹ unterstützen, sich anschließen (*s.th.* an etw); **en·dorsee** [ɪn,dɔ:'si:] *s* (FIN) Indossat(ar) *m;* **en·dorse·ment** [-mənt] *s* ❶ (FIN) Indossament *nt* ❷ (*im Führerschein*) Strafvermerk *m* ❸ Bestätigung, Billigung, Zustimmung *f* ❹ (*Versicherung*) Nachtrag *m;* **en·dorser** [ɪn'dɔ:sə(r)] *s* Indossant *m*

endo·scop·ic [,endə(ʊ)'skɒpɪk] *adj* endoskopisch; ~ **sympathectomy** endoskopische Sympathektomie [*o* Grenzstrangsektion]

en·dow [ɪn'daʊ] *vt* ❶ ausstatten ❷ stiften; **be** ~**ed with** begabt sein mit; **en·dow·ment** [-mənt] *s* ❶ Ausstattung, Dotierung *f* ❷ Stiftung *f* ❸ Begabung *f,* Talent *nt,* Anlage *f;* ~ **fund** Stiftungsvermögen *nt;* ~ **insurance** Erlebensversicherung *f;* ~ **mortgage** mit einer Lebensversicherung gekoppelte Hypothek

end·paper ['endpeɪpə(r)] *s* Vorsatzpapier, -blatt *nt;* **end product** *s* Endprodukt *nt;* **end result** *s* Endergebnis *nt*

en·dur·able [ɪn'djʊərəbl] *adj* erträglich; **en·dur·ance** [ɪn'djʊərəns] *s* Ausdauer, Geduld *f;* (Stand)Festigkeit *f;* **past** [*o* **beyond**] ~ nicht auszuhalten(d), unerträglich; ~ **test** Belastungsprobe *f;* **en·dure** [ɪn'djʊə(r)] **I.** *vt* ❶ ertragen, aushalten ❷ durchmachen; (*verneint*) ausstehen **II.** *vi* Bestand haben; durchhalten

en·ema ['enɪmə] *s* (MED) ❶ Einlauf *m,* Klistier *nt* ❷ Klistierspritze *f*

en·emy ['enəmɪ] *s* Feind *m;* **make enemies** sich Feinde machen; **he is his own worst** ~ er schadet sich selbst am meisten

en·er·getic [,enə'dʒetɪk] *adj* energisch, tatkräftig, energiegeladen; **en·er·gize** ['enədʒaɪz] *vt* ❶ Energie verleihen (*s.o.* jdm) ❷ (ELEK) Energie liefern an

en·ergy ['enədʒɪ] *s* ❶ Arbeitskraft, Tatkraft, Energie *f* ❷ (PHYS) Kraft, Energie *f* ❸ **energies** (persönliche) Kraft *f,* Kräfte *fpl;* ~ **bar** (*Am*) Energieriegel *m;* ~ **conscious** energiebewusst; ~ **conservation** Energieeinsparung *f;* ~ **consumption** Energieverbrauch *m;* ~ **crisis** Energiekrise *f;* ~ **demand** Energiebedarf *m;* ~**-efficient** energiewirksam; ~ **gap** Energielücke *f;* ~ **needs/requirements** Energiebedarf *m;* ~ **policy** Energiepolitik *f;* ~ **saving** energiesparend; ~ **shortage** Energieknappheit *f;* ~ **supplies** Energievorräte *mpl;* ~ **supply company** Energieversorgungsunternehmen *nt*

en·er·vate ['enəveɪt] *vt* schwächen; entnerven; **en·er·va·ting** [-ɪŋ] *adj* nervenaufreibend

en·feeble [ɪn'fi:bl] *vt:* **be** ~**d by** geschwächt sein durch

en·force [ɪn'fɔ:s] *vt* ❶ erzwingen (*upon s.o.* von jdm), Geltung verschaffen (*s.th.* einer S) ❷ durchsetzen, durchführen ❸ (JUR) vollstrecken; **en·force·able** [-əbl] *adj* vollstreckbar, erzwingbar, einklagbar; **en·force·ment** [-mənt] *s* ❶ Erzwingung *f;* (gewaltsame) Durchsetzung *f* ❷ (*Urteil*) Vollstreckung *f* ❸ (*Forderung*) Geltendmachung *f;* ~ **order** Vollstreckungsbescheid *m*

en·fran·chise [ɪn'fræntʃaɪz] *vt* ❶ befreien ❷ das Bürgerrecht, Wahlrecht zuerkennen (*s.o.* jdm)

en·gage [ɪn'geɪdʒ] **I.** *vt* ❶ verpflichten ❷ (*sein Wort*) verpfänden ❸ an-, einstellen, engagieren ❹ (*Zimmer*) sich nehmen ❺ (*in eine S*) verwickeln, dazu bringen ❻ in Anspruch nehmen; (*die Aufmerksamkeit*) fesseln ❼ (*Truppen*) einsetzen ❽ (TECH) einrücken, kuppeln; ~ **a gear** einen Gang einlegen; ~ **the clutch** kuppeln; ~ **o.s. to do s.th.** sich verpflichten, etw zu tun **II.** *vi* ❶ sich verpflichten (*to do* zu tun) ❷ sich einlassen (*in* auf), sich abgeben (*with* mit), sich beschäftigen, sich befassen (*with* mit) ❸ (TECH) ineinander greifen; **en·gaged** [ɪn'geɪdʒd] *adj* ❶ verlobt ❷ beschäftigt, nicht zu sprechen ❸ (*Platz*) belegt ❹ (TELE) besetzt ❺ (TECH) gekuppelt; **be** ~ damit beschäftigt sein (*in doing s.th.* etw zu tun); verlobt sein; **become** ~ **to s.o.** sich mit jdm verloben; ~ **couple** Verlobte *pl;* ~ **signal** [*o* **tone**] (TELE) Besetztzeichen *nt;* **en·gage·ment** [ɪn'geɪdʒmənt] *s* ❶ Verpflichtung *f* ❷ Verlobung *f* (*to* mit) ❸ Abmachung, Vereinbarung *f* ❹ Verabredung *f;* Termin *m* ❺ Beschäftigung, (An)Stellung, Stelle *f,* Engagement *nt* ❻ (TECH) Einkuppeln *nt* ❼ (MIL)

Gefecht *nt* ❸ *meist pl* (FIN COM) (finanzielle) Verpflichtungen, Verbindlichkeiten *fpl;* **meet** [*o* **carry out**] **one's ~s** seinen Verpflichtungen nachkommen; **I have a previous ~** ich bin schon verabredet; **engagement book**, **engagement diary** *s* Terminkalender *m;* **engagement ring** *s* Verlobungsring *m;* **en·gag·ing** [ɪn'geɪdʒɪŋ] *adj* gewinnend, gefällig; reizend, reizvoll

en·gen·der [ɪn'dʒendə(r)] *vt* hervorrufen, verursachen, erzeugen

en·gine ['endʒɪn] *s* ❶ Maschine *f;* Motor *m;* Triebwerk *nt* ❷ (RAIL) Lokomotive *f;* **start/shut off the ~** den Motor anlassen/abstellen; **~ block** Motorblock *m;* **~ bonnet** Motorhaube *f;* **~ driver** Lok(omotiv)führer(in) *m(f);* **~ failure** (TECH) Maschinenschaden *m;* (AUTO) Motorschaden *m;* **~ hood** (*Am*) Motorhaube *f;* **~ room** (MAR) Maschinenraum *m;* **~ trouble** Motorstörung *f;* **en·gi·neer** [,endʒɪ'nɪə(r)] **I.** *s* ❶ Ingenieur(in) *m(f),* Techniker(in) *m(f),* Maschinist(in) *m(f)* ❷ (MIL) Pionier *m* **II.** *vt* ❶ planen, konstruieren, bauen ❷ (*fig fam*) geschickt einfädeln, organisieren; **en·gi·neer·ing** [,endʒɪ'nɪərɪŋ] *s* ❶ Ingenieurwesen *nt;* Technik *f* ❷ (*mechanical ~*) Maschinenbau *m* ❸ (*fam*) Manipulation *f;* Organisation *f;* **civil ~** Hoch- und Tiefbau *m;* **electrical ~** Elektrotechnik *f;* **~ and design department** technische Abteilung und Konstruktionsbüro; **human ~** *Anwendung psychologischer Erkenntnisse auf betriebliche menschliche Probleme;* **industrial ~** Fertigungstechnik *f;* **~ manager** technische(r) Direktor(in) *m f;* **engineering works** *s mit sing od pl* Maschinenfabrik *f*

Eng·land ['ɪŋglənd] *s* England *nt;* **Eng·lish** ['ɪŋglɪʃ] **I.** *adj* englisch; **the ~ Channel** der Ärmelkanal; **he's ~** er ist Engländer **II.** *s* (das) Englisch(e), die englische Sprache; **the ~** die Engländer *mpl;* **in plain ~** schlicht und einfach (ausgedrückt); (*fig*) unverblümt; **Eng·lish·man** [-mən] <*pl* -men> *s* Engländer *m;* **Eng·lish·woman** [-wʊmən, *pl* -wɪmɪn] <*pl* -women> *s* Engländerin *f*

en·grave [ɪn'greɪv] *vt* ❶ (ein)gravieren (*on* in) ❷ (*fig*) fest einprägen (*on, upon* in); **en·graver** [ɪn'greɪvə(r)] *s* Graveur(in) *m(f),* Stecher(in) *m(f),* Radierer(in) *m(f),* (Holz)Schneider(in) *m(f);* **en·grav·ing** [ɪn'greɪvɪŋ] *s* ❶ Gravieren, Radieren *nt* ❷ (Kupfer-, Stahl)Stich *m,* Radierung *f* ❸ (*wood ~*) Holzschnitt *m*

en·gross [ɪn'grəʊs] *vt* ganz in Anspruch nehmen; ausschließlich beschäftigen; **be ~ed** ganz vertieft sein (*in* in), ausschließlich beschäftigt sein (*in* mit)

en·gulf [ɪn'gʌlf] *vt* verschlingen

en·hance [ɪn'hɑːns] *vt* ❶ steigern; erhöhen, vergrößern ❷ verschönern; **en·hance·ment** *s* Steigerung *f*

enigma [ɪ'nɪgmə] *s* (*fig*) Rätsel *nt;* **enig·matic(al)** [,enɪg'mætɪk(l)] *adj* rätselhaft, unerklärlich, mysteriös

en·joy [ɪn'dʒɔɪ] **I.** *vt* genießen; sich erfreuen (*s.th.* an etw, einer S), sich freuen (*seeing* zu sehen); **how are you ~ing London?** wie gefällt es Ihnen in London? **II.** *vr* sich gut unterhalten, sich amüsieren; **~ yourself!** viel Vergnügen!; **en·joy·able** [-əbl] *adj* angenehm; unterhaltsam; **en·joy·ment** [ɪn'dʒɔɪmənt] *s* ❶ Freude *f,* Spaß *m* ❷ (JUR) Genuss *m*

en·large [ɪn'lɑːdʒ] **I.** *vt* vergrößern; verbreitern; ausweiten, ausdehnen; erweitern **II.** *vi* sich vergrößern; sich ausdehnen; sich erweitern; **~ (up)on** näher eingehen auf; **en·large·ment** [-mənt] *s* Erweiterung, Ausdehnung *f;* (PHOT) Vergrößerung *f*

en·lighten [ɪn'laɪtn] *vt* (*fig*) aufklären, belehren (*on, as to* über); **en·lightened** [ɪn'laɪtnd] *adj* aufgeklärt; **en·lighten·ment** [-mənt] *s* Aufklärung *f;* **the Enlightenment** (HIST) die Aufklärung

en·list [ɪn'lɪst] **I.** *vt* ❶ (MIL) anwerben; (MAR) anmustern ❷ (*Hilfe*) in Anspruch nehmen ❸ interessieren (*for* an) **II.** *vi* ❶ sich freiwillig melden (*in the navy* zur Marine) ❷ eintreten (*in* für)

en·liven [ɪn'laɪvn] *vt* ❶ beleben, aufmuntern ❷ (*fig*) er-, aufheitern

en·mesh [ɪn'meʃ] *vt* (*fig*): **be ~ed in** verstrickt sein in

en·mity ['enmətɪ] *s* Feindschaft *f*

en·noble [ɪ'nəʊbl] *vt* adeln, in den Adelsstand erheben

enor·mity [ɪ'nɔːmətɪ] *s* ❶ Ungeheuerlichkeit *f* ❷ Greuel *m* ❸ (*fig*) großer Umfang; **enor·mous** [ɪ'nɔːməs] *adj* riesig, enorm, gewaltig, ungeheuer

enough [ɪ'nʌf] **I.** *adv* genug, genügend; **good ~!** sehr gut!; **likely ~** sehr wahrscheinlich, höchstwahrscheinlich; **true ~** nur zu wahr; **sure ~** freilich, gewiss, allerdings; **surprisingly ~** überraschenderweise; **well ~** ziemlich gut; nicht schlecht; **be kind ~ to come** sei so gut und komm!; **he's good ~ in his way** er ist nicht übel **II.** *adj* aus-, hinreichend, hinlänglich, genügend; **more than ~** mehr als genug; **be ~** genug sein, genügen, langen; **I had ~ to do** ich hatte genug, alle Hände voll zu tun;

E

that's quite ~ mir langt's jetzt

en·quire, **in·quire** [ɪn'kwaɪə(r)] **I.** *vi* sich erkundigen (*about, after* nach), fragen (*about* nach); ~ **for** fragen nach; ~ **into** untersuchen **II.** *vt* sich erkundigen nach, fragen nach; ~ **s.th. of s.o.** sich bei jdm nach etw erkundigen

en·quiry, **in·quiry** [ɪn'kwaɪərɪ] *s* ❶ Anfrage *f* (*about* über) ❷ Erkundigung *f* (*about* über) ❸ Untersuchung *f*; **on** ~ auf Anfrage; **make enquiries** Erkundigungen einziehen; Nachforschungen anstellen (*about s.o.* über jdn); **court of** ~ Untersuchungskommission *f*; **hold an** ~ **into s.th.** eine Untersuchung über etw durchführen

en·rage [ɪn'reɪdʒ] *vt* wütend, rasend machen; **en·raged** [ɪn'reɪdʒd] *adj* wütend, aufgebracht, entrüstet (*at, by, with* über)

en·rap·ture [ɪn'ræptʃə(r)] *vt* hinreißen, bezaubern

en·rich [ɪn'rɪtʃ] *vt* ❶ reicher machen ❷ (*fig*) bereichern, befruchten ❸ anreichern

en·rol [ɪn'rəʊl] **I.** *vt* ❶ eintragen, registrieren ❷ anwerben **II.** *vi* ❶ sich einschreiben, sich immatrikulieren lassen ❷ Mitglied werden; **en·roll** (*Am*) *s.* **enrol**; **en·roll·ment** *s* (*Am*), **en·rol·ment** [-mənt] *s* ❶ Beitrittserklärung *f* ❷ Hörer-, Schülerzahl *f*

en route [ˌɒn'ru:t] *adj* auf dem Weg (*to, for* nach, zu)

en·semble [ɒn'sɒmbl] *s* Ensemble *nt*

en·sign ['ensən] *s* ❶ Fahne, Flagge *f* ❷ (*Am*) Fähnrich *m* zur See

en·slave [ɪn'sleɪv] *vt* ❶ versklaven; knechten ❷ unterdrücken

en·snare [ɪn'sneə(r)] *vt* ❶ (*in einer Schlinge*) fangen ❷ (*fig*) verstricken, umgarnen

en·sue [ɪn'sju:] *vi* ❶ (unmittelbar) folgen ❷ sich ergeben (*from* aus); **en·su·ing** [-ɪŋ] *adj* (darauf) folgend; nächste(r, s)

en suite (**bath·room**) [ˌɒn'swi:tˌbɑ:θru:m] *s* eigenes Bad

en·sure [ɪn'ʃʊə(r)] *vt* ❶ (ver)sichern, sicherstellen (*against, from* gegen) ❷ garantieren (*s.th.* etw) ❸ schützen (*against* gegen)

en·tail [ɪn'teɪl] *vt* ❶ zur Folge haben, mit sich bringen (*on* für) ❷ (JUR) als Erbgut vererben (*on s.o.* jdm)

en·tangle [ɪn'tæŋgl] *vt* ❶ verwickeln ❷ hineinziehen (*in* in), verstricken (*in* in); ~ **o.s., get** ~**d** sich verwickeln, sich verfangen (*in* in); **en·tangle·ment** [-mənt] *s* (*fig*) Verwick(e)lung *f*

en·ter ['entə(r)] **I.** *vt* ❶ betreten ❷ eindringen in, durchbohren ❸ einschreiben, -tragen, auf die Liste setzen ❹ zu Protokoll geben ❺ (COM) buchen ❻ (*Daten*) eingeben ❼ eintreten in, Mitglied werden in; ~ **one's name** sich eintragen, -schreiben (lassen); ~ **a protest** Einspruch, Protest erheben; **it never** ~**ed my head** das ist mir nie in den Sinn gekommen **II.** *vi* ❶ eintreten, hereinkommen; einsteigen ❷ eindringen ❸ (*Schiff*) einlaufen; ~ **into details** auf Einzelheiten eingehen; ~ **for an examination** sich einer Prüfung unterziehen; ~ **for** sich melden für; **enter into** *vi* ❶ sich einlassen auf; eingehen auf; teilnehmen an ❷ einen Teil bilden, eine Rolle spielen bei ❸ (*Vereinbarung*) treffen ❹ (*Geschäft*) (ab)schließen ❺ (*Vergleich*) eingehen; ~ **into correspondence with** in Briefwechsel treten mit; ~ **into an engagement** eine Verpflichtung übernehmen; ~ **into relations with** in Beziehung treten zu; **enter up** *vt* eintragen; **enter** (**up**)**on** *vt* ❶ anfangen, beginnen, in Angriff nehmen ❷ (*Laufbahn*) einschlagen ❸ (*Besitz, Erbe*) antreten ❹ (*Sache*) eingehen auf; (*Thema*) anschneiden

en·ter key *s* (INFORM) Entertaste, Eingabetaste *f*

en·ter·prise ['entəpraɪz] *s* ❶ Unternehmen, Vorhaben *nt*, Pläne *mpl* ❷ Unternehmen *nt*, Unternehmung *f*, Geschäft *nt*, Betrieb *m* ❸ (*spirit of* ~) Unternehmungsgeist *m*; **free** [*o* **private**] ~ Privatunternehmen *nt*; Privatwirtschaft *f*; freies Unternehmertum; **Enterprise Allowance Scheme** *s Programm, wobei Arbeitslose, die eine Firma gründen wollen und bereit sind, im ersten Jahr eine bestimmte Summe darin zu investieren, wöchentlich eine Beihilfe bekommen*; **enterprise culture** *s* eine das Unternehmertum fördernde Gesellschaft; **en·ter·pris·ing** [-ɪŋ] *adj* unternehmungslustig, einfallsreich

en·ter·tain [ˌentə'teɪn] *vt* ❶ unterhalten, belustigen ❷ bewirten; einladen ❸ (*Verdacht*) hegen ❹ (*Ansicht*) haben, vertreten ❺ (*Vorschlag*) in Erwägung ziehen; **they** ~ **a great deal** sie haben sehr oft Gäste; **en·ter·tainer** [ˌentə'teɪnə(r)] *s* Unterhaltungskünstler(in) *m(f)*; **en·ter·tain·ing** [-ɪŋ] *adj* unterhaltend, unterhaltsam; **en·ter·tain·ment** [-mənt] *s* ❶ Unterhaltung *f*; Vergnügen *nt* ❷ Darbietung *f* ❸ Bewirtung *f*; ~ **allowance** Aufwandspauschale *f*; ~ **expenses** Bewirtungskosten *pl*

en·thral(**l**) [ɪn'θrɔ:l] *vt* (*fig*) fesseln

en·throne [ɪn'θrəʊn] *vt* auf den Thron setzen

en·thuse [ɪn'θju:z] *vi* begeistert sein;

schwärmen (*about* für, von); **en·thusi·asm** [ɪn'θ juːzɪæzəm] *s* Begeisterung *f*, Enthusiasmus *m*; **en·thusi·ast** [ɪn'θjuːzɪæst] *s* Enthusiast(in) *m(f)*, begeisterte(r) Anhänger(in) *m(f)*; **en·thusi·astic** [ɪnˌθjuːzɪ'æstɪk] *adj* begeistert (*at, about* von)

en·tice [ɪn'taɪs] *vt* (an-, ver)locken, verführen, verleiten (*into s.th.* zu etw, *to do, into doing* zu tun); ~ **away** abspenstig machen (*from* von); (COM) abwerben; **en·tice·ment** [-mənt] *s* ❶ Verführung *f*; (Ver)Lockung *f* ❷ Abwerbung *f*; **en·tic·ing** [-ɪŋ] *adj* verlockend, verführerisch

en·tire [ɪn'taɪə(r)] *adj* ❶ ganz; vollständig ❷ völlig, gesamt, total ❸ (*Zustimmung*) uneingeschränkt; **en·tire·ly** [-lɪ] *adv* gänzlich; ~ **different** grundverschieden; **en·tirety** [ɪn'taɪə(r)ətɪ] *s* Gesamtheit *f*; **in its** ~ in seiner Gesamtheit, in vollem Umfang

en·title [ɪn'taɪtl] *vt* ❶ betiteln ❷ berechtigen (*to* zu); **en·titled** [ɪn'taɪtld] *adj*: **be** ~ **to** Anspruch haben auf, berechtigt sein zu; ~ **to inherit/to a pension/to vote** erb-/pensions-/stimmberechtigt; **en·title·ment** [-mənt] *s* Berechtigung *f*; Anspruch *m*

en·tity ['entətɪ] *s* Wesen *nt*; **legal** ~ juristische Person

ento·mol·ogy [ˌentə'mɒlədʒɪ] *s* Insektenkunde *f*

en·trails [entreɪlz] *s pl* Eingeweide *ntpl*

en·train [en'treɪn] *vt* (*Truppen*) verladen

en·trance[1] ['entrəns] *s* ❶ Eingang *m* ❷ (THEAT) Auftritt *m* ❸ Zugang *m* (*into* zu), Eingang(stür *f*) *m* ❹ Einfahrt *f*, Tor *nt* ❺ Eintritt(sgeld *nt*) *m*; **make one's** ~ eintreten; **no** ~**!** Eintritt verboten!; **no** ~ **except on business** Unbefugten ist der Eintritt verboten

en·trance[2] [ɪn'trɑːns] *vt* hin-, mitreißen (*with* vor); **be** ~**d by** entzückt sein von

en·trance exam·in·ation ['entrəns ɪgˌzæmɪ'neɪʃn] *s* Aufnahmeprüfung *f*; **entrance fee** *s* Eintrittsgeld *nt*; Aufnahme-, Einschreib(e)gebühr *f*; **entrance form** *s* Anmeldeformular *nt*; **entrance hall** *s* Vorhalle *f*; Hausflur *m*; **entrance requirement** *s* Zulassungsanforderung *f*

en·trant ['entrənt] *s* ❶ Berufsanfänger(in) *m(f)* ❷ (*Wettkampf*) Teilnehmer(in) *m(f)*

en·treat [ɪn'triːt] *vt* dringend bitten, ersuchen (*for* um); **en·treaty** [ɪn'triːtɪ] *s* dringende Bitte

en·trench [ɪn'trentʃ] *vt* (*a. fig*) verschanzen (*behind* hinter); **be** ~**ed** sich eingebürgert haben

en·tre·pre·neur [ˌɒntrəprə'nɜː(r)] *s* Unternehmer(in) *m(f)*; **en·tre·pre·neur·ial spir·it** *s* Unternehmergeist *m*; **en·tre·pre·neur·ship** *s* Unternehmertum *nt*

en·trust [ɪn'trʌst] *vt* ❶ betrauen (*s.o. with s.th.* jdn mit einer S) ❷ anvertrauen (*s.th. to s.o.* jdm etw)

en·try ['entrɪ] *s* ❶ Eintritt *m*; Einfahrt *f*; Einreise *f* ❷ (*Am*) Einfahrt *f*; Eingang(stür *f*) *m* ❸ Eingangshalle *f*, Flur *m* ❹ (THEAT) Auftritt *m* ❺ Eintrag(ung *f*) *m*; (*Lexikon*) Stichwort *nt* ❻ Anmeldung *f* ❼ Aufnahme *f* ❽ Antritt *m* ❾ Namensliste *f* ❿ (*bei einem Wettkampf*) Bewerber(in) *m(f)*; **as per** ~ laut Eintrag; **make an** ~ **of s.th.** etw buchen; **make an** ~ **in** eintragen in; **no** ~ kein Zugang!; **credit/debit** ~ Gut-/Lastschrift *f*; **entry fee** *s* Eintrittsgeld *nt*; (SPORT) Nenngeld *nt*; **entry form** *s* Anmeldeformular *nt*; (SPORT) Nennungsformular *nt*; **entry-level** *s* Anfängerniveau *nt*; **an** ~ **human being** ein ganz normaler Mensch; ~ **computer** Computer *m* für Einsteiger; **entry permit** *s* Einreiseerlaubnis *f*; **entry·phone** ['entrɪfəʊn] *s* Türsprech-, Wechselsprechanlage *f*; **entry regulations** *s pl* Einreisebestimmungen *fpl*; **entry test** *s* Zulassungsprüfung *f*

en·twine [ɪn'twaɪn] *vt* ❶ umschlingen, umwinden (*with* mit) ❷ winden (*about, around* um)

enu·mer·ate [ɪ'njuːməreɪt] *vt* (auf)zählen; einzeln aufführen; **enu·mer·ation** [ɪˌnjuːmə'reɪʃn] *s* (Auf)Zählung *f*

enun·ci·ate [ɪ'nʌnsɪeɪt] **I.** *vt* ❶ klar formulieren ❷ aussprechen ❸ (*Behauptung*) aufstellen **II.** *vi* deutlich sprechen

en·velop [ɪn'veləp] *vt* ❶ einwickeln, -hüllen; verhüllen ❷ einschließen

en·vel·ope ['envələʊp] *s* ❶ Decke, Hülle *f* ❷ (Brief)Umschlag *m*

en·vi·able ['envɪəbl] *adj* beneidens-, begehrenswert; **en·vi·ous** ['envɪəs] *adj* missgünstig, neidisch (*of* auf)

en·vi·ron·ment [ɪn'vaɪərənmənt] *s* ❶ Umgebung *f* ❷ (BIOL) Umwelt *f* ❸ (PSYCH) Milieu *nt*; ~ **related job** Arbeitsplatz *m* im Umweltbereich; **en·vi·ron·mental** [ɪnˌvaɪərən'mentl] *adj*: ~ **awareness** [*o* **consciousness**] Umweltbewusstsein *nt*; ~ **conditions** Umweltbedingungen *fpl*; ~ **degradation** Verschlechterung *f* der Umwelt; ~ **forecasting** Umweltplanung *f*; ~**-friendly practice** umweltverträgliches Verfahren; ~ **influences** Umwelteinflüsse *mpl*; ~ **pollutant** Umweltgift *nt*; ~ **pollution** Umweltverschmutzung *f*; ~ **protection** Umweltschutz *m*; ~ **standards** *pl* Umweltnormen *pl*; **en·vi·ron·ment·alist**

[ɪnˌvaɪərən'mentəlɪst] *s* Umweltschützer(in) *m(f)*; **en·vi·ron·ment·al stress** *s* Elektrosmog *m*; **en·vi·ron·ment·al** *adj* Umwelt-; ~ **issue** Umweltthema *nt*; ~ **legislation** Umweltgesetzgebung *f*; ~ **policies** umweltpolitische Maßnahmen *pl*; ~ **pressures** Umweltbelastungen *pl*; **en·vi·ron·ment·al·ly** *adv* umwelt-; ~ **compatible technology** umweltschonende Technologie; ~ **speaking** unter Umweltgesichtspunkten; **en·virons** [ɪn'vaɪərənz] *s pl* Umgebung, Umgegend *f*

en·vis·age [ɪn'vɪzɪdʒ] *vt* (*fig*) im Geiste sehen, sich vorstellen

en·voy ['envɔɪ] *s* (POL) Gesandte(r) *f m*

envy ['envɪ] **I.** *s* Neid *m* (*at, of s.o., s.th.* auf jdn, über etw), Missgunst *f*; **out of** ~ aus Neid; **be the** ~ **of s.o.** jds Neid erregen **II.** *vt* beneiden (*s.o. s.th.* jdn um etw), missgönnen (*s.o. s.th.* jdm etw)

en·zyme ['enzaɪm] *s* (CHEM) Enzym *nt*

ephem·er·al [ɪ'femərəl] *adj* kurzlebig

epic ['epɪk] **I.** *s* Epos *nt* **II.** *adj* ❶ episch ❷ heldenhaft

epi·cen·ter *s* (*Am*), **epi·centre** ['epɪsentə(r)] *s* Epizentrum *nt*

epi·cycle ['epɪsaɪkl] *s* Epizykel *m*

epi·demic [ˌepɪ'demɪk] **I.** *adj* epidemisch **II.** *s* Epidemie, Seuche *f*

epi·der·mis [ˌepɪ'dɜːmɪs] *s* (ANAT) Epidermis, Oberhaut *f*

epi·gram ['epɪgræm] *s* Epigramm *nt*

epi·lepsy ['epɪlepsɪ] *s* Epilepsie *f*; **epi·lep·tic** [ˌepɪ'leptɪk] **I.** *adj* epileptisch **II.** *s* Epileptiker(in) *m(f)*

epi·log(ue) ['epɪlɒg] *s* Epilog *m*

Epiph·any [ɪ'pɪfənɪ] *s* Dreikönigsfest *nt*

epis·co·pacy [ɪ'pɪskəpəsɪ] *s* Episkopat *nt*; **epis·co·pal** [ɪ'pɪskəpl] *adj* bischöflich; **Epis·co·pa·lian** [ɪˌpɪskə'peɪlɪən] *s* Anhänger(in) *m(f)* der Episkopalkirche

epi·sode ['epɪsəʊd] *s* Episode *f*; Fortsetzung *f*; **epi·sodic** [ˌepɪ'sɒdɪk] *adj* episodisch

epistle [ɪ'pɪsl] *s* Epistel *f*; **epis·tol·ary** [ɪ'pɪstələrɪ] *adj* Brief-

epi·taph ['epɪtɑːf] *s* Grabschrift *f*

epi·thet ['epɪθet] *s* Beiwort, Epitheton *nt*

epit·ome [ɪ'pɪtəmɪ] *s*: **be the** ~ **of s.th.** die Verkörperung von etw sein; **epit·om·ize** [ɪ'pɪtəmaɪz] *vt* (*fig*) verkörpern

ep·och ['iːpɒk] *s* Epoche *f*, Zeitabschnitt *m*; **ep·och-mak·ing** ['iːpɒkˌmeɪkɪŋ] *adj* Aufsehen erregend, umwälzend, bahnbrechend

eq·uabil·ity [ekwə'bɪlɪtɪ] *s* (*fig*) (innere) Ausgeglichenheit *f*, Gleichmut *m*; **eq·uable** ['ekwəbl] *adj* ❶ gleichmäßig, gleichförmig ❷ (*fig*) (innerlich) ausgeglichen

equal ['iːkwəl] **I.** *adj* ❶ gleich ❷ gleichgestellt; ebenbürtig (*to +dat*) ❸ (POL) gleichberechtigt (*to, with s.o.* jdm) ❹ gewachsen (*to s.th.* einer S), in der Lage, fähig, im Stande (*to doing* zu tun); ~ **opportunities for men and women** Chancengleichheit *f* von Männern und Frauen; **in** ~ **parts** zu gleichen Teilen; **on** ~ **terms** zu gleichen Bedingungen; **be** ~ **to the occasion** der Lage gewachsen sein **II.** *s* Gleichgestellte(r) *f m*; **be the** ~ **of s.th./be s.o.'s** ~ einer S/jdm gleich sein; **my** ~**s** meinesgleichen; **he has no** ~ er hat nicht seinesgleichen **III.** *vt* ❶ gleichen, gleich sein (*s.o., s.th.* jdm, einer S) ❷ (*Leistung*) erreichen; gleichkommen (*s.o.* jdm); (SPORT) gleichziehen (*s.th.* mit etw); **equal·ity** [ɪ'kwɒlətɪ] *s* ❶ Gleichheit *f*; Gleichsetzung *f* ❷ (POL) Gleichberechtigung *f*; ~ **of opportunity** Chancengleichheit *f*; **equal·iz·ation** [ˌiːkwəlaɪ'zeɪʃn] *s* Ausgleich *m*; **equal·ize** ['iːkwəlaɪz] *vt* ausgleichen; angleichen; **the equalizing goal** das Ausgleichstor; **equal·izer** ['iːkwəlaɪzə(r)] *s* ❶ (SPORT) Ausgleich *m*; Ausgleichstor *nt* ❷ (ELEK) Equalizer *m*; **equally** ['iːkwəlɪ] *adv* ❶ gleich ❷ ebenso, genauso; **equal opportunities** *s pl* Chancengleichheit *f*; **equal(s) sign** *s* (MATH) Gleichheitszeichen *nt*

equa·nim·ity [ˌekwə'nɪmətɪ] *s* Gleichmut *m*; Ausgeglichenheit *f*

equate [ɪ'kweɪt] *vt* (*a.* MATH) gleichsetzen (*to, with* mit); **equa·tion** [ɪ'kweɪʒn] *s* ❶ (MATH CHEM) Gleichung *f* ❷ Gleichsetzung, -stellung *f*

equa·tor [ɪ'kweɪtə(r)] *s* Äquator *m*; **equa·tor·ial** [ˌekwə'tɔːrɪəl] *adj* äquatorial

eques·trian [ɪ'kwestrɪən] *adj* Reiter-; Reit-; ~ **statue** Reiterstandbild *nt*; ~ **sport** Pferde-, Reitsport *m*

equi·dis·tant [ˌiːkwɪ'dɪstənt] *adj* gleich weit entfernt; **equi·lat·eral** [ˌiːkwɪ'lætərəl] *adj* (MATH) gleichseitig

equi·lib·rium [ˌiːkwɪ'lɪbrɪəm, *pl* -rɪə] <*pl* -riums, -ria> *s* (*a. fig*) Gleichgewicht *nt*; **in** ~ im Gleichgewicht

equi·noc·tial [ˌiːkwɪ'nɒkʃl] *adj* Äquinoktial-; **equi·nox** ['iːkwɪnɒks] *s* Tagundnachtgleiche *f*

equip [ɪ'kwɪp] *vt* ❶ ausrüsten, -statten ❷ vorbereiten (*to* zu); **be well** ~**ped for a job** das nötige Rüstzeug für einen Beruf haben; **equip·ment** [-mənt] *s* ❶ Ausstattung, Ausrüstung *f* ❷ Einrichtung *f* ❸ Ausrüstung *f* ❹ Anlage *f*, Rüstzeug *nt* ❺ (COM) Investitionsgüter *ntpl*; **camping** ~ Campingausrüstung *f*; **office** ~ Büroeinrichtung *f*

? Grammatik

equipment ist nicht zählbar; d. h. es wird nur im Singular benutzt und wenn man von einem Einzelstück redet, sagt man: *a piece of equipment.*

equi·table ['ekwɪtəbl] *adj* gerecht; **equity** ['ekwətɪ] *s* ❶ Billigkeit, Gerechtigkeit *f* ❷ (COM) Eigenkapital *nt* ❸ (JUR) Billigkeitsrecht *nt*

equiv·al·ence [ɪ'kwɪvələns] *s* (*a.* CHEM) Gleichwertigkeit *f,* Entsprechung *f;* ~ **relation** (MATH) Äquivalenzrelation *f;* **equiv·al·ent** [ɪ'kwɪvələnt] **I.** *adj* ❶ gleich(wertig) ❷ gleichbedeutend (*to* mit) ❸ entsprechend; **be** ~ **to s.th.** einer S gleichkommen; einer S entsprechen **II.** *s* ❶ Gegenwert *m;* (*a.* CHEM ELEK) Äquivalent *nt* ❷ Gegenstück *nt* (*of, to* zu)

equivo·cal [ɪ'kwɪvəkl] *adj* ❶ mehrdeutig ❷ fragwürdig; unsicher; zweifelhaft; **equivo·cate** [ɪ'kwɪvəkeɪt] *vi* zweideutig reden; **equivo·ca·tion** [ɪˌkwɪvə'keɪʃn] *s* Zwei-, Mehrdeutigkeit *f*

era ['ɪərə] *s* Ära *f;* (*a.* GEOL) Zeitalter *nt*

eradi·cate [ɪ'rædɪkeɪt] *vt* ausrotten, völlig vernichten

erase [ɪ'reɪz] *vt* ❶ ausradieren ❷ vertilgen, entfernen ❸ (*fig*) auslöschen (*from* aus) ❹ (INFORM) löschen; ~ **key** (INFORM) Löschtaste *f;* **eraser** [ɪ'reɪzə(r)] *s* ❶ Radiergummi *m* ❷ Tafelwischer *m;* **eras·ure** [ɪ'reɪʒə(r)] *s* ❶ Radieren *nt* ❷ radierte Stelle

erect [ɪ'rekt] **I.** *adj* ❶ aufrecht, senkrecht ❷ aufgerichtet ❸ (PHYSIOL) erigiert **II.** *vt* ❶ (*Gebäude*) errichten; aufrichten ❷ senkrecht stellen ❸ (*Maschine*) montieren; **erec·tion** [ɪ'rekʃn] *s* ❶ Errichtung *f,* Bau *m* ❷ Montage *f* ❸ Bau(werk *nt*) *m,* Gebäude *nt* ❹ (PHYSIOL) Erektion *f*

erg [ɜːg] *s* (PHYS: *Arbeitseinheit*) Erg *nt*

ergo·nom·ic [ˌɜgə'nɒmɪk] *adj* ergonomisch; **ergo·nom·ics** [ˌɜːgə'nɒmɪks] *s pl mit sing* Ergonomie *f*

er·mine ['ɜːmɪn] *s* ❶ (*Wiesel*) Hermelin *nt* ❷ (*Pelz*) Hermelin *m*

erode [ɪ'rəʊd] *vt* ❶ zerfressen, -nagen ❷ (GEOL: ~ *away*) auswaschen

erogen·ous [ɪ'rɒdʒənəs] *adj* (PHYSIOL) erogen

ero·sion [ɪ'rəʊʒn] *s* ❶ (GEOL) Erosion *f* ❷ (*fig*) langsamer Verlust (*of* an)

erotic [ɪ'rɒtɪk] *adj* erotisch; **eroti·cism** [ɪ'rɒtɪsɪzəm] *s* Erotik *f*

err [ɜː(r)] *vi* ❶ (sich) irren (*in* in) ❷ (REL) fehlen

er·rand ['erənd] *s* Botengang *m,* Besorgung *f;* **run** ~**s** Botengänge, (kleine) Besorgungen machen; **errand boy** *s* Laufbursche *m*

er·rant ['erənt] *adj* ❶ umherstreifend ❷ sündig; fehlgeleitet; **knight** ~ fahrender Ritter

er·ratic [ɪ'rætɪk] *adj* ❶ unberechenbar ❷ (*Denken*) sprunghaft ❸ (*Arbeit*) ungleichmäßig ❹ (GEOL) erratisch

er·ratum [e'rɑːtəm, *pl* e'rɑːtə] <*pl* errata> *s* Schreib-, Druckfehler *mpl,* Druckfehler(verzeichnis *nt*) *mpl*

er·ron·eous [ɪ'rəʊnɪəs] *adj* irrig, falsch; ~ **judg(e)ment** Fehlurteil *nt*

er·ror ['erə(r)] *s* Irrtum *m;* Fehler *m,* Versehen *nt;* **by trial and** ~ durch Ausprobieren; **in** [*o* **through an**] ~ versehentlich, irrtümlich; **be in** ~ im Irrtum sein; **free from** ~ fehlerfrei, -los; **error message** *s* (INFORM) Fehleranzeige, Fehlermeldung *f;* **error-prone** ['erə(r)prəʊn] *adj* fehleranfällig; **error rate** *s* Fehlerquote *f*

eru·dite ['eruːdaɪt] *adj* gelehrt; **eru·di·tion** [ˌeruː'dɪʃn] *s* Gelehrsamkeit *f*

erupt [ɪ'rʌpt] *vi* ❶ hervorbrechen ❷ (*Vulkan, Streit, Krieg*) ausbrechen ❸ (*Haut*) einen Ausschlag bekommen ❹ (*Person*) explodieren; **erup·tion** [ɪ'rʌpʃn] *s* ❶ Ausbruch *m* ❷ (Haut)Ausschlag *m*

es·ca·late ['eskəleɪt] **I.** *vi* ❶ (*Preise*) ansteigen ❷ (POL) sich ausweiten **II.** *vt* ❶ ausweiten, eskalieren ❷ (*Preise*) sprunghaft steigen lassen; **es·ca·la·tion** [ˌeskə'leɪʃn] *s* Eskalation *f;* **es·ca·la·tor** ['eskəleɪtə(r)] *s* Rolltreppe *f*

es·ca·lope ['eskələp] *s* Schnitzel *nt*

es·ca·pade [ˌeskə'peɪd] *s* toller, dummer Streich

es·cape [ɪ'skeɪp] **I.** *vi* ❶ entfliehen, flüchten, entweichen, entkommen (*from* aus) ❷ entgehen (*from s.th.* einer S), davonkommen (*with* mit) ❸ (*Flüssigkeit, Gas*) ausströmen, auslaufen (*from* aus) ❹ entschlüpfen, entschwinden (*from + dat*) **II.** *vt* ❶ entfliehen (*s.th.* einer S), ausweichen (*s.th.* einer S), vermeiden ❷ (*Name*) entfallen (*s.o.* jdm) **III.** *s* ❶ Flucht *f;* Entkommen *nt* ❷ Rettung *f* (*from* von) ❸ Fluchtweg *m* ❹ (TECH) undichte Stelle; **have a narrow** ~ mit knapper Not davonkommen; ~ **attempt** Fluchtversuch *m;* ~ **chute** (AVIAT) Notrutsche *f;* ~ **notice** unbemerkt bleiben; ~ **valve** Sicherheitsventil *nt;* ~ **velocity** Fluchtgeschwindigkeit *f* (*aus dem Schwerefeld*); **es·capee** [ɪˌskeɪ'piː] *s* entwichene(r) Gefangene(r) *f m;* **es·cap·ism** [ɪ'skeɪpɪzəm] *s* Flucht *f* aus der Wirklichkeit, Eskapismus *m*

es·cap·ist [-ɪst] *s* Aussteiger(in) *m(f)*

es·carp·ment [ɪ'skɑːpmənt] *s* Steilabhang *m;* Böschung *f*

es·chew [ɪs'tʃuː] *vt* ① (ver)meiden, ausweichen (*s.th.* einer S) ② unterlassen; sich enthalten (*s.th.* einer S)

es·cort¹ ['eskɔːt] *s* ① Begleiter(in) *m(f)* ② (MIL) Geleitschutz *m,* Eskorte *f*

es·cort² [ɪ'skɔːt] *vt* ① begleiten ② decken, eskortieren

es·cutcheon [ɪ'skʌtʃən] *s* Wappen(schild) *nt;* **have a blot on one's** ~ (*fig*) keine reine Weste haben

Es·kimo ['eskɪməʊ] <*pl* -kimo(e)s> *s* Eskimo *m,* Eskimofrau *f*

esopha·gus [iː'sɒfəgəs] *s* (*Am*) Speiseröhre *f*

eso·teric [ˌesəʊ'terɪk] *adj* esoterisch

es·pa·drille ['espədrɪl] *s* Espadrille *f*

es·pecial [ɪ'speʃl] *adj* ① besondere(r, s) ② un-, außergewöhnlich; **es·pecial·ly** [ɪ'speʃəlɪ] *adv* (ganz) besonders, vor allem

espion·age ['espɪənɑːʒ] *s* Spionage *f;* **industrial** ~ Werkspionage *f*

es·pla·nade [ˌesplə'neɪd] *s* Esplanade, (Ufer)Promenade *f*

es·pousal [ɪ'spaʊzl] *s* Parteiergreifung, -nahme *f* (*of* für); **es·pouse** [ɪ'spaʊz] *vt* Partei ergreifen, eintreten für

es·presso [e'spresəʊ] <*pl* -pressos> *s* Espresso *m*

Esq., **Es·quire** [ɪ'skwaɪə(r), *Am* 'eskwaɪər] *s* (*auf Briefumschlägen*): **John Brown** ~ Herrn John Brown

es·say¹ [e'seɪ] **I.** *vt* versuchen; erproben **II.** *s* Versuch *m* (*at s.th.* an einer S, *at doing s.th.* etw zu tun)

es·say² ['eseɪ] *s* Essay *m;* Aufsatz *m;* **es·say·ist** [-ɪst] *s* Essayist(in) *m(f)*

es·sence ['esns] *s* ① Wesen *nt* (*einer S*) ② (das) Wesentliche ③ Essenz *f;* **in** ~ (im) wesentlich(en); **be of the** ~ sehr wesentlich, wichtig sein; **es·sen·tial** [ɪ'senʃl] **I.** *adj* ① wesentlich (*to* für) ② unentbehrlich; (lebens)notwendig, unerlässlich; ~ **goods** Güter *nt pl* des täglichen Bedarfs; **not** ~ nicht unbedingt erforderlich **II.** *s* (das) Wesentliche, Wichtigste, Notwendigste; Hauptsache *f;* wesentliche Umstände *mpl;* ~**s of life** das Lebensnotwendige; **es·sen·tial·ly** [ɪ'senʃəlɪ] *adv* (im) wesentlich(en), in der Hauptsache

es·tab·lish [ɪ'stæblɪʃ] **I.** *vt* ① er-, einrichten, gründen ② (*Geschäft*) eröffnen ③ (*Regelung*) einführen; (*Verbindung*) herstellen, aufnehmen ④ (*Theorie*) aufstellen ⑤ (*Ordnung*) herstellen ⑥ (*Frieden*) stiften ⑦ (*Autorität*) sich verschaffen ⑧ (*Regierung*) bilden ⑨ (*Rekord*) aufstellen ⑩ (*Ausschuss*) einsetzen ⑪ be-, nachweisen, begründen ⑫ (*Fakten*) ermitteln ⑬ Geltung verschaffen (*s.th.* einer S); ~ **the basis** die Grundlage schaffen **II.** *vr* sich niederlassen, sich selbstständig machen (*as a grocer* als Lebensmittelhändler), ein Geschäft gründen; **es·tab·lished** [ɪ'stæblɪʃt] *adj* ① feststehend ② (*Ruf*) gesichert ③ (*Brauch*) althergebracht ④ (*Gesetze*) geltend; (*Ordnung*) bestehend; **Established Church** Staatskirche *f*

i Land & Leute

In England ist die **Established Church** (Staatskirche) die *Church of England* oder *Anglican Church* (anglikanische Kirche). Sie entstand, als Henry VIII 1532 mit der römisch-katholischen Kirche brach und sich selbst zum Oberhaupt der englischen Kirche erklärte. In ihrer Verfassung und in ihrer Liturgie kombiniert die anglikanische Kirche katholische und protestantische Elemente. In Schottland ist die **Established Church** die *Church of Scotland*, eine *Presbyterian Church*, die im 16. Jh. von dem calvinistischen Reformator John Knox stark beeinflusst wurde. *Church elders* (Älteste) bestimmen zusammen mit dem *minister* (Pfarrer) auf Gemeindeebene die Richtung, und eine demokratisch organisierte *General Assembly* (Generalversammlung) bestimmt den Kurs auf nationaler Ebene. In Irland und Wales gibt es keine Staatskirche.

es·tab·lish·ment [ɪ'stæblɪʃmənt] *s* ① Er-, Einrichtung, Gründung *f;* Eröffnung *f* ② (*Regierung*) Bildung *f* ③ Fest-, Klarstellung *f;* Begründung *f;* Beweis *m* ④ Haus(halt *m*) *nt,* Wohnung *f* ⑤ Geschäft(shaus) *nt,* Firma *f,* Unternehmen *nt,* Betrieb *m* ⑥ Anstalt, Institution *f* ⑦ (Verwaltungs-, Beamten)Apparat, Personalbestand *m;* Truppenstärke *f* ⑧ (*der brit. Gesellschaft*) (das) Establishment; **educational** ~ Lehranstalt *f;* **industrial** ~ Industrieunternehmen *nt*

es·tate [ɪ'steɪt] *s* ① Besitz *m,* Eigentum, Vermögen *nt* ② Grund-, Landbesitz *m,* (Land)Gut *nt* ③ Gelände *nt* ④ Nachlass *m,* Hinterlassenschaft, Erbmasse *f* ⑤ (*bank-*

rupt's ~) Konkursmasse *f* ⑥ Stand, Rang *m;* **family** ~ Familienbesitz *m;* **housing** ~ Wohnsiedlung *f;* **leasehold** ~ Pachtgrundstück *nt;* **real** ~ Grundbesitz *m;* Immobilien *pl;* **estate agent** *s* Grundstücksmakler(in) *m(f);* **estate car** *s* Kombi(wagen) *m;* **estate duty** *s,* **estate tax** *s* (*Am*) Erbschaftssteuer *f*

es·teem [ɪ'sti:m] **I.** *vt* ① hochschätzen, sehr schätzen ② ansehen als, erachten für **II.** *s* (Hoch)Achtung *f* (*for, of* vor), Wertschätzung *f* (*for, of+gen*), Ansehen *nt*

es·ti·mable ['estɪməbl] *adj* schätzens-, achtenswert; abschätzbar

es·ti·mate¹ ['estɪmeɪt] **I.** *vt* ① (ab-, ein)schätzen; taxieren ② veranschlagen (*at* auf) ③ beurteilen **II.** *vi* schätzen

es·ti·mate² ['estɪmət] *s* ① (Ab)Schätzung, Bewertung *f* ② Kostenvoranschlag *m* ③ (*Lage*) Beurteilung *f* ④ statistische Messzahl; **at** [*o* **on**] **a rough** ~ grob überschlagen; **rough** ~ Überschlag *m;* ~ **of damages** Schadensberechnung *f;* **es·ti·ma·ted** ['estɪmeɪtɪd] *adj* ① geschätzt ② voraussichtlich; ~ **cost** Sollkosten *pl;* ~ **time of arrival, ETA** (AVIAT) voraussichtliche Ankunftszeit; ~ **useful life** geschätzte Nutzungsdauer; ~ **value** Taxwert *m;* **es·ti·ma·tion** [,estɪ'meɪʃn] *s* ① Beurteilung *f* ② Ansicht, Meinung *f* ③ Hochschätzung, Achtung *f,* Respekt *m;* **in my** ~ meines Erachtens

Es·to·nia [e'stəʊnɪə] *s* Estland *nt;* **Es·to·nian** [e'stəʊnɪən] **I.** *adj* estnisch, estländisch **II.** *s* Este *m,* Estin *f*

es·trange [ɪ'streɪndʒ] *vt* entfremden (*from s.o.* jdm); **become** ~**d from s.o.** sich jdm entfremden; **es·trange·ment** [-mənt] *s* Entfremdung *f*

es·tro·gen ['i:strəʊdʒən] *s* (*Am*) Östrogen *nt*

es·tu·ary ['estʃʊərɪ] *s* Mündung *f*

i Land & Leute

Estuary English, von *Thames estuary*, dem Mündungsgebiet der Themse, ist die spöttische Bezeichnung für die neuerdings modische, vom *Cockney* beeinflusste Aussprache vieler junger Leute und auch von Leuten mittleren Alters aller Klassen im gesamten Südosten Englands.

et cet·era [ɪt'setərə] und so weiter, und so fort, usw.

etch [etʃ] *vt, vi* ① (*Kunst*) radieren ② ätzen (*on* auf) ③ (*fig*) einprägen (*in* in); **etcher** ['etʃə(r)] *s* Radierer(in) *m(f);* **etch·ing** [-ɪŋ] *s* Radierung *f;* Kupferstich *m*

eter·nal [ɪ'tɜ:nl] *adj* ewig; immer während; **eter·nal·ly** [ɪ'tɜ:nəlɪ] *adv* ① für immer ② (*fam*) ununterbrochen; **eter·nity** [ɪ'tɜ:nətɪ] *s* Ewigkeit *f*

ether ['i:θə(r)] *s* Äther *m;* **ethe·real** [ɪ'θɪərɪəl] *adj* (*fig*) ätherisch

ethi·cal ['eθɪkl] *adj* moralisch, ethisch; **eth·ics** ['eθɪks] *s pl a. mit sing* Ethik, Moral *f*

Ethio·pia [,i:θɪ'əʊpɪə] *s* Äthiopien *nt;* **Ethio·pian** [,i:θɪ'əʊpɪən] **I.** *adj* äthiopisch **II.** *s* ① Äthiopier(in) *m(f)* ② (das) Äthiopisch(e)

ethnic ['eθnɪk] *adj* ① ethnisch ② (*Atmosphäre*) urtümlich ③ (*Restaurant*) folkloristisch; **eth·nol·ogy** [eθ'nɒlədʒɪ] *s* Ethnologie *f*

ethos ['i:θɒs] *s* Ethos *nt*

ethyl ['eθɪl] *s* (CHEM) Äthyl *nt*

eti·quette ['etɪket] *s* Etikette *f;* **breach of professional** ~ standeswidriges Verhalten

ety·mo·logi·cal [,etɪmə'lɒdʒɪkl] *adj* etymologisch; **ety·mol·ogy** [,etɪ'mɒlədʒɪ] *s* Etymologie *f*

EU [,i:'ju:] *s Abk. von* **European Union** EU *f;* ~ **member state** EU-Mitgliedstaat *m*

euca·lyptus [,ju:kə'lɪptəs] *s* Eukalyptus *m;* **eucalyptus oil** *s* Eukalyptusöl *nt*

Eu·char·ist ['ju:kərɪst] *s* (das) heilige Abendmahl

eu·logize ['ju:lədʒaɪz] *vt* übermäßig loben; **eu·logy** ['ju:lədʒɪ] *s* Lobrede *f,* hohes Lob

eu·nuch ['ju:nək] *s* Eunuch *m*

eu·phem·ism ['ju:fəmɪzəm] *s* Euphemismus *m;* **eu·phem·is·tic** [,ju:fə'mɪstɪk] *adj* euphemistisch, beschönigend

eu·phony ['ju:fənɪ] *s* Wohlklang *m*

eu·phoria [ju:'fɔ:rɪə] *s* Euphorie *f;* **eu·pho·ric** [ju:'fɒrɪk] *adj* euphorisch

Eur·asia [jʊə'reɪʒə] *s* Eurasien *nt;* **Eur·asian** [jʊə'reɪʒn] **I.** *adj* eurasisch **II.** *s* Eurasier(in) *m(f)*

Eur·at·om [jʊə'rætəm] *s Abk. von* **European Atomic Energy Community** Euratom *f*

eu·rhyth·mics [ju:'rɪðmɪks] *s pl mit sing* Eurhythmie *f*

Eu·ro ['jʊərəʊ] *adj* Euro-; ~ **Info Centre, EIC** Euro-Info-Centre *nt*

eu·ro ['jʊərəʊ] *s* Euro *m;* **eu·ro bank·note** *s* Euro-Banknote *f;* **eu·ro cent** *s* Cent *m;* **eu·ro coin** *s* Euro-Münze *f;* **Euro·crat** ['jʊərəʊkræt] *s* Eurokrat(in) *m(f);* **euro·cur·ren·cy** ['jʊrəʊ,kʌrənsɪ] *s* Euro-Währung *f;* **euro-cur·ren·cy area** *s* Euro-Währungsgebiet *nt;* **eu·ro note** *s* Euro-

Schein *m*

Eu·rope [ˈjʊərəp] *s* Europa *nt;* **the Council of** ~ der Europarat; **Euro·pean** [ˌjʊərəˈpɪən] **I.** *adj* europäisch; ~ **Audit Office** Europäischer Rechnungshof *m;* ~ **Central Bank** Europäische Zentralbank *f;* ~ **Central Bank System** Europäisches System der Zentralbanken *m;* ~ **Commission** Europäische Kommission *f;* ~ **Communities** Europäische Gemeinschaften *fpl;* ~ **Coal and Steel Community** Montanunion *f;* ~ **Council** Europäischer Rat; ~ (**Economic**) **Community, E**(**E**)**C** (HIST) Europäische (Wirtschafts)Gemeinschaft, E(W)G *f;* ~ **Court** Europäischer Gerichtshof *m;* ~ **Court of Auditors, ECA** Europäischer Rechnungshof, ERH *m;* ~ **elections** Europawahlen *fpl;* ~ **Intercity Train** EuroCity(-Zug), EC *m;* ~ **Investment Bank, EIB** Europäische Investitionsbank, EIB *f;* ~ **Monetary Agreement** Europäisches Währungsabkommen; ~ **Monetary Institute** Europäisches Währungsinstitut *nt;* ~ **Monetary System, EMS** Europäisches Währungssystem, EWS *f;* ~ **Monetary Union, EMU** Europäische Währungsunion, EWU *f;* ~ **Ombudsman** Europäische(r) Bürgerbeauftragte(r) *mf;* ~ **Parliament** Europaparlament *nt,* Europäisches Parlament *nt;* ~ **Police Office** Europäisches Polizeiamt; ~ **Regional Development Fund, ERDF** Europäischer Fonds für regionale Entwicklung, EFRE *m;* ~ **Union, EU** Europäische Union, EU *f;* ~ **Union Council** Rat *m* der Europäischen Union; ~ **Union Member State** EU-Mitgliedstaat *m* **II.** *s* Europäer(in) *m(f)*

Eu·ro·pol [ˈjʊərəʊpɒl] *s Abk. von* **European Police Office** Europol *nt,* Europäisches Polizeiamt

eu·ro·zone *s* (FIN) Euroland *nt*

eu·tha·nasia [ˌjuːθəˈneɪzɪə] *s* Euthanasie *f*

eu·trophi·ca·tion [juːˌtrəʊfɪˈkeɪʃn] *s* (*of lakes*) Eutrophierung *f,* Überdüngung *f*

evacu·ate [ɪˈvækjʊeɪt] *vt* ① räumen; (*Bevölkerung*) evakuieren ② (*Darm*) entleeren; **evacu·ation** [ɪˌvækjʊˈeɪʃn] *s* ① Räumung *f,* Evakuierung *f* ② (Darm)Entleerung *f;* **evacuee** [ɪˌvækjuːˈiː] *s* Evakuierte(r) *f m*

evade [ɪˈveɪd] *vt* ① aus dem Wege gehen, ausweichen (*s.th.* einer S) ② sich entziehen (*s.th.* einer S) ③ umgehen, vermeiden (*doing s.th.* etw zu tun) ④ (*Steuern*) hinterziehen

evalu·ate [ɪˈvæljʊeɪt] *vt* ① (ab)schätzen, bewerten, taxieren ② auswerten ③ beurteilen; **evalu·ation** [ɪˌvæljʊˈeɪʃn] *s* ① Abschätzung, Taxierung *f* ② Wertberechnung, -bestimmung, Bewertung *f*

evan·geli·cal [ˌiːvænˈdʒelɪkl] *adj* evangelisch; **evan·gel·ist** [ɪˈvændʒəlɪst] *s* ① Evangelist(in) *m(f)* ② (Wander)Prediger(in) *m(f);* **evan·gelize** [ɪˈvændʒəlaɪz] **I.** *vt* bekehren **II.** *vi* das Evangelium predigen

evap·or·ate [ɪˈvæpəreɪt] **I.** *vt* ① verdampfen lassen ② (*Milch*) kondensieren; ~**d milk** Dosen-, Kondensmilch *f* **II.** *vi* ① verdampfen, verdunsten; sich verflüchtigen ② (*fig*) (dahin)schwinden, vergehen

evas·ion [ɪˈveɪʒn] *s* ① Ausweichen *nt;* Umgehen, Vermeiden *nt* (*of+gen*) ② Ausflucht, Ausrede *f* ③ (*Steuer*) Hinterziehung *f;* **evas·ive** [ɪˈveɪsɪv] *adj* ① ausweichend ② (*Bedeutung*) schwer zu fassen(d); **he is so** ~ er weicht dauernd aus

eve [iːv] *s* Vorabend *m;* **on the** ~ **of** am Vorabend *+gen,* (unmittelbar) vor; am Tage vor

even [ˈiːvn] **I.** *adj* ① eben, flach, glatt ② gleichmäßig; gleichförmig; regelmäßig ③ (*Mensch*) ausgeglichen, ruhig ④ gleich (groß) ⑤ (*Zahl*) gerade ⑥ (*Maßangabe*) genau; **be** ~ **with s.o.** mit jdm quitt sein; **break** ~ sein Geld wieder herausbekommen; kostendeckend arbeiten; **get** ~ abrechnen (*with s.o.* mit jdm); **make s.th.** ~ etw ebnen; etw glätten; ~ **score** (SPORT) punktgleich, unentschieden; **I'm** ~ **with you** wir beide sind quitt; **odd or** ~ gerade oder ungerade **II.** *vt* ① einebnen, gleichmachen ② gleichstellen **III.** *vi* ① eben, auf gleicher Ebene sein ② gleich sein **IV.** *adv* ① sogar, selbst ② gerade, genau ③ noch, sogar (*mit Komparativ*) ④ nämlich; gleich; **never** ~ **...** nie auch nur ...; **not** ~ nicht einmal; selbst ... nicht; ~ **if** selbst wenn; ~ **now** sogar jetzt; gerade jetzt; ~ **so** trotzdem; **even out I.** *vi* ① eben werden ② (*Preise*) sich einpendeln **II.** *vt* ① ausgleichen ② glätten; eben machen ③ gleichmäßig verteilen; **even up** *vt* ausgleichen; aufrunden; (*Schulden*) bezahlen

even·ing [ˈiːvnɪŋ] *s* ① Abend *m* ② Abend(veranstaltung, -gesellschaft *f*) *m;* **in the** ~ am Abend; **on Sunday** ~ Sonntagabend; **one** ~ eines Abends; **this/yesterday/tomorrow** ~ heute, gestern, morgen Abend; **evening class** *s* Abendschule *f;* Abendkurs *m;* **evening dress** *s* Abendkleid *nt;* Abendanzug *m;* **evening paper** *s* Abendzeitung *f;* **evening star** *s* Abendstern *m*

even·ly [ˈiːvənlɪ] *adv* ① gleichmäßig ② ruhig, gelassen; **even·ness** [ˈiːvnnɪs] *s* ① Ausgeglichenheit *f,* Gleichmut *m* ② Ebenheit *f* ③ Gleichmäßigkeit *f;* Regelmäßigkeit *f;*

evens *s pl*: **it's ~ that** es steht 50:50, dass
event [ɪ'vent] *s* ❶ Ereignis, Geschehnis *nt*, Begebenheit *f* ❷ (SPORT) Veranstaltung *f*; Wettkampf *m*; Disziplin *f*; **at all ~s, in any ~** auf alle Fälle, jedenfalls, sowieso; **in the ~ of** im Falle +*gen*, bei; **in either ~** in dem einen oder anderen Falle; **athletic ~s** Leichtathletikkämpfe *mpl*
even-tem·pered [ˈiːvən'tempəd] *adj* ausgeglichen
event·ful [ɪ'ventfl] *adj* ereignisreich; **event planner** *s* Veranstaltungsplaner(in) *m(f)*
event·ual [ɪ'ventʃʊəl] *adj* schließlich; **event·ual·ity** [ɪˌventʃʊ'ælətɪ] *s* Möglichkeit, Eventualität *f*, Fall *m*; **event·ual·ly** [ɪ'ventʃʊəlɪ] *adv* schließlich
ever ['evə(r)] *adv* ❶ je(mals) ❷ immer ❸ (*fam*) zum Kuckuck; unheimlich; **as ~** wie immer; **for ~** (**and ~**) für alle Zeiten, für immer; **hardly ~** fast nie; **not ... ~** noch nie; **~ since** seitdem; **~ and again** immer wieder; **~ so kind** unheimlich nett; **what~/wherever/who~ ... ?** was/wo/wer ... bloß?; **~-expanding population** unaufhaltsam wachsende Bevölkerung *f*
ever·glade ['evəgleɪd] *s* (*Am*) Sumpf *m*; **ever·green** ['evəgriːn] *s* ❶ (BOT) immergrüne Pflanze ❷ (MUS) Evergreen *m*; **ever·last·ing** [ˌevə'lɑːstɪŋ] *adj* ❶ beständig, dauernd ❷ unverwüstlich; **ever·more** [ˌevə'mɔː(r)] *adv* immer; **for ~** für immer
every ['evrɪ] *adj* ❶ jede(r, s) (mögliche) ❷ alle; **each and ~ one** jede(r, s) einzelne; **~ bit** genauso; **~ now and then** [*o* **again**] ab und zu, von Zeit zu Zeit; **~ individual** jeder Einzelne; **~ one of them** sie alle ohne Ausnahme; **~ other day** jeden zweiten Tag; **~ other week** alle vierzehn Tage; **he has ~ reason** er hat allen Grund; **~ time** jedesmal; **in ~ way** in jeder Hinsicht; **every·body**, **every·one** ['evrɪbɒdɪ, 'evrɪwʌn] *pron* jeder, alle; jedermann

? Grammatik

everybody und **everyone** (= jeder, alle) sind immer Einzahl: *Everybody enjoys a sunny day; as everyone knows.*
everyone kann nur für Personen gebraucht werden; **every one** bedeutet jede Person oder jede Sache und wird oft mit *of* benutzt: *every one of the students passed the exam; every one of the books was ripped.*

everybody else *s* alle anderen, alle übrigen; **every·day** ['evrɪdeɪ] *adj attr* alltäglich, gewöhnlich; **every·one** ['evrɪwʌn] *s s.* **everybody**; **every·thing** ['evrɪθɪŋ] *pron* alles; **she is ~ to him** sie ist sein Ein und Alles; **~ new** alles Neue; **money is ~** das Geld ist das Wichtigste; **every·where** ['evrɪweə(r)] *adv* überall; wo(hin) auch immer; **~ I tried** wo ich es auch versucht habe
evict [ɪ'vɪkt] *vt* zur Räumung zwingen
evi·dence ['evɪdəns] *s* ❶ Beweis *m* ❷ Anhaltspunkt, Nachweis *m* ❸ (JUR) Beweismaterial *nt*; Beweisstück *nt*; Zeugenaussage *f*; **for lack of ~** aus Mangel an Beweisen; **in ~** deutlich sichtbar, offenkundig; (*fig*) im Vordergrund; (JUR) als Beweis; **be in ~** auffallen; **call s.o. in ~** jdn als Zeugen aufrufen; **furnish ~** den Beweis erbringen (*of* für); **give ~** eine Aussage machen (*for* für, *against* gegen); **bear ~ of** Zeugnis ablegen für; deutliche Anzeichen zeigen von; **offer** [*o* **tender**] **~** den Beweis antreten; **produce ~** Beweise erbringen; **turn King's/Queen's/State's ~** (*Am*) als Kronzeuge aussagen; **~ to the contrary** Gegenbeweis *m*

? Grammatik

evidence ist unzählbar; d. h. es wird nur im Singular benutzt und wenn man von einem einzelnen Beweisstück reden will, sagt man: *a piece of evidence.*

evi·dent ['evɪdənt] *adj* offenkundig, augenscheinlich
evil ['iːvl] **I.** *adj* ❶ schlecht, böse ❷ übel, schlimm **II.** *adv* schlecht, übel **III.** *s* ❶ (das) Böse; Übel *nt* ❷ Schlechtigkeit *f* ❸ Unheil *nt*; **wish s.o. ~** jdm Böses wünschen; **deliver us from ~** erlöse uns von dem Bösen; **the lesser ~** das kleinere Übel; **evil-doer** [ˌiːvl'duːə(r)] *s* Übeltäter(in) *m(f)*; **evil-minded** [ˌiːvl'maɪndɪd] *adj* ❶ boshaft ❷ (*Bemerkung*) hämisch; **evil-tem·pered** [ˌiːvl'tempəd] *adj* schlechtgelaunt
evince [ɪ'vɪns] *vt* an den Tag legen; zur Schau tragen
evoca·tion [ˌevə'keɪʃn] *s* Heraufbeschwören *nt*
evoca·tive [ɪ'vɒkətɪv] *adj*: **be ~ of s.th.** an etw erinnern; **evoke** [ɪ'vəʊk] *vt* hervorrufen, wachrufen, erinnern an
evol·ution [ˌiːvə'luːʃn] *s* ❶ Entwicklung *f* ❷ Entfaltung, Evolution *f*

E

evolve [ɪ'vɒlv] **I.** *vt* ❶ entwickeln, entfalten (*into* zu) ❷ (*Plan*) ausarbeiten **II.** *vi* ❶ sich entwickeln ❷ entstehen (*from* aus)

ewe [ju:] *s* (Mutter)Schaf *nt*

ewer ['ju:ə(r)] *s* Wasserkrug *m,* -kanne *f*

ex [eks] **I.** *prep* (FIN COM) ❶ ohne, ausschließlich; frei von ❷ ab; **price ~ works** Preis ab Werk **II.** *s* (*fam*) Verflossene(r) *f m*

ex- [eks] *PRÄF* ehemalige(r, s), frühere(r, s)

ex·acer·bate [ɪg'zæsəbeɪt] *vt* ❶ verschärfen, verschlimmern ❷ verbittern, verärgern

exact [ɪg'zækt] **I.** *adj* ❶ genau, exakt ❷ pünktlich ❸ gewissenhaft; **~ fare** passendes Fahrgeld **II.** *vt* ❶ (*Forderung*) eintreiben ❷ (*Geld*) erpressen (*from, of* von) ❸ fordern, verlangen; **exact·ing** [-ɪŋ] *adj* anspruchsvoll; **be ~** es sehr genau nehmen; viel verlangen; **exacti·tude** [ɪg'zæktɪtju:d] *s* Genauigkeit *f;* **exact·ly** [ɪg'zæktlɪ] *adv* ❶ so ist es, allerdings ❷ genau, ganz; **not ~ friendly** nicht gerade freundlich; **not ~ sure** nicht ganz sicher; **exact·ness** [ɪg'zæktnɪs] *s* ❶ Genauigkeit *f* ❷ Pünktlichkeit *f*

exag·ger·ate [ɪg'zædʒəreɪt] *vt, vi* übertreiben; **exag·ger·ated** [ɪg'zædʒəreɪtɪd] *adj* übertrieben; **exag·ger·ation** [ɪg,zædʒə'reɪʃn] *s* Übertreibung *f*

ex·alt [ɪg'zɔ:lt] *vt* ❶ (*fig*) erhöhen; (*in einen Stand*) erheben (*to* in) ❷ preisen; **exal·ta·tion** [,egzɔ:l'teɪʃn] *s* Begeisterung *f;* **ex·alted** [ɪg'zɔ:ltɪd] *adj* ❶ hoch ❷ überschwenglich, exaltiert

exam [ɪg'zæm] *s* Prüfung *f;* **exam·in·ation** [ɪg,zæmɪ'neɪʃn] *s* ❶ Prüfung *f,* Examen *nt* (*in* in) ❷ Untersuchung, Überprüfung *f;* Kontrolle *f* ❸ (JUR) Vernehmung *f;* **(up)on ~** bei näherer, eingehender Prüfung; **be under ~** geprüft, vernommen, untersucht werden; **fail (in) an ~** bei einer Prüfung durchfallen; **pass an ~** eine Prüfung bestehen; **undergo an ~** (MED) sich einer Untersuchung unterziehen; **~ of accounts** Rechnungsprüfung *f;* **~ of the books** Bücherrevision *f;* **~ paper** (schriftliche) Prüfungsarbeit *f;* **~ question** Prüfungsfrage *f;* **~ of witnesses** Zeugenverhör *nt;* **exam·ine** [ɪg'zæmɪn] *vt* ❶ prüfen ❷ untersuchen ❸ besichtigen ❹ verhören, vernehmen; **ex·ami·nee** [ɪg,zæmɪ'ni:] *s* Prüfling *m;* (Examens)Kandidat(in) *m(f);* **exam·iner** [ɪg'zæmɪnə(r)] *s* ❶ Prüfer(in) *m(f)* ❷ Revisor(in) *m(f)* ❸ (JUR) vernehmende(r) Richter(in) *m f;* **exam·in·ing** [ɪg'zæmɪnɪŋ] *adj:* **~ body** Prüfungsausschuss *m,* -kommission *f;* **~ magistrate** Untersuchungsrichter(in) *m(f)*

example [ɪg'zɑ:mpl] *s* ❶ Beispiel *nt* ❷ Muster *nt* (*of* für) ❸ Vorbild *nt* ❹ warnendes Beispiel; **without ~** beispiellos; **for ~** zum Beispiel; **be an ~ to s.o.** für jdn ein Beispiel sein; **give** [*o* **set**] **an ~** mit gutem Beispiel vorangehen; **make an ~ of** ein Exempel statuieren an

exas·per·ate [ɪg'zɑ:spəreɪt] *vt* verzweifeln lassen, zur Verzweiflung bringen; **exas·per·ating** [ɪg'zɑ:spəreɪtɪŋ] *adj* ärgerlich; **he can be ~** er kann einen zur Verzweiflung bringen; **exas·per·ation** [ɪg,zɑ:spə'reɪʃn] *s* ❶ Erbitterung *f* ❷ Ärger *m;* **in ~** verzweifelt

ex·ca·vate ['ekskəveɪt] *vt* ausbaggern, -graben; **ex·ca·va·tion** [,ekskə'veɪʃn] *s* ❶ Ausschachtung, Ausbaggerung *f* ❷ Höhlung, Höhle *f* ❸ Ausgrabung *f;* **ex·ca·vator** ['ekskəveɪtə(r)] *s* Trockenbagger *m*

ex·ceed [ɪk'si:d] *vt* ❶ überschreiten; übersteigen ❷ übertreffen (*s.o.'s expectations* jds Erwartungen); **ex·ceed·ing·ly** [-ɪŋlɪ] *adv* äußerst, (ganz) besonders, außerordentlich

ex·cel [ɪk'sel] **I.** *vt* übertreffen, überragen (*in* in); **~ o.s.** sich selbst übertreffen **II.** *vi* sich auszeichnen, sich hervortun (*at* bei, *in* in, *as* als); **ex·cel·lence** ['eksələns] *s* ❶ Vorzüglichkeit *f* ❷ Fähigkeit *f;* hervorragende Leistung (*at, in* in); **Ex·cel·lency** ['eksələnsɪ] *s* (*Titel*) Exzellenz *f;* **ex·cel·lent** ['eksələnt] *adj* ausgezeichnet, hervorragend

ex·cept [ɪk'sept] **I.** *vt* ❶ ausnehmen, ausschließen (*from* aus) ❷ eine Ausnahme machen mit **II.** *prep* außer, ausgenommen; **~ for** bis auf; mit Ausnahme *+gen* **III.** *conj* (*fam*) (je)doch; **ex·cept·ing** [-ɪŋ] *prep* außer, ausgenommen; **ex·cep·tion** [ɪk'sepʃn] *s* ❶ Ausnahme *f* (*to* von) ❷ Einwand *m;* Einwendung *f;* Beanstandung *f* ❸ (JUR) Einrede *f* ❹ Anstoß *m;* **as an** [*o* **by way of**] **~** als Ausnahme; ausnahmsweise; **with the ~ of** mit Ausnahme *+gen,* mit der Ausnahme, dass; **with certain ~s** mit bestimmten Ausnahmen; **without ~** ausnahmslos; **be an ~ to s.th.** eine Ausnahme von etw bilden; **make an ~ to s.th.** von etw eine Ausnahme machen; **take ~** Anstoß nehmen (*to* an), beanstanden (*to s.th.* etw), Einwendungen erheben (*to* gegen); **the ~ proves the rule** (*prov*) Ausnahmen bestätigen die Regel; **ex·cep·tion·able** [ɪk'sepʃənəbl] *adj* anfechtbar; **ex·cep·tional** [ɪk'sepʃənl] *adj* außergewöhnlich; **~ case** Ausnahmefall *m;* **ex·cep·tion·ally** [ɪk'sepʃnəlɪ] *adv* außergewöhnlich, ungewöhnlich

1	wing mirror (GB), outside mirror (USA)	Außenspiegel
2	aerial (GB), antenna (USA)	Antenne
3	rear-view mirror	Rückspiegel
4	windscreen (GB), windshield (USA)	Windschutzscheibe
5	bonnet (GB), hood (USA)	Motorhaube
6	wing (GB), fender (USA)	Kotflügel
7	steering wheel	Lenkrad
8	handbrake (GB), parking brake (USA)	Handbremse
9	gear lever/stick (GB), gearshift (USA)	Schaltknüppel
0	driver's seat	Fahrersitz
1	headrest	Kopfstütze
12	seat belt	Sicherheitsgurt
13	door	Tür
14	number plate (GB), license plate (USA)	Nummernschild
15	exhaust pipe (GB), tailpipe (USA)	Auspuffrohr
16	boot (GB), trunk (USA)	Kofferraum
17	rear light	Rücklicht
18	indicator (GB), turn signal (USA)	Blinklicht
19	rear bumper	hintere Stoßstange
20	tyre (GB), tire (USA)	Reifen
21	hubcap	Radkappe

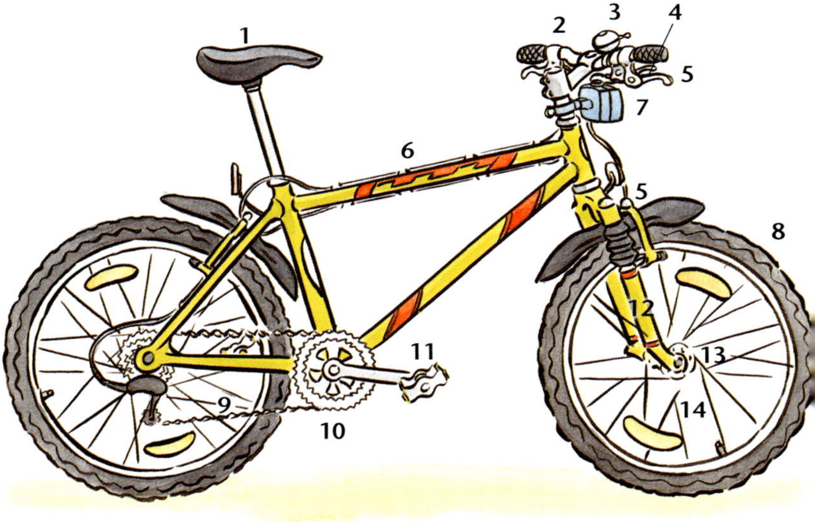

1	saddle	Sattel	8	tyre (GB), tire (USA)	Reifen
2	handlebars	Lenkstange	9	chain	Fahrradkette
3	bell	Klingel	10	sprocket (GB), chain wheel (USA)	Kettenrad
4	dérailleur gear	Kettenschaltung	11	pedal	Pedal
5	brake	Bremse	12	fork	Gabel
6	crossbar	Querstange	13	hub	Nabe
7	front light	Vorderlicht	14	spoke	Speiche

ex·cerpt ['eksɜ:pt] *s* Auszug *m,* Exzerpt *nt*

ex·cess [ɪk'ses] **I.** *s* ❶ Übermaß *nt* (*of* an) ❷ Überschuss *m* ❸ ~**es** Exzesse *mpl,* Ausschweifungen *fpl;* (POL) Ausschreitungen *fpl;* **in ~ of** mehr als, über ... hinaus; **be in ~ of** hinausgehen über, überschreiten; **carry to ~** übertreiben; über das Ziel hinausschießen (*s.th.* mit etw); **~ of exports** Exportüberschuss *m;* **~ of population** Bevölkerungsüberschuss *m;* **~ of purchasing power** Kaufkraftüberhang *m* **II.** *adj* überschüssig; **excess amount** *s* Mehrbetrag, Überschuss *m;* **excess baggage** *s* Übergewicht *nt* (*Gepäck*)*;* **excess charge** *s* zusätzliche Gebühr; (*Post*) Nachporto *nt;* **excess expenditure** *s* Mehrausgaben *fpl;* **ex·cess·ive** [ɪk'sesɪv] *adj* übermäßig, übertrieben; **excess production** *s* Produktionsüberschuss *m;* **excess supply** *s* Überangebot *nt*

ex·change [ɪk'stʃeɪndʒ] **I.** *vt* ❶ (aus-, ein-, um)tauschen (*with* mit) ❷ (aus-, ein-, um)wechseln (*for* gegen); **~ blows** sich schlagen; **~ words** einen Wortwechsel haben **II.** *s* ❶ (Aus-, Um)Tausch *m;* Tauschgeschäft *nt* ❷ (Geld)Wechseln *nt;* Wechselstube *f* ❸ (*foreign ~*) Valuta *f,* Devisen *pl,* ausländische Zahlungsmittel *ntpl* ❹ Börse *f* ❺ (TELE) Vermittlung *f;* Zentrale *f;* Fernamt *nt* ❻ Wortwechsel *m;* **in ~ for** im Tausch gegen, für; als Entschädigung für; **give in ~** in Tausch geben, einwechseln; **obtain in ~ for s.th.** im Tausch gegen etw erhalten; **bill of ~** Wechsel *m;* Tratte *f;* **~ of experiences** Erfahrungsaustausch *m;* **corn/cotton ~** Getreide-/Baumwollmarkt *m;* **labo(u)r ~** Arbeitsamt *nt;* **rate of ~, ~ rate** Wechselkurs *m;* **stock ~** Börse *f;* **~ of goods** Güter-, Warenaustausch *m;* **~ of letters** Briefwechsel *m;* **~ of views** Meinungsaustausch *m* **III.** *adj attr* ❶ Austausch- ❷ Börsen-; Wechsel-; Devisen-; **ex·change·able** [ɪk'stʃeɪndʒəbl] *adj* austauschbar; umtauschbar; **exchange broker, exchange dealer** *s* Devisenmakler(in) *m(f);* **exchange control** *s* Devisenkontrolle *f;* **exchange course mechanism** *s* Wechselkursmechanismus *m;* **exchange market** *s* Devisenmarkt *m;* **exchange rate** *s* Wechselkurs *f;* **exchange regulations** *s pl* Devisenbestimmungen *fpl,* Börsenordnung *f;* **exchange restrictions** *s pl* Devisenbeschränkungen *fpl;* **exchange student** *s* Austauschstudent(in) *m(f);* **exchange teacher** *s* Austauschlehrer(in) *m(f);* **exchange value** *s* Tausch-, Gegenwert *m*

ex·chequer [ɪks'tʃekə(r)] *s* ❶ Staatskasse *f,* Fiskus *m* ❷ (*fam*) Geldmittel *ntpl;* **the Exchequer** (*in GB*) das Finanzministerium; **the Chancellor of the Exchequer** der (die) Finanzminister(in)

ex·cise¹ ['eksaɪz] *s* ❶ (*~ tax*) Verbrauchssteuer *f* ❷ (*in GB*) Abteilung *f* für indirekte Steuern; **~-man** [*o* **-officer**] Steuereinnehmer *m;* **~ duty** Verbrauchsteuer *f*

ex·cise² [ek'saɪz] *vt* (her)ausschneiden

ex·cit·able [ɪk'saɪtəbl] *adj* erregbar; reizbar; **ex·cite** [ɪk'saɪt] *vt* ❶ hervorrufen, erregen ❷ aufregen, nervös machen ❸ begeistern ❹ (PHYSIOL) reizen, erregen; **ex·cit·ed** [ɪk'saɪtɪd] *adj* aufgeregt; erregt; **get ~** sich aufregen (*over* über) **be ~ about prospects/ideas** Aussichten aufregend finden/von Ideen begeistert sein; **ex·cite·ment** [ɪk'saɪtmənt] *s* Aufregung *f;* Erregung *f;* Reizung *f;* **ex·cit·ing** [ɪk'saɪtɪŋ] *adj* aufregend; spannend; erregend

ex·claim [ɪk'skleɪm] *vt, vi* ❶ (aus)rufen ❷ (auf)schreien (*in pain* vor Schmerz); **ex·cla·mation** [,ekskla'meɪʃn] *s* Ausruf *m;* **~ mark,** *Am* **~ point** Ausrufezeichen *nt*

ex·clude [ɪk'sklu:d] *vt* ausschließen; ausgrenzen (*from* aus); **~ all possibility of doubt** jeden Zweifel ausschließen; **be ~d** nicht zugelassen, ausgeschlossen sein (*from* von); **ex·clud·ing** [ɪk'sklu:dɪŋ] *adj* nicht inbegriffen; ausgenommen; **ex·clu·sion** [ɪk'sklu:ʒn] *s* Ausschluss *m;* Ausgrenzung *f;* **to the ~ of** unter Ausschluss +*gen;* **~s from gross income** steuerfreie Einkünfte; **ex·clus·ive** [ɪk'sklu:sɪv] *adj* ❶ ausschließend, ausschließlich ❷ exklusiv ❸ vornehm, elegant ❹ (*fam: Laden*) teuer; **~ of** ausschließlich +*gen;* **be mutually ~** sich gegenseitig ausschließen; **~ agent** Alleinvertreter(in) *m(f);* **~ report** Exklusivbericht *m;* **~ right** Exklusivrecht *nt* (*to* auf)

ex·com·muni·cate [,ekskə'mju:nɪkeɪt] *vt* exkommunizieren; **ex·com·muni·ca·tion** [,ekskə,mju:nɪ'keɪʃn] *s* Exkommunikation *f*

excre·ment ['ekskrəmənt] *s* Kot *m,* Ausscheidung *f,* Fäkalien *pl*

ex·cres·cence [ɪk'skresns] *s* Auswuchs *m,* Wucherung *f*

ex·creta [ɪk'skri:tə] *s pl* Exkremente *ntpl;* **ex·crete** [ɪk'skri:t] *vt* (PHYSIOL) ausscheiden, absondern; **ex·cre·tion** [ɪk'skri:ʃn] *s* Ausscheidung, Absonderung *f;* Exkret *nt*

ex·cru·ciat·ing [ɪk'skru:ʃɪeɪtɪŋ] *adj* qualvoll, schmerzhaft

ex·cur·sion [ɪk'skɜ:ʃn] *s* ❶ Ausflug *m* ❷ Rundfahrt, -reise *f* ❸ (*~ trip*) Gesell-

E

schaftsfahrt *f;* **go on** [*o* **make**] **an** ~ einen Ausflug machen; **excursion ticket** *s* verbilligte Karte; verbilligtes Ticket; **excursion train** *s* Sonderzug *m*

ex·cus·able [ɪk'skju:zəbl] *adj* verzeihlich

ex·cuse¹ [ɪk'skju:z] **I.** *vt* ❶ entschuldigen (*for* wegen, *for being late* für das Zuspätkommen) ❷ verzeihen (*s.o.* jdm) ❸ Nachsicht üben gegen, in Schutz nehmen ❹ rechtfertigen, verteidigen ❺ erlassen (*s.o. from s.th.* jdm etw), befreien (*from* von); ~ **me!** entschuldigen Sie!; **you may be** ~**d now** Sie können jetzt gehen **II.** *vr* sich entschuldigen

ex·cuse² [ɪk'skju:s] *s* Entschuldigung *f;* Rechtfertigung *f;* Ausrede *f;* **in** ~ **of** als Entschuldigung; **without** ~ unentschuldigt; **make** [*o* **offer**] **an** ~ sich entschuldigen (*to* bei); **make** ~**s for s.o.** jdn entschuldigen; **make s.th. one's** ~ etw zur Entschuldigung vorbringen; ~**s**, ~**s!** nichts als Ausreden!

ex-di·rec·tory [ˌeksdɪ'rektərɪ] *adj* nicht im Telefonbuch eingetragen

ex·ecrable ['eksɪkrəbl] *adj* abscheulich, grässlich; **ex·ecrate** ['eksɪkreɪt] *vt* ❶ verfluchen, verwünschen ❷ verabscheuen

ex·ecute ['eksɪkju:t] *vt* ❶ (*Arbeit*) ausführen; (*Auftrag*) durchführen, erledigen; (*Verkauf*) tätigen ❷ (*Gesetz*) anwenden; (*Amt*) ausüben ❸ (*Urteil*) vollstrecken; (*Verbrecher*) hinrichten ❹ (*Dokumente*) unterzeichnen; (*Vertrag*) ausfertigen; (*Testament*) vollstrecken ❺ (MUS) vortragen; (THEAT) darstellen, aufführen; **ex·ecu·tion** [ˌeksɪ'kju:ʃn] *s* ❶ Aus-, Durchführung, Erledigung *f* ❷ (JUR) Vollstreckung *f;* Pfändung *f* ❸ Hinrichtung *f* ❹ Unterzeichnung, Ausfertigung *f* ❺ (*Kunst*) Ausführung, Technik *f,* Vortrag *m,* Darstellung *f,* Spiel *nt;* **carry** [*o* **put**] **into** ~ vollenden, aus-, durchführen, bewerkstelligen; ~ **of contract** Vertragserfüllung *f;* **ex·ecu·tioner** [ˌeksɪ'kju:ʃnə(r)] *s* Scharfrichter *m*

ex·ecu·tive [ɪg'zekjʊtɪv] **I.** *adj* ❶ (POL) ausführend, exekutiv ❷ (COM) geschäftsführend; (*Stellung*) leitend; ~ **ability** Führungsqualität *f;* ~ (**brief**)**case** Aktentasche *f,* -koffer *m;* ~ **board** Vorstand *m;* ~ **committee** Vorstand *m;* ~ **suite** Vorstandsetage *f;* ~ **functions** Führungsaufgaben *fpl;* ~ **staff** leitende Angestellte *pl* **II.** *s* ❶ (POL) vollziehende Gewalt; (~ *branch*) Exekutive *f* ❷ leitende(r) Angestellte(r) *f m,* Geschäftsführer(in) *m(f);* **top** ~ Spitzenkraft *f*

execu·tor [ɪg'zekjʊtə(r)] *s* Testamentsvollstrecker(in) *m(f)*

exemp·lary [ɪg'zemplərɪ] *adj* ❶ musterhaft, -gültig ❷ exemplarisch

exemp·lifi·ca·tion [ɪgˌzemplɪfɪ'keɪʃn] *s* (Erläuterung *f* durch ein) Beispiel *nt;* **exemp·lify** [ɪg'zemplɪfaɪ] *vt* ❶ durch ein Beispiel erläutern ❷ (*Am*) eine beglaubigte Abschrift anfertigen von

exempt [ɪg'zempt] **I.** *vt* befreien, freistellen (*from* von) **II.** *adj* befreit, ausgenommen (*from* von); ~ **from charges** spesen-, kostenfrei; ~ **from duty** gebühren-, abgaben-, zollfrei; ~ **from postage** portofrei; ~ **from taxation** steuerfrei; von den Steuern befreit; **exemp·tion** [ɪg'zempʃn] *s* ❶ Befreiung, Freistellung *f* (*from* von) ❷ (COM) Steuerfreibetrag *m;* ~ **from duty** Gebühren-, Abgabenfreiheit *f;* ~ **from liability** Haftungsausschluss *m;* ~ **from taxation** Steuerfreiheit *f*

ex·er·cise ['eksəsaɪz] **I.** *s* ❶ Übung *f;* (MUS) Etude *f;* (SCHULE) (Schul)Aufgabe *f* ❷ Bewegung *f* ❸ ~**s** (Leibes)Übungen *fpl* ❹ (MIL) Übung *f* ❺ Anwendung *f,* Gebrauch *m;* Ausübung *f* **II.** *vt* ❶ üben; (MIL) exerzieren; (*Hund*) spazieren führen ❷ praktizieren; ausüben; gebrauchen ❸ (*Geduld*) aufbringen ❹ (*Pflichten*) erfüllen ❺ ausbilden, einexerzieren **III.** *vi* sich üben (*in* in), sich Bewegung verschaffen; **exercise book** *s* Heft *nt;* **ex·er·ciser** ['eksəsaɪzə(r)] *s* Trainingsgerät *nt,* Heimtrainer *m*

exert [ɪg'zɜ:t] **I.** *vt* ❶ anwenden ❷ (*Druck*) ausüben ❸ (*Einfluss*) aufbieten; zur Geltung bringen **II.** *vr* sich anstrengen; **exer·tion** [ɪg'zɜ:ʃn] *s* ❶ Anstrengung *f* ❷ Anwendung *f;* Ausübung *f;* Aufbietung *f*

ex·fo·liant [ɪks'fəʊlɪənt] *s* Peelingpräparat *nt;* **ex·fo·li·ating cream** [eksˌfəʊlɪ'eɪtɪŋˌkri:m] *s* Peelingcreme *f;* **ex·fo·li·ation** [eksˌfəʊlɪ'eɪʃn] *s* Abschilferung *f,* Peeling *nt*

ex·ha·la·tion [ˌekshə'leɪʃn] *s* ❶ Ausatmung *f,* -atmen *nt* ❷ Ausdünstung *f;* Dunst *m;* **ex·hale** [eks'heɪl] *vi, vt* ausatmen

ex·haust [ɪg'zɔ:st] **I.** *vt* ❶ erschöpfen ❷ aufbrauchen ❸ (*Thema*) erschöpfen(d behandeln) **II.** *s* (TECH, AUTO) ❶ Auspuff(rohr *nt*) *m* ❷ Abgas *nt* ❸ Abdampf *m;* **ex·hausted** [-ɪd] *adj* ❶ aufgebraucht ❷ erschöpft; **be** ~ erschöpft sein; **exhaust fumes** *s pl* Abgase *ntpl;* **ex·haust·ing** [-ɪŋ] *adj* mühsam, anstrengend, ermüdend; **ex·haus·tion** [ɪg'zɔ:stʃn] *s* ❶ Verbrauchen *nt* ❷ Erschöpfung, Ermattung *f;* **ex·haus·tive** [ɪg'zɔ:stɪv] *adj* erschöpfend; vollständig; **exhaust pipe** *s* Auspuffrohr *nt;* **exhaust system** *s* Auspuff *m*

ex·hibit [ɪg'zɪbɪt] **I.** *vt* ❶ zeigen, sehen lassen, zur Schau stellen ❷ ausstellen; (*Ware*) auslegen ❸ (*Papiere*) vorzeigen, -legen; einreichen ❹ (JUR: *Klage*) ein-, vorbringen **II.** *vi* ausstellen **III.** *s* ❶ Ausstellungsstück *nt,* -gegenstand *m* ❷ (JUR) Beweisstück *nt;*

ex·hi·bi·tion [ˌeksɪˈbɪʃn] *s* ❶ Ausstellung *f;* (COM: *Waren*) Auslage *f* ❷ Vorlage, Einreichung *f* ❸ Vorführung *f* ❹ (*Br*) Stipendium *nt;* **make an ~ of o.s.** sich lächerlich machen; **put on an ~** eine Ausstellung veranstalten; **art ~** Kunstausstellung *f;* **universal ~** Weltausstellung *f;* **~ hall** Ausstellungshalle *f;* **~ of paintings** Gemäldeausstellung *f;* **~ room** Ausstellungsraum *m*

ex·hi·bi·tion·ism [ˌeksɪˈbɪʃnɪzəm] *s* ❶ Angeberei *f* ❷ (MED) Exhibitionismus *m;* **ex·hi·bi·tion·ist** [ˌeksɪˈbɪʃnɪst] *s* ❶ Angeber(in) *m(f)* ❷ (MED) Exhibitionist(in) *m(f);* **she's a real ~** sie stellt sich gern zur Schau

ex·hibi·tor [ɪgˈzɪbɪtə(r)] *s* Aussteller(in) *m(f)*

ex·hil·ar·at·ing [ɪgˈzɪləreɪtɪŋ] *adj* erhebend; **ex·hil·aration** [ɪgˈzɪləreɪʃn] *s* erhebendes Gefühl

ex·hort [ɪgˈzɔːt] *vt* ermahnen, mahnen; **ex·hor·ta·tion** [ˌeksɔːˈteɪʃn] *s* (Er)Mahnung *f*

ex·hu·ma·tion [ˌekshjuːˈmeɪʃn] *s* Exhumierung *f;* **ex·hume** [eksˈhjuːm] *vt* exhumieren

exi·gence, exi·gency [ˈeksɪdʒəns, ˈekzɪdʒənsɪ] *s* ❶ Dringlichkeit *f* ❷ Notwendigkeit, Notlage *f;* dringendes Bedürfnis, Erfordernis *nt;* **exi·gent** [ˈeksɪdʒənt] *adj* dringend; streng

exigu·ous [egˈzɪgjʊəs] *adj* ❶ klein, winzig ❷ dürftig

exile [ˈeksaɪl] **I.** *s* ❶ Verbannung *f,* Exil *nt* ❷ Verbannte(r) *f m;* **live in ~** im Exil leben **II.** *vt* verbannen (*from* aus)

exist [ɪgˈzɪst] *vi* ❶ bestehen, existieren ❷ leben (*on* von), auskommen (*on* mit) ❸ vorkommen, vorhanden sein; **does that ~?** gibt es das?; **exist·ence** [ɪgˈzɪstəns] *s* ❶ Dasein *nt,* Existenz *f* ❷ Leben(sweise *f*) *nt;* Vorhandensein *nt;* **be in ~** bestehen; **bring** [*o* **call**] **into ~** ins Leben rufen; **come** [*o* **spring**] **into ~** (plötzlich) auftreten; **~ theorem** (MATH) Existenzsatz *m;* **exist·ent** *adj* bestehend, vorhanden; **exis·ten·tial** [ˌegzɪˈstenʃl] *adj* existenziell; **exis·ten·tial·ism** [ˌegzɪˈstenʃəlɪzəm] *s* Existenzialismus *m;* **exist·ing** [ɪgˈzɪstɪŋ] *adj* bestehend, vorhanden; **under ~ circumstances** unter den gegebenen Umständen

exit [ˈeksɪt] **I.** *s* ❶ (THEAT) Abgang *m* ❷ Ausreise *f* ❸ Ausgang *m* (*aus einem Gebäude*) **II.** *vi* ❶ hinausgehen ❷ (*Bühnenanweisung*) (er, sie geht) ab ❸ (INFORM) Programm, beenden; **exit documents** *s pl* Ausreisepapiere *ntpl;* **exit permit** *s* Ausreisegenehmigung *f;* **exit visa** *s* Ausreisevisum *nt*

ex·odus [ˈeksədəs] *s* Auszug *m;* Abwanderung *f* (*of, from* aus); (*a. fig*) Exodus *m;* **mass ~** Massenabwanderung *f;* **~ of capital** Kapitalflucht *f*

ex of·fi·cio [ˌeks əˈfɪʃɪəʊ] *adj, adv* von Amts wegen, dienstlich

exon·er·ate [ɪgˈzɒnəreɪt] *vt* ❶ (JUR) entlasten ❷ (*von einer Verbindlichkeit*) befreien, entbinden (*from* von); **exon·er·ation** [ɪgˌzɒnəˈreɪʃn] *s* ❶ Entlastung *f* ❷ Befreiung *f* (*from* von)

exor·bi·tance [ɪgˈzɔːbɪtəns] *s* Übermaß *nt;* Maßlosigkeit *f;* **exor·bi·tant** [ɪgˈzɔːbɪtənt] *adj* übertrieben, maßlos; **~ price** Wucherpreis *m*

ex·or·cism [ˈeksɔːsɪzəm] *s* Exorzismus *m;* **ex·or·cist** [ˈeksɔːsɪst] *s* Exorzist *m;* **ex·or·cize** [ˈeksɔːsaɪz] *vt* exorzieren; (*einen bösen Geist*) austreiben (*from, out of* aus)

exotic [ɪgˈzɒtɪk] *adj* fremdartig, exotisch

ex·pand [ɪkˈspænd] **I.** *vt* ❶ ausbreiten; (aus)dehnen ❷ vergrößern ❸ erweitern (*into* zu) **II.** *vi* ❶ sich ausdehnen (*with heat* durch Hitze) ❷ sich (aus)weiten; sich erweitern, sich verbreitern; zunehmen ❸ gesprächig werden ❹ sich näher auslassen (*on* über); **ex·pand·able** [ɪkˈspændəbl] *adj* ❶ erweiterbar; ausdehnbar ❷ (INFORM) aufrüstbar; **ex·pander** [ɪkˈspændə(r)] *s* Expander *m;* **ex·panse** [ɪkˈspæns] *s* (große) Ausdehnung *f;* weiter Raum; **ex·pan·sion** [ɪkˈspænʃn] *s* ❶ Ausdehnung *f* ❷ (*a.* MATH) Erweiterung *f* ❸ (POL) Expansion *f;* **ex·pan·sion·ism** [ɪkˈspænʃənɪzəm] *s* Expansionspolitik *f;* **ex·pan·sive** [ɪkˈspænsɪv] *adj* ❶ dehnbar, expansiv ❷ mitteilsam

ex·patri·ate¹ [eksˈpætrɪeɪt] *vt* ausbürgern

ex·patri·ate² [eksˈpætrɪət] **I.** *adj* im Ausland lebend **II.** *s* im Ausland Lebende(r) *f m*

ex·pect [ɪkˈspekt] *vt* ❶ erwarten; rechnen mit ❷ zumuten (*from s.o.* jdm) ❸ annehmen, meinen, vermuten; **be ~ing** in andern Umständen sein; **~ s.o. to do s.th.** von jdm erwarten, dass er etw tut; **I ~ed as much** das habe ich erwartet; **I can't be ~ed** man kann nicht von mir erwarten; **ex·pect·ancy** [-ənsɪ] *s* Erwartung *f;* **life ~** Lebenserwartung *f;* **ex·pect·ant** [-ənt] *adj* (er)wartend; **~ mother** werdende Mutter; **ex·pec·ta·tion** [ˌekspekˈteɪʃn] *s* ❶ *oft pl* Erwartung, Aussicht(en *pl*) *f* ❷ Anwartschaft *f* (*of* auf); **against** [*o* **contrary**] **to**

E

~(s) wider Erwarten; **beyond** ~(s) über Erwarten; **in** ~ **of** in Erwartung *+gen;* **answer** [*o* **come up to**] [*o* **meet**] **s.o.'s** ~**s** jds Erwartungen entsprechen; **fall short of s.o.'s** ~**s** jds Erwartungen nicht entsprechen; ~ **of life** Lebenserwartung *f*

ex·pec·tor·ate [ɪk'spektəreɪt] *vt, vi* ausspeien

ex·pedi·ence, **ex·pedi·ency** [ɪk'spi:dɪəns, ɪk'spi:dɪənsɪ] *s* ❶ Zweckmäßigkeit *f* ❷ eigenes Interesse; **ex·pedi·ent** [ɪk'spi:dɪənt] **I.** *adj* angebracht, zweckmäßig (*to* für) **II.** *s* Ausweg *m;* (Not)Behelf *m*

ex·pedite ['ekspɪdaɪt] *vt* ❶ beschleunigen ❷ absenden; **ex·pedit·ing** [-ɪŋ] *s* Terminüberwachung *f*

ex·pedi·tion [ˌekspɪ'dɪʃn] *s* Expedition *f;* Forschungsreise *f;* Feldzug *m;* **go on an** ~ auf (eine) Expedition gehen

ex·pedi·tious [ˌekspɪ'dɪʃəs] *adj* eilig, prompt; flink

ex·pel [ɪk'spel] *vt* ❶ ausweisen ❷ ausschließen (*from* aus) ❸ (*Gas, Flüssigkeit*) ausstoßen

ex·pen·di·ture [ɪk'spendɪtʃə(r)] *s* ❶ Ausgabe(n *pl*) *f;* Aufwendung *f* ❷ Aufwand *m* (*of* an); **administrative** ~ Verwaltungskosten *pl;* **capital** ~ Investitionsaufwendungen *fpl;* **cash** ~ Geld-, Barausgabe *f;* **social** ~ Soziallasten *fpl*

ex·pense [ɪk'spens] *s* ❶ Kosten *pl,* Auslagen, Aufwendungen *fpl* ❷ ~**s** (Un)Kosten *pl,* Lasten *fpl* ❸ ~**s** Auslagen *fpl,* Spesen *pl;* **at s.o.'s** ~ auf jds Kosten; **free of** ~ kosten-, spesenfrei; **bear** [*o* **meet**] [*o* **pay**] **the** ~(**s**) die Kosten tragen; **go to great** ~ sich in Unkosten stürzen; **spare no** ~ keine Kosten scheuen; **travelling** ~**s** Reisekosten *pl;* **expense account** *s* Spesenkonto *nt;* **expense allowance** *s* Aufwandsentschädigung *f;* **ex·pens·ive** [ɪk'spensɪv] *adj* kostspielig, teuer

ex·peri·ence [ɪk'spɪərɪəns] **I.** *s* ❶ Erfahrung *f* (*in, of* in) ❷ Praxis, Sachkenntnis *f* ❸ Erlebnis *nt* ❹ (COM) Kenntnisse, praktische Fertigkeiten *fpl;* **from** ~ aus Erfahrung; **gain** ~ Erfahrungen sammeln; **have** (**a**) **wide** ~ über umfangreiche Erfahrungen verfügen; **learn by** ~ aus der Erfahrung lernen; **business** ~ Geschäftserfahrung *f;* **driving** ~ Fahrpraxis *f;* **professional** ~ Berufserfahrung *f* **II.** *vt* ❶ erfahren; erleben ❷ mit-, durchmachen ❸ (*Verluste*) erleiden ❹ (*Schwierigkeiten*) stoßen (auf); **ex·peri·enced** [ɪk'spɪərɪənst] *adj* erfahren, sachkundig; (COM) versiert

ex·peri·ment [ɪk'sperɪmənt] **I.** *s* Versuch *m,* Experiment *nt* **II.** *vi* Versuche anstellen; experimentieren (*on* an, *with* mit); **animal** ~ Tierversuch *m;* **conduct an** ~ einen Versuch durchführen; **ex·peri·men·tal** [ɪkˌsperɪ'mentl] *adj* experimentell; **for** ~ **purposes** zu Versuchszwecken; ~ **farm** Versuchsfarm *f;* ~ **stage** Versuchsstadium *nt;* **ex·peri·men·ta·tion** [ɪkˌsperɪmen'teɪʃn] *s* Experimentieren *nt*

ex·pert ['ekspɜ:t] **I.** *adj* ❶ sachkundig, -verständig ❷ geübt, geschickt (*in, at* in, *with* an); **be** ~ **at driving** ein ausgezeichneter Fahrer sein **II.** *s* ❶ Sachverständige(r) *f m,* Experte *m,* Expertin *f,* Fachmann *m,* Fachfrau *f* (*in a field* auf einem Gebiet) ❷ Gutachter(in) *m(f);* **expert advice** *s* fachmännischer Rat; **ex·pert·ise** [ˌekspɜ:'ti:z] *s* Expertise *f;* **expert knowledge** *s* Sachkenntnis *f,* Fachwissen *nt;* **expert opinion** *s* Sachverständigengutachten *nt;* **experts** *s pl* Fachwelt *f;* **expert system** *s* (INFORM) Expertensystem *nt;* **expert witness** *s* (JUR) sachverständiger Zeuge

ex·pi·ate ['ekspɪeɪt] *vt* sühnen, büßen (für); **ex·pi·ation** [ˌekspɪ'eɪʃn] *s* Sühne *f*

ex·pir·ation [ˌekspɪ'reɪʃn] *s* ❶ Ende *nt,* Ablauf *m* ❷ (FIN) Verfall *m;* **at the** ~ **of** nach Ablauf *+gen;* **upon** ~ bei Verfall; **ex·pire** [ɪk'spaɪə(r)] *vi* enden; ablaufen; ungültig werden; **ex·pired** *adj* abgelaufen; **ex·piry** [ɪk'spaɪərɪ] *s* Ablauf *m;* **expiry date** *s* Ablauftermin *m;* Verfallsdatum *nt*

ex·plain [ɪk'spleɪn] **I.** *vt* ❶ erklären, erläutern ❷ begründen, rechtfertigen; ~ **away** rechtfertigen; **that** ~**s everything** damit wird alles klar **II.** *vr* seine Gründe angeben, sich rechtfertigen; **ex·pla·na·tion** [ˌeksplə'neɪʃn] *s* ❶ Erklärung, Erläuterung *f* ❷ Begründung *f* (*of* für); **in** ~ **of** zur Erklärung *+gen;* **ex·plana·tory** [ɪk'splænətrɪ] *adj* erklärend, erläuternd

ex·ple·tive [ɪk'spli:tɪv] *s* Füllwort *nt;* Ausruf *m;* Kraftausdruck *m*

ex·plic·able [ek'splɪkəbl] *adj* erklärbar; **ex·pli·cate** ['eksplɪkeɪt] *vt* erklären

ex·plicit [ɪk'splɪsɪt] *adj* ❶ eindeutig, klar ❷ ausdrücklich ❸ (*Sprache, Filmszene*) unverhüllt; **be** ~ **about s.th.** detaillierte Angaben über etw machen

ex·plode [ɪk'spləʊd] **I.** *vi* ❶ explodieren, (zer)platzen ❷ ausbrechen (*with laughter* in Gelächter) ❸ (*Mensch*) bersten (*with* vor) **II.** *vt* ❶ in die Luft jagen, sprengen ❷ (*fig*) zerstören; **ex·plod·ed** [ɪk'spləʊdɪd] *adj:* ~ **view** Ansicht *f* der Einzelteile

ex·ploit[1] ['eksplɔɪt] *s* Heldentat *f*

ex·ploit[2] [ɪks'plɔɪt] *vt* ❶ aus-, benutzen; verwerten ❷ (MIN) abbauen ❸ (*pej*) ausbeuten; **ex·ploi·ta·tion** [ˌeksplɔɪ'teɪʃn] *s* ① Nutzung *f;* Verwertung *f* ② (MIN) Abbau *m* ③ Ausnutzung *f;* Ausbeutung *f*

ex·plo·ra·tion [ˌekspləˈreɪʃn] *s* ① Erforschung *f* ② (*a.* MED) Untersuchung *f;* **ex·plora·tory** [ɪk'splɒrətrɪ] *adj* Forschungs-, Untersuchungs-; ~ **talks** Sondierungsgespräche *pl;* **ex·plore** [ɪk'splɔː(r)] *vt* ① erforschen ② (*a.* MED) untersuchen; ~ **every possibility** jede Möglichkeit genau prüfen; **ex·plorer** [ɪk'splɔːrə(r)] *s* Forschungsreisende(r) *f m*

ex·plosion [ɪk'spləʊʒn] *s* ① Explosion *f* ② (*fig*) Ausbruch *m;* ~ **of laughter** Lachanfall *m;* ~ **of wrath** Zornesausbruch *m;* **ex·plos·ive** [ɪk'spləʊsɪv] **I.** *adj* ① explosiv ② (*fig*) jähzornig; aufbrausend **II.** *s* ① Sprengstoff *m* ② (GRAM) Verschlusslaut *m*

ex·po·nent [ɪk'spəʊnənt] *s* ① Vertreter(in) *m(f)* ② (MATH) Exponent *m;* **ex·po·nen·tial curve** [ˌekspəʊ'nenʃəl 'kɜːv] *s* Exponentialkurve *f;* **ex·po·nen·tiate** [ˌekspəʊ'nenʃɪeɪt] *vt* (MATH) potenzieren

ex·port¹ [ɪk'spɔːt] *vt* ausführen, exportieren

ex·port² ['ekspɔːt] *s* Ausfuhr *f,* Export *mpl,* Ausfuhrgüter *ntpl,* (Gesamt)Ausfuhr *f;* **invisible** ~**s** unsichtbare Ausfuhren *fpl;* **ex·port·able** [ɪk'spɔːtəbl] *adj* exportfähig; **ex·por·ta·tion** [ˌekspɔː'teɪʃn] *s* Ausfuhr *f,* Export *m* (*from* aus, *of* von); **export business** *s* Exportgeschäft *f;* **exporter** [ɪk'spɔːtə(r)] *s* Exporteur(in) *m(f);* **export goods** *s pl* Exportwaren *fpl;* **export licence** *s* Ausfuhrgenehmigung *f;* **export marketing** *s* Auslandsmarketing *nt;* **export regulations** *s pl* Ausfuhrbestimmungen *fpl;* **export surplus** *s* Exportüberschuss *m;* **export trade** *s* Exporthandel *m*

ex·pose [ɪk'spəʊz] *vt* ① (*Kind, a. fig*) aussetzen (*to a danger* einer Gefahr) ② entblößen; freilegen ③ (*fig*) enthüllen, aufdecken ④ (*Person*) bloßstellen, entlarven (*as* als) ⑤ (PHOT) belichten ⑥ (COM) ausstellen, -legen, feilbieten; **be** ~**d for sale** zum Verkauf ausliegen; ~ **to ridicule** der Lächerlichkeit preisgeben; **ex·posed** [ɪk'spəʊzd] *adj* ① exponiert, gefährdet; ungeschützt ② (*Waren*) ausgestellt; (*Teile*) sichtbar ③ (PHOT) belichtet; ~ **to the weather** dem Wetter ausgesetzt; **ex·po·si·tion** [ˌekspə'zɪʃn] *s* ① Darlegung, -stellung *f;* Erklärung *f* ② (COM) Ausstellung, Schau *f*

ex·postu·late [ɪk'spɒstjʊleɪt] *vi* protestieren; disputieren (*with s.o.* mit jdm)

ex·po·sure [ɪk'spəʊʒə(r)] *s* ① Ausgesetztsein *nt* (*to the rain* dem Regen) ② (*fig*) Enthüllung, Bloßstellung *f* ③ Lage *f* (*eines Gebäudes*) ④ (PHOT) Belichtung(szeit) *f* ⑤ Publicity *f;* **die of** ~ erfrieren; **indecent** ~ Exhibitionismus *m;* Erregung *f* öffentlichen Ärgernisses; **southern** ~ Südlage *f;* **time** ~ (PHOT) Zeitaufnahme *f;* **exposure meter** *s* (PHOT) Belichtungsmesser *m*

ex·pound [ɪk'spaʊnd] *vt* ausführlich erörtern; erläutern

ex·press [ɪk'spres] **I.** *vt* ① ausdrücken, zum Ausdruck bringen, äußern ② (*Zeichen*) bedeuten ③ durch Eilboten, als Eilgut schicken ④ (*Orange*) auspressen **II.** *vr* sich ausdrücken, sich verständlich machen **III.** *adj* ① ausdrücklich; bestimmt, unmissverständlich ② Eil-, Schnell-, Express- **IV.** *adv* (*by* ~) durch Eilboten; als Eilgut **V.** *s* ① Eilbote *m* ② (~ *train*) Schnell-, D-Zug *m* ③ (~ *bus*) durchfahrender Bus ④ (*Br:* ~ *delivery*) Eilgutzustellung, -beförderung *f* ⑤ (*Am:* ~ *company*) Speditionsgesellschaft *f*

ex·press·ion [ɪk'spreʃn] *s* ① Ausdruck *m;* Redewendung *f* ② Äußerung *f* ③ (MATH) Formel *f;* **beyond** [*o* **past**] ~ unaussprechlich, unbeschreiblich; **facial** ~ Gesichtsausdruck *m;* **find** ~ **in** zum Ausdruck kommen in; **give** ~ **to** zum Ausdruck bringen

ex·press·ion·ism [ɪk'spreʃənɪzəm] *s* Expressionismus *m;* **ex·press·ion·ist** [ɪk'spreʃənɪst] *s* Expressionist(in) *m(f)*

ex·press·ion·less [ɪk'spreʃənlɪs] *adj* ausdruckslos; **ex·press·ive** [ɪk'spresɪv] *adj* ① ausdrucksvoll ② ausdrückend (*of s.th.* etw)

ex·press·ly [ɪk'spreslɪ] *adv* ausdrücklich (*for* für)

ex·press·way [ɪk'spresweɪ] *s* (*Am*) Autobahn *f*

ex·pro·pri·ate [eks'prəʊprɪeɪt] *vt* enteignen; **ex·pro·pri·ation** [eks'prəʊprɪeɪʃn] *s* Enteignung *f*

ex·pul·sion [ɪk'spʌlʃn] *s* ① Vertreibung *f;* Ausweisung *f* ② Ausschluss *m* (*from* aus)

ex·quis·ite ['ekskwɪzɪt] *adj* ① fein (gearbeitet) ② ausgezeichnet, herrlich ③ feinfühlig, empfindlich ④ (*Schmerz*) stechend

ex-ser·vice·man [ˌeks'sɜːvɪsmən] <*pl* -men> *s* Veteran, ehemaliger Soldat *m*

ex·tant [ek'stænt] *adj* noch vorhanden

ex·tem·por·aneous [ekˌstempə'reɪnɪəs] *adj* unvorbereitet, aus dem Stegreif; **ex·tem·pore** [ek'stempərɪ] *adj, adv* aus dem Stegreif; improvisiert; **ex·tem·po·rize** [ɪk'stempəraɪz] **I.** *vi* aus dem Stegreif sprechen **II.** *vt* improvisieren

ex·tend [ɪk'stend] **I.** *vt* ① (aus)dehnen, strecken, verlängern ❷ erweitern, verbreitern, ausbreiten ❸ (*Geschäft, Gebäude*) ausbauen; (*Haus*) anbauen (an) ❹ (*Hand*) ausstrecken, hinhalten ❺ (*Sympathie*) zeigen ❻ (*Freundlichkeit*) erweisen ❼ (*Glückwünsche, Einladung*) aussprechen ❽ (COM) prolongieren; Frist verlängern +*gen* ❾ (*Kredit*) gewähren ❿ (*Saldo*) vor-, übertragen ⓫ (*Urkunde*) ausfertigen ⓬ (*Küche*) verlängern, strecken ⓭ zur Höchstleistung anspornen **II.** *vi* sich erstrecken, (hinaus)reichen (*beyond* über, *to* bis); **ex·tend·ed** [-ɪd] *adj* verlängert; (COM) prolongiert; ~ **coverage** erweiterter Versicherungsschutz; ~ **credit** verlängerter Kredit; langfristiges Zahlungsziel; ~ **family** Großfamilie *f*

ex·ten·sion [ɪk'stenʃn] *s* ❶ Ausdehnung, Verlängerung *f* (*a. zeitlich*) ❷ Erweiterung, Vergrößerung *f;* An-, Ausbau *m* ❸ Bedeutungsumfang *m* (*eines Wortes*) ❹ (*Wechsel*) Prolongation *f;* Fristverlängerung *f* ❺ (TELE) (Neben)Anschluss, Apparat *m;* (*österreichisch*) Klappe *f* ❻ An-, Erweiterungsbau *m;* ~ **of business** Geschäftserweiterung, -ausweitung *f;* ~ **of credit** Kreditgewährung *f;* ~ **of leave** Nachurlaub *m;* ~ **of time** Nachfrist *f;* ~ **for payment** Stundung *f;* ~ **3295** Apparat 3295; **extension cable, extension cord, extension flex** *s* (*Br:* ELEK) Verlängerungskabel *nt,* -schnur *f;* **extension course** *s* ❶ (*Br*) weiterführender Kurs ❷ (*Am*) Fernlehrgang *m;* **extension ladder** *s* Ausziehleiter *f*

ex·ten·sive [ɪk'stensɪv] *adj* ❶ ausgedehnt ❷ (*fig*) umfassend ❸ (AGR) extensiv

ex·tent [ɪk'stent] *s* ❶ Ausdehnung, Größe *f,* Umfang *m* ❷ Grad *m;* Ausmaß *nt;* **to a certain** ~ bis zu einem gewissen Grad; **to such an** ~ **that** in solchem Maße, dass; **to the full** ~ in vollem Umfang; **to a great** ~ in hohem Maße; **to some** ~ bis zu einem gewissen Grad; **to what** ~**?** inwieweit?; **to the** ~ **of** bis zu

ex·tenu·ate [ɪk'stenjʊeɪt] *vt* abschwächen, mildern; **ex·tenu·ating** [-ɪŋ] *adj:* ~ **circumstances** (JUR) mildernde Umstände *mpl;* **ex·tenu·ation** [ɪkˌstenjʊ'eɪʃn] *s:* **in** ~ **of** zur Entschuldigung +*gen*

ex·terior [ɪk'stɪərɪə(r)] **I.** *adj* ❶ äußere(r, s) ❷ außerhalb gelegen (*to s.th.* einer S) ❸ auswärtig, fremd **II.** *s* ❶ (das) Äußere; Außenseite *f;* Außenansicht *f* ❷ (äußerer) Schein *m* ❸ (FILM) Außenaufnahme *f*

ex·ter·mi·nate [ɪk'stɜːmɪneɪt] *vt* vertilgen, ausrotten; **ex·ter·mi·na·tion** [ɪkˌstɜːmɪ'neɪʃn] *s* Vertilgung, Ausrottung *f*

ex·ter·nal [ɪk'stɜːnl] **I.** *adj* ❶ äußere(r, s) ❷ (MED) äußerlich ❸ (COM) außerbetrieblich ❹ auswärtig ❺ (*Prüfung, Kandidat*) extern **II.** *s pl* Äußerlichkeiten *fpl;* **ex·ter·nal·ize** [ɪk'stɜːnəlaɪz] *vt* Ausdruck geben (*s.th.* einer S); **external world** *s* (PSYCH) Außenwelt *f*

ex·ter·ri·tor·ial [ˌeksˌterɪ'tɔːrɪəl] *adj* (POL) exterritorial

ex·tinct [ɪk'stɪŋkt] *adj* ❶ (*Vulkan*) erloschen ❷ (*Tier*) ausgestorben ❸ (*fig*) abgeschafft; erloschen; **become** ~ erlöschen; aussterben; **ex·tinc·tion** [ɪk'stɪŋkʃn] *s* ❶ (*Feuer*) Löschen *nt* ❷ Aussterben *nt* ❸ Vernichtung *f;* ~ **of species** Artenschwund *m*

ex·tin·guish [ɪk'stɪŋgwɪʃ] *vt* ❶ (*Feuer*) (aus)löschen ❷ (ELEK) abschalten ❸ auslöschen, vernichten ❹ (*Schuld*) tilgen; **ex·tin·guisher** [ɪk'stɪŋgwɪʃə(r)] *s* Feuerlöscher *m*

ex·tir·pate ['ekstəpeɪt] *vt* ausrotten, ausmerzen; beseitigen

ex·tol [ɪk'stəʊl] *vt* preisen, rühmen

ex·tort [ɪk'stɔːt] *vt* erpressen (*from* von); **ex·tor·tion** [ɪk'stɔːʃn] *s* Erpressung *f;* **ex·tor·tion·ate** [ɪk'stɔːʃənət] *adj* erpresserisch, wucherisch

extra ['ekstrə] **I.** *adj* zusätzlich; übrig, Reserve-; Außer-; **a few** ~ **books** ein paar Bücher mehr; ~**-parliamentary** außerparlamentarisch **II.** *adv* besonders; extra; **be charged** ~ **for** gesondert berechnet werden **III.** *s* ❶ Zuschlag *m;* Sonderleistung *f;* Extra *nt* ❷ zusätzliche Arbeitskraft; (FILM THEAT) Statist *m* ❸ Extrablatt *nt,* Sondernummer *f* ❹ ~**s** Nebenausgaben, -einnahmen *fpl* ❺ ~**s** (*Küche*) Beilagen *fpl;* **extra allowance** *s* Sondervergütung *f;* **extra charge** *s* Aufschlag *m;* (RAIL) Zuschlag *m*

ex·tract[1] [ɪk'strækt] *vt* ❶ (her)ausziehen, herauslösen ❷ (*Zahn*) ziehen ❸ (MATH: *Wurzel*) ziehen ❹ (*Saft*) auspressen ❺ herausnehmen (*from* aus) ❻ herausbekommen (*from s.o.* aus jdm) ❼ (*Geständnis*) erpressen (*from* von) ❽ (*Zitat*) entnehmen (*from a book* einem Buch), einen Auszug machen (*from* aus)

ex·tract[2] ['ekstrækt] *s* ❶ (*Küche*) Extrakt *m* ❷ (*Buch*) Auszug *m;* **ex·trac·tion** [ɪk'strækʃn] *s* ❶ Ausziehen *nt* ❷ Zahnziehen *nt* ❸ Auszug, Extrakt *m* ❹ Herkunft, Abstammung *f* ❺ (TECH) Gewinnung *f* ❻ (*fig*) Herauslocken *nt*

extra·cur·ricu·lar [ˌekstrəkə'rɪkjʊlə(r)] *adj* außerhalb des Lehrplans; ~ **activity** Arbeitsgemeinschaft *f*

ex·tra·dite ['ekstrədaɪt] *vt* (*Person*) ausliefern; **ex·tra·dition** [ekstrə'dɪʃn] *s* Auslieferung *f*

extra·mari·tal [ˌekstrəˈmærɪtl] *adj* außerehelich

extra·mural [ˌekstrəˈmjʊərəl] *adj:* ~ **course** Universitätskurs *m* für Nicht-Studenten; Volkshochschulkurs *m*

ex·traneous [ɪkˈstreɪnɪəs] *adj* ❶ fremd ❷ nicht gehörig (*to* zu)

extra·ordi·nary [ɪkˈstrɔːdnrɪ] *adj* ❶ außerordentlich ❷ außer-, ungewöhnlich ❸ merkwürdig, seltsam ❹ außerplanmäßig

extra pay [ˈekstrəˌpeɪ] *s* (*Lohn*) Zulage *f*

ex·trapo·late [ekˈstræpəleɪt] *vt* extrapolieren

extra·sen·sory [ˌekstrəˈsensərɪ] *adj:* ~ **perception** außersinnliche Wahrnehmung

extra·ter·res·trial [ˈekstrətɪˈrestrɪəl] *adj* außerirdisch

extra·terri·tor·ial [ˌekstrəˌterɪˈtɔːrɪəl] *adj* (POL) exterritorial

extra time [ˈekstrətaɪm] *s* (SPORT) Verlängerung *f*

ex·trava·gance [ɪkˈstrævəgəns] *s* ❶ Luxus *m* ❷ Verschwendung *f* ❸ Ausgefallenheit *f;* Übertriebenheit *f* ❹ Extravaganz *f;* **ex·trava·gant** [ɪkˈstrævəgənt] *adj* ❶ übertrieben, übermäßig ❷ überspannt, extravagant ❸ verschwenderisch; **ex·trava·gan·za** [ɪkˌstrævəˈgænzə] *s* (THEAT) Ausstattungsstück *nt*

ex·treme [ɪkˈstriːm] **I.** *adj* ❶ äußerste(r, s) ❷ höchste(r, s), größte(r, s) ❸ extrem, radikal; **at the** ~ **end** am äußersten Ende (*of +gen*); **resort to** ~ **measures** zu den äußersten Maßnahmen greifen; **the** ~ **left** (POL) die äußerste Linke; **the Extreme Unction** die Letzte Ölung **II.** *s* ❶ Extrem *nt* ❷ höchster Grad ❸ (das) Äußerste; **in the** ~ im höchsten Grade; **go to** ~**s** bis zum Äußersten gehen; **ex·treme·ly** [-lɪ] *adv* äußerst, höchst; **extreme sport** *s* Extremsportart *f*

i Land & Leute

In den USA bezeichnet man ungewöhnliche Sportarten wie Bungee-Jumping, Skateboarding, oder Snowboarding als **extreme sports** oder *alternative sports.* Auch Heliskiing, Cave-Diving, Wakeboarding und the Street-Luge gehören zu den **extreme sports** und sind in Mode, gerade weil sie als gefährlicher, schneller oder ausgefallener gelten als Sportarten wie z. B. Fußball oder Tennis.

ex·trem·ism [ɪkˈstriːmɪzəm] *s* Extremismus *m;* **ex·trem·ist** [ɪkˈstriːmɪst] *s* Extremist(in) *m(f);* **ex·trem·ity** [ɪkˈstremətɪ] *s* ❶ äußerstes Ende ❷ höchster Grad ❸ höchste Not ❹ ~**s** äußerste Maßnahmen *fpl* ❺ ~**s** Extremitäten *fpl*

ex·tri·cate [ˈekstrɪkeɪt] *vt* ❶ befreien (*from* aus, von) ❷ losmachen, freimachen

ex·tro·vert [ˈekstrəvɜːt] *adj* extrovertiert

ex·trude [eksˈtruːd] **I.** *vt* ausstoßen; herauspressen **II.** *vi* herausragen, -stehen

ex·uber·ance [ɪgˈzjuːbərəns] *s* ❶ Lebendigkeit *f* ❷ Überschwang *m* ❸ Überfluss *m;* **ex·uber·ant** [ɪgˈzjuːbərənt] *adj* ❶ übersprudelnd; lebendig ❷ überschwenglich

ex·ude [ɪgˈzjuːd] *vt* ❶ absondern ❷ (*fig*) ausstrahlen, -strömen

ex·ult [ɪgˈzʌlt] *vi* jubeln (*at, over, in* über); **ex·ult·ant** [-ənt] *adj* jubelnd, triumphierend; **ex·ul·ta·tion** [ˌegzʌlˈteɪʃn] *s* Jubel, Triumph *m*

eye [aɪ] **I.** *s* ❶ Auge *nt* ❷ Gesicht(ssinn *m*) *nt* ❸ Auge *nt* (*an einer Kartoffel*) ❹ Knospe *f* ❺ Pfauenauge *nt* (*auf der Feder*) ❻ Öhr *nt,* Öse, Schlinge *f* ❼ (Sturm)Kern *m;* **in s.o.'s** ~**s** nach jds Ansicht; **under the very** ~**s of s.o.** direkt unter jds Augen; **up to the** ~**s** bis über die Ohren; **with an** ~ **to** mit Rücksicht auf; in der Hoffnung auf; in der Absicht zu; **with the naked** ~ mit bloßem Auge; **be all** ~**s** aufpassen wie ein Luchs; große Augen machen; **be in the public** ~ im Brennpunkt des öffentlichen Interesses stehen; **catch s.o.'s** ~ jds Blick auf sich ziehen; jds Aufmerksamkeit auf sich lenken; **catch the Speaker's** ~ (PARL) das Wort erhalten; **clap** [*o* **set**] ~**s on s.o.** jdn anschauen; **close one's** ~**s to** nicht sehen wollen; **have an** ~ **for** ein Auge haben für; **have an** ~ **on s.th.** auf etw ein (wachsames) Auge haben; **keep an** ~ **on** (*fig*) im Auge behalten; **make** ~**s at s.o.** jdm verliebte Blicke zuwerfen; **open s.o.'s** ~**s** (*fig*) jdm die Augen öffnen; **run an** ~ **over s.th.** etw überfliegen; **see** ~ **to** ~ **with s.o.** mit jdm einer Meinung sein; **see s.th. in one's mind's** ~ sich etw vorstellen können; **black** ~ blaues Auge **II.** *vt* mustern; anstarren; ~ **up** begutachten; ~ **up and down** von oben bis unten mustern; **eye·ball** *s* Augapfel *m;* ~ **to** ~ Auge in Auge (*with* mit); **drugged up to the** ~**s** (*sl*) total breit, bekifft; **eye·brow** [ˈaɪbraʊ] *s* Augenbraue *f;* **raise one's** ~**s** (*fig*) die Stirne runzeln; ~ **pencil** Augenbrauenstift *m;* **eye-catcher** [ˈaɪkætʃə(ʳ)] *s* Blickfang *m;* **eye contact** *s* Blick-, Sichtkontakt *m;* **eye·ful**

['aɪfʊl] *s (sl)*: **get an** ~ etwas Hübsches sehen; **I had an** ~ ich hatte genug gesehen; **eye·glass** ['aɪglɑːs] *s* ① (OPT) Linse *f* ② ~**es** Augengläser *ntpl*, Brille *f;* **eye·lash** ['aɪlæʃ] *s* Wimper *f;* ~ **curler** Wimpernformer *m;* **eye·let** ['aɪlɪt] *s* Öhr *nt*, Öse *f;* **eye·lid** ['aɪlɪd] *s* Augenlid *nt;* **eye liner** ['aɪlaɪnə(r)] *s* Eyeliner, Lidstrich *m;* **eye-opener** ['aɪˌəʊpnə(r)] *s (fam)* Überraschung *f (to* für); **eye-opening** *adj* aufschlussreich; **eye·piece** ['aɪpiːs] *s* Okular *nt;* **eye·shadow** ['aɪʃædəʊ] *s* Lidschatten *m;* **eye·sight** ['aɪsaɪt] *s* Sehkraft, -schärfe *f;* **bad** ~ schlechte Augen *ntpl;* **eye·sore** ['aɪsɔː(r)] *s* Schandfleck *m;* **it's an** ~ das tut den Augen weh; **eye·strain** *s* Ermüdung *f* der Augen; **eye·tooth** <*pl* -teeth> *s* Eckzahn *m;* **eye·wash** ['aɪwɑʃ] *s* ① (MED) Augenwasser *nt* ② *(fam)* fauler Zauber; Augenwischerei *f;* **eye·witness** *s* Augenzeuge *m*

eyrie, eyry ['eərɪ] *s* Horst *m*

e-zine ['iːziːn] *s* (INTERNET) elektronische Zeitschrift

Ff

F, f [ef] <*pl* -'s> *s* ① *(a.* MUS) F, f *nt* ② *(Am: Schulnote)* ungenügend

fable ['feɪbl] *s* ① Fabel *f* ② Märchen *nt;* Sage *f;* **fabled** ['feɪbld] *adj* sagenhaft

fab·ric ['fæbrɪk] *s* ① Gewebe *nt*, Stoff *m* ② Struktur *f*, Gefüge *nt*

fab·ri·cate ['fæbrɪkeɪt] *vt* ① herstellen, fabrizieren ② *(fig)* erdichten, erfinden

fabu·lous ['fæbjʊləs] *adj* ① sagenhaft, legendär ② *(fig)* fantastisch; unglaublich

fa·cade [fə'sɑːd] *s (a. fig)* Fassade *f*

face [feɪs] **I.** *s* ① Gesicht *nt* ② Gesichtsausdruck *m* ③ Zifferblatt *nt* ④ Vorderseite *f;* ~ **to** ~ Auge in Auge; **come** ~ **to** ~ **with s.o.** jdn treffen; **look s.o. in the** ~ jdn ansehen; **in the** ~ **of** angesichts; **pull a** ~ das Gesicht verziehen; **set one's** ~ **against s.o.** sich gegen jdn stemmen; **save one's** ~ das Gesicht wahren; **have the** ~ **to do s.th.** die Stirn haben etw zu tun **II.** *vt* ① gegenüberstehen, -liegen ② *(Fenster)* gehen nach ③ *(Raum)* liegen nach ④ *(fig)* rechnen müssen mit ⑤ *(Gefahr)* sich stellen *(s.th.* einer S) ⑥ *(Karten)* aufdecken; **be** ~**d with s.th.** sich einer S gegenübersehen; ~ **the facts** den Tatsachen ins Auge blicken; ~ **doing s.th.** es fertig bringen etw zu tun **III.** *vi* sehen, blicken *(to, towards* nach); **face up to** *vt* ins Gesicht sehen; sich abfinden mit; **face-cloth** *s* Waschlappen *m;* **face-cream** *s* Gesichtscreme *f;* **face-lift** *s* Gesichtsstraffung *f;* **face-pack** *s* Gesichtspackung *f;* **face-powder** *s* (Gesichts)Puder *m*

facet ['fæsɪt] *s* ① Fassette *f* ② *(fig)* Seite *f*, Aspekt *m*

fa·cetious [fə'siːʃəs] *adj* scherzend, scherz-, spaßhaft, spaßig

face-to-face ['feistə'feɪs] *adj* persönlich; ~ **discussion** Gespräch *nt* unter vier Augen

face value ['feɪsvæljuː] *s* (FIN) Nennwert *m;* **take at** ~ wörtlich, für bare Münze nehmen

fa·cial care [ˌfeɪʃəl'keə(r)] *s* Gesichtspflege *f*

fac·ile ['fæsaɪl] *adj* ① leicht, mühelos ② *(Stil)* gewandt ③ oberflächlich

fa·cili·tate [fə'sɪlɪteɪt] *vt* erleichtern; **fa·cili·ta·tor** [fə'sɪlɪteɪtə(r)] *s* Moderator(in) *m(f);* **fa·cil·ities** *s pl* Einrichtungen *pl;* **cooking** ~ Kochgelegenheit *f;* **offer** ~ Möglichkeiten bieten; **fa·cil·ity** [fə'sɪlətɪ] *s* ① Leichtigkeit, Mühelosigkeit *f* ② Einrichtung *f;* ~ **in learning** leichte Auffassungsgabe

fac·ing ['feɪsɪŋ] *s* ① Besatz(stoff) *m* ② (ARCH) Verputz *m*

fac·sim·ile [fæk'sɪməlɪ] *s* Faksimile *nt;* Telefax *nt*, Fern-, Telekopie *f;* **facsimile machine terminal** *s* Telefaxgerät *nt*

fact [fækt] *s* ① Tatsache *f;* Umstand *m* ② Wirklichkeit, Realität *f* ③ ~**s** (JUR) Tatbestand *m;* **as a matter of** ~ in Wirklichkeit, tatsächlich; **in** ~ eigentlich; **stick to the** ~**s** sachlich bleiben; **founded on** ~ auf Tatsachen beruhend; **hard** ~**s** nackte Tatsachen *fpl;* **matter-of-**~ sachlich; ~**s of the case** Sachverhalt *m;* ~ **of life** Tatsache *f;* **the** ~**s of life** sexuelle Aufklärung; **teach s.o. the** ~**s of life** jdn aufklären; **fact-find·ing** ['fæktfaɪndɪŋ] *adj* Untersuchungs-; Erkundungs-

fac·tion ['fækʃn] *s* ① Gruppe *f*, Splittergruppe *f* ② interne Unstimmigkeiten *fpl*

fac·tor ['fæktə(r)] *s* ① Faktor *m* ② (BIOL) Erbfaktor *m* ③ (COM) Makler(in) *m(f)*

fac·tory ['fæktərɪ] *s* Fabrik(anlage) *f;* Werk *nt;* **Factory Act** Arbeitsschutzgesetz *nt;* ~ **building** Fabrikgebäude *nt;* ~ **hand** [*o* **worker**] Fabrikarbeiter(in) *m(f);* ~ **farming** (voll)automatisierte Viehhaltung; ~ **inspector** Gewerbeaufsichtsbeamte(r) *m*, -beamtin *f;* ~ **ship** Fabrikschiff *nt*

fac·to·tum [fæk'təʊtəm] *s* Mädchen *nt* für

alles, Faktotum *nt*

fac·tual ['fæktʃʊəl] *adj* sachlich; tatsächlich

fac·ulty ['fæklti] *s* ① Fähigkeit *f*, Vermögen *nt;* Begabung *f*, Talent *nt* ② (*Universität*) Fakultät *f* ③ (*Am:* SCHULE) Lehrkörper *m;* **have a ~ for doing s.th.** ein Talent dafür haben etw zu tun

i Land & Leute

Der **FA Cup**, der 1871 zum ersten Mal stattfand, ist der jährliche Ausscheidungskampf zwischen den Fußballclubs des englischen Fußballverbandes (*Football Association, FA*), der mit dem Pokalendspiel (*Cup Final*) im Wembley-Stadion in London endet. In den letzten Jahren haben folgende Mannschaften gewonnen: 1999 Manchester United; 2000 Chelsea; 2001 Liverpool; 2002 Arsenal. Fußball wurde ursprünglich in den *public schools* (Privatschulen) gespielt und jede Schule hatte früher ihre eigenen Regeln. Der englische Verband *Football Association* wurde 1863 gegründet, um einheitliche Regeln festzulegen und so wurde der Fußball (*Association Football* oder *soccer*) ins Leben gerufen. Im späten 19. Jh. wurde Fußball dann die beliebteste Sportart in den Industriegebieten. Wales, Schottland, Nordirland und die Republik Irland haben ihre eigenen Verbände.

fad [fæd] *s* Laune *f*, Tick *m;* **latest ~** letzter Schrei; **faddish** ['fædɪʃ], **faddy** ['fædɪ] *adj* wählerisch

fade [feɪd] **I.** *vi* ① verblassen; verbleichen ② (*Blume*) (ver)welken ③ (*fig*) schwächer werden; verblassen ④ (TV) aus-, überblenden ⑤ (*Bremsen*) nachlassen **II.** *vt* ausbleichen; **fade away** *vi* schwinden, verblassen; verklingen; **fade in** *vi, vt* (FILM RADIO TV) einblenden; **fade out** *vi, vt* (FILM RADIO TV) abblenden; **fade up** *vt* (FILM RADIO TV) aufblenden

faeces ['fi:si:z] *s pl* Kot *m*

faff about [ˌfæfə'baʊt] *vi* (*fam*) herumwursteln; **faf·fi·ness** ['fæfɪnɪs] *s* (*fam*) Getue *nt*

fag [fæg] **I.** *vi* ① schuften, sich abrackern ② (*Schüler*) Burschendienste tun **II.** *vt* (~ *out*) erschöpfen, schlauchen **III.** *s* ① Schufterei *f* ② (*Br sl*) Kippe *f;* **fag-end** *s* ① (*fig*) letztes Ende ② (*sl*) Kippe *f*

fag·got ['fægət] *s*, **fagot** (*Am*) ① Reisigbündel *nt* ② (*Küche*) Frikadelle *f* ③ (*Am sl: pej*) Schwule(r) *m*

fail [feɪl] **I.** *vi* ① versagen (*of* in), keinen Erfolg haben ② (*Plan*) fehlschlagen, scheitern, misslingen ③ (*Ernte*) schlecht ausfallen ④ (*im Examen*) durchfallen ⑤ (*Gesundheit*) sich verschlechtern; schwächer werden ⑥ (TECH) ausfallen; versagen; **I ~ed** es gelang mir nicht; **~ in one's duty** seine Pflicht nicht tun; **if all else ~s** wenn alle Stricke reißen **II.** *vt* ① (*Prüfung*) durchfallen lassen ② (*fig*) im Stich lassen; **~ to do s.th.** etw nicht tun **III.** *s:* **without ~** ganz bestimmt; **failed** *adj* gescheitert; (*in exam*) durchgefallen; **fail·ing** ['feɪlɪŋ] **I.** *s* Fehler *m;* Schwäche *f* **II.** *prep* in Ermangelung +*gen*, ohne, mangels; **~ this** sonst; **fail-safe** ['feɪlseɪf] *adj* (ab)gesichert; **fail·ure** ['feɪljə(r)] *s* ① Misserfolg *m;* Fehlschlag *m;* Scheitern *nt* ② (*Mensch*) Versager(in) *m(f)*, Niete *f* ③ (TECH) Ausfall *m*, Versagen *nt* ④ (COM) Bankrott *m;* **end in ~** mit einem Misserfolg enden; **he is a ~** er taugt nicht viel; **~ of crops** Missernte *f;* **~ to answer** nicht erfolgte Antwort

faint [feɪnt] **I.** *adj* ① schwach; kraftlos ② (*Hoffnung*) gering ③ (*Farbe*) matt ④ (*Ton*) schwach; leise; **he looked ~** er schien einer Ohnmacht nahe; **I haven't the ~est idea** ich habe keine Ahnung **II.** *s* Ohnmacht *f* **III.** *vi* ohnmächtig werden (*from, with hunger* vor Hunger); **faint-hearted** [ˌfeɪnt'hɑ:tɪd] *adj* zaghaft

fair[1] [feə(r)] **I.** *adj* ① gerecht, fair ② ganz ordentlich; ziemlich ③ (*Wetter*) schön, heiter, sonnig ④ (*Haare*) blond; hell; **a ~ amount** ziemlich viel; **be ~ to s.o.** jdm gegenüber gerecht sein; **~ enough!** na schön!; **that's only ~** das ist nur recht und billig **II.** *adv* den Regeln entsprechend, fair; **play ~** fair spielen; **~ and square** offen und ehrlich

fair[2] [feə(r)] *s* ① (Jahr)Markt *m* ② (COM) Messe *f*

fair copy [ˌfeə'kɒpɪ] *s* Reinschrift *f;* **fair game** *s* ① jagdbares Wild ② (*fig*) Freiwild *nt*

fair·ground ['feəgraʊnd] *s* Rummelplatz *m*

i Land & Leute

Auf den britischen Inseln begegnet man den verschiedensten Arten von **fairies** (Märchenwesen). Die *brownies* sind hilfreiche Wesen, die besonders in schottischen Bauernhäusern leben und

F

nützliche Arbeiten verrichten, während die Familie schläft. Nach ihnen wurden dann die jungen Pfadfinder *Brownies* (Wichtel) benannt. Die *pixies* findet man in Südwestengland, besonders in Devon und Cornwall. Man sagte früher, dass manche *pixies* die Geister von Babys seien, die vor der Taufe gestorben sind. Ein *elf* ist eine Art Kobolt und *elves* sollen Alpträume verursachen und Kinder stehlen, wobei sie *changelings* (Elfenkinder) zurücklassen. Die *dwarfs* (Zwerge) stammen aus der germanischen oder skandinavischen Sagenwelt. Sie leben in Höhlen, schmieden Gegenstände aus Metall und bewachen Schätze. Die *gnomes* (Gnome) hausen tief im Inneren der Erde und bewachen Höhlen; meist werden sie als kleine, alte, bärtige Männchen dargestellt. Die *goblins* (Kobolde) sind hässliche, missgestaltete, böse Wesen, die meist auf Bäumen leben. Bei einem *leprechaun* handelt es sich um einen irischen *elf*, der von Beruf Schuster ist und einen geheimen Goldschatz besitzt.

fair·ly [ˈfeəlɪ] *adv* ① gerecht ② ziemlich

fair-minded [ˌfeəˈmaɪndɪd] *adj* gerecht; **fair·ness** [ˈfeənɪs] *s* ① Gerechtigkeit, Fairness *f* ② (*Haar*) Blondheit *f*; **fair play** *s* faires Verhalten, Fair play *nt*

fair·way [ˈfeəweɪ] *s* ① (MAR) Fahrrinne *f* ② (*Golf*) Spielbahn *f*

fairy [ˈfeərɪ] *s* ① Fee *f* ② (*sl*) Homosexuelle(r) *m*; **fairy-lamps** *s pl* bunte Lichter *ntpl*; **fairy·land** [ˈfeərɪlænd] *s* Wunderland, Zauberreich *nt*; **fairy-tale** *s* Märchen *nt*

faith [feɪθ] *s* ① (REL) Glaube(n) *m* (*in* an) ② Vertrauen *nt* (*in* zu) ③ Treue *f*; **have ~ in s.o.** auf jdn vertrauen; **faith cure** *s* Gesundbeten *nt*; **faith·ful** [ˈfeɪθfl] **I.** *adj* ① treu, ergeben (*to s.o.* jdm) ② (*Abschrift*) genau **II.** *s*: **the ~** die Gläubigen *pl*; **faith·fully** [ˈfeɪθfəlɪ] *adv* treu; **yours ~** hochachtungsvoll, mit freundlichen Grüßen; **faith healer** *s* Gesundbeter(in) *m(f)*; **faith·less** [ˈfeɪθlɪs] *adj* treulos (*to* gegenüber)

fake [feɪk] **I.** *vt* fälschen; erfinden; vortäuschen **II.** *s* Fälschung *f*

fakir [ˈfeɪkɪə(r)] *s* Fakir *m*

fal·con [ˈfɔːlkən] *s* Falke *m*

Falk·land Is·lands *s pl* Falklandinseln, Malvinas *pl*

fall [fɔːl] <*vi:* fell, fallen> **I.** *vi* ① (herab-, hinunter)fallen; stürzen ② (*im Kampf*) fallen ③ sich senken (*a. Stimme*) ④ (*Wind*) sich legen ⑤ (*Temperatur, Preise*) sinken, fallen ⑥ (*Land*) eingenommen werden ⑦ (*Nacht*) hereinbrechen ⑧ (*auf einen Tag*) fallen (*on* auf) ⑨ (*Preis, Gewinn*) fallen (*to s.o.* auf jdn) ⑩ zerfallen, eingeteilt sein (*into* in); **his face fell** er machte ein langes Gesicht; **~ in battle** fallen; **the blame for that ~s on him** ihn trifft die Schuld daran; **~ asleep** einschlafen; **~ ill** krank werden; **~ in love with** sich verlieben in; **~ silent** still werden; **~ into despair** verzweifeln; **~ to pieces** verfallen; aus den Fugen geraten **II.** *s* ① Fall, Sturz *m* ② Einnahme, Eroberung *f* ③ (*der Nacht*) Einbruch *m* ④ (*der Preise*) Sinken, Fallen *nt* ⑤ (*Sitte*) Verfall *m* ⑥ (*Hang*) Gefälle *nt* ⑦ (*Am*) Herbst *m* ⑧ *meist pl* Wasserfall *m*; **~ in the birthrate** Geburtenrückgang *m*; **~ in price** Preisrückgang *m*; **~ in prices** (*Börse*) Kursrückgang *m*; **~ of rain/of snow** Regen-/Schneefall *m*; **fall about** *vi* sich krank lachen; **fall away** *vi* abbröckeln; abfallen; **fall back** *vi* zurückweichen; **fall back on** *vt* zurückgreifen auf; **fall behind** *vi* ① zurückbleiben ② (*mit Zahlungen*) im Rückstand bleiben (*with* mit); **fall down** *vi* ① hinfallen, herunterfallen ② (*Treppe*) hinunterfallen ③ (*fig*) versagen; **fall for** *vt* (*fam*) ① sich vergaffen in ② hereinfallen auf; **fall in** *vi* ① hineinfallen ② einstürzen ③ (MIL) antreten; **fall in with** *vt* ① sich anschließen (*s.o.* jdm) ② mitmachen bei; **fall off** *vi* zurückgehen, schwächer werden, nachlassen, abnehmen; **fall on** *vt* ① herfallen über ② (*Verantwortung*) zufallen (*s.o.* jdm); **fall out** *vi* ① herausfallen ② sich streiten (*with* mit) ③ sich ergeben; **it fell out that** es geschah, dass; **fall over** *vi* ① (*Person*) hinfallen ② fallen über; **~ over backwards to do s.th.** sich die größte Mühe geben etw zu tun; **fall through** *vi* (*fig*) fehlschlagen, ins Wasser fallen; **fall to** *vi* ① beginnen, anfangen; reinhauen ② zufallen, obliegen (*s.o.* jdm)

fal·lacious [fəˈleɪʃəs] *adj* trügerisch; irreführend; **fal·lacy** [ˈfæləsɪ] *s* Irrtum *m*; Trugschluss *m*

fallen [ˈfɔːlən] **I.** *pp of* **fall** **II.** *adj* gefallen **III.** *s*: **the Fallen** die Gefallenen *pl*; **fall guy** *s* (*Am*) armes Opfer; Sündenbock *m*

fal·lible [ˈfæləbl] *adj* fehlbar

fall·ing star [ˈfɔːlɪŋˈstɑː(r)] *s* Sternschnuppe

f

fall-off ['fɔ:lɒf] *s* ① Rückgang *m*, Abnahme *f* ② Nachlassen *nt*

Fal·lo·pian tube [fə'ləʊpɪən'tju:b] *s* Eileiter *m*

fall·out ['fɔ:laʊt] *s* radioaktiver Niederschlag, Fall-Out *m*; **fallout shelter** *s* Atombunker *m*

fal·low ['fæləʊ] *adj* (AGR) brach; **lie ~** brachliegen

fal·low deer ['fæləʊdɪə(r)] *s* Damwild *nt*

false [fɔ:ls] **I.** *adj* ① falsch; treulos ② unrichtig, unwahr; **put s.o. in a ~ position** jdn in eine Position drängen, die er sonst nicht vertritt; **sail under ~ colours** unter falscher Flagge segeln; **a ~ bottom** ein doppelter Boden **II.** *adv:* **play s.o. ~** mit jdm ein falsches Spiel treiben; **false alarm** *s* blinder Alarm; **false·hood** ['fɔ:lshʊd] *s* ① Unwahrheit *f* ② Lügen *nt;* **false·ness** ['fɔ:lsnɪs] *s* ① Falschheit *f* ② Treulosigkeit *f;* **false start** *s* Fehlstart *m;* **false teeth** *s pl* (künstliches) Gebiss *nt*

fal·setto [fɔ:l'setəʊ] <*pl* -settos> *s* Fistelstimme *f;* Falsett *nt*

falsi·fi·ca·tion [ˌfɔ:lsɪfɪ'keɪʃn] *s* (Ver)Fälschung *f;* **fals·ify** ['fɔ:lsɪfaɪ] *vt* ① (ver)fälschen ② widerlegen

fals·ity ['fɔ:lsətɪ] *s* ① Falschheit *f* ② Unrichtigkeit *f*

fal·ter ['fɔ:ltə(r)] *vi* ① (sch)wanken; stolpern ② (*Stimme*) stocken; **fal·ter·ing** ['fɔ:ltərɪŋ] *adj* stockend

fame [feɪm] *s* Ruhm *m;* **famed** ['feɪmd] *adj* berühmt (*for* wegen, durch)

fam·il·iar [fə'mɪlɪə(r)] **I.** *adj* ① vertraut; gewohnt, bekannt ② vertraulich, familiär ③ (*Freunde*) eng; **be ~ with s.th.** sich in etw auskennen; **make o.s. ~ with s.th.** sich mit etw vertraut machen **II.** *s* Vertraute(r) *f m;* **fam·ili·ar·ity** [fəˌmɪlɪ'ærətɪ] *s* ① Vertrautheit *f* ② Vertraulichkeit, Intimität *f* ③ *meist pl* Aufdringlichkeit *f;* **fam·il·iar·ize** [fə'mɪlɪəraɪz] *vr:* **~ o.s. with s.th.** sich mit etw vertraut, bekannt machen

fam·ily ['fæməlɪ] *s* ① Familie *f* ② Verwandtschaft *f* ③ Abstammung *f;* **of good ~** aus gutem Hause; **it runs in the ~** das liegt in der Familie; **family allowance** *s* Kindergeld *nt;* **family doctor** *s* Hausarzt *m*, -ärztin *f;* **family man** *s* häuslicher Mensch; **family name** *s* Familienname *m;* **family planning** *s* Familienplanung *f;* **family-run** *adj:* **~ business** Familienbetrieb *m;* **family tree** *s* Stammbaum *m*

fam·ine ['fæmɪn] *s* Hungersnot *f;* **fam·ish** ['fæmɪʃ] *vi* verhungern; **fam·ished** ['fæmɪʃt] *adj* (*fam*) ver-, ausgehungert

fa·mous ['feɪməs] *adj* berühmt (*for* durch, wegen); **fa·mous·ly** [-lɪ] *adv* (*fam*) prima, erstklassig

fan¹ [fæn] **I.** *s* ① Fächer *m* ② Ventilator *m* ③ (AUTO) Gebläse *nt* **II.** *vt* ① (an)fächeln ② (*Feuer, Leidenschaft*) an-, entfachen (*into* zu); **~ out** fächerförmig ausbreiten **III.** *vi* (MIL: **~ *out***) ausschwärmen

fan² [fæn] *s* (*fam*) Fan *m*

fa·natic [fə'nætɪk] **I.** *adj* fanatisch **II.** *s* Fanatiker(in) *m(f);* **fa·nati·cal** [-əl] *adj* fanatisch; **fa·nati·cism** [fə'nætɪsɪzəm] *s* Fanatismus *m*

fan belt ['fænbelt] *s* Keilriemen *m*

fan·cied ['fænsɪd] *adj* eingebildet

fan·cier ['fænsɪə(r)] *s* Liebhaber(in) *m(f)*

fan·ci·ful ['fænsɪfl] *adj* ① fantasiebegabt, einfallsreich ② (*Idee*) fantastisch

fan club ['fænklʌb] *s* Fanclub *m*

fancy ['fænsɪ] **I.** *s* ① Einbildungskraft, Fantasie *f* ② Vorliebe, Neigung *f* ③ Laune *f*, Einfall *m;* **a passing ~** nur so eine Laune; **take a ~ to** Gefallen, Geschmack finden an; **take s.o.'s ~** jdm gefallen **II.** *adj* ① kunstvoll; ausgefallen ② (*Idee*) überspannt; seltsam ③ (*Am*) Delikatess-; **~ prices** gepfefferte Preise; **a big ~ car** ein toller Schlitten **III.** *vt* ① sich vorstellen ② meinen, sich einbilden; **~ doing that!** so was zu tun!; **~ him doing that** nicht zu fassen, dass er das getan hat; **~ that!** denk mal an!; **he fancies that car** das Auto gefällt ihm; **he fancies doing that** er möchte das gern tun **IV.** *vr* von sich eingenommen sein; sich halten für; **fancy dress** *s* Maskenkostüm *nt;* **fancy-free** *adj* ungebunden, frei; **fancy goods** *s pl* Geschenkartikel *mpl;* **fancy man** <*pl* -men> *s* Liebhaber *m*

fan·fare ['fænfeə(r)] *s* Fanfare *f*

fang [fæŋ] *s* ① Fangzahn *m* ② (*Schlange*) Giftzahn *m*

fan light ['fænlaɪt] *s* Oberlicht *nt*

fan mail ['fænmeɪl] *s* Verehrerpost *f*

fan·tasia [fæn'teɪzɪə] *s* Fantasie *f;* **fan·tas·tic** [fæn'tæstɪk] *adj* ① fantastisch ② unwahrscheinlich ③ (*fam*) toll; **fan·tasy** ['fæntəsɪ] *s* ① Fantasie, Einbildung *f* ② Hirngespinst *nt*

fan vault·ing ['fænˌvɔ:ltɪŋ] *s* (ARCH) Fächergewölbe *nt*

fan·zine ['fænzi:n] *s* (*fam*) Fanmagazin *nt*

FAQ *s Abk. von* **frequently asked question** (INTERNET) FAQ *f*

far [fɑ:(r)] <further, furthest> **I.** *adj* ① weiter entfernt; hintere(r,s) ② weit entfernt; **the ~ end of the room** das andere Ende des Zimmers; **in the ~ distance** in weiter

F

Ferne; **it's a ~ cry from ...** das ist etwas ganz anderes als ...; **in the ~ future** in ferner Zukunft **II.** *adv* ❶ weit (weg, entfernt), in weiter Ferne; weit her; weit weg ❷ lange hin, lange her ❸ bei weitem, beträchtlich, (sehr) viel; **~ and wide** weit und breit; **~ away** weit entfernt; **as ~ back as 1900** schon 1900; **~ better** weit besser; **as ~ as I am concerned** was mich betrifft; **by ~** bei weitem; **from ~** von weitem; von weit her; **in so ~ as** insofern; **so ~** so weit, bis dahin, bis hierher; bis jetzt; **so ~ so good** so weit, so gut; **~ afield** weit weg; **get ~ from a subject** von einem Gegenstand weit abschweifen; **~ and away** bei weitem; **~ and near** überall; nah und fern; **~ from** alles andere als; **~ from it** weit davon entfernt; **~ into the night** bis spät in die Nacht hinein; **go ~** lange reichen; (*fig*) es weit bringen; **that's going too ~** das geht zu weit; **I am ~ from doing it** ich denke nicht daran es zu tun; **I wouldn't carry things too ~** ich würde die Sache nicht auf die Spitze treiben

far·away ['fɑ:rəweɪ] *adj* ❶ weit entfernt, abgelegen ❷ verträumt, (geistes)abwesend

farce [fɑ:s] *s* Farce *f*; **far·ci·cal** ['fɑ:sɪkl] *adj* possenhaft; (*fig*) absurd

fare [feə(r)] **I.** *vi:* **he ~d well** es ging ihm gut **II.** *s* ❶ Fahrgeld *nt*, -preis *m* ❷ Fahrgast *m*; **~s, please!** noch jemand zugestiegen?; **have your ~s ready** Fahrgeld bereithalten!; **what's the ~?** was kostet die Fahrt?; **bill of ~** Speisekarte *f*

Far East [ˌfɑ:(r)'i:st] *s* Ferner Osten

fare·well [ˌfeə'wel] **I.** *s* Abschied *m*; **make one's ~s** sich verabschieden **II.** *interj* lebe(n Sie) wohl!

fare zone ['feə(r)zəʊn] *s* Tarifzone *f*

far-fetched [ˌfɑ:'fetʃt] *adj* weit hergeholt; **far-flung** [ˌfɑ:'flʌŋ] *adj* ❶ weit ausgedehnt ❷ abgelegen

farm [fɑ:m] **I.** *s* Bauern-, Gutshof *m*; Farm *f* **II.** *vt* (*Land*) bestellen; bewirtschaften **III.** *vi* Landwirtschaft betreiben; **farm out** *vt* (*Arbeit*) vergeben; **farmer** ['fɑ:mə(r)] *s* ❶ Bauer *m*, Bäuerin *f*, Landwirt(in) *m(f)* ❷ Pächter(in) *m(f)*; **~'s wife** Bäuerin *f*; **~s' cooperative** landwirtschaftliche Genossenschaft; **farm·hand** *s* Landarbeiter(in) *m(f)*; **farm·house** *s* Bauernhaus *nt*; **farm·ing** ['fɑ:mɪŋ] *s* Landwirtschaft *f*; Ackerbau *m*; **farm·stead** ['fɑ:msted] *s* Bauernhof *m*; **farm·yard** ['fɑ:mjɑ:d] *s* Hof *m*

far-off ['fɑ:rɒf] *adj* (weit) entfernt

far-reach·ing [ˌfɑ:'ri:tʃɪŋ] *adj* weitreichend; **far-right** [ˌfɑ:'raɪt] *adj* rechtsextrem; **far-see·ing** [ˌfɑ:'si:ɪŋ] *adj* weitblickend; **far-sighted** [ˌfɑ:'saɪtɪd] *adj* ❶ weitsichtig ❷ (*fig*) weitblickend, vorausschauend

fart [fɑ:t] **I.** *s* (*vulg*) Furz *m* **II.** *vi* (*vulg*) furzen

far·ther ['fɑ:ðə(r)] <*Komparativ von* far> **I.** *adj* weiter entfernt **II.** *adv* weiter (weg); **far·thest** ['fɑ:ðɪst] <*Superlativ von* far> **I.** *adj* entfernteste(r, s), weiteste(r, s); am weitesten weg **II.** *adv* am weitesten entfernt, weg

far·thing ['fɑ:ðɪŋ] *s* (*obs*) Viertelpenny *m*

fas·cia ['feɪʃə] *s* Armaturenbrett *nt*

fas·ci·nate ['fæsɪneɪt] *vt* fesseln, faszinieren, begeistern; **fas·ci·nat·ing** [-ɪŋ] *adj* faszinierend, spannend, fesselnd; **fas·ci·na·tion** [ˌfæsɪ'neɪʃn] *s* Faszination *f*; Zauber *m*

fas·cism ['fæʃɪzəm] *s* Faschismus *m*; **fas·cist** ['fæʃɪst] **I.** *s* Faschist(in) *m(f)* **II.** *adj* faschistisch

fash·ion ['fæʃn] **I.** *s* ❶ Art und Weise *f* ❷ Mode *f* ❸ Sitte *f*, Brauch *m*; **after** [*o* **in**] **a ~** in gewisser Weise; **in the usual ~** wie üblich; **in ~** in Mode, modern; **out of ~** aus der Mode, unmodern; **come into ~** Mode werden; **go out of ~** unmodern werden; **set the ~** den Ton angeben; **a man of ~** ein modischer Herr **II.** *vt* formen, gestalten; **fash·ion·able** ['fæʃnəbl] *adj* modern, modisch; elegant, schick; **fashion-designer** *s* Modezeichner(in) *m(f)*, Modedesigner(in) *m(f)*; **fash·ion·ista** *s* Modefan *m*; **fashion-parade**, **fashion-show** *s* Mode(n)schau *f*

fast[1] [fɑ:st] **I.** *adj* ❶ fest ❷ (*Material*) farbecht ❸ (*Freundschaft*) gut **II.** *adv* fest; **stick ~** festsitzen; **stand ~** standhaft bleiben; **play ~ and loose with s.o.** mit jdm ein doppeltes Spiel treiben; **be ~ asleep** tief schlafen

fast[2] [fɑ:st] **I.** *adj* ❶ schnell ❷ (PHOT) hoch empfindlich; lichtstark ❸ (*Mensch, Lebenswandel*) locker; **~ breeder (reactor)** schneller Brüter; **~ developing nation** Schwellenland *nt*; **~ food** Schnellimbiss *m*; Fastfood *nt*; **~ food restaurant** Schnellgaststätte *f*; **~ forward** (*Tonband*) Schnellvorlauf *m*; **~ lane** Überholspur *f*; **~ rewind** (*Tonband*) Schnellrücklauf *m*; **be ~** (*Uhr*) vorgehen **II.** *adv* schnell; **live ~** locker leben

i Land & Leute

Zu den beliebtesten amerikanischen **fast foods** gehören *hamburgers*, *hotdogs*, auch *wieners* oder *frank(furter)s* genannt und *French fries* (Pommes frites). Beim Schnellimbiss bekommt man die Hamburger und Hotdogs in einem *bun*, einem weichen Weißbrötchen.

fast[3] [fɑːst] **I.** *vi* fasten **II.** *s* Fasten *nt;* Fastenzeit *f;* **break one's ~** das Fasten brechen; **~ day** Fasttag *m*

fas·ten ['fɑːsn] **I.** *vt* ① befestigen; anbinden (*to* an) ② (*Knopf*) zumachen ③ (*fig*) zuwenden (*on s.o.* jdm); **~ the blame on s.o.** jdm die Schuld zuschieben; **~ one's seat-belt** sich anschnallen **II.** *vi* sich schließen lassen; **fasten down** *vt* festmachen; **fasten in** *vt* festschnallen; **fasten on** *vt* befestigen, festmachen; (*fig*) herumhacken auf; **fasten up** *vt* zumachen

fas·tener ['fɑːsnə(r)] *s* Verschluss *m;* **zip ~** Reißverschluss *m*

fas·tid·ious [fə'stɪdɪəs] *adj* heikel, wählerisch, anspruchsvoll

fast·ness ['fɑːstnɪs] *s* ① Feste *f* ② Farbechtheit *f*

fast-paced [fɑːst'peɪsd] *adj* tempogeladen

fat [fæt] **I.** *adj* ① fett ② (*Band*) dick ③ (*Gewinn*) üppig; **get ~** dick werden; **a ~ lot of good you are!** (*iro*) Sie sind ja 'ne schöne Hilfe! **II.** *s* (*a.* CHEM) Fett *nt;* **live off the ~ of the land** wie Gott in Frankreich leben; **the ~ is in the fire** jetzt ist der Teufel los; **vegetable ~** Pflanzenfett *nt*

fatal ['feɪtl] *adj* ① verhängnisvoll, fatal (*to* für) ② tödlich, vernichtend (*to* für)

fatal·ism ['feɪtəlɪzəm] *s* Fatalismus *m;* **fatal·ist** ['feɪtəlɪst] *s* Fatalist(in) *m(f)*

fatal·ity [fə'tæləti] *s* ① Unglück(sfall *m*) *nt,* Tod(esfall) *m* ② Unabwendbarkeit *f;* **fatal·ly** ['feɪtəlɪ] *adv* tödlich

fat cat [ˌfæt'kæt] *s* (*sl*) Geldsack *m*

fate [feɪt] *s* ① Schicksal, Los *nt* ② Untergang, Tod *m;* **as sure as ~** todsicher; **fated** ['feɪtɪd] *adj* unglückselig; vom Schicksal bestimmt; **be ~ to fail** zum Scheitern verurteilt sein; **fate·ful** ['feɪtfl] *adj* verhängnisvoll; entscheidend

fat·head ['fæthed] *s* Dummkopf *m*

fa·ther ['fɑːðə(r)] **I.** *s* ① Vater *m* ② **~s** Väter *pl,* Vorfahren *pl* ③ (Be)Gründer *m* ④ (REL) Pfarrer *m;* Pater *m;* **Father** (REL) Vater *m* **II.** *vt* zeugen; Urheber sein von; **Father Christmas** *s* Weihnachtsmann *m;* **father figure** *s* (PSYCH) Vaterfigur *f;* **fa·ther·hood** ['fɑːðəhʊd] *s* Vaterschaft *f;* **fa·ther-in-law** ['fɑːðərɪnlɔː] <*pl* -s-in-law> *s* Schwiegervater *m;* **father·land** ['fɑːðəlænd] *s* Vaterland *nt;* **fa·ther·less** ['fɑːðəlɪs] *adj* vaterlos; **fa·ther·ly** ['fɑːðəlɪ] *adj* väterlich

fathom ['fæðəm] **I.** *s* (*Längenmaß*) Faden *m* **II.** *vt* ① (*die Wassertiefe*) loten ② (*fig*) ergründen, erfassen; **I can't ~ him** ich verstehe ihn überhaupt nicht; **fathom·less** [-lɪs] *adj* unergründlich

fa·tigue [fə'tiːg] **I.** *s* ① Ermüdung, Erschöpfung *f* ② (MIL) Arbeitsdienst *m* ③ (*Metall*) Ermüdung *f* **II.** *vt* ermüden, strapazieren; **fatigue dress, fatigues** *s pl* (MIL) Arbeitsanzug *m*

fat·less ['fætlɪs] *adj* fettlos; **fat stock** *s* Mastvieh *nt;* **fatted** ['fætɪd] *adj:* **kill the ~ calf** einen Willkommensschmaus veranstalten; **fatten** ['fætn] **I.** *vt* mästen **II.** *vi* fett, dick werden; **fat·ten·ing** ['fætnɪŋ] *adj* dick machend; **fatty** ['fætɪ] **I.** *adj* fett(ig); fetthaltig; **~ acid** Fettsäure *f;* **~ degeneration** (MED) Verfettung *f;* **~ tissue** Fettgewebe *nt* **II.** *s* (*fam*) Dickerchen *nt*

fa·tu·ity [fə'tjuːətɪ] *s* Albernheit *f;* **fatuous** ['fætʃʊəs] *adj* albern

fau·cet ['fɔːsɪt] *s* (*Am*) (Wasser)Hahn *m*

fault [fɔːlt] **I.** *s* ① Fehler *m;* Mangel *m;* Defekt *m* ② Schuld *f;* Verschulden *nt* ③ (GEOL) Verwerfung *f;* **at ~** im Irrtum; **to a ~** im Übermaß; **through no ~ of mine** ohne mein Verschulden; **find ~ with** etw auszusetzen haben; **the ~ lies with** die Schuld liegt bei; **it's not my ~** es ist nicht meine Schuld **II.** *vt* Fehler finden an, etw auszusetzen haben an **III.** *vi* (GEOL) sich verwerfen; **fault-finder** *s* Krittler(in) *m(f);* **fault-finding** *s* Nörgelei, Meckerei *f;* **fault-indicator** ['fɔːlt'ɪndɪkeɪtə(r)] *s* (TECH) Störungsanzeige *f;* **fault·less** ['fɔːltlɪs] *adj* fehlerfrei, untadelig, tadellos; **faulty** ['fɔːltɪ] *adj* fehler-, mangelhaft; defekt; **~ circuit** (ELEK) Fehlschaltung *f*

faun [fɔːn] *s* Faun *m*

fauna ['fɔːnə] *s* Fauna *f*

fa·vor (*Am*) *s.* **favour**; **fa·vor·able** (*Am*) *s.* **favourable**; **fa·vored** (*Am*) *s.* **favoured**; **fa·vor·ite** (*Am*) *s.* **favourite**; **fa·vor·it·ism** (*Am*) *s.* **favouritism**

fa·vour ['feɪvə(r)] **I.** *s* ① Gunst *f,* Wohlwollen *nt* ② Vergünstigung *f* ③ Gefallen *m,* Gefälligkeit *f* ④ Schleife *f;* **win s.o.'s ~** jds Gunst erlangen; **find ~ with s.o.** bei jdm Anklang finden; **be in ~ with s.o.** bei jdm gut angeschrieben sein; **fall out of ~** in Ungnade fallen; **be out of ~** nicht mehr beliebt sein; **be in ~ of s.th.** für etw sein; **ask a ~ of s.o.** jdn um einen Gefallen bitten; **do s.o. a ~** jdm einen Gefallen tun; **as a ~ to him** ihm zuliebe **II.** *vt* ① für gut halten; bevorzugen ② begünstigen ③ beehren ④ ähnlich sehen (*s.o.* jdm); **I don't ~ the**

idea ich halte nichts von der Idee

fa·vour·able ['feɪvərəbl] *adj* ① günstig, vorteilhaft (*to* für) ② (*Antwort*) positiv

fa·voured ['feɪvəd] *adj:* **a ~ few** einige Auserwählte; **a ~ friend** ein besonderer Freund

fa·vour·ite ['feɪvərɪt] **I.** *s* ① Liebling *m;* Günstling *m* ② (SPORT) Favorit(in) *m(f);* **this one is my ~** das habe ich am liebsten **II.** *adj attr* Lieblings-; **fa·vour·it·ism** [-ɪzəm] *s* Vetternwirtschaft *f*

fawn¹ [fɔːn] **I.** *s* ① Rehkitz, Hirschkalb *nt* ② Beige *nt* **II.** *adj* beige

fawn² [fɔːn] *vi* ① mit dem Schwanz wedeln ② (*Mensch*) schmeicheln (*on, upon s.o.* jdm); **fawn·ing** ['fɔːnɪŋ] *adj* kriecherisch

fax [fæks] **I.** *vt* fernkopieren, (tele)faxen **II.** *s* ① (*Gerät*) (Tele)Fax *nt* ② Telekopie, Fernkopie *f;* **fax machine** *s* Telefax(gerät) *nt;* **fax subscriber** *s* Telefaxteilnehmer(in) *m(f)*

i Land & Leute

Das **FBI**, *the Federal Bureau of Investigation*, ist die amerikanische Bundeskriminalpolizei. Die Beamten dieser Behörde werden oft *feds* genannt. *The Central Intelligence Agency (CIA)* ist der Auslandsgeheimdienst der USA. Daneben gibt es noch mehrere weitere Geheimdienste.

fear [fɪə(r)] **I.** *s* ① Angst, Furcht *f;* Schreck *m* ② Scheu, Ehrfurcht *f;* **for ~ that** aus Angst, dass; **go in ~ of s.o.** Angst vor jdm haben; **no ~!** (nur) keine Angst!; **in ~ and trembling** mit schlotternden Knien; **without ~ or favour** ganz gerecht **II.** *vt* ① (be)fürchten ② Ehrfurcht haben vor **III.** *vi:* **~ for** fürchten um; **fear·ful** ['fɪəfl] *adj* ① furchtbar, schrecklich ② ängstlich (*of* vor); **be ~ for one's life** um sein Leben fürchten; **fear·less** ['fɪəlɪs] *adj* furchtlos (*of* vor); **fear·some** ['fɪəsəm] *adj* Furcht erregend

fea·si·bil·ity [ˌfiːzə'bɪlətɪ] *s* ① Aus-, Durchführbarkeit *f* ② Wahrscheinlichkeit *f;* **feasibility study** *s* Machbarkeitsstudie *f;* **feas·ible** ['fiːzəbl] *adj* ① machbar, durchführbar; realisierbar ② (*Entschuldigung*) glaubhaft, plausibel

feast [fiːst] **I.** *s* ① (REL) Fest *nt* ② Festmahl, -essen, Bankett *nt* **II.** *vt* festlich bewirten; **~ one's eyes on** seine Augen weiden an **III.** *vi* ① (ein Fest) feiern ② sich ergötzen (*on* an)

feat [fiːt] *s* Leistung *f;* Kunststück *nt*

feath·er ['feðə(r)] **I.** *s* Feder *f;* Gefieder *nt;* **as light as a ~** federleicht; **they are birds of a ~** sie sind vom gleichen Schlag; **show the white ~** Angst verraten; **a ~ in one's cap** Leistung *f*, auf die man stolz sein kann **II.** *vt* ① mit Federn versehen [*o* schmücken] ② (*Ruder*) flach werfen; **~ one's nest** sein Schäfchen ins Trock(e)ne bringen; **feath·er bed I.** *s* mit Federn gefüllte Matratze **II.** *vt* verhätscheln; unnötig subventionieren; **feath·er·brained** ['feðəbreɪnd] *adj* dumm; leichtsinnig; **feath·er·weight** ['feðəweɪt] *s* ① (*Boxen*) Federgewicht *nt* ② (*fig*) Leichtgewicht *nt;* **feath·ery** ['feðərɪ] *adj* federleicht

fea·ture ['fiːtʃə(r)] **I.** *s* ① (Gesichts)Zug *m* ② Charakterzug *m,* Kennzeichen, Merkmal *nt* ③ Charakteristikum *nt* ④ (TV) Dokumentarbericht *m,* Feature *nt* ⑤ (*Zeitung*) Sonderbericht *m;* **a ~ of his style is …** sein Stil ist durch … gekennzeichnet; **make a ~ of s.th.** etw besonders hervorheben **II.** *vt* ① (*Geschichte*) bringen ② (*Rolle*) spielen, darstellen; **fea·ture film** *s* Spielfilm *m;* **fea·ture·less** ['fiːtʃəlɪs] *adj* ohne besondere Merkmale; **fea·ture story** *s* Sonderbericht *m;* **fea·tur·ing** *adj* (FILM) in den Hauptrollen

feb·rile ['fiːbraɪl] *adj* fieberhaft, fiebernd

Feb·ru·ary ['febrʊərɪ] *s* Februar *m*

feces ['fiːsiːz] *s pl* (*Am*) Kot *m*

feck·less ['feklɪs] *adj* nutzlos

fed [fed] *s.* **feed**

fed·eral ['fedərəl] *adj* bundesstaatlich; (*System*) föderalistisch; **Federal Bureau of Investigation** (**FBI**) (*in den USA*) Bundeskriminalamt *nt;* **the Federal Republic of Germany** die Bundesrepublik Deutschland; **~ state** (*Am*) (Einzel)Staat *m;* **fed·eral·ism** ['fedərəlɪzəm] *s* Föderalismus *m;* **federal·ist** ['fedərəlɪst] *s* Föderalist(in) *m(f);* **fed·er·ate** ['fedəreɪt] **I.** *vt* zu einem Bund zusammenschließen **II.** *vi* sich zu einem Bund zusammenschließen; **fed·er·ation** [ˌfedə'reɪʃn] *s* ① Zusammenschluss *m* ② Föderation *f*, Bund *m*

fed up [ˌfed'ʌp] *adj:* **I'm ~** ich habe die Nase voll; **I'm ~ with it** es hängt mir zum Hals heraus

fee [fiː] *s* ① Gebühr *f* ② Honorar *nt* ③ (*Schauspieler*) Gage *f*, Bezüge *pl;* **on payment of a small ~** gegen eine geringe Gebühr; **school ~s** Schulgeld *nt*

feeble ['fiːbl] *adj* ① schwach ② (*Stimme*) matt; **feeble-minded** [-'maɪndɪd] *adj* dümmlich; **feeble·ness** ['fiːblnɪs] *s* Schwäche *f*

feed [fi:d] <*irr:* fed, fed> **I.** *s* ① Füttern *nt,* Fütterung *f* ② (*eines Babys*) Mahlzeit *f,* Essen *nt* ③ (*eines Tieres*) Futter *nt* ④ (TECH) Beschickung *f;* Versorgung *f;* Eingabe *f* **II.** *vt* ① verpflegen; ernähren ② (*Person, Tier*) füttern; (*Baby a.*) stillen ③ (TECH) versorgen; beschicken; füttern ④ Geld einwerfen in ⑤ (*fig*) Nahrung geben *dat,* nähren; ~ **o.s.** sich selbst verpflegen; ~ **an animal** einem Tier zu fressen geben; ~ **s.o. with information** jdn mit Informationen versorgen **III.** *vi* (*Tier*) fressen; **feed back** *vt* zurückleiten; rückkoppeln; **feed in** *vt* einführen, -geben, -speisen; **feed on I.** *vi* sich (er)nähren von **II.** *vt* füttern mit; **feed up** *vt* mästen

feed·back ['fi:dbæk] *s* Rückkopp(e)lung *f;* Feedback *nt,* Rückmeldung *f;* ~ **of information** Rückinformation *f;* **feeder** ['fi:də(r)] *s* ① Versorger *m* ② (Saug)Flasche *f* ③ (TECH) Zuführung(svorrichtung), Speiseleitung *f* ④ (*Verkehr*) Zubringer *m;* ~ **road** Zubringerstraße *f*

feed·ing bottle ['fi:dɪŋˌbɒtl] *s* Babyfläschchen *nt*

feed·ing·stuffs *s* Tierernährung *f*

feel [fi:l] <*irr:* felt, felt> **I.** *vt* ① (be)fühlen, betasten ② spüren, empfinden ③ leiden unter; empfinden ④ glauben; ~ **one's way** sich vortasten; **what do you ~ about it?** was halten Sie davon? **II.** *vi* ① sich fühlen; sich anfühlen ② meinen; ~ **well** sich wohl fühlen; ~ **hungry** hungrig sein; **I ~ hot** mir ist heiß; ~ **hard** sich hart anfühlen; **how do you ~ about him?** was halten Sie von ihm?; **what do you ~ about it?** was halten Sie davon?; ~ **like** Lust haben auf; ~ **like doing s.th.** Lust haben etw zu tun; **I ~ as if** mir ist, als ob; **I'm ~ing much better** es geht mir viel besser **III.** *s* Gefühl *nt;* Gefühlseindruck *m;* **have a ~ for s.th.** ein Gefühl für etw haben; **feel about** *vi* umhertasten; **feel for** *vi* fühlen mit

feeler ['fi:lə(r)] *s* (*von Insekten und Schnecken*) Fühler *m;* **put out ~s** seine Fühler ausstrecken

feel·good fac·tor ['fi:lgʊdˌfæktə(r)] *s* Faktor *m* des allgemeinen Wohlbefindens

feel·ing ['fi:lɪŋ] *s* ① Gefühl *nt* ② Empfindung *f* ③ Mitgefühl *nt* ④ Meinung, Ansicht *f;* **bad** [*o* **ill**] ~ Ablehnung, Bitterkeit *f;* **I have a ~ that …** ich habe das Gefühl, dass …; **I hope you haven't any hard ~s** ich hoffe, Sie sind (mir) nicht böse; **hurt s.o.'s ~s** jdn verletzen

feet [fi:t] *s pl* **foot**

feign [feɪn] *vt* ① heucheln, simulieren ② (*Krankheit*) vortäuschen; **feigned** ['feɪnd] *adj* vorgetäuscht, simuliert, geheuchelt

feint [feɪnt] *s* Finte *f;* **make a ~ of doing** so tun, als ob man tut

fel·ici·ta·tion [fəˌlɪsɪ'teɪʃn] *s meist pl* Glückwunsch *m* (*on, upon* zu)

fel·ici·tous [fə'lɪsɪtəs] *adj* (*Ausdruck*) treffend; **fel·ic·ity** [fə'lɪsəɪ] *s* Glück *nt,* Glückseligkeit *f*

fe·line ['fi:laɪn] *adj* Katzen-; katzenartig

fell[1] [fel] *s.* **fall**

fell[2] [fel] *s* Fell *nt*

fell[3] [fel] *adj* (*lit*) fürchterlich

fell[4] [fel] *vt* ① (*Baum*) fällen ② (*Mensch*) niederschlagen

fell[5] [fel] *s* Berg *m;* Moorland *nt*

fel·low ['feləʊ] *s* ① Bursche, Kerl *m* ② Gefährte, Kamerad *m* ③ Gegenstück *nt;* **a Fellow** ein Mitglied eines College; **my dear** [*o* **good**] **~!** mein lieber Mann!; **old ~!** alter Junge!; **poor ~!** armer Kerl!; **school-~** Schulkamerad *m;* **fellow being** *s* Mitmensch *m;* **fellow citizen** *s* Mitbürger(in) *m(f);* **fellow countryman** *s* Landsmann *m,* -männin *f;* **fellow countrymen** *s pl* Landsleute *pl;* **fellow feeling** *s* Mitgefühl *nt;* Sympathie *f;* **fellow member** *s* Klubkamerad(in) *m(f);* **fellow passenger** *s* Mitreisende(r) *f m;* **fel·low·ship** ['feləʊʃɪp] *s* ① Kameradschaft *f;* Gemeinschaft *f* ② Gesellschaft *f* ③ Forschungsstipendium *nt;* **fellow traveller** *s* ① Mitreisende(r) *f m* ② (POL) Mitläufer *m;* **fellow worker** *s* Kollege *m,* Kollegin *f*

felon ['felən] *s* (*obs*) (Schwer)Verbrecher(in) *m(f);* **fel·oni·ous** [fɪ'ləʊnɪəs] *adj* (*obs*) verbrecherisch; **fel·ony** ['felənɪ] *s* (*obs*) Verbrechen *nt*

felt[1] [felt] *s.* **feel**

felt[2] [felt] *s* Filz *m;* **felt-tip** (**pen**) *s* Filzschreiber, Filzstift *m*

fe·male ['fi:meɪl] **I.** *adj* weiblich; ~ **screw** Schraubenmutter *f* **II.** *s* ① (*von Tieren*) Weibchen *nt* ② (*pej*) Weib *nt;* **female suffrage** *s* Frauenstimmrecht *nt*

femi·nine ['femənɪn] *adj* feminin, weiblich; **femi·nin·ity** [ˌfemə'nɪnətɪ] *s* Weiblichkeit *f;* **femi·nism** ['femɪnɪzəm] *s* Feminismus *m;* **femi·nist** ['femɪnɪst] **I.** *adj* feministisch, Frauen- **II.** *s* Feminist(in) *m(f),* Frauenrechtler(in) *m(f)*

fe·mur ['fi:mə(r)] *s* (ANAT) Oberschenkelknochen *m*

fen [fen] *s* Fenn, Moorland *nt*

fence [fens] **I.** *s* ① Zaun *m;* Hindernis *nt* ② (*sl*) Hehler *m;* **sit on the ~** neutral bleiben **II.** *vt* ① (~ *in*) ein-, umzäunen ② (*sl*) hehlen; ~ **off** absperren **III.** *vi* ① (SPORT) fechten ❷ (*fig*) ausweichen (*with a question* einer Frage) ❸ (*sl*) Hehlerei treiben; **fencer** ['fensə(r)] *s* Fechter(in) *m(f)*; **fenc·ing** ['fensɪŋ] *s* ❶ (SPORT) Fechten *nt* ❷ Zaun *m*, Umzäunung *f*

fend [fend] *vi:* ~ **for o.s.** für sich sorgen; **fend off** *vt* abwehren

fend·er ['fendə(r)] *s* ❶ Kamingitter *nt* ❷ (MAR) Fender *m* ❸ (*Am:* AUTO) Kotflügel *m*

fen·nel ['fenl] *s* Fenchel *m*

feoff [fi:f] *s* Lehen *nt*

fer·ment [fə'ment] **I.** *vt* ❶ gären lassen, vergären ❷ (*fig*) anwachsen lassen **II.** *vi* gären **III.** ['fɜ:ment] *s* ❶ Ferment *nt* ❷ Gärung *f* ❸ (*fig*) Unruhe, Erregung *f*; **fer·men·ta·tion** [ˌfɜ:men'teɪʃn] *s* ❶ Gärung *f* ❷ (*fig*) Erregung, Unruhe *f*

fern [fɜ:n] *s* Farn(kraut *nt*) *m*

fer·ocious [fə'rəʊʃəs] *adj* wild, grimmig, heftig; **fer·oc·ity** [fə'rɒsətɪ] *s* Wildheit, Grimmigkeit *f*

fer·ret ['ferɪt] **I.** *s* Frettchen *nt* **II.** *vi* ❶ mit dem Frettchen jagen ❷ (~ *about*) herumstöbern, -schnüffeln; ~ **out** aufstöbern

fer·ro·con·crete [ˌferəʊ'kɒŋkri:t] *s* Eisenbeton *m*

fer·rous ['ferəs] *adj* eisenhaltig

fer·rule ['feru:l] *s* Metallring *m*

ferry ['ferɪ] **I.** *s* Fähre *f* **II.** *vt* ❶ (mit der Fähre) übersetzen ❷ transportieren; **ferry·boat** *s* Fähre *f*; **ferry·man** <*pl* -men> *s* Fährmann *m*

fer·tile ['fɜ:taɪl] *adj* ❶ fruchtbar, ertragreich ❷ reich (*of, in* an); **fer·til·ity** [fə'tɪlətɪ] *s* Fruchtbarkeit *f*; Ergiebigkeit *f*; **fer·ti·liz·ation** [ˌfɜ:təlaɪ'zeɪʃn] *s* ❶ Düngung *f* ❷ (BIOL) Befruchtung *f*; **fer·til·ize** ['fɜ:təlaɪz] *vt* ❶ düngen ❷ (BIOL) befruchten; **fer·ti·lizer** ['fɜ:təlaɪzə(r)] *s* Dünger *m*

fer·vent ['fɜ:vənt] *adj* ❶ heiß, glühend ❷ (*Wunsch*) inbrünstig; leidenschaftlich; **fer·vid** ['fɜ:vɪd] *adj* leidenschaftlich; **fer·vor** *s* (*Am*), **fer·vour** ['fɜ:və(r)] *s* ❶ Glut, Hitze *f* ❷ Inbrunst, Leidenschaft *f*

i Land & Leute

Eine **festa** ist ein alljährlich stattfindendes Dorffest auf Malta. Jedes Dorf hat seine eigene Musikkapelle, die dann bei der **festa** spielt.

fes·ter ['festə(r)] *vi* ❶ eitern ❷ (*fig: Ärger*) fressen, nagen (*in* in)

fes·ti·val ['festɪvl] *s* ❶ Fest *nt*; Feier *f* ❷ (MUS THEAT) Festspiele *ntpl*; **music** ~ Musikfestspiele *ntpl*; **Church** ~**s** Feiertage *mpl*; **fes·tive** ['festɪv] *adj* festlich; **fes·tiv·ity** [fe'stɪvətɪ] *s* ❶ Fest *nt*, Feier *f* ❷ **festivities** Festlichkeiten, Feierlichkeiten *fpl*

fes·toon [fe'stu:n] **I.** *s* Girlande *f* **II.** *vt* mit Girlanden verzieren

fe·tal ['fi:tl] *adj* (*Am*) fötal

fetch [fetʃ] **I.** *vt* ❶ holen, bringen ❷ (*Schrei*) ausstoßen ❸ (*Geld*) einbringen; ~ **s.o. a blow** jdm eine langen **II.** *vi:* ~ **and carry for s.o.** bei jdm Mädchen für alles sein; **fetch·ing** ['fetʃɪŋ] *adj* (*fam*) bezaubernd

fête [feɪt] **I.** *s* (Garten)Fest *nt* **II.** *vt* feiern

fetid ['fetɪd] *adj* übel riechend

fet·ish ['fetɪʃ] *s* Fetisch *m*; **fet·ish·ism** ['fetɪʃɪzəm] *s* Fetischismus *m*; **fet·ish·ist** ['fetɪʃɪst] *s* Fetischist(in) *m(f)*

fet·ter ['fetə(r)] **I.** *s* ❶ ~**s** (Fuß)Fesseln *fpl* ❷ (*fig*) Fesseln *fpl* **II.** *vt* ❶ fesseln ❷ (*fig*) in Fesseln legen

fettle ['fetl] *s:* **in fine** [*o* **good**] ~ in guter Verfassung

fe·tus ['fi:təs] *s* (*Am*) Fötus, Fetus *m*

feud [fju:d] **I.** *s* Fehde *f* **II.** *vi* sich befehden

feu·dal ['fju:dl] *adj* feudal; Feudal-, Lehns-; **feu·dal·ism** [-ɪzəm] *s* Lehnswesen *nt*

fe·ver ['fi:və(r)] *s* ❶ Fieber *nt* ❷ (*fig*) Erregung *f*; **be at** ~ **pitch** in höchster Erregung sein; **be in a** ~ **of excitement** in fieberhafter Aufregung sein; **fe·ver·ish** ['fi:vərɪʃ] *adj* ❶ fiebernd ❷ (*fig*) fieberhaft

few [fju:] **I.** *adj* wenige; ~ **and far between** dünn gesät; **as** ~ **as** genauso wenig wie; **a** ~ ein paar; **a** ~ **times** ein paar Male; **quite a** ~ ziemlich viele; **every** ~ **days** alle paar Tage **II.** *pron* wenige; **a** ~ ein paar; **quite a** ~ eine ganze Menge; **a** ~ **more** ein paar mehr; **fewer** ['fju:ə(r)] *adj, pron* weniger; **no** ~ **than** nicht weniger als

? Grammatik

few bedeutet „wenige“: *There were very few people at the concert;*
a few bedeutet „ein paar, einige“: *I have seen a few good movies recently.*

fewest ['fju:ɪst] *adj, pron* die Wenigsten

fi·ancé [fɪ'ɒnseɪ] *s* Verlobte(r) *m*; **fiancée** [fɪ'ɒnseɪ] *s* Verlobte *f*

i Land & Leute

Fianna Fáil, die ‚Soldaten Irlands‘, heißt eine der beiden großen Parteien (die andere ist *Fine Gael*) der *Irish Republic* (Republik Irland). Sie wurde 1926 gegründet, um sich dem *Anglo-*

Irish Treaty (anglo-irischen Abkommen) von 1921 zu widersetzen, durch das die *Irish Republic* den Status eines *dominion* (Herrschaftsgebiet) innerhalb des *Commonwealth* erhielt. Die Partei kam 1932 unter Eamon de Valera an die Macht und bildet seither fast ununterbrochen die Regierungspartei.

fi·asco [fɪ'æskəʊ] <fiascos, fiascoes *Am*> *s* Fiasko *nt*

fib [fɪb] **I.** *s* (*fam*) Schwindelei *f* **II.** *vi* flunkern, schwindeln; **fib·ber** ['fɪbə(r)] *s* Flunkerer *m*

fiber *s* (*Am*), **fibre** ['faɪbə(r)] *s* ❶ Faser *f* ❷ (*fig*) Charakter *m*, Wesen *nt*; **cotton** ~ Baumwollfaser *f*; **dietary** ~ Ballaststoffe *pl*; **glass** ~ Glasfiber, -faser *nt*; **moral** ~ Charakterstärke *f*

fibre·glass ['faɪbəglɑːs] *s* Fiberglas *nt*

fibre op·tic cable ['faɪbə(r)'ɒptɪk'keɪbl] *s* Glasfaserkabel *nt*; **fibre optics** ['faɪbə(r)ɒptɪks] *s pl* Glasfaseroptik *f*

fib·ula ['fɪbjʊlə] *s* (ANAT) Wadenbein *nt*

fickle ['fɪkl] *adj* wankelmütig, unbeständig

fic·tion ['fɪkʃn] *s* ❶ (*a.* JUR) Fiktion *f* ❷ Erzähl-, Prosaliteratur *f*; **fic·tion·al** ['fɪkʃənl] *adj* erfunden, erdichtet

fic·ti·tious [fɪk'tɪʃəs] *adj* ❶ fiktiv, frei erfunden ❷ falsch

fiddle ['fɪdl] **I.** *s* ❶ Fiedel, Geige *f* ❷ (*sl*) Schiebung *f*; **be fit as a** ~ gesund und munter sein; **play first/second** ~ (*fig*) die erste/die zweite Geige spielen **II.** *vi* ❶ (MUS) fiedeln ❷ herumspielen; ~ **about** herumspielen, -fummeln **III.** *vt* (*Bilanz*) frisieren; manipulieren; **fid·dler** ['fɪdlə(r)] *s* ❶ Geiger(in) *m(f)* ❷ (*sl*) Gauner(in) *m(f)*; **fid·dling** ['fɪdlɪŋ] *adj* (*fam*) läppisch; **fid·dly** ['fɪdlɪ] *adj* (*fam*) knifflig

fi·del·ity [fɪ'deləti] *s* ❶ Treue *f* ❷ Genauigkeit *f*; **high** ~ Klangtreue *f*

fidg·et ['fɪdʒɪt] **I.** *s* (*fam*) Zappelphilipp *m* **II.** *vi* nervös sein; zappeln; **fidg·ety** ['fɪdʒɪtɪ] *adj* zappelig; nervös

fief, **feoff** [fiːf] *s* Lehen *nt*

field [fiːld] **I.** *s* ❶ Feld *nt*, Acker *m*; Wiese *f*; Weide *f* ❷ Platz *m* ❸ (MIL) Feld *nt* ❹ (*fig*) (Fach)Gebiet *nt*, Bereich, Sektor *m* ❺ (COM) Außendienst *m* ❻ (SPORT) Feld *nt*; (*Baseball*) Fängerpartei *f*; **in this** ~ (*fig*) auf diesem Gebiet, in diesem Bereich; **working in the** ~ auf dem Feld arbeiten; **wheat** ~ Weizenfeld *nt*; ~ **of battle** Schlachtfeld *nt*; ~ **of vision** Blick-, Gesichtsfeld *nt*; **magnetic** ~ Magnetfeld *nt*; **take the** ~ (SPORT) das Spiel eröffnen; ~ **of activity** Tätigkeits-, Wirkungsbereich *m*; Arbeitsgebiet *nt* **II.** *vt* ❶ (*Kricket, Baseball*) auffangen und zurückwerfen ❷ (*Spieler*) als Fänger im Ausfeld einsetzen **III.** *vi* als Fänger spielen; **field day** *s* ❶ (MIL) Manöver *nt* ❷ (*fig*) großer Tag; **fielder** *s* (*Kricket*) Fänger(in) *m(f)*; **field events** *s pl* (SPORT) Springen, Stoßen und Werfen *nt*; **field glasses** *s pl* Feldstecher *m*; **field mouse** <*pl* -mice> *s* Feldmaus *f*; **fields·man** ['fiːldzmən] <*pl* -men> *s* (*Kricket*) Fänger *m*; **field sports** *s pl* Jagd *f*, Schießen *nt*, Fischfang *m*; **field·work** ['fiːldwɜːk] *s* ❶ Arbeit *f* im Gelände ❷ (*von Soziologen*) Feldforschung *f*; **field·work·er** ['fiːldwɜːkə(r)] *s* Praktiker(in) *m(f)*

fiend [fiːnd] *s* ❶ Unhold, Satan *m* ❷ (*fam*) Fanatiker(in) *m(f)*; **fresh-air/jazz** ~ Frischluft-/Jazzfanatiker(in) *m(f)*; **fiend·ish** ['fiːndɪʃ] *adj* teuflisch

fierce [fɪəs] *adj* ❶ (*Erscheinung*) wild ❷ (*Blick*) böse ❸ (*Hund*) scharf ❹ (*Kampf*) heftig ❺ (*Konkurrenz*) erbittert; **fierce·ness** ['fɪəsnɪs] *s* Wildheit *f*; Heftigkeit *f*; Grimmigkeit *f*; Schärfe *f*

fiery ['faɪərɪ] *adj* ❶ feurig, glühend, heiß ❷ (*fig*) erregt, aufwühlend

fife [faɪf] *s* (MUS) Querpfeife *f*

fif·teen [ˌfɪf'tiːn] *adj* fünfzehn; **fif·teenth** [ˌfɪf'tiːnθ] *adj* fünfzehnte(r,s)

fifth [fɪfθ] **I.** *adj* fünfte(r, s) **II.** *s* Fünftel *nt*; Fünfte(r, s)

fif·ti·eth ['fɪftɪəθ] *adj* fünfzigste(r, s); **fifty** ['fɪftɪ] *adj* fünfzig; **go** ~-~ **with s.o.** mit jdm halbe-halbe machen

fig [fɪg] *s* Feige *f*; **I don't care a** ~ (*fam*) ich kümmere mich einen Dreck darum

fight [faɪt] <*irr:* fought, fought> **I.** *s* ❶ Kampf *m*, Gefecht *nt* ❷ Kampfkraft *f*, -geist *m*; **have a** ~ **with s.o.** sich mit jdm schlagen; **put up a** ~ sich zur Wehr setzen **II.** *vi* kämpfen; sich streiten; ~ **for one's life** um sein Leben kämpfen; ~ **shy of s.th.** einer S aus dem Weg gehen **III.** *vt* ❶ kämpfen mit ❷ bekämpfen; ankämpfen gegen; **fight back** *vi* zurückschlagen; sich wehren; **fight off** *vt* abwehren; ankämpfen gegen; **fight on** *vi* weiterkämpfen

fighter ['faɪtə(r)] *s* ❶ Kämpfer(in) *m(f)* ❷ (AVIAT) Jagdflugzeug *nt*; **fight·ing** ['faɪtɪŋ] *s* Kampf *m*, Gefecht *nt*

fig·ment ['fɪgmənt] *s* Einbildung, Erfindung *f*; **a** ~ **of the imagination** pure Einbildung

figu·rat·ive ['fɪgjərətɪv] *adj* bildlich, übertragen; **figu·rat·ive·ly** [-lɪ] *adv* in übertragener Bedeutung

fig·ure ['fɪgə(r)] **I.** *s* ❶ Zahl, Ziffer *f* ❷ Figur, Form, Gestalt *f* ❸ Persönlichkeit *f* ❹ (*Mo-*

F

dell) Figur *f* ⑤ (*Tanz*) Figur *f* ⑥ ~**s** Rechnen *nt* ⑦ (MUS) Motiv *nt;* **be good at ~s** ein guter Rechner sein; **she has a good ~** sie hat eine gute Figur; **~-hugging** figurbetont; **~ of fun** Witzfigur *f;* **~ of speech** Redensart *f* **II.** *vt* ① formen, gestalten; (figürlich) darstellen ② sich vorstellen **III.** *vi* in Erscheinung treten; **he ~d in a play** er trat in einem Stück auf; **figure out** *vt* begreifen, verstehen; ausrechnen

fig·ure·head ['fɪgəhed] *s* (*a. fig*) Galionsfigur *f;* **figure skater** ['fɪgəˌskeɪtə(r)] *s* Eiskunstläufer(in) *m(f);* **fig·ure skat·ing** *s* Eiskunstlauf *m*

fila·ment ['fɪləmənt] *s* ① (BOT) Staubfaden *m* ② (ELEK) Glüh-, Heizfaden *m*

filch [fɪltʃ] *vt* (*fam*) mausen, stibitzen

file[1] [faɪl] **I.** *s* Feile *f* **II.** *vt* feilen; **~ smooth** glatt feilen

file[2] [faɪl] **I.** *s* ① Aktenhefter, Aktenordner *m* ② Akte *f* (*on s.o.* über jdn) ③ (INFORM) Datei *f;* **on ~** aktenkundig; **keep a ~ on s.o.** eine Akte über jdn führen **II.** *vt* ① ablegen, abheften ② (JUR) einreichen; **~ away** zu den Akten legen; **~ a suit** Klage erheben

file[3] [faɪl] *s* Reihe *f;* **in Indian** [*o* **single**] **~** im Gänsemarsch; **file in** *vi* hereinmarschieren; **file out** *vi* hinausgehen

file name *s* (INFORM) Dateiname *m*

fil·ial ['fɪlɪəl] *adj* Kindes-; **~ duty** Kindespflicht *f*

fili·bus·ter ['fɪlɪbʌstə(r)] **I.** *s* (PARL) Obstruktion, Dauerrede *f;* (*Person*) Obstruktionspolitiker(in) *m(f)* **II.** *vi* (PARL) Obstruktion treiben

fili·gree ['fɪlɪgri:] *s* Filigran(arbeit *f*) *nt*

fil·ing ['faɪlɪŋ] *s* ① Ablegen, Abheften *nt* ② (JUR) Einreichnung *f;* **filing cabinet** *s* Aktenschrank *m*

fil·ings ['faɪlɪŋz] *s pl* Späne *mpl*

Fi·li·pi·no [fɪlɪ'pi:nəʊ] **I.** *adj* filipinisch **II.** *s* Filipino *m,* Filipina *f*

fill [fɪl] **I.** *vt* ① füllen, stopfen ② (*Zahn*) füllen, plombieren ③ (*Loch*) zustopfen ④ erfüllen ⑤ (*Stelle*) besetzen, einnehmen, innehaben; **~ed with anger** von Zorn erfüllt **II.** *vi* voll werden, sich füllen **III.** *s:* **drink one's ~** seinen Durst löschen; **have had one's ~** gut satt sein; **I've had my ~ of it** ich habe davon die Nase voll; **fill in** *vt* ① (*Loch*) auffüllen ② (*Formular*) ausfüllen ③ (*Namen*) einsetzen; **~ in for s.o.** für jdn einspringen; **~ s.o. in on s.th.** jdn über etw ins Bild setzen; **fill out I.** *vi* sich blähen; dicker werden **II.** *vt* (*Am: Formular*) ausfüllen; **fill up I.** *vt* ① vollfüllen; volltanken ② (*Formular*) ausfüllen **II.** *vi* sich (an)füllen, voll werden

fill·er ['fɪlə(r)] *s* ① Trichter *m* ② Spachtelmasse *f* ③ (CHEM) Füllstoff *m;* **filler cap** *s* Tankdeckel *m*

fil·let ['fɪlɪt] **I.** *s* ① Stirnband *nt* ② (*Küche*) Filet, Lendenstück *nt* **II.** *vt* (*Fleisch, Fisch*) in Filets schneiden

fill·ing ['fɪlɪŋ] **I.** *s* Plombe, Füllung *f* **II.** *adj* sättigend; **filling station** *s* Tankstelle *f*

fil·lip ['fɪlɪp] *s* Ansporn *m,* Aufmunterung *f*

film [fɪlm] **I.** *s* ① Film *m,* Schicht *f;* dünner Belag ② (PHOT FILM) Film *m;* **make** [*o* **shoot**] **a ~** einen Film drehen **II.** *vt* (ver)filmen **III.** *vi* sich verfilmen lassen; **film camera** *s* Filmkamera *f;* **film·og·ra·phy** <*pl* -phies> [fɪlm'ɒgrəfi] *s* Filmografie *f;* **film speed** *s* Lichtempfindlichkeit *f;* **film star** *s* Filmstar *m;* **film studio** *s* Filmatelier, -studio *nt*

fil·ter ['fɪltə(r)] **I.** *s* Filter *m* **II.** *vt* filtern **III.** *vi* ① durch-, einsickern ② (*Br*) sich einordnen; **filter in** *vi* langsam eindringen; einsickern; **filter out I.** *vt* herausfiltern **II.** *vi* langsam herausgehen; **filter through** *vi* durchsickern

fil·ter bed *s* Filterbett *nt,* Filter(schütt)schicht *f;* **filter lane** *s* Abbiegespur *f;* **filter pad** *s* Filtereinsatz *m;* **filter paper** *s* Filterpapier *nt;* **filter tip** *s* Filtermundstück *nt,* Filter *m*

filth [fɪlθ] *s* ① Schmutz, Dreck *m* ② (*fig*) Schweinerei *f;* **filthy** ['fɪlθɪ] *adj* ① schmutzig, dreckig ② (*fig*) unanständig, schweinisch; **~ rich** (*fam*) stinkreich

fil·tra·tion [fɪl'treɪʃn] *s* Filtration *f,* Filtern *nt*

fin [fɪn] *s* ① (*a.* AVIAT MAR) Flosse *f;* Finne *f* ② (*Heizkörper*) Rippe *f*

fi·nal ['faɪnl] **I.** *adj* ① letzte(r, s); Schluss- ② letztendlich ③ endgültig; **~ word** letztes Wort **II.** *s pl* ① Abschlussprüfung *f* ② (SPORT) Endspiel, Finale *nt* ③ (*Zeitung*) Spätausgabe *f*

fi·nale [fɪ'nɑ:lɪ] *s* (MUS) Finale *nt;* Schlussszene *f*

fi·nal·ist ['faɪnəlɪst] *s* (SPORT) Teilnehmer(in) *m(f),* an der Schlussrunde

fi·nal·ity [faɪ'nælətɪ] *s* ① Endgültigkeit *f* ② Entschiedenheit *f*

fi·nal·ize ['faɪnəlaɪz] *vt* abschließen; fertig machen, beenden

fi·nal·ly ['faɪnəlɪ] *adv* ① endlich, schließlich ② endgültig, unwiderruflich

fi·nance ['faɪnæns] **I.** *s* ① Finanzwesen *nt* ② ~**s** Finanzen *fpl;* **~ company** Finanzierungsgesellschaft *f* **II.** *vt* finanzieren; **finan·cial** [faɪ'nænʃl] *adj* finanziell; Finanz-; **~ adviser** Finanzberater(in) *m(f);*

~ **assistance** Finanzhilfe *f;* ~ **markets** Finanzmärkte; ~ **resources** Finanzmittel *ntpl;* **the ~ year** das Rechnungsjahr; **fi·nan·cier** [faɪ'nænsɪə(r)] *s* Finanzier *m*

finch [fɪntʃ] *s* (*kleiner Singvogel*) Fink *m*

find [faɪnd] <*irr:* found, found> **I.** *vt* ① finden ② besorgen ③ (heraus)finden, ausfindig machen ④ bemerken, gewahr werden ⑤ halten für, ansehen als ⑥ (JUR) befinden (*guilty* für schuldig); **it is not to be found** es lässt sich nicht finden; ~ **one's feet** sich zurechtfinden; ~ **fault with** etw auszusetzen haben an; ~ **one's voice** [*o* **tongue**] die Sprache wiederfinden; ~ **one's way** seinen Weg finden; **this tree is found everywhere** diesen Baum findet man überall; ~ **o.s. unable** sich außer Stande sehen; **he found himself in hospital** er fand sich im Krankenhaus wieder **II.** *vi:* ~ **for the accused** den Angeklagten freisprechen **III.** *s* Fund *m;* **find out I.** *vt* ① herausfinden ② (*Person*) erwischen **II.** *vi* dahinterkommen

finder ['faɪndə(r)] *s* Finder(in) *m(f);* **find·ing** ['faɪndɪŋ] *s* ① ~**s** Ergebnis *nt,* Befund *m;* Feststellung *f* ② (JUR) Urteil *nt*

fine[1] [faɪn] **I.** *adj* ① fein, schön (*a. Wetter*) ② ausgezeichnet, hervorragend, prächtig ③ (*Material*) fein, zart ④ gesund ⑤ in Ordnung, gut ⑥ fein, scharf, spitz; **one ~ day** eines schönen Tages; **that's a ~ excuse** das ist ja eine schöne Ausrede; ~ **clothes** feine Kleider; ~ **dust** feiner Staub; **that's ~!** das ist prima!; ~ **feelings** Feingefühl *nt* **II.** *adv* (*fam*) sehr gut, prima; **chop s.th. up ~** etw fein zerhacken; **that will suit me ~** das passt mir gut; **I'm feeling ~** mir geht's bestens; **you're looking very ~ today** du siehst heute gut aus; **fine down** *vt* abfeilen; straffen; reduzieren

fine[2] [faɪn] **I.** *s* (JUR) Bußgeld *nt,* Geldstrafe *f* **II.** *vt* mit einer Geldstrafe belegen

fine art [,faɪn'ɑːt] *s meist pl* schöne Künste *fpl*

i Land & Leute

Fine Gael, der ‚Stamm der Gälen', heißt eine der beiden großen Parteien (die andere ist *Fianna Fáil*) der *Irish Republic* (Republik Irland). Sie wurde von der Gruppe der *Sinn Féin* gegründet, die das *Anglo-Irish Treaty* (anglo-irische Abkommen) von 1921 befürwortete und sie regierte bis 1932; seitdem ist sie hauptsächlich in der Opposition.

fine·ness ['faɪnnɪs] *s* ① Schönheit *f* ② Güte *f;* Feinheit *f* ③ (*Material*) Zartheit *f* ④ (*Sand*) Feinheit *f* ⑤ Dünnheit *f*

fin·ery ['faɪnərɪ] *s* ① Putz, Staat *m* ② (TECH) Frischofen *m*

fi·nesse [fɪ'nes] *s* ① Geschicklichkeit *f* ② (*Karten*) Schneiden *nt*

fine-tooth comb [,faɪn'tuːθkəʊm] *s:* **go through s.th. with a ~** etw genau unter die Lupe nehmen

fin·ger ['fɪŋgə(r)] **I.** *s* Finger *m;* **cut one's ~** sich in den Finger schneiden; **burn one's ~s** (*fig*) sich die Finger verbrennen; **have a ~ in the pie** die Hand im Spiel haben; **lay a ~ on s.o.** jdn berühren; **let s.th. slip through one's ~s** sich etw entgehen lassen; **twist s.o. around one's (little) ~** jdn um den kleinen Finger wickeln; **put the ~ on s.o.** (*sl*) jdn verpfeifen **II.** *vt* ① befühlen, betasten ② (MUS) mit dem Fingersatz bezeichnen; **fin·ger·ing** ['fɪŋgərɪŋ] *s* (MUS) Fingersatz *m;* **finger·mark** *s* Fingerabdruck *m;* **finger·nail** *s* Fingernagel *m;* **finger·print** ['fɪŋgəprɪnt] **I.** *s* Fingerabdruck *m* **II.** *vt* einen Fingerabdruck nehmen (*s.o.* von jdm); **fin·ger·tip** ['fɪŋgətɪp] *s* Fingerspitze *f;* **have s.th. at one's ~s** etw aus dem Effeff kennen; etw parat haben

fin·icky ['fɪnɪkɪ] *adj* wählerisch, verwöhnt (*about* in)

fin·ish ['fɪnɪʃ] **I.** *s* ① Ende *nt,* Schluss *m* ② (SPORT) Endkampf, Endspurt *m;* Ziel *nt* ③ Schliff *m;* Verarbeitung *f;* Vollendung *f* ④ (TECH) Oberflächenbehandlung *f;* **be in at the ~** (*fig*) beim Ende dabei sein; **fight to the ~** bis zum letzten Augenblick kämpfen; **his manners lack ~** seinen Manieren fehlt der Schliff **II.** *vt* ① beenden; aufhören (*doing s.th.* etw zu tun) ② (*Arbeit*) erledigen, vollenden ③ fertig stellen, den letzten Schliff geben (*s.th.* einer S); **have ~ed doing s.th.** mit etw fertig sein; ~ **writing** fertig schreiben **III.** *vi* ① zu Ende sein; fertig sein; aufhören ② (SPORT) das Ziel erreichen (*with* mit); **finish off I.** *vi* aufhören, Schluss machen **II.** *vt* ① fertig machen ② (*Essen*) aufessen ③ (*Tier*) den Gnadenschuss geben *dat* ④ (*fig*) den Rest geben (*s.o.* jdm); **finish up** *vt* aufessen; ~ **up with a brandy** zum Abschluss einen Brandy trinken; **finish with** *vt* nicht mehr brauchen; (*fig*) fertig sein mit, nichts mehr zu tun haben wollen mit

fin·ished ['fɪnɪʃt] *adj* ① fertig; bearbeitet ② (*Erscheinung*) vollendet; **be ~** fertig, erledigt sein; ~ **goods** Fertigerzeugnisse *ntpl;* **a ~ performance** eine makellose

F

Aufführung; ~ **product** Fertigprodukt *nt*

fin·ish·ing line ['fɪnɪʃɪŋˌlaɪn] *s* Ziellinie *f;* **fin·ish·ing post** ['fɪnɪʃɪŋˌpəʊst] *s* Zielpfosten *m*

fi·nite ['faɪnaɪt] *adj* ❶ (*a.* MATH) begrenzt; endlich ❷ (GRAM) finit

Fin·land ['fɪnlənd] *s* Finnland *nt*

Finn [fɪn] *s* Finne *m,* Finnin *f;* **Finn·ish** ['fɪnɪʃ] **I.** *adj* finnisch **II.** *s* (das) Finnisch(e)

fiord [fɪ'ɔ:d] *s* Fjord *m*

fir [fɜ:(r)] *s* ❶ Tanne *f* ❷ Tanne(nholz *nt*), Fichte(nholz *nt*) *f;* **fir-cone** *s* Tannenzapfen *m*

fire ['faɪə(r)] **I.** *s* ❶ Feuer *nt;* Brand *m* ❷ Kaminfeuer *nt* ❸ (MIL) Feuer *nt* ❹ Erregung, Leidenschaft *f;* **between two ~s** zwischen zwei Feuern; **on ~** in Brand; **be on ~** in Flammen stehen; **come under ~** unter Beschuss geraten; **catch ~** Feuer fangen; **go through ~ and water for s.o.** für jdn durchs Feuer gehen; **play with ~** (*fig*) mit dem Feuer spielen; **set ~ to, set on ~** in Brand stecken; anzünden; **danger of ~** Brandgefahr *f;* **liable to catch ~** feuergefährlich **II.** *vt* ❶ anzünden, in Brand stecken ❷ (*Ofen*) befeuern ❸ (*Ziegel*) brennen ❹ (*fig*) anfeuern; beflügeln; entzünden ❺ (*Feuerwaffe, Geschoss*) abfeuern ❻ (*fam*) feuern, entlassen **III.** *vi* ❶ (*Schuss*) feuern, schießen ❷ (*Maschine*) zünden; **fire away** *vi* (*fam*) losschießen; **fire off** *vt* abschießen

fire alarm ['faɪərəˌlɑ:m] *s* ❶ Feueralarm *m* ❷ Feuermelder *m;* **fire·arm** *s* Feuer-, Schusswaffe *f;* **fire·ball** ['faɪəbɔ:l] *s* (*Atom*) Feuerball *m;* **fire·brand** ['faɪəbrænd] *s* ❶ Feuerbrand *m* ❷ (*fig*) Unruhestifter(in) *m(f);* **fire·break** ['faɪəbreɪk] *s* Feuerschneise *f;* **fire·brick** ['faɪəˌbrɪk] *s* Schamottenstein *m;* **fire brig·ade** *s* Feuerwehr *f;* **fire·cracker** *s* Knallkörper *m;* **fire·damp** *s* (MIN) Grubengas *nt;* schlagende Wetter *ntpl;* **fire department** *s* (*Am*) Feuerwehr *f;* **fire-eater** *s* Feuerschlucker *m;* **fire engine** *s* Feuerwehrauto *nt;* **fire escape** *s* Feuertreppe, Feuerleiter *f;* **fire extinguisher** *s* Feuerlöscher *m;* **fire·fighter** *s* Feuerwehrmann *m;* **fire·fly** ['faɪəflaɪ] *s* Leuchtkäfer *m;* **fire·guard** *s* Ofenschirm *m;* **fire hazard** *s* Feuersgefahr *f;* **fire house** *s* (*Am*) Feuerwache *f;* **fire insurance** *s* Feuerversicherung *f;* **fire irons** *s pl* Kaminbesteck *nt;* **fire·man** ['faɪəmən] <*pl* -men> *s* ❶ Feuerwehrmann *m* ❷ Heizer *m;* **fire·place** ['faɪəpleɪs] *s* Kamin *m;* **fire plug** *s* (*Am*) Hydrant *m;* **fire·proof** *adj* feuerfest, -sicher; **fire-raiser** ['faɪəreɪsə(r)] *s* Brandstifter(in) *m(f);* **fire-raising** ['faɪəreɪsɪŋ] *s* Brandstiftung *f;* **fire·side** ['faɪəsaɪd] *s* Platz *m* um den Kamin; **by the ~** am Kamin; **fire·wall** *s* (INTERNET) Firewall *f;* **fire·water** *s* (*fam*) Feuerwasser *nt;* **fire·woman** ['faɪəwʊmən, *pl* -wɪmɪn] <*pl* -women> *s* Feuerwehrfrau *f;* **fire·wood** ['faɪəwʊd] *s* Brennholz *nt;* **fire·work** *s* ❶ Feuerwerkskörper *m* ❷ *meist pl* Feuerwerk *nt*

firing ['faɪrɪŋ] *s* (MIL) Feuern *nt;* **firing line** *s* Feuer-, Schusslinie *f;* **firing squad** *s* Exekutionskommando *nt*

firm[1] [fɜ:m] **I.** *adj* ❶ fest; hart; stabil ❷ (*Freundschaft*) beständig, unaufhörlich ❸ (*Basis*) standhaft, unerschütterlich ❹ (COM) fest, stabil **II.** *vi* fest werden **III.** *adv:* **stand ~ on s.th.** fest bei etw bleiben

firm[2] [fɜ:m] *s* Firma *f,* Unternehmen *nt*

fir·ma·ment ['fɜ:məmənt] *s* Firmament *nt*

firm·ness ['fɜ:mnɪs] *s* Festigkeit *f;* Beständigkeit *f*

first [fɜ:st] **I.** *adj* erste(r, s); **at ~ hand** aus erster Hand; **at ~ sight** auf den ersten Blick; **for the ~ time** zum ersten Mal; **~ things ~** eins nach dem anderen; **not to know the ~ thing about s.th.** keinen blassen Schimmer von etw haben; **in the ~ place** an erster Stelle; zunächst **II.** *adv* ❶ zuerst, als Erste(r, s) ❷ als Erstes, zunächst ❸ zum ersten Mal ❹ (zu)erst ❺ eher, lieber; **~ of all, ~ and foremost** zuallererst; **~ come, ~ served** (*prov*) wer zuerst kommt, mahlt zuerst; **come in ~** das Rennen gewinnen; **I must finish this ~** ich muss das erst fertig machen **III.** *s* ❶ (*the ~*) der, die, das Erste ❷ (SCHULE) Eins *f* ❸ (AUTO) erster Gang; **at ~** zuerst, zunächst; **from ~ to last** von Anfang bis Ende; **first aid** *s* (MED) erste Hilfe; **~ box** Verbandskasten *m;* **~ kit** Erste-Hilfe-Ausrüstung *f;* **~ station** Sanitätswache *f;* **first-born** ['fɜ:stbɔ:n] *adj* erstgeboren; **first-class** [ˌfɜ:st'klɑ:s] **I.** *adj* erstklassig; **~ compartment** Abteil *nt* erster Klasse **II.** *adv* erster Klasse; **first cousin** *s* Cousin(e) *m (f)* ersten Grades; **first-hand** [ˌfɜ:st'hænd] *adj, adv* aus erster Hand; **First Lady** *s* (*in den USA*) Gemahlin des Präsidenten

first·ly ['fɜ:stlɪ] *adv* erstens

first name ['fɜ:st neɪm] *s* Vorname *m;* **be on ~ terms** sich mit dem Vornamen anreden, sich duzen; **first night** *s* (THEAT) Erstaufführung *f;* **first offender** *s* (JUR) Ersttäter(in) *m(f),* Nichtvorbestrafte(r) *f m;* **first option** *s* Vorhand *f;* **first-person narrator** *s* Icherzähler(in) *m(f);* **first-rate**

[ˌfɜːstˈreɪt] *adj* ❶ erstrangig, -klassig ❷ (*fam*) prima, großartig; **first strike** *s* (MIL: *Atomwaffen*) Ersteinsatz, Erstschlag *m*

firth [fɜːθ] *s* Meeresarm *m,* Förde *f*

fis·cal [ˈfɪskl] *adj* fiskalisch; Finanz-

fish [fɪʃ] *<pl* fish (fishes)> **I.** *s* Fisch *m;* **the Fishes** (ASTR) die Fische *pl;* **feel like a ~ out of water** sich fehl am Platze vorkommen; **have other ~ to fry** wichtigere Dinge zu tun haben; **neither ~ nor fowl** weder Fisch noch Fleisch; **a pretty kettle of ~** (*iro*) eine schöne Bescherung; **~ and chips** (fritierter) Fisch und Pommes frites; **~ farming** Aquakultur *f;* **~ population** Fischart *f;* **~ stocks** Fischbestände *pl* **II.** *vi* ❶ fischen ❷ angeln (*for* nach); **~ in troubled waters** im Trüben fischen **III.** *vt* fischen, angeln in; **~ out** herausfischen; **~ up** herausziehen; hervorkramen

? Grammatik

Der Plural von **fish** bleibt in den meisten Fällen unverändert **fish:** *The fishermen caught hundreds of fish;* wenn man jedoch von verschiedenen Fischarten spricht, verwendet man **fishes:** *Cod, haddock, herring and other fishes.*

i Land & Leute

In Großbritannien sind **fish and chips** immer noch sehr beliebt – trotz Hamburger, Brathähnchen und Pizza. Außerdem gibt es viele exotische Schnellimbisse, z. B. indische, chinesische, thailändische und vietnamesische.

fish·bone [ˈfɪʃbəʊn] *s* Fischgräte *f;* **fish·cake** [ˈfɪʃkeɪk] *s* Fischfrikadelle *f*

fisher·man [ˈfɪʃəmən] *<pl* -men> *s* Fischer, Angler *m*

fish·ery [ˈfɪʃərɪ] *s* ❶ Fischerei *f,* Fischfang *m* ❷ Fischereizone *f;* **inshore/deep-sea ~** Küsten-/Hochseefischerei *f*

fish fin·ger [ˌfɪʃˈfɪŋgə(r)] *s* Fischstäbchen *nt;* **fish-hook** *s* Angelhaken *m*

fish·ing [ˈfɪʃɪŋ] *s* Fischen *nt;* Angeln *nt;* **fishing grounds** *s pl* Fischgründe *mpl;* **fishing line** *s* Angelschnur *f;* **fishing rod** *s* Angelrute *f;* **fishing tackle** *s* Angelgerät *nt*

fish·mon·ger [ˈfɪʃmʌŋgə(r)] *s* (*Br*) Fischhändler(in) *m(f);* **fish-pond** *s* Fischteich *m*

fishy [ˈfɪʃɪ] *adj* ❶ fischartig ❷ (*fam*) verdächtig, faul

fis·sile [ˈfɪsaɪl] *adj* spaltbar; **fis·sion** [ˈfɪʃn] *s* ❶ (BIOL) (Zell)Teilung *f* ❷ (PHYS) (Kern)Spaltung *f;* **fis·sion·able** [-əbl] *adj* spaltbar; **fission material** *s* Spaltmaterial *nt*

fis·sure [ˈfɪʃə(r)] *s* Spalt(e *f*) *m,* Kluft *f*

fist [fɪst] *s* Faust *f;* **shake one's ~ at s.o.** jdm mit der Faust drohen

fit¹ [fɪt] *s* (MED) Anfall *m;* **by** [*o* **in**] **~s and starts** stoßweise; **give s.o. a ~** (*fam*) jdm einen Schrecken einjagen; **~ of anger** Wutanfall *m;* **~ of coughing** Hustenanfall *m;* **~ of laughter** Lachkrampf *m*

fit² [fɪt] **I.** *adj* ❶ geeignet; günstig ❷ passend, ratsam, angebracht ❸ gesund; in Form; **be ~** geeignet, tauglich sein; **be ~ to be seen** sich sehen lassen können; **keep ~** in Form bleiben; **~ to drink** trinkbar; **~ for a position** für eine Stelle geeignet; **~ for work** arbeitsfähig **II.** *vt* ❶ passen auf; passen in ❷ (*Kleid*) passen (*s.o.* jdm) ❸ anbringen; montieren; einbauen ❹ (*Tatsachen*) entsprechen (*s.th.* einer S); **~ a dress on s.o.** jdm ein Kleid anprobieren; **~ a key in a lock** einen Schlüssel ins Schloss stecken **III.** *vi* ❶ passen ❷ zusammenpassen **IV.** *s* Passform *f;* **fit in I.** *vt* ❶ unterbringen ❷ (TECH) einbauen **II.** *vi* ❶ passen (*with* zu) ❷ in Einklang, in Übereinstimmung sein (*with* mit) ❸ harmonieren; **fit out** *vt* ausrüsten, ausstatten; **fit together** *vi* zusammenpassen; **fit up** *vt* ❶ (*Haus*) einrichten, möblieren ❷ ausrüsten (*with* mit) ❸ (*Maschine*) montieren

fit·ful [ˈfɪtfl] *adj* ❶ unregelmäßig; unbeständig ❷ (*Schlaf*) unruhig

fit·ment [ˈfɪtmənt] *s* Einrichtungsgegenstand *m;* Möbel(stück) *nt*

fit·ness [ˈfɪtnɪs] *s* ❶ Tauglichkeit, Geeignetheit *f* ❷ Gesundheit *f;* Fitness, Kondition *f*

fit·ted [ˈfɪtɪd] *adj* ❶ eingerichtet, ausgestattet (*with* mit) ❷ (*Person*) geeignet ❸ (*Hemd*) tailliert; **~ carpet** Teppichboden *m;* **~ kitchen** Einbauküche *f;* **~ sheet** Spannbetttuch *nt*

fit·ter [ˈfɪtə(r)] *s* ❶ Schneider(in) *m(f)* ❷ (TECH) Monteur(in) *m(f),* Schlosser(in) *m(f)* ❸ Installateur(in) *m(f)*

fit·ting [ˈfɪtɪŋ] **I.** *adj* angebracht, angemessen, geeignet **II.** *s* ❶ (*Kleider*) Anprobe *f* ❷ Zubehörteil *nt;* **~s** Ausstattung *f;* Einrichtung *f;* **go in for a ~** zur Anprobe gehen

five [faɪv] *adj* fünf; **~-day week** Fünftagewoche *f;* **~fold** fünffach; **~; -speed gear-**

F

box (AUTO) Fünfganggetriebe *nt;* **fiver** ['faɪvə(r)] *s* (*fam*) Fünfpfundnote *f*

fix [fɪks] **I.** *vt* ① festmachen, befestigen (*to* an), anbringen ② (*Bild*) aufhängen ③ heften, richten (*one's eyes* den Blick, *on, upon* auf) ④ (*Preis*) festsetzen, festlegen (*at* auf) ⑤ (*Aufmerksamkeit*) fesseln ⑥ vereinbaren, abmachen ⑦ (*Besprechung*) ansetzen, anberaumen ⑧ (CHEM PHOT) fixieren ⑨ in Ordnung bringen ⑩ (*fam*) drehen, schieben, manipulieren; ~ **the blame on s.o.** die Schuld auf jdn schieben; ~ **s.th. in one's mind** sich etw fest einprägen; ~ **a date** ein Treffen vereinbaren; ~ (**up**) **one's face** (*sl*) sich schminken; ~ **one's hair** sich frisieren; ~ **the meal** das Essen fertig machen; **I'll ~ him!** ich werde es ihm schon geben! **II.** *s* ① (*fam*) Klemme *f* ② (*sl: Drogen*) Fix *m* ③ (MAR AVIAT) Standortbestimmung *f;* **in a ~** in einer Klemme; **fix down** *vt* befestigen; **fix on I.** *vt* festmachen; anstecken **II.** *vi* sich entscheiden für; **fix up** *vt* ① anbringen ② arrangieren, festmachen; ~ **s.o. up for the night** jdn für die Nacht unterbringen; ~ **s.o. up with s.th.** jdm etw besorgen

fix·ation [fɪk'seɪʃn] *s* Fixierung *f*

fixed [fɪkst] *adj* ① fest ② (*Idee*) fix ③ (*Lächeln*) starr; ~ **expenses** Fixkosten *pl;* ~ **interest securities** (FIN) Rentenwerte *pl;* ~ **term contract** befristeter Arbeitsvertrag; ~ **term deposit** (FIN) Termingeld *nt;* ~ **rate of interest** (FIN) Festzins(satz) *m;* **fix·ed·ly** ['fɪksɪdlɪ] *adv* starr, unbeweglich

fixer ['fɪksə(r)] *s* ① (PHOT) Fixiermittel *nt* ② (*Drogen*) Fixer(in) *m(f);* **fix·ing bath** ['fɪksɪŋˌbɑːθ] *s* Fixierbad *nt*

fix·ity ['fɪksətɪ] *s:* ~ **of purpose** Zielstrebigkeit *f*

fix·ture ['fɪkstʃə(r)] *s* ① Ausstattung *f,* unbewegliches Inventar ② (SPORT) Spiel *nt;* **lighting ~s** elektrische Anschlüsse *mpl;* **be a ~** (*hum*) zum Inventar gehören

fizz [fɪz] **I.** *vi* zischen; sprudeln, moussieren **II.** *s* ① Zischen *nt* ② Sprudel *m*

fizzle ['fɪzl] *vi* zischen, spucken; ~ **out** verpuffen; im Sand verlaufen

fizzy ['fɪzɪ] *adj* sprudelnd

fjord [fɪ'ɔːd] *s* Fjord *m*

flab·ber·gast ['flæbəgɑːst] *vt* (*fam*) verblüffen, umhauen

flabby ['flæbɪ] *adj* ① schlaff, schlapp ② (*fig*) saft- und kraftlos; **flabby cheek** *s* Hängebacke *f*

flac·cid ['flæksɪd] *adj* lose hängend; schlaff

flag¹ [flæg] **I.** *s* Flagge *f;* Fahne *f;* ~ **of convenience** (COM MAR) Billigflagge *f;* **keep the ~ flying** die Stellung halten; **show the ~** seine Anwesenheit dokumentieren **II.** *vt* beflaggen; ~ **down** anhalten; ~ **up** markieren

flag² [flæg] *s* (~ *stone*) Steinplatte *f*

flag³ [flæg] *s* Schwertlilie *f*

flag⁴ [flæg] *vi* ① (*Pflanze*) welken ② (*fig*) ermatten, nachlassen

flag day ['flægdeɪ] *s* (*in GB*) *Tag, an dem eine Sammlung für karitative Zwecke durchgeführt wird;* **Flag Day** (*in den USA*) 14. Juni, *Gedenktag der Einführung der amerikanischen Nationalflagge*

i Land & Leute

Der **Flag Day** erinnert an den 14. Juni 1777, als der *Continental Congress* die *Stars and Stripes* als Nationalflagge bestimmte. Er ist aber kein Nationalfeiertag. Die Flagge gilt bei den Amerikanern als wichtiges Symbol ihres Landes.

flagel·late ['flædʒəleɪt] *vt* geißeln

flagon ['flægən] *s* bauchige Kanne

flag·pole ['flægpəʊl] *s* Fahnenstange *f*

fla·gran·cy ['fleɪgrənsɪ] *s* eklatante Offensichtlichkeit; Unverhohlenheit *f;* **fla·grant** ['fleɪgrənt] *adj* ① (*Verbrechen*) himmelschreiend, empörend ② skandalös, eklatant

flag·staff ['flægstɑːf] *s* Fahnenstange *f,* -mast *m*

flail [fleɪl] **I.** *s* Dreschflegel *m* **II.** *vt* dreschen

flair [fleə(r)] *s* Gespür *nt;* Fingerspitzengefühl *nt;* **have a ~ for s.th.** eine Nase für etw haben

flake [fleɪk] **I.** *s* ① Flocke *f* ② (*Metall*) Span *m* ③ (*Rost*) Splitter *m* **II.** *vt* (*Schokolade*) raspeln **III.** *vi* abbröckeln; abblättern; **flake out** *vi* (*fam*) abschlaffen; **flaky** ['fleɪkɪ] *adj* flockig; schuppig; (*Am sl*) verrückt; ~ **pastry** Blätterteig *m*

flam·boy·ant [flæm'bɔɪənt] *adj* prunkvoll, (farben)prächtig; üppig

flame [fleɪm] **I.** *s* ① Flamme *f* ② (*fig*) Leidenschaft *f* ③ (*fam*) Geliebte, Flamme *f;* **be in ~s** in Flammen stehen; **burst into ~s** in Flammen aufgehen **II.** *vi* flammen, lodern; ~ **up** auflodern; (*fig*) in Wut geraten; **flame·out** ['fleɪmˌaʊt] *s* Versagen *nt;* **flam·ing** ['fleɪmɪŋ] *adj* ① flammend, lodernd; glühend ② (*sl*) verdammt

fla·mingo [flə'mɪŋgəʊ] <*pl* -mingo(e)s> *s* Flamingo *m*

flam·mable ['flæməbl] *adj* leicht brennbar

flan [flæn] *s* Obstkuchen *m*

flange [flændʒ] *s* ❶ (TECH) Flansch *m* ❷ (*am Rad*) Spurkranz *m*
flank [flæŋk] **I.** *s* ❶ (ANAT) Flanke *f* ❷ (MIL) Seite, Flanke *f* **II.** *vt* ❶ flankieren ❷ (MIL) umgehen
flan·nel ['flænl] **I.** *s* ❶ Flanell *m* ❷ Waschlappen *m* ❸ ~**s** Flanellhose *f* ❹ (*sl*) Geschwafel *nt* **II.** *vi* (*fig*) schwafeln; **flan·nel·ette** [ˌflænə'let] *s* Baumwollflanell *m*
flap [flæp] **I.** *s* ❶ Klappe *f* ❷ (~ *of skin*) Hautlappen *m* ❸ Klaps *m*, Schlagen *nt* ❹ (AVIAT) Landeklappe *f* ❺ (*sl*) Aufregung, Nervosität *f*; **get into a** ~ in helle Aufregung geraten **II.** *vi* ❶ schlagen; flattern ❷ in heller Aufregung sein; **his ears were ~ping** er spitzte die Ohren; ~ **away** davonfliegen **III.** *vt*: ~ **its wings** mit den Flügeln schlagen; **flap·jack** ['flæpdʒæk] *s* Haferflockenplätzchen *nt*
flare [fleə(r)] **I.** *vi* ❶ aufflackern, auflodern ❷ (*Hose*) ausgestellt sein; ~ **up** aufflackern; (*fig*) aufbrausen **II.** *s* ❶ Aufleuchten *nt*; Aufflackern *nt* ❷ Leuchtkugel, Leuchtrakete *f*; Leuchtsignal *nt* ❸ (*Mode*) ausgestellter Schnitt; **flare-up** ['fleərʌp] *s* ❶ Aufflackern *nt* ❷ (*fig*) Wutausbruch *m*
flash [flæʃ] **I.** *vi* ❶ (auf)blitzen, blinken, funkeln (*with anger* vor Zorn) ❷ (*fig*) sausen, flitzen; ~ **in and out** rein und raus sausen; **a smile ~ed across his face** ein Lächeln huschte über sein Gesicht; ~ **by** vorbeisausen; **the time ~ed past** die Zeit verflog im Nu; **the idea ~ed through my mind** es fuhr mir durch den Sinn; ~ **back** zurückblenden **II.** *vt* ❶ aufblitzen, aufleuchten lassen ❷ (*Ring*) blitzen lassen **III.** *s* ❶ Aufblinken *nt*; Blitzen *nt* ❷ (PHOT) Blitz(licht *nt*) *m* ❸ (AUTO) Lichthupe *f* ❹ (*news* ~) Kurzmeldung *f* ❺ (MIL) Abzeichen *nt* ❻ (*Am*) Taschenlampe *f* ❼ ~**es** Szenen *fpl*, aus einem Film; ~ **of lightning** Blitz *m*; **a** ~ **in the pan** ein Strohfeuer *nt*; **a** ~ **of wit** ein Geistesblitz *m*; **in a** ~ im Nu; **as quick as a** ~ blitzschnell; **flash·back** ['flæʃbæk] *s* (FILM) Rückblende *f*; **flash·bulb** ['flæʃbʌlb] *s* (PHOT) Blitzbirne *f*; **flash cube** *s* (PHOT) Blitz(licht)würfel *m*; **flash·er** ['flæʃə(r)] *s* ❶ (AUTO) Lichthupe *f* ❷ (*sl*) Exhibitionist *m*; **flash·gun** ['flæʃgʌn] *s* Blitzlichtgerät *nt*; **flash·light** ['flæʃlaɪt] *s* ❶ Blinklicht *nt* ❷ (*Am*) Taschenlampe *f* ❸ (PHOT) Blitzlicht *nt*; **flash·point** ['flæʃpɔɪnt] *s* Flammpunkt *m*; **flashy** ['flæʃɪ] *adj* auffallend, auffällig
flask [flɑːsk] *s* ❶ Flachmann *m*; Thermosflasche *f* ❷ (CHEM) Glaskolben *m*
flat[1] [flæt] **I.** *adj* ❶ flach, platt, eben ❷ (*fig*) fade, matt, stumpf ❸ (*Absage*) glatt, deutlich ❹ (COM) pauschal ❺ (MUS) zu tief; ~ **fish** Plattfisch *m*; ~ **screen** (TV) Flachbildschirm *m* **II.** *adv* (*Ablehnung*) rundweg, kategorisch; **sing** ~ zu tief singen; **he told me** ~ **that ...** er sagte mir klipp und klar, dass ...; ~ **broke** (*fam*) total pleite; ~ **out** total erledigt; **work** ~ **out** auf Hochtouren arbeiten **III.** *s* ❶ Fläche *f*; flache Seite ❷ (GEOG) Ebene *f* ❸ (MUS) Erniedrigungzeichen *nt* ❹ platter Reifen ❺ (THEAT) Kulisse *f*
flat[2] [flæt] *s* (*Br*) Wohnung *f*
flat-bot·tomed [ˌflæt'bɒtəmd] *adj* (*Kahn*) flach; **flat feet** *s pl* Plattfüße *mpl*; **flat-footed** [-'fʊtɪd] *adj* plattfüßig
flat·let ['flætlɪt] *s* Kleinwohnung *f*
flat·ness ['flætnɪs] *s* ❶ Flachheit, Plattheit *f* ❷ Fadheit, Abgedroschenheit *f*
flat panel, flat screen *s* (*monitor*) Flachbildschirm *m*; (*tv*) Fernsehgerät *nt* mit Flachbildschirm; **15-inch** ~ **monitor** 15-Zoll-Flachbildschirm *m*
flat·ten ['flætn] **I.** *vt* ❶ planieren; zu Boden drücken; umwerfen ❷ (*Stadt*) dem Erdboden gleichmachen **II.** *vi* flach(er) werden
flat·ter ['flætə(r)] *vt* schmeicheln (*s.o.* jdm); **feel ~ed** sich geschmeichelt fühlen; ~ **o.s. that ...** sich einbilden, dass ...; **flat·terer** ['flætərə(r)] *s* Schmeichler(in) *m(f)*; **flat·ter·ing** [-ɪŋ] *adj* schmeichelhaft; **flat·tery** ['flætərɪ] *s* Schmeichelei *f*
flatu·lence ['flætjʊləns] *s* (PHYSIOL) Blähung *f*
flaunt [flɔːnt] *vt* zur Schau stellen; prahlen, großtun mit
flaut·ist ['flɔːtɪst] *s* Flötist(in) *m(f)*
fla·vor (*Am*) *s.* **flavour**; **fla·vor·ing** (*Am*) *s.* **flavouring**
fla·vour ['fleɪvə(r)] **I.** *s* ❶ Geschmack *m*; Aroma *nt* ❷ (*fig*) Beigeschmack *m* **II.** *vt* würzen; **fla·vour·ing** [-ɪŋ] *s* Aroma *nt*; Aromastoff *m*; **artificial** ~ künstlicher Aromastoff
flaw [flɔː] *s* ❶ Sprung, Riss *m* ❷ (Material)Fehler, Defekt, Mangel *m*; **flaw·less** ['flɔːlɪs] *adj* fehlerlos, makellos
flax [flæks] *s* Flachs *m*; **flaxen** ['flæksn] *adj* flachsfarben; ~ **hair** Flachshaar *nt*
flay [fleɪ] *vt* ❶ die Haut abziehen (*s.o.* jdm) ❷ (*fig*) keinen guten Faden lassen an
flea [fliː] *s* Floh *m*; **send s.o. off with a** ~ **in his ear** jdn wie einen begossenen Pudel abziehen lassen; **flea·bite** *s* ❶ Flohbiss *m* ❷ (*fig*) Bagatelle *f*; **flea-bitten** ['fliːbɪtn] *adj* (*fig*) vergammelt; **flea market** *s* Flohmarkt *m*
fleck [flek] **I.** *s* ❶ Fleck(en), Tupfen *m* ❷ Teilchen *nt* **II.** *vt* sprenkeln
fled [fled] *s.* **flee**
fledged [fledʒd] *adj* flügge; **fully** ~ (*fig*)

F

vollentwickelt; **fledg(e)·ling** ['fledʒlɪŋ] *s* ❶ Jungvogel *m* ❷ *(fig)* Grünschnabel *m*

flee [fli:] <*irr:* fled, fled> **I.** *vi* entfliehen, flüchten *(from* vor) **II.** *vt* fliehen vor, aus; entfliehen

fleece [fli:s] **I.** *s* Vlies, Schaffell *nt* **II.** *vt* ❶ scheren ❷ *(fig)* übers Ohr hauen; schröpfen *(of* um)

fleet¹ [fli:t] *s* ❶ Flotte *f;* Geschwader *nt* ❷ Fuhr-, Wagenpark *m*

fleet² [fli:t] *adj* schnell, flink

fleet·ing ['fli:tɪŋ] *adj* flüchtig, vergänglich

i Land & Leute

Die **Fleet Street** im Zentrum Londons wurde nach dem Fluss Fleet benannt. Die Zeitungsindustrie begann sich dort im 16. Jh. zu entwickeln. Die überregionalen Zeitungen haben dort schon immer ihre Büros gehabt, so dass der Name **Fleet Street** mit ‚der Presse' gleichgesetzt wurde. Seit den 80er Jahren ziehen jedoch immer mehr Zeitungen aus dem Stadtzentrum weg.

flesh [fleʃ] *s* ❶ Fleisch *nt* ❷ *(von Obst)* (Frucht)Fleisch *nt;* **in the ~** leibhaftig; in Person; **go the way of all ~** den Weg allen Fleisches gehen; **one's own ~ and blood** sein eigenes Fleisch und Blut; **have one's pound of ~** alles auf Heller und Pfennig bekommen; **flesh·colo(u)red** *adj* fleischfarben; **flesh-pots** *s pl (fig)* Fleischtöpfe *mpl;* **flesh-wound** *s* Fleischwunde *f;* **fleshy** ['fleʃɪ] *adj* fleischig; fett

flew [flu:] *s.* **fly², fly³**

flex [fleks] **I.** *vt* biegen, beugen **II.** *s* (ELEK) Kabel *nt*

flexi·bil·ity [ˌfleksə'bɪlətɪ] *s* ❶ Elastizität, Biegsamkeit *f* ❷ *(fig)* Anpassungsfähigkeit, Flexibilität *f;* **flex·ible** ['fleksəbl] *adj* ❶ biegsam, elastisch ❷ *(fig)* anpassungsfähig, flexibel; **flexi·time** ['fleksɪtaɪm] *s* gleitende Arbeitszeit, Gleitzeit *f*

flick [flɪk] **I.** *s* ❶ (Peitschen)Knall *m* ❷ *(mit Fingern)* Schnipsen *nt* ❸ **~s** *(sl)* Kino *nt* **II.** *vt* ❶ schnalzen mit ❷ wegschnippen

flicker ['flɪkə(r)] **I.** *vi* ❶ flattern ❷ *(Flamme)* flackern; flimmern; zucken **II.** *s* Flackern, Flimmern, Zucken *nt;* **~ of hope** Hoffnungsschimmer *m*

flick knife ['flɪknaɪf] <*pl* -knives> *s* Klappmesser *nt*

flier ['flaɪə(r)] *s* ❶ Flieger(in) *m(f)* ❷ Schnellzug *m* ❸ fliegender Start ❹ Handzettel *m;* **high~** *(fam)* Senkrechtstarter *m*

flight¹ [flaɪt] *s* ❶ Flug *m,* Fliegen *nt* ❷ Flugstrecke *f* ❸ *(Vögel)* Schar *f,* Schwarm *m* ❹ *(fig)* Höhenflug *m* ❺ *(~ of stairs)* Treppenflucht *f;* **in ~** im Flug; **in the first ~** *(fig)* an der Spitze

flight² [flaɪt] *s* Flucht *f;* **put to ~** in die Flucht schlagen; **take (to) ~** die Flucht ergreifen; **~ of capital** Kapitalflucht *f*

flight attendant *s* Flugbegleiter(in) *m(f);* **flight controller** *s* Fluglotse *m,* -lotsin *f;* **flight deck** ['flaɪtdek] *s* Flugdeck *nt;* **flight engineer** *s* Bordmechaniker(in) *m(f);* **flight·less** [-lɪs] *adj (Vogel)* flugunfähig; **flight number** *s* Flugnummer *f*

flighty ['flaɪtɪ] *adj* flatterhaft

flim·si·ness ['flɪmzɪnɪs] *s* ❶ Dünne *f;* Leichtigkeit *f;* Dürftigkeit *f* ❷ *(fig)* Fadenscheinigkeit *f;* **flimsy** ['flɪmzɪ] **I.** *adj* ❶ dünn; leicht; düftig; nicht stabil ❷ *(Ausrede)* fadenscheinig **II.** *s* Durchschlagpapier *nt*

flinch [flɪntʃ] *vi* ❶ zurückzucken ❷ *(fig)* zurückschrecken *(from* vor); **without ~ing** ohne eine Miene zu verziehen

fling [flɪŋ] <*irr:* flung, flung> **I.** *s* ❶ Wurf *m,* Schleudern *nt* ❷ *(fig)* Versuch, Anlauf *m;* **have a ~ at** sich versuchen an; **have one's ~** sich austoben **II.** *vt* schleudern; **~ the window open** das Fenster aufstoßen; **~ s.th. at s.o.** jdm etw an den Kopf werfen; **~ into prison** ins Gefängnis werfen; **~ o.s. into a chair** sich in einen Sessel werfen; **fling away** *vt* wegwerfen; **fling off** *vt* abwerfen; abschütteln; **fling on** *vt (Kleider)* schnell überwerfen; **fling open** *vt (Tür)* aufreißen; **fling out** *vt* hinauswerfen

flint [flɪnt] *s* Feuerstein *m*

flip [flɪp] **I.** *vt* ❶ *(~ off)* wegschnippen ❷ *(Pfanne: ~ over)* wenden **II.** *vi* ❶ schnipsen ❷ *(sl)* ausflippen **III.** *adj (fam)* schnippisch **IV.** *s* ❶ Schnipser *m* ❷ *(fam)* Rundflug *m* ❸ *(Getränk)* Flip *m* ❹ Salto *m;* **flip·chart** *s* Flipchart *nt*

flip-flop ['flɪpflɒp] *s* ❶ (ELEK) Flipflop *m* ❷ *(fam)* Latsche, Sandale *f* ❸ (SPORT) Flickflack *m* ❹ plötzlicher Gesinnungswandel

flip·pancy ['flɪpənsɪ] *s* Keckheit *f;* **flip·pant** ['flɪpənt] *adj* leichtfertig, schnoddrig

flip·per ['flɪpə(r)] *s* Flosse *fpl,* (Schwimm)Flossen *pl*

flip side ['flɪpsaɪd] *s (Schallplatte)* Rückseite *f*

flirt [flɜ:t] **I.** *vi* flirten; **~ with an idea** mit einem Gedanken spielen **II.** *s:* **he is just a ~** er will nur flirten; **flir·ta·tion** [flɜ:'teɪʃn] *s* Flirt *m;* **flir·ta·tious** [flɜ:'teɪʃəs] *adj* kokett

flit [flɪt] *vi* ❶ (*Vögel*) flattern, huschen ❷ (*fig*) bei Nacht und Nebel ausziehen

float [fləʊt] **I.** *s* ❶ (TECH) Schwimmer *m;* Schwimmkork *m* ❷ (*Fisch*) Schwimmblase *f* ❸ (AVIAT) Schwimmwerk *nt* ❹ Festzugswagen *m* ❺ (COM) Wechselgeld *nt* **II.** *vi* ❶ schwimmen; treiben; schweben ❷ (COM) floaten **III.** *vt* ❶ flottmachen ❷ (COM) in Umlauf bringen; (*Anleihe*) auflegen; (*Handelsgesellschaft*) gründen; (*Wechselkurs*) freigeben; **float around** *vi* im Umlauf sein; herumschweben; **float off** *vi* abtreiben; davonschweben; **flo(a)·ta·tion** [fləʊ'teɪʃn] *s* (COM) *Gesellschaftsgründung durch Aktienemission an der Börse;* **float·ing** ['fləʊtɪŋ] *adj* ❶ schwimmend, schwebend ❷ (*Bevölkerung*) fluktuierend ❸ (COM) freigegeben; ~ **capital** Umlaufvermögen *nt;* ~ **dock** Schwimmdock *nt;* ~ **kidney** (MED) Wanderniere *f;* ~ **voter** Wechselwähler(in) *m(f)*

i Land & Leute

Float trips sind eine beliebte Freizeitbeschäftigung im *Midwest* der USA. Man kann sich z. B. ein Kanu mieten, den Fluss entlang paddeln und sich später vom Kanuvermieter wieder abholen lassen. Andere legen einen Gummischlauch (für Autoreifen) ins Wasser und setzen sich darauf. Im Sommer werden auch *raft races* mit selbst gebauten Flößen veranstaltet.

flock¹ [flɒk] **I.** *s* ❶ Herde *f* ❷ (*Vögel*) Schwarm *m* ❸ (*von Personen*) Schar *f,* Haufen *m* ❹ (REL) Herde *f* **II.** *vi* in Scharen kommen; ~ **in** hineinströmen; ~ **together** zusammenströmen; ~ **around s.o.** sich um jdn scharen

flock² [flɒk] *s* Flocke *f*

floe [fləʊ] *s* Treibeis *nt,* Eisscholle *f*

flog [flɒg] *vt* ❶ (aus)peitschen, verprügeln ❷ (*sl*) verschachern; **you're ~ging a dead horse** Sie verschwenden Ihre Zeit; **flog·ging** [-ɪŋ] *s* Tracht *f* Prügel

flood [flʌd] **I.** *s* ❶ Hochwasser *nt,* Überschwemmung *f* ❷ (MAR) Flut *f* ❸ (*fig*) Flut *f,* Schwall *m;* **the Flood** die Sintflut **II.** *vt* ❶ überschwemmen, überfluten ❷ (*fig*) überschütten (*with* mit); ~ **out** überfluten, unter Wasser setzen; ~ **the market** den Markt überschwemmen; **be ~ed out** durch das Hochwasser vertrieben werden **III.** *vi* (*Fluss*) über die Ufer treten; ~ **in** hereinstürmen; hineinströmen; **flood·light** ['flʌdlaɪt] **I.** *s* Scheinwerfer(licht *nt*) *m,* Flutlicht *nt* **II.** *vt* anstrahlen, beleuchten

floor [flɔ:(r)] **I.** *s* ❶ Fußboden *m;* Tanzboden *m* ❷ Stockwerk *nt* ❸ (*von Preisen*) Minimum *nt* ❹ (PARL) Sitzungssaal *m;* **give s.o. the ~** jdm das Wort erteilen; **take the ~** auf den Tanzboden gehen; (PARL) das Wort ergreifen; **wipe the ~ with s.o.** (*fam*) jdn am Boden zerstören; **may I have the ~?** (PARL) ich bitte ums Wort **II.** *vt* ❶ (*Haus*) mit einem Fußboden versehen ❷ zu Boden strecken, niederschlagen ❸ (*fig*) die Sprache verschlagen (*s.o.* jdm), verblüffen; **floor·board** ['flɔ:bɔ:d] *s* Diele *f;* **floor·ing** [-ɪŋ] *s* Fußbodenbelag *m;* **floor lamp** *s* Stehlampe *f;* **floor polish** *s* Bohnerwachs *nt;* **floor show** *s* Nachtklubvorstellung *f;* **floor·walker** *s* Abteilungsleiter(in) *m(f)* (*in Warenhaus*)

flop [flɒp] **I.** *vi* ❶ fallen; sich fallenlassen ❷ (THEAT) durchfallen; nicht ankommen; ~ **down on the bed** sich auf das Bett fallen lassen **II.** *s* ❶ Plumps *m* ❷ (*fam*) Reinfall, Misserfolg *m;* **floppy** ['flɒpɪ] *adj* schlaff; schlapp; ~ **disk** (INFORM) Floppydisk, Diskette *f*

flora ['flɔ:rə] *s* Flora *f;* **floral** ['flɔ:rəl] *adj* Blumen-; geblümt

florid ['flɒrɪd] *adj* ❶ (*Aussehen*) blühend, rosig ❷ (*Kunst*) überladen; blumig, schwülstig

flor·ist ['flɒrɪst] *s* Blumenhändler(in) *m(f);* **~'s shop** Blumenladen *m*

flo·tel [fləʊ'tel] *s* Hotelschiff *nt*

flo·tilla [flə'tɪlə] *s* Flottille *f*

flot·sam ['flɒtsəm] *s* Treibgut *nt;* ~ **and jetsam** Strandgut *nt*

flounce¹ [flaʊns] **I.** *vi* stolzieren; ~ **in** hereinstolzieren **II.** *s:* **leave the room with a ~** aus dem Zimmer stolzieren

flounce² [flaʊns] **I.** *s* Volant *m* **II.** *vt* mit einem Volant besetzen

floun·der¹ ['flaʊndə(r)] *s* Flunder *f*

floun·der² ['flaʊndə(r)] *vi* sich abstrampeln, sich abzappeln; (*fig*) ins Schwimmen kommen

flour ['flaʊə(r)] **I.** *s* Mehl *nt* **II.** *vt* mit Mehl bestreuen

flour·ish ['flʌrɪʃ] **I.** *vi* ❶ sich gut entwickeln, gedeihen ❷ (*fig*) eine Blütezeit haben; erfolgreich sein **II.** *vt* (*Fahne*) schwenken **III.** *s* ❶ Schnörkel *m;* (*a. fig*) Floskel *f* ❷ (MUS) Fanfare *f* ❸ schwungvolle Bewegung; **flour·ish·ing** ['flʌrɪʃɪŋ] *adj* blühend, florierend

flour mill ['flaʊəmɪl] *s* Getreidemühle *f;*

floury ['flaʊərɪ] *adj* mehlig

F

flout [flaʊt] *vt* sich hinwegsetzen über, missachten

flow [fləʊ] **I.** *vi* ① fließen, strömen ② münden (*into the lake* in den See) ③ (*Tränen*) rinnen ④ (*Flut*) steigen ⑤ (*Haar*) fließen, wallen; ~ **down** (*Haar*) herunterhängen; ~ **in** hereinströmen **II.** *s* ① Fließen, Strömen *nt* ② Fluss, Strom *m* ③ (*fig*) Redefluss *m;* ~ **of business** Geschäftsgang *m;* ~ **of traffic** Verkehrsstrom *m;* **go with the** ~ (*fam*) mit dem Strom schwimmen; **flow chart** *s* Flussdiagramm *nt*

flower ['flaʊə(r)] **I.** *s* ① Blume, Blüte *f* ② (*fig*) Blüte *f;* **in** ~ in Blüte; **say it with** ~**s** lasst Blumen sprechen; **in the** ~ **of youth** in der Blüte der Jugend **II.** *vi* blühen; **flower arrangement** *s* Blumengesteck *nt;* **flower bed** ['flaʊəbed] *s* Blumenbeet *nt;* **flow·ered** ['flaʊəd] *adj* geblümt; **flower garden** *s* Blumengarten *m;* **flow·er·pot** ['flaʊəpɒt] *s* Blumentopf *m;* **flower show** *s* Blumenschau *f;* **flower tub** *s* Blumenkübel *m;* **flowery** ['flaʊərɪ] *adj* ① blumenreich, blumig ② (*Stil*) bilderreich

flown [fləʊn] *s.* **fly²**, **fly³**

flu [flu:] *s* (*fam*) Grippe *f*

flub around [ˌflʌbə'raʊnd] *vt* (*Am: fam*) vermasseln

fluc·tu·ate ['flʌktʃʊeɪt] *vi* schwanken, fluktuieren; **fluc·tu·ation** [ˌflʌk tʃʊ'eɪʃn] *s* Schwanken *nt,* Schwankung *f;* Fluktuation *f;* ~ **of prices/of temperature** Preis-/Temperaturschwankungen *fpl*

flue [flu:] *s* Rauchfang, -abzug *m;* **flue gas** *s* Rauchgas *nt;* ~ **desulphurization** Rauchgasentschwefelung *f*

flu·ency ['flu:ənsɪ] *s* (Rede)Gewandtheit *f;* **flu·ent** ['flu:ənt] *adj* ① (*Stil*) flüssig ② (*Redner*) gewandt; **speak** ~ **English** fließend Englisch sprechen

fluff [flʌf] **I.** *s* ① (Staub)Flocke *f* ② Flaum *m* **II.** *vt* ① (~ *out*) aufplustern ② (*Auftritt*) verpfuschen; **fluffy** ['flʌfɪ] *adj* flaumig

fluid ['flu:ɪd] **I.** *adj* ① flüssig ② (*fig*) veränderlich, ungewiss **II.** *s* (CHEM) Flüssigkeit *f*

flung [flʌŋ] *s.* **fling**

flunk [flʌŋk] **I.** *vt* (*fam*) durchfallen lassen **II.** *vi* (*fam*) durchfallen

flu·or·escence [flʊə'resns] *s* Fluoreszenz *f;* **flu·or·escent** [flʊə'resnt] *adj* fluoreszierend; ~ **tube** Neonröhre *f*

flu·ori·da·tion [ˌflʊərɪ'deɪʃn] *s* (*Trinkwasser*) Fluoridbehandlung *f;* **flu·o·ride** ['flʊəraɪd] *s* (CHEM) Fluorid *nt;* **flu·o·rine** ['flʊəri:n] *s* (CHEM) Fluor *nt;* **flu·oro·car·bon** [ˌflʊərə'kɑ:bən] *s* (CHEM) Fluorkohlenwasserstoff *m*

flurry ['flʌrɪ] **I.** *s* ① (~ *of wind*) Windstoß *m* ② Schneegestöber *nt* ③ (*fig*) plötzliches Durcheinander, Aufregung *f;* **in a** ~ (**of alarm/of excitement**) in (großer) Aufregung **II.** *vt* verwirrt machen, aufregen

flush¹ [flʌʃ] **I.** *vi* rot werden, rot anlaufen **II.** *vt* ① (aus-, durch)spülen ② (*Gesicht*) röten; ~ **out** (*Dieb*) aufstöbern, aufspüren **III.** *s* ① (Wasser)Guss *m,* Spülung *f* ② Auf-, Erblühen *nt;* Blüte *f* ③ Erregung *f,* Aufwallen *nt* ④ Röte *f;* **in the first** ~ **of victory** im ersten Siegestaumel

flush² [flʌʃ] *adj pred* in gleicher Ebene; bündig; **be** ~ gut bei Kasse sein

flush³ [flʌʃ] *vt* (*Vögel*) aufscheuchen

flush⁴ [flʌʃ] *s* (*Poker*) Flush *m*

flushed ['flʌʃt] *adj* rot; gerötet

flus·ter ['flʌstə(r)] **I.** *vt* nervös machen **II.** *s* Verwirrung, Nervosität *f;* **all in a** ~ ganz verwirrt

flute [flu:t] **I.** *s* Querflöte *f* **II.** *vt* (*Pfeiler*) kannelieren; **flut·ing** [-ɪŋ] *s* (ARCH) Kannelierung *f;* **flut·ist** ['flu:tɪst] *s* (*Am*) Flötist(in) *m(f)*

flut·ter ['flʌtə(r)] **I.** *vi* ① (*a.* MED) flattern ② (*Person*) tänzeln **II.** *vt* flattern mit; wedeln mit **III.** *s* ① (*a.* MED) Flattern *nt* ② Erregung, Unruhe, Aufregung *f;* **have a** ~ (*fam*) sein Glück beim Wetten versuchen; **in a** ~ in heller Aufregung

flu·vial ['flu:vɪəl] *adj* Fluss-

flux [flʌks] *s* ① Fluss *m,* Fließen *nt* ② (MED) Ausfluss *m* ③ (TECH) Flussmittel *nt;* **be in a state of** ~ sich ständig ändern

fly¹ [flaɪ] *s* Fliege *f;* **a** ~ **in the ointment** ein Haar in der Suppe; **there are no flies on him** (*fig*) ihn legt man nicht so leicht rein

fly² [flaɪ] <*irr:* flew, flown> **I.** *vi* ① fliegen ② (*Zeit*) verfliegen; sausen ③ (*Fahne*) wehen ④ (*sl*) super ankommen, ein Hit sein; ~ **past** vorbeisausen; ~ **into a rage** einen Wutanfall bekommen; ~ **at s.o.** auf jdn losgehen; **the door flew open** die Tür flog auf; ~ **in the face of reason** sich über jede Vernunft hinwegsetzen; jeder Vernunft entbehren **II.** *vt* ① fliegen lassen ② (*Drachen*) steigen lassen ③ (*Flugzeug*) fliegen; überfliegen ④ (*Flagge*) wehen lassen **III.** *s:* **go for a** ~ fliegen; **fly away** *vi* wegfliegen; abfliegen; **fly in** *vt* einfliegen; **fly off** *vi* abfliegen; wegfliegen; **fly out** **I.** *vi* ausfliegen **II.** *vt* hinfliegen

fly³ [flaɪ] <*irr:* flew, flown> **I.** *vi* fliehen, flüchten **II.** *vt:* ~ **the country** aus dem Land flüchten

fly⁴ [flaɪ] *s* ① (Hosen)Schlitz *m* ② (*Zelt*) Überdach *nt*

fly⁵ [flaɪ] *adj* (*sl*) clever, gerissen

fly·away ['flaɪəweɪ] *adj* flatternd, wehend;

fly-by-night ['flaɪbaɪnaɪt] **I.** *s* flüchtiger Schuldner; Windhund *m* **II.** *adj* ❶ unzuverlässig ❷ (COM) windig, zweifelhaft; **fly·catcher** ['flaɪ,kætʃə(r)] *s* ❶ (*Vogel*) Fliegenschnäpper *m* ❷ Fliegenfänger *m*

flyer ['flaɪə(r)] *s* ❶ Flieger(in) *m(f)* ❷ Schnellzug *m* ❸ fliegender Start ❹ Handzettel *m*; **high~** (*fam*) Senkrechtstarter *m*

fly·ing ['flaɪɪŋ] *s* Fliegen *nt;* **pass with ~ colours** glänzend abschneiden; **flying boat** *s* Flugboot *nt;* **flying buttress** *s* Strebebogen *m*

i Land & Leute

Ein **flying doctor** ist in Australien ein Arzt, der mit seinem Flugzeug abgelegene ländliche Gebiete versorgt. Es kommt oft vor, dass ein **flying doctor** über Funk Medikamente verschreibt. Für zwei Drittel der Bevölkerung Australiens ist das die einzige verfügbare medizinische Versorgung.

flying fish *s* fliegender Fisch; **flying fox** *s* Flughund *m;* **flying picket** *s* mobiler Streikposten; **flying saucer** *s* fliegende Untertasse; **flying squad** *s* Überfallkommando *nt;* **flying start** *s* fliegender Start; **he's got off to a ~** er hat einen hervorragenden Start; **flying time** *s* Flugzeit *f;* **flying visit** *s* Blitzbesuch *m*

fly·leaf ['flaɪli:f] <*pl* -leaves> *s* (*Buch*) Vorsatzblatt *nt;* **fly·over** ['flaɪəʊvə(r)] *s* (*Straße*) Überführung *f;* **fly·paper** *s* Fliegenfänger *m;* **fly·past** ['flaɪpɑ:st] *s* Flugparade *f;* **fly·sheet** *s* (*Zelt*) Überdach *nt;* **fly·trap** *s* Fliegenfalle *f;* **fly·weight** ['flaɪweɪt] *s* (*Boxen*) Fliegengewicht *nt;* **fly·wheel** ['flaɪwi:l] *s* (TECH) Schwungrad *nt*

foal [fəʊl] *s* Fohlen, Füllen *nt;* **in ~** (*Stute*) trächtig

foam [fəʊm] **I.** *s* Schaum *m;* Gischt *f* **II.** *vi* schäumen (*with rage* vor Wut); **foam bath** *s* Schaumbad *nt;* **foam rubber** *s* Schaumgummi *m;* **foamy** ['fəʊmɪ] *adj* schäumend

fob [fɒb] **I.** *s* Uhrtasche *f* **II.** *vt:* **~ s.o. off** jdn abspeisen; **~ s.th. off on s.o.** jdm etw andrehen

fo·cal ['fəʊkl] *adj* im Brennpunkt; **~ length** Brennweite *f;* **~ point** Brennpunkt *m;* **fo·cus** ['fəʊkəs, *pl* 'fəʊsaɪ] <*pl* focuses, foci> **I.** *s* ❶ (MATH OPT) Brennpunkt *m* ❷ (*fig*) Brennpunkt, Herd *m,* Zentrum *nt;* **in (out of) ~** (un)scharf eingestellt; **bring into ~** scharf einstellen **II.** *vt* ❶ (OPT PHOT) einstellen (*on* auf) ❷ (*fig*) konzentrieren (*on* auf); **focus group** *s* (*in marketing*) [ausgewählte] Testgruppe

fod·der ['fɒdə(r)] *s* Futter *nt*

foe·tal ['fi:tl] *adj* fötal; **foe·tus** ['fi:təs] *s* Fötus *m*

fog [fɒg] **I.** *s* ❶ Nebel *m* ❷ (PHOT FILM) (Grau)Schleier *m* **II.** *vt* ❶ (*glass:* **~ up**) beschlagen ❷ (*fig*) trüben, verdunkeln ❸ (PHOT) verschleiern **III.** *vi* ❶ sich beschlagen ❷ (PHOT) einen Grauschleier bekommen; **fog·bank** ['fɒgbæŋk] *s* Nebelbank *f;* **fog·bound** [fɒgbaʊnd] *adj* (MAR AVIAT) durch Nebel behindert

fogey ['fəʊgɪ] *s:* **old ~** alter Kauz

foggy ['fɒgɪ] *adj* ❶ neb(e)lig ❷ (*fig*) undeutlich, verwirrt; **I haven't the foggiest (idea)** ich habe nicht die mindeste Ahnung; **fog·horn** ['fɒghɔ:n] *s* (MAR) Nebelhorn *nt;* **fog·lamp** ['fɒglæmp] *s* (AUTO) Nebellampe *f;* **rear ~** Nebelschlussleuchte *f*

fogy *s* (*Am: fam*): **old ~** alter Kauz

foible ['fɔɪbl] *s* (*fig*) Eigenheit *f*

foil¹ [fɔɪl] *vt* ❶ einen Strich durch die Rechnung machen (*s.o. in s.th.* jdm bei einer S) ❷ (*Plan*) durchkreuzen

foil² [fɔɪl] *s* Florett *nt*

foil³ [fɔɪl] *s* ❶ Folie *f* ❷ (*fig*) Hintergrund *m* (*to* für); **aluminium ~** Alufolie *f*

foist [fɔɪst] *vt:* **~ s.th. off on s.o.** jdm etw andrehen; **~ o.s. on s.o.** sich jdm aufdrängen

fold¹ [fəʊld] **I.** *s* ❶ Falte *f,* Falz, Kniff *m* ❷ (GEOL) Bodenfalte *f* **II.** *vt* ❶ zusammenfalten, -legen, -klappen ❷ (*die Arme*) kreuzen, verschränken ❸ (*die Hände*) falten ❹ (*~ in one's arms*) in die Arme schließen ❺ einhüllen, -wickeln, -schlagen **III.** *vi* ❶ sich zusammenlegen, zusammengelegt werden ❷ (*Geschäft*) eingehen; **fold up** *vi* (*Geschäft*) eingehen; abgesetzt werden

fold² [fəʊld] *s* ❶ Pferch *m* ❷ (REL) Herde, Gemeinde *f;* **return to the ~** (*fig*) in den Schoß der Gemeinde zurückkehren

folder ['fəʊldə(r)] *s* ❶ Schnellhefter, Aktendeckel *m* ❷ Merkblatt *nt*

fold·ing ['fəʊldɪŋ] *adj* zusammenklappbar; **~ boat** Faltboot *nt;* **~ chair** Klappstuhl *m;* **~ doors** Falttür *f;* **~ table** Klapptisch *m*

fo·li·age ['fəʊlɪɪdʒ] *s* Blätter *ntpl,* Laubwerk *nt*

fo·lio ['fəʊlɪəʊ] <*pl* folios> *s* ❶ Folio *nt* ❷ Foliant *m*

folk [fəʊk] *s pl* Leute *pl;* **my ~s** (*fam*) meine Leute; **a lot of ~ think ...** viele denken ...; **folk dance** *s* Volkstanz *m;* **folk·lore**

['fəʊklɔː(r)] *s* Folklore *f;* **folk music** *s* Volksmusik *f;* **folk song** *s* Volkslied *nt;* **folksy** ['fəʊksɪ] *adj* (*fam*) volkstümlich

fol·low ['fɒləʊ] **I.** *vt* ❶ folgen, nachkommen (*s.o.* jdm) ❷ sich anschließen (*s.o.* jdm) ❸ verfolgen ❹ (*einem Weg*) folgen ❺ (*Beruf*) ausüben, nachgehen ❻ (*Mode*) mitmachen, folgen ❼ (*Serie*) verfolgen; sich interessieren für; **have s.o. ~ed** jdn verfolgen lassen; **~ one's nose** der Nase nach gehen; **do you ~ me?** können Sie mir folgen? **II.** *vi* ❶ (er)folgen, sich ergeben (*from* aus) ❷ folgen (*on s.th.* auf etw); **as ~s** wie folgt; folgendermaßen; **it ~s that** daraus folgt, es ergibt sich, dass; **follow on** *vi* später folgen, nachkommen; sich ergeben; **follow out** *vt* zu Ende verfolgen, durchziehen; **follow through** *vt* zu Ende führen; **follow up** *vt* ❶ nachgehen ❷ sich näher beschäftigen mit; weiterverfolgen ❸ (*Erfolg*) fortsetzen, ausbauen ❹ (*Vorteil*) (aus)nutzen

fol·lower ['fɒləʊə(r)] *s* ❶ Anhänger(in) *m(f)* ❷ (*pej*) Mitläufer(in) *m(f);* **fol·low·ing** ['fɒləʊɪŋ] **I.** *adj* folgend, weiter, im Anschluss an; **~ wind** Rückenwind *m* **II.** *s* Anhängerschaft *f;* Anhang *m;* **he said the ~** er sagte Folgendes; **fol·low-up** ['fɒləʊˌʌp] *s* ❶ Weiterverfolgen *nt* ❷ (*Brief*) Nachfassschreiben *nt* ❸ (MED) Nachuntersuchung *f* ❹ Nachfolge-

folly ['fɒlɪ] *s* Torheit, Narrheit *f*

fond [fɒnd] *adj* ❶ zärtlich, liebevoll ❷ vernarrt (*of* in) ❸ zu nachsichtig; **be ~ of** gern haben, mögen; lieben; **be ~ of doing s.th.** etw gern tun; **~est regards** mit lieben Grüßen

fondle ['fɒndl] *vt* (zärtlich, liebevoll) streicheln; hätscheln

fond·ness ['fɒndnɪs] *s* ❶ Begeisterung *f* ❷ Vorliebe *f* (*for* für) ❸ Zuneigung *f*

font [fɒnt] *s* ❶ Taufstein *m* ❷ (TYP) Schrift(art) *f*

food [fuːd] *s* ❶ Essen *nt;* Futter *nt;* Nahrung *f* ❷ Nahrungsmittel *ntpl* ❸ (*fig*) Nahrung *f;* **food chain** *s* Nahrungskette *f*

foodie ['fuːdɪ] *s* (*fam*) Feinschmecker(in) *m(f)*

food poisoning *s* Lebensmittelvergiftung *f;* **food processor** *s* Küchenmaschine *f;* **food·stuff** *s* Nahrungs-, Lebensmittel *ntpl*

fool [fuːl] **I.** *s* Dummkopf, Narr *m;* **be a ~ for one's pains** sich umsonst geplagt haben; **live in a ~'s paradise** in einem Traumland leben; **make a ~ of o.s.** sich lächerlich machen; **make a ~ of s.o.** jdn zum Besten haben; **go on a ~'s errand** einen nutzlosen Gang tun; **April Fools' Day** der 1. April; **April Fool!** April, April! **II.** *adj* (*Am fam*) dumm, doof **III.** *vi* herumalbern; Blödsinn machen; **stop ~ing!** lass den Blödsinn!; **~ about** [*o* **around**] herumtrödeln; herumalbern **IV.** *vt* ❶ zum Narren halten; seinen Spaß haben mit ❷ hereinlegen, betrügen; **fool·hardy** ['fuːlhɑːdɪ] *adj* tollkühn; **fool·ish** ['fuːlɪʃ] *adj* dumm, töricht, unklug; **fool·proof** ['fuːlpruːf] *adj* narrensicher, idiotensicher

fools·cap ['fuːlskæp] *s* Akten-, Kanzleipapier *nt*

foot [fʊt] <*pl* feet> **I.** *s* ❶ Fuß *m* ❷ unterer Teil, Ende *nt* ❸ Fußende *nt* ❹ Versfuß *m;* **at the ~ of the page** unten auf der Seite; **on ~** zu Fuß; **under ~** unter den Füßen; auf dem Boden; **be on one's feet** (*nach einer Krankheit*) wieder auf den Beinen sein; (*finanziell*) auf eigenen Füßen stehen; **put one's ~ down** ein Machtwort sprechen; es strikt verbieten; **put one's best ~ forward** die Beine unter den Arm nehmen; (*fig*) sich anstrengen; **put one's ~ in it** ins Fettnäpfchen treten; **have one ~ in the grave** mit einem Bein im Grab(e) stehen; **find one's feet** sich eingewöhnen **II.** *vt* (**~ it**) (zu Fuß) gehen; **~ the bill** (*fam*) für die Rechnung aufkommen

foot·age ['fʊtɪdʒ] *s* Filmmaterial *nt*

foot-and-mouth dis·ease ['fʊtænd 'maʊð-dɪ'ziːz] *s* Maul- und Klauenseuche *f*

foot·ball ['fʊtbɔːl] *s* ❶ Fußball *m* ❷ amerikanischer Fußball, Football *m*

i Land & Leute

Der amerikanische **football** ist ganz anders als der europäische Fußball, der in den USA *soccer* genannt wird. Der Ball hat zwei spitze Enden und wird nicht nur getreten, sondern auch geworfen. Jede Halbzeit fängt mit einem *kickoff* an, d. h. ein Spieler tritt den Ball, und seine Mitspieler versuchen, den Ball mit den Händen zu fangen, um damit zum Tor zu rennen. Die Gegenseite stoppt den Spieler mit dem Ball durch *tackling*, wobei man ihn mit den Armen festhält und zu Boden drückt.

football hooligan *s* Fußballrowdy *m;* **football pools** *s pl* Fußballtoto *nt;* **foot·board** ['fʊtbɔːd] *s* Trittbrett *nt;* **foot·bridge** ['fʊtbrɪdʒ] *s* Fußgängerbrücke *f;* **foot·care** ['fʊtkeə(r)] *s* Fußpflege *f*

foothills *s pl* Gebirgsausläufer *mpl*

foot·hold ['fʊthəʊld] *s* ① Halt *m* ② (*fig*) fester Stand

foot·ing ['fʊtɪŋ] *s* ① Stand, Halt *m* ② (*fig*) Grundlage, Basis *f* ③ Beziehungen *fpl;* **be on a friendly ~ with s.o.** mit jdm auf freundschaftlichem Fuß(e) stehen; **be on the same ~ with s.o.** mit jdm auf gleichem Fuß stehen; **lose one's ~** den Halt verlieren

foot·lights ['fʊtlaɪts] *s pl* ① (THEAT) Rampenlicht *nt* ② (*fig*) die Bretter *pl,* Bühne *f*

foot·ling ['fuːtlɪŋ] *adj* läppisch; albern

foot·loose ['fʊtluːs] *adj:* **~ and fancy-free** frei und ungebunden; **foot·man** [-mən] <*pl* -men> *s* Lakai, Diener *m;* **foot·note** ['fʊtnəʊt] *s* Fußnote, Anmerkung *f;* **foot·path** ['fʊtpɑːθ] *s* Fuß-, Gehweg *m;* **foot·print** ['fʊtprɪnt] *s* Fußabdruck *m;* **foot·rest** ['fʊtrest] *s* Fußstütze *f*

footsie ['fʊtsɪ] *s:* **play ~ with s.o.** mit jdm füßeln

foot·slog ['fʊtslɒg] *vi* (*fam*) latschen; **foot·sore** ['fʊtsɔː(r)] *adj:* **be ~** wunde Füße haben; **foot·step** ['fʊtstep] *s* Schritt, Tritt *m;* **follow in s.o.'s ~s** in jds Fußstapfen treten; **foot·stool** ['fʊtstuːl] *s* Fußschemel *m;* **foot·wear** ['fʊtweə(r)] *s* Schuhwerk *nt;* **foot·work** ['fʊtwɜːk] *s* (SPORT) Beinarbeit *f*

for [fɔː(r)] **I.** *prep* ① für; zu; nach; **go ~ a walk** spazieren gehen; **make ~ home** sich auf den Heimweg machen; **the train ~ Glasgow** der Zug nach Glasgow; **the struggle ~ existence** der Kampf ums Dasein; **what ~?** zu welchem Zweck? ② für; **it's not ~ me to say** es steht mir nicht zu mich dazu zu äußern; **a letter ~ you** ein Brief für dich; **are you ~ or against it?** sind Sie dafür oder dagegen ③ (*betreffend*): **anxious ~ s.o.** um jdn besorgt; **as ~ him** was ihn betrifft ④ (*Grund*) aus; **~ this reason** aus diesem Grund; **shout ~ joy** vor Freude jauchzen ⑤ trotz; **~ all her money** trotz all ihres Geldes; **~ all that** trotzdem ⑥ (*im Austausch*) für ⑦ (*zeitlich*) seit; für; **I haven't been there ~ three years** ich bin seit drei Jahren nicht dort gewesen; **I'm going to be here ~ three weeks** ich bin für drei Wochen hier ⑧ (*Entfernung*): **we walked ~ two miles** wir sind zwei Meilen weit gelaufen ⑨ (*in Verbverbindung*): **hope ~ news** auf Nachrichten hoffen; **wait ~ s.o.** auf jdn warten ⑩ (*Wunsch*): **a weakness ~** eine Schwäche für ⑪ (*mit Infinitivkonstruktion*): **~ this to be possible** damit dies möglich wird; **the best would be ~ you to go** das Beste wäre, wenn Sie weggingen ⑫ **~ example** zum Beispiel; **he is in ~ it** er ist dran, fällig **II.** *conj* denn

> **? Grammatik**
>
> **for** = seit, wird für Zeiträume gebraucht: *We have lived here for three years. Ben has been waiting for two hours.* Aber: *Ben waited for two hours before going home.*
>
> **since** = seit, wird bei genauen Zeitangaben gebraucht: *Ben has been waiting since two o'clock. We have lived here since 1999.*

for·age ['fɒrɪdʒ] **I.** *s* Futter *nt* **II.** *vi* nach Futter suchen

for·ay ['fɒreɪ] *s* (Raub)Überfall *m*

for·bad(e) [fə'bæd] *s.* **forbid**

for·bear [fɔː'beə(r)] <*irr:* forbore, forborne> *vi:* **we begged him to ~** wir baten ihn darauf zu verzichten; **for·bear·ance** [fɔː'beərəns] *s* Nachsicht *f*

for·bears ['fɔːbeəz] *s* Vorfahren, Ahnen *mpl*

for·bid [fə'bɪd] <*irr:* forbad(e), forbidden> *vt* ① verbieten (*s.o. s.th.* jdm etw) ② verhindern; **God ~!** Gott bewahre!; **it is ~den to …** es ist verboten zu …; **for·bid·den** [fə'bɪdn] **I.** *pp of* **forbid II.** *adj* verboten; **~ fruit** verbotene Früchte *pl;* **for·bid·ding** [fə'bɪdɪŋ] *adj* bedrohlich; unfreundlich; grauenhaft

for·bore, for·borne [fɔː'bɔː(r), fɔː'bɔːn] *s.* **forbear**

force [fɔːs] **I.** *s* ① Stärke, Kraft *f* ② Gewalt *f;* Zwang, Druck *m* ③ Überzeugungskraft *f;* Eindringlichkeit *f* ④ Macht *f* ⑤ (JUR) Gültigkeit *f;* **the ~s** die Streitkräfte *pl;* **by ~** mit Gewalt; **in ~** in voller Stärke; **in full ~** in voller Stärke; vollzählig; **come into/be in ~** rechtskräftig werden/sein; **join ~s** sich zusammentun; **resort to** [*o* **use**] **~** Gewalt anwenden; **~ of character** Charakterstärke *f;* **~ of gravity** Schwerkraft *f;* **the ~ of habit** Macht *f* der Gewohnheit **II.** *vt* ① zwingen, Zwang antun (*s.o.* jdm) ② erzwingen, mit Gewalt verschaffen ③ (**~ open**) aufbrechen ④ aufzwingen, -drängen, -nötigen (*on s.o.* jdm) ⑤ überfordern, -anstrengen ⑥ (*Pflanzen*) zu beschleunigtem Wachstum anregen ⑦ (*Preise*) in die Höhe treiben; **~ the issue** die Entscheidung erzwingen; **~ the pace** den Schritt beschleunigen; **~ one's way through** sich gewaltsam einen Weg bahnen; **~ an entry** sich gewaltsam Zutritt verschaffen; **~ s.th. upon s.o.** jdm etw aufdrängen, aufzwingen; **he was ~d to**

F

resign er wurde gezwungen zurückzutreten; **you can't ~ things** das lässt sich nicht übers Knie brechen; **force into** *vt* hineindrücken, -pressen; **force off** *vt* mit Gewalt abmachen; **force on, force upon** *vt* aufdrängen (*s.th. on s.o.* jdm etw); **force out** *vt* hinausdrängen

forced [fɔːst] *adj* ① erzwungen ② (*Lächeln*) gezwungen; **~ landing** Notlandung *f;* **~ march** Gewaltmarsch *m;* **force-feed** [ˈfɔːsfiːd] <*irr:* force-fed, force-fed> *vt* zwangsernähren; **force·ful** [ˈfɔːsfl] *adj* kraftvoll, energisch; stark; eindringlich

for·ceps [ˈfɔːseps] *s pl und sing* (MED) Zange *f;* **forceps delivery** *s* Zangengeburt *f*

forc·ible [ˈfɔːsəbl] *adj* ① gewaltsam, erzwungen ② (*Stil*) eindringlich, überzeugend; **forc·ib·ly** [ˈfɔːsəblɪ] *adv* zwangsweise, gewaltsam

ford [fɔːd] **I.** *s* Furt *f* **II.** *vt* durchwaten

fore [fɔː(r)] **I.** *adv* (MAR) vorn; **~ and aft** (MAR) längsschiffs **II.** *adj* vordere(r, s) **III.** *s* Vorderteil *nt;* **to the ~** (*fig*) im Vordergrund, an der Spitze; **come to the ~** ins Blickfeld geraten

fore·arm[1] [ˈfɔːrɑːm] *s* Unterarm *m*

fore·arm[2] [ˌfɔːrˈɑːm] *vt* vorbereiten; **~ o.s.** sich wappnen

fore·bear [fɔːˈbeə(r)] (*Am*) *s.* **forbear**

fore·bears [ˈfɔːbeəz] (*Am*) *s.* **forbears**

fore·bode [fɔːˈbəʊd] *vt* ein Zeichen sein für, deuten auf; **fore·bod·ing** [-ɪŋ] *s* Vorahnung *f,* Vorgefühl *nt*

fore·cast [ˈfɔːkɑːst] <*irr:* forecast (forecasted), forecast (forecasted)> **I.** *vt* vorausplanen; vorhersehen; vorhersagen **II.** *s* ① Vorhersage, Prognose *f* ② (METE) (Wetter)Voraus-, Vorhersage *f;* **fore·cast·er** [-ə(r)] *s* (METE) Meteorologe *m,* Meteorologin *f*

fore·castle [ˈfəʊksl] *s* (MAR) Vorschiff *nt*

fore·close [fɔːˈkləʊz] *vt* (*Darlehen*) kündigen

fore·court [ˈfɔːkɔːt] *s* Vorhof *m*

fore·father [ˈfɔːfɑːðə(r)] *s* Ahnherr, Vorfahr *m*

fore·fin·ger [ˈfɔːfɪŋgə(r)] *s* Zeigefinger *m*

fore·foot [ˈfɔːfʊt] <*pl* -feet> *s* Vorderfuß *m*

fore·front [ˈfɔːfrʌnt] *s:* **in the ~** im Vorfeld

fore·go [fɔːˈgəʊ] <*irr:* forewent, foregone> *vt* verzichten auf; **fore·go·ing** [ˈfɔːgəʊɪŋ] *adj* vorausgehend, vorangehend; **fore·gone** [fɔːˈgɒn] **I.** *pp of* **forego** **II.** [ˈfɔːgɒn] *adj:* **be a ~ conclusion** von vornherein feststehen

fore·ground [ˈfɔːgraʊnd] *s* Vordergrund *m;* **in the ~** im Vordergrund

fore·hand [ˈfɔːhænd] *s* (*Pferd, Tennis*) Vorhand *f*

fore·head [ˈfɒrɪd] *s* Stirn *f*

for·eign [ˈfɒrən] *adj* ① fremd, nicht (da)zugehörig ② auswärtig, ausländisch; **~ person** Ausländer(in) *m(f);* **foreign affairs** *s pl* (POL) Außenpolitik *f;* **foreign correspondent** *s* Auslandskorrespondent(in) *m(f);* **foreign currency** *s* Devisen *fpl,* Fremdwährung *f;* **foreigner** [ˈfɒrənə(r)] *s* Ausländer(in) *m(f);* **foreign exchange** *s* Devisen *pl;* **foreign language** *s* Fremdsprache *f;* **Foreign Office** *s* (*in GB*) Außenministerium *nt;* **foreign policy** *s* Außenpolitik *f;* **Foreign Secretary** *s* (*in GB*) Außenminister(in) *m(f)*

fore·knowl·edge [ˌfɔːˈnɒlɪdʒ] *s* vorherige Kenntnis *f*

fore·man [ˈfɔːmən] <*pl* -men> *s* Vorarbeiter, Meister, Polier *m*

fore·most [ˈfɔːməʊst] **I.** *adj* ① vorderste(r, s) ② (*fig*) führend **II.** *adv* zuerst; **first and ~** in erster Linie

fore·name [ˈfɔːneɪm] *s* Vorname *m*

for·en·sic [fəˈrensɪk] *adj* gerichtsmedizinisch; forensisch; **~ medicine** Gerichtsmedizin *f*

fore·or·dain [ˌfɔːrɔːˈdeɪn] *vt* vorherbestimmen (*to* zu)

fore·paw [ˈfɔːpɔː] *s* Vorderpfote *f*

fore·play [ˈfɔːpleɪ] *s* Vorspiel *nt*

fore·run·ner [ˈfɔːrʌnə(r)] *s* ① Vorläufer, -reiter *m* ② Vorbote *m,* -zeichen *nt*

fore·sail [ˈfɔːseɪl] *s* Focksegel *nt*

fore·see [fɔːˈsiː] <*irr:* foresaw, foreseen> *vt* vorhersehen; **fore·see·able** [-əbl] *adj* vorhersehbar, absehbar; **in the ~ future** in absehbarer Zeit

fore·shadow [fɔːˈʃædəʊ] *vt* ahnen lassen, andeuten

fore·sight [ˈfɔːsaɪt] *s* Voraussicht *f;* Weitsicht *f*

fore·skin [ˈfɔːskɪn] *s* (ANAT) Vorhaut *f*

for·est [ˈfɒrɪst] *s* Wald, Forst *m*

fore·stall [fɔːˈstɔːl] *vt* zuvorkommen (*s.o., s.th.* jdm, einer S), vorbeugen; vorwegnehmen

for·est blight (**dieback**) *s* Waldsterben *nt*

for·est·er [ˈfɒrɪstə(r)] *s* Förster(in) *m(f);* **for·est man·age·ment** *s no pl* Forstwirtschaft *f;* **for·est rang·er** *s* Förster(in) *m(f);* **for·est·ry** [ˈfɒrɪstrɪ] *s* Forstwirtschaft *f*

fore·taste [ˈfɔːteɪst] *s* Vorgeschmack *m*

fore·tell [fɔːˈtel] <*irr:* foretold, foretold> *vt* vorhersagen

for·ever [fəˈrevə(r)] *adv* ① immer, ewig, ständig ② (*Am*) (für) immer

fore·warn [fɔːˈwɔːn] *vt* vorher warnen (*of*

vor)

fore·went [fɔːˈwent] *s.* **forego**

fore·woman [ˈfɔːwʊmən, *pl* ˈfɔːwɪmɪn] <*pl* forewomen> *s* Meisterin, Vorarbeiterin *f*

fore·word [ˈfɔːwɜːd] *s* Vorwort *nt*

for·feit [ˈfɔːfɪt] **I.** *s* ❶ Strafe, Buße *f* ❷ (*fig*) Einbuße *f* ❸ **~s** Pfänderspiel *nt* **II.** *adj* (JUR): **be ~** verfallen sein **III.** *vt* ❶ (JUR) verwirken; verlustig gehen (*s.th.* einer S) ❷ (*fig*) einbüßen; **for·feit·ure** [ˈfɔːfɪtʃə(r)] *s* Verwirkung *f;* Verlust *m*

for·gather [fɔːˈgæðə(r)] *vi* sich begegnen, zusammentreffen

for·gave [fəˈgeɪv] *s.* **forgive**

forge [fɔːdʒ] **I.** *s* Schmiede *f* **II.** *vt* ❶ schmieden ❷ (*Banknote*) nachmachen, fälschen **III.** *vi:* **~ ahead** Fortschritte machen; vorwärts kommen; (SPORT) vorstoßen; **forger** [ˈfɔːdʒə(r)] *s* Fälscher(in) *m(f);* **forg·ery** [ˈfɔːdʒərɪ] *s* Fälschung *f;* Fälschen *nt;* **~ of documents** Urkundenfälschung *f*

for·get [fəˈget] <*irr:* forgot, forgotten> **I.** *vt* vergessen (*to do, about doing s.th.* etw zu tun), verlernen **II.** *vi* es vergessen **III.** *vr* sich vergessen, aus der Rolle fallen; **for·get·ful** [fəˈgetfl] *adj* vergesslich; **forget-me-not** [fəˈgetmɪnɒt] *s* Vergissmeinnicht *nt*

for·give [fəˈgɪv] <*irr:* forgave, forgiven> *vt* ❶ vergeben, verzeihen (*s.o. s.th.* jdm etw) ❷ (*Schuld*) erlassen; **~ and forget** vergeben und vergessen; **for·given** [fəˈgɪvn] *pp of* **forgive**; **for·giv·ing** [-ɪŋ] *adj* nachsichtig; versöhnlich

forgo [fɔːˈgəʊ] <*irr:* forwent, forgone> *s.* **forego**

for·got [fəˈgɒt] *s.* **forget**; **for·got·ten** [fəˈgɒtn] *s.* **forget**

fork [fɔːk] **I.** *s* ❶ Gabel *f* ❷ Gabelung, Abzweigung *f* **II.** *vi* ❶ sich gabeln ❷ abbiegen (*left* nach links) **III.** *vt* mit einer Gabel aufladen; **~ out** (*fam*) zahlen, blechen; **forked** [fɔːkt] *adj* ❶ gegabelt ❷ (*Zunge*) gespalten ❸ (*Blitz*) zickzackförmig; **fork-lift truck** *s* Gabelstapler *m*

for·lorn [fəˈlɔːn] *adj* ❶ verlassen ❷ (*Versuch*) verzweifelt; **~ hope** aussichtsloses Unternehmen

form [fɔːm] **I.** *s* ❶ Form, Gestalt, Figur *f* ❷ (An)Ordnung *f,* Schema *nt* ❸ (GRAM) Form *f* ❹ Umgangsform *f* ❺ Formblatt, Formular *nt,* Vordruck *m* ❻ (SPORT) Form, (körperliche) Verfassung *f* ❼ (*Br*) Bank (ohne Lehne) *f* ❽ (*Br*) (Schul)Klasse *f;* **in due ~** vorschriftsmäßig; **without ~** formlos; **be in good ~** in guter Verfassung sein; **be out of ~** nicht in Form sein; **fill in a ~** ein Formular ausfüllen; **application ~** Antragsformular *nt;* **that is good** (**bad**) **~** das gehört sich (nicht); **a** (**mere**) **matter of ~** eine (bloße) Formsache **II.** *vt* ❶ formen, bilden, gestalten ❷ (*Idee*) entwickeln; annehmen ❸ (*Freundschaft*) schließen ❹ (*Eindruck*) gewinnen ❺ bilden, konstituieren, organisieren; (*Gesellschaft*) gründen; (*Regierung*) bilden; **~ an idea/a plan** einen Gedanken/einen Plan fassen; **~ a judg(e)ment/an opinion** sich ein Urteil/eine Meinung bilden **III.** *vi* sich bilden, sich entwickeln; (feste) Gestalt annehmen; **~ up** (sich) aufstellen

for·mal [ˈfɔːml] *adj* ❶ formell, förmlich ❷ offiziell ❸ (*Unterschied*) formal; **make a ~ apology** sich in aller Form entschuldigen; **~ dress** Gesellschaftskleidung *f*

for·mal·de·hyde [fɔːˈmældɪhaɪd] *s* (CHEM) Formaldehyd *m*

for·mal·ity [fɔːˈmælətɪ] *s* ❶ Förmlichkeit *f* ❷ Formalität, Formsache *f;* **as a ~** der (bloßen) Form wegen; **it's a mere ~** es ist eine reine Formsache; **for·mal·ize** [ˈfɔːməlaɪz] *vt* formalisieren; zur Formsache machen

for·mat [ˈfɔːmæt] **I.** *s* (*Buch*) Format *nt;* Aufmachung *f* **II.** *vt* (INFORM) formatieren

for·ma·tion [fɔːˈmeɪʃn] *s* ❶ Bildung *f;* Gestalt(ung) *f* ❷ Struktur, (An)Ordnung, Gliederung *f,* Aufbau *m* ❸ (*Gesellschaft*) Gründung *f* ❹ (GEOL) Formation *f;* **battle ~** Gefechtsaufstellung *f;* **formation dancing** *s* Formationstanzen *nt*

for·ma·tive [ˈfɔːmətɪv] **I.** *adj* bildend, gestaltend, plastisch; Bildungs-; **~ years** entscheidende Jahre *npl* **II.** *s* Wortbildungselement *nt*

for·mer [ˈfɔːmə(r)] **I.** *adj* ❶ früher, ehemalig ❷ erstere(r, s), erstgenannte(r, s); **in ~ times** früher **II.** *s:* **the ~** der, die, das Erstere

for·mer·ly [ˈfɔːməlɪ] *adv* früher, ehemals

form feed *s* (INFORM) Formularvorschub *m*

for·mic acid [ˈfɔːmɪkæsɪd] *s* Ameisensäure *f*

for·mi·dable [ˈfɔːmɪdəbl] *adj* ❶ furchtbar ❷ (*Gegner*) fürchterlich, schrecklich, entsetzlich ❸ (*fam*) gewaltig, riesig

form·less [ˈfɔːmlɪs] *adj* formlos

for·mula [ˈfɔːmjʊlə, *pl* ˈfɔːmjʊliː] <*pl* formulas, formulae> *s* ❶ Formel *f* ❷ (*Medikament*) Rezept *nt*

for·mu·late [ˈfɔːmjʊleɪt] *vt* formulieren; **for·mu·la·tion** [ˌfɔːmjʊˈleɪʃn] *s* Formulierung *f*

for·ni·cate [ˈfɔːnɪkeɪt] *vi* Unzucht treiben

for·sake [fəˈseɪk] <*irr:* forsook, forsaken> *vt* sich trennen von, verlassen; aufgeben; **for·saken** [fəˈseɪkən] *pp of* **forsake**; **forsook** [fəˈsʊk] *pt of* **forsake**

F

for·swear [fɔːˈsweə(r)] *irr vt* ① abschwören (*s.th.* einer S) ② unter Eid verneinen

for·sythia [fɔːˈsaɪθɪə] *s* Forsythie *f*

fort [fɔːt] *s* Fort *nt;* **hold the ~** (*fig*) die Stellung halten

forte [ˈfɔːteɪ] *s* starke Seite

forth [fɔːθ] *adv:* **and so ~** und so weiter; **back and ~** vor und zurück, hin und her; **from this day ~** von heute an

forth·com·ing [ˌfɔːθˈkʌmɪŋ] *adj* ① (unmittelbar) bevorstehend ② (*Buch*) in Kürze erscheinend ③ (*fig*) mitteilsam; **~ books** Neuerscheinungen *fpl;* **the money/help is ~** das Geld/Hilfe kommt

forth·right [ˈfɔːθraɪt] *adj* ① offen, aufrichtig ② (*Antwort*) unverblümt

forth·with [ˌfɔːθˈwɪθ] *adv* sofort, umgehend

for·ti·eth [ˈfɔːtɪəθ] *adj* vierzigste(r, s)

for·ti·fi·ca·tion [ˌfɔːtɪfɪˈkeɪʃn] *s* Befestigung *f;* Festungsanlagen *fpl;* **for·tify** [ˈfɔːtɪfaɪ] *vt* ① (*fig*) bestärken, bekräftigen ② (MIL) befestigen ③ (*Nahrungsmittel*) anreichern

for·ti·tude [ˈfɔːtɪtjuːd] *s* innere Kraft, Stärke

fort·night [ˈfɔːtnaɪt] *s* vierzehn Tage, zwei Wochen; **for a ~** für, auf 14 Tage; **today/tomorrow/next Monday ~** heute/morgen/Montag in 14 Tagen; **fort·night·ly** [-lɪ] **I.** *adj* vierzehntägig; halbmonatlich **II.** *adv* alle 14 Tage (stattfindend, erscheinend)

for·tress [ˈfɔːtrɪs] *s* Festung *f*

for·tu·itous [fɔːˈtjuːɪtəs] *adj* zufällig

for·tu·nate [ˈfɔːtʃənət] *adj* glücklich; **be ~ in s.th.** bei etw Glück haben; **it was ~ that ...** es war ein Glück, dass ...; **for·tu·nate·ly** [-lɪ] *adv* glücklicherweise

for·tune [ˈfɔːtʃuːn] *s* ① Geschick, Schicksal *nt;* Zufall *m* ② (*Geld*) Wohlstand, Reichtum *m,* Vermögen *nt;* **by good ~** glücklicherweise; **have good (bad) ~** (kein) Glück haben; **the ~s of war** das Auf und Ab des Krieges; **have one's ~ told** sich die Zukunft sagen lassen; **make a ~** ein Vermögen verdienen; **marry a ~** eine gute Partie machen; **come into a ~** ein Vermögen erben; **fortune hunter** *s* Mitgiftjäger *m;* **fortune teller** *s* Wahrsager(in) *m(f)*

forty [ˈfɔːtɪ] *adj* vierzig; **have ~ winks** (*fam*) ein Nickerchen machen

fo·rum [ˈfɔːrəm] *s* (*a. fig*) Forum *nt*

for·ward [ˈfɔːwəd] **I.** *adj* ① vordere(r, s) ② (*zeitlich*) früh-, vorzeitig; Voraus-; fortgeschritten ③ dreist ④ (COM) auf Ziel; Termin-; **~ gear** Vorwärtsgang *m* **II.** *adv* ① (*a.* ~*s*) vorwärts, nach vorn ② in die Zukunft; **from that [*o* this] time ~** seitdem; **bring ~** vorbringen; **step ~** vortreten; **come ~** sich melden **III.** *s* (SPORT) Stürmer(in) *m(f)* **IV.** *vt* ① (*Plan*) voran-, weiterbringen; fördern, unterstützen ② (*Waren*) befördern, schicken ③ (*Brief*) nachschicken; **please ~!** bitte nachsenden!

for·ward·ing [ˈfɔːwədɪŋ] *s* Beförderung *f;* Versand *m,* Spedition *f;* **~ address** Nachsendeanschrift *f;* **~ agent** Spediteur *m;* **~ instructions** Lieferanweisungen *fpl*

for·ward-look·ing [ˈfɔːwədˌlʊkɪŋ] *adj* fortschrittlich; vorausblickend; **for·ward·ness** [ˈfɔːwədnɪs] *s* Dreistigkeit *f;* **for·wards** [ˈfɔːwədz] *adv s.* **forward**

for·went [fɔːˈwent] *s.* **forgo**

fos·sil [ˈfɒsl] **I.** *s* Fossil *nt* **II.** *adj* versteinert; **~ fuel** fossiler Brennstoff; **fos·sil·ized** [ˈfɒsəlaɪzd] *adj* versteinert; (*fig*) verknöchert

fos·ter [ˈfɒstə(r)] *vt* ① (*Kind*) in Pflege nehmen ② (*fig*) fördern, begünstigen ③ (*Idee*) hegen; **foster-brother** *s* Pflegebruder *m;* **foster-child** <*pl* -children> *s* Pflegekind *nt;* **foster-father** *s* Pflegevater *m;* **foster-mother** *s* Pflegemutter *f;* **foster-sister** *s* Pflegeschwester *f*

fought [fɔːt] *s.* **fight**

foul [faʊl] **I.** *adj* ① übel, schlecht ② (*Essen*) übel riechend; verdorben ③ (*Luft*) verbraucht ④ (*Person*) gemein, fies ⑤ (*Wetter*) schlecht ⑥ (*Wind*) ungünstig, widrig ⑦ (*Sprache*) anstößig, gemein ⑧ (SPORT) unfair; ungültig ⑨ verwickelt; **fall [*o* run] ~ of s.o.** mit jdm in Konflikt geraten; **~ play** (SPORT) Foul *nt* **II.** *s* (SPORT) Foul *nt* **III.** *vt* ① (*Luft*) verpesten ② (*Kamin*) verstopfen ③ (*Ruf*) lädieren ④ rammen ⑤ (SPORT) verstoßen gegen; **~ up a chance** eine Chance vermasseln **IV.** *vi* ① (*Seil*) sich verwickeln ② (SPORT) foulen

fou·lard [fuːˈlɑːd] *s* Foulard *m* (*feines, weiches Gewebe*)

foul-mouthed [ˈfaʊlmaʊðd] *adj* unflätig, vulgär; **foul·ness** [ˈfaʊlnɪs] *s* ① Verdorbenheit *f;* Fauligkeit *f* ② Unflätigkeit *f*

found[1] [faʊnd] *vt* gründen; errichten; **~ s.th. on s.th.** etw auf etw gründen, stützen

found[2] [faʊnd] *vt* (*Metall*) schmelzen und gießen

found[3] [faʊnd] *s.* **find**

foun·da·tion [faʊnˈdeɪʃn] *s* ① Gründung *f;* Errichtung *f* ② Schenkung, Stiftung *f* ③ **~s** Grundmauer *f,* Fundament *nt* ④ (*fig*) Grundlage, Basis *f;* **foundation cream** *s* Grundierungscreme *f;* **foundation stone** *s* Grundstein *m;* **foundation subject** *s* Pflichtfach *nt*

foun·der[1] [ˈfaʊndə(r)] *s* Gründer(in) *m(f),* Stifter(in) *m(f)*

foun·der² ['faʊndə(r)] *vi* ❶ sinken, untergehen ❷ (*Pferd*) straucheln ❸ (*Plan*) scheitern

foun·der³ ['faʊndə(r)] *s* (*Metall*) Gießer(in) *m(f)*

Found·ing Fa·ther [ˌfaʊndɪŋ'fɑːðə(r)] *s* (HIST) Gründungsvater *m*

foun·dry ['faʊndrɪ] *s* Gießerei *f*

fount [faʊnt] *s* ❶ (*lit*) Born *m;* Quelle *f* ❷ (TYP) Schrift(art) *f*

foun·tain ['faʊntɪn] *s* ❶ Springbrunnen *m;* Fontäne *f* ❷ (*drinking* ~) (Trinkwasser)Brunnen *m;* **fountain pen** *s* Füller, Füllfederhalter *m*

four [fɔː(r)] *adj* vier; **on all ~s** auf allen vieren; **four-by-four** [ˌfɔːbaɪ'fɔː(r)] *s* Kraftfahrzeug *nt* mit Vierradantrieb; **four-door car** ['fɔː(r)dɔː(r) kɑː] *s* viertüriges Auto; **four·fold** ['fɔːfəʊld] *adj, adv* vierfach, -fältig; **four-footed** [ˌfɔː'fʊtɪd] *adj* vierfüßig; **four-handed** [ˌfɔː'hændɪd] *adj* (*a.* MUS) vierhändig; **four-leaf clover** *s* vierblättriges Kleeblatt; **four-letter word** *s* unanständiges Wort; **four·some** ['fɔːsəm] *s* Quartett *nt;* Viererspiel *nt;* **four·square** ['fɔːskweə(r)] *adj* ❶ viereckig ❷ (*Entscheidung*) entschlossen, unnachgiebig; **four·teen** [ˌfɔː'tiːn] *adj* vierzehn; **four·teenth** [ˌfɔː'tiːnθ] *adj* vierzehnte(r, s); **fourth** [fɔːθ] **I.** *adj* vierte(r, s) **II.** *s* Viertel *nt;* Vierte(r, s)

i Land & Leute

Der **Fourth of July** oder *Independence Day* ist der höchste amerikanische nichtkonfessionelle Feiertag zum Gedenken an die *Declaration of Independence* (Unabhängigkeitserklärung), in der die amerikanischen Kolonien am 4. Juli 1776 ihre Unabhängigkeit von Großbritannien erklärten. Man trifft sich zu Picknicks, Familienfeiern und professionellen Baseballspielen. Als Höhepunkt gibt es dann überall ein großes Feuerwerk.

four-wheel drive *s* Allrad-, Vierradantrieb *m*

fowl [faʊl] *s* Geflügel *nt;* **fowl·pest** ['faʊlpest] *s* Hühnerpest *f*

fox [fɒks] **I.** *s* ❶ Fuchs *m* ❷ Fuchspelz *m* **II.** *vt* täuschen, hereinlegen; verblüffen; **fox·glove** ['fɒksglʌv] *s* Fingerhut *m;* **fox hunt** ['fɒkshʌnt] **I.** *s* Fuchsjagd *f* **II.** *vi* auf die Fuchsjagd gehen; **fox terrier** *s* Foxterrier *m;* **fox·trot** ['fɒkstrɒt] *s* Foxtrott *m;* **foxy** ['fɒksɪ] *adj* schlau, listig

foyer ['fɔɪeɪ] *s* (THEAT) Foyer *nt;* Empfangshalle *f*

fra·cas ['frækɑː, *pl* 'frækɑːz] <*pl* fracas> *s* Aufruhr, Tumult *m*

frac·tal ['fræktl] *s* (MATH) Fraktal *nt*

frac·tion ['frækʃn] *s* ❶ (*fig*) Bruchteil *m* ❷ (MATH) Bruch *m;* **frac·tional** ['frækʃənl] *adj* ❶ (*fig*) geringfügig ❷ (MATH) Bruch-

frac·tious ['frækʃəs] *adj* mürrisch, verdrießlich

frac·ture ['fræktʃə(r)] **I.** *s* ❶ Bruch *m* ❷ (MED) Bruch *m,* Fraktur *f;* **~ of the skull** Schädelbruch *m* **II.** *vt, vi* brechen

frag·ile ['frædʒaɪl] *adj* ❶ zerbrechlich, empfindlich ❷ (TECH) brüchig ❸ (MED) anfällig, schwach; ~ **ecosystem** anfälliges Ökosystem *nt;* **fra·gil·ity** [frə'dʒɪlətɪ] *s* Zerbrechlichkeit *f*

frag·ment ['frægmənt] **I.** *s* Bruchstück *nt,* -teil *m;* Scherbe *f* **II.** [fræg'ment] *vi* zersplittern, zerbrechen, in Stücke brechen **III.** [fræg'ment] *vt* in Teile zerlegen; in Stücke schlagen; **frag·men·tary** ['frægməntrɪ] *adj* bruchstückhaft, fragmentarisch

fra·grance ['freɪgrəns] *s* Duft *m;* **fra·grant** ['freɪgrənt] *adj* wohlriechend

frail [freɪl] *adj* ❶ zart; zerbrechlich ❷ (*fig*) gering; schwach; **frailty** ['freɪltɪ] *s* Zartheit *f;* Zerbrechlichkeit *f;* Schwäche *f*

frame [freɪm] **I.** *vt* ❶ (*Bild*) rahmen ❷ entwerfen, ausarbeiten, formulieren ❸ (*Gesicht*) ein-, umrahmen ❹ (*Wort*) bilden, formen ❺ (*sl*) fälschlich bezichtigen **II.** *vi* sich entwickeln **III.** *s* ❶ Gerüst *nt;* Gestell *nt;* Rahmen *m* ❷ Fassung *f* ❸ Körperbau *m,* Figur, Gestalt *f* ❹ (Auf)Bau *m,* Konstruktion *f,* Anordnung, Gestaltung *f* ❺ (~ *of mind*) Veranlagung *f;* Temperament *nt* ❻ (*Gärtnerei*) Frühbeet *nt* ❼ (PHOT FILM) (Einzel)Aufnahme *f* ❽ (AUTO) Rahmen *m* ❾ (*Statistik*) Erhebungsgrundlage *f* ❿ (INTERNET) Frame *m*

frame-up ['freɪmʌp] *s* (*fam*) Komplott *nt,* Machenschaften *fpl;* **frame·work** ['freɪmwɜːk] *s* ❶ Gerüst, Gerippe *nt* ❷ (*fig*) Gefüge *nt,* Struktur *f,* Rahmen *m;* **within the ~ of** im Rahmen von

France [frɑːns] *s* Frankreich *nt*

fran·chise ['fræntʃaɪz] *s* ❶ Wahlrecht *nt* ❷ (COM) Konzession *f*

Fran·cis·can [fræn'sɪskən] *s* Franziskaner(in) *m(f)*

Franco- ['fræŋkəʊ] *PRÄF* Französisch-; **~-German** deutsch-französisch

frank¹ [fræŋk] *adj* ❶ frei(mütig), offen ❷ (*Meinung*) ehrlich, aufrichtig; **to be ~** aufrichtig gesagt, offen gestanden

frank² [fræŋk] *vt* frankieren

F

frank·furter ['fræŋkfɜːtə(r)] *s* Frankfurter (Würstchen *nt*) *f*
frank·in·cense ['fræŋkɪnsens] *s* Weihrauch *m*
frank·ing-ma·chine ['fræŋkɪŋmə'ʃiːn] *s* Frankiermaschine *f*
fran·tic ['fræntɪk] *adj* ❶ verzweifelt; rasend ❷ (*Person*) außer Fassung; **go** ~ außer sich geraten; **be** ~ **with pain** vor Schmerz fast wahnsinnig sein; **drive s.o.** ~ jdn zur Verzweiflung treiben
fra·ter·nal [frə'tɜːnl] *adj* brüderlich; **fra·ter·nity** [frə'tɜːnətɪ] *s* ❶ Brüderlichkeit *f* ❷ (REL) Bruderschaft *f* ❸ (*Am*) (studentische) Verbindung *f*; **frat·er·niz·ation** [ˌfrætənaɪ'zeɪʃn] *s* Verbrüderung *f*; **frat·er·nize** ['frætənaɪz] *vi* sich verbrüdern; **frat·ri·cide** ['frætrɪsaɪd] *s* ❶ Brudermord *m* ❷ Brudermörder(in) *m(f)*
fraud [frɔːd] *s* ❶ Betrug *m*; Schwindel *m* ❷ Betrüger(in) *m(f)*; **fraudu·lence** ['frɔːdjʊləns] *s* Betrügerei *f*; **fraudu·lent** ['frɔːdjʊlənt] *adj* betrügerisch
fraught [frɔːt] *adj* geladen (*with* mit); ~ **with danger** gefahrvoll
fray¹ [freɪ] *s* Schlägerei *f*; Kampf *m*; **eager for the** ~ kampflustig
fray² [freɪ] **I.** *vt* ausfransen **II.** *vi* ❶ ausfransen; sich durchscheuern ❷ (*fig*) sich erregen
frazzed [frɑːzd] *adj* (*Am: fam*) mitgenommen, aufgewühlt
freak [friːk] **I.** *s* ❶ Laune *f*, Einfall *m* ❷ Missbildung *f*, Monstrum *nt* ❸ (*fam*) verrückter Kerl **II.** *adj* ungewöhnlich; abnorm; verrückt **III.** *vi:* ~ **out** (*sl*) ausflippen; **freaked** [friːkt] *adj* (*sl*) verängstigt
freckle ['frekl] *s* Sommersprosse *f*; **freckled** ['frekld] *adj* sommersprossig
free [friː] **I.** *adj* ❶ frei (*from, of* von) ❷ unabhängig ❸ frei beweglich, lose, locker ❹ ungehindert, zwanglos, ungebunden ❺ (*Platz, Zimmer*) frei, nicht besetzt ❻ (*Bewegung*) ungezwungen, leicht, anmutig ❼ freigebig, großzügig (*with* mit) ❽ gratis, kostenlos, umsonst; ~ **from pain** schmerzfrei; ~ **of s.th.** frei von etw; ~ **of chemical weapons** chemiewaffenfrei; **get s.th.** ~ etw umsonst bekommen; **give s.o. a** ~ **hand** jdm freie Hand lassen; **you're** ~ **to choose** die Wahl steht Ihnen frei; **set** ~ freilassen; **admission** ~ Eintritt frei; ~ **delivery** freier Versand; (**nuclear**) **weapon-**~ **zone** (atom)waffenfreie Zone; ~ **sample** Gratisprobe *f*; ~ **and easy** ungezwungen; ~ **on board** frei an Bord; **have one's hands** ~ (*fig*) freie Hand haben; **be** ~ **with one's money** großzügig mit seinem Geld umgehen **II.** *vt* ❶ freilassen, befreien ❷ (*Straße*) (wieder) freimachen ❸ (*Knoten*) lösen; **free·bie** ['friːbiː] *s* (*fam*) kostenloser Gegenstand; Werbegeschenk *nt*; **free·booter** ['friːbuːtə(r)] *s* Freibeuter *m*; **free collective bargaining** *s* Tarifautonomie *f*
free·dom ['friːdəm] *s* ❶ Freiheit *f* ❷ Unabhängigkeit, Ungebundenheit *f* ❸ Offenheit, Aufrichtigkeit *f*; **give s.o. the** ~ **of one's house** jdm sein Haus zur freien Verfügung stellen; ~ **of action** Handlungsfreiheit *f*; ~ **of assembly** Versammlungsfreiheit; ~ **of opinion** Meinungsfreiheit *f*; ~ **of the press** Pressefreiheit *f*; ~ **of religion** Religionsfreiheit *f*; **the** ~ **of the city** die Ehrenbürgerrechte *ntpl*
free en·ter·prise [ˌfrɪː'entəpraɪz] *s* freie Marktwirtschaft; **free fall** *s* freier Fall; **free-for-all** ['friːfərˌɔːl] *s* Gerangel *nt*; **free·hold** ['friːhəʊld] *s* (freier) Grundbesitz; **free·holder** ['friːhəʊldə(r)] *s* Grundeigentümer(in) *m(f)*; **free kick** *s* (SPORT) Freistoß *m*; **free labour** *s* nicht organisierte Arbeiter *mpl*
free·lance ['friːlɑːns] **I.** *s* Freiberufler(in) *m(f)*, Freischaffende(r) *f m* **II.** *vi* freiberuflich tätig sein **III.** *adv, adj* freiberuflich
free·load ['friːləʊd] *vi* (*fam*) schmarotzen; **free·loader** *s* Schmarotzer(in) *m(f)*
free·ly ['friːlɪ] *adv* ❶ reichlich, großzügig ❷ frei; ungehindert
free·man ['friːmən] <*pl* -men> *s* (Ehren)Bürger *m*; **free market economy** *s* freie Marktwirtschaft; **Free·ma·son** ['friːmeɪsn] *s* Freimaurer *m*; **free port** *s* Freihafen *m*; **free-range** *adj* ❶ (*Huhn*) freilaufend ❷ (*Ei*) aus Bodenhaltung *f*; ~ **egg** Freilandei *nt*; **free·sheet** *s* kostenlose Zeitung; **free speech** *s* Redefreiheit *f*; **free-spoken** [ˌfriː'spəʊkən] *adj* freimütig; **free-stand·ing** [ˌfriː'stændɪŋ] *adj* frei stehend; **free·style** ['friːstaɪl] *s* (SPORT) Freistil *m*; **free-thinker** *s* Freidenker, -geist *m*; **free-thinking** *adj* freidenkerisch; **free trade** *s* Freihandel *m*; **free·ware** ['friːˌweə] *s* (INFORM) Freeware *f* (*kostenlose Software*); **free·way** ['friːweɪ] *s* (*Am*) (gebührenfreie) Autobahn *f*; **free·wheel** **I.** *vi* (*Fahrrad*) im Freilauf fahren **II.** *s* (*Fahrrad*) Freilauf *m*; **free will** *s* freier Wille; **of one's own** ~ aus freien Stücken
freeze [friːz] <*irr:* froze, frozen> **I.** *vi* ❶ (ge)frieren ❷ anfrieren (*to* an) ❸ (*Wasserleitung*) einfrieren ❹ (*Blut*) erstarren ❺ (*fig*) starr werden (*with* vor) ❻ (*Flüssigkeit*) dick, steif werden; **it is freezing hard** es herrscht starker Frost; ~ **onto**

(*fam*) sich anklammern an; ~ **over** überfrieren; ~ **up** zufrieren; **make s.o.'s blood** ~ jdm das Blut in den Adern erstarren lassen; **I'm freezing** ich friere, mich friert **II.** *vt* ❶ gefrieren lassen; einfrieren ❷ (*Lohn*) einfrieren, stoppen ❸ (*Wunde*) vereisen; ~ **s.o. with a look** jdm einen eisigen Blick zuwerfen; ~ **out** herausekeln **III.** *s* ❶ (METE) Frost(periode *f*) *m* ❷ Lohn-, Preisstopp *m;* **freezer** ['fri:zə(r)] *s* Tiefkühltruhe *f;* Gefrierschrank *m;* **freeze-up** ['fri:zʌp] *s* Dauerfrost *m;* **freez·ing** ['fri:zɪŋ] **I.** *adj* eisig, eiskalt **II.** *s* Einfrieren *nt;* **below** ~ unter dem Gefrierpunkt; ~**-point** Gefrierpunkt *m*

freight [freɪt] **I.** *s* ❶ (MAR, AVIAT) Frachtgut *nt* ❷ Frachtkosten *pl;* ~ **charges** Frachtkosten *pl* **II.** *vt* ❶ (*Waren*) verfrachten ❷ (*Boot*) beladen; **freight car** *s* Güterwagen *m;* **freighter** ['freɪtə(r)] *s* ❶ Frachtschiff *nt,* Frachter *m* ❷ Transportflugzeug *nt;* **freight train** *s* Güterzug *m*

French [frentʃ] **I.** *adj* französisch **II.** *s* (das) Französisch(e); **the** ~ die Franzosen *mpl;* **French bean** *s* grüne Bohne; **French chalk** *s* Schneiderkreide *f;* **French dressing** *s* Salatdressing *nt,* Vinaigrette *f;* **French fried potatoes, French fries** *s pl* Pommes frites *pl;* **French horn** *s* (MUS) Waldhorn *nt;* **French leave** *s:* **take** ~ sich auf französisch empfehlen; **French letter** *s* Kondom *nt;* **French·man** ['frentʃmən] <*pl* -men> *s* Franzose *m*

i Land & Leute

French toast wird in Amerika gern zum Frühstück gegessen. Man legt Brotscheiben in verquirlte Eier und brät sie dann in der Bratpfanne. Der Toast wird mit Ahornsirup, Honig oder Marmelade gegessen.

French window *s* Verandas-, Balkontür *f;* **French·woman** ['frentʃwʊmən, *pl* -wɪmɪn] <*pl* -women> *s* Französin *f*

fren·etic [frə'netɪk] *adj* frenetisch, rasend

fren·zied ['frenzɪd] *adj* wahnsinnig; rasend; **frenzy** ['frenzɪ] *s* Raserei *f;* Wahnsinn *m;* **in a** ~ **of despair** in wilder Verzweiflung; **rouse to** ~ in Raserei versetzen

fre·quency ['fri:kwənsɪ] *s* ❶ Häufigkeit *f* ❷ (ELEK) Frequenz *f;* **frequency band** *s* Frequenzband *nt;* **frequency modulation** *s* Frequenzmodulation *f;* **fre·quent** ['fri:kwənt] **I.** *adj* häufig; landläufig **II.** [frɪ'kwent] *vt* häufig besuchen; **frequent user** *s* häufiger Benutzer/häufige Benutzerin

fresco ['freskəʊ] <*pl* fresco(e)s> *s* Freskomalerei *f,* -gemälde *nt*

fresh [freʃ] **I.** *adj* ❶ frisch ❷ neu ❸ kühl, erfrischend; ~ **water** Süßwasser *nt;* ~ **water ressources** Trinkwasserressourcen *pl;* **in the** ~ **air** an der frischen Luft; **make a** ~ **start** neu anfangen; **a** ~ **arrival** ein Neuankömmling *m* **II.** *adv* frisch; ~ **from the oven** ofenfrisch **freshen** ['freʃn] *vi* (*Wind*) auffrischen; ~ **up** sich auffrischen; **fresh·man** ['freʃmən] <*pl* -men> *s* Student *m* im ersten Studienjahr

i Land & Leute

Ein **Freshman** ist in den USA ein Schüler der neunten Klasse, ein *Sophomore* ist ein Schüler der 10. Klasse, ein *Junior* ein Schüler der 11. Klasse und ein *Senior* ein Schüler der 12. Klasse. Das sind die üblichen Bezeichnungen der *High-School*-Jahre, auch wenn die *High School* in vielen Gegenden jetzt erst mit der 10. Klasse beginnt. Diese Begriffe werden außerdem für Studenten in den vier College-Jahren verwendet.

fresh·ness ['freʃnɪs] *s* Frische *f*

fret[1] [fret] **I.** *vt* nagen an **II.** *vi* sich Sorgen machen; unruhig sein **III.** *s:* **be in a** ~ beunruhigt, besorgt sein

fret[2] [fret] *vt* laubsägen

fret[3] [fret] *s* (MUS) Griffleiste *f*

fret·ful ['fretfl] *adj* in Sorge; unruhig

fret·saw ['fretsɔ:] *s* Laubsäge *f;* **fret·work** ['fretwɜ:k] *s* Laubsägearbeit *f*

friar ['fraɪə(r)] *s* Mönch *m*

frica·tive ['frɪkətɪv] *s* Reibelaut *m*

fric·tion ['frɪkʃn] *s* ❶ (*a.* TECH) Reibung *f* ❷ (*fig*) Reibungen, Spannungen *fpl*

Fri·day ['fraɪdɪ] *s* Freitag *m;* **on** ~**s** freitags; **Good** ~ Karfreitag *m*

fridge [frɪdʒ] *s* (*Br fam*) Kühlschrank *m*

fried [fraɪd] *adj* gebraten; **fried chicken** *s* Brathähnchen *nt;* **fried egg** *s* Spiegelei *nt*

friend [frend] *s* ❶ Freund(in) *m(f)* ❷ Bekannte(r) *f m;* **Friends** Quäker *pl;* **be** ~**s with** befreundet sein mit; **be great** ~**s** eng miteinander befreundet sein; **make** ~**s with** sich anfreunden mit; **make** ~**s again** sich wieder vertragen, sich (wieder) versöhnen; **friend·less** [-lɪs] *adj* ohne Freunde; **friend·ly** ['frendlɪ] *adj* ❶ freundschaftlich ❷ freundlich; angenehm; **be on**

F

~ **terms with s.o.** mit jdm auf freundschaftlichem Fuß stehen; ~ **society** Versicherungsverein *m;* **friend·ship** ['frendʃɪp] *s* Freundschaft *f*

i Land & Leute

Die **Friends of the Earth** sind eine internationale Vereinigung von Umweltgruppen, deren Ziel es ist, verstärkt auf die Umweltgefahren durch u. a. ein erhöhtes Verkehrsaufkommen, einen unkontrollierten Brennstoffverbrauch, Müllhalden, den sauren Regen, die Zerstörung des Regenwaldes und das Aussterben seltener Tier- und Pflanzenarten aufmerksam zu machen.

fries [fraɪs] *s pl* (*Am: fam*) Pommes *pl*

frieze [fri:z] *s* ❶ Zierstreifen *m* ❷ (ARCH) Fries *m* ❸ (*schwerer Wollstoff*) Fries *m*

frig·ate ['frɪgət] *s* (MAR) Fregatte *f*

fright [fraɪt] *s* ❶ Schreck(en) *m* ❷ (*Person*) Vogelscheuche *f;* **get off with a bad** ~ mit dem Schrecken davonkommen; **give s.o. a** ~ jdn erschrecken; **take** ~ erschrecken; **frighten** ['fraɪtn] **I.** *vt* erschrecken; Angst machen (*s.o.* jdm), ängstigen; ~ **away** abschrecken; ~ **s.o. into doing s.th.** jdn dazu treiben, dass er etw tut; **be** ~**ed of s.th.** vor etw Angst haben; **be** ~**ed by s.th.** vor etw erschrecken; **in a** ~**ed voice** mit angsterfüllter Stimme **II.** *vi:* **she doesn't** ~ **easily** so leicht fürchtet sie sich nicht; **fright·ful** ['fraɪtfl] *adj* schrecklich, fürchterlich

frigid ['frɪdʒɪd] *adj* ❶ (eis)kalt; frostig ❷ (*fig*) frostig, kühl ❸ (PHYSIOL) frigid(e); **frigid·ity** [frɪ'dʒɪdətɪ] *s* ❶ Kühle *f* ❷ (PHYSIOL) Frigidität *f*

frill [frɪl] *s* ❶ Manschette *f;* Rüsche *f* ❷ (*am Hals eines Tieres*) Kragen *m;* **with all the** ~**s** mit allem Drum und Dran

fringe [frɪndʒ] **I.** *s* ❶ (*fig*) Rand *m* ❷ Ponyfrisur *f,* Pony *m* **II.** *vt* mit Fransen besetzen; **fringe benefits** *s pl* zusätzliche Nebenleistungen *fpl;* **fringe group** *s* Randgruppe *f;* **fringe theatre** *s* unkonventionelles Theater

frip·pery ['frɪpərɪ] *s* Tand *m,* Kinkerlitzchen *pl*

frisk [frɪsk] **I.** *vi* herumtollen **II.** *vt* (*fam*) abtasten, durchsuchen; **frisky** ['frɪskɪ] *adj* verspielt

frit·ter[1] ['frɪtə(r)] *s* Beignet *m*

frit·ter[2] ['frɪtə(r)] *vt* (~ *away*) vergeuden; verschwenden

fritz [frɪts] *s* (*sl*): **go on the** ~ kaputtgehen

friv·ol·ity [frɪ'vɒlətɪ] *s* Frivolität *f;* **friv·ol·ous** ['frɪvələs] *adj* ❶ frivol ❷ (*Mensch*) leichtfertig, -sinnig

frizzy ['frɪzɪ] *adj* kraus, gekräuselt

fro [frəʊ] *adv:* **to and** ~ hin und her, auf und ab

frock [frɒk] *s* ❶ (Mönchs)Kutte *f* ❷ Kleid *nt*

frog [frɒg] *s* ❶ Frosch *m* ❷ Schnürverschluss *m;* **have a** ~ **in one's throat** einen Frosch im Hals haben; **frog·man** ['frɒgmən] <*pl* -men> *s* Froschmann *m;* **frog·march** ['frɒgmɑ:tʃ] *vt* abschleppen; wegschleifen; **frog·spawn** *s* Froschlaich *m*

fro·lic ['frɒlɪk] <frolicking, frolicked> **I.** *s* Herumtollen *nt;* Ausgelassenheit *f* **II.** *vi* umhertoben; **fro·lic·some** ['frɒlɪksəm] *adj* lustig, ausgelassen

from [frɒm] *prep* ❶ (*Ausgangspunkt*) von; aus ❷ (*zeitlich*) seit; ab, von … an ❸ (*Entfernung*) von … weg; von … entfernt ❹ (*wegnehmen*) von; aus ❺ (*Quellenangabe*) von; aus ❻ (*Modell*) nach ❼ (*unterste Grenze angebend*) ab ❽ (*Grund*) wegen; infolge; ~ **house to house** von Haus zu Haus; **where are you** ~ **?** wo sind Sie her?; ~ **his childhood** von Kindheit an; ~ **time to time** von Zeit zu Zeit; **go away** ~ **home** von zu Hause weggehen; **steal s.th.** ~ **s.o.** jdm etw stehlen; **quotations** ~ **Shakespeare** Zitate nach Shakespeare; **judge** ~ **appearances** nach dem Äußeren urteilen; **drink** ~ **a glass** aus einem Glas trinken; **translated** ~ **the English** aus dem Englischen übersetzt; **painted** ~ **life** nach dem Leben gemalt; ~ **the age of 18 upwards** von 18 Jahren aufwärts; **escape** ~ **prison** aus dem Gefängnis entkommen; **go** ~ **bad to worse** immer schlimmer werden; **weak** ~ **hunger** schwach vor Hunger; ~ **experience** aus Erfahrung; ~ **what I heard** nach dem, was ich gehört habe; **prevent s.o.** ~ **doing s.th.** jdn daran hindern etw zu tun; ~ **inside** von innen; ~ **beneath s.th.** unter etw hervor; ~ **among the trees** zwischen den Bäumen hervor

front [frʌnt] **I.** *s* ❶ (*a.* ARCH) Stirn-, Vorderseite, Vorderfront *f* ❷ (MIL POL METE) Front *f* ❸ Uferpromenade *f* ❹ (*a. fig*) Fassade *f* ❺ Hemdbrust *f* ❻ (THEAT) Zuschauerraum *m* ❼ Strohmann *m* ❽ (*lit*) Stirn *f;* **in** ~ **of s.o.** vor jdm; **in** ~ vorne; **at the** ~ **of** vorn; an der Spitze von; **be in** ~ vorne sein; **be sent to the** ~ an die Front geschickt werden; **cold** ~ (METE) Kaltluftfront *f;* **come to the** ~ (*fig*) hervortreten, bekannt werden;

put on a bold ~ eine tapfere Miene zur Schau stellen **II.** *vi:* **the windows** ~ **onto the street** die Fenster gehen auf die Straße hinaus **III.** *vt* der Frontmann sein **IV.** *adj* vorderste(r, s); erste(r, s); ~ **brake** Vorderbremse *f;* ~ **garden** Vorgarten *m* **V.** *adv:* **up** ~ vorne (*upon, towards* nach)

front·age ['frʌntɪdʒ] *s* (ARCH) Vorderfront, Frontseite *f*

frontal ['frʌntl] *adj* Frontal-; Stirn-

front bench [ˌfrʌnt'bentʃ] *s* (PARL) Regierungsbank *f*

i Land & Leute

Als **Front Benches** bezeichnet man die beiden Bänke, die sich im *House of Commons* (Unterhaus) im Mittelgang gegenüber stehen. Auf ihnen sitzen die *frontbenchers*: auf der einen Seite die Minister und auf der anderen Seite die *Shadow ministers* oder *Opposition ministers* (führende Politiker der Oppositionspartei).

front door *s* Haustür *f;* **front end** *s* (INFORM) Benutzeroberfläche *f*

fron·tier [frʌntɪə(r)] *s* Grenze, Landesgrenze *f;* Grenzgebiet *nt;* **frontier district** *s* Grenzgebiet *nt,* -bezirk *m;* **frontier police** *s* Grenzpolizei *f;* **fron·tiers·man** ['frʌntɪəzmən] <*pl* -men> *s* Grenzbewohner *m;* **frontier station** *s* Grenzbahnhof *m*

front·is·piece ['frʌntɪspi:s] *s* (*Buch*) Titelbild *nt*

front line [ˌfrʌnt'laɪn] *s* (*a. fig*) Front *f;* **front·list** ['frʌntlɪst] *s* (*Verlagswesen*) Neuerscheinungen *fpl;* **front page** **I.** *s* (*Zeitung*) Titel-, Vorderseite *f* **II.** *adj:* **front-page** auf der ersten Seite **III.** *vt* (*Am: in der Zeitung*) groß herausstellen; **front rank** *s:* **be in the** ~ (*fig*) zur Spitze zählen; **front runner** *s* Läufer(in) *m(f),* an der Spitze; (*fig*) Spitzenreiter(in) *m(f);* **front spoiler** [ˌfrʌnt'spɔɪlə(r)] *s* (AUTO) Frontspoiler *m;* **front-wheel drive** *s* Vorderradantrieb *m*

frost [frɒst] **I.** *s* ❶ Frost, Raureif *m* ❷ (*fig*) Kühle, Kälte *f* ❸ (*fam*) Reinfall *m,* Versager *m* **II.** *vt* ❶ (*Glas*) mattieren ❷ mit Reif überziehen ❸ (*Kuchen*) glasieren; **frost·bite** *s* Frostbeulen *fpl;* **frost-bitten** ['frɒstbɪtn] *adj* erfroren; **frost-bound** ['frɒstbaʊnd] *adj* festgefroren; **frosted** ['frɒstɪd] *adj* ❶ mit Zuckerguss überzogen ❷ (*Essen*) tiefgekühlt ❸ (*Pflanzen*) erfroren; ~ **glass** Milchglas *nt;* **frost·ing** ['frɒstɪŋ] *s* Zuckerguss *m;* Glasur *f;* **frosty** ['frɒstɪ] *adj* kalt; frostig, eisig

froth [frɒθ] **I.** *s* ❶ Schaum *m* ❷ (*fig*) leeres Gerede; **the dog has** ~ **at the mouth** der Hund hat Schaum vor dem Maul **II.** *vi* schäumen; **frothy** ['frɒθɪ] *adj* ❶ schaumig, schäumend ❷ (*Gerede*) hohl, albern

frown [fraʊn] **I.** *vi* die Stirn runzeln (*at* über); ~ **on** missbilligen **II.** *s* Stirnrunzeln *nt*

frowzy ['fraʊzɪ] *adj* schmutzig, schlampig

froze [frəʊz] *s.* **freeze**; **frozen** ['frəʊzn] **I.** *pp of* **freeze** **II.** *adj* ❶ (zu)gefroren, vereist ❷ (*Körper*) erfroren ❸ eisig, sehr kalt ❹ (*fig*) eiskalt ❺ (*Löhne*) eingefroren, blockiert, gesperrt; **I'm** ~ mir ist eiskalt; ~ **foods** Tiefkühlkost *f;* ~ **meat** Gefrierfleisch *nt;* ~ **assets** (FIN) festliegendes Kapital; eingefrorenes Guthaben

fru·gal ['fru:gl] *adj* ❶ sparsam, genügsam ❷ (*Essen*) einfach, schlicht, frugal; **fru·gal·ity** [fru:'gælətɪ] *s* Sparsamkeit *f;* Einfachheit *f*

fruit [fru:t] **I.** *s* ❶ Frucht *f;* Obst *nt* ❷ (*fig*) Ergebnis *nt,* Folge *f;* **the** ~**s of the earth** Früchte *f pl* des Feldes; **bear** ~ Früchte tragen **II.** *vi* Früchte tragen

? Grammatik

fruit = Obst, Früchte, wird in der Einzahl gebraucht: *I like fresh fruit with my muesli. The old pear tree still produces fruit.*
fruits wird für verschiedene Obsorten gebraucht: *I like apples, bananas, cherries and most other fruits.*

fruit·cake *s* englischer Kuchen; **nutty as a** ~ (*sl*) total bekloppt; **fruit·erer** ['fru:tərə(r)] *s* Obsthändler(in) *m(f);* **fruit·ful** ['fru:tfl] *adj* fruchtbar, ertragreich

fru·ition [fru:'ɪʃn] *s* Verwirklichung, Erfüllung *f;* **bring to** ~ verwirklichen; **his hopes came to** ~ seine Hoffnungen erfüllten sich

fruit knife ['fru:tnaɪf] <*pl* -knives> *s* Obstmesser *nt;* **fruit·less** ['fru:tlɪs] *adj* ❶ unfruchtbar ❷ (*fig*) fruchtlos, ergebnislos; **fruit salad** *s* Obstsalat *m*

fruity ['fru:tɪ] *adj* ❶ fruchtartig; fruchtig ❷ (*fam: Geschichte*) gesalzen ❸ (*Stimme*) rauchig

frump [frʌmp] *s* (*fig*) Vogelscheuche *f*

frus·trate [frʌ'streɪt] *vt* ❶ (*Hoffnung*) zunichte machen ❷ (*Plan*) durchkreuzen ❸ (PSYCH) frustrieren

F

frus·trated [frʌ'streɪtɪd] *adj* frustriert; **frus·tra·tion** [frʌ'streɪʃn] *s* ❶ Zerschlagung *f* ❷ (PSYCH) Frustration *f*

fry[1] [fraɪ] **I.** *vt* in der Pfanne braten, backen; **fried eggs** Spiegeleier *ntpl;* **fried potatoes** Bratkartoffeln *fpl* **II.** *vi* braten

fry[2] [fraɪ] *s* kleine Fische *mpl*

fry·ing-pan ['fraɪŋpæn] *s* Bratpfanne *f;* **out of the ~ into the fire** vom Regen in die Traufe

fuchsia ['fju:ʃə] *s* Fuchsie *f*

fuck [fʌk] **I.** *vt, vi* (*vulg*) ficken; ~ **about** verarschen **II.** *s* (*vulg*): **not to care a ~** sich einen Dreck kümmern um **III.** *interj* (*vulg*) verdammte Scheiße!; **fuck off** *vi* (*sl*) sich verpissen; **~!** verpiss dich!; **fuck·er** ['fʌkə(r)] *s* (*vulg*) Arschloch *nt;* **fuck·up** [fʌk'ʌp] *s* (*vulg*) Versager(in) *m(f)*

fuddled ['fʌdld] *adj* verwirrt; beschwipst

fuddy-duddy ['fʌdɪdʌdɪ] *s* (*fam*) altmodischer Kauz

fudge [fʌdʒ] **I.** *s* ❶ Fondant *m* ❷ (*Zeitung*) Spalte *f* für letzte Meldungen **II.** *vt* sich aus den Fingern saugen

fuel ['fju:əl] **I.** *s* ❶ Heiz-, Brennmaterial *nt;* Brennstoff *m* ❷ Kraftstoff *m;* Benzin *nt* ❸ (*fig*) Nahrung *f;* **add ~ to the flames** (*fig*) Öl ins Feuer gießen **II.** *vt* mit Brenn-, Kraftstoff versorgen **III.** *vi* tanken; **fuel capacity** *s* Tankfassungsvermögen *nt;* **fuel cell** *s* Brennstoffzelle *f;* **fuel consumption** *s* Benzinverbrauch *m;* **fuel element** *s* Brennelement *nt;* **fuel gauge** *s* Benzinuhr *f;* **fuel-injection engine** *s* (AUTO) Einspritzmotor *m;* **fuel oil** *s* Heizöl *nt;* **fuel pump** *s* Benzinpumpe *f;* **fuel rod** *s* Brennstab *m*

fug [fʌg] *s* Mief *m;* **fuggy** ['fʌgɪ] *adj* muffig

fu·git·ive ['fju:dʒətɪv] **I.** *adj* ❶ flüchtig, entflohen ❷ (*fig*) vergänglich **II.** *s* Flüchtling *m*

fugue [fju:g] *s* (MUS) Fuge *f*

ful·fil [fʊl'fɪl], **ful·fill** *vt* ❶ (*Wunsch*) erfüllen ❷ (*Aufgabe*) ausführen ❸ (*Versprechen*) einlösen ❹ (*Verpflichtung*) einhalten; ~ **o.s.** sich selbst verwirklichen; **ful·fill·ment** (*Am*), **ful·fil·ment** [-mənt] *s* Erfüllung *f*

full [fʊl] **I.** *adj* ❶ voll, (voll)gefüllt ❷ (*Bericht*) vollständig ❸ (*Sympathie*) vollste(r, s) ❹ wimmelnd (*of* von) ❺ (*Figur*) füllig ❻ (*Segel*) gebläht; **be ~ of …** voller, voll von … sein; ~ **house** (THEAT) ausverkauft; ~ **up** vollbesetzt; **I'm ~ up** ich bin satt; **at ~ speed** in voller Fahrt; **fall ~ length** der Länge nach hinfallen; **in ~ bloom** in voller Blüte; ~ **sail** mit vollen Segeln; ~ **steam ahead** Volldampf voraus; ~ **to overflowing** bis zum Überlaufen voll; **be in ~ swing** in vollem Gange sein; **come to a ~ stop** plötzlich stehen bleiben; **pay in ~** voll bezahlen **II.** *adv:* **I know it ~ well** ich weiß es sehr wohl; **look s.o. ~ in the face** jdm voll in die Augen sehen **III.** *s:* **in ~** ganz, vollständig; **write one's name in ~** seinen Namen ausschreiben; **to the ~** vollständig; **full-back** ['fʊlbæk] *s* (SPORT) Verteidiger(in) *m(f);* **full-blooded** [ˌfʊl'blʌdɪd] *adj* ❶ kräftig ❷ Vollblut-; **full-blown** [ˌfʊl'bləʊn] *adj* ❶ (*Blüten*) voll aufgeblüht ❷ (*fig*) ausgewachsen; **full-bodied** [ˌfʊl'bɒdɪd] *adj* (*Wein*) würzig, schwer; **full-cream milk** [ˌfʊl'kri:m] *s* Vollmilch *f;* **full-dress** *adj* ❶ Gala- ❷ (*fig*) wichtig; **full-faced** [ˌfʊl'feɪst] *adj* rundgesichtig; **full(y)-fledged** [ˌfʊl'fledʒd] *adj* ❶ flügge ❷ (*fig*) voll entwickelt; **full-frontal** [ˌfʊl'frʌntl] *adj* oben und unten ohne; **full-grown** [ˌfʊl'grəʊn] *adj* voll ausgewachsen; **full-length** *adj* ❶ (*Portrait*) lebensgroß ❷ (*Film*) abendfüllend; **full moon** *s* Vollmond *m*

full·ness ['fʊlnɪs] *s* Vollständigkeit *f;* Sattheit *f;* **in the ~ of time** zu gegebener Zeit

full-page [ˌfʊl'peɪdʒ] *adj* ganzseitig; **full-scale** *adj* in Lebensgröße; **full score** *s* (MUS) Gesamtpartitur *f;* **full stop** *s* Punkt *m;* **full time** *s* (SPORT) Abpfiff *m;* **full-text search** [ˌfʊltekst'sɜ:tʃ] *s* Volltextsuche *f;* **full-time** *adj* ganztägig; vollberuflich

fully ['fʊlɪ] *adv* ❶ völlig, ganz ❷ (*bei Zahlangabe*) mindestens, mehr als; ~ **fashioned** mit Passform; ~ **qualified** voll qualifiziert

ful·mi·nate ['fʌlmɪneɪt] *vi* (*fig*) donnern, wettern (*against* gegen)

ful·some ['fʊlsəm] *adj* (*Lob, Schmeichelei*) übertrieben

fumble ['fʌmbl] **I.** *vi* (~ *about*) umhertasten, -tappen **II.** *vt* vermasseln; **fumbler** ['fʌmblə(r)] *s* Stümper(in) *m(f)*

fume [fju:m] **I.** *s meist pl* Rauch, Dampf *m;* Abgase *ntpl* **II.** *vi* ❶ rauchen, dampfen ❷ (*fig*) aufgebracht, wütend sein

fu·mi·gate ['fju:mɪgeɪt] *vt* ausräuchern

fun [fʌn] *s* Spaß *m;* Vergnügen *nt,* Belustigung *f;* **for ~** zum Spaß; **he is great ~** man hat mit ihm viel zu lachen; **make ~ of s.o., poke ~ at s.o.** sich über jdn lustig machen; **he's ~** er ist ein lustiger Kerl; **have ~!** viel Spaß!

func·tion ['fʌŋkʃn] **I.** *s* ❶ Funktion, Tätigkeit *f* ❷ Aufgaben, Pflichten *fpl* ❸ Veranstaltung *f;* Feier *f* ❹ (MATH) Funktion *f* **II.** *vi* funktionieren, laufen; arbeiten; ~ **as** fungieren als; **func·tional** ['fʌŋkʃənl] *adj* ❶ (PHYSIOL) funktionsfähig ❷ funktionell;

zweckmäßig; **func·tion·ary** ['fʌŋkʃənərɪ] *s* Funktionär(in) *m(f)*; **function key** *s* (INFORM) Funktionstaste *f*

fund [fʌnd] **I.** *s* ❶ Vorrat, Schatz *m* ❷ (FIN) Fonds *m* ❸ ~**s** Gelder, Geldmittel *ntpl* ❹ ~**s** Staatspapiere *ntpl;* **the public ~s** öffentliche Mittel *ntpl;* **no ~s** ohne Deckung; **be in ~s** zahlungsfähig sein; **raise ~s** Mittel aufbringen **II.** *vt* ❶ (*Geld*) anlegen, investieren ❷ (*Schuld*) ausgleichen, bezahlen

fun·da·men·tal [ˌfʌndə'mentl] **I.** *adj* ❶ grundlegend, fundamental ❷ wesentlich (*to* für) ❸ hauptsächlich; elementar; ~ **tone** (MUS) Grundton *m;* ~ **research** Grundlagenforschung *f* **II.** *s meist pl* Grundlage, Basis *f;* **fun·da·men·tal·ism** [ˌfʌndə'mentəlɪzəm] *s* Fundamentalismus *m;* **fun·da·men·tal·ist** [ˌfʌndə'mentəlɪst] **I.** *adj* fundamentalistisch **II.** *s* ❶ Fundamentalist(in) *m(f)* ❷ (*fam*) Fundi; **fun·da·men·tal·ly** [ˌfʌndə'mentəlɪ] *adv* grundlegend; im Grunde genommen, im Wesentlichen

fund·ing [fʌndɪŋ] *s* Finanzierung *f*

fu·ner·al ['fju:nərəl] *s* Beerdigung *f*, Begräbnis *nt*, Beisetzung *f;* **that's his ~** (*fig*) das ist sein Problem; **funeral director** *s* Beerdigungsunternehmer(in) *m(f);* **funeral march** *s* Trauermarsch *m;* **funeral parlour** *s* Leichenhalle *f;* **funeral pyre** *s* Scheiterhaufen *m*

fu·ner·eal [fju:'nɪərɪəl] *adj* traurig, trübselig

fun·fair ['fʌnfeə(r)] *s* Rummelplatz *m*

fun·gi·cide ['fʌŋgɪsaɪd] *s* Pilzvernichtungsmittel *nt;* **fun·gus** ['fʌŋgəs, *pl* 'fʌŋgaɪ] <*pl* fungi> *s* Pilz *m*

fu·nicu·lar [fju:'nɪkjʊlə(r)] (~ *railway*) Seilbahn *f*

funk [fʌŋk] **I.** *s* ❶ (*fam*) Schiss *m*, Mordsangst *f* (*of* vor) ❷ (MUS) Funk *m;* **he is in a ~** ihm schlottern die Knie **II.** *vt* (*fam*) sich drücken vor; **funky** ['fʌŋkɪ] *adj* ❶ (*fam*) feige ❷ (*sl: Musik*) irre

fun-lov·ing ['fʌnˌlʌvɪŋ] *adj* lebenslustig

funnel ['fʌnl] **I.** *s* ❶ Trichter *m* ❷ (MAR RAIL) Schornstein *m* **II.** *vt* (*Flüssigkeit*) leiten; schleusen

funnies ['fʌnɪz] *s pl* (*fam*) Witze *mpl*, Witzseite *f;* **funny** ['fʌnɪ] *adj* ❶ lustig, komisch ❷ seltsam, komisch ❸ unwohl; **funny-bone** *s* (ANAT) Musikantenknochen *m*

fur [fɜ:(r)] **I.** *s* ❶ Fell *nt;* Pelz *m* ❷ (MED) Belag *m* ❸ Kesselstein *m* ❹ ~**s** Pelzwaren *fpl;* **make the ~ fly** (*fig*) einen Streit vom Zaun brechen **II.** *vi:* ~ **up** Kesselstein ansetzen; pelzig werden

fur·bish [fɜ:bɪʃ] *vt* ❶ blank putzen, polieren ❷ aufpolieren

furi·ous ['fjʊərɪəs] *adj* ❶ wütend ❷ (*See*) stürmisch, wild ❸ (*Geschwindigkeit*) rasant; **fast and ~** wild, toll, ausgelassen

furl [fɜ:l] *vt* ❶ (*Flagge*) aufrollen ❷ (*Schirm*) zusammenrollen

fur·long ['fɜ:lɒŋ] *s* Achtelmeile *f* (*201 m*)

fur·lough ['fɜ:ləʊ] *s* (MIL) Urlaub *m;* **on ~** auf Urlaub

fur·nace ['fɜ:nɪs] *s* Hochofen *m;* Schmelzofen *m*

fur·nish ['fɜ:nɪʃ] *vt* ❶ (*Haus*) einrichten ❷ (*Informationen*) liefern, geben; ~ **s.o. with s.th.** jdn mit etw versorgen, jdm etw liefern; ~**ed room** möbliertes Zimmer; **fur·nish·ings** ['fɜ:nɪʃɪŋz] *s pl* Einrichtung *f;* Mobiliar *nt*

fur·ni·ture ['fɜ:nɪtʃə(r)] *s* Möbel *pl;* **a piece of ~** ein Möbelstück *nt*

> **? Grammatik**
>
> **furniture** = Möbel, ist ein Mengenbegriff und wird nie im Plural gebraucht: *Their furniture was rather old*; ein einzelnes Möbelstück ist *a piece of furniture.*

furniture van *s* (*Br*) Möbelwagen *m*

fur·rier ['fʌrɪə(r)] *s* Kürschner(in) *m(f)*

fur·row ['fʌrəʊ] **I.** *s* ❶ (Acker)Furche *f* ❷ Furche, Runzel *f* **II.** *vt* ❶ (zer)furchen; pflügen ❷ runzeln

furry ['fɜ:rɪ] *adj* Pelz-; belegt, pelzig

fur·ther ['fɜ:ðə(r)] <*Komparativ von* far> **I.** *adj* weiter (entfernt), hintere(r, s); **till ~ notice** bis auf weiteres; ~ **particulars** weitere Einzelheiten; ~ **education** Weiter-, Fortbildung *f* **II.** *adv* ❶ weiter, ferner ❷ darüber hinaus; überdies; ~ **on** weiter; ~ **back** weiter zurück; früher; **get ~ and ~ away** sich immer weiter entfernen; **and ~ …** und darüber hinaus; **until you hear ~** bis auf weiteres **III.** *vt* fördern, unterstützen; **fur·ther·ance** ['fɜ:ðərəns] *s* Förderung, Unterstützung *f;* **fur·ther·more** [ˌfɜ:ðə'mɔ:(r)] *adv* überdies; ferner; **fur·ther·most** ['fɜ:ðəməʊst] *adj* äußerste(r, s)

fur·thest ['fɜ:ðɪst] <*Superlativ von* far> **I.** *adj:* **the ~ way round** den längsten Weg **II.** *adv* am weitesten weg; **he went the ~** er ging am weitesten

fur·tive ['fɜ:tɪv] *adj* verstohlen, heimlich; **fur·tive·ness** [-nɪs] *s* Heimlichkeit *f*

fury ['fjʊərɪ] *s* ❶ Wut, Raserei *f;* Heftigkeit *f* ❷ Wutanfall, -ausbruch *m;* **be in a ~** wütend sein; **fly into a ~** in Wut geraten;

F

like ~ wie verrückt

fuse [fju:z] **I.** *vt* ❶ verschmelzen ❷ (*fig*) vereinigen, verbinden; ~ **the lights** die Sicherung durchbrennen lassen **II.** *vi* ❶ sich verbinden ❷ (ELEK) durchbrennen **III.** *s* ❶ (ELEK) Sicherung *f* ❷ Zündschnur *f*; **blow the** ~ die Sicherung durchbrennen lassen; **fuse box** *s* Sicherungskasten *m*

fu·sel·age ['fju:zəlɑ:ʒ] *s* (AVIAT) Rumpf *m*

fu·sion ['fju:ʒn] *s* ❶ Verschmelzung *f*, Fusion *f* ❷ (PHYS) Kernfusion *f*; **fusion bomb** *s* Wasserstoffbombe *f*; **fusion reactor** *s* (TECH) Fusionsreaktor *m*

fuss [fʌs] **I.** *s* Umstände *pl*, Wirbel *m*; Getue *nt*; **make** [*o* **kick up**] **a** ~ ein wahres Theater aufführen; **make a** ~ **about s.th.** viel Aufhebens um etw machen; **don't make so much** ~ mach kein Theater!; **be in a** ~ Zustände haben **II.** *vi* ❶ sich aufregen (*about, over* über) ❷ Umstände machen; ~ **over s.o.** jdn bemuttern; ~ **around** herumfuhrwerken; ~ **with s.th.** nervös an etw herummachen **III.** *vt* (*fam*) nervös, verrückt machen; **fuss-free** [ˌfʌs'fri:] *adj* (*fam*) unkompliziert, problemlos; **fuss·pot** ['fʌspɒt] *s* Umstandskrämer *m*; **fussy** ['fʌsɪ] *adj* ❶ kleinlich, pingelig ❷ (*Kleid*) verspielt; **be** ~ **about s.th.** mit etw heikel, wählerisch sein

fusty ['fʌstɪ] *adj* (*a. fig*) muffig

fu·tile ['fju:taɪl] *adj* ❶ sinnlos, nutzlos, vergeblich ❷ unerheblich, nebensächlich; **fu·til·ity** [fju:'tɪlətɪ] *s* ❶ Sinnlosigkeit, Nutzlosigkeit *f* ❷ Vergeblichkeit *f*

fu·ture ['fju:tʃə(r)] **I.** *adj* (zu)künftig, kommend, bevorstehend **II.** *s* ❶ Zukunft *f*; Aussichten *fpl* ❷ (GRAM) Zukunft *f*, Futur *nt*; **in** ~ in Zukunft; **in the near** ~ in naher Zukunft; ~ **prospects** Zukunftsperspektive *fsing*; **futures market** *s* (FIN) Terminbörse *f*; **fu·tur·ism** ['fju:tʃərɪzəm] *s* Futurismus *m*; **fu·tur·istic** [ˌfju:tʃə'rɪstɪk] *adj* futuristisch

fuze [fju:z] **I.** *vt* (*Am*) ❶ verschmelzen ❷ vereinigen, verbinden; ~ **the lights** die Sicherung durchbrennen lassen **II.** *vi* ❶ sich verbinden ❷ (ELEK) durchbrennen **III.** *s* ❶ (ELEK) Sicherung *f* ❷ Zündschnur *f*; **blow the** ~ die Sicherung durchbrennen lassen; **fuze box** *s* Sicherungskasten *m*

fuzz [fʌz] *s* ❶ Flaum *m* ❷ Wuschelkopf *m* ❸ (*sl: Polizei*) Bulle *m*; **fuzzy** ['fʌzɪ] *adj* ❶ (*Bild*) unklar ❷ (*Haar*) kraus

f-word ['efˌwɜ:d] *s verhüllende Umschreibung für das Wort fuck*

Gg

G, g [dʒi:] <*pl* -'s> *s* (*a.* MUS) G, g *nt*

gab [gæb] *s* Gequassel *nt*; **have the gift of the** ~ (*fam*) ein gutes Mundwerk haben; ~ **session** (*Am: fam*) ungezwungenes Treffen

gab·ar·dine [ˌgæbə'di:n] *s* Gabardine *m*

gabble ['gæbl] *vi* ❶ plappern ❷ (*Gänse*) schnattern

gable ['geɪbl] *s* Giebel *m*

Ga·bon [gæ'bɒn] *s* Gabun *nt*

gad·about ['gædəbaʊt] *s* (*fam*) Herumtreiber(in) *m(f)*; **gad about, gad around** [gæd ə'baʊt, gæd ə'raʊnd] *vi* umherschweifen

gad·fly ['gædflaɪ] *s* Viehbremse *f*

gadg·et ['gædʒɪt] *s* (*fam*) ❶ Gerät *nt*, Apparat *m*; Vorrichtung *f* ❷ Dingsda *nt*; **gadg·eteer** [ˌgædʒɪ'tɪə] *s* Technikfreak *m*; **gadg·et·ry** ['gædʒɪtrɪ] *s* Apparate *mpl*, technische Spielereien *fpl*

Gaelic ['geɪlɪk] **I.** *adj* gälisch; ~ **coffee** Irishcoffee *m* **II.** *s* (das) Gälisch(e)

gaff [gæf] *s* Fischhaken *m*; **blow the** ~ (*sl*) nicht dichthalten

gaffe [gæf] *s* Fauxpas *m*; Taktlosigkeit *f*

gaffer ['gæfə(r)] *s* ❶ (*fam*) Chef *m*; Vorarbeiter *m* ❷ alter Mann

gag [gæg] **I.** *s* ❶ Knebel *m* ❷ (*fig*) Maulkorb *m* ❸ witziger Einfall; Gag *m* **II.** *vt* ❶ knebeln ❷ (*fig*) mundtot machen **III.** *vi* ❶ einen Witz, Spaß machen ❷ würgen (*on s.th.* an etw)

gaga ['gɑ:gɑ:] *adj* (*fam*) plemplem, meschugge; **go** ~ senil werden; **go** ~ **over s.o.** in jdn vernarrt sein

gage [geɪdʒ] **I.** *s* (*Am*) ❶ Messgerät *nt* ❷ (TECH) Lehre *f*; (*für Ring*) Ringmaß *nt*; (*für Wasser*) Pegel *m* ❸ (*Draht, Blech*) Dicke, Stärke *f* ❹ (RAIL) Spurweite *f* ❺ (*fig*) Maß(stab *m*) *nt*; **narrow** ~ Schmalspur *f*; **standard** ~ Normalspur *f*; **pressure** ~ Druckmesser *m*; **petrol** ~ Benzinuhr *f*; **temperature** ~ Temperaturanzeiger *m* **II.** *vt* ❶ messen ❷ beurteilen, (ab)schätzen

gag·ging or·der *s* Nachrichtensperre *f*

gag·gle ['gægl] **I.** *s* Gänseschar *f* **II.** *vi* (*Gans*) schnattern

gai·ety ['geɪətɪ] *s* ❶ Heiterkeit *f* ❷ *meist pl* Festlichkeiten *fpl*; **gaily** ['geɪlɪ] *adv* fröhlich

gain [geɪn] **I.** *s* ❶ Gewinn *m*; Vorteil *m* ❷ Steigerung, Zunahme *f* ❸ ~**s** Gewinn *m*; Verdienst *m*; **for** ~ aus Berechnung; des Geldes wegen; ~ **in weight** (Gewichts)Zu-

nahme *f* **II.** *vt* gewinnen; (sich) erwerben; erlangen; erreichen; ~ **a footing** festen Fuß fassen; ~ **ground** (*fig*) Fortschritte machen; sich durchsetzen; ~ **the upper hand** die Oberhand gewinnen; ~ **speed** schneller werden **III.** *vi* ❶ (*an Gewicht*) zunehmen ❷ vorankommen, Fortschritte machen ❸ näherkommen (*on, upon* an) ❹ einen Vorteil erlangen (*on* über) ❺ Vorsprung gewinnen (*on, upon* vor) ❻ (*Uhr*) vorgehen ❼ (AUTO) aufholen; **gain·ful** ['geɪnfl] *adj* einträglich, gewinnbringend; ~ **employment** Erwerbstätigkeit *f*; **gain·ings** ['geɪnɪŋz] *s pl* Gewinn(e *pl*) *m*
gait [geɪt] *s* Gang *m*; Haltung *f*
gai·ter ['geɪtə(r)] *s* Gamasche *f*
gala ['gɑːlə] *s* Fest(lichkeit *f*) *nt*, Feier *f*; Galaveranstaltung *f*
ga·lac·tic [gə'læktɪk] *adj* (ASTR) galaktisch
gal·axy ['gæləksɪ] *s* ❶ (ASTR) Sternsystem *nt* ❷ (*fig*) Schar *f*
gale [geɪl] *s* Sturm *m*; **it is blowing a** ~ es stürmt; ~**-force wind** stürmischer Wind; ~**s of laughter** schallendes Gelächter; **gale warning** *s* Sturmwarnung *f*
gall [gɔːl] **I.** *s* ❶ Galle *f* ❷ (*fig*) Bitterkeit *f*, Groll *m* ❸ Wunde, wundgeriebene Stelle *f* ❹ Gallapfel *m* ❺ (*fam*) Frechheit *f* **II.** *vt* ❶ wund reiben ❷ (*fig*) ärgern
gal·lant ['gælənt] *adj* ❶ prächtig; stattlich; tapfer ❷ galant; **gal·lantry** ['gæləntrɪ] *s* ❶ Tapferkeit *f* ❷ Ritterlichkeit *f*
gall blad·der ['gɔːlblædə(r)] *s* Gallenblase *f*
gal·leon ['gælɪən] *s* (MAR HIST) Galeone *f*
gal·lery ['gælərɪ] *s* ❶ (*Kunst*) Galerie *f* ❷ (THEAT) oberster Rang, Galerie *f* ❸ Tribüne *f*; Empore *f*; Galerie *f* ❹ Säulenhalle *f*; Korridor, Gang *m* ❺ (MIL) Schießstand *m* ❻ Stollen *m*; **play to the** ~ Effekthascherei treiben
gal·ley ['gælɪ] *s* ❶ (HIST) Galeere *f* ❷ Kombüse *f* ❸ (TYP) Setzschiff *nt*; **gal·ley proof** ['gælɪpruːf] *s* (TYP) Fahnenabzug *m*, Fahne *f*
gal·li·vant [,gælɪ'vænt] *vi* sich herumtreiben
gal·lon ['gælən] *s* Gallone *f* (*4,55 l, Am 3,79 l*)
gal·lop ['gæləp] **I.** *s* (*Pferd*) Galopp *m*; **at a** ~ im Galopp **II.** *vi*: **ride at a** ~ galoppieren; ~**ing inflation** galoppierende Inflation
gal·lows ['gæləʊz] *s pl meist mit sing* Galgen *m*
gall·stone ['gɔːlstəʊn] *s* Gallenstein *m*
Gal·lup poll ['gæləp pəʊl] *s* Meinungsumfrage *f*
ga·lore [gə'lɔː(r)] *adv* in Hülle und Fülle
ga·loshes [gə'lɒʃɪz] *s pl* Gummi-, Überschuhe *mpl*
ga·lumph [gə'lʌmf] *vi* (*fam*) trapsen
gal·van·ize ['gælvənaɪz] *vt* ❶ galvanisieren ❷ (*fig*) aufschrecken
Gambia ['gæmbɪə] *s* Gambia *nt*; **Gamb·ian** ['gæmbɪən] **I.** *adj* gambisch **II.** *s* Gambier(in) *m(f)*
gam·bit ['gæmbɪt] *s* ❶ (*Schach*) Gambit *nt* ❷ (*fig*) Schachzug *m*
gamble ['gæmbl] **I.** *vi* ❶ (um Geld) spielen ❷ (*fig*) etw riskieren, wagen; spekulieren (*on* auf); ~ **with s.th** etw aufs Spiel setzen **II.** *vt* (~ *away*) verspielen **III.** *s* gewagtes Spiel, Risiko *nt*; **gam·bler** ['gæmblə(r)] *s* Spieler(in) *m(f)*, Spekulant(in) *m(f)*, Spielernatur *f*; **gam·bling** [-ɪŋ] *s* ❶ Spielen *nt* ❷ gewagtes Spiel ❸ Spekulieren *nt*; **gambling debts** *s pl* Spielschulden *pl*; **gambling den** *s* Spielhölle *f*
gam·bol ['gæmbl] **I.** *s* Luftsprung *m* **II.** *vi* umherspringen, -tollen
game[1] [geɪm] *s* ❶ Spiel *nt* ❷ (SPORT) Sportart *f*; Spiel *nt*; Runde, Partie *fpl*; (SCHULE) Sport *m* ❸ (*fig*) Vorhaben *nt*, Plan *m* ❹ Wild(bret) *nt*; **be on/off one's game** in Form/nicht in Form sein; **give the** ~ **away** (*fam*) alles verraten; **play the** ~ fair spielen; **the** ~ **is up** (*fig*) das Spiel ist aus; **two can play at that** ~ wie du mir, so ich dir; **big** ~ Großwild *nt*; **the Olympic Games** die Olympischen Spiele *ntpl*; ~ **of chance/of skill** Glücks-/Geschicklichkeitsspiel *nt*; **a** ~ **of chess** eine Partie Schach
game[2] [geɪm] *adj* mutig; **be** ~ mitmachen; **be** ~ **for anything** für alles zu haben sein; **be** ~ **to do s.th.** bereit sein etw zu tun
game[3] [geɪm] *adj* lahm
game-cock ['geɪmkɒk] *s* Kampfhahn *m*;
game·keeper ['geɪm,kiːpə(r)] *s* Wildhüter(in) *m(f)*; **game war·den** *s* Jagdaufseher(in) *m(f)*
gaming ['geɪmɪŋ] *s* (Glücks)Spiel *nt* (*um Geld*); **gaming table** *s* Spieltisch *m*
gamma rays ['gæmə'reɪz] *s pl* Gammastrahlen *mpl*
gam·mon ['gæmən] *s* gesalzener, geräucherter Schinken, Speckseite *f*
gammy ['gæmɪ] *adj* (*fam*) lahm
gamut ['gæmət] *s* ❶ Tonleiter *f* ❷ (*fig*) Skala *f*
gan·der ['gændə(r)] *s* ❶ Gänserich *m* ❷ (*sl*) Blick *m*
gang [gæŋ] **I.** *s* ❶ (*Menschen*) Gruppe *f* ❷ (*Arbeiter*) Rotte, Kolonne *f* ❸ (*Gefangene*) Trupp *m* ❹ (*Verbrecher*) Bande *f* **II.** *vi* (~ *up*) sich zusammentun; ~ **up on s.o.** auf jdn losgehen; sich gegen jdn verschwören; **ganger** ['gæŋə(r)] *s* Vorarbeiter *m*

G

gan·gling ['gæŋglɪŋ] *adj* schlaksig
gan·glion ['gæŋglɪən, *pl* -lɪə] <*pl* -glia> *s* ❶ (MED) Ganglion *nt* ❷ (*fig*) Kräftezentrum *nt*
gang·plank ['gæŋplæŋk] *s* Laufplanke *f*
gan·grene ['gæŋgri:n] *s* (MED) Brand *m;* **gan·gren·ous** ['gæŋgrɪnəs] *adj* (MED) brandig
gang·ster ['gæŋstə(r)] *s* Gangster *m,* Verbrecher(in) *m(f);* **gang war·fare** *s* Bandenkrieg *m*
gang·way ['gæŋweɪ] *s* ❶ Gang *m* (*zwischen Sitzreihen*), Korridor *m* ❷ Landungsbrücke *f* ❸ (AVIAT MAR) Gangway *f;* **clear the ~** Platz machen
gan·try ['gæntrɪ] *s* (TECH) Gerüst *nt,* Bock *m;* Abschussrampe *f;* Schilderbrücke *f*
gaol [dʒeɪl] *s* Gefängnis *nt;* **in ~** im Gefängnis
gap [gæp] *s* ❶ Lücke *f,* Spalt(e *f*) *m,* Loch *nt* ❷ Abstand *m* ❸ (Gebirgs)Schlucht *f* ❹ Lücke, Unterbrechung *f* ❺ (*Ansichten*) Auseinandergehen, -klaffen *nt;* **bridge** [*o* **fill**] [*o* **stop**] **a ~** eine Lücke schließen
gape [geɪp] **I.** *vi* anstarren (*at s.o.* jdn); **~ open** aufklaffen; auseinander gehen **II.** *s* ❶ Loch *nt;* geplatzte Stelle ❷ Starren *nt;* **gap·ing** *adj* (*Wunde*) klaffend; (*Loch*) gähnend; **gap year** *s mit Reisen oder Jobs verbrachte Zeit zwischen Schulabschluss und Hochschulstudium*
gar·age ['gærɑ:ʒ, *Am* gə'rɑ:ʒ] **I.** *s* ❶ Garage *f* ❷ Autoreparaturwerkstatt *f;* Tankstelle *f* **II.** *vt* in die Garage stellen
garb [gɑ:b] **I.** *s* Tracht, Kleidung *f* **II.** *vt* kleiden (*in* in)
gar·bage ['gɑ:bɪdʒ] *s* ❶ Abfälle *mpl,* Müll *m* ❷ (*fig*) Schund *m;* Unsinn *m;* **garbage can** *s* (*Am*) Mülleimer *m,* -tonne *f;* **garbage chute**, **garbage disposer** *s* Müllschlucker *m;* **garbage collector** *s* (*Am*) Müllkutscher *m;* **garbage dump** *s* Mülldeponie *f;* **garbage truck** *s* (*Am*) Müllauto *nt*
garble ['gɑ:bl] *vt* (*Bericht*) durcheinander bringen, entstellen
Gar·da ['gɑ:də] *s* (*in Irland*) Polizei *f*
gar·den ['gɑ:dn] **I.** *s* ❶ Garten *m* ❷ **~s** Anlagen *fpl,* Park *m;* **lead s.o. up the ~ path** (*fam*) jdn an der Nase herumführen; **market ~** Handelsgärtnerei *f;* **vegetable ~** Gemüsegarten *m* **II.** *vi* im Garten arbeiten; **garden city** *s* Gartenstadt *f;* **gar·dener** ['gɑ:dnə(r)] *s* Gärtner(in) *m(f)*
gar·denia [gɑ:'di:nɪə] *s* Gardenie *f*
gar·den·ing ['gɑ:dnɪŋ] *s* Gartenarbeit *f;* **garden party** *s* Gartenfest *nt,* -party *f*
gar·gan·tuan [gɑ:'gæntjʊən] *adj* riesig, gewaltig
gargle ['gɑ:gl] **I.** *vi* gurgeln (*with* mit) **II.** *s* Mundwasser *nt*
gar·goyle ['gɑ:gɔɪl] *s* (ARCH) Wasserspeier *m*
gar·ish ['geərɪʃ] *adj* (*Farbe*) grell, schreiend
gar·land ['gɑ:lənd] **I.** *s* Kranz *m;* Girlande *f* **II.** *vt* bekränzen
gar·lic ['gɑ:lɪk] *s* Knoblauch *m;* **garlic press** *s* Knoblauchpresse *f*
gar·ment ['gɑ:mənt] *s* Kleidungsstück *nt*
gar·net ['gɑ:nɪt] *s* (MIN) Granat *m*
gar·nish ['gɑ:nɪʃ] **I.** *vt* (*Küche*) garnieren **II.** *s* (*Küche*) Garnierung *f*
gar·ret ['gærət] *s* Dachkammer *f*
gar·ri·son ['gærɪsn] **I.** *s* (MIL) ❶ Garnison *f,* Standort *m* ❷ (*~ town*) Garnison(sstadt) *f* **II.** *vt* mit einer Garnison belegen; (*Soldaten*) in Garnison legen
gar·ru·lous ['gærələs] *adj* schwatzhaft
gar·ter ['gɑ:tə(r)] *s* ❶ Strumpfband *nt* ❷ (*Am*) Strumpf-, Sockenhalter *m;* (**the Order of**) **the Garter** der Hosenbandorden; **garter stitch** *s* Rippenmuster *nt*
gas [gæs] **I.** *s* ❶ Gas *nt* ❷ (*Am*) Benzin *nt* ❸ (*fig sl*) leeres Gerede; tolle Geschichte; **cook by ~** auf Gas kochen; **step on the ~** (*Am fam:* AUTO) Gas geben; **turn on/off the ~** den Gashahn auf-/zudrehen **II.** *vt* vergasen **III.** *vi* (*sl*) faseln; **gas·bag** *s* (*fig pej*) Schwätzer *m;* **gas chamber** *s* Gaskammer *f;* **gas cooker** *s* Gaskocher *m;* **gas·eous** ['gæsɪəs] *adj* gasförmig; **gas fire** *s* Gasofen *m;* **gas-fitter** *s* Installateur(in) *m(f),* Rohrleger(in) *m(f)*
gash [gæʃ] **I.** *s* klaffende Wunde; tiefe Kerbe; Schlitz *m* **II.** *vt* aufschlitzen; eine tiefe Wunde beibringen (*s.o.* jdm)
gas heat·ing ['gæshi:tɪŋ] *s* Gasheizung *f;* **gas-holder** *s* Gasometer *m*
gas·ket ['gæskɪt] *s* ❶ (TECH) Dichtung *f* ❷ (MAR) Zeising *nt*
gas lamp ['gæslæmp] *s* Gaslampe *f;* Gaslaterne *f;* **gas lighter** *s* Gasfeuerzeug *nt;* **gas·man** ['gæsmən] <*pl* -men> *s* Gasmann *m;* **gas·mask** *s* Gasmaske *f;* **gas meter** *s* Gaszähler *m,* Gasuhr *f*
gaso·line, **gaso·lene** ['gæsəli:n] *s* (*Am*) Benzin *nt;* **gasoline gauge** *s* Benzinuhr *f;* **gasoline tank** *s* Benzintank *m*
gas·ometer [gə'sɒmɪtə(r)] *s* (*Br*) Gasometer *m*
gasp [gɑ:sp] **I.** *vi* keuchen; nach Luft schnappen; **~ for breath** nach Luft schnappen; **I ~ed in surprise** mir stockte der Atem vor Überraschung (*at* über) **II.** *vt* (*Worte: ~ out*) mühsam hervorbringen **III.** *s* Keuchen, schweres Atmen *nt;* **at one's last ~** in den letzten Zügen

gas pipe ['gæspaɪp] *s* Gasrohr *nt*, -leitung *f*; **gas pump** ['gæspʌmp] *s* (*Am*) Zapfsäule *f*; **gas ring** ['gæsrɪŋ] *s* Gasbrenner *m*; **gas station** ['gæssteɪʃn] *s* (*Am*) Tankstelle *f*; **gas station operator** *s* Tankwart *m*; **gas stove** *s* Gasherd *m*; **gas·sy** ['gæsɪ] *adj* ❶ (*sl*) geschwätzig ❷ kohlensäurehaltig, mit Gas gefüllt

gas·tric ['gæstrɪk] *adj*: ~ **acid** Magensäure *f*; ~ **juice** (PHYSIOL) Magensaft *m*; ~ **ulcer** Magengeschwür *nt*; **gas·tri·tis** [gæ'straɪtɪs] *s* Gastritis *f*; **gas·tro·en·ter·itis** [ˌgæstrəʊˌentə'raɪtɪs] *s* Magen-Darm-Katarrh *m*

gas·tron·omic [ˌgæstrə'nɒmɪk] *adj* gastronomisch; **gas·tron·omy** [gæ'strɒnəmɪ] *s* Gastronomie *f*

gas·tro·sco·py [ˌgæs'trəʊskɒpɪ] *s* Magenspiegelung *f*

gas·works ['gæswɜːks] *s pl mit sing* Gaswerk *nt*

gate [geɪt] **I.** *s* ❶ (*fig*) Tor *nt*, Zugang *m* (*to* zu) ❷ (enge) Durchfahrt *f*, Durchlass *m* ❸ Sperre *f*; (Bahn)Schranke *f* ❹ (AVIAT) Flugsteig *m* ❺ Schleusentor *nt* ❻ (*Fußball*) Besucherzahl *f* ❼ (*Eintrittsgeld*) Gesamteinnahme *f* **II.** *vt*: **be ~d** Ausgangsverbot erhalten; **gate·crash** ['geɪtkræʃ] *vi, vt* ungebeten erscheinen (*in* bei); **gate·crasher** ['geɪtkræʃə(r)] *s* ungebetener Gast; **gate·house** *s* Tor-, Pförtnerhaus *nt*; **gate·keeper** *s* ❶ Torwärter(in) *m(f)*, Pförtner(in) *m(f)* ❷ (*Am*) Bahnwärter(in) *m(f)*; **gate-legged table** [ˌgeɪtlegd'teɪbl] *s* Klapptisch *m*; **gate money** *s* Eintrittsgeld *nt*; **gate·post** *s* Torpfosten *m*; **between you, me and the ~** in strengstem Vertrauen, unter uns gesagt; **gate·way** ['geɪtweɪ] *s* ❶ Torweg *m*, Einfahrt *f* ❷ (*fig*) Weg *m* (*to* zu); **gate·way drug** *s* Einstiegsdroge *f*

gather ['gæðə(r)] **I.** *vt* ❶ versammeln ❷ zusammenbringen, anhäufen ❸ (*Ernte*) einbringen ❹ (*Geld*) einziehen, kassieren ❺ (*Eindruck*) gewinnen ❻ schließen (*from* aus), den Schluss ziehen (*that* dass) ❼ zunehmen an (*Kraft, Umfang*) ❽ fälteln, kräuseln; ~ **information** Erkundigungen einziehen; ~ **speed** an Geschwindigkeit zunehmen **II.** *vi* ❶ sich versammeln, zusammenkommen ❷ (*Wolken*) sich zusammenziehen ❸ (*Wunde*) eitern ❹ (*Stirn*) sich in Falten legen **III.** *s* Falte *f*; **gather·ing** [-ɪŋ] *s* Versammlung *f*

GATT *s Abk. von* **General Agreement on Tariffs and Trade** GATT *nt*

gauche [gəʊʃ] *adj* unbeholfen, ungeschickt; linkisch

gaudy ['gɔːdɪ] *adj* geschmacklos, protzig

gauge [geɪdʒ] **I.** *s* ❶ Messgerät *nt*; Eichmaß *nt* ❷ (TECH) Lehre *f*; (*für Ring*) Ringmaß *nt*; (*für Wasser*) Pegel *m* ❸ (*Draht, Blech*) Dicke, Stärke *f* ❹ (RAIL) Spurweite *f* ❺ (*fig*) Maß(stab *m*) *nt*; **narrow ~** Schmalspur *f*; **standard ~** Normalspur *f*; **pressure ~** Druckmesser *m*; **petrol ~** Benzinuhr *f*; **temperature ~** Temperaturanzeiger *m* **II.** *vt* ❶ messen ❷ beurteilen, (ab)schätzen

gaunt [gɔːnt] *adj* ❶ hager; hohlwangig ❷ finster, trostlos

gaunt·let ['gɔːntlɪt] *s* ❶ (HIST) Fehdehandschuh *m* ❷ Stulpenhandschuh *m*; **throw down the ~** herausfordern (*to s.o.* jdn); **pick** [*o* **take**] **up the ~** die Herausforderung annehmen; **run the ~** Spießruten laufen

gauze [gɔːz] *s* ❶ Gaze *f*; ~ **bandage** Verband(s)mull *m* ❷ feines Drahtgeflecht; **gauzy** ['gɔːzɪ] *adj* hauchdünn, -zart, durchscheinend

gave [geɪv] *s.* **give**

gavel ['gævl] *s* (kleiner) Hammer *m*

gawk [gɔːk] *vi* blöde starren; **gawky** ['gɔːkɪ] *adj* ungeschickt, linkisch

gay [geɪ] **I.** *adj* ❶ lustig, vergnügt, fröhlich ❷ lebenslustig ❸ farbenfroh, bunt ❹ schwul **II.** *s* Schwule(r) *m*

gaze [geɪz] **I.** *vi* starren, glotzen (*at, on, upon* auf) **II.** *s* starrer Blick

ga·zelle [gə'zel] *s* Gazelle *f*

ga·zette [gə'zet] **I.** *s* Amtsblatt *nt*; Zeitung *f* **II.** *vt* amtlich bekannt geben; **ga·zet·teer** [ˌgæzə'tɪə(r)] *s* alphabetisches Ortsverzeichnis

ga·zil·lion [gə'zɪljən] *s* (*sl*): **a ~** eine Unmenge

ga·zump [gə'zʌmp] *vt* (*Hauskauf*) *den Preis nachträglich heraufsetzen und an jdn anderen verkaufen*

GB [dʒiː'biː] *s Abk. von* **Great Britain** GB

i Land & Leute

Das **GCSE** (*General Certificate of Secondary Education*), das früher *O level* (*Ordinary level*) hieß, ist die erste Prüfung, die Schüler im Alter von 16 Jahren in England, Wales und Nordirland ablegen. Es ist möglich jeweils nur ein Fach zu wählen, aber die meisten Schüler versuchen die Prüfung in sieben oder acht Fächern abzulegen. In Schottland heißt die erste Prüfung *Standard Grade*.

G

GDP [ˌdʒiːdiːˈpiː] *s Abk. von* **gross domestic product** BIP *nt,* Bruttoinlandsprodukt *nt*

GDR [ˌdʒiːdiːˈɑː(r)] *s Abk. von* **German Democratic Republic** (HIST) DDR *f*

gear [gɪə(r)] **I.** *s* 1 Gerät *nt;* Ausrüstung *f;* (*fam*) Sachen *fpl,* Zeug *nt* 2 (TECH) Getriebe *nt* 3 (AUTO) Gang *m* 4 (*Fahrrad*) Übersetzung *f;* **landing** ~ Fahrgestell *nt;* **go** [*o* **shift**] **into first** ~ (AUTO) den ersten Gang einlegen; **shift** [*o* **change**] ~ (AUTO) schalten; **first/second/top/reverse** ~ (AUTO) erster/zweiter/vierter Gang/Rückwärtsgang *m* 5 (*fam: Kleidung*) Sachen *fpl* **II.** *vt* 1 (TECH) mit einem Getriebe versehen; einkuppeln 2 (*fig*) ausrichten (*to* auf) **III.** *vi* (TECH) ineinander greifen, eingreifen (*into* in); **gear-box, gear·case** [ˈgɪəbɒks, ˈgɪəkeɪs] *s* (AUTO) Getriebe *nt;* **geared** [ˈgɪəd] *adj* 1 eingestellt (*to* auf) 2 gerüstet (*to* für); **I was all** ~ **up** ich war ganz gespannt; **gearing** [ˈgɪərɪŋ] *s* (*Gänge*) Auslegung *f;* **gear lever** *s* (*Am*), **gear·shift, gear stick** *s* Schaltknüppel *m;* Schalthebel *m;* **gear·wheel** *s* Zahnrad *nt*

gee [ˈdʒiː] *interj* 1 (*fam*) Mensch, Mann! 2 (*zu Pferd*) hü!; ~ **whizz!** Mensch Meier!

geek [giːk] *s* (*Am: pej*) Waschlappen *m*

geezer [ˈgiːzə(r)] *s* (*sl*) Typ, Kerl *m;* **old** ~ Mummelgreis *m*

geisha [ˈgeɪʃə] *s* Geisha *f*

gela·tine [ˌdʒeləˈtiːn] *s* Gelatine *f;* **ge·lati·nous** [dʒɪˈlætɪnəs] *adj* gallert(art)ig

geld [geld] *vt* kastrieren; **geld·ing** [-ɪŋ] *s* Wallach *m*

gem [dʒem] *s* 1 (geschliffener) Edelstein *m* 2 (*fig*) Perle *f,* Prachtstück *nt*

Gem·ini [ˈdʒemɪnɪ] *s* (ASTR) Zwillinge *mpl*

gen [dʒen] *s* (*Br fam*) Information *f;* **gen up** *vt* informieren

gen·der [ˈdʒendə(r)] *s* (GRAM) Geschlecht *nt;* ~ **balance** ausgewogene Mitwirkung von Männern und Frauen; ~ **gap** Ungleichbehandlung *f* der Geschlechter; ~**-specific** geschlechtsspezifisch

gene [dʒiːn] *s* (BIOL) Gen *nt*

ge·nea·logi·cal [ˌdʒiːnɪəˈlɒdʒɪkl] *adj* genealogisch; ~ **tree** Stammbaum *m;* **ge·nealo·gist** [ˌdʒiːnɪˈælədʒɪst] *s* Genealoge *m,* Genealogin *f,* Stammbaumforscher(in) *m(f);* **ge·neal·ogy** [ˌdʒiːnɪˈælədʒɪ] *s* Genealogie *f*

gene bank [dʒiːn-] *s* Genbank *f;* **gene patent** [dʒiːn-] *s* Genpatent *nt*

gen·eral [ˈdʒenrəl] **I.** *adj* 1 allgemein 2 üblich, gewöhnlich, normal 3 unbestimmt, allgemein gehalten; **as a** ~ **rule, in** ~ im Allgemeinen; **consul**(**ate**) ~ Generalkonsul(at *nt*) *m;* **secretary** ~ Generalsekretär(in) *m(f)* **II.** *s* (MIL) General *m;* **general agency** *s* Generalvertretung *f;* **general agent** *s* 1 Generalagent *m* 2 Generalbevollmächtigte(r) *f m;* **general anaesthetic** *s* Vollnarkose *f;* **general assembly** *s* Voll-, Generalversammlung *f;* **general delivery** *adj* (*Am*) postlagernd; **general director, general manager** *s* Generaldirektor(in) *m(f);* **general editor** *s* Hauptschriftleiter(in) *m(f);* **general election** *s* Parlamentswahlen *fpl;* **general endorsement** *s* Blankoindossament *nt;* **general headquarters** *s pl oft mit sing* (MIL) großes Hauptquartier

gen·er·al·ity [ˌdʒenəˈrælətɪ] *s* Allgemeingültigkeit *f;* **the** ~ **of** die Masse, Mehrheit, Mehrzahl +*gen*

gen·er·al·iz·ation [ˌdʒenərəlaɪzˈeɪʃn] *s* Verallgemeinerung *f;* **gen·er·al·ize** [ˈdʒenərəlaɪz] *vt* verallgemeinern; allgemein verbreiten

gen·eral·ly [ˈdʒenrəlɪ] *adv* im Allgemeinen, allgemein, gemeinhin, gewöhnlich; ganz allgemein

gen·eral man·age·ment [ˈdʒenrəl ˈmænɪdʒmənt] *s* Geschäftsleitung *f;* **general partnership** *s* offene Handelsgesellschaft; **General Post Office** *s* Hauptpost *f;* **general practitioner** *s* praktischer Arzt, praktische Ärztin, Arzt *m,* Ärztin *f* für Allgemeinmedizin; **general staff** *s* (MIL) Generalstab *m;* **general store** *s* Gemischtwarengeschäft *nt;* **general strike** *s* Generalstreik *m;* **general view** *s* Gesamtbild *nt,* -ansicht *f,* Überblick *m*

gen·er·ate [ˈdʒenəreɪt] *vt* 1 (BIOL) (er)zeugen 2 hervorbringen, -rufen 3 (TECH) erzeugen 4 (*fig*) verursachen; **gen·erat·ing sta·tion** [ˈdʒenəreɪtɪŋ ˌsteɪʃn] *s* Kraftwerk *nt*

gen·era·tion [ˌdʒenəˈreɪʃn] *s* 1 Generation *f* 2 (BIOL) Zeugung *f* 3 (TECH) Erzeugung *f;* **generation X** [ˌdʒenəreɪʃnˈeks] *s no pl* Generation X *f* (*Altersgruppe der etwa zwischen 1965 und 1975 Geborenen, denen Orientierungslosigkeit und Desinteresse unterstellt werden*)

i Land & Leute

Unter der **Generation X** versteht man die Generation der Leute, die Ende der 60er Jahre und in den 70er Jahren geboren wurden. Von einem typischen **Generation-X**-Vertreter wird angenommen, dass er keine Ziele im Leben hat und gegenüber den gesellschaftlichen Werten, wie Arbeit und Familie, eine zynische Haltung einnimmt.

gen·er·at·ive ['dʒenərətɪv] *adj* ❶ (GRAM) generativ ❷ (BIOL) Zeugungs- ❸ (ELEK) Erzeugungs-; **gen·er·ator** ['dʒenəreɪtə(r)] *s* Generator *m*

gen·eric [dʒɪ'nerɪk] **I.** *adj:* ~ **term** Gattungsbegriff *m* **II.** *s* (MED: ~ *drug*) Generikum *nt*

gen·er·os·ity [ˌdʒenə'rɒsətɪ] *s* ❶ Großmut *f* ❷ Großzügigkeit *f;* **gen·er·ous** ['dʒenərəs] *adj* ❶ großmütig (*to* gegenüber) ❷ großzügig, freigebig (*of, with* mit) ❸ (*Boden*) fruchtbar ❹ reichlich

gen·esis ['dʒenəsɪs, *pl* 'dʒenɪsi:z] <*pl* geneses> *s* Entstehung *f*

gene ther·apy [ˌdʒi:n'θerəpɪ] *s* Gentherapie *f*

ge·net·ic [dʒɪ'netɪk] **I.** *adj* genetisch; ~ **blueprint** genetischer Fingerabdruck; ~ **code** genetischer Code; ~ **engineering** Gentechnologie *f;* ~ **fingerprint** genetischer Fingerabdruck; ~ **heritage** Erbanlage *f;* ~ **information** Erbinformation *f;* ~ **manipulation** Genmanipulation *f;* ~ **research** Genforschung *f;* ~ **transfer** Gentransfer *m* **II.** *s pl mit sing* Genetik *f;* **ge·neti·cal·ly modified** *adj* genmanipuliert; ~ **modified organisms** genetisch veränderte Organismen; **ge·neti·cist** [dʒɪ'netɪsɪst] *s* Genetiker(in) *m(f)*

Ge·ne·va [dʒi:'ni:və] *s* Genf *nt;* ~ **Convention** Genfer Abkommen *nt*

ge·nial ['dʒi:nɪəl] *adj* ❶ angenehm, heiter, froh ❷ (*Mensch*) freundlich, leutselig ❸ (*Klima*) mild, warm; **ge·nial·ity** [ˌdʒi:nɪ'ælətɪ] *s* ❶ Heiterkeit *f,* Frohsinn *m* ❷ Freundlichkeit, Herzlichkeit *f* ❸ (*Wetter*) Milde *f*

ge·nie ['dʒi:nɪ] *s* dienstbarer Geist

geni·tals ['dʒenɪtlz] *s pl* Genitalien *pl*

geni·tive ['dʒenətɪv] *s* (GRAM) Genitiv *m*

gen·ius [dʒi:nɪəs, *pl* 'dʒi:nɪaɪ] <*pl* geniuses, genii> *s* ❶ Schutzgeist *m* ❷ Genius *m,* Anlage *f;* Fähigkeit *f* (*for, to* zu) ❸ Genie *nt,* genialer Mensch

genned-up [ˌdʒend'ʌp] *adj* (*fam*) gut informiert (*about* über)

geno·cide ['dʒenəsaɪd] *s* Völkermord *m*

ge·nom·ic [dʒi:'nɒmɪk] *adj* genomisch, Erb-; **the** ~ **information** die Informationen des Genoms, die Erbinformationen

genre ['ʒɑ:nrə] *s* (*Kunst*) Gattung *f;* **genre painting** *s* Genremalerei *f*

gent [dʒent] *s* (*fam*) Gentleman *m;* **the Gents** die Herrentoilette

gen·teel [dʒen'ti:l] *adj* vornehm; affektiert

gen·tian ['dʒenʃn] *s* Enzian *m*

Gen·tile ['dʒentaɪl] **I.** *adj* nicht jüdisch **II.** *s* Nichtjude *m,* -jüdin *f*

gentle ['dʒentl] *adj* ❶ sanft; mild ❷ wohlerzogen; gebildet; **gentle·folk** ['dʒentlfəʊk] *s pl* feine Leute *pl;* **gentle·man** ['dʒentlmən] <*pl* -men> *s* Herr *m;* Ehrenmann *m;* (**Ladies and**) **Gentlemen!** meine (Damen und) Herren!; **gentlemen's agreement** stillschweigendes Abkommen; ~**-farmer** Gutsbesitzer *m;* **gentle·man·ly** ['dʒentlmənlɪ] *adj* höflich, zuvorkommend; **gentle·ness** ['dʒentlnɪs] *s* Sanftheit *f;* Zartheit *f;* Freundlichkeit *f;* **gentle·woman** ['dʒentlwʊmən, *pl* -wɪmɪn] <*pl* -women> *s* Dame *f;* Hofdame *f;* Zofe *f*

gen·try ['dʒentrɪ] *s* niederer Adel

genu·ine ['dʒenjʊɪn] *adj* ❶ echt; unverfälscht ❷ aufrichtig, ehrlich

ge·nus ['dʒi:nəs, *pl* 'dʒenərə] <*pl* genera> *s* (ZOO BOT) Gattung *f*

geo·cen·tric [ˌdʒi:əʊ'sentrɪk] *adj* geozentrisch

geo·des·ic [ˌdʒɪ:əʊ'desɪk] *adj* geodätisch; ~ **dome** Traglufthalle *f*

ge·ogra·pher [dʒɪ'ɒgrəfə(r)] *s* Geograf(in) *m(f);* **geo·graphic(al)** [ˌdʒɪə'græfɪk(l)] *adj* geographisch; **ge·ogra·phy** [dʒɪ'ɒgrəfɪ] *s* Erdkunde, Geografie *f;* **economic** ~ Wirtschaftsgeografie *f*

geo·logi·cal [ˌdʒɪə'lɒdʒɪkl] *adj* geologisch; **ge·ol·ogist** [dʒɪ'ɒlədʒɪst] *s* Geologe *m,* Geologin *f;* **ge·ol·ogy** [dʒɪ'ɒlədʒɪ] *s* Geologie *f*

geo·met·ric(al) [ˌdʒɪə'metrɪk(l)] *adj* geometrisch; **ge·ometry** [dʒɪ'ɒmətrɪ] *s* Geometrie *f*

geo·physi·cal [ˌdʒɪə'fɪzɪkl] *adj* geophysikalisch; **geo·phys·ics** [ˌdʒi:əʊ'fɪzɪks] *s pl mit sing* Geophysik *f*

geo·ther·mal [ˌdʒi:əʊ'θɜ:məl] *adj* geothermal

ger·anium [dʒə'reɪnɪəm] *s* Geranie *f*

geria·tri·cian [ˌdʒerɪə'trɪʃn] *s* Facharzt *m,* -ärztin *f* für Geriatrie; **geri·atrics** [ˌdʒerɪ'ætrɪks] *s pl mit sing* Geriatrie *f*

germ [dʒɜ:m] **I.** *s* ❶ (*a. fig*) Keim *m* ❷ Bakterie *f;* **in** ~ (*fig*) im Keim; **free from** ~**s** keimfrei **II.** *vi* (*fig*) keimen

Ger·man ['dʒɜ:mən] **I.** *adj* deutsch **II.** *s* ❶ (das) Deutsch(e) ❷ Deutsche(r) *f m;* **do you speak** ~**?** sprechen Sie Deutsch?; **translated into** ~ ins Deutsche übersetzt; ~ **Democratic Republic** (HIST) Deutsche Demokratische Republik

ger·mane [dʒə'meɪn] *adj* von Belang (*to*

für)

Ger·manic [dʒəˈmænɪk] *adj* germanisch; **German measles** *s pl* (MED) Röteln *pl;* **German shepherd** *s* (*Am*) deutscher Schäferhund; **Ger·ma·ny** [ˈdʒɜːmənɪ] *s* Deutschland *nt;* **Federal Republic of ~** Bundesrepublik Deutschland; **the two Germanies** (HIST) die zwei deutschen Staaten

germ·free [ˈdʒɜːmfriː] *adj* keimfrei; **ger·mi·cid·al** [ˌdʒɜːmɪˈsaɪdəl] *adj* keimtötend; **ger·mi·cide** [ˈdʒɜːmɪsaɪd] *s* Desinfektionsmittel *nt;* **ger·mi·nal** [ˈdʒɜːmɪnəl] *adj* (*fig*) im Anfangsstadium (befindlich); **ger·mi·nate** [ˈdʒɜːmɪneɪt] **I.** *vi* keimen **II.** *vt* keimen lassen; **ger·mi·na·tion** [ˌdʒɜːmɪˈneɪʃn] *s* Keimen *nt*

germ·line en·gi·neer·ing [ˈdʒɜːmlaɪnˌendʒɪˈnɪərɪŋ] *s no pl* (*as science*) Keimbahnmanipulation *f;* (*as therapy*) Keimbahntherapie *f*

germ war·fare *s* bakteriologische Kriegsführung

ger·on·tol·ogist [ˌdʒerɒnˈtɒlədʒɪst] *s* Gerontologe *m,* Gerontologin *f;* **ger·on·tol·ogy** [ˌdʒerɒnˈtɒlədʒɪ] *s* Gerontologie *f*

i Land & Leute

In Großbritannien sind das **George Cross** (**GC**) und die **George Medal** (**GM**) zwei Auszeichnungen, die 1940 eingeführt und nach König George VI benannt wurden. Die beiden Orden werden Zivilisten für besondere Tapferkeit verliehen.

gerry·man·der [ˈdʒerɪmændə(r)] **I.** *vt* (POL: *Wahlkreis*) willkürlich neu einteilen **II.** *vi* Wahlkreisschiebungen vornehmen

ger·und [ˈdʒerənd] *s* (GRAM) Gerundium *nt*

ges·ta·tion [dʒeˈsteɪʃn] *s* ① Trächtigkeit *f* ② Schwangerschaft *f*

ges·ticu·late [dʒeˈstɪkjʊleɪt] *vi* gestikulieren; **ges·ticu·la·tion** [dʒeˌstɪkjʊˈleɪʃn] *s* Gestikulieren *nt*

ges·ture [ˈdʒestʃə(r)] *s* Gebärde *f;* Geste *f*

get [get] <got, got, gotten *Am*> **I.** *vt* ① bekommen, erhalten, empfangen ② verdienen, gewinnen, erwerben ③ besorgen, beschaffen ④ (zu) fassen (kriegen), schnappen ⑤ verstehen, begreifen ⑥ veranlassen, überreden, (dazu) bewegen; bringen (*to* zu) ⑦ (*Essen*) (fertig) machen ⑧ (*fam*) drankriegen; fertig machen; totschlagen ⑨ (*fam*) nicht aus dem Sinn gehen (*s.o.* jdm) ⑩ (*Junge*) werfen; **have got** (*fam*) haben, besitzen; (*fam*) müssen (*to do* tun) **II.** *vi* ① kommen (*from* von, *at* zu, *to* nach) ② gelangen (*to* nach) ③ erreichen (*to acc*) ④ herankönnen (*at* an) ⑤ (*in eine Lage*) kommen, versetzt werden, gelangen, geraten **III.** (*Wendungen*): **~ s.o.'s back up** jdn auf die Palme bringen; **~ the better of s.o.** jdn kleinkriegen; **~ the boot** (*fam*) entlassen werden; **~ to the bottom of s.th.** einer S auf den Grund gehen; **~ done with** fertig werden mit; **~ even with s.o.** mit jdm abrechnen; **~ going** in Gang setzen; **~ one's hair cut** sich die Haare schneiden lassen; **~ hold of** zu fassen kriegen; **~ home** heimkommen, nach Hause kommen; (*fig*) zum springenden Punkt kommen; **~ to know** in Erfahrung bringen; **~ married** heiraten; **~ there** (*fam*) sein Ziel erreichen; **~ one's own way** seinen Kopf durchsetzen; **~ the worst of it** am schlechtesten wegkommen; **it's ~ting warmer** es wird wärmer; **I ~ it** ich begreife schon; **I've got it!** ich hab's!; **I'll ~ him for that!** dem werde ich es besorgen!; **get about** *vi* ① (viel) herumkommen ② (*Nachricht*) sich verbreiten; **get across** **I.** *vt* ① hinüberbringen; hinüberkommen über ② (*fig*) verständlich machen; (*Witz*) ankommen mit **II.** *vi* ① hinüberkommen ② (*fig*) sich verständlich machen; (*Witz*) ankommen; **get ahead** *vi* vorwärts kommen, vorankommen; überholen, -treffen, -runden (*of s.o.* jdn); **get along** *vi* ① weiter-, vorankommen, vorwärts kommen (*with* mit) ② auskommen, fertig werden, sich vertragen (*with s.o.* mit jdm); **how are you ~ting along?** wie kommen Sie zurecht?; **~ along with you!** (*fam*) ach, erzähl mir doch nichts!; **get around** **I.** *vt* herumkriegen, gewinnen **II.** *vi* *s.* **get about**: **~ around s.o.** um jdn herumkommen; **~ around to doing s.th.** dazu kommen, etw zu tun; **get at s.o.** *vi* (*sl*) jdn erreichen; jdn beeinflussen, auf seine Seite ziehen; auf jdm herumhacken; **get at s.th.** *vi* ① an etw herankommen; etw herausfinden ② (*fig*) auf etw hinauswollen; **stop ~ting at me!** lass mich endlich in Ruhe!; **what are you ~ting at?** worauf willst du hinaus?; **get away** **I.** *vt* entfernen; wegbringen **II.** *vi* sich aus dem Staube machen; **~ away from s.o.** von jdm loskommen; **~ away with s.th.** sich etw erlauben können; **~ away!** (*fam*) sag bloß!; **get back** **I.** *vt* zurückbekommen **II.** *vi* zurückkehren, -kommen; **~ back at s.o.** (*fam*) es jdm heimzahlen; **get behind** *vi* ① unterstützen ② (*in der*

Arbeit) zurückfallen; **get by** *vi* ① vorbeigehen ② (*fam*) durchkommen ③ (*mit Geld*) auskommen ④ noch den Anforderungen entsprechen; **get down** **I.** *vt* ① hinunterbringen; schlucken ② (*fig*) entmutigen **II.** *vi* hinuntersteigen (*from* von); ~ **down to** sich konzentrieren auf; ~ **s.o. down** jdn deprimieren; **get in** **I.** *vt* hineinbringen; hereinbekommen; (*Ernte*) einbringen **II.** *vi* ① hineinkommen, -gelangen ② (*Zug, Flug*) ankommen; (*Zug*) einfahren ③ sich einlassen (*with* mit) ④ (PARL) gewählt werden (*for* in); ~ **in on s.th.** (*fig*) bei etw einsteigen; **he doesn't let you ~ a word in edgeways** er lässt einen überhaupt nicht zu Wort kommen; **get into** *vi* ① (*Gewohnheit*) annehmen ② (*Schule*) zugelassen werden zu ③ (*Auto*) einsteigen in; ~ **into a temper** wütend werden; **I'll ~ into the way of things** ich werde mich schon daran gewöhnen; **what's got into him?** was ist mit ihm los?; **get off** **I.** *vt* (*Brief*) abschicken **II.** *vi* ① herunter-, ab-, aussteigen ② weggehen ③ davonkommen ④ (~ *off work*) mit der Arbeit aufhören; **tell s.o. where to ~ off** jdm die Meinung sagen; ~ **off with s.o.** mit jdm anbändeln; **get on** **I.** *vt* (*Kleidung*) anziehen **II.** *vi* ① aufsitzen ② auf-, einsteigen ③ weiterführen (*with s.th.* etw) ④ weiterkommen, Erfolg haben ⑤ es gut verstehen (*with* mit), auskommen (*with* mit); ~ **on for eighty** auf die Achtzig zugehen; **they don't ~ on** sie verstehen sich nicht; **get out** **I.** *vt* ① herausbringen, -bekommen ② vorbereiten, ausarbeiten ③ veröffentlichen ④ herausbekommen (*out of s.th.* aus etw) **II.** *vi* ① aussteigen ② weggehen ③ entkommen (*of s.th.* einer S) ④ (*Geheimnis*) herauskommen; ~ **that out of your head!** schlagen Sie sich das aus dem Kopf!; **get over** **I.** *vt* hinwegkommen über; fertig werden mit **II.** *vi* durchkommen; **get round** *vt* (*Sache*) umgehen; (*Person*) umstimmen; **get straight** *vt* in Ordnung bringen; sich im Klaren sein über; **get through** **I.** *vt* ① durchkriegen, -bringen ② (*Geld*) ausgeben **II.** *vi* ① durchkommen ② (TELE) Anschluss bekommen; **get together** **I.** *vt* zusammenbringen **II.** *vi* ① zusammenkommen, sich treffen ② einig werden (*on* über); **get up** **I.** *vt* ① zu Wege bringen ② zurechtmachen, aufputzen; inszenieren ③ verstärken, erhöhen (*speed* die Geschwindigkeit) ④ durcharbeiten **II.** *vi* ① aufstehen ② Fortschritte machen ③ (*Wind*) auffrischen ④ (*bei der Lektüre*) kommen (*to* bis); ~ **o.s. up** sich kostümieren; **get up to** *vi* ① gelangen bis ② anstellen; **what have you been ~ting up to?** was hast du getrieben?

get-at-able [ˌget'ætəbl] *adj* (*fam*) (leicht) erreichbar, zugänglich; **get·away** ['getəweɪ] *s* Entkommen *nt*; **get·away car** *s* Fluchtwagen *m*; **get·to·gether** ['gettə'geðə(r)] *s* (zwangloses) Treffen *nt*, Zusammenkunft *f*; **get-up** ['getʌp] *s* ① Aufmachung, Ausstattung *f* ② (*Kleidung*) Aufzug *m*

gey·ser ['giːzə(r)] *s* ① Geysir *m* ② (*Br*) Durchlauferhitzer, Boiler *m*

Gha·na ['gɑːnə] *s* Ghana *nt*; **Gha·na·ian** [gɑː'neɪən] **I.** *adj* ghanaisch **II.** *s* Ghanaer(in) *m(f)*

ghast·ly ['gɑːstlɪ] *adj* ① gespenstisch ② entsetzlich, schrecklich; grässlich

gher·kin ['gɜːkɪn] *s* Essig-, Gewürzgurke *f*

ghetto ['getəʊ] <*pl* ghettos> *s* G(h)etto *nt*; **ghetto blaster** ['getəʊblɑːstə(r)] *s* tragbares Stereogerät *nt*, Ghettoblaster *m*

ghost [gəʊst] **I.** *s* ① Geist *m* (*eines Verstorbenen*), Gespenst *nt* ② Schatten *m*, Spur *f*; **give up the ~** den Geist aufgeben; **not a ~ of a chance** nicht die geringsten Aussichten *fpl* (*with s.o.* bei jdm) **II.** *vi* (*fam*) für einen anderen Reden aufsetzen, Artikel schreiben **III.** *vt* (*Buch, Rede*) für einen anderen schreiben; **ghost·ly** ['gəʊstlɪ] *adj* geisterhaft; **ghost·writer** *s* Ghostwriter *m*

ghoul [guːl] *s* ① Ghul *m* ② (*fig*) Mensch mit schaurigen Gelüsten

G.I. [ˌdʒiː'aɪ] *s* (*fam*) amerikanischer Soldat

gi·ant ['dʒaɪənt] **I.** *s* Riese *m* **II.** *adj* riesig; **a ~ packet** ein Riesenpaket *nt*; **gi·ant·ess** ['dʒaɪəntes] *s* Riesin *f*

gib·ber ['dʒɪbə(r)] *vi* schnattern; brabbeln; **gib·ber·ish** ['dʒɪbərɪʃ] *s* Quatsch *m*; Kauderwelsch *nt*

gib·bet ['dʒɪbɪt] *s* Galgen *m*

gib·bon ['gɪbən] *s* Gibbon *m* (*Affe*)

gibe [dʒaɪb] **I.** *vi* verspotten (*at s.o.* jdn) **II.** *s* Spott *m*; Stichelei *f*

gib·lets ['dʒɪblɪts] *s pl* Geflügelinnereien *fpl*

Gi·bral·tar [dʒɪ'brɔːltə(r)] *s* Gibraltar *nt*

gid·di·ly *adv* (*fig*) leichtfertig, unbesonnen; **gid·dy** ['gɪdɪ] *adj* ① schwind(e)lig (*with* von, vor) ② (*Höhe*) schwindelerregend ③ leichtfertig, leichtsinnig

gift [gɪft] *s* ① Geschenk *nt*; Gabe *f*; Spende *f* ② (*fig*) Gabe, Veranlagung, Anlage *f*, Talent *nt* (*for* zu ③ (JUR) Schenkung *f* ④ (COM: *free ~*) Werbegeschenk *nt*; **I wouldn't take that as a ~** das möchte ich nicht geschenkt haben; **it's a ~!** es ist geschenkt!; **the ~ of the gab** ein gutes Mundwerk; **gifted** ['gɪftɪd] *adj* begabt, talentiert; **gift-horse** ['gɪfthɔ:s] *s:* **don't look a ~ in the mouth** (*prov*) einem geschenkten Gaul schaut man nicht ins Maul; **gift shop** *s* Geschenkartikelladen *m;* **gift token, gift voucher** *s* Geschenkgutschein *m*

gig [gɪg] *s* (*fam*) Gig *m,* Konzert *nt*

gi·ga·hype ['gaɪgəˌhaɪp] *s* völlig überzogener Medienrummel

gi·gan·tic [dʒaɪ'gæntɪk] *adj* riesig; ungeheuer, gewaltig

giggle ['gɪgl] **I.** *vi* kichern **II.** *s* Kichern, Gekicher *nt;* **do s.th. for a ~** etw zum Spaß tun

i Land & Leute

Der Autor **Sir W(illiam) S(chwenck) Gilbert** und der Komponist Sir Arthur Sullivan arbeiteten in den Jahren zwischen 1871 und 1896 zusammen an 14 sehr erfolgreichen komischen Opern; dazu zählen *Iolanthe, The Mikado* und *The Gondoliers.* Allen gemeinsam war eine geniale, wenn auch zum Teil lächerliche Handlung, Lieder mit einprägsamen Texten und Melodien sowie witzige und respektlose Kommentare. Diese Operetten sind heute noch sehr beliebt und werden in allen englischsprachigen Ländern auf der Welt von Opernhäusern und Gilbert-and-Sullivan-(G & S)-Vereinen aufgeführt.

gild [gɪld] <*pp* gilded (gilt)> *vt* vergolden

gill¹ [dʒɪl] *s* Viertelpint *nt* (*0,14 l, Am 0,12 l*)

gill² [gɪl] *s* ❶ (*von Fischen*) Kieme *f* ❷ **~s** (*Pilz*) Lamellen *fpl;* **go green about the ~s** sehr schlecht aussehen

gilt [gɪlt] **I.** *pp of* **gild II.** *s* Vergoldung *f;* **take the ~ off the gingerbread** der Sache den Reiz nehmen; **gilt-edged** [ˌgɪlt'edʒd] *adj:* **~ securities** mündelsichere Wertpapiere *ntpl*

gim·crack ['dʒɪmkræk] *adj* (*fam*) billig, minderwertig

gim·let ['gɪmlɪt] *s* (Hand)Bohrer *m;* **gim·let-eyed** [ˌgɪmlɪt'aɪd] *adj* mit stechenden Augen

gim·mick ['gɪmɪk] *s* Trick, Knüller *m;* Spielerei *f;* effekthaschender Gag; **gim·micky** ['gɪmɪkɪ] *adj* werbewirksam

gin¹ [dʒɪn] *s* Wacholderschnaps, Gin *m;* **~ and tonic** Gin Tonic *m*

gin² [dʒɪn] *s* ❶ Schlinge *f,* Netz *nt,* Falle *f* ❷ (*cotton ~*) Entkörnmaschine *f*

gin·ger ['dʒɪndʒə(r)] **I.** *s* ❶ Ingwer *m* ❷ Schwung, Schneid *m* **II.** *vt* (*~ up*) aufmöbeln, in Schwung bringen **III.** *adj* rötlich; **ginger ale** *s* Gingerale *nt;* **ginger beer** *s* Gingerbeer *nt,* Ingwerlimonade *f;* **gin·ger·bread** ['dʒɪndʒəbred] *s* Pfefferkuchen *m*

ginger group *s* (POL) Aktionsgruppe *f;* **ginger-haired** ['dʒindʒə(r)heə(r)d] *adj* rothaarig; **gin·ger·ly** ['dʒɪndʒəlɪ] *adj, adv* vorsichtig, behutsam; **ginger-nut, ginger-snap** *s* Ingwerkeks *m*

gin·gi·vi·tis [ˌdʒɪndʒɪ'vaɪtɪs] *s* Zahnfleischentzündung *f*

ginned up [ˌdʒɪnd'ʌp] *vi* (*fam*): **get ~ up about s.th.** sich für etw begeistern

gin·seng ['dʒɪnseŋ] *s* Ginseng *m*

gipsy, gypsy ['dʒɪpsɪ] *s* Zigeuner(in) *m(f)*

gi·raffe [dʒɪ'rɑ:f] *s* Giraffe *f*

girder ['gɜ:də(r)] *s* Träger, Binder *m*

girdle ['gɜ:dl] **I.** *s* ❶ Gurt, Gürtel *m* ❷ Hüftgürtel *m* **II.** *vt* (*~ about, in, round*) umgürten; umgeben, einfassen

girl [gɜ:l] *s* ❶ Mädchen *nt* ❷ Tochter *f* ❸ (junge) Frau *f* ❹ Angestellte, Arbeiterin, Verkäuferin *f* ❺ Hausgehilfin *f;* **girl Friday** *s* Allround-Sekretärin *f;* **girl-friend** ['gɜ:lfrend] *s* Freundin *f;* **Girl Guide** *s* (*Br*) Pfadfinderin *f;* **girl·hood** ['gɜ:lhʊd] *s* Mädchenzeit *f,* -jahre *ntpl;* **girlie** ['gɜ:lɪ] *s* Mädchen; **girlie magazine** *s* (*fam*) Zeitschrift *f* mit Fotos von nackten Mädchen; **girl·ish** ['gɜ:lɪʃ] *adj* mädchenhaft

giro ['dʒaɪrəʊ] *s* Giro-, Postgiroverkehr *m;* **giro account** *s* Giro-, Postgirokonto *nt;* **giro system** *s* Giro-, Postgiroverkehr *m;* **giro transfer** *s* Giro-, Postüberweisung *f*

girth [gɜ:θ] *s* ❶ Sattelgurt *m* ❷ Umfang *m*

gist [dʒɪst] *s* (JUR) Haupt-, Kernpunkt *m;* (das) Wesentliche; **the ~ of the matter** der Kern der Sache

give [gɪv] <*irr:* gave, given> **I.** *vt* ❶ (ab-, über)geben; übermitteln ❷ schenken; übertragen ❸ bewilligen ❹ spenden ❺ hervorbringen, liefern ❻ veranlassen, verursachen ❼ einräumen, ein-, zugestehen ❽ vorbringen ❾ (*Grund*) angeben ❿ (THEAT MUS) aufführen; **~ o.s. airs** sich aufspielen; **~ birth to** entbinden; das Leben schenken *dat;* **~ credit** Glauben schenken (*to +dat*), zugute halten (*for s.th.* etw); **~ an example to s.o.** jdm ein Beispiel geben; **~ ground** (*a.* MIL) sich zurückziehen; **~ s.o. a hand** jdm helfen; **~ it to s.o.** jdm gehörig die Meinung sagen; **~ s.o. a lift** (AUTO) jdn mitnehmen; **~ notice** ankündigen; **~ place** Platz machen (*to* für), das Feld überlassen (*to* an), Ursache sein (*to* für); ~ **a report** einen Bericht erstatten; ~ **rise to** veranlassen; erzeugen, hervorbringen; ~ **s.o. trouble** jdm Unannehmlichkeiten bereiten; ~ **to understand** zu verstehen geben; ~ **voice** Ausdruck verleihen (*to +dat*); ~ **way** weichen; nachgeben; (*Preis*) fallen; ~ **her my regards** bestellen Sie ihr Grüße von mir; **I don't ~ a damn** ich scher' mich den Teufel darum; **nobody's going to ~ a hoot about that** kein Hahn wird danach krähen **II.** *vi* ① (gern) geben ② elastisch sein; sich dehnen ③ nachgeben; (*Schnur*) reißen; (*Kraft, Stimme*) versagen ④ (*fam*): **what ~s?** was gibt's? **III.** *s* Elastizität *f*; **give away** *vt* ① weggeben, verschenken ② (*Gelegenheit*) verpassen ③ preisgeben, verraten; ~ **o.s. away** sich verraten; ~ **away one's daughter** die Hand seiner Tochter geben (*to s.o.* jdm); **give back** *vt* ① zurückgeben ② widerhallen; **give in I.** *vt* ① einreichen ② (*Name*) eintragen **II.** *vi* nachgeben; **give off** *vt* ① von sich geben ② (*Licht*) ausstrahlen ③ (*Geruch*) ausströmen; **give out I.** *vt* ① ausgeben, verteilen ② veröffentlichen ③ ausströmen **II.** *vi* ① zu Ende gehen ② sich erschöpfen, nachlassen, ermatten ③ müde, erschöpft sein; ~ **o.s. out as** [*o* **for**] [*o* **to be**] sich ausgeben für/als; **give over I.** *vt* ① übergeben, aushändigen, abliefern ② aufgeben **II.** *vi* aufhören; es aufgeben (*doing s.th.* etw zu tun); **do ~ over!** hör endlich auf!; **be given over** gänzlich verfallen sein (*to s.th.* einer S); **give up I.** *vt* aufgeben; ~ **it up for s.o.** (*fam*) jdm applaudieren **II.** *vi* ① aufgeben; aufhören ② sich abgewöhnen (*doing s.th.* etw zu tun) ③ verzichten (auf); ~ **o.s. up** sich stellen; **I don't ~ up that easily** so leicht werfe ich die Flinte nicht ins Korn; **I ~ up on you** Sie sind ein hoffnungsloser Fall

give-and-take [ˌgɪvən'teɪk] *s* gegenseitiges Entgegenkommen, Kompromiss(bereitschaft *f*) *m*

give-away ['gɪvəweɪ] *s* ① unbeabsichtigte Preisgabe, Verplappern *nt* ② (COM) Gratisprobe *f*; ~ **articles** Werbegeschenke *ntpl*; ~ **price** Schleuderpreis *m*; ~ **show** (*Am*) Preisrätselsendung *f*; **be a real ~** sich verraten

given ['gɪvn] **I.** *pp of* **give II.** *adj* ① gegeben, ausgefertigt (*at* zu) ② festgesetzt, bestimmt; **be ~ to doing s.th.** die Gewohnheit haben etw zu tun; ~ **that** vorausgesetzt, angenommen, dass; **(if) ~ the chance** sofern sich die Möglichkeit ergibt; ~ **name** Vorname *m*

giver ['gɪvə(r)] *s* Geber(in) *m(f)*

glacé ['glæseɪ] *adj* ① glasiert; kandiert ② (*Leder*) Glacé-

gla·cial ['gleɪsɪəl] *adj* ① eiszeitlich ② eisig; ~ **epoch** [*o* **era**] Eiszeit *f*; **gla·cier** ['glæsɪə(r)] *s* Gletscher *m*

glad [glæd] *adj* ① froh, glücklich (*about, at, of* über, *that* dass) ② erfreulich, angenehm ③ gern bereit (*to do* zu tun); **be ~** sich freuen; dankbar sein (*of* für); **give s.o. the ~ eye** jdm verliebte Blicke zuwerfen; **I am so ~** das freut mich; ~ **to meet you!** sehr angenehm!; **glad·den** ['glædn] *vt* erfreuen

glade [gleɪd] *s* ① Lichtung *f* ② (*Am*) Sumpfland *nt*, -niederung *f*

gladi·ator ['glædɪeɪtə(r)] *s* (HIST) Gladiator *m*

gladi·olus [ˌglædɪ'əʊləs, *pl* -'əʊlaɪ] <*pl* -oluses, -oli> *s* Gladiole *f*

glad·ly ['glædlɪ] *adv* gern(e); **glad·ness** ['glædnɪs] *s* Freude *f*; frohe, freudige Stimmung, Fröhlichkeit *f*; **glad rags** *s pl* (*fam*) Sonntagsstaat *m*

glam·or *s* (*Am*) Glamour, Zauber *m*; **glamor·ize** ['glæməraɪz] *vt* idealisieren; besonders reizvoll erscheinen lassen; **glamor·ous** ['glæmərəs] *adj* zauberhaft, blendend; **glam·our** ['glæmə(r)] *s* Glamour, Zauber *m*; **glamour boy** *s* Schönling *m*; **glamour girl** *s* Glamourgirl *nt*

glance [glɑːns] **I.** *s* (flüchtiger) Blick *m*; **at a ~** auf einen Blick; **give s.o. an angry ~** jdm einen wütenden Blick zuwerfen **II.** *vi* sehen, blicken; ~ **at s.o./s.th.** jdn/etw kurz ansehen; ~ **over s.th.** etw überfliegen; ~ **round** sich umsehen; ~ **at a problem** ein Problem (nur) streifen; **glance off** *vi* abprallen; abgleiten; (*Licht*) reflektiert werden

gland [glænd] *s* (ANAT) Drüse *f*; **glandu·lar** ['glændjʊlə(r)] *adj* Drüsen-; ~ **fever** Drüsenfieber *nt*; ~ **secretion** Drüsensekretion *f*

glare [gleə(r)] **I.** *vi* ① hell glänzen ② (an)starren (*at s.o.* jdn) ③ wütend, böse anblicken (*at s.o.* jdn) ④ (*fig*) ins Auge springen (*at s.o.* jdm) **II.** *s* ① blendender Glanz; grelles Licht ② wütender, starrer Blick; **glar·ing** [-rɪŋ] *adj* ① blendend hell, grell ② glänzend, strahlend ③ auffällig, auffallend; eklatant; **a ~ error** ein grober Fehler

glass [glɑːs] *s* ① Glas *nt* ② Glaswaren *fpl* ③ (Trink)Glas *nt* ④ (*pane of ~*) (Fenster)Scheibe *f* ⑤ (*looking-~*) Spiegel *m* ⑥ (Vergrößerungs-, Fern)Glas *nt* ⑦ Wetterglas *nt* ⑧ **~es** (*eye-~es*) Brille *f*; ~ **ceiling**

G

(*fig*) unsichtbare Barriere für die Karriere (besonders für Frauen)

? Grammatik

> **glasses** = Brille, wird im Plural gebraucht: *Are those sunglasses new? I need (a) new (pair of) glasses.*

glass-blower *s* Glasbläser(in) *m(f)*; **glass-cutter** *s* Glasschneider(in) *m(f)*, Glasschleifer(in) *m(f)*; **glass fibre** *s* Glasfaser *f*; **glass·ful** ['glɑːsfʊl] *s* Glasvoll *nt*; **glass·house** ['glɑːshaʊs] *s* Treib-, Gewächshaus *nt*; **sit in a ~** (*fig*) im Glashaus sitzen; **glass·ware** ['glɑːsweə(r)] *s* Glaswaren *fpl*; **glass·works** ['glɑswɜːks] *s pl* Glashütte *f*; **glassy** ['glɑːsɪ] *adj* ① gläsern ② (*Augen*) glasig ③ (*Wasser*) klar

glau·coma [glɔː'kəʊmə] *s* (MED) grüner Star, Glaukom *nt*; **glau·cous** ['glɔːkəs] *adj* ① blaugrün ② (BOT) bereift

glaze [gleɪz] **I.** *vt* ① verglasen ② glasieren ③ mit Zuckerguss bestreichen; **~d paper** Glanzpapier *nt*; **~d tile** Kachel, Fliese *f* **II.** *vi* glasig, trübe werden **III.** *s* ① Glasur *f* ② Politur *f* ③ Satinierung *f*; **glaz(i)er** ['gleɪzə(r)] *s* Glaser(in) *m(f)*; **~'s putty** Glaserkitt *m*

gleam [gliːm] **I.** *s* Lichtschein, Schimmer *m*; (*a. fig*) Schimmer *m*; (*~ of hope*) Hoffnungsschimmer *m* **II.** *vi* ① strahlen, leuchten, schimmern ② blinken, aufleuchten

glean [gliːn] **I.** *vi* Ähren lesen **II.** *vt* ① (*Ähren*) lesen ② sammeln ③ (*fig*) erfahren (*from* von); **glean·ings** [-ɪŋz] *s pl* Nachlese *f*; (das) Gesammelte, Ausbeute *f*

glee [gliː] *s* ① Freude *f* ② (*pej*) Schadenfreude *f* ③ (MUS) mehrstimmiges Lied; **glee·ful** ['gliːfəl] *adj* ① fröhlich ② (*pej*) schadenfroh, hämisch

glen [glen] *s* enges Tal

glib [glɪb] *adj* ① glatt; (rede)gewandt ② oberflächlich, wenig überzeugend

glide [glaɪd] **I.** *vi* ① gleiten; schweben ② (AVIAT) im Gleitflug niedergehen; segeln **II.** *s* Gleiten *nt*; Schweben *nt*; Gleitflug *m*; **glider** ['glaɪdə(r)] *s* Segelflugzeug *nt*; **glider pilot** *s* Segelflieger(in) *m(f)*; **glid·ing** ['glaɪdɪŋ] *s* Segelfliegen *nt*; **gliding club** *s* Segelflugverein *m*

glim·mer ['glɪmə(r)] **I.** *vi* flimmern; schimmern **II.** *s* Flimmern *nt*; (*a. fig*) Schimmer *m*; **a ~ of interest** eine Spur von Interesse

glimpse [glɪmps] **I.** *s* ① flüchtiger Einblick ② kurzer Blick; **catch a ~ of s.th.** etw flüchtig zu sehen bekommen **II.** *vt* im Vorübergehen sehen **III.** *vi*: **~ at s.o./s.th.** einen Blick auf jdn/etw werfen

glint [glɪnt] **I.** *vi* glitzern, funkeln **II.** *s* Schimmer *m*; Glanz *m*

glis·san·do [glɪ'sændəʊ] **I.** *adj* (MUS) glissando (*gleitend*) **II.** *s* (MUS) Glissando *nt*

glis·ten ['glɪsn] *vi* glänzen, schimmern, funkeln

glit·ter ['glɪtə(r)] **I.** *vi* glitzern, funkeln **II.** *s* ① Schimmer, Glanz *m*, Funkeln *nt* ② (*fig*) Pracht *f*; **glit·ter·ing** [-ɪŋ] *adj* ① glitzernd ② (*fig*) glänzend

glitz [glɪts] *s* Pomp *m*, Glitzerwelt *f*; **glitzy** [glɪtsɪ] *adj* glamourös

gloat [gləʊt] *vi* ① sich hämisch freuen, sich weiden (*on, upon, over* an) ② sich großtun; sich brüsten (*over* mit)

glo·bal ['gləʊbl] *adj* ① weltweit ② umfassend, global; **~ backdrop** Weltlage *f*; **~ change** globale Veränderungen; **Global Navigation Satellite System, GNSS** globales Navigationssatellitensystem, GNSS *nt*; **~ sum** Gesamtsumme *f*; **~ sustainability** globale Nachhaltigkeit *f*; **~ warming** globaler Temperaturanstieg

glo·bali·za·tion ['gləʊbəˌlaɪzeɪʃən] *s* Globalisierung *f*

globe [gləʊb] *s* ① Kugel *f* ② Erdball *m*; Globus *m* ③ Kugelglas *nt*; Glaskugel *f* ④ (runder) Lampenschirm *m*; **globe-trotter** *s* Weltenbummler(in) *m(f)*

glob·ule ['glɒbjuːl] *s* Kügelchen *nt*; Tröpfchen *nt*

gloom [gluːm] *s* ① Dunkel(heit *f*) *nt* ② (*fig*) Traurigkeit, Schwermut *f*; **an atmosphere of ~** eine düstere, gedrückte Stimmung; **cast a ~ over** einen Schatten werfen auf; **gloomi·ness** ['gluːmɪnəs] *s* Düsterkeit *f*; **gloomy** ['gluːmɪ] *adj* ① dunkel, düster, trüb(e) ② verdrießlich, trübselig; melancholisch ③ hoffnungslos

glori·fi·ca·tion [ˌglɔːrɪfɪ'keɪʃn] *s* ① Verherrlichung *f* ② (REL) Lobpreisung *f*; **glor·ify** ['glɔːrɪfaɪ] *vt* ① rühmen, preisen ② verherrlichen ③ herausstreichen; **a glorified hut** eine bessere Hütte; **glori·ous** ['glɔːrɪəs] *adj* ① ruhmreich ② prächtig, majestätisch ③ (*fam*) großartig, pfundig; **glory** ['glɔːrɪ] **I.** *s* ① Ruhm *m* ② (*a.* REL) Ehre *f* ③ Herrlichkeit *f*, Glanz *m* ④ (*fig*) Stolz *m* **II.** *vi* ① sehr stolz sein ② frohlocken (*in* über); **~ in one's ability** auf sein Können stolz sein; **~ in s.o.'s success** sich in jds Erfolg sonnen; **glory-hole** *s* (*fam*) Rumpelkammer *f*

gloss[1] [glɒs] **I.** *s* ① Glanz *m* ② (*fig*) äußerer Schein **II.** *vt* (*fig: ~ over*) beschönigen, bemänteln

gloss[2] [glɒs] *s* Glosse, Fußnote *f*; **gloss·ary**

['glɒsərɪ] *s* Glossar *nt*
gloss paint *s* Glanzlack *m*
glossy ['glɒsɪ] *adj* ① glänzend ② (*Papier*) Glanz-; **be** ~ glänzen; ~ (**magazine**) (Hochglanz)Magazin *nt*
glot·tal stop ['glɒtl'stɒp] *s* Knacklaut *m;* **glot·tis** ['glɒtɪs] *s* (ANAT) Stimmritze *f*
glove [glʌv] *s* Handschuh *m;* **fit like a** ~ wie angegossen sitzen; **with the** ~**s off** schonungslos; **handle with** (**kid**) ~**s** (*fig*) mit Glacéhandschuhen, seidenen Handschuhen anfassen; **throw down the** ~ **to s.o.** jdm den Fehdehandschuh hinwerfen; **he is hand in** ~ **with her** er und sie sind ein Herz und eine Seele; **boxing** ~ Boxhandschuh *m;* **rubber** ~ Gummihandschuh *m;* **glove-compartment** *s* Handschuhfach *nt;* **glover** ['glʌvə(r)] *s* Handschuhmacher(in) *m(f)*
glow [gləʊ] **I.** *vi* ① glühen ② leuchten (*with* vor) ③ rot werden, erröten **II.** *s* ① Glut *f;* helles Licht ② (*Farben*) Lebhaftigkeit, Frische *f* ③ (*fig*) Glut, Heftigkeit *f* (*des Gefühls*)
glower ['glaʊə(r)] *vi* böse anstarren, wütend anblicken (*at s.o.* jdn)
glow·light ['gləʊlaɪt] *s* Nachtlicht *nt*
glow-worm ['gləʊwɜ:m] *s* Glühwürmchen *nt*
glu·cose ['glu:kəʊs] *s* Traubenzucker *m*
glue [glu:] **I.** *s* Klebstoff *m;* Leim *m* **II.** *vt* ① leimen; kleben (*on* auf, *to* an) ② (*fig*) heften (*to* auf); **be** ~**d to s.o.** jdm nicht von der Seite weichen; **his eyes were** ~**d to the screen** er sah wie gebannt auf die Leinwand; **as if** ~**d to the spot** wie angewurzelt; **glue sniffing** *s* (*fam*) Schnüffeln, Sniefen *nt;* **glue stick** *s* Klebestift *m*
glum [glʌm] *adj* ① verdrießlich, mürrisch ② niedergedrückt
glut [glʌt] **I.** *vt* (*fig: den Markt*) überschwemmen; ~ **o.s. with** [*o* **on**] sich vollstopfen mit **II.** *s* (COM) Schwemme *f,* Überangebot *nt*
glu·ten ['glu:tən] *s* Gluten *nt,* Kleber *m;* **glu·ti·nous** ['glu:tɪnəs] *adj* klebrig
glut·ton [glʌtn] *s* ① Vielfraß *m,* unersättlicher Mensch ② (*Marderart*) Vielfraß *m;* **be a** ~ **for work** von der Arbeit nicht genug kriegen können; **a** ~ **for punishment** ein Masochist; **glut·ton·ous** ['glʌtənəs] *adj* ① gefräßig ② gierig (*of* nach); **glut·tony** ['glʌtənɪ] *s* Gefräßigkeit *f*
gly·cer·in(e) ['glɪsəri:n] *s* Glyzerin *nt*
gly·col ['glaɪkɒl] *s* (CHEM) Glykol *nt*
GM *adj Abk. von* **genetically modified** genetisch verändert; **GMO** *s Abk. von* **genetically modified organism** genetisch veränderter Organismus
gnarled [nɑ:ld] *adj* knorrig, knotig
gnash [næʃ] *vt* knirschen (*one's teeth* mit den Zähnen)
gnat [næt] *s* (*Br*) (Stech)Mücke *f;* **strain at a** ~ über Kleinigkeiten nicht hinwegkommen
gnaw [nɔ:] **I.** *vt* (zer)nagen; (zer)fressen **II.** *vi* nagen, fressen (*at, on* an); **gnaw·ing** [-ɪŋ] *adj* (*Schmerz*) nagend; (*fig*) quälend
gneiss [naɪs] *s* (MIN) Gneis *m*
gnome [nəʊm] *s* Gnom, Zwerg *m*
GNP [ˌdʒi:en'pi:] *s Abk. von* **gross national product** Bruttosozialprodukt *nt*
gnu [nu:] *s* Gnu *nt*
go [gəʊ] <*irr:* goes, went, gone> **I.** *vi* ① gehen ② (~ *on horseback*) reiten ③ fahren (*by train* mit dem Zug) ④ (~ *by air*) fliegen; reisen ⑤ (*Maschine*) in Betrieb sein; funktionieren ⑥ sich erstrecken, reichen (*to* bis zu) ⑦ (*Weg*) führen (*to* nach) ⑧ darauf hinausgehen, -laufen (*to* zu) ⑨ übergehen (*to* auf) ⑩ zuteil werden (*to s.o.* jdm); (*Preis*) zufallen, gehen (*to* an) ⑪ verlaufen ⑫ (*Zeit*) verstreichen ⑬ (um)laufen, kursieren ⑭ (*örtlich*) kommen, gehören (*into* in) ⑮ sich befinden; leben (*in fear* in dauernder Furcht) ⑯ sich richten (*by, upon* nach) ⑰ weggehen, aufbrechen, abreisen ⑱ verschwinden ⑲ (*Ware*) weggehen, verkauft werden ⑳ (*Material, Maschine*) kaputtgehen; (*Augen, Gesundheit*) schlechter werden; (*Bremsen*) versagen ㉑ (*blind, verrückt*) werden ㉒ (*Bewegung, Geräusch*) machen; **there you** ~**!** bitte schön! **II.** *aux* (*zur Futurbildung*) werden, wollen; **I am** ~**ing to write soon** ich werde bald schreiben; **he was** ~**ing to do it** er wollte es machen **III.** *vt* (*Weg, Strecke*) gehen; fahren; ~ **it alone** selbstständig vorgehen; ~ **it strong** energisch auftreten **IV.** *s* ① Schwung, Schneid *m,* Tatkraft, Energie *f* ② Versuch *m;* **all systems** ~ (AVIAT) wir sind startklar; **on the** ~ immer auf Trab; **from the word** ~ (*fam*) von Anfang an; **have a** ~ **at s.th.** (*fam*) etw versuchen; **it's all** ~ (*fam*) es ist immer was los; **it's no** ~ (*fam*) da ist nichts zu machen; **is it a** ~**?** (*fam*) abgemacht?; **let me have a** ~ (*fam*) lass mich mal! **V.** (*Wendungen*): **let** ~ laufen lassen; aufgeben; **let o.s.** ~ sich gehen lassen; **let s.o.** ~ jdn laufen lassen; ~ **on the air** (RADIO) senden; ~ **bad** schlecht werden, verderben; ~ **from bad to worse** immer schlechter werden; ~ **for a drive** ausfahren; ~ **into effect** in Kraft treten; ~ **halves** [*o* **shares**] ehrlich teilen; ~ **off one's head** den Ver-

G

stand verlieren; ~ **to law** den Rechtsweg beschreiten; ~ **mad** verrückt werden; ~ **to pieces** in Stücke gehen, zerbrechen; durchdrehen; (SPORT) abbauen; ~ **to see** besuchen; ~ **shopping** einkaufen gehen; ~ **to sleep** einschlafen; ~ **for a song** für ein Butterbrot weggehen; ~ **for a swim** schwimmen gehen; ~ **with the tide** mit der Zeit gehen; ~ **unnoticed** unbemerkt bleiben; ~ **on a visit** einen Besuch machen; ~ **for a walk** spazieren gehen; ausgehen; ~ **to waste** in den Abfall kommen; ~ **wrong** schief gehen; sich irren; **as things** ~ wie die Dinge nun einmal liegen; **we'll let it** ~ **at that** wir wollen es dabei belassen; **just** ~ **and try!** versuchen Sie es nur!; **let** ~**!** (*fam*) los!; ~ **easy!** übernimm dich nicht!; **where do you want it to** ~**?** wo soll es hin(gestellt werden)?; **here** ~**es!** nun los!; **who** ~**es there?** wer da?; **one, two, three** ~**!** (SPORT) Achtung - fertig - los!; **go about** *vi* ❶ (umher)gehen ❷ sich umwenden ❸ (*Gerücht*) im Umlauf sein ❹ sich befassen mit ❺ anfassen, behandeln ❻ herangehen an; **go abroad** *vi* ❶ (*Gerücht*) sich verbreiten ❷ ins Ausland gehen; **go after** *vi* (*fam*) nachsteigen (*s.o.* jdm); **go against** *vi* widerstreben; ungünstig sein für; **the case went against him** es wurde gegen ihn entschieden; **go ahead** *vi* ❶ anfangen ❷ vorangehen ❸ Fortschritte machen ❹ weitermachen; ~ **ahead!** vorwärts! los!; **go along** *vi* ❶ weitermachen ❷ Fortschritte machen ❸ begleiten (*with s.o.* jdn), unterstützen (*with s.o.* jdn); **go around** *vi* ❶ herumgehen ❷ (aus)reichen; **there's enough bread to** ~ **around** es ist genug Brot für alle da; **go at** *vi* ❶ losgehen (*s.o.* auf jdn) ❷ anpacken (*s.th.* etw) ❸ verkauft werden zu; **go away** *vi* weggehen; abreisen; **go back** *vi* ❶ zurückkehren; zurückgehen ❷ nachlassen, schwächer werden ❸ (*zeitlich*) sich zurückführen lassen (*to* auf); ~ **back on one's word** sein Wort brechen; ~ **back on s.o.** jdn im Stich lassen; **go between** *vi* vermitteln; **go beyond** *vi* hinausgehen über; **go by** *vi* ❶ vorüber-, vorbeigehen (*a. Zeit*) ❷ (*Zeit*) vergehen ❸ sich richten nach ❹ (*Namen*) führen; **go down** *vi* ❶ hinab-, hinuntergehen ❷ (MED) sich hinlegen (*with flu* mit Grippe) ❸ (*Schiff, Sonne*) untergehen ❹ unterliegen (*before s.o.* jdm) ❺ an Qualität verlieren ❻ (*Wind, Preise*) nachlassen ❼ (*Universität*) abgehen ❽ Beifall finden (*with* bei) ❾ zurückgehen (*to* bis auf); ~ **down in history** in die Geschichte eingehen; **that won't** ~ **down with me** das lasse ich mir nicht gefallen; **that didn't** ~ **down too well** das kam nicht so gut an; **go far** *vi* ❶ es zu etwas bringen ❷ viel beitragen (*towards s.th.* zu etw); **not to** ~ **far** nicht weit reichen; **go for** *vi* ❶ holen (*s.th.* etw) ❷ (*sl*) sich interessieren für ❸ gelten als ❹ hinauslaufen auf ❺ (*sl*) losgehen (*s.o.* auf jdn); ~ **for a drive** ausfahren; ~ **for nothing** umsonst sein; **how much did it** ~ **for?** für wie viel wurde es verkauft?; **go in** *vi* ❶ hineingehen ❷ sich interessieren (*for* für), Spaß haben (*for* an) ❸ studieren (*for s.th.* etw) ❹ teilnehmen (*in an exam* an einer Prüfung); **go into** *vi* ❶ untersuchen (*s.th.* etw) ❷ eingehen auf ❸ einsteigen in ❹ gehen, fahren zu; **go off** *vi* ❶ weg-, hinausgehen ❷ stattfinden, sich ereignen, verlaufen ❸ einschlafen; das Bewusstsein verlieren ❹ (*Veranstaltung*) zu Ende gehen ❺ (*Licht, Heizung*) ausgehen ❻ (*Ware*) weg-, abgehen, Absatz finden ❼ (*Zug*) (ab)gehen ❽ losgehen, sich entladen; explodieren ❾ nachlassen, schlechter werden ❿ (*Lebensmittel*) schlecht werden; ~ **well/badly** auf Zustimmung/Ablehnung stoßen; ~ **off into a fit of laughter** laut loslachen; ~**es off** (THEAT) ab; **go on** *vi* ❶ weitermachen, fortfahren (*with* mit) ❷ (*Zeit*) vorrücken, weitergehen; fortfahren (*talking* zu reden) ❸ vor sich gehen, geschehen, stattfinden, sich ereignen ❹ (*fam*) meckern ❺ sich aufführen, sich benehmen ❻ sich stützen auf; ~ **on to do** als Nächstes tun; ~ **on the road** (COM) auf die Reise gehen; (THEAT) auf Tournee gehen; **be** ~**ing on (for) fifty** auf die Fünfzig zugehen; **this can't** ~ **on any longer** das kann nicht mehr so weitergehen; ~ **on, do it** tu's doch; **what's** ~**ing on?** was ist los?; **he went on and on about it** er hat unentwegt davon geredet; **go out** *vi* ❶ hinausgehen ❷ auswandern (*to* nach) ❸ (*zum Vergnügen*) ausgehen ❹ (POL: ~ *out of office*) zurücktreten ❺ (*on strike*) streiken ❻ (*Feuer, Licht*) ausgehen ❼ (~ *out of fashion*) aus der Mode kommen ❽ (*Jahr*) zu Ende gehen, ausgehen ❾ (*Am*) zusammenbrechen ❿ (*Herz*) sich hängen (*to* an) ⓫ sich bemühen (*for* um), wollen (*for s.th.* etw); ~ **out of one's way** sich besonders anstrengen; ~ **out to work** arbeiten gehen; **my heart went out to him** ich habe mit ihm mitgefühlt; **go over** *vi* ❶ durchgehen, -sehen, (über)prüfen, untersuchen ❷ wiederholen ❸ übergehen (*to the other party* zur anderen Partei), hinübergehen (*to* zu) ④ (*fam*) Erfolg haben; (*Rede*) gut ankommen; (*Theaterstück*) einschlagen; ~ **over the figures** nachrechnen; **go through** *vi* ① durchgehen, -sehen ② durchführen ③ (*Gesuch, Gesetz*) durchgehen, angenommen werden ④ durchmachen, erleiden ⑤ zu Ende führen, vollenden (*with s.th.* etw); ~ **through ten editions** (*Buch*) zehn Auflagen erleben; **go to** *vi* zufallen (*s.o.* jdm); ~ **to the country** Neuwahlen ausschreiben; ~ **to court** vor Gericht gehen; ~ **to expense** sich in Unkosten stürzen; **go together** *vi* ① zusammenpassen; sich (gut) vertragen ② (*fam: Verliebte*) zusammen gehen; **go under I.** *vi* ① untergehen, sinken ② zugrunde gehen, eingehen **II.** *vt* (*Namen*) führen; **go up** *vi* ① hinaufgehen; hinaufsteigen ② (*im Preis*) steigen ③ in die Luft fliegen ④ die Universität beziehen; ~ **up in the air** (*fig*) wütend werden; ~ **up in flames/in smoke** in Flammen/in Rauch aufgehen; **go with** *vi* ① gehen mit; Hand in Hand gehen mit ② gehören zu ③ passen zu; **go without** *vi* ① nicht haben ② sich behelfen müssen ohne, entbehren müssen; **that goes without saying** das versteht sich von selbst; ~ **without food** nichts essen; **I'll have to** ~ **without it** darauf werde ich verzichten müssen

goad [gəʊd] **I.** *s* ① (*fig*) Stachel, Ansporn, Antrieb *m* ② (*für Tiere*) Stachelstock *m* **II.** *vt* (*fig*) aufreizen; ~ **on** (*fig*) antreiben, anstacheln

go-ahead [ˈgəʊəhed] **I.** *s* freie Bahn; **give s.o. the** ~ jdm grünes Licht geben **II.** *adj* ① unternehmungslustig ② fortschrittlich

goal [gəʊl] *s* ① (SPORT) Tor *nt* ② (*fig*) Ziel *nt;* **score a** ~ ein Tor schießen; **win by three** ~**s to one** 3 : 1 gewinnen; **keep** [*o* **play in**] ~ Torwart sein; ~ **area** Torraum *m;* **goalie** [ˈgəʊlɪ] *s* (*fam*) Torwart(in) *m(f);* **goal·keeper** *s* Torwart(in) *m(f),* -hüter(in) *m(f);* **goal line** *s* Torlinie *f;* **goal-oriented** *adj* zielorientiert; **goal post** *s* Torpfosten *m*

goat [gəʊt] *s* ① Ziege *f* ② (*he-~*) (Ziegen)Bock *m* ③ (*fig*) geiler Bock; **the Goat** (ASTR) der Steinbock; **get s.o.'s** ~ (*sl*) jdn auf die Palme bringen; **play the giddy** ~ (*fam*) sich albern benehmen; **goat·ee** [gəʊˈtiː] *s* Spitzbart *m*

gob [gɔːb] *s* (*Br: fam*): ~**s of s.th.** Haufen von etw

gob·ble [ˈgɒbl] **I.** *vi* (*Puter*) kollern **II.** *vt* (~ *down*) hinunter-, verschlingen; **gobble·dy·gook** [ˈgɒbldɪguːk] *s* (*fam*) Kauderwelsch *nt*

go-be·tween [ˈgəʊbɪtwiːn] *s* Vermittler(in) *m(f)*

gob·let [ˈgɒblɪt] *s* Pokal *m;* Kelch(glas *nt*) *m*

gob·lin [ˈgɒblɪn] *s* Kobold *m*

go-cart *s* ① Seifenkiste *f;* Go-kart *m* ② (*Am*) Laufstuhl *m;* (Kinder)Sportwagen *m*

god [gɒd] *s* ① (heidnischer) Gott *m,* Gottheit *f* ② (*fig*) Abgott, Götze *m;* **God** Gott; **make a** ~ **of s.o./s.th.** jdn/etw zu seinem (Ab)Gott machen, vergötzen; **God willing** so Gott will; **God forbid** Gott bewahre; **God knows who** weiß der Himmel, wer; **for God's sake!** um Himmels willen!; **god·aw·ful** [ˈgɒdˈɔːfl] *adj* (*Am*) fürchterlich, beschissen; **god·child** [ˈgɒdtʃaɪld] <*pl* -children> *s* Patenkind *nt;* **god·dam(ned)** [ˈgɒdˈdæm(d)] *adj* (*Am sl*) Scheiß-, beschissen; **god·daughter** [ˈgɒdˌdɔːtə(r)] *s* Patentochter *f;* **god·dess** [ˈgɒdɪs] *s* Göttin *f;* **god·father** [ˈgɒdˌfɑːðə(r)] *s* Pate *m;* **god-fear·ing** [ˈgɒdfɪərɪŋ] *adj* gottesfürchtig; **god·for·saken** [ˈgɒdfəˌseɪkən] *adj* (*fam*) gottverlassen; **god·head** [ˈgɔdhed] *s* Gottheit *f;* **god·less** [ˈgɒdlɪs] *adj* gottlos; **god·like** [ˈgɒdlaɪk] *adj* göttlich; erhaben; **god·ly** [ˈgɒdlɪ] *adj* fromm; **god·mother** [ˈgɒdˌmʌðə(r)] *s* Patin *f;* **god·parent** [ˈgɒdˌpeərənt] *s* Pate *m,* Patin *f;* **god·send** [ˈgɒdsend] *s* ① Retter *m* in der Not ② unerwartetes Glück; **god·son** [ˈgɒdsʌn] *s* Patensohn *m*

goer [ˈgəʊə(r)] *s* ① Geher *m* ② unternehmender Mensch; **my car is a nice** ~ mein Wagen läuft gut; **goes** [gəʊz] *3. Person Singular Präsens* **go**

go-get·ter [ˌgəʊˈgetə(r)] *s* Tatmensch *m;* (*pej*) Ellbogentyp *m*

go-gett·ing [ˌgəʊˈgetɪŋ] *adj* dynamisch

goggle [ˈgɒgl] *vi* glotzen, starren (*at* auf); **goggle-box** *s* (*sl*) Glotze *f;* **goggle-eyed** [ˈgɒglaɪd] *adj* (*fam*) ① (*very surprised*) mit weit aufgerissenen Augen ② (*pej*) glotzäugig; **goggles** [ˈgɒglz] *s pl* Schutzbrille *f*

go-go dancer [ˈgəʊgəʊˈdɑːnsə(r)] *s* Go-go-Girl *nt,* Go-go-Tänzerin *f;* **go-go dancing** *s* Go-Go *nt*

go·ing [ˈgəʊɪŋ] **I.** *adj* ① in Gang; funktionierend ② in Tätigkeit, in Betrieb ③ vorhanden, erhältlich ④ gängig ⑤ (*Unternehmen*) florierend ⑥ (*Leben*) üblich; **get** ~ (*fam*) in Gang kommen; **set** (**a-**)~ in Gang bringen; ~**!** ~**! gone!** (*Versteigerung*) zum Ersten! zum Zweiten! zum Dritten! **II.** *s* ① Ab-, Weggang *m;* Aufbruch *m* ② Abreise, -fahrt *f* ③ Gang(art *f*) *m,*

Geschwindigkeit *f* ④ Fortbewegung *f*, Weiterkommen *nt;* **going price** *s* ① Marktpreis *m* ② Tageskurs *m;* **go·ings-on** [ˌgəʊɪŋz'ɒn] *s pl:* **such** ~ derartige Betätigungen, Zustände

goi·ter *s* (*Am*), **goitre** ['gɔɪtə(r)] *s* (MED) Kropf *m*

go-kart ['gəʊkɑ:t] *s* Gokart *m*

gold [gəʊld] **I.** *s* Gold *nt;* **be as good as** ~ sehr brav sein **II.** *adj* ① golden ② gold(farb)en; **gold·brick** *s* (*Am fam*) Schwindel *m;* **gold bullion** *s* Goldbarren *m;* **gold coin** *s* Goldmünze *f;* **gold content** *s* Goldgehalt *m;* **gold-digger** *s* ① Goldsucher(in) *m(f)* ② (*fig pej: Frau*) eine, die aufs Geld aus ist; **gold dust** *s* Goldstaub *m;* **golden** ['gəʊldən] *adj* ① golden ② gold(farb)en ③ (*Gelegenheit*) günstig; **the** ~ **age** das goldene Zeitalter; **the** ~ **calf** das goldene Kalb; ~ **handshake,** *Am* ~ **parachute** großzügige Abfindung bei Entlassung; ~ **hello** Einstellungsprämie *f;* **the** ~ **mean** die goldene Mitte; ~ **ratio** goldener Schnitt; **Golden Triangle** goldenes Dreieck; ~ **wedding** goldene Hochzeit; **gold·finch** ['gəʊldfɪntʃ] *s* Distelfink *m;* **gold·fish** ['gəʊldfɪʃ] *s* Goldfisch *m;* **gold foil** *s* Goldfolie *f;* **gold leaf** *s* Blattgold *nt;* **gold medal** *s* Goldmedaille *f;* **gold mine** ['gəʊldmaɪn] *s* Goldgrube *f;* **gold nugget** *s* Goldklumpen *m;* **gold plating** *s* Vergoldung *f;* **gold reserves** *s pl* Goldreserven *fpl;* **gold·smith** ['gəʊldsmɪθ] *s* Goldschmied *m;* **gold standard** *s* Goldwährung *f*

golf [gɒlf] **I.** *s* Golf(spiel) *nt* **II.** *vi* (*go* ~ *ing*) Golf spielen; **golf ball** *s* (SPORT) Golfball *m;* (*Schreibmaschine*) Kugelkopf *m;* **golf-ball typewriter** *s* Kugelkopfschreibmaschine *f;* **golf club** *s* ① Golfschläger *m* ② Golfklub *m;* **golf course** *s pl* Golfplatz *m;* **golfer** ['gɒlfə(r)] *s* Golfspieler(in) *m(f)*, Golfer(in) *m(f);* **golf links** *s pl* Küstengolfplatz *m*

Gol·iath [gə'laɪəθ] *s* (*fig*) Riese, Goliath *m*

gol·li·wog ['gɒlɪwɒg] *s* Negerpuppe *f*

golly ['gɒlɪ] *interj* Donnerwetter!

go·loshes [gə'lɒʃɪz] *s pl* Gummischuhe *mpl*

gon·do·la ['gɒndələ] *s* ① (*a.* AVIAT) Gondel *f* ② (*Am*) flacher Lastkahn ③ (*Am:* RAIL) Niederbordwagen *m;* **gon·do·lier** [ˌgɒndə'lɪə(r)] *s* Gondoliere *m*

gone [gɒn] **I.** *pp of* **go II.** *adj* ① vergangen; vorbei ② tot; **be** ~ **on s.o.** (*sl*) in jdn verknallt sein; **it's** ~ **six o'clock** es ist sechs Uhr vorbei; **he is** ~ er ist fort; **goner** ['gɒnə(r)] *s* (*sl*) hoffnungsloser Fall

gong [gɒŋ] *s* ① Gong *m* ② (*sl*) Blech *nt,* Orden *m*

gon·or·rh(o)ea [ˌgɒnə'rɪə] *s* (MED) Tripper *m,* Gonorrhö(e) *f*

gon·zo ['gɔ:nzəʊ] *adj* (*Am: fam*) verrückt; (*Stil*) egozentrisch

goo [gu:] *s* (*fam*) ① Papp *m* ② (*fig*) Schmalz *m*

good [gʊd] <better, best> **I.** *adj* ① gut ② ausgezeichnet, vorteilhaft; günstig ③ geeignet, passend (*for* für) ④ ausreichend, genügend ⑤ (*Nahrungsmittel*) frisch; bekömmlich ⑥ kräftig, stark ⑦ tüchtig, geschickt, gewandt ⑧ brauchbar, zuverlässig; pflichtbewusst ⑨ artig, wohlerzogen ⑩ wohlwollend, freundlich ⑪ erfreulich, angenehm, glücklich ⑫ (*Kaufmann*) kredit-, zahlungsfähig; **a** ~ **deal** ziemlich viel, eine Menge; **a** ~ **many** ziemlich viele, eine Menge; **all in** ~ **time** alles zu seiner Zeit; ~ **governance** verantwortungsvolle Staatsführung; **as** ~ **as** so gut wie; **for** ~ für immer; endgültig; **for** ~ **and all** ein für allemal; **in** ~ **faith** in gutem Glauben, gutgläubig; **no** ~ nichts wert, unbrauchbar; ~ **and ...** (*fam*) mächtig, sehr; recht, (voll und) ganz; **be** ~ gelten, gültig sein; **be** ~ **enough to** so gut sein und; **be** ~ **at figures** gut im Rechnen sein; **have** ~ **looks** gut aussehen; **have a** ~ **time** sich gut unterhalten; **make** ~ es schaffen; bewerkstelligen; wieder gutmachen; bestätigen; (*Versprechen*) erfüllen; Erfolg haben; sich durchsetzen; aufkommen für, gutmachen; ~ **for you!** gut so! bravo!; ~ **gracious!** ach du meine Güte!; **is it any** ~ **trying? what** ~ **is it?** hat es Sinn, Zweck?; **a** ~ **half** gut die Hälfte; **a** ~ **hour** eine gute Stunde; **too much of a** ~ **thing** zu viel des Guten; **that's a** ~ **one** das ist ein guter Witz; wer's glaubt, wird selig; ~ **fortune** Glück *nt;* ~ **nature** Gutmütigkeit *f;* **feel** ~ sich wohl fühlen; **that's not** ~ **enough** so geht das nicht; **be a** ~ **boy!** sei brav, artig!; ~ **morning/evening!** guten Morgen/Abend!; ~ **to see you** schön, dich zu sehen **II.** *s* ① (das) Gute ② Wohl *nt;* **the** ~ die Guten *pl;* **the common** ~ das allgemeine Wohl; **that's all to the** ~ umso besser

good·by (*Am*), **good·bye** [ˌgʊd'baɪ] **I.** *s* Lebewohl *nt;* **bid** [*o* **say**] ~ **to s.o.** jdm Lebewohl sagen **II.** *interj* auf Wiedersehen!; **good-for-no·thing** ['gʊd fəˌnʌθɪŋ] *s* Taugenichts *m;* **Good Friday** *s* Karfreitag *m;* **good-hu·mored** *adj* (*Am*), **good-hu·moured** [ˌgʊd'hju:məd] *adj* gutgelaunt, gutmütig; **good-look·ing** [ˌgʊd'lʊkɪŋ] *adj* gut aussehend

good looks *s pl* gutes Aussehen; **good·ly** ['gʊdlɪ] *adj* ziemlich, beträchtlich; **a ~ number** viele; **good-na·tured** [,gʊd'neɪtʃəc] *adj* gutmütig; freundlich, entgegenkommend; **good·ness** ['gʊdnɪs] *s* ① Güte *f;* Gütigkeit *f* ② (*von Nahrungsmitteln*) Nährgehalt *m;* **would you have the ~ to do that** hätten Sie die Güte das zu tun; **~ gracious, ~ me!** (ach) du meine Güte!; **for ~ sake** um Gottes, um Himmels willen!

goods [gʊdz] *s pl* ① Güter *pl,* Waren *fpl;* (RAIL) Fracht *f* ② Sachen *fpl,* (bewegliche) Habe *f;* **~ and chattels** bewegliche Habe; **leather/knitted ~** Leder-/Strickwaren *fpl*

good-sized [,gʊd'saɪzd] *adj* ziemlich groß

goods station *s* (*Br*) Güterbahnhof *m;* **goods traffic** *s* Güter-, Frachtverkehr *m;* **goods train** *s* (*Br*) Güterzug *m*

good-tem·pered [,gʊd'tempəd] *adj* umgänglich; freundlich; **good·will** [,gʊd'wɪl] *s* ① guter Wille, Verständigungsbereitschaft *f* ② (POL COM) Goodwill *m*

goody ['gʊdɪ] **I.** *s* ① Tugendbold *m* ② **goodies** Süßigkeiten, Leckereien *fpl* **II.** *interj* prima!

gooey ['guːɪ] *adj* ① klebrig; pappig ② (*fig*) sentimental, schmalzig

goof [guːf] **I.** *s* (*fam*) ① Depp *m* ② Dummheit *f,* Schnitzer *m* **II.** *vi* (*fam*) Mist machen; **goof up** *vt* (*fam*) vermurksen

goofy ['guːfɪ] *adj* ① doof, dämlich ② (*Zähne*) vorstehend

goolies ['guːliːz] *s pl* (*sl*) Eier *ntpl*

goon [guːn] *s* (*fam*) ① komischer Kauz ② (*Am sl*) Schläger *m*

goose [guːs, *pl* giːs] <*pl* geese> *s* ① Gans *f* ② dumme Person; **be unable to say boo to a ~** ein Angsthase sein; **cook s.o.'s ~** (*fam*) jds Pläne durchkreuzen; **all his geese are swans** bei ihm ist alles so viel besser; **goose·berry** ['gʊzbərɪ] *s* Stachelbeere *f;* **play ~** den Anstandswauwau spielen; **goose-flesh, goose-pimples** *s pl* Gänsehaut *f;* **goose-step** *s* Stechschritt *m;* **goos·ey, goosy** ['guːsɪ] *adj* dumm, blöd(e)

gore¹ [gɔː(r)] *s* Blut *nt*

gore² [gɔː(r)] *s* Zwickel *m*

gore³ [gɔː(r)] *vt* (*mit den Hörnern*) durchbohren, aufspießen

gorge [gɔːdʒ] **I.** *s* Schlucht, Klamm *f;* **my ~ rises** mir wird übel (*at* bei) **II.** *vr* schlingen, gierig essen; schlemmen **III.** *vt* vollstopfen; hinunter-, verschlingen; **be ~d** satt sein; vollgefressen sein

gorg·eous ['gɔːdʒəs] *adj* ① prächtig, prachtvoll ② (*fam*) fabelhaft, großartig

gor·illa [gə'rɪlə] *s* Gorilla *m*

gorm·less ['gɔːmlɪs] *adj* (*fam*) stupid

gorse [gɔːs] *s* (Stech)Ginster *m*

gory ['gɔːrɪ] *adj* blutig; blutrünstig

gosh [gɒʃ] *interj* Donnerwetter!

gos·ling ['gɒzlɪŋ] *s* Gänschen *nt*

go-slow ['gəʊsləʊ] *s* Bummelstreik *m*

gos·pel ['gɒspl] *s* ① Evangelium *nt* ② (MUS) Gospel *m;* **the Gospel according to St Luke** das Evangelium nach Lukas; **St Luke's Gospel** das Lukasevangelium; **it's the ~ truth** das ist die reine Wahrheit; **~ singer** Gospelsänger(in) *m(f)*

gos·sa·mer ['gɒsəmə(r)] *s* ① feine Gaze ② Altweibersommer *m,* Marienfäden *mpl*

gos·sip ['gɒsɪp] **I.** *s* ① Klatschbase *f* ② Klatsch *m* **II.** *vi* klatschen; **gossip column** *s* Klatschspalte *f;* **gos·sipy** ['gɒsɪpɪ] *adj* geschwätzig, klatschhaft

got [gɒt] *s.* **get**

Gothic ['gɒθɪk] **I.** *adj* gotisch; **~ arch** Spitzbogen *m;* **~ novel** Schauerroman *m* **II.** *s* ① Gotik *f* ② (TYP) Fraktur *f*

gotten ['gɒtən] (*Am*) *pp* **get**

gouge [gaʊdʒ] **I.** *vt* bohren; **~ s.o.'s eyes out** jdm die Augen ausstechen **II.** *s* Hohlmeißel *m*

gou·lash ['guːlæʃ] *s* Gulasch *nt*

gourd [gʊəd] *s* Kürbis *m;* Kürbisflasche *f*

gour·mand ['gʊəmənd] *s* Schlemmer(in) *m(f);* **gour·met** ['gʊəmeɪ] *s* Feinschmecker(in) *m(f)*

gout [gaʊt] *s* Gicht *f*

gov·ern ['gʌvn] *vt* ① (*a.* GRAM) regieren ② leiten, lenken ③ bestimmen ④ (*fig*) beherrschen, zügeln; **be ~ed by** sich leiten lassen von; geregelt werden durch; **gov·ern·ance** *s* Kontrolle *f,* Regierungsgewalt *f;* **gov·er·ness** ['gʌvənɪs] *s* Gouvernante *f;* **gov·ern·ing** [-ɪŋ] *adj* regierend; führend, leitend; **~ body** Direktion *f,* Vorstand *m;* Führungsgremium *nt;* **~ idea** Leitgedanke *m*

gov·ern·ment ['gʌvənmənt] *s* ① Regierung *f* ② Regierungsform *f* ③ Staat *m* ④ Führung, Leitung *f;* **form a ~** eine Regierung bilden; **overthrow a ~** eine Regierung stürzen; **the ~ has resigned** die Regierung ist zurückgetreten; **coalition ~** Koalitionsregierung *f;* **local ~** Gemeindeverwaltung *f;* **~ bond** Staatsanleihe *f;* Bürgschaft *f* der Regierung; **~ borrowing** Kreditaufnahme *f* der öffentlichen Hand; **~ expenditure** Staatsausgaben *fpl;* **~ monopoly** Staatsmonopol *nt;* **Government Procurement Agreement, GPA** Übereinkommen *nt* über das öffentliche Beschaffungswesen; **~ revenue** Staatseinnahmen *fpl;* **~ securities** (*Br*) Wertpapiere *nt pl* der öffentlichen Hand; ~ **spending** öffentliche Ausgaben *fpl;* ~ **spokesman** Regierungssprecher(in) *m(f);* **gov·ern·mental** [ˌgʌvnˈmentl] *adj* Regierungs-, behördlich; ~ **budget** öffentlicher Haushalt; **gov·ernor** [ˈgʌvənə(r)] *s* ❶ Gouverneur *m* ❷ Leiter, Direktor *m* ❸ (*fam*) Chef *m* ❹ (TECH) Regler *m*

gown [gaʊn] *s* ❶ Kleid *nt;* Robe *f;* Talar *m* ❷ (*dressing-~*) Morgenrock *m* ❸ (*night-~*) Nachthemd *nt*

goy·ish [gɔɪˈjɪʃ] *adj* (*Am: sl pej*) nichtjüdisch

GP [dʒiːˈpiː] *s Abk. von* **General Practitioner** praktischer Arzt, praktische Ärztin

i Land & Leute

Ein **GP** (*general practitioner*) ist in Großbritannien ein praktischer Arzt oder eine praktische Ärztin. Die meisten **GPs** arbeiten mit mehreren anderen Ärzten in einer *group practice* (Gemeinschaftspraxis) zusammen.

GPO [ˌdziːpiːˈəʊ] *s Abk. von* **General Post Office** (*in GB*) Hauptpostamt *nt*

GPS [ˌdziːpiːˈes] *s Abk. von* **Global Positioning System** GPS *nt*

grab [græb] **I.** *vt* ❶ packen, schnappen ❷ an sich reißen; **how does that music ~ you?** wie gefällt Ihnen diese Musik? **II.** *vi* die Hand legen (*at* auf), greifen (*at* nach); **the brakes are ~bing** die Bremsen greifen **III.** *s* (TECH) Greifer *m;* **be up for ~s** zu haben sein; **make a ~ at s.th.** nach etw greifen

grace [greɪs] **I.** *s* ❶ Anmut, Grazie *f,* Charme *m* ❷ Anstand *m* ❸ Gefälligkeit *f,* Entgegenkommen *nt* ❹ (REL) Gnade *f;* Tischgebet *nt* ❺ (FIN) Aufschub *m,* Nachfrist *f;* **give s.o. a day's ~** jdm einen Tag Aufschub gewähren; **say ~** das Tischgebet sprechen; **do s.th. with good/bad ~** etw anstandslos/widerwillig tun; **Your Grace** Euer Gnaden **II.** *vt:* **be ~d with** geehrt sein durch; **grace·ful** [ˈgreɪsfl] *adj* anmutig; reizend; **grace·less** [ˈgreɪslɪs] *adj* ❶ schwerfällig, ungeschickt ❷ unpassend, unangebracht

gra·cious [ˈgreɪʃəs] *adj* ❶ gütig; gefällig ❷ gnädig; (**good**) ~ [*o* **me**] ach du liebe Güte!

gra·da·tion [grəˈdeɪʃn] *s* ❶ Stufenfolge *f;* Abstufung *f* ❷ Übergang *m;* Schattierung, Tönung *f;* **grade** [greɪd] **I.** *s* ❶ Stufe *f,* Schritt *m* ❷ Grad *m;* Rang *m* ❸ (Güte)Klasse, Sorte, Qualität *f* ❹ (*Am*) (Schul)Klasse *f;* Zensur *f* ❺ (*Am*) (Schul)note *f* ❻ (*Am*) Steigung, Neigung *f,* Gefälle *nt;* **at ~** (*Am*) auf gleicher Höhe; **on the upgrade/downgrade** steigend/fallend; **up to ~** (*fig*) dem Standard entsprechend; **make the ~** (*fig*) die Schwierigkeiten überwinden; es schaffen; ~ **crossing** (*Am*) schienengleicher Bahnübergang; ~ **school** (*Am*) Grundschule *f* **II.** *vt* ❶ ab-, einstufen, sortieren ❷ bewerten ❸ staffeln; einteilen, klassifizieren ❹ (*Am:* SCHULE) zensieren ❺ (*Am*) abflachen, (ein)ebnen; ~ **up** verbessern; in eine höhere Gruppe einstufen; **gradi·ent** [ˈgreɪdɪənt] *s* Steigung, Neigung *f,* Gefälle *nt;* **grad·ing** [ˈgreɪdɪŋ] *s* ❶ Einstufung, Eingruppierung, Staffelung, Klassi(fizi)erung *f* ❷ (COM) Güteklasseneinteilung *f*

i Land & Leute

Das übliche Notensystem der USA, das **grading system**, verwendet die Buchstaben: A, B, C, D, E und F, wobei das E oft fehlt. A ist die beste Note, und F (*Fail*) bedeutet durchgefallen. Die Buchstaben können auch mit einem Plus oder Minus versehen werden. Wer eine A+ erhält, hat wirklich eine Superleistung erbracht.

grad·ual [ˈgrædʒʊəl] *adj* ❶ graduell, stufen-, schrittweise ❷ allmählich; **grad·ual·ly** [ˈgrædʒʊlɪ] *adv* stufen-, schrittweise; allmählich

grad·uate¹ [ˈgrædʒʊət] *s* ❶ Universitätsabsolvent(in) *m(f)* ❷ (*Am*) Schulabsolvent(in) *m(f)* ❸ Graduierte(r) *f m*

grad·uate² [ˈgrædʒʊeɪt] **I.** *vi* ❶ einen Grad erlangen; promovieren ❷ absolvieren (*from high school* die höhere Schule) **II.** *vt* ❶ graduieren, promovieren, einen Grad verleihen (*s.o.* jdm) ❷ (*Messgerät*) einteilen; **gradu·ated** [ˈgrædʒʊeɪtɪd] *adj* Mess-; mit Messeinteilung; abgestuft; ~ **price** Staffelpreis *m;* ~ **tariff** Staffeltarif *m;* **gradu·ation** [ˌgrædʒʊˈeɪʃn] *s* ❶ Erlangung *f* eines akademischen Grades ❷ Universitäts-, *Am* Schul-, Lehrgangsabschluss *m* ❸ (Grad)Einteilung *f*

graf·fiti [grəˈfiːtɪ] *s pl* Graffiti *pl*

graft [grɑːft] **I.** *s* ❶ Pfropfreis *nt* ❷ (MED) Transplantat *nt* ❸ (*Am*) Bestechung *f;* Schmiergelder *ntpl* ❹ (*fam*) Schufterei *f;* **hard ~** Knochenarbeit *f* **II.** *vt* ❶ (auf)pfropfen (*in* in, *on* auf), okulieren ❷ (MED) verpflanzen ❸ (*Bestechungsgelder*) erhalten, annehmen **III.** *vi* (*fam*) schuften; **grafter** ['grɑ:ftə(r)] *s* ❶ (*Am*) bestechlicher Beamte(r) *m* ❷ (*fam*) Arbeitstier *nt*, Malocher *m*

grail [greɪl] *s*: **the Holy Grail** der Heilige Gral

grain [greɪn] *s* ❶ (Samen-, Getreide)Korn *nt* ❷ Getreide, Korn *nt* ❸ (Sand-, Salz)Korn *nt* ❹ Gran *nt* (*0,065 g*) ❺ (*Holz*) Struktur, Maserung *f* ❻ (*Fleisch*) Faser *f* ❼ (*Leder*) Narbe *f*; **a ~ of** ein (kleines) bisschen; **against the ~** gegen den Strich; **be without a ~ of sense** nicht ein Fünkchen Vernunft haben; **it goes against the ~ with me** das geht mir gegen den Strich; **a ~ of truth** ein Körnchen Wahrheit; **grain elevator** *s* (*Am*) Getreidesilo *m*; **grain export** *s* Getreideausfuhr *f*; **grain market** *s* Getreidemarkt *m*

gram·mar ['græmə(r)] *s* Grammatik *f*; **his ~ is awful** er drückt sich grammat(ikal)isch völlig falsch aus; **grammar book** *s* Grammatik *f*, Sprachlehrbuch *nt*; **gram·mar·ian** [grə'meərɪən] *s* Grammatiker(in) *m(f)*; **grammar school** *s* Gymnasium *nt*

i Land & Leute

Die ältesten **grammar schools** (etwa: Gymnasien) in Großbritannien wurden vor vielen Jahrhunderten für den Lateinunterricht gegründet. Um 1950 wurden Schüler nach Bestehen der Prüfung *eleven-plus examination* in **grammar schools** aufgenommen. Nur etwa 20 % der Schüler bestanden diese Prüfung und die Übrigen gingen auf eine *secondary modern school* – entspricht etwa einer Realschule. Die beiden Schularten wurden in den 60er und 70er Jahren als *comprehensive schools* (Gesamtschulen) neu organisiert.

gram·mati·cal [grə'mætɪkl] *adj* grammat(ikal)isch

gram(me) [græm] *s* (*Masse*) Gramm *nt*

gramo·phone ['græməfəʊn] *s* Plattenspieler *m*

gram·pus ['græmpəs] *s* Schwertwal *m*; **wheeze like a ~** (*fam*) wie ein Walross schnauben

gran [græn] *s* (*fam*) Oma *f*

gran·ary ['grænərɪ] *s* ❶ Getreide-, Kornspeicher *m* ❷ (*fig*) Kornkammer *f*; **granary loaf** *s* Mehrkornbrot *nt*

grand [grænd] **I.** *adj* ❶ groß; bedeutend; berühmt ❷ prächtig, prachtvoll ❸ (*fam*) großartig, fantastisch ❹ vollständig, endgültig **II.** *s* ❶ (~ *piano*) Flügel *m* ❷ (*sl*) tausend Dollar *mpl*, tausend Pfund *ntpl*

grand·child ['græntʃaɪld] <*pl* -children> *s* Enkelkind *nt*; **gran·dad**, **grand·dad** ['grændæd] *s* Opa, Opi *m*; **grand·daughter** ['græn,dɔ:tə(r)] *s* Enkelin *f*

gran·dee [græn'di:] *s* Grande *m*

gran·deur ['grændʒə(r)] *s* ❶ Größe, Erhabenheit *f* ❷ Würde *f*; **delusions of ~** Größenwahn *m*

grand·father ['grænd,fɑ:ðə(r)] *s* Großvater *m*; **~('s) clock** Standuhr *f*

gran·dilo·quent [græn'dɪləkwənt] *adj* hochtrabend, prahlerisch

gran·di·ose ['grændɪəʊs] *adj* bombastisch, hochtrabend

grand jury [,grænd 'dʒʊərɪ] *s* (*Am*) Großes Geschworenengericht; **grand larceny** *s* (JUR) schwerer Diebstahl; **grand·ma** ['grænmɑ:] *s* Oma *f*; **grand master** *s* Großmeister *m*; **grand·mother** ['græn,mʌðə(r)] *s* Großmutter *f*

i Land & Leute

Das **Grand National** ist ein britisches Pferderennen und das berühmteste Hindernisrennen der Welt. 1836 fand das erste Rennen statt und seit 1839 wird es jedes Jahr in Aintree in Liverpool abgehalten. Die Rennstrecke ist 7,2 km lang und hat 31 schwierige Hindernisse.

grand·pa ['grænpɑ:] *s* Opa *m*; **grand·parents** ['græn,peərənts] *s pl* Großeltern *pl*; **grand piano** *s* (MUS) Flügel *m*; **grand·son** ['grænsʌn] *s* Enkel *m*; **grand·stand** *s* Haupttribüne *f*; **grand total** *s* Gesamt-, Endsumme *f*

grange [greɪndʒ] *s* Bauernhof *m*, -haus *nt*

gran·ite ['grænɪt] *s* (MIN) Granit *m*

granny, **gran·nie** ['grænɪ] *s* (*fam*) Oma *f*

grant [grɑ:nt] **I.** *vt* ❶ bewilligen, gewähren ❷ (*Bescheinigung*) ausstellen ❸ (*Eigentum*) übertragen ❹ (*einem Gesuch*) entsprechen ❺ zugeben, einräumen; **take for ~ed** (fest) annehmen; als selbstverständlich voraussetzen; **~ed (that)** angenommen, zugegeben (dass) **II.** *s* ❶ Bewilligung, Gewährung, Erteilung *f* ❷ Verleihung *f*; Übertragung *f* ❸ Konzession *f* ❹ bewilligte Gelder *ntpl*, Stipendium *nt*; **~-aided** gefördert, subventioniert; ~**-in-aid** staatliche Beihilfe, Zuschuss *m*

granu·lar ['grænjʊlə(r)] *adj* körnig, granulös; **granu·lated** ['grænjʊleɪtɪd] *adj* gekörnt, granuliert; ~ **sugar** Kristallzucker *m;* **gran·ule** ['grænju:l] *s* Körnchen *nt*

grape [greɪp] *s* ❶ Weinbeere *f* ❷ ~**s** Weintrauben *fpl;* **grape·fruit** ['greɪpfru:t] *s* Grapefruit, Pampelmuse *f;* **grape juice** *s* Traubensaft *m;* **grape·vine** *s* Weinstock *m,* Weinrebe *f;* **hear s.th. on the** ~ etw gerüchteweise hören

graph [grɑ:f] **I.** *s* grafische Darstellung, Schaubild *nt;* Graph *m;* ~ **paper** Millimeterpapier *nt* **II.** *vt* grafisch darstellen

graphic ['græfɪk] *adj* ❶ grafisch ❷ anschaulich; ~ **art**(**s**) Grafik *f;* ~ **artist** Grafiker(in) *m(f);* ~**orient**(**at**)**ed** grafikorientiert; **graphics** ['græfɪks] *s pl* Grafik *f;* **graphics card** *s* (INFORM) Grafikkarte *f;* **graphics screen** *s* (INFORM) Grafikbildschirm *m*

graph·ite ['græfaɪt] *s* (MIN) Grafit *m*

graph·ol·ogist [græ'fɒlədʒɪst] *s* Grafologe *m;* Grafologin *f;* **graph·ol·ogy** [græ'fɒlədʒɪ] *s* Grafologie *f*

grapple ['græpl] *vi* ❶ raufen, ringen ❷ (*fig*) sich herumschlagen (*with* mit); **grap·pling** [-ɪŋ] *s:* ~**-iron** [*o* **-hook**] Enterhaken *m*

grasp [grɑ:sp] **I.** *vt* ❶ (er)greifen, fassen, packen ❷ (*fig*) begreifen, verstehen **II.** *vi* ❶ greifen, trachten ❷ streben (*at* nach) ❸ schnappen (*at* nach) **III.** *s* ❶ (Zu)Griff *m* ❷ (*fig*) Reichweite, Gewalt *f* ❸ Verständnis *nt;* **within s.o.'s** ~ in jds Gewalt; greifbar nahe; **have a good** ~ **of s.th.** etw sehr gut beherrschen; **lose one's** ~ loslassen; **grasp·ing** [-ɪŋ] *adj* habgierig

grass [grɑ:s] **I.** *s* ❶ Gras *nt* ❷ Rasen *m;* Weide(land *nt*) *f* ❸ (*sl*) Spitzel *m* ❹ (*sl: Marihuana*) Gras *nt;* **out at** ~ auf der Weide; **go to** ~ weiden (gehen); (*fig*) sich ausruhen; **put out to** ~ auf die Weide treiben; (*altem Pferd*) das Gnadenbrot geben; (*fig: Menschen*) aufs Abstellgleis schieben; **the** ~ **is always greener on the other side** (*prov*) man will immer das haben, was man nicht hat; **let the** ~ **grow under one's feet** sich Zeit lassen; **keep off the** ~ Betreten des Rasens verboten! **II.** *vt* mit Gras einsäen **III.** *vi* (*sl*) singen; ~ **on s.o.** jdn verpfeifen; **grass·hop·per** ['grɑ:shɒpə(r)] *s* Heuschrecke *f;* **grass·roots** [,grɑ:s'ru:ts] **I.** *s pl* gewöhnliches Volk *nt;* (POL) Basis *f;* **get down to** ~ zum Kern der Sache kommen **II.** *adj* volksnah; **at** ~ **level** an der Basis; ~ **democracy** Basisdemokratie *f;* **grass snake** *s* Ringelnatter *f;* **grass widow** *s* Strohwitwe *f;* **grass widower** *s* Strohwitwer *m;* **grassy** ['grɑ:sɪ] *adj* grasbewachsen

grate[1] [greɪt] **I.** *vt* ❶ kratzen, reiben, schaben ❷ (*Küche*) reiben; raspeln ❸ knirschen (*one's teeth* mit den Zähnen) ❹ reizen, ärgern **II.** *vi* ❶ kratzen; knirschen; quietschen; streifen ❷ reizen, aufregen (*on s.o.* jdn); ~ **on s.o.'s nerves** an jds Nerven zerren

grate[2] [greɪt] *s* ❶ (Fenster-, Tür)Gitter *nt* ❷ (Feuer)Rost *m*

grate·ful ['greɪtfl] *adj* dankbar (*to s.o.* jdm)

grater ['greɪtə(r)] *s* Reibeisen *nt;* Raspel *f*

grati·fi·ca·tion [,grætɪfɪ'keɪʃn] *s* Genugtuung, Befriedigung *f* (*at* über); **grat·ify** ['grætɪfaɪ] *vt* ❶ erfreuen, befriedigen ❷ (*Wunsch*) erfüllen; **be gratified** sich freuen; **grat·ify·ing** [-ɪŋ] *adj* erfreulich, angenehm (*to* für)

grat·ing ['greɪtɪŋ] *s* Gitter *nt*

gra·tis ['greɪtɪs] *adv, adj* gratis, umsonst; kostenlos, unentgeltlich

grati·tude ['grætɪtju:d] *s* Dankbarkeit *f* (*to* gegenüber, *for* für); **in** ~ **for** aus Dankbarkeit für

gra·tu·itous [grə'tju:ɪtəs] *adj* ❶ überflüssig, unnötig ❷ unerwünscht

gra·tu·ity [grə'tju:ətɪ] *s* ❶ Trinkgeld *nt* ❷ Gratifikation *f;* **no gratuities!** kein Trinkgeld!

grave[1] [greɪv] *adj* ❶ ernst(haft); besorgniserregend ❷ wichtig, schwerwiegend

grave[2] [greɪv] *s* Grab *nt;* **from the cradle to the** ~ von der Wiege bis zur Bahre; **dig one's own** ~ sein eigenes Grab schaufeln; **have one foot in the** ~ (*fig*) mit einem Fuß im Grabe stehen; **silent as the** ~ totenstill; **turn in one's** ~ sich im Grabe umdrehen; **s.o. is walking over my** ~ mich [*o* mir] schaudert; **grave-digger** *s* Totengräber *m*

gravel ['grævl] **I.** *s* ❶ Kies *m* ❷ (MED) Harngrieß *m* **II.** *vt* mit Kies bestreuen; **gravel-pit** *s* Kiesgrube *f;* **gravel-stone** *s* Kieselstein *m*

grave mound ['greɪvmaʊnd] *s* Grabhügel *m;* **grave robber** *s* Grabschänder *m;* **grave·stone** ['greɪvstəʊn] *s* Grabstein *m;* **grave·yard** ['greɪvjɑ:d] *s* Friedhof *m*

grav·ing dock ['greɪvɪŋ,dɒk] *s* Trockendock *nt*

gravi·tate ['grævɪteɪt] *vi* ❶ angezogen werden (*to*(*wards*) von) ❷ (*fig*) tendieren, streben (*to, towards* zu) ❸ (CHEM) sich setzen; **gravi·ta·tion** [,grævɪ'teɪʃn] *s* Schwerkraft, Gravitation *f;* **gravi·ta·tional** [,grævɪ'teɪʃənl] *adj* Gravitations-; ~ **field**

Schwerefeld *nt;* ~ **force** Schwerkraft *f;* ~ **pull** Anziehungskraft *f;* **grav·ity** ['grævətɪ] *s* ① Ernst *m* ② (PHYS) Anziehungs-, Schwerkraft *f;* **specific** ~ spezifisches Gewicht

gra·vure [grə'vjʊə(r)] *s* Gravüre *f*

gravy ['greɪvɪ] *s* ① Fleischsaft *m* ② (Braten)Soße *f* ③ (*Am sl*) Spesen *pl,* Schmiergelder *ntpl;* **get on the ~ train** auch ein Stück vom Kuchen abbekommen; **gravy boat** *s* Soßenschüssel *f*

gray *adj* (*Am*) grau

graze¹ [greɪz] **I.** *vt* ① (*Vieh*) weiden lassen ② (*Gras, Weide*) abweiden lassen **II.** *vi* grasen, weiden

graze² [greɪz] **I.** *vt* ① streifen ② (MED) (ab)schürfen **II.** *s* Schramme, Schürfwunde *f*

grease [gri:s] **I.** *s* ① Fett *nt* ② Schmierfett *nt* **II.** *vt* ① (ein)fetten ② (TECH) schmieren; **like ~d lightning** wie ein geölter Blitz; **~ s.o.'s palm** jdm Schmiergelder zahlen; **grease-gun** *s* Fettpresse *f;* **grease mark** *s* Fettfleck *m;* **grease-paint** *s* (THEAT) Schminke *f;* **grease·proof paper** *s* Butterbrotpapier *nt;* **grease spot** *s* Fettfleck *m;* **greasy** ['gri:sɪ] *adj* ① fettig, ölig; schmierig ② glitschig, schlüpfrig ③ (*fig*) aalglatt

great [greɪt] **I.** *adj* ① groß ② beträchtlich, ausgedehnt ③ (*Zeit*) lange, lange dauernd ④ mächtig, gewaltig ⑤ hervorragend, bedeutend ⑥ eindrucksvoll ⑦ (*Freund*) eng, intim ⑧ (*fam*) (ganz) groß (*in* in), geschickt (*at* bei, in), beschlagen (*at* in), interessiert (*on* an) ⑨ (*fam*) großartig, prima; gewaltig, herrlich, mächtig; **a ~ deal** eine (ganze) Menge, viel; **a ~ many** sehr viele; **no ~ matter** nichts von Bedeutung; **that's ~!** das ist (ja) prima! **II.** *s* (*fam*): **the ~** die Großen *pl;* **great-aunt** *s* Großtante *f;* **Great Bear** *s* (ASTR): **the ~** der Große Bär; **Great Britain** *s* Großbritannien *nt*

i Land & Leute

Great Britain (Großbritannien) besteht aus dem Königreich England, dem Königreich Schottland und dem Fürstentum Wales. (König Edward I von England annektierte 1282 Wales und gab es 1301 seinem eigenen Sohn als *Prince of Wales.* König James VI von Schottland erbte 1603 als James I die englische Krone und 1707 wurden die Parlamente der beiden Königreiche vereint.) Zusammen mit Nordirland bilden diese Länder das *United Kingdom* (Vereinigte Königreich). Der geografische Begriff *British Isles* (Britische Inseln) bezieht sich auf die Hauptinsel Großbritannien, einschließlich Irlands, die Isle of Man, die Hebrides, Orkney, Shetland, die Scilly Isles und die *Channel Islands* (Kanalinseln).

great·coat ['greɪtkəʊt] *s* (Winter)Mantel *m;* **Great Depression** *s* Weltwirtschaftskrise *f;* **Greater Lon·don** ['greɪtə 'lʌndən] *s* Groß-London *nt;* **great-grandchild** <*pl* -children> *s* Urenkel(in) *m(f);* **great-grandparents** *s pl* Urgroßeltern *pl;* **great-great-grandparents** *s pl* Ururgroßeltern *pl;* **great·ly** ['greɪtlɪ] *adv* sehr, in hohem Grade; **great-nephew** *s* Großneffe *m;* **great·ness** ['greɪtnɪs] *s* Größe, Bedeutung *f;* **great-niece** *s* Großnichte *f*

i Land & Leute

Die **Great Plains** in den westkanadischen Provinzen Alberta und Saskatchewan waren früher ausgedehnte Grassteppen (*prairies*). Sie wurden durch Kultivierung in eines der produktivsten Getreideanbaugebiete der Erde umgewandelt.

great-uncle *s* Großonkel *m*

Gre·cian ['gri:ʃn] *adj,* **Greece** [gri:s] *s* Griechenland *nt*

greed, greedi·ness [gri:d, 'gri:dɪnɪs] *s* ① Gier *f* (*for* nach) ② Habgier *f* ③ Gefräßigkeit *f;* **greedy** ['gri:dɪ] *adj* ① gierig (*for* nach) ② gefräßig; **be ~ for s.th.** auf etw begierig sein, nach etw gieren

Greek [gri:k] **I.** *adj* griechisch **II.** *s* ① Grieche *m,* Griechin *f* ② (das) Griechisch(e); **it's all ~ to me** das sind für mich böhmische Dörfer

green [gri:n] **I.** *adj* ① grün (*with* vor) ② unreif ③ unerfahren (*at* in); **give s.o. the ~ light** jdm freie Fahrt geben; **he was ~ with envy** er platzte vor Neid **II.** *s* ① Grün *nt,* grüne Farbe ② Grünfläche *f,* Rasen *m* ③ **~s** grünes Gemüse; **green·back** ['gri:nbæk] *s* (*Am sl*) Geldschein *m;* **green belt** *s* Grüngürtel *m;* **green card** *s* ① (AUTO) grüne Versicherungskarte *f* ② (*Am*) Aufenthalts- und Arbeitserlaubnis *f;* **greenery** ['gri:nərɪ] *s* (das) Grün (*in der*

Natur); **green-eyed** [ˌgriːn'aɪd] *adj (fig)* eifersüchtig; **the ~ monster** der Neid; **green fingers** *s pl* gärtnerisches Geschick; **green·fly** ['griːnflaɪ] *s* grüne Blattlaus; **green·gage** ['griːngeɪdʒ] *s* Reineclaude *f*; **green·grocer** ['griːnˌgrəʊsə(r)] *s* (Obst- und) Gemüsehändler(in) *m(f)*; **green·horn** ['griːnhɔːn] *s* Grünschnabel *m*; Anfänger(in) *m(f)*; **green·house** ['griːnhaʊs] *s* Gewächs-, Treibhaus *nt*; **~ effect** Treibhauseffekt *m*; **~ gas emissions** Treibhausgasemissionen *pl*; **green·ish** ['griːnɪʃ] *adj* grünlich; **green issue** *s* Umweltfrage *f*

Green·land ['griːnlənd] *s* Grönland *nt*; **Green·lander** ['griːnləndə(r)] *s* Grönländer(in) *m(f)*

green·ness ['griːnnɪs] *s (fam)* Umweltfreundlichkeit *f*

green pep·per [ˌgriːn'pepə(r)] *s* (grüne) Paprikaschote *f*; **green policy** *s* grüne Politik; **green politics** *s* Umweltpolitik *f*; **green thumb** *s (Am)* gärtnerisches Geschick

Green·wich ['grɪnɪtʃ] *s Vorort von London*; **Greenwich Mean Time, GMT** *s* westeuropäische Zeit

i Land & Leute

Die Sternwarte *Royal Observatory* in **Greenwich** wurde 1675 erbaut, um genaue Angaben über Positionen der Sterne für die Erstellung von Schifffahrtskarten zu erhalten. Der *Greenwich meridian* wurde aber erst 1884 für die ganze Welt als Längengrad 0° offiziell festgelegt. Die Zeit in den 24 Weltzeitzonen wird deshalb jetzt auf der Basis der Zeit in Greenwich berechnet, die als *Greenwich Mean Time* (*GMT*) oder *Universal Time* allgemein bekannt ist.

green·wood ['griːnwʊd] *s* Laubwald *m*

greet [griːt] *vt* ❶ (be)grüßen (*on behalf of* im Namen von) ❷ empfangen, entgegenkommen (*s.o.* jdm) ❸ sich darbieten (*her eyes* ihren Augen); **greet·ing** [-ɪŋ] *s* Begrüßung *f*; Gruß *m*; (*Am: Brief*) Anrede *f*; **~s-card** Glückwunschkarte *f*

greg·ari·ous [grɪ'geərɪəs] *adj* ❶ (*Tiere*) in Herden lebend ❷ (*Mensch*) gesellig

gre·nade [grɪ'neɪd] *s* (Hand)Granate *f*; **grena·dier** [ˌgrenə'dɪə(r)] *s* Grenadier *m*

grew [gruː] *s.* **grow**

grey [greɪ] **I.** *adj* ❶ grau ❷ trüb(e), düster ❸ grauhaarig; **turn ~** grau werden **II.** *s* Grau *nt*; (*Pferd*) Grauschimmel *m*; **grey·beard** ['greɪˌbɪəd] *s* Graubart *m*; **grey·hound** ['greɪhaʊnd] *s* Windhund *m*; **grey·ish** ['greɪɪʃ] *adj* gräulich; **grey matter** *s* ❶ (ANAT) graue Hirnsubstanz ❷ (*fam*) graue Zellen *fpl*

grid [grɪd] *s* ❶ (*a.* RADIO) Gitter *nt* ❷ (ELEK) Stromnetz *nt*; Leitungsnetz *nt* ❸ (*Karte*) Gitter *nt* ❹ (AUTO) Start(platz) *m* ❺ (THEAT) Schnürboden *m* ❻ (TECH) Netz *nt*; **~-based electricity** Stromanschluss *m*

griddle ['grɪdl] *s* (rundes) Kuchenblech *nt*; **griddle-cake** *s* Pfannkuchen *m*

grid·iron ['grɪdaɪən] *s* (Brat)Rost, Grill *m*; **grid square** *s* Planquadrat *nt*

grief [griːf] *s* Kummer, Gram *m*, Leid *nt*; **come to ~** zu Schaden kommen; (*Plan*) scheitern

griev·ance ['griːvns] *s* ❶ Beschwerde(grund *m*) *f* ❷ Missstand *m*; **nurse a ~ against s.o.** gegen jdn einen Groll haben; **grieve** [griːv] **I.** *vt* ❶ bekümmern, betrüben ❷ traurig stimmen; **it ~s me** es stimmt mich traurig **II.** *vi* ❶ bekümmert sein ❷ trauern (*at, for, over* um); **griev·ous** ['griːvəs] *adj* ❶ schmerzlich ❷ bedauerlich ❸ (*Fehler*) schwer; **~ bodily harm, GBH** (JUR) schwere Körperverletzung

grif·fin, grif·fon, gry·phon ['grɪfɪn, 'grɪfən] *s* Greif *m* (*Fabeltier*); **grif·fon** ['grɪfən] *s* ❶ Gänsegeier *m* ❷ Affenpinscher *m*

grift·er ['grɪftə] *s (Am: sl)* unbedeutender Dieb

grill [grɪl] **I.** *s* ❶ Grill *m* ❷ gegrilltes Fleisch ❸ (*~ room*) Grillroom *m* **II.** *vt* ❶ grillen ❷ (*fam fig*) streng verhören **III.** *vi* ❶ (*Fleisch*) grillen ❷ (*von der Sonne*) sich braun brennen lassen

grille [grɪl] *s* Gitter *nt*

grilling ['grɪlɪŋ] *s* strenges Verhör; **give s.o. a ~** jdn in die Zange nehmen

grim [grɪm] *adj* ❶ grimmig, erbarmungslos ❷ hart, streng ❸ abschreckend, abstoßend; **hold on like ~ death** nicht lockerlassen

gri·mace [grɪ'meɪs] **I.** *s* Grimasse *f* **II.** *vi* Grimassen schneiden

grime [graɪm] **I.** *s* Ruß *m*; Schmutz *m* **II.** *vt* verschmutzen; **grimy** ['graɪmɪ] *adj* schmutzig, verschmutzt

grin [grɪn] **I.** *vi* grinsen (*with pleasure* vor Vergnügen); **~ from ear to ear** über das ganze Gesicht grinsen; **I had to ~ and bear it** ich musste gute Miene zum bösen Spiel machen **II.** *s* ❶ Grinsen *nt* ❷ gezwungenes Lächeln; **wipe that ~ off your face!** lach mich nicht aus!

grind [graɪnd] <*irr:* ground, ground> **I.** *vt* ❶ (zer)mahlen, zerstoßen, zerreiben ❷ schleifen, wetzen ❸ (*Absatz*) bohren (*into the earth* in die Erde) ❹ (*Kaffeemühle, Leierkasten*) drehen ❺ (*fig*) quälen, bedrücken, plagen; **~ one's teeth** mit den Zähnen knirschen (*in anger* vor Wut) **II.** *vi* ❶ sich mahlen lassen ❷ (*fam*) pauken, büffeln, ochsen; sich abplagen **III.** *s* ❶ (*fam*) Schinderei, Plackerei *f* ❷ Paukerei, Büffelei *f* ❸ (*Am fam*) Büffler *m;* **grind down** *vt* unterdrücken; **grind out** *vt* mühsam hervorbringen; fabrizieren; **grin·der** ['graɪndə(r)] *s* ❶ Schleifer *m;* Schleifmaschine *f;* Schleifstein *m* ❷ Mühle *f;* Fleischwolf *m* ❸ Backenzahn *m;* **grind·stone** ['graɪndstəʊn] *s* Schleifstein *m;* **keep** [*o* **put**] **one's nose to the ~** schuften; büffeln

grin·go ['grɪŋgəʊ] <*pl* -gos> *s* (Nord)Amerikaner, Gringo *m*

grip [grɪp] **I.** *s* ❶ (fester, Zu)Griff *m* ❷ Greifen, Packen *nt* ❸ (*fig*) Fassungskraft *f;* Verständnis *nt* ❹ Herrschaft *f* (*of, on* über) ❺ (TECH) Greifer *m* ❻ Handgriff *m* ❼ Haarklemmchen *nt* ❽ (AUTO) Griffigkeit *f* ❾ Reisetasche *f;* **come to ~s** handgemein werden; aneinander geraten; **come to ~s with** (*fig*) in den Griff bekommen; **get a ~ on o.s.** sich wieder beherrschen; **lose one's ~** den Halt verlieren; (*fig*) nachlassen; **lose one's ~ on the situation** die Situation nicht mehr unter Kontrolle haben **II.** *vt* ❶ (er)greifen, packen, fassen, festhalten ❷ (*die Aufmerksamkeit*) fesseln

gripe [graɪp] **I.** *vi* ❶ Magenschmerzen haben ❷ (*fam*) meckern **II.** *s* ❶ (*fam*) Beschwerde *f* ❷ **~s** (*fam*) Magenschmerzen *mpl,* Kolik *f*

grip·ping ['grɪpɪŋ] *adj* (*Buch*) spannend, fesselnd

gris·ly ['grɪzlɪ] *adj* grässlich, schrecklich

grist [grɪst] *s:* **it's all ~ to his mill** er kann alles brauchen; das ist Wasser auf seine Mühle

gristle ['grɪsl] *s* Knorpel *m*

grit [grɪt] **I.** *s* ❶ Staub *m;* (feiner) Kies *m;* Streusand *m* ❷ (*fam*) Mut, Schneid *m,* Entschlossenheit *f* ❸ **~s** (*Am*) Hafergrütze *f* **II.** *vt* mit Sand, Kies bestreuen; **~ one's teeth** die Zähne zusammenbeißen

grizzle ['grɪzl] **I.** *s* graues Haar; Grau *nt* **II.** *vi* (*fam: Kind*) flennen, quengeln; **griz·zled** ['grɪzld] *adj* grau(meliert); **griz·zly** ['grɪzlɪ] **I.** *adj* ❶ grau, gräulich ❷ (*fam*) quengelig **II.** *s* (**~ bear**) Grisly-, Graubär *m*

groan [grəʊn] **I.** *vi* ❶ seufzen, stöhnen, ächzen (*with* vor) ❷ brummen, murren ❸ (zu) leiden (haben), seufzen (*under* unter) **II.** *vt* (**~ out**) stöhnend hervorbringen, erzählen **III.** *s* ❶ Seufzen *nt* ❷ Ächzen *nt*

groats [grəʊts] *s pl* (Hafer)Grütze *f;* Schrot *m*

grocer ['grəʊsə(r)] *s* Lebensmittelhändler(in) *m(f);* **grocery** ['grəʊsərɪ] *s* ❶ Lebensmittelgeschäft *nt* ❷ **groceries** Lebensmittel *ntpl*

grog [grɒg] *s* Grog *m*

groggy ['grɒgɪ] *adj* ❶ benommen, schwindlig ❷ wack(e)lig ❸ (SPORT: *fam*) groggy

groin[1] [grɔɪn] *s* ❶ (ANAT) Leiste(ngegend) *f* ❷ (ARCH) Grat *m;* Gewölberippe *f*

groin[2] [grɔɪn] *s* (MAR) Buhne *f*

grok [grɒk] *vt* (*sl*) schnallen

groom [gru:m] **I.** *s* ❶ Stallbursche *m* ❷ Bräutigam *m* **II.** *vt* ❶ (*Pferd*) pflegen ❷ (*Menschen, Frisur, Kleidung*) pflegen ❸ vorbereiten (*for* für); **well ~ed** gepflegt

groove [gru:v] **I.** *s* ❶ Furche, Rille, Nut, Rinne *f* ❷ Tonspur *f* ❸ (*fig*) Routine, Gewohnheit *f* **II.** *vt* auskehlen, riefeln, nuten

groovy ['gru:vɪ] *adj* (*sl*) toll, klasse; modisch

grope [grəʊp] **I.** *vt* (*fam*) befummeln **II.** *vi* ❶ (**~ about**) (herum)tappen ❷ (*a. fig*) suchen (*for* nach); **~ in the dark** im Dunkeln tappen; **~ one's way** tastend den Weg suchen; **grop·ing·ly** ['grəʊpɪŋlɪ] *adj* ❶ tastend ❷ (*fig*) unsicher

gross[1] [grəʊs] *s* Gros *nt,* 12 Dutzend *pl*

gross[2] [grəʊs] **I.** *adj* ❶ dick, fett, korpulent ❷ schwer(fällig), plump ❸ grob, rau, roh, unfein ❹ vulgär, unanständig ❺ (*Fehler*) schwer, grob; (*Ungerechtigkeit*) krass, ungeheuer(lich); (*Fehler, Nachlässigkeit*) grob ❻ (*Vegetation*) üppig ❼ (*Essen*) unappetitlich ❽ (COM) brutto **II.** *vt* einen Bruttogewinn haben von; **gross amount** *s* Bruttobetrag *m;* **gross cash flow** *s* Bruttocashflow *m* (*einschließlich Abschreibung*); **gross domestic product, GDP** *s* Bruttoinlandsprodukt *nt;* **gross income, gross receipts** *s pl* Bruttoverdienst *m,* -einkommen *nt,* -gewinn *m;* **gross·ly** ['grəʊslɪ] *adv* ❶ sehr stark, stark, schwer ❷ (*sich benehmen*) derb; **eat ~** (*sl*) essen wie ein Schwein; **gross national product, GNP** *s* Bruttosozialprodukt *nt;* **gross negligence** *s* grobe Fahrlässigkeit; **gross pay** *s* Bruttolohn *m;* **gross profit** *s* Bruttogewinn, Rohgewinn *m;* **gross ton** *s* Bruttoregistertonne *f* (= *2240 pounds*)

grot ['grɒt] *s* (*sl*) Schrott *m*

G

gro·tesque [grəʊˈtesk] **I.** *adj* ❶ grotesk, bizarr, fantastisch ❷ komisch, lächerlich **II.** *s* ❶ Groteske *f* ❷ (TYP) Grotesk *f*
grotto [ˈgrɒtəʊ] <*pl* grotto(e)s> *s* Grotte *f*
grot·ty [ˈgrɒtɪ] *adj* (*sl*) mies
grouch [graʊtʃ] **I.** *vi* (*fam*) meckern; nörgeln **II.** *s* ❶ Meckerer *m*, Nörgler(in) *m(f)* ❷ Grund *m* zur Klage; **grouchy** [ˈgraʊtʃɪ] *adj* (*fam*) meckerig, brummig, mürrisch
ground¹ [graʊnd] *pp of* **grind**
ground² [graʊnd] **I.** *s* ❶ Grund *m;* Boden *m* ❷ Meeresboden *m* ❸ (Erd)Boden *m,* Erde *f;* Land *nt* ❹ Grund und Boden *m* ❺ (*a. fig*) Gebiet *nt* ❻ (*Kunst*) Untergrund *m,* Grundierung *f* ❼ (*fig*) Grundlage, Basis *f* ❽ (Beweg)Grund *m* (*for* für, zu), Motiv *nt,* Ursache *f,* Anlass *m* ❾ **~s** Grundstück *nt;* Gelände *nt* ❿ **~s** Anlagen *fpl,* Gärten *mpl* ⓫ **~s** (Boden)Satz *m;* (Kaffee)Satz *m* ⓬ (Rechts)Grund *m;* Begründung *f;* **above ~** über der Erde; über Tage; am Leben; **below ~** unter der Erde; unter Tage; tot; **down to the ~** (*fam*) voll und ganz; **on the ~** vor Ort; **on the ~s of** auf Grund +*gen,* wegen; **on one's own ~** (*a. fig*) zu Hause; **on firm ~** (*fig*) auf festem Boden; **be on common ~** (*fig*) auf gleichem Boden stehen; **be forbidden ~** (*fig*) tabu sein; **break fresh ~** (*fig*) in Neuland vorstoßen; **cover (much) ~** eine (große) Strecke zurücklegen; (gute) Fortschritte machen; viel umfassen; **cut the ~ from under s.o.'s feet** (*fig*) jdm den Boden unter den Füßen wegziehen; **fall to the ~** (*fig: Plan*) scheitern; **gain ~** (*fig*) um sich greifen; an Boden gewinnen; **get off the ~** (*fig*) einen guten Anfang machen; **give ~** nachgeben, weichen; **hold** [*o* **keep**] [*o* **stand**] **one's ~** seinen Platz behaupten; seinen Mann stehen; **keep one's feet on the ~** mit den Füßen auf festem Boden bleiben; **lose ~** an Boden verlieren; **that suits me down to the ~** genau das wollte ich; das passt mir ausgezeichnet; **coffee-~s** Kaffeesatz *m;* **fishing-~s** Fischgründe *mpl;* **~ for divorce** Scheidungsgrund *m;* **~ for suspicion** Verdachtsmoment *nt* **II.** *vt* ❶ (*Schiff*) auf Grund auflaufen lassen ❷ (AVIAT) nicht starten lassen ❸ (ELEK) erden ❹ (*fig*) begründen; basieren (*on* auf) ❺ die Grundlagen beibringen (*s.o.* jdm, *in* in) ❻ (*Am fam*) ans Haus fesseln; **be ~ed** nicht ausgehen dürfen, Stubenarrest haben; **be well ~ed in** gute Vorkenntnisse haben in **III.** *vi* (*Schiff*) auflaufen; **ground bass** *s* (MUS) Grundbass *m;* **ground control** *s* Bodenkontrolle *f;* **ground crew** *s* Bodenpersonal *nt;* **ground floor** *s* Erdgeschoss *nt;* **get in on the ~** (*fig fam*) gleich zu Beginn einsteigen; **ground fog** *s* Bodennebel *m;* **ground frost** *s* Bodenfrost *m*

i Land & Leute

In den USA heißt der 2. Februar **Groundhog Day**. An diesem Tag kommt das *groundhog* (Waldmurmeltier) angeblich aus seinem Erdloch, wo es seinen Winterschlaf gehalten hat. Sieht es seinen Schatten, so dauert der Winter nach dem Volksglauben noch sechs Wochen und das Murmeltier geht wieder in sein Loch. Aber wenn es bewölkt ist und es seinen Schatten nicht sieht, bleibt es draußen, weil der Frühling kommt.

ground·ing [ˈgraʊndɪŋ] *s* ❶ Grundkenntnisse *fpl* ❷ (AVIAT) Startverbot *nt;* Hinderung *f* am Start; (*Pilot*) Sperren *nt;* **give s.o. a ~ in German** jdm die Grundlagen des Deutschen beibringen; **ground keeper** *s* (SPORT) Platzwart *m;* **ground·less** [ˈgraʊndlɪs] *adj* grundlos, unbegründet, ungerechtfertigt; **ground·nut** *s* Erdnuss *f;* **ground personnel** *s* Bodenpersonal *nt;* **ground·sheet** [ˈgraʊndʃiːt] *s* Zeltboden *m;* **grounds·man** [ˈgraʊndzmən] <*pl* -men> *s* Platzwart *m;* **ground staff** *s* (AVIAT) Bodenpersonal *nt;* **ground-station** *s* (AVIAT) Bodenstation *f;* **ground-swell** [ˈgraʊndswel] *s* Dünung *f;* (*fig*) Anschwellen *nt,* Zunahme *f;* **ground temperature** *s* Bodentemperatur *f;* **ground-to-air missile** *s* Boden-Luft-Rakete *f;* **ground-to-ground missile** *s* Boden-Boden-Flugkörper *m;* **ground troup** *s* Bodentruppe *f;* **ground water** *s* Grundwasser *nt;* **ground·work** [ˈgraʊndwɜːk] *s* (*fig*) Grundlage, Basis *f*
group [gruːp] **I.** *s* ❶ Gruppe *f* ❷ (*Br*) Geschwader *nt;* (*Am*) Gruppe *f* ❸ (COM) Konsortium *nt;* Unternehmensgruppe *f;* Konzern *m* ❹ (THEAT) Ensemble *nt* **II.** *vt* gruppieren; anordnen; **group booking** *s* Gruppenbuchung *f;* **group captain** *s* (MIL: *Luftwaffe*) Oberst *m;* **group dynamics** *s pl* Gruppendynamik *f*
groupie [ˈgruːpɪ] *s* (weiblicher) Fan *m;* Groupie *nt*
group·ing [ˈgruːpɪŋ] *s* (Ein)Gruppierung, (An)Ordnung *f*
group prac·tice [ˈgruːpˌpræktɪs] *s* (MED) Gemeinschaftspraxis *f;* **group therapy** *s*

(MED) Gruppentherapie *f;* **group ticket** *s* Sammelfahrschein *m*

grouse[1] [graʊs] <*pl* grouse> *s* Moorhuhn *nt*

grouse[2] [graʊs] **I.** *s* Klage *f;* **have a ~** sich beklagen **II.** *vi* meckern, nörgeln, murren (*about* über)

grove [grəʊv] *s* Wäldchen *nt;* **olive ~** Olivenhain *m*

grovel ['grɒvl] *vi* ① liegen (*at s.o.'s feet* jdm zu Füßen, *before s.o.* vor jdm) ② (*a. fig*) kriechen (*in the dirt, dust* im Staube)

grow [grəʊ] <*irr:* grew, grown> **I.** *vi* ① wachsen ② (*fig*) zunehmen, sich entwickeln ③ sich ausdehnen; sich vergrößern; sich vermehren ④ werden (*into* zu), erwachsen (*from* aus); **~ into fashion** Mode werden; **~ into a habit** zur Gewohnheit werden; **~ on s.o.** jdm ans Herz wachsen; **~ out of fashion/use** aus der Mode/aus dem Gebrauch kommen **II.** *vt* ① züchten ② (an)bauen ③ (*Bart*) sich wachsen lassen; **grow away from** *vi* sich entfremden von; **grow down** *vi* zurückgehen, abnehmen; **grow into** *vi* ① heranwachsen zu ② hineinwachsen in; **grow out of** *vi* ① herauswachsen aus ② (*eine Gewohnheit*) verlieren ③ (*fig*) entstehen aus; herrühren von; **grow up** *vi* ① auf-, heranwachsen ② (*fig*) sich entwickeln; **~ up!** sei nicht kindisch; **grow worse** *vi* sich verschlimmern

grower ['grəʊə(r)] *s* Züchter(in) *m(f),* Erzeuger(in) *m(f);* **grow·ing** ['grəʊɪŋ] *adj* wachsend; steigend; **growing pains** *s pl* Wachstumsschwierigkeiten *fpl;* (*fig*) Kinderkrankheiten *fpl*

growl [graʊl] **I.** *s* ① Brummen *nt* ② (*Hund*) Knurren *nt* ③ (*Donner*) Rollen *nt* **II.** *vi* ① knurren, brummen, murren ② (*Donner*) grollen; **~ at s.o.** (*Hund*) jdn anknurren **III.** *vt* (*~ out*) hervorstoßen

grown [grəʊn] **I.** *pp of* **grow II.** *adj* ① herangewachsen ② bewachsen (*with* mit); **~ 20-fold** verzwanzigfacht; **grown-up** ['grəʊnʌp] **I.** *adj* erwachsen **II.** *s* Erwachsene(r) *f m*

growth [grəʊθ] *s* ① Wachstum *nt* ② Heranwachsen *nt;* Entwicklung *f* ③ Züchtung, Erzeugung *f;* Ernte *f* ④ (*fig*) Zunahme *f,* Zuwachs *m* (*in* an) ⑤ (MED) Tumor *m,* Gewächs *nt;* **growth industries** *s pl* Wachstumsindustrien, -branchen *fpl;* **growth rate** *s* Wachstumsrate *f;* **growth stock** *s* (FIN) Wachstumsaktie *f*

groyne [grɔɪn] *s* (MAR) Buhne *f*

grub [grʌb] **I.** *vi* ① graben ② (herum)wühlen, stöbern **II.** *vt* ausgraben, -roden; **~ out** [*o* **up**] ausgraben **III.** *s* ① Larve, Made *f* ② (*sl*) Fraß *m,* Futter *nt;* **grubby** ['grʌbɪ] *adj* schmutzig, unsauber

grudge [grʌdʒ] **I.** *vt* nicht gönnen (*s.o. s.th.* jdm etw); **not ~ s.o. s.th.** jdm etw gönnen; **~ doing s.th.** etw ungern, widerwillig tun; **I ~ the time** es ist mir Leid um die Zeit **II.** *s* ① Groll *m* ② Neid *m;* **bear s.o. a ~** jdm etw nachtragen; **grudg·ing·ly** ['grʌdʒɪŋlɪ] *adv* (nur) ungern, widerwillig

gruel ['gru:əl] *s* Haferschleim *m*

gruel·ling ['gru:əlɪŋ] *adj* zermürbend, aufreibend

grue·some ['gru:səm] *adj* grausig, schauerlich, schaurig

gruff [grʌf] *adj* ① bärbeißig, schroff ② grob, barsch ③ (*Stimme*) rau

grumble ['grʌmbl] **I.** *vi* ① brummen; nörgeln, murren (*at, about, over* über) ② (*Donner*) (g)rollen; **mustn't ~!** (*fam*) ich kann mich nicht beschweren! **II.** *vt* murrend sagen **III.** *s* ① Murren *nt;* Nörgeln *nt* ② Grollen *nt*

grump [grʌmp] *vi* (*fam*) meckern; **grumpy** ['grʌmpɪ] *adj* verdrießlich, mürrisch, reizbar

grunt [grʌnt] **I.** *vi* ① grunzen ② (*Mensch*) stöhnen **II.** *vt* (*~ out*) brummend sagen **III.** *s* ① Grunzen *nt* ② Stöhnen *nt*

gry·phon ['grɪfən] *s* (Vogel) Greif

G-string ['dʒi:strɪŋ] *s* ① (MUS) G-Saite *f* ② Minislip *m*

guar·an·tee [,gærən'ti:] **I.** *s* ① Garantie *f;* Bürgschaft *f;* Gewähr(leistung) *f;* Kaution *f* ② Beweis *m,* Sicherheit *f* ③ Garant(in) *m(f),* Bürge *m,* Bürgin *f;* Gewährsmann *m;* **conditional ~** Ausfallbürgschaft *f;* **joint ~** Mitgarant, -bürge *m;* **~ of a bill of exchange** Wechselbürgschaft *f,* -bürge *m;* **~ deposit** Kaution *f* **II.** *vt* garantieren, gewährleisten, bürgen für; Garantie leisten für; **he can't ~ that** dafür kann er nicht garantieren; **guar·an·teed** [,gærən'ti:d] *adj* garantiert; gesichert; **~ annual wages** garantierter Jahreslohn; **~ mortgage** Hypothekenpfandbrief *m;* **guar·an·tor** [,gærən'tɔ:(r)] *s* Garant(in) *m(f),* Bürge *m,* Bürgin *f;* **stand as ~ for s.o.** für jdn Bürgschaft leisten; **guar·an·ty** ['gærəntɪ] *s* (JUR) Garantie *f,* Kaution, Bürgschaft *f;* **~ of collection** Ausfallbürgschaft *f*

guard [gɑ:d] **I.** *vt* ① wachen über; bewachen ② behüten, beschützen (*from, against* vor) ③ (*Gefangene*) bewachen ④ beaufsichtigen **II.** *s* ① Wache *f* ② Wachsamkeit, Vorsicht *f* ③ Wache, Wachmannschaft *f;* Wachmann, Posten *m* ④ (Gefangenen)Wärter(in) *m(f)* ⑤ (RAIL) Schaff-

G

ner(in) *m(f)*, Zugführer(in) *m(f)*; (*Am*) Bahnwärter(in) *m(f)* ❻ (*in Irland*) Polizist(in) *m(f)*; **the guards** die Polizei (in Irland); **be on/off one's** ~ auf/nicht auf der Hut sein; **stand** [*o* **keep**] ~ Wache stehen; **his** ~ **was up** (**down**) er war (nicht) auf der Hut; **guard against** *vi* ❶ sich in Acht nehmen vor; sich hüten vor ❷ (*Krankheit, Missverständnis*) vorbeugen (*s.th.* einer S) ❸ (*Unfall*) verhüten; **guard dog** *s* Wachhund *m*; **guard duty** *s* Wachdienst *m*; **be on** ~ Wache haben, auf Wache sein; **guarded** ['gɑːdɪd] *adj* ❶ zurückhaltend ❷ (*Antwort*) vorsichtig; **guard·house** *s* Wache *f*

i Land & Leute

Es gibt sieben Regimenter der **Guards** (Garde), die zu den *Household Troops* des britischen Monarchen gehören: zwei *Household Cavalry* (Kavallerie) Regimenter: die *Life Guards* und die *Blues and Royals*; und fünf Regimenter der Infantrie: die *Grenadier Guards*, die *Coldstream Guards*, die *Scots Guards*, die *Irish Guards* und die *Welsh Guards*. Die Zeremonie der Wachablösung (*changing the guard*) findet alle zwei Tage um 11.30 vor dem *Buckingham Palace* statt.

guard·ian ['gɑːdɪən] *s* ❶ Wächter(in) *m(f)*, Wärter(in) *m(f)* ❷ Vormund *m*, Pfleger(in) *m(f)*; **guardian angel** *s* Schutzengel *m*; **guard·ian·ship** [-ʃɪp] *s* Vormundschaft *f*; Pflegschaft *f*; **place under** ~ unter Vormundschaft stellen

guard·rail ['gɑːdreɪl] *s* Geländer *nt*; **guard·room** *s* Wachraum *m*, -stube *f*; **guards·man** ['gɑːdsmən] <*pl* -men> *s* Gardist *m*

Gua·te·ma·la [ˌgwɑːtɪ'mɑːlə] *s* Guatemala *nt*; **Gua·te·ma·lan** [ˌgwɑːtɪ'mɑːlən] **I.** *adj* guatemaltekisch **II.** *s* Guatemalteke *m*, Guatemaltekin *f*

guer·(r)illa [gə'rɪlə] *s* Guerilla *f*; Guerillakämpfer(in) *m(f)*, Freischärler(in) *m(f)*; **guerilla warfare** *s* Guerillakrieg *m*

guess [ges] **I.** *vt* ❶ (er)raten; schätzen; vermuten, ahnen ❷ (*fam*) annehmen, glauben, meinen **II.** *vi* ❶ raten ❷ schätzen (*at s.th.* etw); **I** ~ (*Am fam*) ich glaube; **I** ~ **so** vermutlich! **III.** *s* Vermutung, Annahme *f*; Schätzung *f*; **at a** [*o* **by**] ~ aufs Geratewohl; schätzungsweise; **make a** ~ **at s.th.** etw raten; über etw Vermutungen äußern; **have a** ~**!** rate mal!; **I'll give you three** ~**es** dreimal darfst du raten; **it's anybody's** ~ niemand weiß etwas Genaues; **your** ~ **is as good as mine** ich weiß so wenig wie Sie; **gues·sing game** ['gesɪŋˌgeɪm] *s* Ratespiel *nt*; (*fig*) Raterei *f*; **guess·ti·mate** ['gestɪmɪt] *s* grobe Schätzung; **guess·work** *s* Vermutung, Mutmaßung *f*

guest [gest] **I.** *s* Gast *m*; **paying** ~ Pensionsgast *m*; **be my** ~**!** bitte sehr! **II.** *vi* als Gast mitwirken; **guest-house** *s* (Privat)Pension *f*, Gästehaus *nt*; **guest-room** *s* Gäste-, Fremdenzimmer *nt*; **guest worker** *s* Gastarbeiter(in) *m(f)*

guf·faw [gə'fɔː] **I.** *s* schallendes Gelächter *nt* **II.** *vi* schallend lachen

guid·ance ['gaɪdns] *s* ❶ Anleitung *f*; Beratung *f* ❷ Studienberatung *f*; **for s.o.'s** ~ zu jds Orientierung; **under s.o.'s** ~ unter jds Leitung; **spiritual** ~ geistiger Rat; **pray for** ~ um Erleuchtung beten; ~ **system** Steuerungssystem *nt* (*an Rakete*); **vocational** ~ Berufsberatung *f*

guide [gaɪd] **I.** *s* ❶ (Fremden)Führer(in) *m(f)* ❷ Vorbild *nt* ❸ (~ *-book*) Reiseführer *m* (*Buch*) ❹ Leitfaden *m* (*Buch*) ❺ Anhaltspunkt, Hinweis *m* ❻ (*Br: girl* ~) Pfadfinderin *f* **II.** *vt* ❶ führen, leiten, lenken ❷ beraten ❸ Anweisungen geben (*s.o.* jdm) ❹ (TECH) (fern)steuern; **guided** ['gaɪdɪd] *adj* (TECH) (fern)gelenkt, gesteuert; **be** ~ **by** sich leiten lassen von; ~ **missile** ferngelenktes Geschoss; ~ **tour** Führung *f*; **guide-dog** *s* Blindenhund *m*; **guide-line** *s* Richtlinie *f*; Richtwert *m*

i Land & Leute

Die **Guide Movement** (Pfadfinderinnenbewegung) oder die *Guide Association* (früher hießen sie die *Girl Guides*) wurde 1910 von Robert Baden-Powell mit Unterstützung seiner Schwester Agnes und seiner Frau als Organisation parallel zu der *Scout Association* (Pfadfindervereinigung) gegründet. Ihre allgemeine Zielsetzung ist, den Mädchen Selbstständigkeit und die Staatsbürgerpflichten beizubringen. In Großbritannien unterscheidet man nach drei Altersgruppen der Mitglieder: die *Brownie Guides* (im Alter von 7–10), die *Guides* (10–16) und die *Ranger Guides* (16–20).

guide-posts *s pl* Wegweiser *mpl;* **guide·rope** *s* Schlepptau *nt;* **guid·ing hand** ['gaɪdɪŋ 'hænd] *s* leitende Hand; **guid·ing prin·ciple** ['gaɪdɪŋ 'prɪnsəpl] *s* Leitmotiv *nt*

guild [gɪld] *s* ❶ Gilde, Zunft, Innung *f* ❷ Vereinigung *f*

guilder ['gɪldə(r)] *s* (holländischer) Gulden *m*

guile [gaɪl] *s* Hinterlist *f;* **guile·ful** ['gaɪlfl] *adj* arg-, hinterlistig; **guile·less** ['gaɪllɪs] *adj* arglos, (frei und) offen

guillo·tine ['gɪləti:n] **I.** *s* ❶ Fallbeil *nt,* Guillotine *f* ❷ Papierschneidemaschine *f* ❸ (PARL) Befristung *f* der Debatten **II.** *vt* ❶ mit dem Fallbeil hinrichten ❷ (PARL: *Debatten*) abkürzen

guilt [gɪlt] *s* Schuld *f;* **admit one's ~** sich schuldig bekennen; **guilt·less** [-lɪs] *adj* schuldlos, unschuldig (*of* an); **guilt out** [gɪlt'aʊt] *vi:* **get ~ed out** sich sehr schuldig fühlen; **guilty** ['gɪltɪ] *adj* schuldig; (*Blick*) schuldbewusst; **feel ~** ein schlechtes Gewissen haben; **plead ~** sich schuldig bekennen; **guilty conscience** *s* schlechtes Gewissen; **guilty secret** *s* dunkles Geschäft

Guinea ['gɪnɪ] *s* Guinea *nt*

guinea ['gɪnɪ] *s* Guinee *f* (*21 Shilling*); **guinea-fowl** *s* Perlhuhn *nt;* **guinea-pig** *s* ❶ Meerschweinchen *nt* ❷ (*fig*) Versuchskaninchen *nt*

guise [gaɪz] *s:* **in a new ~** (*fig*) in neuem Gewand(e); **in the ~ of** in der Maske *+gen,* in Gestalt von

guitar [gɪ'tɑ:(r)] *s* Gitarre *f;* **guitar·ist** [gɪ'tɑ:rɪst] *s* Gitarrist(in) *m(f),* Gitarrenspieler(in) *m(f)*

gulch [gʌltʃ] *s* (*Am*) Schlucht, Klamm *f*

gulf [gʌlf] *s* ❶ Meerbusen, Golf *m* ❷ Kluft *f;* (*a. fig*) Abgrund *m;* **the Golf Stream** der Golfstrom; **the Persian Golf** der Persische Golf; **the Golf War** der Golfkrieg

gull [gʌl] **I.** *s* ❶ (*sea~*) Möwe *f* ❷ (*fig*) Gimpel *m* **II.** *vt* ❶ hereinlegen, betrügen ❷ verleiten (*into* zu)

gul·let ['gʌlɪt] *s* Speiseröhre *f*

gull·ible ['gʌləbl] *adj* leichtgläubig

gully ['gʌlɪ] *s* ❶ (tiefe) (Wasser)Rinne *f* ❷ Schlucht *f* ❸ Abzugsgraben *m;* (Abzugs)Kanal *m*

gulp [gʌlp] **I.** *vt* ❶ (*~ down*) hinunter-, verschlingen ❷ (*Seufzer: ~ back*) unterdrücken ❸ (*Getränk*) hinunterstürzen **II.** *vi* würgen **III.** *s* (großer) Schluck *m;* **empty at one ~** in einem Zug leeren

gum¹ [gʌm] **I.** *s* ❶ Kautschuk *m* ❷ Gummi(lösung *f*), Klebstoff *m* ❸ (*Am*) Kaugummi *m* ❹ **~s** (*Am*) Gummi-, Überschuhe *mpl* **II.** *vt* ❶ gummieren ❷ ankleben (*to* an); **gum up** *vt* verkleben; **~ up the works** alles verkleben; (*fig*) alles durcheinander bringen; **be ~med up** (*Pläne*) undurchführbar sein

gum² [gʌm] *s* Zahnfleisch *nt;* **gum·boil** ['gʌmbɔɪl] *s* Zahngeschwür *nt*

gum·drop ['gʌmdrɒp] *s* Geleebonbon *m od nt;* **gummy** ['gʌmɪ] *adj* klebrig

gump·tion ['gʌmpʃn] *s* (*fam*) ❶ Pfiffigkeit *f,* Grips *m* ❷ Unternehmungsgeist *m*

gum·shield ['gʌmʃi:ld] *s* Zahnschutz *m*

gum·shoe ['gʌmʃu:] *s* ❶ Gummi-, Überschuh *m* ❷ Turnschuh *m* ❸ (*fam*) Detektiv(in) *m(f),* Schnüffler(in) *m(f);* **gum·tree** ['gʌmtri:] *s* Gummibaum *m;* **be up a ~** (*sl*) in der Patsche sitzen, in der Klemme sein

gun [gʌn] **I.** *s* ❶ Kanone *f,* Geschütz *nt;* Gewehr *nt* ❷ (*fam*) Pistole *f,* Revolver *m* ❸ (TECH) Spritzpistole *f;* Fettpresse *f* ❹ Schütze *m;* Pistolenheld *m;* **jump the ~** voreilig sein; **spike s.o.'s ~s** (*fig*) jdn matt setzen; **stick to one's ~s** (*fig*) durchhalten; bei der Stange bleiben; **carry a ~** bewaffnet sein; **draw a ~ on s.o.** jdn mit der Waffe bedrohen; **big ~** (*fig*) hohes Tier; **be going great ~s** gut in Schuss sein **II.** *vt* (*~ down*) erschießen; abschießen **III.** *vi* (*sl*) sausen, schießen; **he's ~ning for you** (*fig*) er hat dich auf dem Korn; **gun barrel** *s* Kanonenrohr *nt;* Gewehrlauf *m;* Pistolenlauf *m;* **gun-fight** *s* Schießerei *f;* Schusswechsel *m;* **gun·fire** *s* Schüsse *mpl,* Geschützfeuer *nt*

gunky ['gʌŋkɪ] *adj* (*fam*) schmierig, schleimig

gun-licence *s* Waffenschein *m;* **gun-man** ['gʌnmən] <*pl* -men> *s* Bewaffnete(r) *m;* **gun·ner** ['gʌnə(r)] *s* ❶ Kanonier *m* ❷ (AVIAT) Bordschütze *m;* **gun·powder** ['gʌn,paʊdə(r)] *s* Schießpulver *nt;* **gun-runner** *s* Waffenschmuggler *m;* **gun-running** *s* Waffenschmuggel *m;* **gun·shot** ['gʌnʃɒt] *s* ❶ Schuss *m* ❷ (*Entfernung*) Schussweite *f;* **gunshot wound** *s* Schusswunde *f;* **gun·slinger** ['gʌn,slɪŋə(r)] *s* Revolverheld *m*

gurgle ['gɜ:gl] **I.** *vi* glucksen; gurgeln **II.** *s* Gluckern *nt;* Gurgeln *nt*

guru ['gʊru] *s* Guru *m*

gush [gʌʃ] **I.** *vi* ❶ heraussspritzen, -sprudeln ❷ sich ergießen (*from* aus) ❸ überfließen (*with* von) ❹ (*fig*) schwärmen (*over* von) **II.** *s* ❶ Guss *m* ❷ (*fig*) Erguss *m,* Schwärmerei *f;* **gusher** ['gʌʃə(r)] *s* ❶ (sprudelnde) Ölquelle *f* ❷ (*fig*) Schwärmer(in) *m(f);*

G

gush·ing [-ɪŋ] *adj* ① sprudelnd ② (*fig*) schwärmerisch; überspannt, überschwenglich; **gushy** [ˈgʌʃɪ] *adj* schwärmerisch
gus·set [ˈgʌsɪt] *s* ① Zwickel *m* ② Eckblech *nt*
gust [gʌst] *s* ① Windstoß *m*, Bö *f* ② Ausbruch *m*
gusto [ˈgʌstəʊ] *s* ① Genuss *m*; Vorliebe *f* (*for* für) ② Vergnügen *nt*; **do s.th. with ~** etw mit Begeisterung tun
gusty [ˈgʌstɪ] *adj* stürmisch
gut [gʌt] **I.** *s* ① Darm *m* ② Darmsaite *f* ③ **~s** (*fam*) Eingeweide *ntpl* ④ **~s** Mut *m* ⑤ **~s** (AUTO) Bestandteile *mpl*, eines Motors; **hate s.o.'s ~s** (*fam*) jdn nicht ausstehen können; **have the ~s to do something** den Mut haben etw zu tun; **work one's ~s out** (*fam*) wie verrückt schuften; **~ reaction** gefühlsmäßige Reaktion **II.** *vt* ① ausweiden, -nehmen ② im Innern völlig zerstören; **be ~ted by fire** ausgebrannt sein; **gut·less** [-lɪs] *adj* feige; **gutsy** [ˈgʌtsɪ] *adj* ① (*fam*) mutig ② (*fam*) verfressen
gut·ter [ˈgʌtə(r)] **I.** *s* ① Dachrinne *f* ② Rinnstein *m*; (*a. fig*) Gosse *f* **II.** *vi* (*Kerze*) tropfen; (*Flamme*) flackern; **gutter journalism** *s* Kloakenjournalismus *m*; **gutter press** *s* Skandalpresse *f*
gut·tural [ˈgʌtərəl] *adj* guttural
guy[1] [gaɪ] *s* ① (MAR) Backstag *m*; Geitau *nt* ② (*~-rope*) Haltetau *nt*; Halterung *f*; Zeltleine *f*
guy[2] [gaɪ] **I.** *s* ① (*Am fam*) Kerl, Typ, Bursche *m* ② Guy-Fawkes-Puppe *f*; (*fig*) Schießbudenfigur *f* **II.** *vt* lächerlich machen

i Land & Leute

Guy Fawkes gehörte der katholischen Verschwörung von 1605 an, die als der *Gunpowder Plot* (Schießpulver-Komplott) bekannt wurde. Sie versuchte das englische *Houses of Parliament* (Parlamentsgebäude) zusammen mit König James I und allen seinen Ministern in die Luft zu sprengen. Guy Fawkes wurde geschnappt als er am 5. November im Keller Sprengstoff auslegte. Er wurde daraufhin gefoltert, vor Gericht gestellt und dann gehängt. Dieses Ereignis wird immer noch am 5. November mit *bonfire parties* gefeiert, bei denen eine Stoffpuppe, die man als einen *guy* bezeichnet, auf einem Scheiterhaufen verbrannt wird. Außerdem gibt es noch ein großes Feuerwerk.

guzzle [ˈgʌzl] *vi, vt* saufen; fressen
gym [dʒɪm] *s* ① (*fam*) Turnhalle *f* ② Turnen *nt*, Turnstunde *f* ③ Fitnessraum *m*
gym·khana [dʒɪmˈkɑːnə] *s* Reiterfest *nt*
gym·nasium [dʒɪmˈneɪzɪəm] *s* Turnhalle *f*; **gym·nast** [ˈdʒɪmnæst] *s* Turner(in) *m(f)*, (Leicht)Athlet(in) *m(f)*; **gym·nas·tic** [dʒɪmˈnæstɪk] *adj* turnerisch, (leicht)athletisch, gymnastisch; **gym·nas·tics** [dʒɪmˈnæstɪks] *s pl meist mit sing* Turnen *nt*; Leibesübungen *fpl*; **gym shoes** *s pl* Turnschuhe *mpl*; **gym shorts** *s pl* Turnhose *f*
gyn(a)e·co·logi·cal [ˌgaɪnɪkəˈlɒdʒɪkl] *adj* gynäkologisch; **gyn(a)e·colo·gist** [ˌgaɪnɪˈkɒlədʒɪst] *s* Frauenarzt *m*, -ärztin *f*, Gynäkologe *m*, Gynäkologin *f*; **gyn(a)e·col·ogy** [ˌgaɪnɪˈkɒlədʒɪ] *s* Gynäkologie *f*
gyp [dʒɪp] **I.** *s* (*sl*) Schwindel *m*, Gaunerei *f*; **give s.o. ~** (*fam*) jdn fertig machen **II.** *vt* (*sl*) beschwindeln, begaunern
gyp·sum [ˈdʒɪpsəm] *s* Gips *m*
gypsy [ˈdʒɪpsɪ] *s* Zigeuner(in) *m(f)*
gy·rate [ˌdʒaɪˈreɪt] *vi* ① rotieren ② sich drehen, wirbeln (*round* um); **gy·ra·tion** [ˌdʒaɪˈreɪʃn] *s* ① Rotation, Kreisbewegung *f* ② Wirbel *m*; **gy·ro·com·pass** [ˈdʒaɪrəʊˈkɒmpəs] *s* Kreiselkompass *m*; **gyro·scope** [ˈdʒaɪrəskəʊp] *s* Gyroskop *nt*

Hh

H, h [eɪtʃ] <*pl* -'s> *s* H, h *nt*
ha [hɑː] *interj* ha! ah!
ha·beas cor·pus [ˌheɪbɪəsˈkɔːpəs] *s* (JUR: *writ of ~*) Vorführungsbefehl *m*
hab·er·dasher [ˈhæbədæʃə(r)] *s* ① (*Br*) Kurzwarenhändler(in) *m(f)* ② (*Am*) Inhaber *m* eines Herrenartikelgeschäfts; **hab·er·dashery** [ˌhæbəˈdæʃərɪ] *s* ① (*Br*) Kurzwaren(handlung *f*) *fpl* ② (*Am*) Herrenartikel(geschäft *nt*) *mpl*
habit [ˈhæbɪt] *s* ① Angewohnheit, Gewohnheit(ssache) *f* ② Gewand *nt*; (kirchliche) Tracht *f*; **from** [*o* **out of**] **~** aus Gewohnheit; **be in the ~** die Angewohnheit haben (*of doing s.th.* etw zu tun); **~s of consumption** Verbraucher-, Konsumgewohn-

heiten; **get into the ~ of doing s.th.** sich etw angewöhnen; **get out of the ~ of doing s.th.** sich etw abgewöhnen

hab·it·able ['hæbɪtəbl] *adj* (*Haus*) bewohnbar

habi·tat ['hæbɪtæt] *s* (BIOL) Habitat *nt*, Standort *m;* Verbreitungsgebiet *nt;* **~s of species under threat** Lebensräume bedrohter Tiere

habi·ta·tion [ˌhæbɪ'teɪʃn] *s* (Be)Wohnen *nt;* **fit for ~** bewohnbar

ha·bit·ual [hə'bɪtʃʊəl] *adj* ❶ gewohnt, üblich ❷ gewohnheitsmäßig; **~ criminal** Gewohnheitsverbrecher(in) *m(f);* **~ drunkard** Gewohnheitstrinker(in) *m(f);* **ha·bitu·ate** [hə'bɪtʃʊeɪt] *vt* gewöhnen (*to* an, *to do, doing* daran, zu tun)

hack¹ [hæk] **I.** *vt* ❶ (zer)hacken (*to pieces* in Stücke) ❷ (*Fußball*) vors Schienbein treten (*s.o.* jdm) **II.** *vi* trocken husten; **~ing cough** trockener Husten **III.** *s* ❶ Hieb *m* ❷ Tritt *m* vors Schienbein

hack² [hæk] **I.** *s* ❶ Schindmähre *f* ❷ (*pej*) Schreiberling *m* **II.** *vi* über Land reiten

hack³ [hæk] *vt* (INFORM) hacken; **hacker** [-ə(r)] *s* (INFORM) Hacker(in) *m(f)*

hackles ['hæklz] *s pl* Nackenfedern *fpl;* **with his ~ up** mit gesträubten Federn; (*fig*) kampfbereit; **get s.o.'s ~ up** jdn verärgern

hack·ney ['hæknɪ] *s* Reit-/Kutschpferd *nt;* **hackney carriage** *s* (Pferde)Droschke *f;* Taxi *nt;* **hack·neyed** ['hæknɪd] *adj* abgedroschen

hack·saw ['hæksɔː] *s* Metallsäge *f*

hack·ti·vism *s* Hacktivismus *m* (*politischer Aktivismus in Form von Hacker-Angriffen im Internet*)

had [həd, *betont* hæd] *s.* **have**

had·dock ['hædək] <*pl* -> *s* Schellfisch *m*

hadn't ['hædnt] = **had not**

hae·ma·tite ['hemətaɪt] *s* (MIN) Roteisenstein *m;* Roteisenerz *nt;* **hae·mo·glo·bin** [ˌhiːmə'gləʊbɪn] *s* Hämoglobin *nt*, roter Blutfarbstoff; **hae·mo·philia** [ˌhiːmə'fɪlɪə] *s* Bluterkrankheit *f;* **hae·mo·phil·iac** [ˌhiːməʊ'fɪlɪæk] *s* Bluter *m;* **hae·mor·rhage** ['hemərɪdʒ] **I.** *s* (schwere) Blutung *f;* Blutsturz *m* **II.** *vi* stark bluten; **hae·mor·rhoids** ['hemərɔɪdz] *s pl* (MED) Hämorrhoiden *fpl*

haft [hɑːft] *s* Griff *m*, Heft *nt*, Stiel *m*

hag [hæg] *s* Hexe *f*

hag·gard ['hægəd] *adj* hohläugig, -wangig; abgespannt; verhärmt

hag·gis ['hægɪs] *s mit Schafsinnereien und Haferschrot gefüllter Schafsmagen*

haggle ['hægl] *vi* ❶ sich auseinander setzen, streiten ❷ feilschen (*about, over, with* über, um)

haha ['hɑːhɑː] **I.** *interj* ha-ha! **II.** *s* versenkter Grenzzaun

hail¹ [heɪl] **I.** *s* Hagel *m* **II.** *vi* hageln **III.** *vt* (*fig:* ~ *down*) hageln, niederprasseln, -gehen lassen (*on, upon* auf)

hail² [heɪl] **I.** *vt* ❶ zujubeln (*s.o.* jdm) ❷ begrüßen (*as winner* als Sieger) ❸ zurufen (*s.o.* jdm); **~ a taxi** ein Taxi rufen **II.** *vi* ❶ (MAR) ein Signal geben ❷ (*Schiff*) (her)stammen (*from* aus, von); **hail-fel-low-well-met** *adj* sich anbiedernd, plumpvertraulich; **be ~** mit allen gut Freund sein

hair [heə(r)] *s* ❶ (*a.* BOT) Haar *nt* ❷ (die) Haare *pl* ❸ Behaarung *f;* **by a ~'s breadth** um Haaresbreite; **do one's ~** sich frisieren; **get s.o. by the short ~s** (*fam*) jdn kleinkriegen; **get in s.o.'s ~** jdn ärgern; **have one's ~ cut** sich die Haare schneiden lassen; **let one's ~ down** (*fig*) aus sich herausgehen; **split ~s** Haarspalterei treiben; **his ~ stood on end** die Haare standen ihm zu Berge; **it turned on a ~** es hing an einem Faden; **hair·brush** ['heəbrʌʃ] *s* Haarbürste *f;* **hair conditio·ner** *s* Pflegespülung *f;* **hair curler** *s* Lockenwickler *m;* **hair·cut** ['heəkʌt] *s* Haarschnitt *m;* **have a ~** sich die Haare schneiden lassen; **hair·do** ['heəduː] <*pl* -dos> *s* Frisur *f;* **hair·dresser** ['heəˌdresə(r)] *s* Friseur *m;* Friseurin, Friseuse *f;* **hair·dress·ing** ['heədresɪŋ] *s* Frisieren *nt;* **hairdressing salon** *s* Frisiersalon *m;* **hair-dryer** ['heədraɪə(r)] *s* Föhn *m;* **hair·grip** *s* Haarklammer *f;* **hair·less** ['heəlɪs] *adj* kahl; **hair·line** *s* ❶ Haaransatz *m* ❷ haarfeine Linie; senkrechter Strich *pl*, Fadenkreuz *nt;* **hairline crack** *s* Haarriss *m;* **hair·net** ['heənet] *s* Haarnetz *nt;* **hair·piece** ['heəpiːs] *s* Haarteil *nt;* Toupet *nt;* **hair·pin** ['heəpɪn] *s* Haarnadel *f;* **hairpin bend** *s* Haarnadelkurve *f;* **hair-rais·ing** ['heəreɪzɪŋ] *adj* haarsträubend; **hair re·mover** ['heərɪˌmuːvə(r)] *s* Haarentfernungsmittel *nt;* **hair re·storer** ['heərɪˌstɔːrə(r)] *s* Haarwuchsmittel *nt;* **hair roller** *s* Lockenwickler *m;* **hair slide** *s* Haarspange *f;* **hair-split·ting** ['heəsplɪtɪŋ] *s* Haarspalterei, Wortklauberei *f;* **hair·spray** ['heəspreɪ] *s* Haarspray *m od nt;* **hair·style** ['heəstaɪl] *s* Frisur *f;* **hairy** ['heərɪ] *adj* ❶ behaart; haarig ❷ (*fig*) haarsträubend ❸ riskant

Hai·ti ['heɪtɪ] *s* Haiti *nt;* **Hai·tian** ['heɪʃən] **I.** *adj* hait(ian)isch **II.** *s* ❶ Haitianer(in) *m(f)* ❷ (das) Haitisch(e)

H

i Land & Leute

Der **Haka** ist ein traditioneller Kriegstanz der Maoris auf Neuseeland. Er besteht aus Fußstampfen, Grimassenschneiden und man schlägt sich auf verschiedene Körperteile. Das neuseeländische Rugby-Team im schwarzen Trikot, *the All Blacks*, führt vor jedem Spiel diesen Tanz auf. Damit sollen die Zuschauer unterhalten und vielleicht auch die gegnerische Mannschaft eingeschüchtert werden.

hake [heɪk] <*pl* -> *s* Hechtdorsch *m*

hale [heɪl] *adj:* ~ **and hearty** gesund und munter

half [hɑːf, *pl* 'hɑːvz] <*pl* halves> **I.** *s* ① Hälfte *f* ② (SPORT) Halbzeit *f* ③ (~ *-back*) Läufer *m* ④ (RAIL) Abschnitt *m* der Fahrkarte; Fahrkarte *f* zum halben Preis **II.** *adj* halb; die Hälfte *+gen;* (*in Zusammensetzungen*) Halb- **III.** *adv* halb; zur Hälfte **IV.** (*Wendungen*): ~ **an hour** eine halbe Stunde; **at** [*o* **for**] ~ **the price** zum halben Preis; **too good by** ~ viel zu gut; **in** ~, **into halves** in zwei gleiche Teile; **not** ~ sehr; **not** ~ **bad** (*fam*) gar nicht (mal) so schlecht; ~ **as much again** noch mal so viel; ~ **asleep** halb im Schlaf; ~ **past three** halb vier; **cut in** ~, **cut in**(**to**) **halves** halbieren; **go halves** halbe-halbe machen (*with s.o. in s.th.* mit jdm in einer S); **not do things by halves** keine halben Sachen machen; **half-back** *s* (*Fußball*) Läufer *m;* **half-baked** [ˌhɑːf'beɪkt] *adj* unfertig; unreif, unerfahren; **half-breed**, **half-caste** *s* Halbblut *nt,* Mischling *m;* **half-brother** *s* Halbbruder *m;* **half-cock** *s:* **go off at** ~ eine Pleite sein; **half-crown** [ˌhɑːf'kraʊn] *s* (HIST) Zweieinhalbschillingstück *nt;* **half-cut** *adj* (*Br: sl*) ganz schön blau; **half-dozen** *s* halbes Dutzend; **half-empty** *adj* halb leer; **half fare** *s* halber Fahrpreis; **half-full** *adj* halb voll; **half-hearted** [ˌhɑːf'hɑːtɪd] *adj* wenig interessiert; ohne Schwung; **half-life** *s* (COM) Lebensdauer *f;* **half-mast** *s:* **at** ~ (auf) halbmast; **half-moon** *s* Halbmond *m;* **half-note** *s* (*Am:* MUS) halbe Note; **half·penny** ['heɪpnɪ] *s* (*obs*) halber Penny; **half-price** *s* halber Preis; **at** ~ zum halben Preis; **half rest** *s* (*Am:* MUS) halbe Pause; **half-sister** *s* Halbschwester *f;* **half-tim·bered** [ˌhɑːf'tɪmbəd] *adj* Fachwerk-; **half-time** [ˌhɑːf'taɪm] *s* ① (SPORT) Halbzeit *f* ② (*Industrie*) Kurzarbeit *f;* **at** ~ (SPORT) bei Halbzeit; **half-title** [ˌhɑːf'taɪtl] *s* (TYP) Schmutztitel *m;* **half-tone** *s* Halbton *m;* **half·way** **I.** *adj* ① auf halbem Wege liegend ② (*fig*) unvollständig, halb **II.** *adv* ① halbwegs ② (*fig*) (nur) halb, *fam* (auch nur) einigermaßen; **meet s.o.** ~ (*fig*) jdm entgegenkommen; **half-wit** *s* (*pej*) Einfaltspinsel *m;* **half-yearly** *adj, adv* halbjährlich

hali·but ['hælɪbət] <*pl* -> *s* Heilbutt *m*

hali·tosis [ˌhælɪ'təʊsɪs] *s* übler Mundgeruch

hall [hɔːl] *s* ① Halle *f,* Saal *m* ② (*in einem College*) Speisesaal *m* ③ (Eingangs)Halle *f,* Flur, Korridor *m* ④ Herrensitz *m* ⑤ Gutshaus *nt* ⑥ Versammlungs-/Sitzungssaal *m;* **booking** ~ Schalterhalle *f;* **city** ~ Rathaus *nt;* **music** ~ Varietee *nt;* (*Am*) Konzertsaal *m;* ~ **of residence** (Studenten)Wohnheim *nt*

hal·le·lu·jah [ˌhælɪ'luːjə] **I.** *interj* halleluja! **II.** *s* Halleluja *nt*

hall·mark ['hɔːlmɑːk] **I.** *s* ① (*Edelmetall*) (Feingehalts)Stempel *m* ② (*fig*) (untrügliches) Kennzeichen *nt* **II.** *vt* stempeln; kennzeichnen

hallo [hə'ləʊ] *interj* hallo!

hal·low ['hæləʊ] *vt* heiligen; weihen; **Hal·low·e'en** [ˌhæləʊ'iːn] *s* Abend *m* vor Allerheiligen (*31. Okt.*)

i Land & Leute

Hallowe'en ist am 31. Oktober, dem Tag vor *All Saints' Day* oder *All Hallows* (Allerheiligen) und wird seit alters her mit Geistern und Hexen in Verbindung gebracht. Kinder basteln *turnip lanterns* (Rübenlaternen) und in Schottland gehen sie *guising* (d. h. sie verkleiden sich mit *disguises* und gehen von Haus zu Haus und erhalten für ihr Singen oder Aufsagen von Gedichten Geld). In den USA verkleiden sich Kinder an diesem Abend und gehen mit einem Sack in der Hand von Tür zu Tür. Wenn die Bewohner ihre Haustür aufmachen, rufen die Kinder *Trick or treat!:* man soll ihnen eine *treat* (Süßigkeit) geben oder man bekommt einen *trick* (Streich) gespielt. Heutzutage sind die Streiche nicht mehr üblich, denn die Kinder gehen nur noch zu den Häusern, bei denen die Außenbeleuchtung als Willkommensgruß eingeschaltet ist.

hal·luci·nate [hə'lu:sɪneɪt] *vi* halluzinieren; **hal·luci·na·tion** [hə,lu:sɪ'neɪʃn] *s* Halluzination, Wahnvorstellung *f;* **hal·luci·no·genic** [hə,lu:sɪnə'dʒenɪk] *adj* Halluzinationen hervorrufend, halluzinogen

halo ['heɪləʊ] *<pl* halo(e)s*>* *s* ❶ (ASTR) Hof *m* ❷ Heiligenschein *m*

halo·gen ['heɪləʊdʒɪn] *s* Halogen *nt;* **halogen bulb** *s* (ELEK) Halogenbirne *f;* **halogen lamp** *s* (ELEK) Halogenlampe *f;* (AUTO) Halogenscheinwerfer *m*

halt [hɔ:lt] **I.** *s* ❶ kurze Rast ❷ (Bus)Haltestelle *f;* (RAIL) Haltepunkt *m;* **come to a ~** (an)halten, stehen bleiben, zum Stillstand kommen **II.** *vi* (an)halten **III.** *vt* halten lassen, stoppen; **~ sign** Stoppschild *nt*

hal·ter ['hɔ:ltə(r)] *s* ❶ Halfter *m od nt* ❷ Schlinge *f;* **halter-neck** *adj* rückenfrei und zum Binden im Nacken

halt·ing ['hɔ:ltɪŋ] *adj* (*fig*) unsicher; zögernd

halve [hɑ:v] *vt* ❶ halbieren ❷ (*Zeit*) um die Hälfte verkürzen ❸ teilen (*with* mit)

hal·yard ['hæljəd] *s* (MAR) ❶ Fall *nt* ❷ Flaggleine *f*

ham [hæm] **I.** *s* ❶ Schinken *m* ❷ (*sl*) übertreibend spielende(r) Schauspieler(in) *m(f)* ❸ (*sl*) Funkamateur(in) *m(f);* **~ and eggs** Schinken *m* mit Ei **II.** *vt* (*sl: Rolle*) übertreibend spielen; **~ up** (*fig*) übertreiben; dick auftragen

ham·burger ['hæmbɜ:gə(r)] *s* Hamburger *m;* Frikadelle *f*

ham-fisted, **ham-handed** [,hæm'fɪstɪd, ,hæm'hændɪd] *adj* täppisch, ungeschickt

ham·let ['hæmlɪt] *s* Weiler *m*

ham·mer ['hæmə(r)] **I.** *s* Hammer *m;* **~ and tongs** mit aller Kraft; **bring under the ~** unter den Hammer bringen; **throwing the ~** (SPORT) Hammerwerfen *nt;* **~ and sickle** (POL HIST) Hammer und Sichel **II.** *vt* ❶ hämmern (auf), schlagen ❷ (*fig*) einhämmern, einbleuen (*s.th. into s.o.* jdm etw) ❸ (*fig*) besiegen, schlagen **III.** *vi* ❶ hämmern (*at the door* gegen die Tür) ❷ (*~ away*) angestrengt, unermüdlich arbeiten (*at* an) ❸ ununterbrochen reden (*at* über); **hammer in** *vt* (*Nagel*) einschlagen; (*fig*) einhämmern; **hammer out** *vt* herausschlagen; (*fig*) (her)ausarbeiten, klarstellen; **ham·mer·drill** ['hæmədrɪl] *s* Schlagbohrmaschine *f;* **ham·mer·head** (**shark**) ['hæməhed(ʃɑ:k)] *s* Hammerhai *m*

ham·mock ['hæmək] *s* Hängematte *f*

ham·per[1] ['hæmpə(r)] *s* (großer) Deckelkorb *m;* Geschenkkorb *m*

ham·per[2] ['hæmpə(r)] *vt* ❶ hindern ❷ (*fig*) behindern; hinderlich sein (*s.o.* jdm)

ham·ster ['hæmstə(r)] *s* Hamster *m*

ham·string ['hæmstrɪŋ] *<irr:* hamstrung, hamstrung*>* **I.** *s* (ANAT) Kniesehne *f;* (*Tier*) Achillessehne *f* **II.** *vt* ❶ verkrüppeln ❷ (*fig*) lähmen, hemmen

hand [hænd] **I.** *s* ❶ Hand *f* ❷ Seite *f;* Richtung *f* ❸ Hilfeleistung *f* ❹ Handfertigkeit *f,* Geschick *nt* ❺ Einfluss *m;* Macht *f* ❻ Arbeiter *m;* Mann *m;* (*Schiff*) Besatzungsmitglied *nt* ❼ Experte, Kenner *m;* (*fam*) Kapazität *f* ❽ Handschrift *f* ❾ (THEAT: *fam*) Beifall, Applaus *m* ❿ (*Kartenspiel*) Hand *f,* Karten *fpl* (*eines Spielers*), Spieler *m* ⓫ (Uhr)Zeiger *m;* **at ~** zur Hand, greifbar, in Reichweite; (*zeitlich*) in greifbarer Nähe; **at one's right/left ~** rechter/linker Hand, rechts/links; linker Hand, links; **at first/second ~** aus erster/zweiter Hand; **in ~** zur Verfügung; in Arbeit; unter Kontrolle; **on ~** in Reichweite; (COM) auf Lager, vorrätig; **on either ~** auf beiden Seiten; **on all ~s** auf allen Seiten; **out of ~** außer Kontrolle; **lend s.o. a ~** jdm helfen (*in, with* bei); **change ~s** in andere Hände übergehen; **force s.o.'s ~** (*fig*) jdn zwingen mit offenen Karten zu spielen; **get the upper ~ of** die Oberhand gewinnen über; **give s.o. a ~** jdm Beifall spenden, jdm behilflich sein (*with* bei); **have s.th. on one's ~s** (*fig*) etw am Hals haben; **lay ~s on s.o.** jdn schlagen; jdn zu fassen kriegen; (REL) jdm die Hand auflegen, jdn segnen; **play a good ~** ein guter Spieler sein; **play into s.o.'s ~s** (*fig*) jdm in die Hände spielen; **shake s.o.'s ~, shake ~s with s.o.** jdm die Hand drücken; jdm die Hand geben; **show one's ~** (*fig*) seine Karten aufdecken; **take a ~ in** mitarbeiten, -wirken an, bei; **take in ~** in die Hand, in Angriff nehmen; **win ~s down** leichtes Spiel haben; **he can turn his ~ to anything** er ist in allen Sätteln gerecht; er kennt sich in allen Gebieten aus; **the matter is out of his ~s** er kann in der Sache nichts mehr tun; **keep your ~s off that!** lass die Finger davon!; **~s off!** Hände weg!; **~s up!** Hände hoch!; **all ~s** die ganze Mannschaft; **minute ~** Minutenzeiger *m* **II.** *vt* ❶ aus-,einhändigen, übergeben ❷ ausliefern; **~ it to s.o.** jdm etw zugestehen, *sl* zutrauen; **hand around** *vt* herumreichen; **hand back** *vt* zurückgeben; **hand down** *vt* ❶ hinunterreichen, -geben ❷ (*fig*) überliefern; vererben ❸ (*Am*) öffentlich bekannt geben; **hand in** *vt* abliefern, abgeben; (*Gesuch*) einreichen; **hand on** *vt* weitergeben; übergeben; **hand out** *vt* ❶ ausgeben, verteilen

H

② (*Rat*) geben ③ (*Strafe*) verhängen; **hand over** I. *vt* weitergeben; abgeben; aushändigen; übergeben II. *vi* die Regierung, das Amt übergeben; (TV) übergeben; **hand round** *vt* herumreichen; austeilen

hand·bag ['hændbæg] *s* Handtasche *f;* **hand·ball** ['hændbɔːl] *s* Handball(spiel *nt*) *m;* **hand-bar·row** ['hænd,bærəʊ] *s* Schubkarre, Handkarre *f;* **hand·bill** ['hændbɪl] *s* Reklamezettel *m;* Handzettel *m;* Flugblatt *nt;* **hand·book** ['hændbʊk] *s* Handbuch *nt;* Reiseführer *m* (*to* für); **hand·brake** ['hændbreɪk] *s* Handbremse *f;* **hand·cart** ['hændkɑːt] *s* Handwagen *m;* **hand·cuff** ['hændkʌf] I. *s meist pl* Handschellen *fpl* II. *vt* Handschellen anlegen (*s.o.* jdm); **hand-eye coordination** *s* visuell-motorische Koordination; **hand·ful** ['hændfʊl] *s* Handvoll *f;* (*Leute*) ein paar; **they're a real ~** sie halten einen ganz schön in Trab; **hand-grenade** *s* Handgranate *f*

handi·cap ['hændɪkæp] I. *s* ① (SPORT) Handikap *nt;* Vorgabe *f;* Vorgaberennen *nt* ② Behinderung *f;* (*fig*) Benachteiligung *f,* Handikap *nt* (*to* für) II. *vt* ① behindern ② (*fig*) benachteiligen; **~ped people** Behinderte *pl;* **mentally/physically ~ped** geistig/körperlich behindert

handi·craft ['hændɪkrɑːft] *s* ① Handfertigkeit *f* ② (Kunst)Handwerk *nt*

handi·work ['hændɪwɜːk] *s* ① Handarbeit *f;* eigene Arbeit ② (*fig*) Werk *nt*

hand·ker·chief ['hæŋkətʃɪf] *s* Taschentuch *nt*

handle ['hændl] I. *s* ① Griff *m;* (Tür)Klinke *f* ② (*Besen, Kamm, Topf*) Stiel *m* ③ (*Korb, Tasse*) Henkel *m* ④ (Pumpen)Schwengel *m* ⑤ (AUTO) Kurbel *f* ⑥ (*fig*) Handhabe *f* (*against* gegen) ⑦ (gute) Gelegenheit *f* ⑧ Vorwand *m* ⑨ (*fam: ~ to one's name*) Titel *m;* **fly off the ~** (*fam*) aufbrausen, wütend werden II. *vt* ① anfassen; handhaben ② manipulieren ③ (*fig*) in die Hand nehmen, erledigen ④ (*Sache*) behandeln, sich befassen mit ⑤ (*Geschäft*) erledigen ⑥ (*Thema*) abhandeln; handeln von ⑦ (*Verkehr*) abwickeln ⑧ (COM) handeln mit; (*Waren*) führen ⑨ (*Menschen*) behandeln, umgehen mit; **glass! ~ with care!** Vorsicht, Glas!; **handle·bar(s)** ['hændlbɑː(z)] *s pl* (*Fahrrad*) Lenkstange *f;* **~ moustache** Schnauzbart *m;* **han·dling** ['hændlɪŋ] *s* ① Handhabung, Manipulation *f;* Behandlung *f* ② Bearbeitung *f* ③ (Waren)Umschlag *m;* **handling charge, handling fee** *s* Bearbeitungsgebühr *f;* **hand luggage** *s* Handgepäck *nt*

hand·made [,hænd'meɪd] *adj* handgearbeitet; **hand-me-down** ['hændmɪdaʊn] *s* (*fam*) abgelegtes Kleidungsstück; **hand-operated** *adj* handbedient; **hand·out** ['hændaʊt] *s* ① Almosen *nt;* Geldzuwendung *f* ② Handzettel *m;* Flugblatt *nt;* Zusammenfassung *f;* **hand-picked** [,hænd'pɪkt] *adj* erlesen, ausgesucht; **hand·rail** ['hændreɪl] *s* Geländer *nt;* **hand saw** *s* Fuchsschwanz *m;* **hand·shake** ['hændʃeɪk] *s* Händedruck *m*

hand·some ['hænsəm] *adj* ① stattlich, gut aussehend ② großzügig ③ ansehnlich, beträchtlich, bedeutend; **hands-on** [,hændz'ɒn] *adj* praxisorientiert; **hand·spring** ['hændsprɪŋ] *s* (Handstand)Überschlag *m*

hand·stand ['hændstænd] *s* Handstand *m;* **hand-to-mouth** *adj* von der Hand in den Mund (lebend); **hand·work** ['hændwɜːk] *s* Handarbeit *f;* **hand·writing** ['hænd,raɪtɪŋ] *s* Handschrift *f;* **hand·writ·ten** [,hænd'rɪtn] *adj* handgeschrieben

handy ['hændɪ] *adj* ① geschickt, praktisch ② günstig gelegen; in nächster Nähe ③ praktisch; handlich; **come in ~** sich als nützlich erweisen; **handy·man** ['hændɪmæn] <*pl* -men> *s* Faktotum *nt,* Mädchen *nt* für alles; Bastler *m*

hang[1] [hæŋ] <hanged, hanged> *vt* (*mit einem Strick*) hängen, aufhängen; **~ o.s.** sich erhängen

hang[2] [hæŋ] <*irr:* hung, hung> I. *vt* ① (auf)hängen (*by* an) ② (*Tür*) einhängen (*on* in) ③ (*frisch geschlachtetes Tier*) abhängen lassen ④ (*Wand*) behängen (*with* mit) ⑤ (*~ with paper*) tapezieren ⑥ (*Tapete*) ankleben; **~ s.th. from s.th.** etw an etw aufhängen; **~ one's head** den Kopf hängen lassen; **~ fire** das Feuer einstellen; (*fig*) zögern, abwarten; **~ with s.o.** (*fam*) mit jdm herumhängen; **~ it!** verdammt noch mal! II. *vi* ① hängen; aufgehängt sein ② (*Kleidungsstück*) fallen ③ (*Verbrecher*) gehenkt, gehängt werden; **~ a left** (*sl*) links abbiegen; **~ by a thread** (*fig*) an einem (seidenen) Faden hängen; **~ in there!** bleib am Ball! III. *s* Sitz *m* (*eines Kleidungsstückes*)*;* **get the ~ of s.th.** (*fam*) etw herauskriegen; **I don't give a ~** das ist mir ganz egal; **hang about, hang around** *vi* ① sich herumtreiben; sich herumdrücken ② warten; **he doesn't ~ about** er ist ganz schön schnell; **hang back** *vi* zögern; sich zurückhalten; **hang behind** *vi* zurückbleiben, bummeln; **hang on** *vi* ① sich (fest)halten (*to* an) ② warten; durchhalten ③ (TELE) am Apparat bleiben; **~ on s.o.'s lips** (*fig*) an jds Lippen hängen; ~ **on to s.th.** etw halten; etw behalten; **hang out** *vi* ① heraushängen ② hinauslehnen ③ (*fam*) wohnen; zu finden sein ④ nicht aufgeben; **let it all ~ out** (*sl*) die Sau rauslassen; **hang over** *vi* ① übrig geblieben sein (*from the old days* aus früheren Zeiten) ② drohen, bevorstehen (*s.o.* jdm); **hang together** *vi* ① zusammenhängen, ein Ganzes bilden, zusammenpassen ② (*Menschen*) zusammenhalten; **hang up** *vt, vi* ① aufhängen ② (TELE) (den Hörer) auflegen; **be hung up on** [*o* **about**] (*sl*) einen Komplex haben wegen; **he hung up on me** er legte einfach auf; ~ **s.th. up** (*fam*) etw aufgeben

hang·ar ['hæŋə(r)] *s* (Flugzeug)Halle *f*, Hangar *m*

hang·dog ['hæŋdɒg] *adj* trübsinnig; beschämt

hang·er ['hæŋə(r)] *s* ① Aufhänger *m* ② Kleiderbügel *m*; **hangers-on** [ˌhæŋərs'ɒn] *s pl* Gefolge *nt*

hang-glider ['hæŋglaɪdə(r)] *s* (SPORT) Drachen *m*; Drachenflieger(in) *m(f)*; **hang-glid·ing** ['hæŋglaɪdɪŋ] *s* (SPORT) Drachenfliegen *nt*

hang·ing ['hæŋɪŋ] *s* ① Erhängen *nt*, Hinrichtung *f* ② ~**s** Vorhänge *m pl* und Tapeten *fpl*

hang·man 'hæŋmən] <*pl* -men> *s* Henker *m*; **hang·nail** ['hæŋneɪl] *s* Niednagel *m*; **hang·out** ['hæŋaʊt] *s* (*sl*) ① Stammkneipe *f*, -lokal *nt* ② Wohnung *f*; **hang·over** ['hæŋˌəʊvə(r)] *s* ① Überbleibsel *nt*, Rest *m* ② (*sl*) Katzenjammer, Kater *m*; **hang-up** ['hæŋʌp] *s* (*fam*) Komplex *m*; Fimmel *m*

hank [hæŋk] *s* (*Garn*) Strähne *f*

han·ker ['hæŋkə(r)] *vi* sich sehnen (*after, for* nach); **han·ker·ing** [-ɪŋ] *s* Sehnsucht *f*, Verlangen *nt* (*after, for* nach)

hankie, **hanky** ['hæŋkɪ] *s* (*fam*) Taschentuch *nt*

hanky-panky [ˌhæŋkɪ'pæŋkɪ] *s* (*fam*) ① Hokuspokus *m* ② Schwindel *m* ③ Techtelmechtel *nt* ④ Fummelei *f*, Geknutsche *nt*

hap·haz·ard [hæp'hæzəd] *adj* ganz zufällig; planlos, aufs Geratewohl

hap·pen ['hæpən] *vi* sich ereignen, geschehen; ~ **to s.o.** jdm zustoßen; ~ **to do** zufällig tun; ~ (**up**)**on s.o./s.th.** zufällig auf jdn, etw stoßen; **how does it ~ that ...?** wie kommt es, dass ...?; **he ~ed to be there** er war zufällig(erweise) dort; **it never ~ed** es geschah nie; (*Spiel, Party*) es fand nie statt; **hap·pen·ing** ['hæpənɪŋ] *s* ① Ereignis *nt*, Vorfall *m* ② Happening *nt*

hap·pily ['hæpɪlɪ] *adv* ① glücklicherweise ② glücklich; **hap·pi·ness** ['hæpɪnɪs] *s* Glück *nt*; **happy** ['hæpɪ] *adj* ① glücklich ② zufrieden (*about* mit) ③ gelungen, glücklich (gewählt), passend, treffend, geschickt; **feel ~ about s.th.** über etw erfreut sein; ~ **medium** goldener Mittelweg; ~ **birthday!** herzlichen Glückwunsch zum Geburtstag!; ~ **Christmas!** frohe Weihnachten!; **happy-go-lucky** *adj* sorglos, unbekümmert

har·ass ['hærəs] *vt* beunruhigen, aufreiben, quälen; nicht zur Ruhe kommen lassen; **har·assed** ['hærəst] *adj* abgespannt; von Sorgen gequält; geplagt; **har·ass·ment** ['hærəsmənt] *s* ① Belästigung *f* ② Schikane *f* ③ Kleinkrieg *m*

har·bin·ger ['hɑ:bɪndʒə(r)] *s* ① Herold *m* ② (*fig*) Vorbote *m*

har·bor *s* (*Am*), **har·bour** ['hɑ:bə(r)] **I.** *s* ① Hafen *m* ② (*fig*) Unterschlupf *m* **II.** *vt* ① Unterschlupf gewähren (*s.o.* jdm) ② (*Groll*) hegen

hard [hɑ:d] **I.** *adj* ① hart ② fest, starr, widerstandsfähig, unnachgiebig ③ kräftig, stark, robust ④ (*Schlag, Stoß*) stark, heftig, kraftvoll ⑤ anstrengend, mühsam ⑥ schwierig, verzwickt ⑦ hart, schwer (zu ertragen); (*Winter*) streng; (*Zeiten*) schlecht ⑧ hart(herzig), gefühllos, streng, unerbittlich ⑨ energisch, tüchtig, fleißig ⑩ (*Wasser*) hart ⑪ (*alkoholisches Getränk*) stark, berauschend ⑫ (COM) fest, beständig; **be ~ to sell** schwer verkäuflich sein; **be ~ (up)on s.o.** mit jdm streng sein; **be ~ on s.th.** etw strapazieren; **do s.th. the ~ way** nicht den einfachen Weg wählen; **drive a ~ bargain** viel verlangen; hart verhandeln; **he is ~ to deal with** mit ihm ist schlecht Kirschen essen; ~ **to believe** kaum zu glauben; **a ~ drinker** ein Säufer *m*; **the ~ facts** die harten Tatsachen *fpl*; ~ **and fast** (*Brauch*) streng; (*Regel*) starr, unumstößlich; **a ~ fight** ein schwerer Kampf; ~ **luck!** ~ **lines!** Pech gehabt!; Pech *nt*; **a ~ nut to crack** (*fig*) eine harte Nuss, ein schweres Problem; ~ **to please** schwer zufrieden zu stellen **II.** *adv* ① heftig, kräftig ② unverdrossen, unermüdlich, zäh; ~ **by** dicht dabei; ~ **up** in arger Bedrängnis, in großer Not; ~ **upon** dicht auf den Fersen; kurz danach; **be ~ put to s.th.** mit etw seine Schwierigkeiten haben; **be ~ up** sehr knapp sein (*for* an); **die ~** ein zähes Leben haben; **run s.o. ~** jdm dicht auf den Fersen sein; **try ~** sich große Mühe geben; **work ~** schwer, tüchtig arbeiten; **it will go ~** es wird Schwierigkeiten geben; **it comes ~ to ...** es ist schwierig zu ...; **it goes ~**

with him es fällt ihm schwer zu; **she's taking it** ~ sie trägt es schwer; ~ **of hearing** schwerhörig

hard·back ['hɑːdbæk] *s* (TYP) gebundene Ausgabe; **hard-bit·ten** [ˌhɑːd'bɪtn] *adj* abgebrüht; **hard·board** ['hɑːdbɔːd] *s* Pressspanplatte *f;* **hard-boiled** [ˌhɑːd'bɔɪld] *adj* ❶ (*Ei*) hart gekocht ❷ (*fig fam*) hartgesotten, kalt berechnend; nüchtern; **hard cash** *s* Bargeld *nt;* **hard copy** *s* Computerausdruck *m;* **hard core** *s* ❶ Schotter *m* ❷ (*fig*) harter Kern ❸ harter Porno; **hard court** *s* Hartplatz *m;* **hard currency** *s* harte Währung; **hard disk** *s* (INFORM) Festplatte *f;* **hard drink, hard liquor** *s* scharfes Getränk; **hard drinker** *s* starke(r) Trinker(in); **hard drug** *s* harte Droge; **hard-earned** [ˌhɑːd'ɜːnd] *adj* (*Lohn*) sauer verdient; (*Sieg*) hart erkämpft

harden ['hɑːdn] **I.** *vt* ❶ härten ❷ (*Zement*) abbinden ❸ abhärten, stählen ❹ (*fig*) stärken, festigen ❺ hart, streng, unerbittlich machen; **become** ~**ed** abgehärtet werden (*to* gegen); ~**ed criminal** Gewohnheitsverbrecher(in) *m(f)* **II.** *vi* ❶ hart werden ❷ (*fig*) streng, unerbittlich werden ❸ (*Preise*) anziehen

hard feel·ings [ˌhɑːd'fiːlɪŋz] *s pl:* **no** ~ nichts für ungut; **hard-fought** [ˌhɑːd'fɔːt] *adj* erbittert; hart; **hard-hearted** [ˌhɑːd'hɑːtɪd] *adj* hartherzig; **hard-hit** *adj* schwer getroffen; **hard labour** *s* Zwangsarbeit *f;* **hard line** *s* unnachgiebige, harte Haltung; **take a** ~ einen harten Kurs einschlagen; **hardliner** [ˌhɑːd'laɪnə(r)] *s* Hardliner *m*

hard·ly ['hɑːdlɪ] *adv* ❶ (nur) mit Mühe ❷ kaum, fast nicht; ~ **any** fast kein; ~ **ever** kaum je(mals), fast nie

hard·ness ['hɑːdnɪs] *s* ❶ Härte *f* ❷ Strenge *f* ❸ Schwierigkeit *f*

hard·scrab·ble [ˌhɑːd'skræbl] *adj* (*Am*) ❶ (*Erde*) ertragsarm ❷ (*Leben*) mühselig

hard sell ['hɑːdˌsel] *s* aggressive Verkaufstaktik, Hardsell *m*

hard·ship ['hɑːdʃɪp] *s* ❶ Mühsal, Plage, Härte *f* ❷ Not(lage), Bedrängnis, schwierige Lage *f* ❸ ~**s** schwierige Umstände *mpl*

hard shoul·der [ˌhɑːd'ʃəʊldə(r)] *s* (*Br: Autobahn*) Rand-/Seitenstreifen *m;* **hard·top** ['hɑːdtɒp] *s* (AUTO) Hardtop *nt od m;* **hard·ware** ['hɑːdweə(r)] *s* ❶ Eisen-/Stahlwaren *fpl* ❷ (INFORM) Hardware *f;* **hard-wear·ing** [ˌhɑːd'weərɪŋ] *adj* strapazierfähig; **hard·wired** ['hɑːrd'waɪrd] *adj:* **be** ~ **for s.th.** etw in sich haben; **hard·wood** ['hɑːdwʊd] *s* Hartholz *nt;* **hard-work·ing** [ˌhɑːd'wɜːkɪŋ] *adj* arbeitsam, emsig, fleißig

hardy ['hɑːdɪ] *adj* ❶ ausdauernd, zäh, unempfindlich, abgehärtet; mutig ❷ (BOT) winterfest

hare [heə(r)] *s* Hase *m;* **be mad as a (March)** ~ (*fam*) total verrückt sein; **run with the** ~ **and hunt with the hounds** (*prov*) auf beiden Schultern Wasser tragen; **hare-brained** ['heəbreɪnd] *adj* verrückt; **hare·lip** ['heəlɪp] *s* (MED) Hasenscharte *f*

harem ['hɑːriːm] *s* Harem *m*

i Land & Leute

Im letzten Monat des islamischen Kalenders wird das Fest **Hari Raya Haji** einen Tag nach der *haj*, der großen Wallfahrt, gefeiert. In den Moscheen werden Tiere, meistens eine Ziege oder ein Büffel, als Zeichen des Dankes für Allah geopfert. In Singapur ist dieses Ritual der Höhepunkt der Feierlichkeiten zu **Hari Raya Haji**, dem *Great Day of Sacrifice* (großer Opfertag).
Das Fest **Hari Raya Puasa** beginnt mit dem neuen Mond im 10. Monat des islamischen Kalenders. Es wird nach dem Fastenmonat Ramadan gefeiert und beginnt mit morgendlichen Gebeten in der Moschee und Koranlesungen an den Gräbern von Verwandten. Anschließend gibt es für Verwandte und Freunde ein großes Fest. Im multikulturellen Singapur ist es auch ein Tag der offenen Tür (*open house*), an dem Moslems und Nicht-Moslems in den Häusern willkommen sind.

hark [hɑːk] *vi* lauschen; ~**!** horch!; ~ **at s.o.** jdn anhören; ~ **back to** (*fig*) zurückdenken, -gehen auf

harm [hɑːm] **I.** *s* ❶ Schaden *m;* Verletzung *f* ❷ Nachteil *m;* **do** ~ Schaden anrichten; **do** ~ **to s.o.** jdn verletzen; jdm schaden; **mean no** ~ es nicht böse meinen; **there's no** ~ **in trying** es kann nichts schaden, wenn man's mal versucht **II.** *vt* ❶ verletzen ❷ Schaden zufügen (*s.o.* jdm); **harm·ful** ['hɑːmfl] *adj* schädlich, nachteilig; **harm·less** [-lɪs] *adj* harmlos, unschädlich

har·monic [hɑː'mɒnɪk] **I.** *adj* (*a.* MUS) harmonisch **II.** *s* (MUS) Oberton *m;* **har·mon·ica** [hɑː'mɒnɪkə] *s* Mundharmonika *f;* **har·moni·ous** [hɑː'məʊnɪəs] *adj* harmonisch;

har·mo·nium [hɑːˈməʊnɪəm] *s* Harmonium *nt;* **har·mo·ni·za·tion** [ˌhɑːmənɪˈzeɪʃn] *s* Harmonisierung *f;* **har·mon·ize** [ˈhɑːmənaɪz] **I.** *vt* ❶ harmonisieren ❷ in Einklang, *fig* auf einen Nenner bringen **II.** *vi* in Einklang sein; harmonisieren; übereinstimmen; **har·mony** [ˈhɑːmənɪ] *s* (*a.* MUS) Harmonie *f,* Einklang *m;* **be in ~** in Einklang stehen; auskommen (*with* mit)

har·ness [ˈhɑːnɪs] **I.** *s* ❶ (Pferde)Geschirr *nt* ❷ Gurtwerk *nt;* Laufgurt *m;* **be back in ~** wieder bei der Arbeit sein **II.** *vt* ❶ (*Pferd*) anschirren ❷ (*Naturkraft*) nutzbar machen

harp [hɑːp] **I.** *s* Harfe *f* **II.** *vi* (*fig*) herumreiten (*on, upon* auf), jammern, lamentieren

har·poon [hɑːˈpuːn] **I.** *s* Harpune *f* **II.** *vt* harpunieren

harp·si·chord [ˈhɑːpsɪkɔːd] *s* Cembalo *nt*

har·row [ˈhærəʊ] *s* Egge *f;* **har·row·ing** [-ɪŋ] *adj* erschütternd, grauenhaft

i Land & Leute

Harry Potter wurde von J. K. Rowling erfunden, einer Kinderbuchautorin, die mit ihrer Tochter in Edinburgh lebt. Harry ist Waise und entkommt seiner schrecklichen Tante, Onkel und Cousin, um in einer geheimen Internatsschule Hexerei und Zauberei zu lernen. Dort erlebt er mit seinen Freunden aufregende Abenteuer voller Magie und Hexerei. Bisher sind vier Harry-Potter-Bücher erschienen und drei weitere geplant. Die Bücher wurden in viele Sprachen übersetzt und Harry Potters Abenteuer wurden auch verfilmt.

harsh [hɑːʃ] *adj* ❶ rau ❷ grell ❸ schrill ❹ roh; hart

hart [hɑːt] *s* Hirsch *m*

harum-scarum [ˌheərəmˈskeərəm] *adj, adv* eilig; Hals über Kopf

har·vest [ˈhɑːvɪst] **I.** *s* ❶ Ernte(zeit) *f* ❷ Ernte *f,* (Ernte)Ertrag *m;* **bad ~** Missernte *f* **II.** *vt* ernten, einbringen **III.** *vi* ernten; **har·vester** [ˈhɑːvɪstə(r)] *s* ❶ Mähmaschine *f;* (*combine ~*) Mähdrescher *m* ❷ Erntearbeiter(in) *m(f);* **harvest festival** *s* Erntedankfest *nt;* **harvest moon** *s* Vollmond *m* (*im September*)

has [həz, *betont* hæz] *3. Person Singular Präsens* **have**; **has-been** [ˈhæzbiːn] *s* (*fam*) Größe *f* von gestern

hash [hæʃ] **I.** *vt* (*Fleisch*) hacken; **~ up** durcheinander bringen **II.** *s* ❶ Haschee *nt* ❷ (*fam fig*) aufgewärmte Geschichte ❸ Durcheinander *nt;* **make (a) ~ of** vermasseln; **hash browns** *s pl* (*Am*) Rösti *nt*

hash·ish [ˈhæʃiːʃ] *s* Haschisch *nt*

hasn't [ˈhæznt] = **has not**

has·sle [ˈhæsl] **I.** *vt* ärgern, belästigen **II.** *s* ❶ Auseinandersetzung *f* ❷ (*fam*) Mühe *f;* **it's such a ~** das ist so mühsam

has·sock [ˈhæsək] *s* ❶ Kniekissen *nt* ❷ Grasbüschel *nt*

haste [heɪst] *s* Hast, Eile *f;* **make ~** sich beeilen; **more ~ less speed** (*prov*) eile mit Weile; **hasten** [ˈheɪsn] **I.** *vt* beschleunigen; **he ~ed to say** er sagte schnell **II.** *vi* (sich be)eilen; **hasty** [ˈheɪstɪ] *adj* ❶ eilig, schnell ❷ hastig, überhastet, voreilig ❸ hitzig

hat [hæt] *s* Hut *m;* **keep s.th. under one's ~** etw für sich behalten; **pass round the ~** Geld (ein)sammeln (*for* für); **take one's ~ off** den Hut abnehmen (*to* vor); **talk through one's ~** (*fam*) Unsinn reden; **I'll eat my ~ if ...** ich fresse einen Besen, wenn ...; **my ~!** glaubste!

hatch[1] [hætʃ] **I.** *vt* ❶ ausbrüten ❷ (*fig*) ausdenken, *pej* aushecken **II.** *vi* ❶ brüten ❷ (*aus dem Ei*) ausschlüpfen **III.** *s* ❶ Brüten *nt* ❷ Brut *f*

hatch[2] [hætʃ] *s* ❶ (*a.* MAR) Klapp-/Falltür *f* ❷ (*Flugzeug*) Einstieg *m;* Luke *f* ❸ Durchreiche *f;* **down the ~!** (*fam*) hoch die Tassen!

hatch[3] [hætʃ] *vt* schraffieren

hatch·back [ˈhætʃbæk] *s* (AUTO) Fließheck-, Schrägheckmodell *nt;* Hecktür *f*

hatch·et [ˈhætʃɪt] *s* Beil *nt;* **bury the ~** (*fig*) das Kriegsbeil begraben; **hatchet-face** *s* scharfgeschnittenes Gesicht; **hatchet man** <*pl* -men> *s* gedungener Mörder; (*fig*) Vollstreckungsbeamte(r) *m*

hatch·ing [ˈhætʃɪŋ] *s* Schraffur, Schraffierung *f*

hate [heɪt] **I.** *vt* ❶ hassen, verabscheuen ❷ nicht mögen; **~ to do** [*o* **doing**] **s.th.** etw nicht gern, ungern tun; etw mit Bedauern tun; jdm sehr peinlich sein etw zu tun **II.** *s* Hass *m;* **he is my pet ~** ich kann ihn auf den Tod nicht ausstehen; **hate group** *s* von Hass getriebene Gruppierung; **hate·ful** [ˈheɪtfl] *adj* ekelhaft; **hatred** [ˈheɪtrɪd] *s* ❶ Hass *m* ❷ Abscheu, Ekel *m* (*of* vor)

hat stand [ˈhætstænd] *s* Garderobenständer *m*

hat·ter [ˈhætə(r)] *s* Hutmacher(in) *m(f);* **as mad as a ~** total verrückt

hat-trick [ˈhættrɪk] *s* (SPORT) Hattrick *m*

haughty [ˈhɔːtɪ] *adj* stolz, hochmütig,

H

anmaßend

haul [hɔːl] **I.** *vt* ❶ ziehen, zerren (*at, upon* an) ❷ (be)fördern, transportieren ❸ (MIN) fördern ❹ (MAR) den Kurs ändern (*a ship* eines Schiffes); ~ **s.o. over the coals** jdn abkanzeln **II.** *s* ❶ Ziehen, Zerren *nt* ❷ Fisch-/Beutezug *m* ❸ Fang *m,* Beute *f* ❹ Transportweg *m;* **make a good** ~ reiche Beute machen; **short/long** ~ kurzer/weiter Weg (*to* nach); **short/long/medium** ~ **aircraft** Kurz-/Lang-/Mittelstreckenflugzeug *nt;* **haul away** *vi* kräftig ziehen (*at* an); ~ **away!** hau ruck!; **haul down** *vt* ❶ (*Flagge*) einziehen, niederholen ❷ herunterziehen; **haul off** *vi* (MAR) abdrehen; **haul up** *vt* ❶ hochziehen; (*Segel*) hissen ❷ (*fig*) schleppen (*before* vor)

haul·age ['hɔːlɪdʒ] *s* ❶ Beförderung *f,* Transport *m* ❷ (MIN) Förderung *f* ❸ Beförderungs-, Transportkosten *pl,* Rollgeld *nt;* **haulage business, haulage firm** *s* Transportunternehmen *nt,* Speditionsfirma *f;* **haulage contractor** *s* Transportunternehmer *m*

hauler, haul·ier ['hɔːlə(r), 'hɔːlɪə(r)] *s* Spediteur *m*

haunch [hɔːntʃ] *s* ❶ Hüftpartie *f;* Gesäß *nt* ❷ Lendenstück *nt,* Keule *f*

haunt [hɔːnt] **I.** *vt* ❶ häufig besuchen ❷ (dauernd) verfolgen ❸ (*Erinnerung*) haften an ❹ (*Gespenst*) umgehen in **II.** *s* häufig besuchter Ort; gewöhnlicher Aufenthalt(sort); **haunt·ed** [-əd] *adj:* **a** ~ **house** Spukhaus *nt,* Haus *nt,* in dem es spukt; **a** ~ **look** ein gequälter Blick; **haunt·ing** [-ɪŋ] *adj* quälend; (*Melodie, Dichtung*) eindrucksvoll

have [həv, *betont* hæv] <*irr:* has, had, had> **I.** *vt* ❶ haben (*about one* bei sich, *on one* bei, an sich) ❷ haben, wissen (*from* von) ❸ haben, besitzen ❹ wissen, können, verstehen ❺ versichern, behaupten ❻ bekommen, erhalten, *fam* kriegen ❼ lassen, zulassen, erlauben, gestatten ❽ betrügen, reinlegen; ~ **a bath** ein Bad nehmen; ~ **a cold** erkältet sein; ~ **had it with s.o. (s.th.)** (*fam*) die Nase von jdm (etw) voll haben; ~ **to do with s.o./s.th.** mit jdm/einer S zu tun haben; ~ **no doubt** nicht (be)zweifeln; ~ **a game** ein Spiel machen; ~ **it** (beim Spiel) gewonnen haben; sich erinnern; ~ **it in for s.o.** jdn auf dem Kieker haben; ~ **a look** mal sehen, schauen, gucken; ~ **a swim** schwimmen, baden; ~ **tea** Tee trinken; ~ **a walk** spazieren gehen; **you** ~ **it** so ist's; **you've been had!** (*fam*) da hat man dich über's Ohr gehauen!; **let him** ~ **it!** (*fam*) gib's ihm!; **he's had it** er ist erledigt; **thank you for having me** vielen Dank für Ihre Gastfreundschaft **II.** *aux* ❶ (*zur Bildung der Vergangenheit*) haben; (*bei Verben der Bewegung*) sein ❷ (*modal, mit Infinitiv*) müssen; **he has seen/gone** er hat gesehen/er ist gegangen; ~ **been** gewesen sein; **he has been living there** er hat da gewohnt; ~ **done** fertig sein; ~ **got** haben; **you** ~ **taken it, haven't you?** du hast das doch genommen, oder?; **you haven't taken it,** ~ **you?** du hast es doch nicht genommen, oder?; **you** ~ **to do it** du musst das machen; **I don't** ~ **to if I don't want to** wenn ich nicht will, muss ich es nicht machen; **you had better go** du gehst jetzt besser; **what would you** ~ **me do?** was soll(te) ich denn machen?; **have around** *vt* zu Besuch haben; einladen; **you are a good person to** ~ **around** es ist praktisch, wenn du da bist; **have back** *vt* zurückbekommen; **have in** *vt* ❶ hereinholen ❷ hineintun ❸ im Haus haben; ~ **it in for s.o.** jdn auf dem Kieker haben; **have off** *vt* ❶ wegbringen, -schaffen ❷ auswendig gelernt haben; ~ **it off with s.o.** (*sl*) mit jdm schlafen; **have on** *vt* ❶ (*Kleidung*) anhaben ❷ (*Radio*) anhaben ❸ vorhaben ❹ (*sl*) beschummeln; auf den Arm nehmen; ~ **s.th. on s.o.** gegen jdn eine Handhabe haben; **have out** *vt* herausnehmen lassen, hinausschaffen; ~ **it out with s.o.** sich mit jdm aussprechen; **have over** *vi* zu Besuch haben; einladen; **have up** *vi:* **be had up** vor den Richter kommen (*for* wegen)

ha·ven ['heɪvn] *s* (*fig*) Zufluchtsort *m,* Oase *f*

have-not ['hævnɒt] *s* Habenichts *m*

haven't ['hævnt] = **have not**

haves [hævz] *s pl* (*fam*) Betuchte, reiche Leute *pl*

havoc ['hævək] *s* Chaos *nt;* **wreak** ~ **on, make** ~ **of, play** ~ **with** verheerend wirken auf; durcheinander bringen

haw [hɔː] *vi* summen; (*traffic*) brausen; (*engine*) brummen

Ha·waii [hə'waɪiː] *s* Hawaii *nt;* **Ha·wai·ian** [hə'waɪjən] **I.** *adj* hawaiisch, Hawaii- **II.** *s* ❶ Hawaiianer(in) *m(f)* ❷ (das) Hawaiisch(e)

hawk[1] [hɔːk] *s* ❶ Habicht *m;* Sperber *m;* Falke *m* ❷ (POL) Falke *m*

hawk[2] [hɔːk] *vt* hausieren mit; feilbieten; ausschreien; ~ **about** verbreiten, ausposaunen

hawker ['hɔːkə(r)] *s* Straßenhändler(in)

m(f), Hausierer(in) *m(f),* Marktschreier(in) *m(f)*

hawk-eyed [ˌhɔːk'aɪd] *adj* mit scharfen Augen; scharfsichtig

hawk moth ['hɔːkmɒθ] *s* Schwärmer *m*

haw·ser ['hɔːzə(r)] *s* (MAR) Tau, Kabel *nt,* Trosse *f*

haw·thorn ['hɔːθɔːn] *s* Weiß-/Hagedorn *m*

hay [heɪ] *s* Heu *nt;* **make** ~ Heu machen; **hit the** ~ (*fam*) schlafen gehen; **make** ~ **while the sun shines** (*prov*) das Eisen schmieden, solange es heiß ist; **hay·cock, hay·rick, hay·stack** ['heɪkɒk, 'heɪrɪk, 'heɪstæk] *s* Heuhaufen *m;* **hay fever** *s* Heuschnupfen *m;* **hay·wire** ['heɪwaɪə(r)] *adj:* **be** ~ durcheinander sein; **go** ~ durcheinander geraten; (*Mensch*) durchdrehen, wahnsinnig werden; (*Maschine*) verrückt spielen

haz·ard ['hæzəd] **I.** *s* ① Risiko *nt,* Gefahr *f* ② (SPORT) Hindernis *nt;* **at all** ~**s** unter allen Umständen; **by** ~ durch Zufall; **occupational** ~ Berufsrisiko *nt* **II.** *vt* aufs Spiel setzen (*s.th. on* etw für), wagen, riskieren; ~ **a guess** wagen, eine Vermutung anstellen; **haz·ard·ous** ['hæzədəs] *adj* gewagt, gefährlich, riskant; **hazard warning lights** *s pl* (AUTO) Warnlichtanlage *f*

haze [heɪz] *s* ① Dunst, leichter Nebel *m* ② (*fig*) Verwirrtheit *f;* Unklarheit *f*

hazel ['heɪzl] **I.** *s* Haselnuss(strauch *m*) *f* **II.** *adj* nussbraun; **hazel·nut** ['heɪzlnʌt] *s* Haselnuss *f*

hazy ['heɪzɪ] *adj* ① dunstig, diesig ② verschwommen, vage, unklar (*about* über)

HDTV [ˌeɪtʃdiːtiː'viː] *s Abk. von* **high definition television** hochauflösendes Fernsehen

he [hiː] **I.** *pron* er; ~ **who** derjenige, welcher **II.** *s* Männchen *nt;* **the baby is a** ~ das Baby ist ein Junge; **he'll** [hiːl] = **he shall; he will; he's** [hiːz] = **he is; he has**

head [hed] **I.** *s* ① Kopf *m* ② (*fig*) Vernunft *f,* Verstand, Kopf *m* ③ (*Vieh*) Stück *nt* ④ Haupt *nt,* (An)Führer(in) *m(f),* Chef(in) *m(f),* Direktor(in) *m(f)* ⑤ Führung, Leitung, führende Stellung, Spitze *f* (*einer Organisation*) ⑥ ober(st)er Teil, oberes Ende, Spitze *f,* Gipfel *m* ⑦ (Baum)Wipfel *m,* Krone *f* ⑧ Schaum(krone *f*) *m* (*auf dem Bier*) ⑨ (Kohl-, Salat)Kopf *m* ⑩ (Stecknadel)Kopf *m;* (*Nagel*) Kopf *m* ⑪ vorderes Ende, Spitze *f;* (*Schiff*) Bug *m;* (*Bett*) Kopfende *nt* ⑫ Landspitze *f,* Kap, Vorgebirge *nt* ⑬ Quelle *f;* Mühlteich *m;* Wasserstand *m* ⑭ Schlagzeile *f;* (Kapitel)Überschrift *f* ⑮ Rubrik, Kategorie *f* ⑯ Abschnitt *m,* Kapitel *nt,* Hauptteil *m* ⑰ Thema *nt,* (Haupt)Punkt *m* ⑱ (*fig*) Höhe-, Wendepunkt *m,* Krisis *f* ⑲ (*sl*) Junkie *m;* **a** [*o* **per**] ~ pro Kopf; **at the** ~ **of** an der Spitze *+gen,* oben, am oberen Ende *+gen;* **by a short** ~ um eine Kopflänge; ~ **first** kopfüber; ~ **over heels** kopfüber; (*fig*) bis über beide Ohren, Hals über Kopf; **be off** [*o* **out of**] **one's** ~ aus dem Häuschen sein; den Verstand verloren haben; **be** ~ **and shoulders above s.o.** (*fig*) weit über jdm stehen; **bring to a** ~ zur Entscheidung bringen; **come to a** ~ (*Geschwür*) reif werden; (*fig*) sich zuspitzen; zum Krach kommen; **go to one's** ~ (*Getränk*) zu Kopf steigen; **go over s.o.'s** ~ über jds Kopf hinweg handeln; **have a** ~ **for business** einen guten Geschäftssinn haben; **have a** ~ **for figures** mathematisch begabt sein; **have a** ~ **for heights** schwindelfrei sein; **have a poor** ~ **for** keine Begabung haben für; **keep one's** ~ **above water** sich über Wasser halten; **put one's** ~**s together** (*fig*) die Köpfe zusammenstecken; **lose one's** ~ (*fig*) den Kopf verlieren; **be unable to make** ~ **or tail of** nicht schlau werden aus; **put s.th. into s.o.'s** ~ jdm etw in den Kopf setzen; **put s.th. out of one's/s.o.'s** ~ sich etw aus dem Kopf schlagen; jdn von etw abbringen; **shake one's** ~ den Kopf schütteln (*at* zu); **take the** ~ die Führung übernehmen; **take it into one's** ~ sich etw in den Kopf setzen; **laugh one's** ~ **off** sich fast totlachen; **talk one's** ~ **off** sich dumm und dämlich reden; **turn s.o.'s** ~ (*fig*) jdm den Kopf verdrehen; **my** ~ **is spinning** mir dreht sich alles; ~**s or tails?** Kopf oder Zahl (*einer Münze*); **top of the** ~ Scheitel *m;* ~ **of the department** Abteilungsleiter(in) *m(f);* ~ **of the government** Regierungschef(in) *m(f);* ~ **of hair** (Haar)Schopf *m;* ~ **of a letter** Briefkopf *m* **II.** *adj* hauptsächlich; Haupt-, Ober-; Spitzen- **III.** *vt* ① anführen; vorstehen (*s.th.* einer S) ② als Erster stehen (*a list* auf einer Liste), der Erste sein (*a class* in einer Klasse) ③ steuern, lenken ④ mit einer Überschrift versehen ⑤ (SPORT: *Ball*) köpfen **IV.** *vi* sich bewegen, fahren (*for* in Richtung auf); **where are you** ~**ed?** wo wollen Sie hin?; **head back** *vi* zurückgehen, -fahren; **head for** *vi* ① (*Schiff*) Kurs halten auf ② (*a. fig*) auf dem Weg sein zu, zusteuern auf; **head off** *vt* abfangen; (*fig*) abwenden; ablenken; **head up** *vt* leiten, führen

head·ache ['hedeɪk] *s* ① Kopfweh *nt,* Kopfschmerzen *mpl* ② (*fam*) Sorgen *fpl,* Schwierigkeit *f;* **have a bad** ~ schlimme

H

Kopfschmerzen haben; **head·band** ['hedbænd] *s* Stirnband *nt;* **head·banger** ['hed,bæŋə(r)] *s* ❶ Bekloppte(r) *f m* ❷ Heavy-metalfan *m;* **head·butt** ['hedbʌt] *s* Kopfstoß *m;* **head cold** *s* Kopfgrippe *f;* **head·count** ['hed,kaʊnt] *s* (*sl*) Belegschaft *f;* **have/take a ~** abzählen; **head·dress** ['heddres] *s* Kopfputz *m;* **head·er** ['hedə(r)] *s* ❶ (*Fußball*) Kopfball *m* ❷ Kopfsprung *m* ❸ (INFORM) Kopfzeile *f;* **head·first** ['hed'fɜ:st] *adv* ❶ mit dem Kopf voraus ❷ (*fig*) geradewegs; **head·hunt** ['hedhʌnt] *vt* abwerben; **head-hunter** *s* Kopfjäger *m*

head·ing ['hedɪŋ] *s* ❶ (TYP) Titel *m,* Überschrift *f,* Kopf *m* ❷ (COM) Posten *m,* Position *f* ❸ (SPORT) Köpfen *nt;* **head·land** [,hedlænd] *s* Landspitze *f;* **head·less** ['hedlɪs] *adj* kopflos; **head·light, head·lamp** ['hedlaɪt, 'hedlæmp] *s* Scheinwerfer *m;* **head·line** ['hedlaɪn] *s* ❶ (TYP) Schlagzeile *f* ❷ **~s** (das) Wichtigste in Schlagzeilen; **hit** [*o* **make**] **the ~s** Schlagzeilen machen; **headline inflation** *s* (*Br*) *System der Inflationsratenbestimmung;* **head·long** ['hedlɒŋ] *adj, adv* ❶ kopfüber ❷ überstürzt, übereilt; **head·mas·ter** [,hed'mɑ:stə(r)] *s* (SCHULE) (Di)Rektor, Schulleiter *m;* **head·mis·tress** [,hed'mɪstrɪs] *s* (SCHULE) (Di)Rektorin, Schulleiterin *f;* **head-office** *s* Hauptbüro *nt,* Zentrale *f;* **head-of-state** [,hedəf'steɪt] *s* Staatsoberhaupt *nt;* **head-on** [,hed'ɒn] *adj, adv* ❶ (*Zusammenstoß*) frontal, Frontal- ❷ (*Konfrontation*) direkt; **~ collision** Frontalzusammenstoß *m;* **head-phones** ['hedfəʊnz] *s pl* Kopfhörer *mpl;* **head·quar·ters** [,hed'kwɔ:təz] *s pl oft mit sing* ❶ Hauptquartier *nt* ❷ Zentrale *f,* Stammhaus *nt;* Hauptgeschäftsstelle *f* ❸ Parteizentrale *f;* **police ~** Polizeidirektion *f;* **head·rest** ['hedrest] *s,* **head·re·straint** ['hedrɪ,streɪnt] *s* Kopfstütze *f;* **head·room** ['hedrʊm] *s* lichte Höhe; (AUTO) Kopfraum *f;* **head·scarf** [,hedskɑ:f, *pl* -skɑ:vz] <*pl* -scarves> *s* Kopftuch *nt;* **head·set** ['hedset] *s* Kopfhörer *mpl;* **head·ship** [,hedʃɪp] *s* Schulleiterstelle *f;* **head·shrinker** ['hedʃrɪŋkə(r)] *s* (*sl*) Psychiater *m;* **head start** *s* (*fig*) Vorsprung *m;* **head·stone** ['hedstəʊn] *s* Grabstein *m;* **head·strong** ['hedstrɒŋ] *adj* eigenwillig; **head waiter** *s* Oberkellner *m;* **head·water** [,hed'wɔ:tə(r)] *s* Quellfluss *m;* **head·way** ['hedweɪ] *s:* **make ~** vorwärts kommen, vorankommen; (*fig*) Fortschritte machen; **head·wind** ['hedwɪnd] *s* Gegenwind *m;* **head·word** ['hedwɜ:d] *s* (*Wörterbuch*) Stichwort *nt*

heady ['hedɪ] *adj* ❶ eigenwillig, impulsiv ❷ (*Getränk*) berauschend

heal [hi:l] **I.** *vt* ❶ heilen; befreien (*von Kummer, Ärger*) ❷ (*Streit*) beilegen **II.** *vi* (*~ over*) (zu)heilen

health [helθ] *s* Gesundheit(szustand *m*) *f;* **~ and safety regulations** Arbeitsschutzvorschriften *fpl;* **~ and safety standards** Arbeitsschutz *m;* **be in poor ~** kränklich sein; **drink** (**to**) **s.o.'s ~** auf jds Wohl trinken; **your ~! good ~!** zum Wohl!; **health care** *s* Gesundheitsfürsorge *f;* **health centre** *s* Ärztezentrum *nt;* **health certificate** *s* ärztliches Attest; **health club** *s* Fitnesscenter *nt;* **health farm** *s* Gesundheitsfarm *f;* **health food** *s* Natur-/Reformkost *f;* **health food shop** *s* Naturkostladen *m;* **health hazard** *s* Gefahr *f* für die Gesundheit; **health insurance** *s* Krankenversicherung *f;* **health resort** *s* Kurort *m;* **Health Service** *s* (*Br*) (das) Gesundheitswesen; **health visitor** *s* Sozialarbeiter(in) *m(f);* **healthy** ['helθɪ] *adj* ❶ gesund ❷ zuträglich ❸ natürlich

heap [hi:p] **I.** *s* Haufen *m;* **~s of** (*fam*) ein(en) Haufen, massig; **in ~s** in Haufen, haufenweise; **be struck** [*o* **knocked**] **all of a ~** (*fam*) (völlig) platt, ganz verblüfft sein **II.** *vt* ❶ (*~ up, together*) an-, aufhäufen ❷ (*fig*) überhäufen (*with praise* mit Lob)

hear [hɪə(r)] <*irr:* heard, heard> **I.** *vt* ❶ hören (*of* von, *doing, do* tun) ❷ anhören ❸ zuhören (*s.th.* einer S) ❹ Acht geben auf; zur Notiz, zur Kenntnis nehmen ❺ erfahren ❻ (JUR) verhandeln; (*Zeugen*) vernehmen; verhören; **~ out** bis zu Ende anhören **II.** *vi* ❶ (zu)hören ❷ erfahren (*of, about* von) ❸ Bescheid bekommen (*from* von); **~! ~!** (PARL) hört! hört! ausgezeichnet! bravo!; **he won't ~ of it** er will davon nichts wissen; **let me ~ from you** lassen Sie von sich hören

? Grammatik

to **hear** *something* heißt etwas hören – „mit den Ohren wahrnehmen"; *to* **listen to** *something* heißt etwas zuhören – „aufmerksam etwas hören": *Sorry, I can't hear you. Peter is listening to the radio.*

heard [hɜ:d] *pt, pp of* **hear**

hear·ing ['hɪərɪŋ] *s* ❶ Gehör(sinn *m*) *nt* ❷ (An)Hören *nt;* Anhörung *f* ❸ (JUR) Verhör *nt,* Vernehmung *f;* Verhandlung *f*

④ Hörweite *f;* **within/out of ~** in/außer Hörweite; **hard of ~** schwerhörig; **gain** [*o* **get**] **a ~** sich Gehör verschaffen; **his ~ is poor** er hört schlecht; **hearing-aid** *s* Hörgerät *nt*

hear·say [ˈhɪəseɪ] *s* Gerede, Gerücht *nt;* **by** [*o* **from**] **~** vom Hörensagen

hearse [hɜːs] *s* Leichenwagen *m*

heart [hɑːt] *s* ① Herz *nt* ② (*fig*) Brust *f* ③ (das) Innere, tiefste Gefühle *ntpl,* Gedanken *mpl* ④ Mut *m,* Energie, Kraft *f* ⑤ Liebling, Schatz *m* ⑥ Mittelpunkt *m;* Hauptsache *f;* (das) Wesentliche, (der) Kern ⑦ **~s** (*Kartenspiel*) Herz *nt;* **after one's own ~** nach Herzenslust; **at ~** im Innersten; im Grunde genommen; **by ~** auswendig; **to one's ~'s content** nach Herzenslust; **with all one's ~** von ganzem Herzen; **be near to s.o.'s ~** jdm am Herzen liegen; **eat one's ~ out** vor Kummer vergehen; **get to the ~ of s.th.** einer S auf den Grund kommen; **have a ~** (*fig*) ein Herz haben; Verständnis haben; **not to have the ~ to** es nicht übers Herz bringen zu; **set one's ~ on** sein Herz hängen an; **take to ~** sich zu Herzen nehmen; **wear one's ~ on one's sleeve** das Herz auf der Zunge tragen; **he had his ~ in his boots** das Herz rutschte ihm in die Hose; **don't lose ~!** verlier den Mut nicht!; **heart·ache** [ˈhɑːteɪk] *s* Kummer *m;* **heart attack** *s* (MED) Herzanfall *m;* Herzinfarkt *m;* **heart·beat** [ˈhɑːtbiːt] *s* (PHYSIOL) Puls-, Herzschlag *m;* **heart·break** [ˈhɑːtbreɪk] *s* großer Kummer, Leid *nt;* **heart·break·ing** [ˈhɑːtbreɪkɪŋ] *adj* herzzerreißend; **heart·broken** [ˈhɑːtˌbrəʊkən] *adj* untröstlich; **heart·burn** [ˈhɑːtbɜːn] *s* Sodbrennen *nt;* **heart disease** *s* Herzleiden *nt,* -krankheit *f;* **heart·en·ing** [ˈhɑːtnɪŋ] *adj* ermutigend; **heart failure** *s* (MED) Herzversagen *nt;* **heart·felt** [ˈhɑːtfelt] *adj* aufrichtig; tief empfunden

hearth [hɑːθ] *s* ① Feuerstelle *f;* Kamin *m* ② (*fig*) (häuslicher) Herd *m;* **~ and home** Haus und Herd; **hearth-rug** *s* Kaminvorleger *m*

heart·ily [ˈhɑːtɪlɪ] *adv* herzhaft, tüchtig; sehr; **heart·less** [ˈhɑːtlɪs] *adj* herzlos

heart murmur *s* Herzgeräusch *nt;* **heart-rend·ing** [ˈhɑːtˌrendɪŋ] *adj* herzzerreißend; **heart-search·ing** [ˈhɑːtˌsɜːtʃɪŋ] *s* Selbstprüfung *f;* **heart·strings** [ˈhɑːtstrɪŋz] *s pl:* **tug at s.o.'s ~** jdn zutiefst bewegen, jdn rühren; **heart-throb** *s* (*fam*) Schwarm *m;* **heart-to-heart I.** *adj* offenherzig **II.** *s* freimütiges Gespräch; **heart transplant** *s* (MED) Herztransplantation *f;* **heart-warm·ing** [ˈhɑːtˌwɔːmɪŋ] *adj* tröstlich; erfreulich; **hearty** [ˈhɑːtɪ] *adj* ① herzlich ② tüchtig, gesund ③ (*Essen*) reichlich ④ (*fam*) lärmend, lustig

heat [hiːt] **I.** *s* ① Hitze *f;* (PHYS) Wärme *f;* (*von Speise*) Schärfe *f* ② (*fig*) Erregung *f,* Eifer *m,* Leidenschaft *f* ③ (*fam*) Druck *m;* Gefahr *f* ④ Brunst, Brunft *f* ⑤ (Vor)Runde, Vorentscheidung *f;* **in** [*o* **on**] **~** brünstig, läufig; **in the ~ of the debate** in der Hitze, im Eifer des Gefechts; **dead ~** unentschiedenes Rennen; **final ~** (SPORT) Ausscheidungskampf *m* **II.** *vt* erhitzen, heiß, warm machen; heizen; beheizen; **heat up I.** *vt* erwärmen; warm machen; (*fig*) anheizen **II.** *vi* warm werden; (*Motor*) heißlaufen; **heat·ed** [ˈhiːtɪd] *adj* ① geheizt; beheizt ② (*fig*) hitzig, erregt; **get ~** sich erhitzen; **heat·ed·ly** [ˈhiːtɪdlɪ] *adv* in Erregung, hitzig; **heater** [ˈhiːtə(r)] *s* Ofen *m;* Heizkörper *m;* (*Auto*) Heizung *f;* **heat exchanger** [ˈhiːtəksˌtʃeɪndʒə(r)] *s* (TECH) Wärmetauscher *m*

heath [hiːθ] *s* Heide *f*

hea·then [ˈhiːðn] *s* ① Heide *m,* Heidin *f* ② (*fam*) Barbar *m;* **hea·then·ish** [ˈhiːðənɪʃ] *adj* heidnisch

heather [ˈheðə(r)] *s* Heide(kraut *nt*), Erika *f*

heat·ing [ˈhiːtɪŋ] *s* ① Heizung *f* ② (Be)Heizen *nt;* (*Materien*) Erwärmung *f;* **heating engineer** *s* Heizungsinstallateur(in) *m(f);* **heating system** *s* ① Heizungssystem *nt* ② Heizungsanlage *f;* **heat pump** *s* Wärmepumpe *f;* **heat rash** *s* Hitzebläschen *nt*

heat-re·sis·tant, heat-re·sisting [ˈhiːtrɪˌzɪstənt] *adj* hitzebeständig; **heat-seek·ing** [ˈhiːtsiːkɪŋ] *adj* wärmesuchend; **heat shield** *s* Hitzeschild *m;* **heat·stroke** [ˈhiːtstrəʊk] *s* Hitzschlag *m;* **heat treatment** *s* (TECH MED) Wärmebehandlung *f;* **heat·wave** [ˈhiːtweɪv] *s* Hitzewelle *f*

heave [hiːv] <*irr:* hove, hove> **I.** *vt* ① heben, an-, hochheben; schleppen ② (MAR) hieven ③ (*Schiff*) den Anker lichten ④ (*Brust*) dehnen, weiten ⑤ (*Seufzer*) ausstoßen ⑥ (*Stein*) werfen **II.** *vi* ① ziehen ② sich heben und senken, wogen ③ hieven (*at* an) ④ (*Magen*) sich umdrehen ⑤ (*Körper*) sich krümmen ⑥ (MAR: *~ alongside*) längsseit gehen **III.** *s* ① Heben *nt* ② Wogen, Anschwellen *nt* ③ (GEOL) Verschiebung *f;* **heave to** *vt* (MAR) beidrehen; abstoppen; **heave up I.** *vi* sich übergeben **II.** *vt* ① hochhieven; hochstemmen ② (PHYSIOL) von sich geben

heaven [ˈhevn] *s* ① (REL) Himmel *m* ② **~s** Firmament *nt;* **Heaven** der Himmel; **in ~**

H

im Himmel; **in** (**one's seventh**) ~ im siebten Himmel; **move** ~ **and earth** Himmel und Hölle in Bewegung setzen; **for** ~**'s sake!** um Himmels [*o* Gottes] Willen!; **good** ~**s!** du meine Güte!; **thank** ~**!** Gott sei Dank!; **heav·en·ly** ['hevnlɪ] *adj* ❶ (REL) himmlisch ❷ (*fig*) wunderbar; ~ **bodies** Himmelskörper *mpl;* **heav·en-sent** ['hevnˌsent] *adj* ideal, wie gerufen, ein Geschenk des Himmels

heavy ['hevɪ] **I.** *adj* ❶ schwer ❷ gewichtig, stark, fest ❸ heftig; stark ❹ grob, dick, massiv ❺ schwer (zu ertragen), drückend, lästig, unangenehm, unerfreulich ❻ schwer (zu tun), anstrengend ❼ niedergedrückt, (tief) bekümmert ❽ (*Schlaf*) tief ❾ (*Speise*) schwer ❿ (*Geruch*) durchdringend ⓫ (*Himmel*) bedeckt ⓬ (*Regen*) heftig ⓭ (*Boden*) schwer ⓮ (*Straße*) schlammig, schwer passierbar ⓯ (*Verkehr*) stark ⓰ schwerfällig ⓱ (COM: *Absatz*) lebhaft ⓲ (*Geldstrafe, Verluste, Steuern*) hoch ⓳ (*Am sl*) prima; **with a** ~ **heart** schweren Herzens; **be** ~ **on oil** (AUTO TECH) viel Öl verbrauchen; **make** ~ **weather of s.th.** etw unnötig erschweren; **a** ~ **sea** eine schwere See **II.** *adv* schwer; **lie** ~ (*fig*) schwer liegen, lasten (*on* auf); **time hangs** ~ **on his hands** die Zeit schleicht für ihn dahin **III.** *s* ❶ (THEAT) Bösewicht *m* ❷ (*fam*) Schläger *m;* **heavy-duty** *adj* strapazierfähig; Hochleistungs-; **heavy-going** *adj* ❶ mühsam ❷ nicht gesprächig; **heavy goods vehicle** *s* Lastkraftwagen *m;* **heavy-handed** [ˌhevɪ'hændɪd] *adj* unbeholfen, ungeschickt; **heavy-hearted** [ˌhevɪ'hɑːtɪd] *adj* traurig, (nieder)gedrückt; **heavy industry** *s* Schwerindustrie *f;* **heavy metal** *s* ❶ Schwermetall *nt* ❷ Heavy Metal *nt;* **heavy water** *s* schweres Wasser; **heavy·weight** ['hevɪweɪt] **I.** *s* ❶ (SPORT) Schwergewichtler *m* ❷ (*fig fam*) hohes Tier **II.** *adj* ❶ (SPORT) Schwergewichts- ❷ (*fig*) einflussreich

He·brew [hiː'bruː] **I.** *adj* hebräisch **II.** *s* ❶ Hebräer(in) *m(f)* ❷ (das) Hebräisch(e)

Heb·ri·des ['hebrɪdiːz] *s pl* Hebriden *pl*

heck [hek] *interj* (*fam*) verflixt!

heckle ['hekl] *vt* durch Zwischenrufe stören; **heck·ler** ['heklə(r)] *s* Zwischenrufer(in) *m(f)*

hec·tare ['hekteə(r)] *s* Hektar *nt od m*

hec·tic ['hektɪk] *adj* hektisch; **have a** ~ **time** keinen Augenblick Ruhe haben

hec·to·li·ter *s* (*Am*), **hec·to·li·tre** ['hektəʊˌliːtə(r)] *s* Hektoliter *m*

he'd [hiːd] = **he had; he would**

hedge [hedʒ] **I.** *s* ❶ Hecke *f* ❷ (*fig*) Schutz *m* **II.** *vt* ❶ mit einer Hecke umgeben ❷ (*fig*) absichern **III.** *vi* ausweichen; **hedge about, hedge around** *vt* ❶ mit einer Hecke umgeben ❷ (*fig*) erschweren; einengen; **hedge in** *vt* ❶ mit einer Hecke umgeben ❷ (*fig*) behindern; in seiner Freiheit einengen; **hedge·hog** ['hedʒhɒg] *s* Igel *m;* **hedge·row** ['hedʒrəʊ] *s* Hecke *f*

hedg·ing ['hedʒɪŋ] *s* (FIN) Hedgegeschäft, Hedging *nt*

heebie-jeebies ['hiːbɪ'dʒiːbɪz] *s pl* (*fam*) Angst *f;* **give s.o. the** ~ jdm Angst und Bange machen

heed [hiːd] **I.** *vt* (*give, pay* ~ *to, take* ~ *of*) beachten; hören auf **II.** *s* Beachtung *f;* **heed·ful** ['hiːdfl] *adj* aufmerksam, behutsam; **be** ~ **of s.th.** auf etw achten, hören; **heed·less** [-lɪs] *adj* sorglos, leichtsinnig

hee·haw ['hiːhɔː] **I.** *s* Iah *nt* (*des Esels*) **II.** *vi* iahen

heel [hiːl] **I.** *s* ❶ Ferse *f* ❷ (*Schuh*) Absatz *m;* unterster Teil ❸ (*sl*) Schuft *m;* **at** [*o* (**up**)**on**] **s.o.'s** ~**s** jdm auf den Fersen; **down at** ~ schäbig, heruntergekommen; **bring to** ~ zum Gehorsam zwingen, *fam* kleinkriegen; **come to** ~ klein beigeben; **cool** [*o* **kick**] **one's** ~**s** (*fam*) sich die Beine in den Leib [*o* Bauch] stehen; warten müssen; Däumchen drehen; ~**!** (bei) Fuß!; **kick up one's** ~**s** vor Freude tanzen; **show a clean pair of** ~**s** Fersengeld geben; **turn on one's** ~(**s**) sich plötzlich umdrehen **II.** *vt* ❶ mit Absätzen versehen ❷ auf den Fersen folgen (*s.o.* jdm); **heel bar** *s* Absatzbar *f*

hef·ty ['heftɪ] *adj* ❶ schwer ❷ stämmig

heifer ['hefə(r)] *s* Färse *f*

height [haɪt] *s* ❶ (*a.* GEOG ASTR) Höhe *f* ❷ (Körper)Größe *f* ❸ (*fig*) Höhepunkt *m* ❹ (An)Höhe, Erhebung *f;* **at its** ~ auf seinem/ihrem Höhepunkt; **he is six feet in** ~ er ist 6 Fuß groß; ~ **of fashion** neueste Mode; **the** ~ **of folly** der Gipfel der Torheit; **heighten** ['haɪtn] *vt* (*meist fig*) erhöhen; verstärken

hei·nie ['haɪniː] *s* (*Am: sl*) Hintern *m*

hei·nous ['heɪnəs] *adj* abscheulich; schändlich

heir [eə(r)] *s* Erbe *m* (*to, of s.o.* jds); **appoint s.o. one's** ~ jdn als Erben einsetzen; **become s.o.'s** ~ jdn beerben; ~ **apparent** gesetzlicher Erbe, gesetzliche Erbin; ~ **apparent to the throne** Thronfolger(in) *m(f);* **sole** [*o* **universal**] ~ Alleinerbe *m,* -erbin *f;* **heir·ess** ['eərɪs] *s* Erbin *f;* **heir·loom** ['eəluːm] *s* Erbstück *nt*

heist [haɪst] *s* (*Am sl*) Raubüberfall *m*

held [held] *s.* **hold**

heli·cop·ter ['helɪkɒptə(r)] *s* Hubschrauber, Helikopter *m*

Heli·go·land ['helɪgəʊlænd] *s* Helgoland *nt*

heli·pad ['helɪpæd] *s* Hubschrauberlandeplatz *m*

heli·port ['helɪpɔːt] *s* Hubschrauber-Flugplatz, Heliport *m;* **heli-ski·ing** ['heliːˌskiːɪŋ] *s mit einem Hubschrauber auf einen Berg gelangen und mit Skiern wieder herunterfahren*

he·lium ['hiːlɪəm] *s* (CHEM) Helium *nt*

hell [hel] **I.** *s* Hölle *f;* **go to ~!** scher dich zum Teufel!; **what the ~ are you doing here?** was zum Teufel machen Sie denn hier?; **a ~ of a noise** ein Höllenlärm; **for the ~ of it** (*fam*) nur zum Spaß; **like ~** verdammt, sehr; nicht im mindesten; **~ for leather** wie ein Wilder; **give s.o. ~** jdm die Hölle heiß machen; **play ~ with s.o.** (*sl*) jdm übel mitspielen; auf jdn wütend sein; **he suffers ~ on earth** ihm ist das Leben zur Hölle geworden **II.** *interj* verdammt (noch mal)!; **oh, ~!** verdammte Schweinerei!

he'll [hiːl] = **he will; he shall**

hell-bent [ˌhel'bent] *adj* (*sl*) ① versessen, erpicht (*on, for* auf) ② verrückt (*on, for* nach); **hell-fire** *s* Höllenfeuer *nt;* (*Strafe*) Höllenqualen *fpl;* **hell·ish** ['helɪʃ] *adj* ① höllisch, teuflisch ② (*fam*) entsetzlich; **hell·ish·ly** [-lɪ] *adv* (*fam*) verteufelt, verdammt

hello [hə'ləʊ] *interj* hallo!; **say ~ to your mother** grüße deine Mutter von mir

helm [helm] *s* ① Steuer(rad, -ruder) *nt* ② (*fig*) Ruder *nt*

hel·met [helmɪt] *s* ① Helm *m* ② (*beim Fechten*) Maske *f;* **crash ~** Sturzhelm *m*

helms·man ['helmzmən] <*pl* -men> *s* Steuermann *m*

help [help] **I.** *vt* ① helfen, behilflich sein (*s.o.* jdm) ② förderlich sein (*s.th.* einer S), fördern; **~ s.o. to food** (*bei Tisch*) jdn bedienen; **I can't ~ it** ich kann nichts dafür; ich kann nichts daran ändern; **can I ~ you?** womit kann ich Ihnen dienen? kann ich Ihnen behilflich sein?; **I can't ~ smiling** ich muss lächeln; **that can't be ~ed** das lässt sich nicht ändern; **so ~ me God!** so wahr mir Gott helfe! **II.** *vr* sich selbst helfen; sich bedienen; wegnehmen; **~ yourself!** bedienen Sie sich! **III.** *vi* helfen; behilflich sein; nützlich sein **IV.** *s* ① Hilfe, Unterstützung *f* ② Bedienung *f* ③ Hilfe *f* im Haushalt ④ Personal *nt;* **help out I.** *vi* aushelfen (*with* bei) **II.** *vt* helfen (*s.o.* jdm, *with* mit); **helper** ['helpə(r)] *s* Helfer(in) *m(f);* **help·ful** ['helpfl] *adj* ① behilflich ② nützlich; **help·ing** ['helpɪŋ] **I.** *s* Portion *f;* **take a second ~** sich noch einmal nehmen **II.** *adj* helfend, hilfreich; **give s.o. a ~ hand** jdm helfen; **help·less** ['helplɪs] *adj* hilflos; **help·line** ['helplaɪn] *s* ① Notruf *m* ② Informationsdienst *m*

hel·ter-skel·ter [ˌheltə'skeltə(r)] **I.** *adv* Hals über Kopf **II.** *s* ① Durcheinander *nt* ② (*Br*) Rutschbahn *f*

hem [hem] **I.** *s* Saum *m;* **take the ~ up** (*Kleid*) kürzer machen **II.** *vt* säumen; **hem about, hem in** *vt* einschließen, einkesseln; (*fig*) einengen

he-man ['hiːmæn] <*pl* -men> *s* echter Mann

hemi·sphere ['hemɪsfɪə(r)] *s* Hemisphäre *f*

hem·line ['hemlaɪn] *s* Rocklänge *f*

hem·lock ['hemlɒk] *s* (*sehr giftige Pflanze*) Schierling *m*

hemo- (*Am*) Hämo-, Blut-

hemp [hemp] *s* ① Hanf *m* ② Cannabis *m*

hen [hen] *s* ① Henne *f,* Huhn *nt* ② (Vogel)Weibchen *nt;* **hen battery** *s* Legebatterie *f*

hence [hens] *adv* also; folglich, deshalb; **two years ~** in zwei Jahren; **hence·forth, hence·for·ward** [ˌhens'fɔːθ, ˌhens'fɔːwəd] *adv* nunmehr, in Zukunft

hench·man ['hentʃmən] <*pl* -men> *s* (*pej*) Kumpan *m*

hen·coop, hen·house ['henkuːp, 'henhaʊs] *s* Hühnerstall *m*

henna ['henə] **I.** *s* ① Hennastrauch *m* ② (*Haarfärbemittel*) Henna *f* **II.** *vt* mit Henna färben

hen night ['hennaɪt] *s Frauenparty für die Braut vor der Hochzeit*

i Land & Leute

Die **hen night** einer Braut ist eine Party nur für Frauen, die sie ein paar Tage vor ihrer Hochzeit zu Hause, in einem *pub* (Kneipe) oder auch in einem Restaurant gibt.

hen party ['henpɑːtɪ] *s* (*fam*) Damenkränzchen *nt;* (*pej*) Kaffeeklatsch *m;* **hen·peck** ['henpek] *vt* unter dem Pantoffel haben; **be ~ed** unter dem Pantoffel stehen; **a ~ed husband** ein Pantoffelheld *m*

hepa·ti·tis [ˌhepə'taɪtɪs] *s* Hepatitis *f*

hep·tath·lon [hep'tæθlɒn] *s* Siebenkampf *m*

her [hɜː(r)] *pron* ① sie *acc,* ihr *dat* ② (*adjektivisch*) ihr; **with ~ children around ~** mit ihren Kindern um sich; **it's ~** sie ist es

her·ald ['herəld] **I.** *s* ① Herold *m* ② *(fig)* (Vor)Bote *m* **II.** *vt* ankündigen

her·al·dic [he'rældɪk] *adj* heraldisch; **her·aldry** ['herəldrɪ] *s* Wappenkunde *f*

herb [hɜ:b] *s* (Heil)Kraut *nt;* **her·ba·ceous** [hɜ:'beɪʃəs] *adj* krautig; ~ **border** Staudenrabatte *f;* **her·ba·lism** ['hɜ:bəlɪzəm] *s* Naturheilkunde *f;* **herb·al·ist** ['hɜ:bəlɪst] *s* Kräuterhändler(in) *m(f),* Naturheilkundige(r) *f m;* **herbi·cide** ['hɜ:bɪsaɪd] *s* Herbizid *nt;* **her·bi·vor·ous** [hɜ:'bɪvərəs] *adj* Pflanzen fressend

her·cu·lean [ˌhɜ:kjʊ'li:ən] *adj* herkulisch; **a ~ task** eine Herkulesarbeit

herd [hɜ:d] **I.** *s* ① Herde *f,* Rudel *nt* ② *(fig pej)* breite Masse, Menge *f* **II.** *vt* ① *(Vieh)* hüten, weiden ② (hinein)treiben *(into* in); **herd together** **I.** *vi* sich zusammendrängen **II.** *vt* zusammentreiben; **herd instinct** *s* Herdentrieb *m;* **herds·man** ['hɜ:dzmən] <*pl* -men> *s* Hirt *m*

here [hɪə(r)] **I.** *adv* ① hier(her); her ② *(zeitlich)* an dieser Stelle, jetzt, nun; ~ **and there** hier(hin) und dort(hin); hier und da; ~**, there and everywhere** vielerorts; ~ **we go again!** es geht (schon) wieder los!; **neither ~ nor there** unwichtig, unbedeutend; **come ~!** komm her!; **look ~!** sieh [*o* schau] mal (her)!; ~ **he comes!** da kommt er (ja)!; ~ **you are!** bitte schön! da sind Sie ja!, da haben Sie es!; ~ **goes!** auf!; ~**'s to Peter!** auf Peters Wohl! **II.** *interj* hier!; **here·abouts** [ˌhɪərə'baʊts] *adv* hier herum; **here·after** [hɪər'ɑ:ftə(r)] *adv* von jetzt an; später; in Zukunft; **the ~** das Diesseits; **here·by** [hɪə'baɪ] *adv* hiermit

her·ed·itary [hɪ'redɪtrɪ] *adj* ① (ver)erblich ② *(fig)* überkommen; ~ **disease** Erbkrankheit *f;* ~ **peer** Peer *m* mit ererbtem Adelstitel; **her·ed·ity** [hɪ'redətɪ] *s* (*a.* BIOL) Erblichkeit *f,* Vererbung *f*

here·in [ˌhɪər'ɪn] *adv* hierin; **here·of** [hɪər'ɒv] *adv* hiervon

her·esy ['herəsɪ] *s* Ketzerei *f;* **her·etic** ['herətɪk] *s* Ketzer(in) *m(f);* **her·eti·cal** [hɪ'retɪkl] *adj* ketzerisch

here·upon [ˌhɪərə'pɒn] *adv* hierauf; **here·with** [ˌhɪə'wɪð] *adv* hiermit

heri·tage ['herɪtɪdʒ] *s* Erbschaft *f;* Erbgut, Erbe *nt;* Erbrecht *nt*

her·maph·ro·dite [hɜ:'mæfrədaɪt] **I.** *s* (*a.* BOT) Zwitter *m* **II.** *adj* zwittrig

her·metic [hɜ:'metɪk] *adj* hermetisch (abgeschlossen); luftdicht; ~**ally sealed** hermetisch abgeschlossen

her·mit ['hɜ:mɪt] *s* Einsiedler, Eremit *m;* **her·mit·age** [-ɪdʒ] *s* Einsiedelei *f;* **hermit crab** *s* Einsiedlerkrebs *m*

her·nia ['hɜ:nɪə] *s* (MED) Bruch *m,* Hernie *f*

hero ['hɪərəʊ] <*pl* heroes> *s* Held *m*

her·oic [hɪ'rəʊɪk] *adj* ① heroisch; heldenhaft; heldenmütig ② hochtrabend

her·oin ['herəʊɪn] *s* Heroin *nt;* **heroin addict** *s* Heroinsüchtige(r) *f m*

hero·ine ['herəʊɪn] *s* Heldin *f*

hero·ism ['herəʊɪzəm] *s* Heldenhaftigkeit *f,* -mut *m*

heron ['herən] *s* Reiher *m*

her·pes ['hɜ:pi:z] *s* (MED) Herpes *m*

her·ring ['herɪŋ] <*pl* -ring(s)> *s* Hering *m;* **red ~** *(fig)* Ablenkungsmanöver *nt;* **that's a red ~** das führt vom Thema ab; **her·ring·bone** ['herɪŋbəʊn] *s* ① Fischgrätenmuster *nt* ② (ARCH) Zickzackband *nt;* **herring gull** *s* Silbermöwe *f*

hers [hɜ:z] *pron* ihre(r, s); der, die, das Ihre/Ihrige; **a friend of ~** einer ihrer Freunde, ein Freund von ihr; **the book is ~** das Buch gehört ihr

her·self [hɜ:'self] *pron* ① sich *acc/dat* ② *(betont)* (sie) selbst; (**all**) **by ~** (ganz) allein; ohne Hilfe; **she's not ~ today** sie ist heute nicht wie sonst; **she'll do it ~** sie macht das selbst; **she ~ said it** sie hat es selbst gesagt

he's [hi:z] = **he is; he has**

hesi·tant ['hezɪtənt] *adj* zögerlich; **hesi·tant·ly** [-lɪ] *adv* zögerlich; **hesi·tate** ['hezɪteɪt] *vi* ① stocken; zaudern, zögern *(about doing, to do* zu tun) ② unsicher, unentschlossen, unschlüssig sein *(about, over* wegen); **hesi·ta·tion** [ˌhezɪ'teɪʃn] *s* ① Unschlüssigkeit, Unentschlossenheit *f* ② Zögern *nt;* **without a moment's ~** ohne einen Augenblick zu zögern; **have no ~** keine Bedenken tragen *(in doing s.th.* etw zu tun)

hes·sian ['hesɪən, *Am* 'heʃn] *s* Rupfen *m,* Sackleinwand *f*

het·ero·gen·eous [ˌhetərə'dʒi:nɪəs] *adj* verschiedenartig; heterogen

het·ero·pho·bia [ˌhetrə(ʊ)'fəʊbiə] *s* *(fam)* Heterophobie *f* *(krankhafte Angst vor einer Begegnung mit einem Angehörigen des anderen Geschlechts)*

het·ero·sex·ual [ˌhetərə'sekʃʊəl] **I.** *adj* heterosexuell **II.** *s* Heterosexuelle(r) *f m*

het-up [ˌhet'ʌp] *adj* *(fam)* aufgeregt, erregt

hew [hju:] <*irr:* hewed, hewn (hewed)> *vt* ① hauen, schlagen ② *(Baum: ~ down)* fällen; ~ **to pieces** in Stücke schlagen; ~ **one's way** sich einen Weg bahnen; **hewer** ['hju:ə(r)] *s* ① (Holz)Hauer *m* ② (MIN) Häuer *m;* **hewn** [hju:n] *s.* **hew**

hex [heks] **I.** *s* *(Am sl)* Zauber, Fluch *m;* **put a ~ on s.th.** etw verhexen **II.** *vt* verhexen

hexa·gon ['heksəgən] *s* Sechseck *nt;* **hexa·gonal** [heks'ægənl] *adj* sechseckig; **hexa·meter** [heks'æmɪtə(r)] *s* Hexameter *m*

hey [heɪ] *interj* he! hei! hallo!

hey·day ['heɪdeɪ] *s* Höhepunkt *m*, Glanzzeit *f*; **in his** ~ in der Blüte seines Lebens

hey presto ['heɪ'prestəʊ] *adv* plötzlich; sofort

hi [haɪ] *interj* (*fam*) hallo!

hi·ber·nate ['haɪbəneɪt] *vi* Winterschlaf halten; **hi·ber·na·tion** [ˌhaɪbə'neɪʃn] *s* Winterschlaf *m*

hi·bis·cus [hɪ'bɪskəs] *s* Hibiskus, Eibisch *m*

hic·cup, **hic·cough** ['hɪkʌp] **I.** *vi* den Schluckauf haben **II.** *s* Schluckauf *m*

hick·ey ['hɪkeɪ] *s* ❶ (*Am: sl*) Dings(bums) *nt* ❷ (*Am: sl*) Knutschfleck *m*

hid [hɪd] *vt, vi s.* **hide¹**

hidden ['hɪdn] *adj* verborgen; versteckt; verdeckt; ~ **assets** stille Rücklagen *fpl*

hide¹ [haɪd] <*irr:* hid, hidden> **I.** *vt* ❶ verstecken, verbergen (*from* vor) ❷ verheimlichen (*from* vor) **II.** *vi* sich verbergen, sich verstecken **III.** *s* Versteck *nt* (*des Jägers*); **hide away I.** *vi* sich verstecken **II.** *vt* verstecken; **hide out**, **hide up** *vi* sich verstecken; sich versteckt halten

hide² [haɪd] *s* Haut *f*, Fell *nt;* **save one's own** ~ die eigene Haut retten

hide-and-seek [ˌhaɪdn'siːk] *s* Versteckspiel *nt;* **play (at)** ~ Versteck spielen; **hide·away** ['haɪdəweɪ] *s* Unterschlupf *m*

hid·eous ['hɪdɪəs] *adj* scheußlich, gräßlich; abscheulich, widerlich

hide-out ['haɪdaʊt] *s* Versteck *nt*, Schlupfwinkel, Unterschlupf *m*

hid·ing¹ ['haɪdɪŋ]: **go into** ~ sich verstecken; **be in** ~ sich versteckt halten

hid·ing² ['haɪdɪŋ] *s* (*fam*) Tracht *f* Prügel

hi·er·archic(al) [ˌhaɪə'rɑːkɪk(l)] *adj* hierarchisch; **hi·er·archy** ['haɪərɑːkɪ] *s* Hierarchie *f*

hi·ero·glyph ['haɪərəglɪf] *s* Hieroglyphe *f*

hi-fi [ˌhaɪ'faɪ] **I.** *adj* Hi-Fi- **II.** *s* Hi-Fi-Gerät *nt;* Hi-Fi-Anlage *f*

hig·gledy-pig·gledy [ˌhɪgldɪ'pɪgldɪ] *adv, adj* drunter und drüber, durcheinander

high [haɪ] **I.** *adj* ❶ hoch ❷ (*fig*) hoch, erhaben (*above* über) ❸ (*Ton*) hoch, schrill, scharf ❹ (*fig*) hochgestellt; überragend ❺ vornehm ❻ mächtig, gewaltig ❼ intensiv ❽ (*Fleisch*) leicht angegangen ❾ kostspielig, teuer ❿ (*sl*) angeheitert, im Drogenrausch, high; **in** ~ **favo(u)r** in hoher Gunst; **in** ~ **spirits** in guter Laune; ~ **and dry** (MAR) gestrandet; (*fig*) hilflos, sich selbst überlassen; **be on one's** ~ **horse** (*fig*) auf dem hohen Ross sitzen; **it is** ~ **time** es ist höchste Zeit; ~ **and mighty** (*fam*) hochnäsig, übermütig **II.** *adv* ❶ hoch, stark, sehr ❷ in hohem Maße; ~ **and low** überall; **feelings ran** ~ es herrschte eine gereizte Stimmung **III.** *s* ❶ Höchststand *m;* Rekord(höhe *f*) *m;* **on** ~ im Himmel ❷ (METE) Hoch(druckgebiet) *nt* ❸ (*sl: Drogen*): **have** [*o* **be on**] **a** ~ high sein

i Land & Leute

In Schottland ist die **Higher Grade** eine Prüfung, die Schüler in ihrem fünften Schuljahr ablegen (ein Jahr nach der *GCSE*). Es ist möglich, nur in einem Fach geprüft zu werden, aber die meisten Schüler versuchen ungefähr fünf *Highers* abzulegen.

high·ball ['haɪbɔːl] *s* Whisky *m* (mit) Soda; **high beam** *s* (AUTO) Fernlicht *nt;* **high·boy** ['haɪbɔɪ] *s* (*Am*) Kommode *f;* **high·brow** ['haɪbraʊ] **I.** *adj* intellektuell, hochgestochen **II.** *s* Intellektuelle(r) *f m;* **high·chair** ['haɪtʃeə(r)] *s* Hochstuhl *m* (*für Kinder*); **High Church** *s* (anglikanische) Hochkirche *f;* **high court** *s* oberster Gerichtshof; **high definition television**, **HDTV** *s* hochauflösendes Fernsehen; **high density** *adj* (INFORM) mit hoher Schreibdichte; **high diving** *s* Turmspringen *nt;* **high-end** ['haɪend] *adj* nobel, luxuriös; ~ **hotel** Luxushotel *nt;* ~ **restaurant** Nobelrestaurant *nt;* **higher-up** ['haɪərʌp] *s* (*fam*) Höhergestellte(r) *f m;* **high-falu·tin** [ˌhaɪfə'luːtn] *adj* (*fam*) geschwollen, hochtrabend; **high-fibre** [ˌhaɪ'faɪbə(r)] *adj* ballaststoffreich; **high-fidelity** *s* High-Fidelity, Tontreue *f;* **high-flier** [ˌhaɪ'flaɪə(r)] *s* (*fig*) Senkrechtstarter *m*, Hochbegabte(r) *f m;* **high-flown** ['haɪfləʊn] *adj* hochfliegend; hochgesteckt; hochtrabend; **high frequency I.** *s* (ELEK) Hochfrequenz *f* **II.** *adj* Hochfrequenz-; **High German** *s* (das) Hochdeutsch(e); **high-handed** [ˌhaɪ'hændɪd] *adj* anmaßend; willkürlich; **high-hand·ed·ness** [ˌhaɪ'hændɪdnɪs] *s* Anmaßung *f;* **high heels** *s pl* hohe Absätze *mpl*

high·jack ['haɪdʒæk] *vt* entführen

high jump *s* (SPORT) Hochsprung *m;* **high·lands** ['haɪləndz] *s pl* Hochland *nt;* **high level** *adj* (*Gespräche*) auf höchster Ebene; (*Straße, Bahn*) Hoch-; **high-level heat-generating waste** hochaktive wärmeerzeugende Abfälle *pl;* **high life** *s* Leben *nt* in großem Stil; Highlife *nt;* **high·light** ['haɪlaɪt] **I.** *s* ❶ Glanzlicht *nt* ❷ (*im Haar*) Strähne *f* ❸ (*fig*) Glanz-/Höhepunkt *m* **II.** *vt* (stark) hervorheben, herausstellen; **high·light·er** [-ə(r)] *s* Leucht-/Markierstift *m*

high·ly ['haɪlɪ] *adv* in hohem Maße, stark, sehr, äußerst; **speak ~ of s.o.** von jdm in den höchsten Tönen reden; **think ~ of s.o.** große Stücke auf jdn halten; **Highly Indebted Poor Countries, HIPC** hoch verschuldete arme Länder; **~ strung** überreizt, nervös; **~-targeted** hoch angesetzt

High Mass [ˌhaɪ'mæs] *s* Hochamt *nt*

high·ness ['haɪnɪs] *s* ❶ Höhe *f* ❷ (*a. Anrede*) Hoheit *f*

high noon *s* ❶ (*time of day*) zwölf Uhr mittags ❷ (*fig*) Zeitpunkt *m* der Abrechnung; **it's ~** es ist höchste Zeit

high-octane [ˌhaɪ'ɒkteɪn] *adj* hyper-dynamisch; **high-performance** *adj* Hochleistungs-; **high-pitched** [haɪ'pɪtʃt] *adj* (*Stimme*) hoch, schrill, hell; **high point** *s* Höhepunkt *m;* **high-powered** [ˌhaɪ'paʊəd] *adj* ❶ (*Auto*) mit starkem Motor ❷ (*fig*) Spitzen-; sehr anspruchsvoll, hochintellektuell; **high-pressure** *adj* Hochdruck-; **~ area** Hochdruckgebiet *nt;* **~ sales talk** aggressives Verkaufsgespräch; **high priest** *s* Hohepriester *m;* **high protein** *adj* eiweißreich; **high qual·ity** *adj* hochwertig; **high-rank·ing** ['haɪˌræŋkɪŋ] *adj* von hohem Rang; **high-res·ol·ution** [ˌhaɪrezə'lu:ʃən] *adj* (*Bildschirm*) hochauflösend; **high-rise building, high-rise flats** *s pl* Hochhaus *nt;* **high-risk** [ˌhaɪ'rɪsk] *adj* riskoreich; **high school** *s* (*Am*) *Oberschule* (*normalerweise 10. bis 12. Klasse*)

i Land & Leute

In Großbritannien wurde die Bezeichnung **high school** früher für eine *grammar school* (etwa: Gymnasium) verwendet, aber heutzutage bedeutet sie eine *secondary school* (etwa: Realschule). – In den USA haben die Schüler der **high school** und des *college* bestimmte Bezeichnungen. In der 9. Klasse heißen sie *freshmen*, Schüler der 10. Klasse heißen *sophomores*, in der 11. Klasse heißen sie *juniors* und in der 12. Klasse werden sie *seniors* genannt.

high seas *s pl* hohe See; **high season** *s* Hochsaison *f;* **high-security wing** *s* (*in Gefängnis*) Hochsicherheitstrakt *m;* **high society** *s* bessere Gesellschaft, High-Society *f;* **high-sound·ing** ['haɪˌsaʊndɪŋ] *adj* klangvoll; **high-speed train** *s* Hochgeschwindigkeitszug *m;* **high-spirited** [ˌhaɪ'spɪrɪtɪd] *adj* ❶ temperamentvoll ❷ (*Pferd*) feurig; **high spirits** *s pl* gehobene Stimmung; **high spot** *s* Höhepunkt *m;* **hit the ~s** sich gründlich amüsieren; **high street** *s* Hauptstraße *f;* **high-strung** [ˌhaɪ'strʌŋ] *adj* (*Am*) nervös; **high summer** *s* Hochsommer *m;* **high·tail** ['haɪteɪl] *vi* (*Am sl*) abhauen; **high tea** *s* (Fünfuhr)Tee *m* mit Imbiss; **high-tech** [ˌhaɪ'tek] **I.** *adj* Hightech- **II.** *s* Hightech *nt;* **high technology** *s* Spitzentechnologie *f;* **high-tension** *s* (ELEK) Hochspannung *f;* **high tide** *s* Flut *f;* **high treason** *s* Hochverrat *m;* **high-up** ['haɪʌp] **I.** *s* hochgestellte Persönlichkeit **II.** *adj* hochgestellt; **high water** *s* Hochwasser *nt;* **come hell or ~** komme, was da wolle; **high-water mark** *s* Hochwasserstand *m;* (*fig*) Höchststand *m;* **high·way** ['haɪweɪ] *s* Landstraße *f;* Haupt(durchgangs)straße *f;* **high·way code** *s* Straßenverkehrsordnung *f;* **high·way·man** ['haɪweɪmən] <*pl* -men> *s* (HIST) Straßenräuber, Wegelagerer *m;* **highway robbery** *s* Straßenraub *m;* (*fig*) Wucher, Nepp *m*

hi·jack ['haɪdʒæk] **I.** *vt* ❶ (AVIAT) entführen ❷ überfallen; berauben **II.** *s* ❶ (Flugzeug)Entführung *f* ❷ Überfall *m;* **hi·jacker** ['haɪdʒækə(r)] *s* ❶ Luftpirat(in) *m(f),* Flugzeugentführer(in) *m(f)* ❷ Räuber(in) *m(f);* **hi·jack·ing** [-ɪŋ] *s* Entführung *f*

hike [haɪk] **I.** *s* Wanderung *f* **II.** *vi* wandern; **hiker** ['haɪkə(r)] *s* Wanderer *m,* Wanderin *f;* **hik·ing** ['haɪkɪŋ] *s* Wandern *nt*

hil·ari·ous [hɪ'leərɪəs] *adj* fröhlich, lustig, vergnügt, heiter; **hil·ar·ity** [hɪ'lærətɪ] *s* Lustigkeit, Fröhlichkeit *f*

hill [hɪl] *s* Hügel, Berg *m;* (An)Höhe *f;* **as old as the ~s** steinalt; **be over the ~** seine beste Zeit hinter sich haben

hill·billy ['hɪlbɪlɪ] *s* (*Am fam*) Hinterwäldler(in) *m(f)*

hill·ock ['hɪlək] *s* (kleiner) Hügel *m*

hill·side ['hɪlsaɪd] *s* Hang, Berghang *m;* **hill·top** ['hɪltɒp] *s* Berggipfel *m;* **hill-walk·ing** ['hɪlwɔ:kɪŋ] *s* Bergwandern *nt;* **hilly** ['hɪlɪ] *adj* hüg(e)lig, bergig

hilt [hɪlt] *s* Griff *m,* Heft *nt;* (**up**) **to the ~** bis an den Hals; völlig, gänzlich

him [hɪm] *pron* ihn *acc,* ihm *dat;* **it's ~** er ist es; **with his pupils around ~** mit seinen Schülern um sich

Hi·ma·la·yas [ˌhɪmə'leɪəz] *s pl* Himalaya *m*
him·self [hɪm'self] *pron* ❶ sich *acc/dat* ❷ (*betont*) (er) selbst; (**all**) **by** ~ (ganz) allein; ohne (fremde) Hilfe; **he is quite beside** ~ er ist ganz außer sich; **he's not** ~ **today** er ist heute nicht wie sonst; **he'll do it** ~ er macht es selbst; **he** ~ **said it** er hat es selbst gesagt
hind¹ [haɪnd] *s* Hindin, Hirschkuh *f*
hind² [haɪnd] *adj* hinter, Hinter-
hin·der ['hɪndə(r)] *vt* ❶ verhindern; verhüten ❷ hindern (*from* an)
Hindi ['hɪndiː] *s* Hindi *nt* (*Sprache*)
hind legs [ˌhaɪnd'legz] *s pl* Hinterbeine *ntpl*; **get up on one's** ~ den Mund aufmachen; **talk the** ~ **off a donkey** reden wie ein Buch; **hind·most** ['haɪndməʊst] *adj* hinterste(r, s); **hind·quar·ters** [ˌhaɪnd'kwɔːtəz] *s pl* (*Pferd*) Hinterhand *f*
hin·drance ['hɪndrəns] *s* ❶ Behinderung *f* ❷ Hemmnis, Hindernis *nt* (*to* für)
hind·sight ['haɪndsaɪt] *s*: **with** ~ im Nachhinein
Hin·du ['hɪnduː] **I.** *adj* hinduistisch **II.** *s* Hindu *m*; **Hin·duism** ['hɪnduːɪzəm] *s* Hinduismus *m*
hinge [hɪndʒ] **I.** *s* ❶ (Tür)Angel *f*; Scharnier *nt*; Gelenk *nt* ❷ (*fig*) Angelpunkt *m* **II.** *vt* ❶ drehbar aufhängen ❷ (*fig*) abhängig machen (*upon* von) **III.** *vi* ❶ (*fig*) abhängen (*on, upon* von) ❷ sich drehen (*on, upon* um)
hint [hɪnt] **I.** *s* ❶ Hinweis, Wink, Fingerzeig *m* ❷ Andeutung, Anspielung *f* (*at* auf); **drop a** ~ eine Bemerkung fallenlassen; **take a** ~ es sich gesagt sein lassen; **a broad** ~ ein Wink mit dem Zaunpfahl **II.** *vt* andeuten; anspielen auf **III.** *vi* Andeutungen, Anspielungen machen (*at* auf)
hip¹ [hɪp] *s* (ANAT) Hüfte *f*; ~**-hugging** an der Hüfte eng anliegend; ~ **pocket** Gesäßtasche *f*
hip² [hɪp] *s* Hagebutte *f*
hip³ [hɪp] *interj*: ~, ~, **hooray!** hipp, hipp, hurra!
hip⁴ [hɪp] *adj* (*fam*) auf dem Laufenden; modern
hip·bone ['hɪpˌbəʊn] *s* Hüftbein *nt*, Hüftknochen *m*; **hip-flask** *s* Taschenflasche *f*; (*fam*) Flachmann *m*

i Land & Leute

Hip-hop bezeichnet die Kultur der Schwarzen der innerstädtischen Ghettos, die sich in der Bronx, New York City, unter afrikanischen und karibischen Einflüssen entwickelt hat. Hip-Hop besteht aus mehreren Elementen: der Graffitti-Kunst, Break-dancing, einem eigenen Slang, einem Modestil und natürlich aus dem Musikstil Rap, der auch selbst manchmal als Hip-Hop bezeichnet wird. Die erste Rapaufnahme, *Rapper's Delight*, von der Gruppe Sugarhill Gang, erschien 1979 und seitdem haben sich mehrere Richtungen wie Gangsta-Rap, Jazz-Rap oder G-Funk entwickelt.

hip·pie ['hɪpɪ] *s* Hippie *m*
hip·po ['hɪpəʊ] <*pl* -pos> *s* (*fam*) Nilpferd *nt*
hip·po·pota·mus [ˌhɪpə'pɒtəməs, *pl* -'pɒtəmaɪ] <*pl* -muses, -mi> *s* Fluss-, Nilpferd *nt*
hip·py ['hɪpɪ] *s* Hippie *m*; **hip·py·ish** ['hɪpɪˌɪʃ] *adj* (*Br: fam*) wie ein Hippie
hire ['haɪə(r)] **I.** *s* ❶ Mieten *nt*; Leihen *nt* ❷ Mietpreis *m* ❸ Einstellen *nt* ❹ (Arbeits)Lohn *m*; (MAR) Heuer *f*; **for** ~ zu vermieten; (*Taxi*) frei; **let** (**out**) **on** ~ vermieten; **take** (**out**) **on** ~ mieten **II.** *vt* ❶ mieten; (*Auto, Anzug*) leihen ❷ engagieren, einstellen; ~**d car** Mietwagen *nt*; ~**d assassin** gedungener Mörder; ~**d hand** Lohnarbeiter *m*; **hire out I.** *vt* vermieten; verleihen **II.** *vi* (*Am*) sich verdingen; **hire purchase** *s* Ratenkauf, Teilzahlungskauf *m*; **on** ~ auf Raten, auf Abzahlung; **hire purchase agreement** *s* Teilzahlungs(kauf)vertrag *m*
his [hɪz] *pron* ❶ sein(e, r); der, die, das Seine, Seinige ❷ (*adjektivisch*) sein; **a friend of** ~ einer seiner Freunde, ein Freund von ihm; **the book is** ~ das Buch gehört ihm
His·pan·ic [hɪs'pænɪk] **I.** *adj* hispanisch **II.** *s* Hispano-Amerikaner(in) *m(f)*
hiss [hɪs] **I.** *vi* zischen; (*Katze*) fauchen **II.** *vt* (~ *at, off*) auszischen **III.** *s* Zischen *nt*; Fauchen *nt*
his·ta·mine ['hɪstəmiːn] *s* (MED) Histamin *nt*
his·tor·ian [hɪ'stɔːrɪən] *s* Historiker(in) *m(f)*, Geschichtsschreiber(in) *m(f)*; **his·toric** [hɪ'stɒrɪk] *adj* (*a.* GRAM) historisch; **his·tori·cal** [hɪ'stɒrɪkl] *adj* historisch, geschichtlich; ~ **novel** historischer Roman; **his·tory** ['hɪstrɪ] *s* ❶ Geschichte *f* ❷ (*life* ~) Lebensgeschichte *f*, Werdegang *m* ❸ (MED PSYCH) Vorgeschichte *f*; **ancient/medi(a)eval/modern** ~ alte/mittlere/neuere Geschichte; ~ **of art** Kunstgeschichte *f*; ~ **of literature** Literaturge-

H

schichte *f;* **make** ~ Geschichte machen

his·tri·on·ic [ˌhɪstrɪˈɒnɪk] *adj* theatralisch

hit [hɪt] <*irr:* hit, hit> **I.** *vt* ① schlagen ② aufschlagen auf ③ treffen ④ (*fig: Ziel*) erreichen ⑤ (*in einer Stadt*) ankommen ⑥ (*Schicksalsschlag*) treffen; in Mitleidenschaft ziehen ⑦ (*jds Geschmack*) treffen; (*einem Wunsch*) genau entsprechen ⑧ (*s.o.*) (jdm) auffallen; (jdm) aufgehen ⑨ (*sl*) töten, umlegen ⑩ (*Am fam*) anpumpen (*for* um); **be hard** ~ schwer in Mitleidenschaft gezogen werden; ~ **s.o. where it hurts** jdn an der schwachen Stelle angreifen; ~ **s.o. below the belt** (*Boxen*) jdm einen Tiefschlag versetzen; ~ **the bottle** (*fam*) zur Flasche greifen; ~ **one's head against s.th.** mit dem Kopf gegen etw schlagen [*o* stoßen]; mit dem Kopf auf etw aufschlagen; ~ **the ceiling** (*fig*) aus der Haut fahren; **it** ~**s you in the eye** das springt einem ins Auge; ~ **the road** sich auf den Weg machen; auf die Reise gehen; **you've** ~ **it!** du hast es getroffen; **he** ~ **the nail on the head** er hat den Nagel auf den Kopf getroffen; ~ **the papers** Schlagzeilen machen **II.** *vi* ① schlagen ② zusammenstoßen ③ (*fig*) losschlagen **III.** *s* ① Schlag *m* ② Treffer *m* ③ (*fig*) Erfolg *m;* (MUS) Schlager, Hit *m* ④ (INTERNET) Hit *m;* **that's a** ~ **at me** das galt mir, das war auf mich gemünzt; **make** [*o* **be**] **a** ~ **with s.o.** bei jdm gut ankommen; **hit back** *vi* zurückschlagen; **hit off** *vt:* ~ **it off** sich gut verstehen (*with* mit); **hit out** *vi* losschlagen (*at s.o.* auf jdn); (*fig*) angreifen (*at s.o.* jdn); **hit** (**up**)**on** *vi* stoßen auf

hit-and-run [ˌhɪtənˈrʌn] *adj* (*Fahrer*) unfallflüchtig, fahrerflüchtig; ~ **accident** Unfall *m* mit Fahrerflucht; ~ **raid** Blitzüberfall *m*

hitch [hɪtʃ] **I.** *vi* ① hängenbleiben, sich (ver)fangen (*to* an) ② per Anhalter fahren (*across Europe* durch Europa) **II.** *vt* an-, festhaken, befestigen (*to* an, *round* um); **get** ~**ed** (*fam*) heiraten; ~ **a lift** [*o Am* **ride**] per Anhalter fahren **III.** *s* ① Ruck, Stoß *m,* Ziehen *nt* ② Hindernis *nt* ③ Schwierigkeit *f;* Haken *m* ④ Knoten *m;* **without a** ~ ohne Störung, reibungslos, glatt; **technical** ~ technisches Versagen; **hitch up** *vt* ① (*Pferde*) anspannen ② (*Hose*) hochziehen; **hitcher** [ˈhɪtʃər] *s* (*fam*) Anhalter(in) *m(f),* Tramper(in) *m(f);* **hitch·hike** [ˈhɪtʃhaɪk] *vi* per Anhalter fahren; Autostopp machen; trampen; **hitch·hiker** [ˈhɪtʃhaɪkə(r)] *s* Anhalter(in) *m(f),* Tramper(in) *m(f);* **hitch-hik·ing** [-ɪŋ] *s* Autostopp *m,* Trampen *nt*

hi(**gh**) **tech** [ˌhaɪˈtek] *s* Hightech *nt*

hither [ˈhɪðə(r)] *adv* hierher/-hin; ~ **and thither** hierhin und dorthin; **hither to** [ˌhɪðəˈtuː] *adv* bisher, bis jetzt

hit·man [ˈhɪtmæn] <*pl* -men> *s* (*sl*) Killer *m;* **hit-or-miss** *adj* aufs Geratewohl; (*pej: Planung*) schlampig; **hit parade** *s* Schlagerparade, Hitparade *f*

HIV [ˌeɪtʃaɪˈviː] *s Abk. von* **human immunodeficiency virus** HIV *nt*

hive [haɪv] *s* ① (*bee~*) Bienenstock, -korb *m;* Bienenvolk *nt,* -schwarm *m* ② (*fig*) (Menschen)Menge *f;* belebte Gegend; **hive off I.** *vi* weggehen, verschwinden **II.** *vt* (COM) absondern, ausgliedern; verselbstständigen

hives [haɪvz] *s pl* Nesselsucht *f,* -fieber *nt*

ho [həʊ] *interj* oh! oha! he! holla! heda!; **westward** ~**!** auf nach Westen!

hoar [hɔː(r)] *s* Reif *m*

hoard [hɔːd] **I.** *s* (stille) Reserve *f,* Vorrat *m;* Schatz *m* **II.** *vt, vi* hamstern, horten

hoard·ing¹ [ˈhɔːdɪŋ] *s* Hamstern, Horten *nt*

hoard·ing² [ˈhɔːdɪŋ] *s* (*Br*) ① Bau, Bretterzaun *m* ② Reklametafel/-fläche *f*

hoar·frost [ˌhɔːˈfrɒst] *s* (Rau)Reif *m*

hoarse [hɔːs] *adj* rau; heiser; **hoarse·ness** [-nɪs] *s* Rauheit *f;* Heiserkeit *f*

hoary [ˈhɔːrɪ] *adj* ① grau-, weißhaarig; altersgrau ② (*fig*) uralt

hoax [həʊks] **I.** *s* Scherz, Ulk *m;* Streich *m;* blinder Alarm **II.** *vt* einen Streich spielen (*s.o.* jdm); **hoaxer** [-ə(r)] *s jemand, der einen blinden Alarm auslöst*

hob [hɒb] *s* Kochfeld *nt*

hobble [ˈhɒbl] **I.** *vi* humpeln **II.** *vt* eine Fußfessel anlegen (*a horse* einem Pferd)

hob·by [ˈhɒbɪ] *s* Hobby, Steckenpferd *nt;* **hob·by·craft** [ˈhɒbɪˈkrɑːft] *s* (Kunst)handwerksarbeiten *pl;* **hobby-horse** [ˈhɒbɪhɔːs] *s* Steckenpferd *nt;* (*fig*) Lieblingsthema *nt*

hob·gob·lin [ˌhɒbˈgɒblɪn] *s* Kobold *m*

hob·nailed [ˈhɒbneɪld] *adj* genagelt

hob·nob [ˈhɒbnɒb] *vi* ① zusammensitzen (*with* mit) ② auf du und du stehen (*with* mit)

hobo [ˈhəʊbəʊ] <*pl* hobo(e)s> *s* (*Am*) ① Wanderarbeiter(in) *m(f)* ② (*pej*) Penner(in) *m(f)*

Hob·son's choice [ˌhɒbsnzˈtʃɔɪs] *s:* **take** ~ keine Wahl haben

hock¹ [hɒk] *s* (*Pferd*) Sprunggelenk *nt*

hock² [hɒk] *s* (weißer) Rheinwein *m*

hock³ [hɒk] **I.** *s* (*sl*) Pfand *nt;* **in** ~ verpfändet **II.** *vt* verpfänden, versetzen

hockey [ˈhɒkɪ] *s* (SPORT) Hockey *nt;* **ice** ~ Eishockey *nt;* **hockey stick** *s* Hockeyschläger *m*

ho·cus-po·cus [ˌhəʊkəsˈpəʊkəs] *s* Hokuspokus, Schwindel *m,* Gaunerei *f;* fauler Zauber

hodge·podge [ˈhɒdʒpɒdʒ] *s* Mischmasch *m,* Durcheinander *nt*

hoe [həʊ] **I.** *s* (AGR) Hacke *f* **II.** *vt, vi* hacken

hog [hɒg] **I.** *s* ① (Mast)Schwein *nt* ② (*fig pej fam*) Schwein *nt;* schmutziger Kerl; Saukerl *m;* **go the whole ~** (*sl*) aufs Ganze gehen; **road ~** rücksichtslose(r) Fahrer(in) **II.** *vt* (*fam*) an sich reißen; **~ the road** in der Mitte der Straße fahren

Hog·ma·nay [ˈhɒgmənei] *s* (*schottisch*) Silvester(abend *m*) *nt*

i Land & Leute

Hogmanay sagt man in Schottland und Nordengland für *New Year's Eve* (Silvester), den 31. Dezember. Die Schotten sind dafür bekannt, **Hogmanay** besonders ausgelassen zu feiern. In den letzten Jahren ist es Brauch geworden, dass Tausende von Leuten im Zentrum Edinburghs zusammenkommen, wo dann auf den Straßen eine große Silvesterparty mit Bands und Feuerwerk stattfindet. Das Wort **Hogmanay** stammt aus Nordfrankreich (*hoginané*) und bedeutet ursprünglich etwa: *bitte ein Geschenk zum neuen Jahr.*

hogs·head [ˈhɒgzhed] *s* großes Fass (*238 oder 245 l*)

hog·wash [ˈhɒgwɒʃ] *s* ① Schweinefutter *nt* ② (*fam*) Gewäsch, (dummes) Gerede *nt*

ho-hum [ˈhəʊˌhʌm] *adj* (*fam*) belanglos

hoi pol·loi [ˌhɔɪpəˈlɔɪ] *s* Pöbel, Plebs *m*

hoist [hɔɪst] **I.** *vt* ① auf-, hochziehen ② (MAR) hissen **II.** *s* ① Auf-, Hochziehen *nt* ② Aufzug *m,* Winde *f,* Flaschenzug *m;* (Lade)Kran *m*

hoity-toity [ˌhɔɪtɪˈtɔɪtɪ] *adj* anmaßend, arrogant

hold [həʊld] <*irr:* held, held> **I.** *vt* ① (fest)halten; (*a.* ARCH) nicht fallen lassen, tragen ② besitzen, innehaben, einnehmen, bekleiden ③ (*Funktion, Amt*) ausüben, innehaben ④ (*Versammlung*) abhalten ⑤ (*Gespräch*) führen ⑥ (*Stellung*) halten, behaupten ⑦ enthalten; (*Raum, Gefäß*) fassen ⑧ (*fig*) im Sinne haben; betrachten als, halten für ⑨ der Ansicht sein; meinen, glauben (*that* dass) ⑩ (*Ansicht, Meinung*) vertreten ⑪ (JUR) entscheiden; vertraglich verpflichten ⑫ (COM: *Waren*) zurücklegen; **~ s.o.'s attention** jds Aufmerksamkeit fesseln; **be left ~ing the baby** [*o* **bag**] (*Am*) für den Schaden einstehen müssen; **~ one's breath** den Atem anhalten; **~ cheap** gering achten; keinen Wert legen auf; **~ dear** wertschätzen; **~ one's ground** [*o* **one's own**] sich behaupten; **~ hands** sich an der Hand halten; Händchen halten; **~ the line** (TELE) am Apparat bleiben; **~ office** (*Partei*) an der Macht, im Amt sein; **~ the record** den Rekord halten (*for the high jump* im Hochsprung); **~ the road well** (AUTO) eine gute Straßenlage haben; **~ water** wasserdicht sein; (*fig*) stichhaltig sein; **there's no ~ing him** er ist nicht zu halten; **~ it!** halt!; **he can't ~ his drink liquor** [*o* **liquor** *Am*] er verträgt nichts **II.** *vi* ① festhalten, sich halten (*by, to* an) ② halten, nicht reißen, nicht brechen ③ (*Preise, Wetter*) sich halten ④ (*Recht*) Geltung haben, in Kraft sein ⑤ übereinstimmen (*with* mit) ⑥ billigen (*with s.th.* etw); **~ true** zutreffen, gelten **III.** *s* ① Griff *m* ② Halt *m* ③ (*fig*) Gewalt, Macht *f,* starker Einfluss (*on* auf) ④ (MAR) Laderaum *m;* **catch/get/lay/take ~ of s.th.** etw fassen/packen/ergreifen, etw in seine Gewalt bringen; **get a ~ of o.s.** sich in den Griff bekommen; **keep ~ of s.th.** etw festhalten; **let go one's ~, lose ~ of s.th.** etw loslassen; **miss one's ~** fehlgreifen; **hold against** *vt* verübeln (*s.o.* jdm); **hold back I.** *vt* ① zurückhalten; unter Kontrolle halten ② geheim halten ③ hindern (*from* an) **II.** *vi* ① sich zurückhalten (*from* von) ② zögern; **hold down** *vt* ① niederhalten, unter Kontrolle halten; unterdrücken ② (*Preise*) niedrig halten ③ (*Stelle*) halten; behalten; **hold forth** *vi* reden (*on* über); **hold in** *vt* (*Bauch*) einziehen; (*Gefühle*) unterdrücken, beherrschen; **hold off I.** *vt* ① ab-, fernhalten; abwehren ② (*Entscheidung*) verschieben **II.** *vi* ① sich abseits halten, sich fernhalten ② warten; nicht angreifen ③ (*Regen*) nicht anfangen, ausbleiben; **hold on** *vi* ① (sich) festhalten (*to* an) ② durchhalten, ausdauern ③ warten ④ (TELE) am Apparat bleiben; **hold out I.** *vi* ① Bestand haben, sich halten, ausdauern, bleiben ② standhalten, aushalten; sich behaupten (*against* gegen) ③ (*Vorräte*) reichen ④ abwarten (*for s.th.* etw) **II.** *vt* ① (*Hand*) ausstrecken ② an-/darbieten ③ (*Angebot, Hoffnung*) machen; **~ out on s.o.** (*fam*) jdm etw verschweigen; **hold over** *vt* ① auf-, verschieben ② reservieren ③ (*Film*) verlängern ④ (*Waren*) zurücklegen ⑤ (*Wechsel*) prolongieren; **hold to** *vi* festhalten an; **hold together** *vt, vi* zusammenhalten; **hold under** *vt* (*Volk*) unterdrücken; **hold up** **I.** *vt* ❶ hoch, aufrecht halten, stützen ❷ hochhalten, hochheben ❸ zeigen, preisgeben (*to ridicule* der Lächerlichkeit) ❹ (*Am*) als Kandidaten aufstellen ❺ anhalten; aufhalten; verzögern ❻ überfallen (und ausrauben) **II.** *vi* ❶ stehen bleiben; halten ❷ (*fig*) standhalten; sich halten lassen; **be held up** aufgehalten werden; **hold with** *vi* übereinstimmen mit, billigen

hold·all ['həʊldɔːl] *s* Reisetasche *f*

holder ['həʊldə(r)] *s* ❶ Inhaber(in) *m(f)*, Besitzer(in) *m(f)*, Pächter(in) *m(f)* ❷ (*Gegenstand*) Halter *m;* (Zigaretten)Spitze *f;* Übertopf *m;* ~ **of shares** Aktionär(in) *m(f)*

hold·ing ['həʊldɪŋ] *s* ❶ Pachtgut *nt* ❷ *meist pl* (Grund)Besitz *m,* Grundstück *nt* ❸ Guthaben *nt,* (Kapital)Einlage, (Aktien)Beteiligung *f* ❹ (*Boxen*) Festhalten *nt;* ~ **capacity** Fassungsvermögen *nt;* ~ **company** Holdinggesellschaft *f;* ~ **of stocks** Lagerhaltung *f;* Wertpapierbesitz *m;* ~ **spray** Fixierspray *m*

hold·over ['həʊldəʊvə(r)] *s* (*Am: fam*) Überbleibsel *nt;* **hold-up** ['həʊldʌp] *s* ❶ Verzögerung *f* ❷ (*traffic* ~) Stau *m* ❸ (bewaffneter) Raubüberfall *m*

hole [həʊl] **I.** *s* ❶ (*a.* GOLF) Loch *nt,* Lücke *f;* Öffnung *f* ❷ Höhle *f;* Bau *m* ❸ Elendsquartier *nt;* (*fam*) Loch *nt* ❹ (*Ort*) Kaff *nt* ❺ (*fam*) Patsche, Klemme, schwierige Situation *f;* **make a** ~ **in s.th.** (*fig*) ein (großes) Loch in etw reißen; **pick** ~**s in s.th.** (*fig*) an etw herumkritisieren **II.** *vt* ❶ durchlöchern ❷ (aus)höhlen ❸ durchbohren ❹ (*Ball*) in ein Loch spielen; **hole up** *vi* sich verkriechen; sich verstecken; sich verschanzen

holi·day ['hɒlədeɪ] **I.** *s* ❶ Feiertag *m* ❷ arbeitsfreier Tag, Ruhetag *m* ❸ ~**s** Ferien *pl,* Urlaub *m;* **on** ~ in Urlaub; in den Ferien; **be on** ~ in Urlaub sein; Ferien haben; **take a** ~ Urlaub nehmen; **bank** ~ Bankfeiertag *m;* **public** ~ gesetzlicher Feiertag; ~**s with pay** bezahlter Urlaub **II.** *vi* die Ferien verbringen; **holiday address** *s* Ferienanschrift *f;* **holiday camp** *s* Ferienlager *nt;* **holiday course** *s* Ferienkurs *m;* **holiday destination** *s* Reiseziel *nt;* **holiday entitlement** *s* Urlaubsanspruch *m;* **holiday flat** *s* Ferienwohnung *f;* **holiday house** *s* Ferienhaus *nt;* **holiday-maker** *s* Feriengast *m,* Urlauber(in) *m(f);* **holiday mood** *s* Ferienstimmung *f;* **holiday resort** *s* Ferienort *m*

holi·ness ['həʊlɪnɪs] *s* Heiligkeit *f*

ho·lism ['həʊlɪzəm] *s* Holismus *m;* **ho·listic** [həʊ'lɪstɪk] *adj* holistisch, ganzheitlich

Holland ['hɒlənd] *s* Holland *nt*

hol·ler ['hɒlə(r)] **I.** *s* (*fam*) Schrei *m* **II.** *vi, vt* (*fam*) schreien, brüllen

hol·low ['hɒləʊ] **I.** *adj* ❶ hohl ❷ (*Wangen*) eingefallen ❸ (*fig*) leer, hohl, falsch, unaufrichtig; **beat** ~ (*fam*) völlig besiegen **II.** *s* Höhlung, Vertiefung *f;* Loch *nt,* Grube *f* **III.** *vt* (~ *out*) aushöhlen; vertiefen

holly ['hɒlɪ] *s* Stechpalme *f*

holly·hock ['hɒlɪhɒk] *s* Rosenmalve *f*

i Land & Leute

Hollywood ist ein Stadtteil von Los Angeles, der als Zentrum der Filmindustrie berühmt geworden ist. Der erste Hollywood-Film wurde schon 1911 gedreht. In **Hollywood** befindet sich auch der *Walk of Fame*, wo viele Namen aus der Unterhaltungsindustrie auf dem Gehsteig verewigt sind.

holm oak ['həʊmˌəʊk] *s* Steineiche *f*

holo·caust ['hɒləkɔːst] *s* ❶ Brandkatastrophe *f,* Inferno *nt* ❷ Massenvernichtung *f,* -mord *m* ❸ (HIST) Holocaust *m*

holo·gram ['hɒləgræm] *s* Hologramm *nt*

hol·ster ['həʊlstə(r)] *s* (Pistolen)Halfter *nt*

holy ['həʊlɪ] *adj* ❶ heilig; geweiht ❷ gottgefällig; **a** ~ **terror** entsetzlicher Mensch; **Holy Communion** *s* heilige Kommunion; **Holy See** *s* (der) Heilige Stuhl; **Holy Week** *s* (die) Karwoche

hom·age ['hɒmɪdʒ] *s* Huldigung *f;* Ehrerbietung *f;* **do** [*o* **pay**] ~ **to s.o.** jdm huldigen

home [həʊm] **I.** *s* ❶ Heim *nt,* Wohnung *f* ❷ Heimat *f* ❸ Haus *nt;* Familie *f;* Haushalt *m* ❹ Anstalt *f;* Heim *nt* ❺ (ZOO BOT) Standort *m;* **at** ~ daheim, zu Hause; **not at** ~ nicht zu Hause (*to* für); **at** ~ **and abroad** im In- und Ausland; **be/feel at** ~ (*fig*) zu Hause sein/sich zu Hause fühlen; **make o.s. at** ~ es sich bequem machen; **his** ~ **is in Vienna** er ist in Wien zu Hause; **away from** ~ von zu Hause weg **II.** *adj* ❶ einheimisch, inländisch ❷ häuslich **III.** *adv* heim, nach Hause; zu Hause, daheim; **bring** [*o* **get**] **s.th.** ~ **to s.o.** jdm etw klarmachen; **drive** ~ (*Nagel*) einschlagen; **drive s.o. home** jdn (mit dem Auto) nach Hause bringen; **drive s.th.** ~ **to s.o.** jdm etw beibringen; **go** ~ nach Hause, heimgehen; **see s.o.** ~ jdn nach Hause begleiten; **it has come** ~ **to me** ich bin mir darüber im Klaren; **nothing to write ~ about** nichts Besonderes **IV.** *vi* heimfinden **V.** *vt* (*Rakete*) automatisch ins Ziel steuern; **home in** *vi* (MIL) sich ausrichten (*on* auf); **~ in on a target** ein Ziel ansteuern; **~ in on a point** (*fig*) einen Punkt herausgreifen; **home address** *s* Heimatanschrift *f;* Privatanschrift *f;* **home affairs** *s pl* (*Br:* POL) innere Angelegenheiten *fpl;* **home-baked** [ˌhəʊm'beɪkt] *adj* selbst gebacken; **homebanking** *s* Homebanking *nt;* **home birth** *s* Hausgeburt *f;* **home·body** *s* (*fam*) häuslicher Mensch; **home-brew** [ˌhəʊm'bruː] *s* selbst gebrautes Bier; **home·com·ing** ['həʊmˌkʌmɪŋ] *s* Heimkehr *f*

i Land & Leute

Homecoming ist in den USA ein wichtiges Fest an der High School und an der Universität. An diesem Tag kommt die Footballmannschaft zu einem Heimspiel ‚nach Hause'. Es gibt eine Riesenparty, und eine beliebte Schülerin bzw. Studentin wird zur *homecoming queen* gekürt.

home computer *s* Heimcomputer *m;* **home cooking** *s* Hausmannskost *f;* **Home Counties** *s pl* (*Br*) *an London angrenzende Grafschaften;* **home economics** *s* Hauswirtschaft(slehre) *f;* **home exercise machine** *s* Heimtrainer *m;* **home-grown** [ˌhəʊm'grəʊn] *adj* selbst gezogen; **~ produce** einheimisches Erzeugnis; **home help** *s* Haushaltshilfe *f;* **home·land** ['həʊmlænd] *s* Heimat(land *nt*) *f*

i Land & Leute

Die **homelands** sind die traditionellen Gebiete der *Aborigines*, der Ureinwohner Australiens. Heute lebt über ein Drittel der 265.000 *Aborigines* in abgeschiedenen *communities* (Gemeinden), wo es so gut wie keine Arbeit gibt, so dass die Menschen dort völlig von der Regierung abhängig sind.

home·less ['həʊmlɪs] *adj* obdachlos; heimatlos; **home·like** ['həʊmlaɪk] *adj* heimelig, behaglich; **home loan** *s* Hypothek *f;* **home·ly** ['həʊmlɪ] *adj* ❶ häuslich, heimisch ❷ einfach, schlicht; **~ fare** bürgerliche Küche; **home-made** [ˌhəʊm'meɪd] *adj* selbst gemacht; **home·maker** ['həʊmˌmeɪkə(r)] *s* (*Am*) Hausfrau *f;* **home market** *s* (*Br*) Inlandsmarkt *m*

ho·meo- ['həʊmɪə] (*Am*) Homöo-, homöo-

Home Of·fice ['həʊm'ɒfɪs] *s* (*Br*) Innenministerium *nt*

ho·meo·path *s* (*Am*) Homöopath(in) *m(f);* **ho·me·opathy** *s* (*Am*) Homöopathie *f*

ho·meo·sta·sis [ˌhəʊmiə(ʊ)'steɪsɪs] *s no pl* physiologisches Gleichgewicht

home·page *s* (INTERNET) Homepage *f*

home plate *s* (*Baseball*) Schlagmal *nt;* **Home Rule** *s* (POL) Selbstverwaltung *f;* **home run** *s* (*Baseball*) Vier-Mal-Lauf *m;* **Home Secretary** *s* (*Br*) Innenminister(in) *m(f);* **home·school** *vt* (*esp Am*): **~ s.o.** jdn zu Hause unterrichten; **home shop·ping** *s* Homeshopping *nt* (*online einkaufen*); **home·sick** ['həʊmsɪk] *adj:* **be ~** Heimweh haben; **home·sick·ness** ['həʊmsɪknɪs] *s* Heimweh *nt;* **home·spun** ['həʊmspʌn] *adj* ❶ handgesponnen ❷ (*fig*) einfach; (*pej*) hausbacken; **home·stead** ['həʊmsted] *s* ❶ Heimstätte *f* ❷ (*Am*) zugewiesenes Freiland (*160 acres*); **home straight**, **home stretch** *s* (SPORT) Zielgerade *f;* **we are on the ~** (*fig*) wir haben's bald geschafft; **home team** *s* Heimmannschaft *f;* **home town** *s* Heimatstadt *f;* **home truth** *s* bittere Wahrheit; **home·ward** ['həʊmwəd] *adj* Heim-, Nachhause-, Rück-; **home·wards** ['həʊmwədz] *adv* heim, nach Hause, zurück; **home·work** ['həʊmwɜːk] *s* ❶ Heimarbeit *f* ❷ (SCHULE) Hausaufgaben *fpl;* **do one's ~** seine Hausaufgaben machen; (*fig*) sich mit der Materie vertraut machen; **home·worker** ['həʊmwɜːkə(r)] *s* Heimarbeiter(in) *m(f)*

homey ['həʊmɪ] *adj* (*Am fam*) behaglich, heimelig

homi·cidal [ˌhɒmɪ'saɪdl] *adj* gemeingefährlich; **in a ~ mood** in Mordstimmung; **a ~ maniac** gemeingefährlicher Verbrecher; **homi·cide** ['hɒmɪsaɪd] *s* ❶ Totschlag *m;* Mord *m* ❷ Mörder *m*

hom·ing ['həʊmɪŋ] *adj* ❶ heimkehrend ❷ (MIL) zielsuchend; **homing pigeon** *s* Brieftaube *f*

ho·moeo·path ['həʊmɪəpæθ] *s* Homöopath(in) *m(f);* **ho·moeo·pathic** [ˌhəʊmɪə'pæθɪk] *adj* homöopathisch; **ho·moe·opathy** [ˌhəʊmɪ'ɒpəθɪ] *s* Homöopathie *f*

ho·mo·gene·ous [ˌhɒmə'dʒiːnɪəs] *adj* gleichartig, homogen; **hom·ogen·ize** [hə'mɒdʒɪnaɪz] *vt* (*Milch*) homogenisieren

homo·graph ['hɒməgrɑːf] *s* Homograph

H

nt; **homo·nym** ['hɒmənɪm] *s* Homonym *nt;* **homo·phone** ['hɒməfəʊn] *s* Homophon *nt*

homo·sex·ual [ˌhɒmə'sekʃʊəl] **I.** *adj* homosexuell **II.** *s* Homosexuelle(r) *f m;* **homo·sex·ual·ity** [ˌhɒməsekʃʊ'æləti] *s* Homosexualität *f*

Hon·du·ran [hɒnʊdjʊərən] **I.** *adj* honduranisch **II.** *s* Honduraner(in) *m(f)*

Hon·du·ras [hɒn'djʊərəs] *s* Honduras *nt*

hone [həʊn] **I.** *vt* (*Messerklinge*) (fein)schleifen; (*fig*) schärfen **II.** *s* Schleifstein *m*

hon·est ['ɒnɪst] *adj* ❶ ehrlich, aufrichtig ❷ zuverlässig, vertrauenswürdig ❸ anständig; ehrenhaft; **hon·est·ly** [-lɪ] *adv* ❶ auf ehrliche Weise ❷ wirklich, tatsächlich; **to tell you ~** offen gestanden; **hon·est-to-good·ness** ['ɒnɪsttə'gʊdnɪs] *adj* (*fam*) echt, natürlich; unvermischt; **hon·esty** ['ɒnɪstɪ] *s* ❶ Ehrlichkeit, Aufrichtigkeit *f* ❷ Zuverlässigkeit *f*

honey ['hʌnɪ] *s* ❶ Honig *m* ❷ (*fig*) Schätzchen *nt* ❸ (*Am*) Pfundssache *f;* **honey·bee** ['hʌnɪbiː] *s* Honigbiene *f;* **honey·comb** ['hʌnɪkəʊm] *s* Honigwabe *f;* **honey·dew melon** ['hʌnɪdjuː 'melən] *s* Honigmelone *f;* **honey·moon** ['hʌnɪmuːn] **I.** *s* Flitterwochen *fpl* **II.** *vi* die Flitterwochen verbringen; **honey·suckle** ['hʌnɪsʌkl] *s* Geißblatt *nt*

i Land & Leute

Hong Kong bedeutet auf Kantonesisch würziger (Hong) Hafen (Kong), weil es früher ein Handelshafen für Gewürze und Weihrauch war. Es besteht aus der Hongkong-Insel, Kowloon (neun Drachen) und den New Territories auf dem chinesischen Festland, sowie aus weiteren umliegenden Inseln. Hongkong wird häufig auch ‚Perle des Orients' genannt.

honk [hɒŋk] **I.** *s* ❶ Schrei *m* der Wildgans ❷ (AUTO) Hupen *nt* **II.** *vi* ❶ (*Wildgans*) schreien ❷ (AUTO) hupen

honor (*Am*) *s.* **honour**

hon·or·ary ['ɒnərərɪ] *adj* ehrenamtlich; Ehren-; **~ member** Ehrenmitglied *nt*

i Land & Leute

Die Namen von Schülern und Studenten, die besonders gute Noten bekommen haben, werden in Schul- oder Universitätszeitungen und manchmal auch in Tageszeitungen veröffentlicht. Diese Liste nennt man die **honor roll** oder, besonders an Universitäten, die *deans list.* Schüler oder Studenten, die in diesen Listen stehen, werden bei der Bewerbung um einen Studienplatz an Universitäten oder bei der Arbeitssuche von Firmen oft bevorzugt.

hon·our ['ɒnə(r)] **I.** *s* ❶ Ehre *f;* Auszeichnung *f* ❷ Unbescholtenheit *f* ❸ **~s** öffentliche Ehrungen *fpl* ❹ **~s** (SCHULE) Auszeichnung *f;* (*Universität*) *dem Staatsexamen vergleichbarer Abschluss;* **Your Honour** Euer Gnaden (*Anrede für einen Richter*); **do s.o. the ~ of coming** jdm die Ehre erweisen zu kommen; **do the ~s** die Honneurs machen; **take ~s in** (*Universität*) sich spezialisieren in; **in ~ bound** moralisch verpflichtet; **guest of ~** Ehrengast *m;* **man of ~** Ehrenmann *m;* **word of ~** Ehrenwort *nt;* **~ where ~ is due** (*prov*) Ehre, wem Ehre gebührt **II.** *vt* ❶ ehren; (hoch)achten, hochschätzen ❷ eine Ehrung zuteil werden lassen (*s.o.* jdm) ❸ (FIN) honorieren, einlösen; **hon·o(u)r·able** ['ɒnərəbl] *adj* ehrenhaft, -voll, -wert; **my Honourable friend the member for …** (*Br:* PARL) der Abgeordnete für …; **honours degree** *s* ≈ Staatsexamen *nt;* **honours list** *s* ❶ (*Br:* POL) Liste *f* der verliehenen Titel ❷ (*Universität*) *Liste der Kandidaten, die das „honours degree" erworben haben*

hood [hʊd] *s* ❶ Kapuze *f* ❷ (TECH) Haube, Kappe *f,* Aufsatz *m* ❸ (AUTO) Verdeck *nt* ❹ (*Am:* AUTO) Motorhaube *f* ❺ (*von Vögeln*) Kamm *m,* Haube *f* ❻ (*sl*) Gangster *m* ❼ (*sl*) Rowdy *m*

hood·lum ['huːdləm] *s* (*sl*) ❶ Rowdy *m* ❷ Gangster *m*

hood·wink ['hʊdwɪŋk] *vt* (*fig*) Sand in die Augen streuen (*s.o.* jdm), täuschen; betrügen

hoof [huːf] <*pl* hoofs, hooves> **I.** *s* Huf *m;* **on the ~** (*Vieh*) lebend **II.** *vt, vi* (*fam:* *~ it*) latschen

hoo-ha ['huːhɑː] *s* (*Br fam*) Krach *m*

hook [hʊk] **I.** *s* ❶ Haken *m,* Kleiderhaken *m;* (*fish~*) Angelhaken *m* ❷ Sichel *f* ❸ gekrümmte Landspitze/-zunge ❹ (*Boxen*) Haken *m;* **by ~ or by crook** ganz gleich, gleichgültig, wie; mit allen Mitteln; **off the ~** (*sl*) aus den Schwierigkeiten heraus; **leave the phone off the ~** nicht auflegen;

~, **line, and sinker** (*fam*) vollkommen, vollständig, *adv;* ~ **and eye** Haken *m* und Öse *f* **II.** *vt* ❶ an-, fest-, zuhaken ❷ fangen; angeln ❸ (*Wagen*) anhängen (*on to* an) ❹ hakenförmig biegen ❺ (SPORT: *Ball*) einen Haken schlagen lassen ❻ (*Boxen*) einen Haken versetzen (*s.o.* jdm); **get/be ~ed** (*sl*) abhängig werden/sein; toll finden (*on s.th.* etw); **be ~ed on an idea** von einer Idee besessen sein; ~ **it** (*sl*) abhauen **III.** *vi* ❶ (hakenförmig) gekrümmt sein ❷ mit (einem) Haken befestigt sein; **hook on I.** *vi* angehängt, angehakt werden; sich festhaken **II.** *vt* anhaken; anhängen; mit einem Haken befestigen; **hook up I.** *vi* ❶ mit einem Haken zugemacht werden ❷ (RADIO TV) gemeinsam ausstrahlen **II.** *vt* ❶ zuhaken ❷ (*Anhänger*) ankoppeln, anhängen ❸ (RADIO TV) anschließen (*with* an)

hooked [hʊkt] *adj* ❶ hakenförmig, krumm ❷ mit Haken versehen ❸ süchtig; **hooker** [ˈhʊkə(r)] *s* (*Am sl*) Prostituierte *f;* **hook-up** [ˈhʊkʌp] *s* (RADIO) Sendergruppe, Ringsendung *f;* **hooky** [ˈhʊkɪ]: **play** ~ (*Am fam*) die Schule schwänzen

hoo·li·gan [ˈhuːlɪgən] *s* Rowdy *m;* **hoo·li·gan·ism** [-ɪzm] *s* Rowdytum *nt*

hoop [huːp] **I.** *s* ❶ Reif(en) *m;* Bügel, Ring *m* ❷ (SPORT) (Krocket)Tor *nt;* **go through the ~s** (*fam*) eine schwere Zeit durchmachen **II.** *vt* die Reifen auftreiben (*a barrel* auf ein Fass); **hoop earing** *s* Kreole *f*

hoo·poe [huːpuː] *s* Wiedehopf *m*

hoose·gow [ˈhuːsgaʊ] *s* (*Am: sl*) Knast *m*

hoot [huːt] **I.** *vi* ❶ schreien ❷ hupen ❸ johlen; sich kaputtlachen **II.** *vt* ausbuhen **III.** *s* ❶ Ruf, Schrei *m* ❷ ~**s** Gejohle *nt* ❸ (TECH) Hupen *nt;* **I don't care a** ~ das ist mir völlig egal; **he's a** ~ er ist zum Schreien komisch; **hoot down** *vt* niederschreien; **hooter** [ˈhuːtə(r)] *s* ❶ (TECH) Sirene *f* ❷ (AUTO) Hupe *f* ❸ (*sl*) Nase *f*

hoov·er® [ˈhuːvə(r)] **I.** *vt* staubsaugen **II.** *s* Staubsauger *m*

hop[1] [hɒp] **I.** *vi* ❶ hüpfen ❷ eine kurze Reise machen **II.** *vt* springen über; ~ **it!** hau ab! **III.** *s* ❶ Sprung *m* ❷ (*fam*) Tänzchen *nt* ❸ (AVIAT: *fam*) kurzer Flug; **catch s.o. on the** ~ (*fam*) jdn unvorbereitet erwischen, treffen; **on the** ~ fleißig in Bewegung; ~, **step, and jump** (SPORT) Dreisprung *m;* **hop about, hop around** *vi* umherhüpfen; **hop in** *vi* hineinhüpfen; (*fam*) einsteigen; **hop out** *vi* heraushüpfen; (*fam*) aussteigen

hop[2] [hɒp] *s* ❶ Hopfen *m* (*Pflanze*) ❷ ~**s** Hopfen *m* (*Bierzusatz*)

hope [həʊp] **I.** *s* ❶ Hoffnung *f* (*of* auf) ❷ Vertrauen *nt* (*in* zu), Zuversicht *f;* **past** [*o* **beyond**] ~ hoffnungslos; **hold out a** ~ Hoffnung haben; **live in ~ of s.th.** auf etw hoffen; **there's no ~ of that** da braucht man sich keine Hoffnungen zu machen; **what a ~!** schön wär's! **II.** *vt* hoffen auf; erhoffen; ersehnen **III.** *vi* ❶ hoffen (*for* auf), erhoffen (*for s.th.* etw) ❷ vertrauen (*in* auf); **I ~ so** hoffentlich!; **I ~ not** hoffentlich nicht!; ~ **against** ~ trotz allem die Hoffnung nicht aufgeben; **hope·ful** [ˈhəʊpfl] **I.** *adj* hoffnungsvoll; viel versprechend; **be** ~ sich Hoffnungen machen, hoffen **II.** *s:* **a young** ~ hoffnungsvoller junger Mensch; viel versprechendes Talent; **hope·ful·ly** [ˈhəʊpfəlɪ] *adv* ❶ hoffnungsvoll ❷ hoffentlich; **hope·less** [ˈhəʊplɪs] *adj* ❶ hoffnungslos ❷ aussichtslos ❸ nutzlos ❹ unverbesserlich; **hope·less·ly** [-lɪ] *adv* hoffnungslos

hopper [ˈhɒpə(r)] *s* (TECH) Einfüll-, Speisetrichter *m*

hop-picker [ˈhɒpˌpɪkə(r)] *s* Hopfenpflücker(in) *m(f)*

hop·ping mad [ˈhɒpɪŋ ˈmæd] *adj* (*fam*) fuchsteufelswild

hop·pole [ˈhɒpˌpəʊl] *s* Hopfenstange *f*

hop·scotch [ˈhɒpskɒtʃ] *s* Himmel und Hölle-Spiel *nt*

horde [hɔːd] *s* Horde *f;* Menge *f*

hor·izon [həˈraɪzn] *s* (*a. fig*) Horizont *m;* **hori·zon·tal** [ˌhɒrɪˈzɒntl] *adj* horizontal, waagerecht; ~ **bar** (SPORT) Reck *nt;* ~ **hold** (TV) Zeilenfang *m*

hor·mone [ˈhɔːməʊn] *s* Hormon *nt*

horn [hɔːn] *s* ❶ Horn *nt* ❷ (*Schnecke*) Fühler *m* ❸ (Trink)Horn *nt* ❹ Füllhorn *nt* ❺ (MUS) Horn *nt* ❻ (AUTO) Hupe *f;* (MAR) Signalhorn *nt* ❼ (*Mondsichel*) Spitze *f;* ~**s** Hörner *ntpl,* Geweih *nt;* **be caught on the ~s of a dilemma** in einer Zwickmühle sitzen; **blow** [*o* **sound**] **the** ~ (AUTO) hupen; ~ **of plenty** Füllhorn *nt;* **horn in** *vi* mitmachen; sich einmischen; ~ **in on a conversation** sich in eine Unterhaltung einmischen

hor·net [ˈhɔːnɪt] *s* Hornisse *f;* **stir up a ~'s nest** (*fig*) in ein Wespennest stechen

horn·less [ˈhɔːnlɪs] *adj* hornlos

horn-rimmed [ˈhɔːnrɪmt] *adj:* ~ **spectacles** Hornbrille *f;* **horny** [ˈhɔːnɪ] *adj* ❶ horn(art)ig ❷ schwielig ❸ (*sl*) scharf, spitz, geil

horo·scope [ˈhɒrəskəʊp] *s* Horoskop *nt;* **cast a** ~ ein Horoskop stellen

hor·ren·dous [hɒˈrendəs] *adj* ❶ (*Verbrechen*) entsetzlich ❷ (*Preise, Lüge*) horrend

hor·rible ['hɒrəbl] *adj* ❶ schrecklich, furchtbar, entsetzlich ❷ ekelhaft, unfreundlich; **hor·rid** ['hɒrɪd] *adj* abscheulich, ekelhaft; abstoßend; **hor·rific** [hə'rɪfɪk] *adj* schrecklich; **hor·rify** ['hɒrɪfaɪ] *vt* ❶ entsetzen, Schrecken einjagen (*s.o.* jdm) ❷ (*fam*) schockieren (*at, by* von); **hor·ror** ['hɒrə(r)] *s* ❶ Schrecken *m*, Entsetzen, Grauen *nt* ❷ Abscheu, Ekel *m* (*of* vor) ❸ (*Person*) Ekel *nt* ❹ **~s** Grausen *nt;* **~ film** Horrorfilm *m;* **it gives me the ~s** es läuft mir kalt über den Rücken; **hor·ror-stricken, hor·ror-struck** ['hɒrəstrɪkn, 'hɒrəstrʌk] *adj* von Entsetzen gepackt

hors d'œuvre [ɔː'dɜːv(r)] *s* Hors d'œuvre *nt,* Vorspeise *f*

horse [hɔːs] *s* ❶ (*a.* SPORT) Pferd *nt* ❷ Ständer *m,* Gestell *nt;* **straight from the ~'s mouth** (*fig*) direkt von der Quelle; **wild ~s would not drag me there** dahin würden mich keine zehn Pferde bringen; **back the wrong ~** (*fig*) aufs falsche Pferd setzen; **eat like a ~** fressen wie ein Scheunendrescher; **flog a dead ~** (*fig*) seine Zeit verlieren; **put the cart before the ~** (*fig*) das Pferd beim Schwanz aufzäumen; **work like a ~** arbeiten wie ein Pferd; **a dark ~** (*fig*) unbeschriebenes Blatt; (SPORT) Außenseiter *m;* **horse about, horse around** *vi* herumalbern; **horse·back** ['hɔːsbæk] *s:* **on ~** zu Pferde; **go on ~** reiten; **get on ~** aufsitzen; **horse·box** ['hɔːsbɒks] *s* (RAIL) Pferdetransportwagen *m;* **horse-chestnut** *s* Rosskastanie *f;* **horse-drawn** ['hɔːsdrɔːn] *adj* von Pferden gezogen; **horse·fly** ['hɔːsflaɪ] *s* Pferdebremse *f;* **horse·hair** ['hɔːsheə(r)] *s* Rosshaar *nt;* **horse-laugh** ['hɔːslɑːf] *s* wieherndes Gelächter; **horse·man** ['hɔːsmən] <*pl* -men> *s* Reiter *m;* **horse·man·ship** ['hɔːsmənʃɪp] *s* Reitkunst *f;* **horse play** *s* grober Unfug; **horse·pow·er** ['hɔːspaʊə(r)] *s* Pferdestärke *f;* **horse race** *s* Pferderennen *nt;* **horse racing** *s* ❶ Pferderennsport *m* ❷ Pferderennen *nt;* **horse·rad·ish** *s* Meerrettich *m;* **horse sense** *s* gesunder Menschenverstand; **horse·shoe** ['hɔːsʃuː] *s* Hufeisen *nt;* **horse trading** *s* (*fig*) Kuhhandel *m;* **horsewhip** ['hɔːswɪp] *s* Reitpeitsche *f;* **horse woman** ['hɔːsˌwʊmən, *pl* -wɪmɪn] <*pl* -women> *s* Reiterin *f*

hors(e)y ['hɔːsɪ] *adj* ❶ pferdeartig ❷ pferdeliebend

hor·ti·cul·tural [ˌhɔːtɪ'kʌltʃərəl] *adj:* **~ exhibition** Gartenschau *f;* **hor·ti·cul·ture** ['hɔːtɪkʌltʃə(r)] *s* Gartenbau *m*

ho·sanna [həʊ'zænə] **I.** *s* Hosianna *nt* **II.** *interj* hosianna!

hose¹ [həʊz] **I.** *vt* abspritzen **II.** *s* (Gummi)Schlauch *m*

hose² [həʊz] *s* ❶ (*Sammelbegriff*) Strumpfwaren *fpl* ❷ (*historisch*) Kniehose *f;* **ho·sier** ['həʊzɪə(r)] *s* Strumpfwarenhändler(in) *m(f);* **ho·siery** ['həʊzɪərɪ] *s* Strumpf-, Wirkwaren *fpl*

hos·pice ['hɒspɪs] *s* Pflegeheim *nt* für unheilbar Kranke

hos·pit·able [hɒ'spɪtəbl] *adj* gastlich, gastfreundlich

hos·pi·tal ['hɒspɪtl] *s* Klinik *f,* Krankenhaus *nt;* **be in ~** im Krankenhaus sein

hos·pi·tal·ity [ˌhɒspɪ'tælətɪ] *s* Gastlichkeit *f;* Gastfreundschaft *f*

hos·pi·tal·iz·ation [ˌhɒspɪtəlaɪz'eɪʃn] *s* ❶ Einlieferung *f* in ein Krankenhaus ❷ Krankenhausaufenthalt *m;* **hos·pi·tal·ize** ['hɒspɪtlaɪz] *vt* in ein Krankenhaus einliefern

hospital ship *s* Lazarettschiff *nt;* **hospital train** *s* Lazarettzug *m*

host¹ [həʊst] **I.** *s* ❶ Gastgeber *m* (*to* für) ❷ (BIOL) Wirt(stier *nt*) *m* ❸ (TV) Showmaster *m* **II.** *vt* Gastgeber sein bei

host² [həʊst] *s:* **a ~ of, ~s of …** eine Unzahl …; sehr viel …

Host [həʊst] *s* Hostie *f*

hos·tage ['hɒstɪdʒ] *s* Geisel *f;* **take s.o. ~** jdn als Geisel nehmen

host country ['həʊstˌkʌntrɪ] *s* ❶ Gastland *nt* ❷ (*von Flüchlingen*) Aufnahmeland *nt*

hos·tel ['hɒstl] *s* Wohnheim *nt;* **youth~** Jugendherberge *f;* **hos·tel·ler** ['hɒstələ(r)] *s* Heimbewohner(in) *m(f),* (Jugend)Herbergsgast *m*

host·ess ['həʊstɪs] *s* ❶ Gastgeberin *f;* Dame *f* des Hauses ❷ Empfangsdame *f;* Hostess *f* ❸ (AVIAT) Stewardess *f*

hos·tile ['hɒstaɪl] *adj* ❶ feindlich ❷ feindselig (*to* gegen); **hos·til·ity** [hɒ'stɪlətɪ] *s* ❶ Feindschaft *f* (*to, towards, against* gegen) ❷ **hostilities** Feindseligkeiten *fpl*

hot [hɒt] *adj* ❶ heiß; (*Wasserhahn, Mahlzeit*) warm ❷ brennend, beißend ❸ stark gewürzt, scharf ❹ (*fig*) heiß(blütig), feurig, leicht erregbar ❺ (hell) begeistert; leidenschaftlich ❻ (*fam*) erpicht, scharf (*on* auf) ❼ (*sl*) lüstern; sexuell erregend ❽ (*Kampf*) heiß, heftig ❾ (*Motor*) heißgelaufen ❿ radioaktiv ⓫ (MUS) heiß ⓬ (SPORT) geschickt, gewandt ⓭ (*Spur*) heiß ⓮ (*fam: Mensch*) fähig, gut; (*Sache*) toll ⓯ (*sl*) gestohlen, heiß; **not so ~** (*fam*) ergebnislos; wirkungslos; nicht gerade umwerfend; **~ and bothered** beunruhigt; **blow ~ and cold**

nicht wissen, was man will; **get ~ under the collar** verärgert werden; **get into ~ water** (*fig*) in Teufels Küche kommen; **make a place** [*o* **things**] **~ for s.o.** jdm die Hölle heiß machen; **I'm ~ on his trail** ich bin ihm dicht auf den Fersen; **it's too ~ to handle** das ist ein heißes Eisen; **hot up** *vi* an Intensität zunehmen; gefährlich werden

hot air [ˌhɒtˈeə(r)] *s* ❶ Heißluft *f* ❷ (*fam*) leeres Gerede, Angeberei *f;* **hot·bed** [ˈhɒtbed] *s* ❶ Mistbeet *nt* ❷ (*fig*) Brutstätte *f;* **hot-blooded** [ˌhɒtˈblʌdɪd] *adj* heißblütig, feurig

hotch·potch [ˈhɒtʃpɒtʃ] *s* (*fig*) Mischmasch *m*

hot dog [ˌhɒtˈdɒg] *s* heißes Würstchen, Hotdog *m;* **hot-dogging** [ˈhɒtˌdɒgɪŋ] *s* (*Ski*) Freestyle *m*

ho·tel [həʊˈtel] *s* Hotel *nt;* **hotel accommodation** *s* Unterbringung *f* im Hotel; **hotel bill** *s* Hotelrechnung *f;* **ho·tel·ier** [hɒˈteljeɪ] *s* Hotelier *m;* **hotel industry** *s* Hotelgewerbe *nt;* **hotel keeper** *s* Hotelbesitzer(in) *m(f);* **hotel register** *s* Hotelverzeichnis *nt;* **hotel staff** *s* Hotelpersonal *nt*

hot·foot [ˈhɒtfʊt] **I.** *adv* in aller Eile **II.** *vt, vi* (~ *it*) schnell gehen, sich beeilen; **hot·head** [ˈhɒthed] *s* Hitzkopf *m;* **hot-headed** [ˌhɒtˈhedɪd] *adj* hitzköpfig; **hot·house** [ˈhɒthaʊs] *s* Treibhaus *nt;* **hot jazz** *s* Hot Jazz *m;* **hot key** *s* Hot Key *m* (*vorprogrammierte Tastenkombination*); **~-combination** Tastenkombination *f;* **hot line** *s* (POL) heißer Draht; **hot·ly** [ˈhɒtlɪ] *adv:* **~ contested** heiß umkämpft; **~ debated** heiß umstritten; **~ denied** heftig bestritten; **hot metal** *s* (TYP) Blei *nt;* Bleisatz *m;* **hot·plate** [ˈhɒtpleɪt] *s* Heiz-, Kochplatte *f;* Warmhalteplatte *f;* **hot potato** *s* (*fig fam*) heißes Eisen; **hot·rod** [ˈhɒtrɒd] *s* (AUTO) Auto *nt* mit frisiertem Motor; **hot seat** *s* ❶ (*fig*) Schleudersitz *m;* schwierige Position ❷ (*Am sl*) elektrischer Stuhl; **hot·shot** [ˈhɒtʃɒt] *s* (*sl*) Kanone *f,* As *nt;* **hot spot** *s* (*sl*) ❶ Nachtlokal *nt* ❷ (POL) Krisenherd *m;* **hot stuff** *s* (*sl*) ❶ tolles Ding; tolle Frau ❷ Zündstoff *m;* **hot-tempered** [ˌhɒtˈtempə(r)d] *adj* jähzornig; **hot-water bottle** *s* Bett-, Wärmflasche *f*

hound [haʊnd] **I.** *s* ❶ Jagdhund *m* ❷ (*fig*) Schurke, Hund *m;* **ride to ~s** mit der Meute jagen **II.** *vt* (beständig) hetzen; **hound down** *vt* Jagd machen auf; erjagen; erwischen

hour [ˈaʊə(r)] *s* ❶ Stunde *f* ❷ Zeit *f;* Zeitpunkt *m* ❸ Uhr(zeit) *f;* **after ~s** nach Geschäftsschluss; (*Kneipe*) nach der Polizeistunde; (*Arzt*) außerhalb der Sprechstunde; **at all ~s** zu jeder Stunde; **at the eleventh ~** in letzter Minute; **by the ~** stundenweise; **for ~s** stundenlang; **every ~ on the ~** jeweils zur vollen Stunde; **keep late ~s** spät zu Bett gehen; **the rush ~** die Hauptgeschäfts-, Hauptverkehrs-, Stoßzeit *f;* **opening ~s** Geschäftszeiten *fpl,* Öffnungszeiten *fpl,* Schalterstunden *fpl,* Sprechstunde *f;* **the small ~s** die frühen Morgenstunden *fpl;* **working ~s** Arbeitszeit *f;* Dienststunden *fpl;* **his ~ has come** seine Stunde ist gekommen; sein letztes Stündchen hat geschlagen; **hour hand** *s* Stundenzeiger *m;* **hour·ly** [ˈaʊəlɪ] *adj, adv* stündlich; **~ wage** Stundenlohn *m*

house [haʊs, *pl* ˈhaʊzɪz] <*pl* houses> **I.** *s* ❶ Haus *nt* ❷ Dynastie *f* ❸ Geschäft(shaus) *nt,* Firma *f* ❹ (THEAT) Vorstellung *f,* Publikum, Theater *nt* ❺ (*Universität*) College *nt;* Wohngebäude *nt* (*eines Internats*) ❻ (Abgeordneten)Haus, Parlament *nt;* **on the ~** auf Kosten des Hauses; **like a ~ on fire** (*fam*) bestens; **bring the ~ down** (THEAT) großen Beifall ernten; **keep ~** haushalten (*for s.o.* jdm); **set one's ~ in order** reinen Tisch machen; **apartment-~** Mietshaus *nt;* **boarding-~** Pension *f;* **~ of cards** (*fig*) Kartenhaus *nt;* **the House of Commons** (*in GB*) das Unterhaus; **the House of Lords** (*in GB*) das Oberhaus; **the Houses of Parliament** (*in GB*) das Parlamentsgebäude; **Lower/Upper House** Unter-/Oberhaus *nt;* **the House of Representatives** (*in den USA*) das Repräsentantenhaus **II.** *vt* unterbringen; verstauen; **house·boat** [ˈhaʊsbəʊt] *s* Hausboot *nt;* **house·breaker** [ˈhaʊsˌbreɪkə(r)] *s* Einbrecher(in) *m(f);* **house·break·ing** [ˈhaʊsˌbreɪkɪŋ] *s* Einbruch *m;* **house·coat** [ˈhaʊskəʊt] *s* Morgenrock *m;* Hauskleid *nt;* **house·fly** [ˈhaʊsflaɪ] *s* Stubenfliege *f*

house·hold [ˈhaʊshəʊld] *s* Haushalt *m;* **~ articles** Haushaltsgegenstände *mpl;* **it's a ~ name** [*o* **word**] das ist ein Begriff; **house·holder** [ˈhaʊshəʊldə(r)] *s* Haus-, Wohnungsinhaber(in) *m(f)*

house-hunt [ˈhaʊshʌnt] *vi* auf Wohnungssuche sein; **house-husband** [ˈhaʊshʌzbənd] *s* Hausmann *m;* **house·keeper** [ˈhaʊsˌkiːpə(r)] *s* Haushälterin *f;* (*Institution*) Wirtschaftsleiterin *f;* **house·keep·ing** [ˈhaʊsˌkiːpɪŋ] *s* Führung *f* eines Haushalts, Haushalten *nt;* **~ money** Haushaltsgeld *nt;* **house·maid** [ˈhaʊsmeɪd] *s* Haus-

H

gehilfin *f;* ~**'s knee** (MED) Schleimbeutelentzündung *f;* **houseman** ['haʊsmən] *s* (*Br*) Medizinalassistent *m;* **house martin** *s* Mehlschwalbe *f;* **house physician** *s* Anstaltsarzt *m,* -ärztin *f;* **house plant** *s* Zimmerpflanze *f;* **house·proud** ['haʊspraʊd] *adj* auf (die) Ordnung im Haus bedacht; **house·room** ['haʊsrʊm] *s* (*Br*): **I would not give it** ~ das möchte ich nicht geschenkt haben; **house rules** *s pl* Hausordnung *f;* **house running** *s* (SPORT) House Running *nt;* **house starts** *s pl* Neubauten *pl;* **house surgeon** *s* Krankenhauschirurg(in) *m(f);* **house-to-house** *adj:* ~ **collection** Haussammlung *f;* ~ **search** Suche *f* von Haus zu Haus; ~ **selling** Direktverkauf *m* an der Haustür, Haustürgeschäft *nt;* **house·top** ['haʊstɒp] *s* (Haus)Dach *nt;* **shout s.th. from the** ~**s** etw ausposaunen; **house·trained** ['haʊstreɪnd] *adj* (*Tier*) stubenrein; **house-warm·ing** ['haʊsˌwɔːmɪŋ] *s* Einzugsfest *nt*

house·wife[1] ['haʊswaɪf] <*pl* -wives> *s* Hausfrau *f;* Haushälterin, Wirtschafterin *f*

house·wife[2] ['hʌsɪf, *pl* 'hʌsɪvz] <*pl* -wives> *s* Nähzeug *nt*

house·work ['haʊswɜːk] *s* Hausarbeit *f*

hous·ing ['haʊzɪŋ] *s* ① Unterbringung, Unterkunft, Wohnung *f* ② Wohnungsbeschaffung *f* ③ (*Waren*) (Ein)Lagerung *f* ④ (TECH) Gehäuse *nt;* **housing association** *s* Wohnungsbaugesellschaft *f;* **housing benefit** *s* Wohnbeihilfe *f,* Wohngeld *nt;* **housing conditions** *s pl* Wohnverhältnisse *ntpl;* **housing development** *s* (*Am*), **housing estate** *s* (*Br*) (Wohn)Siedlung *f;* **housing problem** *s* Wohnungsproblem *nt;* **housing programme** *s* Wohnungsbeschaffungsprogramm *nt;* **housing scheme** *s* ① (Wohn)Siedlung *f* ② Siedlungsbauvorhaben *nt;* **housing shortage** *s* Wohnraummangel *m*

hove [həʊv] *vt, vi* (MAR) wenden

hovel ['hɒvl] *s* (*pej*) Bruchbude *f,* Loch *nt*

hover ['hɒvə(r)] *vi* ① schweben (*about, over* über) ② herumlungern, sich herumtreiben (*about, near* in der Nähe *+gen*) ③ (*fig*) schwanken (*between* zwischen) ④ (*fig*) schweben (*between life and death* zwischen Leben und Tod); **hover·craft** ['hɒvəkrɑːft] *s* Luftkissenfahrzeug, Hovercraft *nt;* **hover·port** ['hɒvəpɔːt] *s* Hafen *m* für Luftkissenfahrzeuge; **hover·train** ['hɒvətreɪn] *s* Schwebebahn *f*

how [haʊ] *adv* ① wie; wieso ② (*fam*) was? warum?; **and** ~**!** (*sl*) und wie!; ~ **about ...?** wie wäre es mit ...?; ~ **come ...?** (*sl*) wie kommt es ...?; ~ **is it ...?** wie kommt es ...?; ~ **many?** wie viele?; ~ **much?** wie viel?; ~ **are you?** wie geht's?, guten Tag!; (*bei einer Vorstellung*) sehr erfreut!; **how-d'ye-do** ['haʊdjəduː] *s* (*fam*) Theater *nt,* Krach *m*

how·ever [haʊ'evə(r)] **I.** *adv* wie auch immer; ~ **big/intelligent** wie groß/intelligent auch immer **II.** *conj* indessen; jedoch, aber; trotzdem

howl [haʊl] **I.** *vi* ① heulen ② brüllen, schreien **II.** *s* Geheul *nt;* **howl down** *vt* niederbrüllen, -schreien; **howler** ['haʊlə(r)] *s* (*fam*) Schnitzer, dummer Fehler *m;* **howl·ing** [-ɪŋ] **I.** *s* Gebrüll, Geschrei *nt;* Heulen *nt* **II.** *adj* ① heulend ② (*fam*) gewaltig; (*Ungerechtigkeit*) schreiend; (*Erfolg*) toll

HP, hp [ˌeɪtʃ'piː] *s* ① *Abk. von* **hire purchase** ② *Abk. von* **horse power**

HTML *s Abk. von* **Hypertext Markup Language** (INTERNET) HTML *f*

hub [hʌb] *s* ① (*Rad*) Nabe *f* ② (*fig*) Mittelpunkt *m*

hub·bub ['hʌbʌb] *s* Stimmengewirr *nt;* Tumult *m*

hub·by *s* (*fam: husband*) Mann *m*

hub·cap ['hʌbkæp] *s* (AUTO) Radkappe *m*

huckle·berry ['hʌklbərɪ] *s* amerikanische Heidelbeere

huck·ster ['hʌkstə(r)] *s* ① (Straßen)Händler(in) *m(f)* ② (*Am: pej*) Reklamefritze *m*

huddle ['hʌdl] **I.** *vi* ① sich drängen, sich drücken ② sich schmiegen (*to* an) **II.** *s* Durcheinander *nt;* **huddle down** *vi* sich hinkuscheln; **huddle together** *vi* sich aneinander schmiegen; **huddle up** *vi* sich zusammenkauern; ~ **up against** sich kauern an

hue [hjuː] *s* ① Farbe *f;* Färbung *f* ② Farbton *m;* Schattierung *f;* ~ **and cry** lautes Geschrei; **raise a** ~ **and cry against s.o.** gegen jdn heftig protestieren

huff [hʌf] **I.** *vi* blasen, pusten **II.** *s* Groll *m;* **go into a** ~ schmollen, beleidigt sein; **huffy** ['hʌfɪ] *adj* leicht beleidigt, leicht eingeschnappt, empfindlich

hug [hʌg] **I.** *vt* ① umarmen ② sich dicht halten (*the shore* am Ufer) ③ (*fig*) hängen an, festhalten an **II.** *vr* stolz sein (*over* auf) **III.** *s* ① Umarmung *f* ② (SPORT) Griff *m*

huge [hjuːdʒ] *adj* riesig, gewaltig; ungeheuer; **huge·ly** [-lɪ] *adv* ungeheuer; **huge·ness** [-nɪs] *s* gewaltige Größe

i Land & Leute

Die Zusammenkünfte der Maori in Neuseeland heißen **Hui** und alle Maori können daran teilnehmen. Die Versammlungsorte heißen *Marae*. Man trifft sich zum Feiern, um Reden zu halten, zum Singen oder zum Tanzen. Die Versammlungshäuser sind mit kunstvollen Schnitzereien geschmückt, die traditionelle Figuren oder Gesichter darstellen.

hulk [hʌlk] *s* ❶ (Schiffs)Rumpf *m* ❷ schwerfälliger Mensch, Klotz, Trampel *m;* **hulk·ing** [-ɪŋ] *adj* unförmig; plump

hull¹ [hʌl] **I.** *s* (BOT) Hülse, Schale *f;* Schote *f* **II.** *vt* enthülsen, schälen

hull² [hʌl] *s* Schiffskörper *m;* Flugzeugrumpf *m*

hul·la·ba·loo [ˌhʌləbəˈluː] *s* Lärm, Tumult *m*

hullo [həˈləʊ] *interj* hallo! nanu!

hum [hʌm] **I.** *vi* ❶ summen ❷ (er)dröhnen (*with* von) ❸ (*fam*) geschäftig sein ❹ (*sl*) stinken; **make things** ~ (*fam*) den Laden in Schwung bringen; ~ **and haw** herumdrucksen; **things are always** ~**ming** es ist immer Betrieb **II.** *vt* (*Melodie*) summen (*to o.s.* vor sich hin) **III.** *s* Summen, Brummen *nt*

hu·man [ˈhjuːmən] **I.** *adj* menschlich; **to err is** ~ (*prov*) Irren ist menschlich; **I'm only** ~ ich bin auch nur ein Mensch; ~ **chain** Menschenkette *f;* ~ **error** menschliches Versagen; **Human Genum Project** *Forschungsprojekt: menschliche Gene;* ~ **rights** Menschenrechte *nt pl* **II.** *s* (~ *being*) Mensch *m;* **hu·mane** [hjuːˈmeɪn] *adj* menschlich, human; **hu·man·ism** [ˈhjuːmənɪzəm] *s* Humanismus *m;* **hu·man·istic** [ˌhjuːməˈnɪstɪk] *adj* humanistisch; **hu·mani·tar·ian** [hjuːˌmænɪˈteərɪən] *adj* menschenfreundlich; humanitär; **hu·man·ity** [hjuːˈmænətɪ] *s* ❶ die Menschheit ❷ Menschlichkeit *f;* **the humanities** die Geisteswissenschaften *pl;* **hu·man·ize** [ˈhjuːmənaɪz] *vt* humanisieren; **hu·man·ly** [ˈhjuːmənlɪ] *adv:* ~ **possible** menschenmöglich

humble [ˈhʌmbl] **I.** *adj* ❶ demütig ❷ bescheiden ❸ unbedeutend; **eat** ~ **pie** zurückstecken, klein beigeben **II.** *vt* demütigen; **humble·ness** [-nɪs] *s* Bescheidenheit *f;* Einfachheit *f;* Demut *f*

hum·bug [ˈhʌmbʌg] *s* ❶ Schwindel, Humbug *m* ❷ Quatsch *m* ❸ Schwindler(in) *m(f),* Hochstapler(in) *m(f)* ❹ (*Br*) Pfefferminzbonbon *m od nt*

hum·drum [ˈhʌmdrʌm] *adj* eintönig, monoton, langweilig

hu·mid [ˈhjuːmɪd] *adj* feucht; **hu·mid·ifier** [hjuːmɪdɪfaɪə(r)] *s* Verdunster *m;* Luftbefeuchtungsanlage *f;* **hu·mid·ify** [hjuːˈmɪdɪfaɪ] *vt* an-, befeuchten; **hu·mid·ity** [hjuːˈmɪdətɪ] *s* Feuchtigkeit *f*

hu·mili·ate [hjuːˈmɪlɪeɪt] *vt* demütigen; **hu·mili·ation** [hjuːˌmɪlɪˈeɪʃn] *s* Demütigung *f;* **hu·mil·ity** [hjuːˈmɪlətɪ] *s* Demut *f;* Bescheidenheit *f*

hum·ming·bird [ˈhʌmɪŋbɜːd] *s* Kolibri *m*

hum·mock [ˈhʌmək] *s* (kleiner) Hügel *m*

hu·mon·gous [hjuːˈmʌŋɪs] *adj* (*Am: sl*) Riesen-, riesig

hu·mor (*Am*) *s.* **humour**

hu·mor·ist [ˈhjuːmərɪst] *s* Humorist(in) *m(f);* **hu·mor·ous** [ˈhjuːmərəs] *adj* humorvoll, amüsant, komisch; **hu·mour** [ˈhjuːmə(r)] **I.** *s* ❶ (*sense of* ~) Humor *m* ❷ Stimmung, Laune *f;* **be out of** ~ nicht in Stimmung sein **II.** *vt* nachgeben (*s.o.* jdm gegenüber), den Willen lassen (*s.o.* jdm); **hu·mour·less** [-lɪs] *adj* humorlos, trocken

hump [hʌmp] **I.** *s* ❶ (*Kamel*) Höcker *m* ❷ (*Mensch*) Buckel *m* ❸ Hügel *m* ❹ schlechte Laune, Ärger, Verdruss *m;* **be over the** ~ (*fig*) über den Berg sein **II.** *vt* ❶ krümmen ❷ schleppen; auf die Schulter nehmen; **hump·back** [ˈhʌmpbæk] *s* ❶ Buckel *m* ❷ Bucklige(r) *f m;* ~ (**whale**) Buckelwal *m;* **hump·backed** [ˈhʌmpbækt] *adj* bucklig; ~ **bridge** gewölbte Brücke

humph [hʌmpf, mm] *interj* hm!

Hun [hʌn] *s* ❶ (HIST) Hunne *m,* Hunnin *f* ❷ (*pej*) Deutsche(r) *f m*

hunch [hʌntʃ] **I.** *vt* wölben, krümmen; ~ **one's back** einen Buckel machen **II.** *s* (*fam*) (Vor)Ahnung *f;* **have a** ~ eine Ahnung haben; **play one's** ~ einer Intuition folgen; **hunch·back** [ˈhʌntʃbæk] *s* ❶ Buckel *m* ❷ Bucklige(r) *f m;* **be a** ~ bucklig sein, einen Buckel haben

hun·dred [ˈhʌndrəd] **I.** *adj* hundert **II.** *s* (das) Hundert; **a** ~ hundert; **one** ~ einhundert; ~**s of …** Hunderte von …; **hun·dred·fold** [ˈhʌndrədfəʊld] *adj, adv* hundertfach; hundertfältig; **hun·dredth** [ˈhʌndrədθ] **I.** *adj* hundertste(r, s) **II.** *s* Hundertstel *nt;* Hundertste(r, s); **hun·dred·weight** [ˈhʌndrədweɪt] *s* Zentner *m* (= *112 Pfund bzw. 50,8 kg, Am = 100 Pfund bzw. 45,36 kg*)

hung [hʌŋ] *s.* **hang**

Hun·gar·ian [hʌŋˈgeərɪən] **I.** *adj* ungarisch **II.** *s* ❶ (*Mensch*) Ungar(in) *m(f)* ❷ (*Sprache*) (das) Ungarisch(e); **Hun·gary** [ˈhʌŋgərɪ] *s* Ungarn *nt*

hun·ger [ˈhʌŋgə(r)] **I.** *s* ❶ Hunger *m* ❷ (*fig*) Verlangen *nt* (*for, after* nach); **die**

of ~ verhungern; **feel** ~ hungrig sein; ~ **strike** Hungerstreik *m* **II.** *vi* sich sehnen, (heftig) verlangen (*for, after* nach)

hung par·lia·ment [ˌhʌŋˈpɑːləmənt] *s Parlament ohne klare Mehrheitsverhältnisse*

hun·gry [ˈhʌŋgrɪ] *adj* ❶ hungrig ❷ verlangend, (be)gierig (*for* nach) ❸ (*Boden*) mager; **be** ~ Hunger haben, hungrig sein

hunk [hʌŋk] *s* ❶ dickes Stück, Ranken *m* (*bes. Brot*) ❷ (*sl*) geiler Typ

hunky-dory [ˈhʌŋkɪˌdɔːrɪ] *adj* (*fam*): **everything's** ~ alles ist in Butter

hunt [hʌnt] **I.** *vt* ❶ jagen; hetzen ❷ verfolgen ❸ eifrig suchen ❹ durchjagen, -streifen **II.** *vi* ❶ auf die Jagd gehen, jagen ❷ suchen, forschen (*for* nach); **go ~ing** auf die Jagd gehen **III.** *s* ❶ Jagd *f;* Fuchsjagd *f* ❷ (*fig*) Jagd, Suche *f* (*for* nach); **hunt down** *vt* zur Strecke bringen; **hunt out** *vt* ausfindig machen; **hunt up** *vt* aufstöbern; **hunter** [ˈhʌntə(r)] *s* ❶ Jäger *m* ❷ Jagdpferd *nt;* **hunt·ing** [-ɪŋ] *s* ❶ Jagen *nt,* Jagd *f* ❷ Suche *f;* **hunt·ing-ground** *s* Jagdgründe *mpl;* **hunt·ing-licence** *s* Jagdschein *m;* **hunt·ing-season** *s* Jagdzeit *f;* **hunt·ress** [ˈhʌntrɪs] *s* Jägerin *f;* **hunts·man** [ˈhʌntsmən] <*pl* -men> *s* ❶ Jäger *m* ❷ Aufseher *m* der Jagdhunde

hurdle [ˈhɜːdl] *s* ❶ (AGR SPORT) Hürde *f* ❷ (*fig*) Hindernis *nt,* Hürde *f;* **~s** (SPORT) Hürdenlauf *m;* **hundred meters~s** 100-m-Hürden(lauf); **hur·dler** [ˈhɜːdlə(r)] *s* Hürdenläufer(in) *m(f);* **hurdle race** *s* Hürdenlauf *m,* Hindernisrennen *nt*

hurdy-gurdy [ˈhɜːdɪgɜːdɪ] *s* Leierkasten *m;* Drehorgel *f*

hurl [hɜːl] **I.** *vt* ❶ schleudern ❷ hinausbrüllen, -schreien ❸ (*Worte*) ausstoßen (*at* gegen) **II.** *s* Schleudern, Stoßen *nt*

hurly-burly [ˈhɜːlɪbɜːlɪ] *s* Lärm, Tumult *m*

hur·rah, hur·ray [hʊˈrɑː, hʊˈreɪ] **I.** *interj* hurra! **II.** *s* Hurra(ruf *m*) *nt*

hur·ri·cane [ˈhʌrɪkən] *s* Wirbelsturm, Orkan *m;* **hurricane lamp** *s* Sturmlaterne *f;* **hurricane warning** *s* Sturmwarnung *f*

hur·ried [ˈhʌrɪd] *adj* ❶ hastig; eilig ❷ übereilt

hurry [ˈhʌrɪ] **I.** *s* ❶ Eile, Hast *f* ❷ Übereilung, Überstürzung *f* ❸ Drängen *nt,* Ungeduld *f;* **in a** ~ in (großer) Eile, überstürzt; **in no** ~ (*fam*) nicht von sich aus, nicht ohne Not, nicht freiwillig; **be in a** ~ es sehr eilig haben (*to do s.th.* etw zu tun); **there is no** ~ damit hat's keine Eile; **why (all) this ~?** warum diese Eile? **II.** *vi* sich beeilen; **don't** ~ immer mit der Ruhe! **III.** *vt* ❶ (~ *up*) beschleunigen; antreiben ❷ (*Person*) rasch schicken (*to* zu); **hurry along I.** *vi* sich beeilen **II.** *vt* drängen; zur Eile antreiben; vorantreiben; **hurry away, hurry off I.** *vi* forteilen **II.** *vt* schnell wegbringen; **hurry on I.** *vi* schnell weitergehen, weiterreden, weiterlesen **II.** *vt* antreiben; **hurry up I.** *vi* sich beeilen **II.** *vt* zur Eile antreiben; vorantreiben

hurt [hɜːt] <*irr:* hurt, hurt> **I.** *vt* ❶ weh tun (*s.o.* jdm) ❷ verletzen, verwunden ❸ schaden, Schaden zufügen (*s.o.* jdm) ❹ (*fig*) verletzen, kränken, wehtun (*s.o.* jdm); **feel** ~ sich gekränkt [*o* verletzt] fühlen; ~ **s.o.'s feelings** jdn kränken [*o* verletzen] **II.** *vi* wehtun; **that won't** ~ das schadet nichts **III.** *s* ❶ Schmerz *m* ❷ Verletzung, Verwundung *f* ❸ (*fig*) Kummer *m,* Leid *nt* ❹ Schaden, Nachteil *m* (*to* für);

hurt·ful [ˈhɜːtfl] *adj* ❶ verletzend ❷ schädlich, nachteilig (*to* für)

hurtle [ˈhɜːtl] *vi* rasen

hus·band [ˈhʌzbənd] **I.** *s* (Ehe)Mann, Gatte *m;* ~ **and wife** Eheleute *pl* **II.** *vt* sparsam umgehen mit

hus·bandry [ˈhʌzbəndrɪ] *s* Landwirtschaft *f;* **animal** ~ Viehzucht *f*

hush [hʌʃ] **I.** *vt* zum Schweigen bringen **II.** *vi* verstummen **III.** *s* Stille *f* **IV.** *interj* still! Ruhe (da)!; **hush up** *vt* vertuschen, verheimlichen; **hush-hush** [ˌhʌʃˈhʌʃ] *adj* streng (vertraulich und) geheim; **hush-money** [ˈhʌʃmʌnɪ] *s* Schweigegeld *nt*

husk [hʌsk] **I.** *s* ❶ (BOT) Hülse, Schote *f* ❷ (*fig*) Schale *f* **II.** *vt* enthülsen, schälen

husky[1] [ˈhʌskɪ] *adj* ❶ (*Stimme*) belegt ❷ (*fam*) kräftig, stämmig

husky[2] [ˈhʌskɪ] *s* Eskimohund *m*

hussy [ˈhʌsɪ] *s* ❶ (*pej*) Flittchen *nt* ❷ (*brazen* ~) freches Ding

hust·ings [ˈhʌstɪŋz] *s pl* (POL) Wahlkampf *m*

hus·tle [ˈhʌsl] **I.** *vt* ❶ drängen (*into* zu) ❷ (*Am: Kunden*) fangen **II.** *vi* ❶ sich beeilen, eilen ❷ sich einen Weg bahnen (*through* durch) ❸ (*Am fam*) wie toll schuften ❹ (*Am sl*) betteln, stehlen **III.** *s* Gedränge *nt;* Hetze *f;* ~ **and bustle** reges Treiben, Betriebsamkeit *f;* **hustle up** *vt* (*Am: fam*) auftreiben; **hus·tler** [ˈhʌslə(r)] *s* ❶ Strichmädchen *nt;* Strichjunge *m* ❷ (*Am fam*) Arbeitstier *nt* ❸ (*Am fam*) Gauner *m;* **hustling** [ˈhʌslɪŋ] *s* Prostitution *f;* (*fam*) Strich *m*

hut [hʌt] *s* Hütte *f;* Baracke *f*

hutch [hʌtʃ] *s* Käfig *m;* (Kaninchen)Stall *m*

hya·cinth [ˈhaɪəsɪnθ] *s* Hyazinthe *f*

hy·aena [haɪˈiːnə] *s* Hyäne *f*

hy·brid [ˈhaɪbrɪd] *s* ❶ (BOT) Hybride, Kreuzung *f* ❷ (ZOO) Kreuzung *f* ❸ (*fig*)

Mischung *f*

hy·drangea [haɪˈdreɪndʒə] *s* Hortensie *f*

hy·drant [ˈhaɪdrənt] *s* Hydrant *m*

hy·drate [ˈhaɪdreɪt] *s* (CHEM) Hydrat *nt*

hy·drau·lic [haɪˈdrɒlɪk] *adj* hydraulisch; **hy·drau·lics** [-] *s pl a. mit sing* Hydraulik *f*

hy·dro·car·bon [ˌhaɪdrəˈkɑːbən] *s* Kohlenwasserstoff *m;* **hy·dro·chloric** [ˌhaɪdrəˈklɒrɪk] *adj:* ~ **acid** Salzsäure *f;* **hy·dro·elec·tric** [ˌhaɪdrəʊɪˈlektrɪk] *adj* hydroelektrisch; ~ **power station** Wasserkraftwerk *nt;* **hy·dro·foil** [ˈhaɪdrəfɔɪl] *s* Tragflächen-, Tragflügelboot *nt*

hy·dro·gen [ˈhaɪdrədʒən] *s* Wasserstoff *m;* **hydrogen bomb** *s* Wasserstoffbombe *f;* **hydrogen peroxide** *s* Wasserstoffperoxyd *nt;* **hydrogen sulphide** *s* Schwefelwasserstoff *m*

hy·dro·pho·bia [ˌhaɪdrəˈfəʊbɪə] *s* ❶ Wasserscheu *f* ❷ (MED) Tollwut *f*

hy·dro·pon·ics [ˌhaɪdrəˈpɒnɪks] *s* Hydrokultur *f*

hy·ena [haɪˈiːnə] *s* Hyäne *f*

hy·giene [ˈhaɪdʒiːn] *s* Gesundheitspflege, Hygiene *f;* **personal** ~ Körperpflege *f;* **hy·gienic** [haɪˈdʒiːnɪk] *adj* hygienisch

hy·gro·meter [haɪˈgrɒmɪtə(r)] *s* Feuchtigkeitsmesser *m;* **hy·gro·scope** [ˈhaɪgrəskəʊp] *s* Hygroskop *nt*

hymn [hɪm] *s* Hymne *f;* Loblied *nt;* **hym·nal, hymn·book** [ˈhɪmnəl, ˈhɪmbʊk] *s* Gesangbuch *nt*

hype [haɪp] *s* (reißerische) Publicity *f*, Reklamerummel *m*

hy·per·ac·tive [ˌhaɪpəˈæktɪv] *adj* sehr aktiv; hyperaktiv

hy·per·bola [haɪˈpɜːbələ] *s* (MATH) Hyperbel *f;* **hy·per·bole** [haɪˈpɜːbəlɪ] *s* (*stilistische*) Übertreibung, Hyperbel *f;* **hy·per·bolic** [haɪpəˈbɒlɪk] *adj* ❶ (*Stil*) übertreibend ❷ (MATH) Hyperbel-

hy·per·criti·cal [ˌhaɪpəˈkrɪtɪkl] *adj* überstreng urteilend; schwer zu befriedigen(d)

hy·per·link [ˌhaɪpəˈlɪŋk] *s* (INTERNET) Hyperlink *f*, Link *f*

hy·per·mar·ket [ˈhaɪpəmɑːkɪt] *s* (*Br*) Groß-, Verbrauchermarkt *m*

hy·per·real·ity [ˌhaɪpəriˈæləti] *s* Hyperrealität *f*, Überwirklichkeit *f*

hy·per·sen·si·tive [ˌhaɪpəˈsensətɪv] *adj* überempfindlich

hy·per·sen·si·tize [ˌhaɪpəˈsensɪtaɪz] *vt:* ~ **s.o. to s.th.** jdn gegen etw *akk* [hyper]sensibilisieren

hy·per·text [ˌhaɪpəˈtekst] *s* (INTERNET) Hypertext *m*

hy·per·ven·ti·late [ˌhaɪpəˈventɪleɪt] *vi:* ~ **over s.th.** auf etw total überreagieren

hy·phen [ˈhaɪfn] *s* ❶ Bindestrich *m* ❷ Trennstrich *m;* (TYP) Divis *nt;* **hy·phen·ate** [ˈhaɪfəneɪt] *vt* mit einem Bindestrich schreiben

hyp·no·sis [hɪpˈnəʊsɪs, *pl* -siːz] <*pl* -ses> *s* Hypnose *f;* **hyp·no·ther·apy** [ˌhɪpnəˈθerəpɪ] *s* Hypnotherapie *f;* **hyp·notic** [hɪpˈnɒtɪk] *adj* hypnotisch; **hyp·not·ist** [ˈhɪpnətɪst] *s* Hypnotiseur(in) *m(f);* **hyp·not·ize** [ˈhɪpnətaɪz] *vt* hypnotisieren

hy·po·al·ler·gen·ic [ˌhaɪpəʊæləːˈdʒenɪk] *adj* (MED) hypoallergen

hy·po·chon·dria [ˌhaɪpəˈkɒndrɪə] *s* Hypochondrie *f*, Einbildung *f* krank zu sein; **hy·po·chon·driac** [ˌhaɪpəˈkɒndrɪæk] **I.** *adj* hypochondrisch **II.** *s* Hypochonder *m*

hy·poc·risy [hɪˈpɒkrəsɪ] *s* Heuchelei *f;* **hy·pocrite** [ˈhɪpəkrɪt] *s* Heuchler(in) *m(f)*, Scheinheilige(r) *f m;* **hy·po·criti·cal** [ˌhɪpəˈkrɪtɪkl] *adj* heuchlerisch

hy·po·der·mic [ˌhaɪpəˈdɜːmɪk] *adj* subkutan; ~ **syringe** (Subkutan)Spritze *f*

hy·pot·en·use [ˌhaɪˈpɒtənjuːz] *s* (MATH) Hypotenuse *f*

hy·po·ther·mia [ˌhaɪpəˈθɜːmɪə] *s* Unterkühlung *f;* Kältetod *m*

hy·poth·esis [haɪˈpɒθəsɪs, *pl* -əsiːz] <*pl* -eses> *s* Hypothese *f;* **hy·po·theti·cal** [ˌhaɪpəˈθetɪkl] *adj* hypothetisch

hys·ter·ec·to·my [ˌhɪstəˈrektəmɪ] *s* Totaloperation, Hysterektomie *f*

hys·teria [hɪˈstɪərɪə] *s* Hysterie *f;* **hys·ter·ic** [hɪˈsterɪk] **I.** *adj* hysterisch **II.** *s* Hysteriker(in) *m(f);* **go into ~s** einen hysterischen Anfall bekommen; **have a fit of ~s** einen hysterischen Anfall haben; (*fig fam*) sich totlachen; **hys·teri·cal** [hɪˈsterɪkl] *adj* ❶ hysterisch ❷ (*fam*) irrsinnig komisch

I i

I, i [aɪ] <*pl* -'s> *s* I, i *nt*

I [aɪ] *pron* ich

ibex [ˈaɪbeks] *s* Steinbock *m*

ice [aɪs] **I.** *s* ❶ Eis *nt* ❷ Speiseeis *nt;* **be skating on thin** ~ (*fig*) sich aufs Glatteis begeben; **break the** ~ (*fig*) das Eis brechen; **cut no** ~ keine Wirkung haben; **put on** ~ (*fig*) auf Eis legen, aufschieben **II.** *vt* ❶ tiefkühlen ❷ mit Eis kühlen ❸ (*Kuchen*) glasieren **III.** *vi* (~ *up*, ~ *over*, *a.* AVIAT) zufrieren, vereisen; **Ice Age** *s* Eiszeit *f;* **ice axe** *s* Eispickel *m;* **ice·berg** ['aɪsbɜ:g] *s* Eisberg *m;* **ice·bound** ['aɪsbaʊnd] *adj* (ein-, zu)gefroren; **ice·box** ['aɪsbɒks] *s* ❶ (*Br*) Eisfach *nt* ❷ (*Am*) Eisschrank *m;* **ice·breaker** ['aɪs,breɪkə(r)] *s* Eisbrecher *m;* **ice·cap** ['aɪskæp] *s* (GEOG) Eiskappe *f;* **ice-cold** *adj* eiskalt; **ice-cream** *s* Eis *nt,* Eiscreme *f;* **ice-cream parlour** *s* Eisdiele *f,* Eiscafé *nt;* **ice cube** ['aɪskju:b] *s* Eiswürfel *m;* **iced** [aɪst] *adj* ❶ eisgekühlt ❷ glasiert; ~ **coffee** Eiskaffee *m;* **ice floe** ['aɪsfləʊ] *s* Treibeisscholle *f;* **ice hockey** *s* Eishockey *nt*

Ice·land ['aɪslənd] *s* Island *nt;* **Ice·lander** ['aɪsləndə(r)] *s* Isländer(in) *m(f);* **Ice·landic** [aɪs'lændɪk] **I.** *adj* isländisch **II.** *s* (das) Isländisch(e)

ice lolly [,aɪs'lɒlɪ] *s* (*Br*) Eis *nt* am Stil; **ice pack** ['aɪspæk] *s* ❶ (GEOG) Packeis *nt* ❷ (MED) Eisbeutel *m;* **ice rink** ['aɪsrɪŋk] *s* Eis-, Schlittschuhbahn *f;* **ice-skate** **I.** *vi* Schlittschuh laufen **II.** *s* Schlittschuh *m;* **ice-skat·ing** ['aɪskeɪtɪŋ] *s* Eislauf *m,* Schlittschuhlaufen *nt*

icicle ['aɪsɪkl] *s* Eiszapfen *m*

icing ['aɪsɪŋ] *s* ❶ Zuckerguss *m,* Glasur *f* ❷ (AVIAT RAIL) Eisbildung, Vereisung *f;* **icing sugar** *s* Puderzucker *m*

icon ['aɪkɒn] *s* ❶ (REL) Ikone *f* ❷ (INFORM) Ikon *nt*

icono·clast [aɪ'kɒnəklæst] *s* Bilderstürmer *m;* **icono·clast·ic** [aɪ,kɒnə'klæstɪk] *adj* (*fig*) bilderstürmerisch

icy ['aɪsɪ] *adj* ❶ (*Straße*) vereist; gefroren ❷ (*fig*) eisig

I'd [aɪd] = **I had; I would**

ID card [aɪ'di:,ka:d] *s* Personalausweis *m*

idea [aɪ'dɪə] *s* ❶ Gedanke *m,* Idee *f* ❷ Begriff *m* ❸ Auffassung, Meinung *f;* Vorstellung *f* ❹ Ahnung *f;* **form an** ~ sich eine Vorstellung machen (*of* von); **get ~s into one's head** sich trügerischen Hoffnungen hingeben; **I have an** ~ **that** mir ist (so), als ob; **I have no** ~ ich habe keine Ahnung; **I haven't the faintest** [*o* **slightest**] ~ ich habe nicht die leiseste [*o* geringste] Ahnung; **that's the** ~ darum dreht es sich; **what an ~!** was für eine Idee!; **according to his** ~ seiner Meinung nach; **a man of ~s** ein Denker *m*

ideal [aɪ'dɪəl] **I.** *adj* ideal, vorbildlich **II.** *s* Ideal *nt;* **ideal·ism** [aɪ'dɪəlɪzəm] *s* Idealismus *m;* **ideal·ist** [aɪ'dɪəlɪst] *s* Idealist(in) *m(f);* **ideal·ist·ic** [,aɪdɪə'lɪstɪk] *adj* idealistisch; **ideal·ize** [aɪ'dɪəlaɪz] *vt* idealisieren

iden·ti·cal [aɪ'dentɪkl] *adj* identisch, völlig gleich; ~ **twins** eineiige Zwillinge *mpl*

iden·ti·fi·able [aɪ'dentɪ,faɪəbl] *adj* erkennbar; identifizierbar; **iden·ti·fi·ca·tion** [aɪ,dentɪfɪ'keɪʃn] *s* ❶ Identifizierung *f* ❷ Ausweispapiere *ntpl,* Legitimation *f* ❸ Identifikation *f;* **identification papers** *s pl* Ausweispapiere *ntpl;* **identification parade** *s* Gegenüberstellung *f;* **iden·ti·fier** [aɪ'dentɪfaɪə(r)] *s* (INFORM) Kennzeichen *nt*

iden·ti·fy [aɪ'dentɪfaɪ] *vt* ❶ identifizieren ❷ (*Gegenstand*) wiedererkennen ❸ (*Pflanzen*) kennzeichnen ❹ gleichsetzen (*with* mit); ~ **o.s.** sich ausweisen; ~ **o.s. with s.o.** sich mit jdm identifizieren; **iden·ti·kit®** [aɪ'dentɪkɪt] **I.** *s* Phantombild *nt* **II.** *adj* (*pej*) ein Abklatsch von …; **iden·ti·ty** [aɪ'dentətɪ] *s* ❶ Identität *f* ❷ Gleichheit, Übereinstimmung *f;* **prove one's** ~ sich ausweisen; **identity card** *s* (Personal)Ausweis *m*

ideo·logi·cal [,aɪdɪə'lɒdʒɪkl] *adj* ideologisch; **ideolo·gist** [,aɪdɪ'ɒlədʒɪst] *s* Ideologe *m,* Ideologin *f;* **ideol·ogy** [,aɪdɪ'ɒlədʒɪ] *s* Ideologie, Weltanschauung *f*

idi·ocy ['ɪdɪəsɪ] *s* ❶ (MED) Schwachsinn *m* ❷ Dummheit *f,* Unsinn *m*

id·iom ['ɪdɪəm] *s* ❶ idiomatische Redewendung ❷ Sprache *f;* Sprech-, Ausdrucksweise *f;* **idio·matic** [,ɪdɪə'mætɪk] *adj* idiomatisch

idio·syn·crasy [,ɪdɪəʊ'sɪŋkrəsɪ] *s* Eigenart, Eigenheit *f;* **idio·syn·crat·ic** [,ɪdɪəʊsɪŋ'krætɪk] *adj* eigenartig

id·iot ['ɪdɪət] *s* ❶ (MED) Schwachsinnige(r) *f m* ❷ Idiot, Dummkopf *m;* **idi·otic** [,ɪdɪ'ɒtɪk] *adj* blöd(sinnig), idiotisch

idle ['aɪdl] **I.** *adj* ❶ müßig, untätig ❷ faul, träge ❸ unbeschäftigt; stillstehend ❹ (TECH) nicht in Betrieb ❺ (*Worte*) leer; nutzlos, vergeblich; **lie** ~ (*Geld*) nicht arbeiten; **stand** ~ stillstehen, außer Betrieb sein; ~ **fear** unbegründete Angst; ~ **wish** Wunschtraum *m* **II.** *vi* ❶ (~ *about*) müßig gehen, faulenzen; untätig sein ❷ (TECH) leer laufen **III.** *vt* (*Zeit:* ~ *away*) vertun, vertrödeln; **idle·ness** ['aɪdlnɪs] *s* ❶ Muße *f* ❷ Faul-, Trägheit *f;* **idler** ['aɪdlə(r)] *s* Müßiggänger(in) *m(f)*

idol ['aɪdl] *s* ❶ Götter-, Götzenbild *nt* ❷ Idol *nt;* **idol·atrous** [aɪ'dɒlətrəs] *adj* ❶ Götzen verehrend ❷ (*fig*) leidenschaftlich ergeben; **idolatry** [aɪ'dɒlətrɪ] *s* ❶ Götzendienst *m* ❷ (*fig*) Vergötterung *f;* **idol·ize** ['aɪdəlaɪz] *vt* (*fig*) vergöttern

idyll ['ɪdɪl] *s* ❶ (*lit*) Idylle *f* ❷ (*fig*) Idyll *nt;* **idyl·lic** [ɪ'dɪlɪk] *adj* idyllisch

i.e. [aɪ'i:] *s Abk. von* **id est** d.h.

if [ɪf] **I.** *conj* wenn, falls; für den Fall, dass …; ob; **I wonder** ~ **he'll come** ich bin gespannt, ob er kommt; **as ~** als ob, als wenn; **as ~ by chance** wie zufällig; **~ so** wenn ja; **~ not** falls nicht; **and ~ ...!** und ob ...!; **even ~** auch wenn; **~ only** wenn doch nur **II.** *s* Wenn *nt;* **~s and buts** Wenn und Aber; **iffy** ['ɪfɪ] *adj* (*fam*) ❶ (*Sache*) fraglich, zweifelhaft ❷ (*Person*) skeptisch (*about* gegenüber)

ig·loo ['ɪgluː] *s* Iglu *m od nt*

ig·neous ['ɪgnɪəs] *adj* (GEOL) vulkanisch; **~ rocks** Eruptivgestein *nt*

ig·nite [ɪg'naɪt] **I.** *vt* entzünden **II.** *vi* sich entzünden; **ig·ni·tion** [ɪg'nɪʃn] *s* ❶ Entzünden *nt* ❷ (AUTO) Zündung *f;* **ignition coil** *s* (AUTO) Zündspule *f;* **ignition key** *s* Zündschlüssel *m;* **ignition switch** *s* Zündschalter *m*

ig·noble [ɪg'nəʊbl] *adj* gemein, schändlich

ig·nom·ini·ous [,ɪgnə'mɪnɪəs] *adj* schändlich, schmachvoll; **ig·nom·iny** ['ɪgnəmɪnɪ] *s* Schmach, Schande *f*

ig·nor·amus [,ɪgnə'reɪməs] *s* Ignorant(in) *m(f);* **ig·nor·ance** ['ɪgnərəns] *s* Unwissenheit *f;* Mangel *m* an Bildung, Ignoranz *f;* Unkenntnis *f;* **~ (of the law) is no excuse** Unkenntnis schützt vor Strafe nicht; **ig·nor·ant** ['ɪgnərənt] *adj* ❶ unwissend, ungebildet ❷ nicht informiert (*in* über); **be ~ of** nicht wissen, nicht kennen; **ig·nore** [ɪg'nɔː(r)] *vt* ignorieren; hinwegsehen über; nicht beachten

iguana [ɪ'gwɑːnə] *s* Leguan *m*

ilk [ɪlk] *s:* **of that ~** von der Art; solche(r, s)

ill [ɪl] **I.** *adj* ❶ krank ❷ schlecht, schlimm, übel; **fall** [**to be taken**] **~** erkranken (*with s.th.* an etw), krank werden; **feel ~** sich unwohl fühlen; **~ feeling** böses Blut; **~ humo(u)r** schlechte Laune; **~ nature** Übellaunigkeit *f* **II.** *adv* schlecht **III.** *s* ❶ Übel *nt,* (das) Böse ❷ **~s** Missstände, Übel *pl;* **speak/think ~ of s.o.** Schlechtes über jdn sagen/denken

I'll [aɪl] = **I will; I shall**

ill-ad·vised [,ɪləd'vaɪzd] *adj* unklug, unvernünftig; **ill-as·sorted** [,ɪlə'sɔːtɪd] *adj* nicht zusammenpassend; **ill-at-ease** [,ɪlət'iːz] *adj* unbehaglich; **ill-bred** [,ɪl'bred] *adj* ungezogen, schlecht erzogen; **ill-breed·ing** [,ɪl'briːdɪŋ] *s* schlechte Erziehung *f*

il·legal [ɪ'liːgl] *adj* unerlaubt; ungesetzlich, illegal; **il·legal·ity** [,ɪlɪ'gælətɪ] *s* Gesetzwidrigkeit *f;* Illegalität *f*

il·leg·ible [ɪ'ledʒəbl] *adj* unleserlich

il·legit·imate [,ɪlɪ'dʒɪtɪmət] *adj* ❶ (*Kind*) unehelich ❷ (JUR) unrechtmäßig, ungesetzlich ❸ (*Argument*) unzulässig

ill-fated [ɪl'feɪtɪd] *adj* unglücklich; unglückselig; **ill-fa·vored** (*Am*), **ill-fa·voured** [,ɪl'feɪvəd] *adj* unschön; **ill-gotten gains** *s pl* unrechtmäßiger Gewinn

il·lib·eral [ɪ'lɪbərəl] *adj* ❶ unduldsam, intolerant ❷ geizig, knauserig

il·licit [ɪ'lɪsɪt] *adj* unerlaubt, verboten; **~ trade** Schwarzhandel *m*

il·limit·able [ɪ'lɪmɪtəbl] *adj* grenzenlos, unbeschränkt; unermesslich

ill-in·formed ['ɪlɪn,fɔːmd] *adj* schlecht informiert; wenig sachkundig

il·lit·er·acy [ɪ'lɪtərəsɪ] *s* Analphabetentum *nt;* **illiteracy rate** *s* Analphabetismus *m;* **il·lit·er·ate** [ɪ'lɪtərət] **I.** *adj* des Schreibens und Lesens unkundig **II.** *s* Analphabet(in) *m(f)*

ill-man·nered [,ɪl'mænəd] *adj* schlecht erzogen; **ill-na·tured** [,ɪl'neɪtʃəd] *adj* (*Mensch*) launisch

ill·ness ['ɪlnɪs] *s* Krankheit *f*

il·logi·cal [ɪ'lɒdʒɪkl] *adj* unlogisch; **il·logi·cal·ity** [ɪ,lɒdʒɪ'kælɪtɪ] *s* mangelnde Logik, Unlogik *f*

ill-omened [,ɪl'əʊmend] *adj* von schlechten Vorzeichen begleitet; **ill- starred** [,ɪl'stɑːd] *adj* unter einem ungünstigen Stern geboren; **ill-tem·pered** [,ɪl'tempəd] *adj* launisch, launenhaft; **ill- timed** [,ɪl'taɪmd] *adj* ungelegen, unpassend, unangebracht; **ill-treat** [,ɪl'triːt] *vt* misshandeln; **ill-treat·ment** [,ɪl'triːtmənt] *s* Misshandlung *f*

il·lumi·nate [ɪ'luːmɪneɪt] *vt* ❶ be-, erleuchten, erhellen ❷ (*fig*) erklären, erläutern ❸ illuminieren, festlich beleuchten; **~d display** Leuchtanzeige *f;* **il·lumi·nat·ing** [ɪ'luːmɪneɪtɪŋ] *adj* (*fig*) aufschlussreich; **il·lumi·na·tion** [ɪ,luːmɪ'neɪʃn] *s* ❶ Aus-, Beleuchtung *f* ❷ (*fig*) Erläuterung, Erklärung *f* ❸ Festbeleuchtung *f*

il·lu·sion [ɪ'luːʒn] *s* ❶ Illusion *f;* trügerische Hoffnung ❷ (Sinnes)Täuschung *f;* **have no ~s about** keine falschen Vorstellungen haben von; **be under the ~ that ...** sich einbilden, dass ...; **il·lu·sion·ist** [ɪ'luːʒənɪst] *s* Illusionist(in) *m(f);* **il·lu·sive, il·lu·sory** [ɪ'luːsɪv, ɪ'luːsərɪ] *adj* illusorisch, trügerisch

il·lus·trate ['ɪləstreɪt] *vt* ❶ (*fig*) erklären, erläutern, veranschaulichen ❷ (*Buch*) illustrieren, bebildern; **il·lus·tra·tion** [,ɪlə'streɪʃn] *s* ❶ Erklärung *f* ❷ Abbildung, Illustration *f;* **by way of ~** als Beispiel; **il·lus·tra·tive** ['ɪləstrətɪv] *adj* erklärend, erläuternd; anschaulich; **il·lus·tra·tor** ['ɪləstreɪtə(r)] *s* Illustrator(in) *m(f)*

il·lus·tri·ous [ɪ'lʌstrɪəs] *adj* berühmt, gefeiert

I'm [aɪm] = **I am**

im·age ['ɪmɪdʒ] *s* ❶ Bild *nt* ❷ Bildwerk,

I

Standbild *nt* ③ Ebenbild, Abbild *nt* ④ Vorstellung, Auffassung, Idee *f* ⑤ Verkörperung, Versinnbildlichung *f,* Sinnbild *nt* ⑥ Inbegriff *m;* **be the spitting ~ of s.o.** jdm wie aus dem Gesicht geschnitten sein; **speak in ~s** in Bildern sprechen; **~ and sound processing** Bild- und Tonverarbeitung *f;* **im·age·maker** [ˈɪmɪdʒˈmeɪkə(r)] *s* Imagedesigner(in) *m(f);* **im·agery** [ˈɪmɪdʒərɪ] *s* Metaphorik *f*

im·agin·able [ɪˈmædʒɪnəbl] *adj* vorstellbar; **everything ~** alles Erdenkliche

im·agin·ary [ɪˈmædʒɪnərɪ] *adj* (*a.* MATH) unwirklich, imaginär

im·agin·ation [ɪˌmædʒɪˈneɪʃn] *s* Einbildung, Fantasie *f;* **im·agin·ative** [ɪˈmædʒɪnətɪv] *adj* fantasievoll, schöpferisch, einfallsreich

im·ag·ine [ɪˈmædʒɪn] *vt* ① sich vorstellen, sich ausdenken ② sich denken, annehmen, glauben; **just ~!** denken Sie nur (mal)!; **I ~ so** ich glaube schon

im·bal·ance [ˌɪmˈbæləns] *s* Ungleichgewicht *nt;* Unausgeglichenheit *f*

im·be·cile [ˈɪmbəsiːl] **I.** *adj* schwachsinnig **II.** *s* Schwachsinnige(r) *f m;* **im·be·cil·ity** [ˌɪmbəˈsɪlətɪ] *s* Schwachsinn *m*

im·bibe [ɪmˈbaɪb] *vt* ① auf-, einsaugen ② (*fig: geistig*) aufnehmen

im·bro·glio [ɪmˈbrəʊlɪəʊ] *s* <*pl* -glios> Verwirrung *f;* verwickelte Lage

im·bue [ɪmˈbjuː] *vt* durchdringen, erfüllen; **be ~d** erfüllt sein (*with* mit)

IMF [ˌaɪemˈef] *s* *Abk. von* **International Monetary Fund** IWF *m*

imi·tate [ˈɪmɪtəɪt] *vt* ① nachahmen, nachmachen; imitieren ② kopieren; fälschen; **imi·ta·tion** [ˌɪmɪˈteɪʃn] **I.** *s* Nachahmung, Imitation *f;* **in ~ of** nach dem Vorbild *+gen* **II.** *adj* unecht, künstlich, falsch; **~ leather** Kunstleder *nt;* **imi·tat·ive** [ˈɪmɪtətɪv] *adj* nachgeahmt, imitierend; **imi·ta·tor** [ˈɪmɪtətə(r)] *s* Imitator(in) *m(f),* Nachahmer(in) *m(f)*

im·macu·late [ɪˈmækjʊlət] *adj* ① fleckenlos, rein ② fehlerlos, untadelig

im·ma·nence [ˈɪmənəns] *s* (PHILOS) Immanenz *f;* **im·ma·nent** [ˈɪmənənt] *adj* immanent

im·ma·terial [ˌɪməˈtɪərɪəl] *adj* ① (PHILOS) immateriell ② (*Fragen*) unwesentlich, unerheblich, unwichtig

im·ma·ture [ˌɪməˈtjʊə(r)] *adj* ① unreif; unentwickelt ② (*Ideen*) unausgegoren; **im·ma·tur·ity** [ˌɪməˈtjʊərətɪ] *s* Unreife *f*

im·measur·able [ɪˈmeʒərəbl] *adj* unermesslich; unmessbar

im·medi·acy [ɪˈmiːdɪəsɪ] *s* Unmittelbarkeit, Unvermitteltheit *f;* **im·medi·ate** [ɪˈmiːdɪət] *adj* ① unmittelbar, unvermittelt, direkt ② (*Nachbarn*) nächste(r, s) ③ (*Antwort*) umgehend, prompt; **im·medi·ate·ly** [-lɪ] **I.** *adv* direkt, unmittelbar; unverzüglich, sofort; **~ after** unmittelbar danach **II.** *conj* sobald, sowie

im·mem·or·ial [ˌɪməˈmɔːrɪəl] *adj* unvordenklich; **from time ~** seit undenklichen Zeiten

im·mense [ɪˈmens] *adj* ungeheuer (groß), gewaltig; immens; **im·men·sity** [ɪˈmensətɪ] *s* Unermesslichkeit *f*

im·merse [ɪˈmɜːs] *vt* ① ein-, untertauchen ② (*fig*) sich stürzen (*in* in); **be ~d in one's work** in seine Arbeit vertieft sein; **be ~d in water** unter Wasser sein; **im·mer·sion** [ɪˈmɜːʃn] *s* ① Ein-, Untertauchen *nt* ② (*fig*) Versunkenheit *f;* **immersion heater** *s* ① (*Br*) Boiler, Heißwasserspeicher *m* ② Tauchsieder *m*

im·mi·grant [ˈɪmɪgrənt] **I.** *adj attr:* **~ worker** ausländische(r) Arbeitnehmer(in) *m(f),* Gastarbeiter(in) *m(f)* **II.** *s* Einwanderer *m,* Einwanderin *f;* **im·mi·grate** [ˈɪmɪgreɪt] *vi* einwandern (*into* in, nach); **im·mi·gra·tion** [ˌɪmɪˈgreɪʃn] *s* Einwanderung *f;* **immigration country** *s* Einwanderungsland *nt*

im·mi·nence [ˈɪmɪnəns] *s* nahes Bevorstehen; **im·mi·nent** [ˈɪmɪnənt] *adj* nahe bevorstehend; **be ~** nahe bevorstehen

im·mo·bile [ɪˈməʊbaɪl] *adj* unbeweglich; reglos, immobil; **im·mo·bil·ity** [ˌɪməˈbɪlətɪ] *s* Unbeweglichkeit *f;* **im·mo·bi·lize** [ɪˈməʊbəlaɪz] *vt* ① (*Verkehr*) lahm legen ② (*Geld*) festlegen ③ (*Armee*) bewegungsunfähig machen ④ (*Auto, Arm*) stilllegen

im·mod·er·ate [ɪˈmɒdərət] *adj* unmäßig, maßlos, übertrieben, unvernünftig

im·mod·est [ɪˈmɒdɪst] *adj* ① unbescheiden ② unverschämt ③ unanständig

im·mo·late [ˈɪməleɪt] *vt* (REL) opfern

im·moral [ɪˈmɒrəl] *adj* ① unmoralisch ② (*Person a.*) sittenlos ③ (*Benehmen a.*) unsittlich

im·mor·tal [ɪˈmɔːtl] *adj* ① unsterblich ② (*Ruhm*) unvergänglich; **im·mor·tal·ity** [ˌɪmɔːˈtælətɪ] *s* ① Unsterblichkeit *f* ② Unvergänglichkeit *f;* **im·mor·tal·ize** [ɪˈmɔːtəlaɪz] *vt* unsterblich machen

im·mov·able [ɪˈmuːvəbl] *adj* ① unbeweglich; unüberwindlich ② (*Mensch*) fest, beharrlich

im·mune [ɪˈmjuːn] *adj* ① (MED) immun (*against, to* gegen) ② (*fig*) unempfindlich; sicher (*from* vor); **~ defence** (MED) Immunabwehr *f;* **~ system** Immunsystem *nt;* **im·mun·ity** [ɪ'mju:nətɪ] *s* ❶ (MED) Immunität *f* ❷ (JUR) Immunität, Straffreiheit *f* ❸ (*fig*) Unempfindlichkeit *f;* Sicherheit *f;* **im·mu·nize** ['ɪmjʊnaɪz] *vt* immunisieren (*against* gegen); **im·mu·no-** ['ɪmjʊnəʊ] *adj* (MED) Immun-; ~ **deficiency** Immunschwäche *f;* ~ **deficiency syndrome** Immunschwächekrankheit *f;* **im·mu·no·logi·cal** [,ɪmjʊnəʊ'lɒdʒɪkl] *adj* immunologisch; **im·mu·no·logist** [,ɪmjʊ'nɒlədʒɪst] *s* Immunologe *m,* Immunologin *f*

im·mure [ɪ'mjʊə(r)] *vt* einkerkern; ~ **o.s.** sich vergraben (*in* in)

im·mut·able [ɪ'mju:təbl] *adj* unveränderlich, unwandelbar

imp [ɪmp] *s* Kobold *m;* kleiner Schelm

im·pact ['ɪmpækt] *s* ❶ Stoß *m;* Aufschlag, -prall *m* ❷ (*fig*) (Aus)Wirkung *f,* Eindruck, Einfluss *m* ❸ Einschlag *m;* **im·pact·ed** [ɪm'pæktɪd] *adj* eingekeilt, eingeklemmt

im·pair [ɪm'peə(r)] *vt* ❶ (*Gehör*) verschlechtern, verschlimmern ❷ beeinträchtigen; **im·pair·ment** *s* ❶ Schaden *m* ❷ Beeinträchtigung *f*

im·pale [ɪm'peɪl] *vt* durchbohren

im·pal·pable [ɪm'pælpəbl] *adj* ❶ unfühlbar ❷ (*fig*) unbegreiflich, unfassbar

im·part [ɪm'pɑ:t] *vt* ❶ verleihen (*s.o. s.th.* jdm etw) ❷ (*Information*) mitteilen ❸ (*Geheimnis*) preisgeben

im·par·tial [ɪm'pɑ:ʃl] *adj* unparteiisch; vorurteilslos; **im·par·tial·ity** [,ɪm,pɑ:ʃɪ'ælətɪ] *s* Unparteilichkeit, Unvoreingenommenheit *f*

im·pass·able [ɪm'pɑ:səbl] *adj* unpassierbar

im·passe ['æmpɑ:s, *Am* 'ɪmpæs] *s* (*fig*) Sackgasse *f*

im·pas·sioned [ɪm'pæʃnd] *adj* leidenschaftlich

im·pass·ive [ɪm'pæsɪv] *adj* gelassen

im·pa·tience [ɪm'peɪʃns] *s* ❶ Ungeduld *f* ❷ Unduldsamkeit *f* (*of* gegen); **im·pa·tient** [ɪm'peɪʃnt] *adj* ❶ ungeduldig ❷ unduldsam (*of* gegen)

im·peach [ɪm'pi:tʃ] *vt* ❶ (JUR) anklagen ❷ (*Motiv*) in Zweifel ziehen; **im·peach·ment** [-mənt] *s* Anklage *f* (*wegen eines Amtsvergehens*)

im·pec·cable [ɪm'pekəbl] *adj* untadelig

im·pe·cuni·ous [,ɪmpɪ'kju:nɪəs] *adj* mittellos, unbemittelt

im·pede [ɪm'pi:d] *vt* ❶ verhindern ❷ (*Erfolg*) behindern, erschweren; **im·pedi·ment** [ɪm'pedɪmənt] *s* ❶ Hindernis *nt* ❷ (MED) Behinderung *f*

im·pel [ɪm'pel] *vt* zwingen, veranlassen

im·pend [ɪm'pend] *vi* bevorstehen

im·pen·etrable [ɪm'penɪtrəbl] *adj* ❶ undurchdringlich; undurchlässig ❷ (*fig*) unerforschlich, unverständlich

im·peni·tent [ɪm'penɪtənt] *adj* reuelos, ohne Reue

im·pera·tive [ɪm'perətɪv] **I.** *adj* ❶ gebieterisch ❷ (*Wunsch*) dringend, unerlässlich **II.** *s* (GRAM) Imperativ *m*

im·per·cep·tible [,ɪmpə'septəbl] *adj* nicht wahrnehmbar, unmerklich

im·per·fect [ɪm'pɜ:fɪkt] **I.** *adj* ❶ unvollständig, unvollkommen ❷ (*Fehler*) mangelhaft ❸ (*Wettbewerb*) ungleich **II.** *s* (GRAM) Imperfekt *nt;* **im·per·fec·tion** [,ɪmpə'fekʃn] *s* Mangel, Fehler *m;* Unvollkommenheit *f*

im·perial [ɪm'pɪərɪəl] *adj* ❶ Reichs-; kaiserlich ❷ (*des British Empire*) Empire- ❸ (*Gewichte, Maße*) englisch; **im·peri·al·ism** [ɪm'pɪərɪəlɪzəm] *s* Imperialismus *m;* **im·per·ial·is·t(ic)** [ɪm'pɪərɪəlɪst, ɪm,pɪərɪə'lɪstɪk] *adj* imperialistisch

im·peril [ɪm'perəl] *vt* gefährden

im·peri·ous [ɪm'pɪərɪəs] *adj* gebieterisch

im·per·ish·able [ɪm'perɪʃəbl] *adj* (*fig*) unvergänglich

im·per·ma·nent [ɪm'pɜ:mənənt] *adj* unbeständig

im·per·me·able [ɪm'pɜ:mɪəbl] *adj* undurchlässig (*to* für)

im·per·sonal [,ɪm'pɜ:sənl] *adj* unpersönlich; sachlich

im·per·son·ate [ɪm'pɜ:səneɪt] *vt* ❶ (THEAT) darstellen ❷ nachahmen, nachmachen; **im·per·son·ator** [-ə(r)] *s* Imitator(in) *m(f),* Nachahmer(in) *m(f)*

im·per·ti·nent [ɪm'pɜ:tɪnənt] *adj* ❶ ungehörig, unverschämt ❷ irrelevant

im·per·turb·able [,ɪmpə'tɜ:bəbl] *adj* unerschütterlich

im·per·vi·ous [ɪm'pɜ:vɪəs] *adj* ❶ undurchdringlich, undurchlässig (*to* für) ❷ (*fig: Mensch*) unzugänglich (*to* für)

im·petu·ous [ɪm'petʃʊəs] *adj* ❶ ungestüm, heftig ❷ (*Entscheidung*) übereilt, impulsiv

im·pe·tus ['ɪmpɪtəs] *s* ❶ Wucht *f;* Schwung *m* ❷ (*fig*) Impuls *m;* **give an ~ to s.th.** einer S Impulse geben

im·pi·ety [ɪm'paɪətɪ] *s* ❶ Gottlosigkeit *f* ❷ Respektlosigkeit *f*

im·pinge [ɪm'pɪndʒ] *vi* sich auswirken (*on, upon* auf)

im·pi·ous ['ɪmpɪəs] *adj* ❶ gottlos ❷ respektlos

imp·ish ['ɪmpɪʃ] *adj* ❶ koboldhaft ❷ (*Lächeln*) spitzbübisch

im·plac·able [ɪm'plækəbl] *adj* unversöhnlich; **im·plac·ably** [-ɪ] *adv:* **he was ~**

I

opposed to the idea er war ein erbitterter Gegner der Idee

im·plant [ɪm'plɑːnt] **I.** *vt* ① (MED) einpflanzen, übertragen ② (*fig*) einprägen **II.** ['ɪmplɑːnt] *s* Implantat *nt*

im·plaus·ible [ɪm'plɔːzɪbl] *adj* unglaubhaft, unglaubwürdig

im·ple·ment ['ɪmplɪmənt] **I.** *s* Gerät, Werkzeug *nt* **II.** [ɪmplɪ'ment] *vt* ① aus-, durchführen ② (*Vertrag*) erfüllen ③ (*Gesetz*) vollziehen; **im·ple·men·ta·tion** [ˌɪmplɪmen'teɪʃn] *s* Aus-, Durchführung *f;* Erfüllung *f;* Vollzug *m*

im·pli·cate ['ɪmplɪkeɪt] *vt:* ~ **s.o. in s.th.** jdn in etw verwickeln; **im·pli·ca·tion** [ˌɪmplɪ'keɪʃn] *s* ① Verwicklung *f* ② Bedeutung *f* ③ (*von Gesetzen*) Auswirkung *f;* **by** ~ implizit

im·pli·cit [ɪm'plɪsɪt] *adj* ① stillschweigend, implizit ② (*Drohung*) indirekt, unausgesprochen ③ (*Gehorsam*) unbedingt

im·plied [ɪm'plaɪd] *adj* ① stillschweigend ② indirekt

im·plode [ɪm'pləʊd] *vi* implodieren

im·plore [ɪm'plɔː(r)] *vt* anflehen; dringend bitten (*for* um); **im·plor·ing** [ɪm'plɔːrɪŋ] *adj* flehend, flehentlich

im·plo·sion [ɪm'pləʊʒn] *s* Implosion *f*

im·ply [ɪm'plaɪ] *vt* ① andeuten, implizieren ② schließen lassen auf ③ bedeuten

im·po·lite [ˌɪmpə'laɪt] *adj* unhöflich; **im·po·lite·ness** [-nɪs] *s* Unhöflichkeit *f*

im·poli·tic [ɪm'pɒlətɪk] *adj* unklug

im·pon·der·able [ɪm'pɒndərəbl] **I.** *adj* (*fig*) unwägbar **II.** *s* unberechenbare Größe; ~**s** Imponderabilien *pl*

im·port [ɪm'pɔːt] **I.** *vt* ① (COM) einführen, importieren (*into, in* nach) ② (*fig*) bedeuten **II.** ['ɪmpɔːt] *s* ① (COM) Einfuhr *f,* Import *m* ② ~**s** Einfuhr-, Importartikel *mpl* ③ (*fig*) Bedeutung *f,* Sinn *m*

im·port·ance [ɪm'pɔːtns] *s* ① Wichtigkeit *f* ② Grund *m,* Bedeutung *f;* **of no** ~ bedeutungs-, belanglos; **attach** ~ **to s.th.** einer S Bedeutung beimessen; **im·port·ant** [ɪm'pɔːtnt] *adj* ① wichtig (*to* für) ② einflussreich; **im·port·ant·ly** [-lɪ] *adv* ① (*pej*) wichtigtuerisch ② entscheidend

im·port·ation [ˌɪmpɔː'teɪʃn] *s* (COM) Einfuhr *f,* Import *m;* **import duty** *s* Einfuhrzoll *m*

im·por·tu·nate [ɪm'pɔːtʃʊnət] *adj* auf-, zudringlich; **im·por·tune** [ˌɪmpə'tjuːn] *vt* mit Bitten belästigen; bestürmen

im·pose [ɪm'pəʊz] **I.** *vt* ① (*Steuer*) erheben (*on* auf) ② (*Bedingungen*) auferlegen, aufzwingen (*on s.o.* jdm) ③ aufzwingen, aufdrängen (*on, upon s.o.* jdm) **II.** *vi* ausnützen; zur Last fallen (*on s.o.* jdm); **im·pos·ing** [-ɪŋ] *adj* eindrucksvoll, imponierend, imposant; **im·po·si·tion** [ˌɪmpə'zɪʃn] *s* ① Steuer *f* ② Auferlegung *f;* Aufzwingen *nt* ③ Zumutung *f*

im·possi·bil·ity [ɪmˌpɒsə'bɪlətɪ] *s* Unmöglichkeit *f;* **im·poss·ible** [ɪm'pɒsəbl] *adj* ① unmöglich ② (*fam*) unausstehlich, unerträglich

im·pos·tor [ɪm'pɒstə(r)] *s* Betrüger(in) *m(f),* Hochstapler(in) *m(f);* **im·pos·ture** [ɪm'pɒstʃə(r)] *s* Betrug, Schwindel *m*

im·po·tence ['ɪmpətəns] *s* ① Schwäche, Machtlosigkeit *f* ② (MED) Impotenz *f;* **im·po·tent** ['ɪmpətənt] *adj* ① schwach, unfähig ② (MED) impotent

im·pound [ɪm'paʊnd] *vt* ① (*Vieh*) einsperren, -schließen ② (*Waren*) beschlagnahmen; in Verwahrung nehmen

im·pov·er·ish [ɪm'pɒvərɪʃ] *vt* ① arm machen ② (*Kultur*) verkümmern lassen ③ (*Boden*) erschöpfen; **be** ~**ed** verarmen

im·prac·ti·cable [ɪm'præktɪkəbl] *adj* ① impraktikabel; nicht anwendbar; praxisfern, praxisfremd ② (*Straße*) ungangbar, unwegsam

im·prac·ti·cal [ɪm'præktɪkl] *adj* unpraktisch

im·pre·ca·tion [ˌɪmprɪ'keɪʃn] *s* Verwünschung *f,* Fluch *m;* **hurl** ~**s at s.o.** jdn verwünschen, verfluchen

im·pre·cise [ˌɪmprɪ'saɪs] *adj* ungenau

im·preg·nable [ɪm'pregnəbl] *adj* uneinnehmbar

im·preg·nate ['ɪmpregneɪt] *vt* ① (*Ei*) befruchten ② (*fig*) durchdringen, erfüllen ③ tränken

im·pre·sario [ˌɪmprɪ'sɑːrɪəʊ] *s* <*pl* -sarios> Impresario *m*

im·press [ɪm'pres] **I.** *vt* ① (ein)drücken, (ein)prägen (*on* auf) ② imponieren (*s.o.* jdm), beeindrucken ③ einschärfen (*on s.o.* jdm) ④ (*Meinung*) aufzwingen (*on s.o.* jdm) **II.** ['ɪmpres] *s* Abdruck *m;* **im·pres·sion** [ɪm'preʃn] *s* ① Prägung, Abdruck *m* ② (*fig*) Eindruck *m* ③ Ahnung *f,* unbestimmtes Gefühl ④ (*eines Buches*) Nachdruck *m;* **give the** ~ den Eindruck erwecken; **be under the** ~ den Eindruck haben; **im·pres·sion·able** [ɪm'preʃənəbl] *adj* leicht zu beeindrucken

im·pres·sion·ism [ɪm'preʃnɪzəm] *s* Impressionismus *m;* **im·pres·sion·ist** [ɪm'preʃnɪst] *s* Impressionist(in) *m(f);* **im·pres·sion·is·tic** [ɪmˌpreʃə'nɪstɪk] *adj* impressionistisch

im·pres·sive [ɪm'presɪv] *adj* eindrucksvoll

im·print [ɪm'prɪnt] **I.** *vt* ① (auf)drücken (*on* auf), prägen; bedrucken ② einprägen (*on s.o.'s memory* in jds Gedächtnis)

II. ['ɪmprɪnt] *s* ❶ Abdruck *m;* Aufdruck *m* ❷ (TYP) Impressum *nt,* Druckvermerk *m*

im·prison [ɪm'prɪzn] *vt* einsperren; gefangen halten; inhaftieren; **im·prison·ment** [-mənt] *s* Inhaftierung *f;* Gefangenschaft *f;* **sentence s.o. to one year's ~** jdn zu einem Jahr Gefängnis verurteilen; **life ~** lebenslängliche Freiheitsstrafe

im·prob·abil·ity [ɪm,prɒbə'bɪlətɪ] *s* Unwahrscheinlichkeit *f;* **im·prob·able** [ɪm'prɒbəb] *adj* unwahrscheinlich

im·promp·tu [ɪm'prɒmptju:] **I.** *adj, adv* aus dem Stegreif; improvisiert **II.** *s* (MUS) Impromptu *nt*

im·proper [ɪm'prɒpə(r)] *adj* ❶ unpassend, unangebracht (*to* für) ❷ unrichtig, unzutreffend ❸ unanständig; **im·pro·pri·ety** [,ɪmprə'praɪətɪ] *s* ❶ Unangebrachtheit *f* ❷ Ungehörigkeit *f* ❸ Unanständigkeit *f*

im·prove [ɪm'pru:v] **I.** *vt* ❶ (ver)bessern, (an)heben ❷ (COM) veredeln ❸ (*Beziehungen*) ausbauen ❹ (*Essen*) verfeinern **II.** *vi* sich bessern; schöner werden; sich erhöhen; **~ (up)on** übertreffen, überbieten; besser machen; **~ on acquaintance** bei näherer Bekanntschaft gewinnen; **im·proved** *adj* besser, verbessert; **~ governance** verbesserte Staatsführung; **im·prove·ment** [-mənt] *s* ❶ Verbesserung *f* ❷ (COM) Vered(e)lung *f* ❸ Steigerung, Anhebung, Vervollkommnung *f* ❹ (*Gehalt*) Aufbesserung *f* ❺ (*Preise*) Anziehen *nt* ❻ Fortschritt *m* (*on, over* gegenüber); **an ~ in pay** eine Gehaltsaufbesserung; **make ~s** Verbesserungen erzielen; **carry out ~s** Ausbesserungsarbeiten vornehmen

im·provi·dent [ɪm'prɒvɪdənt] *adj* leichtsinnig, sorglos

im·pro·vis·ation [,ɪmprəvaɪ'zeɪʃn] *s* Improvisation *f,* Improvisieren *nt;* **im·pro·vise** ['ɪmprəvaɪz] *vt, vi* improvisieren

im·prud·ent [ɪm'pru:dnt] *adj* unklug, unüberlegt

im·pu·dence ['ɪmpjʊdəns] *s* Unverschämtheit, Frechheit *f;* **im·pu·dent** ['ɪmpjʊdənt] *adj* unverschämt, frech

im·pugn [ɪm'pju:n] *vt* bestreiten, anfechten; angreifen

im·pulse ['ɪmpʌls] *s* ❶ Anstoß, Antrieb, Impuls *m* ❷ (PSYCH) Trieb, Drang *m;* **act on ~** impulsiv handeln; **~ buy(ing)** Impulskauf *m;* **im·pul·sion** [ɪm'pʌlʃn] *s* Antrieb, Drang *m;* Antriebskraft *f;* **im·pul·sive** [ɪm'pʌlsɪv] *adj* impulsiv, spontan

im·pun·ity [ɪm'pju:nətɪ] *s* Straflosigkeit *f;* **with ~** straflos

im·pure [ɪm'pjʊə(r)] *adj* ❶ (*a.* REL) unrein ❷ (*Motiv*) unsauber ❸ (*Essen*) verunreinigt; **im·pur·ity** [ɪm'pjʊərətɪ] *s* ❶ Unreinheit *f* ❷ (TECH) Verunreinigung *f*

im·pu·ta·tion [,ɪmpjʊ'teɪʃn] *s* ❶ Unterstellung *f* ❷ Be-, Anschuldigung *f* (*on* gegen); **im·pute** [ɪm'pju:t] *vt* zuschreiben, zur Last legen (*to dat*)

in [ɪn] **I.** *prep* ❶ (*räumlich*) in; **~ the house** im Hause; **~ the street** auf der Straße; **sitting ~ the window** am Fenster sitzend; **~ bed** im Bett ❷ (*zeitlich*) in; während; **~ 1999** 1999; **~ July** im Juli; **~ the morning/afternoon/evening** morgens/nachmittags/abends; **~ the beginning** am Anfang ❸ (*Zukunft*) in; innerhalb von; **~ a week** in einer Woche ❹ (*Art, Zustand*): **speak ~ a loud voice** laut, mit lauter Stimme sprechen; **speak ~ German** Deutsch reden; **~ this way** so; **~ anger** im Zorn; **~ black** in Schwarz gekleidet; **write ~ ink** mit Tinte schreiben ❺ (*Ausmaß*): **~ some measure** in gewisser Weise; **~ part** teilweise ❻ (*betreffend*): **a rise ~ prices** ein Preisanstieg **II.** *adv* daheim, zu Hause; **the train is ~** der Zug ist angekommen; **strawberries are ~ now** es ist Erdbeerzeit; **the Liberal candidate is ~** der liberale Kandidat ist gewählt; **the fire is still ~** das Feuer brennt noch; **green is ~** Grün ist in; **be ~ for s.th.** etw zu erwarten, zu befürchten haben; **be ~ on s.th.** an einer Sache beteiligt sein, über etw Bescheid wissen; **are you ~ on it, too?** sind Sie auch dabei?; **be ~ with s.o.** mit jdm auf gutem Fuße stehen; **now you are ~ for it!** jetzt geht's dir aber schlecht! **III.** *adj* innen befindlich; (*Tür*) nach innen gehend **IV.** *s:* **know the ~s and outs of a matter** in, bei einer S genau Bescheid wissen

in·abil·ity [,ɪnə'bɪlətɪ] *s* Unfähigkeit *f,* Unvermögen *nt;* **~ to pay** Zahlungsunfähigkeit *f*

in·ac·cess·ible [,ɪnæk'sesəbl] *adj* (*a. fig*) unzugänglich (*to* für)

in·ac·cur·acy [ɪn'ækjʊrəsɪ] *s* Unrichtigkeit, Ungenauigkeit *f;* **in·ac·cur·ate** [ɪn'ækjərət] *adj* unrichtig, ungenau

in·ac·tion [ɪn'ækʃn] *s* Untätigkeit *f,* Nichtstun *nt;* **in·ac·tive** [ɪn'æktɪv] *adj* ❶ untätig ❷ (*Mensch*) müßig ❸ (*Kapital*) brachliegend ❹ (*Vulkan*) erloschen; **in·ac·tiv·ity** [,ɪnæk'tɪvətɪ] *s* ❶ Untätigkeit *f* ❷ (COM) Flaute *f*

in·ad·equacy [ɪn'ædɪkwəsɪ] *s* ❶ Unangemessenheit *f* ❷ Unzulänglichkeit *f;* **in·ad·equate** [ɪn'ædɪkwət] *adj* ❶ unangemessen ❷ unzulänglich ❸ unzureichend, ungenügend ❹ nicht geeignet; **feel ~** sich nicht gewachsen fühlen (*for s.th, to do s.th.*

einer S)

in·ad·miss·ible [ˌɪnəd'mɪsəbl] *adj* unzulässig

in·ad·ver·tent [ˌɪnəd'vɜːtənt] *adj* unbeabsichtigt, ungewollt

in·ad·vis·able [ˌɪnəd'vaɪzəbl] *adj* unratsam, nicht zu empfehlen

in·alien·able [ɪn'eɪlɪənəbl] *adj* unveräußerlich

in·ane [ɪ'neɪn] *adj* ❶ dumm ❷ (*fam: Vorschlag*) hirnverbrannt

in·ani·mate [ɪn'ænɪmət] *adj* ❶ leblos ❷ (*Natur*) unbelebt

in·an·ity [ɪ'nænətɪ] *s* ❶ Dummheit *f* ❷ Hirnverbranntheit *f*

in·ap·pli·cable [ɪn'æplɪkəbl] *adj* unzutreffend; nicht anwendbar (*to* auf)

in·ap·pro·pri·ate [ˌɪnə'prəʊprɪət] *adj* ❶ unangemessen, unangebracht ❷ (*Zeit*) unpassend, ungelegen

in·apt [ɪn'æpt] *adj* ❶ unpassend ❷ ungeschickt; **in·ap·ti·tude** [ɪn'æptɪtjuːd] *s* ❶ Unfähigkeit *f* ❷ Untauglichkeit *f* ❸ Ungeschicktheit *f*

in·ar·ticu·late [ˌɪnɑː'tɪkjʊlət] *adj* ❶ undeutlich; schlecht ausgedrückt ❷ (ZOO) nicht gegliedert; **he is very ~** er kann sich nur schlecht ausdrücken

in·ar·tis·tic [ˌɪnɑː'tɪstɪk] *adj* unkünstlerisch

in·as·much [ˌɪnəz'mʌtʃ] *adv:* ~ **as** da, weil

in·at·ten·tion [ˌɪnə'tenʃn] *s* Unaufmerksamkeit *f* (*to* gegenüber); **in·at·ten·tive** [ˌɪnə'tentɪv] *adj* unaufmerksam (*to* gegenüber)

in·aud·ible [ɪn'ɔːdəbl] *adj* unhörbar

in·aug·ural [ɪ'nɔːgjʊrəl] **I.** *adj* Antritts-, Eröffnungs- **II.** *s* (~ *address, lecture*) Antrittsrede, -vorlesung *f;* **in·au·gur·ate** [ɪ'nɔːgjʊreɪt] *vt* ❶ (ins Amt) einsetzen ❷ (*Gebäude*) eröffnen, einweihen ❸ (*Ära*) einleiten; **in·aug·ur·ation** [ɪˌnɔːgjʊ'reɪʃn] *s* ❶ Amtseinführung *f* ❷ Einweihung *f;* Eröffnung *f* ❸ Beginn, Anfang *m*

in·aus·pi·cious [ˌɪnɔː'spɪʃəs] *adj* unheil verheißend

in·board ['ɪnbɔːd] **I.** *adj* Innenbord- **II.** *s* Innenbordmotor *m*

in·born [ˌɪn'bɔːn] *adj* angeboren

in·bred [ˌɪn'bred] *adj* ❶ angeboren ❷ aus Inzucht hervorgegangen; **inbreed·ing** [ˌɪn'briːdɪŋ] *s* Inzucht *f*

in·built ['ɪnbɪlt] *adj* ❶ eingebaut, integriert ❷ instinktiv, angeboren

in·cal·cu·lable [ɪn'kælkjʊləbl] *adj* ❶ (*Charakter*) unberechenbar ❷ (*Betrag*) unschätzbar; unabsehbar ❸ (MATH) nicht berechenbar

in·can·descent [ˌɪnkæn'desnt] *adj* ❶ weißglühend ❷ (*fig*) leuchtend; ~ **bulb** Glühbirne *f*

in·can·ta·tion [ˌɪnkæn'teɪʃn] *s* ❶ Beschwörung *f* ❷ Zauberspruch *m*

in·capa·bil·ity [ɪnˌkeɪpə'bɪlətɪ] *s* Unfähigkeit *f;* Unvermögen *nt;* **in·capable** [ɪn'keɪpəbl] *adj* ❶ unfähig, nicht im Stande, nicht in der Lage (*of doing* zu tun) ❷ untauglich, ungeeignet (*of* für); ~ **of working** arbeitsunfähig; **drunk and ~** volltrunken

in·ca·paci·tate [ˌɪnkə'pæsɪteɪt] *vt* ❶ unfähig machen (*for* für, *from doing* zu tun) ❷ disqualifizieren; **physically ~d** körperlich behindert; **in·ca·pac·ity** [ˌɪnkə'pæsətɪ] *s* ❶ Unfähigkeit *f* ❷ (JUR) mangelnde Berechtigung

in·car·cer·ate [ɪn'kɑːsəreɪt] *vt* einkerkern

in·car·nate [ɪn'kɑːneɪt] **I.** *adj* verkörpert, personifiziert, leibhaftig **II.** *vt* verkörpern; Gestalt geben; **in·car·na·tion** [ˌɪnkɑː'neɪʃn] *s* ❶ (REL) Fleisch-, Menschwerdung *f* ❷ (*fig*) Verkörperung *f,* Inbegriff *m;* Inkarnation *f*

in·cau·tious [ɪn'kɔːʃəs] *adj* unvorsichtig; unbedacht

in·cen·di·ary [ɪn'sendɪərɪ] **I.** *adj* ❶ aufrührerisch ❷ Brand-; ~ **bomb** Brandbombe *f* **II.** *s* ❶ Brandstifter(in) *m(f)* ❷ (*fig*) Aufwiegler(in) *m(f)*

in·cense[1] ['ɪnsens] *s* Weihrauch *m*

in·cense[2] [ɪn'sens] *vt* wütend machen, erbosen

in·cen·tive [ɪn'sentɪv] *s* Anreiz *m* (*to* zu); **incentive scheme** *s* (*Industrie*) leistungsabhängiges Schema

in·cep·tion [ɪn'sepʃn] *s* Anfang, Beginn *m*

in·cer·ti·tude [ɪn'sɜːtɪtjuːd] *s* Unsicherheit *f*

in·cess·ant [ɪn'sesnt] *adj* unablässig, unaufhörlich

in·cest ['ɪnsest] *s* Blutschande *f;* **in·ces·tu·ous** [ɪn'sestjʊəs] *adj* blutschänderisch, inzestuös

inch [ɪntʃ] **I.** *s* ❶ Zoll *m* (= *2,54 cm*) ❷ ein bisschen, (ein) wenig; ~ **by** ~ Zentimeter um Zentimeter; **the car missed me by ~es** das Auto hat mich um Haaresbreite verfehlt; **he is every ~ a soldier** er ist jeder Zoll ein Soldat; **within an ~ of** um ein Haar, beinahe **II.** *vt* (langsam) schieben **III.** *vi* sich (langsam) bewegen

in·ci·dence ['ɪnsɪdəns] *s* ❶ Vorkommen *nt,* Verbreitung, Häufigkeit *f* ❷ (OPT) Einfall *m;* **in·ci·dent** ['ɪnsɪdənt] **I.** *adj* ❶ verbunden (*to* mit) ❷ (OPT) einfallend **II.** *s* ❶ Vorfall *m,* Ereignis, Geschehen *nt* ❷ Zwischenfall *m*

in·ci·den·tal [ˌɪnsɪ'dentl] **I.** *adj* ❶ zufällig,

beiläufig ② nebensächlich ③ verbunden (*to* mit); ~ **music** Begleitmusik *f;* ~ **expenses** Nebenkosten *pl* **II.** *s pl* Nebenausgaben *fpl;* **in·ci·den·tally** [ˌɪnsɪ'dentlɪ] *adv* übrigens, nebenbei gesagt

in·cin·er·ate [ɪn'sɪnəreɪt] *vt* einäschern, verbrennen; **in·cin·er·ator** [ɪn'sɪnəreɪtə(r)] *s* Verbrennungsofen *m;* (*Müll*) Verbrennungsanlage *f*

in·cipi·ent [ɪn'sɪpɪənt] *adj* anfangend, beginnend; (*Probleme*) einsetzend

in·cise [ɪn'saɪz] *vt* ① (ein)schneiden (*into* in) ② einritzen; einschnitzen; **in·ci·sion** [ɪn'sɪʒn] *s* (*a.* MED) Einschnitt *m*

in·cis·ive [ɪn'saɪsɪv] *adj* ① (*Verstand*) scharf; ausgeprägt ② (*Bemerkung*) beißend; scharfsinnig

in·cisor [ɪn'saɪzə(r)] *s* (ANAT) Schneidezahn *m*

in·cite [ɪn'saɪt] *vt* aufwiegeln, aufhetzen (*to* zu); **in·cite·ment** [-mənt] *s* Aufwiegelung, Aufhetzung *f* (*to* zu)

in·civ·il·ity [ˌɪnsɪ'vɪlətɪ] *s* Unhöflichkeit *f*

in·clem·ent [ɪn'klemənt] *adj* (*Wetter*) rau, streng

in·cli·na·tion [ˌɪnklɪ'neɪʃn] *s* ① Neigung *f,* Hang *m* ② (*fig*) Vorliebe *f* (*for* für) ③ Gefälle *nt;* **she follows her ~s** sie tut das, wozu sie Lust hat; **in·cline** ['ɪnklaɪn] **I.** *s* (Ab)Hang *m,* Gefälle *nt* **II.** [ɪn'klaɪn] *vi* ① (*Fläche*) sich neigen; abfallen ② neigen; **he ~s to leanness** er neigt zu Magerkeit **III.** [ɪn'klaɪn] *vt* ① (*Dach*) neigen ② (*fig*) veranlassen, bewegen; **in·clined** [ɪn'klaɪnd] *adj* geneigt; **be ~ to do s.th.** Lust haben etw zu tun; dazu neigen etw zu tun; **I am ~ to think that …** ich neige zu der Ansicht, dass …; **be well ~ towards s.o.** jdm gewogen sein

in·close [ɪn'kləʊz] *vt* ① umgeben, einschließen (*in* in) ② (*einem Brief*) beilegen

in·clude [ɪn'klu:d] *vt* einschließen, umfassen, enthalten; einbeziehen (*in* in); **the children ~d** einschließlich der Kinder; **in·clud·ing** [ɪn'klu:dɪŋ] *prep* einschließlich, inklusive, inbegriffen; **in·clu·sion** [ɪn'klu:ʒn *s* Aufnahme *f;* Einbeziehung *f;* **in·clus·ive** [ɪn'klu:sɪv] *adj* eingerechnet, einschließlich, inklusive; **be ~ of** einschließen; **Monday to Friday ~** von Montag bis einschließlich Freitag; **~ terms** Pauschalpreis *m*

in·cog·nito [ˌɪnkɒg'ni:təʊ] **I.** *adv* inkognito **II.** *s* Inkognito *nt*

in·co·her·ent [ˌɪnkəʊ'hɪərənt] *adj* ① zusammenhanglos; unzusammenhängend ② (*Rede*) wirr

in·come ['ɪŋkʌm] *s* Einkommen *nt,* Einkünfte *pl* (*from* aus); **live within one's ~** seinen Verhältnissen entsprechend leben; **income group** *s* Einkommensklasse *f;* **income support** *s* Sozialhilfe *f;* **income tax** *s* Lohnsteuer *f;* Einkommensteuer *f;* **~ return** Einkommensteuererklärung *f*

in·com·ing ['ɪnˌkʌmɪŋ] *adj* ① hereinkommend ② (*Zug*) einfahrend; (*Schiff*) einlaufend ③ nachfolgend; **~ tide** Flut *f*

in·com·ings ['ɪnˌkʌmɪŋz] *s pl* Einkünfte, Einnahmen *pl*

in·com·men·sur·ate [ˌɪnkə'menʃərət] *adj* unzureichend; **be ~ with s.th.** in keinem Verhältnis zu etw stehen

in·com·muni·cado [ˌɪnkəˌmju:nɪ'kɑ:dəʊ] *adj* ohne Verbindung zur Außenwelt; nicht zu sprechen

in·com·par·able [ɪn'kɒmprəbl] *adj* nicht vergleichbar (*to, with* mit), unvergleichlich

in·com·pati·bil·ity [ˌɪnkəmˌpætə'bɪlɪtɪ] *s* Unvereinbarkeit *f;* Unverträglichkeit *f;* **in·com·pat·ible** [ˌɪnkəm'pætəbl] *adj* ① unvereinbar (*with* mit), nicht zueinander passend ② (*Farben*) unverträglich

in·com·pe·tence, **in·com·pe·tency** [ɪn'kɒmpɪtəns(ɪ)] *s* ① Unfähigkeit *f;* Untauglichkeit *f* ② (JUR) Unzuständigkeit *f;* **in·com·pe·tent** [ɪn'kɒmpɪtənt] *adj* ① unfähig; untauglich ② (JUR) unzuständig (*to* für)

in·com·plete [ˌɪnkəm'pli:t] *adj* unvollständig, unvollkommen

in·com·pre·hen·sible [ˌɪnˌkɒmprɪ'hensəbl] *adj* unverständlich, unbegreiflich

in·con·ceiv·able [ˌɪnkən'si:vəbl] *adj* ① unvorstellbar, undenkbar ② unfassbar

in·con·clus·ive [ˌɪnkən'klu:sɪv] *adj* nicht überzeugend, nicht schlüssig; unbestimmt; ergebnislos

in·con·gru·ity [ˌɪnkɒŋ'gru:ətɪ] *s* ① Unvereinbarkeit *f* ② Missverhältnis *nt* ③ Unstimmigkeit *f;* **in·con·gru·ous** [ɪn'kɒŋgrʊəs] *adj* ① nicht zusammenpassend, unvereinbar ② fehl am Platz

in·con·sequent [ɪn'kɒnsɪkwənt] *adj* ① inkonsequent, unlogisch ② (*Bemerkung*) nicht zur Sache gehörend; **in·con·sequen·tial** [ɪnˌkɒnsɪ'kwenʃl] *adj* beziehungslos; belanglos, unwichtig

in·con·sider·able [ˌɪnkən'sɪdrəbl] *adj* unbedeutend, belanglos

in·con·sider·ate [ˌɪnkən'sɪdərət] *adj* ① unaufmerksam ② rücksichtslos

in·con·sist·ency [ˌɪnkən'sɪstənsɪ] *s* ① Widersprüchlichkeit *f* ② Unbeständigkeit *f;* **in·con·sist·ent** [ˌɪnkən'sɪstənt] *adj* ① widersprüchlich ② (*Arbeit*) unbeständig, ungleich; **be ~ with s.th.** mit etw nicht

I

übereinstimmen

in·con·sol·able [ˌɪnkən'səʊləbl] *adj* untröstlich

in·con·spicu·ous [ˌɪnkən'spɪkjʊəs] *adj* unauffällig; unscheinbar

in·con·stant [ɪn'kɒnstənt] *adj* ❶ unbeständig ❷ schwankend ❸ (*Wetter*) wechselhaft

in·con·test·able [ˌɪnkən'testəbl] *adj* unbestreitbar, unanfechtbar

in·con·ti·nent [ɪn'kɒntɪnənt] *adj* ❶ (*Wünsche*) zügellos ❷ (MED) inkontinent

in·con·tro·vert·ible [ɪnˌkɒntrə'vɜːtəbl] *adj* unbestreitbar, unleugbar

in·con·ven·ience [ˌɪnkən'viːnɪəns] **I.** *s* Unannehmlichkeit *f;* **put s.o. to great ~** jdm große Umstände bereiten **II.** *vt* Umstände bereiten (*s.o.* jdm); **in·con·ven·ient** [ˌɪnkən'viːnɪənt] *adj* ❶ ungelegen, ungünstig ❷ unbequem, unpraktisch

in·cor·por·ate [ɪn'kɔːpəreɪt] *vt* ❶ aufnehmen, einbauen, integrieren ❷ vereinigen, enthalten ❸ (JUR) gesellschaftlich organisieren; **~ a company** (*Am*) als Aktiengesellschaft eintragen; **~d company** (*Am*) Aktiengesellschaft *f;* **in·cor·por·ation** [ɪnˌkɔːpə'reɪʃn] *s* ❶ Aufnahme, Integration *f* ❷ Verbindung, Vereinigung *f* ❸ (JUR) Gründung *f*

in·cor·por·eal [ˌɪnkɔː'pɔːrɪəl] *adj* unkörperlich, immateriell

in·cor·rect [ˌɪnkə'rekt] *adj* ❶ falsch; fehlerhaft; unzutreffend ❷ inkorrekt

in·cor·ri·gible [ɪŋ'kɒrɪdʒəbl] *adj* unverbesserlich

in·cor·rupt·ible [ˌɪnkə'rʌptəbl] *adj* ❶ unbestechlich ❷ (*Substanz*) unzerstörbar

in·crease [ɪn'kriːs] **I.** *vi* ❶ (an)wachsen, (an)steigen, zunehmen ❷ sich vergrößern; sich vermehren, sich erhöhen (*to* auf); **~ in volume** umfangreicher werden; **~ in height** höher werden **II.** *vt* ❶ vergrößern, erhöhen ❷ (*Freude*) vermehren ❸ (*Bemühung*) verstärken ❹ (*Firma*) erweitern ❺ (*Preis*) erhöhen; **~d demand** verstärkte Nachfrage; **~d standard of living** höherer Lebensstandard **III.** ['ɪŋkriːs] *s* ❶ Wachstum *nt,* Vergrößerung *f* ❷ Erhöhung, Steigerung *f* (*on* gegenüber) ❸ Zunahme *f;* Zuwachs *m* ❹ Anwachsen *nt;* **be on the ~** ständig zunehmen; **~ in population** Bevölkerungszunahme *f;* **~ in value** Wertsteigerung *f,* -zuwachs *m;* **in·creas·ing** [-ɪŋ] *adj* zunehmend, steigend

in·cred·ible [ɪn'kredəbl] *adj* ❶ unglaubhaft ❷ unglaublich

in·cred·ul·ity [ˌɪnkrɪ'djuːlətɪ] *s* Ungläubigkeit *f;* **in·credu·lous** [ɪn'kredjʊləs] *adj* ungläubig, skeptisch

in·cre·ment ['ɪŋkrəmənt] *s* ❶ Zuwachs *m,* Zunahme *f* (*of* an) ❷ Gehaltserhöhung *f;* **in·cre·men·tal** *adv* ❶ stufenweise, schrittweise ❷ zunehmend

in·crimi·nate [ɪn'krɪmɪneɪt] *vt* belasten

in·cu·bate ['ɪnkjʊbeɪt] **I.** *vt* ❶ ausbrüten ❷ (*fig*) ausreifen lassen **II.** *vi* ❶ ausgebrütet werden ❷ (*fig*) reifen; **in·cu·ba·tion** [ˌɪnkjʊ'beɪʃn] *s* ❶ Ausbrüten *nt* ❷ (*fig*) Ausreifen *nt;* **incubation period** *s* (MED) Inkubationszeit *f;* **in·cu·ba·tor** ['ɪŋkjʊbeɪtə(r)] *s* Brutapparat, -kasten *m*

in·cul·cate ['ɪnkʌlkeɪt] *vt* einschärfen (*in s.o.* jdm)

in·cum·bent [ɪŋ'kʌmbənt] **I.** *adj* obliegen **II.** *s* Amtsinhaber(in) *m(f)*

in·cur [ɪn'kɜː(r)] *vt* sich zuziehen, auf sich laden; **~ debts** Schulden machen; **~ heavy expenses** sich in große Unkosten stürzen; **~ a loss** einen Verlust erleiden; **~ a risk** ein Risiko eingehen; **heavy costs can be ~red** hohe Kosten können entstehen; **in·curred** *adj:* **expenses ~** entstandene Kosten

in·cur·able [ɪn'kjʊərəbl] **I.** *adj* unheilbar; (*fig*) unverbesserlich **II.** *s* unheilbar Kranke(r) *f m*

in·cur·sion [ɪn'kɜːʃn] *s* plötzlicher Angriff; Einfall *m*

in·debted [ɪn'detɪd] *adj* ❶ (COM) verschuldet (*to* bei) ❷ (*fig*) verpflichtet; **be ~ to s.o. for s.th.** jdm für etw zu Dank verpflichtet sein; **in·debtedness** [-nɪs] *s* ❶ Verpflichtung *f* ❷ (COM) Verschuldung *f*

in·de·cen·cy [ɪn'diːsənsɪ] *s* Unanständigkeit *f;* **in·de·cent** [ɪn'diːsnt] *adj* ❶ (JUR) unsittlich ❷ anstößig, unanständig; **~ assault** Notzucht *f;* **with ~ haste** mit ungebührlicher Eile

in·de·cipher·able [ˌɪndɪ'saɪfrəbl] *adj* nicht zu entziffern

in·de·ci·sion [ˌɪndɪ'sɪʒn] *s* Unentschlossenheit *f;* **in·de·cis·ive** [ˌɪndɪ'saɪsɪv] *adj* ❶ unentschlossen, unschlüssig ❷ (*Entscheidung*) ergebnislos

in·de·clin·able [ɪndɪ'klaɪnəbl] *adj* indeklinabel

in·dec·or·ous [ɪn'dekərəs] *adj* unschicklich

in·deed [ɪn'diːd] *adv* in der Tat, tatsächlich, wirklich; **thank you very much ~** vielen herzlichen Dank; **who is she, ~?** wer mag sie wohl sein?; **what ~!** was wohl!; **~?** ach so?; **if ~ …** falls … wirklich; **yes, ~!** ja, natürlich sehr!

in·de·fati·gable [ˌɪndɪ'fætɪgəbl] *adj* unermüdlich

in·de·fens·ible [ˌɪndɪ'fensəbl] *adj* ❶ unhaltbar ② (*fig: Benehmen*) unentschuldbar

in·defin·able [ˌɪndɪˈfaɪnəbl] *adj* unbestimmbar, undefinierbar

in·defi·nite [ɪnˈdefɪnət] *adj* ① (*Zeit*) unbegrenzt; unbestimmt ② (*fig*) unklar

in·del·ible [ɪnˈdeləbl] *adj* ① (*Schrift, Farbe*) nicht zu entfernen, dauerhaft ② (*fig*) unauslöschlich; ~ **ink** Wäschetinte *f*; ~ **pencil** Tintenstift *m*

in·dem·nify [ɪnˈdemnɪfaɪ] *vt* ① entschädigen, Schaden(s)ersatz leisten (*for* für); (*Kosten*) erstatten ② versichern (*against, from* gegen); **in·dem·nity** [ɪnˈdemnətɪ] *s* ① Schaden(s)ersatz *m*, Entschädigung *f*; Abfindung *f* ② Versicherung *f*; **pay full ~ to s.o.** jdm den Schaden in voller Höhe ersetzen

in·dent [ɪnˈdent] *s* ① (ein)kerben, auszacken ② (*Zeile*) einrücken ③ (COM) bestellen; **in·den·ta tion** [ˌɪndenˈteɪʃn] *s* ① Einkerbung, Auszackung *f* ② Ausbuchtung *f* ③ (TYP) Einrückung *f*; Absatz *m*

in·den·ture [ɪnˈdentʃə(r)] *s* Ausbildungs-, Lehrvertrag *m*

in·de·pen·dence [ˌɪndɪˈpendəns] *s* Unabhängigkeit *f* (*from* von); **Independence Day** (*in den USA*) Unabhängigkeitstag *m* (*4. Juli 1776*); **in·de·pen·dent** [ˌɪndɪˈpendənt] **I.** *adj* ① unabhängig (*of* von), selbständig; autonom ② (POL) parteilos; **Independent Television, ITV** *kommerzielle britische Fernsehanstalt;* ~ **suspension** (AUTO) Einzelradaufhängung *f* **II.** *s* (POL) Parteilose(r) *f m*, Autonome(r) *f m*, Unabhängige(r) *f m*

i Land & Leute

In Großbritannien werden viele **independent schools**, d. h. Schulen, die Schulgeld verlangen, als *public schools* (Privatschulen) bezeichnet.

in-depth [ˈɪndepθ] *adj* eingehend, gründlich

in·de·scrib·able [ˌɪndɪˈskraɪbəbl] *adj* unbeschreiblich

in·de·struct·ible [ˌɪndɪˈstrʌktəbl] *adj* unzerstörbar

in·de·ter·min·able [ˌɪndɪˈtɜːmɪnəbl] *adj* unbestimmbar; **in·de·ter·mi·nate** [ˌɪndɪˈtɜːmɪnət] *adj* ① unbestimmt ② (*Konzept*) unklar, vage

in·dex [ˈɪndeks] <*pl* indexes (indices)> **I.** *s* ① (*pl: indexes*) Register *nt*, Index *m*; Quellenverzeichnis *nt*; Katalog *m* ② (*pl: indices*) Hinweiszeichen *nt*; Anzeiger *m* ③ Index *m*, Messzahl *f* ④ (MATH: *pl: indices*) Exponent *m*; **be an ~ of s.th.** ein Gradmesser für etw sein; **cost-of-living ~** Lebenshaltungsindex *m* **II.** *vt* mit einem Register versehen; registrieren, katalogisieren; **in·dex·ation** [ˌɪndekˈseɪʃn] *s* Indexbindung, Indexierung *f*; **index card** *s* Karteikarte *f*; **in·dex·er** [ˈɪndeksə(r)] *s* Indexverfasser *m*; **index finger** *s* Zeigefinger *m*; **index-linked** *adj* (*Rente*) dynamisch; der Inflationsrate angeglichen; **index print** *s* Fotoindex *m*

In·dia [ˈɪndɪə] *s* Indien *nt*; **In·dian** [ˈɪndɪən] **I.** *adj* ① indisch ② indianisch **II.** *s* ① Inder(in) *m(f)* ② Indianer(in) *m(f)*; **Indian club** *s* (SPORT) Keule *f*; **Indian corn** *s* (*Am*) Mais *m*; **Indian file** *s*: **in ~** im Gänsemarsch; **Indian ink** *s* Tusche *f*; **Indian Ocean** *s* Indischer Ozean; **Indian summer** *s* Altweiber-, Nachsommer *m*; **India paper** *s* Dünndruckpapier *nt*; **India rubber** *s* ① Kautschuk *m* ② Radiergummi *m*

in·di·cate [ˈɪndɪkeɪt] *vt* ① hinweisen, zeigen, deuten auf ② (*Gefühle*) andeuten; zum Ausdruck bringen ③ (TECH) anzeigen; (AUTO) blinken ④ angezeigt, ratsam, nützlich erscheinen lassen ⑤ (MED) indizieren; **in·di·ca·tion** [ˌɪndɪˈkeɪʃn] *s* ① Hinweis *m*, Andeutung *f*, Anzeichen *nt* ② Anzeigen, Erkennenlassen *nt* ③ Kennzeichen, Merkmal *nt* ④ (MED) Indikation, Anzeige *f* (*of* für); **in·dica·tive** [ɪnˈdɪkətɪv] *adj* hinweisend (*of* auf), bezeichnend (*of s.th.* für etw); **be ~ of** ein Hinweis sein für; **in·di·cator** [ˈɪndɪkeɪtə(r)] *s* ① Anzeiger *m* ② (COM, CHEM) Indikator *m* ③ (AUTO) Fahrtrichtungsanzeiger, Blinker *m* ④ (*fig*) Anzeichen *nt*

in·di·ces [ˈɪndɪsiːz] *s pl* **index**

in·dict [ɪnˈdaɪt] *vt* (JUR) anklagen (*for* wegen); **in·dict·able** [ɪnˈdaɪtəbl] *adj* (*Person*) strafrechtlich verfolgbar; (*Vergehen*) strafbar; **in·dict·ment** [-mənt] *s* (JUR) Anklageschrift *f*

in·die [ˈɪndi] *adj s* **independent** (*film, industry, music*) Indie-

in·dif·fer·ence [ɪnˈdɪfrəns] *s* Gleichgültigkeit *f* (*to, towards* gegen), Interesselosigkeit *f*; **in·dif·fer·ent** [ɪnˈdɪfrənt] *adj* ① gleichgültig (*to, towards* gegenüber) ② desinteressiert, interesselos ③ mittelmäßig, durchschnittlich

in·digen·ous [ɪnˈdɪdʒɪnəs] *adj* ① (BOT, ZOO) eingeboren ② einheimisch (*to* in) ③ Landes-

in·di·gest·ible [ˌɪndɪˈdʒestəbl] *adj* (*a. fig*) unverdaulich; **in·di·ges·tion** [ˌɪndɪˈdʒestʃən] *s* Magenverstimmung *f*

indig·nant [ɪnˈdɪgnənt] *adj* aufgebracht,

entrüstet, empört (*at, over, about* über etw); **in·dig·na·tion** [ˌɪndɪgˈneɪʃn] *s* Entrüstung, Empörung *f* (*at/over/about* über); **in·dig·ni·ty** [ɪnˈdɪgnɪtɪ] *s* Demütigung *f*

in·direct [ˌɪndɪˈrekt] *adj* ❶ indirekt, mittelbar ❷ (GRAM) indirekt; **by ~ means** auf Umwegen; **~ speech** (GRAM) indirekte Rede; **indirect taxes** *s pl* indirekte Steuern *fpl*

in·dis·cern·ible [ˌɪndɪˈsɜːnəbl] *adj* nicht wahrnehmbar, unmerklich

in·dis·ci·pline [ɪnˈdɪsɪplɪn] *s* Mangel *m* an Disziplin

in·dis·creet [ˌɪndɪˈskriːt] *adj* indiskret; taktlos; **in·dis·cre·tion** [ˌɪndɪˈskreʃn] *s* Indiskretion *f;* Taktlosigkeit *f*

in·dis·crimi·nate [ˌɪndɪˈskrɪmɪnət] *adj* unterschiedslos; wahllos; kritiklos; willkürlich

in·dis·pens·able [ˌɪndɪˈspensəbl] *adj* unbedingt notwendig; unentbehrlich

in·dis·posed [ˌɪndɪˈspəʊzd] *adj* ❶ unpässlich, unwohl ❷ abgeneigt (*to dat*); **in·dis·po·sition** [ˌɪndɪspəˈzɪʃn] *s* ❶ Unpässlichkeit *f* ❷ Abneigung *f* (*to, towards* gegen)

in·dis·put·able [ˌɪndɪˈspjuːtəbl] *adj* unbestreitbar, unstreitig

in·dis·tinct [ˌɪndɪˈstɪŋkt] *adj* ❶ undeutlich, unscharf, verschwommen ❷ (*Geräusch*) schwach

in·dis·tin·guish·able [ˌɪndɪˈstɪŋgwɪʃ əbl] *adj* nicht zu unterscheiden; nicht erkennbar

in·di·vid·ual [ˌɪndɪˈvɪdʒʊəl] **I.** *adj* ❶ einzeln, getrennt ❷ persönlich, individuell, eigen; **give ~ help** jedem Einzeln helfen **II.** *s* Individuum *nt;* Einzelne(r) *f m,* Person *f;* **individual case** *s* Einzelfall *m*

in·di·vid·ual·ism [ˌɪndɪˈvɪdʒʊəlɪzəm] *s* Individualismus *m;* **in·di·vid·ual·ist** [ˌɪndɪˈvɪdʒʊəlɪst] *s* Individualist(in) *m(f);* **in·di·vid·ual·is·tic** [ˌɪndɪˌvɪdʒʊəˈlɪstɪk] *adj* individualistisch

in·di·vidu·al·ity [ˌɪndɪˌvɪdʒʊˈælətɪ] *s* Individualität *f;* **in·di·vid·ual·ize** [ˌɪndɪˈvɪdʒʊəlaɪz] *vt* ❶ individualisieren ❷ einzeln, gesondert betrachten ❸ eine persönliche Note verleihen (*s.th.* einer S)

in·di·vis·ible [ˌɪndɪˈvɪzəbl] *adj* unteilbar

Indo- [ˈɪndəʊ-] *PRÄF* Indo-; **~-China** Indochina *nt*

in·doc·tri·nate [ɪnˈdɒktrɪneɪt] *vt* indoktrinieren; **in·doc·tri·nat·ion** [ɪnˌdɒktrɪˈneɪʃn] *s* Indoktrination *f*

in·do·lent [ˈɪndələnt] *adj* träge, arbeitsscheu, faul

in·domi·table [ɪnˈdɒmɪtəbl] *adj* unbezähmbar, unbezwingbar

Indo·nesia [ˌɪndəʊˈniːzɪə] *s* Indonesien *nt;* **Indo·nesian** [-n] **I.** *adj* indonesisch **II.** *s* ❶ Indonesier(in) *m(f)* ❷ (*Sprache*) (das) Indonesisch(e)

in·door [ˈɪndɔː(r)] *adj* Innen-, Haus-; **~ aerial** Zimmerantenne *f;* **~ games** (SPORT) Hallenspiele *ntpl;* **~ swimming-pool** Hallenbad *nt;* **in·doors** [ˌɪnˈdɔːz] *adv* im, zu Hause; drinnen; **stay ~** zu Hause bleiben

in·dubi·table [ɪnˈdjuːbɪtəbl] *adj* unzweifelhaft; **in·dubi·tab·ly** [ɪnˈdjuːbɪtəblɪ] *adv* zweifellos, zweifelsohne

in·duce [ɪnˈdjuːs] *vt* ❶ veranlassen, überreden ❷ (*Reaktion*) herbeiführen, bewirken, hervorrufen, verursachen ❸ die Folgerung ziehen (*from* von, aus) ❹ (PHYS ELEK) induzieren ❺ (MED: *Geburt*) einleiten; **~ed sleep** künstlicher Schlaf; **in·duce·ment** [-mənt] *s* ❶ Veranlassung *f;* Überredung *f* ❷ (*Motiv*) Anreiz, Ansporn *m*

in·duc·tion [ɪnˈdʌkʃn] *s* ❶ (Amts)Einsetzung *f* ❷ (*Am:* MIL) Einberufung *f* ❸ (PHILOS) Induktion *f* ❹ Veranlassung, Herbeiführung *f;* **induction coil** *s* (ELEK) Induktionsspule *f;* **induction course** *s* Einführungskurs *m;* **in·duc·tive** [ɪnˈdʌktɪv] *adj* induktiv

in·dulge [ɪnˈdʌldʒ] **I.** *vt* ❶ nachgeben (*a desire* einem Verlangen) ❷ nachsichtig sein mit; verwöhnen ❸ (FIN) Zahlungsaufschub gewähren **II.** *vi:* **~ in s.th.** sich etw gönnen; sich einer S hingeben; sich (den Luxus) erlauben (*in* zu); **in·dul·gence** [ɪnˈdʌldʒəns] *s* ❶ Nachsicht *f;* Nachgiebigkeit *f* ❷ Verwöhnung *f* ❸ Genuss *m;* Luxus *m* ❹ Einwilligung *f* ❺ (REL) Ablass *m;* **in·dul·gent** [ɪnˈdʌldʒənt] *adj* ❶ nachsichtig; nachgiebig (*to* gegen) ❷ gutmütig

in·dus·trial [ɪnˈdʌstrɪəl] *adj* gewerblich, industriell; Industrie-; Arbeits-; Betriebs-; **~ action** Streikmaßnahmen *fpl;* **~ democracy** Demokratie *f* im Betrieb; **~ dispute** Arbeitskonflikt, -kampf *m;* **~ energy tax** Ökosteuer *f;* **~ estate** Industriegelände *nt,* -park *m;* **~ fair** Industriemesse *f;* **~ injury** Berufsschaden *m;* **~ insurance** Unfallversicherung *f;* **~ pollution** Umweltverschmutzung *f* durch die Industrie; **~ relations** Arbeitgeber-Arbeitnehmer-Beziehungen *fpl;* **Industrial Revolution** industrielle Revolution; **~ robot** Industrieroboter *m;* **~ technologies** industrielle Verfahren; **~ tribunal** Arbeitsgericht *nt;* **~ union** Industriegewerkschaft *f;* **~ waste** Industriemüll *m;* **indus·trial·ism** [ɪnˈdʌstrɪəlɪzəm] *s* Industrie *f;* **in·dus·trial·ist** [-ɪst] *s* Industrielle(r) *f m*

in·dus·triali·zation [ɪnˌdʌstrɪəlaɪ'zeɪʃn] *s* Industrialisierung *f;* **in·dus·trial·ize** [ɪn'dʌstrɪəlaɪz] *vt* industrialisieren; **~d country** Industrieland *nt,* -nation *f*

in·dus·tri·ous [ɪn'dʌstrɪəs] *adj* arbeitsam, betriebsam, fleißig

in·dus·try ['ɪndəstrɪ] *s* ① Industrie *f;* gewerbliche Wirtschaft ② Industrie-, Wirtschaftszweig *m;* Branche *f* ③ Fleiß *m;* **automobile ~** Auto-, Kraftfahrzeugindustrie *f;* **heavy ~** Schwerindustrie *f;* **hotel ~** Hotelgewerbe *nt;* **light ~** Leichtindustrie *f;* **tourist ~** Tourismusbranche, Touristik *f*

in·ebri·ate [ɪ'ni:brɪeɪt] **I.** *vt* betrunken machen, berauschen **II.** [ɪ'ni:brɪət] *adj* betrunken

in·ed·ible [ɪn'edəbl] *adj* ungenießbar

in·ed·uc·able [ɪn'edʒʊkəbl] *adj* bildungsunfähig

in·ef·fable [ɪn'efəbl] *adj* unaussprechlich

in·ef·fec·tive [ˌɪnɪ'fektɪv] *adj* ① unwirksam, wirkungslos ② (*Person*) untauglich, unfähig

in·ef·fec·tual [ˌɪnɪ'fektʃʊəl] *adj* ineffektiv

in·ef·fi·cien·cy [ˌɪnɪ'fɪʃənsɪ] *s* Unfähigkeit, Ineffizienz *f;* **in·ef·fic·ient** [ˌɪnɪ'fɪʃnt] *adj* ① (*Person*) unfähig; inkompetent ② (*Maschine*) unrentabel, unwirtschaftlich ③ (*Betrieb*) unrationell

in·el·egant [ˌɪn'elɪgənt] *adj* ① unelegant ② (*Stil*) schwerfällig, ungeschliffen

in·eli·gible [ɪn'elɪdʒəbl] *adj* ① nicht wählbar ② (*für ein Amt*) ungeeignet; nicht qualifiziert ③ (*für Leistungen*) nicht berechtigt

in·eluc·table [ˌɪnɪ'lʌktəbl] *adj* unentrinnbar, unausweichlich

in·ept [ɪ'nept] *adj* ① untauglich, unfähig (*at s.th.* für etw) ② (*Bemerkung*) unangebracht, unpassend

in·equal·ity [ˌɪnɪ'kwɒlətɪ] *s* (*a.* MATH) Ungleichheit *f,* Unterschied *m*

in·equi·table [ɪn'ekwɪtəbl] *adj* ungerecht; **in·equity** [ɪn'ekwətɪ] *s* Ungerechtigkeit *f*

in·eradi·cable [ˌɪnɪ'rædɪkəbl] *adj* unausrottbar

in·ert [ɪ'nɜ:t] *adj* ① (*a.* PHYS) träge, unbeweglich ② (CHEM) inaktiv; **~ gas** Edelgas *nt;* **in·er·tia** [ɪ'nɜ:ʃə] *s* Trägheit *f;* **inertia (reel) seat belt** *s* (AUTO) Automatikgurt *m*

in·es·cap·able [ˌɪnɪ'skeɪpəbl] *adj* unentrinnbar, unvermeidbar

in·es·sen·tial [ˌɪnɪ'senʃl] *adj* unwesentlich, unwichtig

in·es·ti·mable [ɪn'estɪməbl] *adj* unschätzbar

in·evi·table [ɪn'evɪtəbl] *adj* unvermeidbar; zwangsläufig

in·ex·act [ˌɪnɪg'zækt] *adj* ungenau

in·ex·cus·able [ˌɪnɪk'skju:zəbl] *adj* unentschuldbar, unverzeihlich

in·ex·haust·ible [ˌɪnɪg'zɔ:stəbl] *adj* unerschöpflich

in·exor·able [ˌɪn'eksərəbl] *adj* unerbittlich

in·ex·pedi·ency [ˌɪnɪk'spi:dɪənsɪ] *s* Unzweckmäßigkeit *f;* **in·ex·pedi·ent** [ˌɪnɪk'spi:dɪənt] *adj* unzweckmäßig

in·ex·pen·sive [ˌɪnɪk'spensɪv] *adj* billig, preiswert

in·ex·pe·ri·enced [ˌɪnɪk'spɪərɪənst] *adj* unerfahren

in·ex·pert [ɪn'ekspɜ:t] *adj* ① (*Behandlung*) unsachgemäß ② unfachmännisch, laienhaft

in·ex·plic·able [ˌɪnɪk'splɪkəbl] *adj* unerklärlich, unfasslich

in·ex·tri·cable [ˌɪnɪk'strɪkəbl] *adj* ① unentwirrbar ② (*Schwierigkeiten*) unlösbar

in·fal·lible [ɪn'fæləbl] *adj* ① unfehlbar ② (*Methoden*) zuverlässig

in·fa·mous ['ɪnfəməs] *adj* ① berüchtigt ② schändlich; niederträchtig; **in·famy** ['ɪnfəmɪ] *s* ① Verrufenheit *f* ② Niedertracht *f*

in·fancy ['ɪnfənsɪ] *s* ① frühe Kindheit ② (JUR) Minderjährigkeit *f* ③ (*fig*) Anfänge *mpl;* **flying was still in its ~** die Fliegerei steckte noch in den Kinderschuhen

in·fant ['ɪnfənt] *s* ① Kleinkind *nt;* Säugling *m* ② (JUR) Minderjährige(r) *f m;* **~ mortality** Säuglingssterblichkeit *f*

in·fan·ti·cide [ɪn'fæntɪsaɪd] *s* ① Kindesmord *m* ② Kindesmörder(in) *m(f)*

in·fan·tile ['ɪnfəntaɪl] *adj* ① kindisch, infantil ② (MED) Kinder-

in·fan·try ['ɪnfəntrɪ] *s* Infanterie *f;* **infan·try·man** [-mən] *s* <*pl* -men> Infant(e)rist *m*

in·fatu·ated [ɪn'fætʃʊeɪtɪd] *adj* verblendet, vernarrt, verknallt (*with* in); **become ~ with s.o.** sich in jdn unsterblich verlieben

in·fect [ɪn'fekt] *vt* ① (MED) infizieren; anstecken (*with* mit) ② (*Wasser*) verseuchen, verunreinigen ③ (*Essen*) verderben ④ (*fig*) anstecken; **become** [*o* **get**] **~ed** angesteckt werden (*by, with* von); **in·fec·tion** [ɪn'fekʃn] *s* ① Ansteckung, Infektion *f* ② Verseuchung *f;* Verunreinigung *f;* **spread of ~** Durchseuchung *f;* **in·fec·tious** [ɪn'fekʃəs] *adj* ansteckend, infektiös; **~ disease** Infektionskrankheit *f*

in·fe·lici·tous [ˌɪnfɪ'lɪsɪtəs] *adj* unglücklich, unpassend

in·fer [ɪn'fɜ:(r)] *vt* ① folgern, ableiten, entnehmen (*from* aus) ② darauf schließen lassen; andeuten; **in·fer·ence** ['ɪnfərəns] *s* Folgerung *f,* Schluss *m*

I

in·ferior [ɪnˈfɪərɪə(r)] **I.** *adj* ❶ (rang)niedriger, untergeordnet (*to dat*) ❷ gering(wertig)er, weniger wert (*to* als) ❸ (*Qualität*) minderwertig; **be ~ to s.o.** jdm unterlegen sein; jdm untergeordnet sein **II.** *s* Untergebene(r) *f m;* **in·ferior·ity** [ɪnˌfɪərɪˈɒrətɪ] *s* Minderwertigkeit *f;* Unterlegenheit *f;* **inferiority complex** *s* Minderwertigkeitskomplex *m*

in·fer·nal [ɪnˈfɜːnl] *adj* ❶ höllisch; Höllen- ❷ (*fig*) infernalisch; **in·ferno** [ɪnˈfɜːnəʊ] *s* <*pl* -fernos> Hölle *f,* Inferno *nt*

in·fer·tile [ɪnˈfɜːtaɪl] *adj* unfruchtbar; **in·fer·til·ity** [ˌɪnfəˈtɪlətɪ] *s* Unfruchtbarkeit *f*

in·fest [ɪnˈfest] *vt* herfallen über; befallen; heimsuchen; (*fig*) überschwemmen; **be ~ed with rats** mit Ratten verseucht sein; **be ~ed** mit Ungeziefer verseucht sein; **in·fes·ta·tion** [ˌɪnfesˈteɪʃn] *s* Verseuchung *f*

in·fi·del [ˈɪnfɪdəl] *s* Ungläubige(r) *f m*

in·fi·del·ity [ˌɪnfɪˈdelətɪ] *s* Untreue *f*

in·fight·ing [ˈɪnfaɪtɪŋ] *s* interner Machtkampf

in·fil·trate [ˈɪnfɪltreɪt] *vt* ❶ einsickern in, durchdringen ❷ (POL) unterwandern; sich einschleusen (*into* in); **in·fil·tra·tion** [ˌɪnfɪlˈtreɪʃn] *s* ❶ Infiltration *f* ❷ Eindringen *nt;* **in·fil·tra·tor** [-ə(r)] *s* Eindringling *m,* Unterwanderer *m*

in·fi·nite [ˈɪnfɪnət] *adj* ❶ (*a.* MATH) unendlich, unbegrenzt ❷ (*Vergnügen*) grenzenlos

in·fini·tesi·mal [ˌɪnfɪnɪˈtesɪml] *adj* unendlich klein; **~ calculus** Infinitesimalrechnung *f*

in·fini·tive [ɪnˈfɪnətɪv] *s* (GRAM) Infinitiv *m*

in·fin·ity [ɪnˈfɪnətɪ] *s* ❶ Unendlichkeit *f* ❷ (MATH) das Unendliche

in·firm [ɪnˈfɜːm] *adj* schwach, gebrechlich; **in·firm·ary** [ɪnˈfɜːmərɪ] *s* ❶ Krankenhaus *nt* ❷ (*in Schulen*) Krankenstube *f;* **in·firm·ity** [ɪnˈfɜːmətɪ] *s* ❶ Schwäche, Gebrechlichkeit *f* ❷ Gebrechen *nt*

in·flame [ɪnˈfleɪm] *vt* ❶ (MED) entzünden ❷ (*Person*) erzürnen, aufbringen ❸ (*Ärger*) erregen; **~d with passion** von glühender Leidenschaft erfasst

in·flam·mable [ɪnˈflæməbl] *adj* ❶ leicht entzündbar, feuergefährlich ❷ (*fig*) leicht erregbar, reizbar

in·flam·ma·tion [ˌɪnfləˈmeɪʃn] *s* (MED) Entzündung *f*

in·flam·ma·tory [ɪnˈflæmətrɪ] *adj* (*fig*) aufreizend, aufrührerisch

in·flat·able [ɪnˈfleitəbl] *adj* aufblasbar; (*Boot*) Schlauch-; **in·flate** [ɪnˈfleɪt] *vt* ❶ aufblasen, -blähen ❷ aufpumpen ❸ (*Geldumlauf*) steigern ❹ (*Preise*) erhöhen; **in·flated** [ɪnˈfleɪtɪd] *adj* ❶ aufgebläht ❷ inflationär ❸ (*fig*) geschwollen, bombastisch; **in·fla·tion** [ɪnˈfleɪʃn] *s* ❶ Aufblähung *f* ❷ (FIN) Inflation *f;* **~ rate** Inflationsrate *f;* **in·fla·tion·ary** [ɪnˈfleɪʃnrɪ] *adj* inflationär, inflationistisch

in·flect [ɪnˈflekt] *vt* ❶ (*Stimme*) modulieren ❷ (GRAM) flektieren, beugen; **in·flec·tion** [ɪnˈflekʃn] *s* (MUS) Tonfall *m*

in·flexi·bil·ity [ɪnˌfleksəˈbɪlətɪ] *s* ❶ Steifheit, Starre *f* ❷ (*fig*) Unbeugsamkeit *f;* **in·flex·ible** [ɪnˈfleksəbl] *adj* ❶ steif, starr ❷ (*fig*) halsstarrig, unnachgiebig, starr

in·flict [ɪnˈflɪkt] *vt* ❶ (*Schmerz*) zufügen ❷ (*Strafe*) auferlegen (*on, upon s.o.* jdm); **~ s.th. on s.o.** jdm etw aufdrängen; **in·flic·tion** [ɪnˈflɪkʃn] *s* ❶ Zufügen *nt* ❷ (*Strafe*) Auferlegung, Verhängung *f* ❸ Plage *f,* Kreuz *nt*

in·flu·ence [ˈɪnflʊəns] **I.** *s* Einfluss *m* (*over* auf); **be a good ~** einen guten Einfluss haben; **bring one's ~ to bear on s.o.** seinen Einfluss bei jdm geltend machen; **under the ~** (**of alcohol**) unter Alkoholeinfluss **II.** *vt* beeinflussen; **in·flu·ential** [ˌɪnflʊˈenʃl] *adj* einflussreich

in·flu·enza [ˌɪnflʊˈenzə] *s* Grippe *f*

in·flux [ˈɪnflʌks] *s* Einfluss, Zustrom *m;* Zufuhr *f;* **~ of visitors** Besucherstrom *m*

in·fo·mer·cial *s* als Informationssendung getarntes Werbevideo

in·form [ɪnˈfɔːm] **I.** *vt* ❶ informieren, unterrichten (*about* über), in Kenntnis setzen (*of* von) ❷ Nachricht, Bescheid geben, Mitteilung machen (*s.o. of s.th.* jdm von einer S); **be better ~ed** einen Informationsvorsprung haben; **keep s.o. ~ed** jdn auf dem Laufenden halten **II.** *vi* anzeigen, denunzieren (*against s.o., s.th.* jdn, etw)

in·for·mal [ɪnˈfɔːml] *adj* ❶ informell; inoffiziell ❷ (*Party*) form-, zwanglos; **in·for·mal·ity** [ˌɪnfɔːˈmælətɪ] *s* Form-, Zwanglosigkeit, Ungezwungenheit *f;* inoffizieller Charakter

in·form·ant [ɪnˈfɔːmənt] *s* Gewährsmann *m;* Informant(in) *m(f)*

in·for·ma·tion [ˌɪnfəˈmeɪʃn] *s* Nachricht, Auskunft *f;* Information *f;* **a piece of ~** eine Auskunft; **for s.o.'s ~** zur Kenntnisnahme; **get ~ about s.o.** sich über jdn informieren; **lack of ~** Informationsdefizit *nt;* **so far as my ~ goes** soviel ich weiß; **~ content** Informationsgehalt *m;* **~ market sources** Informationsmarktquellen; **~ retrieval** (INFORM) Datenabruf *m;* **~ science(s)** Informatik *f;* **Information Society** Informationsgesellschaft *f;* **~ storage** Datenspeicherung *f;* **~ superhighway**

Datenautobahn *f;* ~ **technology** Informationstechnologie *f*

? Grammatik

information wird nicht mit *an* oder im Plural gebraucht: eine Information = *a bit* oder *a piece of information*; Informationen = *any/some information.*

in·forma·tive [ɪn'fɔːmətɪv] *adj* belehrend, informativ; aufschlussreich; **in·former** [ɪn'fɔːmə(r)] *s* Denunziant(in) *m(f),* Spitzel *m*

in·fo·tain·ment [ˌɪnfəʊ'teɪnmənt] *s no pl* Infotainment *nt*

infra dig [ɪnfrə'dɪg] *adj* (*fam*) unter meiner/seiner/ihrer Würde

in·fra·red ['ɪnfrə'red] *adj* (PHYS) infrarot

in·fra·struc·ture ['ɪnfrəˌstrʌktʃə(r)] *s* Infrastruktur *f*

in·fre·quent [ɪn'friːkwənt] *adj* gelegentlich

in·fringe [ɪn'frɪndʒ] **I.** *vt* (*Gesetz*) verstoßen gegen; verletzen, übertreten **II.** *vi* ein-, übergreifen (*upon s.o.'s rights* in jds Rechte); **in·fringe·ment** [-mənt] *s* Übertretung, Verletzung *f;* Verstoß *m* (*of* gegen); ~ **of a contract** Vertragsbruch *m*

in·furi·ate [ɪn'fjʊərɪeɪt] *vt* wütend, rasend machen

in·fuse [ɪn'fjuːz] **I.** *vt* ❶ (*Tee*) aufgießen, -brühen ❷ (*fig*) einflößen (*into s.o.* jdm) **II.** *vi* (*Tee*) ziehen; **in·fu·sion** [ɪn'fjuːʒn] *s* ❶ Aufguss *m* ❷ Einflößung *f* ❸ (MED) Infusion *f*

in·geni·ous [ɪn'dʒiːnɪəs] *adj* ❶ scharfsinnig, genial ❷ erfinderisch ❸ (*Sache*) sinnreich, originell; **in·ge·nuity** [ˌɪndʒɪ'njuːətɪ] *s* ❶ Scharfsinn *m,* Genialität *f* ❷ Erfindungsgabe *f*

in·genu·ous [ɪn'dʒenjʊəs] *adj* ❶ aufrichtig, gerade ❷ naiv

ingle·nook ['ɪŋglnʊk] *s* Kaminecke *f*

in·glori·ous [ɪn'glɔːrɪəs] *adj* schimpflich, unehrenhaft

in·going ['ɪngəʊɪŋ] *adj* (*Post*) eingehend, einlaufend

in·got ['ɪŋgət] *s* Barren *m*

in·grained [ˌɪn'greɪnd] *adj* ❶ (*fig*) (fest) eingewurzelt; eingefleischt ❷ (*Schmutz*) tiefsitzend

in·grati·ate [ɪn'greɪʃɪeɪt] *vr* sich einschmeicheln (*with s.o.* bei jdm)

in·grati·tude [ɪn'grætɪtjuːd] *s* Undank(barkeit *f*) *m*

in·gredi·ent [ɪn'griːdɪənt] *s* ❶ Bestandteil *m;* Ingredienz *f* ❷ (*Küche*) Zutat *f*

in-group ['ɪngruːp] *s* maßgebliche Leute *pl,* Spitze *f*

in·grow·ing ['ɪngrəʊɪŋ] *adj:* ~ **toenail** eingewachsener Zehennagel

in·habit [ɪn'hæbɪt] *vt* bewohnen; leben in; **in·hab·it·able** [-əbl] *adj* bewohnbar; **in·habit·ant** [ɪn'hæbɪtənt] *s* Be-, Einwohner(in) *m(f)*

in·hale [ɪn'heɪl] **I.** *vt* einatmen, inhalieren **II.** *vi* einen Lungenzug machen; **in·haler** [ɪn'heɪlə(r)] *s* (MED) Inhalator *m*

in·har·moni·ous [ˌɪnhɑː'məʊnɪəs] *adj* unharmonisch

in·here [ɪn'hɪə(r)] *vi:* ~ **in s.th.** einer S innewohnen; **in·herent** [ɪn'hɪərənt] *adj* innewohnend, inhärent

in·herit [ɪn'herɪt] *vt, vi* erben (*s.th. from s.o.* etw von jdm); **in·her·it·able** [-əbl] *adj* (JUR BIOL) erblich, vererbbar; **in·herit·ance** [ɪn'herɪtəns] *s* Erbschaft *f,* Erbe *nt;* **come into an** ~ eine Erbschaft machen

in·hibit [ɪn'hɪbɪt] *vt* ❶ unterdrücken, verhindern ❷ (PSYCH) hemmen; ~ **s.o. from doing s.th.** jdn daran hindern, etw zu tun; **in·hi·bi·tion** [ˌɪnɪ'bɪʃn] *s* (PSYCH) Hemmung *f*

in·hos·pi·table [ˌɪnhɒ'spɪtəbl] *adj* ❶ ungastlich ❷ (*Gegend*) unwirtlich

in-house ['ɪnhaʊs] *adj* (betriebs)intern, innerbetrieblich

in·hu·man [ɪn'hjuːmən] *adj* unmenschlich, gefühllos; menschenverachtend; **in·hu·mane** [ˌɪnhjuː'meɪn] *adj* inhuman; menschenunwürdig; **in·hu·man·ity** [ˌɪnhjuː'mænətɪ] *s* Unmenschlichkeit *f*

in·imi·cal [ɪ'nɪmɪkl] *adj* ❶ feindselig ❷ nachteilig (*to* für)

in·imi·table [ɪ'nɪmɪtəbl] *adj* unnachahmlich

in·iqui·tous [ɪ'nɪkwɪtəs] *adj* ungeheuerlich; **in·iquity** [ɪ'nɪkwətɪ] *s* Ungeheuerlichkeit *f*

in·itial [ɪ'nɪʃl] **I.** *adj* anfänglich; ~ **letter** Anfangsbuchstabe *m* **II.** *s* Initiale *f;* Anfangsbuchstabe *m* **III.** *vt* abzeichnen; (*Vertrag*) paraphieren; **ini·tial·ize** [ɪ'nɪʃəlaɪz] *vt* (INFORM) initialisieren; **ini·tial·ly** [ɪ'nɪʃəlɪ] *adv* anfangs, am Anfang;

in·iti·ate [ɪ'nɪʃɪeɪt] **I.** *vt* ❶ einweihen, -führen (*into* in) ❷ (feierlich) aufnehmen ❸ den Anstoß geben zu, initiieren **II.** *s* Eingeweihte(r) *f m,* Neuaufgenommene(r) *f m;* **in·iti·ation** [ɪˌnɪʃɪ'eɪʃn] *s* ❶ Einführung, Einweihung *f* (*into* in) ❷ Aufnahme *f* ❸ Einleitung *f;* **in·iti·at·ive** [ɪ'nɪʃətɪv] *s* Initiative *f;* **on one's own** ~ aus eigenem Antrieb; **take the** ~ die Initiative ergreifen

in·ject [ɪn'dʒekt] *vt* ❶ (MED) einspritzen (*into* in) ❷ (*Bemerkung*) ein-, dazwischenwerfen; ~ **s.o. with s.th.** jdm etw injizieren;

in·jec·tion [ɪnˈdʒekʃn] *s* Einspritzung, Injektion, Spritze *f;* **fuel** ~ (AUTO) (Benzin)Einspritzung *f;* **engine with fuel** ~ Einspritzmotor *m;* ~ **of money** Finanzspritze *f;* **injection moulding** *s* (TECH) Spritzguss *m*

in·ju·di·cious [ˌɪndʒuːˈdɪʃəs] *adj* unklug

in·junc·tion [ɪnˈdʒʌŋkʃn] *s* Anordnung *f;* gerichtliche Verfügung; **in·junc·tive** *adj* angeordnet; (JUR) gerichtlich verfügt

in·jure [ˈɪndʒə(r)] *vt* ① verletzen ② (*fig*) kränken, Unrecht tun (*s.o.* jdm); **the** ~**d party** (JUR) der, die Geschädigte; **injury** [ˈɪndʒərɪ] *s* ① Verletzung *f* (*to* an) ② Kränkung *f,* Unrecht *nt;* **do s.o. an** ~ jdn verletzen

in·jus·tice [ɪnˈdʒʌstɪs] *s* ① Ungerechtigkeit *f* ② Unrecht *nt;* **do s.o. an** ~ jdm Unrecht tun

ink [ɪŋk] *s* ① Tinte *f* ② Tusche *f* ③ Stempelfarbe *f* ④ (*printer's* ~) Druckerschwärze *f;* **in** ~ mit Tinte; **ink bottle** *s* Tintenfass *nt;* **ink-jet** [ˈɪŋkdʒet] *s* Tintenstrahl *m;* **ink-jet printer** *s* Tintenstrahldrucker *m*

ink·ling [ˈɪŋklɪŋ] *s* Wink *m,* dunkle Ahnung; **have no** ~ **of s.th.** von etw keine Ahnung haben

ink-pad [ˈɪŋkpæd] *s* Stempelkissen *nt;* **ink·stain** [ˈɪŋksteɪn] *s* Tintenfleck *m;* **inky** [ˈɪŋkɪ] *adj* ① (tief)schwarz ② tintenbeschmiert

in·laid [ˌɪnˈleɪd] **I.** *pt, pp of* **inlay** **II.** *adj* eingelegt; ~ **work** Einlegearbeit *f*

in·land [ˈɪnlənd] **I.** *adj* ① Binnen- ② inländisch; einheimisch; Inland(s)- **II.** *adv* landeinwärts; **Inland Revenue** *s* (*Br*) Finanzamt *nt;* **inland trade** *s* Binnenhandel *m*

in-laws [ˈɪnlɔːz] *s pl* (*fam*) angeheiratete Verwandte *pl,* Schwiegereltern *pl*

in·lay [ˌɪnˈleɪ] <*irr:* inlaid, inlaid> **I.** *vt* einlegen **II.** *s* ① Einlegearbeit *f* ② Plombe *f* (*im Zahn*)

in·let [ˈɪnlet] *s* ① Meeres-, Flussarm *m* ② Öffnung *f* ③ (TECH) Zuleitung *f*

in-line skat·ing *s* Inlineskating *nt*

in·mate [ˈɪnmeɪt] *s* Insasse *m,* Insassin *f*

inn [ɪn] *s* Gast-, Wirtshaus *nt;* Herberge *f*

in·nards [ˈɪnədz] *s pl* Innereien *pl,* Eingeweide *pl*

in·nate [ɪˈneɪt] *adj* angeboren

in·ner [ˈɪnə(r)] *adj* ① innere(r, s); Innen- ② (*fig*) innere(r, s); verborgen; Seelen-; ~ **circle of friends** engster Freundeskreis; **the** ~ **man** das Innere; **in·ner·most** [ˈɪnəməʊst] *adj* innerste(r, s) geheimste(r, s); **inner tube** *s* (AUTO) Schlauch *m*

in·nings [ˈɪnɪŋz] *s sing od pl* (SPORT) Durchgang *m;* **have one's** ~ (*fig*) an der Reihe sein; **have a good** ~ (*fig*) ein langes, ausgefülltes Leben haben

in·no·cence [ˈɪnəsns] *s* Unschuld *f;* **innocent** [ˈɪnəsnt] **I.** *adj* ① unschuldig; unabsichtlich ② naiv, ahnungslos; **as** ~ **as a new-born babe** unschuldig wie ein Lamm **II.** *s* Unschuld *f*

in·nocu·ous [ɪˈnɒkjʊəs] *adj* harmlos

in·no·vate [ˈɪnəveɪt] *vi* Neuerungen einführen; **in·no·va·tion** [ˌɪnəˈveɪʃn] *s* Innovation *f;* Neuerung *f;* **in·no·va·tive** [ˈɪnəvətɪv] *adj* innovativ

in·nu·endo [ˌɪnjuːˈendəʊ] *s* <*pl* -endoes> versteckte Andeutung

in·numer·able [ɪˈnjuːmərəbl] *adj* unzählig; **in·numer·ate** [ɪˈnjuːmərət] *adj:* **be** ~ nicht rechnen können

in·ocu·late [ɪˈnɒkjʊleɪt] *vt* (MED: *Menschen*) impfen (*against* gegen); **inocu·la·tion** [ɪˌnɒkjʊˈleɪʃn] *s* (MED) Impfung *f*

in·of·fen·sive [ˌɪnəˈfensɪv] *adj* harmlos

in·op·er·able [ˌɪnˈɒpərəbl] *adj* ① (MED) nicht operierbar ② (*Plan*) nicht durchführbar

in·op·er·at·ive [ˌɪnˈɒpərətɪv] *adj* ① außer Kraft, ungültig ② (*Maschine*) außer Betrieb

in·op·por·tune [ˌɪnˈɒpətjuːn] *adj* ungelegen; inopportun; unpassend

in·or·di·nate [ɪˈnɔːdɪnət] *adj* unmäßig, maßlos

in·or·ganic [ˌɪnɔːˈgænɪk] *adj* (CHEM) anorganisch

in·pa·tient [ˈɪnpeɪʃnt] *s* stationär behandelter Patient

in·put [ˈɪnpʊt] *s* ① (TECH) Energiezufuhr *f* ② (INFORM) Input *m* ③ (COM) Investition *f* ④ Arbeitsaufwand *m;* **input data** *s pl* (INFORM) Eingabedaten *pl;* **input device** *s* (INFORM) Eingabegerät *nt*

in·quest [ˈɪnkwest] *s* gerichtliche Untersuchung

in·quire, **en·quire** [ɪnˈkwaɪə(r)] **I.** *vi* sich erkundigen (*about, after* nach), fragen (*about* nach); ~ **for** fragen nach; ~ **into** untersuchen **II.** *vt* sich erkundigen nach, fragen nach; ~ **s.th. of s.o.** sich bei jdm nach etw erkundigen; **in·quiry**, **enquiry** [ɪnˈkwaɪərɪ] *s* ① Anfrage *f* (*about* über) ② Erkundigung *f* (*about* über) ③ Untersuchung *f;* **on** ~ auf Anfrage; **make inquiries** Erkundigungen einziehen; Nachforschungen anstellen (*about s.o.* über jdn); **court of** ~ Untersuchungskommission *f;* **hold an** ~ **into s.th.** eine Untersuchung über etw durchführen

in·qui·si·tion [ˌɪnkwɪˈzɪʃn] *s* (*a.* JUR) Untersuchung *f,* Inquisition *f*

in·quisi·tive [ɪn'kwɪzətɪv] *adj* wissbegierig; neugierig

in·road ['ɪnrəʊd] *s* ❶ Ein-, Überfall *m* (*into* in) ❷ (*fig*) Eingriff *m* (*on* in); **make ~s on the market** in den Markt eindringen; **make ~s upon s.o.'s savings** ein Loch in jds Ersparnisse reißen

in·rush ['ɪnrʌʃ] *s* Zustrom *m*

in·sa·lubri·ous [ˌɪnsə'lu:brɪəs] *adj* (*Klima*) unzuträglich

in·sane [ɪn'seɪn] *adj* geisteskrank, wahnsinnig

in·sani·tary [ɪn'sænɪtrɪ] *adj* unhygienisch

in·san·ity [ɪn'sænətɪ] *s* ❶ Geisteskrankheit *f* ❷ (*fig*) Wahnsinn *m*

in·sa·tiable [ɪn'seɪʃəbl] *adj* unersättlich

in·scrip·tion [ɪn'skrɪpʃn] *s* ❶ Aufschrift *f;* Inschrift *f* ❷ Widmung *f*

in·scru·table [ɪn'skru:təbl] *adj* unergründlich, unerklärlich

in·sect ['ɪnsekt] *s* Insekt *nt;* ~ **bite** Insektenstich *m;* ~ **repellent** Insektenschutzmittel *nt;* **in·sec·ticide** [ɪn'sektɪsaɪd] *s* Insektenbekämpfungsmittel, Insektengift *nt*

in·se·cure [ˌɪnsɪ'kjʊə(r)] *adj* ❶ unsicher ❷ (*Gebäude*) nicht sicher; **in·se·cur·ity** [ˌɪnsɪ'kjʊərətɪ] *s* Unsicherheit *f*

in·semi·nate [ɪn'semɪneɪt] *vt* befruchten; besamen; **in·semi·na·tion** [ɪnˌsemɪ'neɪʃn] *s* Befruchtung *f;* Besamung *f*

in·sen·sible [ɪn'sensəbl] *adj* ❶ bewusstlos; unempfindlich ❷ unempfänglich (*of, to* für) ❸ unmerklich

in·sen·si·tive [ɪn'sensətɪv] *adj* ❶ unempfindlich, gefühllos (*to* gegen) ❷ unempfänglich

in·sep·ar·able [ɪn'seprəbl] *adj* unzertrennlich; untrennbar

in·sert [ɪn'sɜ:t] **I.** *vt* ❶ einsetzen, -fügen, -schalten ❷ hineinstecken ❸ (*Münze*) einwerfen; ~ **an advertisement in a paper** eine Anzeige in eine Zeitung setzen **II.** ['ɪnsɜ:t] *s* Beilage *f;* Inserat *nt;* Einlage *f;* **in·ser·tion** [ɪn'sɜ:ʃn] *s* ❶ Einfügung, -schaltung *f* ❷ (*in einem Kleid*) Einsatz *m* ❸ Inserat *nt,* Anzeige *f* ❹ (*Münze*) Einwurf *m* ❺ Hineinstecken *nt*

in-service ['ɪnsɜvɪs] *adj attr:* ~ **training** innerbetriebliche Fortbildung

in·shore [ˌɪn'ʃɔ:(r)] **I.** *adj* Küsten- **II.** *adv* in Küstennähe

in·side [ɪn'saɪd] **I.** *s* ❶ (das) Innere; Innenseite *f* ❷ (*fam*) Eingeweide *pl;* **the wind blew her umbrella ~ out** der Wind hat ihren Schirm umgestülpt; **turn s.th. ~ out** (*fig*) etw auf den Kopf stellen; **know s.th. ~ out** etw in- und auswendig kennen **II.** ['ɪnsaɪd] *adj* innere(r, s); Innen-; **an ~ job** (*fig*) ein Werk von Insidern; ~ **lane** [*o* **track**] (SPORT) Innenbahn *f;* ~ **left** (SPORT) Halblinke(r) *m* **III.** *adv* innen, im Innern; drin(nen); **come ~!** kommen Sie herein!; **be ~** (*sl*) (im Gefängnis) sitzen **IV.** *prep* ❶ innen in; in ❷ (*zeitlich*) innerhalb +*gen;* **go ~ the house** ins Haus gehen; **in·sider** [ɪn'saɪdə(r)] *s* Insider *m,* Eingeweihte(r) *f m;* ~ **dealing** [*o* **trading**] Insiderhandel *m*

in·sidi·ous [ɪn'sɪdɪəs] *adj* hinterhältig, heimtückisch

in·sight ['ɪnsaɪt] *s* ❶ Verständnis *nt* ❷ Einsicht *f,* Einblick *m* (*into* in)

in·sig·nia [ɪn'sɪgnɪə] *s pl* Insignien *pl*

in·sig·nifi·cance [ˌɪnsɪg'nɪfɪkəns] *s* Bedeutungslosigkeit *f;* **in·sig·nifi·cant** [ˌɪnsɪg'nɪfɪkənt] *adj* ❶ bedeutungslos ❷ (*Summe*) unerheblich, geringfügig

in·sin·cere [ˌɪnsɪn'sɪə(r)] *adj* unaufrichtig, falsch

in·sinu·ate [ɪn'sɪnjʊeɪt] *vt* andeuten, anspielen auf; **what is he insinuating?** was will er damit sagen?; ~ **o.s. into s.o.'s favo(u)r** jds Gunst erschleichen; **in·sinu·ation** [ɪnˌsɪnjʊ'eɪʃn] *s* Anspielung *f*

in·sipid [ɪn'sɪpɪd] *adj* ❶ fade ❷ (*fig*) geistlos

in·sist [ɪn'sɪst] *vt, vi* bestehen, beharren, großen Wert legen (*on, upon* auf); ~ **on one's innocence** auf seiner Unschuld bestehen; **if you ~** wenn Sie darauf bestehen; ~ **on a point** auf einem Punkt beharren; ~ **on doing s.th.** darauf bestehen etw zu tun; **in·sist·ence** [ɪn'sɪstəns] *s* Bestehen *nt* (*on* auf); **I did it at her ~** ich tat es auf ihr Drängen; **in·sist·ent** [ɪn'sɪstənt] *adj* ❶ beharrlich, hartnäckig ❷ eindringlich, eindrucksvoll; **be ~** darauf bestehen (*that* dass); **he was most ~** er hat nicht lockergelassen

in·so·far [ˌɪnsə'fɑ:(r)] *adv:* ~ **as** soweit

in·sole ['ɪnsəʊl] *s* Brand-, Einlegesohle *f*

in·so·lence ['ɪnsələns] *s* Unverschämtheit, Frechheit *f;* **in·so·lent** ['ɪnsələnt] *adj* unverschämt, frech

in·sol·uble [ɪn'sɒljʊbl] *adj* ❶ un(auf)löslich ❷ (*Problem*) unlösbar

in·sol·vency [ɪn'sɒlvənsɪ] *s* Zahlungsunfähigkeit, Insolvenz *f;* **in·sol·vent** [ɪn'sɒlvənt] *adj* zahlungsunfähig, insolvent

in·som·nia [ɪn'sɒmnɪə] *s* Schlaflosigkeit *f;* **in·som·niac** [ɪn'sɒmnɪæk] *s jemand, der an Schlaflosigkeit leidet*

in·so·much [ˌɪnsəʊ'mʌtʃ] *adv:* ~ **as** (in)sofern, soweit

in·spect [ɪn'spekt] *vt* ❶ kontrollieren, prüfen ❷ (MIL) inspizieren; **in·spec·tion**

I

[ɪn'spekʃn] *s* ❶ Prüfung, Kontrolle *f* ❷ (MIL) Inspektion *f;* **on** ~ bei näherer Betrachtung; **for your** ~ zur Einsicht; **customs** ~ Zollkontrolle *f;* ~ **copy** Ansichtsexemplar *nt*

in·spec·tor [ɪn'spektə(r)] *s* ❶ Kontrolleur(in) *m(f),* Prüfungs-, Aufsichtsbeamte(r) *m* ❷ Inspektor(in) *m(f);* **customs** ~ Zollinspektor(in) *m(f);* **police** ~ Polizeikommissar(in) *m(f);* ~ (**of police**) Polizeikommisar(in) *m(f)*

in·spi·ra·tion [ˌɪnspə'reɪʃn] *s* (*a.* REL) Eingebung, Inspiration *f;* **have a sudden** ~ eine plötzliche Erleuchtung haben; **in·spire** [ɪn'spaɪə(r)] *vt* ❶ (*a.* REL) inspirieren ❷ (*Gefühl*) wecken; hervorrufen; einflößen (*into s.o.* jdm); ~ **s.o. with hope** jdn mit Hoffnung erfüllen

in·sta·bil·ity [ˌɪnstə'bɪlətɪ] *s* Instabilität *f;* Unbeständigkeit *f;* Labilität *f*

in·stall [ɪn'stɔːl] *vt* ❶ (*in ein Amt*) einsetzen ❷ (TECH) installieren, einbauen; anschließen; ~ **o.s.** sich einrichten, sich niederlassen; **in·stal·la·tion** [ˌɪnstə'leɪʃn] *s* ❶ Amtseinsetzung *f* ❷ Einrichtung, Installation *f* ❸ Anlage *f* ❹ Auf-, Einbau *m*

in·stall·ment *s* (*Am*) *s.* **instalment**; **installment plan** *s* (*Am*) Teilzahlungsgeschäft *nt;* **in·stal·ment** [ɪn'stɔːlmənt] *s* ❶ Raten-, Teilzahlung *f* ❷ (*Veröffentlichung*) Fortsetzung *f;* Sendefolge *f;* **by** [*o* **in**] ~**s** auf Raten; **appear in** ~**s** in Fortsetzungen erscheinen; **monthly** ~ Monatsrate *f*

in·stance ['ɪnstəns] **I.** *s* ❶ Beispiel *nt;* Fall *m* ❷ Ersuchen *nt* ❸ (JUR) Instanz *f;* **at s.o.'s** ~ auf jds Veranlassung; **for** ~ zum Beispiel; **in the first** ~ in erster Linie, vor allem, zunächst **II.** *vt* (als Beispiel) anführen

in·stant ['ɪnstənt] **I.** *adj* ❶ unmittelbar ❷ (*Essen*) Instant- ❸ (COM) dieses Monats; ~ **coffee** Pulver-, Instantkaffee *m;* ~ **food** Fertiggerichte *ntpl;* **an** ~ **success** ein sofortiger Erfolg **II.** *s* Augenblick, Moment *m;* **at this** ~ in diesem Augenblick; **in an** ~ im Augenblick; im Nu

in·stan·ta·neous [ˌɪnstən'teɪnɪəs] *adj* augenblicklich, sofortig, unmittelbar; **death was** ~ der Tod trat sofort ein; **in·stan·ta·neous·ly** [-lɪ] *adv* unverzüglich, sofort

in·stant·ly ['ɪnstəntlɪ] *adv* sofort, augenblicklich

in·stead [ɪn'sted] **I.** *adv* stattdessen, dafür **II.** *prep:* ~ **of** statt, anstelle von; ~ **of doing …** statt … zu tun

in·step ['ɪnstep] *s* (ANAT) Spann, Rist *m*

in·sti·gate ['ɪnstɪgeɪt] *vt* ❶ anspornen, aufhetzen (*to* zu) ❷ anstiften (*to a crime* zu einem Verbrechen) ❸ veranlassen; **in·sti·ga·tion** [ˌɪnstɪ'geɪʃn] *s* Anstiftung *f;* **at his** ~ auf sein Betreiben

in·stil [ɪn'stɪl], **in·still** *vt* (*fig*) nahe bringen, beibringen

in·stinct ['ɪnstɪŋkt] *s* Instinkt *m;* **by** [*o* **from**] ~ instinktiv; **have an** ~ **for** einen Instinkt haben für; **in·stinc·tive** [ɪn'stɪŋktɪv] *adj* instinktiv

in·sti·tute ['ɪnstɪtjuːt] **I.** *vt* ❶ aufstellen, einrichten, (be)gründen ❷ (JUR) einleiten, in die Wege leiten; ~ **divorce proceedings** die Scheidung einreichen **II.** *s* Einrichtung *f;* Institut *nt*

in·sti·tu·tion [ˌɪnstɪ'tjuːʃn] *s* ❶ Einrichtung, Institution *f* ❷ Errichtung, Gründung *f* ❸ Institut *nt,* Anstalt *f* ❹ (*fam*) altbekannte Person; **in·sti·tu·tional** [ˌɪnstɪ'tjuːʃənl] *adj* institutionell; ~ **advertising** (*Am*) Prestigewerbung *f;* **in·sti·tu·tional·ize** [ˌɪnstɪ'tjuːʃənəlaɪz] *vt* institutionalisieren

in·struct [ɪn'strʌkt] *vt* ❶ unterrichten, belehren ❷ anleiten, unterweisen ❸ die Anweisung geben (*s.o.* jdm) ❹ unterrichten, informieren (*of s.th.* von einer S); **in·struc·tion** [ɪn'strʌkʃn] *s* ❶ Unterricht *m,* Schulung *f* ❷ Belehrung, Instruktion *f* ❸ Anordnung, Anweisung, Vorschrift *f;* ~**s for use** Gebrauchsanweisung, -anleitung *f;* **according to** ~**s** auftrags-, weisungsgemäß; **instruction book** *s* Bedienungs-, Gebrauchsanweisung *f;* **instruction leaflet** *s* Beipackzettel *nt;* **in·struc·tive** [ɪn'strʌktɪv] *adj* instruktiv; **in·struc·tor** [ɪn'strʌktə(r)] *s* ❶ Lehrer(in) *m(f)* ❷ (*Am*) Dozent(in) *m(f);* **driving** ~ Fahrlehrer(in) *m(f);* **in·struc·tress** [ɪn'strʌktrɪs] *s* ❶ Lehrerin *f* ❷ (*Am*) Dozentin *f*

in·stru·ment ['ɪnstrʊmənt] *s* ❶ Werkzeug, Instrument *nt;* Gerät *nt* ❷ (Musik)Instrument *nt* ❸ (*fig*) Mittel, Werkzeug *nt* ❹ (JUR) Urkunde *f,* Dokument *nt*

in·stru·men·tal [ˌɪnstrʊ'mentl] *adj* ❶ brauchbar, förderlich; behilflich ❷ (MUS) instrumental; Instrumental-; **be** ~ **in s.th.** bei einer S behilflich sein; zu einer S beitragen; ~ **music** Instrumentalmusik *f*

in·stru·men·ta·tion [ˌɪnstrʊmen'teɪʃn] *s* (MUS) Instrumentation *f*

in·stru·ment board, **in·stru·ment pan·el** *s* Armaturenbrett *nt*

in·sub·or·di·nate [ˌɪnsə'bɔːdɪnət] *adj* ungehorsam; widersetzlich

in·sub·stan·tial [ˌɪnsəb'stænʃl] *adj* ❶ unwirklich, imaginär; wenig substanziell ❷ (*Anklage*) gegenstandslos

in·suf·fer·able [ɪn'sʌfrəbl] *adj* unerträglich

in·suf·fi·ciency [ˌɪnsəˈfɪʃnsɪ] *s* ❶ Mangel *m* (*of* an) ❷ Unzulänglichkeit *f;* **in·suf·fi·cient** [ˌɪnsəˈfɪʃnt] *adj* ❶ ungenügend ❷ unzulänglich

in·su·lar [ˈɪnsjʊlə(r)] *adj* ❶ insular; Insel- ❷ (*fig*) engstirnig; **in·su·lar·ity** [ˌɪnsjʊˈlærətɪ] *s* ❶ insulare Lage, Insellage *f* ❷ (*fig*) Engstirnigkeit *f*

in·su·late [ˈɪnsjʊleɪt] *vt* ❶ isolieren, absondern (*from* von) ❷ (ELEK) isolieren (*from, against* gegen); **in·su·lat·ing** [ˈɪnsjʊleɪtɪŋ] *adj* (ELEK) isolierend; nichtleitend; ~ **tape** Isolierband *nt;* **in·su·la·tion** [ˌɪnsjʊˈleɪʃn] *s* ❶ (ELEK) Isolation, Isolierung *f;* Isoliermaterial *nt* ❷ (*fig*) Geschütztheit *f* (*from* gegen)

in·su·lin [ˈɪnsjʊlɪn] *s* Insulin *nt*

in·sult [ˈɪnsʌlt] **I.** *s* ❶ Beleidigung *f* ❷ Verunglimpfung *f* (*to s.o.* jds) **II.** [ɪnˈsʌlt] *vt* ❶ beleidigen ❷ verunglimpfen

in·sup·er·able [ɪnˈsjuːprəbl] *adj* unüberwindlich

in·sup·port·able [ˌɪnsəˈpɔːtəbl] *adj* unerträglich

in·sur·ance [ɪnˈʃʊərəns] *s* ❶ Versicherung *f* ❷ Versicherungssumme *f;* **take out an ~** eine Versicherung abschließen; **insurance agent** *s* Versicherungsvertreter(in) *m(f);* **insurance broker** *s* Versicherungsmakler(in) *m(f);* **insurance company** *s* Versicherungsgesellschaft *f;* **insurance cover** *s* Versicherungsschutz *m;* **insurance policy** *s* Versicherungspolice, -schein *m,* Police *f;* **insurance premium** *s* Versicherungsbeitrag *m,* -prämie *f;* **in·sure** [ɪnˈʃʊə(r)] *vt* versichern (*against fire* gegen Feuer); **in·sured** [ɪnˈʃʊəd] **I.** *adj* versichert **II.** *s* Versicherte(r) *f m,* Versicherungsnehmer(in) *m(f);* **in·surer** [ɪnˈʃʊərə(r)] *s* Versicherer *m*

in·sur·mount·able [ˌɪnsəˈmaʊntəbl] *adj* unüberwindlich

in·sur·rec·tion [ˌɪnsəˈrekʃn] *s* Aufstand *m,* Revolte *f*

in·tact [ɪnˈtækt] *adj* unbeschädigt; unversehrt, intakt

in·take [ˈɪnteɪk] *s* ❶ (*von Wasser*) Aufnahme *f;* aufgenommene Menge ❷ Zuflussrohr *nt* ❸ (MIL) Rekrutierung *f;* Aufnahme *f;* **air ~** Luftzufuhr *f;* **food ~** Nahrungsaufnahme *f*

in·tan·gible [ɪnˈtændʒəbl] *adj* ❶ nicht greifbar ❷ (*Gefühle*) unbestimmbar; ~ **assets** immaterielle Werte *mpl*

in·te·ger [ˈɪntɪdʒə(r)] *s* (MATH) ganze Zahl

in·te·gral [ˈɪntɪgrəl] *adj* wesentlich; vollständig, ganz; ~ **calculus** Integralrechnung *f*

in·te·grate [ˈɪntɪgreɪt] **I.** *vt* integrieren, eingliedern **II.** *vi* (*in den USA*) auch für Schwarze zugänglich werden; **in·te·grat·ed** [ˈɪntɪgreɪtɪd] *adj* ❶ einheitlich; ein Ganzes bildend ❷ ohne Rassentrennung; ~ **circuit** integrierter Schaltkreis; ~ **system** Verbundsystem *nt;* **in·te·gra·tion** [ˌɪntɪˈgreɪʃn] *s* ❶ Integration *f;* (MATH) Einbindung *f;* Eingliederung *f* ❷ (*in den USA*) Aufhebung *f* der Rassenschranken

in·teg·rity [ɪnˈtegrətɪ] *s* ❶ Integrität *f* ❷ Einheit *f*

in·tel·lect [ˈɪntəlekt] *s* ❶ Verstand, Intellekt *m* ❷ (*Mensch*) großer Geist; **in·tel·lec·tual** [ˌɪntəˈlektʃʊəl] **I.** *adj* intellektuell; ~ **property** geistiges Eigentum **II.** *s* Intellektuelle(r) *f m*

in·tel·li·gence [ɪnˈtelɪdʒəns] *s* ❶ Intelligenz, Auffassungsgabe *f* ❷ Nachricht, Information, Auskunft *f* ❸ Nachrichten-, Geheimdienst *m;* **intelligence quotient, IQ** *s* Intelligenzquotient *m;* **intelligence service** *s* Nachrichten-, Geheimdienst *m;* **intelligence test** *s* Intelligenztest *m;* **in·tel·li·gent** [ɪnˈtelɪdʒənt] *adj* intelligent, klug; **in·tel·li·gent·sia** [ɪnˌtelɪˈdʒentsɪə] *s* die Intellektuellen *pl,* Intelligenz *f*

in·tel·li·gible [ɪnˈtelɪdʒəbl] *adj* verständlich, klar (*to s.o.* jdm)

in·tend [ɪnˈtend] *vt* ❶ beabsichtigen wollen ❷ fest vorhaben, beabsichtigen (*to do* zu tun); **we ~ him to go with us** wir haben vor ihn mitzunehmen; er soll mit uns mitkommen; **what do you ~ doing today?** was haben Sie heute vor?; **he is ~ed for the medical profession** er soll einmal den Arztberuf ergreifen; **this book is ~ed for you** dieses Buch ist für dich bestimmt; **he ~s to win** er hat fest vor zu gewinnen; **in·tended** [ɪnˈtendɪd] *adj* ❶ beabsichtigt, geplant ❷ (*Ehemann, -frau*) zukünftig

in·tense [ɪnˈtens] *adj* ❶ intensiv; (*Angst, Freude etc*) äußerst groß ❷ ernsthaft; **in·ten·sify** [ɪnˈtensɪfaɪ] **I.** *vt* ❶ verstärken, intensivieren ❷ (*Beziehungen*) vertiefen **II.** *vi* sich steigern, zunehmen; **in·ten·sity** [ɪnˈtensətɪ] *s* Intensität *f;* **in·ten·sive** [ɪnˈtensɪv] *adj* intensiv; ~ **care** Intensivpflege *f;* ~ **care unit** Intensivstation *f;* ~ **course** Intensivkurs *m;* ~ **livestock farming** Massentierhaltung *f*

in·tent [ɪnˈtent] **I.** *adj* ❶ (*Blick*) durchdringend ❷ fest entschlossen (*on* zu) **II.** *s* Absicht *f;* Vorsatz, Zweck *m;* **to this ~** in dieser Absicht; **to the ~ that** in der Absicht, dass; **to all ~s and purposes** in jeder Hinsicht; **with ~** absichtlich; mit der Absicht (*to* zu); **in·ten·tion** [ɪnˈtenʃn] *s*

Absicht *f,* Vorhaben *nt;* **with the best of ~s** in der besten Absicht; **in·ten·tional** [ɪn'tenʃənl] *adj* absichtlich, vorsätzlich

in·ter·act [ˌɪntər'ækt] *vi* aufeinander wirken; **in·ter·ac·tion** [ˌɪntər'ækʃn] *s* gegenseitige Beeinflussung, Wechselwirkung *f;* (PSYCH) Interaktion *f;* **in·ter·ac·tive TV** [ˌɪntəræktɪvti:'vi:] *s* interaktives Fernsehen

in·ter·agen·cy [ˌɪntə'eɪdʒənsɪ] *adj* zwischen den Organisationen

in·ter·breed [ˌɪntə'bri:d] **I.** *vt* kreuzen **II.** *vi* sich kreuzen

in·ter·cede [ˌɪntə'si:d] *vi* sich einsetzen (*with, for* für)

in·ter·cept [ˌɪntə'sept] *vt* abfangen; **in·ter·cep·tion** [ˌɪntə'sepʃn] *s* Abfangen *nt;* **in·ter·cep·tor** [ˌɪntə'septə(r)] *s* (AVIAT) Abfangjäger *m*

in·ter·ces·sion [ˌɪntə'seʃn] *s* Fürsprache *f*

in·ter·change [ˌɪntə'tʃeɪndʒ] **I.** *vt* austauschen; vertauschen **II.** ['ɪntətʃeɪndʒ] *s* ① Austausch *m* ② (*von Straßen*) Kreuzung *f;* **motorway ~** Autobahnkreuz *nt;* **in·ter·change·able** [ˌɪntə'tʃeɪndʒəbl] *adj* austauschbar, auswechselbar

inter·city [ˌɪntə'sɪtɪ] *adj:* **~ train** Intercityzug, IC *m;* **~ supplement** IC-Zuschlag *m*

in·ter·com ['ɪntəkɒm] *s* Gegensprechanlage *f;* **in·ter·com·mu·ni·cate** [ˌɪntəkə'mju:nɪkeɪt] *vi* miteinander in Verbindung stehen

in·ter·con·ti·nen·tal [ˌɪntəˌkɒntɪ'nentl] *adj* interkontinental; **~ ballistic missile, ICBM** Interkontinentalrakete *f*

in·ter·course ['ɪntəkɔ:s] *s* Verkehr, Umgang *m* (*with* mit); **commercial ~** Handelsbeziehungen *fpl;* **sexual ~** Geschlechtsverkehr *m*

in·ter·cut [ˌɪntə'kʌt] *vt* einblenden

in·ter·de·nomi·na·tional [ˌɪntədɪˌnɒmɪ'neɪʃənl] *adj* interkonfessionell

in·ter·de·part·mental ['ɪntəˌdi:pɑ:t'mentl] *adj* mehrere Abteilungen betreffend

in·ter·de·pen·dence [ˌɪntədɪ'pendəns] *s* Interdependenz *f,* wechselseitige Abhängigkeit; **in·ter·de·pen·dent** [ˌɪntədɪ'pendənt] *adj* gegenseitig, voneinander abhängig

in·ter·dict [ˌɪntə'dɪkt] **I.** *vt* ① verbieten, untersagen (*from doing* zu tun) ② (REL) suspendieren **II.** ['ɪntədɪkt] *s* ① Verbot *nt* ② (REL) Interdikt *nt*

in·ter·est ['ɪntrəst] **I.** *s* ① Interesse *nt* (*in* für) ② (COM) Anrecht *nt,* Anteil *m* ③ Bedeutung, Wichtigkeit *f* ④ (FIN) Zinsen *mpl;* **take an ~ in s.o.** sich für jdn interessieren; **in the ~ of** im Interesse *+gen;* **of public ~** von öffentlichem Interesse; **rate of ~** Zinssatz *m;* **bear** [*o* **bring**] [*o* **carry**] **~** Zinsen tragen; **have an ~ in** beteiligt sein, Anteil haben an; **pay ~ on s.th.** etw verzinsen; **this is of no ~ to me** das interessiert mich nicht; **sphere of ~** Interessengebiet *nt,* -sphäre *f;* **~-bearing** verzinslich, zinstragend; **~-free** zinslos **II.** *vt* interessieren (*in* für, an); **in·ter·ested** ['ɪntrəstɪd] *adj* ① interessiert (*in* an) ② beteiligt; **in·ter·esting** [-ɪŋ] *adj* interessant, fesselnd

inter·face ['ɪntəfeɪs] *s* (INFORM) Schnittstelle *f,* Interface *nt*

in·ter·fere [ˌɪntə'fɪə(r)] *vi* ① sich einmischen (*in* in), sich zu schaffen machen ② stören, beeinträchtigen (*with s.th.* etw); **in·ter·fer·ence** [ˌɪntə'fɪərəns] *s* ① Einmischung, Intervention *f* ② (*a.* RADIO) Störung; Beeinträchtigung *f* (*with +gen*)

in·terim ['ɪntərɪm] **I.** *s* Zwischenzeit *f* **II.** *adj* vorläufig, einstweilig; Interims-; **~ dividend** Abschlags-, Zwischendividende *f;* **~ payment** Abschlags-, Interimszahlung *f;* **~ report** Zwischenbericht *m*

in·terior [ɪn'tɪərɪə(r)] **I.** *adj* Innen-; Binnen- **II.** *s* ① (das) Innere ② (*Kunst*) Interieur *nt* ③ (PHOT) Innenaufnahme *f;* **the Department of the Interior** (*in den USA*) das Innenministerium; **Interior Minister** Innenminister(in) *m(f);* **interior decoration** *s* Raumausstattung *f;* **interior designer** *s* Innenarchitekt(in) *m(f)*

in·ter·ject [ˌɪntə'dʒekt] *vt* (*Frage*) ein-, dazwischenwerfen; **in·ter·jec·tion** [ˌɪntə'dʒekʃn] *s* (GRAM) Interjektion *f*

in·ter·lace [ˌɪntə'leɪs] **I.** *vt* verflechten; verbinden **II.** *vi* sich miteinander verflechten

in·ter·leave *vt* mit Zwischenblättern versehen

inter·li·brary loan [ɪntə'laɪbrərɪˌləʊn] *s* Fernleihe *f*

in·ter·locu·tor [ˌɪntə'lɒkjʊtə(r)] *s* Gesprächspartner(in) *m(f)*

in·ter·lo·per ['ɪntələʊpə] *s* Eindringling *m*

in·ter·lude ['ɪntəlu:d] *s* ① (THEAT MUS) Zwischenspiel *nt;* Intermezzo *nt* ② Pause *f* ③ Unterbrechung *f* (*of* durch)

in·ter·marry [ˌɪntə'mærɪ] *vi* ① untereinander heiraten ② (*nahe Verwandte*) sich heiraten

in·ter·medi·ary [ˌɪntə'mi:dɪərɪ] **I.** *adj* vermittelnd **II.** *s* Vermittler(in) *m(f),* Mittelsmann *m;* Makler(in) *m(f)*

in·ter·medi·ate [ˌɪntə'mi:dɪət] *adj* dazwischenliegend; Zwischen-; **~-range missile** Mittelstreckenrakete *f;* **~ stage** Zwischenstadium *nt;* **~ waste** mittelradioaktiver Abfall

in·ter·mezzo [ˌɪntə'metsəʊ] *s* <*pl* -mezzos> (MUS) Intermezzo *nt*

in·ter·mi·nable [ɪn'tɜːmɪnəbl] *adj* endlos
in·ter·mis·sion [ˌɪntə'mɪʃn] *s* Unterbrechung, Pause *f;* **without** ~ pausenlos, ununterbrochen
in·ter·mit·tent [ˌɪntə'mɪtnt] *adj* periodisch auftretend; ~ **fever** Wechselfieber *nt*
in·tern¹ [ɪn'tɜːn] *vt* internieren
in·tern² ['ɪntɜːn] *s* (*Am*) Medizinalassistent(in) *m(f)*
in·ter·nal [ɪn'tɜːnl] *adj* ❶ innere(r, s); innerlich; intern ❷ (*Handel*) inländisch, (ein)heimisch; ~ **affairs** (POL) innere Angelegenheiten *fpl;* ~**-combustion engine** Verbrennungsmotor *m;* ~ **flight** Inlandflug *m;* ~ **market** Binnenmarkt *m;* ~ **medicine** innere Medizin; **Internal Revenue Service, IRS** (*in den USA*) Finanzamt *nt;* ~ **telephone** Haustelefon *nt;* ~ **trade** Binnenhandel *m*
in·ter·na·tional [ˌɪntə'næʃnəl] **I.** *adj* international **II.** *s* (SPORT) Länderspiel *nt;* Nationalspieler(in) *m(f);* ~ **call** Auslandsgespräch *nt;* **International Court of Justice** Internationaler Gerichtshof; ~ **date line** Datumsgrenze *f;* ~ **dialling code** internationale Vorwahl; ~ **financial system** internationales Finanzsystem; ~ **law** Völkerrecht *nt;* **International Monetary Fund, IMF** Weltwährungsfonds *m;* ~ **monetary system** internationales Währungssystem; **International Olympic Committee, IOC** Internationales Olypmpisches Komitee; ~ **reply coupon** internationaler Postantwortschein
in·ter·na·tional·ize [ˌɪntə'næʃnəlaɪz] *vt* internationalisieren
in·ter·naut ['ɪntənɔːt] *s* Internetsurfer(in) *m(f)*
in·ter·ne·cine war [ɪntə'niːsaɪnˌwɔː(r)] *s* gegenseitiger Vernichtungskrieg
in·ternee [ˌɪntɜː'niː] *s* Internierte(r) *f m*
in·ter·net ['ɪntənet] *s* (INFORM) Internet *nt;* **internet-based learning** *s* Online-Lernen *nt;* **in·ter·net re·tail·er** *s* Internethändler *m,* Internetvertriebsunternehmen *nt*
in·tern·ist [ɪn'tɜːnɪst] *s* (*Am*) Internist(in) *m(f)*
in·tern·ment [ɪn'tɜːnmənt] *s* Internierung *f;* ~ **camp** Internierungslager *nt*
in·tern·ship *s* (*Am*) Zeit als Assistenzarzt/-ärztin
in·ter·pel·la·tion [ɪnˌtɜːpə'leɪʃn] *s* (PARL) Interpellation *f*
in·ter·phone ['ɪntəfəʊn] *s* (*Am*) Gegensprechanlage *f*
in·ter·plan·etary [ˌɪntə'plænɪtrɪ] *adj* interplanetarisch
in·ter·play ['ɪntəpleɪ] *s* Wechselspiel *nt*
In·ter·pol ['ɪntəpɒl] *s* Interpol *f*
in·ter·po·late [ɪn'tɜːpəleɪt] *vt* (*Text*) einschieben, -schalten; **in·ter·po·la·tion** [ɪnˌtɜːpə'leɪʃn] *s* Einschaltung, -schiebung *f*
in·ter·pret [ɪn'tɜːprɪt] *vt* ❶ erklären, darlegen, interpretieren ❷ dolmetschen; **in·ter·pre·ta·tion** [ɪnˌtɜːprɪ'teɪʃn] *s* ❶ Interpretation, Deutung, Auslegung *f* ❷ Dolmetschen *nt;* **consecutive/simultaneous** ~ Konsekutiv-/Simultandolmetschen *nt;* **in·ter·preter** [ɪn'tɜːprɪtə(r)] *s* Dolmetscher(in) *m(f);* **in·ter·pret·ing** [ɪn'tɜːprɪtɪŋ] *s* Dolmetschen *nt;* **consecutiv/simultaneous** ~ Konsekutiv-/Simultandolmetschen *nt*
inter-rail ['ɪntəreɪl] *adj:* ~ **ticket** Interrailkarte *f*
in·ter·re·late [ˌɪntərɪ'leɪt] *vt* zueinander in Beziehung bringen, setzen; ~**d facts** zusammenhängende Tatsachen *fpl*
in·ter·ro·gate [ɪn'terəgeɪt] *vt* verhören, vernehmen
in·ter·ro·ga·tion [ɪnˌterə'geɪʃn] *s* Verhör *nt,* Vernehmung *f;* **interrogation mark** *s* Fragezeichen *nt*
in·ter·roga·tive [ˌɪntə'rɒgətɪv] **I.** *adj* fragend **II.** *s* (GRAM) Frage(für)wort *nt*
in·ter·ro·ga·tor [ɪn'terəgeɪtə(r)] *s* Vernehmungsbeamte(r) *m;* **in·ter·roga·tory** [ˌɪntə'rɒgətrɪ] *adj* fragend
in·ter·rupt [ˌɪntə'rʌpt] *vt* ❶ unterbrechen ❷ ins Wort fallen (*s o.* jdm) ❸ (*Arbeit*) stören; hindern; **in·terrupter** [ˌɪntə'rʌptə(r)] *s* (ELEK) Unterbrecher *m;* **in·ter·rup·tion** [ˌɪntə'rʌpʃn] *s* ❶ Unterbrechung *f* ❷ (Betriebs)Störung *f;* **without** ~ ununterbrochen
in·ter·sect [ˌɪntə'sekt] **I.** *vt* ❶ durchschneiden ❷ (MATH) schneiden **II.** *vi* sich (über)schneiden, sich kreuzen; **in·tersec·tion** [ˌɪntə'sekʃn] *s* ❶ (MATH) Schnittpunkt *m* ❷ (*Straße, Bahn*) Kreuzung *f;* (*Autobahn*) Kreuz *nt*
in·ter·sperse [ˌɪntə'spɜːs] *vt* einstreuen (*between, among* unter); ~**d with s.th.** mit etw dazwischen
in·ter·state [ˌɪntə'steɪt] *adj* (*in den USA*) zwischenstaatlich; ~ **highway** *Autobahn, die mehrere Bundesstaaten verbindet*
in·ter·stel·lar [ˌɪntə'stelə(r)] *adj* interstellar
in·ter·stice [ɪn'tɜːstɪs] *s* ❶ Zwischenraum *m* ❷ Lücke *f,* Spalt(e *f*) *m*
in·ter·twine [ˌɪntə'twaɪn] *vt* verflechten; verknoten (*with* mit)
inter·ur·ban [ˌɪntə'ɜːbən] *adj* städteverbindend
in·ter·val ['ɪntəvl *s* ❶ Zwischenraum,

I

Abstand *m* ② (*a.* THEAT) Pause *f* ③ (MUS) Intervall *nt;* **after a week's ~** eine Woche später; **at ~s** in Abständen; **sunny ~s** (METE) Aufheiterungen *pl;* **in·ter·val switch** *s* Intervallschalter *m,* -schaltung *f*

in·ter·vene [ˌɪntə'viːn] *vi* ① eingreifen, einschreiten, intervenieren ② (*Ereignis*) eintreten, sich ereignen; **in·ter·ven·ing** [-ɪŋ] *adj* dazwischenliegend; **in·ter·ven·tion** [ˌɪntə'venʃn] *s* ① Eingreifen *nt* ② (POL) Einmischung, Intervention *f;* **in·ter·ven·tion·ist** [-ɪst] **I.** *s* (POL) Interventionist(in) *m(f)* **II.** *adj* interventionistisch

in·ter·view ['ɪntəvjuː] **I.** *s* ① Unterredung *f;* Vorstellungsgespräch *nt* ② Interview *nt,* Befragung *f;* **give an ~** ein Interview geben **II.** *vt* ① ein Vorstellungsgespräch führen mit ② interviewen; **in·ter·viewee** [ˌɪntəvjuː'iː] *s* (*Bewerbung*) Kandidat(in) *m(f);* (TV RADIO) Interviewte(r) *f m;* **in·ter·viewer** ['ɪntəvjuːə(r)] *s* Interviewer(in) *m(f)*

in·ter·weave [ˌɪntə'wiːv] *irr vt* ① verweben ② ineinander schlingen

in·tes·tate [ɪn'testeɪt] *adj:* **die ~** ohne Testament sterben

in·tes·tine [ɪn'testɪn] *s meist pl* Darm *m;* **large/small ~** Dick-/Dünndarm *m*

in·ti·macy ['ɪntɪməsɪ] *s* Vertraulichkeit *f;* Intimität *f*

in·ti·mate¹ ['ɪntɪmət] **I.** *adj* ① vertraut, intim, innig ② persönlich, privat ③ (*Wissen*) gründlich **II.** *s* Vertraute(r) *f m*

in·ti·mate² ['ɪntɪmeɪt] *vt* ankündigen, andeuten, zu verstehen geben, nahe legen; **in·ti·ma·tion** [ˌɪntɪ'meɪʃn] *s* Andeutung *f,* Wink *m*

in·timi·date [ɪn'tɪmɪdeɪt] *vt* einschüchtern (*into doing s.th.* etw zu tun); **in·timi·da·tion** [ɪnˌtɪmɪ'deɪʃn] *s* Einschüchterung *f*

into ['ɪntʊ] *prep* in; gegen; **he's ~ jazz** (*sl*) er steht auf Jazz; **three ~ six goes twice** sechs durch drei gibt zwei; **work late ~ the night** bis tief in die Nacht arbeiten

in·tol·er·able [ɪn'tɒlərəbl] *adj* unerträglich; **in·tol·er·ance** [ɪn'tɒlərəns] *s* (*a.* MED) Unduldsamkeit, Intoleranz *f* (*of* gegenüber); **in·tol·er·ant** [ɪn'tɒlərənt] *adj* intolerant (*of* gegenüber)

in·ton·ation [ˌɪntə'neɪʃn] *s* Intonation *f;* Tonfall *m;* Stimmlage *f;* **in·tone** [ɪn'təʊn] *vt* anstimmen

in·toxi·cant [ɪn'tɒksɪkənt] *s* Rauschmittel *nt;* **in·toxi·cate** [ɪn'tɒksɪkeɪt] *vt* berauschen; **in·toxi·cat·ing** [ɪn'tɒksɪkeɪtɪŋ] *adj* berauschend; **in·toxi·ca·tion** [ɪnˌtɒksɪ'keɪʃn] *s* Trunkenheit *f;* Rausch *m*

in·trac·table [ˌɪn'træktəbl] *adj* (*Mensch*) eigenwillig, halsstarrig; (*Problem*) hartnäckig

in·tracu·tan·eous [ɪntrækjuː'teɪnəs] *adj* intrakutan

in·tra·mural [ˌɪntrə'mjʊərəl] *adj* innerhalb der Universität

in·tra·net [ˌɪntrə'net] *s* Intranet *nt*

in·tran·si·gence [ɪn'trænsɪdʒəns] *s* Unnachgiebigkeit *f;* **in·tran·si·gent** [ɪn'trænsɪdʒənt] *adj* unnachgiebig

in·tran·si·tive [ɪn'trænsətɪv] *adj* (GRAM) intransitiv

intra·uter·ine [ˌɪntrə'juːtəraɪn] *adj:* **~ device, IUD** Intrauterinpessar *nt*

in·tra·venous [ˌɪntrə'viːnəs] *adj* (MED) intravenös

in·tray ['ɪntreɪ] *s* Eingänge *mpl*

in·trepid [ɪn'trepɪd] *adj* unerschrocken

in·tri·cacy ['ɪntrɪkəsɪ] *s* Kompliziertheit, Schwierigkeit *f;* **in·tri·cate** ['ɪntrɪkət] *adj* kompliziert, schwierig

in·trigue [ɪn'triːg] **I.** *vi* intrigieren **II.** *vt* neugierig machen; fesseln **III.** ['ɪntriːg] *s* Intrige *f;* **in·trigu·ing** [ɪn'triːgɪŋ] *adj* sehr spannend; höchst interessant

in·trin·sic [ɪn'trɪnsɪk] *adj* wesentlich, eigentlich, wirklich

in·tro·duce [ˌɪntrə'djuːs] *vt* ① einführen ② (*Menschen*) vorstellen (*to s.o.* jdm) ③ vertraut machen mit ④ zur Sprache bringen; (*Thema*) anschneiden ⑤ einleiten, beginnen, eröffnen ⑥ (PARL: *Vorlage*) einbringen (*into* in) ⑦ (TECH) einführen, hineinstecken; **~ into the market** auf den Markt bringen; **in·tro·duc·tion** [ˌɪntrə'dʌkʃn] *s* ① Einführung, Einleitung *f* (*a. eines Buches*) ② (MUS) Introduktion *f* ③ Vorstellung *f* (*eines Menschen*) ④ (PARL) Einbringung *f;* **in·tro·duc·tory** [ˌɪntrə'dʌktərɪ] *adj* einführend, -leitend; **~ offer** Einführungsangebot *nt*

in·tro·spec·tion [ˌɪntrə'spekʃn] *s* Selbstbeobachtung *f;* **in·tro·spec·tive** [ˌɪntrə'spektɪv] *adj* selbstbeobachtend

in·tro·vert [ˌɪntrə'vɜːt] **I.** *vt* nach innen richten, einwärts kehren **II.** ['ɪntrəvɜːt] *s* Introvertierte(r) *f m;* **in·tro·vert·ed** [-əd] *adj* introvertiert

in·trude [ɪn'truːd] **I.** *vi* sich eindrängen (*into* in) **II.** *vt* (*Bemerkung*) einwerfen; **~ on s.o.** jdn stören; **~ on a conversation** sich in eine Unterhaltung einmischen; **~ s.th. upon s.o.** jdm etw aufdrängen; **in·truder** [ɪn'truːdə(r)] *s* Eindringling *m;* **in·tru·sion** [ɪn'truːʒn] *s* ① Aufdrängen *nt* ② Störung *f;* Verletzung *f;* **in·tru·sive** [ɪn'truːsɪv] *adj* aufdringlich

in·tu·ition [ˌɪntjuː'ɪʃn] *s* ① Intuition *f* ② Ah-

nung *f*; **in·tu·itive** [ɪnˈtjuːɪtɪv] *adj* intuitiv
in·un·date [ˈɪnʌndeɪt] *vt* überschwemmen, -fluten; **in·un·da·tion** [ˌɪnʌnˈdeɪʃn] *s* Überschwemmung, -flutung *f*
in·ure [ɪˈnjʊə(r)] *vt* gewöhnen (*to* an)
in·vade [ɪnˈveɪd] *vt* ① (MIL) einmarschieren in ② (*fig*) überfallen, heimsuchen ③ eindringen in; **in·vader** [ɪnˈveɪdə(r)] *s* Eindringling *m*
in·valid¹ [ˈɪnvəlɪd] **I.** *s* Invalide *m*; Körperbehinderte(r) *f m* **II.** *adj* krank; invalide **III.** *vt*: ~ **out** dienstuntauglich erklären
in·valid² [ɪnˈvælɪd] *adj* (JUR) ungültig; nicht zulässig
in·vali·date [ɪnˈvælɪdeɪt] *vt* für ungültig, nichtig erklären, annullieren; **in·val·idity** [ˌɪnvəˈlɪdətɪ] *s* (JUR) Ungültigkeit, Nichtigkeit *f*
in·valu·able [ɪnˈvæljʊəbl] *adj* unschätzbar
in·vari·able [ɪnˈveərɪəbl] *adj* unveränderlich, ständig
in·vasion [ɪnˈveɪʒn] *s* ① Invasion *f* (*of* in), Einmarsch *m* (*of* in) ② (JUR) Eingriff *m* (*of* in)
in·vec·tive [ɪnˈvektɪv] *s* Schmähung, Beschimpfung *f*
in·veigle [ɪnˈveɪgl] *vt* verführen, -leiten, -locken (*into doing s.th.* etw zu tun)
in·vent [ɪnˈvent] *vt* ① erfinden ② erdichten; **in·ven·tion** [ɪnˈvenʃn] *s* Erfindung *f*; **in·ven·tive** [ɪnˈventɪv] *adj* erfinderisch, einfallsreich; **in·ven·tive·ness** [ɪnˈventɪvnɪs] *s* Erfindungsgabe *f*, -reichtum *nt*; **in·ven·tor** [ɪnˈventə(r)] *s* Erfinder(in) *m(f)*
in·ven·tory [ˈɪnvəntrɪ] **I.** *s* Inventar *nt*, Bestandsaufnahme *f*; **make an** ~ Inventar aufnehmen **II.** *vt* (COM) inventarisieren
in·verse [ɪnˈvɜːs] **I.** *adj* (*a.* MATH) umgekehrt, entgegengesetzt **II.** [ˈɪnvɜːs] *s* Gegenteil *nt*; **in·ver·sion** [ɪnˈvɜːʃn] *s* Umkehrung, Inversion *f*
in·vert [ɪnˈvɜːt] *vt* auf den Kopf stellen; umkehren; ~**ed commas** Anführungszeichen *ntpl*
in·vert·ebrate [ɪnˈvɜːtɪbrət] **I.** *adj* (ZOO) wirbellos **II.** *s* wirbelloses Tier, Invertebrat *m*
in·vest [ɪnˈvest] **I.** *vt* ① (*feierlich*) in ein Amt einführen, einsetzen ② (*Geld*) anlegen, investieren **II.** *vi* investieren, Geld anlegen; ~ **s.o. with s.th.** jdm etw verleihen
in·ves·ti·gate [ɪnˈvestɪgeɪt] **I.** *vt* ① erforschen, untersuchen ② (*Forderung*) überprüfen **II.** *vi* Ermittlungen anstellen; ermitteln; **in·ves·ti·ga·tion** [ɪnˌvestɪˈgeɪʃn] *s* ① Erforschung, Untersuchung *f* ② (JUR) Ermittlung *f* ③ Forschung *f*; **make** ~**s** Nachforschungen, Erhebungen anstellen; **preliminary** ~ Voruntersuchung *f*; **be under** ~ überprüft werden; **in·ves·ti·ga·tive** [ɪnˈvestɪgətɪv] *adj*: ~ **journalism** Enthüllungsjournalismus *m*; **in·ves·ti·ga·tor** [ɪnˈvestɪgeɪtə(r)] *s* Ermittlungsbeamte(r) *m*; Ermittler(in) *m(f)*
in·vest·ment [ɪnˈvestmənt] *s* ① (Amts)Einführung *f* ② (COM) Anlage, Investition *f*; **make an** ~ investieren; **investment fund** *s* Investmentfonds *m*; **investment trust** *s* Investmentgesellschaft *f*; **in·vest·or** [ɪnˈvestə(r)] *s* Investor(in) *m(f)*, Kapitalanleger(in) *m(f)*
in·vet·er·ate [ɪnˈvetərət] *adj* ① eingewurzelt ② (*Feind*) unversöhnlich ③ (*Raucher*) Gewohnheits-; unverbesserlich
in·vidi·ous [ɪnˈvɪdɪəs] *adj* ① (*Bemerkung*) gehässig ② (*Benehmen*) gemein; ungerecht
in·vigi·late [ɪnˈvɪdʒɪleɪt] **I.** *vt* Aufsicht führen (bei) **II.** *vi* Aufsicht führen
in·vigi·la·tor [ɪnˈvɪdʒɪleɪtə(r)] *s* Aufsicht(sperson) *f*
in·vig·or·ate [ɪnˈvɪgəreɪt] *vt* stärken, kräftigen; **in·vig·or·at·ing** [ɪnˈvɪgəreɪtɪŋ] *adj* erfrischend
in·vin·cible [ɪnˈvɪnsəbl] *adj* unbesiegbar, unüberwindlich
in·vis·ible [ɪnˈvɪzəbl] *adj* unsichtbar, nicht wahrnehmbar (*to* für); ~ **assets** unsichtbare Vermögenswerte *mpl*; ~ **earnings** unsichtbare Einkünfte *pl*; ~ **ink** Geheimtinte *f*; ~ **exports/imports** (COM) unsichtbare Aus-/Einfuhren *fpl*
in·vi·ta·tion [ˌɪnvɪˈteɪʃn] *s* Einladung *f*; **in·vite** [ɪnˈvaɪt] *vt* ① einladen ② bitten, ersuchen um ③ auffordern, ermuntern zu ④ (*Kritik*) herausfordern; ~ **s.o. to do s.th** jdn auffordern etw zu tun; **in·vit·ing** [ɪnˈvaɪtɪŋ] *adj* (ver)lockend; einladend
in vitro [ɪnˈviːtrəʊ] *adj* (MED): ~ **fertilisation** In-vitro-Fertilisation *f*
in·vo·ca·tion [ˌɪnvəˈkeɪʃn] *s* Beschwörung *f*
in·voice [ˈɪnvɔɪs] **I.** *s* (Waren)Rechnung, Faktura *f* **II.** *vt* fakturieren, in Rechnung stellen
in·voke *vt* (*the Law*) anrufen; (*a treaty*) sich berufen auf
in·vol·un·tary [ɪnˈvɒləntrɪ] *adj* ① unbeabsichtigt, ungewollt ② (PHYSIOL) unwillkürlich
in·volve [ɪnˈvɒlv] *vt* ① einbeziehen; verwickeln ② mit sich bringen, bedingen, zur Folge haben, nach sich ziehen ③ bedeuten; ~ **s.o. in a quarrel** jdn in einen Streit verwickeln; ~ **much expense** große Kosten verursachen; **be** ~**d in s.th.** in etw verwickelt sein; **get** ~**d in s.th.** in etw verwickelt werden, sich in einer S engagieren;

I

in·volved [ɪn'vɒlvd] *adj* ❶ verwickelt, engagiert ❷ kompliziert, schwierig; **in·volve·ment** *s* Beteiligung *f;* (*in crime*) Verwicklung *f*

in·vul·ner·able [ɪn'vʌlnərəbl] *adj* ❶ unverwundbar ❷ (*fig*) unantastbar, unanfechtbar

in·ward ['ɪnwəd] *adj* ❶ innere(r, s), innerlich ❷ (*Kurve*) nach innen gehend; **in·ward·ly** [-lɪ] *adv* innerlich; im Herzen; **in·ward·ness** [-nɪs] *s* Innerlichkeit *f;* **in·wards** ['ɪnwədz] *adv* nach innen

in-word ['ɪnwɜ:d] *s* Modewort *nt*

iod·ine ['aɪədi:n] *s* Jod *nt*

ion ['aɪən] *s* (PHYS) Ion *nt*

Ionic [aɪ'ɒnɪk] *adj* ionisch

iota [aɪ'əʊtə] *s* Jota *nt;* **not an ~** nicht das Geringste

IOU [ˌaɪəʊ'ju:] *Abk. von* **I owe you** Schuldschein *m*

IQ [ˌaɪ'kju:] *s Abk. von* **intelligence quotient** IQ *m*

IRA [ˌaɪər'eɪ] *s Abk. von* **Irish Republican Army** IRA *f*

Iran [ɪ'rɑ:n] *s* Iran *m;* **Ira·nian** [ɪ'reɪnjən] **I.** *adj* iranisch **II.** *s* ❶ Iraner(in) *m(f)* ❷ (das) Iranisch(e)

Iraq [ɪ'rɑ:k] *s* Irak *m;* **Ira·qi** [ɪ'rɑ:kɪ] **I.** *adj* irakisch **II.** *s* ❶ Iraker(in) *m(f)* ❷ (das) Irakisch(e)

iras·cible [ɪ'ræsəbl] *adj* jähzornig

irate [aɪ'reɪt] *adj* wütend, erzürnt, zornig

Ire·land ['aɪələnd] *s* Irland *nt;* **Northern ~** Nordirland *nt;* **Republic of ~** Republik *f* Irland

iri·des·cent [ˌɪrɪ'desnt] *adj* schillernd, irisierend

iris ['aɪərɪs] *s* ❶ (ANAT) Regenbogenhaut, Iris *f* ❷ Schwertlilie *f*

Irish ['aɪərɪʃ] **I.** *adj* irisch **II.** *s* (*Sprache*) (das) Irisch(e); **the ~** die Iren *mpl;* **Irish·man** ['aɪərɪʃmən] *s* <*pl* -men> Ire *m;* **Irish·woman** ['aɪərɪʃwʊmən, *pl* -wɪmɪn] <*pl* -women> *s* Irin *f*

i Land & Leute

Die **Irish Republic** oder *Republic of Ireland* (Republik Irland), ist die unabhängige Republik im Süden, im Zentrum und Nordwesten Irlands. Durch das *Anglo-Irish Treaty* (anglo-irische Abkommen) von 1921 erhielt Irland, wie auch Kanada und Australien, den *dominion status* innerhalb des *Commonwealth* als der *Irish Free State*. Die Republik zog sich 1949 aus dem *Commonwealth* zurück und schloss sich 1973 der Europäischen Gemeinschaft an. Das Staatsoberhaupt ist der für sieben Jahre gewählte *President*.

irk [ɜ:k] *vt* ärgern, verdrießen; **irk·some** ['ɜ:ksəm] *adj* lästig

iron ['aɪən] **I.** *s* ❶ Eisen *nt* ❷ (*flat ~*) Bügeleisen *nt* ❸ **~s** Ketten, Fesseln *f* ❹ (*Golf*) Eisen *ntpl;* **have too many ~s in the fire** (*fig*) zu viele Eisen im Feuer haben; **rule with a rod of ~** (*fig*) mit eiserner Faust regieren; **a man of ~** ein stahlharter Mann; **strike while the ~ is hot** (*prov*) das Eisen schmieden, solange es heiß ist; **cast ~** Gusseisen *nt;* **wrought ~** Schmiedeeisen *nt* **II.** *adj* ❶ (CHEM) eisern ❷ (*fig*) eisern; unbarmherzig, streng **III.** *vt* bügeln, plätten; **~ out** (*fig*) ausbügeln; ins Reine, in Ordnung bringen; **Iron Age** *s* (HIST) Eisenzeit *f;* **Iron Curtain** *s* (HIST) Eiserner Vorhang

ironic(al) [aɪ'rɒnɪk(el)] *adj* ❶ ironisch, spöttisch ❷ (*fig*) paradox, verrückt

iron·ing ['aɪənɪŋ] *s* Bügeln, Plätten *nt;* **ironing board** *s* Bügelbrett *nt*

iron lung [ˌaɪən'lʌŋ] *s* (MED) eiserne Lunge; **iron·monger** ['aɪənmʌŋgə(r)] *s* (*Br*) Eisenhändler(in) *m(f);* **iron·mongery** ['aɪənmʌŋgərɪ] *s* Eisenhandel *m,* -handlung *f,* -waren *fpl;* **iron ore** *s* Eisenerz *nt;* **iron rations** *s pl* eiserne Ration; **iron work** ['aɪənwɜ:k] *s* Eisen *nt;* Eisenbeschläge *mpl;* **iron·works** ['aɪənwɜ:ks] *s pl mit sing* Eisenhütte *f*

irony ['aɪərənɪ] *s* Ironie *f*

ir·ra·di·ate [ɪ'reɪdɪeɪt] *vt* ❶ ausstrahlen ❷ bestrahlen

ir·ra·tional [ɪ'ræʃənl] *adj* ❶ unvernünftig, irrational ❷ unsinnig, absurd; **irrational number** *s* (MATH) irrationale Zahl

ir·rec·on·cil·able [ɪˌrekən'saɪləbl] *adj* ❶ unversöhnlich ❷ (*Glaube*) unvereinbar (*to, with* mit)

ir·re·cover·able [ˌɪrɪ'kʌvərəbl] *adj* ❶ nicht wiederzuerlangen ❷ unwiderruflich verloren ❸ (JUR) uneinbringlich

ir·re·deem·able [ˌɪrɪ'di:məbl] *adj* ❶ (*Währung*) nicht einlösbar; (*Wertpapiere*) untilgbar ❷ (*Verlust*) uneinbringlich ❸ (*Fehler*) unverbesserlich

ir·re·fut·able [ˌɪrɪ'fju:təbl] *adj* unwiderlegbar

ir·regu·lar [ɪ'regjʊlə(r)] *adj* ❶ unregelmäßig; ungleichmäßig ❷ unvorschriftsmäßig ❸ (MIL) irregulär ❹ (GRAM) unregelmäßig; **ir·regu·lar·ity** [ɪˌregjʊ'lærətɪ] *s* ❶ Unregelmäßigkeit *f;* Ungleichmäßigkeit *f;* Uneinheitlichkeit *f* ② Unvorschriftsmäßigkeit *f*

ir·rel·evance, ir·rel·evancy [ɪ'reləvəns, ɪ'reləvənsɪ] *s* Belanglosigkeit *f;* Nebensächlichkeit *f;* Irrelevanz *f;* **irrelevant** [ɪ'reləvənt] *adj* unerheblich, belanglos; nebensächlich; irrelevant

ir·re·medi·able [ˌɪrɪ'mi:dɪəbl] *adj* (*Fehler*) nicht wieder gutzumachen(d)

ir·rep·ar·able [ɪ'repərəbl] *adj* nicht wieder gutzumachen(d); irreparabel

ir·re·place·able [ˌɪrɪ'pleɪsəbl] *adj* unersetzlich

ir·re·press·ible [ˌɪrɪ'presəbl] *adj* nicht zurückzuhalten(d); unbezähmbar; unerschütterlich

ir·re·proach·able [ˌɪrɪ'prəʊtʃəbl] *adj* untadelig, einwandfrei

ir·re·sist·ible [ˌɪrɪ'zɪstəbl] *adj* unwiderstehlich

ir·res·ol·ute [ɪ'rezəlu:t] *adj* unentschlossen, unschlüssig

ir·re·spec·tive [ˌɪrɪ'spektɪv] *adj:* ~ **of** ohne Rücksicht auf; unabhängig von; ungeachtet *+gen*

ir·re·spon·sible [ˌɪrɪ'spɒnsəbl] *adj* unverantwortlich; verantwortungslos

ir·re·triev·able [ˌɪrɪ'tri:vəbl] *adj* nicht wiederzuerlangen(d), unwiederbringlich; unersetzlich

ir·rev·er·ence [ɪ'revərəns] *s* Respektlosigkeit *f;* **ir·rev·er·ent** [ɪ'revərənt] *adj* respektlos

ir·re·vers·ible [ˌɪrɪ'vɜ:səbl] *adj* ① (*Entscheidung*) unumstößlich ② unabänderlich, unwiderruflich; **ir·re·vers·ibly** *adv* unwiderruflich, unumkehrbar

ir·revo·cable [ɪ'revəkəbl] *adj* unwiderruflich

ir·ri·gate ['ɪrɪgeɪt] *vt* ① bewässern ② (MED) ausspülen; **ir·ri·ga·tion** [ˌɪrɪ'geɪʃn] *s* ① Bewässerung *f* ② (MED) Spülung *f;* **irrigation plant** *s* Bewässerungsanlage *f*

ir·ri·table ['ɪrɪtəbl] *adj* reizbar; gereizt; **ir·ri·tant** ['ɪrɪtənt] **I.** *adj* Reiz- **II.** *s* Reizstoff *m;* **ir·ri·tate** ['ɪrɪteɪt] *vt* ① reizen, ärgern ② irritieren, nervös machen ③ (MED) reizen; **ir·ri·ta·tion** [ˌɪrɪ'teɪʃn] *s* ① Ärger *m;* Verärgerung *f* (*at, against* über) ② (MED) Reizung *f*

is [ɪz] *3. Person Singular Präsens* **be**

ISDN *s Abk. von* **Integrated Services Digital Network** (INTERNET) ISDN *f*

Is·lam [ɪz'lɑ:m] *s* Islam *m;* **Is·lamic** [ɪz'læmɪk] *adj* islamisch

is·land ['aɪlənd] *s* Insel *f;* **is·lander** ['aɪləndə(r)] *s* Inselbewohner(in) *m(f);* **isle** [aɪl] *s* (*poet*) Eiland *nt;* **is·let** ['aɪlɪt] *s* Inselchen *nt*

isn't ['ɪznt] = **is not**

iso·bar ['aɪsəbɑ:(r)] *s* (METE) Isobare *f*

iso·late ['aɪsəleɪt] *vt* ① aus-, absondern, trennen (*from* von) ② (*a.* TECH) isolieren ③ (*Problem*) herauskristallisieren; **iso·lated** ['aɪsəleɪtɪd] *adj* ① isoliert; abgesondert; abgeschnitten ② einzeln; ~ **case** Einzelfall *m;* **iso·la·tion** [ˌaɪsə'leɪʃn] *s* ① Absonderung, Isolierung *f* ② Isoliertheit, Abgeschnittenheit *f;* **isolation hospital** *s* Isolierspital *nt;* **iso·la·tion·ism** [ˌaɪsə'leɪʃnɪzəm] *s* Isolationismus *m;* **isolation ward** *s* Isolierstation *f*

isos·ce·les tri·angle [aɪ'sɒsli:zˌtraɪæŋgl] *s* (MATH) gleichschenkliges Dreieck

iso·therm ['aɪsəθɜ:m] *s* (METE) Isotherme *f*

iso·tope ['aɪsətəʊp] *s* (CHEM) Isotop *nt*

Is·ra·el ['ɪzreɪl] *s* Israel *nt;* **Is·rae·li** [ɪz'reɪlɪ] **I.** *adj* israelisch **II.** *s* Israeli *m f;* **Is·rael·ite** ['ɪzrɪəlaɪt] *s* Israelit(in) *m(f)*

is·sue ['ɪʃu:] **I.** *s* ① Frage *f;* Problem *nt,* Angelegenheit *f* ② Ergebnis *nt* ③ (*von Banknoten*) Ausgabe, Emission *f* ④ Ausgabe *f;* Lieferung *f* ⑤ (*Zeitschrift*) Ausgabe, Nummer, Auflage *f* ⑥ (JUR) Nachkommenschaft *f;* **at** ~ zur Debatte stehend; strittig; **be the** ~ sich handeln um; **die without** ~ kinderlos sterben; **force an** ~ eine Entscheidung erzwingen; **bring s.th. to an** ~ eine Entscheidung in etw herbeiführen; **take** ~ **with s.o. over s.th.** jdm in etw widersprechen; **make an** ~ **of s.th.** etw aufbauschen; **date of** ~ Ausgabetag *m;* **place of** ~ Ausstellungsort *m* **II.** *vi* hervorkommen, -dringen, (her)ausfließen, -strömen (*from* aus) **III.** *vt* ① (COM) ausgeben ② (*Dokument*) ausfertigen; ausstellen ③ (*Bücher*) herausgeben, in Umlauf setzen, veröffentlichen ④ (*Anleihe*) auflegen, begeben; emittieren; **the issuing authorities** die ausstellende Behörde; ~ **s.o. with a visa** jdm ein Visum ausstellen; ~ **s.th. to s.o.** etw an jdn ausgeben; **is·sued** *adj* (*passport*) ausgestellt; (*stamps*) herausgegeben

isth·mus ['ɪsməs] *s* Landenge *f,* Isthmus *m*

it [ɪt] **I.** *pron* ① er, sie, es *acc,* ihn, sie, es *dat,* ihm, ihr, ihm ② es *acc,* es *dat,* ihm; **of** ~ davon; ~**'s me!** ich bin's!; **what is** ~**?** was ist das?; ~**'s raining** es regnet; ~ **was him who asked her** er hat sie gefragt; **that's** ~**!** ja, genau! **II.** *s:* **you're** ~**!** du bist's!; **this is really** ~**!** das ist genau das Richtige; **the cat's an** ~ die Katze ist kastriert

IT [ˌaɪ'ti:] *s Abk. von* **information technology** IT *f*

Ital·ian [ɪ'tæljən] **I.** *adj* italienisch **II.** *s* ① Italiener(in) *m(f)* ❷ (das) Italienisch(e)

ital·ic [ɪˈtælɪk] **I.** *adj* kursiv **II.** *s pl* Kursivschrift *f;* **itali·cize** [ɪˈtælɪsaɪz] *vt* kursiv drucken

Italy [ˈɪtəlɪ] *s* Italien *nt*

itch [ɪtʃ] **I.** *vi* ❶ jucken ❷ (*fig*) darauf brennen (*to do s.th.* etw zu tun); **my back ~es** mein Rücken juckt mich **II.** *s* ❶ Jucken *nt,* Juckreiz *m* ❷ Lust *f* (*for* auf); **I have an ~ to do s.th.** es reizt mich etw zu tun; **itchy** [ˈɪtʃɪ] *adj* juckend; **have ~ feet** von der Reiselust gepackt sein

item [ˈaɪtəm] *s* ❶ Gegenstand, Artikel *m;* Punkt *m* ❷ (COM) Buchung *f,* Posten *m* ❸ (*einzelne*) Nachricht, Mitteilung, Information *f;* **a short news ~** eine Kurzmeldung; **are those two an ~?** (*fam*) haben die beiden etwas miteinander?; **item·ize** [ˈaɪtəmaɪz] *vt* einzeln aufführen, aufgliedern, spezifizieren

itin·er·ant [aɪˈtɪnərənt] *adj* wandernd, umherziehend; **itin·er·ary** [aɪˈtɪnərərɪ] *s* ❶ Reiseroute *f* ❷ Wanderweg *m* ❸ Straßenkarte *f*

it'll [ˈɪtl] = **it will; it shall**

ITN [ˈaɪtiːˈen] *s Abk. von* **Independent Television News** *Nachrichtendienst der ITV*

its [ɪts] *pron* seine(r, s); ihre(r, s); seine(r, s); der, die, das Seine

it's [ɪts] = **it is**

it·self [ɪtˈself] *pron* ❶ (*reflexiv*) sich *acc/dat* ❷ (*betont*) selbst; **by ~** allein; von selbst; selbsttätig

ITV [ˈaɪtiːˈviː] *s Abk. von* **Independent Television** *kommerzielle britische Fernsehanstalt*

IUD [ˌaɪjuːˈdiː] *s* (MED) *Abk. von* **intra-uterine device** Intrauterinpessar *nt*

I've [aɪv] = **I have**

IVF [ˌaɪviːˈef] *s Abk. von* **in vitro fertilization** IVF, In-vitro-Fertilisation *f*

ivory [ˈaɪvərɪ] *s* ❶ Elfenbein *nt* ❷ **ivories** Würfel *mpl* ❸ (*Am*) Billardkugeln *fpl* ❹ (Klavier)Tasten *fpl;* **Ivory Coast** *s* Elfenbeinküste *f;* **ivory tower** *s* (*fig*) Elfenbeinturm *m*

ivy [ˈaɪvɪ] *s* Efeu *m*

J j

J, j [dʒeɪ] <*pl* -'s> *s* J, j *nt*

jab [dʒæb] **I.** *vt* (hinein)stechen, stecken, stoßen (*into* in) **II.** *vi* stoßen (*with* mit) **III.** *s* ❶ Stich, (kurzer) Stoß *m* ❷ (*Boxen*) (kurze) Gerade ❸ (*fam*) Spritze *f*

jabber [ˈdʒæbə(r)] **I.** *vi, vt* ❶ daherreden, faseln ❷ schwätzen, quasseln **II.** *s* Gefasel *nt;* Geplapper *nt;* **jabber·ing** [-ɪŋ] *s* Gefasel *nt;* Geplapper *nt*

jack [dʒæk] *s* ❶ Hebevorrichtung *f;* (AUTO) Wagenheber *m* ❷ (*Kartenspiel*) Bube *m* ❸ (MAR) Gösch *f* ❹ (*Bowling*) Zielkugel *f;* **jack around** *vt* (*fam*) für dumm verkaufen; **jack in** *vt* (*sl*) aufgeben; Schluss machen mit; **jack up** *vt* (AUTO) aufbocken; (*fam: Preise, Löhne*) in die Höhe treiben

Jack [dʒæk] *s* (*fam*) Hans; **I'm all right ~** (*fam*) das kann mich überhaupt nicht jucken; **the Union ~** die britische Nationalflagge; **~ Frost** der Winter; **every man ~** jeder Einzelne; **before you could say ~ Robinson** im Handumdrehen; **~ of all trades** Alleskönner *m;* Hansdampf *m* in allen Gassen

jackal [ˈdʒækɔːl] *s* Schakal *m*

jack·ass [ˈdʒækæs] *s* ❶ Eselhengst *m* ❷ (*fig*) blöder Kerl

jack·boot [ˈdʒækbuːt] *s* Schaftstiefel *m*

jack·daw [ˈdʒækdɔː] *s* Dohle *f*

jacket [ˈdʒækɪt] *s* ❶ Jacke *f;* Jackett *nt;* Schwimmweste *f* ❷ (*Kartoffel*) Pelle, Schale *f* ❸ (TECH) Mantel *m* ❹ (*Buch*) Schutzumschlag, Hülle *f;* **potatoes in their ~s** (in der Schale) gebackene Kartoffeln; **jacket potato** *s* (in der Schale) gebackene Kartoffel

jack-in-the-box [ˈdʒækɪnðəbɒks] *s* (*Spielzeug*) Springteufel *m;* **jack·knife** [ˈdʒæknaɪf] <*pl* -knives> **I.** *s* ❶ (großes) Taschenmesser *nt* ❷ (*obs:* ~ *dive*) Hechtsprung *m* **II.** *vi* (*Lastwagen*) sich quer über die Straße stellen; **jack-o'-lantern** [ˈdʒækəʊˌlæntən] *s* Kürbislaterne *f;* Irrlicht *nt*

jack plug [ˈdʒækplʌg] *s* Bananenstecker *m*

jack·pot [ˈdʒækpɒt] *s* (*Spiel*) (Haupt)Treffer *m;* **hit the ~** den Hauptgewinn bekommen; (*fig*) das große Los ziehen

ja·cuz·zi [dʒəˈkuːzɪ] *s* Whirlpool *m*

jade [dʒeɪd] *s* (MIN) Jade *m;* Nephrit *m*

jaded [ˈdʒeɪdɪd] *adj* abgehetzt; erschöpft; stumpfsinnig; übersättigt; verlebt

jag [dʒæg] *s* Zacke *f;* **jag·ged**, **jaggy**

['dʒægɪd, 'dʒægɪ] *adj* ① zackig, gezahnt, gekerbt ② eingerissen ③ zerklüftet; schartig

jag·uar ['dʒægjʊə(r)] *s* (*Raubkatze*) Jaguar *m*

jail, gaol [dʒeɪl] *s* Gefängnis *nt;* **in** ~ im Gefängnis; **jail·bird** *s* (*fam obs*) Zuchthäusler *m;* **jail·break** *s* Ausbruch *m* aus dem Gefängnis; **jail·breaker** *s* Ausbrecher(in) *m(f);* **jailer, jailor, gaoler** ['dʒeɪlə(r)] *s* Gefangenenaufseher(in) *m(f),* -wärter(in) *m(f);* **jail·(house)** *s* (*Am*) Gefängnis *nt*

ja·lopy [dʒə'lɒpɪ] *s* (AUTO: *sl*) Kiste *f,* Klapperkasten *m;* (AVIAT) alte Mühle

jam¹ [dʒæm] **I.** *vt* ① ein-, festklemmen, einkeilen ② hinein-, durchzwängen ③ quetschen, drücken, pressen (*against* gegen) ④ stoßen, schieben, drängen ⑤ (*Straße*) versperren, verstopfen ⑥ (TECH: *Maschine*) blockieren ⑦ (RADIO: *durch Störsender*) stören; **be ~med** gestopft voll sein; **~ on the brakes** mit aller Kraft bremsen **II.** *vi* ① klemmen; sich festfressen ② nicht mehr funktionieren ③ (*sl: Jazz*) improvisieren **III.** *s* ① Gewühl, Gedränge *nt* ② Verstopfung *f;* Verkehrsstockung *f* ③ (TECH) Verklemmung *f* ④ (*fam*) Klemme, Patsche, schwierige Lage *f*

jam² [dʒæm] *s* Marmelade, Konfitüre *f*

Ja·maica [dʒə'meɪkə] *s* Jamaika *nt;* **Jamai·can** [-n] **I.** *adj* jamaikanisch, jamaikisch **II.** *s* Jamaik(an)er(in) *m(f)*

jamb [dʒæm] *s* (*Tür*) Pfosten *m*

jam·boree [,dʒæmbə'ri:] *s* ① Pfadfindertreffen *nt* ② Fest *nt* (im Freien)

jam-jar ['dʒæmdʒɑ:(r)] *s* Marmelade(n)-glas *nt*

jam·mer ['dʒæmə(r)] *s Dieb, der aus im Stau steckenden Autos Wertgegenstände stiehlt*

jam·my ['dʒæmɪ] *adj* (*Br sl: Examen*) leicht; ~ **fellow** Glückspilz *m*

jam-packed [,dʒæm'pækt] *adj* (*fam*) gestopft voll; **jam session** *s* (*Jazzimprovisation*) Jamsession *f*

jangle ['dʒæŋgl] **I.** *vi* ① klimpern; klirren ② (*Glocken*) bimmeln **II.** *vt* ① klimpern mit; klirren mit ② bimmeln lassen

jani·tor ['dʒænɪtə(r)] *s* Hausmeister(in) *m(f),* Hauswart(in) *m(f)*

Jan·uary ['dʒænjʊərɪ] *s* Januar *m;* **in** ~ im Januar

Jap [dʒæp] *s* (*fam*) Japaner *m*

ja·pan [dʒə'pæn] **I.** *s* Japanlack *m* **II.** *vt* lackieren

Ja·pan [dʒə'pæn] *s* Japan *nt;* **Japa·nese** [,dʒæpə'ni:z] **I.** *adj* japanisch **II.** *s* ① (das) Japanisch(e) ② Japaner(in) *m(f);* **the** ~ die Japaner *mpl*

jar¹ [dʒɑ:(r)] **I.** *vi* ① knarren, quietschen ② (*fig*) unangenehm berühren (*on s.o.* jdn), auf die Nerven gehen (*on s.o.* jdm) ③ in Missklang stehen (*against, with* zu), nicht harmonieren **II.** *vt* ① rütteln an, erschüttern ② (*fig*) aufrütteln, einen Schock versetzen (*s.o.* jdm) **III.** *s* ① Erschütterung *f;* Ruck *m* ② (*fig*) Schock *m*

jar² [dʒɑ:(r)] *s* ① Krug *m;* Steintopf *m* ② Einmachglas *nt* ③ (*fam*) Glas *nt* Bier

jar·gon ['dʒɑ:gən] *s* Jargon *m;* Fachsprache *f*

jas·mine ['dʒæsmɪn] *s* Jasmin *m*

jas·per ['dʒæspə(r)] *s* (MIN) Jaspis *m*

jaun·dice ['dʒɔ:ndɪs] *s* Gelbsucht *f;* **jaun·diced** ['dʒɔ:ndɪst] *adj* ① gelbsüchtig ② (*fig*) verbittert, gehässig; neidisch

jaunt [dʒɔ:nt] *s* Wanderung *f,* Ausflug *m;* Spritztour *f*

jaunty ['dʒɔ:ntɪ] *adj* ① flott ② munter; übermütig; sorgenfrei

Ja·va *s* ① (*indonesische Insel*) Java *nt* ② (INTERNET: *Sprache*) Java *f;* **JavaScript** *s* (INTERNET) JavaScript *f*

javelin ['dʒævlɪn] *s* (SPORT) Speer *m;* (*Sportdisziplin*) Speerwerfen *nt;* **throwing the** ~ Speerwerfen *nt*

jaw [dʒɔ:] **I.** *s* ① (ANAT) Kiefer *m* ② (*fig fam*) Geschwätz *nt;* Moralpredigt(en *pl*) *f* ③ (TECH) (Klemm)Backe, Klaue *f;* **~s** Kiefer *m;* Rachen *m,* Maul *nt;* (*fig*) Öffnung *f;* (*des Todes*) Klauen *fpl* **II.** *vi* (*sl*) tratschen, schwatzen; **jaw·bone** *s* Kieferknochen *m;* **jaw·breaker** *s* (*Wort*) Zungenbrecher *m*

jay [dʒeɪ] *s* Eichelhäher *m*

jay·walk ['dʒeɪwɔ:k] *vi* verkehrswidrig, unachtsam die Straße überqueren; **jay·walker** ['dʒeɪwɔ:kə(r)] *s* unachtsamer Fußgänger; **jay·walk·ing** ['dʒeɪ wɔ:kɪŋ] *s* unachtsames Überqueren der Straße

jazz [dʒæz] **I.** *s* ① Jazz *m* ② (*fig fam*) Unsinn *m;* **all that** ~ (*fam*) und der ganze Kram **II.** *vi* Jazz spielen; **jazz up** *vt* modernisieren, in Schwung bringen; **jazzy** ['dʒæzɪ] *adj* ① jazzartig ② (*fig*) toll ③ (*Kleid*) auffällig

JCB® [,dʒeɪsi:'bi:] *s* Erdräummaschine *f*

jeal·ous ['dʒeləs] *adj* ① eifersüchtig (*of* auf) ② neidisch ③ eifrig bedacht (*of* auf); **jeal·ousy** ['dʒeləsɪ] *s* ① Eifersucht *f* (*of* auf) ② Neid *m* (*of* auf)

jeans [dʒi:nz] *s pl* Jeans *pl*

jeep [dʒi:p] *s* Jeep *m*

jeer [dʒɪə(r)] **I.** *vt* verhöhnen **II.** *vi* sich lustig machen (*at* über) **III.** *s* ① Spott, Hohn *m* ② höhnische Bemerkung

Je·ho·vah [dʒɪ'həʊvə] *s* Jehova *m;* **~'s Witnesses** die Zeugen *m pl* Jehovas

jell [dʒel] *vi* ❶ (*Küche*) gelieren ❷ (*fig fam*) feste Form annehmen; sich herauskristallisieren; klappen; **jel·lied** ['dʒelɪd] *adj* (*Küche*) in Gelee; **jelly** ['dʒelɪ] **I.** *s* Gallerte, Sülze *f;* Gelee *nt* **II.** *vt* gelieren lassen **III.** *vi* gelieren; **jelly·baby** ['dʒelɪbeɪbɪ] *s* (*Br*) Gummibärchen *nt;* **jelly·bean** ['dʒelɪbi:n] *s* Geleebonbon *m od nt;* **jelly·fish** *s* Qualle *f*

jemmy ['dʒemɪ] *s* Brech-, Stemmeisen *nt*

jenny ['dʒenɪ] *s* ❶ (*spinning-~*) Spinnmaschine *f* ❷ Eselin *f;* ~ **wren** Zaunkönigweibchen *nt*

jeop·ard·ize ['dʒepədaɪz] *vt* gefährden; aufs Spiel setzen; **jeop·ardy** ['dʒepədɪ] *s* Gefahr *f;* **put s.th. in** ~ etw gefährden

jerk [dʒɜ:k] **I.** *vt* (heftig) ziehen (an), reißen, stoßen **II.** *vi* ruckweise fahren **III.** *s* ❶ Ruck *m* ❷ Zusammenfahren, -zucken *nt* ❸ (MED) Zuckung *f* ❹ (*sl*) Trottel *m;* **by ~s** ruck-, stoßweise; **with a** ~ mit einem Ruck; **physical ~s** (*fam*) Leibesübungen *fpl,* Sport *m;* **jerk off** *vi* (*vulg*) sich einen runterholen; **jerk out** *vt* (*Worte*) hervorstoßen, -sprudeln

jer·kin ['dʒɜ:kɪn] *s* Wams *nt*

jerk·water town ['dʒɜ:kˌwɔ:tə 'taʊn] *s* (*Am*) Kaff, (Provinz)Nest *nt*

jerky ['dʒɜ:kɪ] *adj* sprunghaft; ruckartig

jerry-built ['dʒerɪˌbɪlt] *adj* billig gebaut; **jerry can** ['dʒerɪkæn] *s* großer Kanister

jer·sey ['dʒɜ:zɪ] *s* ❶ Pullover *m* ❷ (SPORT) Trikot *nt* ❸ (*Stoff*) Jersey *m*

jest [dʒest] **I.** *s* Witz, Spaß *m;* **in** ~ im, zum Spaß **II.** *vi* Witze, Spaß machen (*about* über); **don't ~ with me!** treiben Sie mit mir keinen Spaß!; **jest·er** ['dʒestə(r)] *s* Witzbold *m;* Hofnarr *m;* **jest·ing** [-ɪŋ] *adj* scherzhaft

Jesuit ['dʒezjʊɪt] *s* Jesuit *m;* **Jesuitical** [ˌdʒezjʊ'ɪtɪkl] *adj* jesuitisch, Jesuiten-

Jesus ['dʒi:zəs] **I.** *s* Jesus *m;* **the Society of** ~ der Jesuitenorden **II.** *interj* Menschenskind!

jet[1] [dʒet] **I.** *vi* ❶ hervor-, heraussprudeln, aus-, entströmen (*from, out of* aus) ❷ (AVIAT: *fam*) jetten **II.** *s* ❶ (*Flüssigkeit*) Strahl *m* ❷ Öffnung *f;* Düse *f* ❸ (AVIAT) Düsenflugzeug *nt*

jet[2] [dʒet] **I.** *s* Gagat *m,* Pechkohle *f* **II.** *adj* glänzend schwarz

jet en·gine ['dʒetˌendʒɪn] *s* Düsenmotor *m,* Düsentriebwerk *nt;* **jet fighter** *s* Düsenjäger *m;* **jet·foil** ['dʒetfɔɪl] *s* Tragflügelboot *nt;* **jet lag** ['dʒetlæg] *s* Jetlag *nt* (*Anpassungsschwierigkeiten bei weiten Flugreisen*); **jet plane** *s* Düsenflugzeug *nt;* **jet-pro·pelled** [ˌdʒetprə'peld] *adj* mit Düsenantrieb; **jet propulsion** *s* Düsenantrieb *m*

jet·sam ['dʒetsəm] *s:* **flotsam and** ~ Strandgut *nt*

jet set ['dʒetset] *s* Jetset *m*

jet·ti·son ['dʒetɪsn] *vt* (MAR AVIAT) über Bord werfen

jetty ['dʒetɪ] *s* ❶ Hafendamm *m,* Mole *f* ❷ Landungsbrücke *f,* Landesteg *m*

Jew [dʒu:] *s* Jude *m,* Jüdin *f*

jewel ['dʒu:əl] **I.** *s* Edelstein *m;* (*a. fig*) Juwel *nt,* Schmuckstück *nt;* (*in Uhr*) Stein *m* **II.** *vt* mit Edelsteinen besetzen; **jeweler** *s* (*Am*), **jewel·ler** ['dʒu:ələ(r)] *s* Juwelier *m;* **jewel·lery** *s,* **jewelry** ['dʒu:əlrɪ] *s* (*Am*) Juwelen *ntpl,* Schmuck *m;* **jewelry case** *s* Schmuckkästchen *nt*

Jew·ess ['dʒu:es] *s* Jüdin *f*

Jew·ish ['dʒu:ɪʃ] *adj* jüdisch; **Jew·ry** ['dʒu:rɪ] *s* die Juden *pl,* das jüdische Volk, Judentum *nt;* **Jew's harp** *s* (MUS) Brummeisen *nt,* Maultrommel *f*

jib[1] [dʒɪb] *s* ❶ Kranbalken, Ladebaum, Ausleger *m* ❷ (MAR) Klüver *m;* **the cut of s.o.'s** ~ (*fam*) die äußere Erscheinung

jib[2] [dʒɪb] *vi* ❶ störrisch sein, bocken, scheuen (*at* vor) ❷ (*fig*) abgeneigt sein (*at dat*)

jibe [dʒaɪb] *s* Stichelei *f*

jiffy ['dʒɪfɪ] *s* (*fam*): **in a** ~ im Nu; **just a** ~ einen Augenblick bitte; **Jiffy bag**® *s* gepolsterte Versandtasche

jig [dʒɪg] **I.** *s* ❶ Gigue *f* (*Tanz*) ❷ (TECH) Montagegestell *nt;* Spannvorrichtung *f* **II.** *vi* ❶ Gigue tanzen ❷ hin und her hüpfen

jig·ger ['dʒɪgə(r)] *s* ❶ (TECH) Schüttelsieb *nt* ❷ (*Am*) Messbecher *m* ❸ Sandfloh *m;* **jig·gered** ['dʒɪgəd] *adj* (*fam*) todmüde; **I'll be** ~ mich laust der Affe; **jig·gery-po·kery** [ˌdʒɪgərɪ'pəʊkərɪ] *s* (*Br fam*) Tricks *mpl,* Schwindel *m*

jig·gle ['dʒɪgl] *vt* rütteln, schütteln; wackeln mit

jig·saw ['dʒɪgsɔ:] *s* ❶ Tischlerbandsäge *f* ❷ (~ *puzzle*) Puzzle *nt*

jihad ['dʒɪhʌd] *s* ❶ Jihad *m,* heiliger Krieg (*der Moslems gegen Ungläubige*) ❷ (*fig*) Glaubenskrieg *m*

jilt [dʒɪlt] *vt* (*den Liebhaber*) sitzen lassen

Jim Crow [ˌdʒɪm'krəʊ] *s* (*Am*) ❶ (*pej: Schwarze(r)*) Nigger *m pej* ❷ (*fam*) Rassendiskriminierung *f*

jim-jams ['dʒɪmdʒæmz] *s* (*sl*) ❶ Säuferwahn *m* ❷ Angstzustände *mpl*

jimmy ['dʒɪmɪ] *s* (*Am*) Brecheisen *nt*

jingle ['dʒɪŋgl] **I.** *vi* klingeln; klirren; klimpern; bimmeln **II.** *vt* klirren lassen; klimpern mit **III.** *s* ❶ Klirren, Geklirr *nt* ❷ Werbespruch *m;* Merkvers *m*

jingo·ism ['ʤɪŋgəʊɪzəm] *s* Chauvinismus *m;* **jingo·is·tic** [ˌʤɪŋgəʊ'ɪstɪk] *adj* chauvinistisch

jinks [ʤɪŋks] *s* (*fam*): **it's only high ~** sie sind bloß übermütig

jinx [ʤɪŋks] *s:* **put a ~ on s.th.** etw verhexen

JIT [ˌʤeɪaɪ'tiː] *s Abk. von* **just-in-time**: **~ production** JIT-Fertigung *f*

jit·ter·bug ['ʤɪtəbʌg] *s* ① (*Tanz*) Jitterbug *m* ② (*fig*) Nervenbündel *nt*

jit·ters ['ʤɪtəz] *s pl* (*sl*) Nervosität *f;* Angst *f;* **give s.o. the ~** jdn nervös machen; **have the ~** (*fam*) die Hosen voll haben; **jit·tery** ['ʤɪtərɪ] *adj* (*sl*) ① nervös, durchgedreht ② verdattert, ängstlich

jiu·jit·su [ˌʤuː'ʤɪtsuː] *s* Jiu-Jitsu *nt*

jive [ʤaɪv] **I.** *s* (*Tanz*) Swing *m* **II.** *vi* swingen, Swing tanzen

job [ʤɒb] **I.** *s* ① Arbeit *f;* Beschäftigung, Tätigkeit *f* ② Arbeitsaufgabe *f;* (INFORM) Job *m* ③ Arbeitsplatz *m,* Stellung *f,* Posten *m* ④ Arbeitsvorgang *m,* Operation *f* ⑤ Aufgabe, Pflicht *f* ⑥ (*fam*) schwierige Sache ⑦ (*sl: Straftat*) Ding *nt;* **on the ~** (*fam*) bei der Arbeit; (*sl*) am Ball; **out of a ~** arbeitslos; **just the ~** genau das Richtige; **do a good/bad ~** seine Sache gut/schlecht machen; **do a ~ of work** gute Arbeit leisten; **do odd ~s** Gelegenheitsarbeiten verrichten; **it's quite a ~** das ist ganz schön viel Arbeit; **know one's ~** sein Handwerk verstehen; **that should do the ~** das müsste hinhauen; **I had a ~ doing it** es war nicht leicht; **make the best of a bad ~** das Beste aus einer schlechten Sache machen; **pull a ~** (*sl*) ein Ding drehen; **that's a good/bad ~** das ist gut/dumm; **put-up ~** abgekartete Sache **II.** *vi* ① Gelegenheitsarbeiten verrichten ② als Makler tätig sein ③ schieben, spekulieren **III.** *vt* vermitteln; (*Arbeit*) vergeben; **job advertisement** *s* Stellenausschreibung *f;* **job analysis** *s* Arbeitsanalyse, Arbeitsplatzbewertung *f;* **job application** *s* Stellenbewerbung *f,* Stellengesuch *nt;* **job·ber** ['ʤɒbə(r)] *s* ① Gelegenheitsarbeiter(in) *m(f)* ② (*obs*) Börsenmakler(in) *m(f)* ③ (*fam*) Schieber *m;* **job centre** *s* Arbeitsvermittlung(sstelle) *f;* **job·club** ['ʤɒbklʌb] *s* Arbeitsloseninitiative *f,* -verein *m;* **job counsellor** *s* (*Am*) Berufsberater(in) *m(f);* **job creation** *s* Arbeitsplatzbeschaffung *f;* **job creation scheme** *s* Arbeitsbeschaffungsmaßnahme *f,* Beschäftigungsprogramm *nt;* **job cuts** *s pl* Arbeitsplatzabbau *m;* **job description** *s* Arbeitsplatz-, Stellenbeschreibung *f;* **job evaluation** *s* Arbeitsplatzbewertung *f;* **job hunt** *s* Stellensuche *f;* **job interview** *s* Bewerbungs-, Vorstellungsgespräch *nt;* **job·less** ['ʤɒblɪs] **I.** *adj* arbeitslos **II.** *s pl* Arbeitslose *pl;* **jobless figures** *s pl* Arbeitslosenzahlen *pl,* -ziffer *f;* **job lot** *s* (COM) ① Partieware *f* ② Warenposten *m;* **job market** *s* Arbeitsmarkt *m;* **job-orien·ted** ['ʤɒbˌɔːrɪəntɪd] *adj* projektorientiert; **job printer** *s* Akzidenzdrucker *m;* **job production** *s* Einzelfertigung *f;* **job rating** *s* Arbeitsplatzbewertung *f;* **job·seeker** ['ʤɒbˌsiːkə(r)] *s* Arbeitssuchende(r) *f m;* **job sharing** *s* Arbeitsplatzteilung *f,* Jobsharing *nt;* **job title** *s* Berufsbezeichnung *f*

Jock [ʤɒk] *s* (*fam*) Schotte *m,* Schottin *f*

jockey ['ʤɒkɪ] **I.** *s* Jockei, Jockey *m,* Rennreiter(in) *m(f)* **II.** *vt* ① zu Wege bringen, fertigbringen, dazu bringen (*into doing* zu tun) ② davon abhalten (*out of doing* zu tun) **III.** *vi:* **~ for position** um eine gute Position rangeln

jo·cose [ʤəʊ'kəʊs] *adj* scherzhaft, spaßig

jocu·lar ['ʤɒkjʊlə(r)] *adj* scherzhaft, spaßig, witzig

joc·und ['ʤɒkənd] *adj* fröhlich, heiter

jodh·purs ['ʤɒdpəz] *s pl* Reithose *f*

Joe Bloggs [ˌʤəʊ'blɒgz] *s* (*Br*) Otto Normalverbraucher *m*

jog [ʤɒg] **I.** *vt* ① anstoßen, antippen ② (*das Gedächtnis*) auffrischen **II.** *vi* dahinschlendern, -trotten; aufbrechen; (SPORT) Dauerlauf machen, joggen **III.** *s* ① leichtes Schütteln, Rütteln ② Stoß *m,* Antippen *nt* ③ (*~-trot*) Trotten *nt;* (SPORT) Dauerlauf *m;* **jog along**, **jog on** *vi* sich fortschleppen; (*fig*) fort-, weiterwursteln; **jog·ger** ['ʤɒgə(r)] *s* Dauerläufer(in) *m(f),* Jogger(in) *m(f);* **jogging** ['ʤɒgɪŋ] *s* Dauerlauf *m,* Joggen, Jogging *nt*

joggle ['ʤɒgl] **I.** *vt, vi* ① leicht, etwas schütteln; rütteln ② verschränken, verzahnen **II.** *s* ① leichtes Schütteln, Rütteln ② Verschränkung, Verzahnung *f*

john [ʤɒn] *s* (*Am fam*) Klo *nt*

John [ʤɒn] *s:* **~ the Baptist** Johannes der Täufer; **~ Bull** England *nt;* Engländer *m;* **~ Doe** (*Am*) Otto Normalverbraucher, der einfache Mann

john·ny, **john·nie** ['ʤɒnɪ] *s* ① Kerl, Bursche *m* ② (*sl: Kondom*) Pariser *m*

join [ʤɔɪn] **I.** *vt* ① (*a.* MATH) verbinden, vereinigen (*to, onto* mit) ② sich gesellen (*s.o.* zu jdm), sich anschließen (*s.o.* jdm), eintreten in (*einen Verein*) ③ sich vereinigen, sich verbinden mit ④ münden in; **~ company with s.o.** sich an jdn anschließen; ~

J

forces with s.o. sich mit jdm zusammenschließen; mit jdm zusammenarbeiten; ~ **hands with s.o.** jdm die Hand geben; (*fig*) mit jdm gemeinsame Sache machen **II.** *vi* ❶ sich begegnen, sich treffen, zusammenkommen ❷ angrenzen (*to* an) ❸ (*Wege*) zusammenlaufen ❹ sich verbinden, sich vereinigen (*with, to* mit) ❺ sich beteiligen, teilnehmen (*in* an) ❻ einstimmen (*in* in); **everybody ~ in the chorus!** alle im Chor! **III.** *s* Verbindungsstelle, Fuge, Naht *f*

joiner ['dʒɔɪnə(r)] *s* (Bau)Tischler(in) *m(f)*, Schreiner(in) *m(f)*; ~**'s bench** Hobelbank *f*; **joinery** ['dʒɔɪnərɪ] *s* ❶ Tischlerei, Schreinerei *f* ❷ Tischler-, Schreinerarbeit *f*

joint [dʒɔɪnt] **I.** *s* ❶ Berührungspunkt *m*, Verbindungsstelle *f* ❷ Naht, Fuge *f* ❸ Scharnier *nt* ❹ (ANAT) Gelenk *nt* ❺ (*Küche*) Stück Fleisch *nt*, Keule *f* ❻ (BOT) Gelenkknoten *m* ❼ (*sl*) Kneipe *f*, Spielhölle *f* ❽ (*sl: Marihuana*) Joint *m*; **out of ~** ausgerenkt; (*fig*) aus den Fugen; **put** [*o* **throw**] **out of ~** ausrenken; **put s.o.'s nose out of ~** (*fig*) jdn ausstechen **II.** *adj* gemeinschaftlich, gemeinsam; Gemeinschafts-; Mit-; **during their ~ lives** zu ihren Lebzeiten; **take ~ action** gemeinsam vorgehen **III.** *vt* ❶ durch ein Gelenk miteinander verbinden ❷ (TECH) (ver)fugen; **joint account** *s* gemeinschaftliches (Bank)Konto *nt*; **joint committee** *s* gemeinsamer Ausschuss; **joint debtor** *s* Mitschuldner(in) *m(f)*; **joint·ed** ['dʒɔɪntəd] *adj* gegliedert; **joint effort** *s* Gemeinschaftsarbeit *f*; **joint·ly** ['dʒɔɪntlɪ] *adv* gemeinsam, zusammen; **joint owner** *s* Miteigentümer(in) *m(f)*; **joint ownership** *s* Miteigentum *nt*; **joint property** *s* Miteigentum *nt*; gemeinsames Vermögen; **joint stock** *s* Aktienkapital *nt*; **joint stock company** *s* Aktiengesellschaft *f*; (*Am: etwa*) Kommanditgesellschaft *f* auf Aktien; **joint venture** *s* (COM) Jointventure *nt*; Gemeinschaftsunternehmen *nt*

joist [dʒɔɪst] *s* Träger, Querbalken *m*

jo·jo·ba oil [həʊ'həʊbə,ɔɪl] *s* Jojobaöl *nt*

joke [dʒəʊk] **I.** *s* Spaß, Scherz *m*; **in ~** (nur) zum Spaß, im Scherz; **carry the ~ too far** den Scherz zu weit treiben; **make a ~ of s.th.** etw ins Lächerliche ziehen; **play a ~ on s.o.** jdm einen Streich spielen; **he cannot take a ~** er versteht keinen Spaß; **I don't see the ~** was soll daran lustig sein?; **the ~'s on s.o.** da lacht sich jemand ins Fäustchen; **it is no ~** das ist kein Spaß; **a practical ~** ein Streich **II.** *vi* Spaß, Witze machen; **you must be joking** das kann doch wohl nicht dein Ernst sein; **I was only joking** ich habe das nicht ernst gemeint; **joker** ['dʒəʊkə(r)] *s* ❶ Witzbold *m* ❷ (*sl*) Kerl, Bursche *m* ❸ (*Kartenspiel*) Joker *m*; **jok·ing** ['dʒəʊkɪŋ] **I.** *adj* scherzhaft; **he is not in a ~ mood** ihm ist nicht nach Scherzen zu Mute **II.** *s* Scherze, Witze *mpl*; ~ **apart!** Scherz beiseite!; **jok·ing·ly** [-lɪ] *adv* im Spaß

jol·li·fi·ca·tion [,dʒɒlɪfɪ'keɪʃn] *s* (*fam*) Festivität *f*

jol·lity ['dʒɒlətɪ] *s* Ausgelassenheit, fröhliche Stimmung *f*; **jolly** ['dʒɒlɪ] **I.** *adj* ❶ fröhlich, lustig, heiter ❷ angeheitert ❸ (*fam*) prächtig, prachtvoll **II.** *adv* (*fam*) mächtig, sehr; **it was a ~ good evening** es war ein prima Abend; **a ~ good fellow** ein Pfundskerl; **Jolly Roger** Piratenflagge *f*; ~ **well** aber todsicher **III.** *vt* (*fam: ~ along*) gut zureden (*s.o.* jdm), aufmuntern, aufheitern; ~ **s.o. into doing s.th.** jdn dazu bringen etw zu tun

jolt [dʒəʊlt] **I.** *vt* ❶ (auf-, durch)rütteln ❷ (*fig*) erschüttern **II.** *vi* holpern **III.** *s* plötzlicher Stoß; Schock *m*

Jor·dan ['dʒɔ:dn] *s* Jordanien *nt*; **Jor·dan·ian** [dʒɔ:'deɪnɪən] **I.** *adj* jordanisch **II.** *s* Jordanier(in) *m(f)*

josh [dʒɒʃ] *vt* (*Am sl*) verulken

joss stick ['dʒɒsstɪk] *s* Räucherstäbchen *nt*

jostle ['dʒɒsl] **I.** *vt* schubsen, anrempeln **II.** *vi* drängeln **III.** *s* Gedränge *nt*

jot [dʒɒt] **I.** *s*: **not a ~** nicht das Geringste, nicht im Geringsten; kein Fünkchen **II.** *vt* (~ *down*) (sich) (kurz) notieren; **jot·ter** ['dʒɒtə(r)] *s* Notizbuch *nt*; **jot·tings** ['dʒɒtɪŋz] *s pl* Notizen *fpl*

i Land & Leute

Im kanadischen Québec wird das französischen Wort *cheval* wie *joual* ausgesprochen und deshalb wird der frankokanadische Dialekt **le joual** genannt. In diesem Dialekt gibt es auch viele englische Begriffe, die in der Alltagssprache verwendet werden, wie z. B. *le power-steering* oder *le hood*.

joule [dʒu:l] *s* Joule *nt*

jour·nal ['dʒɜ:nl] *s* ❶ Tagebuch *nt* ❷ (COM) Journal *nt* ❸ (MAR) Logbuch *nt* ❹ (Tages)Zeitung *f*; Zeitschrift *f*, Magazin *nt* ❺ (INFORM) Bericht *m* ❻ (INFORM) Protokoll *nt*; **jour·nal·ese** [,dʒɜ:nə'li:z] *s* Zeitungsstil, Pressejargon *m*; **jour·nal·ism** ['dʒɜ:nlɪzəm] *s* Journalismus *m*; **jour·nal·ist** ['dʒɜ:nlɪst] *s* Journalist(in) *m(f)*; **jour·nal·is·tic**

[ˌdʒɜːnəˈlɪstɪk] *adj* journalistisch

jour·ney [ˈdʒɜːnɪ] **I.** *s* Reise *f*; **break one's** ~ die Reise unterbrechen; **go on a** ~ verreisen; **a day's** ~ eine Tagesreise **II.** *vi* reisen

jour·ney·man [ˈdʒɜːnɪmən] <*pl* -men> *s* Geselle *m*; **journeyman baker** *s* Bäckergeselle *m*

joust [dʒaʊst] *s* (HIST) Turnier *nt*

jov·ial [ˈdʒəʊvɪəl] *adj* heiter, fröhlich, jovial **jov·ial·ity** [ˌdʒəʊvɪˈælətɪ] *s* Heiterkeit *f*, Fröhlichkeit *f*, Frohsinn *m*

jowl [dʒaʊl] *s* Kinnbacken *m*; **cheek by** ~ (ganz) dicht beieinander

joy [dʒɔɪ] *s* Freude *f* (*in, of* an, *at* über), Vergnügen *nt* (*at* an); **for** [*o* **with**] ~ vor Freude; **to the** ~ **of s.o.** zu jds Freude, Vergnügen; **with** ~ mit Vergnügen, mit Freude; **I didn't have any** ~ (*fam*) ich hatte keinen Erfolg; **joy·ful** [ˈdʒɔɪfl] *adj* ① voller Freude ② freudig, froh, glücklich; **joy·less** [-lɪs] *adj* freudlos, traurig, trüb; **joy·ous** [ˈdʒɔɪəs] *adj* freudig, froh, glücklich; **joy·ride** *s Fahrt in einem gestohlenen Auto*; **joy·stick** *s* ① (AVIAT) Steuerknüppel *m* ② (INFORM) Steuerknüppel, Joystick *m*

JP [ˌdʒeɪˈpiː] *s Abk. von* **Justice of the Peace** Friedensrichter(in) *m(f)*

ju·bi·lant [ˈdʒuːbɪlənt] *adj* frohlockend, triumphierend; überglücklich; **ju·bi·la·tion** [ˌdʒuːbɪˈleɪʃn] *s* Jubel *m*; **ju·bi·lee** [ˈdʒuːbɪliː] *s* Jubiläum *nt*; **silver/diamond** ~ 25-/60-jähriges Jubiläum

Ju·da·ism [ˈdʒuːdeɪɪzəm] *s* Judaismus *m*

jud·der [ˈdʒʌdə(r)] *vi* heftig schütteln; vibrieren, zucken

judge [dʒʌdʒ] **I.** *s* ① Richter(in) *m(f)* (*of* über) ② Schieds-, Preisrichter(in) *m(f)* ③ Kenner(in) *m(f)*, Sachverständige(r) *f/m* (*of* in); **be a** (**no**) ~ **of s.th.** sich in etw (nicht) auskennen; **as God is my** ~**!** so wahr mir Gott helfe! **II.** *vt* ① die Verhandlung führen über; (*Fall*) verhandeln; (REL) richten ② (*Wettbewerb*) die Entscheidung treffen in ③ beurteilen, urteilen über ④ halten für, ansehen als; (ab)schätzen **III.** *vi* ① Recht sprechen, richten; das Urteil fällen ② entscheiden, urteilen (*of* über, *by, from* nach) ③ vermuten, annehmen; **as far as I can** ~ soweit ich das beurteilen kann

judg(e)·ment [ˈdʒʌdʒmənt] *s* ① Urteil *nt* (*on* über) ② Urteils-, Richterspruch *m* ③ (*fig*) Meinung, Ansicht *f*, Urteil *nt* ④ Urteilsvermögen *nt*, gesunder Menschenverstand; **according to my** ~ meiner Meinung nach; **against one's better** ~ gegen die eigene Überzeugung; **in my** ~ meines Erachtens; meiner Ansicht nach; **to the best of my** ~ soweit ich das beurteilen kann; **pass** ~ ein Urteil fällen (*on* über); **sit in** ~ zu Gericht sitzen (*on* über); **the Day of Judgement** das Jüngste Gericht

ju·di·ca·ture [ˈdʒuːdɪkətʃə(r)] *s* ① Rechtspflege *f* ② Rechtsprechung *f* ③ Richter *mpl*

ju·di·cial [dʒuːˈdɪʃl] *adj* rechtlich, richterlich; gerichtlich; **take** ~ **proceedings** gerichtliche Schritte unternehmen; ~ **decision** Gerichtsentscheid *m*; ~ **error** Justizirrtum *m*; ~ **inquiry** gerichtliche Untersuchung; ~ **power** richterliche Gewalt; ~ **process** Rechtsweg *m*; ~ (**sale**) (*Am*) Zwangsversteigerung *f*; **ju·dici·ary** [dʒuːˈdɪʃərɪ] *s* ① Rechtswesen *nt* ② Richter *mpl*

ju·di·cious [dʒuːˈdɪʃəs] *adj* urteilsfähig, verständig, einsichtig

judo [ˈdʒuːdəʊ] *s* Judo *nt*

jug [dʒʌg] **I.** *s* ① Krug *m*; Kanne *f* ② (*sl*) Knast *m* **II.** *vt* schmoren, dämpfen

jug·ger·naut [ˈdʒʌgənɔːt] *s* ① Moloch *m* ② (*Br*) Schwerlaster *m*

juggle [ˈdʒʌgl] **I.** *vt* ① manipulieren; (*Bilanz*) frisieren; (*Tatsachen*) fälschen ② (*mit Bällen etc*) jonglieren **II.** *vi* jonglieren; **jug·gler** [ˈdʒʌglə(r)] *s* ① Jongleur(in) *m(f)* ② (*fig*) Schwindler(in) *m(f)*

Ju·go·slav [ˈjuːgəʊˌslɑːv] **I.** *adj* (HIST) jugoslawisch **II.** *s* (HIST) Jugoslawe *m*, Jugoslawin *f*; **Ju·go·sla·via** [juːgəʊˈslɑːvɪə] *s* Jugoslawien *nt*

jugu·lar [ˈdʒʌgjʊlə(r)] *adj*: ~ **vein** (ANAT) Hals-, Drosselvene *f*

juice [dʒuːs] *s* ① Saft *m* ② (*fig*) Gehalt *m*, Wesen *nt* ③ (*sl*) Benzin *nt* ④ (ELEK: *sl*) Strom *m*; **gastric** ~ (PHYSIOL) Magensaft *m*; ~ **extractor** Entsafter *m*; **juicy** [ˈdʒuːsɪ] *adj* ① saftig ② interessant, pikant ③ Gewinn bringend

ju·jit·su [ˌdʒuːˈdʒɪtsuː] *s* (SPORT) Jiu-Jitsu *nt*

juke·box [ˈdʒuːkbɒks] *s* Musikautomat *m*

ju·lep [ˈdʒuːlɪp] *s* (*mint* ~) Pfefferminzlikör *m*

July [dʒuːˈlaɪ] *s* Juli *m*; **in** ~ im Juli

jumble [ˈdʒʌmbl] **I.** *vt* ① (ver)mischen ② (*fig*) durcheinander bringen **II.** *s* Mischmasch *m*; Durcheinander *nt*; **jumble sale** *s* Flohmarkt *m*; Wohltätigkeitsbasar *m*

jumbo [ˈdʒʌmbəʊ] **I.** *adj* riesig **II.** *s* (AVIAT: ~ *jet*) Jumbo (Jet) *m*

jump [dʒʌmp] **I.** *vi* ① springen ② auf-, hochfahren; zusammenzucken ③ (RAIL) entgleisen ④ (*fig: Preise*) in die Höhe schnellen ⑤ sich stürzen (*at* auf) ⑥ eifrig ergreifen (*at s.th.* etw) ⑦ anfahren, angreifen (*on, upon s.o.* jdn); ~ **to it** (*fam*) sich beeilen; ~ **to conclusions** voreilige Schlüsse ziehen

II. *vt* ❶ (hinweg)springen über ❷ (*Buchseite*) überspringen ❸ (*fam*) sich stürzen auf; ~ **bail** seine Kaution verfallen lassen; ~ **ship** ohne Erlaubnis abheuern; ~ **the gun** (SPORT) Frühstart machen; (*fig*) vorher anfangen; ~ **the queue** sich vordrängeln; ~ **the rails** [*o* **track**] entgleisen **III.** *s* ❶ (*a.* SPORT) Sprung *m* ❷ Auffahren *nt,* Zuckung *f* ❸ (*Preise*) plötzliches Ansteigen ❹ (Gedanken)Sprung *m;* **the** ~**s** (*sl*) das große Flattern; **on the** ~ (*fam*) eifrig im Gange, sehr beschäftigt, zerfahren, nervös; **get** [*o* **have**] **the** ~ **on s.o.** (*sl*) jdm gegenüber im Vorteil sein; **long/high/triple** ~ (SPORT) Weit-/Hoch-/Dreisprung *m;* **jump about** *vi* herumhüpfen; **jump at** *vt* sich stürzen auf; (*Gelegenheit*) ergreifen; **jump down** *vi* hinab-, hinunter-, herunterspringen (*from* von); ~ **down s.o.'s throat** (*fam*) jdn anfahren, anschnauzen; **jump in** *vi* hineinspringen; **jump off** *vi* herabspringen; **jump on** *vi* ❶ aufspringen (*to* auf) ❷ anschnauzen; **jump out** *vi* hinausspringen; **jump up** *vi* auf-, hochspringen

jump cut *s* abrupter Szenenwechsel

jumped-up [ˈdʒʌmptʌp] *adj* (*fam*) eingebildet; hochnäsig

jumper [ˈdʒʌmpə(r)] *s* ❶ Springer *m* ❷ (*Br*) Pullover *m* ❸ (*Am*) Trägerkleid *nt;* **high** ~ Hochspringer(in) *m(f)*

jump·ing jack [ˈdʒʌmpɪŋˈdʒæk] *s* ❶ Hampelmann *m* ❷ Knallfrosch *m;* **jump·ing-off place** [ˌdʒʌmpɪŋˈɒfpleɪs] *s* (*fig*) Ausgangspunkt *m;* (*Beruf*) Sprungbrett *nt;* (*Am*) abgelegener Ort

jump jet [ˈdʒʌmpdʒet] *s* (MIL) Senkrechtstarter *m;* **jump leads** [ˈdʒʌmpˌliːdz] *s pl* (AUTO) Starthilfekabel *nt;* **jump-off** [ˌdʒʌmpˈɒf] *s* (SPORT) Stechen *nt;* **jump seat** *s* Notsitz *m;* **jump-start** [ˈdʒʌmpstɑːt] *vt* (*Auto*) kurzschließen; **jump suit** *s* Overall *m*

jumpy [ˈdʒʌmpɪ] *adj* (*fam*) nervös; schreckhaft

junc·tion [ˈdʒʌŋkʃn] *s* ❶ Verbindung, Vereinigung *f* ❷ Schnittpunkt *m* ❸ (*road* ~) (Straßen)Kreuzung *f,* (Verkehrs)Knotenpunkt *m;* Treffpunkt *m* ❹ (RAIL) Eisenbahnknoten(punkt) *m* ❺ (ELEK) Anschlussstelle *f;* **junction box** *s* (ELEK) Verteiler-, Kabelkasten *m*

junc·ture [ˈdʒʌŋktʃə(r)] *s:* **at this** ~ bei dieser Lage der Dinge; in diesem Augenblick

June [dʒuːn] *s* Juni *m;* **in** ~ im Juni

jungle [ˈdʒʌŋgl] *s* Dschungel, Urwald *m*

jun·ior [ˈdʒuːnɪə(r)] **I.** *adj* ❶ jünger ❷ von geringerem Dienstalter; von niedrigerem Rang (*to* als) ❸ (*nach einem Namen*) junior ❹ (COM: *Hypothek*) nachrangig **II.** *s* ❶ Jüngere(r) *f m* ❷ Rangniedrigere(r) *f m* ❸ (*in den USA*) *Schüler(in), Student(in) im 3. Schul- bzw Studienjahr;* **be s.o.'s** ~ jünger als jd sein (*by two years* zwei Jahre); **junior college** *s* (*in den USA*) *College für die beiden ersten Studienjahre;* **junior high school** *s* (*in den USA*) *Schule, die das 8. und 9. Schuljahr umfasst;* **junior school** *s* (*in GB*) Grundschule *f*

i Land & Leute

Eine **junior school** (etwa: Grundschule) ist in Großbritannien eine Schule für jüngere Schüler, besonders für Kinder im Alter von 7–11 und ist oft Teil einer *independent school* (unabhängige Schule), in der Schulgeld gezahlt werden muss.

ju·ni·per [ˈdʒuːnɪpə(r)] *s* Wacholder *m*

junk[1] [dʒʌŋk] **I.** *s* ❶ Abfall *m,* Gerümpel *nt* ❷ Ramsch, Schund *m* ❸ (*sl*) Rauschgift *nt,* Stoff *m;* Heroin *nt;* ~ **mail** (unerwünschte) Reklamesendung *f* **II.** *vt* (*fam*) ausrangieren, wegwerfen

junk[2] [dʒʌŋk] *s* Dschunke *f*

jun·ket [ˈdʒʌŋkɪt] *s* ❶ Sahnequark *m;* Dickmilch *f* ❷ (~ *ing*) Bankett, Fest *nt* ❸ Exkursion *f* (*auf Staatskosten*)

junk bond *adj* Junkbond *m* (*niedrig eingestuftes Wertpapier mit hohen Ertragschancen bei erhöhtem Risiko*); **junk fax** [ˌdʒʌŋkˈfæks] *s* Müllfax *nt;* **junk food** [ˌdʒʌŋkˈfuːd] *s* minderwertige Kost

junkie [ˈdʒʌŋkɪ] *s* (*sl*) Rauschgiftsüchtige(r) *f m,* Junkie *m*

junk·pile, junk·yard [ˈdʒʌŋkpaɪl, ˈdʒʌŋkjɑːd] *s* ❶ Schrottplatz *m* ❷ Autofriedhof *m;* **junk room** *s* Rumpelkammer *f;* **junk shop** *s* Trödelladen *m*

junta [ˈdʒʌntə, *Am* ˈhʊntə] *s* (POL) (Militär)Junta *f*

ju·ridi·cal [dʒʊəˈrɪdɪkl] *adj* gerichtlich; juristisch

ju·ris·dic·tion [ˌdʒʊərɪsˈdɪkʃn] *s* ❶ Gerichtsbarkeit *f,* -bezirk *m* ❷ Zuständigkeit *f;* Gerichtsstand *m;* **come under the** ~ unter die Zuständigkeit fallen (*of* von); **have** ~ **over** zuständig sein für

ju·ris·pru·dence [ˌdʒʊərɪsˈpruːdns] *s* Rechtswissenschaft, Jurisprudenz *f;* **medical** ~ Gerichtsmedizin *f*

jur·ist [ˈdʒʊərɪst] *s* Jurist(in) *m(f),* Rechtswissenschaftler(in) *m(f)*

juror [ˈdʒʊərə(r)] *s* ❶ Geschworene(r) *f m,* Schöffe *m,* Schöffin *f* ❷ Preisrichter(in)

m(f), Jurymitglied *nt*
jury ['dʒʊərɪ] *s* ❶ Schwurgericht *nt* ❷ (die) Geschworenen, (die) Schöffen *mpl* ❸ Jury *f*; **trial by ~** Schwurgerichtsverhandlung *f*; **do ~ service** Schöffe *m*, Schöffin *f* sein; **jury·man** [-mən] <*pl* -men> *s* Geschworene(r) *m*
just¹ [dʒʌst] *adj* ❶ gerecht; redlich ❷ angemessen ❸ rechtmäßig; verdient ❹ berechtigt, begründet
just² [dʒʌst] *adv* ❶ genau, gerade ❷ gerade noch, mit knapper Not; gerade (so) eben ❸ nur (so), bloß ❹ mal ❺ (*fam*) ganz, recht, einfach, wirklich, eigentlich; **but ~**, **~ now** eben erst, im Augenblick; gerade eben; **only ~** gerade noch; **~ about** beinahe; ungefähr; **~ as** ebenso, geradeso; **~ as well** auch gut; **~ then** gerade in diesem Augenblick; **that's ~ it!** das ist ja das Problem; ganz recht (so)!; **~ the same** (*fam*) macht nichts!; **~ a moment!** einen Augenblick bitte!; **~ in case** für alle Fälle; für den Fall, dass; **~ let me see!** lass doch bitte mal sehen!; **~ so** ganz richtig; genauso; **~ shut the door!** mach doch bitte die Tür zu!; **~ tell me!** sag doch mal!; **~ for that** nun gerade
jus·tice ['dʒʌstɪs] *s* ❶ Gerechtigkeit *f* ❷ Recht(swesen *nt*, -pflege *f*) *nt*, Gerichtsbarkeit *f* ❸ Richter(in) *m(f)*; **administer** [*o* **dispense**] **~** Recht sprechen; **do s.o. ~** jdm Gerechtigkeit widerfahren lassen; **court of ~** Gericht(shof *m*) *nt*; **Justice of the Peace** Friedensrichter(in) *m(f)*
jus·ti·fi·able [ˌdʒʌstɪ'faɪəbl] *adj* zu rechtfertigen(d); vertretbar; **~ defence** Notwehr *f*; **jus·ti·fi·ca·tion** [ˌdʒʌstɪfɪ'keɪʃn] *s* Rechtfertigung *f*; **in ~** zur Rechtfertigung (*of* von); **jus·tify** ['dʒʌstɪfaɪ] *vt* ❶ (*a.* REL) begründen; rechtfertigen (*to* vor) ❷ (TYP) justieren; **be justified** Recht haben (*in doing s.th.* etw zu tun)
just·ly ['dʒʌstlɪ] *adv* verdientermaßen; gerechterweise
jut [dʒʌt] *vi* (*~ out, forth*) vorspringen, hervorstehen, -ragen
jute [dʒu:t] *s* Jute *f*
ju·ven·ile ['dʒu:vənaɪl] **I.** *adj* ❶ jugendlich, jung ❷ unreif **II.** *s* ❶ Jugendliche(r) *f m* ❷ (*~ book*) Jugendbuch *nt*; **juvenile court** *s* Jugendgericht *nt*; **juvenile delinquency** *s* Jugendkriminalität *f*
jux·ta·pose [ˌdʒʌkstə'pəʊz] *vt* nebeneinander stellen; **jux·ta·po·si·tion** [ˌdʒʌkstəpə'zɪʃn] *s* ❶ Nebeneinanderstellung *f* ❷ (MUS) Gegenüberstellung *f*

K k

K, k [keɪ] <*pl* 's> *s* K, k *nt*
ka·jal (eye·liner) pen·cil [kəˌjel('aɪˌlaɪnəˌpensl)] *s* Kajalstift *m*
kale, kail [keɪl] *s* Grün-, Krauskohl *m*
ka·leido·scope [kə'laɪdəskəʊp] *s* (*a. fig*) Kaleidoskop *nt*
ka·mi·ka·ze [ˌkæmɪ'kɑ:zɪ] *s* (HIST) Kamikaze(flieger) *m*; **kamikaze attack** *s* Kamikazeangriff *m*
Kam·puchea [ˌkæmpʊ'tʃɪə] *s* Kambodscha, Kamputschea *nt*; **Kam·puchean I.** *adj* kambodschanisch **II.** *s* ❶ (das) Kambodschanisch(e) ❷ Kambodschaner(in) *m(f)*
kan·ga·roo [ˌkæŋgə'ru:] <*pl* -roos> *s* ❶ Känguru *nt* ❷ (PARL: *~ closure*) Schluss *m* der Debatte (*durch Überspringen von Anträgen*); **kangaroo court** *s* Femegericht *nt*
kao·lin ['keɪəlɪn] *s* Porzellanerde *f*, Kaolin *nt od m*
Ka·posi's sar·coma [kæ'pəʊzɪz sɑ:'kəʊmə] *s* (MED) Kaposisarkom *nt*
ka·rate [kə'rɑ:tɪ] *s* Karate *nt*; **karate chop** *s* Karateschlag *m*
kayak ['kaɪæk] *s* Kajak *m od nt*; **kayak·ing** [-ɪŋ] *s* Kajak fahren *nt*
KB [ˌkeɪ'bi:] *s Abk. von* **kilobyte** KB, kByte *nt*
ke·bab [kə'bæb] *s* Kebab, Schaschlik *m*
keel [ki:l] *s* (MAR) Kiel *m*; **on an even ~** ohne zu schwanken; (*fig*) gleichmäßig, ruhig, *adv*; **keel over** *vi* kentern; (*fig*) umkippen; **keel·haul** ['ki:lˌhɔ:l] *vt* (MAR) kielholen
keen [ki:n] *adj* ❶ (*Messer, Verstand*) scharf ❷ (*Wind*) schneidend ❸ (*Kälte*) durchdringend, streng ❹ (*Ton*) schrill ❺ (*Schmerz*) stechend, heftig ❻ (*Appetit*) stark, groß ❼ (*Interesse*) lebhaft, stark ❽ (*Wettstreit*) heftig ❾ (*Mensch*) stark interessiert (*on* an), erpicht (*on* auf) ❿ (*Preis*) günstig; **she is ~ on riding** sie ist eine leidenschaftliche Reiterin; **I am not very ~ on meeting him** ich bin nicht besonders scharf darauf, ihn kennen zu lernen
keep [ki:p] <*irr:* kept, kept> **I.** *vt* ❶ (be)halten ❷ (*Gesetz, Regeln*) einhalten, befolgen ❸ aufbewahren; für sich behalten ❹ unterhalten, versorgen ❺ (be)hüten ❻ (*Vieh*) halten ❼ (*Personal*) beschäftigen ❽ (*Waren, Tagebuch*) führen ❾ (*Fest*) feiern ❿ (*Hotel*) betreiben ⓫ (*Zeitung*) hal-

ten ⑫ (~ *waiting*) warten lassen ⑬ (COM) vorrätig haben ⑭ auf-, zurück-, festhalten; hindern, abhalten (*from* von) ⑮ (*Versammlung*) abhalten, veranstalten ⑯ verheimlichen, verschweigen (*from s.o.* jdm); ~ **one's bed** das Bett hüten; ~ **a close check on s.th.** etw scharf überwachen; ~ **s.o. company** jdm Gesellschaft leisten; ~ **under control** in Schranken halten; ~ **cool** kühl aufbewahren; ~ (**your**) **cool!** reg' dich nicht auf!; ~ **goal** (SPORT) Torwart sein; ~ **going** (*fig*) nicht einschlafen lassen; ~ **one's head** die Ruhe bewahren; ~ **hold of s.th.** etw festhalten; ~ **early hours** früh (zu Bett) gehen; ~ **house** haushalten; ~ **in mind** im Auge behalten; sich merken; ~ **a promise** ein Versprechen halten; ~ **in** (**good**) **repair** in gutem Zustand (er)halten; ~ **one's seat** sitzen bleiben; ~ **a shop** einen Laden führen; ~ **silence** Stillschweigen bewahren; ~ **in suspense** in der Schwebe, im Ungewissen lassen; ~ **one's temper** ruhig bleiben; ~ **time** (*Uhr*) richtiggehen; Takt, Schritt halten; pünktlich sein; ~ **track of s.th.** sich etw merken; ~ **in view** (*fig*) im Auge behalten; ~ **watch** aufpassen; ~ **your hands off!** nehmen Sie Ihre Hände weg!; ~ **your seat** bleiben Sie doch sitzen **II.** *vi* ① bleiben; fortfahren, weitermachen ② (*Lebensmittel*) sich halten ③ sich befinden; (*Am fam*) sich aufhalten, wohnen; ~ **doing s.th.** immer wieder etw tun; ~ **talking!** reden Sie weiter!; ~ (**to the**) **left** sich links halten; (AUTO) links fahren; ~ **calm** [*o* **cool**] [*o* **quiet**] ruhig bleiben, still sein; **how is he ~ing?** wie geht es ihm?; ~ **fit** fit bleiben; **that can** ~ das kann warten; ~ **smiling!** Kopf hoch! **III.** *s* ① (Lebens)Unterhalt *m;* Unterhaltskosten *pl* ② (HIST) Bergfried *m;* Burgverlies *nt;* **earn one's** ~ den Lebensunterhalt verdienen; **for ~s** (*fam*) für immer; **keep ahead** *vi* vorne bleiben; ~ **ahead of the others** in Führung, an der Spitze bleiben; **keep at** *vi* festhalten an; weitermachen mit; herumnörgeln an; ~ **at it!** nicht aufgeben!; **keep away I.** *vi* wegbleiben **II.** *vt* fernhalten; **he can't ~ away from it** er kann die Finger nicht davon lassen; **keep back I.** *vi* zurückbleiben **II.** *vt* ① zurückhalten ② (*Geld*) zurückbehalten ③ verschweigen ④ aufhalten; behindern; **keep down I.** *vt* ① unten lassen; (*Kopf*) einziehen ② (*Ausgaben*) einschränken; (*Steuern, Preise*) niedrig halten ③ (*fig*) unterdrücken; bezähmen ④ (*Essen*) bei sich behalten **II.** *vi* sich nicht aufrichten; **keep from I.** *vt* ① abhalten von; bewahren vor ② verschweigen **II.** *vi* sich fernhalten von; ~ **from doing s.th.** etw unterlassen, etw vermeiden; **keep in I.** *vt* ① zurückhalten, am Ausgehen hindern ② (*Feuer*) nicht ausgehen lassen ③ (*Schüler*) nachsitzen lassen ④ (*Kunden*) pflegen ⑤ (*Gefühle*) zügeln ⑥ (*Bauch*) einziehen **II.** *vi* ① nicht aus-, weggehen ② (*Feuer*) nicht ausgehen ③ (*fam*) auf gutem Fuß stehen (*with* mit); **keep off I.** *vi* weg-, fernbleiben **II.** *vt* ① ab-, fernhalten ② (*Jacke*) auslassen; (*Hut*) abbehalten; ~ **off** (**the grass**)! Betreten (des Rasens) verboten!; **keep on I.** *vt* ① (*Hut*) aufbehalten ② (*Personen*) weiterbeschäftigen ③ behalten **II.** *vi* ① fortfahren (*doing* zu tun) ② weitergehen, -fahren; ~ **on at s.o.** jdn nicht in Ruhe lassen; ~ **on about s.th.** dauernd von etw reden; ~ **on talking** weiterreden (*about* über); **keep out I.** *vt* ① nicht hereinlassen; abhalten ② fernhalten (*of* von) **II.** *vi* draußen bleiben; nicht betreten, sich fernhalten (*of* von); ~ **out!** Eintritt verboten!; **keep to I.** *vi* ① verbleiben bei ② sich halten an ③ bleiben in **II.** *vt* sorgen für; ~ **o.s. to o.s.** für sich bleiben; **keep together I.** *vt* zusammenhalten; zusammenlassen **II.** *vi* zusammenbleiben; zusammenhalten; **keep under** *vt* ① unter Kontrolle behalten ② unterdrücken ③ (MED) unter Narkose halten; **keep up I.** *vt* ① aufrecht halten; über Wasser halten ② fortfahren mit, weitermachen ③ aufrechterhalten ④ (*Geschäft*) fortführen ⑤ (*Haus*) unterhalten; (*Straße*) in Stand halten ⑥ nicht schlafen lassen ⑦ auf dem Laufenden halten **II.** *vi* ① stehen bleiben; aufbleiben ② andauern; (*Wetter*) schön bleiben ③ (*Preise*) sich behaupten ④ ausharren; ~ **up with** Schritt halten mit; ~ **up appearances** den Schein wahren; ~ **up with the Jones's** hinter den Nachbarn nicht zurückbleiben; ~ **it up** so weitermachen; ~ **it up!** nur so weiter! nicht nachgeben!

keeper ['ki:pə(r)] *s* (Park)Wächter(in) *m(f);* (Gefangenen-, Tier)Wärter(in) *m(f);* Pfleger(in) *m(f);* (*goal~*) Torwart *m;* (*shop~*) Ladeninhaber(in) *m(f)*

keep·ing ['ki:pɪŋ] *s* ① Einhalten, Befolgen *nt* ② Aufbewahrung *f;* Verwahrung *f* ③ (COM: *Bücher*) Führung *f* ④ (~ *of a motor vehicle*) Halten *nt* (eines Kraftfahrzeugs); **in ~ with** in Übereinstimmung, in Einklang mit; **for safe** ~ zur sicheren Aufbewahrung; ~ **house** Haushaltsführung *f*

keep·sake ['ki:pseɪk] *s* Andenken *nt,* Erinnerung *f* (*an den Geber*)*;* **as** [*o* **for**] **a** ~ als

Andenken

keg [keg] *s* Fässchen *nt;* **keg beer** *s* (*Br*) Bier vom Fass, Fassbier *nt*

kelp [kelp] *s* (See)Tang *m*

ken [ken] *s:* **beyond** [*o* **outside**] **our ~** außerhalb unserer Kenntnis *f*

ken·nel ['kenl] **I.** *s* ❶ Hundehütte *f* ❷ **~s** Hundezwinger *m;* Hundezucht *f;* Hundeheim *nt* **II.** *vt* in Pflege geben, in ein Hundeheim bringen

Ken·ya ['kenjə] *s* Kenia *nt;* **Ken·yan** ['kenjən] **I.** *adj* kenianisch **II.** *s* Kenianer(in) *m(f)*

kept [kept] **I.** *pt, pp of* **keep** **II.** *adj:* **~ woman** Mätresse *f;* **she's a ~ woman** (*fam*) sie lässt sich aushalten

kerb [kɜːb] *s* Bordkante *f;* **kerb drill** *s* (*Br*) Verkehrserziehung *f;* **kerb·stone** ['kɜːbstəʊn] *s* Bordstein *m*

ker·chief ['kɜːtʃɪf] *s* Hals-, Kopftuch *nt*

ker·fuf·fle [kə'fʌfl] *s* (*Br fam*) Durcheinander *nt;* Aufruhr *f;* Unruhe *f*

ker·nel ['kɜːnl] *s* Kern *m;* (*fig*) Kernpunkt *m,* Hauptsache *f*

kero·sene ['kerəsiːn] *s* Kerosin *nt*

kes·trel ['kestrəl] *s* Turmfalke *m*

ketch [ketʃ] *s* (MAR) Ketsch *f*

ketch·up ['ketʃəp] *s* Ketschup *m od nt*

kettle ['ketl] *s* Kessel *m;* **put the ~ on** Wasser aufstellen, -setzen; **a pretty ~ of fish!** eine schöne Bescherung!; **kettle·drum** ['ketldrʌm] *s* (MUS) Kesselpauke *f*

key [kiː] **I.** *s* ❶ Schlüssel *m* ❷ (*fig*) Lösung *f* (*of* für) ❸ (*von Klavier, Schreibmaschine*) Taste *f* ❹ (*Blasinstrument*) Klappe *f* ❺ (MUS) Tonart *f* ❻ Ausdrucksweise *f* ❼ Zeichenerklärung *f;* **the ~ to the mystery** des Rätsels Lösung; **sing off ~** falsch singen **II.** *adj attr* Schlüssel-, wichtigste(r, s); **~ account** Hauptklient *m,* Hauptkunde *m;* **~ industry** Schlüsselindustrie *f;* **~ man** Schlüsselfigur *f;* **~ point** springender Punkt; **~ position** Schlüsselposition, -stellung *f;* **~ role** Schlüsselrolle *f* **III.** *vt* ❶ (*fig*) abstimmen ❷ (TYP) eintasten; **key in** *vt* (*Text, Daten*) eingeben, eintasten; **key up** *vt* aufregen; **be ~ed up** aufgedreht sein; **~ s.o. up for s.th.** jdn auf etw einstimmen

key·board ['kiːbɔːd] **I.** *s* Klaviatur *f;* Manual *nt;* Tastatur *f* **II.** *vt* (INFORM: *Information*) eingeben; (TYP) setzen; **key·board·ing** [-ɪŋ] *s* Texteingabe *f;* **keyboard instrument** *s* Tasteninstrument *nt;* **keyboard operator** *s* Texterfasser(in) *m(f),* Datentypist(in) *m(f);* **key factor** *s* Schlüsselfaktor *m;* **key·hole** ['kiːhəʊl] *s* Schlüsselloch *nt;* **keyhole surgery** *s* (MED) Minimalinvasive Chirurgie (MIC) *f;* **key industry** *s* Schlüsselindustrie *f;* **keyless entry system** *s Türschloss, das man ohne einen Schlüssel öffnen kann;* **key money** *s* Kaution *f;* **key·note** ['kiːnəʊt] **I.** *s* ❶ (MUS) Grundton *m* ❷ (*fig*) Grundgedanke *m* **II.** *vt* das Programm festlegen für; nachdrücklich betonen; in den Mittelpunkt stellen; **keynote address, keynote speech** *s* (POL) programmatische Rede; Grundsatzreferat *nt;* **key·noter** ['kiːnəʊtə(r)] *s* (POL) Programmatiker *m;* **key·pad** ['kiːpæd] *s* Tastenfeld *nt;* **key personnel, key staff** *s* leitende Angestellte *pl;* **key post** *s* Schlüsselstellung, -position *f;* **key punch** *s* Tastenlocher *m;* **key ring** *s* Schlüsselring, -bund *m;* **key signature** *s* (MUS) Tonartbezeichnung *f;* **key·stone** ['kiːstəʊn] *s* ❶ (ARCH) Schlussstein *m* ❷ (*fig*) Grundlage *f,* -gedanke *m;* **key stroke** *s* Anschlag *m;* **key word** *s* Schlüsselwort *nt*

khaki ['kɑːkɪ] *adj* khakifarben

kib·butz [kɪ'bʊts, *pl* kɪbʊ'tsiːm] <*pl* -butzim> *s* Kibbuz *m*

kick [kɪk] **I.** *vt* ❶ treten, mit dem Fuß stoßen ❷ (*Fußball*) kicken; (*Tor*) schießen; **I could have ~ed myself** (*fam*) ich hätte mich selber in den Hintern treten können; **~ a habit** (*sl*) es aufgeben; **~ heroin** (*sl*) vom Heroin runterkommen **II.** *vi* ❶ (*mit den Füßen*) strampeln; treten ❷ (*Pferd*) ausschlagen ❸ (*Feuerwaffe*) zurückschlagen ❹ (*Ball*) hochfliegen **III.** *s* ❶ (Fuß)Tritt, Stoß *m* ❷ (*Fußball*) Schuss *m* ❸ (*Feuerwaffe*) Rückstoß *m* ❹ (*fam*) Schwung *m* ❺ (*fam*) Spaß, Jux *m;* **get a big ~ out of s.th.** viel Spaß an etw haben; **do s.th. for ~s** etw zum Spaß tun; **live for ~s** nur zu seinem Vergnügen leben; **kick about, kick around** **I.** *vt* (*fam*) ❶ schlecht behandeln ❷ (*Ball*) herumkicken **II.** *vi* herumbummeln; herumliegen; **kick against** *vi* treten gegen; sich wehren gegen; **kick at** *vi* treten gegen; **kick away** *vt* wegstoßen; **kick back** **I.** *vi* (*fam*) ❶ zurückschlagen ❷ zurückprallen **II.** *vt* wegstrampeln; zurückschießen; **kick downstairs** *vt* die Treppe hinunterwerfen; **kick in** *vt* einstoßen, -treten; **~ s.o.'s teeth in** jdm die Zähne einschlagen; **kick off** **I.** *vt* wegschleudern **II.** *vi* ❶ (*Fußball*) anspielen ❷ (*fam*) beginnen; **kick out** **I.** *vt* (*fam*) ❶ rauswerfen, -schmeißen ❷ (*Fußball*) ins Aus schießen **II.** *vi* ausschlagen; um sich treten; **kick over** *vi:* **~ over the traces** über die Stränge schlagen; **kick up** *vt* hochschleudern; **~ up a fuss** [*o* **row**] [*o* **shindy**] [*o* **stink**] (*fig*) Krach schlagen; **kick upstairs** *vt* (durch Beförderung) kaltstellen

kick-ass *adj* (*Am: sl*) super, ausgezeichnet

kick·back ['kɪkbæk] *s* (*fam*) Schmiergelder *ntpl*, Nebeneinnahme *f*; Auswirkung *f*

kick·board (scooter) ['kɪkbɔ:d] *s* Kickboard *nt*, Kickboard-Roller *m*

kick·down ['kɪkdaʊn] *s* (AUTO) Kickdown *m*

kick·er ['kɪkə(r)] *s* ❶ Fußballspieler, Kicker *m* ❷ Schläger *m* (*Pferd*); **kick-off** ['kɪkɒf] *s* ❶ (*Fußball*) Anstoß *m*, Anspiel *nt* ❷ (*fig*) Anlass *m* ❸ (*fam*) Anfang *m*; **for a ~** zunächst (einmal)

kick-starter *s* (AUTO) Kickstarter *m*

kick·turn ['kɪktɜ:n] *s* (*Skilaufen*) Kehre *f*

kid [kɪd] **I.** *s* ❶ Zicklein, Kitz *nt*; (*~ skin*) Ziegenleder *nt* ❷ (*fam*) Kind *nt*; **when you were a ~** als du klein warst; **that's ~'s stuff** das ist etwas für kleine Kinder; das ist kinderleicht; **listen ~** hör mal zu, Kleiner; **you are some ~** du bist toll **II.** *vi* (*fam*) Spaß machen **III.** *vt* (*fam: ~ on*) verulken; **don't ~ yourself** mach dir doch nichts vor **IV.** *adj attr* jünger, kleiner; **~ sister/brother** jüngere Schwester/jüngerer Bruder; **kid·ding** *s* (*fam*): **no ~!** ehrlich! kein Witz!; **kid·dy** ['kɪdɪ] *s* (*fam*) Kind *nt*; Kleine(r) *f m*

kid glove ['kɪdglʌv] *s* Glacéhandschuh *m*; **handle with ~s** (*fig*) mit Glacéhandschuhen anfassen

kid·nap ['kɪdnæp] *vt* entführen; **kid·nap·per** ['kɪdnæpə(r)] *s* Kidnapper(in) *m(f)*, Entführer(in) *m(f)*; **kid·nap·ping** [-ɪŋ] *s* Entführung *f*

kid·ney ['kɪdnɪ] *s* ❶ (ANAT) Niere *f* ❷ (*fig*) Veranlagung *f*; **of the right ~** vom rechten Schlag; **kidney bean** *s* Feuerbohne *f*, Kidneybohne *f*; **kidney dish** *s* Nierenschale *f*; **kidney donor** *s* Nierenspender(in) *m(f)*; **kidney failure** *s* Nierenversagen *nt*; **kidney machine** *s* künstliche Niere; **kidney-shaped** ['kɪdnɪʃeɪpt] *adj* nierenförmig; **kidney stone** *s* (MED) Nierenstein *m*

kid·ol·ogy [kɪ'dɒlədʒɪ] *s* (*fam*) Bluff *m*, Bluffen *nt*

kill [kɪl] **I.** *vt* ❶ töten; totschlagen, umbringen, erschlagen ❷ schlachten; erlegen ❸ vernichten, zerstören, ruinieren ❹ vereiteln ❺ widerrufen, für ungültig erklären; (*fam*) unter den Tisch fallen lassen ❻ (*Gesetzesvorlage*) zu Fall bringen ❼ (*Motor*) abwürgen; (*Maschine*) anhalten, zum Stehen bringen; (ELEK) ausschalten ❽ (*Fußball*) stoppen ❾ erdrücken; um seine Wirkung bringen; **be ~ed in action** (MIL) im Kampf fallen; **~ two birds with one stone** (*fig*) zwei Fliegen mit einer Klappe schlagen; **~ with kindness** vor Liebe umbringen (wollen); **~ time** die Zeit totschlagen; **my feet are ~ing me** meine Füße tun mir (wahnsinnig) weh **II.** *vi* ❶ töten; den Tod herbeiführen ❷ (*fam*) einen tollen Eindruck machen; **be dressed to ~** toll gekleidet sein; **thou shalt not ~** du sollst nicht töten **III.** *s* ❶ Tötung *f* ❷ (Jagd)Beute *f* ❸ (MIL: *Schiff*) Versenkung *f*; (*Flugzeug, Rakete*) Abschuss *m*; **be in at the ~** (*fig*) am Schluss dabei sein; **kill off** *vt* vernichten; ausrotten; abschlachten; **killer** ['kɪlə(r)] *s* ❶ Mörder(in) *m(f)* ❷ **he's a lady ~** (*sl*) er ist ein Frauenheld; **it's a real ~** (*fam*) das ist der glatte Mord; **killer cell** *s* (PHYSIOL) Killerzelle *f*; **killer disease** *s* mörderische Krankheit *f*; **killer fog** *s* lebensgefährlicher Nebel; **killer instinct** *s* Tötungsinstinkt *m*; **killer whale** *s* Schwertwal *m*; **kill·ing** ['kɪlɪŋ] **I.** *adj* ❶ tödlich ❷ mörderisch; ermüdend ❸ (*fam*) wahnsinnig komisch **II.** *s* ❶ Töten *nt*; Mord *m* ❷ (*Tiere*) Abschlachten *nt*; Erlegen *nt*; **make a ~** (*fam*) auf einmal viel verdienen; einen Reibach machen; **kill·joy** ['kɪldʒɔɪ] *s* Spielverderber(in) *m(f)*

kiln ['kɪln] *s* (TECH) (Brenn)Ofen *m*; Röstofen *m*; Trockenofen *m*; Darre *f*

kilo ['ki:ləʊ] <*pl* kilos> *s* Kilo(gramm) *nt*; **kilo·byte** ['kɪləbaɪt] *s* Kilobyte *nt*; **kilo·cycle** ['kɪləsaɪkl] *s* Kilohertz *nt*; **kilo·gram** *s* (*Am*), **kilo·gramme** ['kɪləgræm] *s* Kilogramm *nt*; **kilo·joule** ['kɪlədʒu:l] *s* Kilojoule *nt*; **kilo·meter** *s* (*Am*), **kilo·metre** ['kɪləmi:tə(r)] *s* Kilometer *m*; **kilo·watt** ['kɪləwɒt] *s* Kilowatt *nt*; **kilowatt hour** *s* Kilowattstunde *f*

kilt [kɪlt] *s* Kilt, Schottenrock *m*

i Land & Leute

Der **kilt** oder *Highland dress* eines Schotten stammt aus dem 16. Jh. und bestand damals aus einem einzigen Stück Stoff. Im 17. Jh. wurden daraus zwei getrennte Kleidungsstücke: der **kilt** (Schottenrock) und das *plaid* (Umhangtuch aus Wolle). Aus dieser Zeit stammt auch der *sporran* (ein Beutel, der am Gürtel hängt). Erst im 18. Jh. wurden die unterschiedlichen *tartans* (Schottenmuster) für einzelne Familien oder *clans* entworfen. Zu besonderen Anlässen, wie Hochzeiten, tragen viele Männer heutzutage noch einen **kilt**.

ki·mo·no [kɪ'məʊnəʊ] *s* Kimono *m*

kin [kɪn] *s* Verwandtschaft *f;* **the next of ~** die nächsten Angehörigen *pl*

kind¹ [kaɪnd] *s* ① Art, Gattung *f* ② Sorte, Klasse *f;* **a ~ of** eine Art (von); **~ of** (*fam*) irgendwie; gewissermaßen, sozusagen; **the same ~** von derselben Sorte; **in ~** in gleicher, auf gleiche Weise; (COM) in natura; **payment in ~** Natural-, Sachleistung *f;* **what ~ of ...?** was für ein(e) ...?; **I am not that ~ of person** so bin ich nicht; **they are two of a ~** sie sind vom gleichen Schlag; **this ~ of thing** so etwas; **something of the ~** so etwas Ähnliches; **it was ~ of funny** es war irgendwie witzig

kind² [kaɪnd] *adj* freundlich, nett, entgegenkommend (*to s.o.* jdm gegenüber); **with ~ regards** mit freundlichen Grüßen; **would you be so ~ as to ...?** wären Sie so freundlich und würden ...?

kin·der·gar·ten ['kɪndəgɑːtn] *s* Kindergarten *m*

kind-hearted [ˌkaɪnd'hɑːtɪd] *adj* gutmütig, gütig

kindle ['kɪndl] **I.** *vt* ① anstecken, anzünden ② (*fig*) erwecken, erregen **II.** *vi* Feuer fangen, sich entzünden; aufleuchten (*with* vor); **kind·ling** ['kɪndlɪŋ] *s* Anmachholz *nt*

kind·ly ['kaɪndlɪ] **I.** *adj* ① gütig, freundlich ② gefällig, entgegenkommend, nett, liebenswürdig **II.** *adv* liebenswürdigerweise; gefälligst; **~ put it back** bitte seien Sie so freundlich und stellen Sie es zurück; **take ~ to s.o.** jdn lieb gewinnen; **kind·ness** ['kaɪndnɪs] *s* ① Güte, Freundlichkeit, Liebenswürdigkeit *f* ② Gefälligkeit *f*

kin·dred ['kɪndrɪd] **I.** *s* (Bluts)Verwandtschaft *f;* Verwandte *pl* **II.** *adj* verwandt, ähnlich; **~ spirit** Gleichgesinnte(r) *f m*

kin·etic [kɪ'netɪk] **I.** *adj* kinetisch **II.** *s pl mit sing* Kinetik *f*

kin·folk [kɪnfəʊk] *s pl* Verwandte *pl*

king [kɪŋ] *s* ① König *m* ② (*Damespiel*) Dame *f;* **king·cup** ['kɪŋkʌp] *s* ① Hahnenfuß *m* ② (Sumpf)Dotterblume *f;* **king·dom** ['kɪŋdəm] *s* (König)Reich *nt;* **the animal/vegetable/mineral ~** das Tier-/das Pflanzen-/das Mineralreich; **~ of heaven** Himmelreich *nt;* **the United Kingdom** das Vereinigte Königreich; **king·fisher** ['kɪŋˌfɪʃə(r)] *s* Eisvogel *m;* **king·ly** ['kɪŋlɪ] *adj, adv* königlich; **king·pin** ['kɪŋpɪn] *s* ① (TECH) Drehzapfen *m;* (AUTO) Achsschenkelbolzen *m* ② (*fig*) Hauptperson, -sache *f;* **King's Bench** *s* (JUR) Erste Kammer *f* des High Court; **king-size** ['kɪŋsaɪz] *adj* (*fam*) besonders groß; (*Zigarette*) Kingsize-

kink [kɪŋk] *s* ① Knoten *m,* Schleife *f* ② Kräuselung *f;* (*Haar*) Welle *f* ③ (*fig*) Schrulle *f,* Spleen *m;* **kinky** ['kɪŋkɪ] *adj* ① (*Haar*) wellig ② (*sl*) verrückt ③ abartig, pervers

kins·folk ['kɪnzfəʊk] *s pl* Verwandte *pl;* **kin·ship** ['kɪnʃɪp] *s* Verwandtschaft *f;* **kins·man** ['kɪnzmən] <*pl* -men> *s* Verwandte(r) *m;* **kins·woman** ['kɪnzwʊmən, *pl* -wɪmɪn] <*pl* -women> *s* Verwandte *f*

kiosk ['kiːɒsk] *s* Kiosk *m,* Bude *f;* **telephone ~** (*Br*) Telefonzelle *f*

kip [kɪp] **I.** *s* (*fam*) Schläfchen *nt;* **get some ~** (*fam*) eine Runde pennen **II.** *vi* (~ *down*) schlafen

kip·per ['kɪpə(r)] *s* Räucherhering *m*

kirk [kɜːk] *s* (*schottisch*) Kirche *f*

kis·met ['kɪzmet] *s no pl* Kismet *nt* (*gottergeben hinzunehmendes Schicksal im Islam*)

kiss [kɪs] **I.** *vi* (sich) küssen **II.** *vt* ① küssen ② leicht berühren **III.** *s* Kuss *m;* **~ of death** Todesstoß *m;* **~ of life** Mund-zu-Mund-Beatmung *f;* **kisser** ['kɪsə(r)] *s* (*vulg*) Fresse *f;* **kiss-off** ['kɪsɒf] *s* (*Am sl*) Abfuhr *f;* **kiss-proof** *adj* kussecht

kit [kɪt] **I.** *s* ① Ausrüstung *f* ② Handwerkszeug *nt* ③ (*fam*) Satz *m,* Kollektion *f* ④ Gepäck *nt* **II.** *vt* (~ *up, out*) ausrüsten, ausstaffieren; **kit·bag** *s* (MIL MAR) (See)Sack *m*

kitch·en ['kɪtʃɪn] *s* Küche *f;* **kitch·en·et(te)** [ˌkɪtʃɪ'net] *s* Kochnische *f;* **kitchen foil** *s* Haushalts-, Alufolie *f;* **kitchen-garden** *s* Gemüsegarten *m;* **kitchen knife** *s* Küchenmesser *nt;* **kitchen-maid** ['kɪtʃɪnmeɪd] *s* Küchenmädchen *nt;* **kitchen range** *s* Küchen-, Kochherd *m;* **kitchen scissors** *s pl* Küchenschere *f;* **kitchen sink** *s* Spüle *f,* Ausguss *m;* **he arrived here with everything but the ~** er kam mit Sack und Pack an; **kitchen table** *s* Küchentisch *m;* **kitchen towel** *s* Küchentuch *nt;* **kitchen unit** *s* Küchenschrank

kite [kaɪt] *s* ① (*Vogel*) Milan *m* ② (Papier)Drachen *m* ③ (FIN) Kellerwechsel *m;* **fly a ~** einen Drachen, *fig* einen Versuchsballon steigen lassen, einen Gefälligkeitswechsel ziehen; **kite mark** *s* (*Br*) (*dreieckiges*) *Gütezeichen*

kith [kɪθ] *s:* **~ and kin** Blutsverwandte *pl;* **with ~ and kin** mit Kind und Kegel

kitsch [kɪtʃ] *s* Kitsch *m;* **kitsch(y)** [-ɪ] *adj* kitschig

kit·ten ['kɪtn] *s* Kätzchen *nt;* **have ~s** (*fig fam*) Junge, Zustände kriegen; **kit·ten·ish** [-ɪʃ] *adj* verspielt

kitty ['kɪtɪ] *s* ① Kätzchen *nt* ② gemeinsame Kasse

kiwi ['kiːwiː] *s* ① (*Vogel*) Kiwi *m* ② (*Frucht*)

K

Kiwi *f*

KKK [ˌkeɪkeɪ'keɪ] *s Abk. von* **Ku Klux Klan** Ku-Klux-Klan *m*

klaxon ['klæksn] *s* Hupe *f*

Kleen·ex® ['kliːneks] *s* Tempotaschentuch® *nt*

klep·to·mania [ˌkleptə'meɪnɪə] *s* Kleptomanie *f;* **klep·to·maniac** [ˌkleptə'meɪnɪæk] **I.** *s* Kleptomane *m,* Kleptomanin *f* **II.** *adj* kleptomanisch

knack [næk] *s* ① Kniff, Trick, Kunstgriff *m* ② Geschicklichkeit, Fertigkeit *f* (*at, of* in); **have the ~ of it** (*fam*) den Bogen raushaben; **there's a ~ in it** man muss den Dreh kennen

knacker ['nækə(r)] *s* (*Br*) ① Abdecker *m* ② Abbruchunternehmen *nt*

knackered ['nækəd] *adj* (*sl*) geschafft, todmüde

knap·sack ['næpsæk] *s* Rucksack *m;* (MIL) Tornister *m*

knead [niːd] *vt* ① kneten ② massieren

knee [niː] **I.** *s* ① Knie *nt* ② (TECH) Kniestück, -rohr *nt;* **bring s.o. to his ~s** jdn in die Knie zwingen; **go on one's ~s** kniefällig bitten; **on one's ~s** auf den Knien; (*fig*) kniefällig; **~ jerk** (**reflex**) (MED) Kniesehnenreflex *m;* **~-jerk reaction** (*fig pej*) spontane (Abwehr)Reaktion **II.** *vt* mit dem Knie stoßen; **knee breeches** *s pl* Kniehose *f;* **knee·cap** ['niːˌkæp] *s* ① (ANAT) Kniescheibe *f* ② Knieschützer *m;* **knee-cap·ping** [-ɪŋ] *s* Knieschuss *m;* **knee-deep, knee-high** [ˌniː'diːp, ˌniː'haɪ] *adj* knietief; **knee-joint** *s* Kniegelenk *nt*

kneel [niːl] <*irr:* knelt, knelt> *vi* (*~ down*) (nieder)knien (*to* vor)

knees-up ['niːzʌp] *s* (*fam*) Tanzparty *f*

knell [nel] *s* Totenglocke *f*

knelt [nelt] *s.* **kneel**

knew [njuː] *s.* **know**

knicker·bock·ers ['nɪkəbɒkəz] *s pl* Knickerbocker *pl*

knickers ['nɪkəz] **I.** *s pl* (Damen)Schlüpfer *m;* **get one's ~ in a twist** verärgert, aufgeregt werden **II.** *interj* (*sl*) verflixt! Quatsch!

knick-knack ['nɪknæk] *s* ① Kleinigkeit *f* ② Nippsache *f*

knife [naɪf, *pl* naɪvz] <*pl* knives> **I.** *s* (*a.* TECH) Messer *nt;* **knives and forks** Besteck *nt;* **get one's ~ into s.o.** (*fig*) jdn nicht ausstehen können; **go under the ~** unters Messer kommen **II.** *vt* stechen; erdolchen; **knife edge** *s* (*a.* TECH) (Messer)Schneide *f;* **on a ~** (*fig*) auf Messers Schneide; **knife-point** ['naɪfpɔɪnt] *s no pl:* **at ~** mit vorgehaltenem Messer; **knife sharpener** *s* Messerschärfer *m;* **knif·ing** ['naɪfɪŋ] *s* Messerstecherei *f*

knight [naɪt] **I.** *s* ① Ritter *m* ② (*Schach*) Springer *m* **II.** *vt* zum Ritter schlagen; **knight-errant** [ˌnaɪt'erənt] <*pl* knights-errant> *s* fahrender Ritter; **knight·hood** ['naɪthʊd] *s* ① Ritterwürde *f,* -stand *m* ② Rittertum *nt;* **knight·ly** ['naɪtlɪ] *adj* ritterlich

i Land & Leute

In Großbritannien werden Leute, die außerordentliche Verdienste um das Land erworben haben in den **knighthood** (Adelsstand) erhoben und erhalten den Titel *Sir* vor ihrem Namen, z. B. *Sir John Smith* (Anrede: Sir John). Die Frau eines *Sir* hat den Titel *Lady,* z. B. *Lady Smith* (und man würde sie auch so anreden). Zusammen hießen sie *Sir John and Lady Smith.* Seit 1917 ist es auch für eine Frau möglich, den Titel *Dame* für Verdienste um das Land zu erhalten; z. B. *Dame Mary Smith* (Anrede: Dame Mary).

knit [nɪt] <*irr:* knit (knitted), knit (knitted)> **I.** *vt* ① stricken ② (*fig*) (miteinander) verknüpfen, verbinden, zusammenfügen; **~ one, purl one** eins rechts, eins links; **~ one's brow** die Stirn runzeln **II.** *vi* ① stricken ② zusammenwachsen; **knit together** *vt* zusammenstricken; (miteinander) verbinden; **knit up I.** *vt* stricken; (*fig*) eng verbinden **II.** *vi* (*Knochen*) zusammenwachsen; **knit·ter** ['nɪtə(r)] *s* ① Stricker(in) *m(f)* ② Strickmaschine *f;* **knit·ting** [-ɪŋ] *s* Strickarbeit *f,* -zeug *nt;* Stricken *nt;* **knitting-needle** *s* Stricknadel *f;* **knitting yarn** *s* Strickgarn *nt;* **knit·wear** ['nɪtweə(r)] *s* Strickwaren *fpl,* Strickkleidung *f*

knob [nɒb] *s* ① Schwellung, Beule *f* ② (Griff)Knopf *m;* Knauf *m* ③ rundes Stück ④ (*sl*) Kopf *m;* **with ~s on** (*sl*) allerdings!; **knob·bly** ['nɒblɪ] *adj* ① knorrig ② knopfartig, rund; **knob·by** ['nɒbɪ] *adj* knorrig

knock [nɒk] **I.** *vi* ① schlagen, stoßen, prallen (*on, against* gegen) ② klopfen, pochen (*at* an) ③ (AUTO) klopfen **II.** *vt* ① schlagen, stoßen, treffen ② umstoßen ③ überraschen; stark beeindrucken ④ (*fam*) meckern über, heruntermachen; **that ~s you sideways** (*fam*) das haut dich um **III.** *s* ① Schlag, Stoß *m* ② (An)Klopfen, Pochen *nt* (*at the door* an der Tür) ③ (AUTO) Klopfen *nt* ④ (*fam*) Tiefschlag *m;* Kritik *f;* **take a ~** (*fam*) einen Tiefschlag erleben; erschüttert werden; einen schweren finanziellen Verlust erleiden; **knock about, knock around I.** *vi* sich herumtreiben, -reisen (*with s.o.* mit jdm), herumliegen **II.** *vt* herumstoßen, misshandeln; verprügeln; ramponieren; **knock back** *vt* (*fam*) ① (*Getränk*) hinunterstürzen ② kosten ③ überraschen, erschüttern ④ zurückweisen; **knock down** *vt* ① umstoßen, -werfen ② zu Boden werfen; umfahren ③ (*Gebäude*) abbrechen ④ (*Auktion*) zuschlagen (*to s.o.* jdm) ⑤ (*im Preis*) herabsetzen; (*Person*) herunterhandeln ⑥ (*Möbel, Maschine*) zerlegen; **knock into** *vt* ① einbläuen (*s.o.* jdm) ② unerwartet treffen; **~ into shape** in Form bringen; **knock off I.** *vi* (*fam*) Schluss, Feierabend machen (*with one's work* mit der Arbeit) **II.** *vt* ① weg-, abschlagen ② (*Arbeit*) einstellen ③ (*fam*) hinhauen, rasch erledigen ④ (*von einem Preis*) ablassen; herunterhandeln; abziehen ⑤ (*sl*) stehlen ⑥ (*sl: Menschen*) erledigen; **knock out** *vt* ① (*Pfeife*) ausklopfen ② (*Boxen*) k.o.-schlagen ③ (*fam*) fertig machen ④ (*fam*) verblüffen; schocken ⑤ eliminieren; **knock over** *vt* ① umwerfen ② umfahren; überfahren; **knock together I.** *vi* aneinander stoßen **II.** *vt* ① aneinander schlagen ② (*fam: Arbeit*) schnell hinhauen; **~ people's heads together** die Leute zur Vernunft bringen; **knock up I.** *vi* ① (*Br:* SPORT) sich einspielen ② (*Am sl*) bumsen **II.** *vt* ① hochschlagen ② rasch bauen; zusammenzimmern ③ (*Essen*) rasch zubereiten ④ (*Br*) wecken ⑤ (*Br sl*) fertig machen ⑥ (*sl*) ein Kind anhängen (*a woman* einer Frau)

knock-about ['nɒkəbaʊt] *adj* ① (*Kleidung*) strapazierfähig ② lärmend; derb, rau; **~ comedy** Klamaukstück *nt;* **knock-down** ['nɒkdaʊn] **I.** *adj* ① (*fig*) niederschmetternd ② (*Preis*) Schleuder-, äußerst niedrig **II.** *s* (*Boxen*) Niederschlag *m;* **knocker** ['nɒkə(r)] *s* ① Türklopfer *m* ② (*fam*) Meckerer, Nörgler, Miesmacher *m;* **knock·ing copy** [ˌnɒkɪŋ'kɒpɪ] *s herabsetzender Werbetext;* **knocking-off time** *s* Feierabend *m;* **knock-kneed** [ˌnɒk'ni:d] *adj* x-beinig; **knock-on effect** *s* Folge-, Anstoßwirkung *f;* **knock-out** ['nɒkaʊt] **I.** *adj* (*Schlag*) K.o.- **II.** *s* ① (*~ blow*) K.o.-Schlag *m* ② (*fig*) vernichtende Niederlage ③ (*sl*) Pfundskerl *m,* -weib *nt* ④ Ausscheidung(srunde) *f;* **knock-up** ['nɒkʌp] *s* (*Br:* SPORT) Trainingsspiel *nt*

knoll [nəʊl] *s* Hügel *m*

knot [nɒt] **I.** *s* ① Knoten *m;* Schleife *f* ② Gruppe *f* ③ (*fig*) einigendes Band ④ Knorren, Ast *m* (*im Holz*) ⑤ (MAR) Knoten *m* (*1,853 km/h*); **cut the ~** (*fig*) den Knoten durchhauen; **stand about in ~s** in Gruppen herumstehen; **tie the ~** den Bund der Ehe eingehen; **tie o.s. (up) in** [*o* **get into**] **~s** in Schwierigkeiten geraten **II.** *vt* ① (einen) Knoten machen in; verknoten, verschnüren ② miteinander verknüpfen; **get ~ted!** lass mich in Ruh(e)! **III.** *vi* sich verknoten; sich verwirren; **knotty** ['nɒtɪ] *adj* ① knotig, knorrig ② (*fig*) verwickelt, schwierig

know [nəʊ] <*irr:* knew, known> **I.** *vt* ① wissen, kennen ② sich auskennen in, vertraut sein mit; verstehen (*how to do* zu tun), können ③ erkennen; erfahren ④ kennen lernen; unterscheiden (*from* von); **be known** bekannt sein (*to s.o.* jdm, *as* als); **come to ~** in Erfahrung bringen; **come to be known** bekannt werden; **let s.o. ~** jdn wissen lassen, jdm Bescheid geben; **make o.s. known** sich bekannt machen; **~ one's own business** [*o* **onions**] (*fam*) Bescheid wissen; **~ how to do s.th.** etw können **II.** *vi* ① wissen (*about, of s.th.* über, von etw) ② verstehen (*about* von); **~ better** es besser wissen; **not that I ~ of** nicht, dass ich wüßte; **he wouldn't ~** er ist dafür nicht zuständig **III.** *s:* **be in the ~** im Bilde sein

know-all ['nəʊɔ:l] *s* Besserwisser(in) *m(f);* **know-how** ['nəʊhaʊ] *s* Erfahrung *f,* (Fach)Wissen, Können, Know-how *nt;* **know·ing** ['nəʊɪŋ] *adj* ① informiert, unterrichtet ② wissend; klug, einsichtig ③ schlau; verständnisvoll; **there's no ~** man kann nie wissen; **know·ing·ly** [-lɪ] *adv* ① mit Bewusstsein, bewusst; absichtlich; wissentlich ② (*Lächeln*) wissend; **know-it-all** ['nəʊɪtɔ:l] *s* (*Am*) Besserwisser(in) *m(f)*

knowl·edge ['nɒlɪdʒ] *s* ① Kenntnis *f* (*of* von) ② Wissen *nt;* Kenntnisse *fpl* ③ Bekanntschaft, Vertrautheit *f* (*of* mit) ④ Verständnis *nt;* **to (the best of) my ~** soviel ich weiß; **to the best of my ~ and belief** nach bestem Wissen und Gewissen; **without my ~** ohne mein Wissen; **~ base** Wissensgrundlage *f;* **working ~** praktisch verwertbare Grundkenntnisse; **knowl·edge·able** [-əbl] *adj* kenntnisreich, bewandert (*about* in), intelligent

known [nəʊn] **I.** *pp of* **know II.** *adj* bekannt; anerkannt

knuckle ['nʌkl] *s* ① Knöchel *m* ② (*Schlacht-*

K

vieh) Haxe *f;* **rap s.o.'s ~s, give s.o. a rap on** [*o* **over**] **the ~s** jdm auf die Finger klopfen; **near the ~** an der Grenze des Anständigen; **knuckle down** *vi* sich dahinterklemmen; **~ down to work** sich eifrig an die Arbeit machen; **knuckle under** *vi* sich fügen; **knuckle-duster** *s* Schlagring *m*

KO [ˌkeɪ'əʊ] **I.** *s* K.o.-Schlag *m* **II.** *vt* k.o.-schlagen

ko·ala [kəʊ'ɑːlə] *s* Koala(bär) *m*

kooky ['kuːkɪ] *adj* (*Am fam*) exzentrisch, verrückt

Ko·ran [kə'rɑːn] *s* Koran *m*

Ko·rea [kə'rɪə] *s* Korea *nt;* **Ko·rean** [kə'rɪən] **I.** *s* ❶ Koreaner(in) *m(f)* ❷ (das) Koreanisch(e) **II.** *adj* koreanisch

ko·sher ['kəʊʃə(r)] *adj* ❶ (REL) koscher ❷ (*sl*) in Ordnung; **there's something not quite ~ about it** da ist etwas faul dran

kow·tow [ˌkaʊ'taʊ] *vi* (*fig*) kriechen (*to s.o.* vor jdm)

Krem·lin ['kremlɪn] *s* Kreml *m*

ku·dos ['kjuːdɒs] *s* Ansehen *nt*

Ku Klux Klan ['kuː'klʌks'klæn] *s* (*in den USA*) Ku-Klux-Klan *m*

Kurd [kɜːd] *s* Kurde *m,* Kurdin *f;* **Kur·dish** [-ɪʃ] **I.** *adj* kurdisch **II.** *s* (das) Kurdisch(e)

Ku·wait [kʊ'weɪt] *s* Kuwait *nt;* **Kuwaiti** [-ɪ] **I.** *adj* kuwaitisch **II.** *s* Kuwaiter(in) *m(f)*

kvetch [kvetʃ] *vi* (*Am: sl*) meckern

L

L, l [el] <*pl* -'s> *s* L, l *nt*

> **i Land & Leute**
>
> Wer gerade das Autofahren lernt, muss am Fahrzeug sowohl vorne als auch hinten ein großes, rotes **L** anbringen. Damit sollen die anderen Verkehrsteilnehmer gewarnt werden, dass es sich um einen Fahrschüler handelt.

lab [læb] *s* (*fam*) Labor *nt*

label ['leɪbl] **I.** *s* ❶ Etikett(e *f*), Schildchen, Label *nt;* (Anhänge)Zettel *m* ❷ Beschriftung, Aufschrift *f;* Kennzeichnung *f* ❸ (*fig*) Bezeichnung, Klassifikation *f* **II.** *vt* ❶ etikettieren ❷ beschriften, kennzeichnen; markieren ❸ (*fig*) bezeichnen, benennen, klassifizieren; **label·ing** *s* (*Am*), **label·ling** ['leɪblɪŋ] *s* ❶ Etikettierung *f* ❷ Markierung *f* ❸ (Preis)Auszeichnung *f*

la·bor (*Am*) *s.* **labour**

lab·ora·tory [lə'bɒrətrɪ, *Am* 'læbrəˌtɔːrɪ] *s* Labor(atorium) *nt;* **laboratory assistant** *s* Laborant(in) *m(f);* **laboratory findings** *s pl* Laborbefund *m;* **laboratory results** *s pl* Laborwerte *pl;* **laboratory stage** *s* Versuchsstadium *nt;* **laboratory test** *s* Laborversuch *m*

la·bori·ous [lə'bɔːrɪəs] *adj* ❶ (*Arbeit*) anstrengend, mühsam ❷ (*Mensch*) arbeitsam, fleißig ❸ (*Stil*) schwerfällig

la·bour ['leɪbə(r)] **I.** *s* ❶ Arbeit *f* ❷ Anstrengung, Mühe, Mühsal *f* ❸ Aufgabe *f* ❹ Arbeiter(schaft *f*) *mpl,* Arbeitskräfte *fpl,* Arbeitnehmer *mpl* ❺ (MED) Wehen *fpl;* **Labour** (*in GB*) die Labour Party; **casual ~** Gelegenheitsarbeit *f;* **hard ~** Zwangsarbeit *f;* **manual ~** Handarbeit *f;* **skilled ~** Facharbeit *f;* Facharbeiter *mpl;* **unskilled ~** ungelernte Arbeiter *mpl;* **be in ~** (MED) Wehen haben **II.** *vi* ❶ arbeiten (*at* an) ❷ sich anstrengen, sich (ab)mühen (*for* um) ❸ (*~ along*) sich mühsam (vorwärts) bewegen ❹ (*Schiff*) stampfen, schlingern; **~ up a hill** sich mühsam den Berg hinaufkämpfen **III.** *vt* ausführlich eingehen auf; breitwalzen; **labo(u)r camp** *s* Arbeitslager *nt;* **labo(u)r cost** *s* Arbeitskosten *pl;* **Labo(u)r Day** *s* Tag *m* der Arbeit (*GB: 1. Mai, USA: 1. Montag im September*); **labo(u)r disputes** *s pl* Arbeitskämpfe *mpl*

> **i Land & Leute**
>
> **Labor Day,** der amerikanische Tag der Arbeit, wird nicht am 1. Mai, sondern am ersten Montag im September gefeiert und ist überall ein gesetzlicher Feiertag.

la·bo(u)rer ['leɪbərə(r)] *s* Arbeiter(in) *m(f);* **casual ~** Gelegenheitsarbeiter(in) *m(f);* **farm ~** Landarbeiter(in) *m(f);* **industrial ~** Industriearbeiter(in) *m(f);* **(un)skilled ~** (un)gelernte(r) Arbeiter(in) *m(f);* **Labour Exchange** *s* (*Br:* HIST) Arbeitsamt *nt;* **labo(u)r force** *s* ❶ Belegschaft *f* ❷ Beschäftigte *pl;* **labour-in·ten·sive** [ˌleɪbərɪn'tensɪv] *adj* arbeitsintensiv; **Labour·ite** ['leɪbəraɪt] *s* (*Br*) Anhänger *m* der Labour Party; **labo(u)r market** *s* Arbeitsmarkt *m;* **labo(u)r movement** *s* Arbeiterbewegung *f;* **labo(u)r pains** *s pl*

(MED) Wehen *fpl;* **Labour Party** *s* (*Br*) Labour Party *f*

i Land & Leute

Nach vier aufeinander folgenden Wahlniederlagen zwischen 1979 und 1992, wollte die britische **Labour Party** ihr Image erneuern. Ihre Beziehungen zu den Gewerkschaften (*trade unions*) und eine sozialistische Politik, wie z. B. die Verstaatlichung der Industrie und ein hohes Maß an staatlicher Sozialfürsorge, wurden als nicht mehr zeitgemäß angesehen. Daraufhin benannte sich die Partei vor der Wahl 1997 um in *New Labour.* Diejenigen, die sich immer noch als ‚Sozialisten' verstehen, werden nun die *Old Labour* genannt. Berühmte Labour Premierminister des 20.Jhs. sind Ramsay MacDonald, Clement Attlee und Tony Blair.

labo(u)r relations *s pl* Arbeitgeber-Arbeitnehmer-Beziehungen *fpl;* **la·bo(u)r-sav·ing** ['leɪbəˌseɪvɪŋ] *adj* arbeitssparend; **labo(u)r shortage** *s* Arbeitskräftemangel *m;* **labo(u)r troubles** *s pl* Arbeiterunruhen *fpl;* **labo(u)r ward** *s* (MED) Kreißsaal *m*

lab·ra·dor ['læbrədɔːr] *s* Labradorhund *m*

la·bur·num [lə'bɜːnəm] *s* (*Strauch*) Goldregen *m*

lab·y·rinth ['læbərɪnθ] *s* Labyrinth *nt*

lace [leɪs] **I.** *s* ① Schnur *f;* (Schnür-, Schuh)Senkel *m* ② Tresse, Litze, Borte *f* ③ (*Textil*) Spitze *f* **II.** *vt* ① (~ *up*) (zu)schnüren ② (ver)flechten ③ einen Schuss (Alkohol) zugeben (*einem Getränk*); **lace into s.o.** *vt* über jdn herfallen; jdm eine Standpauke halten; **lace up** *vt* schnüren

lac·er·ate ['læsərəɪt] *vt* ① zerreißen; zerfleischen ② (*fig: Gefühle*) verletzen; **lac·er·ation** [læsə'reɪʃn] *s* ① Riss *m* ② (MED) Fleischwunde *f*

lace-ups ['leɪsʌps] *s pl* Schnürschuhe *mpl*

lach·ry·mal ['lækrɪml] *adj:* ~ **duct** Tränengang *m;* ~ **gland** Tränendrüse *f;* ~ **sac** Tränensack *m;* **lach·ry·mose** ['lækrɪməʊs] *adj* weinerlich; tränenreich

lack [læk] **I.** *s* Mangel *m* (*of* an); ~ **of capital** Kapitalmangel *m;* **for** ~ **of** aus Mangel an **II.** *vi* ① fehlen ② Mangel haben (*of, in* an); **they** ~ **for nothing** es fehlt ihnen an nichts **III.** *vt* nicht genug haben; brauchen, benötigen; **he** ~**s talent** ihm fehlt es an Talent; **you** ~ **confidence** Ihnen fehlt das Selbstvertrauen

lacka·daisi·cal [ˌlækə'deɪzɪkl] *adj* interesselos, lustlos; nachlässig

lackey ['lækɪ] *s* (*a. fig*) Lakai *m*

lack·ing ['lækɪŋ] *adj* ① fehlend ② (*fam*) dumm; **be** ~ fehlen; **lack·lustre** ['lækˌlʌstə(r)] *adj* glanzlos, trübe

la·conic [lə'kɒnɪk] *adj* ① (*Worte*) lakonisch ② (*Mensch*) wortkarg ③ (*Stil*) knapp

lac·quer ['lækə(r)] **I.** *s* ① (Farb)Lack, Firnis *m* ② Haarspray *m od nt* ③ Nagellack *m* **II.** *vt* lackieren

la·crosse [lə'krɒs] *s* (SPORT) Lacrosse *nt*

la·cuna [lə'kjuːnə, *pl* lə'kjuːniː] <*pl* lacunae> *s* Lücke *f,* Zwischenraum *m*

lad [læd] *s* Junge *m;* Bursche *m;* **a bit of a** ~ ein toller Kerl; **lad·ette** *s junge Frau, die sich wie die Jungs benimmt*

lad·der ['lædə(r)] **I.** *s* ① Leiter *f* ② (*Br*) Laufmasche *f* ③ (*fig*) Stufenleiter *f;* Weg *m* **II.** *vi* (*Br*) Laufmaschen bekommen

lad·ette ['lædet] *s* (*Br: fam*) freches, selbstbewusstes Mädchen

lad·die ['lædɪ] *s* (*schottisch*) Junge, Bub *m*

laden ['leɪdn] *adj* ① beladen (*with* mit) ② (*fig*) bedrückt (*with sorrows* von Sorgen)

la-di-da [ˌlɑːdɪ'dɑː] *adj* (*fam*) affektiert, geziert

lad·ing ['leɪdɪŋ] *s* Verladen *nt;* Fracht *f;* **bill of** ~ Seefrachtbrief *m,* Konnossement *nt*

ladle ['leɪdl] **I.** *s* ① Schöpflöffel *m* ② Kelle *f* ③ Baggerschaufel *f* **II.** *vt* (*fig:* ~ *out*) großzügig verteilen

lady ['leɪdɪ] *s* Dame *f;* Frau *f;* **Lady** Lady *f* (*Adelsprädikat*); **Ladies and Gentlemen** meine Damen und Herren; **Ladies (room)** Damentoilette *f;* **the** ~ **of the house** die Dame des Hauses

lady·bird ['leɪdɪbɜːd] *s* (*Br*) Marienkäfer *m;* **lady·bug** ['leɪdɪbʌɡ] *s* (*Am*) Marienkäfer *m;* **lady-in-waiting** [ˌleɪdɪɪn'weɪtɪŋ] *s* Hofdame *f;* **lady-killer** ['leɪdɪˌkɪlə(r)] *s* (*fam*) Schürzenjäger *m;* **lady·like** ['leɪdɪlaɪk] *adj* damenhaft; **lady·ship** ['leɪdɪʃɪp] *s* (*Br*): **your** ~ Ihre Ladyschaft; **lady's man** *s* Frauenheld *m*

lag¹ [læɡ] **I.** *vi* ① bummeln ② (*Zeit*) langsam vergehen ③ (~ *behind*) zurückbleiben **II.** *s* (*time* ~) Verzögerung *f;* Zeitabstand *m*

lag² [læɡ] *vt* (TECH) isolieren

la·ger ['lɑːɡə(r)] *s* helles (Lager)Bier; **lager-lout** ['lɑːɡə(r)ˌlaʊt] *s* betrunkener Rowdy

lag·ging ['læɡɪŋ] *s* (TECH) (Wärme)Isolierung *f*

la·goon [lə'gu:n] *s* Lagune *f*
laid [leɪd] *s.* **lay**¹; **laid-off** [ˌleɪd'ɒf] *adj* (vorübergehend) arbeitslos
lain [leɪn] *s.* **lie**¹
lair [leə(r)] *s* ① Lager *nt* (*eines wilden Tieres*) ② Höhle *f;* Bau *m*
laird [leəd] *s* (*schottisch*) Gutsbesitzer *m*
laissez-faire ['leɪseɪ'feə(r)] *s* Laisser-faire *nt*
laity ['leɪətɪ] *s* Laien *mpl*
lake [leɪk] *s* See *m;* **lake dwellings** *s pl* Pfahlbauten *mpl*
lam¹ [læm] **I.** *vt* (*sl*) verdreschen, verprügeln **II.** *vi* (*sl*): ~ **into s.o.** jdn fertig machen
lam² [læm] *s* (*Am sl*) eilige Flucht; **take it on the** ~ (*fam*) türmen, stiften gehen; **on the** ~ auf der Flucht
lama ['lɑ:mə] *s* Lama *m*
lamb [læm] **I.** *s* ① Lamm *nt* ② Lammfleisch *nt* ③ (*fig*) Unschuldslamm *nt;* lieber Mensch **II.** *vi* (*Schaf*) lammen
lam·bast [læm'bæst] *vt,* **lam·baste** [læm'beɪst] *vt* ① vermöbeln, verdreschen, verprügeln ② den Kopf waschen (*s.o.* jdm), runterputzen
lamb chop *s* Lammkotelett *nt;* **lamb·like** ['læmlaɪk] *adj* ① (lamm)fromm ② unschuldig, sanft; **lamb·skin** ['læmskɪn] *s* Lammfell *nt;* **lamb's lettuce** *s* Feldsalat *m;* **lambs·wool** ['læmzwʊl] *s* Lammwolle *f*
lame [leɪm] **I.** *adj* ① lahm (*of, in* auf) ② (*fig*) schwach, nicht überzeugend ③ (*Ausrede*) faul; ~ **duck** Niete *f;* Versager *m;* (*Am*) nicht wiedergewählte(r) Politiker(in) **II.** *vt* lähmen; **lame·ness** [-nɪs] *s* ① Lahmheit *f* ② (*fig*) Schwäche *f*
la·ment [lə'ment] **I.** *vi* ① trauern, klagen (*for s.o.* um jdn) ② beklagen (*over s.o.'s death* jds Tod) **II.** *vt* betrauern, beklagen **III.** *s* ① Wehklage *f* ② Klagelied *nt;* **lam·en·table** ['læməntəbl] *adj* ① beklagens-, bejammerns-, bedauernswert ② erbärmlich; **lam·en·ta·tion** [ˌlæmen'teɪʃn] *s* Klagen *nt;* Wehklage *f*
lami·nate ['læmɪnət] *s* Schichtstoff *m;* **lami·nated** ['læmɪneɪtɪd] *adj* beschichtet; laminiert; ~ **glass** Verbundglas *nt;* ~ **plastic** Resopal® *nt;* ~ **sheet** Schichtstoffplatte *f*
lamp [læmp] *s* ① Lampe *f;* Laterne *f* ② (*fig: Mensch*) Leuchte *f;* **rear** ~ (AUTO) Rücklicht *nt;* **sun** ~ Höhensonne *f*
lam·poon [læm'pu:n] **I.** *s* Schmähschrift *f* **II.** *vt* verunglimpfen, verspotten
lamp·post ['læmppəʊst] *s* Laternenpfahl *m*
lam·prey ['læmprɪ] *s* (*im Meer lebendes Neunauge*) Lamprete *f*
lamp·shade ['læmpʃeɪd] *s* Lampenschirm *m*
LAN [læn] *s Abk. von* **local area network** (INFORM) LAN *nt*
lance [lɑ:ns, *Am* læns] **I.** *s* Lanze *f;* Speer *m* **II.** *vt* (MED) aufschneiden
lan·cet ['lɑ:nsɪt, *Am* 'lænsɪt] *s* (MED) Lanzette *f;* **lancet arch** *s* (ARCH) Spitzbogen *m;* **lancet window** *s* Spitzbogenfenster *nt*
land [lænd] **I.** *s* ① (Fest)Land *nt* ② Land *nt,* Staat *m* ③ Bereich *m,* Gebiet *nt* ④ Landschaft *f;* Gelände *nt* ⑤ (*Acker-, Wald-*) Land *nt;* Grund und Boden *m* ⑥ Ländereien *fpl,* Land-, Grundbesitz *m;* **by** ~ zu Land(e); auf dem Landweg(e); **on the** ~ auf dem Land; **over** ~ **and sea** über Land und Meer; **see how the** ~ **lies** sehen, wie die Dinge liegen; **pasture** ~ Weideland *nt* **II.** *vt* ① an(s) Land bringen; ausladen, löschen ② (*Fische*) fangen ③ (*Flugzeug*) landen ④ (*fig*) bringen (*in, at* nach, in, zu), absetzen (*in, on* in, auf) ⑤ (*fam*) einheimsen, einstecken; (*Preis*) erringen; (*Stelle*) bekommen ⑥ (*fam*) erreichen ⑦ (*fam: Schlag*) verpassen, versetzen; ~ **o.s. in** hineingeraten in **III.** *vi* ① (*Schiff*) landen, anlegen; an Land gehen ② (AVIAT) landen ③ ankommen, ans Ziel gelangen; **land-based** ['lændbeɪst] *adj* (MIL) landgestützt; **landed** ['lændɪd] *adj* grundbesitzend; ~ **gentry** Landadel *m;* ~ **property** Grundbesitz *m;* ~ **proprietor** Grundbesitzer(in) *m(f);* **land·fall** ['lændfɔ:l] *s* Sichten *nt* von Land; **make** ~ Land sichten; **landfill site** *s* Mülldeponie *f;* **land forces** *s pl* Landstreitkräfte *pl*
land-holder ['lændˌhəʊldə(r)] *s* Gutsbesitzer(in) *m(f),* Grundpächter(in) *m(f);* **land·hold·ing** ['lændˌhəʊldɪŋ] *s* Grundbesitz *m*
land·ing ['lændɪŋ] *s* ① (MAR, AVIAT) Landen *nt,* Landung *f* ② (*Fracht*) Löschen *nt* ③ Treppenabsatz *m* ④ Flur, Korridor *m;* **make a safe** ~ glücklich landen; **emergency** [*o* **forced**] ~ Notlandung *f;* **landing card** *s* Einreisekarte *f;* **landing craft** *s* Landungsboot *nt;* **landing field** *s* Landeplatz *m;* **landing gear** *s* (AVIAT) Fahrgestell *nt;* **landing net** *s* Ke(t)scher *m;* **landing stage** *s* (MAR) Landungssteg *m,* -brücke *f;* **landing strip** *s* Landebahn *f*
land·lady ['lændˌleɪdɪ] *s* (Haus-, Gast)Wirtin *f;* **land·less** ['lændlɪs] *adj* unbegütert; **land·locked** ['lændlɒkt] *adj* (*Land*) ohne Zugang zum Meer, landumschlossen; **land·lord** ['lændlɔ:d] *s* Grundbesitzer *m;* Hauseigentümer *m;* Gastwirt *m;* **land·lub·ber** ['lændˌlʌbə(r)] *s* (*pej*) Landratte *f;* **land·mark** ['lændmɑ:k] *s* ① Grenzstein *m* ② (MAR) Seezeichen *nt* ③ (*fig*) Markstein

m, Wahrzeichen *nt;* Wendepunkt *m;* **land office** *s* (*Am*) Grundbuchamt *nt;* **land·owner** ['lænd,əʊnə(r)] *s* Grund-, Gutsbesitzer(in) *m(f);* **land reform** *s* Bodenreform *f*

land·scape ['lændskeɪp] **I.** *s* Landschaft *f* **II.** *vt* landschaftlich, gärtnerisch gestalten; ~ **architect** Landschaftsarchitekt(in) *m(f);* ~ **architecture** Landschaftsgestaltung *f;* ~ **format** (TYP) Querformat *nt;* ~ **gardener** Landschaftsgärtner(in) *m(f);* ~ **gardening** Landschaftsgärtnerei *f;* ~ **painter** Landschaftsmaler(in) *m(f)*

land·slide ['lændslaɪd] *s* ① Erdrutsch *m* ② (POL) überwältigender (Wahl)Sieg, Erdrutschsieg *m* ③ Umschwung *m;* **land·slip** ['lændslɪp] *s* Erdrutsch *m;* **land tax** *s* Grundsteuer *f;* **land use** *s* Bodennutzung *f;* **land·ward** ['lændwəd] *adj* land(ein)wärts gerichtet; **land·ward(s)** ['lændwəd(z)] *adv* land(ein)wärts

lane [leɪn] *s* ① Gasse *f;* Pfad *m;* schmale Landstraße ② (SPORT) (Renn)Bahn *f* ③ Schneise *f* ④ (MAR) Fahrrinne *f* ⑤ (AUTO) Spur *f;* **shipping ~s** Schifffahrtswege *mpl;* ~ **of approach** (AVIAT) Einflugschneise *f;* **get in ~!** (AUTO) bitte einordnen!

lan·guage ['læŋgwɪdʒ] *s* ① Sprache *f* ② Ausdrucks-, Redeweise *f;* **bad** ~ unanständige Ausdrücke *mpl;* **foreign** ~ Fremdsprache *f;* **language acquisition** *s* Spracherwerb *m;* **language laboratory** *s* Sprachlabor *nt;* **language learning** *s* Erlernen *nt* einer Sprache

lan·guid ['læŋgwɪd] *adj* ① kraftlos, matt, schwach ② (*fig*) lust-, interesselos

lan·guish ['læŋgwɪʃ] *vi* ① ermatten, schwach werden ② dahinsiechen ③ sich sehnen (*for* nach); **lan·guish·ing** [-ɪŋ] *adj* sehnsüchtig

lan·guor ['læŋgə(r)] *s* ① Kraftlosigkeit, Mattigkeit *f* ② Interesselosigkeit, Gleichgültigkeit *f* ③ Sehnsucht *f* ④ Schwüle *f;* **lan·guor·ous** ['læŋgərəs] *adj* ① kraftlos, matt ② gleichgültig, stumpf ③ schwül, drückend

lank [læŋk] *adj* ① schlank, mager ② (*Haar*) glatt; **lanky** ['læŋkɪ] *adj* schlacksig

lano·lin ['lænəlɪn] *s* Lanolin *nt*

lan·tern ['læntən] *s* (*a.* ARCH) Laterne *f*

lan·yard ['lænjəd] *s* (MAR) ① Schnur *f* ② kurzes Tau, Taljereep *nt*

Laos [laʊs] *s* Laos *nt*

lap¹ [læp] *s* Schoß *m;* **in the ~ of luxury** im Luxus; ~ **and diagonal seat belt** Dreipunktgurt *m*

lap² [læp] **I.** *s* ① (TECH) Überlappung *f* ② (*Buchbinderei*) Falz *m* **II.** *vt* ① falten (*on* auf, *over* über) ② übereinander legen; überlappen **III.** *vi* sich überlappen

lap³ [læp] **I.** *s* (SPORT) Runde *f;* (*fig*) Etappe *f;* Abschnitt *m;* ~ **of honour** Ehrenrunde *f* **II.** *vt* überrunden **III.** *vi* seine Runden drehen

lap⁴ [læp] **I.** *vt, vi* ① (*Hund*) saufen; schlecken ② plätschern (*at, against* an, *on* gegen, auf) **II.** *s* ① Saufen *nt;* Lecken *nt* ② Plätschern *nt;* **lap up** *vt* auflecken, -schlecken; (*fig*) eifrig zuhören; gedankenlos akzeptieren

lap-dog ['læp,dɒg] *s* Schoßhund *m*

la·pel [lə'pel] *s* (*Jackett*) Aufschlag *m*

lap·is la·zuli [,læpɪs'læzjʊlɪ] *s* Lapislazuli *m*

Lap·land ['læplænd] *s* Lappland *nt;* **Lap·lander, Lapp** ['læplændə(r), læp] *s* Lappländer(in) *m(f)*, Lappe *m*, Lappin *f*

lapse [læps] **I.** *s* ① Versehen *nt*, Irrtum, Fehler *m* ② Entgleisung *f;* Versäumnis *nt* ③ (*Zeit*) Vergehen, Verstreichen *nt* ④ (~ *of time*) Zeitspanne *f*, -raum *m* ⑤ (JUR) Erlöschen *nt;* Verfall *m;* Heimfall *m* **II.** *vi* ① (*Zeit*) vergehen, verstreichen ② (JUR) verfallen, erlöschen, hinfällig werden ③ einen Fehler machen ④ verfallen; **lapsed** [læpst] *adj* ① (JUR) verfallen ② (REL) vom Glauben abgefallen

lap·top ['æptɒp] *s* Laptop *m*

lap·wing ['læpwɪŋ] *s* Kiebitz *m*

lar·ceny ['lɑːsənɪ] *s* Diebstahl *m;* **petty** ~ Bagatelldiebstahl *m*

larch [lɑːtʃ] *s* (*Nadelbaum*) Lärche *f*

lard [lɑːd] **I.** *s* (Schweine)Schmalz *nt* **II.** *vt* ① einfetten, schmieren ② (*fig*) ausschmücken (*with* mit)

lar·der ['lɑːdə(r)] *s* Speisekammer *f;* Vorratsschrank *m*

large [lɑːdʒ] *adj* ① groß ② weit, geräumig, umfangreich ③ ausgedehnt, umfassend, weitreichend; **at** ~ auf freiem Fuß; in der Gesamtheit; planlos, ziellos; **as** ~ **as life** wie er leibt und lebt; in voller Größe; **by and** ~ im Großen und Ganzen; **talk** ~ großspurig reden; **large-hearted** [,lɑːdʒ'hɑːtɪd] *adj* (*Er*) großzügig, gutmütig; **large·ly** ['lɑːdʒlɪ] *adv* allgemein; größtenteils; **large-minded** [,lɑːdʒ'maɪndɪd] *adj* tolerant; **large·ness** [-nɪs] *s* ① Größe, Weite *f* ② Bedeutung *f;* Umfang *m* ③ Großzügigkeit *f;* **large-scale** ['lɑːdʒskeɪl] *adj* in großem Maßstab; groß angelegt; Groß-; ~ **advertising** Massenwerbung *f;* ~ **order** Großauftrag *m;* ~ **production** Massenproduktion *f*

lar·gess *s* (*Am*), **lar·gesse** [lɑː'dʒes] *s* Freigebigkeit *f*

lar·iat ['lærɪət] *s* Strick *m;* Lasso *nt od m*

L

lark¹ [lɑːk] *s* (*Vogel*) Lerche *f*

lark² [lɑːk] **I.** *s* Spaß, Ulk, Scherz *m;* **for a** ~ zum Spaß; **what a** ~**!** zum Schießen! **II.** *vi* ❶ sich vergnügen, lustig sein ❷ (~ *about*) herumalbern

lark·spur [ˈlɑːkspɜː(r)] *s* (*Pflanze*) Rittersporn *m*

larva [ˈlɑːvə, *pl* ˈlɑːviː] <*pl* larvae> *s* Larve *f*

lar·yn·gi·tis [ˌlærɪnˈdʒaɪtɪs] *s* Kehlkopfentzündung *f;* **lar·ynx** [ˈlærɪŋks] *s* Kehlkopf *m*

las·civ·ious [ləˈsɪvɪəs] *adj* wollüstig

laser [ˈleɪzə(r)] *s* Laser *m;* **laser beam** *s* Laserstrahl *m;* **laser printer** *s* (TYP) Laserdrucker *m;* **laser probe** *s* Lasersonde *f;* **laser show** *s* Lasershow *f;* **laser surgery** *s* Laserchirgurgie *f;* **laser weapon** *s* Laserwaffe *f*

lash¹ [læʃ] *s* (Augen)Wimper *f*

lash² [læʃ] **I.** *s* ❶ Peitsche(nschnur) *f* ❷ Peitschenhieb *m* ❸ Peitschen *nt* (*of the waves* der Wellen) **II.** *vt* ❶ (aus)peitschen ❷ (heftig) schlagen (*the rocks* an die Felsen) ❸ (*fig*) heftig angreifen ❹ binden (*on, to* an); (MAR) (fest)zurren **III.** *vi* schlagen, peitschen, prasseln (*at* gegen); **lash about, lash around** *vi* um sich schlagen; **lash back** *vt* festbinden; **lash down I.** *vt* festbinden **II.** *vi* (*Regen*) niederprasseln; **lash into s.o.** *vi* jdn abkanzeln; auf jdn einschlagen; **lash out** *vi* ❶ (*Pferd*) ausschlagen ❷ (*fig*) ausfallend werden (*at* gegen) ❸ viel Geld ausgeben (*on a new car* für einen neuen Wagen); **lash·ing** [ˈlæʃɪŋ] *s* ❶ Schlagen, Peitschen *nt;* Prügel *pl* ❷ (MAR) Laschung *f;* Verschnürung *f;* Fesseln *fpl* ❸ ~**s** (*fam*) eine Menge

lass, las·sie [læs, ˈlæsɪ] *s* ❶ Mädchen *nt* ❷ Freundin *f*

lassi·tude [ˈlæsɪtjuːd] *s* Abgespanntheit, Mattigkeit, Schlaffheit *f*

lasso [læˈsuː] <*pl* lassos> **I.** *s* Lasso *nt od m* **II.** *vt* mit dem Lasso (ein)fangen

last¹ [lɑːst, *Am* læst] **I.** *adj* ❶ letzte(r, s) ❷ späteste(r, s); jüngste(r, s); neueste(r, s) ❸ vorig, vergangen ❹ äußerste(r, s), höchste(r, s) ❺ geringste(r, s), niedrigste(r, s); **for the** ~ **time** zum letzten Mal; ~ **night** gestern Abend; heute Nacht; ~ **week** in der letzten, vorigen Woche; ~ **but one** vorletzte(r, s); **the week before** ~ vorletzte Woche; **I've said my** ~ **word on the matter** ich habe dem nichts mehr hinzuzufügen; **that's the** ~ **thing I should do** das wäre das Letzte, was ich täte; **the Last Judg(e)ment** das Jüngste Gericht; ~ **quarter** (*Mond*) letztes Viertel; **the Last Supper** das Abendmahl; **the** ~ **word** (*fam*) der letzte Schrei; ~ **but not least** nicht zuletzt; last, not least **II.** *adv* zuletzt, zum Schluss, am Ende; zum letzten Mal; ~ **of all** zuallerletzt **III.** *s* ❶ (der, die, das) Letzte, Jüngste, Neueste, Modernste ❷ Schluss *m;* Ende *nt;* **at** ~ schließlich, endlich, zuletzt; **at long** ~ zu guter Letzt, schließlich; **to the** ~ bis zum Letzten [*o* äußersten]; **breathe one's** ~ den letzten Atemzug tun

last² [lɑːst, *Am* læst] **I.** *vi* ❶ andauern, (an)halten ❷ (~ *out*) ausdauern, aushalten ❸ sich (gut) halten ❹ (aus)reichen (*for* für) **II.** *vt* reichen (*s.o.* jdm); **the coat has** ~**ed me five years** ich habe den Mantel schon fünf Jahre

last³ [lɑːst, *Am* læst] *s* (Schuh)Leisten *m*

last-ditch [ˌlɑːstˈdɪtʃ] *adj* allerletzte(r, s); ~ **effort** letzte Anstrengung

last·ing [ˈlɑːstɪŋ] *adj* dauernd, bleibend; beständig

last·ly [ˈlɑːstlɪ] *adv* zuletzt, schließlich

last-minute [ˌlɑːstˈmɪnɪt] *adj* allerletzte(r, s); **we've had a** ~ **change of plan** wir haben unsere Pläne in letzter Minute geändert

last name *s* (*Am*) Nachname *m*

latch [lætʃ] **I.** *s* ❶ (Tür)Drücker *m;* Sperrklinke *f* ❷ Schnappschloss *nt* ❸ (Fenster)Riegel *m;* **on the** ~ nur angelehnt **II.** *vt* verriegeln; **latch on** *vi* ❶ sich festhalten (*to s.th.* an einer S) ❷ sich anschließen (*to s.o.* jdm) ❸ (*fam*) kapieren (*to s.th.* etw); **latch·key** [ˈlætʃkiː] *s* Hausschlüssel *m;* **latchkey child** *s* Schlüsselkind *nt*

late [leɪt] *adj, adv* ❶ spät ❷ verspätet, zu spät ❸ jüngste(r, s), bisherig ❹ (jüngst) verstorben; **as** ~ **as** erst, noch; **at a** ~ **hour** zu später Stunde; **of** ~ (erst) kürzlich; **be** ~ **for s.th.** zu etw zu spät kommen; **make s.o.** ~ jdn aufhalten; jdn zu spät kommen lassen; ~ **potatoes** Spätkartoffeln *fpl;* ~ **programme** Spätprogramm *nt;* ~ **shift** Spätschicht *f;* **keep** ~ **hours** lange aufbleiben; ~ **show** Spätvorstellung *f;* ~ **starter** (*fig fam*) Spätzünder *m;* **late-break·ing** [ˈleɪtˌbreɪkɪŋ] *adj* brandaktuell; **late·comer** [ˈleɪtˌkʌmə(r)] *s* Spätkommende(r) *f m,* Nachzügler(in) *m(f);* **late·ly** [ˈleɪtlɪ] *adv* neulich, kürzlich; **late·ness** [ˈleɪtnɪs] *s* Zuspätkommen *nt;* Verspätung *f;* **the** ~ **of the hour** die späte Stunde

latent [ˈleɪtnt] *adj* latent; ~ **defect** versteckter Mangel; ~ **reserves** stille Reserven *fpl*

later [ˈleɪtə(r)] *adj, adv* später; **one day** ~ einen Tag darauf; ~ **on** später, *adv;* **sooner or** ~ früher oder später; **see you** ~ bis später! auf Wiedersehen!

lat·eral [ˈlætərəl] *adj* seitlich; ~ **thinking**

laterales Denken; ~ **view** Seitenansicht *f;* ~ **wind** Seitenwind *m*

lat·est ['leɪtɪst] <*Superlativ von* late> **I.** *adj* späteste(r, s); neueste(r, s), letzte(r, s) **II.** *adv* zuletzt **III.** *s:* **the** ~ das Allerneueste; **at the** ~ spätestens

lath [lɑːθ] *s* ① Latte *f;* Leiste *f* ② ~**s** Lattenwerk *nt*

lathe [leɪð] *s* Drehbank *f;* **lathe operator** *s* Dreher(in) *m(f)*

lather ['lɑːðə(r)] **I.** *s* ① Schaum *m* ② (*Pferd*) Schweiß *m;* **in a** ~ außer Atem; erregt (*about s.th.* über etw) **II.** *vt* einseifen **III.** *vi* schäumen

Lat·in ['lætɪn] **I.** *adj* ① lateinisch; römisch ② romanisch; südländisch **II.** *s* ① (das) Latein(ische) ② Südländer(in) *m(f);* **Latin America** *s* Lateinamerika *nt;* **Latin American I.** *adj* lateinamerikanisch **II.** *s* Lateinamerikaner(in) *m(f)*

lat·ish ['leɪtɪʃ] *adj, adv* etwas spät

lati·tude ['lætɪtjuːd] *s* ① (*fig*) Spielraum *m* ② (GEOG) Breite *f* ③ ~**s** Breiten, Gegenden, Regionen *fpl*

la·trine [lə'triːn] *s* Latrine *f*

lat·ter ['lætə(r)] *adj* spätere(r, s), neuere(r, s); letztere(r, s); **in these** ~ **days** in der jüngsten Zeit; **lat·ter·ly** [-lɪ] *adv* in der letzten Zeit

lat·tice ['lætɪs] *s* Gitter(werk) *nt*

Latvia ['lætvɪə] *s* Lettland *nt;* **Latvian** [-n] **I.** *adj* lettisch **II.** *s* ① (das) Lettisch(e) ② Lette *m,* Lettin *f*

laud·able ['lɔːdəbl] *adj* lobenswert

lauda·num ['lɔːdənəm] *s* Opiumpräparat *nt*

lauda·tory ['lɔːdətərɪ] *adj* lobend

laugh [lɑːf, *Am* læf] **I.** *vi* ① lachen (*at* über, *over* bei) ② auslachen (*at s.o.* jdn); ~ **in s.o.'s face** jdm ins Gesicht lachen; ~ **on the wrong side of one's face** enttäuscht sein; ~ **up one's sleeve** sich ins Fäustchen lachen **II.** *vt* lachend sagen **III.** *s* ① Lachen, Gelächter *nt* ② Spaß *m;* **have the last** ~ schließlich doch gewinnen; **laugh away, laugh off** *vt* sich lachend hinwegsetzen über; **laugh·able** [-əbl] *adj* lächerlich, lachhaft; **laugh·ing** [-ɪŋ] **I.** *adj* lachend; **it's no** ~ **matter** das ist nicht zum Lachen; **make a** ~ **stock of s.o.** jdn lächerlich machen **II.** *s* Lachen *nt;* **laugh·ter** ['lɑːftə(r), *Am* 'læftə(r)] *s* Gelächter *nt;* **shake with** ~ sich vor Lachen schütteln

launch [lɔːntʃ] **I.** *vt* ① schleudern, werfen (*at, against* gegen) ② (*Schiff*) vom Stapel lassen ③ (*Boot*) aussetzen ④ (*Rakete*) abschießen ⑤ gründen; beginnen, starten; in die Wege leiten ⑥ (*Menschen, Film*) lancieren; (*Buch*) herausbringen ⑦ (*Produkt*) einführen, auf den Markt bringen ⑧ (*Angriff*) unternehmen, starten; ~ **an attack** zum Angriff übergehen **II.** *s* ① Stapellauf *m;* Abschuss *m* ② Gründung *f;* Einführung *f;* Start *m* ③ Barkasse *f;* **launch into** *vt* sich stürzen auf; angreifen; anpacken; **launch out** *vi* ① sich aufmachen, starten ② sich verlegen (*in* auf) ③ sich in Unkosten stürzen ④ anfangen (*into* mit);

launch·ing ['lɔːntʃɪŋ] *s* ① (*Anleihe*) Emission *f* ② (*Produkt*) Einführung *f* ③ (MAR) Stapellauf *m* ④ (*Rakete*) Abschuss *m;* **launching pad** *s* Start-, Abschussrampe *f;* (*fig*) Sprungbrett *nt;* **launching site** *s* Abschussbasis *f*

launder ['lɔːndə(r)] **I.** *vt* waschen (und bügeln) **II.** *vi* sich waschen lassen; ~ **money** Geld waschen; **laun·der·ette** [lɔːn'dret] *s* Waschsalon *m;* **laun·dry** ['lɔːndrɪ] *s* ① Waschen *nt* ② Wäsche *f* ③ Waschküche *f* ④ Wäscherei *f;* **laundry basket** *s* Wäschekorb *m;* **laundry service** *s* Waschservice *m*

laur·eate ['lɒrɪət] *s* (*poet* ~) Hofdichter(in) *m(f)*

laurel ['lɒrəl, *Am* 'lɔːrəl] *s* ① Lorbeer *m* ② Lorbeerkranz *m;* **rest on one's** ~**s** auf seinen Lorbeeren ausruhen

lava ['lɑːvə] *s* (GEOL) Lava *f*

lava·tory ['lævətrɪ] *s* Toilette *f;* Klosett *nt;* **lavatory seat** *s* Toilettensitz *m,* Brille *f*

lav·en·der ['lævəndə(r)] *s* Lavendel *m*

lav·ish ['lævɪʃ] **I.** *adj* ① verschwenderisch (*of* mit, *in doing s.th.* bei etw) ② reich, üppig; großzügig **II.** *vt* verschwenden (*on* für); ~ **s.th. on s.o.** jdn mit etw überschütten

law [lɔː] *s* ① Gesetz *nt;* Recht *nt* ② Jura, Rechtswissenschaft *f* ③ Gericht *nt* ④ Juristenberuf *m* ⑤ (MATH GRAM) (Spiel)Regel *f* ⑥ (*fam*) Polizei *f;* **according to** ~ nach dem Gesetz, gesetzmäßig; **at** ~ vor Gericht; **by** ~ von Rechts wegen; **contrary to** ~ rechtswidrig; **under the** ~ nach dem Gesetz; **become** ~ Gesetzeskraft erlangen; **go to** ~ den Rechtsweg beschreiten; **lay down the** ~ gebieterisch auftreten; **lay down the** ~ **to s.o.** jdm Vorschriften machen; **practise** ~ eine Rechtsanwaltspraxis haben; **read** ~ Rechtswissenschaft studieren; **industrial** ~ Arbeitsrecht *nt;* **international** ~ Völkerrecht *nt;* **private** ~ Privatrecht *nt;* **public** ~ öffentliches Recht; **maintenance of** ~ **and order** Aufrechterhaltung *f* der öffentlichen Sicherheit; ~ **of inheritance** [*o* **descent**] [*o* **succession**] (*Am*) Erbrecht *nt;* ~ **of nations** Völkerrecht *nt;* ~ **of supply and demand** Gesetz *nt* von Angebot und Nachfrage

L

law-abid·ing [ˈlɔːəˌbaɪdɪŋ] *adj* gesetzestreu; ordnungsliebend; **law-breaker** *s* Rechtsbrecher(in) *m(f)*; **law court** *s* Gerichtshof *m*; **law enforcement** *s* Gesetzesvollzug *m*; **law·ful** [ˈlɔːfl] *adj* ① gesetz-, rechtmäßig ② legitim; **law·ful·ness** [-nɪs] *s* Recht-, Gesetzmäßigkeit *f*; **law·giver** [ˈlɔːˌgɪvə(r)] *s* Gesetzgeber *m*; **law·less** [ˈlɔːlɪs] *adj* ① gesetzlos, -widrig ② zügellos; **Law Lord** *s* (*Br*) *Mitglied des obersten Berufungsgerichts*

lawn[1] [lɔːn] *s* Rasen *m*

lawn[2] [lɔːn] *s* Batist *m*

lawn·mower [ˈlɔːnˌməʊə(r)] *s* Rasenmäher *m*; **lawn tennis** *s* (Rasen)Tennis *nt*

law school [ˈlɔːˌskuːl] *s* (*Am*) juristische Fakultät; **law student** *s* Jurastudent(in) *m(f)*; **law·suit** [ˈlɔːˌs(j)uːt] *s* ① Rechtsstreit, (Zivil)Prozess *m* ② Klage *f*; **be involved** [*o* **entangled**] **in a ~** in einen Prozess verwickelt sein; **law·yer** [ˈlɔːjə(r)] *s* ① Jurist(in) *m(f)* ② Rechtsanwalt *m*, -anwältin *f*

lax [læks] *adj* ① lose, locker, schlaff ② (*fig*) (nach)lässig, lax, ungenau; **~ bowels** Durchfall *m*; **laxa·tive** [ˈlæksətɪv] *s* Abführmittel *nt*; **lax·ity**, **lax·ness** [ˈlæksətɪ, ˈlæksnɪs] *s* ① Lockerheit, Schlaffheit *f* ② (Nach)Lässigkeit, Ungenauigkeit, Laxheit *f*

lay[1] [leɪ] <*irr:* laid, laid> **I.** *s* Lage, Situation *f*; **the ~ of the land** Beschaffenheit *f* des Geländes; (*fig*) Lage *f* **II.** *vi* (*Henne*) (Eier) legen **III.** *vt* ① (hin-, nieder-, um)legen (*on* auf, *in* in) ② setzen, stellen ③ (*Linoleum, Eier*) legen ④ (*fig: Wert, Nachdruck*) legen (*on* auf) ⑤ (*Wette*) abschließen ⑥ (*den Schauplatz*) (ver)legen (*in* nach) ⑦ (*fig*) mäßigen, beruhigen, befriedigen ⑧ (*Furcht*) beseitigen ⑨ beilegen, -messen, zuschreiben (*s.th. to s.o.* jdm etw) ⑩ belasten (*s.o. with s.th.* jdn mit einer S) ⑪ festlegen, festsetzen (*at* auf) ⑫ (*Feuer*) herrichten ⑬ (*den Tisch*) decken ⑭ (*sl*) aufs Kreuz legen; **~ bare** bloßlegen, enthüllen, zeigen; **~ the blame on s.o.** jdm die Schuld zuschieben; **~ claim to** Anspruch erheben auf; **~ s.th. at s.o.'s door** jdm etw zur Last legen, in die Schuhe schieben; **~ eyes on** erblicken, sehen; **~ hands on** in seinen Besitz bringen; (REL) die Hände auflegen (*s.o.* jdm); **~ hold of** ergreifen; bekommen; **~ great/little store upon** großen/wenig Wert legen auf; **~ stress** [*o* **emphasis**] **on** betonen, herausstellen; **~ the table** den Tisch decken; **lay about** *vi* um sich schlagen; **lay aside**, **lay away** *vt* ① auf die Seite legen; sparen ② ab-, weglegen; **lay back** *vt* ① zurücklegen ② (*Ohren*) anlegen; **lay before** *vt* ① (*Plan*) unterbreiten (*s.o.* jdm) ② (*Klage*) vorbringen (*s.o.* bei jdm); **lay by** *vt* beiseite legen; **lay down** *vt* ① hin-, niederlegen ② (ein)lagern, einkellern ③ (*Bedingung*) festlegen ④ (*Preise*) festsetzen ⑤ (*Kaution*) hinterlegen; **lay in** *vt* einen Vorrat anlegen von, einkellern, stapeln; **lay into** *vt* (*fam*) verdreschen; fertig machen; **lay off** **I.** *vt* ① (vorübergehend) entlassen, abbauen ② (*Arbeit*) einstellen **II.** *vi* (*fam*) aufhören; **lay on** *vt* ① (*Farbe*) auftragen ② (*fig*) sorgen für; veranstalten; (*Busse*) einsetzen; (*Wasser, Elektrizität*) anschließen; **~ it on thick** [*o* **with a trowel**] (*fam*) übertreiben, aufschneiden; **lay open** *vt* ① bloß-, freilegen ② (*fig*) aufdecken; **~ o.s. open** sich bloßstellen; **~ one's heart open to s.o.** jdm sein Herz ausschütten; **~ one's head open** sich den Kopf aufschlagen; **lay out** *vt* ① zurechtlegen; auslegen, ausbreiten, zur Schau stellen ② aufbahren ③ entwerfen, planen; (*Gärten*) anlegen, gestalten; (*Gebäude*) aufteilen; (*Buch*) gestalten ④ (*Geld*) ausgeben ⑤ (*sl: Menschen*) erledigen; **~ o.s. out** sich Mühe geben, sich bemühen; **lay to** *vi* (*Schiff*) beidrehen; **lay up** *vt* ① aufheben, aufbewahren; lagern; ansammeln ② (*Schiff*) auflegen ③ (*Auto*) einmotten; **be laid up** das Bett hüten (müssen) (*with* wegen)

lay[2] [leɪ] *adj* weltlich; Laien-; **~ opinion** öffentliche Meinung; **a ~ opinion** Meinung *f* eines Laien

lay[3] [leɪ] *s.* **lie**[1]

lay·about [ˈleɪəˌbaʊt] *s* (*Br*) Faulenzer(in) *m(f)*

lay-by [ˈleɪbaɪ] *s* (*Br:* AUTO) Parkbucht *f*

layer [ˈleɪə(r)] *s* ① Schicht *f*; Lage *f* ② (BOT) Ableger *m*; (AGR) Setzling *m* ③ Legehenne *f*; **arrange in ~s** schichtweise anordnen; **layered** [-d] *adj*: **~ cut** (*Haare*) Stufenschnitt *m*

lay·ette [leɪˈet] *s* Babyausstattung *f*

lay·man [ˈleɪmən] <*pl* -men> *s* Laie *m*; Laien(welt *f*) *mpl*

lay·off *s s.* **lay-off**

lay-off [ˈleɪɒf] *s* ① Arbeitsunterbrechung, -pause *f* ② Entlassung *f*; **~ notice** Entlassungsschreiben *nt*; **lay·out** [ˈleɪaʊt] *s* ① Anlage *f*; Plan *m*; Anordnung, Ausgestaltung *f* ② Grundriss *m* ③ (TYP) Layout *nt*; **~ of rooms** Raumverteilung *f*; **lay·over** [ˈleɪəʊvə(r)] *s* (*Am*) Fahrtunterbrechung *f*; **lay·woman** [ˈleɪwʊmən] *s* Laie *m*

laze [leɪz] **I.** *vi* faulenzen, bummeln **II.** *vt* (**~** *away*) verbummeln, vertrödeln **III.** *s* erholsame Pause; **have a ~** faulenzen; **lazi·ness** [ˈleɪzɪnɪs] *s* Faulheit, Trägheit *f;* **lazy** [ˈleɪzɪ] *adj* ① faul, träge ② langsam, schwerfällig

L/C [ˌelˈsiː] *s Abk. von* **letter of credit** Akkreditiv *nt*

LCD [ˌelsiːˈdiː] *s Abk. von* **liquid crystal display** Flüssigkristallanzeige, LCD *f*

lead[1] [liːd] <*irr:* led, led> **I.** *vt* ① führen, leiten ② vorangehen (*s.o.* jdm); (*den Weg*) zeigen ③ veranlassen (*to* zu) ④ anführen; an der Spitze stehen (*s.th. +gen*) ⑤ (MUS) dirigieren ⑥ (*ein Leben*) führen ⑦ (*Kartenspiel*) ausspielen; **~ the way** vorangehen; (*fig*) führend sein; **~ a party** Parteivorsitzende(r) sein; **~ s.o. to do s.th.** jdn dazu bringen etw zu tun; **~ s.o. astray** jdn auf Abwege bringen; **~ s.o. up the garden path** jdn an der Nase herumführen, jdn betrügen; **it ~s me to think** es lässt mich meinen **II.** *vi* ① vorangehen, (an)führen ② (hin)führen (*to* zu) ③ herbeiführen (*to s.th.* etw) ④ führend sein, an der Spitze stehen ⑤ (SPORT) in Führung sein ⑥ (*Kartenspiel*) ausspielen; **~ nowhere** zu nichts führen, keinen Sinn, Zweck haben; **~ to trouble** zu Schwierigkeiten führen; **what will it ~ to?** wohin soll das führen? **III.** *s* ① Führung, Leitung *f* ② Beispiel *nt* ③ Hinweis, Fingerzeig *m* ④ erste Stelle ⑤ leitende Idee, Leitbild *nt* ⑥ (THEAT) Hauptrolle *f;* Hauptdarsteller(in) *m(f)* ⑦ (SPORT) Vorsprung *m* ⑧ (Hunde)Leine *f* ⑨ (ELEK) Leitung(sdraht *m*) *f;* Kabel *nt;* **be in the ~** führend sein; an der Spitze sein; einen Vorsprung haben (*by* von); **have the ~** die Führung haben; den Ton angeben; **the police have a ~** die Polizei hat eine Spur; **take the ~** die Führung übernehmen; **it's my ~** (*Kartenspiel*) ich spiele aus; **lead along** *vt* führen; **lead aside** *vt* beiseite nehmen; **lead away I.** *vt* wegführen; abführen **II.** *vi* wegführen; (vom Thema) abführen; **lead off I.** *vt* abführen **II.** *vi* ① den Anfang machen ② (SPORT) anspielen ③ (*Straße*) abgehen; **lead on** *vt* ① weiterführen ② aufziehen, necken ③ täuschen; **lead to** *vi* zur Folge haben; **lead up** *vi* ① hinführen, lenken (*to* auf) ② hinauswollen (*to* auf)

lead[2] [led] *s* ① Blei *nt* ② Lot *nt* ③ (*Bleistift*) Blei(mine *f*) *nt* ④ **~s** Bleifassung *f;* **leaded** [ˈledəd] *s* (*Kraftstoff*) verbleit; **leaden** [ˈledn] *adj* ① bleiern; bleifarben ② drückend, schwül ③ (*fig*) schwerfällig

leader [ˈliːdə(r)] *s* ① Führer(in) *m(f),* Leiter(in) *m(f),* Vorsitzende(r) *f m,* Anführer(in) *m(f)* ② (*Zeitung*) Leitartikel *m* ③ (MUS) Konzertmeister(in) *m(f),* erste(r) Geiger(in) *m(f)* ④ (COM) Schlager, Lockvogel *m* ⑤ **~s** (*Börse*) Spitzenwerte *mpl;* **industrial ~** Wirtschaftsführer(in) *m(f);* **labo(u)r ~** Arbeiterführer(in) *m(f);* **party ~** Parteivorsitzende(r) *f m;* **leader·ship** [-ʃɪp] *s* Führung, Leitung *f*

lead-free [ˈledfriː] *adj* (*Kraftstoff*) unverbleit, bleifrei

lead guitar [ˈliːdgɪˌtɑː(r)] *s* Leadgitarre *f*

lead·ing [ˈliːdɪŋ] *adj* ① führend, leitend ② erste(r, s), vordere(r, s); **in a ~ position** in führender Position; **leading article** *s* Leitartikel *m;* **lead·ing-edge** [ˌliːdɪŋˈedʒ] *adj* Spitzen-, Hi-Tech-; **leading lady** *s* (THEAT) Hauptdarstellerin *f;* **leading light** *s* (*fig*) einflussreiche Persönlichkeit; **leading man** *s* (THEAT) Hauptdarsteller *m;* **leading question** *s* Suggestivfrage *f*

lead pencil [ˈledˌpensl] *s* Bleistift *m;* **lead poisoning** *s* Bleivergiftung *f*

lead singer [ˈliːdˌsɪŋə(r)] *s* Leadsänger(in) *m(f);* **lead story** [ˈliːdˌstɔːrɪ] *s* Hauptartikel *m;* **lead time** *s* ① Vorlauf-, Entwicklungszeit *f* ② Beschaffungszeit *f* ③ Lieferzeit *f*

lead-up [ˈliːdʌp] *s* Vorbereitungsphase *f*

leaf [liːf, *pl* liːvz] <*pl* leaves> **I.** *s* ① (BOT) Blatt *nt* ② (*Buch*) Blatt *nt* ③ (Metall)Blättchen *nt;* Metallfolie *f* ④ Tischklappe *f;* Türflügel *m;* **come into ~** (BOT) grün werden, ausschlagen; **take a ~ out of s.o.'s book** jds Beispiel folgen; sich ein Beispiel an jdm nehmen; **turn over a new ~** einen neuen Anfang machen **II.** *vi* (*~ through*) durchblättern; **leaf·less** [-lɪs] *adj* blattlos

leaf·let [ˈliːflɪt] *s* ① Blättchen *nt* ② Prospekt *m;* Flug-, Merk-, Faltblatt *nt*

leafy [ˈliːfɪ] *adj* belaubt; grün

league[1] [liːg] *s* ① Bund *m,* Bündnis *nt* ② Vereinigung, Union *f* ③ (SPORT) Liga, Tabelle *f;* **in ~** verbündet (*with* mit); **they are not in the same ~** sie sind nicht gleichwertig

league[2] [liːg] *s* (*obs*) Wegstunde *f* (= *4,8 km*)

leak [liːk] **I.** *vi* ① leck, undicht sein ② (*Wasserhahn*) tropfen ③ (*~ out*) durchsickern, auslaufen ④ (*fig: ~ out*) bekannt werden **II.** *vt* ① durchlassen ② (*fig: Informationen*) weitergeben (*to* an); **~ to the press** an die Presse durchsickern lassen **III.** *s* Leck *nt;* undichte Stelle; **a ~ to the press** Indiskretion *f* der Presse gegenüber; **spring a ~** ein Leck bekommen, undicht werden; **leak·age** [ˈliːkɪdʒ] *s* ① Leck(-sein) *nt;* Auslaufen *nt* ② durchsickernde Flüssigkeit ③ (COM) Leckage *f* ④ (*fig*) Durchsickern *nt;* **leaky** [ˈliːkɪ] *adj* leck, undicht

L

lean¹ [liːn] <*irr:* leant (leaned), leant (leaned)> **I.** *vi* ❶ sich neigen ❷ sich (an)lehnen (*against* gegen, an, *on* auf) ❸ (*fig*) sich stützen (*on, upon* auf) ❹ eine Vorliebe haben (*to* für); ~ **over backward(s)** (*fig fam*) sich mächtig anstrengen; ~ **towards s.th.** (*fig*) zu etw hinneigen **II.** *vt* ❶ (~ *over*) schräg stellen ❷ lehnen (*against* an) ❸ (auf)stützen **III.** *s* Neigung *f* (*to* nach), Schrägstellung *f;* **lean back** *vi* sich zurücklehnen; **lean forward** *vi* sich vorbeugen; **lean on s.o.** *vi* ❶ sich auf jdn verlassen ❷ (*fam*) auf jdn Druck ausüben; **lean out** *vi* sich hinauslehnen; **lean over** *vi* ❶ sich neigen ❷ sich vorbeugen

lean² [liːn] **I.** *adj* ❶ mager (*a. Fleisch*) ❷ hager, dürr **II.** *s* mageres Fleisch

lean-burn en·gine ['liːnbɜːnˌendʒɪn] *s* Magermotor *m*

lean·ing ['liːnɪŋ] *s* Neigung *f;* (*fig*) Hang *m* (*towards* zu); **lean management** *s* Lean Management *nt;* **leant** [lent] *s.* **lean¹**; **lean-to** ['liːntuː] *s* (ARCH: ~ *roof*) Pultdach *nt;* Anbau *m*

leap [liːp] <*irr:* leapt (leaped), leapt (leaped)> **I.** *vi* ❶ springen, hüpfen ❷ (*fig*) sich stürzen (*at* auf); ~ **for joy** Freudensprünge machen **II.** *vt* springen über; überspringen **III.** *s* ❶ Sprung(weite *f*) *m* ❷ (*fig*) Sprung *m;* **a ~ in the dark** (*fig*) Sprung *m* ins Ungewisse; **by ~s and bounds** sprunghaft, *adv;* **leap at** *vt* sich stürzen auf; ~ **at an opportunity** eine Gelegenheit (beim Schopf) ergreifen; **leap out** *vi* ❶ hinausspringen ❷ (*fig*) ins Auge springen; **leap up** *vi* ❶ hochspringen ❷ (*Preise*) in die Höhe schnellen; **leap·frog I.** *s* Bockspringen *nt* **II.** *vi* bockspringen; ~ **one's way to success** eine Blitzkarriere machen; **leapt** [lept] *s.* **leap**; **leap·year** *s* Schaltjahr *nt*

learn [lɜːn] <*irr:* learnt (learned), learnt (learned)> **I.** *vt* ❶ (er)lernen ❷ erfahren, hören (*from* von) ❸ entnehmen (*from* aus); ~ **by heart** auswendig lernen **II.** *vi* lernen, erfahren (*of* von); **learned** ['lɜːnɪd] *adj* gelehrt; wissenschaftlich; akademisch; **learner** ['lɜːnə(r)] *s* ❶ Anfänger(in) *m(f),* Lernende(r) *f m,* Lerner(in) *m(f)* ❷ (AUTO: ~ *driver*) Fahrschüler(in) *m(f);* **be a slow ~** schwer lernen; **learn·ing** ['lɜːnɪŋ] *s* ❶ Bildung *f* ❷ Wissen *nt;* Gelehrsamkeit *f;* **learning disability** *s* Lernbehinderung *f;* **learning disabled** *adj* lernbehindert; **learnt** [lɜːnt] *s.* **learn**

lease [liːs] **I.** *s* ❶ Pacht *f;* Miete *f* ❷ Verpachtung *f;* Vermietung *f* (*to* an) ❸ Pacht-, Mietvertrag *m;* **by way of ~** pacht-, mietweise; **give** [*o* **let** (**out**)] **on ~** verpachten, in Pacht geben; vermieten; **take on ~, take a ~ of** in Pacht nehmen, pachten; mieten; **a new ~ of life** neuer Auftrieb, Schwung **II.** *vt* ❶ (~ *out*) verpachten; vermieten (*to* an) ❷ pachten; mieten; **lease·hold** ['liːshəʊld] *s* ❶ gemietete Sache ❷ (~ *property*) Pachtgrundstück *nt;* **lease·holder** ['liːshəʊldə(r)] *s* Pächter(in) *m(f)*

leash [liːʃ] *s* (Hunde)Leine *f;* **keep on the ~** an der Leine führen

leasing ['liːsɪŋ] *s* Leasing *nt;* **leasing company** *s* Leasinggesellschaft *f*

least [liːst] **I.** *adj* kleinste(r, s), geringste(r, s), wenigste(r, s) **II.** *adv* am wenigsten; ~ **of all** am allerwenigsten **III.** *s* ❶ (der, die, das) Kleinste, Geringste ❷ (das) wenigste, mindeste; **at** (**the**) ~ wenigstens, mindestens; **last but not ~** last, not least; **not in the ~** nicht im Geringsten; **to say the ~** gelinde gesagt

leather ['leðə(r)] **I.** *s* Leder *nt* **II.** *adj* Leder-, ledern **III.** *vt* ❶ mit Leder polieren ❷ (*fam*) verdreschen; **leather·ing** [-ɪŋ] *s* Tracht *f* Prügel; **leather·neck** ['leðənek] *s* (*Am fam*) Marineinfanterist *m;* **leathery** ['leðərɪ] *adj* ledern; zäh

leave¹ [liːv] <*irr:* left, left> **I.** *vt* ❶ verlassen; abreisen, abfahren, abfliegen von ❷ lassen; hinterlassen ❸ (*in einem Zustand*) lassen ❹ liegenlassen, stehenlassen ❺ (*Erbe*) hinterlassen ❻ übrig lassen (*s.o.* jdm) ❼ überlassen (*up to s.o.* jdm); ~ **home** von zu Hause weggehen; ~ **one's job** seine Stelle aufgeben; **left until called for** wird abgeholt; (*Brief*) postlagernd; ~ **open** offen lassen; ~ **s.o. alone** jdn in Ruhe lassen; ~ **it at that** es dabei bewenden lassen; ~ **s.o. in the lurch** jdn im Ungewissen lassen; **it ~s much to be desired** es lässt viel zu wünschen übrig; **how much is left?** wie viel ist übrig?; **all he has left** alles, was er noch hat; **nothing was left for him but to go** da konnte er nur noch gehen; **let's ~ this for now** lassen wir das jetzt **II.** *vi* ❶ fort-, weggehen, -fahren ❷ abfahren, -reisen (*for* nach) ❸ kündigen, (die Stelle) aufgeben ❹ abgehen (*school* von der Schule); **leave behind** *vt* zurücklassen; hinter sich lassen; **leave off I.** *vi* aufhören; Schluss, ein Ende machen **II.** *vt* ❶ (*Tätigkeit*) aufgeben ❷ (*Kleidungsstück*) nicht anziehen; **leave on** *vt* ❶ (*Mantel*) anbehalten ❷ (*Radio, Licht*) anlassen; **leave out** *vt* ❶ auslassen; übersehen ❷ (dr)außen lassen; ~ **s.o. out of the picture** (*fig*) jdn ausschalten; **leave over** *vt* ❶ übriglassen ❷ verschieben

leave² [liːv] *s* ❶ Erlaubnis *f* ❷ (MIL) Urlaub

m ③ Abschied *m;* **on** ~ auf Urlaub; **beg** ~ um Erlaubnis bitten; **go on** ~ in Urlaub gehen; **take one's** ~ Abschied nehmen

leaven ['levn] **I.** *s* ① Treibmittel *nt;* Sauerteig *m* ② (*fig*) Auflockerung *f* **II.** *vt* ① treiben ② (*fig*) durchsetzen (*with* mit)

leave-tak·ing ['li:vteɪkɪŋ] *s* Abschied *m;* **leav·ing** ['li:vɪŋ] *s* Weggang *m;* **leaving certificate** *s* Abschlusszeugnis *nt;* **leaving party** *s* Abschiedsparty *f;* **leav·ings** ['li:vɪŋz] *s pl* (Über)Reste *pl*

Leba·nese [,lebə'ni:z] **I.** *adj* libanesisch **II.** *s* Libanese *m,* Libanesin *f;* **Leba·non** ['lebənən] *s* Libanon *nt*

lecher ['letʃə(r)] *s* Lüstling, Wüstling *m;* **lech·er·ous** ['letʃərəs] *adj* geil; wollüstig; **lech·ery** ['letʃərɪ] *s* Geilheit *f*

lec·tern ['lektən] *s* Lesepult *nt*

lec·ture ['lektʃə(r)] **I.** *s* ① Vorlesung *f;* Vortrag *m* (*on* über, *to* vor) ② Strafpredigt *f;* **give a** ~ einen Vortrag halten **II.** *vi* eine Vorlesung halten; einen Vortrag halten (*on* über, *to s.o.* vor jdm) **III.** *vt* ① einen Vortrag halten (*s.o.* jdm) ② abkanzeln; **lecture note** *s* Vorlesungsnotiz *f;* **lecture room, lecture theatre** *s* Vortrags-, Hörsaal *m;* **lecture tour** *s* Vortragsreise *f;* **lec·turer** ['lektʃərə(r)] *s* ① Vortragende(r) *f m,* Redner(in) *m(f)* ② (*Universität*) Lehrbeauftragte(r) *f m,* Dozent(in) *m(f)*

led [led] *s.* **lead**[1]

LED [,eli:'di:] *s Abk. von* **light-emitting diode** Leuchtdiode *f;* **LED-display** *s* Leuchtdiodenanzeige *f*

ledge [ledʒ] *s* ① Leiste *f;* vorspringende Kante, Sims *m od nt* ② (Felsen)Riff *nt*

ledger ['ledʒə(r)] *s* (COM: *general* ~) Hauptbuch *nt;* **ledger line** *s* (MUS) Hilfslinie *f*

lee [li:] *s* ① (Wind)Schutz *m* ② (MAR) Lee(seite) *f*

leech [li:tʃ] *s* ① Blutegel *m* ② (*fig*) Schmarotzer(in) *m(f)*

leek [li:k] *s* Lauch, Porree *m*

leer [lɪə(r)] **I.** *s* anzüglicher Blick **II.** *vi* ① lüstern blicken (*at* auf) ② schielen (*at* nach)

lee·ward ['li:wəd] *s* Leeseite *f*

lee·way ['li:weɪ] *s* ① (MAR AVIAT) Abdrift *f* ② (*fig*) Zeitverlust, Rückstand *m* ③ (*fig*) Spielraum *m;* **make up** ~ den Rückstand aufholen

left[1] [left] **I.** *adj* (*a.* POL) linke(r, s) **II.** *s* ① linke Seite ② (*Boxen*) Linke *f;* **the** ~ (POL) die Linke; **on the** ~ links; **to the** ~ nach links; links (*of* von); **keep to the** ~ links fahren, gehen **III.** *adv* (nach) links; **turn** ~ links abbiegen

left[2] [left] *s.* **leave**[1]

left-hand ['lefthænd] *adj* linke(r, s); ~ **drive** Linkssteuerung *f;* **take the** ~ **turn** links abbiegen; **left-handed** [,left'hændɪd] *adj* ① linkshändig ② für Linkshänder ③ unaufrichtig, zweifelhaft; **be** ~ Linkshänder(in) sein; **left-hander** *s* Linkshänder(in) *m(f);* **left·ist** ['leftɪst] **I.** *s* (POL) Anhänger *m* der Linken **II.** *adj* (POL) linksgerichtet

left-lug·gage [,left'lʌgɪdʒ] *adj:* ~ **office** (RAIL) Gepäckaufbewahrung *f;* ~ **locker** Gepäckschließfach *nt;* ~ **ticket** Gepäckschein *m*

left·most ['leftməʊst] *adv* links außen, ganz links

left·overs ['left,əʊvəz] *s pl* Reste, Überbleibsel *pl*

left wing [,left'wɪŋ] *s* (POL SPORT) linker Flügel; **left-wing** ['leftwɪŋ] *adj* links stehend; **left-winger** [-ə(r)] *s* Anhänger *m* der Linken

leg [leg] **I.** *s* ① Bein *nt* ② (*Küche*) Keule *f* ③ Strumpf-, Hosenbein *nt* ④ (Stiefel)Schaft *m* ⑤ Tisch-, Stuhlbein *nt* ⑥ Stütze *f* ⑦ (*Zirkel, a.* MATH) Schenkel *m* ⑧ (AVIAT) Strecke, Etappe *f;* **on one's** ~**s** auf den Beinen; stehend; **be all** ~**s** (*Mensch*) hoch aufgeschossen sein; **be on one's last** ~**s** (*fam*) aus dem letzten Loch pfeifen; **give s.o. a** ~ **up** (*fig*) jdm unter die Arme greifen; **not to have a** ~ **to stand on** etw nicht belegen können; keine Ausrede haben; **pull s.o.'s** ~ (*fam*) jdn auf den Arm nehmen; **shake a** ~ (*fam*) sich sputen; **stand on one's own** ~**s** auf eigenen Füßen stehen; **stretch one's** ~**s** sich die Beine vertreten **II.** *vt* (*fam*): ~ **it** laufen, zu Fuß gehen

leg·acy ['legəsɪ] *s* (*a. fig*) Erbe *nt*

legal ['li:gl] *adj* ① gesetz-, rechtmäßig ② rechtlich; juristisch; **take** ~ **action** den Rechtsweg beschreiten, prozessieren; **take** ~ **steps against s.o.** gerichtlich gegen jdn vorgehen; ~ **advice** Rechtsberatung *f;* ~ **adviser** Rechtsberater(in) *m(f),* -beistand *m;* ~ **aid** Rechtshilfe *f;* ~ **charges** Anwaltsgebühren *fpl,* Gerichtskosten *pl;* ~ **claim** Rechtsanspruch *m;* ~ **costs** Rechtskosten *pl;* ~ **currency** gesetzliches Zahlungsmittel; ~ **department** Rechtsabteilung *f;* ~ **entity** [*o* **person**] juristische Person; ~ **force** Rechts-, Gesetzeskraft *f;* ~ **expenses** Anwaltskosten *pl;* ~ **holiday** gesetzlicher Feiertag; ~ **proceedings** Gerichtsverfahren *nt,* Prozess *m;* ~ **protection** Rechtsschutz *m;* ~ **representative** gesetzlicher Vertreter; ~ **tender** gesetzliches Zahlungsmittel; ~ **validity** Rechtsgültigkeit *f;* **legal·ity** [li:'gælətɪ] *s* Gesetz-, Rechtmäßigkeit *f;* **legal·iz·ation** [,li:gəlaɪ'zeɪʃn] *s* Legalisierung *f;* **legal·ize** ['li:gəlaɪz] *vt* legalisieren; **legal·ly** ['li:gəlɪ] *adv* ❶ legal ❷ (*verheiratet*) rechtmäßig ❸ (*verankert*) gesetzlich ❹ (*beraten*) juristisch; ~ **speaking** vom rechtlichen Standpunkt aus; ~ **valid** rechtsgültig

leg·ate ['legɪt] *s* Legat *m*

leg·ation [lɪ'geɪʃn] *s* Gesandtschaft *f*

leg·end ['ledʒənd] *s* ❶ Legende *f* ❷ (*Münze*) Aufschrift *f* ❸ Bilderklärung *f*, Bildtext *m;* Legende *f;* **leg·end·ary** ['ledʒəndrɪ] *adj* legendär

leger·de·main [ˌledʒədə'meɪn] *s* (Taschenspieler)Kunststück *nt;* Trick *m*

leg·gings ['legɪŋz] *s pl* (lange) Gamaschen *fpl*, Leggings *pl;* **leggy** ['legɪ] *adj* langbeinig

leg·ible ['ledʒəbl] *adj* lesbar; leserlich

legion ['li:dʒən] *s* Legion *f;* **the Foreign Legion** die Fremdenlegion; **legion·ary** ['li:dʒənərɪ] *s* Legionär *m;* **leg·ion·naire's dis·ease** [li:dʒən'eəzˌdɪ'zi:z] *s* Legionärskrankheit *f*

legis·late ['ledʒɪsleɪt] *vi* Gesetze erlassen; ~ **for s.th.** etw berücksichtigen; **legis·la·tion** [ˌledʒɪs'leɪʃn] *s* Gesetzgebung *f;* **legis·lat·ive** ['ledʒɪslətɪv] *adj* gesetzgebend; ~ **reform** Gesetzesreform *f;* **legis·la·tor** ['ledʒɪsleɪtə(r)] *s* Gesetzgeber *m;* **legis·la·ture** ['ledʒɪsleɪtʃə(r)] *s* Legislative *f*

le·git·imacy [lɪ'dʒɪtɪməsɪ] *s* ❶ Gesetzmäßigkeit, Legitimität *f* ❷ Ehelichkeit *f;* **le·git·imate** [lɪ'dʒɪtɪmət] *adj* ❶ recht-, gesetzmäßig ❷ legitim ❸ ehelich; **le·git·imize** [lɪ'dʒɪtɪˌmaɪz] *vt* ❶ legitimieren ❷ für ehelich erklären

leg·less ['legləs] *adj* (*fam*) sternhagelvoll

leg·room ['legrʊm] *s* Beinfreiheit *f*, Platz *m* für die Beine

leg·ume ['legju:m] *s* ❶ Hülse(nfrucht) *f* ❷ ~**s** Gemüse *nt;* **leg·umin·ous** [lɪ'gju:mɪnəs] *adj* Hülsen-

lei·sure ['leʒə(r)] *s* Muße, Freizeit *f* (*for* zu); **at** ~ unbeschäftigt, frei; in (aller) Ruhe; **at one's** ~ wenn man Zeit hat; wenn es einem passt; **gentleman of** ~ Privatier *m;* **lady of** ~ nicht berufstätige Frau; **leisure activities** *s pl* Freizeitgestaltung *f;* **leisure centre** *s* Freizeitzentrum *nt;* **lei·sured** ['leʒəd] *adj:* **the** ~ **classes** die feinen Leute; **leisure hours** *s pl* Mußestunden *fpl;* **lei·sure·ly** ['leʒəlɪ] **I.** *adj* gemächlich, ruhig **II.** *adv* ohne Eile; in (aller) Ruhe; **leisure time** *s* Freizeit *f;* **leisure wear** *s* Freizeitkleidung *f*

lem·ming ['lemɪŋ] *s* Lemming *m*

lemon ['lemən] **I.** *s* ❶ Zitrone *f* ❷ (~ *tree*) Zitronenbaum *m* ❸ (*fig*) Niete *f* **II.** *adj* zitronengelb; **lemon·ade** [ˌlemə'neɪd] *s* Limonade *f;* **lemon cheese**, **lemon curd** *s* (*Br*) Zitronencreme *f;* **lemon juice** *s* Zitronensaft *m;* **lemon peel**, **lemon rind** *s* Zitronenschale *f;* **lemon squash** *s* (*Br*) Sodawasser *nt* mit Zitrone; Zitronensirup *m;* **lemon squeezer** *s* Zitronenpresse *f*

lend [lend] <*irr:* lent, lent> *vt* ❶ (aus-, ver)leihen (*at interest* auf Zinsen) ❷ zur Verfügung stellen ❸ (*Eigenschaft*) geben, verleihen; ~ **o.s. to s.th** sich zu etw hergeben, etw mitmachen; ~ **itself to** sich eignen zu, für; ~ **a** (**helping**) **hand** behilflich sein; **lender** ['lendə(r)] *s* Aus-, Verleiher *m;* **lend·ing** ['lendɪŋ] *s* ❶ (Aus-, Ver)Leihen *nt* ❷ Darlehens-, Kreditgewährung *f;* Darlehen *nt;* ~ **business** Kreditgeschäft *nt;* ~ **-library** Leihbibliothek, -bücherei *f*

length [leŋθ] *s* ❶ Länge *f;* Strecke *f* ❷ Dauer *f* ❸ (*Stoff*) Stück *nt;* (*Tapete*) Bahn *f* ❹ (SPORT) (Pferde-, Boots)Länge *f;* **at** ~ schließlich, endlich; ausführlich; ungekürzt; **by a** ~ (SPORT) um eine Länge; **full** ~ der Länge nach; **three feet in** ~ drei Fuß lang; **go to any** ~ vor nichts zurückschrecken; **go to great** ~**s** (*fig*) sehr weit gehen; alles Erdenkliche tun; **keep s.o. at arm's** ~ Abstand zu jdm wahren, jdn auf Distanz halten; **lengthen** ['leŋθən] **I.** *vt* verlängern **II.** *vi* länger werden; **length·ways**, **length·wise** ['leŋθweɪz, 'leŋθwaɪz] *adv* der Länge nach; **lengthy** ['leŋθɪ] *adj* weitschweifig, langatmig, langweilig; ziemlich lang

leni·ence, **leni·ency** ['li:nɪəns(ɪ)] *s* Milde, Nachsicht *f;* **leni·ent** ['li:nɪənt] *adj* mild(e), nachsichtig (*towards* gegen)

lens [lenz] *s* ❶ Linse *f* ❷ (Brille) Glas *nt* ❸ (PHOT) Objektiv *nt*

lent [lent] *s.* **lend**

Lent [lent] *s* Fastenzeit *f*

len·til ['lentl] *s* (*Hülsenfrucht*) Linse *f*

Leo ['li:əʊ] *s* (ASTR) Löwe *m;* **leo·nine** ['lɪənaɪn] *adj* Löwen-

leop·ard ['lepəd] *s* Leopard *m*

leo·tard ['li:ətɑ:d] *s* Trikot *nt;* Gymnastikanzug *m*

leper ['lepə(r)] *s* Leprakranke(r), Aussätzige(r) *f m;* **lep·rosy** ['leprəsɪ] *s* Lepra *f*, Aussatz *m;* **lep·rous** ['leprəs] *adj* leprakrank, aussätzig

les·bian ['lezbɪən] **I.** *adj* lesbisch **II.** *s* Lesbierin *f*

lese-maj·esty [ˌleɪz'mædʒɪstɪ] *s* Majestätsbeleidigung *f;* (*treason*) Hochverrat *m*

lesion ['li:ʒn] *s* ❶ (MED) Verletzung *f* ❷ (JUR) Schädigung *f*

less [les] **I.** *adj* kleiner, geringer, weniger **II.** *adv* weniger, in geringerem Maße **III.** *s* (der, die das) Kleinere, Geringere, Wenigere; kleinerer Betrag **IV.** *prep* abzüglich *+gen,* weniger **V.** (*Wendungen*): **for** ~ für weniger; **no** [*o* **nothing**] ~ nicht wenig (*than* als); **no** ~ **than** ebensogut wie; **none the** ~ nichtsdestoweniger

? Grammatik

> **less** = weniger, wird für Mengen gebraucht: *In your glass there is less juice than in my glass; I have eaten less than you.*
> **fewer** = weniger, wird für zählbare Dinge oder Personen gebraucht: *In our class there are fewer pupils than in any other class.*

les·sen ['lesn̩] **I.** *vt* ① vermindern ② herabsetzen, verkleinern **II.** *vi* ① weniger werden ② abnehmen, nachlassen

les·ser ['lesə(r)] *adj attr* kleiner, geringer; **to a** ~ **extent** in geringerem Maße; **the** ~ **crime** das weniger schlimme Verbrechen

les·son ['lesn̩] *s* ① (SCHULE) Übung, Aufgabe, Lektion *f* ② Schularbeit *f* ③ Lehr-, Unterrichtsstunde *f* ④ Lehre *f;* Denkzettel *m* ⑤ ~**s** Kurs(us) *m;* Unterricht *m;* **give s.o. a** ~ jdm eine Lehre erteilen; **give** ~**s** Unterricht geben; **let this be a** ~ **to you!** lass dir das eine Lehre sein!

lest [lest] *conj* ① aus Furcht, dass ② damit, dass nicht ③ im Fall, dass; falls ④ dass

let[1] [let] <*irr:* let, let> *vt* ① lassen ② zulassen, dass; erlauben, dass ③ einweihen (*into a secret* in ein Geheimnis); ~ **s.o. do s.th.** jdn etw tun lassen; **we cannot** ~ **that happen** wir dürfen nicht zulassen, dass das passiert; ~ **me help you** kann ich Ihnen helfen?; ~ **s.o. know** jdm Bescheid sagen; ~ **s.o. alone** jdn in Ruhe lassen; ~ **alone** geschweige denn, gar nicht zu reden von; ~ **be** in Ruhe lassen; ~ **blood** einen Aderlass machen; ~ **drop** fallen lassen; ~ **fly** werfen, feuern; schleudern; (*fig*) vom Stapel lassen; loswettern; ~ **go** gehen lassen; loslassen; bleiben lassen; vernachlässigen; ~ **o.s. go** sich gehen lassen; ~ **it go at that** es dabei bewenden lassen; ~ **pass** übersehen, nicht beachten; durchlassen; ~ **slip** loslassen; (*Gelegenheit*) sich entgehen lassen, verpassen; (*Tatsache*) ausplaudern; ~**'s go!** gehen wir!; ~**'s talk it over** lass uns darüber reden; ~ **us pray** lasset uns beten; ~ **us suppose ...** nehmen wir an ...; ~ **me know** lass es mich wissen!; ~ **me think ...** warte mal ...; **let by** *vt* vorbeilassen; **let down** *vt* ① herunterlassen ② im Stich lassen; enttäuschen ③ (*Reifen*) die Luft herauslassen (aus); ~ **one's hair down** (*fig*) aus sich herausgehen; **let in** *vt* ① hinein-, hereinlassen ② (*Wasser*) durchlassen ③ einweihen (*on* in) ④ (*Nähen*) einsetzen; ~ **o.s. into the house** die Haustür aufschließen; ~ **o.s. in for s.th.** sich etw einbrocken; ~ **s.o. in on s.th.** jdn in etw einweihen; **let off** *vt* ① (*Dampf*) ablassen ② (*Gewehr*) abfeuern; (*Pfeil*) abschießen; (*Bombe*) hochgehen lassen ③ aus-, absteigen lassen, absetzen (*s.o.* jdn) ④ entwischen lassen; ~ **s.o. off s.th.** jdm etw erlassen; **let on** *vt* (*fam*) durchblicken lassen; **not to** ~ **on** sich nichts anmerken lassen; **let out** *vt* ① heraus-, hinauslassen ② (*Flüssigkeit*) auslaufen lassen ③ (*Kleidungsstück, Saum*) auslassen ④ aussteigen lassen; absetzen ⑤ (*Gefangenen*) entlassen ⑥ ausplaudern, verraten ⑦ (*Schrei*) ausstoßen; ~ **the cat out of the bag** die Katze aus dem Sack lassen; **that** ~**s him out of it** da kommt er schon mal nicht in Frage; **let up** *vi* nachlassen; aufhören; ~ **up on s.o.** jdm etw nachsehen

let[2] [let] **I.** *s* Vermietung *f;* **look for a** ~ eine Wohnung suchen; **have a house on a** ~ ein Haus gemietet haben **II.** *vt* (~ *out*) vermieten; **to** ~**!** zu vermieten!

let[3] [let] *s* ① (*Tennis*) Netzball *m* ② **without** ~ **or hindrance** (JUR) ungehindert

let-down ['letdaʊn] *s* (*fam*) Enttäuschung *f*

lethal ['li:θl] *adj* tödlich

leth·argic [lɪ'θɑ:dʒɪk] *adj* träge; energielos; interesselos; lethargisch; **leth·argy** ['leθədʒɪ] *s* Energielosigkeit *f;* Interesselosigkeit *f;* Lethargie *f*

let·ter ['letə(r)] **I.** *s* ① Buchstabe *m* ② (TYP) Letter, Type *f* ③ Brief *m;* Schreiben *nt* (*to* an) ④ ~**s** Literatur *f;* Schrifttum *nt;* **by** ~ brieflich; **to the** ~ ganz genau; **capital** ~ Großbuchstabe *m;* **man of** ~**s** Literat, Schriftsteller *m;* ~ **of application** Bewerbungsschreiben *nt;* ~ **of credit, L/C** Akkreditiv *nt;* ~ **of thanks** Dankschreiben *nt;* ~ **to the editor** Leserbrief *m* **II.** *vt* beschriften; **letter bomb** *s* Briefbombe *f;* **letter box** *s* (*Br*) Briefkasten *m;* **letter-card** *s* Briefkarte *f;* **let·ter·head** ['letəhed] *s* Briefkopf *m;* **let·ter·ing** ['letərɪŋ] *s* Beschriftung *f;* **let·ter·press** ['letəpres] *s* Buch-, Hochdruck *m;* **letter quality** *s* (INFORM) Briefqualität *f;* **letter quality printer** *s* Schönschreibdrucker *m*

let·tuce ['letɪs] *s* Lattich *m;* Kopfsalat *m*

let-up ['letʌp] *s* ① Nachlassen *nt* ② Pause *f*

leu·co·cyte, leu·ko·cyte ['lu:kəsaɪt] *s* weißes Blutkörperchen, Leukozyt *m;* **leu·k(a)e·mia** [luːˈkiːmɪə] *s* (MED) Leukämie *f*

lev·el [ˈlevl] **I.** *s* ❶ Ebene *f* ❷ gleiche Höhe ❸ Pegel *m;* (Meeres)Höhe *f* ❹ Niveau *nt,* Stand *m* ❺ (*Gebäude*) Geschoss *nt* ❻ Libelle, Wasserwaage *f* ❼ Anteil *m;* Alkoholspiegel *m* ❽ (*fig*) Platz, Stand *m;* Stufe *f;* (**on a**) ~ **with** auf gleicher Höhe, *fig* Stufe mit; **on the** ~ (*fam*) offen und ehrlich, gerade; **on a high/low** ~ auf hohem/niedrigem Niveau; **peak** ~ Höhepunkt *m;* Preisspitze *f;* **price** ~ Preisniveau *nt;* **salary** ~ Gehaltsstufe *f;* **sea** ~ Meeresspiegel *m;* **above/below sea** ~ über/unter dem Meeresspiegel; **subsistence** ~ Existenzminimum *nt;* **wage** ~ Lohnniveau *nt;* ~ **of activity** Beschäftigungsgrad *m;* ~**s of contaminants permitted** zugelassene Schadstoffwerte; ~ **of employment** Beschäftigungsgrad *m;* ~ **of performance** Leistungsniveau *nt;* ~ **of production** Produktionsniveau *nt* **II.** *adj* ❶ eben, flach; waagerecht ❷ gleich hoch ❸ (*fig*) von gleicher Bedeutung; gleich(wertig); gleich gut ❹ ruhig, vernünftig, ausgeglichen; **be** ~ **with s.th.** so hoch sein wie etw; **do one's** ~ **best** sein Möglichstes tun; **have a** ~ **head** ausgeglichen sein; **he keeps a** ~ **head** er behält einen klaren Kopf **III.** *adv* auf gleicher Ebene (*with* wie) **IV.** *vt* ❶ planieren, ebnen ❷ (~ *off*) einebnen, nivellieren ❸ (*Gebäude*) einreißen ❹ (*Stadt*) dem Erdboden gleichmachen ❺ (*Schlag*) versetzen (*at s.o.* jdm) ❻ (*Gewehr*) anlegen, in Anschlag bringen (*at* auf) ❼ (*fig: Anklage, Blick*) richten (*at, against* gegen); **level down** *vt* ❶ einebnen ❷ (*fig*) erniedrigen ❸ (*Preis*) senken; herabsetzen ❹ nach unten ausgleichen; **level off, level out I.** *vt* ❶ einebnen, planieren ❷ (*fig*) ausgleichen **II.** *vi* ❶ (*Gelände*) eben, flach werden ❷ (*fig*) sich einpendeln ❸ (AVIAT) das Flugzeug abfangen; (*Flugzeug*) sich fangen; horizontal fliegen; **level up** *vt* erhöhen; nach oben ausgleichen; **level with** *vt* (*sl*) offen reden mit

lev·el cross·ing [ˌlevlˈkrɒsɪŋ] *s* (*Br*) schienengleicher Bahnübergang; **level-headed** [ˌlevlˈhedɪd] *adj* ausgeglichen; vernünftig, überlegt; **lev·el-head·ed·ness** [ˌlevlˈhedɪdnɪs] *s* Besonnenheit *f;* **level·ing** *s* (*Am*), **level·ling** [ˈlevlɪŋ] *s* ❶ Planieren *nt* ❷ (~ *of incomes*) Einkommensnivellierung *f* ❸ Ausgleich *m;* **level peg·ging** [ˌlevlˈpegɪŋ] *adj* ❶ (SPORT) punktgleich ❷ (*fig*) gleichgestellt

lev·er [ˈliːvə(r), *Am* ˈlevə(r)] **I.** *s* ❶ Hebel *m* ❷ Brechstange *f* ❸ (*fig*) Druckmittel *nt* **II.** *vt* mit einer Brechstange, einem Hebel heben; **lever out** *vt* ❶ herausstemmen ❷ (*aus einer Stellung*) verdrängen; **lever·age** [-ɪdʒ] *s* ❶ Hebelansatz *m,* -wirkung *f* ❷ (*fig*) Macht *f,* Einfluss *m*

lev·eret [ˈlevərɪt] *s* Häschen *nt*

lev·ia·than [lɪˈvaɪəθən] *s* Monstrum *nt*

levi·tate [ˈlevɪteɪt] **I.** *vi* (frei) schweben **II.** *vt* zum Schweben bringen

lev·ity [ˈlevətɪ] *s* Leichtfertigkeit *f*

levy [ˈlevɪ] **I.** *s* ❶ Abgabe, Steuer *f* ❷ Steuereintreibung *f* ❸ (~ *of execution*) Zwangsvollstreckung *f* ❹ (FIN COM) Abschöpfung *f* ❺ (MIL) Aushebung, Rekrutierung *f* **II.** *vt* ❶ (*Steuer*) erheben ❷ (*Geldstrafe*) auferlegen (*on s.o.* jdm) ❸ (*Pfändung*) betreiben, vornehmen ❹ (MIL) ausheben, rekrutieren ❺ (*Güter*) einziehen ❻ (*Krieg*) beginnen (*on* gegen)

lewd [ljuːd] *adj* geil; anzüglich; unanständig; **lewd·ness** [-nɪs] *s* Lüsternheit *f;* Anzüglichkeit *f;* Unanständigkeit *f*

lexi·cal [ˈleksɪkl] *adj* lexikalisch; **lexi·cogra·pher** [ˌleksɪˈkɒgrəfə(r)] *s* Lexikograph(in) *m(f);* **lexi·cogra·phy** [ˌleksɪˈkɒgrəfɪ] *s* Lexikographie *f;* **lexi·col·ogy** [ˌleksɪˈkɒlədʒɪ] *s* Lexikologie *f;* **lexi·con** [ˈleksɪkən] *s* ❶ Lexikon *nt* ❷ Fachwörterbuch *nt* ❸ Morpheme *pl* einer Sprache; **lexis** [ˈleksɪs] *s* Gesamtwortschatz *m*

lia·bil·ity [ˌlaɪəˈbɪlətɪ] *s* ❶ Haftung *f* ❷ Belastung *f* ❸ Pflicht *f* ❹ Anfälligkeit *f* (*to* für) ❺ **liabilities** Verbindlichkeiten *fpl,* Passiva *ntpl;* **without** ~ unverbindlich; ~ **for tax** Steuerpflicht *f;* **assets and liabilities** Aktiva und Passiva *pl;* ~ **for damages** (Schaden)Ersatzpflicht *f;* ~ **for defects** Mängelhaftung *f;* ~ **insurance** Haftpflichtversicherung *f;* **li·able** [ˈlaɪəbl] *adj* ❶ verpflichtet (*for* zu), haftbar (*for* für) ❷ ausgesetzt, unterworfen (*to s.th.* einer S) ❸ neigend (*to* zu); **be** ~ **for s.th.** für etw haften; einer S unterliegen; ~ **for damages/tax** schadenersatzpflichtig/steuerpflichtig; **he is** ~ **to change his mind** es kann durchaus sein, dass er es sich anders überlegt; **the car is** ~ **to break down** man muss mit einer Autopanne rechnen; **it's** ~ **to happen** das ist durchaus möglich

li·aise [lɪˈeɪz] *vi* Verbindung aufnehmen (*with* mit), Verbindungsmann sein (*with* zu); **li·aison** [lɪˈeɪzn] *s* ❶ Verbindung *f* ❷ Verbindungsmann *m* ❸ (Liebes)Verhältnis *nt,* Liaison *f* ❹ (GRAM) Bindung *f;* **liaison officer** *s* Verbindungsperson *f*

li·ana, li·ane [lɪˈɑːnə] *s* Liane *f*

liar [ˈlaɪə(r)] *s* Lügner(in) *m(f)*

lib [lɪb] *s:* **women's** ~ (*fam*) Frauenbewegung *f*

li·bel [ˈlaɪbl] **I.** *s* (schriftliche) Verleumdung *f;* Beleidigung *f* (*upon +gen*); **be a ~ on s.o.** für jdn beleidigend sein; **action for ~** Verleumdungsklage *f* **II.** *vt* (schriftlich) verleumden; **li·bel·lous** [ˈlaɪbələs] *adj,* **li·bel·ous** *adj* (*Am*) verleumderisch, beleidigend

lib·eral [ˈlɪbərəl] **I.** *adj* ① freigebig, großzügig (*of* mit) ② aufgeschlossen, tolerant ③ (*a.* POL) liberal **II.** *s* Liberale(r) *f m;* **liberal arts** *s pl* Geisteswissenschaften *fpl*

i Land & Leute

Die **Liberal Democrats** (liberale Demokraten) sind Großbritanniens Partei der Mitte. Die Partei wurde 1988 durch den Zusammenschluss der beiden verbündeten Parteien, der *Social Democratic Party* (*SDP*) und der *Liberal Party*, gegründet. Die *SDP* wurde 1981 von einer rechten Fraktion der *Labour Party* gebildet. Die *Liberals* entstanden bereits Mitte des 19. Jhs.; eine eigene Regierung hatten sie zuletzt 1915 gebildet. Berühmte *Liberal* Premierminister waren W E Gladstone (mit dem Spitznamen *Grand Old Man*), David Lloyd George und Herbert Asquith.

liberal education *s* Unterricht *m* in den allgemein bildenden Fächern; **lib·eral·ism** [-ɪzəm] *s* Liberalismus *m;* **lib·er·al·ity** [ˌlɪbəˈrælətɪ] *s* ① Freigebigkeit, Großzügigkeit *f* ② Aufgeschlossenheit *f;* **lib·eral·iz·ation** [ˌlɪbrəlaɪˈzeɪʃn] *s* Liberalisierung *f;* **lib·eral·ize** [ˈlɪbrəlaɪz] *vt* liberalisieren

lib·er·ate [ˈlɪbəreɪt] *vt* ① freilassen, befreien (*from* von) ② emanzipieren ③ (CHEM) freimachen; **lib·er·ation** [ˌlɪbəˈreɪʃn] *s* Befreiung, Freilassung *f;* **women's ~ movement** Frauenbewegung *f;* **liberation organization** *s* Befreiungsorganisation *f;* **lib·er·ator** [ˈlɪbəreɪtə(r)] *s* Befreier(in) *m(f)*

lib·er·tine [ˈlɪbəti:n] *s* Wüstling *m*

liberty [ˈlɪbətɪ] *s* ① Freiheit *f* ② *oft pl* (Vor)Recht(e *pl*) *nt;* Freiheiten *fpl;* **at ~** frei; unbenützt; **be at ~** frei sein; **be at ~ to do** freie Hand haben zu tun; **set at ~** freilassen; **take the ~ of doing** [*o* **to do**] **s.th.** sich die Freiheit herausnehmen etw zu tun; **take liberties** sich Freiheiten herausnehmen (*with s.o.* gegen jdn); **I take the ~** ich erlaube mir; **you are at ~ to leave** Sie können gehen; **civil liberties** bürgerliche (Ehren)Rechte *ntpl;* **~ of action** Handlungsfreiheit *f;* **~ of conscience** Gewissensfreiheit *f;* **~ of trade** Gewerbefreiheit *f*

li·bid·in·ous [lɪˈbɪdɪnəs] *adj* wollüstig; unzüchtig, obszön; **li·bido** [lɪˈbi:dəʊ] *s* Geschlechtstrieb *m,* Libido *f*

Libra [ˈli:brə] *s* (ASTR) Waage *f;* **Lib·ran** [ˈli:brən] *s* (ASTR) Waage(mensch *m*) *f*

li·brar·ian [laɪˈbreərɪən] *s* Bibliothekar(in) *m(f);* **li·brary** [ˈlaɪbrərɪ] *s* Bibliothek, Bücherei *f;* Sammlung *f;* **reference ~** Präsenzbibliothek *f*

li·bretto [lɪˈbretəʊ] <*pl* -brettos> *s* (MUS) Libretto *nt*

Lib·ya [ˈlɪbɪə] *s* Libyen *nt;* **Lib·yan** [ˈlɪbɪən] **I.** *adj* libysch **II.** *s* Libyer(in) *m(f)*

li·cence [ˈlaɪsns] *s* ① Erlaubnis, Bewilligung, Genehmigung *f* ② Lizenz *f* ③ Konzession *f;* Gewerbeschein *m* ④ Führerschein *m;* Jagdschein *m;* Waffenschein *m* ⑤ Rundfunk-, Fernsehgenehmigung *f* ⑥ Hundemarke *f* ⑦ Freiheit *f* ⑧ Zügellosigkeit *f;* **under ~ from** mit Erlaubnis, Genehmigung *+gen;* **give** [*o* **grant**] **a ~** eine Lizenz, eine Konzession erteilen; **requiring** [*o* **subject to**] **a ~** genehmigungs-, konzessionspflichtig; **driving ~** (*Br*) Führerschein *m;* **licence number** *s* (AUTO) (Kraftfahrzeug)Kennzeichen *nt;* Zulassungsnummer *f;* **li·cense** [ˈlaɪsəns] **I.** *s* (*Am*): **driver's ~** Führerschein *m;* **~ plate** Nummernschild *nt* **II.** *vt* ① erlauben, gestatten, genehmigen ② eine Lizenz, eine Konzession erteilen (*s.o.* jdm); **~ a car** Kraftfahrzeugsteuer bezahlen; **be ~d to do s.th** die Genehmigung haben etw zu tun; **li·censed** [ˈlaɪsnst] *adj* konzessioniert; **fully ~** mit voller Schankerlaubnis; **~ victualler** Inhaber *m* einer Konzession zum Verkauf von Alkohol; **li·cen·see** [ˌlaɪsənˈsi:] *s* Lizenznehmer(in) *m(f),* Konzessionsinhaber(in) *m(f);* **license fee** *s* (TV) Fernsehgebühr *f;* **li·cens·er** [ˈlaɪsnsə(r)] *s* Lizenz-, Konzessionsgeber(in) *m(f);* **li·cens·ing** [ˈlaɪsənsɪŋ] *adj* Konzessions-; Lizenz-; **licensing hours** *s pl* Ausschankzeiten *fpl;* **licensing laws** *s pl* Schankgesetze *ntpl*

li·cen·tiate [laɪˈsenʃɪət] *s* Lizentiat *m*

li·cen·tious [laɪˈsenʃəs] *adj* ausschweifend

li·chen [ˈlaɪkən] *s* (*Algen und Pilzfäden*) Flechte *f*

lick [lɪk] **I.** *vt* ① (auf-, ab-, be)lecken ② (*fam*) verdreschen ③ (*fam: Menschen*) fertig machen; besiegen; **~ one's lips** (*fig*) sich die Lippen lecken; **~ into shape** (*fam*) auf Hochglanz, in Form bringen; **~ s.o.'s**

L

boots (*fig*) vor jdm kriechen **II.** *vi* (*Flamme*) züngeln; ~ **at s.th.** an etw lecken **III.** *s* ① Lecken *nt* ② ein bisschen; Schuss, Spritzer *m* ③ (*salt-~*) Salzlecke *f* ④ (*fam*) tolles Tempo; **at full** ~ (*sl*) mit Höchstgeschwindigkeit; **a** ~ **and a promise** Katzenwäsche *f*; **lick·ing** [-ɪŋ] *s* ① (Ab)Lecken *nt* ② (*fam*) Niederlage *f* ③ (*fam*) Dresche *f*

licor·ice [ˈlɪkərɪs] *s* ① (*sweet*) Lakritze *f* ② (*plant*) Süßholz *nt*

lid [lɪd] *s* ① Deckel *m* ② (Augen)Lid *nt* ③ (*sl*) Deckel, Hut *m*; **take the** ~ **off** (*fig*) enthüllen; **with the** ~ **off** unverhüllt, ohne Beschönigung; **put a** ~ **on it!** halt die Klappe!

lido [ˈliːdəʊ] <*pl* lidos> *s* Strand-, Freibad *nt*

lie[1] [laɪ] <*irr:* lay, lain> **I.** *vi* ① liegen ② (*Straße*) führen, verlaufen ③ (begraben) liegen, ruhen ④ obliegen (*on s.o.* jdm) ⑤ (*fig*) beruhen (*in* auf) ⑥ bestehen (*in* in); ~ **in ambush** auf der Lauer liegen; ~ **at anchor** vor Anker liegen; ~ **in bed** im Bett liegen; ~ **idle** müßig sein, nichts tun; stillliegen, nicht benützt werden; ~ **low** am Boden liegen; (*sl*) nichts verlauten lassen; ~ **open to s.th.** einer S ausgesetzt sein; **take s.th. lying down** (*Beleidigung*) etw wortlos schlucken; **everything that ~s in my power** alles, was in meiner Macht steht **II.** *s* Lage *f*; **the** ~ **of the land** Beschaffenheit *f* des Geländes; (*fig*) Lage *f*; **lie about** *vi* herumliegen; **lie back** *vi* ① sich zurücklegen; sich zurücklehnen ② (*fig*) nichts tun; sich ausruhen; **lie behind** *vi* (*fig*) dahinterliegen; **lie down** *vi* sich hinlegen; ~ **down under s.th.** etw widerspruchslos hinnehmen; ~ **down on the job** (*Am fam*) eine ruhige Kugel schieben; **lie in** *vi* bis spät in den Morgen hinein im Bett bleiben; **lie off** *vi* (MAR) in geringer Entfernung liegen; **lie over** *vi* (*Am*) aufgeschoben sein; **let** ~ **over** aufschieben, liegenlassen; **lie to** *vi* (MAR) beiliegen; **lie under** *vi* unterstehen; ~ **under an obligation** eine Verpflichtung haben; **lie up** *vi* sich zurückziehen; verschwinden; das Zimmer hüten (müssen); unbenutzt sein

lie[2] [laɪ] **I.** *vi* ① lügen ② einen falschen Eindruck erwecken, täuschen; ~ **to s.o.** jdn anlügen; ~ **through one's teeth** lügen wie gedruckt **II.** *vt:* ~ **o.s.** [*o* **one's way**] **out of** sich herauslügen aus **III.** *s* Lüge, Unwahrheit *f*; **act a** ~ **to s.o.** falsche Vorstellungen in jdm erwecken; **give s.o. the** ~ jdn Lügen strafen; **give s.th. the** ~ etw widerlegen; **tell a** ~ lügen; **lie-detector** *s* Lügendetektor *m*

lie-down [ˌlaɪˈdaʊn] *s* (*Br*) kurze (Bett)Ruhe *f*; **lie-in** [ˌlaɪˈɪn] *s* Bettruhe *f* bis tief in den Morgen hinein; **have a** ~ ausschlafen

lieu [luː] *s:* **in** ~ **of** anstatt, an Stelle +*gen*

lieu·ten·ant [lefˈtenənt, *Am* luːˈtenənt] *s* ① Leutnant *m;* (*Br*) Oberleutnant; (*Br*) Kapitänleutnant *m* ② Statthalter *m;* **flight** ~ (*Br:* AVIAT) Hauptmann *m*

life [laɪf, *pl* laɪvz] <*pl* lives> *s* ① Leben *nt* ② Lebenszeit *f* ③ Lebensgeschichte, Biografie *f* ④ Lebensweise, -führung *f* ⑤ (*a.* TECH) Lebensdauer *f* ⑥ Schwung *m,* Lebenskraft *f* ⑦ (JUR) Geltungsdauer *f*; Laufzeit *f*; **as large as** ~ in Lebensgröße; (*fam*) in Person; **for** ~ auf Lebenszeit; lebenslänglich; **for dear** ~ um sein Leben (*laufen*); **not on your** ~**!** todsicher nicht!; **late in** ~ in vorgerücktem Alter; **in the prime of one's** ~ im besten Alter, in den besten Jahren; **to the** ~ lebenswahr, -echt, *adv;* **bring to** ~ ins Leben rufen; beleben; (*fam*) in Schwung bringen; **bring back to** ~ wieder beleben; **come to** ~ in Schwung kommen; wieder zu sich kommen; **take s.o.'s/one's own** ~ jdm/sich das Leben nehmen; **he had the time of his** ~ er amüsierte sich bestens; **danger to** ~ Lebensgefahr *f*; (**mean**) **duration of** ~ (mittlere) Lebensdauer *f*; **economic** ~ Nutzungsdauer *f*; **expectation of** ~ Lebenserwartung *f*; **experience in** ~ Lebenserfahrung *f*; **family** ~ Familienleben *nt;* **this is a matter of** ~ **and death** hier geht es um Leben und Tod; **life annuity** *s* Leibrente *f*; **life·belt** [ˈlaɪfbelt] *s* Rettungsring *m;* **life-blood** *s* Lebensnerv *m;* **life·boat** [ˈlaɪfbəʊt] *s* Rettungsboot *nt;* **life·buoy** [ˈlaɪfbɔɪ] *s* Rettungsboje *f*; **life expectancy** *s* ① Lebenserwartung *f* ② geschätzte Nutzungsdauer; **life form** *s* Lebewesen *nt;* **life·guard** [ˈlaɪfgɑːd] *s* ① Leibwache *f* ② Rettungsschwimmer *m* ③ Bademeister *m;* **life history** *s* Lebensgeschichte *f*; **life imprisonment** *s* lebenslängliche Freiheitsstrafe; **life insurance**, **life assurance** *s* Lebensversicherung *f*; **life jacket** *s* Schwimmweste *f*; **life·less** [ˈlaɪflɪs] *adj* ① leblos; unbelebt ② (*fig*) matt, flau, trüb; **life·like** [ˈlaɪflaɪk] *adj* echt; naturgetreu; **life·line** [ˈlaɪflaɪn] *s* (MAR) ① Rettungsleine *f* ② Lebenslinie *f* (*in der Hand*) ③ lebenswichtige Versorgungs-, Verbindungslinie; **life·long** [ˈlaɪflɒŋ] *adj* auf Lebenszeit; **life peer** *s* Peer *m* auf Lebenszeit; **life preserver** *s* ① (*Am*) Rettungsring, Schwimmgürtel *m,* -weste *f* ② (*Br*) Totschläger *m;* **lifer** [ˈlaɪfə(r)] *s* (*sl*) Lebenslängliche(r) *f m;* **life raft** *s* Rettungsfloß *nt;* **life·saver** *s*

Lebensretter(in) *m(f)*, Rettungsschwimmer(in) *m(f)*; (*fig*) rettender Engel; **life sentence** *s* lebenslängliche Freiheitsstrafe; **life-size(d)** ['laɪfsaɪz(d)] *adj* lebensgroß, in Lebensgröße; **life·span** *s* ① (COM) Lebensdauer *f* ② (*Mensch*) Lebenserwartung *f* ③ Laufzeit *f*; **life·style man·ag·er** *s moderner Dienstleister, der für seinen vielbeschäftigten Klienten Besorgungen und Hausarbeiten erledigt;* **life support system** *s* (MED) Lebenserhaltungssystem *nt*; **life·time** ['laɪftaɪm] *s* Lebenszeit *f*; **the chance of a ~** einmalige Chance; **in** [*o* **during**] **s.o.'s ~** zu jds Lebzeiten; **once in a ~** einmal im Leben; einmalig; **life·work** [ˌlaɪf'wɜːk] *s* Lebenswerk *nt*

lift [lɪft] **I.** *vt* ① (auf-, in die Höhe) heben ② (*Augen*) aufschlagen; nach oben erheben ③ hochhalten, in die Höhe halten ④ (*Hut*) ziehen ⑤ (*fig*) befördern, erhöhen (*a. Preis*) ⑥ (*Stimme*) erheben ⑦ (*Stimmung*) heben ⑧ (*Gesicht, Busen*) liften ⑨ (*Kartoffeln*) ernten, roden ⑩ (*Sperre*) aufheben ⑪ (*fam*) abschreiben, plagiieren; klauen ⑫ (*sl*) verhaften; **not to ~ a finger** (*fig*) keinen Finger rühren, krümmen; **~ one's hand** die Hand (zum Schwur) erheben; **~ one's hand against s.o.** die Hand gegen jdn erheben **II.** *vi* ① sich erheben, steigen ② (*Rakete, Flugzeug*) abheben ③ (*Nebel*) sich auflösen, sich heben **III.** *s* ① Hochheben *nt* ② (AVIAT) Auftrieb *m* ③ (TECH) Hub *m* ④ (*Br*) Aufzug, Fahrstuhl *m* ⑤ Mitfahrgelegenheit *f*; **give s.o. a ~** jdn mitnehmen, mitfahren lassen; **lift down** *vt* herunterheben; **lift off** *vi* abheben; **lift up** *vt* hochheben; **lift·off** ['lɪftɒf] *s* ① (*Rakete*) Start *m* ② (AVIAT) Abheben *nt*; **have ~** abheben

liga·ment ['lɪgəmənt] *s* (ANAT) Band *nt*

liga·ture ['lɪgətʃə(r)] *s* ① Binden *nt*; Band *nt* ② (MED) Binde *f* ③ (TYP MUS) Ligatur *f*

light¹ [laɪt] <*irr:* lit (lighted), lit (lighted)> **I.** *s* ① Licht *nt* ② Beleuchtung, Helligkeit *f* ③ Lichtquelle *f*, -schein *m* ④ (*für Zigarette*) Feuer *nt* ⑤ Tag(eslicht *nt*) *m* ⑥ (*fig*) Licht *nt*, Beleuchtung *f* ⑦ Aspekt, Gesichtspunkt *m* ⑧ **~s** Geistesgaben, Fähigkeiten *fpl* ⑨ **~s** Erkenntnisse *fpl*, Einsicht *f*; **according to his ~s** seinen Fähigkeiten entsprechend; **in the ~ of** im Licht *+gen*, angesichts *+gen*, im Hinblick auf; **in a favo(u)rable ~** in günstigem Licht; **in a new ~** mit anderen Augen; **bring to ~** an den Tag, ans Licht bringen; **come to ~** an den Tag kommen; **see the ~ (of day)** das Licht (der Welt) erblicken; bekanntwerden; verstehen, begreifen; **shed** [*o* **throw**] **~ on s.th.** (*fig*) Licht in etw bringen; **may I trouble you for a ~?** darf ich Sie um Feuer bitten?; **that throws a different ~ on the matter** die Sache bekommt dadurch ein anderes Gesicht, erscheint dadurch in einem anderen Licht; **green ~** (*a. fig*) grünes Licht, freie Fahrt; (*fig*) freie Hand; **~ and shade** (*fig*) Licht und Schatten **II.** *adj* ① licht, hell, leuchtend ② hell(häutig, -haarig), blond **III.** *vt* ① (*Feuer, Licht*) anzünden, anmachen ② (*mit Scheinwerfern*) anstrahlen; be-, erleuchten; (*Flugplatz*) befeuern ③ leuchten (*s.o.* jdm); **light up I.** *vi* ① aufleuchten ② Pfeife, Zigarette anzünden **II.** *vt* ① beleuchten ② (*Lampe*) anmachen ③ (*Zigarette*) anzünden; **light (up)on** *vi* entdecken

light² [laɪt] **I.** *adj* ① leicht ② zu leicht ③ leichtfüßig, flink ④ leicht(lebig, -sinnig) ⑤ leicht(verdaulich) ⑥ (*Erde*) locker ⑦ (*Wein, Musik*) leicht; **~ opera** Operette *f*; **~ reading** Unterhaltungslektüre *f*; **make ~ of s.th.** etw nicht ernst nehmen; **~ water reactor** (ELEK) Leichtwasserreaktor *m* **II.** *adv* leicht

light bulb ['laɪtbʌlb] *s* Glühbirne *f*, elektrische Birne

light·en¹ ['laɪtn] **I.** *vt* ① erleuchten, erhellen ② (*fig*) aufhellen **II.** *vi* ① sich erhellen, aufleuchten ② blitzen

light·en² ['laɪtn] **I.** *vt* ① entlasten, erleichtern ② (*fig*) erleichtern ③ (MAR) löschen, leichtern **II.** *vi* leichter werden

light·er ['laɪtə(r)] *s* ① Anzünder *m* ② Feuerzeug *nt* ③ (MAR) Leichter *m*

light-fin·gered [ˌlaɪt'fɪŋgəd] *adj* ① diebisch ② fingerfertig; **light-footed** [ˌlaɪt'fʊtɪd] *adj* leichtfüßig; **light-headed** [ˌlaɪt'hedɪd] *adj* ① schwindelig, benommen ② gedankenlos; **light·hearted** [ˌlaɪt'hɑːtɪd] *adj* sorglos, unbeschwert; **light heavy-weight** *s* (*Boxen*) Halbschwergewicht(ler *m*) *nt*

light·house ['laɪthaʊs] *s* Leuchtturm *m*;

light·ing ['laɪtɪŋ] *s* Beleuchtung *f*; **emergency ~** Notbeleuchtung *f*; **~-equipment** Beleuchtungsanlage *f*; **~ up** (AUTO) Einschalten *nt* der Beleuchtung

light·ly ['laɪtlɪ] *adv* ① leicht ② unbesonnen ③ geringschätzig

light meter ['laɪtmiːtə(r)] *s* (PHOT) Belichtungsmesser *m*

light·ness¹ ['laɪtnɪs] *s* Helligkeit *f*

light·ness² ['laɪtnɪs] *s* ① Leichtigkeit *f* ② Heiterkeit *f*, Frohsinn *m* ③ Leichtsinn *m*, Leichtfertigkeit *f*

light·ning ['laɪtnɪŋ] *s* Blitz *m*; **flash of ~**

L

Blitz, Blitzschlag *m;* **with ~ speed** wie der Blitz; **struck by ~** vom Blitz getroffen

? Grammatik

lightning wird nie im Plural gebraucht: *There were flashes of lightning.*

lightning attack *s* Überraschungs-, Blitzangriff *m;* **lightning conductor** *s* (*Am*), **lightning rod** *s* Blitzableiter *m;* **lightning strike** *s* spontaner Streik

light pen [ˈlaɪtpen] *s* (INFORM) Lichtgriffel, Lichtstift *m;* **light pol·lu·tion** *s no pl* Lichtverschmutzung *f* (*so helle Beleuchtung, dass man den Sternenhimmel nicht sehen kann*)

lights [laɪts] *s pl* Tierlunge *f*

light·ship [ˈlaɪtʃɪp] *s* Feuerschiff *nt*

light·weight [ˈlaɪtweɪt] **I.** *s* ❶ (*Boxen*) Leichtgewicht(ler *m*) *nt* ❷ (*fig*) Leichtgewicht *nt* **II.** *adj* ❶ (SPORT) Leichtgewichts- ❷ leicht; (*fig*) schwach

light year [ˈlaɪtjɜː(r), -jɪə(r)] *s* Lichtjahr *nt*

lig·neous [ˈlɪgnɪəs] *adj* holzig; **lig·nite** [ˈlɪgnaɪt] *s* Braunkohle *f;* Lignit *m*

lik·able [ˈlaɪkəbl] *adj* liebenswert, gefällig; anziehend

like¹ [laɪk] **I.** *adj* ähnlich, gleich **II.** *prep* ähnlich +*dat,* wie **III.** *adv* dergleichen; wie **IV.** *conj* (*fam*) wie; als ob **V.** *s* Gleiche(r) *f m* **VI.** (*Wendungen*): **be ~ s.o.** wie jd sein, jdm ähnlich sein; **what is he ~?** was ist er für ein Mensch?; **what is it ~?** wie ist es? wie sieht es aus?; **it was ~ him to do that** das sieht ihm ähnlich; **that's not ~ her** das ist nicht ihre Art; **they are very ~ each other** sie sehen sich sehr ähnlich; **they are as ~ as two peas** sie gleichen sich wie ein Ei dem anderen; **something ~ that** so etwas Ähnliches; **there is nothing ~ …** es geht nichts über …; **I don't feel ~ work(ing) today** ich bin heute nicht zum Arbeiten aufgelegt; **it looks ~ rain(ing)** es sieht nach Regen aus; **as ~ as not, ~ enough** (*fam*) wahrscheinlich; **~ mad** wie verrückt; **the ~s of him** seinesgleichen; **the ~s of you** (*fam*) Leute wie Sie, Ihresgleichen

like² [laɪk] **I.** *vt* ❶ mögen, gern haben ❷ wollen, gerne mögen; **I ~ it** das gefällt mir, das mag ich; **he ~s classical music** er mag klassische Musik; **how do you ~ Stuttgart?** wie gefällt Ihnen Stuttgart?; **would you ~ a cup of tea?** hätten Sie gerne eine Tasse Tee?; **well how do you ~ that?** wie findest du denn das?; **I should ~ a little bit more time** ich hätte gerne etwas mehr Zeit; **I should ~ to know** ich wüsste gern **II.** *vi* wollen **III.** *s* Geschmack *m;* Vorliebe *f;* **she knows his ~s and dislikes** sie weiß, was er mag und was er nicht mag; **like·able** [ˈlaɪkəbl] *adj* liebenswert; anziehend

like·li·hood [ˈlaɪklɪhʊd] *s* Wahrscheinlichkeit *f;* **in all ~** höchstwahrscheinlich

like·ly [ˈlaɪklɪ] **I.** *adj* ❶ wahrscheinlich ❷ aussichtsreich, (viel) versprechend ❸ passend, geeignet; **he is ~ to come** es ist wahrscheinlich, dass er kommt; **it's ~ to cause problems** das wird wahrscheinlich Probleme mit sich bringen; **a ~ story!** das soll mal einer glauben! **II.** *adv:* **as ~ as not** höchstwahrscheinlich; **not ~** schwerlich, kaum; **very** [*o* **most**] **~** höchstwahrscheinlich, sehr wahrscheinlich; **that's more ~** das ist eher möglich

like-minded [ˌlaɪkˈmaɪndɪd] *adj* gleichgesinnt

liken [ˈlaɪkən] *vt* vergleichen (*to* mit)

like·ness [ˈlaɪknɪs] *s* Ähnlichkeit *f;* Bild *nt;* **in the ~ of** in Gestalt +*gen*

like·wise [ˈlaɪkwaɪz] *adv* ebenso; ebenfalls, auch

lik·ing [ˈlaɪkɪŋ] *s* Zuneigung *f;* Vorliebe *f;* **have a ~ for** mögen; **to s.o.'s ~** nach jds Geschmack

li·lac [ˈlaɪlək] *s* ❶ Flieder *m* ❷ Lila *nt*

Lil·li·pu·tian [ˌlɪlɪˈpjuːʃn] *adj* winzig; sehr klein

li·lo® [ˈlaɪləʊ] <*pl* lilos> *s* (*Br*) Luftmatratze *f*

lilt [lɪlt] **I.** *vt, vi* trällern **II.** *s* beschwingte Melodie; singender Tonfall

lily [ˈlɪlɪ] *s* Lilie *f;* **water ~** Seerose *f;* **~ of the valley** Maiglöckchen *nt;* **lilylivered** [ˈlɪlɪˌlɪvəd] *adj* feige

limb [lɪm] *s* ❶ (Körper)Glied *nt* ❷ Ast *m* ❸ **~s** Gliedmaßen *pl;* **out on a ~** isoliert; in einer prekären Lage

lim·ber [ˈlɪmbə(r)] *adj* geschmeidig; beweglich; **limber up** *vi* ❶ (SPORT) Lockerungsübungen machen ❷ (*fig*) sich vorbereiten

limbo [ˈlɪmbəʊ] <*pl* limbos> *s* Vorhölle *f;* (*fig*) Übergangsstadium *nt;* **be in ~** in der Schwebe sein

lime¹ [laɪm] **I.** *s* ❶ (*burnt, caustic ~*) (gebrannter) Kalk *m* ❷ (*bird~*) Vogelleim *m* **II.** *vt* mit Kalk düngen

lime² [laɪm] *s* (*Frucht*) Limone *f*

lime³ [laɪm] *s* (*Laubbaum*) Linde *f*

lime·light [ˈlaɪmlaɪt] *s* Rampen-, Scheinwerferlicht *nt;* **in the ~** (*fig*) im Mittelpunkt des Interesses; **bring into the ~** (*fig*) ans Licht der Öffentlichkeit bringen

lim·er·ick ['lɪmərɪk] *s* Limerick *m*
lime·stone ['laɪmstəʊn] *s* Kalkstein *m*
limit ['lɪmɪt] **I.** *s* ① Grenze, Beschränkung *f* ② Endpunkt *m;* Höchstgrenze, -zahl *f* ③ (MATH) Grenzwert *m* ④ (COM) Limit *nt;* Preisgrenze *f* ⑤ Frist *f;* Termin *m;* **within ~s** in Grenzen; **without ~** unbegrenzt, unbeschränkt; **speed ~** Geschwindigkeitsbegrenzung *f;* **exceed the ~** (*fig*) die Grenze überschreiten; **that's the ~ !** (*fam*) das ist doch die Höhe!; **you're the ~!** das ist unerhört (von Ihnen)!; **off ~s!** Zutritt verboten! (*to* für) **II.** *vt* ① begrenzen; be-, einschränken (*to* für) ② (*Preis*) limitieren;
limi·ta·tion [ˌlɪmɪ'teɪʃn] *s* ① Begrenzung *f;* Beschränkung *f;* Einschränkung *f* ② (JUR) Verjährung *f* ③ (COM) Kontingentierung *f;* **know one's ~s** seine Grenzen kennen; **~ of liability** Haftungsbeschränkung *f;* **~ period** Verjährungsfrist *f;* **limited** ['lɪmɪtɪd] *adj* ① begrenzt ② (COM) beschränkt (*to* auf), limitiert; mit beschränkter Haftung; **in a ~ sense** in gewissem Sinne; **~ (liability) company** (**Ltd**) Gesellschaft *f* mit beschränkter Haftung (GmbH); **~ partnership** Kommanditgesellschaft (KG) *f;* (*Am*) Gesellschaft *f* mit beschränkter Haftung;
limit·less ['lɪmɪtlɪs] *adj* grenzenlos
limou·sine ['lɪməziːn] *s* (AUTO) Limousine *f*
limp¹ [lɪmp] **I.** *vi* hinken **II.** *s* Hinken *nt;* **walk with a ~** hinken, humpeln
limp² [lɪmp] *adj* ① schlaff; weich ② (*fig*) schwach; matt
lim·pet ['lɪmpɪt] *s* Napfschnecke *f;* **hold on** [*o* **cling**] **like a ~** (*fig*) wie eine Klette hängen (*to* an)
lim·pid ['lɪmpɪd] *adj* hell, klar, durchsichtig
limy ['laɪmɪ] *adj* kalkig
lin·ac ['lɪnæk] *s s.* **linear accelerator** Linearbeschleuniger *m*
linch·pin ['lɪntʃpɪn] *s* ① Splint *m;* Achsnagel *m* ② (*fig*) lebenswichtiger Teil, Angelpunkt *m*
lin·den ['lɪndən] *s* (*~-tree*) Linde *f*
line¹ [laɪn] **I.** *s* ① Leine *f* ② (Angel)Schnur *f* ③ Telefon-, Telegrafenleitung *f* ④ (*a.* SPORT) Linie *f,* Strich *m* ⑤ Handlinie *f;* Falte, Runzel *f* ⑥ Grenzlinie *f* ⑦ Verkehrslinie *f;* Bahn-, Flugstrecke *f* ⑧ Fahrbahn *f* ⑨ (*Am*) (Menschen)Schlange *f* ⑩ Reihe *f;* Häuserzeile *f* ⑪ Zeile *f;* Vers *m* ⑫ kurze Nachricht, Brief *m* ⑬ Ahnenreihe *f;* Familie *f,* Geschlecht *nt* ⑭ Richtung *f;* Verlauf *m;* (Gedanken)Gang *m* ⑮ Vorgehen *nt;* Handlungsweise *f* ⑯ Beschäftigung *f,* Beruf *m,* Fach *nt;* Geschäft(szweig *m*) *nt,* Branche *f* ⑰ (Fach-, Interessen)Gebiet *nt,* Fachrichtung *f* ⑱ (COM) Artikel *m,* Ware *f,* Posten *m;* Kollektion *f;* Marke *f* ⑲ (GEOG) Meridian, Breitenkreis *m* ⑳ (MIL) Linie *f;* Front *f* ㉑ **~s** Zeilen *fpl,* (kurzes) Schreiben *nt* ㉒ **~s** (THEAT) (Text *m* einer) Rolle *f* ㉓ **~s** Richtlinien *fpl,* Grundsätze *mpl;* **all along the ~** auf der ganzen Linie; **in ~** in Reih und Glied; in Linie; (*fig*) in Einklang (*with* mit); **a bad ~** (TELE) schlechte Verbindung; **be in ~ for a job** eine Stelle wahrscheinlich bekommen; **bring into ~** (*Menschen*) auf Linie bringen; zum Mitmachen bewegen; **come into** [*o* **fall in**] **~** sich anschließen, sich einfügen (*with* in); (*fam*) mitmachen (*with* mit); (*fam*) nicht aus der Reihe tanzen; **draw the ~** (*fig*) eine Grenze ziehen (*at* bei); **drop s.o. a ~** jdm ein paar Zeilen schreiben; **get a ~ on s.th.** (*fam*) etw herausfinden; **hold the ~** (TELE) am Apparat bleiben; **keep in ~** in Reih und Glied bleiben; **step out of ~** aus der Reihe tanzen; **reach the end of the ~** (*fig*) das bittere Ende erreicht haben; **read between the ~s** zwischen den Zeilen lesen; **shoot a ~** angeben, sich wichtig tun; **stand in ~** (*Am*) sich anstellen, Schlange stehen (*for* um); **take a strong ~** entschlossen vorgehen; **toe the ~** sich einfügen, sich nach den Anderen richten; **hard ~s!** Pech für Sie!; **that's not in my ~** das schlägt nicht in mein Fach; **~ engaged!** (*Am*): **~ busy!** (TELE) besetzt!; **bus ~** Buslinie *f;* **catch ~** Schlagzeile *f;* **main ~** Hauptverkehrslinie *f;* (TELE) Hauptanschluss *m;* **marriage ~s** Trauschein *m;* **party ~** (POL) Programm *nt;* (TELE) gemeinsamer Anschluss; **shipping ~** Schifffahrtslinie *f;* **~ drawing** Zeichnung *f;* **~ editor** (INFORM) Zeileneditor *m;* **~ feed** Zeilenvorschub *m;* **~ judge** Linienrichter(in) *m(f);* **~ management** Linienmanagement *nt;* **~ of action** Handlungsweise *f,* Vorgehen *nt;* **~ of argument** Beweisführung *f;* **~ of business** Geschäftszweig *m;* **~ of production** Produktionszweig *m;* **~ of vision** Blickrichtung *f;* **~-out** (*Rugby*) Gasse *f;* **~ spacing** Zeilenabstand *m* **II.** *vt* ① liniieren, linieren ② entlang stehen an, säumen; **a face ~d from worries** ein Sorgen gezeichnetes Gesicht; **~d with trees** Baum bestanden; **line up** **I.** *vt* ① aufstellen ② planen; sorgen für; vorhaben **II.** *vi* ① sich aufstellen ② (*Am*) Schlange stehen ③ Stellung beziehen (*against* gegen), sich zusammentun (*with* mit); **be ~d up** anstehen (*in front of* vor)
line² [laɪn] *vt* ① (*Kleidungsstück*) füttern ② das Futter bilden (*s.th.* einer S) ③ (TECH) auskleiden; **~ one's purse** [*o* **pocket**]

L

(*fam*) Geld scheffeln

lin·eage ['lɪnɪɪdʒ] *s* Abstammung *f;* Geschlecht *nt;* **lin·eal** ['lɪnɪəl] *adj* (*Nachkomme*) in direkter Linie

lin·ea·ment ['lɪnɪəmənt] *s* Gesichtszug *m*

lin·ear ['lɪnɪə(r)] *adj* linear; ~ **accelerator** Linearbeschleuniger *m;* ~ **B** Linear B *f;* ~ **measure** Längenmaß *nt*

lin·en ['lɪnɪn] *s* ❶ Leinen *nt* ❷ Wäsche *f;* Bett-, Tischwäsche *f;* **wash one's dirty ~ in public** (*fig*) seine schmutzige Wäsche in der Öffentlichkeit waschen; **linen basket** *s* Wäschekorb *m*

liner ['laɪnə(r)] *s* ❶ (MAR) Personen-, Passagierdampfer *m* ❷ (*air~*) Verkehrsflugzeug *nt*

lines·man ['laɪnzmən] <*pl* -men> *s* ❶ Telefon-, Telegrafenarbeiter *m* ❷ (RAIL) Streckenwärter *m* ❸ (SPORT) Linienrichter *m;* **line-up** ['laɪnʌp] *s* ❶ (*a.* SPORT) Aufstellung *f* ❷ (THEAT) Besetzung *f* ❸ (*fig*) Gruppierung *f*

lin·ger ['lɪŋgə(r)] *vi* ❶ zögern ❷ sich nicht trennen können ❸ (*~ about*) bleiben; sich (noch) herumdrücken ❹ (*~ on*) sich lange halten; sich hinschleppen; verweilen (*on, upon, over* an, bei)

linge·rie ['læŋʒəri:] *s* Damenunterwäsche *f*

lin·ger·ing ['lɪŋgərɪŋ] *adj* ❶ schleppend; langwierig ❷ (*Krankheit*) schleichend ❸ (*Ton*) nachklingend

lingo ['lɪŋgəʊ] <*pl* lingoes> *s* (*hum pej*) Sprache *f*

lin·guist ['lɪŋgwɪst] *s* Linguist(in) *m(f),* Sprachwissenschaftler(in) *m(f);* **be a good ~** sprachbegabt sein; **lin·guis·tic** [lɪŋ'gwɪstɪk] **I.** *adj* linguistisch **II.** *s pl mit sing* Sprachwissenschaft, Linguistik *f*

lin·iment ['lɪnɪmənt] *s* Einreibemittel *nt*

lin·ing ['laɪnɪŋ] *s* ❶ Futter *nt;* Futterstoff *m* ❷ Auskleidung *f* ❸ (Brems)Belag *m*

link [lɪŋk] **I.** *s* ❶ (Ketten)Glied *nt;* Ring *m* ❷ Lasche *f;* Verbindungsstück *nt* ❸ (*fig*) (Binde)Glied *nt;* Verbindung *f* **II.** *vt* (*~ together*) verbinden; anschließen (*to* an); (INFORM) vernetzen; ~ **hands** einander die Hände geben **III.** *vi* ❶ (*~ up*) verbunden sein ❷ sich anschließen (*to, with* an); **link·age** *s* Verbindung *f*

link·man ['lɪŋkmæn] *s* ❶ Verbindungsmann *m* ❷ (RADIO TV) Moderator *m*

links [lɪŋks] *s pl* ❶ (*Ufer*) sandiges Gelände, Dünen *fpl* ❷ Golfplatz *m* an der Küste

link-up ['lɪŋkʌp] *s* Verbindung *f;* Zusammenschluss *m;* (*Raumschiff*) Koppelung(smanöver *nt*) *f*

link·woman ['lɪŋk,wʊmən] *s* ❶ Verbindungsfrau *f* ❷ (RADIO TV) Moderatorin *f*

lin·net ['lɪnɪt] *s* (*kleiner Singvogel*) Hänfling *m*

lin·oleum [lɪ'nəʊlɪəm] *s* Linoleum *nt*

lino·type® ['laɪnəʊtaɪp] *s* Linotype *f*

lin·seed ['lɪnsi:d] *s* Leinsamen *m;* **linseed oil** *s* Leinöl *nt*

lint [lɪnt] *s* ❶ Scharpie *f,* Mull *m* ❷ (*Am*) Fluse *f*

lin·tel ['lɪntl] *s* (ARCH) ❶ Sturz *m* ❷ Oberschwelle *f*

lion ['laɪən] *s* ❶ Löwe *m* ❷ (*fig*) Held *m* des Tages; Prominenz *f;* **lion·ess** [laɪə'nes] *s* Löwin *f;* **lion-hearted** ['laɪən'hɑ:tɪd] *adj* heldenhaft; **lion·ize** ['laɪənaɪz] *vt* (als Helden des Tages) feiern; **lion's share** *s* Löwenanteil *m*

lip [lɪp] *s* ❶ (*a.* BOT) Lippe *f* ❷ Rand *m,* Schnauze *f* (*eines Gefäßes*) ❸ (*fam*) Unverschämtheit *f;* **hang on s.o.'s ~s** an jds Lippen hängen; **keep a stiff upper ~** die Ohren steifhalten; **none of your ~!** sei nicht unverschämt!; **lip gloss** *s* Lipgloss *nt,* Lippenglanzstift *m;* **lip·liner** ['lɪp,laɪnə(r)] *s* Lippenkonturenstift *m*

lipo·suc·tion ['laɪpəʊ,sʌkʃn] *s* Liposuktion, Fettabsaugung *f*

lip·pie, lip·py ['lɪpɪ] *s* (*Aus, Am: fam: lipstick*) Lippenstift *m*

lip·read ['lɪpri:d] *vt, vi* vom Mund, von den Lippen ablesen; **lip salve** *s* Lippenpomade *f;* **lip service** *s* Lippenbekenntnis *nt;* **pay ~** ein Lippenbekenntnis ablegen (*to* zu); **lip·stick** ['lɪpstɪk] *s* Lippenstift *m*

liquefy ['lɪkwəfaɪ] *vt:* **liquefied petroleum gas, LPG** Autogas *nt*

li·queur [lɪ'kjʊə(r)] *s* Likör *m*

liquid ['lɪkwɪd] **I.** *adj* ❶ (*a.* FIN) flüssig ❷ (*Töne*) perlend ❸ (*Augen*) hell und glänzend ❹ (FIN) liquid; ~ **crystal display, LCD** Flüssigkristallanzeige *f* **II.** *s* Flüssigkeit *f*

liqui·date ['lɪkwɪdeɪt] *vt* ❶ (FIN) liquidieren ❷ (*Geschäft*) auflösen ❸ (*Schuld*) ablösen, tilgen, begleichen ❹ (*Wertpapiere*) flüssig machen ❺ (POL: *Menschen*) liquidieren, beseitigen; **liqui·da·tion** [,lɪkwɪ'deɪʃn] *s* ❶ Liquidation, Abwicklung *f* ❷ Abrechnung *f* ❸ Flüssigmachen n von Vermögenswerten *nt* ❹ (*Schulden*) Tilgung, Begleichung, Bezahlung *f* ❺ (POL) Liquidierung *f;* **go into ~** Konkurs machen, anmelden

liq·uid·ity [lɪ'kwɪdətɪ] *s* (FIN) Liquidität *f;* flüssige Mittel *ntpl*

liquid·ize ['lɪkwɪdaɪz] *vt* im Mixer pürieren; **liquid·izer** ['lɪkwɪdaɪzə(r)] *s* Mixer *m*

liquor ['lɪkə(r)] *s* ❶ Saft *m;* Flüssigkeit *f* ❷ Spirituosen *pl,* Alkohol *m*

liquor·ice, **licor·ice** [ˈlɪkərɪs, *Am* ˈlɪkərɪʃ] *s* Lakritze *f*

lisp [lɪsp] *vi, vt* (*speak with a ~*) lispeln

lis·som(e) [ˈlɪsəm] *adj* geschmeidig, gelenk(ig); gewandt, flink

list¹ [lɪst] **I.** *s* ❶ Liste *f*, Verzeichnis *nt;* Aufstellung *f* ❷ (*Börse*) Kursblatt *nt* ❸ (*shopping ~*) Einkaufszettel *m;* **be on a ~** auf einer Liste stehen; **draw up** [*o* **make out**] **a ~** eine Liste aufstellen; **enter in a ~** in eine Liste eintragen; **put on a ~** auf eine Liste setzen; **strike off** (**from**) **a ~** von einer Liste streichen; **attendance ~** Anwesenheitsliste *f;* **price ~** Preisliste *f;* **wine ~** Weinkarte *f;* **~ of applicants** Bewerberliste *f;* **~ of members** Mitgliederverzeichnis *nt;* **~ price** Listenpreis *m* **II.** *vt* ❶ (*in eine Liste*) eintragen, -schreiben; verzeichnen ❷ registrieren; katalogisieren ❸ (*Posten*) aufführen ❹ (*Börse*) einführen ❺ aufführen; aufschreiben; aufzählen; **~ed building** (*Br*) Gebäude *nt* unter Denkmalschutz

list² [lɪst] **I.** *s* (MAR) Schlagseite *f* **II.** *vi* Schlagseite haben

lis·ten [ˈlɪsn] *vi* ❶ horchen, hören (*to* auf) ❷ aufpassen (*for* auf) ❸ zuhören (*to s.o.* jdm); **~ to s.o.** jdm zuhören; **don't ~ to him** hören Sie nicht auf ihn!; **~ to the radio** Radio hören; **~ for s.th.** auf etw horchen; **listen in** *vi* (TELE) mithören (*to a conversation* ein Gespräch), Radio hören; **~ in to a program(me)/to a speech/to London** ein Programm/eine Rede/London hören; **lis·tener** [ˈlɪsnə(r)] *s* ❶ Zuhörer(in) *m(f)* ❷ (RADIO) Hörer(in) *m(f);* **not to be a good ~** nicht zuhören können; **lis·ten·ing** [-ɪŋ] *s* Radiohören *nt;* **good ~!** gute Unterhaltung!; **~ post** Horchposten *m;* **~ skills** Fähigkeit *f* zum Zuhören

lis·te·ria [lɪˈstɪərɪə] *s* Listeria *f*

list·ing [ˈlɪstɪŋ] *s* ❶ Anfertigung *f* einer Liste, Aufstellung *f* eines Verzeichnisses ❷ Katalogisierung *f* ❸ (*Börse*) Zulassung, Notierung *f*

list·less [ˈlɪstlɪs] *adj* lustlos; teilnahmslos

lists [lɪsts] *s pl* Turnier-, *fig* Kampfplatz *m;* **enter the ~** in die Schranken treten (*against* gegen)

lit [lɪt] *s.* **light¹**

lit·any [ˈlɪtənɪ] *s* Litanei *f*

li·tchi [ˈlaɪtʃiː] *s* Litschi *f*

liter [ˈliːtə(r)] *s* (*Am*) Liter *m*

lit·er·acy [ˈlɪtərəsɪ] *s* Lese- und Schreibfertigkeit *f*

lit·eral [ˈlɪtərəl] **I.** *adj* ❶ wörtlich, wortgetreu ❷ (*Sinn*) eigentlich **II.** *s* Schreib-, Druck-, Tippfehler *m;* **lit·erally** [ˈlɪtərəlɪ] *adv* ❶ wörtlich, wortgetreu, Wort für Wort ❷ buchstäblich

lit·er·ary [ˈlɪtərərɪ] *adj* literarisch; **~ criticism** Literaturkritik *f;* **~ editor** Feuilletonredakteur(in) *m(f);* **~ supplement** Literaturbeilage *f*

lit·er·ate [ˈlɪtərət] *adj* ❶ des Lesens und Schreibens kundig ❷ gebildet

lit·er·ature [ˈlɪtrətʃə(r)] *s* ❶ Literatur *f* ❷ Schrifttum *nt*

lithe [laɪð] *adj* geschmeidig, gelenkig

lith·ium [ˈlɪθɪəm] *s* Lithium *nt*

litho·graph [ˈlɪθəgrɑːf] **I.** *s* Lithographie *f;* Steindruck *m,* -zeichnung *f* **II.** *vt* lithographieren; **lith·ogra·phy** [lɪˈθɒgrəfɪ] *s* (Kunst der) Lithographie *f*

Lithuania [ˌlɪθjʊˈeɪnɪə] *s* Litauen *nt;* **Lithu·anian** [-n] **I.** *adj* litauisch **II.** *s* ❶ (das) Litauisch(e) ❷ Litauer(in) *m(f)*

liti·gant [ˈlɪtɪgənt] *s* prozessführende Partei; **liti·gate** [ˈlɪtɪgeɪt] *vi* prozessieren; **liti·ga·tion** [ˌlɪtɪˈgeɪʃn] *s* Prozess, Rechtsstreit *m;* **lit·igious** [lɪˈtɪdʒəs] *adj* prozesssüchtig

lit·mus [ˈlɪtməs] *s* (CHEM) Lackmus *m od nt;* **litmus paper** *s* Lackmuspapier *nt*

litre [ˈliːtə(r)] *s* (*Br*) Liter *m*

lit·ter¹ [ˈlɪtə(r)] *s* Sänfte *f;* Tragbahre, Trage *f*

lit·ter² [ˈlɪtə(r)] **I.** *s* ❶ Abfall *m* ❷ (*Hunde*) Wurf *m* ❸ Streu *f;* Stroh *nt* **II.** *vt* ❶ verstreuen, umherwerfen, in Unordnung bringen ❷ (*Junge*) werfen; **be ~ed** übersät sein (*with* von); **litter-bug** *s* (*Am*), **litter-lout** *s* Mensch *m,* der Papier auf der Straße wegwirft

little [ˈlɪtl] **I.** *adj* ❶ klein ❷ niedrig, gering ❸ kurz ❹ wenig ❺ gemein; **in a ~ while** in kurzer Zeit **II.** *adv, s* ❶ wenig, nicht viel; kaum ❷ schwerlich; **I go there very ~** ich gehe sehr selten dorthin **III.** *s:* **a ~** ein (klein) wenig, ein bisschen, eine Kleinigkeit; **after a ~** nach einer Weile; **~ by ~** nach und nach, allmählich; **for a ~** für ein Weilchen; **not a ~** nicht wenig; **make ~ of** wenig halten von; **I think ~ of it** davon halte ich nicht viel

? Grammatik

> **little** steht häufig in Verbindung mit einem Adjektiv: *a cosy little village; a nice little boy*; mit Adverben oder in der Komparativ- oder Superlativform kommt es sehr selten vor; man verwendet stattdessen **small**: *a very small girl; the smallest in the class.*

little·ness [-nɪs] *s* ❶ Kleinheit *f* ❷ Geringfügigkeit *f;* ~ **of mind** Beschränktheit *f*

li·turgi·cal [lɪ'tɜːdʒɪkl] *adj* liturgisch; **lit·urgy** ['lɪtədʒɪ] *s* Liturgie *f*

liv·able, **live·able** ['lɪvəbl] *adj* ① *(Leben)* lebenswert ② auszuhalten(d); zu ertragen(d) ③ *(Raum)* wohnlich

live¹ [lɪv] **I.** *vi* ① leben ② am Leben bleiben, über-, weiterleben ③ dauern, bestehen, aushalten ④ sein Leben führen ⑤ sein Auskommen haben, leben *(on* von) ⑥ auskommen *(on* mit) ⑦ wohnen *(with* bei, *at* in); ~ **to see** erleben; ~ **beyond one's means** über seine Verhältnisse leben; **have barely enough to** ~ **(on)** kaum genug zum Leben haben **II.** *vt* ① *(ein Leben)* leben, führen ② vorleben, in die Tat umsetzen; **live apart** *vi* getrennt leben; **live down** *vt* wieder gutmachen; vergessen lassen; **I'll never** ~ **that down** das werde ich noch lange zu hören kriegen; **live for s.th.** *vt* für etw leben; ~ **for the day when …** den Tag nicht erwarten können, wenn …; **live in** *vi* im Hause schlafen; **live off** *vi* seinen Lebensunterhalt beziehen von; sich ernähren von; **live on** *vi* weiterleben; leben von; **live out I.** *vi* außerhalb des Hauses schlafen **II.** *vt* (das Ende *+gen)* erleben; **live through** *vt* überleben; **live together** *vi* zusammenleben; **live up to** *vt* in Einklang leben mit; gemäß einer S leben; *(Erwartungen)* erfüllen

live² [laɪv] **I.** *adj* ① lebend(ig) ② lebhaft, lebensprühend ③ *(Thema)* aktuell ④ *(Kohlen)* glühend ⑤ *(Diskussion)* lebhaft ⑥ *(Geschoss)* scharf ⑦ (ELEK) stromführend ⑧ (RADIO) live; direkt übertragen; **a real** ~ **dog** ein echter Hund; ~ **broadcast** Originalübertragung, Live-Sendung *f* **II.** *adv* (RADIO) live, direkt

live·able ['lɪvəbl] *adj* ① *(Leben)* lebenswert ② auszuhalten(d); zu ertragen(d) ③ *(Raum)* wohnlich

live·li·hood ['laɪvlɪhʊd] *s* Lebensunterhalt *m;* **earn** [*o* **gain**] [*o* **make**] **a** ~ seinen Lebensunterhalt verdienen

live·li·ness ['laɪvlɪnɪs] *s* Lebendigkeit, Lebhaftigkeit *f;* **live·ly** ['laɪvlɪ] *adj* ① lebendig, lebhaft ② *(Beschreibung)* lebendig, lebensecht ③ energisch, kraftvoll ④ aufregend ⑤ *(Interesse)* stark

liven up ['laɪvn 'ʌp] **I.** *vt* ① aufmuntern, beleben ② in Stimmung bringen **II.** *vi* ① lebhaft, munter werden ② in Stimmung kommen

liver¹ ['lɪvə(r)] *s:* **fast** ~ Lebemann *m;* **loose** ~ liederlicher Mensch; **plain** ~ einfacher Mensch

liver² ['lɪvə(r)] *s* Leber *f;* **liver complaint** *s* Leberleiden *nt;* **liver·ish** ['lɪvərɪʃ] *adj* *(fam)* leberkrank; **liver sausage** *s* *(Am)*, **liver·wurst** ['lɪvəwɜːst] *s* Leberwurst *f*

liv·ery ['lɪvrɪ] *s* Livree *f*

live·stock ['laɪvstɒk] *s* Vieh *nt;* Viehbestand *m*

livid ['lɪvɪd] *adj* ① bleifarben ② aschgrau, leichenblass ③ *(fam)* wütend

liv·ing ['lɪvɪŋ] **I.** *adj* ① lebend, lebendig ② leibhaftig ③ *(Fels)* gewachsen; **within** ~ **memory** seit Menschengedenken; **knock the** ~ **daylights out of s.o.** jdn windelweich schlagen; **scare the** ~ **daylights out of s.o.** jdn zu Tode erschrecken **II.** *s* ① (Lebens)Unterhalt *m;* Auskommen *nt;* Existenz *f* ② Leben *nt;* **the** ~ die Lebenden *pl;* **make a** ~ sein Auskommen haben *(as* als, *out of* durch); **art of** ~ Lebenskunst *f;* **standard of** ~ Lebensstandard *m;* **loose** ~ lockerer Lebenswandel; **living conditions** *s pl* Lebensbedingungen *fpl,* Wohnverhältnisse *ntpl;* **living creature** *s* Lebewesen *nt;* **living quarters** *s pl* Wohnbereich *m;* **living room** *s* Wohnzimmer *nt;* **living space** *s* ① Lebensraum *m* ② Wohnfläche *f;* **living wage** *s* Existenzminimum *nt*

liz·ard ['lɪzəd] *s* Eidechse *f;* Echse *f*

llama ['lɑːmə] *s* Lama *nt*

load [ləʊd] **I.** *s* ① (Trag)Last, Ladung, Fuhre *f* ② Fracht *f* ③ Belastung, Last *f* ④ (ELEK) Leistung *f;* Spannung *f* ⑤ *(fig)* Bürde *f;* **a** ~ **of nonsense** [*o* **rubbish**]**!** *(fam)* Quatsch! Blödsinn!; **get a** ~ **of s.th.** *(fam)* etw mitkriegen; etw kapieren; sich etw anhören; **that's a** ~ **off my mind** mir fällt ein Stein vom Herzen …; ~**s of** eine Menge …; **peak** ~ Spitzenbelastung *f;* **safe** ~ zulässige Belastung **II.** *vi* ① laden; Ladung übernehmen ② *(Gewehr)* laden ③ *(Kamera)* einen Film einlegen ④ *(Börse)* stark kaufen **III.** *vt* ① *(Transportmittel)* (be)laden; *(Ladung)* verladen ② überladen, überlasten ③ *(fig)* überhäufen ④ *(Feuerwaffe)* laden ⑤ *(Fotoapparat)* einen Film einlegen in ⑥ *(Würfel)* fälschen ⑦ *(Ofen)* beschicken ⑧ (INFORM) laden; **load down** *vt* ① schwer beladen ② *(fig)* überlasten; **load up I.** *vi* aufladen **II.** *vt* beladen; aufladen; **loaded** ['ləʊdɪd] *adj* ① beladen; belastet ② *(Gewehr)* geladen ③ *(Würfel)* präpariert; **he's** ~ er hat Geld wie Heu; er ist besoffen; ~ **to capacity** voll beladen; ~ **question** Fangfrage *f;* **load line** *s* (MAR) Ladekennlinie *f;* (TECH) Belastungskennlinie *f*

load·star ['ləʊdstɑː] *s* ① Leit-, Polarstern *m* ② *(fig)* Leitstern *m,* Vorbild *nt*

load·stone [ˈləʊdstəʊn] *s* (MIN) Magneteisenstein *m*

loaf¹ [ləʊf, *pl* ˈləʊvz] <*pl* loaves> *s* ❶ Laib *m*; Brot *nt* ❷ (*meat* ~) Hackbraten *m* ❸ (*sugar*~) (Zucker)Hut *m*; **use your ~!** (*sl*) streng deinen Grips an!

loaf² [ləʊf] *vi* herumbummeln, faulenzen; **~ about the house** im Haus herumgammeln; **loafer** [ˈləʊfə(r)] *s* Faulenzer *m*

loam [ləʊm] *s* Lehm(boden) *m*; **loamy** [ˈləʊmɪ] *adj* lehmig

loan [ləʊn] **I.** *s* ❶ Anleihe *f*; Darlehen *nt* ❷ Leihgabe *f*; **as a ~** als Leihgabe; **on ~** leihweise; ausgeliehen; **ask for the ~ of s.th** bitten etw ausleihen zu dürfen; **give s.o. the ~ of s.th** jdm etw (aus)leihen; **have s.th. on ~** etw geliehen haben; **contract a ~** eine Anleihe aufnehmen; **grant a ~** ein Darlehen gewähren (*to s.o.* jdm) **II.** *vt* (aus-, ver)leihen; als Darlehen geben (*to* an); **loan·word** [ˈləʊnwɜːd] *s* Lehnwort *nt*

loath, **loth** [ləʊθ] *adj* widerwillig; **be ~ to do s.th.** etw nur sehr ungern tun

loathe [ləʊð] *vt* verabscheuen, hassen; **loath·ing** [-ɪŋ] *s* Ekel *m* (*at* vor), Hass *m*; **loath·some** [-səm] *adj* ekelhaft, abscheulich

lob [lɒb] **I.** *vi, vt* (SPORT) lobben **II.** *s* (SPORT) Hochball, Lob *m*

lobby [ˈlɒbɪ] **I.** *s* ❶ (Vor)Halle *f*; Wandelhalle *f*; Foyer *nt* ❷ (POL) Lobby, Interessengruppe *f* **II.** *vt* (POL: *Abgeordnete*) beeinflussen; **~ through** (*Gesetzesantrag*) mit Hilfe einer Lobby durchzubringen versuchen; **lobby·ist** [-ɪst] *s* Lobbyist *m*

lobe [ləʊb] *s* (ANAT) Ohrläppchen *nt*; (*von Lunge, Gehirn*) Lappen *m*

lob·ster [ˈlɒbstə(r)] *s* Hummer *m*

lo·cal [ˈləʊkl] **I.** *adj* ❶ örtlich ❷ ortsansässig; hiesig; **~ anaesthetic** örtliche Betäubung, Lokalanästhesie *f*; **~ people** Ortsansässige *pl*; **~ opinion** Meinung *f* vor Ort **II.** *s* ❶ Ortsansässige(r) *f m* ❷ (*fam*) Lokal *nt* in der Nachbarschaft; Stammlokal *nt*; **local authorities** *s pl* Ortsbehörden *fpl*; **local branch** *s* Zweigstelle, Filiale *f*; **local call** *s* (TELE) Ortsgespräch *nt*; **local charge** *s* (TELE) Ortstarif *m*; **local colo(u)r** *s* Lokalkolorit *nt*

lo·cale [ləʊˈkɑːl] *s* Örtlichkeit *f*; Schauplatz *m*

lo·cal elec·tions [ˌləʊkl ɪˈlekʃnz] *s pl* Kommunalwahlen *fpl*; **local government** *s* Gemeinde-, Kommunalverwaltung *f*

lo·cal·ity [ləʊˈkælətɪ] *s* Örtlichkeit, Lokalität *f*; Lage *f*

lo·cal·iz·ation [ˌləʊkəlaɪˈzeɪʃn] *s* Lokalisierung *f*; **lo·cal·ize** [ˈləʊkəlaɪz] *vt* lokalisieren (*to* auf)

lo·cal news [ˌləʊkl ˈnjuːz] *s pl mit sing* Lokalnachrichten *fpl*; **local paper** *s* Lokalzeitung *f*; **local time** *s* Ortszeit *f*; **local traffic** *s* Ortsverkehr *m*; **local train** *s* Zug *m* im Nahverkehr

lo·cate [ləʊˈkeɪt, *Am* ˈləʊkeɪt] *vt* ❶ (örtlich) festlegen, abstecken, abgrenzen ❷ ausfindig machen, feststellen ❸ (*Firma, Gebäude*) errichten; einrichten; **be ~d** liegen, sich befinden; **lo·ca·tion** [ləʊˈkeɪʃn] *s* ❶ Absteckung, Abgrenzung *f* ❷ Lage *f*; Standort *m* ❸ Orts-, Lagebestimmung *f*; Ortsangabe *f* ❹ Platz *m* (*for* für) ❺ Ansiedlung *f* ❻ (*Am:* JUR) Vermietung *f* ❼ (FILM) Drehort *m*; Außenaufnahmen *fpl*

loch [lɒx] *s* (*schottisch*) See *m*; Meeresarm *m*

i Land & Leute

Das **Loch Ness Monster** ist ein riesiges, unbekanntes Wesen das angeblich in den Gewässern des Loch Ness im Nordosten Schottlands lebt. Es soll eine Art Wasserdinosaurier mit einem langen wellenförmigen Schwanz sein. Einige Leute behaupten, das Ungeheuer gesehen zu haben, obwohl es bis heute keinen wirklich ernst zu nehmenden Nachweis dafür gibt. Geschichten darüber gibt es schon seit dem 6. Jh.

lock¹ [lɒk] *s* (Haar)Locke *f*

lock² [lɒk] **I.** *s* ❶ (Tür)Schloss *nt* ❷ Verschluss *m* (*a. einer Feuerwaffe*), Sperre *f* ❸ (*Ringen*) Fesselung *f* ❹ (MAR) Schleuse *f*; Staustufe *f* ❺ (AUTO) Wendekreis *m*; **under ~ and key** hinter Schloss und Riegel; **~, stock, and barrel** alles zusammen **II.** *vt* ❶ (*~ up*) ver-, zuschließen, -sperren ❷ einschließen, ein-, absperren (*in, into* in) ❸ (*die Arme*) verschränken ❹ fest umschlingen, -fassen, -spannen ❺ bremsen; versperren, abriegeln, blockieren **III.** *vi* ❶ (*Schloss*) zuschnappen ❷ verschließbar sein; ineinander greifen; **lock away** *vt* wegschließen; einsperren; **lock in** *vt* einschließen, -sperren; **lock on** *vi* gekoppelt werden; sich einstellen (*to* auf); **the missile ~s on to its target** die Rakete richtet sich auf das Ziel; **lock out** *vt* aussperren (*a. bei Streik*); **lock up** *vt* ❶ zu-, verschließen, -sperren ❷ einschließen, -sperren ❸ (*Geld*) wegschließen ❹ (*Kapi-*

tal) fest anlegen

locker ['lɒkə(r)] *s* Schließfach *nt;* Spind *m;* **go to Davy Jones's** ~ im Meer ertrinken; ~ **room** Raum *m* mit Schließfächern; (SPORT) Umkleideraum *m*

locket ['lɒkɪt] *s* Medaillon *nt*

lock·jaw ['lɒkdʒɔː] *s* (MED) Wundstarrkrampf *m*

lock-keeper ['lɒkˌkiːpə(r)] *s* Schleusenwärter(in) *m(f)*

lock·out ['lɒkaʊt] *s* Aussperrung *f* (*bei Streik*); **lock·smith** ['lɒksmɪθ] *s* Schlosser(in) *m(f);* **lock·up** ['lɒkʌp] *s* ① Gefängnis *nt* ② (COM) Laden *m,* Geschäft *nt* ③ (AUTO) Einzelgarage *f*

loco·mo·tion [ˌləʊkə'məʊʃn] *s* Bewegung *f;* **loco·mo·tive** [ˌləʊkə'məʊtɪv] **I.** *adj* Fortbewegungs- **II.** *s* Lokomotive *f*

locum tenens [ˌləʊkəm'tiːnenz] *s* (Stell)Vertreter(in) *m(f)*

lo·cus ['ləʊkəs, *pl* 'ləʊsaɪ] <*pl* loci> *s* (MATH) geometrischer Ort

lo·cust ['ləʊkəst] *s* ① (Wander)Heuschrecke *f* ② (~-*tree*) Robinie *f*

loc·ution [lə'kjuːʃn] *s* ① Rede-, Sprechweise *f* ② Redensart *f,* Ausdruck *m*

lode [ləʊd] *s* (MIN) Erzader *f;* **lode·star** ['ləʊdstɑː(r)] *s* ① Leit-, Polarstern *m* ② (*fig*) Leitstern *m,* Vorbild *nt;* **lode·stone** ['ləʊdstəʊn] *s s.* **loadstone**

lodge [lɒdʒ] **I.** *s* ① Häuschen *nt* ② (Pförtner-, Jagd)Haus *nt* ③ Pförtner-, Portiersloge *f* ④ (Freimaurer)Loge *f* ⑤ Lager *nt* (*eines wilden Tieres*), Biberbau *m* ⑥ Wigwam *m* **II.** *vt* ① unterbringen, einquartieren; beherbergen ② (*Wertsachen*) hinterlegen, deponieren (*with s.o.* bei jdm) ③ (JUR: *Forderung*) erheben, anmelden; (*Anspruch*) geltend machen ④ (*Berufung, Beschwerde*) einlegen, einreichen ⑤ (*Einwand, Klage*) erheben ⑥ (*Kugel*) jagen (*in* in) ⑦ (*Schlag*) versetzen **III.** *vi* ① wohnen (*with* bei) ② (*Kugel*) stecken bleiben (*in* in); **lodger** ['lɒdʒə(r)] *s* Untermieter(in) *m(f);* **lodg·ing** ['lɒdʒɪŋ] *s* ① Unterbringung, Beherbergung *f* ② Wohnung, Unterkunft *f* ③ (JUR: *Berufung*) Einlegen *nt* ④ ~**s** möbliertes Zimmer, möblierte Wohnung; **board and** ~ Kost und Logis; **live in** ~**s** möbliert wohnen; **lodging house** *s* (*Br*) Pension *f*

lo·ess ['ləʊes] *s* (GEOL) Löß *m*

lo-fi ['ləʊˌfaɪ] *adj* schlicht

loft [lɒft] **I.** *s* ① (Dach-, Heu)Boden, Speicher *m* ② (Orgel)Chor *m* ③ (ARCH) Empore, Galerie *f* **II.** *vt* hochschlagen

lofty ['lɒftɪ] *adj* ① hoch(ragend) ② edel, vornehm ③ eingebildet, arrogant

log¹ [lɒg] *s* (Holz)Klotz, Block *m;* Holzscheit *nt;* **sleep like a** ~ wie ein Murmeltier schlafen; **log fire** *s* Holzfeuer *nt*

log² [lɒg] **I.** *s* ① (MAR) Log *nt* ② (~-*book*) Log-, Schiffstagebuch *nt* ③ (AUTO) Fahrtenbuch *nt* ④ (AVIAT) Bordbuch *nt* ⑤ (TECH: ~ *sheet*) (Zustands)Bericht *m;* Betriebsprotokoll *nt* **II.** *vt* ① Buch führen über ② (MAR) ins Logbuch eintragen ③ (*Entfernung*) zurücklegen; **log in** *vi* (INTERNET) (sich) einloggen

log³ [lɒg] *s* (MATH) Logarithmus *m*

lo·gan·berry ['ləʊgənberɪ] *s* Loganbeere *f*

log·ar·ithm ['lɒgərɪðəm] *s* (MATH) Logarithmus *m;* **take** ~**s** logarithmieren; **loga·rith·mic** [ˌlɒgə'rɪðmɪk] *adj* logarithmisch

log book ['lɒgbʊk] *s s.* **log²**

log-cabin [ˌlɒg'kæbɪn] *s* Blockhaus *nt;* **log·ger** ['lɒgə(r)] *s* Holzfäller *m*

log·ger·heads ['lɒgəhedz] *s:* **I was at** ~**s with him** wir lagen uns in den Haaren; **be at** ~ **with s.th.** mit etw auf dem Kriegsfuß stehen

log·ic ['lɒdʒɪk] *s* Logik *f;* **logi·cal** ['lɒdʒɪkl] *adj* logisch; **lo·gis·tics** [lə'dʒɪstɪks] *s pl* Logistik *f*

log jam ['lɒgdʒæm] *s* (*Am*) unüberwindliche Schwierigkeit; **log-jammed** *adj* verstopft

logo ['lɒgəʊ] *s* (Firmen)Logo *nt*

log·rol·ling ['lɒgrəʊlɪŋ] *s* ① (PARL) gegenseitige Unterstützung (*der Parteien*) ② (*pej*) politischer Kuhhandel

loin [lɔɪn] *s* Lende *f;* **loin·cloth** ['lɔɪnklɒθ] *s* Lendenschurz *m*

loi·ter ['lɔɪtə(r)] **I.** *vi* (~ *about*) herumbummeln; herumlungern **II.** *vt* (*Zeit:* ~ *away*) vertrödeln; **loi·terer** ['lɔɪtərə(r)] *s* (*fam*) Herumlungerer *m;* Bummelant(in) *m(f)*

loll [lɒl] *vi* ① sich (bequem) ausstrecken, sich rekeln ② sich zurück-, sich anlehnen; ~ **out** (*Zunge*) heraushängen

lol·li·pop ['lɒlɪpɒp] *s* Lutscher *m;* Eis *nt* am Stiel; ~ **lady/man** (*Br*) *Lotse, der Schulkinder über die Straße führt*

lol·lop ['lɒləp] *vi* (*Br fam*) hin und her schlenkern, watscheln, torkeln

lolly ['lɒlɪ] *s* ① (*fam*) Lutscher *m* ② (*sl*) Geld *nt;* **ice**(**d**) ~ Eis *nt* am Stiel

i Land & Leute

London Eye ist der umgangssprachliche Name für das *Millennium Wheel* (Riesenrad), das von British Airways am Südufer der Themse in London errichtet wurde, um den Jahreswechsel

1999/2000 zu feiern. Es besitzt 32 getrennte Abteile, die einen während einer 30-minütigen Fahrt in 135 m Höhe bringen. Von oben kann man dann fast 40 km weit sehen. Im Riesenrad können bis zu 800 Fahrgäste mitfahren. Nach fünf Jahren wird das Rad wieder abgebaut und an einem anderen Ort errichtet.

lone [ləʊn] *adj* einsam; **play a ~ hand** etw im Alleingang tun; **~ wolf** Einzelgänger(in) *m(f)*; **lone·li·ness** ['ləʊnlɪnɪs] *s* Einsamkeit *f*; **lone·ly** ['ləʊnlɪ] *adj* ① einsam; vereinsamt ② sich einsam fühlend; **lon·er** ['ləʊnə(r)] *s* Einzelgänger(in) *m(f)*; **lone·some** ['ləʊnsəm] *adj* ① einsam ② verlassen, öde

long¹ [lɒŋ] **I.** *adj* ① lang ② (*Weg*) weit ③ (FIN) langfristig; mit langer Laufzeit; **in the ~ run** auf die Dauer; **be ~ (in) doing s.th.** viel Zeit zu etw brauchen; **not to be ~ for ...** nicht lange dauern, bis ...; **take a ~ time** viel Zeit brauchen; **take the ~ view** auf lange Sicht planen; **don't be ~!** beeil dich! **II.** *adv* lange; **as** [*o* **so**] **~ as** solange; vorausgesetzt, dass; wenn nur; **at (the) ~est** höchstens; längstens; **before ~** in kurzem; **no ~er** nicht mehr; **~ after** lange nachher, viel später; **~ before** lange vorher, viel früher; **~ ago** vor langer Zeit; **so ~!** (*fam*) bis später! **III.** *s* ① lange Zeit ② (*Phonetik, Prosodie*) Länge *f*; **the ~ and the short of it** langer Rede kurzer Sinn; kurz (gesagt)

long² [lɒŋ] *vi* sich sehnen (*for* nach)

long·boat ['lɒŋbəʊt] *s* (MAR) großes Beiboot, Pinasse *f*; Wikingerboot *nt*; **long-dis·tance** *adj*: **~ call** Ferngespräch *nt*; **~ education** Fernstudium *nt*; (*in compulsory education*) Fernerziehung *f* (*in sehr dünn besiedelten Gebieten*); **~ express train** Fernexpress *m*; **~ lorry driver** Fernfahrer(in) *m(f)*; **~ flight** Langstreckenflug *m*; **~ traffic** Fernverkehr *m*; **long drink** *s* Longdrink *m*, verdünntes alkoholisches Getränk

lon·gev·ity [lɒn'dʒevətɪ] *s* Langlebigkeit *f*

long-haired [,lɒŋ'heəd] *adj* langhaarig; **long·hand** ['lɒŋhænd] *s* Langschrift *f*; **long haul** *s* (*Am*) ① (AVIAT) Langstrecken-, Nonstopflug *m* ② (*fig*) schwieriger Lebensabschnitt

long·ing ['lɒŋɪŋ] **I.** *adj* sehnsüchtig; sich sehnend (*for* nach) **II.** *s* Sehnsucht *f*, Verlangen *nt* (*for* nach)

long·ish ['lɒŋɪʃ] *adj* ziemlich lang

longi·tude ['lɒŋgɪtju:d] *s* (geographische) Länge *f*; **longi·tudi·nal** [,lɒŋgɪ'tju:dɪnl] *adj* längslaufend, Längs-

long johns ['lɒŋdʒɒnz] *s pl* lange Unterhosen *fpl*; **long jump** *s* (SPORT) Weitsprung *m*; **long-life milk** ['lɒŋlaɪf] *s* H-Milch *f*; **long-lived** [,lɒŋ'lɪvd] *adj* langlebig; dauerhaft; **long-lost** ['lɒŋlɒst] *adj* längst verloren geglaubt; **long odds** *s pl* geringe Gewinnchancen *fpl*; **long-playing record** *s* Langspielplatte *f*; **long-range** *adj* ① weit reichend ② (*Rakete, Flugzeug*) Langstrecken- ③ weit vorausschauend; **~ forecast** Langzeitprognose *f*; **~ planning** langfristige Planung; **long shot** *s* riskantes Unternehmen; **not by a ~** nicht im Traum; **long-sighted** [,lɒŋ'saɪtɪd] *adj* weitsichtig; **long-stand·ing** [,lɒŋ'stændɪŋ] *adj* langdauernd, anhaltend; **long-suffering** *adj* schwer geprüft; **long-term** *adj* langfristig; **~ care** Langzeitpflege *f*; **~ damage** Spätschaden *m*; **~ effect** Langzeitwirkung *f*; **~ planning** langfristige Planung *f*; **~ test** Dauertest *m*; **~ unemployed (person)** Langzeit-, Dauerarbeitslose(r) *f m*; **long vac** *s* (*fam*), **long vacation** *s* große Ferien *pl*, Sommersemesterferien *pl*; **long wave** *s* (RADIO) Langwelle *f*; **long-wave** *adj*: **~ band** Langwellenbereich *m*; **long·ways**, **long·wise** ['lɒŋweɪz, -waɪz] *adv* der Länge nach; **long-winded** [,lɒŋ'wɪndɪd] *adj* langatmig

loo [lu:] *s* (*Br fam*) Klo *nt*

loo·fa(h) ['lu:fə] *s* Luffa *f*

look [lʊk] **I.** *vi* ① sehen, schauen, blicken (*at, on, upon* auf, nach) ② ansehen, -schauen (*at, on s.o., s.th.* jdn, etw) ③ Acht geben, aufpassen (*to* auf) ④ seinen Blick richten (*towards* auf) ⑤ suchen, nachsehen ⑥ (*Fenster*) gehen nach ⑦ aussehen, scheinen; **it ~s like rain** es sieht nach Regen aus; **~ sharp!** dalli, dalli!; **~ here!** sieh her!; hör mal gut zu!; **~ and see** nachsehen **II.** *vt* ① sehen (*s.o. in the face* jdm ins Gesicht) ② zum Ausdruck bringen, Ausdruck geben (*s.th.* einer S); **he ~s his age** man sieht ihm sein Alter an **III.** *s* ① Blick *m* (*at* auf, nach) ② **~s** Aussehen *nt*; Anblick *m*; Erscheinung *f*; **the Look** (*fam*) ein strafender Blick; **cast** [*o* **throw**] **a ~** einen Blick werfen (*at* auf); **give s.o. a dirty ~** jdm einen vernichtenden Blick zuwerfen; **have a ~ at s.th.** etw angucken; **I don't like the ~ of it** es gefällt mir nicht; **look about** *vi* sich umsehen, sich umschauen (*for* nach); **look after** *vt* ① sich kümmern um; aufpassen auf

L

② überwachen, aufpassen auf; sehen nach ③ nachsehen *dat;* **look ahead** *vi* ① nach vorne sehen ② die Zukunft planen, vorausschauen; **look around** *vi* sich umsehen (*for* nach); **look at** *vt* ① ansehen; sich ansehen, überprüfen; betrachten; überlegen ② (*fam*) rechnen mit; **look away** *vi* wegsehen; **look back** *vi* ① zurückschauen, -blicken (*on, upon* auf) ② unsicher werden; **look down** *vi* hochmütig herabsehen (*on* auf); **look for** *vt* ① suchen ② erwarten; **look forward** *vi* sich freuen (*to* auf); **look in** *vi* einen kurzen Besuch abstatten (*on s.o.* jdm); **look into** *vt* untersuchen, nachgehen (*s.th.* einer S); **look on**, **look upon** *vi* ① ansehen, betrachten (*as* als) ② zusehen; **look onto** *vi* hinausschauen auf; **look out** **I.** *vi* ① aufpassen, Acht geben (*for* auf) ② hinaussehen, -gehen (*on* auf) **II.** *vt* sich aussuchen; ~ **out!** aufpassen! Achtung! Vorsicht!; **look over** *vt* mustern; prüfen; **look round** *vi* sich umsehen; **look through** *vt* ① durchsehen ② prüfen ③ (*fig*) durchschauen; **look to** *vi* ① sich kümmern um ② sich verlassen auf, vertrauen auf; ~ **to it that** sehen Sie zu, dass; **look up** **I.** *vi* ① aufblicken, -schauen, -sehen (*at* auf) ② (*Lage*) sich bessern ③ (*Preise*) steigen **II.** *vt* ① (*Wort*) nachschlagen ② (*fam*) besuchen; ~ **up to s.o.** zu jdm aufsehen; **things are ~ing up** es geht besser, bergauf; **look up and down** *vt* genau untersuchen

look·alike ['lʊkəˌlaɪk] *s* Doppelgänger(in) *m(f)*

looker ['lʊkə(r)] *s:* **she's a real ~** sie sieht fantastisch aus; **looker-on** ['lʊkərɒn] <*pl* lookers-on> *s* Zuschauer(in) *m(f)* (*at* bei); **look-in** ['lʊkɪn] *s* ① flüchtiger Blick ② kurzer Besuch; **have a ~** (SPORT: *fam*) Aussichten, Chancen haben; **look·ing glass** ['lʊkɪŋ'glɑːs] *s* Spiegel *m;* **look·out** ['lʊkˌaʊt] *s* ① Ausblick *m* ② Ausguck *m;* (MAR) Mastkorb *m;* **be on the ~** Ausschau halten (*for* nach); **that is his ~** (*fam*) das ist seine Sache; **that's not my ~** das geht mich nichts an; **look-over** ['lʊkəʊvə(r)] *s* Überprüfung *f;* **give s.th. a ~** sich etw ansehen

loom¹ [luːm] *s* Webstuhl *m*

loom² [luːm] *vi* ① (~ *up*) allmählich, undeutlich sichtbar werden ② drohend aufragen; ~ **large** sehr wichtig sein

loony ['luːnɪ] *adj* (*sl*) verrückt

loop [luːp] **I.** *s* ① Schlinge, Schleife *f* ② Windung *f;* Öse *f* ③ (MED) Spirale *f* ④ (AVIAT) Looping *m* ⑤ (RADIO) Rahmenantenne *f* ⑥ (INFORM) Schleife *f* **II.** *vt* ① in Schleifen legen ② winden (*around* um); ~ **the ~** (AVIAT) einen Looping machen **III.** *vi* ① Schleifen bilden ② sich schlingen

loop·hole ['luːphəʊl] *s* ① Schießscharte *f* ② (*fig*) Ausweg *m;* **a ~ in the law** eine Gesetzeslücke

loose [luːs] **I.** *adj* ① lose, frei, ungebunden ② (COM) lose, unverpackt ③ lose, locker ④ (*Kleidung*) weit ⑤ locker, aufgelockert ⑥ (*Bedeutung*) ungenau ⑦ (*Übersetzung*) frei ⑧ (*Lebenswandel*) locker; **at a ~ end** ohne Beschäftigung; ~ **change** Kleingeld *nt;* **have a ~ tongue** ein loses Mundwerk haben **II.** *adv* ① frei, ungebunden, ungezwungen ② lose, locker; **break ~** ausbrechen; **come ~** (*Band, Knoten*) aufgehen; (*Knopf*) abgehen; **cut ~** (sich) losreißen; (*fig*) außer Rand und Band geraten; **work ~** (*Schraube*) sich lockern **III.** *vt* ① los-, freilassen; lockern ② befreien **IV.** *s:* **on the ~** frei, ungebunden; übermütig; **be on the ~** sich amüsieren; **loose connection** *s* (ELEK) Wackelkontakt *m;* **loose-leaf book** *s* Ringbuch *nt;* **loosely** ['luːslɪ] *adv* locker, lose; ~ **speaking** grob gesagt; **loosen** ['luːsn] **I.** *vt* ① befreien ② (*Zunge*) lösen ③ losmachen ④ lockern **II.** *vi* ① frei werden, sich lösen ② sich lockern; ~ **up** (SPORT) Lockerungsübungen machen; (*fig*) lockerer werden

loot [luːt] **I.** *s* Beute *f* **II.** *vt* plündern; **looting** [-ɪŋ] *s* Plünderung *f*

lop [lɒp] *vt* ① (*Baum*) beschneiden, stutzen ② (~ *off*) abhacken

lope [ləʊp] **I.** *vi* ① galoppieren, traben ② (in leichten Sprüngen) rennen **II.** *s:* **at a ~** im Galopp

lop-sided [ˌlɒp'saɪdɪd] *adj* ① einseitig, unsymmetrisch; schief ② (MAR) mit Schlagseite

lo·qua·cious [lə'kweɪʃəs] *adj* redselig

lord [lɔːd] **I.** *s* ① Herr *m;* Herrscher *m* (*of* über) ② (*Br*) Lord *m;* (**Our**) **Lord** der Herr (Jesus); **the Lord's Prayer** das Vaterunser; **the Lord's Supper** das heilige Abendmahl; **Lord only knows where …** weiß der Himmel wo …; **the House of Lords** das (brit.) Oberhaus; **as drunk as a ~** (*fam*) volltrunken **II.** *vt:* ~ **it** den Herrn spielen; **Lord Chancellor** *s* (*in GB*) Lordkanzler *m;* **lord·ly** ['lɔːdlɪ] *adj* ① würdig, hoheitsvoll ② hochmütig ③ stolz, gebieterisch; **Lord Mayor** *s* Oberbürgermeister *m*

i Land & Leute

Lord Mayor ist der Titel für den Bürgermeister der *City of London* (der Teil

Londons innerhalb der historischen Stadtgrenzen) und einiger anderer größeren Städte. Der **Lord Mayor of London** wird von *aldermen* (Mitglieder der *City Corporation*) für ein Jahr gewählt. Er wird am *Lord Mayor's Day,* am zweiten Freitag im November, in der *Guildhall* vereidigt und die Prozession, die ihn dorthin begleitet, ist als die *Lord Mayor's Show* bekannt.

lord·ship ['lɔːdʃɪp] *s:* **Your/His Lordship** Eure/Seine Lordschaft; **Lords Spiritual** *s pl* geistliche Herren *pl* (*im brit. Oberhaus*); **Lords Temporal** *s pl* weltliche Herren *pl* (*im brit. Oberhaus*)

lore [lɔː(r)] *s* Lehre, Kunde *f*

lorry ['lɒrɪ] *s* (*Br*) Last(kraft)wagen, Lkw, Laster *m;* **lorry driver** *s* Last(kraft)wagenfahrer(in) *m(f),* Lkw-Fahrer(in) *m(f)*

lose [luːz] <*irr:* lost, lost> **I.** *vt* ❶ verlieren; einbüßen ❷ sich entgehen lassen, nicht mitbekommen ❸ (*Gelegenheit*) versäumen ❹ (*Verfolger*) abschütteln ❺ (*Gelerntes*) vergessen ❻ (*Uhr*) nachgehen ❼ verschwenden, vergeuden ❽ bringen (*s.o. s.th.* jdn um etw), kosten (*s.o. s.th.* jdn etw); **be lost** verloren sein; verschwunden sein; **I'm lost** ich verstehe nichts mehr; **the child got lost** das Kind hatte sich verirrt; **get lost!** verschwinde! hau ab!; ~ **o.s.** sich verirren; sich verlieren (*in* in); ~ **ground** den Boden unter den Füßen, den Halt verlieren; ~ **one's head** (*fig*) den Kopf verlieren; ~ **one's life** ums Leben kommen; ~ **one's temper** die Geduld verlieren; heftig werden; ~ **track of ...** jede Spur +*gen* aus den Augen verlieren; ~ **one's way** sich verirren, sich verlaufen **II.** *vi* ❶ verlieren ❷ (~ *out*) verlieren, unterliegen; (COM) große Verluste erleiden (*on a deal* bei einem Geschäft) ❸ (*Uhr*) nachgehen; **loser** ['luːzə(r)] *s* Verlierer(in) *m(f);* **come off a** [*o* **the**] ~ den Kürzeren ziehen; **los·ing** ['luːzɪŋ] *adj* ❶ (COM) unrentabel; Verlust bringend ❷ (*Mannschaft*) Verlierer- ❸ (*fig*) aussichtslos; ~ **business** Verlustgeschäft *nt;* ~ **game** aussichtsloses Spiel

loss [lɒs] *s* ❶ Verlust *m* ❷ Einbuße *f,* Nachteil, Schaden, Ausfall *m* (*in* an), Schadensfall *m;* **at a** ~ in Verlegenheit (*for* um); (COM) mit Verlust; **be at a** ~ **how to do s.th.** nicht wissen, wie man etw anfangen soll; **be at a** ~ **for s.th.** um etw verlegen sein; **be a dead** ~ nutzlos, unbrauchbar sein; **sell at a** ~ mit Verlust verkaufen; **suffer heavy** ~**es** schwere Verluste erleiden; **he is no great** ~ an ihm ist nicht viel verloren; ~ **of appetite** Appetitlosigkeit *f;* ~ **of blood** Blutverlust *m;* ~ **of confidence** Vertrauensschwund *m;* ~ **of earnings** Ertragsausfall *m;* ~ **on exchange** Wechselkursverlust *m;* ~ **by fire** Brandschaden *m;* ~ **of life** Verluste *m pl* an Menschenleben; ~ **of civil rights** Aberkennung *f* der bürgerlichen Ehrenrechte; ~ **of time** Zeitverlust *m;* ~ **of wages** Lohnausfall *m;* ~ **in weight** Gewichtsverlust *m;* **loss-leader** *s* Lockartikel *m;* **loss-making** ['lɒsmeɪkɪŋ] *adj* (*Transaktion*) Verlust bringend; (*Firma*) in den roten Zahlen stehend

lost [lɒst] **I.** *pt, pp of* **lose II.** *adj* ❶ verloren; (*Gewinn*) entgangen ❷ vergessen ❸ verirrt ❹ abhanden gekommen; in Verlust geraten; **be** ~ **upon s.o.** auf jdn keinen Eindruck machen; **be** ~ **in thought** in Gedanken versunken sein; **a** ~ **cause** eine aussichtslose Sache; **lost property** *s* Fundsachen *pl;* **lost-property office** *s* Fundbüro *nt*

lot [lɒt] *s* ❶ Los *nt,* Schicksal, Geschick *nt* ❷ (Gewinn)Anteil *m* ❸ Parzelle *f* ❹ Gruppe *f;* Leute *pl* ❺ (COM) Partie *f,* Posten *m;* **a** ~ **of,** ~**s of** viele, eine Menge; **the** ~ alles; alle; **you** ~ ihr (alle); **by** ~ durch das Los; **cast** [*o* **throw**] **in one's** ~ **with s.o.** jds Schicksal teilen; **a bad** ~ (*fam*) eine miese Person; **building** ~ Bauplatz *m;* **parking** ~ Parkplatz *m*

loth [ləʊθ] *adj* widerwillig; **be** ~ **to do s.th.** etw nur sehr ungern tun

lo·tion ['ləʊʃn] *s* Lotion *f;* **shaving** ~ Rasierwasser *nt*

lot·tery ['lɒtərɪ] *s* ❶ Lotterie, Verlosung *f* ❷ (*fig*) Glücksspiel *nt;* **lottery number** *s* Losnummer *f*

lo·tus ['ləʊtəs] *s* Lotos(blume *f*) *m;* **lo·tus eater** ['ləʊtəs,iːtə(r)] *s* Lotosesser(in) *m(f);* (*fig*) Müßiggänger(in) *m(f);* **lotus position** *s* Lotossitz *m*

loud [laʊd] **I.** *adj* ❶ laut ❷ geräuschvoll ❸ (*fig*) auffallend, auffällig **II.** *adv* laut; **loud·hailer** [,laʊd'heɪlə(r)] *s* Megafon *nt;* **loud mouth** *s* (*fam*) Großmaul *nt;* **loud·ness** [-nɪs] *s* Lautstärke *f;* Auffälligkeit *f;* Aufdringlichkeit *f;* **loud·speaker** [,laʊd'spiːkə(r)] *s* Lautsprecher *m,* Box *f*

lounge [laʊndʒ] **I.** *vi* ❶ herumsitzen, -stehen ❷ faulenzen **II.** *s* (*Hotel*) Gesellschaftsraum *m;* (*Flughafen*) Warteraum *m;* (*Haus*) Wohnzimmer *nt;* vornehmer Teil einer Gaststätte; **lounge bar** *s* (vornehme) Bar *f;* **lounge chair** *s* Klubsessel *m;*

L

lounge lizard *s* Salonlöwe *m;* **lounge suit** *s* (*Br*) Straßenanzug *m*

lour, **lower** ['laʊə(r)] *vi* ① finster blicken (*on, upon, at* auf) ② (*Himmel*) drohend aussehen; sich verfinstern; (*Wolken*) sich türmen

louse [laʊs, *pl* laɪs] <*pl* lice> **I.** *s* ① Laus *f* ② (*sl*) gemeiner Kerl **II.** *vt:* ~ **up** (*sl*) versauen; ruinieren; **lousy** ['laʊzɪ] *adj* ① verlaust ② (*sl*) lausig, gemein, ekelhaft; miserabel; ~ **with** (*sl*) voll von, übersät mit; ~ **with money** (*fam*) stinkreich

lout [laʊt] *s* Lümmel, Flegel *m;* **lout·ish** ['laʊtɪʃ] *adj* flegelhaft

louvre, **lou·ver** ['lu:və(r)] *s* ① Jalousie *f* ② Belüftungsklappe *f;* ~ **door** Lamellen-, Louvretür *f*

lov·able ['lʌvəbl] *adj* liebenswert

lovage ['lʌvɪdʒ] *s* Liebstöckel *m*

love [lʌv] **I.** *s* ① Liebe, Zuneigung *f* (*of, for, to, towards s.o.* zu jdm) ② Vorliebe *f* (*of, for s.th.* für etw) ③ Geliebte(r), Liebste(r) *f m* ④ (*fam*) etw Reizendes ⑤ (*Anrede*) meine Liebe, mein Lieber, mein Liebes; Schätzchen *nt* ⑥ Grüße *mpl* ⑦ (SPORT: *Tennis*) null; **for** ~ zum Spaß, zum Vergnügen; **for the** ~ **of** aus Liebe zu, *dat* zuliebe; **not for** ~ **nor money** nicht für Geld und gute Worte; **be in** ~ **with s.o.** in jdn verliebt sein; **fall in** ~ sich verlieben; **make** ~ sich lieben; **make** ~ **to s.o.** mit jdm schlafen; **send one's** ~ **to s.o.** jdn grüßen lassen; **give him my** ~ grüßen Sie ihn von mir; **there's no** ~ **lost between them** sie können sich nicht ausstehen **II.** *vt* ① lieben; lieb haben, gern haben ② (gern) mögen (*a. Speisen*)*;* ~ **to do** gern tun; **I'd** ~ **to go** ich würde (liebend) gern gehen **III.** *vi* lieben; verliebt sein; **love affair** *s* Liebschaft *f*, Verhältnis *nt;* **love·bird** ['lʌvbɜ:d] *s* Sperlingspapagei *m;* (*fig*) Turteltaube *f;* **love bunnies** *s pl* (*fam*) Turteltauben *pl;* **love game** *s* (*Tennis*) Zu-Null-Spiel *nt;* **love-hate relationship** *s* Hassliebe *f;* **love·less** [lʌvlɪs] *adj* ohne Liebe; lieblos; **love letter** *s* Liebesbrief *m;* **love life** *s* Liebesleben *nt*

love·li·ness ['lʌvlɪnɪs] *s* Liebreiz *m;* **love·ly** ['lʌvlɪ] *adj* ① lieblich; schön, hübsch ② (*fam*) herrlich, großartig

love-mak·ing ['lʌvˌmeɪkɪŋ] *s* ① Zärtlichkeiten *fpl* ② Geschlechtsverkehr *m*

lover ['lʌvə(r)] *s* Liebhaber *m*, Freund(in) *m(f)*, Geliebte(r) *f m;* ~ **of horses** Pferdeliebhaber *m;* **a** ~ **of good music** Freund *m* guter Musik; **be a** ~ **of good wine** einen guten Tropfen lieben; **they are** ~**s** sie sind ein Liebespaar

love·sick ['lʌvsɪk] *adj* liebeskrank; **be** ~ Liebeskummer haben; **love song** *s* Liebeslied *nt;* **love story** *s* Liebesgeschichte *f;* **lov·ey** [lʌvɪ] *s* (*sl*) Schätzchen *nt;* **lov·ing** ['lʌvɪŋ] *adj* liebend; liebevoll, zärtlich

low[1] [ləʊ] **I.** *vi* muhen **II.** *s* Muhen *nt*

low[2] [ləʊ] **I.** *adj* ① niedrig ② tief, tief(er)liegend ③ (*Gewässer*) flach, seicht ④ (*Kleid, Bluse:* ~ *-necked*) tief ausgeschnitten ⑤ (*Verbeugung*) tief ⑥ (*fig*) schwach, kraft-, energielos ⑦ (*Stimmung*) gedrückt; niedergedrückt, -geschlagen ⑧ klein, gering(fügig, -wertig) ⑨ einfach, niedrig, nieder (*a. Herkunft, Stand, Rang*) ⑩ niedrig, niederträchtig, gemein ⑪ (*Meinung*) gering, schlecht ⑫ (*Preis, Kosten, Kurs, Lohn, Gehalt, Temperatur*) niedrig ⑬ (*Puls*) schwach ⑭ (*Vorrat*) erschöpft, zusammengeschmolzen ⑮ (*fam*) knapp bei Kasse ⑯ (*Verpflegung*) dürftig ⑰ (*Kost*) schmal ⑱ (*Gesundheit*) schwach, schlecht ⑲ (*Kultur*) primitiv, unentwickelt ⑳ (*Stimme, Laut*) schwach, leise; tief ㉑ (AUTO: *Gang*) niedrig; **as** ~ **as** so niedrig, so tief wie; hinunter bis zu; **in** ~ **water** (*fam*) knapp bei Kasse; **be** ~ (*Preise etc*) niedrig stehen; **be** [*o* **feel**] ~ sich elend fühlen; **have a** ~ **opinion of s.o.** nicht viel von jdm halten; **lay** ~ umstoßen, -werfen; umlegen, -bringen; **be laid** ~ ans Bett gefesselt sein; **lie** ~ flach, lang ausgestreckt liegen; (*fig*) sich nicht sehen lassen; **run** ~ (*Vorrat*) zu Ende gehen **II.** *adv* ① niedrig, tief; nach unten ② leise (*sprechen*) ③ tief (*singen*) ④ billig (*kaufen, verkaufen*) **III.** *s* ① (das) Niedrige ② (AUTO) niedriger Gang ③ (*fam*) Tiefstand *m* ④ (METE) Tief(druckgebiet) *nt*

low·born [ˌləʊ'bɔ:n] *adj* von niederer Herkunft; **low·bred** [ˌləʊ'bred] *adj* ungebildet, roh; **low·brow** ['ləʊbraʊ] *s* kulturell Unbedarfte(r) *f m;* **low-calorie** *adj* kalorienarm; **low comedy** *s* Schwank *m*, Posse *f;* **low-cut** [ləʊ'kʌt] *adj* (*Kleid*) tief ausgeschnitten; **low demand** *s* geringe Nachfrage; **low-down** ['ləʊdaʊn] *s* (*sl*) Information *f*

lower[1] ['ləʊə(r)] *adj* ① tiefer, niedriger ② tiefer gelegen

lower[2] ['ləʊə(r)] **I.** *vt* ① hinunter-, herunterlassen, senken ② (*die Augen*) niederschlagen ③ (*die Stimme*) senken ④ (*Preis*) herabsetzen, ermäßigen ⑤ (*Stellung, Rang*) herabsetzen; erniedrigen, demütigen ⑥ (AVIAT: *Fahrgestell*) ausfahren **II.** *vi* ① sich senken ② (*Preise*) sinken, fallen ③ abnehmen, nachlassen; sich vermindern **III.** *vr* sich erniedrigen; sich herablassen

lower³ [laʊə(ʳ)] *vi* ① finster blicken (*on, upon, at* auf) ② (*Himmel*) drohend aussehen; sich verfinstern; (*Wolken*) sich türmen; ~ **at s.o.** jdn finster ansehen

low-key [ˌləʊˈkiː] *adj* ① maßvoll; nicht übertrieben ② unwillig; schwach; **low-land** [ˈləʊlənd] *s meist pl* Tief-, Unterland *nt;* **low level** *s* Tiefpunkt *m;* **on a** ~ auf niedriger Stufe; **low-level radiation** *s* Niedrigstrahlung *f*

low·ly [ˈləʊlɪ] *adj, adv* schlicht; bescheiden

low-maintenance *adj* wartungsarm

low-minded [ˌləʊˈmaɪndɪd] *adj* niedrig gesinnt, gemein; **low-necked** [ˌləʊˈnekt] *adj* (*Kleid*) (tief) ausgeschnitten

low·ness [ˈləʊnɪs] *s* ① Niedrigkeit *f* ② Tiefe *f* (*a. Stimme*); ~ **of spirits** Niedergeschlagenheit *f*

low-noise [ˌləʊˈnɔɪz] *adj* rauschfrei; (AUTO) laufruhig; **low-pitched** [ˌləʊˈpɪtʃt] *adj* ① (*Stimme*) tief ② (*Dach*) mit geringer Neigung; **low-pollution** [ˌləʊpəlˈuːʃn] *adj* (AUTO) schadstoffarm; **low pressure** *s* (METE) Tiefdruck *m;* **low-pressure area** *s* Tiefdruckgebiet *nt;* **low profile** *s:* **keep a** ~ (*fig*) sich im Hintergrund halten; **low season** *s* Neben-, Zwischensaison *f;* **low-spirited** [ˌləʊˈspɪrɪtɪd] *adj* niedergeschlagen, (nieder)gedrückt; **Low Sunday** *s* der Weiße Sonntag; **low tide** *s* ① Ebbe *f* ② (*fig*) Tiefstand *m;* **low water** *s* Niedrigwasser *nt;* Ebbe *f*

loyal [ˈlɔɪəl] *adj* treu; loyal; zuverlässig; **loyal·ist** [-ɪst] *s* Regierungstreue(r) *f m;* **loyalty** [ˈlɔɪəltɪ] *s* ① Treue *f;* Loyalität *f* (*to* zu, gegen) ② Zuverlässigkeit *f*

loz·enge [ˈlɒzɪndʒ] *s* ① (MATH) Rhombus *m,* Raute *f* ② (*Arznei*) Pastille *f*

LP [elˈpiː] *s Abk. von* **long playing** (**record**) LP *f*

LSD [elesˈdiː] *s Abk. von* **lysergic acid diethylamide** LSD *nt*

lu·bri·cant [ˈluːbrɪkənt] *s* Schmiermittel *nt;* **lu·bri·cate** [ˈluːbrɪkeɪt] *vt* ① (ein-, ab)schmieren, (ein)ölen ② (*fig*) schmieren; **lu·bri·ca·tion** [ˌluːbrɪˈkeɪʃn] *s* (Ab-, Ein)Schmieren *nt;* (Ein)Ölen *nt;* **lu·bri·ca·tor** [ˈluːbrɪˌkeɪtə] *s* Schmierbüchse *f,* -nippel *m*

lu·cerne [luːˈsɜːn] *s* (*Futterpflanze*) Luzerne *f*

lu·cid [ˈluːsɪd] *adj* ① klar, verständlich ② (geistig) normal; ~ **moments** lichte Momente *mpl*

luck [lʌk] *s* ① Glück(sfall *m*) *nt* ② Zufall *m,* Schicksal *nt;* **for** ~ als Glückbringer; **in** ~ glücklich; **out of** ~ unglücklich; **worse** ~ unglücklicherweise, leider; **be down on one's** ~ (*fam*) Pech haben; **try one's** ~ sein Glück versuchen; **just my** ~**! tough** ~**!** (*fam*) so ein Pech!; **good/bad** ~ Glück/Unglück *nt;* ~ **of the devil** (*fam*) wahnsinniges Glück; **luck·less** [-lɪs] *adj* glücklos; erfolglos; **lucky** [ˈlʌkɪ] *adj* ① glücklich ② Glück bringend, günstig; **be** ~ Glück haben; **that's** ~ das ist ein Glück; ~ **shot** Glückstreffer *m;* ~ **dip** Glückstopf *m;* **I should be so** ~ das möchte ich mal erleben; ~ **you!** du Glückliche(r)!

lu·cra·tive [ˈluːkrətɪv] *adj* einträglich, Gewinn bringend

lucre [ˈluːkə(r)] *s* (*hum*) Mammon *m*

lu·di·crous [ˈluːdɪkrəs] *adj* fürchterlich; grotesk; lächerlich; absurd

ludo [ˈluːdəʊ] *s* (*Spiel*) Mensch ärgere dich nicht *nt*

lug [lʌg] *vt* schleppen, (hinter sich her)ziehen, zerren (*at* an)

lug·gage [ˈlʌgɪdʒ] *s* (*Br*) (Reise)Gepäck *nt;* **have one's** ~ **registered** sein Gepäck aufgeben; **hand** ~ Handgepäck *nt;* **luggage rack** *s* (*Zug*) Gepäckablage *f;* (*Auto*) Dachgepäckträger *m;* **luggage van** *s* (*Br:* RAIL) Packwagen *m*

lug·ger [ˈlʌgə(r)] *s* (MAR) Logger, Lugger *m*

lug-hole [ˈlʌghəʊl] *s* (*Br sl*) Ohr *nt*

lu·gu·bri·ous [ləˈguːbrɪəs] *adj* tieftraurig, schmerzlich

luke·warm [ˌluːkˈwɔːm] *adj* ① (*Flüssigkeit*) lauwarm ② (*fig*) lau, gleichgültig

lull [lʌl] **I.** *vt* ① einlullen, beruhigen ② beschwichtigen, besänftigen; ~ **to sleep** in den Schlaf wiegen **II.** *vi* ① sich beruhigen (*a. die See*) ② (*Sturm*) sich legen **III.** *s* ① Windstille *f* ② (kurze) Ruhe(pause) *f;* (kurze) Unterbrechung *f;* Stillstand *m* ③ (COM) Flaute *f;* **lull·aby** [ˈlʌləbaɪ] *s* Wiegenlied *nt*

lum·bago [lʌmˈbeɪgəʊ] *s* (MED) Hexenschuss *m*

lum·bar punc·ture [ˌlʌmbəˈpʌŋktʃə(r)] *s* Lumbalpunktion *f*

lum·ber¹ [ˈlʌmbə(r)] **I.** *s* ① Gerümpel *nt* ② Bau-, Nutzholz *nt* **II.** *vt* ① (*mit Gerümpel*) vollstopfen, -pfropfen ② (*Bäume*) fällen, schlagen, zu Nutzholz sägen; ~ **s.o. with s.th.** jdm etw aufhängen; ~ **o.s. with s.th.** sich etw aufhalsen

lum·ber² [ˈlʌmbə(r)] *vi* schwerfällig gehen; rumpeln; trampeln; ~ **along** dahinrumpeln

lum·ber·jack [ˈlʌmbədʒæk] *s* ① Holzfäller *m* ② (*a. lumberjacket*) Lumberjack *m;* **lum·ber·man** [ˈlʌmbəmæn] <*pl* -men> *s* Holzfäller *m;* **lum·ber·room** [ˈlʌmbərʊm] *s* Rumpelkammer *f;* **lumber-trade** *s* Holzhandel *m;* **lum·ber·yard** [ˈlʌmbəjɑːd]

L

s (Am) Holzlager *nt*

lu·min·ary ['lu:mɪnərɪ] *s (fig)* Leuchte *f;* **lu·min·os·ity** [ˌlu:mɪ'nɒsətɪ] *s* Helligkeit *f;* **lu·mi·nous** ['lu:mɪnəs] *adj* ① leuchtend, Leucht- ② *(fig)* verständlich; ~ **paint** Leuchtfarbe *f*

lump [lʌmp] **I.** *s* ① Klumpen *m* ② Stück *nt (Zucker)* ③ *(fig)* Haufen *m,* Masse, Menge *f* ④ (MED) Beule *f;* Knoten *m* ⑤ *(fam)* Klotz *m;* **have a ~ in one's throat** einen Kloß im Hals haben **II.** *vt* ① *(~ together)* fassen *(under a title* unter einer Überschrift) ② *(~ in)* in einen Topf werfen *(with* mit); ~ **it** *(fam fig)* etw schlucken; sich damit abfinden; ~ **together** zusammenfassen; **if he doesn't like it he can ~ it** wenn's ihm nicht passt, kann er's ja bleiben lassen **III.** *vi* klumpen; **lump payment** *s* Pauschalbezahlung *f;* **lump sugar** *s* Würfelzucker *m;* **lump sum** *s* ① Pauschalbetrag *m* ② Kapitalabfindung *f;* **lumpy** ['lʌmpɪ] *adj* ① klumpig ② *(Figur)* pummelig

lu·nacy ['lu:nəsɪ] *s* Wahnsinn *m*

lu·nar ['lu:nə(r)] *adj:* ~ **vehicle** Mondfahrzeug *nt;* ~ **module** Mondfähre *f*

i Land & Leute

Das Neujahrsfest, the **Lunar (Chinese) New Year**, ist das größte Fest der Chinesen in Singapur. Die Feiern dauern 15 Tage und beginnen am *New Year's Eve* (Silvesterabend) mit dem traditionellen Familienessen. Rot ist dabei die vorherrschende Farbe der Feier, weil es Glück symbolisiert. Türen und Wände werden mit roten Papierbahnen dekoriert, auf denen Glückwünsche in chinesischer Schrift geschrieben stehen. Besonders am ersten Tag werden neue rote Kleider getragen. Kinder bekommen *hong baos,* rote Päckchen, die Geldgeschenke enthalten.

lu·na·tic ['lu:nətɪk] **I.** *adj* blödsinnig, verrückt; ~ **fringe** (POL) Extremisten *pl* **II.** *s* Wahnsinnige(r) *f m;* **lunatic asylum** *s (fam pej)* Irrenhaus *nt*

lunch [lʌntʃ] **I.** *s* Mittagessen *nt;* Mittagspause *f* **II.** *vi* (zu) Mittag essen; ~ **out** auswärts zu Mittag essen; **lunch break** *s* Mittagspause *f;* **luncheon** ['lʌntʃən] *s* Mittagessen *nt;* **luncheon meat** *s* Dosenfleisch *nt;* **luncheon voucher** *s* Essensbon *m,* -marke *f;* **lunch hour** *s* Mittagspause *f;* **lunch·stop** ['lʌntʃstɑ:p] *s* Lunchbar *f;* **lunch·time** ['lʌntʃtaɪm] *s* Mittag(szeit *f*) *m*

lung [lʌŋ] *s a. pl* Lunge *f;* **his right ~** sein rechter Lungenflügel; ~ **power** Stimmkraft *f;* **at the top of his ~s** aus vollem Halse; **iron ~** (MED) eiserne Lunge; **lung cancer** *s* Lungenkrebs *m*

lunge [lʌndʒ] **I.** *s* ① *(Fechten)* Ausfall *m* ② plötzlicher Satz *(nach vorn)* **II.** *vi* ① sich stürzen *(at* auf) ② *(Fechten)* einen Ausfall machen

lu·pin ['lu:pɪn] *s,* **lu·pine** *s (Am)* Lupine *f*

lurch [lɜ:tʃ] **I.** *s* ① Ruck *m* ② (MAR) Schlingern *nt;* **leave in the ~** im Stich lassen; **give a ~** rucken; schlingern; torkeln **II.** *vi* ① rucken; taumeln ② (MAR) schlingern

lure [lʊə(r)] **I.** *s* ① *(a. fig)* Köder *m* ② *(fig)* Zauber, Reiz *m* **II.** *vt* ① *(a. fig)* ködern ② *(fig)* anlocken, -ziehen ③ verlocken *(into* zu)

lu·rid ['lʊərɪd] *adj* ① grell; schreiend ② reißerisch; grausig; sensationslüstern

lurk [lɜ:k] *vi* lauern; **lurker** *s* (INTERNET) Lurker *m*

luscious ['lʌʃəs] *adj* ① wohlschmeckend ② köstlich ③ *(Obst)* saftig ④ *(fig)* sinnlich anziehend

lush [lʌʃ] **I.** *adj* ① saftig; üppig ② luxuriös **II.** *s (Am sl)* Säufer(in) *m(f)*

lust [lʌst] **I.** *s* ① Verlangen *nt,* Drang *m,* Gier *f* ② *(geschlechtliche)* Begierde *f (for* nach) ③ Wollust *f* **II.** *vi* verlangen, gierig sein *(after, for* nach)

lus·ter *s (Am) s.* **lustre**

lust·ful ['lʌstfl] *adj* begehrlich; lüstern

lustre ['lʌstə] *s* ① Glanz, Schimmer *m* ② Ruhm *m;* **add ~ to s.th.** *(fig)* einer Sache Glanz verleihen; **lustre·less** [-lɪs] *adj* glanzlos, matt, stumpf

lusty ['lʌstɪ] *adj* ① kraftvoll, kräftig, stark ② jugendfrisch; vital

lute [lu:t] *s* Laute *f*

Lu·theran ['lu:θərən] **I.** *adj* lutherisch **II.** *s* Lutheraner(in) *m(f)*

Lux·em·bourg ['lʌksəmbɜ:g] *s* Luxemburg *nt;* **Lux·em·bourg(ish)** *adj* luxemburgisch

lux·ur·iant [lʌg'ʒʊərɪənt] *adj* ① üppig; wuchernd ② *(fig)* überschwänglich; **lux·ur·iate** [lʌg'ʒʊərɪeɪt] *vi* schwelgen *(in* in); **lux·ur·ious** [lʌg'ʒʊərɪəs] *adj* luxuriös; feudal; üppig; **lux·ury** ['lʌkʃərɪ] *s* ① Luxus *m* ② Luxus(gegenstand) *m* ③ Extravaganz *f;* ~ **flat** Luxuswohnung *f;* ~ **goods** Luxusgüter *ntpl;* **lead a life of ~** ein Luxusleben führen

ly·chee ['laɪtʃi:] *s* Litschi *f*

lye [laɪ] *s* (CHEM) Lauge *f*

ly·ing ['laɪɪŋ] **I.** *adj* lügnerisch, unaufrichtig **II.** *s* Lügen *nt;* **that would be ~** das wäre gelogen

lymph [lɪmf] *s* (ANAT) Lymphe *f;* **lym·phatic** [lɪm'fætɪk] **I.** *adj* (ANAT) lymphatisch, Lymph- **II.** *s* (ANAT) Lymphgefäß *nt;* **lymph gland** *s* Lymphdrüse *f;* **lymph node** *s* Lymphknoten *m*

lynch [lɪntʃ] *vt* lynchen

lynx [lɪŋks] *s* Luchs *m;* **lynx-eyed** [,lɪŋks'aɪd] *adj:* **be ~** Luchsaugen haben

lyre ['laɪə(r)] *s* Leier, Lyra *f*

lyric ['lɪrɪk] **I.** *adj* (*a.* MUS) lyrisch **II.** *s* ❶ lyrisches Gedicht ❷ **~s** Lyrik *f* ❸ Text *m* (*eines Liedes*)*;* **lyri·cal** ['lɪrɪkl] *adj* ❶ lyrisch ❷ (*fam*) begeistert; **become ~ over s.th.** in Begeisterung für etw geraten; **lyri·cism** ['lɪrɪ,sɪzəm] *s* ❶ Lyrik *f* ❷ Gefühlsüberschwang *m;* **lyri·cist** ['lɪrɪsɪst] *s* (MUS) Texter(in) *m(f)*

M m

M, m [em] <*pl* -'s> *s* M, m *nt*

ma [mɑː] *s* (*fam*) Mama, Mutti *f*

ma'am [mæm] *s* gnädige Frau

mac [mæk] *s* (*fam*) *s.* **mackintosh** Regenmantel *m*

ma·cabre [mə'kɑːbrə] *adj* makaber

ma·cadam [mə'kædəm] *s* Schotter, Makadam *m;* **macadam road** *s* Schotterstraße *f*

maca·roni [,mækə'rəʊnɪ] *s* Makkaroni *pl*

mace¹ [meɪs] *s* (Amts)Stab *m;* Keule *f*

mace² [meɪs] *s* Muskatblüte *f*

Mace® [meɪs] *s* Tränengas *nt*

Mach [mɑːk] *s* (PHYS) Mach *nt;* **~ number** Machzahl *f*

machete [mə'ʃetɪ] *s* Machete *f*

ma·chine [mə'ʃiːn] **I.** *s* ❶ Maschine *f* ❷ (*vending ~*) Automat *m* ❸ Apparat, Automat *m* ❹ (POL) Parteiapparat *m;* **operate a ~** eine Maschine bedienen; **calculating ~** Rechenmaschine *f;* **duplicating ~** Vervielfältigungsmaschine *f* **II.** *vt* maschinell herstellen [*o* bearbeiten]; **machine-gun** *s* Maschinengewehr, MG *nt;* **machine language** *s* (INFORM) Maschinensprache *f;* **machine-made** *adj* maschinell hergestellt; **machine-readable** [mə'ʃiːn'riːdəbl] *adj* (INFORM) computerlesbar, maschinenlesbar; **ma·chin·ery** [mə'ʃiːnərɪ] *s* ❶ Maschinerie *f;* Maschinen *fpl* ❷ (*fig*) Apparat *m;* **machine tool** *s* Werkzeugmaschine *f;* **ma·chin·ist** [mə'ʃiːnɪst] *s* ❶ Maschinist(in) *m(f)* ❷ Maschinenschlosser(in) *m(f)*

macho ['mætʃəʊ] **I.** *adj* (*pej*) Macho- **II.** *s* (*pej*) Macho *m*

mack·erel ['mækrəl] *s* Makrele *f*

mack·in·tosh ['mækɪntɔʃ] *s* Regenmantel *m*

mac·ro- ['mækrəʊ] *PRÄF* Makro-, makro-; **mac·ro·bi·otic** [,mækrəʊbaɪ'ɒtɪk] *adj* makrobiotisch

mac·ro·cosm ['mækrəʊkɒzəm] *s* Makrokosmos *m;* **mac·ro·econ·omics** [,mækrəʊiːkə'nɒmɪks] *s* Makroökonomie *f*

mad [mæd] **I.** *adj* ❶ wahnsinnig, verrückt ❷ böse, sauer ❸ sinnlos, unvernünftig ❹ wahnsinnig ❺ tollwütig; **go ~** verrückt werden; **drive s.o. ~** jdn wahnsinnig machen; **as ~ as a March hare** [*o* **a hatter**] total meschugge; **be ~ about s.th.** über etw wütend sein; **be ~ on s.th.** auf etw versessen sein **II.** *adv:* **like ~** wie verrückt

? Grammatik

to be **mad at** (oder **with**) *someone* heißt in der Umgangssprache ‚auf jemanden böse (oder sauer) sein': *Lisa was mad at her brother for eating all her chocolates.*
to be **mad about** *someone/something* heißt in der Umgangssprache ‚verrückt nach jemandem/etwas sein': *He is mad about her. She is mad about dogs.*

Mada·gas·car [,mædə'gæskə(r)] *s* Madagaskar *nt*

madam ['mædəm] *s* gnädige Frau

i Land & Leute

Madame Tussaud war die Zeichenlehrerin der Schwester des Königs Louis XVI. von Frankreich. Sie machte von vielen Guillotineopfern Wachsfiguren und wurde selbst als Royalistin verhaftet. Sie kam 1802 nach England und bereiste mit ihren Wachsfiguren das Land. Die ständige Ausstellung wurde zunächst in der Londoner Baker Street untergebracht und zog dann 1884 in die Marylebone Road. Neben den aktuellen Wachsfiguren von Persönlichkeiten wie Nelson Mandela, Pierce Brosnan oder Hugh Grant kann man immer noch Madame Tussauds eigene Modelle von Marie Antoinette and Napoleon sehen.

mad·den ['mædn] *vt* verrückt machen; ärgern; **mad·den·ing** [-ɪŋ] *adj* höchst ärgerlich; unerträglich; **it is** ~ es ist zum Verrücktwerden

made [meɪd] *s.* **make**; **made-to-measure** [meɪdtə'meʒə(r)] *adj* maßgeschneidert; ~ **suit** Maßanzug *m;* **made-up** ['meɪdʌp] *adj* ① (*Geschichte*) erfunden ② (*Gesicht*) geschminkt

mad·house ['mædhaʊs] *s* (*fam*) Irrenhaus *nt;* **mad·ly** ['mædlɪ] *adv* ① wie verrückt; wild ② (*fam*) wahnsinnig; **it's** ~ **exciting** es ist unglaublich aufregend; **mad·man** ['mædmən] <*pl* -men> *s* Irre(r), Verrückte(r) *m;* **mad·ness** ['mædnɪs] *s* Wahnsinn *m;* **mad·woman** ['mæd,wʊmən] <*pl* -women> *s* Irre, Verrückte *f*

mael·strom ['meɪlstrəm] *s* ① Strudel *m* ② (*fig*) Wirbel, Sog *m*

Mafia ['mæfiə] *s* Mafia *f*

mag [mæg] *s* Zeitschrift *f;* Magazin *nt;* **maga·zine** [,mægə'zi:n, *Am* 'mægəzi:n] *s* ① (MIL) Magazin *nt* ② (*im Gewehr*) Magazin *nt* ③ Zeitschrift *f*, Magazin *nt*

mag·got ['mægət] *s* Made *f;* **mag·goty** ['mægətɪ] *adj* madig

Magi ['meɪdʒaɪ] *s:* **the** ~ die Weisen aus dem Morgenland, die Heiligen Drei Könige *mpl*

magic ['mædʒɪk] **I.** *s* ① Magie, Zauberei, Zauberkunst *f* ② (*fig*) Zauber *m;* **as if by** ~ wie durch ein Wunder **II.** *adj* Zauber-; magisch; **the** ~ **word** das Stichwort; das Zauberwort; **magi·cal** ['mædʒɪkl] *adj* magisch; **magi·cal·ly** ['mædʒɪklɪ] *adv* wunderbar; **magic carpet** *s* fliegender Teppich; **magic eye** *s* magisches Auge; **ma·gician** [mə'dʒɪʃn] *s* Magier(in) *m(f)*, Zauberer *m*, Zauberin *f*

magis·terial [,mædʒɪ'stɪərɪəl] *adj* ① (*Macht*) eines Friedensrichters ② gebieterisch; **magis·trate** ['mædʒɪstreɪt] *s* Friedensrichter(in) *m(f)*

mag·lev ['mæglev] *s* Magnetschwebebahn *f*

mag·na·nim·ity [,mægnə'nɪmətɪ] *s* Großmut *f;* **mag·nani·mous** [mæg'nænɪməs] *adj* großmütig

mag·nate ['mægneɪt] *s* Magnat *m*

mag·nesia [mæg'ni:ʃə] *s* (CHEM) Magnesia *f;* **mag·nesium** [mæg'ni:zɪəm] *s* (CHEM) Magnesium *nt*

mag·net ['mægnɪt] *s* (*a. fig*) Magnet *m;* **mag·net·ic** [mæg'netɪk] *adj* ① magnetisch ② (*fig*) faszinierend; ~ **card** Magnetkarte *f;* ~ **disc** (INFORM) Magnetplatte *f;* ~ **field** Magnetfeld *nt;* ~ **memory** Magnetspeicher *m;* ~ **needle** Magnetnadel *f;* ~ **pole** Magnetpol *m;* ~ **railway** Magnetbahn *f;* ~ **strip** Magnetstreifen *m;* ~ **tape** Magnetband *nt;* **mag·net·ism** ['mægnɪtɪzəm] *s* ① Magnetismus *m* ② (*fig*) Faszination *f;* **mag·net·ize** ['mægnɪtaɪz] *vt* ① magnetisieren ② (*fig*) faszinieren; **mag·neto** [mæg'ni:təʊ] <*pl* -netos> *s* (AUTO) Magnetzünder *m*

mag·ni·fi·ca·tion [,mægnɪfɪ'keɪʃn] *s* (OPT PHOT) Vergrößerung *f*

mag·nifi·cence [mæg'nɪfɪsəns] *s* ① Pracht *f*, Glanz *m* ② Großartigkeit *f;* **mag·nifi·cent** [mæg'nɪfɪsnt] *adj* ① prächtig, prunkvoll ② großartig, glänzend

mag·nify ['mægnɪfaɪ] *vt* (OPT PHOT) vergrößern; **~ing glass** Vergrößerungsglas *nt*

mag·ni·tude ['mægnɪtju:d] *s* ① Ausmaß *nt*, Größe *f* ② Bedeutung, Wichtigkeit *f* ③ (ASTR) Größenklasse *f*

mag·no·lia [mæg'nəʊlɪə] *s* Magnolie *f*

mag·num opus [,mægnəm'əʊpəs] *s* Hauptwerk *nt*

mag·pie ['mægpaɪ] *s* Elster *f*

Ma·ha·ra·ja(h) [,mɑ:hə'rɑ:dʒə] *s* Maharadscha *m;* **Ma·ha·ra·nee** [,mɑ:hə'rɑ:ni:] *s* Maharani *f*

i Land & Leute

Mahjong ist ein altes chinesisches Spiel, das überall in Hongkong gespielt wird und sehr oft mit Glücksspiel in Verbindung gebracht wird. Ein vollständiges Mahjong-Spiel besteht aus 144 kleinen, flachen, rechteckigen Spielsteinen, die früher aus Knochen hergestellt wurden. Auf einer Seite des Spielsteins sind Symbole oder chinesische Schriftzeichen abgebildet. Das Spiel hat Ähnlichkeiten mit einigen Kartenspielen, wie z. B. Rommé, und wird von vier Personen gespielt.

ma·hog·any [mə'hɒgənɪ] *s* Mahagoni *nt*

maid [meɪd] *s* ① Dienstmädchen *nt*, Hausangestellte *f* ② (*obs*) Jungfer *f;* ~ **of hono(u)r** Brautjungfer *f*

maiden ['meɪdn] **I.** *s* (*lit*) Mädchen *nt* **II.** *adj* Jungfern-; **maiden·hair** ['meɪdnheə(r)] *s* (*Polster bildendes Moos*) Frauenhaar *nt;* **maiden name** *s* Mädchenname *m;* **maiden speech** *s* Jungfernrede *f*

mail[1] [meɪl] **I.** *s* Post *f;* **send by** [*o* **via**] **air** ~ mit Luftpost verschicken **II.** *vt* mit der Post (ver)senden; abschicken, aufgeben

mail[2] [meɪl] *s* (HIST) (Ketten)Panzer *m*

mail·bag ['meɪlbæg] *s* Postsack *m;* **mail·box** ['meɪlbɒks] *s* ❶ (*Am*) Briefkasten *m* ❷ (INFORM) Mailbox *f;* **mailer** ['meɪlə(r)] *s* Briefwerbematerial *nt;* **mailing list** *s* Anschriftenliste *f;* **mailing piece** *s* Postwurfsendung *f;* **mail(ing) shot** *s* Briefwerbeaktion *f;* **mailing tube** *s* Versandrolle *f;* **mail·man** ['meɪlmæn] <*pl* -men> *s* (*Am*) Briefträger *m;* **mail-order catalogue** *s* Versandhauskatalog *m;* **mail-order house** *s* Versandhaus *nt*

maim [meɪm] *vt* verstümmeln, zum Krüppel machen

main [meɪn] **I.** *adj attr* Haupt-; ~ **idea** Hauptgedanke *m;* ~ **thing** Hauptsache *f* **II.** *s* ❶ Hauptleitung *f;* Haupthahn *m;* Hauptschalter *m* ❷ ~**s** Versorgungsnetz *nt;* Stromnetz *nt;* **in the** ~ im Großen und Ganzen; ~**s operated** für Netzbetrieb; **main·frame** ['meɪnfreɪm] *s* (~ *computer*) Groß-, Zentralrechner *m;* **main·land** ['meɪnlænd] *s* Festland *nt;* **main·line** ['meɪnlaɪn] **I.** *s* Hauptstrecke *f* **II.** *vi* (*sl*) fixen; **main·lining** [-ɪŋ] *s* (*sl*) Fixen *nt;* **main·ly** ['meɪnlɪ] *adv* hauptsächlich, in erster Linie; **main office** *s* Hauptgeschäftsstelle, Zentrale *f;* **main road** *s* Haupt(verkehrs)straße *f;* **main·sail** ['meɪnseɪl] *s* Großsegel *nt;* **main·spring** *s* (*a. fig*) Triebfeder *f;* **main·stay** ['meɪnsteɪ] *s* (MAR) Großstag *nt;* (*fig*) Hauptstütze *f;* **main·stream** ['meɪnstri:m] *s* Hauptrichtung *f*

main·tain [meɪn'teɪn] *vt* ❶ aufrechterhalten; beibehalten; erhalten ❷ (*Maschine*) in gutem Zustand (er)halten, in Stand halten, pflegen, warten ❸ (*Straße, Familie, Beziehungen*) unterhalten ❹ (*Stellung*) halten, behaupten ❺ (*mit Worten*) behaupten, stützen, verteidigen

main·ten·ance ['meɪntənəns] *s* ❶ Aufrechterhaltung *f;* Beibehaltung *f;* Erhaltung *f* ❷ Instandhaltung, Wartung *f* ❸ Unterhalt *m;* ~ **contract** Wartungsvertrag *m;* ~ **costs** Unterhaltskosten *pl;* ~ **service** Wartungsdienst *m*

mai·son·nette [ˌmeɪzə'net] *s* Apartment *nt,* Maisonette(-Wohnung) *f*

maize [meɪz] *s* Mais *m*

ma·jes·tic [mə'dʒestɪk] *adj* ❶ majestätisch ❷ (*Proportionen*) stattlich; **maj·esty** ['mædʒəstɪ] *s* Majestät *f;* **His/Her M** ~ Seine/Ihre Majestät

ma·jor ['meɪdʒə(r)] **I.** *adj* ❶ größer; Haupt-; bedeutend(er) ❷ (MUS: *nachgestellt*) Dur; ~ **road** Hauptverkehrsstraße *f;* **a** ~ **operation** eine größere Operation; ~ **third** (MUS) große Terz; **A flat** ~ As-Dur; **Smith** ~ Smith der Ältere **II.** *s* ❶ (MIL) Major *m* ❷ (MUS) Dur *nt* ❸ (*Am*) Hauptfach *nt;* **become a** ~ volljährig werden **III.** *vi* (*Am*) im Hauptfach studieren (*in s.th.* etw); **ma·jor-gen·eral** [ˌmeɪdʒə 'dʒenərəl] *s* Generalmajor *m*

ma·jor·ity [mə'dʒɒrətɪ] *s* ❶ Mehrheit *f* ❷ (JUR) Volljährigkeit, Mündigkeit *f;* **attain one's** [*o* **reach the age of**] ~ volljährig, mündig werden; **the** ~ **of cases** die Mehrzahl der Fälle; **be in a** ~ in der Mehrzahl sein; **a two-thirds** ~ eine Zweidrittelmehrheit; (**by**) ~ **of votes** (mit) Stimmenmehrheit *f;* ~ **decision** Mehrheitsbeschluss *m;* ~ **interest** Mehrheitsbeteiligung *f;* ~ (**share**)**holding** Mehrheitsbeteiligung *f*

make <*irr:* made, made> **I.** *vt* ❶ machen (*from, of* aus, *into* zu), herstellen, anfertigen ❷ (zu)bereiten, fertig machen, ausführen ❸ hervorbringen, (er)schaffen, bilden ❹ konstruieren, zusammenstellen ❺ ausdenken, formulieren ❻ (*Urkunde*) ausfertigen ❼ herbeiführen, bewirken, veranlassen, bewerkstelligen, zu Stande bringen ❽ ernennen zu ❾ machen, erscheinen lassen ❿ berühmt machen ⓫ sich belaufen auf ⓬ (*Distanz*) schätzen auf ⓭ erwerben, verdienen ⓮ (*Gewinn*) einstreichen, einstecken ⓯ (*Verlust*) erleiden ⓰ (*Zug*) noch erreichen ⓱ (*Arbeit*) erledigen ⓲ (*Entfernung*) zurücklegen ⓳ (*Geschwindigkeit*) fahren ⓴ (*Spiel*) gewinnen; ~ **bread** Brot backen; **made in Germany** in Deutschland hergestellt; ~ **s.o. a present of s.th.** jdm etw schenken; ~ **s.o. happy** jdn glücklich machen; **it** ~**s no difference to me** es ist mir gleich; ~ **s.o. laugh** jdn zum Lachen bringen; ~ **s.o. do s.th.** jdn dazu bringen etw zu tun; ~ **s.o. understand** jdm etw verständlich machen; ~ **port** in den Hafen einlaufen; ~ **it with s.o.** (*fam*) mit jdm schlafen; **we've made it!** wir haben es geschafft!; **he's a made man** er ist ein gemachter Mann; **1 plus 1** ~**s 2** 1 und 1 ist 2; **she made him a good wife** sie war ihm eine gute Frau; **what time do you** ~ **it?** wie spät hast du es? **II.** *vi:* ~ **towards a place** auf einen Ort zuhalten; ~ **as if to do s.th.** Anstalten machen etw zu tun; ~ **on a deal** bei einem Geschäft verdienen **III.** *vr:* ~ **o.s. useful** sich nützlich machen; ~ **o.s. comfortable** es sich bequem machen; ~ **o.s. do s.th.** sich dazu zwingen etw zu tun **IV.** *s* Marke *f,* Fabrikat

M

nt; **on the** ~ (*sl*) profitgierig; mit Zukunft

? Grammatik

to **make** = zwingen: *they made him do it; he was made* **to** *do it.*

make away *vi* sich davonmachen; **make for** *vi* ① zuhalten auf; zuströmen auf; losgehen auf ② führen zu; den Grund legen für; **make of** *vi* halten von; **make off** *vi* sich aus dem Staub machen (*with* mit); **make out** **I.** *vt* ① ausfindig machen, herausbekommen, entziffern ② (*Liste*) aufstellen ③ (*Formular*) ausfüllen ④ (*Rechnung, Scheck*) ausstellen ⑤ behaupten **II.** *vi* ① weiter-, vorwärtskommen, Erfolg haben ② auskommen; zurechtkommen (*with* mit); ~ **out that …** es so hinstellen, als ob …; ~ **s.o. out to be clever** jdn als klug hinstellen; ~ **out a case for s.th.** für etw argumentieren; **make over** *vt* ① (*Haus*) umbauen ② um-, überarbeiten ③ (*Eigentum*) übertragen, vermachen; **make up** **I.** *vt* ① zusammenstellen, -legen, -setzen, -nähen ② erfinden, ausdenken ③ vollenden, vervollständigen ④ schminken ⑤ (*Streit*) beilegen ⑥ (*Schaden*) ersetzen ⑦ (*Schulden*) bezahlen ⑧ (*Rechnung*) begleichen ⑨ (*Liste*) zusammenstellen **II.** *vi* ① (*Stoff*) sich verarbeiten lassen ② sich wieder aus-, versöhnen (*with* mit) ③ wieder gutmachen, ersetzen ④ (*verlorene Zeit*) wieder aufholen; ~ **up one's mind** sich entschließen; **it was all made up** alles war nur erfunden; ~ **it up to s.o.** jdn entschädigen; ~ **up for lost time** verlorene Zeit aufholen; ~ **up for s.th.** etw ausgleichen; **make up to** *vi* sich heranmachen an; **make with** *vi* loslegen, anfangen mit

make-be·lieve ['meɪkbɪˌliːv] **I.** *s* Phantasie *f* **II.** *adj attr* imaginär; Schein- **III.** *vt* sich vorstellen

maker ['meɪkə(r)] *s* Hersteller(in) *m(f);* **our Maker** unser Schöpfer

make-or-break *adj* alles entscheidend

make-ready time *s* Rüstzeit *f*

make·shift ['meɪkʃɪft] **I.** *s* Notbehelf *m,* Übergangslösung *f* **II.** *adj* behelfsmäßig; improvisiert

make-up ['meɪkʌp] *s* ① Make-up *nt;* Schminke *f;* Maske *f* ② Zusammenstellung *f;* Veranlagung *f* ③ (TYP) Umbruch *m;* **make-up artist** *s* Visagist(in) *m(f)*

mak·ing ['meɪkɪŋ] *s* ① Herstellung, Fertigung, Fabrikation, Produktion *f* ② *oft pl* Fähigkeiten *fpl,* Talent *nt,* Anlage(n *pl*) *f;* **be in the** ~ in der Entwicklung, in der Herstellung sein; **have the** ~**s of** das Zeug haben zu

mal·adjusted [ˌmælə'dʒʌstɪd] *adj* (PSYCH) milieugestört; verhaltensgestört

mal·ad·min·is·tra·tion ['mælədˌmɪnɪ'streɪʃn] *s* schlechte Verwaltung

mal·adroit ['mælədrɔɪt] *adj* ungeschickt, unbeholfen, linkisch

mal·aise [mæ'leɪz] *s* ① (*fig*) Unbehagen *nt* ② Unwohlsein *nt*

mala·prop·ism ['mæləprɒpɪzəm] *s* (komische) Wortverwechs(e)lung *f,* Malapropismus *m*

ma·laria [mə'leərɪə] *s* Malaria *f*

Ma·lay·sia [mə'leɪzɪə] *s* Malaysia *nt;* **Ma·lay·sian** [mə'leɪzɪən] **I.** *adj* malaysisisch **II.** *s* Malaysier(in) *m(f)*

mal·con·tent ['mælkəntənt] **I.** *adj* unzufrieden **II.** *s* Unzufriedene(r) *f m*

male [meɪl] **I.** *adj* ① männlich ② Mann-; ~ **chauvinism** Chauvinismus *m;* ~ **chauvinist pig** (*fam*) Chauvi, Chauvinist *m;* ~ **child** Junge *m;* ~**-dominated** von Männern dominiert; ~ **screw** Schraube *f;* ~ **plug** Stecker *m* **II.** *s* ① Mann *m* ② (*von Tieren*) Männchen *nt*

mal·edic·tion [ˌmælɪ'dɪkʃn] *s* Verwünschung *f*

ma·levo·lent [mə'levəlnt] *adj* boshaft (*to* gegen)

mal·for·ma·tion [ˌmælfɔː'meɪʃn] *s* Missbildung *f;* **mal·func·tion** [ˌmæl'fʌŋkʃn] **I.** *s* Funktionsstörung *f;* Defekt *m;* Störfall *m* **II.** *vi* nicht richtig funktionieren

mal·ice ['mælɪs] *s* Bosheit *f;* Böswilligkeit *f;* **with** ~ **afore-thought** in böswilliger Absicht, vorsätzlich; **bear s.o. no** ~ jdm nicht grollen; **ma·licious** [mə'lɪʃəs] *adj* böswillig; arglistig; gehässig

ma·lign [mə'laɪn] **I.** *vt* verleumden; schlechtmachen **II.** *adj* ① (*Worte*) boshaft, böswillig ② (*Einfluss*) unheilvoll; **ma·lig·nancy** [mə'lɪgnənsɪ] *s* (*a.* MED) Bösartigkeit *f;* **ma·lig·nant** [mə'lɪgnənt] *adj* (*a.* MED) böswillig, bösartig

ma·linger [mə'lɪŋgə(r)] *vi* sich krank stellen, simulieren; **ma·lingerer** [mə'lɪŋgərə(r)] *s* Drückeberger(in) *m(f)*

mall [mɔːl] *s* Einkaufszentrum *nt*

mal·lard ['mælɑːd] *s* Stockente *f*

mal·leable ['mælɪəbl] *adj* ① (*Metall*) formbar ② (*fig*) nachgiebig, anpassungsfähig, geschmeidig

mal·let ['mælɪt] *s* ① Holzhammer *m* ② (Krocket-, Polo)Schläger *m*

mal·low ['mæləʊ] *s* Malve *f*

mal·nu·tri·tion [ˌmælnjuː'trɪʃn] *s* Fehl-,

Unterernährung *f*

mal·odor·ous [ˌmælˈəʊdərəs] *adj* übel riechend

mal·practice [ˌmælˈpræktɪs] *s* (JUR) Berufsvergehen *nt;* Amtsvergehen *nt*

malt [mɔːlt] **I.** *s* Malz *nt* **II.** *vt* mälzen

Mal·ta [ˈmɔːltə] *s* Malta *nt;* **Mal·tese** [ˌmɔːlˈtiːz] **I.** *adj* maltesisch **II.** *s* Malteser(in) *m(f)*

i Land & Leute

Die Republik Malta, **the Republic of Malta**, blickt auf über 7.000 Jahre Geschichte zurück. Die ersten Siedler kamen von Sizilien. Aufgrund der günstigen Lage im Mittelmeer ließen sich im Laufe der Jahrhunderte Phönizier, Karthager, Römer, Byzantiner, Araber, Normannen, Franzosen und Spanier auf Malta nieder. Mit dem Auftauchen des Ritterordens *Knights of Saint John* (Maltesischer Orden) im Jahr 1530 wurde Malta ein eigenes Königtum. Ab 1814 war die Insel britische Kronkolonie und Flottenstützpunkt, bis sie 1947 wieder unabhängig wurde. In den letzten Jahren wurde Malta als ein *English language learning centre* (Sprachzentrum für Englisch) bekannt. Vor allem Jugendliche aus ganz Europa kommen hierher, um an renommierten Schulen Englischkurse zu belegen. Meistens wohnen die Sprachschüler bei maltesischen Familien. Im Sommer können sie an vielen Strandveranstaltungen teilnehmen. In der Stadt Paceville gibt es abends dann ein großes Unterhaltungsangebot speziell für junge Leute.

mal·treat [ˌmælˈtriːt] *vt* misshandeln; **mal·treat·ment** [-mənt] *s* Misshandlung *f*

mam·mal [ˈmæml] *s* Säugetier *nt*

mam·mary gland [ˈmæmərɪˌglænd] *s* Brustdrüse *f*

mam·mog·raphy [mæˈmɒgrəfi] *s* (MED) Mammographie *f*

mam·mon [ˈmæmən] *s* Mammon *m*

mam·moth [ˈmæməθ] **I.** *s* Mammut *nt* **II.** *adj* (*fig*) gewaltig, kolossal

man [mæn, *pl* men] <*pl* men> **I.** *s* ① Mann *m* ② (*ohne Artikel*) der Mensch ③ man ④ (MIL) Mann *m* ⑤ (*Schach*) Figur *f;* (*Damespiel*) Stein *m;* **a ~ of the world** ein Mann von Welt; **~ and boy** von Kindheit an; **make a ~ out of s.o.** einen Mann aus jdm machen; **no ~** niemand; **any ~** jeder; **to a ~** bis auf den letzten Mann; **he is not a ~ to …** er ist nicht der Typ, der …; **the ~ in the street** der Mann auf der Straße; **he's a ~ about town** er kennt sich aus; **hey wow, ~!** (*sl*) Mensch, das ist ja geil! **II.** *vt* (*Schiff*) bemannen; (*Festung*) besetzen; (*Telefon*) bedienen

i Land & Leute

Die **Isle of Man** (Insel Man) gehört nicht zum *United Kingdom*, dem Vereinigten Königreich. Sie ist ein Schutzgebiet der Krone und hat als Oberhaupt einen *Lieutenant Governor*. In der Eisenzeit wurde sie von den Kelten besiedelt und das keltische *Manx* wurde bis Mitte des 19. Jhs. überall auf der Insel gesprochen. Sie hat ihr eigenes Parlament (*Tynwald*), gibt ihre eigenen Geldscheine und Münzen heraus und erhebt unabhängig Steuern, so dass sie wie die *Channel Islands* (Kanalinseln) ein Steuerparadies (*tax haven*) ist.

M

man·acle [ˈmænəkl] *s* Handfesseln *fpl*

man·age [ˈmænɪdʒ] **I.** *vt* ① (*Betrieb*) leiten; verwalten; in Ordnung halten ② zurechtkommen mit ③ (*Aufgabe*) bewältigen; schaffen; (*fam*) managen; **he ~d it very well** er hat das sehr gut gemacht; **~ to do s.th.** es schaffen, etw zu tun; **can you ~ another slice of cake?** kannst du noch ein Stück Kuchen vertragen? **II.** *vi* es schaffen, zurechtkommen; **~ without s.th.** ohne etw auskommen; **man·age·able** [-əbl] *adj* ① (*Kind*) folgsam ② (*Arbeit*) zu bewältigen ③ (*Haar*) leicht frisierbar ④ (*Auto*) leicht zu handhaben

man·age·ment [ˈmænɪdʒmənt] *s* ① Leitung *f;* Führung *f;* Verwaltung *f* ② Management *nt;* Unternehmensleitung *f;* Betriebsleitung *f;* **management buyout, MBO** *s* Management-Buy-out *nt;* **management by objectives** *s* Management *nt* nach Zielvorgaben; **crisis ~** Krisenmanagement *nt;* **management consultant** *s* Unternehmensberater(in) *m(f);* **management studies** *s* Betriebswirtschaft *f;* **management trainee** *s* Führungsnachwuchs *m;* **man·ager** [ˈmænɪdʒə(r)] *s* ① (COM) Geschäftsführer(in) *m(f),* Manager(in) *m(f)* ② Abteilungsleiter(in) *m(f)* ③ (THEAT) Intendant(in) *m(f);* **business ~** Verwaltungsdirektor(in) *m(f)*; **department** ~ Abteilungsleiter(in) *m(f)*; **sales** ~ Verkaufsleiter(in) *m(f)*; **man·ager·ess** [ˌmænɪdʒəˈres] *s* Geschäftsführerin, Managerin *f*; **mana·gerial** [ˌmænɪˈdʒɪəriəl] *adj* führend, leitend; (*Probleme etc*) Management-; **in a** ~ **capacity** in leitender Stellung; **man·aging di·rec·tor**, **MD** [ˈmænɪdʒɪŋdɪˈrektə(r)] *s* Geschäftsführer(in) *m(f)*

man-at-arms [ˌmænətˈɑːmz] <*pl* men-at-arms> *s* Soldat *m*

man·da·rin [ˈmændərɪn] *s* ❶ (*in China*) Mandarin *m* ❷ (*fig*) Bonze *m* ❸ (*Sprache*) (das) Hochchinesisch(e) ❹ Mandarine *f*

man·date [ˈmændeɪt] **I.** *s* ❶ Auftrag *m* ❷ (POL) Mandat *nt* **II.** *vt*: ~ **a territory to s.o.** ein Gebiet als Mandat an jdn vergeben; **man·da·tory** [ˈmændətrɪ] *adj* zwingend, verbindlich, obligatorisch; (POL) mandatorisch

man·dible [ˈmændɪbl] *s* ❶ (ANAT) Unterkiefer *m* ❷ (*von Insekten*) Mundwerkzeuge *ntpl*

man·do·lin(e) [ˈmændəlɪn] *s* Mandoline *f*

mane [meɪn] *s* Mähne *f*

man-eater [ˈmæniːtə(r)] *s* Menschenfresser *m*

ma·neu·ver **I.** *s* ❶ ~**s** (MIL) Manöver *nt*, Truppenübung *f* ❷ (*fig*) Schachzug *m*, List *f* **II.** *vt* manövrieren; ~ **s.o. into doing s.th.** jdn dazu bringen etw zu tun **III.** *vi* ❶ manövrieren; ein Manöver durchführen ❷ (*fig*) es geschickt einfädeln

ma·neu·ver·able *adj* (*Am*) manövrierfähig

man·ga·nese [ˈmæŋgəniːz] *s* (CHEM) Mangan *nt*

mange [meɪndʒ] *s* Räude *f*

man·gel(-wur·zel) [ˈmæŋgl(wɜːzl)] *s* Futterrübe *f*

manger [ˈmeɪndʒə(r)] *s* Krippe *f*

mange·tout [mɑ̃ːʒˈtuː] *s* Zuckererbse *f*

man·gle[1] [ˈmæŋθl] *vt* übel zurichten

man·gle[2] [ˈmæŋgl] **I.** *vt* (*Wäsche*) mangeln **II.** *s* (Wäsche)Mangel *f*

man·go [ˈmæŋgəʊ] <*pl* mango(e)s> *s* ❶ Mangobaum *m* ❷ (*Frucht*) Mango *f*

man·grove [ˈmæŋgrəʊv] *s* Mangrove(n)-baum *m*

man·gy [ˈmeɪndʒɪ] *adj* ❶ räudig ❷ (*fig*) schmutzig, schäbig

man·handle [ˈmænhændl] *vt* rau, derb anpacken; **man·hole** [ˈmænhəʊl] *s* Einstiegloch *nt*; Kanalschacht *m*; **man·hood** [ˈmænhʊd] *s* ❶ Mannesalter *nt* ❷ Männlichkeit *f*; **man-hour** [ˈmænaʊə(r)] *s* Arbeitsstunde *f*; **man·hunt** [ˈmænhʌnt] *s* Fahndung *f*

ma·nia [ˈmeɪnɪə] *s* ❶ (PSYCH) Manie *f* ❷ (*fig*) Manie, Sucht, Besessenheit *f* (*for* nach); **have a** ~ **for** verrückt sein auf; **maniac** [ˈmeɪnɪæk] **I.** *s* ❶ Geisteskranke(r) *f m* ❷ (*fig*) Verrückte(r) *f m* **II.** *adj* wahnsinnig; **ma·nia·cal** [məˈnaɪəkl] *adj* wahnsinnig, verrückt; **manic-de·press·ive** [ˌmænɪkdɪˈpresɪv] *adj* (PSYCH) manisch-depressiv

mani·cure [ˈmænɪkjʊə(r)] **I.** *s* Maniküre *f* **II.** *vt* maniküren; **mani·cur·ist** [ˈmænɪkjʊərɪst] *s* Maniküre *f*

mani·fest [ˈmænɪfest] **I.** *adj* (offen)sichtlich, offenbar, -kundig **II.** *vt* offenbaren, kundtun **III.** *vr* sich zeigen, sich manifestieren **IV.** *s* (MAR) Manifest *nt*; **mani·fes·ta·tion** [ˌmænɪfeˈsteɪʃn] *s* ❶ Ausdruck *m*, Manifestierung *f* ❷ Anzeichen *nt* ❸ (*Geist*) Erscheinen *nt*; **mani·festly** [ˈmænɪfestlɪ] *adv* offenkundig

mani·festo [ˌmænɪˈfestəʊ] <*pl* -festo(e)s> *s* Manifest *nt*

mani·fold [ˈmænɪfəʊld] **I.** *adj* mannigfaltig, verschiedenartig **II.** *s* ❶ (AUTO) Auspuffrohr *nt* ❷ (MATH) Mannigfaltigkeit *f* **III.** *vt* vervielfältigen

ma·nil·la en·vel·ope [ˌmænɪləˈenvələʊp] *s* brauner Umschlag

ma·nipu·late [məˈnɪpjʊleɪt] *vt* ❶ (*Maschine*) handhaben, bedienen ❷ (*fig*) beeinflussen, manipulieren; (*Bücher*) schönen ❸ (*Daten*) bearbeiten; **ma·nipu·la·tion** [məˌnɪpjʊˈleɪʃn] *s* Manipulation, Beeinflussung *f*; **ma·nipu·la·tor** [məˈnɪpjʊleɪtə(r)] *s* Manipulator *m*

man·kind [ˌmænˈkaɪnd] *s* die Menschheit; **man·ly** [ˈmænlɪ] *adj* männlich; **manmade** [ˈmænmeɪd] *adj* künstlich (hergestellt), Kunst-; ~ **substance** vom Menschen gemachter Stoff, anthropogener Stoff

manned [mænd] *adj* (*Satellit*) bemannt; (*Telefonzentrale*) besetzt

man·ne·quin [ˈmænɪkɪn] *s* ❶ Mannequin *nt* ❷ Glieder-, Schneiderpuppe *f*

man·ner [ˈmænə(r)] *s* ❶ Art, Weise, Art und Weise *f* ❷ Benehmen *nt* ❸ ~**s** Manieren *fpl*, Umgangsformen *fpl*, Sitten *fpl*; **all** ~ **of** jede Art +*gen*; **after this** ~ auf diese Art und Weise; **no** ~ **of** nicht der (die, das) Geringste …, gar kein …; **a teacher as to the** ~ **born** der geborene Lehrer; **by all** ~ **of means** selbstverständlich, auf jeden Fall; **not by any** ~ **of means** auf keinen Fall; **in a** ~ gewissermaßen; **in a** ~ **of speaking** sozusagen; **he has no** ~**s** er weiß sich nicht zu benehmen; **it's bad** ~**s** es schickt sich nicht

man·ner·ism [ˈmænərɪzəm] *s* ❶ Angewohnheit, Eigenheit *f* ② (*Stil*) Manieriertheit *f*

ma·noeuvr·able [mə'nu:vrəbl] *adj* manövrierfähig; **ma·noeuvre** [mə'nu:və(r)] **I.** *s* ① **~s** (MIL) Manöver *nt*, Truppenübung *f* ② (*fig*) Schachzug *m*, List *f* **II.** *vt* manövrieren; **~ s.o. into doing s.th.** jdn dazu bringen etw. zu tun **III.** *vi* ① manövrieren; ein Manöver durchführen ② (*fig*) es geschickt einfädeln

manor ['mænə(r)] *s* Landgut *nt*; **lord of the ~** Gutsherr *m*; **~house** Herrenhaus *nt*

man·power ['mænpaʊə(r)] *s* Leistungs-, Arbeitspotential *nt*; Arbeitskräfte *pl*; **manpower forecasting** *s* Personalbestandsprognose *f*; **manpower planning** *s* Personalplanung *f*; **manpower shortage** *s* Arbeitskräftemangel *m*

manse [mæns] *s* (*schottisch*) Pfarrhaus *nt*

man·ser·vant ['mænsɜ:vənt] <*pl* menservants> *s* Diener *m*

man·sion [mænʃn] *s* Villa *f*; Herren-, Landhaus *nt*

man·slaughter ['mænslɔ:tə(r)] *s* Totschlag *m*

man·tel·piece ['mæntlpi:s] *s* Kaminsims *m*

man·ual ['mænjʊəl] **I.** *adj* manuell; körperlich; **~ labourer** Schwerarbeiter(in) *m(f)*; **~ skill** Handwerk *nt*; **~ transmission** (AUTO) Schaltgetriebe *nt*; **~ work** manuelle Tätigkeit; **~ worker** (Hand)Arbeiter(in) *m(f)* **II.** *s* Handbuch *nt*

manu·fac·ture [ˌmænjʊ'fæktʃə(r)] **I.** *s* ① Herstellung, Fabrikation, Fertigung, Produktion *f* ② Erzeugnis, Produkt, Fabrikat *nt* **II.** *vt* ① herstellen, fabrizieren, produzieren ② (*fig*) erfinden; **manufactured goods** *s pl* Industriegüter, Fabrik-, Fertigwaren *pl*; **manu·fac·turer** [ˌmænjʊ'fækʃərə(r)] *s* Hersteller, Produzent, Fabrikant *m*; **manufacturer's recommended price, MRP** *s* unverbindliche Preisempfehlung; **manu·fac·tur·ing** [ˌmænjʊ'fæktʃərɪŋ] **I.** *adj* Herstellungs-; **~ capacity** Produktionskapazität *f*; **~ costs** Herstellungskosten *pl*; **~ industry** verarbeitende Industrie **II.** *s* Fertigung, Fabrikation *f*

ma·nure [mə'njʊə(r)] **I.** *s* Dünger *m* **II.** *vt* düngen

manu·script ['mænjʊskrɪpt] *s* ① (*alte*) Handschrift *f* ② (TYP) Manuskript *nt*; **in ~** handschriftlich

many ['menɪ] <more, most> **I.** *adj* viele; **~ a** manche(r, s), manch ein(e, r); **~ a man** manch einer; **~ a time** manchesmal; **as ~** ebenso viele; **as ~ again** noch mal so viele; **as ~ as 100** sage und schreibe 100; **a good** [*o* **great**] **~** sehr viele; **there's one too ~** einer ist zu viel **II.** *s* eine ganze Menge; **the ~** die große Masse

> **? Grammatik**
>
> **many** wird für zählbare Dinge, Tiere und Personen gebraucht: *Many people make that mistake.*
> **much** wird für nicht zählbare Dinge und Mengen gebraucht: *He has eaten too much ice-cream.*

many-sided [ˌmenɪ'saɪdɪd] *adj* vielseitig

> **i Land & Leute**
>
> Die **Maoris** sind ein polynesisches Volk, das vor etwa 600 Jahren in Kanus über 3.000 km von Tahiti und Raratonga zurücklegte und sich in Neuseeland niederließ.

map [mæp] **I.** *s* ① (Land)Karte *f* ② Stadtplan *m*; **be off the ~** (*fam*) hinter dem Mond liegen; **put on the ~** Bedeutung verleihen, herausstreichen; **road ~** Straßenkarte *f* **II.** *vt* ① vermessen; eine Karte anfertigen von ② (**~ out**) entwerfen, kartieren; (*fig*) ausarbeiten

maple ['meɪpl] *s* Ahorn *m*; **maple leaf** <*pl* -leaves> *s* Ahornblatt *nt*; **maple sugar** *s* Ahornzucker *m*

map·ping *s* Abbildung *f*

mar [mɑ:(r)] *vt* ① trüben; mindern ② verderben

mara·thon ['mærəθən] *s* ① (SPORT) Marathonlauf *m* ② (*fig*) Marathon *nt*

ma·raud [mə'rɔ:d] *vi, vt* marodieren, plündern; **ma·rauder** [-ə(r)] *s* Plünderer *m*, Plünderin *f*

marble ['mɑ:bl] **I.** *s* ① Marmor *m* ② Murmel *f* **II.** *adj* marmorartig

March [mɑ:tʃ] *s* März *m*

march [mɑ:tʃ] **I.** *vi* marschieren; **~ in** einmarschieren; **time ~es on** die Zeit bleibt nicht stehen; **~ out** abmarschieren; **~ past s.o.** an jdm vorbeimarschieren **II.** *vt* marschieren lassen; **~ s.o. off** jdn abführen **III.** *s* ① (MIL MUS) Marsch *m* ② Weg *m* ③ (Ver)Lauf, Gang *m* (*der Ereignisse*); **on the ~** auf dem Marsch; **steal a ~ on s.o.** jdm zuvorkommen; **forced ~** Gewaltmarsch *m*; **march·ing or·ders** ['mɑ:tʃɪŋˌɔ:dəz] *s pl* ① (MIL) Marschbefehl *m* ② Entlassung *f*

M

i Land & Leute

Mardi Gras ist das amerikanische Äquivalent von Karneval oder Fasching. Dieses Fest geht zurück auf die französischen Kolonisten in New Orleans, im späteren Staat Louisiana. Obwohl die meisten Leute heutzutage **Mardi Gras** mit New Orleans in Verbindung bringen, wird es auch in Biloxi/Mississippi und Mobile/Alabama gefeiert. In New Orleans feiern die *krewes* (Karnevalsvereine) während der Saison viele Parties und Bälle und veranstalten an Faschingsdienstag einen schönen Umzug.

mare ['meə(r)] *s* Stute *f;* **mare's nest** *s* Schwindel *m;* (Zeitungs)Ente *f;* Reinfall *m*

mar·gar·ine *s,* **marge** [ˌmɑːdʒə'riːn, mɑːdʒ] *s* (*fam*) Margarine *f*

mar·gin ['mɑːdʒɪn] *s* ① Rand *m* ② (*fig*) Spielraum *m,* Spanne *f* ③ (COM) Gewinnspanne, Marge *f;* Verdienstspanne *f;* **in the ~** am Rande; **allow** [*o* **reserve**] **a ~** Spielraum lassen; **by a narrow ~** knapp; **~ of error** Fehlerspielraum *m;* **it's within the safety ~** das ist noch sicher; **margin up** *vi* (*fam*): **~ up on s.th.** etw aufstocken; **mar·ginal** ['mɑːdʒɪnl] *adj* (*fig*) ① Rand- ② geringfügig, unwesentlich; **~ land** marginaler Boden; **mar·gin·al·ize** [-aɪz] *vt* ① (*fig*) an den Rand drängen ② (*Sachverhalt*) eine niedrigere Priorität verleihen

mar·guer·ite [ˌmɑːgə'riːt] *s* Margerite *f*

mari·gold ['mærɪgəʊld] *s* Tagetes *f*

mari·juana, **mari·huana** [ˌmærɪ'wɑːnə] *s* Marihuana *nt*

ma·rina [mə'riːnə] *s* Jachthafen *m*

mari·nade [ˌmærɪ'neɪd] *s* Marinade *f;* **mari·nate** ['mærɪneɪt] *vt* marinieren

mar·ine [mə'riːn] **I.** *adj* See-, Meer(es)- **II.** *s* ① Marine *f* ② Marineinfanterist *m;* **~ biologist** Meeresbiologe *m,* -biologin *f;* **~ biology** Meeresbiologie *f;* **~ ecosystem** marines Ökosystem; **~ life** Meeresfauna und -flora *f;* **~ pollution** Meeresverschmutzung *f;* **tell that to the ~s** das mach anderen weis!; **mari·ner** ['mærɪnə(r)] *s* Seemann, Matrose *m*

mari·on·ette [ˌmærɪə'net] *s* (*a. fig*) Marionette *f*

mari·tal ['mærɪtl] *adj* ehelich; **marital status** *s* Familienstand *m*

mari·time ['mærɪtaɪm] *adj* seemännisch; See-; **~ transport** Seeverkehr *m*

mar·joram ['mɑːdʒərəm] *s* Majoran *m*

mark¹ [mɑːk] *s* (FIN) Mark *f*

mark² [mɑːk] **I.** *s* ① Spur *f,* Mal *nt;* Fleck *m* ② (Kenn)Zeichen *nt* ③ Stempel *m,* Siegel *nt;* Etikett *nt,* Auszeichnung *f* ④ Schutz-, Handelsmarke *f* ⑤ (*fig*) Merkmal *nt* ⑥ Note, Zensur *f* ⑦ Abzeichen *nt* ⑧ Auszeichnung *f* ⑨ Eindruck, Einfluss *m* ⑩ Markierung *f;* **make a ~ on s.th.** einen Fleck auf etw machen; **good ~s** gute Noten *fpl;* **he gets full ~s for geography** in Geografie verdient er eine Eins; **be quick off the ~** (SPORT) einen guten Start haben; (*fig*) blitzschnell handeln; **be up to the ~** den Erwartungen entsprechen; **hit the ~** ins Schwarze treffen; **leave one's ~** einer Sache seinen Stempel aufdrücken; **make one's ~** sich einen Namen machen; es zu etwas bringen; **be wide of the ~** danebentreffen; sich verhauen; **punctuation ~** Satzzeichen *nt* **II.** *vt* ① bezeichnen, kennzeichnen, markieren ② notieren, anstreichen ③ (auf)zeigen, herausstellen ④ charakterisieren; heraus-, hervorheben, auszeichnen ⑤ bewerten, zensieren ⑥ (*Ware mit Preis*) auszeichnen ⑦ auf-, verzeichnen ⑧ beachten; achten, Acht geben, aufpassen auf; **his death ~ed the end of an era** mit seinem Tod ging eine Ära zu Ende; **~ed with grief** von Schmerz gezeichnet; **~ a candidate** einem Kandidaten eine Note geben; **~ my words** eins kann ich dir sagen; **~ time** auf der Stelle treten **III.** *vi* schmutzig werden; **mark down** *vt* ① notieren ② (*Preise*) herabsetzen; **mark off** *vt* kennzeichnen, markieren; abgrenzen; **mark out** *vt* ① abstecken ② (*Note*) bestimmen; vorsehen (*for* für); **mark up** *vt* (*Preise*) heraufsetzen

marked [mɑːkt] *adj* (*Unterschied*) merklich, auffällig; spürbar; deutlich; **marked·ly** ['mɑːkədlɪ] *adv* merklich

marker ['mɑːkə(r)] *s* ① Marke *f;* Wendepunkt *m* ② Schild *nt,* Wegweiser *m* ③ Lesezeichen *nt* ④ (Prüfung) Korrektor(in) *m(f);* **marker pen** *s* Markierstift, Textmarker *m*

mar·ket ['mɑːkɪt] **I.** *s* ① Markt *m* ② Marktplatz *m,* -halle *f* ③ Absatzgebiet *nt;* Absatzmarkt *m* ④ Börse *f;* **at the ~** auf dem Markt; **go to ~** zum Markt gehen; **be on the ~** auf dem Markt sein; **find a ready ~** guten Absatz finden; **play the ~** spekulieren; **put on the ~** auf den Markt bringen **II.** *vt* vertreiben **III.** *vi* sich verkaufen, Absatz finden; **mar·ket·able** ['mɑːkɪtəbl] *adj* marktfähig, gängig, absatzfähig; **market economy** *s* Marktwirtschaft *f*

market-focused *adj* marktorientiert; **market garden** *s* Gärtnerei *f;* **mar·ket·ing** ['mɑ:kɪtɪŋ] *s* Marketing *nt;* Vertrieb, Absatz *m;* ~ **agreement** Marktabsprache *f;* **market leader** *s* Markt-, Branchenführer *m;* **market niche** *s* Marktnische *f;* **market place** *s* Markt(platz) *m;* **market rate** *s* Marktpreis *m;* **market requirements** *s pl* Markterfordernisse *pl;* **market research** *s* Marktforschung *f;* **market share** *s* Marktanteil *m;* **market town** *s* Markt(flecken) *m;* **market value** *s* Marktwert *m*

mark·ing [mɑ:kɪŋ] *s* ❶ Be-, Kennzeichnung, Markierung *f* ❷ (*von Fell*) Zeichnung, Färbung *f* ❸ Korrektur *f*

marks·man ['mɑ:ksmən] <*pl* -men> *s* Scharfschütze *m;* **marks·man·ship** ['mɑ:ksmənʃɪp] *s* Treffsicherheit *f*

mark-up ['mɑ:kʌp] *s* Preiserhöhung *f;* **mark-up price** *s* Verkaufspreis *m*

mar·ma·lade ['mɑ:məleɪd] *s* *Marmelade aus Zitrusfrüchten*

mar·mot ['mɑ:mət] *s* Murmeltier *nt*

ma·roon¹ [mə'ru:n] *vt* aussetzen

ma·roon² [mə'ru:n] **I.** *adj* kastanienbraun **II.** *s* ❶ Kastanienbraun *nt* ❷ Leuchtkugel *f*

mar·quee [mɑ:'ki:] *s* Festzelt *nt*

mar·riage ['mærɪdʒ] *s* ❶ Ehe *f* ❷ Heirat, Hochzeit, Eheschließung *f* (*to* mit); **give s.o. in** ~ **to s.o.** jdn jdm zur Frau geben; **civil** ~ standesamtliche Trauung; **mar·riage·able** [-əbl] *adj* heiratsfähig; **of** ~ **age** im heiratsfähigen Alter; **marriage bureau** *s* Eheanbahnungsinstitut *nt;* **marriage ceremony** *s* Trauung *f;* **marriage certificate** *s* Heiratsurkunde *f;* **marriage guidance** *s* Eheberatung *f;* **marriage lines** *s pl* Heiratsurkunde *f*

mar·ried ['mærɪd] *adj* verheiratet (*to* mit); **get** ~ (sich ver)heiraten; ~ **couple** Ehepaar *nt*

mar·row ['mærəʊ] *s* ❶ (Knochen)Mark *nt* ❷ (*fig*) (das) Innerste, Kern *m* ❸ Gemeiner Kürbis; **chilled to the** ~ völlig durchgefroren; **mar·row·bone** ['mærəʊbəʊn] *s* Markknochen *m*

marry ['mærɪ] **I.** *vt* ❶ trauen, vermählen (*to s.o.* mit jdm) ❷ heiraten (*s.o.* jdn) ❸ (~ *off*) verheiraten (*to* an, mit) **II.** *vi* heiraten, sich verheiraten; ~ **into money** reich heiraten

marsh [mɑ:ʃ] *s* Marsch(land *nt*) *f,* Sumpf *m*

mar·shal ['mɑ:ʃl] **I.** *s* ❶ (MIL) Marschall *m* ❷ (*Am*) Bezirkspolizeichef *m* **II.** *vt* ❶ (*Feier*) leiten ❷ (*fig*) (an)ordnen, arrangieren, disponieren; **mar·shal·ling yard** ['mɑ:ʃlɪŋjɑ:d] *s* Verschiebebahnhof *m*

marsh·land ['mɑ:ʃlænd] *s* Feuchtgebiet, Marschland *nt;* **marshy** ['mɑ:ʃɪ] *adj* sumpfig, morastig

i Land & Leute

Marshmallows sind sehr leichte, luftige Süßigkeiten, die in den USA gern über dem Feuer geröstet werden. Man isst sie jedoch auch direkt aus der Packung. Normalerweise sind **marshmallows** weiß und haben die Form eines kleinen dicken Zylinders, aber manchmal sind sie gefärbt und anders geformt.

mar·su·pial [mɑ:'su:pɪəl] *s* Beuteltier *nt*

mar·ten ['mɑ:tɪn] *s* Marder(fell *nt*) *m*

mar·tial ['mɑ:ʃl] *adj* kriegerisch; tapfer; ~ **arts** Kampfsportarten *pl;* **court** ~ Kriegs-, Militärgericht *nt;* **martial law** *s* Kriegsrecht *nt;* **be under** ~ unter dem Kriegsrecht stehen

Mar·tian ['mɑ:ʃn] *s* Marsbewohner(in) *m(f)*

mar·tin ['mɑ:tɪn] *s* Schwalbe *f*

mar·ti·net [,mɑ:tɪ'net] *s* Zuchtmeister *m*

mar·tyr ['mɑ:tə(r)] **I.** *s* Märtyrer(in) *m(f);* **make a** ~ **of o.s.** sich opfern **II.** *vt* martern; foltern; **mar·tyr·dom** [-dəm] *s* Martyrium *nt*

mar·vel ['mɑ:vl] **I.** *s* Wunder *nt;* **she's a** ~ **of patience** sie ist ein Wunder an Geduld **II.** *vi* staunen (*at* über); **mar·vel·lous** ['mɑ:vələs] *adj,* **mar·vel·ous** *adj* (*Am*) wunderbar; fantastisch

Marx·ism ['mɑ:ksɪzm] *s* Marxismus *m;* **Marx·ist** ['mɑ:ksɪst] **I.** *adj* marxistisch **II.** *s* Marxist(in) *m(f)*

i Land & Leute

Mary, Queen of Scots, war Mary Stuart, die Tochter des katholischen Königs *James V of Scotland.* Bereits als Baby wurde sie 1542 Königin von Schottland; sie wurde aber am französischen Königshof erzogen. 1561 kehrte sie nach Schottland zurück und heiratete ihren Cousin Henry Stuart, Lord Darnley. Ihr gemeinsamer Sohn war der spätere *King James V of Scotland*, der auch als James I König von England wurde. Lord Darnley wurde 1567 ermordet. Mary heiratete danach den Earl of Bothwell – jenen Mann,

M

der als Mörder Darnleys verdächtigt wurde. Daraufhin rebellierte der protestantische Adel Schottlands und Mary wurde gezwungen abzudanken. Sie stellte sich unter den Schutz der protestantischen *Queen Elizabeth I of England,* von der sie jedoch 20 Jahre lang im Fotheringay Castle gefangen gehalten wurde. Als Katholiken einen Komplott schmiedeten, um Mary an Stelle von Elizabeth auf den englischen Thron zu setzen, ließ Elizabeth Mary Stuart 1587 enthaupten.

mar·zi·pan ['mɑːzɪpæn] *s* Marzipan *nt*

mas·cara [mæ'skɑːrə] *s* Wimperntusche *f*

mas·cot ['mæskət] *s* Maskottchen *nt,* Talisman *m*

mas·cu·line ['mæskjʊlɪn] **I.** *adj* (*a.* GRAM) männlich **II.** *s* (GRAM) Maskulinum *nt*

mash [mæʃ] **I.** *s* ❶ (*Brauerei*) Maische *f* ❷ (AGR) Futterbrei *m* ❸ Brei *m* **II.** *vt* zerstampfen; **~ed potatoes** Kartoffelpüree *nt*

mask [mɑːsk] **I.** *s* Maske *f;* **throw off one's ~** (*fig*) sein wahres Gesicht zeigen; **death-/gas-/oxygen ~** Toten-/Gas-/Sauerstoffmaske *f* **II.** *vt* ❶ maskieren; verdecken ❷ (*fig*) verhüllen, verschleiern

maso·chism ['mæsəkɪzəm] *s* Masochismus *m;* **maso·chist** ['mæsəkɪst] *s* Masochist(in) *m(f)*

ma·son ['meɪsn] *s* ❶ Steinmetz *m* ❷ (*free~*) Freimaurer *m;* **ma·sonic** [mə'sɒnɪk] *adj* freimaurerisch; **ma·sonry** ['meɪsnrɪ] *s* ❶ Mauerwerk *nt* ❷ Freimaurerei *f*

mas·quer·ade [ˌmɑːskə'reɪd] **I.** *s* Maskerade *f* **II.** *vi* sich ausgeben (*as* als)

mass¹ [mæs] *s* Messe *f;* **go to ~** zur Messe gehen; **hear ~** die Messe feiern; **say ~** die Messe lesen; **high ~** Hochamt *nt*

mass² [mæs] **I.** *s* ❶ (*a.* PHYS) Masse *f* ❷ (*von Menschen*) Menge *f;* **in the ~** im ganzen; **the ~es** die Masse; **we have ~es of time** (*fam*) wir haben jede Menge Zeit **II.** *vt* massieren, anhäufen, konzentrieren **III.** *vi* ❶ sich ansammeln, sich anhäufen ❷ (*Wolken*) sich zusammenballen

mass·acre ['mæsəkə(r)] **I.** *s* Blutbad *nt* **II.** *vt* niedermetzeln, massakrieren

mas·sage ['mæsɑːʒ] **I.** *s* Massage *f* **II.** *vt* massieren; **massage parlour** *s* Massagesalon *m;* (*euph*) Bordell *nt*

mass cir·cu·la·tion [ˌmæssɜːkjʊ'leɪʃn] *s* Massenauflage *f*

mas·seur [mæ'sɜː(r)] *s* Masseur *m;* **mas·seuse** [mæ'sɜːz] *s* ❶ Masseurin *f* ❷ (*euph: Prostituierte*) Masseuse *f*

mass·ive ['mæsɪv] *adj* ❶ massiv, massig, solide, fest ❷ (*Stirn*) wuchtig, breit ❸ (*Aufgabe*) gewichtig

mass mar·ket·ing [ˌmæs'mɑːkɪtɪŋ] *s* Massenabsatzstrategie *f;* **mass me·dia** [ˌmæs'miːdɪə] *s pl* Massenmedien *pl;* **mass meeting** *s* Massenversammlung *f;* **mass murderer** *s* Massenmörder(in) *m(f);* **mass-produce** ['mæsprəˌdjuːs] *vt* serienmäßig herstellen; **mass production** *s* Massenproduktion, -fertigung *f;* **mass psychology** *s* Massenpsychologie *f;* **mass unemployment** *s* Massenarbeitslosigkeit *f*

mast¹ [mɑːst] *s* ❶ (MAR) Mast *m* ❷ Sendeturm *m*

mast² [mɑːst] *s* (AGR) Mast *f*

mas·tec·to·my [ˌmæs'tekəmɪ] *s* Brustamputation *f*

mas·ter ['mɑːstə(r)] **I.** *s* ❶ Herr *m;* Meister *m* ❷ Hausherr *m* ❸ Kapitän *m* ❹ (Handwerks)Meister *m* ❺ Lehrer *m* ❻ Leiter, Rektor *m* ❼ Original *nt;* **be one's own ~** sein eigener Herr sein; **be ~ in one's own house** Herr im Hause sein; **~'s certificate** Kapitänspatent *nt;* **be ~ of s.th.** etw beherrschen; **be ~ of the situation** Herr der Lage sein, die Situation im Griff haben; **dancing ~** Tanzlehrer *m* **II.** *vt* ❶ unter Kontrolle bringen ❷ (*Aufgabe*) bewältigen ❸ (*Fähigkeit*) beherrschen; **mas·ter-at-arms** [ˌmɑːstəræt'ɑːmz] *s* (MAR) Bootsmann *m* mit Polizeibefugnis; **master bedroom** *s* großes Schlafzimmer; **master builder** *s* Baumeister *m;* **master copy** *s* Original *nt;* **master data** *s pl* Stammdaten *pl;* **master disk** *s* (INFORM) Hauptplatte *f;* **master file** *s* (INFORM) Stammdatei *f;* **mas·ter·ful** ['mɑːstəfl] *adj* meisterhaft; gebieterisch; **master key** *s* Hauptschlüssel *m;* **mas·ter·ly** ['mɑːstəlɪ] *adj* meisterhaft; ausgezeichnet; **master·mind** ['mɑːstəmaɪnd] **I.** *s* führender Kopf, Kapazität *f* **II.** *vt* geschickt lenken; **Master of Arts** *s* Magister *m* der philosophischen Fakultät; **master of ceremonies** *s* Zeremonienmeister *m;* Conférencier *m;* **Master of Science** *s* Magister *m* der naturwissenschaftlichen Fakultät; **master·piece** ['mɑːstəpiːs] *s* Meisterstück, -werk *nt*

i Land & Leute

In Großbritannien ist ein **Master's degree** meistens ein akademischer Grad, der nach Abschluss des Studiums für eine wissenschaftliche Arbeit (*dissertation*) verliehen wird. Einige dieser Master's degrees sind: *MA* (*Master of Arts*), *MSc* (*Master of Science*), *MLitt* (*Master of Letters*) und *MPhil* (*Master of Philosophy*). In Schottland ist ein *MA* jedoch ein erster akademischer Grad.

mas·ter·stroke ['mɑːstəstrəʊk] *s* Glanzstück *nt;* **master tape** *s* (INFORM) Originalband *nt*

mas·tery ['mɑːstərɪ] *s* ❶ (Vor)Herrschaft, Vormacht(stellung) *f* (*of, over* über) ❷ (*eines Instruments*) Beherrschung *f* (*of +gen*); **gain the ~** die Oberhand gewinnen

mas·ti·cate ['mæstɪkeɪt] *vt* (zer)kauen; **mas·ti·ca·tion** [ˌmæstɪ'keɪʃn] *s* Kauen *nt*

mas·tiff ['mæstɪf] *s* Dogge *f*

ma·sti·tis [mæ'staɪtɪs] *s* (MED) Brust(drüsen)entzündung *f*

mas·tur·bate ['mæstəbeɪt] *vi* masturbieren, onanieren; **mas·tur·ba·tion** [ˌmæstə'beɪʃn] *s* Masturbation, Onanie, Selbstbefriedigung *f*

mat¹ [mæt] **I.** *s* ❶ (*a.* SPORT) Matte *f* ❷ (*door ~*) Türvorleger *m* ❸ Untersetzer *m,* Unterlage *f* ❹ (*von Haaren*) Gewirr *nt* **II.** *vi* verfilzen

mat² [mæt] *adj* matt

match¹ [mætʃ] **I.** *s* ❶ dazu Passendes ❷ Gegenstück, Pendant *nt* ❸ Heirat *f* ❹ Wettkampf *m;* Match *nt;* **be a good ~** gut zusammenpassen; **be a ~ for s.o.** sich mit jdm messen können; jdm gewachsen sein; **meet one's ~** seinen Meister finden; **he's a good ~** er ist eine gute Partie; **a boxing ~** ein Boxkampf *m* **II.** *vt* ❶ gleichkommen, gleich(wertig), ebenbürtig sein (*s.th.* einer S) ❷ passen zu, entsprechen (*s.o.* jdm) ❸ vergleichen; (*im Wettstreit*) messen (*with, against* mit); **the two boxers were well ~ed** die beiden Boxer waren einander ebenbürtig; **no one can ~ him in geography** niemand kann ihm in Geografie das Wasser reichen; **be ~ed against s.o.** gegen jdn antreten; **~ one's strength against s.o.** seine Kräfte mit jdm messen; **the carpets should ~ the curtains** die Teppiche sollten zu den Vorhängen passen **III.** *vi* zusammenpassen (*with* zu); **it doesn't ~** das passt nicht zusammen

match² [mætʃ] *s* Streich-, Zündholz *nt;* **match·box** *s* Streich-, Zündholzschachtel *f*

match·ing ['mætʃɪŋ] *adj* passend; **match·less** ['mætʃlɪs] *adj* unerreicht, unübertroffen; **match·maker** ['mætʃmeɪkə(r)] *s* Ehestifter(in) *m(f);* (*pej*) Kuppler(in) *m(f);* **she tried to play the ~ between the two** sie versuchte die beiden zu verkuppeln; **match point** *s* Matchball *m;* **match·stick** ['mætʃˌstɪk] *s* Streichholz *nt;* **match·wood** ['mætʃwʊd] *s* (*fig*) Kleinholz *nt*

mate¹ [meɪt] **I.** *s* ❶ Arbeitskollege, Kumpel *m* ❷ Freund(in) *m(f),* Kamerad(in) *m(f)* ❸ (*Tiere*) Männchen, Weibchen *nt* ❹ (MAR) Maat *m* **II.** *vt* paaren **III.** *vi* sich paaren

mate² [meɪt] **I.** *s* (*Schach*) Matt *nt* **II.** *vt* matt setzen

ma·terial [mə'tɪərɪəl] **I.** *adj* ❶ materiell ❷ wesentlich, grundlegend ❸ (JUR) erheblich **II.** *s* ❶ Material *nt,* Stoff *m* (*for* für) ❷ Baustoff *m* ❸ Stoff *m,* Gewebe *nt;* **raw ~s** Rohstoffe *mpl;* **building ~s** Baustoffe *mpl;* **writing ~s** Schreibzeug *nt;* **~ damage** Sachschaden *m*

ma·teri·al·ism [mə'tɪərɪəlɪzəm] *s* Materialismus *m;* **ma·teri·al·ist** [mə'tɪərɪəlɪst] *s* Materialist(in) *m(f);* **ma·teri·al·is·tic** [məˌtɪərɪə'lɪstɪk] *adj* materialistisch

ma·teri·al·ize [mə'tɪərɪəlaɪz] *vi* ❶ (*Idee*) sich verwirklichen; wahr werden ❷ (*Geist*) erscheinen; auftauchen

ma·ternal [mə'tɜːnl] *adj* mütterlich; **~ grandfather** Großvater mütterlicherseits; **~ instincts** Mutterinstinkte *mpl;* **ma·tern·ity** [mə'tɜːnətɪ] *s* Mutterschaft *f;* **maternity benefit** *s* Mutterschaftshilfe *f;* **maternity clinic** *s* Entbindungsklinik *f;* **maternity dress** *s* Umstandskleid *nt;* **maternity hospital, maternity home** *s* Entbindungsheim *nt;* **maternity leave** *s* Mutterschaftsurlaub *m;* **maternity ward** *s* Entbindungsstation *f*

matey ['meɪtɪ] *adj* freundlich; kameradschaftlich (*with* mit)

math [mæθ] *s* (*Am fam*) Mathe *f*

math·emat·ical [ˌmæθə'mætɪkl] *adj* mathematisch; **math·ema·tician** [ˌmæθəmə'tɪʃn] *s* Mathematiker(in) *m(f);* **mathe·mat·ics** [ˌmæθə'mætɪks] *s pl mit sing* Mathematik *f;* **maths** [mæθs] *s pl mit sing* (*Br fam*) Mathe *f*

mati·née ['mætɪneɪ] *s* Matinee; (*nachmittags a.*) Frühvorstellung *f*

mat·ing ['meɪtɪŋ] *s* (*von Tieren*) Paarung *f*

ma·tri·archy ['meɪtrɪɑːkɪ] *s* Matriarchat *nt*

ma·tricu·late [mə'trɪkjʊleɪt] **I.** *vi* sich immatrikulieren **II.** *vt* immatrikulieren; **ma·tricu·la·tion** [məˌtrɪkjʊ'leɪʃn] *s* Immatrikulation *f*

mat·ri·mo·nial [ˌmætrɪ'məʊnɪəl] *adj* ehelich; **mat·ri·mony** ['mætrɪmənɪ] *s* Ehe *f,*

M

Ehestand *m*

ma·trix ['meɪtrɪks, *pl* 'meɪtrɪsi:z] <*pl* -trices, -trixes> *s* ① Matrize *f;* Mater *f* ② (GEOL) Matrix *f*

ma·tron ['meɪtrən] *s* ① Matrone *f* ② (*im Krankenhaus*) Oberin *f;* **ma·tronly** ['meɪtrənlɪ] *adj* matronenhaft

matt [mæt] *adj* matt, mattiert

mat·ted ['mætɪd] *adj* (*Haar*) verfilzt

mat·ter ['mætə(r)] **I.** *s* ① (PHYS) Materie, Substanz *f,* Stoff *m* ② Stoff *m* ③ (MED) Eiter *m* ④ (TYP) Manuskript *nt* ⑤ Inhalt *m* ⑥ Sache, Angelegenheit *f;* Thema *nt,* Stoff *m* ⑦ **~s** Angelegenheiten *fpl;* **for that ~** eigentlich; **in the ~ of ...** was ... anbelangt; **that's quite another ~** das ist etwas ganz anderes; **no ~ what he does** ganz gleich, einerlei, was er tut; **the ~ in hand** die vorliegende Angelegenheit; **as ~s stand** wie die Dinge liegen; **to make ~s worse** zu allem Unglück; **no ~!** macht nichts!; **what's the ~?** was ist (denn) los?; **it's no laughing ~** das ist nicht zum Lachen; **it's a ~ of life and death** es geht um Leben und Tod; **business ~s** geschäftliche Angelegenheiten *fpl;* **printed ~** Drucksache *f;* **s.th. is the ~ with s.o.** etw ist mit jdm los **II.** *vi* von Belang, von Bedeutung, von Wichtigkeit sein (*to* für); **it doesn't ~** es macht nichts; **it doesn't ~ to me what you do** es ist mir egal, was du machst; **what does it ~?** was macht das (schon)?; **matter-of-fact** [ˌmætərəv'fækt] *adj* sachlich, nüchtern

mat·ting ['mætɪŋ] *s* Mattenbelag *m;* Matten *fpl*

mat·tock ['mætək] *s* Hacke, Haue *f*

mat·tress ['mætrɪs] *s* Matratze *f*

ma·ture [mə'tjʊə(r)] **I.** *adj* ① reif ② (*fig*) ausgereift; durchdacht ③ (FIN) fällig **II.** *vi* ① reifen; reif werden ② (FIN) fällig werden **III.** *vt* reifen lassen; **mature economy** *s* entwickelte Volkswirtschaft; **ma·tur·ity** [mə'tjʊərətɪ] *s* ① Reife *f* ② (FIN) Fälligkeit(stermin *m*) *f;* **reach ~** erwachsen werden

maud·lin ['mɔ:dlɪn] *adj* rührselig, weinerlich

maul [mɔ:l] **I.** *vt* übel zurichten **II.** *s* (*Rugby*) offenes Gedränge

i Land & Leute

Maundy Thursday ist der Gründonnerstag in der *Holy Week* (Karwoche). An diesem Tag verteilt der Monarch das *Maundy money* an ausgewählte, arme Leute. Die Anzahl der Leute richtet sich nach dem Alter des Monarchen und jeder erhält ein Set von eigens dafür geprägten Silbermünzen.

mau·so·leum [ˌmɔ:sə'li:əm] *s* Mausoleum *nt*

mauve [məʊv] *adj* malvenfarben

mav·er·ick ['mævərɪk] *s* ① (*fig*) Einzelgänger(in) *m(f)* ② Abtrünnige(r) *f m*

mawk·ish ['mɔ:kɪʃ] *adj* ① kitschig, rührselig ② (*Geschmack*) süßlich

maxi- ['mæksɪ] *PRÄF* Maxi-

maxim ['mæksɪm] *s* Grundsatz *m,* Maxime *f*

maxim·al ['mæksɪml] *adj* maximal; **maxi·mize** ['mæksɪmaɪz] *vt* maximieren; **maxi·mum** ['mæksɪməm, *pl* 'mæksɪmə] <*pl* -mums, -ma> **I.** *s* Maximum *nt* **II.** *adj* Höchst-; maximal; **~ load** Höchstbelastung *f;* **~ sentence** Höchststrafe *f;* **~ speed** Höchstgeschwindigkeit *f;* **maxi-racer** ['mæksɪˌreɪsə(r)] *s* Maxiracer *m*

may [meɪ] <*irr:* might> *vi* ① können ② dürfen; **it ~** [*o* **might**] **rain** es könnte regnen; **it ~ be that ...** vielleicht ...; **you ~ be right** Sie könnten Recht haben; **~ I go now?** darf ich jetzt gehen?; **~ I have the pleasure of the next dance?** darf ich Sie zum nächsten Tanz auffordern?; **I hope he ~ succeed** ich hoffe, dass es ihm gelingt; **we ~** [*o* **might**] **as well go** ich glaube, wir können gehen; **~ you both be happy!** ich wünsche euch beiden viel Glück

May [meɪ] *s* Mai *m;* **in ~** im Mai; **~ Day** der 1. Mai, Maifeiertag *m*

i Land & Leute

Am **May Day,** dem 1. Mai, gibt es in Teilen Großbritanniens das *morris dancing* und in einigen Schulhöfen und Dörfern wird noch ein *maypole* (Maibaum) mit langen, bunten Bändern aufgestellt. Jeder Tänzer hält ein Band und tanzt zwischen den anderen Tänzern hindurch; so entsteht dann aus den Bändern ein Flechtmuster.

may·be ['meɪbi:] *adv* vielleicht

may·day ['meɪdeɪ] *s* (MAR AVIAT) Maydaysignal *nt* (*internationaler Notruf*)

may·fly ['meɪflaɪ] *s* Eintagsfliege *f*

may·hem ['meɪhem] *s* ① (*Am:* JUR) schwere Körperverletzung ② Chaos *nt*

may·on·naise [ˌmeɪə'neɪz] *s* Mayonnaise *f*

mayor [meə(r)] *s* Bürgermeister(in) *m(f);*

mayor·ess [meə'res] *s* ① Bürgermeistersfrau *f* ② Bürgermeisterin *f*
may·pole ['meɪpəʊl] *s* Maibaum *m*
maze [meɪz] *s* ① Irrgarten *m,* Labyrinth *nt* ② (*fig*) Wirrwarr *m,* Gewirr *nt;* **be in a ~** bestürzt, ratlos, verlegen sein
MB [ˌem'biː] *s Abk. von* **megabyte** MB *nt*
MBA [ˌembiː'eɪ] *s Abk. von* **Master of Business Administration** Betriebswirt *m*
McJob *s* (*sl*) Gelegenheitsjob *m;* **McMansion** *s* (*sl*) geschmackloses, großes, neues Wohnhaus
MCP [ˌemsiː'piː] *s Abk. von* **male chauvinist pig** (*pej*) Chauvi *m*
MD [ˌem'diː] *s Abk. von* **managing director** geschäftsführende(r) Direktor(in)
me [miː] *pron* ① mich *acc,* mir *dat* ② (*fam*) ich; **its ~** ich bin's
meadow ['medəʊ] *s* Wiese *f*
mea·ger *adj* (*Am*), **meagre** ['miːgə(r)] *adj* ① mager, dünn, dürr ② (*fig*) spärlich, dürftig
meal¹ [miːl] *s* Mahl(zeit *f*) *nt;* Essen *nt;* **go for a ~** essen gehen
meal² [miːl] *s* Schrot(mehl *nt*) *m*
meal·time ['miːltaɪm] *s* Essenszeit *f*
mealy ['miːlɪ] *adj* mehlig; **mealy·mouthed** ['miːlɪmaʊðd] *adj* ① unaufrichtig ② schönfärberisch; **be ~** um den heißen Brei herumreden
mean¹ [miːn] <*irr:* meant, meant> *vt* ① meinen, denken ② vorhaben, beabsichtigen (*to do* zu tun) ③ ernst meinen ④ sagen wollen (*by* mit) ⑤ (*Wort*) bedeuten; **what do you ~ by that?** was willst du damit sagen?; **~ to do s.th.** etw tun wollen; **be meant for s.o.** für jdn bestimmt sein; **I meant it as a joke** das sollte ein Witz sein; **this picture is meant for me** dieses Bild ist für mich bestimmt; **he ~s no harm** er meint es nicht böse; **~ well by s.o.** es gut mit jdm meinen
mean² [miːn] *adj* ① geizig, knauserig ② gemein ③ (*Motive*) niedrig ④ schäbig, armselig ⑤ bösartig; gehässig; **feel ~** (*fam*) sich genieren, sich schämen; (*Am*) sich nicht wohl fühlen
mean³ [miːn] **I.** *adj* mittlere(r, s) **II.** *s* (*a.* MATH) Durchschnitt *m,* Mittelwert *m,* -maß *nt*
me·ander [mɪ'ændə(r)] *vi* ① (*Fluss*) sich dahinwinden ② (*fig*) wirr sein; vom Thema abschweifen; **me·ander·ings** [mɪ'ændərɪŋz] *s pl* Windungen *fpl,* Abschweifungen *fpl*
meanie [miːnɪ] *s* (*fam*) Geizhals *m*
mean·ing ['miːnɪŋ] **I.** *s* Sinn *m,* Bedeutung *f;* **what's the ~ of ... ?** was ... heißt?; **mistake s.o.'s ~** jdn missverstehen; **do you get my ~?** haben Sie mich verstanden? **II.** *adj* vielsagend, bedeutsam; **mean·ing·ful** ['miːnɪŋfl] *adj* bedeutungs-, sinnvoll; **mean·ing·less** [-lɪs] *adj* bedeutungs-, sinnlos
mean·ness ['miːnnɪs] *s* ① Geiz *m* ② Gemeinheit *f* ③ niedrige Gesinnung ④ Bösartigkeit *f* ⑤ Schäbigkeit *f*
means [miːnz] *s* ① (*im sing*) Möglichkeit *f;* Mittel *nt* ② (*im pl*) Mittel *ntpl,* Gelder *ntpl;* **there is no ~ of doing it** es ist unmöglich das zu tun; **by ~ of s.th** durch etw, mittels einer S; **by this ~** dadurch; **by some ~ or other** auf irgendeine Art und Weise; **by no ~** keineswegs; **a man of ~** ein vermögender Mann; **live beyond one's ~** über seine Verhältnisse leben
meant [ment] *vt s.* **mean¹**
mean·time ['miːntaɪm] **I.** *adv* inzwischen **II.** *s* Zwischenzeit *f;* **in the ~** in der Zwischenzeit
mean·while ['miːnwaɪl] *adv* inzwischen, unterdessen
measles ['miːzlz] *s pl mit sing* (MED) Masern *pl*
measly ['miːzlɪ] *adj* (*fam*) lumpig, kümmerlich, schäbig
measur·able ['meʒərəbl] *adj* messbar; erkennbar
measure ['meʒə(r)] **I.** *s* ① Maß *nt* ② Maßeinheit *f,* -system *nt* ③ (*fig*) Maßstab *m* (*of* für) ④ Menge *f* ⑤ Ausmaß *nt,* Grad, Umfang *m* ⑥ Maßnahme, -regel *f,* Schritt(e *pl*) *m* ⑦ Versmaß *nt* ⑧ (MUS) Takt *m;* **a ~ of length** ein Längenmaß; **give s.o. full ~** richtig ausschenken; **in some ~** in gewisser Hinsicht; **to a large ~** in hohem Maße; **take ~s to do s.th.** Maßnahmen ergreifen, um etw zu tun **II.** *vt* ① messen ② (*~ off, ~ out*) ab-, aus-, vermessen ③ Maß nehmen (*s.o.* jdm) ④ (*fig*) abwägen, beurteilen; **~ one's length** der Länge nach hinfallen **III.** *vi* messen; **measured** ['meʒəd] *adj* (*fig*) gemessen, bedächtig, wohlüberlegt; **measure·ment** ['meʒəmənt] *s* ① (Ver)Messung *f* ② Maß *nt* ③ (*fig*) Maßstab *m;* **take s.o.'s ~s** bei jdm Maß nehmen; **measur·ing tape** ['meʒərɪŋˌteɪp] *s* Maßband, Bandmaß *nt*
meat [miːt] *s* ① Fleisch *nt* ② (*fig*) Inhalt *m;* Substanz *f;* **cold ~** kalter Braten; **meat·ball** ['miːtbɔːl] *s* Fleischklößchen *nt;* **meat·loaf** ['miːtləʊf] *s* Hackbraten *m;* **meat products** *s pl* Fleisch- und Wurstwaren *fpl*
mech·anic [mɪ'kænɪk] *s* Mechaniker(in) *m(f);* **mech·an·ical** [mɪ'kænɪkl] *adj*

① mechanisch ② *(fig)* automatisch; ~ **engineering** Maschinenbau *m*

mech·an·ism ['mekənɪzəm] *s* Mechanismus *m;* **mech·an·ize** ['mekənaɪz] *vt* mechanisieren

medal ['medl] *s* ① Medaille *f* ② Orden *m;* **me·dal·lion** [mɪ'dælɪən] *s* Medaillon *nt;* **medal·ist** ['medəlɪst] *s* Medaillengewinner(in) *m(f)*

meddle ['medl] *vi* sich einmischen *(with, in* in); **meddle·some** [-səm] *adj* aufdringlich; neugierig

me·dia ['mi:dɪə] *s pl* Medien *pl;* **media circus** *s* Medienrummel *m;* **media coverage** *s* Berichterstattung *f* durch die Medien

medi·aeval *adj* mittelalterlich

media event *s* Medienereignis *nt*

me·dia·gen·ic [ˌmi:dɪə'dʒenɪk] *adj* mediengen

media magnate *s* Medienmagnat *m*

me·dian ['mi:dɪən] *s* Zentralwert, Median *m*

me·diate ['mi:dɪeɪt] **I.** *vi* vermitteln *(between* zwischen) **II.** *vt* aushandeln; **mediation** [ˌmi:dɪ'eɪʃn] *s* Vermittlung *f;* **mediator** ['mi:dɪeɪtə(r)] *s* (Ver)Mittler(in) *m(f),* Schlichter(in) *m(f)*

medic ['medɪk] *s (fam)* Mediziner(in) *m(f);* **Medic·aid** ['medɪkeɪd] *s (in den USA) staatliche Gesundheitsfürsorge für Einkommensschwache*

medi·cal ['medɪkl] **I.** *adj* medizinisch; ärztlich; Medizin-; Gesundheits-; ~ **card** Krankenversicherungskarte *f;* ~ **certificate** ärztliches Attest; ~ **examination** ärztliche Untersuchung; ~ **history** Krankengeschichte *f;* ~ **insurance** Krankenversicherung *f;* ~ **ward** innere Abteilung *(einer Klinik)* **II.** *s* ärztliche Untersuchung; **medicament** [mɪ'dɪkəmənt] *s* Medikament *nt;* **Medi·care** ['medɪkeə(r)] *s (in den USA) staatliche Krankenversicherung für Rentner;* **medi·cate** ['medɪkeɪt] *vt* medizinisch behandeln; **medi·ca·tion** [ˌmedɪ'keɪʃn] *s* ① medizinische Behandlung ② Arznei *f;* **med·ici·nal** [mɪ'dɪsɪnl] *adj* heilkräftig, heilend; **for** ~ **purposes** zu Heilzwecken; **medi·cine** ['medsn, *Am* 'medɪsn] *s* ① Medizin, Heilkunde *f* ② Arznei *f;* **practice** ~ den Arztberuf ausüben; **give s.o. a taste of his own** ~ *(fig)* es jdm mit gleicher Münze heimzahlen; **medicine ball** ['medsnˌbɔ:l] *s* Medizinball *m;* **medicine chest** ['medsnˌtʃest] *s* Hausapotheke *f;* **medicine man** ['medsnˌmæn] *s* Medizinmann *m*

medi·eval [ˌmedɪ'i:vl] *adj* mittelalterlich

me·di·ocre [ˌmi:dɪ'əʊkə(r)] *adj* mittelmäßig, durchschnittlich; **me·di·oc·rity** [ˌmi:dɪ'ɒkrətɪ] *s* ① Mittelmäßigkeit *f* ② Durchschnittsmensch *m*

medi·tate ['medɪteɪt] **I.** *vi* nachdenken *(on, upon* über), meditieren **II.** *vt:* ~ **revenge** auf Rache sinnen; **medi·ta·tion** [ˌmedɪ'teɪʃn] *s* Nachdenken *nt;* Meditation *f*

Medi·ter·ra·nean [ˌmedɪtə'reɪnɪən] **I.** *adj* mediterran; südländisch **II.** *s* Mittelmeer *nt*

me·dium ['mi:dɪəm, *pl* 'mi:dɪə] <*pl* -diums, -dia> **I.** *s* ① Mittel, Werkzeug *nt* ② Ausdrucksmittel *nt* ③ *(Spiritismus)* Medium *nt* ④ (PHYS) Träger *m;* Element *nt* ⑤ Mitte *f;* **the happy** ~ der goldene Mittelweg; **advertising** ~ Werbeträger *m* **II.** *adj* mittlere(r, s); durchschnittlich; mittel-; **of** ~ **height** mittelgroß; **me·dium-dry** [ˌmi:dɪəm'draɪ] *adj* halbtrocken; **me·dium-rare** [ˌmi:dɪəm'reə(r)] *adj* rosa, englisch; **me·dium-sized** [ˌmi:dɪəm 'saɪzd] *adj* mittelgroß; ~ **businesses** Mittelstand *m;* ~ **company** mittelständischer Betrieb; **medium term** *adj* mittelfristig; **medium wave** *s* (RADIO) Mittelwelle *f*

med·ley ['medlɪ] *s* ① Gemisch, Durcheinander *nt* ② (MUS) Potpourri *nt*

meek [mi:k] *adj* ① sanft(mütig), lammfromm ② duldsam, geduldig; **as** ~ **as a lamb** sanft wie ein Lamm

meet [mi:t] <*irr:* met, met> **I.** *vt* ① treffen, begegnen; stoßen auf ② bekannt werden mit, kennen lernen; sich treffen mit ③ abholen ④ treffen auf; sich vereinigen mit ⑤ *(Fluss)* münden in ⑥ *(Erwartung)* erfüllen; entsprechen *(s.th.* einer S); *(einer Verpflichtung)* nachkommen; *(Schuld)* bezahlen; *(Defizit)* decken; *(Wunsch)* erfüllen; ~ **the deadline** den Termin einhalten; ~ **demands** Ansprüche befriedigen; ~ **expenses** Ausgaben bestreiten; ~ **s.o.'s eye** jdm zu Gesicht kommen; mit jdm einen Blick tauschen; **arrange to** ~ **s.o.** sich mit jdm verabreden; **pleased to** ~ **you!** sehr angenehm!; **I'll** ~ **your train** ich hole dich vom Zug ab **II.** *vi* ① sich begegnen, sich treffen ② sich kennen lernen; bekannt gemacht werden ③ *(Gesellschaft)* sich versammeln; sich vereinigen ④ (SPORT) aufeinander treffen ⑤ *(fig)* sich vereinigen; aufeinander stoßen ⑥ *(Blicke)* sich treffen; ~ **half-way** einen Kompromiss schließen; **our eyes met** unsere Blicke trafen sich **III.** *s* ① *(Am:* SPORT) Sportfest *nt* ② *(Br)* Jagdgesellschaft *f;* **meet with** *vt* ① stoßen auf; *(Unfall)* erleiden; *(Tod)* finden ② *(Mensch)* zusammenkommen mit

meet·ing ['mi:tɪŋ] *s* ① Zusammentreffen *nt;* Begegnung *f;* Besprechung *f* ② Versammlung, Sitzung, Tagung *f* ③ (SPORT) Veranstaltung *f* ④ (*Fluss*) Zusammenfluss *m;* **at a ~** auf einer Versammlung; **~ place** Treffpunkt *m;* **~ point** Schnittpunkt *m;* Zusammenfluss *m*

mega·brand ['megəbrænd] *s* Megamarke *f,* Marktführer *m*

mega·byte ['megəbaɪt] *s* (INFORM) Megabyte *nt;* **mega·hertz** *s* (ELEK) Megahertz *nt*

mega·lo·ma·nia [ˌmegələ'meɪnɪə] *s* Größenwahn *m;* **mega·lo·ma·niac** [ˌmegələ'meɪnɪæk] *adj* größenwahnsinnig

mega·lopo·lis [ˌmegə'lɒpəlɪs] *s* Megalopolis *f* (*Riesenstadt*)

mega·merg·er ['megəmɜ:dʒə] *s* Fusion *f* der Unternehmensriesen

mega·phone ['megəfəʊn] *s* Megafon *nt;* **mega·store** ['megəstɔ:(r)] *s* Megastore *m,* großes Geschäft

mel·an·cholia [ˌmelən'kəʊlɪə] *s* Melancholie *f;* **mel·an·cholic** [ˌmelən'kɒlɪk] *adj* melancholisch; **mel·an·choly** ['melənkɒlɪ] **I.** *s* Melancholie, Schwermut *f,* Trübsinn *m* **II.** *adj* ① melancholisch, schwermütig ② düster, traurig

mela·to·nin [ˌmelə'təʊnɪn] *s no pl* Melatonin *nt*

i Land & Leute

Der **Melbourne Cup** (Pokal), der immer am ersten Dienstag im November abgehalten wird, ist Australiens beliebtestes Pferderennen. An diesem Renntag kommt in ganz Australien für drei Minuten alles zum Stillstand, da dann alle Arbeiter das Rennen im Fernsehen oder Radio verfolgen. Millionen von Dollar werden verwettet; im ganzen Land zieht man sich festlich an und mittags gibt es Hähnchen mit Sekt.

mel·low ['meləʊ] **I.** *adj* ① (*Frucht*) reif, weich, saftig, süß ② (*Wein*) vollmundig, ausgereift ③ (*Farbe*) warm ④ (*Licht*) wohltuend ⑤ (*Ton*) voll ⑥ (*Mensch*) abgeklärt ⑦ (*fig*) angeheitert **II.** *vt* ① zur Reife bringen ② weich, süß machen ③ (*fig*) mildern **III.** *vi* ① reifen; reif, weich, süß werden ② (*fig*) sich abklären

mel·odi·ous [mɪ'ləʊdɪəs] *adj* wohlklingend, melodiös

melo·drama ['melədrɑ:mə] *s* Melodrama *nt;* **melo·dram·atic** [ˌmelədrə'mætɪk] *adj* melodramatisch

mel·ody ['melədɪ] *s* Melodie *f*

melon ['melən] *s* Melone *f*

melt [melt] **I.** *vt* ① schmelzen, auftauen; zerlassen ② (*Zucker*) auflösen ③ (*fig*) erweichen; **~ down** einschmelzen **II.** *vi* ① schmelzen, zergehen ② sich lösen ③ (*fig*) dahinschmelzen; **~ away** wegschmelzen; verfliegen; sich auflösen; **meltdown** ['meltdaʊn] *s* (*Atomkraftwerk*) Kernschmelze *f;* **melting point** *s* Schmelzpunkt *m;* **melting pot** ['meltɪŋpɒt] *s* Schmelztiegel *m*

mem·ber ['membə(r)] *s* ① Mitglied *nt;* Angehörige(r) *f m* ② (POL) Abgeordnete(r) *f m* ③ (TECH) Glied *nt;* **Member of Parliament, M.P.** (*in GB*) Abgeordnete(r) *f m* des Unterhauses; **~ of the family** Familienmitglied *nt;* **the ~ countries** die Mitgliedsstaaten; **~ state** Mitgliedsstaat *m;* **mem·ber·ship** [-ʃɪp] *s* ① Mitgliedschaft *f* ② Mitgliederzahl *f;* **membership card** *s* Mitgliedskarte *f;* **membership qualification** *s* Beitrittsvoraussetzung *f*

mem·brane ['membreɪn] *s* (PHYS ANAT ZOO) Membran(e) *f*

mem·ento [mɪ'mentəʊ] <*pl* -ento(e)s> *s* Andenken *nt* (*of* an)

memo ['meməʊ] <*pl* memos> *s* Notiz, Mitteilung *f*

mem·oir ['memwɑ:(r)] *s* ① Kurzbiografie *f* ② **~s** Memoiren *pl*

memo pad *s* Notizblock *m*

mem·or·able ['memərəbl] *adj* ① denkwürdig ② unvergesslich

mem·or·an·dum [ˌmemə'rændəm, *pl* -də] <*pl* -da> *s* ① Notiz *f,* Vermerk *m;* kurze Mitteilung ② (POL) Memorandum *nt*

mem·or·ial [mɪ'mɔ:rɪəl] **I.** *s* ① Denkmal *nt,* Gedenkstätte *f* ② (POL) Denkschrift *f* **II.** *adj* Gedenk-; **Memorial Day** *s* (*in den USA*) Heldengedenktag *m* (*30. Mai*)

i Land & Leute

Der **Memorial Day** ist der letzte Montag im Mai und ist fast überall in den USA (außer in ein paar Südstaaten) ein gesetzlicher Feiertag. An diesem Tag gedenkt man der Gefallenen aller US-Kriege.

mem·or·ize ['meməraɪz] *vt* sich einprägen

mem·ory ['memərɪ] *s* ① Gedächtnis *nt;* Erinnerungsvermögen *nt* ② Andenken *nt,* Erinnerung *f* (*of* an) ③ (INFORM) Speicher *m;* **from** [*o* **by**] **~** auswendig; **in ~ of** zur

M

Erinnerung an; **to the best of my ~** soweit ich mich erinnern kann; **within living ~** seit Menschengedenken; **call to ~** sich ins Gedächtnis zurückrufen; **commit to ~** auswendig lernen; **memory bank** *s* Datenbank *f;* **memory capacity** *s* (INFORM) Speicherkapazität *f;* **memory chip** *s* (INFORM) Speicherchip *m;* **memory dump** *s* (INFORM) Speicherauszug *m;* **memory expansion card** *s* (INFORM) Speichererweiterungskarte *f;* **memory management** *s* (INFORM) Speicherverwaltung *f;* **memory protection** *s* (INFORM) Speicherschutz *nt*

men [men] *s pl von* **man**

men·ace ['menəs] **I.** *s* (Be)Drohung *f* (*to +gen*), drohende Gefahr **II.** *vt* bedrohen; **men·acing** [-ɪŋ] *adj,* **men·acing·ly** [-ɪŋlɪ] *adv* bedrohlich; drohend

mend [mend] **I.** *vt* ❶ ausbessern, reparieren, flicken ❷ (*Strümpfe*) stopfen ❸ verbessern, berichtigen; ~ **one's ways** sich bessern **II.** *vi* wieder gesund werden **III.** *s* ausgebesserte Stelle; Flickstelle *f;* **on the ~** auf dem Wege der Besserung

men·da·cious [men'deɪʃəs] *adj* lügnerisch, verlogen; **men·dac·ity** [men'dæsətɪ] *s* Verlogenheit, Falschheit *f*

mend·ing ['mendɪŋ] *s* Flickarbeit *f*

me·nial ['mi:nɪəl] **I.** *adj* untergeordnet, niedrig **II.** *s* (*pej*) Dienstbote *m*

men·in·gi·tis [,menɪn'dʒaɪtɪs] *s* Hirnhautentzündung, Meningitis *f*

meno·pause ['menəpɔ:z] *s* (PHYSIOL) Wechseljahre *pl,* Menopause *f*

men's room ['menz,ru:m] *s* (*Am*) Herrentoilette *f*

men·strual ['menstrʊəl] *adj* Menstruations-; **men·stru·ate** ['menstrʊeɪt] *vi* seine Regel haben; **men·stru·ation** [,menstrʊ'eɪʃn] *s* Menstruation *f*

men·tal ['mentl] *adj* geistig; seelisch; ~ **age** geistiger Entwicklungsstand; ~ **arithmetic** Kopfrechnen *nt;* ~ **blackout** Bewusstseinsstörung *f;* ~ **breakdown** Nervenzusammenbruch *m;* ~ **deficiency** Schwachsinn *m;* ~ **health** Geisteszustand *m;* ~ **home** Nervenheilanstalt *f;* ~ **hospital** Nervenklinik *f;* ~ **illness** Geisteskrankheit *f*

men·tal·ity [men'tælətɪ] *s* Geistesverfassung, Mentalität *f*

men·tal·ly ['mentəlɪ] *adv* geistig; ~ **handicapped** geistig behindert

men·thol ['menθɒl] *s* Menthol *nt*

men·tion ['menʃn] **I.** *s* Erwähnung *f;* **get a ~** erwähnt werden; **it's not worth a ~** es ist nicht erwähnenswert **II.** *vt* erwähnen; **not to ~, without ~ing** abgesehen von, ganz zu schweigen von; **don't ~ it!** keine Ursache! gern geschehen!; **that's not worth ~ing** das ist nicht der Rede wert

menu ['menju:] *s* Speisekarte *f;* (INFORM) Menü *nt;* **menu-driven** ['menju:,drɪvn] *adj* (INFORM) menügesteuert

mer·cen·ary ['mɜ:sɪnərɪ] **I.** *adj* gewinnsüchtig; geldgierig **II.** *s* Söldner *m*

mer·chan·dise ['mɜ:tʃəndaɪz] *s* Ware(n *pl*) *f*

mer·chant ['mɜ:tʃənt] *s* ❶ (Groß)Kaufmann *m* ❷ (*sl*) auf etw versessener Kerl; **wine ~** Weinhändler(in) *m(f);* **merchant bank** *s* Handelsbank *f;* **mer·chant·man** ['mɜ:tʃəntmən] <*pl* -men> *s* Handelsschiff *nt;* **merchant navy** *s* Handelsmarine *f;* **merchant ship** *s* Handelsschiff *nt*

mer·ci·ful ['mɜ:sɪfl] *adj* gnädig; **mer·ci·less** ['mɜ:sɪlɪs] *adj* unbarmherzig, erbarmungs-, mitleidlos (*to* gegen)

mer·cur·ial [mɜ:'kjʊərɪəl] *adj* ❶ quecksilberhaltig ❷ (*fig*) lebhaft, lebendig, sprunghaft; **mer·cury** ['mɜ:kjʊrɪ] *s* Quecksilber *nt*

Mer·cury ['mɜ:kjʊrɪ] *s* Merkur *m*

mercy ['mɜ:sɪ] *s* ❶ Gnade *f,* Erbarmen *nt;* Barmherzigkeit *f* ❷ Wohltat *f,* Segen *m,* Glück *nt;* **be at the ~ of s.o.** jdm ausgeliefert sein; **at the ~ of the elements** dem Spiel der Elemente preisgegeben; **beg for ~** um Gnade bitten; **show s.o. ~** Erbarmen mit jdm haben; **without ~** erbarmungs-, mitleidlos

mere [mɪə(r)] *adj* bloß, nichts als; rein; **she's a ~ child** sie ist bloß ein Kind; **a ~ trifle** bloß eine Lappalie; **mere·ly** ['mɪəlɪ] *adv* bloß, nur, lediglich

merge [mɜ:dʒ] **I.** *vi* ❶ ineinander übergehen; verschmelzen (*in* mit) ❷ (*Straßen*) ineinander einmünden ❸ (COM) fusionieren; ~ **into s.th.** in etw übergehen **II.** *vt* ❶ miteinander verbinden; ineinander übergehen lassen (*into* mit) ❷ (COM) zusammenschließen, fusionieren; **they were ~d with ...** sie haben mit ... fusioniert; **merger** ['mɜ:dʒə(r)] *s* (COM) Fusion *f*

mer·id·ian [mə'rɪdɪən] *s* ❶ (GEOG ASTR) Meridian *m* ❷ (*fig*) Höhepunkt *m*

me·ringue [mə'ræŋ] *s* Meringe *f,* Baiser *nt*

merit ['merɪt] **I.** *s* ❶ Verdienst *nt,* Leistung *f* ❷ Vorzug *m;* **judged on ~** nach Leistung beurteilt; **on the ~s of the case** nach Lage der Dinge; **inquire into the ~s of s.th.** etw auf seine Vorzüge untersuchen **II.** *vt* verdienen, wert sein; **meri·toc·racy** [,merɪ'tɒkrəsɪ] *s* Leistungsgesellschaft *f*

mer·maid ['mɜ:meɪd] *s* Nixe, Meerjungfrau *f;* **mer·man** ['mɜ:mən] <*pl* -men> *s* Wassermann, Triton *m*

mer·ri·ment ['merɪmənt] *s* Fröhlichkeit, Ausgelassenheit *f;* **merry** ['merɪ] *adj* ① ausgelassen, fröhlich ② vergnügt, heiter ③ (*fam*) beschwipst; **make ~** ausgelassen, vergnügt sein; **~ England** das gute alte England; **Merry Christmas!** Fröhliche Weihnachten!; **merry-go-round** ['merɪgəʊˌraʊnd] *s* Karussell *nt*

mesh [meʃ] **I.** *s* ① Masche *f* ② **~es** Netz(werk) *nt;* Maschendraht *m* ③ **~es** (*fig*) Schlingen *fpl,* Falle *f* ④ (TECH) Ineinandergreifen *nt* der Zahnräder; **in ~** (TECH) im Eingriff; **entangle s.o. in one's ~es** jdn umgarnen **II.** *vi* ① (TECH) eingreifen ② (*fig*) sich vereinen lassen

mes·meric [mez'merɪk] *adj* hypnotisch; **mes·mer·ism** ['mezmərɪzəm] *s* hypnotische Wirkung; **mes·mer·ize** ['mezməraɪz] *vt* hypnotisieren; faszinieren

meso·morph *s* mesomorph, athletisch

me·son ['mi:sən] *s* (PHYS) Meson *nt*

mess¹ [mes] **I.** *s* ① Unordnung *f,* Durcheinander *nt* ② Schmutz, Dreck *m* ③ schwierige Lage, Schlamassel *m;* **be in a ~** unordentlich sein; ein Durcheinander sein; **be a ~** chaotisch sein, ein Chaot/eine Chaotin sein; **make a ~ of** verpfuschen; durcheinander bringen; **that's a fine ~** das ist eine schöne Bescherung! **II.** *vt* ① (**~** *about*) herumpfuschen an; durcheinander bringen; an der Nase herumführen ② (**~** *up*) durcheinander, in Unordnung bringen; kaputtmachen; verpfuschen **III.** *vi* (**~** *about, around*) herumalbern, -gammeln, -pfuschen, -basteln, -hantieren

mess² [mes] **I.** *s* (MIL) Kasino *nt* **II.** *vi* das Essen einnehmen

mes·sage ['mesɪdʒ] *s* ① Mitteilung, Nachricht, Benachrichtigung *f;* Funkspruch *m* ② (*moralisch*) Botschaft *f;* **take a ~ to s.o.** jdm eine Nachricht überbringen; **send a ~ to s.o.** jdn benachrichtigen; **get the ~** (*sl*) kapieren

mes·sen·ger ['mesɪndʒə(r)] *s* ① Bote *m,* Botin *f* ② (MIL) Kurier *m;* **~ boy** Laufbursche *m*

Mes·si·ah [mɪ'saɪə] *s* (der) Messias

mess-up ['mesʌp] *s* Durcheinander *nt;* **messy** ['mesɪ] *adj* ① unordentlich ② schmutzig, dreckig

met [met] *s.* **meet**

meta·bolic [ˌmetə'bɒlɪk] *adj* (BIOL) Stoffwechsel-; metabolisch; **me·tab·olism** [mɪ'tæbəlɪzəm] *s* (BIOL) Stoffwechsel, Metabolismus *m*

me·tal ['metl] **I.** *s* ① Metall *nt* ② Asphalt *m* ③ **~s** Schienen *fpl* **II.** *vt* asphaltieren; **me·tal·lic** [mɪ'tælɪk] *adj* metallisch; **me·tal·lurgy** [mɪ'tælədʒɪ] *s* Metallurgie *f;* **metal·work** *s* Metall *nt;* **metal·worker** *s* Metallarbeiter(in) *m(f)*

meta·mor·pho·sis [ˌmetə'mɔ:fəsɪs, *pl* -si:z] <*pl* -ses> *s* Metamorphose *f*

meta·phor ['metəfə(r)] *s* Metapher *f;* **meta·phori·cal** [ˌmetə'fɒrɪkl] *adj* metaphorisch

meta·phys·ical [ˌmetə'fɪzɪkl] *adj* metaphysisch; **meta·phys·ics** [ˌmetə'fɪzɪks] *s pl mit sing* Metaphysik *f*

me·tas·ta·sis [mɪ'tæstəsɪs, *pl* mɪ'tæstəsi:z] <*pl* -ses> *s* Metastasenbildung *f*

mete [mi:t] *vt:* **~ out** zuteil werden lassen (*to s.o.* jdm)

me·teor ['mi:tɪə(r)] *s* Meteor *m;* **me·teoric** [ˌmi:tɪ'ɒrɪk] *adj* ① meteorisch ② (*fig*) kometenhaft; **me·teor·ite** ['mi:tɪəraɪt] *s* Meteorit *m*

me·teoro·logi·cal [ˌmi:tɪərə'lɒdʒɪkl] *adj* meteorologisch; **~ office** Wetteramt *nt;* **me·teor·ol·ogist** [ˌmi:tɪə'rɒlədʒɪst] *s* Meteorologe *m,* Meteorologin *f;* **me·teor·ol·ogy** [ˌmi:tɪə'rɒlədʒɪ] *s* Meteorologie *f*

me·ter¹ ['mi:tə(r)] **I.** *s* Zähler *m;* **gas-~** Gasuhr *f;* **parking-~** Parkuhr *f;* **exposure-~** Belichtungsmesser *m* **II.** *vt* messen

me·ter² ['mi:tə(r)] *s* (*Am*) Meter *m/nt*

metha·done ['meθədəʊn] *s* (*Arznei*) Methadon *nt*

meth·ane ['mi:θeɪn] *s* (CHEM) Methan *nt*

method ['meθəd] *s* ① Methode *f,* Verfahren(sweise *f*) *nt,* Prozess *m* ② (*Essen*) Zubereitung *f;* **~ of calculation** Berechnungsart *f;* **there's ~ in his madness** sein Wahnsinn hat Methode; **methodi·cal** [mɪ'θɒdɪkl] *adj* methodisch; **method·ol·ogy** [ˌmeθə'dɒlədʒɪ] *s* Methodik *f*

Me·thuse·lah [mɪ'θju:zələ] *s* Methusalem *m;* **as old as ~** so alt wie Methusalem

methyl al·co·hol ['meθɪl'ælkəhɒl] *s* (CHEM) Methylalkohol *m;* **methyl·ated spirits** ['meθɪleɪtɪdˌspɪrɪts] *s pl mit sing* Brennspiritus *m*

me·ticu·lous [mɪ'tɪkjʊləs] *adj* peinlich genau, (äußerst) gewissenhaft

metre ['mi:tə(r)] *s* ① Meter *m* ② (*poet*) Versmaß *nt;* **met·ric** ['metrɪk] *adj* metrisch; **the ~ system** das metrische Maßsystem; das Dezimalsystem; **metri·cal** ['metrɪkl] *adj* (*poet*) metrisch

met·ro·nome ['metrənəʊm] *s* Metronom *nt*

me·trop·olis [mə'trɒpəlɪs] *s* Metropole *f;* Hauptstadt *f;* **metro·poli·tan** [ˌmetrə'pɒlɪtən] **I.** *adj* ① weltstädtisch, weltoffen ② der Hauptstadt ③ erzbischöflich **II.** *s*

M

① Weltbürger(in) *m(f)*, Großstädter(in) *m(f)* ② (*orthodoxe Kirche*) Metropolit *m*

mettle ['metl] *s* ① Courage *f*, Stehvermögen *nt* ② (*Temperament*) Feuer *nt;* **put s.o. on his ~** jdn fordern; **a man of ~** ein Mann von echtem Schrot und Korn; **be on one's ~** auf dem Posten sein; **mettle·some** [-səm] *adj* couragiert; feurig

mew [mjuː] *vi* miauen

Mexi·can ['meksɪkən] **I.** *adj* mexikanisch **II.** *s* Mexikaner(in) *m(f);* **Mexi·co** ['meksɪkəʊ] *s* Mexiko *nt*

mi·aow [miː'aʊ] *vi* miauen

mica ['maɪkə] *s* (MIN) Glimmer *m*

mice [maɪs] *s pl von* **mouse**

Michael·mas ['mɪklməs] *s* (~ *Day*) Michaelis(tag *m*) *nt* (*29. Sept.*)

mickey ['mɪkɪ] *s:* **take the ~ out of s.o.** (*sl*) jdn auf den Arm nehmen

mi·crobe ['maɪkrəʊb] *s* Mikrobe *f*

micro·brew ['maɪkrə(ʊ)bruː] *s* Bier *nt* aus einer kleinen Brauerei

micro·bi·ol·ogy [ˌmaɪkrəʊbaɪ'ɒlədʒɪ] *s* Mikrobiologie *f;* **micro·chip** ['maikrəʊˌtʃɪp] *s* Mikrochip *m;* **micro climate** *s* (METE) Mikroklima *nt;* **micro·computer** ['maikrəʊkəm'pjuːtə(r)] *s* Mikrocomputer; **micro·cosm** ['maɪkrəʊkɒzəm] *s* Mikrokosmos *m;* **micro·cred·it** ['maɪkrə(ʊ)ˌkredɪt] *s* (FIN) Mikrokredit *m*, Kleinkredit *m;* **micro·elec·tron·ics** [ˌmaɪkrəʊɪlek'trɒnɪks] *s pl mit sing* Mikroelektronik *f;* **micro·fiche** ['maɪkrəʊfiːʃ] *s* Mikrofilmblatt *nt*, -fiche *m;* **micro·film** ['maɪkrəʊfɪlm] **I.** *s* Mikrofilm *m* **II.** *vt* auf Mikrofilm aufnehmen; **micro·loan** ['maɪkrə(ʊ)ləʊn] *s* (FIN) Mikrokredit *m*, Kleinkredit *m;* **mi·crom·eter** [maɪ'krɒmɪtə(r)] *s* Mikrometer *nt*

mi·cron ['maɪkrɒn] *s* Mikron, My *nt*

micro·or·gan·ism [ˌmaɪkrəʊ'ɔːgənɪzəm] *s* Mikroorganismus *m*

micro·phone ['maɪkrəfəʊn] *s* Mikrofon *nt*

micro·pro·cess *vt:* **~ s.th.** etw mit dem Computer entwerfen; **micro·pro·cess·or** [ˌmaɪkrə'prəʊsesə(r)] *s* Mikroprozessor *m*

micro·scope ['maɪkrəskəʊp] *s* Mikroskop *nt;* **micro·scopic** [ˌmaɪkrə'skɒpɪk] *adj* mikroskopisch

micro·wave ['maɪkrəʊweɪv] *s* (ELEK) Mikrowelle *f;* **microwave oven** *s* Mikrowellenherd *m*

mid [mɪd] *adj* Mittel-; **in ~ morning** am Vormittag; **from ~ May to ~ June** von Mitte Mai bis Mitte Juni; **in ~ air** in der Luft; **in ~ course** mittendrin

mid·day [ˌmɪd'deɪ] **I.** *s* Mittag *m* **II.** *adj attr* mittäglich; **~ meal** Mittagsmahlzeit *f*

middle **I.** *s* ① Mitte *f;* mittlerer Teil; (das) Innere ② Taille *f;* **in the ~ of the night** mitten in der Nacht; **in the ~ of reading** gerade beim Lesen; **down the ~** in der Mitte **II.** *adj* mittlere(r, s); Mittel-; **middle age** *s* mittleres Lebensalter; **middle-aged** [ˌmɪdl'eɪdʒd] *adj* in den mittleren Jahren, mittleren Alters; **Middle Ages** *s pl* Mittelalter *nt;* **middle·brow** ['mɪdlbraʊ] **I.** *adj* Durchschnitts- **II.** *s* (geistiger) Normalverbraucher; **middle-class** [ˌmɪdl'klɑːs] *adj* bürgerlich, spießig; **middle class** *s pl* Mittelstand *m;* **middle ear** *s* Mittelohr *nt;* **Middle East** *s* Naher Osten; **middle·man** ['mɪdlmæn] <*pl* -men> *s* ① Mittelsmann *m* ② (COM) Zwischenhändler *m;* **middle name** *s* zweiter Vorname; **middle-of-the road** *adj* gemäßigt; **middle·weight** ['mɪdlweɪt] *s* (SPORT) Mittelgewicht *nt*

mid·dling ['mɪdlɪŋ] **I.** *adj* ① mittlere(r, s) ② (mittel)mäßig, leidlich **II.** *adv* (*fam*) einigermaßen, leidlich

midge [mɪdʒ] *s* Mücke *f*

midget ['mɪdʒɪt] **I.** *s* kleiner Mensch, Liliputaner *m* **II.** *adj* winzig

mid·night ['mɪdnaɪt] *s* Mitternacht *f;* **at ~** um Mitternacht; **burn the ~ oil** bis tief in die Nacht arbeiten; **~ sun** Mitternachtssonne *f*

mid·point ['mɪdpɔɪnt] *s* (MATH) Mittelpunkt *m*

mid·riff ['mɪdrɪf] *s* (ANAT) Taille *f*

mid-sen·tence *s:* **in ~** (*fam*) mitten im Satz

mid·ship·man ['mɪdʃɪpmən] <*pl* -men> *s* Fähnrich *m* zur See; **mid·ships** ['mɪdʃɪps] *adv* mittschiffs

midst [mɪdst] *s* Mitte *f;* **in the ~ of** mitten in

mid·sum·mer [ˌmɪd'sʌmə(r)] *s* Hochsommer *m;* **Midsummer Day** Johannistag *m*, Sommersonnenwende *f;* **~ madness** heller Wahnsinn; **mid-term** *adj* mitten im Trimester, mitten im Schulhalbjahr; **~ elections** Zwischenwahlen *pl;* **mid·way** [ˌmɪd'weɪ] *adv* auf halbem Weg(e) (*between* zwischen)

mid·wife ['mɪdwaɪf, *pl* -waɪvz] <*pl* -wives> *s* Hebamme *f;* **mid·wifery** ['mɪdwɪfrɪ] *s* Geburtshilfe *f*

mid·winter [ˌmɪd'wɪntə(r)] *s* tiefster Winter

might¹ [maɪt]: **how old ~ she be?** wie alt sie wohl ist?; **~ I open the window?** dürfte ich wohl das Fenster öffnen?

might² [maɪt] *s* Macht, Stärke, Kraft *f;* **with ~ and main** mit aller Macht; **with all one's ~** mit aller Kraft; **might·ily** ['maɪtɪlɪ] *adv* gewaltig, kräftig; mit aller Macht;

mighty ['maɪtɪ] **I.** *adj* mächtig, gewaltig **II.** *adv* sehr, riesig, gewaltig
mi·graine ['mi:greɪn] *s* Migräne *f*
mi·grant ['maɪgrənt] *s* ❶ Zugvogel *m* ❷ Wanderarbeiter(in) *m(f)*, Gastarbeiter(in) *m(f)*, Saisonarbeiter(in) *m(f)*; **mi·grate** [maɪ'greɪt] *vi* ❶ abwandern ❷ (*Vögel*) nach Süden ziehen; **mi·gra·tion** [maɪ'greɪʃn] *s* ❶ (Aus-, Ab)Wanderung *f* ❷ (Vogel)Zug *m*; **mi·gra·tory** ['maɪgrətrɪ] *adj* umherziehend, nomadisch; ~ **bird** Zugvogel *m*; ~ **worker** Wanderarbeiter(in) *m(f)*
mike [maɪk] *s* (*fam*) Mikrofon *nt*; **miked** [maɪkt] *adj* (*fam*) mit einem Mikro ausgestattet
mild [maɪld] *adj* ❶ (*Charakter*) mild, sanft ❷ (*Geschmack*) leicht, schwach ❸ (*Klima*) mild ❹ (*Tadel*) leicht; ~ (**ale**) leichtes dunkles Bier
mil·dew ['mɪldju:] **I.** *s* ❶ (BOT) Mehltau *m* ❷ Schimmel *m* **II.** *vi* verschimmeln
mild·ly ['maɪdlɪ] *adv* leicht; milde; **to put it** ~ gelinde gesagt; **mild·ness** ['maɪldnɪs] *s* Milde *f*; Sanftmut *f*
mile [maɪl] *s* Meile *f* (*1,61 km*); **nautical** ~ Seemeile *f* (*1,852 km*); ~**s and** ~**s** meilenweit; **a 30** ~ **journey** eine Fahrt von 30 Meilen; **feel** ~**s better** sich erheblich besser fühlen; **walk for** ~**s** meilenweit gehen; **mile·age** ['maɪlɪdʒ] *s* ❶ Entfernung *f*, zurückgelegte Strecke ❷ (~ *allowance*) Kilometergeld *nt*; **mile·om·eter** [maɪ'lɒmɪtə(r)] *s* Meilen-, Kilometerzähler *m*; **mile·post** ['maɪlpəʊst] *s* Wegweiser *m* mit Entfernungsangabe; **mile·stone** ['maɪlstəʊn] *s* (*a. fig*) Meilenstein *m*
mili·tant ['mɪlɪtənt] **I.** *adj* militant **II.** *s* militantes Mitglied
mili·tar·ism ['mɪlɪtərɪzəm] *s* Militarismus *m*; **mili·tar·ist** ['mɪlɪtərɪst] *s* Militarist(in) *m(f)*; **mili·tar·istic** [,mɪlɪtə'rɪstɪk] *adj* militaristisch; **mili·tar·ize** ['mɪlɪtəraɪz] *vt* militarisieren; **mili·tary** ['mɪlɪtrɪ] **I.** *adj* militärisch; ~ **academy** Militärakademie *f*; ~ **police** Militärpolizei *f*; ~ **service** Militär-, Wehrdienst *m* **II.** *s*: **the** ~ das Militär
mil·itia [mɪ'lɪʃə] *s* Miliz, Bürgerwehr *f*
milk [mɪlk] **I.** *s* (*a.* BOT) Milch *f*; **no use crying over spilt** ~ man soll Verlorenem nicht nachtrauern **II.** *vt* melken **III.** *vi* Milch geben; **milk·bar** ['mɪlkbɑ:(r)] *s* Milchbar *f*; **milk chocolate** *s* Milchschokolade *f*; **milk float** *s* Milchwagen *m*; **milk·ing ma·chine** ['mɪlkɪŋməʃi:n] *s* Melkmaschine *f*; **milk·maid** ['mɪlkmeɪd] *s* Milchmädchen *nt*; **milk·man** ['mɪlkmən] <*pl* -men> *s* Milchmann *m*; **milk powder** *s* Milchpulver *nt*; **milk-shake** ['mɪlkʃeɪk] *s* Milchshake *m*

i Land & Leute

Ein **milk shake**, oder einfach ein *shake*, ist ein Getränk aus Milch, Eis und Aromastoffen. In Teilen des Nordostens der USA hört man auch die Bezeichnungen *frappé*, *velvet* und *cabinet*. Getränke aus Obst und Joghurt oder Ähnlichem nennt man auch *shakes*. Eine *malted milk*, auch *malt* genannt, wird ähnlich wie ein **milk shake** hergestellt, nur kommt ein Pulver aus getrockneter Milch, Weizen und Gerste dazu.

milk·sop ['mɪlksɒp] *s* Milchgesicht *nt*; Muttersöhnchen *nt*; **milk tooth** ['mɪlktu:θ] <*pl* -teeth> *s* Milchzahn *m*; **milky** ['mɪlkɪ] *adj* (*a.* BOT) milchig; **the Milky Way** (ASTR) die Milchstraße
mill [mɪl] **I.** *s* ❶ Mühle *f* ❷ (*Textil*) Fabrik *f* ❸ (*spinning* ~) Spinnerei *f*; Weberei *f* ❹ (*rolling* ~) Walzwerk *nt*; **go through the** ~ eine harte Schule durchmachen; **put s.o. through the** ~ jdn durch eine harte Schule schicken; **coffee-**~ Kaffeemühle *f*; **paper-**~ Papierfabrik *f*; **pepper-**~ Pfeffermühle *f*; **saw-**~ Sägemühle *f*, Sägewerk *nt*; **water-/wind-**~ Wasser-/Windmühle *f* **II.** *vt* ❶ (*Korn, Kaffee*) mahlen ❷ (TECH) walzen; fräsen **III.** *vi* (~ *about, around*) ziellos herumlaufen
mil·len·ni·um [mɪ'lenɪəm, *pl* mɪ'lenɪə] <*pl* -nia> *s* Jahrtausend *nt*, Millennium *nt*
mil·le·pede ['mɪlɪpi:d] *s* Tausendfüßler *m*
mil·ler ['mɪlə(r)] *s* Müller *m*
mil·let ['mɪlət] *s* Hirse *f*
mil·li·ard ['mɪlɪɑ:d] *s* (*Br obs*) Milliarde *f*
mil·li·bar ['mɪlɪbɑ:(r)] *s* (METE) Millibar *nt*; **mil·li·gram(me)** ['mɪlɪgræm] *s* Milligramm *nt*
mil·liner ['mɪlɪnə(r)] *s* Hut-, Putzmacherin, Modistin *f*; **mil·linery** [-ɪ] *s* Modewaren *pl*
mil·lion ['mɪlɪən] *s* Million *f*; **two** ~ **people** zwei Millionen Menschen

? Grammatik

million wird nach einer Zahl nicht im Plural gebraucht: *Fifty million people watched the football match.*

mil·lion·aire [,mɪlɪə'neə(r)] *s* Millionär(in) *m(f)*

mill·pond ['mɪlpɒnd] *s* Mühlteich *m;* **mill·race** *s* Mühlbach *m;* **mill·stone** ['mɪlstəʊn] *s* Mühlstein *m;* **be a ~ round s.o.'s neck** für jdn ein Klotz am Bein sein; **mill·wheel** ['mɪlwi:l] *s* Mühlrad *nt*

milt [mɪlt] *s* (*Fisch*) Milch *f*

mime [maɪm] **I.** *s* ❶ (THEAT) Pantomime *f* ❷ Pantomime *m* **II.** *vt* pantomimisch darstellen

mimic ['mɪmɪk] **I.** *s* Imitator *m* **II.** *vt* nachahmen, nachmachen; kopieren; **mimicry** ['mɪmɪkrɪ] *s* Nachahmung *f;* (BIOL) Mimikry *f*

mim·osa [mɪ'məʊzə] *s* Mimose *f*

min·aret [,mɪnə'ret] *s* Minarett *nt*

mince [mɪns] **I.** *vt* (*Fleisch*) (zer)hacken, zerkleinern; **not to ~ matters** [*o* **one's words**] kein Blatt vor den Mund nehmen **II.** *vi* (*fig*) affektiert sprechen **III.** *s* (*Br*) Hackfleisch *nt;* **~meat** Pasteten-, Gebäckfüllung *f;* **make ~meat of s.o.** jdn zur Schnecke machen; **make ~meat of s.th.** keinen guten Faden an etw lassen; **mince pie** *s* gefüllte (süße) Pastete

i Land & Leute

Mince pies werden normalerweise an Weihnachten gegessen. Ein **mince pie** ist ein kleines, rundes, süßes Gebäck mit *mincemeat*, einer Füllung aus Rosinen, Sultaninen, Zitronat, Äpfeln und Gewürzen.

mincer ['mɪnsə(r)] *s* Fleischwolf *m;* **minc·ing** ['mɪnsɪŋ] *adj* geziert, affektiert

mind [maɪnd] **I.** *s* ❶ Geist, Verstand *m* ❷ (*Mensch*) Geist, Kopf *m* ❸ Denkweise *f* ❹ Gedanken *mpl* ❺ Gedächtnis *nt* ❻ Absicht *f,* Wille, Wunsch *m,* Neigung *f* ❼ Meinung, Ansicht *f;* **in my ~'s eye** vor meinem geistigen Auge; **it's all in the ~** das ist alles Einbildung; **have a good ~** ein heller Kopf sein; **to my ~** meiner Meinung nach; **be in two ~s** nicht wissen, was man will; **be of one ~** ein Herz und eine Seele sein; **be of s.o.'s ~** jds Ansicht sein; **be of the same ~** derselben Meinung sein; **be out of one's ~** den Verstand verloren haben; von Sinnen sein; **bear** [*o* **keep**] **in ~** nicht, vergessen; **change one's ~** seine Meinung ändern; **give s.o. a piece** [*o* **a bit**] **of one's ~** jdm (gründlich) die Meinung sagen; **go** [*o* **pass**] **out of s.o.'s ~** bei jdm in Vergessenheit geraten; **have in ~ to do s.th.** vorhaben etw zu tun; **have half a ~ to do s.th.** Lust haben etw zu tun; **keep one's ~ on** achten, aufpassen auf; **know one's own ~** wissen, was man will; **make up one's ~** zu einem Entschluss kommen; **put s.o. in ~ of s.th.** jdn an etw erinnern; **set one's ~ on s.th.** sich etw in den Kopf setzen; **speak one's ~** offen seine Meinung sagen; **take one's ~ off** nicht mehr denken an, sich nicht mehr kümmern um; **that'll take your ~ off things** das wird Sie auf andere Gedanken bringen **II.** *vt* ❶ achten, aufpassen auf ❷ sich kümmern um; etw haben gegen; **~ what you're doing!** pass doch auf!; **~ your temper** nimm dich zusammen; **~ the step!** Vorsicht Stufe!; **~ the dog!** Warnung vor dem Hund!; **~ your own business!** kümmern Sie sich um Ihre (eigenen) Angelegenheiten!; **... if you don't ~ my asking ...** wenn ich fragen darf; **I don't ~ the cold** die Kälte macht mir nichts aus; **do you ~ my smoking?** macht es Ihnen etwas aus, wenn ich rauche?; **~ one's P's and Q's** (*fam*) sich anständig benehmen; **would you ~ opening the window?** würden Sie bitte das Fenster öffnen?; **I wouldn't ~ a glass of beer now** ich hätte jetzt Lust auf ein Glas Bier **III.** *vi* ❶ aufpassen, bei der Sache sein, sich Mühe geben ❷ sich kümmern um ❸ etwas dagegen haben; **~ you** allerdings; **do you ~?** macht es Ihnen etwas aus?; **never ~** macht nichts, ist doch egal, mach dir nichts draus; **never ~ about that now!** lass das doch jetzt

mind-bend·ing ['maɪndbendɪŋ] *adj* (*fam*) irre; **mind-blow·ing** ['maɪndbləʊɪŋ] *adj* (*fam*) irre; **mind-bogg·ling** ['maɪndbɒglɪŋ] *adj* (*fam*) irrsinnig

minded ['maɪndɪd] *adj* gesonnen, gewillt, geneigt (*to do* zu tun); **bloody-~** (*fam*) stur; **politically ~** politisch gesinnt

mind·ful ['maɪndfl] *adj:* **be ~ of s.th.** etw berücksichtigen, bedenken; **mind·less** ['maɪndlɪs] *adj* ❶ unverständig, hirnlos ❷ (*Verbrechen*) sinnlos ❸ geistlos, unbeseelt; **mind-reader** *s* Gedankenleser *m*

mine¹ [maɪn] *pron* meine(r, s); der, die, das Meine, Meinige; **~ is better** meine(r, s) ist besser; **this is ~** das gehört mir; **a friend of ~** einer meiner Freunde, ein Freund von mir

mine² [maɪn] **I.** *s* ❶ Bergwerk *nt,* Grube, Zeche *f* ❷ (*fig*) Quelle, Fundgrube *f* (*of* an) ❸ (MIL MAR) Mine *f;* **~ of information** Informationsquelle *f* **II.** *vi* Bergbau treiben; graben (*for* nach) **III.** *vt* ❶ (*Bodenschätze*) abbauen, schürfen; (*Kohle*) fördern ❷ (MIL) verminen; eine Mine befestigen an; **mine detector** *s* Minensuchgerät *nt*

mine·field ['maɪnfiːld] *s* (*a. fig*) Minenfeld *nt;* **mine·layer** *s* Minenleger *m;* **miner** ['maɪnə(r)] *s* Bergmann, Kumpel *m;* ~**'s lamp** Grubenlampe *f*

min·eral ['mɪnərəl] **I.** *s* Mineral *nt* **II.** *adj* mineralisch; ~ **ores** Erze *ntpl;* **min·er·alog·ical** [mɪnərə'lɒdʒɪkl] *adj* mineralogisch; **min·er·al·ogist** [ˌmɪnə'rælədʒɪst] *s* Mineraloge *m,* Mineralogin *f;* **min·er·al·ogy** [ˌmɪnə'rælədʒɪ] *s* Mineralogie *f;* **mineral oil** *s* Mineralöl *nt;* **mineral water** *s* Mineralwasser *nt*

mine·sweeper ['maɪnˌswiːpə(r)] *s* Minensuchboot *nt*

mingle ['mɪŋgl] **I.** *vt* (ver)mischen, mengen **II.** *vi* ❶ sich (ver)mischen ❷ (*fig*) sich mischen (*among, with* unter)

mini- ['mɪnɪ] *PRÄF* Mini-

minia·ture ['mɪnɪtʃə(r)] *s* ❶ Miniatur(bild, -gemälde *nt*) *f* ❷ Miniaturausgabe *f;* **in** ~ en miniature; im Kleinen, in kleinem Maßstab; **miniature camera** *s* Kleinbildkamera *f;* **miniature railway** *s* Modelleisenbahn *f*

mini·bus ['mɪnɪbʌs] *s* Klein-, Minibus *m;* **mini·cab** ['mɪnɪkæb] *s* Kleintaxi *nt*

minim ['mɪnɪm] *s* (MUS) halbe Note

mini·mal ['mɪnɪml] *adj* minimal, kleinste(r, s); **mini·mize** ['mɪnɪmaɪz] *vt* ❶ auf ein Minimum herabsetzen, reduzieren ❷ (*fig*) schlecht machen, herabsetzen

mini·mum ['mɪnɪməm] **I.** *s* Minimum *nt;* **reduce to a** ~ auf ein Minimum reduzieren **II.** *adj attr* Mindest-; ~ **income** Mindesteinkommen *nt;* ~ **lending rate** (FIN) Eckzins, Mindestzinssatz *m;* ~ **temperature** Tiefsttemperatur *f;* ~ **wage** Mindestlohn *m*

min·ing ['maɪnɪŋ] *s* Bergbau *m;* **open-cast** ~ Tagebau *m;* **mining disaster** *s* Grubenunglück *nt;* **mining engineer** *s* Bergbauingenieur(in) *m(f);* **mining industry** *s* Bergbau *m*

min·ion ['mɪnɪən] *s* Speichellecker(in) *m(f)*

mini·skirt ['mɪnɪskɜːt] *s* Minirock *m*

min·ister ['mɪnɪstə(r)] **I.** *s* ❶ (POL) Minister(in) *m(f)* ❷ (REL) Pfarrer, Pastor *m* **II.** *vi:* ~ **to s.o.** sich um jdn kümmern; ~ **to s.o.'s needs** jds Bedürfnisse befriedigen

min·is·ter·ial [ˌmɪnɪ'stɪərɪəl] *adj* ministeriell; ~ **crisis** Regierungskrise *f;* ~ **post** Ministerposten *m*

min·is·tra·tion [ˌmɪnɪ'streɪʃn] *s* Pflege, Fürsorge *f*

min·is·try ['mɪnɪstrɪ] *s* ❶ (POL) Ministerium *nt* ❷ Sendungsbewusstsein *nt* ❸ (REL) geistliches Amt; **enter the** ~ Geistlicher werden; **Ministry of Commerce** Handelsministerium *nt;* **Ministry of the Environment** Umweltministerium *nt;* **Ministry of Finance** Finanzministerium *nt;* **Ministry of Foreign** [*o* **of Home**] **Affairs** Außen-/Innenministerium *nt*

mini·van ['mɪnɪvæn] *s* Minivan *m*

mink [mɪŋk] *s* (*Marderart und Pelz*) Nerz *m*

mi·nor ['maɪnə(r)] **I.** *adj* ❶ kleiner, gering(fügig)er; unbedeutend, unwichtig ❷ (*Zahl, Betrag*) niedriger ❸ (*Verletzung*) leicht ❹ (*Planet*) klein ❺ (*hinter Familiennamen*) der Jüngere ❻ (MUS) Moll; **a** ~ **role** eine Nebenrolle; ~ **third** kleine Terz **II.** *s* ❶ (JUR) Minderjährige(r) *f m* ❷ (*Am*) Nebenfach *nt* ❸ (MUS) Moll *nt* **III.** *vi* (*Am*) im Nebenfach studieren (*in s.th.* etw); **mi·nor·ity** [maɪ'nɒrətɪ] **I.** *s* ❶ Minderheit *f* ❷ (JUR) Minderjährigkeit, Unmündigkeit *f;* **be in a** ~ in der Minderheit sein **II.** *adj attr* Minderheits-; ~ **group** Minderheit *f*

min·strel ['mɪnstrəl] *s* (HIST) Spielmann, Minnesänger *m*

mint[1] [mɪnt] **I.** *s* Münzanstalt *f;* **in** ~ **condition** in tadellosem Zustand; **earn a** ~ **of money** (*fam*) ein Heidengeld verdienen **II.** *vt* (*Geld*) prägen, münzen

mint[2] [mɪnt] *s* ❶ Minze *f* ❷ (*fam*) Pfefferminzbonbon *nt od m*

i Land & Leute

Ein **mint julep** ist ein Drink aus Bourbonwhiskey, Zucker, Minzblättern und Eisstückchen. **Mint juleps** werden gern in den Südstaaten getrunken.

minus ['maɪnəs] **I.** *prep* ❶ weniger, minus ❷ (*fam*) ohne **II.** *adj* negativ; Minus- **III.** *s* (~ *sign*) Minuszeichen *nt*

min·us·cule ['mɪnəskjuːl] *adj* winzig

min·ute[1] ['mɪnɪt] **I.** *s* ❶ Minute *f* ❷ Augenblick *m* ❸ Note, Denkschrift *f* ❹ ~**s** Protokoll *nt,* Niederschrift *f;* **at this very** ~ gerade jetzt; **in a** ~ sofort; **any** ~ jeden Augenblick; **at the last** ~ in letzter Minute; **to the** ~ genau, pünktlich; **take the** ~**s** das Protokoll führen **II.** *vt* protokollieren

mi·nute[2] [maɪ'njuːt] *adj* ❶ winzig ❷ minuziös, ganz genau

min·ute hand ['mɪnɪthænd] *s* Minutenzeiger *m*

mi·nute·ly [maɪ'njuːtlɪ] *adv* ❶ ganz geringfügig ❷ genauestens

mi·nu·tiae [maɪ'njuːʃɪiː] *s pl* genaue Einzelheiten *fpl*

minx [mɪŋks] *s* freches Ding

mir·acle [ˈmɪrəkl] *s* Wunder *nt;* **work ~s** Wunder wirken; **by a ~** wie durch ein Wunder; **miracle play** *s* Mirakelspiel *nt,* geistliches Drama; **mir·acu·lous** [mɪˈrækjʊləs] *adj* wunderbar, übernatürlich

mi·rage [ˈmɪrɑːʒ] *s* ❶ Luftspiegelung, Fata Morgana *f* ❷ *(fig)* Illusion *f*

mire [ˈmaɪə(r)] *s* Schlamm, Morast *m;* **drag s.o. through the ~** *(fig fam)* jdn durch den Dreck ziehen

mir·ror [ˈmɪrə(r)] **I.** *s* ❶ Spiegel *m* ❷ *(fig)* Spiegelbild *nt* **II.** *vt* (wider)spiegeln; **mir·ror image** *s* Spiegelbild *nt*

mirth [mɜːθ] *s* Freude *f;* Heiterkeit *f;* **mirth·ful** [ˈmɜːθfl] *adj* fröhlich, heiter; **mirth·less** [-lɪs] *adj* freudlos

mis·ad·ven·ture [ˌmɪsədˈventʃə(r)] *s* Missgeschick *nt,* Unfall *m;* **death by ~** Tod *m* durch Unfall

mis·al·liance [ˌmɪsəˈlaɪəns] *s* Missheirat *f*

mis·an·thrope [ˈmɪsnθrəʊp] *s* Misanthrop, Menschenfeind *m;* **mis·an·thropic** [ˌmɪsnˈθrɒpɪk] *adj* menschenfeindlich; **mis·an·thropy** [mɪsˈænθrəpɪ] *s* Menschenfeindlichkeit *f*

mis·apply [ˌmɪsəˈplaɪ] *vt* ❶ falsch anwenden ❷ *(Gelder)* missbrauchen

mis·ap·pre·hend [ˌmɪsæprɪˈhend] *vt* missverstehen; **mis·ap·pre·hen·sion** [ˌmɪsæprɪˈhenʃn] *s* Missverständnis *nt;* **be under the ~ that …** irrtümlich annehmen, dass …

mis·ap·pro·pri·ate [ˌmɪsəˈprəʊprɪeɪt] *vt* ❶ entwenden ❷ *(Geld)* veruntreuen, unterschlagen; **mis·ap·pro·pri·ation** [ˌmɪsəˌprəʊprɪˈeɪʃn] *s* ❶ Entwendung *f* ❷ *(Geld)* Veruntreuung, Unterschlagung *f*

mis·be·have [ˌmɪsbɪˈheɪv] *vi* sich schlecht, ungebührlich benehmen; **mis·be·hav·ior** *s* *(Am)*, **mis·be·hav·iour** [ˌmɪsbɪˈheɪvɪə(r)] *s* schlechtes Benehmen

mis·cal·cu·late [ˌmɪsˈkælkjʊleɪt] **I.** *vt* falsch (be)rechnen **II.** *vi* sich verrechnen; **mis·cal·cu·la·tion** [ˌmɪsˌkælkjʊˈleɪʃn] *s* Rechen-, Kalkulationsfehler *m*

mis·car·riage [ˌmɪsˈkærɪdʒ] *s* ❶ Irrtum *m* ❷ *(Post)* Fehlleitung *f* ❸ (MED) Fehlgeburt *f;* **~ of justice** Justizirrtum *m;* **mis·carry** [ˌmɪsˈkærɪ] *vi* ❶ fehlschlagen, misslingen ❷ *(Post)* fehlgeleitet werden ❸ (MED) eine Fehlgeburt haben

mis·cel·lan·eous [ˌmɪsəˈleɪnɪəs] *adj* ❶ ge-, vermischt; verschiedenerlei ❷ *(Menge)* bunt; **~** Verschiedenes; **mis·cel·lany** [mɪˈselənɪ] *s* ❶ Gemisch *nt;* Vielfalt *f* ❷ *oft pl* vermischte Schriften *fpl*

mis·chance [ˌmɪsˈtʃɑːns] *s* unglücklicher Zufall; **by ~** unglücklicherweise

mis·chief [ˈmɪstʃɪf] *s* ❶ Unheil *nt,* Schaden, Nachteil *m* ❷ Bosheit, Ungezogenheit *f,* Übermut *m* ❸ Schlawiner *m* ❹ Schalk *m,* Verschmitztheit *f;* **do s.o. a ~** jdm schaden; **make ~** Unfrieden stiften; **make ~ for s.o.** jdm Unannehmlichkeiten bereiten; **he's up to some ~** er führt etwas im Schilde; **~-maker** Unruhestifter(in) *m(f);* **~-making** Unruhestiftung *f;* **mis·chiev·ous** [ˈmɪstʃɪvəs] *adj* ❶ bösartig; boshaft; schädlich ❷ schelmisch, verschmitzt

mis·con·ceive [ˌmɪskənˈsiːv] *vt* falsch auffassen, missverstehen; **mis·con·cep·tion** [ˌmɪskənˈsepʃn] *s* falsche Annahme, Missverständnis *nt*

mis·con·duct [ˌmɪskənˈdʌkt] **I.** *vt* schlecht führen **II.** *vr* sich schlecht benehmen **III.** [ˌmɪsˈkɒndʌkt] *s* ❶ schlechtes Benehmen; Berufsvergehen *nt* ❷ Fehltritt *m* ❸ schlechte Verwaltung

mis·con·struc·tion [ˌmɪskənˈstrʌkʃn] *s* falsche Auslegung; Missdeutung *f;* **mis·con·strue** [ˌmɪskənˈstruː] *vt* falsch auslegen; missdeuten; missverstehen

mis·count [ˌmɪsˈkaʊnt] **I.** *vt* falsch zählen **II.** *vi* sich verrechnen, sich verzählen **III.** *s* Rechenfehler *m*

mis·deal [ˌmɪsˈdiːl] **I.** *vt* *(Karten)* falsch geben **II.** *vi* sich vergeben

mis·deed [ˌmɪsˈdiːd] *s* Missetat *f*

mis·de·meanor *s* *(Am)*, **mis·de·mean·our** [ˌmɪsdɪˈmiːnə(r)] *s* Übertretung *f,* Vergehen *nt*

mis·di·rect [ˌmɪsdɪˈrekt] *vt* ❶ *(Brief)* falsch adressieren ❷ *(Energie)* falsch einsetzen, vergeuden ❸ *(Person)* irreleiten, -führen

mi·ser [ˈmaɪzə(r)] *s* Geizhals *m*

mis·er·able [ˈmɪzrəbl] *adj* ❶ trist; unglücklich ❷ *(Schmerzen)* fürchterlich ❸ *(Existenz)* erbärmlich, schauderhaft, miserabel ❹ jämmerlich; **make life ~ for s.o.** jdm das Leben sauer machen; **mis·er·ably** [ˈmɪzrəblɪ] *adv* ❶ unglücklich ❷ grässlich, fürchterlich; erbärmlich ❸ miserabel

miser·ly [ˈmaɪzəlɪ] *adj* geizig, knickerig, filzig

mis·ery [ˈmɪzərɪ] *s* ❶ Kummer *m,* Trauer *f* ❷ Qualen *fpl,* Elend *nt* ❸ *(fam)* Jammerlappen *m;* **put an animal out of its ~** ein Tier von seinen Qualen erlösen; **a life of ~** ein erbärmliches Leben

mis·fire [ˌmɪsˈfaɪə(r)] *vi* ❶ *(Feuerwaffe)* versagen ❷ *(fig)* fehlschlagen; danebengehen ❸ (AUTO) fehlzünden

mis·fit [ˈmɪsfɪt] *s* ❶ schlecht sitzendes Kleidungsstück ❷ Außenseiter(in) *m(f),* Nichtangepasste(r) *f m*

mis·for·tune [ˌmɪsˈfɔːtʃuːn] *s* ❶ schweres

Schicksal; Missgeschick *nt* ❷ Unglück, Pech *nt*; **companion in ~** Leidensgenosse *m*, -genossin *f*; **financial ~s** finanzielle Fehlschläge *mpl*

mis·giv·ing [ˌmɪsˈgɪvɪŋ] *s* Befürchtung *f*, Bedenken *pl*

mis·gov·ern [ˌmɪsˈgʌvn] *vt* schlecht regieren [*o* verwalten]; **mis·gov·ern·ment** [-mənt] *s* Misswirtschaft *f*

mis·guided [ˌmɪsˈgaɪdɪd] *adj* ❶ töricht ❷ (*Meinung*) irrig ❸ (*Freude*) unangebracht

mis·handle [ˌmisˈhændl] *vt* falsch handhaben

mis·hap [ˈmɪshæp] *s* Missgeschick *nt*; **a slight ~** eine (kleine) Panne; **without ~** ohne Zwischenfälle

mis·hear [ˌmɪsˈhɪə(r)] **I.** *vt* falsch hören **II.** *vi* sich verhören

mis·hit [ˈmɪshɪt] *s* Fehlschlag *m*

mish·mash [ˈmɪʃmæʃ] *s* Mischmasch *m*

mis·in·form [ˌmɪsɪnˈfɔːm] *vt* falsch informieren; falsche Auskunft geben (*s.o.* jdm)

mis·in·ter·pret [ˌmɪsɪnˈtɜːprɪt] *vt* falsch auslegen; missdeuten; **mis·in·ter·pre·ta·tion** [ˌmɪsɪntɜːprɪˈteɪʃn] *s* falsche Auslegung, Missdeutung *f*

mis·judge [ˌmɪsˈdʒʌdʒ] *vt* falsch beurteilen, falsch einschätzen, sich verschätzen in

mis·lay [ˌmɪsˈleɪ] *irr vt s.* **lay** verlegen

mis·lead [ˌmɪsˈliːd] *irr vt* ❶ irreführen ❷ verleiten (*into doing s.th.* etw zu tun); **don't be misled by appearances** lassen Sie sich nicht durch Äußerlichkeiten täuschen; **mis·lead·ing** [-ɪŋ] *adj* irreführend

mis·man·age [ˌmɪsˈmænɪdʒ] *vt* schlecht verwalten; **mis·man·age·ment** [-mənt] *s* Misswirtschaft *f*

mis·name [ˌmɪsˈneɪm] *vt* falsch benennen; **mis·nomer** [ˌmɪsˈnəʊmə(r)] *s* unzutreffender Name, Fehlbezeichnung *f*

mis·ogyn·ist [mɪˈsɒdʒɪnɪst] *s* Frauenfeind *m*

mis·place [ˌmɪsˈpleɪs] *vt* an einen falschen Platz legen; verlegen; **be ~d** fehlplatziert, fehl am Platz(e) sein

mis·print [ˌmɪsˈprɪnt] **I.** *vt* verdrucken **II.** [ˈmɪsprɪnt] *s* Druckfehler *m*

mis·pro·nounce [ˌmɪsprəˈnaʊns] *vt* falsch aussprechen; **mis·pro·nun·ci·ation** [ˌmɪsprəˌnʌnsɪˈeɪʃn] *s* falsche Aussprache

mis·read [ˌmɪsˈriːd] *irr vt* ❶ falsch lesen ❷ missverstehen, -deuten

mis·rep·re·sent [ˌmɪsˌreprɪˈzent] *vt* ❶ falsch darstellen, ein falsches Bild geben von ❷ (*Tatsachen*) verdrehen; verfälschen; **mis·rep·re·sen·ta·tion** [ˌmɪsˌreprɪzenˈteɪʃn] *s* ❶ falsche Darstellung ❷ Verdrehung *f*; Verfälschung *f*; **~ of facts** Vorspiegelung falscher Tatsachen

miss¹ [mɪs] *s* (junges) Mädchen; **Miss** (*Anrede*) Fräulein *nt*; **Miss India** Miss Indien

miss² [mɪs] **I.** *vt* ❶ (*Ziel*) verfehlen ❷ (*Gelegenheit, Zug*) verpassen; versäumen ❸ übersehen, -hören ❹ nicht verstehen ❺ vermeiden; ausweichen, aus dem Wege gehen (*s.th.* einer S) ❻ vermissen, (sehr) entbehren ❼ (*Hindernis*) noch ausweichen können ❽ (*Preis*) nicht bekommen; **~ the boat** [*o* **bus**] (*fig*) den Anschluss verpassen; **I ~ed that** das ist mir entgangen; **I ~ you** du fehlst mir; **~ doing s.th.** fast etw tun; **we narrowly ~ed having an accident** wir hätten um ein Haar einen Unfall gehabt; **we ~ him** wir vermissen ihn **II.** *vi* ❶ das Ziel verfehlen; fehlgehen ❷ keinen Erfolg haben, erfolg-, ergebnislos sein, missglücken; **you can't ~** da kann nichts schief gehen **III.** *s* ❶ Fehlschuss, -schlag *m*; Misserfolg *m*, Pleite *f*, Reinfall *m* ❷ Verlust *m*; **give s.th. a ~** sich etw schenken; **miss out** **I.** *vt* auslassen; übersehen **II.** *vi* zu kurz kommen; **~ out on s.th.** etw verpassen

mis·shapen [ˌmɪsˈʃeɪpən] *adj* missgebildet; (*Baum, Pflanze a.*) verwachsen; (*Kuchen etc*) missraten

mis·sile [ˈmɪsaɪl, *Am* ˈmɪsl] *s* ❶ (Wurf)Geschoss *nt* ❷ Rakete *f*; **guided ~** ferngesteuerte Rakete; **intercontinental ballistic ~** Interkontinentalrakete *f*; **missile defence system** *s* Raketenabwehrsystem *nt*

miss·ing [ˈmɪsɪŋ] *adj* ❶ fehlend, vermisst ❷ (*Gegenstand*) verschwunden; fehlend; **be ~** fehlen; vermisst werden; **~ person** Vermisste(r) *f m*; **~ link** fehlendes Glied

mission [ˈmɪʃn] *s* ❶ Sendung, Mission *f*; Beruf *m*, Aufgabe *f* ❷ (REL) Mission *f* ❸ (POL) Mission *f*; Delegation *f*; **on a secret ~** in geheimem Auftrag; **commercial** [*o* **trade**] **~** Handelsmission *f*; **mis·sion·ary** [ˈmɪʃənrɪ] *s* Missionar(in) *m(f)*; **mission control** *s* (*Raumfahrt*) Kontrollzentrum *nt*

mis·spell [ˌmɪsˈspel] *irr vt s.* **spell** falsch schreiben; **mis·spell·ing** [-ɪŋ] *s* falsche Schreibung

mis·spent [ˌmɪsˈspent] *adj* vergeudet, verschwendet

mis·state [ˌmɪsˈsteɪt] *vt* falsch angeben

mis·sus, mis·sis [ˈmɪsɪz] *s* (*fam*) bessere Hälfte; **how's the ~?** wie geht es Ihrer Frau?

mist [mɪst] **I.** *s* ❶ Nebel *m*; Dunst *m* ❷ (*fig*) Nebel, Schleier *m* ❸ (*Glas*) Beschlag *m*; **it**

M

is lost in the ~s of time das liegt im Dunkel der Vergangenheit **II.** *vt* (~ *over*) beschlagen **III.** *vi* (~ *up, over*) sich trüben; sich beschlagen

mis·tak·able [mɪˈsteɪkəbl] *adj* leicht zu verwechseln; **mis·take** [mɪˈsteɪk] <*irr:* mistook, mistaken> **I.** *vt* ① missverstehen, verkennen; falsch auffassen ② verwechseln (*for* mit); ~ **s.o.'s meaning** jdn falsch verstehen; **there's no mistaking her writing** ihre Schrift ist unverkennbar; **be ~n** sich irren **II.** *s* ① Fehler *m;* Versehen *nt;* Missgriff *m* ② Irrtum *m,* Missverständnis *nt;* **by ~** irrtümlich, versehentlich, aus Versehen; **make a ~** einen Fehler machen; sich irren; **and no ~!** (*fam*) da kannst du Gift drauf nehmen!; **there's no ~ about it!** Irrtum ausgeschlossen!; **mis·taken** [mɪˈsteɪkən] **I.** *vt s.* **mistake II.** *adj* irrig, irrtümlich, versehentlich; falsch; **be ~ about** [*o* **in**] **s.th.** sich in einer S täuschen; **~ idea** falsche Vorstellung; **a case of ~ identity** eine Verwechslung

mis·ter [ˈmɪstə(r)] *s* ① Herr *m* ② (*nicht übersetzt*): **listen to me, ~** hören Sie mal zu

mis·time [ˌmɪsˈtaɪm] *vt* ① einen ungünstigen Zeitpunkt wählen für ② (*Rennen*) falsch stoppen; (*Ball*) schlecht timen

mistle·toe [ˈmɪsltəʊ] *s* Mistel *f;* Mistelzweig *m*

mis·took [mɪˈstʊk] *vt s.* **mistake**

mis·trans·late [ˌmɪstrænzˈleɪt] *vt* falsch übersetzen

mis·treat [ˌmɪsˈtriːt] *vt* schlecht behandeln

mis·tress [ˈmɪstrɪs] *s* ① Herrin *f,* Hausherrin *f* ② Lehrerin *f* ③ Geliebte *f*

mis·trial [ˌmɪsˈtraɪəl] *s* (JUR) fehlerhaftes (Gerichts)Verfahren

mis·trust [ˌmɪsˈtrʌst] **I.** *vt* misstrauen (*s.o., s.th.* jdm, einer S) **II.** *s* Misstrauen *nt* (*of* gegen); **mis·trust·ful** [ˌmɪsˈtrʌstfl] *adj* misstrauisch (*of* gegen)

misty [ˈmɪstɪ] *adj* ① neblig; dunstig ② (*fig*) verschwommen; unklar ③ (*Glas*) beschlagen; trübe

mis·un·der·stand [ˌmɪsˌʌndəˈstænd] *irr vt s.* **understand** missverstehen, falsch verstehen; **mis·un·der·stand·ing** [-ɪŋ] *s* ① Missverständnis *nt* ② Meinungsverschiedenheit *f*

mis·use [ˌmɪsˈjuːz] **I.** *vt* ① falsch anwenden; missbrauchen ② zweckentfremden **II.** [ˌmɪsˈjuːs] *s* ① Missbrauch *m;* missbräuchliche Verwendung ② Zweckentfremdung *f;* ~ **of authority** Amtsmissbrauch *m*

mite[1] [maɪt] *s* ① Scherflein *nt* ② (*fig*) bisschen *nt* ③ Würmchen *nt;* **contribute one's ~ to s.th.** sein Scherflein zu etw beitragen

mite[2] [maɪt] *s* (*winziges Spinnentier*) Milbe *f*

miti·gate [ˈmɪtɪgeɪt] *vt* ① mildern ② (*Schmerzen*) lindern; **mitigating circumstances** mildernde Umstände *mpl;* **miti·ga·tion** [ˌmɪtɪˈgeɪʃn] *s* Milderung *f;* Linderung *f*

mit·ten [ˈmɪtn] *s* ① Fausthandschuh *m* ② Handschuh *m* ohne Finger ③ **~s** Boxhandschuhe *mpl*

mix [mɪks] **I.** *s* Mischung *f;* **cake ~** Backmischung *f* **II.** *vt* ① (ver)mischen, (ver)mengen (*with* mit) ② (*Kuchen*) verrühren; (*Teig*) zubereiten ③ durcheinander bringen **III.** *vi* ① sich mischen lassen; sich vermischen ② (*fig*) zusammenpassen ③ miteinander auskommen; **~ with s.o.** mit jdm auskommen; **~ well** kontaktfreudig sein; **mix in** *vt* unterrühren; **mix up** *vt* ① vermischen; verrühren ② durcheinander bringen; verwechseln; **~ s.o. up in s.th.** jdn in etw hineinziehen; **~ s.o. up with s.o. (else)** jdn mit jdm verwechseln; **be ~ed up in s.th.** in etw verwickelt sein

mixed [mɪkst] *adj* ① gemischt ② unterschiedlich; **~ biscuits** Keksmischung *f;* **have ~ feelings about s.o.** jdm gegenüber gemischte Gefühle haben; **~ blessing** (*fig*) ein zweischneidiges Schwert; **~ doubles** (*Tennis*) gemischtes Doppel; **~ fibres** Mischgewebe *nt;* **~ marriage** Mischehe *f;* **~-media** Multimedia-; **~ pickles** Mixpickles *pl;* **~-up** durcheinander; konfus

mixer [ˈmɪksə(r)] *s* ① Mixer *m* ② (Beton)Mischmaschine *f* ③ (RADIO) Toningenieur *m;* Mischpult *nt;* **be a good ~** kontaktfreudig sein; **mix·ture** [ˈmɪkstʃə(r)] *s* Mischung *f,* Gemisch *nt;* Mixtur *f;* **mix-up** [ˈmɪksʌp] **I.** *s* Durcheinander *nt* **II.** *adj* durcheinander; konfus

mne·monic [nɪˈmɒnɪk] **I.** *adj* mnemotechnisch; **~ rhyme** Merkvers *m* **II.** *s* Gedächtnisstütze *f*

mo [məʊ] *s* (*fam*) Moment *m*

moan [məʊn] **I.** *s* ① Stöhnen, Ächzen *nt;* Raunen *nt* ② Gestöhn *nt* **II.** *vi* ① stöhnen, ächzen; raunen ② (*fam*) meckern **III.** *vt:* **she ~ed a sigh of relief** sie stöhnte erleichtert auf

moat [məʊt] *s* Burg-, Wassergraben *m*

mob [mɒb] **I.** *s* ① Pöbel, Mob *m;* Horde *f* ② (*sl*) Bande *f;* Haufen *m;* **the ~** die Massen *pl* **II.** *vt* sich stürzen auf; anpöbeln

mo·bile [ˈməʊbaɪl] **I.** *s* ① (*Br: Mobiltelefon*) Handy *nt* ② Mobile *nt* **II.** *adj* ① beweglich, mobil ② (*Gesinnung*) wendig, beweglich ③ (*Ausdruck*) lebhaft ④ (TECH) fahrbar; ~ **communications system** Mobilfunksystem *nt;* ~ **library** Bücherbus *m,* Fahrbücherei *f;* ~ **home** Wohnwagen *m;* ~ **phone** (*Br*) Handy *nt;* **mo·bil·ity** [məʊ'bɪlətɪ] *s* ① Beweglichkeit, Mobilität *f* ② Wendigkeit *f* ③ Lebhaftigkeit *f*

mo·bi·liz·ation [ˌməʊbɪlaɪ'zeɪʃn] *s* Mobilmachung *f;* **mo·bi·lize** ['məʊbɪlaɪz] **I.** *vt* mobilisieren **II.** *vi* (MIL) mobil machen

moc·ca·sin ['mɒkəsɪn] *s* Mokassin *m*

mo·cha ['mɒkə] *s* Mokka *m*

mock [mɒk] **I.** *vt* ① verspotten, sich lustig machen über ② nachmachen, -äffen ③ standhalten, trotzen (*s.o.* jdm) **II.** *vi:* ~ **at s.th.** sich über etw lustig machen **III.** *adj* nachgemacht, imitiert; falsch; gespielt **IV.** *s:* **make a ~ of s.th.** etw vereiteln, zunichte machen; **mock battle** *s* Scheingefecht *nt;* **mocker** ['mɒkə(r)] *s* Spötter(in) *m(f);* **mock·ery** ['mɒkərɪ] *s* ① Spott, Hohn *m* ② Gespött *nt* ③ (*fig*) Farce *f;* **hold s.o./s.th. to ~** jdn lächerlich machen/etw ins Lächerliche ziehen; **make a ~ of s.th.** etw zunichte machen; etw als lächerlich erscheinen lassen; **mock·ing** ['mɒkɪŋ] **I.** *adj* spöttisch **II.** *s* Spott *m;* **mock·ing·bird** *s* Spottdrossel *f;* **mock-up** ['mɒkʌp] *s* Modell *nt;* Attrappe *f*

mo·dal ['məʊdl] *adj* (GRAM) modal; **mo·dal·ity** [məʊ'dælətɪ] *s* Modalität *f*

mod cons [ˌmɒd'kɒnz] *s Abk. von* **modern conveniences**: **with all ~** mit allem Komfort

mode ['məʊd] *s* ① Art, Methode *f,* Verfahren *nt* ② Mode *f* ③ (GRAM) Modus *m* ④ (MUS) Tonart *f;* ~ **of life** Lebensweise *f;* ~ **of transport** Transportmittel *nt;* **be the ~** Mode sein

model ['mɒdl] **I.** *s* ① Modell, Muster *nt* (*for* für) ② Model(l), Mannequin *nt,* Dressman *m* ③ (AUTO) Typ *m,* Modell *nt* ④ Vorlage *f,* Vorbild, Beispiel *nt* **II.** *adj* Modell-; Muster-, muster-, beispielhaft, vorbildlich **III.** *vt* ① als Vorlage nehmen ② modellieren, formen ③ (*Kleid*) vorführen; ~ **o.s. on s.o.** sich jdn zum Vorbild nehmen **IV.** *vi* ① modellieren ② als Model(l), Mannequin, Dressman arbeiten; Modell stehen; **model husband** *s* (*fam*) Mustergatte *m*

mo·dem ['məʊdem] *s* (TELE) Modem *nt*

mod·er·ate ['mɒdərət] **I.** *adj* ① gemäßigt; mäßig ② (*Preis*) vernünftig, angemessen ③ (*Trinken*) maßvoll ④ (*Erfolg*) (mittel)mäßig, bescheiden ⑤ (*Strafe*) mild; **~-sized** mittelgroß **II.** *s* (POL) Gemäßigte(r) *f m* **III.** ['mɒdəreɪt] *vt* mäßigen, mildern, abschwächen **IV.** ['mɒdəreɪt] *vi* nachlassen, schwächer werden, sich legen; **mod·er·ation** [ˌmɒdə'reɪʃn] *s* Mäßigung *f;* Milderung *f;* Abschwächung *f;* **in ~** in Maßen

mod·ern ['mɒdn] **I.** *adj* modern; neuzeitlich; heutig; ~ **languages** moderne Fremdsprachen *fpl* **II.** *s* Anhänger(in) der Moderne; **mod·ern·ize** ['mɒdənaɪz] *vt* ① modernisieren ② (MIL: *Waffensysteme*) nachrüsten

mod·est ['mɒdɪst] *adj* ① bescheiden, anspruchslos ② (*Lebensweise*) genügsam ③ (*Preis*) mäßig ④ anständig, sittsam; **mod·esty** ['mɒdɪstɪ] *s* ① Bescheidenheit *f* ② Genügsamkeit *f* ③ Mäßigkeit *f* ④ Anstand *m,* Sittsamkeit *f;* **in all ~** bei aller Bescheidenheit

modi·cum ['mɒdɪkəm] *s* ein bisschen, ein wenig; **a ~ of hope** ein Funke Hoffnung

mod·ifi·able ['mɒdɪfaɪəbl] *adj* modifizierbar; **modi·fi·ca·tion** [ˌmɒdɪfɪ'keɪʃn] *s* Abänderung, Abwandlung *f;* Modifikation *f;* **modi·fier** ['mɒdɪfaɪə(r)] *s* (GRAM) Bestimmungswort *nt;* **mod·ify** ['mɒdɪfaɪ] *vt* ① abändern, modifizieren ② mäßigen ③ (GRAM) näher bestimmen

mod·ish ['məʊdɪʃ] *adj* modisch, modern

modu·lar ['mɒdjʊlə(r)] *adj* ① (TECH) aus Elementen zusammengesetzt ② (INFORM) modular, nach dem Baukastenprinzip

modu·late ['mɒdjʊleɪt] *vt, vi* (RADIO) modulieren; **modu·la·tion** [ˌmɒdjʊ'leɪʃn] *s* Modulation *f*

mod·ule ['mɒdju:l] *s* ① (ARCH) Bauelement *nt* ② (*Raumfahrt*) Raumkapsel *f* ③ (INFORM) Modul *nt;* **lunar ~** Mondlandefähre *f;* **command ~** Kommandokapsel *f*

mo·hair ['məʊheə(r)] *s* Mohair *m*

Mo·ham·medan [mə'hæmɪdən] **I.** *adj* mohammedanisch **II.** *s* Mohammedaner(in) *m(f)*

moist [mɔɪst] *adj* feucht, nass (*from, with* vor); **moisten** ['mɔɪsn] **I.** *vt* anfeuchten **II.** *vi* feucht werden; **moist·ure** ['mɔɪstʃə(r)] *s* Feuchtigkeit *f;* **moist·urize** ['mɔɪstʃəraɪz] *vt* (*Haut*) mit einer Feuchtigkeitscreme behandeln; **moist·uriz·er** [-ə(r)] *s* Feuchtigkeitscreme *f*

mo·lar ['məʊlə(r)] *s* (~ *tooth*) Backenzahn *m*

mo·las·ses [mə'læsɪz] *s pl mit sing* Melasse *f,* Sirup *m*

mold[1] [məʊld] **I.** *s* (*Am*) ① (Guss)Form *f* ② (TYP) Matrize, Mater *f* ③ Pudding *m;* **be cast in the same ~** vom gleichen Schlag sein, aus dem gleichen Holz geschnitzt sein **II.** *vt* ① formen (*into* zu), gießen ② (*fig*) formen; ~ **s.o. into s.th.** etw aus

jdm machen; ~ **o.s. on s.o.** sich jdn zum Vorbild nehmen
mold² [məʊld] *s* (*Am*) Schimmel, Schimmelpilz *m*
molder [ˈməʊldə(r)] *vi* (*Am*) vermodern, verfallen; verwesen; verderben
mold·ing *s* (*Am*) ❶ Formen *nt* ❷ Abdruck *m*
moldy *adj* (*Am*) schimmelig, verschimmelt
mole¹ [məʊl] *s* Muttermal *nt,* Leberfleck *m*
mole² [məʊl] *s* Maulwurf *m;* **blind as a ~** stockblind
mole³ [məʊl] *s* (MAR) Mole *f,* Hafendamm *m*
mol·ecu·lar [məˈlekjʊlə(r)] *adj* (CHEM) molekular; ~ **biology** Molekularbiologie *f;* ~ **weight** Molekulargewicht *nt;* **mol·ecule** [ˈmɒlɪkjuːl] *s* Molekül *nt*
mole·hill [ˈməʊlhɪl] *s* Maulwurfshügel, -haufen *m;* **make a mountain out of a ~** aus einer Mücke einen Elefanten machen; **mole·skin** *s* ❶ Maulwurfsfell *nt* ❷ (*Stoff*) Moleskin *m od nt*
mo·lest [məˈlest] *vt* belästigen; **mol·es·ta·tion** [ˌməʊləˈsteɪʃn] *s* Belästigung *f*
moll [mɒl] *s* (*sl*) Gangsterbraut *f*
mol·lify [ˈmɒlɪfaɪ] *vt* besänftigen, beschwichtigen
mol·lusc *s* (*Am*), **mol·lusk** [ˈmɒləsk] *s* Weichtier *nt,* Molluske *f*
molly·coddle [ˈmɒlɪkɒdl] **I.** *s* Weichling *m* **II.** *vt* verhätscheln, verzärteln, verwöhnen
molt [məʊlt] **I.** *vi* (*Am*) sich mausern; sich häuten; Haare verlieren **II.** *vt* ❶ (*Haare*) verlieren ❷ (*die Haut*) abwerfen **III.** *s* Mauser *f;* Häutung *f*
mol·ten [ˈməʊltən] *adj* geschmolzen
mom-and-pop [mɒməndˈpɒp] *adj* (*Am*): ~ **business** Familienbetrieb *m*
mo·ment [ˈməʊmənt] *s* ❶ Augenblick, Moment *m* ❷ (*fig*) Tragweite, Bedeutung, Wichtigkeit *f* (*to* für) ❸ (PHYS PHILOS) Moment *nt;* **at the ~** im Augenblick, momentan; **at any ~** jederzeit, jeden Augenblick; **at this ~** in diesem Augenblick; **at the last ~** im letzten Augenblick; **in a ~** gleich, sofort, auf der Stelle; **in a few ~s** in wenigen Augenblicken, im Nu; **not for a ~** keinen Augenblick; nie; **please wait a ~** warten Sie bitte einen Augenblick!; **(just) a ~, please!** einen Augenblick, bitte!; **the man of the ~** der rechte Mann zur rechten Zeit; ~ **of inertia/of resistance** (PHYS) Trägheits-/Widerstandsmoment *nt;* ~ **of truth** Augenblick *m* der Wahrheit; **of little ~** bedeutungslos; **mo·men·tar·ily** [ˈməʊməntrəlɪ] *adv* ❶ einen Augenblick ❷ jeden Moment; **mo·men·tary** [ˈməʊməntrɪ] *adj* flüchtig, von kurzer Dauer
mo·men·tous [məˈmentəs] *adj* sehr wichtig, bedeutsam, folgenschwer; von großer Tragweite
mo·men·tum [məˈmentəm] *s* ❶ (PHYS) Impuls *m* ❷ (*fig*) Schwung *m,* Wucht *f;* **gain ~** sich beschleunigen, in Fahrt kommen
mon·arch [ˈmɒnək] *s* Monarch(in) *m(f),* Herrscher(in) *m(f);* **mon·ar·chic(al)** [məˈnɑːkɪk(l)] *adj* monarchisch; **mon·ar·chism** [ˈmɒnəkɪzəm] *s* Monarchismus *m;* **mon·ar·chist** [ˈmɒnəkɪst] *s* Monarchist(in) *m(f);* **mon·archy** [ˈmɒnəkɪ] *s* Monarchie *f*
mon·as·tery [ˈmɒnəstrɪ] *s* (Männer)Kloster *nt;* **mon·as·tic** [məˈnæstɪk] *adj* klösterlich, mönchisch; Ordens-, Kloster-
Mon·day [ˈmʌndɪ] *s* Montag *m;* **on ~** am Montag
mon·et·ary [ˈmʌnɪtrɪ] *adj* ❶ währungspolitisch, monetär ❷ Geld-, geldlich; ~ **crisis** Währungskrise *f;* ~ **policy** Währungspolitik *f;* ~ **reform** Währungsreform *f;* ~ **stability** Währungsstabilität *f;* ~ **system** Währungssystem *nt;* ~ **union** Währungsunion *f*
mon·ey [ˈmʌnɪ] *s* Geld *nt;* **make ~** Geld verdienen; **lose ~** Geld verlieren; Verluste machen; **there's ~ in it** das ist sehr lukrativ; **be in the ~** (*sl*) Geld wie Heu haben; **get one's ~'s worth** etwas für sein Geld bekommen; **keep s.o. in ~** jdn finanziell unterstützen; **put ~ into** Geld stecken in; **foreign ~** ausländische Zahlungsmittel *ntpl;* **ready ~** Bargeld *nt;* **mon·ey·bags** *s pl mit sing* (*fam*) Geldsack *m;* **mon·ey·box** *s* Sparbüchse *f;* **mon·ey·chang·er** [ˈmʌnɪˌtʃeɪndʒə(r)] *s* (Geld)Wechsler *m;* **mon·eyed** [ˈmʌnɪd] *adj* vermögend; **mon·ey-grub·ber** [ˈmʌnɪˌgrʌbə(r)] *s* geldgieriger Mensch; **mon·ey laun·der·ing** *s* Geldwäsche *f;* **mon·ey·mak·er** [ˈmʌnɪˌmeɪkə(r)] *s* einträgliche Sache; Verkaufserfolg *m;* **mon·ey·mak·ing** [ˈmʌnɪˌmeɪkɪŋ] **I.** *s* Gelderwerb *m,* -verdienen *nt* **II.** *adj* einträglich, Gewinn bringend; **mon·ey mar·ket** *s* Geld-, Kapitalmarkt *m;* **mon·ey or·der** *s* Postanweisung *f;* **money prize** *s* Geldpreis *m;* **money-spinner** [ˈmʌnɪˌspɪnə(r)] *s* (*fam*) Goldgrube *f*
mon·ger [ˈmʌŋgə(r)] *s:* **fish-/iron-~** Fisch-/Eisenhändler *m*
Mon·gol [ˈmɒŋgl] **I.** *adj* ❶ mongolisch ❷ (MED): **m~** mongoloid **II.** *s:* **he's a m~** er ist mongoloid; **Mon·golia** [mɒŋˈgəʊlɪə] *s* Mongolei *f;* **Mon·gol·ian** [mɒŋˈgəʊlɪən]

I. *adj* mongolisch II. *s* ❶ Mongole *m*, Mongolin *f* ❷ (*Sprache*) (das) Mongolisch(e);
mon·gol·ism ['mɒŋgəlɪzəm] *s* (MED) Mongolismus *m*
mon·grel ['mʌŋgrəl] *s* ❶ (ZOO) Bastard *m* ❷ (ZOO BOT) Kreuzung *f* ❸ (*fam*) Promenadenmischung *f*
moni·tor ['mɒnɪtə(r)] I. *s* ❶ (SCHULE) Klassensprecher(in) *m(f)* ❷ (*große Raubechse*) Waran *m* ❸ (RADIO TV) Kontrollempfänger, -lautsprecher *m;* Abhörgerät *nt;* Monitor *m* II. *vt* ❶ abhören ❷ überwachen, steuern, kontrollieren
monk [mʌŋk] *s* Mönch *m*
mon·key ['mʌŋkɪ] I. *s* ❶ Affe *m* ❷ (*Kind*) Strolch, Schlingel *m;* **make a ~ out of s.o.** jdn verulken II. *vi:* **~ about** herumalbern; **monkey business** *s:* **be up to ~** (*fam*) etw anstellen; **monkey nut** *s* Erdnuss *f;* **monkey tricks** *s pl* Unfug *m*, dummer Streich; **monkey wrench** *s* Engländer, Universalschraubenschlüssel *m*
mono- ['mɒnəʊ] I. *PRÄF* mono- II. *s* (~ *record*) Mono(schall)platte *f*
mono·chrome *adj* monochrom, einfarbig; (*Bildschirm a.*) schwarz-weiß
mon·ocle [mɒnəkl] *s* Monokel *nt*
mono-cul·ti·va·tion *s* (AGR) Monokultur *f*
mon·og·amous [mə'nɒgəməs] *adj* monogam; **mon·og·amy** [mə'nɒgəmɪ] *s* Einehe, Monogamie *f*
mono·gram ['mɒnəgræm] *s* Monogramm *nt*
mono·lith ['mɒnəlɪθ] *s* Monolith *m;* **mono·lithic** [ˌmɒnə'lɪθɪk] *adj* ❶ monolithisch ❷ (*fig*) alles beherrschend
mono·logue ['mɒnəlɒg] *s* Selbstgespräch *nt*, Monolog *m*
mon·op·ol·ize [mə'nɒpəlaɪz] *vt* ❶ monopolisieren, beherrschen ❷ (*fig*) an sich reißen, in Beschlag nehmen; **mon·op·oly** [mə'nɒpəlɪ] *s* Monopol *nt;* **have the ~ on s.th.** etw für sich gepachtet haben; **monopoly position** *s* Monopolstellung *f*
mono·rail ['mɒnəʊreɪl] *s* Einschienenbahn *f*
mono·syl·labic [ˌmɒnəsɪ'læbɪk] *adj* einsilbig
mono·tone ['mɒnətəʊn] *s* monotoner Klang; **mon·ot·onous** [mə'nɒtənəs] *adj* eintönig, -förmig, monoton; **mon·ot·ony** [mə'nɒtənɪ] *s* Eintönigkeit, Einförmigkeit, Monotonie *f*
mono·type® ['mɒnətaɪp] *s* Monotype® *f*
mon·ox·ide [mɒ'nɒksaɪd] *s* (CHEM) Monoxyd *nt*
mon·soon [mɒn'su:n] *s* Monsun *m*
mon·ster ['mɒnstə(r)] I. *s* Ungeheuer, Monstrum, Scheusal *nt* II. *adj attr* Riesen-; Monster-; **monster film** *s* Monsterfilm *m;* **monster truck** *s* Monster Truck *m* (*Pick-up mit gewaltigen Rädern*)
mon·stros·ity [mɒn'strɒsətɪ] *s* ❶ Gräueltat *f* ❷ Ungeheuerlichkeit, Monstrosität *f;*
mon·strous ['mɒnstrəs] *adj* ❶ ungeheuer (groß), gewaltig, riesenhaft ❷ scheußlich; schrecklich, furchtbar, abscheulich
mon·tage [mɒnt'ɑ:ʒ] *s* Montage *f*
month [mʌnθ] *s* Monat *m;* **at the end of the ~** am Monatsende; **by the ~** monatlich; **every two ~s** alle zwei Monate; **every three ~s** jedes Vierteljahr; **once/twice a ~** einmal/zweimal im Monat; **one ~'s salary** ein Monatsgehalt; **month·ly** ['mʌnθlɪ] I. *adj* monatlich II. *adv* monatlich; einmal im Monat; jeden Monat; **twice ~** zweimal pro Monat III. *s* Monats(zeit)schrift *f*
monty ['mɒnti] *s:* **do the full ~** (*Br: do everything*) aufs Ganze gehen; (*fulfill all expectations*) alle Erwartungen erfüllen

i Land & Leute

Monty Python's Flying Circus war eine bahnbrechende Comedy-Serie im BBC Fernsehprogramm, die von 1969 bis 1974 lief. Die Sketche wurden von den fünf Briten Graham Chapman, John Cleese, Eric Idle, Terry Jones und Michael Palin und dem Amerikaner Terry Gilliam geschrieben und gespielt. Der *Pythonesque* Humor bestand vor allem darin, alltägliche Situationen mit bizarren Szenarien zu verknüpfen.

monu·ment ['mɒnjʊmənt] *s* ❶ (Bau)Denkmal, Monument *nt* ❷ (*fig*) Denkmal *nt* (*to* für); **monu·men·tal** [ˌmɒnjʊ'mentl] *adj* (*fig*) riesig, gewaltig; enorm; **~ inscription** Grabinschrift *f;* **~ mason** Steinmetz *m*
moo [mu:] I. *s* ❶ Muh(en) *nt* ❷ (*pej: Frau*) Kuh *f* II. *vi* muhen
mood¹ [mu:d] *s* ❶ Stimmung *f;* Laune *f* ❷ (*bad ~*) schlechte Laune; **be in the ~** aufgelegt sein (*for* zu); **be in no ~** nicht aufgelegt sein; **be in a good ~** gut gelaunt sein; **he is a man of ~s** er ist sehr starken Gemütsschwankungen unterworfen
mood² [mu:d] *s* (GRAM) Modus *m*
moodi·ness ['mu:dɪnəs] *s* Launenhaftigkeit *f;* **moody** ['mu:dɪ] *adj* ❶ launisch, launenhaft ❷ schlecht gelaunt, mürrisch; niedergedrückt
moon [mu:n] I. *s* Mond *m;* **promise s.o.**

M

the ~ jdm das Blaue vom Himmel versprechen; **be over the** ~ überglücklich sein; **cry for the** ~ (*fig*) nach den Sternen greifen; **full /half-**~ Voll-/Halbmond *m;* **new** ~ Neumond *m* **II.** *vi* (~ *about, around*) herumtrödeln **III.** *vt* (*Zeit:* ~ *away*) vertrödeln; **moon·beam** ['mu:nbi:m] *s* Mondstrahl *m;* **moon·boots** ['mu:nbu:ts] *s pl* Moonboots *pl*

i Land & Leute

Das **Mooncake Festival**, auch *Mid-Autumn Festival* und *Lantern Festival* genannt, wird am 15. Tag des 8. Mondmonats gefeiert. **Mooncakes**, die mit verschiedenen Zutaten wie Bohnenpaste, Lotussamen, Nüssen, Fleisch und Enteneiern gefüllt sind, werden überall verkauft. In den Parks und auf den Spielplätzen laufen Kinder mit ihren Papierlampions herum. In Singapur gibt es einen Lampionwettbewerb und die schönsten Lampions werden dann im *Chinese Garden* (chinesischer Garten) ausgestellt.

moon·calf <*pl* -calves> *s* Schwachsinnige(r) *f m;* **moon·light** ['mu:nlaɪt] **I.** *s* Mondschein *m,* -licht *nt* **II.** *vi* (*fam*) schwarzarbeiten; **moon·lit** ['mu:nlɪt] *adj* mondbeschienen, -hell; **moon·shine** ['mu:nʃaɪn] *s* ① Mondschein *m* ② (*fig*) Unsinn *m* ③ (*Am sl*) schwarz gebrannter Alkohol; **moon·stone** ['mu:nstəʊn] *s* (MIN) Mondstein *m;* **moon·struck** ['mu:nstrʌk] *adj* mondsüchtig; **moony** ['mu:nɪ] *adj* träumerisch, verträumt

moor[1] [mʊə(r)] *s* (~ *land*) Heide(land *nt*) *f,* Hochmoor *nt*

moor[2] [mʊə(r)] *vt* (*Schiff*) vertäuen, festmachen; **moor·ings** ['mʊərɪŋz] *s pl* ① (MAR) Verankerung *f* ② Ankerplatz *m*

moose [mu:s] *s* Elch *m*

moot [mu:t] **I.** *adj:* **a** ~ **point** ein strittiger Punkt **II.** *vt* erörtern, diskutieren

mop [mɒp] **I.** *s* ① Mopp *m* ② (*fig*) Wuschelkopf *m* **II.** *vt* ① (~ *up*) (feucht) aufwischen ② (MIL) säubern, durchkämmen; ~ **one's face** sich den Schweiß vom Gesicht wischen

mope [məʊp] *vi* ① Trübsal blasen ② (~ *about*) mit einer Jammermiene herumlaufen

mo·ped ['məʊped] *s* Moped *nt*

mo·raine [mɒ'reɪn] *s* (GEOL) Moräne *f*

moral ['mɒrəl] **I.** *adj* ① sittlich, moralisch ② integer, moralisch einwandfrei; tugendhaft ③ geistig; ~ **values** sittliche Werte *mpl;* ~ **standards** Moral *f;* ~ **sense** moralisches Bewusstsein; ~ **courage** Charakter *m;* **have a** ~ **right to s.th.** jedes Recht auf etw haben **II.** *s* ① Moral *f* ② ~**s** Moral *f;* **draw a** ~ **from s.th.** eine Lehre aus etw ziehen

mo·rale [mə'rɑ:l] *s* Moral, Stimmung *f;* **destroy s.o.'s** ~ jdn entmutigen

mor·al·ist ['mɒrəlɪst] *s* Moralist *m;* **mor·al·ity** [mə'rælətɪ] *s* ① Moralität *f* ② Moral, Ethik *f;* **mor·al·ize** ['mɒrəlaɪz] *vi* moralisieren (*on* über); ~ **about s.o.** sich über jdn moralisch entrüsten

mo·rass [mə'ræs] *s* Morast, Sumpf *m*

mora·torium [ˌmɒrə'tɔ:rɪəm] *s* Moratorium *nt;* Zahlungsaufschub *m*

mor·bid ['mɔ:bɪd] *adj* ① krank(haft) ② (*Haltung*) unnatürlich ③ (*Humor*) makaber ④ (*Gedanken*) düster; trübsinnig ⑤ (MED) morbid ⑥ (*fig*) gräulich, grauenhaft; **mor·bid·ity** [mɔ:'bɪdətɪ] *s* ① Krankhaftigkeit *f* ② Unnatürlichkeit *f* ③ Düsterkeit *f* ④ (MED) Morbidität *f*

more [mɔ:(r)] <*Komparativ von* many> **I.** *adj* mehr; noch (mehr); **one day** ~ noch ein Tag; **a few** ~ **friends** noch ein paar Freunde; **no** ~ **money** kein Geld mehr **II.** *adv* mehr, in höherem Maße; ~ **and** ~ immer mehr; **like s.th.** ~ etw lieber mögen; ~ **than** mehr als; **no** ~ **than** nicht mehr als; **once** ~ noch einmal; **never** ~ nie mehr; **not any** ~ nicht mehr; ~ **beautiful** schöner; ~ **or less** mehr oder weniger **III.** *s* mehr; noch mehr; **a little** ~ etwas mehr; **no** ~ nichts mehr; **some** ~ noch etwas; **even** ~ noch mehr; **what** ~ **do you want?** was willst du denn noch?; **all the** ~ umso mehr; **all the** ~ **so because …** umso mehr, weil …

mo·rello [mə'reləʊ] <*pl* -rellos> *s* Sauerkirsche, Morelle *f*

more·over [mɔ:'rəʊvə(r)] *adv* überdies, zudem, außerdem

morgue [mɔ:g] *s* ① Leichenschauhaus *nt* ② (*einer Redaktion*) Archiv *nt*

mori·bund ['mɒrɪbʌnd] *adj* ① aussterbend, moribund ② (*fig*) zum Aussterben verurteilt

Mor·mon ['mɔ:mən] *s* Mormone *m,* Mormonin *f*

morn·ing ['mɔ:nɪŋ] **I.** *s* ① Morgen *m;* Vormittag *m* ② (*fig*) Anfang *m,* erste Zeit; **from** ~ **till night** von früh bis spät; **in the** ~ am Morgen, morgens; vormittags; **early in the** ~ in der Frühe; **at 8 in the** ~ um 8

Uhr morgens; **this** ~ heute Morgen; **Friday** ~ Freitag früh; **the** ~ **after** am nächsten Tag **II.** *adj attr* Morgen-; morgendlich; Früh-; **morning-after pill** [ˌmɔːnɪŋ-'ɑftə(r)] *s* die Pille danach; **morning coat** *s* Cut(away) *m;* **morning paper** *s* Morgenzeitung *f;* **Morning Prayer** *s* Morgenandacht *f;* **morning sickness** *s* (Schwangerschafts)Erbrechen *nt;* **morning star** *s* Morgenstern *m*

Mo·roccan [mə'rɒkən] **I.** *adj* marokkanisch **II.** *s* Marokkaner(in) *m(f)*

mo·rocco [mə'rɒkəʊ] *s* Maroquin *nt*

Mo·rocco [mə'rɒkəʊ] *s* Marokko *nt*

mo·ron ['mɔːrɒn] *s* ① Schwachsinnige(r) *f m* ② (*fam*) Trottel *m;* **mo·ronic** [mə'rɒnɪk] *adj* ① (MED) schwachsinnig ② (*fig*) idiotisch

mo·rose [mə'rəʊs] *adj* mürrisch, verdrießlich, griesgrämig

mor·pheme ['mɔːfiːm] *s* (LING) Morphem *nt*

mor·phia, **mor·phine** ['mɔːfɪə, 'mɔːfiːn] *s* Morphium *nt*

mor·phol·ogi·cal [ˌmɔːfə'lɒdʒɪkl] *adj* morphologisch; **mor·phol·ogy** [mɔː'fɒlədʒɪ] *s* Morphologie *f*

i Land & Leute

In England gibt es das **morris dancing** schon seit sehr langer Zeit, die Ursprünge sind jedoch unbekannt; der Name stammt von ‚Moorish' (maurisch). Der Tanz hat vor allem am *May Day* (1. Mai) und an *Whitsuntide* (Pfingsten) Bedeutung. Die *morris men* sind meistens Gruppen weiß gekleideter Männer, einige von ihnen tragen Glöckchen um ihre Waden und jeder hält entweder einen Stock, ein Taschentuch oder einen Kranz in der Hand. Der Tanz ist sehr schwungvoll und es wird viel gestampft, gehüpft und gesprungen.

Morse [mɔːs] *s* (~ *code*) Morsezeichen *nt*

mor·sel ['mɔːsl] *s* ① Bissen, Happen *m,* Stückchen *nt* ② bisschen *nt*

mor·tal ['mɔːtl] **I.** *adj* ① sterblich ② (*Angst*) tödlich ③ (*Langeweile*) endlos (lang); entsetzlich langweilig; **no** ~ **use** überhaupt kein Nutzen; ~ **sin** Todsünde *f* **II.** *s* Sterbliche(r) *f m;* **mortal agony** *s* Todeskampf *m;* **mortal enemy** *s* Todfeind *m;* **mor·tal·ity** [mɔː'tælətɪ] *s* ① Sterblichkeit *f* ② Todesfälle *mpl,* Sterblichkeit(sziffer) *f;* **rate of** ~ Sterbeziffer *f*

mor·tar¹ ['mɔːtə(r)] *s* ① Mörser *m* ② (MIL) Mörser, Granatwerfer *m*

mor·tar² ['mɔːtə(r)] **I.** *s* Mörtel *m* **II.** *vt* mörteln; **mortar·board** *s* ① Doktorhut *m* ② Mörtelbrett *nt*

mort·gage ['mɔːgɪdʒ] **I.** *s* Hypothek *f* (*on* auf); **raise a** ~ eine Hypothek aufnehmen (*on* auf) **II.** *vt* (*mit einer Hypothek*) belasten

mor·tice ['mɔːtɪs] **I.** *s* Zapfenloch *nt* **II.** *vt* verzapfen (*into* mit); **mortice lock** *s* Steckschloss *nt*

mor·ti·cian [mɔː'tɪʃn] *s* (*Am*) Bestattungsunternehmer *m*

mor·ti·fi·ca·tion [ˌmɔːtɪfɪ'keɪʃn] *s* ① Beschämung *f;* äußerste Verlegenheit ② (REL) Kasteiung *f* ③ (MED) Brand *m;* **mor·tify** ['mɔːtɪfaɪ] **I.** *vt* ① beschämen; äußerst peinlich sein (*s.o.* jdm) ② (REL) kasteien ③ (MED) absterben lassen **II.** *vi* (MED) absterben

mor·tise *s* Zapfenloch *nt;* ~ **lock** Steckschloss *nt*

mor·tu·ary ['mɔːtʃərɪ] *s* Leichenhalle *f*

mo·saic [məʊ'zeɪɪk] *s* Mosaik(arbeit *f*) *nt*

Mos·lem ['mɒzləm] **I.** *s* Moslem *m* **II.** *adj* mohammedanisch, muslimisch

mosque [mɒsk] *s* Moschee *f*

mos·quito [mə'skiːtəʊ] <*pl* -quitoes> *s* Stechmücke *f,* Moskito *m;* **mos·quito net** *s* Moskitonetz *nt*

moss [mɒs] *s* Moos *nt;* **mossy** ['mɒsɪ] *adj* ① moosig ② moosbedeckt, bemoost

most [məʊst] <*Superlativ von* many> **I.** *adj* meiste(r, s); größte(r, s); höchste(r, s); **for the** ~ **part** größtenteils; ~ **people** die meisten Leute **II.** *s* das meiste, die meisten; ~ **of his friends** die meisten seiner Freunde; ~ **of the time** die meiste Zeit; **make the** ~ **of s.th.** etw nach Kräften genießen; **make the** ~ **of o.s.** das Beste aus sich machen **III.** *adv* ① am meisten ② äußerst; ~ **likely** höchstwahrscheinlich; **the** ~ **beautiful** der, die, das schönste; ~ **of all** am allermeisten; **most·ly** ['məʊstlɪ] *adv* meist(ens); hauptsächlich; zum größten Teil

MOT [ˌeməʊ'tiː] *s Abk. von* **Ministry of Transport** Verkehrsministerium; **MOT (test)** TÜV *m*

mo·tel [məʊ'tel] *s* (*Am*) Motel *nt*

moth [mɒθ] *s* Motte *f;* **moth·ball** *s* Mottenkugel *f;* **put in** ~**s** einmotten; **moth-eaten** ['mɒθˌiːtn] *adj* ① mottenzerfressen ② (*fig*) abgenutzt, veraltet

moth·er ['mʌðə(r)] **I.** *s* ① Mutter *f* ② (REL: ~ *superior*) Oberin, Äbtissin *f;* **Mother's Day** Muttertag *m* **II.** *vt* ① auf-, großziehen

② zur Welt bringen ③ bemuttern; **mother country** *s* ① Vaterland *nt,* Heimat *f* ② Mutterland *nt;* **mother·hood** ['mʌðəhʊd] *s* Mutterschaft *f;* **mother-in-law** ['mʌðərɪnlɔ:] <*pl* mothers-in-law> *s* Schwiegermutter *f;* **mother·ly** ['mʌðəlɪ] *adj* mütterlich; **mother-of-all** *s* (*fam*) Inbegriff *m;* **mother-of-pearl** [ˌmʌðərəv'pɜ:l] *s* Perlmutter *f;* **mother tongue** *s* Muttersprache *f*

moth·proof ['mɒθˌpru:f] *adj* mottenfest

mo·tif [məʊ'ti:f] *s* ① (*Kunst*) Motiv *nt* ② (*fig*) Leitmotiv *nt,* -gedanke *m*

mo·tion ['məʊʃn] **I.** *s* ① Bewegung *f* ② Wink *m,* Zeichen *nt* ③ (PSYCH) Antrieb *m* ④ (PARL) Antrag *m* ⑤ (PHYSIOL) Stuhlgang *m;* **be in ~** sich bewegen; laufen; **put** [*o* **set**] **s.th. in ~** etw in Gang bringen, setzen; **go through the ~s** den Anschein erwecken; etw mechanisch tun; **propose a ~** einen Antrag stellen; **have a ~** Stuhlgang haben **II.** *vi, vt:* **~ to s.o. to do s.th.** jdm bedeuten etw zu tun; **~ s.o. in** jdn hereinwinken; **mo·tion·less** [-lɪs] *adj* bewegungs-, reglos; **motion picture** *s* Film *m*

mo·ti·vate ['məʊtɪveɪt] *vt* motivieren; **mo·tiv·ation** [ˌməʊtɪ'veɪʃn] *s* Motivation *f*

mo·tive ['məʊtɪv] **I.** *s* Motiv *nt,* Beweggrund *m* (*for* zu) **II.** *adj* Antriebs-; Trieb-; **~ power** (*a. fig*) Triebkraft *f*

mot·ley ['mɒtlɪ] **I.** *adj* scheckig, bunt **II.** *s* Narrenkostüm *nt*

mo·tor ['məʊtə(r)] **I.** *s* (*a. fig*) Motor *m* **II.** *adj* ① Motor- ② (PHYSIOL) motorisch **III.** *vi* Auto fahren; (*fam*) schnell vorankommen; **motor·bike** *s* Motorrad *nt;* **motor·boat** *s* Motorboot *nt;* **motor·car** *s* Auto(mobil) *nt,* Kraftwagen *m;* **motor·cycle** *s* Motor-, Kraftrad *nt;* **motor·cyc·ling** *s* Motorradfahren *nt;* **motor·cyclist** *s* Motorradfahrer(in) *m(f);* **motor-driven** *adj* mit Motorantrieb; **mo·tor·ing** ['məʊtərɪŋ] **I.** *adj attr* Verkehrs-; Auto-; **~ offence** Verkehrsverstoß *m* **II.** *s* Autofahren *nt;* **mo·tor·ist** ['məʊtərɪst] *s* Autofahrer(in) *m(f);* **mo·tor·iza·tion** [ˌməʊtəraɪ'zeɪʃn] *s* Motorisierung *f;* **mo·tor·ize** ['məʊtəraɪz] *vt* motorisieren; **motor racing** *s* Autorennen *nt;* **motor-road** *s* Auto-, Fahrstraße *f;* **motor scooter** *s* Motorroller *m;* **motor vehicle** *s* Kraftfahrzeug, Kfz *nt;* **motor vehicle licensing centre** *s* Kraftfahrzeug-Zulassungsstelle *f;* **mo·tor·way** ['məʊtəweɪ] *s* (*Br*) Autobahn *f*

mottled ['mɒtld] *adj* gesprenkelt; fleckig

motto ['mɒtəʊ] <*pl* motto(e)s> *s* Motto *nt;* Wahlspruch *m*

mould[1] [məʊld] **I.** *s* ① (Guss)Form *f* ② (TYP) Matrize, Mater *f* ③ Pudding *m;* **be cast in the same ~** vom gleichen Schlag sein, aus dem gleichen Holz geschnitzt sein **II.** *vt* ① formen (*into* zu), gießen ② (*fig*) formen; **~ s.o. into s.th.** etw aus jdm machen; **~ o.s. on s.o.** sich jdn zum Vorbild nehmen

mould[2] [məʊld] *s* Schimmel, Schimmelpilz *m*

moulder ['məʊldə(r)] *vi* vermodern, verfallen; verwesen; verderben

mould·ing ['məʊldɪŋ] *s* ① Formen, Gießen *nt* ② Abdruck *m;* Abguss *m* ③ Deckenfries *m*

mouldy ['məʊldɪ] *adj* ① mod(e)rig, schimm(e)lig, verschimmelt ② miserabel ③ (*Mensch*) schäbig ④ (*fam: Summe*) lumpig

moult [məʊlt] **I.** *vi* sich mausern; sich häuten; Haare verlieren **II.** *vt* ① (*Haare*) verlieren ② (*die Haut*) abwerfen **III.** *s* Mauser *f;* Häutung *f*

mound [maʊnd] *s* ① Erdhügel, -wall *m* ② (*fig*) Haufen *m,* Masse *f*

mount[1] [maʊnt] *s* (*poet*) Berg *m;* **Mount Etna** der Ätna

mount[2] [maʊnt] **I.** *s* ① Reittier *nt* ② Sockel *m;* Rahmen *m,* Fassung *f,* Gestell *nt;* Unterlage *f* **II.** *vt* ① besteigen, steigen auf ② montieren; rahmen ③ (*Stück*) inszenieren, organisieren ④ (*Wache*) aufstellen ⑤ (*Tiere*) bespringen **III.** *vi* ① aufsteigen; aufsitzen ② (*~ up*) sich häufen

moun·tain ['maʊntɪn] *s* ① Berg *m* ② (*fig*) (großer) Haufen, Berg *m* ③ **~s** Gebirge *nt;* **make a ~ out of a molehill** aus einer Mücke einen Elefanten machen; **in the ~s** im Gebirge; **mountain ash** *s* Eberesche *f;* **mountain chain** *s* Bergkette *f;* **moun·tain·eer** [ˌmaʊntɪ'nɪə(r)] *s* Bergsteiger(in) *m(f);* **moun·tain·eer·ing** [-ɪŋ] *s* Bergsteigen *nt;* **moun·tain·ous** ['maʊntɪnəs] *adj* ① bergig, gebirgig ② (*fig*) riesenhaft, ungeheuer; **mountain range** *s* Gebirgszug *m*

mounted ['maʊntɪd] *adj* beritten

mourn [mɔ:n] **I.** *vi* trauern; Trauer tragen; **~ for** [*o* **over**] **s.o.** um jdn trauern **II.** *vt* trauern um, betrauern; beklagen; nachtrauern; **mourner** ['mɔ:nə(r)] *s* Trauernde(r) *f m;* **mourn·ful** ['mɔ:nfl] *adj* ① traurig ② (*Stimme*) weinerlich; jammervoll ③ (*Seufzer*) kläglich; **mourn·ing** ['mɔ:nɪŋ] *s* Trauer(kleidung, -zeit) *f;* Trauern *nt;* Wehklage *f;* **be in ~ for s.o.** um jdn trauern

mouse [maʊs] <*pl* mice> **I.** *s* ① (*a. von*

1	speaker	Lautsprecher	8	printer	Drucker
2	books	die Bücher	9	joystick	Joystick
3	disks	Disketten	10	keyboard	Tastatur
4	scanner	Scanner	11	mouse	Maus
5	processor	Prozessor	12	mousepad	Mauspad
6	screen	Bildschirm	13	desktop	Schreibtischplatte
7	web camera	Web Camera	14	swivel chair	Drehstuhl

1	dogtooth check (GB), houndstooth check (USA)	Hahnentrittmuster	
2	striped; with stripes	gestreift; mit Streifen	
3	checked; check pattern	kariert; Karomuster	
4	blue	blau	
5	pink	rosa	
6	red	rot	
7	with a floral pattern, floral print	geblümt, mit Blumenmuster	
8	with polka dots	mit Tupfen	
9	wavy pattern	Wellenmuster	
10	purple	violett, lila	
11	orange	orange	
12	with a green check (pattern)	grün kariert	
13	yellow	gelb	
14	green	grün	
15	brown	braun	
16	light blue	hellblau	
17	light green	hellgrün	
18	zigzag	Zickzack(muster)	
19	tartan, plaid (USA)	Schottenkaro	
20	paisley	türkisches Muster	

Computer) Maus *f* ❷ (*fig*) Angsthase *m* **II.** *vi* Mäuse fangen; **mouse·hole** *s* Mauseloch *nt;* **mouse po·ta·to** *s* (*fam: person who spends a lot of time operating a computer*) Mousepotato *f,* Vor-dem-Computer-Hocker(in) *m(f);* **mouse·trap** *s* Mausefalle

mousse [muːs] *s* ❶ Creme(speise) *f* ❷ (*Kosmetik*) Schaumfestiger *m*

mous·tache [məˈstɑːʃ] *s* Schnurrbart *m*

mousy [ˈmaʊsɪ] *adj* ❶ schüchtern ❷ (*Farbe*) mausgrau ❸ (*fig*) unansehnlich; farblos

mouth [maʊθ] **I.** *s* ❶ Mund *m;* (*von Tier*) Maul *nt* ❷ Öffnung *f* ❸ (*Fluss*) Mündung *f* ❹ (*Hafen*) Einfahrt *f;* **by word of ~** mündlich; **down in the ~** niedergeschlagen, betrübt; **keep one's ~ shut** den Mund halten; **put s.th. into s.o.'s ~** (*fig*) jdm etw in den Mund legen; **take the words out of s.o.'s ~** (*fig*) jdm das Wort aus dem Mund nehmen; **shut your ~!** halten Sie den Mund! **II.** [maʊð] *vt* überdeutlich artikulieren; **mouth·ful** [ˈmaʊθfʊl] *s* ❶ Mundvoll, Bissen, Happen *m* ❷ (*fam*) Zungenbrecher *m;* **mouth organ** *s* Mundharmonika *f;* **mouth·piece** [ˈmaʊθpiːs] *s* ❶ (*Blasinstrument*) Mundstück *nt* ❷ (*fig*) Sprachrohr *nt;* **mouth-to-mouth resuscitation** *s* Mund-zu-Mund-Beatmung *f;* **mouth·wash** *s* Mundwasser *nt;* **mouth·watering** *adj* lecker, appetitlich; **mouthy** *adj* (*fam*) frech

mov·able [ˈmuːvəbl] **I.** *adj* (*a.* JUR) beweglich, transportierbar **II.** *s pl* Mobiliar *nt,* bewegliche Habe

move [muːv] **I.** *s* ❶ Zug *m;* Schritt *m;* Maßnahme *f* ❷ Bewegung *f* ❸ Umzug *m;* Wechsel *m;* **it's my ~** ich bin am Zug, dran; **be on the ~** in Bewegung sein; auf Achse sein; **make a ~ to do s.th.** Anstalten machen etw zu tun; **get a ~ on** sich beeilen **II.** *vt* ❶ bewegen; antreiben; umstellen; rücken; wegschaffen; aus dem Weg räumen; von der Stelle bewegen ❷ (*Hand*) wegziehen ❸ (*Produktion*) verlegen ❹ transportieren; vertreiben ❺ rühren, bewegen; erschüttern ❻ (*Antrag*) stellen; **~ s.th. to a different place** etw an einen anderen Platz stellen; **~ house** umziehen; **~ s.o. from an opinion** jdn von einer Meinung abbringen; **~ s.o. to do s.th.** jdn veranlassen etw zu tun; **be ~d** gerührt sein; **~ s.o. to tears** jdn zu Tränen rühren **III.** *vi* ❶ sich bewegen ❷ (*Auto*) fahren; vorankommen ❸ umziehen (*to* nach) ❹ gehen; fahren ❺ (*fam*) ein Tempo draufhaben ❻ (*Brettspiel*) einen Zug machen ❼ (*fig*) Maßnahmen ergreifen; **keep moving** nicht stehen bleiben; **~ closer to s.th.** sich einer Sache nähern; **move about** **I.** *vt* umstellen, umräumen **II.** *vi* sich hin und her bewegen; **move along** **I.** *vt* vorfahren **II.** *vi* weitergehen; aufrücken; **move away** **I.** *vt* wegräumen; wegfahren **II.** *vi* ❶ aus dem Weg gehen ❷ wegziehen ❸ abkommen (*from* von); **move back** **I.** *vt* zurückstellen; zurückgehen **II.** *vi* zurückweichen; sich zurückziehen; **move down** **I.** *vt* nach unten stellen **II.** *vi* nach hinten aufrücken; **move forward** **I.** *vt* vorgehen lassen; vorziehen **II.** *vi* vorrücken; sich vorwärts bewegen; **move in** **I.** *vt* einsetzen; hineinstellen **II.** *vi* ❶ einziehen ❷ sich nähern; näher herangehen; anrücken; **move off** **I.** *vt* wegschicken **II.** *vi* sich in Bewegung setzen; abfahren; **move on** **I.** *vt* vorstellen **II.** *vi* weitergehen; **move out** **I.** *vt* herausfahren; abziehen **II.** *vi* ausziehen; **move over** **I.** *vt* herüberschieben **II.** *vi* zur Seite rücken; **move up** **I.** *vt* ❶ nach oben stellen; befördern ❷ (MIL) aufmarschieren lassen **II.** *vi* aufsteigen; steigen; befördert werden

move·ment [ˈmuːvmənt] *s* ❶ Bewegung *f* ❷ Trend *m;* Entwicklung *f* ❸ (MIL) Truppenbewegung *f* ❹ (FOL REL) (Massen)Bewegung *f* ❺ Preis-, Kursbewegung *f* ❻ (TECH) Mechanismus *m,* (Uhr)Werk *nt* ❼ (MUS) Satz *m* ❽ Stuhlgang *m* ❾ (*Waren*) Beförderung *f;* **downward/upward ~** Aufwärts-/Abwärtsbewegung *f;* **underground ~** (POL) Untergrundbewegung *f*

movie [ˈmuːvɪ] *s* (*Am*) Film *m;* **the ~s** der Film; **go to the ~s** ins Kino gehen; **movie camera** *s* Filmkamera *f;* **movie·goer** [ˈmuːvɪgəʊə(r)] *s* (*Am fam*) Kinogänger(in) *m(f);* **movie star** *s* Filmstar *m*

mov·ing [ˈmuːvɪŋ] *adj* ❶ beweglich ❷ (TECH) Antriebs- ❸ (*fig*) rührend; bewegend

mow [məʊ] <*irr:* mowed, mown (mowed)> *vt, vi* mähen; **~ down** (*fig*) niedermähen; **mower** [ˈməʊə(r)] *s* ❶ Mäher *m* ❷ Mähmaschine *f;* Rasenmäher *m;* **mown** [məʊn] *vt, vi s.* **mow**

MP [ˌemˈpiː] *s Abk. von* **Member of Parliament** (Parlaments)Abgeordnete(r) *f m*

MP3 [ˌempiːˈθriː] *s Abk. von* **MPEG (Motion Picture Experts Group) 1 Layer 3** MP3 *nt*

mph [ˌempiːˈeɪtʃ] *s Abk. von* **miles per hour** Meilen pro Stunde

Mr [ˈmɪstə(r)] *s Abk. von* **Mister** Herr

Mrs [ˈmɪsɪz] *s Abk. von* **Mistress** Frau

Ms [məz] *s* (*Anrede für alle Frauen*) Frau

much [mʌtʃ] **I.** *adj, s* viel; **how** ~ wie viel; **that** ~ so viel; **too** ~ zu viel; **be too** ~ **for s.o.** zu viel für jdn sein; jdm zu teuer sein; **as** ~ ebensoviel; **three times as** ~ dreimal so viel; **as** ~ **as you want** so viel du willst; **as** ~ **again** noch einmal so viel; **so** ~ so viel; **make** ~ **of s.th.** viel Wind um etw machen **II.** *adv* ❶ sehr; viel; oft ❷ weitaus; bei weitem ❸ beinahe; ~ **to my astonishment** zu meinem großen Erstaunen; **as** ~ **I should like to** so gern ich möchte; **I don't care** ~ es ist mir ziemlich egal; **too** ~ so viel; so sehr; **thank you very** ~ vielen Dank; **much·ness** [-nɪs] *s* (*fam*): **much of a** ~ so ziemlich dasselbe, ungefähr das Gleiche

muck [mʌk] *s* ❶ Dung *m*, Jauche *f* ❷ Dreck, Schmutz, Unrat, Kot *m* ❸ (*fig*) Schund *m;* **muck about I.** *vi* (*sl*) herumalbern, -blödeln **II.** *vt* (*jdn*) hinhalten; (*vulg*) verarschen; **muck out** *vt* ausmisten; **muck up** *vt* ❶ dreckig machen ❷ (*fig*) vermasseln; **muck·heap** *s* Misthaufen *m;* **muck·raker** ['mʌkreɪkə(r)] *s* Sensationshai *m;* **muck-up** ['mʌkʌp] *s* Durcheinander *nt;* Katastrophe *f;* **mucky** ['mʌkɪ] *adj* ❶ schmutzig, dreckig ❷ (*Boden*) matschig

mu·cous ['mju:kəs] *adj* (PHYSIOL) schleimig; ~ **membrane** Schleimhaut *f;* **mu·cus** ['mju:kəs] *s* (PHYSIOL) Schleim *m;* **mu·cus-form·ing** *adj* schleimbildend

mud [mʌd] *s* ❶ Schlamm *m;* Matsch *m* ❷ (*fig*) üble Nachrede; **drag s.o.'s name through the** ~ jds guten Namen in den Schmutz ziehen; **sling** [*o* **throw**] ~ **at** (*fig*) mit Dreck bewerfen, verleumden; **here's** ~ **in your eye** zum Wohl!

muddle ['mʌdl] **I.** *vt* ❶ durcheinander bringen ❷ (*fig*) verwirrt, konfus machen; ~ **along** vor sich hin wursteln; ~ **through** sich durchwursteln **II.** *s* ❶ Durcheinander *nt* ❷ (*fig*) Verwirrung *f;* **be in a** ~ ganz verwirrt sein; **make a** ~ **of s.th.** etw völlig durcheinander bringen; **muddle-headed** ['mʌdl,hedɪd] *adj* zerstreut; konfus

muddy ['mʌdɪ] **I.** *adj* ❶ schmutzig, schlammig ❷ (*Flüssigkeit*) trübe; dunkel ❸ (*fig*) verworren **II.** *vt* schmutzig machen; **mud·guard** ['mʌdgɑ:d] *s* (*Auto*) Kotflügel *m;* (*Fahrrad*) Schutzblech *nt;* **mud·pack** *s* Schlammpackung *f;* **mud·slinger** ['mʌdslɪŋə(r)] *s* (*fam*) Verleumder(in) *m(f);* **mud·sling·ing** ['mʌdslɪŋɪŋ] *s* (*fam*) Schlechtmacherei *f*

muesli *s* Müsli *nt*

muff [mʌf] *s* Muff *m*

muf·fin ['mʌfɪn] *s* (*Br*) *meist warm gegessenes, weiches Milchbrötchen*

i Land & Leute

In den USA sind **muffins** und *cupcakes* kleine Kuchen, die in runden Formen gebacken werden. **Muffins** sind etwas fester als die aus normalem Rührteig hergestellten *cupcakes*.

muffle ['mʌfl] *vt* ❶ (~ *up*) einmumme(l)n; verhüllen ❷ (*Schall*) dämpfen; abschwächen; **muf·fler** ['mʌflə(r)] *s* ❶ dicker Schal ❷ (*Am*) Auspufftopf *m*

mufti ['mʌftɪ] *s* Zivilkleidung *f;* **in** ~ in Zivil

mug [mʌg] **I.** *s* ❶ Krug *m,* Kanne *f* ❷ Becher *m* ❸ (*sl*) Trottel *m* ❹ (*sl*) Visage *f;* **that's a** ~**'s game** das ist doch schwachsinnig **II.** *vt* überfallen; ~ **s.th. up** [*o* **up on s.th.**] (*fam*) etw pauken

mug·ger ['mʌgə(r)] *s* Straßenräuber(in) *m(f);* **mug·ging** ['mʌgɪŋ] *s* Raubüberfall *m*

mug·gins ['mʌgɪnz] *s pl mit sing* (*fam*) Tölpel *m;* **and** ~ **would have to do it** und ich bin dann der Blöde, der es machen muss

muggy ['mʌgɪ] *adj* schwül; drückend

mug·wump ['mʌgwʌmp] *s* (*Am:* POL) Unabhängige(r) *f m*

mul·atto [mju:'lætəʊ] *s* Mulatte *m,* Mulattin *f*

mul·berry ['mʌlbrɪ] *s* Maulbeere *f;* Maulbeerbaum *m*

mule[1] [mju:l] *s* ❶ Maulesel *m,* Maultier *nt* ❷ (*Spinnerei*) Selfaktor *m;* **as stubborn as a** ~ so störrisch wie ein Maulesel

mule[2] [mju:l] *s* Pantoffel *m*

mul·ish ['mju:lɪʃ] *adj* (*fig*) starrköpfig, bockig, eigensinnig

mull [mʌl] *vt* ❶ (~ *over*) sich durch den Kopf gehen lassen ❷ (*alkoholisches Getränk*) erhitzen, süßen und würzen; ~**ed wine** Glühwein *m*

mul·lion ['mʌlɪən] *s* Fensterpfosten *m*

multi·colo(u)red [,mʌlti'kʌləd] *adj* mehrfarbig; **multi·cul·tural** [,mʌltɪ'kʌltʃərəl] *adj* multikulturell; ~ **society** multikulturelle Gesellschaft; **mul·ti·far·ious** [,mʌltɪ'feərɪəs] *adj* vielfältig, mannigfaltig, -fach; **mul·ti·form** ['mʌltɪfɔ:m] *adj* vielgestaltig; **multi·func·tional** [,mʌltɪ'fʌnkʃənəl] *adj* multifunktional; **multi·grade oil** ['mʌltɪ,greɪd'ɔɪl] *s* Mehrbereichsöl *nt;* **mul·ti·lat·eral** [,mʌltɪ'lætərəl] *adj* (POL) multilateral; **multi·lingual** [,mʌltɪ'lɪŋgwəl] *adj* mehrsprachig; **multi·mil·lion·aire** [,mʌltɪmɪljə'neə(r)] *s* Multimillionär(in) *m(f);* **multi·na·tion·al** [,mʌltɪ'næʃnəl]

I. *adj* multinational II. *s* multinationaler Konzern; **multi-pack** *s* Multipack *m*

multiple ['mʌltɪpl] I. *adj* ❶ viel-, mehrfach ❷ mehrere; ~ **choice** Multiple-Choice-Verfahren *nt;* ~ **sclerosis** (MED) multiple Sklerose II. *s* (MATH) (das) Vielfache; **multi·pli·ca·tion** [ˌmʌltɪplɪ'keɪʃn] *s* ❶ Vervielfachung, Vermehrung *f* ❷ (MATH) Multiplikation *f;* **multi·plic·ity** [ˌmʌltɪ'plɪsətɪ] *s* Vielfalt, -fältigkeit, Vielzahl *f;* **multi·plier** ['mʌltiplaɪə(r)] *s* Multiplikator *m;* **multi·ply** ['mʌltɪplaɪ] I. *vt* ❶ vervielfältigen, vermehren ❷ (MATH) multiplizieren II. *vi* ❶ zunehmen; sich vermehren ❷ (MATH) multiplizieren

multi·pur·pose [ˌmʌltɪ'pɜ:pəs] *adj attr* Mehrzweck-; **multi·racial** [ˌmʌltɪ'reɪʃl] *adj* multikulturell

i Land & Leute

Singapurs **multiracial society** (multikulturelle Gesellschaft) setzt sich aus den Nachkommen der Einwanderer aus Malaysia, China und Indien zusammen, die im frühen 19. Jh. in größeren Zahlen nach Singapur kamen. Die verschiedenen ethnischen Gruppen haben mittlerweile eine gemeinsame Identität als *Singaporeans* gefunden, aber sie pflegen noch ihre Bräuche, Traditionen und Feste. Heute sind die Chinesen, Malayen, Inder und Eurasier die wichtigsten ethnischen Gruppen in Singapur.

multi·stage *adj* mehrstufig; **multi·stor(e)y** *adj* mehrgeschossig; ~ **flats** Hochhäuser *ntpl;* ~ **car park** Parkhaus *nt*

multi-tasking *s* (INFORM) Multitasking *nt* (*mehrere Programme können gleichzeitig laufen*)

multi·tude ['mʌltɪtju:d] *s* Menge *f;* **a** ~ **of** eine Vielzahl von, eine Menge; **the** ~ die große Masse, der große Haufen; **multi·tud·in·ous** [ˌmu:ltɪ'tju:dɪnəs] *adj* zahlreich; **multi-user system** [ˌmʌltɪ'u:zə(r)] *s* (INFORM) Mehrplatzrechner *m*

mum[1] [mʌm] *adj, s:* ~**'s the word!** nichts verraten!; **keep** ~ den Mund halten

mum[2] [mʌm] *s* (*fam*) Mutti *f*

mumble ['mʌmbl] I. *vt* murmeln II. *vi* vor sich hin murmeln

mumbo jumbo [ˌmʌmbəʊ'dʒʌmbəʊ] *s* Mumpitz *m;* Kauderwelsch *nt*

mum·mi·fi·ca·tion [ˌmʌmɪfɪ'keɪʃn] *s* Mumifizierung, Einbalsamierung *f;* **mum·mify** ['mʌmɪfaɪ] *vt* mumifizieren, einbalsamieren

mummy[1] ['mʌmɪ] *s* Mumie *f*

mummy[2] ['mʌmɪ] *s* (*fam*) Mutti *f*

mumps [mʌmps] *s pl mit sing* (MED) Ziegenpeter, Mumps *m*

munch [mʌntʃ] *vi, vt* mampfen

mun·dane [mʌn'deɪn] *adj* ❶ irdisch, weltlich ❷ schlicht und einfach

Munich ['mju:nik] *s* München *nt*

mu·nici·pal [mju:'nɪsɪpl] *adj* städtisch, kommunal; ~ **administration** Stadtverwaltung *f;* **mu·nici·pal·ity** [mju:ˌnɪsɪ'pælətɪ] *s* Stadt, Gemeinde *f*

mu·ni·tions [mju:'nɪʃənz] *s pl* Munition *f*

mural ['mjʊərəl] I. *adj* Wand- II. *s* Wandgemälde *nt,* -malerei *f*

mur·der ['mɜ:də(r)] I. *s* ❶ Mord *m* (*of* an) ❷ Ermordung *f;* **commit** (**a**) ~ einen Mord begehen; **be accused of** ~ unter Mordanklage stehen; **cry blue** ~ (*fam*) Zeter und Mordio schreien; **get away with** ~ sich alles erlauben können II. *vt* ❶ (er)morden, umbringen ❷ (*fig*) verhunzen, verderben; **mur·derer** ['mɜ:dərə(r)] *s* Mörder *m;* **mur·der·ess** ['mɜ:dərɪs] *s* Mörderin *f;* **mur·der·ous** ['mɜ:dərəs] *adj* ❶ mörderisch ❷ blutdürstig

murky ['mɜ:kɪ] *adj* ❶ trübe; dunkel ❷ (*Foto*) unscharf ❸ (*Charakter*) finster

mur·mur ['mɜ:mə(r)] I. *s* ❶ Murmeln *nt* ❷ Murren *nt* ❸ (*Wasser*) Rauschen *nt;* **without a** ~ ohne zu murren II. *vi* ❶ murmeln ❷ murren (*about, against* gegen) III. *vt* (vor sich hin) murmeln

muscle ['mʌsl] *s* Muskel *m;* **move a** ~ sich rühren; **muscle in** *vi* (*sl*) mitmischen (*on* bei); **muscle-bound** ['mʌslbaʊnd] *adj* (über)muskulös; **muscle·man** ['mʌslmæn] <*pl* -men> *s* Muskelprotz *m;* **mus·cu·lar** ['mʌskjʊlə(r)] *adj* muskulös, kräftig, stark

muse [mju:z] *vi, vt* (nach)denken, -sinnen, -grübeln (*on, over* über)

mu·seum [mju:'zɪəm] *s* Museum *nt;* **museum piece** *s* Museumsstück *nt*

mush [mʌʃ] *s* ❶ (*Am*) (Mais)Mehlbrei *m* ❷ Brei *m;* Mus *nt*

mush·room ['mʌʃrʊm] I. *s* ❶ (essbarer) Pilz *m;* Champignon *m* ❷ (*Atom*) Pilz *m* II. *adj* ❶ pilzartig, -förmig ❷ (*fig*) wie Pilze aus dem Boden geschossen; schlagartig III. *vi* ❶ Pilze sammeln ❷ (*fig*) wie Pilze aus dem Boden schießen; emporschießen ❸ (*Feuer*) sich ausbreiten

mushy ['mʌʃɪ] *adj* ❶ breiig; matschig ❷ (*fig*) rührselig, schmalzig

mu·sic ['mju:zɪk] *s* ❶ Musik *f* ❷ Musikstück

nt; Noten *fpl* ③ (*Stimme*) Musikalität *f*; **face the ~** (*fam*) dafür geradestehen; **set to ~** vertonen; **background ~** musikalische Untermalung; **mu·si·cal** ['mju:zɪkl] **I.** *adj* ① musikalisch ② wohlklingend, melodisch; **~ box** Spieluhr *f*; **play ~ chairs** die Reise nach Jerusalem spielen; **~ instrument** Musikinstrument *nt* **II.** *s* Musical *nt*; **music box** *s* (*Am*) Spieldose *f*; **music cas·sette** *s* Musikkassette *f*; **music hall** *s* (*Br*) Varietee(theater) *nt*

mu·si·cian [mju:'zɪʃn] *s* Musiker(in) *m(f)*

mu·sic stand ['mju:zɪkˌstænd] *s* Notenständer *m*

musk [mʌsk] *s* Moschus *m*

mus·ket ['mʌskɪt] *s* (HIST MIL) Muskete *f*

mus·ket·eer [ˌmʌskɪ'tɪə(r)] *s* Musketier *m*

musk·rat ['mʌskræt] *s* Bisamratte *f*

mus·lin ['mʌzlɪn] *s* Musselin *m*

mus·quash ['mʌskwɒʃ] *s* Bisamratte *f*

muss [mʌs] **I.** *s* (*Am*) Durcheinander *nt*, Unordnung *f* **II.** *vt* (*Am:* ~ *up*) durcheinander bringen, in Unordnung bringen

mus·sel ['mʌsl] *s* (Mies)Muschel *f*

must [mʌst] **I.** *aux* ① müssen ② (*in verneinten Sätzen*) dürfen; **you ~ go** Sie müssen gehen; **~ I?** ja, wirklich?; muss das sein?; **you ~n't do that** Sie dürfen das nicht tun; **I ~ have lost it** ich muss es wohl verloren haben; **you ~ be hungry** Sie haben doch bestimmt Hunger; **he ~ come just now** natürlich muss er gerade jetzt kommen **II.** *s* Notwendigkeit *f*, Muss *nt*; **this book is a ~** dieses Buch muss man gelesen haben

mus·tache ['mʌstæʃ] *s* (*Am*) Schnurrbart *m*; **mus·tachio** [mə'stɑ:ʃɪəʊ] <*pl* -tachios> *s* Schnauzbart *m*

mus·tang ['mʌstæŋ] *s* Mustang *m*

mus·tard ['mʌstəd] **I.** *s* Senf *m*; Senfgelb *nt*; **be as keen as ~** Feuer und Flamme sein **II.** *adj* senffarben

mus·ter ['mʌstə(r)] **I.** *vt* ① (MIL) antreten lassen; zusammentreiben ② (~ *up*) zusammenbekommen; aufbringen; aufbieten; **~ (up) courage/strength** allen Mut/seine ganze Kraft zusammennehmen **II.** *vi* sich versammeln **III.** *s* (MIL) Antreten *nt*, Appell *m*; **pass ~** (*fig*) den Anforderungen genügen

mustn't ['mʌsnt] = **must not**

musty ['mʌstɪ] *adj* ① dumpfig, muffig ② (*Bücher*) moderig

mu·table ['mju:təbl] *adj* ① veränderlich, variabel ② (BIOL) mutationsfähig; **mu·ta·tion** [mju:'teɪʃn] *s* ① (Ver)Änderung *f*; Wandel *m* ② (BIOL) Mutation *f*

mute [mju:t] **I.** *adj* ① (*a.* LING) stumm ② (*Wut*) sprachlos **II.** *s* ① Stumme(r) *f m* ② (GRAM) stummer Buchstabe ③ (MUS) (Schall)Dämpfer *m* **III.** *vt* (MUS) dämpfen

mu·ti·late ['mju:tɪleɪt] *vt* verstümmeln; **mu·ti·la·tion** [ˌmju:tɪ'leɪʃn] *s* Verstümmelung *f*

mu·tin·eer [ˌmju:tɪ'nɪə(r)] *s* Meuterer *m*; **mu·ti·nous** ['mju:tɪnəs] *adj* ① meuternd ② meuterisch, aufrührerisch; **mu·tiny** ['mju:tɪnɪ] **I.** *s* Meuterei *f* **II.** *vi* meutern

mut·ter ['mʌtə(r)] **I.** *vi* ① murmeln ② murren **II.** *vt* murmeln, brummen **III.** *s* Gemurmel *nt*

mut·ton ['mʌtn] *s* Hammelfleisch *nt*; **be as dead as ~** mausetot sein; **she's ~ dressed as lamb** sie macht auf jung; **mutton·chops** *s pl* (*Bart*) Koteletten *pl*

mu·tual ['mju:tʃʊəl] *adj* gegen-, wechselseitig; gemeinsam; beiderseitig; **by ~ consent** in gegenseitigem Einverständnis; **for ~ benefit** zu beiderseitigem Nutzen; **the feeling is ~** das beruht auf Gegenseitigkeit; **mutual insurance** *s* Versicherung *f* auf Gegenseitigkeit; **mu·tual·ly** ['mju:tʃʊəlɪ] *adv* gegenseitig

muzak ['mju:zæk] *s* (*pej*) Berieselungsmusik *f*

muzzle ['mʌzl] **I.** *s* ① Maul *nt* ② Maulkorb *m* ③ (*Gewehr*) Mündung *f*; **~-loader** Vorderlader *m* **II.** *vt* ① einen Maulkorb anlegen (*s.o.* jdm) ② (*fig: Presse*) mundtot machen; ersticken

muzzy ['mʌzɪ] *adj* ① benommen, benebelt ② (*Erinnerung*) verschwommen

my [maɪ] **I.** *pron* mein; **this car is ~ own** das ist mein Auto **II.** *interj* ach du Schreck!

my·opia [maɪ'əʊpɪə] *s* Kurzsichtigkeit *f*; **my·opic** [maɪ'ɒpɪk] *adj* kurzsichtig

myr·iad ['mɪrɪəd] **I.** *s* Myriade *f*; **a ~ of** Myriaden von **II.** *adj* unzählige

myrrh [mɜ:(r)] *s* Myrrhe *f*

myrtle ['mɜ:tl] *s* Myrte *f*

my·self [maɪ'self] *pron* ① mich *acc*, mir *dat* ② (*betont*) (ich) selbst; **I said to ~** ich sagte mir; **I hurt ~** ich habe mir weh getan; **I said so ~** das habe ich auch gesagt; **I'm not ~ today** ich bin heute nicht ganz auf der Höhe; **(all) by ~** (ganz) allein; ohne Hilfe; **I'll do it ~** das mache ich selbst

mys·teri·ous [mɪ'stɪərɪəs] *adj* geheimnisvoll; rätselhaft, mysteriös; **mys·tery** ['mɪstərɪ] *s* ① Geheimnis, Rätsel *nt* (*to* für) ② (*a.* REL) Mysterium *nt*; **~ play** Mysterienspiel *nt*; **~ story** Kriminalgeschichte *f*

mys·tic ['mɪstɪk] **I.** *adj* ① mystisch ② (*Worte*) rätselhaft, mysteriös **II.** *s* Mystiker(in) *m(f)*; **mys·ti·cal** ['mɪstɪkl] *adj* mystisch; **mys·ti·cism** ['mɪstɪsɪzəm] *s* Mystizismus *m;* Mystik *f*

mys·ti·fi·ca·tion [ˌmɪstɪfɪ'keɪʃn] *s* ❶ Verwirrung *f* ❷ Verwunderung, Verblüffung *f;* **mys·tify** ['mɪstɪfaɪ] *vt* vor ein Rätsel stellen; **mys·tique** [mɪs'tiːk] *s* geheimnisvolle Ausstrahlung, Aura *f*

myth [mɪθ] *s* ❶ Mythos, Mythus *m* ❷ (*fig*) Fabel, Fiktion *f;* **mythi·cal** ['mɪθɪkl] *adj* ❶ mythisch ❷ (*fig*) fiktiv, erfunden

mytho·logi·cal [ˌmɪθə'lɒdʒɪkl] *adj* mythologisch; **myth·ol·ogy** [mɪ'θɒlədʒɪ] *s* Mythologie *f*

N n

N, n [en] <*pl* -'s> *s* N, n *nt*

nab [næb] *vt* (*fam*) ❶ schnappen; erwischen ❷ klauen

na·dir ['neɪdɪə(r)] *s* ❶ (ASTR) Nadir *m* ❷ (*fig*) Tiefpunkt *m;* **at the ~** (*fig*) auf dem Nullpunkt

naff [næf] *adj* (*sl*) ätzend; (*Person, Sache*) verstaubt; (*Aktivität*) verschnarcht; **~ off!** verschwinde!

NAFTA ['næftə] *s no pl Abk. von* **North American Free Trade Agreement/Area** NAFTA *f* (*Freihandelsabkommen/-zone zwischen den USA, Kanada und Mexiko*)

nag¹ [næg] **I.** *vt* (dauernd) herumnörgeln an; **~ s.o. to do s.th.** jdm die Hölle heiß machen, damit er etw tut **II.** *vi* schimpfen, meckern, keifen (*at* mit) **III.** *s* Nörgler(in) *m(f)*

nag² [næg] *s* Klepper *m,* Mähre *f*

nag·ger ['nægə(r)] *s* Nörgler(in) *m(f);* **nag·ging** ['nægɪŋ] *adj* ❶ nörgelnd ❷ (*Schmerz*) bohrend

nail [neɪl] **I.** *s* (ANAT TECH) Nagel *m;* **as hard as ~s** (*fig*) knallhart; zäh wie Leder; **on the ~** (*fig*) auf der Stelle; **hit the ~ on the head** (*fig*) den Nagel auf den Kopf treffen **II.** *vt* ❶ nageln ❷ (*fig*) festnageln; **~ s.th. to the wall** etw an die Wand nageln; **be ~ed to the ground** wie festgenagelt sein; **~ s.o. down** jdn festnageln (*to* auf); **~ up** an-, zunageln; **nail-bit·ing** ['neɪlbaɪtɪŋ] **I.** *s* Nägelkauen *nt* **II.** *adj* ❶ atemberaubend ❷ spannungsgeladen; **nail brush** ['neɪlbrʌʃ] *s* Nagelbürste *f;* **nail clippers** *s pl* Nagelknipser *m;* **nail enamel remover** *s* Nagellackentferner *m;* **nail file** *s* Nagelfeile *f;* **nail polish** *s* (*Am*) Nagellack *m;* **nail scissors** *s pl* Nagelschere *f;* **nail varnish** *s* (*Br*) Nagellack *m*

naïve, naive [naɪ'iːv] *adj* naiv; **naïveté, naïvety** [naɪ'iːvteɪ, naɪ'iːvətɪ] *s* Naivität *f*

na·ked ['neɪkɪd] *adj* ❶ nackt, bloß, unverhüllt ❷ kahl, dürr; leer; **go ~** nackt gehen; **~ as the day he was born** splitterfasernackt; **with the ~ eye** mit bloßem Auge; **the ~ fact** nackte Tatsache; **the ~ truth** die reine Wahrheit; **naked·ness** [-nɪs] *s* Nacktheit *f;* (*fig*) Blöße *f*

namby-pamby [ˌnæmbɪ'pæmbɪ] **I.** *adj* (*pej*) ❶ verweichlicht ❷ unentschlossen **II.** *s* (*pej*) Mutterkind *nt;* (*Junge*) Muttersöhnchen *nt*

name [neɪm] **I.** *s* ❶ Name *m* ❷ Ruf *m;* **know s.o. by ~** jdn dem Namen nach kennen; **what's your ~?** wie heißen Sie?; **in ~ only** nur dem Namen nach; **in the ~ of** im Namen +*gen;* **under the ~ of ...** unter dem Namen ...; **not to have a penny to one's ~** keinen Pfennig besitzen; **call s.o. ~s** jdn beschimpfen; **have a good ~** einen guten Ruf haben; **have a ~ for** bekannt sein für; **make a ~ for o.s.** sich einen Namen machen; **put one's ~ down for** kandidieren für; sich anmelden zu; **get a bad ~** in Verruf kommen; **big ~** bedeutende Persönlichkeit; **the ~ of the game** der Zweck, das Wesentliche der Sache **II.** *vt* ❶ (be)nennen, einen Namen geben (*s.o.* jdm), taufen ❷ bezeichnen ❸ nennen ❹ ernennen (*for, to* für, zu); **a person ~d X** jd mit Namen X; **~ a child after s.o.** ein Kind nach jdm nennen; **~ s.o. director** jdn zum Direktor ernennen; **~ s.o. as s.th.** jdn als etw bezeichnen; **~ your price** nennen Sie Ihren Preis; **name check** *s* Namensnennung *f;* **name-day** *s* Namenstag *m;* **name-drop** ['neɪmdrɒp] *vi Namen von Prominenten, die man angeblich kennt, erwähnen;* **name-drop·ping** ['neɪmdrɒpɪŋ] *s* Name-dropping *nt;* **name·less** ['neɪmlɪs] *adj* ❶ namenlos; unbekannt ❷ unbenannt, ungenannt ❸ (*Verbrechen*) unaussprechlich ❹ (*Gefühl*) unsagbar, unbeschreiblich; **in ~ fear** in namenloser Angst; **name·ly** ['neɪmlɪ] *adv* nämlich; **name·plate** ['neɪmpleɪt] *s* Namensschild *nt;* **name·sake** ['neɪmseɪk] *s* Namensvetter *m*

Nami·bia [næ'mɪbɪə] *s* Namibia *nt;* **Nami·bian** [næ'mɪbɪən] **I.** *adj* namibisch **II.** *s* Namibier(in) *m(f)*

nan·ny ['nænɪ] *s* ❶ Kindermädchen *nt*

❷ (*Kindersprache*) Omi *f;* **nanny goat** ['nænɪgəʊt] *s* Ziege, Geiß *f;* **nan·ny·ish** *adj* überfürsorglich

na·no·me·tre ['nænəʊˌmiːtə] *s* Nanometer *m,* nm (*ein milliardstel Meter*)

na·no·sec·ond ['nɑːnəʊ'sekənd] *s* Nanosekunde *f,* ns (*eine milliardstel Sekunde*)

na·no·tech·nol·ogy [ˌnænəʊtek'nɒlədʒi] *s no pl* Nanotechnologie *f*

nap[1] [næp] **I.** *vi:* **catch s.o. ~ping** jdn überrumpeln **II.** *s* Schläfchen, Nickerchen *nt;* **take a ~** ein Nickerchen machen

nap[2] [næp] *s* (*Textil*) Flor *m*

na·palm ['neɪpɑːm] **I.** *vt* (MIL) mit Napalm bombardieren **II.** *s* Napalm *nt;* **napalm bomb** *s* Napalmbombe *f*

nape [neɪp] *s* (~ *of the neck*) Nacken *m*

nap·kin ['næpkɪn] *s* ❶ Serviette *f* ❷ Windel *f*

nappy ['næpɪ] *s* (*Br*) Windel *f;* **nappy liner** *s* Windeleinlage *f*

nar·cissus [nɑː'sɪsəs, *pl* -'sɪsaɪ] <*pl* -cissi> *s* Narzisse *f*

nar·co·sis [nɑː'kəʊsɪs] *s* Narkose *f;* **nar·cotic** [nɑː'kɒtɪk] **I.** *adj* narkotisch, betäubend **II.** *s* Rauschgift *nt;* **~s squad** Rauschgiftdezernat *nt;* **traffic in ~s** Rauschgifthandel *m*

nark [nɑːk] **I.** *s* (*sl*) Spitzel *m* **II.** *vt* (*sl*) ärgern

nar·rate [nə'reɪt] *vt* erzählen; berichten; **nar·ra·tion** [nə'reɪʃn] *s* ❶ Erzählung *f;* Bericht *m* ❷ Schilderung *f;* **nar·ra·tive** ['nærətɪv] **I.** *adj* erzählend; mitteilsam **II.** *s* ❶ Erzählung *f;* Text *m* ❷ Erzählen *nt;* Schilderung *f;* **nar·rator** [nə'reɪtə(r)] *s* Erzähler(in) *m(f)*

nar·row ['nærəʊ] **I.** *adj* ❶ eng, schmal ❷ (*Ideen*) engstirnig, beschränkt ❸ (*Verhältnisse*) dürftig, eng ❹ (*Sieg*) knapp ❺ genau, gründlich, sorgfältig; **by a ~ margin** knapp; **have a ~ mind** engstirnig sein; **in the ~est sense** im engsten Sinne (des Wortes); **with a ~ majority** mit knapper Mehrheit; **have a ~ escape** mit knapper Not davonkommen; **that was a ~ squeak** (*fam*) das war knapp **II.** *vi* sich verengen; enger, schmäler werden; **~ down to** hinauslaufen auf **III.** *vt* (~ *down*) einengen; begrenzen; **~ one's eyes** die Augen zusammenkneifen **IV.** *s pl* enge Stelle; **narrow boat** *s* Kanalboot *nt;* **narrow-gauge** *adj* Schmalspur-, schmalspurig; **nar·row·ly** [-lɪ] *adv* ❶ beinahe, fast, mit knapper Not ❷ (*untersuchen*) sehr genau; **he ~ escaped drowning** er wäre fast ertrunken; **nar·row-minded** [ˌnærəʊ'maɪndɪd] *adj* engstirnig

na·sal ['neɪzl] **I.** *adj* ❶ (LING) nasal ❷ (*Stimme*) näselnd **II.** *s* (LING) Nasallaut *m*

nasti·ness ['nɑːstɪnəs] *s* Ekelhaftigkeit, Bösartigkeit, Abscheulichkeit *f*

nas·tur·tium [nə'stɜːʃəm] *s* Kapuzinerkresse *f*

nasty ['nɑːstɪ] *adj* ❶ scheußlich; ekelhaft ❷ (*Überraschung*) böse, unangenehm ❸ (*Wetter*) abscheulich ❹ (*Verbrechen*) abscheulich ❺ (*fig*) gemein, garstig ❻ (*Bemerkung*) gehässig, übel ❼ (*Krankheit*) schwer ❽ (*Film*) anstößig; ekelhaft; **he turned ~** er wurde unangenehm; **he has a ~ temper** mit ihm ist nicht gut Kirschen essen

na·tal ['neɪtl] *adj* Geburts-; **na·tal·ity** [nə'tælɪtɪ] *s* (*Am*) Geburtenziffer *f*

na·tion ['neɪʃn] *s* Volk *nt,* Nation *f;* **address the ~** zum Volk sprechen; **member ~** Mitgliedsstaat *m;* **na·tion·al** ['næʃnəl] **I.** *adj* national; staatlich; **~ anthem** Nationalhymne *f;* **~ assembly** Nationalversammlung *f;* **~ costume** Volkstracht *f;* **~ currency** Landeswährung *f;* **~ debt** Staatsschuld *f;* **~ defence** Landesverteidigung *f;* **National Front, NF** (*in GB*) *rechtsradikale Partei;* **National Guard** (*in den USA*) Nationalgarde *f;* **National Health Service, NHS** (*in GB*) Staatlicher Gesundheitsdienst; **~ income** Volkseinkommen *nt;* **~ insurance** Sozialversicherung *f;* **~ park** Nationalpark *m;* **~ product** Sozialprodukt *nt;* **~ security** Staatssicherheit *f;* **~ service** Wehr-, Militärdienst *m;* **~ status** Staatsangehörigkeit *f;* **~ wealth** Volksvermögen *nt* **II.** *s* ❶ Staatsangehörige(r) *f m* ❷ überregionale Zeitung

i Land & Leute

Das **national emblem** (Nationalsymbol) Englands ist die *Tudor rose*, die weiße, flache Rose des Königshauses York auf der roten Rose des Hauses Lancaster. Irlands Nationalsymbol ist der *shamrock*, eine Art Klee, den der Schutzpatron St Patrick zur Veranschaulichung der Dreieinigkeit verwendet haben soll. Die *thistle* (Distel) von Schottland wurde von King James III im 15. Jh. als Nationalsymbol ausgewählt. Der *dragon* von Wales wurde vor sehr langer Zeit als ein Emblem auf den Kriegsfahnen verwendet. Die Waliser haben auch den *leek* (Lauch) und die *daffodil* (Osterglocke) aus dem 20. Jh. als Nationalsymbole.

i Land & Leute

Die Stiftung **National Trust** ist eine 1895 gegründete, gemeinnützige Natur- und Denkmalschutzorganisation mit über einer Million Mitgliedern. Sie besitzt historisch bedeutsame Häuser und Gärten sowie landschaftlich schöne Gegenden, die der Allgemeinheit zugänglich sind. Schottland hat seine eigene *Scottish National Trust*. Die von der Regierung unterstützte Organisation *English Heritage* hat die Aufgabe viele Gebäude und Denkmäler zu schützen und zu restaurieren. In Schottland gibt es für diese Aufgaben die Organisation *Historic Scotland* und in Wales den Verband *Cadw* – ‚erhalten'.

na·tion·al·ism ['næʃnəlɪzəm] *s* Nationalismus *m;* **na·tion·al·ist** ['næʃnəlɪst] **I.** *s* Nationalist(in) *m(f)* **II.** *adj* nationalistisch; **na·tion·al·istic** [ˌnæʃnə'lɪstɪk] *adj* nationalistisch; **na·tion·al·ity** [ˌnæʃə'nælətɪ] *s* Staatsangehörigkeit, Nationalität *f;* **na·tion·al·iz·ation** [ˌnæʃnəlaɪ'zeɪʃn] *s* Verstaatlichung, Nationalisierung *f;* **na·tion·al·ize** ['næʃnəlaɪz] *vt* verstaatlichen, nationalisieren; **na·tion·wide** [ˌneɪʃn'waɪd] *adv, adj* landesweit

na·tive ['neɪtɪv] **I.** *adj* ❶ Heimat-; Mutter- ❷ gebürtig (*of* aus) ❸ (*Produkt*) einheimisch, inländisch ❹ angeboren; ~ **country** Vaterland *nt;* ~ **language** Muttersprache *f;* ~ **port** Heimathafen *m;* **the** ~ **inhabitants** die Einheimischen; **go** ~ wie die Eingeborenen leben; ~ **speaker** Muttersprachler(in) *m(f)* **II.** *s* Einheimische(r), Eingeborene(r) *f m,* Ureinwohner(in) *m(f);* **a** ~ **of Germany** ein gebürtiger Deutscher, eine gebürtige Deutsche; **be a** ~ **of …** in … beheimatet sein

na·tiv·ity [nə'tɪvətɪ] *s* Geburt *f;* **the Nativity** die Geburt Christi; ~ **play** Krippenspiel *nt*

NATO ['neɪtəʊ] *s Abk. von* **North Atlantic Treaty Organization** NATO *f;* **NATO Alliance** *s* Nordatlanisches Verteidigungsbündnis

nat·ter ['nætə(r)] **I.** *vi* (*fam*) schwätzen **II.** *s* (*fam*) Schwatz *m*

natty ['nætɪ] *adj* ❶ schick, adrett ❷ handlich

natu·ral ['nætʃrəl] **I.** *adj* ❶ (*a.* MATH) natürlich ❷ (*Rechte*) naturgegeben ❸ (*Fähigkeit*) angeboren ❹ (*Art*) natürlich ❺ (*Abbildung*) naturgetreu ❻ (*Eltern*) leiblich ❼ (MUS) ohne Vorzeichen; **die a** ~ **death** eines natürlichen Todes sterben; **in it's** ~ **state** im Naturzustand; **he's a** ~ **orator** er ist ein geborener Redner **II.** *s* ❶ (*Mensch*) Naturtalent *nt* ❷ (MUS) ganze Note; Auflösungszeichen *nt;* **natural childbirth** *s* natürliche Geburt; **natural cosmetics** *s* Naturkosmetik *f;* **natural gas** *s* Erdgas *nt;* **natural history** *s* Naturkunde *f;* **natu·ral·ism** ['nætʃrəlɪzəm] *s* Naturalismus *m;* **natu·ral·ist** ['nætʃrəlɪst] *s* ❶ Naturforscher(in) *m(f)* ❷ (*Kunst, Literatur*) Naturalist(in) *m(f);* **natu·ral·ize** ['nætʃrəlaɪz] *vt* ❶ einbürgern ❷ (*Tier, Pflanze*) akklimatisieren; heimisch machen; **become** ~**d** eingebürgert werden; heimisch werden; **natu·ral·ly** ['nætʃrəlɪ] *adv* ❶ von Natur aus ❷ natürlich, instinktiv ❸ natürlich; **s.th. comes** ~ **to s.o.** etw fällt jdm leicht; **natural resources** *s pl* Naturschätze *mpl;* **natural science** *s* Naturwissenschaft *f;* **natural selection** *s* natürliche Auslese; **natural sign** *s* (MUS) Auflösungszeichen *nt;* **natural wastage** *s* natürlicher Arbeitskräfteabgang

na·ture ['neɪtʃə(r)] *s* ❶ Natur *f* ❷ (*eines Menschen*) Wesen *nt,* Natur *f* ❸ (*Material*) Beschaffenheit *f;* **against** ~ gegen die Natur; **by** ~ von Natur aus; **from** ~ nach der Natur; **it's not in my** ~ es entspricht nicht meiner Art; ~ **of the ground** Bodenbeschaffenheit *f;* **human** ~ die menschliche Natur; **things of this** ~ derartiges; **it's in the** ~ **of things** das liegt in der Natur der Sache; **nature conservancy** *s* Naturschutz *m;* **nature lover** *s* Naturfreund *m;* **nature protection** *s* Naturschutz *m;* **nature reserve** *s* Naturschutzgebiet *nt;* **nature study** *s* Naturkunde *f;* **nature trail** *s* Naturlehrpfad *m;* **nature worship** *s* Naturreligion *f;* **na·tur·ist** ['neɪtʃərɪst] *s* Anhänger *m* der Freikörperkultur

naughty ['nɔːtɪ] *adj* ❶ unartig, ungezogen, frech ❷ (*Wort*) unanständig

nausea ['nɔːsɪə] *s* ❶ (MED) Übelkeit *f;* Brechreiz *m* ❷ (*fig*) Widerwille *m;* **a feeling of** ~ ein Gefühl des Ekels; **naus·eate** ['nɔːsɪeɪt] *vt* Übelkeit erregen (*s.o.* jdm); **naus·eat·ing** ['nɔːsɪeɪtɪŋ] *adj* Ekel erregend; widerlich; **naus·eous** ['nɔːsɪəs] *adj* ❶ (MED) Übelkeit erregend ❷ (*fig*) wider-

N

lich

nauti·cal ['nɔːtɪkl] *adj* seemännisch; nautisch; See-; **a ~ nation** eine Seefahrernation; **nautical mile** *s* Seemeile *f* (*1,852 km*)

na·val ['neɪvl] *adj* Flotten-, Marine-; **naval academy** *s* Marineakademie *f;* **naval base** *s* Flottenstützpunkt *m;* **naval power** *s* Seemacht *f;* **naval warfare** *s* Seekrieg *m*

nave [neɪv] *s* (*in der Kirche*) Haupt-, Mittel-, Längsschiff *nt*

na·vel ['neɪvl] *s* ❶ (ANAT) Nabel *m* ❷ (~ *orange*) Navelorange *f;* **na·vel-gaz·ing** *s* Nabelschau *f*

navi·gable ['nævɪgəbl] *adj* ❶ schiffbar ❷ (*Ballon*) lenkbar; **navi·gate** ['nævɪgeɪt] **I.** *vi* navigieren **II.** *vt* ❶ (*Strecke*) befahren, befliegen ❷ (*Schiff, Flugzeug*) navigieren; **~ the internet** surfen; **navi·ga·tion** [ˌnævɪ'geɪʃn] *s* ❶ Schiffsverkehr *m* ❷ (AVIAT) Navigation *f;* **coastal/high-sea/inland/river ~** Küsten-/Hochsee-/Binnen-/Flussschiffahrt *f;* **~ chart** Navigationskarte *f;* **~ route** Schiffahrtsstraße *f;* **navi·gator** ['nævɪgeɪtə(r)] *s* ❶ (MAR) Navigationsoffizier *m* ❷ (AVIAT) Navigator(in) *m(f)* ❸ (AUTO) Beifahrer(in) *m(f)*

navvy ['nævɪ] *s* (*Br*) Bauarbeiter *m;* Straßenarbeiter *m*

navy ['neɪvɪ] *s* ❶ (Kriegs)Marine *f* ❷ (~ *blue*) Marineblau *nt*

nay [neɪ] *s* Neinstimme *f;* **nay·sayer** ['neɪˌseɪə(r)] *s* Schwarzmaler(in) *m(f)*

Nazi ['nɑːtsɪ] **I.** *s* Nazi *m* **II.** *adj* Nazi-; **Nazism** ['nɑːtsɪzəm] *s* Nazismus *m*

NB [en'biː] *s Abk. von* **nota bene** NB

NCO [ˌensiː'əʊ] *s Abk. von* **non-commissioned officer** Uffz., Unteroffizier *m*

neap [niːp] *adj:* **~ tide** Nippflut *f*

near [nɪə(r)] **I.** *adj* ❶ (*räumlich, zeitlich*) nahe ❷ (*verwandt*) nah; vertraut ❸ (*Ähnlichkeit*) groß; **a ~ and dear friend** ein lieber und teurer Freund; **a ~ accident** beinahe ein Unfall; **have a ~ escape** mit knapper Not davonkommen; **that was a ~ miss** [*o* **thing**] das war knapp **II.** *adv* ❶ (*räumlich, zeitlich*) nahe ❷ genau; exakt ❸ beinahe, fast; **be ~** in der Nähe sein; (*Ereignis*) bevorstehen; (*Ende, Hilfe*) nahe sein; **~ at hand** zur Hand; (*Ereignis*) kurz bevorstehend; **~ to tears** den Tränen nahe; **come ~er** näherkommen; **as ~ as I can guess** soweit ich es erraten kann; **they're the same height or as ~ as makes no difference** sie sind so gut wie gleich groß; **it's nowhere ~ enough** das ist bei weitem nicht genug **III.** *prep* ❶ nahe an; in der Nähe von ❷ (*zeitlich*) gegen ❸ ähnlich; **be ~ the house** in der Nähe des Hauses sein; **~ there** dort in der Nähe; **be ~est to s.th.** einer Sache am nächsten sein; **~ to death** dem Tode nahe; **be ~ doing s.th.** nahe daran sein etw zu tun **IV.** *vt* sich nähern, näherkommen (*s.th.* einer S); **it is ~ing completion** es ist beinahe fertig gestellt; **near·by** ['nɪəbaɪ] **I.** *adv* in der Nähe **II.** *adj* nahe gelegen; **Near East** *s* Naher Osten; **near·ly** ['nɪəlɪ] *adv* fast, beinahe; **not ~** (auch) nicht annähernd; **near miss** *s* Beinahezusammenstoß *m;* **near·side** ['nɪəsaɪd] *adj* auf der Beifahrerseite; **near-sighted** [ˌnɪə'saɪtɪd] *adj* kurzsichtig; **near·sighted·ness** [ˌnɪə'saɪtɪdnɪs] *s* Kurzsichtigkeit *f*

neat [niːt] *adj* ❶ ordentlich, sauber; gepflegt ❷ gefällig, angenehm, nett ❸ (*Mensch*) hübsch ❹ (*Äußerung*) kurz und bündig, treffend ❺ (*Arbeit*) gelungen; (*Stil*) gewandt ❻ (*alkoholisches Getränk*) pur, unverdünnt ❼ (*Am*) prima; tadellos; **neat·ness** ['niːtnəs] *s* ❶ Ordentlichkeit *f;* Sauberkeit *f* ❷ nettes Aussehen ❸ Gewandtheit, Eleganz *f*

nebu·lous ['nebjʊləs] *adj* ❶ (ASTR) neblig ❷ (*fig*) vag(e), unbestimmt, unklar

ne·ces·sari·ly ['nesəsərɪlɪ, ˌnesə'serɪlɪ] *adv* notwendigerweise, unbedingt; **ne·ces·sary** ['nesəsərɪ] **I.** *adj* ❶ notwendig, nötig, erforderlich, unerlässlich (*to, for* für) ❷ (*Ergebnis*) unausweichlich; **it's ~ to ...** man muss ...; **become ~ to s.o.** jdm unentbehrlich werden; **if ~** wenn nötig **II.** *s:* **the ~** das Notwendige; **ne·cessi·tate** [nɪ'sesɪteɪt] *vt* notwendig, erforderlich machen

necess·ity [nɪ'sesətɪ] *s* ❶ Notwendigkeit, Unerlässlich-, Unumgänglichkeit *f* ❷ dringendes Bedürfnis ❸ Not, Armut *f;* **in case of ~** im Notfall; **of** [*o* **by**] **~** notwendigerweise; **bow to ~** sich der Gewalt beugen; **make a virtue of ~** aus der Not eine Tugend machen; **the bare necessities of life** das Notwendigste zum Leben

neck [nek] **I.** *s* ❶ Hals *m;* Genick *nt* ❷ (*Kleidung*) Ausschnitt *m* ❸ (*einer Flasche*) Hals *m* ❹ Landenge *f;* **break one's ~** sich das Genick brechen; **risk one's ~** Kopf und Kragen riskieren; **save one's ~** seinen Hals aus der Schlinge ziehen; **win by a ~** um eine Kopflänge gewinnen; **be up to one's ~ in work** bis über die Ohren in Arbeit stecken; **get it in the ~** (*sl*) eins aufs Dach kriegen; **stick one's ~ out** Kopf und Kragen riskieren; **it's ~ or nothing** alles oder nichts; **~ and ~** Kopf an Kopf

II. *vi* (*sl*) knutschen; **neck·lace** ['neklɪs] *s* Halskette *f;* **neck·let** ['neklɪt] *s* Halskettchen *nt;* **neck·line** ['neklaɪn] *s* (*Kleid*) Ausschnitt *m;* **with a low ~** tief ausgeschnitten; **neck·roll** ['nekrəʊl] *s* Nackenrolle *f;* **neck·tie** ['nektaɪ] *s* Krawatte *f,* Schlips *m*

nec·tar ['nektə(r)] *s* (*von Blüten*) Nektar *m*

nec·tar·ine ['nektərɪn] *s* Nektarine *f*

née [neɪ] *adj* (*vor dem Mädchennamen*) geborene

need [ni:d] I. *s* ① Notwendigkeit *f* ② Bedürfnis *nt* ③ Not(lage), Bedürftigkeit, Armut *f* ④ Mangel *m* (*of* an); **if ~ be** nötigenfalls; **in case of ~** notfalls; **there is no ~ for s.th.** etw ist nicht nötig; **there is no ~ to do s.th.** etw braucht nicht getan zu werden; **have no ~ of s.th.** etw nicht brauchen; **in times of ~** in Zeiten der Not; **be in great ~** große Not leiden; **my ~s are few** ich stelle nur geringe Ansprüche II. *vt* ① nötig haben, brauchen ② bedürfen, bedürftig sein (*s.th.* einer S) ③ müssen (*do, to do* tun); **~ no introduction** keine spezielle Einführung benötigen; **s.th. ~s doing** [*o* **to be done**] etw muss gemacht werden; **not to ~ to do s.th.** etw nicht zu tun brauchen III. *aux* brauchen, müssen, nötig sein; **~ he go?** muss er gehen?; **you ~n't wait** du brauchst nicht zu warten; **it ~ not follow that …** daraus folgt nicht unbedingt, dass …

needle ['ni:dl] I. *s* Nadel *f;* **look for a ~ in a haystack** eine Stecknadel im Heuhaufen suchen; **give s.o. the ~** (*fam*) jdn reizen II. *vt* (*fam*) ärgern, sticheln

needle match ['ni:dlmætʃ] *s* spannendes Spiel

need·less ['ni:dlɪs] *adj* unnötig; überflüssig; **~ to say** natürlich

needle·work ['ni:dlwɜ:k] *s* Handarbeit *f*

needs [ni:dz] *adv:* **if you ~ must do it** wenn du es durchaus tun willst

need-to-know [ni:d'tu:'nəʊ] *s* Wissenswerte *nt*

needy ['ni:dɪ] *adj* bedürftig, notleidend

ne'er-do-well ['neədu:wel] *s* Tunichtgut *m*

nef·arious [nɪ'feərɪəs] *adj* ruchlos

ne·gate [nɪ'geɪt] *vt* ① verneinen, (ab-, ver)leugnen ② zunichte machen; **ne·ga·tion** [nɪ'geɪʃn] *s* ① Verneinung *f* ② Negation *f*

nega·tive ['negətɪv] I. *adj* ① negativ ② (*Antwort*) verneinend ③ (GRAM) verneint; **~ sign** Minuszeichen *nt* II. *s* ① (*a.* GRAM) Verneinung *f* ② (MATH) negative Größe ③ (PHOT) Negativ *nt* ④ (GRAM) Negation *f;* **in the ~** negativ; **answer in the ~** eine verneinende Antwort geben; mit Nein antworten

ne·glect [nɪ'glekt] I. *vt* ① vernachlässigen ② (*Gelegenheit*) versäumen, unterlassen (*to do, doing* zu tun) ③ (*Versprechen*) nicht einhalten ④ (*Rat*) nicht befolgen II. *s* Vernachlässigung *f,* Nachlässigkeit *f;* Versäumnis *nt;* **~ of one's duties** Pflichtvergessenheit *f;* **ne·glect·ful** [nɪ'glektfl] *adj* nachlässig (*of* gegen über)

neg·li·gence ['neglɪdʒəns] *s* ① Nachlässigkeit, Unachtsamkeit *f* ② (JUR) Fahrlässigkeit *f;* **gross ~** grobe Fahrlässigkeit; **neg·li·gent** ['neglɪdʒənt] *adj* ① nachlässig, unachtsam (*of* gegen) ② (JUR) fahrlässig; **be ~ of s.o.** jdn vernachlässigen; **neg·li·gible** ['neglɪdʒəbl] *adj* ① (*Summe*) geringfügig, unerheblich ② unwesentlich, nebensächlich

ne·go·ti·able [nɪ'gəʊʃɪəbl] *adj* ① (COM) übertragbar; verkäuflich ② (*Weg*) passierbar; befahrbar; **not ~** nicht übertragbar; **ne·go·ti·ate** [nɪ'gəʊʃɪeɪt] I. *vt* ① verhandeln (über), aus-, unterhandeln ② (COM) handeln mit; tätigen ③ (*fam: Hindernis, Kurve*) nehmen, überwinden, bewältigen II. *vi* ver-, unterhandeln (*for, about* um, wegen); **ne·go·ti·at·ing com·mit·tee** [nə,gəʊʃɪeɪtɪŋ,kə'mɪtɪ] *s* Verhandlungsausschuss *m;* **ne·go·ti·ation** [nɪ,gəʊʃɪ'eɪʃn] *s* ① Verhandlung *f,* Aushandlung *f* ② (*fam*) Nehmen, Überwinden *nt;* **by way of ~s** auf dem Verhandlungswege; **it's a matter for ~** darüber muss verhandelt werden; **be in ~s with** in Verhandlungen stehen mit; **enter into ~s with** in Verhandlungen (ein)treten mit; **ne·go·ti·ator** [nɪ'gəʊʃɪeɪtə(r)] *s* Unterhändler(in) *m(f)*

Ne·gress ['ni:gres] *s* Negerin *f pej;* **Ne·gro** ['ni:grəʊ] <*pl* -groes> *s* Neger *m pej*

neigh [neɪ] I. *vi* wiehern II. *s* Wiehern *nt*

neigh·bor (*Am*) *s.* **neighbour; neigh·bor·hood** (*Am*) *s.* **neighbourhood; neigh·bor·ing** (*Am*) *s.* **neighbouring; neigh·bor·ly** (*Am*) *s.* **neighbourly**

neigh·bour ['neɪbə(r)] I. *s* Nachbar(in) *m(f)* II. *vt, vi* (*~ on*) angrenzen an; **neigh·bour·hood** [-hʊd] *s* ① Nachbarschaft *f* ② Viertel *nt,* Gegend *f;* **in the ~ of** in der Nähe von; **neigh·bour·ing** [-ɪŋ] *adj* benachbart, angrenzend; umliegend; **~ community** Nachbargemeinde *f;* **neigh·bour·li·ness** ['neɪbəlɪnɪs] *s* gutnachbarliches Verhalten; **neigh·bour·ly** [-lɪ] *adj* (gut)nachbarlich, freundschaftlich

nei·ther ['naɪðə(r), *Am* 'ni:ðə(r)] I. *pron* keine(r, s); **~ of them** keiner von beiden II. *adv:* **~ … nor** weder … noch III. *conj* auch nicht IV. *adj* keine(r, s) der beiden; **in**

N

~ **case** in keinem Fall
nem·esis ['neməsɪs] *s* Nemesis *f*
neo- ['ni:əʊ] *PRÄF* neo-, Neo-
neo·con, **neo·con·serva·tive** *adj* (*Am:* POL) neokonservativ
neo·lithic [ˌni:ə'lɪθɪk] *adj* jungsteinzeitlich, neolithisch
neol·ogism [ni:'ɒlədʒɪzəm] *s* (LING) Neologismus *m*
neon ['ni:ɒn] *s* (CHEM) Neon *nt*
neo·na·tal [ˌni:əʊ'neɪtl] *adj* neugeboren
neo-Nazi [ˌnɪ:əʊ'nɑ:tsɪ] **I.** *adj* neonazistisch **II.** *s* Neonazi *m;* **neo-Nazi(i)sm** *s* Neonazismus *m*
neon lamp *s* Neonröhre *f;* **neon light** *s* Neonlicht *nt*
Ne·pal [nɪ'pɔ:l] *s* Nepal *nt;* **Ne·pa·lese** [ˌnepə'li:z] **I.** *adj* nepalesisch **II.** *s* Nepalese *m,* Nepalesin *f;* **Ne·pa·li** [nɪ'pɔ:lɪ] **I.** *adj* nepalesisch **II.** *s* Nepalese *m,* Nepalesin *f*
nephew ['nevju:] *s* Neffe *m*
neph·ri·tis [nɪ'fraɪtɪs] *s* Nierenentzündung *f*
nep·ot·ism ['nepətɪzəm] *s* Vetternwirtschaft *f,* Nepotismus *m*
nerd [nɜ:d] *s* (*sl*) Schwachkopf *m*
nerve [nɜ:v] **I.** *s* ❶ (ANAT) Nerv *m* ❷ Mut *m* ❸ Frechheit, Unverschämtheit *f* ❹ (BOT) Ader *f,* Nerv *m;* **get on s.o.'s ~s** (*fam*) jdm auf die Nerven gehen; **have the ~ to do s.th.** sich trauen etw zu tun; **lose one's ~** die Nerven, den Mut verlieren; **strain every ~** alle Kraft anspannen; **be all** [*o* **a bundle of**] **~s** ein Nervenbündel sein; **suffer from ~s** nervös sein; **fit of ~s** Nervenkrise *f;* **~ cell** Nervenzelle *f;* **~ centre** [*o Am* **center**] Nervenknoten *m;* **~ gas** Nervengas *nt* **II.** *vt* stärken, kräftigen; ermutigen; **~ o.s. for s.th.** sich darauf vorbereiten etw zu tun; **nerve·less** ['nɜ:vlɪs] *adj* ❶ ohne Nerven ❷ (*Mensch*) seelenruhig; **nerve-rack·ing** ['nɜ:vrækɪŋ] *adj* nervenaufreibend
nerv·ous ['nɜ:vəs] *adj* ❶ (ANAT) Nerven-, nervös ❷ nervös, aufgeregt; **feel ~** nervös sein; **I am ~ about him** mir ist bange um ihn; **~ breakdown** Nervenzusammenbruch *m;* **~ energy** Vitalität *f;* **~ system** Nervensystem *nt;* **be** [*o* **feel**] **a ~ wreck** völlig mit den Nerven fertig sein; **nerv·ous·ness** [-nɪs] *s* Nervosität *f;* Aufgeregtheit *f*
nervy ['nɜ:vɪ] *adj* (*fam*) nervös, aufgeregt
nest [nest] **I.** *s* ❶ (Vogel)Nest *nt* ❷ (*fig*) Schlupfwinkel *m* ❸ (*von Gegenständen*) Satz *m;* **feather one's ~** sein Schäfchen ins Trockene bringen; **~ of tables** Satztisch *m* **II.** *vi* nisten; **nest egg** ['nesteg] *s* (*fig*) Notpfennig, -groschen *m;* **nest·ing box** ['nestɪŋbɒks] *s* Nistkasten *m*
nestle ['nesl] *vi:* **~ down in bed** sich ins Bett kuscheln; **~ up to s.o.** sich an jdn schmiegen
nest·ling ['nestlɪŋ] *s* Nestling *m*
net [net] **I.** *s* ❶ Netz *nt* ❷ (*Textil*) Netzgewebe *nt* ❸ (SPORT) Netzball *m;* **fall into the ~** ins Garn gehen; **hair-~** Haarnetz *nt;* **mosquito-~** Moskitonetz *nt;* **the ~** (INFORM: *fam*) das Netz **II.** *vt* ❶ mit einem Netz bedecken ❷ mit dem Netz fangen ❸ (*Tennisball*) ins Netz schlagen
net(t) [net] **I.** *adj* netto, rein; **~ profit** Reingewinn, Nettoertrag *m;* **~ turnover** Nettoumsatzerlöse *pl* **II.** *vt* netto einnehmen; netto verdienen
net·ball ['netbɔ:l] *s* Korbball *m;* **net curtain** *s* Tüllgardine *f*
net·cast·ing ['netkɑ:stɪŋ] *s no pl* Netcasting *nt* (*Ausstrahlung von Musiksendungen übers Internet*)
Nether·lands ['neðələndz] *s pl:* **the ~** die Niederlande *pl*
neti·quette ['netɪket] *s* (INTERNET) Netikette *f;* **neti·zen** ['netɪzn] *s* Netizen *m* (*Teilnehmer im Internet*)
net·ting ['netɪŋ] *s* Netzwerk, Geflecht *nt;* **wire ~** Maschendraht *m*
nettle ['netl] **I.** *s* Nessel *f;* **grasp the ~** (*fig*) in den sauren Apfel beißen; **stinging ~** Brennnessel *f* **II.** *vt* (*fig*) ärgern; **nettle rash** ['netlræʃ] *s* (MED) Nesselausschlag *m*
net·work ['netwɜ:k] **I.** *s* ❶ (ELEK) Netzwerk *nt* ❷ Netz *nt* ❸ (TV) Sendenetz *nt* **II.** *vt* (INFORM) vernetzen; (TV) im ganzen Netzbereich senden; **net·worked sys·tem** [ˌnetwɜ:kt'sɪstəm] *s* Mehrplatzsystem *nt,* Rechnerverbund *m;* **net·work·ing** [-ɪŋ] *s* ❶ (INFORM) Vernetzung *f* ❷ Netzwerkbetrieb *m,* -verlegung *f*
neu·ral ['njʊərəl] *adj* Nerven-; **neu·ral·gia** [njʊə'rældʒə] *s* Neuralgie *f;* **neu·ral·gic** [nju:'rældʒɪk] *adj* neuralgisch
neur·as·thenia [ˌnjʊərəs'θi:nɪə] *s* Neurasthenie, Nervenschwäche *f*
neur·itis [njʊə'raɪtɪs] *s* Neuritis, Nervenentzündung *f*
neur·ol·ogist [njʊə'rɒlədʒɪst] *s* Neurologe *m,* -login *f,* Nervenarzt *m,* -ärztin *f;* **neur·ol·ogy** [njʊə'rɒlədʒɪ] *s* Neurologie *f*
neu·ron ['njʊərɒn] *s* Neuron *nt*
neu·ro·sci·en·tif·ic [ˌnjʊərəʊsaɪən'tɪfɪk] *adj* neurowissenschaftlich
neu·ro·sis [njʊə'rəʊsɪs, *pl* njʊə'rəʊsi:z] <*pl* -oses> *s* Neurose *f*
neu·ro·trans·mit·ter [ˌnjʊərəʊˌtræns'mɪtə] *s* Neurotransmitter *m*
neu·ro·sur·geon [ˌnjʊərəʊ'sɜ:dʒən] *s* Neu-

rochirurg(in) *m(f)*; **neu·ro·sur·gery** [ˌnjʊrəʊˈsɜːdʒərɪ] *s* Neurochirurgie *f*; **neu·rotic** [nʊəˈrɒtɪk] **I.** *adj* neurotisch **II.** *s* Neurotiker(in) *m(f)*

neu·ter [ˈnjuːtə(r)] **I.** *adj* ❶ (BIOL) geschlechtslos ❷ (GRAM) sächlich **II.** *s* ❶ (GRAM) Neutrum *nt* ❷ geschlechtsloses Wesen **III.** *vt* kastrieren

neu·tral [ˈnjuːtrəl] **I.** *adj* neutral **II.** *s* ❶ Neutrale(r) *f m* ❷ (AUTO) Leerlauf *m*; **be in ~** im Leerlauf sein; **neu·tral·ity** [njuːˈtrælətɪ] *s* Neutralität *f*; **neu·tral·iz·ation** [ˌnjuːtrəlaɪˈzeɪʃn] *s* Neutralisierung *f*; **neu·tral·ize** [ˈnjuːtrəlaɪz] *vt* ❶ (*a.* CHEM) neutralisieren ❷ (*fig*) kompensieren, aufheben; unwirksam machen

neu·tron [ˈnjuːtrɒn] *s* (PHYS) Neutron *nt*; **neutron bomb** *s* Neutronenbombe *f*

never [ˈnevə(r)] *adv* ❶ nie, niemals ❷ durchaus nicht, ganz und gar nicht; **I have ~ seen him before** ich habe ihn noch nie gesehen; **~ before** noch nie; **~ even** nicht einmal; **that will ~ do!** das geht ganz und gar nicht; **well I ~ (did)!** nein, so was!; **~ mind!** macht nichts!; **on the ~-~** (*Br fam*) auf Pump; **never-end·ing** [ˌnevərˈendɪŋ] *adj* endlos, unaufhörlich; **never-fail·ing** [ˌnevəˈfeɪlɪŋ] *adj* unfehlbar; **never·more** [ˌnevəˈmɔː(r)] *adv* nimmermehr

never·the·less [ˌnevəðəˈles] *adv* nichtsdestoweniger, trotzdem

new [njuː] *adj* ❶ neu (*from* aus) ❷ (*Mode*) modern, neu ❸ ungewohnt, fremd(artig) ❹ (*Brot*) frisch; **that's nothing ~** das ist nichts Neues; **as ~** wie neu; **~ potatoes** neue Kartoffeln *fpl*; **the ~ rich** die Neureichen *pl*; **~ moon** Neumond *m*; **new·bie** *s* (INTERNET) Newbie *nt*; **new·born** *adj* neugeboren; **new·comer** [ˈnjuːˌkʌmə(r)] *s* Neuankömmling *m*; Neuling *m*

newel [ˈnjuːəl] *s* (Treppen)Spindel *f*; Treppen-, Geländerpfosten *m*

new·fangled [ˌnjuːˈfæŋgld] *adj* neumodisch; **new-fashioned** [ˌnjuːˈfæʃnd] *adj* modisch, modern; **new·ish** [ˈnjuːɪʃ] *adj* ziemlich neu; **new-laid** *adj* frisch; **new·ly** [ˈnjuːlɪ] *adv* frisch; **~ made** ganz neu; ganz frisch; **~ married** frisch verheiratet; **newly-wed** [ˈnjuːlɪwed] *s* Neu-, Frischvermählte(r) *f mpl*, jungverheiratetes Paar; **New Man** *s* Neuer Mann

news [njuːz] *s pl mit sing* ❶ Nachricht *f*; Neuigkeit(en *pl*) *f* ❷ (TV RADIO) Nachrichten *fpl*; **break the ~ to s.o.** jdm die schlimme Nachricht überbringen; **what's the ~?** was gibt's Neues?; **that's ~ to me** das ist mir neu; **that's no ~ to me** das wusste ich schon; **I've had no ~ from him for a long time** ich habe lange nichts von ihm gehört; **a piece of ~** eine Neuigkeit, Nachricht; **~ in brief** Kurznachrichten *fpl*

? Grammatik

news wird im Singular (Einzahl) gebraucht: *The news is good. Is there any news of Anna? I've got some/a piece of bad news – ich habe eine schlechte Nachricht.*

news agency *s* Nachrichtenagentur *f*; **news·agent** [ˈnjuːzˌeɪdʒənt] *s* (*Br*) Zeitungshändler(in) *m(f)*; **news·cast** [ˈnjuːzˌkɑːst] *s* (RADIO) Nachrichten(sendung *f*) *pl*; **news·caster** [ˈnjuːzˌkɑːstə(r)] *s* (RADIO) Nachrichtensprecher(in) *m(f)*; **news·dealer** [ˈnjuːzdiːlə(r)] *s* (*Am*) Zeitungshändler(in) *m(f)*; **news·flash** [ˈnjuːzflæʃ] *s* Kurzmeldung *f*; **news·group** *s* (INTERNET) Newsgroup *f* (*Forum für den Informationsaustausch*); **news item** *s* Nachricht *f*; **news·let·ter** [ˈnjuːzˌletə(r)] *s* Rundschreiben *nt*; **news magazine** *s* Nachrichtenmagazin *nt*; **news·monger** [ˈnjuːzˌmʌŋgə(r)] *s* Klatschmaul *nt*; (*in Zeitung*) Klatschspaltenschreiber(in) *m(f)*

news·paper [ˈnjuːsˌpeɪpə(r)] *s* Zeitung *f*; **daily ~** Tageszeitung *f*; **~ cutting** Zeitungsausschnitt *m*; **~man** Zeitungsmann *m*; Journalist *m*; **~ reader** Zeitungsleser(in) *m(f)*; **~ report** Zeitungsbericht *m*

news·print [ˈnjuːzprɪnt] *s* Zeitungspapier *nt*; **news·reader** [ˈnjuːzriːdə(r)] *s* Nachrichtensprecher(in) *m(f)*; **news·reel** [ˈnjuːzriːl] *s* Wochenschau *f*; **news release** *s* Pressemitteilung *f*; **news·room** [ˈnjuːzrʊm] *s* ❶ Zeitschriftenzimmer *nt* (*einer Bibliothek*) ❷ (*Zeitung, Sendeanstalt*) Nachrichtenredaktion *f*; **news·stand** *s* Zeitungsstand, -kiosk *m*; **news·worthy** [ˈnjuːzˌwɜːðɪ] *adj* berichtenswert; **newsy** [ˈnjuːzɪ] *adj* (*fam*) voller Neuigkeiten

newt [njuːt] *s* (*Schwanzlurch*) Molch *m*; **as pissed as a ~** (*vulg*) sturzbesoffen

New Year [ˌnjuːˈjɜː(r), -ˈjɪə(r)] *s* neues Jahr; **~'s Day** Neujahr(stag *m*) *nt*; **a happy ~!** glückliches neues Jahr!; **~'s Eve** Silvesterabend *m*

New Zea·land [ˌnjuːˈziːlənd] **I.** *s* Neuseeland *nt* **II.** *adj* neuseeländisch; **New Zea·land·er** [ˌnjuːˈziːləndə(r)] *s* Neuseeländer(in) *m(f)*

N

next [nekst] **I.** *adj* (*zeitlich, räumlich*) nächste(r, s); ~ **time I see him** wenn ich ihn das nächste Mal sehe; **this time ~ week** nächste Woche um diese Zeit; **the year after ~** übernächstes Jahr; **who's ~?** wer ist der Nächste?; **~ please!** der Nächste bitte!; **the ~ best** der, die, das Nächstbeste **II.** *s* nächste(r) **III.** *adv* ❶ dann, darauf, nachher ❷ das nächste Mal; **what shall we do ~?** was sollen wir als nächstes machen?; **~ to s.o.** neben jdm; **~ to the skin** direkt auf der Haut; **~ to impossible** nahezu unmöglich; **next door** [ˌneks'dɔː(r)] *adv* nebenan; **they live ~ to us** sie wohnen direkt neben uns; **it's ~ to madness** das grenzt an Wahnsinn; **next-door** *adj:* **the ~ house** das Nebenhaus; **they are our ~ neighbours** sie wohnen direkt neben uns; **next of kin** *s* nächste Verwandte *pl*

nexus ['neksəs] *s* Verknüpfung, Verkettung *f*

NF [ˌen'ef] *s Abk. von* **National Front** (*Br*) *rechtsradikale Partei*

NGO [ˌendʒiː'əʊ] *s Abk. von* **non-governmental organisation** Nichtregierungsorganisation *f*

NHS [ˌenəɪtʃ'es] *s Abk. von* **National Health Service** (*Br*) *staatlicher Gesundheitsdienst*

nib [nɪb] *s* Feder(spitze) *f*

nibble ['nɪbl] **I.** *vt* knabbern; nur anessen, herumnagen an **II.** *vi* ❶ knabbern (*at* an), herumnagen ❷ (*fig*) sich interessiert zeigen **III.** *s pl* (*fam*) Knabbersachen *pl*

Ni·ca·ragua [ˌnɪkə'rægjʊə] *s* Nicaragua *nt;* **Ni·ca·raguan** [-n] **I.** *adj* nicaraguanisch **II.** *s* Nicaraguaner(in) *m(f)*

nice [naɪs] *adj* ❶ nett; sympathisch; hübsch ❷ (*Essen*) gut, lecker ❸ (*Manieren*) fein (*to* gegen) ❹ (*iro*) nett, schön, sauber ❺ (*Unterschied*) fein, genau ❻ (*Mensch*) wählerisch, schwierig, schwer zu befriedigen(d); **it's ~ and warm** es ist angenehm warm; **take it ~ and easy** überanstrengen Sie sich nicht; **come ~ and early!** komm schön früh!; **did you have a ~ time?** haben Sie sich gut unterhalten?; **how ~ to see you!** reizend, schön Sie zu sehen!; **this is a ~ state of affairs!** das ist eine schöne Geschichte!; **~-looking** gut aussehend; **nice·ly** ['naɪslɪ] *adv* ❶ angenehm, nett, liebenswürdig(erweise) ❷ (*unterscheiden*) genau, fein; **go ~** wie geschmiert laufen; **that will do ~** das reicht vollauf; **nicety** ['naɪsətɪ] *s* ❶ Genauigkeit, Sorgfalt *f* ❷ Feinheit *f* ❸ **niceties** Feinheiten, Details *pl;* **to a ~** haargenau; **a point of some ~** ein feiner Punkt

niche [nɪtʃ, niːʃ] *s* ❶ (ARCH) Nische *f* ❷ (*fig*) Plätzchen *nt* (*for* für)

nick¹ [nɪk] **I.** *s* Kerbe *f;* **in the ~ of time** gerade noch rechtzeitig **II.** *vt* ❶ (ein)kerben ❷ (*Kugel*) streifen; **~ one's chin** sich am Kinn schneiden

nick² [nɪk] **I.** *vt* (*sl*) ❶ einsperren, einlochen ❷ klauen, stehlen **II.** *s* (*sl*) Knast *m,* Kittchen *nt*

nickel ['nɪkl] *s* ❶ (CHEM) Nickel *nt* ❷ (*Amerika, Kanada*) Fünfcentstück *nt*

nick·name ['nɪkneɪm] **I.** *s* Spitzname *m* **II.** *vt* einen Spitznamen geben (*s.o.* jdm)

nic·otine ['nɪkətiːn] *s* Nikotin *nt*

niece [niːs] *s* Nichte *f*

nifty ['nɪftɪ] *adj* (*sl*) ❶ schick, fesch, smart ❷ (*Werkzeug*) geschickt gemacht; raffiniert

Ni·ger ['naɪdʒə(r)] *s* Niger *m*

Ni·ger·ia [naɪ'dʒɪərɪə] *s* Nigeria *nt;* **Ni·ger·ian** [naɪ'dʒɪərɪən] **I.** *adj* nigerianisch **II.** *s* Nigerianer(in) *m(f)*

Ni·ger·ien [naɪ'dʒɪərɪɑn] **I.** *adj* nigrisch **II.** *s* Nigrer(in) *m(f)*

nig·gard·ly ['nɪgədlɪ] *adj* ❶ knauserig, geizig (*of* mit) ❷ (*Betrag*) armselig, schäbig

nig·ger ['nɪgə(r)] *s* (*pej*) Neger(in) *m(f);* **that's the ~ in the woodpile** das ist der Haken an der Sache

nig·gle ['nɪgl] **I.** *vi* herumkritisieren (*about* an) **II.** *vt* plagen, quälen; **nig·gling** ['nɪglɪŋ] *adj* ❶ überkritisch; pingelig ❷ (*Zweifel*) nagend, bohrend; **nig·gly** ['nɪglɪ] *adj* ❶ nörglerisch ❷ kleinlich

night [naɪt] *s* ❶ Nacht *f* ❷ (später) Abend *m* ❸ Dunkelheit, Finsternis *f* ❹ (THEAT) Vorstellung, Aufführung *f;* **all ~ (long)** die ganze Nacht (über); **at ~** abends; bei Nacht, nachts; **far into the ~** bis spät in die Nacht; **during the ~** während der Nacht; **late at ~** spät am Abend, spät abends; **by ~** bei Nacht, in der Nacht, nachts; **on the ~ of June 3rd** am Abend des 3. Juni; **last ~** gestern Abend; **the ~ before last** vorgestern Abend; **~ and day** Tag und Nacht; ununterbrochen; **~ after ~** Nacht für Nacht, jede Nacht; **be on ~s** Nachtschicht haben; **have a good/bad ~** gut/schlecht schlafen; **have a ~ out** ausgehen; einen freien Abend haben; **make a ~ of it** durchfeiern, -zechen; **stay the ~** die Nacht verbringen (*at* in, *with* bei); **~ is falling** die Nacht bricht herein; **first ~** Erstaufführung, Premiere, Eröffnungsvorstellung *f;* **the Arabian Nights** Tausendundeine Nacht; **night-bird** *s* ❶ Nachtvogel *m* ❷ (*fig*) Nachtschwärmer *m;* **night blindness** *s* Nachtblindheit *f;* **night·cap**

['naɪtkæp] *s* ① Nachtmütze *f* ② (*fam*) Schlummertrunk *m;* **night-clothes** *s pl* Nachtzeug *nt;* **night·club** ['naɪtklʌb] *s* Nachtlokal *nt,* Nachtklub *m;* **night·dress** ['naɪtdres] *s* Nachthemd *nt;* **night·fall** ['naɪtfɔːl] *s* Einbruch *m* der Dunkelheit; **at ~** beim Dunkelwerden; **nightie** ['naɪtɪ] *s* (*fam*) Nachthemd *nt*

night·in·gale ['naɪtɪŋgeɪl] *s* Nachtigall *f*

night life ['naɪtlaɪf] *s* Nachtleben *nt;* **night·long** ['naɪtlɒŋ] *adj* die Nacht hindurch; nächtelang; **night·ly** ['naɪtlɪ] **I.** *adj* (all)nächtlich; abendlich **II.** *adv* jeden Abend, jede Nacht; **night·mare** ['naɪt-meə(r)] *s* Albtraum *m;* **night·marish** ['naɪtmeərɪʃ] *adj* beklemmend, albtraumhaft; **night-nurse** *s* Nachtschwester *f;* **night-porter** *s* Nachtportier *m;* **night safe** *s* Nachtsafe *m;* **night school** *s* Abendschule *f;* **night shift** *s* Nachtschicht *f;* **be on ~** Nachtschicht haben; **night·shirt** ['naɪtʃɜːt] *s* (Herren)Nachthemd *nt;* **night·spot** ['naɪtspɒt] *s* Nachtlokal *nt;* **night stick** *s* (*Am*) Schlagstock *m;* **night storage heater** *s* Nachtspeicherofen *m;* **night-time** *s* Nachtzeit *f;* **in the ~** bei Nacht, nachts; **at ~** nachts; **night-watch** *s* Nachtwache *f;* **night-watchman** <*pl* -men> *s* Nachtwächter *m*

ni·hil·ism ['naɪɪlɪzəm] *s* Nihilismus *m;* **nihil·ist** ['naɪɪlɪst] *s* Nihilist *m;* **ni·hil·is·tic** [ˌnaɪɪ'lɪstɪk] *adj* nihilistisch

nil [nɪl] *s* Nichts *nt;* Null *f;* **two (goals to) ~** (SPORT) zwei zu null

nimble ['nɪmbl] *adj* ① (geistig) gewandt ② wendig, behände, flink (*at, in* bei); **~-footed** leichtfüßig; **~-witted** schlagfertig

NIMBY ['nɪmbɪ] *Abk. von* **not in my back yard** nicht vor meiner Tür (*St.-Florians-Prinzip*)

nin·com·poop ['nɪŋkəmpuːp] *s* Einfaltspinsel *m*

nine [naɪn] **I.** *adj* neun; **~ days' wonder** Eintagsfliege *f;* **~ months** Dreivierteljahr *nt* **II.** *s* Neun *f;* **dressed up to the ~s** (*fam*) geschniegelt und gebügelt

nine·pins [naɪnpɪnz] *s pl mit sing* Kegelspiel, Kegeln *nt;* **play at ~** kegeln

nine·teen [ˌnaɪn'tiːn] *adj* neunzehn; **talk ~ to the dozen** wie ein Wasserfall reden; **nine·teenth** [ˌnaɪn'tiːnθ] **I.** *adj* neunzehnte(r, s) **II.** *s* ① Neunzehntel *nt* ② Neunzehnte(r, s)

nine·ti·eth ['naɪntɪəθ] **I.** *adj* neunzigste(r, s) **II.** *s* ① Neunzigstel *nt* ② Neunzigste(r, s); **ninety** ['naɪntɪ] *adj* neunzig

ninny ['nɪnɪ] *s* Dummkopf *m*

ninth [naɪnθ] **I.** *adj* neunte(r, s) **II.** *s* ① Neuntel *nt* ② Neunte(r, s) ③ (MUS) None *f*

nip[1] [nɪp] **I.** *vt* ① kneifen; zwicken; klemmen ② (*Frost, Kälte*) vernichten; angreifen; schneiden; **~ o.s.** sich in den Finger klemmen; **~ s.th. in the bud** (*fig*) etw im Keim ersticken **II.** *vi* (*fam*) rasch flitzen **III.** *s* ① Kniff *m,* Biss *m* ② schneidende Kälte; **it was ~ and tuck** (*Am*) das war eine knappe Sache; **nip along** *vi* (*fam*) dahinsausen; sich beeilen; **nip in** *vi* (*fam*) auf einen Sprung vorbeikommen; **nip off** *vt* abkneifen, abzwicken, abschneiden; **nip out** *vi* hinaussausen

nip[2] [nɪp] *s* Schlückchen *nt*

nipple ['nɪpl] *s* ① (ANAT) Brustwarze *f* ② Schnuller *m* ③ (TECH) Nippel *m*

nippy ['nɪpɪ] *adj* ① (*Kälte*) schneidend ② (*fam*) fix, flink

Nis·sen hut ['nɪsnhʌt] *s* Wellblechbaracke *f*

nit [nɪt] *s* ① (*Ei einer Laus*) Nisse *f* ② (*fam*) Blödmann *m*

ni·ter *s* (*Am:* CHEM) Salpeter *m/nt*

nit-pick·ing ['nɪtpɪkɪŋ] *adj* kleinlich, pingelig

ni·trate ['naɪtreɪt] *s* (CHEM) Nitrat *nt*

nitre ['naɪtə(r)] *s* Salpeter *m od nt*

ni·tric ['naɪtrɪk] *adj* salpetersauer; **~ acid** Salpetersäure *f;* **~ oxide** Stickoxyd *nt;* **ni·trite** ['naɪtraɪt] *s* Nitrit *nt*

ni·tro·gen ['naɪtrədʒən] *s* Stickstoff *m;* **nitrogen oxide** *s* Stick(stoff)oxid *nt*

ni·tro·glycer·in(e) [ˌnaɪtrəʊ'glɪsəriːn] *s* Nitroglyzerin *nt*

ni·trous ['naɪtrəs] *adj:* **~ acid** salpet(e)rige Säure; **~ oxide** Lachgas *nt*

nitty-gritty [ˌnɪtɪ'grɪtɪ] *s:* **get down to the ~** zur Sache kommen

nit·wit ['nɪtwɪt] *s* (*fam*) Dummkopf *m*

no [nəʊ] **I.** *adv* ① nein ② nicht; **answer ~** mit Nein antworten; **whether he comes or ~** ob er kommt oder nicht; **I have ~ more money** ich habe kein Geld mehr; **~ longer ago than last week** erst letzte Woche **II.** *adj* kein; **a person of ~ intelligence** ein Mensch ohne jede Intelligenz; **it's ~ use** das hat keinen Zweck; **~ smoking** Rauchen verboten; **there's ~ saying** man kann nie wissen; **there's ~ denying it** es lässt sich nicht leugnen; **in ~ time** im Nu; **there is ~ such thing** so etwas gibt es nicht; **I'll do ~ such thing** ich werde mich hüten **III.** *s* Nein *nt;* Neinstimme *f;* **the ~es have it** die Mehrheit ist dagegen

no. *s Abk. von* **number** Nr. *f*

nobble ['nɒbl] *vt* (*fam*) ① lahmlegen ② sich schnappen ③ (sich) kaufen, beste-

N

chen

Nobel prize [nəʊˌbelˈpraɪz] *s* Nobelpreis *m;* **Nobel prize winner** *s* Nobelpreisträger(in) *m(f)*

no·bil·ity [nəʊˈbɪlətɪ] *s* ❶ Hochadel *m* ❷ (*Eigenschaft*) Adel *m,* (das) Edle

no·ble [ˈnəʊbl] **I.** *adj* ❶ adlig ❷ (*fig*) edel, hochherzig ❸ gütig ❹ (*Erscheinung*) vornehm, würdig, würdevoll ❺ (*Monument*) stattlich, prächtig, prachtvoll ❻ (*Metall*) edel **II.** *s* Adlige(r) *f m;* **noble·man** [ˈnəʊblmən] <*pl* -men> *s* Adlige(r) *m;* **noble-minded** [ˌnəʊblˈmaɪndɪd] *adj* edel, vornehm; **nobly** [ˈnəʊblɪ] *adv* ❶ vornehm ❷ nobel, edelmütig

no·body [ˈnəʊbədɪ] **I.** *pron* niemand, keiner; **we saw ~ we knew** wir sahen niemanden, den wir kannten; **~ else could have done it** es kann niemand anders gewesen sein **II.** *s* (*fam*) Niemand *m,* Null *f*

no-brain·er *s* (*fam*) Kinderspiel *nt*

no-claims bonus [ˌnəʊˈklaɪmzˈbəʊnəs] *s* (AUTO) Schadenfreiheitsrabatt *m*

noc·tur·nal [nɒkˈtɜːnl] *adj* nächtlich

nod [nɒd] **I.** *vi* ❶ nicken; wippen ❷ einnicken (*over* über); **~ in agreement** zustimmend nicken; **even Homer sometimes ~s** Irren ist menschlich **II.** *vt* nicken (*one's head* mit dem Kopf); **~ one's agreement** zustimmend nicken **III.** *s* Nicken, Zunicken *nt;* **the land of Nod** das Land der Träume; **give s.o. a ~** jdm zunicken; **nod·ding** [ˈnɒdɪŋ] *adj:* **have a ~ acquaintance with s.o.** jdn flüchtig kennen

node [nəʊd] *s* Knoten *m*

nod·ule [ˈnɒdjuːl] *s* ❶ (MED BOT) Knötchen *nt* ❷ (GEOL) Klümpchen *nt*

nog·gin [ˈnɒgɪn] *s* (*fam*) ❶ Gläschen *nt* ❷ (*fam: Kopf*) Birne

no-go area [nəʊgəʊˈeərɪə] *s* Sperrgebiet *nt*

no-hoper [ˌnəʊˈhəʊpə(r)] *s* (*fam*) Niete *f*

no·how [ˈnəʊhaʊ] *adv* (*fam*) nicht im Geringsten

noise [nɔɪz] **I.** *s* ❶ Geräusch *nt* ❷ Lärm *m,* Geschrei *nt* ❸ (TELE) Rauschen *nt;* (RADIO) Nebengeräusch *nt,* Störung *f;* **make a ~** Krach machen; **make a ~ in the world** Aufsehen erregen, von sich reden machen; **make a lot of ~ about s.th.** viel Geschrei um etw machen; **a big ~** (*sl*) ein großes Tier **II.** *vt* (*Gerücht:* ~ *abroad, about*) verbreiten; **noise barrier** *s* Lärmschutzwand *f;* **noise·less** [ˈnɔɪzlɪs] *adj* ❶ geräuschlos ❷ (*Schritt*) lautlos; **noise pollution** *s* Lärmbelästigung *f;* **noise prevention** *s* Lärmschutz *m*

noi·some [ˈnɔɪsəm] *adj* ❶ widerlich, eklig ❷ giftig, schädlich

noisy [ˈnɔɪzɪ] *adj* ❶ geräuschvoll, laut, lärmend ❷ (*Debatte*) lebhaft, turbulent

no-jump [ˌnəʊˈdʒʌmp] *s* (SPORT) Fehlsprung *m*

no·mad [ˈnəʊmæd] *s* Nomade *m;* **no·madic** [nəʊˈmædɪk] *adj* nomadisch; wandernd, unstet

no-man's-land [ˈnəʊmænzlænd] *s* Niemandsland *nt*

no·men·cla·ture [nəˈmenklətʃə(r)] *s* Nomenklatur *f;* Terminologie *f*

nom·inal [ˈnɒmɪnl] *adj* ❶ nominell ❷ (*Betrag*) nominell, symbolisch ❸ (GRAM) nominal; **~ amount** Nennbetrag *m;* **~ income** Nominaleinkommen *nt;* **~ interest rate** (FIN) Nominalzins *m;* **~ ledger** Hauptbuch *nt;* **~ value** Nennwert *m;* **~ wages** Nominallohn *m;* **nom·inal·ly** [ˈnɒmɪnəlɪ] *adv* nominell

nomi·nate [ˈnɒmɪneɪt] *vt* ❶ ernennen ❷ nominieren, als Kandidaten aufstellen (*for* für); **nomi·na·tion** [ˌnɒmɪˈneɪʃn] *s* ❶ Ernennung *f* (*to* zu) ❷ Nominierung *f,* Kandidatenvorschlag *m*

nomi·na·tive [ˈnɒmɪnətɪv] **I.** *s* (GRAM) Nominativ *m* **II.** *adj:* **~ case** der Nominativ

nom·inee [ˌnɒmɪˈniː] *s* Kandidat(in) *m(f)*

non- [ˌnɒn] *PRÄF* nicht-; **non-ac·cept·ance** *s* (COM) Nichtannahme, Annahmeverweigerung *f*

nona·gen·ar·ian [ˌnɒnədʒɪˈneərɪən] *s* Neunzigjährige(r) *f m*

non-ag·gression [ˌnɒnəˈgreʃn] *s* (POL) Nichtangriff *m;* **~ pact** Nichtangriffspakt *m;* **non-al·co·hol·ic** *adj* alkoholfrei; **non-aligned** [ˌnɒnəˈlaɪnd] *adj* (POL) blockfrei; **non-align·ment** [ˌnɒnəˈlaɪnmənt] *s* (POL) Blockfreiheit *f;* **non-an·swer** [ˌnɒnˈɑːnsə(r)] *s* Antwort, die keine ist; **non-ap·pear·ance** *s* Nichterscheinen, Ausbleiben *nt;* **non-at·tend·ance** *s* Nichtteilnahme *f;* **non-bel·lig·er·ent** *adj* nicht kriegführend; **non-cash** *adj* bargeldlos; **~ means of payment** bargeldlose Zahlungsweise

nonce word [ˈnɒnswɜːd] *s* Ad-hoc-Bildung *f*

non·cha·lant [ˈnɒnʃələnt] *adj* lässig, nonchalant

non-com [ˈnɒnkɒm] *s* (MIL: *sl*) Uffz *m;* **non-com·bat·ant** **I.** *s* (MIL) Nichtkämpfer *m* **II.** *adj* nicht am Kampf beteiligt; **non-com·bus·tible** *adj* nicht brennbar; **non-com·mis·sioned of·fic·er** *s* Unteroffizier *m;* **non-com·mit·tal** [ˌnɒnkəˈmɪtəl] *adj* zurückhaltend, unverbindlich; **non-com·pli·ance** *s* Nichtbefolgung, Nichteinhaltung *f* (*with s.th.* einer S); **non compos mentis** *adj* (JUR) unzurechnungsfähig

non·con·form·ist [ˌnɒnkənˈfɔːmɪst] **I.** *s* Nonkonformist(in) *m(f)* **II.** *adj* non konformistisch; **non·con·form·ity** [ˌnɒnkənˈfɔːməti] *s* Nichteinhaltung *f,* Nichtkonformgehen *nt* (*with* mit); **non-con·tri·but·ory** [nɒnkənˈtrɪbjʊtrɪ] *adj* beitragsfrei; **non·co·op·er·ation** [ˌnɒnkəʊɒpəˈreɪʃn] *s* unkooperative Haltung

non·de·pos·it bot·tle [ˌnɒndɪˈpɒzɪtˌbɒtl] *s* Einwegflasche *f*

non·de·script [ˈnɒndɪskrɪpt] *adj* ❶ (*Geschmack*) unbestimmbar ❷ (*Erscheinung*) unauffällig; **non·dur·ables** [ˌnɒnˈdjʊərəblz] *s pl* kurzlebige Konsumgüter *pl*

none [nʌn] **I.** *pron* keine(r, s); keine; ~ **at all** kein Einziger; ~ **but** niemand, nichts außer; nur; **the new arrival was ~ other than …** der Neuankömmling war kein anderer als …; ~ **but the best** nur das Beste; ~ **of that!** lass das!, schluss damit!; ~ **other** kein anderer; **that's ~ of your business** das geht dich nichts an **II.** *adv:* **be ~ the wiser** auch nicht schlauer sein; ~ **the less** nichtsdestoweniger, trotzdem; ~ **too soon** gerade noch zur rechten Zeit; ~ **too sure** durchaus nicht sicher; **it's ~ too warm** es ist keineswegs zu warm

? Grammatik

none kann sowohl als ein Singular als auch als ein Plural verstanden werden: *None of my friends smoke/smokes.*

none·the·less *adv* nichtsdestoweniger, trotzdem

non·en·tity [nɒˈnentəti] *s* (*Mensch*) Nullität *f,* unbedeutende Figur

non·es·sen·tial [nɒnɪˈsenʃl] **I.** *adj* unwesentlich; unnötig; nicht lebenswichtig **II.** *s pl* nicht lebensnotwendige Dinge *ntpl;* **non-event** *s* (*fam*) Reinfall *m,* Pleite *f;* **non-existence** *s* Nichtvorhandensein *nt;* **non-EU** *adj* Nicht-EU-; ~ **related bodies** Nicht-EU-Stellen; **non-existent** *adj* nicht existierend; **non·fic·tion** [ˌnɒnˈfɪkʃn] **I.** *s* Sachbücher *ntpl* **II.** *adj* Sachbuch-; **non-flam·mable** *adj* nicht brennbar; nicht entflammbar; **non-gov·ern·men·tal or·gani·sa·tion, NGO** *s* Nichtregierungsorganisation *f;* **non-infec·tious** *adj* nicht ansteckend; **non-iron** *adj* bügelfrei; **non-mem·ber coun·try** *s* (EU) Drittland *nt;* **non-ne·go·tiable** *adj* (COM) nicht übertragbar

non·pa·reil [ˌnɒnpəˈreɪl] **I.** *adj* unerreicht **II.** *s* ❶ Nonplusultra *nt;* unerreichter Meister ❷ (TYP) Nonpareille *f*

non·plus [ˌnɒnˈplʌs] *vt* verblüffen; **be ~sed** verdutzt sein

non-pol·lut·ing [ˌnɒnpəˈluːtɪŋ] *adj* umweltfreundlich; **non-productive** *adj* unproduktiv; ~ **industries** Dienstleistungssektor *m;* **non-profit-making** *adj* nicht auf Gewinn gerichtet; gemeinnützig; **non-proliferation** *s* Nichtweitergabe *f* von Atomwaffen; **non-proliferation treaty** *s* Atomsperrvertrag *m;* **non-re·fund·able** [ˌnɒnrɪˈfʌndəbl] *adj* nicht erstattungsfähig; **non-renewable resources** *s pl* nicht erneuerbare Ressourcen; **non-resident I.** *adj* nicht (orts)ansässig **II.** *s* ❶ Nichtortsansässige(r) *f m* ❷ (*im Hotel*) nicht im Haus wohnender Gast; **non-re·turn·able** [ˌnɒnrɪˈtɜːnəbl] *adj* Einweg-; **non-scheduled** *adj* außerplanmäßig

non·sense [ˈnɒnsns] *s* Unsinn, Quatsch *m;* dummes Zeug; **make (a) ~ of s.th.** etw sinnlos machen; **stand no ~** keine Dummheiten dulden; **and no ~!** und keine Dummheiten!; **no more of your ~!** Schluss mit dem Unsinn!; **non·sen·si·cal** [nɒnˈsensɪkl] *adj* un-, blödsinnig

non-shrink [ˌnɒnˈʃrɪŋk] *adj* nicht einlaufend; **non-skid** *adj* rutschsicher; **non-smoker** *s* Nichtraucher(in) *m(f);* **non-starter** *s* ❶ (*Rennen*) nicht startendes Pferd ❷ (*Mensch, Idee*) Blindgänger *m;* **non-stick** [ˌnɒnˈstɪk] *adj* antihaftbeschichtet; **non-stop I.** *adj* durchgehend; ohne Unterbrechung; Nonstop-; ~ **flight** Nonstopflug *m;* ~ **train** durchgehender Zug **II.** *adv* (*Flug*) nonstop; ohne Unterbrechung; **non-swim·mer** [ˌnɒnˈswɪmə(r)] *s* Nichtschwimmer(in) *m(f);* **non-tax·able** [ˌnɒnˈtæksəble] *adj* steuerfrei, nicht steuerpflichtig; **non-toxic** [ˌnɒnˈtɒksɪk] *adj* ungiftig; **non-verbal** [ˌnɒnˈvɜːbl] *adj* nonverbal; **non-vi·ol·ent** [ˌnɒnˈvaɪələnt] *adj* gewaltlos; **non-vot·ing** [ˌnɒnˈvəʊtɪŋ] *adj* stimmrechtslos

noodle [ˈnuːdl] **I.** *s* Nudel *f* **II.** *vt:* ~ **over s.th.** (*sl*) über etw nachdenken; **noodle around** *vi* (*Am: sl*) herumhängen

nook [nʊk] *s* ❶ (Zimmer)Ecke *f* ❷ (*fig*) (Schlupf)Winkel *m;* **in every ~ and cranny** in jedem Winkel

noon [nuːn] *s* Mittag *m;* **at ~** um zwölf Uhr mittags

no-one [ˈnəʊwʌn] *pron s.* **nobody**

noose [nuːs] *s* Schlaufe, Schlinge *f;* **put one's head in the ~** (*fig*) den Kopf in die Schlinge stecken

nope [nəʊp] *adv* (*sl*) nein

nor [nɔː(r)] *conj* ❶ noch ❷ und … auch nicht; **neither … ~** weder … noch; ~ **I**

ich auch nicht

Nor·dic ['nɔːdɪk] *adj* nordisch; **the ~ Council** der Nordische Rat

norm [nɔːm] *s* Richtschnur, Norm *f*

nor·mal ['nɔːml] **I.** *adj* ❶ normal; üblich ❷ (MATH) senkrecht ❸ (CHEM) Normal-; **~ consumption** Normalverbrauch *m;* **~ output** Normalleistung *f;* **~ size** Normalgröße *f* **II.** *s* ❶ Normalwert, Durchschnitt *m* ❷ (MATH) Senkrechte *f;* **nor·mal·ity** [nɔː'mælətɪ] *s* Normalität *f;* **return to ~** sich wieder normalisieren; **nor·mal·ize** ['nɔːməlaɪz] *vt* normalisieren; wiederherstellen; **nor·mally** ['nɔːməlɪ] *adv* normalerweise, gewöhnlich

i Land & Leute

Die **Normans** (Normannen), von denen viele Nachkommen der *Vikings* (Wikinger) in Nordfrankreich waren, eroberten 1066 unter *William the Conqueror* von der Normandie aus England. Sie besiegten den englischen König Harold in der *Battle of Hastings.* Schnell setzten sie ihre Adelsherrschaft über ganz England und den größten Teil von Wales durch. Englisch, das zunächst eine germanische Sprache war, wurde zu einer Mischung aus Germanisch und Romanisch – darunter versteht man Sprachen die sich aus Latein entwickelt haben, wie z. B. Italienisch, Französisch, Spanisch.

north [nɔːθ] **I.** *s* Norden *m;* **in the ~** im Norden; **to the ~ of** im Norden von; **face ~** nach Norden liegen **II.** *adj* nördlich **III.** *adv* in nördlicher Richtung, nach Norden; **~ of** nördlich von; **North Af·ri·ca** *s* Nordafrika *nt;* **North Af·ri·can I.** *adj* nordafrikanisch **II.** *s* Nordafrikaner(in) *m(f);* **North Ameri·ca** *s* Nordamerika *nt;* **North Ameri·can I.** *adj* nordamerikanisch **II.** *s* Nordamerikaner(in) *m(f);* **North American Free Trade Agreement/Area** *s no pl* NAFTA *f,* North American Free Trade Agreement/Area (*Freihandelsabkommen/-zone zwischen den USA, Kanada und Mexiko*)

north-east [ˌnɔːθ'iːst] **I.** *s* Nordost(en) *m* **II.** *adj* nordöstlich; **north-eastern** [ˌnɔːθ'iːstən] *adj* nordöstlich

north·er·ly ['nɔːðəlɪ] **I.** *adj* nördlich **II.** *adv* nach, von Norden

north·ern ['nɔːðən] *adj* nördlich; **the N~ Lights** das Nordlicht; **north·erner** ['nɔːðənə(r)] *s* ❶ Nordländer(in) *m(f)* ❷ (*in den USA*) Nordstaatler(in) *m(f)*

Northern Ireland *s* Nordirland *nt*

i Land & Leute

Northern Ireland (Nordirland), das oft auch einfach *Ulster* genannt wird, ist der nordöstliche Teil Irlands, der Teil des *United Kingdom* (Vereinigtes Königreich) blieb, als der Rest des Landes 1921 den Status eines *dominion* (Herrschaftsgebiet) innerhalb des *Commonwealth* erhielt. Das neue *Northern Ireland Assembly* (Parlament) wurde am 25. Juni 1998 gegründet und hat 108 Abgeordnete; es kann in regionalen Angelegenheiten Gesetze erlassen und tagt im Stormont Castle in der Nähe von Belfast.

northern·most ['nɔːðənməʊst] *adj* nördlichste(r, s)

North Pole ['nɔːθpəʊl] *s* Nordpol *m;* **North Sea** *s* Nordsee *f;* **North-South divide** *s* Nord-Süd-Gefälle *nt*

north·west [ˌnɔːθ'west] **I.** *s* Nordwest(en) *m* **II.** *adj* nordwestlich; **north·west·erly** [ˌnɔːθ'westəlɪ] *adj* nordwestlich

Nor·way ['nɔːweɪ] *s* Norwegen *nt;* **Nor·wegian** [nɔː'wiːdʒən] **I.** *adj* norwegisch **II.** *s* ❶ Norweger(in) *m(f)* ❷ (*Sprache*) (das) Norwegisch(e)

nose [nəʊz] **I.** *s* ❶ Nase *f* ❷ Geruch(ssinn) *m,* Nase *f* (*for* für) ❸ (*Wein*) Blume *f* ❹ (TECH) Vorderteil *nt* ❺ (MAR) Bug *m* ❻ (*Rohr*) Mündung *f;* **get up s.o.'s ~** (*sl*) jdm auf den Keks gehen; **hold one's ~** sich die Nase zuhalten; **the tip of one's ~** die Nasenspitze; **bleed at** [*o* **from**] **the ~** aus der Nase bluten; **follow your ~** immer der Nase nach; **do s.th. under s.o.'s very ~** etw vor jds Augen tun; **by a ~** (*Pferderennen*) um eine Nasenlänge; **pay on the ~** sofort bezahlen; **look down one's ~ at s.o.** auf jdn herabsehen; **with one's ~ in the air** hochnäsig; **blow one's ~** sich die Nase putzen; **cut off one's ~ to spite one's face** (*fig*) sich ins eigene Fleisch schneiden; **lead s.o. by the ~** (*fig*) jdn an der Nase herumführen; **stick one's ~ into s.th.** (*fig*) seine Nase in etw stecken; **pay through the ~** einen zu hohen Preis bezahlen; **put s.o.'s ~ out of joint** (*fig*) jdn ausstehen; **turn up one's ~ at** die

Nase rümpfen über **II.** *vt, vi:* **the ship ~d its way through the ice** das Schiff pflügte sich durch das Eis; **~ into s.o.'s affairs** seine Nase in jds Angelegenheiten stecken; **nose about** *vi* herumschnüffeln; **nose out** **I.** *vt* aufspüren; ausschnüffeln **II.** *vi* (*Auto*) sich vorschieben; **nose·bag** ['nəʊzbæg] *s* Futtersack *m;* **nose·bleed** ['nəʊzbli:d] *s* Nasenbluten *nt;* **nose·cone** ['nəʊzkəʊn] *s* Raketenspitze *f;* **nose·dive** ['nəʊzdaɪv] **I.** *s* (AVIAT) Sturzflug *m* **II.** *vi* einen Sturzflug machen; **~ off s.th.** vornüber von etw stürzen

nose·gay ['nəʊzgeɪ] *s* Blumenstrauß *m*

nose job ['nəʊzdʒɒb] *s* (*sl*) Nasenkorrektur *f;* **nose ring** *s* Nasenring *m;* **nose-wheel** ['nəʊzwi:l] *s* (AVIAT) Bugrad *nt;* **nosey** ['nəʊzɪ] *adj* (*fam*) neugierig

nosh [nɒʃ] **I.** *vi* (*sl*) futtern **II.** *s* (*sl*) Futter *nt;* **let's have a quick ~** lass uns schnell einen Happen essen

no-show ['nəʊʃəʊ] *s* nicht erscheinender Gast

nosh-up [nɒʃʌp] *s* (*sl*) Fressgelage *nt*

nos·tal·gia [nɒ'stældʒə] *s* Nostalgie *f;* **nos·tal·gic** [nɒ'stældʒɪk] *adj* nostalgisch

no-strike agree·ment [ˌnəʊstraɪkə'gri:mənt] *s* Streikverbotsabkommen *nt*

nos·tril ['nɒstrəl] *s* Nasenloch *nt,* Nüster *f*

nos·trum ['nɒstrəm] *s* Patentrezept *nt*

nosy ['nəʊzɪ] *adj* (*fam*) neugierig; **nosy parker** *s* (*fam*) Schnüffler(in) *m(f)*

not [nɒt] *adv* nicht; **he warned me ~ to be late** er warnte mich, nicht zu spät zu kommen; **you were wrong in ~ making a protest** es war falsch von dir nicht zu protestieren; **~ a bit** kein bisschen; **~ any more** nicht mehr; **~ yet** noch nicht; **~ at all** durchaus, überhaupt, gar nicht; keineswegs; **~ any more** nicht mehr; **~ a few** nicht wenige; **~ in the least** nicht im Geringsten; **~ to say** um nicht zu sagen; **~ so** nein; **~ to speak of** ganz zu schweigen von; **you are coming, are you ~?** Sie kommen doch, oder?; **~ at all!** überhaupt nicht!; **certainly ~** gewiss nicht; **as likely as ~** vielleicht; vielleicht auch nicht; **~ that I care, but ...** es ist mir zwar egal, aber ...; **it's ~ to be thought of** das kommt nicht in Frage

no·table ['nəʊtəbl] **I.** *adj* ❶ (*Erfolg*) bemerkenswert ❷ (*Mensch*) bedeutend ❸ (*Unterschied*) beträchtlich, beachtlich **II.** *s* bekannte Persönlichkeit; **no·tably** ['nəʊtəblɪ] *adv* ❶ auffallend; beträchtlich ❷ insbesondere, hauptsächlich

no·tary ['nəʊtərɪ] *adj* (*~ public*) Notar(in) *m(f)*

no·ta·tion [nəʊ'teɪʃn] *s* ❶ Zeichensystem *nt,* Zeichen *ntpl* ❷ (MUS) Notenschrift *f* ❸ Vermerk *m,* Aufzeichnung *f*

notch [nɒtʃ] **I.** *s* Kerbe *f,* Einschnitt *m;* Scharte *f* **II.** *vt* (ein)kerben, einschneiden; **~ up** (*Punkte*) erzielen; erringen; (*Erfolg*) verzeichnen können

note [nəʊt] **I.** *s* ❶ Notiz, Anmerkung *f;* Fußnote *f;* Vermerk *m* ❷ (MUS) Note *f;* Ton *m* ❸ Brief *m,* kurze Mitteilung ❹ (diplomatische) Note *f,* Memorandum *nt* ❺ (FIN) Banknote *f,* Schein *m;* **make a ~ of s.th.** sich etw aufschreiben; **speak without ~s** frei sprechen; **send s.o. a ~** jdm ein paar Zeilen schicken; **strike the right/wrong ~** (*fig*) den richtigen/falschen Ton treffen; **take ~ of s.th.** etw zur Kenntnis nehmen; **take ~s** sich Notizen machen (*of* über); **there was a ~ of self-satisfaction in his speech** in seiner Rede war ein selbstzufriedener Ton; **bank ~** Banknote *f* **II.** *vt* ❶ bemerken, beachten; zur Kenntnis nehmen ❷ (*~ down*) notieren, aufschreiben; **note·book** ['nəʊtbʊk] *s* ❶ Notizbuch *nt* ❷ (INFORM) Notebook *nt* ❸ (*Am*) Übungsheft *nt;* **noted** ['nəʊtɪd] *adj* berühmt (*for* wegen); **note·pad** ['nəʊtpæd] *s* Notizblock *m;* **note·paper** ['nəʊtˌpeɪpə(r)] *s* Schreib-, Briefpapier *nt;* **note·worthy** ['nəʊtˌwɜ:ðɪ] *adj* bemerkens-, beachtenswert

noth·ing ['nʌθɪŋ] **I.** *s* ❶ Nichts *nt* ❷ (MATH) Null *f* **II.** *pron, adv* nichts; **eat ~** nichts essen; **five feet ~** genau 5 Fuß; **for ~** umsonst; **say ~ of** ganz zu schweigen von; **~ but** nur; **~ else** sonst nichts; **~ more** sonst nichts; **~ much** nicht viel; **~ less than** nur; **~ if not** äußerst, im höchsten Grade; **~ new** nichts Neues; **come to ~** zunichte werden, sich zerschlagen; **have ~ to do with** nichts zu tun haben mit; **make ~ of** sich nichts machen aus; nichts anfangen können mit; **that's ~!** das ist gar nichts!; **think ~ of** nichts halten von; **there is ~ like that** da kommt nichts mit; **~ came of it!** daraus wurde nichts!; **~ doing!** nichts zu machen!; **there is ~ for it but** es gibt keine andere Möglichkeit als; **little or ~** wenig oder (gar) nichts; **next to ~** fast nichts; **noth·ing·ness** ['nʌθɪŋnɪs] *s* Nichts *nt*

no-throw [ˌnəʊ'θrəʊ] *s* Fehlwurf *m*

no·tice ['nəʊtɪs] **I.** *s* ❶ Bescheid *m,* Benachrichtigung *f;* Mitteilung *f* ❷ Bekanntmachung *f,* Anschlag *m* (*on the bulletin board* am schwarzen Brett), Plakat *nt;* Schild *nt* ❸ Kündigung *f* ❹ Frist *f* ❺ Kritik, Rezension *f;* **at a moment's ~** sofort, jederzeit; **at short ~** kurzfristig; **at a week's ~**

N

innerhalb einer Woche; **until further** ~ bis auf weiteres; **without** ~ ohne Ankündigung; fristlos; **attract** ~ Aufmerksamkeit erregen; **bring s.th. to s.o.'s** ~ jdm etw zur Kenntnis bringen; **give s.o.** ~ jdm kündigen; **give s.o.** ~ **of s.th.** jdn von etw benachrichtigen; **hand in one's** ~ kündigen; **post a** ~ einen Anschlag machen; **serve** ~ **on s.o.** (JUR) jdn vorladen; **take** ~ be(ob)achten; aufpassen; **take** ~ **of s.th.** etw beachten, zur Kenntnis, von etw Notiz nehmen; **take no** ~ **of s.o.** jdn ignorieren; **make s.o. sit up and take** ~ jdn aufhorchen lassen; **she gave us** ~ **to move** sie hat uns(ere Wohnung) gekündigt; **that's beneath my** ~ das nehme ich nicht zur Kenntnis; **a month's** ~ monatliche Kündigung; **official** ~ amtliche Bekanntmachung; **public** ~ öffentliche Bekanntmachung; ~ **of receipt** Empfangsbestätigung *f;* ~ **to pay** Zahlungsaufforderung *f;* ~ **to quit** Kündigung *f* **II.** *vt* bemerken; wahrnehmen; zur Kenntnis nehmen; merken;

no·tice·able ['nəʊtɪsəbl] *adj* ❶ erkennbar, wahrnehmbar; sichtbar; deutlich ❷ (*Vergnügen*) sichtlich, merklich; **notice-board** *s* Anschlagbrett *nt;* schwarzes Brett

no·ti·fi·able ['nəʊtɪfaɪəbl] *adj* melde-, anzeigepflichtig; **no·ti·fi·ca·tion** [ˌnəʊtɪfɪ'keɪʃn] *s* ❶ Benachrichtigung, Mitteilung *f* ❷ (*eines Verlustes*) Meldung, Anzeige *f;* **no·tify** ['nəʊtɪfaɪ] *vt* ❶ benachrichtigen, unterrichten ❷ (*Verlust*) melden; ~ **s.o. of s.th.** jdn von etw benachrichtigen, jdm etw mitteilen; **be notified of s.th.** über etw informiert werden, von etw benachrichtigt werden

no·tion ['nəʊʃn] *s* ❶ Idee *f;* Vorstellung *f;* Ahnung *f* ❷ Ansicht, Meinung *f;* **have no** ~ **of s.th.** von etw keine Ahnung haben; **give s.o.** ~**s** jdn auf Ideen bringen; **I have a** ~ **that …** ich habe den Verdacht, dass …; **get a** ~ **to do s.th.** Lust bekommen etw zu tun; **no·tional** ['nəʊʃənl] *adj* ❶ fiktiv, angenommen; symbolisch ❷ (PHILOS) spekulativ

no·tor·iety [ˌnəʊtə'raɪətɪ] *s* traurige Berühmtheit; **no·tori·ous** [nəʊ'tɔːrɪəs] *adj* ❶ (*Tatsache*) berühmt-berüchtigt ❷ (*Platz*) verrufen, verschri(e)en ❸ (*Lügner*) notorisch; **be** ~ **for s.th.** für etw berüchtigt sein

i Land & Leute

Im Westen Londons findet im August auf den Straßen der **Notting Hill Carnival** statt. Den Höhepunkt bildet ein großer Umzug mit exotischen Kostümen und kunstvoll dekorierten Wagen. Begleitet wird das Ganze von lauter Livemusik, die größtenteils karibischen Ursprungs ist – entsprechend der multikulturellen Bevölkerung Londons und Großbritaniens.

not·with·stand·ing [ˌnɒtwɪθ'stændɪŋ] **I.** *prep* trotz, ungeachtet +*gen* **II.** *adv* trotzdem, dennoch **III.** *conj:* ~ **that** obgleich, obwohl

nou·gat ['nuːgɑː] *s* Nugat *m od nt*

nought [nɔːt] *s* ❶ Null *f* ❷ (*lit*) Nichts *nt;* **come to** ~ sich zerschlagen; **bring to** ~ zunichte machen; **she thinks** ~ **of it** sie macht das bedenkenlos

noun [naʊn] *s* (GRAM) Hauptwort, Substantiv *nt*

nour·ish ['nʌrɪʃ] **I.** *vt* ❶ (er)nähren (*on, with* von) ❷ (*fig*) nähren, hegen **II.** *vi* nahrhaft sein; **nour·ish·ing** [-ɪŋ] *adj* nahrhaft; ~ **cream** Nährcreme *f;* **nour·ish·ment** [-mənt] *s* Nahrung *f*

nous [naʊs] *s* (*fam*) Grips *m*

novel¹ ['nɒvl] *adj* neu(artig)

novel² ['nɒvl] *s* Roman *m;* **novel·ette** [ˌnɒvə'let] *s* Kitschroman *m;* **novel·ist** ['nɒvəlɪst] *s* Romanschriftsteller(in) *m(f)*

nov·elty ['nɒvltɪ] *s* ❶ Neuheit *f* ❷ Novum *nt* ❸ *meist pl* (COM) Neuheiten *fpl* ❹ Krimskrams *m*

No·vem·ber [nəʊ'vembə(r)] *s* November *m;* **in** ~ im November

nov·ice ['nɒvɪs] *s* ❶ (REL) Novize *m* ❷ (*fig*) Anfänger(in) *m(f)*, Neuling *m*

now [naʊ] **I.** *adv* ❶ jetzt, nun; gleich, sofort; (so)eben ❷ heute, heutzutage; **just** ~ gerade; gleich, sofort; **I'll do it just** ~ ich mache es jetzt gleich; **it's** ~ **or never** jetzt oder nie; **by** ~ inzwischen, mittlerweile; **before** ~ bis jetzt; schon früher; **for** ~ im Moment, vorläufig; **from** ~ **on** von nun an; **from** ~ **until then** bis dahin; **up to** [*o* **till**] [*o* **until**] ~ bis jetzt; ~ **…** ~ bald … bald; ~ **and then** [*o* **again**] ab und zu, von Zeit zu Zeit, gelegentlich **II.** *conj* jetzt, wo; nun, da **III.** *interj* also; **well** ~ also; ~ **then** also jetzt

now·adays ['naʊədeɪz] *adv* heute, heutzutage

no·where ['nəʊweə(r)] *adv* nirgends, nirgendwo, -wohin; **get** ~ zu nichts, auf keinen grünen Zweig kommen; **come** ~ (SPORT) unter ferner liefen kommen; **come from** ~ **and win** (SPORT) überraschend siegen; **appear from** ~ ganz plötzlich auftauchen

no-win *adj* ausweglos
nowt [naʊt] *pron, adv (fam)* nix, nichts
noxious ['nɒkʃəs] *adj* ❶ schädlich ❷ *(Einfluss)* übel, verderblich
nozzle ['nɒzl] *s* (TECH) ❶ Düse *f* ❷ *(einer Spritze)* Kanüle *f*
nuance ['nju:ɑ:ns] *s* Nuance, Schattierung *f*
nub [nʌb] *s* ❶ Stückchen, Klümpchen *nt* ❷ *(fam)* Pointe *f*, Kern(punkt) *m*
nu·bile ['nju:baɪl] *adj (Mädchen)* heiratsfähig; gut entwickelt
nu·clear ['nju:klɪə(r)] *adj* (PHYS) Kern-; Atom-; kerntechnisch; nuklear, atomar; ~ **deterrence** nukleare Abschreckung; ~ **deterrent** nukleares Abschreckungsmittel; ~ **energy** Atom-, Kernenergie *f;* ~ **fission** Kernspaltung *f;* ~ **free zone** atomwaffenfreie Zone; ~ **fuel** Kernbrennstoff *m;* ~ **fusion** Kernverschmelzung *f;* ~ **industry** Atomindustrie *f;* ~ **medicine** Nuklearmedizin *f;* ~ **nonproliferation treaty** Atomsperrvertrag *m;* ~ **physicist** Kernphysiker(in) *m(f);* ~ **physics** *mit sing* Kernphysik *f;* ~ **pile** Atommeiler *m;* ~ **power** Kernkraft *f;* **a** ~ **power** (POL) eine Atommacht; ~ **power station** Kernkraftwerk *nt;* ~ **propulsion** Atomantrieb *m;* ~ **reaction** Kernreaktion *f;* ~ **reactor** Kernreaktor *m;* ~ **research** Kernforschung *f;* ~ **submarine** Atom-U-Boot *nt;* ~ **technology** Kerntechnik *f;* ~ **test** Atom(waffen)test *m;* ~ **test ban** Atomteststopp *m;* ~ **test ban treaty** Atomteststoppabkommen *nt;* ~ **warfare** Atom-, Nuklearkrieg *m;* ~ **warhead** Atomsprengkopf *m;* ~ **waste** Atommüll *m;* ~ **weapon** Atom-, Nuklearwaffe *f;* ~ **winter** nuklearer Winter
nu·cle·ic acid [nju:'kleɪɪd'æsɪd] *s* Nukleinsäure *f*
nu·cleus ['nju:klɪəs, *pl* 'nju:klɪaɪ] <*pl* nuclei> *s* ❶ (PHYS) Kern *m* ❷ (BIOL) Zellkern *m;* **atomic** ~ Atomkern *m*
nude [nju:d] **I.** *adj* nackt, unbekleidet **II.** *s* ❶ *(Kunst)* Aktmodell *nt;* Akt *m* ❷ *(Mensch)* Nackte(r) *f m;* **paint from the** ~ einen Akt malen; **in the** ~ nackt
nudge [nʌdʒ] **I.** *vt* anstoßen; ~ **s.o.'s memory** jds Gedächtnis nachhelfen **II.** *s* Stups *m*, kleiner Stoß
nu·dism [nju:dɪzəm] *s* Nackt-, Freikörperkultur *f;* **nu·dist** ['nju:dɪst] *s* Anhänger(in) *m(f)*, der Nackt-, Freikörperkultur; **nudist beach** *s* FKK-Strand *m;* **nudist camp** *s* FKK-Platz *m;* **nu·dity** ['nju:dətɪ] *s* Nacktheit *f*
nu·ga·tory ['nju:gətərɪ] *adj* belanglos, nichtig
nug·get ['nʌgɪt] *s* (Gold)Klumpen *m*
nui·sance ['nju:sns] *s* ❶ Plage *f;* Nervensäge *f;* Quälgeist *m* ❷ Ärgernis *nt;* peinliche Situation; Missstand *m;* **make a** ~ **of o.s.** lästig werden; **what a** ~ wie ärgerlich; **public** ~ öffentliches Ärgernis
nuke [nu:k, nju:k] *vt (fam)* eine Atombombe (ab)werfen (auf)
null [nʌl] *adj* (JUR) ungültig, nichtig; ~ **and void** null und nichtig; **nul·li·fi·ca·tion** [ˌnʌlɪfɪ'keɪʃn] *s* Annullierung *f;* **nul·lify** ['nʌlɪfaɪ] *vt* ungültig machen, annullieren; **nul·lity** ['nʌlətɪ] *adj* Nichtigkeit, Ungültigkeit *f*
numb [nʌm] **I.** *adj* ❶ taub, empfindungslos, gefühllos ❷ *(fig)* betäubt; **fingers** ~ **with cold** Finger, die vor Kälte taub sind **II.** *vt* unempfindlich, gefühllos machen; betäuben
num·ber ['nʌmbə(r)] **I.** *s* ❶ (MATH) Zahl *f;* Ziffer *f* ❷ Anzahl *f* ❸ Nummer *f;* Seitenzahl *f;* Autonummer *f*, Autokennzeichen *nt* ❹ (GRAM) Numerus *m*, Zahl *f* ❺ *(Lied)* Nummer *f;* Ausgabe *f*, Heft *nt* ❻ ~**s** Rechnen *nt;* **a** ~ **of problems** eine Anzahl von Problemen; **on a** ~ **of occasions** des öfteren; **in equal** ~**s** ebenso viel; **in a small** ~ **of cases** in wenigen Fällen; **ten in** ~ zehn an der Zahl; **they were few in** ~ es waren nur wenige; **many in** ~ zahlreich; **a fair** ~ **of times** ziemlich oft; **win by force of** ~**s** auf Grund zahlenmäßiger Überlegenheit gewinnen; **dial a** ~ eine Nummer wählen; **get s.o.'s** ~ *(Am)* jdn durchschauen; **look after** [*o* **take care of**] ~ **one** *(fam)* an sich selbst denken; **my** ~**'s up** *(fam)* ich bin dran; **the May** ~ das Maiheft, die Maiausgabe; **one of our** ~ eine(r) aus unseren Reihen **II.** *vt* ❶ zählen *(among* zu) ❷ nummerieren; einordnen, klassifizieren ❸ zählen, rechnen; **a** ~**d account** (FIN) ein Nummernkonto *nt;* **his days are** ~**ed** seine Tage sind gezählt; **be** ~**ed** begrenzt sein **III.** *vi* (MIL: ~ *off*) abzählen; **num·ber·ing** [-ɪŋ] *s* Nummerierung *f;* **num·ber·less** [-lɪs] *adj* zahllos; **number·plate** *s* (AUTO) Nummernschild *nt*
numb·ness ['nʌmnɪs] *s* Taubheit, Starre *f;* Benommenheit *f*
nu·mer·acy ['nju:mərəsɪ] *s* Rechnen *nt*
nu·meral ['nju:mərəl] *s* Ziffer *f;* **Arabic/Roman** ~**s** arabische/römische Ziffern *fpl*
nu·mer·ate ['nju:mərət] *adj* rechenkundig
nu·mer·ation [ˌnju:mə'reɪʃn] *s* Nummerierung *f*
nu·meri·cal [nju:'merɪkl] *adj* numerisch, zahlenmäßig; ~ **order** Reihen-, Zahlenfolge *f;* ~ **value** Zahlenwert *m*
nu·mer·ic key·pad [ˌnju:merɪk'ki:pæd] *s*

N

Zehnertastatur *f*, numerische Tastatur
nu·mer·ous ['nju:mərəs] *adj* zahlreich
nu·mis·mat·ics [ˌnju:mɪz'mætɪks] *s pl mit sing* Numismatik *f*
num·skull ['nʌmskʌl] *s* Dummkopf *m*
nun [nʌn] *s* Nonne *f*
nun·cio ['nʌnsɪəʊ] <*pl* -cios> *s* Nuntius *m*
nun·nery ['nʌnərɪ] *s* Nonnenkloster *nt*
nup·tial ['nʌpʃl] **I.** *adj* ehelich; hochzeitlich **II.** *s:* **the ~s** die Hochzeit
nurse [nɜ:s] **I.** *s* ① Schwester *f;* Krankenschwester *f* ② Kindermädchen *nt,* Kinderfrau *f* ③ (*wet-~*) Amme *f;* **male ~** Krankenpfleger *m* **II.** *vt* ① säugen, stillen, die Brust geben (*s.o.* jdm) ② pflegen ③ (*Krankheit*) behandeln, kurieren ④ (*Gefühl*) hegen ⑤ schonend umgehen mit; **~ s.o. back to health** jdn gesundpflegen; **~ a cold** an einer Erkältung herumlaborieren; **~ a business** ein Geschäft sorgsam verwalten; **nurs·ery** ['nɜ:sərɪ] *s* ① Kinderzimmer *nt;* Säuglingssaal *m* ② Kindergarten *m;* Hort *m* ③ (AGR) Baumschule *f;* Gärtnerei *f* ④ (*fig*) Zuchtstätte *f;* **nursery rhyme** *s* Kindervers *m;* **nursery school** *s* Kindergarten *m;* **~ teacher** Erzieher(in) *m(f);* **nursery slope** *s* (*fam: Ski*) Idiotenhügel *m;* **nurs·ing** ['nɜ:sɪŋ] **I.** *s* ① Pflege *f;* Pflegen *nt* ② Krankenpflege *f* ③ Stillen *nt* **II.** *adj* Pflege-; pflegerisch; **~ home** Privatklinik *f;* **~ mother** stillende Mutter; **~ staff** Pflegepersonal *nt*
nur·ture ['nɜ:tʃə(r)] **I.** *s* ① Nahrung, Ernährung *f* ② Erziehung; Aufzucht *f* **II.** *vt* ① aufziehen ② hegen, fördern; **~ s.o. on s.th.** jdn mit etw aufziehen
nut [nʌt] *s* ① Nuss *f* ② (*fig: hard ~*) harte Nuss, schweres Problem ③ (TECH) (Schrauben)Mutter *f* ④ (*sl*) Birne *f,* Kopf *m* ⑤ (*sl*) Spinner(in) *m(f)* ⑥ **~s** (*sl*) Hoden *fpl;* **a hard** [*o* **tough**] **~ to crack** eine harte Nuss; **be off one's ~** (*sl*) nicht ganz bei Trost sein; **go off one's ~** (*sl*) durchdrehen; **nut·cracker** *s* (*a. pl*) Nussknacker *m;* **nut·hatch** ['nʌtˌhætʃ] *s* (*Spechtmeise*) Kleiber *m;* **nut·house** *s* (*sl*) Klapsmühle *f;* **nut·meg** ['nʌtmeg] *s* Muskatnuss *f*
nu·tri·ent ['nju:trɪənt] **I.** *adj* nahrhaft **II.** *s* Nährstoff *m;* **nu·tri·tion** [nju:'trɪʃn] *s* Ernährung *f;* **nu·tri·tion·al supple·ment** *s* Nahrungsmittelergänzung *f;* **nu·tri·tion·ist** [nju:'trɪʃənɪst] *s* Ernährungswissenschaftler(in) *m(f);* **nu·tri·tious** [nju:'trɪʃəs] *adj* nahrhaft
nuts [nʌts] *adj* (*sl*): **be ~** spinnen; **go ~** durchdrehen; **be ~ about s.o.** von jdm ganz weg sein
nut·shell ['nʌtʃel] *s* Nussschale *f;* **in a ~** kurz, mit wenigen Worten; **to put it** [*o* **the matter**] **in a ~** um es kurz zu sagen
nut·ter ['nʌtə] *s* (*Br: sl*) Verrückte(r) *f m*
nut·ty ['nʌtɪ] *adj* ① mit Nüssen ② (*sl*) bekloppt, plemplem
nuzzle ['nʌzl] **I.** *vt* ① (*Hund*) beschnüffeln ② (*Schwein*) aufwühlen **II.** *vi:* **~ up against** [*o* **up to s.o.**] sich an jdn schmiegen
ny·lon ['naɪlɒn] *s* ① (*Textil*) Nylon *nt* ② **~s** Nylonstrümpfe *mpl*
nymph [nɪmf] *s* (*Mythologie*) Nymphe *f*
nym·pho·mania [ˌnɪmfə'meɪnɪə] *s* Nymphomanie, Mannstollheit *f;* **nym·pho·maniac** [ˌnɪmfə'meɪnɪæk] *s* Nymphomanin *f*

O o

O, o [əʊ] <*pl* -'s> *s* ① O, o *nt* ② (TELE) Null *f*
o [əʊ] *interj* oh! ach!; **~ my God!** ach du lieber Gott!; **~ dear!** o je!
oaf [əʊf, *pl* əuvz] <*pl* oafs, oaves> *s* Flegel, Lümmel *m;* **oaf·ish** ['əʊfɪʃ] *adj* flegelhaft; tölpelhaft
oak [əʊk] *s* Eiche(nholz *nt*) *f*
OAP [ˌəʊeɪ'pi:] *s Abk. von* **old-age pensioner** Rentner(in) *m(f)*
oar [ɔ:(r)] *s* ① Ruder *nt,* Riemen *m* ② Ruderer *m,* Ruderin *f;* **put** [*o* **stick**] **one's ~ in** (*fig*) sich einmischen; **rest on one's ~s** (*fig*) langsamer treten; **oars·man** ['ɔ:zmən] <*pl* -men> *s* Ruderer *m;* **oars·woman** ['ɔ:zwʊmən, *pl* -wɪmɪn] <*pl* -women> *s* Ruderin *f*
oasis [əʊ'eɪsɪs, *pl* əʊ'eɪsi:z] <*pl* oases> *s* (*a. fig*) Oase *f*
oat [əʊt] *s meist pl* Hafer *m;* Haferflocken *fpl;* **sow one's wild ~s** sich die Hörner abstoßen; **he feels his ~s** (*Am fam*) ihn sticht der Hafer; **oat·cake** ['əʊtkeɪk] *s* salziger Haferkeks
oath [əʊθ] *s* ① Schwur, Eid *m* ② Fluch *m;* **make** [*o* **swear**] [*o* **take**] **an ~** (einen Eid) schwören; **be under ~** unter Eid stehen; **put s.o. on ~** jdn vereidigen
oat·meal ['əʊtmi:l] *s* Hafermehl *nt,* Haferschrot *m*
OATs [ˌəʊeɪ'ti:s] *s Abk. von* **Old Age Travellers** *nordeuropäische Pensionäre mit Aussteigermentalität, die ihren Lebensabend im Wohnmobil in Südeuropa verbringen*

OAU [ˌəʊeɪ'ju:] *s Abk. von* **Organization of African Unity** OAU *f,* Organisation *f* für afrikanische Einheit

ob·du·racy ['ɒbdjʊərəsɪ] *s* Hartnäckigkeit *f;* Verstocktheit, Halsstarrigkeit *f;* **ob·du·rate** ['ɒbdjʊərət] *adj* hartnäckig; verstockt, halsstarrig

OBE [ˌəʊbi:'i:] *s Abk. von* **Officer of the Order of the British Empire** *britischer Verdienstorden*

obedi·ence [ə'bi:dɪəns] *s* Gehorsam *m;* **in ~ to the law** dem Gesetz entsprechend; **obedi·ent** [ə'bi:dɪənt] *adj* gehorsam, folgsam; **be ~** gehorchen; folgen

ob·elisk ['ɒbəlɪsk] *s* Obelisk *m*

obese [əʊ'bi:s] *adj* fettleibig; **obes·ity** [əʊ'bi:sətɪ] *s* Korpulenz, Fettleibigkeit *f*

obey [ə'beɪ] **I.** *vt* ❶ gehorchen (*s.o.* jdm), folgen ❷ (*Regeln*) sich halten an, befolgen ❸ (*Maschine*) reagieren auf **II.** *vi* gehorchen; folgen

obitu·ary [ə'bɪtʃʊərɪ] *s* Nachruf *m;* **obituary notice** *s* Todesanzeige *f*

ob·ject¹ ['ɒbdʒɪkt] *s* ❶ Gegenstand *m;* Ding *nt* ❷ Ziel *nt,* Zweck *m* ❸ (GRAM) Objekt *nt* ❹ Hinderungsgrund *m;* **with this ~ in view** mit diesem Ziel vor Augen; **what's the ~ of staying here?** wozu bleiben wir hier?; **succeed in one's ~** sein Ziel erreichen

ob·ject² [əb'dʒekt] **I.** *vi* ❶ dagegen sein; protestieren; Einwände haben ❷ Anstoß nehmen (*to* an); **~ to s.th.** etw ablehnen; **do you ~ to my smoking?** stört es Sie, wenn ich rauche? **II.** *vt* einwenden; **ob·jec·tion** [əb'dʒekʃn] *s* ❶ Einwand *m* (*to* gegen) ❷ (JUR) Einspruch *m* ❸ Abneigung *f;* Einspruch *m;* **I have no ~ to his going away** ich habe nichts dagegen, dass er weggeht; **raise** [*o* **make**] **an ~** einen Einwand erheben; **if he has no ~** wenn er nichts dagegen hat; **there is no ~ to it** dagegen ist nichts einzuwenden; **are there any ~s?** erhebt jemand Einspruch?; **ob·jec·tion·able** [-əbl] *adj* ❶ störend ❷ (*Verhalten*) anstößig ❸ (*Geruch*) unangenehm, übel

ob·jec·tive [əb'dʒektɪv] **I.** *adj* ❶ objektiv, sachlich ❷ wirklich, real; **~ fact** Tatsache *f* **II.** *s* ❶ Ziel *nt;* Zielsetzung, -vorstellung *f* ❷ (OPT PHOT) Objektiv *nt;* **ob·jec·tiv·ity** [ˌɒbdʒek'tɪvətɪ] *s* Objektivität *f*

ob·ject les·son ['ɒbdʒɪktˌlesn] *s* ❶ Anschauungsunterricht *m* ❷ Paradebeispiel *nt*

ob·jec·tor [əb'dʒektə(r)] *s* Gegner(in) *m(f),* **conscientious ~** Wehrdienstverweigerer *m*

ob·li·gate ['ɒblɪgeɪt] *vt* verpflichten (*s.o. to do s.th.* jdn, etw zu tun); **ob·li·ga·tion** [ˌɒblɪ'geɪʃn] *s* Verpflichtung, Pflicht *f;* **be under an ~ to do s.th.** verpflichtet sein etw zu tun; **without ~** (COM) unverbindlich; **~ to buy** Kaufzwang *m;* **ob·li·ga·tory** [ə'blɪgətrɪ] *adj* verbindlich, verpflichtend, obligatorisch (*on, upon* für); **attendance is ~** Anwesenheit ist vorgeschrieben; es besteht Anwesenheitspflicht; **make it ~ to do s.th.** vorschreiben, dass etw getan wird

ob·lige [ə'blaɪdʒ] **I.** *vt* ❶ zwingen; verpflichten (*s.o. to do s.th.* jdn, etw zu tun) ❷ gefällig sein, entgegenkommen (*s.o.* jdm); **feel ~d to do s.th.** sich zu etw verpflichtet fühlen; **you are not ~d to do it** Sie sind nicht dazu verpflichtet; **please ~ me by closing the door** würden Sie mir bitte den Gefallen tun und die Tür schließen?; **much ~d!** herzlichen Dank!; **I am much ~d to you for this!** ich bin Ihnen dafür sehr verbunden **II.** *vi:* **she is always ready to ~** sie ist immer sehr gefällig; **oblig·ing** [ə'blaɪdʒɪŋ] *adj* entgegenkommend, gefällig; zuvorkommend

ob·lique [ə'bli:k] **I.** *adj* ❶ schräg, schief; geneigt ❷ (*fig: Blick*) schräg; (*Methode*) indirekt ❸ (*Winkel*) schief **II.** *s* Schrägstrich *m*

ob·lit·er·ate [ə'blɪtəreɪt] *vt* ❶ auslöschen; tilgen ❷ (*Team*) vernichten ❸ (*Sonne*) verdecken; **ob·lit·er·ation** [əˌblɪtə'reɪʃn] *s* ❶ Auslöschung *f* ❷ Vernichtung *f* ❸ Verdeckung *f*

ob·liv·ion [ə'blɪvɪən] *s* Vergessenheit *f,* Vergessen *nt;* **fall** [*o* **sink**] **into ~** in Vergessenheit geraten; **ob·livi·ous** [ə'blɪvɪəs] *adj:* **be ~ of** [*o* **to**] **s.th.** sich einer S nicht bewusst sein; **~ of** [*o* **to**] **his surroundings** ohne Notiz von seiner Umgebung zu nehmen; **~ of** [*o* **to**] **the world** weltvergessen

ob·long ['ɒblɒŋ] **I.** *adj* rechteckig **II.** *s* Rechteck *nt*

ob·nox·ious [əb'nɒkʃəs] *adj* ❶ widerlich, widerwärtig ❷ (*Benehmen*) unausstehlich

oboe ['əʊbəʊ] *s* (MUS) Oboe *f;* **obo·ist** [-ɪst] *s* Oboist(in) *m(f)*

ob·scene [əb'si:n] *adj* unanständig, obszön, unzüchtig; **ob·scen·ity** [əb'senətɪ] *s* Unanständigkeit, Obszönität *f*

ob·scure [əb'skjʊə(r)] **I.** *adj* ❶ (*Gefühl*) trüb(e), unklar, undeutlich ❷ (*fig*) schwer verständlich, dunkel ❸ unbekannt, obskur; **is the meaning still ~ to you?** ist Ihnen die Bedeutung immer noch unklar? **II.** *vt* ❶ verdecken, verbergen ❷ (*Geist*) verwirren; **ob·scur·ity** [əb'skjʊərətɪ] *s* ❶ Dunkelheit, Finsternis *f* ❷ (*fig*) Unklarheit, Unverständlichkeit *f;* **live in ~**

O

zurückgezogen leben

ob·sequi·ous [əb'siːkwɪəs] *adj* servil, unterwürfig (*to* gegen)

ob·serv·able [əb'zɜːvəbl] *adj* sichtbar, wahrnehmbar; **ob·serv·ance** [əb'zɜːvəns] *s* ❶ Befolgung, Einhaltung, Beachtung *f* ❷ (REL) Einhalten *nt;* Observanz *f;* **ob·serv·ant** [əb'zɜːvənt] *adj* aufmerksam, wachsam; ~ **of the rules** die Regeln einhaltend; **ob·ser·va·tion** [ˌɒbzə'veɪʃn] *s* ❶ Beobachtung *f;* Beobachten *nt* ❷ (*Regeln*) Einhalten *nt* ❸ Bemerkung, Äußerung *f;* **keep s.o. under** ~ jdn unter Beobachtung halten; **powers of** ~ Beobachtungsgabe *f;* **observation car** *s* (RAIL) Panoramawagen *m;* **observation post** *s* Beobachtungsposten *m;* **observation tower** *s* Aussichtsturm *m;* **observation ward** *s* Beobachtungsstation *f*

ob·serv·atory [əb'zɜːvətrɪ] *s* Sternwarte *f,* Observatorium *nt;* **meteorological** ~ Wetterwarte *f*

ob·serve [əb'zɜːv] **I.** *vt* ❶ be(ob)achten, bemerken, wahrnehmen ❷ (*Feiertag*) halten; feiern ❸ feststellen, äußern ❹ (*Geburtstag*) begehen, feiern; **the thief was** ~**d to ...** der Dieb wurde dabei beobachtet, wie er ... **II.** *vi* ❶ zusehen; beobachten ❷ bemerken, feststellen; **ob·serv·er** [əb'zɜːvə(r)] *s* ❶ Zuschauer(in) *m(f)* ❷ (MIL POL) Beobachter(in) *m(f)*

ob·sess [əb'ses] *vt:* **be** ~**ed by** [*o* **with**] **s.o.** von jdm besessen sein; **s.th.** ~**es s.o.** jd ist von etw besessen; **ob·sess·ion** [əb'seʃn] *s* ❶ fixe Idee, Manie *f* ❷ (MED) Zwangsvorstellung *f* ❸ Besessenheit *f* (*with* von); **ob·sess·ive** [əb'sesɪv] *adj* zwanghaft; **become** ~ zum Zwang werden

ob·sol·escence [ˌɒbsə'lesns] *s* Verschleiß *m;* Veralten *nt;* **ob·sol·escent** [ˌɒbsə'lesnt] *adj* veraltend, außer Gebrauch kommend; **ob·sol·ete** ['ɒbsəliːt] *adj* veraltet, überholt

ob·stacle ['ɒbstəkl] *s* Hindernis *nt* (*to* für); **be an** ~ **to s.th.** einer S entgegenstehen; **put** ~**s in s.o.'s way** jdm Hindernisse in den Weg legen; **ob·stacle race** *s* (SPORT) Hindernisrennen *nt*

ob·ste·tri·cian [ˌɒbstɪ'trɪʃn] *s* (MED) Geburtshelfer(in) *m(f);* **ob·stet·rics** [ɒb'stetrɪks] *s pl mit sing* Geburtshilfe *f*

ob·sti·nacy ['ɒbstɪnəsɪ] *s* Hartnäckigkeit *f,* Starrsinn *m,* Widerspenstigkeit *f;* **ob·sti·nate** ['ɒbstɪnət] *adj* ❶ (*Person*) hartnäckig, starrsinnig ❷ (*Krankheit*) hartnäckig; **remain** ~ stur bleiben

ob·strep·er·ous [əb'strepərəs] *adj* aufmüpfig; aufsässig

ob·struct [əb'strʌkt] **I.** *vt* ❶ (ver)sperren, blockieren; verstopfen ❷ (be)hindern, hemmen, sperren; **trees** ~**ed the road** Bäume versperrten die Straße **II.** *vi* obstruieren; **ob·struc·tion** [əb'strʌkʃn] *s* ❶ (*Straße*) Versperren *nt,* Blockierung *f;* Verstopfung *f* ❷ Behinderung *f;* Hemmung *f;* Hindernis *nt* (*to* für) ❸ (PARL) Obstruktion *f;* **ob·struc·tion·ism** [-ɪzəm] *s* (PARL) Obstruktionspolitik *f;* **ob·struc·tive** [əb'strʌktɪv] *adj* obstruktiv, behindernd

ob·tain [əb'teɪn] **I.** *vt* ❶ erhalten, erlangen, bekommen ❷ (*Preis*) erzielen ❸ (*Wissen*) erwerben; ~ **s.th. for s.o.** jdm etw verschaffen **II.** *vi* (*Regeln*) in Kraft sein; **ob·tain·able** [-əbl] *adj* erhältlich

ob·trude [əb'truːd] **I.** *vt* hervorstehen; ~ **o.s.** (**up**)**on others** sich anderen aufdrängen; ~ **one's opinion** (**up**)**on s.o.** jdm seine Meinung aufzwingen **II.** *vi* ❶ sich aufdrängen ❷ hervorstehen; **ob·trus·ive** [əb'truːsɪv] *adj* aufdringlich; penetrant

ob·tuse [əb'tjuːs] *adj* ❶ (*Winkel*) stumpf ❷ (*Mensch*) begriffsstutzig

ob·vi·ate ['ɒbvɪeɪt] *vt* ❶ vermeiden, umgehen ❷ (*Einwand*) vorbeugen

ob·vi·ous ['ɒbvɪəs] *adj* ❶ offenbar, -sichtlich; augenfällig ❷ (*Unterschied*) offenkundig ❸ (*Lösung*) einleuchtend, nahe liegend; **an** ~ **truth** eine offenkundige Tatsache; **it's** ~ das liegt auf der Hand; **make s.th. more** ~ etw deutlicher machen; **ob·vi·ous·ly** ['ɒbvɪəsli] *adv* offensichtlich, offenbar; ~**!** natürlich!

oc·ca·sion [ə'keɪʒn] **I.** *s* ❶ Gelegenheit *f,* Anlass *m* ❷ Ereignis *nt* ❸ Gelegenheit, Möglichkeit *f* ❹ Grund *m,* Veranlassung *f;* **on** ~ gelegentlich; wenn nötig; **on the** ~ **of** bei Gelegenheit, aus Anlass, anlässlich +*gen;* **on that** ~ damals; **on several** ~**s** mehrmals; **give** ~ **to** Anlass geben zu; **have** ~ **to** Gelegenheit haben zu; **rise to the** ~ sich der Lage gewachsen zeigen; **take this** ~ **to ...** diese Gelegenheit ergreifen, um ...; **should the** ~ **arise** nötigenfalls **II.** *vt* Anlass, Veranlassung sein zu; **oc·ca·sional** [ə'keɪʒənl] *adj* gelegentlich, hin und wieder; ~ **purchase** Gelegenheitskauf *m;* ~ **table** Beistelltisch *m;* **oc·ca·sional·ly** [ə'keɪʒənəlɪ] *adv* gelegentlich, ab und zu

Oc·ci·dent ['ɒksɪdənt] *s:* **the** ~ der Westen, das Abendland; **oc·ci·den·tal** [ˌɒksɪ'dentl] *adj* westlich, abendländisch

oc·cult [ɒ'kʌlt] *adj* okkult; geheimnisvoll; **oc·cult·ism** ['ɒkʌltɪzəm] *s* Okkultismus *m*

oc·cu·pan·cy ['ɒkjʊpənsɪ] *s* ❶ Bewohnen *nt* ❷ Belegung *f;* **with immediate** ~ sofort beziehbar; **occupancy rate** *s* Zimmerbelegung *f*

oc·cu·pant ['ɒkjʊpənt] *s* ① Bewohner(in) *m(f)* ② (*einer Stelle*) Inhaber(in) *m(f)*; **oc·cu·pa·tion** [,ɒkjʊ'peɪʃn] **I.** *s* ① Beruf *m*, Tätigkeit *f* ② Beschäftigung *f* ③ (MIL) Besetzung *f*; Besatzung *f* ④ (*eines Hauses*) Besetzung *f*; **by ~** von Beruf; **army of ~** Besatzungsheer *nt*; **be in ~ of a house** ein Haus bewohnen **II.** *adj attr* (MIL) Besatzungs-; **oc·cu·pa·tion·al** [,ɒkjʊ'peɪʃənl] *adj* beruflich; **~ accident** Arbeitsunfall *m*; **~ disease** Berufskrankheit *f*; **~ hazard** Berufsrisiko *nt*; **~ pension scheme** betriebliche Altersversorgung; **~ therapy** Beschäftigungstherapie *f*; **oc·cu·pied** ['ɒkjʊpaɪd] *adj* ① belegt ② (*busy*) beschäftigt; **oc·cu·pier** ['ɒkjʊpaɪə(r)] *s* ① Bewohner(in) *m(f)* ② (*einer Stelle*) Inhaber(in) *m(f)* ③ Besetzer(in) *m(f)*; **oc·cupy** ['ɒkjʊpaɪ] *vt* ① bewohnen; belegen ② besetzen ③ (*Zeit*) in Anspruch nehmen ④ (*Stellung*) innehaben ⑤ (*Raum*) einnehmen ⑥ beschäftigen; **be occupied with** beschäftigt sein mit; **~ o.s.** sich beschäftigen; **keep s.o. occupied** jdn beschäftigen

oc·cur [ə'kɜː(r)] *vi* ① vorkommen; sich ereignen, geschehen; stattfinden ② einfallen, in den Sinn kommen (*to s.o.* jdm); **don't let it ~ again** lassen Sie das nicht wieder vorkommen; **it ~s to me that …** ich habe den Eindruck, dass …; **the idea just ~red to me** es ist mir gerade eingefallen; **did it ever ~ to you that …?** hast du eigentlich je daran gedacht, dass …?; **oc·cur·rence** [ə'kʌrəns] *s* ① Ereignis, Vorkommnis *nt*, Begebenheit *f* ② Auftreten *nt*; Vorkommen *nt*; **an everyday ~** ein alltägliches Ereignis; **be of frequent/rare ~** häufig/selten vorkommen

ocean ['əʊʃn] *s* Ozean *m*, Meer *nt*; **~s of** (*fam*) jede Menge, massenhaft; **ocean climate** *s* Meeresklima *nt*; **ocean-going** ['əʊʃngəʊɪŋ] *adj* hochseetauglich; **~ tug** Hochseeschlepper *m*; **Oce·an·ia** [,əʊʃiː'ænɪə] *s* (GEOG) Ozeanien *nt*; **ocean liner** *s* Ozeandampfer *m*; **ocean·og·raphy** [,əʊʃə'nɒgrəfɪ] *s* Meereskunde *f*

oce·lot ['əʊsɪlɒt] *s* Ozelot *m*

ocher (*Am*), **ochre** ['əʊkə(r)] **I.** *s* Ocker *m od nt* **II.** *adj* ockerfarben

o'clock [ə'klɒk] *adv*: **it's 2 ~** es ist 2 Uhr

OCR *s Abk. von* **optical character recognition, reader** (INFORM) optische Zeichenerkennung; (*~ reader*) OCR-Lesegerät *nt*

oc·ta·gon ['ɒktəgən] *s* Achteck *nt*

oc·tane ['ɒkteɪn] *s* (CHEM) Oktan *nt*; **octane number, octane rating** *s* Oktanzahl *f*

oc·tave ['ɒktɪv] *s* (MUS) Oktave *f*; **oc·tet** [ɒk'tet] *s* (MUS) Oktett *nt*

Oc·to·ber [ɒk'təʊbə(r)] *s* Oktober *m*; **in ~** im Oktober

oc·to·gen·arian [,ɒktədʒɪ'neərɪən] **I.** *adj* achtzigjährig **II.** *s* Achtziger(in) *m(f)*

oc·to·pus ['ɒktəpəs] *s* Tintenfisch *m*, Krake *f*

ocu·list ['ɒkjʊlɪst] *s* Augenarzt *m*, -ärztin *f*

odd [ɒd] *adj* ① (*Zahl*) ung(e)rade ② (*Schuh*) einzeln ③ überzählig, -schüssig, übrig ④ gelegentlich, zeitweilig ⑤ (*Mensch*) merkwürdig, eigenartig, absonderlich; **thirty-~ years** so um die dreißig (Jahre); **the ~ one left over** der, die, das Überzählige; **at ~ times** hin und wieder, dann und wann; **~ job man** Mädchen *nt* für alles; **~ man out** das fünfte Rad am Wagen; Außenseiter *m*; **odd·ball** ['ɒdbɔːl] *s* Sonderling *m*; **odd·ity** ['ɒdətɪ] *s* ① Ungewöhnlichkeit, Absonderlichkeit, Eigenartigkeit *f* ② komischer Kauz; **odd·ly** ['ɒdlɪ] *adv* eigenartig, sonderbar, merkwürdig; **~ enough** seltsamerweise; **odd·ment** ['ɒdmənt] *s* ① Rest *m*; Restposten *m* ② **~s** Rest-, Einzelstücke *ntpl*

odds [ɒdz] *s pl* ① (*beim Wetten*) Gewinnquote *f*; Kurse *mpl* ② Gewinnchancen *fpl*; **the ~ are against us** alles spricht gegen uns; **what are the ~ on …?** wie stehen die Chancen, dass …?; **pay over the ~** einiges mehr bezahlen; **what's the ~?** was macht das schon?; **it makes no ~** es spielt keine Rolle; **the ~ are 2 to 1** die Chancen stehen 2 zu 1; **be at ~ with s.o. over s.th.** mit jdm in etw nicht einig gehen; **the ~ are in his favour** der Vorteil ist auf seiner Seite; **~ and ends** Überbleibsel *ntpl*, Reste *mpl*, Krimskrams, Kram *m*; **odds-on** [,ɒdz'ɒn] *adv*: **it's ~ that** es ist sehr wahrscheinlich, dass

ode [əʊd] *s* Ode *f*

odi·ous ['əʊdɪəs] *adj* ① (*Tat*) abscheulich ② (*Person*) abstoßend, ekelhaft

odom·eter [ɒ'dɒmɪtə(r)] *s* (*Am*) Kilometerzähler *m*

odor (*Am*) *s.* **odour**; **odor·less** *adj* (*Am*) *s.* **odourless**; **odour** ['əʊdə(r)] *s* Geruch *m*, Wohlgeruch *m*; **be in good/bad ~ with s.o.** gut/schlecht bei jdm angeschrieben sein; **odour·less** [-lɪs] *adj* geruchlos

od·ys·sey ['ɒdɪsɪ] *s* Odyssee *f*

OECD [,əʊiːsiː'diː] *s Abk. von* **Organization for Economic Cooperation and Development** OECD *f*, Organisation *f* für wirtschaftliche Zusammenarbeit und Entwicklung

oecu·meni·cal [,iːkjʊː'menɪkl] *adj* ökumenisch

oesoph·agus [iː'sɒfəgəs] *s* (ANAT) Speiseröhre *f*

of [əv, *betont* ɒv] *prep* ❶ (*Besitzverhältnis*) von; **a friend ~ mine** ein Freund von mir; **the works ~ Shakespeare** Shakespeares Werke ❷ (*zeitlich, örtlich*): **north ~ London** nördlich von London; **a quarter ~ six** (*Am*) Viertel vor sechs ❸ (*Angabe des Grundes*): **die ~ hunger** verhungern; **be proud ~ s.th.** stolz auf etw sein ❹ (*Angabe einer Entbehrung*): **cure s.o. ~ a disease** jdn von einer Krankheit heilen; **trees bare ~ leaves** Bäume ohne Blätter ❺ (*Angabe des Materials*): **table ~ wood** Holztisch *m* ❻ (*Angabe der Qualität*): **man ~ courage** mutiger Mensch; **~ no importance** bedeutungslos ❼ (*Angabe des Genitivs*): **love ~ money** Liebe zum Geld; **many ~ them came** viele kamen; **one ~ the best** einer der Besten; **today ~ all days** ausgerechnet heute; **you ~ all people ought to know** gerade Sie sollten das wissen; **what has become ~ him?** was ist aus ihm geworden?; **doctor ~ medicine** Doktor *m* der Medizin; **what do you do ~ a Sunday?** was machst du sonntags?; **~ late** seit neuestem; **~ old** einst, ehemals

off [ɒf] **I.** *adv* ❶ (*Entfernung*): **the town is five miles ~** die Stadt ist fünf Meilen entfernt; **the holidays are not far ~** es ist nicht mehr lang bis zu den Ferien ❷ (*Weggang*): **go ~** gehen; **~ with him!** fort mit ihm!; **it's time I was ~** es ist Zeit, dass ich gehe; **they're ~** (SPORT) sie sind gestartet ❸ (*Wegnehmen*): **there are two buttons ~** es fehlen zwei Knöpfe; **the lid is ~** der Deckel ist nicht drauf ❹ (*Abzug*): **1 % ~** 1 % Nachlass ❺ **get a day ~** einen Tag freibekommen; **~ and on, on and ~** ab und zu; **it rained ~ and on** es regnete mit Unterbrechungen **II.** *prep* ❶ (*Angabe einer Bewegung*): **fall ~ a ladder** von einer Leiter fallen; **jump ~ the roof** vom Dach springen; **she borrowed money ~ her father** (*sl*) sie lieh sich von ihrem Vater Geld ❷ (*Entfernung*) abgelegen von; **the narrow lane was ~ the main road** die enge Straße lag von der Hauptstraße ab ❸ (*fam*): **he's ~ drugs now** er ist nicht mehr rauschgiftsüchtig **III.** *adj* ❶ (*Tag*) schlecht ❷ (*Speisen*) verdorben, schlecht; (*Milch*) sauer ❸ (*Spiel, Streik*) abgesagt ❹ (*Licht*) ausgeschaltet ❺ (*Vertrag*) nicht mehr geltend; **I'm afraid veal is ~ now** das Kalbfleisch ist leider ausgegangen; **they are badly ~** sie sind nicht gut gestellt; **you're ~ there** da irrst du gewaltig; **that's a bit ~!** das ist ein dicker Hund!; **how are we ~ for time?** wie viel Zeit haben wir noch?

of·fal [ˈɒfl] *s* ❶ Innereien *pl* ❷ (*fig*) Abfall *m*

off-beat [ˌɒfˈbiːt] *adj* (*fam*) ungewöhnlich, unkonventionell; **off-center** (*Am*), **off-centre** [ˌɒfˈsentə(r)] *adj* nicht in der Mitte; asymmetrisch; **off-chance** [ˈɒftʃɑːns] *s*: **do s.th. on the ~** etw auf den Verdacht hin tun; **I came on the ~ of seeing him** ich kam in der Hoffnung ihn (vielleicht) zu sehen; **off-color** (*Am*), **off-col·our** [ˌɒfˈkʌlə(r)] *adj* ❶ unwohl ❷ (*Witz*) zweideutig; **off-day** [ˈɒfdeɪ] *s* (*fam*) Tag *m*, an dem man sich wohlfühlt

of·fence [əˈfens] *s* ❶ (JUR) Straftat *f;* Vergehen *nt* (*against* gegen) ❷ Kränkung, Beleidigung *f;* Anstoß *m* ❸ (REL) Sünde *f* ❹ Angriff *m;* **commit an ~** sich strafbar machen; **first ~** erste Straftat; **it is an ~ to the eye** das beleidigt das Auge; **cause** [*o* **give**] **~ to s.o.** jdn kränken; **take ~ at s.th.** wegen etw gekränkt sein; an etw Anstoß nehmen; **~ is the best defence** (*prov*) Angriff ist die beste Verteidigung;

of·fend [əˈfend] **I.** *vi* ❶ beleidigend sein ❷ Unrecht tun; **~ against** verstoßen gegen **II.** *vt* ❶ beleidigen, verletzen ❷ Anstoß erregen bei; **of·fender** [əˈfendə(r)] *s* Täter(in) *m(f)*, Verkehrssünder(in) *m(f);* **first ~** Ersttäter(in), noch nicht Vorbestrafte(r) *f m;* **of·fense** *s* (*Am*) ❶ (JUR) Straftat *f;* Vergehen *nt* (*against* gegen) ❷ Kränkung, Beleidigung *f;* Anstoß *m* ❸ (REL) Sünde *f* ❹ Angriff *m;* **commit an ~** sich strafbar machen; **first ~** erste Straftat; **it is an ~ to the eye** das beleidigt das Auge; **cause** [*o* **give**] **~ to s.o.** jdn kränken; **take ~ at s.th.** wegen etw gekränkt sein; an etw Anstoß nehmen; **~ is the best defence** (*prov*) Angriff ist die beste Verteidigung;

of·fen·sive [əˈfensɪv] **I.** *adj* ❶ angreifend, offensiv ❷ (*Geruch*) unangenehm, widerlich ❸ (*Film*) anstößig ❹ (*Benehmen*) beleidigend, kränkend **II.** *s* Angriff *m*, Offensive *f;* **take the ~** in die Offensive gehen; **on the ~** in der Offensive; **~ weapon** Offensivwaffe *f*

of·fer [ˈɒfə(r)] **I.** *vt* ❶ anbieten ❷ (*Preis*) aussetzen ❸ (*Rat*) (an)bieten ❹ (*Plan*) vorschlagen ❺ (*Trost*) spenden ❻ (*Opfer*) darbringen ❼ (*Widerstand*) bieten; **~ to do s.th.** anbieten etw zu tun; **~ an opinion** sich äußern; **~ an explanation** eine Erklärung geben; **~ a price** ein Preisangebot machen; **~ resistance** Widerstand leisten; **~ a reward** eine Belohnung aussetzen **II.** *vi:* **whenever the opportunity ~s** immer wenn sich die Gelegenheit bietet **III.** *s* ❶ Angebot *nt* ❷ (*~ of marriage*)

(Heirats)Antrag *m;* **on** ~ (COM) (zum Verkauf) angeboten; verkäuflich; im Sonderangebot; **make an** ~ **of s.th. to s.o.** jdm etw anbieten; **open to** ~**s** Angebote werden entgegengenommen; **the house is under** ~ für das Haus liegt ein Kaufangebot vor; **of·fer·ing** ['ɒfərɪŋ] *s* ① Gabe *f* ② (REL) Opfer *nt;* Opfergabe *f*

off-hand [ˌɒf'hænd] **I.** *adv* so ohne weiteres, auf Anhieb **II.** *adj a. off-handed* ① lässig ② (*Benehmen*) gleichgültig

of·fice ['ɒfɪs] *s* ① Büro *nt;* Kanzlei *f;* Abteilung *f* ② Amt *nt* ③ Aufgabe, Pflicht *f* ④ ~**s** Dienste *mpl* ⑤ (REL) Gottesdienst *m;* **at the** ~ im Büro; **take** ~ das Amt antreten; die Regierung übernehmen; **through the** ~**s of** durch Vermittlung von; **hold** ~ im Amt sein; an der Regierung sein; **be out of** ~ nicht im Amt sein; nicht mehr an der Regierung sein; **office automation** *s* (INFORM) Büroautomation *f;* **office block** *s* Bürohaus *nt;* Bürokomplex *m;* **office boy** *s* Laufbursche *m;* **office building** *s* Bürogebäude *nt;* **office equipment** *s* Büroausstattung *f;* **office hours** *s pl* Dienstzeit *f;* Geschäfts-, Öffnungszeiten *fpl;* **Office of Fair Trading**, **OFT** *s* Amt *nt* für Verbraucherschutz

of·fi·cer ['ɒfɪsə(r)] *s* ① (MIL AVIAT) Offizier *m* ② Beamte(r) *m,* Beamtin *f* ③ (*Verein*) Vorstandsmitglied *nt;* **medical** ~ Amtsarzt *m,* -ärztin *f;* **police** ~ Polizeibeamte(r) *m,* -beamtin *f*

of·fice space ['ɒfɪsˌspeɪs] *s* Büroräume *mpl;* **office staff** *s* Büropersonal *nt;* **office supplies** *s pl* Bürobedarf *m;* **office worker** *s* Büroangestellte(r) *f m*

of·fi·cial [ə'fɪʃl] **I.** *adj* amtlich; dienstlich; offiziell; **through** ~ **channels** auf dem Dienstweg; **Official Secrets Act** *Gesetz über die Wahrung von Staatsgeheimnissen;* ~ **statement** amtliche Verlautbarung; ~ **style** förmlicher Stil **II.** *s* ① Beamte(r) *m,* Beamtin *f* ② (*Verein*) Funktionär(in) *m(f);* **of·fi·cial·dom** [-dəm] *s* Beamtentum *nt,* Bürokratie *f;* **of·fi·cialese** [əˌfɪʃə'li:z] *s* Beamten-, Amtsjargon *m;* **of·fi·cial·ly** [ə'fɪʃəlɪ] *adv* offiziell; **of·fi·ci·ate** [ə'fɪʃɪeɪt] *vi* amtieren, fungieren

of·fi·cious [ə'fɪʃəs] *adj* übereifrig, dienstbeflissen

off·ing ['ɒfɪŋ] *s:* **in the** ~ in Sicht

off-key [ˌɒf'ki:] *adj* (MUS) falsch; **off-licence** ['ɒflaɪsns] *s* (*Br*) ① Konzession *f* für den Verkauf von Alkohol ② Wein- und Spirituosenhandlung *f;* **offline** [ˌɒf'laɪn] **I.** *adj* (INFORM) Offline-; ~ **mode** (INFORM) Offlinebetrieb *m* **II.** *adv* offline; **off·load** [ˌɒf'ləʊd] *vt* ① ausladen, entladen ② abstoßen, abschieben; **off-peak** ['ɒfpi:k] *adj:* ~ **charges** verbilligter Tarif; **during** ~ **hours** außerhalb der Stoßzeiten; ~ **heating** Speicherheizung *f;* **off-put·ting** [ˌɒf'pʊtɪŋ] *adj* (*fam*) entmutigend; wenig einladend; unsympathisch; **off-sea·son** ['ɒfsi:zn] *s* Nebensaison *f*

off·set ['ɒfset] **I.** *s* ① (TYP) Offsetdruck *m* ② (BOT) Ableger *m* ③ (*fig*) Ausgleich *m* **II.** *vt* ① ausgleichen; wettmachen, aufwiegen ② versetzen

off·shore [ˌɒf'ʃɔ:(r)] **I.** *adv* von der Küste weg; **anchor** ~ vor der Küste ankern **II.** *adj* küstennah; Küsten-; im Meer; ~ **wind** Landwind *m;* **off·side** [ˌɒf'saɪd] **I.** *adj* ① (SPORT) im Abseits ② (AUTO) auf der Fahrerseite **II.** *s* (AUTO) Fahrerseite *f;* **offside rule** *s* (*sport*) Abseitsregel *f*

off·spring ['ɒfsprɪŋ] *s* ① (*sing*) Sprößling, Abkömmling *m* ② (*pl*) Nachwuchs *m;* (die) Jungen *pl*

off·stage [ˌɒf'steɪdʒ] *adv* hinter den Kulissen; **off-street parking** *s Parkgelegenheiten abseits der Straße;* **off-the-cuff** [ˌɒfðə'kʌf] *adj, adv* aus dem Stegreif; **off-the-job training** *s* außerbetriebliche Ausbildung; **off-the-peg** [ˌɒfðə'peg] *adj* (*Br*) von der Stange, Konfektions-; **off-white** [ˌɒf'waɪt] *adj* gebrochen weiß

of·fy ['ɒfɪ] *s* (*Br: fam: off-licence*) Wein- und Spirituosenladen *m*

OFT [ˌəʊef'ti:] *s Abk. von* **Office of Fair Trading** Amt *nt* für Verbraucherschutz

of·ten ['ɒfn] *adv* oft, häufig; **we** ~ **go there** wir gehen häufig dahin; **as** ~ **as** sooft wie; **not as** ~ **as twice a month** weniger als zweimal im Monat; **as** ~ **as not** meistens; **more** ~ **than not** meistens; **every so** ~ öfters, von Zeit zu Zeit; **once too** ~ einmal zu oft; **how** ~**?** wie oft?

ogle ['əʊgl] *vt* liebäugeln mit; kein Auge lassen von

ogre ['əʊgə(r)] *s* Menschenfresser *m* (*im Märchen*); **ogress** ['əʊgres] *s* Menschenfresserin *f*

oh [əʊ] *interj* oh! ach!; ~ **well** na ja!; ~ **dear!** o je!; ~ **yes?** ach ja?

oik [ɔɪk] *s* (*pej sl*) Prolet *m*

oil [ɔɪl] **I.** *s* ① Öl *nt* ② Erdöl, Petroleum *nt* ③ Ölfarbe *f,* -gemälde *nt* ④ (*sl*) Schmeichelei *f;* **burn the midnight** ~ bis spät in die Nacht (hinein) arbeiten; **pour** ~ **on troubled waters** die Wogen glätten; **strike** ~ (*fig*) einen guten Fund machen; **paint in** ~**s** in Öl malen **II.** *vt* (ein)ölen, schmieren; ~ **s.o.'s palm** jdn bestechen; ~ **the wheels** (*fig*) die Dinge erleichtern;

oil-based paint *s* Ölfarbe *f;* **oil cake** *s* Ölkuchen *m;* **oil·can** *s* Ölkanne *f;* **oil change** *s* (AUTO) Ölwechsel *m;* **oil·cloth** ['ɔɪlklɒθ] *s* Wachstuch *nt;* **oil com·pa·ny** *s* Ölkonzern *m;* **oil con·sump·tion** *s* Ölverbrauch *m;* **oil cri·sis** *s* Ölkrise *f;* **oil-export·ing** [ˌɔɪlɪk'spɔːtɪŋ] *adj* Erdöl exportierend; ~ **country** Ölexportland *nt;* **oil·field** *s* Ölfeld *nt;* **oil-fired** ['ɔɪlˌfaɪrd] *adj* mit Öl befeuert; **oili·ness** ['ɔɪlɪnɪs] *s* ① ölige Beschaffenheit ② (*fig*) aalglatte Art; **oil lamp** *s* Öllampe *f;* **oil lev·el** *s* (TECH) Ölstand *m;* **oil paint·ing** *s* Ölgemälde *nt,* -malerei *f;* **oil pipe·line** *s* Erdölleitung *f;* **oil-pro·duc·ing** *adj* ölfördernd; ~ **country** Ölförderland *nt;* **oil pro·duc·tion** *s* Ölförderung *f;* **oil rig** *s* Bohrturm *m;* -insel *f;* **oil sheik** *s* Ölscheich *m;* **oil·skin** *s* ① Öltuch *nt* ② ~**s** Ölzeug *nt;* **oil slick** *s* Ölteppich *m;* Öllache *f;* **oil spills** *s pl* Ölpest *f;* **oil tank·er** *s* Öltanker *m,* Tankschiff *nt;* **oil well** *s* Ölquelle *f;* **oily** ['ɔɪlɪ] *adj* ① ölig; ölhaltig ② (*Finger*) voller Öl ③ (*fig*) aalglatt

oint·ment ['ɔɪntmənt] *s* Salbe *f*

OK, okay [ˌəʊ'keɪ] **I.** *interj* okay! einverstanden! in Ordnung! **II.** *adj* in Ordnung, okay; **that's ~ with me** das ist mir recht; **be ~ for money** genug Geld haben **III.** *adv* gut; einigermaßen **IV.** *vt* (*Plan*) gutheißen, billigen **V.** *s* Zustimmung *f*

ok·ra ['əʊkrə] *s* Okra *nt*

old [əʊld] **I.** *adj* ① alt ② bejahrt, betagt ③ verbraucht, abgenutzt ④ früher, ehemalig ⑤ erfahren, erprobt ⑥ altertümlich; weit zurückliegend, -reichend; ~ **people** alte Leute; **he's forty years** ~ er ist 40; **seven-year-~** Siebenjährige(r) *f m;* **any ~ thing** irgendwas; **his ~ school** seine ehemalige Schule; **we had a great ~ time** wir haben uns prächtig amüsiert; **the Old World** die alte Welt **II.** *s:* **in days of ~** in alten Zeiten; **the men of ~** die Menschen früherer Zeiten; **old age** *s* das Alter; **reach ~** ein hohes Alter erreichen; **old-age pension** Altersrente *f;* ~ **pensioner, OAP** Rentner(in) *m(f);* **Old Bill** *s* (*Br sl*) die Polizei; **old boy** *s* (*Br*) ehemaliger Schüler; ~ **network** *Seilschaft von Männern;* **old-es·tab·lished** [ˌəʊldɪ'stæblɪʃt] *adj* alteingesessen; **old-fashioned** [ˌəʊld'fæʃnd] *adj* altmodisch; **old girl** *s* (*Br*) ehemalige Schülerin; **old·ish** ['əʊldɪʃ] *adj* ältlich; **old lady** *s* (*fam*): **my ~** meine Alte; **old-maidish** [ˌəʊld'meɪdɪʃ] *adj* altjüngferlich; **old man** *s* (*fam*): **my ~** mein Alter; **old master** *s* alter Meister; **old people's home** *s* Altersheim *nt;* **old school** *s* (*fig*) alte Schule; **old stager** [ˌəʊld'steɪdʒə(r)] *s* alter Hase; **old-style** *adj* im alten Stil; **old-timer** ['əʊldtaɪmə(r)] *s* (*fam*) eine(r) von der alten Garde, Veteran(in) *m(f);* **old wives' tale** *s* Ammenmärchen *nt*

ole·an·der [ˌəʊlɪ'ændə(r)] *s* Oleander *m*

i Land & Leute

Die früheren Schulabschlüsse **O level** und **O grade** entsprechen in England und Schottland heute den Abschlüssen *GCSE* und *Standard grade.*

ol·fac·tory [ɒl'fæktərɪ] *adj* Geruchs-

ol·ive ['ɒlɪv] **I.** *s* ① Olive *f* ② (~ *tree*) Olivenbaum *m* ③ (*Farbe*) Olivgrün *nt* **II.** *adj* olivgrün; **olive branch** *s* Ölzweig *m;* **olive grove** *s* Olivenhain *m;* **olive oil** ['ɒlɪvˌɔɪl] *s* Olivenöl *nt*

Olym·piad [ə'lɪmpɪæd] *s* Olympiade *f;* **Olym·pian** [ə'lɪmpɪən] **I.** *s* Olympier *m* **II.** *adj* olympisch; **Olym·pic** [ə'lɪmpɪk] **I.** *adj* olympisch **II.** *s:* **the ~ Games, the ~s** die Olympischen Spiele

Oman [əʊ'mɑːn] *s* Oman *m;* **Omani** [əʊ'mɑːnɪ] **I.** *adj* omanisch **II.** *s* Omaner(in) *m(f)*

om·buds·man ['ɒmbʊdzmən] <*pl* -men> *s* (POL) Ombudsmann *m*

om·elet (*Am*), **om·elette** ['ɒmlɪt] *s* Omelett(e) *nt,* Eierkuchen *m*

omen ['əʊmen] *s* Omen, Vorzeichen *nt* (*for* für); **om·in·ous** ['ɒmɪnəs] *adj* bedrohlich, drohend; unheilverkündend

omission [ə'mɪʃn] *s* ① Auslassung *f* ② Unterlassung, Nichtbeachtung *f;* **sin of ~** Unterlassungssünde *f*

omit [ə'mɪt] *vt* ① auslassen (*from* aus) ② unterlassen, versäumen (*doing, to do* zu tun); **omit·ted** *adj* ausgelassen, weggelassen

om·ni·bus ['ɒmnɪbəs] **I.** *s* ① Omnibus, Autobus, Bus *m* ② (*Buch*) Sammelband *m* **II.** *adj* allgemein, umfassend; ~ **agreement** Globalabkommen *nt*

om·nip·otence [ɒm'nɪpətəns] *s* Allmacht *f;* **om·nip·otent** [ɒm'nɪpətənt] *adj* allmächtig

om·ni·pres·ent [ˌɒmnɪ'preznt] *adj* allgegenwärtig

om·nis·cient [ɒm'nɪʃnt] *adj* allwissend

om·ni·vo·rous [ɒm'nɪvərəs] *adj* allesfressend

on [ɒn] **I.** *prep* ① (*Platz, Lage*) auf; an; ~ **the table** auf dem Tisch; **pictures ~ the wall** Bilder an der Wand; **flies ~ the ceiling** Fliegen an der Decke; ~ **the right**

rechts; ~ **the radio** im Radio; **he has no money** ~ **him** er hat kein Geld bei sich; **a house** ~ **the coast** ein Haus am Meer ❷ (*Transportmittel*): **go** ~ **the train** mit dem Zug fahren; ~ **foot** zu Fuß; ~ **a bicycle** mit dem Fahrrad ❸ (*Mittel*): **live** ~ **one's income** von seinem Einkommen leben; **live** ~ **bread** sich von Brot ernähren ❹ über; **a lecture** ~ **Shakespeare** ein Vortrag über Shakespeare ❺ (*zeitlich*) an; ~ **Sunday** am Sonntag; ~ **the evening of May the first** am Abend des ersten Mai; ~ **the minute** auf die Minute genau ❻ bei; ~ **my arrival** bei meiner Ankunft; ~ **request** auf Wunsch; ~ **receiving his letter** auf seinen Brief hin ❼ (*Zugehörigkeit*) in; **he is** ~ **the committee** er gehört dem Ausschuss an ❽ (*beschäftigt mit*): **work** ~ **a project** an einem Projekt arbeiten ❾ im Vergleich zu ❿ (MUS): **play** ~ **the violin** auf der Geige spielen ⓫ nach; ~ **his theory** seiner Theorie nach; **this is** ~ **me** das geht auf meine Kosten **II.** *adv* (*s. a. Verb mit on*): **have nothing** ~ nichts anhaben, nackt sein; **I put a hat** ~ ich setzte einen Hut auf; **from that day** ~ von diesem Tag an; **well** ~ **in the morning** später am Morgen; **keep** ~ **talking** immer weiterreden; ~ **and** ~ ununterbrochen, andauernd; **be** ~ **at s.o.** (*fam*) auf jdm dauernd herumhacken; **what's he** ~ **about?** wovon redet er nun schon wieder? **III.** *adj* (*Licht*) an; **be** ~ gegeben werden; gezeigt werden; **who's** ~ **tonight?** wer spielt heute Abend?; **I have nothing** ~ **tonight** ich habe heute Abend nichts vor; **it's just not** ~ das gibt es einfach nicht; **what's** ~ **in town?** was läuft in der Stadt?

once [wʌns] **I.** *adv* einmal; früher einmal; einst; ~ **a week** einmal in der Woche; ~ **more** noch einmal; ~ **and for all** ein für allemal; ~ **or twice** ein- oder zweimal; ~ **upon a time there was ...** es war einmal ...; **at** ~ sofort; auf einmal; **all at** ~ ganz plötzlich; ~ **in a blue moon** alle Jubeljahre einmal; ~ **bitten twice shy** (*prov*) ein gebranntes Kind scheut das Feuer **II.** *conj* wenn; als; **once-over** ['wʌns,əʊvə(r)] *s* kurze Untersuchung; **give s.o. the** ~ (*fam*) jdn kurz prüfend ansehen

on·com·ing ['ɒnkʌmɪŋ] **I.** *adj* ❶ entgegenkommend ❷ (*Gefahr*) nahend, drohend; **the** ~ **traffic** der Gegenverkehr **II.** *s* Nahen, Kommen *nt*

on·costs ['ɒn,kɒsts] *s pl* Fixkosten *pl*

one [wʌn] **I.** *adj* ❶ ein, eine, ein; **the baby is** ~ (**year old**) das Kind ist ein Jahr (alt); **it is** ~ **o'clock** es ist ein Uhr; ~ **hundred pounds** hundert Pfund ❷ (*unbestimmt*): ~ **morning** eines Morgens; ~ **day next week** nächste Woche einmal; ~ **Mr Smith** ein gewisser Herr Smith ❸ (*einzig*): **my** ~ **hope** meine einzige Hoffnung; **my** ~ **thought was ...** mein einziger Gedanke war ... ❹ (*ohne Unterschied*): **they are** ~ **and the same person** das ist ein und dieselbe Person; **it is all** ~ das ist einerlei; **we are** ~ **on the subject** wir sind uns über das Thema einig **II.** *pron* ❶ eine(r, s); **the** ~ **who ...** derjenige, der ...; **a bigger** ~ ein größerer; **no** ~ **of these people** keiner dieser Leute; **any** ~ irgendeine(r, s); **every** ~ jede(r, s); **this** ~ diese(r, s); **the little** ~**s** die Kleinen *pl;* **I'm not** ~ **to go out often** ich bin nicht der Typ, der oft ausgeht; **I was never** ~ **to say no** ich sage eigentlich nie Nein; **I, for** ~**, think otherwise** ich, zum Beispiel, denke anders; **they came** ~ **and all** sie kamen alle; ~ **by** ~ einzeln; ~ **after the other** einer nach dem anderen; **she is** ~ **of us** sie ist eine von uns ❷ man; einen *acc,* einem *dat;* **wash** ~**'s face** sich das Gesicht waschen; ~ **can't always find time for reading** man hat nicht immer Zeit zum Lesen **III.** *s* Eins *f;* **in** ~**s and twos** in kleinen Gruppen; **they became** ~ sie wurden eins; **be at** ~ sich einig sein; **the goods are sold in** ~**s** die Waren werden einzeln verkauft; **be** ~ **up on s.o.** jdm etw voraushaben

one-armed [,wʌn'ɑːmd] *adj* einarmig; ~ **bandit** einarmiger Bandit (*Spielautomat*); **one-eyed** [,wʌn'aɪd] *adj* einäugig; **one-handed** [,wʌn'hændɪd] *adj* einhändig; **one-horse** [,wʌn'hɔːs] *adj* einspännig; **a** ~ **town** (*fam*) ein Kuhdorf; **one-legged** [,wʌn'legd] *adj* einbeinig; **one-liner** ['wʌn,laɪnə(r)] *s* (*fam*) witzige Bemerkung; **one-man** [,wʌn'mæn] *adj* Einmann-; ~ **band** Einmannband *f;* ~ **job** Arbeit für einen einzelnen; **one-night stand** *s* ❶ (THEAT) einmalige Aufführung ❷ **it was only a** ~ es war nur ein Abenteuer für eine Nacht; **one-off** ['wʌnɒf] **I.** *adj* (*Br*) einmalig **II.** *s* etwas Einmaliges; **one-piece** [,wʌn'piːs] *adj* einteilig; ~ **swimsuit** Einteiler *m*

on·er·ous ['ɒnərəs] *adj* beschwerlich, drückend; schwer

one·self [wʌn'self] *pron* ❶ sich ❷ (*betont*) (man) selbst; **wash** ~ sich waschen; **for** ~ ganz allein; ohne Hilfe; **if one doesn't do everything** ~ wenn man nicht alles selbst macht; **be** ~ sich so geben, wie man ist; **come to** ~ wieder zu sich kommen; sich fassen

O

one-sided [ˌwʌn'saɪdɪd] *adj* ① einseitig ② (*fig*) parteiisch; **one-time** ['wʌntaɪm] *adj* ehemalig, früher; **one-track** ['wʌntræk] *adj:* **he's got a ~ mind** der hat immer nur das eine im Kopf; **one-up·man·ship** [ˌwʌn'ʌpmənʃɪp] *s:* **the art of ~** die Kunst, allen anderen um eine Nasenlänge voraus zu sein; **one-way** ['wʌnweɪ] *adj* Einbahn-; **~ street** Einbahnstraße *f;* **~ ticket** einfache Fahrkarte

on·go·ing ['ɒngəʊɪŋ] *adj* anhaltend, laufend; andauernd

onion ['ʌnɪən] *s* Zwiebel *f;* **know one's ~s** (*sl*) sein Geschäft verstehen

on·line [ˌɒn'laɪn] **I.** *adj* (INFORM) Online-; **~ mode** (INFORM) Onlinebetrieb *m;* **~ profile** Onlineprofil *nt;* **~ service** Onlinedienst *m* **II.** *adv* online

on·looker ['ɒnlʊkə(r)] *s* Zuschauer(in) *m(f)*

only ['əʊnlɪ] **I.** *adj* einzige(r, s); **he's an ~ child** er ist ein Einzelkind; **the ~ thing** das einzige; **her ~ answer was a shrug** ihre Antwort bestand nur aus einem Achselzucken; **my one and ~ hope** meine einzige Hoffnung **II.** *adv* nur; **~ last week** erst letzte Woche; **I ~ wanted …** ich wollte weiter nichts, als …; **~ too true** nur zu wahr; **if ~** wenn doch nur; **not ~ … but also** nicht nur … sondern auch; **if ~ that hadn't happened** wenn das bloß nicht passiert wäre; **~ just** eben erst **III.** *conj* bloß, nur

o.n.o. [ˌəʊen'əʊ] *Abk. von* **or near**(**est**) **offer** oder gegen Höchstgebot, Verhandlungsbasis, VB *f*

on·rush ['ɒnrʌʃ] *s* Ansturm *m;* **on·screen** ['ɒnˌskriːn] *adj* (INFORM) am Bildschirm; **on·set** ['ɒnset] *s* ① Anfang, Beginn *m* ② (MED) Ausbruch *m;* **at the first ~** bei Beginn; **on·shore** ['ɒnʃɔː(r)] **I.** *adj* Land- **II.** *adv* an Land; **on·side** *adv* (SPORT) nicht im Abseits; **on-site** [ˌɒn'saɪt] **I.** *adj* Vor-Ort-; **~ supervision** Vor-Ort-Kontrolle *f* **II.** *adv* vor Ort; **on·slaught** ['ɒnslɔːt] *s* heftiger Angriff (*on* auf)

on-the-job training [ˌɒnðə'jɒbˌtreɪnɪŋ] *s* betriebliche Ausbildung

onto ['ɒntʊ, *vor Konsonanten* 'ɒntə] *prep* auf; **come ~ a subject** auf ein Thema zu sprechen kommen; **be ~ s.o.** jdm auf die Schliche kommen

on·ward ['ɒnwəd] **I.** *adv* (*a.* **~s**) voran, vorwärts, weiter; **from today ~** von heute an **II.** *adj* nach vorn (gerichtet); **the ~ course of events** die fortschreitende Entwicklung der Dinge

onyx ['ɒnɪks] *s* (MIN) Onyx *m*

oodles ['uːdlz] *s pl* (*sl*) jede Menge; **~ of money** Geld wie Heu

oomph [ʊmf] *s* (*sl*) Schwung *m*

ooze [uːz] **I.** *s* Schlick, Schlamm *m* **II.** *vi* triefen; sickern; herausquellen; **~ away** versickern; versiegen; **~ out** herausquellen **III.** *vt* ① ausschwitzen ② (*fig*) triefen von; strotzen von

opac·ity [əʊ'pæsətɪ] *s* Undurchsichtigkeit *f,* Lichtundurchlässigkeit *f*

opal ['əʊpl] *s* (MIN) Opal *m;* **opal·escent** [ˌəʊpə'lesnt] *adj* opalisierend, schillernd

opaque [əʊ'peɪk] *adj* ① undurchsichtig, milchig, trüb ② (*fig*) undurchsichtig

open ['əʊpən] **I.** *adj* ① offen; geöffnet; frei ② (*Geschäft*) geöffnet ③ (*Blick*) frei; offen ④ (*Gebäude*) eingeweiht; freigegeben; eröffnet; (*Treffen*) öffentlich ⑤ (*Feindschaft*) unverhohlen ⑥ (*Frage*) offen, ungeklärt ⑦ (*Küste*) ungeschützt ⑧ (*Muster*) durchbrochen ⑨ (*Charakter*) offen, aufrichtig; **keep the door ~** die Tür offenlassen; **a shirt ~ at the neck** ein am Hals offenes Hemd; **~ door policy** Politik *f* der offenen Tür; **in the ~ air** im Freien; **~ note** (MUS) Grundton *m;* **road ~ to traffic** Durchfahrt frei; **declare s.th. ~** etw einweihen, eröffnen; **in ~ court** (JUR) in öffentlicher Verhandlung; **be ~ to s.o.** jdm offen stehen; jdm zur Verfügung stehen; **~ to the public** der Öffentlichkeit zugänglich; **be ~ to advice** Ratschlägen zugänglich sein; **be ~ to attack** Angriffen ausgesetzt sein; **leave ~** (*fig*) offen lassen; **have an ~ mind on s.th.** einer S aufgeschlossen gegenüberstehen **II.** *vt* ① (*Mund*) öffnen, aufmachen; (*Zeitung*) aufschlagen ② (*Ausstellung*) eröffnen; einweihen ③ (*Gebiet*) erschließen ④ (*fig*) öffnen ⑤ (*Diskussion*) eröffnen, beginnen; **~ one's heart to s.o.** sich jdm eröffnen; **~ fire** das Feuer eröffnen **III.** *vi* ① sich öffnen; aufgehen ② (*Laden*) öffnen, aufmachen ③ (*Tür*) führen (*into* in) ④ beginnen (*with* mit) **IV.** *s:* **in the ~** im Freien; **come out into the ~** (*fig*) Farbe bekennen; **force s.o. out into the ~** jdn zwingen, sich zu stellen; **force s.th. out into the ~** etw zur Sprache bringen; **open on to** *vi* (*Tür*) führen auf; **open out I.** *vi* ① sich verbreitern; sich weiten; sich ausfalten lassen ② (*fig*) aus sich herausgehen **II.** *vt* ① auseinander falten; vergrößern ② (*fig*) aus der Reserve locken; **open up I.** *vi* ① sich öffnen, aufgehen; sich erschließen ② (*fig*) gesprächiger werden ③ (*Tür*) aufgehen ④ (MIL) das Feuer eröffnen **II.** *vt* ① (*Gebiet*) erschließen; freimachen ② bauen; schaffen ③ (*Tür*) aufschließen ④ (*Geschäft*) eröffnen

open-air [ˌəʊpn'eə(r)] *adj* im Freien; ~ **swimming pool** Freibad *nt;* ~ **theatre** Freilichttheater *nt;* **open-cast mining** *s* (MIN) Tagebau *m;* **open cheque** *s* Barscheck *m;* **open court** *s* offene Verhandlung; **open credit** *s* Blankokredit *m;* **open-ended** [ˌəʊpn'endɪd] *adj* (*fig*) offen, zeitlich nicht begrenzt; alles offen lassend; ~ **contract** unbefristeter Arbeitsvertrag; **opener** ['əʊpənə(r)] *s* (TECH) Öffner *m;* **bottle-~** Flaschenöffner *m;* **tin-~** [*o Am* **can-**] Büchsenöffner *m;* **for ~s** für den Anfang; **open-eyed** [ˌəʊpn'aɪd] *adj* mit offenen Augen; **open-heart surgery** *s* Operation *f* am offenen Herzen

open·ing ['əʊpənɪŋ] **I.** *s* ❶ Öffnung *f;* Loch *nt;* Spalt *m* ❷ Lücke *f* ❸ Eröffnung *f;* Beginn, Anfang *m* ❹ Öffnen *nt;* Aufmachen *nt* ❺ Möglichkeit, Chance *f* ❻ freie Stelle; **Opening of Parliament** Parlamentseröffnung *f;* **hours of ~** Öffnungszeiten *fpl* **II.** *adj* erste(r, s); Eröffnungs-; **opening balance** *s* Eröffnungsbilanz *f;* **opening bid** *s* Eröffnungsgebot *nt;* **opening hours** *s pl* Öffnungszeiten *fpl;* **opening night** *s* Eröffnungsvorstellung *f;* **opening time** *s* Öffnungszeit *f*

open·ly ['əʊpənlɪ] *adv* offen; freiheraus; öffentlich

open market [ˌəʊpən'mɑːkɪt] *s* freier Markt

open-minded [ˌəʊpn'maɪndɪd] *adj* aufgeschlossen; **open-mouthed** [ˌəʊpn'maʊðd] *adj* mit offenem Mund

open-necked [ˌəʊpən'nekt] *adj* mit offenem Kragen

open·ness ['əʊpənnɪs] *s* ❶ Offenheit, Aufrichtigkeit *f;* Öffentlichkeit *f* ❷ (*fig*) Aufgeschlossenheit *f* ❸ Lockerheit *f*

open-plan [ˌəʊpn'plæn] *adj* Großraum-; offen angelegt; **open prison** *s* offene Strafvollzugsanstalt; **open sandwich** *s* belegtes Brot; **open ticket** *s* offenes Ticket; **Open University, OU** *s* (*Br*) Fernuniversität *f*

i Land & Leute

Die **Open University** (Fernuniversität) wurde 1971 in Großbritannien gegründet und hieß damals *University of the Air.* Die Studenten können von zu Hause aus studieren; unterrichtet wird über Fernseh- und Radioprogramme und die Übungen werden den Studenten zugeschickt.

open verdict *s* richterliche Feststellung *auf unbekannte Todesursache*

op·era ['ɒprə] *s* Oper *f;* **go to the ~** in die Oper gehen

op·er·able ['ɒpərəbl] *adj* ❶ (MED) operierbar ❷ durchführbar, praktikabel

op·era glasses ['ɒprəglɑːsɪz] *s pl* Opernglas *nt;* **opera house** *s* Opernhaus *nt,* Oper *f*

op·er·ate ['ɒpəreɪt] **I.** *vi* ❶ in Betrieb, in Gang sein; funktionieren; laufen ❷ (*Plan*) sich auswirken ❸ operieren; Geschäfte tätigen ❹ (MIL) operieren ❺ (MED) operieren (*on s.o.* jdn); ~ **against s.o.** gegen jdn wirken; **be ~d on** operiert werden **II.** *vt* ❶ (*Maschine*) bedienen; betätigen; auslösen; betreiben ❷ (*Geschäft*) betreiben, führen ❸ (*Gesetz*) anwenden ❹ (*Route*) bedienen; unterhalten; **op·er·at·ing** ['ɒpəreɪtɪŋ] *adj* ❶ Betriebs- ❷ (MED) Operations-; ~ **loss** Betriebsverlust *m,* operativer Verlust; ~ **manual** Benutzerhandbuch *nt;* Bedienungsanleitung *f;* ~ **profit** Betriebsgewinn *m,* operativer Gewinn; ~ **system** (INFORM) Betriebssystem *nt;* ~ **table** (MED) Operationstisch *m;* ~ **theatre** (MED) Operationssaal *m*

op·er·ation [ˌɒpə'reɪʃn] *s* ❶ (*Maschine*) Funktionieren *nt;* Gang, Lauf *m;* Arbeitsweise *f;* Funktionsweise *f* ❷ Bedienung, Handhabung *f;* Betätigung *f* ❸ (MED) Operation *f* ❹ Unternehmen *nt,* Unternehmung *f* ❺ (MIL) Operation *f;* **be in ~** in Betrieb sein; (JUR) in Kraft sein; **be out of ~** außer Betrieb sein; **come into ~** in Gang kommen; (JUR) in Kraft treten; **have an ~** operiert werden (*for* wegen); **business ~s** Geschäfte *ntpl;* **mental ~s** Denkvorgänge *mpl;* **~s review** Betriebsanalyse *f;* **~s room** Hauptquartier *nt;* **~s research** Unternehmensforschung *f;* **op·er·ation·al** [ˌɒpə'reɪʃənl] *adj* ❶ betriebsbereit; einsatzfähig; in Betrieb ❷ (TECH) Betriebs- ❸ (MIL) Einsatz-; ~ **costs** Betriebskosten *pl*

op·er·at·ive ['ɒpərətɪv] **I.** *adj* ❶ (*Gesetze*) wirksam; maßgeblich, entscheidend ❷ (MED) operativ; **become ~** in Kraft treten **II.** *s* Maschinenarbeiter(in) *m(f)*

op·er·ator ['ɒpəreɪtə(r)] *s* ❶ (TELE) Vermittlung *f* ❷ Maschinenarbeiter(in) *m(f),* Operator(in) *m(f);* **a call through the ~** ein handvermitteltes Gespräch; **a clever** [*o* **slick**] ~ (*fam*) ein raffinierter Kerl *m;* **private ~** Privatunternehmer(in) *m(f)*

op·er·etta [ˌɒpə'retə] *s* Operette *f*

oph·thal·mic [ɒf'θælmɪk] *adj* Augen-; **oph·thal·mic op·ti·cian** [ɒpˌθælmɪkɒp'tɪʃn] *s* Augenoptiker(in) *m(f)*

ophthal·mo·lo·gist [ɒpθə'mɒlədʒɪst] *s*

Augenarzt *m,* -ärztin *f;* **oph·thal·mo·scope** [ɒf'θælməskəʊp] *s* Augenspiegel *m*

opi·ate ['əʊpɪət] *s* ❶ Opiat *nt* ❷ *(fig)* Beruhigungsmittel *nt*

opin·ion [ə'pɪnɪən] *s* ❶ Meinung, Ansicht *f (about, on* zu), Anschauung *f* ❷ Stellungnahme *f;* Gutachten *nt;* Befund *m;* **in my ~** meiner Ansicht nach; **in the ~ of most people** nach Ansicht der meisten Menschen; **be of the ~ that …** der Meinung sein, dass …; **it's a matter of ~** das ist Ansichtssache; **have a good ~ of** eine gute Meinung haben von; **have a low ~ of** nichts halten von; **opin·ion·ated** [ə'pɪnɪəneɪtɪd] *adj* selbstherrlich, rechthaberisch; **opinion poll** *s* Meinungsumfrage *f*

opium ['əʊpɪəm] *s* Opium *nt;* **opium den** *s* Opiumhöhle *f*

opos·sum [ə'pɒsəm] *s* (*Beutelratte*) Opossum *nt*

op·po·nent [ə'pəʊnənt] *s* Gegner(in) *m(f),* Gegenspieler(in) *m(f)*

op·por·tune ['ɒpətju:n] *adj* ❶ *(Zeit)* gelegen, günstig ❷ *(Ereignis)* rechtzeitig; **an ~ remark** eine Bemerkung an passender Stelle

op·por·tun·ism [ˌɒpə'tju:nɪzəm] *s* Opportunismus *m;* **op·por·tun·ist** [ˌɒpə'tju:nɪst] *s* Opportunist(in) *m(f)*

op·por·tun·ity [ˌɒpə'tju:nətɪ] *s* ❶ Gelegenheit *f* ❷ Chance, Möglichkeit *f;* **at the first ~** bei der erstbesten Gelegenheit; **take/seize the ~ to do** [*o* **of doing**] **s.th.** die Gelegenheit nutzen/ergreifen etw zu tun; **equality of ~** Chancengleichheit *f*

op·pose [ə'pəʊz] *vt* ❶ ablehnen; sich entgegenstellen (*s.th.* einer S), sich widersetzen (*s.th.* einer S) ❷ kandidieren gegen ❸ entgegensetzen; gegenüberstellen; **he ~es our coming** er ist absolut dagegen, dass wir kommen; **op·posed** [ə'pəʊzd] *adj* ❶ dagegen ❷ entgegengesetzt; **be ~ to s.th.** gegen etw sein; **I'm ~ to your going away** ich bin dagegen, dass Sie gehen; **as ~ to** im Gegensatz zu; **op·pos·ing** [-ɪŋ] *adj* gegnerisch; entgegengesetzt; **~ team** Gegenmannschaft *f*

op·po·site ['ɒpəzɪt] **I.** *adj* ❶ entgegengesetzt; gegenüberliegend ❷ gegenüber (*to* von); **be ~** gegenüberliegen, -stehen; **~ number** Pendant *nt;* **~ poles** entgegengesetzte Pole; **the ~ sex** das andere Geschlecht **II.** *s* Gegenteil *nt,* -satz *m;* **quite the ~!** ganz im Gegenteil! **III.** *adv* gegenüber; **they sat ~** sie saßen uns, sich gegenüber **IV.** *prep* gegenüber *+dat;* **~ one another** einander, sich gegenüber

op·po·si·tion [ˌɒpə'zɪʃn] *s* ❶ Gegensatz *m* (*to* zu) ❷ Widerstand *m,* Opposition *f* ❸ (POL ASTR) Opposition *f;* **offer ~ to s.o.** jdm Widerstand entgegensetzen; **without ~** widerstandslos; **be in ~ to s.o.** im Gegensatz zu jdm stehen; **Her Majesty's Opposition** (*in GB*) die Opposition

i Land & Leute

Die **Opposition** ist ein Sammelbegriff für alle nicht an der Regierung beteiligten Parteien im britischen Parlamentssystem. Die größte dieser Parteien ist die offizielle **Opposition** und hat ihr eigenes *Shadow Cabinet,* d. h. eine Gruppe von *Shadow Ministers,* die auf der *Front Bench* gegenüber den *Government ministers* (Minister) sitzen.

op·press [ə'pres] *vt* ❶ bedrücken; lasten auf ❷ unterdrücken; **I feel ~ed by the heat** die Hitze lastet schwer auf mir; **op·pres·sion** [ə'preʃn] *s* ❶ Bedrängnis, Bedrücktheit *f* ❷ Unterdrückung *f;* **feeling of ~** Gefühl *nt* der Beklemmung; **op·press·ive** [ə'presɪv] *adj* ❶ tyrannisch; erdrückend ❷ *(fig)* bedrückend ❸ *(Hitze)* drückend; **op·pressor** [ə'presə(r)] *s* Unterdrücker(in) *m(f)*

opt [ɒpt] *vi:* **~ for s.th.** sich für etw entscheiden; **~ to do s.th.** sich entscheiden etw zu tun; **~ out** sich anders entscheiden; abspringen; ablehnen; aussteigen; **~-out clause** (EU) Ausstiegsklausel *f*

op·tic ['ɒptɪk] *adj* Seh-; **op·ti·cal** ['ɒptɪkl] *adj* optisch; **~ bar reader** Balkencodeleser *m;* **~ character reader, OCR** optischer Zeichenleser; **~ character recognition, OCR** optische Zeichenerkennung; **~ fibre** Glasfaser *f;* **~ illusion** optische Täuschung; **op·ti·cian** [ɒp'tɪʃn] *s* Optiker(in) *m(f);* **op·tics** ['ɒptɪks] *s pl mit sing* Optik *f*

op·ti·mal ['ɒptɪml] *adj* optimal

op·ti·mism ['ɒptɪmɪzəm] *s* Optimismus *m;* **op·ti·mist** ['ɒptɪmɪst] *s* Optimist(in) *m(f);* **op·ti·mis·tic** [ˌɒptɪ'mɪstɪk] *adj* optimistisch

op·ti·mize ['ɒptɪmaɪz] *vt* optimieren; **op·ti·mum** ['ɒptɪməm] **I.** *adj* optimal **II.** *s* Optimum *nt*

op·tion ['ɒpʃn] *s* ❶ Wahl *f;* Möglichkeit *f* ❷ (COM) Option *f,* Vorkaufsrecht *nt* ❸ (SCHULE) Wahlfach *nt;* **I have little/no ~** mir bleibt kaum eine/keine andere Wahl; **she had no ~ but to leave** ihr blieb nichts anderes übrig als zu gehen; **leave one's ~s open** sich alle Möglichkeiten offen lassen; **with an ~ to buy** mit einer Kaufoption; **op·tional** ['ɒpʃənl] *adj* freiwillig; wahlfrei, fakultativ; ~ **extras** Extras *ntpl*

opu·lence ['ɒpjʊləns] *s* Reichtum *m;* Wohlhabenheit *f;* Überfluss *m;* **opu·lent** ['ɒpjʊlənt] *adj* ① reich; wohlhabend ② (*Kleider*) prunkvoll, stattlich ③ (*Vegetation*) üppig ④ (*Mahl*) opulent

or [ɔː(r)] *conj* oder; **he could not read ~ write** er konnte weder lesen noch schreiben; **either ... ~** entweder ... oder; **whether ... ~** ob ... oder; ~ **else** sonst, andernfalls; ~ **even** oder sogar; ~ **rather** oder vielmehr; **a minute ~ two** ein paar Minuten

or·acle ['ɒrəkl] *s* ① (HIST) Orakel *nt* ② Seher(in) *m(f);* **oracu·lar** [ə'rækjʊlə(r)] *adj* orakelhaft; seherisch

oral ['ɔːrəl] **I.** *adj* ① mündlich ② (MED) oral **II.** *s* (*fam*) mündliche Prüfung

or·ange ['ɒrɪndʒ] **I.** *s* ① Apfelsine, Orange *f* ② (*Farbe*) Orange *nt* **II.** *adj* orange(farben); **or·ange·ade** [ˌɒrɪndʒ'eɪd] *s* Orangeade *f;* **orange juice** *s* Orangensaft *m;* **orange peel** *s* Orangenschale *f*

orang-outang, orang-utan [ɔː'ræŋuː'tæŋ] *s* Orang-Utan *m*

ora·tion [ɔː'reɪʃn] *s* Ansprache *f;* **funeral ~** Grabrede *f;* **ora·tor** ['ɒrətə(r)] *s* Redner(in) *m(f);* **ora·tori·cal** [ˌɒrə'tɒrɪkl] *adj* rednerisch

ora·torio [ˌɒrə'tɔːrɪəʊ] <*pl* -torios> *s* (MUS) Oratorium *nt*

orb [ɔːb] *s* ① Kugel *f;* Himmelskörper *m* ② (HIST) Reichsapfel *m*

or·bit ['ɔːbɪt] **I.** *s* ① (PHYS ASTR) Kreis-, Umlauf-, Planetenbahn *f;* Orbit *m* ② (*fig*) Kreis *m;* Machtbereich *m,* Einflusssphäre *f;* **be in ~** in der Erdumlaufbahn sein; **put a satellite into ~** einen Satelliten in die Umlaufbahn schießen **II.** *vt* umkreisen **III.** *vi* kreisen; **or·bital** ['ɔːbɪtl] *adj* orbital; ~ **velocity** Umlaufgeschwindigkeit *f;* **or·bit·er** ['ɔːbɪtə(r)] *s* Orbiter *m*

or·chard ['ɔːtʃəd] *s* Obstgarten *m;* Obstplantage *f*

or·ches·tra ['ɔːkɪstrə] *s* Orchester *nt;* **or·ches·tral** [ɔː'kestrəl] *adj* Orchester-; orchestral; **orchestra pit** *s* Orchestergraben *m;* **orchestra stalls** *s pl* Orchestersitze *mpl;* **or·ches·trate** ['ɔːkɪstreɪt] *vt* (MUS) orchestrieren; **or·ches·tra·tion** [ˌɔːkɪ'streɪʃn] *s* Orchestrierung *f*

or·chid ['ɔːkɪd] *s* Orchidee *f*

or·dain [ɔː'deɪn] *vt* ① (REL) zum Priester weihen; ordinieren ② (*Schicksal*) wollen, bestimmen ③ (*Gesetz*) bestimmen

or·deal [ɔː'diːl] *s* ① Tortur *f;* Qual *f* ② (HIST) Gottesurteil *nt*

or·der ['ɔːdə(r)] **I.** *s* ① (An)Ordnung, (Reihen)Folge *f* ② Ordnung *f* ③ Disziplin *f* ④ Zustand *m* ⑤ (MIL) Kommando *nt,* Befehl *m* ⑥ (*im Restaurant*) Bestellung *f* ⑦ (COM) Auftrag *m,* Bestellung, Order *f* ⑧ (JUR) Verfügung *f;* Verfahrensregel *f* ⑨ (ARCH) (Säulen)Ordnung *f* ⑩ (ZOO BOT) Ordnung *f* ⑪ (REL) Orden *m;* **word ~** Wortstellung *f;* **in ~ of preference** in der bevorzugten Reihenfolge; **put s.th. in ~** etw ordnen; **be out of ~** durcheinander sein; nicht funktionieren; außer Betrieb sein; **the ~ of the world** die Weltordnung; **her passport is in ~** ihr Pass ist in Ordnung; **put one's affairs in ~** Ordnung in seine Angelegenheiten bringen; **keep ~** Ordnung wahren; **~, ~!** Ruhe!; **be in good ~** in gutem Zustand sein; **~s are ~s** Befehl ist Befehl; **by ~ of the minister** auf Anordnung des Ministers; **be under ~s to do s.th.** Instruktionen haben etw zu tun; **until further ~s** bis auf weiteren Befehl; **made to ~** auf Bestellung gemacht; **put s.th. on ~** etw in Auftrag geben; **cheque to ~** Namensscheck *m;* **in ~ to do s.th.** um etw zu tun; **in ~ that** damit; **a point of ~** eine Verfahrensfrage; **call s.o. to ~** jdn zur Ordnung rufen; **be the ~ of the day** auf der Tagesordnung stehen; **of the first ~** erstklassig; **holy ~s** Weihe *f;* **take (holy) ~s** die Weihen empfangen **II.** *vt* ① befehlen, anordnen; verordnen (*for s.o.* jdm) ② (*Leben*) ordnen ③ (COM) in Auftrag geben; bestellen; ordern; ~ **about** herumkommandieren; **the doctor ~ed me to stay in bed** der Arzt verordnete mir Bettruhe; **he was ~ed to be quiet** man befahl ihm still zu sein **III.** *vi* bestellen; **order book** *s* (COM) Auftragsbuch *nt;* **order form** *s* Bestellformular *nt*

or·der·ly ['ɔːdəlɪ] **I.** *adj* ① ordentlich, geordnet, systematisch ② (*Leben*) geregelt ③ (*Gruppe*) gesittet, friedlich **II.** *s:* **medical ~** Pfleger(in) *m(f),* Sanitäter(in) *m(f)*

or·der pick·ing ['ɔːdəpɪkɪŋ] *s* Zusammenstellung *f* einer Bestellung; **order processing** *s* Auftragsabwicklung *f*

or·di·nal ['ɔːdɪnl] **I.** *adj* Ordnungs- **II.** *s* Ordnungszahl *f*

or·di·nance ['ɔːdənəns] *s* Bestimmung, Verordnung, Verfügung *f*

or·di·nary ['ɔːdɪnrɪ] **I.** *adj* ① gewöhnlich, normal ② durchschnittlich; alltäglich; **in the ~ way** unter gewöhnlichen Umständen; ~ **use** normaler Gebrauch; **a very ~ kind of person** ein ganz gewöhnlicher Mensch **II.** *s:* **out of the** ~ außergewöhnlich; **nothing out of the** ~ nichts Außergewöhnliches; **ordinary seaman**, **OS** <*pl* -men> *s* Leichtmatrose *m;* **ordinary share** *s* (COM) Stammaktie *f*

ord·nance ['ɔːdnəns] *s* ① (MIL) Kriegsmaterial *nt;* Munition *f* ② Material *nt;* Nachschub *m;* ~ **factory** Munitionsfabrik *f;* **Ordnance Survey, OS** ≈Landesvermessungsamt *nt;* **Ordnance survey map** amtliche topographische Karte

or·dure ['ɔːdjʊə(r)] *s* Schmutz, Kot *m*

ore [ɔː(r)] *s* (MIN) Erz *nt*

oreg·ano [ˌɒrɪ'gɑːnəʊ] *s* Oregano *m*

or·gan ['ɔːgən] *s* ① (BIOL) Organ *nt* ② (*fig*) Werkzeug, Mittel *nt;* Sprachrohr *nt* ③ (MUS) Orgel *f;* ~ **of speech** Sprechorgan *nt;* **or·gan do·nor** *s* Organspender(in) *m(f);* **or·gan-grind·er** ['ɔːgəngraɪndə(r)] *s* Leierkastenmann *m*

or·gan·ic [ɔː'gænɪk] *adj* organisch; ~ **agriculture** biologischer Landbau; ~ **chemistry** organische Chemie; ~ **disease** organisches Leiden; ~ **farming** biologisch-dynamische Landwirtschaft; ~ **matter** organische Stoffe *pl;* **an** ~ **unity** eine organische Einheit; ~ **waste** organischer Abfall, Biomüll *m;* **or·gan·ism** ['ɔːgənɪzəm] *s* Organismus *m*

or·gan·ist ['ɔːgənɪst] *s* (MUS) Organist(in) *m(f)*

or·gan·iz·ation [ˌɔːgənaɪ'zeɪʃn] *s* ① Organisation *f;* Einteilung *f* ② (Auf)Bau *m,* Struktur *f;* Bildung, Gliederung *f;* Planung *f* ③ Organisation *f;* Unternehmen *nt* ④ (MUS) Strukturierung *f;* **or·gan·iz·ational** [-əl] *adj* organisatorisch; **organization chart** *s* Organisationsplan *m,* Organigramm *nt;* **Organization for Economic Cooperation and Development, OECD** *s* Organisation *f* für wirtschaftliche Zusammenarbeit und Entwicklung, OECD; **Organization of African Unity, OAU** *s* Organisation *f* für afrikanische Einheit, OAU; **Organization of Petroleum Exporting Countries, OPEC** *s* Organisation *f* der Erdöl exportierenden Länder, OPEC *f;* **or·gan·ize** ['ɔːgənaɪz] **I.** *vt* ① organisieren; einrichten; aufbauen; gestalten; einteilen; planen ② (*Treffen*) organisieren; sorgen für ③ (POL) organisieren **II.** *vi* (POL) sich organisieren; **or·gan·ized** ['ɔːgənaɪzd] *adj* ① organisiert, geregelt ② (POL) organisiert; **he isn't very** ~ bei ihm geht alles drunter und drüber; **or·gan·izer** ['ɔːgənaɪzə(r)] *s* Organisator(in) *m(f),* Veranstalter(in) *m(f)*

or·gasm ['ɔːgæzəm] *s* (PHYSIOL) Höhepunkt, Orgasmus *m;* **or·gas·mic** [ɔː'gæsmɪk] *adj* orgasmisch

orgy ['ɔːdʒɪ] *s* Orgie *f;* **drunken** ~ (*sl*) Sauforgie *f*

oriel ['ɔːrɪəl] *s* (~ *window*) Erker(fenster *nt*) *m*

orient ['ɔːrɪənt] **I.** *s* (GEOG) Orient *m* **II.** *adj* (*Sonne*) aufgehend **III.** *vt* ausrichten (*towards* auf), einführen **IV.** *vr* sich orientieren (*by* an), sich zurechtfinden

orien·tal [ˌɔːrɪ'entl] **I.** *adj* orientalisch; östlich **II.** *s* Orientale *m,* Orientalin *f;* ~ **studies** Orientalistik *f*

orien·tate ['ɔːrɪənteɪt] **I.** *vt* ausrichten (*towards* auf), einführen **II.** *vr* sich orientieren (*by* an), sich zurechtfinden; **orien·ta·tion** [ˌɔːrɪən'teɪʃn] *s* Orientierung *f,* Kurs *m;* Ausrichtung *f*

orien·teer·ing [ˌɔːrɪən'tɪərɪŋ] *s* Orientierungslauf *m*

ori·fice ['ɒrɪfɪs] *s* Öffnung *f*

ori·gin ['ɒrɪdʒɪn] *s* ① Ursprung *m,* Herkunft *f* ② Herkunft, Abstammung *f* ③ (*der Welt*) Entstehung *f;* **have its** ~ **in s.th.** auf etw zurückgehen; in etw entspringen; **country of** ~ Ursprungs-, Herkunftsland *nt;* **place of** ~ Ursprungsort *m;* **proof of** ~ Herkunftsnachweis *m*

orig·inal [ə'rɪdʒənl] **I.** *adj* ① ursprünglich, anfänglich ② (*Gemälde*) original ③ (*Idee*) originell; ~ **sin** Erbsünde *f;* ~ **inhabitants** Ureinwohner *pl;* ~ **edition** Originalausgabe *f;* ~ **document** Originaldokument *nt;* ~ **soundtrack** (FILM) Originalton *m* **II.** *s* ① Original *nt;* Vorlage *f* ② (*Mensch*) Original *nt;* **orig·inal·ity** [əˌrɪdʒə'nælətɪ] *s* Originalität *f;* **orig·inal·ly** [ə'rɪdʒənəlɪ] *adv* ① ursprünglich, anfänglich ② originell

orig·inate [ə'rɪdʒɪneɪt] **I.** *vt* hervorbringen, erfinden; ins Leben rufen **II.** *vi* ① entstehen, entspringen ② (*Bus*) ausgehen (*in* von); ~ **from a country** aus einem Land stammen; ~ **from s.o.** von jdm stammen

Ork·ney Is·lands ['ɔːknɪ'aɪləndz] *s pl,* **Ork·neys** ['ɔːknɪz] *s* Orkneyinseln *fpl*

or·na·ment ['ɔːnəmənt] **I.** *s* ① Schmuck *m,* Verzierung *f,* Dekor(ation *f*) *nt* ② (*fig*) Zierde *f;* **altar** ~**s** Altarschmuck *m;* **for** ~ zur Verzierung **II.** [ɔːnə'mənt] *vt* ausschmücken, verzieren, dekorieren; **or·na·ment·al** [ˌɔːnə'mentl] *adj* dekorativ; Zier-; schmückend; ~ **object** Ziergegenstand *m;* **or·na·men·ta·tion** [ˌɔːnəmen'teɪʃn] *s* Verzieren *nt,* Verzierung *f;* Ausschmückung *f;* Schmuck, Zierrat *m*

or·nate [ɔː'neɪt] *adj* ① kunstvoll; ornamentreich; prunkvoll; ausgeschmückt ② (*Stil*) gekünstelt; **or·nate·ness** [-nɪs] *s* Verzierungsreichtum *m;* Prunk *m,* Prachtentfaltung *f;* Reichtum *m*

or·ni·thol·ogist [ˌɔːnɪˈθɒlədʒɪst] *s* Ornithologe *m,* Ornithologin *f;* **or·ni·thol·ogy** [ˌɔːnɪˈθɒlədʒɪ] *s* Vogelkunde, Ornithologie *f*

or·phan [ˈɔːfn] **I.** *s* Waise *f,* Waisenkind *nt* **II.** *adj* Waisen- **III.** *vt* zur Waise machen; **be ~ed** zur Waise werden; **or·phan·age** [ˈɔːfnɪdʒ] *s* Waisenhaus *nt*

or·tho·don·tist [ˌɔːθəʊˈdɒntɪst] *s* Kieferorthopäde *m,* -orthopädin *f*

or·tho·dox [ˈɔːθədɒks] *adj* ① (REL) orthodox ② (*fig*) konventionell; orthodox; **or·tho·doxy** [ˈɔːθədɒksɪ] *s* ① Orthodoxie *f* ② (*fig*) Konventionalität *f*

or·thog·onal [ɔːˈθɒgənl] *adj* (MATH) rechtwinklig

or·tho·graphic(al) [ˌɔːθəˈgræfɪk(l)] *adj* orthographisch; **or·tho·gra·phy** [ɔːˈθɒgrəfɪ] *s* Rechtschreibung, Orthographie *f*

or·tho·paedic [ˌɔːθəˈpiːdɪk] *adj* orthopädisch; **or·tho·paed·ics** [ˌɔːθəˈpiːdɪks] *s pl mit sing* Orthopädie *f;* **or·tho·paed·ist** [ˌɔːθəˈpiːdɪst] *s* Orthopäde *m,* -pädin *f*

or·tho·pedic *adj* (*Am*) orthopädisch; **or·tho·ped·ics** *s pl mit sing* (*Am*) Orthopädie *f;* **or·tho·ped·ist** *s* (*Am*) Orthopäde *m,* -pädin *f*

OS¹ [ˌəʊˈes] *s Abk. von* **Ordnance Survey** ≈Landesvermessungsamt *nt*

OS² [ˌəʊˈes] *s Abk. von* **outsize** Übergröße *f*

os·cil·late [ˈɒsɪleɪt] *vi* ① (PHYS) schwingen, oszillieren ② (*fig*) schwanken; **os·cil·la·tion** [ˌɒsɪˈleɪʃn] *s* ① (PHYS) Schwingung, Oszillation *f* ② (*fig*) Schwankung *f*

os·cil·lo·scope [əˈsɪləskəʊp] *s* Oszilloskop *nt*

osier [ˈəʊzɪə(r)] *s* Korbweide *f*

os·mo·sis [ɒzˈməʊsɪs] *s* (BIOL) Osmose *f;* **os·mo·tic** [ɒzˈmɒtɪk] *adj* osmotisch

os·prey [ˈɒsprɪ] *s* Fischadler *m*

oss·ify [ˈɒsɪfaɪ] **I.** *vt* ① verknöchern lassen ② (*fig*) erstarren lassen **II.** *vi* verknöchern; erstarren

os·ten·sible [ɒˈstensəbl] *adj* angeblich, scheinbar

os·ten·ta·tion [ˌɒstenˈteɪʃn] *s* ① Pomp *m;* Großtuerei *f* ② aufdringliche Deutlichkeit; **with ~** demonstrativ; **os·ten·ta·tious** [ˌɒstenˈteɪʃəs] *adj* ① pompös; protzig ② ostentativ, betont auffällig

os·teo·ar·thri·tis [ˌɒstɪəʊɑːˈθraɪtɪs] *s* Osteoarthrose *f;* **os·teo·path** [ˈɒstɪəʊpɑːθ] *s* Osteopath(in) *m(f);* **os·teo·po·ro·sis** [ˌɒstɪəʊpəˈrəʊsɪs] *s* Osteoporose *f*

os·tra·cism [ˈɒstrəsɪzəm] *s* Ächtung *f;* **os·tra·cize** [ˈɒstrəsaɪz] *vt* (*fig*) ächten

os·trich [ˈɒstrɪtʃ] *s* (*großer Laufvogel*) Strauß *m*

other [ˈʌðə(r)] **I.** *adj* andere(r, s); **~ people** andere Leute; **do you have any ~ questions?** haben Sie sonst noch Fragen?; **the ~ day** neulich; **the ~ world** das Jenseits; **some ~ time** ein andermal, ein anderes Mal; **every ~** jede(r, s) zweite; **~ than** außer; **some time or ~** irgendwann einmal **II.** *pron* andere(r, s); **are there any ~s there?** sind sonst noch welche da?; **someone or ~** irgendjemand; **each ~** einander, sich **III.** *adv* anders; **somehow or ~** irgendwie; **somewhere or ~** irgendwo; **other·wise** [ˈʌðəwaɪz] **I.** *adv* ① anders ② sonst, ansonsten; **he was ~ engaged** er war anderweitig beschäftigt **II.** *conj* sonst, ansonsten, im Übrigen

OTT [ˌəʊtiːˈtiː] *adj Abk. von* **over the top** übertrieben

ot·ter [ˈɒtə(r)] *s* Otter *m*

OU [ˌəʊˈjuː] *s Abk. von* **Open University** (*Br*) Fernuniversität *f*

ouch [aʊtʃ] *interj* au! autsch!

ought [ɔːt] *aux:* **I ~ to do it** ich sollte es tun; **he ~ to have come** er hätte kommen sollen; **I told him he ~ to have done it** ich sagte ihm, er hätte es tun sollen; **you ~ to see that film** den Film sollten Sie sehen; **he ~ to win the race** er müsste (eigentlich) das Rennen gewinnen; **one ~ to think** man sollte meinen; **he ~ to be here soon** er müsste bald hier sein

ounce [aʊns] *s* (*Gewicht*) Unze *f* (*= 28,35 g*); **there's not an ~ of truth in it** daran ist aber auch überhaupt nichts Wahres

our [ˈaʊə(r)] *pron* (*adjektivisch*) unser; **Our Father** Vaterunser; **ours** [ˈaʊəz] *pron* unsere(r, s); der, die, das Unsere; **this house is ~** das ist unser Haus; **that is ~** das gehört uns; **a friend of ~** ein Freund von uns, einer unserer Freunde; **our·selves** [aʊəˈselvz] *pron* ① uns *acc/dat* ② (*betont*) (wir) selbst; **(all) by ~** (ganz) allein; ohne Hilfe; **we did it ~** wir haben es selbst gemacht; **we ~ said so** wir haben es selbst gesagt

oust [aʊst] *vt* ① herausbekommen; freibekommen ② (*Regierung*) absetzen, ausbooten; **~ s.o. from office** jdn aus seinem Amt entfernen; **~ s.o. from the market** jdn vom Markt verdrängen

out [aʊt] **I.** *adv* ① außen; hinaus, heraus ② draußen; aus dem Hause, nicht zu Hause, nicht daheim ③ (*Licht*) aus ④ aus der Mode ⑤ (*Ball*) aus ⑥ (*Gerät*) abgestellt ⑦ ausgeschlossen; **they are ~ play-**

O

ing sie spielen draußen; **he is ~ in his car** er ist mit dem Auto unterwegs; **~!** raus!; **~ with him!** hinaus mit ihm!; **he likes to be ~ and about** er ist gern unterwegs; **the journey ~** die Hinreise; **the workers are ~** die Arbeiter streiken; **he lives ~ in the country** er lebt draußen auf dem Land; **be ~** (*Sonne*) scheinen; **the best car ~** das beste Auto überhaupt; **the secret is ~** das Geheimnis ist bekannt geworden; **~ with it!** heraus mit der Sprache!; **before the day is ~** vor Ende des Tages; **have it ~ with s.o.** (*fam*) etw mit jdm ausdiskutieren; **I am ~ in my calculations** ich liege mit meinen Berechnungen daneben; **you're not far ~** Sie haben es fast getroffen; **my watch is five minutes ~** meine Uhr geht fünf Minuten falsch; **speak ~ loud!** sprechen Sie laut!; **be ~ for s.th.** auf etw aus sein; **be ~ for trouble** Streit suchen; **~ and away** weitaus, mit Abstand; **run ~** hinauslaufen; **go ~** hinausgehen; **throw s.o. ~** jdn hinauswerfen **II.** *s:* **the ins and ~s** alle Einzelheiten **III.** *prep* ❶ aus; **go ~ the door** zur Tür hinausgehen ❷ **~ of** nicht in; außerhalb +*gen,* aus; außer; **be ~ of town this week** die ganze Woche nicht in der Stadt sein; **go ~ of the country** außer Landes gehen; **he went ~ of the door** er ging zur Tür hinaus; **look ~ of the window** aus dem Fenster sehen; **~ of sight** außer Sicht; **he feels ~ of it** er kommt sich ausgeschlossen vor; **~ of curiosity** aus Neugier; **drink ~ of a glass** aus einem Glas trinken; **made ~ of wood** aus Holz gemacht; **in nine cases ~ of ten** in neun von zehn Fällen; **~ of breath** außer Atem; **be ~ of money** kein Geld haben; **~ of date** überholt, veraltet; altmodisch

out-and-out [ˌaʊtənd'aʊt] *adj* ❶ vollkommen ❷ völlig ❸ durch und durch

out·back ['aʊtbæk] **I.** *s* (*in Australien*): **the ~** das Hinterland **II.** *adj* (*in Australien*): **an ~ farm** eine Farm im Hinterland

i Land & Leute

Der Busch Australiens wird allgemein **outback** genannt. Zum traditionellen Outfit für den **outback** gehören: ein *akubra*, ein Hut aus Kaninchenhaar, ein *driza-bone* (*dry as a bone*), ein langer, geölter Buschmantel und eine *moleskin*, eine beige Jeans. Wenn die australischen Viehzüchter, die *stockmen*, draußen übernachten, schlafen sie in ihren *swags*, ihren Kleidern, kochen ihr Essen in einem *camp oven*, einem Kochtopf mit einem schweren Deckel, über einem Feuer und kochen ihren Tee in der *billy*, einer Metallkanne, ebenfalls über einem Feuer.

out·bid [ˌaʊt'bɪd] *vt* überbieten; **out·board** ['aʊtbɔːd] *adj:* **~ motor** Außenbordmotor *m;* **out·break** ['aʊtbreɪk] *s* Ausbruch *m;* **an ~ of anger** ein Zornesausbruch *m;* **out·build·ing** ['aʊtbɪldɪŋ] *s* Nebengebäude *nt;* **out·burst** ['aʊtbɜːst] *s* Ausbruch *m;* **~ of temper** Wut-, Gefühlsausbruch *m;* **out·cast** ['aʊtkɑːst] **I.** *s* Ausgestoßene(r), Geächtete(r) *f m* **II.** *adj* ausgestoßen, verbannt; **out·class** [ˌaʊt'klɑːs] *vt* überlegen sein (*s.o.* jdm), in den Schatten stellen; **out·come** ['aʊtkʌm] *s* Ergebnis, Resultat *nt;* **out·crop** ['aʊtkrɒp] *s* Felsnase *f;* **out·cry** ['aʊtkraɪ] *s* Aufschrei *m;* Protestwelle *f* (*against* gegen)

out·dated [aʊt'deɪtɪd] *adj* veraltet, überholt; **out·dis·tance** [aʊt'dɪstəns] *vt* (weit) hinter sich lassen, überholen; **out·do** [aʊt'duː] *vt* übertreffen, überragen, überbieten (*s.o. in s.th.* jdn an etw); **out·door** ['aʊtdɔː(r)] *adj:* **~ games** Spiele *nt pl* im Freien; **~ clothes** wärmere Kleidung; **lead an ~ life** viel im Freien sein; **~ (swimming) pool** Freibad *nt;* **out·doors** [ˌaʊt'dɔːz] *adv* draußen, im Freien; **go ~** nach draußen gehen

outer ['aʊtə(r)] *adj* äußere(r, s); Außen-; **~ garments** Oberbekleidung *f;* **~ man** äußere Erscheinung; **~ space** der äußere Weltraum; **outer·most** ['aʊtəməʊst] *adj* äußerste(r, s)

out·fall ['aʊtfɔːl] *s* ❶ Ausfluss *m* ❷ Abwasser *nt;* **out·field** ['aʊtfiːld] *s* Außenfeld *nt;* **out·fit** ['aʊtfɪt] *s* ❶ Kleidung *f,* Kleider *ntpl,* Kostüm *nt* ❷ (TECH) Ausrüstung *f* ❸ (*fam*) Laden, Verein *m;* **camping ~** Campingausrüstung *f;* **out·fitter** ['aʊtfɪtə(r)] *s* Ausrüster *m;* **gentleman's ~'s** Herrenausstatter *m,* Herrenbekleidungsgeschäft *nt*

out·flow ['aʊtfləʊ] *s* ❶ Ausfluss, Abfluss *m;* Abfließen *nt* ❷ (*Gas*) Ausströmen *nt* ❸ (*Geld*) Abfließen *nt*

out·go·ing ['aʊtgəʊɪŋ] **I.** *adj* ❶ ausziehend ❷ (*Boot*) hinausfahrend ❸ (*Beamter*) scheidend ❹ (RAIL) abfahrend ❺ (*fig*) gesellig, kontaktfreudig; **~ tide** Ebbe *f;* **~ mail** Postausgang *m* **II.** *s pl* Ausgaben *fpl*

out·grow [ˌaʊt'grəʊ] *vt* ❶ (*Kleider*) herauswachsen aus ❷ (*Gewohnheit*) entwachsen (*s.th.* einer S), hinauswachsen über ❸ (*fig*) über den Kopf wachsen (*s.o.* jdm); **out·growth** ['aʊtgrəʊθ] *s* ❶ Auswuchs *m* ❷ (*fig*) Folge *f*

out·house ['aʊthaʊs] *s* Nebengebäude *nt;* **out-house** *adj* extern

out·ing ['aʊtɪŋ] *s* Ausflug *m;* **go for an** ~ einen Ausflug machen

out·land·ish [aʊt'lændɪʃ] *adj* ❶ sonderbar ❷ (*Benehmen*) befremdend, befremdlich ❸ (*Name*) ausgefallen, extravagant; **out·last** [ˌaʊt'lɑːst] *vt* überdauern, überleben; **out·law** ['aʊtlɔː] **I.** *s* Vogelfreie(r) *f m* **II.** *vt* ❶ ächten; für vogelfrei erklären ❷ (*Zeitung*) für ungesetzlich erklären; **out·lay** ['aʊtleɪ] *s* (COM) Ausgaben, Aufwendungen *fpl,* Kosten *pl;* **out·let** ['aʊtlet] *s* ❶ Abfluss *m;* Abzug *m;* Ausfluss *m* ❷ (COM) Absatzmöglichkeit *f,* -markt *m;* Verkaufsstelle *f* ❸ (*fig*) Ventil *nt;* Betätigungsmöglichkeit *f*

out·line ['aʊtlaɪn] **I.** *s* ❶ Umriss *m;* Silhouette *f* ❷ (*fig*) Grundriss, Abriss *m;* **in** ~ in groben Zügen; **draw s.th. in** ~ etw im Umriss zeichnen **II.** *vt* ❶ umreißen ❷ (*fig*) skizzieren, umreißen; **outline planning permission** *s* vorläufige Baugenehmigung

out·live [ˌaʊt'lɪv] *vt* ❶ überleben, -dauern ❷ (*Sturm*) überstehen

out·look ['aʊtlʊk] *s* ❶ Ausblick *m,* -sicht *f* (*over, on to* auf) ❷ (*fig*) Ansicht, Auffassung *f,* Standpunkt *m* ❸ (*fig*) Aussicht, Erwartung *f;* **his** ~ **(up)on life** seine Einstellung zum Leben; **narrow** ~ beschränkter Horizont

out·lying ['aʊtˌlaɪɪŋ] *adj* abgelegen, Außen-

out·ma·neu·ver (*Am*), **out·man·oeuvre** [ˌaʊtmə'nuːvə(r)] *vt* ausmanövrieren; **out·moded** [ˌaʊt'məʊdɪd] *adj* altmodisch, unmodern; überholt; **out·most** ['aʊtməʊst] *adj* äußerste(r, s); **out·number** [ˌaʊtnʌmbə(r)] *vt* zahlenmäßig überlegen sein (*s.o.* jdm), in der Mehrheit sein (*s.o.* jdm gegenüber)

out-of-court [ˌaʊtəv'kɔːt] *adj* außergerichtlich; **out-of-date** [ˌaʊtəv'deɪt] *adj* veraltet; unmodern, altmodisch; **out-of-the-way** [ˌaʊtəvðə'weɪ] *adj* ❶ abgelegen, einsam ❷ (*Fakten*) ungewöhnlich; wenig bekannt; **out-of-work** [ˌaʊtəv'wɜːk] *adj* arbeitslos

out·patient ['aʊtpeɪʃnt] *s* Kranke(r) *f m* in ambulanter Behandlung; ~**s' (department)** Ambulanz *f;* **out·play** [ˌaʊt'pleɪ] *vt* (SPORT) besser spielen als, überlegen sein (*s.o.* jdm); **out·post** ['aʊtpəʊst] *s* (MIL) Vorposten *m;* **out·pour·ing** ['aʊtpɔːrɪŋ] *s* (*bes. fig*) Erguss *m*

out·put ['aʊtpʊt] **I.** *s* ❶ (*einer Maschine*) Ausstoß, Ertrag *m,* Leistung *f* ❷ (Jahres)Produktion *f* ❸ Produktionsmenge, -ziffer *f,* Output *m* ❹ (MIN) Förderung *f;* Fördermenge *f* ❺ (INFORM: *Daten*) Ausgabe *f,* Output *m* ❻ (RADIO) Sendeleistung *f;* **annual** ~ Jahresertrag *m,* -produktion *f;* **daily** ~ Tagesproduktion *f;* **effective** ~ Nutzleistung *f;* **maximum** ~ Produktionsoptimum *nt* **II.** *vt* (INFORM) ausgeben; **output data** *s pl* (INFORM) Ausgabedaten *pl;* **output device** *s* (INFORM) Ausgabegerät *nt*

out·rage ['aʊtreɪdʒ] **I.** *s* ❶ Gewalttat *f;* Ausschreitung *f* ❷ Skandal *m* ❸ Empörung, Entrüstung *f;* **bomb** ~ verbrecherischer Bombenanschlag; **an** ~ **against good taste** eine unerhörte Geschmacklosigkeit **II.** [ˌaʊt'reɪdʒ] *vt* beleidigen; empören, entrüsten; **public opinion was** ~**d by this cruelty** die öffentliche Meinung war über diese Grausamkeit empört; **out·rage·ous** [aʊt'reɪdʒəs] *adj* ❶ abscheulich, verabscheuungswürdig ❷ empörend, unerhört; unverschämt; ungeheuerlich ❸ (*Kleider*) ausgefallen, unmöglich

out·range [ˌaʊt'reɪndʒ] *vt* eine größere Reichweite haben als

outré ['uːtreɪ] *adj* überspannt, extravagant

out·rig·ger ['aʊtrɪgə(r)] *s* (MAR) Ausleger *m*

out·right ['aʊtraɪt] **I.** *adj* ❶ ausgemacht ❷ (*Unsinn*) total, absolut, glatt, vollkommen; **that's** ~ **arrogance** das ist die reine Arroganz **II.** *adv* ❶ ganz, vollständig ❷ sofort, auf der Stelle ❸ (*fig*) geradeheraus, ohne Umschweife

out·run [ˌaʊt'rʌn] *vt* ❶ schneller laufen als ❷ (*fig*) übersteigen

out·set ['aʊtset] *s* Beginn, Anfang *m;* **at the** ~ am Anfang; **from the** ~ von Anfang an

out·shine [ˌaʊt'ʃaɪn] *vt* übertreffen, in den Schatten stellen

out·side [ˌaʊt'saɪd] **I.** *s* Außenseite *f;* **judging from the** ~ (*fig*) wenn man es als Außenstehender beurteilt; **at the (very)** ~ im äußersten Falle **II.** ['aʊtsaɪd] *adj* ❶ Außen-, äußere(r, s) ❷ (*Preis*) äußerste(r, s) ❸ extern; **at an** ~ **estimate** allerhöchstens; **an** ~ **chance** eine kleine Chance; ~ **world** Außenwelt *f* **III.** *adv* außen; draußen; außer Haus; **go** ~ nach draußen gehen **IV.** *prep* ❶ außerhalb ❷ außer, abgesehen von; **the car** ~ **the house** das Auto vor dem Haus; **it is** ~ **our agreement** das geht über unsere Vereinbarung hinaus; **outside broadcast** *s* (RADIO) nicht im Studio produzierte Sendung; **outside influences** *s pl* äußere Einflüsse *mpl;* **outside left** *s* (*Fußball*) Linksaußen *m;* **outside line** *s* Amtsleitung *f*

O

out·sider [ˌaʊtˈsaɪdə(r)] *s* Außenseiter(in) *m(f)*; **outside right** *s* Rechtsaußen *m*

out·size [ˈaʊtsaɪz] **I.** *adj* übergroß; riesig **II.** *s* Übergröße *f*; **out·skirts** [ˈaʊtskɜːts] *s pl* ① Stadtrand *m*; Außengebiete *ntpl* ② (Wald)Rand *m*; **on the ~** am Stadtrand

out·source *vt* ① (*hire*): **~ s.o./s.th.** jdn/etw anmieten ② (*contract out*): **~ s.th.** etw auslagern; **out·sourc·ing** [ˈaʊtˌsɔːsɪŋ] *s* Outsourcing *nt* (*Benutzung von externen Dienstleistungen aus Kostengründen*)

out·spoken [ˌaʊtˈspəʊkən] *adj* ① freimütig ② (*Antwort*) unverblümt; direkt; **he is ~** er nimmt kein Blatt vor den Mund; **out·spo·ken·ness** [aʊtˈspəʊknnəs] *s no pl* Unverblümtheit *f*, Direktheit *f*

out·stand·ing [ˌaʊtˈstændɪŋ] *adj* ① hervorragend; außerordentlich, überragend ② (*Schulden*) (noch) ausstehend, rückständig ③ (*Merkmal*) hervorstechend, auffallend; **of ~ ability** außerordentlich begabt; **of ~ importance** von höchster Bedeutung; **a lot of work is still ~** viel Arbeit ist noch unerledigt; **~ debts** Außenstände *pl*; **out·sta·tion** [ˈaʊtˌsteɪʃn] *s* Vorposten *m*; **out·stay** [ˌaʊtˈsteɪ] *vt* länger bleiben als; **~ one's welcome** länger bleiben als erwünscht; **out·stretched** [ˌaʊtˈstretʃt] *adj* ausgestreckt; **out·strip** [ˌaʊtˈstrɪp] *vt* ① überholen ② (*fig*) übertreffen (*in* an); **out tray** *s* Ausgänge *mpl*; **out·turn** [ˈaʊtɜːn] *s* Produktionsleistung *f*; **out·vote** [ˌaʊtˈvəʊt] *vt* überstimmen

out·ward [ˈaʊtwəd] **I.** *adj* ① äußere(r, s); äußerlich ② nach außen führend ③ (*Fracht*) ausgehend ④ (*Reise*) Hin- **II.** *adv* nach außen; **~ bound** (*Schiff*) auslaufend; **out·ward·ly** [ˈaʊtwədlɪ] *adv* nach außen hin; **out·wards** [ˈaʊtwədz] *adv* nach außen

out·weigh [ˌaʊtˈweɪ] *vt* überwiegen; **out·wit** [ˌaʊtˈwɪt] *vt* überlisten; **out·work** [ˌaʊtˈwɜːk] *s* Heimarbeit *f*; **out·worker** [ˈaʊtwɜːkə(r)] *s* Heimarbeiter(in) *m(f)*

oval [ˈəʊvl] **I.** *adj* oval **II.** *s* Oval *nt*

ovary [ˈəʊvərɪ] *s* ① (ANAT) Eierstock *m* ② (BOT) Fruchtknoten *m*

ova·tion [əʊˈveɪʃn] *s* Ovation *f*, stürmischer Beifall

oven [ˈʌvn] *s* ① Backofen *m* ② (TECH) Trocken-, Brennofen *m*; **put s.th. in the ~** etw in den Ofen tun; **in a slow ~** mit kleiner Flamme; **it's like an ~ in here** hier ist eine Hitze wie im Backofen; **oven·cloth** [ˈʌvnklɒθ] *s* Topflappen *m*; **oven·proof** [ˈʌvnpruːf] *adj* hitzebeständig, feuerfest; **oven-ready** [ˈʌvnredɪ] *adj* bratfertig

over [ˈəʊvə(r)] **I.** *adv* ① hin-, herüber; drüben ② vorüber, vorbei, zu Ende ③ übermäßig, allzu ④ übrig; **they swam ~ to us** sie schwammen zu uns herüber; **come ~ tonight** kommen Sie heute Abend vorbei; **she is ~ here** sie ist hier; **he has gone ~ to France** er ist nach Frankreich gefahren; **he went ~ to the enemy** er lief zum Feind über; **famous the world ~** in der ganzen Welt berühmt; **I am aching all ~** mir tut alles weh; **that's Smith all ~** das ist typisch Smith; **it happens all ~** das gibt es überall; **turn ~ the page** die Seite umblättern; **the rain is ~** der Regen hat aufgehört; **it's all ~ with him** es ist Schluss mit ihm; **she counts them ~ again** sie zählt sie noch einmal; **~ and ~ again** immer und immer wieder; **he hasn't done it ~ well** er hat es nicht gerade übermäßig gut gemacht; **there is a lot of meat (left) ~** es ist viel Fleisch übrig; **7 into 30 goes 4 and 2 ~** 30 durch 7 ist 4 Rest 2; **children of 14 and ~** Kinder über 14 **II.** *prep* ① über ② in ③ (*zeitlich*) während, in; **spread a cloth ~ the table** ein Tischtuch auf den Tisch legen; **hit s.o. ~ the head** jdm auf den Kopf schlagen; **hang the picture ~ the desk** das Bild über dem Schreibtisch aufhängen; **look ~ the wall** über die Mauer schauen; **look ~ a house** sich ein Haus ansehen; **it's ~ the page** es ist auf der nächsten Seite; **the house ~ the way** das Haus gegenüber; **the bridge ~ the river** die Brücke über den Fluss; **he is famous all ~ the world** er ist in der ganzen Welt berühmt; **it was raining ~ in all England** es regnete in ganz England; **have command ~ s.o.** Befehlsgewalt über jdn haben; **~ and above that** darüber hinaus; **he spoke for ~ an hour** er sprach über eine Stunde; **stay ~ the weekend** über das Wochenende bleiben; **~ the summer** den Sommer über; **they talked ~ a cup of tea** sie unterhielten sich bei einer Tasse Tee; **they'll be a long time ~ it** sie werden dazu lange brauchen; **I heard it ~ the radio** ich habe es im Radio gehört

over·abun·dant [ˌəʊvərəˈbʌndənt] *adj* überreichlich, sehr reichlich

over·achieve *vi* besser abschneiden als erwartet

over·act [ˌəʊvərˈækt] *vt, vi* übertreiben

over·age [ˈəʊvərɪdʒ] *adj* zu alt

over·all¹ [ˌəʊvərˈɔːl] **I.** *adj* ① gesamt ② allgemein; **~ majority** absolute Mehrheit; **~ situation** Gesamtlage *f* **II.** *adv* ① insgesamt ② im Großen und Ganzen

over·all² [ˈəʊvərɔːl] *s* ① (*Br*) Kittel *m* ② **~s** Overall, Arbeitsanzug *m*

over·anxious [ˌəʊvərˈæŋkʃəs] *adj* übertrieben besorgt; übermäßig aufgeregt; **over·awe** [ˌəʊvərˈɔː] *vt* einschüchtern; **over·bal·ance** [ˌəʊvəˈbæləns] **I.** *vi* aus dem Gleichgewicht kommen **II.** *vt* aus dem Gleichgewicht bringen; **over·bear·ing** [ˌəʊvəˈbeərɪŋ] *adj* anmaßend; herrisch; **over·bid** [ˌəʊvəˈbɪd] **I.** *vt* überbieten; überreizen **II.** *vi* mehr bieten; **over·board** [ˈəʊvəbɔːd] *adv* über Bord; **go ~ for s.o.** von jdm ganz hingerissen sein; **throw s.th. ~** (*fig*) etw über Bord werfen; **over·bold** [ˌəʊvəˈbəʊld] *adj* verwegen; **over·book** [ˌəʊvəˈbʊk] *vt* überbuchen, überbelegen; **over·bor·rowed** [ˌəʊvəˈbɒrəʊd] *adj* überschuldet; **over·bur·den** [ˌəʊvəˈbɜːdn] *vt* (*fig*) überlasten; überbeanspruchen; **over·ca·pac·ity** [ˌəʊvɜkɜˈpæsətɪ] *s* Überkapazität *f;* **over·cast** [ˌəʊvəˈkɑːst] *adj* bedeckt; bewölkt; **over·cau·tious** [ˌəʊvəˈkɔːʃəs] *adj* übervorsichtig; **over·charge** [ˌəʊvəˈtʃɑːdʒ] **I.** *vt* ① überladen, -lasten ② (*fig*) zu viel berechnen (*s.o.* jdm) ③ (ELEK) überlasten ④ (*fig*) überladen **II.** *vi* zu viel verlangen (*for* für) **III.** *s* zu viel berechneter Betrag

over·coat [ˈəʊvəkəʊt] *s* Überzieher, Mantel *m*

over·come [ˌəʊvəˈkʌm] **I.** *vt* ① (*Feind*) überwältigen, bezwingen ② (*Angewohnheit*) sich abgewöhnen; überwinden, meistern ③ (*Enttäuschung*) hinwegkommen über; **he was ~ by grief** der Schmerz übermannte ihn **II.** *vi* siegen, siegreich sein

over·con·fi·dent [ˌəʊvəˈkɒnfɪdənt] *adj* ① übertrieben selbstsicher ② zu optimistisch ③ blind vertrauend (*in* auf); **he was ~ of success** er war sich seines Erfolges zu sicher; **over·crowded** [ˌəʊvəˈkraʊdɪd] *adj* ① (*mit Menschen*) überfüllt; übervölkert ② (*mit Sachen*) überladen; **over·de·vel·oped** [ˌəʊvədɪˈveləpt] *adj* überentwickelt

over·do [ˌəʊvəˈduː] *vt* ① übertreiben ② (*Essen*) verbraten; verkochen; **don't ~ the sympathy** übertreibe es nicht mit dem Mitleid; **over·done** [ˌəʊvəˈdʌn] *adj* ① übertrieben ② (*Essen*) verbraten; verkocht

over·dose [ˈəʊvədəʊs] *s* Überdosis *f;* **over·draft** [ˈəʊvədrɑːft] *s* (FIN) Kontoüberziehung *f;* **~ facility** Überziehungskredit *m;* **have an ~ of £ 100** sein Konto um £ 100 überzogen haben; **arrange an ~** einen Kreditrahmen einrichten lassen; **over·draw** [ˌəʊvəˈdrɔː] *vt* (*Konto*) überziehen; **over·dress** [ˌəʊvəˈdres] **I.** *vt, vi* (sich) übertrieben kleiden **II.** [ˈəʊvədres] *s* Überkleid *nt;* **over·drive** [ˈəʊvədraɪv] *s* (AUTO) Schnell-, Schongang *m;* **go into ~** (*fig*) sich in fieberhafte Aktivität stürzen; **over·due** [ˌəʊvəˈdjuː] *adj* (*a.* COM) überfällig; **over easy** *s* (*Am*) *beidseitig gebratenes Spiegelei;* **over·eat** [ˌəʊvərˈiːt] *vi* sich überessen; **over·em·pha·size** [ˌəʊvərˈemfəsaɪz] *vt* überbewerten, überbetonen; **over·es·ti·mate** [ˌəʊvərˈestɪmeɪt] *vt* überschätzen; zu hoch bewerten; **over·ex·cit·ed** [ˌəʊvərɪkˈsaɪtɪd] *adj* ① überreizt ② aufgedreht; **over·exert** [ˌəʊvərɪgˈzɜːt] **I.** *vt* überanstrengen **II.** *vr* sich überanstrengen; **over·ex·pose** [ˌəʊvərɪkˈspəʊz] *vt* (PHOT) überbelichten; **over·ex·po·sure** [ˌəʊvərɪkˈspəʊʒə(r)] *s* (PHOT) Überbelichtung *f;* **over·extend** [ˌəʊvərɪkˈstend] *vi* (FIN) sich (finanziell) übernehmen

over·fish·ing *s* Überfischung *f*

over·flow [ˌəʊvəˈfləʊ] **I.** *vt* überschwemmen; überlaufen lassen **II.** *vi* ① überlaufen, überfließen ② (*fig*) überfließen (*with* vor); **his heart was ~ing with love** sein Herz floss über vor Liebe; **full to ~ing** zum Überlaufen voll **III.** [ˈəʊvəfləʊ] *s* ① Überlaufen *nt* ② (TECH) Überlauf *m* ③ (*fig*) Überschuss *m* (*of* an); **~ meeting** Parallelversammlung *f;* **over·fly** [ˌəʊvɜˈflaɪ] *vt* (AVIAT) überfliegen

over·grown [ˌəʊvəˈgrəʊn] *adj* ① überwachsen (*with* von) ② (*Kind*) aufgeschossen; **over·hang** [ˌəʊvəˈhæŋ] **I.** *vt* ① hängen über ② hinausragen über **II.** *s* Überhang *m;* **over·haul** [ˌəʊvəˈhɔːl] **I.** *vt* ① durchsehen, genau überprüfen ② (TECH) überholen; in Stand setzen ③ (MAR) ein-, überholen **II.** [ˈəʊvəhɔːl] *s* (TECH) Überholung *f*

over·head [ˌəʊvəˈhed] **I.** *adv* oben; am Himmel, in der Luft **II** [ˈəʊvəhed] *adj* Frei-; **~ cable** Überlandleitung *f;* Hochspannungsleitung *f;* Oberleitung *f;* **~ lighting** Deckenbeleuchtung *f;* **~ projector** Overhead-, Tageslichtprojektor *m;* **~ railway** Hochbahn *f;* **~ volley** Hochball *m* **III.** [ˈəʊvəhed] *s* (COM) Gemeinkosten *pl,* allgemeine Unkosten *pl*

over·hear [ˌəʊvəˈhɪə(r)] *vt* zufällig (mit)hören, zufällig mitbekommen; **over·heat** [ˌəʊvəˈhiːt] **I.** *vt* überhitzen **II.** *vi* (TECH) heißlaufen; **over·in·dulge** [ˌəʊvərɪnˈdʌldʒ] **I.** *vt* ① zu nachsichtig sein mit ② (*Fantasie*) allzu freien Lauf lassen (*s.th.* einer S) **II.** *vi* zu viel genießen; **over·in·dus·tri·ali·za·tion** *s* übertriebene Industrialisierung; **over·joyed** [ˌəʊvəˈdʒɔɪd] *adj* überglücklich; **over·kill** [ˈəʊvəkɪl] *s* Overkill *m,* Übermaß *nt* an Atomwaffen

over·land [ˈəʊvəlænd] **I.** *adj* auf dem Landweg **II.** [ˌəʊvəˈlænd] *adv* über Land

over·lap [ˌəʊvəˈlæp] **I.** *vt* ① hinüber-, hinaus-

O

ragen über; überlappen ❷ (*Ferien*) sich überschneiden mit **II.** *vi* ❶ einander überdecken, überlappen ❷ (*fig*) sich überschneiden **III.** ['əʊvəlæp] *s* Überschneidung, Überlappung *f*

over·leaf [ˌəʊvə'li:f] *adv* umseitig; **over·load** [ˌəʊvə'ləʊd] **I.** *vt* ❶ überladen, -belasten ❷ (ELEK) überlasten **II.** ['əʊvələʊd] *s* Übergewicht *nt;* Überbelastung *f;* **over·look** [ˌəʊvə'lʊk] *vt* ❶ überblicken ❷ (*Fehler*) übersehen; nicht beachten ❸ (*absichtlich*) hinwegsehen über, durchgehen lassen

over·ly ['əʊvəlɪ] *adv* übermäßig, allzu

over·man·ning [ˌəʊvə'mænɪŋ] *s* Überbesetzung *f*

over·much [ˌəʊvə'mʌtʃ] **I.** *adv* zu viel, übermäßig **II.** *adj* zu viel

over·night [ˌəʊvə'naɪt] **I.** *adv* ❶ über Nacht ❷ (*fig*) von heute auf morgen, über Nacht; **stay ~ with s.o.** bei jdm übernachten **II.** ['əʊvənaɪt] *adj* ❶ Nacht- ❷ (*fig*) ganz plötzlich; **~ bag** Reisetasche *f*

over·pass ['əʊvəpɑ:s] *s* Überführung *f;* **over·pay** [ˌəʊvə'peɪ] *vt* zu viel bezahlen (*s.o.* jdm), überbezahlen; **over·popul·ated** [ˌəʊvəˌpɒpjʊleɪtɪd] *adj* übervölkert; **over·popu·la·tion** [ˌəʊvəˌpɒpjʊ'leɪʃn] *s* Überbevölkerung *f;* **over·power** [ˌəʊvə'paʊə(r)] *vt* überwältigen, übermannen; **over·power·ing** [ˌəʊvə'paʊərɪŋ] *adj* ❶ überwältigend ❷ (*Parfüm*) aufdringlich; **over·produce** [ˌəʊvəprə'dju:s] *vt* überproduzieren; **over·rate** [ˌəʊvə'reɪt] *vt* ❶ überschätzen; zu hoch einschätzen ❷ (*fig*) überbewerten; **over·reach** [ˌəʊvə'ri:tʃ] *vr* sich übernehmen; **over·re·act** [ˌəʊvərɪ'ækt] *vi* überreagieren; **over·re·ac·tion** [ˌəʊvərɪ'ækʃən] *s* Überreaktion *f;* **over·ride** [ˌəʊvə'raɪd] *vt* ❶ sich hinwegsetzen über; nicht berücksichtigen ❷ (*Beschluss*) außer Kraft setzen; **over·rid·ing** [ˌəʊvə'raɪdɪŋ] *adj* vorrangig; vordringlich; dringendste(r, s); **~ importance** ausschlaggebende Bedeutung; **over·rule** [ˌəʊvə'ru:l] *vt* ❶ ablehnen ❷ (*Urteil*) verwerfen ❸ (*Anspruch*) nicht anerkennen ❹ (*Einwand*) zurückweisen; **over·run** [ˌəʊvə'rʌn] **I.** *vt* ❶ überwuchern, überwachsen ❷ (*Truppen*) herfallen über; einfallen in ❸ (RAIL: *Signal*) überfahren ❹ (*Zeit*) überziehen, überschreiten ❺ (*Ufer*) überfluten; **be ~ with** wimmeln von; überwuchert sein von **II.** *vi* (*Zeit*) überziehen

over·seas [ˌəʊvə'si:z] **I.** *adj* überseeisch, in Übersee; **~ aid** Entwicklungshilfe *f;* **~ call** Auslandsgespräch *nt;* **~ trade** Überseehandel *m* **II.** *adv:* **be ~** in Übersee sein; **go ~** nach Übersee gehen

over·see [ˌəʊvə'si:] *vt* überwachen, beaufsichtigen; **over·seer** ['əʊvəsɪə(r)] *s* ❶ Aufseher(in) *m(f)* ❷ Vorarbeiter(in) *m(f)*

over·sell [ˌəʊvə'sel] *vt* über den Bestand verkaufen; **over·shadow** [ˌəʊvə'ʃædəʊ] *vt* überschatten; **over·shoe** ['əʊvəʃu:] *s* Überschuh *m;* **over·shoot** [ˌəʊvə'ʃu:t] **I.** *vt* hinausgehen über, überschreiten; **~ the mark** übers Ziel (hinaus)schießen, zu weit gehen **II.** *vi* (AVIAT) durchstarten

over·sight ['əʊvəsaɪt] *s* ❶ Versehen *nt* ❷ Aufsicht, Beaufsichtigung *f;* **through an ~** aus Versehen

over·sim·plify [ˌəʊvə'sɪmplɪfaɪ] *vt* zu sehr vereinfachen; **over·sized** ['əʊvəsaɪzd] *adj* übergroß; **over·skirt** ['əʊvəskɜ:t] *s* Überkleid *nt* (*über einem anderen Kleid getragen*); **over·sleep** [ˌəʊvə'sli:p] *vi* verschlafen; **over·spend** [ˌəʊvə'spend] **I.** *vi* zu viel ausgeben **II.** *vt* überschreiten; **over·spill** ['əʊvəspɪl] *s* Bevölkerungsüberschuss *m;* **over·staffed** [ˌəʊvə'stɑ:ft] *adj* überbesetzt; **be ~** zu viel Personal haben; **over·state** [ˌəʊvə'steɪt] *vt* übertreiben, übertrieben darstellen; **over·stay** [ˌəʊvə'steɪ] *vt* überschreiten; **~ one's welcome** zu lange auf Besuch bleiben; **over·step** [ˌəʊvə'step] *vt* überschreiten; **over·sub·scribe** [ˌəʊvəsəb'skraɪb] *vt* (*Aktienemission*) überzeichnen; **oversupply** [ˌəʊvəsə'plaɪ] **I.** *vt* überbeliefern **II.** ['əʊvəsəˌplaɪ] *s* Überangebot *nt*

overt ['əʊvɜ:t] *adj* offen, unverhohlen

over·take [ˌəʊvə'teɪk] **I.** *vt* ❶ einholen; überholen ❷ (*fig*) überraschen; **~n by fear** von Furcht befallen **II.** *vi* (*Br*) überholen; **over·tax** [ˌəʊvə'tæks] *vt* ❶ zu hoch besteuern ❷ (*fig*) zu sehr in Anspruch nehmen; **~ one's strength** sich übernehmen; **over-the-counter** [ˌəʊvəðə'kaʊntə(r)] *adj* ❶ (*Medikamente*) nicht rezeptpflichtig ❷ (FIN) im Freiverkehr erhältlich

over-the-top *adj* übertrieben

over·throw [ˌəʊvə'θrəʊ] **I.** *vt* ❶ besiegen; stürzen, zu Fall bringen ❷ (*Pläne*) umstoßen **II.** ['əʊvəθrəʊ] *s* Niederlage *f;* Sturz *m;* Sieg *m;* **over·time** ['əʊvətaɪm] **I.** *s* ❶ Überstunden *fpl* ❷ (SPORT) Verlängerung *f;* **be on** [*o* **do**] **~** Überstunden machen; **~ pay** Überstundenvergütung *f* **II.** *adv:* **work ~** Überstunden machen; **over·tired** [ˌəʊvə'taɪəd] *adj* übermüdet

over·tone ['əʊvətəʊn] *s* ❶ (MUS) Oberton *m* ❷ (*fig*) Unterton *m*

over·ture ['əʊvətjʊə(r)] *s* ❶ (MUS) Ouvertüre *f* ❷ **~s** Annäherungsversuch *m;* **make ~s to s.o.** Annäherungsversuche bei jdm machen; **peace ~s** Friedensannäherungen *fpl*

over·turn [ˌəʊvəˈtɜːn] **I.** *vt* ❶ umwerfen, -stoßen, -stürzen ❷ (*Regierung*) stürzen **II.** *vi* umkippen; kentern **III.** [ˈəʊvətɜːn] *s* Sturz, Umsturz *m;* **over·value** [ˌəʊvəˈvælju:] *vt* zu hoch einschätzen, überbewerten; **over·view** [ˈəʊvəvju:] *s* Überblick *m;* **over·ween·ing** [ˌəʊvəˈwi:nɪŋ] *adj* überheblich; **over·weight** [ˌəʊvəˈweɪt] **I.** *adj* zu schwer; übergewichtig; **you're ~** Sie haben Übergewicht **II.** [ˈəʊvəweɪt] *s* Übergewicht *nt;* **over·whelm** [ˌəʊvəˈwelm] *vt* ❶ überschütten, überfluten ❷ (*Feind*) überwältigen; besiegen ❸ (*fig*) überschütten, überhäufen; **over·whelm·ing** [ˌəʊvəˈwelmɪŋ] *adj* erschütternd; überwältigend; **an ~ majority** eine erdrückende Mehrheit; **over·work** [ˌəʊvəˈwɜːk] **I.** *vt* ❶ überanstrengen ❷ (*Wort*) zu häufig verwenden; **~ o.s.** sich überarbeiten **II.** *vi* sich überarbeiten **III.** *s* Überarbeitung *f;* **overwrought** [ˌəʊvəˈrɔːt] *adj* überreizt, nervös

ovi·duct [ˈəʊvɪdʌkt] *s* (ANAT) Eileiter *m;* **ovip·ar·ous** [əʊˈvɪpərəs] *adj* (ZOO) Eier legend; **ovu·la·tion** [ˌɒvjʊˈleɪʃn] *s* (PHYSIOL) Follikelsprung *m,* Ovulation *f*

ovum [ˈəʊvəm] <*pl* ova> *s* Ovum *nt,* Eizelle *f*

owe [əʊ] **I.** *vt* ❶ (*Geld*) schulden, schuldig sein (*s.o.* jdm) ❷ (*fig*) verpflichtet sein zu; verdanken (*s.o. s.th.* jdm etw); **how much do I ~ you?** was bin ich schuldig?; **I ~ my life to him** ich verdanke ihm mein Leben; **we ~ nothing to him** wir sind ihm nichts schuldig **II.** *vi:* **~ s.o. for s.th.** jdm Geld für etw schulden; **ow·ing** [ˈəʊɪŋ] **I.** *adj* unbezahlt; **how much is still ~?** wie viel steht noch aus?; **pay what is ~** den ausstehenden Betrag zahlen **II.** *prep:* **~ to** wegen, infolge *+gen;* **~ to the circumstances** umständehalber

owl [aʊl] *s* Eule *f;* **owl·ish** [ˈaʊlɪʃ] *adj* eulenartig

own[1] [əʊn] **I.** *vt* ❶ besitzen, haben ❷ zugeben, zugestehen; anerkennen; **who ~s that?** wem gehört das?; **he ~ed that the claim was justified** er erkannte die Forderung als gerechtfertigt an; **he ~ed himself defeated** er gab sich geschlagen **II.** *vi:* **~ to s.th.** etw eingestehen; etw anerkennen; **~ up** es zugeben; **~ up to s.th.** etw zugeben

own[2] [əʊn] **I.** *adj attr* eigen; **his ~ car** sein eigenes Auto; **he's his ~ man** er geht seinen eigenen Weg; **~ brand goods** Eigenmarkenwaren *fpl;* **~ goal** Eigentor *nt* **II.** *pron:* **that's my ~** das ist mein eigenes; **my time is my ~** ich kann mit meiner Zeit machen, was ich will; **these ideas were his ~** die Ideen stammten von ihm selbst; **I have money of my ~** ich habe selbst Geld; **get one's ~ back on s.o.** es jdm heimzahlen; **all on one's ~** ganz allein; selbst; **on its ~** von selbst, von allein

owner [ˈəʊnə(r)] *s* ❶ Besitzer(in) *m(f),* Eigentümer(in) *m(f)* ❷ (*einer Firma, eines Kontos*) Inhaber(in) *m(f)* ❸ (*eines Hauses, Fahrzeugs a.*) Eigner(in) *m(f);* **at ~'s risk** auf eigene Gefahr; **~-occupied** vom Besitzer bewohnt; **~-occupier** Hauseigentümer *m,* der selbst im Haus wohnt; **owner·less** [-lɪs] *adj* herrenlos; **owner·ship** [-ʃɪp] *s* Besitz *m;* **under new ~** unter neuer Leitung

own label goods *s pl* Eigenmarkenwaren *fpl*

ox [ɒks, *pl* ˈɒksn] <*pl* oxen> *s* Ochse *m*

Ox·bridge [ˈɒksbrɪdʒ] *s die Universitäten von Oxford und Cambridge*

i Land & Leute

Oxbridge ist die oft verwendete Kurzform für die beiden Universitäten Oxford und Cambridge, besonders wenn man sie von den anderen britischen Universitäten unterscheiden möchte. Oxford und Cambridge werden aufgrund ihrer alten Traditionen, ihres ausgezeichneten akademischen Rufs, ihres Einzelunterrichts, ihrer Collegestruktur und der wunderschönen alten Colleges als Eliteuniversitäten betrachtet.

ox cart *s* Ochsenkarren *m*

Ox·ford [ˈɒksfəd] *s:* **~ English** Oxford-Englisch *nt*

ox·ida·tion [ˌɒksɪˈdeɪʃn] *s* (CHEM) Oxydation *f;* **ox·ide** [ˈɒksaɪd] *s* (CHEM) Oxyd *nt;* **oxi·dize** [ˈɒksɪdaɪz] *vt, vi* (CHEM) oxydieren

ox·tail [ˈɒksteɪl] *s* Ochsenschwanz *m;* **oxtail soup** *s* Ochsenschwanzsuppe *f*

oxy·acety·lene [ˌɒksɪəˈsetəli:n] *s* Azetylensauerstoff *m;* **oxyacetylene welding** *s* Autogenschweißen *nt*

oxy·gen [ˈɒksɪdʒən] *s* Sauerstoff *m;* **oxygen cylinder** *s* Sauerstoffflasche *f;* **oxygen mask** *s* Sauerstoffmaske *f;* **oxygen tent** *s* (MED) Sauerstoffzelt *nt*

oy·ster [ˈɔɪstə(r)] *s* Auster *f;* **the world's my ~** die ganze Welt liegt mir zu Füßen; **oyster-bank, oyster-bed** *s* Austernbank *f;* **oy·ster-catcher** [ˈɔɪstəˌkætʃə(r)] *s* (*Wat-*

O

vogel) Austernfischer *m*

ozone ['əʊzəʊn] *s* (CHEM) Ozon *nt;* ~ **depleting substances** ozonschädigende Substanzen; **ozone depletion** *s* Ozonabbau *m;* **ozone layer** *s* Ozonschicht *f;* **depletion of the** ~ Zerstörung *f* der Ozonschicht; **hole in the** ~ Ozonloch *nt*

Pp

P, p [piː] *<pl -'s>* *s* P, p *nt;* **mind one's P's and Q's** sich ordentlich benehmen

PA [ˌpiː'eɪ] *s* ① *Abk. von* **personal assistant** persönliche(r) Assistent(in) *m(f);* Chefsekretär(in) *m(f)* ② *Abk. von* **public address** (**system**) Lautsprecheranlage *f*

pa [pɑː] *s* (*fam*) Papa *m*

p.a. [ˌpiː'eɪ] *Abk. von* **per annum** pro Jahr

pace [peɪs] **I.** *s* ① Schritt *m* ② Gang(art *f*) *m* ③ Tempo *nt* ④ (*Pferd*) Passgang *m;* **at a quick** ~ raschen Schrittes; **at a slow** ~ langsam; **keep** ~ **with** Schritt halten mit; **put s.o. through his** ~**s** jdn auf Herz und Nieren prüfen; **set the** ~ das Tempo angeben; (*fig*) den Ton angeben **II.** *vt* ① durchschreiten ② (~ *out*) abschreiten, (ab)messen ③ das Tempo angeben für **III.** *vi* im Schritt gehen; ~ **up and down** auf- und abgehen; **pace·maker** ['peɪsˌmeɪkə(r)] *s* (SPORT MED) Schrittmacher *m;* **pace-setter** ['peɪsˌsetə(r)] *s* (SPORT) Schrittmacher *m*

pachy·derm ['pækɪdɜːm] *s* (ZOO) Dickhäuter *m*

pa·ci·fic [pə'sɪfɪk] *adj* friedlich, friedfertig, friedliebend; **Pa·ci·fic** [pə'sɪfɪk] *s* (der) Pazifik; **a** ~ **island** eine Insel im Pazifik; **paci·fi·ca·tion** [ˌpæsɪfɪ'keɪʃn] *s* Versöhnung *f;* Befriedung *f;* **paci·fier** ['pæsɪfaɪə(r)] *s* ① Friedensstifter(in) *m(f)* ② (*Am*) Schnuller *m;* **paci·fism** ['pæsɪfɪzəm] *s* Pazifismus *m;* **paci·fist** ['pæsɪfɪst] **I.** *adj* pazifistisch **II.** *s* Pazifist(in) *m(f);*

pac·ify ['pæsɪfaɪ] *vt* ① beruhigen; besänftigen ② (*Völker*) miteinander aussöhnen; (*Gegend*) befrieden

pack [pæk] **I.** *s* ① Packen, Ballen *m,* Bündel *nt* ② Paket *nt;* (*Am: Zigaretten*) Schachtel *f* ③ (*Tiere*) Rudel *nt;* Meute *f* ④ (*pej*) Bande, Meute *f* ⑤ (*Karten*) Spiel *nt* ⑥ (MED: *Kosmetik*) Packung *f* ⑦ (Eis)Scholle *f* ⑧ (*Rugby*) Sturm *m* ⑨ (*back*~) Rucksack *m;* **a** ~ **of lies** lauter Lügen **II.** *vt* ① be-, ver-, einpacken ② (*Koffer*) packen ③ (*Menschen*) zusammendrängen, einpferchen ④ (*Erde*) festdrücken ⑤ (TECH) abdichten ⑥ (*Am*) tragen, (bei sich) haben ⑦ (JUR POL) parteiisch zusammensetzen **III.** *vi* ① (seine Sachen) packen ② (~ *easily*) sich (gut) (ver)packen lassen ③ (*Menschen*) sich drängen; sich zwängen ④ (*Erde, Schnee*) fest werden; **that won't** ~ **into one case** das passt nicht in einen Koffer; **send s.o.** ~**ing** jdn davonjagen; **be** ~**ed out** gerammelt voll sein; **pack away** *vt* wegpacken, wegräumen; **pack in** *vt* ① einpacken ② (*Menschen*) hineinpferchen ③ (*fig*) in großen Mengen anlocken ④ (*Br fam*) aufgeben; hinschmeißen; (*Motor*) stehen bleiben; ~ **it in!** hör auf!; **pack off** *vt* (weg)schicken; **pack up I.** *vt* (*Sachen*) zusammenpacken **II.** *vi* ① packen ② (*fam*) aufhören; (*Motor*) stehen bleiben

pack·age ['pækɪdʒ] **I.** *s* ① Paket *nt;* Packung *f;* Päckchen *nt* ② Karton *m,* Schachtel *f;* **postal** ~ (*Am*) Postpaket *nt* **II.** *vt* ① verpacken ② präsentieren; **package deal** *s* Pauschalangebot *nt;* **package holiday** *s* Pauschalreise *f;* **package store** *s* (*Am*) Spirituosenhandlung *f;* **package tour** *s* Pauschalreise *f;* **packag·ing** [-ɪŋ] *s* ① Verpackung *f* ② Präsentation, Aufmachung *f;* ~ **waste** Verpackungsmüll *m*

packer ['pækə(r)] *s* Packer(in) *m(f)*

packet ['pækɪt] *s* ① (Post)Paket *nt;* Päckchen *nt* ② (*Zigaretten*) Packung *f* ③ (*Briefe*) Stoß *m* ④ (~-*boat*) Passagier-, Postdampfer *m;* **make a** ~ (*Br fam*) eine Stange Geld verdienen; **cost a** ~ (*fam*) ein Heidengeld kosten

pack·ing ['pækɪŋ] *s* ① (~ *and packaging*) Verpackung *f* ② Packmaterial *nt* ③ (TECH) (Ab)Dichtung *f;* **do one's** ~ (*fam*) packen; **packing case** *s* Kiste *f;* Umzugskarton *m;* **packing costs** *s pl* Verpackungskosten *pl;* **packing list** *s* Versandliste *f*

pact [pækt] *s* Vertrag *m,* Abkommen *nt,* Pakt *m;* **make a** ~ einen Vertrag schließen

pad[1] [pæd] *vi* trotten; ~ **about** herumtapsen

pad[2] [pæd] **I.** *s* ① Kissen, Polster *nt* ② Polsterung, Wattierung *f* ③ Füllung, Einlage *f;* Unterlage *f* ④ (ZOO) (Fuß)Ballen *m* ⑤ (*writing*~) Schreibblock *m* ⑥ (*stamp* ~) Stempelkissen *nt* ⑦ (SPORT) Beinschützer *m* ⑧ (*Rakete*) Abschussrampe *f* ⑨ (*sl*) Wohnung, Bude *f* **II.** *vt* ① (aus)polstern, wattieren ② ausstopfen ③ (*Rede*) aufblähen; **pad out** *vt* (*fig*) auffüllen; ausdehnen;

pad·ded ['pædɪd] *adj* wattiert; gepolstert;

~ **cell** Gummizelle *f;* **pad·ding** ['pædɪŋ] *s* ❶ Polsterung, Wattierung *f* ❷ Polstermaterial *nt* ❸ *(fig)* Füller *m*

paddle ['pædl] **I.** *s* ❶ Paddel *nt* ❷ Rührschaufel *f,* -holz *nt* ❸ Schaufel *f;* Schaufelrad *nt;* **go for a ~** im Wasser planschen gehen **II.** *vi* ❶ paddeln ❷ waten; im Wasser planschen **III.** *vt* ❶ *(Boot)* paddeln ❷ *(Am)* schlagen, (ver)prügeln; **paddle boat** *s* Raddampfer *m;* Paddelboot *nt;* **paddle steamer** *s* Raddampfer *m;* **pad·dling pool** ['pædlɪŋ,pu:l] *s* Planschbecken *nt*

pad·dock ['pædək] *s* ❶ Pferdekoppel *f* ❷ *(Pferderennen)* Sattelplatz *m; (Motorsport)* Fahrerlager *nt*

Paddy ['pædɪ] *s (fam: Spitzname)* Ire *m*

paddy¹ ['pædɪ] *s* ❶ ungeschälter Reis ❷ *(~ -field)* Reisfeld *nt*

paddy² ['pædɪ] *s* Wut *f;* **be in a ~** einen Wutanfall haben; **paddy·wagon** *s (Am fam)* grüne Minna

pad·lock ['pædlɒk] **I.** *s* Vorhängeschloss *nt* **II.** *vt* mit einem Vorhängeschloss verschließen

paedia·tric [,pi:dɪ'ætrɪk] **I.** *adj* pädiatrisch **II.** *adj attr* Kinder-; **paedia·tric·ian** [,pi:dɪə'trɪʃn] *s* Kinderarzt *m,* -ärztin *f;* **paedi·at·rics** [,pi:dɪ'ætrɪks] *s pl mit sing* Kinderheilkunde, Pädiatrie *f*

pa·gan ['peɪgən] **I.** *s* Heide *m,* Heidin *f* **II.** *adj* heidnisch; **pa·gan·ism** [-ɪzəm] *s* Heidentum *nt*

page¹ [peɪdʒ] **I.** *s (Buch)* Seite *f,* Blatt *nt;* ~ **view** (INTERNET) Seitenaufruf *m,* Seitenimpression *f* **II.** *vt* paginieren

page² [peɪdʒ] **I.** *s* ❶ (Hotel)Page, Boy *m* ❷ (HIST) Edelknabe, Page *m* **II.** *vt* durch einen Pagen holen lassen; über den Lautsprecher rufen lassen

pag·eant ['pædʒənt] *s* ❶ historische Aufführung ❷ Festzug *m;* **pag·eantry** ['pædʒəntrɪ] *s* Prunk *m,* Pracht *f*

page·boy ['peɪdʒbɔɪ] *s* ❶ Page *m* ❷ *(Frisur)* Pagenkopf *m;* **page proof** *s* umbrochene Korrekturfahne

pa·ger ['peɪdʒə(r)] *s* (TELE) Personenrufgerät *nt,* Piepser *m*

pagi·na·tion [,pædʒɪ'neɪʃn] *s (Buch)* Paginierung *f*

pa·goda [pə'gəʊdə] *s* Pagode *f*

paid [peɪd] **I.** *pt, pp of* **pay II.** *adj* bezahlt; ~ **holidays** bezahlter Urlaub; **put ~ to s.th.** etw zunichte machen; einer S einen Riegel vorschieben; **paid-up** ['peɪd'ʌp] *adj (Aktie)* eingezahlt; *(Mitglieder)* zahlend; **fully ~ member** Mitglied, das alle Beiträge bezahlt hat

pail [peɪl] *s* Eimer, Kübel *m;* **pail·ful** [-fʊl] *s* Eimervoll *m*

pain [peɪn] **I.** *s* ❶ Schmerz(en *pl*) *m* ❷ Leid(en) *nt,* Qual *f* ❸ Kummer *m,* Angst, Sorge *f* ❹ **~s** Mühe *f;* **under** [*o* **(up)on**] **~ of** bei Strafe *+gen;* **be at ~s to do s.th.** sehr darauf bedacht sein etw zu tun; sich große Mühe geben etw zu tun; **be in ~** Schmerzen haben; **feel ~** Schmerzen empfinden; **take ~s over s.th.** sich mit etw (große) Mühe geben; **be a ~ (in the neck)** *(fam)* jdm auf den Geist, Wecker gehen, jdn aufregen **II.** *vt (fig)* schmerzen, weh tun *(s.o.* jdm); **pain barrier** *s (a. fig)* Schmerzgrenze *f;* **pained** [peɪnd] *adj (Stimme, Miene)* gequält; schmerzerfüllt; **pain·ful** ['peɪnfl] *adj* ❶ schmerzhaft, schmerzend ❷ *(fig)* peinlich; unangenehm ❸ mühsam; **be ~** weh tun; **pain·killer** *s* schmerzstillendes Mittel; **pain·less** ['peɪnlɪs] *adj* ❶ schmerzlos ❷ mühelos; **pains·taking** ['peɪnz,teɪkɪŋ] *adj* gewissenhaft, gründlich, sorgfältig

paint [peɪnt] **I.** *vt* ❶ (be)malen; anstreichen; lackieren ❷ schminken ❸ *(fig)* schildern, beschreiben; ~ **the town red** *(fig)* auf den Putz hauen; **he is not as black as he is ~ed** er ist besser als sein Ruf **II.** *vi* malen **III.** *s* ❶ Farbe *f;* Anstrich *m* ❷ (AUTO) Lack *m* ❸ Schminke *f;* **wet ~!** frisch gestrichen; **oil ~s** Ölfarben *fpl;* **paint·box** *s* Malkasten *m;* **paint·brush** ['peɪntbrʌʃ] *s* Pinsel *m;* **painted** ['peɪntɪd] *adj* ❶ ge-, bemalt ❷ *(Am: Tier)* bunt, scheckig; ~ **woman** Flittchen *nt;* **painter** ['peɪntə(r)] *s* ❶ Maler(in) *m(f)* ❷ (AUTO) Lackierer(in) *m(f)* ❸ *(house ~)* Anstreicher(in) *m(f)* ❹ (MAR) Vor-, Fangleine *f;* **paint·ing** ['peɪntɪŋ] *s* ❶ Malen *nt;* Anstreichen *nt* ❷ Spritzlackieren *nt* ❸ Malerei *f* ❹ Bild, Gemälde *nt;* **paint pot** *s* Farbtopf *m;* **paint roller** *s* Rolle *f;* **paint stripper** *s* Abbeizmittel *nt;* **paint·work** ['peɪnt wɜ:k] *s* Lack *m;* Anstrich *m,* Farbe *f*

pair [peə(r)] **I.** *s* ❶ Paar *nt* ❷ *(Tiere, Spielkarten)* Pärchen *nt;* **in ~s** paarweise; **a ~ of gloves/shoes** ein Paar *nt* Handschuhe/Schuhe; **a ~ of scissors/tongs/trousers** eine Schere/Zange/Hose; **that's another ~ of shoes** *(fig)* das ist eine andere Sache; **they're a fine ~!** sie sind ein sauberes Pärchen! **II.** *vt* paarweise anordnen; **pair off I.** *vt* ❶ in Zweiergruppen anordnen ❷ *(Menschen)* verkuppeln **II.** *vi* Paare bilden; **pair·ing** [-ɪŋ] *s* Paarung *f;* **pair-skating** *s* Paarlaufen *nt,* Paarlauf *m*

pa·ja·mas [pə'dʒɑ:məz] *s pl (Am)* Schlafan-

P

zug, Pyjama *m*

Pa·ki·stan [ˌpɑːkɪˈstɑːn] *s* Pakistan *nt;* **Pa·ki·stani** [ˌpɑːkɪˈstɑːnɪ] **I.** *adj* pakistanisch **II.** *s* Pakistani *m f,* Pakistaner(in) *m(f)*

pal [pæl] *s* (*sl*) Kumpel *m;* **be a ~!** sei so lieb!; **pal up** *vi* (*fam*) sich anfreunden (*with* mit)

pal·ace [ˈpælɪs] *s* Palast *m*

pal(a)eo·gra·phy [ˌpælɪˈɒgrəfɪ] *s* Paläographie *f;* **pal(a)eo·lithic** [ˌpælɪəʊˈlɪθɪk] *adj* paläolithisch, altsteinzeitlich; **pal(a)e·on·tol·og·ist** [ˌpælɪɒnˈtɒlədʒɪst] *s* Paläontologe *m;* -login *f;* **pal(a)e·on·tol·ogy** [ˌpælɪɒnˈtɒlədʒɪ] *s* Paläontologie *f*

pal·at·able [ˈpælətəbl] *adj* ❶ schmackhaft ❷ (*fig*) angenehm; **pala·tal** [ˈpælətl] *s* Gaumenlaut *m;* **pal·ate** [ˈpælət] *s* Gaumen *m;* **have no ~ for s.th.** keinen Sinn für etw haben

pa·la·tial [pəˈleɪʃl] *adj* palastartig; stattlich, prächtig

pal·aver [pəˈlɑːvə(r)] *s* (*fam*) (endloses) Gerede, Geschwätz *nt;* Theater *nt*

pale¹ [peɪl] **I.** *adj* ❶ bleich; blass ❷ (*Licht*) schwach ❸ (*fig*) schwach, matt, farblos; **turn ~** blass, bleich werden, erbleichen; **~ blue** blassblau; **~ face** Bleichgesicht *nt* **II.** *vi* ❶ erbleichen, erblassen, die Farbe verlieren ❷ (*fig*) verblassen (*before, beside* neben)

pale² [peɪl] *s* Pfahl *m;* **beyond the ~** indiskutabel; (*Verhalten*) unmöglich

pale·ness [ˈpeɪlnɪs] *s* Blässe *f*

paleo- Paläo-, paläo-

Pal·es·tine [ˈpælɪstaɪn] *s* Palästina *nt;* **~ Liberation Organisation, PLO** Palästinensische Befreiungsorganisation; **Pal·es·tin·ian** [ˌpæləˈstɪnɪən] **I.** *adj* palästinensisch *f* **II.** *s* Palästinenser(in) *m(f)*

pal·ette [ˈpælɪt] *s* ❶ Palette *f* ❷ (*fig*) Farbskala *f*

pali·mo·ny [ˈpælɪmənɪ] *s* (*Am*) Unterhaltszahlung *f* (*bei der Auflösung einer Ehe ohne Trauschein*)

pali·sade [ˌpælɪˈseɪd] **I.** *s* ❶ Palisade *f* ❷ **~s** (*Am*) Flussklippen *fpl* **II.** *vt* einzäunen

pall¹ [pɔːl] *vi* langweilig werden (*on, upon s.o.* jdm), überdrüssig werden (*with s.th.* einer S), reizlos sein (*on* für); **his charm is beginning to ~** seine Fassade bröckelt ab; **it never ~s on you** man bekommt es nie satt

pall² [pɔːl] *s* ❶ Leichentuch *nt* ❷ (*Rauch*) Schleier *m;* **pall·bearer** [ˈpɔːlˌbeərə(r)] *s* Sargträger(in) *m(f)*

pal·let [ˈpælɪt] *s* ❶ (TECH) Palette *f* ❷ Strohsack *m*

pal·li·ative [ˈpælɪətɪv] *adj* ❶ lindernd ❷ (*fig*) beschönigend

pal·lid [ˈpælɪd] *adj* blass, bleich; **pal·lor** [ˈpælə(r)] *s* Blässe *f*

pally [ˈpælɪ] *adj* (*fam*) eng befreundet

palm¹ [pɑːm] *s* Palme *f;* Palmzweig *m;* **carry off the ~** den Sieg davontragen

palm² [pɑːm] *s* (ANAT) Handteller *m,* Handfläche *f;* (*Handschuh*) Innenfläche *f;* **grease s.o.'s ~** jdn bestechen; **read s.o.'s ~** jdm aus der Hand lesen; **palm off** *vt* abspeisen; **~ s.th. off on(to) s.o.** jdm etw andrehen

palm·ist [ˈpɑːmɪst] *s* Handleser(in) *m(f),* Handliniendeuter(in) *m(f)*

palm leaf [ˈpɑːmˌliːf] <*pl* -leaves> *s* Palmwedel *m*

palm-size *adj* handflächengroß; **palm-size PC** *s* Palmtop *m,* Taschencomputer *m*

Palm Sunday *s* Palmsonntag *m*

palm·top [ˈpɑːmˌtɒp] *s* Palmtop *m,* Taschencomputer *m*

palm tree *s* Palme *f*

pal·pable [ˈpælpəbl] *adj* ❶ greifbar; (MED) tastbar ❷ (*fig: Lüge*) offensichtlich

pal·pi·tate [ˈpælpɪteɪt] *vi* zittern; (*Herz*) klopfen; **pal·pi·ta·tion** [ˌpælpɪˈteɪʃn] *s oft pl* Herzrhythmusstörung *f*

palsy [ˈpɔːlzɪ] *s* Lähmung *f;* **cerebral ~** zerebrale Lähmung

palsy-walsy [ˈpælzɪˈwælzɪ] *adj* (*sl*) scheißfreundlich

pal·try [ˈpɔːltrɪ] *adj* schäbig; (*Grund*) unbedeutend

pam·pas [ˈpæmpəs] *s pl* Pampas *pl*

pam·per [ˈpæmpə(r)] *vt* verwöhnen, verhätscheln

pamph·let [ˈpæmflɪt] *s* Broschüre *f;* Flugblatt *nt*

pan¹ [pæn] **I.** *s* ❶ Pfanne *f;* Kochtopf *m* ❷ Waagschale *f;* Goldpfanne *f* ❸ (*Toilette*) Becken *nt* **II.** *vt* ❶ (*Gold*) waschen ❷ (*fam: Aufführung*) verreißen

pan out *vi* sich entwickeln; **~ well** klappen

pan² [pæn] **I.** *s* Kameraschwenk *m* **II.** *vt* schwenken

pana·cea [ˌpænəˈsɪə] *s* Allheilmittel *nt*

pa·nache [pəˈnæʃ] *s* Schwung *m*

Pana·ma [ˌpænəˈmɑː] *s* Panama *nt;* **~ Canal** Panamakanal *m;* **Pana·manian** [ˌpænəˈmeɪnɪən] **I.** *adj* panamaisch **II.** *s* Panamaer(in) *m(f),* Panamese *m,* Panamesin *f*

Pan-Ameri·can [ˈpænəˈmerɪkən] *adj* panamerikanisch

pana·tel·la [ˌpænəˈtelə] *s* dünne Zigarre

pan·cake [ˈpænkeɪk] **I.** *s* Pfannkuchen *m;* **Pancake Day** Fastnachtsdienstag *m* **II.** *vi*

(*Flugzeug*) eine Bauchlandung machen

i Land & Leute

Der **Pancake Day** oder *Shrove Tuesday* (Fastnachtsdienstag) ist der Tag vor dem *Ash Wednesday* (Aschermittwoch). Man isst Pfannkuchen, weil es früher üblich war, noch alle Eier im Haus aufzubrauchen, bevor die Fastenzeit (Lent) begann.

pan·creas ['pæŋkrɪəs] *s* (ANAT) Bauchspeicheldrüse *f;* **pan·cre·atic** [,pæŋkrɪ'ætɪk] *adj* Bauchspeicheldrüsen-, pankreatisch

panda ['pændə] *s* Panda *m;* **panda car** *s* (*Br*) Streifenwagen *m*

pan·de·mo·nium [,pændɪ'məʊnɪəm] *s* (*fig*) Chaos *nt;* Tumult, Höllenlärm *m*

pan·der ['pændə(r)] **I.** *s* (*obs*) Kuppler *m* **II.** *vi* nachgeben (*to s.o., s.th.* jdm, einer S); ~ **to s.o.'s ego** jdm um den Bart gehen

p and p [,piːən'piː] *s s.* **postage and packing** Porto und Verpackung

pane [peɪn] *s* Fensterscheibe *f*

panel ['pænl] **I.** *s* ❶ (ARCH) (Holz)Platte, Tafel *f* ❷ (*Wand, Tür*) Füllung *f* ❸ (*Kleid*) Bahn *f* ❹ (*Kunst*) Tafel *f;* Tafelbild *nt* ❺ (*Flugzeug*) Verschalungsteil *nt;* (*Auto*) Karosserieteil *nt* ❻ (*instrument* ~) Schalttafel *f;* (AUTO) Armaturenbrett *nt* ❼ Ausschuss *m,* Kommission *f* ❽ (JUR) Geschworenenliste *f;* Geschworene, Schöffen *mpl* ❾ (HIST) Liste *f* der Kassenärzte ❿ Diskussionsgruppe *f,* Forum *nt* ⓫ (*Meinungsforschung*) Befragtengruppe *f;* **advisory** ~ beratender Ausschuss; **consumer** ~ Verbraucherpanel *nt,* Verbrauchertestgruppe *f;* ~ **of experts** Sachverständigenausschuss *m* **II.** *vt* täfeln (*with* mit); **panel beater** *s* Autoschlosser(in) *m(f);* **panel discussion** *s* Podiumsdiskussion *f;* **panel game** *s* Ratespiel *nt;* **panel·ing** *s* (*Am*) *s.* **panelling;** **panel·ist** *s* (*Am*) *s.* **panellist;** **panell·ing** [-ɪŋ] *s* Täfeln *nt;* Täfelung *f;* Verschalung *f;* **panel·list** [-ɪst] *s* Diskussionsteilnehmer(in) *m(f)*

pang [pæŋ] *s* ❶ stechender, heftiger Schmerz ❷ (*fig*) plötzliche Angst, Beklemmung *f;* ~**s of conscience** Gewissensbisse *mpl*

pan·handle ['pænhændl] **I.** *s* ❶ Pfannenstiel *m* ❷ (*Am*) Landzipfel *m* **II.** *vi* (*Am fam*) schnorren; **pan·handler** ['pænhændlə(r)] *s* Schnorrer(in) *m(f)*

pan·ic ['pænɪk] <panicking, panicked> **I.** *s* Panik *f;* panischer Schreck(en); **get into a ~ about s.th.** wegen etw in panische Angst geraten **II.** *vt* ❶ einen Schreck einjagen (*s.o.* jdm) ❷ (*Am sl*) zum Lachen bringen **III.** *vi* in Panik geraten; **don't ~!** keine Panik!; **pan·icky** ['pænɪkɪ] *adj* (*fam*) äußerst ängstlich; (*Reaktion, Maßnahme*) Kurzschluss-; **get ~** in Panik geraten; **panic-stricken** ['pænɪk,strɪkən] *adj* in panischem Schrecken

pan·nier ['pænɪə(r)] *s* großer Korb; (*an Fahrrad*) Satteltasche *f;* (*für Maultier*) Tragkorb *m*

pan·jan·drum [pæn'dʒændrəm] *s* aufgeblasene, höher gestellte Person

pan·or·ama [,pænə'rɑːmə] *s* ❶ Panorama *nt,* Rundblick *m* ❷ (*fig*) Panorama *nt,* (gute) Übersicht *f* (*of* über); **pan·or·amic** [,pænə'ræmɪk] *adj* panoramaartig; (AUTO) Rundsicht-; ~ **shot** (PHOT) Panoramaaufnahme *f*

pan·pipes ['pænpaɪps] *s pl* Panflöte *f*

pansy ['pænzɪ] *s* ❶ (*Gartenblume*) Stiefmütterchen *nt* ❷ (*sl pej*) Schwule(r), Süße(r) *m*

pant [pænt] **I.** *vi* ❶ keuchen ❷ (~ *for breath*) nach Luft schnappen; **be ~ing to do s.th.** darauf brennen etw zu tun **II.** *vt* (keuchend) hervorstoßen **III.** *s* Keuchen *nt*

pan·tech·ni·con [pæn'teknɪkən] *s* (großer) Möbelwagen *m*

pan·the·ism ['pænθɪɪzəm] *s* Pantheismus *m;* **pan·the·ist** ['pænθɪɪst] *s* Pantheist(in) *m(f);* **pan·the·istic** [,pənθɪ'ɪstɪk] *adj* pantheistisch

pan·ther ['pænθə(r)] *s* Panther *m*

pan·ties ['pæntɪz] *s pl* ❶ (Damen)Schlüpfer *m* ❷ Kinderhöschen *nt*

pan·to·mime ['pæntəmaɪm] *s* (*in Großbritannien*) Weihnachtsaufführung *f*

i Land & Leute

Unter einer **pantomime** versteht man eine Weihnachtsshow, die auf eine der bekannten Kindergeschichten wie z. B. *Cinderella, Aladdin* oder *Dick Whittington* basiert. Der Held der Show, der *principal boy,* wird immer von einem Mädchen gespielt und neben der Geschichte gibt es Lieder, Tanzeinlagen und andere Aufführungen. Der Begriff **pantomime** bedeutet wörtlich ‚einer, der alles nachmacht'.

pan·try ['pæntrɪ] *s* Vorrats-, Speisekammer *f*

pants [pænts] **I.** *s pl* ❶ (*Am*) Hose *f* ❷ (*Br*) Unterhose *f;* **wear the ~** (*Am*) die Hosen anhaben **II.** *adj* ❶ (*sl: useless*) zu nichts zu gebrauchen, kann man vergessen ❷ (*sl: stupid*) bescheuert, behämmert

? Grammatik

pants = Unterhose (*Br*), Hose (*Am*), wird im Plural gebraucht: *Where are my new pants?*
Aber **a pair of pants** wird im Singular gebraucht: *Here is your new pair of pants.*

pant·suit ['pæntsu:t] *s* (*Am*) Hosenanzug *m*
panty girdle ['pæntɪˌgɜ:dl] *s* Miederhöschen *nt;* **panty·hose** *s* (*Am*) Strumpfhose *f;* **panty liner** *s* Slipeinlage *f;* **panty set** *s* Garnitur *f* Unterwäsche
pap [pæp] *s* Brei *m*
pa·pacy ['peɪpəsɪ] *s* Papsttum *nt;* **pa·pal** ['peɪpl] *adj* päpstlich
pa·pa·ya [pə'paɪə] *s* Papaya *f*
pa·per ['peɪpə(r)] **I.** *s* ❶ Papier *nt* ❷ Zeitung *f* ❸ Aufsatz *m,* Abhandlung *f,* Vortrag *m* (*on* über) ❹ (*examination* ~) Prüfungsarbeit *f* ❺ (*wall* ~) Tapete *f* ❻ ~**s** (Ausweis-, Legitimations)Papiere *ntpl* ❼ ~**s** Akten *fpl,* Papiere *ntpl;* **on** ~ auf dem Papier; (*fig*) in der Theorie; **commit to** ~ zu Papier bringen, schriftlich niederlegen; **do a** ~ **round** Zeitungen austragen; **ballot** [*o* **voting**] ~ Stimm-, Wahlzettel *m;* **blotting** ~ Löschblatt *nt;* **brown** ~ Packpapier *nt;* **daily/evening/sports** ~ Tages-/Abend-/Sportzeitung *f;* **sheet of** ~ Blatt *nt* Papier; **Sunday** ~ Sonntagsblatt *nt;* **waste** ~ Altpapier *nt;* **weekly** ~ Wochenblatt *nt;* **white** ~ (POL) Weißbuch *nt;* **wrapping** ~ Packpapier *nt;* **writing** ~ Schreibpapier *nt* **II.** *vt* tapezieren; ~ **over** überkleben; ~ **over the cracks of s.th.** (*fig*) etw übertünchen; **pa·per·back** ['peɪpəbæk] *s* Taschenbuch *nt;* **paper bag** *s* Tüte *f;* **paper·boy** *s* Zeitungsjunge *m;* **paper chain** *s* Girlande *f;* **paper chase** *s* Schnitzeljagd *f;* **paper·clip** *s* Büroklammer *f;* **paper cup** *s* Pappbecher *m;* **paper feed** *s* (*Drucker*) Papiereinzug *m;* **paper jam** *s* (*Drucker*) Papierstau *m;* **paper·knife** <*pl* -knives> *s* Brieföffner *m;* **paper-mill** *s* Papierfabrik *f;* **paper millionaire** *s* Aktienmillionär(in) *m(f);* **paper money** *s* Papiergeld *nt;* **paper plate** *s* Pappteller *m;* **paper profit** *s* Buchgewinn *m,* rechnerischer Gewinn; **paper pusher** *s* (*pej*) Bürohengst *m;* **paper tape** *s* Lochstreifen *m;* **paper-thin** *adj* hauchdünn; **paper tiger** *s* Papiertiger *m;* **paper tissue** *s* Kosmetiktuch *nt;* **paper tray** *s* (INFORM) Papierschacht *m;* **paper·weight** ['peɪpəweɪt] *s* Briefbeschwerer *m;* **paper·work** ['peɪpəwɜ:k] *s* Schreibarbeit *f*
papier-mâché [ˌpæpɪeɪ'mæʃeɪ, ˌpeɪpəmə'ʃeɪ] *s* Papier-, Pappmachee *nt*
pa·pist ['peɪpɪst] *s* (*pej*) Papist(in) *m(f)*
pa·poose [pə'pu:s] *s* ❶ Indianerkind *nt* ❷ Rückentrage *f* für ein Kleinkind
pap·rika ['pæprɪkə, pə'pri:kə] *s* Paprika *m*
pa·py·rus [pə'paɪərəs, *pl* -rəsɪz, -raɪ] <*pl* -ruses, -ri> *s* ❶ Papyrus *m* ❷ Papyrusstaude *f*
par [pɑ:(r)] *s* ❶ (FIN) Nennwert *m* ❷ (*Golf*) Par *m;* **above** ~ über pari; (*fig*) überdurchschnittlich, überragend; **at** ~ al pari; zum Nennwert; **below** ~ unter pari; (*fig*) unter Niveau; **on a** ~ **with** auf gleicher Stufe mit; ebenbürtig; **up to** ~ (*fig*) auf der Höhe; **I don't feel up to** ~**, I feel below** ~ ich fühle mich nicht wohl
par·able ['pærəbl] *s* Gleichnis *nt,* Parabel *f*
par·ab·ola [pə'ræbələ] *s* (MATH) Parabel *f*
para·bolic [ˌpærə'bɒlɪk] *adj* gleichnishaft, allegorisch; ~ **mirror** Parabolspiegel *m*
para·chute ['pærəʃu:t] **I.** *s* Fallschirm *m;* **golden** ~ großzügige Entlassungsabfindung **II.** *vt* (mit dem Fallschirm) abwerfen, absetzen **III.** *vi* abspringen; **parachute drop** *s* Fallschirmabwurf *m;* **parachute jump** *s* Fallschirmabsprung *m;* **parachute jumper** *s* Fallschirmspringer(in) *m(f);* **parachute regiment** *s* Fallschirmjägertruppe *f;* **para·chut·ist** ['pærəʃu:tɪst] *s* Fallschirmspringer(in) *m(f)*
par·ade [pə'reɪd] **I.** *s* ❶ (Truppen)Parade *f* ❷ (~-*ground*) Exerzier-, Paradeplatz *m* ❸ Auf-, Festzug *m;* Demonstration *f;* Prozession *f* ❹ (*fashion* ~) Modenschau *f* ❺ Promenade *f* (*am Meer*) ❻ (*fig*) Zurschaustellung *f* **II.** *vt* ❶ aufmarschieren lassen ❷ (*fig*) zur Schau stellen **III.** *vi* ❶ eine Demonstration veranstalten ❷ (MIL) aufmarschieren ❸ herumstolzieren
para·digm ['pærədaɪm] *s* (Muster)Beispiel *nt;* **para·dig·matic** [ˌpærədɪg'mætɪk] *adj* exemplarisch
para·dise ['pærədaɪs] *s* (das) Paradies; **live in a fool's** ~ sich etw vormachen; **para·disiac(al)** [ˌpærə'dɪsɪæk, ˌpærədɪ'zaɪəkl] *adj* paradiesisch
para·dox ['pærədɒks] *s* Paradox(on) *nt;* **para·doxi·cal** [ˌpærə'dɒksɪkl] *adj* paradox, widersinnig; **para·doxi·cal·ly** [-ɪ] *adv* paradoxerweise
par·af·fin ['pærəfɪn] *s* ❶ (*Am:* ~ *wax*) Paraf-

fin *nt* ❷ (*Br:* ~ *oil*) Paraffinöl *nt*

para·glid·ing ['pærə,glaɪdɪŋ] *s* Paragliding *nt*

para·gon ['pærəgən, *Am* 'pærəgɒn] *s* Vorbild, Muster *nt;* ~ **of virtue** Musterknabe *m*

para·graph ['pærəgrɑ:f, *Am* 'pærə græf] **I.** *s* ❶ Absatz, Abschnitt *m* ❷ (kurzer) Zeitungsartikel *m* **II.** *vt* in Absätze, Paragraphen einteilen

Pa·ra·guay ['pærəgwaɪ] *s* Paraguay *nt;* **Pa·ra·gua·yan** [,pærə'gwaɪən] **I.** *adj* paraguayisch **II.** *s* Paraguayer(in) *m(f)*

para·keet ['pærəki:t] *s* Sittich *m*

par·al·lel ['pærəlel] **I.** *adj* ❶ (MATH) parallel (*with, to* mit) ❷ (*fig*) gleichlaufend (*to, with* zu, mit), entsprechend (*to s.th.* einer S); ~ **connection** (ELEK) Parallelschaltung *f;* **a** ~ **case** ein Parallelfall *m* **II.** *s* ❶ (*a. fig*) Parallele *f* (*to* zu) ❷ (*fig*) Entsprechung *f* ❸ (GEOG: ~ *of latitude*) Breitenkreis *m;* **without** ~ unvergleichlich; **be without (a)** ~ einzig dastehen, keine Parallele haben; **draw a** ~ **between** eine Parallele ziehen zwischen **III.** *vt* gleichen (*s.th.* einer S); **parallel bars** *s pl* (SPORT) Barren *m;* **par·al·lel·ism** [-ɪzəm] *s* Parallelität *f;* (*fig*) Ähnlichkeit *f;* **par·al·lelo·gram** [,pærə'leləgræm] *s* Parallelogramm *nt*

Para·lym·pic Games, Para·lym·pics [,pærəlɪmpɪk'geɪmz, ,pærə'lɪmpɪks] *s* Behinderten-Wettspiele *f*

para·lyse ['pærəlaɪz] *vt* ❶ lähmen ❷ (*Verkehr*) lahmlegen ❸ (*fig*) zum Erliegen bringen; unwirksam machen; ~**d with fear** starr vor Schrecken; **par·al·ysis** [pə'ræləsɪs] *s* Lähmung *f;* **para·lyt·ic** [,pærə'lɪtɪk] **I.** *adj* ❶ paralytisch; gelähmt ❷ (*fam*) volltrunken **II.** *s* Gelähmte(r) *f m,* Paralytiker(in) *m(f);* **para·lyze** (*Am*) *s.* **paralyse**

para·med·ic [,pærə'medɪk] *s* Sanitäter(in) *m(f)*

par·ameter [pə'ræmɪtə(r)] *s* ❶ (MATH) Parameter *m* ❷ ~**s** (*fig*) Rahmen *m;* **parametric programming** *s* parametrische Programmierung

para·mili·tary [,pærə'mɪlɪtrɪ] *adj* paramilitärisch

para·mount ['pærəmaʊnt] *adj* wichtigste(r, s), höchste(r, s), größte(r, s); **of** ~ **importance** von größter Wichtigkeit

para·noia [,pærə'nɔɪə] *s* Verfolgungswahn *m;* **para·noiac** [,pærə'nɔɪæk] **I.** *adj* paranoisch **II.** *s* Paranoiker(in) *m(f);* **para·noid** ['pærənɔɪd] *adj* paranoid

para·pet ['pærəpɪt] *s* (Brücken-, Balkon)Geländer *nt*

para·pher·nalia [,pærəfə'neɪlɪə] *s pl* Kinkerlitzchen *ntpl,* Brimborium, Drum und Dran *nt*

para·phrase ['pærəfreɪz] **I.** *s* Umschreibung *f* **II.** *vt* umschreiben

para·plegia [,pærə'pli:dʒə] *s* Querschnittslähmung *f;* **para·plegic** [,pærə'pli:dʒɪk] **I.** *adj* querschnittsgelähmt **II.** *s* Querschnittsgelähmte(r) *f m*

para·psy·chol·ogy [,pærəsaɪ'kɒlədʒɪ] *s* Parapsychologie *f*

paras ['pærəz] *s pl* (*fam*) Fallschirmtruppen *fpl*

para·site ['pærəsaɪt] *s* (BIOL) Schmarotzer *m;* (*a. fig*) Parasit *m;* **para·sitic(al)** [,pærə'sɪtɪk(l)] *adj* ❶ (BIOL) parasitisch ❷ (MED TECH) parasitär

para·ski·ing [,pærə ski:ɪŋ] *s* Paraskifahren *nt*

para·sol ['pærəsɒl] *s* Sonnenschirm *m*

para·trooper ['pærətru:pə(r)] *s* Fallschirmjäger *m;* **para·troops** ['pærətru:ps] *s pl* Fallschirm-, Luftlandetruppen *fpl*

para·typhoid [,pærə'taɪfɔɪd] *s* (MED: ~ *fever*) Paratyphus *m*

par·boil ['pɑ:bɔɪl] *vt* ankochen, halbgar kochen

par·cel ['pɑ:sl] *s* ❶ Paket, Päckchen *nt* ❷ (*Land*) Parzelle *f;* **part and** ~ ein wesentlicher Bestandteil; ~ **of land** Landparzelle *f;* ~ **of shares** Aktienpaket *nt;* **parcel out** *vt* aufteilen; **parcel up** *vt* als Paket verpacken; **parcel delivery** *s* Paketzustellung *f;* **parcel office** *s* Paketschalter *m;* **parcel post** *s* Paketpost *f;* **send by** ~ als Postpaket schicken

parch [pɑ:tʃ] *vt* austrocknen; **be** ~**ed (with thirst)** vor Durst verschmachten

parch·ment ['pɑ:tʃmənt] *s* Pergament *nt*

pard [pɑ:(r)d] *s* (*Am sl*) Partner, Kumpel *m*

par·don ['pɑ:dn] **I.** *vt* ❶ (JUR) begnadigen ❷ vergeben, verzeihen (*s.o.* jdm); ~ **me!** Entschuldigung!; ~ **me?** wie bitte? **II.** *s* ❶ Verzeihung, Vergebung *f* ❷ (JUR) Begnadigung *f;* **I beg your** ~**!** Entschuldigung!; **I beg your** ~**?** wie bitte?; **par·don·able** ['pɑ:dnəbl] *adj* verzeihlich, entschuldbar

pare [peə(r)] *vt* ❶ (*Obst*) schälen ❷ (*Nägel*) schneiden ❸ (~ *down*) kürzen, reduzieren

par·ent ['peərənt] *s* ❶ Elternteil *m* ❷ (*fig*) Vorläufer *m* ❸ ~**s** Eltern *pl;* ~**s-in-law** Schwiegereltern *pl;* **par·ent·age** ['peərəntɪdʒ] *s* Abstammung, Herkunft *f;* **par·en·tal** [pə'rentl] **I.** *adj* elterlich **II.** *adj attr, adj* Eltern-; **parental leave** *s* Mutter-/Vaterschaftsurlaub *m*

P

parent company *s* Muttergesellschaft *f*
par·en·thesis [pə'renθəsɪs, *pl* -əsi:z] <*pl* -eses> *s* ❶ Einschaltung (*im Text*), Parenthese *f;* Zwischenbemerkung *f* ❷ **parentheses** (*Am*) Klammern *fpl*
par·ent·hood ['peərənthʊd] *s* Elternschaft *f;* **par·ent·less** ['peərəntlɪs] *adj* elternlos; **parent ship** *s* Mutterschiff *nt*
pa·riah [pə'raɪə, 'pærɪə] *s* ❶ (REL) Paria *m* ❷ (*fig*) Ausgestoßene(r) *f m*
par·ing ['peərɪŋ] *s* ❶ Schälen *nt* ❷ **~s** Abfall *m,* Schnitzel *mpl*
par·ish ['pærɪʃ] *s* ❶ (Pfarr-, Kirchen)Gemeinde *f* ❷ (*civil* ~) (Land)Gemeinde *f;* **par·ishioner** [pə'rɪʃənə(r)] *s* Gemeindemitglied *nt;* **parish register** *s* Kirchenbuch *nt*
par·ity ['pærətɪ] *s* ❶ Gleichheit, Gleichberechtigung *f* ❷ Gleichwertigkeit *f* ❸ (FIN) (Währungs)Parität *f;* ~ **of treatment** Gleichstellung *f;* ~ **of pay** Lohngleichheit *f;* **parity change** *s* (FIN) Wechselkursänderung *f;* **parity re·alignment** *s* (FIN) Neuordnung *f* der Wechselkursparitäten
park [pɑ:k] **I.** *s* ❶ Park *m* ❷ Naturpark *m,* -schutzgebiet *nt* ❸ Sportplatz *m* ❹ (MIL) Arsenal *nt;* **national** ~ Nationalpark *m* **II.** *vt* ❶ parken; abstellen; (*Fahrrad*) abstellen ❷ (*fig fam*) abstellen; ~ **o.s.** (*fam*) sich platzieren; **I'm ~ed over there** ich habe da drüben geparkt **III.** *vi* parken; ~ **and ride system** Park-and-ride-System *nt*
parka ['pɑ:kə] *s* Parka *m*
park·ing ['pɑ:kɪŋ] *s* ❶ Parken *nt* ❷ Parkraum *m;* **no** ~ Parken verboten; **parking area** *s* Parkplatz *m;* **parking bay** *s* Parkbucht *f;* **parking disc** *s* Parkscheibe *f;* **parking level** *s* Parkdeck *nt;* **parking lights** *s pl* (AUTO) Standlicht *nt;* **parking lot** *s* Parkplatz *m;* **parking meter** *s* Parkuhr *f;* **parking offender** *s* Falschparker *m;* **parking ticket** *s* Strafzettel *m* (*für falsches Parken*)
park·keeper ['pɑ:kki:pə(r)] *s* Parkwächter(in) *m(f)*
park·way ['pɑ:kweɪ] *s* (*Am*) Allee *f*
parky ['pɑ:kɪ] *adj* (*Br fam*) kühl
par·lance ['pɑ:ləns] *s* Rede-, Sprechweise *f;* **in legal** ~ in der Rechtssprache
par·ley ['pɑ:lɪ] **I.** *vi* unter-, verhandeln **II.** *s* Verhandlung *f;* **peace ~s** Friedensverhandlungen *fpl*
par·lia·ment ['pɑ:ləmənt] *s* Parlament *nt;* **enter** [*o* **go into**] **Parliament** ins Parlament gewählt werden; **stand for Parliament** für das Unterhaus kandidieren; **Member of Parliament** Parlamentsmitglied *nt*

i Land & Leute

Das **Parliament** besteht nach der britischen Verfassung aus den beiden *Houses of Parliament* und der *Queen.* Die zwei *Houses of Parliament* befinden sich im *Palace of Westminster* in London. Das Unterhaus, das vom Volk gewählt wird, und das die meisten der Minister stellt, heißt das *House of Commons.* Seine Abgeordneten heißen *members of parliament* oder *MPs.* Das Oberhaus, das *House of Lords,* kann nur bedingt Gesetze verabschieden. Die Abgeordneten, die *peers of the realm,* lassen sich in drei Gruppen einteilen. Einige haben aufgrund ihres Amtes, entweder als Richter, die *law lords,* oder als Bischöfe der anglikanischen Kirche, der *Church of England,* einen Sitz im Oberhaus. Einige werden auf Lebenszeit als *life peers* ernannt und wieder andere haben ihren Sitz mit ihrem Adelstitel geerbt. Ein Ausschuss von Richtern des *House of Lords* ist in den meisten Belangen das höchste Gericht im Vereinigten Königreich.

par·lia·men·tarian [,pɑ:ləmən'teərɪən] *s* Parlamentarier(in) *m(f);* **par·lia·men·tary** [,pɑ:lə'mentrɪ] *adj* parlamentarisch; ~ **elections** Parlamentswahl *f;* ~ **party** Fraktion *f*
par·lor (*Am*), **par·lour** ['pɑ:lə(r)] *s* Salon *m,* Wohnzimmer *nt;* **beauty** ~ (*Am*) Schönheitssalon *m;* **ice-cream** ~ Eisdiele *f;* **parlo(u)r game** *s* Gesellschaftsspiel *nt;* **parlo(u)r-maid** *s* (*Br*) Dienstmädchen *nt*
par·ochial [pə'rəʊkɪəl] *adj* ❶ Gemeinde-, Pfarr- ❷ (*fig*) beschränkt, engstirnig; **par·ochial·ism** [-ɪzəm] *s* (*fig*) Engstirnigkeit *f;* **parochial school** *s* (*Am*) Konfessionsschule *f*
pa·rod·ic [pə'rɒdɪk] *adj* parodistisch; **paro·dist** ['pærədɪst] *s* Parodist(in) *m(f);* **paro·dy** ['pærədɪ] **I.** *s* ❶ Parodie *f* (*of* auf) ❷ schwache Nachahmung, Abklatsch *m* **II.** *vt* parodieren
pa·role [pə'rəʊl] **I.** *s* (JUR) bedingte Entlassung (*aus der Strafhaft*), Bewährung *f;* **on** ~ auf Bewährung **II.** *vt* (JUR) bedingt entlassen; auf Bewährung entlassen
par·ox·ysm ['pærəksɪzəm] *s* Anfall *m;* **~s of laughter** ein Lachkrampf *m*
par·quet ['pɑ:keɪ, *Am* pɑ:r'keɪ] *s* (*a.* THEAT)

Parkett *nt*

par·ri·cide ['pærɪsaɪd] *s* ❶ Vater-, Muttermörder(in) *m(f)* ❷ Vater-, Muttermord *m*

par·rot ['pærət] **I.** *s* Papagei *m* **II.** *vt* nachplappern; **repeat s.th. ~ fashion** etw wie ein Papagei wiederholen; **parrot fever** *s* Papageienkrankheit *f*

parry ['pærɪ] **I.** *vt* ❶ abwehren, parieren ❷ (*Frage*) ausweichen (*s.th.* einer S) **II.** *s* ❶ Abwehr *f* ❷ Parade *f*

parse [pɑːz] *vt* (GRAM: *Satz*) zerlegen, analysieren, (zer)gliedern; (*Wort*) grammatisch definieren

par·si·moni·ous [ˌpɑːsɪ'məʊnɪəs] *adj* geizig, knauserig (*of* mit); **par·si·mony** ['pɑːsɪmənɪ, *Am* 'pɑːsɪməʊnɪ] *s* Geiz *m*, Knauserigkeit *f*

pars·ley ['pɑːslɪ] *s* Petersilie *f*

pars·nip ['pɑːsnɪp] *s* Pastinake *f*

par·son ['pɑːsn] *s* Pfarrer *m*; **par·son·age** ['pɑːsnɪdʒ] *s* Pfarrhaus *nt*; **parson's nose** *s* Bürzel *m*

part [pɑːt] **I.** *s* ❶ Teil *m* ❷ Stück *nt* (*eines Ganzen*) ❸ Anteil *m*; Abschnitt, Teil *m* ❹ (TECH) Teil, Bauteil *nt* ❺ (*Serie*) Folge, Fortsetzung *f* ❻ (*Buch*) Lieferung *f* ❼ (THEAT) Rolle *f* ❽ (MUS) Stimme, Partie *f* ❾ Seite, Partei *f* ❿ **~s** Gegend *f*, Gebiet *nt*, Bezirk *m* ⓫ (*Am*) Scheitel *m* ⓬ **~s** Geschlechtsteile *ntpl*; **the greater ~** der größte Teil, die Mehrheit; **the nice ~ of it is** das Nette daran ist; **I lost ~ of it** ich habe einen Teil davon verloren; **for the most ~** meist(ens), größten-, meistenteils; **for my ~** meinerseits, was mich betrifft; **in ~s** teilweise, teils, zum Teil; teil-; **in equal ~s** zu gleichen Teilen; **in these ~s** in dieser Gegend; **on the ~ of** vonseiten, seitens; **be ~ and parcel of s.th.** von etw ein wesentlicher Bestandteil sein; **play** [*o* **take**] **a ~** eine Rolle spielen; **take ~** teilnehmen; sich beteiligen (*in* an); **take s.o.'s ~** für jdn, jds Partei ergreifen; **take s.th. in good ~** etw nicht übelnehmen; **take in ~ exchange** in Zahlung nehmen; **constituent ~s** Bestandteile *mpl*; **leading ~** Hauptrolle *f*; **a man of (many) ~s** ein begabter, vielseitiger Mensch; **spare ~** Ersatzteil *nt*; **~ of the body** Körperteil *m*; **~ of the country** Gegend *f*; **~ of speech** (GRAM) Wortart *f* **II.** *adv* teils, teilweise; **she's ~ English ~ German** sie ist teils Engländerin teils Deutsche; **~ eaten** halb aufgegessen; **offer (take) s.th. in ~ exchange** etw in Zahlung geben (nehmen) **III.** *vt* ❶ teilen; (*Haar*) scheiteln ❷ trennen (*from* von); **~ company** sich trennen (*with* von); **till death us do ~** bis dass der Tod uns scheidet **IV.** *vi* ❶ sich teilen; (*Lippen, Vorhang*) sich öffnen ❷ (*Menschen*) sich trennen; auseinandergehen; (*Dinge*) sich lösen; **~ from s.o.** sich von jdm trennen; **~ with s.th.** sich von etw trennen

par·the·no·gen·esis ['pɑːθɪnəʊ'dʒenɪsɪs] *s* Parthenogenese *f*

par·tial ['pɑːʃl] *adj* ❶ parteiisch, voreingenommen ❷ teilweise, partiell; **be ~ to s.th.** für etw eine Vorliebe haben; **~ payment** Teilzahlung *f*; **~ success** Teilerfolg *m*; **par·tial·ity** [ˌpɑːʃɪ'ælətɪ] *s* ❶ Voreingenommenheit, Parteilichkeit *f* ❷ Vorliebe *f* (*for, to* für); **par·tial·ly** ['pɑːʃəlɪ] *adv* teilweise

par·tici·pant [pɑː'tɪsɪpənt] *s* Teilnehmer(in) *m(f)*; **par·tici·pate** [pɑː'tɪsɪpeɪt] *vi* ❶ teilnehmen, -haben, sich beteiligen (*in* an) ❷ beteiligt sein (*in* an); **par·tici·pa·tion** [pɑːˌtɪsɪ'peɪʃn] *s* ❶ Mitwirkung, Teilnahme *f* (*in* an) ❷ (COM) Beteiligung *f*; **worker ~** Mitbestimmung *f*; **~ in profits** Gewinnbeteiligung *f*; **par·tici·pa·tor** [pɑː'tɪsɪpeɪtə(r)] *s* ❶ Teilnehmer(in) *m(f)*, -haber(in) *m(f)* ❷ Gesellschafter(in) *m(f)*, Aktionär(in) *m(f)*

par·ti·ciple ['pɑːtɪsɪpl] *s* (GRAM) Partizip *nt*

par·ticle ['pɑːtɪkl] *s* ❶ (*a.* PHYS) Teilchen *nt* ❷ (*fig*) Spur *f* ❸ (GRAM) Partikel *f*; **not a ~ of sense** kein Fünkchen Verstand; **particle accelerator** *s* (PHYS) Teilchenbeschleuniger *m*

par·ticu·lar [pə'tɪkjʊlə(r)] **I.** *adj* ❶ besondere(r, s); (*Grund*) bestimmt ❷ (*im Gegensatz zu anderen*) bestimmt ❸ (*Mensch*) eigen; wählerisch; (über)genau; **be ~ about s.th.** in Bezug auf etw sehr eigen sein; es mit etw sehr genau nehmen; **in ~** insbesondere; **nothing (in) ~** nichts Besonderes; **take ~ pains** sich besonders bemühen; **~ case** besonderer Fall; Sonder-, Einzelfall *m* **II.** *s* ❶ **~s** nähere Angaben *fpl*, Näheres *nt*; Details *ntpl*, Einzelheiten *fpl* (*about, of* über) ❷ **~s** Personalangaben *fpl*, Personalien *pl*; **with full ~s** mit allen Einzelheiten; **without giving ~s, without entering ~s, without going into ~s** ohne nähere Angaben (zu machen), ohne auf Einzelheiten einzugehen; **enter** [*o* **go into**] **~s** auf Einzelheiten eingehen; ins Einzelne gehen; **furnish ~s** Einzelheiten angeben; Auskunft erteilen; **for ~s apply to …** (nähere) Auskünfte (erhalten Sie) bei …; **par·ticu·lar·ize** [pə'tɪkjʊləraɪz] *vt* einzeln angeben, aufführen; spezifizieren; **par·ticu·lar·ly** [pə'tɪkjʊləlɪ] *adv* im Besonderen; insbesondere

P

part·ing ['pɑːtɪŋ] **I.** *adj* scheidend **II.** *s* ❶ Abschied *m* ❷ (*Br*) Scheitel *m;* **at ~** beim Abschied; **~ of the ways** Weggabelung *f;* (*fig*) Scheideweg *m;* **parting shot** *s* ❶ letzter Blick ❷ letzte Bemerkung

par·ti·san [ˌpɑːtɪ'zæn, *Am* 'pɑːtɪzn] **I.** *adj* ❶ parteiisch, parteilich ❷ Partisanen- **II.** *s* ❶ Parteigänger(in) *m(f),* Anhänger(in) *m(f)* ❷ (MIL) Partisan(in) *m(f),* Widerstandskämpfer(in) *m(f)*

par·ti·tion [pɑː'tɪʃn] **I.** *s* ❶ Teilung *f* ❷ Aufteilung *f* ❸ (*Grundstück*) Parzellierung *f* ❹ Trenn-, Zwischen-, Scheide-, Stellwand *f* **II.** *vt* ❶ (auf)teilen, verteilen ❷ (*Land*) parzellieren; **~ off** abtrennen, -teilen

part·ly ['pɑːtlɪ] *adv* teilweise, zum Teil, teils

part·ner ['pɑːtnə(r)] **I.** *s* ❶ (COM) Partner(in) *m(f),* Teilhaber(in) *m(f)* (*in* an), Gesellschafter(in) *m(f)* ❷ (Ehe-, Tanz-, Spiel)Partner(in) *m(f)* **II.** *vt:* **~ s.o.** jds Partner sein; **part·ner·ship** ['pɑːtnəʃɪp] *s* ❶ Partnerschaft *f* ❷ (COM) Personengesellschaft *f* ❸ Mitbeteiligung *f* (*in* an); **enter ~ with s.o.** sich mit jdm geschäftlich verbinden; **general ~** offene Handelsgesellschaft; **limited ~** Kommanditgesellschaft *f;* **partnership agreement** *s* Gesellschaftsvertrag *m*

part owner [ˌpɑːt'əʊnə(r)] *s* Miteigentümer(in) *m(f);* **part ownership** *s* Miteigentum *nt;* **part payment** *s* Teilzahlung *f*

par·tridge ['pɑːtrɪdʒ] *s* Rebhuhn *nt*

part-time [ˌpɑːt'taɪm] *adj* Teilzeit-; **~ job** Teilzeitbeschäftigung *f;* **~ work** Teilzeit-, Kurz-, Halbtagsarbeit *f;* **do ~ work** einer Halbtagsarbeit nachgehen; **~ worker** Teilzeitkraft *f;* Kurzarbeiter(in) *m(f);* **he is only ~** er arbeitet nur Teilzeit

party ['pɑːtɪ] *s* ❶ (politische) Partei *f* ❷ (Arbeits-, Interessen)Gruppe *f* ❸ Einladung, Gesellschaft, Party, Veranstaltung *f* ❹ Teilnehmer(in) *m(f);* Beteiligte(r) *f m* (*to* an) ❺ (JUR) Partei *f* ❻ (COM) (Vertrags)Partei *f,* Beteiligte(r) *f m* ❼ (*fam hum*) Person *f;* **be a ~ to s.th.** an einer S beteiligt sein; bei etw mitmachen; **become a member of a ~** Parteimitglied werden; **become a ~ to s.th.** sich in eine S einlassen; **give a ~** eine Einladung geben, Gäste haben; **go to a ~** einer Einladung folgen, eingeladen sein; **adverse ~** Prozessgegner *m;* **dinner ~** Einladung *f* zum Essen; **parliamentary ~** Fraktion *f;* **the surviving ~** (JUR) der überlebende Teil; **third ~** Dritte(r), Unbeteiligte(r), Unparteiische(r) *m;* **third ~ insurance** (AUTO) Haftpflichtversicherung *f;* **the ~ concerned** der Beteiligte, der Betroffene; **party-badge** *s* Parteiabzeichen *nt;* **party-conference, party-congress, party-meeting** *s* Parteiversammlung *f,* -kongress, -tag *m;* **party donation** *s* Parteispende *f;* **party·goer** ['pɑːtɪˌgəʊə(r)] *s* Partygänger(in) *m(f);* **party headquarters** *s pl* Parteizentrale *f;* **party insured** *s* Versicherte(r) *m;* **party leader** *s* Parteiführer(in) *m(f);* **party line** *s* ❶ (TELE) Gemeinschaftsanschluss *m* ❷ (POL) Parteilinie *f;* **follow the ~** linientreu sein; **party-liner** *s* (POL) Linientreue(r) *f m;* **party list** *s* (POL) Parteiliste *f;* **party machinery** *s* Parteiapparat *m;* **party political broadcast** *s* parteipolitische Sendung; **party politics** *s pl* Parteipolitik *f;* **party pooper** [-'puːpə(r)] *s* (*Am fam*) Partymuffel *m*

par·venu ['pɑːvənjuː] *s* Emporkömmling *m*

pass [pɑːs, *Am* pæs] **I.** *vi* ❶ vorbei-, vorüber-, weitergehen, -ziehen, -fahren, -fliegen (*by* an) ❷ übergehen, -wechseln (*from … to* von … zu) ❸ (*Worte*) gesprochen, gewechselt werden ❹ übergehen (*into* in, *to* auf) ❺ hinausgehen (*beyond* über) ❻ überschreiten (*beyond s.th.* etw) ❼ vorbei-, vorübergehen, aufhören, ein Ende haben ❽ (*Zeit*) vergehen, verfließen, verstreichen ❾ (PARL) angenommen werden ❿ (die Prüfung) bestehen ⓫ gelten, gehalten werden (*for* für) ⓬ (*Kartenspiel*) passen ⓭ (SPORT) den Ball weitergeben; **let s.th. ~** etw durchgehen lassen; **~ for s.th.** als etw gelten; **~ to s.o.** (SPORT) jdm zuspielen; **~ unnoticed** nicht bemerkt werden; **don't worry, it'll ~** keine Angst, das geht vorbei; **what has ~ed between them** was sich zwischen ihnen abgespielt hat **II.** *vt* ❶ vorbeigehen, -fahren an; hinausgehen über ❷ hindurchgehen durch, passieren ❸ (AUTO SPORT) überholen ❹ übergehen, -sehen; auslassen ❺ sich unterziehen (*s.th.* einer S); (*Lehrgang*) mitmachen, absolvieren ❻ (*Prüfung*) bestehen ❼ genehmigen ❽ (*bei einer Prüfung*) bestehen lassen ❾ (*Zeit*) vergehen lassen; verbringen ❿ reichen, herumreichen ⓫ weiterleiten, befördern ⓬ abwälzen (*on* auf) ⓭ (JUR: *Urteil*) sprechen (*on* über) ⓮ (PARL: *Entschließung, Antrag*) annehmen; (*Gesetz*) verabschieden; **could you ~ me the sugar, please** könnten Sie mir bitte den Zucker geben [*o* reichen]; **it ~es belief** es ist kaum zu glauben; **~ one's hand over s.th.** mit der Hand über etw fahren **III.** *s* ❶ Ausweis *m;* (MIL) Passierschein *m* ❷ Bestehen *nt* (*einer Prüfung*) ❸ (SPORT) Pass *m;* (*Fechten*) Ausfall *m* ❹ (GEOG) Pass *m* ❺ (*Taschenspieler, Hypnotiseur*) Bewegung *f* ❻ (*fam*) Annäherungsversuch *m*

7 üble Lage, Situation, Umstände *mpl,* Verhältnisse *ntpl;* **things have come to a pretty** ~ es ist schon schlimm; **this is a fine** [*o* **pretty**] ~ das ist ja eine schöne Bescherung; **make a** ~ **at s.o.** bei jdm Annäherungsversuche machen, jdn anmachen; **pass away** I. *vi* 1 zu Ende gehen 2 (*euph*) entschlafen, hinscheiden II. *vt* (*Zeit*) verbringen; **pass by** I. *vi* 1 vorbeigehen, -fahren, -fließen 2 (*Zeit*) vergehen II. *vt* (stillschweigend) übergehen, unbeachtet lassen; übersehen, auslassen; **he** ~**ed by the shops** er ging an den Läden vorbei; **pass down** I. *vt* weitergeben II. *vi* gelten als; **pass off** *vi* 1 (*Ereignis*) stattfinden, vonstatten gehen 2 vorüber-, vorbeigehen; **she could** ~ **off as an English girl** man könnte sie gut für eine Engländerin halten; ~ **o.s. off as** sich ausgeben als; **pass on** I. *vi* 1 weitergehen 2 übergehen (*to* zu) 3 (*euph*) entschlafen II. *vt* 1 weitergeben, -reichen, -sagen (*to s.o.* jdm) 2 (*Krankheit*) übertragen; **pass out** I. *vi* 1 das Bewusstsein verlieren 2 (*Offizier*) sein Patent bekommen II. *vt* aus-, verteilen; **pass over** I. *vt* übergehen II. *vi* sterben; **pass through** I. *vt* 1 durchgehen, -ziehen, -reisen, -stecken 2 (*fig*) erleben, durchmachen II. *vi* auf der Durchreise sein; ~ **through the regular channel** den Dienstweg gehen; **you'll** ~ **through London** Sie werden durch London fahren; **pass up** *vt* sich entgehen lassen

pass·able ['pɑːsəbl] *adj* 1 passierbar, begehbar, befahrbar 2 leidlich, passabel

pas·sage ['pæsɪdʒ] *s* 1 Durchfahrt, Durchreise *f* 2 (*mit Schiff*) Überfahrt, Seefahrt, Passage *f* 3 Durchgangs-, Durchfahrtsrecht *nt* 4 (Durch)Gang, Korridor *m;* Gasse *f,* Weg *m* 5 (Text)Stelle *f;* (MUS) Passage *f,* Stück *nt* 6 Verabschiedung, Annahme *f* (*eines Gesetzes*)*;* **book one's** ~ einen Schiffsplatz belegen (*for* nach); **secure the** ~ **of a bill** ein Gesetz durchbringen; **pas·sage·way** ['pæsɪdʒweɪ] *s* Durchgang *m;* Passage *f*

pass·book ['pɑːsbʊk] *s* Sparbuch *nt*

pas·sel ['pæsl] *s* (*Am: fam*): **a** ~ **of …** ein Haufen …

pas·sen·ger ['pæsɪndʒə(r)] *s* 1 Reisende(r) *f m;* (*Bus, Taxi*) Fahrgast *m;* (*Schiff*) Passagier *m;* (*Flugzeug*) Fluggast, Passagier *m;* (*Auto*) Mitfahrer(in) *m(f),* Beifahrer(in) *m(f)* 2 (*fam*) Drückeberger(in) *m(f);* **passenger accident insurance** *s* Insassenunfallversicherung *f;* **passenger aircraft** *s* Passagierflugzeug *nt;* **passenger cabin** *s* (AVIAT) Fluggastraum *m,* -kabine *f;* **passenger car** *s* (RAIL) Personenwagen *m;* **passenger coach** *s* (RAIL) Personenwagen *m;* **passenger flight** *s* Passagierflug *m;* **passenger list** *s* Passagierliste *f;* **passenger mile** *s* (AVIAT) Flugkilometer *m* je Fluggast; **passenger service** *s* Personenverkehr *m;* **passenger space** *s* Fahrgastraum *m;* **passenger train** *s* Personenzug *m*

passer-by [ˌpɑːsə'baɪ] <*pl* passers-by> *s* Passant(in) *m(f),* Vorübergehende(r) *f m*

pas·sing ['pɑːsɪŋ] I. *adj* 1 vorübergehend; (*Fahrzeug*) vorbeifahrend; (*Wolken*) vorüberziehend 2 (*fig*) flüchtig, kurz, beiläufig; (*Jahre*) vergehend; ~ **remark** flüchtige Bemerkung II. *s* 1 Vorübergehen *nt* 2 (AUTO) Überholen *nt* 3 (*Prüfung*) Bestehen *nt* 4 (*Gesetz*) Annahme, Verabschiedung *f* 5 Hinscheiden, Ableben *nt;* **in** ~ beiläufig; nebenbei; **pass·ing-out** (**ceremony**) [ˌpɑːsɪŋ'aʊt] *s* (MIL) Abschlussfeier *f;* **passing place** *s* Ausweichstelle *f*

pas·sion ['pæʃn] *s* 1 Leidenschaft *f;* Leidenschaftlichkeit *f* 2 Erregung *f* 3 Begeisterung, Vorliebe *f* (*for* für) 4 heftige, starke Liebe, Zuneigung *f;* heftiges Verlangen (*for* nach) 5 (REL: *Kunst*) Passion *f;* **conceive a** ~ **for** sich verlieben in; **be in a** ~ erregt sein; **fly into a** ~ aufbrausen; einen Wutanfall bekommen; **fit of** ~ Wutanfall *m;* **passion·ate** ['pæʃənət] *adj* leidenschaftlich; **passion flower** *s* Passionsblume *f;* **passion fruit** *s* Passionsfrucht, Maracuja *f;* **passion·less** ['pæʃnlɪs] *adj* leidenschaftslos; **passion play** *s* (THEAT) Passionsspiel *nt;* **Passion Week** *s* Karwoche *f*

pass·ive ['pæsɪv] I. *adj* passiv II. *s* (GRAM: ~ *voice*) Passiv *nt;* ~ **smoking** Passivrauchen *nt;* **pass·ive·ness, pass·iv·ity** ['pæsɪvnɪs, pæ'sɪvətɪ] *s* Passivität *f*

pass-key ['pɑːskiː] *s* Hauptschlüssel *m;* **pass-mark** *s* (*Prüfungsresultat*) Ausreichend *nt*

Pass·over ['pɑːsəʊvə(r)] *s* Passah(fest) *nt*

pass·port ['pɑːspɔːt, *Am* 'pæspɔːt] *s* 1 (Reise)Pass *m* 2 (*fig*) Weg, Schlüssel *m* (*to* zu); **passport control, passport inspection** *s* Passkontrolle *f;* **passport holder** *s* Passinhaber(in) *m(f)*

pass·word ['pɑːswɜːd] *s* 1 (INTERNET) Passwort *nt* 2 (MIL) Kennwort *nt,* Parole, Losung(swort *nt*) *f*

past [pɑːst] I. *adj* 1 beendet, vorüber, vorbei 2 vergangen 3 einstig, ehemalig, früher; ~ **week** letzte, vergangene Woche; **in times** ~, **in** ~ **times** in früheren Zeiten; **that's** ~ **history** das ist längst vorbei; **what's** ~ **is** ~ was vorbei ist, ist vorbei; ~ **tense** Vergangenheit *f;* ~ **participle** Parti-

P

zip *nt* Perfekt; ~ **perfect** Plusquamperfekt *nt* **II.** *s* (*a.* GRAM) Vergangenheit *f;* **in the ~** früher, in der Vergangenheit; **be a thing of the ~** der Vergangenheit angehören; **a woman with a ~** eine Frau mit Vergangenheit **III.** *prep* ❶ (*zeitlich*) nach, später als ❷ (*räumlich mit Bewegung*) an vorbei; (*ohne Bewegung*) hinter *+dat,* nach *+dat;* (*Steigerung, Vergleich*) über *+acc;* **~ bearing** [*o* **endurance**] unerträglich; **~ belief** unglaublich; **~ cure** unheilbar; **~ due** (FIN) überfällig; **~ hope** hoffnungslos; **I'm ~ caring** das ist mir jetzt egal; **~ forty** über vierzig; **be ~ s.th.** für etw zu alt sein; **I'm ~ that** ich bin darüber weg; **he is** (**getting**) **~ it** er bringt es nicht mehr; **this machine is getting ~ it** die Maschine taugt langsam nichts mehr; **I wouldn't put it ~ him** (*fam*) das würde ich ihm zutrauen; **half ~ three** halb vier **IV.** *adv* vorbei, vorüber; **go ~** vorübergehen; **run ~** vorbeilaufen

pas·ta ['pæstə] *s* Teigwaren, Nudeln *pl*

paste [peɪst] **I.** *s* ❶ (Kuchen)Teig *m* ❷ Paste *f,* Brei *m* ❸ Brotaufstrich *m;* (*tomato ~*) Mark *nt* ❹ Kleister *m* ❺ (TECH) (Ton-, Glas)Masse *f* ❻ (*Schmuck*) Strass *m;* **anchovy ~** Sardellenpaste *f;* **tooth~** Zahnpasta *f* **II.** *vt* ❶ zukleben, -kleistern (*with* mit) ❷ kleben (*on* auf) ❸ (*sl*) verdreschen; **~ down** aufkleben; **~ up** [*o* **over**] zu-, ver-, aufkleben; **paste·board** ['peɪstbɔːd] *s* Pappe *f,* Karton *m*

pas·tel ['pæstl, *Am* pæ'stel] **I.** *s* ❶ Pastellkreide *f* ❷ Pastell(zeichnung *f*) *nt* ❸ Pastellton *m* **II.** *adj* pastell(farben); **~ shades** Pastelltöne *mpl;* **~ drawing** Pastell(zeichnung *f*) *nt*

paste-up ['peɪstʌp] *s* (TYP) Klebeumbruch *m*

pas·teur·iz·ation [ˌpæstʃəraɪ'zeɪʃn] *s* Pasteurisierung *f;* **pas·teur·ize** ['pæstʃəraɪz] *vt* pasteurisieren, keimfrei machen

pas·time ['pɑːstaɪm] *s* Zeitvertreib *m;* **as a ~** zum Zeitvertreib

pas·tor ['pɑːstə(r)] *s* Pastor, Pfarrer *m;* **pas·toral** ['pɑːstərəl] **I.** *adj* ❶ (*Kunst, Literatur, Musik*) pastoral ❷ (REL) seelsorgerisch; **~ letter** Hirtenbrief *m* **II.** *s* ❶ Hirtengedicht *nt;* Schäferspiel *nt;* Schäferpoesie *f* ❷ (REL) Hirtenbrief *m*

pas·try ['peɪstrɪ] *s* ❶ Pasteten-, Kuchenteig *m* ❷ Backwerk, Gebäck *nt;* **pastry-cook** *s* Konditor(in) *m(f)*

pas·ture ['pɑːstʃə(r)] **I.** *s* ❶ Weide *f* ❷ Grünfutter *nt* **II.** *vt* weiden lassen **III.** *vi* grasen, weiden; **pasture land** *s* Weideland *nt*

pasty ['peɪstɪ] **I.** *adj* ❶ zähflüssig; klebrig ❷ (*fig*) bleich, blass, käsig **II.** ['pæstɪ] *s* Pastete *f*

pat¹ [pæt] **I.** *adj* (*Antwort, Erklärung*) glatt **II.** *adv:* **know** [*o* **have**] **s.th. off ~** etw in- und auswendig kennen; **have an answer ~** mit einer Antwort gleich bei der Hand sein; **stand ~** stur bleiben

pat² [pæt] **I.** *s* leichter Schlag, Klaps *m;* **a ~ of butter** eine Portion Butter **II.** *vt* tätscheln; (*Ball*) leicht schlagen; (*Erde*) festklopfen; (*Gesicht*) abtupfen; **~ s.o. on the back** jdm auf die Schulter klopfen; **she ~ted her hair down** sie drückte sich die Haare zurecht

patch [pætʃ] **I.** *s* ❶ Flicken *m;* Flecken *m* ❷ (Augen)Klappe *f* ❸ Fleck *m;* (*Land*) Stück *nt;* (*Garten*) Beet *nt* ❹ Stelle *f* ❺ (*zeitlich*) Phase *f* ❻ (*fam: von Polizist, Prostituierter*) Revier *nt;* **not to be a ~ on** (*fam*) nicht herankommen an; **hit** [*o* **strike**] **a bad ~** eine Pechsträhne haben **II.** *vt* flicken; **patch up** *vt* zusammenflicken; (*Streit*) beilegen; **~ up a relationship** eine Beziehung kitten; **I don't want to ~ things up again** ich möchte das nicht wieder so hinbiegen; **patchi·ness** ['pætʃɪnɪs] *s* unterschiedliche Qualität; (*Wissen*) Lückenhaftigkeit *f;* **patch·work** ['pætʃwɜːk] *s* ❶ Patchwork *nt* ❷ (*fig*) Stückwerk *nt;* **patchy** ['pætʃɪ] *adj* ❶ (*Qualität, Arbeit*) unregelmäßig, ungleichmäßig; (*Kenntnisse*) lückenhaft ❷ (*Stoff*) gefleckt

pâté ['pæteɪ] *s* Pastete *f*

pa·tel·la [pə'telə] *s* (ANAT) Kniescheibe *f*

pat·ent¹ ['peɪtənt] **I.** *s* Patent *nt;* **take out a ~ on s.th.** ein Patent auf etw erhalten; **~ infringement** Patentverletzung *f* **II.** *vt* patentieren lassen

pat·ent² ['peɪtənt] *adj* offenkundig, offensichtlich

pat·ented ['peɪtəntɪd] *adj* patentiert, durch Patent geschützt; **pat·entee** [ˌpeɪtn'tiː] *s* Patentinhaber(in) *m(f);* **patent leather** *s* Lackleder *nt;* **patent medicine** *s* patentrechtlich geschütztes Arzneimittel; (*fig*) Patentrezept *nt;* **Patent Office** *s* Patentamt *nt*

pa·ter·nal [pə'tɜːnl] *adj* väterlich; **on the ~ side** väterlicherseits; **my ~ aunt** meine Tante väterlicherseits; **pa·ter·nal·ism** [pə'tɜːnəlɪsm] *s* Bevormundung *f;* **pa·ter·na·li·stic** [pəˌtɜːnə'lɪstɪk] *adj* patriarchalisch; **pa·ter·nity** [pə'tɜːnətɪ] *s* Vaterschaft *f;* **paternity leave** *s* Vaterschaftsurlaub *m;* **paternity suit** *s* (JUR) Vaterschaftsklage *f*

path [pɑːθ] *s* ❶ Pfad *m;* (*foot~*) (Fuß)Weg *m* ❷ (ASTR) Bahn *f* ❸ (*fig*) Weg *m;* **cross s.o.'s ~** jdn zufällig treffen; **stand in s.o.'s**

~ (*fig*) jdm im Wege sein

pa·thetic [pəˈθetɪk] *adj* ❶ Mitleid erweckend, ergreifend, erschütternd ❷ armselig, jämmerlich; unzureichend; **that's really ~!** das ist ja zum Heulen!

path·finder [ˈpɑːθfaɪndə(r)] *s* ❶ Führer *m* ❷ (*fig*) Pionier *m*; **path·less** [ˈpɑːθlɪs] *adj* unwegsam

patho·bi·og·ra·phy [ˌpæθəʊˌbaɪˈɒgrəfɪ] *s* Autobiographie *f* einer/s Schwerkranken

patho·logi·cal [ˌpæθəˈlɒdʒɪkl] *adj* pathologisch, krankhaft; **path·ol·ogist** [pəˈθɒlədʒɪst] *s* Pathologe *m*, -login *f*; **pathol·ogy** [pəˈθɒlədʒɪ] *s* Pathologie *f*

pa·thos [ˈpeɪθɒs] *s* Pathos *nt*

path·way [ˈpɑːθweɪ] *s* Pfad, Weg *m*

pa·tience [ˈpeɪʃns] *s* ❶ Geduld *f* ❷ Patience(spiel *nt*) *f*; **have no ~ with** nicht vertragen (können), nicht (länger) aushalten (*s.o.* jdn); **lose one's ~** die Geduld verlieren; **play ~** eine Patience legen; **pa·tient** [ˈpeɪʃnt] **I.** *adj* ❶ geduldig ❷ beharrlich, ausdauernd **II.** *s* Patient(in) *m(f)*, Kranke(r) *f m*

pat·ina [ˈpætɪnə] *s* Patina *f*

patio [ˈpætɪəʊ] <*pl* patios> *s* ❶ Innenhof *m* ❷ (*Haus*) Terrasse *f*

patri·arch [ˈpeɪtrɪɑːk] *s* Patriarch *m*; **patri·archal** [ˌpeɪtrɪˈɑːkl] *adj* patriarchalisch; **patri·archy** [ˈpeɪtrɪɑːkɪ] *s* Patriarchat *nt*

pa·tri·cian [pəˈtrɪʃn] **I.** *adj* ❶ patrizisch ❷ vornehm, aristokratisch **II.** *s* ❶ (HIST) Patrizier(in) *m(f)* ❷ (*fig*) Aristokrat(in) *m(f)*

pat·ri·cide [ˈpætrɪsaɪd] *s* ❶ Vatermord *m* ❷ Vatermörder(in) *m(f)*

pa·triot [ˈpætrɪət, ˈpeɪtrɪət] *s* Patriot(in) *m(f)*; **pa·triotic** [ˌpætrɪˈɒtɪk, ˌpeɪtrɪˈɒtɪk] *adj* patriotisch; **pa·triot·ism** [ˈpætrɪətɪzəm, ˈpeɪtrɪətɪzəm] *s* Patriotismus *m*

pa·trol [pəˈtrəʊl] **I.** *s* ❶ (Polizei)Streife *f*; Runde *f* ❷ (MIL) Patrouille *f*; **on ~** (MIL) auf Patrouille; (*Polizei*) auf Streife **II.** *vt* (ab)patrouillieren; die Runde machen in; **patrol car** *s* Streifenwagen *m*; **patrol duty** *s* Streifendienst *m*; **pa·trol·man** [-mæn] <*pl* -men> *s* ❶ (*Am*) Streifenpolizist *m* ❷ (AUTO) Straßenwacht *f*; Pannenhilfe *f*; **patrol wagon** *s* (*Am*) Gefangenentransportwagen *m*

pa·tron [ˈpeɪtrən] *s* ❶ Kunde *m*; Gast *m* ❷ Schirmherr *m*; Förderer *m*, Förderin *f* ❸ (~ *saint*) Schutzheilige(r) *f m*

i Land & Leute

England, Irland, Schottland und Wales haben alle ihre eigenen **patron saints** (Schutzpatrone). *St George* von England wird am 23. April gefeiert, *St Patrick* von Irland am 17. März und *St Andrew* von Schottland am 30. November. Der Apostel Andreas wurde an ein X-förmiges Kreuz genagelt und deshalb findet man ein weißes *St Andrew's cross* oder *saltire* auf der blauen schottischen Flagge. Der Schutzpatron von Wales, *St David*, wird am 1. März gefeiert.

pa·tron·age [ˈpætrənɪdʒ] *s* ❶ Schirmherrschaft, Förderung, Unterstützung *f* ❷ Kundschaft *f* ❸ Ämterpatronage *f*; **pa·tron·ess** [ˈpeɪtrənɪs] *s* Schirmherrin *f*; **pa·tron·ize** [ˈpætrənaɪz] *vt* ❶ unterstützen ❷ (*pej*) gönnerhaft behandeln ❸ Stammgast, Kunde sein (*a shop* eines Geschäftes); **pat·ron·iz·ing** [ˈpætrənaɪzɪŋ] *adj* gönnerhaft, herablassend

pat·ter [ˈpætə(r)] **I.** *vi* ❶ klatschen, prasseln ❷ (*Füße*) trappeln, trippeln **II.** *s* ❶ Geprassel *nt* ❷ Getrappel *nt* ❸ (*Regen*) Plätschern *nt* ❹ Gerede *nt*, Sprüche *mpl*; **I know his ~** ich kenne seine Sprüche; **pat·ter-merchant** *s* (*fam*) Sprücheklopfer *m*

pat·tern [ˈpætn] **I.** *s* ❶ Muster *nt*; Modell *nt*, Schablone, Vorlage *f* ❷ (*paper ~*) Schnittmuster *nt* ❸ (*fig*) Vorbild, Muster *nt* ❹ Schema *nt* ❺ (GRAM) Struktur *f*; **behavio(u)r ~** Verhaltensweise *f*; **on the ~ of America** nach amerikanischem Vorbild [*o* Muster]; **~ of consumption** Verbrauchsstruktur *f*; **~ of leadership** Führungsstil *m* **II.** *vt* ❶ bilden, formen, gestalten (*on, upon, after* nach) ❷ mustern, mit einem Muster versehen; **~ o.s. on** sich richten nach; **pattern book** *s* Musterbuch *nt*; **pat·terned** [ˈpætənd] *adj* gemustert; **pattern matching** *s* Mustervergleich *m*, Patternmatching *nt*

paunch [pɔːntʃ] *s* Bauch, (Fett)Wanst *m*; **paunchy** [ˈpɔːntʃɪ] *adj* fettleibig

pau·per [ˈpɔːpə(r)] *s* Arme(r) *f m*, Unterstützungsempfänger(in) *m(f)*

pause [pɔːz] **I.** *s* ❶ Pause *f* ❷ Schweigen *nt* ❸ (MUS) Fermate *f*; **without a ~** ununterbrochen **II.** *vi* ❶ stehen bleiben, anhalten; eine Pause machen ❷ innehalten, zögern, verweilen (*on, upon* bei); **~ for breath** eine Atempause machen; **~ for thought** eine Denkpause einlegen; **make s.o. ~** jdn zur Überlegung veranlassen

pave [peɪv] *vt* pflastern; **~ the way for s.o./s.th.** (*fig*) jdm/einer S den Weg

P

ebnen; ~d **with good intentions** mit guten Vorsätzen gepflastert; **pave·ment** ['peɪvmənt] *s* ① *(Am)* Fahrbahn *f* ② *(Br)* Bürgersteig *m,* Gehweg *m,* Trottoir *nt;* **pavement artist** *s* Pflastermaler(in) *m(f)*

pa·vil·ion [pə'vɪlɪən] *s* ① *(Ausstellungs-, Park-)* Pavillon *m* ② (SPORT) Klubhaus *nt* ③ großes Zelt

pav·ing ['peɪvɪŋ] *s* Belag *m;* (Straßen)Pflaster *nt;* **paving stone** *s* Platte *f*

paw [pɔː] **I.** *s* ① Pfote, Tatze *f* ② *(fam)* Pfote, Hand *f* **II.** *vt* ① berühren; tätscheln ② *(fam)* betatschen; ~ **the ground** scharren; *(fig)* ungeduldig werden

pawn¹ [pɔːn] *s* ① *(Schach)* Bauer *m* ② *(fig)* Schachfigur *f,* Werkzeug *nt*

pawn² [pɔːn] **I.** *s* Pfand(stück) *nt;* **in** ~ verpfändet; **put in** ~ verpfänden **II.** *vt* verpfänden, versetzen; **pawn·broker** ['pɔːn,brəʊkə(r)] *s* Pfandleiher(in) *m(f);* **pawnbroker's shop, pawn·shop** ['pɔːnʃɒp] *s* Leihhaus *nt;* **pawn·brok·ing** ['pɔːnbrəʊkɪŋ] *s* Pfandleihe *f;* **pawn-ticket** *s* Pfandschein *m*

pay [peɪ] <*irr:* paid, paid> **I.** *vt* ① (be)zahlen ② *(Rechnung, Schulden)* begleichen ③ *(Kosten)* tragen, erstatten ④ *(fig)* sich lohnen für; sich auszahlen für; ~ **s.o. a visit** [*o* **call**] jdn besuchen, jdm einen Besuch abstatten; ~ **attention** aufpassen; **it doesn't** ~ **him to work** es lohnt sich nicht für ihn zu arbeiten; ~ **one's way** alles bezahlen **II.** *vi* ① (be)zahlen ② Gewinn abwerfen; sich lohnen ③ büßen *(for* für); ~ **on account** auf Rechnung bezahlen; ~ **as you go** immer gleich bezahlen; ~ **through the nose** Wucherpreise bezahlen; **that doesn't** ~ das lohnt sich nicht **III.** *s* ① (Be)Zahlung *f* ② Lohn *m,* Gehalt *nt;* **without** ~ unbezahlt; ehrenamtlich; **be in s.o.'s** ~ in jds Dienst sein; **get less** ~ sich (gehaltlich, im Lohn) verschlechtern; **basic** ~ Grundgehalt *nt;* **take-home** ~ Nettogehalt *nt;* **weekly** ~ Wochenlohn *m;* **pay back** *vt* ① zurückzahlen ② *(fig: Kompliment, Besuch)* erwidern; *(Beleidigung)* sich revanchieren für; ~ **s.o. back** *(fig)* es jdm heimzahlen; **pay down** *vt* anzahlen; **pay in** *vt* ein(be)zahlen; **pay off I.** *vt* ① *(Schulden)* abbezahlen, tilgen ② *(Darlehen)* zurückzahlen ③ *(Gläubiger)* befriedigen ④ *(Arbeiter)* auszahlen **II.** *vi* sich rentieren; Erfolg haben; **pay out** *vt* ① *(Geld)* ausgeben; aus(be)zahlen ② abfinden ③ (MAR: *Tau)* abrollen (lassen); **pay over** *vt (Gewinn)* abführen; **pay up I.** *vt* voll bezahlen; *(Schulden)* zurückzahlen; *(Aktie)* vollständig einzahlen **II.** *vi* bezahlen

pay·able ['peɪəbl] *adj* zahlbar; fällig; ~ **at sight** [*o* **on demand**] zahlbar bei Sicht; ~ **in advance** im voraus zahlbar; ~ **to bearer** zahlbar an Überbringer; ~ **to order** zahlbar an Order; **make a cheque** ~ **to s.o.** einen Scheck auf jdn ausstellen; **pay-as-you-earn, PAYE** *s (Br)* Quellenbesteuerung *f;* **pay award** *s* Lohn-, Gehaltserhöhung *f;* **pay·back clause** [,peɪbæk'klɔːz] *s* Rückzahlungsklausel *f;* **payback period** *s* Amortisationszeit, -dauer *f;* **pay check, pay cheque** *s* Gehalts-, Lohnscheck *m;* **pay claim** *s* Gehaltsforderung *f;* **pay-day** *s* Zahltag *m;* **pay deal** *s* Tarifabschluss *m;* **pay desk** *s* Kasse *f;* **pay differential** *s* Lohngefälle *nt;* **PAYE** [,piːeɪwaɪ'iː] *s Abk. von* **pay-as-you-earn** Quellenbesteuerung *f;* **payee** [per'iː] *s* Zahlungsempfänger(in) *m(f);* **payer** ['peɪə(r)] *s* ① (Be-, Ein)Zahler(in) *m(f)* ② Auftraggeber(in) *m(f);* **tax-**~ Steuerzahler(in) *m(f);* **pay freeze** *s* Lohnstopp *m;* **pay hike** *s (Am)* Gehalts-, Lohnaufbesserung *f*

pay·ing ['peɪɪŋ] *adj* ① rentabel ② *(Gast)* zahlend ③ *(Patient)* Privat-; ~**-back** Rückzahlung *f;* ~**-in** Einzahlung *f;* ~**-in slip** Einzahlungsbeleg *m*

pay·load ['peɪləʊd] *s* Nutzlast *f;* **payload capacity** *s* Ladefähigkeit *f;* **pay·master** ['peɪmɑːstə(r)] *s* Zahlmeister *m;* ~**'s office** Zahlmeisterei, Kasse *f*

pay·ment ['peɪmənt] *s* ① (Be)Zahlung *f* ② *(Wechsel)* Einlösung *f* ③ *(Schulden)* Rückzahlung *f* ④ Entlohnung *f,* Lohn *m,* Gehalt *nt* ⑤ Belohnung *f;* **in** ~ **of** als Bezahlung für; **on** ~ **of** bei Bezahlung von; **demand** ~ Zahlung verlangen; **effect** [*o* **make**] **a** ~ eine Zahlung leisten; **keep up one's** ~**s** seine Zahlungsverpflichtungen einhalten; **stop** [*o* **suspend**] ~**s** die Zahlungen einstellen; ~ **received** Betrag erhalten; **advance** ~ Vorauszahlung *f;* **date** [*o* **day**] **of** ~ Zahlungstermin *m;* **dividend-**~ Dividendenausschüttung *f;* **easy** ~ Zahlungserleichterungen *fpl;* ~ **by** [*o* **in**] **instal(l)ments** Ratenzahlung *f;* ~ **in kind** Sach-, Naturalleistung *f;* ~ **terms** Zahlungsbedingungen *fpl*

pay ne·go·ti·ations ['peɪnɪgəʊʃɪ,eɪʃnz] *s pl* Tarifverhandlungen *fpl;* **pay-off** ['peɪɒf] *s* ① Bestechungsgeld *nt* ② *(fig)* Ergebnis *nt,* Erfolg, Misserfolg *m* ③ *(fig)* Abrechnung, Quittung *f;* **pay-office** *s* ① Zahlstelle *f* ② Kasse(nschalter *m*) *f* ③ Lohnbüro *nt,* -stelle *f;* **pay-out** ['peɪaʊt] *s* Dividendenzahlung *f;* Subvention *f;* **pay packet** *s*

Lohntüte *f;* **pay·phone** *s* Münzfernsprecher *m;* **pay rise** *s* Gehalts-, Lohnerhöhung *f;* **pay·roll** *s* ① Lohn-, Gehaltsliste *f* ② Lohnsumme *f;* **be on the ~** angestellt, beschäftigt sein; **~ clerk** Lohnbuchhalter *m;* **~ deductions** Lohn-, Gehaltsabzüge *mpl;* **pay round** *s* Lohn-, Tarifrunde *f;* **pay settlement** *s* Lohnabkommen *nt;* **pay·slip** *s* Gehalts-, Lohnstreifen *m;* **pay station** *s* (*Am*) öffentlicher Fernsprecher; **pay talks** *s pl* Tarifverhandlungen *fpl;* **pay TV** *s* ① Münzfernseher *m* ② Pay-TV *nt* (*kodierte Fernsehprogramme*)

PC [piːˈsiː] *s* ① *Abk. von* **personal computer** PC *m* ② *Abk. von* **police constable** Polizeibeamte(r) *m,* -beamtin *f*

PCB [ˌpiːsiːˈbiː] *s Abk. von* **polychlorinated biphenyl** PCB *nt,* polychloriertes Biphenyl

PE [ˌpiːˈiː] *s Abk. von* **physical education** (SCHULE) Sport *m*

pea [piː] *s* Erbse *f;* **as like as two ~s** gleich wie ein Ei dem anderen

peace [piːs] *s* ① Friede(n) *m* ② (JUR) Ruhe (und Ordnung) *f* ③ (*fig*) Ruhe, Stille *f;* **be at ~** in Frieden leben (*with* mit); **give s.o. no ~** jdn nicht in Ruhe lassen; **hold** [*o* **keep**] **one's ~** sich ruhig verhalten, still sein; **keep the ~** die öffentliche Sicherheit und Ordnung wahren; **leave s.o. in ~** jdn in Ruhe lassen; **make ~** Frieden schließen; **make one's ~ with** sich versöhnen, sich vertragen mit; **breach of the ~** Ruhestörung *f;* **~ and quiet** Ruhe und Frieden; **industrial ~** Arbeitsfrieden *m;* **peace·able** [ˈpiːsəbl] *adj* friedlich; **peace activist** *s* Friedensbewegte(r) *f m;* **peace conference** *s* Friedenskonferenz *f;* **peace enforcement** *s* Durchführung *f* friedensstiftender Maßnahmen; **peace·ful** [ˈpiːsfəl] *adj* ① friedlich ② friedliebend ③ (*fig: Zeit, Schlaf*) ruhig; (*Tod*) sanft; **peace initiative** *s* Friedensinitiative *f;* **peace·keep·ing** [ˈpiːskiːpɪŋ] **I.** *adj attr* Friedens-; **~ force** Friedenstruppe *f* **II.** *s* Friedenserhaltung *f;* **peace-lov·ing** [ˈpiːsˌlʌvɪŋ] *adj* friedliebend; **peace·maker** [ˈpiːsˌmeɪkə(r)] *s* Friedensstifter *m;* **peace·mak·ing** [ˈpiːsˌmeɪkɪŋ] *s* Friedensstiftung *f;* **peace march** *s* Friedensmarsch *m;* **peace movement** *s* Friedensbewegung *f;* **peace negotiations** *s pl* Friedensverhandlungen *fpl;* **peace offer** *s* Friedensangebot *nt;* **peace-offering** *s* Sühneopfer *nt;* (*fig*) Geschenk *nt* zur Versöhnung; **peace-pipe** *s* Friedenspfeife *f;* **peace settlement** *s* Friedensregelung *f;* **peace·time** *s* Friedenszeit *f;* **in ~** im Frieden, in Friedenszeiten; **peace treaty** *s* Friedensvertrag *m*

peach [piːtʃ] *s* ① Pfirsich *m;* Pfirsichbaum *m* ② (*Farbe*) Pfirsichton *m* ③ (*fam*) Pfundssache *f,* prima Sache; klasse Mensch; **a ~ of a hat** ein todschicker Hut

pea-chick [ˈpiːtʃɪk] *s* junger Pfau; **pea·cock** [ˈpiːkɒk] *s* Pfau *m;* **~-blue** pfauenblau; **pea·hen** *s* Pfauenhenne *f*

peak [piːk] **I.** *s* ① Spitze *f;* (Berg)Gipfel *m;* (*Dach*) First *m* ② Mützenschirm *m* ③ Scheitelpunkt *m* ④ (*fig*) Gipfel *m;* (*a.* ELEK) Spitze *f,* höchster Stand; (konjunktureller) Höhepunkt; (*~ value*) Höchstwert *m;* **be at the ~ of one's power** den Gipfel seiner Macht erreicht haben; **reach the ~** den höchsten Stand erreichen; **~ of production** Produktionsspitze *f* **II.** *vi* einen Höchststand erreichen **III.** *adj* Spitzen-; Höchst-; **peak capacity** *s* Höchstleistungsgrenze *f;* **peak demand** *s* Spitzenbedarf *m;* **peaked** [piːkt] *adj* ① spitz ② (*Mensch, Gesicht*) verhärmt; **peak hours** *s pl* Hauptbelastungszeit *f;* Hauptverkehrszeit *f;* **peak level** *s* Höhepunkt, Höchststand *m;* **peak load** *s* Spitzenbelastung *f;* **peak power** *s* (TECH) Leistungsspitze *f;* **peak season** *s* Hochsaison *f;* **peak-traffic hours** *s pl* Hauptverkehrszeit *f;* **peaky** [ˈpiːkɪ] *adj* (*Br*) blass; abgehärmt; kränklich

peal [piːl] **I.** *s* ① (Glocken)Läuten, Geläute *nt* ② Glockenspiel *nt* ③ Dröhnen *nt;* Getöse *nt;* **~s of laughter** schallendes Gelächter; **~ of thunder** Donnergrollen *nt* **II.** *vi* ① läuten ② (*Donner*) dröhnen

pea·nut [ˈpiːnʌt] *s* ① Erdnuss *f* ② **~s** (*fam*) lächerliche Kleinigkeit; **the pay is ~s** die Bezahlung ist miserabel; **peanut butter** *s* Erdnussbutter *f*

pear [peə(r)] *s* ① Birne *f* ② (*~-tree*) Birnbaum *m*

pearl [pɜːl] **I.** *s* Perle *f;* **cast ~s before swine** Perlen vor die Säue werfen; **mother-of-~** Perlmutt *nt* **II.** *vi* (*go ~ing*) Perlen fischen; **pearl-barley** *s* Perlgraupen *fpl;* **pearl-button** *s* Perlmuttknopf *m;* **pearl-diver, pearl-fisher** *s* Perlenfischer(in) *m(f);* **pearl-fishing** *s* Perlenfischerei *f;* **pearly** [ˈpɜːlɪ] *adj* perlmutterartig

peas·ant [ˈpeznt] *s* ① Bauer *m* ② (*fig pej*) Banause *m;* Bauer *m;* Prolet *m;* **peas·antry** [ˈpezntrɪ] *s* Landvolk *nt*

pea-souper [piːˈsuːpə(r)] *s* (*fam*) Waschküche *f* (*Nebel*)

peat [piːt] *s* Torf *m;* **cut ~** Torf stechen; **peat-bog** *s* Torfmoor *nt*

pebble [ˈpebl] *s* ① Kiesel(stein) *m* ② Linse *f* aus Bergkristall; **you are not the only ~ on the beach** man kann auch ohne dich

P

auskommen; **peb·bly** ['peblɪ] *adj* kiesig

pe·can [pɪ'kæn, *Am* pɪ'kɑːn] *s* Pekannuss *f;* Pekanbaum *m*

pec·ca·dillo [ˌpekə'dɪləʊ] <*pl* -dillo(e)s> *s* kleine Sünde; Jugendsünde *f*

peck [pek] **I.** *vt* ① (*Loch*) picken, hacken ② (*Futter*) aufpicken ③ (*fam*) flüchtig küssen **II.** *vi* ① picken (*at* nach) ② (*fam*) herumnaschen (*at* an) **III.** *s* ① (Schnabel)Hieb *m* ② flüchtiger Kuss; **pecker** ['pekə(r)] *s:* **keep one's ~ up** (*Br fam*) den Kopf oben behalten; **peck·ing** ['pekɪŋ] *adj:* **~ order** Hackordnung *f;* **peck·ish** ['pekɪʃ] *adj* (*Br fam*) hungrig

pec·tin ['pektɪn] *s* (CHEM) Pektin *nt*

pec·toral ['pektərəl] *adj* (*~ muscle*) Brustmuskel *m*

pe·cu·liar [pɪ'kjuːlɪə(r)] *adj* ① sonderbar, eigenartig, seltsam ② eigen, eigentümlich (*to* für) ③ einzigartig, charakteristisch (*to* für); **pe·cu·liar·ity** [pɪˌkjuːlɪ'ærətɪ] *s* ① Eigenartigkeit, Seltsamkeit *f* ② Eigenart, Eigentümlichkeit, Besonderheit *f;* **special peculiarities** besondere Kennzeichen *ntpl;* **pe·cu·liar·ly** [pɪ'kjuːlɪəlɪ] *adv* ① besonders ② seltsam

pe·cuni·ary [pɪ'kjuːnɪərɪ] *adj* pekuniär, finanziell; **~ circumstances** Vermögensverhältnisse *ntpl;* **~ embarrassments** Geldverlegenheit *f;* Zahlungsschwierigkeiten *fpl;* **~ resources** Geldmittel *ntpl*

peda·gogic(al) [ˌpedə'gɒdʒɪk(l)] *adj* pädagogisch; **peda·gogue** ['pedəgɒg] *s* Pädagoge *m,* Pädagogin *f;* **peda·gogy** ['pedəgɒdʒɪ] *s* Pädagogik *f*

pedal ['pedl] **I.** *s* ① Pedal *nt* ② (MUS) Pedalton *m;* **put the ~ to the metal** (*fam*) Vollgas geben **II.** *vi* ① das Pedal bedienen ② Rad fahren **III.** *vt:* **~ a bicycle** Rad fahren (*up the hill* den Berg hinauf); **pedal-bin** *s* Treteimer *m;* **pedal-boat, peda·lo** ['pedələʊ] <*pl* -lo(e)s> *s* Tretboot *nt*

ped·ant ['pednt] *s* Pedant(in) *m(f),* Kleinigkeitskrämer(in) *m(f);* **pe·dan·tic** [pɪ'dæntɪk] *adj* pedantisch; **ped·antry** ['pedntrɪ] *s* Pedanterie *f*

peddle ['pedl] *vt* hausieren mit; **~ drugs** mit Drogen handeln; **peddler** ['pedlə(r)] *s* Hausierer(in) *m(f)* (*of* mit); (*drug~*) Drogenhändler(in) *m(f)*

ped·er·ast ['pedəræst] *s* Päderast *m;* **ped·er·asty** ['pedəræstɪ] *s* Päderastie *f*

ped·estal ['pedɪstl] *s* Sockel *m;* **knock s.o. off his ~** (*fig*) jdn von seinem Podest stürzen; **put s.o. on a ~** (*fig*) jdn in den Himmel heben

pe·des·trian [pɪ'destrɪən] **I.** *adj* ① Fußgänger- ② (*fig: Stil*) prosaisch, langweilig; **~ crossing** (Fußgänger)Überweg *m;* **~ lights** Fußgängerampel *f;* **~ precinct** Fußgängerzone *f* **II.** *s* Fußgänger(in) *m(f);* **pe·des·tria·nize** [pɪ'destrɪənaɪz] *vt* in eine Fußgängerzone umwandeln

pedia·tric·ian [ˌpiːdɪə'trɪʃn] *s* (*Am*) Kinderarzt *m,* -ärztin *f;* **pedi·at·rics** [ˌpiːdɪ'ætrɪks] *s pl mit sing* (*Am*) Kinderheilkunde, Pädiatrie *f*

pedi·cure ['pedɪkjʊə(r)] *s* Fußpflege, Pediküre *f;* **pedi·cur·ist** ['pedɪkjʊərɪst] *s* Fußpfleger(in) *m(f)*

pedi·gree ['pedɪgriː] *s* ① (*a.* ZOO) Stammbaum *m* ② Herkunft, Abstammung *f;* **pedigree dog** *s* Rassehund *m*

ped·lar ['pedlə(r)] *s* Hausierer(in) *m(f)* (*of* mit); (*drug~*) Drogenhändler(in) *m(f)*

ped·ometer [pɪ'dɒmɪtə(r)] *s* Schrittzähler *m*

pee [piː] *vi* (*fam: go for, have a ~*) pinkeln

peek [piːk] **I.** *vi* gucken (*at* nach), spähen **II.** *s* kurzer Blick

peel [piːl] **I.** *vt* ① schälen; die Haut abziehen (*s.th.* einer S) ② (*Kleider*) abstreifen; **keep one's eyes ~ed** (*fam*) ein wachsames Auge haben **II.** *vi* sich häuten; sich abschälen; abgehen, abblättern, abbröckeln **III.** *s* Schale *f;* **peel away I.** *vt* (*Tapete*) abziehen; (*Rinde*) abschälen; (*Einband*) abstreifen **II.** *vi* sich lösen; **peel back** *vt* abziehen; **peel off I.** *vt* abziehen; abschälen; abstreifen **II.** *vi* (*aus Kolonne*) ausscheren; (AVIAT) abdrehen; **peeler** ['piːlə(r)] *s* Schäler *m;* **peel·ings** ['piːlɪŋz] *s pl* Schalen *fpl*

peep[1] [piːp] **I.** *vi* ① (verstohlen) gucken (*at* nach) ② allmählich sichtbar werden; zum Vorschein kommen **II.** *s* flüchtiger, heimlicher Blick; **take a ~ at s.th.** verstohlen nach etw blicken

peep[2] [piːp] **I.** *vi* piepen; piepsen **II.** *s* ① Piepen *nt* ② (*sl*) Piepser, Ton *m,* Wort *nt*

peep·hole ['piːphəʊl] *s* Guckloch *nt;* (*Haustür*) Spion *m;* **peep·ing Tom** [ˌpiːpɪŋ'tɒm] *s* Voyeur *m;* **peep show** *s* Peepshow *f*

peer[1] [pɪə(r)] *vi* starren; angestrengt schauen, blicken (*at* auf, *into* in, *for* nach); **~ through** durchschauen

peer[2] [pɪə(r)] *s* ① Peer *m* ② (*fig*) Gleichgestellte(r) *f m;* (*Kind*) Gleichaltrige(r) *f m;* **his ~s** seinesgleichen

peer·age ['pɪərɪdʒ] *s* Peerswürde *f,* -stand *m;* **peer·ess** ['pɪəres] *s* Frau *f* eines Peers; weiblicher Peer; **peer group** *s* (*Soziologie*) Peergroup *f;* **peer·less** ['pɪəlɪs] *adj* unvergleichlich

peeve [piːv] *vt* (*fam*) ärgern; **peeved** [piːvd] *adj* (*fam*) ärgerlich, verärgert, *fam* eingeschnappt (*about, at* über, wegen)

peev·ish ['pi:vɪʃ] *adj* reizbar, launisch

pee·wit ['pi:wɪt] *s* Kiebitz *m*

peg [peg] **I.** *s* ❶ Pflock, Dübel, Bolzen *m;* Keil *m;* (*Zelt*) Hering *m;* (*Bergsteigen*) Haken *m;* (*Holz*) Stift *m* ❷ Wirbel *m* (*eines Saiteninstruments*) ❸ (*clothes-~*) Wäscheklammer *f* ❹ (*fig*) Vorwand *m,* Gelegenheit *f;* Aufhänger *m* ❺ (*fam*) Stelze *f,* Bein *nt* ❻ (COM) Kurs-, Marktstützung *f;* **off the ~** (*Kleidung*) von der Stange; **be a square ~ in a round hole** am verkehrten Platz sein; **come down a ~ or two** (*fig*) gelindere Saiten aufziehen; **take s.o. down a ~ or two** jdn demütigen; **a good ~ on which to hang a sermon** ein Grund *m* zum Reden **II.** *vt* ❶ festpflocken, -stecken; anklammern ❷ abgrenzen, markieren ❸ (COM) festsetzen; **peg away** *vi* drauflos-, weiterarbeiten (*at* an), sich anstrengen; **peg down** *vt* festpflocken; **peg out I.** *vt* ❶ abgrenzen, abstecken ❷ (*Wäsche*) aufhängen **II.** *vi* ❶ (*fam*) abkratzen ❷ (*fam: Maschine*) den Geist aufgeben; **peg-leg** *s* Stelzfuß *m*

pe·jor·at·ive [pɪ'dʒɒrətɪv] *adj* (*Wort*) abschätzig, abwertend, pejorativ

peke, pe·kin(g)·ese [pi:k, ˌpi:kɪ'ni:z] *s* (*Hunderasse*) Pekinese *m*

peli·can ['pelɪkən] *s* Pelikan *m*

pel·let ['pelɪt] *s* ❶ Kügelchen *nt* ❷ Pille *f* ❸ Schrotkorn *nt*

pell-mell [ˌpel'mel] *adv* ❶ durcheinander ❷ Hals über Kopf

pelt¹ [pelt] **I.** *vt* ❶ werfen (*s.o. with s.th.* etw nach jdm) ❷ verprügeln **II.** *vi* ❶ (nieder)prasseln, trommeln (*against the roof* auf das Dach) ❷ rennen, stürmen; **~ down** nieder-, herunterprasseln; **it was ~ing with rain** es hat geschüttet; **~ing rain** Platzregen *m* **III.** *s* Schlag *m;* **at full ~** in voller Geschwindigkeit

pelt² [pelt] *s* Fell *nt,* Pelz *m*

pel·vic ['pelvɪk] *adj* Becken-; **pelvic floor** *s* Beckenboden *m*

pel·vis ['pelvɪs] *s* (ANAT) Becken *nt*

pen¹ [pen] **I.** *s* (Schreib)Feder *f,* Füllfederhalter, Füller *m;* Kugelschreiber *m;* **ball(-point) ~** Kugelschreiber *m;* **fountain-~** Füllfederhalter, Füller *m;* **stroke of the ~** Federstrich *m* **II.** *vt* schreiben; ver-, abfassen

pen² [pen] **I.** *s* ❶ Pferch *m* ❷ (*play-~*) Laufstall *m* ❸ (U-Boot)Bunker *m* **II.** *vt* (*~ up, in*) einsperren

penal ['pi:nl] *adj* strafbar; strafrechtlich; **~ act** strafbare Handlung; **~ code** Strafgesetzbuch *nt;* **~ establishment** Strafanstalt *f;* **~ law** Strafgesetz *nt;* **~ legislation** Strafgesetzgebung *f;* **~ reform** Strafrechtsreform *m;* **~ servitude** Zwangsarbeit *f;* **~ system** Strafrecht *nt;* Strafvollzug *m;*

penal·iz·ation [ˌpi:nəlaɪ'zeɪʃn] *s* ❶ Bestrafung *f* ❷ Benachteiligung *f;* **pe·nal·ize** ['pi:nəlaɪz] *vt* ❶ mit Strafe belegen; bestrafen ❷ benachteiligen ❸ (SPORT) einen Strafstoß verhängen gegen

pen·alty ['penltɪ] *s* ❶ Strafe *f* ❷ Geldbuße, -strafe *f* ❸ (*fig*) Nachteil *m* ❹ (SPORT) Strafpunkt *m;* Strafstoß *m;* Elfmeter *m;* **on** [*o* **under**] **~ of** bei Androhung einer Strafe von; **pay the ~** die Folgen tragen (*of s.th.* einer S); **death ~** Todesstrafe *f;* **mitigation of ~** Strafmilderung *f;* **remission of the ~** Straferlass *m;* **penalty area** *s* (*Fußball*) Strafraum *m;* **penalty box** *s* (*Eishockey*) Strafbank *f;* **penalty clause** *s* Strafklausel *f;* **penalty kick** *s* (*Fußball*) Strafstoß *m;* Elfmeter *m*

pen·ance ['penəns] *s* Buße *f* (*for* für); **do ~** Buße tun

pence [pens] *s* ❶ (*in GB*) Pence *m* ❷ *pl von* **penny**

pen·chant ['pɑ:nʃɑ:n, *Am* 'pentʃənt] *s* Vorliebe, Neigung *f* (*for* zu), Geschmack *m* (*for* an)

pen·cil ['pensl] **I.** *s* ❶ Bleistift *m* ❷ (*eyebrow ~*) Augenbrauenstift *m* ❸ (*~ of rays*) Strahlenbündel *nt;* **write in ~** mit Bleistift schreiben; **colo(u)red ~** Buntstift *m* **II.** *vt* ❶ (*~ in*) mit einem (Blei)Stift markieren/schreiben/zeichnen ❷ (*Augenbrauen*) (nach)ziehen; **pencil box** *s* Federkasten *m;* **pencil case** *s* Federmäppchen *nt;* **pencil sharpener** *s* Bleistiftspitzer *m*

pen·dant ['pendənt] *s* Anhänger *m*

pen·dent ['pendənt] *adj* hängend, Hänge-

pend·ing ['pendɪŋ] **I.** *adj* ❶ (*fig*) schwebend, unentschieden, unerledigt ❷ (JUR) anhängig; **be ~** anhängig sein; schweben; **still ~** noch in der Schwebe **II.** *prep* bis zu; **~ further instructions** [*o* **notice**] bis auf weiteres; **pending tray** *s* Ablage *f* für Unerledigtes

pen·du·lous ['pendjʊləs] **I.** *adj* herabhängend **II.** *adj attr* Hänge-

pen·du·lum ['pendjʊləm] *s* Pendel *nt;* **the swing of the ~** (*fig*) das Schwanken der öffentlichen Meinung

pen·etrate ['penɪtreɪt] **I.** *vt* ❶ (*~ through, into*) dringen durch; vor-, eindringen in; (*fig*) durchdringen (*with* mit) ❷ durchstoßen ❸ (*fig*) (geistig) durchdringen, durchschauen, erkennen **II.** *vi* eindringen (*into* in), vordringen (*to* bis), durchdringen (*through* durch), durchstoßen; **pen·etrat·ing** [-ɪŋ] *adj* ❶ (*Kälte*) durchdringend

P

② (*Auge*) scharf ③ (*fig*) scharfsinnig, verständig, einsichtig; **pen·etra·tion** [ˌpenɪˈtreɪʃn] *s* ① Ein-, Durchbruch *m* ② (*fig*) Durchdringung *f* ③ (*fig*) Scharfsinn, Verstand *m* ④ (MED) Penetration *f*

pen·friend [ˈpenfrend] *s* Brieffreund(in) *m(f)*

pen·guin [ˈpeŋgwɪn] *s* Pinguin *m*

pen·holder [ˈpenˌhəʊldə(r)] *s* Federhalter *m*

peni·cil·lin [ˌpenɪˈsɪlɪn] *s* Penizillin *nt*

pen·in·sula [pəˈnɪnsjʊlə] *s* Halbinsel *f;* **pen·in·su·lar** [pəˈnɪnsjʊlə(r)] *adj* halbinselförmig

pe·nis [ˈpiːnɪs] *s* (ANAT) Penis *m*

peni·tence [ˈpenɪtəns] *s* Reue, Bußfertigkeit *f;* **peni·tent** [ˈpenɪtənt] *adj* reu(müt)ig, bußfertig; **peni·ten·tial** [ˌpenɪˈtenʃl] *adj* bußfertig

pen·knife [ˈpennaɪf, *pl* -naɪvz] <*pl* -knives> *s* Taschenmesser *nt*

pen name [ˈpenneɪm] *s* Schriftstellername *m*

pen·nant [ˈpenənt] *s* Stander, Wimpel *m*

pen·ni·less [ˈpenɪlɪs] *adj* völlig mittellos

pen·non [ˈpenən] *s* Stander, Wimpel *m*

penny [ˈpenɪ, *pl* ˈpeniːz, pens] <*pl* pennies, pence> *s* Penny *m;* **earn an honest ~** sein Geld redlich verdienen; **the ~ dropped** der Groschen ist gefallen; **a pretty ~** eine schöne Stange Geld; **in for a ~ in for a pound** wer A sagt, muss auch B sagen; mitgefangen mitgehangen; **a ~ for your thoughts** woran denkst du?; **spend a ~** (*fam*) mal verschwinden; **penny-pinch·ing** [ˈpenɪˌpɪntʃɪŋ] *adj* geizig; **penny share** *s* Klein-, Billigaktie *f;* **penny-wise** *adj:* **~ and pound foolish** sparsam im Kleinen und verschwenderisch im Großen

pen pal [ˈpenpæl] *s* (*Am*) Brieffreund(in) *m(f);* **pen·pusher** [ˈpenˌpʊʃə(r)] *s* (*fam*) Schreiberling *m*

pen·sion [ˈpenʃn] *s* Altersrente *f,* Altersruhegeld *nt;* Pension *f;* **be entitled to a ~** rentenberechtigt, pensionsberechtigt sein; **draw a ~** eine Rente beziehen; **pension off** *vt* vorzeitig pensionieren; **pen·sion·able** [-əbl] *adj* ruhegehalts-, pensionsberechtigt; **~ age** Rentenalter *nt;* **pension contribution** *s* Rentenversicherungsbeitrag *m;* **pension entitlement** *s* Rentenanspruch *m;* **pen·sioner** [ˈpenʃənə(r)] *s* Pensionär(in) *m(f),* Rentenempfänger(in) *m(f),* Rentner(in) *m(f);* **pension fund** *s* (FIN) Rentenfonds *m;* **pension reserves** *s pl* Pensionsrückstellungen *fpl;* **pension scheme** *s* Rentenversicherung *f*

pen·sive [ˈpensɪv] *adj* nachdenklich, gedankenvoll

pen·ta·cle [ˈpentəkl] *s* fünfeckiger Stern

pen·ta·gon [ˈpentəgən, *Am* ˈpentəgɒn] *s* Fünfeck, Pentagon *nt;* **the Pentagon** (*in den USA*) das Pentagon; **pen·tam·eter** [penˈtæmɪtə(r)] *s* Pentameter *m;* **pen·tath·lete** [penˈtæθliːt] *s* (SPORT) Fünfkämpfer(in) *m(f);* **pen·tath·lon** [penˈtæθlən] *s* (SPORT) Fünfkampf *m*

Pen·te·cost [ˈpentəkɒst] *s* Pfingsten *nt*

pent·house [ˈpenthaʊs] *s* Penthouse *nt,* Dachterrassenwohnung *f*

pent-up [ˌpentˈʌp] *adj* ① (*Mensch*) geladen; innerlich angespannt ② (*Gefühl*) unterdrückt, angestaut; (*Atmosphäre*) geladen

pen·ul·ti·mate [penˈʌltɪmət] *adj* vorletzte(r, s)

pen·uri·ous [pɪˈnjʊərɪəs] *adj* dürftig, ärmlich; **pen·ury** [ˈpenjʊərɪ] *s* (völlige) Armut *f*

peony [ˈpiːənɪ] *s* Pfingstrose *f*

peo·ple [ˈpiːpl] **I.** *s pl* ① Leute *pl* ② Be-, Einwohner *pl* ③ (*the common ~*) gemeine Volk ④ (*mit Possessivpronomen*) Familie *f,* Leute *pl* ⑤ (*pl: ~s*) Volk *nt;* Nation *f;* **go to the ~** Neuwahlen abhalten; **English ~** Engländer *pl;* **~ say** man sagt; **many ~** viele Leute **II.** *vt* bevölkern (*with* mit)

? Grammatik

people = Leute, wird meistens im Plural gebraucht: *Most people like watching TV.*

Wenn **a people** = ein Volk bedeutet, dann heißt der Plural **peoples**: *the peoples of Europe.*

people carrier *s* Van, Kleinbus *m*

PEP [ˌpiːiːˈpiː] *s Abk. von* **personal equity plan** *auf Aktien basierendes, steuerbegünstigtes Vermögensbildungsprogramm*

pep [pep] *s* (*fam*) Schwung *m,* Kraft, Energie *f;* **pep up** *vt* in Schwung bringen, aufmöbeln; **be ~ped up** mächtig in Fahrt sein

pep·per [ˈpepə(r)] **I.** *s* ① Pfeffer *m* ② Paprika *m* **II.** *vt* ① pfeffern ② (*fig*) vollstopfen, spicken (*with* mit); **pepper-and-salt** *adj attr* Pfeffer-und-Salz- (*Muster*); **pep·per·corn** [ˈpepəkɔːn] *s* Pfefferkorn *nt;* **~ rent** nominelle Miete; **pepper mill** *s* Pfeffermühle *f;* **pep·per·mint** [ˈpepəmɪnt] *s* ① Pfefferminze *f* ② (*Bonbon*) Pfefferminz *nt;* **pepper pot** *s* Pfefferstreuer *m;* **pep·pery** [ˈpepərɪ] *adj* ① gepfeffert ② (*fig*) hitzig

pep pill [ˈpeppɪl] *s* (*fam*) Aufmunterungspille *f;* **pep talk** *s* (*fam*) aufmunternde Rede

pep·tic ['peptɪk] *adj:* ~ **ulcer** Magengeschwür *nt*

per [pɜ:(r)] *prep* pro, je, für; (**as**) ~ **account** laut Rechnung; ~ **annum** pro Jahr; ~ **capita** pro Kopf; ~ **capita income** Pro-Kopf-Einkommen *nt;* ~ **hour** in der Stunde; **50 km** ~ **hour** 50 Stundenkilometer; **as** ~ **sample** gemäß dem Muster; **as** ~ **usual** (*fam*) wie gewöhnlich

per·am·bu·lator [pə'ræmbjʊleɪtə(r)] *s* (*Br*) Kinderwagen *m*

per·ceiv·able [pə'si:vəbl] *adj* wahrnehmbar; erkennbar; **per·ceive** [pə'si:v] *vt* ❶ wahrnehmen ❷ spüren, (be)merken, verstehen

per cent, **per·cent** [pə'sent] *s* Prozent *nt;* (**at**) **what** ~**?** (zu) wie viel Prozent?; **per·cen·tage** [pə'sentɪdʒ] *s* ❶ Prozentsatz *m* ❷ Anteil *m* (*of* an) ❸ (~ *of profits*) Tantieme *f* ❹ (COM) Provision *f;* **percentage discount** *s* prozentualer Rabatt; **percentage increase** *s* prozentualer Anstieg; **percentage point** *s* Prozentpunkt *m*

per·cep·tible [pə'septəbl] *adj* wahrnehmbar; spürbar, deutlich; **per·cep·tion** [pə'sepʃn] *s* ❶ Wahrnehmung *f* ❷ Einsicht *f* ❸ Auffassung *f;* **per·cep·tive** [pə'septɪv] *adj* ❶ wahrnehmend; Wahrnehmungs- ❷ scharfsichtig

perch[1] [pɜ:tʃ] **I.** *s* ❶ Vogel-, Hühnerstange *f;* (*Baum*) Ast *m* ❷ (*fam*) hoch gelegener Sitzplatz ❸ Rute *f* (*Längenmaß 5,029 m*) **II.** *vi* ❶ sich niederlassen, sich setzen (*on* auf) ❷ (hoch) sitzen, stehen **III.** *vt* (hoch hinauf)stellen; ~ **s.th. on s.th.** etw auf etw stellen; **be** ~**ed on** sitzen, hocken auf

perch[2] [pɜ:tʃ] *s* (*Fisch*) Flussbarsch *m*

per·co·late ['pɜ:kəleɪt] **I.** *vt* ❶ durchseihen, filtern ❷ (*Kaffee*) in einem Filter zubereiten **II.** *vi* (~ *through, a. fig*) durchsickern; **per·co·la·tor** ['pɜ:kə leɪtə(r)] *s* Kaffeemaschine *f*

per·cus·sion [pə'kʌʃn] *s* ❶ Stoß, Schlag *m* ❷ Erschütterung *f* ❸ (MUS: ~ *instruments*) Schlaginstrumente *ntpl;* **per·cus·sion·ist** [-ɪst] *s* Schlagzeuger(in) *m(f)*

per·di·tion [pə'dɪʃn] *s* ❶ Ruin *m* ❷ (REL) Verdammnis *f*

per·egrine ['perɪgrɪn] *s* Wanderfalke *m*

per·emp·tori·ly [pə'remptrəlɪ] *adv* unweigerlich; ein für allemal; **per·emp·tory** [pə'remptərɪ] *adj* ❶ endgültig, definitiv ❷ zwingend

per·en·nial [pə'renɪəl] **I.** *adj* ❶ beständig, immerwährend ❷ (BOT) mehrjährig **II.** *s* mehrjährige Pflanze

per·fect ['pɜ:fɪkt] **I.** *adj* ❶ vollendet, vollkommen ❷ tadellos, fehlerlos ❸ vollständig, völlig, gänzlich ❹ genau, exakt; **he is a** ~ **stranger to me** er ist mir völlig unbekannt **II.** [pə'fekt] *vt* vervollkommnen; **per·fect·ible** [pə'fektəb] *adj* vervollkommnungsfähig; **per·fec·tion** [pə'fekʃn] *s* ❶ Vervollkommnung *f* ❷ Vollkommenheit *f;* **bring to** ~ vollenden; vervollkommnen; **per·fec·tion·ist** [-ɪst] *s* Perfektionist(in) *m(f);* **per·fect·ly** [pɜ:fɪktlɪ] *adv* ❶ vollkommen ❷ völlig, durchaus, absolut ❸ tadellos; **perfect pitch** *s* absolutes Gehör

per·fidi·ous [pə'fɪdɪəs] *adj* verräterisch, treulos

per·for·ate ['pɜ:fəreɪt] **I.** *vt* ❶ durchbohren, -löchern ❷ perforieren, lochen **II.** *vi* (MED) durchbrechen; **per·for·ation** [ˌpɜ:fə'reɪʃn] *s* ❶ Durchbohrung, -löcherung *f* ❷ Perforieren *nt;* Perforation, Lochung *f* ❸ (MED) Perforation *f*

per·form [pə'fɔ:m] **I.** *vt* ❶ (*Aufgabe*) ausführen, verrichten ❷ (*Operation*) durchführen ❸ (*Zeremonie*) vollziehen ❹ (*Stück, Konzert*) aufführen, spielen; (*Solo, Duett*) vortragen; (*Rolle*) spielen; (*Kunststück*) vorführen; (*Wunder*) vollbringen ❺ (*Handlung*) vornehmen ❻ (*Pflicht, Versprechen*) erfüllen ❼ (*Verpflichtung*) nachkommen (*s.th.* einer S) ❽ (*Aufgaben*) wahrnehmen **II.** *vi* ❶ (*öffentlich*) auftreten, spielen ❷ (TECH) funktionieren; **this car** ~**s well** dieses Auto leistet viel; **how did he** ~**?** wie war er?; **per·form·ance** [pə'fɔ:məns] *s* ❶ Aus-, Durchführung *f* ❷ (*Pflicht*) Erfüllung *f* ❸ (TECH) Funktionieren *nt* ❹ (TECH) Leistung *f;* Effizienz *f* ❺ (THEAT) Aufführung, Vorstellung *f;* (*Kino*) Vorstellung *f* ❻ (*Rolle*) Darstellung *f* ❼ (*fam*) Umstand *m;* Theater *nt;* schlechtes Benehmen; **afternoon/evening** ~ Nachmittags-/Abendvorstellung *f;* **performance level** *s* Leistungsgrad *m;* **performance report**, **performance review** *s* Leistungsbericht *m;* **per·former** [pə'fɔ:mə(r)] *s* Künstler(in) *m(f)*, Ausführende(r) *f m*

per·fume ['pɜ:fju:m] **I.** *s* Duft *m;* Parfüm *nt* **II.** [pə'fju:m] *vt* parfümieren

per·func·tory [pə'fʌŋktərɪ] *adj* ❶ routinemäßig, teilnahmslos ❷ oberflächlich, flüchtig ❸ gleichgültig, (nach)lässig

per·gola ['pɜ:gələ] *s* Pergola *f*

per·haps [pə'hæps] *adv* vielleicht, eventuell

peril ['perəl] *s* Gefahr *f;* **at s.o.'s** ~ auf jds Gefahr, Risiko, Verantwortung; **in** ~ **of one's life** in Lebensgefahr; **peril·ous** ['perələs] *adj* gefährlich

P

peri·meter [pəˈrɪmɪtə(r)] *s* ❶ (MATH) Umfang *m* ❷ (*eines Grundstücks*) Grenze *f;* **perimeter fence** *s* Umzäunung *f*

period [ˈpɪərɪəd] **I.** *s* ❶ (*a.* GEOL CHEM) Periode *f,* Zeit(raum, -abschnitt *m*) *f,* Abschnitt *m;* Epoche *f* ❷ Dauer *f;* Frist *f* ❸ (*menstrual* ~) Periode *f* ❹ (GRAM) (vollständiger) Satz *m;* Satzgefüge *nt* ❺ (*Satzzeichen*) Punkt *m* ❻ (*Am*) (Unterrichts-, Schul)Stunde *f;* **for a ~ of** für die Dauer von; **I've got my ~** ich habe meine Tage; **within a ~ of** innerhalb einer Frist von; **bright ~** Aufklärung *f;* **~ of office** Amtszeit *f;* **~ under review** Berichtszeitraum *m* **II.** *adj* (*Kunst*) zeitgenössisch **III.** *interj* (*sl*) Schluss! (und damit) basta!; **period furniture** *s* Stilmöbel *ntpl;* **peri·od·ic(al)** [ˌpɪərɪˈɒdɪk(l)] **I.** *adj* periodisch, regelmäßig auftretend **II.** *s* Zeitschrift *f,* Magazin *nt*

pe·riph·eral [pəˈrɪfərəl] **I.** *adj* (*a.* ANAT) peripher(isch), nebensächlich; **~ area** Randgebiet *nt* **II.** *s* (INFORM) Peripheriegerät *nt;* **pe·riph·ery** [pəˈrɪfərɪ] *s* Peripherie *f;* Rand *m;* **~ of the town** Stadtrand *m,* Außenbezirke *mpl*

peri·scope [ˈperɪskəʊp] *s* (MAR) Periskop, Sehrohr *nt*

per·ish [ˈperɪʃ] **I.** *vi* ❶ zu Grunde gehen, umkommen (*by* durch, *of, with* an) ❷ (*Waren*) verderben; **~ with cold** (*fam*) erfrieren; **~ from starvation** verhungern **II.** *vt* zerstören; **~ the thought!** daran darf man gar nicht denken; **per·ish·able** [-əbl] **I.** *adj* (*Ware*) (leicht) verderblich, nicht haltbar **II.** *s pl* verderbliche Waren *fpl;* **per·isher** [ˈperɪʃə(r)] *s* (*Br fam*) Lümmel *m;* **per·ish·ing** [ˈperɪʃɪŋ] *adj* ❶ sehr kalt ❷ verflixt, verdammt; **~ cold** widerliche Kälte

peri·style [ˈperɪstaɪl] *s* (ARCH) Säulenumgang *m,* -reihe *f*

per·ito·ni·tis [ˌperɪtəˈnaɪtɪs] *s* (MED) Bauchfellentzündung *f*

per·jure [ˈpɜːdʒə(r)] *vr* einen Meineid leisten, meineidig werden; **per·jured** [ˈpɜːdʒəd] *adj* meineidig; **per·jurer** [ˈpɜːdʒərə(r)] *s* Meineidige(r) *f m;* **per·jury** [ˈpɜːdʒərɪ] *s* Meineid *m;* **commit ~** einen Meineid leisten

perk [pɜːk] *s* (*Br*) Vergünstigung *f*

perk up [pɜːk ʌp] **I.** *vt* ❶ (*den Kopf*) heben ❷ (*Ohren*) spitzen ❸ (*Menschen*) aufmuntern; (*Zimmer*) verschönern; (*Fest*) in Schwung bringen **II.** *vi* ❶ aufleben; lebhaft, munter werden ❷ (*Börse*) fester tendieren

perky [ˈpɜːkɪ] *adj* ❶ unternehmungslustig ❷ keck, frech; übermütig; munter

perm¹ [pɜːm] **I.** *s* (*Toto*) Kombination *f* **II.** *vt, vi* kombinieren

perm² [pɜːm] **I.** *s* (*fam*) Dauerwelle *f* **II.** *vt:* **have one's hair ~ed** sich Dauerwellen machen lassen

per·ma·frost [ˈpɜːməfrɒst] *s* Dauerfrostboden *m*

per·ma·nence, per·ma·nency [ˈpɜːmənəns, ˈpɜːmənənsɪ] *s* Dauerhaftigkeit *f;* Beständigkeit *f;* **per·ma·nent** [ˈpɜːmənənt] **I.** *adj* ❶ (fort)dauernd, bleibend ❷ ständig; beständig, dauerhaft ❸ auf Lebenszeit ❹ (TECH) ortsfest; **~ abode** [*o* **residence**] fester Wohnsitz; **~ appointment** feste Anstellung; **~ committee** ständiger Ausschuss; **~ disability** dauernde Erwerbsunfähigkeit; dauerhafte Behinderung; **~ establishment** ständige Einrichtung; **~ investment** (FIN) Daueranlage *fpl,* langfristige Anlagen *fpl;* **~ layoff** Entlassung *f;* **~ position, ~ post, ~ situation** Lebens-, Dauerstellung *f;* **~ staff** Stammpersonal *m;* **~ tenure** Anstellung *f* auf Lebenszeit; **~ wave** Dauerwelle *f* **II.** *s* (*Am*) Dauerwelle *f*

per·manga·nate [pəˈmæŋgəneɪt] *s* (CHEM) Permanganat *nt*

per·meable [ˈpɜːmɪəbl] *adj* durchlässig (*to* für); **per·meate** [ˈpɜːmɪeɪt] **I.** *vt* durchdringen **II.** *vi* ❶ dringen (*through* durch) ❷ (*fig*) sich verbreiten (*throughout* in)

per·mis·sible [pəˈmɪsəbl] *adj* zulässig; erlaubt; **~ load** Höchstbelastung *f;* **per·mission** [pəˈmɪʃn] *s* Zustimmung, Genehmigung, Erlaubnis *f;* **by special ~** mit besonderer Genehmigung; **without ~** unbefugt; **ask s.o.'s** [*o* **s.o. for**] **~** jdn um Erlaubnis bitten; **give ~** eine Erlaubnis erteilen; **grant s.o. ~ to speak** jdm das Wort erteilen; **~ by the authorities** behördliche Genehmigung; **per·miss·ive** [pəˈmɪsɪv] *adj* nachgiebig; sexuell freizügig; **the ~ society** die permissive Gesellschaft; **per·miss·ive·ness** [-nəs] *s* Permissivität *f;* sexuelle Freizügigkeit

per·mit [pəˈmɪt] **I.** *vt* erlauben, gestatten; zulassen, dulden; **~ s.o. to do s.th.** jdm erlauben etw zu tun; **am I ~ted to go?** darf ich gehen? **II.** *vi* erlauben; **if you (will) ~** wenn Sie gestatten; **weather ~ting** wenn das Wetter mitmacht; **time doesn't ~** es ist zeitlich nicht möglich; **~ of s.th.** etw zulassen **III.** [ˈpɜːmɪt] *s* ❶ Erlaubnis *f* ❷ Genehmigung, Bewilligung, Konzession *f* (*to* für) ❸ Durchlass-, Passierschein, Ausweis *m* ❹ Freigabe-, Zollabfertigungsschein *m;* **building ~** Baugenehmigung *f;* **entry ~** Einreisebewilligung *f;* **exit ~** Ausreisebewilligung *f;* **hunting/fishing ~** Jagd-/Angelschein *m;* **labo(u)r ~**

Arbeitserlaubnis *f;* **special** ~ Sondergenehmigung *f;* ~ **of residence, residence** ~ Aufenthaltsgenehmigung, -erlaubnis *f;* **per·mit·ted** [pəˈmɪtɪd] *adj* ❶ erlaubt, gestattet, genehmigt ❷ zulässig
per·mu·ta·tion [ˌpɜːmjuːˈteɪʃn] *s* ❶ Vertauschung *f* ❷ Veränderung *f* ❸ (MATH) Permutation *f;* **per·mute** [pəˈmjuːt] *vt* (ver)ändern; vertauschen
per·ni·cious [pəˈnɪʃəs] *adj* ❶ schädlich, verderblich (*to* für) ❷ (MED) bösartig
per·nick·ety [pəˈnɪkətɪ] *adj* (*fam*) kleinlich, genau
per·ox·ide [pəˈrɒksaɪd] *s* (*hydrogen* ~) Peroxyd *nt;* **peroxide blonde** *s* Wasserstoffblondine *f*
per·pen·dic·u·lar [ˌpɜːpənˈdɪkjʊlə(r)] **I.** *adj* ❶ senk-, lotrecht (*to* zu); (*Klippe*) senkrecht abfallend ❷ (ARCH) perpendikular **II.** *s* (MATH) Senkrechte *f,* Lot *nt;* **out of the** ~ schief, schräg, aus dem Lot
per·pe·trate [ˈpɜːpɪtreɪt] *vt* ❶ (*Fehler*) machen, begehen ❷ (*Verbrechen*) verüben ❸ (*hum: Film, Roman*) verbrechen; **per·pe·tra·tion** [ˌpɜːpɪˈtreɪʃn] *s* Begehung, Verübung *f;* **per·pe·tra·tor** [ˈpɜːpɪtreɪtə(r)] *s* Übeltäter(in) *m(f);* (JUR) Täter(in) *m(f)*
per·pet·ual [pəˈpetʃʊəl] *adj* ❶ dauernd, (be)ständig, ewig ❷ fortwährend, unaufhörlich; ~ **motion** (**machine**) Perpetuum mobile *nt;* ~ **snow** ewiger Schnee; **per·petu·ate** [pəˈpetʃʊeɪt] *vt* aufrechterhalten; (*Angedenken*) bewahren; **per·petu·ity** [ˌpɜːpɪˈtjuːətɪ] *s* Ewigkeit *f;* **in** ~ auf ewig; (JUR) lebenslänglich
per·plex [pəˈpleks] *vt* (*Menschen*) verblüffen; **per·plexed** [pəˈplekst] *adj* verdutzt, perplex; **per·plex·ity** [pəˈpleksətɪ] *s* Verblüffung *f*
per·qui·sites [ˈpɜːkwɪzɪts] *s pl* Vergünstigungen *f pl*
per·se·cute [ˈpɜːsɪkjuːt] *vt* ❶ verfolgen ❷ belästigen, plagen, quälen (*with* mit); **be** ~**ed** Verfolgungen ausgesetzt sein; **per·se·cu·tion** [ˌpɜːsɪˈkjuːʃn] *s* Verfolgung *f;* Belästigung *f,* **persecution complex** *s* Verfolgungswahn *m;* **per·se·cu·tor** [ˈpɜːsɪkjuːtə(r)] *s* Verfolger(in) *m(f)*
per·se·ver·ance [ˌpɜːsɪˈvɪərəns] *s* Ausdauer, Beharrlichkeit *f;* **per·se·vere** [ˌpɜːsɪˈvɪə(r)] *vi* durchhalten, nicht aufgeben (*in, at, with s.th.* etw); **per·se·ver·ing** [-ɪŋ] *adj* beharrlich, ausdauernd
Per·sia [ˈpɜːʃə] *s* Persien *nt;* **Per·sian** [ˈpɜːʃn, *Am* ˈpɜːʒn] **I.** *adj* persisch; ~ **cat** Perser-, Angorakatze *f;* **the** ~ **Gulf** der Persische Golf; ~ **lamb** (*Pelz*) Persianer *m;* ~ **carpet** Perserteppich *m* **II.** *s* ❶ Perser(in) *m(f)* ❷ (das) Persisch(e)
per·sist [pəˈsɪst] *vi* ❶ beharren (*in* auf, bei), bestehen (*in* auf) ❷ nicht nachgeben; nicht aufhören (*in doing* zu tun) ❸ fortdauern, sich hartnäckig halten; **per·sist·ence** [pəˈsɪstəns] *s* ❶ (hartnäckiges) Beharren *nt* (*in* auf) ❷ Beharrlichkeit *f* ❸ Fortdauer *f;* **per·sist·ent** [pəˈsɪstənt] *adj* ❶ beharrlich, unnachgiebig ❷ unentwegt, (an)dauernd, beständig
per·son [ˈpɜːsn] *s* ❶ (*pl: people,* ~*s*) Mensch *m;* Person *f* ❷ (GRAM JUR: *pl:* ~*s*) Person *f* ❸ (*pl:* ~*s*) (das) Äußere ❹ (THEAT) Rolle *f;* **in** ~ in Person, persönlich; **no** ~ kein Mensch, niemand; **there is no such** ~ so jemanden gibt es nicht; **any** ~ jeder; **on** [*o* **about**] **one's** ~ bei sich; **per** ~ pro Person; **unauthorized** ~ Unbefugte(r) *f m;* **against** ~ **or** ~**s unknown** (JUR) gegen Unbekannt; **per·son·able** [ˈpɜːsənəbl] *adj* ❶ stattlich, gut aussehend ❷ sympathisch; **per·son·age** [ˈpɜːsənɪdʒ] *s* Persönlichkeit *f*
per·son·al [ˈpɜːs(ə)nl] *adj* persönlich; (*auf Brief*) privat; (*Daten*) personenbezogen; ~ **affair** [*o* **business**] Privatangelegenheit *f;* ~ **allowance** Grundfreibetrag *m;* ~ **assets** bewegliches Privatvermögen; ~ **assistant, PA** persönliche(r) Assistent(in) *m(f),* Chefsekretär(in) *m(f);* ~ **background** [*o* **history**] Lebensgeschichte *f,* Lebenslauf *m;* ~ **call** (TELE) Gespräch *nt* mit Voranmeldung; Privatgespräch *nt;* ~**-care product** Körperpflegeprodukt *nt;* ~ **column** (*Zeitung*) Familienanzeigen *f pl;* ~ **computer, PC** Personalcomputer, PC *m;* ~ **data** Personalien *pl,* personenbezogene Daten *pl;* **Personal Digital Assistant technology** PDA-Technik *f;* ~ **exemption** (*Am: Steuer*) Freibetrag *m;* ~ **files** Personalakten *f pl;* ~ **hygiene** Körperpflege *f;* ~ **identification number, PIN** persönliche Geheimzahl; ~ **injury** (JUR) Personenschaden *m;* ~ **organizer** Terminplaner *m;* ~ **pronoun** Personalpronomen *nt,* persönliches Fürwort; ~ **property** Privateigentum *nt;* ~ **stereo** Walkman® *m;* ~ **stationery** Briefpapier *nt* mit persönlichem Briefkopf; ~ **status** Personen-, Familienstand *m;* **articles for** ~ **use** Gegenstände *m pl* des persönlichen Gebrauchs; **get** [*o* **become**] ~ persönlich werden
per·son·al·ity [ˌpɜːsəˈnælətɪ] *s* ❶ Persönlichkeit *f* ❷ **personalities** persönliche Angelegenheiten *f pl;* ~ **cult** Personenkult *m;* **per·son·al·ly** [ˈpɜːsənəlɪ] *adv* persönlich; **per·son·alty** [ˈpɜːsənltɪ] *s* (JUR) bewegliches Privatvermögen; **per·soni·fic·ation** [pəˌsɒnɪfɪˈkeɪʃn] *s* Verkörperung

P

f; **per·soni·fy** [pə'sɒnɪfaɪ] *vt* verkörpern, personifizieren

per·son·nel [ˌpɜ:sə'nel] *s* Personal *nt;* Belegschaft *f;* (*Flugzeug, Schiff*) Besatzung *f;* **personnel department** *s* Personalabteilung *f;* **personnel director, personnel manager** *s* Personalchef(in) *m(f),* -leiter(in) *m(f);* **personnel management** *s* Personalführung *f;* **personnel turnover** *s* Fluktuation *f*

per·spec·tive [pə'spektɪv] *s* ① (*Kunst*) Perspektive *f* ② (*fig*) Standpunkt, Blick *m;* **get s.th. out of ~** etwas verzerrt sehen; **see** [*o* **look at**] **s.th. in its right ~** etw vom richtigen Gesichtswinkel aus betrachten; **view in ~** (*fig*) mit Abstand betrachten

per·spi·ca·cious [ˌpɜ:spɪ'keɪʃəs] *adj* scharfsinnig, -blickend; **per·spi·cac·ity** [ˌpɜ:spɪ'kæsətɪ] *s* Scharfsinn, -blick *m*

per·spi·cu·ity [ˌpɜ:spɪ'kju:ətɪ] *s* Klarheit, Verständlichkeit *f;* **per·spicu·ous** [pə'spɪkjʊəs] *adj* klar, verständlich

per·spir·ation [ˌpɜ:spə'reɪʃn] *s* ① Schwitzen *nt;* Transpiration *f* ② Schweiß *m;* **per·spire** [pə'spaɪə(r)] *vi* schwitzen

per·suade [pə'sweɪd] *vt* ① überreden (*of s.th.* zu etw) ② verleiten, dazu bringen (*to do, into doing* zu tun) ③ überzeugen (*of s.th.* von einer S); **be ~d of** überzeugt sein von; **per·sua·sion** [pə'sweɪʒn] *s* ① Überredung *f* ② Überzeugung *f,* Glaube *m* ③ Überzeugungskraft *f;* **I am not of that ~** (*Argument*) davon bin ich nicht überzeugt; (REL) ich gehöre nicht diesem Glauben an; **be of** [*o* **have**] **communist ~s** kommunistische Ansichten vertreten; **per·sua·sive** [pə'sweɪsɪv] *adj* überzeugend

pert [pɜ:t] *adj* ① vorlaut, keck ② lebhaft, munter, lustig

per·tain [pə'teɪn] *vi* ① gehören (*to* zu) ② in Verbindung stehen (*to* mit) ③ betreffen (*to* acc) ④ sich beziehen (*to* auf)

per·ti·na·cious [ˌpɜ:tɪ'neɪʃəs] *adj* ① beharrlich ② hartnäckig, zäh

per·ti·nent ['pɜ:tɪnənt] *adj* sachdienlich, zur Sache (gehörig); einschlägig; relevant; **be ~ to s.th.** auf etw Bezug haben

pert·ness ['pɜ:tnɪs] *s* Keckheit *f;* Kessheit *f*

per·turb [pə'tɜ:b] *vt* ① verwirren ② beunruhigen; **per·tur·ba·tion** [ˌpɜ:tə'beɪʃn] *s* ① Verwirrung, Aufregung, Unruhe *f* ② Störung *f*

Peru [pə'ru:] *s* Peru *nt*

pe·rusal [pə'ru:zl] *s* ① Durchlesen *nt* ② (genaue) Durchsicht, Prüfung *f;* **for ~** zur Einsichtnahme; **pe·ruse** [pə'ru:z] *vt* (sorgfältig) durchlesen

Peru·vian [pə'ru:vɪən] **I.** *adj* peruanisch **II.** *s* Peruaner(in) *m(f)*

per·vade [pə'veɪd] *vt* erfüllen; sich ausbreiten in; **per·va·sive** [pə'veɪsɪv] *adj* ① durchdringend ② (*fig: Einfluss*) beherrschend

per·verse [pə'vɜ:s] *adj* ① pervers, widernatürlich ② eigensinnig; störrisch; verstockt; **per·verse·ness** [pə'vɜ:snɪs] *s* ① Perversität, Widernatürlichkeit *f* ② Verstocktheit *f;* **per·ver·sion** [pə'vɜ:ʃn] *s* ① Perversion *f* ② Abkehr *f* (*vom Glauben*) ③ (*der Wahrheit*) Verzerrung, Verdrehung *f;* **~ of justice** Rechtsbeugung *f;* **per·ver·sity** [pə'vɜ:sətɪ] *s* ① Widersetzlichkeit *f,* Eigensinn *m* ② Perversität, Widernatürlichkeit *f;*

per·vert [pə'vɜ:t] **I.** *vt* ① (*Tatsachen*) verdrehen ② (*Menschen*) verderben, pervertieren ③ (REL) irreführen ④ (*Sinn*) entstellen; **~ the course of justice** das Recht beugen **II.** ['pɜ:vɜ:t] *s* perverser Mensch

pes·sary ['pesərɪ] *s* (MED) Pessar *nt;* Zäpfchen *nt*

pessi·mism ['pesɪmɪzəm] *s* Pessimismus *m;* **pes·si·mist** ['pesɪmɪst] *s* Pessimist(in) *m(f);* **pessi·mis·tic** [ˌpesɪ'mɪstɪk] *adj* pessimistisch

pest [pest] *s* ① (*fam: Mensch*) Nervensäge *f;* Plage *f* ② Schädling *m;* **pest control** *s* Schädlingsbekämpfung *f*

pes·ter ['pestə(r)] *vt* belästigen, plagen (*with* mit)

pes·ti·cide ['pestɪsaɪd] *s* Schädlingsbekämpfungsmittel *nt;* **pes·tif·er·ous** [pe'stɪfərəs] *adj* (*fam*) ärgerlich; **pes·ti·lent, pes·ti·len·tial** ['pestɪlənt, ˌpestɪ'lenʃl] *adj* ① pestartig ② (*fig*) verderblich ③ (*fam*) ärgerlich

pestle ['pesl] *s* Stößel *m*

pet[1] [pet] **I.** *s* ① Haustier *nt* ② Liebling *m;* **he's a real ~!** er ist ein Schatz!; **teacher's ~** Lehrers Liebling *m* **II.** *vt* streicheln, verwöhnen **III.** *vi* (*fam*) fummeln, Petting machen **IV.** *adj attr* Lieblings-; **~ name** Kosename *m;* **that's my ~ hate** das ist mir ein Gräuel; **~ shop** Tierhandlung *f;* **~ subject** Lieblingsthema *nt*

pet[2] [pet] *s* schlechte Laune; **be in a ~** schlechte Laune haben

petal ['petl] *s* (BOT) Blütenblatt *nt*

petard [pe'tɑ:d] *s:* **be hoist with one's own ~** sich in der eigenen Schlinge gefangen haben

peter ['pi:tə(r)] *vi:* **~ out** nachlassen, allmählich zu Ende gehen

Peter ['pi:tə(r)] *s:* **rob ~ to pay Paul** ein Loch aufreißen, um ein anderes zu stopfen

petite [pə'ti:t] *adj* (*Frau*) zierlich

pe·ti·tion [pɪ'tɪʃn] **I.** *s* ① Bittschrift, Eingabe *f,* Gesuch *nt,* Petition *f* ② Unterschriftenliste *f* ③ (JUR) Antrag *m* (*for* auf); **file a ~**

einen Antrag einreichen; ~ **for divorce** Scheidung(sklage) *f;* ~ **for mercy** [*o* **pardon**] Gnadengesuch *nt* **II.** *vt* ① bitten, ersuchen (*s.o.* jdn) ② eine Bittschrift richten (*s.o.* an jdn) **III.** *vi* eine Unterschriftenliste einreichen (*for* um); ~ **for divorce** die Scheidung einreichen; **pe·ti·tioner** [pɪ'tɪʃənə(r)] *s* ① Bittsteller(in) *m(f)* ② (JUR) Antragsteller(in) *m(f)* ③ (*in Scheidungssachen*) Kläger(in) *m(f)*

pet·rel ['petrəl] *s* (ZOO) Sturmvogel *m*

pet·ri·fac·tion [ˌpetrɪ'fækʃn] *s* ① Versteinerung *f* ② (*fig*) lähmender Schreck; **pet·rify** ['petrɪfaɪ] **I.** *vt* ① versteinern ② (*fig*) erstarren lassen; **he was petrified** (**with fear**) er war starr vor Schrecken; **I am petrified of the dark** ich habe panische Angst vor der Dunkelheit **II.** *vi* versteinern; erstarren

petro·chemi·cal [ˌpetrəʊ'kemɪkl] *adj* petrochemisch; **petro·cur·rency** [ˌpetrəʊ'kʌrənsɪ] *s* Petrowährung *f;* **petro·dollar** *s* Petrodollar *m;* **pet·rol** ['petrəl] *s* (*Br*) Benzin *nt;* **fill up with** ~ auftanken; **petrol can** *s* Benzinkanister *m;* **petrol consumption** *s* Benzinverbrauch *m;* **petrol dump** *s* Benzinlager *nt;* **petrol engine** *s* Benzinmotor *m;* **pe·tro·leum** [pɪ'trəʊlɪəm] *s* Erd-, Mineralöl *nt;* ~**-exporting countries** erdölexportierende Länder; ~ **jelly** Vaseline *f;* **petrol ga(u)ge** *s* Benzinuhr, -anzeige *f;* **petrol lorry** *s* Tankwagen *m;* **petrol pipe** *s* Benzinleitung *f;* **petrol pump** *s* ① (*Auto*) Benzinpumpe *f* ② (*Tankstelle*) Tank-, Zapfsäule *f;* **petrol station** *s* Tankstelle *f;* **petrol tank** *s* Benzintank *m*

pet-sit·ter ['petˌsɪtə] *s* Haustiersitter *m* (*jemand, der ein Haustier während der Abwesenheit des Besitzers versorgt*)

pet·ti·coat ['petɪkəʊt] *s* Unterrock *m;* ~ **government** (*pej*) Weiberregiment *nt,* -herrschaft *f*

pet·ti·fog·ging ['petɪfɒgɪŋ] *adj* kleinlich; (*Einzelheit*) unwesentlich; (*Mensch*) pedantisch

pet·ti·ness ['petɪnəs] *s* Geringfügigkeit *f;* Kleinlichkeit *f*

pet·ting ['petɪŋ] *s* Petting *nt*

pet·tish ['petɪʃ] *adj* verdrießlich

petty ['petɪ] *adj* ① klein, geringfügig, unbedeutend, nebensächlich ② kleinlich, engstirnig ③ zweitrangig; ~ **cash** (Porto)Kasse, Handkasse *f;* ~ **jury** Urteilsjury *f;* ~ **larceny** Bagatelldiebstahl *m;* ~ **officer** (MAR) Maat *m*

petu·lant ['petjʊlənt] *adj* empfindlich; launisch, verdrießlich

pe·tu·nia [pɪ'tju:nɪə] *s* (*Pflanze mit trichterförmigen Blüten*) Petunie *f*

pew [pju:] *s* ① Kirchenstuhl *m* ② (*fam*) Sitzgelegenheit *f,* Stuhl *m;* **take a** ~**!** (*fam*) pflanz' dich!

pe·wit ['pi:wɪt] *s* Kiebitz *m*

pew·ter ['pju:tə(r)] *s* Zinn(geschirr, -gerät) *nt*

phal·anx ['fælæŋks, *pl* fə'lændʒi:z] <*pl* -anxes, -anges> *s* ① (HIST) Phalanx *f* ② (*fig*) geschlossene Front

phal·lic ['fælɪk] *adj* phallisch; **phal·lus** ['fæləs, *pl* 'fælaɪ] <*pl* -li> *s* Phallus *m*

phan·tas·ma·goria [ˌfæntæzmə'gɒrɪə, -'gɔ:rɪə] *s* Blendwerk *nt;* **phan·tas·mal** [fæn'tæzməl] *adj* imaginär

phan·tom ['fæntəm] *s* ① Phantom, Gespenst *nt,* Geist *m* ② Hirngespinst, Trugbild *nt;* ~**s of the mind** Hirngespinste *ntpl;* ~ **limb pains** (MED) Phantomschmerzen *mpl;* ~ **pregnancy** Scheinschwangerschaft *f*

phari·saic(al) [ˌfærɪ'seɪɪk(l)] *adj* pharisäisch; scheinheilig; **Phari·see** ['færɪsi:] *s* Pharisäer *m;* Heuchler *m*

phar·ma·ceutic(al) [ˌfɑ:mə'sju:tɪk(l)] *adj* pharmazeutisch; **phar·ma·ceutics** [ˌfɑ:mə'sju:tɪks] *s pl mit sing* Arzneimittel *ntpl,* Arzneimittelkunde *f;* **pharmaceutics industry** *s* Pharmaindustrie *f;* **phar·ma·cist** ['fɑ:məsɪst] *s* (*Am*) Apotheker(in) *m(f);* **phar·ma·co·ge·nom·ics** [ˌfɑ:məkə(ʊ)dʒɪ'nɒmɪks] *s* Pharmagenomik *f* (*Verbindung von pharmazeutischer Genetik und Bioinformatik, um maßgeschneiderte Medikamente zu erzeugen*); **phar·ma·col·ogy** [ˌfɑ:mə'kɒlədʒɪ] *s* Pharmakologie *f;* **phar·ma·co·poeia** [ˌfɑ:məkə'pi:ə] *s* amtliches Arzneibuch; **phar·macy** ['fɑ:məsɪ] *s* ① Pharmazie *f* ② Apotheke *f*

phar·yn·geal [fə'rɪndʒɪəl] *adj* Rachen-, im Rachenraum; **phar·yn·gi·tis** [ˌfærɪn'dʒaɪtɪs] *s* Rachenkatarrh *m;* **phar·ynx** ['færɪŋks] *s* (ANAT) Rachen *m*

phase [feɪz] **I.** *s* ① Phase *f;* Stadium *nt;* Abschnitt *m* ② (TECH ELEK) Phase *f;* **in** ~ phasengleich (*with* mit); **she's just going through a** ~ das geht wieder vorbei **II.** *vt* ① zeitlich staffeln ② stufenweise durchführen ③ aufeinander abstimmen; ~**d traffic lights** grüne Welle; **phase in** *vt* stufenweise einführen; **phase out** *vt* allmählich abbauen; (*Produktion*) auslaufen lassen

phat [fæt] *adj* (*sl: cool, hip*) cool, super

PhD ['pi:eɪtʃ'di:] *s Abk. von* **Doctor of Philosophy** Dr. phil; (*thesis*) Doktorarbeit *f;* **do one's** ~ seinen Doktor machen, promovieren

pheas·ant [ˈfeznt] *s* Fasan *m*
phe·nom·enal [fɪˈnɒmɪnl] *adj* außergewöhnlich, außerordentlich, phänomenal; **phe·nom·enon** [fɪˈnɒmɪnən, *pl* -ɪnə] <*pl* -ena> *s* Phänomen *nt*
phew [fjuː] *interj* puh! pfui! ach!
phial [ˈfaɪəl] *s* Ampulle *f;* Fläschchen *nt*
phil·an·der [fɪˈlændə(r)] *vi* (*Mann*) (herum)poussieren, flirten; **phil·an·derer** [fɪˈlændərə(r)] *s* Schürzenjäger *m*
phil·an·thropic(al) [ˌfɪlənˈθrɒpɪk(l)] *adj* philanthropisch; **phil·an·throp·ist** [fɪˈlænθrəpɪst] *s* Philanthrop, Menschenfreund *m;* **phil·an·thropy** [fɪˈlænθrəpɪ] *s* Philanthropie, Menschenliebe *f*
phil·at·elic [fɪləˈtelɪk] *adj* philatelistisch; **phil·at·el·ist** [fɪˈlætəlɪst] *s* Philatelist(in) *m(f)*, Briefmarkensammler(in) *m(f)*; **phil·at·ely** [fɪˈlætəlɪ] *s* Philatelie *f*, Briefmarkensammeln *nt*
phil·har·monic [ˌfɪlɑːˈmɒnɪk] *adj* philharmonisch; ~ **society** Philharmonie *f*
phi·lip·pic [fɪˈlɪpɪk] *s* Standpauke *f*
Phi·lip·pines [ˈfɪlɪpiːnz] *s pl* Philippinen *pl*
phi·lis·tine [ˈfɪlɪstaɪn, *Am* ˈfɪlɪstiːn] **I.** *s* Philister *m;* (*fig*) Banause *m* **II.** *adj* (*fig*) kulturlos
philo·logi·cal [ˌfɪləˈlɒdʒɪkl] *adj* philologisch; **phil·ol·ogist** [fɪˈlɒlədʒɪst] *s* Philologe *m*, -login *f;* **phil·ol·ogy** [fɪˈlɒlədʒɪ] *s* Philologie *f*
phil·os·opher [fɪˈlɒsəfə(r)] *s* Philosoph(in) *m(f);* ~**'s stone** Stein *m* der Weisen; **philo·sophic(al)** [ˌfɪləˈsɒfɪk(l)] *adj* philosophisch; **phil·os·ophize** [fɪˈlɒsəfaɪz] *vi* philosophieren; **phil·os·ophy** [fɪˈlɒsəfɪ] *s* ❶ Philosophie *f* ❷ (~ *of life*) Lebens-, Weltanschauung *f;* **natural** ~ Naturwissenschaft *f;* ~ **of history** Geschichtsphilosophie *f*
phil·ter (*Am*), **philtre** [ˈfɪltə(r)] *s* Liebestrank *m*
phle·bi·tis [flɪˈbaɪtɪs] *s* Venenentzündung *f*
phlegm [flem] *s* ❶ (MED) Schleim *m* ❷ Ruhe *f*, Gleichmut *m;* Phlegma *nt;* **phleg·matic** [flegˈmætɪk] *adj* phlegmatisch; gleichmütig, unerschütterlich
pho·bia [ˈfəʊbɪə] *s* Phobie *f*
phoe·nix [ˈfiːnɪks] *s* Phönix *m*
phon [fɒn] *s* Phon *nt*
phone [fəʊn] **I.** *s* Telefon *nt* **II.** *vi* telefonieren **III.** *vt* anrufen; **phone back** *vt* zurückrufen; **phone booth** *s* (*Am*) Telefonzelle *f;* **phone call** *s* ❶ Telefongespräch *nt* ❷ Anruf *m;* **phone·card** [ˈfəʊnkɑːd] *s* Telefonkarte *f;* **phone-in** [ˈfəʊnɪn] *s* (RADIO) Hörersendung *f*
pho·neme [ˈfəʊniːm] *s* Phonem *nt;* **pho·netic** [fəˈnetɪk] **I.** *adj* phonetisch **II.** *s pl mit sing* Phonetik *f;* **pho·neti·cian** [ˌfəʊnɪˈtɪʃn] *s* Phonetiker(in) *m(f)*
phon·ey, phony [ˈfəʊnɪ] *adj* (*fam*) unecht; faul; falsch; gefälscht; ~ **company** Schwindelfirma *f*
pho·nic [ˈfɒnɪk] *adj* lautlich; **pho·nol·ogy** [fəˈnɒlədʒɪ] *s* Phonologie *f*, Lautsystem *nt*
phooey [ˈfuːɪ] *interj* (*fam*) unmöglich!
phos·phate [ˈfɒsfeɪt] *s* (CHEM) Phosphat *nt;* ~**-free** phosphatfrei; **containing** ~**s** phosphathaltig; **phos·pho·res·cence** [ˌfɒsfəˈresns] *s* Phosphoreszenz *f;* **phos·pho·res·cent** [ˌfɒsfəˈresnt] *adj* phosphoreszierend; **phos·phoric** [fɒsˈfɒrɪk] *adj:* ~ **acid** Phosphorsäure *f;* **phos·phorus** [ˈfɒsfərəs] *s* Phosphor *m*
pho·to [ˈfəʊtəʊ] <*pl* photos> *s* Foto *nt*, Fotografie *f;* **photo call** *s* Fototermin *m;* **photo·cell** [ˈfəʊtəʊsel] *s* Fotozelle *f;* **photo·copier** [ˈfəʊtəʊˌkɒpɪə(r)] *s* Fotokopierapparat, Fotokopierer *m;* **photo·copy** [ˈfəʊtəʊˌkɒpɪ] **I.** *s* Fotokopie *f* **II.** *vt, vi* fotokopieren; **photocopying bureau** *s* Copyshop *m*, Kopierzentrum *nt;* **photo·elec·tric** [ˌfəʊtəʊɪˈlektrɪk] *adj* fotoelektrisch; ~ **cell** Fotozelle *f;* **photo finish** *s* (SPORT) Fotofinish *nt;* **photo·flash** [ˈfəʊtəʊˌflæʃ] *s* Blitzlicht *nt;* **photo·genic** [ˌfəʊtəʊˈdʒenɪk] *adj* fotogen; **photo·graph** [ˈfəʊtəgrɑːf, *Am* ˈfəʊtəgræf] **I.** *s* Fotografie *f;* **take a** ~ eine Aufnahme machen **II.** *vt* fotografieren **III.** *vi* ❶ fotografieren ❷ sich fotografieren lassen; **photograph album** *s* Fotoalbum *nt;* **photo·grapher** [fəˈtɒgrəfə(r)] *s* Fotograf(in) *m(f);* **photo·graphic** [ˌfəʊtəˈgræfɪk] *adj* fotografisch; ~ **equipment** Fotoausrüstung *f;* **photo·gra·phy** [fəˈtɒgrəfɪ] *s* Fotografie *f;* **photo·jour·nal·ism** [ˌfəʊtəʊˈdʒɜːnlɪzəm] *s* Fotojournalismus *m;* **photo·meter** [fəʊˈtɒmɪtə(r)] *s* Belichtungsmesser *m;* **photo·mon·tage** [ˈfəʊtəʊmɒnˈtɑːʒ] *s* Fotomontage *f*
photon [ˈfəʊtɒn] *s* Photon *nt*
photo op·por·tun·ity [ˌfəʊtəʊɒpəˈtjuːnətɪ] *s* Fototermin *m*
photo re·porter [ˈfəʊtəʊrɪˌpɔːtə(r)] *s* Bildberichterstatter(in) *m(f);* **photo·sen·si·tive** [ˌfəʊtəʊˈsensɪtɪv] *adj* lichtempfindlich; **photo·sen·si·tize** [ˌfəʊtəʊˈsensɪtaɪz] *vt* lichtempfindlich machen; **photo·set·ting** [ˈfəʊtəʊˌsetɪŋ] *s* Filmsatz, Lichtsatz *m;* **photo·stat** [ˈfəʊtəstæt] **I.** *s* Fotokopie *f* **II.** *vt, vi* fotokopieren
photo·syn·thesis [ˌfəʊtəʊˈsɪnθɪsɪs] *s* Photosynthese *f*
photo·vol·ta·ic [ˌfəʊtə(ʊ)vɒlˈteɪɪk] *adj:* ~ **technology** Photovoltaik *f* (*Teilgebiet der*

Elektronik)

phras·al verb [ˌfreɪzl'vɜ:b] *s* Phrasal Verb *nt*, *Verb mit Präposition*

phrase [freɪz] **I.** *s* ❶ Ausdruck *m;* Redewendung *f* ❷ (GRAM) Satzteil *m;* Wortgruppe *f* ❸ (MUS) Phrase *f;* **coin a** ~ einen Ausdruck prägen; **turn a** ~ einen klugen Gedanken geschickt ausdrücken **II.** *vt* ❶ in Worte kleiden; zum Ausdruck bringen ❷ (MUS) phrasieren; **phrase·book** ['freɪzbʊk] *s* Sprachführer *m;* **phras·eol·ogy** [ˌfreɪzɪ'ɒlədʒɪ] *s* Ausdrucksweise *f*

phren·etic [frə'netɪk] *adj* wild, tobend, rasend; fanatisch

phut [fʌt] *interj* fft!; **go** ~ (*fam*) futsch-, draufgehen, dran glauben müssen

pH-value [piː'eɪtʃ'væljuː] *s* pH-Wert *m*

physi·cal ['fɪzɪkl] **I.** *adj* ❶ physisch ❷ körperlich ❸ (*Untersuchung*) ärztlich ❹ physikalisch; ~ **appearance** äußere Erscheinung; ~ **condition** Gesundheitszustand *m;* ~ **education, PE** Sport(unterricht) *m;* ~ **fitness** Tauglichkeit *f;* ~ **resources** Sachmittel *ntpl;* ~ **science**(s) Naturwissenschaften *fpl;* ~ **training, PT** Leibesübungen *fpl* **II.** *s* ärztliche Untersuchung; **physi·cian** [fɪ'zɪʃn] *s* Arzt *m,* Ärztin *f;* **physi·cist** ['fɪzɪsɪst] *s* Physiker(in) *m(f);* **phys·ics** ['fɪzɪks] *s pl mit sing* Physik *f*

physi·og·nomy [ˌfɪzɪ'ɒnəmɪ, *Am* ˌfɪzɪ'ɒgnəʊmɪ] *s* Physiognomie *f;* Gesichtszüge *mpl,* -ausdruck *m;* **physi·ol·ogist** [ˌfɪzɪ'ɒlədʒɪst] *s* Physiologe *m,* -login *f;* **physi·ol·ogy** [ˌfɪzɪ'ɒlədʒɪ] *s* Physiologie *f;* **physio·ther·apist** [ˌfɪzɪəʊ'θerəpɪst] *s* Krankengymnast(in) *m(f),* Physiotherapeut(in) *m(f);* **physio·ther·apy** [ˌfɪzɪəʊ'θerəpɪ] *s* Krankengymnastik, Physiotherapie *f;* **phy·sique** [fɪ'ziːk] *s* Körperbau *m,* Konstitution *f*

pia·nist ['pɪənɪst] *s* Pianist(in) *m(f),* Klavierspieler(in) *m(f);* **pi·ano** ['pjɑːnəʊ] <*pl* -anos> *s* Klavier *nt;* **play** (**on**) **the** ~ Klavier spielen; **grand** ~ Flügel *m;* ~ **lesson** Klavierstunde *f;* ~ **teacher** Klavierlehrer(in) *m(f)*

pi·azza [pɪ'ætsə] *s* (großer, viereckiger) Platz *m*

pic·ar·esque [ˌpɪkə'resk] *adj* (*lit*): ~ **novel** Schelmenroman *m*

pic·ca·lilli [ˌpɪkə'lɪlɪ] *s mit scharfen Gewürzen eingemachtes Mischgemüse*

pic·ca·ninny [ˌpɪkə'nɪnɪ] *s* (*pej*) Negerkind *nt pej*

pic·colo ['pɪkələʊ] <*pl* -coloes> *s* Pikkoloflöte *f*

pick [pɪk] **I.** *vt* ❶ auswählen; (*Mannschaft*) aufstellen ❷ zupfen an; kratzen an; (*Loch*) bohren; (*mit Schnabel*) (auf)hacken ❸ (*Naht*) auftrennen ❹ (*Obst, Blumen*) pflücken ❺ (*Vogel*) (auf)picken ❻ (*Schloss*) knacken, mit einem Dietrich öffnen ❼ (*Streit*) vom Zaun brechen; **have a bone to** ~ **with s.o.** mit jdm ein Hühnchen zu rupfen haben; ~ **s.o.'s brains** jdn um Ideen bitten; ~ **holes in s.th.** an etw herumkritteln; (*Theorie*) widerlegen; ~ **one's nose** sich in der Nase bohren; ~ **s.th. to pieces** an etw keinen guten Faden lassen; ~ **pockets** Taschendieb sein; ~ **s.o.'s pockets** jdn bestehlen; ~ **one's teeth** sich in den Zähnen stochern; ~ **one's way** [*o* **steps**] vorsichtig gehen, sich durchschlängeln; ~ **one's words** die Worte mit Bedacht wählen; **you do** ~ **them!** (*iro*) du gerätst auch immer an den Falschen! **II.** *vi* ❶ wählen ❷ (*Gitarre*) zupfen; ~ **and choose** wählerisch sein **III.** *s* ❶ Picken, Hacken *nt* ❷ Auswahl, Auslese *f* ❸ **the** ~ (**of the bunch**) das Beste (von allem) ❹ Spitzhacke, Haue *f* ❺ Zahnstocher *m* ❻ (MUS) Plektrum *nt;* **have** [*o* **take**] **one's** ~ seine Wahl treffen; **have first** ~ die erste Wahl haben; **he was our** ~ wir haben ihn gewählt; **pick at** *vi* herummeckern an; ~ **at one's food** im Essen herumstochern; **pick off** *vt* ❶ abpflücken; wegzupfen ❷ wegnehmen ❸ abschießen; **pick on** *vt* ❶ aussuchen, auswählen ❷ herumhacken auf; **why** ~ **on me?** warum gerade ich?; **pick out** *vt* ❶ heraussuchen, (aus)wählen ❷ (*Schlechtes*) auslesen ❸ ausmachen; entdecken; ausfindig machen ❹ (*Farbe*) zur Geltung bringen, absetzen (*with* gegen) ❺ (*Ton*) angeben, -schlagen; **pick over** *vt* (genau) überprüfen; durchsehen; **pick up I.** *vt* ❶ aufpicken, -heben, -lesen; auf-, mitnehmen (*a. Fahrgäste*) ❷ finden, sammeln, zusammenbringen ❸ (*billig, teuer*) erstehen ❹ herausfinden, -bringen, in Erfahrung bringen; verstehen, erfassen ❺ (*Kenntnisse*) sich aneignen ❻ (*fam*) zufällig kennen lernen; (*s.o*) jds Bekanntschaft machen ❼ (*Rundfunksendung*) aufnehmen ❽ bergen, retten **II.** *vi* ❶ sich erholen, wieder zu Kräften kommen ❷ (*Börse*) anziehen; sich befestigen ❸ (~ *efficiency*) aufholen ❹ (AUTO) auf Touren kommen; ~ **up with s.o.** (*fam*) mit jdm Freundschaft schließen; ~ **up the bill** die Rechnung bezahlen; ~ **up courage** Mut fassen; ~ **up speed** an Geschwindigkeit gewinnen; **where on earth did you** ~ **her up?** wo hast du denn die aufgelesen?; **she** ~**ed me up for using the wrong word** sie korri-

P

gierte meinen Wortfehler; ~ **up on s.th.** auf etw Bezug nehmen

picka·back ['pɪkəbæk] *adv* huckepack; **pick·ax(e)** *s* Spitzhacke *f;* **picker** ['pɪkə(r)] *s* Pflücker(in) *m(f)*

picket ['pɪkɪt] **I.** *s* ❶ Streikposten *m* ❷ Pflock, (Zaun)Pfahl, Pfosten *m* ❸ (MIL) (Wacht)Posten *m* **II.** *vt* durch Streikposten absperren **III.** *vi* Streikposten aufstellen; als Streikposten stehen; **picket·ing** [-ɪŋ] *s* Streikwache *f;* **picket line** *s* Streikpostenkette *f*

pick·ing ['pɪkɪŋ] *s* (TYP) Rupfen *m;* **picking list** *s* (COM) Entnahmeliste *f;* **picking resistance** *s* (TYP) Rupffestigkeit *f*

pick·ings ['pɪkɪŋz] *s pl* ❶ Abfälle, Reste *mpl,* Überbleibsel *ntpl* ❷ Diebesgut *nt* ❸ Profit, Gewinn *m*

pickle ['pɪkl] **I.** *s* ❶ Pökel *m,* (Salz)Lake *f;* Essigsoße *f* ❷ (*fam*) unangenehme, peinliche Lage, Verlegenheit *f;* schöne Bescherung ❸ ~**s** eingelegtes Gemüse, Pickles *pl;* **be in a nice** ~ (*fam*) ganz schön in der Patsche sitzen; **mixed** ~**s** Mixed Pickles *pl* **II.** *vt* (ein)pökeln, einmachen; in Essig einlegen; **pickled** [pɪkld] *adj* ❶ gepökelt, eingemacht ❷ (*sl*) besoffen

pick·lock ['pɪklɒk] *s* ❶ Einbrecher *m* ❷ Dietrich *m;* **pick-me-up** ['pɪkmɪʌp] *s* (*fam*) ❶ Schnäpschen *nt* ❷ Stärkung *f;* **pick-off** ['pɪkɒf] **I.** *adj* (*Am*) abmontierbar **II.** *s* (TECH) Abgriff *m;* Geber *m;* Fühler *m;* **pick·pocket** ['pɪkpɒkɪt] *s* Taschendieb(in) *m(f);* **beware of** ~**s!** vor Taschendieben wird gewarnt!; **pick·up** ['pɪkʌp] *s* ❶ (*Plattenspieler*) Tonabnehmer *m* ❷ offener Kleintransporter ❸ Beschleunigung(svermögen *nt*) *f* ❹ (*fam: Vorgang*) Anmache *f;* (*Person*) Gelegenheitsbekanntschaft *f* ❺ Verbesserung *f* ❻ (*Am sl*) Verhaftung *f* ❼ Abholen *nt;* Treffpunkt *m;* ~ **in demand** gesteigerte Nachfrage; ~ **point** Treffpunkt *m;* Haltestelle *f;* **wage** ~ Lohnzuwachs *m;* **picky** ['pɪkɪ] *adj* wählerisch

pic·nic ['pɪknɪk] <-nicking, -nicked> **I.** *s* Picknick *nt;* **it's no** ~ **to do that** (*fig*) es ist keine Kleinigkeit, das zu tun **II.** *vi* ein Picknick veranstalten; picknicken; **pic·nicker** ['pɪknɪkə(r)] *s* Teilnehmer(in) *m(f)* an einem Picknick

i Land & Leute

Die **Picts** waren die Einwohner der nördlichen Hälfte Schottlands zu der Zeit, als die Römer Britannien besetzten. Vermutlich waren es Kelten. Die Römer berichteten, dass sie ihre Körper bemalten und nannten sie deshalb *Picti* – Lateinisch für die Bemalten. Sie waren hervorragende Handwerker. Ihre Sprache, die auf Inschriften von Steinen überliefert ist, wurde bisher noch nicht entschlüsselt.

picto·gram ['pɪktəgræm] *s* Piktogramm *nt*

pic·tor·ial [pɪk'tɔːrɪəl] **I.** *adj* ❶ bildlich, illustriert ❷ bildhaft **II.** *s* Illustrierte *f*

pic·ture ['pɪktʃə(r)] **I.** *s* ❶ Bild *nt;* Gemälde *nt* ❷ Abbildung *f* ❸ (PHOT) Aufnahme *f* ❹ Film *m* ❺ (*fig*) Ab-, Ebenbild *nt,* Verkörperung *f* ❻ Vorstellung *f;* Darstellung, Beschreibung, Schilderung *f;* Wiedergabe *f* ❼ (*fam: a* ~) etw Bildschönes ❽ ~**s** (*Br*) Kino *nt;* **as pretty as a** ~ bildschön; **be in the** ~ im Bilde sein; **be out of the** ~ nicht mehr auf dem Laufenden sein; **not to come into the** ~ außer Betracht bleiben; **go to the** ~**s** (*Br*) ins Kino gehen; **look the** ~ **of health** wie das blühende Leben aussehen; **put s.o. in the** ~ jdn ins Bild setzen; **take a** ~ **of** fotografieren, aufnehmen; **get the** ~**?** (haben Sie) verstanden? **II.** *vt* ❶ abbilden, malen, zeichnen ❷ (*fig*) schildern, beschreiben ❸ sich vorstellen, sich einen Begriff machen von; **picture book** *s* Bilderbuch *nt;* Bildband *m;* **picture editor** *s* Bildredakteur(in) *m(f);* **picture frame** *s* Bilderrahmen *m;* **picture gallery** *s* Gemäldegalerie *f;* **pic·ture-goer** ['pɪktʃəˌgəʊə(r)] *s* Kinobesucher(in) *m(f);* **picture library** *s* Bildstelle *f,* -archiv *nt;* **picture-perfect** *adj* so perfekt wie auf einem Bild, wie gemalt; **picture postcard** *s* Ansichtskarte *f;* **picture puzzle** *s* Bilderrätsel *nt;* **picture researcher** *s* Bildredakteur(in) *m(f);* **picture show** *s* Film(vorführung *f*) *m;* Kino *nt*

pic·tur·esque [ˌpɪktʃə'resk] *adj* malerisch

pic·ture tube ['pɪktʃəˌtjuːb] *s* (TV) Bildröhre *f;* **picture window** *s* Panoramafenster *nt*

piddle ['pɪdl] *vi* (*fam*) pinkeln; ~ **around** herumhängen, herummachen; **pid·dling** ['pɪdlɪŋ] *adj* (*fam*) unbedeutend

pidgin Eng·lish ['pɪdʒɪn 'ɪŋglɪʃ] *s* Pidgin-englis(c)h *nt*

pie [paɪ] *s* ❶ Pastete *f* ❷ Obstkuchen *m* ❸ (*Am*) Protektion *f;* **as easy as** ~ (*fam*) kinderleicht; **as sweet as** ~ unheimlich freundlich; **eat humble** ~ klein beigeben; **have a finger in the** ~ (*fig*) die Hand im Spiel haben; **apple** ~ Apfelkuchen *m;* **meat** ~ Fleischpastete *f;* ~ **in the sky** Luftschlösser *ntpl;* ~ **chart** Kreisdiagramm *nt*

pie·bald ['paɪbɔːld] *adj* bunt, (bunt)scheckig, gescheckt

piece [piːs] *s* ① Stück *nt* ② Bruchstück *nt;* Abschnitt *m;* Stelle *f* (*in einem Buch*) ③ Einzelteil, -stück *nt* (*eines Services, Satzes*) ④ (~ *of money*) Geldstück *nt,* Münze *f* ⑤ (*Brettspiel*) Stein *m;* (*Schach*) Figur *f* ⑥ (Musik-, Theater)Stück *nt* ⑦ (~ *in the paper*) Zeitungsartikel *m;* **a nasty ~ of work** (*fam*) eine üble Person; **a nice ~** (*sl*) ein tolles Weib; **by the ~** stückweise; im Akkord; **~ by ~** Stück für Stück; **in ~s** entzwei, *fam* kaputt; **in one ~** (*fam*) unbeschädigt; (*Person*) unverletzt; **of 20 ~s** (*Service*) 20-teilig; **of a** [*o* **one**] **~** aus einem Stück, einheitlich, übereinstimmend (*with* mit); **to ~s** in Stücke; kaputt; **be all of a ~** (*fam*) vom selben Kaliber sein; **fall to ~s** auseinander fallen; **give s.o. a ~ of one's mind** (*fam*) jdm gehörig die Meinung sagen; **go to ~s** zerbrechen; (*fig fam*) vor die Hunde gehen; durchdrehen; **pull to ~s** (*Argument*) zerpflücken; (*Person*) bekritteln; **say one's ~** seine Meinung sagen; **take to ~s** zerlegen, auseinander nehmen; (*Kleid*) auftrennen; **tear to ~s** zerreißen, zerpflücken; **a ~ of advice** ein Rat *m;* **a ~ of cake** (*fam*) ein Kinderspiel *nt;* **~ of evidence** Beweisstück *nt;* Beleg *m;* **a ~ of land** ein Grundstück *nt;* **a ~ of music** ein Musikstück *nt;* **a ~ of news** eine Neuigkeit; **a fine ~ of work** eine saubere Arbeit; **piece together** *vt* zusammenstückeln; (*fig*) sich zusammenreimen; (*Beweise*) zusammenfügen; **piece cost** *s* Stückkosten *pl;* **piece·meal** ['piːsmiːl] **I.** *adv* ① stückweise; Stück für Stück, nach und nach ② kunterbunt durcheinander **II.** *adj* ① nach und nach erfolgend ② stückweise ③ planlos, ohne Methode; **piece number** *s* Stückzahl *f;* **piece price** *s* Stückpreis *m;* **piece rate** *s* Akkordsatz *m;* **piece·work** *s* Stück-, Akkordarbeit *f;* **do ~** im Akkord arbeiten; **piece·worker** *s* Akkordarbeiter(in) *m(f)*

pied [paɪd] *adj* gescheckt, fleckig; **the Pied Piper** (**of Hamelin**) der Rattenfänger von Hameln

pie-eyed ['paɪ'aɪd] *adj* (*sl*) besoffen

pier [pɪə(r)] *s* ① Brückenpfeiler *m* ② Landungsbrücke *f,* Landesteg *m;* Pier *m*

pierce [pɪəs] *vt* ① eindringen in ② durchbohren ③ (*Schall, Licht*) durchdringen ④ brechen durch, dringen durch ⑤ (*fig*) durchdringen; **pierc·ing** [-ɪŋ] *adj* ① durchdringend, schneidend, scharf ② (*Schrei*) gellend

pietà [ˌpiːe'tɑː] *s* (*Kunst*) Pietà, Schmerzensmutter *f*

piety ['paɪətɪ] *s* ① Frömmigkeit *f* ② Ehrfurcht *f* (*to* vor)

piffle ['pɪfl] *s* (*fam*) Quatsch *m;* **pif·fling** ['pɪflɪŋ] *adj* (*fam*) lächerlich

pig [pɪg] *s* ① Schwein *nt* ② (*fam pej*) (Dreck)Schwein *nt* ③ (TECH) Massel *f,* Roheisen(barren *m*) *nt* ④ (*sl*) Polizist, Bulle *m;* **buy a ~ in a poke** (*fig*) die Katze im Sack kaufen; **make a ~ of o.s.** zu viel essen; **make a ~'s ear of s.th.** etw vermasseln; **~s might fly** es geschehen noch Wunder; **sucking ~** Spanferkel *nt;* **pig out** [ˌpɪg'aʊt] *vi* (*sl*) sich den Bauch vollschlagen

pigeon ['pɪdʒɪn] *s* (*Vogel*) Taube *f;* **that's your ~** (*fam*) das ist Ihre Angelegenheit; **set** [*o* **put**] **the cat among the ~s** (*fig*) Aufregung verursachen; **carrier** [*o* **homing**] **~** Brieftaube *f;* **pigeon fancier** *s* Taubenzüchter(in) *m(f);* **pigeon·hole** ['pɪdʒɪnhəʊl] **I.** *s* (Ablege)Fach *nt* **II.** *vt* ① (*Papiere*) ablegen, einordnen ② klassifizieren ③ zurückstellen, auf Eis legen; **pigeon principle** *s* (MATH) Schubfachprinzip *nt;* **pigeon-toed** ['pɪdʒɪntəʊd] *adj* mit einwärtsgekehrten Zehen

pig·gery ['pɪgərɪ] *s* ① Schweinezüchterei *f* ② (*fam*) Völlerei *f;* **pig·gish** ['pɪgɪʃ] *adj* ① schweinisch, säuisch ② gierig; **piggy** ['pɪgɪ] **I.** *s* Schweinchen *nt* **II.** *adj* (*fam*) gierig; gefräßig; **piggy·back** ['pɪgɪ bæk] *adv* huckepack; **piggy bank** *s* Sparschweinchen *nt;* **pig-headed** [ˌpɪg'hedɪd] *adj* verbohrt, halsstarrig; **pig iron** *s* Roheisen *nt;* **pig·let** ['pɪglɪt] *s* Ferkel, Schweinchen *nt*

pig·ment ['pɪgmənt] *s* Pigment *nt;* **pig·men·ta·tion** [ˌpɪgmen'teɪʃn] *s* (BIOL MED) Pigmentierung *f*

pigmy ['pɪgmɪ] *s* ① **P~** Pygmäe *m* ② (*fig*) Zwerg *m*

pig·skin ['pɪgskɪn] *s* Schweinsleder *nt;* **pig·sty** ['pɪgstaɪ] *s* ① Schweinestall *m* ② (*fig pej*) Schweine-, Saustall *m;* **pig·swill** ['pɪgswɪl] *s* ① Schweinefutter *nt* ② (*Suppe, Kaffee*) Spülwasser *nt;* (*Essen*) Schweinefraß *m;* **pig·tail** ['pɪgteɪl] *s* Zopf *m*

pike¹ [paɪk] *s* Spieß *m*

pike² [paɪk] *s* Hecht *m*

pike³ [paɪk] *s* (*turn~*) Zollschranke *f,* Schlagbaum *m;* Mautstraße *f*

pike·staff ['paɪkstɑːf] *s:* **as plain as a ~** sonnenklar

pi·las·ter [pɪ'læstə(r)] *s* (ARCH) Pilaster *m*

pil·chard ['pɪltʃəd] *s* Pilchard *m,* Sardine *f*

pile¹ [paɪl] *s* Pfosten, Pfahl *m*

pile² [paɪl] **I.** *s* ① Haufen, Stoß, Stapel *m* ② (*funeral ~*) Scheiterhaufen *m* ③ (*fam*) (großer) Haufen *m,* Menge, Masse *f* ④ (*sl:* ~ *of money*) Haufen *m* Geld; Riesenvermögen *nt* ⑤ (*atomic* ~) Kernreaktor *m;* **put in a** ~ stapeln; auf einen Haufen legen; **~s of food** eine Menge Essen; **make a** ~ ein Vermögen machen **II.** *vt* stapeln; **pile in** *vi* (*Menschen*) hereinströmen; hineindrängen; **pile off** *vi* hinausdrängen; **pile on** *vt* aufhäufen; ~ **it on** dick auftragen; **pile up I.** *vi* ① sich anhäufen; sich stapeln; (*Verkehr*) sich stauen; (*Schnee, Arbeit*) sich türmen; (*Wolken*) sich zusammenballen ② (*Autos*) aufeinander auffahren **II.** *vt* ① aufhäufen; stapeln; (*Geld*) horten; (*Schulden*) anhäufen; (*Beweise*) zusammensammeln ② (*fam: Auto*) kaputt fahren

pile[3] [paɪl] *s* ① Noppe(nfläche) *f* ② Flor *m*

pile-driver ['paɪlˌdraɪvə(r)] *s* Pfahlramme *f*

piles [paɪlz] *s pl* (MED) Hämorrhoiden *fpl*

pile-up ['paɪlʌp] *s* Massensturz *m,* -karambolage *f*

pil·fer ['pɪlfə(r)] *vt, vi* stehlen; **pil·ferer** ['pɪlfərə(r)] *s* (kleiner) Dieb *m;* **pil·fer·ing** ['pɪlfərɪŋ] *s* Bagatelldiebstahl *m*

pil·grim ['pɪlgrɪm] *s* Pilger(in) *m(f);* **the Pilgrim Fathers** (HIST) die Pilgerväter *mpl;* **pil·grim·age** ['pɪlgrɪmɪʤ] *s* Pilger-, Wallfahrt *f* (*to* nach); **go on a** ~ auf Pilgerfahrt gehen

pill [pɪl] *s* ① Pille, Tablette *f* ② (*sl*) Ball *m;* **be on the** ~ (*fam*) die Pille nehmen

pil·lage ['pɪlɪʤ] **I.** *s* Plünderung *f* **II.** *vt, vi* plündern

pil·lar ['pɪlə(r)] *s* Säule *f;* **from** ~ **to post** (*fig*) von Pontius zu Pilatus; **pillar-box** *s* (*Br*) Briefkasten *m*

pill·box ['pɪlbɒks] *s* ① Pillenschachtel *f* ② Pagenkäppi *nt;* (*für Damen*) Pillbox *f*

pil·lion ['pɪlɪən] *s* (AUTO) Soziussitz *m;* **ride** ~ auf dem Sozius mitfahren; **pillion passenger** *s* (*Motorrad*) Beifahrer(in) *m(f)*

pil·lory ['pɪlərɪ] **I.** *s* Pranger *m* **II.** *vt* an den Pranger stellen; (*fig*) anprangern

pil·low ['pɪləʊ] **I.** *s* Kopfkissen *nt* **II.** *vt* betten; **pillow-case, pillow-slip** *s* Kopfkissenbezug, -überzug *m*

pi·lot ['paɪlət] **I.** *s* ① (MAR) Lotse *m* ② (AVIAT) Pilot(in) *m(f),* Flugzeugführer(in) *m(f)* ③ (TECH) Steuergerät *nt;* (~ *light*) Zündflamme *f* ④ (RADIO) Probesendung *f* ⑤ (*Am*) Schienenräumer *m* **II.** *vt* ① (*Schiff*) lotsen ② (*Flugzeug*) fliegen ③ (*fig*) führen, lenken; durchbringen; **pilot boat** *s* Lotsenboot *nt;* **pilot fish** *s* Lotsen-, Pilotfisch *m;* **pilot instructor** *s* Fluglehrer(in) *m(f);* **pilot lamp** *s* Kontroll-, Signal-, Warnlampe *f;* **pi·lot·less** [-lɪs] *adj* führerlos, unbemannt; **pilot light** *s* Zündflamme *f;* Sparflamme *f;* **pilot plant** *s* Versuchsanlage *f;* **pilot scheme** *s* Pilotprojekt *nt;* **pilot's licence** *s* Flugschein *m;* **pilot study** *s* Pilotstudie *f;* **pilot survey** *s* Probeerhebung *f*

pi·mento [pɪ'mentəʊ] <*pl* -mentos> *s* ① Piment *nt,* Nelkenpfeffer *m;* Pimentbaum *m* ② Paprikaschote *f*

pimp [pɪmp] **I.** *s* Zuhälter *m* **II.** *vi* Zuhälter sein

pimple ['pɪmpl] *s* Pickel *m,* Pustel *f;* **pim·ply** ['pɪmplɪ] *adj* (*Haut*) pick(e)lig, unrein

PIN [pɪn] *s Abk. von* **personal identification number** persönliche Geheimzahl

pin [pɪn] **I.** *s* ① (Steck)Nadel *f* ② Anstecknadel, Brosche *f* ③ (TECH) Stift, Dorn, Bolzen *m;* (Reiß)Zwecke *f* ④ (*Gitarre*) Wirbel *m* ⑤ (ELEK) Pol *m* ⑥ **~s** (*fam*) Beine *ntpl* ⑦ (*Golf*) Flaggenstock *m;* **for two ~s** beinahe; es hat wenig gefehlt (und); **I have (got) ~s and needles in my feet** mir sind die Füße eingeschlafen; **I don't care a** ~ das ist mir (ganz) egal; **neat as a new** ~ blitzsauber; **clothes-**~ (*Am*) Wäscheklammer *f;* **drawing** ~ Reißnagel *m;* **hair-**~ Haarnadel *f;* **hat-**~ Hutnadel *f;* **nine-~s** Kegelspiel *nt;* **safety** ~ Sicherheitsnadel *f;* **scarf-** [*o* **tie-**]~ Krawattennadel *f;* ~ **money** Taschengeld *nt* **II.** *vt* ① (*Kleid*) stecken ② festmachen, anstecken, (an)heften (*to* an) ③ (*fig*) drücken; klemmen (*to, against* gegen) ④ (*fam: Schuld, Mord*) anhängen (*on s.o.* jdm); **get ~ned** (*Am fam*) sich verloben; ~ **one's hopes on** seine Hoffnung setzen auf; ~ **back one's ears** die Ohren spitzen; **pin down** *vt* ① anheften, festheften ② beschweren ③ einklemmen, festklemmen ④ (*fig*) festnageln, festlegen (*s.o. to s.th.* jdn auf etw); **pin together** *vt* zusammenheften; **pin up** *vt* anheften; (*Haare*) hochstecken; (*Rock, Kleid*) stecken

pina·fore ['pɪnəfɔ:(r)] *s* Kinder-, Kittelschürze *f;* Schürzenkleid *nt*

pin·ball ma·chine ['pɪnbɔ:lmə'ʃi:n] *s* Flipper *m*

pin·cers ['pɪnsəz] *s pl* ① (Kneif-, Beiß)Zange *f* ② (Krebs)Schere *f*

pinch [pɪntʃ] **I.** *vt* ① kneifen, zwicken ② (*Schuh, Kleidung*) zu eng sein (*s.o.* jdm), drücken ③ (*fig*) bedrücken, beklemmen ④ darben lassen, kurz halten ⑤ (*sl*) klauen, stibitzen ⑥ (*sl*) einsperren **II.** *vi* ① drücken, kneifen ② sich einschränken **III.** *s* ① Kneifen *nt* ② Prise *f* ③ (*fig*) Klemme, Schwierigkeit *f;* **at** [*o* **in**] **a** ~ (*Am*) zur Not; **feel the** ~ Not leiden; **if it comes to the** ~ notfalls; **a** ~ **of salt** eine

Prise Salz

pinch·beck ['pɪntʃbek] **I.** *adj* unecht; billig, minderwertig **II.** *s* ① Tombak *m* ② (*fig*) Talmi *nt;* Plunder *m*

pinched ['pɪntʃt] *adj* ① verhärmt ② verfroren ③ erschöpft; **be ~ for money** knapp bei Kasse sein; **we're rather ~ for space** wir haben wenig Platz

pin·cushion ['pɪn,kʊʃn] *s* Nadelkissen *nt*

pine[1] [paɪn] *s* ① Kiefer, Föhre *f* ② (*stone ~*) Pinie *f*

pine[2] [paɪn] *vi* (*~ away*) umkommen (*with hunger* vor Hunger), vergehen (*with grief* vor Kummer), schmachten, vergehen vor Sehnsucht, sich sehnen (*for, after* nach)

pin·eal ['paɪnɪəl] *adj:* **~ gland** (ANAT) Zirbeldrüse *f*

pine·apple ['paɪnæpl] *s* Ananas *f*

pine cone ['paɪnkəʊn] *s* Kiefern-, Fichtenzapfen *m;* **pine grove** *s* Pinien-, Fichtenwäldchen *nt;* **pine needle** *s* Kiefern-, Fichtennadel *f;* **pine wood** *s* Kiefernwald *m;* Kiefernholz *nt*

ping [pɪŋ] **I.** *s* ① Schwirren, Pfeifen *nt* (*einer Kugel*) ② (*Glocke*) Klingeln *nt* **II.** *vi* ① (*Kugel*) pfeifen; sausen, schwirren ② (*Glocke*) klingeln

ping·pong ['pɪŋpɒŋ] *s* (*fam*) Tischtennis *nt*

pin·head ['pɪnhed] *s* ① Stecknadelkopf *m* ② (*fam*) Dummkopf *m*

pin·ion[1] ['pɪnɪən] **I.** *s* ① (*von Vögeln*) Flügelspitze *f* ② (*poetisch*) Flügel *m,* Schwinge *f* **II.** *vt* fesseln, drücken (*to* an)

pin·ion[2] ['pɪnɪən] *s* (TECH AUTO) Ritzel *nt*

pink[1] [pɪŋk] **I.** *s* ① Nelke *f* ② (*Farbe*) Rosa *nt* ③ (*fig*) (das) Beste, (die) Spitze, (der) Gipfel; **be in the ~** (*fam*) in bester Verfassung, in Form sein **II.** *adj* ① rosa; rosig ② (POL) rot angehaucht

pink[2] [pɪŋk] *vt* ① mit der Zickzackschere schneiden ② streifen

pink[3] *vi* (AUTO) klopfen

pinkie, pinky ['pɪŋkɪ] *s* (*schottisch*) kleiner Finger

pink·ing shears ['pɪŋkɪŋʃɪəz] *s pl* Zickzackschere *f*

pinko ['pɪŋkəʊ] <*pl* pinkos> *s* (*fam*) rosarot Angehauchte(r) *f m*

pin·nace ['pɪnɪs] *s* (MAR) Pinasse *f*

pin·nacle ['pɪnəkl] *s* ① (ARCH) Fiale *f* ② Bergspitze *f* ③ (*fig*) Gipfel, Höhepunkt *m*

pin·point ['pɪnpɔɪnt] **I.** *s* Punkt *m;* **a ~ of light** ein Lichtpunkt *m* **II.** *vt* ① (*Ziel*) markieren; genau treffen ② (*fig*) genau festlegen; **pin·prick** *s* ① Nadelstich *m* ② (*fig*) Kleinigkeit *f;* **pin·stripe** *s* (*Textil*) Nadelstreifen *m;* Nadelstreifenanzug *m*

pint [paɪnt] *s* Pint *nt* (*Br 0,568 l, Am 0,473 l*); **pinta** ['paɪntə] *s* (*fam*) (ein) halber Liter Milch; **pint-sized** [paɪntsaɪzd] *adj* klein, unbedeutend

pin-up ['pɪnʌp] *s* ① Pin-up-Foto *nt* ② Pin-up-Girl *nt;* **pin·wheel** *s* ① (*Am: Spielzeug*) Windrädchen *nt* ② Feuerrad *nt*

pion·eer [,paɪə'nɪə(r)] **I.** *s* ① (MIL) Pionier *m* ② (*fig*) Vorkämpfer(in) *m(f),* Bahnbrecher(in) *m(f)* **II.** *vi* (*fig*) Pionierarbeit leisten; den Weg bahnen **III.** *vt* ① (*einen Weg*) vorbereiten ② (*fig*) Pionierarbeit leisten für; **pioneer work** *s* Pionierarbeit *f*

pious ['paɪəs] *adj* fromm, gottesfürchtig; **~ hope** frommer Wunsch; **~ words** fromme Sprüche

pip[1] [pɪp] *s* ① (Obst)Kern *m* ② (*Spielkarten, Würfel, Dominosteine*) Auge *nt* ③ (MIL: *sl*) Stern *m* (*Rangabzeichen*)

pip[2] [pɪp] *s* (*Tierkrankheit*) Pips *m;* **that gives me the ~** das macht mich verrückt

pip[3] [pɪp] **I.** *s* ① Piepen *nt,* Piepton *m* ② (RADIO) Kurzton *m* ③ (*Radar*) Echoanzeige *f;* **the ~s** das Zeitzeichen; (*Telefon*) das Tuten **II.** *vt* schlagen, besiegen; **be ~ped at the post** kurz vor Schluss besiegt werden

pipe [paɪp] **I.** *s* ① Pfeife *f* ② Flöte *f;* Orgel-, Signalpfeife *f* ③ Rohr *nt;* Röhre *f;* Leitung *f;* **~s** (MUS) Dudelsack *m;* **~s of Pan** Panflöte *f;* **wind-~** Luftröhre *f;* **~ of peace** Friedenspfeife *f;* **put that in your ~ and smoke it** das kannst du dir hinter den Spiegel stecken **II.** *vi* ① flöten; pfeifen ② piepsen **III.** *vt* ① (*Lied*) flöten; pfeifen; piepsen ② (MAR) pfeifen ③ mit Röhren versehen ④ durch ein Rohr leiten; (RADIO) ausstrahlen ⑤ (*Nähen*) paspelieren ⑥ (*Torte*) spritzen; **pipe down I.** *vt* (MAR) das Schlusssignal geben für **II.** *vi* (*sl*) das Maul halten; kleinlaut werden; **pipe up** *vi* loslegen, anfangen zu sprechen; sich bemerkbar machen

pipe cleaner ['paɪpkli:nə(r)] *s* Pfeifenreiniger *m;* **pipe dream** *s* (*fam*) Wunschtraum *m;* Luftschloss *nt;* **pipe·fitter** ['paɪpfɪtə(r)] *s* Klempner(in) *m(f);* **pipe·line** ['paɪplaɪn] *s* Pipeline, Rohrleitung *f;* **in the ~** in Vorbereitung; **piper** ['paɪpə(r)] *s* Flötenspieler(in) *m(f),* Pfeifer(in) *m(f),* Dudelsackbläser(in) *m(f);* **pay the ~** (*fig*) bezahlen

pip·ing ['paɪpɪŋ] **I.** *adj* schrill, piepsend; **~ hot** siedend heiß **II.** *s* ① Pfeifen *nt;* Flötenspiel *nt;* Dudelsackpfeifen *nt* ② Rohrnetz *nt,* -leitung *f* ③ (*Konditorei*) Zuckerguss(verzierung *f*) *m* ④ (*Schneiderei*) Biese, Paspelierung *f*

pip·squeak ['pɪpskwi:k] *s* (*pej: unbedeu-*

P

tende Person) Würstchen *nt*

pi·quant ['pi:kənt] *adj* pikant

pique [pi:k] **I.** *s* (heimlicher) Groll *m;* **in a fit of ~** in einem Anfall von Ärger **II.** *vt* kränken; **be ~d at s.o.** über jdn pikiert sein; **~ o.s. on s.th.** sich viel auf etw einbilden

pi·racy ['paɪərəsɪ] *s* ❶ Piraterie, Seeräuberei *f* ❷ (*fig*) Raubdruck *m;* Raubpressung *f,* Plagiat *nt;* **pi·rate** ['paɪərət] **I.** *s* ❶ Seeräuber, Pirat *m* ❷ Piratenschiff *nt* ❸ (*~ cab*) nicht konzessioniertes Taxi ❹ (*~ radio*) Piratensender *m* ❺ (COM) Plagiator *m* **II.** *vt* ❶ (unberechtigt) nachdrucken ❷ (*Idee*) stehlen; **~d version of a record** Raubpressung *f;* **~ radio** Piratensender *m*

pir·ou·ette [ˌpɪrʊ'et] *s* Pirouette *f*

Pis·ces ['paɪsi:z] *s pl* (ASTR) Fische *mpl*

piss [pɪs] **I.** *vi, vt* (*vulg*) ❶ pissen ❷ (*sl: rain*) in Strömen regnen; **~ off!** hau ab!; **be ~ed off** die Schnauze voll haben **II.** *s* (*vulg*) Pisse *f,* Urin *m;* **take the ~ out of s.o.** jdn verarschen; **~ artist** (*sl*) Säufer(in) *m(f);* **piss about** *vi,* **piss around** *vi* (*sl*) herummachen; **pissed** [pɪst] *adj* ❶ (*sl*) besoffen, blau, voll ❷ (*Am sl*) stinksauer; **piss-up** ['pɪsʌp] *s* (*sl*) Besäufnis *nt*

pis·ta·chio [pɪ'stɑ:ʃɪəʊ] <*pl* -chios> *s* Pistazie(nnuss) *f*

pis·til ['pɪstɪl] *s* (BOT) Stempel *m*

pis·tol ['pɪstl] *s* Pistole *f* (*Waffe*); **pistol shot** *s* Pistolenschuss *m*

pis·ton ['pɪstən] *s* (TECH) Kolben *m;* **piston engine** *s* Kolbenmotor *m;* **piston ring** *s* Kolbenring *m;* **piston stroke** *s* Kolbenhub *m*

pit[1] [pɪt] **I.** *s* ❶ Grube *f,* (Erd)Loch *nt,* Mulde *f* ❷ (Kohlen)Grube, Zeche *f;* Steinbruch *m* ❸ Fallgrube *f* ❹ (*working ~*) Arbeitsgrube *f* ❺ (*Autorennen*) Box *f* ❻ (*Leichtathletik*) Sprunggrube *f* ❼ (*fig*) Abgrund *m,* Tiefe *f* ❽ (Bären)Zwinger *m* ❾ (*Br: im Theater*) Parkett *nt;* Orchesterraum, -graben *m* ❿ (*Am*) Maklerstand *m* (*Börse*) ⓫ (MED: *~ of one's stomach*) (Magen)Grube *f* ⓬ (Pocken)Narbe *f* **II.** *vt* ❶ (TECH) anfressen, angreifen ❷ ausspielen (*against* gegen) ❸ einander gegenüberstellen; **~ o.s. against** sich messen mit; **be ~ted** mit Vertiefungen, Narben versehen sein

pit[2] [pɪt] **I.** *s* (*Am*) Stein *m* (*einer Steinfrucht*) **II.** *vt* (*Am: Frucht*) entsteinen

pit-a-pat [ˌpɪtə'pæt] **I.** *adv* (*Schritte*) klippklapp; (*Herz*) poch, poch; **go ~** schnell schlagen; trappeln **II.** *s* Ticktack, Klippklapp *nt*

pitch[1] [pɪtʃ] **I.** *vt* ❶ (*Lager*) errichten, aufstellen; (*Zelt*) aufschlagen ❷ werfen, schleudern; (*Heu*) aufladen ❸ (MUS: *Ton*) angeben; (*Instrument*) stimmen; (*Lied*) anstimmen ❹ (*fig: Erwartungen*) hochschrauben **II.** *vi* ❶ der Länge nach hinfallen, hinschlagen ❷ (*Schiff*) stampfen ❸ (AVIAT) absacken; sich neigen **III.** *s* ❶ Wurf, Stoß *m* ❷ (MUS) Tonhöhe *f* ❸ (*fig*) Höhe *f,* Grad *m* ❹ Neigung(swinkel *m*) *f;* (Dach)Schräge *f* ❺ (TECH) Steigung, Ganghöhe *f* ❻ (*Schiff*) Stampfen *nt* ❼ Stand(platz) *m* (*eines Straßenhändlers*) ❽ (*Kricket*) (Mittel)Feld *nt* ❾ (*fam*) Gerede *nt;* Verkaufsmasche *f;* **be at a high ~ of excitement** sehr erregt sein; **have a clever sales ~** die Ware gut anpreisen können; **queer s.o.'s ~** jdm ins Gehege kommen; **perfect ~** absolutes Gehör; **at its highest ~** (*fig*) auf dem Höhepunkt; **~ of excitement** Grad *m* der Erregung; **what's the ~?** (*Am sl*) was läuft?; **caravan ~** Stellplatz *m* für einen Wohnwagen; **tent ~** Zeltplatz *m;* **pitch in** **I.** *vt* hineinwerfen **II.** *vi* (*fam*) einspringen; **~ in together** zusammenhelfen; **pitch into** *vt* herfallen über; **pitch on** *vt* auswählen; **pitch out** *vt* hinauswerfen; wegwerfen

pitch[2] [pɪtʃ] *s* Pech *nt;* **as black as ~** pechschwarz; **pitch-black** *adj* pechschwarz; **pitch·blende** ['pɪtʃblend] *s* Pechblende *f;* **pitch-dark** *adj* stockfinster

pitched [pɪtʃt] *adj:* **~ battle** offener Kampf

pitcher[1] ['pɪtʃə(r)] *s* Werfer *m*

pitcher[2] ['pɪtʃə(r)] *s* Kanne *f,* Krug *m*

pitch·fork ['pɪtʃfɔ:k] **I.** *s* Heu-, Mistgabel *f* **II.** *vt* ❶ mit der Heugabel wenden ❷ (*fig: Menschen*) plötzlich versetzen (*into a position* in eine Lage), hineinlancieren (*into a job* in eine Stellung)

pitch pine ['pɪtʃpaɪn] *s* Pitchpine, Pechkiefer *f*

pit·eous ['pɪtɪəs] *adj* kläglich, jämmerlich

pit·fall ['pɪtfɔ:l] *s* Falle *f*

pith [pɪθ] *s* ❶ (BOT ZOO) Mark *nt* ❷ (*Orange*) weiße Haut ❸ (*fig*) Kern *m,* Substanz, Quintessenz *f* ❹ Bedeutung *f*

pit·head ['pɪtˌhed] *s* (MIN) ❶ Schachteingang *m* ❷ Grubenhalde *f*

pith hel·met ['pɪθˌhelmɪt] *s* Tropenhelm *m*

pithy ['pɪθɪ] *adj* ❶ markig ❷ (*fig: Stil*) gedrängt; inhaltsreich, gehaltvoll

piti·able ['pɪtɪəbl] *adj* ❶ bemitleidenswert ❷ erbärmlich, jämmerlich; **piti·ful** ['pɪtɪfl] *adj* ❶ bemitleidens-, bejammernswert ❷ erbärmlich, jämmerlich; **piti·less** ['pɪtɪlɪs] *adj* ❶ mitleids-, erbarmungslos ❷ unbarmherzig

pi·ton ['pi:tɒn] *s* Felshaken *m*

pit·ta bread ['pɪtəˌbred] *s* Pitta-, Fladenbrot *nt*
pit·tance ['pɪtns] *s* kleiner Betrag, Hungerlohn *m*
pi·tu·itary [pɪ'tju:ɪtərɪ] *adj* (ANAT): ~ **gland** Hypophyse *f*
pity ['pɪtɪ] **I.** *s* Mitleid *nt;* **in ~ of, out of ~** aus Mitleid; **have** [*o* **take**] **~ on** Mitleid haben mit; **what a ~!** wie schade!; **it's a ~ that …** es ist schade, dass …; **the ~ is that** es ist ein Jammer, dass; **for ~'s sake!** um Himmels willen!; **more's the ~** (*fam*) leider **II.** *vt* bemitleiden, bedauern; **I ~ you** Sie tun mir Leid; **pity·ing** [-ɪŋ] *adj* mitleidig; verächtlich
pivot ['pɪvət] **I.** *s* ❶ Drehpunkt *m* ❷ (TECH) Drehzapfen *m* ❸ (MIL) Flügelmann *m* ❹ (*fig*) Angelpunkt *m;* Schlüsselfigur *f* **II.** *vt* drehbar lagern; schwenken **III.** *vi* ❶ drehbar gelagert sein (*on* auf) ❷ (*a. fig*) sich drehen (*on, upon* um)
pix [pɪks] *s pl* (*fam*) Bilder *ntpl*
pixel [pɪksl] *s* (INFORM) Pixel *nt,* Bildpunkt *m*
pixie, pixy ['pɪksɪ] *s* Elf(e *f*) *m*
pixi·lated ['pɪksɪleɪtɪd] *adj* (*Am*) ❶ (*fam*) durchgedreht, durcheinander ❷ (*sl*) besoffen, blau
pizza ['pi:tsə] *s* Pizza *f*
plac·ard ['plækɑ:d] **I.** *s* Plakat *nt,* Anschlag(zettel) *m;* Transparent *nt* **II.** *vt* ❶ mit Plakaten bekleben ❷ anschlagen, plakatieren ❸ durch Anschlag Bekannt machen (*on* auf)
pla·cate [plə'keɪt, *Am* 'pleɪkeɪt] *vt* besänftigen, beruhigen, beschwichtigen; **pla·ca·tory** [plə keɪtərɪ] *adj* besänftigend
place [pleɪs] **I.** *s* ❶ Platz, Ort *m,* Stelle *f* ❷ (GEOG) Ort *m* ❸ Stätte *f,* Ort *m* ❹ (Sitz-, Theater)Platz *m* ❺ (Buch)Stelle *f* ❻ (*fig*) Stelle *f,* Platz *m* (*in einer Ordnung, Reihenfolge*) ❼ Stelle, (An)Stellung *f* (*im Beruf*) ❽ Stand, Rang *m;* Amt *nt;* (*fig*) Aufgabe *f;* Pflicht *f* ❾ Gegend *f;* Land *nt;* Gebäude *nt;* Ort *m* ❿ Haus *nt;* Wohnung *f* ⓫ (MATH) Stelle *f* ⓬ (SPORT) Platz *m;* **all over the ~** überall, an allen Orten; **any ~** (*Am fam*) irgendwo; **at my ~** bei mir; **at this ~** hier; (COM) am hiesigen Platz; **every ~** (*Am fam*) überall; **from ~ to ~** von Ort zu Ort; **from this ~** ab hier; **go ~s** (*beruflich*) seinen/ihren Weg machen; **in ~** an Ort und Stelle; in Ordnung, angebracht, angemessen; **in ~ of s.o.** an jds Stelle; (stellvertretend) für jdn; **in all ~s** überall; **in my ~** an meiner Stelle, in meiner Lage; **in the first ~** in erster Linie; **no ~** (*Am fam*) nirgendwo; **out of ~** nicht am (rechten) Platz, fehl am Platz; unangebracht; außer Dienst; stellenlos; **some ~** (*fam*) irgendwo; **be s.o.'s ~ to do s.th.** jds Sache, Aufgabe sein etw zu tun; **make ~** Platz machen (*to* für); **hold a ~** eine Stellung bekleiden; **keep one's ~** seine Stellung behaupten; die Stelle nicht verlieren; **know one's ~** (*fig*) wissen, was sich für einen ziemt; **lay** [*o* **set**] **a ~ for s.o.** für jdn decken; **put s.o. in his ~** jdn in seine Schranken verweisen; **take ~** stattfinden; **take s.o.'s ~** jds Stelle einnehmen; an jds Stelle treten; **she felt out of ~** sie fühlte sich fehl am Platz; **there is no ~ for doubt** es besteht kein Anlass zum Zweifeln; **put yourself in my ~** versetzen Sie sich in meine Lage; **meeting ~** Treffpunkt *m;* **permanent ~** Dauerstellung *f;* **~ of amusement** Vergnügungsstätte *f;* **~ of arrival** Ankunftsort *m;* **~ of origin** Ursprungs-, Herkunfts-, Heimatort *m;* **~ of work** Arbeitsplatz *m* **II.** *vt* ❶ setzen, stellen, legen; (*Wachen*) aufstellen; (*Ball*) platzieren; (*in Zeitung*) inserieren; aufgeben; (*Angelegenheit*) übergeben; (*Vertrauen*) setzen (*in* auf) ❷ (*Auftrag*) erteilen (*with s.o.* jdm); (*Vertrag*) abschließen ❸ (*Gespräch*) anmelden ❹ (*Geld*) deponieren; anlegen ❺ (COM: *Waren*) absetzen ❻ (*in Stelle*) unterbringen ❼ (*fig*) einordnen; **be ~d** liegen; **he was ~ second** er wurde Zweiter; **how are you ~d for money?** wie sieht es mit Geld aus?; **we were well ~d to see the match** wir hatten einen guten Platz, von dem wir das Spiel sehen konnten; **we are better ~d now** wir stehen jetzt besser da; **~ emphasis on s.th.** etw betonen; **~ a strain on s.o.** jdn belasten; **I can't ~ him** ich weiß nicht, woher ich ihn kenne; ich kann ihn nicht einordnen
pla·cebo [plə'si:bəʊ] <*pl* -cebos> *s* (MED) Placebo *nt*
place card ['pleɪsˌkɑ:d] *s* Tischkarte *f;* **place kick** *s* (*Fußball*) Abschlag *m* (*vom Tor*); **place mat** *s* Set *nt*
place·ment ['pleɪsmənt] *s* ❶ (*Arbeitskräfte*) Unterbringung *f* ❷ Stellenbesetzung *f* ❸ (*Anleihe*) Plazierung *f;* Anlage, Investition *f* ❹ Praktikantenstelle *f*
place name ['pleɪsˌneɪm] *s* Ortsname *m*
pla·centa [plə'sentə] *s* Plazenta *f*
pla·cid ['plæsɪd] *adj* ❶ ruhig ❷ gelassen, gesetzt ❸ sanft
pla·giar·ism ['pleɪdʒərɪzəm] *s* Plagiat *nt;* **pla·giar·ist** ['pleɪdʒərɪst] *s* Plagiator *m;* **pla·giar·ize** ['pleɪdʒəraɪz] *vt* plagiieren
plague [pleɪg] **I.** *s* ❶ Seuche *f;* Pest *f* ❷ (*fig*) Quälgeist *m;* (*fam*) Plage *f* **II.** *vt* plagen;

P

plagued *adj* geplagt
plaice [pleɪs] <*pl* -> *s* Scholle *f*
plaid [plæd] *s* Plaid *nt;* ~ **skirt** karierter Rock

i Land & Leute

Die **Plaid Cymru** (‚Partei Wales') ist die walisische Nationalpartei, die 1926 gegründet wurde und die die Unabhängigkeit Wales anstrebt. Eine kleine Anzahl von **Plaid Cymru**-Abgeordneten werden immer wieder ins *Parliament* gewählt.

plain [pleɪn] **I.** *adj* ❶ klar; offensichtlich; deutlich ❷ einfach; (*Kleidung*) einfach, schlicht ❸ (*Wasser*) klar ❹ (*Schokolade*) bitter ❺ (*Farbe*) uni, einfarbig ❻ (*Frage, Antwort*) klar; (*Wahrheit*) rein ❼ (*Freude, Neid, Unsinn*) rein ❽ (*Aussehen*) nicht überwältigend, alltäglich; **in ~ clothes** in Zivil; **in ~ English** geradeheraus; **be ~, use ~ language with s.o.** jdm offen seine Meinung sagen; **make ~** deutlich, verständlich machen; zu verstehen geben; **tell the ~ truth** die volle Wahrheit sagen; **that's as ~ as a pikestaff, as ~ as the nose on your face** das ist sonnenklar **II.** *s* ❶ Ebene *f* ❷ rechte Masche; **the ~s** (*Am*) die Prärie
plain·clothes [ˈpleɪnˌkləʊðz] *adj:* ~ **policeman** Polizist *m* in Zivil, Zivilfahnder *m;* **plain country** *s* Flachland *nt;* **plain language** *s* Klartext *m;* **in ~** unmissverständlich; **plain·ly** [ˈpleɪnlɪ] *adv* ❶ einfach, klar ❷ offensichtlich; **to put it ~** um es klar auszudrücken; **plain·ness** [ˈpleɪnnɪs] *s* ❶ Offenheit *f* ❷ Einfachheit *f* ❸ Unansehnlichkeit *f;* **plain sailing I.** *s* eine einfache Sache **II.** *adj* (ganz) leicht, ganz einfach; **plain-spoken** [ˌpleɪnˈspəʊkən] *adj* freimütig, offen
plain·tiff [ˈpleɪntɪf] *s* (JUR) Kläger(in) *m(f)*, klagende Partei
plain·tive [ˈpleɪntɪv] *adj* traurig, schmerzlich, kläglich
plait [plæt] **I.** *s* Flechte *f*, Zopf *m* **II.** *vt* flechten
plan [plæn] **I.** *s* ❶ Plan, Entwurf *m* ❷ (~ *view*) Grundriss, (Lage)Plan *m;* Stadtplan *m* ❸ (*fig*) Vorhaben *nt;* Projekt *nt* ❹ (BES. POL COM) Programm *nt* ❺ Verfahren(sweise *f*) *nt*, Methode *f;* **in ~** im Grundriss; **go according to ~** planmäßig verlaufen; **five-year ~** Fünfjahresplan *m* **II.** *vi* planen; ~ **for s.th.** etw einplanen; ~ **on s.th.** mit etw rechnen; etw vorhaben **III.** *vt* ❶ entwerfen, skizzieren ❷ (~ *out*) ausarbeiten, vorplanen ❸ planen, vorhaben, beabsichtigen; **~ned economy** Planwirtschaft *f*
plane¹ [pleɪn] **I.** *adj* (*a.* MATH) flach, eben **II.** *s* ❶ Ebene *f* ❷ (*fig*) Niveau *nt*, Ebene, Stufe *f;* **on the same ~** auf der gleichen Ebene (*as* wie); **inclined ~** (PHYS) schiefe Ebene
plane² [pleɪn] **I.** *s* Hobel *m* **II.** *vt* hobeln, glätten; planieren; ~ **off,** ~ **away,** ~ **down** ab-, weghobeln
plane³ [pleɪn] (~ *-tree*) Platane *f*
plane⁴ [pleɪn] *s* Flugzeug *nt;* **go by ~** fliegen; **plane crash** *s* Flugzeugabsturz *m*
planet [ˈplænɪt] *s* (ASTR) Planet *m;* **plan·etar·ium** [ˌplænɪˈteərɪəm] *s* Planetarium *nt;* **plan·et·ary** [ˈplænɪtərɪ] *adj* planetarisch
plank [plæŋk] *s* ❶ Planke, Bohle *f;* Brett *nt* ❷ (POL) (Partei)Programmpunkt *m;* **plank·ing** [-ɪŋ] *s* ❶ Dielenlegen *nt* ❷ Verschalung *f* ❸ Planken *fpl*
plank·ton [ˈplæŋktən] *s* (BIOL) Plankton *nt*
plan·ner [ˈplænə(r)] *s* Planer(in) *m(f);* **plan·ning** [ˈplænɪŋ] *s* ❶ Planung *f* ❷ Ausarbeitung *f;* **family ~** Geburtenkontrolle *f;* **town** [*o* **city**] ~ Städteplanung *f;* ~ **permission** Baugenehmigung *f*
plant [plɑːnt] **I.** *s* ❶ (BOT) Pflanze *f* ❷ (TECH) Fabrik *f*, Werk(sanlage *f*) *nt* ❸ Betrieb(seinrichtung *f*) *m* ❹ Apparatur, Anlage *f*, Maschinenpark *m* ❺ (Betriebs)Gebäude *ntpl* ❻ (*sl*) Betrug(smanöver *nt*), Schwindel *m;* Irreführung *f* ❼ (*sl*) Spitzel *m;* **power ~** Kraftwerk *nt* **II.** *vt* ❶ pflanzen ❷ (*Gelände*) bepflanzen ❸ (~ *out*) umpflanzen ❹ fest (auf)stellen; (*Fahne*) aufpflanzen; (*fig*) einprägen, -pflanzen, -impfen ❺ (*Anschauungen, Gewohnheiten*) einbürgern ❻ (*junge Fische, Austern*) setzen ❼ (*sl: Schlag*) verpassen, versetzen ❽ (*sl: Diebesgut*) verstecken ❾ unterschieben (*on s.o.* jdm) ❿ (*Bombe*) legen; ~ **o.s. in a chair** sich in einen Stuhl fallen lassen
plan·tain [ˈplæntɪn] *s* ❶ Wegerich *m* ❷ (Mehl)Banane *f*, Pisang *m*
plan·ta·tion [plænˈteɪʃn] *s* ❶ (An)Pflanzung, Plantage *f* ❷ (Wald)Schonung *f*
planter [ˈplɑːntə(r)] *s* ❶ Pflanzer(in) *m(f)*, Plantagenbesitzer(in) *m(f)* ❷ Pflanz-, Setzmaschine *f* ❸ Übertopf *m*
plaque [plɑːk, plæk] *s* ❶ (Gedenk)Tafel *f* ❷ (MED) Belag *m;* Zahnbelag *m*
plash [plæʃ] **I.** *s* Plätschern, Spritzen *nt* **II.** *vi* platschen; plätschern; planschen
plasm, plasma [ˈplæzm, ˈplæzmə] *s* Plasma

nt

plas·ter ['plɑ:stə(r), *Am* 'plæstə(r)] **I.** *s* ❶ (ARCH) (Ver)Putz, Bewurf *m* ❷ (~ *of Paris*) Gips *m* ❸ (*Br*) Pflaster *nt* **II.** *vt* ❶ verputzen; gipsen ❷ bepflastern, bekleben; **plas·ter·board** ['plɑ:stəbɔ:d] *s* Gipsplatte *f;* **plaster cast** *s* ❶ (*Kunst*) Gipsabguss *m* ❷ (MED) Gipsverband *m;* **plas·tered** ['plɑ:stəd] *adj* (*sl*) besoffen; **plas·terer** ['plɑ:stərə(r)] *s* Gipser, Stukkateur *m*

plas·tic ['plæstɪk] **I.** *adj* ❶ Plastik-, aus Plastik ❷ formbar, knetbar, plastisch ❸ (MED) plastisch; ~ **arts** gestaltende Künste *fpl* **II.** *s* Plastik *nt,* Kunststoff *m;* **plastic bag** *s* Plastikbeutel *m,* Plastiktüte *f;* **plastic bomb** *s* Plastikbombe *f;* **plastic bullet** *s* Plastikgeschoss *nt;* **plastic explosive** *s* Plastiksprengstoff *m;* **plas·ti·cine®** ['plæstɪsi:n] *s* Plastilin *nt,* Knetmasse *f;* **plas·tic·ity** [plæ'stɪsətɪ] *s* Formbarkeit *f;* **plastic money** *s* Plastikgeld *nt;* **plastics industry** *s* Kunststoffindustrie *f;* **plastic surgery** *s* plastische Chirurgie

plate [pleɪt] **I.** *s* ❶ Teller *m;* Platte *f* ❷ (TECH PHOT TYP) Platte *f* ❸ Bildseite, -tafel *f* ❹ Tafel-, Silbergeschirr *nt* ❺ vergoldetes, versilbertes Metall ❻ (SPORT) Pokal *m;* (Pokal)Rennen *nt* ❼ (MED: *dental* ~) Zahn-, Gaumenplatte *f;* **door** [*o* **name**] ~ Türschild *nt;* **hot** ~ Heizplatte *f;* **number** [*o* **licence**] ~ (AUTO) Nummernschild *nt;* **soup** [*o* **dinner**] ~ Suppenteller *m* **II.** *vt* ❶ vergolden, versilbern ❷ (*Schiff*) beplanken; panzern

pla·teau ['plætəʊ, *Am* plæ'təʊ] <*pl* -teaus, -teaux> *s* Hochebene *f,* Plateau *nt;* **reach a** ~ (*Preise*) sich einpendeln

plated ['pleɪtɪd] *adj* ❶ gepanzert ❷ plattiert; **chromium-**~ verchromt; **gold-**~ vergoldet; **plate·ful** ['pleɪtfʊl] *s* ❶ Tellervoll *m* ❷ (*fam*) viel Arbeit *f;* **plate glass** *s* Tafelglas *nt;* **plate·layer** ['pleɪtleɪə(r)] *s* (*Br*) Schienenleger, Streckenarbeiter *m;* **plate·let** ['pleɪlət] *s* (MED) Plättchen *nt;* **plate rack** *s* Geschirrständer *m;* **plate shears** *s pl* Blechschere *f;* **plate warmer** ['pleɪtwɔ:mə(r)] *s* Tellerwärmer *m*

plat·form ['plætfɔ:m] *s* ❶ Podium *nt,* (Redner)Tribüne *f;* Plattform *f* ❷ (RAIL) Bahnsteig *m;* Gleis *nt* ❸ (POL) Plattform *f* ❹ (*fig*) Ebene *f;* **arrival/departure** ~ Ankunfts-/Abgangsbahnsteig *m;* **lifting** ~ Hebebühne *f;* ~ **shoe** Plateauschuh *m*

plat·ing ['pleɪtɪŋ] *s* ❶ Panzerung *f* ❷ Plattierung *f*

plati·num ['plætɪnəm] *s* Platin *nt*

plati·tude ['plætɪtju:d] *s* Gemeinplatz *m,* Platitüde *f;* **plati·tudi·nous** [ˌplætɪ'tju:dɪnəs] *adj* banal, seicht

pla·tonic [plə'tɒnɪk] *adj* platonisch

pla·toon [plə'tu:n] *s* (MIL) Zug *m*

plat·ter ['plætə(r)] *s* ❶ Teller *m;* Brett *nt,* (Braten)Platte *f* ❷ (*sl*) (Schall)Platte *f*

platy·pus ['plætɪpəs] *s* Schnabeltier *nt*

plaus·ib·il·ity [ˌplɔ:zə'bɪlɪtɪ] *s* Plausibilität *f;* **plaus·ible** ['plɔ:zəbl] *adj* plausibel, überzeugend, glaubhaft

play [pleɪ] **I.** *vi* ❶ spielen (*at a game* ein Spiel) ❷ (THEAT) spielen; gespielt werden ❸ (*fig*) mitmachen, mitspielen ❹ (TECH) Spielraum haben; **what are you ~ing at?** was soll das?; ~ **for money** um Geld spielen; ~ **for time** Zeit rausschinden wollen; **the pitch ~s badly** das Spielfeld ist schlecht bespielbar; ~ **to s.o.** jdm vorspielen; ~ **with the idea** mit dem Gedanken spielen; **he won't** ~ er spielt nicht mit **II.** *vt* ❶ (*ein Spiel*) spielen; spielen gegen ❷ (*einen Spieler*) einsetzen, verwenden (*as* als) ❸ (THEAT MUS) spielen ❹ sich benehmen, auftreten als ❺ (*Karte*) ausspielen ❻ (*Licht-, Wasserstrahl*) spielen lassen (*on, over* über) ❼ (*Fisch an der Angel*) drillen ❽ leicht, gewandt umgehen mit, handhaben; **refuse to ~ ball** (*fig*) nicht mitspielen; ~ **a joke on s.o.** jdm einen Streich spielen; ~ **a** (**dirty**) **trick on s.o.** jdn hereinlegen; ~ **the fool** herumalbern; ~ **the piano** Klavier spielen **III.** *s* ❶ Spiel *nt* ❷ (Theater)Spiel, Stück *nt* ❸ Spielen *nt* (*des Lichtes*) ❹ Bewegungsfreiheit *f;* (*a.* TECH) Spielraum *m;* **abandon** ~ das Spiel abbrechen; **at** ~ beim Spiel; **in** ~ im Spaß, Scherz; (SPORT) im Spiel; **in full** ~ in vollem Gange; **out of** ~ (*Ball*) im Aus; **allow full ~ to s.th.** einer S freien Lauf lassen; **bring into** ~ ins Spiel bringen; **come into** ~ seine Tätigkeit entfalten; in Tätigkeit treten; **give free ~ to s.th.** einer S freien Spielraum lassen, einer S freien Lauf geben; **go to the** ~ ins Theater gehen; **make a ~ for** (*Am sl*) allen Charme aufbieten; **play about play around** *vi* spielen (*with s.th.* mit etw); **play against** *vt* ausspielen gegen; **play along I.** *vi* mitspielen **II.** *vt* ❶ warten lassen ❷ hinters Licht führen; **play down** *vt* herunterspielen; **play in** *vt* mit Musik hereinbegleiten; ~ **o.s. in** sich warm spielen; **play off** *vt* (SPORT: *Spiel*) um die Entscheidung spielen; ~ **s.o. off against s.o. else** jdn gegen jdn anderen ausspielen; **play on** *vi* ❶ weiterspielen ❷ ausnutzen; hervorheben; **play out** *vt* ❶ (THEAT) darstellen; zu Ende spielen ❷ ausbeuten ❸ mit Musik hinausbegleiten; **~ed out** ausgespielt, erledigt;

P

überholt, veraltet; **play through** *vi* durchspielen; **play up** *vi* ① lauter spielen ② loslegen ③ (*fam*) Ärger machen; ~ **up to s.o.** jdm schöntun; ~ **s.th. up** etw hochspielen

play·able ['pleɪəbl] *adj* (*Platz*) zum Spielen geeignet, bespielbar; (*Ball*) spielbar; (*Stück*) bühnenreif; **play-act** *vi* schauspielern; **play·back** ['pleɪbæk] *s* ① Abspielen *nt* ② Wiedergabe *f*, Playback *nt;* **play·bill** *s* Theaterprogramm *nt;* **play·boy** *s* Playboy *m;* **player** ['pleɪə(r)] *s* Spieler(in) *m(f)*, Schauspieler(in) *m(f);* **chess-/football-/piano-~** Schach-/Fußball-/Klavierspieler(in) *m(f);* **record** ~ Plattenspieler *m;* **play·fellow, play·mate** ['pleɪfeləʊ, 'pleɪmeɪt] *s* Spielkamerad(in) *m(f);* **play·ful** ['pleɪfl] *adj* ① spielerisch ② verspielt ③ spaßig, spaßhaft; **play·goer** ['pleɪgəʊə(r)] *s* Theaterbesucher(in) *m(f);* **play·ground** ['pleɪgraʊnd] *s* ① Spielplatz *m* ② Schulhof *m* ③ (*fig*) Tummelplatz *m;* **play·group** ['pleɪgru:p] *s* Spielgruppe *f;* **play·house** ['pleɪhaʊs] *s* ① Theater *nt* ② Spielhaus für Kinder; (*Am*) Puppenstube *f;* **play·ing card** ['pleɪɪŋ'kɑ:d] *s* Spielkarte *f;* **play·ing field** ['pleɪɪŋ'fi:ld] *s* Sportplatz *m;* **play-off** ['pleɪɒf] *s* Entscheidungsspiel *nt;* Verlängerung *f;* **play·pen** *s* Laufstall *m;* **play·room** ['pleɪrʊm] *s* Spielzimmer *nt;* **play·school** ['pleɪsku:l] *s* Kindergarten *m;* **play·suit** ['pleɪsu:t] *s* Spielanzug *m;* **play·thing** ['pleɪθɪŋ] *s* ① (*a. fig*) Spielzeug *nt* ② ~**s** Spielsachen *pl;* **play·time** ['pleɪtaɪm] *s* (SCHULE) Pause *f;* **play·wright** ['pleɪraɪt] *s* Bühnenschriftsteller(in) *m(f)*, Dramatiker(in) *m(f)*

pla·za ['plɑ:zə] *s* (*Am*) ① Einkaufszentrum *nt* ② Raststätte *f*

plc [ˌpi:el'sɪ:] *s Abk. von* **public limited company** (*etwa*) AG *f*

plea [pli:] *s* ① Bitte *f;* Appell *m* ② Entschuldigung, Begründung *f* ③ (JUR) Plädoyer *nt* ④ dringende Bitte, Gesuch *nt* (*for* um); **make a ~ for s.th.** zu etw aufrufen; **make a ~ for mercy** um Gnade bitten; **make a ~ of self-defence** Notwehr geltend machen; **enter a ~ of not guilty** seine Unschuld erklären; **enter a ~ of guilty** ein Geständnis ablegen; **on the ~ of illness** aus gesundheitlichen Gründen

plead [pli:d] **I.** *vi* ① bitten (*for* um) ② (JUR) das Plädoyer halten; ~ **with s.o. to do s.th.** jdn (inständig) bitten etw zu tun; ~ **guilty** sich schuldig bekennen; ~ **not guilty** seine Schuld bestreiten; ~ **for s.th.** (*fig*) für etw plädieren **II.** *vt* ① vertreten ② (*Unwissenheit, Unzurechnungsfähigkeit*) sich berufen auf, geltend machen; ~ **s.o.'s case** [*o* **the case for s.o.**] jdn vertreten; ~ **the case for the defence** die Verteidigung vertreten; ~ **the case for s.th.** (*fig*) sich für etw einsetzen; **plead·ing** [-ɪŋ] **I.** *s* ① Bitten *nt* ② (JUR) Plädoyer *nt* **II.** *adj* flehend

pleas·ant ['pleznt] *adj* ① angenehm; erfreulich ② (*Mensch*) umgänglich, liebenswürdig

pleas·ant·ry ['plezntrɪ] *s* ① Scherz, Spaß *m* ② Höflichkeit *f*

please [pli:z] **I.** *vt* ① gefallen, angenehm sein (*s.o.* jdm) ② zufrieden stellen ③ eine Freude machen (*s.o.* jdm) ④ (*iro*) belieben (*s.o.* jdm); **it ~s me** es gefällt mir; **to ~ you** dir zuliebe; **it ~s the senses** es ist angenehm; **you can't ~ everybody** man kann es nicht allen recht machen; **he is hard to ~** man kann es ihm schwer recht machen; **I'm ~d to help** ich helfe gern **II.** *vi* gefallen; **if you ~** bitte; **as you ~** wie du willst; **do as one ~s** tun, was man will; **we aim to ~** wir möchten, dass Sie zufrieden sind **III.** *vr* tun, was einem gefällt; ~ **yourself!** wie du willst! **IV.** *interj* bitte!; ~ **do!** bitte sehr! **V.** *s* Bitte *nt;* **pleased** ['pli:zd] *adj* ① erfreut ② zufrieden; **be ~ about s.th.** sich über etw freuen; ~ **to meet you!** angenehm! freut mich!; **be ~ with s.th.** mit etw zufrieden sein; **be ~ with o.s.** (*pej*) selbstgefällig sein; **pleas·er** ['pli:zə] *s* jemand, der es anderen (immer) recht machen möchte; **pleas·ing** [-ɪŋ] *adj* angenehm

pleas·ur·able ['pleʒərəbl] *adj* angenehm, erfreulich; **pleas·ure** ['pleʒə(r)] *s* ① Vergnügen *nt*, Freude *f* ② Vergnügen *nt*, Vergnügung *f* ③ Wunsch *m;* **at ~** nach Belieben; **for ~** zum Vergnügen; **with ~** mit Vergnügen; **give great ~** großes Vergnügen machen; **have the ~ of doing** das Vergnügen haben zu tun; **take ~ in** Gefallen finden an; **it gives me no ~** es ist für mich kein Vergnügen; **may I have the ~ of the next dance with you?** darf ich Sie um den nächsten Tanz bitten?; **pleasure boat** *s* Vergnügungsdampfer *m;* **pleasure ground** *s* Fest-, Spiel-, Sportplatz *m;* **pleasure principle** *s* Lustprinzip *nt;* **pleasure trip** *s* Vergnüngungsreise *f*

pleat [pli:t] **I.** *s* Falte *f* **II.** *vt* fälteln; ~**ed skirt** Faltenrock *m*

pleb [pleb] *s* Prolet(in) *m(f);* **pleb·eian** [plɪ'bi:ən] **I.** *s* Plebejer(in) *m(f)* **II.** *adj* plebejisch

plebi·scite ['plebɪsɪt, *Am* 'plebɪsaɪt] *s* Volksentscheid *m*, -abstimmung *f*

pledge [pledʒ] **I.** *s* ① Pfand *nt* ② Versprechen *nt* ❸ Trinkspruch *m;* **under the ~ of secrecy** unter dem Siegel der Verschwiegenheit; **I give you my ~** ich gebe dir mein Wort; **as a ~ of** zum Zeichen *+gen;* **election ~** Wahlversprechen *nt;* **take the ~** dem Alkohol abschwören **II.** *vt* ❶ verpfänden, als Pfand geben, versetzen ❷ versprechen, geloben ❸ einen Trinkspruch ausbringen (*s.o.* auf jdn), zutrinken (*s.o.* jdm); **~ o.s.** sich verbürgen, sich verpflichten (*to do* zu tun); **~ one's word** sein (Ehren)Wort geben

ple·nary ['pli:nərɪ] *adj* Plenar-, Voll-; **~ assembly** [*o* **meeting**] Vollversammlung *f;* **~ powers** (unbeschränkte) Vollmacht *f;* **~ session** Plenarsitzung *f*

pleni·po·ten·tiary [ˌplenɪpə'tenʃərɪ] **I.** *adj* bevollmächtigt **II.** *s* Bevollmächtigte(r) *f m*

plen·ti·ful ['plentɪf(ʊ)l] *adj* reichlich, im Überfluss

plenty ['plentɪ] **I.** *s* Reichtum *m,* Fülle *f;* **~ of** eine Menge ...; reichlich ...; sehr viel ...; **~ more** viel mehr; **in ~** in Hülle und Fülle, *fam* in rauhen Mengen; **horn of ~** Füllhorn *nt;* **land of ~** Schlaraffenland *nt* **II.** *adj* (*Am*) reichlich, im Überfluss **III.** *adv* (*fam*) reichlich; **it's ~ big enough** es ist wirklich groß genug

plenum ['pli:nəm] *s* Vollversammlung *f,* Plenum *nt*

pleo·nasm ['plɪənæzəm] *s* Pleonasmus *m;* **pleo·nastic** [plɪə'næstɪk] *adj* pleonastisch

pleur·isy ['plʊərəsɪ] *s* Brustfell-, Rippenfellentzündung *f*

plexus ['pleksəs] *s* (ANAT) (Gefäß-, Nerven)Geflecht *nt;* **solar ~** Solarplexus *m,* Magengrube *f*

pli·able ['plaɪəbl] *adj* ❶ biegsam ❷ (*fig*) leicht beeinflussbar; fügsam

pli·ers ['plaɪəz] *s pl* (Flach)Zange *f*

plight [plaɪt] *s* schwierige Lage, Not *f;* (*Währung*) Verfall *m*

plim·soll ['plɪmsəl] *s* Turnschuh *m;* **Plimsoll line** Freibordmarke *f,* Ladelinie *f*

PLO [ˌpi:el'əʊ] *s Abk. von* **Palestine Liberation Organisation** PLO *f*

plod [plɒd] **I.** *s* Trott *m* **II.** *vi* ❶ sta(m)pfen; mühsam vorwärts schreiten ❷ (*~ away at the work*) sich (ab)placken, schuften; **~ on** mühsam weitermachen; **plod·der** ['plɒdə(r)] *s* (*fam*) Arbeitstier *nt;* **plod·ding** ['plɔdiŋ] *adj* schwerfällig

plonk¹ [plɒŋk] *s* (*Br: pej*) billiger Wein

plonk² [plɒŋk] **I.** *s* Plumps *m* **II.** *adv* plumps; **~ in the middle** genau in der Mitte **III.** *vt* (*~ down*) hinwerfen; **~ o.s. (down)** sich hinschmeißen; **~ o.s. down in a chair** sich in einen Sessel fallen lassen

plonk·er ['plɒŋkə(r)] *s* (*sl*) Depp *m*

plop [plɒp] **I.** *vi* plumpsen; platschen; **~ into a chair** sich in einen Sessel plumpsen lassen **II.** *vi* fallen lassen; hinwerfen **III.** *s* ❶ Plumps(en *nt*) *m;* Platschen *nt* ❷ (*Kork*) Knallen *nt* **IV.** *adv* mit einem Plumps

plot [plɒt] **I.** *s* ❶ Stück *nt* Land; Gartenbeet *nt;* (*building ~*) Grundstück *nt;* Parzelle *f* ❷ (*Am*) Grundriss, Plan *m* ❸ Verschwörung *f* ❹ (*lit*) Handlung *f* **II.** *vt* ❶ planen ❷ (*Position, Kurs*) feststellen ❸ (MATH MED: *Kurve*) aufzeichnen; (*in Karte*) einzeichnen **III.** *vi* sich verschwören (*against* gegen); **plot·ter** ['plɒtə(r)] *s* ❶ Verschwörer(in) *m(f)* ❷ (INFORM) Plotter *m*

plough [plaʊ] **I.** *s* Pflug *m;* **the Plough** (ASTR) der Wagen; **put one's hand to the ~** sich anstrengen **II.** *vt* ❶ pflügen; (*Furche*) ziehen ❷ (*Weg*) bahnen ❸ (*Br sl*) durchfallen lassen **III.** *vi* ❶ pflügen ❷ (*Br*) durchfallen; **plough back** *vt* unterpflügen; (*Gewinne*) reinvestieren; **plough in** *vt* unterpflügen; **plough through** *vt, vi* (*Meer*) durchpflügen; (*Schnee*) sich kämpfen durch; **~ (one's way) through a book** sich durch ein Buch durchkämpfen; **plough up** *vt* umpflügen; **plough·man's lunch** [ˌplaʊmənz'lʌntʃ] *s Käse mit Pickle und Brot;* **plough·share** ['plaʊʃeə(r)] *s* Pflugschar *f*

plow (*Am*) *s.* **plough**

ploy [plɔɪ] *s* List *f,* Dreh *m*

pluck [plʌk] **I.** *vt* ❶ ab-, ausreißen ❷ (*Geflügel*) rupfen ❸ (*Augenbrauen*) zupfen ❹ (*Blume*) pflücken, abreißen; **~ up courage** Mut fassen **II.** *vi* zerren, zupfen, ziehen (*at* an) **III.** *s* ❶ Mut *m,* Tapferkeit *f* ❷ (*Tier*) Innereien *pl;* **plucky** ['plʌkɪ] *adj* mutig, kühn

plug [plʌg] **I.** *s* ❶ Stöpsel *m;* Pfropfen *m;* (*Fass*) Spund *m* ❷ (*~ of cotton*) Wattebausch *m* ❸ (ELEK) Stecker *m;* (*fam*) Steckdose *f* ❹ (AUTO: *spark~*) Zündkerze *f* ❺ (*Am: fire~*) Hydrant *m* ❻ (*fam*) Reklame, Schleichwerbung *f;* **give s.th. a ~** für etw Schleichwerbung machen; **pull the ~** (das Klo) spülen; **pull the ~ on s.th.** (*fam*) etw stornieren **II.** *vt* ❶ (*~ up*) zustopfen; (*Zahn*) plombieren, füllen; (*Ohren*) zuhalten; zustopfen ❷ stecken (*into* in) ❸ (*sl*) eine verpassen (*s.o.* jdm), mit der Faust bearbeiten ❹ (*fam*) Reklame machen für (*on the radio* im Rundfunk) ❺ (*Idee*) allen anbieten; **~ s.o. full of lead** (*fam*) jdn voll Blei pumpen; **plug away at** *vi* (*fam*) schuften an; **plug in** *vt* (ELEK) einstecken, anschließen; **plug·hole**

P

['plʌghəʊl] *s* Abfluss *m;* **plug-in** *s* (INTERNET) Plug-in *nt;* **plug·light** ['plʌglaɪt] *s* Nachtlicht *nt;* **plug-ugly** **I.** *s* (*fam*) Rowdy, Schläger *m* **II.** *adj* (*fam*) potthässlich

plum [plʌm] **I.** *s* ❶ Pflaume *f;* Zwetsch(g)e *f* ❷ Pflaumenblau *nt* **II.** *adj* (*fam*) toll, hervorragend; **he got a ~ job** er hat eine tolle Stelle

plum·age ['plu:mɪdʒ] *s* Gefieder *nt*

plumb [plʌm] **I.** *s* (*~ -line, -bob*) Lot, Senkblei *nt;* **out of ~, off ~** (*Am*) aus dem Lot, schief **II.** *adv* ❶ lotrecht, senkrecht ❷ (*fam*) vollkommen, total; **~ in the middle** genau in der Mitte **III.** *vt* ❶ (aus)loten, sondieren ❷ (*fig*) erforschen, herausbekommen

plum·bago [plʌm'beɪgəʊ] *s* (MIN) Graphit *m*

plumber ['plʌmə(r)] *s* Klempner(in) *m(f),* Spengler(in) *m(f),* Installateur(in) *m(f);* **~'s** (**workshop**) Installationsgeschäft *nt;* **plumb·ing** ['plʌmɪŋ] *s* ❶ Klempner-, Spenglerarbeit *f* ❷ Leitungen *fpl* ❸ sanitäre Anlagen *fpl*

plumb·line ['plʌmlaɪn] *s* Senkblei *nt*

plume [plu:m] **I.** *s* ❶ Feder *f* ❷ Federbusch *m* ❸ (*~ of smoke*) Rauchfahne *f* **II.** *vr* sich putzen; **~ o.s. on s.th.** sich mit etw brüsten

plum·met ['plʌmɪt] **I.** *s* ❶ Senkblei *nt* ❷ (*Preis*) Sturz *m* ❸ (*Vogel, Flugzeug*) Sturzflug *m* **II.** *vi* senkrecht hinunterfallen, (ab)stürzen (*down to earth* auf die Erde); **prices have ~ed** die Preise sind stark gefallen

plummy ['plʌmɪ] *adj* ❶ (*Stimme*) vornehm, geziert ❷ (*fam*) prima, ausgezeichnet

plump [plʌmp] **I.** *adj* ❶ rundlich, mollig ❷ (*Tier*) gut gefüttert ❸ (*Antwort*) unverblümt **II.** *adv* ❶ mit einem Plumps ❷ offen, unverblümt **III.** *vi* (*~ down*) plumpsen **IV.** *vt* ❶ (*~ down*) plumpsen, fallen lassen ❷ schmeißen, knallen; **~ o.s. down into a chair** sich auf einen Stuhl fallen lassen; **plump for** *vi* sich entscheiden für; **plump up** *vt* ❶ (*Kissen*) aufschütteln ❷ (*Hühner*) mästen; **plump·ness** ['plʌmpnəs] *s* Rundlichkeit *f*

plum pudding ['plʌmpʊdɪŋ] *s* Plumpudding *m*

plun·der ['plʌndə(r)] **I.** *vt* (aus)plündern **II.** *vi* plündern **III.** *s* Plünderung *f;* Beute *f;* **plun·derer** ['plʌndərə(r)] *s* Plünderer *m*

plunge [plʌndʒ] **I.** *vt* ❶ tauchen, tunken ❷ stoßen ❸ stürzen (*in, into* in); **the room was ~d into darkness** das Zimmer lag plötzlich im Dunkeln **II.** *vi* ❶ tauchen ❷ sich werfen ❸ stürzen (*into* in) ❹ (*Hang*) steil abfallen; (*Straße*) steil hinabführen ❺ (*Preise*) fallen ❻ (*Ausschnitt am Kleid*) tiefer gehen ❼ leichtsinnig spielen ❽ wild spekulieren **III.** *s* ❶ Kopfsprung *m* ❷ Kurssturz *m;* **take a ~** einen Kopfsprung machen; **take the ~** sich zu einem Entschluss durchringen; **plung·er** ['plʌndʒə(r)] *s* ❶ (*fam*) Spekulant(in) *m(f)* ❷ (TECH) Gummisauger *m;* Tauchkolben *m*

plunk [plʌŋk] *vt* ❶ (*Am: Banjo*) zupfen ❷ (*~ down*) hinwerfen; **~ o.s.** (**down**) sich hinschmeißen; **~ o.s. down in a chair** sich in einen Sessel fallen lassen

plu·per·fect ['plu:ˌpɜ:fɪkt] *s* (GRAM) Plusquamperfekt *nt*

plu·ral ['plʊərəl] **I.** *adj* (GRAM) pluralisch **II.** *s* Plural *m,* Mehrzahl *f;* **plu·ral·ism** ['plʊərəlɪzəm] *s* (PHILOS) Pluralismus *m;* **plu·ral·istic** [ˌplʊərə'lɪstɪk] *adj* (PHILOS) pluralistisch; **plu·ral·ity** [plʊə'rælətɪ] *s* ❶ Vielfalt *f;* (*Gesellschaft*) Pluralität *f* ❷ (*~ of votes*) Stimmenmehrheit *f*

plus [plʌs] **I.** *prep* plus; und; zuzüglich +*gen* **II.** *adj* extra; plus **III.** *s* ❶ Plus, Mehr *nt;* Pluspunkt *m* ❷ (*~ -sign*) Pluszeichen *nt;* **plus fours** [ˌplʌs'fɔ:z] *s pl* Knickerbocker *pl*

plush [plʌʃ] **I.** *s* Plüsch *m* **II.** *adj* (*fam*) luxuriös, schick, elegant; plüschig

plu·toc·racy [plu:'tɒkrəsɪ] *s* Plutokratie, Geldherrschaft *f;* **plu·to·crat** ['plu:təkræt] *s* Plutokrat *m;* **plu·to·cratic** [ˌplu:tə'krætɪk] *adj* plutokratisch

plu·to·nium [plu:'təʊnɪəm] *s* (CHEM) Plutonium *nt*

ply¹ [plaɪ] *s* ❶ Schicht, Lage *f* ❷ (Garn)Strähne *f*

ply² [plaɪ] **I.** *vt* ❶ (*fig*) bestürmen (*with questions* mit Fragen) ❷ (regelmäßig) versorgen (*with* mit) **II.** *vi* regelmäßig verkehren (*between* zwischen)

ply·wood ['plaɪwʊd] *s* Sperrholz *nt*

p.m. [pi:'em] *Abk. von* **post meridiem** nachmittags

PM [pi:'em] *s Abk. von* **Prime Minister** Premierminister(in) *m(f),* Ministerpräsident(in) *m(f)*

pneu·matic [nju:'mætɪk] *adj* Luft-; **~ brake** Druckluftbremse *f;* **~ drill** Pressluftbohrer *m;* **~ hammer** Presslufthammer *m;* **~ tyre, ~ tire** (*Am*) Luftreifen *m*

pneu·monia [nju:'məʊnɪə] *s* Lungenentzündung *f*

poach¹ [pəʊtʃ] **I.** *vt* ❶ (*Wild*) unberechtigt jagen; wildern ❷ (COM) wegstehlen **II.** *vi* wildern; **~ on s.o.'s preserves** sich gegenüber jdm Übergriffe leisten

poach² [pəʊtʃ] *vt* (*Ei*) pochieren; ~**ed eggs** verlorene Eier *ntpl*

poacher ['pəʊtʃə(r)] *s* Wilderer, Wilddieb *m;* **poach·ing** ['pəʊtʃɪŋ] *s* Wildern *nt,* Wilderei *f*

PO Box [ˌpiːˈəʊbɒks] *s Abk. von* **Post Office Box** Postfach *nt*

pock [pɒk] *s* ① (Eiter)Pustel *f* ② (~*-mark*) Pocken-, Blatternarbe *f*

pocket ['pɒkɪt] **I.** *s* ① Tasche *f* ② (*Billard*) Loch *nt* ③ (*air~*) Luftloch *nt* ④ (*fig*) Geld *nt* ⑤ (*fig*) Nest *nt,* Gruppe *f;* kleiner Bereich; **have s.th. in one's ~** (*fig*) etw in der Tasche haben; **be in ~** reicher sein; **be out of ~** ärmer sein **II.** *vt* ① in die Tasche stecken; einstecken ② sich aneignen ③ (*Beleidigung*) einstecken ④ (*Am: Gesetz*) hinauszögern; **pocket·book** *s* ① Notizbuch *nt* ② Brieftasche *f* ③ Handtäschchen *nt;* **pocket calculator** *s* Taschenrechner *m;* **pocket camera** *s* Pocketkamera *f;* **pocket·ful** ['pɒkɪtfʊl] *s* Taschevoll *f;* **pocket handkerchief** *s* Taschentuch *nt;* **pocket·knife** <*pl* -knives> *s* Taschenmesser *nt;* **pocket money** *s* Taschengeld *nt;* **pocket-size(d)** *adj* im Taschenformat

pod [pɒd] **I.** *s* ① (BOT) Schote, Hülse *f* ② (AVIAT) Gehäuse *nt* ③ (*Raumfahrt*) Kapsel *f* **II.** *vt* enthülsen

podgy ['pɒdʒɪ] *adj* (*fam*) pummelig

po·dium ['pəʊdɪəm] *s* Podest *nt*

poem ['pəʊɪm] *s* Gedicht *nt;* **poet** ['pəʊɪt] *s* Dichter(in) *m(f),* Poet(in) *m(f);* **po·etic(al)** [pəʊ'etɪk(l)] *adj* ① poetisch; dichterisch ② fantasie-, stimmungsvoll; **~ licence** dichterische Freiheit; **poet laureate** [ˌpəʊɪt 'lɒrɪət] <*pl* poets laureate> *s* Hofdichter(in) *m(f);* **po·etry** ['pəʊɪtrɪ] *s* ① Dichtung, Poesie *f* ② Gedichte *ntpl* ③ (*fig*) Grazie, Schönheit *f,* Gefühl *nt*

po-faced ['pəʊfeɪst] *adj* (*fam*) grimmig

po·grom ['pɒgrəm, *Am* pə'grɒm] *s* Pogrom *nt*

poign·ant ['pɔɪn(j)ənt] *adj* schmerzlich, ergreifend; wehmütig

poin·settia [pɔɪn'setɪə] *s* Weihnachtsstern *m*

point [pɔɪnt] **I.** *s* ① Punkt *m* ② (genaue) Stelle *f;* Platz *m* ③ (Zeit)Punkt, Moment, Augenblick *m* ④ (einzelner) Punkt *m* (*eines Programms*), Einzelheit *f,* Detail *nt* ⑤ **the ~** der Hauptpunkt, das Wesentliche, der springende Punkt ⑥ (*Witz*) Pointe *f* ⑦ Punkt *m* (*einer Einteilung*) ⑧ (*Kompass*) Strich, Grad *m* ⑨ besondere Eigenschaft, Vorzug *m* ⑩ (*fig*) Sinn *m,* Absicht *f,* Zweck *m* ⑪ Spitze *f,* spitzes Ende ⑫ Steckdose *f;* Anschluss *m* ⑬ **~s** (AUTO) Unterbrecherkontakte *mpl* ⑭ **~s** (RAIL) Weiche *f* ⑮ **~s** (*Tanz*) (Zehen)Spitzen *fpl;* **at this ~** an dieser Stelle; **beside the ~** nebensächlich, irrelevant, unerheblich, belanglos; **in ~ of** in Hinsicht, mit Hinblick auf; **in ~ of fact** tatsächlich, in Wirklichkeit; **on ~s** (SPORT) nach Punkten; **up to a certain ~** bis zu einem gewissen Grade; **to the ~** zur Sache gehörig, relevant; **~ by ~** Punkt für Punkt; **be on the ~ of doing s.th.** im Begriff sein, etw zu tun; **be on the ~ of death** am Rande des Todes stehen; **carry [o gain] one's ~** sein Ziel erreichen; **come [o get] to the ~** zur Sache kommen; **get the ~** (*fam*) verstehen; **get away from the ~** vom Thema abschweifen; **give ~ to s.th.** einer S Nachdruck verleihen; **he's got a ~** er hat nicht so unrecht; **keep to the ~** bei der Sache bleiben; **make one's ~** seine Auffassung überzeugend darlegen; **make a ~ of s.th.** auf etw bestehen, Wert legen; **make a ~ of doing s.th.** darauf achten etw zu tun **make [o score] a ~** (*fig*) einen Punkt für sich buchen; **miss the ~** nicht verstehen, worum es wirklich geht; die Pointe nicht kapieren; **speak to the ~** zur Sache sprechen; **stretch [o strain] a ~** ein Zugeständnis machen, fünf gerade sein lassen; **I don't see your ~** ich weiß nicht, worauf Sie hinauswollen; **I see no ~ in (doing)** ich halte es für sinnlos zu (tun); **it has come to the ~ that ...** es ist soweit, dass ...; **there is no ~ in that** das hat keinen Sinn; **that's the ~!** genau!; **that's beside the ~** das gehört nicht zur Sache; **not to put too fine a ~ on it** rundheraus gesagt; **a case in ~** ein treffendes Beispiel; **saturation ~** Sättigungsgrad *m;* **sore ~** wunder Punkt; **starting ~** Ausgangspunkt *m;* **strong ~** starke Seite, Stärke *f;* **win on ~s** nach Punkten gewinnen; **~ of departure** Ausgangspunkt *m;* **~ of intersection** Schnittpunkt *m;* **~ of order** (PARL) Frage *f* zur Geschäftsordnung; **~ of sale, POS** Verkaufsstelle *f,* -ort *m;* **~ of time** Zeitpunkt *m;* **~ of view** Gesichtswinkel, Standpunkt *m* **II.** *vt* ① richten (*at* auf) ② zeigen ③ (*Bleistift*) spitzen ④ (TYP) interpunktieren; **~ the way** den Weg zeigen; (*fig*) den Weg weisen **III.** *vi* ① zeigen (*at* auf) ② hinweisen (*to* auf) ③ (*Gebäude*) liegen; (*Waffe*) gerichtet sein; **point out** *vt* zeigen auf; (*fig*) hinweisen auf; **point up** *vt* betonen; verdeutlichen

point-blank [ˌpɔɪnt'blæŋk] **I.** *adj* ① direkt ② (*fig*) offen, direkt **II.** *adv* (*fig*) geradeheraus, unverblümt; **point duty** *s* (*Polizei*)

P

Verkehrsdienst *m;* **constable on** ~ Verkehrsschutzmann *m;* **pointed** ['pɔɪntɪd] *adj* ① spitz ② (*fig*) scharf, beißend, treffend ③ (*Bemerkung*) anzüglich; ~ **arch** Spitzbogen *m;* **pointer** ['pɔɪntə(r)] *s* ① Zeiger *m;* Zeigestock *m* ② Vorstehhund *m* ③ (*fam*) Tip, Wink *m;* **point·less** ['pɔɪntlɪs] *adj* bedeutungs-, sinn-, witz-, zwecklos; **point man** *s* Kontaktperson *f;* **points·man** ['pɔɪntsmən] <*pl* -men> *s* (*Br*) Weichensteller *m;* **point system** *s* Punktsystem *nt;* **point-to-point** (**race**) *s* Geländejagdrennen *nt*

poise [pɔɪz] **I.** *s* ① Ausgeglichenheit, Gelassenheit *f* ② (Körper-, Kopf)Haltung *f* ③ sicheres Auftreten **II.** *vt* balancieren; **be** ~**d** im Gleichgewicht sein; in der Schwebe sein; **poised** [-d] *adj* (*Mensch*) beherrscht, ausgeglichen

poi·son ['pɔɪzn] **I.** *s* (*a. fig*) Gift *nt* (*to* für); **what's your** ~**?** (*fam*) was trinken Sie gern? **II.** *vt* ① Gift geben (*s.o.* jdm), vergiften ② (MED) infizieren ③ (*fig*) verderben; ~ **the air** die Luft verschmutzen; ~ **s.o.'s mind against** jdn aufhetzen gegen; **poi·son gas** *s* Giftgas *nt;* **poi·son·ing** ['pɔɪzənɪŋ] *s* Vergiftung *f;* **poi·son·ous** ['pɔɪzənəs] **I.** *adj* ① giftig ② (*fig*) zersetzend, verderblich **II.** *adj attr* Gift-

poke[1] [pəʊk] *s* (*Amerika, Schottland*) Beutel *m;* Tüte *f;* **a pig in a** ~ (*fig*) die Katze im Sack

poke[2] [pəʊk] **I.** *vt* ① (an)stoßen, schubsen, knuffen ② (*ein Loch*) bohren ③ stochern mit (*at* in) ④ (*Feuer:* ~ *up*) schüren; ~ **fun at s.o.** sich über jdn lustig machen; ~ **one's nose into** seine Nase stecken in; ~ **s.o. in the ribs** jdm einen Rippenstoß geben **II.** *vi* ① herausstehen ② (herum)bohren (*at* in) ③ (~ *about, around*) herumstöbern **III.** *s* ① Stoß, Schubs, Knuff *m* ② (*Am*) Faustschlag *m;* **take a** ~ **at s.o.** jdm einen Schlag versetzen; **poker** ['pəʊkə(r)] *s* ① Feuerhaken *m* ② (*Spiel*) Poker *nt;* ~ **face** unbewegliche Miene; ~**work** Brandmalerei *f;* **pok**(**e**)**y** ['pəʊkɪ] *adj* eng

Po·land ['pəʊlənd] *s* Polen *nt*

po·lar ['pəʊlə(r)] *adj* ① (ASTR PHYS) polar ② (*fig*) einander entgegengesetzt, gegensätzlich; **polar air** *s* Polarluft *f;* **polar bear** *s* Eisbär *m;* **polar circle** *s* Polarkreis *m;* **polar front** *s* (METE) Polar-, Kaltluftfront *f;* **polar ice** *s* Polareis *nt*

po·lar·ity [pə'lærətɪ] *s* ① (PHYS ELEK) Polarität *f* ② (*fig*) Gegensätzlichkeit *f;* **po·lar·iz·ation** [ˌpəʊləraɪ'zeɪʃn] *s* (PHYS ELEK) Polarisation *f;* **po·lar·ize** ['pəʊləraɪz] *vt* polarisieren

polar lights [ˌpəʊlə'laɪts] *s pl* Nordlicht *nt;* **polar star** *s* Polarstern *m;* **polar zone** *s* Polargebiet *nt*

Pole [pəʊl] *s* Pole *m,* Polin *f*

pole[1] [pəʊl] **I.** *s* ① Pfahl, Pfosten, Mast *m* ② Deichsel *f* ③ (SPORT) Stab *m;* (Ski)Stock *m;* (Balancier)Stange *f* **II.** *vt* (*Boot, Floß*) staken

pole[2] [pəʊl] *s* (GEOG ELEK) Pol *m;* **they are** ~**s apart** zwischen ihnen liegen Welten

pole·axe ['pəʊlæks] *vt* (*fig*) umwerfen

pole·cat ['pəʊlkæt] *s* ① Iltis *m* ② (*Am*) Skunk *m,* Stinktier *nt*

pol·emic [pə'lemɪk] **I.** *adj* polemisch **II.** *s* Polemik *f*

pole po·si·tion [ˌpəʊlpə'zɪʃn] *s* (SPORT) Innenbahn *f*

pole star ['pəʊlˌstɑː(r)] *s* Polarstern *nt*

pole-vault ['pəʊlvɔːlt] *s* Stabhochsprung *m;* **pole-vaulter** ['pəʊlvɔːltə(r)] *s* Stabhochspringer(in) *m(f)*

po·lice [pə'liːs] **I.** *s* Polizei *f* **II.** *vt* polizeilich überwachen

? Grammatik

The **police** = die Polizei, wird im Plural gebraucht: *The police are coming.*

police car *s* Polizei-, Streifenwagen *m;* **police court** *s* Polizeigericht *nt;* **police dog** *s* Polizeihund *m;* **police escort** *s* Polizeibegleitung *f;* **police force** *s* Polizei *f;* **police intervention** *s* polizeiliches Einschreiten; **police magistrate** *s* (*Am*) Polizeirichter *m;* **po·lice·man** [-mən] <*pl* -men> *s* Polizist *m;* **police officer** *s* Polizeibeamte(r) *m,* -beamtin *f;* **police patrol** *s* Polizeistreife *f;* **police presence** *s* Polizeiaufgebot *nt;* **police raid** *s* Razzia *f;* **police record** *s* Vorstrafen *fpl;* **police state** *s* Polizeistaat *m;* **police station** *s* Polizeirevier *nt,* -wache *f;* **po·lice·woman** <*pl* -women> *s* Polizistin *f*

poli·cies ['pɒləsɪs] *s pl* politische Maßnahmen *pl*

poli·cy[1] ['pɒləsɪ] *s* ① Politik *f;* politische Richtung, politischer Kurs ② umsichtiges Verhalten ③ **policies** politische Maßnahmen *fpl* ④ (*fig*) Grundsatz *m;* Ziel *nt,* Plan *m;* **he makes it a** ~ **to …** er hat es sich zum Grundsatz gemacht, es ist sein Prinzip zu …; **economic/financial** ~ Wirtschafts-/Finanzpolitik *f;* **population** ~ Bevölkerungspolitik *f;* **wage** ~ Lohnpolitik *f*

pol·icy[2] ['pɒləsɪ] *s* (Versicherungs)Police *f;*

take out a ~ eine Versicherung abschließen; **fire** (**insurance**) ~ Feuerversicherungspolice *f;* **life** (**insurance**) ~ Lebensversicherungspolice *f;* **policy-holder, policy-owner** *s* Versicherungsnehmer(in) *m(f);* **policy-maker** *s* politische(r) Vordenker(in) *m f,* Parteiideologe *m;* -login *f;* ~**s** Entscheidungsträger *pl;* **policy number** *s* Policennummer *f;* **policy statement** *s* (POL) Grundsatzerklärung *f*

polio(·my·eli·tis) [ˌpəʊlɪəʊ (ˌmaɪəˈlaɪtɪs)] *s* (spinale) Kinderlähmung *f*

Polish [ˈpəʊlɪʃ] **I.** *adj* polnisch **II.** *s* (das) Polnisch(e)

polish [ˈpɒlɪʃ] **I.** *vt* ❶ polieren; blank reiben ❷ verfeinern, *fam* aufpolieren ❸ glätten, (ab)schleifen ❹ bohnern, schmirgeln ❺ (*Schuhe*) putzen, wichsen ❻ vervollkommnen **II.** *s* ❶ Politur *f,* (Hoch)Glanz *m* ❷ Politur *f,* Putzmittel *nt;* Schuhcreme, -wichse *f;* Bohnerwachs *nt* ❸ Eleganz, Verfeinerung *f;* (*fam*) Schliff *m;* **polish off** *vt* (*fam*) schnell erledigen; (*Essen*) verputzen; (*Getränk*) hinunterschütten; **polish up** *vt* (*fam*) aufpolieren, aufmöbeln; (*Kenntnisse*) auffrischen; **polished** [ˈpɒlɪʃt] *adj* ❶ poliert; glatt, glänzend ❷ (*fig*) fein, elegant ❸ makel-, tadellos, fehlerfrei; **polisher** [ˈpɒlɪʃə(r)] *s* ❶ Polierer(in) *m(f),* Schleifer(in) *m(f)* ❷ Schleif-, Polier-, Bohnermaschine *f*

pol·ite [pəˈlaɪt] *adj* ❶ höflich ❷ (*Gesellschaft*) fein; **pol·ite·ness** [-nɪs] *s* Höflichkeit *f*

poli·tic [ˈpɒlɪtɪk] *adj* klug; diplomatisch; **body** ~ Staat *m;* **pol·iti·cal** [pəˈlɪtɪkl] *adj* politisch; ~ **asylum** politisches Asyl; ~ **economy** Volkswirtschaft *f;* ~ **offence** politische Straftat; **party** ~ parteipolitisch; ~ **party** politische Partei; ~ **prisoner** politischer Häftling; ~ **science** Politologie *f;* **poli·ti·cian** [ˌpɒlɪˈtɪʃn] *s* Politiker(in) *m(f);* **poli·tics** [ˈpɒlɪtɪks] *s* ❶ *mit sing* Politik *f* ❷ *mit pl* politische Ansichten *pl,* Politik *f;* (*Am*) Taktik *f;* **talk** ~ politisieren; **engaged in** ~ politisch tätig; **party** ~ Parteipolitik *f*

polka [ˈpɒlkə, *Am* ˈpəʊlkə] *s* Polka *f* (*Tanz*)

poll [pəʊl] **I.** *s* ❶ (*politische*) Wahl, Abstimmung *f* ❷ Wahlbeteiligung *f* ❸ Stimmenzahl *f* ❹ Umfrage, Erhebung *f;* **be defeated at the** ~**s** eine Wahlniederlage erleiden; **conduct a public opinion** ~ eine öffentliche Meinungsumfrage durchführen; **go to the** ~**s** zur Wahl gehen; **heavy/light** ~ hohe/niedrige Wahlbeteiligung **II.** *vt* ❶ (*Stimmen*) erhalten, auf sich vereinigen ❷ (*bei Umfrage*) befragen ❸ kurz schneiden, stutzen **III.** *vi* bei der Wahl abschneiden

pol·lard [ˈpɒləd] **I.** *s* gekappter Baum **II.** *vt* (*Baum*) kappen

pol·len [ˈpɒlən] *s* Blütenstaub, Pollen *m;* **pollen count** *s* Pollenkonzentration, -zahl *f;* **pol·lin·ate** [ˈpɒlɪneɪt] *vt* (BOT) bestäuben

poll·ing [ˈpəʊlɪŋ] *s* Wahl, Stimmabgabe *f;* **polling booth** *s* Wahlzelle, -kabine *f;* **polling card** *s* Wahlausweis *m;* **polling day** *s* Wahltag *m;* **polling station** *s* Wahllokal *nt;* **poll·ster** [ˈpəʊlstə(r)] *s* Meinungsforscher(in) *m(f)*

pol·lut·ant [pəlˈuːtənt] *s* Schadstoff *m;* **pol·lute** [pəˈluːt] *vt* ❶ verunreinigen, verschmutzen ❷ (*sittlich*) verderben; **pol·luter** [pəˈluːtə(r)] *s* Umweltverschmutzer *m;* ~ **pays principle** Verursacherprinzip *nt;* **pol·lu·tion** [pəˈluːʃn] *s* Verschmutzung, Verunreinigung *f;* Schadstoffbelastung *f;* (*environmental* ~) Umweltverschmutzung *f;* ~ **from hazardous substances** Verschmutzung durch Gefahrstoffe; ~ **prevention** Verhinderung *f* der Umweltverschmutzung

polo [ˈpəʊləʊ] *s* Polo(spiel) *nt;* **polo neck** *s* Rollkragenpullover *m;* **polo player** *s* Polospieler(in) *m(f)*

poly [ˈpɒlɪ] *s Abk. von* **polytechnic** Polytechnikum *nt;* Fachhochschule *f;* **poly·am·ide** [ˈpɒljəˌmaɪd] *s* Polyamid *nt;* **poly·an·dry** [ˈpɒlɪændrɪ] *s* Vielmännerei *f;* **poly·chlor·in·ated** [ˌpɒlɪˈklɔːrɪneɪtəd] *adj* polychloriert; ~ **biphenyl, PCB** polychloriertes Biphenyl, PCB *nt;* **poly·chrome** [ˌpɒlɪˈkrəʊm] *adj* bunt, farbig; (*Kunst*) polychrom; **poly·cli·nic** [ˈpɒlɪklɪnɪk] *s* Poliklinik *f;* **poly·ester** [ˌpɒlɪˈestə(r)] *s* (CHEM) Polyester *m;* **poly·ga·mist** [pəˈlɪgəmɪst] *s* Polygamist *m;* **poly·ga·mous** [pəˈlɪgəməs] *adj* polygam; **poly·gamy** [pəˈlɪgəmɪ] *s* Polygamie, Viel-, Mehrehe *f;* **poly·glot** [ˈpɒlɪglɒt] *adj* mehrsprachig, polyglott; **poly·gon** [ˈpɒlɪgən] *s* (MATH) Vieleck, Polygon *nt;* **poly·gonal** [pəˈlɪgənl] *adj* vieleckig; **poly·meric** [ˌpɒlɪˈmerɪk] *adj* (CHEM) polymer; **poly·mor·phic** [ˌpɒlɪˈmɔːfɪk] *adj* vielgestaltig, polymorph

Poly·nesia [ˌpɒlɪˈniːzɪə] *s* Polynesien *nt*

polyp [ˈpɒlɪp] *s* Polyp *m*

poly·phonic [ˌpɒlɪˈfɒnɪk] *adj* (MUS) polyphon, mehr-, vielstimmig; **poly·ph·ony** [pəˈlɪfənɪ] *s* Polyphonie *f*

poly·pus [ˈpɒlɪpəs, *pl* -pəsɪz, -paɪ] <*pl* -puses, -pi> *s* Polyp *m*

poly·styrene [ˌpɒlɪˈstaɪriːn] *s* (CHEM) Styropor *nt;* **poly·syl·labic** [ˌpɒlɪsɪˈlæbɪk] *adj* mehrsilbig; **poly·tech·nic** [ˌpɒlɪˈteknɪk] *s*

P

Polytechnikum *nt,* Fachhochschule *f;* **poly·theism** ['pɒlɪθiːɪzəm] *s* Polytheismus *m,* Vielgötterei *f;* **poly·theis·tic** [ˌpɒlɪθiː'ɪstɪk] *adj* polytheistisch; **poly·thene** ['pɒlɪθiːn] *s* (CHEM) Polyäthylen *nt;* **polythene bag** *s* Plastiktüte *f;* **poly·un·satur·ates** [ˌpɒlɪʌn'sætʃəreɪts] *s pl* mehrfach ungesättigte Fettsäuren; **poly·ure·thane** [ˌpɒlɪ'jʊərɪθeɪn] *s* (CHEM) Polyurethan *nt;* **poly·val·ent** [pə'lɪvələnt] *adj* (CHEM) mehrwertig

po·made [pə'mɑːd, *Am* pəʊ'meɪd] *s* Pomade *f*

po·man·der [pə'mændə(r)] *s* Duftkugel *f*

pom·egran·ate ['pɒmɪgrænɪt] *s* Granatapfel *m*

Pom·era·nia [ˌpɒmə'reɪnɪə] *s* Pommern *nt;* **Pom·era·nian** [ˌpɒmə'reɪnɪən] **I.** *adj* pommer(i)sch **II.** *s* ❶ Pommer(in) *m(f)* ❷ (~ *dog*) Spitz *m*

pom·mel ['pɒml] **I.** *s* (Degen-, Sattel)Knopf *m* **II.** *vt* puffen, knuffen

pomp [pɒmp] *s* Pracht *f;* **pom·posity** [pɒm'pɒsətɪ] *s* ❶ Pomp, Prunk *m;* Schwulst *m* ❷ Prahlerei *f;* **pom·pous** ['pɒmpəs] *adj* wichtigtuerisch, aufgeblasen

ponce [pɒns] **I.** *s* (*sl*) ❶ Zuhälter *m* ❷ (*pej sl*) Schwule(r) *m* **II.** *vi* Zuhälter sein

pon·cho ['pɒntʃəʊ] <*pl* -chos> *s* Poncho *m*

poncy ['pɒnsɪ] *adj* (*sl*) schwul; tuntig

pond [pɒnd] *s* Teich, Weiher *m*

pon·der ['pɒndə(r)] **I.** *vt* erwägen, nachdenken über, sich überlegen **II.** *vi* nachsinnen (*on* über)

pon·der·ous ['pɒndərəs] *adj* ❶ schwer, massig; unhandlich ❷ (*fig*) schwerfällig; langweilig ❸ (*fig*) unbeholfen, umständlich

pone [pəʊn] *s* (*Am*) Maisbrot *nt*

pong [pɒŋ] **I.** *s* (*Br fam*) unangenehmer Geruch **II.** *vi* (*Br fam*) stinken

pon·tiff ['pɒntɪf] *s* Bischof *m;* Papst *m;* **pon·tifi·cal** [pɒn'tɪfɪkl] *adj* ❶ bischöflich; päpstlich ❷ überheblich, übermäßig von sich eingenommen; **pon·tifi·cate** [pɒn'tɪfɪkət] **I.** *s* Pontifikat *nt* **II.** [pɒn'tɪfɪkeɪt] *vi* hochtrabend reden

pon·toon [pɒn'tuːn] *s* Ponton *m;* **pontoon-bridge** *s* Pontonbrücke *f*

pony ['pəʊnɪ] *s* ❶ Pony *nt* ❷ (*Br sl*) £25; **pony·tail** *s* (*Frisur*) Pferdeschwanz *m;* **pony·trek·king** ['pəʊnɪˌtrekɪŋ] *s* Ponytrekking, Ponyreiten *nt;* **pony up** *vi* (*Am: sl*) blechen

poodle ['puːdl] *s* Pudel *m*

poof(ter) [puːf(tə)] *s* (*pej sl*) Homosexuelle(r) *m*

pooh [puː] *interj* pah! bah!; **pooh-pooh** [ˌpuː'puː] *vt* (mit einer Handbewegung) abtun; die Nase rümpfen (über)

pool¹ [puːl] *s* ❶ kleiner Teich ❷ Pfütze, Lache *f* ❸ (*swimming*~) Schwimmbecken *nt* ❹ (*im Fluss*) Wasserloch *nt*

pool² [puːl] **I.** *s* ❶ gemeinsame Kasse ❷ Poolbillard *nt* ❸ ~**s** Toto *nt od m* ❹ (COM) Kartell *nt,* Pool *m;* Interessengemeinschaft *f* ❺ (Wagen)Park *m;* Fahrgemeinschaft *f* ❻ Mitarbeiterstab *m;* Schreibzentrale *f* **II.** *vt* ❶ zusammenlegen; vereinen ❷ (*Gewinn*) teilen; ~ **expenses** sich an Unkosten anteil(s)mäßig beteiligen; **pool·room** *s* Billardzimmer *nt;* **pool selling** *s* Absatz *m* durch ein Kartell

poop [puːp] *s* ❶ (MAR) Heck *nt* ❷ (~ *deck*) Achterdeck *nt*

poop·er-scoop·er [ˌpuːpə'skuːpə(r)] *s eine Schaufel um Hundekot von Gehwegen zu entfernen*

poor [pʊə(r)] **I.** *adj* ❶ arm ❷ schlecht ❸ (*Ernte*) mager ❹ (*Boden*) dürftig ❺ (*Gestein*) taub ❻ bedauernswert, arm; **be ~ in arithmetic** schwach im Rechnen sein; **have a ~ opinion of s.o.** nicht viel von jdm halten; **that is (a) ~ consolation** das ist ein schwacher Trost; ~ **me!** ich Ärmster! **II.** *s pl:* **the** ~ die Armen *pl;* **poor·box** *s* Opferstock *m;* **poor law** *s* Armenrecht *nt,* -gesetzgebung *f;* **poor·ly** ['pʊəlɪ] **I.** *adv* ❶ arm; ärmlich ❷ schlecht, mangelhaft, dürftig; **think ~ of s.o.** nicht viel von jdm halten; **they did ~ in the examination** sie haben im Examen schlecht abgeschnitten; **be ~ off** übel dran sein **II.** *adj* (*fam*) kränklich; **feel** ~ sich nicht wohl fühlen; **poor·ness** ['pʊənɪs] *s* ❶ Armut *f* ❷ Mangel *m,* Dürftigkeit *f;* (*Boden*) Unfruchtbarkeit *f;* **poor relation** *s* schlechter Ersatz; **poor-spirited** [ˌpʊər'spɪrɪtɪd] *adj* ängstlich

POP *s Abk. von* **point of presence** (INTERNET) Einwahlknoten *m*

pop¹ [pɒp] **I.** *s* ❶ Knall(en *nt*) *m* ❷ Schuss *m* ❸ (*fam*) Brause *f,* Sprudel *m* **II.** *vi* ❶ knallen ❷ (zer)springen, platzen ❸ (*Augen:* ~ *open, out*) groß werden ❹ (mit einem Gewehr) knallen (*at* auf); **go** ~ losgehen, platzen; **his eyes ~ped out of his head** er riss die Augen weit auf **III.** *vt* ❶ zum Platzen bringen ❷ (*fam*) stecken; ~ **one's head round the corner** den Kopf um die Ecke stecken; ~ **a hat on** einen Hut aufsetzen; ~ **the question** (*fam*) einen Heiratsantrag machen; **pop in I.** *vi* hereinplatzen **II.** *vt* (*Kopf*) hereinstrecken; **pop off** *vi* abhauen; (*sl*) abkratzen, sterben; **pop up** *vi* in die Höhe fahren, hoch-, auffahren; plötzlich auftauchen

pop² [pɒp] *s* (*Am sl*) Papa *m;* (*fam hum*) Alte *m*

pop³ [pɒp] *s* Popmusik *f;* **pop art** ['pɒpɑ:t] *s* Pop-art *f;* **pop concert** ['pɒp,kɒnsət] *s* Popkonzert *nt*

popcorn ['pɒpkɔ:n] *s* Popcorn *nt*

Pope [pəʊp] *s* Papst *m;* **pop·ery** ['pəʊpərɪ] *s* (*pej*) Pfaffentum *nt*

pop-eyed [,pɒp'aɪd] *adj* glotzäugig

pop group ['pɒpgru:p] *s* Popgruppe *f*

pop·gun *s* Spielzeugpistole *f*

pop·in·jay ['pɒpɪndʒeɪ] *s* Fatzke *m*

pop·lar ['pɒplə(r)] *s* Pappel *f*

pop·lin ['pɒplɪn] *s* Popelin(e *f*) *m* (*Stoff*)

pop music ['pɒp'mju:zik] *s* Popmusik *f*

pop·per ['pɒpə(r)] *s* (*Br fam*) Druckknopf *m*

pop·pet ['pɒpɪt] *s* Schätzchen *nt*

pop·py ['pɒpɪ] *s* Mohn(blume *f*) *m;* **pop·py·cock** ['pɒpɪkɒk] *s* (*fam*) Quatsch *m;* **Pop·py Day** *s* ≈Volkstrauertag *m;* **pop·py seeds** *s pl* Mohn(samen) *m*

pop singer ['pɒpsɪŋə(r)] *s* Popsänger(in) *m(f);* **pop song** *s* Popsong, Schlager *m;* **pop·star** *s* Popstar *m*

popu·lace ['pɒpjʊləs] *s* ❶ Volk *nt* ❷ (große) Masse *f*

popu·lar ['pɒpjʊlə(r)] *adj* ❶ beliebt; populär (*with* bei) ❷ (*Preis*) niedrig, erschwinglich ❸ (*Wissenschaft*) Populär-; populärwissenschaftlich ❹ weit verbreitet ❺ des Volkes; **be very** ~ sehr gefragt sein; **make o.s.** ~ sich beliebt machen (*with* bei); ~ **edition** (*Buch*) Volksausgabe *f;* ~ **front** Volksfront *f;* **by** ~ **consent** mit allgemeiner Zustimmung; **by** ~ **request** auf allgemeinen Wunsch; **popu·lar·ity** [,pɒpjʊ'lærətɪ] *s* Popularität, Beliebtheit *f* (*with* bei); **popu·lar·ize** ['pɒpjʊləraɪz] *vt* ❶ populär machen ❷ (*Wissenschaft*) popularisieren; **popu·lar·ly** ['pɒpjʊləlɪ] *adj* allgemein

popu·late ['pɒpjʊleɪt] *vt* bevölkern, besiedeln; **popu·la·tion** [,pɒpjʊ'leɪʃn] *s* ❶ Bevölkerung *f* ❷ Einwohnerschaft *f;* Einwohnerzahl *f* ❸ (BIOL) Population *f;* Bestand *m,* Zahl *f;* **civil**(**ian**) ~ Zivilbevölkerung *f;* **fall/increase in** ~ Bevölkerungsabnahme/-zunahme *f;* **rural/urban** ~ Land-/Stadtbevölkerung *f;* **surplus** ~ Bevölkerungsüberschuss *m;* **population density** *s* Bevölkerungsdichte *f;* **population policy** *s* Bevölkerungspolitik *f*

popu·lous ['pɒpjʊləs] *adj* dicht besiedelt

por·ce·lain ['pɔ:səlɪn] *s* Porzellan *nt*

porch [pɔ:tʃ] *s* Vorbau *m;* Veranda *f;* Vorhalle *f*

por·cu·pine ['pɔ:kjʊpaɪn] *s* Stachelschwein *nt*

pore [pɔ:(r)] *s* Pore *f*

pore over ['pɔ:(r)] *vt* ❶ (nach)sinnen über, grübeln über ❷ eifrig studieren (*a book* ein Buch)

pork [pɔ:k] *s* Schweinefleisch *nt;* **pork chop** *s* Schweinskotelett *nt;* **porker** ['pɔ:kə(r)] *s* Mastschwein *nt;* **pork pie** *s* (Schweine)Fleischpastete *f;* **porky** ['pɔ:kɪ] **I.** *adj* (*fam*) dick, korpulent **II.** *s* (*sl*) Lüge *f*

por·no·graph·ic [pɔ:nə'græfɪk] *adj* pornografisch; **por·n**(**ogra·phy**) [pɔ:n, pɔ:'nɒgrəfɪ] *s* Pornografie *f*

po·rous ['pɔ:rəs] *adj* durchlässig, porös

por·poise ['pɔ:pəs] *s* (*Meeressäugetier*) Tümmler *m*

por·ridge ['pɒrɪdʒ] *s* Hafer(flocken)brei *m;* **porridge oats** *s pl* Haferflocken *fpl;* **por·rin·ger** ['pɒrɪndʒə(r)] *s* Suppennapf *m*

port¹ [pɔ:t] *s* Haltung *f;* **at the** ~ (MIL: *Gewehr*) zum Appell vorgezeigt

port² [pɔ:t] *s* (See)Hafen *m;* Hafenstadt *f,* -platz *m;* **any** ~ **in a storm** in der Not frisst der Teufel Fliegen; **come into** [*o* **reach**] ~ in den Hafen einlaufen; **leave** ~ auslaufen

port³ [pɔ:t] *s* ❶ (MAR: ~*hole*) Bullauge *nt* ❷ Ladepforte, Pfortluke *f* ❸ (MAR) Backbord *nt* ❹ (TECH) Durchlass *m* ❺ (INFORM) Port, Anschluss, Steckplatz *m*

port⁴ [pɔ:t] *s* Portwein *m*

port·able ['pɔ:təbl] **I.** *adj* tragbar; ~ **typewriter** Reiseschreibmaschine *f;* ~ **radio** Kofferradio *nt;* ~ **television** (**set**) tragbares Fernsehgerät **II.** *s* (INFORM) Portable *nt;* **porta·cab·in, Porta·kab·in**® ['pɔ:tə,kæbin] *s* Wohncontainer *m;* **port·age** ['pɔ:tɪdʒ] *s* Transport *m;* Transportkosten *pl*

por·tal ['pɔ:tl] *s* (*im Internet*) Portal *nt*

port authority *s* Hafenamt *nt*

port·cul·lis [,pɔ:t'kʌlɪs] *s* Fallgitter *nt*

port dues *s pl* Hafengebühren *fpl*

por·ten·tous [pɔ:'tentəs] *adj* ❶ verhängnis-, unheilvoll ❷ ungewöhnlich; unglaublich

por·ter ['pɔ:tə(r)] *s* ❶ (Gepäck)Träger, Dienstmann *m* ❷ (*Am*) Schlafwagenschaffner *m* ❸ Pförtner, Portier *m* ❹ (MED) Pfleger *m* ❺ (*Am:* ~-*house steak*) (Rinder)Filet *nt;* ~**'s lodge** Pförtnerloge *f*

port·folio [pɔ:t'fəʊlɪəʊ] <*pl* -folios> *s* ❶ (Akten)Mappe *f* ❷ (Effekten)Portefeuille *nt,* Bestand *m* an Wertpapieren ❸ (POL) Geschäftsbereich *m* (*eines Ministers*)

port·ico ['pɔ:tɪkəʊ] <*pl* -icos> *s* Säulenhalle *f,* -gang *m*

por·tion ['pɔ:ʃn] **I.** *s* ❶ Teil *m* (*of* an) ❷ (*Karte*) Abschnitt *m* ❸ (Essens)Portion *f* ❹ Schicksal, Los *nt* **II.** *vt* (~ *out*) ein-, zu-,

P

austeilen
port·ly ['pɔːtlɪ] *adj* korpulent
por·trait ['pɔːtrɪt] *s* Porträt *nt;* **have one's ~ painted** sich malen lassen; **portrait format** *s* (TYP) Hochformat *nt;* **portrait·ist, portrait painter** ['pɔːtrɪtɪst] *s* Porträtmaler(in) *m(f);* **por·trait·ure** ['pɔːtrɪtʃə(r)] *s* Porträtmalerei *f;* **por·tray** [pɔː'treɪ] *vt* ❶ malen ❷ (*fig*) schildern, beschreiben ❸ (THEAT) darstellen; **por·trayal** [pɔː'treɪəl] *s* ❶ (*fig*) Schilderung, Beschreibung *f* ❷ (THEAT) Darstellung *f*
Por·tu·gal ['pɔːtjʊgəl] *s* Portugal *nt;* **Por·tu·guese** [ˌpɔːtjʊ'giːz] **I.** *adj* portugiesisch **II.** *s* ❶ Portugiese *m,* Portugiesin *f* ❷ (das) Portugiesisch(e)
POS [ˌpiːəʊ'es] *s Abk. von* **point of sale** Verkaufsstelle *f,* -ort *m*
pose [pəʊz] **I.** *s* ❶ Haltung *f* ❷ (*fig pej*) Pose *f* **II.** *vt* ❶ aufstellen ❷ (*Problem*) vortragen ❸ (*Schwierigkeiten*) machen ❹ (*Frage*) formulieren ❺ (*Bedrohung*) darstellen **III.** *vi* ❶ Modell stehen (*for a photo* einem Fotografen) ❷ sich in Positur werfen ❸ eine bestimmte Haltung einnehmen ❹ sich ausgeben (*as* als), angeben; **poser** ['pəʊzə(r)] *s* ❶ schwierige Frage; schwieriges Problem ❷ affektierter Mensch, Angeber(in) *m(f)*
posh [pɒʃ] *adj* (*fam*) piekfein, vornehm; **what a ~ car!** (was für) ein toller Wagen!
posit ['pɒzɪt] *vt* voraussetzen; postulieren
po·si·tion [pə'zɪʃn] **I.** *s* ❶ Platz *m;* Stelle *f;* Standort *m;* Lage *f* ❷ Haltung *f;* Stellung *f;* Position *f* ❸ Standpunkt *m* ❹ (SPORT) Platz *m* ❺ gesellschaftliche Stellung ❻ (feste) Stelle, Stellung *f* (*with* bei) ❼ (MUS) Umkehrung *f;* **in/out of ~** am rechten/falschen Platz; **in my ~** in meiner Lage; **in a difficult/an awkward ~** in einer schwierigen/unbequemen Lage; **be in a ~ to do** in der Lage sein zu tun; **hold** [*o* **occupy**] **a ~** eine Stelle haben; **place in a difficult ~** in eine schwierige Lage bringen; **take up a ~** (*fig*) Stellung beziehen; **permanent ~** feste Stelle; **legal ~** Rechtslage *f;* **~ for life** Lebensstellung *f* **II.** *vt* aufstellen; **he ~ed himself where he could see** er stellte sich so, dass er gut sehen konnte
posi·tive ['pɒzətɪv] **I.** *adj* ❶ positiv ❷ (*Einstellung*) positiv, bejahend; (*Kritik*) konstruktiv ❸ (*Mensch, Auftreten, Ton*) bestimmt; streng; (*Antwort*) definitiv; **be ~** ganz sicher sein (*that* dass); **~ thinking** positive Einstellung; **it's a ~ miracle** es ist ein wahres Wunder **II.** *s* (PHOT) Positiv *nt;* **posi·tive·ly** [-lɪ] *adv* absolut; ohne jeden Zweifel; ganz sicher; **state ~ that ...** eindeutig erklären, dass ...
posse ['pɒsɪ] *s* (*Am*) Aufgebot *nt*
pos·sess [pə'zes] *vt* ❶ besitzen ❷ (*Sprache*) beherrschen ❸ (*einen Menschen*) beherrschen, Besitz ergriffen haben von; **~ o.s. of s.th.** von einer S Besitz ergreifen; **be ~ed by** ergriffen, (ganz) eingenommen sein von; besessen sein von; **what ~ed you to do that?** was ist in Sie gefahren, so etwas zu tun?; **pos·sessed** [pə'zest] *adj* ❶ besessen (*by* von), erfüllt (*with* von) ❷ begabt (*of* mit); **pos·ses·sion** [pə'zeʃn] *s* ❶ Besitz *m* ❷ Eigentum *nt* ❸ **~s** Besitz *m,* Habe *f;* **be in ~ of s.th.** im Besitz einer S sein; **have s.th. in one's ~** etw in Besitz haben; **come into ~ of s.th.** in den Besitz, Genuss einer S kommen; **take ~ of** Besitz ergreifen von, in Besitz nehmen; **pos·ses·sive** [pə'zesɪv] *adj:* **be ~** sein Besitzrecht stark betonen; **~ pronoun** Possessivpronomen *nt,* besitzanzeigendes Fürwort; **pos·ses·sor** [pə'zesə(r)] *s* Besitzer(in) *m(f),* Inhaber(in) *m(f)*
pos·si·bil·ity [ˌpɒsə'bɪlətɪ] *s* ❶ Möglichkeit *f* (*of doing* zu tun, *of* zu, für) ❷ (*fam*) in Frage kommende Person; **pos·sible** ['pɒsəbl] **I.** *adj* ❶ möglich (*for* für, *with* bei) ❷ denkbar, geeignet ❸ (*fam*) annehmbar; **as early/as soon as ~** so früh/so bald wie möglich; **if (it is) ~** wenn möglich **II.** *s* ❶ (SPORT) höchste Punkt-, Ringzahl ❷ in Frage kommende Person/Sache; **pos·sib·ly** ['pɒsəblɪ] *adv* ❶ möglicherweise, eventuell ❷ vielleicht; **if I ~ can** wenn ich irgend kann; **I cannot ~ come** ich kann unmöglich kommen
pos·sum ['pɒsəm] *s* Opossum *nt,* Beutelratte *f;* **play ~** (*fam*) sich schlafend stellen
post¹ [pəʊst] **I.** *s* Pfosten, Pfahl, Mast *m;* **first-past-the-~ system** (POL) Mehrheitswahlrecht *nt* **II.** *vt* (~ *up*) ❶ ankleben, -schlagen ❷ durch Anschlag bekannt machen; **~ no bills** Plakate ankleben verboten!
post² [pəʊst] **I.** *s* ❶ (Arbeits)Stelle *f,* Posten *m* ❷ (MIL) Posten *m* ❸ (*trading ~*) Handelsplatz *m;* **first ~** Wecksignal *nt;* **last ~** Zapfenstreich *m* **II.** *vt* ❶ (MIL) als Posten aufstellen; (ab)kommandieren ❷ versetzen
post³ [pəʊst] **I.** *s* (*Br*) Post *f;* **by ~** mit der Post; **by return of ~** postwendend; **by the same ~** mit gleicher Post; **by today's ~** mit der heutigen Post; **by separate ~** mit getrennter Post; **is there any ~ for me?** ist Post für mich da?; **evening/letter/morning/parcel ~** Abend-/Brief-/Morgen-/Paketpost *f* **II.** *vt* ❶ in den Briefkasten werfen; auf die Post geben ❷ aufgeben,

abschicken, -senden ③ (~ *up*) eintragen

post·age ['pəʊstɪdʒ] *s* Porto *nt*, (Post)Gebühr *f*; **what is the ~ to China?** wie viel kostet ein Brief nach China?; **~ and packing** Porto und Verpackung; **postage meter** *s* (*Am*) Frankiermaschine *f*; **postage paid** **I.** *adj* portofrei; **~ envelope** Freiumschlag *m* **II.** *adv* portofrei; **postage rate** *s* Postgebühr *f*; **postage stamp** *s* Briefmarke *f*, Postwertzeichen *nt*

postal ['pəʊstl] *adj* Post-, postalisch; **~ address** Postanschrift *f*; **~ charge** Postgebühr *f*; **~ code** Postleitzahl *f*; **~ district** Postbezirk *m*; **~ order** (*Br*) Postanweisung *f*; **~ rate** Postgebühr *f*; **~ vote** Briefwahl *f*

post·bag ['pəʊstbæg] *s* (*Br*) Postsack *m*; **post·box** *s* (*Br*) Briefkasten *m*; **post·card** ['pəʊstkɑːd] *s* Postkarte *f*; **picture ~** Ansichtskarte *f*; **post·code** *s* (*Br*) Postleitzahl *f*

post·date [ˌpəʊst'deɪt] *vt* (*Scheck*) vordatieren

posted ['pəʊstɪd] *adj*: **keep s.o. ~** jdn auf dem Laufenden halten; **well-~** gut informiert; **~ price** (COM) Listenpreis *m*; **~ rate** (*Bank*) Devisenankaufkurs *m*

poster ['pəʊstə(r)] *s* Plakat *nt*; Poster *nt*

poste restante ['pəʊst'restɑːnt] **I.** *adv* postlagernd **II.** *s* Abteilung *f* für postlagernde Sendungen

pos·terior [pɒ'stɪərɪə(r)] **I.** *adj* ① später (*to* als) ② hinter **II.** *s* (*fam*) Hintern *m*

pos·ter·ity [pɒ'sterətɪ] *s* ① Nachkommen *mpl* ② Nachwelt *f*

pos·tern ['pɒstən] *s* (*obs*) Hintertür *f*

post-free [ˌpəʊst'friː] *adj* portofrei; frankiert

post·gradu·ate [ˌpəʊst'grædʒʊət] **I.** *adj* (*Studium*) nach dem Examen **II.** *s* Doktorand *m*; Graduierte(r) *f m*

post haste [ˌpəʊst'heɪst] *adv* schnellstens

post·hum·ous ['pɒstjʊməs] *adj* ① nachgeboren ② post(h)um; **~ fame** Nachruhm *m*

post·ing ['pəʊstɪŋ] *s* ① (*Postsendung*) Aufgabe, Einlieferung *f* ② (*Plakat*) Anschlagen *nt* ③ (*beruflich*) Versetzung *f*

post·lude ['pəʊstluːd] *s* (MUS) Nachspiel *nt*

post·man ['pəʊstmən] <*pl* -men> *s* Briefträger *m*; **post·mark** ['pəʊstmɑːk] **I.** *s* Poststempel *m*; **date as ~** Datum *nt* des Poststempels **II.** *vt* stempeln; **post·mas·ter** ['pəʊstˌmɑːstə(r)] *s* Postamtsvorsteher *m*; **Postmaster General** (*in GB*) Postminister *m*

post meri·diem, pm [ˌpəʊst mə'rɪdɪəm] *adv* nachmittags; **post·mod·ern** [ˌpəʊst'mɒdən] *adj* postmodern; **post·mod·ern·ism** [-ɪzm] *s* Postmoderne *f*; **post-mor·tem** [ˌpəʊst'mɔːtəm] ① (~ *examination*) Autopsie, Leichenöffnung *f* ② (*fig*) Überprüfung *f*; **post-natal** *adj* nach der Geburt (stattfindend); (MED) postnatal

post of·fice, PO ['pəʊstˌɒfɪs, ˌpiː'əʊ] *s* Postamt *nt*; **the Post Office** die Post; **~ box, PO Box** Postfach *nt*; **post-paid** [ˌpəʊst'peɪd] *adj* frankiert; **~ reply card** Werbeantwort(karte) *f*

post·pone [pə'spəʊn] *vt* ① auf-, verschieben, zurückstellen ② (*Termin*) verlegen, vertagen; **post·pone·ment** [-mənt] *s* Verschiebung *f*; Vertagung *f*; **post·room** ['pəʊstruːm] *s* Poststelle *f*; **post·script, PS** ['pəʊsskrɪp, ˌpiː'es] *s* Nachschrift *f*

post-trau·mat·ic stress syn·drome *s* posttraumatisches Belastungssyndrom

pos·tu·late ['pɒstjʊleɪt] **I.** *vt* voraussetzen, postulieren **II.** ['pɒstjʊlət] *s* (Grund)Voraussetzung *f*, Postulat *nt*

pos·ture ['pɒstʃə(r)] **I.** *s* Haltung *f* **II.** *vi* eine bestimmte Stellung, *fig* Haltung einnehmen

post·war ['pəʊstwɔː] *adj attr* Nachkriegs-; **~ Germany** Nachkriegsdeutschland *nt*; **the ~ years** die Nachkriegsjahre

posy ['pəʊzɪ] *s* Blumenstrauß *m*

pot [pɒt] **I.** *s* ① Topf *m*; Kanne *f*; Krug *m* ② (*chimney ~*) Kaminaufsatz *m* ③ (SPORT: *sl*) Preis, (Silber)Pokal *m* ④ (*fam*) Menge *f*, Haufen *m* ⑤ (*fam*: *big ~*) hohes Tier ⑥ (*fam*) Dickbauch *m* ⑦ (*sl*: *marijuana*) Gras *nt* ⑧ (*~-shot*) Schuss *m*; **go to ~** (*sl*) in die Brüche gehen; auf den Hund kommen; **keep the ~ boiling** sein Auskommen haben; die Sache in Gang halten; **coffee-~** Kaffeekanne *f*; **flower-~** Blumentopf *m*; **tea-~** Teekanne *f* **II.** *vt* ① (*Fleisch*) einmachen ② (*Pflanzen*) eintopfen ③ (*Wild*) (ab)schießen ④ (*fam*: *Kind*) auf den Topf setzen **III.** *vi* ① (*~ away*) herumknallen ② (*Billard*) ins Loch spielen

pot·able ['pəʊtəbl] *adj* trinkbar

pot·ash ['pɒtæʃ] *s* (CHEM) Pottasche *f*; **caustic ~** Ätzkali *nt*

po·tass·ium [pə'tæsɪəm] *s* (CHEM) Kalium *nt*; **potassium chloride** *s* Kaliumchlorid *nt*; **potassium cyanide** *s* Zyankali *nt*; **potassium (per)manganate** *s* Kalium(per)manganat *nt*

po·tato [pə'teɪtəʊ] <*pl* -tatoes> *s* Kartoffel *f*; **boiled ~es** Salzkartoffeln *fpl*; **fried ~es** Brat-, Röstkartoffeln *fpl*; **mashed ~** Kartoffelbrei *m*; **sweet** [*o* **Spanish**] **~** Batate *f*; **~es in their jackets** (in der Schale) gebackene Kartoffeln *fpl*; **potato beetle, potato bug** *s* Kartoffelkäfer *m*; **potato chips** *s* (*Am*), **potato crisps** *s pl* (*Br*) Kar-

P

toffelchips *pl;* **potato masher** *s* Kartoffelstampfer *m;* **potato peeler** *s* Kartoffelschäler *m*

pot·bellied ['pɒtˌbelɪd] *adj* dickbäuchig; **pot·belly** *s* Dickbauch, Wanst *m;* **pot·boiler** ['pɒtˌbɔɪlə(r)] *s* (*pej*) Fließbandprodukt *nt*

po·teen [pɒ'tiːn, pɒ'tʃiːn] *s* (*Irland*) heimlich gebrannter Whiskey

po·tency ['pəʊtənsɪ] *s* 1 Macht, Kraft, Stärke *f* 2 (PHYSIOL) Potenz *f;* **po·tent** ['pəʊtnt] *adj* 1 mächtig, einflussreich 2 wirksam 3 überzeugend, zwingend 4 (PHYSIOL) potent

po·ten·tate ['pəʊtnteɪt] *s* Potentat *m*

po·ten·tial [pə'tenʃl] **I.** *adj* (*a.* PHYS) potenziell, möglich; ~ **business impact** mögliche wirtschaftliche Folgen **II.** *s* (*a.* PHYS) Potenzial *nt;* **show** ~ gute Anlagen haben (*as* zu); **po·ten·tial·ity** [pəˌtenʃɪ'ælətɪ] *s* Möglichkeit *f;* **po·ten·tially** [pə'tenʃəlɪ] *adv* möglicherweise; potenziell

pother ['pɒðə(r)] *s* Aufregung *f*

pot·herb ['pɒthɜːb] *s* Küchenkraut *nt;* **pot·holder** ['pɒtˌhəʊldə(r)] *s* (*Am*) Topflappen *m;* **pot·hole** *s* 1 Schlagloch *nt* 2 Höhle *f;* **pot·holer** ['pɒtˌhəʊlə(r)] *s* Höhlenforscher(in) *m(f);* **pot·hook** *s* 1 Kesselhaken *m* 2 (*fam*) Krakelfuß *m;* **pot·hunter** *s* Jäger *m* der jedes Wild abknallt

po·tion ['pəʊʃn] *s* Trank *m*

pot·luck [pɒt'lʌk]: **take** ~ mit dem vorlieb nehmen, was es gerade gibt

i Land & Leute

Ein **pot luck** ist in den USA eine Party, bei der jeder Gast einen Salat, ein Hauptgericht oder einen Nachtisch mitbringt. Man hofft, dass es ein richtiges Essen ergeben wird, aber es kann schon passieren, dass man beispielsweise nur Nachtisch zu essen bekommt.

pot·pourri [ˌpəʊ'pʊəriː] *s* (MUS) Potpourri *nt*

pot roast ['pɒtrəʊst] *s* Schmorbraten *m;* **pot·shot** *s* Schuss *m* aufs Geratewohl; **pot·ted** ['pɒtɪd] *adj* 1 (*Küche*) eingemacht 2 (*Pflanze*) Topf- 3 (*fig*) zusammengefasst; ~ **meat** Pökelfleisch *nt*

pot·ter¹ ['pɒtə(r)] *s* Töpfer(in) *m(f);* ~**'s wheel** Töpferscheibe *f*

pot·ter² ['pɒtə(r)] *vi* 1 (~ *about*) herumtrödeln, -bummeln 2 herumpfuschen (*at* an)

pot·tery ['pɒtərɪ] *s* 1 Töpferei *f* 2 Töpferwaren *fpl*

potty¹ ['pɒtɪ] *adj* (*Br fam*) verrückt; **be** ~ **about s.th.** ganz verrückt sein auf etw; **you're driving me** ~ Sie bringen mich um den Verstand

potty² ['pɒtɪ] *s* (*fam: chamber* ~) Töpfchen *nt*

pouch [paʊtʃ] *s* 1 (*a.* ZOO) Beutel *m;* (*a.* BOT) Tasche *f* 2 (*tobacco* ~) Tabaksbeutel *m* 3 (MED) Tränensack *m*

pouf [puːf] *s* (*Br: sl*) Schwule(r) *m*

pouffe [puːf] *s* Sitzkissen *nt*

poul·terer ['pəʊltərə(r)] *s* Geflügelhändler(in) *m(f)*

poul·tice ['pəʊltɪs] *s* (MED) (feuchte) Packung *f*

poul·try ['pəʊltrɪ] *s* Geflügel *nt;* **poultry farm** *s* Geflügelfarm *f;* **poultry farming** *s* Hühnerzucht *f*

pounce [paʊns] **I.** *s* 1 Herabstoßen *nt* (*eines Raubvogels*) 2 Sprung *m* (*eines Raubtiers*) (*at* auf) **II.** *vi* 1 herabstoßen, sich stürzen (*on, upon, at* auf) 2 anspringen (*on, upon, at* acc) 3 herfallen (*on, upon, at* über)

pound¹ [paʊnd] *s* 1 Pfund *nt* (*16 Unzen = 453,592 g*) 2 (~ *sterling*) Pfund *nt;* **by the** ~ pfundweise

pound² [paʊnd] *s* 1 Tierasyl *nt* 2 (*für abgeschleppte Autos*) Abstellplatz *m*

pound³ [paʊnd] **I.** *vt* 1 (zer)stoßen, (zer)stampfen 2 schlagen, trommeln auf [*o* gegen] **II.** *vi* 1 schlagen, stoßen, trommeln, hämmern (*at, on* auf, gegen) 2 (*Maschine*) stampfen 3 (*Herz*) heftig schlagen; ~ **about** herumstapfen; ~ **along** mühsam gehen; ~ **out** darauf hämmern

pounder ['paʊndə(r)] *s* (*in Zusammensetzungen*) -pfünder *m*

pound·ing ['paʊndɪŋ] *s* Stoßen *nt;* Hämmern *nt;* Stampfen *nt;* Dröhnen *nt;* **the team took a real** ~ (SPORT) die Mannschaft bezog eine schwere Niederlage (*from* von)

pound note ['paʊndnəʊt] *s* Pfundnote *f*

pour [pɔː(r)] **I.** *vt* 1 gießen, schütten (*out of, from* aus, *into* in, *on* auf, *over* über) 2 (*Getränk*) eingießen, -schenken; ~ **oil on troubled waters** die erhitzten Gemüter beruhigen; ~ **cold water on s.o.** (*fig*) jdn ernüchtern **II.** *vi* 1 fließen, strömen, sich ergießen; ~**ing rain** strömender Regen 2 (*Menschen*) sich (in Massen) stürzen; **it's** ~**ing** es gießt in Strömen; **pour in I.** *vi* 1 hereinströmen 2 (*Aufträge*) zahlreich eingehen **II.** *vt* eingießen, -schenken; **pour out I.** *vi* herausströmen **II.** *vt* 1 ausgießen 2 (*sein Herz*) ausschütten; **he** ~**ed his troubles out to me** er hat mir sein Leid geklagt

pout [paʊt] **I.** *vi* schmollen **II.** *s* Schmollen

nt; Schmollmund *m*

pov·er·ty ['pɒvətɪ] *s* ① Armut *f* ② Mangel *m* (*of, in* an), Mangelhaftigkeit *f;* **be reduced to ~** verarmt sein; **pov·er·ty line** *s* Armutsgrenze *f,* Existenzminimum *nt;* **pov·er·ty-strick·en** ['pɒvətɪ,strɪkən] *adj* verarmt; **pov·er·ty trap** *s* dauerhaftes Abgleiten in die Armut

pow·der ['paʊdə(r)] **I.** *s* ① Puder *m* ② Pulver *nt* **II.** *vt* ① (ein)pudern ② bestreuen (*with* mit) ③ pulverisieren; **~ one's nose** sich die Nase pudern; (*fig*) zur Toilette gehen; **powder compact** *s* Puderdose *f;* **pow·dered** ['paʊdəd] *adj:* **~ egg** Eipulver *nt;* **~ milk** Milchpulver *nt;* **~ sugar** (*Am*) Puder-, Staubzucker *m;* **powder keg** *s* (*fig*) Pulverfass *nt;* **powder magazine** *s* Pulvermagazin *nt;* **powder puff** *s* Puderquaste *f;* **powder room** *s* Damentoilette *f;* **powder snow** *s* Pulverschnee *m;* **pow·dery** ['paʊdərɪ] *adj* ① pulvrig ② bröckelig, morsch ③ gepudert; **~ snow** Pulverschnee *m*

pow·er ['paʊə(r)] **I.** *s* ① Kraft *f;* Stärke, Wucht *f;* (*fig*) Überzeugungskraft *f* ② Macht *f* ③ Herrschaft *f* (*over* über) ④ Einfluss *m* (*with* auf) ⑤ Vollmacht, Berechtigung, Befugnis *f* ⑥ (POL) Macht *f* ⑦ (PHYS TECH ELEK) Kraft, Energie *f;* Leistung *f;* Strom *m* ⑧ (MATH) Potenz *f* ⑨ (*fam*) Menge, Masse *f* (*of money* Geld); **be in ~** an der Macht sein; **be in s.o.'s ~** in jds Gewalt sein; **be within (beyond) s.o.'s ~** (nicht) in jds Macht liegen; **come into ~** an die Macht gelangen; **do all in one's ~** alles in seiner Macht Stehende tun; **it did me a ~ of good** es hat mir sehr gut getan; **give s.o. full ~s** jdm Vollmacht erteilen; jdm freie Hand lassen; **have full ~s** Vollmacht haben; **he is losing his ~s** seine Kräfte lassen nach; **accession to ~, coming to ~, assumption of ~** Machtübernahme *f;* **atomic ~** Atomkraft *f;* **balance of ~** Gleichgewicht *nt* der Kräfte; **the ~ of love** die Macht der Liebe; **his ~s of hearing** sein Hörvermögen; **buying ~** Kaufkraft *f;* **display of ~** Machtentfaltung *f;* **earning ~** Ertrags-, Erwerbsfähigkeit *f;* **economic ~** Wirtschaftspotential *nt;* **electric ~** elektrische Energie; **nuclear ~** Kernkraft *f;* (POL) Atommacht *f;* **parental ~** elterliche Gewalt; **source of ~** Kraft-, Energiequelle *f;* **sphere of ~** Machtsphäre *f,* Einflussbereich *m;* **water ~** Wasserkraft *f;* **world ~** Weltmacht *f;* **the ~s above** die himmlischen Mächte *fpl,* die Obrigkeit; **~ of attorney** (Handlungs-, Prozess)Vollmacht *f;* **~ of life and death** Gewalt über Leben und Tod; **the ~s that be** die Machthaber *mpl,* die Obrigkeit **II.** *vt* antreiben; **~ed by electricity** mit Elektroantrieb; **power-assisted steering** *s* (AUTO) Servolenkung *f;* **power·boat** *s* Rennboot *nt;* **power brakes** *s pl* Servobremsen *fpl;* **power cable** *s* Starkstromkabel *nt;* **power cut** *s* ① Stromsperre *f* ② Stromausfall *m;* **power-driven** ['paʊədrɪvn] *adj* mit Motorantrieb

power·ful ['paʊəfl] *adj* ① mächtig, stark, einflussreich ② leistungsfähig, -stark; **power·ful·ly** ['paʊəfəlɪ] *adv* (*fam*) mächtig, gewaltig; **~ built** kräftig gebaut

power·house ['paʊə,haʊs] *s* ① Kraftwerk *nt* ② (*fig*) treibende Kraft; dynamischer Mensch; **power·less** ['paʊəlɪs] *adj* kraft-, machtlos; **power line** *s* Starkstrom-, Hochspannungsleitung *f;* **power mower** *s* Motorrasenmäher *m;* **power output** *s* Ausgangsleistung *f;* **power pack** *s* (ELEK) Netzteil *nt;* **power plant** *s* Kraftwerk *nt;* **power player** *s* Machtmensch *m;* **power-point** *s* (ELEK) Energiequelle *f;* Steckdose *f;* **power politics** *s pl* Machtpolitik *f;* **power saw** *s* Motorsäge *f;* **power set** *s* (MATH) Potenzmenge *f;* **power station** *s* Kraftwerk *nt;* **nuclear ~** Kernkraftwerk *nt;* **power steering** *s* (AUTO) Servolenkung *f;* **power tool** *s* Elektrowerkzeug *nt;* **power transmission** *s* (TECH) Kraftübertragung *f;* **power worker** *s* Arbeiter(in) im Kraftwerk *m(f)*

pow·wow ['paʊwaʊ] *s* (*fam*) Konferenz *f*

pox [pɒks] *s* ① Syphilis *f* ② (*small~*) Pocken *pl;* **poxy** ['pɒksɪ] *adj* (*sl*) lausig

PR [piː'ɑː(r)] *s Abk. von* **public relations** PR *f*

prac·ti·cable ['præktɪkəbl] *adj* ① aus-, durchführbar ② befahr-, begehbar

prac·ti·cal ['præktɪkl] *adj* praktisch; (*Mensch*) praktisch (veranlagt); (*Lösung, Idee*) praxisnah, -orientiert; **~ joke** Streich *m;* **~ knowledge** Erfahrungswissen *nt;* **prac·ti·cal·ity** [,præktɪ'kælətɪ] *s* ① brauchbare Lösung ② Brauchbarkeit, Sachlichkeit *f;* **prac·ti·cal·ly** ['præktɪk(ə)lɪ] *adv* ① in der Praxis ② praktisch, so gut wie, nahezu; **it's ~ the same** es ist fast dasselbe

prac·tice ['præktɪs] **I.** *s* ① Gewohnheit *f;* Brauch *m,* Sitte *f* ② (COM) Verfahrensweise, Praxis *f* ③ (*Arzt, Anwalt*) Praxis *f* ④ (*nicht Theorie*) Praxis *f* ⑤ Übung *f;* (SPORT) Training *nt* ⑥ Probe *f;* **in ~** in der Praxis; **out of ~** aus der Übung; **be in ~** (*Arzt, Anwalt*) praktizieren; **make it a ~ to do, make a ~ of doing** es sich zur Gewohnheit machen zu tun; **put in(to) ~** in die Tat

P

umsetzen; **business** ~**s** Geschäftspraktiken *fpl;* **it is** ~ es ist handelsüblich; ~ **makes perfect** Übung macht den Meister **II.** *vt, vi* (*Am*) *s.* **practise**; **prac·ticed** *adj* (*Am*) *s.* **practised**; **prac·tise** ['præktɪs] **I.** *vt* ❶ üben; (*Lied, Stück*) proben ❷ (*Beruf*) ausüben; ~ **law** als Anwalt tätig sein; ~ **medicine** eine ärztliche Praxis haben; ~ **what one preaches** das tun, was man immer predigt **II.** *vi* ❶ üben (*on* an, auf) ❷ praktisch tätig sein, praktizieren ❸ (SPORT) trainieren; **prac·tised** ['præktɪst] *adj* erfahren, routiniert; **prac·tis·ing** ['præktɪsɪŋ] *adj* (*Arzt*) praktizierend; (*Kommunist, Christ*) aktiv; **prac·ti·tioner** [præk'tɪʃənə(r)] *s* ❶ Praktiker(in) *m(f),* Mensch *m* der Praxis ❷ (*general* ~) praktischer Arzt, praktische Ärztin; **legal** ~ (praktizierende(r)), Rechtsanwalt *m,* -anwältin *f*

prag·matic [præg'mætɪk] *adj* pragmatisch

prairie ['preərɪ] *s* Prärie *f*

praise [preɪz] **I.** *vt* loben (*for* wegen); ~ **to the skies** (*fam*) in den Himmel heben **II.** *s* ❶ Lob *nt* ❷ Anerkennung *f;* **sing one's own** ~**s** sich selbst loben; ~ **be** Gott sei Dank!; **praise·worthy** ['preɪzˌwɜːðɪ] *adj* lobenswert

pram [præm] *s* (*Br*) Kinderwagen *m;* **pram·suit** ['præmsuːt] *s* Ausfahrgarnitur *f*

prance [prɑːns] *vi* ❶ (*Pferd*) tänzeln ❷ (*fig*) einherstolzieren

prang [præŋ] **I.** *s* (*Br*) Unfall *m;* (*von Flugzeug*) Absturz *m* **II.** *vt* (*Br: Fahrzeug*) zu Bruch fahren; (*Flugzeug*) bruchlanden mit

prank [præŋk] *s* (übler) Streich *m;* **play a** ~ **on s.o.** jdm einen Streich spielen

prat [præt] *s* (*Br sl*) dummer Kerl

prate [preɪt] *vi* schwafeln

prattle ['prætl] **I.** *vi* (~ *on*) (daher)schwatzen; plappern **II.** *s* Geschwätz, Geplapper *nt*

prawn [prɔːn] *s* (Stein)Garnele *f;* **go** ~**ing** Garnelen fangen; **prawn cocktail** *s* Krabbencocktail *m*

pray [preɪ] **I.** *vt* bitten; (**I**) ~ (**you**) (ich) bitte (Sie) **II.** *vi* ❶ beten (*to* zu, *for* um) ❷ flehen(tlich bitten) (*for* um); **past** ~**ing for** in einem hoffnungslosen Zustand

prayer [preə(r)] *s* ❶ Gebet *nt* ❷ Andacht *f;* **say one's** ~**s** sein Gebet verrichten; **the Lord's Prayer** das Vaterunser; **morning-/evening-**~ Morgen-/Abendgebet *nt;* **prayer book** *s* Gebetbuch *nt;* **prayer meeting** *s* Betstunde *f;* **prayer rug** *s* Gebetsteppich *m;* **prayer wheel** *s* Gebetsmühle *f;* **praying man·tis** ['preɪɪŋ'mæntɪs] *s* Gottesanbeterin *f*

pre·ac·ces·sion *adj* (EU) Vor-Beitritts-; ~ **country** Beitrittskandidat *m;* **Pre-Accession Lending Facility** Vor-Beitritts-Fazilität *f*

preach [priːtʃ] **I.** *vi* predigen (*on, about* über); ~ **to s.o.** (*fig*) jdm eine Predigt halten **II.** *vt* ❶ predigen ❷ verfechten, sich einsetzen für ❸ (*Predigt*) halten; ~ **caution** zur Vorsicht raten; **preacher** ['priːtʃə(r)] *s* Prediger *m;* **preach·ify** ['priːtʃɪfaɪ] *vi* (*fam*) Moralpredigten halten

pre·ad·vice *s* Vorabbenachrichtigung *f*

pre·amble [priː'æmbl] *s* (JUR POL) Präambel *f;* Einleitung, Vorrede *f*

pre·amp(li·fier) [priː'æmp(lɪˌfaɪə(r))] *s* Vorverstärker *m*

pre·ar·range [ˌpriːə'reɪndʒ] *vt* vorher festlegen, bestimmen

preb·end ['prebənd] *s* Pfründe *f;* **preb·end·ary** ['prebəndrɪ] *s* Inhaber *m* einer Pfründe

pre·cari·ous [prɪ'keərɪəs] *adj* ❶ unsicher, ungewiss ❷ prekär, gefährlich ❸ (*Theorie*) anfechtbar

pre·cast [ˌpriː'kɑːst] *adj* vorgefertigt

pre·caution [prɪ'kɔːʃn] *s* Vorsicht(smaßnahme, -maßregel) *f;* **take the** ~ **of doing s.th** etw vorsichtshalber tun; **take** ~**s** Vorsichtsmaßnahmen treffen; empfängnisverhütende Mittel nehmen; **pre·caution·ary** [ˌprɪ'kɔːʃ(ə)nərɪ] *adj* Vorsichts-, vorbeugend

pre·cede [prɪ'siːd] *vt* ❶ voraus-, vorangehen (*s.o., s.th.* jdm, einer S) ❷ (*im Rang*) stehen über ❸ (*in Bedeutung*) den Vorrang haben vor; **pre·ced·ence** ['presɪdəns] *s* ❶ Vorrang, -tritt *m* ❷ höherer Rang, höheres Dienstalter; **give s.o.** ~, **yield** ~ **to s.o.** jdm den Vortritt lassen; **have** [*o* **take**] ~ **over** den Vorrang haben vor; rangieren vor; **in order of** ~ der Rangordnung nach; **pre·ced·ent** ['presɪdənt] *s* ❶ Präzedenzfall *m* ❷ ~**s** frühere Fälle *mpl;* **pre·ced·ing** [prɪ'sɪːdɪŋ] *adj* vorhergehend

pre·cept ['priːsept] *s* Grundsatz *m,* Maxime *f*

pre·cinct ['priːsɪŋkt] *s* ❶ (*shopping* ~) Einkaufsviertel *nt* ❷ (*pedestrian* ~) Fußgängerzone *f* ❸ Bezirk *m;* ~**s** Gelände *nt;* Umgebung *f*

pre·cious ['preʃəs] *adj* wertvoll (*to* für), kostbar, preziös; ~ **few** (*fam*) ganz wenige; ~ **metal** Edelmetall *nt;* ~ **stone** Edelstein *m*

preci·pice ['presɪpɪs] *s* Abgrund *m;* **stand on the edge of a** ~ (*fig*) vor einem Abgrund stehen

pre·cipi·tate [prɪ'sɪpɪteɪt] **I.** *vt* ❶ hinabstürzen ❷ stürzen (*into ruin* ins Verderben)

③ (*fig*) überstürzen; beschleunigen ④ (CHEM METE) niederschlagen, kondensieren, fällen **II.** *vi* ① sich stürzen (*into* in) ② (CHEM METE) sich niederschlagen **III.** [prəˈsɪpɪtɪt] *adj* (*fig*) überstürzt **IV.** *s* (CHEM METE) Niederschlag *m;* **pre·cipi·ta·tion** [prɪˌsɪpɪˈteɪʃn] *s* ① Überstürzung *f* ② (CHEM) Fällung *f* ③ (METE) Niederschlag *m,* Niederschlagsmenge *f;* **pre·cipi·tous** [prɪˈsɪpɪtəs] *adj* ① abschüssig, steil (abfallend), jäh ② überstürzt

pré·cis [ˈpreɪsiː, *Am* preɪˈsiː, *pl* ˈpreɪsiːz] <*pl* -cis> *s* Zusammenfassung *f;* Inhaltsangabe *f*

pre·cise [prɪˈsaɪs] *adj* ① genau, exakt ② gewissenhaft; pünktlich ③ pedantisch, umständlich; **at the ~ moment that ...** in dem Augenblick als ...; **pre·cise·ly** [-lɪ] *adv* genau; **~!** stimmt! so ist es!; **pre·ci·sion** [prɪˈsɪʒn] *s* ① Genauigkeit, Exaktheit *f* ② (TECH) Präzision *f;* **~ balance** Präzisionswaage *f;* **~ bombing** gezielter Bombenabwurf; **~ instrument** Präzisionsinstrument *nt;* **~ tools** Präzisionswerkzeuge *ntpl*

pré·cis-writ·ing [ˈpreɪsiːˌraɪtɪŋ] *s* (SCHULE) Inhaltsangabe *f*

pre·clude [prɪˈkluːd] *vt* ① ausschließen ② hindern (*from doing* etw zu tun)

pre·co·cious [prɪˈkəʊʃəs] *adj* frühreif; **pre·coc·ious·ness, pre·coc·ity** [prɪˈkəʊʃəsnɪs, prɪˈkɒsətɪ] *s* Frühreife *f*

pre·con·ceived [ˈpriːkɒnsiːvd] *adj* vorgefasst; **pre·con·cep·tion** [ˌpriːkən ˈsepʃn] *s* Vorurteil *nt*

pre·con·di·tion [ˌpriːkənˈdɪʃn] *s* Bedingung, Voraussetzung *f*

pre·cook [ˈpriːkʊk] *vt* vorkochen

pre·cur·sor [ˌpriːˈkɜːsə(r)] *s* ① Vorläufer *m* ② Vorgänger(in) *m(f)*

pre·date [priːˈdeɪt] *vt* zeitlich vorangehen

preda·tor [ˈpredətə(r)] *s* Raubtier *nt*

preda·tory [ˈpredətrɪ] *adj* räuberisch, Raub-

pre·de·cessor [ˈpriːdɪsesə(r)] *s* Vorgänger(in) *m(f)*

pre·des·ti·nate [ˌpriːˈdestɪneɪt] *vt* vorherbestimmen (*to* für); **pre·des·ti·na·tion** [ˌpriːdestɪˈneɪʃn] *s* Vorherbestimmung, Prädestination *f;* **pre·des·tine** [ˌpriːˈdestɪn] *vt* prädestinieren

pre·de·ter·mine [ˌpriːdɪˈtɜːmɪn] *vt* vorher festlegen

pre·dica·ment [prɪˈdɪkəmənt] *s* missliche Lage; **be in a ~** in der Klemme sitzen

predi·cate [ˈpredɪkeɪt] **I.** *vt* ① aussagen (*of* über) ② (be)gründen (*on, upon* auf) ③ abhängig machen (*on a condition* von einer Bedingung) ④ stützen **II.** [ˈpredɪkət] *s* (GRAM) Prädikat *nt*

pre·dict [prɪˈdɪkt] *vt* vorhersagen, prophezeien; **pre·dict·able** [-əbl] *adj* vorhersehbar; **pre·dic·tion** [prɪˈdɪkʃn] *s* Vorhersage, Prognose, Prophezeiung *f*

pre·di·lec·tion [ˌpriːdɪˈlekʃn] *s* Vorliebe *f* (*for* für)

pre·dis·pose [ˌpriːdɪˈspəʊz] *vt* ① geneigt, empfänglich machen (*to* zu, für) ② günstig stimmen (*in s.o.'s favour* für jdn) ③ (MED) prädisponieren (*to* für); **pre·dis·posi·tion** [ˌpriːdɪspəˈzɪʃn] *s* ① (*a.* MED) Empfänglichkeit *f* ② (MED) Prädisposition *f* (*to* für)

pre·domi·nance [prɪˈdɒmɪnəns] *s* ① Überlegenheit *f,* Übergewicht *nt* (*over* über) ② Vorherrschaft *f* (*over* über, *in* in); **pre·domi·nant** [prɪˈdɒmɪnənt] *adj* vorherrschend, überwiegend; **pre·domi·nate** [prɪˈdɒmɪneɪt] *vi* überlegen sein, die Oberhand haben (*over* über), vorherrschen (*over* vor)

pre-emi·nence [ˌpriːˈemɪnəns] *s* Vorrang(stellung *f*) *m,* Überlegenheit *f* (*over* über); **pre-emi·nent** [ˌpriːˈemɪnənt] *adj* hervor-, überragend

pre-empt [ˌpriːˈempt] *vt* zuvorkommen (*s.o.* jdm); **pre-emp·tion** [ˌpriːˈempʃn] *s* Zuvorkommen *nt;* **pre-emp·tive** [priːˈemptɪv] *adj* ① präventiv ② (COM) Vorkaufs-; Bezugs-

preen [priːn] *vt* (*Gefieder*) putzen, glätten; **~ o.s.** sich fein machen; **~ o.s. on s.th.** sich etwas auf etw einbilden

pre·fab [ˈpriːfæb] *s* Fertigbau *m;* **pre·fab·ri·cate** [ˌpriːˈfæbrɪkeɪt] *vt* vorfabrizieren; **~d** vorgefertigt; in Fertigbauweise erstellt; **~d house** Fertighaus *nt;* **~d section** Fertigteil *nt*

pref·ace [ˈprefɪs] **I.** *s* Vorwort *nt* **II.** *vt* ① mit einer Einleitung versehen ② einleiten (*with* mit); **prefa·tory** [ˈprefətrɪ] *adj* einleitend

pre·fect [ˈpriːfekt] *s* Präfekt *m;* (*Br*) Vertrauensschüler(in) *m(f)*

pre·fer [prɪˈfɜː(r)] *vt* ① vorziehen, bevorzugen ② lieber tun, lieber haben (*s.th. to s.th. else* etw als eine andere S, *rather than* als) ③ (*im Amt*) befördern (*to* zu) ④ (*Klage*) erheben (*against* gegen, *to* bei); **pre·fer·able** [ˈprefrəbl] *adj* vorzuziehen (*to dat*), wünschenswerter (*to* als); **pre·fer·ably** [ˈprefrəblɪ] *adv* am liebsten; **pref·er·ence** [ˈprefrəns] *s* ① Vorzug *m;* Bevorzugung *f* (*over* vor) ② Vorliebe *f* (*for* für) ③ Vorrecht *nt;* Präferenz *f* ④ Meistbegünstigung *f,* Vorzugstarif *m* ⑤ **~s** Präferenzen *fpl,* Vorzugsaktien *fpl;* **by ~, for ~, from ~** vorzugsweise; **in ~ to** lieber als; **of your ~** gewünscht; **give ~ to s.o.** jdm den Vorzug

geben; **have a ~ for** eine Vorliebe haben für; **what are your ~s?** worauf legen Sie Wert?; was ziehen Sie vor?; **I have no ~** das ist mir einerlei; **~ share** Vorzugsaktie *f;*
pref·er·en·tial [ˌprefəˈrenʃl] *adj* bevorzugt, bevorrechtigt; **~ creditor** bevorrechtigter Konkursgläubiger; **~ duty** Vorzugszoll *m;* **~ terms** Vorzugsbedingungen *fpl;* **~ treatment** bevorzugte Behandlung, Bevorzugung *f;* **pre·ferred** [prɪˈfɜːd] *adj* ❶ bevorzugt ❷ bevorrechtigt; **~ (capital) stock** (*Am*) Vorzugsaktien *fpl*
pre·fig·ure [ˌpriːˈfɪgə(r)] *vt* ❶ andeuten ❷ sich vorher ausmalen
pre·fix [ˈpriːfɪks] **I.** *s* ❶ (GRAM) Vorsilbe *f,* Präfix *nt* ❷ (*Am*) (Telefon-)Vorwahl *f* **II.** [priːˈfɪks] *vt* ❶ als Vorsilbe setzen vor ❷ (*fig*) voranstellen, voransetzen
preg·nancy [ˈpregnənsɪ] *s* ❶ (*Frau*) Schwangerschaft *f* ❷ (*Tier*) Trächtigkeit *f* ❸ (*fig: Ereignis*) Tragweite, Bedeutung *f;* **termination of ~** Schwangerschaftsabbruch *m;* **pregnancy test** *s* Schwangerschaftstest *m;* **preg·nant** [ˈpregnənt] *adj* ❶ (*Frau*) schwanger ❷ (*Tier*) trächtig ❸ (*fig*) bedeutungsvoll, gewichtig
pre·hen·sile [prɪˈhensaɪl] *adj* Greif-
pre·his·toric [ˌpriːhɪˈstɒrɪk] *adj* prähistorisch; **pre·his·tory** [ˌpriːˈhɪstrɪ] *s* Vor-, Urgeschichte *f*
pre·judge [ˌpriːˈdʒʌdʒ] *vt* vorschnell verurteilen
preju·dice [ˈpredʒʊdɪs] **I.** *s* ❶ Vorurteil *nt,* vorgefasste Meinung (*against* gegen), Voreingenommenheit *f* (*in favo(u)r of* für) ❷ Beeinträchtigung *f,* Schaden, Nachteil *m* **II.** *vt* ❶ ungünstig beeinflussen, einnehmen (*s.o. against* jdn gegen) ❷ sich nachteilig auswirken auf, Abbruch tun (*s.th.* einer S); **preju·diced** [ˈpredʒʊdɪst] *adj* voreingenommen; **preju·di·cial** [ˌpredʒʊˈdɪʃl] *adj* nachteilig, schädlich (*to* für); **be ~ to** sich nachteilig auswirken auf
pre·limi·nary [prɪˈlɪmɪnərɪ] **I.** *adj* ❶ einleitend ❷ vorbereitend ❸ vorläufig, einstweilig; **~ advice, ~ announcement, ~ notice** Voranzeige *f;* **~ agreement** [*o* **contract**] Vorvertrag *m;* **~ discussion** Vorbesprechung *f;* **~ draft** Vorentwurf *m;* **~ examination** Aufnahme-, Vorprüfung *f;* **~ investigation** (JUR) Voruntersuchung *f;* **~ round** (SPORT) Vorrunde(nspiel *nt*) *f;* **~ talks** Vorbesprechungen *fpl;* **~ works** Vorarbeiten *fpl* **II.** *s* ❶ Einleitung *f,* Vorbereitung *f* (*to* zu) ❷ (SPORT) Vorrunde *f* ❸ **preliminaries** (POL) Vorverhandlungen *fpl,* Präliminarien *pl;* **pre·lims** [ˈpriːlɪmz] *s* ❶ (SCHULE) Vorprüfung *f* ❷ (TYP) Vorspann *m*
prel·ude [ˈpreljuːd] **I.** *s* ❶ Vorspiel *nt;* Präludium *nt* ❷ (*fig*) Auftakt *m* **II.** *vi* einleiten, eröffnen
pre·mari·tal [ˌpriːˈmærɪtl] *adj* vorehelich
prema·ture [preməˈtjʊə(r), *Am* ˌpriːməˈtʊər] *adj* ❶ vorzeitig, zu früh ❷ (*fig*) voreilig; **~ baby** Frühgeburt *f;* **prema·ture·ly** *adv* vorzeitig; (*decide*) verfrüht; (*act*) voreilig
pre·medi·ta·ted [ˌpriːˈmedɪteɪtɪd] *adj* vorsätzlich, vorbedacht; **~ murder** vorsätzlicher Mord; **pre·medi·ta·tion** [ˌpriːmedɪˈteɪʃn] *s* Vorsatz *m*
pre·mier [ˈpremɪə(r), *Am* ˈpriːmɪə(r)] **I.** *adj* führend; (*Wichtigkeit*) äußerste(r, s) **II.** *s* Premierminister(in) *m(f)*
pre·mière [ˈpremɪeə(r), *Am* prɪˈmɪər] *s* (THEAT FILM) Premiere *f*
prem·ise [ˈpremɪs] *s* Prämisse, Voraussetzung *f;* **~s** Gelände *nt;* Gebäude *nt;* Anwesen *nt;* **on the ~s** vor Ort, an Ort und Stelle; **escort s.o. off the ~s** jdn hinausbegleiten; **bank/factory ~s** Bank-/Fabrikgebäude *nt;* **business ~s** Geschäftsräume *mpl*
pre·mium [ˈpriːmɪəm] *s* ❶ (COM) Prämie *f* ❷ Zuschlag *m;* Bonus *m* ❸ (FIN) Aufgeld, Agio *nt* ❹ (Versicherungs)Prämie *f* ❺ Preis *m,* Belohnung *f* (*on* auf); **be at a ~** (FIN) über pari stehen; (*fig*) sehr geschätzt, sehr gesucht sein; **put a ~ on** (*fig*) hoch bewerten; **sell at a ~** mit Gewinn verkaufen; **~ on exports** Ausfuhr-, Exportprämie *f;* **premium bond** *s* Prämienanleihe *f;* **premium offer** *s* Werbegeschenk *nt;* **premium quality** *s* erstklassige Qualität
pre·mon·ition [ˌpriːməˈnɪʃn] *s* Vorahnung *f* (*about* von)
pre·natal [ˌpriːˈneɪtl] *adj* vor der Geburt; pränatal
pre·oc·cu·pa·tion [ˌpriːɒkjʊˈpeɪʃn] *s* ❶ Inanspruchnahme *f* ❷ Vertieftsein *nt* (*with* in); **her ~ with the children** ihre ständige Sorge um die Kinder; **pre·oc·cu·pied** [prɪːˈɒkjʊpaɪd] *adj* gedankenverloren, geistesabwesend; **be ~ with s.th.** nur an etw denken, mit etw ganz beschäftigt sein; **pre·oc·cupy** [priːˈɒkjʊpaɪ] *vt* ausschließlich beschäftigen, ganz beherrschen
pre·or·dain [ˌpriːɔːˈdeɪn] *vt* vorherbestimmen
prep [prep] *s* (*Br fam*) Hausaufgabe *f*
pre·pack(age) [priːˈpæk(ɪdʒ)] *vt* abpacken, fertig packen
pre·paid [ˌpriːˈpeɪd] *adj* (voraus)bezahlt; **postage ~** vorfrankiert, freigemacht; **prepaid reply** *s* bezahlte Rückantwort
prep·ara·tion [ˌprepəˈreɪʃn] *s* ❶ Vorberei-

tung *f* ❷ (*Br:* SCHULE) Schularbeit *f* ❸ (MED) Präparat *nt;* **make ~s** Anstalten, Vorbereitungen treffen (*for* für); **in ~ for** als Vorbereitung für; **pre·para·tory** [prɪˈpærətrɪ] *adj* vorbereitend; einführend; **~ to** vor (zeitlich); **~ course** Vorbereitungslehrgang *m;* **~ period** Vorbereitungszeit *f;* (*Versicherung*) Wartezeit *f;* **~ work** Vorarbeit *f*

i Land & Leute

In Großbritannien ist eine **preparatory school** eine Privatschule für Jungen im Alter von 7–13 Jahren und für Mädchen von 7–11 Jahren, die sie vor allem für die Aufnahme in eine *public school* vorbereitet.

pre·pare [prɪˈpeə(r)] **I.** *vt* ❶ vorbereiten (*for s.th.* auf etw, *to do* zu tun) ❷ Vorbereitungen, Vorkehrungen treffen für ❸ (*Essen*) zubereiten ❹ abfassen, ausarbeiten ❺ (*Rechnung*) aufstellen ❻ (*Vertrag*) aufsetzen, entwerfen ❼ (*Daten*) aufbereiten; **~ yourself for a shock** mach dich auf einen Schock gefasst **II.** *vi* sich vorbereiten (*for* auf); **~ to do s.th.** Anstalten machen, etw zu tun; **pre·pared** [prɪˈpeəd] *adj* ❶ bereit, fertig (*for* für) ❷ vorbereitet, gefasst (*for* auf, *to do* zu tun); **be ~ to acknowledge/to admit/to supply** bereit sein anzuerkennen/zuzugeben/zu liefern; **be ~ for the worst** auf das Schlimmste gefasst sein; **I'm not ~ to lend him money** ich denke nicht daran ihm Geld zu leihen; **be~!** allzeit bereit!; **pre·pared·ness** [prɪˈpeərɪdnɪs] *s* Bereitschaft *f* (*for* zu)

pre·pay [ˌpriːˈpeɪ] *vt* ❶ im voraus bezahlen, vorauszahlen ❷ (*Postsendung*) freimachen, frankieren; **pre·pay·ment** [-mənt] *s* ❶ An-, Vorauszahlung *f* ❷ Zahlung *f* vor Fälligkeit ❸ (*Postsendung*) Freimachung *f*, Frankieren *nt*

pre·pon·der·ance [prɪˈpɒndərəns] *s* Überlegenheit *f* (*over* über); **pre·pon·der·ant** [prɪˈpɒndərənt] *adj* überwiegend; **be ~** überwiegen

pre·pos·it·ion [prepəˈzɪʃn] *s* (GRAM) Präposition *f*

pre·pos·sess·ing [ˌpriːpəˈzesɪŋ] *adj* einnehmend, anziehend; sympathisch

pre·pos·ter·ous [prɪˈpɒstərəs] *adj* unsinnig; albern, lächerlich

prepped [prept] *adj* bereit, vorbereitet

preppie [ˈprepɪ] **I.** *adj* (*Am*) popperhaft **II.** *s* (*Am*) Popper *m*

pre·puce [ˈpriːpjuːs] *s* (ANAT) Vorhaut *f*

pre·requi·site [ˌpriːˈrekwɪzɪt] **I.** *adj* erforderlich, notwendig (*to* für) **II.** *s* Vorbedingung, Voraussetzung *f* (*to, for* für)

pre·roga·tive [prɪˈrɒgətɪv] *s* Vorrecht *nt*

pre·sage [ˈpresɪdʒ] **I.** *s* Vorzeichen *nt;* Vorahnung *f* **II.** *vt* ❶ ein Vorzeichen sein für ❷ vorhersagen, prophezeien

Pres·by·terian [ˌprezbɪˈtɪərɪən] **I.** *adj* presbyterianisch **II.** *s* Presbyterianer(in) *m(f);* **pres·by·tery** [ˈprezbɪtrɪ] *s* ❶ Kirchenrat *m* ❷ (*römisch-katholische Kirche*) Pfarrhaus *nt*

pre·school [ˈpriːskuːl] *adj* vorschulisch, Vorschul-

pre·scribe [prɪˈskraɪb] **I.** *vt* ❶ vorschreiben (*to s.o.* jdm) ❷ (MED) verschreiben, verordnen (*s.th. for s.o.* jdm etw) **II.** *vi* Vorschriften machen; **pre·scribed** [prɪˈskraɪbd] *adj* vorgeschrieben; **as ~, in the ~ form** vorschriftsmäßig; **in the ~ time** fristgerecht; **pre·scrip·tion** [prɪˈskrɪpʃn] *s* ❶ Vorschrift, Anordnung *f* ❷ (MED) Verordnung *f;* Rezept *nt;* **only available on ~** rezeptpflichtig; **~ charge** Rezeptgebühr *f;* **pre·scrip·tive** [prɪˈskrɪptɪv] *adj* normativ

pres·ence [ˈprezns] *s* ❶ Gegenwart, Anwesenheit *f* ❷ Auftreten, Benehmen *nt;* **in the ~ of** in Anwesenheit *+gen;* **your ~ is requested** Sie werden gebeten sich einzufinden; **~ of mind** Geistesgegenwart *f;* **a military ~** Militärpräsenz *f*

pres·ent¹ [ˈpreznt] **I.** *adj* ❶ (*räumlich*) anwesend, zugegen; vorhanden ❷ (*räumlich und zeitlich*) gegenwärtig ❸ (*zeitlich*) augenblicklich, momentan ❹ vorliegend; laufend; **at the ~ time** gegenwärtig; **in the ~ case** im vorliegenden Fall; **up to the ~ time** bis zum heutigen Tage, bis heute; **all ~** alle Anwesenden *pl;* **be ~ at s.th.** bei etw (anwesend) sein; **~ company excepted** Anwesende ausgenommen; **poisonous substances ~ in the atmosphere** in der Atmosphäre vorhandene Giftstoffe; **in the ~ circumstances** unter den gegenwärtigen [*o* gegebenen] Umständen; **~ tense** Präsens *nt*, Gegenwart *f;* **~ participle** Partizip *nt* Präsens; **~ perfect (tense)** Perfekt *nt*, zweite Vergangenheit **II.** *s* ❶ Gegenwart *f* ❷ (GRAM) Gegenwart *f*, Präsens *nt;* **at ~** zurzeit, im Augenblick; **for the ~** vorerst, vorläufig

pre·sent² [prɪˈzent] **I.** *vt* ❶ übergeben, überreichen ❷ schenken (*s.o. with s.th.* jdm etw) ❸ vorlegen, (vor)zeigen; aufzeigen; (*Vorschlag*) unterbreiten ❹ (*Sicht, Möglichkeit, Angriffsziel*) bieten ❺ (*Menschen*) vorstellen ❻ (RADIO TV) präsentieren; moderieren; (THEAT) zeigen ❼ (*Ge-*

P

wehr) zielen (*at* auf); ~ **one's apologies** sich entschuldigen; ~ **one's compliments to s.o.** jdm Grüße, ein Kompliment ausrichten lassen; **that** ~**s us with a problem** das stellt uns vor ein Problem; ~ **arms!** präsentiert das Gewehr! **II.** *vr* erscheinen; (*Gelegenheit, Problem*) sich ergeben; ~ **o.s. for an exam** zur Prüfung erscheinen **III.** ['preznt] *s* Geschenk *nt;* **make s.o. a** ~ **of s.th.** jdm etw schenken; **birthday/Christmas** ~ Geburtstags-/Weihnachtsgeschenk *nt*

pre·sent·able [prɪ'zentəbl] *adj* gesellschaftsfähig; ansehnlich, respektabel; **be** ~ sich sehen lassen können

pres·en·ta·tion [ˌprezn'teɪʃn, *Am* ˌpri:zen'teɪʃn] *s* ❶ (THEAT) Aufführung *f;* Darstellung *f* ❷ Überreichung *f;* Schenkung *f* ❸ Eingabe, Einreichung, Präsentation, Vorlage *f* ❹ (COM) Aufmachung, Ausstattung, Präsentation *f;* **on** ~ gegen Vorzeigung; ~ **of a claim** Anspruchserhebung *f;* ~ **copy** (*Buch*) Frei-, Widmungsexemplar *nt;* ~ **of proof** Beweisantritt *m*

pre·sent-day [ˌprezənt'deɪ] *adj* gegenwärtig, heutig, zeitgenössisch; zeitgemäß, modern

pres·en·tee·ism [ˌprezen'ti:ɪzəm] *s länger am Arbeitsplatz bleiben als nötig, um positiv aufzufallen*

pre·sen·ti·ment [prɪ'zentɪmənt] *s* Vorgefühl *nt,* (böse) (Vor)Ahnung *f*

pres·ent·ly ['prezntlɪ] *adv* ❶ bald, in kurzem, in Kürze ❷ gegenwärtig

pres·er·va·tion [ˌprezə'veɪʃn] *s* ❶ Erhaltung *f* ❷ Konservierung *f;* Einmachen, Einkochen *nt* ❸ Beibehaltung, Aufbewahrung *f;* **in a good state of** ~ gut erhalten; ~ **of evidence** Beweissicherung *f;* **pre·serva·tive** [prɪ'zɜ:vətɪv] **I.** *adj* konservierend **II.** *s* Konservierungsstoff *m* (*against, from* gegen); **pre·serve** [prɪ'zɜ:v] **I.** *vt* ❶ bewahren, schützen (*from* vor) ❷ erhalten; in Stand halten ❸ (*Nahrungsmittel*) konservieren; einmachen, einkochen ❹ beibehalten, aufrechterhalten ❺ (*Wild*) schützen **II.** *s* ❶ Ressort *nt,* Zuständigkeitsbereich *m* ❷ (*Br: game* ~) Jagdrevier *nt* ❸ ~**s** (das) Eingemachte ❹ Konfitüre *f;* **pre·served** [prɪ'zɜ:vd] *adj* konserviert; **well-**~ noch gut aussehend

pre·shrunk [ˌpri:'ʃrʌŋk] *adj* (*Textil*) nicht einlaufend, schrumpffest

pre·side [prɪ'zaɪd] *vi* vorsitzen (*over s.th.* einer S), den Vorsitz führen (*over, at* bei); **presi·dency** ['prezɪdənsɪ] *s* ❶ Vorsitz *m* ❷ Amt *nt* eines Präsidenten ❸ (*Am*) Präsidentschaft *f;* **under the** ~ **of** unter dem Vorsitz von; **presi·dent** ['prezɪdənt] *s* ❶ Vorsitzende(r) *f m* ❷ (POL) Präsident(in) *m(f)* ❸ (*Am*) Rektor(in) *m(f);* **presi·den·tial** [ˌprezɪ'denʃl] *adj:* ~ **address** Ansprache *f* des Präsidenten; ~ **candidate** Präsidentschaftskandidat(in) *m(f);* ~ **election** Präsidentenwahl *f;* ~ **year** (*Am*) Jahr *nt* der Präsidentenwahl

press [pres] **I.** *vt* ❶ drücken (*the button* auf den Knopf) ❷ pressen; (*Obst oder Saft*) auspressen ❸ zusammendrücken, -pressen ❹ plätten, bügeln ❺ fest drücken (*to* an) ❻ dringend ersuchen, bestürmen, bitten (*to do* zu tun) ❼ nachdrücklich vorbringen ❽ aufdrängen, -nötigen (*s.th. on s.o.* jdm etw) ❾ (*Auffassung*) durchsetzen; Nachdruck legen auf, hervorheben, betonen ❿ drängen auf; energisch durchführen ⓫ (~ *hard*) bedrängen; **be** ~**ed for** nicht genug haben von; sehr knapp sein an; **be hard** ~**ed** in großer Verlegenheit sein; ~ **one's advantage** hinter seinem Vorteil her sein; ~ **home** mit Nachdruck vertreten; energisch durchführen; ~ **one's point** seine Auffassung durchsetzen; **I won't** ~ **the matter** ich möchte in dieser Sache nicht weiter drängen **II.** *vi* ❶ drücken (*on, upon* auf) ❷ drängen (*for s.th.* auf etw) ❸ bestehen (*for* auf); **time** ~**es** die Zeit drängt, es eilt **III.** *s* ❶ Druck *m* ❷ Andrang *m,* Gedränge *nt* ❸ (Frucht-, Öl)Presse *f;* (SPORT) Spanner *m* ❹ (*printing* ~) Druckpresse *f* ❺ Presse *f,* Zeitungen *fpl,* Zeitungs-, Pressewesen *nt* ❻ (*in Schottland*) (Einbau)schrank *m;* **in the** ~ im Druck; **have a good** (**bad**) ~ eine gute (schlechte) Presse haben, gut (schlecht) aufgenommen, beurteilt werden; **press back** *vt* zurückdrängen, -drücken; **press down** *vt* niederdrücken; **press in** *vt* eindrücken; **press on, press ahead, press forward** *vi* vorwärts-, weiterdrängen; sich beeilen; vorpreschen; **press upon** *vi* lasten auf; aufdrängen; **press agency** *s* Nachrichtenbüro *nt,* Presseagentur *f;* **press-button** *s* (ELEK) (Druck)Knopf *m;* ~ **control** Druckknopfsteuerung *f;* **press campaign** *s* Pressefeldzug *m,* -kampagne *f;* **press card** *s* Presseausweis *m;* **press clipping, press cutting** *s* (*Br*) Zeitungsausschnitt *m;* **press conference** *s* Pressekonferenz *f;* **press coverage** *s* Presseberichterstattung *f;* **press deadline** *s:* **meet a** ~ einen Presseschlusstermin einhalten; **press gallery** *s* Pressetribüne *f;* **press-gang** *vt* (*fam*) zwingen; drängen

press·ing ['presɪŋ] **I.** *adj* ❶ dringend, dringlich, eilig ❷ nachdrücklich **II.** *s* (*Schall-*

platte) Auflage *f;* Pressung *f*

press·man ['presmən] <*pl* -men> *s* Journalist *m;* **press office** *s* Pressestelle *f;* **press officer** *s* Pressereferent(in) *m(f);* **press photographer** *s* Fotoreporter(in) *m(f),* Pressefotograf(in) *m(f);* **press release** *s* Pressemitteilung *f;* **press report** *s* Presse-, Zeitungsbericht *m;* **press stud** *s* (*Br*) Druckknopf *m*

press-up ['pres,ʌp] *s* (SPORT) Liegestütz *m*

pres·sure ['preʃə(r)] *s* ❶ (*a.* PHYS TECH) Druck *m* ❷ (*fig*) Druck, Zwang *m* ❸ bedrückende Lage, Bedrängnis, Not *f;* ~**s** Belastungen *pl;* **under** ~ unter Druck; **under the** ~ **of necessity** notgedrungen; **under** ~ **of time** unter Zeitdruck; **put** ~ **on s.o.** jdn unter Druck setzen; ~ **to succeed** Erfolgsdruck *m;* **work at high** ~ mit Hochdruck arbeiten; **atmospheric** ~ Luftdruck *m;* **blood** ~ Blutdruck *m;* **high/low** ~ (METE) Hoch-/Tiefdruck *m;* **tyre** ~ Reifendruck *m;* **pressure cabin** *s* (AVIAT) Überdruckkabine *f;* **pressure cooker** *s* Schnellkochtopf *m;* **pressure ga(u)ge** *s* Druckmesser *m,* Manometer *nt;* **pressure group** *s* Interessengruppe, Pressure-group *f;* **pressure vessel** *s* (TECH) Druckbehälter *m;* **pressure wave** *s* Druckwelle *f;* **pres·sur·ize** ['preʃəraɪz] *vt* ❶ unter Druck setzen, zwingen (*s.o.* jdn) ❷ (AVIAT) mit Druckausgleich ausstatten; ~**d cabin** (Über)Druckkabine *f;* ~**d water reactor** Druckwasserreaktor *m*

pres·tige [pre'sti:ʒ] *s* Prestige *nt;* **pres·tig·ious** [pre'stɪdʒəs] *adj* vornehm; **be** ~ einen großen Prestigewert haben

pre·stressed ['pri:strest] *adj:* ~ **concrete** Spannbeton *m*

pre·sum·ably [prɪ'zju:məbli] *adv* vermutlich; **pre·sume** [prɪ'zju:m] **I.** *vt* ❶ annehmen, vermuten ❷ schließen (*from* aus) ❸ sich herausnehmen, sich anmaßen **II.** *vi* ❶ vermuten ❷ sich zu viel herausnehmen; ~ **on s.th.** etw ausnutzen; **pre·sum·ing** [prɪ'zju:mɪŋ] *adj* anmaßend; **pre·sump·tion** [prɪ'zʌmpʃn] *s* ❶ (*a.* JUR) Vermutung *f* ❷ Anmaßung *f;* Unverschämtheit *f;* **on the** ~ **that …** in der Annahme, dass …; **pre·sump·tive** [prɪ'zʌmptɪv] *adj* mutmaßlich; ~ **evidence** Indizienbeweis *m;* **pre·sump·tu·ous** [prɪ'zʌmptjʊəs] *adj* überheblich, anmaßend, unverschämt

pre·sup·pose [,pri:sə'pəʊz] *vt* voraussetzen; **pre·sup·po·si·tion** [,pri:sʌpə'zɪʃn] *s* Voraussetzung *f*

pre-tax [,pri:'tæks] *adj:* ~ **income** [*o* **profit**] Gewinn *m* vor Steuern

pre·tence [prɪ'tens] *s* ❶ Anspruch *m* (*to* auf) ❷ Anschein *m,* Vorspiegelung *f,* Vorwand *m;* Ausrede, -flucht *f* ❸ Geziertheit *f;* **on** [*o* **under**] **the** ~ **of** unter dem Vorwand +*gen;* **under false** ~**s** unter Vorspiegelung falscher Tatsachen; **it's just a** ~ es ist nur gespielt; **make a** ~ **of s.th.** etw vorschützen, -täuschen; **devoid of all** ~ offen, aufrichtig; **pre·tend** [prɪ'tend] *vt* ❶ vorgeben, -schützen; vortäuschen ❷ sich ausgeben als ❸ sich verstellen ❹ (nur) so tun (*that* als ob); **he's just** ~**ing** er tut nur so; **pre·tended** [prɪ'tendɪd] *adj* gespielt, geheuchelt; **pre·tender** [prɪ'tendə(r)] *s* (~ *to the throne*) (Kron)Prätendent *m;* **pre·tense** *s* (*Am*) *s.* **pretence**; **pre·ten·sion** [prɪ'tenʃn] *s* ❶ Anspruch *m* (*to* auf) ❷ Prahlerei *f;* Anmaßung, Überheblichkeit *f;* **pre·ten·tious** [prɪ'tenʃəs] *adj* ❶ anmaßend, überheblich ❷ prahlerisch, prunkend ❸ bombastisch; **pre·ten·tious·ness** [-nɪs] *s* ❶ Anmaßung *f* ❷ Protzigkeit *f* ❸ Bombast *m*

pret·er·ite ['pretərɪt] (GRAM: ~ *tense*) Präteritum *nt,* erste Vergangenheit

pre·ter·natu·ral [,pri:tə'nætʃrəl] *adj* ❶ ungewöhnlich, abnorm ❷ übernatürlich

pre·text ['pri:tekst] *s* Vorwand *m,* Ausrede *f;* **under** [*o* **on**] **the** ~ **of** unter dem Vorwand +*gen*

pret·ti·fy ['prɪtɪfaɪ] *vt* verschönern

pretty ['prɪtɪ] **I.** *adj* nett, hübsch; **be sitting** ~ sein Schäfchen im Trockenen haben; **a** ~ **penny** eine schöne Stange Geld; ~-~ ganz entzückend, süß **II.** *adv* ziemlich, (ganz) ordentlich; ganz schön, beachtlich; ~ **bad** recht mies; ~ **good** (gar) nicht (so) übel; ganz gut; ~ **much** so ziemlich; ~ **near finished** beinah(e), fast fertig; **I'm** ~ **well** es geht mir ganz gut; **I've** ~ **well finished** ich bin beinahe fertig; **that's** ~ **much the same** (**thing**) das läuft auf eins hinaus

pret·zel ['pretsl] *s* Brezel *f*

pre·vail [prɪ'veɪl] *vi* ❶ die Oberhand gewinnen, siegen (*over, against* über) ❷ sich durchsetzen, sich behaupten (*against* gegen) ❸ Erfolg haben, erfolgreich sein ❹ maßgebend sein, vorherrschen, überwiegen (*in* bei) ❺ dazu bewegen, überreden (*on, upon, with s.o.* jdn); **pre·vail·ing** [-ɪŋ] *adj* ❶ (vor)herrschend, maßgebend, überwiegend ❷ (COM) geltend; **under the** ~ **circumstances** unter den obwaltenden Umständen; ~ **wind** vorherrschender Wind

preva·lence ['prevələns] *s* weite Verbreitung; Geltung *f;* Beliebtheit *f;* **preva·lent** ['prevələnt] *adj* ❶ weit verbreitet ❷ vorherrschend ❸ (*Mode*) beliebt

P

pre·vari·cate [prɪˈværɪkeɪt] *vi* Ausflüchte machen; **pre·vari·ca·tion** [prɪˌværɪˈkeɪʃn] *s* Ausflucht *f;* Ausflüchte *fpl*

pre·vent [prɪˈvent] *vt* ① verhindern ② verhüten, vermeiden ③ ab-, zurückhalten (*from doing s.th.* etw zu tun); **pre·ven·tion** [prɪˈvenʃn] *s* Verhinderung, Vermeidung *f;* Vorbeugung, Verhütung *f;* **in case of ~** im Fall der Verhinderung; **~ is better than cure** Vorbeugen ist besser als Heilen; **crime ~** Verbrechensverhütung, -bekämpfung *f;* **~ of accidents** Unfallverhütung *f;* (**society for the**) **~ of cruelty to animals** Tierschutz(verein) *m;* **pre·ven·tive** [prɪˈventɪv] *adj* ① verhütend ② (MED) vorbeugend, prophylaktisch; **~ detention** Schutzhaft, Sicherungsverwahrung *f;* **~ measures** präventive Maßnahmen; **~ medicine** Gesundheitspflege *f;* vorbeugende Medizin, Präventivmedizin *f;* **~ treatment** Präventivbehandlung *f;* **~ war** Präventivkrieg *m*

pre·view [ˈpriːvjuː] *s* (*Theaterstück*) Probeaufführung *f;* (*Ausstellung*) Vorbesichtigung *f;* (*Film*) Vorschau *f*

pre·vi·ous [ˈpriːvɪəs] *adj* ① (*zeitlich*) voraus-, vorhergehend, früher ② (*too ~*) voreilig, -schnell; **~ to** vor; **without ~ notice** ohne Vorankündigung; **previous conviction** *s* Vorstrafe *f;* **have** (**no**) **~s** (nicht) vorbestraft sein; **previous experience** *s* Vorkenntnisse *fpl,* Vorbildung *f;* **previous holder** *s* Vorbesitzer(in) *m(f);* **pre·vi·ous·ly** [-lɪ] *adv* früher; vorher; **previous month** *s* Vormonat *m;* **previous notice** *s* Vorankündigung *f;* **previous speaker** *s* Vorredner(in) *m(f);* **previous year** *s* Vorjahr *nt*

pre-war [ˈpriːwɔː] *adj* Vorkriegs-; **~ England** Vorkriegsengland *nt;* **the ~ years** die Vorkriegsjahre

prey [preɪ] **I.** *s* Beute(tier *nt*) *f;* **fall an easy ~ to** eine leichte Beute sein für; **beast of ~** Raubtier *nt;* **bird of ~** Raubvogel *m* **II.** *vi* ① herfallen (*on* über) ② nachstellen (*on, upon other animals* anderen Tieren), fangen (*on, upon* acc) ③ (*fig*) lasten (*on, upon* auf) ④ beeinträchtigen (*on, upon s.th.* etw), nagen, zehren (*on* an); **it is ~ing on my mind** es lastet mir auf der Seele

price [praɪs] **I.** *s* ① Preis *m* ② (*Börse*) Kurs *m,* Notierung *f* ③ Wert *m* ④ (*Wetten*) Quote *f;* **at all ~s** in jeder Preislage; **at any ~** (*fig*) um jeden Preis; **at half-~** zum halben Preis; **at a low ~** billig; **at the ~ of** zum Preis von; **beyond** [*o* **without**] **~** unbezahlbar; **under ~** unter Preis; **fetch a ~** einen Preis erzielen **II.** *vt* ① einen Preis festsetzen für; bewerten ② mit einem Preis versehen, auszeichnen ③ nach dem Preis fragen, sich nach dem Preis erkundigen (*s.th.* einer S) ④ (*fig*) schätzen; **price bracket** *s* Preisspanne, Preisklasse *f;* (*Börse*) Kursbildung *f;* **price calculation** *s* Preisgestaltung, Kalkulation *f;* **price ceiling** *s* Preisobergrenze *f;* Höchstpreis *m;* **price control** *s* Preiskontrolle *f;* **price-controlled** [ˈpraɪskənˈtrəʊld] *adj* preisgebunden; **price cut**(**ting**) *s* Preissenkung *f;* **price decline** *s* Preis-, Kursrückgang *m;* **price differential** *s* Preisgefälle *nt;* **price fixing** *s* Preisabsprache *f;* **price fluctuations** *s pl* Preis-, Kursschwankungen *fpl;* **price freeze** *s* Preisstopp *m;* **price index** *s* Preisindex *m;* **price-index number** *s* Preisindexzahl *f;* **price label** *s* Preisschild *nt*

price·less [ˈpraɪslɪs] *adj* ① unbezahlbar, unschätzbar, unvergleichlich ② (*Br fam*) amüsant

price level [ˈpraɪslevl] *s* Kurs-, Preisniveau *nt;* **price limit** *s* Kurs-, Preisgrenze *f;* **price list** *s* ① Preisliste *f* ② (*Börse*) Kurszettel *m;* **price range** *s* Preisspanne, Preisklasse *f;* (*Börse*) Kursbildung *f;* **price ring** *s* Preiskartell *m;* **price rise** *s* Preiserhöhung *f;* **price tag**, **price ticket** *s* Preisschild *nt;* **price war** *s* Preiskrieg *m;* **pricey** [ˈpraɪsɪ] *adj* (*fam*) teuer; **pric·ing** [ˈpraɪsɪŋ] *s* Preisfestsetzung, -kalkulation *f;* **~ policy** Preispolitik *f*

prick [prɪk] **I.** *s* ① (Nadel)Stich *m* ② stechender Schmerz ③ (*vulg*) Penis, Schwanz *m* ④ (*vulg: Mensch*) Arschloch *nt;* **~s of conscience** Gewissensbisse *mpl* **II.** *vt* ① stechen ② (*Loch*) bohren ③ sich stechen (*one's hand* in die Hand) ④ (*Blase*) aufstechen **III.** *vi* ① stechen ② (*Augen*) brennen; **prick out** *vt* (*Pflanzen*) versetzen; (*Muster*) punktieren; ausrädeln; **prick up one's ears** die Ohren spitzen

prickle [ˈprɪkl] **I.** *s* ① Stachel, Dorn *m* ② Prickeln *nt* **II.** *vi* ① stechen ② prickeln; **prick·ly** [ˈprɪklɪ] *adj* stach(e)lig; prick(e)lig; **~ heat** Hitzebläschen; **~ pear** Feigenkaktus *m*

pride [praɪd] **I.** *s* ① Stolz *m* ② Hochmut *m,* Überheblichkeit *f* ③ (*von Löwen*) Rudel *nt;* **~ of place** der erste Platz **II.** *vr:* **~ o.s.** (**up**)**on, take** (**a**) **~ in** stolz sein auf, sich viel einbilden auf

priest [priːst] *s* ① (*katholisch*) Priester *m* ② (*protestantisch*) Pfarrer(in) *m(f);* **priest·hood** [ˈpriːsthʊd] *s* ① Priesteramt *nt* ② Geistlichkeit *f;* **priest·ly** [ˈpriːstlɪ] *adj* priesterlich

prig [prɪg] *s* Tugendbold *m;* (*pej*) Schnösel *m;* **prig·gish** ['prɪgɪʃ] *adj* tugendhaft; dünkelhaft

prim [prɪm] *adj* ① steif, (über)korrekt, förmlich ② sittsam; prüde

pri·macy ['praɪməsɪ] *s* ① Vorrang(stellung *f*) *m* ② Primat *m od nt*

prima donna [pri:mə'dɒnə] *s* Primadonna *f*

pri·mae·val [praɪ'mi:vl] *adj* urzeitlich; ~ **forest** Urwald *m;* ~ **slime** [*o* **soup**] Urschlamm *m*

pri·mal ['praɪml] *adj* ursprünglich

pri·mar·ily ['praɪmərɪlɪ] *adv* hauptsächlich

pri·ma·ry ['praɪmərɪ] **I.** *adj* ① Haupt-, hauptsächlich, wesentlich ② Primär-, primär ③ (*Bedarf*) vordringlich; **of ~ importance** von größter Wichtigkeit; ~ **accent** (GRAM) Hauptton *m;* ~ **colour** Grundfarbe *f;* ~ **commodities** Grundstoffe *mpl;* ~ **concern** Hauptsorge *f;* ~ **education** Grundschulunterricht *m;* ~ **energy** Primärenergie *f;* ~ **industry** Grundstoffindustrie *f;* ~ **meaning** Grundbedeutung *f* (*eines Wortes*)*;* ~ **products** Grundstoffe *mpl;* ~ **responsibilty** Hauptverantwortung *f,* Hauptzuständigkeit *f;* ~ **rock** Urgestein *nt;* ~ **school** Grund-, Elementarschule *f;* ~ **target** Hauptziel *nt* **II.** *s* ① Grundfarbe *f* ② (*Am: bei Wahlen*) Vorwahl *f*

> **i Land & Leute**
>
> In Großbritannien ist eine **primary school** normalerweise eine staatliche Schule für Kinder im Alter von 5–11 Jahren, im Anschluss daran besuchen sie eine *secondary school.*

pri·mate ['praɪmeɪt] *s* ① Primas, Erzbischof *m* ② **~s** (ZOO) Primaten *mpl*

prime [praɪm] **I.** *adj* ① wesentlich, Haupt- ② erstklassig; erster, bester Qualität ③ (MATH) Prim-; **the matter is of ~ importance** die Sache ist von höchster Wichtigkeit; ~ **costs** Selbstkosten *pl,* Fertigungseinzelkosten *pl;* ~ **mourner** Hauptleidtragende(r) *m;* ~ **mover** Antriebskraft *f;* (TECH) Energie *f;* Motor *m;* Zugmaschine *f,* Schlepper *m;* (*fig*) treibende Kraft **II.** *s* ① Blüte(zeit) *f* ② (das) Beste, (die) Auslese, Spitze ③ (MATH) Primzahl *f* ④ (REL) Prim *f;* **in one's ~** in der Blüte des Lebens; **be in one's ~** in voller Blüte stehen **III.** *vt* ① vorbereiten; betriebsfertig machen; (*Malfläche*) grundieren ② (*Geschütz*) schussbereit machen; (*Bombe*) scharf machen; (*Pumpe*) vorpumpen; (*Vergaser*) Anlassmittel einspritzen in ③ (vorher) informieren; **prime mer·idian** *s* Nullmeridian *m;* **prime minister** *s* Premierminister(in) *m(f),* Ministerpräsident(in) *m(f);* **prime number** *s* Primzahl *f;* **primer** ['praɪmə(r)] *s* ① Fibel *f;* Elementarbuch *nt* ② Zünddrahthütchen *nt;* Sprengkapsel *f* ③ (TECH) Grundanstrich *m;* Grundierfarbe *f;* **prime time** *s* Hauptsendezeit *f*

pri·meval [praɪ'mi:vl] *adj* urzeitlich; ~ **forest** Urwald *m;* ~ **slime** [*o* **soup**] Urschlamm *m*

primi·tive ['prɪmɪtɪv] **I.** *adj* primitiv; (*Kunst*) naiv **II.** *s* (*Kunst*) Naive(r) *f m;* (*Werk*) naives Kunstwerk

pri·mo·geni·ture [ˌpraɪməʊ'dʒenɪtʃə(r)] *s* Erstgeburt(srecht *nt*) *f,* Primogenitur *f*

pri·mor·dial [praɪ'mɔ:dɪəl] *adj* ursprünglich; fundamental

primp [prɪmp] *vt* (*fam*) zurechtmachen

prim·rose ['prɪmrəʊz] **I.** *s* ① Primel, Schlüsselblume *f* ② Blassgelb *nt* **II.** *adj* blassgelb;

prim·ula ['prɪmjʊlə] *s* Primel *f*

pri·mus® ['praɪməs] *s* Campingkocher *m* (*mit Paraffin betrieben*)

prince [prɪns] *s* ① Fürst *m* ② Monarch, Herrscher *m* ③ Prinz *m;* **Prince of Wales** *Titel des britischen Thronfolgers;* **Prince Charming** (*fig*) Märchenprinz *m*

> **i Land & Leute**
>
> Dem ältesten Sohn des britischen Monarchen wird traditionell der Titel **Prince of Wales** verliehen. Manchmal, wie auch bei Prince Charles 1969, wird dazu eine Zeremonie im *Caernarvon Castle* in Wales abgehalten.

prince consort *s* Prinzgemahl *m;* **prince·ly** ['prɪnslɪ] *adj* fürstlich; **prin·cess** [prɪn'ses] *s* ① Fürstin *f* ② Prinzessin *f*

prin·ci·pal ['prɪnsəpl] **I.** *adj* ① erste(r, s), oberste(r, s) ② wichtigste(r, s), bedeutendste(r, s) ③ hauptsächlich, größte(r, s) **II.** *s* ① Rektor(in) *m(f)* ② (THEAT) Hauptdarsteller(in) *m(f)* ③ Kapital *nt;* Kreditsumme *f* ④ (JUR) Klient(in) *m(f)* ⑤ (*Orgel*) Prinzipal *nt*

prin·ci·pal·ity [ˌprɪnsɪ'pælətɪ] *s* Fürstentum *nt;* **prin·ci·pal·ly** ['prɪnsəplɪ] *adv* hauptsächlich, besonders, vor allem

prin·ciple ['prɪnsəpl] *s* ① Grundsatz *m,* Prinzip *nt,* (Grund-, Lebens)Regeln *fpl,*

P

Prinzipien *ntpl* ② (CHEM) Element *nt;* **in ~** im Prinzip; grundsätzlich; **on ~** aus Prinzip, grundsätzlich; **make it a ~** es sich zum Grundsatz machen (*to* zu); **as a matter of ~** grundsätzlich, prinzipiell

print ['prɪnt] **I.** *s* ① Druck *m* ② (TYP) Schrift *f;* (das) Gedruckte ③ (*Foto*) Abzug *m* ④ (*Textil*) bedruckter Stoff; Muster *nt;* Kattun *m* ⑤ (*von Hand, Fuß*) Abdruck *m;* Fingerabdruck *m;* **out of ~** vergriffen; **in ~** gedruckt; **in big ~** groß gedruckt **II.** *vt* ① drucken; (*Stoff, Papier*) bedrucken ② (*Roman, Artikel*) veröffentlichen ③ in Druckschrift schreiben ④ (*Foto*) abziehen **III.** *vi* ① drucken ② in Druckschrift schreiben; **ready to ~** druckfertig; druckbereit; **print·able** [-əbl] *adj* druckfähig; **printed** ['prɪntɪd] *adj* gedruckt; **~ form** Vordruck *m,* Formular *nt;* **~ matter** Drucksache *f;* **printer** ['prɪntə(r)] *s* Drucker *m;* (*Werk*) Druckerei *f;* **~'s error** Druckfehler *m;* **~'s flower** Vignette *f;* **~'s ink** Druckerschwärze *f;* **~'s pie** (TYP) Zwiebelfische *mpl*

print·ing ['prɪntɪŋ] *s* ① Drucken *nt* ② Auflage *f* ③ Druckschrift *f;* Schrift *f* ④ (*Fotos*) Abziehen *nt;* **printing block** *s* Klischee *nt;* **printing ink** *s* Druckerschwärze *f;* **printing press** *s* Druckpresse *f;* **printing works** *s pl* Druckerei *f*

print-out ['prɪnt,aʊt] *s* (INFORM) Ausdruck *m;* **print run** *s* Auflage *f;* **print shop** *s* ① Graphikhandlung *f* ② Druckmaschinensaal *m*

prior[1] ['praɪə(r)] *s* Prior *m*

prior[2] ['praɪə(r)] **I.** *adj* voraus-, voraufgehend, früher, älter (*to* als); **~ claim** früherer Anspruch **II.** *prep:* **~ to** vor; **~ to my arrival** vor meiner Ankunft; **~ to my buying the car** ehe, bevor ich den Wagen kaufte

pri·or·ity [praɪ'ɒrətɪ] *s* Priorität *f,* Vorrang *m,* Vorrecht *nt* (*over, to* vor); **a top ~** eine äußerst wichtige [*o* dringliche] Angelegenheit; **that's my top ~** das ist mir am wichtigsten; **of first ~** von größter Dringlichkeit; **give ~ to s.th.** einer S den Vorrang geben; eine S dringlich behandeln; **have** [*o* **take**] **~** den Vorrang haben; **priority list** *s* Dringlichkeitsliste *f*

priory ['praɪərɪ] *s* Priorat *nt;* Münster *nt*

prise [praɪz] *vt* (*~ open*) aufbrechen; **~ a secret out of s.o.** jdm ein Geheimnis entlocken

prism [prɪzəm] *s* (MATH PHYS OPT) Prisma *nt;* **pris·matic** [prɪz'mætɪk] *adj* ① prismatisch ② (*fig*) glänzend; **~ colo(u)rs** Regenbogenfarben *fpl*

prison ['prɪzn] *s* Gefängnis *nt;* **be in ~** eine Freiheitsstrafe verbüßen; **be sentenced to go to ~** zu Gefängnis verurteilt werden; **go** [*o* **be sent**] **to ~** mit Gefängnis bestraft werden; **prison camp** *s* Gefangenenlager *nt;* **prison cell** *s* Gefängniszelle *f;* **prisoner** ['prɪznə(r)] *s* ① Gefangene(r) *f m,* Häftling *m* ② (*~ at the bar, awaiting, before trial, on remand, on suspicion*) Angeklagte(r) *f m,* Untersuchungsgefangene(r) *f m;* **hold** [*o* **keep**] **~** gefangen halten; **take ~** gefangen nehmen; **~ of war, POW** Kriegsgefangene(r) *f m;* **~-of-war camp** Kriegsgefangenenlager *nt;* **prison inmate** *s* Gefängnisinsasse *m;* **prison riot** *s* Gefangenenaufstand *m;* **prison yard** *s* Gefängnishof *m*

pris·tine ['prɪsti:n] *adj* ursprünglich; vormalig, früher; (*Schönheit*) makellos, unberührt

pri·va·cy ['prɪvəsɪ, *Am* 'praɪvəsɪ] *s* ① Individual-, Intimsphäre *f;* Privatleben *nt* ② Stille, Zurückgezogenheit *f;* **there is no ~ here** man kann hier nichts unbeobachtet tun; **invade s.o.'s ~** in jds Intimsphäre eindringen; **live in the ~ of one's own home** ein ungestörtes Privatleben führen; **infringement** [*o* **invasion**] **of ~** Eingriff *m* in die Intimsphäre; **in the strictest ~** unter äußerster Geheimhaltung; **tell s.o. in the strictest ~** jdm unter dem Siegel der Verschwiegenheit sagen; **~ on the Internet** Privatsphäre im Internet

pri·vate ['praɪvɪt] **I.** *adj* ① privat ② persönlich, individuell ③ privat, nicht öffentlich; **~ and confidential** streng vertraulich; **for s.o.'s ~ ear** (ganz) im Vertrauen; vertraulich; **for ~ use** für den eigenen Gebrauch; **in one's ~ capacity** als Privatmann; **in ~ hands** in Privathand; **keep ~** geheim halten; **~ affair, ~ business, ~ concern, ~ matter** Privatsache, Privatangelegenheit *f;* **~ arrangement** [*o* **settlement**] private Vereinbarung; gütliche Einigung; Privatvergleich *m;* **~ capital** Privatvermögen *nt;* **~ citizen** Privatperson *f;* **~ company** offene Handelsgesellschaft (*OHG*), Gesellschaft *f* mit beschränkter Haftung (*GmbH*); **~ conversation** Privatgespräch *nt;* **~ detective** [*o* **eye**] Privatdetektiv(in) *m(f);* **~ enterprise** freie Marktwirtschaft, freies Unternehmertum; **~ house** Privathaus *nt;* **~ information** vertrauliche Mitteilung; **~ lessons** Privatstunden *fpl,* -unterricht *m;* **~ letter** Privatbrief *m;* **~ life** Privatleben *nt;* **~ means** eigene Mittel *ntpl;* **~ practice** Privatpraxis *f;* **~ property** Privateigentum *nt;* **~ road** Privatweg *m;* **~ school** Privatschule *f;* **~ secretary** Privatsekretär(in) *m(f)*; ~ **sector** Privatbereich *m*, privater Sektor; ~ **transport** (AUTO) Individualverkehr *m*; ~ **tuition** Privatunterricht *m*; ~ **view** Vorabbesichtigung *f* **II.** *s* ① (einfacher) Soldat *m* ② ~**s** (~ *parts*) Geschlechtsteile *ntpl*; **in** ~ privat(im); unter vier Augen; ~ **first class** (*Am*) Gefreite(r) *m*

pri·va·teer [ˌpraɪvəˈtɪə(r)] *s* Freibeuter *m*; Kaperschiff *nt*

pri·vate·ly [ˈpraɪvɪtlɪ] *adv* ① privat; vertraulich ② persönlich; ~ **owned** in Privathand; ~, **I think ...** meine persönliche Meinung ist ...; **speak to s.o.** ~ mit jdm unter vier Augen sprechen

pri·va·tion [praɪˈveɪʃn] *s* ① Not *f*, Mangel *m* (*of* an) ② ~**s** Entbehrungen *fpl*

pri·vat·iz·ation [ˌpraɪvɪtaɪˈzeɪʃn] *s* Privatisierung *f*; **pri·vat·ize** [ˈpraɪvɪtaɪz] *vt* privatisieren

privet [ˈprɪvɪt] *s* Liguster *m*

pri·vi·lege [ˈprɪvəlɪdʒ] **I.** *s* ① Privileg, Vorrecht *nt*, Vorrang *m* ② (PARL) Immunität *f* ③ Ehre *f* **II.** *vt* privilegieren, bevorzugen, bevorrechten; **pri·vi·leged** [ˈprɪvəlɪdʒd] *adj* privilegiert, bevorrechtet; **be** ~ das Vorrecht genießen (*to do s.th.* etw zu tun)

privy [ˈprɪvɪ] **I.** *adj* ① (JUR) vertraut (*to* mit) ② beteiligt (*to* an); **be** ~ **to s.th.** in eine S eingeweiht sein; ~ **council** Geheimer Staatsrat **II.** *s* ① (JUR) Beteiligte(r) *f m* (*to* an) ② Abort *m*

prize¹ [praɪz] **I.** *s* ① Preis *m* ② (Lotterie)Gewinn *m* ③ (*fig*) Preis, Lohn *m*; **carry off** [*o* **take**] **the** ~ den Preis davontragen; **consolation** ~ Trostpreis *m*; **distribution of** ~**s** Preisverteilung *f* **II.** *adj* ① preisgekrönt ② (*fam*) ausgemacht ③ (*fam*) hervorragend, erstklassig **III.** *vt* (hoch)schätzen

prize² [praɪz] **I.** *s* (MAR) Prise *f* **II.** *vt* (*Schiff*) aufbringen

prize³ [praɪz] *vt* (*Am:* ~ *open*) aufbrechen; ~ **a secret out of s.o.** jdm ein Geheimnis entlocken

prize-fight [ˈpraɪzfaɪt] *s* (*Am*) (Berufs)Boxkampf *m*; **prize-fighter** *s* Berufsboxer *m*; **prize-fighting** *s* Berufsboxen *nt*; **prize-giving** [ˈpraizˌgɪvɪŋ] *s* Preisverteilung *f*; **prize list** *s* (*Lotterie*) Gewinnliste *f*; **prize money** *s* Geldpreis *m*; (SPORT) Siegesprämie *f*; **prize ring** *s* (Box)Ring *m*; **prize-winner** *s* Preisträger(in) *m(f)*, Gewinner(in) *m(f)*; **prize·winning** *adj* preisgekrönt; ~ **ticket** Gewinnlos *nt*

pro¹ [prəʊ] *s* <*pl* pros> ① (*fam*) Profi *m* ② (*sl*) Nutte *f*

pro² [prəʊ] **I.** *prep* für **II.** *s* Für *nt*; **the** ~**s and cons** das Für und Wider

pro·ac·tive [ˌprəʊˈæktɪv] *adj* eigenständig

prob·abil·ity [ˌprɒbəˈbɪlətɪ] *s* Wahrscheinlichkeit *f*; **in all** ~ aller Wahrscheinlichkeit nach; **what are the probabilities?** welche Aussichten bestehen da?; **the** ~ **is that he will come** er wird wahrscheinlich kommen; **theory of** ~ Wahrscheinlichkeitsrechnung *f*; **prob·able** [ˈprɒbəbl] **I.** *adj* wahrscheinlich; mutmaßlich **II.** *s* aussichtsreichste(r) Kandidat(in); **prob·ably** *adv* wahrscheinlich

pro·bate [ˈprəʊbeɪt] *s* ① (*gerichtliche*) Testamentseröffnung (und -bestätigung) *f*; Erblegitimation *f* ② (~ *court, department, division*) Nachlassgericht *nt*

pro·ba·tion [prəˈbeɪʃn] *s* ① Probe(zeit) *f* ② (JUR) Bewährung *f*; **on** ~ auf Probe; (JUR) mit Bewährung; ~ **officer** Bewährungshelfer(in) *m(f)*; **pro·ba·tion·ary** [prəˈbeɪʃnrɪ] *adj* ① Probe- ② (JUR) Bewährungs-; ~ **period** Probezeit *f*; **pro·ba·tioner** [prəˈbeɪʃnə(r)] *s* ① (Probe)Kandidat(in), auf Probe Angestellte(r) *f m*, Lernschwester *f* ② (JUR) Strafentlassene(r) *f m* mit Bewährungsfrist

probe [prəʊb] **I.** *s* ① (TECH, MED) Sonde *f* ② (JUR) Untersuchung *f* **II.** *vt* sondieren; (*All, Gewissen, Geheimnis*) erforschen **III.** *vi* ① suchen (*for* nach) ② (MED) untersuchen ③ (*fig*) forschen (*for* nach)

prob·ity [ˈprəʊbətɪ] *s* Rechtschaffenheit, Redlichkeit *f*

prob·lem [ˈprɒbləm] *s* ① Problem *nt* ② Problematik *f* ③ (MATH) Aufgabe *f*; **set s.o. a** ~ jdn vor eine schwierige Aufgabe stellen; **what's the** ~? (*fam*) wo fehlt's denn?; **prob·lem·atic(al)** [ˌprɒbləˈmætɪk(l)] *adj* problematisch; **problem child** *s* schwieriges Kind

pro·bos·cis [prəˈbɒsɪs, *pl* -siːz] <*pl* -ces> *s* Rüssel *m*

pro·cedur·al [prəˈsiːdʒərəl] *adj* verfahrensmäßig; (JUR) verfahrensrechtlich; **pro·cedure** [prəˈsiːdʒə(r)] *s* Verfahren, Verhalten, Vorgehen *nt*; (**code of**) **civil** ~ Zivilprozess(ordnung *f*) *m*; (**code of**) **criminal** ~ Strafprozess(ordnung *f*) *m*; **electoral** ~ Wahlmodus *m*; **question of** ~ Verfahrensfrage *f*

pro·ceed [prəˈsiːd] *vi* ① vorwärts gehen, vorschreiten, vorrücken ② fortsetzen (*on a journey* eine Reise) ③ weitergehen, -fahren, -reisen ④ weitergehen, seinen Fortgang nehmen ⑤ weitermachen, fortfahren (*with, in* mit) ⑥ schreiten (*to* zu) ⑦ anfangen, beginnen (*to s.th.* mit etw) ⑧ übergehen (*to* zu) ⑨ vorgehen, verfahren, handeln (*on a principle* nach einem Grund-

P

satz) ⑩ hervorgehen (*from* aus) ⑪ gerichtlich vorgehen, einen Prozess anstrengen (*against s.o.* gegen jdn) ⑫ verklagen, gerichtlich belangen (*against s.o.* jdn); ~ **to the order of the day** zur Tagesordnung übergehen; ~ **with a case** einen Prozess anstrengen; **please** ~ bitte reden, machen Sie weiter

pro·ceed·ing [prəˈsiːdɪŋ] *s* ① Vorgehen, Verfahren *nt*, Maßnahme *f* ② ~**s** Prozess *m* ③ ~**s** Sitzungs-, Verhandlungsberichte *mpl*, Prozessakten *fpl* ④ ~**s** Veranstaltung *f*; **take legal** ~**s** den Rechtsweg beschreiten, Klage erheben (*against s.o.* gegen jdn); **stop** ~**s** das Verfahren einstellen; **there were some peculiar** ~**s** es ereigneten sich merkwürdige Dinge

pro·ceeds [ˈprəʊsiːdz] *s pl* Ertrag, Erlös *m*, Einnahmen *fpl* (*from* aus); **annual** ~ Jahresertrag *m*; **cash** ~ Barerlös, -ertrag *m*

pro·cess [ˈprəʊses] **I.** *s* ① Prozess *m* ② (Arbeits)Verfahren *nt* ③ (JUR) Verfahren *nt*; gerichtliche Verfügung; **in** ~ im Gange; **in (the)** ~ **of** im Verlauf *+gen*; **in** ~ **of completion** in Arbeit; **in** ~ **of construction** im Bau; **in** ~ **of time** im Lauf der Zeit; **serve a** ~ **on s.o.** jdn gerichtlich vorladen; **finishing** ~ Veredelungsverfahren *nt*; **manufacturing** ~ Produktionsprozess *m* **II.** *vt* ① verarbeiten; (*Nahrungsmittel*) konservieren; (*Milch*) sterilisieren; (*Film*) entwickeln ② (*Akte, Antrag*) bearbeiten; (*Menschen*) abfertigen **III.** [prəˈses] *vi* ziehen, schreiten; ~**ed cheese**, ~ **cheese** (*Am*) Schmelzkäse *m*; **process chart** *s* Arbeitsablaufdiagramm *nt*; **process computer** *s* Prozessrechner *m*; **process costing** *s* Kostenrechnung *f* für Massenfertigung; **process engineering** *s* Verfahrenstechnik *f*; **pro·ces·sing** [ˈprəʊsesɪŋ] *s* ① (AGR TECH) Vered(e)lung *f* ② Verarbeitung, Behandlung *f* ③ (TECH) Aufbereitung *f* ④ (*fig*) Bearbeitung *f*; ~ **cost** Fertigungskosten *pl*; ~ **industry** verarbeitende Industrie; **word** ~ (INFORM) Textverarbeitung *f*

pro·cession [prəˈseʃn] *s* ① Prozession *f* ② (feierlicher) Umzug *m*; (Fest)Zug *m*; **funeral** ~ Leichenzug *m*

pro·claim [prəˈkleɪm] *vt* ① erklären; ausrufen (*s.o. king* jdn zum König) ② zeigen, erweisen (*o.s. master* sich als Meister); **proc·la·ma·tion** [ˌprɒkləˈmeɪʃn] *s* ① Proklamation, Ausrufung *f* ② Bekanntmachung *f* (*to* an)

pro·cliv·ity [prəˈklɪvətɪ] *s* Neigung *f*, Hang, Trieb *m* (*to, towards* zu)

pro·cras·ti·nate [prəʊˈkræstɪneɪt] *vi* zögern, zaudern; **pro·cras·ti·na·tion** [prəʊˌkræstɪˈneɪʃn] *s* Aufschub *m*; Verzögerung *f*

pro·create [ˈprəʊkrɪeɪt] **I.** *vt* (er)zeugen; hervorbringen; ins Leben rufen **II.** *vi* sich fortpflanzen; **pro·cre·ation** [ˌprəʊkrɪˈeɪʃn] *s* Fortpflanzung, Zeugung *f*

proc·tor [ˈprɒktə(r)] *s* ① Prokurator *m* ② (*Universität*) Proktor *m*; (*Am*) (Prüfungs)Aufsicht *f*

pro·cur·able [prəˈkjʊrəbl] *adj* ① erhältlich ② beschaffbar

procu·ra·tor [ˈprɒkjʊreɪtə(r)] *s* (JUR) (in Vertretung) Bevollmächtigte(r) *m*; **procurator fiscal** *s* (*Schottland*) Oberstaatsanwalt *m*

pro·cure [prəˈkjʊə(r)] **I.** *vt* ① ver-, beschaffen, besorgen ② bewirken ③ verkuppeln (*for s.o.* mit jdm) **II.** *vi* Kuppelei betreiben; **pro·cure·ment** [-mənt] *s* Beschaffung, Besorgung *f*; Vermittlung *f*; ~ **cost** Beschaffungskosten *pl*; ~ **division** (*Am*) Beschaffungsamt *nt*; **pro·curer** [prəˈkjʊərə(r)] *s* Kuppler *m*; **pro·cur·ess** [prəˈkjʊərɪs] *s* Kupplerin *f*

prod [prɒd] **I.** *vt* ① stoßen, knuffen ② (*fig*) antreiben, anspornen (*s.o. into doing s.th.* jdn zu etw); ~ **s.th. with s.th.** mit etw in etw stechen; ~ **s.o. into action** jdm einen Stoß geben, versetzen **II.** *vi* stoßen **III.** *s* ① Stoß *m* ② (*fig*) Anstoß *m*; Stoß *m*

prodi·gal [ˈprɒdɪgl] **I.** *adj* verschwenderisch (*of* mit); **be** ~ **of** [*o* **with**] verschwenden; nicht sparen mit; **the** ~ **son** der verlorene Sohn **II.** *s* Verschwender(in) *m(f)*

pro·di·gious [prəˈdɪdʒəs] *adj* ① wunderbar, -voll ② gewaltig; ungeheuer; **prod·igy** [ˈprɒdɪdʒɪ] *s* Wunder(ding, -werk) *nt* (*of* an); **child** ~ Wunderkind *nt*

pro·duce [prəˈdjuːs] **I.** *vt* ① produzieren; herstellen; erzeugen; (*Kohle, Öl*) fördern; (*Buch, Artikel*) schreiben; (*Kunstwerk*) schaffen; (*Zinsen, Kapital, Ertrag*) abwerfen ② (*Papiere*) hervorholen, vorzeigen, -weisen, -legen; (*Zeugen*) beibringen; (*Nachweis*) erbringen, führen; (*Gründe*) anführen ③ (AGR) tragen, liefern, hervorbringen ④ (*fig*) bewirken, zur Folge haben; hervorrufen ⑤ (THEAT) inszenieren; (FILM) drehen, produzieren; (*Aufnahme*) leiten ⑥ (MATH: *Strecke*) verlängern (*to* bis); (*Fläche*) erweitern **II.** [ˈprɒdjuːs] *s nur sing* Erzeugnis, Produkt *nt*; **pro·ducer** [prəˈdjuːsə(r)] *s* ① Erzeuger, Hersteller, Produzent, Fabrikant *m* ② (THEAT) Regisseur *m*; (FILM) Produzent *m*; (RADIO) Sendeleiter(in) *m(f)*; ~ **goods** Produktionsgüter *ntpl*; ~ **price** Erzeugerpreis *m*

prod·uct [ˈprɒdʌkt] *s* ① Erzeugnis, Produkt

nt ❷ (*fig*) Ergebnis, Resultat *nt* ❸ (COM) Fabrikat *nt*, Ware *f* ❹ (CHEM MATH) Produkt *nt*; **food** ~**s** Nahrungsmittel *pl*; **manufactured** ~**s** Industrieerzeugnisse *ntpl*; (**gross**) **national** ~ (Brutto)Sozialprodukt *nt*; ~ **costing** Stückkalkulation *f*; ~ **cycle** Produktzyklus *m*, Lebensdauer *f* eines Produkts; ~ **engineering** *ganzheitliches Produktmanagement, das Technik und Marketing umfasst*; ~ **liability** Produkthaftung *f*; ~ **line** Produktgruppe *f*; ~ **manager** Produktmanager(in) *m(f)*; ~ **mix** Produktmix *m*, -palette *f*; ~ **placement** Productplacement *nt*; ~ **range** Sortiment *nt*

pro·duc·tion [prəˈdʌkʃn] *s* ❶ Erzeugung, Herstellung, Produktion, Fabrikation, Fertigung *f* ❷ (MIN) Förderung *f* ❸ (*geistige*) Produktion *f*, Werk *nt* ❹ (THEAT) Aufführung, Inszenierung *f* ❺ (FILM) Produktion *f* ❻ (*Dokument*) Vorlage, Beibringung *f*; **go into** ~ die Produktion aufnehmen; **annual** ~ Jahresproduktion *f*; **production capacity** *s* Produktionskapazität *f*; **production costs** *s pl* Fertigungs-, Herstellungskosten *pl*; **production director** *s* (RADIO) Sendeleiter(in) *m(f)*; **production engineering** *s* technische Produktionsplanung und -steuerung; **production line** *s* Fließband *nt*, Fertigungsstraße *f*; **production manager** *s* Betriebs-, Produktionsleiter(in) *m(f)*; **production model** *s* (AUTO) Serienmodell *nt*; **production platform** *s* Förderplattform *f*; **production target** *s* Produktionsziel *nt*; **production time** *s* Produktionszeit *f*; **production volume** *s* Produktionsvolumen *nt*

pro·duc·tive [prəˈdʌktɪv] *adj* ❶ produktiv; (AGR MIN) ergiebig ❷ (*fig*) produktiv, schöpferisch ❸ (COM) gewinnbringend, rentabel; **be** ~ **of** hervorrufen, zur Folge haben, die Ursache sein +*gen*, erzeugen; ~ **capacity**, ~ **power** Produktionskapazität, Leistungsfähigkeit *f*; **it wouldn't be** ~ **to do that** es würde sich nicht lohnen das zu tun; **pro·duc·tiv·ity** [ˌprɒdʌkˈtɪvətɪ] *s* ❶ Produktivität *f*; Ertragfähigkeit, Ergiebigkeit *f*, Rentabilität *f* ❷ (*fig*) Produktivität *f*; **productivity agreement** *s* Produktivitätsvereinbarung *f*; **productivity bonus** *s* Leistungszulage *f*

pro·fana·tion [ˌprɒfəˈneɪʃn] *s* Entweihung, Schändung, Profanation *f*; **pro·fane** [prəˈfeɪn] **I.** *adj* ❶ profan, weltlich ❷ ruchlos, gottlos **II.** *vt* (*Heiligtum*) entweihen, schänden, profanieren; **pro·fan·ity** [prəˈfænətɪ] *s* ❶ Weltlichkeit *f* ❷ Lästerung *f* ❸ **profanities** Flüche *mpl*

pro·fess [prəˈfes] *vt* ❶ gestehen, bekennen ❷ versichern, erklären; **pro·fessed** [prəˈfest] *adj* ❶ erklärt, ausgesprochen, offen ❷ angeblich; **pro·fess·ed·ly** [prəˈfesɪdlɪ] *adv* ❶ zugegebenermaßen ❷ angeblich

pro·fes·sion [prəˈfeʃn] *s* ❶ Beruf *m*; Berufsstand *m* ❷ Bekenntnis *nt*; (~ *of faith*) Glaubensbekenntnis *nt*; **by** ~ von Beruf; **carry on** [*o* **exercise**] **a** ~ einen Beruf ausüben; **take up a** ~ einen Beruf ergreifen; **the learned** ~**s** die akademischen Berufe *mpl*; **the oldest** ~ das älteste Gewerbe

pro·fes·sional [prəˈfeʃnəl] **I.** *adj* ❶ beruflich; berufsmäßig; (*Sportler, Soldat*) Berufs- ❷ fachlich; fachmännisch; professionell ❸ (*fam*) notorisch; **take** ~ **advice on s.th.** einen Fachmann um etw befragen; **the** ~ **classes** die gehobenen Berufe; **he does it on a** ~ **basis** er macht das (haupt)beruflich; **turn** ~ Profi werden; ~ **disease** Berufskrankheit *f*; ~ **experience** Berufserfahrung *f*; ~ **journal** [*o* **magazine**] Fachzeitschrift *f*; ~ **organization** Berufsorganisation *f*; ~ **player** Berufsspieler(in) *m(f)*; ~ **secret** Berufsgeheimnis *nt*; ~ **training** Berufsausbildung *f* **II.** *s* ❶ Profi *m* ❷ Berufssportler(in) *m(f)*; **pro·fes·sion·al·ism** [prəˈfeʃnəlɪzəm] *s* ❶ fachliche Qualifikation; Professionalismus *m* ❷ (*von Arbeit*) Professionalität *f* ❸ (SPORT) Berufssportlertum, Profitum *nt*

pro·fes·sor [prəˈfesə(r)] *s* Professor(in) *m(f)*, (Hochschul)Lehrer(in) *m(f)*; **assistant** ~ Dozent(in) *m(f)*; **full** ~ (*Am*) ordentlicher Professor, Ordinarius *m*; **prof·es·sorial** [ˌprɒfɪˈsɔːrɪəl] *adj*: ~ **chair** Lehrstuhl *m*, -kanzel *f*; **pro·fes·sor·ship** [prəˈfesəʃɪp] *s* Professur *f*, Lehrstuhl *m*; **be appointed to a** ~ eine Professur erhalten, einen Lehrstuhl bekommen

prof·fer [ˈprɒfə(r)] *vt* anbieten; (*Dank*) aussprechen; (*Bemerkung*) machen

pro·fi·ciency [prəˈfɪʃnsɪ] *s* Tüchtigkeit, Leistung *f*; **certificate of** ~ Befähigungsnachweis *m*; **pro·fi·cient** [prəˈfɪʃnt] *adj* ❶ geübt, erfahren, fähig, tüchtig ❷ (*fam*) bewandert (*in* in)

pro·file [ˈprəʊfaɪl] **I.** *s* ❶ Profil *nt*; Seitenansicht *f* ❷ Kurzbiografie *f* ❸ (TECH) Längsschnitt *m*; Querschnitt *m* ❹ (COM) Kurzbeschreibung *f*, Profil *nt*; **in** ~ im Profil; **keep a low** ~ sich zurückhalten **II.** *vt* im Profil darstellen; ~ **s.o.** jds Lebensbild entwerfen; **pro·fil·er** [ˈprəʊfaɪlə] *s* Profiler(in) *m(f)* (*Experte für die Erstellung eines psychologischen Profils eines gesuchten Täters*); (*program*) Profilerprogramm *nt*

prof·it [ˈprɒfɪt] **I.** *s* ❶ Gewinn, Ertrag, Profit

P

m ② ~**s** Erträge *mpl,* Nutzung *f;* Einkünfte *pl* ③ (*fig*) Nutzen, Gewinn *m;* **at a** ~ mit Gewinn; vorteilhaft; **bring a** ~**, show a** ~**, yield a** ~ einen Gewinn abwerfen; **realize large** ~**s** große Gewinne erzielen; **sell at a** ~ mit Gewinn verkaufen; **make a** ~ **on s.th.** bei etw einen Gewinn erzielen; **turn to one's** ~ sich zu Nutze machen; **calculation of** ~**s** Rentabilitätsberechnung *f;* **clear** [*o* **net**] ~ Reingewinn *m;* **margin of** ~ Gewinnspanne *f;* **participation in** ~**s** Gewinnbeteiligung *f;* **share in the** ~**s** Gewinnanteil *m;* ~ **and loss** Gewinne und Verluste *pl* **II.** *vi* profitieren (*by, from* von), Nutzen ziehen (*from, by* aus); **prof·it·abil·ity** [ˌprɒfɪtə'bɪlətɪ] *s* Rentabilität *f;* **prof·it·able** ['prɒfɪtəbl] *adj* ① gewinn-, nutzbringend, vorteilhaft ② günstig, einträglich, lohnend, rentabel (*to* für); **be** ~ sich rentieren; **profit carried forward** *s* Gewinnvortrag *m;* **profit-earn·ing** ['prɒfɪtˌɜːnɪŋ] *adj* rentabel; **profi·teer** [ˌprɒfɪ'tɪə(r)] *s* Profitmacher(in) *m(f);* **war** ~ Kriegsgewinnler *m;* **profi·teer·ing** [-ɪŋ] *s* Wucher *m,* Preistreiberei *f;* **profit margin** *s* Gewinnspanne *f;* **profit maximation** *s* Gewinnmaximierung *f;* **prof·it-re·lat·ed** ['prɒfɪtˌrɪ'leɪtəd] *adj* erfolgsabhängig; **profit-seek·ing, profit-mak·ing, profit-oriented** ['prɒfɪtˌsiːkɪŋ, -ˌmeɪkɪŋ, -'ɔːrɪəntəd] *adj* auf Gewinn ausgerichtet; **profit-shar·ing** ['prɒfɪtˌʃeərɪŋ] *s* Gewinnbeteiligung *f* (*der Arbeitnehmer*); **prof·it-tak·ing** ['prɒfɪtˌteɪkɪŋ] *s* Gewinnmitnahme *f*

prof·li·gate ['prɒflɪgət] *adj* ① verkommen, lasterhaft ② verschwenderisch; ausschweifend, liederlich

pro·forma [ˌprəʊ'fɔːmə] *s* Pro-Forma-Rechnung *f*

pro·found [prə'faʊnd] *adj* ① (*Schmerz, Schlaf, Schweigen*) tief ② (*Bemerkung, Gedanken*) tiefgründig, -schürfend ③ (*Veränderung*) tiefgreifend; **pro·fun·dity** [prə'fʌndətɪ] *s* (*fig*) Tiefgründigkeit *f*

pro·fuse [prə'fjuːs] *adj* ① überreichlich, verschwenderisch (*of* an) ② sehr großzügig (*in, of* mit); **pro·fu·sion** [prə'fjuːʒn] *s* Überfluss *m,* -fülle *f,* verschwenderische Fülle (*of* an); **in** ~ im Überfluss

pro·geni·tor [prəʊ'dʒenɪtə(r)] *s* ① Vorfahr, Ahn(herr) *m* ② (*fig*) Vorläufer *m*

pro·geny ['prəʊdʒənɪ] *s* Nachkommen *pl*

prog·no·sis [prɒg'nəʊsɪs, *pl* -siːz] <*pl* -ses> *s* Prognose *f;* **prog·nos·ti·cate** [prɒg'nɒstɪkeɪt] *vt* ① voraus-, vorhersagen, prophezeien ② (MED) prognostizieren

pro·gram ['prəʊgræm] **I.** *s* ① (INFORM) Programm *nt* ② (*Am*) *s.* **programme II.** *vt* (INFORM) programmieren; **pro·gram·mable** [-əbl] *adj* (INFORM) programmierbar;

pro·gramme ['prəʊgræm] **I.** *s* ① Programm *nt* ② (RADIO TV) Sendung *f;* **what's on your** ~**?** was haben Sie vor?; **change of** ~ Programmänderung *f;* **party** ~ Parteiprogramm *nt* **II.** *vt* ① programmieren ② (*fig*) vorprogrammieren; ~**d course** programmierter Unterricht; **what's** ~**d for today?** was steht für heute auf dem Programm?; **pro·gram·mer** ['prəʊgræmə(r)] *s* Programmierer(in) *m(f);* **pro·gram·ming** ['prəʊgræmɪŋ] *s* Programmierung *f;* **programming language** *s* Programmiersprache *f*

prog·ress ['prəʊgres, *Am* 'prɒgres] **I.** *s nur sing* ① Fortschritt *m* ② (*eines Menschen, von Arbeit*) Fortschritte *mpl* ③ Fortschreiten *nt;* (MIL) Vorrücken *nt;* **in** ~ im Gange; **make** ~ Fortschritte machen; vorankommen; ~ **chaser** Terminjäger *m;* ~ **control** Terminüberwachung *f;* ~ **payment** Abschlagszahlung *f;* ~ **report** Lagebericht *m* **II.** [prə'gres] *vi* ① vorrücken (*towards* gegen) ② Fortschritte machen ③ (*Zeit, Arbeit*) voranschreiten **III.** *vt:* ~ **a project** ein Projekt weiterverfolgen; **pro·gres·sion** [prə'greʃn] *s* ① Folge *f* ② (MATH: *Steuern*) Progression *f* ③ (MUS) Sequenz *f* ④ Entwicklung *f* ⑤ Steigerung, Progression *f* ⑥ (MUS) Fortführung *f;* **pro·gres·sive** [prə'gresɪv] *adj* ① fortschreitend, zunehmend ② fortschrittlich, progressiv ③ (MED: *Steuer*) progressiv; **by** ~ **stages** stufenweise; ~ **form** (GRAM) Verlaufsform *f*

pro·hibit [prə'hɪbɪt] *vt* ① verbieten (*s.o. from doing s.th.* jdm etw zu tun) ② verhindern, unterbinden; **pro·hib·ition** [ˌprəʊɪ'bɪʃn] *s* ① Verbot *nt* ② (HIST) Prohibition *f;* **pro·hibi·tive** [prə'hɪbətɪv] *adj* ① verhindernd, ausschließend ② (*fam: Preis*) unerschwinglich; ~ **duty** Prohibitivzoll *m;* ~ **laws** Verbotsgesetze *ntpl;* ~ **signs** Verbotsschilder *ntpl*

pro·ject ['prɒdʒekt] **I.** *s* ① Projekt, Vorhaben, Unternehmen *nt* ② (SCHULE) Projekt *nt;* **engage in a** ~ ein Vorhaben in Angriff nehmen; ~ **manager** Projektmanager(in) *m(f);* ~ **scheduling** Projektplanung *f;* ~ **work** Referat *nt* **II.** [prə'dʒekt] *vt* ① (*auf Leinwand*) projizieren ② (voraus)planen; (*Kosten*) überschlagen ③ (MATH: *Linie*) verlängern; (*Körper*) projizieren ④ (*Flugkörper*) abschießen ⑤ (ARCH) vorspringen lassen; ~ **o.s.** seine Persönlichkeit herausstellen; ~ **one's problems onto s.o.** seine Probleme in jdn hineinprojizieren; ~ **one's**

voice seine Stimme zum Tragen bringen **III.** *vi* ① vorstehen ② planen ③ (PSYCH) von sich auf andere schließen ④ vernehmlich sprechen

pro·jec·tile [prəˈdʒektaɪl] *s* Geschoss, Projektil *nt*

pro·jec·tion [prəˈdʒekʃn] *s* ① Vorsprung, vorspringender Teil *m* ② (ARCH) Auskragung *f* ③ Entwurf, Plan *m* ④ (OPT FILM) Projektion *f* ⑤ (FILM) Vorführung *f* ⑥ Vorhersage, Prognose *f;* ~ **room,** ~ **booth** (*Am*) Vorführraum *m;* **pro·jec·tion·ist** [prəˈdʒekʃnɪst] *s* (FILM) Vorführer(in) *m(f);* **pro·jec·tor** [prəˈdʒektə(r)] *s* Projektor *m,* Vorführgerät *nt*

pro·lapse [ˈprəʊlæps] *s* (MED) Vorfall *m*

prole [prəʊl] *s* Prolet *m;* **pro·let·arian** [prəʊlɪˈteərɪən] **I.** *adj* proletarisch **II.** *s* Proletarier(in) *m(f);* **pro·let·ariat** [ˌprəʊlɪˈteərɪət] *s* Proletariat *nt*

pro·lif·er·ate [prəˈlɪfəreɪt] *vi* ① (BIOL) sich vermehren ② (*Unkraut, Zellen*) wuchern ③ sich zahlenmäßig stark erhöhen ④ (*Ideen*) um sich greifen; **pro·lif·er·ation** [prəˌlɪfəˈreɪʃn] *s* ① starke Vermehrung ② Wucherung *f* ③ starke Erhöhung ④ (*von Ideen*) Ausbreitung *f* ⑤ (*von Atomwaffen*) Weitergabe *f;* **pro·lific** [prəˈlɪfɪk] *adj* ① (BIOL) fruchtbar ② (*fig*) produktiv

pro·lix [ˈprəʊlɪks] *adj* weitschweifig, langatmig, wortreich

pro·log [ˈprəʊlɔːg] (*Am*), **pro·logue** [ˈprəʊlɒg] *s* ① Prolog *m* (*to* zu) ② (*fig*) Auftakt *m;* **be the** ~ **to s.th.** zu etw den Auftakt bilden

pro·long [prəˈlɒŋ] *vt* ① verlängern ② aufschieben, hinauszögern ③ (*Wechsel*) prolongieren; **pro·lon·ga·tion** [ˌprəʊlɒŋˈgeɪʃn] *s* ① Verlängerung *f* ② Hinauszögern *nt* ③ (*Wechsel*) Prolongierung *f*

prom [prɒm] *s* ① Konzert *nt* in lockerem Rahmen ② (*Br*) Promenade *f* ③ (*Am*) Schüler-, Klassenball *m*

i Land & Leute

Ein **prom** ist ein Ball in einer amerikanischen *high school.* Der *senior prom* ist ein Ball für alle *seniors.* Normalerweise erscheint man mit einem *date* (Partner/in) und ein Paar wird zu *prom queen and king* gewählt. Diese Veranstaltung ist einer der Höhepunkte des Schuljahres. Oft gibt es auch einen *junior prom* für *juniors.*

prom·en·ade [prɒməˈnɑːd, *Am* ˌprɒməˈneɪd] **I.** *s* ① Spaziergang *m* ② (*Am*) Schülerball *m* ③ (*Br*) (Ufer)Promenade *f* **II.** *vi* spazieren(gehen), promenieren; **promenade concert** *s* Konzert *nt* in lockerem Rahmen; **promenade deck** *s* (MAR) Promenadendeck *nt*

promi·nence [ˈprɒmɪnəns] *s* ① Vorsprung *m;* Anhöhe *f* ② (*fig*) Beliebtheit *f;* Bekanntheit *f;* Bedeutung *f;* **achieve** ~ Bedeutung erlangen (*as* als); **bring s.th. into** ~ etw herausstellen; **come into** ~ (*fig*) in den Vordergrund treten; **promi·nent** [ˈprɒmɪnənt] *adj* ① vorstehend, -springend ② (*fig*) hervorragend, bedeutend ③ auffällig ④ (wohl)bekannt, prominent

prom·is·cu·ity [ˌprɒmɪˈskjuːətɪ] *s* sexuelle Freizügigkeit, Promiskuität *f,* häufiger Partnerwechsel; **pro·mis·cu·ous** [prəˈmɪskjʊəs] *adj* sexuell freizügig; **be** ~ häufig den Partner wechseln

prom·ise [ˈprɒmɪs] **I.** *s* ① Versprechen *nt;* (feste) Zusage, Zusicherung *f* ② (feste) Aussicht, Hoffnung *f* (*of* auf); **break one's** ~ sein Wort brechen; **give** [*o* **make**] **a** ~ ein Versprechen geben; **keep one's** ~ sein Versprechen, sein Wort halten; **show great** ~ zu großen Hoffnungen berechtigen, viel versprechend sein; **breach of** ~ Wortbruch *m;* **empty** ~**s** leere Versprechungen *fpl;* ~**s,** ~**s!** nichts als Versprechen! **II.** *vt* ① versprechen ② andeuten, hindeuten auf; ~ **s.o. s.th.,** ~ **s.th. to s.o** jdm etw versprechen; **the sky** ~**s rain** es sieht nach Regen aus; **the Promised Land** das Gelobte Land **III.** *vi* versprechen; ~ **well** viel versprechend sein **IV.** *vr:* ~ **o.s. s.th** sich etw versprechen; sich etw geloben; **prom·is·ing** [-ɪŋ] *adj* ① viel versprechend, verheißungs-, hoffnungsvoll ② Erfolg versprechend; **prom·is·sory** [ˈprɒmɪsərɪ] *adj:* ~ **note** Schuldschein *m*

prom·on·tory [ˈprɒməntrɪ] *s* Kap, Vorgebirge *nt*

pro·mote [prəˈməʊt] *vt* ① fördern, vorantreiben, unterstützen ② sich einsetzen für; befürworten ③ (*Geschäft*) gründen ④ (*Gesetzentwurf*) einbringen ⑤ (*im Rang*) befördern ⑥ (COM) werben für (*einen Artikel*) ⑦ (*Verkauf*) steigern; **pro·mo·ter** [prəˈməʊtə(r)] *s* ① Förderer *m,* Förderin *f,* Befürworter(in) *m(f)* ② (Geschäfts)Gründer(in) *m(f)* (*einer AG*) ③ (SPORT) Veranstalter(in) *m(f);* **pro·mo·tion** [prəˈməʊʃn] *s* ① Förderung, Unterstützung, Befürwortung *f* ② (COM) Gründung *f* ③ (*beruflich*) Beförderung *f* ④ Verkaufsförderung *f* ⑤ Werbung, Reklame *f;* **get one's** ~ befördert werden; **sales** ~ Verkaufsförderung, Absatzsteigerung *f;* ~ **budget** Werbeetat *m;* ~ **chances** [*o* **prospects**] *pl* Aufstiegschancen *fpl;* ~ **manager** Werbeleiter(in) *m(f);* **promotional material** *s* Werbematerial *nt*

prompt [prɒmpt] **I.** *adj* ❶ umgehend, sofortig, unverzüglich ❷ (*Mensch*) (sofort) bereit; pünktlich **II.** *s* ❶ (THEAT) Soufflieren *nt* ❷ (INFORM) Befehlszeile *f* ❸ (INFORM) Eingabeaufforderung *f;* **give s.o. a** ~ jdm soufflieren; (*fig*) jdn erinnern **III.** *vt* ❶ anspornen; auffordern ❷ veranlassen (*to* zu) ❸ auf die Sprünge helfen (*s.o.* jdm) ❹ (THEAT) soufflieren (*s.o.* jdm) **IV.** *adv* pünktlich; **prompt box** *s* Souffleurkasten *m;* **prompter** ['prɒmptə(r)] *s* Souffleur *m,* Souffleuse *f;* **promp·ti·tude**, **prompt·ness** ['prɒmptɪtjuːd, 'prɒmptnɪs] *s* ❶ Bereitwilligkeit, Schnelligkeit *f* ❷ Promptheit *f;* Pünktlichkeit *f;* **prompt·ly** ['prɒmptlɪ] *adv* pünktlich; **attend to s.th.** ~ etw umgehend erledigen; **start** ~ **at eight** Punkt 8 Uhr anfangen; **prompt note** *s* Mahnschreiben *nt*

prom·ul·gate ['prɒmlgeɪt] *vt* verbreiten; (*Gesetz*) verkünden; **prom·ul·ga·tion** [ˌprɒml'geɪʃn] *s* Verbreitung *f;* Verkündung *f*

prone [prəʊn] *adj* ❶ liegend ❷ (*fig*) geneigt (*to* zu); **be** ~ **to do s.th.** zu etw neigen; **prone·ness** [-nɪs] *s* Neigung *f* (*to* zu)

prong [prɒŋ] *s* ❶ (*Gabel*) Zinke *f* ❷ Spitze, Zacke *f* ❸ (*Geweih*) Sprosse *f*

pro·nomi·nal [prəʊ'nɒmɪnl] *adj* pronominal; **pro·noun** ['prəʊnaʊn] *s* (GRAM) Pronomen, Fürwort *nt*

pro·nounce [prə'naʊns] **I.** *vt* ❶ verkünden; (*feierlich*) erklären ❷ (*Urteil*) fällen ❸ erklären (für) ❹ (*Wort*) aussprechen; ~ **o.s. for s.th.** sich für etw aussprechen **II.** *vi* Stellung nehmen; sich aussprechen (*on* über, *for, in favo(u)r of* für, *against* gegen); **she** ~**s badly** sie hat eine schlechte Aussprache; **pro·nounce·able** [-əbl] *adj* aussprechbar; **pro·nounced** [prə'naʊnst] *adj* ❶ ausgesprochen ❷ (*Becken, Knochen*) ausgeprägt ❸ (*Verbesserung*) deutlich; **have a** ~ **limp** stark hinken; **pro·nounce·ment** [prə'naʊnsmənt] *s* Erklärung *f;* (JUR) Verkündigung *f*

pronto ['prɒntəʊ] *adv* (*fam*) fix, schnell, dalli

pro·nun·ci·ation [prəˌnʌnsɪ'eɪʃn] *s* Aussprache *f*

proof [pruːf] **I.** *s* ❶ (JUR) Beweis *m* (*of* für) ❷ Nachweis, Beleg *m* ❸ Probe, Erprobung *f* ❹ (*Getränk*) Alkoholgehalt *m* ❺ (*Grafik, Fotografie*) Probeabzug *m;* (Korrektur)Fahne *f;* **by way of** ~ als Beweis; **furnish** [*o* **produce**] ~ den Beweis erbringen; **give** ~ **of s.th.** etw unter Beweis stellen; **put to** (**the**) ~ auf die Probe stellen; **read** (**the**) ~**s** Korrektur lesen; **burden** [*o* **onus**] **of** ~ Beweislast *f* **II.** *adj* ❶ fest, sicher (*against* gegen) ❷ wasserdicht, undurchlässig (*to, against* für) ❸ (*fig*) unempfindlich (*against* für) ❹ (*Alkohol*) probehaltig; **burglar**~ einbruchsicher; **crisis**~ krisenfest; **fire**~ feuerfest; **fool**~ narrensicher; **water**~ wasserdicht; **weather**~ wetterfest; ~ **against corruption** unbestechlich **III.** *vt* imprägnieren, wasserdicht machen;

proof·read ['pruːfˌriːd] *vi* Korrektur lesen; **proof·reader** ['pruːfˌriːdə(r)] *s* (TYP) Korrektor(in) *m(f);* ~**'s marks** Korrekturzeichen *ntpl;* **proof·read·ing** [-ɪŋ] *s* Korrekturlesen *nt;* **at the** ~ **stage** im Korrekturstadium

prop¹ [prɒp] **I.** *s* ❶ Pfosten *m,* Stütze *f* ❷ (*fig*) Stütze, Säule *f* ❸ ~**s** (THEAT) Requisiten *ntpl* **II.** *vt* ❶ (~ *up*) (mit einem Pfosten) stützen; verstreben ❷ (an)lehnen (*against* an) ❸ (AUTO) aufbocken ❹ (*fig*) (unter)stützen; ~ **o.s. against** sich lehnen gegen

prop² [prɒp] *s* Propeller *m*

propa·ganda [ˌprɒpə'gændə] *s* Propaganda *f;* **propa·gan·dist** [ˌprɒpə'gændɪst] *s* Propagandist(in) *m(f),* Verfechter(in) *m(f)*

propa·gate ['prɒpəgeɪt] **I.** *vt* ❶ fortpflanzen ❷ (PHYS OPT) ausbreiten ❸ (*Sitten, Ideen*) verbreiten **II.** *vi* sich fortpflanzen, sich vermehren; (*Ideen*) sich verbreiten; **propa·ga·tion** [ˌprɒpə'geɪʃn] *s* Fortpflanzung *f;* Vermehrung *f;* Aus-, Verbreitung *f*

pro·pane ['prəʊpeɪn] *s* Propan(gas) *nt*

pro·pel [prə'pel] *vt* antreiben; **pro·pel·lant** [prə'pelənt] *s* Treibstoff *m,* -mittel *nt;* Treibgas *nt;* **pro·pel·ler** [prə'pelə(r)] *s* Propeller *m;* **propeller shaft** *s* Antriebswelle *f;* (AUTO) Kardanwelle *f;* (MAR) Schraubenwelle *f;* **pro·pel·ling** [prə'pelɪŋ] *adj* treibend; ~ **force** Triebkraft *f;* ~ **pencil** Drehbleistift *m*

pro·pen·sity [prə'pensətɪ] *s* Neigung *f,* Hang *m* (*to, toward s.th.* zu etw, *for doing* zu tun); ~ **to invest** Investitionsneigung *f*

proper ['prɒpə(r)] *adj* ❶ passend, geeignet (*for* für) ❷ richtig, ordnungsgemäß ❸ ordentlich, bescheiden, höflich ❹ eigentümlich, charakteristisch (*to* für) ❺ (*oft nachgestellt*) eigentlich, im engeren Sinn ❻ (*fam*) recht, richtig, wahr, gehörig; **in** ~ **condition** in gutem Zustand; **at the** ~ **time** zur rechten Zeit; **through the** ~

channels auf dem Dienstweg; **in the ~ form** in ordnungsmäßiger Form; **~ fraction** echter Bruch; **deem ~ to** es für richtig halten zu; **that's not ~** das gehört sich nicht; **everything at the ~ time** alles zu seiner Zeit; **proper·ly** [-lɪ] *adv* ❶ korrekt, richtig ❷ anständig, ordentlich ❸ durch und durch; gründlich; **~ speaking** genaugenommen, eigentlich, in Wirklichkeit; **proper meaning** *s* eigentliche Bedeutung; **proper name**, **proper noun** *s* Eigenname *m*

prop·er·tied [ˈprɒpətɪd] *adj:* **the ~ classes** das Besitzbürgertum; **prop·erty** [ˈprɒpətɪ] *s* ❶ Eigentum *nt;* Besitz *m* ❷ (*landed ~*) Landbesitz *m,* Ländereien *fpl,* Immobilien *pl,* Liegenschaften *fpl,* Haus, Gebäude *nt;* Grundstück *nt;* Landbesitz *m* ❸ Eigenschaft, Eigentümlichkeit, Besonderheit *f;* Merkmal *nt* ❹ **properties** (THEAT) Requisiten *ntpl;* **public ~** Eigentum *nt* der öffentlichen Hand; **property developer** *s* Bauträger *m;* **property development** *s* Grundstückserschließung *f;* **property increment tax** *s* Wertzuwachssteuer *f;* **property insurance** *s* Sachversicherung *f;* **property man**, **propman** *s* (THEAT) Requisiteur *m;* **property market** *s* Immobilienmarkt *m;* **property owner** *s* Grundstücks-, Hauseigentümer(in) *m(f);* **property room** *s* Requisitenkammer *f;* **property speculation** *s* Immobilienspekulation *f;* **property tax** *s* Grundsteuer *f*

proph·ecy [ˈprɒfəsɪ] *s* Prophezeiung *f;* **proph·esy** [ˈprɒfɪsaɪ] *vt* prophezeien (*s.th. for s.o.* jdm etw), vorhersagen; **prophet** [ˈprɒfɪt] *s* Prophet *m;* **prophet·ess** [ˈprɒfɪtes] *s* Prophetin *f;* **pro·phetic** [prəˈfetɪk] *adj* prophetisch

pro·phy·lac·tic [ˌprɒfɪˈlæktɪk] **I.** *adj* (MED) vorbeugend, prophylaktisch **II.** *s* vorbeugendes Mittel; **pro·phy·lax·is** [prɒfɪˈlæksɪs] *s* (MED) Prophylaxe *f*

pro·pin·quity [prəˈpɪŋkwətɪ] *s* ❶ Nähe *f* ❷ (nahe) Verwandtschaft *f*

pro·pi·tious [prəˈpɪʃəs] *adj* günstig (*to, towards* für)

prop·jet [ˈprɒpdʒet] *s* Turboprop *m*

pro·pon·ent [prəˈpəʊnənt] *s* Befürworter(in) *m(f)*

pro·por·tion [prəˈpɔːʃn] **I.** *s* ❶ (An)Teil *m,* Quote *f* ❷ Verhältnis *nt;* (*a.* MATH) Proportion *f* ❸ Ausgeglichenheit, Ausgewogenheit *f* ❹ **~s** Dimensionen, Proportionen *fpl;* **in ~** verhältnismäßig, anteilig, im Verhältnis (*to* zu), in dem Maße (*as* wie); **out of ~** unverhältnismäßig; **out of all ~** in gar keinem Verhältnis (*to* zu); **~ of costs/profit** Kosten-/Gewinnanteil *m* **II.** *vt* ❶ in das richtige Verhältnis bringen (*to* zu), abstimmen (*to* auf), anpassen (*to* an) ❷ verhältnismäßig verteilen; **pro·por·tional** [prəˈpɔːʃənl] *adj* (*a.* MATH) proportional, im (richtigen) Verhältnis (*to* zu), entsprechend; verhältnismäßig, relativ; **~ representation** Verhältniswahlrecht *nt;* **~ share** Quote *f;* **~ voting** Verhältniswahl *f;* **pro·por·tion·al·ity** [prəˌpɔːʃənælɪtɪ] *s* (JUR) Verhältnismäßigkeit *f;* **pro·por·tion·ate** [prəˈpɔːʃənət] *adj* proportional; **be ~ to s.th.** im Verhältnis zu etw stehen; **pro·por·tioned** [prəˈpɔʃnd] *adj:* **well-~** wohlproportioniert

pro·po·sal [prəˈpəʊzl] *s* ❶ Vorschlag *m,* Anregung *f* ❷ Antrag *m;* **upon the ~ of** auf Vorschlag +*gen;* **place ~s before s.o.** jdm Vorschläge unterbreiten; **pro·pose** [prəˈpəʊz] **I.** *vt* ❶ vorschlagen (*s.th. to s.o.* jdm etw, *doing s.th.* etw zu tun) ❷ anregen ❸ (*einen Antrag*) einbringen, stellen ❹ (*~ s.o.'s health*) einen Toast ausbringen auf; **~ marriage to s.o.** jdm einen Heiratsantrag machen **II.** *vi* einen Heiratsantrag machen (*to s.o.* jdm); **~ to do s.th.** etw vorhaben; **man ~s, God disposes** der Mensch denkt, Gott lenkt; **pro·poser** [prəˈpəʊzə(r)] *s* Antragsteller(in) *m(f);* **prop·osi·tion** [ˌprɒpəˈzɪʃn] *s* ❶ Vorschlag *m,* Anregung *f* ❷ Antrag *m* ❸ Unternehmen, Vorhaben *nt* ❹ Aussage *f;* (MATH) Lehrsatz *m;* (PHILOS) Satz *m* ❺ Aussicht *nt;* **that's an expensive ~** das ist ein teures Vergnügen; **a paying ~** ein lohnendes Geschäft

pro·pound [prəˈpaʊnd] *vt* darlegen

pro·pri·etary [prəˈpraɪətrɪ] *adj* (*Klasse*) besitzend; (*Rechte*) Besitz-; (*Gebaren*) besitzergreifend; (COM) gesetzlich geschützt, Marken-; **~ article** Markenartikel *m;* **~ capital** (*Am*) Eigenkapital *nt;* **~ company** (*Am*) Dach-, Holdinggesellschaft *f;* **~ drug** (*Am*) *patentrechtlich geschützes Arzneimittel;* **~ goods** Markenartikel *mpl;* **pro·pri·etor** [prəˈpraɪətə(r)] *s* ❶ Eigentümer(in) *m(f),* Besitzer(in) *m(f),* (Geschäfts)Inhaber(in) *m(f)* ❷ Einzelunternehmer(in) *m(f);* **sole ~** Alleininhaber(in) *m(f);* **pro·pri·etor·ship** [-ʃɪp] *s* Eigentum *nt,* Besitz *m;* **during his ~** während er Inhaber, Besitzer war; **pro·pri·e·tress** [prəˈpraɪətrɪs] *s* Eigentümerin, Besitzerin, Inhaberin *f*

pro·pri·ety [prəˈpraɪətɪ] *s* ❶ Richtigkeit *f* ❷ Schicklichkeit *f,* Anstand *m;* **the proprieties** die Anstandsformen *fpl,* das gute Benehmen

P

props [prɒps] *s pl* (*sl: Theater*) Requisiten *ntpl*

pro·pul·sion [prəˈpʌlʃn] *s* (TECH) Antrieb *m;* **jet** ~ Strahl-, Düsenantrieb *m*

pro rata [ˌprəʊˈrɑːtə] *adj, adv* anteilmäßig; **pro·rate** [prəʊˈreɪt] *vt* (*Am*) anteilmäßig auf-, verteilen

pro·ro·ga·tion [ˌprəʊrəˈgeɪʃn] *s* (PARL) Vertagung *f;* **pro·rogue** [prəʊˈrəʊg] *vt* vertagen

pro·saic [prəˈzeɪɪk] *adj* (*fig*) prosaisch, nüchtern, trocken

pro·scenium [prəˈsiːnɪəm] *s* (THEAT: ~ *arch*) Proszenium *nt*

pro·scribe [prəˈskraɪb] *vt* ① verbieten ② ächten; verbannen; **pro·scrip·tion** [prəˈskrɪpʃn] *s* Verbot *nt;* Ächtung *f;* Verbannung *f*

prose [prəʊz] *s* Prosa *f*

pros·ecut·able [ˌprɒsɪˈkjuːtəbl] *adj* (*Handlung, Delikt*) strafbar

pros·ecute [ˈprɒsɪkjuːt] **I.** *vt* ① (JUR) strafrechtlich verfolgen ② (*Untersuchung*) durchführen; **trespassers will be ~d** unbefugtes Betreten bei Strafe verboten **II.** *vi* Klage erheben

pros·ecut·ing [-ɪŋ] *adj:* ~ **counsel,** ~ **attorney** (*Am*) Anklagevertreter(in) *m(f),* Staatsanwalt *m,* -anwältin *f*

pros·ecu·tion [ˌprɒsɪˈkjuːʃn] *s* ① Strafverfolgung *f* ② Durchführung *f;* **the** ~ die Anklage(behörde); die Staatsanwaltschaft; **liable to** ~ strafbar; ~ **witness, witness for the** ~ Belastungszeuge *m,* -zeugin *f*

pros·ecu·tor [ˈprɒsɪkjuːtə(r)] *s* ① (An)Kläger(in) *m(f)* ② (*public* ~) Anklagevertreter(in) *m(f),* Staatsanwalt *m,* -anwältin *f*

pros·elyte [ˈprɒsəlaɪt] *s* Neubekehrte(r) *f m*

pros·elyt·ize [ˈprɒsəlɪtaɪz] **I.** *vi* Proselyten machen **II.** *vt* bekehren

pros·ody [ˈprɒsədɪ] *s* Prosodie *f*

pros·pect [ˈprɒspekt] **I.** *s* ① Aussicht *f,* Ausblick *m* ② (*Am*) möglicher Käufer, Interessent, Kunde *m* ③ Anwärter, Kandidat *m* ④ (MIN) Schürfstelle *f* ⑤ ~**s** Aussichten *fpl;* **in** ~ in Aussicht; **have no ~s** keine Zukunft haben; **he is not much of a ~ for her** er hat ihr nicht viel zu bieten; **that would be a good** ~ das wäre aussichtsreich; **hold out the ~ of s.th.** etw in Aussicht stellen; **what are your ~s?** welche Aussichten haben Sie? **II.** [prəˈspekt, *Am* ˈprɒspekt] *vi, vt* (*Am: nach Gold*) schürfen (*for* nach); (*Öl*) bohren; **pros·pec·tive** [prəˈspektɪv] *adj* voraussichtlich; in Aussicht stehend; zukünftig; ~ **buyer** [*o* **customer**] Interessent(in) *m(f);* **pros·pec·tor** [prɒˈspektə(r)] *s* (MIN) Prospektor, Schürfer *m;* **pro·spec·tus** [prəˈspektəs] *s* Verzeichnis *nt;* Prospekt *m*

pros·per [ˈprɒspə(r)] *vi* ① gedeihen, blühen ② Erfolg, Glück haben ③ (*Geschäft*) gut gehen; **he is ~ing** es geht ihm gut; **pros·per·ity** [prɒˈsperətɪ] *s* Wohlstand *m;* (*Geschäft*) Erfolg *m;* **pros·per·ous** [ˈprɒspərəs] *adj* ① erfolgreich; (*Geschäft, Wirtschaft*) florierend ② wohlhabend

pros·tate (gland) [ˈprɒsteɪt (ˌglænd)] *s* (ANAT) Vorsteherdrüse, Prostata *f*

pros·ti·tute [ˈprɒstɪtjuːt] **I.** *vt* prostituieren **II.** *vr* sich prostituieren **III.** *s* Prostituierte, Dirne *f;* **male** ~ Strichjunge *m;* **pros·ti·tu·tion** [ˌprɒstɪˈtjuːʃn] *s* Prostitution *f*

pros·trate [ˈprɒstreɪt] **I.** *adj* ① hingestreckt ② (*fig*) machtlos ③ (*fig*) kraftlos (*with* vor) **II.** [prɒˈstreɪt] *vt* ① niederwerfen ② (*fig*) entkräften, niederschmettern; ~ **o.s.** sich niederwerfen (*at a shrine* an einem Altar, *before s.o.* vor jdm); **pros·tra·tion** [prɒˈstreɪʃn] *s* ① Fußfall *m* ② Entkräftung, (völlige) Erschöpfung *f*

prosy [ˈprəʊzɪ] *adj* prosaisch, trocken, langweilig

pro·tag·on·ist [prəˈtægənɪst] *s* ① (*in der Literatur*) Held(in) *m(f),* Protagonist(in) *m(f)* ② Hauptperson *f,* führender Kopf ③ (*fig*) Vorkämpfer *m*

pro·tect [prəˈtekt] *vt* ① schützen, bewahren (*from* vor) ② beschützen, verteidigen (*against* gegen) ③ (*Interessen, Rechte*) wahren; ~ **o.s.** sich sichern (*against* gegen); ~ **s.o.'s interests** jds Interessen wahren; **pro·tec·tion** [prəˈtekʃn] *s* ① Schutz *m* (*from* vor) ② (*von Interessen, Rechten*) Wahrung *f* ③ Versicherungsschutz *m* ④ (~ *money*) Schutzgeld *nt;* ~ **of consumers** Verbraucherschutz *m;* ~ **of the environment** Umweltschutz *m;* ~ **of interests** Wahrung *f* der Interessen; **protection factor** *s* (*Sonnenöl*) Licht-, Sonnenschutzfaktor *m;* **pro·tec·tion·ism** [-ɪzəm] *s* Protektionismus *m;* **pro·tec·tion·ist** [-ɪst] **I.** *adj* protektionistisch **II.** *s* Protektionist(in) *m(f);* **protection racket** *s organisierte Erpressung von Geschäftsinhabern;* **pro·tec·tive** [prəˈtektɪv] *adj* schützend; Schutz-; (*Eltern*) fürsorglich, besorgt; ~ **clause** Schutzklausel *f;* ~ **clothing** Schutzkleidung *f;* ~ **coating** Schutzanstrich *m;* ~ **colo(u)ring** [*o* **coloration**] (BIOL) Tarnfarbe *f;* ~ **custody** Schutzhaft *f;* ~ **instinct** Beschützerinstinkt *m;* ~ **measure** Schutzmaßnahme *f;* ~ **tariff** Schutzzoll *m;* **over-**~ übermäßig besorgt; **pro·tec·tor** [prəˈtektə(r)] *s* ① Beschützer(in) *m(f)* ② (*Gegenstand*) Schutz *m;* **pro·tec·tor·ate** [prəˈtektərət] *s* Protektorat *nt*

pro·tégé, pro·tégée ['prɒtɪʒeɪ, *Am* prəʊtɪ'ʒeɪ] *s* Schützling *m*

pro·tein ['prəʊtiːn] *s* (CHEM) ① Protein *nt* ② **~s** Eiweißstoffe *mpl*

pro·test [prə'test] **I.** *vt* ① beteuern ② protestieren gegen ③ (FIN: *Wechsel*) protestieren, zu Protest gehen lassen **II.** *vi* protestieren, Einspruch, Protest erheben (*to s.o.* bei jdm), sich verwahren (*against* gegen) **III.** ['prəʊtest] *s* ① Einspruch, Protest *m* (*against* gegen) ② (COM) (Wechsel)Protest *m;* **as a ~, in ~ against** als Protest gegen; **under ~** unter Protest; **without ~** widerspruchs-, vorbehaltlos

Prot·es·tant ['prɒtɪstənt] **I.** *s* Protestant(in) *m(f)* **II.** *adj* protestantisch; **Prot·es·tant·ism** [-ɪzəm] *s* Protestantismus *m*

prot·esta·tion [ˌprɒte'steɪʃn] *s* ① Beteuerung *f* ② Einspruch, Protest *m;* **pro·tester** [prə'testə(r)] *s* Protestierende(r) *f m,* Demonstrant(in) *m(f)*

pro·test march *s* Protestmarsch *m;* **pro·test vote** *s* Proteststimme *f*

pro·to·col ['prəʊtəkɒl] *s* Protokoll *nt*

pro·ton ['prəʊtɒn] *s* (PHYS) Proton *nt*

pro·to·plasm ['prəʊtəplæzəm] *s* (BIOL) Protoplasma *nt*

pro·to·type ['prəʊtətaɪp] *s* Prototyp *m*

pro·to·zoan [ˌprəʊtə'zəʊən, *pl* -'zəʊə] <*pl* -zoa> *s* Protozoon, Urtierchen *nt*

pro·tract [prə'trækt] *vt* ① (*zeitlich*) in die Länge ziehen, verlängern, ausdehnen ② hinauszögern, aufschieben, verschleppen; **pro·tracted** [prə'træktɪd] *adj* langwierig, langatmig, weitschweifig; **pro·trac·tion** [prə'trækʃn] *s* (*a.* JUR) Ausdehnung, Verzögerung, Verschleppung *f;* **pro·trac·tor** [prə'træktə(r)] *s* Winkelmesser *m*

pro·trude [prə'truːd] **I.** *vt* heraus-, hervorstoßen, -strecken **II.** *vi* vorstehen; herausragen, -treten; **pro·trud·ing, pro·trus·ive** [prə'truːdɪŋ, prə'truːsɪv] *adj* herausragend, vorspringend, vorstehend; **pro·tru·sion** [prə'truːʒn] *s* ① Vorsprung *m* ② Vorstehen *nt;* Herausragen *nt*

pro·tu·ber·ance [prə'tjuːbərəns] *s* ① Ausbauchung, (An)Schwellung *f;* Beule *f* ② (ASTR) Protuberanz *f;* **pro·tu·ber·ant** [prə'tjuːbərənt] *adj* vorstehend; **~ eyes** Glotzaugen *ntpl*

proud [praʊd] *adj* ① stolz (*of* auf) ② hochmütig, eingebildet ③ stolz, stattlich; prächtig; **do s.o. ~** jdn verwöhnen; **proud flesh** *s* wildes Fleisch

prov·able ['pruːvəbl] *adj* beweisbar, nachweisbar

prove [pruːv] <*irr:* proved, proved (proven)> **I.** *vt* ① beweisen, nachweisen; unter Beweis stellen ② bestätigen ③ beglaubigen, beurkunden ④ (*Flugzeug*) erproben ⑤ (*Teig*) gehen lassen; **~ one's identity** sich ausweisen; **~ (to be) false (true)** sich (nicht) bestätigen, sich als falsch (richtig) herausstellen **II.** *vi* ① sich erweisen, sich herausstellen als; (*gut, schlecht*) ausfallen ② (*Teig*) gehen **III.** *vr* sich erweisen (*innocent* als unschuldig)

proven ['pruːvn] *pp cf* **prove**

prov·enance ['prɒvənəns] *s* Herkunft *f,* Ursprung *m*

prov·en·der ['prɒvɪndə(r)] *s* Futter *nt*

prov·erb ['prɒvɜːb] *s* Sprichwort *nt;* **prov·erb·ial** [prə'vɜːbɪəl] *adj* (*a. fig*) sprichwörtlich

pro·vide [prə'vaɪd] **I.** *vt* ① beschaffen, besorgen; heranschaffen, liefern ② zur Verfügung stellen, bereitstellen ③ versorgen, ausstatten, beliefern (*with* mit); **~ o.s.** sich versorgen; **~ guidance for s.o.** jdm als Orientierung dienen **II.** *vi* ① sorgen; Vorsorge, Vorbereitungen treffen (*for* für, *against* gegen) ② (JUR) bestimmen, festsetzen, vorsehen; **~ for s.o.** jdn versorgen; **~ for s.th.** (JUR) etw vorsehen; **the Lord will ~** der Herr wird schon für uns sorgen; **pro·vided** [prə'vaɪdɪd] *conj:* **~ (that)** vorausgesetzt (, dass)

provi·dence ['prɒvɪdəns] *s* Vorsehung *f;* **provi·den·tial** [ˌprɒvɪ'denʃl] *adj* schicksalhaft; glücklich

pro·vider [prə'vaɪdə(r)] *s* ① Lieferant(in) *m(f)* ② (*Familie*) Ernährer(in) *m(f)* ③ (INTERNET) Provider *m;* **pro·vid·ing** [prə'vaɪdɪŋ] *adj:* **~ (that)** vorausgesetzt, (dass)

prov·ince ['prɒvɪns] *s* ① Provinz *f* ② (*fig*) Aufgabenkreis *m,* (Tätigkeits)Gebiet *nt;* Fach *nt;* **that question is outside my ~** dafür bin ich nicht zuständig; **prov·in·cial** [prə'vɪnʃl] **I.** *adj* ① provinziell ② engstirnig; **~ town** Provinzstadt *f* **II.** *s* Provinzbewohner(in) *m(f);* (*pej*) Provinzler(in) *m(f)*

prov·ing ['pruːvɪŋ] *s* Erprobung *f;* **be under the obligation of ~** beweispflichtig sein; **proving flight** *s* Testflug *m;* **proving ground** *s* Versuchsgelände *nt;* Versuchsfeld *nt;* (*fig*) Bewährungsprobe *f*

pro·vi·sion [prə'vɪʒn] **I.** *s* ① Vorkehrung, Vorsorge *f* ② Beschaffung, Bereitstellung *f* ③ Versorgung *f* (*of* mit) ④ Vorrat *m* ⑤ **~s** Lebensmittel *pl,* Verpflegung *f* ⑥ Vorschrift, Bestimmung *f* ⑦ (*Bilanz*) Rückstellung *f;* **make ~ for** Vorsorge treffen für; **~ of capital** Bereitstellung *f* von Kapital; **~ of electricity** Versorgung *f* mit Elektrizität; **~ for the future** Vorsorge *f* für die

P

Zukunft; ~ **for retirement** Altersversorgung *f;* ~ **store** Lebensmittelgeschäft *nt* **II.** *vt* (*mit Lebensmitteln*) versorgen

pro·vi·sional [prəˈvɪʒənl] *adj* ① vorläufig, einstweilig ② provisorisch; ~ **cover** vorläufige Deckung(szusage); ~ **driving licence** vorläufiger Führerschein für Fahrschüler; ~ **government** provisorische Regierung; **the** ~ **IRA** die provisorische Irisch-Republikanische Armee

pro·viso [prəˈvaɪzəʊ] <-visos, -visoes *Am*> *s* Klausel *f;* **with the** ~ **that …** unter der Bedingung, dass …; **with the usual** ~ unter dem üblichen Vorbehalt; **make it a** ~ zur Bedingung machen; sich vorbehalten

provo·ca·tion [ˌprɒvəˈkeɪʃn] *s* Herausforderung, Provokation *f;* **he did it under** ~ man hat ihn dazu provoziert; **pro·voca·tive** [prəˈvɒkətɪv] *adj* herausfordernd; provokativ; **look** ~ aufreizend aussehen

pro·voke [prəˈvəʊk] *vt* ① provozieren, reizen, herausfordern ② aufstacheln, aufreizen ③ (*Ärger, Kritik, Lächeln*) hervorrufen ④ (*Diskussion etc*) bewirken; ~ **s.o. to do** [*o* **into doing**] **s.th.** jdn veranlassen etw zu tun; **pro·vok·ing** [-ɪŋ] *adj* provozierend; ärgerlich

pro·vost [ˈprɒvəst] *s* ① (*Oxford*) Leiter *m* eines College ② (*Schottland*) Bürgermeister *m*

prow [praʊ] *s* (MAR) Bug *m*

prow·ess [ˈpraʊɪs] *s* ① Tapferkeit, Kühnheit *f* ② große Geschicklichkeit, überragendes Können; **sexual** ~ Potenz *f*

prowl [praʊl] **I.** *vi* herumschleichen, -streichen **II.** *vt* durchstreifen **III.** *s:* **be on the** ~ herumstreichen; ~ **car** (*Am*) Streifenwagen *m;* **prowler** [ˈpraʊlə(r)] *s* Herumstreicher *m;* **prowl·ing** [-ɪŋ] *s* Herumlungern *nt*

prox·im·ity [prɒkˈsɪmətɪ] *s* Nähe *f;* **in close** ~ in unmittelbarer Nähe (*to, with s.o.* jds); **prox·imo** [ˈprɒksɪməʊ] *adv* nächsten Monats

proxy [ˈprɒksɪ] *s* ① (*schriftliche*) Vollmacht *f* ② Vertreter(in) *m(f),* Bevollmächtigte(r) *f m;* **by** ~ in Vertretung; **stand** ~ **for s.o.** für jdn als Vertreter fungieren; **vote by** ~ sich bei einer Wahl vertreten lassen; **voting by** ~ Wahl *f* durch Stellvertreter

prude [pruːd] *s* prüde Frau, prüder Mann

pru·dence [ˈprudns] *s* ① Umsicht, Vorsicht *f* ② Klugheit *f;* **pru·dent** [ˈpruːdnt] *adj* ① umsichtig; vorsichtig ② vernünftig, einsichtig

prud·ery [ˈpruːdərɪ] *s* Prüderie *f;* **prud·ish** [ˈpruːdɪʃ] *adj* prüde, zimperlich

prune¹ [pruːn] *vt* ① (*Baum, Strauch*) beschneiden, ausputzen ② (*fig*) kürzen; reduzieren; (*Buch*) zusammenstreichen

prune² [pruːn] *s* ① Backpflaume *f* ② (*fig*) Muffel *m*

prun·ing [ˈpruːnɪŋ] *s* ① Beschneiden, Stutzen *nt* ② (*fig*) Kürzung *f;* Zusammenstreichen *nt;* **pruning hook** *s* Rebmesser *nt;* **pruning knife** <*pl* -knives> *s* Gartenmesser *nt;* **pruning saw** *s* Baumsäge *f;* **pruning shears** *s pl* Gartenschere, Rebschere *f*

pru·ri·ence [ˈprʊərɪəns] *s* Lüsternheit *f;* **pru·ri·ent** [ˈprʊərɪənt] *adj* lüstern

Prussia [ˈprʌʃə] *s* Preußen *nt;* **Prus·sian** [ˈprʌʃn] **I.** *s* Preuße *m,* Preußin *f* **II.** *adj* preußisch

prus·sic [ˈprʌsɪk] *adj:* ~ **acid** Blausäure *f*

pry¹ [praɪ] *vi* ① (~ *about*) herumspionieren, -schnüffeln, -horchen ② neugierig sein

pry² [praɪ] *vt* (*Am*) ① (~ *open*) aufbrechen ② (*fig: Geheimnis*) herauspressen (*out of s.o.* aus jdm)

pry·ing [ˈpraɪɪŋ] *adj* neugierig

PS [ˌpiːˈes] *s Abk. von* **post scriptum** PS *nt*

psalm [sɑːm] *s* Psalm *m;* **psalm·ist** [ˈsɑːmɪst] *s* Psalmist *m;* **psalm·ody** [ˈsɑːmədɪ] *s* Psalmodie *f,* Psalmengesang *m*

pse·phol·ogy [seˈfɒlədʒɪ] *s* Wahlforschung *f*

pseud [sjuːd] **I.** *s* (*fam*) Angeber(in) *m(f)* **II.** *adj* hochtrabend, hochgestochen; (*Buch, Film, Mensch*) pseudointellektuell; **pseu·do** [ˈsjuːdəʊ] *adj* unecht; affektiert; **a** ~**-intellectual** ein(e) Pseudointellektuelle(r)

pseu·do·nym [ˈsjuːdənɪm] *s* Pseudonym *nt;* **pseud·ony·mous** [sjuːˈdɒnɪməs] *adj* pseudonym

psit·ta·co·sis [ˌsɪtəˈkəʊsɪs] *s* Papageienkrankheit *f*

psych(e) [saɪk] **I.** *vt* (*sl*) ① analysieren ② (~ *out*) durchschauen; ~ **o.s. up, get** ~**ed up** sich hochschaukeln **II.** *vi* (*sl*): ~ **out** ausflippen

psyche [ˈsaɪkɪ] *s* Psyche *f*

psyche·delic [ˌsaɪkɪˈdelɪk] **I.** *adj* psychedelisch **II.** *s* psychedelische, bewusstseinserweiternde Droge

psy·chi·atric [ˌsaɪkɪˈætrɪk] *adj* psychiatrisch; **psy·chia·trist** [saɪˈkaɪətrɪst] *s* Psychiater(in) *m(f);* **psy·chia·try** [saɪˈkaɪətrɪ] *s* Psychiatrie *f;* **psy·chi·c(al)** [ˈsaɪkɪk(l)] **I.** *adj* ① psychisch, seelisch ② telepathisch **II.** *s* ① (*Spiritismus*) (gutes) Medium *nt* ② ~**s** *mit sing* Parapsychologie *f*

psy·cho·ana·lyse [ˌsaɪkəʊˈænəlaɪz] *vt* psychoanalytisch behandeln; **psy·cho·an·aly·sis** [ˌsaɪkəʊəˈnæləsɪs] *s* Psychoanalyse *f;* **psy·cho·ana·lyst** [ˌsaɪkəʊˈænəlɪst] *s* Psychoanalytiker(in) *m(f)*; **psy·cho·ana·lytic(al)** [ˌsaɪkəʊˌænəˈlɪtɪk(l)] *adj* psychoanalytisch

psy·cho·logi·cal [ˌsaɪkəˈlɒdʒɪkl] *adj* psychologisch; ~ **make-up** Psyche *f*; ~ **moment** psychologisch günstiger Zeitpunkt; ~ **terror** Psychoterror *m*; ~ **warfare** psychologische Kriegsführung; **it's all** ~ das ist alles Einbildung; **psy·chol·ogist** [saɪˈkɒlədʒɪst] *s* Psychologe *m*, Psychologin *f*; **psy·chol·ogy** [saɪˈkɒlədʒɪ] *s* Psychologie *f*; **child** ~ Kinderpsychologie *f*; **experimental/individual/social** ~ Experimental-/Individual-/Sozialpsychologie *f*; ~ **of the adolescent** Jugendpsychologie *f*

psy·cho·path [ˈsaɪkəʊpæθ] *s* Psychopath(in) *m(f)*; **psy·cho·pathic** [ˌsaɪkəʊˈpæθɪk] *adj* psychopathisch; **psy·cho·pathy** [ˌsaɪˈkɒpəθɪ] *s* Geisteskrankheit *f*; **psy·cho·sis** [saɪˈkəʊsɪs, *pl* -siːz] <*pl* -ses> *s* Psychose *f*; **psy·cho·so·matic** [ˌsaɪkəʊsəˈmætɪk] *adj* psychosomatisch; **psycho·thera·pist** [ˌsaɪkəˈθerəpɪst] *s* Psychotherapeut(in) *m(f)*; **psy·cho·ther·apy** [ˌsaɪkəʊˈθerəpɪ] *s* Psychotherapie *f*; **psy·chotic** [saɪˈkɒtɪk] **I.** *adj* psychotisch **II.** *s* Geisteskranke(r) *f m*, Psychotiker(in) *m(f)*

PT [ˌpiːˈtiː] *s Abk. von* **physical training** (SCHULE) Sport *m*

pt *s Abk. von* **pint** Pint *nt*

ptar·mi·gan [ˈtɑːmɪgən] *s* Schneehuhn *nt*

pto [ˌpiːtiːˈəʊ] *Abk. von* **please turn over** bitte wenden

pto·maine poi·son·ing [ˈtəʊmeɪn ˈpɔɪznɪŋ] *s* (HIST) Lebensmittelvergiftung *f*

pub [pʌb] *s* (*fam*) Kneipe *f*, Wirtshaus *nt*; **pub-crawl** *s* Kneipenbummel *m*

pu·berty [ˈpjuːbətɪ] *s* Pubertät *f*; **pu·bic** [ˈpjuːbɪk] *adj*: ~ **hair** Schamhaare *ntpl*; **pu·bis** [ˈpjuːbɪs, *pl* -biːz] <*pl* -bes> *s* (ANAT) Schambein *nt*

pub·lic [ˈpʌblɪk] **I.** *adj* ❶ öffentlich ❷ staatlich; städtisch ❸ allgemein bekannt; **be in the** ~ **eye** im Brennpunkt des öffentlichen Lebens stehen; **become** ~ bekannt werden **II.** *s mit sing od pl* Öffentlichkeit *f*; **in** ~ öffentlich, *adv*, in der Öffentlichkeit; **the cinema-going/the theatre-going** ~ das Film-/das Theaterpublikum; **the reading** ~ die Leserschaft; **public accountant** *s* (*Am*) Wirtschaftsprüfer(in) *m(f)*; **public address system** *s* Lautsprecheranlage *f*; **public affairs** *s pl* öffentliche Angelegenheiten *fpl*

pub·li·can [ˈpʌblɪkən] *s* Gastwirt(in) *m(f)*

pub·lic ap·pear·ance [ˌpʌblɪk əˈpɪərəns] *s* Auftreten *nt* in der Öffentlichkeit; **public appointment** *s* Staatsstellung *f*; **public assistance** *s* (*Am*) Sozialhilfe *f*

pub·li·ca·tion [ˌpʌblɪˈkeɪʃn] *s* Publikation, Veröffentlichung *f*; Druckschrift *f*; **in course of** ~ im Erscheinen begriffen, im Druck; **list of** ~**s** Verlagskatalog *m*; **monthly/weekly** ~ Monats-/Wochenschrift *f*; **new** ~ Neuerscheinung *f*; (*Werbung*) soeben erschienen; ~ **date** Erscheinungsdatum *nt*

pub·lic auth·or·ity [ˌpʌblɪk ɔːˈθɒrətɪ] *s* ❶ Staatsgewalt *f* ❷ Behörde *f*; **public bar** *s* Stehausschank *m*; **public company** *s* Aktiengesellschaft *f*; **public convenience** *s* öffentliche Bedürfnisanstalt; **public conveyance** *s* öffentliches Verkehrsmittel; **public debt** *s* Staatsverschuldung *f*; **public domain** *s* (*Am*) Staatseigentum *nt*, staatlicher Grund und Boden; **in the** ~ (*geistiges Eigentum*) frei (geworden); **public enemy** *s* Staatsfeind *m*; **public expenditure**, **public expense** *s* Staatsausgaben *fpl*; **public funds** *s pl* Staatsgelder, öffentliche Gelder *ntpl*; **public health** *s* Volksgesundheit *f*; **public health service** *s* staatlicher Gesundheitsdienst; **public holiday** *s* gesetzlicher Feiertag; **public house** *s* (*Br*) Wirts-, Gasthaus *nt*, Gaststätte *f*; **public information officer** *s* Presseoffizier *m*; **public interest** *s* öffentliches Interesse, Staatsinteresse *nt*

pub·li·cist [ˈpʌblɪsɪst] *s* Publizist(in) *m(f)*

pub·lic·ity [pʌbˈlɪsətɪ] *s* ❶ Publizität, Publicity *f* ❷ Werbung, Reklame *f*; **give** ~ **to s.th.** etw groß herausbringen; **give s.o.** ~ für jdn Reklame machen; **broadcast** ~ Rundfunkwerbung *f*; **publicity agent** *s* Werbeagent(in) *m(f)*; **publicity campaign** *s* Werbefeldzug *m*, -aktion *f*; **publicity department** *s* Werbeabteilung *f*; **publicity expenses**, **publicity costs** *s pl* Werbekosten *pl*; **publicity hound** *s* jemand, der auf Publicity aus ist; **publicity material** *s* Werbematerial *nt*

pub·lic·ize [ˈpʌblɪsaɪz] *vt* ❶ bekannt machen ❷ werben für, Reklame machen für

pub·lic law [ˌpʌblɪk ˈlɔː] *s* öffentliches Recht; **under** ~ öffentlich-rechtlich; **public library** *s* Volksbücherei *f*; **public limited company**, **plc** *s* (*etwa*) Aktiengesellschaft, AG *f*; **public loan** *s* Staatsanleihe *f*; **pub·lic·ly** [ˈpʌblɪklɪ] *adv* öffentlich; ~ **owned** Gemeineigentum *nt*; **public nuisance** *s* öffentliches Ärgernis; **public opinion** *s* die öffentliche Meinung; **public opinion poll** *s* Meinungsumfrage *f*; **public property** *s* Staatseigentum *nt*;

P

public prosecution *s* öffentliche Anklage; **public prosecutor** *s* Staatsanwalt *m,* -anwältin *f;* **public records** *s pl* Staatsarchiv *nt;* **public relations, PR** *s pl* Öffentlichkeitsarbeit *f;* Public Relations *pl,* PR *f;* **public-relations officer** *s* Pressesprecher(in) *m(f),* PR-Referent(in) *m(f);* **public school** *s* ❶ (*in GB*) höhere Privatschule ❷ (*in den USA*) öffentliche, staatliche Schule

i Land & Leute

In Großbritannien ist eine **public school** eine *independent school,* d.h. es ist eine private Schule, oft ein Internat für Jungen ab 13 und für Mädchen ab 11 Jahren. Die meisten dieser Schulen stammen aus dem 19. Jh.. Die ältesten Schulen begannen als *grammar schools* für arme Studenten, z.B. *Winchester* (im 14. Jh.), *Eton* (im 15. Jh.) und *Harrow* (im 16. Jh.).

public sector *s* öffentlicher Sektor; **public servant** *s* Angestellte(r) *f m* im öffentlichen Dienst; **public service** *s* öffentlicher Dienst; öffentlicher Dienstleistungsbetrieb; **pub·lic-spirited, pub·lic-minded** [ˌpʌblɪkˈspɪrɪtɪd, ˌpʌblɪkˈmaɪndɪd] *adj* sozial gesinnt; **public telephone** *s* Münzfernsprecher *m;* **public transport** *s* öffentliche Verkehrsmittel *ntpl;* **public trial** *s* (JUR) öffentliche Verhandlung; **public utility** *s* (öffentlicher) Versorgungsbetrieb *m,* Stadtwerke *ntpl,* Wasser-, Gas-, Elektrizitätswerk *nt;* **public wants** *s pl* öffentliche Bedürfnisse *ntpl;* **public weal** *s* Allgemeinwohl *nt;* **public works** *s pl* öffentliche Bauvorhaben *ntpl,* öffentliche Einrichtungen *fpl*

pub·lish [ˈpʌblɪʃ] *vt* ❶ (öffentlich) bekannt geben, machen ❷ (*Buch*) veröffentlichen; publizieren; herausgeben, -bringen, erscheinen lassen, verlegen; **be ~ed in instal(l)ments** in Lieferungen herauskommen; **about to be ~ed** im Erscheinen begriffen, im Druck; **just ~ed** soeben erschienen; **to be ~ed shortly** erscheint in Kürze; **pub·lisher** [ˈpʌblɪʃə(r)] *s* ❶ Verleger(in) *m(f)* ❷ (*a.* ~*s*) Verlag *m;* **pub·lish·ing** [ˈpʌblɪʃɪŋ] *s* Verlagswesen *nt;* ~ **business** [*o* **trade**] Verlagsgeschäft *nt;* ~ **company** [*o* **house**] Verlag(shaus *nt*) *m*

puck [pʌk] *s* Eishockeyscheibe *f,* Puck *m*

pucker [ˈpʌkə(r)] **I.** *vt* ❶ (*Mund*) verziehen; (zum Küssen) spitzen; (*Stirn*) runzeln ❷ (*Stoff*) in Falten legen **II.** *vi* ❶ sich verziehen; sich spitzen; sich runzeln ❷ Falten werfen **III.** *s* Falte *f*

pud·ding [ˈpʊdɪŋ] *s* ❶ Süßspeise *f,* Pudding *m* ❷ Fleischpastete *f* ❸ (*fig fam*) Dummkopf *m;* Dickerchen *nt;* **black** ~ Blutwurst *f;* **pudding-head** *s* (*fam*) Dummkopf *m*

puddle [ˈpʌdl] *s* Pfütze *f*

pu·denda [pjuːˈdendə] *s pl* äußere Schamteile *pl*

pudgy [ɪ] *adj* untersetzt, plump

puer·ile [ˈpjʊəraɪl] *adj* kindisch; **puer·il·ity** [ˌpjʊəˈrɪlətɪ] *s* ❶ kindisches Wesen ❷ Kinderei, Albernheit *f*

Puer·to Ri·can [ˈpwɜːtəʊˈriːkən] **I.** *adj* puertorikanisch **II.** *s* Puertorikaner(in) *m(f);* **Puer·to Ri·co** [ˈpwɜːtəʊˈriːkəʊ] *s* Puerto Rico *nt*

puff [pʌf] **I.** *s* ❶ Atem-, Windstoß *m* ❷ Zug *m* (*an einer Zigarette*) ❸ Atem *m* ❹ (*powder-~*) Puderquaste *f* ❺ Windbeutel *m* (*Gebäck*); **be out of** ~ außer Puste sein **II.** *vi* ❶ (*Wind*) blasen ❷ (*Rauch, Dampf*) ausstoßen ❸ schnaufen, keuchen; (*Pferd*) schnauben ❹ (*Raucher*) paffen (*at* an) **III.** *vt* ❶ ausstoßen, -puffen; außer Atem bringen ❷ (*Zigarette*) paffen ❸ (über Gebühr) herausstreichen ❹ (*Haar, Kleid*) bauschen; **puff out** *vt* ❶ (*Flamme*) ausblasen ❷ (*Luft*) ausstoßen; (*Worte*) hervorstoßen ❸ außer Atem bringen; (*Backen*) aufblasen ❹ (*Brust*) herausstrecken; **puff up** **I.** *vi* (*Augen, Gesicht*) anschwellen **II.** *vt* (*Federn*) aufplustern; **~ed up** (*fig*) aufgeblasen, hochmütig; **puff adder** *s* Puffotter *f;* **puff·ball** *s* (*kugeliger Pilz*) Bofist, Bovist *m*

puffin [ˈpʌfɪn] *s* Papageientaucher *m*

puff pastry *s* Blätterteig *m;* **puffy** [ˈpʌfɪ] *adj* ❶ (*fig*) aufgeblasen, geschwollen ❷ (*Gesicht*) aufgedunsen ❸ (*Ärmel*) bauschig

pug [pʌg] (~ *-dog*) Mops *m*

pu·gil·ism [ˈpjuːdʒɪlɪzəm] *s* Boxen *nt;* **pu·gil·ist** [ˈpjuːdʒɪlɪst] *s* Boxer *m*

pug·na·cious [pʌgˈneɪʃəs] *adj* kampflustig; **pug·nac·ity** [pʌgˈnæsətɪ] *s* Kampf(es)lust *f*

pug nose [ˈpʌgnəʊz] *s* Stumpfnase *f*

puke [pjuːk] *vi* (*sl*) kotzen

puk·ka [ˈpʌkə] *adj* ❶ vornehm ❷ zuverlässig ❸ wahr; echt; ursprünglich

pull [pʊl] **I.** *vt* ❶ ziehen, zerren, reißen (*by the hair* an den Haaren); (*Glocke, Seil*) ziehen an ❷ (*Zahn*) ziehen; (*Korken, Unkraut*) herausziehen ❸ (*Bier*) zapfen ❹ (*Geflügel*) ausnehmen ❺ (*Muskel*) zerren ❻ (*Ruder*) anziehen ❼ (*Boot*) rudern ❽ (*Menschen*) anziehen ❾ (*fam*) abhalten, durchführen, veranstalten ⑩ (*sl: Ding*) drehen; ~ **a face** das Gesicht verziehen; ~ **a fast one on s.o.** (*sl*) jdn hereinlegen; ~ **s.o.'s leg** jdn auf den Arm nehmen; ~ **to pieces** in Stücke reißen, zerreißen; (*fig*) kein gutes Haar lassen an; ~ **a pistol on s.o.** jdn mit der Pistole bedrohen; ~ **one's punches** (*fig*) sich zurückhalten; ~ **rank on s.o.** jdm gegenüber den Vorgesetzten herauskehren; ~ **the strings** (*fig*) die Fäden in der Hand haben; ~ **strings** (*fig*) Beziehungen spielen lassen; ~ **a dirty trick on s.o.** jdm einen bösen Streich spielen; ~ **one's weight** sich ins Ruder legen; (*fig*) sich Mühe geben, sich anstrengen; ~ **the wool over s.o.'s eyes** (*fig*) jdn hereinlegen; **don't ~ any funny stuff!** machen Sie keine Geschichten! **II.** *vi* ① ziehen, zerren, reißen (*at* an) ② (*Trinken, Rauchen*) einen Zug machen ③ sich bewegen, fahren; **the car is ~ing to the left** das Auto zieht nach links; ~ **for s.o.** (*Am*) jdn unterstützen; **the train ~ed into the station** der Zug fuhr in den Bahnhof ein **III.** *s* ① Zug, Ruck *m* ② (Zug)Kraft, Stärke, Gewalt *f* ③ (*Trinken, Rauchen*) Zug *m* ④ (*fig*) Anziehungskraft *f* ⑤ (*Wasser, Luft*) Sog *m* ⑥ (Klingel)Zug *m;* Handgriff *m* ⑦ (TYP) (Probe)Abzug *m,* Fahne *f* ⑧ Werbe-, Zugkraft *f* ⑨ Einfluss *m* (*with* auf), Beziehungen *fpl* ⑩ Anstieg *m;* **give a ~** ziehen; rudern; **have the ~** einen Vorteil haben (*of, on, over* vor); **pull about** *vt* hin und her zerren, reißen, stoßen; **pull ahead of** *vt* überholen; **pull apart** *vt* auseinander ziehen; trennen; auseinander nehmen; (*fig*) kein gutes Haar lassen an; **pull away** *vi* sich losreißen; abfahren, hinter sich lassen; **pull back** **I.** *vt* zurückreißen, -stoßen **II.** *vi* einen Rückzieher machen; **pull down** *vt* ① nieder-, einreißen, demolieren ② (*Jalousie*) herunterlassen ③ (*Person*) mitnehmen ④ (*Gewinn*) drücken ⑤ (*Am: Geld*) verdienen; ~ **menu** Pulldownmenü *nt;* **pull in** **I.** *vt* ① (*Pferd*) zügeln ② (*Krallen*) einziehen ③ (*fig*) anziehen ④ (*fam*) kassieren ⑤ (*fam*) verhaften **II.** *vi* ① einfahren, ankommen ② (AUTO) anhalten; **pull off** *vt* ① wegziehen, -reißen, -zerren ② (*Hut*) abnehmen ③ (*Handel*) abschließen ④ (*fam*) Glück haben mit ⑤ (*sl: Sache*) schmeißen; **pull out** **I.** *vt* ① (her)ausziehen, -reißen ② (*Tisch*) ausziehen ③ (*fig*) zurückziehen **II.** *vi* ① (*Zug*) abfahren ② (*Mensch*) weggehen; **pull over** *vi* (*fam: Wagen*) heranfahren (*to the side* auf die Seite); **pull round** **I.** *vt* ① (*Kranken*) durchbringen ② herumdrehen **II.** *vi* durchkommen, die Krankheit überstehen; **pull through** **I.** *vt* ① (hin) durchziehen ② (*Sache*) durchbringen; durchhelfen (*s.o.* jdm) **II.** *vi* ① sich durchschlagen ② (*Kranker*) durchkommen; **pull together** **I.** *vi* (*fig*) am gleichen Strang ziehen, (gut) zusammenarbeiten **II.** *vt* (*fig*) zusammenbringen; ~ **o.s. together** sich zusammennehmen, sich zusammenreißen; **pull up** **I.** *vt* ① hochziehen; nach oben ziehen ② anhalten, zum Stehen bringen, stoppen ③ (*fig*) zurechtweisen; korrigieren ④ (*Pflanze*) herausreißen ⑤ verbessern **II.** *vi* ① anhalten, stehenbleiben (*at* an, bei, vor) ② einholen (*with s.o.* jdn); (SPORT) aufholen ③ (AUTO) vorfahren; ~ **up short** plötzlich bremsen; (*fig*) plötzlich unterbrechen; ~ **up stakes** (*Am*) alles hinter sich lassen

pul·let ['pʊlɪt] *s* Hühnchen *nt*

pul·ley ['pʊlɪ] *s* ① (TECH) Flaschenzug *m* ② (MAR) Talje *f* ③ (MED) Streckapparat *m*

pull-in ['pʊlɪn] *s* (*Br*) Rastplatz *m*

Pull·man® ['pʊlmən] *s* Pullmannwagen *m*

pull-out ['pʊlaʊt] *s* ① (Zeitschriften)Beilage *f* ② Abzug *m*

pull·over ['pʊləʊvə(ʳ)] *s* Pullover *m*

pull-up ['pʊlʌp] *s* Klimmzug *m*

pul·mon·ary ['pʌlmənərɪ] *adj:* ~ **disease** Lungenkrankheit *f*

pulp [pʌlp] **I.** *s* ① breiige Masse, Brei *m* ② (BOT) Fruchtfleisch, Mark *nt* ③ (ANAT) Zahnmark *nt,* Pulpa *f* ④ (*paper-~*) Papierbrei *m,* Pulpe *f* ⑤ (*fam: ~ magazine*) Groschenheft *nt;* **beat s.o. to a ~** jdn windelweich prügeln; **reduce s.o. to a ~** jdn bewegungsunfähig machen **II.** *vt* zu Brei machen

pul·pit ['pʊlpɪt] *s* Kanzel *f;* **in the ~** auf der Kanzel

pul·sar ['pʌlsɑː(r)] *s* Pulsar *m*

pul·sate [pʌl'seɪt] *vi* vibrieren, pulsieren (*with* von); **pul·sa·tion** [pʌl'seɪʃn] *s* Klopfen, Schlagen *nt;* Vibrieren *nt*

pulse *s* ① (*a. fig*) Puls *m* ② (*von Musik*) Rhythmus *m;* **feel** [*o* **take**] **s.o.'s ~** jdm den Puls fühlen

pump[1] [pʌmp] **I.** *s* Pumpe *f;* ~ **priming** Initialzündung *f* **II.** *vt* ① pumpen ② (~ *out*) aus-, leer pumpen; (*fig*) erschöpfen ③ ausfragen; ~ **up** aufpumpen; hochpumpen, heraufpumpen; ~ **dry** leer pumpen

pump[2] [pʌmp] *s* ① leichter Schuh ② **~s** Pumps *mpl;* **a pair of dancing ~s** ein Paar Tanzschuhe

pum·per·nickel ['pʌmpənɪkl] *s* Pumpernickel *m*

P

pump·ing ['pʌmpɪŋ] *s* ❶ Pumpen *nt* ❷ (*fig*) Kunst *f* des Ausfragens; ~ **plant** [*o* **station**] Wasserwerk *nt*, Pumpstation *f*
pump·kin ['pʌmpkɪn] *s* Kürbis *m*

i Land & Leute

Pumpkin pie heißt so viel wie Kürbiskuchen. Dieser beliebte amerikanische *Pie* wird besonders zu den Feiertagen *Thanksgiving* und *Christmas* serviert.

pump-room ['pʌmprʊm] *s* (*Kurort*) Trinkhalle *f*
pun [pʌn] **I.** *s* Wortspiel *nt* **II.** *vi* ein Wortspiel machen (*on, upon* auf)
punch¹ [pʌntʃ] **I.** *s* Locheisen *nt;* Locher *m;* Lochzange *f;* Prägestempel *m;* Punze *f* **II.** *vt* lochen; stempeln; stanzen; prägen
punch² [pʌntʃ] **I.** *vt* mit der Faust stoßen, schlagen, knuffen **II.** *s* ❶ Faustschlag, Stoß, Knuff, Puff *m* ❷ (*fig*) Durchschlagskraft *f* ❸ (*fam*) Schmiss, Schwung *m,* Energie, Tatkraft *f;* **pull one's ~es** (*fig*) sich zurückhalten
punch³ [pʌntʃ] *s* Punsch *m*
Punch [pʌntʃ] *s* Hanswurst, dummer August *m;* Kasperle *nt;* **pleased as ~** hocherfreut
Punch-and-Judy show [ˌpʌntʃənd ˈdʒuːdɪʃəʊ] *s* Kasperle-, Puppentheater *nt*
punch bag ['pʌntʃbæg] *s* Sandsack *m*
punch·bowl ['pʌntʃbəʊl] *s* Punschbowle *f* (*Gefäß*)
punch-card ['pʌntʃkɑːd] *s* Lochkarte *f;* Stempelkarte *f;* **punch-clock** *s* Stechuhr *f*
punch-drunk ['pʌntʃdrʌŋk] *adj* (*Boxen*) angeschlagen, (wie) benommen (*von Schlägen*); (*fig*) durcheinander; **punch·ing bag** ['pʌntʃɪŋbæg] *s* (*Am: Boxen*) Punchingball, Sandsack *m;* **punch-line** *s* Pointe *f;* **punch-tape** *s* Lochstreifen *m;* **punch-up** ['pʌntʃʌp] *s* (*fam*) Schlägerei *f;* **punc·tili·ous** [pʌŋk'tɪlɪəs] *adj* peinlich genau; pedantisch
punc·tual ['pʌŋktʃʊəl] *adj* pünktlich (*in* bei); **punc·tual·ity** [ˌpʌŋktʃʊ'ælətɪ] *s* Pünktlichkeit *f*
punc·tu·ate ['pʌŋktʃʊeɪt] *vt* ❶ mit Satzzeichen versehen ❷ (*fig*) zeitweise unterbrechen ❸ (*fig*) betonen; **punc·tu·ation** [ˌpʌŋktʃʊ'eɪʃn] *s* ❶ Interpunktion, Zeichensetzung *f* ❷ Satzzeichen *ntpl;* ~ **mark** Satzzeichen *nt*
punc·ture ['pʌŋktʃə(r)] **I.** *s* ❶ (Ein)Stich *m* ❷ Loch *nt* ❸ (AUTO) (Reifen)Panne *f* **II.** *vt* ❶ auf-, durchstechen ❷ perforieren, durchlöchern ❸ (*fig*) zum Platzen bringen; (*Hoffnungen*) vernichten
pun·dit ['pʌndɪt] *s* Pandit *m;* (*fig*) Experte *m,* Expertin *f*
pun·gent ['pʌndʒənt] *adj* ❶ (*Geruch*) scharf, beißend ❷ stechend, schmerzhaft ❸ (*Sorgen*) quälend
pun·ish ['pʌnɪʃ] *vt* (be)strafen (*for* für, *with* mit); **pun·ish·able** [-əbl] *adj* strafbar; **make ~** unter Strafe stellen; **~ act** strafbare Handlung; **pun·ish·ing** [-ɪŋ] **I.** *adj* ❶ mühsam ❷ (SPORT) hart schlagend **II.** *s* Schaden *m;* (SPORT) schwere Niederlage; **give a team a ~** einer Mannschaft eine schwere Niederlage zufügen; **take a ~** schwer mitgenommen werden; (SPORT) eine Niederlage erleben; **pun·ish·ment** [-mənt] *s* ❶ Bestrafung, Strafe *f* ❷ (*fam*) schlechte Behandlung; **as a ~** zur Strafe; **impose** [*o* **inflict**] **a ~ (up)on s.o.** gegen jdn eine Strafe verhängen; **take a lot of ~** viel aushalten; stark beschädigt werden; **capital ~** Todesstrafe *f;* **corporal ~** körperliche Züchtigung; **disciplinary ~** Disziplinarstrafe *f;* **exemption from ~** Straffreiheit *f;* **maximum ~** Höchststrafe *f*
pu·ni·tive ['pjuːnɪtɪv] *adj* strafend; **~ damages** Strafe *f* einschließlich Schadenersatz; **~ measures** Strafmaßnahmen *fpl;* **~ power** Strafgewalt *f*
punk [pʌŋk] **I.** *s* ❶ Punker(in) *m(f),* Punkrocker(in) *m(f);* (*Musik*) Punk(rock) *m* ❷ (*fam*) Quatsch *m* **II.** *adj* (MUS) Punk-
pun·net ['pʌnɪt] *s* (Früchte)Körbchen *nt*
pun·ster ['pʌnstə(r)] *s* Witzbold *m*
punt¹ [pʌnt] **I.** *s* (*Fußball*) Fallstoß *m* **II.** *vt* einen Fallstoß geben (*the ball* dem Ball), im Flug zurückschlagen **III.** *vi* einen Fallstoß machen
punt² [pʌnt] **I.** *s* Flachboot *nt,* Stechkahn *m* **II.** *vt* (*Boot*) staken **III.** *vi* stochern; Stechkahn fahren
punt³ [pʌnt] **I.** *vi* (*auf ein Pferd*) wetten **II.** *s* Wette *f;* **punter** ['pʌntə(r)] *s* ❶ Wetter *m;* Spieler *m* ❷ (*sl*) Typ *m;* (*von Prostituierter*) Freier *m;* **average ~** Otto Normalverbraucher
puny ['pjuːnɪ] *adj* klein, schwach, kümmerlich
pup [pʌp] **I.** *s* junger Hund/Otter/Seehund; **in ~** trächtig; **sell s.o. a ~** (*fam*) jdm etw andrehen **II.** *vi* (*Hündin*) (Junge) werfen
pupa ['pjuːpə, *pl* 'pjuːpiː] <*pl* pupae> *s* (*Insektenlarve*) Puppe *f;* **pu·pate** ['pjuːpeɪt] *vi* sich verpuppen
pu·pil¹ ['pjuːpl] *s* Schüler(in) *m(f)*

i Land & Leute

In Großbritannien tragen die meisten **pupils** (Schüler) eine Schuluniform. Der Unterricht dauert von 8.30 oder 9.00 bis etwa 15.30. So müsen die Schüler in der Schule Mittag essen. Entweder sie bringen ihre eigenen Lunchpakete mit, oder sie kaufen das Mittagessen, das von der Schule angeboten wird.

pu·pil² ['pju:pl] *s* (ANAT) Pupille *f*

pup·pet ['pʌpɪt] *s* Puppe *f;* Handpuppe *f;* (*a. fig*) Marionette *f;* **pup·pet·eer** [pʌpɪ'tɪə(r)] *s* Puppenspieler(in) *m(f);* **puppet government** *s* Marionettenregierung *f;* **puppet player** *s* Puppenspieler(in) *m(f);* **puppet-show** *s* Puppenspiel *nt*

puppy ['pʌpɪ] *s* junger Hund; ~ **fat** Babyspeck *m;* ~ **love** Jugendliebe *f;* **pup·py·ish** ['pʌpɪɪʃ] *adj* niedlich, jung aussehend

pur·chas·able ['pɜ:tʃəsəbl] *adj* käuflich; **pur·chase** ['pɜ:tʃəs] **I.** *vt* ❶ (an-, auf-, ein)kaufen; (käuflich) erwerben ❷ (*fig*) erkaufen **II.** *s* ❶ Kauf *m;* Anschaffung *f* ❷ Halt *m;* **by (way of)** ~ durch Kauf, käuflich; **conclude a ~, effect a ~, make a ~** einen Kauf tätigen; ~ **book** Wareneingangsbuch *nt;* ~ **ledger** Einkaufsbuch *nt;* ~ **money** Kaufgeld *nt;* ~ **order** Bestellung *f;* ~ **order number** Auftragsnummer *f;* ~ **price** Kaufpreis *m;* ~ **tax** Verbrauchssteuer *f;* **pur·chaser** ['pɜ:tʃəsə(r)] *s* ❶ (Ein)Käufer(in) *m(f),* Abnehmer(in) *m(f)* ❷ (*Auktion*) Ersteigerer *m;* **pur·chas·ing** [-ɪŋ] *s* ❶ Kauf, Erwerb *m,* Anschaffung *f* ❷ Beschaffung *f;* **purchasing agent** *s* Leiter(in) *m(f)* der Einkaufsabteilung, Einkäufer(in) *m(f);* **purchasing department** *s* Einkaufsabteilung *f;* **purchasing manager** *s* Einkaufsleiter(in) *m(f);* **purchasing order** *s* Kaufauftrag *m;* Bestellschein *m;* **purchasing power** *s* Kaufkraft *f;* **purchasing value** *s* Anschaffungswert *m*

pure [pjʊə(r)] *adj* ❶ rein; (*Motiv*) ehrlich ❷ (*fig: Unsinn, Wahnsinn*) hell, reinste(r, s); **pure blood** *s* Vollblut *nt;* **pure·bred** ['pjʊəbred] **I.** *adj* reinrassig, rasserein **II.** *s* reinrassiges Tier

purée ['pjʊəreɪ] **I.** *s* Püree *nt;* **tomato** ~ Tomatenmark *nt* **II.** *vt* pürieren

pure·ly ['pjʊəlɪ] *adv* rein; ausschließlich

pur·ga·tion [pɜ:'geɪʃn] *s* ❶ (*fig*) Reinigung *f* ❷ (MED) Abführen *nt;* **pur·ga·tive** ['pɜ:gətɪv] **I.** *adj* (MED) abführend **II.** *s* Abführmittel *nt;* **pur·ga·tory** ['pɜ:gətrɪ] *s* Fegefeuer *nt;* **purge** [pɜ:dʒ] **I.** *vt* ❶ reinigen, säubern ❷ (*fig*) befreien, frei machen (*of, from* von) ❸ (POL) säubern ❹ (*Verbrechen*) sühnen ❺ (*Körper*) entschlacken **II.** *s* ❶ (POL) Säuberung(saktion) *f* ❷ (MED) Abführmittel *nt*

pu·ri·fi·ca·tion [ˌpjʊərɪfɪ'keɪʃn] *s* Reinigung *f* (*from* von); **pu·rify** ['pjʊərɪfaɪ] *vt* reinigen (*of, from* von)

pur·ism ['pjʊərɪzəm] *s* Purismus *m;* **pu·rist** ['pjʊərɪst] *s* Purist(in) *m(f)*

Puri·tan ['pjʊərɪtən] **I.** *s* Puritaner(in) *m(f)* **II.** *adj* puritanisch; **puri·tani·cal** [ˌpjʊərɪ'tænɪkl] *adj* (*fig*) puritanisch, sittenstreng; **Puri·tan·ism** ['pjʊərɪtənɪzəm] *s* Puritanismus *m*

pu·rity ['pjʊərətɪ] *s* Reinheit *f;* ~ **of motives** ehrliche, lautere Motive

purl [pɜ:l] **I.** *vt, vi* links stricken **II.** *s* linke Masche; ~ **two** zwei links

pur·loin [pɜ:'lɔɪn] *vt* stehlen, entwenden

purple ['pɜ:pl] **I.** *adj* violett, lila; (*Gesicht*) hochrot; (*pej: Prosa*) hochgestochen; ~ **heart** (*Br*) Amphetamintablette *f;* **Purple Heart** (*Am*) Verwundetenabzeichen *nt* **II.** *s* Violett, Lila *nt;* **the** ~ der Adel; der Kardinalstand

pur·port ['pɜ:pət] **I.** *s* ❶ Bedeutung *f,* Sinn, Inhalt *m* ❷ Zweck *m,* Absicht *f* **II.** [pɜ:'pɔ:t] *vt* den Eindruck machen, den Anschein erwecken; vorgeben

pur·pose ['pɜ:pəs] *s* ❶ Absicht *f,* Ziel *nt;* Zweck *m* ❷ Entschlossenheit *f;* **for that** ~ zu diesem Zweck; deswegen, deshalb; **for the ~ of** zum Zweck *+gen;* (JUR) im Sinne *+gen;* **for what ~?** weshalb?; **on** ~ absichtlich, mit Absicht; (JUR) vorsätzlich; **for advertising ~s** zu Werbezwecken; **to** ~ nach Wunsch; **to all intents and ~s** in jeder Hinsicht [*o* Beziehung]; **to good** ~ mit guter Wirkung, wirkungsvoll; **to little** ~ mit geringer Wirkung; mit wenig Erfolg; **to no** ~ ohne Erfolg, wirkungslos; vergeblich; **to some** ~ mit einigem Erfolg; zweckentsprechend; **to the** ~ im beabsichtigten Sinne; zweckdienlich; zur Sache; **answer** [*o* **serve**] **the** ~ dem Zweck entsprechen; **serve no** ~ zwecklos sein; **turn to good** ~ gut ausnützen; **business** ~ Geschäftszweck *m;* **pur·pose-built** ['pɜ:pəsˌbɪlt] *adj* speziell angefertigt, speziell gebaut; **pur·pose·ful** ['pɜ:pəsfl] *adj* entschlossen; **pur·pose·less** ['pɜ:pəslɪs] *adj* ziel-, zweck-, planlos; **pur·pose·ly** [-lɪ] *adv* absichtlich, (wohl)überlegt

purr [pɜ:(r)] **I.** *vi* ❶ (*Katze*) schnurren

P

❷ (TECH) surren **II.** *s* ❶ Schnurren *nt* ❷ Surren *nt*

purse [pɜːs] **I.** *s* ❶ (*Br*) Geldbeutel *m,* Börse *f* ❷ Geldmittel *ntpl,* Finanzen *fpl* ❸ Betrag *m,* Summe *f* ❹ (*Am*) Handtasche *f;* **hold the ~ strings** die Finanzen in der Hand haben; **tighten the ~ strings** (*fam*) den Geldhahn zudrehen **II.** *vt* ❶ (~ *up*) in Falten legen ❷ (*Lippen*) schürzen; **~ up one's mouth** den Mund verziehen

purser ['pɜːsə(r)] *s* (MAR) Zahlmeister *m*

pur·su·ance [pə'sjuːəns] *s:* **in ~ of** gemäß *+dat,* auf Grund *+gen;* **pur·su·ant** [pə'sjuːənt] *adj:* **~ to** zufolge, entsprechend, gemäß *+dat,* in Übereinstimmung mit; **pur·sue** [pə'sjuː] *vt* ❶ verfolgen, jagen ❷ (*Weg*) einschlagen ❸ (*Plan*) verfolgen ❹ (*Tätigkeit, Beruf*) ausüben, nachgehen ❺ betreiben (*one's studies* ein Studium) ❻ fortsetzen, -führen; **~ the subject** beim Thema bleiben; **pur·suer** [pə'sjuːə(r)] *s* Verfolger(in) *m(f);* **pur·suit** [pə'sjuːt] *s* ❶ Verfolgung, Jagd *f* (*of* auf) ❷ Streben *nt* (*of* nach) ❸ **~s** Beschäftigung, Tätigkeit, Arbeit *f,* Geschäfte *ntpl,* Studien *fpl;* **in ~ of** auf der Jagd nach

puru·lent ['pjʊərələnt] *adj* eit(e)rig

pur·vey [pə'veɪ] *vt* verkaufen; **~ s.th. to s.o.** jdm etw liefern; **pur·vey·ance** [-əns] *s* Lieferung *f;* Verkauf *m;* **pur·veyor** [pə'veɪə(r)] *s* Händler(in) *m(f),* Lieferant(in) *m(f)*

pus [pʌs] *s* Eiter *m*

push [pʊʃ] **I.** *vt* ❶ stoßen; drücken (auf); schieben ❷ drängen, (an)treiben ❸ eifrig, energisch betreiben ❹ sich verwenden für; sich einsetzen für ❺ intensiv werben für; propagieren; **be ~ed for time/money** in (Zeit)Schwierigkeiten/in (Geld)Verlegenheit sein; **~ for s.th.** auf etw drängen; **don't ~ your luck!** treib's nicht zu weit!; **he's ~ing forty** er geht auf die vierzig zu; **~ one's advantage** seinen Vorteil wahrnehmen; **they ~ed themselves to their limit** sie taten ihr Äußerstes **II.** *vi* ❶ drücken; schieben; stoßen (*at* an) ❷ sich (sehr) anstrengen; kämpfen ❸ sich vorwärtsschieben, sich vordrängen; **stop ~ing!** hören Sie auf zu drängeln! **III.** *s* ❶ Stoß, Druck, Schub *m* ❷ (*a.* MIL) Vorstoß *m* (*for* auf), Schubs *m* ❸ (TECH) Drücker *m* ❹ (*Werbung*) Aktion *f* ❺ Tatkraft *f;* Anstrengung *f* ❻ (*fam*) Unternehmungsgeist *m,* Angriffslust *f* ❼ Protektion *f;* **at a ~** im Notfall; **at one ~** mit einem Ruck; auf einmal; **get the ~** (*sl*) entlassen werden; den Laufpass bekommen; **give s.o. the ~** jdn auf die Straße setzen; jdm den Laufpass geben; **when it comes to the ~** im entscheidenden Augenblick; **push along** *vi* ❶ weiter-, vorwärtskommen ❷ (*fam*) (nach Hause) gehen; **push around** *vt* herumkommandieren; schlecht behandeln; **push away** *vt* wegstoßen, -schieben; **push back** *vt* zurückstoßen, -schlagen, -drängen; **push down** *vt* hinab-, hinunter-, niederstoßen; herunterdrücken; **push forward** *vt* weiterschieben; vorantreiben, beschleunigen; **~ o.s. forward** sich vordrängen; sich emporarbeiten; **push in I.** *vt* hineinstoßen, -drücken, -schieben; unterbrechen **II.** *vi* sich hineindrängeln; **push off I.** *vt* ❶ hinunterschieben, -stoßen ❷ (*Deckel*) wegdrücken ❸ (*Boot*) abstoßen **II.** *vi* (*fam*) abhauen; **~ off!** hau ab!; **push on I.** *vt* ❶ darauf drücken ❷ (*fig*) antreiben; anstacheln **II.** *vi* weitergehen; weiterfahren; weitermachen; **push out** *vt* ❶ hinausschieben, -stoßen ❷ (*fig*) verdrängen ❸ (BOT) treiben; **let's ~ out the boat and order champagne!** lass uns richtig zuschlagen und Champagner bestellen!; **push over** *vt* umstoßen; **push through** *vt* ❶ durchschieben, -stoßen ❷ durchsetzen ❸ (*Gesetz*) durchbringen ❹ (*fig*) zu einem guten Ende bringen; **push up** *vt* ❶ hinaufschieben ❷ drücken (*against* gegen) ❸ (*Preise*) hochtreiben, hinaufschrauben

push·bar ['pʊʃbɑː(r)] *s* Riegel *m;* **push-bike** *s* (*Br*) Fahrrad *nt;* **push-button** *s* ❶ (ELEK) Drücker, Knopf *m* ❷ (Druck)Taste *f;* **push-button switch** *s* Druckknopfschalter *m;* **push-button telephone** *s* Tastentelefon *nt;* **push·cart** *s* Schubkarren *m;* **push·chair** ['pʊʃtʃeə(r)] *s* (Kinder)Sportwagen *m;* **pusher** ['pʊʃə(r)] *s* ❶ (*fig*) Streber(in) *m(f)* ❷ (*sl*) Drogenhändler(in) *m(f);* **push·ing** ['pʊʃɪŋ] *adj* unternehmend; **be ~ forty** (*fam*) um die vierzig sein; **push·over** ['pʊʃəʊvə(r)] *s* (*fam*) Kinderspiel *nt,* Kleinigkeit *f;* **be a ~** hereinfallen (*for s.o.* auf jdn); **push·pin** ['pʊʃpɪn] *s* (*Am*) Reißzwecke *f;* **push-start** *s* (AUTO) Start *m* durch Anschieben; **push-up** ['pʊʃʌp] *s* (SPORT) Liegestütz *m;* **pushy** ['pʊʃɪ] *adj* (*pej*) aufdringlich, penetrant

puss [pʊs] *s* (Mieze)Katze *f;* **Puss in Boots** der Gestiefelte Kater; **pussy** ['pʊsɪ] (~ *-cat*) Mieze(katze) *f;* **pussy·foot** ['pʊsɪfʊt] *vi* (*fam*) ❶ sich (herum)drücken ❷ (POL) keine klare Stellung beziehen; **pussy willow** *s* Salweide *f*

pus·tule ['pʌstjuːl] *s* Pustel *f,* Eiterbläschen *nt,* -pickel *m*

put [pʊt] <*irr:* put, put> **I.** *vt* ① setzen, stellen, legen ② stecken (*into* in, *at* an) ③ anbringen (*to* an) ④ (*fig*) (in eine Lage) bringen, versetzen ⑤ einfügen, hineinlegen (*into* in) ⑥ tun, geben ⑦ ausdrücken, sagen; kleiden (*into words* in Worte) ⑧ übersetzen (*into French* ins Französische) ⑨ (*Frage*) stellen; vorlegen, unterbreiten ⑩ (*Steuer*) legen (*on* auf), auferlegen (*on s.o.* jdm), festsetzen (*on* für) ⑪ ansetzen, berechnen (*at* mit, zu) ⑫ zur Last legen (*on s.o.* jdm) ⑬ tun, hinzufügen (*to* zu) ⑭ (*Unterschrift*) setzen (*to* unter, *on* auf) ⑮ niederschreiben; (*Komma*) machen ⑯ bestimmen (*to* für) ⑰ schätzen (*at* auf); ~ **out of action** außer Betrieb setzen; ~ **on airs** sich aufs hohe Ross setzen; ~ **to bed** zu Bett bringen; ~ **the blame on s.o.** jdm die Schuld zuschieben; ~ **money into a business** Geld in ein Geschäft stecken; ~ **in two cents** (*Am fam*) seinen Senf dazu beisteuern; ~ **the date on s.th.** etw datieren; ~ **to death** umbringen; hinrichten; ~ **an end to s.th.** einer S ein Ende machen; ~ **an end to o.s.** [*o* **one's life**] sich das Leben nehmen; ~ **s.o. to expense** jdm Unkosten verursachen; ~ **to flight** in die Flucht schlagen; ~ **one's foot down** (*fig*) energisch auftreten; ~ **s.th. in(to) s.o's hands** jdm etw überlassen; ~ **s.th. out of one's head** sich etw aus dem Kopf schlagen; ~ **it differently** es anders formulieren; ~ **it to s.o.** jdm vorschlagen; ~ **s.o. to it** jdm schwer zusetzen; ~ **s.th. on a list** etw auf eine Liste setzen; ~ **on the market** auf den Markt bringen; ~ **s.o. in mind of** jdn erinnern an; ~ **in motion** in Bewegung setzen; ~ **in order** in Ordnung bringen; ~ **into practice** in die Praxis umsetzen; ~ **pressure on s.o.** auf jdn Druck ausüben; ~ **the question** die Frage stellen; ~ **in writing** schriftlich machen; ~ **right** verbessern; in Ordnung bringen; ~ **a stop to** Schluss, ein Ende machen mit; ~ **to trial** vor Gericht bringen; ~ **to a good use** gut verwenden; ~ **to the vote** zur Abstimmung stellen; ~ **the weight** [*o* **shot**] (SPORT) die Kugel stoßen; ~ **wise** enttäuschen; aufklären; informieren; **she** ~ **her head round the door** sie streckte den Kopf zur Tür herein; ~ **time into s.th.** Zeit in etw stecken; ~ **s.o. in a bad mood** jdm schlechte Laune verursachen; **to** ~ **it mildly** gelinde gesagt; **I wouldn't** ~ **it past him** ich traue es ihm zu **II.** *vi:* ~ **to sea** in See stechen **III.** *adj:* **stay** ~ sich nicht von der Stelle rühren; **be (hard)** ~ **to it** in einer schwierigen Lage sein; **feel** ~ **upon** [*o* **out**] sich ausgenutzt fühlen; **put about** *vt* (*Nachricht*) verbreiten; ~ **a ship about,** ~ **about** den Kurs ändern; **put across** *vt* verständlich machen (*to s.o.* jdm); (*Ware*) an den Mann bringen; ~ **it** [*o* **one**] **across s.o.** jdm einen Streich spielen, jdn anführen; **put aside** *vt* ① zurücklegen, aufheben ② (*Geld*) auf die Seite legen; **put away** *vt* ① weglegen, an seinen Platz legen ② zurücklegen, sparen ③ (*Auto*) einstellen ④ (*fam*) einsperren ⑤ (*fam: Essen*) verdrücken ⑥ (*Tier*) einschläfern; **put back** **I.** *vt* ① (*an seinen Platz*) zurücklegen ② (*Uhr*) zurückstellen ③ verzögern, verschieben **II.** *vi* (*Schiff*) zurückkehren; **put by** *vt* (*Geld*) zurücklegen; beiseite legen; **put down** *vt* ① niedersetzen, -stellen, -legen ② (*Antenne*) einschieben ③ (*Lider*) zumachen ④ (*Aufstand*) niederschlagen; unterdrücken ⑤ zum Schweigen bringen ⑥ tadeln; demütigen ⑦ (*Ungeziefer*) vernichten; (*Haustier*) einschläfern ⑧ (*in writing*) aufschreiben, eintragen ⑨ vormerken (*s.o. for s.th.* jdn für etw) ⑩ in Rechnung stellen (*to s.o., to s.o.'s account* jdm) ⑪ zuschreiben (*s.th. to s.o.* jdm etw) ⑫ halten (*as, for* für), ansehen, betrachten (*as, for* als) ⑬ (*Lager, Vorrat*) anlegen ⑭ (*Fahrgäste*) absetzen ⑮ (*Geld*) anzahlen; **put forward** **I.** *vt* ① vorschlagen; unterbreiten, vorlegen ② (*Bitte*) vorbringen ③ (*Uhr*) vorstellen **II.** *vr:* ~ **o.s. forward** sich bemerkbar machen; **put in** **I.** *vt* ① hineinbringen, einführen ② installieren ③ (*Glasscheibe*) einsetzen ④ (*Antrag*) vorlegen, unterbreiten, einreichen ⑤ (*Zeit*) verwenden ⑥ (*Extrastunde*) einlegen ⑦ (*Bemerkung*) einwerfen ⑧ (*Anzeige in die Zeitung; Geld*) setzen ⑨ (*fam: Zeit*) verbringen ⑩ (*Schlag*) anbringen, versetzen **II.** *vi* ① (MAR) anlaufen (*at* acc) ② sich bewerben (*for* um); ~ **in an appearance** in Erscheinung treten; ~ **in at** kurz anhalten in, bei; ~ **in a word** ein (gutes) Wort einlegen (*for* für); ~ **in a claim** Anspruch erheben; ~ **in for a job** sich um eine Stelle bewerben; **put into** *vt* ① (*Anstrengung*) hineinstecken ② (*Geld*) stecken (*into a business* in ein Geschäft) ③ übersetzen; ~ **one's heart into s.th.** mit aller Kraft an etw arbeiten; ~ **words into s.o.'s mouth** jdm eine Äußerung in den Mund legen; ~ **money into a bank** Geld auf eine Bank legen; **put off** **I.** *vt* ① (*Licht*) abschalten ② auf-, hinaus-, verschieben; zurückstellen ③ (*jdn*) vertrösten (*with fine words* mit schönen Worten) ④ (*jdn*) abhalten, -bringen, davon

P

zurückhalten ⑤ ablegen, beiseite lassen ⑥ (*Kleidungsstück*) ausziehen **II.** *vi* (MAR) auslaufen, abfahren; ~ **s.o. off** jdm den Appetit verderben; jdn abschrecken; jdm die Lust verderben; **put on** *vt* ① (*Licht*) anmachen ② (*Kleidung*) anziehen; (*Hut*) aufsetzen ③ (*Summe*) aufschlagen (*to the price* auf den Preis) ④ (*Zug*) zusätzlich fahren lassen ⑤ (THEAT) heraus-, auf die Bühne bringen ⑥ (*Darbietung*) bringen ⑦ heucheln, vorgeben ⑧ (*an Geschwindigkeit*) zunehmen; ~ **on weight** zunehmen; **put out I.** *vt* ① (*Hand*) ausstrecken ② (*Schulter*) ausrenken ③ (*Licht, Feuer*) ausmachen, löschen ④ (*Hilferuf*) aussenden ⑤ herstellen, produzieren ⑥ (*Geld*) verleihen ⑦ verärgern, verstimmen; in Verlegenheit, in Verwirrung bringen ⑧ (*Arbeit*) vergeben, außer Haus geben **II.** *vi* (MAR) auslaufen, in See stechen **III.** *vr:* ~ **o.s. out** sich Umstände machen; **put over** *vt s.* **put across**, **put through** *vt* ① (glücklich) durchführen, vollenden ② durchmachen lassen ③ durchgeben, mitteilen ④ (TELE) verbinden (*with* mit); **put together** *vt* ① zusammensetzen; zusammenlegen ② aufbauen, montieren; **better than all the others** ~ **together** besser als alle anderen zusammen; **put up I.** *vt* ① hochheben, -halten ② (*Flagge*) hissen ③ (*Vorhang*) hochziehen ④ errichten, (auf)bauen ⑤ aufstellen, montieren, einrichten, installieren ⑥ (*Preis*) erhöhen ⑦ (*Waren*) anbieten (*for sale* zum Verkauf) ⑧ (*Geld*) aufbringen ⑨ (*Person*) unterbringen, beherbergen ⑩ (*als Kandidaten*) vorschlagen; aufstellen ⑪ (THEAT) zur Aufführung, auf die Bühne bringen ⑫ vortäuschen **II.** *vi* ① einkehren, absteigen (*at* in), wohnen (*with* bei) ② sich bewerben (*for* um) ③ sich abfinden (*with s.th.* mit einer S); ~ **s.o. up to s.th.** jdn zu etw anstiften; ~ **upon s.o.** jdn ausnützen

pu·ta·tive ['pju:tətɪv] *adj* mutmaßlich

put-off ['pʊtɒf] *s* Ausrede, -flucht *f*, Vorwand *m*; **put-on** ['pʊtɒn] **I.** *adj* angeblich, vorgetäuscht **II.** *s* ① Kniff *m*, Täuschungsmanöver *nt* ② (*Am*) Spaß *m*; **put option** *s* (COM) Verkaufsoption *f*

pu·tre·fac·tion [ˌpju:trɪ'fækʃn] *s* Verwesung *f*; **pu·tre·fy** ['pju:trɪfaɪ] *vi* verwesen; **pu·trid** ['pju:trɪd] *adj* ① faul(ig); verwest ② (*fig: sittlich*) verdorben, verkommen ③ (*fam*) scheußlich, miserabel

putsch [pʊtʃ] *s* Putsch *m*

putt [pʌt] **I.** *vt, vi* (*Golfball*) putten **II.** *s* Putt *m*

put·tee ['pʌtɪ] *s* (Reit-, Leder-, Wickel)Gamasche *f*

put·ter¹ ['pʌtə(r)] *s* ① (*Golf*) Putter *m* ② Kugelstoßer(in) *m(f)*

put·ter² ['pʌtə(r)] *vi* (*Am*) ① (~ *around*) geschäftig tun ② (herum)trödeln (*over* mit)

put·ting ['pʊtɪŋ] *s* ① (*Golf*) Putten *nt* ② Stoß, Wurf *m*; ~ **the weight** [*o* **shot**] Kugelstoßen *nt*

putty ['pʌtɪ] **I.** *s* Kitt *m*; **be** ~ **in s.o.'s hands** (*fig*) Wachs in jds Händen sein **II.** *vt* (~ *up*) (ver)kitten; **putty knife** <*pl* -knives> *s* Spa(ch)tel *m*

put-up ['pʊtʌp] *adj* (*fam*) abgemacht, abgekartet; ~ **job** abgekartete Sache; **put-upon** ['pʊtəpɒn] *adj:* **feel** ~ sich ausgenützt fühlen

puzzle ['pʌzl] **I.** *vt* ① verblüffen ② (~ *out*) austüfteln; **be** ~**d about** nicht verstehen **II.** *vi* sich den Kopf zerbrechen (*about, over* über), knobeln (*over* an) **III.** *s* Rätsel *nt*; Geduldspiel *nt*; Puzzle *nt*; **puzzled** ['pʌzld] *adj* verdutzt, verblüfft; **be** ~ vor einem Rätsel stehen; **puzz·ler** ['pʌzlə(r)] *s* schwieriges Problem; **puzz·ling** ['pʌzlɪŋ] *adj* rätselhaft, verwirrend

PVC [ˌpi:vi:'si:] *s Abk. von* **polyvinyl chloride** PVC, Polyvinylchlorid *nt*

pygmy ['pɪgmɪ] *s* Pygmäe *m*; (*a. fig*) Zwerg *m*

py·ja·mas [pə'dʒɑ:məz] *s pl* Schlafanzug, Pyjama *m*

? Grammatik

pyjamas = Schlafanzug, wird im Plural gebraucht: *Where are my pyjamas?* Aber **a pair of pyjamas** = Schlafanzug, wird im Singular gebraucht: *I need a new pair of pyjamas.*

py·lon ['paɪlɒn] *s* ① (Licht-, Leitungs)Mast *m* ② (AVIAT) Turm *m*

py·or·rh(o)ea [ˌpaɪə'rɪə] *s* ① Eiterfluss *m* ② Parodontose *f*

pyra·mid ['pɪrəmɪd] *s* Pyramide *f*; **pyramid selling** *s* Vertrieb *m* nach dem Schneeballsystem

pyre ['paɪə(r)] *s* Scheiterhaufen *m*

Pyr·enees [pɪrə'ni:z] *s pl* Pyrenäen *pl*

Pyrex® ['paɪreks] *s* Jenaer Glas® *nt*

py·rites [ˌpaɪə'raɪti:z] *s* (MIN) Pyrit, Schwefel-, Eisenkies *m*

pyro·mania [ˌpaɪrəʊ'meɪnɪə] *s* Pyromanie *f*; **py·ro·tech·nic** [ˌpaɪrəʊ'teknɪk] **I.** *adj* pyrotechnisch **II.** *s pl mit sing* ① Feuerwerkerei *f* ② (~ *display*) Feuerwerk *nt*

py·thon ['paɪθn] *s* Pythonschlange *f*

Qq

Q, q [kjuː] <*pl* -'s> *s* Q, q *nt*

Qa·tar [kəˈtɑː(r)] *s* Katar *nt;* **Qa·tari** [kəˈtɑːrɪ] **I.** *adj* katarisch **II.** *s* Katarer(in) *m(f)*

QC [ˌkjuːˈsiː] *s Abk. von* **Queen's Counsel** Anwalt *m,* Anwältin *f* der Krone

qua [kwɑː] *adv* (JUR) als

quack[1] [kwæk] **I.** *vi* (*Ente*) schnattern, quaken **II.** *s* Gequake *nt*

quack[2] [kwæk] *s* Quacksalber, Kurpfuscher *m*

quad [kwɒd] *s* ① *s.* **quadrangle** Hof *m* ② *s.* **quadruplet** Vierling *m* ③ *s.* **quadrat** Quadrat *nt*

quad·rangle [ˈkwɒdræŋgl] *s* ① (MATH) Viereck *nt* ② (ARCH) viereckiger Innenhof; **quad·ran·gu·lar** [kwɒˈdræŋgjʊlə(r)] *adj* viereckig

quad·rant [ˈkwɒdrənt] *s* Quadrant *m*

quad·ra·phonic [ˌkwɒdrəˈfɒnɪk] **I.** *adj* quadrophon **II.** *s pl mit sing* Quadrophonie *f*

quad·ratic [kwɒˈdrætɪk] *adj* (MATH) quadratisch

quad·ri·lat·eral [ˌkwɒdrɪˈlætərəl] **I.** *adj* (MATH) vierseitig **II.** *s* Viereck *nt*

quad·ri·par·tite [ˈkwɒdrɪˈpɑːtaɪt] *adj* (POL) Vierer-; ~ **agreement** (HIST) Viermächteabkommen *nt*

quad·ru·ped [ˈkwɒdrʊped] *s* (ZOO) Vierfüß(l)er *m*

quad·ru·ple [ˈkwɒdruːpl] **I.** *adj* vierfach **II.** *s* (das) Vierfache **III.** [kwɒˈdruːpl] *vi, vt* (sich) vervierfachen

quad·ru·plet [ˈkwɒdruːplət] *s* Vierling *m*

quaff [kwɒf] **I.** *vt* (*obs*) trinken, schlürfen **II.** *vi* (*obs*) zechen

quag·mire [ˈkwægmaɪə(r)] *s* Sumpf, Morast *m*

quail[1] [kweɪl] *vi* (vor Angst) zittern (*before* vor)

quail[2] [kweɪl] *s* (*Vogel*) Wachtel *f*

quaint kweɪnt] *adj* ① (*Dorf*) malerisch, idyllisch; reizend ② (*Idee*) kurios; originell; drollig; **how ~!** wie putzig!; **quaint·ness** [ˈkweɪntnɪs] *s* ① idyllischer Anblick ② Kuriosität *f;* Originalität *f;* Drolligkeit *f*

quake [kweɪk] **I.** *vi* ① (*Erde*) beben, schwanken ② zittern (*with* vor) **II.** *s* ① Zittern, Beben *nt* ② (*earth~*) Erdbeben *nt*

Quaker [ˈkweɪkə(r)] *s* Quäker(in) *m(f)*

quali·fi·ca·tion [kwɒlɪfɪˈkeɪʃn] *s* ① Qualifikation *f;* Zeugnis *nt;* Voraussetzung *f* ② Abschluss *m* ③ (SPORT) Qualifikation *f* ④ Voraussetzung *f* ⑤ Einschränkung *f,* Vorbehalt *m;* **without ~** vorbehaltlos; **prior to his ~** vor Abschluss seines Studiums; **quali·fied** [ˈkwɒlɪfaɪd] *adj* ① ausgebildet; graduiert; qualifiziert; Diplom- ② berechtigt ③ bedingt, nicht uneingeschränkt; **be ~ to do s.th.** qualifiziert sein etw zu tun; **~ to practice** (*Arzt*) zugelassen; **be ~ to vote** wahlberechtigt sein; **in a ~ sense** mit Einschränkungen; **a ~ success** kein voller Erfolg; **quali·fy** [ˈkwɒlɪfaɪ] **I.** *vt* ① qualifizieren; berechtigen ② (*Kritik*) modifizieren, be-, einschränken ③ bezeichnen, klassifizieren ④ (GRAM) näher bestimmen; **~ s.o. to do s.th.** jdn berechtigen etw zu tun **II.** *vi* ① seine Ausbildung abschließen; sich qualifizieren ② (SPORT) sich qualifizieren ③ in Frage kommen (*for* für); **~ as a teacher** die Lehrbefähigung erhalten; **quali·fy·ing** [ˈkwɒlɪfaɪɪŋ] *adj* erläuternd; **~ examination** Auswahlprüfung *f;* **~ period** Karenzzeit *f;* **~ share** Pflichtaktie *f*

quali·ta·tive [ˈkwɒlɪtətɪv] *adj* qualitativ; **quali·ty** [ˈkwɒlətɪ] **I.** *s* ① Qualität *f;* Güteklasse *f* ② (*von Personen*) Charakter *m,* Wesen *nt,* Natur *f* ③ Art *f* ④ (*der Stimme*) Klangfarbe *f;* **of the best ~** von bester Qualität; **of bad ~** von schlechter Qualität; **they vary in ~** sie sind qualitativ verschieden; **the ~ of patience** Geduld *f* **II.** *adj attr* Qualitäts-; **~ control** Qualitätskontrolle *f;* **~ label** Qualitätskennzeichen *nt;* **~ time** *Zeit, die benutzt wird, um die Beziehungen innerhalb der eigenen Familie zu intensivieren*

qualm [kwɑːm] *s* Skrupel *m,* Bedenken *nt;* **without the slightest ~** ohne die geringsten Skrupel; **~s of conscience** Gewissensbisse *mpl*

quan·dary [ˈkwɒndərɪ] *s* Dilemma *nt,* Verlegenheit *f;* **I was in a ~ about what to do** ich wusste nicht, was ich tun sollte

quango [ˈkwæŋgəʊ] *s* (*Br*) *Abk. von* **quasi autonomous non-governmental organization** halböffentliches Gremium

quan·ti·fi·able [ˈkwɒntɪfaɪəbl] *adj* quantifizierbar

quan·ti·fi·ca·tion [ˌkwɒntɪfɪˈkeɪʃn] *s* Quantifizierung *f;* **quan·ti·tat·ive** [ˈkwɒntɪtətɪv] *adj* quantitativ; **quan·tity** [ˈkwɒntətɪ] *s* ① Quantität, Menge *f;* Anteil *m* ② (MATH) Größe *f* ③ *meist pl* Unmenge *f;* **prefer ~ to quality** Quantität der Qualität vorziehen; **in ~, in large quantities** in großen Mengen; **quantities of books** Unmengen von Büchern; **quantity discount** *s* Mengenrabatt *m;* **quantity surveyor** *s* Baukostenkalkulator *m*

Q

quan·tum ['kwɒntəm, *pl* 'kwɒntə] <*pl* -ta> *s* (PHYS) Quant(um) *nt;* **the ~ of satisfaction** das Ausmaß an Befriedigung; **a ~ leap** ein Quantensprung *m;* **~ mechanics** *mit sing* Quantenmechanik *f;* **~ number** Quantenzahl *f;* **~ theory** Quantentheorie *f*

quar·an·tine ['kwɒrənti:n] **I.** *s* (MED) Quarantäne *f;* **put s.o. in ~** jdn unter Quarantäne stellen **II.** *vt* unter Quarantäne stellen

quark [kwɑ:k] *s* (*Atom*) Quark *nt*

quar·rel ['kwɒrəl] **I.** *s* ① Streit *m;* Auseinandersetzung *f* ② Einwand *m* (*with* gegen); **they have had a ~** sie haben sich gestritten; **start** [*o* **pick**] **a ~** einen Streit anfangen; **I have no ~ with him** ich habe nichts gegen ihn **II.** *vi* ① sich streiten (*with* mit, *about, over* über) ② etwas auszusetzen haben (*with* an); **I wouldn't ~ with that** das würde ich nicht bestreiten; **quar·rel·some** ['kwɒrəlsəm] *adj* streitsüchtig

quarry[1] ['kwɒrɪ] **I.** *s* ① Steinbruch *m* ② (*fig*) Fundgrube *f* **II.** *vt* brechen, hauen **III.** *vi* Steine brechen; **~ for s.th.** (*fig*) nach etw suchen

quarry[2] ['kwɒrɪ] *s* ① Beute *f* ② (*fig*) Ziel *nt*

quart [kwɔ:t] *s* (*Maßeinheit*) Quart *nt* (*Br 1,14 l, Am 0,95 l*); (**try to**) **put a ~ into a pint pot** Unmögliches versuchen

quar·ter ['kwɔ:tə(r)] **I.** *s* ① Viertel *nt* ② Vierteljahr, Quartal *nt* ③ (*Uhr*) Viertel *nt* ④ (*~ dollar*) Vierteldollar *m,* 25-Centstück *nt* ⑤ Himmelsrichtung *f* ⑥ Seite *f;* Stelle *f* ⑦ **~s** Quartier *nt,* Unterkunft *f* ⑧ Gnade, Schonung *f* ⑨ (*Mond*) Viertel *nt;* **divide s.th. into ~s** etw in vier Teile teilen; **a ~ of a mile** eine Viertelmeile; **a ~ of an hour** eine Viertelstunde; **a ~ to seven** (*Br*): **a ~ of seven** (*Am*) Viertel vor sieben; **a ~ past seven** (*Br*): **a ~ after seven** (*Am*) Viertel nach sieben; **paid by the ~** vierteljährlich bezahlt; **the Arab ~** das arabische Viertel; **they came from all ~s** sie kamen aus allen Richtungen; **in these ~s** in dieser Gegend; **in various ~s** an verschiedenen Stellen; **take up one's ~** (MIL) sein Quartier beziehen; **give no ~** keine Schonung gewähren; **ask for ~** um Schonung bitten **II.** *vt* ① vierteln; in vier Teile teilen ② unterbringen, einquartieren; **quarter day** *s* Quartalstag *m;* **quarter·deck** *s* (MAR) Quarter-, Achterdeck *nt;* **quarter·final** ['kwɔ:tə(r),faɪnəl] *s* (SPORT) Viertelfinale *nt;* **quar·ter·ing** ['kwɔ:tərɪŋ] *s* ① Vierteln *nt;* Teilung *f* in vier Teile ② (MIL) Einquartierung *f;* **quar·ter·ly** ['kwɔ:təlɪ] **I.** *adj, adv* vierteljährlich **II.** *s* Vierteljahresschrift *f;* **quar·ter·mas·ter** ['kwɔ:tə,mɑ:stər] *s* ① (MIL) Quartiermeister *m* ② (MAR) Steuermannsmaat *m;* **quarter tone** *s* (MUS) Viertelnote *f*

quar·tet(**te**) [kwɔ:'tet] *s* (MUS) Quartett *nt*

quartz [kwɔ:ts] *s* (MIN) Quarz *m;* **quartz clock** *s* Quarzuhr *f;* **quartz** (**iodine**) **lamp** *s* Quarzlampe *f*

quasar ['kweɪzɑ:(r)] *s* (ASTR) Quasar *m*

quash [kwɒʃ] *vt* ① (JUR) aufheben, annullieren ② (*Aufstand*) niederwerfen

quasi- ['kwɑ:sɪ] *PRÄF* quasi-

quat·rain ['kwɒtreɪn] *s* Vierzeiler *m*

qua·ver ['kweɪvə(r)] **I.** *vi* ① (*Stimme*) zittern ② (MUS) trillern **II.** *vt* mit bebender Stimme sagen **III.** *s* ① (MUS) Achtelnote *f* ② (*Stimme*) Beben, Zittern *nt*

quay [ki:] *s* Kai *m*

queasy ['kwi:zɪ] *adj:* **I feel ~** mir ist übel; **a ~ feeling** ein Gefühl der Übelkeit

queen [kwi:n] **I.** *s* ① Königin *f* ② (*Bienen*) Königin *f* ③ (*Schach, Kartenspiel*) Dame *f* ④ (*sl*) Schwule(r) *m;* **~ of the May** Maikönigin *f;* **~ of spades** Pikdame *f;* **turn Queen's evidence** als Kron-, Belastungszeuge aussagen **II.** *vt:* **~ it** die große Dame spielen; **~ it over s.o.** jdn herumkommandieren

i Land & Leute

In Hongkong wird die **Queen of Heaven** von Fischern und Seeleuten als ihre Beschützerin angesehen. Es wird erzählt, dass es seit ihrer Geburt außergewöhnliche Ereignisse um sie herum gab. Nach ihrem Tod erschien sie Seeleuten und Fischern und rettete sie auf stürmischer See vor dem Ertrinken. Über 40 Tempel sind ihr in *T'in Hau* geweiht. Jedes Jahr im dritten Mondmonat sind die Tempel von Fischern überlaufen, die dort ihren Geburtstag feiern.

queen bee *s* Bienenkönigin *f;* **queen dowager** *s* Königinwitwe *f;* **queen·ly** ['kwi:nlɪ] *adj* königlich; **queen mother** *s* Königinmutter *f;* **Queen's Counsel**, **QC** *s* Anwalt *m,* Anwältin *f* der Krone; **Queen's English** *s* englische Hochsprache; **Queen's speech** *s* Thronrede *f*

queer [kwɪə(r)] **I.** *adj* ① ungewöhnlich, sonderbar, eigenartig ② verdächtig ③ (*fam*) unwohl ④ (*sl pej*) schwul; **a ~-sounding name** ein komischer Name; **I feel ~** mir ist nicht gut **II.** *s* (*sl pej*) Schwule(r) *m* **III.** *vt* (*sl*) versauen, vermasseln; vermiesen; ~ **s.o.'s pitch** jdm einen Strich durch die Rechnung machen

quell [kwel] *vt* bezwingen; bändigen; unterdrücken

quench [kwentʃ] *vt* ❶ (*Feuer*) löschen ❷ (*Durst*) stillen ❸ (*Enthusiasmus*) dämpfen

queru·lous ['kwerʊləs] *adj* nörglerisch, missmutig

query ['kwɪərɪ] **I.** *s* ❶ Frage *f* ❷ Fragezeichen *nt;* **raise a ~** eine Frage aufwerfen **II.** *vt* ❶ in Frage stellen; bezweifeln ❷ mit einem Fragezeichen versehen; **I ~ whether ...** ich bezweifle, ob ...; **I'd ~ that** das würde ich bezweifeln; **~ s.th. with s.o.** etw mit jdm abklären

quest [kwest] **I.** *s* Suche *f* (*for* nach), Streben *nt* **II.** *vi* suchen (*for* nach)

ques·tion ['kwestʃən] **I.** *s* ❶ Frage *f* ❷ Zweifel *m* ❸ (Streit)Frage *f,* Problem *nt,* Streitpunkt *m* ❹ (PARL) Anfrage *f;* **ask s.o. a ~** jdm eine Frage stellen; **what a ~!** was für eine Frage!; **beyond (all)** [*o* **without**] **~** ohne Frage, ohne (jeden) Zweifel; **call s.th. into ~** etw in Frage stellen; **that's another ~ altogether** das ist etw völlig anderes; **that's not the ~** darum geht es nicht; **there's no ~ of a strike** von einem Streik kann keine Rede sein; **that's out of the ~** das kommt nicht in Frage; **the matter in ~** die fragliche Angelegenheit **II.** *vt* ❶ fragen (*about* nach) ❷ vernehmen, verhören; prüfen ❸ bezweifeln, zweifeln an; in Frage stellen; **I ~ whether it's worth it** ich bezweifle, dass es der Mühe wert ist; **I don't ~ your good intentions** ich zweifle nicht an Ihrer guten Absicht; **ques·tion·able** [-əbl] *adj* ❶ fragwürdig ❷ fraglich, zweifelhaft; **of ~ honesty** von zweifelhaftem Ruf; **in ~ taste** geschmacklos; **ques·tioner** ['kwestʃənə(r)] *s* Fragesteller(in) *m(f);* **ques·tion·ing** [-ɪŋ] **I.** *adj* fragend **II.** *s* Verhör *nt;* Vernehmung *f;* **question mark** *s* Fragezeichen *nt;* **question master** *s* Quizmaster *m;* **ques·tion·naire** [ˌk(w)estʃə'neə(r)] *s* Fragebogen *m;* **question time** *s* (PARL) Fragestunde *f*

queue [kjuː] **I.** *s* (*von Menschen*) Schlange *f;* **form a ~** eine Schlange bilden; **stand in a ~** Schlange stehen, anstehen; **join the ~** sich hinten anstellen; **jump the ~** sich vordrängeln **II.** *vi* (**~ up**) sich anstellen; eine Schlange bilden; **we ~d for an hour** wir haben eine Stunde angestanden

quibble ['kwɪbl] **I.** *s* Spitzfindigkeit, Haarspalterei *f* **II.** *vi* kleinlich sein (*over, about* wegen); **~ with s.o. about** [*o* **over**] **s.th.** mit jdm über etw herumstreiten

quib·bler ['kwɪblə(r)] *s* Wortklauber; **quib·bling** ['kwɪblɪŋ] **I.** *adj* spitzfindig; kleinlich **II.** *s* Haarspalterei *f*

quiche [kiːʃ] *s* Quiche *f*

quick [kwɪk] **I.** *adj* ❶ schnell, prompt ❷ (*Kuss*) flüchtig ❸ (*Rede*) kurz ❹ gewandt, geschickt ❺ (*Kind*) aufgeweckt, schlagfertig ❻ (*Verstand*) wach ❼ (*Auge*) scharf ❽ (*Ohr*) fein; **be ~!** schnell!; **be ~ about it** aber ein bisschen dalli; **be ~ to do s.th.** etw ganz schnell tun; **he is ~ to anger** er wird leicht zornig; **what's the ~est way to the station?** wie komme ich am schnellsten zum Bahnhof?; **we had a ~ meal** wir haben schnell etwas gegessen; **he is ~ at figures** er kann schnell rechnen; **she's very ~** sie kapiert schnell **II.** *adv* schnell **III.** *s* ❶ empfindliches Fleisch ❷ **~s** (*lit*): **the ~ and the dead** die Lebenden und die Toten; **be cut to the ~** tief getroffen sein; **bite one's nails to the ~** die Nägel bis zum Fleisch abkauen; **quick-acting** [ˌkwɪk'æktɪŋ] *adj* (*Medikament*) schnell wirkend; **quick-change artist** *s* Verwandlungskünstler(in) *m(f);* **quick·en** ['kwɪkən] **I.** *vt* ❶ beschleunigen ❷ (*fig*) erhöhen; anregen **II.** *vi* ❶ (*~ up*) schneller werden, beschleunigen ❷ (*Interesse*) wachsen; **quick-fix solutions** *s* schnelle Behelfsregelungen *pl;* **quick-freeze** ['kwɪkfriːz] *vt* ❶ einfrieren ❷ schockgefrieren; **quick-frozen** ['kwɪkfrəʊzn] *adj* tiefgekühlt; **quick·ie** ['kwɪkɪ] *s* (*fam*) eine(r, s) auf die Schnelle; **quick·ly** ['kwɪklɪ] *adv* schnell, rasch; **quick·ness** ['kwɪknɪs] *s* ❶ Schnelligkeit *f* ❷ (*fig*) schnelle Auffassungsgabe; **quick·sand** ['kwɪksænd] *s* Treibsand *m;* **quick·sil·ver** ['kwɪksɪlvə(r)] *s* Quecksilber *nt;* **quick·step** ['kwɪkstep] *s* Quickstep *m;* **quick-tem·pered** [ˌkwɪk'tempəd] *adj* leicht erregbar, reizbar; **quick-witted** [ˌkwɪk'wɪtɪd] *adj* geistesgegenwärtig; schlagfertig

quid¹ [kwɪd] *s* (*Tabak*) Priem *m*

quid² [kwɪd] *s* (*Br sl*) Pfund *nt*

quid pro quo ['kwɪdprəʊ'kwəʊ] *s* Gegenleistung *f*

qui·esc·ent [kwɪ'esnt] *adj* ruhig, still

quiet ['kwaɪət] **I.** *adj* ❶ ruhig, still; leise ❷ (*Abend*) geruhsam ❸ (*Charakter*) sanft ❹ (*Kleidung*) unauffällig; (*Mensch*) zurückhaltend ❺ (COM) lustlos, flau; **be ~** Ruhe!; **keep ~** still sein; leise sein; **keep ~ about s.th.** nichts über etw sagen; **go ~** still werden; **business is ~** das Geschäft ist ruhig; **have a ~ mind** beruhigt sein; **he kept the matter ~** er behielt die Sache für sich **II.** *s* Ruhe, Stille *f;* **in the ~ of the night** in der Stille der Nacht; **on the ~** heimlich; **quieten** [ˈkwaɪətn] *vt* ① zum Schweigen bringen; zur Ruhe bringen ② (*Gewissen*) beruhigen; (*Verdacht*) zerstreuen; **quieten down** *vi* leiser werden; sich beruhigen; **quiet·ly** [ˈkwaɪətlɪ] *adv* leise; ruhig; **quiet·ness** [ˈkwaɪətnɪs] *s* ① Stille *f;* Geräuschlosigkeit *f* ② Ruhe *f;* **quiet·ude** [ˈkwaɪɪtju:d] *s* (*lit*) Seelenruhe, Ausgeglichenheit *f*

quiff [kwɪf] *s* (*Br*) Stirnlocke *f*

quill [kwɪl] *s* ① Feder *f,* Federkiel *m* ② (*eines Stachelschweins*) Stachel *m*

quilt [kwɪlt] **I.** *s* Steppdecke *f;* Federbett *nt* **II.** *vt* wattieren; absteppen

quin [kwɪn] *s* Fünfling *m*

quince [kwɪns] *s* Quitte *f*

quin·ine [kwɪˈni:n, *Am* ˈkwaɪnaɪn] *s* Chinin *nt*

quint·es·sence [kwɪnˈtesns] *s* Quintessenz *f,* Inbegriff *m;* **quint·es·sen·tial** [ˌkwɪntəˈsenʃəl] *adj* fundamental; **he is the ~ artist** er ist der Inbegriff eines Künstlers

quin·tet(te) [kwɪnˈtet] *s* (MUS) Quintett *nt*

quin·tuple [ˈkwɪntjʊpl] **I.** *adj* fünffach **II.** *vt, vi* (sich) verfünffachen; **quin·tu·plet** [ˈkwɪntju:plet] *s* Fünfling *m*

quip [kwɪp] **I.** *s* geistreiche Bemerkung **II.** *vi* witzeln

quirk [kwɜ:k] *s* Schrulle, Marotte *f;* Laune *f;* **a ~ of fate** eine Laune des Schicksals; **quirki·ness** [ˈkwɜ:kɪnəs] *s* Schrulligkeit *f*

quit [kwɪt] <*irr:* quit/quitted, quit/quitted> **I.** *vt* ① (*Stadt, Menschen*) verlassen ② (*Stelle*) kündigen; aufgeben ③ aufhören mit; **~ doing s.th.** aufhören etw zu tun **II.** *vi* ① aufhören ② (*bei Stelle*) kündigen ③ fortgehen; **notice to ~** Kündigung *f;* **I've given her notice to ~** ich habe ihr gekündigt **III.** *adj:* **be ~ of s.th.** frei von etw sein; etw los sein

quite [kwaɪt] *adv* ① ganz, völlig, vollständig ② ziemlich ③ wirklich; **~ wrong** völlig falsch; **you're being ~ impossible** du bist völlig unmöglich; **I ~ agree with you** ich stimme völlig mit Ihnen überein; **that's ~ another matter** das ist doch etwas ganz anderes; **not ~** nicht ganz; **~ so!** genau!; **~ the thing** ganz große Mode; **~ likely** sehr wahrscheinlich; **she's ~ a beauty** sie ist wirklich eine Schönheit; **it was ~ a shock** es war ein ziemlicher Schock; **~ a few people** ziemlich viele Leute

quits [kwɪts] *adj* quitt; **be ~ with s.o.** mit jdm quitt sein; **cry ~** aufgeben

quit·tance [ˈkwɪtns] *s* (COM) Schuldenerlass *m*

quiver[1] [ˈkwɪvə(r)] **I.** *vi* ① zittern, beben (*with* vor) ② (*Augenlider*) flattern **II.** *s* Zittern *nt;* Flattern *nt*

quiver[2] [ˈkwɪvə(r)] *s* Köcher *m*

quix·otic [kwɪkˈsɒtɪk] *adj* edelmütig; schwärmerisch

quiz [kwɪz] <*pl* quizzes> **I.** *s* ① Quiz *nt* ② (*Am: in der Schule*) kleiner Test **II.** *vt* ① ausfragen (*about* über), prüfen ② (*Am: Schüler*) abfragen, prüfen; **quiz·mas·ter** [ˈkwɪzmɑ:stə(r)] *s* Quizmaster *m;* **quiz show** *s* Quiz *nt;* **quiz·zi·cal** [ˈkwɪzɪkl] *adj* ① (*Blick*) fragend; zweifelnd ② eigenartig

quoit [kɔɪt, *Am* kwɔɪt] *s* ① (SPORT) Wurfring *m* ② **~s** *mit sing* Wurfringspiel *nt*

quo·rate [ˈkwɔ:rət] *adj* beschlussfähig; **quo·rum** [ˈkwɔ:rəm] *s* Quorum *nt*

quota [ˈkwəʊtə] *s* ① Pensum *nt* ② Quantum *nt;* Anteil *m;* Kontingent *nt;* **immigration ~** Einwanderungsquote *f;* **import ~** Einfuhrkontingent *nt*

quot·able [ˈkwəʊtəbl] *adj* zitierbar; **quo·ta·tion** [kwəʊˈteɪʃn] *s* ① Zitat *nt* ② (FIN) Kurs-, Preisnotierung *f* ③ (COM) Kostenanschlag *m;* **a ~ from Shakespeare** ein Shakespeare-Zitat; **quotation marks** *s pl* Anführungszeichen *ntpl;* **quote** [kwəʊt] **I.** *vt* ① anführen, zitieren (*from* aus) ② (COM) notieren (*at* mit) ③ (*Preis*) nennen, veranschlagen; **don't ~ me on that** bitte wiederholen Sie das nicht; **you can ~ me on that** Sie können das ruhig wörtlich wiedergeben; **he was ~d as saying that …** er soll gesagt haben, dass …; **~ s.o. as an example** jdn als Beispiel anführen; **the shares are ~d at …** die Aktien werden mit … notiert **II.** *vi* zitieren; **~ from an author** einen Schriftsteller zitieren **III.** *s* ① Zitat *nt* ② **~s** (*fam*) Anführungszeichen *ntpl* ③ (*fam*) (Preis)Angebot *nt*

quo·tid·ian [kwəʊˈtɪdɪən] *adj* täglich

quo·tient [ˈkwəʊʃnt] *s* (MATH) Quotient *m*

qwer·ty key·board [ˌkwɜ:tɪˈki:bɔ:d] *s englische Tastatur*

R r

R, r [ɑ:(r)] <*pl* -'s> *s* R, r *nt;* **the three R's** Lesen, Schreiben und Rechnen

rabbi [ˈræbaɪ] *s* Rabbi(ner) *m*

rab·bit [ˈræbɪt] **I.** *s* Kaninchen *nt* **II.** *vi:* **go ~ing** Kaninchen jagen; **~ on** quasseln, schwätzen; **rabbit burrow, rabbit hole** *s* Kaninchenbau *m;* **rabbit hutch** *s* Kaninchenstall *m;* **rabbit punch** *s* Nackenschlag *m;* **rabbit skin** *s* Kaninchenfell *nt*

rab·ble ['ræbl] *s* lärmender Haufen; **the** ~ der Mob; **rab·ble-rouser** *s* Aufwiegler, Agitator *m;* **rab·ble-rous·ing** *adj* aufhetzerisch; ~ **speech** Hetzrede *f*

ra·bid ['ræbɪd] *adj* ① (*Hund*) tollwütig ② fanatisch ③ (*Hass*) rasend, wild; **ra·bies** ['reɪbi:z] *s* Tollwut *f*

RAC [ˌɑ:reɪ'si:] *s Abk. von* **Royal Automobile Club** *britischer Automobilklub*

rac·coon *s* Waschbär *m*

race¹ [reɪs] **I.** *s* ① (Wett)Rennen *nt,* Wettlauf *m* ② (*Wasser*) Strömung *f* ③ (*lit*) Lauf *m;* **horse-**~ Pferderennen *nt;* **run a** ~ **with s.o.** mit jdm um die Wette laufen; **a** ~ **against time** ein Wettlauf mit der Zeit; **his** ~ **is run** (*fig*) er ist erledigt **II.** *vt* ① um die Wette laufen mit ② (*Maschine*) hochjagen ③ (*Auto*) ins Rennen schicken; **he** ~**d me off to the station** er raste mit mir zum Bahnhof **III.** *vi* ① laufen ② rasen, jagen, rennen ③ (*Maschine*) durchdrehen; ~ **with** [*o* **against**] **s.o.** gegen jdn laufen; ~ **against time** gegen die Uhr laufen; ~ **about** herumrasen; ~ **after s.o.** hinter jdm herjagen

race² [reɪs] *s* ① Rasse *f* ② (*fig*) Kaste *f;* **the human** ~ das Menschengeschlecht; **of mixed** ~ gemischtrassig

race card *s* Rennprogramm *nt;* **race conflict** *s* Rassenkonflikt *m;* **race·course** *s* Rennbahn *f;* **race hatred** *s* Rassenhass *m;* **race·horse** *s* Rennpferd *nt;* **race meeting** *s* Rennveranstaltung *f*

racer ['reɪsə(r)] *s* Rennfahrer(in) *m(f),* Rennwagen *m;* Rennpferd *nt*

race relations ['reɪs rə'leɪʃns] *s pl* Beziehungen *pl* zwischen den Rassen; **race riot** *s* Rassenkrawall *m*

racial ['reɪʃl] *adj* rassisch; ~ **conflict** Rassenkonflikt *m;* ~ **discrimination** Rassendiskriminierung *f;* ~ **disturbances** Rassenunruhen *pl;* ~ **equality** *Gleichberechtigung verschiedener ethnischer Gruppen in einer Gesellschaft;* ~ **segregation** Rassentrennung *f;* ~ **slur** rassistische Bemerkung; ~ **tension** *Spannungen zwischen den einzelnen ethnischen Gruppen einer Gesellschaft*

raci·ness ['reɪsɪnɪs] *s* ① Schwung *m,* Feuer *nt;* Gewagtheit *f* ② Rassigkeit, Feurigkeit *f*

rac·ing ['reɪsɪŋ] *s* (Pferde-, Motor)Rennen *nt;* **racing bicycle** *s* Rennrad *nt;* **racing car** *s* Rennwagen *m;* **racing driver** *s* Rennfahrer(in) *m(f);* **racing pigeon** *s* Brieftaube *f;* **racing stable** *s* Rennstall *m;* **racing yacht** *s* Rennyacht *f*

rac·ism ['reɪsɪzəm] *s* Rassismus *m;* **rac·ist** ['reɪsɪst] **I.** *s* Rassist(in) *m(f)* **II.** *adj* rassistisch

rack¹ [ræk] **I.** *s* ① Ständer *m;* Gestell *nt;* Regal *nt* ② (*luggage* ~) Gepäcknetz *nt* ③ (*auf Fahrrädern*) Gepäckträger *m* ④ (*für Futter*) Raufe *f* ⑤ (TECH) Zahnstange *f* ⑥ (HIST) Folterbank *f;* **put s.o. on the** ~ (*fig*) jdn auf die Folter spannen; **be on the** ~ auf der Folterbank sein; (*fig*) Folterqualen leiden **II.** *vt* ① quälen, plagen ② (HIST) auf die Folter spannen; ~**ed with pain** von Schmerz gequält; ~ **one's brains** sich den Kopf zerbrechen

rack² [ræk] *s:* **go to** ~ **and ruin** verkommen, vor die Hunde gehen; abwirtschaften; verfallen

rack³ [ræk] *vt* (*Wein*) abfüllen

racket¹ ['rækɪt] *s* ① Lärm, Spektakel, Radau *m* ② (*fam*) Schiebung, Gaunerei *f;* Wucher *m* ③ (*sl*) Geschäft *nt,* Job *m;* **be in on a** ~ bei einer Gaunerei mitmischen; **make a** ~ Krach schlagen; **what's his** ~**?** was macht er?

racket² ['rækɪt] *s* (SPORT) Schläger *m*

rack·et·eer [ˌrækɪ'tɪə(r)] *s* Betrüger(in) *m(f),* Gauner(in) *m(f)*

rack·ing ['rækɪŋ] *adj* (*Schmerz*) rasend, quälend

rack-rent ['rækˌrent] *s* Wuchermiete *f*

rac·oon, rac·coon [rə'ku:n] *s* Waschbär *m*

racy ['reɪsɪ] *adj* ① (*Rede*) lebhaft, lebendig; schwungvoll ② (*fig*) gewagt ③ (*Wein*) feurig

ra·dar ['reɪdɑ:(r)] *s* Radar *m od nt;* **radar scanner** *s* Rundsuchradargerät *nt;* **radar station** *s* Radarstation *f;* **radar trap** *s* Radarfalle *f*

ra·dial ['reɪdɪəl] **I.** *adj* radial; strahlenförmig; ~ **tyre** Gürtelreifen *m* **II.** *s* Gürtelreifen *m*

ra·di·ant ['reɪdɪənt] **I.** *adj* ① (*Sonne*) strahlend ② (*Farben*) (hell) scheinend, leuchtend, glühend ③ (*Lachen*) strahlend (*with* vor) ④ (PHYS) Strahlungs-; **be** ~ **with joy** vor Freude strahlen; ~ **heat** Strahlungswärme *f* **II.** *s* Heizfläche *f*

ra·di·ate ['reɪdɪeɪt] **I.** *vi* ① Strahlen aussenden; ausgestrahlt werden ② (*Linien*) strahlenförmig ausgehen **II.** *vt* (*Licht, Wärme*) ausstrahlen; **ra·di·ation** [ˌreɪdɪ'eɪʃn] *s* ① Ausstrahlung *f* ② radioaktive Strahlung ③ Strahlenbelastung, Verstrahlung *f;* **dose of** ~ Strahlendosis *f;* **expose to** ~ verstrahlen; **contaminated with** ~ strahlenver-

R

seucht; **radiation burn** *s* Strahlenverbrennung *f;* **radiation sickness** *s* Strahlenkrankheit *f;* **radiation therapy** *s* Strahlenbehandlung *f;* **ra·di·ator** ['reɪdɪeɪtə(r)] *s* ❶ Heizkörper *m* ❷ (AUTO) Kühler *m;* **radiator cap** *s* Kühlerverschluss *m;* **radiator grille** *s* Kühlergrill *m*

rad·ical ['rædɪkl] **I.** *adj* ❶ wesentlich, grundlegend; fundamental ❷ (POL) radikal ❸ (MATH) Wurzel-; **effect a ~ cure** eine Radikalkur machen; ~ **sign** (MATH) Wurzelzeichen *nt* **II.** *s* ❶ (POL) Radikale(r) *f m* ❷ (MATH) Wurzel *f* ❸ (CHEM) Radikal *nt;* **rad·ical·ism** ['rædɪkəlɪzəm] *s* (POL) Radikalismus *m*

rad·icle ['rædɪkl] *s* ❶ (BOT) Keimwurzel *f* ❷ (CHEM) Radikal *nt*

radio ['reɪdɪəʊ] <*pl* radios> **I.** *s* ❶ Rundfunk *m;* Radio(apparat *m*) *nt* ❷ Funkspruch *m;* **listen to the ~** Radio hören; **hear s.th. on the ~** etw im Radio hören; **over the** [*o* **by**] **~** über Funk; **talk over the ~** über Funk sprechen **II.** *vt* funken; über Funk verständigen **III.** *vi:* ~ **for help** per Funk einen Hilferuf durchgeben

radio·ac·tive [ˌreɪdɪəʊ'æktɪv] *adj* radioaktiv; ~ **contamination** radioaktive Verseuchung; ~ **material** Strahlenmaterial *nt;* ~ **waste** radioaktiver Müll; **make ~** verstrahlen; **radio·ac·tiv·ity** [ˌreɪdɪəʊæk'tɪvətɪ] *s* Radioaktivität *f*

radio alarm ['reɪdɪəʊ ə'lɑːm] *s* Radiowecker *m;* **radio announcer** ['reɪdɪəʊ ə'naʊnsə(r)] *s* Rundfunkansager(in) *m(f);* **radio beacon** *s* (AVIAT MAR) Funkbake *f,* -feuer *nt;* **radio broadcast** *s* Rundfunksendung *f;* **radio·car·bon dat·ing** [ˌreɪdɪəʊkɑːbən'deɪtɪŋ] *s* Radiokohlenstoffdatierung *f;* **radio cassette recorder** *s* Radiorecorder *m;* **radio communication** *s* Funkverbindung *f;* **radio contact** *s* Funkkontakt *m;* **radio·gram** ['reɪdɪəʊgræm] *s* ❶ Funkspruch *m* ❷ Musiktruhe *f;* **radio·graph** ['reɪdɪəʊgrɑːf] *s* Radiogramm *nt;* Röntgenaufnahme *f;* **radio·gra·pher** [ˌreɪdɪ'ɒgrəfə(r)] *s* Röntgenassistent(in) *m(f);* **radi·ogra·phy** [ˌreɪdɪ'ɒgrəfɪ] *s* Radiographie, Röntgenaufnahme *f;* **radio ham** *s* (*fam*) Amateurfunker(in) *m(f);* **radi·olo·gist** [ˌreɪdɪ'ɒlədʒɪst] *s* Radiologe *m,* -login *f,* Röntgenologe *m,* -login *f;* **radi·olo·gy** [ˌreɪdɪ'ɒlədʒɪ] *s* Radiologie *f;* Röntgenologie *f;* **radio operator** *s* Funker(in) *m(f);* (AVIAT) Bordfunker(in) *m(f);* **radio·pager** ['reɪdɪəʊˌpeɪdʒə(r)] *s* Personenrufgerät *nt,* Piepser *m;* **radio play** *s* Hörspiel *nt;* **radio programme** *s* Radioprogramm *nt;* **radio·sco·py** [ˌreɪdɪ'ɒskəpɪ] *s* Radioskopie, Röntgenuntersuchung *f;* **radio set** *s* Rundfunkgerät *nt;* **radio station** *s* Rundfunkstation *f;* **radio·tele·phone** [ˌreɪdɪəʊ'telɪfəʊn] *s* Funksprechgerät *nt;* **radio·tel·eph·ony** [ˌreɪdɪəʊtɪ'lefənɪ] *s* Sprechfunk *m;* **radio telescope** *s* Radioteleskop *nt;* **radio·ther·apy** [ˌreɪdɪəʊ'θerəpɪ] *s* Röntgentherapie *f;* **radio wave** *s* Radiowelle *f*

rad·ish ['rædɪʃ] *s* Rettich *m*

ra·dium ['reɪdɪəm] *s* (CHEM) Radium *nt;* **radium treatment** *s* (MED) Radiumtherapie *f*

ra·dius ['reɪdɪəs, *pl* 'reɪdɪaɪ] <*pl* radii> *s* ❶ (MATH) Halbmesser, Radius *m* ❷ Aktionsradius, Wirkungsbereich *m* ❸ (ANAT) Speiche *f;* **within a … ~** in einem Umkreis von …

RAF[1] ['ɑː(r)eɪ'ef] *s Abk. von* **Royal Air Force** britische Luftwaffe

RAF[2] [ˌɑː(r)eɪ'ef] *s Abk. von* **Red Army Faction** RAF *f*

raf·fia ['ræfɪə] *s* Raphiabast *m*

raff·ish ['ræfɪʃ] *adj* flott, verwegen

raffle ['ræfl] **I.** *s* Lotterie, Tombola *f* **II.** *vt* (~ *off*) verlosen

raft [rɑːft] *s* Floß *nt*

rafter ['rɑːftə(r)] *s* (ARCH) (Dach)Sparren *m*

raft·ing ['rɑːftɪŋ] *s* Rafting *nt*

rag[1] [ræg] *s* ❶ Lumpen, Lappen, Fetzen *m* ❷ (*Zeitung*) Schundblatt *nt;* **in ~s and tatters** zerlumpt und abgerissen; **put one's glad ~s on** sich in Schale werfen; **like a red ~ to a bull** (*fig*) wie ein rotes Tuch; **feel like a wet ~** (*fam*) total ausgelaugt sein

rag[2] [ræg] **I.** *vt* (*fam*) aufziehen, foppen; ~ **s.o.** jdm einen Streich spielen **II.** *s* Jux *m;* (Studenten)Ulk *m*

raga·muf·fin ['rægəmʌfɪn] *s* Lausejunge *m,* Göre *f*

rag·bag ['rægbæg] *s* ❶ Lumpensack *m* ❷ (*fig*) Sammelsurium *nt* ❸ (*pej: Frau*) Schlampe *f*

rage [reɪdʒ] **I.** *s* ❶ Wut *f,* Zorn *m* ❷ (*Sturm*) Toben, Rasen *nt;* **fly into a ~** einen Wutanfall bekommen; **be in a ~** wütend sein; **be (all) the ~** der letzte Schrei sein **II.** *vi* wüten, toben, rasen; ~ **against s.o.** gegen jdn wettern

ragged ['rægɪd] *adj* ❶ abgerissen; zerlumpt ❷ (*Haare*) zottig, strähnig ❸ (*Ränder*) ausgefranst ❹ (*Felsen*) zerklüftet ❺ (*Arbeit*) stümperhaft

rag·ing ['reɪdʒɪŋ] *adj* ❶ wütend ❷ (*Fieber*) heftig ❸ (*Schmerzen*) rasend ❹ (*Sturm*) tobend

ra·gout ['rægu:] *s* (*Küche*) Ragout *nt*

rag rug ['rægrʌg] *s* Flickenteppich *m*

rag·tag ['rægtæg] *s:* ~ **and bobtail** Hinz und Kunz; **rag·time** ['rægtaɪm] *s* (MUS) Ragtime *m;* **rag trade** *s* (*fam*) Kleiderbranche *f*

raid [reɪd] **I.** *s* ① Überfall *m* ② (MIL) Angriff *m;* (*air* ~) Luftangriff *m* ③ Razzia *f* ④ Einbruch *m;* **dawn** ~ Überraschungsangriff *m;* (FIN) *plötzlicher Aufkauf von Aktien* **II.** *vt* ① überfallen ② eine Razzia durchführen in ③ einbrechen in ④ (*fig*) plündern; **raid·er** *s* (*thief*) Einbrecher(in) *m(f)*

rail¹ [reɪl] **I.** *s* ① Geländer *nt* ② (MAR) Reling *f* ③ Umzäunung *f* ④ (RAIL) Gleis *nt,* Schiene *f* ⑤ (*curtain* ~) Schiene *f* ⑥ (*towel* ~) Handtuchhalter *m* ⑦ Bahn *f;* **travel by** ~ mit der Bahn fahren; **go off the** ~**s** entgleisen; (*fig*) auf die schiefe Bahn geraten; zu spinnen anfangen **II.** *vt* mit der Bahn verschicken; **rail in** *vt* einzäunen; **rail off** *vt* abzäunen

rail² [reɪl] *vi:* ~ **at** [*o* **against**] **s.o.** jdn beschimpfen; ~ **at fate** mit dem Schicksal hadern; **rail·head** ['reɪlhed] *s* Endbahnhof *m*

rail·ing ['reɪlɪŋ] *s meist pl* ① Geländer *nt* ② (MAR) Reling *f* ③ Zaun *m*

rail·road ['reɪlrəʊd] **I.** *s* (*Am*) Eisenbahn *f* **II.** *vt* (*Am*): ~ **a bill** eine Gesetzesvorlage durchpeitschen; **rail strike** *s* Bahnstreik *m;* **rail·way** ['reɪlweɪ] *s* ① (*Br*) Eisenbahn *f* ② Gleis *nt;* **railway bridge** *s* Eisenbahnbrücke *f;* **railway carriage** *s* Eisenbahnwagen *m;* **railway crossing** *s* Bahnübergang *m;* **railway engine** *s* Lokomotive *f;* **railway guide** *s* Kursbuch *nt;* **railway line** *s* ① Eisenbahnlinie *f* ② (Eisenbahn)Gleise *pl;* **rail·way·man** ['reɪlweɪmæn] <*pl* -men> *s* Eisenbahner *m;* **railway network** *s* Eisenbahnnetz *nt;* **railway station** *s* Bahnhof *m;* **railway timetable** *s* Zugfahrplan *m*

rain [reɪn] **I.** *s* ① Regen *m* ② (*Pfeile*) Hagel *m;* **it looks like** ~ es sieht nach Regen aus; ~ **or shine** ob es regnet oder schneit; **take a** ~ **check** (*Am*) die Sache verschieben; **the** ~**s** die Regenzeit; **she's as right as** ~ sie ist kerngesund; ~ **of ashes** Aschenregen *m* **II.** *vi, vt* regnen; **it is** ~**ing** es regnet; **it never** ~**s but it pours** (*prov*) ein Unglück kommt selten allein; **it's** ~**ing cats and dogs** es gießt wie aus Kübeln; ~ **blows on s.o.** einen Hagel von Schlägen auf jdn niedergehen lassen; **rain off** *vi* ① wegen Regens nicht stattfinden ② wegen Regens abgebrochen werden; **rain·bow** ['reɪnbəʊ] *s* Regenbogen *m;* **rain cloud** *s* Regenwolke *f;* **rain·coat** ['reɪnkəʊt] *s* Regenmantel *m;* **rain·drop** ['reɪndrɒp] *s* Regentropfen *m;* **rain·fall** ['reɪnfɔːl] *s* Niederschlag *m;* **rain forest** *s* Regenwald *m;* **rain gauge** *s* Regenmesser *m;* **raini·ness** ['reɪnɪnɪs] *s* Regenwetter *nt;* **rain·proof** ['reɪnpruːf] **I.** *adj* wasserdicht **II.** *vt* imprägnieren; **rain·water** ['reɪnwɔːtə(r)] *s* Regenwasser *nt;* **rainy** ['reɪnɪ] *adj* regnerisch; verregnet; regenreich; **keep s.th. for a** ~ **day** etw für Notzeiten zurücklegen; ~ **season** Regenzeit *f*

raise [reɪz] **I.** *vt* ① (auf-, hoch)heben; hochziehen ② (*Anker*) lichten ③ (*Mauer*) errichten; erhöhen ④ (*Gehalt*) erhöhen, anheben; heraufsetzen ⑤ (*Gebäude*) errichten ⑥ (*Problem*) schaffen, aufwerfen; erheben ⑦ (*Kinder*) aufziehen, großziehen ⑧ (*Steuern*) erheben ⑨ (*Geld*) aufbringen, auftreiben ⑩ (*Darlehen*) aufnehmen ⑪ (*Embargo*) aufheben, beenden ⑫ (*Karten*) erhöhen ⑬ (TELE) Funkverbindung aufnehmen mit; ~ **one's glass to s.o.** jdm zutrinken; ~ **one's hand against s.o.** die Hand gegen jdn erheben; ~ **s.o. from the dead** jdn von den Toten erwecken; ~ **one's voice** lauter sprechen; ~ **s.o.'s hopes** jdm Hoffnung(en) machen; ~ **the roof** das Haus zum Beben bringen; ~ **a laugh** ein Lächeln hervorrufen; ~ **a protest** protestieren; ~ **crops** Getreide anbauen **II.** *s* (*Am*) Gehaltserhöhung *f,* Lohnerhöhung *f*

raisin ['reɪzn] *s* Rosine *f*

rake¹ [reɪk] **I.** *s* Rechen *m,* Harke *f* **II.** *vt* harken, rechen **III.** *vi:* ~ **about** [*o* **around**] herumwühlen, herumstöbern; **rake in** *vt* (*Geld*) kassieren; **rake out** *vt* auskundschaften, herausfinden; **rake up** *vt* ① zusammenharken ② (*fig*) auftreiben; zusammenkratzen ③ (*Feuer*) schüren; ~ **up the past** in der Vergangenheit wühlen

rake² [reɪk] *s* Lebemann *m*

rake-off ['reɪkɒf] *s* (*sl*) Gewinnanteil *m*

rak·ish¹ ['reɪkɪʃ] *adj* (*Erscheinung*) flott, verwegen

rak·ish² *adj* (*Schiff*) schnittig

rally ['rælɪ] **I.** *vt* (*Truppen*) versammeln, zusammenrufen; ~ **one's strength** seine Kräfte sammeln **II.** *vi* ① sich wieder sammeln, sich versammeln ② (*Kranker*) Fortschritte machen ③ (FIN) anziehen, sich erholen; **go** ~**ing** eine Rallye fahren; ~ **round** sich scharen um **III.** *s* ① Versammlung *f,* Treffen *nt* ② (*Gesundheit*) Erholung *f* ③ (*Tennis*) Ballwechsel *m* ④ (AUTO) Rallye *f* ⑤ (FIN) Aufschwung *m,* Erholung *f;* **rally driver** *s* Rallyefahrer(in) *m(f)*

RAM [ræm] *s* Abk. von **random access**

memory (INFORM) RAM *nt*
ram [ræm] **I.** *s* ❶ Widder *m* ❷ (TECH) Ramme *f;* Rammbock *m;* **the Ram** (ASTR) der Widder; ~ **raiding** *Ladendiebstahl, bei dem ein gestohlenes Auto als Rammbock dient* **II.** *vt* ❶ rammen; stoßen (*against* gegen) ❷ (*Auto*) rammen; ~ **a charge home** (MIL) laden; ~ **home an argument** ein Argument durchsetzen; ~ **s.th. down s.o.'s throat** jdm etw eintrichtern; **ram through** *vt* (*fam*) durchboxen
ramble ['ræmbl] **I.** *vi* ❶ umherschweifen, (umher)streifen ❷ (*fig:* ~ *on*) schwafeln; vom Hundertsten ins Tausendste kommen ❸ (*Pflanze*) ranken **II.** *s* Streifzug *m;* Wanderung *f;* **go for a** ~ einen Streifzug machen; **ram·bler** ['ræmblə(r)] *s* ❶ Wanderer(in) *m(f)* ❷ Kletterrose *f;* **ram·bling** ['ræmblɪŋ] **I.** *adj* ❶ (*Rede*) weitschweifig, umständlich; schwafelnd ❷ (*Pflanze*) rankend ❸ (*Gebäude*) weitläufig; ~ **club** Wanderverein *m* **II.** *s* (*fig*) Geschwafel *nt*
rame·kin ['reɪmkɪn] *s* Auflaufförmchen *nt*
rami·fi·ca·tion [ˌræmɪfɪ'keɪʃn] *s* Verzweigung, Verästelung *f;* **ram·ify** ['ræmɪfaɪ] *vi* sich verzweigen
ramp [ræmp] *s* ❶ Rampe *f* ❷ (AVIAT) Gangway *f*
ram·page [ræm'peɪdʒ] **I.** *vi* herumwüten **II.** *s:* **go on the** ~ einen Tobsuchtsanfall bekommen
ram·pant ['ræmpənt] *adj* ❶ (*Pflanze*) üppig, wuchernd ❷ (*Ungerechtigkeit*) wild wuchernd; **be** ~ wuchern
ram·part ['ræmpɑːt] *s* Wall *m*
ram·rod ['ræmrɒd] *s* Ladestock *m;* **as stiff as a** ~ steif wie ein Besenstiel
ram·shackle ['ræmʃækl] *adj* wack(e)lig, altersschwach, baufällig
ran [ræn] *vi s.* **run**
ranch [rɑːntʃ] **I.** *s* Ranch *f;* ~ **house** Farmhaus *nt* **II.** *vi* Viehwirtschaft betreiben; **rancher** ['rɑːntʃə(r)] *s* Rancher *m*
ran·cid ['rænsɪd] *adj* ranzig
ran·cor *s* (*Am*) *s.* **rancour**; **ran·cor·ous** ['ræŋkərəs] *adj* bitter; bösartig; **ran·cour** ['ræŋkə(r)] *s* Bitterkeit *f;* Boshaftigkeit *f*
ran·dom ['rændəm] **I.** *adj* willkürlich, Zufalls-; ~ **access memory, RAM** RAM *nt;* ~ **error** Zufallsfehler *m;* **make a** ~ **guess** auf gut Glück raten; ~ **sample** Stichprobe *f;* ~ **sampling** Stichproben *fpl* **II.** *s:* **at** ~ aufs Geratewohl; ziellos; planlos; **hit out at** ~ ziellos um sich schlagen; **talk at** ~ ins Blaue hineinreden
randy ['rændɪ] *adj* (*fam*) scharf, geil
rang [ræŋ] *s.* **ring¹**
range [reɪndʒ] **I.** *vt* ❶ aufstellen; anordnen ❷ (*Person*) zählen (*among, with* zu) ❸ durchstreifen, durchziehen ❹ (*Gewehr*) ausrichten (*on* auf); ~ **o.s. with s.o.** sich auf jds Seite stellen; ~ **the seas** die Meere befahren **II.** *vi* ❶ gehen (*from ... to* von ... bis) ❷ streifen; **the conversation** ~**d over ...** die Unterhaltung kreiste um ...; **the search** ~**d over the whole area** die Suche erstreckte sich auf das ganze Gebiet; ~ **over the country** im Land umherstreifen; ~ **over** verbreitet sein in; (*Gewehr*) eine Reichweite haben von **III.** *s* ❶ Aktionsradius *m;* Reichweite *f* ❷ Reihe *f;* Skala *f;* Angebot *nt;* Spektrum *nt* ❸ (MUS) Ton-, Stimmumfang *m* ❹ (*fig*) Kompetenz *f;* Einflussbereich *m* ❺ (*rifle* ~) Schießstand *m* ❻ Koch-, Küchenherd *m* ❼ (*mountain* ~) Kette *f* ❽ (*Am*) Weideland *nt;* **at a** ~ **of** in einer Entfernung von; **at close/wide** ~ auf kurze/weite Entfernung; **out of** ~ außer Hör-, Reich-, Schussweite; **within shouting** ~ in Hörweite; ~ **of vision** Gesichtsfeld *nt;* **a wide** ~ eine große Auswahl; ein breites Spektrum; **in this price** ~ in dieser Preislage; **a** ~ **of temperatures** unterschiedliche Temperaturen *fpl;* **temperature** ~ Temperaturbereich *m;* **a whole** ~ **of sizes** eine ganze Reihe verschiedener Größen; **this is outside the** ~ **of ...** das liegt außerhalb der Kompetenz von ...; **short-/medium-/long-**~ Kurz-/Mittel-/Langstrecken-; **range-finder** ['reɪndʒˌfaɪndə(r)] *s* Entfernungsmesser *m*
ranger ['reɪndʒə(r)] *s* ❶ Förster(in) *m(f)* ❷ (*Am*) Ranger *m;* Überfallkommando *nt;* ~ **scout** (*Br*) Ranger *m*
rangy ['reɪndʒɪ] *adj* langgliedrig
rank¹ [ræŋk] **I.** *s* ❶ (MIL) Rang *m* ❷ Stand *m,* Schicht *f* ❸ Reihe *f* ❹ (MIL) Glied *nt* ❺ (MUS) Register *nt;* **officer of high** ~ hoher Offizier; **people of all** ~**s** Leute *pl* aller Stände; **a person of** ~ eine hochgestellte Persönlichkeit; **a second-**~ **painter** ein zweitklassiger Maler; **keep** ~ in Reih und Glied stehen; **the** ~ **and file** (MIL) die Mannschaft; (*Partei*) die Basis; **reduce s.o. to the** ~**s** jdn degradieren; **taxi** ~ Taxistand *m* **II.** *vt* einreihen, -ordnen, klassifizieren; ~ **s.o. among the great** jdn zu den Großen zählen **III.** *vi:* ~ **among** zählen zu; ~ **above s.o.** bedeutender als jd sein; rangmäßig über jdm liegen
rank² [ræŋk] *adj* ❶ (*Pflanzenwuchs*) wuchernd, üppig; (*Boden*) überwuchert (*with* von) ❷ (*Geruch*) übel ❸ (*Fett*) stinkend, übel riechend, ranzig ❹ (*Gift*) rein; ausgesprochen ❺ (*Verräter*) übel
rank·ing of·fi·cer ['ræŋkɪŋ ˌɒfɪsə(r)] *s* (MIL)

ranghöchster Offizier

rankle ['ræŋkl] *vi (fig fam)*: ~ **with s.o.** jdn wurmen

rank·ness ['ræŋknɪs] *s* ① Üppigkeit *f* ② *(fig)* Übelkeit *f;* Gestank *m;* Derbheit *f*

ran·sack ['rænsæk] *vt* ① durchsuchen, -wühlen *(for* nach) ② *(Haus)* plündern ③ *(Stadt)* herfallen über

ran·som ['rænsəm] **I.** *s* ① Lösegeld *nt* ② Freilassung *f* ③ (REL) Erlösung *f;* **hold s.o. to** ~ jdn als Geisel (fest)halten; jdn erpressen **II.** *vt* ① auslösen, Lösegeld bezahlen für ② gegen ein Lösegeld freilassen ③ (REL) erlösen

rant [rænt] *vi* Tiraden loslassen; irres Zeug reden; ~ **and rave at s.o.** mit jdm schimpfen

rap¹ [ræp] **I.** *vt* klopfen auf; klopfen an; ~ **s.o.'s knuckles** jdm auf die Finger klopfen; ~ **out** hervor-, ausstoßen **II.** *vi* klopfen; ~ **at the door** kurz an die Tür klopfen **III.** *s* Klopfen *nt;* **give s.o. a** ~ **on the knuckles** jdm auf die Finger klopfen; **take the** ~ die Schuld zugeschoben kriegen; **there was a** ~ **at the door** es hat (an der Tür) geklopft; **I don't care a** ~ das ist mir völlig egal

rap² [ræp] *s* (MUS) Rap *m*

ra·pa·cious [rə'peɪʃəs] *adj* habgierig; **ra·pac·ity** [rə'pæsətɪ] *s* Habgier *f*

rape¹ [reɪp] **I.** *s* Vergewaltigung, Notzucht *f* **II.** *vt* vergewaltigen

rape² [reɪp] *s* Raps *m*

rapid ['ræpɪd] **I.** *adj* ① rasch; rapide; flink ② *(Abstieg)* steil; ~ **eye movement (REM) sleep** REM-Schlaf *m;* **a** ~ **fire of questions** ein Feuerwerk von Fragen; ~ **fire weapon** Schnellfeuerwaffe *f;* **Rapid Reaction Force** (NATO) Schnelleingreiftruppe *f* **II.** *s pl* Stromschnellen *fpl;* **rap·id·ity** [rə'pɪdətɪ] *s* Schnelligkeit *f;* Raschheit *f;* Steilheit *f*

rapier ['reɪpɪə(r)] *s* Rapier *nt*

rap·ist ['reɪpɪst] *s* Vergewaltiger *m*

rap·per [ræpə] *s* Rapper(in) *m(f)*

rap·port [ræ'pɔː(r)] *s* enge Beziehung, enges Verhältnis; **in** ~ **with** in Harmonie mit

rap·proche·ment [ræ'prɒʃmɒŋ] *s* (POL) Annäherung *f*

rapt [ræpt] *adj* ① gespannt; atemlos ② *(Lächeln)* verzückt; **rap·ture** ['ræptʃə(r)] *s* Entzücken *nt;* Verzückung *f;* **be in** ~**s** entzückt sein *(over* über); **go into** ~**s** in Entzücken geraten; **rap·tur·ous** ['ræptʃərəs] *adj* ① ver-, entzückt, hingerissen ② *(Beifall)* stürmisch

rare [reə(r)] *adj* ① selten, rar ② *(Luft)* dünn ③ *(Fleisch)* blutig, nicht durchgebraten ④ *(fig)* irrsinnig

rare·bit ['reəbɪt] *s:* **Welsh** ~ überbackene Käseschnitte

rarefy ['reərɪfaɪ] **I.** *vt* ① *(Luft)* verdünnen ② *(fig)* exklusiv machen **II.** *vi (Luft)* dünn werden; **rare·ly** ['reəlɪ] *adv* selten; **rar·ity** ['reərətɪ] *s* Seltenheit, Rarität *f*

ras·cal ['rɑːskl] *s (fam hum)* Schelm, Schlingel *m*

rash¹ [ræʃ] *adj* unbesonnen; voreilig, überstürzt

rash² [ræʃ] *s* (MED) Ausschlag *m;* **rash cream** *s* Wundcreme *f*

rasher ['ræʃə(r)] *s:* ~ **of bacon** Speckstreifen *m*

rash·ness ['ræʃnɪs] *s* Unbesonnenheit *f;* Voreiligkeit, Überstürztheit *f*

rasp [rɑːsp] **I.** *vt* ① (TECH) raspeln ② (~ *out)* krächzen **II.** *vi* kratzen **III.** *s* ① (TECH) Raspel *f,* Reibeisen *nt* ② Kratzen *nt*

rasp·berry ['rɑːzbrɪ] **I.** *s* ① Himbeere *f* ② (~ *bush)* Himbeerstrauch *m;* **blow a** ~ verächtlich schnauben; **get a** ~ *(sl)* nur ein verächtliches Schnauben ernten **II.** *adj* himbeerrot

rasp·ing ['rɑːspɪŋ] *adj* ① kratzend, rau ② *(Atem)* keuchend, röchelnd

Ras·ta·fa·rian [ˌræstə'feərɪən] *s* Rastafari *m*

ras·ter ['ræstə(r)] *s* Raster *m od nt*

rat [ræt] **I.** *s* ① Ratte *f* ② *(fig)* Verräter *m;* **smell a** ~ Lunte riechen **II.** *vi* Ratten fangen; ~ **on s.o.** *(fam)* jdn sitzen lassen; jdn verpfeifen

rat·able, **rate·able** ['reɪtəbl] *adj* steuerpflichtig; ~ **value** steuerbarer Wert

ratch·et ['rætʃɪt] (~ *wheel)* Sperrad *nt*

ratchet up *vt (fam)* hochkurbeln

rate [reɪt] **I.** *s* ① Rate *f;* Tempo *nt* ② (COM) Satz *m;* Kurs *m* ③ ~**s** *(Br: HIST)* Gemeindesteuern *fpl;* **failure** ~ Durchfallquote *f;* **at a** ~ **of ...** in einem Tempo von ...; ~ **of absenteeism** Abwesenheitsquote *f;* ~ **of consumption** Verbrauch *m;* **pulse** ~ Puls *m;* ~ **of return** Rendite, Rentabilität *f;* ~ **of sales** Absatzrate *f;* **at this** ~ **of working** bei diesem Arbeitstempo; **at any** ~ auf jeden Fall; ~ **of exchange** Wechselkurs *m;* ~ **of inflation** Inflationsrate *f;* ~ **of interest** Zinssatz *m;* **insurance** ~**s** Versicherungsgebühren *fpl;* **unemployment** ~ Arbeitslosenquote *f* **II.** *vt* ① einschätzen ② *(Br: Steuer)* veranlagen ③ verdienen; ~ **s.o. among ...** jdn zu ... zählen; ~ **s.o. as s.th.** jdn für etw halten; ~ **s.o. highly** jdn hoch einschätzen **III.** *vi:* ~ **as** gelten als; ~ **among** zählen zu

rather ['rɑːðə(r)] *adv* ① lieber; eher ② im

R

Gegenteil, vielmehr ③ ziemlich, nicht wenig; ~ **than wait, he went away** er ging lieber, als dass er wartete; **I'd ~ not** lieber nicht; **I would ~ you came yourself** mir wäre es lieber, Sie kämen selbst; **it's ~ too difficult for me** es ist etwas zu schwierig für mich; **I ~ think he's wrong** ich glaube fast, er hat Unrecht

rati·fi·ca·tion [ˌrætɪfɪˈkeɪʃn] *s* ① (POL) Ratifizierung *f* ② (COM) Bestätigung *f;* **rat·ify** [ˈrætɪfaɪ] *vt* ① ratifizieren ② bestätigen

rat·ing [ˈreɪtɪŋ] *s* ① Einschätzung *f;* Veranlagung *f* ② Klasse *f* ③ (FIN) Kreditfähigkeit *f* ④ (ELEK) Leistung *f* ⑤ (MAR) Rang *m* ⑥ Matrose *m;* **octane ~** Oktanzahl *f;* **the popularity ~ of a TV programme** die Zuschauerzahlen eines Fernsehprogramms

ra·tio [ˈreɪʃɪəʊ] <*pl* -tios> *s* Verhältnis *nt;* **in the ~ of 2 to 3** im Verhältnis 2 zu 3; **in inverse ~** umgekehrt proportional; **inverse** [*o* **indirect**] **~** umgekehrtes Verhältnis

ra·tion [ˈræʃn] **I.** *s* ① Ration *f;* Quantum *nt* ② **~s** (MIL) Verpflegung *f;* **put s.o. on short ~s** jdn auf halbe Ration setzen; **~ card** Bezugschein *m* **II.** *vt* (*Lebensmittel*) rationieren; bewirtschaften; **~ out** zuteilen

ra·tional [ˈræʃnəl] *adj* ① (*Person*) vernunftbegabt, rational ② (*Denken*) vernünftig, rational ③ (MATH) rational

ra·tion·ale [ˌræʃəˈnɑːl] *s* Gründe *mpl,* Gedankengänge *mpl*

ra·tion·al·ism [ˈræʃnəlɪzəm] *s* Rationalismus *m;* **ra·tion·al·ist** [ˈræʃnəlɪst] *s* Rationalist(in) *m(f);* **ra·tion·al·is·tic** [ˌræʃnəˈlɪstɪk] *adj* rationalistisch; **ra·tional·ity** [ˌræʃəˈnælətɪ] *s* ① Vernunft *f* ② (MED) klarer Verstand

ra·tion·al·iz·ation [ˌræʃnəlaɪˈzeɪʃn] *s* Rationalisierung *f;* **ra·tion·al·ize** [ˈræʃnəlaɪz] *vt* ① vernünftig betrachten ② (COM) rationalisieren; **ra·tion·ing** [ˈræʃnɪŋ] *s* Rationierung *f;* Bewirtschaftung *f*

rat poi·son [ˈrætpɔɪzn] *s* Rattengift *nt;* **rat race** *s* ständiger Konkurrenzkampf

rattle [ˈrætl] **I.** *vi* ① klappern ② (*Ketten*) rasseln, klirren; **~ at the door** an der Tür rütteln; **~ along** entlangrattern; **~ down** herunterprasseln; **~ on** quasseln **II.** *vt* ① klappern, rasseln mit; schütteln ② (*Mensch*) durcheinander bringen; **the news ~d her** die Nachricht hat ihr einen Schock versetzt; **~ off** herunterrasseln **III.** *s* ① Geklapper, Gerassel, Gepolter *nt* ② (Kinder)Klapper *f;* **rattle·brain** [ˈrætlbreɪn] *s* (*sl*) Spatzenhirn *nt;* **rattle·snake** [ˈrætlsneɪk] *s* Klapperschlange *f;* **rattle·trap** [ˈrætltræp] *s* Klapperkiste *f;*

rat·tling [ˈrætlɪŋ] **I.** *adj* ① klappernd, ratternd; klirrend ② (*fam: Tempo*) flott, rasend, toll **II.** *adv:* **~ good** (*sl*) verdammt gut

rat·ty [ˈrætɪ] *adj* (*fam*) gereizt

rau·cous [ˈrɔːkəs] *adj* rau, heiser

raunchy [ˈrɔːntʃɪ] *adj* (*sl*) geil

rav·age [ˈrævɪdʒ] **I.** *s* Verwüstung, Verheerung, Zerstörung *f;* **the ~s of time** die Spuren *f pl* der Zeit **II.** *vt* ① verwüsten, verheeren, zerstören ② plündern

rave [reɪv] **I.** *vi* ① (MED) im Fieberwahn reden, fantasieren ② (*fig*) schwärmen (*about, over* von) ③ wüten, toben ④ (*Meer*) tosen; **~ against s.o.** gegen jdn wettern **II.** *s* ① Rave *m/nt* ② (*sl*) Fete *f* ③ (*sl*) Schwärmerei *f;* **have a ~ about s.th.** von etw schwärmen; **~ review** fantastische Kritik

ravel [ˈrævl] **I.** *vt* (*~ out*) ausfransen; (*Faden*) entwirren **II.** *vi* sich verwirren

raven [ˈreɪvn] *s* Rabe *m;* **~-black** rabenschwarz; **~-haired** schwarzhaarig

rav·en·ous [ˈrævənəs] *adj* ① ausgehungert ② heißhungrig

ra·vine [rəˈviːn] *s* Schlucht, Klamm *f*

rav·ing [ˈreɪvɪŋ] **I.** *adj* fantasierend; wahnsinnig; **a ~ lunatic** ein kompletter Idiot **II.** *adv:* **~ mad** vollkommen übergeschnappt **III.** *s oft pl* Gefasel *nt*

rav·ish [ˈrævɪʃ] *vt* ① (*fig*) hinreißen, entzücken ② (*obs*) vergewaltigen; rauben; **ravish·ing** [-ɪŋ] *adj* hinreißend, bezaubernd, entzückend

raw [rɔː] **I.** *adj* ① (*Nahrung*) roh ② (*Alkohol*) rein, unvermischt ③ (*Material*) roh, unbearbeitet ④ (*fig*) unausgebildet, unerfahren ⑤ (*Haut*) wund, entzündet ⑥ (*Wetter*) rau, unwirtlich, nasskalt; **it's a ~ deal** das ist eine Gemeinheit; **give s.o. a ~ deal** jdn benachteiligen; **~ material** Rohstoff *m;* **~ milk cheese** Rohmilchkäse *m* **II.** *s:* **touch s.o. on the ~** bei jdm einen wunden Punkt berühren; **in the ~** im Naturzustand; **raw-boned** [ˌrɔːˈbəʊnd] *adj* mager, knochig; **raw·hide** [ˈrɔːhaɪd] *s* ungegerbtes Leder; **Rawl·plug®** [ˈrɔːlplʌg] *s* Dübel *m;* **raw·ness** [ˈrɔːnɪs] *s* ① Rohheit *f* ② Unerfahrenheit *f* ③ Wundheit *f* ④ (*Wetter*) Rauheit *f*

ray¹ [reɪ] *s* ① (Licht)Strahl *m* ② (*fig*) Spur *f,* Schimmer *m;* **X-~s** Röntgenstrahlen *mpl;* **a ~ of hope** ein Hoffnungsschimmer *m*

ray² [reɪ] *s* (*großer, scheibenförmiger Fisch*) Rochen *m*

rayon [ˈreɪɒn] *s* Kunstseide *f*

raze [reɪz] *vt* völlig zerstören, dem Erdboden gleichmachen

razor ['reɪzə(r)] *s* Rasiermesser *nt,* Rasierapparat *m;* **razor·back** ['reɪzəbæk] *s* ❶ Finnwal *m* ❷ (*Am*) Wildschwein *nt;* **razor·bill** ['reɪzəbɪl] *s* (*Seevogel*) Tordalk *m;* **razor blade** *s* Rasierklinge *f;* **razor-edge** *s* (*Berg*) Grat *m;* **be on a ~** (*fig*) auf Messers Schneide stehen; **razor-sharp** *adj* (*a. fig*) messerscharf; **razor wire** *s* Bandstacheldraht *m*

razz [ræz] *vt* (*Am: sl*) aufziehen, ärgern

razzle ['ræzl] *s:* **go on the ~** auf die Pauke hauen

RC [ˌɑː(r)'siː] *adj Abk. von* **Roman Catholic** r.-k., römisch-katholisch

RDF [ˌɑː(r)diː'ef] *s Abk. von* **refuse-derived fuel** BRAM *m,* Brennstoff *m* aus Müll

RE [ˌɑːr'iː] *s Abk. von* **religious education** Religionsunterricht *m*

re- [ˌriː] *PRÄF* wieder-

re¹ [reɪ] (MUS) re *nt*

re² [riː] *prep* ❶ mit Bezug auf, betreffend ❷ (JUR) in Sachen gegen

reach [riːtʃ] **I.** *vt* ❶ erreichen; ankommen an ❷ (*Perfektion*) erlangen ❸ (*Einigung*) erzielen, gelangen zu ❹ herankommen an ❺ reichen, gehen bis zu; **~ page 100** bis Seite 100 kommen; **be able to ~ s.th.** an etw heranreichen können; **~ me (over) that book** reiche mir das Buch (herüber) **II.** *vi* (*Gebiet*) sich erstrecken, gehen, reichen; **~ for s.th.** nach etw greifen **III.** *s* ❶ (*fig*) Reichweite *f* ❷ (*Fluss*) Strecke *f;* **make a ~ for s.th.** nach etw greifen; **within s.o.'s ~** in jds Reichweite; **within arm's ~** in greifbarer Nähe; **within easy ~ of the sea** in unmittelbarer Nähe des Meers; **beyond the ~ of the law** außerhalb des Gesetzes; **reach down** *vt* hinunterreichen; **reach out** *vi* die Hände ausstrecken; **reach over** *vi* hinübergreifen; **reach up** *vt* hinaufgreifen

re·act [rɪ'ækt] *vi* ❶ reagieren (*to* auf) ❷ wirken (*on, upon* auf); **~ against** negativ reagieren auf; **re·ac·tion** [rɪ'ækʃn] *s* ❶ Reaktion *f* (*to* auf, *against* gegen) ❷ (POL) Reaktion *f* ❸ (MIL) Gegenschlag *m* ❹ (COM) Umschwung, Rückgang *m;* **action and ~** Wirkung und Gegenwirkung; **forces of ~** reaktionäre Kräfte; **re·ac·tion·ary** [rɪ'ækʃənrɪ] *adj* reaktionär

re·ac·ti·vate [riː'æktɪveɪt] *vt* reaktivieren;

re·ac·tive [riː'æktɪv] *adj* reaktiv

re·ac·tor [rɪ'æktə(r)] *s* Reaktor *m;* **nuclear ~** Kernreaktor *m;* **reactor core** *s* Reaktorkern *m;* **reactor safety** *s* Reaktorsicherheit *f*

read [riːd, red, red] <*irr:* read, read> **I.** *vt* ❶ lesen ❷ vorlesen (*to s.o.* jdm) ❸ (*Buch*) aus-, durchlesen ❹ (*Traum*) deuten ❺ (*Universität*) studieren ❻ (*Thermometer*) ablesen ❼ (*Messgerät*) anzeigen; **~ s.o. a lesson** jdm eine Strafpredigt halten; **take s.th. as ~** etw als selbstverständlich voraussetzen; **~ s.o.'s thoughts** jds Gedanken lesen; **~ s.o.'s hand** jdm aus der Hand lesen; **~ s.th. into a text** etw in einen Text hineinlesen, hineininterpretieren **II.** *vi* ❶ lesen; vorlesen ❷ (*Buch*) sich lesen (lassen) ❸ (*Text*) lauten; **he ~s well** er liest gut; **~ aloud** laut lesen; **~ to o.s.** für sich lesen; **this book ~s well** das Buch liest sich gut; **~ for an examination** sich auf eine Prüfung vorbereiten **III.** *s:* **have a quiet ~** ungestört lesen; **read off** *vt* ablesen; **read on** *vi* weiterlesen; **read out** *vt* vorlesen; **read over** *vt* durchlesen; **read through** *vt* durchlesen; **read up** *vi* sich informieren (*on* über)

read·abil·ity [ˌriːdə'bɪlɪtɪ] *s* Lesbarkeit *f;* **read·able** ['riːdəbl] *adj* lesbar; lesenswert; **reader** ['riːdə(r)] *s* ❶ Leser(in) *m(f)* ❷ (*Br*) Dozent(in) *m(f)* ❸ Lesebuch *nt;* Fibel *f;* Text *m,* Lektüre *f* ❹ (INFORM) Lesegerät *nt;* **publisher's ~** Lektor(in) *m(f);* **reader·ship** [-ʃɪp] *s* ❶ Leserkreis *m,* Leserschaft *f* ❷ (*Br*) Dozentur *f;* **read head** *s* (INFORM) Lesekopf *m*

read·ies ['redɪz] *s pl* (*fam*) das Bare

read·ily ['redɪlɪ] *adv* ❶ bereitwillig ❷ gleich, sofort; **~ to hand** griffbereit; **readi·ness** ['redɪnɪs] *s* ❶ Bereitschaft *f* ❷ Leichtigkeit *f;* **be (kept) in ~** bereitgehalten werden; **her ~ to help** ihre Hilfsbereitschaft; **~ of speech** Redegewandtheit *f*

read·ing ['riːdɪŋ] *s* ❶ Lesen *nt* ❷ Lektüre *f* ❸ Lesung *f* ❹ Interpretation *f,* Verständnis *nt* ❺ Version *f* ❻ (TECH) Ablesen *nt* ❼ (*Messgerät, Zähler*) Stand *m* ❽ (PARL) Lesung *f* ❾ Belesenheit *f;* **the ~ is …** das Thermometer steht auf …; **a man of wide ~** ein sehr belesener Mann; **reading book** *s* Lesebuch *nt;* **reading glasses** *s pl* Lesebrille *f;* **reading lamp** *s* Leselampe *f;* **reading list** *s* Leseliste *f;* **reading room** *s* Lesesaal *m*

re·ad·just [ˌriːə'dʒʌst] **I.** *vt* ❶ neu einstellen; nachstellen ❷ (*Preise*) anpassen, neu regeln ❸ (*Meinung*) korrigieren **II.** *vi* sich neu anpassen (*to* an); **I have to ~ to it** ich muss mich erst wieder daran gewöhnen; **re·ad·just·ment** [-mənt] *s* ❶ Neuordnung *f;* Neueinstellung *f* ❷ Anpassung *f* ❸ Korrektur *f*

read only memory *s* (INFORM) Festwertspeicher *m*

ready ['redɪ] **I.** *adj* ❶ bereit, fertig

② prompt; schlagfertig ③ (*Geld*) verfügbar, flüssig ④ bereit, willens, geneigt (*to* zu) ⑤ (*Sprecher*) gewandt; ~ **to leave** abfahrtbereit; ~ **for anything** zu allem bereit; **are you ~ to go?** sind Sie soweit?; **be ~ with an excuse** eine Entschuldigung parat haben; **get ~ to do s.th.** sich bereitmachen etw zu tun; **get ~ for s.th.** sich auf etw vorbereiten; ~ **to do s.th.** bereit etw zu tun; **he was ~ to cry** er war den Tränen nahe; **she's ~ with an answer** sie ist mit einer Antwort schnell bei der Hand; **have a ~ tongue** schlagfertig sein; ~ **money** jederzeit verfügbares Geld; ~ **when you are!** sind Sie auch soweit?; ~**, steady, go!** Achtung (auf die Plätze), fertig, los! **II.** *s:* **at the ~** (MIL) mit dem Gewehr im Anschlag; (*fig*) marsch-, fahrbereit; **ready cash** *s* Bargeld *nt;* **ready-made** [ˌredɪˈmeɪd] *adj* ① (*Kleider*) Konfektions- ② (*Antwort*) fertig ③ (*Lösung*) Patent-; **ready sale** *s* schneller Absatz; **ready-to-wear** [ˌredɪtə ˈweə(r)] *adj* Konfektions-, von der Stange

re·af·firm [ˌriːəˈfɜːm] *vt* erneut bestätigen

re·af·forest [ˌriːəˈfɒrɪst] *vt* wieder aufforsten

real [rɪəl] **I.** *adj* ① echt; wirklich; richtig; eigentlich ② echt, authentisch; **in ~ life** im wirklichen Leben; **her grief is very ~** ihr Schmerz ist echt; **it's not the ~ thing** das ist nicht das Wahre; ~ **time** (INFORM) Echtzeit *f;* **it's a ~ miracle** das ist ein wahres Wunder; ~ **estate** Immobilien *pl;* ~ **income** Realeinkommen *nt;* ~ **number** (MATH) reelle Zahl; ~ **tennis** Ballhaustennis *nt;* ~ **wages** Reallohn *m;* ~ **property** Grundbesitz *m* **II.** *adv* (*Am*) echt, wirklich; **get ~!** (*fam*) machen wir uns doch nichts vor! **III.** *s:* **for ~** wirklich, echt

re·align·ment [ˌriːəˈlaɪnmənt] *s* (FIN) Neufestsetzung *f*

real·ism [ˈrɪəlɪzəm] *s* Realismus *m;* **real·ist** [ˈrɪəlɪst] *s* Realist *m;* **real·istic** [ˌrɪəˈlɪstɪk] *adj* ① realistisch ② (*Gemälde*) naturgetreu

re·al·ity [rɪˈæləti] *s* ① Wirklichkeit, Realität *f* ② Naturtreue *f;* **in ~** in Wirklichkeit; **bring s.o. back to ~** jdn auf den Boden der Tatsachen zurückbringen; **become ~** sich verwirklichen

real·iz·able [ˈrɪəlaɪzəbl] *adj* ① (*Pläne*) aus-, durchführbar, realisierbar ② (FIN) realisierbar, zu verflüssigen; **real·iz·ation** [ˌrɪəlaɪˈzeɪʃn] *s* ① Erkenntnis *f* ② (FIN) Realisierung, Verflüssigung *f* ③ (*Pläne*) Realisierung *f;* **real·ize** [ˈrɪəlaɪz] **I.** *vt* ① erkennen, sich klar werden +*gen,* sich bewusst werden +*gen,* begreifen; bemerken ② (*Plan*) verwirklichen, realisieren ③ (FIN) realisieren, flüssig machen, veräußern ④ (*Gewinn*) erzielen; **I ~d what he meant** mir ist klar geworden, was er meinte; **I hadn't ~d how late it was** ich habe gar nicht gemerkt, wie spät es war **II.** *vi:* **I've just ~d** das ist mir eben klar geworden; **he'll never ~** das wird er nie merken

really [ˈrɪəlɪ] **I.** *adv* ① wirklich, tatsächlich ② richtig; **I ~ don't know what to think** ich weiß wirklich nicht, was ich davon halten soll; **I don't ~ think so** das glaube ich eigentlich nicht; ~ **and truly** wirklich; **I ~ must say …** ich muss schon sagen … **II.** *interj* wirklich, tatsächlich; **not ~!** ach wirklich?; ~**, Peter!** also wirklich, Peter!

realm [relm] *s* ① Königreich *nt* ② (*fig*) Bereich *m,* Gebiet *nt*

re·al·tor [ˈrɪəltə(r)] *s* (*Am*) Grundstücksmakler(in) *m(f);* **re·alty** [ˈrɪəltɪ] *s* (JUR) Immobilien *pl*

reamed [riːmd] *adj* (*Am: sl*) betrogen

re·ani·mate [riːˈænɪmeɪt] *vt* ① wieder beleben ② (*fig*) in Gang bringen

reap [riːp] **I.** *vt* ① (*Getreide*) schneiden, mähen; ernten ② (*fig*) ernten; bekommen; ~ **what one has sown** ernten, was man gesät hat **II.** *vi* schneiden, mähen; **reaper** [ˈriːpə(r)] *s* ① Mähmaschine *f* ② Schnitter(in) *m(f);* **reap·ing hook** [ˈriːpɪŋˌhʊk] *s* Sichel *f*

re·ap·pear [ˌriːəˈpɪə(r)] *vi* wieder erscheinen, wieder auftauchen

re·ap·ply [ˌriːəˈplaɪ] *vi* erneut bewerben

re·ap·point [ˌriːəˈpɔɪnt] *vt* wieder ernennen, -einstellen

re·ap·prais·al [ˌriːəˈpreɪzl] *s* Neueinschätzung, -beurteilung *f;* (*Lage*) Neubewertung *f*

rear¹ [rɪə(r)] **I.** *s* ① hinterer Teil ② (*fam*) Hinterteil *nt* ③ (MIL) Ende *nt* der Truppe; **at** [*o* **in**] **the ~** hinten; **at** [*o* **to**] **the ~ of the house** hinter dem Haus; **from the ~** von hinten; **bring up the ~** die Nachhut bilden **II.** *adj* hintere(r, s); Heck-; ~ **door** hintere Tür; ~ **admiral** Konteradmiral *m;* ~ **engine** (AUTO) Heckmotor *m;* ~ **lights** Rücklichter *ntpl;* ~ **spoiler** (AUTO) Heckspoiler *m;* ~ **wheel** Hinterrad *nt;* ~ **window** (AUTO) Heckscheibe *f*

rear² [rɪə(r)] **I.** *vt* (*Tier*) groß-, aufziehen; ~ **its head** den Kopf zurückwerfen **II.** *vi* (*Pferd:* ~ *up*) sich aufbäumen

rear-en·gined [ˌrɪərˈendʒɪnd] *adj* (AUTO) mit Heckmotor, mit Heckantrieb; **rear·guard** [ˈrɪəgɑːd] *s* (MIL) Nachhut *f*

re·arm [ˌriːˈɑːm] **I.** *vt* wieder bewaffnen **II.** *vi* (wieder) aufrüsten; **re·arma·ment** [riːˈɑːməmənt] *s* ① Wiederbewaffnung *f*

② (Wieder)Aufrüstung *f;* **Moral Rearmament** Moralische Aufrüstung

rear·most ['rɪəməʊst] *adj* hinterste(r, s), letzte(r, s)

re·ar·range [ˌriːə'reɪndʒ] *vt* ① neu ordnen; umgruppieren ② (*Treffen*) erneut vereinbaren

rear-view mir·ror ['rɪəˌvjuː'mɪrə(r)] *s* (AUTO) Rückspiegel *m;* **rear·ward** ['rɪəwəd] **I.** *adj* hintere(r, s); rückwärtig **II.** *adv* (*a.* ~*s*) rückwärts; **rear-wheel drive** *s* Heckantrieb *m*

rea·son ['riːzn] **I.** *s* ① Grund *m* (*for* für) ② Verstand *m* ③ Vernunft *f;* **the ~ for my going** weshalb ich gehe; **the ~ why** weswegen; **there is ~ to believe that …** es gibt Grund zu der Annahme, dass …; **for that very ~** eben deswegen; **with good ~** mit gutem Grund; **without rhyme or ~** ohne Sinn und Verstand; **without any ~** grundlos; **for no ~ at all** ohne ersichtlichen Grund; **for no particular ~** ohne einen bestimmten Grund; **by ~ of** wegen; **listen to ~** Vernunft annehmen; **lose one's ~** den Verstand verlieren; **that stands to ~** das ist logisch; **for what ~?** aus welchem Grund? **II.** *vi* ① logisch denken ② vernünftig reden (*with s.o.* mit jdm) **III.** *vt* ① durchdenken, überlegen ② folgern, schließen; **~ s.o. out of s.th.** jdm etw ausreden; **~ why …** sich klarmachen, warum …

rea·son·able ['riːznəbl] *adj* ① vernünftig ② (*Preis*) reell; angemessen ③ (*Zweifel*) berechtigt ④ ordentlich, ganz gut; **with a ~ amount of luck** mit einigem, einer Portion Glück; **rea·son·ably** ['riːznəblɪ] *adv* ① vernünftig ② einigermaßen; ziemlich

rea·son·ing ['riːznɪŋ] *s* ① Schlussfolgerungen *fpl* ② Argumentation, Beweisführung *f;* **this ~ is faulty** das Argument ist falsch

re·as·semble [ˌriːə'sembl] **I.** *vt* ① wieder versammeln ② (TECH) wieder zusammensetzen **II.** *vi* sich wieder versammeln

re·as·sess [ˌriːə'ses] *vt* neu überdenken; neu abwägen; neu veranlagen

re·as·sur·ance [ˌriːə'ʃʊərəns] *s* ① Beruhigung *f* ② Bestätigung *f* ③ Rückversicherung *f;* **re·as·sure** [ˌriːə'ʃʊə(r)] *vt* ① beruhigen; das Gefühl der Sicherheit geben (*s.o.* jdm) ② versichern, beteuern ③ rückversichern; **~ s.o. of s.th.** jdm etw versichern; **re·as·sur·ing** [ˌriːə'ʃʊərɪŋ] *adj* beruhigend

re·bate ['riːbeɪt] *s* ① (Preis)Nachlass, Rabatt *m* ② Rückerstattung, -vergütung, -zahlung *f*

rebel ['rebl] **I.** *s* Rebell(in) *m(f),* Aufrührer(in) *m(f)* **II.** *adj* aufrührerisch, aufständisch **III.** [rɪ'bel] *vi* rebellieren, sich erheben; **re·bel·lion** [rɪ'belɪən] *s* Rebellion *f,* Aufstand *m;* **rise in ~** einen Aufstand machen; **re·bel·li·ous** [rɪ'belɪəs] *adj* ① aufrührerisch, rebellisch ② (*Kind*) rebellisch, widerspenstig

re·birth [ˌriː'bɜːθ] *s* Wiedergeburt *f;* (*fig*) Wiederaufleben *nt*

re·boot [ˌriː'buːt] *vt* (INFORM) erneut laden

re·bound [rɪ'baʊnd] **I.** *vi* ① (*Ball*) ab-, zurückprallen ② (*fig*) zurückfallen (*on, upon s.o.* auf jdn) ③ (*Börse*) wieder ansteigen **II.** ['riːbaʊnd] *s* ① Rückprall *m* ② (*fig*) Rückschlag, Umschwung *m;* **be on the ~** sich über eine Enttäuschung hinwegtrösten

re·buff [rɪ'bʌf] **I.** *s* Zurückweisung *f;* Abfuhr *f;* **meet with a ~** eine Zurückweisung erfahren, zurückgewiesen werden (*from* von) **II.** *vt* abweisen, zurückweisen

re·build [ˌriː'bɪld] *vt* wieder aufbauen; wiederherstellen

re·buke [rɪ'bjuːk] **I.** *vt* zurechtweisen, tadeln (*s.o. for s.th.* jdn wegen etw) **II.** *s* Zurechtweisung *f,* Tadel *m*

re·but [rɪ'bʌt] *vt* widerlegen; **re·but·tal** [rɪ'bʌtl] *s* Widerlegung *f*

rec [rek] *adj* Freizeit-

re·cal·ci·trant [rɪ'kælsɪtrənt] *adj* aufsässig

re·call [rɪ'kɔːl] **I.** *vt* ① zurückrufen ② (*Buch*) zurückfordern ③ sich erinnern an ④ (COM) einziehen; **~ s.o. to life** jdn ins Leben zurückrufen **II.** *s* ① Rückruf *m* ② Rückforderung *f* ③ Erinnerung *f* ④ (COM) Einzug *m;* **beyond** [*o* **past**] **~** für immer vorbei

re·cant [rɪ'kænt] *vi, vt* widerrufen

re·cap[1] ['riːkæp] **I.** *s* kurze Zusammenfassung **II.** *vt, vi* kurz zusammenfassen

re·cap[2] [ˌriː'kæp] **I.** *s* (*Am*) laufflächenerneuerter Reifen **II.** *vt* die Laufflächen erneuern von

re·cap·itu·late [ˌriːkə'pɪtʃʊleɪt] *vt, vi* rekapitulieren, kurz zusammenfassen; **re·cap·itu·la·tion** [ˌriːkəˌpɪtʃʊ'leɪʃn] *s* ① Wiederholung *f,* kurze Zusammenfassung ② (MUS) Reprise *f*

re·cap·ture [ˌriː'kæptʃə(r)] **I.** *vt* ① wieder einfangen; wiedererobern ② (*fig*) wieder wach werden lassen **II.** *s* ① Wiedereinfangen *nt;* Wiedereroberung *f* ② (*fig*) Heraufbeschwörung *f*

re·cast [ˌriː'kɑːst] *vt* ① umschmelzen, -gießen ② (*fig*) umformen, neu formulieren ③ (THEAT) neu besetzen

re·cede [rɪ'siːd] *vi* ① zurückweichen, -treten ② (*fig*) sich entfernen ③ (*Preis, Wasser*) zurückgehen ④ (*Meinung*) abgehen; **re·ced·ing** [-ɪŋ] *adj* (*Stirn*) fliehend; ~ **hair-**

R

line Stirnglatze *f*

re·ceipt [rɪˈsiːt] **I.** *s* ① Empfang *m;* Annahme *f,* Erhalt *m* ② Quittung, Empfangsbestätigung *f;* Beleg *m* ③ **~s** Einnahmen *fpl,* Eingänge *mpl;* **on ~ of the goods** nach Empfang der Waren **II.** *vt* quittieren, den Empfang bestätigen; **receipt book** *s* Quittungsbuch *nt;* **receipt stamp** *s* Empfangsstempel *m*

re·ceiv·able [rɪˈsiːvəbl] **I.** *adj* (FIN) offen, ausstehend **II.** *s pl* (FIN) Außenstände *mpl,* Forderungen *fpl,* Debitoren *mpl*

re·ceive [rɪˈsiːv] **I.** *vt* ① erhalten, bekommen; empfangen ② (*Besucher*) empfangen; aufnehmen ③ (TELE) empfangen ④ (*Ablehnung*) erfahren ⑤ (*Eindruck*) gewinnen, bekommen ⑥ (*Schock*) erleiden ⑦ (JUR) hehlen **II.** *vi* ① Besuch empfangen ② (JUR) Hehlerei treiben ③ (TELE) empfangen ④ (SPORT) rückschlagen; **re·ceived** [rɪˈsiːvd] *adj:* **~ opinion** [*o* **wisdom**] die allgemeine Meinung; **~ pronunciation, RP** hochsprachliche Aussprache (*nach Daniel Jones*)

i Land & Leute

Received Pronunciation, RP, ist ein Begriff, der von Phonetikern wie Daniel Jones benutzt wurde, um die in der phonetischen Umschrift verwendete ‚Norm' als Richtlinie für Englischlerner zu beschreiben. In den 30er Jahren wurde **RP** als der überregionale Akzent der Bildungsschicht in Südengland angesehen, genauer gesagt, der in den *public schools* und Universitäten verwendete Akzent. Die Aussprache der Vokale hat sich seit den 30er Jahren verändert und das *Estuary English* hat immer mehr die Sprache der privilegierten Klassen durchdrungen und das alte **RP** verdrängt.

re·ceiver [rɪˈsiːvə(r)] *s* ① Empfänger(in) *m(f)* ② (JUR) Hehler(in) *m(f)* ③ (TELE) Hörer *m* ④ (RADIO) Empfänger *m* ⑤ (SPORT) Rückschläger(in) *m(f);* **official ~** (FIN) Konkursverwalter(in) *m(f);* **re·ceiv·ing** [rɪˈsiːvɪŋ] *s* (JUR) Hehlerei *f;* **be on the ~ end** etw abkriegen; **receiving department, receiving office** *s* Warenannahme *f;* **receiving order** *s* Konkurseröffnungsbeschluss *m;* **receiving set** *s* Empfangsgerät *nt*

re·cent [ˈriːsnt] *adj* ① kürzlich ② (*Nachrichten*) neueste(r,s), letzte(r,s) ③ (*Erfindung*) neu; **most ~** neueste(r, s); **ours is a ~ acquaintance** wir kennen uns erst seit kurzem; **in the ~ past** in jüngerer Zeit; **in ~ years** in den letzten Jahren; **of ~ date** neueren Datums; **re·cent·ly** [-lɪ] *adv* neulich, kürzlich, vor kurzem, unlängst; **until quite ~** bis vor kurzem; **as ~ as** erst

re·cep·tacle [rɪˈseptəkl] *s* Behälter *m*

re·cep·tion [rɪˈsepʃn] *s* ① Aufnahme *f;* Empfang *m* ② (*offizieller*) Empfang *m* ③ (RADIO) Empfang *m* ④ (*Hotel*) Rezeption *f,* Empfang *m;* **give s.o. a warm ~** jdm einen warmen Empfang bereiten; **meet with a favourable ~** günstig aufgenommen werden; **reception area** *s* Empfangsbereich *m;* **reception camp** *s* Aufnahmelager *nt;* **reception centre** *s* Durchgangslager *nt;* **reception class** *s* (SCHULE) erste Grundschulklasse; **reception desk** *s* Empfang *m,* Rezeption *f;* **re·cep·tion·ist** [-ɪst] *s* ① Empfangschef *m,* -dame *f* ② (*Büro*) Empfangssekretär(in) *m(f)* ③ (MED) Sprechstundenhilfe *f*

re·cep·tive [rɪˈseptɪv] *adj* ① aufnahmefähig ② empfänglich (*to* für); **re·cep·tiv·ity** [ˌriːsepˈtɪvətɪ] *s* ① Aufnahmefähigkeit *f* ② Empfänglichkeit *f*

re·cess [rɪˈses] **I.** *s* ① (PARL) Sitzungspause *f;* Ferien *pl* ② (ARCH) Nische *f* ③ (*fig*) Winkel *m;* **in the ~es of my heart** in den Tiefen meines Herzens **II.** *vt* ① in die Nische stellen ② (*Schrank*) einbauen; vertiefen

re·ces·sion [rɪˈseʃn] *s* ① Zurückweichen *nt,* Rückgang *m* ② (COM) Rezession *f,* Rückgang *m*

re·ces·sive [rɪˈsesɪv] *adj* (BIOL) rezessiv

re·charge [ˌriːˈtʃɑːdʒ] *vt* wieder aufladen; **re·charge·able** [ˌriːˈtʃɑːdʒəbl] *adj* wieder aufladbar

re·christen [ˌriːˈkrɪsən] *vt* umtaufen

re·cidi·vism [rɪˈsɪdɪvɪzəm] *s* (JUR) Rückfälligkeit *f;* **re·cidi·vist** [rɪˈsɪdɪvɪst] **I.** *s* Rückfällige(r) *f m* **II.** *adj* rückfällig

recipe [ˈresəpɪ] *s* ① Rezept *nt* ② (*fig*) Geheimnis *nt;* **~ for success** Erfolgsrezept *nt;* **that's a ~ for disaster** das Unglück ist vorprogrammiert

re·cipi·ent [rɪˈsɪpɪənt] *s* Empfänger(in) *m(f)*

re·cip·ro·cal [rɪˈsɪprəkl] **I.** *adj* ① gegenseitig ② (MATH) reziprok; **~ trade** Handel untereinander **II.** *s* (MATH) reziproker Wert, Kehrwert *m;* **re·cip·ro·cate** [rɪˈsɪprəkeɪt] **I.** *vt* ① erwidern; sich revanchieren für ② (TECH) hin- und herbewegen **II.** *vi* ① sich revanchieren ② (TECH) hin- und hergehen; **reci·proc·ity** [ˌresɪˈprɒsətɪ] *s* ① Gegenseitigkeit *f* ② Austausch *m*

re·cital [rɪ'saɪtl] *s* ① Vortrag *m;* Konzert *nt* ② Aufzählung, Schilderung *f;* **song** ~ Liederabend *m;* **reci·ta·tion** [ˌresɪ'teɪʃn] *s* Deklamation *f,* Vortrag *m;* **reci·ta·tive** [ˌresɪtə'tiːv] *s* (MUS) Rezitativ *nt;* **re·cite** [rɪ'saɪt] **I.** *vt* ① vortragen, rezitieren ② (*fig*) hersagen; aufzählen **II.** *vi* vortragen

reck·less ['reklɪs] *adj* ① leichtsinnig ② (*Fahrer*) rücksichtslos, unverantwortlich ③ (*Versuch*) gewagt; ~ **of** ohne Rücksicht auf; **reck·less·ness** [-nɪs] *s* ① Leichtsinn *m* ② Leichtfertigkeit, Rücksichtslosigkeit *f* ③ Gewagtheit *f*

reckon ['rekən] **I.** *vt* ① aus-, berechnen ② rechnen, zählen (*among* zu) ③ glauben; schätzen; **be ~ed** gelten; **what do you ~?** was meinen Sie? **II.** *vi* rechnen; **~ing from tomorrow** ab morgen gerechnet; **reckon in** *vt* einbeziehen, mitrechnen; **reckon on** *vt* rechnen, zählen auf; **reckon up I.** *vt* zusammenrechnen **II.** *vi* abrechnen (*with* mit); **reckon with** *vt* rechnen mit; **reckon without** *vt* nicht rechnen mit; **reckoner** ['rekənə(r)] *s* Rechner *m;* **reckon·ing** ['rekənɪŋ] *s* (Be)Rechnung *f;* **by my** ~ nach meiner Rechnung; **to the best of my** ~ nach meiner Schätzung; **be out in one's** ~ (*fig*) sich verrechnet haben; **the day of** ~ der Tag der Abrechnung

re·claim [rɪ'kleɪm] *vt* ① (*Land*) kultivieren; gewinnen ② (*Mensch*) abbringen (*from* von) ③ wiedergewinnen ④ (*Rechte*) zurückfordern, zurückverlangen ⑤ (*Gepäck*) abholen; **rec·la·ma·tion** [ˌreklə'meɪʃn] *s* ① (*Land*) Kultivierung *f;* Gewinnung *f* ② Abbringung *f* ③ Wiedergewinnung *f* ④ Rückgewinnung *f*

re·cline [rɪ'klaɪn] **I.** *vt* zurücklegen; zurücklehnen (*on* an) **II.** *vi* zurückliegen; sich zurücklegen, -lehnen; ~ **on a sofa** auf einem Sofa ruhen; **re·clin·er** [-ə(r)] *s* Klappsportwagen *m;* **re·clin·er, re·clin·ing seat** *s* Ruhe-, Schlafsessel *m*

i Land & Leute

Ein **recliner** oder *lazy boy chair* ist eine Art großer, weicher, gepolsterter Sessel. Wenn man sich zurücklehnen will, schiebt man die Rückenlehne nach hinten. Dabei kommt eine breite Fußstütze aus der Vorderseite, so dass man sehr bequem liegen kann.

re·cluse [rɪ'kluːs] *s* Einsiedler(in) *m(f)*

rec·og·ni·tion [ˌrekəg'nɪʃn] *s* ① Anerkennung *f* ② Erkennen *nt;* **in ~ of** in Anerkennung +*gen;* **change beyond ~, out of all ~** nicht wieder zu erkennen sein

rec·og·niz·able ['rekəgnaɪzəbl] *adj* erkennbar

re·cog·ni·zance [rɪ'kɒgnɪzns] *s* ① (JUR) Verpflichtung *f;* Anerkenntnis *f* ② (*Summe*) Sicherheitsleistung *f;* **enter into** ~ Kaution stellen

rec·og·nize ['rekəgnaɪz] *vt* ① wieder erkennen; erkennen (*by* an) ② (POL) anerkennen (*as, to be* als), zugeben, eingestehen ③ (*Am*) das Wort erteilen (*s.o.* jdm); **rec·og·nized** ['rekəgnaɪzd] *adj* anerkannt

re·coil [rɪ'kɔɪl] **I.** *vi* ① zurückweichen; zurückschrecken (*from* von) ② (*Gewehr*) zurückstoßen ③ (*fig*) zurückfallen (*on, upon* auf) **II.** ['riːkɔɪl] *s* ① (*Gewehr*) Rückstoß *m* ② (*fig*) Zurückschnellen *nt*

rec·ol·lect [ˌrekə'lekt] **I.** *vt* sich erinnern an **II.** *vi* sich erinnern; **rec·ol·lec·tion** [ˌrekə'lekʃn] *s* Erinnerung *f* (*of* an); **to the best of my** ~ soweit ich mich erinnern kann

rec·om·mend [ˌrekə'mend] *vt* ① empfehlen (*as* als) ② sprechen für; ~ **s.o. s.th.** jdm etw empfehlen; **it is not to be ~ed** es ist nicht zu empfehlen; **~ed price** empfohlener Richtpreis; **~ed retail price, RRP** empfohlener Abgabepreis; **he has much to ~ him** es spricht sehr viel für ihn; **re·com·mend·able** [-əbl] *adj* empfehlenswert; **rec·om·men·da·tion** [ˌrekəmen'deɪʃn] *s* Empfehlung *f;* **on the ~ of** auf Empfehlung von; **letter of ~** Empfehlungsschreiben *nt*

rec·om·pense ['rekəmpens] **I.** *vt* ① belohnen ② (JUR) entschädigen; wieder gutmachen **II.** *s* ① Belohnung *f* ② (JUR) Entschädigung, Wiedergutmachung *f;* **as a** ~ als Belohnung; **in ~ for** als Belohnung für

rec·on·cile ['rekənsaɪl] *vt* ① versöhnen, aussöhnen (*to s.th., with s.o.* mit etw, mit jdm) ② (*Streit*) beilegen, schlichten ③ (*Ideen*) in Einklang, in Übereinstimmung bringen ④ (*Konten*) abstimmmen; ~ **s.th. with s.th.** etw mit etw in Einklang bringen; ~ **s.o. to s.th.** jdn mit etw versöhnen; ~ **o.s. to s.th.** sich mit etw abfinden; **rec·on·cili·ation** [ˌrekənˌsɪlɪ'eɪʃn] *s* ① Ver-, Aussöhnung *f* (*between, with* mit) ② (*Streit*) Beilegung *f* ③ (*fig*) Vereinbarung *f* ④ (*Konten*) Abstimmung *f*

re·con·di·tion [ˌriːkən'dɪʃn] *vt* (*Motor*) generalüberholen; **~ed engine** Austauschmotor *m*

re·con·nais·sance [rɪ'kɒnɪsns] *s* (MIL MAR AVIAT) Aufklärung, Erkundung *f*

R

reconnaissance flight *s* Aufklärungsflug *m;* **reconnaissance patrol** *s* Spähtrupp *m;* **reconnaissance plane** *s* Aufklärungsflugzeug *nt*

re·con·noi·ter (*Am*), **re·con·noi·tre** [ˌrekəˈnɔɪtə(r)] **I.** *vt* (MIL) erkunden, auskundschaften **II.** *vi* das Gelände erkunden

re·con·sider [ˌriːkənˈsɪdə(r)] *vt* ❶ wieder in Betracht ziehen, nochmals erwägen; nachprüfen ❷ (*erledigte Sache*) wieder aufnehmen

re·con·struct [ˌriːkənˈstrʌkt] *vt* rekonstruieren; wieder aufbauen; **re·con·struc·tion** [ˌriːkənˈstrʌkʃn] *s* Rekonstruktion *f;* Wiederaufbau *m*

re·cord[1] [rɪˈkɔːd] **I.** *vt* ❶ auf-, verzeichnen; dokumentieren; eintragen ❷ protokollieren; niederschreiben ❸ (*Protest*) zum Ausdruck bringen ❹ (*Thermometer*) verzeichnen, registrieren ❺ (*auf Tonband*) aufnehmen; aufzeichnen; **it's not ~ed anywhere** das ist nirgends dokumentiert; **a ~ed programme** eine Aufzeichnung **II.** *vi* Tonbandaufnahmen machen

rec·ord[2] [ˈrekɔːd] *s* ❶ Aufzeichnung *f;* Liste *f;* Protokoll *nt;* Unterlage *f* ❷ (*police ~*) Vorstrafen *fpl* ❸ Vorgeschichte *f;* Leistungen *fpl* ❹ (MUS) Schallplatte *f;* Aufnahme *f;* Aufzeichnung *f* ❺ (INFORM) Datensatz *m* ❻ (SPORT) Rekord *m;* **photographic ~** Bilddokumentation *f;* **keep a ~ of s.th.** über etw Buch führen; **it is on ~ that ...** es gibt Belege dafür, dass ...; **he's on ~ as having said ...** es ist belegt, dass er gesagt hat ...; **put s.th. on ~** etw schriftlich festhalten; **for the ~** der Ordnung halber; **off the ~** ganz im Vertrauen; **he's got a ~** er ist vorbestraft; **have an excellent ~** ausgezeichnete Leistungen vorweisen; **have a good ~ at school** ein guter Schüler sein; **make a ~** eine Schallplatte machen; **beat** [*o* **break**] **the ~** den Rekord brechen; **hold the ~** den Rekord halten; **record breaker** [ˈrekɔːdˌbreɪkə(r)] *s* (SPORT) Rekordbrecher(in) *m(f);* **record-break·ing** [ˈrekɔːdˌbreɪkɪŋ] *adj* rekordbrechend; **record changer** *s* Plattenwechsler *m*

re·corded [rɪˈkɔːdɪd] *adj* ❶ aufgezeichnet ❷ (*Geschehen*) schriftlich belegt; **~ delivery** Einschreiben *nt;* **by ~ delivery** per Einschreiben

re·corder [rɪˈkɔːdə(r)] *s* ❶ Registriergerät *nt* ❷ (JUR) Berichterstatter(in) *m(f)* ❸ (MUS) Blockflöte *f;* **cassette ~** Kassettenrecorder *m;* **tape ~** Tonbandgerät *nt*

rec·ord holder [ˈrekɔːdˌhəʊldə(r)] *s* (SPORT) Rekordhalter(in *f*) *m*

re·cord·ing [rɪˈkɔːdɪŋ] *s* ❶ (*Film*) Aufzeichnung *f* ❷ (Ton)Aufnahme *f;* **recording session** *s* Aufnahme *f;* **recording studio** *s* Aufnahme-, Tonstudio *nt*

rec·ord la·bel [ˈrekɔːdˌleɪbl] *s* Plattenlabel *nt;* **record library** [ˈrekɔːdˌlaɪbrərɪ] *s* Schallplattenarchiv *nt;* Plattenverleih *m;* **record losses** *s pl* Rekordverluste *mpl;* **record player** *s* Plattenspieler *m;* **record profits** *s pl* Höchstgewinne *mpl;* **record sales** *s pl* Spitzenumsätze *mpl;* **record token** *s* Plattengutschein *m*

re·count [rɪˈkaʊnt] *vt* erzählen, wiedergeben

re-count [ˌriːˈkaʊnt] **I.** *vt* nachzählen **II.** [ˈriːkaʊnt] *s* Nachzählung *f*

re·coup [rɪˈkuːp] *vt* ❶ (*Verlust*) wieder einbringen, decken ❷ entschädigen; **~ o.s.** sich entschädigen

re·course [rɪˈkɔːs] *s* Zuflucht *f;* **have ~ to s.o.** sich an jdn wenden; **without ~** (JUR) ohne Regress

re·cover [rɪˈkʌvə(r)] **I.** *vt* ❶ wieder finden; wiedergewinnen ❷ (*Gesundheit*) wiedererlangen ❸ (*das Bewusstsein*) wiedererlangen ❹ (*Vermögen*) wiederbekommen ❺ (*Verlust*) wieder gutmachen ❻ (*Wrack*) bergen ❼ (*Ausgaben*) decken, wieder einholen ❽ (*verlorene Zeit*) wieder aufholen; **~ one's breath** wieder zu Atem kommen; **~ consciousness** wieder zu Bewusstsein gelangen; **~ one's sight** wieder sehen können; **~ one's composure** sich wieder fassen; **~ lost ground** (*fig*) aufholen **II.** *vi* ❶ sich erholen; wieder zu sich kommen ❷ (COM: *Markt*) sich wieder beleben ❸ (JUR) den Prozess gewinnen

re-cover [ˌriːˈkʌvə(r)] *vt* (*Stuhl*) neu beziehen

re·cover·able [rɪˈkʌvərəbl] *adj* ❶ (*Schulden*) eintreibbar ❷ (*Verluste*) ersetzbar;

re·cov·ery [rɪˈkʌvərɪ] *s* ❶ Wiederfinden *nt;* Wiedergewinnung *f* ❷ Wiedererlangung *f* ❸ Zurückbekommen *nt* ❹ Genesung, Erholung *f* ❺ (COM) konjunktureller Aufschwung; **past ~** nicht mehr zu retten; **be on the road to ~** auf dem Wege der Besserung sein; **make a good ~** sich gut erholen; **recovery service** *s* (AUTO) Abschleppdienst *m;* **recovery ship** *s* Bergungsschiff *nt;* **recovery vehicle** *s* Abschleppwagen *m*

rec·re·ation [ˌrekrɪˈeɪʃn] *s* ❶ Erholung, Entspannung *f;* Hobby *nt* ❷ (SCHULE) Pause *f;*

rec·re·ation·al [ˌrekrɪˈeɪʃnl] *adj* Freizeit-; **~ drug** Freizeitdroge *f;* **~ value** Erholungswert *m;* **recreational vehicle, RV** *s* (*Am*) Wohnmobil *nt;* **recreation centre** *s* Freizeitzentrum *nt;* **recreation ground**

s Freizeitgelände *nt;* **recreation room** *s* Freizeitraum *m;* **rec·re·ative** ['rekrɪˌeɪtɪv] *adj* erholsam, entspannend

re·crimi·nate [rɪ'krɪmɪneɪt] *vi* Gegenbeschuldigungen vorbringen; **re·crimi·na·tion** [rɪˌkrɪmɪ'neɪʃn] *s* Gegenbeschuldigung *f*

re·cruit [rɪ'kruːt] **I.** *vt* ❶ rekrutieren ❷ (*Mitglieder*) werben ❸ (*Arbeitskräfte*) einstellen **II.** *s* ❶ (MIL) Rekrut *m* ❷ (*fig*) neues Mitglied; **rec·ruit·ing** [-ɪŋ] *s* ❶ (MIL) Rekrutierung *f* ❷ Einstellung *f;* **re·cruit·ment** [-mənt] *s* ❶ (MIL) Rekrutierung *f* ❷ (*Arbeitskräfte*) Einstellung *f*

rec·tangle ['rektæŋgl] *s* Rechteck *nt;* **rec·tangu·lar** [rek'tæŋgjʊlə(r)] *adj* rechtwinklig

rec·tifi·ca·tion [ˌrektɪfɪ'keɪʃn] *s* Korrektur, Verbesserung *f;* Richtigstellung *f;* Berichtigung *f;* **rec·tify** ['rektɪfaɪ] *vt* ❶ berichtigen; richtig stellen; korrigieren, verbessern ❷ (ELEK) gleichrichten

rec·ti·lin·ear [ˌrektɪ'lɪnɪə(r)] *adj* geradlinig

rec·ti·tude ['rektɪtjuːd] *s* Rechtschaffenheit *f*

rec·tor ['rektə(r)] *s* ❶ (REL) Pfarrer, Pastor *m* ❷ (*Schule, College*) Direktor(in) *m(f)* ❸ (*Universität*) Rektor(in) *m(f);* **rec·tory** ['rektərɪ] *s* Pfarrhaus *nt*

rec·tum ['rektəm] *s* (ANAT) Mastdarm *m*

re·cum·bent [rɪ'kʌmbənt] *adj* liegend, ruhend

re·cu·per·ate [rɪ'kuːpəreɪt] **I.** *vt* (*Verluste*) wettmachen, wieder gutmachen **II.** *vi* sich (wieder) erholen, wieder zu Kräften kommen; **re·cu·per·ation** [rɪˌkuːpə'reɪʃn] *s* ❶ (MED) Erholung, Genesung *f* ❷ Wiedergutmachung *f*

re·cur [rɪ'kɜː(r)] *vi* ❶ wiederkehren; sich wiederholen (*to* zu) ❷ (*Problem*) wieder auftreten ❸ (*Frage*) sich wieder stellen ❹ (*Idee*) wieder auftauchen ❺ wieder einfallen (*to s.o.* jdm); **re·cur·rence** [rɪ'kʌrəns] *s* Wiederkehr *f;* Wiederholung *f;* Wiederauftauchen *nt;* **re·cur·rent** [rɪ'kʌrənt] *adj* periodisch wiederkehrend, sich wiederholend; **re·cur·ring** [rɪ'kɜːrɪŋ] *adj* regelmäßig wiederkehrend; ~ **decimal** periodische Dezimalzahl

re·cycle [rɪ'saɪkl] *vt* wieder verwerten, recyceln; ~**d paper** Umwelt-, Recyclingpapier *nt;* **re·cy·cling** [-ɪŋ] *s* Wiederverwertung *f,* Recycling *nt*

red [red] **I.** *adj* rot; ~ **with anger** rot vor Zorn; **see** ~ rot sehen **II.** *s* ❶ Rot *nt* ❷ (POL) Rote(r) *f m;* **be in the** ~ in den roten Zahlen sein; **get out of the** ~ aus den roten Zahlen herauskommen; **Red Army Faction**, **RAF** *s* Rote Armee-Fraktion *f;* **red-blooded** [red'blʌdɪd] *adj* heißblütig; **red·cap** ['redkæp] *s* ❶ (*Br fam*) Militärpolizist *m* ❷ (*Am*) Gepäckträger *m;* **red carpet** *s* (*fig*) roter Teppich; **a** ~ **reception** ein großer Bahnhof; **roll out the** ~ den roten Teppich ausrollen; **red cent** *s* (*Am fam*) roter Heller; **Red China** *s* Rotchina *nt;* **Red Crescent** *s* Roter Halbmond; **Red Cross** *s* Rotes Kreuz; **red currant** *s* (rote) Johannisbeere *f;* **red deer** *s* Rothirsch *mpl,* Rotwild *nt;* **red·den** ['redn] **I.** *vt* röten, rot färben **II.** *vi* rot werden, sich röten; **red·dish** ['redɪʃ] *adj* rötlich

re·dec·or·ate [ˌriː'dekəreɪt] *vt* neu tapezieren; neu streichen; **re·dec·or·ation** [ˌriːdekə'reɪʃn] *s* ❶ Neutapezieren *nt;* Neustreichen *nt* ❷ neue Tapeten *pl,* neuer Anstrich

re·deem [rɪ'diːm] *vt* ❶ (*Marken*) einlösen (*for* gegen) ❷ (*Versprechen*) einhalten, erfüllen ❸ (*Schulden*) tilgen, abtragen ❹ (*Aktien*) verkaufen ❺ (*Situation*) retten ❻ (REL) erlösen ❼ (*Fehler*) wettmachen; **re·deem·able** [-əbl] *adj* ❶ (*Schulden*) tilgbar, kündbar ❷ (*Rechnung*) einlösbar ❸ (REL) erlösbar; **Re·deemer** [rɪ'diːmə(r)] *s* (REL) Erlöser, Heiland *m;* **redeem·ing** [rɪ'diːmɪŋ] *adj* ausgleichend, aussöhnend;

re·demp·tion [rɪ'dempʃn] *s* ❶ Einlösung *f* ❷ (*Versprechen*) Einhaltung *f* ❸ (*Schulden*) Tilgung *f* ❹ (*Aktien*) Verkauf *m* ❺ (*fig*) Rettung *f* ❻ (REL) Erlösung *f;* **beyond** [*o* **past**] ~ nicht mehr zu retten; rettungslos; ~ **date** Tilgungstermin *m;* ~ **value** Rückzahlungswert *m;* ~ **yield** Effektivverzinsung *f*

re·de·ploy [ˌriːdɪ'plɔɪ] *vt* (MIL) verlegen, umgruppieren; **re·de·ploy·ment** [-mənt] *s* (MIL) Umverlegung *f*

re·de·vel·op [ˌriːdɪ'veləp] *vt* sanieren; **re·de·vel·op·ment** [ˌriːdɪ'veləpmənt] *s* Sanierung *f*

re·dial [riː'daɪəl] *vt* nochmals wählen

red-haired [ˌred'heə(r)d] *adj* rothaarig; **red-handed** [ˌred'hændɪd] *adv:* **catch s.o.** ~ jdn auf frischer Tat ertappen; **red·head** ['redhed] *s* Rothaarige(r) *f m;* **red-headed** ['redhedɪd] *adj* rothaarig; **red herring** *s* ❶ Räucherhering *m* ❷ (*fig*) Ablenkungsmanöver *nt;* **that's a** ~ das führt vom Thema ab; **red-hot** [ˌred'hɒt] *adj* ❶ rotglühend; glühend heiß ❷ (*fig*) Feuer und Flamme ❸ (*Nachrichten*) brandaktuell; **Red Indian** *s* Indianer(in) *m(f)*

re·di·rect [ˌriːdɪ'rekt] *vt* (*Brief etc.*) umadressieren, nachsenden; (*Verkehr*) umleiten

R

re·dis·trib·ute [ˌriːdɪˈstrɪbjuːt] *vt* neu verteilen; **re·dis·tribu·tion** [ˌriːdɪstrɪˈbjuːʃn] *s* Um-, Neuverteilung *f*
red-let·ter day [ˌredˈletədeɪ] *s* (*fig*) Glückstag *m*, besonderer Tag; **red light** *s* ❶ (*Verkehr*) Rotlicht *nt* ❷ (*fig*) rotes Licht; **see the** ~ (*fig*) die Gefahr erkennen; **red light district** *s* Bordell-, Rotlichtviertel *nt*
red·line *vt*: ~ **s.o.** jdn ausgrenzen
red meat *s* Rind-, Hammelfleisch *nt*; **red·neck** [ˈrednek] *s* (*in den USA*) *armer weißer Südstaatler vom Land*; **red·ness** [ˈrednɪs] *s* Röte *f*

i Land & Leute

Alle zwei Jahre findet der **Red Nose Day** statt, eine große Spendensammelaktion zugunsten von *Comic Relief*, einer Hilfsorganisation, die Arme in Afrika und auch in Großbritannien unterstützt. Sie wurde 1985 von britischen Komikern ins Leben gerufen. Viele Prominente aus Sport und Medien nehmen am **Red Nose Day** teil. Viele Leute tragen dann eine rote Plastiknase, die man überall kaufen kann.

re·do [ˌriːˈduː] *vt* neu machen
redo·lent [ˈredələnt] *adj* duftend (*of, with* nach); **be** ~ **of s.th.** (*fig*) an etw erinnern
re·double [rɪˈdʌbl] *vt, vi* (sich) verdoppeln
re·doubt·able [rɪˈdaʊtəbl] *adj* ❶ (*Aufgabe*) furchtbar, schrecklich ❷ (*Person*) Respekt gebietend
re·dound [rɪˈdaʊnd] *vi*: ~ **to s.o.'s honour** jdm zur Ehre gereichen; ~ **to s.o.'s credit** jdm hoch angerechnet werden
red pep·per [ˌredˈpepə(r)] *s* roter Paprika
re·draft [ˌriːˈdrɑːft] **I.** *s* Neuentwurf *m*, Neufassung *f* **II.** *vt* neu entwerfen, neu abfassen
red rag [ˌredˈræg] *s* rotes Tuch; **it's like a** ~ **to a bull** das ist wie ein rotes Tuch für ihn, sie
re·dress [rɪˈdres] **I.** *vt* ❶ wieder gutmachen, Abhilfe schaffen für ❷ (*Situation*) bereinigen ❸ (*Gleichgewicht*) wiederherstellen; ~ **gender disparities** Berücksichtigung der Geschlechterperspektive **II.** *s* Wiedergutmachung, Abhilfe *f*; **seek** ~ **for** Wiedergutmachung verlangen für; **gain** ~ zu seinem Recht kommen; **legal** ~ Rechtsschutz *m*
Red Sea [redˈsiː] *s* Rotes Meer
red·skin [ˈredskɪn] *s* Rothaut *f*; **red tape** *s* (*fam*) Papierkrieg *m*; Behördenkram *m*
re·duce [rɪˈdjuːs] **I.** *vt* ❶ verringern, vermindern, abbauen, herunter-, herabsetzen ❷ (*Geschwindigkeit*) verlangsamen ❸ (*Preis*) senken, ermäßigen ❹ (*Produktion*) drosseln, reduzieren ❺ (MIL) degradieren ❻ (*Lohn*) kürzen ❼ (CHEM) reduzieren ❽ (MATH) zerlegen ❾ (*Sauce*) einkochen lassen; ~ **one's weight** abnehmen; ~ **speed** langsamer fahren; ~ **an argument to its simplest form** ein Argument auf die einfachste Form bringen; ~ **s.o. to poverty** jdn an den Bettelstab bringen; ~ **to silence** zum Schweigen bringen; ~ **to tears** zum Weinen bringen **II.** *vi* abnehmen; **re·duced** [rɪˈdjuːst] *adj* ermäßigt; herabgesetzt; **re·ducer** [rɪˈdjuːsə(r)] *s* (PHOT) Abschwächer *m*
re·duc·tion [rɪˈdʌkʃn] *s* ❶ Verringerung, Verminderung, Kürzung *f*; Reduzierung *f* ❷ (*Personal*) Abbau *m* ❸ (*Preise*) Herabsetzung, (Preis)Ermäßigung, Senkung *f*, Nachlass, Abbau, Rabatt *m* ❹ (Lohn-, Gehalts)Kürzung *f* ❺ (*Produktion*) Drosselung *f* ❻ (CHEM) Reduktion *f* ❼ (MATH) Zerlegung *f* ❽ (*Geschwindigkeit*) Verlangsamung *f* ❾ (*Kopie*) Verkleinerung *f*; **make a** ~ eine Ermäßigung einräumen; ~ **of taxes** Steuersenkung *f*; ~ **in rank** Degradierung *f*; ~ **of fare** Fahrpreisermäßigung *f*; ~ **in** [*o* **of**] **numbers** zahlenmäßige Verringerung; ~ **in prices** Preisabbau *m*; ~ **of strength** Nachlassen *nt* der Kräfte
re·dun·dancy [rɪˈdʌndənsɪ] *s* ❶ Überflüssigkeit *f* ❷ (*des Stiles*) Weitschweifigkeit *f* ❸ Arbeitslosigkeit *f* ❹ **redundancies** Entlassungen *fpl*; **redundancy payment** *s* Abfindung *f*; **re·dun·dant** [rɪˈdʌndənt] *adj* ❶ überflüssig, unnötig ❷ (*Stil*) weitschweifig ❸ (COM) arbeitslos; **become** ~ den Arbeitsplatz verlieren
re·dupli·cate [rɪˈdjuːplɪkeɪt] *vt* wiederholen; **re·dupli·ca·tion** [rɪˌdjuːplɪ ˈkeɪʃn] *s* Wiederholung *f*
reed [riːd] *s* ❶ Schilf, Riedgras *nt* ❷ (MUS) Zungenpfeife *f*; **a broken** ~ (*fig*) ein schwankendes Rohr; **reed instrument** *s* Rohrblattinstrument *nt*
re-edu·cate [ˌriːˈedʒʊkeɪt] *vt* umerziehen, umschulen
reedy [ˈriːdɪ] *adj* ❶ schilfig ❷ (*Ton*) näselnd
reef [riːf] *s* (Felsen)Riff *nt*
reefer [ˈriːfə(r)] *s* ❶ (~ *-jacket*) Seemannsjacke *f* ❷ (*sl*) Marihuanazigarette *f*, Reefer *m*; **reef knot** *s* Reff-, Kreuzknoten *m*
reek [riːk] **I.** *s* Gestank *m* **II.** *vi* stinken (*of* nach)
reel [riːl] **I.** *s* Rolle, Spule *f* **II.** *vt* (TECH) aufspulen; ~ **in** einrollen; ~ **off** (*fig*) herunter-

leiern **III.** *vi* (sch)wanken; taumeln; **my head is ~ing** mir dreht sich der Kopf; **my brain was ~ing with all the information** mein Kopf schwirrte von den vielen Informationen

re-elect [ˌriːɪˈlekt] *vt* wieder wählen; **re-elec·tion** [ˌriːɪˈlekʃn] *s* Wiederwahl *f*

re-em·ploy [ˌriːɪmˈplɔɪ] *vt* wieder einstellen; **re-en·gage** [ˌriːɪnˈgeɪdʒ] *vt* wieder einstellen

re-en·ter [ˌriːˈentə(r)] **I.** *vi* wieder hereinkommen; wieder eintreten; wieder einreisen **II.** *vt* wieder hereinkommen in, hineingehen in; wieder eintreten in; **re-en·try** [ˌriːˈentrɪ] *s* Wiedereintritt *m*, Wiedereinreise *f*

re-ex·am·ine [riːˌɪgˈzæmɪn] *vt:* ~ **s.th.** etw nochmals untersuchen

ref[1] [ref] *s s.* **reference: your/our ~** Ihr/unser Zeichen *nt*

ref[2] [ref] *s s.* **referee** Schiri *m*

re·fec·tory [rɪˈfektərɪ] *s* Mensa *f;* Refektorium *nt*

re·fer [rɪˈfɜː(r)] **I.** *vt* ❶ weiterleiten (*to* an), übergeben (*to s.th.* einer S) ❷ verweisen (*to s.o.* an jdn) ❸ (*Scheck*) zurückschicken; **the reader is ~red to …** der Leser wird auf … verwiesen; **~ back to** zurückgehen zu; zurückgeben an **II.** *vi* ❶ sich berufen, sich beziehen, Bezug nehmen (*to* auf) ❷ (*Regeln*) gelten ❸ (*Buch*) nachschauen, konsultieren; **the letter ~s to you all** der Brief gilt euch allen; **he ~red to his notes** er hielt sich an seine Notizen; **~ back to** sich beziehen auf

ref·eree [ˌrefəˈriː] **I.** *s* ❶ (JUR) Schiedsrichter(in) *m(f)* ❷ (SPORT) Schieds-, Ringrichter(in) *m(f)* ❸ (*Bewerbung*) Referenz *f* **II.** *vt, vi* Schiedsrichter sein (bei)

ref·er·ence [ˈrefrəns] *s* ❶ Erwähnung *f;* Bemerkung *f;* Anspielung *f* (*to* auf) ❷ Weiterleitung *f;* Übergabe *f* ❸ Referenz *f,* Zeugnis *nt* ❹ (*im Buch*) Verweis *m* ❺ Zuständigkeitsbereich *m* ❻ Zeichen *nt;* **in [or with] ~ to** in Bezug auf, was … anbetrifft; **without ~ to** ohne Bezug auf, unabhängig von; **give s.o. as a ~** jdn als Referenz angeben; **have ~ to** in Beziehung stehen mit; **make ~ to** erwähnen; anspielen auf; **cross-~** Querverweis *m;* **reference book** *s* Nachschlagewerk *nt;* **reference library** *s* Präsenzbibliothek *f;* **reference mark** *s* Verweiszeichen *nt;* **reference number** *s* Aktenzeichen *nt*

ref·er·en·dum [ˌrefəˈrendəm] *s* Volksentscheid *m,* Referendum *nt*

re·fill [ˌriːˈfɪl] **I.** *vt* wieder füllen, nachfüllen **II.** [ˈriːfɪl] *s* Nachfüllpatrone *f;* ~ **(pack)** Nachfüllpackung *f*

re·fine [rɪˈfaɪn] **I.** *vt* ❶ (*Zucker, Öl*) raffinieren ❷ (*fig*) verfeinern, kultivieren **II.** *vi:* ~ **upon** verfeinern, verbessern; **re·fined** [rɪˈfaɪnd] *adj* ❶ (TECH) raffiniert ❷ (*fig*) kultiviert, fein; ~ **sugar** Raffinade *f;* **re·fine·ment** [rɪˈfaɪnmənt] *s* ❶ (TECH) Raffinierung *f* ❷ (*Stil*) Vornehmheit *f* ❸ Verfeinerung, Verbesserung *f;* **re·finery** [rɪˈfaɪnərɪ] *s* Raffinerie *f*

re·fit [ˌriːˈfɪt] **I.** *vt* neu ausrüsten; neu ausstatten **II.** *vi* neu ausgerüstet werden **III.** [ˈriːfɪt] *s* Neuausrüstung *f*

re·flate [riːˈfleɪt] *vt* (*Wirtschaft*) ankurbeln; **re·fla·tion** [ˌriːˈfleɪʃr] *s* Reflation *f*

re·flect [rɪˈflekt] **I.** *vt* ❶ zurückwerfen, -strahlen, widerspiegeln, reflektieren ❷ (*fig*) zeigen, ausdrücken; **the moon was ~ed in the lake** der Mond spiegelte sich im See; **~ credit (up)on s.o.** ein gutes Licht auf jdn werfen; **do you ever ~ that …?** denken Sie je darüber nach, dass …? **II.** *vi* nachdenken (*on, upon* über); **~ (up)on** etw aussagen über; ein gutes Licht werfen auf; sich auswirken auf; schaden (*s.th.* einer S); **re·flect·ing** [-ɪŋ] *adj* reflektierend, widerspiegelnd; **re·flec·tion, re·fle·xion** [rɪˈflekʃn] *s* ❶ Reflexion *f;* (Wider)Spiegelung *f* ❷ (*fig*) Nachdenken *nt;* Betrachtung, Überlegung *f* (*on* über) ❸ Spiegelbild *nt* ❹ Vorwurf, Tadel *m;* **see one's ~ in a mirror** sich im Spiegel sehen; **on ~** wenn man sich das recht überlegt; **a ~ on her honour** ein Schatten auf ihrer Ehre; **cast ~s on s.o.** jdn in ein schlechtes Licht setzen

re·flec·tive [rɪˈflektɪv] *adj* ❶ reflektierend ❷ (*fig*) nachdenklich, gedankenvoll

re·flec·tor [rɪˈflektə(r)] *s* (AUTO) Rückstrahler *m*

re·flex [ˈriːfleks] *s* (PHYSIOL) Reflex *m;* **re·flex action** *s* Reflexhandlung *f;* **reflex camera** *s* Spiegelreflexkamera *f*

re·flex·ion [rɪˈflekʃn] *s* ❶ Reflexion *f;* (Wider)Spiegelung *f* ❷ (*fig*) Nachdenken *nt;* Betrachtung, Überlegung *f* (*on* über) ❸ Spiegelbild *nt* ❹ Vorwurf, Tadel *m;* **see one's ~ in a mirror** sich im Spiegel sehen; **on ~** wenn man sich das recht überlegt; **a ~ on her honour** ein Schatten auf ihrer Ehre; **cast ~s on s.o.** jdn in ein schlechtes Licht setzen

re·flex·ive [rɪˈfleksɪv] *adj* (GRAM) rückbezüglich, reflexiv; **reflex zone therapy** *s* Reflexzonentherapie *f*

re·float [ˌriːˈfləʊt] *vt* wieder flottmachen

re·flux [ˌriːˈflʌks] *s* Rückfluss *m*

re·fo·cus [ˌriːˈfəʊkəs] *vt* neu einstellen

R

re·forest [rɪ:'fɒrɪst] *vt* wieder aufforsten
re·form [ˌri:'fɔ:m] *vt, vi* (MIL) neu formieren
re·form [rɪ'fɔ:m] **I.** *vt* ① reformieren; verbessern ② (*Menschen*) bessern **II.** *vi* sich bessern **III.** *s* Reform *f*
ref·or·ma·tion [ˌrefə'meɪʃn] *s* Reformierung, Besserung *f;* **the Reformation** (HIST) die Reformation
re·forma·tory [rɪ'fɔ:mətrɪ] *s* Besserungsanstalt *f*
re·former [rɪ'fɔ:mə(r)] *s* Reformer(in) *m(f)*
re·form meas·ures *s pl* Reformmaßnahmen *fpl;* **reform school** *s* Besserungsanstalt *f*
re·fract [rɪ'frækt] *vt* (*Strahlen*) brechen; **re·frac·tion** [rɪ'frækʃn] *s* Lichtbrechung *f*
re·frac·tory [rɪ'fræktərɪ] *adj* ① eigensinnig, störrisch ② (MED) hartnäckig ③ (CHEM) hitzebeständig
re·frain¹ [rɪ'freɪn] *vi:* **she ~ed from comment** sie enthielt sich eines Kommentars; **please ~ from smoking** bitte unterlassen Sie das Rauchen
refrain² [rɪ'freɪn] *s* (MUS) Kehrreim, Refrain *m*
re·fresh [rɪ'freʃ] *vt* erfrischen, stärken; **~ o.s** eine Erfrischung zu sich nehmen; **~ one's memory** sein Gedächtnis auffrischen; **re·fresher** [rɪ'freʃə(r)] *s* ① (JUR) zusätzliches Anwaltshonorar ② (*~ course*) Auffrischungskurs *m* ③ Erfrischung *f;* **re·fresh·ing** [rɪ'freʃɪŋ] *adj* erfrischend; **re·fresh·ment** [-mənt] *s* ① Erfrischung *f;* Stärkung *f* ② **~s** Erfrischungen *fpl*
re·fri·ger·ant [rɪ'frɪdʒərənt] *s* Kälte-, Kühlmittel *nt*
re·frig·er·ate [rɪ'frɪdʒəreɪt] *vt* kühlen; tiefkühlen; **"~ after opening"** „nach dem Öffnen kühl aufbewahren"; **re·frig·er·ation** [rɪˌfrɪdʒə'reɪʃn] *s* Kühlung *f;* Tiefkühlung *f;* **re·frig·er·ator** [rɪ'frɪdʒəreɪtə(r)] *s* Kühlschrank *m;* Eisschrank *m*
re·fuel [ˌri:'fju:əl] *vt, vi* auftanken
ref·uge ['refju:dʒ] *s* ① Zuflucht *f* (*from* vor) ② Unterstand *m;* **seek ~** Zuflucht suchen; **take ~** Zuflucht nehmen (*in* in); **place of ~** Zufluchtsort *m;* **refu·gee** [ˌrefjʊ'dʒi:] *s* Flüchtling *m;* **refugee camp** *s* Flüchtlingslager *nt*
re·fund [rɪ'fʌnd] **I.** *vt* zurückzahlen, -erstatten; rückvergüten **II.** ['ri:fʌnd] *s* Rückvergütung, (Rück)Erstattung *f;* **re·fund·able** *adj* zurückzahlbar; **expenses are ~** Ausgaben werden erstattet
re·fur·bish [ˌri:'fɜ:bɪʃ] *vt* aufpolieren; (*Wohnung*) renovieren
re·fusal [rɪ'fju:zl] *s* ① Ablehnung *f;* Zurückweisung *f* ② Verweigerung *f;* **give s.o. first ~ of s.th.** jdm etw als Erstem anbieten; **meet with ~** eine Absage erhalten; **give s.o. a flat ~** jdm eine glatte Absage erteilen
re·fuse¹ [re'fju:z] **I.** *vt* ① ablehnen; abweisen; abschlagen ② (*Antrag*) verweigern ③ (*Angebot*) ausschlagen; **be ~d s.th.** etw nicht bekommen; **~ food** die Nahrung verweigern; **~ to do s.th.** sich weigern etw zu tun **II.** *vi* ablehnen
ref·use² ['refju:s] *s* Müll *m;* Abfall *m;* **garden ~** Gartenabfälle *mpl;* **household ~** Hausmüll *m;* **refuse bin** *s* Mülleimer *m;* **refuse collection** *s* Müllabfuhr *f;* **refuse collector** *s* Müllwerker *m;* (*fam*) Müllmann *m;* **refuse-derived fuel, RDF** *s* Brennstoff *m* aus Müll, BRAM *m;* **refuse disposal** *s* Müllbeseitigung *f;* **refuse dump** *s* Müllabladeplatz *m;* **refuse incineration** *s* Müllverbrennung *f;* **refuse incineration plant** *s* Müllverbrennungsanlage *f*
ref·use·nik [re'fju:znɪk] *s* Verweigerer *m*
re·fut·able [rɪ'fju:təbl] *adj* widerlegbar; **refu·ta·tion** [ˌrefju:'teɪʃn] *s* Widerlegung *f;* **re·fute** [rɪ'fju:t] *vt* widerlegen
re·gain [rɪ'geɪn] *vt* ① zurück-, wiederbekommen, -erhalten, -erlangen ② (*Zeit*) aufholen ③ (*Ort*) wieder gelangen zu; **~ one's health** wieder gesund werden; **~ one's footing** wieder auf die Beine kommen
re·gal ['ri:gl] *adj* königlich
re·gale [rɪ'geɪl] *vt* ① verwöhnen (*with, on* mit) ② unterhalten, erfreuen (*with* mit)
re·galia [rɪ'geɪlɪə] *s pl* Insignien *pl*
re·gard [rɪ'gɑ:d] **I.** *vt* ① betrachten ② angehen, betreffen ③ berücksichtigen; **~ s.o. as s.th.** jdn für etw halten; **~ s.o. with favour** jdn wohlwollend betrachten; **be ~ed as ...** als ... angesehen werden; **~ s.o. highly** jdn hochschätzen **II.** *s* ① Rücksicht *f* (*for* auf) ② (Hoch)Achtung, Wertschätzung *f* ③ Bezug *m,* Beziehung *f* (*to* auf); **have some ~ for s.o.** auf jdn Rücksicht nehmen; **show little ~ for s.o.** wenig Rücksichtnahme für jdn zeigen; **in this ~** in diesem Zusammenhang; **in [*o* with] ~ to** in Bezug auf; **hold s.o. in high ~** jdn achten; **send s.o. one's ~s** jdn grüßen lassen; **give him my ~s** grüßen Sie ihn von mir; **re·gard·ful** [rɪ'gɑ:dfl] *adj:* **be ~ of s.o.'s feelings** jds Gefühle achten; **re·gard·ing** [-ɪŋ] *prep* in Bezug auf, bezüglich *+gen;* **re·gard·less** [-lɪs] **I.** *adj:* **~ of** ohne Rücksicht auf, ungeachtet **II.** *adv* trotzdem
re·gards *s pl* Grüße *pl;* **with kind ~** mit

freundlichen Grüßen

re·gatta [rɪ'gætə] *s* Regatta *f*

re·gency ['ri:dʒənsɪ] *s* Regentschaft *f*

re·gen·er·ate [rɪ'dʒenəreɪt] **I.** *vt* ❶ erneuern; neu bilden, regenerieren ❷ (ELEK) rückkoppeln **II.** *vi* sich regenerieren; sich neu bilden; **re·gen·era·tion** [rɪ,dʒenə'reɪʃn] *s* ❶ Erneuerung *f;* Neubildung *f* ❷ (BIOL) Regeneration *f;* **re·gen·era·tive cream** [ri:,dʒenərətɪv'kri:m] *s* Aufbaucreme *f*

re·gent ['ri:dʒənt] *s* Regent *m;* **prince ~** Prinzregent *m*

i Land & Leute

Obwohl es in Nordamerika nur eine Gesamtschule gibt, haben die besten Schüler und Schülerinnen die Möglichkeit, besondere Kurse zu belegen, die **regents classes,** *honors classes* oder *college prep classes* heißen. Solche Kurse bieten Fächer wie Latein oder höhere Mathematik an, die normalerweise nur an der Universität angeboten werden. Manchmal werden diese Kurse auch an der Universität anerkannt.

reg·gae ['regeɪ] *s* Reggae *m*

regi·cide ['redʒɪsaɪd] *s* ❶ Königsmord *m* ❷ Königsmörder(in) *m(f)*

régime, **re·gime** [reɪ'ʒi:m] *s* (POL) Regime *nt*

regi·men ['redʒɪmen] *s* (MED) Kur *f*

regi·ment ['redʒɪmənt] **I.** *s* ❶ (MIL) Regiment *nt* ❷ (*fig*) Kompanie *f* **II.** *vt* reglementieren

regi·men·ta·tion [,redʒɪmen'teɪʃn] *s* Reglementierung *f*

re·gion ['ri:dʒən] *s* ❶ Gebiet *nt,* Region *f* ❷ (*fig*) Bereich *m;* **the lower ~s** die Unterwelt; **in the ~ of** um, etwa; **re·gional** ['ri:dʒənl] *adj* regional, Regional-; **Re·gional Com·mit·tee** *s* Ausschuss *m* der Regionen; **re·gion·al·ism** ['ri:dʒənə,lɪzəm] *s* ❶ (*Politik*) Regionalismus *m* ❷ (*Sprache*) regional verwendeter Ausdruck

reg·is·ter ['redʒɪstə(r)] **I.** *s* ❶ Register *nt;* Gästebuch *nt;* Mitgliedsbuch *nt* ❷ (TECH) Registriergerät *nt* ❸ (MUS) Register *nt* ❹ (LING) Sprachebene *f;* **take the ~** die Namen aufrufen; **electoral ~** Wählerverzeichnis *nt;* **~ of births, deaths and marriages** Personenstandsbuch *nt* **II.** *vt* ❶ eintragen; registrieren ❷ (*Heirat*) anmelden; eintragen lassen ❸ (*Menge*) registrieren ❹ (*Glück*) zum Ausdruck bringen ❺ (*Brief*) einschreiben ❻ (*fig*) registrieren **III.** *vi* ❶ sich eintragen; sich einschreiben; (*Hotel*) einchecken ❷ (TECH) passen (*with* zu); **~ with the police** sich polizeilich melden; **~ for a course** einen Kurs belegen

reg·is·tered ['redʒɪstəd] *adj* ❶ (*amtlich*) eingetragen; amtlich zugelassen ❷ (*Brief*) eingeschrieben; **~ trademark** eingetragenes Warenzeichen; **Registered General Nurse, RGN** (*in GB*) staatlich geprüfte Krankenschwester; **~ letter** Einschreibebrief *m*

reg·is·trar [,redʒɪ'strɑ:(r)] *s* ❶ Standesbeamte(r) *m,* -beamtin *f* ❷ (*Universität*) Kanzler(in) *m(f)* ❸ (MED) Krankenhausarzt *m,* -ärztin *f;* **~'s office** (*Br*) Standesamt *nt*

reg·is·tra·tion [,redʒɪ'streɪʃn] *s* ❶ Einschreibung, Registrierung *f* ❷ Anmeldung *f;* Eintrag(ung *f*) *m* ❸ Registrierung *f* ❹ (*Gepäck*) Aufgeben *nt* ❺ (*Brief*) Einschreiben *nt;* **registration document** *s* (AUTO) Kraftfahrzeugbrief *m;* **registration fee** *s* Anmeldegebühr *f;* **registration number** *s* (AUTO) polizeiliches Kennzeichen

reg·is·try ['redʒɪstrɪ] *s* ❶ Sekretariat *nt* ❷ (REL) Sakristei *f* ❸ (*Br:* **~ office**) Standesamt *nt;* **port of ~** Heimathafen *m*

re·gress [rɪ'gres] *vi* sich zurückentwickeln; **re·gres·sion** [rɪ'greʃn] *s* rückläufige Entwicklung; **re·gres·sive** [rɪ'gresɪv] *adj* (*a.* BIOL) regressiv

re·gret [rɪ'gret] **I.** *vt* bedauern; nachtrauern (*s.th.* einer S); **I ~ to say that …** ich muss Ihnen leider mitteilen, dass …; **it is to be ~ted that …** es ist bedauerlich, dass … **II.** *s* Bedauern *nt* (*at* über); **much to my ~** sehr zu meinem Bedauern; **have no ~s** nichts bereuen; **re·gret·ful** [rɪ'gretfl] *adj* bedauernd; **re·gret·ful·ly** [-fəlɪ] *adv* bedauerlicherweise; mit Bedauern; **re·gret·table** [-əbl] *adj* bedauerlich

re·group [,ri:'gru:p] *vt* umgruppieren

regu·lar ['regjʊlə(r)] **I.** *adj* ❶ regelmäßig; gleichmäßig ❷ (*Anstellung*) fest, regulär; geregelt ❸ (*Preis*) normal ❹ (*Kunde*) Stamm- ❺ (RAIL) fahrplanmäßig ❻ (*Bewegung*) gleichförmig, -mäßig ❼ (MIL) Berufs- ❽ (GRAM) regelmäßig ❾ (*fam*) regelrecht ❿ (*Am fam*) pfundig, patent; **keep ~ hours** feste Zeiten haben; **~ procedure demands that …** der Ordnung halber muss man …; **~ customer** Stammkunde *m,* -kundin *f;* **~ income** festes Einkommen; **~ size** Standardgröße *f;* **~ staff** festangestelltes Personal **II.** *s* ❶ (MIL) Berufssoldat *m* ❷ Stammkunde *m,* -kundin *f*

R

regu·lar·ity [ˌregjʊˈlærətɪ] *s* ❶ Regelmäßigkeit *f;* Gleichmäßigkeit *f* ❷ Geregeltheit *f;* **regu·lar·ize** [ˈregjʊləraɪz] *vt* ❶ regulieren ❷ (*Situation*) normalisieren

regu·late [ˈregjʊleɪt] *vt* ❶ steuern, regeln; (*a.* TECH) regulieren ❷ (*Uhr*) nach-, einstellen; **regu·la·tion** [ˌregjʊˈleɪʃn] **I.** *s* ❶ Regelung, Regulierung *f* ❷ Vorschrift *f;* **according to ~s** laut Vorschrift; **be contrary to ~s** gegen die Vorschrift verstoßen; **safety ~s** Sicherheitsvorschriften *fpl* **II.** *adj attr* vorgeschrieben

regu·la·tor [ˈregjʊleɪtə(r)] *s* ❶ (TECH) Regler *m* ❷ aufsichtsführende Person

regu·lat·ory [ˌregjʊˈleɪtrɪ] *adv* regulatorisch; ~ **power** Aufsichts- und Kontrollbefugnis *f*

re·gur·gi·tate [riːˈgɜːdʒɪteɪt] *vt* ❶ wieder von sich geben ❷ (*fig*) wiederkäuen

re·ha·bili·tate [ˌriːəˈbɪlɪteɪt] *vt* ❶ rehabilitieren ❷ (*Flüchtling*) eingliedern; **re·ha·bili·ta·tion** [ˌriːəˌbɪlɪˈteɪʃn] *s* ❶ Rehabilitation *f* ❷ Eingliederung *f* in die Gesellschaft; **rehabilitation centre** *s* Rehabilitationszentrum *nt*

re·hash [ˌriːˈhæʃ] **I.** *vt* (*fig*) aufbereiten **II.** [ˈriːhæʃ] *s* Aufbereitung *f*

re·hearsal [rɪˈhɜːsl] *s* ❶ (THEAT MUS) Probe *f* ❷ (*fig*) Aufzählung *f;* **re·hearse** [rɪˈhɜːs] *vt* ❶ (THEAT) proben ❷ (*fig*) aufzählen

reign [reɪn] **I.** *s* Regentschaft *f;* Herrschaft *f;* **in the ~ of** während der Regierungszeit +*gen* **II.** *vi* regieren, herrschen (*over* über)

re·im·burse [ˌriːɪmˈbɜːs] *vt* ❶ entschädigen ❷ (*Verlust*) ersetzen ❸ (*Kosten*) zurückerstatten, ersetzen; ~ **s.o. for his expenses** jdm seine Auslagen zurückerstatten; **re·im·burse·ment** [-mənt] *s* ❶ Entschädigung *f* ❷ Ersatz *m* ❸ Rückerstattung *f*

rein [reɪn] **I.** *s* Zügel *m;* **hold the ~s** (*fig*) die Zügel in der Hand haben; **keep a tight ~ on s.o.** bei jdm die Zügel kurz halten; **give free ~ to s.o./s.th.** jdm/einer S freien Lauf lassen **II.** *vt* (~ *back, in, up*) zügeln; (*fig*) im Zaum halten

re·in·car·na·tion [ˌriːɪnkɑːˈneɪʃn] *s* Wiedergeburt, Reinkarnation *f*

rein·deer [ˈreɪndɪə(r)] *s* Ren(tier) *nt*

re·in·force [ˌriːɪnˈfɔːs] *vt* ❶ (*a.* PSYCH MIL) verstärken ❷ (*Beton*) armieren ❸ (*Aussage*) stützen, bestätigen; **reinforced** *adj* verstärkt; ~ **concrete** Stahlbeton *m;* **re·in·force·ment** [-mənt] *s* (MIL) Verstärkung *f*

re·in·state [ˌriːɪnˈsteɪt] *vt* ❶ wieder einstellen (*in* in) ❷ (*Ordnung*) wiederherstellen

re·in·sure [ˌriːɪnˈʃʊə(r)] *vt* weiter versichern; (COM) rückversichern

re·in·te·grate [ˌriːˈɪntəgreɪt] *vt* wieder eingliedern; **re·in·te·gra·tion** [ˈriːˌɪntəˈgreɪʃn] *s* Wiedereingliederung, Reintegration *f*

re·in·tro·duce [ˌriːɪntrəˈdjuːs] *vt* wieder einführen

re·is·sue [ˌriːˈɪʃuː] **I.** *s* ❶ Neuausgabe, -auflage *f* ❷ (*Aktien*) Neuemission *f* **II.** *vt* neu (her)ausgeben

re·iter·ate [riːˈɪtəreɪt] *vt* wiederholen; **re·iter·ation** [riːˌɪtəˈreɪʃn] *s* Wiederholung *f*

re·ject [rɪˈdʒekt] **I.** *vt* ❶ ablehnen, zurückweisen ❷ (*Plan*) verwerfen; ausschlagen ❸ (*Kandidaten*) durchfallen lassen ❹ (MED) nicht vertragen; abstoßen **II.** [ˈriːdʒekt] *s* (COM) Ausschuss *m;* ~ **shop** Laden *m* für Ausschussware; **re·jec·tion** [rɪˈdʒekʃn] *s* ❶ Ablehnung, Zurückweisung *f* ❷ Abweisung *f;* Verwerfen *nt* ❸ (MED) Abstoßung *f*

re·joice [rɪˈdʒɔɪs] **I.** *vt* erfreuen **II.** *vi* sich freuen (*at, over* über, an); **re·joic·ing** [-ɪŋ] *s* Jubel *m*

re·join[1] [ˌriːˈdʒɔɪn] *vt* sich wieder anschließen an

re·join[2] [rɪˈdʒɔɪn] *vt* erwidern; **re·join·der** [-də(r)] *s* Erwiderung *f*

re·ju·ven·ate [riːˈdʒuːvəneɪt] *vt* verjüngen

re·kindle [riːˈkɪndl] *vt* ❶ (*Feuer*) wieder anzünden ❷ (*fig*) wieder entzünden

re·lapse [rɪˈlæps] **I.** *vi* ❶ (MED) einen Rückfall haben ❷ (COM) einen Rückschlag erleiden; ~ **into crime** rückfällig werden **II.** *s* ❶ (MED) Rückfall *m* ❷ (COM) Rückschlag *m* ❸ (JUR) Rückfall *m* (*into* in)

re·late [rɪˈleɪt] **I.** *vt* ❶ erzählen; aufzählen ❷ in Verbindung bringen (*to, with* mit); **strange to ~** so unglaublich es klingt **II.** *vi* ❶ zusammenhängen (*to* mit) ❷ eine Beziehung finden (*to* zu); **re·lated** [rɪˈleɪtɪd] *adj* ❶ verwandt (*to* mit) ❷ zusammenhängend; **be ~ to s.th.** mit etw zusammenhängen, verwandt sein; **re·lat·ing** [-ɪŋ] *adj:* ~ **to** zusammenhängend mit, bezüglich

re·la·tion [rɪˈleɪʃn] *s* ❶ Beziehung *f;* Verhältnis *nt* ❷ Verwandte(r) *f m* ❸ **~s** Beziehungen *fpl;* **in ~ to** in Bezug auf; im Verhältnis zu; **bear no ~ to** keinerlei Beziehung haben zu; **have business ~s with** Geschäftsverbindungen unterhalten, pflegen mit; **she's a ~ of mine** sie ist mit mir verwandt; **re·la·tion·ship** [-ʃɪp] *s* ❶ Verbindung, Beziehung *f,* Verhältnis *nt* ❷ Verwandtschaft *f* (*to* zu); **have a ~ with** ein Verhältnis haben mit; **friendly ~** freundschaftliches Verhältnis

rela·tive [ˈrelətɪv] **I.** *adj* ❶ relativ; respektiv ❷ (GRAM) Relativ-; ~ **to** sich beziehend auf; **live in ~ luxury** relativ luxuriös leben **II.** *s*

❶ Verwandte(r) *f m* ❷ (GRAM) Relativsatz *m;* **rela·tive·ly** [-lɪ] *adv* verhältnismäßig; **rela·tiv·ity** [ˌrelə'tɪvətɪ] *s* (PHYS) Relativität *f;* **theory of** ~ Relativitätstheorie *f*

re·launch I. ['riːˌlɔːntʃ] *s* Wiedereinführung *f* II. *vt* erneut auf den Markt bringen

re·lax [rɪ'læks] I. *vt* ❶ lockern ❷ (*Muskeln, Geist*) entspannen ❸ (*Aufmerksamkeit*) nachlassen in; ~ **one's grip,** ~ **hold on s.th.** den Griff bei etw lockern II. *vi* ❶ sich lockern ❷ sich erholen, sich entspannen; **re·lax·ation** [ˌriːlæk'seɪʃn] *s* ❶ Lockerung *f;* Entspannung *f* ❷ Erholung *f*

re·lay ['riːleɪ] I. *s* ❶ Ablösung *f* ❷ (SPORT) Staffel(lauf *m*) *f* ❸ (RADIO) Relais *nt;* **work in** ~ sich ablösen II. *vt* ❶ (RADIO) übertragen ❷ (*Nachricht*) ausrichten (*to s.o.* jdm)

re·lay [ˌriː'leɪ] *vt* (*Teppich*) neu verlegen

re·lease [rɪ'liːs] I. *vt* ❶ frei-, entlassen; freigeben; befreien ❷ (*von Versprechen*) entbinden ❸ (*von Schmerz*) erlösen ❹ (*Bremse*) lösen ❺ (*Bombe*) abwerfen ❻ (*Film*) herausbringen ❼ (*Nachricht*) veröffentlichen ❽ (*Gas*) freisetzen; ausströmen ❾ (*Titel*) aufgeben; ~ **s.o. on bail** jdn gegen Kaution freilassen; ~ **one's hold on s.th.** etw loslassen II. *s* ❶ Entlassung, Freilassung *f;* Freigabe *f* ❷ Entlastung, Befreiung, Entbindung *f* (*from* von) ❸ (TECH) Lösen *nt;* Auslösen *nt* ❹ (*Film*) Herausbringen *nt* ❺ Veröffentlichung *f* ❻ (*Gas*) Freisetzung *f* ❼ (*fig*) Verzicht *m,* Aufgabe *f*

rel·egate ['relɪgeɪt] *vt* ❶ degradieren ❷ (SPORT) absteigen lassen ❸ (*Anliegen*) weiterleiten (*to* an)

re·lent [rɪ'lent] *vi* nachgeben; nachlassen; **re·lent·less** [-lɪs] *adj* erbarmungslos; unerbittlich

rel·evance ['reləvəns] *s* Relevanz *f;* **rel·evan·cy** ['reləvənsɪ] *s* Relevanz *f*

rel·evant ['reləvənt] *adj* ❶ relevant (*to* für) ❷ (*Behörde*) zuständig ❸ (*Untersuchung*) sachbezogen

re·lia·bil·ity [rɪˌlaɪə'bɪlətɪ] *s* ❶ Zuverlässigkeit *f;* Verlässlichkeit *f* ❷ (*Firma*) Seriosität *f;* **re·liable** [rɪ'laɪəbl] *adj* ❶ zuverlässig; verlässlich ❷ (*Firma*) seriös, vertrauenswürdig; **re·li·ance** [rɪ'laɪəns] *s* Vertrauen *nt* (*on* auf); **place** ~ **on s.th.** sich auf etw verlassen; **re·li·ant** [rɪ'laɪənt] *adj* angewiesen (*on, upon* auf)

relic ['relɪk] *s* ❶ Überbleibsel, Relikt *nt* ❷ (REL) Reliquie *f*

re·lief [rɪ'liːf] *s* ❶ Erleichterung *f* (*from* von) ❷ Abwechslung *f* ❸ Hilfe *f;* Entlastung *f* ❹ (MIL) Ablösung *f* ❺ (*Kunst*) Relief *nt* ❻ (JUR) Rechtshilfe *f* (*of* bei); **bring s.o.** ~ jdm Erleichterung verschaffen; **go to s.o.'s** ~ jdm zu Hilfe eilen; ~ **of the poor** Armenfürsorge *f;* **stand out in** ~ **against s.th.** sich von etw abheben; **throw s.th. into** ~ etw hervortreten lassen; **relief driver** *s* Ablösung *f;* **relief train** *s* Entlastungszug *m;* **relief worker** *s* Katastrophenhelfer(in) *m(f)*

re·lieve [rɪ'liːv] *vt* ❶ erleichtern; helfen (*s.o.* jdm) ❷ (*Last*) befreien; abnehmen ❸ (*Schmerz*) mildern, schwächen; lindern ❹ (*Spannung*) abbauen ❺ (*Armut*) erleichtern ❻ (MIL) ablösen ❼ (*Stadt*) befreien; **he was** ~**d to learn that** er war erleichtert, als er das hörte; ~ **s.o.'s mind** jdn beruhigen; ~ **one's feelings** seinen Gefühlen Luft machen; ~ **o.s.** (*euph*) sich erleichtern

re·lig·ion [rɪ'lɪdʒən] *s* Religion *f;* Glaube(n) *m;* **freedom of** ~ Religionsfreiheit *f;* **war of** ~ Religionskrieg *m;* **re·lig·ious** [rɪ'lɪdʒəs] I. *adj* ❶ religiös ❷ gläubig, fromm ❸ gewissenhaft; ~ **instruction** Religionsunterricht *m;* ~ **leader** Religionsführer(in) *m(f);* ~ **education, RE** (SCHULE) Religionsunterricht *m* II. *s* Ordensmann *m,* -frau *f*

re·lin·quish [rɪ'lɪŋkwɪʃ] *vt* aufgeben, verzichten auf; ~ **one's hold on s.o.** jdn loslassen; ~ **s.th. to s.o.** jdm etw abtreten

reli·quary ['relɪkwərɪ] *s* (REL) Reliquienschrein *m*

rel·ish ['relɪʃ] I. *s* ❶ Geschmack, Gefallen *m* (*for* an) ❷ Soße *f;* Würze *f* ❸ (*fig*) Charme *m;* **do s.th. with** ~ etw mit Genuss tun; **it has lost all** ~ **(for me)** das hat für mich jeglichen Reiz verloren II. *vt* genießen; sich schmecken lassen; **I don't** ~ **doing that** das ist gar nicht nach meinem Geschmack

re·load [ˌriː'ləʊd] *vt* (*Gewehr*) nachladen

re·lo·cate [ˌriːləʊ'keɪt] *vt* umsiedeln, verlegen; **re·lo·ca·tion** [ˌriːləʊ'keɪʃn] *s* Umzug *m;* Umsiedlung *f*

re·luc·tance [rɪ'lʌktəns] *s* Abneigung *f,* Widerwillen *m;* **do s.th. with** ~ etw widerwillig tun; **re·luc·tant** [rɪ'lʌktənt] *adj* unwillig, widerwillig; **he was** ~ **to leave** er ging ungern

rely [rɪ'laɪ] *vi* sich verlassen, angewiesen sein (*on, upon* auf); **he can be relied on** man kann sich auf ihn verlassen

REM [ˌɑːriː'em] *s Abk. von* **rapid eye movement** REM *nt*

re·main [rɪ'meɪn] *vi* ❶ bleiben; übrigbleiben ❷ fortdauern, bestehen bleiben; **much** ~**s to be done** es bleibt noch viel zu tun; **nothing** ~**s to be said** es bleibt nichts mehr zu sagen; **that** ~**s to be seen** das wird sich zeigen; ~ **silent** weiterhin schweigen; **it** ~**s the same** das bleibt sich

R

gleich; **re·main·der** [rɪˈmeɪndə(r)] *s* ❶ (*a.* MATH) Rest *m,* Rückstand *m* ❷ ~**s** Restauflagen, Remittenden *fpl;* ~ **merchant** Ramschhändler *m;* **re·main·ing** [rɪˈmeɪnɪŋ] *adj* übrig, restlich; **re·mains** [rɪˈmeɪnz] *s pl* Reste *mpl,* Überreste *mpl,* Ruinen *fpl*

re·make [ˌriːˈmeɪk] **I.** *vt* noch einmal, neu machen **II.** [ˈriːmeɪk] *s* Neuverfilmung *f*

re·mand [rɪˈmɑːnd] **I.** *vt* (JUR) vertagen; ~ **s.o. in custody** jdn in Untersuchungshaft behalten; ~ **s.o. on bail** jdn gegen Kaution aus der Untersuchungshaft entlassen **II.** *s:* **be on** ~ in Untersuchungshaft sein; **remand centre** *s* (*Br*) Untersuchungsgefängnis *nt* für Jugendliche

re·mark [rɪˈmɑːk] **I.** *vt* bemerken; wahrnehmen **II.** *vi* eine Bemerkung machen (*on, upon* über); **nobody ~ed on it** niemand hat etwas dazu gesagt **III.** *s* Bemerkung *f;* **have a few ~s on that subject** einiges zum Thema zu sagen haben; **worthy of** ~ bemerkenswert; **re·mark·able** [-əbl] *adj* bemerkenswert; beachtlich; außergewöhnlich

re·mar·riage [ˌriːˈmærɪdʒ] *s* Wiederverheiratung *f;* **re·marry** [ˌriːˈmærɪ] *vi* wieder heiraten

re·medi·able [rɪˈmiːdɪəbl] *adj* (*Fehler*) behebbar; **re·medial** [rɪˈmiːdɪəl] *adj* heilend; Hilfs-; ~ **class** Förderklasse *f;* ~ **exercises** Heilgymnastik *f;* ~ **measure** Hilfsmaßnahme *f;* ~ **teaching** Förderunterricht *m*

re·medi·al ac·tion [rɪˌmiːdɪəlˈækʃn] *s* Heilwirkung *f*

rem·edy [ˈremədɪ] **I.** *s* ❶ Heilmittel *nt* (*for* gegen) ❷ (*fig*) Mittel *nt* ❸ (JUR) Rechtsmittel *nt;* **the situation is beyond** ~ die Lage ist hoffnungslos; **unless we can find a** ~ wenn wir keinen Ausweg finden **II.** *vt* ❶ (MED) heilen ❷ (*fig*) beheben; bessern; abhelfen (*s.th.* einer S)

re·mem·ber [rɪˈmembə(r)] **I.** *vt* ❶ sich erinnern an; denken an; merken ❷ grüßen; ~ **to do s.th.** daran denken etw zu tun; **I** ~ **doing it** ich erinnere mich daran, dass ich es getan habe; ~ **me to your father** grüßen Sie Ihren Vater von mir **II.** *vi* sich erinnern; **if I** ~ **right** wenn ich mich recht erinnere

? Grammatik

to **remember** (*something*) heißt:
sich (an etwas) erinnern: *Barbara cannot remember the number;*
to **remember** *to do something* heißt:
daran denken, etwas zu tun: *Remember to switch off all the lights.*
to **remind** *someone* heißt:
jemanden daran erinnern: *Remind me to post the letters.*

re·mem·brance [rɪˈmembrəns] *s* ❶ Erinnerung *f* (*of* an) ❷ Andenken *nt* (*of* an) ❸ ~**s** Grüße *mpl;* **in** ~ **of** zur Erinnerung an; **to the best of my** ~ soweit ich mich erinnern kann; **Remembrance Day** *s* ≈Volkstrauertag *m;* **remembrance service** *s* Gedenkgottesdienst *m*

i Land & Leute

Der **Remembrance Day** oder **Remembrance Sunday** oder auch *Poppy Day* ist der zweite Sonntag im November zur Erinnerung an den *Armistice Day* am 11. November 1918. An dem Sonntag wird aller Soldaten, die in den beiden Weltkriegen starben, in Gottesdiensten und Zeremonien gedacht. Die Leute tragen überall rote Mohnblumen aus Stoff, die an die blühenden Mohnblumen auf den Schlachtfeldern von Flandern nach dem Ersten Weltkrieg erinnern sollen. Um 11 Uhr wird immer ein zweiminütiges Schweigen eingehalten.

re·mind [rɪˈmaɪnd] *vt* erinnern (*of* an); ~ **s.o. to do s.th.** jdn daran erinnern etw zu tun; **that ~s me!** dabei fällt mir etwas ein!; **re·minder** [rɪˈmaɪndə(r)] *s* ❶ Gedächtnisstütze *f* ❷ (COM) Mahnung *f;* Mahnbescheid *m*

remi·nisce [ˌremɪˈnɪs] *vi* in Erinnerungen schwelgen (*about* an); **remi·nis·cence** [ˌremɪˈnɪsns] *s* ❶ Erinnerung *f* (*of* an) ❷ ~**s** (Lebens)Erinnerungen *fpl;* **remi·nis·cent** [ˌremɪˈnɪsnt] *adj* sich erinnernd (*of* an); **be** ~ **of s.th.** an etw erinnern; **be feeling** ~ in nostalgischer Stimmung sein

re·miss [rɪˈmɪs] *adj* nachlässig (*in s.th.* bei etw)

re·mission [rɪˈmɪʃn] *s* ❶ (JUR) Straferlass *m* ❷ (REL) Nachlass *m* ❸ (COM) Überweisung *f* ❹ (MED) Nachlassen *nt*

re·mit [rɪˈmɪt] **I.** *vt* ❶ (*Sünde*) erlassen ❷ (*Geld*) überweisen ❸ verschieben, vertagen ❹ (JUR) verweisen (*to* an) **II.** *vi* nachlassen **III.** *s* Aufgabenbereich *m;* **re·mit·tance** [rɪˈmɪtns] *s* (*Geld*) Überweisung *f* (*to* an); **remittance slip** *s* Einzahlungsschein *m*

re·mit·tent [rɪ'mɪtnt] *adj* vorübergehend nachlassend

re·mix ['ri:mɪks] *s* Remix *m*

rem·nant ['remnənt] *s* Rest, Überrest *m*; **remnant sale** *s* Resteverkauf *m*

re·model [ri:'mɒdl] *vt* umbilden, -gestalten, -formen

re·mon·strance [rɪ'mɒnstrəns] *s* Protest *m* (*with* bei, *against* gegen); **re·mon·strate** ['remənstreɪt] *vi* protestieren (*against* gegen); ~ **with s.o.** jdm Vorhaltungen machen

re·morse [rɪ'mɔ:s] *s* Reue *f* (*at, over* über); **without** ~ erbarmungslos; **re·morse·ful** [rɪ'mɔ:sfl] *adj* reumütig; **re·morse·less** [-lɪs] *adj* mitleids-, erbarmungslos

re·mote [rɪ'məʊt] *adj* ① entfernt, entlegen, abgelegen (*from* von) ② (*Vergangenheit, Zukunft*) fern ③ (*fig*) entfernt ④ unnahbar, unzugänglich ⑤ (*Chance*) gering, winzig ⑥ (*Ähnlichkeit, Aussichten*) schwach; **in a ~ spot** an einer abgelegenen Stelle; **I haven't the ~st idea** ich habe nicht die leiseste Ahnung; ~ **control** (TECH) Fernsteuerung *f*; (RADIO TV) Fernbedienung *f*; **remote-controlled** *adj* ferngelenkt, -gesteuert; **re·mote·ness** [-nɪs] *s* Abgelegenheit *f*; Entferntheit *f*; (*fig*) Unnahbarkeit *f*

re·mould ['ri:məʊld] I. *vt* (*Reifen*) runderneuern II. *s* runderneuerter Reifen

re·mount [ˌri:'maʊnt] I. *vt* ① (*Pferd*) wieder besteigen ② (*Bild, Karte*) neu aufziehen II. *vi* wieder aufsitzen

re·mov·able [rɪ'mu:vəbl] *adj* ① heraus-, abnehmbar ② (*Knopf*) abtrennbar ③ (*Flecken*) zu entfernen; **re·moval** [rɪ'mu:vl] *s* ① Entfernung *f*; Abnahme *f*; Beseitigung *f* ② Herausnehmen *nt* ③ Aufhebung *f*; Zerstreuung *f* ④ Umzug *m* ⑤ (TECH) Ausbau *m* ⑥ (*Zollschranken*) Abbau *m* ⑦ Entlassung, Absetzung *f*; **removal expenses** *s pl* Umzugskosten *pl*; **removal firm** *s* Möbelspedition *f*; **removal van** *s* Möbelwagen *m*; **re·move** [rɪ'mu:v] I. *vt* ① entfernen, beseitigen, wegschaffen, -nehmen ② forträumen, woanders hinbringen, -schaffen ③ (TECH) ausbauen ④ (*Steuern*) aufheben ⑤ (*Zweifel*) zerstreuen ⑥ (*Kleidung*) ausziehen, ablegen ⑦ (*Schwierigkeiten*) beseitigen ⑧ (*Missbrauch*) abstellen, beheben ⑨ (*Namen*) streichen ⑩ (*Beamte*) entlassen, absetzen ⑪ transportieren; ~ **s.th. from s.o.** jdm etw wegnehmen; ~ **s.o. to hospital** jdn ins Krankenhaus einliefern; **be far ~d from ...** weit entfernt sein von ...; **a cousin once ~d** ein Cousin ersten Grades II. *vi* umziehen (*to* nach) III. *s*: **be only a few ~s from ...** nicht weit entfernt sein von ...; **re·mover** [rɪ'mu:və(r)] *s* ① Möbelpacker *m* ② (*Flecken, Nagellack*) Entferner *m*

re·mun·er·ate [rɪ'mju:nəreɪt] *vt* belohnen; bezahlen, vergüten; **re·mun·er·ation** [rɪˌmju:nə'reɪʃn] *s* Belohnung *f*; Bezahlung, Vergütung *f*; **re·mun·er·ative** [rɪ'mju:nərətɪv] *adj* lohnend, einträglich

Re·nais·sance [rɪ'neɪsns, *Am* 'renəsɑ:ns] *s* Renaissance *f*

re·nal ['ri:nl] *adj* Nieren-

re·name [ˌri:'neɪm] *vt* umbenennen, umtaufen

re·nas·cent [rɪ'næsnt] *adj* wieder erwachend

re·na·tion·al·iz·ation [ˌri:næʃnəlaɪ'zeɪʃn] *s* erneute Verstaatlichung

rend [rend] <*irr:* rent, rent> *vt* zerreißen; ~ **s.th. from s.o.** jdm etw entreißen

ren·der ['rendə(r)] *vt* ① (*Hilfe*) leisten ② (*Erklärung*) abgeben ③ (*Rechenschaft*) ablegen (*of* über) ④ wiedergeben; übertragen ⑤ (*einen Dienst*) erweisen ⑥ (*Hilfe*) leisten ⑦ machen ⑧ (*Gedicht*) vortragen ⑨ (*Fett*) auslassen ⑩ (*Gebäude*) verputzen; ~ **assistance** Hilfe leisten; ~ **account** Rechnung vorlegen; **his accident ~ed him helpless** der Unfall hat ihn hilflos gemacht; ~ **up** (*Gefangene*) übergeben; **ren·der·ing** ['rendərɪŋ] *s* ① Übertragung, Übersetzung *f* (*into* in) ② (MUS) Wiedergabe *f* ③ (ARCH) Putz *m*

ren·dez·vous ['rɒndɪvu:, *pl* 'rɒndɪvu:z] <*pl* -> I. *s* ① Treffpunkt *m* ② Rendezvous *nt* II. *vi* sich treffen (*with* mit)

ren·di·tion [ren'dɪʃn] *s* (MUS) Wiedergabe *f*; Interpretation *f*

ren·egade ['renɪgeɪd] *s* Abtrünnige(r) *f m*

re·nege [rɪ'neɪg] *vi* brechen, nicht halten

re·new [rɪ'nju:] *vt* ① erneuern ② (*Verhandlung*) wieder aufnehmen ③ (*Gesundheit*) wiederherstellen ④ (*Vorräte*) erneuern, auffrischen ⑤ (*Vertrag*) verlängern ⑥ (*Wechsel*) prolongieren; ~ **a library book** ein Buch verlängern lassen; **with ~ed energy** mit frischer, neuer Energie; **re·new·able** [rɪ'nju:əbl] *adj* ① erneuerbar ② rückführbar ③ verlängerbar; **~s** *pl* erneuerbare Energiequellen; ~ **sources** erneuerbare Quellen *pl*; **re·new·al** [rɪ'nju:əl] *s* ① Erneuerung *f* ② Wiederaufnahme *f* ③ Wiederherstellung *f* ④ Auffrischung *f* ⑤ (*Vertrag*) Verlängerung *f* ⑥ (*Wechsel*) Prolongation *f*; ~ **premium** Folgeprämie *f*; **re·newed** [rɪ'nju:d] *adj*

R

neu; erneut

ren·net ['renɪt] *s* (Kälber)Lab *nt*

re·nounce [rɪ'naʊns] **I.** *vt* ❶ verzichten auf, aufgeben; entsagen (*s.th.* einer S) ❷ (*Erbschaft*) ausschlagen, ablehnen ❸ (*Meinung*) abschwören, leugnen **II.** *vi* (auf sein Recht) verzichten

reno·vate ['renəveɪt] *vt* renovieren; restaurieren; **reno·va·tion** [ˌrenə'veɪʃn] *s* Renovierung, Renovation *f;* Restaurierung *f*

re·nown [rɪ'naʊn] *s* guter Ruf; Ansehen *nt;* **re·nowned** [rɪ'naʊnd] *adj* berühmt (*for* für)

rent¹ [rent] **I.** *pt, pp of* **rend II.** *s* Riss *m;* Spalte *f*

rent² [rent] **I.** *s* Miete *f;* Pacht *f;* **for ~** (*Am*) zu vermieten; zu verpachten **II.** *vt* ❶ mieten; pachten (*from* von) ❷ (*~ out*) vermieten; verpachten; **rental** ['rentl] *s* ❶ Miete *f;* Leihgebühr *f;* Pacht *f* ❷ **~s** Miet- und Pachteinnahmen *fpl;* **rent ar·rears** *s pl* Mietrückstände *pl;* **rent boy** *s* (*fam*) Strichjunge *m;* **rent control** *s* Mietpreisbindung *f;* **rent-free** *adj* miet-, pachtfrei; **rent rebate** *s* Mietrückzahlung *f;* **rent review** *s* Neufestsetzung *f* der Miete; **rent subsidy** *s* Mietzuschuss *m;* **rent tribunal** *s* Mieterschiedsgericht *nt*

re·nunci·ation [rɪˌnʌnsɪ'eɪʃn] *s* ❶ Verzicht *m* (*of* auf), Aufgabe *f;* Entsagung *f* ❷ Verleugnung *f*

re·open [riː'əʊpən] *vt, vi* wieder (er)öffnen; wieder beginnen

re·order [ˌriː'ɔːdə(r)] **I.** *s* Nachbestellung *f* **II.** *vt* nachbestellen

re·or·gan·iza·tion [ˌriːɔːgənaɪ'zeɪʃn] *s* Neuorganisation *f,* Umstrukturierung *f,* Neueinteilung *f;* **re·or·gan·ize** [riː'ɔːgənaɪz] *vt* neu organisieren; umstrukturieren; neu einteilen

rep [rep] *s s.* **representative; repertory**

re·paint [riː'peɪnt] *vt* neu streichen

re·pair¹ [riː'peə(r)] **I.** *vt* ❶ ausbessern, reparieren, flicken ❷ (*Unrecht*) wieder gutmachen **II.** *s* ❶ Ausbesserung, Reparatur *f* ❷ (*fig*) Wiedergutmachung *f* ❸ **~s** Instandsetzungsarbeiten *fpl;* **be under ~** in Reparatur sein; **put s.th. in for ~** etw zur Reparatur bringen; **beyond ~** nicht mehr zu reparieren; **be in good ~** in gutem Zustand sein; **closed for ~s** wegen Reparaturarbeiten geschlossen; **road ~s** Straßenbauarbeiten *fpl*

re·pair² [rɪ'peə(r)] *vi* sich begeben (*to* nach)

re·pair·able [rɪ'peərəbl] *adj* zu reparieren, reparabel; **repair kit** *s* Flickzeug *nt;* **repair·man** [-mən] <*pl* -men> *s* Handwerker *m;* **repair shop** *s* Reparaturwerkstatt *f*

re·pa·per [riː'peɪpə(r)] *vt* neu tapezieren

rep·ar·able ['repərəbl] *adj* wieder gutzumachen, reparabel; ersetzbar; **rep·ar·ation** [ˌrepə'reɪʃn] *s* ❶ Wiedergutmachung *f;* Entschädigung *f* ❷ *meist pl* Reparationen *fpl*

rep·ar·tee [ˌrepɑː'tiː] *s* schlagfertige Antwort; **be good at ~** schlagfertig sein

re·pat·ri·ate [riː'pætrɪeɪt] *vt* repatriieren; **re·pat·ri·ation** [ˌriːpætrɪ'eɪʃn] *s* Repatriierung *f*

re·pay [rɪ'peɪ] *vt* ❶ zurückzahlen ❷ (*Ausgaben*) entschädigen (*for* für) ❸ (*Schuld*) abzahlen ❹ (*Gefälligkeit, Besuch*) erwidern ❺ (*Unrecht*) vergelten ❻ (*Mühe*) belohnen; **re·pay·able** [-əbl] *adj* rückzahlbar; **re·pay·ment** [-mənt] *s* ❶ Rückzahlung, Vergütung *f* ❷ (*fig*) Lohn *m;* **in ~** als Rückzahlung

re·peal [rɪ'piːl] **I.** *vt* (*Gesetz*) aufheben **II.** *s* Aufhebung *f*

re·peat [rɪ'piːt] **I.** *vt* wiederholen; weitersagen **II.** *vi* ❶ (*a.* MUS) wiederholen ❷ (MATH) periodisch sein; **~ after** nachsprechen **III.** *s* ❶ (TV) Wiederholung *f* ❷ (MUS) Wiederholungszeichen *nt;* **re·peat·ed** [rɪ'piːtɪd] *adj* wiederholt; **re·peater** [-ə(r)] *s* Repetiergewehr *nt,* Mehrlader *m;* **repeat mark** *s* (MUS) Wiederholungszeichen *nt;* **repeat order** *s* (COM) Nachbestellung *f;* **repeat performance** *s* Wiederholungsvorstellung *f*

re·pech·age [ˌræpɪ'ʃɑːʒ] *s* (SPORT) Hoffnungslauf *m*

re·pel [rɪ'pel] *vt* ❶ zurückschlagen, -stoßen, -treiben ❷ (*Insekt*) abwehren ❸ (*Flüssigkeit*) abstoßen ❹ (*fig*) anwidern; **re·pel·lent** [rɪ'pelənt] **I.** *adj* (*fig*) widerwärtig; **~ to water** wasserabstoßend **II.** *s:* **insect ~** Insektenschutzmittel *nt*

re·pent [rɪ'pent] **I.** *vt* bereuen **II.** *vi* Reue empfinden; **re·pent·ance** [-əns] *s* Reue *f;* **re·pent·ant** [-ənt] *adj* reuig, reuevoll

re·per·cussion [ˌriːpə'kʌʃn] *s* ❶ (*fig*) Auswirkung *f* (*on* auf) ❷ Erschütterung *f;* **~s** Nachspiel *nt;* **have ~s on s.th.** sich auf etw auswirken

rep·er·toire ['repətwɑː(r)] *s* (THEAT) Repertoire *nt*

rep·er·tory ['repətrɪ] *s* ❶ (*fig*) Fundgrube, Schatzkammer *f* ❷ (THEAT) Repertoire *nt;* **repertory company** *s* Repertoire-Ensemble *nt;* **repertory theatre** *s* Repertoire-Theater *nt*

rep·eti·tion [ˌrepɪ'tɪʃn] *s* Wiederholung *f;* **re·peti·tive** [rɪ'petətɪv] *adj* sich wiederholend; **~ strain injury, RSI** (MED) *Muskelzerrung verursacht durch andauernde*

Überanstrengung

re·place [rɪ'pleɪs] *vt* ① zurückstellen, -legen, -setzen ② (*Sache*) ersetzen; die Stelle einnehmen von ③ (*Teile*) austauschen; ~ **the receiver** den Hörer auflegen; **re·place·able** [-əbl] *adj* ersetzbar; auswechselbar; **re·place·ment** [-mənt] *s* ① Zurücksetzen, -stellen, -legen *nt* ② Ersatz *m;* Vertretung *f;* ~ **costs** Wiederbeschaffungskosten *pl;* ~ **engine** Austauschmotor *m;* ~ **part** Ersatzteil *nt;* ~ **value** Wiederbeschaffungswert *m*

re·play [ˌriː'pleɪ] **I.** *vt* (SPORT) wiederholen **II.** ['riːpleɪ] *s* ① (SPORT) Wiederholungsspiel *nt* ② (TV) Wiederholung *f*

re·plen·ish [rɪ'plenɪʃ] *vt* ① ergänzen ② (*Glas*) auffüllen; **re·plen·ish·ing cream** [rɪˌplenɪʃɪŋ'kriːm] *s* Nährcreme *f;* **re·plen·ish·ment** *s* Ergänzung *f;* (*of shelves*) Nachfüllen *nt*

re·plete [rɪ'pliːt] *adj* ① reichlich versehen (*with* mit) ② gesättigt; **re·ple·tion** [rɪ'pliːʃn] *s* Sättigung *f;* **eat to** ~ sich satt essen

rep·lica [replɪkə] *s* Kopie *f;* Nachbildung *f*

re·ply [rɪ'plaɪ] **I.** *vi* antworten, entgegnen (*to* auf) **II.** *vt* beantworten, erwidern, entgegnen **III.** *s* Antwort *f;* Erwiderung *f;* **in** ~ **to your letter** in Beantwortung Ihres Briefes; **reply coupon** *s* Antwortschein *m;* **reply-paid envelope** *s* Freiumschlag *m*

re·point [riː'pɔɪnt] *vt* (ARCH) neu verfugen

re·port [rɪ'pɔːt] **I.** *vt* ① berichten über; melden ② (*Verbrechen*) melden; anzeigen; ~ **that ...** berichten, dass ...; **he is ~ed as having said ...** er soll gesagt haben ...; ~ **s.o. for s.th.** jdn wegen etw melden; ~ **s.o. sick** jdn krank melden **II.** *vi* ① sich melden ② berichten, Bericht erstatten (*on* über); ~ **for duty** sich zum Dienst melden; ~ **sick** sich krank melden; ~ **back** Bericht erstatten (*to s.o.* jdm); ~ **to s.o.** jdm unterstehen **III.** *s* ① Bericht *m;* Gutachten *nt* (*on* über) ② Reportage *f* ③ Gerücht *nt* ④ guter Ruf ⑤ Knall *m;* **give a ~ on s.th.** Bericht über etw erstatten; **chairman's ~** Bericht *m* des Vorsitzenden; **there is a ~ that ...** es wird gesagt, dass ...; **of good ~** von gutem Ruf; **report card** *s* (Schul)Zeugnis *nt;* **re·port·ed** [rɪ'pɔːtɪd] *adj* gemeldet; ~ **speech** (GRAM) indirekte Rede; **re·port·er** [rɪ'pɔːtə(r)] *s* Reporter(in) *m(f),* Berichterstatter(in) *m(f);* ~**s' gallery** Pressetribüne *f*

re·pose [rɪ'pəʊz] **I.** *vt* (*Vertrauen*) setzen (*in* in) **II.** *vr* sich ausruhen **III.** *vi* ① ruhen ② (*fig*) beruhen (*upon* auf) **IV.** *s* Ruhe *f;* Gelassenheit *f*

re·posi·tory [rɪ'pɒzɪtrɪ] *s* ① Lager, Magazin *nt* ② (*fig*) Quelle *f;* Fundgrube *f* ③ Endlager *nt* (*für radioaktive Abfälle*)

re·pos·sess [ˌriːpə'zes] *vt* wieder in Besitz nehmen; **re·pos·session** [ˌriːpə'zeʃn] *s* Wiederinbesitznahme *f*

rep·re·hen·sible [ˌreprɪ'hensəbl] *adj* tadelnswert

rep·re·sent [ˌreprɪ'zent] *vt* ① darstellen; stehen für; symbolisieren ② (JUR) vertreten ③ (*Bild*) darstellen, wiedergeben ④ (*Zeichen*) bedeuten ⑤ (*Risiko*) darstellen ⑥ vor Augen führen ⑦ (THEAT) darstellen, spielen; ~ **a firm** eine Firma vertreten; **he ~ed me as a fool** er stellte mich als Narren hin; **rep·re·sen·ta·tion** [ˌreprɪzen'teɪʃn] *s* ① Darstellung, Symbolisierung *f;* Hinstellung *f* ② (THEAT) Darstellung *f* ③ (JUR) Vertretung *f* ④ ~**s** Vorstellungen, Vorhaltungen *fpl,* Proteste *mpl;* **rep·re·sen·ta·tive** [ˌreprɪ'zentətɪv] **I.** *adj* ① repräsentativ; typisch ② stellvertretend ③ (PARL) repräsentativ **II.** *s* ① (COM) Vertreter(in) *m(f)* ② (JUR) Bevollmächtigte(r), Beauftragte(r) *f m* ③ (POL) Abgeordnete(r) *f m*

re·press [rɪ'pres] *vt* ① unterdrücken; zügeln ② (PSYCH) verdrängen ③ (*Lachen*) zurückhalten; **re·pressed** [rɪ'prest] *adj* verdrängt; **re·pres·sion** [rɪ'preʃn] *s* ① Unterdrückung *f* ② (PSYCH) Verdrängung *f;* **re·pres·sive** [rɪ'presɪv] *adj* repressiv

re·prieve [rɪ'priːv] **I.** *vt* (JUR) begnadigen **II.** *s* ① Begnadigung *f;* Strafaufschub *m* ② (*fig*) Gnadenfrist *f*

re·pri·mand ['reprɪmɑːnd] **I.** *s* Tadel *m;* Verweis *m* **II.** *vt* tadeln

re·print [ˌriː'prɪnt] **I.** *vt* nachdrucken; neu auflegen **II.** ['riːprɪnt] *s* Neuauflage *f;* Nachdruck *m*

re·prisal [rɪ'praɪzl] *s* Repressalie *f;* Vergeltungsmaßnahme *f;* **as a ~ for** als Vergeltung für; **by way of ~** als Vergeltungsmaßnahme

re·proach [rɪ'prəʊtʃ] **I.** *vt* Vorwürfe machen (*s.o.* jdm); ~ **s.o. for his mistake** jdm einen Fehler vorwerfen; ~ **s.o. for being late** jdm Vorwürfe machen, weil er/sie zu spät gekommen ist **II.** *s* ① Vorwurf *m,* Vorhaltung *f* ② Schande *f;* **above** [*o* **beyond**] ~ über jeden Vorwurf erhaben; **be a ~ to s.o.** eine Schande für jdn sein; **re·proach·ful** [rɪ'prəʊtʃfl] *adj* vorwurfsvoll

rep·ro·bate ['reprəbeɪt] **I.** *adj* verkommen; ruchlos **II.** *s* verkommenes Subjekt **III.** *vt* verdammen

re·pro·cess [ˌriː'prəʊses] *vt* wieder verwerten; (*Atommüll*) wieder aufbereiten; **re·pro·cess·ing** [-ɪŋ] *s* Wiederaufbereitung *f;*

R

reprocessing plant *s* Wiederaufbereitungsanlage *f*
re·pro·duce [ˌriːprəˈdjuːs] **I.** *vt* ❶ wiedergeben; reproduzieren ❷ (TYP) abdrucken ❸ (THEAT) neu inszenieren; ~ **its kind** (BIOL) sich fortpflanzen **II.** *vi* (BIOL) sich fortpflanzen; **re·pro·duc·tion** [ˌriːprəˈdʌkʃn] *s* ❶ Reproduktion, Vervielfältigung *f* ❷ (BIOL) Fortpflanzung *f* ❸ (PHOT) Kopie *f*; **re·pro·duc·tive** [ˌriːprəˈdʌktɪv] *adj* Fortpflanzungs-
re·proof [rɪˈpruːf] *s* Tadel *m*, Rüge *f*
re·proof [riːˈpruːf] *vt* neu imprägnieren
re·prove [rɪˈpruːv] *vt* tadeln, rügen; **re·prov·ing** [rɪˈpruːvɪŋ] *adj* tadelnd
rep·tile [ˈreptaɪl] *s* Reptil *nt*; **rep·til·ian** [repˈtɪlɪən] *adj* ❶ reptilartig ❷ (*fig*) kriecherisch
re·pub·lic [rɪˈpʌblɪk] *s* Republik *f*; **re·pub·lican** [rɪˈpʌblɪkən] **I.** *adj* republikanisch **II.** *s* Republikaner(in) *m(f)*
re·pub·li·ca·tion [ˌriːˌpʌblɪˈkeɪʃn] *s* Wieder-, Neuveröffentlichung *f*
re·pudi·ate [rɪˈpjuːdɪeɪt] *vt* ❶ (*Freund*) verstoßen ❷ (*Schuld*) nicht anerkennen ❸ (*Anklage*) zurückweisen
re·pug·nance [rɪˈpʌgnəns] *s* Widerwille *m*, Abneigung *f* (*towards, for* gegen); **re·pug·nant** [rɪˈpʌgnənt] *adj* widerlich, abstoßend
re·pulse [rɪˈpʌls] **I.** *vt* ❶ (*Angriff*) zurückschlagen ❷ (*fig*) zurück-, abweisen; ablehnen **II.** *s* ❶ (MIL) Abwehr *f* ❷ (*fig*) Abweisung *f*; **meet with a** ~ abgewiesen werden; **re·pul·sion** [rɪˈpʌlʃn] *s* ❶ Widerwille *m* (*for* gegen) ❷ (PHYS) Abstoßung *f*; **re·pul·sive** [rɪˈpʌlsɪv] *adj* ❶ abstoßend, widerwärtig ❷ (PHYS) abstoßend
re·pur·chase [ˌriːˈpɜːtʃəs] **I.** *vt* zurückkaufen, wiedererwerben **II.** *s* Rückkauf, Wiedererwerb *m*; **repurchase price** *s* Rücknahmepreis *m*
repu·table [ˈrepjʊtəbl] *adj* ordentlich, anständig; seriös; **repu·ta·tion** [ˌrepjʊˈteɪʃn] *s* Ruf, Name *m*; Ansehen *nt*; **of good** [*o* **high**] ~ von gutem Ruf; **have a** ~ **for beauty** wegen seiner Schönheit bekannt sein; **live up to one's** ~ seinem Ruf alle Ehre machen; **re·pute** [rɪˈpjuːt] **I.** *s* Ruf *m*, Ansehen *nt*; **be held in high** ~ in hohem Ansehen stehen; **know s.o. by** ~ von jdm viel gehört haben; **a house of ill** ~ ein Haus von zweifelhaftem Ruf **II.** *vt*: **she is** ~**d to be …** man sagt, dass sie … sei; **be** ~**d** (**to be**) **rich** als reich gelten; **re·puted** [rɪˈpjuːtɪd] *adj* vermeintlich; angeblich
re·quest [rɪˈkwest] **I.** *s* Bitte *f*, Wunsch *m*, Ersuchen *nt*; **at s.o.'s** ~ auf jds Bitte(n); **on** [*o* **by**] ~ auf Wunsch; **make a** ~ **for s.th.** um etw bitten; **record** ~**s** Plattenwünsche *mpl* **II.** *vt* bitten, ersuchen; ~ **silence** um Ruhe bitten; ~ **s.th. from s.o.** etw von jdm erbitten; **you are** ~**ed not to smoke** bitte nicht rauchen; **re·quest·ed** *adj* gewünscht; **request programme** *s* Wunschsendung *f*; **request stop** *s* Bedarfshaltestelle *f*
requiem [ˈrekwɪəm] *s* Requiem *nt*
re·quire [rɪˈkwaɪə(r)] *vt* ❶ brauchen, benötigen; nötig haben ❷ (*Arbeit*) erfordern ❸ wünschen, mögen ❹ verlangen; **the journey will** ~ **…** man braucht … für die Reise; **it** ~**s great care** das erfordert große Sorgfalt; ~ **s.o. to do s.th.** von jdm verlangen, dass er etw tut; **re·quired** *adj* erforderlich, as ~, nach Bedarf; **as** ~ **by law** den gesetzlichen Bestimmungen gemäß; **be** ~ **to do s.th.** etw tun müssen; **if** ~ falls notwendig; ~ **reading** Pflichtlektüre *f*; **when** ~ auf Wunsch; **re·quire·ment** [-mənt] *s* ❶ Bedürfnis *nt*, Bedarf *m* ❷ Wunsch, Anspruch *m* ❸ Erfordernis *nt*; **re·quire·ments** *s pl* Erfordernisse *pl*, Bedarf *m*; **meet s.o.'s** ~ jds Bedürfnisse erfüllen; jds Wünschen entsprechen; **fit the** ~ den Erfordernissen entsprechen
requi·site [ˈrekwɪzɪt] **I.** *adj* erforderlich, notwendig **II.** *s* ❶ Erfordernis *nt* (*for* für) ❷ (COM) Artikel *m*; **travel** ~**s** Reiseartikel *mpl*
requi·si·tion [ˌrekwɪˈzɪʃn] **I.** *s* Anforderung *f*; **make a** ~ **for s.th.** etw anfordern **II.** *vt* anfordern; (MIL) requirieren
re·route [ˌriːˈruːt] *vt* umleiten
re·run [ˌrɪːˈrʌn] **I.** *vt* (*Film*) wieder aufführen **II.** [ˈriːrʌn] *s* Wiederaufführung *f*
re·sale [ˈriːseɪl] *s* Weiterverkauf *m*; **not for** ~ nicht zum Weiterverkauf bestimmt; **resale price maintenance**, **RPM** *s* Preisbindung *f* der zweiten Hand, vertikale Preisbindung; **resale value** *s* Wiederverkaufswert *m*
re·sched·ule [ˌriːˈʃedjuːl] *vt* ❶ umplanen, verlegen ❷ (FIN) umschulden, umfinanzieren
re·scind [rɪˈsɪnd] *vt* ❶ (*Urteil*) annullieren, aufheben ❷ (*Entscheidung*) rückgängig machen; **re·scis·sion** [rɪˈsɪʃn] *s* ❶ Annullierung, Aufhebung *f* ❷ Widerruf *m*
res·cue [ˈreskjuː] **I.** *vt* ❶ retten ❷ (*fig*) befreien; ~ **s.o. from drowning** jdn vor dem Ertrinken retten **II.** *s* ❶ Rettung, Hilfe *f* ❷ (*fig*) Befreiung *f*; **come to the** ~ **of s.o.** jdm zu Hilfe kommen; **rescue attempt** *s* Rettungsversuch *m*; **rescue helicopter** *s* Rettungshubschrauber *m*; **rescue operation** *s* ❶ Rettungsaktion *f*

② (COM) Sanierung *f;* **rescue party** *s* Rettungsmannschaft *f;* **res·cuer** ['reskjʊə(r)] *s* Retter(in) *m(f)*

re·search [rɪ'sɜːtʃ] **I.** *s* Forschung *f* (*into, on* über); **do ~** forschen; **a piece of ~** eine Forschungsarbeit **II.** *vi* forschen, Forschung betreiben (*into* über) **III.** *vt* erforschen, untersuchen; **re·searcher** [rɪ'sɜːtʃə(r)] *s* Forscher(in) *m(f);* **research fellowship** *s* Forschungsstipendium *nt;* **research work** *s* Forschungsarbeit *f;* **research worker** *s* Forscher(in) *m(f)*

re·sem·blance [rɪ'zembləns] *s* Ähnlichkeit *f* (*between* zwischen); **bear a strong ~ to s.o.** starke Ähnlichkeit mit jdm haben; **re·semble** [rɪ'zembl] *vt* ähneln, ähnlich sehen, gleichen (*s.o.* jdm)

re·sent [rɪ'zent] *vt* übelnehmen, sich ärgern über; **he ~s my being here** er nimmt es mir übel, dass ich hier bin; **re·sent·ful** [rɪ'zentfl] *adj* ärgerlich (*of s.o.* auf jdn); **re·sent·ment** [-mənt] *s* Ärger, Groll *m* (*of* über); **bear no ~ against s.o.** jdm nicht böse sein

res·er·va·tion [ˌrezə'veɪʃn] *s* ① Vorbehalt *m* ② Reservat *nt* ③ Reservierung *f;* **central ~** (*Br: Autobahn*) Mittelstreifen *m;* **with ~s** unter Vorbehalt; **without ~** vorbehaltlos, ohne Vorbehalt; **make a ~ at the hotel** ein Zimmer im Hotel reservieren

re·serve [rɪ'zɜːv] **I.** *vt* ① aufsparen, aufheben ② (*Buch*) reservieren lassen; **~ one's strength** seine Kräfte sparen; **~ judgement** mit seinem Urteil zurückhalten; **~ o.s. for s.th.** sich für etw schonen **II.** *s* ① Rücklage, Reserve *f;* (*a.* COM) Vorrat *m* ② Vorbehalt *m* ③ Reservat *nt* ④ (*fig*) Reserve, Zurückhaltung *f* ⑤ (MIL) Reserve *f* ⑥ (SPORT) Ersatz-, Reservespieler(in) *m(f);* **have** [*o* **keep**] **in ~** in Reserve haben, halten; **~s of energy** Kraftreserven *pl;* **without ~** ohne Vorbehalt; **with certain ~s** mit gewissen Vorbehalten; **cash ~** Barbestand *m;* **gold ~** Goldreserve *f,* -bestand *m;* **reserve currency** *s* (FIN) Leitwährung *f;* **re·served** [rɪ'zɜːvd] *adj* ① zurückhaltend, reserviert ② (*Zimmer*) reserviert, belegt; **all rights ~** alle Rechte vorbehalten; **reserve price** *s* Mindestpreis *m;* **re·serv·ist** [rɪ'zɜːvɪst] *s* (MIL) Reservist(in) *m(f)*

res·er·voir ['rezəvwɑː(r)] *s* ① Reservoir *nt* ② (*Gas*) Speicher *m* ③ (*fig*) Fundgrube *f*

re·set [ˌriː'set] *vt* ① (*Knochen*) wieder einrenken ② (*Edelstein*) neu fassen ③ (TYP) neu setzen ④ (*Uhr*) neu stellen; **reset button** *s* (INFORM) Rückstelltaste *f*

re·settle [ˌriː'setl] *vt* umsiedeln, neu ansiedeln

re·shuffle [ˌriː'ʃʌfl] **I.** *vt* ① (*Spielkarten*) neu mischen ② (*Regierung*) umbilden **II.** *s* Umstellung, -gruppierung, -bildung *f;* **Cabinet ~** Kabinettsumbildung *f*

re·side [rɪ'zaɪd] *vi* ① seinen Wohnsitz haben, wohnen ② (*fig: Eigenschaft*) innewohnen; **~ in s.th.** in etw liegen

resi·dence ['rezɪdəns] *s* ① Wohnhaus *nt;* Wohnheim *nt* ② Aufenthaltsort *m;* **place of ~** Wohnort *m;* **be in ~** anwesend sein; **the students are now in ~** das Semester hat angefangen; **residence permit** *s* Aufenthaltsgenehmigung *f;* **resi·dent** ['rezɪdənt] **I.** *adj* wohnhaft; ansässig (*in* in); **the ~ population** die (orts)ansässige Bevölkerung **II.** *s* Bewohner(in) *m(f);* (*einer Stadt*) Einwohner(in) *m(f),* Hotelgast *m;* **~s only** Anlieger frei

resi·den·tial [ˌrezɪ'denʃl] *adj* Wohn-; im Haus; **~ course** mehrtägiger Kurs (mit Unterkunft); **~ requirements for voting** Meldevoraussetzungen zur Ausübung des Wahlrechts; **~ area** Wohngegend *f*

re·sid·ual [rɪ'zɪdjʊəl] *adj* übrig bleibend; restlich; rückständig, Rest-; **~ risk** Restrisiko *nt*

re·sidu·ary [rɪ'zɪdjʊərɪ] *adj* übrig, restlich; **resi·due** ['rezɪdjuː] *s* Rest *m;* Rückstand *m*

re·sign [rɪ'zaɪn] **I.** *vt* ① zurücktreten von, abgeben ② (*Recht*) aufgeben, verzichten auf; **~ power** abtreten; **~ o.s. to s.th.** sich mit etw abfinden **II.** *vi* ① zurücktreten (*from* von) ② sein Amt niederlegen ③ kündigen; **~ from office** sein Amt niederlegen; **res·ig·na·tion** [ˌrezɪg'neɪʃn] *s* ① Rücktritt *m* ② Amtsniederlegung *f* ③ Kündigung *f* ④ (*fig*) Resignation *f;* **hand in one's ~** seinen Rücktritt einreichen; **re·signed** [rɪ'zaɪnd] *adj* ergeben, resigniert; **become ~ to s.th.** sich mit etw abfinden

re·sil·ience [rɪ'zɪlɪəns] *s* ① Federn *nt* ② (*fig*) Unverwüstlichkeit *f* ③ Spannkraft, Elastizität *f;* **re·sil·ient** [rɪ'zɪlɪənt] *adj* ① elastisch, federnd ② (*fig*) unverwüstlich

res·in ['rezɪn] *s* Harz *nt;* **res·in·ous** ['rezɪnəs] *adj* harzig

re·sist [rɪ'zɪst] *vt, vi* ① sich widersetzen; Widerstand leisten ② (*fig*) widerstehen ③ (*Tür*) standhalten; **~ temptation** der Versuchung widerstehen; **re·sis·tance** [rɪ'zɪstəns] *s* ① (*a.* ELEK PHYS) Widerstand *m* (*to* gegen) ② (MED) Widerstandsfähigkeit *f;* **offer no ~ to s.o.** jdm keinen Widerstand leisten; **meet with ~** auf Widerstand stoßen; **~ to heat** Hitzebeständigkeit *f;* **resistance fighter** *s* Widerstandskämpfer(in) *m(f);* **re·sis·tant** [rɪ'zɪstənt] *adj* resistent; widerstandsfähig (*to* gegen); **heat-/**

R

water-~ hitze-/wasserbeständig; **re·sis·tor** [rɪ'zɪstə(r)] *s* (ELEK) Widerstand *m*

re·sit ['ri:sɪt] *vt* wiederholen

re·skill [ri:'skɪl] *vt* umschulen

res·ol·ute ['rezəlu:t] *adj* entschlossen, energisch; **res·ol·ution** [ˌrezə'lu:ʃn] *s* ❶ Beschluss *m* ❷ (*fig*) Entschlossenheit, Bestimmtheit *f* ❸ (POL) Resolution *f* ❹ (*einer Frage*) Lösung *f* ❺ (MUS) Auflösung *f* ❻ (CHEM) Auflösung *f* ❼ (TV) Bildauflösung *f*; **good ~s** gute Vorsätze *mpl*; **high-~** (TECH) hochauflösend

re·solv·able [rɪ'zɒlvəbl] *adj* (auf)lösbar (*into* in); **re·solve** [rɪ'zɒlv] **I.** *vt* ❶ beschließen (*on, upon s.th.* etw) ❷ (*Problem*) lösen ❸ (PHYS) zerlegen (*into* in) ❹ (MUS) auflösen; **~ that ...** beschließen, dass ... **II.** *vi* sich auflösen (*into, to* in); **~ on s.th.** etw beschließen **III.** *vr* sich zerlegen lassen **IV.** *s* ❶ Beschluss *m* ❷ Entschlossenheit *f*; **do s.th. with ~** etw fest entschlossen tun; **re·solved** [rɪ'zɒlvd] *adj* entschlossen

res·on·ance ['rezənəns] *s* Resonanz *f*; **res·on·ant** ['rezənənt] *adj* ❶ (*Ton*) voll ❷ (*Stimme*) volltönend ❸ (*Raum*) voller Resonanz

re·sort [rɪ'zɔ:t] **I.** *vi* ❶ (regelmäßig) gehen (*to* in, zu, nach) ❷ (*fig*) greifen, seine Zuflucht nehmen (*to* zu); **~ to violence** Gewalt anwenden **II.** *s* ❶ Ausweg *m*; Rettung *f* ❷ Urlaubsort *m*; **in the last ~** im schlimmsten Fall; **as a last ~** als letztes; **health ~** (Luft)Kurort *m*; **holiday ~** Ferien-, Urlaubsort *m*; **mountain ~** Höhenkurort *m*; **seaside ~** Seebad *nt*; **summer ~** Sommerurlaubsort *m*; **winter ~** Winterkurort *m*

re·sound [rɪ'zaʊnd] *vi* widerhallen (*with* von); **re·sound·ing** [-ɪŋ] *adj* ❶ (*Lärm*) widerhallend ❷ (*Lachen*) schallend ❸ (*fig: Sieg*) gewaltig; durchschlagend

re·source [rɪ'sɔ:s] *s* ❶ **~s** Mittel, Ressourcen *pl* ❷ (*fig*) Ausweg *m*, Mittel *nt*; **financial ~s** Geldmittel *ntpl*; **mineral ~s** Bodenschätze *mpl*; **~s in men and materials** Reserven *f pl* an Menschen und Material; **left to his own ~s** sich selbst überlassen; **a man of ~s** ein Mensch, der sich (immer) zu helfen weiß; **as a last ~** als letzter Ausweg; **re·source·ful** [rɪ'sɔ:sfl] *adj* einfallsreich, findig

re·spect [rɪ'spekt] **I.** *vt* ❶ achten, respektieren ❷ (*Fähigkeit*) anerkennen; **as ~s ...** was ... anbelangt **II.** *s* ❶ Achtung *f*, Respekt *m* (*for* vor) ❷ Rücksicht *f* (*for* auf) ❸ Hinsicht, Beziehung *f* ❹ **~s** Empfehlungen *fpl*, Grüße *mpl*; **command ~** Respekt abnötigen; **show ~ for** Respekt zeigen vor; **hold s.o. in ~** jdn achten; **treat with ~** rücksichtsvoll behandeln; **out of ~ for** aus Rücksicht auf; **with ~ to ...** was ... anbetrifft; **in some ~s** in gewisser Hinsicht; **in many ~s** in vieler Hinsicht; **in this ~** in dieser Hinsicht; **give my ~s to your wife** meine Empfehlung an Ihre Frau; **re·spect·able** [rɪ'spektəbl] *adj* ❶ ehrbar; anständig ❷ (*Mensch*) angesehen, geachtet ❸ (*Summe*) beachtlich, ansehnlich ❹ (*Vorteil*) beträchtlich; **in ~ society** in guter Gesellschaft; **that's not ~** das schickt sich nicht; **re·spect·ed** [rɪ'spektəd] *adj* angesehen; **re·specter** [rɪ'spektə(r)] *s*: **death is no ~ of persons** (*prov*) der Tod nimmt auf niemanden Rücksicht

re·spect·ful [rɪ'spektfl] *adj* respektvoll (*towards* gegen); **re·spect·fully** [rɪ'spektfəlɪ] *adv*: **yours ~** (*obs*) hochachtungsvoll

re·spect·ing [rɪ'spektɪŋ] *prep* bezüglich +*gen*

re·spect·ive [rɪ'spektɪv] *adj* jeweilig; **we took our ~ glasses** jeder nahm sein Glas; **re·spect·ive·ly** [-lɪ] *adv* beziehungsweise

res·pir·ation [ˌrespə'reɪʃn] *s* Atmung *f*; **res·pir·ator** ['respəreɪtə(r)] *s* Atemgerät *nt*; **re·spir·atory** [rɪ'spaɪərətrɪ] *adj* Atmungs-; **~ disorder** (MED) respiratorische Erkrankung; **~ system** Atmungssystem *nt*; **~ tract** Atemwege *pl*

res·pite ['respaɪt] *s* ❶ (JUR) Aufschub *m* ❷ Ruhepause *f* (*from* von) ❸ Nachlassen *nt*; **without (a) ~** ohne Unterbrechung

re·splen·dent [rɪ'splendənt] *adj* ❶ strahlend, glänzend ❷ (*fig*) prächtig

re·spond [rɪ'spɒnd] *vi* ❶ antworten (*to* auf) ❷ reagieren, ansprechen (*to* auf); **~ to a call** einem Ruf folgen; **the illness ~ed to treatment** die Behandlung schlug an

re·spon·dent [rɪ'spɒndənt] *s* (JUR) Scheidungsbeklagte(r) *f m*

re·sponse [rɪ'spɒns] *s* ❶ Antwort, Erwiderung *f* ❷ Reaktion *f*; **in ~ to** als Antwort auf; **meet with a ~** beantwortet werden; **meet with little ~** wenig Anklang finden

re·spon·si·bil·ity [rɪˌspɒnsə'bɪlətɪ] *s* ❶ Verantwortung *f* (*for, of* für) ❷ Verpflichtung *f* (*to* für); **lay the ~ for s.th. on s.o.** jdm die Verantwortung für etw übertragen; **on one's own ~** auf eigene Verantwortung; **without ~** ohne Gewähr; **accept** [*o* **assume**] **the ~ for s.th.** die Verantwortung für etw übernehmen; (JUR) für etwas haften; **sense of ~** Verantwortungsgefühl *nt*

re·spon·sible [rɪ'spɒnsəbl] *adj* ❶ verantwortlich (*for* für) ❷ (*Haltung*) verantwortungsvoll, -bewusst ❸ (*Firma*) seriös, zuverlässig; **be ~ for s.th.** für etw verantwortlich sein; **be ~ to s.o. for s.th.** jdm gegenüber für etw verantwortlich sein; **hold s.o. ~ for s.th.** jdn für etw verantwortlich machen

re·spon·sive [rɪˈspɒnsɪv] *adj* ❶ (*Publikum*) interessiert, mitgehend ❷ (*Bremsen*) leicht reagierend; **be ~ to s.th.** auf etw reagieren

rest[1] [rest] **I.** *s* ❶ Ruhe *f;* Pause, Unterbrechung *f* ❷ Erholung *f* ❸ Rast *f,* Ausruhen *nt* ❹ (TECH) Auflage *f* ❺ (*Telefon*) Gabel *f* ❻ (*Brille*) Steg *m* ❼ (MUS) Pause *f* ❽ (*Vers*) Zäsur *f;* **need ~** Ruhe brauchen; **have** [*o* **take**] **a ~** sich ausruhen; **be at ~** ruhig sein; **set at ~** beschwichtigen; **put s.o.'s mind at ~** jdn beruhigen; **come to ~** zum Stillstand kommen; sich niederlassen **II.** *vi* ❶ ruhen, (sich) ausruhen, sich erholen; Pause machen ❷ (sich aus)schlafen ❸ (*Verantwortung*) liegen (*with* bei) ❹ (*Leiter*) lehnen (*on* an) ❺ (*Augen, Blick*) ruhen (*on* auf) ❻ (*Argument*) sich stützen (*on* auf) ❼ (*Ruf*) beruhen (*on* auf); **he never ~s** er arbeitet ununterbrochen; **be ~ing** ruhen; **let a matter ~** eine S auf sich beruhen lassen; **you may ~ assured that ...** Sie können versichert sein, dass ... **III.** *vt* ❶ (*Augen*) ausruhen ❷ (*Stimme*) schonen ❸ (*Leiter*) lehnen (*against* gegen) ❹ (*Ellbogen*) stützen (*on* auf); **~ o.s.** sich ausruhen; **be ~ed** ausgeruht sein; **~ one's head on the table** den Kopf auf den Tisch legen

rest[2] [rest] *s:* **the ~** der Rest; **the ~ of the money** der Rest des Geldes, das übrige Geld; **and all the ~ of it** und so weiter und so fort; **for the ~** im Übrigen

re·state [ˌriːˈsteɪt] *vt* neu formulieren

res·taur·ant [ˈrestrɒnt] *s* Restaurant *nt,* Gaststätte *f;* **restaurant car** *s* (RAIL) Speisewagen *m;* **res·tau·ra·teur** [ˌrestərəˈtɜː(r)] *s* Gastwirt, Gastronom *m*

rest-cure [ˈrestkjʊə(r)] *s* Liegekur *f;* **rest-day** *s* Ruhetag *m;* **rest·ful** [ˈrestfl] *adj* ❶ (*Platz*) ruhig, friedlich ❷ (*Beschäftigung*) erholsam; **rest-home** *s* Altersheim *nt;* **rest·ing place** [ˈrestɪŋˌpleɪs] *s* Rastplatz *m*

res·ti·tu·tion [ˌrestɪˈtjuːʃn] *s* ❶ Rückerstattung *f;* Rückgabe *f* ❷ Schadenersatz *m,* Entschädigung *f;* **make ~ of s.th.** etw zurückgeben

res·tive [ˈrestɪv] *adj* ❶ (*Pferd*) störrisch, bockig ❷ unruhig, nervös ❸ (*Art*) rastlos

rest·less [ˈrestlɪs] *adj* ❶ unruhig ❷ rastlos

re·stock [ˌriːˈstɒk] *vt* (*Lager*) wieder auffüllen

res·to·ra·tion [ˌrestəˈreɪʃn] *s* ❶ (Rück)Erstattung *f;* Rückgabe *f* (*to* an) ❷ Wiederherstellung, -einsetzung *f* (*to* in) ❸ (*Bauwerk*) Restaurierung *f*

re·stora·tive [rɪˈstɔːrətɪv] **I.** *adj* heilend, stärkend, kräftigend **II.** *s* Stärkungsmittel *nt*

re·store [rɪˈstɔː(r)] *vt* ❶ zurückgeben, -erstatten ❷ (*Vertrauen*) wiederherstellen ❸ wieder einsetzen (*to an office* in ein Amt) ❹ (*Gebäude*) restaurieren; **~ s.o.'s health** jds Gesundheit wiederherstellen; **~d to health** wiederhergestellt; **~ s.o. to life** jdn ins Leben zurückrufen; **~ s.th. to its former condition** den früheren Zustand einer S wiederherstellen; **~ to power** wieder an die Macht bringen; **re·storer** [rɪˈstɔːrə(r)] *s* ❶ Restaurator(in) *m(f)* ❷ (*hair-~*) Haarwuchsmittel *nt*

re·strain [rɪˈstreɪn] *vt* ❶ ab-, zurückhalten (*from doing s.th.* etw zu tun) ❷ (*Tier*) bändigen ❸ (*Gefühl*) unterdrücken ❹ (*fig*) in Schranken halten; **~ o.s.** sich beherrschen;

re·strained [rɪˈstreɪnd] *adj* ❶ (*Gefühle*) unterdrückt ❷ (*Worte*) beherrscht ❸ (*Ton*) verhalten ❹ (*Kritik*) maßvoll; **re·straint** [rɪˈstreɪnt] *s* ❶ Be-, Einschränkung *f* ❷ Beherrschung *f;* **without ~** unbeschränkt; ungehemmt; **~ of trade** Wettbewerbsbeschränkung *f;* **place under ~** (JUR) in Haft nehmen

re·strict [rɪˈstrɪkt] *vt* ❶ (*Freiheit*) be-, einschränken ❷ (*Zeit*) begrenzen (*to* auf); **re·strict·ed** [rɪˈstrɪktɪd] *adj* ❶ eingeschränkt, begrenzt ❷ (*Dokument*) geheim; **locally ~** örtlich begrenzt; **~ area** (AUTO) Gebiet *nt* mit Geschwindigkeitsbegrenzung; (MIL) Sperrgebiet *nt;* **re·stric·tion** [rɪˈstrɪkʃn] *s* Be-, Einschränkung *f;* Begrenzung *f;* **place ~s on s.th.** etw beschränken; **without ~s** uneingeschränkt; **price ~** Preisbeschränkung *f;* **speed ~** Geschwindigkeitsbegrenzung, -beschränkung *f;* **re·strict·ive** [rɪˈstrɪktɪv] *adj* restriktiv; einschränkend; **~ practices** Wettbewerbsbeschränkungen *fpl*

re·string [ˌriːˈstrɪŋ] *vt* ❶ (MUS) neu besaiten ❷ (SPORT) neu bespannen

rest·room [ˈrestruːm] *s* (*Am*) (öffentliche) Toilette *f*

re·struc·tur·ing [ˌriːˈstrʌktʃərɪŋ] *s* Umstrukturierung *f*

re·sult [rɪˈzʌlt] **I.** *vi* sich ergeben, resultieren (*from* aus); **~ in** führen zu **II.** *s* ❶ Ergebnis *nt,* Ausgang *m;* (*a.* MATH) Resultat *nt* ❷ Wirkung, Folge *f;* **as a ~ of this** folglich; **be the ~ of** resultieren aus; **get ~s** Erfolge erzielen; **as a ~ of my inquiry** auf meine

R

Anfrage hin; **without** ~ ergebnislos; **re·sult·ant** [rɪˈzʌltənt] *adj* sich ergebend, resultierend (*from* aus)

re·sume [rɪˈzjuːm] **I.** *vt* ① wieder aufnehmen, weitermachen mit ② (*Erzählung*) fortfahren in ③ (*Reise*) fortsetzen ④ (*Name*) wieder annehmen ⑤ (*Inhalt*) zusammenfassen; ~ **one's seat** seinen Platz wieder einnehmen **II.** *vi* wieder beginnen; **ré·su·mé** [ˈrezjuːmeɪ] *s* ① Resümee *nt;* Zusammenfassung *f* ② (*Am*) Lebenslauf *m;* **re·sump·tion** [rɪˈzʌmpʃn] *s* ① Wiederaufnahme *f,* -beginn *m* ② (*Reise*) Fortsetzung *f* ③ (SCHULE) Wiederbeginn *m*

re·sur·face [ˌriːˈsɜːfɪs] **I.** *vt:* ~ **a road** den Belag einer Straße erneuern **II.** *vi* wieder auftauchen

re·sur·gence [rɪˈsɜːdʒəns] *s* Wiederaufleben *nt;* **re·sur·gent** [rɪˈsɜːdʒənt] *adj* wieder auflebend

res·ur·rect [ˌrezəˈrekt] *vt* (*fig*) zu neuem Leben erwecken; wieder aufleben lassen, wieder beleben; **res·ur·rec·tion** [ˌrezəˈrekʃn] *s* ① Wiederbelebung *f;* (*a.* REL) Auferstehung *f* ② Wiederaufleben *nt*

re·sus·ci·tate [rɪˈsʌsɪteɪt] *vt* ① (MED) wieder beleben ② (*fig*) wieder beleben, wieder erwecken

re·tail [ˈriːteɪl] **I.** *s* Einzel-, Kleinhandel *m* **II.** *vi:* ~ **at …** im Einzelhandel … kosten **III.** *vt* im Einzelhandel verkaufen **IV.** *adv* im Einzelhandel; **retail business** *s* Einzelhandelsgeschäft *nt;* **retail dealer** *s* Einzelhändler(in) *m(f);* **re·tailer** [ˈriːteɪlə(r)] *s* Einzelhändler(in) *m(f);* **retail price** *s* Einzelhandelspreis *m;* ~ **index, RPI** Index *m* der Einzelhandelspreise

re·tain [rɪˈteɪn] *vt* ① (ein-, zurück)behalten ② (*Platz*) belegen ③ (im Gedächtnis) behalten ④ (*Gebräuche*) beibehalten ⑤ (*Anwalt*) beauftragen; ~ **water** Wasser speichern; ~ **control of s.th.** etw weiterhin in der Gewalt, unter Kontrolle haben; ~**ed income** Gewinnrücklagen *fpl;* **re·tainer** [rɪˈteɪnə(r)] *s* ① Faktotum *nt* ② Vorschuss *m* ③ Honorarpauschale *f;* **retaining wall** *s* Stützmauer *f*

re·take [ˌriːˈteɪk] **I.** *vt* ① (MIL) zurückerobern ② (PHOT) noch einmal aufnehmen ③ (SPORT: *Freistoß*) wiederholen ④ (*Prüfung*) wiederholen **II.** [ˈriːteɪk] *s* ① Neuaufnahme *f* ② Wiederholung(sprüfung) *f*

re·tali·ate [rɪˈtælɪeɪt] *vi* Vergeltung üben; sich revanchieren; sich rächen (*on* an); **he ~d by pointing out that …** er konterte, indem er darauf hinwies, dass …; **re·tali·ation** [rɪˌtælɪˈeɪʃn] *s* Vergeltung *f;* Vergeltungsschlag *m;* **in ~ for** als Vergeltung für; **re·talia·tory** [rɪˈtælɪətrɪ] *adj:* ~ **measures** Vergeltungsmaßnahmen *fpl*

re·tard [rɪˈtɑːd] *vt* ① verzögern, verlangsamen ② (BIOL PHYS) retardieren; **mentally ~ed** geistig zurückgeblieben; **re·tar·da·tion** [ˌriːtɑːˈdeɪʃn] *s* (MUS) Tempoverringerung *f;* **re·tard·er** [-ə(r)] *s* (AUTO) Retarder *m*

retch [retʃ] *vi* würgen

re·ten·tion [rɪˈtenʃn] *s* ① Einbehalten, Zurückhalten *nt* ② Beibehaltung *f* ③ (*von Wasser*) Speicherung *f* ④ (*Anwalt*) Beauftragung *f* ⑤ Gedächtnis *nt;* **re·ten·tive** [rɪˈtentɪv] *adj* (*Gedächtnis*) aufnahmefähig

re·think [ˌriːˈθɪŋk] **I.** *vt* überdenken **II.** *s:* **have a** ~ etw noch einmal überdenken

reti·cent [ˈretɪsnt] *adj* zurückhaltend; **be ~ about s.th.** in Bezug auf etw nicht sehr gesprächig sein

ret·ina [ˈretɪnə, *pl* ˈretɪniː] <*pl* -inas, -inae> *s* (ANAT) Netzhaut *f;* **detached** ~ (MED) Netzhautablösung *f*

reti·nue [ˈretɪnjuː] *s* Gefolge *nt*

re·tire [rɪˈtaɪə(r)] **I.** *vi* ① aufhören zu arbeiten; in Pension gehen ② (*von Truppen, a. fig*) sich zurückziehen (*from* von) ③ zu Bett, schlafen gehen ④ ausscheiden, zurücktreten; ~ **into o.s.** sich in sich selbst zurückziehen **II.** *vt* ① in den Ruhestand versetzen, pensionieren ② (*Aktien*) aus dem Verkehr ziehen; **re·tired** [rɪˈtaɪəd] *adj* ① im Ruhestand, pensioniert ② (*Leben*) zurückgezogen; **a ~ teacher** ein pensionierter Lehrer; **re·tire·ment** [rɪˈtaɪəmənt] *s* ① Ausscheiden *nt;* Pensionierung *f;* Verrentung *f* ② Ruhestand *m* ③ Zurückgezogenheit, Einsamkeit *f* ④ (MIL) Rückzug *m;* **come out of ~** wieder zurückkommen; **live in ~** zurückgezogen leben; **retirement age** *s* Pensions-, Rentenalter *nt;* Altersgrenze *f;* **retirement pay, retirement pension** *s* Altersrente *f;* **re·tir·ing** [rɪˈtaɪərɪŋ] *adj* zurückhaltend, reserviert; **~ age** Altersgrenze *f*

re·tort [rɪˈtɔːt] **I.** *vt* scharf erwidern, zurückgeben **II.** *vi* scharf erwidern **III.** *s* ① scharfe Erwiderung ② (CHEM) Retorte *f*

re·touch [ˌriːˈtʌtʃ] *vt* (PHOT) retuschieren

re·trace [riːˈtreɪs] *vt* ① zurückverfolgen; nachgehen (*s.th.* einer S) ② (*Entwicklung*) nachvollziehen; ~ **one's steps** den gleichen Weg zurückgehen

re·tract [rɪˈtrækt] **I.** *vt* ① zurückziehen ② (*Äußerung*) zurücknehmen ③ (*Fahrgestell*) einziehen, einfahren **II.** *vi* ① einen Rückzieher machen ② eingezogen werden; **re·tract·able** [-əbl] *adj* ① zurück-, einziehbar ② (AVIAT) einfahrbar

re·trac·tion [rɪ'trækʃn] *s* ① Zurücknahme *f;* Rückzug *m* ② Einziehen *nt*

re·train [riː'treɪn] *vt* umschulen

re·tread [ˌriː'tred] **I.** *vt* (*Autoreifen*) runderneuern **II.** ['riːtred] *s* runderneuerter Reifen

re·treat [rɪ'triːt] **I.** *s* ① (MIL) Rückzug *m* ② (*fig*) Zuflucht(sort *m*) *f;* **beat a ~** den Rückzug antreten; **sound the ~** zum Rückzug blasen **II.** *vi* ① (MIL) den Rückzug antreten ② (*fig*) zurückweichen

re·trench [rɪ'trentʃ] *vt* ① (*Ausgaben*) einschränken, kürzen ② (*Personal*) abbauen; **re·trench·ment** [-mənt] *s* ① Einschränkung, Kürzung *f* ② (Personal)Abbau *m*

re·trial [ˌriː'traɪəl] *s* (JUR) Wiederaufnahmeverfahren *nt*

ret·ri·bu·tion [ˌretrɪ'bjuːʃn] *s* Vergeltung *f;* **re·tri·bu·tive** [rɪ'trɪbjʊtɪv] *adj* vergeltend; **~ action** Vergeltungsmaßnahme *f*

re·trieval [rɪ'triːvl] *s* ① Wiedererlangung *f;* Zurückholen *nt* ② (INFORM) Abruf *m* ③ Rettung *f* ④ Bergung *f* ⑤ Wiedergutmachung *f* ⑥ Apportieren *nt;* **beyond** [*o* **past**] **~** hoffnungslos; **re·trieve** [rɪ'triːv] **I.** *vt* ① wiedererlangen, zurückerhalten, -bekommen ② (INFORM) abfragen, abrufen, aufrufen ③ retten (*from* aus) ④ bergen ⑤ (*Glück*) wieder finden ⑥ (*Schaden*) wieder gutmachen ⑦ (*Situation*) retten ⑧ (*Hund*) apportieren **II.** *vi* (*Hund*) apportieren; **re·triever** [rɪ'triːvə(r)] *s* Apportierhund *m*

retro·ac·tive [ˌretrəʊ'æktɪv] *adj* rückwirkend (*on* auf); **a ~ effect** eine Rückwirkung

retro·grade ['retrəgreɪd] **I.** *adj* ① rückläufig; rückschrittlich; **a ~ step** ein Rückschritt *m* ② (BIOL) retrograd **II.** *vi* (BIOL) sich zurückentwickeln

retro·gress [ˌretrə'gres] *vi* sich rückwärts bewegen; **retro·gres·sive** [ˌretrə'gresɪv] *adj* rückläufig; rückschrittlich

retro·rocket [ˌretrəʊ'rɒkɪt] *s* Bremsrakete *f*

retro·spect ['retrəspekt]: **in ~** rückblickend, im Nachhinein; **retro·spec·tive** [ˌretrə'spektɪv] **I.** *adj* ① rückblickend ② (JUR) rückwirkend **II.** *s* (*Film*) Retrospektive *f*

re·turn [rɪ'tɜːn] **I.** *vi* ① zurückkehren, zurückkommen ② (*fig*) wiederkehren; wiederkommen ③ (*Fahrzeug*) zurückfahren; **~ to school** wieder in die Schule gehen; **~ to the town** in die Stadt zurückkehren **II.** *vt* ① zurückgeben, -bringen, -schicken, -senden (*to s.o.* jdm) ② zurückerstatten, -zahlen; rückvergüten ③ erwidern, zurückgeben ④ (*Gruß, Besuch*) erwidern ⑤ (*Licht*) zurückwerfen ⑥ (*Gewinn*) einbringen, abwerfen ⑦ (POL) wählen; **~ a blow** zurückschlagen; **~ed empties** Leergut *nt;* **~ thanks to s.o.** jdm Dank sagen; **he was ~ed guilty** (JUR) er wurde schuldig gesprochen **III.** *s* ① Rückkehr, -fahrt *f* ② (*fig*) Wiederkehr *f* ③ Rückgabe *f;* Zurückschicken, -senden *nt* ④ (~ *ticket*) Rückfahrkarte *f* ⑤ (COM) Einkommen *nt;* Ertrag, Gewinn *m* ⑥ Verkündung *f;* Bericht *m* ⑦ (POL) Wahl *f* ⑧ (SPORT) Rückschlag *m* ⑨ **~s** Einkünfte *pl* ⑩ **~s** Rücksendungen, Remittenden *fpl;* **on my ~** bei meiner Rückkehr; **~ home** Heimkehr *f;* **~ on investment, ROI** Kapitalrendite *f,* Ertrag *m* aus Kapitalanlage; **~ to school** Schulbeginn *m;* **by ~** (**of post**) postwendend; **~ to health** Genesung *f;* **~ on capital** Kapitalertrag *m;* **in ~** dafür; **in ~ for** für; **many happy ~s** (**of the day**) herzlichen Glückwunsch zum Geburtstag; **the election ~s** das Wahlergebnis; **tax ~** Steuererklärung *f;* **re·turn·able** [rɪ'tɜːnəbl] *adj* ① rückgabepflichtig ② mit Flaschenpfand; **~ bottle** Mehrweg-, Pfandflasche *f;* **non-~ bottle** Einwegflasche *f;* **return address** *s* Absender *m;* **return fare** *s* Preis *m* für Hin- und Rückfahrt; **return flight** *s* Rückflug *m;* **re·turn·ing of·fi·cer** [rɪ'tɜːnɪŋ'ɒfɪsə(r)] *s* (PARL) Wahlleiter(in) *m(f);* **return journey** *s* Rückreise *f;* **return match** *s* (SPORT) Rückspiel *nt;* **return ticket** *s* Rückfahr-, -flugkarte *f*

re·uni·fica·tion [riːˌjuːnɪfɪ'keɪʃn] *s* (POL) Wiedervereinigung *f*

re·un·ion [ˌriː'juːnɪən] *s* Zusammenkunft *f,* Treffen *nt;* **re·unite** [ˌriːjuː'naɪt] **I.** *vt* wieder zusammenbringen; (POL) wieder vereinigen **II.** *vi* wieder zusammenkommen; (POL) sich wieder vereinigen

re·us·able [ˌriː'juːzəbl] *adj* wieder verwendbar; mehrfach verwendbar; Mehrweg-; **re·use** [ˌriː'juːz] *vt* wieder verwenden

rev [rev] **I.** *s* (TECH) Drehzahl, Umdrehung *f* **II.** *vt, vi* (*fam*): **~ up** (AUTO) den Motor auf Touren bringen

re·valu·ation [riːˌvæljʊ'eɪʃn] *s* (FIN) Aufwertung *f;* **re·value** [riː'væljuː] *vt* aufwerten

re·vamp [ˌriː'væmp] *vt* aufpolieren; aufmöbeln

rev counter ['revˌkaʊntə(r)] *s* (AUTO) Drehzahlmesser, Tourenzähler *m*

re·veal [rɪ'viːl] *vt* ① zum Vorschein bringen ② (*Tatsachen*) enthüllen, aufdecken; zu erkennen geben ③ (REL) offenbaren (*to s.o.* jdm)

re·veille [rɪ'vælɪ] *s* (MIL) Wecken *nt*

revel ['revl] *vi* feiern; **~ in one's freedom** seine Freiheit von ganzem Herzen genießen

rev·el·ation [ˌrevə'leɪʃn] *s* ① Enthüllung *f*

R

② (REL) Offenbarung *f*

revel·ler ['revələ(r)] *s* Feiernde(r) *f m;* **rev·elry** ['revlrɪ] *s* Festlichkeit *f*

re·venge [rɪ'vendʒ] **I.** *vt* rächen; ~ **o.s., be ~d for s.th.** sich für etw rächen; ~ **o.s. on s.o.** sich an jdm rächen **II.** *s* ① Rache *f* ② (SPORT) Revanche *f;* **out of ~** aus Rache; **in ~ for** als Rache für; **take ~ on s.o. for s.th.** sich an jdm wegen etw rächen; **get one's ~** sich rächen; **re·venge·ful** [rɪ'vendʒfl] *adj* rachsüchtig

rev·enue ['revənju:] *s* ① Einkünfte *pl,* Einnahmen *fpl,* Ertrag *m* ② Staatseinkünfte, öffentliche Einnahmen *pl* ③ Finanzbehörde *f,* Fiskus *m;* **Inland Revenue** (*in GB*) Finanzamt *nt;* **tax ~** Steueraufkommen *nt;* **revenue officer** *s* Finanzbeamte(r) *m,* -beamtin *f;* **revenue stamp** *s* Steuer-, Stempelmarke, Banderole *f*

re·ver·ber·ate [rɪ'vɜ:bəreɪt] **I.** *vt* (*Schall*) zurückwerfen, reflektieren **II.** *vi* ① (*Schall*) widerhallen ② (*Licht*) zurückstrahlen, reflektieren; **re·ver·ber·ation** [rɪ,vɜ:bə'reɪʃn] *s* Widerhall *m;* Zurückstrahlen *nt*

re·vere [rɪ'vɪə(r)] *vt* verehren, achten, hochschätzen

rev·er·ence ['revərəns] **I.** *s* Verehrung *f* (*for* für), Ehrfurcht *f;* **hold s.o. in ~** jdn hochachten; **treat s.th. with ~** etw ehrfürchtig behandeln **II.** *vt* verehren

rev·er·end ['revərənd] **I.** *adj:* **the Most Reverend** der Erzbischof; **the Right Reverend** der Bischof **II.** *s* Pastor, Pfarrer *m*

rev·er·ent ['revərənt] *adj* ehrfürchtig

rev·er·en·tial [,revə'renʃl] *adj* ehrerbietig, ehrfurchtsvoll

rev·erie ['revərɪ] *s* (*a.* MUS) Träumerei *f*

re·ver·sal [rɪ'vɜ:sl] *s* ① Umkehren *nt;* Umstellen *nt;* Umdrehen *nt* ② Zurückstellen *nt* ③ (JUR) Aufhebung *f;* **suffer a ~** einen Rückschlag erleiden; **the ~s of fortune** Schicksalsschläge *mpl*

re·verse [rɪ'vɜ:s] **I.** *adj* umgekehrt, entgegengesetzt (*to* zu); **in ~ order** in umgekehrter Reihenfolge; **~ charge call** (TELE) R-Gespräch *nt;* **~ gear** Rückwärtsgang *m;* **~ takeover** (COM) gegenläufige Fusion **II.** *s* ① Gegenteil *nt* ② Rück-, Kehrseite *f* ③ Rückschlag, Schicksalsschlag *m;* Niederlage *f* ④ (AUTO) Rückwärtsgang *m;* **he is the ~ of polite** er ist alles andere als höflich; **go into ~** in den Rückwärtsgang schalten **III.** *vt* ① umkehren, umdrehen ② umstellen ③ (*Kleid*) wenden ④ (AUTO) zurückstoßen, rückwärts fahren ⑤ (JUR) aufheben, annullieren; **~ the order of s.th.** etw herumdrehen; **~ one's car into the garage** rückwärts in die Garage fahren; **~ the charges** (TELE) ein R-Gespräch führen **IV.** *vi* ① sich umwenden, sich rückwärts bewegen ② (AUTO) rückwärts fahren; **re·vers·ible** [-əbl] *adj* ① (*Entscheidung*) umstoßbar ② (CHEM) umkehrbar ③ (*Kleidung*) Wende-; **re·ver·sion** [rɪ'vɜ:ʃn] *s* ① Umkehrung *f* (*to* zu), Rückfall *m* ② (JUR) Zurückfallen *nt*

re·vert [rɪ'vɜ:t] *vi* ① zurückkehren (*to* zu) ② zurückkommen, -greifen (*to* auf) ③ (JUR) zurückfallen (*to* an)

re·view [rɪ'vju:] **I.** *s* ① Rückblick *m* (*of* auf), Überblick *m* ② nochmalige (Über)Prüfung; (*Am: von Schulstoff*) Wiederholung *f* ③ (MIL) Inspektion *f* ④ (*Buch*) Kritik, Rezension *f* ⑤ Zeitschrift *f;* **come under ~** überprüft werden; **hold a ~** eine Inspektion vornehmen; **~ copy** Rezensionsexemplar *nt* **II.** *vt* ① zurückblicken auf, überdenken ② (*Fall*) erneut überprüfen ③ (MIL) inspizieren, mustern ④ (*Buch*) besprechen, rezensieren; **re·viewer** [rɪ'vju:ə(r)] *s* Rezensent(in) *m(f),* Kritiker(in) *m(f)*

re·vise [rɪ'vaɪz] *vt* ① (*Text*) überprüfen, revidieren ② (*Meinung*) überholen, revidieren ③ (*Lernstoff*) wiederholen; **re·vised** *adj* überarbeitet, revidiert; **~d edition** überarbeitete Ausgabe; **re·vi·sion** [rɪ'vɪʒn] *s* ① Überarbeitung, Revision *f* ② (*Meinung*) Überholen *nt,* Revision *f* ③ überarbeitete Ausgabe ④ (*Lernstoff*) Wiederholung *f*

re·vital·ize [ri:'vaɪtəlaɪz] *vt* neu beleben

re·vival [rɪ'vaɪvl] *s* ① Wiedererwecken, Wiederauflebenlassen *nt* ② (*Idee*) Wiederaufleben, -blühen *nt;* Wiederbelebung *f* ③ (REL) Erweckung *f* ④ (JUR) Wiederinkrafttreten *nt* ⑤ (COM) Aufschwung *m;* **~ of trade** Konjunkturaufschwung *m,* Konjunkturbelebung *f;* **re·vive** [rɪ'vaɪv] **I.** *vi* ① wieder zu sich kommen ② (*fig*) wieder aufleben, wieder aufblühen ③ (COM) wieder aufblühen **II.** *vt* ① wieder beleben; munter machen ② (*fig*) zu neuem Leben erwecken, wieder erwecken, -beleben ③ (*Brauch*) wieder aufleben lassen; wieder in Erinnerung bringen ④ (*Worte*) wieder aufgreifen ⑤ (THEAT) wieder aufnehmen

revo·ca·tion [,revə'keɪʃn] *s* ① Aufhebung *f;* Zurückziehen *nt* ② Widerruf *m;* Entzug *m;*

re·voke [rɪ'vəʊk] **I.** *vt* ① (*Gesetz*) aufheben ② (*Entscheidung*) widerrufen, rückgängig machen ③ (*Lizenz*) entziehen **II.** *vi* (*Karten*) nicht Farbe bekennen

re·volt [rɪ'vəʊlt] **I.** *s* Revolte *f,* Aufruhr, Aufstand *m* (*against* gegen); **rise in ~, break out in ~** sich erheben, einen Aufstand machen; **be in ~ against** rebellieren gegen

II. *vi* ① revoltieren, rebellieren (*against* gegen) ② (*Gefühle*) sich empören (*at, against* bei, gegen) **III.** *vt* (*fig*) anwidern, -ekeln, abstoßen; **re·volt·ing** [rɪˈvəʊltɪŋ] *adj* (*fig*) abstoßend, widerlich, ekelhaft

rev·ol·ution [ˌrevəˈluːʃn] *s* ① (*a. fig*) Revolution *f;* Umwälzung *f* ② (PHYS) Umdrehung, Rotation *f;* **rev·ol·ution·ary** [ˌrevəˈluːʃənrɪ] **I.** *s* Revolutionär(in) *m(f)* **II.** *adj* revolutionär, umstürzlerisch; **rev·ol·ution·ize** [ˌrevəˈluːʃnaɪz] *vt* revolutionieren

re·volve [rɪˈvɒlv] **I.** *vt* drehen **II.** *vi* sich drehen; ~ **on an axis/around the sun** sich um eine Achse/um die Sonne drehen

re·volver [rɪˈvɒlvə(r)] *s* Revolver *m*

re·volv·ing [rɪˈvɒlvɪŋ] *adj* Dreh-; ~ **chair** Drehstuhl *m;* ~ **credit** (FIN) Revolvingkredit *m;* ~ **door** Drehtür *f;* ~ **stage** Drehbühne *f*

re·vue [rɪˈvjuː] *s* (THEAT) Revue *f;* Kabarett *nt*

re·vul·sion [rɪˈvʌlʃn] *s* ① Abscheu, Ekel *m* (*at* vor) ② (*fig*) Umschwung *m;* Empörung *f*

re·ward [rɪˈwɔːd] **I.** *s* Belohnung *f;* Entgelt *nt;* **as a ~ for** als Belohnung für; ~ **offered for the return of …** Finderlohn für …; ~ **system** Anreizsystem *nt* **II.** *vt* belohnen; **re·ward·ing** [-ɪŋ] *adj* lohnend, einträglich

re·wind [ˌriːˈwaɪnd] *vt* wieder aufwickeln; (*Uhr*) wieder aufziehen; (*Film, Tonband*) zurückspulen; **re·wire** [ˌriːˈwaɪə(r)] **I.** *vt* neu verkabeln **II.** *s* Neuverkabelung *f*

re·word [ˌriːˈwɜːd] *vt* neu formulieren, anders ausdrücken

re·work [ˌriːˈwɜːk] *vt* wieder verarbeiten; neu fassen

re·write [ˌriːˈraɪt] **I.** *vt* neu schreiben; umschreiben **II.** [ˈriːraɪt] *s* (*fig*) Neuaufguss *m*

RGN [ˌɑː(r)dʒiːˈen] *s Abk. von* **Registered General Nurse** (*Br*) staatlich geprüfte Krankenschwester

rhap·sody [ˈræpsədɪ] *s* (MUS) Rhapsodie *f*

Rhe·sus fac·tor [ˈriːsəsˌfæktə(r)] *s* (MED) Rh-Faktor, Rhesusfaktor *m*

rhet·oric [ˈretərɪk] *s* Rhetorik *f;* **rhe·tori·cal** [rɪˈtɒrɪkl] *adj* rhetorisch

rheu·matic [ruːˈmætɪk] **I.** *adj* rheumatisch **II.** *s* Rheumatiker(in) *m(f);* **rheu·matics** [ruːˈmætɪks] *s pl mit sing* Rheuma(tismus *m*) *nt;* **rheu·ma·tism** [ˈruːmətɪzəm] *s* Rheuma(tismus *m*) *nt;* **rheu·ma·toid ar·thri·tis** [ˌruːmətɔɪd ɑːˈθraɪtɪs] *s* (MED) rheumatoide Arthritis, chronische Polyarthritis

rhi·no·cer·os, rhi·no [raɪˈnɒsərəs, ˈraɪnəʊ] *s* Nashorn, Rhinozeros *nt*

rhi·no·plas·ty [ˈraɪnəʊˌplæstɪ] *s* Rhinoplastik *f* (*chirurgische Korrektur der Nase*)

Rhodes [rəʊdz] *s* Rhodos *nt*

Rho·de·sia [rəʊˈdiːʒə] *s* (HIST) Rhodesien *nt;* **Rho·de·sian** [rəʊˈdiːʒən] **I.** *adj* rhodesisch **II.** *s* Rhodesier(in) *m(f)*

rho·do·den·dron [ˌrəʊdəˈdendrən] *s* Rhododendron *m*

rhom·bus [ˈrɒmbəs] *s* Rhombus *m*

rhu·barb [ˈruːbɑːb] *s* Rhabarber *m*

rhyme [raɪm] **I.** *s* ① Reim *m* ② Gedicht *nt;* **without ~ or reason** ohne Sinn und Verstand; **nursery ~** Kinderreim *m;* **put into ~** in Reime bringen **II.** *vi* ① sich reimen ② reimen, dichten **III.** *vt* reimen; **rhym·ing coup·let** [ˌraɪmɪŋˈkʌplɪt] *s* Reimpaar *nt*

rhythm [ˈrɪðəm] *s* Rhythmus *m;* ~ **and blues** Rhythm-and-Blues *m;* **rhyth·mic(al)** [ˈrɪðmɪk(l)] *adj* rhythmisch

rib [rɪb] **I.** *s* ① (ANAT) Rippe *f* ② (*Schirm*) Speiche *f* ③ (ARCH) (Gewölbe)Rippe *f;* **dig** [*o* **poke**] **s.o. in the ~s** jdn in die Rippen stoßen; ~ **cage** Brustkorb *m* **II.** *vt* (*fam*) necken, foppen

rib·ald [ˈrɪbld] *adj* zotig, obszön

rib·bon [ˈrɪbən] *s* ① Band *nt* ② (*Schreibmaschine*) Farbband *nt* ③ **~s** Fetzen *mpl;* **tear s.th. to ~s** etw zerfetzen; (*fig*) etw verreißen

ri·bo·nu·cleic acid, RNA [ˌraɪbəʊnjuːkleɪɪkˈæsɪd] *s* Ribonukleinsäure, RNS *f*

rice [raɪs] *s* Reis *m;* **rice·field** *s* Reisfeld *nt;* **rice grow·ing** *s* Reisanbau *m;* **rice pud·ding** *s* Milchreis *m*

rich [rɪtʃ] **I.** *adj* ① reich, wohlhabend ② (*Stil*) prächtig; großartig ③ (*Essen, Wein*) schwer ④ (*Erde*) fett; fruchtbar ⑤ (*Farben*) satt ⑥ (*Stimme*) voll, klangreich ⑦ (*fig*) köstlich; **a ~ diet** eine reichhaltige Kost; ~ **in minerals** reich an Bodenschätzen **II.** *s:* **the ~** die Reichen *pl;* **~es** Reichtümer *mpl;* **rich·ness** [-nɪs] *s* ① Reichtum *m* ② Pracht *f;* Üppigkeit *f;* Luxus *m* ③ Kraft, Fülle, Sattheit *f* ④ Fruchtbarkeit *f* ⑤ Schwere *f* ⑥ Fettheit *f*

rick [rɪk] **I.** *s* Schober *m* **II.** *vt* ausrenken

rick·ets [ˈrɪkɪts] *s pl* (MED) Rachitis *f*

rick·ety [ˈrɪkətɪ] *adj* (*Möbel*) wackelig

rick·shaw [ˈrɪkʃɔː] *s* Rikscha *f*

ri·co·chet [ˈrɪkəʃeɪ] *s* Abprall *m*

rid [rɪd] <*irr:* rid, rid> *vt:* ~ **of** befreien von; säubern von; ~ **o.s. of s.o./s.th.** sich jdn/etw vom Halse schaffen; **be ~ of s.o./s.th.** jdn/etw los sein; **get ~ of s.o./s.th.** jdn/etw loswerden; **rid·dance** [ˈrɪdns] *s:* **good ~** ein Glück, dass wir das, ihn los sind

rid·den [ˈrɪdn] **I.** *pp of* **ride** **II.** *adj:* ~ **by fears, fear-~** angsterfüllt; **disease-~** von Krankheiten befallen, geplagt; **doubt-~** von Zweifeln geplagt

riddle[1] ['rɪdl] *s* Rätsel *nt;* **speak in ~s** in Rätseln sprechen

riddle[2] ['rɪdl] **I.** *s* (Schüttel)Sieb *nt* **II.** *vt* ① sieben ② durchlöchern, -bohren (*with bullets* mit Kugeln); **~d with mistakes** voller Fehler

ride [raɪd] <*irr:* rode, ridden> **I.** *vi* ① reiten (*on* auf) ② (*Fahrrad*) fahren ③ sich bewegen (*on, upon* auf) ④ (*Wolken*) schweben, dahinziehen; **~ on a bus/in a train** in einem Bus/Zug fahren; **~ away** weg-, davonfahren; **the moon was riding high in the sky** der Mond zog hoch am Himmel dahin; **~ at anchor** vor Anker liegen **II.** *vt* ① reiten ② (*Fahrrad*) fahren; fahren mit ③ (*Am fig*) tyrannisieren, plagen; **he rode his horse away** er ritt mit seinem Pferd weg; **~ a race** bei einem Rennen reiten; **the ship rode the waves** das Schiff trieb auf den Wellen **III.** *s* ① Ritt *m* ② Fahrt *f;* Radfahrt *f* ③ Reitweg *m;* **go for a ~** ausreiten; eine Fahrt machen; **go for a ~ in the car** mit dem Auto wegfahren; **have a rough ~** viel durchmachen müssen; **take s.o. for a ~** (*fig*) jdn anschmieren; **we had a ~ in a taxi** wir sind in einem Taxi gefahren; **ride down** *vt* niederreiten; einholen; **ride out I.** *vt* überstehen **II.** *vi* ausreiten; **~ out the storm** den Sturm überstehen; **ride up** *vi* (*Kleid*) hochrutschen

rider ['raɪdə(r)] *s* ① Reiter(in) *m(f),* Fahrer(in) *m(f)* ② (JUR) Zusatz, Nachtrag *m;* Zusatzklausel *f*

ridge [rɪdʒ] **I.** *s* ① (*Stoff*) Rippe *f;* (*Blech*) Welle *f* ② Bergrücken, Kamm *m;* Grat *m* ③ (Dach)First *m* ④ (*Nase*) Rücken *m* ⑤ Ackerfurche *f* **II.** *vt* zerfurchen; **ridge·pole** ['rɪdʒpəʊl] *s* ① (*Dach*) Firstbalken *m* ② (*Zelt*) Firststange *f;* **ridge·way** ['rɪdʒweɪ] *s* Gratweg *m*

ridi·cule ['rɪdɪkju:l] **I.** *s* Spott *m;* **lay o.s. open to ~** sich lächerlich machen; **hold s.o. up to ~** jdn lächerlich machen **II.** *vt* verspotten; **rid·icu·lous** [rɪ'dɪkjʊləs] *adj* lächerlich

rid·ing ['raɪdɪŋ] *s* Reiten *nt;* **riding breeches** *s pl* Reithose *f;* **riding crop** *s* Reitgerte *f;* **riding habit** *s* Reitkostüm *nt;* **riding light** *s* (MAR) Ankerlicht *nt;* **riding school** *s* Reitschule *f*

rif [rɪf] *vt* (*Am: sl*): **~ on s.o.** sich über jdn lustig machen

rife [raɪf] *adj* weit verbreitet; **~ with** voll von, voller; **be ~** umgehen; grassieren

riffle ['rɪfl] *vt* ① (*~ through*) durchblättern ② (*Karten*) mischen

riff-raff ['rɪfræf] *s* Pöbel *m,* Gesindel *nt*

rifle[1] ['raɪfl] *s* Gewehr *nt*

rifle[2] ['raɪfl] *vt* plündern; durchwühlen

rifle butt ['raɪflbʌt] *s* Gewehrkolben *m;* **rifle·man** [-mən] <*pl* -men> *s* Schütze *m;* **rifle range** *s* Schießstand *m;* **within/out of ~** in/außer Schussweite; **rifle shot** *s* Gewehrschuss *m*

rift [rɪft] *s* ① Spalt *m* ② (*fig*) Spalt *m;* Riss *m;* **rift valley** *s* (GEOL) Grabenbruch *m*

rig [rɪg] **I.** *vt* ① (MAR) auftakeln ② (*fig: Wahlen*) manipulieren; **~ out** ausstaffieren; **~ up** improvisieren; arrangieren **II.** *s* ① (MAR) Takelage *f* ② (*oil-~*) Förderturm *m;* Ölbohrinsel *f* ③ Auf-, Ausrüstung *f* ④ (*Am fam*) Sattelschlepper *m;* **in full ~** in großer Aufmachung; **rig·ger** ['rɪgə(r)] *s* (MAR) Takler *m;* **rig·ging** ['rɪgɪŋ] *s* ① (MAR) Auftakeln *nt;* Tauwerk *nt* ② (*fig*) Manipulation *f;* Schiebung *f*

right [raɪt] **I.** *adj* ① recht, richtig ② (*Antwort, Zeit*) richtig ③ (*Kleider*) richtig ④ richtig, korrekt; in Ordnung ⑤ rechte(r, s); **it's only ~** es ist nur recht und billig; **do the ~ thing by s.o.** sich jdm gegenüber anständig benehmen; **be ~** Recht haben; richtig sein, stimmen, zutreffen; **you're quite ~** Sie haben ganz recht; **on the ~ track** auf dem rechten, richtigen Weg; **put** [*o* **set**] **~** korrigieren; richtig stellen; **put s.o. ~** jdn berichtigen; **come at the ~ time** zur rechten Zeit kommen; **do s.th. the ~ way** etw richtig machen; **the ~ man for the job** der rechte Mann für die Stelle; **feel ~** sich wohl fühlen; **be as ~ as rain** kerngesund sein; **be in one's ~ mind** bei klarem Verstand sein; **~! ~-oh!** gut, schön, okay; **~ enough!** das stimmt!; **~ hand** rechte Hand **II.** *adv* ① direkt; genau ② ganz ③ richtig ④ rechts; **~ in front of you** direkt vor Ihnen; **~ away** [*o* **off**] sofort, schnurstracks; **~ off** auf Anhieb; **~ now** in diesem Augenblick; **~ here** genau hier; **rotten ~ through** durch und durch verfault; **answer ~** richtig antworten; **if I remember ~** wenn ich mich recht erinnere; **turn ~** biegen Sie rechts ab; **~, left and centre** überall; **if I get you ~** wenn ich Sie richtig verstehe **III.** *s* ① Recht *nt* ② Anrecht *nt,* Anspruch *m* ③ rechte Seite; **be in the ~** im Recht sein; **have a ~ to s.th.** einen Anspruch auf etw haben; **~ to strike** Streikrecht *nt;* **by what ~?** mit welchem Recht?; **by ~s** rechtmäßig, von Rechts wegen; **in one's own ~** selber, selbst; **put s.th. to ~** etw in Ordnung bringen; **drive on the ~** rechts fahren; **keep to the ~** sich rechts halten; **the Right** (POL) die Rechte; **~s issue** (COM) Bezugsrechtsemission *f* **IV.** *vt* ① aufrichten ② wieder gutmachen; **the problem should ~ itself** das Problem müsste sich von selbst lösen; **right angle** *s* rechter Winkel; **at ~s** rechtwinklig (*to* zu); **right-angled** ['raɪtæŋgld] *adj* rechtwinklig

right·eous ['raɪtʃəs] *adj* ① rechtschaffen ② (*Wut*) gerecht, heilig

right·ful ['raɪtfl] *adj* ① rechtmäßig ② (*Bestrafung*) gerecht; **rightful claimant** *s* Anspruchsberechtigte(r) *f m*

right-hand ['raɪthænd] *adj* rechte(r, s); **he's my ~ man** er ist meine rechte Hand; **right-hand drive** *adj* rechtsgesteuert; **this car has ~** dieser Wagen hat das Steuer rechts; **right-handed** [ˌraɪt'hændɪd] *adj* ① rechtshändig ② (*Schlag*) mit der rechten Hand; **right-hander** [ˌraɪt'hændə(r)] *s* ① Rechtshänder(in) *m(f)* ② (*Schlag*) Rechte *f*; **right·ist** ['raɪtɪst] *s* (POL) Rechte(r) *f m*

right·ly ['raɪtlɪ] *adv* ① richtig ② mit Recht; **I don't ~ know** ich weiß nicht genau; **~ or wrongly** ob das nun richtig ist oder nicht; **and ~ so** und zwar mit Recht

right·most ['raɪtməʊst] *adv* rechts außen, ganz rechts

right-minded [ˌraɪt'maɪndɪd] *adj* vernünftig

right of way *s* (AUTO) Vorfahrt *f;* Durchgangsrecht *nt;* **right wing** *s* (POL SPORT) rechter Flügel; **right-wing** *adj* (POL) rechtsgerichtet; **~ extremism** Rechtsextremismus *m*

ri·gid ['rɪdʒɪd] *adj* ① starr, steif ② (*fig*) unbeugsam, unnachgiebig ③ (*Disziplin*) streng ④ (*System*) starr; **~ with fear** starr vor Angst; **ri·gid·ity** [rɪ'dʒɪdətɪ] *s* ① Starrheit, Steifheit *f* ② (*fig*) Härte, Strenge *f* ③ (*fig*) Unnachgiebigkeit *f*

rig·ma·role ['rɪgmərəʊl] *s* ① Gerede, Geschwätz *nt* ② (*fig*) umständliche Prozedur

rigor *s* (*Am*) *s.* **rigour**; **ri·gor mor·tis** ['rɪgə'mɔːtɪs] *s* Toten-, Leichenstarre *f;* **rig·or·ous** ['rɪgərəs] *adj* ① (*Maßnahmen*) rigoros ② (*Disziplin*) streng, strikt ③ (*Test*) gründlich ④ (*Klima*) streng; **rig·our** ['rɪgə(r)] *s* ① Strenge, Striktheit *f* ② **~s** Unbilden *pl*

rig·out ['rɪgaʊt] *s* (*fam*) Toilette *f;* Aufmachung *f;* Ausrüstung *f*

rile [raɪl] *vt* ärgern, reizen

rim [rɪm] *s* ① Rand *m,* Kante *f* ② Hutkrempe *f* ③ (*Brille*) Fassung *f*

rime¹ [raɪm] *s* (Rau)Reif *m*

rime² [raɪm] **I.** *s* (*Am*) ① Reim *m* ② Gedicht *nt;* **without ~ or reason** ohne Sinn und Verstand; **nursery ~** Kinderreim *m;* **put into ~** in Reime bringen **II.** *vi* (*Am*) ① sich reimen ② reimen, dichten **III.** *vt* reimen

rim·less ['rɪmlɪs] *adj* randlos; **rimmed** [rɪmd] *adj* mit Rand

rind [raɪnd] *s* ① (Käse)Rinde *f* ② (*Schinken*) Schwarte *f* ③ (*Frucht*) Schale *f*

ring¹ [rɪŋ] <*irr:* rang, rung> **I.** *vi* ① (*Glocke*) läuten; klingen; schallen ② (*Worte*) tönen, schallen; erklingen; **the doorbell rang** es hat geläutet; **~ for s.o.** nach jdm läuten; **~ at the door** an der Tür klingeln, läuten; **~ false/true** falsch/wahr klingen; **my ears are ~ing** mir klingen die Ohren **II.** *vt* ① läuten ② (*~ up*) anrufen; **~ the doorbell** an der Tür läuten; **that ~s a bell** das kommt mir bekannt vor; **~ the changes** (*fig*) etwas in allen Variationen durchspielen **III.** *s* ① Klang *m;* Läuten *nt;* Klingeln *nt* ② (TELE) Anruf *m* ③ (*fig*) Klang *m;* **there was a ~ at the door** es hat geläutet; **give s.o. a ~** jdn anrufen; **ring back** *vt, vi* (TELE) zurückrufen; **ring down** *vt* (*Vorhang*) herunterlassen; **~ down the curtain on s.th.** (*fig*) einen Schlussstrich unter etw ziehen; **ring in** *vt* einläuten; **ring off** *vi* (TELE) aufhängen, den Hörer auflegen; **ring out I.** *vi* ertönen; laut erklingen **II.** *vt* (*Jahr*) ausläuten; **ring up** *vt* (TELE) anrufen; **~ up the curtain** den Vorhang hochgehen lassen; (*fig*) anfangen

ring² [rɪŋ] **I.** *s* ① Ring *m;* Schwimmring *m* ② (*Baum*) Jahresring *m* ③ (POL) Ring *m* ④ (*Zirkus*) Manege *f,* Ring *m* ⑤ (*Mond*) Hof *m* ⑥ (Box)Ring *m;* **have ~s round one's eyes** Ringe unter den Augen haben; **stand in a ~** im Kreis stehen; **run ~s round s.o.** jdn in die Tasche stecken **II.** *vt* ① umringen ② (*Spiel*) einen Ring werfen über ③ einkreisen ④ (*Vogel*) beringen

i Land & Leute

1954–55 erschien die Roman-Trilogie **The Lord of the Rings** – „Der Herr der Ringe“ (1. *The Fellowship of the Rings*, 2. *The Two Towers* und 3. *The Return of the King*) von J. R. R. Tolkien, die zum Vorbild des Genres ‚Fantasy‘ wurde. John Ronald Reuel Tolkien (3.1.1892–2.9.1973) war Professor für englische Literatur an der Universität Oxford und ein bedeutender Sprachwissenschaftler auf dem Gebiet des *Old and Middle English*. Über einen Zeitraum von 13 Jahren schrieb Tolkien an

R

seinem Meisterwerk, das zu seinem Lebensziel wurde; denn für Tolkien gab es in der Literatur nichts Höheres als die Erschaffung einer eigenen Welt, die in ihrer Überwindung des Bösen die wahre Schöpfung Gottes widerspiegelt. Tolkien erschuf eine Welt der Hobbits, Zwerge, Trolle, Elben, Zauberer und vieler anderer Gestalten mit eigenen Sprachen, einer Landkarte, einer durchgehenden Geschichte und Geografie. Die Weltauflage von Tolkiens Roman hat inzwischen die Größenordnung von über 100 Millionen Exemplaren erreicht und die Zuschauerzahlen der Verfilmung der Trilogie (Regie: Peter Jackson) brechen zurzeit alle Rekorde.

ring binder [ˈrɪŋbaɪndə(r)] *s* Ringbuch *nt;* Ringordner *m*

ringer [ˈrɪŋə(r)] *s* Glöckner *m;* **be a dead ~ for s.o.** (*sl*) jdm aufs Haar gleichen

ring·fin·ger [ˈrɪŋfɪŋgə(r)] *s* Ringfinger *m*

ring·ing [ˈrɪŋɪŋ] *adj* schallend; läutend; **ringing tone** *s* (TELE) Frei-, Rufzeichen *nt*

ring·leader [ˈrɪŋliːdə(r)] *s* Rädelsführer(in) *m(f)*

ring·let [ˈrɪŋlɪt] *s* Ringellocke *f*

ring road [ˈrɪŋrəʊd] *s* Ringstraße *f;* **ring·side** [ˈrɪŋsaɪd] *s:* **at the ~** am Ring; **have a ~ seat** einen Logenplatz haben

rink [rɪŋk] *s* Eis-, Rollschuhbahn *f*

rinse [rɪns] **I.** *vt* ❶ (ab-, aus)spülen ❷ (*Haar*) tönen; **~ one's hands** sich die Hände abspülen; **~ down** abspülen; **~ out** ausspülen, auswaschen **II.** *s* ❶ Spülung *f* ❷ (*Haarfarbe*) Tönung *f*

riot [ˈraɪət] **I.** *s* ❶ Aufstand, Aufruhr *m;* Krawall *m* ❷ Orgie *f;* **run ~** randalieren; (*Pflanzen*) wuchern; **read s.o. the ~ act** jdm die Leviten lesen; **~ squad** Überfallkommando *nt;* **a ~ of flowers** ein wildes Blumenmeer; **be a ~** zum Schreien sein **II.** *vi* randalieren; **rioter** [ˈraɪətə(r)] *s* Aufrührer(in) *m(f),* Unruhestifter(in) *m(f);* **riot gear** *s* Schutzausrüstung *f;* **riot·ing** [ˈraɪətɪŋ] *s* Krawalle *mpl;* **~ in the streets** Straßenkrawalle *mpl;* **riot·ous** [ˈraɪətəs] *adj* ❶ randalierend; wild ❷ (*fig*) urkomisch; **a ~ success** ein Riesenerfolg

rip [rɪp] **I.** *vt* einen Riss machen in; zerreißen; **~ open** aufreißen **II.** *vi* reißen; **the car ~s along** der Wagen rast dahin; **let ~** loslegen **III.** *s* Riss, Schlitz *m;* **rip down** *vt* herunterreißen; abreißen; **rip off** *vt* ❶ abreißen ❷ (*sl*) mitgehen lassen, klauen; **rip out** *vt* herausreißen; **rip up** *vt* zer-, aufreißen

ri·par·ian [raɪˈpeərɪən] *adj* Ufer-

rip·cord [ˈrɪpkɔːd] *s* (AVIAT) Reißleine *f*

ripe [raɪp] *adj* ❶ (*Frucht, Käse*) reif ❷ (*Lippen*) voll ❸ (*fig*) reif; **live to a ~ old age** ein hohes Alter erreichen; **be ~ for s.th.** für etw reif sein; **ripen** [ˈraɪpən] **I.** *vi* reifen **II.** *vt* reifen lassen; **ripe·ness** [ˈraɪpnɪs] *s* Reife *f*

rip-off [ˈrɪpɒf] *s* Wucher, Nepp *m;* Schwindel *m*

ri·poste [rɪˈpɒst] **I.** *s* schlagfertige Antwort **II.** *vi* scharf erwidern

ripple [ˈrɪpl] **I.** *vi* ❶ sich (leicht) kräuseln ❷ (*Wasser*) plätschern **II.** *vt* kräuseln; wogen lassen **III.** *s* ❶ Kräuseln *nt;* kleine Welle ❷ Geplätscher, Gemurmel *nt;* **~ of laughter** kurzes Lachen; perlendes Gelächter; **ripple bed** *s* (MED) Dekubitusbett *nt*

rip-roar·ing [ˈrɪprɔːrɪŋ] *adj* (*fam*) sagenhaft

rip·tide [ˈrɪptaɪd] *s* Stromkabbelung *f*

rise [raɪz] <*irr:* rose, risen> **I.** *vi* ❶ aufstehen, sich erheben ❷ steigen ❸ (*Preis*) ansteigen ❹ (*Lift*) hochfahren, nach oben fahren ❺ (*Vorhang*) sich heben ❻ (*Mond*) aufgehen ❼ (*Sturm*) aufkommen ❽ (*Stimme*) höher werden ❾ (*Gebäude*) entstehen ❿ (*Hoffnung*) steigen; wachsen, zunehmen ⓫ (*Berg*) sich erheben ⓬ (*Tagung*) auseinander gehen, beendet sein ⓭ (*Fluss*) entspringen ⓮ (*~ up*) sich erheben; sich empören; **~ from the table** vom Tisch aufstehen; **~ on tiptoe** sich auf die Zehenspitzen stellen; **~ from the dead** von den Toten auferstehen; **~ to the surface** an die Oberfläche kommen; **~ in price** im Preis steigen; **~ in society** es zu etwas bringen; **~ up in revolt** rebellieren; **~ above** erhaben sein über; **~ up** aufstehen, sich erheben **II.** *s* ❶ Anstieg *m,* Steigen *nt;* Zunahme *f;* Steigerung *f* ❷ (COM) Aufschwung *m* ❸ (*Vorhang*) Hochgehen, Heben *nt* ❹ (MUS) Erhöhung *f* ❺ (*fig*) Aufstieg *m* ❻ (*Hügel*) Erhebung *f;* Steigung *f* ❼ (*Fluss*) Ursprung *m* ❽ Gehaltserhöhung *f;* **be on the ~** im Steigen begriffen sein; **a ~ in the population** ein Bevölkerungszuwachs *m;* **get a ~ out of s.o.** jdn zur Reaktion bringen; **the river has its ~ in** der Fluss entspringt in; **give ~ to s.th.** etw verursachen; Anlass zu etw geben; **risen** [ˈrɪzn] *s.* **rise**

riser [ˈraɪzə(r)] *s* ❶ (*Treppenstufe*) Setzstufe *f* ❷ (*Gas, Wasser*) Steigleitung *f;* **early/late ~** Früh-/Spätaufsteher(in) *m(f)*

ri·sible ['rɪzəbl] *adj* lächerlich

ris·ing ['raɪzɪŋ] **I.** *adj* ① (auf-, an)steigend ② (*Gestirn*) aufgehend ③ (*Wind*) aufkommend ④ (*Wut*) wachsend ⑤ (*fig*) aufstrebend; **the ~ generation** die kommende Generation; **a ~ tide** Flut *f* **II.** *s* ① (Auf-, An)Steigen *nt* ② (*Sonne*) Aufgang *m* ③ (REL) Auferstehung *f* ④ (*Vorhang*) Hochgehen *nt* ⑤ Erhebung *f*, Aufstand *m* **III.** *adv:* **she's ~ twelve** sie ist fast zwölf

risk [rɪsk] **I.** *s* ① Gefahr *f*, Wagnis, Risiko *nt* ② (*Versicherung*) Risiko *nt;* **take** [*o* **run**] **a ~** ein Risiko eingehen (*doing s.th.* etw zu tun); **at one's own ~** auf eigene Gefahr; **at the ~ of his life** unter Einsatz seines Lebens; **children at ~** gefährdete Kinder; **put s.o. at ~** jdn gefährden; **fire ~** Feuerrisiko *nt* **II.** *vt* ① riskieren, aufs Spiel setzen ② (*Streit*) riskieren, wagen; **risk capital** *s* Risikokapital *nt;* **risk factor** *s* Risikofaktor *m;* **risk-free** ['rɪskfriː] *adj* risikolos; **risk·less** ['rɪsklɪs] *adj* (*Am*) risikolos; **risk liabi·lity** *s* (JUR) Gefährdungshaftung *f;* **risk manager** *s* Riskmanager(in) *m(f);* **risky** ['rɪskɪ] *adj* riskant, gewagt

ris·qué ['riːskeɪ] *adj* pikant, gewagt

ris·sole ['rɪsəʊl] *s* Frikadelle *f*

rite [raɪt] *s* Ritus *m;* **rit·ual** ['rɪtʃʊəl] **I.** *adj* rituell **II.** *s* Ritual, Zeremoniell *nt;* **he went through the same old ~** er durchlief dasselbe alte Ritual

ritzy ['rɪtsɪ] *adj* (*sl*) piekfein

ri·val ['raɪvl] **I.** *s* Rivale *m*, Rivalin *f;* Konkurrent(in) *m(f)* **II.** *adj* konkurrierend **III.** *vt* ① rivalisieren mit ② (COM) konkurrieren mit; **rival brand** *s* (COM) Konkurrenzmarke *f;* **ri·valry** ['raɪvlrɪ] *s* Rivalität *f;* Konkurrenz *f*

river ['rɪvə(r)] *s* Fluss *m;* Strom *m;* **down ~** flussabwärts; **up ~** flussaufwärts; **~s of blood** Blutströme *mpl;* **sell s.o. down the ~** (*sl*) jdn hereinlegen; **river basin** *s* Flussbecken *nt;* Flusseinzugsgebiet *nt;* **river bed** *s* Flussbett *nt;* **river fish** *s* Flussfisch *m;* **river naviga·tion** *s* Flussschifffahrt *f;* **river police** *s* Wasserpolizei *f;* **river·side** ['rɪvəsaɪd] *s* Flussufer *nt;* **on the ~** am Fluss

riv·et ['rɪvɪt] **I.** *s* (TECH) Niete *f* **II.** *vt* ① (ver)nieten ② (*Aufmerksamkeit*) fesseln; **it ~ed our attention** das fesselte unsere Aufmerksamkeit; **riv·et·ing** ['rɪvətɪŋ] **I.** *s* Nieten **II.** *adj* (*fig*) fesselnd

rivu·let ['rɪvjʊlɪt] *s* Flüsschen *nt*, Bach *m*

RN [ˌɑːr'en] *s Abk. von* **Royal Navy** (*Br*) Königliche Marine

RNA [ˌɑːren'eɪ] *s Abk. von* **ribonucleic acid** RNS, Ribonukleinsäure *f*

RNLI [ˌɑːrenel'aɪ] *s Abk. von* **Royal National Lifeboat Institution** ≈DLRG *f*

roach [rəʊtʃ] *s* ① (*Fisch*) Plötze *f* ② (*cock~*) Schabe *f*

road [rəʊd] *s* ① (Land)Straße *f* ② (*fig*) Weg *m* ③ **~s** (MAR) Reede *f;* **by ~** (*Güter*) per Spedition; (*Menschen*) mit dem Auto/Bus; **just across the ~** gerade gegenüber; **the car is off the ~** das Auto wird nicht benutzt; **take a car off the ~** ein Auto stilllegen, (bei der Zulassungsstelle) abmelden; **take to the ~** sich auf den Weg machen; **be on the ~** unterwegs sein; auf Tournee sein; **be on the right ~** auf dem richtigen Weg sein; **on the ~ to success** auf dem Weg zum Erfolg; **live across the ~** über die, auf der anderen Seite der Straße wohnen; **is this the ~ to ...?** geht es hier nach ...?

? Grammatik

road wird für Verkehrsstraßen außerhalb der Städte und Dörfer gebraucht: *The road to Inverness passes through some magnificent scenery;*
street wird für Straßen mit Häusern und Geschäften in Städten und Dörfern gebraucht: *The children were playing in the street.*

road accident *s* Verkehrsunfall *m;* **road·block** *s* Straßensperre *f;* **road construction** *s* Straßenbau *m;* **road fund licence** *s* ≈Verkehrssteuer *f;* **road haulage** *s* Spedition *f;* **road·hog** *s* (*fam*) Verkehrsrowdy *m;* **road·house** *s* Rasthaus *nt;* **road·man** [-mæn] <*pl* -men> *s* Straßenarbeiter *m;* **road map** *s* Straßen-, Autokarte *f;* **road metal** *s* Straßenschotter *m;* **road rage** *s* aggressive Fahrweise; **road safety** *s* Verkehrssicherheit *f;* **road sense** *s* Verkehrssinn *m;* **road-side** ['rəʊdsaɪd] *s* Straßenrand *m;* **along the ~** am Straßenrand; **road sign** *s* (Straßen)Verkehrszeichen, -schild *nt;* **road·stead** ['rəʊdsted] *s* (MAR) Reede *f;* **road surface** *s* Fahrbahn *f;* Fahrbahnbelag *m;* **road sweeper** *s* Straßenkehrer(in) *m(f);* **road-test** **I.** *vt* (*ein Fahrzeug*) testfahren **II.** *s* (AUTO) Testfahrt *f;* Straßentest *m;* **road traffic** *s* Straßenverkehr *m*

i Land & Leute

Road trains sind große Lastwagen mit zwei oder drei Anhängern, die von

R

Vieh bis Benzin alles transportieren. **Road trains** haben die traditionellen Viehherden ersetzt und fahren nur in ländlichen Gebieten, wo es kaum Verkehr gibt. Überall in den nördlichen Regionen Australiens wurden für diese riesigen Viehtransporter *beef roads* (Rindfleischstraßen) mit einer Länge von 10.000 km gebaut.

road transport *s* Straßengüterverkehr *m;* **road-up** ['rəʊdʌp] *s* ❶ Baustelle *f* ❷ Straßensperre *f;* **road user** *s* Verkehrsteilnehmer(in) *m(f);* **road·way** ['rəʊdweɪ] *s* Fahrbahn *f;* **road warrior** *s* Straßenrowdy *m;* **road·works** ['rəʊdwɜːks] *s pl* Straßenbauarbeiten *fpl*

roam [rəʊm] **I.** *vi* (~ *about*) umherschweifen; herumwandern **II.** *vt* wandern, ziehen durch; ~ **the streets** herumstreunen; **roamer** ['rəʊmə(r)] *s* Herumtreiber(in) *m(f)*

roan [rəʊn] **I.** *adj* (*Pferd, Kuh*) rötlich- grau **II.** *s* (*Pferd*) Rotschimmel *m*

roar [rɔː(r)] **I.** *vi* ❶ brüllen (*with* vor) ❷ (*Feuer*) prasseln ❸ (*Wind*) heulen ❹ (*Wasser*) tosen ❺ (*Donner*) toben ❻ (*Gewehr*) donnern; ~ **at s.o.** jdn anbrüllen **II.** *vt* ❶ (~ *out*) (hinaus)brüllen, schreien ❷ (*Auto*) aufheulen lassen **III.** *s* ❶ Gebrüll *nt* ❷ Prasseln *nt* ❸ Heulen *nt* ❹ Tosen *nt* ❺ (*Sturm*) Toben, Heulen *nt;* ~**s of laughter** brüllendes Gelächter

roar·ing [-ɪŋ] *adj* ❶ brüllend (*with* vor) ❷ donnernd, tosend ❸ prasselnd; tobend; **be in ~ health** vor Gesundheit strotzen; **a ~ success** ein durchschlagender Erfolg; **the ~ Twenties** die wilden Zwanzigerjahre; ~ **drunk** volltrunken; **a ~ trade** ein Riesengeschäft

roast [rəʊst] **I.** *vt* ❶ braten ❷ (*Kaffee*) rösten; ~ **o.s. by the fire** (*fam*) sich am Feuer braten lassen **II.** *vi* ❶ braten ❷ (*fig*) irrsinnig schwitzen; in der Sonne braten **III.** *s* Braten *m;* **pork ~** Schweinebraten *m* **IV.** *adj* gebraten; **roast beef** *s* Roastbeef *nt;* **roast chicken** *s* Brathuhn *nt;* **roaster** ['rəʊstə(r)] *s* ❶ Bratofen *m* ❷ (*für Kaffee*) Röstapparat *m* ❸ Brathähnchen *nt;* Spanferkel *nt;* **roast·ing** ['rəʊstɪŋ] **I.** *s* ❶ Braten *nt* ❷ (*fig*) Verriss *m;* Standpauke *f;* **give s.o. a ~** jdn verreißen **II.** *adj* glühend heiß

rob [rɒb] *vt* ❶ (*Sache*) rauben ❷ (*Person*) berauben; ausrauben; ~ **s.o. of s.th.** jdn einer S berauben; jdm etw ab-, wegnehmen; **rob·ber** ['rɒbə(r)] *s* Räuber(in) *m(f);* **rob·bery** ['rɒbərɪ] *s* Raub *m;* Einbruch *m;* ~ **with violence** Raubüberfall *m;* **the bank ~** der Überfall auf die Bank

robe [rəʊb] **I.** *s* ❶ Robe *f,* Talar *m* ❷ (*Am*) Morgen-, Bademantel *m* **II.** *vt* ankleiden, die Amtsrobe anlegen (*s.o.* jdm)

robin ['rɒbɪn] *s* (*kleiner Singvogel*) Rotkehlchen *nt*

i Land & Leute

Robin Hood war ein berühmter Geächteter, der im 13. Jh. im *Sherwood Forest* bei Nottingham lebte. Man sagt ihm nach, dass er die Armen beschützte und die Reichen, besonders die korrupten Staats- und Kirchenmänner, ausraubte. Die Geschichten um ihn hatten möglicherweise ihren Ursprung in der Unzufriedenheit, die 1381 zu dem *Peasants' Revolt*, dem Bauernaufstand, führte.

ro·bot ['rəʊbɒt] *s* Roboter *m;* **industrial ~** Industrieroboter *m;* **ro·botics** [rəʊ'bɒtɪks] *s* (TECH) Robotik *f*

ro·bust [rəʊ'bʌst] *adj* ❶ stark, kräftig, robust ❷ (*Humor*) gesund, unverwüstlich ❸ (*Widerstand*) stark ❹ (*Struktur*) massiv, stabil; **ro·bust·ness** [-nɪs] *s* Kräftigkeit, Robustheit *f;* Unverwüstlichkeit *f;* Massivität, Stabilität *f*

rock[1] [rɒk] *s* ❶ Gestein *nt;* Fels(en) *m* ❷ Felsbrocken *m;* großer Stein ❸ Lutschstange *f,* Kandis *m;* **on the ~s** blank, ohne Geld; (*Getränk*) mit Eiswürfeln; (*Heirat*) kaputt; **built on ~** auf Fels gebaut; **falling ~s** Steinschlag *m;* **the ship went on the ~s** das Schiff lief auf; **as solid as a ~** massiv wie ein Fels; unerschütterlich

rock[2] [rɒk] **I.** *vt* ❶ schaukeln, wiegen ❷ (*fig*) einlullen ❸ rütteln, erschüttern, ins Wanken bringen; ~ **the boat** (*fig*) für Unruhe sorgen; ~ **s.o. to sleep** jdn in den Schlaf wiegen **II.** *vi* ❶ schaukeln ❷ schwanken; beben ❸ (MUS) rocken ❹ (*Schiff*) schlingern; ~ **with laughter** sich schütteln vor Lachen **III.** *s* (~ *music*) Rock *m,* Rock 'n' Roll *m;* **rock-and-roll, rock'n roll** [ˌrɒk ən'rəʊl] *s* Rock 'n' Roll *m;* **rock band** *s* Rockband *f*

rock-bot·tom [ˌrɒk'bɒtəm] **I.** *s* der Tiefpunkt, Nullpunkt **II.** *adj* (*Preise*) niedrigste(r, s); **rock cake** *s Hefeteilchen mit Rosinen;* **rock climber** *s* Kletterer *m,* Kletterin *f;* **rock climbing** *s* Klettern *nt,* Klettersport *m;* **rock crystal** *s* Bergkristall *m*

rocker ['rɒkə(r)] *s* ① Kufe *f* ② (*sl*) Rocker *m;* **be** [*o* **go**] **off one's ~** (*sl*) übergeschnappt sein, überschnappen

rock·ery ['rɒkrɪ] *s* Steingarten *m*

rocket ['rɒkɪt] **I.** *s* Rakete *f;* **give s.o. a ~** (*fig*) jdm einen Anschiss geben; **intercontinental ~** Interkontinentalrakete *f* **II.** *vi* (*Preise*) rasch steigen, hochschnellen; **~ to fame** über Nacht berühmt werden; **rocket launcher** *s* Raketenabschussrampe *f,* -gerät *nt;* **rocket-launching site** *s* Raketenabschussbasis *f;* **rocket propulsion** *s* Raketenantrieb *m*

rock face ['rɒkfeɪs] *s* Felsenwand *f*

rock fes·ti·val ['rɒk'festɪvl] *s* Rockfestival *nt*

rock gar·den ['rɒkgɑ:dn] *s* Steingarten *m*

rock·ing ['rɒkɪŋ] *adj* schaukelnd; **rocking chair** *s* Schaukelstuhl *m;* **rocking horse** *s* Schaukelpferd *nt*

rock mu·sic ['rɒk'mju:zɪk] *s* Rockmusik *f*

rock plant ['rɒkplɑ:nt] *s* Steinpflanze *f*

rock salt *s* Steinsalz *nt*

rock star ['rɒksta:(r)] *s* Rockstar *m*

rocky[1] ['rɒkɪ] *adj* felsig; steinig

rocky[2] [rɒkɪ] *adj* (*fam*) schwankend, wackelig

ro·coco [rə'kəʊkəʊ] *s* Rokoko *nt*

rod [rɒd] *s* ① Rute, Gerte *f* ② Stab *m,* Stange *f* ③ (*divining ~*) Wünschelrute *f* ④ (*fishing ~*) Angelrute *f;* **make a ~ for one's own back** sich das Leben (unnötig) schwer machen; sich etw selbst einbrocken; **rod bacterium** *s* Stäbchenbakterie *f*

rode [rəʊd] *s.* **ride**

ro·dent ['rəʊdnt] *s* Nagetier *nt*

ro·deo ['rəʊdɪəʊ] <*pl* -deos> *s* Rodeo *nt*

i Land & Leute

In den USA ist ein **rodeo** eine Veranstaltung, bei der *cowboys* ihr Können beweisen; sie reiten auf wilden Pferden oder fangen Rinder mit dem Lasso ein.

roe[1] [rəʊ] *s* (Fisch)Rogen *m*

roe[2] [rəʊ] *s* (*~ deer*) Reh *nt;* **roe·buck** *s* Rehbock *m*

roger ['rɒdʒə(r)] *interj* verstanden

rogue [rəʊg] *s* ① Schuft, Schurke, Strolch *m;* Schlingel *m* ② (ZOO) Einzelgänger *m;* **~s' gallery** Verbrecheralbum *nt;* **ro·guery** ['rəʊgərɪ] *s* Gaunerei, Schurkerei *f;* **rogue satellite** *s* defekter, unkontrollierbarer Satellit; **ro·guish** ['rəʊgɪʃ] *adj* schelmisch

ROI [ˌɑ:rəʊ'aɪ] *s Abk. von* **return on investment** Kapitalrendite *f,* Ertrag *m* aus Kapitalanlage

role, rôle [rəʊl] *s* (*a. fig*) Rolle *f;* **play a ~** eine Rolle spielen; **leading ~** Hauptrolle *f;* **title ~** Titelrolle *f;* **role model** *s* Rollenbild *nt;* **role play** *s* Rollenspiel *nt;* **role reversal** *s* Rollentausch *m*

rolf·ing [rɒlfɪŋ] *s* Rolfing *nt* (*eine Art schmerzhafter Massage*)

roll [rəʊl] **I.** *vi* ① (*a. Augen, Wogen, Donner*) rollen ② (*Trommel*) wirbeln ③ (*Schiff*) schlingern ④ (*Donner*) grollen; **~ down the hill** den Berg hinunterkugeln, -rugeln; **keep the show ~ing** die Show in Gang halten; **~ in money** in Geld schwimmen **II.** *vt* ① rollen, wälzen ② (*Metall*) walzen ③ (*Zigarette*) drehen ④ (*Teig*) ausrollen; **~ed oats** Haferflocken *pl;* **~ one's eyes** die Augen rollen; **~ s.th. between one's fingers** etw zwischen den Fingern drehen; **~ one's r's** das R rollen **III.** *s* ① (*Papier*) Rolle *f* ② (*Stoff*) Ballen *m* ③ (*Banknoten*) Bündel *nt* ④ (*Fett*) Wulst *m* ⑤ (*bread ~*) Brötchen *nt* ⑥ Rollen *nt;* Schlingern *nt;* Schaukeln *nt* ⑦ (*Donner*) Rollen *nt;* Brausen *nt* ⑧ (JUR) Liste *f,* Register *nt;* Anwaltsliste *f;* **a ~ of film** eine Rolle Film; **be on a ~** eine Glückssträhne haben; **do a ~** eine Rolle machen; **call the ~** die Namensliste verlesen, die Namen aufrufen; **~ of honour** Ehrenliste *f;* **strike s.o.'s name off the ~s** jds Namen von der Liste streichen; **roll back** *vt* (*Teppich*) zurückrollen; **~ back the years** die Uhr zurückdrehen; **roll by** *vi* ① (*Auto*) vorbeirollen ② (*Wolken*) vorbeiziehen ③ (*Jahre*) dahinziehen; **roll in** *vi* (*Briefe, Geld, Ideen*) hereinströmen; **roll on** *vi* ① weiterrollen ② (*Zeit*) verfliegen; **roll out** *vt* ① (*Teig*) ausrollen ② (*Verse*) in Mengen produzieren; **~ out the red carpet for s.o.** (*fig*) jdn mit einem großen Bahnhof empfangen; **roll over I.** *vi* ① herumrollen ② (*Fahrzeug*) umkippen ③ (*Person*) sich umdrehen **II.** *vt* umdrehen; **~ a debt** umschulden; **roll up I.** *vt* ① auf-, zusammenrollen ② (*Ärmel*) hochkrempeln **II.** *vi* kommen, erscheinen **III.** *s* Selbstgedrehte *f*

roll bar *s* (AUTO) Überrollbügel *m;* **roll call** ['rəʊlkɔ:l] *s* Namensaufruf *m;* **roll collar** *s* Rollkragen *m*

roller ['rəʊlə(r)] *s* ① Rolle *f* ② (*pastry ~*) Nudelholz *nt* ③ (*hair ~*) Lockenwickler *m* ④ (TECH) Rollklotz *m* ⑤ (*Welle*) Brecher *m;* **put one's hair in ~s** sich die Haare aufdrehen; **roller bearing** *s* (TECH) Rollenlager *nt;* **roller blind** *s* Springrollo *nt;* **roller coaster** *s* Achterbahn, Berg-und-Tal-Bahn *f;* **roller-skate I.** *s* Rollschuh *m*

II. *vi* Rollschuh laufen; **roller towel** *s* Rollhandtuch *nt*

rol·lick·ing [ˈrɒlɪkɪŋ] **I.** *adj* fröhlich, lustig, ausgelassen **II.** *s* (*fam*) kräftige Standpauke

roll·ing [ˈrəʊlɪŋ] *adj* ❶ (*a. Ton, Donner*) rollend ❷ (MAR) schlingernd ❸ (*Wellen*) wogend ❹ (*Gelände*) wellig ❺ (*See*) rollend; **he's a ~ stone** er ist ein unsteter Bursche; **rolling mill** *s* Walzwerk *nt;* **rolling pin** *s* Nudelholz *nt,* Teigrolle *f;* **rolling stock** *s* (RAIL) rollendes Material

roll·neck [ˈrəʊlnek] *s* Rollkragen *m;* **roll-on** [ˈrəʊlɒn] *s* ❶ Elastikschlüpfer *m* ❷ (Deo)Roller *m;* **roll-on-roll-off** *adj* (*Fährschiff*) Roll-on-roll-off-

roly-poly [ˌrəʊlɪˈpəʊlɪ] **I.** *adj* kugelrund, pummelig **II.** *s* ❶ Marmeladepudding *m* ❷ (*fam*) Pummel *m*

ROM [rɒm] *s Abk. von* **read-only memory** (INFORM) ROM *nt*

Ro·man [ˈrəʊmən] **I.** *adj* ❶ römisch ❷ (~ *Catholic*) römisch-katholisch; **~ numerals** römische Ziffern *fpl;* **~ nose** Römernase *f* **II.** *s* (HIST) Römer(in) *m(f);* **Roman Catholic I.** *adj* römisch-katholisch **II.** *s* Katholik(in) *m(f);* **Roman Catholic Church** *s* römisch-katholische Kirche

ro·mance [rəʊˈmæns] **I.** *s* ❶ Ritter-, Abenteuer-, Liebesroman *m;* Liebesgeschichte *f* ❷ (*fig*) Romantik *f* ❸ (*a.* MUS) Romanze *f* **II.** *adj:* **Romance languages** romanische Sprachen *pl*

Ro·man·esque [ˌrəʊməˈnesk] *adj* romanisch

Ro·ma·nia [rəˈmeɪnɪə] *s* Rumänien *nt;* **Ro·ma·nian** [rəˈmeɪnɪən] **I.** *adj* rumänisch **II.** *s* ❶ Rumäne *m,* Rumänin *f* ❷ (*Sprache*) (das) Rumänisch(e)

ro·man·tic [rəʊˈmæntɪk] **I.** *adj* ❶ romantisch ❷ (*fig*) romantisch veranlagt **II.** *s* Romantiker(in) *m(f);* **ro·man·ti·cism** [rəʊˈmæntɪsɪzəm] *s* (MUS) Romantik *f;* **ro·man·ti·cist** [rəʊˈmæntɪsɪst] *s* (MUS) Romantiker(in) *m(f)*

Rom·any [ˈrɒmənɪ] *s* ❶ Zigeuner(in) *m(f)* ❷ (*Sprache*) Zigeunersprache *f*

Rome [ˈrəʊm] *s* Rom *nt;* **when in ~ do as the Romans (do)** (*prov*) man muss sich den Gegebenheiten anpassen; **~ wasn't built in a day** (*prov*) Rom ist auch nicht an einem Tag erbaut worden; **the Church of ~** die römische Kirche

romp [rɒmp] **I.** *vi* herumtollen, sich austoben, ausgelassen sein; **~ home** mühelos gewinnen; **~ through s.th.** mit etw spielend fertig werden **II.** *s* Tollerei *f,* Klamauk *m;* **rompers** [ˈrɒmpə(r)z] *s* Strampelhöschen *nt,* Spielanzug *m*

Roneo® [ˈrəʊnɪəʊ] **I.** *s* Kopie *f* **II.** *vt* (mit Matrize) kopieren

roof [ruːf] **I.** *s* ❶ Dach *nt* ❷ (*Tunnel*) Gewölbe *nt* ❸ (AUTO) Verdeck *nt;* **the ~ of the mouth** der Gaumen; **the ~ of the world** das Dach der Welt; **without a ~ over one's head** ohne Dach über dem Kopf; **raise the ~** das Haus zum Beben bringen **II.** *vt* mit einem Dach versehen; **~ over** überdachen; **roof garden** *s* Dachgarten *m;* **roof·ing** [ˈruːfɪŋ] *s* Material *nt* zum Dachdecken; **roof rack** *s* (AUTO) Dachgepäckträger *m*

rook [rʊk] **I.** *s* ❶ Saatkrähe *f* ❷ (*Schach*) Turm *m* ❸ Betrüger *m* **II.** *vt* betrügen; übers Ohr hauen; **rook·ery** [-ərɪ] *s* (Saatkrähen)Kolonie *f*

rookie [ˈrʊkɪ] *s* (*Am sl*) Neuling *m;* (MIL) Grünschnabel *m*

room [ruːm] *s* ❶ Zimmer *nt,* Raum *m;* Saal *m* ❷ Büro *nt* ❸ Platz *m* ❹ (*fig*) Spielraum *m;* **~s to let** Zimmer *nt pl* zu vermieten; **~ and board** Unterkunft mit Verpflegung; **there is ~ for two** es ist genügend Platz für zwei; **make ~ for s.o.** jdm Platz machen; **there is no ~ for doubt** es kann keinen Zweifel geben; **there is ~ for improvement** es ließe sich noch manches verbessern; **room·ful** [-fʊl]: **a ~ of people** ein Zimmer voll(er) Leute; **room·ing house** [ˈruːmɪŋˌhaʊs] *s* (*Am*) Mietshaus *nt* mit möblierten Wohnungen; **room·mate** *s* Zimmergenosse *m,* -genossin *f;* **room service** *s* Zimmerservice *m;* **roomy** [ˈruːmɪ] *adj* geräumig

roost [ruːst] **I.** *s* (Hühner)Stange *f,* Hühnerstall *m;* **at ~** auf der Stange; **come home to ~** (*fig*) auf den Urheber zurückfallen; **rule the ~** das Regiment führen **II.** *vi* (*Vogel*) sich auf die Stange setzen

rooster [ˈruːstə(r)] *s* Hahn *m*

root [ruːt] **I.** *s* ❶ (*Pflanze, Haar, Zahn*) Wurzel *f* ❷ (*fig*) Grundlage *f;* Kern *m;* Ursache *f* ❸ (MATH) Wurzel *f* ❹ (LING) Wurzel *f,* Stamm *m* ❺ (MUS) Grundton *m;* **~s** Wurzeln *fpl;* **by the ~s** mit der Wurzel; **take ~** Wurzeln schlagen; **have no ~s** nirgends zu Hause sein; **put down ~s in a country** in einem Land Fuß fassen; **~ and branch** mit Stumpf und Stiel; **get to the ~ of the problem** dem Problem auf den Grund gehen, das Problem bei den Wurzeln packen; **the ~ of the matter** der Kern der Sache; **square/cube ~** (MATH) Quadrat-/Kubikwurzel *f* **II.** *vi* Wurzeln schlagen; **~ for** anfeuern **III.** *vt* Wurzeln schlagen lassen bei; **deeply ~ed** (*fig*) tief verwurzelt; **~ out** mit der Wurzel ausreißen; (*fig*) aufspüren; ~ **up** ausgraben; **root beer** *s* (*Am*) leichtes nichtalkoholisches Getränk

i Land & Leute

Root beer nennt man eine amerikanische Art Limonade mit Wurzelextrakten. Daraus kann man einen *root beer float* machen. Man mischt dazu Milchspeiseeis mit **root beer** und trinkt es mit einem Strohhalm.

root cause *s* (*fig*) (eigentlicher) Grund; **root·less** ['ru:tlɪs] *adj* wurzellos; **root position** *s* (MUS) Grundstellung *f;* **root sign** *s* (MATH) Wurzelzeichen *nt;* **root vegetable** *s* Wurzelgemüse *nt*

rope [rəʊp] **I.** *s* ❶ Seil, Tau *nt* ❷ Strick, Strang *m* ❸ (*Glocke*) Glockenstrang *m;* **on the** ~ angeseilt; **be on the** ~**s** (*Boxen*) in den Seilen hängen; **give s.o. plenty of** ~ jdm viel Freiheit lassen; **a** ~ **of climbers** eine Seilschaft; **know the** ~**s** sich auskennen; **show s.o. the** ~**s** jdn in alles einweihen; ~ **of pearls** Perlenschnur *f* **II.** *vt* ❶ verschnüren ❷ mit dem Lasso fangen; ~ **in** einschließen; ~ **s.o. in** jdn (ein)fangen; ~ **off** mit einem Seil abgrenzen; **rope·dancer, rope·walker** *s* Seiltänzer(in) *m(f);* **rope ladder** *s* Strickleiter *f;* **rope line** *s* Absperrung *f;* **work a** ~ ein Bad in der Menge nehmen; **rope-way** ['rəʊpweɪ] *s* (Draht)Seilbahn *f;* **rop(e)y** ['rəʊpɪ] *adj* (*sl*) miserabel; mitgenommen; **I feel a bit** ~ mir geht's nicht so gut, nicht besonders

ro-ro ['rəʊrəʊ] *adj* (*Fährschiff*) Roll-on-roll-off-

ro·sary ['rəʊzərɪ] *s* Rosenkranz *m*

rose¹ [rəʊz] *s.* **rise**

rose² [rəʊz] **I.** *s* ❶ Rose *f* ❷ (*Farbe*) Rosa *nt* ❸ (*Gießkanne*) Brause *f* ❹ (ARCH) Rosette *f;* **under the** ~ unter dem Siegel der Verschwiegenheit; **my life isn't all (a bed of)** ~**s** ich bin auch nicht auf Rosen gebettet; **no** ~ **without a thorn** (*prov*) keine Rose ohne Dornen; **the Wars of the Roses** (HIST) die Rosenkriege *pl* **II.** *adj* rosa(rot); **rose·bud** *s* Rosenknospe *f;* **rose·bush** *s* Rosenstrauch *m;* **rose garden** *s* Rosengarten *m;* **rose·hip** *s* Hagebutte *f*

rose·mary ['rəʊzmərɪ] *s* Rosmarin *m*

ro·sette [rəʊ'zet] *s* (*a.* ARCH) Rosette *f*

rose-water ['rəʊzwɔ:tə(r)] *s* Rosenwasser *nt;* **rose window** *s* (Fenster)Rosette *f*

rosin ['rɒzɪn] **I.** *s* (*Geige*) Harz, Kolophonium *nt* **II.** *vt* mit Kolophonium einreiben

ros·ter ['rɒstə(r)] *s* Dienstplan *m*

ros·trum ['rɒstrəm, *pl* 'rɒstrə] <*pl* -trums, -tra> *s* Tribüne *f;* Dirigenten-, Rednerpult *nt*

rosy ['rəʊzɪ] *adj* ❶ rosarot, rosig ❷ (*fig*) rosig

rot [rɒt] **I.** *vi* ❶ (ver)faulen, verrotten ❷ (*fig*) verkommen, verderben; ~ **away** verfaulen, vermodern **II.** *vt* verfaulen lassen **III.** *s* ❶ Fäulnis *f;* Moder *m* ❷ (*sl*) Un-, Blödsinn, Quatsch *m;* **dry** ~ Trockenfäule *f;* **stop the** ~ den Fäulnisprozess aufhalten; **talk** ~ (*sl*) Unsinn, Kohl reden

rota ['rəʊtə] *s* (*Br*) Dienstplan *m*

ro·tary ['rəʊtərɪ] *adj* rotierend, sich drehend; Rotations-; ~ **engine** (AUTO) Drehkolben-, Wankelmotor *m;* ~ **motion** Kreis-, Drehbewegung *f;* ~ **press** (TYP) Rotationsdruckmaschine *f*

rota system *s* Rotationsprinzip *nt*

ro·tate [rəʊ'teɪt] **I.** *vi* ❶ rotieren, sich drehen ❷ (*fig*) (sich) turnusmäßig (ab)wechseln **II.** *vt* ❶ rotieren lassen ❷ (*fig*) turnusmäßig erledigen; ~ **crops** im Fruchtwechsel anbauen; **ro·ta·tion** [rəʊ'teɪʃn] *s* ❶ Umdrehung, Rotation *f* ❷ (*fig*) turnusmäßiger Wechsel; **by** [*o* **in**] ~ abwechselnd, im Turnus; ~ **of crops** (AGR) Fruchtwechsel *m;* **ro·ta·tory** ['rəʊtətərɪ] *adj* ❶ rotierend ❷ (*fig*) turnusmäßig wechselnd, abwechselnd

rote [rəʊt] *s:* **learn s.th. by** ~ etw auswendig lernen

ro·tor ['rəʊtə(r)] *s* (AUTO) Rotor *m*

rot·ten ['rɒtn] *adj* ❶ (*Zahn, Ei*) faul ❷ (*Holz*) morsch ❸ (*Früchte*) verdorben ❹ (*fig*) korrupt, verdorben ❺ (*Wetter, Zustand*) mies ❻ (*fig*) gemein, eklig; ~ **to the core** (*fig*) durch und durch verdorben; **what** ~ **luck!** so ein Pech!

ro·tund [rəʊ'tʌnd] *adj* ❶ rundlich ❷ (*Stimme*) voll, wohltönend ❸ (*Rede*) bombastisch

ro·tunda [rəʊ'tʌndə] *s* Rundbau *m,* Rotunde *f*

rouge [ru:ʒ] **I.** *s* Rouge *nt* **II.** *vt:* ~ **one's cheeks** Rouge auflegen

rough [rʌf] **I.** *adj* ❶ rau, uneben ❷ (*Straße*) holprig ❸ (*Ton*) hart ❹ (*Wein*) sauer ❺ (*Worte*) grob, hart ❻ (*Benehmen*) ungehobelt; roh ❼ (*Behandlung*) grob, hart ❽ (SPORT) hart ❾ (*See*) rau, stürmisch ❿ (*Rechnung*) grob, ungefähr; **have a** ~ **tongue** eine scharfe Zunge haben; **be** ~ **with s.o.** grob mit jdm umgehen; **he had a** ~ **time** (*fam*) es ging ihm ziemlich dreckig; **be** ~ **on s.o.** grob mit jdm umspringen; ~ **book** (SCHULE) Schmierheft *nt;* ~

R

copy Konzept *nt;* ~ **paper** Konzeptpapier *nt;* **feel** ~ sich mies fühlen **II.** *adv* wüst, wild; **sleep** ~ im Freien übernachten **III.** *s* ❶ unwegsames Gelände; (*Golf*) Rauh *nt* ❷ Rohentwurf *m* ❸ (*fig*) Grobian, Rowdy *m;* **in the** ~ im Rohzustand; **take the** ~ **with the smooth** die Dinge nehmen, wie sie kommen **IV.** *vt:* ~ **it** primitiv leben; ~ **out** grob entwerfen; ~ **up** (*Haar*) zerzausen; ~ **s.o. up** jdn zusammenschlagen

rough·age ['rʌfɪdʒ] *s* Ballaststoffe *mpl*

rough-and-ready [ˌrʌfənd'redɪ] *adj* ❶ (*Methode*) provisorisch ❷ (*Arbeit*) zusammengepfuscht ❸ (*Mensch*) raubeinig; **rough-and-tumble** *s* Balgerei, Schlägerei *f;* **rough-cast** **I.** *s* (ARCH) Rauputz *m* **II.** *vt* rauverputzen; **rough diamond** *s* Rohdiamant *m;* (*fig*) rauer Mensch mit gutem Kern

roughen ['rʌfn] **I.** *vt* uneben machen; rau machen **II.** *vi* ❶ (*Haut*) rau werden ❷ (*Ton*) hart werden

rough-hew ['rʌfhju:] *vt* (*Stein*) grob behauen; **rough-hewn** [-n] *adj* (*fig*) ungehobelt; **rough·house** **I.** *s* (*fam*) Schlägerei *f* **II.** *vt* (*fam*) herumstoßen

rough·ly ['rʌflɪ] *adv* ❶ rau, grob; barsch ❷ ungefähr ❸ (*Stich*) grob

rough·neck ['rʌfnek] *s* (*Am sl*) Rowdy *m*

rough·ness ['rʌfnɪs] *s* Rauheit, Unebenheit *f;* Grobheit *f;* Rohheit *f;* Härte *f*

rough·shod ['rʌfʃɒd] *adv:* **ride** ~ **over s.o.** rücksichtslos über jdn hinweggehen; **rough-spoken** [ˌrʌf'spəʊkən] *adj:* **be** ~ sich ungehobelt ausdrücken

rou·lette [ru:'let] *s* Roulett *nt*

round [raʊnd] **I.** *adj* ❶ rund ❷ (*Vokal*) gerundet ❸ (*Summe*) rund ❹ (*Gang*) flott; ~ **figure** [*o* **number**] runde Zahl; **a** ~ **dozen** ein rundes Dutzend **II.** *s* ❶ (*Brot*) Scheibe *f* ❷ Kreis, Ring *m* ❸ (*Polizei*) Runde *f* ❹ (SPORT) Runde *f;* Durchgang *m* ❺ (MUS) Kanon *m;* **a** ~ **of toast** eine Scheibe Toast; **do** [*o* **make**] **one's** ~**s** seine Runden machen; **make the** ~**s** die Runde machen; **pay for a** ~ (**of drinks**) eine Runde bezahlen; **the daily** ~ die tägliche Arbeit; **go the** ~**s** reihum gehen; ~ **of ammunition** Ladung *f;* **a** ~ **of applause** Applaus *m;* **in the** ~ insgesamt; **theatre in the** ~ Arenatheater *nt* **III.** *vt* ❶ runden, rund machen ❷ (*Kurve*) herumgehen, -fahren um **IV.** *adv* (rings)herum; rund(her)um; **all** [*o* **right**] ~ ganz herum; **the long way** ~ der längere Weg; ~ **and** ~ rundherum; **be** ~ **at 2 o'clock** um 2 Uhr da sein; **for the second time** ~ zum zweiten Mal; **all** (**the**) **year** ~ das ganze Jahr über; **taking things all** ~**, taken all** ~ insgesamt gesehen, wenn man alles zusammennimmt **V.** *prep* ❶ um … herum ❷ ungefähr; ~ **the table** um den Tisch; **all** ~ **the house** im ganzen Haus; **go** ~ **a corner** um eine Kurve, Ecke gehen; **look** ~ **a house** sich ein Haus ansehen; **show s.o.** ~ **a town** jdm eine Stadt zeigen; ~ (**about**) **2 o'clock** ungefähr um 2 Uhr; **round down** *vt* (*Preis*) abrunden; **round off** *vt* ❶ abrunden ❷ (*Serie*) voll machen; abschließen; **round on** *vt* (*fig*) anfahren; **round out** *vt* runden; **round up** *vt* ❶ zusammentrommeln ❷ (*Vieh*) zusammentreiben ❸ (*Verbrecher*) hochnehmen ❹ (*Preis*) aufrunden

round·about ['raʊndəbaʊt] **I.** *adj:* ~ **route** Umweg *m;* **what a** ~ **way of doing things!** wie kann man nur so umständlich sein!; **by** ~ **means** auf Umwegen **II.** *s* ❶ Karussell *nt* ❷ (*Br*) Kreisverkehr, Kreisel *m*

roun·de·lay ['raʊndɪleɪ] *s* (MUS) Lied *nt* mit Refrain

roun·ders ['raʊndəz] *s pl mit sing* (*Br*) Schlagball *m*

round·ly ['raʊndlɪ] *adv* (*fig*) ohne Umschweife

round robin [ˌraʊnd'rɒbɪn] *s* ❶ (PARL) gemeinsamer Antrag ❷ (*Am*) *Wettkampf, in dem jeder gegen jeden spielt;* **round-shoul·dered** [ˌraʊnd'ʃəʊldəd] *adj* mit runden Schultern; **rounds·man** ['raʊndzmən] <*pl* -men> *s* Austräger *m;* **round-table discussion** *s* Diskussion *f* am runden Tisch; **round-the-clock** *adj* rund um die Uhr; **round trip** *s* Rundreise *f;* (*Am*) Hin- und-Rückfahrt *f;* **round-trip ticket** *s* (*Am*) Rückfahrkarte *f;* **round-up** ['raʊndʌp] *s* ❶ (*Vieh*) Zusammentreiben *nt;* Auftrieb *m* ❷ (*Menschen*) Zusammentrommeln *nt;* Versammlung *f* ❸ (*Verbrecher*) Hochnehmen *nt;* ausgehobene Bande; **a** ~ **of the news** eine Zusammenfassung der Nachrichten

rouse [raʊz] **I.** *vt* ❶ wecken ❷ (*Gefühl*) erwecken, wachrufen ❸ (*Hass*) erregen; ~ **s.o.** jdn reizen; ~ **s.o. to hatred** jds Hass anstacheln; ~ **s.o. to action** jdn zum Handeln bewegen **II.** *vi* wach werden; **rous·ing** ['raʊzɪŋ] *adj* ❶ (*Applaus*) stürmisch ❷ (*Rede*) zündend, mitreißend ❸ (*Musik*) schwungvoll

roust·about ['raʊstəbaʊt] *s* (*Am*) Handlanger *m*

rout[1] [raʊt] **I.** *s* ❶ Schlappe *f* ❷ (JUR) Bande, Rotte *f;* **put to** ~ in die Flucht schlagen **II.** *vt* in die Flucht schlagen

rout² [raʊt] *vt* (~ *out*) aufstöbern; herausjagen (*of* aus)

route [ruːt, *Am* raʊt] **I.** *s* ① Strecke, Linie, Route *f* ② (MIL) Marschbefehl *m;* **shipping ~, air ~** Schifffahrtsweg *m,* Flugweg *m;* **~ march** Geländemarsch *m;* **he has a paper ~** (*Am*) er trägt Zeitungen aus **II.** *vt* (*Bus, Zug*) legen; (*Gepäck*) schicken; **the train is ~d through …** der Zug wird durch … geführt

i Land & Leute

Die **Route 66** ist eine berühmte Straße, die von Chicago nach Los Angeles führt. Während der Weltwirtschaftskrise in den dreißiger Jahren zogen viele Menschen über die **Route 66** nach Kalifornien. Sie führt durch acht US-Staaten.

rou·tine [ˌruːˈtiːn] **I.** *s* Routine *f;* **as a matter of ~** routinemäßig **II.** *adj* routine-, gewohnheitsmäßig; **be ~ procedure** Routine sein; **~ duties** tägliche Pflichten *fpl;* **~ search** Routinedurchsuchung *f*

roux [ruː] *s* Mehlschwitze *f*

rove [rəʊv] **I.** *vi* umherschweifen, -streifen **II.** *vt* durchwandern, -ziehen; **rover** [ˈrəʊvə(r)] *s* Vagabund *m;* **rov·ing** [ˈrəʊvɪŋ] *adj* wandernd; **~ commission** Reisetätigkeit *f;* **have a ~ eye** ein Auge riskieren; **~ reporter** rasender Reporter

row¹ [rəʊ] *s* Reihe *f;* **in ~s** reihenweise; **in a ~** hintereinander

row² [rəʊ] **I.** *vi, vt* rudern; **~ s.o. across** jdn hinüberrudern; **~ away** wegrudern **II.** *s* Ruderfahrt, -strecke *f;* **go for a ~** rudern gehen

row³ [raʊ] **I.** *s* ① Lärm, Krach *m* ② Streit *m;* **have a ~ with s.o.** mit jdm Krach haben; **kick up a ~** Krach schlagen **II.** *vi* sich streiten

rowan [ˈrəʊən] *s* (*~-tree*) Eberesche *f,* Vogelbeerbaum *m;* **rowan·berry** *s* Vogelbeere *f*

row·boat [ˈrəʊbəʊt] *s* (*Am*) Ruderboot *nt*

rowdy [ˈraʊdɪ] **I.** *s* Rowdy, Krawallmacher *m* **II.** *adj* laut; randalierend; **rowdy·ism** [-ɪzəm] *s* Rowdytum *nt*

rower [ˈrəʊə(r)] *s* Ruderer *m,* Ruderin *f*

row·ing [ˈrəʊɪŋ] *s* Rudern *nt,* Rudersport *m;* **row·ing boat** [ˈrəʊɪŋbəʊt] *s* (*Br*) Ruderboot *nt;* **rowing club** *s* Ruderklub *m;* **row·lock** [ˈrɒlək] *s* (Ruder)Dolle *f*

royal [ˈrɔɪəl] **I.** *adj* ① königlich ② (*fig*) fürstlich, prächtig, prunkvoll **II.** *s* Mitglied *nt* der königlichen Familie

i Land & Leute

Die **Royal Academy of Arts** wurde 1768 von *King George III* gegründet und untersteht nur dem Monarchen. Jedes Jahr stellt sie die Werke zeitgenössischer Künstler auf der *Summer Exhibition* (Sommerausstellung) aus. Die **Royal Academy** hat ihren Sitz im *Burlington House* in Piccadilly in London.

i Land & Leute

Die 1662 gegründete **Royal Society**, kurz für *Royal Society of London for the Promotion of Natural Knowledge*, ist die angesehenste und auch älteste wissenschaftliche Gesellschaft in Großbritannien. Heutzutage wird die Aufnahme in die **Royal Society** als eine der höchsten Auszeichnungen angesehen, die ein Wissenschaftler erhalten kann.

Royal Highness *s:* **Your/His ~** Eure/Seine Königliche Hoheit **royal·ist** [ˈrɔɪəlɪst] *s* Royalist(in) *m(f);* **royal jelly** *s* Gelee Royale *f;* **roy·alty** [ˈrɔɪəltɪ] *s* ① Königtum *nt;* Königshaus *nt* ② **royalties** Tantiemen *fpl,* Patent-, Lizenzgebühren *fpl;* **symbols of ~** Wahrzeichen *pl* der Königswürde

RP [ˌɑː(r)ˈpiː] *s Abk. von* **received pronunciation** hochsprachliche Aussprache

RPI [ˌɑː(r)piːˈaɪ] *s Abk. von* **retail price index** Index *m* der Einzelhandelspreise

rpm¹ [ˌɑː(r)piːˈem] *s Abk. von* **revolutions per minute** Umdrehungen *f pl* pro Minute

rpm² [ˌɑː(r)piːˈem] *s Abk. von* **resale price maintenance** Preisbindung *f* der zweiten Hand, vertikale Preisbindung

RRP [ˌɑːrɑːˈpiː] *s Abk. von* **recommended retail price** empfohlener Abgabepreis, unverbindliche Preisempfehlung

RSI [ˌɑːresˈaɪ] *s Abk. von* **repetitive strain injury** (MED) *Muskelzerrung verursacht durch andauernde Überanstrengung*

RSPCA [ˌɑːrespiːsiːˈeɪ] *s Abk. von* **Royal Society for the Prevention of Cruelty to Animals** ≈Tierschutzverein *m*

RSVP [ˌɑːresviːˈpiː] *s Abk. von* **répondez s'il vous plaît** u.A.w.g.

rub [rʌb] **I.** *vt* ① (ab-, ein)reiben ② frottieren

R

③ polieren; ~ **one's hands** (**together**) sich die Hände reiben; ~ **shoulders with s.o.** mit jdm in Berührung kommen; ~ **o.s. with a lotion** sich mit einer Lotion einreiben; ~ **s.th. dry** etw trockenreiben **II.** *vi* ① reiben (*against* an) ② (*Schuhe*) scheuern **III.** *s* Reiben, Scheuern *nt;* **give s.th. a ~** etw reiben; etw polieren; **there's the ~** (*fam*) da liegt der Hase im Pfeffer; **rub along** *vi* (*fam*) sich durchschlagen; **~ along together** recht und schlecht miteinander auskommen; **rub down** *vt* ① abreiben, frottieren ② (*Pferd*) striegeln ③ abschmirgeln; **rub in** *vt* ① (*Salbe*) einreiben ② (*fig*) herumreiten auf; **rub off I.** *vt* ① wegreiben, ausradieren; **~ off on someone** (*fig*) auf jdn abfärben ② (*Farbe*) abreiben **II.** *vi* ① sich abnutzen ② (*Schmutz*) abgehen; **rub out** *vt* ① ausradieren; herausreiben ② (*Am sl*) abmurksen, killen; **rub up** *vt* blank reiben; (auf)polieren; **~ s.o. up the wrong way** bei jdm anecken; **~ up against s.o.** (*fam*) mit jdm verkehren

rub·ber ['rʌbə(r)] *s* ① Gummi *m;* Kautschuk *m* ② (*Br*) Radiergummi *m* ③ (*fam*) Präservativ *nt* ④ **~s** Gummi-, Überschuhe *mpl;* **rubber band** *s* Gummiband *nt;* **rubber boots** *s pl* Gummistiefel *mpl;* **rubber bullet** *s* Gummigeschoss *nt;* **rubber check** *s* ungedeckter Scheck; **rubber glove** *s* Gummihandschuh *m;* **rubber hose** *s* Gummischlauch *m;* **rub·ber·neck** ['rʌbənek] *vi* gaffen; **rub·ber·neck·er** ['rʌbəˌnekə] *s* Gaffer(in) *m(f);* **rubber plant** *s* Gummibaum *m;* **rubber stamp** *s* Stempel *m;* **rubber-stamp** *vt* ① stempeln ② (*fig*) (vorbehaltlos) genehmigen; **rubber tree** *s* Kautschukbaum *m;* **rubber truncheon** *s* Gummiknüppel *m;* **rub·bery** ['rʌbərɪ] *adj* gummiartig; zäh

rub·bing ['rʌbɪŋ] *s* ① Reiben, Frottieren, Scheuern *nt* ② Polieren *nt;* Schmirgeln *nt*

rub·bish ['rʌbɪʃ] **I.** *s* ① Abfall *m,* Abfälle *mpl,* Müll *m;* Schutt *m* ② (*fig*) Blödsinn, Quatsch *m;* **garden ~** Gartenabfälle *pl;* **household ~** Hausmüll *m;* **don't talk ~** red keinen Quatsch! **II.** *vt* (*fam*) verreißen; **rubbish bin** *s* Abfall-, Mülleimer *m;* **rubbish chute** *s* Müllschlucker *m;* **rubbish collection** *s* Müllabfuhr *f;* **rubbish container** *s* (*Br*) Müllcontainer *m;* **rubbish dump**, **rubbish tip** *s* Müllkippe *f;* **rub·bishy** ['rʌbɪʃɪ] *adj* ① minderwertig; wertlos ② (*fam*) blödsinnig

rubble ['rʌbl] *s* Trümmer *pl,* Schutt *m*

rub·down ['rʌbdaʊn] *s* Abreiben, Frottieren *nt*

rube [ru:b] *s* (*Am: pej*) Tölpel *m*

ru·bel·la [ru:'belə] *s* Röteln *pl*

ru·bi·cund ['ru:bɪkənd] *adj* rötlich

rub·out *s* (*Am: sl*) Mord *m*

ru·bric ['ru:brɪk] *s* ① Rubrik, Überschrift *f,* Titel *m* ② (REL) liturgische, gottesdienstliche Regel

ruby ['ru:bɪ] **I.** *s* Rubin *m* **II.** *adj* rubinrot

RUC [ˌɑ:(r)ju:'si:] *s Abk. von* **Royal Ulster Constabulary** nordirische Polizeibehörde

ruck[1] [rʌk] *s* (*Rennen*) Pulk *m;* (*Rugby*) offenes Gedränge; **the common ~** die breite Masse; **get out of the ~** sich von der breiten Masse absetzen

ruck[2] [rʌk] **I.** *s* Falte *f* **II.** *vt* (*~ up*) zusammenziehen; verschieben **III.** *vi* sich zusammenziehen; sich hochschieben

ruck·sack ['rʌksæk] *s* Rucksack *m*

ruckus ['rʌkəs] *s* (*fam*) Krawall, Tumult *m*

ruc·tion ['rʌkʃn] *s meist pl* (*fam*) Krawall *m;* Krach *m;* **there'll be ~s** es gibt Krach

rud·der ['rʌdə(r)] *s* (MAR AVIAT) Ruder *nt;* **rud·der·less** [-ləs] *adj* ohne Ruder; (*fig*) führungslos

ruddi·ness ['rʌdɪnɪs] *s* Röte *f;* gesunde Gesichtsfarbe; **ruddy** ['rʌdɪ] *adj* ① (*Gesichtsfarbe*) rot, gesund ② (*Himmel*) rötlich ③ (*sl*) verdammt, verflixt

rude [ru:d] *adj* ① unhöflich; unverschämt; grob ② unanständig, unflätig ③ (*Wetter*) wüst, rau ④ primitiv; einfach ⑤ (*Kraft*) gewaltig; **it's ~ to stare** man starrt andere Leute nicht an; **a ~ awakening** ein böses Erwachen; **be in ~ health** vor Gesundheit strotzen

ru·di·ment ['ru:dɪmənt] *s meist pl* ① Anfangsgründe *mpl* ② (BIOL) Rudiment *nt;* **ru·di·men·tary** [ˌru:dɪ'mentrɪ] *adj* ① (BIOL) rudimentär ② (*fig*) elementar

rue ['ru:] *vt* (*lit*) bereuen; **rue·ful** ['ru:fl] *adj* reuig, reuevoll

ruff [rʌf] *s* ① (HIST) Halskrause *f* ② (ZOO) Halsgefieder *nt,* Kragen *m* ③ (*Watvogel*) Kampfläufer *m*

ruf·fian ['rʌfɪən] *s* Rüpel, Grobian *m*

ruffle ['rʌfl] **I.** *vt* ① (*Wasser*) kräuseln ② (*Haare*) zerzausen ③ (*fig*) aufregen, aufwühlen; aus der Ruhe bringen; **the bird ~d up its feathers** der Vogel plusterte sich auf **II.** *s* ① Kräuseln *nt* ② (*Kleid*) Rüsche *f*

rug [rʌg] *s* ① Läufer *m;* Teppich *m* ② Wolldecke *f* ③ (*bedside ~*) Bettvorleger *m*

rugby ['rʌgbɪ] *s* Rugby *nt*

rug·ged ['rʌgɪd] *adj* ① uneben, rau ② (*Fels*) zerklüftet ③ (*Grund*) felsig ④ (*Gesicht*) markig ⑤ (*Widerstand*) verbissen

ruin ['ru:ɪn] **I.** *s* ① Untergang *m;* Ende *nt;* Ruin *m* ② Ruine *f* ③ *(fig)* Wrack *nt* ④ ~**s** Ruinen *fpl,* Trümmer *pl;* **go to** ~ verfallen **II.** *vt* ① verwüsten, zerstören ② *(Ruf)* ruinieren ③ *(finanziell)* ruinieren, zu Grunde richten ④ *(Kind)* verderben; **be** ~**d** eine Ruine sein; zerstört sein; **ruin·ation** [ˌru:ɪ'neɪʃn] *s* Zerstörung *f;* Ruinierung *f;* **ruin·ous** ['ru:ɪnəs] *adj* ① ruinös ② *(Preis)* extrem

rule [ru:l] **I.** *s* ① Regel *f;* Spielregel *f* ② *(Verwaltung)* Vorschrift, Bestimmung *f* ③ Herrschaft *f;* Regierungszeit *f* ④ Metermaß *nt,* Maßstab *m;* **play by the** ~**s** die Spielregeln einhalten; **against the** ~**s** regelwidrig; **it's a** ~ **that …** es ist Vorschrift, dass …; ~ **of thumb** Faustregel *f;* **as a** ~ in der Regel; **the** ~ **of law** die Rechtsstaatlichkeit; **make it a** ~ es sich zur Regel machen *(to do s.th.* etw zu tun); ~ **of the road** Verkehrsvorschrift *f* **II.** *vt* ① beherrschen, regieren; herrschen über ② (JUR) entscheiden ③ *(Papier)* linieren; **be** ~**d by jealousy** von Eifersucht beherrscht werden **III.** *vi* ① herrschen, regieren *(over* über) ② (COM: *Preise*) notieren ③ (JUR) entscheiden *(against* gegen); **rule off** *vt* einen Schlussstrich ziehen unter; **rule out** *vt* (durch)streichen; ausschließen

rule·book ['ru:lbʊk] *s* Regelheft *nt;* Vorschriftenbuch *nt;* **ruler** ['ru:lə(r)] *s* ① Herrscher *m (of* über) ② Lineal *nt;* **rul·ing** ['ru:lɪŋ] **I.** *adj* ① (vor)herrschend ② *(Faktor)* ausschlaggebend ③ *(Preise)* notiert; **the** ~ **class** die herrschende Klasse; **the** ~ **party** die Regierungspartei **II.** *s* (JUR) Entscheidung *f*

rum¹ [rʌm] *s* Rum *m*

rum² [rʌm] *adj (fam)* komisch, kauzig

rumba ['rʌmbə] *s* Rumba *f od m*

rumble ['rʌmbl] **I.** *vi* ① *(Donner)* grollen; donnern ② *(Magen)* knurren **II.** *vt (fig)* durchschauen **III.** *s* ① Grollen *nt;* Donnern *nt;* Rumpeln *nt* ② *(sl)* Schlägerei *f;* **rum·bling** [-ɪŋ] *s* Grollen *nt;* Donnern *nt;* Rumpeln *nt*

rum·bus·tious [rʌm'bʌstɪəs] *adj* derb

ru·mi·nant ['ru:mɪnənt] **I.** *s* Wiederkäuer *m* **II.** *adj* wiederkäuend; **ru·mi·nate** ['ru:mɪneɪt] *vi, vt* ① wiederkäuen ② *(fig)* grübeln *(about, upon, over* über); **ru·mi·na·tive** ['ru:mɪnətɪv] *adj (fig)* nachdenklich, grüblerisch

rum·mage ['rʌmɪdʒ] **I.** *s* ① Trödel(kram), Ausschuss, Ramsch *m* ② Durchstöbern, -suchen *nt;* ~ **sale** Ramschverkauf *m* **II.** *vi* (~ *about,* ~ *around)* herumstöbern, herumwühlen *(among, in* in)

rummy ['rʌmɪ] *s (Kartenspiel)* Rommee *nt*

ru·mor *(Am),* **ru·mour** ['ru:mə(r)] **I.** *s* Gerücht *nt (of* über) **there is a** ~ **of war** es gehen Kriegsgerüchte um **II.** *vt:* **it is** ~**ed that …** es geht das Gerücht, dass …; man munkelt, dass …; **rumour mill** *s* Gerüchteküche *f*

rump [rʌmp] *s* ① *(Vieh)* Hinterbacken *fpl* ② *(Vogel)* Bürzel *m* ③ *(Mensch)* Hinterteil *nt;* ~ **steak** Rumpsteak *nt*

rumple ['rʌmpl] *vt* ① zerknittern, zerknüllen ② *(Haar)* zerzausen

rum·pus ['rʌmpəs] *s (fam)* Krawall, Krach *m;* **kick up a** ~ einen Spektakel machen

run [rʌn] <*irr:* ran, run> **I.** *vi* ① laufen, rennen, eilen ② davonlaufen, weglaufen, wegrennen ③ *(Neuigkeit)* umgehen ④ *(Worte)* lauten ⑤ kandidieren, sich aufstellen lassen ⑥ *(Fahrzeug)* rollen; gleiten ⑦ *(Wasser)* laufen ⑧ *(Strom)* fließen ⑨ *(Augen)* tränen ⑩ *(Farbe)* zerfließen, ineinander fließen ⑪ *(Zinsen, Wechsel)* laufen ⑫ *(Verkehrsmittel)* fahren, verkehren ⑬ *(Fabrik)* arbeiten ⑭ *(Geschäft, Maschine)* gehen, laufen, in Betrieb sein, arbeiten; funktionieren ⑮ *(Straße)* führen, gehen ⑯ *(Berge)* sich ziehen, sich erstrecken ⑰ *(Strümpfe)* eine Laufmasche bekommen ⑱ *(Gewässer)* fließen, strömen; **he came** ~**ning out** er kam herausgelaufen; ~ **for the bus** zum Bus laufen; **she ran to help him** sie kam ihm schnell zur Hilfe; ~ **for one's life** um sein Leben rennen; ~ **(in) the 100 metres** die 100 Meter laufen; ~ **to earth** sich verkriechen; **a rumour ran through the school** ein Gerücht ging in der Schule um; ~ **down the list** die Liste durchgehen; **a shiver ran down her spine** ein Schauder lief ihr über den Rücken; **the idea ran through my head** der Gedanke ging mir durch den Kopf; **so the story** ~**s** die Geschichte geht so; **the wording ran as follows** es lautete folgendermaßen; ~ **for President** für die Präsidentschaft kandidieren; ~ **dry** austrocknen; **I've** ~ **dry of ideas** mir sind die Ideen ausgegangen; ~ **short** knapp werden; **it** ~**s on wheels** es fährt auf Rädern; **my skirt has** ~ mein Rock hat gefärbt; **the river** ~**s into the sea** der Fluss mündet ins Meer; **inflation is** ~**ning at …** die Inflationsrate beträgt …; **the tide was** ~**ning strongly** die Gezeiten waren stark; **the floor was** ~**ning with water** der Fußboden schwamm vor Wasser; **his blood ran cold** das Blut gefror ihm in den Adern; **the book has** ~ **into two editions** das Buch hat schon

R

zwei Auflagen erreicht; ~ **to a new car** sich ein neues Auto leisten; ~ **into** (**a**) **port** in den Hafen einlaufen; **the buses** ~ **once an hour** die Busse fahren stündlich; **the car is ~ning smoothly** der Wagen läuft ohne Schwierigkeiten; **the radio ~s off the mains** das Radio läuft auf Netz; **all planes are ~ning late** alle Flugzeuge haben Verspätung; **a wall ~s round the garden** um den Garten führt eine Mauer; ~ **in the family** in der Familie liegen; ~ **to seed** (*Blume*) schießen; (*Mensch*) herunterkommen; ~ **with sweat** schweißüberströmt sein **II.** *vt* ❶ laufen, rennen ❷ (*Fuchs*) treiben, jagen ❸ (*Kandidaten*) aufstellen ❹ (*Pferd*) laufen lassen ❺ (*Personen*) fahren, bringen ❻ (*Züge*) unterhalten; einsetzen ❼ (*Maschine*) betreiben; bedienen ❽ (*Test*) durchführen ❾ (*Hotel*) führen, leiten ❿ (*Wettbewerb*) veranstalten, durchführen ⓫ schmuggeln ⓬ (*Straße*) führen ⓭ (*Kabel*) verlegen ⓮ (*Film*) zeigen ⓯ (COM) verkaufen ⓰ (*Waffen*) schmuggeln; ~ **2 km** 2 km laufen; ~ **errands** Botengänge machen; ~ **the streets** sich auf der Straße herumtreiben; ~ **s.o. close** nur knapp von jdm geschlagen werden; ~ **its course** seinen Lauf nehmen; ~ **a fever** Fieber haben; ~ **s.o. off his feet** jdn ständig in Trab halten; ~ **o.s. out of breath** außer Atem kommen; ~ **s.o. into debt** jdn in Schulden stürzen; ~ (**water into**) **a bath** Wasser in die Badewanne einlaufen lassen; **he ran her home** er brachte sie nach Hause; **he ~s a car** er fährt, unterhält ein Auto; **a well-~ hotel** ein gut geführtes Hotel; ~ **a house** einen Haushalt führen; ~ **one's own life** sein eigenes Leben führen; ~ **one's fingers through one's hair** sich mit den Fingern durch die Haare fahren; ~ **one's eye over a page** eine Seite überfliegen; ~ **a rope round a tree** ein Seil um einen Baum legen; ~ **a sword into s.o.'s side** ein Schwert in jds Seite stoßen **III.** *s* ❶ (SPORT) Lauf *m* ❷ Fahrt *f;* Ausflug *m* ❸ Flug *m;* Strecke *f* ❹ Dauer *f* ❺ Reihe, Serie *f* ❻ (THEAT) Spielzeit *f* ❼ (FILM) Laufzeit *f* ❽ (COM) Ansturm, Run *m* ❾ (*fig*) Tendenz *f* ❿ (*Ski*) Bahn *f* ⓫ (*für Tiere*) Gehege *nt;* Hühnerhof *m* ⓬ (*Strümpfe*) Laufmasche *f* ⓭ (MUS) Lauf *m* ⓮ (TYP) Auflage *f;* **he came in at a** ~ er kam hereingelaufen; **he took the fence at a** ~ er nahm die Hürde im Lauf; **break into a** ~ zu laufen anfangen; **make a** ~ **for it** weglaufen; **on the** ~ auf der Flucht; **I've been on the** ~ **ever since I got up** seit ich aufgestanden bin, war ich ganz schön auf Trab; **he has had a good** ~ **for his money** er hat was für sein Geld bekommen; er hat einen ordentlichen Kampf bekommen; **go for a** ~ **in the car** eine Fahrt im Auto machen; **take a** ~ **up to ...** eine Fahrt nach ... machen; **on the outward/inward** ~ auf der Hin-/Rückfahrt; **approach** ~ Anflug *m;* **give s.o. the** ~ **of one's house** jdm sein Haus überlassen; **in the short** ~ fürs Nächste; **a** ~ **of luck** eine Glückssträhne; ~ **on** Ansturm *m* auf; **the common** ~ **of mankind** der Durchschnittsmensch; **the ordinary** ~ **of things** der normale Gang der Dinge; **run about** *vi* herum-, umherlaufen; ~ **about with s.o.** sich mit jdm herumtreiben; **run across I.** *vi* hinüberlaufen **II.** *vt* zufällig treffen; **run after** *vt* hinterherlaufen; **run against** *vt* (POL) jds Gegenkandidat sein; **run along** *vi* (*fam*) laufen, rennen; **run away** *vi* ❶ weglaufen, wegrennen ❷ (*Wasser*) auslaufen; **run away with** *vt* ❶ (*Geld*) verschlucken, verbrauchen; durchgehen mit ❷ (SPORT) spielend gewinnen; ~ **away with the idea** auf den Gedanken kommen; **run back** *vi* zurücklaufen; ~ **back over the procedure** das Verfahren nochmals durchgehen; **run down I.** *vi* ❶ hinunterlaufen ❷ (*Uhr*) ablaufen ❸ (*Batterie*) leer werden **II.** *vt* ❶ überfahren ❷ (MAR) rammen; versenken ❸ (*Lager*) abbauen, auflösen ❹ (*fig*) schlecht machen ❺ (*Verbrecher*) zur Strecke bringen, fassen; **run in I.** *vi* hineinlaufen **II.** *vt* ❶ (*Auto*) einfahren ❷ (*fam*) sich schnappen; **run into** *vt* ❶ zufällig treffen ❷ (*Auto*) fahren gegen; ~ **into difficulties** Schwierigkeiten bekommen; ~ **into danger** in Gefahr geraten; **run off I.** *vi* weglaufen, -rennen **II.** *vt* ❶ (*Wasser*) ablassen ❷ (*Brief*) herunterschreiben ❸ (TYP) abziehen, Abzüge machen von ❹ (SPORT) entscheiden ❺ (*Kleid*) schnell machen; **run on** *vi* ❶ weiterlaufen, -rennen ❷ (*Gespräch*) sich hinziehen ❸ (*Worte*) laufend geschrieben sein; ohne Absatz gedruckt sein; **run out I.** *vi* ❶ hinausgehen, herauslaufen ❷ (*Ware*) ausgehen, zu Ende gehen ❸ (*Bescheinigung*) ablaufen **II.** *vt* (*Kette*) abwickeln; **run out of** *vi:* **I've** ~ **out of money** mir ist das Geld ausgegangen, ich habe kein Geld mehr; (*Vorräte*) ausgehen; **run over I.** *vi* ❶ kurz hinüberlaufen ❷ (*Flüssigkeit*) überlaufen ❸ (*Buch*) durchgehen; durchsehen **II.** *vt* überfahren; **run through I.** *vi* ❶ durchlaufen ❷ (*Geld*) durchbringen

❸ (*Stück*) durchgehen; durchspielen **II.** *vt* durchbohren; **run up** **I.** *vi* hinauflaufen, -eilen **II.** *vt* ❶ (*Flagge*) hissen ❷ machen ❸ schnell zusammennähen; ~ **up against difficulties** auf Schwierigkeiten stoßen; ~ **up a debt** Schulden machen

run·about [ˈrʌnəbaʊt] *s* kleiner Stadt-, Sportwagen; kleines Motorboot; kleines Flugzeug; **run-around** [ˈrʌnəˈraʊnd] *s* (*sl*): **get the** ~ an der Nase herumgeführt werden; **give s.o. the** ~ jdn an der Nase herumführen; **run·away** [ˈrʌnəweɪ] **I.** *s* Ausreißer(in) *m(f)* **II.** *adj* ❶ durchgebrannt, entlaufen ❷ (*Inflation*) unkontrollierbar; **have a** ~ **victory** einen leichten Sieg haben; **run-down** [ˌrʌnˈdaʊn] **I.** *adj* ❶ (TECH) abgelaufen ❷ heruntergekommen, elend ❸ abgespannt **II.** [ˈrʌndaʊn] *s* ❶ Zusammenfassung *f*, Bericht *m* ❷ (*Lager*) Abbau *m;* Auflösung *f*

rune [ruːn] *s* Rune *f*

rung¹ [rʌŋ] *s.* **ring¹**

rung² [rʌŋ] *s* Sprosse *f*

run-in [ˈrʌnˌɪn] *s* (*fam*) Streit *m*

run·ner [ˈrʌnə(r)] *s* ❶ Läufer(in) *m(f)*, Rennpferd *nt* ❷ Bote, Laufbursche *m* ❸ Schmuggler *m* ❹ (Schlitten)Kufe *f* ❺ (Tisch)Läufer *m* ❻ (BOT) Ausläufer *m;* **do a** ~ (*sl*) eine Fliege machen; **runner bean** *s* Stangenbohne *f;* **runner-up** [ˌrʌnərˈʌp] *s* (SPORT) Zweite(r) *f m*

run·ning [ˈrʌnɪŋ] **I.** *s* ❶ Laufen, Rennen *nt* ❷ (*a.* TECH) Leitung, Führung *f* ❸ (JUR) Schmuggel *m* ❹ (COM) Laufzeit, Gültigkeitsdauer *f;* ~ **style** Laufstil *m;* **make the** ~ das Rennen machen; **be in the** ~ im Rennen liegen; **be out of the** ~ aus dem Rennen sein; **take up the** ~ sich an die Spitze setzen; ~ **shoe** Laufschuh *m* **II.** *adj* ❶ (*Wasser*) fließend ❷ (COM) laufend; ~ **jump** Sprung *m* mit Anlauf; **go and take a** ~ **jump (at yourself)**! du kannst mich mal!; ~ **commentary** fortlaufender Kommentar; ~ **account** laufendes Konto; **4 days** ~ 4 Tage hintereinander; **a** ~ **cold** ein schwerer Schnupfen; **a** ~ **tap** ein aufgedrehter Wasserhahn; **up and** ~ in Betrieb; ~ **water** fließendes Wasser; **running costs** *s pl* Betriebskosten *pl;* **running joke** *s* Witz, der ständig wiederholt wird; **running order** *s:* **in** ~ betriebsbereit

runny [rʌnɪ] *adj* ❶ flüssig ❷ (*Nase*) laufend ❸ (*Augen*) wässrig

run-off [ˈrʌnɒf] *s* (SPORT) Entscheidungslauf *m*, -spiel *nt;* **run-of-the-mill** [ˌrʌnəvðəˈmɪl] *adj* durchschnittlich, gewöhnlich

runt [rʌnt] *s* ❶ kleines Ferkel ❷ (*pej*) kleiner Teufel

run-through [ˈrʌnθruː] *s* Durchgehen *nt;* **run-up** [ˈrʌnʌp] *s* ❶ (SPORT) Anlauf *m* ❷ (*fig*) Vorbereitungszeit *f;* **run·way** [ˈrʌnweɪ] *s* Start- und Landebahn, Runway *f*

rup·ture [ˈrʌptʃə(r)] **I.** *s* ❶ Bruch *m* ❷ (POL) Abbruch *m* **II.** *vt, vi* brechen; ~ **o.s.** sich einen Bruch heben

ru·ral [ˈrʊərəl] *adj* ländlich; Land-; ~ **depopulation** Landflucht *f*

ruse [ruːz] *s* List *f*

rush¹ [rʌʃ] **I.** *vi* ❶ eilen, laufen, rennen; hetzen; stürmen ❷ (*Wasser*) schießen, stürzen; ~ **to help** zu Hilfe eilen; ~ **to the attack** auf etw losgehen; **the blood** ~**ed to his face** das Blut schoss ihm ins Gesicht **II.** *vt* ❶ (schnell, heftig) drängen, stoßen, jagen ❷ schnell befördern, transportieren, schaffen (*to the hospital* ins Krankenhaus) ❸ (*Arbeit*) hastig machen ❹ (*sl*) schröpfen; **be** ~**ed off one's feet** dauernd auf Trab sein; ~ **s.o. into a decision** jdn zu einer hastigen Entscheidung treiben; ~ **s.o. into doing s.th.** jdn dazu treiben, etw überstürzt zu tun; ~ **one's fences** die Sache überstürzen **III.** *s* ❶ Andrang *m*, Gedränge *nt* ❷ (MIL) Stoß *m;* Sturm *m* ❸ Eile, Hetze, Hast *f* ❹ ~**es** (FILM) erste Kopie; **the Christmas** ~ der Weihnachtsbetrieb; **a** ~ **job** ein eiliger Auftrag; **a** ~ **of orders** eine Flut von Aufträgen; **be in a** ~ in Eile sein; **rush at** *vt* losstürzen auf; **rush out** *vi* hinauseilen, -stürzen; **rush through** *vt* (*Gesetz*) durchpeitschen; **rush up** *vi* hinaufeilen

rush² [rʌʃ] *s* Binse *f*, Rohr *nt;* **not worth a** ~ keinen Pfifferling wert

rush hour [ˈrʌʃaʊə] *s* Hauptgeschäfts-, Hauptverkehrs-, Stoßzeit *f;* **rush order** *s* (COM) Eilauftrag *m*

rusk [rʌsk] *s* Zwieback *m*

rus·set [ˈrʌsɪt] **I.** *adj* gelblich rotbraun **II.** *s* Boskopapfel *m*

Rus·sia [ˈrʌʃə] *s* Russland *nt;* **Rus·sian** [ˈrʌʃn] **I.** *s* ❶ Russe *m*, Russin *f* ❷ (*Sprache*) (das) Russisch(e) **II.** *adj* russisch; ~ **roulette** russisches Roulett

rust [rʌst] **I.** *s* ❶ Rost *m* ❷ (BOT) Brand *m;* ~**-proof** rostfrei; ~**-resistant** nicht rostend **II.** *vt* rosten lassen **III.** *vi* rosten; einrosten; ~ **over** verrosten; ~ **through** durchrosten; ~ **up** festrosten

rust-coloured *adj* rostfarben

rus·tic [ˈrʌstɪk] **I.** *adj* ❶ bäuerlich ❷ (*Stil*) rustikal ❸ (*Manieren*) bäurisch **II.** *s* Bauer *m*

rusti·ness [ˈrʌstɪnɪs] *s* Rostigkeit *f*

rustle [ˈrʌsl] **I.** *vi* ❶ rascheln ❷ (*Seide*) knis-

R

tern **II.** *vt* ① rascheln mit ② (*Am fam: Vieh*) stehlen; ~ **up** improvisieren **III.** *s* Geraschel, Knistern *nt;* **rust·ler** ['rʌslə(r)] *s* (*Am fam*) Viehdieb *m*

rusty ['rʌstɪ] *adj* ① rostig; verrostet ② (*fig*) eingerostet, aus der Übung; **I'm a bit** ~ ich bin etwas aus der Übung

rut¹ [rʌt] *s* ① Spur, Furche *f* ② (*fig*) Trott *m;* **be in a** ~ im Trott sein; **get into a** ~ in einen Trott geraten

rut² [rʌt] **I.** *vi* (ZOO) brunften, brunsten **II.** *s* (*von Tier*) Brunst, Brunft *f;* ~**ting season** Brunft-, Brunstzeit *f*

ruta·baga [ˌruːtə'beɪgə] *s* (*Am*) Steckrübe *f*

ruth·less ['ruːθlɪs] *adj* ① rücksichtslos ② (*iro*) schonungslos, unbarmherzig; **ruth·less·ness** [-nɪs] *s* ① Rücksichtslosigkeit *f* ② Unbarmherzigkeit, Schonungslosigkeit *f*

RV [ˌɑː(r)'viː] *s Abk. von* **recreational vehicle** (*Am*) Wohnmobil *nt*

Rwan·da [rʊ'ændə] *s* Ruanda *nt;* **Rwan·dan** [rʊ'ændən] **I.** *s* ruandisch **II.** *s* Ruander(in) *m(f)*

rye [raɪ] *s* ① Roggen *m* ② (*Am*) (Roggen)Whiskey *m* ③ (~ *bread*) Roggenbrot *nt*

S s

S, s [es] <*pl* -'s> *s* S, s *nt*

Sab·bath ['sæbəθ] *s* Sabbat *m;* **witches'** ~ Hexensabbat *m;* **sab·bati·cal** [sə'bætɪkl] *adj* ① Sabbat-; sonntäglich ② (*Universität*) Forschungs-; **he is on** ~ **leave** er hat akademischen Urlaub, Forschungsurlaub; ~ **year** Forschungsjahr *nt*

sa·ber ['seɪbə(r)] *s* (*Am*) Säbel *m*

sable ['seɪbl] *s* Zobel(pelz) *m*

sab·otage ['sæbətɑːʒ] **I.** *s* Sabotage *f* **II.** *vt* sabotieren; **sab·oteur** [ˌsæbə'tɜː(r)] *s* Saboteur *m*

sa·bre ['seɪbə(r)] *s* Säbel *m;* **sa·bre-rat·tling** ['seibəˌrætlɪŋ] *s* Säbelrasseln *nt*

sac [sæk] *s* ① (ANAT) Sack *m* ② (BOT) Staubbeutel *m*

sac·char·in ['sækərɪn] *s* Süßstoff *m,* Saccharin *nt;* **sac·char·ine** ['sækəriːn] *adj* Saccharin-; (*fig*) zuckersüß

sachet ['sæʃeɪ] *s* ① Duftkissen *nt* ② Beutel *m* ③ (*Puder*) Päckchen *nt* ④ (*Shampoo*) Briefchen *nt*

sack¹ [sæk] **I.** *s* ① Sack *m* ② (*fam*) Entlassung *f;* **get the** ~ entlassen werden; **give s.o. the** ~ jdn an die Luft setzen, entlassen, hinauswerfen; **hit the** ~ (*sl*) sich in die Falle hauen **II.** *vt* ① einsacken ② (*fam*) entlassen

sack² [sæk] **I.** *s* Plünderung *f* **II.** *vt* plündern

sack·cloth ['sækklɒːθ] *s* Sackleinwand *f;* **in** ~ **and ashes** (*fig*) in Sack und Asche; **sack·ful** ['sækfʊl] *s* Sackvoll *m;* **sack·ing** ['sækɪŋ] *s* ① Sackleinen *nt* ② (*fam*) Entlassung *f;* **sack race** *s* Sackhüpfen *nt*

sac·ra·ment ['sækrəmənt] *s* Sakrament *nt;* **the Blessed (Holy) Sacrament** das heilige Sakrament; **sac·ra·men·tal** [ˌsækrə'mentl] *adj* sakramental

sacred ['seɪkrɪd] *adj* ① heilig ② (*Musik*) geistlich ③ (*Gebäude*) sakral; **nothing is** ~ **to him** ihm ist nichts heilig; ~ **to the memory of …** zum Gedenken an …; ~ **cow** heilige Kuh

sac·ri·fice ['sækrɪfaɪs] **I.** *s* ① Opfer *nt* ② Opfergabe *f;* **make a** ~ **of s.o.** jdn opfern; **make** ~**s** Opfer bringen; **sell s.th. at a** ~ etw mit Verlust verkaufen **II.** *vt* opfern (*s.th. to s.o.* jdm etw)

sac·ri·lege ['sækrɪlɪdʒ] *s* Sakrileg *nt;* Frevel *m;* **sac·ri·legious** [ˌsækrɪ'lɪdʒəs] *adj* frevlerisch; gotteslästerlich

sac·ri·sty ['sækrɪstɪ] *s* Sakristei *f*

sac·ro·sanct ['sækrəʊsæŋkt] *adj* sakrosankt

SAD [ˌeseɪ'diː] *s Abk. von* **seasonal affective disorder** SAD-Syndrom *nt*

sad [sæd] *adj* ① traurig, betrübt (*about* über) ② (*Verlust*) schmerzlich ③ (*Fehler*) bedauerlich ④ (*Farbe*) trist ⑤ (*Ort*) düster; **feel** ~ traurig sein; **the** ~ **death of …** der schmerzliche Verlust von …; **sad·den** ['sædn] *vt* betrüben

saddle ['sædl] **I.** *s* ① Sattel *m* ② (*Tier*) Rücken *m,* Kreuz *nt* ③ Bergsattel *m;* **be in the** ~ (*fig*) im Sattel sitzen **II.** *vt* ① (*Pferd*) satteln ② (*fig*) aufhalsen (*s.o. with s.th.* jdm etw); ~ **o.s. with s.o.** sich jdn aufhalsen; ~ **up** aufsatteln; **be** ~**d with s.th.** etw am Hals haben; **sad·dle·bag** ['sædlbæg] *s* Sattel-, Packtasche *f;* **sad·dler** ['sædlə(r)] *s* Sattler *m;* **sad·dle soap** ['sædlsəʊp] *s* Sattelseife *f;* **sad·dle-sore** ['sædlsɔː(r)] *adj* wund geritten; wund gescheuert

i Land & Leute

Am **Sadie Hawkins Day** wird in den meisten Schulen der USA ein Tanz veranstaltet, zu dem die Mädchen die Jungs einladen dürfen. Der Brauch geht auf einen Comic von Li'l Abner aus dem Jahr 1937 zurück. Darin durften die Frauen eines Dorfes die Männer jagen, und wenn ein Mann gefangen wurde, musste er seine Jägerin heiraten.

sa·dism ['seɪdɪzəm] *s* Sadismus *m;* **sa·dist** ['seɪdɪst] *s* Sadist(in) *m(f);* **sa·dis·tic** [sə'dɪstɪk] *adj* sadistisch
sad·ness ['sædnəs] *s* Traurigkeit *f*
s.a.e. [,eseɪ'i:] *s Abk. von* **stamped addressed envelope** frankierter Rückumschlag
sa·fari [sə'fɑ:rɪ] *s* Safari, Großwildjagd *f;* **be on ~** eine Safari machen; **safari park** *s* Safaripark *m*
safe¹ [seɪf] *s* Safe, Tresor, Panzerschrank *m*
safe² [seɪf] **I.** *adj* ❶ sicher; in Sicherheit; unverletzt ❷ ungefährlich; sicher ❸ (*Fahrer, Methode*) sicher; zuverlässig ❹ (*Politik*) vorsichtig, risikolos, realistisch; **better ~ than sorry** (*prov*) Vorsicht ist besser als Nachsicht; **be ~ from s.o.** vor jdm sicher sein; **keep s.th. ~** etw sicher aufbewahren; **~ and sound** gesund und wohlbehalten; **the secret is ~ with her** bei ihr ist das Geheimnis sicher; **the beach is ~ for bathing** an dem Strand kann man gefahrlos baden; **it is ~ to tell him** man kann es ihm ohne weiteres erzählen; **it is a ~ guess** es ist so gut wie sicher; **it is ~ to say** man kann ruhig sagen; **just to be ~** [*o* **on the ~ side**] um ganz sicher zu gehen **II.** *adv:* **play (it) ~** auf Nummer sicher gehen
safe-blower, safe-breaker ['seɪf bləʊə(r), -breɪkə(r)] *s* Geldschrankknacker *m;* **safe-de·posit** [,seɪf dɪ'pɒzɪt] *s* Tresorraum *m;* **safe-deposit box** *s* Banksafe *m,* Bankschließfach *nt;* **safe·guard** ['seɪfgɑ:d] **I.** *s* Schutz *m;* **as a ~ against** zum Schutz gegen **II.** *vt* schützen, bewahren (*against* vor); **~ interests** Interessen wahrnehmen **III.** *vi:* **~ against s.th.** sich gegen etw absichern; **safe-keeping** [,seɪf'ki:pɪŋ] *s* sichere Ver-, Aufbewahrung; **safe sex** [seɪf'seks] *s* geschützter Geschlechtsverkehr
safety ['seɪftɪ] *s* Sicherheit *f;* **in a place of ~** an einem sicheren Ort; **for ~'s sake** aus Sicherheitsgründen; **leap to ~** sich in Sicherheit bringen; **play for ~** sichergehen, kein Risiko eingehen wollen; **~ first** Sicherheit ist das Wichtigste; **~ first campaign** Unfallverhütungskampagne *f;* **there's ~ in numbers** zu mehreren ist man sicherer; **safety belt** *s* Sicherheitsgurt *m;* **safety binding** *s* Sicherheitsbindung *f;* **safety catch** *s* Abzugssicherung *f;* **safety curtain** *s* (THEAT) eiserner Vorhang; **safety gate** *s* Sicherheitstürgitter *nt;* **safety glass** *s* Sicherheitsglas *nt;* **safety lamp** *s* Grubenlampe *f;* **safety lock** *s* Sicherheitsschloss *nt;* **safety margin** *s* Sicherheitsspielraum *m;* **safety measure** *s* Sicherheitsmaßnahme *f;* **safety net** *s* Sicherheitsnetz *nt;* **safety pin** *s* Sicherheitsnadel *f;* **safety razor** *s* Rasierapparat *m;* **safety regulation** *s* Sicherheitsvorschrift *f;* **safety socket cover** *s* Steckdosenschutz *m;* **safety valve** *s* Sicherheitsventil *nt*
saf·fron ['sæfrən] *s* Safran *m*
sag [sæg] **I.** *vi* ❶ durchhängen, -sacken ❷ (*Schultern*) herabhängen ❸ (*Preis*) nachgeben, sinken ❹ (*Produktion*) zurückgehen ❺ (*fig*) abflauen **II.** *s* Durchhang *m;* **the ~ of his shoulders** seine herabhängenden Schultern
saga ['sɑ:gə] *s* ❶ Saga *f* ❷ (*~ novel*) Familiengeschichte *f* ❸ (*fam*) Geschichte, Story *f*
sa·gacious [sə'geɪʃəs] *adj* weise, klug; **sa·gac·ity** [sə'gæsətɪ] *s* Weisheit, Klugheit *f*
sage¹ [seɪdʒ] **I.** *adj* weise, klug **II.** *s* Weise(r) *f m*
sage² [seɪdʒ] *s* Salbei *m*
Sag·it·ta·rius [,sædʒɪ'teərɪəs] *s* (ASTR) Schütze *m*
said [sed] **I.** *pt, pp of* **say II.** *adj* besagt
sail [seɪl] **I.** *s* ❶ Segel *nt* ❷ Segelschiff *nt* ❸ Schiff-, Seefahrt *f* ❹ Törn *m* ❺ (Windmühlen)Flügel *m;* **in full ~** mit vollen Segeln; **make** [*o* **set**] **~** abfahren, absegeln; **go for a ~** segeln gehen **II.** *vi* ❶ (MAR) segeln, fahren ❷ abfahren, auslaufen (*for* nach) ❸ (*Schwan*) gleiten ❹ (*Wolken*) ziehen; **go ~ing** segeln gehen; **~ round the world** um die Welt segeln; **~ into the room** ins Zimmer rauschen; **~ in** (*fig*) sich einschalten; **~ into** (*fig*) anfahren **III.** *vt* (*Schiff*) segeln mit; **~ the seas** die Meere befahren; **sail·board** ['seɪlbɔ:d] *s* Windsurfbrett *nt;* **sail·board·ing** [-ɪŋ] *s* Windsurfen *nt;* **sail·boat** *s* (*Am*) Segelboot *nt;* **sail·ing** ['seɪlɪŋ] *s* ❶ Segeln *nt;* Segelsport *m* ❷ Abfahrt *f;* **sailing boat** *s* (*Br*) Segelboot *nt;* **sailing ship, sailing vessel** *s* Segelschiff *nt*
sailor ['seɪlə(r)] *s* Seemann, Matrose *m;* **be a good (bad) ~** (nicht) seefest sein; **sailor suit** *s* Matrosenanzug *m*
sail·plane ['seɪlpleɪn] *s* Segelflugzeug *nt*
saint [seɪnt, *vor Namen* snt] *s* Heilige(r) *f m;* **Saint Anne** die heilige Anna; **Saint Luke's (Church)** Sankt Lukas, die Lukaskirche

i Land & Leute

Der Nationalfeiertag der Frankokanadier ist der **Saint-Jean-Baptiste** am 24. Juni. In vielen Orten der Provinz Québec wird an diesem Tag um hohe Scheiterhaufen herum getanzt und gefeiert.

i Land & Leute

Der **Saint Patrick's Day** am 17. März ist das Fest des Schutzpatrons Irlands. – In den USA ist es kein gesetzlicher Feiertag; sehr viele Leute tragen dann die Farbe Grün und geben Partys. In manchen Städten gibt es auch Umzüge, von denen der größte und berühmteste in New York City stattfindet.

sainted ['seɪntɪd] *adj* heilig gesprochen; **saint·li·ness** [-lɪnɪs] *s* Heiligkeit *f*; **saint·ly** ['seɪntlɪ] *adj* heilig

sake [seɪk] *s*: **for the ~ of s.th.** um einer S willen; **for the ~ of peace and quiet** um des lieben Friedens willen; **for my ~** meinetwegen; **and all for the ~ of ...** und alles wegen ...; **for goodness** [*o* **heaven's**] **~** um Himmels willen

sal·able ['seɪləbl] *adj* (*Am*) verkäuflich; absatzfähig

sa·lacious [sə'leɪʃəs] *adj* obszön; anzüglich

salad ['sæləd] *s* Salat *m*; **fruit-~** Obstsalat *m*; **salad bowl** *s* Salatschüssel *f*; **salad cream** *s* Salatmayonnaise *f*; **salad days** *s pl* unschuldige Jugendtage *mpl*; **salad dressing** *s* Salatsoße *f*, -dressing *nt*

sa·la·mi [sə'lɑːmɪ] *s* Salami *f*

sal am·mo·ni·ac [ˌsælə'məʊnɪæk] *s* Salmiak *m*

sal·ar·ied ['sælərɪd] *adj* besoldet, bezahlt; fest angestellt; **~ post** Angestelltenposten *m*; **~ employee** Gehaltsempfänger(in) *m(f)*

sal·ary ['sælərɪ] *s* Gehalt *nt*; **earn a good ~** ein gutes Gehalt haben; **salary cut** *s* Gehaltskürzung *f*; **salary deduction** *s* Gehaltsabzug *mpl*; **salary earner** *s* Gehaltsempfänger(in) *m(f)*; **salary increase** *s* Gehaltserhöhung *f*; **salary review** *s* Gehaltsaufbesserung *f*; **salary scale** *s* Gehaltstabelle *f*

sale [seɪl] *s* ❶ Verkauf *m* ❷ Geschäft *nt*; Abschluss *m* ❸ Ausverkauf, Schlussverkauf *m* ❹ **~s** Verkaufsabteilung *f* ❺ **~s** Absatz *m* ❻ Auktion *f*; **for ~** zu verkaufen; **point of ~ system** (COM) POS-System *nt* (*bargeldloses Zahlen an elektronischen Kassen*); **put s.th. up for ~** etw zum Verkauf anbieten; **not for ~** nicht verkäuflich; **be on ~** verkauft werden; **~ or return** Kauf mit Rückgaberecht; **buy in** [*o* **at**] **the ~s** im Ausverkauf kaufen; **~ of work** Basar *m*; **sale·able** ['seɪləbl] *adj* verkäuflich; absatzfähig; **sale price** *s* (Aus)Verkaufspreis *m*; **sale·room** ['seɪlruːm] *s* Auktionsraum *m*

sales analysis [ˌseɪlzə'næləsɪs] *s* Umsatzanalyse *f*; **sales ap·peal** [ˌseɪlzə'piːl] *s* Kaufanreiz *m*; **sales book** *s* Warenausgangsbuch *nt*; **sales campaign** *s* Verkaufskampagne *f*; **sales clerk** ['seɪlzklɜːrk] *s* (*Am*) Verkäufer(in) *m(f)*; **sales conference** *s* Verkaufskonferenz *f*; **sales department** *s* Verkaufsabteilung *f*; **sales director** *s* Verkaufsdirektor(in) *m(f)*; **sales drive** *s* Verkaufsaktion *f*; **sales executive** *s* Verkaufsleiter(in) *m(f)*; **sales figures** *s pl* Verkaufsziffern, Absatzzahlen *fpl*; **sales force** *s* Verkäuferstab *m*; **sales forecast** *s* Absatzprognose *f*; **sales·girl**, **sales·lady** ['seɪlzgɜːl, 'seɪlzˌleɪdɪ] *s* Verkäuferin *f*; **sales invoice** *s* Verkaufsrechnung *f*; **sales ledger** *s* Warenausgangs-, Debitorenbuch *nt*; **sales literature** *s* Werbematerial *nt*, Verkaufsprospekte *mpl*; **sales·man** ['seɪlzmən, *pl* -men] <*pl* -men> *s* ❶ Verkäufer *m* ❷ (COM) Vertreter *m*; **sales manager** *s* Verkaufsleiter(in) *m(f)*; **sales·man·ship** ['seɪlzmənʃɪp] *s* Verkaufstechnik *f*; **sales meeting** *s* Verkaufskonferenz *f*; **sales-person** *s* (*Am*) Verkäufer(in) *m(f)*; **sales pitch** *s* ❶ Verkaufstechnik *f* ❷ Verkaufsgespräch *nt*; **sales receipt** *s* Kassenbeleg *m*; **sales representative** *s* Vertreter(in) *m(f)*; **sales resistance** *s* Kaufunlust *f*; **sales revenue** *s* Verkaufserlös *m*; **sales·room** ['seɪlzrʊm] *s* Auktionsraum *m*; **sales talk** *s* Verkaufsgespräch *nt*; **sales tax** *s* Warenumsatzsteuer *f*; **sales·woman** ['seɪlzwʊmən, *pl* -wɪmɪn] <*pl* -women> *s* Verkäuferin *f*

sa·li·ent ['seɪlɪənt] *adj* (*fig*) in die Augen springend, hervorstechend, auffällig; **~ points** Hauptpunkte *pl*

sa·line ['seɪlaɪn] *adj* salz(halt)ig

sal·iva [sə'laɪvə] *s* Speichel *m*; **sali·vary** ['sælɪvərɪ] *adj* Speichel-; **~ gland** Speicheldrüse *f*; **sali·vate** ['sælɪveɪt] *vi* Speichel absondern

sal·low ['sæləʊ] *adj* fahl, gelb, blässlich

sally ['sælɪ] **I.** *s* ❶ (MIL) Ausfall *m* ❷ Ausbruch *m*; **make a ~** (MIL) einen Ausfall machen; (*fig*) eine Tirade loslassen **II.** *vi:* ~ **forth** (MIL) einen Ausfall machen; (*fig*) sich aufmachen

salmon ['sæmən] <*pl* -> *s* ❶ Lachs *m* ❷ (*Farbe*) Lachs(rosa) *nt*

sal·mo·nel·la poi·son·ing [ˌsælmə'nelə'pɔɪzənɪŋ] *s* Salmonellenvergiftung *f*

salmon farm(ing) *s* Lachszucht *f;* **salmon trout** *s* Lachsforelle *f*

salon ['sælɒn] *s* Salon *m*

sa·loon [sə'lu:n] *s* ❶ Saal *m* ❷ (*Am*) Wirtschaft *f,* Saloon *m* ❸ (*Br*) Limousine *f;* ~ **car** (*Br*) Limousine *f*

sal·sify ['sælsɪfaɪ] *s* Schwarzwurzel *f*

salt [sɔ:lt] **I.** *s* ❶ (*a.* CHEM) Salz ❷ (*fig*) Würze *f* ❸ ~**s** Riechsalz *nt;* **be worth one's** ~ etw taugen; **take s.th. with a pinch of** ~ etw nicht ganz wörtlich nehmen **II.** *adj* Salz-; gesalzen **III.** *vt* salzen; einsalzen; ~ **away** (*fam*) auf die hohe Kante legen; **salt·cellar** *s* Salzstreuer *m;* **salt lake** *s* Salzsee *m;* **salt mine** *s* Salzbergwerk *nt,* Salzstock *m;* **salt·pe·ter** *s* (*Am*), **salt·petre** [sɔ:lt'pi:tə(r)] *s* Salpeter *m;* **salt-shaker** *s* Salzstreuer *m;* **salt water** *s* Salzwasser *nt;* **salt-water** *adj* Meeres-; Salz-; **salty** ['sɔ:ltɪ] *adj* salzig

sa·lu·bri·ous [sə'lu:brɪəs] *adj* (*Klima*) gesund, zuträglich

salu·tary ['sæljʊtrɪ] *adj* ❶ gesund ❷ (*Erfahrung*) heilsam ❸ (*Rat*) nützlich

salu·ta·tion [ˌsælju:'teɪʃn] *s* ❶ Begrüßung *f* ❷ (*Brief*) Anrede *f;* **in** ~ zur Begrüßung;

sa·lute [sə'lu:t] **I.** *vt* ❶ (be)grüßen ❷ (MIL) grüßen, salutieren (*s.o.* vor jdm) ❸ (*Mut*) bewundern; ~ **the arrival of s.o.** jdn begrüßen **II.** *vi* (MIL) salutieren, grüßen **III.** *s* ❶ Gruß *m,* Begrüßung *f* ❷ (MIL) Salut(schuss) *m;* **in** ~ zum Gruß; **stand at the** ~ salutieren; **take the** ~ die Parade abnehmen

Sal·va·do·ri·an [ˌsælvə'dɔ:rɪən] **I.** *adj* salvadorianisch **II.** *s* Salvadorianer(in) *m(f)*

sal·vage ['sælvɪdʒ] **I.** *s* ❶ (MAR) Bergung *f;* Bergungsgut *nt* ❷ (~ *money*) Bergelohn *m* **II.** *vt* ❶ (MAR) bergen (*from* aus) ❷ (*fig*) retten (*from* aus); ~ **s.th. from the fire** etw aus den Flammen retten; **salvage operation** *s* Bergungsaktion *f;* **salvage value** *s* Schrottwert *m;* **salvage vessel** *s* Bergungsschiff *nt*

sal·va·tion [sæl'veɪʃn] *s* ❶ Rettung *f* ❷ (REL) Heil *nt;* **work out one's own** ~ für sein eigenes Heil sorgen; **Salvation Army** *s* Heilsarmee *f*

salve [sælv, *Am* sæv] **I.** *s* ❶ Salbe *f* ❷ (*fig*) Balsam *m* **II.** *vt* ❶ einsalben ❷ (*fig*) beschwichtigen

sal·ver ['sælvə(r)] *s* Tablett *nt*

sal·vo ['sælvəʊ] *s* Salve *f*

sal vol·atile [ˌsælvə'lætəlɪ] *s* Riechsalz *nt*

i Land & Leute

Die **Samaritans** sind eine britische Organisation, die 1953 von dem anglikanischen Priester Chad Varah gegründet wurde, um Leuten in großer Not oder mit Selbstmordgedanken zu helfen. Es gibt 22.000 ausgebildete freiwillige Helfer, die rund um die Uhr Telefonseelsorge anbieten.

same [seɪm] **I.** *adj:* **the** ~ der, die, das Gleiche; der-, die-, dasselbe; **they are all the** ~ sie sind alle gleich; **it's the** ~ **thing** das ist das Gleiche; **at the** ~ **time** zur selben Zeit; **this** ~ **person** eben dieser Mensch; **in the** ~ **way** genau gleich; ebenso **II.** *pron* ❶ (*substantivisch*): **the** ~ der, die, das Gleiche; der-, die-, dasselbe; **she's much the** ~ sie hat sich kaum verändert; **it's always the** ~ es ist immer das Gleiche ❷ (*adverbial*): **the** ~ gleich; **it's not the** ~ **as before** es ist nicht wie früher; **it's all the** ~ **to me** es ist mir egal; **it comes to the** ~ das kommt aufs Gleiche heraus; **all** [*o* **just**] **the** ~ trotzdem; ~ **to you** eben-, gleichfalls; **same·ness** [-nɪs] *s* Eintönigkeit *f*

sample ['sɑ:mpl] **I.** *s* ❶ Beispiel *nt;* Kostprobe *f* ❷ (*Statistik*) Stichprobe, Auswahl *f* ❸ (*fig*) Beispiel *nt,* Probe *f* ❹ (COM) Muster *nt;* **up to** ~ dem Muster entsprechend; **give us a** ~ **of your playing** spielen Sie uns etwas vor; **a representative** ~ **of the population** eine repräsentative Auswahl aus der Bevölkerung **II.** *vt* ❶ (*Wein*) probieren, kosten ❷ (*fig*) kosten; **sample book** *s* Mustermappe *f;* **sam·pler** ['sɑ:mplə(r)] *s* ❶ Probierer(in) *m(f)* ❷ Stickmustertuch *nt* ❸ (*Schallplatte*) Auswahlplatte *f;* **sam·pling** ['sɑ:mplɪŋ] *s* ❶ Kostprobe *f* ❷ Weinprobe *f* ❸ (*Statistik*) Stichprobenverfahren *nt*

sana·tor·ium [ˌsænə'tɔ:rɪəm] *s* Sanatorium *nt*

sanc·tify ['sæŋktɪfaɪ] *vt* ❶ heiligen; weihen; sanktionieren ❷ (*Gelübde*) annehmen

sanc·ti·moni·ous [ˌsæŋktɪ'məʊnɪəs] *adj* scheinheilig, frömmlerisch

sanc·tion ['sæŋkʃn] **I.** *s* ❶ Zustimmung *f* ❷ Sanktion *f;* **economic** ~**s** wirtschaftliche Sanktionen; **give one's** ~ **to s.th.** etw sanktionieren **II.** *vt* sanktionieren; dulden

S

sanc·tity ['sæŋktətɪ] *s* Heiligkeit *f;* Unantastbarkeit *f*

sanc·tu·ary ['sæŋktʃʊərɪ] *s* ❶ Heiligtum *nt* ❷ (*fig*) Zuflucht *f* ❸ (*für Tiere*) Schutzgebiet *nt;* **seek ~ with** Zuflucht suchen bei

sand [sænd] **I.** *s* ❶ Sand *m* ❷ **~s** Sandstrand *m;* **the ~s are running out** (*fig*) die Zeit läuft ab **II.** *vt* schmirgeln; **~ down** abschmirgeln

san·dal ['sændl] *s* Sandale *f*

san·dal·wood ['sændlwʊd] *s* Sandelholz *nt*

sand·bag ['sændbæg] *s* Sandsack *m;* **sand·bank, sand·bar** ['sændbæŋk, 'sændbɑ:(r)] *s* Sandbank *f;* **sand·blast** ['sændblɑ:st] *vt* sandstrahlen; **sand-blast·ing** ['sænd‚blɑ:stɪŋ] *s* Sandstrahlen *nt;* **sand·boy** ['sændbɔɪ] *s:* **as happy as a ~** quietschvergnügt; **sand castle** *s* Sandburg *f;* **sand dune** *s* Sanddüne *f;* **sand flea** *s* Sandfloh *m;* **sand·glass** *s* Sanduhr *f;* **sand·man** ['sændmən] <*pl* -men> *s* Sandmännchen *nt;* **sand martin** *s* Uferschwalbe *f;* **sand·paper** ['sændpeɪpə(r)] *s* Sand-, Schmirgelpapier *nt;* **sand·piper** ['sænd‚paɪpə(r)] *s* Strandläufer *m;* **sand·pit** *s* Sandkasten *m;* **sand·shoe** *s* Strandschuh *m;* **sand·stone** ['sændstəʊn] *s* Sandstein *m;* **sand·storm** ['sændstɔ:m] *s* Sandsturm *m*

sand·wich ['sænwɪdʒ] **I.** *s* Sandwich *nt;* **be a ~ short of a picnic** (*fam*) nicht alle Tassen im Schrank haben **II.** *vt* einklemmen; einzwängen (*between* zwischen); **sandwich board** *s* Reklametafel *f;* **sandwich counter** *s* (*Am*) Imbisshalle *f;* **sandwich course** *s* *Ausbildungsgang, der Theorie und Praxis verbindet;* **sandwich man** ['sænwɪdʒmæn] <*pl* -men> *s* Plakatträger *m*

sandy ['sændɪ] *adj* ❶ sandig ❷ (*Farbe*) rötlich, rotblond

sand yacht ['sændjɒt] *s* Strandsegler *m*

sane [seɪn] *adj* ❶ geistig normal ❷ (JUR) zurechnungsfähig ❸ (*fig*) vernünftig, sinnvoll, gesund

sang [sæŋ] *s.* **sing**

san·guine ['sæŋgwɪn] *adj* ❶ optimistisch ❷ (*Gesichtsfarbe*) rot; **~ that we shall succeed** zuversichtlich, dass wir Erfolg haben werden

sani·tarium [‚sænɪ'teərɪəm] *s* (*Am*) Sanatorium *nt*

sani·tary ['sænɪtrɪ] *adj* ❶ hygienisch ❷ (*Installation*) sanitär ❸ (*Kommission*) Gesundheits- ❹ (*Fragen*) der Hygiene; **~ towel** [*o* **napkin**] (*Am*) Damen-, Monatsbinde *f*

sani·ta·tion [‚sænɪ'teɪʃn] *s* sanitäre Anlagen *fpl*

san·ity ['sænətɪ] *s* ❶ geistige Gesundheit; gesunder Menschenverstand ❷ (JUR) Zurechnungsfähigkeit *f* ❸ (*fig*) Vernünftigkeit *f;* **~ of judgement** ein gesundes Urteilsvermögen

sank [sæŋk] *s.* **sink²**

Santa Claus [‚sæntə'klɔ:z] *s* Nikolaus, Weihnachtsmann *m*

sap¹ [sæp] *s* ❶ (*von Pflanzen*) Saft *m* ❷ (*fig*) Lebenskraft *f*

sap² [sæp] **I.** *s* (MIL) Sappe *f* **II.** *vt* ❶ (MIL) unterminieren, untergraben ❷ (*fig*) untergraben; schwächen; **~ s.o.'s strength** jdn entkräften

sap·ling ['sæplɪŋ] *s* junger Baum

sap·per ['sæpə(r)] *s* (MIL) Pionier *m*

sap·phire ['sæfaɪə(r)] *s* (MIN) Saphir *m*

sar·casm ['sɑ:kæzəm] *s* Sarkasmus *m;* **sar·cas·tic** [sɑ:'kæstɪk] *adj* sarkastisch

sar·copha·gus [sɑ:'kɒfəgəs, *pl* -gaɪ] <*pl* -gi> *s* Sarkophag *m*

sar·dine [sɑ:'di:n] *s* Sardine *f;* **packed (in) like ~s** wie die Sardinen

sar·donic [sɑ:'dɒnɪk] *adj* süffisant, sardonisch

sari ['sɑ:rɪ] *s* Sari *m*

sar·tor·ial [sɑ:'tɔ:rɪəl] *adj:* **~ elegance** Eleganz *f* der Kleidung

SAS [‚eser'es] *s Abk. von* **Special Air Service** *britisches Sonderkommando*

sash¹ [sæʃ] *s* Schärpe *f*

sash² [sæʃ] (*~ window*) Schiebefenster *nt*

sat [sæt] *s.* **sit**

Satan ['seɪtən] *s* Satan *m;* **sa·tan·ic** [sə'tænɪk] *adj* satanisch, teuflisch

satchel ['sætʃəl] *s* Schulranzen *m,* -tasche *f*

sate [seɪt] *vt* (*Appetit*) stillen, befriedigen

sat·el·lite ['sætəlaɪt] *s* ❶ (ASTR) Satellit *m* ❷ (*fig*) Trabant *m;* **satellite broadcasting** *s* Satellitenfernsehen *nt;* **satellite country, satellite state** *s* Satellitenstaat *m;* **satellite dish** *s* (TV) Parabolantenne *f,* -spiegel *m;* **satellite picture** *s* (TV) Satellitenbild *nt;* **satellite television** *s* Satellitenfernsehen *nt;* **satellite town** *s* Trabantenstadt *f*

sati·ate ['seɪʃɪeɪt] *vt* ❶ (*Appetit*) stillen ❷ (*Tier*) sättigen ❸ (*fig*) übersättigen; **be ~d with food** gesättigt, übersättigt sein; **sat·iety** [sə'taɪətɪ] *s* Sättigung *f;* **do s.th. to ~** etw bis zum Überdruss tun

satin ['sætɪn] **I.** *s* Satin *m* **II.** *adj* Satin-; samtig

sat·ire ['sætaɪə(r)] *s* Satire *f* (*on* auf); **sa·tiri·cal** [sə'tɪrɪkl] *adj* satirisch, spöttisch; **sat·ir·ist** ['sætərɪst] *s* Satiriker(in) *m(f);* **sat·ir·ize** ['sætəraɪz] *vt* satirisch darstellen

sat·is·fac·tion [‚sætɪs'fækʃn] *s* ❶ Befriedigung *f* ② (*Schulden*) Begleichung *f* ③ (*Kunde*) Zufriedenstellung *f* ④ (*Ehrgeiz*) Verwirklichung *f* ⑤ (*Vertrag*) Erfüllung *f* ⑥ (*Zustand*) Zufriedenheit *f* (*at* mit) ⑦ Genugtuung *f;* **feel a sense of ~ at s.th.** Genugtuung über etw empfinden; **get ~ out of s.th.** Befriedigung in etw finden; **he proved to my ~ that …** er hat überzeugend bewiesen, dass …; **it is no ~ to me to know that …** es ist kein Trost zu wissen, dass …; **demand/obtain ~ from s.o.** Genugtuung von jdm verlangen/erhalten; **sat·is·fac·tory** [ˌsætɪsˈfæktərɪ] *adj* ① zufrieden stellend, befriedigend (*to* für) ② ausreichend, hinlänglich ③ (*Grund*) triftig, einleuchtend ④ (*Entschuldigung*) annehmbar ⑤ (*Schulnote*) ausreichend; befriedigend; **your attitude is not ~** Ihre Einstellung lässt zu wünschen übrig

sat·isfy [ˈsætɪsfaɪ] **I.** *vt* ① zufrieden stellen, befriedigen ② (*Hunger*) stillen ③ (*Mahl*) sättigen ④ (*Bedingungen, Verpflichtungen*) erfüllen, nachkommen *dat* ⑤ (*Regeln*) entsprechen *dat* ⑥ (*Anforderungen*) genügen *dat* ⑦ (*Ehrgeiz*) verwirklichen ⑧ überzeugen ⑨ (*Schuld*) begleichen; **be satisfied with s.th.** mit etw zufrieden sein; **nothing satisfies him** ihn kann nichts befriedigen; **if you can ~ him that …** wenn Sie ihn davon überzeugen können, dass … **II.** *vr:* **~ o.s. about s.th.** sich von etw überzeugen **III.** *vi* (*Mahl*) sättigen; **sat·is·fy·ing** [-ɪŋ] *adj* ① befriedigend ② sättigend

sat·su·ma [sætˈsuːmə] *s* Satsuma *f*

satu·rate [ˈsætʃəreɪt] *vt* ① durchtränken; durchnässen ② (CHEM) sättigen ③ (*fig*) sättigen; **satu·rat·ion** [ˌsætʃəˈreɪʃn] *s* Sättigung *f;* **saturation point** *s* Sättigungspunkt *m;* Sättigungsgrad *m;* **have reached ~ point** seinen Sättigungsgrad erreicht haben

Sat·ur·day [ˈsætədɪ] *s* Sonnabend, Samstag *m;* **on ~** am Sonnabend

Sat·urn [ˈsætən] *s* (ASTR) Saturn *m*

satyr [ˈsætə(r)] *s* (REL HIST) Satyr *m*

sauce [sɔːs] *s* ① Soße, Sauce *f* ② (*fam*) Frechheit *f;* **none of your ~!** werd' bloß nicht frech!; **sauce-boat** *s* Sauciere *f*

sauce·pan [ˈsɔːspən] *s* Kochtopf *m*

sau·cer [ˈsɔːsə(r)] *s* Untertasse *f;* **flying ~** fliegende Untertasse

saucily [ˈsɔːsɪlɪ] *adv* frech; **sauci·ness** [ˈsɔːsɪnɛs] *s* Frechheit *f;* **saucy** [ˈsɔːsɪ] *adj* ① frech ② (*fam*) schick, kess

Sau·di A·ra·bia [ˌsaʊdɪəˈreɪbɪə] *s* Saudi-Arabien *nt;* **Sau·di (A·ra·bi·an)** [ˌsaʊdɪ (əˈreɪbɪən)] **I.** *s* Saudi(araber) *m,* Saudiaraberin *f* **II.** *adj* saudisch, saudiarabisch

sauer·kraut [ˈsaʊəkraʊt] *s* Sauerkraut *nt*

sauna [ˈsɔːnə] *s* Sauna *f*

saun·ter [ˈsɔːntə(r)] **I.** *vi* umherschlendern, -bummeln **II.** *s* Bummel *m;* **they had [o went for] a ~ in the park** sie gingen im Park spazieren

saus·age [ˈsɒsɪdʒ] *s* Wurst *f;* **not a ~** (*fam*) überhaupt nichts; **sausage dog** *s* (*fam*) Dackel *m;* **sausage meat** *s* (Wurst)Brät *nt;* **sausage roll** *s* Würstchen *nt* im Schlafrock

sav·age [ˈsævɪdʒ] **I.** *adj* ① wild ② (*Kampf*) brutal ③ (*Tier*) gefährlich ④ (*Sitte*) grausam ⑤ (*Maßnahmen*) rigoros, drastisch, brutal; **make a ~ attack on s.o.** brutal über jdn herfallen; **~ criticism** schonungslose Kritik **II.** *s* Wilde(r) *f m* **III.** *vt* (*Tier*) anfallen; zerfleischen; **sav·age·ness** [-nɪs] *s* ① Wildheit *f* ② Brutalität *f;* Grausamkeit *f* ③ Gefährlichkeit *f;* **sav·agery** [ˈsævɪdʒrɪ] *s* ① Wildheit *f* ② Brutalität, Grausamkeit *f*

sa·van·na(h) [səˈvænə] *s* (GEOG) Savanne *f*

save¹ [seɪv] **I.** *vt* ① retten ② aufheben, aufbewahren, aufsparen ③ (*Geld*) sparen ④ (*Briefmarken*) sammeln ⑤ (*Kraft*) schonen; aufsparen ⑥ (*Ärger*) ersparen ⑦ (INFORM) sichern, abspeichern; **~ s.o. from s.th.** jdn vor etw retten; **~ the day** jds Rettung sein; **~ up** aufheben, aufbewahren; **~ s.o.'s bacon** (*fam*) jds Rettung sein; **~ the shot** (SPORT) den Ball abfangen; **~ s.o.'s life** jdm das Leben retten; **~ the situation** die Situation retten; **~ one's skin** (*fig*) mit heiler Haut davonkommen; **~ o.s. the trouble** sich die Mühe sparen; **it ~s me time** dabei spare ich Zeit **II.** *vi* ① (*Geld*) sparen ② (*Essen*) sich halten; **~ for s.th.** auf etw sparen; **~ up** sparen **III.** *s* (SPORT) Ballabwehr *f*

save² [seɪv] **I.** *prep* außer + *dat* **II.** *conj* es sei denn, dass; **~ that** nur dass

save·loy [ˈsævəlɔɪ] *s* Zervelatwurst *f*

saver [ˈseɪvə(r)] *s* ① Retter(in) *m(f)* ② Sparer(in) *m(f);* **it is a money-~** es spart Geld

sav·ing [ˈseɪvɪŋ] **I.** *adj* ① sparsam ② rettend; **the book's ~ sense of humour** der Humor in dem Buch, der manches wettmacht; **his ~ grace** was einen mit ihm versöhnt **II.** *s* ① Rettung *f* ② Sparen *nt* ③ Einsparung *f;* Ersparnis *f* ④ **~s** Ersparnisse *fpl,* Spareinlagen *fpl* **III.** *prep, conj* es sei denn, dass; **~ that** nur dass

sav·ings ac·count [ˈseɪvɪŋzəˌkaʊnt] *s* Sparkonto *nt;* **savings bank** *s* Sparkasse *f;* **savings bonus** *s* Sparzulage *f;* **savings book** *s* Sparbuch *nt;* **savings certificate** *s* Sparbrief *m;* **savings deposits** *s pl* Spar-

S

einlagen *fpl*

sa·vior (*Am*), **sav·iour** ['seɪvɪə(r)] *s* ❶ Retter(in) *m(f)* ❷ (REL) Erlöser, Heiland *m*

sa·vor (*Am*) *s.* **savour**; **sa·vori·ness** (*Am*) *s.* **savouriness**; **sa·vory** (*Am*) *s.* **savoury**

sa·vour ['seɪvə(r)] **I.** *s* ❶ Geschmack *m* ❷ (*fig*) Spur *f* ❸ Reiz *m;* **a ~ of garlic** ein Knoblauchgeschmack **II.** *vt* ❶ kosten; riechen ❷ (*fig*) genießen, auskosten **III.** *vi:* **~ of s.th.** etw ahnen lassen; **sa·vouri·ness** ['seɪvərɪnɪs] *s* Schmackhaftigkeit *f;* **sa·voury** ['seɪvərɪ] **I.** *adj* ❶ wohlschmeckend, schmackhaft ❷ (*fig*) angenehm, ersprießlich ❸ pikant; **~ biscuits** Salzgebäck *nt* **II.** *s* Appetithappen *m*

sa·voy (cabbage) [sə'vɔɪ] *s* Wirsing *m*

savvy ['sævɪ] **I.** *vt* (*sl*) kapieren, begreifen; **no ~** keine Ahnung **II.** *s* Grips *m,* Köpfchen *nt;* **he hasn't got much ~** er hat keine Ahnung

saw¹ [sɔː] <*irr:* sawed, sawed (sawn)> **I.** *s* Säge *f* **II.** *vt* sägen; **~ s.th. in two** etw entzweisägen; **~n timber** Schnittholz *nt;* **he ~ed the air** er schlug wild um sich; **~ down** umsägen; **~ off** absägen; **~ up** zersägen (*into* in) **III.** *vi* sägen; **~ at the violin** auf der Geige herumkratzen

saw² [sɔː] *s.* **see**

saw³ [sɔː] *s* Spruch *m*

saw·dust ['sɔːdʌst] *s* Sägemehl *nt;* **saw·mill** *s* Sägemühle *f*

sawn [sɔːn] *s.* **saw¹**

Saxon [sæksn] **I.** *adj* sächsisch **II.** *s* ❶ (*Mensch*) Sachse *m,* Sächsin *f* ❷ (*Sprache*) (das) Sächsisch(e)

i Land & Leute

Bei den **Saxons** (Sachsen) handelt es sich um Bewohner des nördlichen Teils Germaniens, die zusammen mit den *Angles* (Angeln) im 5. und 6. Jh. im Süden Britanniens einfielen. Das von ihnen besiedelte Gebiet kann man an den Namen der heutigen Countys Wessex, Middlesex, Essex und Sussex ablesen, die eine Aufteilung in *West Saxons, Middle Saxons, East Saxons,* und *South Saxons* bedeutet.

Saxony ['sæksənɪ] *s* Sachsen *nt*

saxo·phone ['sæksəfəʊn] *s* (MUS) Saxophon *nt;* **sax·ophon·ist** [sæk'sɒfənɪst] *s* Saxophonist(in) *m(f)*

say [seɪ] <*irr:* said, said> **I.** *vt, vi* ❶ sagen ❷ (*Gedicht*) aufsagen ❸ (*Text*) sprechen; aussprechen ❹ (*Thermometer*) anzeigen; **~ goodby(e) to** sich verabschieden von; **~ mass** die Messe lesen; **it ~s in the papers that ...** in den Zeitungen steht, dass ...; **the weather forecast said that ...** es hieß im Wetterbericht, daß ...; laut Wetterbericht ...; **that ~s a lot for him** das spricht für ihn; **what would you ~ to a holiday?** wie wär's mit Urlaub?; **what do you ~?** was meinen Sie?; **well, I must ~!** na, ich muss schon sagen!; **I ~!** na so was!; **it's easier said than done** das ist leichter gesagt als getan; **no sooner said than done** gesagt, getan; **she is said to be clever** sie soll klug sein; **it goes without ~ing that ...** es ist selbstverständlich, dass ..., es versteht sich von selbst, dass ...; **I should ~** ich möchte annehmen; **he had nothing to ~ for himself** er hatte keine Entschuldigung; **there's much to be said for his suggestion** sein Vorschlag hat viel für sich; **that is to ~** das heißt, mit anderen Worten; **to ~ nothing of** ganz zu schweigen von; **~ you need more time** angenommen, Sie brauchen mehr Zeit; **~ the word** sagen Sie es nur; **you can ~ that again** Sie haben völlig recht! **II.** *s* Rede *f,* Wort *nt;* **let him have his ~** lass ihn mal reden; **have a ~ in s.th.** bei etw etwas zu sagen haben; **have the last ~** letztlich entscheiden; das letzte Wort haben; **say·ing** ['seɪɪŋ] *s* Redensart *f,* Sprichwort *nt;* **as the ~ goes** wie man zu sagen pflegt; **say-so** ['seɪsəʊ] *s* (*sl*) Wort *nt;* **on whose ~?** wer sagt das?

scab [skæb] *s* ❶ Schorf, Grind *m* ❷ Grätze *f* ❸ (*fig*) Streikbrecher(in) *m(f)*

scab·bard ['skæbəd] *s* (Schwert)Scheide *f*

scabby ['skæbɪ] *adj* (MED) schorfig; räudig

sca·bies ['skeɪbiːz] *s sing* Krätze *f*

sca·brous ['skeɪbrəs] *adj* ❶ rau, uneben ❷ (*fig*) geschmacklos; **sca·brous·ly** ['skeɪbrəslɪ] *adv* skandalös

sca·brous·ly ['skeɪbrəslɪ] *adv* skandalös

scaf·fold ['skæfə(ʊ)ld] *s* ❶ (Bau)Gerüst *nt* ❷ Schafott *nt;* **scaf·fold·ing** ['skæfəldɪŋ] *s* (Bau)Gerüst *nt*

scal·awag ['skæləwæg] *s* (*Am: fam*) Schlingel *m*

scald [skɔːld] **I.** *vt* ❶ verbrühen ❷ (*Gemüse, Milch*) abbrühen; abkochen **II.** *s* Verbrühung *f;* **scald·ing** ['skɔːldɪŋ] *adj* siedend; siedend heiß

scale¹ [skeɪl] *s* ❶ Skala, Gradeinteilung *f* ❷ Tabelle *f* ❸ (*fig: social ~*) Stufenleiter *f* ❹ Messgerät *nt* ❺ (MUS) Tonleiter *f* ❻ Maßstab *m* ❼ (*fig*) Umfang *m,* Ausmaß *nt;* **on the ~ of ... to ...** im Maßstab ... zu ...; **on a large/small ~** in großem/kleinem Maßstab; **the ~ of F** die F-Dur-Tonleiter; **to ~** maßstabgerecht; **on a national ~** auf nationaler Ebene; **~ of charges** Gebührentabelle *f;* **~ drawing** maßstabgerechte Zeichnung; **~ model** maßstabgetreues Modell; **scale down** *vt* verkleinern; verringern **scale up** *vt* vergrößern; erhöhen

scale² [skeɪl] **I.** *s* ① (ZOO MED) Schuppe *f* ② Kessel-, Zahnstein *m;* **take the ~s from s.o.'s eyes** jdm die Augen öffnen **II.** *vt* abschuppen **III.** *vi* (**~** *off*) sich schuppen

scale³ [skeɪl] *s pl* Waage *f;* **the Scales** (ASTR) Waage; **a pair of ~s** eine Waage; **~-pan** Waagschale *f;* **turn** [*o* **tip**] **the ~s at 60 kilos** 60 Kilo auf die Waage bringen; **turn the ~s** den Ausschlag geben

scale⁴ [skeɪl] *vt* erklettern

scal·lop ['skɒləp] **I.** *s* ① Kammuschel *f* ② **~s** bogenförmige Verzierung **II.** *vt* mit Bögen versehen, langettieren

scally·wag ['skælɪwæg] *s* Lausbube, Schlingel *m*

scalp [skælp] **I.** *s* ① Kopfhaut *f* ② Skalp *m;* **be out for s.o.'s ~** jdn fertig machen wollen **II.** *vt* ① skalpieren ② (*Haare*) kahlscheren

scal·pel ['skælpəl] *s* (MED) Skalpell *nt*

scaly ['skeɪlɪ] *adj* schuppig

scam [skæm] *s* (*sl*) Betrug *m*

scamp¹ [skæmp] *vt* pfuschen bei

scamp² [skæmp] *s* Frechdachs *m*

scam·per ['skæmpə(r)] **I.** *vi* ① (*Kind*) trippeln, trappeln ② (*Maus*) huschen **II.** *s:* **take the dog out for a ~** dem Hund Auslauf verschaffen

scan [skæn] **I.** *vt* ① schwenken über; seine Augen wandern lassen über ② (*Buch*) überfliegen ③ (*Radar*) absuchen, abtasten ④ (TV) rastern ⑤ (*Vers*) in Versfüße zerlegen ⑥ (MED) scannen, abtasten **II.** *vi* (*Vers*) das richtige Versmaß haben, sich reimen **III.** *s* (MED) Scan *m,* Ultraschalluntersuchung *f,* Ultraschallaufnahme *f*

scan·dal ['skændl] *s* ① Skandal *m* ② Skandalgeschichten *fpl;* **create a ~** einen Skandal verursachen; **the latest ~** der neueste Klatsch; **scan·dal·ize** ['skændəlaɪz] *vt* schockieren; **be ~d** empört sein (*by* über); **scan·dal·monger** ['skændlmʌŋgə(r)] *s* Lästermaul, Klatschmaul *nt;* **scan·dal·ous** ['skændələs] *adj* skandalös, anstößig

Scan·di·na·via [ˌskændɪ'neɪvɪə] *s* Skandinavien *nt;* **Scan·di·na·vian** [ˌskændɪ'neɪvɪən] **I.** *adj* skandinavisch **II.** *s* Skandinavier(in) *m(f)*

scan·ner ['skænə(r)] *s* ① (TECH) Scanner, Abtaster *m* ② (*optical ~*) Lesegerät *nt*

scant [skænt] *adj* ① wenig ② (*Erfolg*) mager ③ (*Pflanzenwuchs*) dürftig ④ (*Chance*) gering; **do ~ justice to s.th.** einer S kaum gerecht werden; **scan·tily** ['skæntɪlɪ] *adv* knapp; spärlich; **scanty** ['skæntɪ] *adj* ① knapp, dürftig, mager ② (*Mahl*) kärglich ③ (*Haar*) schütter

scape·goat ['skeɪpgəʊt] *s* (*fig*) Sündenbock *m*

scap·ula ['skæpjʊlə] *s* (MED) Schulterblatt *nt*

scar [skɑː(r)] **I.** *s* ① Narbe *f* ② (*fig*) Wunde *f;* Makel *m* **II.** *vt* Narben hinterlassen auf, verunstalten; **he was ~red for life** (*fig*) er war fürs Leben gezeichnet; **his ~red face** sein narbiges Gesicht **III.** *vi* eine Narbe hinterlassen

sca·rab ['skærəb] *s* Skarabäus *m*

scarce [skeəs] *adj* ① selten, spärlich ② knapp, nicht ausreichend vorhanden; **scarce·ly** ['skeəslɪ] *adv* ① kaum ② wohl kaum; **~ anybody** kaum jemand; **~ anything** fast nichts; **~ ever** kaum jemals; **scarc·ity** ['skeəsətɪ] *s* ① Verknappung, Knappheit *f,* Mangel *m* (*of* an) ② Seltenheit *f;* **~ of labour** Mangel *m* an Arbeitskräften; **in years of ~** in schlechten Jahren; **~ value** Seltenheitswert *m*

scare [skeə(r)] **I.** *vt* ① einen Schrecken einjagen; Angst machen (*s.o.* jdm) ② er-, aufschrecken; **be easily ~d** sehr schreckhaft sein; sehr scheu sein; **be ~d out of one's wits** Todesängste ausstehen; **I'm ~d at the thought** ich habe Angst davor; **~ away** verscheuchen; verjagen **II.** *vi:* **I don't ~ easily** ich bekomme nicht so schnell Angst **III.** *s* Schreck(en) *m;* Panikstimmung *f;* **give s.o. a ~** jdm einen Schrecken einjagen; **create a ~** Panik auslösen; **scare·crow** ['skeəkrəʊ] *s* Vogelscheuche *f;* **scare·monger** ['skeəˌmʌŋgə(r)] *s* Panik-, Bangemacher(in) *m(f)*

scarf [skɑːf, *pl* skɑːvz] <*pl* scarves> *s* Hals-, Kopftuch *nt,* Schal *m*

scar·ify·ing ['skærɪfaɪɪŋ] *adj* beängstigend; gruselig

scar·let ['skɑːlət] **I.** *s* Scharlach *m,* Scharlachrot *nt* **II.** *adj* scharlachfarben, -rot; **scarlet fever** *s* (MED) Scharlach *m*

scarp [skɑːp] (*~ edge*) Steilhang *m*

scar·per ['skɑːpə(r)] *vi* (*Br fam*) abhauen

scary ['skeərɪ] *adj* (*fam*) unheimlich; gruselig

scat [skæt] *interj* (*s*) verschwinde!

scath·ing ['skeɪðɪŋ] *adj* ① bissig ② (*Bemerkung*) schneidend ③ (*Kritik*) beißend, scharf

sca·tol·ogy [skæ'tɒlədʒɪ] *s* Fäkalsprache *f*

scat·ter ['skætə(r)] **I.** *vt* ① auseinander trei-

S

ben; zerstreuen ❷ (*Nachrichten*) verbreiten ❸ (PHYS) streuen (*on* auf) ❹ (*Geld*) verschleudern ❺ (*Stimmen*) verteilen; ~ **s.th. around** etw überall umherstreuen **II.** *vi* sich zerstreuen, sich verteilen, sich auflösen; **scat·ter·brain** ['skætəbreɪn] *s* Schussel *m;* **scatter-brained** ['skætəbreɪnd] *adj* flatterhaft, fahrig; **scatter cushion** *s* (kleines) Kissen *nt;* **scat·tered** ['skætəd] *adj* ❶ ver-, zerstreut ❷ (*Wolken, Regenschauer*) vereinzelt; **scat·ter·ing** ['skætərɪŋ] *s* ❶ vereinzeltes Häufchen ❷ (PHYS) Streuung *f;* **a ~ of snow** ein bisschen Schnee

scav·enge ['skævɪndʒ] *vi* Nahrung suchen; ~ **in the bins** die Abfalleimer plündern; **scav·en·ger** ['skævɪndʒə(r)] *s* ❶ (ZOO) Aasfresser *m* ❷ (*fig*) Aasgeier *m*

scen·ario [sɪ'nɑːrɪəʊ] <*pl* -arios> *s* ❶ Szenarium *nt* ❷ (*fig*) Szenario *nt*

scene [siːn] *s* ❶ Schauplatz *m* ❷ (THEAT) Szene *f;* (Bühnen)Bild *nt;* Auftritt *m* ❸ (*fig*) Szene *f* ❹ Anblick *m;* Landschaft *f;* **behind the ~s** hinter den Kulissen; **the ~ of the crime** der Tatort; **set the ~** den richtigen Rahmen geben; **come on the ~** auftauchen, auf der Bildfläche erscheinen; **drug ~** Drogenszene *f;* **make a ~** eine Szene machen; **make the ~** groß herauskommen; **that's not my ~** (*sl*) das interessiert mich nicht; **scene change** *s* Szenenwechsel *m;* **scene painter** *s* Bühnen-, Kulissenmaler(in) *m(f);* **scen·ery** ['siːnərɪ] *s* ❶ (THEAT) Bühnenbild *nt,* Dekoration *f* ❷ Landschaft *f;* **scene shifter** *s* Kulissenschieber(in) *m(f);* **scenic** ['siːnɪk] *adj* ❶ landschaftlich ❷ malerisch ❸ (THEAT) bühnentechnisch; ~ **effects** Bühneneffekte *mpl;* ~ **flight** Touristenrundflug *m;* ~ **highway** [*o* **route**] landschaftlich reizvolle Straße; ~ **railway** Berg-und-Tal-Bahn *f*

scent [sent] **I.** *vt* ❶ wittern ❷ (*Tee, Seife*) parfümieren; ~ **out** (*fig*) aufspüren **II.** *s* ❶ Geruch, Duft *m* ❷ Parfüm *nt* ❸ (*Tier*) Witterung, Fährte, Spur *f* ❹ (*fig*) Spürsinn *m,* gute Nase; **be on the ~** auf der Fährte sein; **put** [*o* **throw**] **s.o. off the ~** (*fig*) jdn von der richtigen Fährte ablenken; **scent bottle** *s* Riech-, Parfümflasche *f;* **scent·less** [-lɪs] *adj* geruchlos

scep·ter ['septə(r)] *s* (*Am*) Zepter *nt*

scep·tic ['skeptɪk] *s* Skeptiker(in) *m(f);* **scep·ti·cal** ['skeptɪkl] *adj* skeptisch, zweifelnd; **scep·ti·cism** ['skeptɪsɪzəm] *s* Skepsis *f*

sceptre ['septə(r)] *s* Zepter *nt*

sched·ule ['ʃedjuːl, *Am* 'skedʒʊl] **I.** *s* ❶ Programm *nt,* Zeitplan *m* ❷ (*Am:* SCHULE) Stundenplan *m* ❸ Fahr-, Flugplan *m* ❹ (*Am*) Verzeichnis *nt* ❺ (JUR) Urkunde *f;* **what's on the ~ for today?** was steht für heute auf dem Programm?; **according to ~** planmäßig; nach Plan; **the train is behind ~** der Zug hat Verspätung; **be on ~** pünktlich sein; **be up to ~** nach Zeitplan verlaufen **II.** *vt* ❶ planen ❷ (*Zeitplan*) ansetzen ❸ (*Am: Liste*) aufführen; **this is not ~d for this year** das steht für dieses Jahr nicht auf dem Programm; **the plane is ~d for …** planmäßige Ankunft, planmäßiger Abflug ist …; **sched·uled** ['ʃedjuːld, *Am* 'skedʒʊld] *adj* ❶ vorgesehen, geplant ❷ (*Abflug*) planmäßig; ~ **flight** Linienflug *m*

sche·matic [skɪ'mætɪk] *adj* schematisch

scheme [skiːm] **I.** *s* ❶ Plan *m,* Programm *nt;* Projekt *nt* ❷ (*pension ~*) Pensionsprogramm *nt* ❸ raffinierter Plan; Intrige *f;* Komplott *nt* ❹ (*Stadt*) Anlage *f;* Einrichtung *f;* **a ~ of work** ein Arbeitsprogramm; **housing ~** Siedlung *f;* **rhyme ~** Reimschema *nt* **II.** *vi* Pläne schmieden; intrigieren; ~ **for s.th.** auf etw hinarbeiten

schemer ['skiːmə(r)] *s* Intrigant(in) *m(f);* **schem·ing** ['skiːmɪŋ] *adj* raffiniert, durchtrieben; intrigant

schism ['sɪzəm] *s* Schisma *nt;* **schis·matic** [sɪz'mætɪk] *adj* schismatisch

schist [ʃɪst] *s* (GEOL) Schiefer *m*

schizo·phrenia [ˌskɪtsəʊ'friːnɪə] *s* Schizophrenie *f;* **schizo·phrenic** [ˌskɪtsəʊ'frenɪk] **I.** *adj* schizophren **II.** *s* Schizophrene(r) *f m*

schmooz·er ['ʃmuːzə] *s* (*Am: pej*) Radfahrer *m,* Speichellecker *m*

schnook [ʃnʊk] *s* (*Am: sl*) Blödmann *m,* Depp *m*

schnor·kel ['snɔːkl] **I.** *s* Schnorchel *m* **II.** *vi* schnorcheln

scholar ['skɒlə(r)] *s* ❶ Gelehrte(r) *f m* ❷ (*Universität*) Stipendiat(in) *m(f)* ❸ Student(in) *m(f);* **schol·ar·ly** [-lɪ] *adj* gelehrt, wissenschaftlich; **schol·ar·ship** ['skɒləʃɪp] *s* ❶ Gelehrsamkeit *f* ❷ Stipendium *nt;* **win a ~ to …** ein Stipendium für … bekommen; **on a ~** mit einem Stipendium; **scholarship holder** *s* Stipendiat(in) *m(f)*

schol·as·tic [skə'læstɪk] *adj* ❶ schulisch; Schul-; Studien- ❷ scholastisch; ~ **profession** Lehrberuf *m;* **schol·as·ti·cism** [skə'læstɪsɪzəm] *s* Scholastik *f*

school[1] [skuːl] **I.** *s* ❶ Schule *f* ❷ (*Am*) College *nt,* Universität *f* ❸ (*Universität*) Fachbereich *m,* Fakultät *f* ❹ (PHILOS) Schule *f;* **at ~** in der Schule; im College; an der Universität; **go to ~** in die Schule, ins College, zur Universität gehen; **there is no ~ tomor-**

row morgen ist schulfrei; ~ **of art** Kunstschule *f;* ~ **of dancing** Tanzschule *f* **II.** *vt* ❶ lehren ❷ (*Tier*) dressieren ❸ (*fig*) zügeln

? Grammatik

school wird ohne **the** verwendet, wenn jemand als Schüler(in) oder Lehrer(in) zur Schule geht: *He goes to school by bicycle; How many hours a day do you spend at school?*
The school wird benutzt, wenn andere Personen die Schule besuchen: *Tom's parents went to the school to see his teacher. A* oder *the* werden auch verwendet, wenn zusätzliche Informationen über die Schule gegeben werden: *Susan teaches at a/the local state school.*

i Land & Leute

School of the air heißt ein Funknetz für den *outback* Australiens, das in abgeschiedenen ländlichen Gegenden ohne Schulen eingesetzt wird um Kinder zu unterrichten. Ein Dutzend dieser Schulen deckt ein Gebiet von 2,5 Millionen km^2 ab und erreicht Hunderte von Kindern. Die Schüler bekommen Unterrichtsmaterialien zugeschickt und senden ihre erledigten Hausaufgaben zurück. Die Kinder sprechen über Funk mit ihren Lehrern und Klassenkameraden und werden meistens von ihren Eltern oder einer Hauslehrerin beaufsichtigt.

school^{2} [sku:l] *s* (*Fische*) Schwarm *m*

school age ['sku:leɪdʒ] *s* schulpflichtiges Alter; **of** ~ schulpflichtig; **school attendance** *s* Schulbesuch *m;* **school bag** *s* Schultasche *f;* **school board** *s* (*Am*) Schulbehörde, -aufsichtsbehörde *f;* **school·book** *s* Schulbuch *nt;* **school·boy** ['sku:lbɔɪ] *s* Schuljunge, Schüler *m;* **school·child** ['sku:ltʃaɪld, *pl* -tʃɪldrən] <*pl* -children> *s* Schulkind *nt;* **school-days** *s pl* Schulzeit *f;* **school fees** *s pl* Schulgeld *nt;* **school·girl** ['sku:lgɜ:l] *s* Schulmädchen *nt;* Schülerin *f;* **school hall** *s* Aula *f;* **school·house** ['sku:lhaʊs] *s* Schulhaus, -gebäude *nt*

school·ing ['sku:lɪŋ] *s* Ausbildung, Schulung *f;* **compulsory** ~ Schulpflicht *f*

school leaver ['sku:lli:və(r)] *s* Schulabgänger(in) *m(f);* **school-leav·ing cer·ti·fi·cate** [ˌsku:lli:vɪŋsə'tɪfɪkət] *s* Abgangszeugnis *nt;* **school magazine** *s* Schulzeitung, Schülerzeitung *f;* **school·mas·ter** ['sku:lˌmɑ:stə(r)] *s* Lehrer *m;* **school·mate** *s* Schulkamerad(in) *m(f);* **school·mis·tress** ['sku:lˌmɪstrɪs] *s* Lehrerin *f;* **school report** *s* Zeugnis *nt;* **school·room** ['sku:lrʊm] *s* Klassenzimmer *nt*

i Land & Leute

Das amerikanische **school system** (Schulsystem) beginnt mit der *elementary school* (erste bis sechste oder achte Klasse). In manchen Gegenden geht man nach der *sixth grade*, der sechsten Klasse, schon in eine andere Schule, in die *junior high school* (siebte bis neunte Klasse). Danach besucht man drei Jahre lang die *high school*. In Gegenden ohne *junior high school* geht man nach acht Jahren *elementary school* direkt zur *high school*, die dann mit der *ninth grade*, der neunten Klasse, anfängt. Die Schule endet einheitlich nach der *twelfth grade*, der zwölften Klasse.

school·teacher *s* Lehrer(in) *m(f)*

schoo·ner ['sku:nə(r)] *s* ❶ (MAR) Schoner *m* ❷ Sherryglas *nt*

sci·atic [saɪ'ætɪk] *adj* (MED) Ischias-; **sci·atica** [saɪ'ætɪkə] *s* (MED) Ischias *m od nt*

science ['saɪəns] *s* ❶ (Natur)Wissenschaft *f* ❷ Technik *f;* **study** ~ Naturwissenschaften studieren; **the** ~ **of cooking** die Kochkunst; **social** ~ Soziologie *f;* Sozialwissenschaft *f;* ~**-based assessment** wissenschaftliche Bewertung *f;* **science fiction** *s* Science-fiction *f;* **scien·tific** [ˌsaɪən'tɪfɪk] *adj* ❶ (natur)wissenschaftlich ❷ (*Methode*) wissenschaftlich; **scien·tist** ['saɪəntɪst] *s* (Natur)Wissenschaftler(in) *m(f)*

scin·til·lat·ing [sɪntɪleɪtɪŋ] *adj* ❶ (*fig*) glänzend, funkelnd ❷ (*Humor*) sprühend; **be** ~ funkeln

scion ['saɪən] *s* ❶ (BOT) Schössling *m* ❷ Nachkomme, Sprössling *m*

scis·sors ['sɪzəz] *s pl* Schere *f;* **a pair of** ~ eine Schere; ~ **kick** (SPORT) Scherenschlag *m*

? Grammatik

scissors hat keine Singularform: *Where are my scissors? – Wo ist meine Schere? I bought some new/a new pair of scissors.*

scler·osis [sklə'rəʊsɪs] *s* Sklerose *f;* **multiple ~** multiple Sklerose

scoff¹ [skɒf] **I.** *s* verächtliche Bemerkung **II.** *vi* spotten; **~ at s.o.** jdn verachten

scoff² [skɒf] **I.** *s* (*sl*) Fressalien *fpl,* Fresserei *f* **II.** *vt* futtern

scold [skəʊld] **I.** *vt* ausschimpfen (*for* wegen) **II.** *vi* schelten, zanken, schimpfen; **scold·ing** ['skəʊldɪŋ] *s* Schelte *f;* Schimpferei *f;* **give s.o. a ~** jdn ausschimpfen

scone [skɒn] *s brötchenartiges Gebäck*

scoop [sku:p] **I.** *s* ❶ Schaufel *f* ❷ (*Eis*) Kugel *f* ❸ (*fam*) Fang *m* ❹ (*Zeitung*) Knüller *m;* **at one ~** auf einmal **II.** *vt* ❶ schaufeln, schöpfen ❷ (*fig*) mit einer Nachricht zuvorkommen (*s.o.* jdm), übertrumpfen; **~ out** herausschaufeln, -schöpfen; aushöhlen; **~ up** aufschaufeln; (*fig: Geld*) scheffeln

scoot [sku:t] *vi* (*fam*) abhauen; laufen, rennen

scooter ['sku:tə(r)] *s* ❶ (Tret)Roller *m* ❷ (*motor ~*) (Motor)Roller *m*

scope [skəʊp] *s* ❶ Ausmaß, Umfang *m;* Reichweite *f* ❷ Kompetenzbereich *m* ❸ Fassungsvermögen *nt* ❹ Entfaltungsmöglichkeit *f;* Spielraum *m;* **s.th. is within the ~ of s.th.** etw bleibt im Rahmen einer S; **s.th. is within the ~ of a department** etw fällt in den Kompetenzbereich einer Abteilung; **that is beyond my ~** das übersteigt mein Fassungsvermögen; **there is ~ for improvement** es könnte noch verbessert werden; **give s.o. ~ to do s.th.** jdm den nötigen Spielraum geben etw zu tun

scorch [skɔ:tʃ] **I.** *vt* versengen; **~ed earth policy** (MIL) Politik *f* der verbrannten Erde; **the sun ~ed our faces** die Sonne brannte auf unsere Gesichter **II.** *vi* (*sl*) rasen; **the sun ~ed down** die Sonne brannte herunter **III.** *s* verbrannte Stelle; **scorcher** ['skɔ:tʃə(r)] *s* (*fam*): **yesterday was a ~** gestern war eine Knallhitze; **scorch·ing** ['skɔ:tʃɪŋ] *adj* ❶ sengend; glühend heiß ❷ (*fig*) rasend; rasant

score [skɔ:(r)] **I.** *s* ❶ Punktestand *m;* Spielstand *m* ❷ (MUS) Noten *fpl,* Partitur *f* ❸ (*fig*) Zeche, Rechnung *f* ❹ Rille, Kerbe *f;* Kratzer *m* ❺ (*fig*) zwanzig ❻ Grund *m;* **there was no ~ at half-time** zur Halbzeit stand es 0 : 0; **keep (the) ~** Punkte zählen; **know the ~** (*fig*) wissen, was gespielt wird; **make a ~ off s.o.** jdm eins auswischen; **what's the ~?** was bin ich schuldig?; (SPORT) wie steht's?; (*fig*) wie sieht's aus?; **pay off old ~s** alte Schulden begleichen; **~s of …** Hunderte von …; **by the ~** massenweise; **on that ~** was das betrifft **II.** *vt* ❶ (*Punkte*) erzielen; bekommen; schießen ❷ (*Rillen*) einkerben; Kratzer machen in ❸ (MUS) schreiben; **~ an advantage** im Vorteil sein; **~ a point off s.o.** auf jds Kosten glänzen; **~ a hit with s.o.** jdn stark beeindrucken; **~ off** ausstreichen; **~ out** durchstreichen; **~ up** anschreiben **III.** *vi* ❶ einen Punkt erzielen; ein Tor schießen ❷ mitzählen ❸ (*sl*): **~ with a woman** eine Frau aufs Kreuz legen ❹ (*fam*) sich Drogen beschaffen; **~ well/badly** gut/schlecht abschneiden; **~ off s.o.** jdn als dumm hinstellen; **score·board** *s* Anzeigetafel *f;* **score·card** *s* Spielprotokoll *nt;* **scorer** ['skɔ:rə(r)] *s* (SPORT) ❶ Torschütze *m* ❷ Punktrichter *m;* **scor·ing** ['skɔ:rɪŋ] *s* Erzielen *nt* eines Punktes; Torschuss *m*

scorn [skɔ:n] **I.** *s* Verachtung *f;* Hohn *m;* **laugh s.o. to ~** jdn höhnisch verlachen; **pour ~ on s.th.** etw verächtlich abtun **II.** *vt* ❶ verachten, geringschätzen ❷ (*Geschenk*) verschmähen, als unwürdig ablehnen; **~ to do s.th.** es für unwürdig halten etw zu tun; **scorn·ful** ['-fʊl] *adj* verächtlich, spöttisch

Scor·pio ['skɔ:pɪəʊ] *s* (ASTR) Skorpion *m*

scor·pion ['skɔ:pɪən] *s* Skorpion *m*

Scot [skɒt] *s* Schotte *m,* Schottin *f*

scotch [skɒtʃ] *vt* ❶ aus der Welt schaffen ❷ (*Idee*) unterbinden

Scotch [skɒtʃ] **I.** *adj* schottisch; **~ Whisky** schottischer Whisky **II.** *s* schottischer Whisky; **Scotch broth** *s* Gemüsesuppe *f* mit Hammelfleisch

scot-free [ˌskɒt'fri:] *adv* ungeschoren; **get off ~** ungestraft, unverletzt davonkommen

Scot·land ['skɒtlənd] *s* Schottland *nt*

Scot·land Yard *s Londoner Polizeibehörde*

Scots [skɒts] *s:* **the ~** die Schotten *pl;* **Scots·man** [-mən] <*pl* -men> *s* Schotte *m;* **Scots·woman** [-wʊmən, *pl* -wɪmɪn] <*pl* -women> *s* Schottin *f;* **Scot·tish** ['skɒtɪʃ] **I.** *adj* schottisch **II.** *s* (*Sprache*) (das) Schottisch(e); **the ~** die Schotten *pl*

i Land & Leute

Die **Scottish National Party, SNP,** hat sich als Ziel die Unabhängigkeit für

Schottland gesetzt. Sie wurde 1932 gegründet, aber hatte zunächst wenig Erfolg bei den Wählern. Bei der zweiten Parlamentswahl 1974 gewann sie dann 30 % der Stimmen in Schottland. 1997 schloss sich die Partei mit den *Liberal Democrats* und der *Labour Party* zusammen und gemeinsam gewannen sie einen Volksentscheid für die *devolution* (Dezentralisierung) für Schottland. Die Partei ist im Allgemeinen linksgerichtet.

i Land & Leute

Am 11. September 1997 entschieden sich die Schotten durch ein Referendum für ein eigenes Parlament, nachdem sie fast 300 Jahre darauf verzichten mussten. Das neue **Scottish Parliament**, das Gesetze erlassen und Steuern erheben darf und seinen Sitz in der Nähe des *Holyroodhouse* in Edinburgh hat, begann 1999 seine Arbeit und besteht aus 129 Abgeordneten.

scoun·drel ['skaʊndrəl] *s* Schurke, Schuft *m*

scour¹ ['skaʊə(r)] **I.** *vt* scheuern; ~ **away** [*o* **off**] abscheuern **II.** *s* Scheuern, Schrubben *nt*

scour² ['skaʊə(r)] *vt* durchsuchen, durchstöbern (*for* nach)

scour·er ['skaʊrə(r)] *s* Topfkratzer *m*

scourge [skɜːdʒ] **I.** *s* (*a. fig*) Geißel *f* **II.** *vt* ❶ geißeln ❷ (*fig*) peinigen, bestrafen

scout [skaʊt] **I.** *s* ❶ Späher, Kundschafter *m* ❷ (AVIAT) Aufklärer *m* ❸ (*boy* ~) Pfadfinder *m* ❹ (AUTO) Pannenhelfer *m;* **on the** ~ auf Erkundung; **have a** ~ **about** [*o* **around**] **for s.th.** sich nach etw umsehen; **talent** ~ Talentsucher *m* **II.** *vi* erkunden, auskundschaften; ~ **for s.th.** nach etw Ausschau halten; ~ **about** [*o* **around**] sich umsehen (*for* nach) **III.** *vt:* ~ **out** auskundschaften; **scout·mas·ter** ['skaʊtmɑːstə(r)] *s* Pfadfinderführer *m*

i Land & Leute

Die **Scout Movement** oder *Scout Association* (Pfadfinderbewegung), früher die *Boy Scouts* genannt, wurde 1907 von Robert Baden-Powell gegründet. Ihr allgemeines Ziel ist es, Jungen Selbstständigkeit und Verantwortungsbewusstsein zu vermitteln, wobei besonders auf das Leben im Freien, Zelten und Überlebenstechniken Wert gelegt wird. In Großbritannien werden drei Altersstufen unterschieden: *Cub Scouts* oder *Wolf Cubs* (im Alter von 7–11 Jahren), *Scouts* (11–16) und *Venture Scouts* (16–29).

scowl [skaʊl] **I.** *vi* finster blicken; ein böses Gesicht machen; ~ **at s.o.** jdn böse ansehen **II.** *s* finsterer Blick

scrabble ['skræbl] *vi* (~ *about*) herumsuchen, herumtasten

scrag [skræg] **I.** *s* Hals *m* **II.** *vt* (*sl*) den Hals umdrehen (*s.o.* jdm); **scraggy** ['skrægɪ] *adj* mager, hager, knochig

scram [skræm] *vi* abhauen; ~**!** hau ab!

scramble ['skræmbl] **I.** *vi* ❶ klettern, krabbeln ❷ sich balgen, sich reißen (*for* um); ~ **out** hinausklettern **II.** *vt* ❶ durcheinander werfen ❷ (*Eier*) verrühren ❸ (TELE) chiffrieren, verschlüsseln; ~**d eggs** Rührei(er *pl*) *nt* **III.** *s* ❶ Klettern *nt* ❷ Gedrängel *nt,* Balgerei *f* (*for* um) ❸ (AUTO) Moto-Cross *nt;* **scram·bler** ['skræmblə(r)] *s* (TELE) Verschlüsselungs-, Chiffriergerät *nt*

scrap¹ [skræp] **I.** *s* ❶ Stück(chen) *nt;* bisschen ❷ (~ *of paper*) (Papier)Fetzen *m* ❸ (*fig*) Fünkchen *nt,* Spur *f* ❹ ~**s** Reste *mpl* ❺ Altmaterial *nt;* Altpapier *nt;* Schrott *m;* **not a** ~ kein bisschen; **a few** ~**s of German** ein paar Brocken Deutsch; **not a** ~ **of evidence** nicht der geringste Beweis; **these bits are** ~ diese Sachen werden nicht mehr gebraucht **II.** *vt* ❶ verschrotten; ausrangieren ❷ (*fig: Plan*) fallen lassen

scrap² [skræp] **I.** *s* (*fam*) Rauferei *f* **II.** *vi* (*fam*) sich raufen, sich prügeln, sich streiten, sich balgen (*with* mit)

scrap·book ['skræpbʊk] *s* Sammelalbum *nt;* **scrap dealer** *s* Schrotthändler(in) *m(f)*

scrape [skreɪp] **I.** *vt* ❶ (ab)kratzen, -bürsten ❷ (*Auto*) schrammen; streifen ❸ (*Knie*) (wund) scheuern, aufschürfen ❹ (*Loch*) scharren; ~ **a living** gerade so sein Auskommen haben; ~ **the bottom of the barrel** (*fig*) den letzten Rest zusammenkratzen; ~ **together** zusammenharken; zusammenkratzen; ~ **up** zusammenkratzen **II.** *vi* ❶ kratzen, scheuern (*on, against* an) ❷ (*fam*) kratzen; ~ **along** sich schlecht und recht durchschlagen; ~ **away** herumkratzen (*at* an); ~ **off** sich abkratzen

S

lassen; ~ **through** gerade noch durchkommen **III.** *s* ❶ Kratzen, Scharren *nt* ❷ Kratzer *m;* Schramme *f* ❸ (*fig*) Klemme, Patsche *f;* **get into a** ~ (*fig*) sich in die Nesseln setzen; **scraper** ['skreɪpə(r)] *s* ❶ Spachtel *f* ❷ (*an der Tür*) Kratzeisen *nt*

scrap-heap ['skræphiːp] *s* Schrotthaufen *m*

scrap·ings ['skreɪpɪŋz] *s pl* ❶ Reste *mpl,* Schalen *fpl* ❷ (*Metall*) Späne *mpl*

scrap iron ['skræpaɪən] *s* Alteisen *nt;* **scrap merchant** *s* Schrotthändler *m*

scrappy ['skræpɪ] *adj* ❶ zusammengestückelt ❷ (*Wissen*) lückenhaft

scratch [skrætʃ] **I.** *vt* ❶ (zer)kratzen, ritzen, verschrammen ❷ (SPORT) streichen; ~ **s.th. away** etw abkratzen; ~ **s.th. in the wood** etw ins Holz ritzen; ~ **a living** sich einen kümmerlichen Lebensunterhalt verdienen; ~ **one's head** sich am Kopf kratzen; ~ **the surface of s.th.** etw oberflächlich berühren; ~ **s.th. through** etw durchstreichen **II.** *vi* ❶ kratzen ❷ (SPORT) nicht antreten **III.** *s* ❶ Kratzer *m* ❷ Kratzen, Scharren *nt;* ~ **file** (INFORM) Hilfsdatei *f;* **give s.o. a** ~ jdn kratzen; **have a** ~ sich kratzen; **start from** ~ ganz von vorne anfangen; **be** [*o* **come**] **up to** ~ die Erwartungen erfüllen; **bring s.th. up to** ~ etw auf Vordermann bringen **IV.** *adj* ❶ improvisiert ❷ (SPORT) ohne Vorgabe; **scratch about** *vi* herumscharren; sich umsehen; **scratch out** *vt* auskratzen; **scratch up** *vt* (*Geld*) zusammenkratzen

scratch card ['skrætʃkɑːd] *s* Rubbelkarte *f;* **scratch paper** *s* Konzept-, Schmierpapier *nt*

scratchy ['skrætʃɪ] *adj* ❶ (*Stoff, Geräusch*) kratzend ❷ (*Platte*) zerkratzt ❸ (*Pullover*) kratzig

scrawl [skrɔːl] **I.** *vt, vi* schmieren, kritzeln **II.** *s* Gekritzel *nt,* Kritzelei *f*

scrawny ['skrɔːnɪ] *adj* dürr

scream [skriːm] **I.** *vi* ❶ schreien; kreischen ❷ (*Sirene*) heulen; ~ **at s.o.** jdn anschreien; ~ **with pain** vor Schmerzen schreien; ~ **with laughter** vor Lachen kreischen; ~ **out for s.th.** nach etw schreien **II.** *vt* ❶ schreien ❷ (*fig*) herausschreien; ~ **one's head off** sich die Lunge aus dem Leib schreien; ~ **o.s. hoarse** sich heiser brüllen **III.** *s* ❶ Schrei *m* ❷ Heulen *nt* ❸ (*Bremsen*) Kreischen *nt* ❹ (*fam*) ulkiger Kerl; **be a** ~ zum Schreien sein; **scream·ing** ['-ɪŋ] *adj* ❶ schreiend, kreischend ❷ (*Wind*) heulend ❸ (*fig*) himmelschreiend

scree [skriː] *s* (GEOL) Geröll *nt*

screech [skriːtʃ] **I.** *vt* schreien **II.** *vi* ❶ kreischen ❷ (*Fahrzeug*) quietschen; ~ **with laughter** vor Lachen kreischen **III.** *s* ❶ Schrei *m* ❷ (*Bremse*) Kreischen *nt;* **give a** ~ aufkreischen, -schreien; kreischen; **screech owl** *s* Schleiereule *f*

screed [skriːd] *s:* **write** ~**s** (**and** ~**s**) (*fam*) ganze Romane schreiben

screen [skriːn] **I.** *s* ❶ Licht-, Wand-, Bildschirm *m* ❷ Trennwand *f* ❸ (*fig*) Schutz *m* ❹ (*Bäume*) Wand *f* ❺ (MIL) Verdunklungsschutz *m* ❻ Fliegenfenster *nt* ❼ (*Kirche*) Lettner *m* ❽ (FILM) Leinwand *f* ❾ (Gitter)Sieb *nt;* **stars of the** ~ Filmstars *mpl;* **a** ~ **of indifference** eine Mauer der Gleichgültigkeit **II.** *vt* ❶ abschirmen, abdecken; verdecken, verhüllen, verschleiern; geheim halten (*from* vor) ❷ (TV) senden ❸ (*Film*) vorführen ❹ sieben ❺ (*Risiko*) überprüfen; ~ **the windows** die Fenster verhängen; Fliegenfenster an den Fenstern anbringen; ~ **s.th. from the enemy** etw vor dem Feind tarnen; **screen off** *vt* durch einen Schirm, eine Trennwand abtrennen; **screen·ing** ['-ɪŋ] *s* ❶ (*fig*) Überprüfung *f* ❷ (FILM) Vorführung *f;* **screen·play** *s* Drehbuch *nt;* **screen test** *s* Probeaufnahmen *fpl;* **screen·writer** ['skriːnˌraɪtə(r)] *s* Drehbuchautor(in) *m(f)*

screw [skruː] **I.** *s* ❶ (TECH) Schraube *f* ❷ (AVIAT) Propeller *m* ❸ Drehung *f* ❹ (*obs*) Tabaksbeutelchen *nt* ❺ (*sl*) Zaster *m* ❻ (*sl*) Gefängniswärter *m;* **he's got a** ~ **loose** (*fam*) bei dem ist eine Schraube locker; **put the** ~**s on s.o.** (*fam*) jdm die Daumenschrauben anlegen; **give s.th. a** ~ an etw drehen **II.** *vt* ❶ schrauben (*to* an, *onto* auf) ❷ (*fam*) in die Mangel nehmen ❸ (*sl*) bescheißen ❹ (*sl*) bumsen; ~ **one's head round** seinen Kopf herumdrehen **III.** *vi* ❶ sich schrauben lassen ❷ (*sl*) bumsen; **screw down** *vt* an-, festschrauben; **screw off** *vt* abschrauben; **screw on** *vt* anschrauben; **have one's head** ~**ed on the right way** ein vernünftiger Mensch sein; **screw out** *vt* herausschrauben; ~ **s.th. out of s.o.** etw aus jdm herausquetschen; **screw together** *vt* zusammenschrauben; **screw up** *vt* ❶ anziehen ❷ (*Papier*) zusammenknüllen ❸ (*Augen*) zusammenkneifen ❹ (*sl*) vermasseln ❺ (*sl*) neurotisch machen; ~ **up one's courage** seinen ganzen Mut zusammennehmen

screw·ball ['skruːbɔːl] *s* (*sl*) komischer Kauz; **screw·driver** *s* Schraubenzieher, -dreher *m;* **Phillips** ~® Kreuzschlitzschraubenzieher *m;* **screwed** [skruːd] *adj* (*sl*) voll; ~ **up** neurotisch; **get** ~ **up about**

s.th. sich in etw hineinsteigern; **screw top** *s* Schraubverschluss *m;* **screwy** ['skru:ɪ] *adj* (*sl*) verrückt, bekloppt; schrullig

scribble ['skrɪbl] **I.** *vt* hinkritzeln; ~ **s.th. on s.th.** etw auf etw kritzeln **II.** *vi* kritzeln; schreiben **III.** *s* Gekritzel *nt;* **scrib·bler** ['skrɪblə(r)] *s* (*pej*) Schreiberling *m;* **scrib·bling block, scrib·bling pad** *s* Schreib-, Notizblock *m*

scrim·mage ['skrɪmɪdʒ] *s* ❶ Handgemenge *nt* ❷ (*Am: Fußball*) Gedränge *nt*

scrimp [skrɪmp] *vi* sparen; knausern; ~ **and save** geizen und sparen

scrip issue [ˌskrɪp'iʃu:] *s* (FIN) *Ausgabe von Gratisaktien*

script [skrɪpt] *s* ❶ Schrift *f;* Schreibschrift *f* ❷ (SCHULE) schriftliche Arbeit ❸ (*Dokument*) Text *m* ❹ (THEAT FILM) Textbuch, Drehbuch *nt;* **script girl** *s* (FILM) Skriptgirl *nt*

scrip·tural ['skrɪptʃərəl] *adj* biblisch; **scrip·ture** ['skrɪptʃə(r)] *s:* **the Sriptures** die Heilige Schrift; ~ **lesson** Religionsstunde *f*

script·writer ['skrɪptraɪtə(r)] *s* (FILM) Drehbuchautor(in) *m(f),* Textautor(in) *m(f)*

scroll [skrəʊl] **I.** *vi* (INFORM) blättern **II.** *s* ❶ (HIST) Schriftrolle *f* ❷ (ARCH) Spirale, Schnecke, Volute *f*

Scrooge [skru:dʒ] *s* Geizhals *m*

scrote [skrəʊt] *s* (*Br: sl*) Scheißkerl *m*

scro·tum ['skrəʊtəm] *s* (ANAT) Hodensack *m*

scrounge [skraʊndʒ] *vt, vi* (*fam*) schnorren, abstauben; ~ **around for s.th.** nach etw herumsuchen; **scrounger** ['skrəʊndʒə(r)] *s* (*fam*) Schnorrer(in) *m(f)*

scrub¹ [skrʌb] *s* Buschwerk, Gestrüpp *nt*

scrub² [skrʌb] **I.** *vt* ❶ (ab)schrubben, scheuern ❷ (*Gemüse*) putzen ❸ (*fam*) annullieren, streichen ❹ (*Gase*) waschen **II.** *s* Schrubben *nt;* **give s.th. a good** ~ etw sorgfältig scheuern; **scrub·ber** ['skrʌbə(r)] *s* (*sl pej*) Flittchen *nt;* **scrub·bing-brush** ['skrʌbɪŋbrʌʃ] *s* Scheuerbürste *f*

scruff [skrʌf] *s:* **by the ~ of the neck** am Genick

scruffy [skrʌfɪ] *adj* (*fam*) vergammelt; verlottert

scrum(·mage) ['skrʌm(ɪdʒ)] *s* (*Rugby*) Gedränge *nt*

scrump·tious ['skrʌmpʃəs] *adj* (*fam*) prima, klasse; lecker; **scrumpy** ['skrʌmpɪ] *s* ≈Most *m*

scrunch [skrʌntʃ] **I.** *s* Knirschen *nt* **II.** *vi* knirschen

scruple ['skru:pl] *s* Skrupel *m;* ~**s** Bedenken *pl;* **have no ~s** keine Skrupel haben; **scru·pu·lous** ['skru:pjʊləs] *adj* gewissenhaft; genau; **he is not ~ in his business dealings** er hat keine Skrupel bei seinen Geschäften

scru·ti·neer [ˌskru:tɪ'nɪə(r)] *s* (POL) Wahlprüfer(in) *m(f);* **scru·ti·nize** ['skru:tɪnaɪz] *vt* ❶ genau prüfen ❷ (*Wahlstimmen*) prüfen; **scru·tiny** ['skru:tɪnɪ] *s* ❶ genaue Prüfung; Untersuchung *f;* Musterung *f* ❷ (POL) Wahlprüfung *f;* **subject s.th./s.o. to (close)** ~ etw/jdn (genau) mustern

scuba ['sku:bə] *s* Schwimmtauchgerät *nt;* **scuba diving** *s* Sporttauchen *nt*

scud [skʌd] *vi* ❶ flitzen ❷ (*Wolken*) jagen

scuff [skʌf] **I.** *vt* abwetzen **II.** *vi* schlurfen **III.** *s* (~ *mark*) abgewetzte Stelle

scuffle ['skʌfl] **I.** *vi* sich raufen; poltern; ~ **with the police** ein Handgemenge mit der Polizei haben **II.** *s* Balgerei *f;* Handgemenge *nt*

scull [skʌl] **I.** *s* ❶ (MAR) Skull *nt* ❷ (*Boot*) Skullboot *nt* **II.** *vi, vt* rudern

scul·lery ['skʌlərɪ] *s* Spülküche *f*

sculpt [skʌlpt] *vt* bildhauern; **sculp·tor** ['skʌlptə(r)] *s* Bildhauer(in) *m(f);* **sculp·tress** ['skʌlptrɪs] *s* Bildhauerin *f;* **sculp·tural** ['skʌlptʃərəl] *adj* plastisch; bildhauerisch; **sculp·ture** ['skʌlptʃə(r)] **I.** *s* ❶ Bildhauerei *f* ❷ Skulptur *f* **II.** *vt* ❶ formen, arbeiten ❷ (*in Stein*) hauen, meißeln ❸ (*in Ton*) modellieren

scum [skʌm] *s* ❶ Schaum *m;* Rand *m* ❷ (*fig*) Abschaum *m;* **the ~ of the earth** der Abschaum der Menschheit; **scum·my** [skʌmeɪ] *adj* ❶ schmierig, schleimig ❷ unmoralisch

scup·per ['skʌpə(r)] *vt* ❶ (MAR) versenken ❷ (*fam*) zerschlagen

scurf [skɜ:f] *s* (Kopf)Schuppen *fpl*

scur·ri·lous ['skʌrɪləs] *adj* ❶ verleumderisch ❷ unflätig, zotig

scurry ['skʌrɪ] **I.** *vi* hasten; eilig trippeln; huschen; ~ **along** entlanghasten; ~ **through one's work** seine Arbeit hastig erledigen **II.** *s* Hasten *nt;* Trippeln *nt*

scurvy ['skɜ:vɪ] **I.** *s* (MED) Skorbut *m* **II.** *adj* (*sl*) niederträchtig

scut [skʌt] *s* Stummelschwanz *m*

scuttle¹ ['skʌtl] *s* Kohleneimer, -kasten *m*

scuttle² ['skʌtl] **I.** *s* (MAR) Luke *f* **II.** *vt* (*Schiff*) versenken

scuttle³ ['skʌtl] *vi* ❶ schnell laufen, rennen ❷ (*Tier*) hoppeln, krabbeln; ~ **off in a hurry** (*fam*) davonflitzen

scythe [saɪð] **I.** *s* Sense *f* **II.** *vt* (mit der Sense) mähen

SDR [ˌesdi:'ɑ:(r)] *s Abk. von* **special drawing rights** (FIN) SZR *f,* Sonderziehungsrechte *ntpl*

S

sea [siː] *s* ① See *f,* Meer *nt* ② (*fig*) große Menge; **beyond the ~s** in Übersee; **at ~** auf (hoher) See; **by ~** auf dem Seeweg; **travel by ~** mit dem Schiff fahren; **be all at ~** (*fig*) nicht durchblicken; **go to ~** zur See gehen; sich einschiffen; **put to ~** in See stechen; **heavy ~s** schwere See; **a ~ of faces** ein Meer von Gesichtern; **sea air** *s* Seeluft *f;* **sea anemone** *s* Seeanemone *f;* **sea animal** *s* Meerestier *nt;* **sea-based** [ˈsiːˌbeɪst] *adj* (MIL) seegestützt; **sea bathing** *s* Baden *nt* im Meer; **sea·bed** [ˈsiːbed] *s* Meeresgrund *m;* **sea bird** *s* Seevogel *m;* **sea·board** [ˈsiːbɔːd] *s* Küste *f;* **sea-borne** [ˈsiːbɔːn] *adj* auf dem Seeweg befördert; **~ goods** Seefrachtgüter *ntpl;* **sea breeze** *s* Seewind *m;* **sea calf** [ˈsiːkɑːf, *pl* -kɑːvz] <*pl* -calves> *s* Seehund *m;* **sea·coast** *s* (Meeres)Küste *f;* **sea cow** *s* Seekuh *f;* **sea dog** *s* (*fam: Matrose*) Seebär *m;* **sea·farer** [ˈsiːˌfeərə(r)] *s* Seefahrer *m;* **sea·faring** [ˈsiːˌfeərɪŋ] **I.** *adj* seefahrend **II.** *s* Seefahrt *f;* **sea·fish** *s* Seefisch *m;* **sea·food** [ˈsiːfuːd] *s* Meeresfrüchte *fpl;* **sea·front** [ˈsiːfrʌnt] *s* Strandpromenade *f;* **sea·go·ing** [ˈsiːˌgəʊɪŋ] *adj* seefahrend; seetüchtig; **sea·gull** [ˈsiːgʌl] *s* Seemöwe *f;* **sea·horse** *s* Seepferdchen *nt*

seal¹ [siːl] **I.** *s* ① Siegel *nt* ② Plombe *f,* Verschluss *m* ③ Siegelring *m* ④ (*fig*) Bekräftigung, Bestätigung *f* ⑤ (TECH) Dichtung *f;* **under the ~ of secrecy** unter dem Siegel der Verschwiegenheit; **set one's ~ to s.th.** unter etw sein Siegel setzen; **give s.th. one's ~ of approval** seine Zustimmung zu etwas geben; **give s.o. one's ~ of approval** jdm seine Zustimmung geben; **~ of quality** Gütesiegel *nt* **II.** *vt* ① (be-, ver)siegeln ② plombieren ③ (*Brief*) verschließen, zukleben ④ (*fig*) bekräftigen, bestätigen ⑤ (TECH) luftdicht verschließen; **~ed envelope** verschlossener Briefumschlag; **~ off** hermetisch abriegeln; **~ up** versiegeln; fest verschließen; abdichten; **~ s.o.'s fate** jds Schicksal besiegeln

seal² [siːl] *s* Seehund *m;* Seal *m*

sea legs [ˈsiːlegs] *s pl:* **get** [*o* **find**] **one's ~** standfest werden; **sea level** *s* Meeresspiegel *m;* **above/below ~** über/unter dem Meeresspiegel

seal·ing [ˈsiːlɪŋ] *s* Versiegeln, Plombieren *nt;* **sealing wax** *s* Siegelwachs *nt*

sea lion [ˈsiːˌlaɪən] *s* Seelöwe *m*

seal ring [ˈsiːlrɪŋ] *s* Siegelring *m*

seal·skin [ˈsiːlskɪn] *s* Seehundfell *nt,* Seal *m*

seam [siːm] **I.** *s* ① Saum *m,* Naht *f* ② (MAR) Fuge *f* ③ Narbe *f* ④ (GEOL) Flöz *nt* **II.** *vt* ① säumen ② (*fig*) durchziehen; **~ed with ...** zerfurcht von ...

sea·man [ˈsiːmən] <*pl* -men> *s* Seemann, Matrose *m;* **sea mile** *s* Seemeile *f* (*intern. = 1852 m*)

seam·less [ˈsiːmlɪs] *s* nahtlos; **seam·stress** [ˈsiːmstrɪs] *s* Näherin *f*

seamy [ˈsiːmɪ] *adj* düster; **the ~ side of life** die Schattenseite des Lebens

sea·plane [ˈsiːpleɪn] *s* Wasserflugzeug *nt;* **sea·port** [ˈsiːpɔːt] *s* Seehafen *m;* **sea power** *s* Seemacht *f*

sear [sɪə(r)] *vt* ① versengen, verbrennen ② (*Schmerz*) durchzucken ③ (*Fleisch*) rasch anbraten ④ (MED) ätzen ⑤ (*Sonne*) ausdörren

search [sɜːtʃ] **I.** *vt* ① durchsuchen, -forschen, -stöbern ② (*Gewissen*) erforschen; **~ me!** was weiß ich! **II.** *vi* suchen (*for* nach) **III.** *s* ① Suche *f* (*for* nach) ② Durchsuchung *f* ③ Nachforschung *f;* **go in ~ of s.o.** auf die Suche nach jdm gehen; **make a ~ in a house** eine Hausdurchsuchung machen; **make a ~ for s.o.** nach jdm suchen; **search out** *vt* ausfindig machen, aufspüren; **search through** *vt* durchsuchen; **search engine** *s* (*internet*) Suchmaschine *f;* **search·er** [ˈsɜːtʃə(r)] *s* Durchsuchungsbeamte(r) *m,* -beamtin *f;* **the ~s** die Suchmannschaft; **search function** *s* (INFORM) Suchfunktion *f;* **search·ing** [ˈ-ɪŋ] *adj* ① prüfend, forschend ② (*Frage*) durchdringend; **search·light** [ˈsɜːtʃlaɪt] *s* Suchscheinwerfer *m;* **search operation** *s* ① Suchaktion *f* ② (INFORM) Suchlauf *m;* **search party** *s* Rettungs-, Bergungs-, Suchmannschaft *f;* **search tool** *s* Suchinstrument *nt;* **search warrant** *s* Durchsuchungsbefehl *m*

sear·ing [ˈsɪərɪŋ] *adj* ① glühend ② (*Schmerz*) scharf ③ (*fig*) quälend

sea·scape [ˈsiːskeɪp] *s* (*Malerei*) Seestück *nt;* **sea shanty** *s* Seemannslied *nt;* **sea·shell** *s* Muschel(schale) *f;* **sea·shore** [ˈsiːʃɔː(r)] *s* Strand *m;* **on the ~** am Strand; **sea·sick** [ˈsiːsɪk] *adj* seekrank; **sea·sick·ness** [ˈsiːsɪknɪs] *s* Seekrankheit *f;* **sea·side** [ˈsiːsaɪd] *s:* **at the ~** am Meer; **go to the ~** ans Meer fahren; **~ holidays** Ferien am Meer

sea·son [ˈsiːzn] **I.** *s* ① Jahreszeit *f* ② (SPORT THEAT) Saison *f;* **at the height of the ~** in der Hochsaison; **for a ~** eine Spielzeit lang; **in ~** in der Saison; (ZOO) in der Brunstzeit; (*Hündin*) läufig; **in and out of ~** andauernd, jahrein jahraus; **in due ~** zu gegebener Zeit; **in good ~** rechtzeitig; **nesting/hunting ~** Brut-/Jagdzeit *f;* **holiday ~** Ferienzeit *f* **II.** *vt* ① (*fig*) durchsetzen

❷ (*Speise*) würzen ❸ (*Holz*) ablagern ❹ (*Truppen*) stählen; **sea·son·able** ['si:znəbl] *adj* ❶ der Jahreszeit angemessen; zeitgemäß ❷ (*Rat*) zur rechten Zeit; **sea·sonal** ['si:zənl] *adj* jahreszeitlich; saisonbedingt; ~ **adjustment** Saisonbereinigung *f;* ~ **trade** Saisongeschäft *nt;* ~ **unemployment** saisonbedingte Arbeitslosigkeit; **sea·soned** ['si:znd] *adj* ❶ (*Essen*) gewürzt ❷ (*Holz*) abgelagert ❸ (*fig*) erfahren; **sea·son·ing** ['si:znɪŋ] *s* (*a. fig*) Würze *f;* **season ticket** *s* (*Br*) Zeit-, Dauerkarte *f;* **season ticket holder** *s* Inhaber(in) *m(f)* einer Zeit-, Dauerkarte

seat [si:t] **I.** *s* ❶ Sitz *m;* Sitzgelegenheit *f* ❷ (THEAT) (Theater)Platz *m* ❸ (PARL) Sitz *m* ❹ Sitzfläche *f;* Hinterteil, Gesäß *nt* ❺ (*fig*) Schauplatz *m* ❻ (REL) Sitz *m;* **have a front ~ at the opera** in der Oper in den vorderen Reihen sitzen; **driver's** ~ Fahrersitz *m;* **keep one's** ~ (*Reiten, Radfahren*) im Sattel bleiben; **lose one's** ~ seinen Platz verlieren; (*Reiten, Radfahren*) aus dem Sattel fallen; (POL) sein Mandat verlieren; **a ~ in Parliament** ein Sitz im Parlament; **win a** ~ ein Mandat gewinnen; ~ **of learning** Stätte *f* der Gelehrsamkeit **II.** *vt* ❶ setzen ❷ (*Raum*) Sitzgelegenheit bieten für, Platz haben für, fassen ❸ (TECH) einpassen; ~ **o.s.** sich (hin)setzen; **be ~ed** sitzen; **remain ~ed** sitzen bleiben; ~ **40 passengers** 40 Sitzplätze haben; **seat belt** *s* ❶ (AVIAT) Anschnallgurt *m* ❷ (AUTO) Sicherheitsgurt *m;* **fasten one's** ~ sich anschnallen; **-seater** ['sɪ:tə(r)] (*in Zusammensetzungen*) -sitzer *m;* **four-**~ Viersitzer *m;* **seat·ing** ['-ɪŋ] *s* Sitzplätze *mpl;* **seating arrangements** *s pl* Sitzordnung *f;* **seating plan** *s* Sitz-, Bestuhlungsplan *m;* **seating room** *s* Sitzplätze *mpl*

SEATO ['si:təʊ] *s Abk. von* **South-East Asia Treaty Organization** SEATO *f*

sea town ['si:taʊn] *s* Hafenstadt *f;* **sea urchin** *s* Seeigel *m;* **sea·ward** ['si:wəd] **I.** *adj* aufs Meer hinaus; ~ **wind** Seewind *m* **II.** *adv* (*a. seawards*) see-, meerwärts; **sea water** *s* Seewasser *nt;* **sea·way** ['si:weɪ] *s* Seestraße *f;* Wasserweg *m;* **sea·weed** ['si:wi:d] *s* Seetang *m;* **sea·worthy** ['si:ˌwɜ:ðɪ] *adj* seetüchtig

se·ba·ceous gland [sɪ'beɪʃəsˌglænd] *s* Talgdrüse *f*

sec [sek] *s* (*sl*) Sekunde *f*

seca·teurs [ˌsekə'tɜ:z] *s pl* Gartenschere *f*

se·cede [sɪ'si:d] *vi* sich abspalten; **se·ces·sion** [sɪ'seʃn] *s* Abspaltung *f;* Sezession *f*

se·clude [sɪ'klu:d] *vt* absondern (*from* von); **se·clud·ed** [sɪ'klu:dɪd] *adj* ❶ (*Leben*) zurückgezogen ❷ (*Haus*) abgelegen; einsam; **se·clu·sion** [sɪ'klu:ʒn] *s* Absondern *nt;* Zurückgezogenheit *f;* Abgelegenheit *f;* **live in** ~ zurückgezogen, einsam leben

sec·ond¹ ['sekənd] **I.** *adj* zweite(r, s); **every ~ house** jedes zweite Haus; **be** ~ Zweite(r, s) sein; **in ~ place** an zweiter Stelle; **in the ~ place** zweitens; **be ~ to none** unübertroffen sein; **for the ~ time** zum zweiten Mal; **have ~ thoughts about s.th.** sich etw anders überlegen **II.** *adv* zweit-; an zweiter Stelle; **come/lie** ~ an zweiter Stelle kommen/liegen; **go** [*o* **travel**] ~ zweiter Klasse fahren **III.** *vt* (*Antrag*) unterstützen

sec·ond² ['sekənd] *s* ❶ Sekunde *f;* Augenblick *m* ❷ (AUTO) der zweite Gang ❸ (MUS) Sekunde *f* ❹ (SPORT) Sekundant *m* ❺ (COM) zweite Wahl ❻ **~s** (COM) Waren *f pl* zweiter Wahl ❼ (*Universität*) *mittlere Note bei der Abschlussprüfung;* **just a ~!** einen Augenblick!; **at that very** ~ genau in dem Augenblick; **come a good** ~ einen guten zweiten Platz belegen; **drive in** ~ im zweiten Gang fahren; **can I have ~s?** kann ich noch etwas nachbekommen?

se·cond³ [sɪ'kɒnd] *vt* abordnen, abstellen

sec·ond·ary ['sekəndrɪ] *adj* ❶ zweitrangig, untergeordnet, geringer; sekundär ❷ (*Schule*) höher, Sekundar-; **of ~ importance** von sekundärer Bedeutung; **secondary industry** *s* verarbeitende Industrie; **secondary picketing** *s Bestreikung eines nur indirekt beteiligten Betriebes;* **secondary school** *s* (*Br*) höhere Schule (*für Schüler vom 11. bis zum 15./18. Lebensjahr*)

i Land & Leute

Eine **secondary school** ist in Großbritannien normalerweise eine staatliche Schule für Schüler im Alter von 11–18 Jahren.

sec·ond-best [ˌsekənd'best] **I.** *adj* zweitbeste(r, s) **II.** *adv:* **come off** ~ den Kürzeren ziehen **III.** *s* Zweitbeste(r, s); **second chamber** *s* (PARL) zweite Kammer; **second class** *s* (RAIL) zweite Klasse; **second-class** *adj, adv* zweiter Klasse; **second cousin** *s* Cousin *m,* Cousine *f* zweiten Grades; **second-degree burn** *s* Verbrennung *f* zweiten Grades; **sec·onder** ['sekəndə(r)] *s* Befürworter(in) *m(f);* **second floor** *s* zweiter, *Am* erster Stock; **on the** ~ im zweiten, *Am* ersten Stock; **second-hand** *adj* ❶ (*Information*)

S

aus zweiter Hand ② gebraucht; Gebraucht- ③ (*Kleider*) getragen ④ (*Buch*) antiquarisch; **have ~ knowledge of s.th.** etw vom Hörensagen wissen; **~ smoking** Passivrauchen *nt;* **second hand** *s* Sekundenzeiger *m;* **second-hand smoking** *s no pl* Passivrauchen *nt;* **second language** *s* erste Fremdsprache; **second lieutenant** *s* Leutnant *m*

sec·ond·ly ['sekəndlɪ] *adv* zweitens; an zweiter Stelle

sec·ond·ment [sɪ'kɒndmənt] *s* Abordnung *f*

second mortage *s* Zweithypothek *f;* **sec·ond na·ture** [ˌsekənd 'neɪtʃə(r)] *s* zweite Natur; **become ~** in Fleisch und Blut übergehen; **second-rate** *adj* zweitrangig, -klassig; **second sight** *s* zweites Gesicht

se·crecy ['si:krəsɪ] *s* Geheimhaltung *f;* Verschwiegenheit *f;* **in ~** im Geheimen; **in strict ~** ganz im Geheimen; **se·cret** ['si:krɪt] **I.** *adj* ① geheim, heimlich ② verborgen, versteckt, abgelegen; **keep ~** geheim halten; **~ agent** Geheimagent(in) *m(f);* **~ service** Geheim-, Nachrichtendienst *m* **II.** *s* Geheimnis *nt;* **in ~** im Geheimen; **keep s.o. a ~ from s.o.** jdn vor jdm geheim halten; **be in on the ~** eingeweiht sein; **keep a ~** ein Geheimnis bewahren; **make no ~ of s.th.** kein Geheimnis aus etw machen

sec·re·tar·ial [ˌsekrə'teərɪəl] *adj* Sekretärs-, Sekretärinnen-; **~ staff** Schreibkräfte *pl;* **~ work** Büroarbeit *f;* **sec·re·tari·at** [ˌsekrə'teərɪət] *s* Sekretariat *nt*

sec·re·tary ['sekrətrɪ] *s* ① Sekretär(in) *m(f)* ② Schriftführer(in) *m(f)* ③ (*Am*) Minister(in) *m(f);* **~-general** Generalsekretär *m;* **Secretary of State** (*in GB*) Minister(in) *m(f);* (*in den USA*) Außenminister(in) *m(f)*

se·crete [sɪ'kri:t] *vt* ① verbergen ② (MED) absondern, ausscheiden; **se·cre·tion** [sɪ'kri:ʃn] *s* ① Verbergen *nt* ② (MED) Absonderung *f;* Sekret *nt*

se·cret·ive ['si:krətɪv] *adj* ① zurückhaltend, verschwiegen ② (*Lächeln*) geheimnisvoll; **se·cret·ly** *adv* insgeheim; (*meet*) heimlich

sect [sekt] *s* Sekte *f;* **sec·tarian** [sek'teərɪən] **I.** *adj* ① (*Schule*) konfessionell ② (*Politik*) konfessionsgebunden; Konfessions- **II.** *s* Sektierer(in) *m(f)*

sec·tion ['sekʃn] **I.** *s* ① Teil *m* ② (*Gebäude*) Trakt *m* ③ (*Buch*) Abschnitt *m* ④ (*Gesetz*) Absatz, Paragraph *m* ⑤ (RAIL) Streckenabschnitt *m* ⑥ (MIL) Abteilung *f;* Sektion *f* ⑦ (*Zeichnung*) Schnitt *m* ⑧ (MED) Sektion *f* ⑨ (MUS) Abschnitt *m,* Passage *f;* **~ mark** Paragraphenzeichen *nt;* **passports ~** Passabteilung *f;* **in ~** im Schnitt; **vertical ~** Querschnitt *m* **II.** *vt* ① einen Schnitt machen durch ② teilen; **sec·tional** ['sekʃənl] *adj* ① abschnittsweise ② zerlegbar, zusammensetzbar ③ (*Unterschiede*) zwischen den Gruppen; **sec·tion·al·ism** ['sekʃənlɪzəm] *s* Partikularismus *m*

sec·tor ['sektə(r)] *s* Sektor *m*

secu·lar ['sekjʊlə(r)] *adj* weltlich, säkular; profan; **secu·lar·ize** ['sekjʊləraɪz] *vt* säkularisieren

se·cure [sɪ'kjʊə(r)] **I.** *adj* ① sicher (*from, against* vor) ② (*Existenz*) gesichert ③ (*Knoten*) fest; **be ~ against** [*o* **from**] **s.th.** vor etw sicher sein; **feel ~** sich sicher fühlen; **make a door ~** eine Tür sichern **II.** *vt* ① festmachen; befestigen ② sichern (*from, against* gegen), schützen (*from, against* vor) ③ (*Stimmen*) erhalten ④ (*Preise*) erzielen ⑤ sichern, garantieren; **~ s.o.'s services** jdn verpflichten; **secured creditor** *s* Vorzugsgläubiger *m;* **secured cordon** *s* Sicherheitsabsperrung *f*

se·cur·ity [sɪ'kjʊərətɪ] *s* ① Sicherheit *f;* Schutz *m* (*against, from* vor) ② Geborgenheit *f* ③ (COM) Sicherheit *f;* Bürge *m* ④ **securities** Wertpapiere *ntpl,* Effekten *pl;* **for ~** zur Sicherheit; **lend money on ~** Geld gegen Sicherheit leihen; **stand ~ for s.o.** für jdn Bürge sein, bürgen; **Security Council** *s* Sicherheitsrat *m;* **Security Force** *s* Friedenstruppe *f;* **security forces** *s pl* Streitmächte *fpl;* **security guard** *s* Wache *f,* Wächter(in) *m(f),* Sicherheitsbeamte(r) *m,* -beamtin *f;* **security of employment** *s* Sicherheit *f* des Arbeitsplatzes; **security of tenure** *s* gesetzlicher Kündigungsschutz; **security risk** *s* Sicherheitsrisiko n

se·dan [sɪ'dæn] ① (*~-chair*) Sänfte *f* ② (*obs*) Limousine *f*

se·date [sɪ'deɪt] *adj* gesetzt, ruhig; geruhsam; gemächlich; **se·da·tion** [sɪ'deɪʃn] *s* Beruhigungsmittel *nt;* **put s.o. under ~** jdm Beruhigungsmittel geben; **seda·tive** ['sedətɪv] **I.** *adj* beruhigend, schmerzstillend **II.** *s* Beruhigungsmittel *nt*

sed·en·tary ['sedntrɪ] *adj* ① (*Arbeit*) sitzend ② (*Stamm*) sesshaft, ortsgebunden; **lead a ~ life** sehr viel sitzen

sedge [sedʒ] *s* Schilf-, Riedgras *nt*

sedi·ment ['sedɪmənt] *s* ① Niederschlag, (Boden)Satz *m* ② (GEOL) Ablagerung *f,* Sediment *nt;* **sedi·men·tary** [ˌsedɪ'mentrɪ] *adj:* **~ rock** Sedimentgestein *nt*

se·di·tion [sɪ'dɪʃn] *s* Aufwiegelung, Volksverhetzung *f*

se·duce [sɪ'dju:s] *vt* verführen; **~ s.o. into**

doing s.th. jdn zu etw verleiten; **se·ducer** [sɪˈdjuːsə(ʳ)] *s* Verführer(in) *m(f)*; **se·duc·tion** [sɪˈdʌkʃn] *s* Verführung *f*; **se·duc·tive** [sɪˈdʌktɪv] *adj* verführerisch; verlockend

sedu·lous [ˈsedjʊləs] *adj* unermüdlich

see[1] [siː] <*irr:* saw, seen> **I.** *vt* ① sehen ② (*Zeitung*) lesen ③ nachsehen ④ besuchen ⑤ sprechen; empfangen ⑥ begleiten, bringen ⑦ sich vorstellen ⑧ erleben ⑨ verstehen; erkennen; **worth ~ing** sehenswert; **~ s.o. do s.th.** sehen, wie jd etw macht; **I saw it happen** ich habe gesehen, wie es passiert ist; **~ page 10** siehe Seite 10; **be ~ing you! ~ you later!** bis später! bis nachher!; **I must be ~ing things** ich sehe wohl Gespenster!; **I can't ~ my way to doing that** ich sehe mich nicht in der Lage das zu tun; **go and ~ s.o.** jdn besuchen; **~ the doctor** zum Arzt gehen; **she refused to ~ us** sie wollte uns nicht empfangen; **~ s.o. to the door** jdn zur Tür bringen; **that remains to be ~n** das wird sich zeigen; **I can't ~ that working** ich kann mir kaum vorstellen, dass das klappt; **I can ~ it happening** ich sehe es kommen; **I don't ~ how it works** es ist mir nicht klar, wie das funktioniert; **I ~ what you mean** ich verstehe, was du meinst; **make s.o. ~ s.th.** jdm etw klar machen; **as I ~ it** so, wie ich es sehe **II.** *vi* ① sehen ② nachsehen ③ verstehen; **let's ~** lassen Sie mich mal sehen; **as far as the eye can ~** so weit das Auge reicht; **~ for yourself!** sieh doch selbst!; **as far as I can ~** so wie ich das sehe; **it's too late, (you) ~** weißt du, es ist zu spät; **see about** *vi* sich kümmern um; **he came to ~ about the rent** er ist wegen der Miete gekommen; **I'll ~ about it** ich will mal sehen; **see across** *vt* hinüberbegleiten; **see in I.** *vi* hineinsehen **II.** *vt* hineinbringen; **~ the New Year in** das Neue Jahr begrüßen; **see into** *vi* ① hineinsehen in ② untersuchen, prüfen, nachgehen; **see off** *vt* ① verabschieden ② Beine machen (*s.o.* jdm); **are you coming to ~ me off?** kommt ihr mit mir?; **see out I.** *vt* ① hinausbegleiten; hinausbringen ② (*Winter*) überdauern; überleben **II.** *vi* hinaussehen; **see through** *vt* ① beistehen (*s.o.* jdm) ② (*Arbeit*) zu Ende bringen; durchbringen ③ (*Trick*) durchschauen; **~ s.o. through a bad time** jdm über eine schwierige Zeit hinweghelfen; **see to** *vi* sich kümmern um; **~ to it that …** sieh zu, dass …; **see up I.** *vi* hinaufsehen **II.** *vt* hinaufbegleiten

see[2] [siː] *s* Bistum *nt;* Diözese *f*

seed [siːd] **I.** *s* ① Same(n) *m;* Samenkorn *nt;* Saat *f,* Saatgut *nt* ② (*fig*) Keim *m* (*of* zu) ③ (SPORT) gesetzte(r) Spieler(in); **go** [*o* **run**] **to ~** schießen; (*fig*) herunterkommen; **sow the ~s of doubt** Zweifel säen **II.** *vt* ① säen ② (*Frucht*) entkernen ③ (SPORT) setzen, plazieren **III.** *vi* Samen tragen; **seed bank** *s* Samenbank *f;* **seed bed** *s* Saatbeet *nt;* **seed bulb** *s* Samenzwiebel *f;* **seed corn** *s* ① Samenkorn *nt* ② (FIN) Startkapital *nt;* **seed·ling** [ˈsiːdlɪŋ] *s* (BOT) Sämling *m;* **seed money** *s no pl* Startkapital *nt,* Anfangskapital *nt;* **seed potato** *s* Saatkartoffel *f;* **seed·time** [ˈsiːdtaɪm] *s* Saatzeit *f*

seedy [ˈsiːdɪ] *adj* ① (*Charakter*) zweifelhaft, zwielichtig ② (*Kleider*) schäbig, abgerissen ③ (*fam*) unwohl; **look ~** schlecht aussehen

see·ing [ˈsiːɪŋ] **I.** *conj:* **~ that** da **II.** *s* Sehen *nt;* **~ is believing** ich glaube, was ich sehe

seek [siːk] <*irr:* sought, sought> **I.** *vt* ① suchen; erlangen wollen, streben nach ② versuchen; **~ s.o.'s advice** jdn um Rat fragen; **the reason is not far to ~** der Grund liegt auf der Hand; **they sought to kill him** sie trachteten ihm nach dem Leben; **~ out** ausfindig machen **II.** *vi:* **~ after** suchen; **~ for** suchen nach; **seeker** [ˈsiːkə(r)] *s* Suchende(r) *f m;* **~ of** [*o* **after**] **truth** Wahrheitssucher(in) *m(f)*

seem [siːm] *vi* (er)scheinen, vorkommen; **he ~s (to be) honest** er scheint ein ehrlicher Mann zu sein; **he ~s younger than he is** er wirkt jünger, als er ist; **things aren't always what they ~** vieles ist anders, als es aussieht; **there ~s to be no need** das scheint nicht nötig zu sein; **so it ~s** es sieht ganz so aus; **if it ~s right to you** wenn Sie es für richtig halten; **it only ~s like it** das kommt einem nur so vor; **seem·ing** [ˈ-ɪŋ] *adj* scheinbar; **seem·ing·ly** [ˈ-ɪŋlɪ] *adv* allem Anschein nach; anscheinend

seem·ly [ˈsiːmlɪ] *adj* schicklich, anständig; **it is not ~** es gehört sich nicht

seen [siːn] *s.* **see**

seep [siːp] *vi* versickern; **~ into s.th.** in etw hineinsickern; **~ through s.th.** durch etw durchsickern; **seep·age** [ˈsiːpɪdʒ] *s* Durchsickern *nt;* Hineinsickern *nt;* **~ tank** Sickerwassertank *m*

seer [sɪə(r)] *s* Seher *m;* **seer·ess** [ˈsɪəres] *s* Seherin *f*

see-safe [ˈsiːseɪf] *s* Kauf mit Rückgaberecht

see·saw [ˈsiːsɔː] **I.** *s* ① Schaukelbrett *nt,* Wippe *f* ② (*fig*) Hin und Her, Auf und Ab *nt* **II.** *adj* schaukelnd **III.** *vi* ① wippen ② (*fig*) auf- und abgehen; schwanken

seethe [si:ð] *vi* ❶ sieden; schäumen ❷ (*fig*) wimmeln (*with* von) ❸ (*fig*) kochen; ~ **with anger** vor Wut schäumen

see-through ['si:θru:] *adj* durchsichtig

seg·ment ['segmənt] **I.** *s* ❶ Teil *m;* Glied *nt;* Stück *nt* ❷ (MATH) Segment *nt* **II.** [seg'ment] *vt* zerlegen, segmentieren **III.** *vi* sich teilen; **seg·men·ta·tion** [ˌsegmən'teɪʃn] *s* Zerlegung, Segmentierung *f*

seg·re·gate ['segrɪgeɪt] *vt* isolieren, absondern; nach Rassen trennen; ~**d** nur für Weiße, Schwarze; mit Rassentrennung; **seg·re·ga·tion** [ˌsegrɪ'geɪʃn] *s* Trennung *f;* **racial** ~ Rassentrennung *f*

seis·mic ['saɪzmɪk] *adj* seismisch; **seis·mo·graph** ['saɪzməgrɑ:f] *s* Seismograph *m;* **seis·mol·ogist** [saɪz'mɒlədʒɪst] *s* Seismologe *m,* Seismologin *f;* **seis·mol·ogy** [saɪz'mɒlədʒɪ] *s* Seismologie, Seismik, Erdbebenkunde *f*

seize [si:z] *vt* ❶ packen, ergreifen ❷ beschlagnahmen ❸ (*Pass*) einziehen ❹ (*Stadt*) einnehmen ❺ (*Gebäude*) besetzen ❻ (*Verbrecher*) fassen ❼ (*fig*) an sich reißen; ergreifen; ~ **s.o.'s arm** jdn am Arm packen; **seize on** *vt* ❶ sich stürzen auf ❷ herausgreifen; **seize up** *vi* (*Bremsen*) sich festfressen; **seiz·ure** ['si:ʒə(r)] *s* ❶ Beschlagnahme *f* ❷ Einzug *m* ❸ Einnahme *f* ❹ Besetzung *f* ❺ (MED) Anfall *m*

sel·dom ['seldəm] *adv* selten; **she** ~ **goes out** sie geht selten aus

se·lect [sɪ'lekt] **I.** *vt* aussuchen, auslesen, auswählen (*from* aus) **II.** *adj* ❶ exklusiv, ausgewählt, auserlesen ❷ (*Publikum*) geladen ❸ (*Tabak*) auserlesen; ~ **committee** Sonderausschuss *m;* **se·lec·tion** [sɪ'lekʃn] *s* ❶ Auswahl, -lese *f* (*from* aus) ❷ Wahl *f;* **make one's** ~ seine Wahl treffen; **natural** ~ natürliche Auslese; **selection committee** *s* Auswahlkomitee *nt*

se·lec·tive [sɪ'lektɪv] *adj* ❶ wählerisch; selektiv ❷ (*Leser*) kritisch, anspruchsvoll ❸ (*Schule*) Elite- ❹ (RADIO) trennscharf; **we have to be** ~ wir müssen eine Auswahl treffen; ~ **weedkiller** Selektivherbizid *nt;* **sel·ec·tiv·ity** [ˌsɪlek'tɪvətɪ] *s* ❶ (RADIO) Trennschärfe *f* ❷ Selektivität *f;* **show** ~ anspruchsvoll sein; **se·lec·tor** [sɪ'lektə(r)] *s* (TECH) Wählschalter *m;* Programmtaste *f;* (AUTO) Schalthebel *m*

self [self, *pl* selvz] <*pl* selves> **I.** *s* Ich *nt;* **show one's worst** ~ sich von der schlechtesten Seite zeigen; **one's other** ~ sein anderes Ich; **be one's old** ~ wieder der Alte sein; **with no thought of** ~ ohne an sich selbst zu denken **II.** *adj* aus dem gleichen Material; **self abasement** *s* Selbsterniedrigung *f;* **self-abuse** [ˌselfə'bju:s] *s* (*euph*) Selbstbefleckung *f;* **self-acting** *adj* selbsttätig; automatisch; **self-addressed** [ˌselfə'drest] *adj* (*Briefumschlag*) adressiert; **self-adhesive** [ˌselfəd'hi:sɪv] *adj* selbstklebend; **self-adhesive label** *s* Selbstklebeetikett *nt;* **self-appointed** [ˌselfə'pɔɪntəd] *adj* selbst ernannt; **self-assertion** *s* Durchsetzungsvermögen *nt;* Überheblichkeit *f;* **self-assertive** *adj* selbstbewusst; anmaßend; **self-assurance** *s* Selbstsicherheit *f;* **self-assured** [ˌselfə'ʃʊəd] *adj* selbstsicher; **self-aware** *adj* sich seiner selbst bewusst; **self-awareness** *s* Selbsterfahrung *f;* **self-catering** *adj* für Selbstversorger; **self-centered** *adj* (*Am*), **self-centred** [ˌself'sentəd] *adj* egozentrisch, ichbezogen; **self-colored** *adj* (*Am*), **self-coloured** *adj* einfarbig; **self-complacent** *adj* selbstgefällig; **self-composed** *adj* ruhig, gelassen; **self-conceited** *adj* überheblich, eingebildet; **self-confessed** [selfkən'fest] *adj* eingestanden, zugegeben; **self-confidence** *s* Selbstvertrauen *nt;* **self-conscious** *adj* ❶ befangen, gehemmt ❷ (*Stil*) bewusst ❸ (PHILOS) selbstbewusst; **self-contained** [ˌselfkən'teɪnd] *adj* ❶ (*fig*) zurückhaltend, verschlossen ❷ (*Wohnung*) separat ❸ selbstgenügsam; **self-contradictory** [ˌself kɑntrə'dɪktərɪ] *adj* sich selbst widersprechend; widersprüchlich; **self control** *s* Selbstbeherrschung *f;* **self-critical** [ˌself'krɪtɪkl] *adj* selbstkritisch; **self-criticism** [ˌself'krɪtɪsɪsm] *s* Selbstkritik *f;* **self-deception** [ˌselfdɪsepʃn] *s* Selbsttäuschung *f;* **self-defeating** [ˌselfdə'fi:tɪŋ] *adj* sinnlos, unsinnig; **self-defence** *s* Selbstverteidigung *f;* **in** ~ in Notwehr; **self-denial** *s* Selbstverleugnung *f;* **self-de·struct** [ˌselfdɪ'strʌkt] *vr* sich selbst zerstören; **self-determination** *s* (*a.* POL) Selbstbestimmung *f;* **self-discipline** *s* Selbstdisziplin *f;* **self-drive** *adj* (*Auto*) für Selbstfahrer; **self-educated** *adj* autodidaktisch; **be** ~ Autodidakt sein; **self-ef·fac·ing** [ˌselfɪ'feɪsɪŋ] *adj* zurückhaltend; **self-employed** *adj* selbständig; (*Künstler*) freischaffend; (*Journalist*) freiberuflich; **the** ~ die Selbständigen, Freischaffenden, Freiberufler *pl;* **self esteem** *s* Selbstachtung *f;* **self-evident** *adj* offensichtlich; selbstverständlich; **it is** ~ es versteht sich von selbst; **self-explanatory** *adj* unmittelbar verständlich; **self-expression** [ˌselfɪk'spreʃn] *s* Selbstdarstellung *f;* **self-fulfilling** [ˌselffʊl'fɪlɪŋ] *adj:* **a** ~ **prophecy** eine sich selbst bewahrheitende Voraussage;

self-governing [ˌselfˈɡʌvənɪŋ] *adj* selbst verwaltet; **self-government** *s* Selbstverwaltung *f*; **self-help** *s* Selbsthilfe *f*; **self-help group** *s* Selbsthilfegruppe *f*; **self-importance** *s* Einbildung *f*; **self-important** *adj* eingebildet; dünkelhaft; **self-imposed** [ˌselfɪmˈpəʊzd] *adj* selbst auferlegt; **self-indulgence** *s* ❶ Nachgiebigkeit *f* gegen sich selbst ❷ Zügellosigkeit, Hemmungslosigkeit *f*; **self-indulgent** *adj* ❶ nachgiebig gegen sich selbst ❷ (*essen, trinken*) ungehemmt, zügellos; **self-in·flict·ed** [ˌselfɪnˈflɪktɪd] *adj* ❶ (*Wunde*) selbst zugefügt ❷ (*Strafe*) selbst auferlegt; **self-interest** *s* Eigennutz *m*; eigenes Interesse

self·ish [ˈselfɪʃ] *adj* selbstsüchtig, egoistisch; **self·ish·ness** [-nɪs] *s* Selbstsucht *f*, Egoismus *m*

self-jus·ti·fi·ca·tion [ˌselfdʒʌstɪfɪˈkeɪʃn] *s* Rechtfertigung *f*

self·less [ˈselflɪs] *adj* selbstlos

self-made [ˌselfˈmeɪd] *adj* selbst gemacht; ~ **man** Selfmademan *m*; **self-opinionated** *adj* rechthaberisch; **self-pity** *s* Selbstmitleid *nt*; **self-portrait** *s* Selbstporträt *nt*; **self-possessed** *adj* selbstbeherrscht; **self-preservation** *s* Selbsterhaltung *f*; **instinct of** ~ Selbsterhaltungstrieb *m*; **self-rais·ing flour** [ˌselfraɪzɪŋˈflaʊə(r)] *s* Mehl *nt* mit bereits beigemischtem Backpulver; **self-real·iz·ation** [ˌselfrɪəlaɪˈzeɪʃn] *s* Selbstverwirklichung *f*; **self-reliance** *s* Selbstständigkeit *f*; **self-re·li·ant** [ˌselfrɪˈlaɪənt] *adj* selbstständig; **self-respect** *s* Selbstachtung *f*; **self-respecting** [ˌselfrɪˈspektɪŋ] *adj* anständig; **no ~ man** keiner, der etwas auf sich hält; **self-righteous** *adj* selbstgerecht; **self-sacrifice** *s* Selbstaufopferung *f*; **self-sacrificing** [ˌselfˈsækrɪfaɪsɪŋ] *adj* aufopfernd; **self-satisfaction** *s* Selbstzufriedenheit *f*; **self-satisfied** *adj* selbstzufrieden; **self-seeking** [ˌselfˈsiːkɪŋ] **I.** *adj* selbstsüchtig **II.** *s* Selbstsucht *f*; **self-service** **I.** *adj* Selbstbedienungs-, SB- **II.** *s* Selbstbedienung *f*; **self-sufficiency** *s* ❶ Selbstständigkeit *f* ❷ Selbstgenügsamkeit *f* ❸ (*Land*) Autarkie *f*; **self-sufficient** *adj* ❶ selbstständig ❷ selbstgenügsam ❸ (*Land*) autark; **be ~ in oil** den Ölbedarf selbst decken; ~ **economy** Autarkie *f*; ~ **enterprise** kostendeckender Betrieb; **self-supporting** [ˌselfsəˈpɔːtɪŋ] *adj* ❶ finanziell unabhängig ❷ (COM) sich selbst tragend ❸ (TECH) freistehend, -tragend; **self-tan·ner** [ˌselfˈtænə(r)] *s* Selbstbräunungsmittel *nt*; **self-tap·ping screw** [ˌselftæpɪŋˈskruː] *s* selbstschneidende Schraube, Treibschraube *f*; **self-taught** [ˈselftɔːt] *adj* autodidaktisch erlernt; **self-willed** [ˌselfˈwɪld] *adj* eigenwillig, -sinnig; **self-wind·ing** [ˌselfˈwaɪndɪŋ] *adj* Automatik-

sell [sel] <*irr:* sold, sold> **I.** *vt* ❶ verkaufen (*s.o. s.th., s.th. to s.o.* jdm etw, etw an jdn) ❷ (*Waren*) absetzen ❸ handeln, Handel treiben mit, vertreiben ❹ einen guten Absatz verschaffen (*s.th.* einer S) ❺ (*fig*) schmackhaft machen, gewinnen für ❻ (*fam*) an den Mann bringen, loswerden ❼ verraten; ~ **one's life dearly** sein Leben teuer verkaufen; ~ **one's soul to s.o.** jdm seine Seele verschreiben; ~ **o.s.** sich profilieren, sich verkaufen (*to* an); ~ **s.o. on s.th.** jdn von etw überzeugen; **be sold on s.o.** von jdm begeistert sein; ~ **s.o. down the river** jdn ganz schön verschaukeln **II.** *vi* ❶ verkaufen (*to s.o.* an jdn) ❷ sich verkaufen; **the book is ~ing well** das Buch verkauft sich gut; **what are they ~ing at?** wie viel kosten sie? **III.** *s* ❶ (*fam*) Zugkraft *f* ❷ (COM) Verkaufstaktik *f*; **sell forward** *vt* auf Termin verkaufen; **sell off** *vt* ❶ (*Ware*) abstoßen ❷ (*Auktion*) versteigern; **sell out** **I.** *vt* ❶ ausverkaufen ❷ (*Aktie*) abgeben ❸ verraten (*to* an) **II.** *vi* ❶ alles verkaufen ❷ sein Geschäft verkaufen ❸ (*fam*) sich verkaufen (*to* an); **sell up** *vt* zu Geld machen; zwangsverkaufen; **sell·able** [ˈseləbl] *adj* ❶ verkäuflich ❷ absetzbar; **sell-by date** [ˈselbaɪˌdeɪt] *s* Frischhalte-, Haltbarkeitsdatum *nt*

seller [ˈselə(r)] *s* ❶ Verkäufer(in) *m(f)* ❷ (*good* ~) (Verkaufs)Schlager *m*; **big ~** Verkaufsschlager *m*; **bad ~** Ladenhüter *m*; **sell·ing** [ˈselɪŋ] *s* Verkauf, Vertrieb, Absatz *m*; **selling point** *s* Verkaufsanreiz *m*; **selling price** *s* Verkaufspreis *m*

Sel·lo·tape® [ˈseləteɪp] *s* Tesafilm® *m*

sell·out [ˈselaʊt] *s* ❶ (SPORT) ausverkauftes Spiel ❷ (*fam*) fauler Kompromiss ❸ (COM) Verkaufsschlager *m*

selves [selvz] *s.* **self**

se·man·tic [sɪˈmæntɪk] *adj* semantisch; **se·man·tics** [sɪˈmæntɪks] *s* Semantik *f*

sema·phore [ˈseməfɔː(r)] **I.** *s* ❶ (RAIL) Semaphor *nt* ❷ (*System*) Signalsprache *f*; Winken *nt* **II.** *vi, vt* durch Winkzeichen signalisieren

sem·blance [ˈsembləns] *s* Anschein *m* (*of* von), Anflug *m* (*of* von); **put on a ~ of gaiety** eine fröhliche Miene zur Schau tragen

se·men [ˈsiːmən] *s* (PHYSIOL) Samen *m*, Samenflüssigkeit *f*

sem·es·ter [sɪˈmestə(r)] *s* (*bes. Am*) Semes-

S

ter *nt*

semi- ['semɪ] *pref* halb-; **semi** *s s.* **semidetached (house)** Doppelhaushälfte *f;* **semi·breve** ['semɪbri:v] *s* (*Br*) ganze Note; **semi·circle** ['semɪˌsɜ:kl] *s* Halbkreis *m;* **semi·cir·cu·lar** [ˌsemɪ'sɜ:kjʊlə(r)] *adj* halbkreisförmig; **semi·co·lon** [ˌsemɪ'kəʊ lən] *s* Semikolon *nt,* Strichpunkt *m;* **semi·con·ductor** *s* (PHYS) Halbleiter *m;* **semi·cons·cious** *adj* halb bewusstlos; **semi·de·tached** [ˌsemɪdɪ'tætʃt] *adj:* ~ **house** Doppelhaushälfte *f;* **semi·final** *s* (SPORT) Halbfinale, Semifinalspiel *nt;* **semi·finalist** *s* Teilnehmer(in) *m (f)* am Halbfinale; **semi-finished product** *s* Halbfabrikat, -erzeugnis *nt*

se·minal ['semɪnl] *adj* ① Samen- ② (*Idee*) ertragreich; **be present in a ~ state** im Keim vorhanden sein; ~ **fluid** (PHYSIOL) Samenflüssigkeit *f*

sem·inar ['semɪnɑ:(r)] *s* Seminar *nt*

sem·inary ['semɪnərɪ] *s* Priesterseminar *nt*

semi·of·fi·cial [ˌsemɪə'fɪʃl] *adj* halbamtlich, offiziös; **semi·precious** *adj:* ~ **stone** Halbedelstein *m;* **semi·qua·ver** ['semɪˌkweɪvə(r)] *s* (*Br*) Sechzehntelnote *f;* **semi·skilled** *adj* angelernt; ~ **labour** angelernte Arbeitskräfte *fpl*

Se·mite ['si:maɪt] *s* Semit *m,* Semitin *f;* **Se·mitic** [sɪ'mɪtɪk] *adj* semitisch

semi·tone ['semɪtəʊn] *s* Halbton *m;* **semi (trailer)** ['semɪtreɪlə(r)] *s* (*Am*) Sattelschlepper *m;* **semi·tropical** *adj* subtropisch; **semi·vowel** *s* Halbvokal *m*

semo·lina [ˌsemə'li:nə] *s* Grieß *m*

semp·stress ['sempstrɪs] *s* Näherin *f*

sen·ate ['senɪt] *s* Senat *m;* **sena·tor** ['senətə(r)] *s* Senator *m;* **sena·torial** [ˌsenə'tɔ:rɪəl] *adj* senatorisch

send [send] <*irr:* sent, sent> **I.** *vt* ① senden, schicken ② (*Radio*) ausstrahlen ③ übersenden, versenden ④ in Bewegung setzen, stoßen, treiben, befördern; veranlassen ⑤ (*sl*) hinreißen; ~ **s.o. to prison** jdn ins Gefängnis schicken; ~ **s.o. to university** jdn studieren lassen; ~ **s.o. for s.th.** jdn nach etw schicken; ~ **him best wishes** grüßen Sie ihn von mir; ~ **by post** mit der Post schicken; ~ **by fax** (tele)faxen; **the blow sent him sprawling** der Schlag schleuderte ihn zu Boden; **that tune ~s me** (*sl*) ich bin ganz weg von der Melodie **II.** *vi:* **she sent to say that …** sie ließ ausrichten, dass …; **send across** *vt* hinüberschicken; **send after** *vt:* ~ **s.o. after s.o.** jdn jdm nachschicken; **send along** *vt* hinschicken; **send away** **I.** *vt* wegschicken, fortschicken, abschicken **II.** *vi* schreiben; ~ **away for s.th.** etw anfordern; **send back** *vt* zurückschicken; **send down** *vt* ① (*Preise*) fallen lassen, senken ② (*Universität*) relegieren ③ (*Gefangene*) verurteilen (*for* zu); **send for** *vi* ① kommen lassen; rufen; herbeiordern; zu sich bestellen ② (*Katalog*) anfordern; **send forth** *vt* ① aussenden, ausstrahlen ② (*Duft*) verströmen; **send in** *vt* einschicken, einsenden, einreichen; ~ **one's name in** sich anmelden; **send off** *vt* ① abschicken ② (*Kinder*) wegschicken ③ (SPORT) vom Platz verweisen ④ verabschieden; ~ **off for s.th.** etw bestellen, anfordern; **send on** *vt* ① (*Brief*) nachschicken ② (*Gepäck*) vorausschicken ③ aufs Feld schicken, einsetzen; **send out** *vt* ① hinausschicken ② (*Strahlen*) aussenden, abgeben; ausstoßen ③ (*Prospekte*) verschicken; **send out for** *vi* holen lassen; ~ **s.o. out for s.th.** jdn nach etw schicken; **send up** *vt* ① hochschießen; steigen lassen; in die Luft schießen ② (*Preise*) hochtreiben ③ in die Luft gehen lassen ④ (*fam*) verulken

sender ['sendə(r)] *s* Absender(in) *m(f);* **return to ~** zurück an den Absender; **send-off** ['sendɒf] *s* Abschied *m,* Verabschiedung *f;* **give s.o. a good ~** jdn ganz groß verabschieden; **send-up** ['sendʌp] *s* Verulkung *f*

Sene·gal [ˌsenɪ'gɔ:l] *s* Senegal *m;* **Sene·gal·ese** [ˌsenɪgə'li:z] **I.** *adj* senegalesisch **II.** *s* Senegalese *m,* Senegalesin *f*

se·nes·cence [sɪ'nesns] *s* Altern *nt,* Alterungsprozess *m;* **se·nes·cent** [sɪ'nesnt] *adj* alternd

se·nile ['si:naɪl] *adj* senil; altersschwach; ~ **dementia** (MED) Altersschwachsinn *m;* **sen·il·ity** [sɪ'nɪlətɪ] *s* ① Senilität *f* ② Altersschwäche *f*

sen·ior ['si:nɪə(r)] **I.** *adj* ① älter (*to* als) ② dienstälter; ranghöher; übergeordnet ③ (*Position*) höher, leitend ④ (*Schüler*) der obersten Klasse ⑤ (*Student*) im letzten Studienjahr ⑥ (*nach einem Namen*) der Ältere, senior; **he is ~ to me** er ist älter als ich; er ist mir übergeordnet; ~ **citizen** ältere(r) Mitbürger(in) *m f;* ~ **citizen rail pass** Seniorenpass *m;* ~ **debts** vorrangige Schulden *pl;* **the ~ management** die Geschäftsleitung; ~ **mortgage** Ersthypothek *f;* ~ **officer** höherer Beamter, Offizier; ~ **partner** Seniorpartner *m;* ~ **school,** ~ **high school** (*Am*) Oberstufe *f* **II.** *s* ① Senior(in) *m(f)* ② (*in den USA*) Student(in) *m(f)* des letzten Studienjahres ③ (SCHULE) Oberstufenschüler(in) *m(f);* **he is my ~** er ist älter als ich; (*Beruf*) er ist mir übergeordnet;

sen·ior·ity [ˌsiːnɪˈɒrətɪ] *s* ❶ höheres (Dienst)Alter ❷ höherer Rang; höherer Dienstgrad; **promotion on the basis of ~** Beförderung *f* nach Länge der Betriebszugehörigkeit

i Land & Leute

In Großbritannien ist eine **senior school** eine Schule für ältere Schüler, normalerweise im Alter von 11–18 Jahren, und ist oft Teil einer privaten oder *independent school*.

sen·sa·tion [senˈseɪʃn] *s* ❶ Gefühl *nt;* Empfindung *f;* Sinneseindruck *m* ❷ Sensation *f,* Aufsehen *nt;* **a ~ of falling** das Gefühl zu fallen; **a ~ of hunger** ein Hungergefühl; **cause** [*o* **create**] **a ~** Aufsehen erregen; **sen·sa·tional** [senˈseɪʃnl] *adj* sensationell, Aufsehen erregend; reißerisch

sense [sens] **I.** *s* ❶ (PHYSIOL) Sinn *m* ❷ (*fig*) Sinn *m* (*of* für) ❸ **~s** Verstand *m* ❹ Gefühl *nt* ❺ (*Wort*) Bedeutung *f;* **~ of hearing** Gehörsinn *m;* **~ of sight** Sehvermögen *nt;* **~ of smell** Geruchssinn *m;* **~ of taste** Geschmackssinn *m;* **~ of touch** Tastsinn *m;* **be out of one's ~s** nicht ganz bei Trost sein; **frighten s.o. out of his ~s** jdn zu Tode erschrecken; **bring s.o. to his ~s** jdn zur Vernunft bringen; **come to one's ~s** zur Vernunft kommen; **~ of duty** Pflichtbewusstsein *nt;* **have a ~ of one's own importance** sich selbst wichtig nehmen; **common ~** gesunder Menschenverstand; **have the ~ to ...** so vernünftig sein und ...; **what's the ~ of doing this?** welchen Sinn hat es denn das zu tun?; **there is no ~ in doing that** es ist zwecklos das zu tun; **talk ~** vernünftig sein; **make s.o. see ~** jdn zur Vernunft bringen; **make ~** Sinn ergeben; sinnvoll sein; **make ~ of s.th.** etw verstehen; **in the full ~ of the word** im wahrsten Sinn des Wortes; **in a ~** in gewisser Hinsicht; **in every ~** in jeder Hinsicht; **in what ~?** inwiefern?, in welchem Sinn?; **in every ~ of the word** in der vollen Bedeutung des Wortes **II.** *vt* spüren, empfinden, fühlen; **sense·less** [ˈsenslɪs] *adj* ❶ besinnungs-, bewusstlos ❷ unvernünftig, unsinnig ❸ (*Diskussion*) sinnlos; **sense organ** *s* Sinnesorgan *nt*

sen·si·bil·ity [ˌsensəˈbɪlətɪ] *s* ❶ Empfindsamkeit *f;* Sensibilität *f* ❷ Empfindlichkeit *f;* **sensibilities** Zartgefühl *nt*

sen·sible [ˈsensəbl] *adj* ❶ vernünftig ❷ begreiflich ❸ (*obs*) spürbar, merklich; **be ~ of s.th.** sich einer S bewusst sein; **be ~ about it** seien Sie vernünftig; **sen·sibly** [ˈsensəblɪ] *adv* vernünftig; vernünftigerweise

sen·si·tive [ˈsensətɪv] *adj* ❶ sensibel, empfindsam, empfindlich ❷ (*Verständnis*) einfühlsam ❸ (*Körperteil*) empfindlich ❹ (PHOT) lichtempfindlich ❺ (*fig*) heikel, prekär; **be ~ about s.th.** in Bezug auf etw empfindlich sein; **~ to cold/heat** kälte-/wärmeempfindlich; **sen·si·tiv·ity** [ˌsensəˈtɪvətɪ] *s* ❶ Sensibilität, Empfindsamkeit *f* ❷ Empfindlichkeit *f* ❸ Einfühlungsvermögen *nt* ❹ Lichtempfindlichkeit *f;* **sen·si·tize** [ˈsensɪtaɪz] *vt* sensibilisieren

sen·sor [ˈsensə(r)] *s* Sensor, Fühler *m;* **sen·sory** [ˈsensərɪ] *adj* (PHYSIOL) sensorisch; Sinnes-

sen·sual [ˈsenʃʊəl] *adj* ❶ sinnlich ❷ (*Leben*) sinnesfreudig, lustbetont; **sen·sual·ist** [ˈsenʃʊəlɪst] *s* Genussmensch *m,* sinnlicher Mensch; **sen·sual·ity** [ˌsenʃʊˈælətɪ] *s* Sinnlichkeit *f;* Sinnesfreudigkeit *f;* **sen·su·ous** [ˈsenʃʊəs] *adj* sinnlich, sinnenhaft

sent [sent] *s.* **send**

sen·tence [ˈsentəns] **I.** *s* ❶ (JUR) Strafe *f* ❷ (GRAM) Satz *m;* **under ~ of death** zum Tode verurteilt; **pass ~ on s.o.** über jdn das Urteil verkünden **II.** *vt* (JUR) verurteilen (*to* zu)

sen·ten·tious [senˈtenʃəs] *adj* salbungsvoll

sen·ti·ent [ˈsenʃnt] *adj* empfindungsfähig

sen·ti·ment [ˈsentɪmənt] *s* ❶ Gefühl, Empfinden *nt* ❷ Meinung, Ansicht *f* (*on* über) ❸ Gedanke *m* ❹ Sentimentalität, Gefühlsduselei *f* ❺ (*Börse*) Stimmung *f,* Klima *nt*

sen·ti·men·tal [ˌsentɪˈmentl] *adj* empfindsam; sentimental; gefühlsselig; **for ~ reasons** aus Sentimentalität; **sen·ti·men·tal·ism, sen·ti·men·tal·ity** [ˌsentɪˈmentəlɪzm, ˌsentɪmenˈtælətɪ] *s* Sentimentalität *f;* **sen·ti·men·tal·ize** [ˌsentɪˈmentəlaɪz] **I.** *vt* gefühlsmäßig auffassen **II.** *vi* sentimental sein

sen·try [ˈsentrɪ] *s* (Wach)Posten *m,* Wache *f;* **be on ~ duty** auf Wache sein; **sentry box** *s* Wachhäuschen *nt*

se·pal [ˈsepl] *s* (BOT) Kelchblatt *nt*

sep·ar·able [ˈsepərəbl] *adj* trennbar; **sep·ar·ate** [ˈsepəreɪt] **I.** *vt* ❶ (ab)trennen ❷ aufteilen (*into* in) ❸ (CHEM) scheiden; **~ the good from the bad** die Guten von den Schlechten trennen; **~ out from** trennen von, absondern von **II.** *vi* ❶ sich trennen ❷ (CHEM) sich scheiden; **~ out** getrennt werden **III.** [ˈseprət] *adj* ❶ (ab)getrennt, gesondert (*from* von) ❷ (*Teil*) extra; einzeln; voneinander getrennt; ver-

S

schieden ③ (*Zimmer*) separat, getrennt ④ (*Rechnung*) gesondert ⑤ (*Wohnung*) separat; **that is a ~ question** das ist eine andere Frage; **on a ~ occasion** bei einer anderen Gelegenheit; **keep two things ~** zwei Dinge nicht zusammentun; **keep ~** auseinander halten; **send s.th. under ~ cover** etw mit getrennter Post schicken; **~ taxation** Splitting *nt* **IV.** ['seprət] *s pl* Röcke, Blusen, Hosen; **sep·ar·ated** ['sepəreɪtɪd] *adj* getrennt; getrennt lebend; **sep·ar·ation** [ˌsepə'reɪʃn] *s* ① Trennung *f* ② (CHEM) Scheidung *f* ③ Abtrennung *f* (*from* von); **~ allowance** Trennungsentschädigung *f;* **~ anxiety** Trennungsangst *f;* **sep·ar·at·ism** ['sepərətɪzm] *s* Separatismus *m;* **sep·ar·at·ist** ['sepərətɪst] **I.** *adj* separatistisch **II.** *s* Separatist(in) *m(f);* **sep·ar·ator** ['sepəreɪtə(r)] *s* (TECH) Separator *m*

se·pia ['si:pɪə] **I.** *s* Sepia *f* **II.** *adj* sepiabraun

sep·sis ['sepsɪs] *s* (MED) Vereiterung *f*

Sep·tem·ber [sep'tembə(r)] *s* September *m;* **in ~** im September

sep·tic ['septɪk] *adj* septisch; **~ tank** Klärbecken *nt,* Klärbehälter *m;* **turn ~** (*Wunde*) eitern

sep·ti·cae·mia [ˌseptɪ'si:mɪə] *s* (MED) Septikämie, Blutvergiftung *f*

sep·tua·gen·ar·ian [ˌseptjʊədʒɪ'n eərɪən] **I.** *adj* siebzigjährig **II.** *s* Siebzigjährige(r) *f m*

sep·ul·chral [sɪ'pʌlkrəl] *adj* (*fig*) düster; Grabes-; **~ voice** Grabesstimme *f;* **sep·ul·cher** *s* (*Am*), **sep·ul·chre** ['seplkə(r)] *s* Grabstätte *f*

se·quel ['si:kwəl] *s* Folge *f* (*to* von)

se·quence ['si:kwəns] *s* ① Folge, Reihenfolge *f* ② (MATH) Folge *f* ③ (*Kartenspiel, mus, rel*) Sequenz *f* ④ (FILM) Szene, Episode *f;* **in ~** der Reihe nach; **~ of tenses** Zeitenfolge *f;* **se·quen·tial** [sɪ'kwenʃl] *adj* ① folgend ② der Reihe nach; **be ~ to s.th.** auf etw folgen

se·ques·ter [sɪ'kwestə(r)] *vt* ① abkapseln ② (JUR) sequestrieren; **se·ques·tered** [sɪ'kwestəd] *adj* abgeschieden; abgelegen; zurückgezogen

se·ques·trate [sɪ'kwestreɪt] *vt* (JUR) sequestrieren; **se·ques·tra·tion** [ˌsi:kwe'streɪʃn] *s* (JUR) Sequestration *f*

se·quin ['si:kwɪn] *s* Paillette *f*

se·quoia [sɪ'kwɔɪə] *s* Mammutbaum *m*

se·ra·glio [se'rɑ:lɪəʊ] *s* Serail *nt*

Serb [sɜ:b] *s* Serbe *m,* Serbin *f;* **Ser·bia** ['sɜ:bɪə] *s* Serbien *nt;* **Ser·bi·an** ['sɜ:bɪən] *adj* serbisch

ser·en·ade [ˌserə'neɪd] **I.** *s* (MUS) Serenade *f* **II.** *vt:* **~ s.o.** jdm ein Ständchen bringen

ser·ene [sɪ'ri:n] *adj* ① gelassen ② (*Meer*) ruhig, still ③ (*Himmel*) heiter, klar; **ser·en·ity** [sɪ'renətɪ] *s* Gelassenheit *f*

serf [sɜ:f] *s* Leibeigene(r) *f m;* **serf·dom** [-dəm] *s* Leibeigenschaft *f*

ser·geant ['sɑ:dʒənt] *s* ① (MIL) Feldwebel *m* ② (*Polizei*) Polizeimeister *m;* **~ major** Oberfeldwebel *m*

ser·ial ['sɪərɪəl] **I.** *adj* ① Serien-; Fortsetzungs- ② (*Programm*) in Fortsetzungen ③ (INFORM) seriell ④ (MUS) seriell; **published in ~ form** in Fortsetzungen veröffentlicht; **~ killer** Serienmörder(in) *m(f);* **~ number** fortlaufende Nummer; Fabrikationsnummer *f;* **~ rights** Rechte *pl* für die Veröffentlichung in Fortsetzungen **II.** *s* ① Fortsetzungsroman *m* ② (RADIO) Sendefolge *f* ③ periodisch erscheinende Zeitschrift; **ser·ial·ize** ['sɪərɪəlaɪz] *vt* ① in Fortsetzungen veröffentlichen ② (RADIO) in Fortsetzungen senden

se·ries ['sɪəri:z] <*pl* -> *s* ① Serie *f* ② (MATH) Reihe *f* ③ (RADIO) Sendereihe *f* ④ (TV) Sendefolge *f;* **in ~** der Reihe nach; (ELEK) in Reihe; (COM) serienmäßig; **a ~ of articles** eine Artikelserie; **series-wound** ['sɪəri:zˌwaʊnd] *adj* (ELEK) in Reihe geschaltet

serio·comic(al) [ˌsɪərɪəʊ'kɒmɪk(l)] *adj* halb ernst, halb heiter

se·ri·ous ['sɪərɪəs] *adj* ① ernst; ernsthaft ② (*Interesse*) seriös ③ (*Zweifel*) ernstlich, ernsthaft ④ (*Verlust*) schwer; schlimm ⑤ (*Situation*) ernst, bedenklich; **be ~ about doing s.th.** etw im Ernst tun wollen; **I'm ~ (about it)** ich meine das ernst; **it's getting ~** es wird ernst; **se·ri·ous·ly** [-lɪ] *adv* ① ernst; im Ernst ② (*verletzt*) schwer; ernstlich; bedenklich ③ (*sl*) sehr; **take s.o. ~** jdn ernst nehmen; **~ now** jetzt mal ganz im Ernst; **se·ri·ous·ness** [-nɪs] *s* ① Ernst *m* ② Ernsthaftigkeit, Aufrichtigkeit *f* ③ Schwere *f;* Bedenklichkeit *f*

ser·mon ['sɜ:mən] *s* Predigt *f;* Strafpredigt *f*

sero·to·nin [ˌserə'təʊnɪn] *s* Serotonin *nt*

ser·pent ['sɜ:pənt] *s* Schlange *f*

ser·pen·tine ['sɜ:pəntaɪn] *adj* ① (*Fluss*) gewunden ② (*Straße*) kurvenreich

ser·rated [sɪ'reɪtɪd] *adj* gezackt, gezähnt; **~ knife** Sägemesser *nt*

ser·ried ['serɪd] *adj:* **~ ranks** eng geschlossene Reihen *fpl*

se·rum ['sɪərəm] *s* Serum *nt*

ser·vant ['sɜ:vənt] *s* Diener(in) *m(f),* Dienstmädchen *nt,* Bedienstete(r) *f m;* **civil** [*o* **public**] **~** Beamte(r) *m,* Beamtin *f*

serve [sɜ:v] **I.** *vt* ① dienen; dienlich sein, nützen (*s.o.* jdm) ② abdienen, ableisten

③ (*Lehre*) durchmachen, -laufen ④ (*Strafe*) verbüßen ⑤ (*Material*) versorgen ⑥ (*Kunden*) bedienen ⑦ (*Restaurant*) servieren; auftragen ⑧ (*Gast*) bedienen ⑨ (*Wein*) einschenken ⑩ (*Messe*) ministrieren bei ⑪ (SPORT: *Ball*) aufschlagen ⑫ (JUR) zustellen ⑬ (*obs*) behandeln ⑭ (*Tier*) decken; **if my memory ~s me right** wenn ich mich recht erinnere; **~ its purpose** seinen Zweck erfüllen; **he ~d his country** er hat sich um sein Land verdient gemacht; **~ s.o. as s.th.** jdm als etw dienen; **~ s.o. with s.th.** jdm etw bringen; **dinner is ~d** das Essen ist aufgetragen; **~ a summons on s.o.** jdn vor Gericht laden; **~ s.o. ill** jdm einen schlechten Dienst erweisen; **it ~s him right** es geschieht ihm ganz recht **II.** *vi* ① (*a.* MIL) dienen ② brauchbar, dienlich sein, sich verwenden lassen ③ (*Kellner*) bedienen ④ (SPORT) aufschlagen; **~ in an office** ein Amt bekleiden; **~ as** [*o* **for**] dienen als; **it will ~** das tut's; **it ~s to show ...** das zeigt ... **III.** *s* (SPORT) Aufschlag *m*; **serve out** *vt* ① (*Essen*) ausgeben; verteilen ② (MIL) ableisten; absitzen; **serve up** *vt* ① servieren; verteilen ② (*fam*) auftischen

server ['sɜːvə(r)] *s* ① Servierbrett *nt* ② Servierlöffel *m* ③ (SPORT) Aufschläger(in) *m(f)* ④ (REL) Ministrant(in) *m(f)* ⑤ (*Am*) Bedienung *f* ⑥ (INTERNET) Server *m*; **salad ~s** Salatbesteck *nt*

ser·vice ['sɜːvɪs] **I.** *s* ① Dienst *m* ② Betrieb *m* ③ (MIL) Militärdienst *m* ④ (*Kunde*) Service *m*; Bedienung *f* ⑤ (*Bus etc*) Busverbindung *f* ⑥ Dienst *m*; Stellung *f* ⑦ (REL) Gottesdienst *m* ⑧ (*Maschinen*) Wartung *f*; Inspektion *f* ⑨ (*Tee*) Service *nt* ⑩ (SPORT) Aufschlag *m* ⑪ (JUR) Zustellung *f* ⑫ **~s** Dienstleistungen *fpl*, Versorgungsnetz *nt*; **~s to one's country** Dienst an seinem Vaterland; **do s.o. a ~** jdm einen Dienst erweisen; **be of ~** nützlich sein; **be of ~ to s.o.** jdm nützen; **be at s.o.'s ~** jdm zur Verfügung stehen; **be out of ~** außer Betrieb sein; **come into ~** in Betrieb genommen werden; **see ~ as a soldier** beim Militär dienen; **telephone ~** Telefondienst *m*; **medical ~** ärztliche Versorgung; **be in ~ with s.o.** bei jdm in Stellung sein; **take s.o. into ~** jdn in Stellung nehmen **II.** *vt* ① (*Auto, Maschine*) warten ② (*Gegend*) bedienen, versorgen ③ (*Betrieb, Ausschuss*) zuarbeiten (*s.o.* jdm) ④ (ZOO) decken ⑤ (FIN) bedienen; **ser·vice·able** [-əbl] *adj* ① strapazierfähig ② brauchbar, dienlich, nützlich ③ praktisch, zweckmäßig; **service area** *s* Tankstelle *f* und Raststätte *f*; **service bus** *s* Linienbus *m*; **service centre** *s* Reparaturwerkstatt *f*; **service charge** *s* Bedienungsgeld *nt*; Bearbeitungsgebühr *f*; **service contract** *s* Wartungsvertrag *m*; **service department** *s* Kundendienstabteilung *f*; **service elevator**, **service lift** *s* Lastenaufzug *m*; **service entrance** *s* Dienstboteneingang *m*; **service hatch** *s* Durchreiche *f*; **service industry** *s* Dienstleistungsindustrie *f*, -sektor *m*; **ser·vice·man** ['sɜːvɪsmən] *s* Militärangehörige(r) *m*; **service manual** *s* Wartungshandbuch *nt*; **service road** *s* Zufahrtsstraße *f*; **service sector** *s* Dienstleistungssektor *m*; **service station** *s* Tankstelle *f* (mit Reparaturwerkstatt); **ser·vice·wo·man** ['sɜːvɪsˌwʊmən] <*pl* -women> *s* Militärangehörige *f*

ser·vi·ette [ˌsɜːvɪ'et] *s* Serviette *f*

ser·vile ['sɜːvaɪl] *adj* sklavisch; unterwürfig; **ser·vil·ity** [sɜː'vɪlətɪ] *s* Unterwürfigkeit *f*

serv·ing ['sɜːvɪŋ] *s* Portion *f*; **~ spoon** Vorlegelöffel *m*

ser·vi·tude ['sɜːvɪtjuːd] *s* Knechtschaft *f*

servo ['sɜːvəʊ] <*pl* servos> **I.** *s* Servomechanismus *m* **II.** *adj* Servo-; **~-assisted brakes** Servobremsen *fpl*

ses·ame ['sesəmɪ] *s* Sesam *m*; **open ~!** Sesam, öffne dich!

ses·sion ['seʃn] *s* ① Sitzung, Besprechung *f* ② (JUR PARL) Sitzungsperiode *f*; Legislaturperiode *f* ③ (*Zahnarzt*) Sitzung *f*; Behandlung *f* ④ (*Schule, Universität*) Semester *nt*; Studienjahr *nt*; **go into secret ~** eine Geheimsitzung abhalten; **recording ~** Aufnahme *f*; **be in ~** eine Sitzung haben, tagen; **a ~ of talks** Gespräche *ntpl*

set [set] <*irr*: set, set> **I.** *vt* ① setzen; stellen; legen ② einstellen (*at* auf), aufstellen ③ (*Uhr*) stellen (*by* nach, *to* auf) ④ (*Ziel*) festsetzen, festlegen ⑤ (*Frage*) stellen (*s.o.* jdm) ⑥ (*Platz*) bestimmen ⑦ (*Edelstein*) fassen; besetzen ⑧ (*Glasscheibe*) einsetzen ⑨ (MED) einrenken ⑩ (*Tisch*) decken ⑪ (RADIO) einstellen ⑫ (TECH) justieren ⑬ (*Datum, Preis, Strafe*) festsetzen (*at* auf) ⑭ (*die Mode*) bestimmen, einführen ⑮ (*den Ton*) angeben ⑯ (TYP) setzen; **be ~ fair** (METE) beständig sein; **~ an example** ein Beispiel geben; **Macbeth is ~ this year** Macbeth steht dieses Jahr auf dem Lehrplan; **~ a value on s.th.** einen Wert auf etw festsetzen; **~ s.o. a problem** jdn vor ein Problem stellen; **~ stones in concrete** Steine einzementieren; **be ~ in the valley** im Tal liegen; **the book is ~ in Paris** das Buch spielt in Paris; **~ a guard on s.th.** etw bewachen lassen; **~ a dog**

after s.o. einen Hund auf jdn ansetzen; ~ **s.th. to music** etw vertonen; ~ **s.th. going** etw in Gang bringen; ~ **s.o. doing s.th.** jdn dazu veranlassen etw zu tun; ~ **s.o. to doing s.th.** jdn etw tun lassen; ~ **s.o. free** jdn freilassen; ~ **s.th. right** etw in Ordnung bringen; ~ **s.o. right** jdn berichtigen **II.** *vi* ❶ (*Sonne*) untergehen ❷ (*Zement*) hart werden ❸ (*Hund*) vorstehen **III.** *adj* ❶ fertig, bereit ❷ (*Gesicht*) unbeweglich ❸ (*Sitten*) fest; vorgegeben ❹ (*Zeit*) festgesetzt, bestimmt ❺ entschlossen; **be all ~ for s.th.** für etw gerüstet sein; **be all ~ to do s.th.** fest entschlossen sein etw zu tun; ~ **book** Pflichtlektüre *f;* ~ **menu** Tageskarte *f;* ~ **phrase** feststehender Ausdruck; ~ **price** Fixpreis *m,* festgesetzter Preis; **be ~ in one's ways** in seinen Gewohnheiten festgefahren sein; **be dead ~ on s.th./on doing s.th.** etw auf Biegen und Brechen haben/tun wollen **IV.** *s* ❶ Satz *m;* Paar *nt;* Garnitur *f;* Service *nt* ❷ (*Nadeln*) Spiel *nt* ❸ Malkasten *m;* Baukasten *m* ❹ (*Bücher*) Reihe, Serie *f,* gesammelte Ausgabe ❺ Reihe *f* ❻ (*Menschen*) Kreis *m* ❼ (SPORT) Satz *m;* Spiel *nt* ❽ (MATH) Menge *f* ❾ (*Lied*) Programmnummer *f* ❿ (RADIO TV) Gerät *nt,* Apparat *m* ⓫ (*Kleidung*) Sitz *m;* Haltung *f* ⓬ (*Haare*) Frisur, Form *f* ⓭ (THEAT) Bühnenbild *nt;* **a ~ of teeth** Gebiss *nt;* **a ~ of tools** Werkzeug *nt;* **a whole ~ of questions** eine ganze Reihe Fragen; **that ~ of people** dieser Personenkreis; **make a dead ~ at s.o.** sich an jdn ranmachen; **set about** *vt* sich machen an, anfangen; anfassen, anpacken; herfallen über; ~ **about doing s.th.** sich dranmachen etw zu tun; **set against** *vt* ❶ einnehmen gegen ❷ gegenüberstellen ❸ (FIN) absetzen; ~ **o.s. against s.th.** sich einer S entgegenstellen; **set apart** *vt* ❶ abheben, unterscheiden ❷ (*Geld*) beiseite legen; **set aside** *vt* ❶ beiseite legen ❷ (*Zeit*) einplanen ❸ (*Pläne*) aufschieben; begraben ❹ (JUR) aufheben, annullieren, außer Kraft setzen; **set back** *vt* ❶ zurücksetzen ❷ verzögern, behindern; zurückwerfen ❸ kosten; **set down** *vt* ❶ absetzen ❷ (*Passagier*) aussteigen lassen ❸ schriftlich niederlegen ❹ zuschreiben; ~ **s.o. down as s.th.** jdn für etw halten; **set forth I.** *vt* (*Plan*) darlegen **II.** *vi* aufbrechen, abreisen; **set in I.** *vt* einsetzen; einarbeiten **II.** *vi* ❶ einsetzen ❷ (*Dunkelheit*) anbrechen; **set off I.** *vt* ❶ (*Feuerwerk*) losgehen lassen ❷ führen zu; auslösen ❸ hervorheben **II.** *vi* sich auf den Weg machen, aufbrechen; losfahren; **that ~ us all off laughing** das brachte uns alle zum Lachen; ~ **s.th. off from s.th.** etw von etw abheben; ~ **off on a journey** eine Reise antreten; **set on I.** *vt* hetzen, ansetzen auf **II.** *vi* überfallen; **set out I.** *vt* ausbreiten; aufstellen; anordnen; darlegen **II.** *vi* ❶ abfahren, aufbrechen, sich auf den Weg machen ❷ beabsichtigen; **set to** *vi* loslegen, reinhauen; ~ **to work** sich an die Arbeit machen; **set up I.** *vt* ❶ aufstellen; aufbauen; errichten ❷ (*fig*) arrangieren, vereinbaren ❸ (*Raub*) planen ❹ (*Schule*) einrichten ❺ (*Geschäft*) eröffnen, gründen ❻ (*Rekord*) aufstellen ❼ (*Gesundheit*) gut tun ❽ (*Protest*) anstimmen ❾ (*Infektion*) auslösen **II.** *vi* sich niederlassen; ~ **s.th. up for s.o.** etw für jdn vorbereiten; ~ **s.o. up** (*fam*) jdm etw anhängen; ~ **s.o. up as s.th.** jdm ermöglichen etw zu werden; ~ **o.s. up as s.th.** sich als etw aufspielen; **be ~ up for life** für sein ganzes Leben ausgesorgt haben; **be well ~ up** sich gut stehen; ~ **up as a doctor** sich als Arzt niederlassen; ~ **up for o.s.** sich selbstständig machen

set-aside [set'əsaɪd] *s* Flächenstilllegung *f;* **set·back** ['setbæk] *s* Rückschlag *m;* **set-in** [set'ɪn] *adj* (*Ärmel*) eingesetzt; eingearbeitet; **set square** *s* Zeichendreieck *nt*

set·tee [se'tiː] *s* Sofa *nt*

set·ter ['setə(r)] *s* (*Hunderasse*) Setter *m*

set the·ory ['set,θɪərɪ] *s* (MATH) Mengentheorie *f*

set·ting ['setɪŋ] *s* ❶ (*Sonne*) Untergang *m* ❷ (*fig*) Rahmen *m,* Umgebung *f;* Schauplatz *m* ❸ (*Juwel*) Fassung *f* ❹ (*place ~*) Gedeck *nt* ❺ (TECH) Einstellung *f* ❻ (MUS) Vertonung *f* ❼ (*Haare*) Legen *nt;* **setting lotion** *s* Haarfestiger *m*

settle ['setl] **I.** *vt* ❶ entscheiden; regeln ❷ (*Problem*) klären ❸ (*Streit*) beilegen, schlichten ❹ (*Platz*) vereinbaren, festlegen, ausmachen ❺ (*Vertrag*) abschließen ❻ (*Preis*) sich einigen auf, aushandeln ❼ (*Rechnung*) bezahlen, begleichen ❽ (*Flüssigkeit*) sich setzen lassen; sich klären lassen ❾ (*Kind*) versorgen; zurechtlegen ❿ (*im Haus*) unterbringen; etablieren ⓫ (*Land*) besiedeln; ~ **one's affairs** seine Angelegenheiten in Ordnung bringen; **that ~s it** damit wäre der Fall erledigt; ~ **o.s. to doing s.th.** sich daran machen etw zu tun; ~ **s.o. into a house** jdm helfen sich häuslich einzurichten; ~ **money on s.o.** jdm Geld überschreiben; **I'll soon ~ him** dem werd' ich's geben **II.** *vi* ❶ sesshaft werden; sich niederlassen, sich ansiedeln; sich einrichten ❷ sich einleben; sich eingewöhnen (*into* in) ❸ (*Wetter*) beständig werden

❹ (*Kind*) sich beruhigen; zur Ruhe kommen, ruhiger werden ❺ (*Vogel*) sich niederlassen; sich setzen ❻ (*Gebäude*) sich senken ❼ (JUR) sich vergleichen ❽ bezahlen; ~ **into a habit** sich etw angewöhnen; ~ **comfortably in an armchair** es sich in einem Sessel bequem machen; **settle down** I. *vi* ❶ sesshaft werden ❷ sich legen II. *vt* ❶ beruhigen ❷ (*Baby*) hinlegen; versorgen; **marry and** ~ **down** heiraten und häuslich werden; ~ **down at school** sich an einer Schule eingewöhnen; ~ **down to watch TV** es sich vor dem Fernseher gemütlich machen; ~ (**o.s.**) **down to work** sich an die Arbeit machen; **settle for** *vt* sich zufriedengeben mit; **settle in** *vi* sich einleben, sich eingewöhnen; ~ **s.o. in** jdm helfen, sich einzuleben; **settle on, settle upon** *vt* sich entscheiden für; sich einigen auf; ~ **s.th. on s.o.** jdm etw vermachen; **settle up** *vt, vi* bezahlen; ~ **up with s.o.** mit jdm abrechnen; **settle with** *vt* abrechnen mit; ~ **one's account with s.o.** mit jdm abrechnen; ~ **s.th. with s.o.** sich mit jdm auf etw einigen

set·tled ['setld] *adj* ❶ (*Wetter*) beständig ❷ (*Leben*) geregelt ❸ (*Meinung*) fest; (*Vorgang*) feststehend; **be** ~ etabliert sein; festen Fuß gefasst haben; ruhiger sein; **feel** ~ sich wohl fühlen

set·tle·ment ['setlmənt] *s* ❶ Entscheidung *f;* Regelung *f;* Klärung *f* ❷ (*Streit*) Beilegung, Schlichtung *f* ❸ (*Rechnung*) Bezahlung *f* ❹ (*Vertrag*) Übereinkunft *f,* Übereinkommen *nt* ❺ (*Geld*) Übertragung, Überschreibung *f* (*on* auf) ❻ (*Gebäude*) Senkung *f;* Absetzen *nt* ❼ Siedlung, Niederlassung *f;* Ansiedlung *f* ❽ Wohlfahrtseinrichtung *f;* Gemeindezentrum *nt;* **reach a** ~ sich einigen, einen Vergleich schließen; **a** ~ **out of court** ein außergerichtlicher Vergleich; **settlement date** *s* Abrechnungstermin *m*

set·tler ['setlə(r)] *s* Siedler(in) *m(f)*

set-to [ˌset'tu:] *s* (*fam*) Krach *m,* Streiterei *f;* **have a** ~ sich in die Haare geraten; **set·up** ['setʌp] *s* ❶ Zustände, Umstände *mpl* ❷ Organisation *f,* Arrangement *nt* ❸ Geräte *ntpl* ❹ (*sl*) Komplott *nt,* abgekartetes Spiel; **what's the** ~ **here?** wie läuft das hier?; ~ **costs** Anlaufkosten *pl*

seven ['sevn] *adj* sieben; ~**-league boots** Siebenmeilenstiefel *mpl;* **get the** ~**-year itch** im verflixten siebenten Jahr sein; **seven·fold** ['sevnfəʊld] *adj* siebenfach; **seven·teen** [ˌsevn'ti:n] *adj* siebzehn; **seven·teenth** [ˌsevn'ti:nθ] I. *adj* siebzehnte(r, s) II. *s* Siebzehntel *nt;* Siebzehnte(r, s);

sev·enth ['sevnθ] I. *adj* sieb(en)te(r, s) II. *s* Siebtel *nt;* Siebte(r, s); **sev·en·ty** ['sevntɪ] *adj* siebzig; **the seventies** die Siebzigerjahre; **he's in his seventies** er ist (so) um die siebzig; **seventy-eight** [ˌsevntɪ'eɪt] *s* (*Schallplatte*) Achtundsiebziger (Platte) *f*

sever ['sevə(r)] I. *vt* ❶ durchtrennen; durchschlagen; abtrennen (*from* von) ❷ (*Land*) teilen ❸ (*Vertrag*) auflösen ❹ (*Beziehungen*) abbrechen ❺ (*Verbindungen*) lösen II. *vi* durchreißen

sev·eral ['sevrəl] I. *adj* einige, mehrere; verschiedene; ~ **times** mehrere Male; **they went their** ~ **ways** jeder ging seinen Weg II. *pron* einige; ~ **of us** einige von uns; **sev·eral·ly** ['sevrəlɪ] *adv* einzeln, getrennt, für sich

sever·ance ['sevərəns] *s* ❶ Durchtrennen *nt;* Durchschlagen *nt;* Abtrennen *nt* ❷ Teilung *f* ❸ (*Beziehungen*) Abbruch *m;* **severance pay** *s* Entlassungsabfindung *f*

se·vere [sɪ'vɪə(r)] *adj* ❶ streng ❷ (*Kritik*) hart; scharf ❸ (*Test*) schwer ❹ (*Ausdruck*) ernst ❺ (*Krankheit*) schwer, schlimm ❻ (*Sturm*) stark, heftig ❼ (*Wetter*) rau; **be** ~ **with s.o.** streng mit jdm sein; **se·ver·ity** [sɪ'verətɪ] *s* ❶ Strenge, Härte *f* (*on* gegen) ❷ Ernst *m,* Schärfe *f* ❸ Härte *f;* Schwere *f* ❹ Heftigkeit *f;* **the** ~ **of the cold** die große Kälte

sew [səʊ] <*irr:* sewed, sewed (sewn)> *vt, vi* nähen; ~ **s.th. on** etw annähen; **sew up** *vt* ❶ zunähen; nähen ❷ (*fam*) unter Dach und Fach bringen; ~ **s.th. up in s.th.** etw in etw einnähen; **it's all** ~**n up** es ist unter Dach und Fach

sew·age ['sju:ɪdʒ] *s* Abwasser *nt;* **sewage farm** ['sju:ɪdʒˌfa:m] *s* Rieselfeld *nt;* **sewage** (**treatment**) **plant** *s* Kläranlage *f*

sewer[1] ['səʊə(r)] *s* Näher(in) *m(f)*

sewer[2] ['sju:ə(r)] *s* ❶ Abwasserleitung *f;* Abwasserkanal *m* ❷ (*fig*) Kloake *f;* **sewer·age** ['sju:ərɪdʒ] *s* Kanalisation *f;* Abwässer *ntpl;* **sewer gas** *s* Faulschlammgas *nt;* **sewer rat** *s* Wanderratte *f*

sew·ing ['səʊɪŋ] *s* ❶ Nähen *nt* ❷ Näharbeit *f;* **sewing basket** *s* Nähkorb *m;* **sewing machine** *s* Nähmaschine *f*

sewn [səʊn] *s.* **sew**

sex [seks] I. *s* ❶ Geschlecht *nt* ❷ Sexualität *f;* Sex *m;* **of both** ~**es** beiderlei Geschlechts; **have** ~ **with** (Geschlechts)Verkehr haben mit II. *adj* Geschlechts-; Sexual- III. *vt* das Geschlecht bestimmen von

sexa·gen·ar·ian [ˌseksədʒɪ'neərɪən] I. *adj* sechzigjährig II. *s* Sechzigjährige(r) *f m*

sex ap·peal ['seksəˌpi:l] *s* Sexappeal *m*

S

sex discrimination *s* Diskriminierung *f* auf Grund des Geschlechts; **sex education** *s* Sexualerziehung *f;* Aufklärungsunterricht *m;* **sex·ism** ['seksɪsm] *s* Sexismus *m;* **sex·ist** ['seksɪst] **I.** *s* Sexist(in) *m(f)* **II.** *adj* sexistisch; **sex·less** ['sekslɪs] *adj* geschlechtslos; **sex life** *s* Geschlechtsleben *nt;* **sex symbol** *s* Sexsymbol *nt*

sex·tant ['sekstənt] *s* Sextant *m*

sex·tet(te) [seks'tet] *s* (MUS) Sextett *nt*

sex·ton ['sekstən] *s* Küster *m*

sex·ual ['sekʃʊəl] *adj* sexuell; geschlechtlich; ~ **characteristics** Geschlechtsmerkmale *ntpl;* ~ **crime** Sexualverbrechen *nt;* ~ **harrassment** sexuelle Belästigung; ~ **intercourse** Geschlechtsverkehr *m;* ~ **partner** Intimpartner(in) *m(f);* **sex·ual·ity** [ˌsekʃʊ'ælətɪ] *s* Sexualität *f;* **sex·ual·ly** ['sekʃʊəlɪ] *adv* sexuell; ~ **mature** geschlechtsreif; ~ **transmitted disease** durch Geschlechtsverkehr übertragene Krankheit; **sexy** ['seksɪ] *adj* (*fam*) sexy; aufreizend

shabby ['ʃæbɪ] *adj* schäbig

shack [ʃæk] **I.** *s* Hütte *f,* Schuppen *m* **II.** *vi:* ~ **up with s.o.** (*sl*) mit jdm zusammenziehen

shackle ['ʃækl] **I.** *s* ❶ (TECH) Bügel, Schäkel *m* ❷ *meist pl* Fessel *f* **II.** *vt* in Ketten legen; fesseln; **be ~d by s.th.** (*fig*) an etw gebunden sein

shade [ʃeɪd] **I.** *s* ❶ Schatten *m* ❷ (Lampen)Schirm *m;* Schild *nt* ❸ Jalousie *f;* Markise *f;* Springrollo *nt* ❹ Farbton *m;* Schattierung *f;* Nuance *f* ❺ (*fig*) Spur *f* ❻ (*lit*) Schatten *m;* **give** ~ Schatten spenden; **put s.o. in the** ~ (*fig*) jdn in den Schatten stellen; **~s** (*fam*) Sonnenbrille *f;* **of all ~s and hues** (*fig*) aller Schattierungen **II.** *vt* ❶ Schatten werfen auf ❷ abschirmen (*from* gegen), abdunkeln ❸ (*Kunst*) schattieren, abtönen ❹ (SPORT) äußerst knapp gewinnen; ~ **s.th. in** etw ausmalen **III.** *vi* (*fig*) übergehen; ~ **off** allmählich blasser werden

? Grammatik

shade ist der Schatten, in den man geht, wenn es in der Sonne zu heiß ist: *I prefer to sit in the shade rather than in the sun. The tree provided some shade from the sun.*
shadow ist der Schatten, den jemand oder ein Gegenstand wirft: *Just before the sun sets, our shadows are very long.*

shad·ing ['ʃeɪdɪŋ] *s* (*Kunst*) Schattierung, Schraffierung *f*

shad·ow ['ʃædəʊ] **I.** *s* ❶ Schatten *m* ❷ (*fig*) Bedrohung *f* ❸ (*fig*) Andeutung, Spur *f* ❹ (*fig*) Schatten *m,* ständiger Begleiter; **in the** ~ im Schatten; **in the ~s** im Dunkel; **be in s.o.'s** ~ (*fig*) in jds Schatten stehen; **be afraid of one's own** ~ sich vor seinem eigenen Schatten fürchten; **be just a ~ of one's former self** nur noch ein Schatten seiner selbst sein; **catch at ~s** einem Phantom nachjagen; **a ~ of hope** ein Hoffnungsschimmer *m;* **put a ~ on s.o.** jdn beschatten lassen **II.** *adj* (POL) Schatten- **III.** *vt* ❶ Schatten werfen auf; überschatten ❷ beschatten; **shadow-boxing** *s* Schattenboxen *nt;* **shadow cabinet** *s* (POL) Schattenkabinett *nt;* **Shadow Chancellor** *s* (*in GB*) Finanzminister(in) *m (f)* des Schattenkabinetts; **shad·owy** ['ʃædəʊɪ] *adj* ❶ schattig ❷ (*fig*) unbestimmt, vage; verschwommen

shady ['ʃeɪdɪ] *adj* ❶ schattig; Schatten spendend ❷ (*fig*) zweifelhaft, anrüchig

shaft [ʃɑ:ft] *s* ❶ Schaft *m;* Stiel *m;* Deichsel *f* ❷ (Licht)Strahl *m* ❸ (*lit*) Pfeil *m* ❹ (TECH) Spindel, Welle, Achse *f* ❺ (MIN) Schacht *m* ❻ (ARCH) Säulenschaft *m* ❼ (*fig*) Spitze *f*

shag [ʃæg] **I.** *s* ❶ (*Teppich*) Flor *m* ❷ (*Kormoran*) Krähenscharbe *f* **II.** *vi, vt* (*sl*) bumsen; **shagged (out)** [ʃægd'aʊt] *adj* (*sl*) ausgelaugt

shaggy ['ʃægɪ] *adj* ❶ zottig, struppig ❷ (*Haare*) zottelig; **~-dog story** *langatmiger Witz mit schwacher Pointe*

shah [ʃɑ:] *s* Schah *m*

shake [ʃeɪk] <*irr:* shook, shaken> **I.** *vt* ❶ schütteln; erschüttern; durchschütteln ❷ (*Ruf*) erschüttern; ins Wanken bringen ❸ (*Schock*) erschüttern; ~ **one's fist at s.o.** jdm mit der Faust drohen; ~ **o.s. free** sich losmachen; ~ **hands** sich die Hand geben; ~ **hands with s.o.** jdm die Hand geben; ~ **a leg** (*fam*) Dampf machen; **they were badly ~n by the news** die Nachricht hatte sie sehr mitgenommen **II.** *vi* wackeln; zittern; beben; ~ **with cold** vor Kälte zittern; ~ **like a leaf** wie Espenlaub zittern; ~ **with laughter** sich vor Lachen schütteln **III.** *s* ❶ Schütteln, Zittern, Beben *nt* ❷ (*fam*) Moment, Augenblick *m* ❸ (*milk* ~) Shake *m;* **give a rug a** ~ einen Läufer ausschütteln; **give s.o. a good** ~ jdn kräftig schütteln; **in two ~s** (*fam*) in zwei Sekunden; **be no great ~s** (*sl*) nicht umwerfend sein; **shake down I.** *vt* ❶ herunterschütteln ❷ (*Am sl*) ausquetschen **II.** *vi* ❶ kampieren ❷ (*Maschine*) sich einlaufen; ~ **s.o. down for …** (*Am sl*) jdn um … erleichtern; **shake off** *vt* abschütteln; losbekommen; sich befreien von; ~ **the dust off one's feet** den Staub von den Füßen schütteln; **shake out** *vt* ① herausschütteln ② (*Staubtuch, Teppich*) ausschütteln ③ (*fig*) aufrütteln; **shake up** *vt* ① schütteln; aufschütteln ② (*fig*) erschüttern ③ (*Führung*) auf Zack bringen; **she was badly ~n up by the accident** der Unfall hat ihr einen schweren Schock versetzt

shake·down [ˈʃeɪkdaʊn] *s* Lager, Notbett *nt*

shaken [ˈʃeɪkn] *s.* **shake**

shake-out [ˈʃeɪkaʊt] *s* Personalabbau *m*

shaker [ʃeɪkə(r)] *s* ① (Salz)Streuer *m* ② (*cocktail ~*) Mixbecher *m*

shake-up [ˈʃeɪkʌp] *s* (*fam*) Umbesetzung *f*, Umstrukturierung *f*; **shak·ily** [ˈʃeɪkɪlɪ] *adv* wackelig; zitterig; **shak·ing** [ˈʃeɪkɪŋ] *s* Zittern *nt*; **shaky** [ˈʃeɪkɪ] *adj* ① (*Position*) wackelig ② (*Beweis*) fragwürdig, unsicher ③ (*Hand*) zitterig; **in rather ~ English** in ziemlich holprigem Englisch

shale [ʃeɪl] *s* (GEOG) Schiefer *m*

shall [ʃæl] *s* <*irr:* should> ① (*Futur*) werden ② sollen; **I ~ arrive tomorrow** ich werde morgen ankommen; **you ~ pay for this!** dafür sollst du büßen!; **what ~ we do?** was sollen wir machen? was machen wir?

shal·lot [ʃəˈlɒt] *s* Schalotte *f*

shal·low [ˈʃæləʊ] **I.** *adj* ① flach; seicht ② (*fig*) oberflächlich **II.** *s pl* seichte Stelle, Untiefe *f*; **shal·low·ness** [-nɪs] *s* Flachheit, Seichtheit *f*

sham [ʃæm] **I.** *s* ① Heuchelei *f* ② Scharlatan *m*; **her life seemed a ~** ihr Leben erschien ihr als Lug und Trug **II.** *adj* ① (*Diamant*) falsch, unecht ② (*fig*) vorgetäuscht, geheuchelt **III.** *vt* vortäuschen, -geben; simulieren **IV.** *vi* simulieren; **so tun; he's only ~ming** er tut nur so

shamble [ˈʃæmbl] *vi* trotten

shambles [ˈʃæmblz] *s pl meist mit sing* heilloses Durcheinander; Schlachtfeld *nt*; Chaos *nt*

sham·bolic [ʃæmˈbɒlɪk] *adj* chaotisch

shame [ʃeɪm] **I.** *s* ① Schande *f* ② Scham *f* ③ Schandfleck *m*; **feel ~ at s.th.** sich für etw schämen; **bring ~ upon s.o.** jdm Schande machen; **without ~** schamlos; **put s.o. to ~** jdm Schande machen; **to my ~** zu meiner Schande; **cry ~ on s.o.** sich über jdn entrüsten; **the ~ of it all** die Schande; ~ **on you!** du solltest dich schämen!; **what a ~!** schade! **II.** *vt* ① Schande machen (*s.o.* jdm) ② (*fig*) in den Schatten stellen; **shame·faced** [ʃeɪmˈfeɪst] *adj* betreten; **shame·ful** [ˈʃeɪmfl] *adj* schändlich; schamlos; schimpflich; **shame·less** [ˈʃeɪmlɪs] *adj* schamlos; unverschämt

shammy [ˈʃæmɪ] (~ *leather*) Fenster-, Autoleder *nt*

sham·poo [ʃæmˈpuː] **I.** *vt* ① die Haare waschen (*s.o.* jdm) ② (*Haare*) waschen ③ (*Teppich*) shampoonieren **II.** *s* Shampoo *nt*; Haarwaschmittel *nt*; **have a ~ and set** sich die Haare waschen und legen lassen

sham·rock [ˈʃæmrɒk] *s* Klee *m*; Kleeblatt *nt*

shandy [ˈʃændɪ] *s* (*Br*) Bier und Limonade gemischt

shang·hai [ʃæŋˈhaɪ] *vt* (*fig*) zwingen (*into doing s.th.* etw zu tun)

shank [ʃæŋk] *s* ① (*Vogel*) Schenkel *m* ② (*Schlachttier*) Haxe *f* ③ (TECH) Griff, Stiel, Schaft *m* ④ (ARCH) (Säulen)Schaft *m*; **on ~'s pony** (*obs*) auf Schusters Rappen

shanty [ˈʃæntɪ] *s* Schuppen *m*, Hütte *f*; **shanty town** *s* Slum(vor)stadt *f*

shanty² [ˈʃæntɪ] *s* Seemannslied *nt*

shape [ʃeɪp] **I.** *s* ① Form *f*; Gestalt *f* ② (TECH) Form *f*, Modell, Muster *nt* ③ (*fig*) Gestalt, äußere Erscheinung *f* ④ Zustand *m*, (gesundheitliche) Verfassung *f*; **in the ~ of** in Form, Gestalt *+gen*; **in any ~ or form** irgendwie; **in great ~** glänzend in Form; **be in bad ~** in schlechter Verfassung sein; **be out of ~** aus der Form, aus der Fasson sein; **take ~** Gestalt annehmen **II.** *vt* ① bearbeiten; formen, bilden, gestalten ② (*fig: Charakter*) formen, prägen; (*Leben*) gestalten; (*Lauf der Dinge*) bestimmen; (*Gesellschaft*) formen **III.** *vi* (~ *up*) sich entwickeln; **be shaping up well** sich gut anlassen, viel versprechend sein; **shape·less** [-lɪs] *adj* form-, gestaltlos; **shape·ly** [-lɪ] *adj* wohlgestaltet, gut proportioniert

shard [ʃɑːd] *s* (Ton)Scherbe *f*

share¹ [ʃeə(r)] **I.** *s* ① Anteil, Teil *m*; Beitrag *m* ② Aktie *f*; Geschäftsanteil, Anteilschein *m*; Beteiligung *f* (*in* an); **in equal ~s** zu gleichen Teilen; **come in for a ~ of s.th.** seinen Anteil an etw bekommen; **give s.o. a ~ in s.th.** jdn an einer S beteiligen; **go ~s with s.o.** mit jdm teilen; **have a ~ in s.th.** an einer S teilhaben, beteiligt sein, an etw teilnehmen; **hold ~s** Aktionär sein (*in a company* einer Gesellschaft); **take a ~ in s.th.** sich an einer S beteiligen; ~ **in a business** Geschäftsanteil *m* **II.** *vt* (sich) teilen (*s.th.* etw); ~ **the same name** den gleichen Namen haben **III.** *vi* teilen; ~ **in s.th.** sich an etw beteiligen; an etw teilhaben; ~ **out** verteilen; ~ **and ~ alike** brüderlich teilen

share² [ʃeə(r)] *s* (AGR: *plough~*) Pflugschar *f*

share capi·tal [ʃeə'kæpɪtl] *s* Aktienkapital *nt;* **share cer·ti·fi·cate** [ʃeəsə'tɪfɪkət] *s* Aktienzertifikat *nt;* **share·holder** ['ʃeəˌhəʊldə(r)] *s* Aktionär(in) *m(f);* **share·hold·ing** ['ʃeəˌhəʊldɪŋ] *s* Beteiligung *f;* **share index** *s* Aktienindex *m;* **share issue** *s* Aktienemission *f;* **share option** *s* Aktienoption *f;* **share-out** ['ʃeəraʊt] *s* Verteilung *f;* (*Aktien*) Dividendenausschüttung *f;* **share price** *s* Aktienkurs *m;* **share price index** *s* Aktienkursindex *m;* **share·ware** ['ʃeəweə(r)] *s* (INFORM) Shareware *f*

shark [ʃɑ:k] *s* ① Hai(fisch) *m* ② (*fig*) Schurke, Schuft, Wucherer *m;* **loan** ~ Kredithai *m*

sharp [ʃɑ:p] **I.** *adj* ① scharf ② spitz ③ unvermittelt, abrupt ④ (*Kurve*) scharf ⑤ (*Abhang*) steil, jäh abfallend ⑥ klar, scharf umrissen, deutlich ⑦ hart, streng ⑧ scharfsinnig, schlau, verschlagen; (*fam*) gerissen ⑨ scharf, heftig, hitzig ⑩ schneidend, scharf, beißend, stechend, heftig ⑪ durchdringend, schrill; **keep a ~ eye on s.o.** jdn scharf im Auge behalten; **that was pretty ~ of him** das war ziemlich clever von ihm; **be ~ about it!** mach ein bisschen schnell! **II.** *s* (MUS) Kreuz *nt* **III.** *adv* ① plötzlich, unvermittelt ② (MUS) eine halbe Note höher; zu hoch ③ pünktlich, genau; **look ~** (*fam*) aufpassen; Acht geben; sich beeilen; **sharpen** ['ʃɑ:pən] **I.** *vt* ① schärfen, spitzen, schleifen, wetzen ② (*Appetit*) anregen ③ (*fig: Geist*) schärfen; (*Spannung*) erhöhen ④ (MUS) um eine halbe Note erhöhen; höher singen, spielen **II.** *vi* ① schärfer werden ② höher singen, spielen; **sharp·ener** ['ʃɑ:pnə(r)] *s* Schleifgerät *nt;* Wetzstahl *m;* (*pencil ~*) Bleistiftspitzer *m*

sharper ['ʃɑ:pə(r)] *s* Gauner(in) *m(f),* Schwindler(in) *m(f);* (*card ~*) Falschspieler(in) *m(f)*

sharp-eyed [ʃɑ:p'aɪd] *adj* scharfsichtig; **sharp-featured** [ʃɑ:p'fi:tʃəd] *adj* mit scharfen Gesichtszügen; **sharp·ness** [-nɪs] *s* Schärfe *f,* Spitzheit *f;* Gerissenheit *f;* **sharp practice** *s* ① unsaubere Geschäfte *ntpl* ② unlautere Geschäftspraktik *f;* **sharp·shooter** ['ʃɑ:pʃu:tə(r)] *s* Scharfschütze *m,* -schützin *f;* **sharp-sighted** [ʃɑ:p'saɪtɪd] *adj* scharfsichtig; **sharp-tempered** [ʃɑ:p'tempəd] *adj* jähzornig; **sharp-tongued** [ʃɑ:p'tʌŋd] *adj* scharfzüngig; **sharp-witted** [ʃɑ:p'wɪtɪd] *adj* klug; gewitzt

shat [ʃæt] *s.* **shit¹**

shat·ter ['ʃætə(r)] **I.** *vt* ① zerschmettern, zerbrechen ② (*Knochen*) zersplittern ③ (*fig*) zerstören, vernichten, zunichte machen; erschüttern ④ ermüden ⑤ (*Gesundheit*) untergraben ⑥ (*Nerven*) zerrütten; **be absolutely ~ed** (*fam*) völlig erschöpft sein; am Boden zerstört sein; zutiefst erschüttert sein **II.** *vi* zerbrechen; **shat·ter·ing** [-ɪŋ] *adj* ① (*Schlag, Explosion*) gewaltig; (*Niederlage*) vernichtend ② erschöpfend; niederschmetternd; (*fig: Schlag*) schwer ③ (*fam: Neuigkeit, Unkenntnis, Offenheit*) erschütternd; (*Erlebnis, Wirkung*) umwerfend; **have a ~ effect on s.th.** sich verheerend auf etw auswirken; **it must have been ~ for you** es muss entsetzlich für Sie gewesen sein; **shat·ter·proof** ['ʃætəpru:f] *adj* splitterfrei

shave [ʃeɪv] <*irr:* shaved, shaved (shaven)> **I.** *vt* ① rasieren ② (*Holz*) hobeln ③ (leicht) streifen, kaum berühren; **~ s.th. off** etw wegrasieren; (TECH) etw glätten **II.** *vi* sich rasieren **III.** *s* ① Rasieren *nt,* Rasur *f* ② knappes Entkommen; **that was a close ~** das wäre um ein Haar schief gegangen; **get a ~** sich rasieren lassen; **give a clean** [*o* **close**] **~** gut [*o* sauber] rasieren; **shaven** ['ʃeɪvn] *adj* (*clean ~*) glatt rasiert; **shaver** ['ʃeɪvə(r)] *s* ① Rasierapparat *m* ② (*fam*) (junger) Bengel *m;* **shav·ing** ['ʃeɪvɪŋ] *s* ① Rasur *f* ② **~s** Späne *mpl;* **shaving brush** *s* Rasierpinsel *m;* **shaving cream** *s* Rasiercreme *f;* **shaving foam** *s* Rasierschaum *m;* **shaving mirror** *s* Rasierspiegel *m;* **shaving point** *s* Steckdose *f* für Rasierapparate; **shaving soap**, **shaving stick** *s* Rasierseife *f*

shawl [ʃɔ:l] *s* Schultertuch *nt;* Umhang *m;* Kopftuch *nt*

she [ʃi:] **I.** *pron* sie (*Singular*) **II.** *s:* **a ~** eine Sie, ein weibliches Wesen; **the baby is a ~** das Baby ist ein Mädchen

sheaf [ʃi:f, *pl* ʃi:vz] <*pl* sheaves> *s* ① Garbe *f* ② Bündel *nt;* Bund *m*

shear [ʃɪə(r)] <*irr:* sheared, sheared (shorn)> **I.** *vt* scheren **II.** *vi* (*Messer*) schneiden; **the bird ~ed through the air** der Vogel segelte durch die Luft; **the boat ~ed through the water** das Boot durchpflügte das Wasser **III.** *s* (MATH) Scherung *f;* **shear off I.** *vi* abbrechen **II.** *vt* abscheren; (*fig*) abrasieren; **shearer** ['ʃɪərə(r)] *s* Schafscherer *m;* **shear·ing** ['ʃɪərɪŋ] *s* Schafschur *f;* **~s** Scherwolle *f;* **shears** [ʃɪəz] *s pl* Schere *f;* Metallschere *f;* Heckenschere *f*

sheath [ʃi:θ] *s* ① (*a.* BOT ZOO ANAT) Scheide *f* ② (*Kabel*) Armierung *f* ③ Futteral-, Schlauchkleid *nt* ④ Kondom *nt;* **sheathe**

[ʃiːð] *vt* ① in die Scheide stecken ② (*Krallen*) einziehen ③ (TECH) umkleiden, umhüllen; (*Kabel*) armieren; **sheath·ing** [ˈʃiːðɪŋ] *s* ① Verkleidung, Ummantelung *f* ② (ARCH) Verschalung *f* ③ (*Kabel*) Armierung *f;* **sheath knife** *s* Fahrtenmesser *nt*

she·bang [ʃɪˈbæŋ] *s:* **the whole ~** der ganze Kram

shed[1] [ʃed] <*irr:* shed, shed> *vt* ① aus-, vergießen ② (*fig*) ausströmen, -strahlen, verbreiten ③ (*Licht*) werfen (*on* auf) ④ (*Blätter, Haut*) abwerfen; (*Haare*) verlieren ⑤ sich entledigen (*s.th.* einer S); **~ blood/tears** Blut/Tränen vergießen; **~ skin** sich häuten

shed[2] [ʃed] *s* Schuppen *m;* Halle *f;* Stall *m;* Unterstand *m*

sheen [ʃiːn] *s* Glanz, Schimmer *m*

sheep [ʃiːp] <*pl* -> *s* Schaf *nt;* **make ~'s eyes at s.o.** (*obs*) jdn anhimmeln; **separate the ~ from the goats** (*fig*) die Schafe von den Böcken trennen; **one may as well be hanged for a ~ as a lamb** wenn schon, denn schon; **a black/lost ~** (*fig*) ein schwarzes/verlorenes Schaf; **a wolf in ~'s clothing** (*fig*) ein Wolf im Schafspelz; **sheep-dip** *s* Desinfektionsbad *nt* für Schafe; **sheep·dog** [ˈʃiːpdɒg] *s* Schäferhund *m;* **sheep·fold** *s* Pferch *m;* **sheep·ish** [ˈʃiːpɪʃ] *adj* verlegen; **sheep·skin** [ˈʃiːpskɪn] *s* Schaffell *nt*

sheer[1] [ʃɪə(r)] **I.** *adj* ① unvermischt, rein ② (*fig*) bloß, rein ③ (*Textil*) dünn, durchsichtig ④ steil, senkrecht; **~ madness** heller Wahnsinn; **by ~ chance** rein zufällig **II.** *adv* steil; senkrecht

sheer[2] [ʃɪə(r)] *vi* ① (MAR: *~ off, away*) ausscheren ② (*fig: ~ away*) ausweichen (*from s.th.* einer S) ③ (*fig: ~ off*) abhauen

sheet[1] [ʃiːt] *s* ① Betttuch *nt;* Tuch *nt;* Gummidecke *f* ② (*fam: Zeitung*) Blatt *nt;* (*Papier*) Bogen *m* ③ (*Holz*) Platte *f;* (*Glas*) Scheibe *f;* (*~ of ice*) (Eis)Fläche *f* ④ (*~ metal*) Blech *nt* ⑤ **~s** (große) Massen *fpl;* (**as**) **white as a ~** leichenblass; **rain fell in ~s** es regnete in Strömen; **attendance ~** Anwesenheitsliste *f;* **~ of flame** Feuermeer *nt*

sheet[2] [ʃiːt] *s* (MAR) Schot *f*

sheet anchor [ˈʃiːtˌæŋkə(r)] *s* Notanker *m;* **sheet feed** *s* (INFORM) Einzelblatteinzug *m;* **sheet light·ning** [ˈʃiːtˌlaɪtnɪŋ] *s* Wetterleuchten *nt;* **sheet metal** *s* Walzblech *nt;* **sheet music** *s* Notenblätter *ntpl*

sheik(h) [ʃeɪk, *Am* ʃiːk] *s* Scheich *m;* **sheik(h)·dom** [ˈʃeɪkdəm, *Am* ˈʃiːkdəm] *s* Scheichtum *nt*

shelf [ʃelf, *pl* ʃelvz] <*pl* shelves> *s* ① (Wand)Brett, Regal *nt* ② Sims *m od nt* ③ Sandbank *f,* Riff *nt;* **on the ~** (*fig*) ausrangiert, ausgedient; (*Mädchen*) eine alte Jungfer; **be left on the ~** (*Mädchen*) sitzen geblieben sein; **continental ~** Kontinentalsockel *m;* **shelf life** *s* Lagerfähigkeit *f;* **shelf space** *s* (COM) Regalfläche *f;* **shelf wobbler** *s* (COM) Regalschild *nt*

shell [ʃel] **I.** *s* ① Schale *f;* (*Erbsen*) Hülse *f;* (*Weichtier*) Muschel *f;* Schneckenhaus *nt;* Panzer *m* ② (*Küche*) Form *f* ③ (*Gebäude*) Mauerwerk *nt;* Rohbau *m;* Gemäuer *nt,* Ruine *f* ④ (*Auto*) Karosserie *f;* Wrack *nt;* (*Schiff*) Gerippe *nt;* Rumpf *m;* Wrack *nt* ⑤ (MIL) Granate *f;* (*Am*) Patrone *f* ⑥ (SPORT) Rennruderboot *nt;* **come out of one's ~** (*fig*) aus sich herausgehen; **retire into one's ~** (*fig*) sich in sein Schneckenhaus verkriechen **II.** *vt* ① schälen; (*Erbsen*) enthülsen ② (MIL) mit Granaten beschießen; **shell out** *vt* (*fam*) blechen, bezahlen

shel·lac [ʃəˈlæk] **I.** *s* Schellack *m* **II.** *vt* mit Schellack überziehen

shell company *s* (COM) Firmenmantel *m*

shell·fish [ˈʃelfɪʃ] *s* Schaltier *nt* (*Krebs, Muschel*); (*Küche*) Meeresfrüchte *fpl;* **shell hole** *s* Granattrichter *m;* **shel·ling** [ˈʃelɪŋ] *s* Granatbeschuss *m;* **shell·proof** *adj* bombensicher; **shell shock** *s* Kriegsneurose *f;* **shell-shocked** [ˈʃelʃɒkt] *adj* unter Kriegsneurose leidend; (*fig*) verstört

shel·ter [ˈʃeltə(r)] **I.** *s* ① Schuppen *m* ② Schutzdach *nt,* -hütte *f;* (*bus ~*) Wartehäuschen *nt* ③ Schutz *m;* Unterschlupf *m,* Unterkunft *f,* Obdach *nt* ④ (*air-raid ~*) (Luft)Schutzraum *m* ⑤ Anlaufstelle *f;* **under ~** geschützt; **take ~** Schutz suchen (*from* vor); **give s.o. ~** jdn beherbergen; **night ~** Nachtasyl *nt* **II.** *vt* ① beherbergen, Unterschlupf, Obdach gewähren (*s.o.* jdm) ② (be)schützen, beschirmen, in Schutz nehmen (*from* vor) **III.** *vi* sich unterstellen, Schutz suchen (*under* unter); **shel·tered** [ˈʃeltəd] *adj* behütet, beschützt; (*Stelle*) geschützt; **~ housing** Wohnungen für Senioren bzw. Behinderte; **~ workshop** Behindertenwerkstatt *f*

shelve [ʃelv] **I.** *vt* ① auf ein Regal stellen ② mit Regalen versehen ③ zu den Akten legen; zurückstellen; (*Problem*) aufschieben; auf Eis legen **II.** *vi* ① sich leicht neigen ② (*~ down*) leicht abfallen; **shelv·ing** [-ɪŋ] *s* ① Material *nt* für Regale ② Regale *ntpl* ③ Aufschub *m,* Zurückstellung *f*

she·nani·gans [ʃɪˈnænɪgənz] *s pl* (*fam*) ① Blödsinn, Quatsch *m* ② Tricks *mpl*

shep·herd [ˈʃepəd] **I.** *s* Schäfer *m* **II.** *vt* leiten, führen; **shep·herd·ess** [ʃepəˈdes, *Am*

S

'ʃepədəs] *s* Schäferin *f*; **shepherd's pie** *s mit Kartoffelbrei überbackenes Hackfleisch*

sher·bet ['ʃɜ:bət] *s* ① Scherbett, Sorbett *m od nt* ② (Brause)Limonade *f*

sher·iff ['ʃerɪf] *s* ① Sheriff *m* ② (*schottisch*) Friedensrichter *m*

sherry ['ʃerɪ] *s* Sherry *m*

Shet·land Is·lands, **Shet·lands** ['ʃetlənd'aɪləndz, 'ʃetləndz] *s pl* Shetlandinseln, Shetlands *fpl*

shield [ʃi:ld] **I.** *s* ① (HIST) Schild *m* ② Wappenschild *m n* ③ Schutzschild *m* ④ (*fig*) Schutz *m* **II.** *vt* schützen (*from* vor), (ab)schirmen, decken; **shield-bearer** *s* (HIST) Schildknappe *m*

shift [ʃɪft] **I.** *vt* ① wegschieben; umstellen; wegräumen ② (von sich) abwälzen (*on* auf) ③ (TECH) umschalten ④ (*Nagel etc*) entfernen ⑤ (*an anderen Ort*) verlegen; (*Anlagen*) umgruppieren ⑥ (*fam*) loswerden ⑦ (*fam: Essen*) verdrücken; ~ **gears** einen anderen Gang einlegen, schalten; ~ **one's ground** vom Thema abschweifen; seine Meinung ändern; ~ **the responsibility onto s.o.** jdm die Verantwortung zuschieben **II.** *vi* ① sich verschieben; sich verlagern; sich ändern ② (*Wind*) umspringen, sich drehen ③ (*von Meinung*) abgehen ④ (AUTO) schalten ⑤ (*fam*) sausen ⑥ fertig werden, sich durchschlagen (*for o.s.* selbst) **III.** *s* ① Verschiebung *f*, Wechsel *m*, Veränderung, Verlagerung *f* ② (POL) Kursänderung *f* ③ (Arbeits)Schicht *f* ④ Ausweg, Kniff *m*; Ausflucht *f* ⑤ (AUTO: *gear*~) Schaltung *f* ⑥ (*Schreibmaschine*) Umschalttaste *f*; **in** ~**s** umschichtig; **drop** ~**s** Feierschichten einlegen; **late** ~ Spätschicht *f*; **make** ~ sich behelfen; **night** ~ Nachtschicht *f*; ~ **in consumption** Konsumverlagerung *f*; ~ **in demand** Nachfrageänderung *f*; ~ **of production** Produktionsverlagerung *f*; **shift·ing** ['ʃɪftɪŋ] *adj:* **be (really)** ~ (*fam*) rasen; ~ **cultivation** (AGR) Wanderfeldbau *m*; **shift key** *s* (INFORM) Umschalt-, Shifttaste *f*; **shift·less** [-lɪs] *adj* faul, träge; **shift·work** ['ʃɪftwɜ:k] *s* Schichtarbeit *f*; **shift·work·er** [-ə(r)] *s* Schichtarbeiter(in) *m(f)*; **shifty** ['ʃɪftɪ] *adj* durchtrieben, hinterhältig, falsch

shil·ling ['ʃɪlɪŋ] *s* Shilling *m*; (*Österreich*) Schilling *m*

shilly-shally ['ʃɪlɪʃælɪ] *vi* (*fam*) seine Zeit verplempern; unentschlossen sein

shim·mer ['ʃɪmə(r)] **I.** *vi* schimmern **II.** *s* Schimmer *m*; Lichtschein *m*

shin [ʃɪn] **I.** *s* (~ *bone*) Schienbein *nt* **II.** *vi* (~ *up*) hinaufklettern

shin·dig ['ʃɪndɪg] *s* (*fam*) ① Spektakel, Radau *m* ② Rauferei, Schlägerei *f* ③ lautstarke Party; **kick up a** ~ Krach schlagen

shine [ʃaɪn] <*irr:* shone, shone> **I.** *vi* ① scheinen ② leuchten (*with joy* vor Freude) ③ glänzen, funkeln ④ (*fig*) glänzen, sich hervortun (*at* bei); ~ **on s.th.** etw anleuchten; **I didn't** ~ **at school** in der Schule war ich keine große Leuchte **II.** *vt* ① leuchten lassen; glänzend machen ② (*Schuhe*) putzen, wichsen; ~ **a torch on s.o.** jdn mit einer Taschenlampe anleuchten **III.** *s* ① heller Schein, Glanz *m* ② Glanz *m*, Politur *f* ③ (*Am*) Schuhputzen *nt*; **take the** ~ **off s.th.** den Glanz von einer S nehmen; **take a** ~ **to s.o.** (*sl*) sich in jdn vergaffen; **I'll come, rain or** ~ ich komme auf jeden Fall; **shine down** *vi* herunterscheinen; **shine out** *vi* ① hervorleuchten ② (*fig*) herausragen; **shiner** ['ʃaɪnə(r)] *s* (*sl*) blaues Auge

shingle[1] ['ʃɪŋgl] **I.** *s* ① (Dach)Schindel *f* ② (*Am fam*) Schild *nt* (*eines Arztes oder Rechtsanwalts*) ③ (*Frisur*) Bubikopf *m*; **hang out one's** ~ (*Am fam: Arzt, Rechtsanwalt*) eine Praxis eröffnen **II.** *vt* mit Schindeln decken

shingle[2] ['ʃɪŋgl] *s* grober Kies; Kiesel *m*

shingles ['ʃɪŋglz] *s pl mit sing* (MED) Gürtelrose *f*

shin·ing ['ʃaɪnɪŋ] *adj* ① glänzend, leuchtend ② (*Beispiel*) glänzend; **he's no** ~ **light** er ist kein großes Kirchenlicht; **shiny** ['ʃaɪnɪ] *adj* glänzend; (glatt)poliert; **be** ~ (*Stoff*) glänzen

ship [ʃɪp] **I.** *s* ① Schiff *nt* ② (*Am*) Raumschiff *nt*; Flugzeug *nt*; **by** ~ mit dem Schiff; **on board** ~ an Bord; **his** ~ **comes home** [*o* **in**] (*fig*) er hat sein Glück gemacht **II.** *vt* ① an Bord nehmen, einschiffen ② (*Waren*) verschiffen; (*Am*) (ver)senden; befördern, verladen; ~ **oars** die Ruder einlegen; die Ruder einziehen; ~ **water** Wasser übernehmen **III.** *vi* sich (an)heuern lassen; **ship off** *vt* wegschicken; verschiffen; verschicken, abtransportieren; **ship out** *vt* versenden

ship·board ['ʃɪpbɔ:d] *s:* **on** ~ an Bord; **ship·builder** ['ʃɪp,bɪldə(r)] *s* Schiffsbauer *m*; **ship·build·ing** ['ʃɪp,bɪldɪŋ] *s* Schiffbau *m*; **ship chandler** *s* Schiffslieferant *m*; **ship·load** ['ʃɪpləʊd] *s* Schiffsladung *f*; **ship·mate** ['ʃɪpmeɪt] *s* Bordkamerad *m*

ship·ment ['ʃɪpmənt] *s* ① Verschiffung *f* (*for* nach) ② Verladung *f*, Versand, Transport *m* ③ Schiffsladung *f* ④ Ladung, Sendung *f*

ship·owner ['ʃɪp,əʊnə(r)] *s* Schiffseigner *m*;

Reeder *m*

ship·per [ˈʃɪpə(r)] *s* ① Spediteur *m* ② Absender *m* ③ Ablader, Befrachter *m*; **shipping** [ˈʃɪpɪŋ] **I.** *s* ① Verschiffung *f*; Verfrachtung *f*, Verladung *f*, Versand, Transport *m* ② Schifffahrt *f*; Schiffe *ntpl* **II.** *adj* Schiffs-; Schifffahrts-; **shipping agency** *s* Schiffsagentur *f*; **shipping agent** *s* Schiffsmakler *m*; **shipping company** *s* Reederei *f*; **shipping department** *s* Versandabteilung *f*; **shipping expenses** *s pl* Transport-, Frachtkosten *pl*; **shipping lane** *s* Schifffahrtsstraße *f*; **shipping line** *s* Schifffahrtslinie *f*; **shipping note** *s* Frachtbrief *m*, Konnosseement *nt*; **shipping office** *s* Reederei *f*; Heuerbüro *nt*; **shipping routes** *s pl* Schifffahrtswege *mpl*

ship·shape [ˈʃɪpʃeɪp] *adj* aufgeräumt, sauber, ordentlich; **ship·way** *s* ① Helling *f*, Stapel *m* ② Schifffahrtsweg *m*; **ship·wreck** [ˈʃɪprek] **I.** *s* Schiffbruch *m* **II.** *vt* scheitern lassen; (*fig*) ruinieren; **ship·wright** [ˈʃɪpraɪt] *s* Schiffszimmermann *m*; Schiffbauer *m*; **ship·yard** [ˈʃɪpjɑːd] *s* (Schiffs)Werft *f*

shire horse [ˈʃaɪəˌhɔːs] *s* Zugpferd *nt*

shirk [ʃɜːk] **I.** *vt* sich drücken vor, aus dem Wege gehen (*s.th.* einer S) **II.** *vi* sich drücken (*from* vor); **shirker** [ˈʃɜːkə(r)] *s* Drückeberger(in) *m(f)*

shirt [ʃɜːt] *s* ① Hemd *nt* ② (*von Frau*) Hemdbluse *f*; **keep one's ~ on** (*sl*) sich nicht aus der Fassung bringen lassen; **put one's ~ on** (*sl*) Hab und Gut setzen auf; **he has lost his ~ off his back** (*sl*) er hat alles verloren; **shirt collar** *s* Hemdkragen *m*; **shirt-front** *s* Hemdbrust *f*; **shirt·ing** [ˈʃɜːtɪŋ] *s* Hemdenstoff *m*; **shirt-sleeve** *s* Hemdsärmel *m*; **in one's ~s** in Hemdsärmeln; **shirty** [ˈʃɜːtɪ] *adj* (*sl*) (leicht) beleidigt, eingeschnappt; wütend

shit¹ [ʃɪt] <*irr:* shit, shit (shat)> **I.** *vi* (*vulg*) scheißen **II.** *vr* (*vulg*) sich vor Angst in die Hose machen **III.** *s* (*vulg*) ① Scheiße *f* ② Angst *f*, Schiss *m*

shit² [ʃɪt] *s* (*sl: Drogen*) Shit *m*

shite [ʃaɪt] (*vulg*) *s.* **shit¹**

shitty [ˈʃɪtɪ] *adj* (*sl*) beschissen

shiver [ˈʃɪvə(r)] **I.** *vi* zittern (*with cold, fear* vor Kälte, Angst); **I ~** mich schaudert **II.** *s* ① Zittern *nt*; Schauder *m* ② **~s** Schüttelfrost, Fieberschauer *m*; **I got** [*o* **had**] **the ~s** (*fam*) es lief mir eiskalt über den Rücken; **it gave me the ~s** (*fam*) das ließ mir das Blut in den Adern erstarren; **shiv·ery** [ˈʃɪvərɪ] *adj* fröstelnd; **feel ~** frösteln

shlep through [ˈʃlepˌθruː] *vt* (*Am: sl*) sich durchschleppen

shoal¹ [ʃəʊl] *s* Untiefe *f*; Sandbank *f*

shoal² [ʃəʊl] *s* ① große Masse, Menge *f* ② (Fisch)Schwarm *m*; **in ~s** in Unmengen, haufenweise; in Scharen

shock¹ [ʃɒk] **I.** *s* ① Schock *m* ② (ELEK) (elektrischer) Schlag *m* ③ (MED) Elektroschock *m* ④ heftiger Stoß; Wucht *f* ⑤ (*Erdbeben*) Erdstoß *m*; **get a ~** einen Schock [*o* Schlag] bekommen; **be in (a state of) ~** unter Schock stehen; **it comes as a ~** das ist bestürzend; **be a great ~ for s.o.** für jdn ein schwerer Schlag sein; **it gave him a nasty ~** das hat ihm einen bösen Schrecken eingejagt; **he'll be in for a ~** der wird sein blaues Wunder erleben **II.** *vt* ① erschüttern, bestürzen ② schockieren; **be ~ed** erschüttert sein; schockiert sein; **~ s.o. into doing s.th.** jdm einen solchen Schrecken einjagen, dass er etw tut **III.** *vi* schockieren

shock² [ʃɒk] *s* Garbenbündel *nt*

shock³ [ʃɒk] *s* Haarschopf *m*

shock ab·sorber [ˈʃɒkæbˌzɔːbə(r)] *s* (AUTO) Stoßdämpfer *m*; **shocker** [ˈʃɒkə(r)] *s* Horrorgeschichte *f*; Schocker *m*; **you are a ~!** du bist ja schlimm!; **I have a ~ of a hangover** ich habe einen entsetzlichen Kater

shock·headed [ˈʃɒkhedɪd] *adj* strubb(e)lig; **~ Peter** Struwwelpeter *m*

shock·ing [ˈʃɒkɪŋ] *adj* ① erschütternd; Anstoß erregend, schockierend ② (*fam*) schlimm, schrecklich, entsetzlich; **shock·proof** *adj* stoßfest; **shock therapy**, **shock treatment** *s* (MED) Schockbehandlung *f*; **shock troops** *s pl* Stoßtruppen *fpl*; **shock wave** *s* Druckwelle *f*; (*fig*) Erschütterung *f*

shod [ʃɒd] *s.* **shoe**

shoddy [ˈʃɒdɪ] **I.** *s* (*Stoff*) Shoddy *m od nt* **II.** *adj* schäbig, minderwertig; (*fig: Arbeit*) gepfuscht

shoe [ʃuː] <*irr:* shod, shod> **I.** *s* ① Schuh *m* ② (*horse ~*) Hufeisen *nt* ③ Bremsbacke *f* ④ (ELEK) Kontaktrolle *f*, Polschuh *m*; **be in s.o.'s ~s** in jds Haut stecken; **fill s.o.'s ~s** jds Platz, Stelle einnehmen; **know where the ~ pinches** wissen, wo der Schuh drückt; **put o.s. in s.o.'s ~s** sich in jds Lage versetzen **II.** *vt* (*Pferd*) beschlagen; **shoe·black** [ˈʃuːblæk] *s* Schuhputzer *m*; **shoe·horn** [ˈʃuːhɔːn] *s* Schuhlöffel *m*; **shoe·lace** [ˈʃuːleɪs] *s* Schnürsenkel, Schuhriemen *m*; **shoe-maker** [ˈʃuːmeɪkə(r)] *s* Schuhmacher(in) *m(f)*; **shoe polish** *s* Schuhputzmittel *nt*, Schuhwichse *f*; **shoe-repair shop** *s* Schuhreparaturwerkstatt *f*, Schuster *m*; **shoe-shine** [ˈʃuːʃaɪn] *s* Schuh-

S

putzen *nt;* **shoe·shine boy** *s* Schuhputzer *m;* **shoe·shop** *s* Schuhgeschäft *nt;* **shoe size** *s* Schuhgröße *f;* **shoe·store** *s* (*Am*) Schuhgeschäft *nt;* **shoe·string** *s* Schnürsenkel *m;* **start a business on a ~** ein Geschäft mit praktisch nichts anfangen; **shoestring company** *s* finanzschwaches Unternehmen; **shoe-tree** *s* Schuhspanner *m*

shone [ʃɒn] *s.* **shine**

shoo [ʃu:] **I.** *interj* sch! fort! weg! **II.** *vt* (~ *away, off*) verscheuchen; **shoo-in** [ˈʃəʊˌɪn] *s* (*sl* POL) ein als sicher geltender Kandidat

shook [ʃʊk] *s.* **shake**

shoot [ʃu:t] <*irr:* shot, shot> **I.** *vt* ❶ schießen; (*Geschütz*) abfeuern ❷ (*Menschen*) anschießen; niederschießen; erschießen ❸ (*Gegenstände*) schleudern; (*Blick*) schleudern, werfen; (*Frage*) aufwerfen, richten (*at* an) ❹ (SPORT) schießen ❺ (FILM) drehen; (*Foto*) machen, schießen; (*Menschen, Gebäude etc*) aufnehmen ❻ (*sl: Drogen*) schießen, drücken; ~ **one's bolt** (*fig*) sein Pulver verschießen; ~ **s.o. dead** jdn erschießen; ~ **a glance at s.o.,** ~ **s.o. a glance** jdm einen Blick zuwerfen; ~ **a line** angeben, prahlen; ~ **the lights** bei Rot über die Ampel fahren; ~ **rapids** Stromschnellen durchfahren; **he shot himself** er hat sich erschossen; **he shot himself in the arm** er hat sich in den Arm geschossen; **he was shot in the arm** er wurde in den Arm getroffen; **you'll get me shot** (*fig fam*) du bringst mich in Schwierigkeiten **II.** *vi* ❶ schießen; (*Jäger*) jagen ❷ schießen, sausen ❸ (SPORT) schießen (*at goal* aufs Tor) ❹ (*Schmerz*) stechen ❺ (FILM) drehen ❻ (*Pflanzen*) treiben; ~**!** schieß los!; ~ **past** [*o* **by**] vorbeischießen, vorbeisausen **III.** *s* ❶ Jagd *f;* Jagdgesellschaft *f;* Jagdrevier *nt;* Wettschießen *nt* ❷ (BOT) Trieb *m;* Keim *m;* Schössling *m;* **shoot ahead** *vi* vorpreschen; sich an die Spitze setzen; **shoot at** *vt* schießen auf; **shoot away I.** *vt* wegschießen **II.** *vi* ❶ (anhaltend) schießen ❷ wegrasen, davonschießen; ~ **away at s.o.** jdn beschießen; ~ **away!** (*fig fam*) schieß los!; **shoot down** *vt* ❶ (*Flugzeug*) abschießen ❷ (*fig fam*) fertig machen; (*Argument*) entkräften; **shoot off I.** *vt* abschießen; abfeuern **II.** *vi* davonschießen; ~ (**one's mouth**) **off** groß reden; tratschen; ausplaudern; **shoot out I.** *vi* herausschießen (*of* aus) **II.** *vt* schnell herausstrecken; hinausschleudern; ~ **it out with s.o.** sich mit jdm schießen; **shoot past** *vi, vt* vorbeischießen (*s.o.* an jdm); **shoot up I.** *vi* ❶ in die Höhe schießen; schnell wachsen; (*Gebäude*) aus dem Boden schießen ❷ (*Flammen*) herausschlagen (*from* aus) **II.** *vt* ❶ (MIL) beschießen; (*Menschen*) zusammenschießen ❷ (*sl: Drogen*) drücken; ~ **up a town** in einer Stadt eine Schießerei veranstalten

shoot·ing [ˈʃu:tɪŋ] *s* ❶ Schießen *nt;* (MIL: *Artillerie*) Feuer *nt* ❷ Jagen *nt;* Jagdrecht *nt;* Jagdrevier *nt* ❸ Erschießung *f;* Schießerei *f* ❹ Filmen, Drehen *nt;* **indoor/outdoor** ~ Innen-/Außenaufnahmen *fpl;* **there was a** ~ es wurde geschossen; es wurde jd erschossen; **they are investigating the** ~ sie untersuchen den Mord; **shooting box, shooting lodge** *s* Jagdhütte *f;* **shooting gallery, shooting range** *s* Schießstand *m;* **shooting jacket** *s* Jagdrock *m;* **shooting script** *s* Drehbuch *nt;* **shooting season** *s* Jagdzeit *f;* **shooting star** *s* Sternschnuppe *f;* **shooting stick** *s* Jagdstuhl *m;* **shooting war** *s* heißer Krieg

shop [ʃɒp] **I.** *s* ❶ Laden *m,* Geschäft *nt;* Verkaufsstelle *f* ❷ Werkstatt, -stätte *f,* Betrieb *m;* Arbeiterschaft *f;* **all over the** ~ (*fam*) überall; wild durcheinander; **come** [*o* **go**] **to the wrong** ~ (*fig*) an den Unrechten kommen; **keep a** ~ ein Geschäft, einen Laden haben; **keep** ~ das Geschäft führen; **set up** ~ ein Geschäft eröffnen; **talk** ~ fachsimpeln; **baker's** ~ Bäckerladen *m,* Bäckerei *f;* **fruit** ~ Obstgeschäft *nt;* **machine** ~ mechanische Werkstatt; **repair** ~ Reparaturwerkstatt *f* **II.** *vi* (*go* ~*ping*) einkaufen (gehen); Einkäufe, Besorgungen machen; ~ **around** sich in den Läden umsehen; ~ (**around**) **for s.th.** nach etw suchen **III.** *vt* (*sl*) verpfeifen; **shopa·ho·lic** [ʃɒpəˈhɒlɪk] *s* Kaufsüchtige(r) *f m;* **shop·around vot·er** *s* Wechselwähler *m;* **shop as·sist·ant** *s* Verkäufer(in) *m(f);* **shop-bought** *adj* gekauft (*und nicht selbstgemacht*); **shop·break·ing** [ˈʃɒpˌbreɪkɪŋ] *s* Ladeneinbruch *m;* **shop·fit·ter** [ˈʃɒpˌfɪtə(r)] *s* Geschäftsausstatter(in) *m(f);* **shop·fit·tings** [ˈʃɒpˌfɪtɪŋz] *s pl* Ladeneinrichtung *f;* **shop floor** *s* ❶ Produktionsstätte *f;* Werkstatt *f* ❷ Arbeitskräfte *fpl;* **at** ~ **level** unter den Arbeitern in der Fabrik; **shop front** *s* Ladenfront *f;* **shop·girl** *s* (*Br*) Verkäuferin *f;* **shop·keeper** [ˈʃɒpki:pə(r)] *s* Ladenbesitzer(in) *m(f),* Geschäftsinhaber(in) *m(f),* Einzelhändler(in) *m(f);* **a nation of** ~**s** ein Volk von Krämern; **shop·keep·ing** [ˈʃɒpki:pɪŋ] *s* Ladenbetrieb *m;* Kleinhandel *m;* **shop·lifter** [ˈʃɒplɪftə(r)] *s* Ladendieb(in) *m(f);* **shop·lift·ing** [ˈʃɒplɪftɪŋ] *s* Laden-

1	(pair of) flares	Hose mit Schlag
2	trench coat	Trenchcoat
3	coat, overcoat	Mantel
4	scarf	Schal
5	raincoat	Regenmantel
6	blouse	Bluse
7	sleeveless top, tanktop (USA)	ärmelloses Top
8	kilt	Schottenrock
9	skirt	Rock
10	(pair of) jeans	Jeans
11	jacket	Jakett
12	blazer	Blazer
13	windcheater (GB), Windbreaker® (USA)	Windjacke
14	quilted jacket (GB), down jacket (USA)	Daunenjacke
15	cardigan	Strickjacke
16	woollen hat (GB), woolen hat (USA)	Wollmütze
17	sweater, jumper (GB)	Pullover
18	(pair of) shorts	Shorts, kurze Hose
19	(pair of) trousers (GB) /pants (USA)	Hose
20	short-sleeved shirt	kurzärmeliges Hemd
21	shirt	Hemd
22	tanktop (GB), knit vest (USA)	Pullunder
23	cap, hat (USA)	Mütze
24	T-shirt	T-Shirt
25	waistcoat (GB), vest (USA)	Weste
26	sweatshirt	Sweatshirt
27	gloves	Handschuhe

1	heavy-duty boots, work boots	Arbeitsstiefel	7	moccasins	Mokassins
2	rubber boots, wellingtons (GB)	Gummistiefel	8	boots	Stiefel
3	sandals	Sandalen	9	slip-ons	Slipper
4	lace-ups (GB), shoes with laces (USA)	Schnürschuhe	10	high-heeled shoes, high heels	Schuhe mit hohen Absätzen
5	trainers (GB), sneakers (USA)	Turnschuhe	11	sling-backs	Slingpumps
6	court shoes (GB), pumps (USA)	Pumps			

diebstahl *m;* **shop·per** ['ʃɒpə(r)] *s* Käufer(in) *m(f)*

shop·ping ['ʃɒpɪŋ] *s* Einkauf(en *nt*) *m;* Besorgungen *fpl;* **do one's ~** Einkäufe, Besorgungen machen; **window-~** Schaufensterbummel *m;* **shopping arcade** *s* Einkaufspassage *f;* **shopping bag** *s* Einkaufstasche *f;* **shopping cart** *s* (*Am*) Einkaufswagen *m;* **shopping centre** *s* Einkaufszentrum *nt;* Geschäftsviertel *nt;* **shopping list** *s* Einkaufszettel *m;* **shopping mall** *s* ❶ (*Am*) Einkaufspassage *f* ❷ (INTERNET) virtuelles Einkaufszentrum; **shopping street** *s* Einkaufs-, Geschäftsstraße *f;* **shopping trolley** *s* Einkaufswagen *m;* **shop-soiled, shop-worn** ['ʃɒpsɔɪld, 'ʃɒpwɔːn] *adj* (*Ware*) angestaubt; **shop steward** *s* gewerkschaftlicher Vertrauensmann *m;* **shop·talk** ['ʃɒptɔːk] *s* Fachsimpelei *f;* **shop·walker** *s* (*Warenhaus*) Ladenaufsicht *f;* **shop win·dow** [ʃɒp'wɪndəʊ] *s* (*a. fig*) Schaufenster *nt*

shore¹ [ʃɔː(r)] *s* ❶ Küste(nstreifen *m,* -gebiet, -land *nt*) *f* ❷ Ufer *nt* (*eines Flusses*) ❸ Strand *m* ❹ (MAR) Land *nt;* **off ~** auf See; **on ~** an Land

shore² [ʃɔː(r)] **I.** *s* Strebe *f;* Schwertlatte *f* **II.** *vt* ❶ (~ *up*) (ab)stützen ❷ stärken

shore leave ['ʃɔːˌliːv] *s* Landurlaub *m;* **shore·line** *s* Küstenlinie *f*

shorn [ʃɔːn] *adj* geschoren; kahl geschoren; **be ~ of s.th.** einer Sache beraubt sein

short [ʃɔːt] **I.** *adj* ❶ kurz (*a. zeitlich*) ❷ kurzfristig ❸ knapp (*of* an), unzureichend, unzulänglich ❹ kurz angebunden; (*fig*) barsch (*with* gegen) ❺ (*Gebäck*) mürbe ❻ (*Getränk*) unverdünnt ❼ (COM) ungedeckt; **a ~ time ago** vor kurzem; **at ~ notice** kurzfristig; **for ~** kurz; **in a ~ time** in kurzer Zeit; **time is getting ~** es wird knapp; **in ~, the long and the ~ of it** kurz gesagt, in wenigen Worten; **in the ~ run** auf kurze Sicht; **in ~ order** schnell; **~ and sweet** schön kurz; **be ~** schlecht bei Kasse sein; **be five ~** fünf zu wenig haben; **be ~ of s.th.** von etw nicht genug, zu wenig haben; **be ~ with s.o.** mit jdm kurz angebunden sein; **be in ~ supply** (*Waren*) knapp sein; **be ~ on** zu wenig haben an; **have a ~ temper** unbeherrscht sein; **~ of breath** außer Atem; kurzatmig; **~ of money** [*o* **cash**] knapp bei Kasse **II.** *adv* ❶ (zu) kurz ❷ knapp ❸ plötzlich, unerwartet; **~ of** außer; beinahe; **little ~ of madness** fast Wahnsinn; **little** [*o* **nothing**] **~ of** nichts außer, nur noch, nichts weniger als; **come** [*o* **fall**] **~** nicht (aus)reichen, nicht genügen; (*die Erwartungen*) enttäuschen, zurückbleiben (*of s.th.* hinter etw); **come** [*o* **fall**] **~ of s.th.** etw nicht erreichen; **cut ~** unter-, (vorzeitig) abbrechen; (*fig*) das Wort abschneiden (*s.o.* jdm); **make it ~** sich kurz fassen; **run ~** knapp sein, nicht ausreichen; **run ~ of ...** nicht genug ... haben; **sell ~** ohne Deckung verkaufen **stop ~** plötzlich stehen bleiben; **turn ~** plötzlich kehrtmachen; **she's a bit ~ on good looks** sie ist nicht gerade hübsch; **he mustn't go ~** (**of food**) es soll ihm an nichts fehlen **III.** *s* ❶ Kurzfilm *m* ❷ (ELEK) Kurzschluss *m* ❸ Schnaps *m* **IV.** *vt* (ELEK) kurzschließen **V.** *vi* (ELEK) einen Kurzschluss haben, bekommen

short·age ['ʃɔːtɪdʒ] *s* Mangel *m,* Knappheit, Verknappung *f* (*of* an); **housing ~** Wohnungsknappheit *f;* **~ of labour** Mangel *m* an Arbeitskräften; **~ of capital** Kapitalmangel *m;* **there is always some kind of ~** irgend etwas ist immer knapp; **there is no ~ of money** es fehlt nicht am Geld

short·bread ['ʃɔːtbred] *s* Buttergebäck *nt;* **short-change** [ʃɔːt'tʃeɪndʒ] *vt* zu wenig Wechselgeld herausgeben (*s.o.* jdm); (*fig*) betrügen; **short-circuit I.** *s* (ELEK) Kurzschluss *m* **II.** *vt* ❶ (ELEK) kurzschließen ❷ (*fig*) umgehen **III.** *vi* (ELEK) einen Kurzschluss haben, bekommen; **short·coming** ['ʃɔːtˌkʌmɪŋ] *s* ❶ Fehler, Mangel *m* ❷ **~s** Unzulänglichkeit *f;* (*Person*) Schwächen *fpl;* **short·crust pastry** *s* Mürbeteig *m;* **short cut** *s* ❶ Abkürzung *f;* Schleichweg *m* ❷ (*fig*) abgekürztes Verfahren; Patentlösung *f;* **short-dated** [ʃɔːt'deɪtɪd] *adj* (FIN) kurzfristig; **shorten** ['ʃɔːtn] **I.** *vt* ❶ (ab-, ver)kürzen ❷ vermindern, verringern **II.** *vi* kürzer werden; sich verringern

shorten·ing ['ʃɔːtnɪŋ] *s* Backfett *nt;* **short·fall** ['ʃɔːtfɔːl] *s* Defizit *nt,* Fehlbetrag *m;* **short·hand** ['ʃɔːthænd] *s* Kurzschrift, Stenografie *f;* **take down in ~** (mit)stenografieren; **write ~** stenografieren; **short-handed** [ʃɔːt'hændɪd] *adj:* **be ~** zuwenig Arbeitskräfte haben; **shorthand notebook** *s* Stenoblock *m;* **shorthand notes** *s pl* stenografierte Notizen *fpl;* **shorthand typist** *s* Stenotypist(in) *m(f);* **short haul** *s* Nahtransport *m;* **short-haul jet** *s* Kurzstreckenflugzeug *nt;* **short-list I.** *vt* in die engere (Aus)Wahl ziehen **II.** *s* Auswahlliste *f;* **short-lived** ['ʃɔːtlɪvd] *adj* kurzlebig; **short·ly** ['ʃɔːtlɪ] *adv* ❶ in kurzem, bald ❷ kurz, in Kürze, in wenigen Worten ❸ scharf; barsch; **~ after** bald danach; **short·ness** ['ʃɔːtnɪs] *s* Kürze *f;* Knappheit *f;* Schroffheit *f;* **~ of sight** Kurzsichtigkeit *f;*

short order *s* (*Am: Restaurant*) Schnellgericht *nt;* **short-order cook** *s* Koch *m* in einem Schnellimbiss; **short-order dish** *s* Schnellgericht *nt;* **short pastry** *s* Mürbeteig *m,* -gebäck *nt;* **short-range** *adj* (MIL) Nahkampf-; Kurzstrecken-; (*fig*) kurzfristig; ~ **missile** Kurzstreckenrakete *f;* ~ **planning** Planung *f* auf kurze Sicht
shorts [ʃɔ:ts] *s pl* Shorts *pl,* kurze Hose

? Grammatik

shorts werden immer im Plural gebraucht: *Whose shorts are these?* **a pair of shorts** wird aber im Singular verwendet: *Where is my blue pair of shorts?*

short-sighted [ʃɔ:t'saɪtɪd] *adj* (*a. fig*) kurzsichtig; **short-sleeved** [ʃɔ:t'sli:vd] *adj* kurzärmelig; **short-staffed** [ʃɔ:t'stɑ:ft] *adj* unterbesetzt; **short-stay parking** *s* Kurzparken *nt;* **short story** *s* Kurzgeschichte *f;* **short-tem·pered** [ʃɔ:t'tempəd] *adj* reizbar, leicht aufgebracht; **short-term** *adj* kurzfristig; ~ **memory** Kurzzeitgedächtnis *nt;* (INFORM) Kurzzeitspeicher *m;* **short time** *s* Kurzarbeit *f;* **be on** ~ kurzarbeiten; **short wave** *s* (RADIO) Kurzwelle *f;* **short-winded** [ʃɔ:t'wɪndɪd] *adj* außer Atem; kurzatmig
shot¹ [ʃɒt] *s.* **shoot**
shot² [ʃɒt] *s* ❶ (*a.* SPORT) Schuss *m;* (*mit Ball*) Wurf *m;* (*Tennis, Golf*) Schlag *m;* (*~-putting*) Kugelstoßen *nt;* Kugel *f* ❷ (*fig*) Versuch *m;* Vermutung *f* ❸ Geschoss *nt,* Kugel *f;* Schrot *m* ❹ Schütze *m* ❺ (*space-~*) Raumflug *m;* Start *m* ❻ (PHOT FILM) Aufnahme *f* ❼ (*fam*) Spritze, Injektion *f;* Impfung *f* ❽ (*Alkohol*) Schuss *m;* **like a** ~ sofort, wie der Blitz; **have a** ~ **at s.th.** etw probieren, versuchen; **make a bad** ~ vorbeischießen; **need a** ~ **in the arm** (*fig*) eine Spritze nötig haben; **put the** ~ (SPORT) die Kugel stoßen; **putting the** ~ Kugelstoßen *nt;* **he's a good** ~ er ist ein guter Schütze; **good** ~**!** gut getroffen!; **his question is a** ~ **in the dark** er fragt aufs Geratewohl; **a big** ~ (*fam*) ein hohes Tier; **not by a long** ~ (*fam*) nicht im Allergeringsten; **small** ~ Schrot *m*
shot³ [ʃɒt] *adj* ❶ durchschossen, -setzt ❷ (*Seide*) changierend; **get** ~ **of s.o./s.th.** jdn/etw loswerden
shot·gun ['ʃɒtgʌn] *s* Schrotflinte *f;* ~ **wedding** Muss-Heirat *f;* **shot-put** *s* Kugelstoßen *nt;* Wurf *m;* **shot-put·ter** ['ʃɒt,pʊtə(r)] *s* Kugelstoßer(in) *m(f)*
should [ʃʊd] *vi* ❶ (*Pflicht, Befehl*): **he/we** ~ **do that** er sollte/wir sollten das tun; **I** ~ **have** ich hätte sollen; **I** ~ **think so** das will ich meinen; **how** ~ **I know?** wie soll ich das wissen? ❷ (*Wahrscheinlichkeit, Vermutung*): **we** ~ **arrive soon** wir müssten bald da sein; **this** ~ **be enough for you** das müsste Ihnen eigentlich reichen ❸ (*Überraschung*): **who** ~ **be there but Manfred** und wer war da? Manfred!; **what** ~ **he do next but propose to me** und dann hat er mir doch tatsächlich einen Heiratsantrag gemacht ❹ (*Konjunktiv*): **if he** ~ **come** wenn er kommen sollte; **I** ~ **say yes** ich würde ja sagen; **we** ~ **have been happy** wir wären glücklich gewesen; **I don't know why it shouldn't work out** ich weiß nicht, warum das nicht klappen sollte; **I shouldn't be surprised if it did** es würde mich nicht überraschen, wenn das so käme; **I** ~ **do it if I were you** an Ihrer Stelle würde ich das tun; **I shouldn't worry about it** darüber würde ich mir keine Sorgen machen; **unless he** ~ **change his mind** falls er es sich nicht anders überlegt ❺ (*Einschränkung*): **I shouldn't like to say** dazu möchte ich mich nicht äußern; **I** ~ **think there were about 50 people there** ich würde sagen, es waren etwa 50 Leute da; **I** ~ **like to know** ich wüsste gern; **I** ~ **like to speak to Cindy** ich würde gern mit Cindy sprechen
shoul·der ['ʃəʊldə(r)] **I.** *s* ❶ Schulter *f* ❷ (ZOO) Vorderviertel, Blatt *nt;* (*Schlachttier*) Schulterstück *nt* ❸ Vorsprung *m,* (kleine) Anhöhe *f* ❹ (*Straße: hard ~*) Seitenstreifen *m,* Bankett *nt;* Standspur *f* ❺ (*Vase, Flasche*) Ausbuchtung *f;* **straight from the** ~ (*Worte*) offen, unverblümt; ~ **to** ~ Schulter an Schulter; **be head and ~s above s.o.** jdn beträchtlich überragen; viel tüchtiger sein als jd; **give s.o. the cold** ~**, cold-~ s.o.** (*fig*) jdm die kalte Schulter zeigen; **put one's** ~ **to the wheel** (*fig*) tüchtig zupacken, Hand anlegen; **rub ~s with** an einem Tisch sitzen, engen Umgang haben mit; **shrug one's ~s** mit den Schultern zucken; **weep** [*o* **cry**] **on s.o.'s** ~ sich bei jdm ausweinen **II.** *vt* ❶ auf die Schulter nehmen; (*Gewehr*) schultern; (*fig*) auf sich nehmen ❷ mit der Schulter stoßen; ~ **one's way through a crowd** seinen Weg durch eine Menge bahnen; ~ **arms!** das Gewehr über!; ~ **blame** die Schuld auf sich nehmen; **shoulder bag** *s* Umhängetasche *f;* **shoulder blade** *s*

Schulterblatt *nt;* **shoulder pad** *s* Schulterpolster *nt;* **shoulder strap** *s* ❶ (*Kleid*) Träger *m* ❷ (*Tasche*) Riemen *m* ❸ (MIL) Schulterklappe *f;* **shoulder surfing** *s das Ausspionieren eines Passworts oder einer PIN-Nummer beim Blick über die Schulter*

shout [ʃaʊt] **I.** *s* ❶ Schrei *m* ❷ Geschrei *nt,* Lärm *m* ❸ Ruf *m* ❹ (*fam*) (zu zahlende) Runde *f;* **whose ~ is it?** wer zahlt die Runde? **II.** *vt* ❶ (hinaus)schreien; ausrufen; rufen; brüllen ❷ (*fam*) spendieren; **~ s.th. from the housetops** etw öffentlich verkündigen **III.** *vi* rufen; schreien; brüllen; **~ at s.o.** jdn anbrüllen; **~ for s.o.** nach jdm rufen; **~ for joy** vor Freude jauchzen; **~ for help** um Hilfe rufen; **~ to s.o.** jdm zurufen; **~ with laughter** vor Lachen brüllen; **nothing to ~ about** nichts Besonderes; **don't ~!** schrei nicht so! **IV.** *vr:* **~ o.s. hoarse** sich heiser brüllen; **shout down** *vt* niederbrüllen; **shout out** **I.** *vi* aufschreien; einen Schrei ausstoßen **II.** *vt* ausrufen; brüllen; **shout·ing** ['-ɪŋ] *s* Geschrei *nt;* Rufen *nt;* **within ~ distance** in Rufweite; **it is all over bar the ~** (*fig*) die Schlacht ist so gut wie geschlagen

shove [ʃʌv] **I.** *s* Stoß, Schubs *m;* **give s.o. a ~** jdn schubsen, stoßen; **give s.th. a ~** etw rücken; etw anstoßen; etw anschieben **II.** *vt* ❶ schieben; stoßen; schubsen; drängen ❷ (*fam*) stecken (*into* in) **III.** *vi* stoßen; schieben; drängeln; **shove about, shove around** *vt* herumschubsen; **shove away** *vt* wegschieben, wegstoßen; **shove back** *vt* zurückschieben; zurückstoßen; zurückstecken (*into* in); **shove off** **I.** *vt* (*Boot*) vom Ufer abstoßen **II.** *vi* ❶ (*Boot*) ablegen ❷ (*fam*) abhauen; **shove on** *vt* (*Kleidung*) anziehen; (*Hut*) aufstülpen; (*Schallplatte*) auflegen; **shove over** **I.** *vt* (*fam*) rübergeben **II.** *vi* (*fam: a.* ~ *up*) aufrücken, rutschen

shovel ['ʃʌvl] **I.** *s* ❶ Schaufel, Schippe *f* ❷ (*~ful*) Schaufel(voll) *f* ❸ (*Bagger*) Löffel *m;* Löffelbagger *m* **II.** *vt* schaufeln, schippen

show [ʃəʊ] <*irr:* showed, shown> **I.** *vt* ❶ zeigen ❷ zur Schau stellen, ausstellen ❸ sehen, durchblicken, erkennen lassen ❹ aufweisen; an den Tag legen; darlegen, klarstellen, erklären; demonstrieren ❺ beweisen; den Nachweis erbringen (*that* dass) ❻ anzeigen, registrieren; **~ one's cards** [*o* **hand**] seine Karten aufdecken; **~ o.s. in one's true colo(u)rs** sein wahres Gesicht zeigen; **~ s.o. the door** jdm die Tür weisen, jdn hinauswerfen; **~ one's face** sich blicken lassen; **~ one's gratitude** sich dankbar zeigen; **~ an improvement** einen Fortschritt aufzuweisen haben; **~ interest** Interesse zeigen [*o* bekunden] (*in* an); **~ promise** viel versprechend sein; **~ promise of s.th.** etw erwarten lassen; **~ one's teeth** die Zähne zeigen; **~ s.o. the way** jdm den Weg zeigen; **we had nothing to ~ for it** wir hatten nichts vorzuweisen; **that ~ed him!** dem habe ich's aber gezeigt!; **it all goes to ~ that** das zeigt [*o* beweist] ganz klar, dass **II.** *vi* ❶ sich zeigen, auftreten, erscheinen ❷ sichtbar sein; (*Unterrock*) (her)vorsehen; (*Film*) gezeigt werden; **go to ~** beweisen; **~ in the balance sheet** in der Bilanz ausweisen; **~ willing** guten Willen zeigen **III.** *vr* sich (in der Öffentlichkeit) zeigen, öffentlich auftreten; sich blicken lassen; **~ o.s. to be competent** sich als fähig erweisen **IV.** *s* ❶ Schau, Darbietung *f* ❷ Auslage *f* ❸ Ausstellung, Messe *f* ❹ Schau, Angabe *f,* falscher Schein ❺ (THEAT) Aufführung *f;* Show *f* ❻ (RADIO TV) Sendung *f;* (FILM) Vorführung *f* ❼ (*Am*) Darlegung *f,* Nachweis *m* ❽ (*fam*) Laden *m;* **by ~ of hands** (PARL) durch Handzeichen; **for ~** zum Schein; nur fürs Auge; **on ~** zur Besichtigung; ausgestellt; **be on ~** gezeigt werden, ausgestellt sein; **get this ~ on the road** die Arbeit in Angriff nehmen; **give s.o. a fair ~** jdm eine Chance geben; **give the (whole) ~ away** (*fig*) alles verraten; **make a ~ of doing s.th.** Miene machen etw zu tun; **make a ~ of s.th.** etw herausstellen; **make a fine ~** gut aussehen, Eindruck machen; **manage** [*o* **run**] **the ~** (*fam*) den Laden schmeißen; **put on a ~** so tun als ob; heucheln; **agricultural/dog ~** Landwirtschafts-/Hundeausstellung *f;* **flower ~** Blumenschau *f;* **motor ~** Autoausstellung *f;* **show around** *vt* herumführen (*s.o.* jdn); **show in** *vt* (her)einführen; **show off** **I.** *vi* angeben (*in front of, to* vor) **II.** *vt* ❶ angeben mit; sich brüsten mit; protzen mit ❷ zur Geltung bringen, hervorheben; **~ s.th. off to advantage** etw vorteilhaft wirken lassen; **show out** *vt* hinausführen, -geleiten; **show up** **I.** *vt* ❶ hinaufführen ❷ erkennen lassen; zum Vorschein bringen; deutlich zeigen ❸ (*Gauner*) entlarven; (*Gaunerei*) aufdecken; (*Menschen*) bloßstellen; blamieren **II.** *vi* ❶ zu sehen sein; hervorstechen ❷ erscheinen, sich blicken lassen

show·boat ['ʃəʊbəʊt] *s* Theaterschiff *nt;* **show business, show biz** *s* (*fam*) Showbusiness, Showgeschäft *nt,* Vergnügungs-, Unterhaltungsindustrie *f;* **show card** *s* Werbeschild *nt;* **show·case** *s* Schaukasten *m,* Vitrine *f;* **show·down** ['ʃəʊdaʊn] *s* Kraftprobe *f,* endgültige Auseinandersetzung

shower ['ʃaʊə(r)] **I.** *s* ❶ (Regen-, Schnee)Schauer *m* ❷ (Funken)Regen *m* ❸ (*Pfeile*) Hagel *m* ❹ (*fig*) Schwall *m,* Flut, Fülle *f* ❺ (~ *bath*) Dusche *f* ❻ (*Am*) *Party, bei der jeder Gast der Gastgeberin ein Geschenk mitbringt* ❼ (*fam*) Gruppe *f* blöder Typen; **take a ~** duschen **II.** *vt* ❶ übergießen; nass spritzen ❷ (*fig*) überschütten, überhäufen (*s.th. upon s.o., s.o. with s.th.* jdn mit etw) **III.** *vi* ❶ niederprasseln; (*fig*) hageln; herabregnen ❷ duschen; **shower bath** *s* Dusche *f;* **shower cabinet** *s* Duschkabine *f;* **shower cap** *s* Duschhaube *f;* **shower curtain** *s* Duschvorhang *m;* **shower gel** ['ʃaʊə(r),dʒel] *s* Duschgel *nt;* **showery** ['ʃaʊərɪ] *adj* mit einzelnen Regenschauern

show flat ['ʃəʊflæt] *s* Musterwohnung *f;* **show·girl** *s* Varieteetänzerin *f;* **show·ground** *s* Ausstellungsgelände *nt;* Zirkusgelände *nt;* **show house** *s* Musterhaus *nt*

showi·ness ['ʃəʊɪnɪs] *s* Protzigkeit, Auffälligkeit, (äußere) Pracht *f*

show·ing ['ʃəʊɪŋ] *s* ❶ Ausstellung *f* ❷ (THEAT) Aufführung *f;* (FILM) Vorführung *f* ❸ Leistung *f;* **make a good ~** gute Leistungen aufweisen; **on his own ~** nach eigenen Angaben; **show·ing-off** [ʃəʊɪŋ'ɒf] *s* Angeberei *f*

show-jump·ing ['ʃəʊ,dʒʌmpɪŋ] *s* Springreiten *nt;* **show·man** ['ʃəʊmən] <*pl* -men> *s* Showman *m;* (*fig*) Schauspieler *m;* **show·man·ship** ['ʃəʊmənʃɪp] *s* ❶ Kunst *f* sich in Szene zu setzen ❷ effektvolle Attraktion; **shown** [ʃəʊn] *s.* **show**; **show-off** ['ʃəʊɒf] *s* (*fam*) Angeber(in) *m(f);* **show·piece** ['ʃəʊpi:s] *s* Schau-, Vorzeige-, Paradestück, Muster *nt;* **show·room** *s* Ausstellungsraum *m;* **show trial** *s* Schauprozess *m;* **showy** ['ʃəʊɪ] *adj* (*meist pej*) protzig; auffällig; (*Aufmachung, Zeremoniell*) bombastisch; (*Farbe*) grell, auffällig

shrank [ʃræŋk] *s.* **shrink**

shrap·nel ['ʃræpn(ə)l] *s* (MIL) Schrapnell *nt*

shred [ʃred] **I.** *s* ❶ Fetzen *m;* Lappen *m;* (Papier)Schnipsel *m* ❷ (*fig*) Spur *f,* Fünkchen *nt,* ein (klein) bisschen *nt;* **tear to ~s** (*fig*) keinen guten Faden lassen an **II.** *vt* ❶ zerfetzen ❷ zerteilen; zerschneiden; zerkleinern; **shred·der** ['ʃredə(r)] *s* Reißwolf *m;* (*Küche*) Reibe *f;* Gemüseschneider *m*

shrew [ʃru:] *s* ❶ (*pej*) zänkisches Weib ❷ Spitzmaus *f*

shrewd [ʃru:d] *adj* ❶ gewitzt, schlau ❷ klug, scharfsinnig; **make a ~ guess** der Wahrheit sehr nahe kommen

shrew·ish ['ʃru:ɪʃ] *adj* boshaft, zänkisch

shriek [ʃri:k] **I.** *vi* kreischen, schreien; **~ with laughter** schreien vor Lachen; **~ with pain** vor Schmerz aufschreien **II.** *vt* (~ *out*) (hinaus)schreien **III.** *s* (gellender, durchdringender) Schrei *m*

shrift [ʃrɪft] *s:* **give s.o. short ~** mit jdm kurzen Prozess machen

shrill [ʃrɪl] *adj* schrill, gellend; (*Stimme*) durchdringend

shrimp [ʃrɪmp] *s* ❶ Garnele, Krabbe *f* ❷ (*fam*) Knirps *m;* **shrimp cocktail** *s* Krabbencocktail *m*

shrine [ʃraɪn] *s* ❶ (REL) (Reliquien)Schrein *m* ❷ Weihestätte *f*

shrink [ʃrɪŋk] <*irr:* shrank, shrunk> **I.** *vi* ❶ schrumpfen, einlaufen, eingehen; (*Holz*) schwinden ❷ (*fig*) abnehmen, nachlassen ❸ zurückschrecken (*from* vor); **~ from doing s.th.** etw höchst ungern tun **II.** *vt* schrumpfen lassen **III.** *s* (*sl*) Psychiater *m;* **shrink·age** ['-ɪdʒ] *s* ❶ Schrumpfung *f,* Einlaufen *nt* ❷ Schwund *m,* Abnahme *f* ❸ Nachlassen *nt,* Rückgang *m,* Schrumpfung *f* ❹ (COM) Schwund *m,* Einbuße *f* ❺ (*fam*) Ladendiebstahl *m;* **~ of exports** Exportschrumpfung *f;* **~ in purchasing power** Kaufkraftschwund *m;* **~ in value** Wertminderung *f;* **shrink-wrap I.** *vt* (*Ware*) einschweißen **II.** *s* Einschweißfolie *f*

shrivel ['ʃrɪvl] **I.** *vi* ❶ schrumpfen; zusammenschrumpfen; (*Pflanze*) verwelken; austrocknen; (*Obst, Haut*) runzlig werden ❷ (*fig: Sorgen*) verfliegen **II.** *vt* welk werden lassen; (*Haut, Obst*) runzlig werden lassen; **shrivel away** *vi* zusammenschrumpfen; (*Pflanzen*) verwelken; vertrocknen; (*fig*) sich verflüchtigen; **shrivel up** *vi* ❶ zusammenschrumpfen; verwelken ❷ (*fig*) sich verkriechen; kleinlaut werden

shroud [ʃraʊd] **I.** *s* ❶ Leichentuch *nt* ❷ (*fig*) Schleier *m* ❸ (MAR) Want *f* **II.** *vt* ❶ (*Leiche*) einhüllen ❷ (*fig*) bedecken, verhüllen, verbergen

Shrove·tide ['ʃrəʊvtaɪd] *s* Fastnachtstage *mpl;* **Shrove Tuesday** *s* Fastnacht(sdienstag *m*) *f*

shrub [ʃrʌb] *s* (BOT) Strauch, Busch *m;* Staude *f;* **shrub·bery** ['ʃrʌbərɪ] *s* Gebüsch, Busch-, Strauchwerk *nt*

shrug [ʃrʌg] **I.** *s* Achselzucken *nt;* **give a ~** mit den Achseln zucken **II.** *vt* zucken mit; **~ o.s. out of one's coat** den Mantel abschütteln; **shrug off** *vt* ❶ mit einem Achselzucken abtun ❷ (*Mantel*) abschütteln

shrunk [ʃrʌŋk] *s.* **shrink**; **shrunken**

['ʃrʌŋkən] *adj* eingeschrumpft; (*fig*) zusammengeschrumpft; ~ **head** Schrumpfkopf *m*

shuck [ʃʌk] **I.** *s* (*Am*) Schale, Hülse, Schote *f* **II.** *vt* 1 schälen, enthülsen, entkernen 2 abstreifen 3 (*Auster*) öffnen 4 (*Gewohnheit*) ablegen; ~ **one's clothes** (*hum*) sich entblättern; **shucks** [ʃʌks] *interj* (*Am*) Mist!; ~ **to you!** (b)ätsch!

shud·der ['ʃʌdə(r)] **I.** *vi* 1 (er)schaudern (*at* bei) 2 schlottern, zittern (*with cold, fear* vor Kälte, Angst); **I** ~ mich schaudert (*at the thought* bei dem Gedanken) **II.** *s* Schauder *m*

shuffle ['ʃʌfl] **I.** *s* 1 Schlurfen *nt* 2 (*Tanz*) Shuffle *m* 3 (*Karten*) Mischen *nt* 4 (*fig*) Umstellung *f;* Umbesetzung *f;* Umbildung *f* **II.** *vt* 1 (*Füße*) schlurfen mit; scharren mit 2 (*Karten*) mischen 3 (*fig: Kabinett*) umbilden; (*Stellen*) umbesetzen **III.** *vi* 1 schlurfen 2 (*Karten*) mischen; ~ **out of s.th.** sich vor etw drücken; **shuffle off** *vt* (*Kleidung*) abstreifen; (*Ängste*) ablegen; (*Verantwortung*) abwälzen (*onto* auf)

shun [ʃʌn] *vt* meiden; scheuen

shunt [ʃʌnt] **I.** *vt* 1 schieben; abschieben 2 (RAIL) rangieren, auf ein Nebengleis schieben **II.** *vi* rangiert werden; rangieren **III.** *s* Stoß *m;* **have a** ~ (*sl*) einen Autounfall haben; **shunter** ['ʃʌntə(r)] *s* Rangierer *m;* **shunt·ing** ['-ɪŋ] *s* Rangieren *nt;* **shunting engine** *s* Rangierlok(omotive) *f;* **shunting station, shunting yard** *s* Verschiebebahnhof *m;* **shunt-wound** ['ʃʌnt,waʊnd] *adj* (ELEK) parallel geschaltet

shush [ʃʊʃ] **I.** *interj* sch! pst! **II.** *vt:* ~ **s.o. up** jdn zum Schweigen bringen **III.** *vi* still sein

shut [ʃʌt] <*irr:* shut, shut> **I.** *vt* 1 schließen, zumachen 2 ver-, zuriegeln; versperren; ~ **the door in s.o.'s face** jdm die Türe vor der Nase zuschlagen; ~ **the door on s.o.** (*fig*) jdn abweisen; ~ **one's ears to the truth** die Ohren vor der Wahrheit verschließen; ~ **one's eyes** die Augen zumachen; ~ **one's mouth** den Mund halten **II.** *vi* (*Fenster, Tür*) zugehen; (*Geschäft, Fabrik*) schließen; geschlossen werden; **when do the shops** ~**?** wann schließen die Geschäfte? **III.** *adj* geschlossen, zu; **we are** ~ wir haben geschlossen; **his mind is** ~ **to anything unfamiliar** er verschließt sich allem Fremden

? Grammatik

shut kann man nicht vor einem Substantiv verwenden: *the door is shut* – aber *behind closed doors.*

shut away *vt* wegschließen, einschließen; ~ **o.s. away** sich einschließen; ~ **s.o. away** jdn einsperren; jdn isolieren; **shut down I.** *vt* 1 herunterlassen 2 (*Fabrik*) (vorübergehend) schließen, stilllegen, den Betrieb einstellen 3 (*Kraftwerk, Computer*) abschalten **II.** *vi* 1 (*Fabrik*) schließen 2 (RADIO TV) das Programm beenden; **shut in** *vt* 1 einschließen, -sperren 2 ans Zimmer fesseln 3 umgeben; einschließen; ~ **one's finger in the door** sich den Finger in der Tür klemmen; **shut off I.** *vt* 1 ausschließen (*from* von) 2 absperren, -schließen 3 (TECH) ausschalten, zu-, abdrehen; (*Motor*) abstellen **II.** *vi* abschalten; ~ **o.s. off** sich absondern; **shut out** *vt* 1 ausschließen, -sperren 2 (*fig*) ausschalten 3 (SPORT) schlagen; nicht zum Zuge kommen lassen; **shut to** *vt* zumachen; anlehnen; **shut up I.** *vt* 1 verschließen, zuschließen 2 einsperren 3 zum Schweigen bringen **II.** *vi* den Mund halten; ~ **up shop** (*fam*) den Laden dicht machen; **that'll** ~ **her up** da wird sie nichts mehr sagen; ~ **up!** halt die Klappe!

shut·down ['ʃʌtdaʊn] *s* Stilllegung (des Betriebes), Betriebseinstellung *f;* (RADIO TV) Sendeschluss *m;* (*Kraftwerk*) Abschaltung *f;* **shut-eye** *s* (*fam*) Schläfchen *nt;* **shut-in** ['ʃʌtɪn] *s* (*Am*) ans Haus gefesselte(r) Kranke(r); **shut-off** ['ʃʌtɒf] *s* Abstellen *nt;* **shut-off cock** ['ʃʌtɒf,kɒk] *s* Absperrhahn *m;* **shut-off switch** *s* Hauptschalter *m;* **shut·out** ['ʃʌt,aʊt] *s* (SPORT) Sieg, bei dem die Gegner punktlos, torlos bleiben

shut·ter ['ʃʌtə(r)] **I.** *s* 1 Fensterladen *m* 2 (PHOT) Verschluss *m;* **put up the** ~**s** die Fensterläden zumachen; (*fig*) den Laden zumachen **II.** *vt* mit Fensterläden verschließen

shut·tle ['ʃʌtl] **I.** *s* 1 Weberschiffchen *nt* 2 (~ *traffic*) Pendelverkehr *m;* Pendelflugzeug *nt;* Pendelzug *m* 3 (*space* ~) Raumtransporter *m* **II.** *vi* pendeln; hin- und hertransportiert werden; herumgereicht werden; **shut·tle bus** *s* Autobus im Pendelverkehr, Zubringer(bus) *m;* **shut·tle·cock** ['ʃʌtlkɒk] *s* Federball *m;* **shut·tle flight** *s* (AVIAT) Pendelflug *m;* **shut·tle service** *s* Pendelverkehr *m;* **shut·tle train** *s* Pendelzug *m*

shy[1] [ʃaɪ] **I.** *adj* schüchtern; scheu; **be** ~ **of** [*o* **with**] **s.o.** jdm gegenüber gehemmt sein; **be** ~ **of doing s.th.** Hemmungen haben etw zu tun; **make s.o.** ~ jdn verschüchtern; **don't be** ~**!** nur keine Hemmungen!; **be 5 people** ~ (*Am fam*) 5 Leute zuwenig haben **II.** *vi* (*Pferd*)

S

scheuen (*at* vor); **shy away** *vi* (*Pferd*) zurückscheuen; (*Mensch*) zurückweichen; ~ **away from s.th.** vor etw zurückschrecken

shy² [ʃaɪ] **I.** *s* Wurf *m;* **have a ~ at s.th.** nach etw werfen; (*fig*) sich an etw versuchen **II.** *vt* werfen

shy·ness [ˈʃaɪnɪs] *s* Scheu, Schüchternheit *f*

Sia·mese [ˌsaɪəˈmiːz] **I.** *adj* siamesisch; ~ **cat** Siamkatze *f;* ~ **twins** siamesische Zwillinge *pl* **II.** *s* ❶ Siamese *m,* Siamesin *f* ❷ (das) Siamesisch(e) ❸ (*Katze*) siamesische Katze, Siamkatze *f*

sib·ling [ˈsɪblɪŋ] *s* Bruder *m*/Schwester *f;* ~**s** Geschwister *pl*

sick [sɪk] **I.** *adj* ❶ krank (*of* an, *with* vor) ❷ (~ *and tired,* ~ *to death*) überdrüssig (*of* +*gen*) ❸ (*fam*) geschmacklos; (*Witz*) makaber; (*Mensch*) abartig; **be** ~ sich erbrechen; krank sein; **be ~ of s.th.** etw satt haben; **fall** [*o* **be taken**] ~ krank werden; **get ~ and tired of s.th.** etw gründlich satt, überhaben; **it makes me** ~ (*fig*) das macht mich ganz krank; **I am** [*o* **feel**] ~ mir ist übel; **I'm worried ~ about it** ich bin darüber höchst beunruhigt; **I'm getting ~ and tired of it** es hängt mir zum Hals heraus **II.** *s* (das) Erbrochene; **the** ~ die Kranken *mpl;* **sick bag** *s* Spucktüte *f;* **sick bay** *s* Krankenrevier *nt;* **sick·bed** [ˈsɪkbed] *s* Krankenbett *nt;* **sick building syndrome** *s* (MED) Sick-Building-Syndrom *nt;* **sicken** [ˈsɪkən] **I.** *vi* ❶ krank werden, erkranken (*for* an) ❷ sich ekeln (*at* vor); ~ **of s.th.** einer S überdrüssig werden **II.** *vt* ❶ anwidern, -ekeln ❷ erschüttern; **it ~s me to see that waste** es macht mich krank, wenn ich diese Verschwendung sehe; **sicken·ing** [ˈsɪkənɪŋ] *adj* ❶ Ekel erregend ❷ (*fig*) entsetzlich; widerlich, ekelhaft; **sick headache** *s* Kopfschmerzen *mpl* (*mit Übelkeit*)

sickle [ˈsɪkl] *s* Sichel *f;* ~ **cell anaemia** (MED) Sichelzellenanämie *f*

sick leave [ˈsɪkliːv] *s* Krankheitsurlaub *m;* **be on** ~ krank geschrieben sein; **sick list** *s* Krankenliste *f;* Verletztenliste *f;* **put on the** ~ krank schreiben; **sick·ly** [ˈsɪklɪ] *adj* ❶ kränklich, leidend, schwächlich ❷ (*Gesichtsfarbe, Klima*) ungesund ❸ (*fig*) widerlich; **sick·ness** [ˈsɪknɪs] *s* ❶ Krankheit *f* ❷ Übelkeit *f;* Erbrechen *nt* ❸ (*fig*) Geschmacklosigkeit *f;* **sickness benefit** *s* Krankengeld *nt;* **sick·pay** *s* Lohn *m* im Krankheitsfall; **sick-room** *s* Krankenzimmer *nt*

sicky [ˈsɪkɪ] *s* (*Aus: fam*): **throw a** ~ blaumachen

side [saɪd] **I.** *s* ❶ Seite *f;* (Berg)Hang *m;* Wand *f* ❷ Rand *m* ❸ (*fig*) Seite *f,* Standpunkt *m,* Stellungnahme, Meinung *f* ❹ Seite, Partei *f;* (SPORT) Mannschaft *f* ❺ (väterliche, mütterliche) Seite *f* (*der Vorfahren*); (*der Familie*) Zweig *m;* **at** [*o* **by**] **my** ~ an meiner Seite; ~ **by** ~ Seite an Seite; **from/on all ~s** von/auf allen Seiten; **on the** ~ (*fam*) nebenbei, nebenher; **on every** ~ auf, von allen Seiten; **on his** ~ seinerseits; **on the right/wrong ~ of 50** unter/über 50 Jahre alt; **have a bit on the** ~ (*fam*) einen Seitensprung machen; **to be on the safe** ~ um sicher zu gehen; **earn on the** ~ nebenbei verdienen; **put on** [*o* **to**] **one** ~ vorübergehend zurückstellen; **split one's ~s with laughter** vor Lachen (beinahe) platzen; **take ~s** parteiisch sein, Stellung nehmen, Partei ergreifen (*with* für), sich anschließen (*with s.o.* jdm); **this ~ up!** Vorsicht, nicht stürzen!; **I've got a pain in my** ~ ich habe Seitenstechen; **whose ~ are you on?** auf welcher Seite stehen Sie?; **at the ~ of the road** am Straßenrand; **on the ~ of one's plate** am Tellerrand; **this ~ of London** in diesem Teil Londons; **get on the wrong ~ of s.o.** es sich mit jdm verderben; **look on the bright** ~ die positive Seite sehen; **it's on the big** ~ es ist ziemlich groß **II.** *adj* Seiten-; Neben- **III.** *vi* Partei ergreifen (*with* für)

side·board [ˈsaɪdbɔːd] *s* Büfett *nt,* Anrichte *f;* **side·boards, side·burns** [ˈsaɪdbɔːdz, ˈsaɪdbɜːnz] *s pl* Koteletten *pl,* Backenbart *m;* **side·car** *s* (AUTO) Beiwagen *m;* **side dish** *s* Beilage *f;* **side effect** *s* Nebenwirkung *f;* **Side Impact Protection System, SIPS** *s* Seitenaufprallschutzsystem *nt;* **side issue** *s* Randproblem *nt;* **side·light** [ˈsaɪdlaɪt] *s* (AUTO) Parkleuchte *f;* Standlicht *nt;* **throw a ~ on** (*fig*) ein Streiflicht werfen auf; **side·line** *s* ❶ Nebenerwerb *m,* Nebenbeschäftigung *f* ❷ (RAIL) Nebenlinie *f* ❸ ~**s** (SPORT) Seitenlinien *fpl,* Spielfeldrand *m;* **keep to the ~s** (*fig*) sich im Hintergrund halten; **be on the ~s** (*fig*) ein Außenseiter sein; **side·long** [ˈsaɪdlɒŋ] *adj, adv* seitlich; seitwärts; auf der Seite; **give s.o. a ~ glance** jdn aus den Augenwinkeln heraus ansehen; **side protection barriers** *s* Seitenaufprallschutz *m;* **side·road** *s* Nebenstraße *f;* **side-saddle** *s* Damensattel *m;* **ride** ~ im Damensitz reiten; **side salad** *s* Salat *m* (als Beilage); **side·show** *s* Nebenvorstellung *f;* Sonderausstellung *f;* **side·slip** **I.** *vi* ❶ (AUTO) schleudern ❷ (*Ski*) seitlich abrutschen **II.** *s*

❶ (AUTO) Schleudern *nt* ❷ (AVIAT) Seitenrutsch *m;* **side·step** ['saɪdstep] **I.** *s* Schritt *m* zur Seite; (*Tanzen*) Seitenschritt *m;* (SPORT) Ausfallschritt *m;* (*fig*) Ausweichmanöver *nt* **II.** *vt* seitwärts ausweichen (*s.th.* einer S); (*fig*) ausweichen (*s.o., s.th.* jdm, einer S) **III.** *vi* ausweichen; **side street** *s* Nebenstraße *f;* **side table** *s* Beistelltisch *m;* **side·track** *vt* (*fig*) ablenken; **side view** *s* Seitenansicht *f;* **side·walk** ['saɪdwɔ:k] *s* (*Am*) Gehweg *m;* **side·ward(s)** ['saɪdwəd(z)] **I.** *adj* seitlich **II.** *adv* seitwärts; **side·ways** ['saɪdweɪz] **I.** *adj* seitlich **II.** *adv* seitwärts; **side whiskers** *s pl* (*Br*) Koteletten *pl,* Backenbart *m;* **side wind** *s* Seitenwind *m;* **side·winder** ['saɪdˌwaɪndə(r)] *s* ❶ (*Am sl*) Schlag, Haken *m* ❷ Klapperschlange *f*

sid·ing ['saɪdɪŋ] *s* (RAIL) Nebengleis *nt;* Abstellgleis *nt*

sidle ['saɪdl] *vi* sich seitlich fortbewegen; ~ **away from s.o.** sich von jdm wegschleichen; ~ **up to s.o.** sich an jdn heranmachen

SIDS *s Abk. von* **sudden infant death syndrome** plötzlicher Kindstod

siege [si:dʒ] *s* Belagerung *f;* **lay ~ to** belagern

Si·er·ra Le·one [sɪ'erəlɪ'əʊn] *s* Sierra Leone *f;* **Si·er·ra Le·on·ean** [sɪ'erəlɪ'əʊnɪən] **I.** *adj* sierraleonisch **II.** *s* Sierraleoner(in) *m(f)*

sieve [sɪv] **I.** *s* Sieb *nt;* **have a memory like a ~** ein Gedächtnis haben wie ein Sieb **II.** *vt, vi* sieben

sift [sɪft] **I.** *vt* ❶ (durch)sieben ❷ (*fig*) sichten, prüfen **II.** *vi* sieben; ~ **out** aussieben, -sortieren (*from* aus); (*fig*) heraussuchen; absondern; aussieben; ~ **through s.th.** etw durchgehen; **sifter** ['sɪftə(r)] *s* Streudose *f*

sigh [saɪ] **I.** *vi* ❶ seufzen (*with* vor) ❷ ächzen ❸ sich sehnen (*for* nach) **II.** *s* Seufzer *m;* **heave a ~ of relief** einen Seufzer der Erleichterung ausstoßen

sight [saɪt] **I.** *s* ❶ (An)Sicht *f,* (An)Blick *m* ❷ Schau(spiel *nt*) *f* ❸ Sehvermögen *nt,* Gesicht(ssinn *m*) *nt* ❹ (*fig*) Augen *ntpl,* Blickfeld *nt* ❺ (*Gewehr, Fernrohr*) Visier(einrichtung *f*) *nt* ❻ (*fam*) seltsamer Anblick ❼ **~s** Sehenswürdigkeiten *fpl;* **at** [*o* **on**] **~** sofort, ohne weiteres; auf den ersten Blick; (MUS) vom Blatt; (COM) bei Sicht; **at the ~ of** beim Anblick *+gen;* **at first ~** auf den ersten Blick; **by ~** vom Ansehen; **not by a long ~** (*fam*) nicht im Entferntesten, nicht im Geringsten; **within ~** in Sicht; **in the ~ of** (*fig*) im Lichte *+gen;* **in his ~** in seinen Augen; **in the ~ of God** vor Gott; **out of ~** außer Sicht; weit weg; (*fam*) unerschwinglich; (*sl*) wunderbar, fantastisch; **it was my first ~ of the mountains** das war das Erste, was ich von den Bergen gesehen habe; das war das erste Mal, dass ich die Berge gesehen habe; **~ unseen** (COM) unbesehen; **be a ~** (*fam*) fürchterlich, verheerend aussehen; **be unable to bear the ~ of s.o.** jdn nicht ausstehen können; **catch** [*o* **get**] (**a**) **~ of s.th.** etw zu Gesicht bekommen; **know by ~** vom Sehen (her) kennen; **lose ~ of s.th.** etw aus den Augen verlieren; **lower one's ~s** seine Ansprüche zurückschrauben; **see the ~s of a town** eine Stadt besichtigen; **set one's ~s too high** zu hohe Anforderungen stellen; **take ~ of s.th.** etw anvisieren; **the end is not yet in ~** das Ende ist noch nicht abzusehen; **what a ~ you are!** wie siehst denn du aus!; **you're a ~ for sore eyes!** es ist ein Vergnügen dich zu sehen!; **long/near ~** Weit-/Kurzsichtigkeit *f;* **he has very good ~** er sieht sehr gut; **second ~** das Zweite Gesicht; **a ~ better** (*fam*) einiges besser; **out of ~, out of mind** (*prov*) aus den Augen, aus dem Sinn **II.** *vt* ❶ sichten ❷ (*Gewehr*) mit einem Visier versehen; (das Visier) richten ❸ (COM: *Wechsel*) vorlegen; **sight bill** *s* (FIN) Sichtwechsel *m;* **sighted** ['saɪtɪd] *adj:* **clear-** [*o* **far-**]**~** weitblickend; **sight·less** ['saɪtlɪs] *adj* blind; **sightly** ['saɪtlɪ] *adj* ansehnlich, stattlich; **sight-read** *irr vt* vom Blatt spielen; **sight·see·ing** ['saɪtˌsi:ɪŋ] *s* Besuch *m* von Sehenswürdigkeiten, Sightseeing *nt;* **he goes ~** er besichtigt Sehenswürdigkeiten; **sightseeing tour** *s* Stadtrundfahrt *f;* **sight·seer** ['saɪtsi:ə(r)] *s* Tourist(in) *m(f)*

sign [saɪn] **I.** *s* ❶ Zeichen *nt* ❷ (An-, Vor)Zeichen, Symptom *nt* ❸ (Tür-, Aushänge-, Verkehrs)Schild *nt* ❹ (MATH MUS) Vorzeichen *nt* ❺ (ASTR) Sternzeichen *nt;* **at the ~ of the Red Lion** im Roten Löwen; **road ~** Wegweiser *m;* **traffic ~** Verkehrszeichen *nt;* **the ~ of the cross** das Kreuzeszeichen; **a ~ of life** ein Lebenszeichen *nt;* **~ of the zodiac** (ASTR) Tierkreiszeichen *nt;* **as a ~ of** zum Zeichen *+gen;* **show ~s of going** Anstalten machen zu gehen; **there was no ~ of it** es war keine Spur davon zu entdecken **II.** *vt* unterzeichnen, -schreiben; signieren; **~ one's name** unterschreiben; **~ the guest book** sich ins Gästebuch eintragen; **~ the register** sich eintragen **III.** *vi* ❶ ein Zeichen geben, winken ❷ unterschreiben ❸ Zeichensprache

S

benutzen; **sign away** *vt* aufgeben; (schriftlich) abtreten; **sign for** *vi* den Empfang durch Unterschrift bestätigen; **sign in** **I.** *vi* sich einschreiben, sich eintragen **II.** *vt* eintragen; **sign off** *vi* ❶ (RADIO TV) das Programm beenden ❷ (*Brief*) Schluss machen ❸ (INFORM) sich abmelden; **sign on** **I.** *vi* ❶ sich verpflichten; sich melden; (*Arbeitnehmer*) den Arbeitsvertrag unterschreiben; (*Erwerbsloser*) sich arbeitslos melden; (*zu Kurs*) sich einschreiben ❷ (RADIO) sich melden ❸ (INFORM) sich anmelden ❹ (*bei Amt*) sich melden; beantragen (*for s.th.* etw) **II.** *vt* verpflichten; einstellen; anheuern; **sign out** **I.** *vi* ❶ sich abmelden ❷ sich austragen **II.** *vt* austragen; **sign over** *vt* überschreiben; **sign up** **I.** *vt* anstellen (*s.o.* jdn), verpflichten, anwerben; unter Vertrag nehmen **II.** *vi* ❶ sich verpflichten; sich melden; sich einschreiben ❷ sich zur Abnahme verpflichten (*for s.th.* von etw), bestellen (*for s.th.* etw)

sig·nal ['sɪgnəl] **I.** *s* ❶ Zeichen *nt* ❷ Wink *m* ❸ (AUTO TELE RADIO RAIL) Signal *nt* (*for* zu) ❹ Nachricht *f;* **give** [*o* **make**] **a** ~ ein Zeichen geben; **engaged** [*o* **busy**] ~ (*Am*) Besetztzeichen *nt* **II.** *vt* ❶ (ein) Zeichen geben, winken (*s.o.* jdm) ❷ signalisieren; ankündigen; anzeigen ❸ (*fig*) ein Zeichen sein für **III.** *vi* (ein) Zeichen, ein Signal geben **IV.** *adj* beachtlich; bemerkenswert; **signal-box** *s* (RAIL) Stellwerk *nt;* **sig·nal·ize, sig·nal·ise** ['sɪgnəlaɪz] *vt* kennzeichnen; **signal lamp** *s* Warn-, Blinklampe *f;* **sig·nal·ler** ['sɪgnələ(r)] *s* (MIL) Fernmelder, Funker *m;* **sig·nal·ly** ['sɪgnəlɪ] *adj* eindeutig; **sig·nal·man** ['sɪgnəlmən] <*pl* -men> *s* ❶ (RAIL) Bahnwärter *m* ❷ (MAR) Signalgast *m* ❸ (MIL) Funker, Fernmelder *m;* **sig·nal·ment** [-mənt] *s* (*Am*) Steckbrief *m*

sig·na·tory ['sɪgnətrɪ, *Am* 'sɪgnətɔːrɪ] **I.** *s* Unterzeichner *m* **II.** *adj* Signatar-; ~ **powers** [*o* **states**] *pl* Signatarmächte *fpl,* -staaten *mpl*

sig·na·ture ['sɪgnətʃə(r)] *s* ❶ Unterschrift *f* ❷ Unterzeichnung *f* ❸ (MUS) Vorzeichen *nt* ❹ (RADIO: ~ *tune*) Erkennungsmelodie *f* ❺ (TYP) Signatur *f* ❻ (INTERNET) elektronische Unterschrift; **put one's** ~ **to s.th.** seine Unterschrift unter etw setzen

sign·board ['saɪnbɔːd] *s* Schild *nt,* Tafel *f*

sig·net ring ['sɪgnɪtˌrɪŋ] *s* Siegelring *m*

sig·nifi·cance [sɪg'nɪfɪkəns] *s* Bedeutung *f;* Wichtigkeit *f;* Tragweite *f;* **sig·nifi·cant** [sɪg'nɪfɪkənt] *adj* ❶ bezeichnend (*of* für) ❷ bedeutungsvoll, bedeutsam, wichtig (*for* für) ❸ (*Blick*) vielsagend; **sig·nifi·ca·tion** [ˌsɪgnɪfɪ'keɪʃn] *s* ❶ Sinn *m,* Bedeutung *f* ❷ Bezeichnung *f;* Andeutung *f;* **sig·nify** ['sɪgnɪfaɪ] **I.** *vt* ❶ andeuten, anzeigen ❷ bedeuten **II.** *vi* wichtig sein; **it doesn't** ~ (**anything**) es hat nichts zu bedeuten

sign lan·guage ['saɪnˌlæŋgwɪdʒ] *s* Zeichensprache *f;* **sign painter** *s* Plakatmaler(in) *m(f);* **sign·post** **I.** *s* Wegweiser *m* **II.** *vt* beschildern; ausschildern

si·lage ['saɪlɪdʒ] *s* Silofutter *nt*

si·lence ['saɪləns] **I.** *s* ❶ Schweigen *nt* ❷ Stille, Ruhe *f* ❸ (Ver)Schweigen (*on s.th.* einer S), Stillschweigen *nt;* **in** ~ schweigend; **keep** ~ Stillschweigen bewahren (*on* über); **pass over in** ~ mit Stillschweigen übergehen; **reduce to** ~ zum Schweigen bringen **II.** *vt* zum Schweigen bringen; **si·lencer** ['saɪlənsə(r)] *s* ❶ (*Auto, Gewehr*) Schalldämpfer *m* ❷ (AUTO) Auspufftopf *m;* **si·lent** ['saɪlənt] *adj* ❶ schweigend ❷ (*a.* GRAM) stumm ❸ schweigsam ❹ still, ruhig, geräuschlos; **be** ~ schweigen (*on* über); **become** ~ still werden; verstummen; **keep** ~ Stillschweigen bewahren, nichts sagen; ~ **movie** Stummfilm *m;* ~ **partner** (*Am*) stiller Gesellschafter; **the** ~ **majority** die schweigende Mehrheit; **be** ~**!** sei still; **si·lent·ly** [-lɪ] *adv* lautlos; leise; schweigend

sil·hou·ette [ˌsɪluː'et] **I.** *s* ❶ Silhouette *f* ❷ Umriss *m* ❸ Scherenschnitt, Schattenriss *m* **II.** *vt:* **be** ~**d** sich abheben (*against, on, upon* gegen, von)

sil·ica ['sɪlɪkə] *s* (CHEM) Kieselerde *f;* Siliziumdioxyd *nt;* **sili·cate** ['sɪlɪkeɪt] *s* (CHEM) Silikat *nt;* **sili·con** ['sɪlɪkən] *s* (CHEM) Silizium *nt;* **silicon chip** *s* Siliziumscheibe *f;* **sili·cone** ['sɪlɪkəʊn] *s* Silikon *nt;* **sili·co·sis** [ˌsɪlɪ'kəʊsɪs] *s* (MED) Staublunge, Silikose *f*

silk [sɪlk] *s* ❶ Seide(nstoff *m*) *f;* Seidengewand *nt* ❷ (*Br*) Kronanwalt *m,* -anwältin *f* ❸ ~**s** (*Pferderennen*) (Renn)Farben *fpl;* **artificial** ~ Kunstseide *f;* **silk dress** *s* Seidenkleid *nt;* **silken** ['sɪlkən] *adj* ❶ (*lit*) seiden ❷ (*fig*) seidig; **silk hat** *s* Zylinder *m;* **silk moth** *s* Seidenspinner *m;* **silk·worm** ['sɪlkwɜːm] *s* Seidenraupe *f;* **silky** ['sɪlkɪ] *adj* ❶ seiden ❷ (*Haar*) seidig; weich; glänzend; (*Stimme*) samtig; (*Benehmen*) glatt

sill [sɪl] *s* ❶ (Tür)Schwelle *f* ❷ Fensterbank *f;* Sims *m od nt* ❸ (AUTO) Türleiste *f* ❹ (GEOL) Lagergang *m*

silly ['sɪlɪ] **I.** *adj* ❶ dumm ❷ töricht, albern; ~ **moo** (*pej: Frau*) blöde Ziege; ~ **season** Sauregurkenzeit *f* **II.** *s* (*fam:* ~ *-billy*) Dummerchen *nt*

silo ['saɪləʊ] <*pl* silos> *s* Silo *nt od m;* (*Raketen*) unterirdische Startrampe

silt [sɪlt] **I.** *s* Schwemmsand *m;* Schlick,

Schlamm *m* **II.** *vt, vi* ① (~ *up*) verschlammen ② (sich) verstopfen

sil·ver ['sɪlvə(r)] **I.** *s* ① Silber *nt* ② Silbergeld *nt* ③ (Tafel)Silber, Silbergeschirr *nt* **II.** *adj* ① silbern; silberhaltig; versilbert ② silb(e)rig, silberglänzend; **be born with a ~ spoon in one's mouth** Kind reicher Eltern, ein Glückskind sein **III.** *vt* versilbern; **silver birch** *s* Weißbirke *f;* **silver fir** *s* Weiß-, Edeltanne *f;* **sil·ver·fish** ['sɪlvə,fɪʃ] <*pl* -, -fishes> *s* Silberfischchen *nt;* **silver foil** *s* Alufolie *f;* **silver jubilee** *s* 25-jähriges Jubiläum; **silver lining** *s* (*fig*) Silberstreifen *m* am Horizont, Lichtblick *m;* **silver mine** *s* Silbermine *f;* **silver paper** *s* Silberpapier *nt;* **silver plate** *s* Versilberung *f;* versilberte Sachen *fpl;* **silver-plate** *vt* versilbern; **silver screen** *s* Leinwand *f;* **sil·ver·side** ['sɪlvəsaɪd] *s* (*Rind*) Schwanzstück *nt;* **sil·ver·smith** ['sɪlvəsmɪθ] *s* Silberschmied *m;* **silver standard** *s* Silberstandard *m;* **sil·ver·ware** ['sɪlvəweə(r)] *s* Silber(geschirr) *nt;* **silver wedding** *s* silberne Hochzeit; **sil·very** ['sɪlvərɪ] *adj* ① silb(e)rig, silberglänzend ② (*Ton*) silberhell

sim·ian ['sɪmɪən] **I.** *adj* affenartig **II.** *s* (Menschen)Affe *m*

simi·lar ['sɪmɪlə(r)] *adj* (*a.* MATH) ähnlich; **in a ~ way** ähnlich; genauso; **simi·lar·ity** [,sɪmə'lærətɪ] *s* Ähnlichkeit, Gleichartigkeit *f* (*to* mit); **sim·ile** ['sɪmɪlɪ] *s* Gleichnis *nt;* **sim·ili·tude** [sɪ'mɪlɪtju:d] *s* Ähnlichkeit *f*

sim·mer ['sɪmə(r)] **I.** *vi* simmern, sieden; (*fig: vor Zorn*) kochen (*with* vor); (*vor Aufregung*) fiebern **II.** *vt* sieden lassen **III.** *s:* **be on the ~** sieden, simmern; (*vor Wut*) kochen; (*vor Aufregung*) fiebern; **keep on the ~** sieden lassen; (*fig*) nicht zur Ruhe kommen lassen; **simmer down** *vi* sich beruhigen

sim·per ['sɪmpə(r)] **I.** *vi* einfältig, selbstgefällig lächeln **II.** *vt* säuseln **III.** *s* einfältiges, selbstgefälliges Lächeln; affektiertes Getue; **sim·per·ing** [-ɪŋ] *adj* albern, geziert, affektiert

sim·ple ['sɪmpl] *adj* ① einfach ② unkompliziert, leicht ③ einfach, schlicht ④ ungekünstelt, natürlich ⑤ (*Wahrheit*) rein, nackt ⑥ bescheiden, gewöhnlich, unbedeutend ⑦ einfältig, dumm; **pure and ~** ganz einfach; **~ equation** Gleichung *f* ersten Grades; **the ~ fact** die bloße Tatsache; **~ fraction** gemeiner Bruch; **sim·ple-hearted** [,sɪmpl'hɑ:tɪd] *adj* offen(herzig), aufrichtig, grundehrlich; **sim·ple-min·ded** [,sɪmpl'maɪndɪd] *adj* einfältig; simpel; **sim·ple·ton** ['sɪmpltən] *s* Einfaltspinsel *m;* **sim·plic·ity** [sɪm'plɪsətɪ] *s* ① Einfachheit *f* ② Unkompliziertheit *f* ③ Schlichtheit, Anspruchslosigkeit, Natürlichkeit *f* ④ Einfalt *f;* **for the sake of ~** der Einfachheit halber; **sim·pli·fi·ca·tion** [,sɪmplɪfɪ'keɪʃn] *s* Vereinfachung *f;* **sim·plify** ['sɪmplɪfaɪ] *vt* vereinfachen; erleichtern; **sim·plis·tic** [sɪm'plɪstɪk] *adj* simpel, simplistisch; **sim·ply** ['sɪmplɪ] *adv* ① (ganz) einfach ② bloß, nur, rundweg, glattweg ③ geradezu ④ (*fam*) völlig

simu·late ['sɪmjʊleɪt] *vt* ① vorgeben, -täuschen, -spiegeln; (*Krankheit*) simulieren ② (*Bedingungen*) simulieren; **simu·la·tion** [,sɪmjʊ'leɪʃn] *s* ① Verstellung, Heuchelei *f;* Vorspiegelung *f* ② Simulation *f;* **simu·la·tor** ['sɪmjʊleɪtə(r)] *s* Simulator *m*

sim·ul·ta·ne·ity, sim·ul·ta·neous·ness [,sɪmltə'ni:ətɪ, ,sɪml'teɪnɪəsnɪs, *Am* ,saɪm-] *s* Gleichzeitigkeit *f;* **sim·ul·ta·neous** [,sɪml'teɪnɪəs, *Am* ,saɪm-] *adj* gleichzeitig (*with* mit); (*Gleichung, Dolmetschen*) Simultan-

sin [sɪn] **I.** *s* ① (REL) Sünde *f* ② (*fig*) Vergehen *nt* (*against* gegen), Versündigung *f;* **deadly** [*o* **mortal**] **~** Todsünde *f;* **original ~** Erbsünde *f;* **live in ~** in wilder Ehe leben; **it's a ~** es ist jammerschade; **isn't it a ~?** ist es nicht eine Schande?; **for my ~s** (*hum*) das geschieht mir recht **II.** *vi* ① sündigen, verstoßen (*against* gegen) ② sich versündigen (*against* an)

Si·nai ['saɪn(ɪ)aɪ] *s* Sinai *m;* **Mount ~** der Berg Sinai

since [sɪns] **I.** *adv* ① seitdem, seither ② vorher, zuvor, vordem; **ever ~** seither; **long ~** (seit) langem; **how long ~?** wie lange schon?; **~ when?** seit wann?; **have you seen him ~?** hast du ihn seither gesehen? **II.** *prep* seit **III.** *conj* ① seitdem ② da

? Grammatik

since = seit, wird bei genauen Zeitangaben gebraucht: *We have lived here since 1999. She has been waiting since two o'clock.*

for = seit, wird für Zeiträume gebraucht: *We have lived here for five years. She has been waiting for two hours.* Aber: *She waited for two hours before going home.*

sin·cere [sɪn'sɪə(r)] *adj* offen, ehrlich, aufrichtig; **be ~ about s.th.** es mit etw ehrlich meinen; **sin·cere·ly** [-lɪ] *adv* aufrichtig, ehrlich; **Yours ~** mit freundlichen

S

Grüßen; **sin·cer·ity** [sɪn'serətɪ] *s* Aufrichtigkeit *f*

sine [saɪn] *s* (MATH) Sinus *m*

sine die ['si:neɪ 'di:eɪ] *adv* auf unbestimmte Zeit

sine qua non [ˌsɪneɪ kwɑ: 'nəʊn] *s* unerlässliche Bedingung, Voraussetzung *f*

sinew ['sɪnju:] *s* ❶ Sehne *f* ❷ **~s** (*fig*) Kräfte *fpl;* **sin·ewy** ['sɪnju:ɪ] *adj* ❶ sehnig ❷ (*Baum*) knorrig ❸ (*fig*) kraftvoll

sin·ful ['sɪnfl] *adj* sündig; sündhaft

sing [sɪŋ] <*irr:* sang, sung> **I.** *s* Singen *nt;* **have a ~** singen **II.** *vi* singen; (*Ohren*) klingen, dröhnen; (*Wasser, Kessel*) summen **III.** *vt* singen; **~ s.o. to sleep** jdn in den Schlaf singen; **~ s.o.'s praises** ein Loblied auf jdn singen; **sing along** *vi* mitsingen; **sing away I.** *vi* dauernd singen; vor sich hin singen; (*Wasser, Kessel*) summen **II.** *vt* (*Sorgen*) fortsingen; **sing of** *vi* besingen; **sing out I.** *vi* ❶ laut(er) singen; erklingen; summen ❷ (*fam*) schreien **II.** *vt* singen; ausrufen; **sing up** *vi* lauter singen

Singa·pore [sɪŋə'pɔ:(r)] *s* Singapur *nt*

i Land & Leute

Der Name **Singapore** wird von *Singapura* abgeleitet, dem alten Sanskritnamen für die Insel. Er wurde ihr von einem sumatrischen Prinzen gegeben, als er bei seiner Landung auf der Insel im Jahre 1299 einen Löwen sah. Der Name bedeutet **Lion** (*singa*) **City** (*pura*), Löwenstadt. Deshalb wurde der Löwe das Nationalsymbol von Singapur.

singe [sɪndʒ] *vt* ansengen; (ver)sengen

singer ['sɪŋə(r)] *s* Sänger(in) *m(f);* **singer-songwriter** *s* Liedermacher(in) *m(f);* **sing·ing** ['sɪŋɪŋ] *s* ❶ Singen *nt,* Gesang *m* ❷ (*Ohren*) Dröhnen *nt* ❸ (*Wasser, Kessel*) Summen *nt;* **singing bird** *s* Singvogel *m;* **singing book** *s* Liederbuch *nt;* **singing club, singing society** *s* Gesangsverein *m;* **singing lesson** *s* Sing-, Gesangstunde *f;* **singing teacher** *s* Gesangslehrer(in) *m(f);* **singing voice** *s* Singstimme *f*

sin·gle ['sɪŋgl] **I.** *adj* ❶ einzig, alleinig ❷ allein, für sich, einsam ❸ einzeln; unverheiratet, allein stehend ❹ einfach; **in ~ file** im Gänsemarsch; **not a ~ one** kein Einziger; **every ~ one** jeder (Einzelne); **~ bed** Einzelbett *nt;* **~ bedroom** Einzelzimmer *nt;* **~ currency** (EU) Einheitswährung *f,* einheitliche Währung; **~ mother** allein erziehende Mutter; **~ parent** Alleinerziehende(r) *f m;* **~ people** Ledige, Unverheiratete, Singles *pl;* **Single European Market** (europäische) Binnenmarkt *m;* **Single Programming Decisions, SPD** Einheitliche Programmplanungsdokumente, EPPD **II.** *s* ❶ (*~ ticket*) einfache Fahrkarte ❷ Einzelzimmer *nt* ❸ (SPORT) Einzelspiel *nt* ❹ (*fam*) eine Dollar-, Pfundnote *f* ❺ (*Schallplatte*) Single *f* ❻ (*Mensch*) Single *m;* **ladies'/men's ~(s)** (*Tennis*) Damen-/Herreneinzel *nt;* **~s club** Klub *m* der Singles; **single out** *vt* aussondern, -lesen, -wählen, herausgreifen (*from* aus), herausheben, hervorheben; den Vorzug geben (*s.o.* jdm); **single breasted** [ˌsɪŋgl'brestɪd] *adj* (*Jacke, Mantel*) einreihig; **single-decker** [ˌsɪŋl'dekə(r)] *s* einstöckiger Bus; **single entry bookkeeping** *s* einfache Buchführung; **single-figure** *adj* (*Zahl*) einstellig; **single-handed** [ˌsɪŋgl 'hændɪd] *adj* ohne Hilfe; allein, selbstständig; **~ sailor** Einhandsegler(in) *m(f);* **sin·gle·hander** [ˌsɪŋgl'hændə(r)] *s* Einhandsegler(in) *m(f);* **sin·gle·hood** ['sɪŋglˌhʊd] *s* das Leben als Single; **sing·le-lens reflex (camera), SLR** *s* Spiegelreflexkamera *f;* **sin·gle-minded** [ˌsɪŋgl'maɪndɪd] *adj* zielstrebig; beharrlich; **sin·gle·ness** [-nɪs] *s* Alleinsein *nt;* **~ of purpose** Zielstrebigkeit *f;* **sin·gle-par·ent fam·ily** *s* Einelternfamilie *f;* **sin·gle seater** [ˌsɪŋgl'si:tə(r)] *s* Einsitzer *m;* **sin·gle-sex school** *s* reine Jungen-/Mädchenschule; **sin·gle-stage** *adj* (*Rakete*) einstufig

sin·glet ['sɪŋglɪt] *s* ärmelloses Unterhemd; (SPORT) ärmelloses Trikot

sin·gle ticket ['sɪŋglˌtɪkɪt] *s* Einzelfahrschein *m,* einfache Fahrkarte; **sin·gle-track** ['sɪŋgltræk] *adj* eingleisig; **sin·gle traveller** *s* Einzelreisende(r) *f m*

sing·ly ['sɪŋglɪ] *adv* ❶ einzeln ❷ einzig, nur

sing·song ['sɪŋsɒŋ] *s* ❶ Gemeinschaftssingen *nt* ❷ Singsang *m*

sin·gu·lar ['sɪŋgjʊlə(r)] **I.** *adj* ❶ einzig ❷ individuell, persönlich, privat ❸ ungewöhnlich, seltsam, sonderbar ❹ außergewöhnlich, außerordentlich, einzigartig **II.** *s* Singular *m,* Einzahl *f;* **sin·gu·lar·ity** [ˌsɪŋgjʊ'lærətɪ] *s* ❶ Eigenheit *f* ❷ Ungewöhnlichkeit, Seltenheit *f* ❸ Sonderbarkeit *f;* **sin·gu·lar·ly** ['sɪŋgjʊləlɪ] *adv* ❶ bemerkenswert ❷ seltsam, sonderbar

sin·is·ter ['sɪnɪstə(r)] *adj* unheimlich, finster; Unheil verkündend

sink¹ [sɪŋk] *s* Ausguss *m,* Spüle *f*

sink² [sɪŋk] <*irr:* sank, sunk> **I.** *vi* ❶ (ein-, ver)sinken ❷ sinken, (langsam) fallen

❸ (*Schiff*) sinken, untergehen ❹ (*fig*) niedriger, schwächer werden, nachlassen, zurückgehen (*a. Preise*) ❺ (*in einen Lehnstuhl*) sich fallen lassen (*into* in) ❻ (*in Schlaf, Verzweiflung*) fallen ❼ (*Sonne*) untergehen ❽ (*sittlich, sozial, an Wert*) sinken, abfallen ❾ (*Gebäude*) sich senken; (*Boden*) nachgeben; (*Abhang*) abfallen; **be left to ~ or swim** ganz auf sich selbst gestellt sein; **~ to one's knees** auf die Knie sinken; **~ to the ground** zu Boden sinken; (*Schiff*) versinken; **my heart sank** ich wurde mutlos; **with ~ing heart** verzagt; **he is ~ing fast** ihm geht es zunehmend schlechter **II.** *vt* ❶ versenken, (ver)sinken lassen ❷ stoßen, drücken (*in, into* in) ❸ (*fam: Getränk*) hinunterstürzen ❹ (*Loch*) graben, aushöhlen, bohren; (MIN: *Schacht*) abteufen ❺ eingraben, (ein)ritzen, gravieren, stechen ❻ (*Preise, Stimme, Kopf*) senken ❼ (*Geld*) anlegen, investieren (*into* in) ❽ (*Geld durch schlechte Geschäfte*) verlieren ❾ (*Plan, Hoffnung*) ruinieren, zunichte machen; **we are sunk** wir sind ruiniert; **~ one's teeth/claws into s.th.** die Zähne/Klauen in etw schlagen; **we have to ~ our differences** wir müssen unsere Meinungsverschiedenheiten beilegen; **sunk in thought** in Gedanken versunken; **sunk in a book** in ein Buch vertieft; **sink away** *vi* (*Boden*) abfallen; **sink back** *vi* sich zurücklehnen; **sink down** *vi* sich fallen lassen (*on* auf); **sink in I.** *vi* ❶ einsinken ❷ (*fig fam*) kapiert werden **II.** *vt* (*Pfähle*) einlassen; **I hope it has finally sunk in** ich hoffe, der Groschen ist endlich gefallen

sink·able ['sɪŋkəbl] *adj* versenkbar; **sink estate** *s* (*pej*) Asozialenviertel *m;* **sinker** ['sɪŋkə(r)] *s* (*Angel*) Senker *m;* (*Windsurfer*) Sinker *m;* **sink·ing** ['sɪŋkɪŋ] **I.** *s* ❶ (*Schiff*) Untergang *m;* Versenken *nt* ❷ (*Schacht*) Senken, Abteufen *nt;* (*Brunnen*) Bohren *nt* **II.** *adj* (*Gefühl*) flau, ungut; **~ fund** (Schulden)Tilgungsfonds *m*

sink unit ['sɪŋkˌjuːnɪt] *s* Spültisch *nt*

sin·ner ['sɪnə(r)] *s* Sünder(in) *m(f)*

i Land & Leute

Sinn Féin (‚Wir allein') ist eine irische Unabhänigkeitspartei, die 1905 gegründet wurde. Sie bildete 1919 ihre eigene Versammlung und war für den Beginn der Verhandlungen des *Anglo-Irish Treaty* (anglo-irisches Abkommen) und 1921 für die Gründung des *Irish Free State* verantwortlich. Die *IRA* (*Irish Republican Army*), *Sinn Féins* Guerrillatruppe entstand 1919 – wurde aber 1922 zurückgedrängt. 1969 spaltete sich jedoch ein *provisional wing* ab und war bis zum Waffenstillstand 1994 in Nordirland aktiv.

sinu·ous ['sɪnjʊəs] *adj* ❶ sich windend, sich schlängelnd ❷ (*fig*) gewunden ❸ (*Bewegung*) geschmeidig, schlangenartig

sinus ['saɪnəs] *s* Sinus *m;* Neben-, Stirnhöhle *f;* **sinus·itis** [ˌsaɪnə'saɪtɪs] *s* Stirnhöhlenkatarrh *m,* Sinusitis *f*

Sioux [suː] **I.** *adj* der Sioux(indianer) **II.** *s* Sioux(indianer) *m,* Sioux(indianerin) *f*

sip [sɪp] **I.** *vi, vt* schlürfen, nippen **II.** *s* Schlückchen *nt*

si·phon ['saɪfən] **I.** *s* ❶ Siphon *m* ❷ (TECH) Heber *m* **II.** *vt* (*a.* MED) ausheben, entleeren, umfüllen; **siphon off** *vt* ❶ absaugen; (*Benzin*) abzapfen; umfüllen ❷ (*fig*) abziehen; (*Gewinn*) abschöpfen

sir [sɜː(r)] *s* Herr (*Anrede ohne Namen*)*;* **Sir** Sir (*Titel*)*;* **yes, ~** jawohl (mein Herr)!

sire ['saɪə(r)] **I.** *s* (*Säugetiere*) Vatertier *nt* **II.** *vt* (*Säugetier*) (er)zeugen

si·ren ['saɪərən] *s* Sirene *f*

sir·loin ['sɜːlɔɪn] *s* (*Rind*) Lendenstück *nt*

sir·occo [sɪ'rɒkəʊ] <*pl* -occos> *s* (METE) Schirokko *m*

sis [sɪs] *s* (*fam*) Schwester(chen *nt*) *f*

si·sal ['saɪsl] *s* Sisal *m;* **sisal hemp** *s* Sisalhanf *m*

sissy ['sɪsɪ] **I.** *s* (*pej*) Weichling *m* **II.** *adj* (*pej: Mann*) weibisch, verweichlicht

sis·ter ['sɪstə(r)] *s* ❶ (*a.* REL) Schwester *f* ❷ (MED) (Ober)Schwester *f;* **brothers and ~s** Geschwister *pl;* **sister company** *s* Schwestergesellschaft *f;* **sis·ter·hood** [-hʊd] *s* Schwesternschaft *f;* **sis·ter-in-law** ['sɪstərɪnlɔː] <*pl* sisters-in-law> *s* Schwägerin *f;* **sis·ter·ly** ['sɪstəlɪ] *adj* schwesterlich; **sister ship** *s* Schwesterschiff *nt*

sit [sɪt] <*irr:* sat, sat> **I.** *vi* ❶ sitzen; sich setzen ❷ (*Vogel*) brüten; (*Henne*) sitzen ❸ (*Versammlung*) tagen ❹ (*Mitglied*) einen Sitz haben, Mitglied sein; (POL) Abgeordnete(r) sein ❺ sich befinden, stehen; (*im Magen*) liegen (*on* in) ❻ (TECH) aufliegen ❼ (*Kleidungsstück*) sitzen (*on s.o.* bei jdm) ❽ (*fig*) liegen, ruhen, lasten (*on* auf) ❾ (*baby~*) auf ein Kind aufpassen; **~ on the bench** als Richter amtieren; **~ bolt upright** kerzengerade dasitzen; sich plötzlich aufrichten; **~ on a committee** einem Ausschuss angehören; **~ for a constitu-**

S

ency einen Wahlkreis vertreten; ~ **an examination** eine Prüfung ablegen; ~ **on the fence** (*fig fam*) unentschlossen sein; sich zurückhalten; neutral bleiben; ~ **on one's hands** sich nicht rühren; nichts unternehmen; nicht applaudieren; ~ **in judg(e)ment** (*fig*) zu Gericht sitzen (*on* über); ~ **on a jury** Geschworene(r) sein; ~ **for a painter** sich malen lassen; ~ **pretty** (*fam*) gut dran sein; ~ **tight** sich nicht (von der Stelle) rühren; ~ **by s.o.** sich neben jdn setzen **II.** *vt* ❶ setzen; stellen ❷ (*Prüfung*) ablegen; ~ **o.s.** (**down**) sich setzen, Platz nehmen (*on* auf); **sit about, sit around** *vi* herumsitzen und nichts tun; **sit back** *vi* sich zurücklehnen; (*fig*) abwarten; ausruhen; ~ **back and relax** sich ausruhen; **sit down** *vi* sich (hin)setzen; Platz nehmen; **take s.th. ~ting down** (*fig*) sich etw gefallen lassen; **sit in** *vi* ❶ ein Sit-in machen ❷ dabei sein (*on* bei) ❸ zu Hause sitzen; ~ **in for s.o.** jdn vertreten; **sit on** *vi* ❶ sitzen bleiben ❷ (*Versammlung, Ausschuss*) sitzen in, Mitglied sein bei ❸ (*Entscheidung*) hinauszögern, sitzen auf ❹ (*Nachricht, Erfindung*) unterdrücken ❺ (*Menschen*) den Kopf zurechtrücken (*s.o.* jdm); **sit out I.** *vi* im Freien sitzen **II.** *vt* ❶ bis zum Ende bleiben von; das Ende abwarten von; aussitzen ❷ (*Tanz*) auslassen; **we'd better ~ it out** wir warten besser, bis es zu Ende ist; **sit through** *vt* bis zum Ende anhören, durchhalten (*s.th.* etw); **sit up I.** *vi* ❶ aufrecht sitzen; sich aufsetzen ❷ aufbleiben **II.** *vt* aufrichten; hinsetzen; ~ **up for s.o.** auf jdn abends warten; ~ **up with s.o.** bei jdm wachen; ~ **up and take notice** hellhörig werden; **make s.o. ~ up** jdn aufschrecken; jdn aufhorchen lassen; ~ **up to table** sich an den Tisch setzen

sit·com ['sɪtkɒm] *s* (*fam*) Situationskomödie *f*

sit-down strike [ˌsɪtdaʊn'straɪk] *s* Sitzstreik *m*

site [saɪt] **I.** *s* ❶ Lage *f*, Platz *m;* Gelände *nt* ❷ Standort *m* (*einer Industrie*), Sitz *m* (*einer Firma*) ❸ (*building-~*) Bauplatz *m*, -grundstück *nt* ❹ (*camping ~*) Campingplatz *m* **II.** *vt* legen; **be ~d** liegen; **badly ~d** ungünstig gelegen; **missile ~** Raketenbasis *f;* **site development** *s* Baulanderschließung *f;* **site engineer** *s* Bauleiter(in) *m(f);* **site office** *s* (Büro *nt* der) Bauleitung *f;* **site owner** *s* Grundstückseigentümer *m;* **site plan** *s* Lageplan *m*

sit-in ['sɪtɪn] *s* Sit-in *nt*, Sitzblockade *f*

si·ting ['saɪtɪŋ] *s* Legen *nt;* Errichtung *f*

sit·ter ['sɪtə(r)] *s* ❶ Modell *nt* (*eines Malers*) ❷ (*baby-~*) Babysitter(in) *m(f)* ❸ brütender Vogel ❹ (SPORT) todsicherer Ball

sit·ting ['sɪtɪŋ] **I.** *s* ❶ Sitzung *f* ❷ (JUR) Sitzungsperiode *f* ❸ (*beim Essen*) Schicht *f;* **at one ~** (*fig*) auf einmal **II.** *adj* sitzend; (*Vogel*) brütend; (*Konferenz*) tagend; **sitting duck** *s* (*fig*) leichte Beute; **sitting member** *s* Abgeordnete(r) *f m;* **sitting-room** *s* Wohnzimmer *nt;* Aufenthaltsraum *m;* **sitting target** *s* (*fig*) leichte Beute; **sitting tenant** *s durch Mieterschutz geschützte(r) Mieter(in)*

situ·ate ['sɪtʃʊeɪt] *vt* legen; **situ·ated** ['sɪtʃʊeɪtɪd] *adj* gelegen, befindlich; (*finanziell*) gestellt; **be ~** liegen, gelegen sein; sich befinden

situ·ation [ˌsɪtʃʊ'eɪʃn] *s* ❶ Lage *f;* Stelle *f*, Platz, Ort *m* ❷ Situation *f*, Umstände *mpl*, Verhältnisse *ntpl* ❸ Stelle, Stellung *f;* **be equal to the ~** der Situation gewachsen sein; **~s offered/wanted** Stellenangebote/-gesuche *ntpl;* ~ **comedy** Situationskomödie *f*

sit-up ['sɪtʌp] *s* (SPORT) Situp *nt*

six [sɪks] **I.** *adj* sechs; **be ~ foot under** (*fig*) tot und begraben sein; **it's ~ of one and half a dozen of the other** das ist Jacke wie Hose **II.** *s* Sechs *f;* (*Bus*) Linie *f* Sechs; (SPORT) Sechs(ermannschaft) *f;* **sold in ~es** zu je sechs verkauft werden; **at ~es and sevens** durcheinander; **knock s.o. for ~** jdn verblüffen; **six-footer** [ˌsɪks'fʊtə(r)] *s* (*fam*) (langer) Lulatsch *m*

i Land & Leute

In Großbritannien ist ein **sixth-form college** ein College für 16- bis 18-jährige Schüler, die oft von Schulen kommen, an denen es keine *sixth form* (sechste Klasse) gibt. An dem College können sie dann ihre *A levels* (etwa Abitur) machen oder sie belegen vergleichbare zweijährige Kurse und bereiten sich so für die Aufnahme an einer Universität vor.

six-pack ['sɪkspæk] *s* Sechserpack *nt;* **six·teen** [sɪk'sti:n] *adj* sechzehn; **six·teenth** [sɪk'sti:nθ] **I.** *adj* sechzehnte(r, s) **II.** *s* Sechzehntel *nt;* Sechzehnte(r, s); **sixth** [sɪksθ] **I.** *adj* sechste(r, s); ~ **form** (SCHULE) Abschlussklasse *f;* ~ **sense** sechster Sinn **II.** *s* Sechstel *nt;* Sechste(r, s); **six·ti·eth** ['sɪkstɪəθ] **I.** *adj* sechzigste(r, s) **II.** *s* Sechzigstel *nt;* Sechzigste(r, s); **sixty** ['sɪkstɪ] **I.** *adj* sechzig **II.** *s* Sechzig *f;* **the sixties** die Sechzigerjahre; **be in one's sixties** über sechzig sein

size¹ [saɪz] **I.** *s* ❶ Größe *f,* Umfang *m* ❷ (*Kleidung*) Größe, Nummer *f* ❸ (*fig*) Ausmaß *nt,* Bedeutung *f* ❹ (*fam*) Format *nt;* **next in** ~ nächstgrößere Nummer; **of a** ~ gleich groß; **arrange according to** ~ der Größe nach ordnen; **be about the** ~ **of** ungefähr so groß sein wie; **take the** ~ **of** Maß nehmen von; **what** ~ **do you wear?** welche Größe tragen Sie?; **that's about the** ~ **of it** (*fam*) genau so war's; **cut s.o. down to** ~ jdn runterputzen **II.** *vt* nach Größe ordnen; **size up** *vt* abschätzen; **I can't** ~ **her up** ich werde aus ihr nicht ganz schlau

size² [saɪz] **I.** *s* (TECH) (Auftrag-, Schlicht)Leim *m* **II.** *vt* ❶ appretieren, schlichten, leimen ❷ (*Gemälde*) grundieren

siz(e)·able ['saɪzəbl] *adj* umfangreich; beträchtlich; ansehnlich; **siz·ing** ['saɪzɪŋ] *s* ❶ Klassierung, Sortierung *f* ❷ Größeneinteilung *f* ❸ (TECH) (Auftrag-, Schlicht)Leim *m*

sizzle ['sɪzl] *vi* zischen; brutzeln; **sizzler** ['sɪzlə(r)] *s* (*fam*) glühend heißer Tag

skate¹ [skeɪt] **I.** *s* ❶ (*ice*-~) Schlittschuh *m* ❷ (*roller*-~) Rollschuh *m* ❸ Kufe *f;* **get** [*o* **put**] **one's** ~**s on** (*fig*) sich beeilen **II.** *vi* Schlittschuh, Rollschuh laufen; (*fig*) gleiten; rutschen; ~ **on thin ice** sich aufs Glatteis begeben; ~ **over s.th.** (*fig*) über etw geschickt hinweggehen

skate² [skeɪt] *s* (*Fisch*) Rochen *m*

skate·board ['skeɪtbɔːd] *s* Skateboard *nt*

i Land & Leute

Obwohl Kinder in den USA schon in den 30er Jahren Rollschuhräder auf Bretter festgenagelt haben und damit herumgefahren sind, wurde das **skateboard** zum ersten Mal in den frühen 60er Jahren in Kalifornien an Surfer verkauft, die auch noch bei flachen Wellen surfen wollten. Damals wurde *skateboarding* auch *sidewalk-surfing* (Gehweg-Surfen) genannt. Fünfzehn Jahre später, nach der Erfindung von Rädern aus Polyurethan und den Kunststücken wie dem *ollie* (Springen), wurde Skateboarding zu einer beliebten Sportart.

skate·board·er [-ə(r)] *s* Skateboardfahrer(in) *m(f);* **skater** ['skeɪtə(r)] *s* Schlittschuh-, Rollschuhläufer(in) *m(f);* **skat·ing rink** ['skeɪtɪŋrɪŋk] *s* Eisbahn *f;* Rollschuhbahn *f*

ske·daddle [skɪ'dædl] *vi* (*fam*) abhauen, ausreißen

skein [skeɪn] *s* ❶ Docke, Strähne *f* (*Garn*) ❷ (*Vögel*) Zug, Schwarm, Flug *m* ❸ (*fig*) Geflecht *nt*

skel·eton ['skelɪtn] **I.** *s* ❶ Skelett, Gerippe *nt* ❷ Gestell *nt,* Rahmen *m,* Gerüst *nt* ❸ Umriss, Entwurf *m;* ~ **in the cupboard,** ~ **in the closet** (*Am*) Familiengeheimnis *nt;* eine Leiche im Keller; **steel** ~ (ARCH) Stahlskelett *nt* **II.** *adj* provisorisch; (*Belegschaft, Dienst*) Not-; **skeleton key** *s* Dietrich, Haupt-, Nachschlüssel *m;* **skeleton staff** *s* Rumpfbelegschaft *f*

skep·tic ['skeptɪk] *s* (*Am*) Skeptiker(in) *m(f);* **skeptical** *adj* (*Am*) skeptisch; **skepticism** *s* (*Am*) Skepsis *f*

sketch [sketʃ] **I.** *s* ❶ Skizze *f* ❷ (THEAT) Sketch *m* ❸ Entwurf *m* **II.** *vt* skizzieren, umreißen, entwerfen **III.** *vi* Skizzen machen; **sketch in** *vt* einzeichnen; (*fig*) umreißen; **sketch out** *vt* grob skizzieren; **sketch·book** *s* Skizzenblock *m;* **sketchy** ['sketʃɪ] *adj* skizzenhaft; flüchtig; bruchstückhaft

skew [skjuː] **I.** *adj* schräg; schief **II.** *s:* **be on the** ~ schief sein **III.** *vt* umdrehen; krümmen; verzerren **IV.** *vi* (*Auto*) abkommen; (*Straße*) abbiegen

skew·bald ['skjuːbɔːd] *adj* (*Pferd*) scheckig

skewer ['skjʊə(r)] **I.** *s* Fleischspieß *m* **II.** *vt* aufspießen

skew-whiff [,skjuː'wɪf] *adj* (*fam*) krumm, schief

ski [skiː] **I.** *s* ❶ Ski, Schi *m* ❷ (AVIAT) Schneekufe *f* **II.** *vi* Ski fahren; **ski binding** *s* Skibindung *f;* **ski·bob** ['skiːbɒb] *s* (SPORT) Skibob *m;* **ski boot** *s* Skistiefel *m*

skid [skɪd] **I.** *s* ❶ Rolle *f;* Gleitkufe, -schiene *f;* (AVIAT) Schneekufe *f* ❷ Schleudern *nt;* **go into a** ~ zu schleudern anfangen; **put the** ~**s under s.o.** jdm etw vermasseln; **hit the** ~**s** (*Am fam*) runterkommen **II.** *vi* (AUTO) rutschen, schleudern; **skid·ding** ['skɪdɪŋ] *s* (AUTO) Schleudern *nt;* **skid·lid** ['skɪdlɪd] *s* (*sl*) Sturzhelm *m;* **skid mark** *s* Brems-, Reifenspur *f;* **skid row** *s* (*Am fam*) schlechte Gegend; **be on** ~ heruntergekommen sein

skier ['skiːə(r)] *s* Skiläufer(in) *m(f),* -fahrer(in) *m(f)*

skiff [skɪf] *s* Skiff *nt;* Renneiner *m*

ski fly·ing ['skiː,flaɪɪŋ] *s* (SPORT) Skifliegen *nt;*

S

ski goggles *s pl* Skibrille *f;* **ski·ing** ['ski:ɪŋ] *s* Skifahren *nt;* **skiing holiday** *s* Skiurlaub *m,* Skiferien *pl;* **ski instructor** ['ski:ɪnˌstrʌktə(r)] *s* Skilehrer(in) *m(f);* **ski jump** *s* ❶ (*Sportart*) Skispringen *nt* ❷ (*Bauwerk*) Sprungschanze *f*

skil·ful ['skɪlfl] *adj* geschickt, gewandt; tüchtig, erfahren (*at* in)

ski lift ['ski:lɪft] *s* Skilift *m*

skill [skɪl] *s* ❶ Geschick *nt,* Geschicklichkeit *f;* Kunstfertigkeit *f* ❷ Fähigkeit, Fertigkeit *f* (*in, at* in); **skilled** [skɪld] *adj* ❶ geschickt, gewandt (*in doing s.th.* bei etw) ❷ geübt, erfahren, erprobt ❸ ausgebildet; geschult; gelernt; Fach-; **be ~ in s.th.** in etw fachlich ausgebildet sein; **~ labo(u)r** Fachkräfte, gelernte Arbeitskräfte *fpl;* **~ work** Facharbeit *f;* **~ worker** Facharbeiter(in) *m(f),* gelernte(r) Arbeiter(in) *m(f)*

skil·let ['skɪlɪt] *s* Bratpfanne *f*

skill·ful ['skɪlfl] *adj* (*Am*) geschickt, gewandt; tüchtig, erfahren (*at* in)

skim [skɪm] **I.** *vt* ❶ (*Flüssigkeit*) abschäumen ❷ (*Milch*) entrahmen ❸ (*Schaum, Rahm*) abschöpfen ❹ (*fig*) leicht (hin)streifen, hinfahren über ❺ flüchtig berühren, flüchtig lesen, überfliegen; **~ the surface** (*fig*) an der Oberfläche bleiben (*of s.th.* einer S) **II.** *vi* ❶ gleiten, fliegen (*through* durch, *over* über, *along* an … entlang) ❷ hinwegfliegen, -sausen (*over* über) ❸ flüchtig lesen, durchblättern (*through a book* ein Buch); **skim·med milk** ['skɪmd'mɪlk] *s* Magermilch *f;* **skim·mer** ['skɪmə(r)] *s* Schaumlöffel, Abstreifer *m;* **skim-milk** [ˌskɪm'mɪlk] *s* (*Am*) Magermilch *f*

skimp [skɪmp] **I.** *vi* knausern, geizen (*on* mit) **II.** *vt* ❶ sparen an ❷ (*Person*) knapp halten ❸ (*Arbeit*) nachlässig machen; **skimpy** ['skɪmpɪ] *adj* ❶ knapp ❷ knauserig, filzig, geizig ❸ (*Portion*) ungenügend; **be ~ with s.th.** mit etw geizig sein

skin [skɪn] **I.** *s* ❶ Haut *f* ❷ Fell *nt,* Balg *m* ❸ Schale *f;* Haut *f;* Rinde *f* ❹ Schlauch *m;* **by the ~ of one's teeth** mit knapper Not; **get under s.o.'s ~** (*fam*) jdm auf den Wecker, auf die Nerven fallen; (*positiv*) jdm unter die Haut gehen, jdm gefallen; **have a thick ~** (*fig*) ein dickes Fell haben; **have a thin ~** feinfühlig sein; **jump out of one's ~** erschrecken; **it's no ~ off my nose** (*fam*) das geht mich nichts an; **wet to the ~** nass bis auf die Haut; **nothing but ~ and bones** nur noch Haut und Knochen **II.** *vt* ❶ häuten, abziehen ❷ schälen; enthäuten; entrinden; **keep one's eyes ~ned** (*fam*) ein wachsames Auge haben; **~ s.o. alive** (*fig*) jdn fertig machen

skin cancer *s* Hautkrebs *m*

> **i Land & Leute**
>
> Australien hat die höchste Erkrankungsrate an **skin cancer** (Hautkrebs) auf der Welt. Deshalb gibt es viele Vorsorgeprogramme, die den sonnenhungrigen Australiern die Gefahren von zu viel Sonnenbestrahlung bewusst machen sollen. Jedes Schulkind muss im Freien einen Sonnenhut tragen und man bringt ihnen den Spruch bei: *to slip, slop, slap.* Das bedeutet man soll ein Hemd anziehen, *to slip,* Sonnencreme auftragen, *to slop,* und einen Sonnenhut aufsetzen, *to slap.*

skin-deep *adj* oberflächlich; **skin disease** *s* Hautkrankheit *f;* **skin diving** *s* Sporttauchen *nt;* **skin eruption** *s* Hautausschlag *m;* **skin flick** *s* (*fam*) Sexfilm *m;* **skin·flint** ['skɪnflɪnt] *s* (*fam*) Geizhals *m;* **skin·ful** ['skɪnfl] *adj* (*fam*): **he must have had a ~** er muss schwer einen getrunken haben; **skin graft** *s* (MED) Hauttransplantation *f;* **skin·head** ['skɪnhed] *s* Skinhead *m;* **skinny** ['skɪnɪ] *adj* dünn, mager, knochig; **skinny-dip** *vi* (*fam*) nackt baden

skint [skɪnt] *adj* (*Br fam*) völlig abgebrannt

skin·tight [skɪn'taɪt] *adj* hauteng

skin up *vi* (*fam*) sich eine drehen

skip¹ [skɪp] **I.** *s* Sprung, Hüpfer *m;* Hüpfschritt *m* **II.** *vi* ❶ hüpfen; springen ❷ seilspringen, seilhüpfen ❸ (*fig: Thema*) springen ❹ (*fam*) abhauen **III.** *vt* ❶ (*Schule*) schwänzen ❷ (*Abschnitt, Frage*) auslassen, überspringen; (*Mahlzeit*) ausfallen lassen; (*Herzschlag*) aussetzen; **~ rope** (*Am*) seilspringen, seilhüpfen; **~ town** (*Am: fam*) aus der Stadt verschwinden; **~ it!** vergiss es!; **skip about** *vi* herumhüpfen; (*fig: Redner*) springen; **skip across** *vi* (*fam*) rübergehen; **skip off** *vi* (*fam*) abhauen; **skip over** *vi* rübergehen; **~ over s.th.** etw überspringen; **skip through** *vt* überfliegen, durchblättern

skip² [skɪp] *s* Container *m;* (MIN) Förderkorb *m*

skip³ [skɪp] *s Abk. von* **skipper** (SPORT) (Mannschafts)Kapitän, -führer *m*

ski pants ['ski:ˌpænts] *s pl* Skihose *f;* **ski pass** *s* Skipass *m;* **ski plane** *s* Flugzeug *nt* mit Gleitkufen; **ski pole** *s* Skistock *m*

skip·per ['skɪpə(r)] **I.** *s* ❶ (MAR, AVIAT) Kapitän *m* ❷ (SPORT) Mannschaftsführer(in) *m(f)* **II.** *vt* (*Team*) anführen

skipp·ies ['skɪpi:z] *s pl* (*schoolkids with purchasing power*) kaufkräftige Schüler

skip·ping-rope ['skɪpɪŋrəʊp] *s* Springseil *nt*

ski rack ['ski:ræk] *s* (AUTO) Skiträger *m;* **ski resort** *s* Wintersportort *m*

skir·mish ['skɜ:mɪʃ] **I.** *s* Gefecht *nt,* Plänkelei *f,* Zusammenstoß *m* **II.** *vi* kämpfen; zusammenstoßen

skirt [skɜ:t] **I.** *s* ❶ Rock *m* ❷ (*Mantel, Jackett*) Schoß *m* ❸ (*sl: a bit of* ~) Weibsbild *nt* **II.** *vt* ❶ sich am Rande hinziehen (*s.th.* einer S), am Rand entlanggehen (*s.th.* einer S) ❷ (*fig*) herumgehen um, umgehen; ~ **around** umfahren, umschiffen

skirt·ing board ['skɜ:tɪŋbɔ:d] *s* (*Br*) Scheuerleiste *f*

ski run ['ski:rʌn] *s* Piste *f;* **ski school** *s* Skischule *f;* **ski stick** *s* Skistock *m;* **ski suit** ['ski:su:t] *s* Skianzug *m*

skit [skɪt] *s satirischer Sketch*

ski touring *s* (SPORT) Skitouren *nt;* **ski tow** *s* Schlepplift *m*

skit·ter ['skɪtə(r)] *vi* über das Wasser schlittern; rutschen

skit·tish ['skɪtɪʃ] *adj* ❶ lebhaft, lustig, ausgelassen ❷ ängstlich, scheu (*a. Pferd*)

skittle ['skɪtl] *s* ❶ (*Br*) Kegel *m* ❷ ~**s** *mit sing* (*game of* ~*s*) Kegeln *nt;* **play** ~**s** kegeln; **it is not all beer and** ~**s** das ist kein reines Vergnügen; **skittle alley** *s* Kegelbahn *f;* **skittle ball** *s* Kegelkugel *f*

skive [skaɪv] **I.** *vi* sich vor der Arbeit drücken; blaumachen; (*Schule*) schwänzen **II.** *s* Blaumachen *nt;* Schwänzen *nt;* **be on the** ~ blaumachen; schwänzen; **skive off** *vi* (*sl*) sich verdrücken; **skiver** ['skaɪvə(r)] *s* Drückeberger(in) *m(f)*

skivvy ['skɪvɪ] *s* (*Br fam*) Dienstmädchen *nt*

skul(l)·dug·gery [skʌl'dʌgərɪ] *s* (*fam*) Gaunerei *f*

skulk [skʌlk] *vi* umherschleichen; lauern; (*fam*) sich (herum)drücken

skull [skʌl] *s* Schädel *m;* **the** ~ **and crossbones** der Totenkopf (*Zeichen*); **skull bone** *s* Schädelknochen *m;* **skull-cap** *s* (Seiden)Käppchen *nt*

skunk [skʌŋk] *s* Skunk *m,* Stinktier *nt;* (*fam*) gemeiner Kerl

sky [skaɪ] *s* Himmel *m;* **in the** ~ am Himmel; **out of a clear (blue)** ~ (*fig*) aus heiterem Himmel; **under the open** ~ unter freiem Himmel, im Freien; **praise to the skies** (*fig*) in den Himmel heben; **the** ~**'s the limit** (*fam fig*) eine obere Grenze ist nicht gesetzt; **we expect sunny skies** wir erwarten sonniges Wetter; **sky blue** *adj* himmelblau; **sky·box** *s* (*Am*) Ehrentribüne *f;* **sky·div·ing** ['skaɪˌdaɪvɪŋ] *s* Fallschirmspringen *nt* (mit einer Strecke freien Falls); **sky-high** *adj* (*a. Preise*) himmelhoch; **blow s.th.** ~ etw in die Luft jagen; (*fig: Theorie*) etw völlig zunichte machen; **sky·jack** ['skaɪdʒæk] **I.** *vt* entführen **II.** *s* Flugzeugentführung *f;* **sky·jacker** ['skaɪdʒækə(r)] *s* Luftpirat(in) *m(f),* Flugzeugentführer(in) *m(f);* **sky·lark** ['skaɪlɑ:k] **I.** *s* Feldlerche *f* **II.** *vi* dumme Streiche machen; **sky·light** ['skaɪlaɪt] *s* Dachluke *f,* Oberlicht *nt;* **sky·line** ['skaɪlaɪn] *s* Horizont *m;* (Stadt)Silhouette *f;* **sky-rocket** *vi* (*Preise*) in die Höhe klettern, emporschnellen; **sky·scrap·er** ['skaɪskreɪpə(r)] *s* Wolkenkratzer *m;* **sky-surf·ing** ['skaɪsɜ:fɪŋ] *s no pl* Skysurfing *nt* (*Extremsportart, bei der man mit einem an den Füßen angeschnallten Brett aus dem Flugzeug springt und damit durch die Luft reitet*); **sky·watch·ing** ['skaɪwɒtʃɪŋ] *s no pl* Himmelsbeobachtung *f;* **sky·writ·ing** *s* Himmelsschrift *f*

slab [slæb] *s* ❶ Platte, Tafel, Scheibe *f* ❷ (*Brot*) Scheibe *f* ❸ Stück *nt* (Kuchen, Schokolade, Käse)

slack[1] [slæk] **I.** *adj* ❶ langsam, träge, lässig (*at* bei) ❷ (*Zeit*) flau, ruhig, still; (COM) flau, lustlos; (*Geschäft*) stagnierend; ruhig ❸ (*Seil*) schlaff, locker, lose ❹ nachlässig, sorglos, gleichgültig **be** ~ **about s.th.** etw nachlässig handhaben, tun; **keep a** ~ **rein on s.th.** bei etw die Zügel schleifen lassen **II.** *s* ❶ (MAR) (das) Lose ❷ (*a.* COM) Stillstand *m,* Flaute *f;* **take up the** ~ **on s.th.** etw straffen **III.** *vi* bummeln, trödeln; **slack off** *vi* (*Eifer*) nachlassen; (*Geschäft*) zurückgehen

slack[2] [slæk] *s* Kohlengrus *m,* Staubkohle *f*

slacken ['slækən] **I.** *vi* ❶ schwächer werden, nachlassen, abflauen ❷ sich verlangsamen ❸ schlaffer, lockerer werden ❹ (*Widerstand*) erlahmen ❺ (COM) abflauen, stagnieren; (*Kurse*) abbröckeln **II.** *vt* ❶ abschwächen, mäßigen, verringern, vermindern ❷ lockern; **slacken off** *vi* ❶ nachlassen; abflauen; abnehmen ❷ (*Mensch*) nachlassen; sich schonen; **slacken·ing** ['slækənɪŋ] *s* Abnahme *f;* Abflauen *nt;* Verlangsamung *f;* ~ **in business/demand** Rückgang *m* der Umsätze/der Nachfrage;

slack·er ['slækə(r)] *s* ❶ Faulenzer(in) *m(f)* ❷ (*fam*) junger, apathischer Zyniker;

slack·ness ['slæknɪs] *s* ❶ Trägheit *f* ❷ Flaute *f* ❸ Schlaffheit *f;* ~ **in business** Konjunkturflaute *f*

S

slacks [slæks] *s pl* Hose *f*
slag [slæg] *s* ❶ Schlacke *f* ❷ (*sl*) Schlampe *f;* **slag heap** *s* Schlackenhalde *f*
sla·lom ['slɑːləm] *s* Slalom *m*
slam [slæm] **I.** *vt* ❶ (*Tür*) zuschlagen ❷ scharf kritisieren; ~ **on the brake** plötzlich heftig bremsen; ~ **down** auf die Erde schleudern; (*Telefonhörer*) aufknallen; ~ **the door in s.o.'s face** jdm die Tür vor der Nase zuschlagen; ~ **the door on s.th.** (*fig*) etw unterbinden, blockieren **II.** *vi* ❶ (*Tür*) zuschlagen ❷ (*Whist*) Schlemm werden **III.** *s* ❶ Schlag *m;* Knall *m* ❷ (*Whist, Bridge*) Schlemm *m;* **slammer** ['ʃlæmə(r)] *s* (*sl*) Knast *m*
slan·der ['slɑːndə(r)] **I.** *s* Verleumdung, üble Nachrede *f* **II.** *vt* verleumden; **slander action** *s* Verleumdungsklage *f;* **slan·derer** ['slɑːndərə(r)] *s* Verleumder(in) *m(f);* **slan·der·ous** ['slɑːndərəs] *adj* verleumderisch
slang [slæŋ] **I.** *s* Slang *m;* Jargon *m* **II.** *vt* (*Br fam*) anschreien, beschimpfen, beleidigen; **slanging match** *s* gegenseitige Beschimpfung; **slangy** ['slæŋɪ] *adj* salopp
slant [slɑːnt] **I.** *vt* ❶ schräg stellen, kippen ❷ abschrägen; abböschen ❸ (*fam*) tendenziös färben **II.** *vi* schräg sein; sich neigen **III.** *s* ❶ Hang *m;* Schräge, Neigung *f* ❷ (*fam*) Blickwinkel *m;* Ansicht(ssache), Meinung, Einstellung *f;* **at** [*o* **on**] **a** ~ schräg, schief, geneigt; **slant·ing** ['-ɪŋ] *adj* schief, geneigt, schräg
slap [slæp] **I.** *s* Klaps, Schlag *m;* **a** ~ **on the back** anerkennendes Schulterklopfen; **a** ~ **in the face** eine Ohrfeige; (*fig*) ein Schlag *m* ins Gesicht; ~ **and tickle** (*fam*) Schmusen *nt* **II.** *vt* ❶ schlagen, einen Klaps geben (*s.o.* jdm, *in the face* ins Gesicht, *on the cheek* auf die Backe) ❷ klatschen, knallen; ~ **s.o. on the back** jdm auf den Rücken klopfen; ~ **s.o.'s face** jdn ohrfeigen **III.** *adv* direkt, genau; **slap down** *vt* ❶ hinknallen ❷ (*jdn*) zusammenstauchen; **slap on** *vt* (*fam*) draufklatschen; (*Steuern, Geld*) draufhauen
slap-bang [ˌslæp'bæŋ] *adv* spornstreichs; direkt, genau; **slap·dash** ['slæpdæʃ] *adj* flüchtig; (*Arbeit*) schlampig; **slap·head** ['slæphed] *s* (*sl*) Glatzkopf *m;* **slap·jack** ['slæpˌdʒæk] *s* (*Am*) Pfannkuchen *m;* **slap·per** ['slæpə] *s* (*Br: sl pej*) Schlampe *f;* **slap·stick** ['slæpstɪk] *s* Klamauk, Slapstick *m;* **slapstick comedy** *s* Klamaukstück *nt;* **slap-up** ['slæpʌp] *adj* (*fam*) erstklassig, prima; **a** ~ **meal** (*fam*) ein Essen *nt* mit allem Drum und Dran
slash [slæʃ] **I.** *vt* ❶ (auf)schlitzen; zerschneiden ❷ (*Büsche, Unterholz*) abhauen ❸ einschlagen auf ❹ (*fam*) scharf kritisieren ❺ (*Preise*) heruntersetzen; (*fig*) (drastisch) kürzen, zusammenstreichen **II.** *vi* hauen (*at* nach), losschlagen (*at* auf) **III.** *s* ❶ Schnitt-, Hiebwunde *f* ❷ (*Kleid*) Schlitz *m* ❸ Schrägstrich *m;* **have a** ~ (*sl*) schiffen; ~**and-burn** Brandrodung *f;* **slash·ing** [-ɪŋ] *adj* erbarmungslos; (*Kritik*) vernichtend
slat [slæt] *s* Latte, Leiste *f*
slate [sleɪt] **I.** *s* ❶ Schiefer *m* ❷ Schieferplatte, -tafel *f* ❸ (*Am*) Kandidatenliste *f;* **on the** ~ (*fam*) auf Kredit; **have a clean** ~ (*fig*) eine reine Weste haben; **wipe the** ~ **clean** (*fig*) reinen Tisch machen **II.** *adj* ❶ (~-*coloured*) schiefergrau ❷ aus Schiefer, Schiefer- **III.** *vt* ❶ mit Schiefer decken ❷ (*Am*) auf die Kandidatenliste setzen, vormerken, ausersehen (*for s.th.* für etw) ❸ (*fam*) scharf kritisieren, verreißen (*s.o.* jdn); ~ **s.th. for a time/for a place** (*Am*) etw für einen Zeitpunkt festsetzen/für einen Ort planen
slat·tern ['slætən] *s* Schlampe *f;* **slat·tern·ly** ['slætənlɪ] *adj* liederlich
slaty ['sleɪtɪ] *adj* schieferartig, -haltig; schieferfarben
slaugh·ter ['slɔːtə(r)] **I.** *s* ❶ Schlachten *nt* (*von Vieh*) ❷ bestialischer Mord; Gemetzel, Blutbad *nt* **II.** *vt* ❶ (*Vieh*) schlachten ❷ (*Menschen*) niedermetzeln ❸ (SPORT) haushoch schlagen; **slaughter·house** *s* Schlachthaus *nt*
Slav [slɑːv] **I.** *s* Slawe *m,* Slawin *f* **II.** *adj* slawisch
slave [sleɪv] **I.** *s* Sklave *m,* Sklavin *f;* **be a** ~ **to duty** nur seine Pflicht kennen; **white** ~ **trade** Mädchenhandel *m;* ~**-driver** Sklavenaufseher *m;* (*fig*) Leuteschinder *m;* ~ **labo(u)r** Sklavenarbeit *f;* die Sklaven *mpl;* ~ **trade** Sklavenhandel *m* **II.** *vi* schuften, sich abplacken
slaver ['slævə(r)] **I.** *vi* sabbern **II.** *s* Geifer *m*
slav·ery ['sleɪvərɪ] *s* Sklaverei *f*
Slavic, Slav·onic ['slɑːvɪk, slə'vɒnɪk] **I.** *adj* slawisch **II.** *s* (das) Slawisch(e)
slav·ish ['sleɪvɪʃ] *adj* sklavisch
sleaze [sliːz] *s* Anstößiges; **sleaze campaign** *s Kampagne, bei der durch fragwürdige moralische Mittel offensiv gegen einen Gegner vorgegangen wird*
slea·zoid ['sliːzɔɪd] **I.** *s* (*fam*) schmierige Person **II.** *adj* schmierig
sleazy ['sliːzɪ] *adj* ❶ (*Gewebe*) dünn ❷ (*fam*) schäbig
sled, sledge [sled, sledʒ] **I.** *s* Schlitten *m* **II.** *vi* Schlitten fahren; **go sledging** Schlit-

ten fahren

sledge·ham·mer ['sledʒˌhæmə(r)] *s* Schmiede-, Vorschlaghammer *m;* (*fig*) Holzhammer *m*

sleek [sli:k] **I.** *adj* ❶ (*Haar*) weich, glatt und glänzend ❷ (*Tier*) gepflegt ❸ (*fig*) gut aussehend, elegant; (*pej*) aalglatt **II.** *vt* glätten; pflegen

sleep [sli:p] <*irr:* slept, slept> **I.** *s* Schlaf *m;* **go to ~** einschlafen; **get some ~** schlafen; **get** [*o* **have**] **a good night's ~** richtig gut schlafen; **put s.o. to ~** jdn zum Schlafen bringen; **put a dog to ~** einen Hund einschläfern (lassen); **walk in one's ~** schlafwandeln **II.** *vi* schlafen; **~ like a log** [*o* **top**] wie ein Murmeltier [*o* Stein] schlafen; **~ late** lange (aus)schlafen; **~ rough** draußen schlafen **III.** *vt* ❶ schlafen ❷ Unterkunft bieten für, unterbringen; **~ the clock round** rund um die Uhr schlafen; **he didn't ~ a wink** er hat kein Auge zugetan; **~ the ~ of the just** den Schlaf des Gerechten schlafen; **sleep around** *vi* (*fam*) mit jedem ins Bett gehen; **sleep away** *vt* verschlafen; **sleep in** *vi* ❶ ausschlafen; verschlafen ❷ im Haus wohnen; **sleep off** *vt* ausschlafen; **sleep on** *vi* ❶ weiterschlafen ❷ be-, überschlafen (*s.th.* etw); **sleep out** *vi* ❶ draußen schlafen ❷ nicht im Hause wohnen; **sleep over** *vi* (*Kinder*) bei einer Freundin/einem Freund übernachten; **sleep through** *vi* durchschlafen; **~ through s.th.** bei etw weiterschlafen; **~ through the alarm** den Wecker nicht hören; **sleep debt** *s* Schlafdefizite *pl;* **sleep together** *vi* miteinander schlafen; **sleep with** *vi* schlafen mit

sleeper ['sli:pə(r)] *s* ❶ Schläfer(in) *m(f)* ❷ (*railway ~*) Schwelle *f* ❸ Schlafwagen *m;* Platz *m* im Schlafwagen ❹ (*fam*) Geheimtipp *m;* **be a good/bad ~** gut/schlecht schlafen; **be a heavy/light/sound ~** einen festen/leisen/gesunden Schlaf haben; **sleeper plane** *s* Flugzeug *nt* mit Schlafkojen

sleepi·ness ['sli:pɪnɪs] *s* Schläfrigkeit *f;* Verschlafenheit *f*

sleep·ing ['sli:pɪŋ] **I.** *adj* schlafend; **Sleeping Beauty** Dornröschen *nt;* **let ~ dogs lie** (*prov*) schlafende Hunde soll man nicht wecken **II.** *s* Schlafen *nt;* **sleeping accommodation** *s* Schlafgelegenheit *f;* **sleeping bag** *s* Schlafsack *m;* **sleeping car** *s* (RAIL) Schlafwagen *m;* **sleeping partner** *s* (*Br*) stiller Gesellschafter; **sleeping pill, sleeping tablet** *s* Schlaftablette *f;* **sleeping policeman** *s* Bodenschwelle *f;* **sleeping sickness** *s* Schlafkrankheit *f*

sleep·less ['sli:plɪs] *adj* schlaflos; **sleep·walk** *vi* schlafwandeln; **sleep·walker** *s* Schlafwandler(in) *m(f);* **sleepy** ['sli:pɪ] *adj* ❶ schläfrig, müde ❷ verschlafen ❸ (*fig*) still, ruhig, tot; **sleepy·head** *s* (*fam*) Schlafmütze *f*

sleet [sli:t] **I.** *s* (METEO) Schneeregen *m* **II.** *vi:* **it was ~ing** es gab Schneeregen

sleeve [sli:v] *s* ❶ Ärmel *m* ❷ (TECH) Muffe, Buchse, Hülse, Tülle *f* ❸ (AVIAT) Windsack *m* ❹ Schallplattenhülle *f;* **have s.th.** [*o* **a card**] **up one's ~** etw auf Lager [*o* in petto] haben; **laugh up one's ~** sich ins Fäustchen lachen; **roll up one's ~s** die Ärmel aufkrempeln; sich ernstlich an die Arbeit machen; **wear one's heart on one's ~** das Herz auf der Zunge haben; **sleeve·less** ['sli:vlɪs] *adj* ärmellos

sleigh [sleɪ] **I.** *s* (Pferde)Schlitten *m* **II.** *vi* Schlitten fahren; **sleigh·ing-party** ['sleɪɪŋpɑ:tɪ] *s* Schlittenfahrt, -partie *f*

sleight of hand [ˌslaɪtəv'hænd] *s* (Zauber)Kunststück *nt;* Trick *m*

slen·der ['slendə(r)] *adj* ❶ schlank; schmal ❷ (*fig*) mager, dürftig; (*Mittel*) unzureichend; (*Einkommen*) gering; **his chances of winning are extremely ~** seine Gewinnchancen sind minimal; **slen·der·ize** [-aɪz] **I.** *vt* schlank machen **II.** *vi* schlank(er) werden

slept [slept] *s.* **sleep**

slice [slaɪs] **I.** *s* ❶ Scheibe, Schnitte, Tranche *f* ❷ (*fig*) Stück *nt,* (An)Teil *m* ❸ (Torten)Schaufel *f* ❹ (SPORT) geschnittener Ball; **put a ~ on a ball** einen Ball anschneiden; **a ~ of luck** ziemliches Glück **II.** *vt* ❶ durchschneiden; aufschneiden, in Scheiben schneiden ❷ (*Ball*) anschneiden **III.** *vi* (*a.* SPORT) schneiden; **~ through s.th.** etw durchschneiden; **slice off** *vt* abschneiden; **slice up** *vt* in Scheiben schneiden, aufschneiden; aufteilen; **sliced** [slaɪst] *adj* geschnitten; aufgeschnitten; **the best thing since ~ bread** (*fig fam*) eine Wucht, eine tolle Sache; **slicer** ['slaɪsə(r)] *s* (Brot-, Wurst)Schneidemaschine *f*

slick [slɪk] **I.** *adj* ❶ (*Am*) (spiegel)glatt; schlüpfrig ❷ (*Haare*) geschniegelt ❸ (*fam*) raffiniert ❹ (*sl*) großartig **II.** *s* ❶ (*oil ~*) Ölteppich *m* ❷ (*Am*) Zeitschrift *f* auf Kunstdruckpapier; **slick back** *vt* glätten; **slick up** *vt* (*Am*) aufpolieren; herausputzen; auf Hochglanz bringen

slicker ['slɪkə(r)] *s* (*Am*) Ölhaut *f* (*Regenmantel*)

slide [slaɪd] **I.** *s* ❶ Rutschbahn *f;* Rutsche *f* ❷ (PHOT) Dia(positiv) *nt;* (*Mikroskop*)

S

Objektträger *m* ③ (TECH) Schlitten, Schieber *m* ④ (*Posaune*) Zug *m;* (*Noten*) Schleifer *m* ⑤ (*Br*) Haarspange *f* ⑥ (*fig*) Abfall *m* ⑦ (*land~*) (Erd)Rutsch *m* **II.** *vt* schieben; gleiten lassen **III.** *vi* ① rutschen; schlittern ② sich schieben lassen ③ (*fig: Mensch*) schleichen ④ (FIN) absinken, nachgeben; **the day slid by** der Tag verging wie im Nu; ~ **into bad habits** schlechte Angewohnheiten annehmen; **let things** ~ alles schleifen lassen; **slide control** *s* Schieberegler *m;* **slide projector** *s* Diaprojektor *m;* **slide rule** *s* Rechenschieber *m;* **slid·ing** [-ɪŋ] *adj* gleitend; (*Tür, Dach*) Schiebe-; **a** ~ **scale** eine gleitende Skala

slight [slaɪt] **I.** *adj* ① schlank, dünn, schmächtig ② (*Person*) zart, schwach ③ (*Erkältung*) leicht ④ klein, geringfügig, unbedeutend, unwesentlich, belanglos ⑤ (*Eindruck*) oberflächlich ⑥ (*Unterschied*) klein; **not in the ~est** nicht im Geringsten **II.** *vt* kränken; geringschätzig behandeln **III.** *s* Kränkung *f;* Missachtung *f* (*on his work* seiner Arbeit); **slight·ly** ['-lɪ] *adv* ein wenig, etwas, leicht

slim [slɪm] **I.** *adj* ① schlank; schmächtig ② gering(fügig), schwach **II.** *vt* schlank machen **III.** *vi* abnehmen

slime [slaɪm] *s* Schleim *m*

slim·mer ['slɪmə(r)] *s* Kalorienzähler(in) *m(f);* **slim·ming** ['slɪmɪŋ] **I.** *s* Abnehmen *nt* **II.** *adj* schlank machend; **be** ~ schlank machen; **be on a** ~ **diet** eine Abmagerungskur machen; **black is a** ~ **colour** schwarz macht schlank

slimy ['slaɪmɪ] *adj* ① schleimig, glitschig; schmierig ② (*fig*) widerlich, ekelhaft

sling [slɪŋ] <*irr:* slung, slung> **I.** *s* ① (Stein)Schleuder *f* ② (MED) Schlinge *f* ③ (*zum Tragen*) Schlinge *f;* (Gewehr-, Trag)Riemen *m* ④ Babytragetasche *f* **II.** *vt* ① schleudern, werfen ② hochziehen ③ (*Gewehr*) um-, überhängen; ~ **one's hook** (*fam*) abhauen; ~ **mud at s.o.** (*fam*) jdn mit Schmutz bewerfen; ~ **s.o. out** (*fam*) jdn rausschmeißen; ~ **s.th. out** (*fam*) etw wegschmeißen; **sling·shot** *s* Schleuder *f*

slink [slɪŋk] <*irr:* slunk, slunk> *vi* schleichen; ~ **about** umherschleichen; ~ **away** [*o* **off**] wegschleichen; sich davonstehlen

slinky ['slɪŋkɪ] *adj* (*fam*) aufreizend; katzenhaft

slip [slɪp] **I.** *vi* ① schlüpfen (*into a coat* in einen Mantel) ② schleichen ③ gleiten (*through the water* durch das Wasser) ④ ausgleiten, -rutschen (*on the ice* auf dem Eis) ⑤ (*Geheimnis*) herausrutschen ⑥ (*fig*) abgleiten, absinken, nachlassen; **let s.th.** ~ **through one's fingers** sich etw entgehen lassen; ~ **through s.o.'s fingers** jdm durch die Finger schlüpfen; jdm entgehen; **I let it** ~ das ist mir (so) entfahren; **don't let the chance** ~ lassen Sie sich die Gelegenheit nicht entgehen **II.** *vt* ① gleiten lassen; schieben ② hineinstecken (*into* in), schnell, unbemerkt stecken, drücken (*into* in) ③ (*Geld*) zustecken (*s.o.* jdm) ④ (*Maschen*) ungestrickt abheben ⑤ (*Bemerkung*) nicht unterdrücken können ⑥ übersehen, verpassen, sich entgehen lassen ⑦ entschwinden, entfallen (*the mind, memory* dem Gedächtnis) ⑧ sich losreißen von; losmachen; ~ **a disc** einen Bandscheibenschaden bekommen; ~ **the clutch** (AUTO) die Kupplung schleifen lassen; ~ **s.o.'s mind** jdm entfallen; ~ **s.o.'s notice** jdm entgehen **III.** *s* ① Ausgleiten, -rutschen *nt* ② Un(glücks)fall *m* ③ Fehltritt *m;* Irrtum *m,* Versehen *nt,* Schnitzer, Fehler *m;* Versprechen *nt;* Verschreiben *nt* ④ (AVIAT) Schlipp *m* ⑤ geschlämmter Ton ⑥ Unterkleid *nt,* -rock *m* ⑦ (*pillow ~*) Kissenbezug *m* ⑧ Spross, Trieb, Schössing *m,* Steckreis *nt* ⑨ Zettel *m;* (COM) Beleg, Abschnitt *m;* (*Versicherung*) Deckungszusage *f* ⑩ **~s** (THEAT) Bühnenloge *f;* **give s.o. the** ~ jdm entwischen; **it was a** ~ **of the tongue** ich habe mich versprochen; (*fam*) es ist mir herausgerutscht; **a** (**mere**) ~ **of a boy/girl** ein schmächtiges Kerlchen/zartes Ding; ~ (**of paper**) Zettel *m;* ~ **of the pen** Schreibfehler *m;* **slip away** *vi* ① sich davonstehlen ② (*Zeit*) vergehen; (*Chancen*) schwinden; **slip back** *vi* sich zurückschleichen; (*Produktion*) zurückgehen; (*Patient*) einen Rückfall haben; ~ **back into old habits** in alte Gewohnheiten zurückfallen; **slip by, slip away, slip past** *vi* ① (*Zeit*) im Fluge, unmerklich vergehen ② sich vorbeischleichen (*s.o.* an jdm); **slip down** *vi* ① hinunterrutschen (*s.th.* über etw) ② sich hinunterstehlen (*s.th.* über etw); **slip from** *vi* gleiten aus (*one's hand* der Hand); **slip in I.** *vt* (*Wort*) einfließen lassen **II.** *vi* sich einschleichen; **slip into** *vi* ① abgleiten (*s.th.* in etw) ② sich einschleichen (*s.th.* in etw) ③ (*Kleidung*) eilig schlüpfen (*s.th.* in etw) ④ sich verwandeln (*s.th.* in etw) ⑤ gleiten lassen (*s.th.* etw in etw); **slip off I.** *vt* ① hinausschlüpfen aus (*einem Kleidungsstück*), ausziehen ② herunterrutschen (*s.th.* von etw) **II.** *vi* sich davonmachen; **slip on** *vt* hineinschlüpfen in (*ein Kleidungsstück*), anziehen, überziehen; **slip out** *vi* ① kurz weggehen ② (*Ge-

heimnis) herausrutschen; **slip over** *vi* gleiten, rutschen (*s.th.* über etw); ~ **one over on s.o.** jdn hereinlegen, übers Ohr hauen; **slip up** *vi* einen Fehler machen

slip car·riage, **slip coach** ['slɪp,kærɪdʒ, 'slɪpkəʊtʃ] *s* (RAIL) abhängbarer Wagen; **slip·case** *s* Schuber *m;* **slip·cover** *s* (*Am*) Überzug *m;* **slip·knot** *s* Laufknoten *m;* **slip-on**, **slip·over** ['slɪpɒn, 'slɪp,əʊvə(r)] *s* Pullunder *m*

slip·per ['slɪpə(r)] *s* Hausschuh *m;* Pantoffel *m*

slip·pery ['slɪpərɪ] *adj* ❶ schlüpfrig, glatt, glitschig ❷ (*fig*) unsicher, unzuverlässig; **the** ~ **slope** (*fig*) die schiefe Bahn

slip road ['slɪprəʊd] *s* ❶ Zufahrt ❷ (*Autobahn*) Auffahrt, Ausfahrt *f;* **slip·shod** ['slɪpʃɒd] *adj* (*fig*) schlampig, nachlässig, gleichgültig; **slip·stream** **I.** *s* (AVIAT) Luftschraubenstrahl *m;* (AUTO) Windschatten *m* **II.** *vi* im Windschatten fahren; **slip-up** ['slɪpʌp] *s* (*fam*) Schnitzer *m;* Panne *f;* **slip·way** ['slɪpweɪ] *s* (MAR) Helling *f*

slit [slɪt] <*irr:* slit, slit> **I.** *vt* (auf)schlitzen, aufschneiden **II.** *s* Schlitz, Spalt *m;* Schießscharte *f;* **slit**(**ty**)**-eyed** ['slɪt(ɪ)aɪd] *adj* (*pej*) schlitzäugig

slither ['slɪðə(r)] *vi* ❶ rutschen ❷ (*Schlange*) kriechen; **slithery** ['slɪðərɪ] *adj* schlüpfrig, glatt

sliver ['slɪvə(r)] *s* Splitter, Span *m*

slob [slɒb] *s* (*fam*) Schmutzfink *m*

slob·ber ['slɒbə(r)] *vi* sabbeln; geifern; **slob·bery** ['slɒbərɪ] *adj* glitschig, nass

sloe [sləʊ] *s* Schlehe *f*

slog [slɒg] **I.** *vi* (*fam*) ❶ schuften ❷ schlagen (*at* auf) ❸ (~ *on*) schwerfällig gehen; ~ **through s.th.** durch etw stapfen; ~ **away** sich abrackern (*at* mit) **II.** *vt* hart schlagen **III.** *s* ❶ (heftiger) Schlag *m* ❷ (*fam*) Schufterei *f*

slo·gan [sləʊgən] *s* ❶ Slogan *m;* Wahlspruch *m;* Schlagwort *nt* ❷ (COM) Werbespruch *m*

slo-mo ['sləʊ,məʊ] *s* (*Am*) Zeitlupe *f*

sloop [slu:p] *s* (MAR) Schaluppe *f;* Geleitboot *nt*

slop [slɒp] **I.** *s* ❶ (*fam*) Schmalz *m* ❷ ~**s** Spülwasser, Spülicht *nt* ❸ (dünne) Brühe *f* **II.** *vi* ❶ (~ *over*) überlaufen, -fließen, -schwappen ❷ (~ *about*) herumschlurfen **III.** *vt* verschütten; vergießen; schütten; **slop basin** *s* Schale *f* für Kaffeesatz, Teeblätter

slope [sləʊp] **I.** *s* ❶ (Ab)Hang *m;* Böschung *f* ❷ Neigung *f;* Gefälle *nt;* Schräge *f;* **ski** ~ Piste *f;* **on a** ~ am Hang **II.** *vi* ❶ (~ *down*) schräg abfallen ❷ sich neigen ❸ (*fam*) schlendern **III.** *vt* neigen, schräg legen; **slope away** *vi* ❶ abfallen ❷ (*fam*) abhauen; **slope down** *vi* sich neigen, abfallen; **slope off** *vi* (*fam*) abhauen; **slope up** *vi* ❶ (*Straße*) ansteigen ❷ heranschlendern; ~ **up to s.o.** auf jdn zuschlendern; **slop·ing** [-ɪŋ] *adj* ansteigend; abfallend; (*Decke, Boden*) schräg; (*Schultern*) hängend; (*Garten*) am Hang (gelegen)

slop·pi·ness ['slɒpɪnəs] *s* Schlampigkeit *f;* Nachlässigkeit *f;* **sloppy** ['slɒpɪ] *adj* ❶ matschig, nass ❷ (*fam*) schlampig, liederlich; nachlässig ❸ (*fam*) schmalzig, sentimental; **do** ~ **work** pfuschen

slosh [slɒʃ] **I.** *vi* (*fam*) ❶ herumpatschen; herumspritzen ❷ überschwappen **II.** *vt* (*fam*) schlagen; **sloshed** [slɒʃt] *adj* (*Br sl*) besoffen

slot [slɒt] *s* ❶ Kerbe *f,* Einschnitt *m* ❷ Schlitz, (Münz)Einwurf *m* ❸ (RADIO TV) (Sende)Zeit *f,* in der ein bestimmtes Programm gesendet wird; **put money in the** ~ Geld einwerfen; **have a** ~ **for s.th.** etw einfügen können; **slot in** **I.** *vt* hineinstecken; einfügen; unterbringen **II.** *vi* sich einfügen lassen; ~ **s.o. into a company** jdn bei einer Firma unterbringen; ~ **s.o. into an image** jdn in ein bestimmtes Image einordnen; ~ **commercials in** Werbespots einbauen; **slot together** **I.** *vi* zusammenpassen **II.** *vt* zusammenfügen

sloth [sləʊθ] *s* ❶ Faulheit, Trägheit *f* ❷ Faultier, Ai *nt;* **sloth·ful** ['sləʊθfl] *adj* faul, träge

slot ma·chine ['slɒtməʃi:n] *s* (Waren-, Spiel)Automat *m;* **slot meter** *s* Münzzähler *m*

slouch [slaʊtʃ] **I.** *vi* lässig, schlacksig herumsitzen, -stehen; sich hinflegeln; herumlungern **II.** *s* ❶ schlaffe, schlechte Haltung ❷ schwerfälliger Gang ❸ (~ *hat*) Schlapphut *m* ❹ (*fam*) Flasche, Niete *f;* **be no** ~ (*fam*) was loshaben (*at* in)

slough[1] [slʌf] **I.** *s* (abgeworfene Schlangen)Haut *f* **II.** *vt* ❶ (~ *off*) abwerfen, -stoßen ❷ (*fig: Angewohnheit*) ablegen, loswerden ❸ (*fig*) aufgeben

slough[2] [slaʊ, *Am* slu:] *s* Sumpf, Morast *m;* **the Slough of Despond** Hoffnungs-, Mutlosigkeit *f*

Slo·vak ['sləʊvæk] **I.** *adj* slowakisch **II.** *s* ❶ Slowake *m,* Slowakin *f* ❷ (das) Slowakisch(e); **Slo·vak·ia** [sləʊ'vækɪə] *s* die Slowakei

sloven ['slʌvn] *s* Schlampe *f,* Schlamper *m*

Slo·ven·ia [sləʊ'vi:nɪə] *s* Slowenien *nt*

Slo·vene ['sləʊvi:n], **Slo·ven·ian** [sləʊ'vi:nɪən] **I.** *adj* slowenisch **II.** *s* ❶ Slowene m, Slowenin f ❷ (das) Slowenisch(e)

sloven·ly [-lɪ] *adj* schlampig

slow [sləʊ] **I.** *adj* ❶ langsam ❷ schleppend, träge ❸ (*Markt*) flau ❹ schwerfällig, schwer von Begriff ❺ (*Uhr*) nachgehend ❻ (*Fieber*) schleichend ❼ (*Feuer*) schwach ❽ (COM: *Zahler*) säumig, unpünktlich ❾ (*Film*) unempfindlich ❿ (MUS) breit, gedehnt; ~ **off the mark** [*o* **on the uptake**] schwer von Begriff; **be** ~ (*Uhr*) nachgehen; **cook on a** ~ **fire** auf kleiner Flamme kochen; **he's** ~ **in catching on** er hat eine lange Leitung; **it's** ~ **work** das geht langsam (voran); **he is a** ~ **worker/reader** er arbeitet/liest langsam; **be** ~ **to do s.th.** sich bei etw Zeit lassen; **not to be** ~ **to do s.th.** etw schnell tun **II.** *adv* langsam; **go** ~ langsam fahren; (*Arbeiter*) einen Bummelstreik machen **III.** *vi:* ~ **to a stop** langsam anhalten **IV.** *vt* verlangsamen; **slow down I.** *vi* langsamer werden, sich verlangsamen; (*Inflation*) abnehmen **II.** *vt* verlangsamen; (*Motor*) drosseln; (*fig*) verzögern; ~ **the car down** langsamer fahren

slow·coach ['sləʊkəʊtʃ] *s* Schlafmütze *f;* **slow·down** ['sləʊdaʊn] *s* ❶ Verlangsamung *f* ❷ Konjunkturrückgang *m;* ~ (**strike**) (*Am*) Bummelstreik, Dienst *m* nach Vorschrift; **slow·ly** ['sləʊlɪ] *adv* langsam; **slow-motion I.** *adj* in Zeitlupe **II.** *s* Zeitlupe *f;* **slow-mov·ing** [ˌsləʊ'mu:vɪŋ] *adj* langsam vorankommend; (*Verkehr*) kriechend; (*Handlung*) langatmig; **slow·ness** ['sləʊnɪs] *s* ❶ Langsamkeit *f* ❷ Trägheit *f;* Schwerfälligkeit *f* ❸ Begriffsstutzigkeit *f;* **slow train** *s* (*Br*) Bummelzug *m;* **slow-witted** [ˌsləʊ'wɪtɪd] *adj* begriffsstutzig; **slow·worm** *s* Blindschleiche *f*

SLR [ˌesel'ɑ:(r)] *s* *Abk. von* **single-lens reflex** (**camera**) Spiegelreflexkamera *f*

sludge [slʌdʒ] *s* ❶ (Schnee)Matsch *m;* Schlamm *m* ❷ (TECH) (Klär)Schlamm *m;* **sludge digestion** *s* Schlammfaulung *f;* **sludge gas** *s* Faul-, Klärgas *nt;* **sludge gulper** *s* Klärschlammabfuhrwagen *m*

slue [slu:] **I.** *vi* sich drehen **II.** *vt* drehen

slug¹ [slʌg] *s* Nacktschnecke *f*

slug² [slʌg] *s* ❶ (TYP) Zeilenguss *m,* Reglette *fpl,* Durchschuss *m* ❷ (*fam*) Schluck *m* ❸ Kugel *f*

slug³ [slʌg] **I.** *vt* (*fam*) hart schlagen **II.** *s* (*fam*) harter Schlag; **give s.o. a** ~ jdm eine knallen

slug·gard ['slʌgəd] *s* Faulpelz *m;* **slug·gard·ly** [-lɪ] *adj* faul

slug·gish ['slʌgɪʃ] *adj* ❶ träge; langsam ❷ (COM) schleppend; stagnierend ❸ (TECH) zähflüssig

sluice [slu:s] **I.** *s* ❶ Schleuse *f* ❷ Rinne *f,* Graben *m* **II.** *vi* herausströmen **III.** *vt* ❶ (~ *out, down*) waschen; abspritzen; ab-, auswaschen, ausspülen ❷ (*Erz*) waschen; **sluice·gate** *s* Schleusentor *nt;* **sluice·way** *s* Schleusenkanal *m*

slum [slʌm] **I.** *s* ❶ Elendsquartier *nt* ❷ ~**s** Elendsviertel *nt* ❸ (*fig*) Saustall *m* **II.** *vt, vi:* ~ **it** primitiv leben

slum·ber ['slʌmbə(r)] **I.** *vi* (*lit*) schlummern, schlafen **II.** *s oft pl* (*lit*) Schlummer *m*

slum child ['slʌmtʃaɪld] <*pl* -children> *s* Slumkind *nt;* **slum clearance** *s* Beseitigung *f* der Slums, Stadtsanierung *f;* **slum dweller** *s* Slumbewohner(in) *m(f)*

slump [slʌmp] **I.** *vi* ❶ (~ *down*) zusammensinken, zusammensacken ❷ (*fig: Preise*) (plötzlich) fallen, sinken, nachlassen ❸ (*Absatz*) abnehmen, fallen ❹ sich fallen lassen (*into a chair* auf einen Stuhl) **II.** *s* ❶ (plötzliches) Nachlassen, Absinken *nt* ❷ (Preis-, Kurs)Sturz, Konjunktureinbruch *m;* ~ **in prices** Preisverfall *m;* ~ **in production** Produktionsrückgang *m*

slung [slʌŋ] *s.* **sling**

slunk [slʌŋk] *s.* **slink**

slur [slɜ:(r)] **I.** *vt* ❶ undeutlich, nachlässig aussprechen ❷ (MUS) binden, halten ❸ (~ *over*) oberflächlich behandeln, hinweggehen über (*s.th.* etw) **II.** *s* ❶ undeutliche Aussprache ❷ (*fig*) Makel *m;* Verunglimpfung *f* ❸ (MUS) Bindung *f;* Bindebogen *m*

slurp [slɜ:p] *vi, vt* (*fam*) schlürfen

slurry ['slʌrɪ] *s* Jauche, Gülle *f*

slush [slʌʃ] *s* Schneematsch *m;* Matsch, Morast, Schlamm *m;* (*fig*) Kitsch *m;* **slush fund** *s* Bestechungs-, Schmiergelder *ntpl;* **slushy** ['slʌʃɪ] *adj* matschig; (*fig*) sentimental

slut [slʌt] *s* ❶ Schlampe *f* ❷ Flittchen *nt;* **slut·tish** ['-ɪʃ] *adj* liederlich

sly [slaɪ] *adj* ❶ schlau, verschlagen ❷ falsch, hinterhältig; **on the** ~ heimlich

smack¹ [smæk] **I.** *s* ❶ (leichter) Geschmack *m;* (*a. fig*) Beigeschmack *m* ❷ (*fig*) (schwache) Spur, Andeutung *f,* Anflug *m* **II.** *vi* ❶ schmecken, *fig* riechen (*of* nach) ❷ einen Anflug haben (*of* von)

smack² [smæk] **I.** *s* ❶ (~ *on the lips*) Schmatz *m,* lauter Kuss ❷ Schmatzen *nt* ❸ (*Peitsche*) Knallen *nt* ❹ Klaps, Schlag *m* ❺ (*sl*) Heroin *nt;* **have a** ~ **at s.th.** (*fam*) etw probieren; **a** ~ **in the eye** (*fam*) ein Schlag ins Kontor, ein Misserfolg *m* **II.** *vt* (klatschend) schlagen; ~ **s.o.'s bottom** jdm den Hintern versohlen; ~ **one's lips**

schmatzen **III.** *adv* direkt
smacker ['smækə(r)] *s* ❶ (*fam: Kuss*) Schmatzer *m* ❷ Klaps *m* ❸ (*sl*) Dollar *m*; Pfund (Sterling) *nt*
smack·ing ['smækɪŋ] *s* Tracht *f* Prügel
small [smɔːl] **I.** *adj* ❶ klein ❷ gering ❸ (*Zahl*) niedrig ❹ (*Vermögen*) bescheiden ❺ (*Trost*) schwach, schlecht ❻ geringfügig, unbedeutend ❼ (*Mensch*) kleinlich ❽ (*Stimme*) schwach ❾ (*obs: Bier*) schwach, dünn; **in a ~ voice** kleinlaut; **in a ~ way** in bescheidenem Umfang; **on the ~ side** etwas zu klein; **feel ~** kleinlaut sein; **the ~est possible amount** so wenig wie möglich; **that was no ~ success** das war ein beachtlicher Erfolg; **~ and medium-sized enterprises, SMEs** Mittelstand *m* **II.** *s pl* (*Br*) Unterwäsche *f*; **the ~ of the back** das Kreuz; **small ads** *s pl* Kleinanzeigen *fpl*; **small arms** *s pl* Handfeuerwaffen *fpl*; **small beer** *s* (*obs*) Dünnbier *nt*; (*fig*) Kleinigkeit *f*; kleiner Wicht; **small business** *s* Kleinbetriebe *mpl*; **small businessman** *s* Kleinunternehmer *m*; **small change** *s* Klein-, Wechselgeld *nt*; **small claims court** *s* (*Br*) ≈ Amtsgericht *nt*; **small fry** *s pl* (*a. fig*) kleine Fische *mpl*
small·hold·er ['smɔːl,həʊldə(r)] *s* Kleinbauer *m*; **small·hold·ing** ['smɔːl,həʊldɪŋ] *s* Kleinbesitz *m*
small hours *s pl* frühe Morgenstunden *fpl*; **small intestine** *s* Dünndarm *m*
smallish ['smɔːlɪʃ] *adj* ziemlich klein
small loan *s* Kleinkredit *m*; **small-minded** [,smɔːl'maɪndɪd] *adj* kleinlich, engstirnig; **small·ness** ['smɔːlnɪs] *s* Kleinheit *f*; (*fig*) Bescheidenheit *f*; (*pej*) Kleinlichkeit *f*; **small·pox** ['smɔːlpɒks] *s* Pocken *pl*; **small print** *s* (das) Kleingedruckte; **small-scale** *adj* Klein-, in kleinem Maßstab; **small screen** *s* (*fam*) Bildschirm *m*; **small talk** *s* (höfliche), Konversation *f*; **small-time** *adj* (*fam*) klein; nebensächlich, belanglos, unbedeutend; **~ crooks** kleine Gauner *mpl*
smarmy ['smɑːmɪ] *adj* (*fam*) glatt, kriecherisch
smart [smɑːt] **I.** *adj* ❶ schick; flott; gepflegt ❷ klug, gewitzt; raffiniert; (*pej*) besonders gescheit ❸ schnell, flink, fix ❹ (*Am fam*) frech; **get ~** (*Am fam*) sich zusammenreißen; **get ~ with s.o.** (*fam*) jdm frech kommen; **he thinks it's ~ to do that** er kommt sich dabei toll vor; **look ~!** beeil dich! **II.** *vi* brennen; **~ under s.th.** (*fig*) unter etw leiden **III.** *s* Schmerz *m*; Brennen *nt*; **smart alec(k)** ['smɑːt'ælɪk] *s* Besserwisser(in) *m(f)*; **smart·arse** ['smɑːtɑːs] *s*, **smart·ass** ['smɑːtæs] *s* (*Am*) Klugscheißer *m*; **smart card** *s* Chipkarte, Smart Card *f*; **smarten** ['smɑːtn] **I.** *vt* (*~ up*) auffrischen, -polieren, herausputzen; **~ o.s. up** sich schön machen **II.** *vi* ❶ frisch, sauber, schöner werden ❷ aufleben, in Schwung kommen; **smart·ness** ['smɑːtnɪs] *s* ❶ Schick *m*; Eleganz *f* ❷ Schlauheit, Gerissenheit *f* ❸ Gewandtheit, Tüchtigkeit *f*; **smart weapon** *s* computergesteuerte Waffe
smash [smæʃ] **I.** *vt* ❶ zerschmettern (*s.th. against the wall* etw an der Wand), zerschlagen ❷ (*Fenster*) einwerfen, -schlagen ❸ (vernichtend) schlagen, (schwer) treffen, ruinieren ❹ (*Tennis*) schmettern; **~ to bits** in tausend Stücke zerbrechen, zerschlagen **II.** *vi* ❶ zerbrechen; zerschellen ❷ (*~ into s.th.*) prallen (*into s.th.* gegen etw) ❸ (*fig fam*) Bankrott machen, Pleite gehen **III.** *s* ❶ heftiger Schlag ❷ (*Tennis*) Schmetterball *m* ❸ Zerbrechen, Zerkrachen *nt*; Knall *m* ❹ Zusammenstoß *m* ❺ Zusammenbruch, Bankrott *m*; **smash in** *vt* einschlagen; **smash up** **I.** *vt* zertrümmern; (*Gesicht*) übel zurichten; (*Auto*) zu Schrott fahren **II.** *vi* kaputtgehen; zerschellen; **smash-and-grab raid** [,smæʃn'græbreɪd] *s* Schaufenstereinbruch *m*; **smashed** [smæʃt] *adj* (*sl: betrunken*) völlig zu; **smasher** ['smæʃə(r)] *s* ❶ Knüller *m*, Bomben-, Pfundssache *f* ❷ Pfundskerl *m*, Prachtmädel *nt*; **smash hit** *s* Bombenerfolg *m*; **smash·ing** ['smæʃɪŋ] *adj* (*fam*) toll, fantastisch; **smash-up** ['smæʃʌp] *s* Unfall *m*; **car ~** Autozusammenstoß *m*
smat·ter·ing ['smætərɪŋ] *s* oberflächliche Kenntnis (*in, of*+*gen*); **a ~ of German** ein paar Brocken Deutsch
smear [smɪə(r)] **I.** *vt* ❶ schmieren; verschmieren; beschmieren; einschmieren (*with* mit) ❷ verwischen ❸ (*fig*) verleumden **II.** *vi* verschmieren; (*Kugelschreiber*) schmieren; (*Tinte*) verlaufen **III.** *s* ❶ (Schmier-, Schmutz)Fleck *m* ❷ (MED) Abstrich *m* ❸ (*fig*) Verleumdung *f*; **~ of blood/paint** Blut-/Farbfleck *m*; **~ campaign** Schmutz-, Verleumdungskampagne *f*; **~ test** (MED) Abstrich *m*; **smeary** ['smɪərɪ] *adj* ❶ schmierig, schmutzig ❷ schmierend
smell [smel] <*irr:* smelt (smelled), smelt (smelled)> **I.** *vt* ❶ riechen ❷ wittern ❸ beriechen, beschnuppern; **~ a rat** (*fig*) Lunte riechen **II.** *vi* ❶ riechen (*at* an, *of* nach), duften; stinken ❷ (*fig*) hindeuten (*of* auf), erinnern (*of* an); **~ to high heaven** zum Himmel stinken **III.** *s* ❶ Ge-

S

ruch(ssinn) *m* ② Geruch, Duft *m* ③ Gestank *m;* **smell out** *vt* ① aufstöbern, aufspüren; (*Verschwörung*) aufdecken ② verpesten; **smell·ing bottle** ['smelɪŋˌbɒtl] *s* Riechfläschchen *nt;* **smell·ing salts** ['smelɪŋsɔːlts] *s* Riechsalz *nt;* **smelly** ['smelɪ] *adj* (*fam*) stinkend

smelt¹ [smelt] *vt* schmelzen, verhütten; ~ **down** einschmelzen

smelt² [smelt] *s.* **smell**

smile [smaɪl] **I.** *vi, vt* lächeln; ~ **at s.o.** jdn anlächeln, anlachen; ~ **at s.th.** über etw lächeln; ~ **on s.o.** (*fig*) jdm lachen; ~ **with joy/happiness** vor Freude/Glück strahlen; **keep smiling!** lass dich nicht unterkriegen!; ~ **one's thanks** dankbar lächeln; ~ **a friendly** ~ freundlich lächeln **II.** *s* Lächeln *nt;* **give s.o. a** ~ jdm zulächeln; **come on, give me a** ~**!** lach doch mal; **be all** ~**s** übers ganze Gesicht strahlen; **smil·ey-face** ['smaɪlɪˌfeɪs] *adj* lächelnd; **smil·ing** ['-ɪŋ] *adj* lächelnd

smirch [smɜːtʃ] **I.** *vt* (*fig*) Schande machen (*s.o.* jdm) **II.** *s* (*fig*) Schandfleck *m*

smirk [smɜːk] **I.** *vi* grinsen, hämisch lächeln **II.** *s* Grinsen *nt*

smith [smɪθ] *s* Schmied *m*

smith·er·eens [ˌsmɪðə'riːnz] *s:* **in** ~ in tausend Stücken; **smash to** ~ in Stücke schlagen

smithy ['smɪðɪ] *s* Schmiede *f*

smit·ten ['smɪtn] *adj* ① heimgesucht (*with* von) ② (*fam*) verknallt, verliebt (*with* in)

smock [smɒk] *s* ① (Arbeits)Kittel *m* ② Schürzenbluse *f;* **smock·ing** ['-ɪŋ] *s* Smokarbeit *f*

smog [smɒg] *s* Smog *m;* **smog alert, smog warning** *s* Smogalarm *m*

smoke [sməʊk] **I.** *s* Rauch, Qualm *m;* **go up in** ~ (*fig*) in Rauch aufgehen; ergebnislos verlaufen; wütend werden; **have a** ~ (eine) rauchen; Haschisch rauchen; **have you got a** ~**?** hast du was zu rauchen? **II.** *vi* rauchen; qualmen; Haschisch rauchen **III.** *vt* ① rauchen ② (*Lebensmittel*) räuchern; **smoke out** *vt* ① ausräuchern ② (*fam*) verräuchern, einräuchern; **smoke bomb** *s* Rauchbombe *f;* **smoked** [sməʊkt] *adj* geräuchert; Räucher-; (*Glas*) Rauch-; ~ **salmon** Räucherlachs *m;* **smoke detector** *s* Rauchmelder *m;* **smoke-dried** ['sməʊkdraɪd] *adj* geräuchert; **smoke-free** *adj* rauchfrei; **smoke·less** ['sməʊklɪs] *adj* rauchlos; (*Gebiet*) rauchfrei; **smoker** ['sməʊkə(r)] *s* ① Raucher(in) *m(f)* ② Raucherabteil *nt;* **smoke room** *s* Rauchsalon *m;* **smoke screen** *s* (MIL) Rauch-, Nebelwand *f;* (*fig*) Vernebelung *f;* **smoke shell** *s* Nebelgranate *f;* **smoke signal** *s* Rauchsignal *nt;* **smoke·stack** *s* Schornstein *m;* Schlot *m;* ~ **industry** Schornsteinindustrie *f;* **smoke-stain·ed** ['sməʊksteɪnd] *adj* rauchgeschwärzt

smok·ing ['sməʊkɪŋ] *s* Rauchen *nt;* **no** ~**!** Rauchen verboten!; **smoking car** *s* (*Am*), **smoking compartment** *s* (RAIL) Raucherabteil *nt;* **smoking jacket** *s* Hausjacke *f*

smoky ['sməʊkɪ] *adj* ① (*Feuer*) qualmend ② rauchig; verräuchert ③ rauchgeschwärzt; **smol·der** (*Am*) *s.* **smoulder**

smooch [smuːtʃ] *vi* (*fam*) schmusen, knutschen

smooth [smuːð] **I.** *adj* ① glatt; (*Oberfläche*) eben; (*See*) ruhig ② (*Haare, Haut*) weich ③ (*Paste, Teig*) sämig; (*Soße*) glatt ④ (*Reise, Überfahrt, Flug*) ruhig; (*Start, Landung*) glatt, weich; (*Atmung*) gleichmäßig ⑤ (*Ablauf*) reibungslos, glatt ⑥ (*Getränk*) mild ⑦ (*Stil*) flüssig, glatt; (*Ton*) sanft; (*Redeweise*) flüssig ⑧ (*Benehmen, Verkäufer*) glatt, geschliffen, aalglatt ⑨ (*fam*) gepflegt, fesch ⑩ (*Tennis*) glatt, weich ⑪ (*Motor, Getriebe*) leichtgängig; **have a** ~ **manner** [*o* **tongue**] aalglatt sein; ~ **operator** Schlawiner *m,* Schlitzohr *nt;* **make things** ~ **for s.o.** jdm die Schwierigkeiten aus dem Weg räumen **II.** *s:* **give s.th. a** ~ etw glatt streichen; **take the rough with the** ~ das Gute wie das Schlechte hinnehmen **III.** *vt* glätten; (*fig*) besänftigen; **smooth away** *vt* glätten; (*fig*) besänftigen; **smooth down I.** *vt* ① glatt streichen; zurechtmachen ② (*fig*) beruhigen, beschwichtigen **II.** *vi* sich glätten; sich beruhigen; **smooth over** *vt* gerade biegen

smoothie, smoothy ['smuːðɪ] *s* (*fam pej*) Lackaffe *m;* **smooth·ness** ['smuːðnɪs] *s* ① Glätte *f* ② Geschmeidigkeit *f* ③ Sanftheit *f* ④ (*fig*) Eleganz *f;* **smooth-shaven** *adj* glatt rasiert; **smooth-talk** [smuːð'tɔːk] *vi* (*fam*): ~ **s.o.** sich bei jdm einschmeicheln; **smooth-tongued** ['smuːðtʌŋd] *adj* katzenfreundlich; schmeichlerisch

smother ['smʌðə(r)] **I.** *vt* ① ersticken ② überschütten, überhäufen (*in, with* mit) **II.** *vi* ersticken

smoul·der ['sməʊldə(r)] *vi* schwelen, glimmen; ~**ing look** glühender Blick

smudge [smʌdʒ] **I.** *s* ① Schmutzfleck *m;* Klecks *m* ② (*Am*) qualmendes Feuer **II.** *vt, vi* verschmieren; **smudge-proof** *adj* (*lipstick*) nicht schmierend; **smudgy** ['smʌdʒɪ] *adj* schmutzig, schmierig; verwischt

smug [smʌg] *adj* ① selbstzufrieden, -gefällig

❷ eingebildet; blasiert

smuggle ['smʌgl] *vt, vi* schmuggeln (*s.th. into England* etw nach England); **smug·gler** ['smʌglə(r)] *s* Schmuggler(in) *m(f)*; **smug·gling** ['smʌglɪŋ] *s* Schmuggel *m*

smut [smʌt] *s* ❶ Ruß(flocke *f*) *m* ❷ Schmutzfleck *m* ❸ (*fig*) Zoten *fpl*; **smutty** ['smʌtɪ] *adj* schmutzig, unanständig

snack [snæk] *s* Imbiss, Snack *m*, Kleinigkeit *f* zu essen; **snack·able** ['snækəbl] *adj* als kleiner Snack geeignet; **snack bar, snack counter** *s* Imbissstube, Schnellgaststätte, Snackbar *f*

i Land & Leute

Zu den typischsten amerikanischen **snack foods,** die zwischen den Mahlzeiten gegessen werden, gehören *potato chips* und *tortilla chips. Potato chips* (Kartoffelchips) gibt es in verschiedenen Ausführungen: nur mit Salz oder mit Zwiebelgeschmack, dünn und flach oder in Wellenform. *Tortilla chips* werden aus Maismehl hergestellt und sind normalerweise gesalzen.

snaffle ['snæfl] *vt* (*Br fam*) stibitzen, klauen; ~ **s.th. up** etw wegschnappen

snag [snæg] **I.** *s* ❶ Baum-, Aststumpf *m* ❷ Riss *m* (*im Strumpf*) ❸ (*fig*) Schwierigkeit *f*; Haken *m*; **hit a** ~ in Schwierigkeiten kommen; **there's a** [*o* **one**] ~ die Sache hat einen Haken **II.** *vt* (*an einem hervorstehenden Gegenstand*) aufreißen; (*Faden*) herausziehen

snail [sneɪl] *s* Schnecke *f*; **at a** ~**'s pace** im Schneckentempo; **snail mail** *s* (INTERNET) Schneckenpost *f*; **snail-shell** *s* Schneckenhaus *nt*

snake [sneɪk] **I.** *s* Schlange *f*; **a** ~ **in the grass** (*fig*) ein hinterhältiger Mensch **II.** *vi* sich schlängeln, sich winden; **snake bite** *s* Schlangenbiss *m*; **snake charmer** *s* Schlangenbeschwörer(in) *m(f)*; **snake poison, snake venom** *s* Schlangengift *nt*; **snake ranch** *s* Schlangenfarm *f*; **snake·skin** *s* Schlangenhaut *f*; Schlangenleder *nt*; **snaky** ['sneɪkɪ] *adj* sich schlängelnd

snap [snæp] **I.** *vi* ❶ schnappen (*at* nach) ❷ zuschnappen; rasch zupacken ❸ (zer)springen, (zer)reißen ❹ (*Tür, Schloss:* ~ *shut*) zuschlagen, zuschnappen; **his patience** ~**ped** er verlor die Geduld; ~ **at s.o.** jdn anfahren; ~ **to attention** Haltung annehmen; ~ **to it!** zack, zack!; **something** ~**ped in me** da habe ich durchgedreht **II.** *vt* ❶ zerbrechen ❷ zuklappen, zuknallen; knallen lassen ❸ (~ *out*) herausfahren mit; (*Worte*) hervorstoßen ❹ knipsen; ~ **one's fingers** mit den Fingern schnalzen; ~ **one's fingers at s.o./s.th.** (*fig*) auf jdn/etw pfeifen **III.** *s* ❶ Schnappen *nt*; Schnalzen *nt*; Knacken *nt*; Klicken *nt*; Knallen *nt* ❷ (PHOT) Foto *nt*, Schnappschuss *m* ❸ (~ *fastener*) Druckknopf *m* ❹ (*fig fam*) Schwung, Elan *m* ❺ Keks *m*; **cold** ~ Kälteeinbruch *m* **IV.** *adj* plötzlich, spontan; ~ **decision** plötzlicher Entschluss; ~ **vote** Blitzabstimmung *f*; **go** ~ klick, schnapp, knack machen **V.** *interj* ich auch!; **snap away** *vt* ❶ wegschnappen; entreißen ❷ viel knipsen; **snap from** *vt* entreißen aus; wegreißen von; wegnehmen, stehlen von; **snap off I.** *vt* abreißen; abbrechen; abbeißen **II.** *vi* abbrechen; ~ **s.o.'s head off** (*fig*) jdn anfahren; **snap out** *vt* hervorstoßen (*his orders* seine Befehle); ~ **out of s.th.** mit etwas Schluss machen; ~ **out of it!** genug damit! Kopf hoch!; **snap up** *vt* wegschnappen

snap·dragon ['snæp,drægən] *s* Löwenmäulchen *nt*; **snap fastener** *s* Druckknopf *m*; **snap link** *s* Karabinerhaken *m*; **snap lock** *s* Schnappverschluss *m*; **snap·pish** [snæpɪʃ] *adj* bissig; **snappy** ['ʃnæpɪ] *adj* ❶ (*fam*) schnell, zackig ❷ bissig ❸ kurz und treffend; **make it** ~**!** (*fam*) fix! los, los!; **snap shackle** *s* Schnappschäkel *m*; **snap·shot** ['snæpʃɒt] *s* Schnappschuss *m*

snare [sneə(r)] **I.** *s* ❶ Schlinge, Falle *f* ❷ (*fig*) Fallstrick *m* ❸ (~ *drum*) kleine Trommel **II.** *vt* ❶ in einer Schlinge fangen ❷ (*fig*) sich unter den Nagel reißen ❸ (*fig*) eine Falle stellen (*s.o.* jdm)

snarl[1] [snɑːl] **I.** *vi* knurren; (*Motor*) dröhnen; ~ **at s.o.** jdn anknurren **II.** *vt* (~ *out*) knurrend, brummend sagen **III.** *s* Knurren *nt*

snarl[2] [snɑːl] **I.** *vt* verwirren **II.** *s* Knoten *m*; **snarl up I.** *vt* durcheinander bringen **II.** *vi* völlig durcheinander geraten; **traffic gets** ~**ed up** der Verkehr ist chaotisch; **get** ~**ed up in a traffic jam** in einem Stau stecken bleiben; **snarl-up** ['snɑːlʌp] *s* Durcheinander *nt*; (*Verkehr*) Chaos *nt*

snatch [snætʃ] **I.** *vt* ❶ greifen ❷ entreißen (*from s.o.* jdm); aus der Hand reißen ❸ (*Kuss*) rauben ❹ wegnehmen (*from* von) ❺ (*Gelegenheit*) beim Schopf ergreifen, fassen ❻ (*fam*) stehlen; kidnappen; ~ **a meal** schnell etwas essen **II.** *vi* schnap-

S

pen, haschen, rasch zugreifen (*up* nach) **III.** *s* ❶ schneller Griff ❷ Stück(chen) *nt,* Brocken *m;* (Gesprächs)Fetzen *m* ❸ (SPORT) Reißen *nt* ❹ (*fam*) Raub *m;* Entführung *f;* **in ~es** stoß-, ruckweise, mit Unterbrechungen; **make a ~ at s.th.** nach etw greifen, schnappen; **snatch away** *vt* wegreißen (*s.th. from s.o.* jdm etw); (*Tod*) entreißen (*from s.o.* jdm); **snatch up** *vt* schnappen; an sich reißen; **snatchy** ['snætʃɪ] *adj* unzusammenhängend, unregelmäßig, unterbrochen

snaz·zy ['snæzɪ] *adj* (*fam*) schick, fesch, flott

sneak [sni:k] **I.** *vi* ❶ schleichen ❷ (*a. fig*) kriechen ❸ (*~ away, off*) davonschleichen; sich davonmachen ❹ (*sl*) petzen; **~ on s.o.** (*sl*) jdn verpetzen **II.** *vt* mausen, stibitzen **III.** *s* ❶ Schleicher *m* ❷ (*sl*) Petzer *m,* Petzliese *f;* **sneak in** *vi* sich einschleichen; **sneak off, sneak past, sneak round** *vi* weg-, vorbei-, herumschleichen; **sneak out** *vi* sich herausschleichen (*of* aus); (*fig*) sich drücken (*of* vor), sich herausschwindeln (*out of* aus); **sneak up** *vi:* **~ ~ to s.o.** sich an jdn heranschleichen; **sneak·ers** ['sni:kəz] *s pl* Freizeitschuhe *mpl,* Turnschuhe *mpl;* **sneak·ing** ['-ɪŋ] *adj* geheim; (*Verdacht*) heimlich, leise; **sneak preview** *s* Vorpremiere *f;* **sneak thief** <*pl* thieves> *s* Gelegenheitsdieb *m;* **sneaky** ['sni:kɪ] *adj* heimtückisch; feige; raffiniert

sneer [snɪə(r)] **I.** *vi* ❶ höhnisch lächeln ❷ höhnen, spotten (*at* über) **II.** *s* Hohn(lachen, -gelächter *nt*), Spott *m;* spöttisches Grinsen; spöttische Bemerkung; **sneer·ing** ['snɪərɪŋ] *adj* höhnisch, spöttisch

sneeze [sni:z] **I.** *vi* niesen; **it is not to be ~d at** das ist nicht ohne, das ist nicht zu verachten **II.** *s* Niesen *nt*

snick [snɪk] **I.** *s* Kerbe *f,* Ritz *m* **II.** *vt* ritzen, einkerben; zupfen

snicker ['snɪkə(r)] *s.* **snigger**

snide [snaɪd] *adj* (*fam*) abfällig, höhnisch

sniff [snɪf] **I.** *vi* ❶ schniefen ❷ schnüffeln, schnuppern (*at* an) ❸ (*fig*) die Nase rümpfen (*at* über); **not to be ~ed at** (*fig fam*) nicht zu verachten **II.** *vt* riechen, schnuppern an; (*Tabak*) schnupfen; (*fig*) wittern; **~ glue** schnüffeln **III.** *s* Schnüffeln *nt;* Schniefen *nt;* (*fig*) Naserümpfen *nt;* **have a ~ at s.th.** an etw riechen; **sniff out** *vt* aufspüren; (*Komplott*) aufdecken; **sniffer dog** *s* Spürhund *m*

sniffle ['snɪfl] **I.** *vi* schniefen; schnüffeln **II.** *s* ❶ Schniefen *nt* ❷ **~s** (*fam*) Schnupfen *m*

snif·ter ['snɪftə(r)] *s* (*fam*) Schnäpschen *nt*

snig·ger ['snɪgə(r)] *vi* kichern (*at, about* über)

snip [snɪp] **I.** *vt* schnippen, (ab)schnippeln; schneiden; **~ off** abschneiden; abzwicken **II.** *vi* schnippe(l)n **III.** *s* ❶ kleiner Schnitt, Einschnitt *m* ❷ Schnipsel, Schnippel *m od nt* ❸ (*fam*) Schnäppchen *nt;* **it's a ~ at only £ 100** für nur £ 100 ist es sehr günstig; **have the ~** (*fam*) sich einer Vasektomie unterziehen

snipe [snaɪp] **I.** *s* Schnepfe *f* **II.** *vi:* **~ at s.o.** aus dem Hinterhalt auf jdn schießen; (*fig*) gegenüber jdm eine spitze Bemerkung machen; **sniper** ['snaɪpə(r)] *s* Heckenschütze *m*

snip·pet ['snɪpɪt] *s* ❶ Schnipsel *m od nt;* Stückchen *nt* ❷ **~s** Bruchstücke *ntpl*

snitch [snɪtʃ] **I.** *vt* (*sl*) stibitzen, mausen **II.** *vi* (*sl*) verpfeifen (*on s.o.* jdn)

snit fit ['snɪt,fɪt] *s* (*Am: fam*) Wutanfall *m*

snivel ['snɪvl] *vi* heulen; **snivel·ling** ['-ɪŋ] *adj* weinerlich; wehleidig

snob [snɒb] *s* Snob *m;* **snob·bery** ['snɒbərɪ] *s* Snobismus *m;* **snob·bish** ['snɒbɪʃ] *adj* großtuerisch, snobistisch, versnobt; **snob value** *s* Imagewert *m*

snog [snɒg] **I.** *s* (*sl*) Knutscherei *f* **II.** *vi* (*sl*) (rum)knutschen

snook [snu:k] *s:* **cock a ~ at s.o.** jdm eine lange Nase machen

snooker ['snu:kə(r)] **I.** *s* Snooker *nt* (*eine Art Billard*) **II.** *vt* ❶ (*fam*) in eine schwierige Lage bringen ❷ (*Plan*) zum Scheitern bringen; **be ~ed** nicht mehr weiterkönnen

snoop [snu:p] **I.** *vi* (*fam:* **~** *around*) herumschnüffeln, -spionieren; **~ into** herumschnüffeln in; **~ on s.o.** jdn bespitzeln **II.** *s* ❶ Herumschnüffeln *nt* ❷ (*fam*) Schnüffler(in) *m(f);* **snooper** ['snu:pə(r)] *s* (*fam*) Schnüffler(in) *m(f)*

snooty ['snu:tɪ] *adj* (*fam*) hochnäsig

snooze [snu:z] **I.** *s* (*fam*) Nickerchen *nt* **II.** *vi* (*fam*) ein Nickerchen machen; **snooze button** *s* (*Radiowecker*) Schlummertaste *f*

snore [snɔ:(r)] **I.** *vi* schnarchen **II.** *s* Schnarchen, Geschnarche *nt*

snor·kel ['snɔ:kl] **I.** *vi* schnorcheln **II.** *s* Schnorchel *m*

snort [snɔ:t] **I.** *vi* schnauben (*with rage* vor Wut) **II.** *vt* (*sl: Kokain*) schnupfen **III.** *s* Schnauben, Schnaufen *nt*

snor·ter ['snɔ:tə(r)] *s* (*fam*) Schnäpschen *nt*

snot [snɒt] *s* (*fam*) Rotz *m;* **snot-rag** ['snɒtræg] *s* (*sl*) Rotzfahne *f;* **snotty** ['snɒtɪ] *adj* (*fam*) ❶ rotzig ❷ frech; patzig

snout [snaʊt] *s* ❶ Schnauze *f,* Rüssel *m* ❷ (*sl*) Tabak *m* ❸ (*sl*) Spitzel *m*

snow [snəʊ] **I.** *s* ❶ Schnee *m,* Schneefall *m* ❷ **~s** Schneemassen *fpl* ❸ (*sl: Kokain*)

Koks, Schnee *m* **II.** *vi* schneien; **snow in** *vt* einschneien; **snow off** *vt:* **be ~ed off** wegen Schnee abgesagt werden; **snow under** *vt* (*fig*) überhäufen; eindecken; **snow·ball** ['snəʊbɔ:l] **I.** *s* Schneeball *m* **II.** *vi* (*fig*) lawinenartig anwachsen; **snowball effect** *s* Schneeballeffekt *m;* **snow bank** *s* Schneeverwehung *f;* **snow·blind** [snəʊblaɪnd] *adj* schneeblind; **snow·blind·ness** ['snəʊblaɪndnɪs] *s* Schneeblindheit *f;* **snow·board** ['snəʊbɔ:d] *s* Snowboard *nt;* **snow·bound** ['snəʊbaʊnd] *adj* eingeschneit; **snow cannon** *s* Schneekanone *f;* **snow-capped, snow-clad** ['snəʊkæpt, 'snəʊklæd] *adj* (*Berg*) schneebedeckt; **snow·cat** ['snəʊkæt] *s* Pistenraupe *f;* **snow-chains** *s pl* Schneeketten *pl;* **snow·drift** ['snəʊdrɪft] *s* Schneewehe *f;* **snow·drop** ['snəʊdrɒp] *s* Schneeglöckchen *nt;* **snow·fall** ['snəʊfɔ:l] *s* Schneefall *m,* -menge *f;* **there was a heavy ~** es schneite stark; **snow fence** *s* Schneezaun *m;* **snow·field** *s* Schneefläche *f,* -feld *nt;* **snow·flake** ['snəʊfleɪk] *s* Schneeflocke *f;* **snow goggles** *s pl* Schneebrille *f;* **snow line** *s* Schneegrenze *f;* **snow·man** ['snəʊmæn] <*pl* -men> *s* Schneemann *m;* **snow·mobile** ['snəʊmə,bi:l] *s* Schneemobil *nt;* **snow-plough** ['snəʊplaʊ] *s,* **snow·plow** (*Am*) Schneepflug *m;* **snow report** *s* Schneebericht *m;* **snow·shoe** *s* Schneeschuh *m;* **snow·storm** ['snəʊstɔ:m] *s* Schneesturm *m;* **snow suit** *s* Schneeanzug *m;* **snow tire** *s* (*Am*), **snow tyre** *s* Winterreifen *m;* **snow-white** *adj* schneeweiß; **Snow White** *s* Schneewittchen *nt;* **snowy** ['snəʊɪ] *adj* ❶ verschneit ❷ schneeweiß; **it was ~** es hat geschneit

snub [snʌb] **I.** *vt* ❶ anfahren, ausschimpfen ❷ von oben herab behandeln ❸ schneiden, ignorieren **II.** *s* Brüskierung *f;* **snub nose** *s* Stupsnase *f;* **snub-nosed** ['snʌbnəʊzd] *adj* stupsnasig

snuff [snʌf] **I.** *s* Schnupftabak *m;* **take ~** schnupfen **II.** *vt* (~ *out*) auslöschen; (*Docht*) putzen; (*fig*) zerschlagen; **~ it** (*Br sl*) abkratzen, sterben; **snuff·box** *s* Schnupftabak(s)dose, Tabatiere *f*

snuffle ['snʌfl] *vi* schnauben, schnaufen; schniefen

snug [snʌg] **I.** *adj* ❶ geborgen, geschützt ❷ behaglich, gemütlich ❸ (*Kleidung*) eng (anliegend) ❹ (*Einkommen*) auskömmlich, reichlich ❺ (*Hafen*) geschützt; **it's a ~ fit** es passt gut **II.** *s* (*Br: Kneipe*) kleines Nebenzimmer

snuggle ['snʌgl] **I.** *vi* sich kuscheln, sich anschmiegen (*against* an); **~ down** es sich gemütlich machen (*into s.th.* in etw); **~ up** sich zusammenkuscheln; sich anschmiegen **II.** *vt* an sich drücken

so [səʊ] **I.** *adv* ❶ so ❷ (*ever ~, fam*) dermaßen, -art, so (sehr); **~ late/long/many (that)** so spät/so lange/so viele (, dass); **not ~ … as** nicht so … wie; **~ did I** ich auch; **~ I did** ja, das habe ich getan; **~ it was** ja, so war es; **~ they say** so heißt es; man sagt so; **and ~ on** (**and ~ forth**) und so weiter (und so fort); **is that ~?** wirklich?; **be ~ kind as to …** sei so freundlich und …; **or ~** (*nachgestellt*) oder so, etwa; **~ far** bis jetzt, bisher; soweit; **~ far from being** weit davon entfernt zu; **~ far, ~ good** so weit ganz gut; **~ long as** solange; **~ long!** (*fam*) tschüss!; **~ much nonsense** [*o* **rubbish**]**!** alles Unsinn [*o* Quatsch]!; **~ I hope, I hope ~** das hoffe ich, ich hoffe es; **~ I see** ich seh's, das sehe ich; **~ to speak** sozusagen; **you don't say ~!** wirklich?; **I told you ~** ich sagte es doch! sagte ich es nicht?; **just ~! quite ~!** ganz richtig!; **thanks ever ~ much** vielen Dank!; **~ help me God!** so wahr mir Gott helfe! **II.** *conj* ❶ damit ❷ also; **~ that** so dass, damit; **~ as** so dass; vorausgesetzt, dass; **~ as to** um zu; **~ that's that** (*fam*) so, das wär's! damit Schluss!; **~ what?** (*fam*) na und?

soak [səʊk] **I.** *vt* ❶ einweichen; tränken ❷ durchnässen ❸ (*fig fam*) schröpfen; **be ~ed** durch und durch nass sein; durchgeregnet sein; **~ o.s. in sunshine** in der Sonne braten; **~ o.s. in s.th.** (*fig*) sich in etw vertiefen **II.** *vi* ❶ einweichen; eingeweicht werden ❷ einziehen, eindringen **III.** *s* ❶ Einweichen *nt* ❷ (*fam*) Säufer(in) *m(f);* **soak in** *vi* einziehen; (*fig*) begriffen werden; **soak off I.** *vt* ablösen **II.** *vi* sich ablösen; **soak up** *vt* aufsaugen; (*Sonne*) genießen; (*fig*) in sich aufnehmen; (*Geräusch*) schlucken; **soak·away** [,səʊkə'weɪ] *s* Sickerschacht *m;* **soak·ing** ['-ɪŋ] *adj* (~ *wet*) klatschnass

so-and-so ['səʊənsəʊ] Herr/Frau Soundso; **this old ~!** dieser gemeine Kerl!

soap [səʊp] **I.** *s* Seife *f* **II.** *vt* einseifen; **soap·box** *s* ❶ Seifenkiste *f* ❷ Rednertribüne *f;* **~ race** Seifenkistenrennen *nt;* **soap bubble** *s* Seifenblase *f;* **soap dish** *s* Seifenschale *f;* **soap dispenser** *s* Seifenspender *m;* **soap·flakes** *s pl* Seifenflocken *fpl;* **soap opera** *s* (TV) Seifenoper *f;* **soap powder** *s* Seifenpulver *nt;* **soapy** ['səʊpɪ] *adj* seifig

soar [sɔ:(r)] *vi* ❶ aufsteigen; sich in die Lüfte schwingen ❷ (*Gebäude*) hochragen

S

③ (*Preise*) in die Höhe schnellen; (*Hoffnung, Ruf*) zunehmen; (*Stimmung*) sich heben; **soar·ing** [-ɪŋ] *adj* ① aufsteigend ② hochragend ③ (*Fantasie*) blühend; (*Pläne*) hochfliegend; (*Bevölkerung*) ansteigend, schnell zunehmend ④ (*Preise*) in die Höhe schnellend, sprunghaft steigend; (*Inflation*) unaufhaltsam

sob [sɒb] **I.** *vi* schluchzen **II.** *vt* (~ *out*) schluchzend erzählen; ~ **one's heart out** herzergreifend schluchzen; ~ **o.s. to sleep** sich in den Schlaf weinen **III.** *s* Schluchzen *nt*

so·ber [ˈsəʊbə(r)] *adj* ① nüchtern ② gesetzt, ruhig, besonnen; ernst ③ einfach, schlicht ④ (*Farbe*) ruhig; **in ~ earnest** in vollem Ernst; **sober down** *vi* ruhiger werden; **sober up I.** *vt* nüchtern machen; (*fig*) zur Vernunft bringen **II.** *vi* nüchtern werden; (*fig*) vernünftig werden; sich beruhigen

so·ber·ness [-nɪs] *s*, **so·bri·ety** [səʊˈbraɪətɪ] *s* Nüchternheit *f;* Besonnenheit *f*

so·bri·quet, **sou·bri·quet** [ˈsəʊbrɪkeɪ, ˈsuːbrɪkeɪ] *s* Spitzname *m*

sob story [ˈsɒbˌstɔːrɪ] *s* (*fam*) rührselige, sentimentale Geschichte

so-called [ˌsəʊˈkɔːld] *adj* sogenannt

soc·cer [ˈsɒkə(r)] *s* Fußballspiel *nt;* **soccer player** *s* Fußballspieler(in) *m(f)*

so·cia·bil·ity [ˌsəʊʃəˈbɪlətɪ] *s* Geselligkeit *f;* Umgänglichkeit *f;* **so·cia·ble** [ˈsəʊʃəbl] *adj* ① gesellig ② umgänglich, freundlich, nett

so·cial [ˈsəʊʃl] **I.** *adj* ① sozial; gesellschaftlich ② gesellig, umgänglich; ~ **advancement** sozialer Aufstieg; ~ **climber** soziale(r) Aufsteiger(in); ~ **contract** (HIST) Gesellschaftsvertrag *m;* (POL) Tarifabkommen *nt;* ~ **costs** Sozialkosten *pl;* ~ **democrat** Sozialdemokrat(in) *m(f);* ~ **democratic** sozialdemokratisch; ~ **evening** geselliger Abend; ~ **exclusion** soziale Ausgrenzung; ~ **gathering** geselliges Beisammensein; ~ **insurance** Sozialversicherung *f;* ~ **integration** soziale Integration; ~ **legislation** Sozialgesetzgebung *f;* ~ **order** [*o* **system**] Sozial-, Gesellschaftsordnung *f;* ~ **partners** *pl* Sozialpartner *pl;* ~ **policy** Sozialpolitik *f;* ~ **position,** ~ **rank,** ~ **standing,** ~ **status** soziale [*o* gesellschaftliche] Stellung; ~ **problem** soziale Frage; ~ **reformer** Sozialreformer(in) *m(f);* ~ **science** Sozialwissenschaften *fpl;* ~ **security** Sozialunterstützung *f;* Sozialamt *nt;* **be on ~ security** Sozialhilfe bekommen; ~ **services** soziale Einrichtungen *fpl;* ~ **studies** Gemeinschaftskunde *f;* ~ **unrest** Unruhen *fpl;* ~ **wealth** Volksvermögen *nt;* ~ **welfare** gesellschaftliche Wohlfahrt; ~ **work** Sozialarbeit *f;* ~ **worker** Sozialarbeiter(in) *m(f)* **II.** *s* geselliger Abend

so·cial·ism [ˈsəʊʃəlɪzəm] *s* Sozialismus *m;* **so·cial·ist** [ˈsəʊʃəlɪst] **I.** *s* Sozialist(in) *m(f)* **II.** *adj* sozialistisch; ~ **realism** (*Kunst*) sozialistischer Realismus; **so·cial·ite** [ˈsəʊʃəlaɪt] *s* (*fam*) Angehörige(r) *f m* der oberen Gesellschaftsklasse; **so·ciali·za·tion** [ˌsəʊʃəlaɪˈzeɪʃn] *s* ① (POL) Sozialisierung, Verstaatlichung *f* ② (PSYCH) Sozialisation *f;* **so·cial·ize** [ˈsəʊʃəlaɪz] **I.** *vt* sozialisieren **II.** *vi* verkehren (*with* mit), ein geselliges Leben führen; **so·cial·ly** *adv* sozial; **the ~ disadvantaged** die sozial Benachteiligten

so·ci·etal [səˈsaɪətəl] *adj* gesellschaftlich

so·ciety [səˈsaɪətɪ] *s* ① die Gesellschaft ② Gesellschaft *f,* Verein(igung *f*) *m* ③ (COM) Gesellschaft, Genossenschaft *f;* Verband *m;* **building ~** Baugenossenschaft *f;* **co-operative ~** Konsumverein *m;* ~ **column** (*Zeitung*) Klatschspalte *f;* **the Society of Friends** die Quäker *mpl;* **the Society of Jesus** die Gesellschaft Jesu, der Jesuitenorden; **enjoy s.o.'s ~** gern in jds Gesellschaft sein; **go into ~** in die Gesellschaft eingeführt werden; **he always wanted to get into ~** er wollte schon immer in den besseren Kreisen verkehren

so·cio- [ˌsəʊsɪəʊ] *PRÄF* sozio-; ~**cultural** soziokulturell; ~**economic** sozioökonomisch; ~**political** sozialpolitisch; **so·cio·logi·cal** [ˌsəʊsɪəˈlɒdʒɪkl] *adj* soziologisch; **so·ci·ol·ogist** [ˌsəʊsɪˈɒlədʒɪst] *s* Soziologe *m,* Soziologin *f;* **so·ci·ol·ogy** [ˌsəʊsɪˈɒlədʒɪ] *s* Soziologie *f;* **so·cio·path** *s* Soziopath(in) *m(f)*

sock¹ [sɒk] *s* ① Socke *f;* Kniestrumpf *m* ② Einlegesohle *f* ③ (*wind* ~) Windsack *m;* **pull one's ~s up** (*fam*) sich ins Zeug legen; **put a ~ in it** (*Br*) still sein; sich ruhig verhalten; **sock away** *vt* (*Am, Aus: fam: Geld*) verstecken

sock² [sɒk] **I.** *s* (*fam*) Schlag *m* **II.** *vt* (*fam*) schlagen, hauen; ~ **it to me!** (*sl*) leg los!

socket [ˈsɒkɪt] *s* ① (ELEK) Steckdose *f;* (*für Birne*) Fassung *f* ② (TECH) Sockel *m* ③ (ANAT) (Augen)Höhle *f;* (Gelenk)Pfanne *f;* Zahnhöhle *f;* **socket wrench** *s* Steckschlüssel *m*

sod¹ [sɒd] *s* Rasen(stück *nt*) *m*

sod² [sɒd] **I.** *s* (*vulg*) Saukerl *m;* **the poor ~** das arme Schwein **II.** *vt* (*vulg*): ~ **it!** zum Teufel!; ~ **you!** leck mich am Arsch!; **sod off** *vi* (*sl*) abhauen

soda [ˈsəʊdə] *s* ① (CHEM) Soda *nt;* Natriumoxyd *nt;* Ätznatron *nt* ② (~ *water*) Soda-,

Selterswasser *nt;* **soda bread** *s mit Backpulver gebackenes Brot;* **soda fountain** *s* (*Am*) Erfrischungshalle *f;* **soda siphon** *s* Siphon *m;* **soda water** *s* Sodawasser *nt;* Sprudel *m*

sod·den [sɒdn] *adj* durchweicht, durchnässt; ~ **with drink** völlig betrunken

sod·ding ['sɒdɪŋ] *adj* (*sl*) Scheiß-

so·dium [səʊdɪəm] *s* (CHEM) Natrium *nt;* **sodium bicarbonate** *s* doppeltkohlensaures Natrium; **sodium carbonate** *s* Natriumkarbonat *nt*

so·do·mite ['sɒdəmaɪt] *s* Päderast *m;* **so·do·my** ['sɒdəmɪ] *s* Analverkehr *m*

sod's law [,sɒdz'lɔ:] *s* (*sl*) *Prinzip, nach dem alles, was nur schief gehen kann, auch schief gehen wird*

sofa ['səʊfə] *s* Sofa *nt;* **sofa bed** *s* Bettcouch *f,* Schlafsofa *nt*

soft [sɒft] *adj* ① weich, nachgebend, formbar ② zart, mild, sanft ③ weichlich, schwächlich ④ (*Arbeit*) leicht, angenehm, bequem ⑤ (COM: *Markt*) nachgiebig ⑥ sanft, nachgiebig, gutmütig; weichlich ⑦ (~ *in the head*) einfältig, dumm ⑧ (*Farbe*) matt, sanft ⑨ (*Linie*) weich ⑩ (*Licht*) matt ⑪ (*Ton*) schwach, leise; (*Stimme*) weich ⑫ (*Getränk*) alkoholfrei; **be** ~ **on s.o.** in jdn verliebt sein; **get** ~ weich werden; verweichlichen; sich erweichen lassen; **pretty** ~ **for him!** (*Am fam*) er hat es gut!; ~ **cheese** Weichkäse *m;* ~ **currency** weiche Währung; ~ **drug** weiche Droge; ~ **furnishings** Vorhänge, Teppiche; ~ **landing** weiche Landung; ~ **loan** zinsloser Kredit, zinsloses Darlehen; ~ **option** Weg *m* des geringsten Widerstandes; ~ **palate** weicher Gaumen; ~ **porn** Softporno *m;* ~ **sell** Softsell *m;* ~ **toy** Plüschtier *nt;* **have a** ~ **spot for** eine Schwäche haben für; **soft·ball** ['sɒftbɔ:l] *s* (*Am*) Hallenbaseball(spiel *nt*), Softball *m;* **soft-boiled** [,sɒft'bɔɪld] *adj* (*Ei*) weichgekocht

sof·ten ['sɒfn, *Am* 'sɔ:fn] **I.** *vt* ① weich machen; (*Wasser*) enthärten ② lindern, mildern; (*Licht*) dämpfen ③ verweichlichen; ~ **the blow** (*fig*) den Schock mildern **II.** *vi* ① weich werden ② (*Stimme*) sanft werden ③ nachlassen; **soften up** **I.** *vi* weich werden; (*Mensch*) nachgiebig werden (*on s.o.* jdm gegenüber) **II.** *vt* ① weich machen ② (*fig*) milde stimmen; (*durch Drohung*) einschüchtern, gefügig machen; (*Widerstand*) schwächen

sof·tener ['sɒfnə(r)] *s* Wasserenthärtungsmittel *nt;* Weichmacher *m;* Weichspülmittel *nt;* **sof·ten·ing** ['sɒfnɪŋ] *s:* ~ **of the brain** Gehirnerweichung *f;* **soft-headed** [,sɒft'hedɪd] *adj* (*fam*) doof; **soft-hearted** [,sɒft'hɑ:tɪd] *adj* weichherzig, gutmütig; **softie** ['sɒftɪ] *s* weichlicher Typ, Softi *m*

soft·ly ['sɒftlɪ] *adv* ① sanft ② leise; leicht ③ nachsichtig

soft·ness ['sɒftnɪs] *s* ① Weichheit *f;* Zartheit *f* ② Sanftheit *f;* (*Licht*) Gedämpftheit *f* ③ Nachgiebigkeit *f* ④ Verweichlichung *f* ⑤ Bequemlichkeit *f*

soft-pedal [,sɒft'pedl] **I.** *vt* ① (MUS) abschwächen, dämpfen ② (*fig*) herunterspielen **II.** *vi* zurückstecken; **soft-soap** *vt* (*fam*) ① schmeicheln (*s.o.* jdm) ② herumkriegen (*s.o.* jdn); **soft-spoken** [,sɒft'spəʊkən] *adj* gewinnend, einschmeichelnd; **soft·ware** ['sɒftweə(r)] *s* (INFORM) Software *f;* **software package** *s* (INFORM) Softwarepaket *nt;* **software piracy** *s* (INFORM) Softwarepiraterie *f;* **soft·wood** ['sɒftwʊd] *s* Nadel-, Weichholz *nt;* **softy** ['sɒftɪ] *s* weichlicher Typ, Softi *m*

soggy ['sɒgɪ] *adj* durchweicht, durchnässt; sumpfig

soil[1] [sɔɪl] **I.** *vt* beschmieren, beschmutzen; ~ **one's hand with s.th.** sich die Hände bei einer S schmutzig machen **II.** *vi* fleckig, schmutzig werden

soil[2] [sɔɪl] *s* Boden *m,* Erde *f;* **native** ~ heimatlicher Boden; **on German** ~ auf deutschem (Grund und) Boden; ~ **conservation** Bodenerhaltung *f,* -schutz *m;* ~ **creep** Bodenkriechen *nt;* ~ **erosion** Bodenerosion *f;* ~ **exhaustion** Bodenerschöpfung, -ausschöpfung *f;* ~ **fertility** Bodenfruchtbarkeit *f;* **soilless gardening** *s* Hydrokultur *f*

soil pipe ['sɔɪlpaɪp] *s* Abflussrohr *nt*

soil pro·tec·tion *s* Bodenschutz *m*

soi·rée ['swɑ:reɪ] *s* Soirée *f*

sol·ace ['sɒlɪs] **I.** *s* Trost *m* **II.** *vt* trösten

so·lar ['səʊlə(r)] *adj* Sonnen-, Solar-; **solar battery** *s* Solar-, Sonnenbatterie *f;* **solar cell** *s* Solarzelle *f;* **solar eclipse** *s* Sonnenfinsternis *f;* **solar energy** *s* Sonnen-, Solarenergie *f;* **solar farm** *s* Solar-, Sonnenfarm *f;* **solar heat** *s* Sonnen-, Solarwärme *f;* **solar heating** *s* Solarheizung *f;* **so·lar·ium** [səʊ'leərɪəm, *pl* -ɪə] <*pl* -ia> *s* Solarium *nt;* **solar panel** *s* Sonnenkollektor *m;* **solar plexus** [,səʊlə'pleksəs] *s* (ANAT) Sonnengeflecht *nt,* Magengrube *f;* **solar power** *s* Sonnen-, Solarkraft *f;* ~ **station** Sonnen-, Solarkraftwerk *nt;* **solar radiation** *s* Sonnenstrahlung *f;* **solar system** *s* Sonnensystem *nt;* **solar thermal water heating** *s* solare Warmwasserbereitungsanlage; **solar wind** *s* Solarwind *m*

sold [səʊld] *s.* **sell**

sol·der ['sɒldə(r)] **I.** *s* Lötmittel, -zinn *nt* **II.** *vt* löten; **sol·der·ing iron** ['sɒldərɪŋaɪən] *s* Lötkolben *m*

sol·dier ['səʊldʒə(r)] **I.** *s* ❶ Soldat *m* ❷ (*fig*) Kämpfer *m;* ~ **of fortune** Glücksritter *m* **II.** *vi* (als Soldat) dienen; ~ **on** verbissen weitermachen

sold out [ˌsəʊld'aʊt] *adj* ausverkauft

sole¹ [səʊl] **I.** *s* Sohle *f* **II.** *vt* (be)sohlen

sole² [səʊl] *s* Seezunge, Scholle *f*

sole³ [səʊl] *adj* ❶ einzig, alleinig ❷ ledig; **for the** ~ **purpose of …** einzig und allein um zu …; ~ **agency** Alleinvertretung *f;* ~ **agent** Alleinvertreter(in) *m(f);* ~ **heir** Alleinerbe *m;* ~ **owner** Alleineigentümer(in) *m(f)*

sol·ecism ['sɒlɪsɪzəm] *s* ❶ Sprachschnitzer *m* ❷ Fauxpas *m*

sole·ly ['səʊlɪ] *adv* ❶ allein, nur, bloß ❷ einzig und allein

sol·emn ['sɒləm] *adj* ❶ feierlich, festlich ❷ formell ❸ (*Ausdruck*) ernst ❹ (*Tatsache*) schwerwiegend; **sol·em·nity** [sə'lemnətɪ] *s* ❶ feierliche Handlung; Feierlichkeit *f* ❷ **solemnities** (JUR) Formalitäten *fpl;* **sol·em·nize** ['sɒləmnaɪz] *vt* feiern, festlich begehen

so·lenoid ['səʊlənɔɪd] *s* (ELEK) Magnetspule *f;* **solenoid switch** *s* Magnetschalter *m*

sol-fa [ˌsɒl'fɑː] *s* Tonleiter *f*

sol·icit [sə'lɪsɪt] **I.** *vt* ❶ erbitten; (*jdn*) anflehen ❷ (*Stimmen, Kunden*) werben; (*Prostituierte*) ansprechen, anwerben; ~ **s.o. for s.th.** [*o* **s.th. of s.o.**] jdn um etw bitten **II.** *vi* Kunden werben; **sol·ic·it·ing** [-ɪŋ] *s* (JUR) Aufforderung *f* zur Unzucht

sol·ici·tor [sə'lɪsɪtə(r)] *s* ❶ nicht plädierende(r) (Rechts)Anwalt *m,* Anwältin *f;* Rechtsbeistand *m* ❷ (*Am*) Antragsteller(in) *m(f),* Bewerber(in) *m(f)* ❸ (*Am*) Werber(in) *m(f),* Agent(in) *m(f),* Handelsvertreter(in) *m(f);* **Solicitor General** (*in GB*) Zweiter Kronanwalt; (*in den USA*) stellvertretender Justizminister

i Land & Leute

Ein **solicitor** ist ein Rechtsanwalt, der sich mit solchen Dingen wie dem Kauf und Verkauf von Häusern und dem Aufsetzen von Testamenten beschäftigt.

sol·ici·tous [sə'lɪsɪtəs] *adj* ❶ (eifrig) besorgt (*about, for, of* um) ❷ (eifrig) bestrebt (*to do* zu tun); **sol·ici·tude** [səˌlɪsɪ'tjuːd] *s* Dienstbeflissenheit *f*

solid ['sɒlɪd] **I.** *adj* ❶ (*Körper*) fest ❷ massiv ❸ (*Nebel*) dick, dicht ❹ haltbar, dauerhaft ❺ (*fig*) zuverlässig, verlässlich ❻ (*Grund*) triftig, stichhaltig ❼ ununterbrochen, durchgehend ❽ (*Edelmetall*) rein, gediegen ❾ (*Fels*) gewachsen ❿ einmütig, -hellig ⓫ räumlich, körperlich; **be frozen** ~ fest zugefroren sein; **be on** ~ **ground** festen Boden unter den Füßen haben **II.** *s* ❶ fester Stoff; (PHYS) Festkörper *m* ❷ (*Geometrie*) Körper *m* ❸ ~**s** feste Nahrung

soli·dar·ity [ˌsɒlɪ'dærətɪ] *s* Solidarität *f*

solid fuel ['sɒlɪd'fjuːəl] *s* fester Brennstoff; (*Raketen*) Feststoff *m;* **solid geometry** *s* Stereometrie *f*

sol·id·ify [sə'lɪdɪfaɪ] **I.** *vi* fest werden; (*Lava, Planet*) erstarren; (*Blut*) gerinnen; (*fig*) sich festigen **II.** *vt* fest werden lassen; erstarren lassen; gerinnen lassen; festigen

sol·id·ity [sə'lɪdətɪ] *s* ❶ Festigkeit *f;* Massivität *f;* Haltbarkeit *f* ❷ Stabilität *f;* Zuverlässigkeit *f* ❸ (COM) Kreditfähigkeit *f* ❹ (*Grund*) Stichhaltigkeit *f* ❺ Einstimmigkeit *f*

solid·ly ['sɒlɪdlɪ] *adv* ❶ fest ❷ stichhaltig ❸ ununterbrochen ❹ (*wählen*) einstimmig; (*unterstützen*) geschlossen; ~ **built** solide gebaut; (*Mensch*) kräftig gebaut; **solid-state** *adj* (PHYS) Festkörper-; (ELEK) Halbleiter-

sol·il·oquize [sə'lɪləkwaɪz] *vi* monologisieren; Selbstgespräche führen; **sol·il·oquy** [sə'lɪləkwɪ] *s* ❶ Selbstgespräch *nt* ❷ (THEAT) Monolog *m*

soli·taire [ˌsɒlɪ'teə(r)] *s* ❶ Solitär *m* ❷ (*Spiel*) Solitär *nt*

soli·tary ['sɒlɪtrɪ] **I.** *adj* ❶ allein stehend ❷ einsam ❸ einzeln ❹ einzig; ~ **confinement** Einzel-, Isolationshaft *f;* **not a** ~ **one** kein Einziges **II.** *s* (*fam*) Einzel-, Isolationshaft *f*

soli·tude ['sɒlɪtjuːd] *s* Einsamkeit *f*

solo ['səʊləʊ] <*pl* solos> **I.** *s* ❶ (MUS) Solo *nt* ❷ (AVIAT) Alleinflug *m* **II.** *adj* Solo- **III.** *adv* allein; **solo·ist** [-ɪst] *s* (MUS) Solist(in) *m(f)*

sol·stice ['sɒlstɪs] *s:* **summer/winter** ~ Sommer-/Wintersonnenwende *f*

sol·uble ['sɒljʊbl] *adj* löslich; (*Problem*) lösbar

so·lus ['səʊləs] *s* (COM) Inselanzeige *f*

sol·ution [sə'luːʃn] *s* ❶ (*Rätsel*) (Auf)Lösung *f;* (*Problem, Aufgabe*) Lösung *f;* (*Frage*) Klärung *f* ❷ (CHEM) Lösung *f*

solve [sɒlv] *vt* ❶ (*Rätsel, Aufgabe*) lösen ❷ (*Mord*) aufklären ❸ (*Schwierigkeit*) beseitigen

sol·vency ['sɒlvənsɪ] *s* Zahlungsfähigkeit, Solvenz *f;* **sol·vent** ['sɒlvənt] **I.** *adj* zahlungsfähig, solvent, liquid **II.** *s* (CHEM)

Lösungsmittel *nt;* **solvent abuse** *s* Schnüffeln *nt;* Lösungsmittelmissbrauch *m;* **solvent-free** ['sɒlvəntfriː] *adj* lösungsmittelfrei

So·ma·li [ˌsəʊ'mɑːlɪ] **I.** *adj* somali(sch) **II.** *s* Somali *m f,* Somalier(in) *m(f);* **So·ma·lia** [ˌsəʊ'mɑːlɪə] *s* Somalia *nt*

som·ber (*Am*), **sombre** ['sɒmbə(r)] *adj* ❶ düster, dunkel ❷ (*fig*) ernst ❸ traurig, melancholisch

some [sʌm] **I.** *adj* ❶ einige; ein paar ❷ (*mit Singular*) etwas ❸ manche(r, s) ❹ (*unbestimmt*) irgendein ❺ (*verstärkend*) ziemlich; (*in Ausrufen, iro*) vielleicht (ein); **would you like ~ nuts?** möchten Sie gern (ein paar) Nüsse?; **~ more tea?** noch etwas Tee?; **do you have ~ money?** hast du Geld?; **~ people say** manche Leute sagen; **to ~ extent** in gewisser Weise; **~ woman phoned up** da hat irgendsoeine Frau angerufen; **in ~ way or another** irgendwie; **(at) ~ time before lunch** irgendwann vor dem Mittagessen; **~ other time** ein andermal; **~ time or other** irgendwann einmal; **~ day** eines Tages; **quite ~ time** ganz schön lange; **that was ~ holiday!** das waren vielleicht Ferien!; **~ teacher you are!** du bist vielleicht ein Lehrer! **II.** *pron* ❶ einige; manche; welche ❷ (*mit Bezug auf Singular*) etwas; manches; welche(r, s); **~ ... others** manche ..., andere; **~ of them** einige; **try ~** probieren Sie doch mal; **would you like ~?** möchten Sie welche? **III.** *adv* ❶ ungefähr, etwa ❷ (*Am fam*) etwas; viel; **~ more** noch ein paar; noch etwas; **~ place** irgendwo; **(at) ~ time (or other)** (irgendwann) einmal; **~ twenty of them** etwa zwanzig von ihnen; **for ~ time** (für) einige Zeit, eine Zeitlang; **~ time ago** vor einiger Zeit; **in ~ way or other** irgendwie

? Grammatik

In verneinten Sätzen wird **some** durch **any** ersetzt: *Can you lend me some money? – I haven't got any.*

some·body ['sʌmbədɪ] *pron* (irgend)jemand, irgendwer; **~ else** jemand anders; **~ or other** irgendjemand; **be (a) ~** jemand sein

some·how ['sʌmhaʊ] *adv* irgendwie; **~ or other** irgendwie

some·one ['sʌmwʌn] *pron* (irgend)jemand

some·place ['sʌmpleɪs] *adv* (*Am*) irgendwo; irgendwohin

som·er·sault ['sʌməsɔːlt] **I.** *s* Purzelbaum *m;* Salto *m* **II.** *vi* (*turn a ~*) einen Purzelbaum schlagen; einen Salto machen; sich überschlagen

some·thing ['sʌmθɪŋ] **I.** *pron* etwas; **~ nice** etwas Nettes; **~ or other** irgendetwas; **he has ~ to do with books** er hat etwas mit Büchern zu tun; **it was quite ~, it was ~ else** (*Am*) das war toll; **it's ~ to be a director at his age** das will schon etwas heißen, in seinem Alter Direktor zu sein; **or ~** (*fam*) oder so (was); **there is ~ in that** da ist schon etwas dran **II.** *s:* **a little ~** eine Kleinigkeit; **the certain ~** das gewisse Etwas **III.** *adv* ❶ etwas; ungefähr ❷ irgendwie; **~ like that** etwas Ähnliches; **~ of a surprise** eine ziemliche Überraschung

some·time ['sʌmtaɪm] **I.** *adv* irgendwann; gelegentlich; **at ~ or other** irgendwann (ein)mal **II.** *adj* früher, ehemalig

some·times ['sʌmtaɪmz] *adv* machmal, ab und zu, gelegentlich

some·what ['sʌmwɒt] *adv* etwas, ein wenig; **~ of a nuisance** ziemlich lästig; **be ~ of a connoisseur** ein ziemlicher Kenner sein; **more than ~** mehr als das

some·where ['sʌmweə(r)] *adv* irgendwo; irgendwohin; **~ else** anderswo, irgendwo anders; **~ or other** irgendwo; **get ~** zu positiven Ergebnissen gelangen; **or ~** oder sonstwo; **~ around forty** so um (die) vierzig

som·me·lier [sɒm'əliə] *s* (*wine waiter*) Sommelier *m*

som·nam·bu·lism [sɒm'næmbjʊlɪzəm] *s* Schlafwandeln *nt;* **som·nam·bu·list** [sɒm'næmbjʊlɪst] *s* Schlafwandler(in) *m(f);* **som·nol·ent** ['sɒmnələnt] *adj* ❶ schläfrig ❷ einschläfernd

son [sʌn] *s* Sohn *m;* **~ of a bitch** (*Am sl*) gemeiner Kerl; gemeines Ding

so·nar ['səʊnɑː(r)] *s* Sonar(gerät) *nt*

so·nata [sə'nɑːtə] *s* (MUS) Sonate *f*

song [sɒŋ] *s* ❶ Gesang *m* ❷ Lied *nt* ❸ (kurzes) Gedicht *nt;* **for a ~** für einen Spottpreis; spottbillig; **burst into ~** zu singen beginnen; **make a ~ and dance about s.th.** ein Theater wegen einer S machen; **song·bird** *s* Singvogel *m;* **song·book** *s* Liederbuch *nt;* **song·ster** ['sɒŋstə(r)] *s* ❶ Sänger *m* ❷ Singvogel *m;* **song·stress** ['sɒŋstrɪs] *s* Sängerin *f*

sonic ['sɒnɪk] *adj:* **~ bang** [*o* **boom**] Knall *m* beim Durchbrechen der Schallmauer; Überschallknall *m;* **sonic barrier** *s* Schallmauer *f;* **sonic speed** *s* Schallgeschwindigkeit *f*

son-in-law ['sʌnɪn lɔː] <*pl* sons-in-law> *s*

S

Schwiegersohn *m*

son·net ['sɒnɪt] *s* Sonett *nt*

son·ny ['sʌnɪ] *s* (*fam*) Kleine(r) *m*

son·or·ity [sə'nɒrətɪ] *s* Klang *m,* Klangfülle *f;* **son·or·ous** [sə'nɔːrəs] *adj* ❶ klangvoll ❷ wohltönend ❸ (*Ton*) voll

soon [suːn] *adv* bald; früh, zeitig; rasch; gern; **as ~ as** sobald, sowie; **as ~ as possible** so bald wie möglich; **just as ~** genauso gern; **~ after his arrival** kurz nach seiner Ankunft; **~ afterwards** kurz danach; **how ~ can you be here?** wann kannst du da sein?; **too ~** zu früh; **I would as ~ not** lieber nicht; **sooner** ['suːnə(r)] *adv* (*Komparativ*) eher, früher, zeitiger; lieber; **~ or later** früher oder später, schließlich doch einmal; **the ~ the better** je eher, desto besser; **no ~ … than** kaum …, als; **no ~ said than done** gesagt, getan; **I would ~ leave** ich möchte lieber gehen; **soon-to-be** *adj* zukünftig

soot [sʊt] *s* Ruß *m*

soothe [suːð] *vt* ❶ beruhigen, besänftigen ❷ (*Schmerz*) lindern; **sooth·ing** ['-ɪŋ] *adj* ❶ beruhigend ❷ lindernd

sooty ['sʊtɪ] *adj* ❶ rußig, verrußt ❷ schwarz

sop [sɒp] **I.** *s* ❶ eingetunktes Stück (*Brot*) ❷ (*fig*) Beruhigungspille *f* **II.** *vt* (*~ up*) auftunken; aufwischen; aufsaugen

soph·is·ti·cated [sə'fɪstɪkeɪtɪd] *adj* ❶ weltgewandt, kultiviert ❷ intellektuell ❸ gepflegt; elegant; edel ❹ (*Publikum*) anspruchsvoll ❺ (*Maschine*) kompliziert; hochentwickelt; technisch ausgereift ❻ (*System, Ansatz*) komplex; **soph·is·ti·ca·tion** [səˌfɪstɪ'keɪʃn] *s* ❶ Kultiviertheit; Eleganz *f;* hohes Niveau ❷ hoher Entwicklungsstand ❸ Komplexität, Differenziertheit *f*

sopho·more ['sɒfəmɔː(r)] *s* (*in den USA*) Student(in) *m(f)* im zweiten Studienjahr

sop·or·ific [ˌsɒpə'rɪfɪk] *adj* einschläfernd

sop·ping (**wet**) ['sɒpɪŋ] *adj* (*fam*) klitschnass

soppy ['sɒpɪ] *adj* (*fam*) rührselig, kitschig

so·prano [sə'prɑːnəʊ] <*pl* -pranos> *s* (MUS) Sopran *m;* Sopranistin *f*

sor·bet ['sɔːbeɪ] *s* Fruchteis *nt,* Sorbet *m od nt*

sor·cerer ['sɔːsərə(r)] *s* Zauberer, Hexenmeister *m;* **sor·cer·ess** ['sɔːsərɪs] *s* Zauberin, Hexe *f;* **sor·cery** ['sɔːsərɪ] *s* Zauberei, Hexerei *f*

sor·did ['sɔːdɪd] *adj* ❶ schmutzig ❷ elend, miserabel ❸ gemein, schmutzig

sore [sɔː(r)] **I.** *adj* ❶ schmerzhaft, schmerzend ❷ wund, entzündet ❸ (*fig fam*) beleidigt, verärgert ❹ schmerzlich, betrüblich; **a ~ point** ein wunder Punkt; **have a ~ throat** Halsweh haben; **touch a ~ spot** einen wunden Punkt berühren; **be ~** weh tun; **my knee is ~** mir tut das Knie weh **II.** *s* wunde Stelle; Verletzung *f;* **open old ~s** alte Wunden aufreißen; **sore·ly** ['sɔːlɪ] *adv* äußerst; sehr; **I was ~ tempted** ich kam stark in Versuchung

sor·or·ity [sə'rɒrətɪ] *s* (*in den USA*) Studentinnenverbindung *f,* -klub *m*

sor·rel ['sɒrəl] *s* großer Sauerampfer

sor·row ['sɒrəʊ] **I.** *s* Kummer *m,* Leid *nt,* Jammer, Schmerz *m* (*at* über, *for* um); **to my ~** zu meinem Bedauern; **drown one's ~s** seine Sorgen ertränken **II.** *vi* Kummer haben, sich grämen (*at, for, over* um), klagen, trauern (*at, over, for, after* um, wegen); **sor·row·ful** ['sɒrəʊfl] *adj* bekümmert, betrübt

sorry ['sɒrɪ] *adj* ❶ betrübt, bekümmert ❷ traurig, kläglich; armselig ❸ erbärmlich, jämmerlich, elend; **I am ~ to …** es tut mir Leid zu …, dass …; leider muss ich …; **I'm really ~** es tut mir wirklich Leid; **I am ~ for you** Sie tun mir Leid; **I am ~ for it** es tut mir Leid; **I am so ~** es tut mir so Leid; entschuldigen Sie vielmals; **~!** Verzeihung! leider nicht! schade!

sort [sɔːt] **I.** *s* ❶ Sorte, Art, Gattung, Klasse *f* ❷ Charakter *m,* Natur *f,* Typ *m* ❸ Güte, Qualität *f* ❹ (AUTO) Marke *f;* **after a ~** bis zu einem gewissen Grade; **of ~s, of a ~** so was wie …; **of all ~s** aller Art; **out of ~s** (*fam: gesundheitlich*) nicht auf dem Posten; (*fam*) schlechter Laune; **all ~s of things** alles mögliche; **nothing of the ~** nichts Derartiges, nichts dergleichen; **such ~ of thing** etwas Derartiges, so (et)was; **what ~ of …?** was für ein …?; **not a bad ~** (gar) nicht so übel; **a decent ~** ein anständiger Kerl **II.** *adv:* **~ of** (*fam*) gewissermaßen, eigentlich, irgendwie; **I am ~ of glad** ich bin eigentlich, im Grunde froh; **I have ~ of a hunch** ich habe so eine Ahnung; **I ~ of knew that …** ich habe es irgendwie gewusst, dass …; **she is ~ of interesting** sie ist nicht uninteressant **III.** *vt* sortieren **IV.** *vi* (*~ ill, well*) (gut, schlecht) passen (*with* zu); **~ through s.th.** etw durchsehen; **sort out** *vt* ❶ (aus)sortieren ❷ (*fig*) in Ordnung bringen; (*Problem*) lösen; (*Situation*) klären; **it'll ~ itself out** das wird sich schon geben; **~ o.s. out** zur Ruhe kommen; **~ s.o. out** (*fam*) jdm etwas erzählen; **sort code** *s* Bankleitzahl *f;* **sorter** ['sɔːtə(r)] *s* Sortierer(in) *m(f),* Sortiermaschine *f*

sor·tie ['sɔːtiː] *s* ❶ Ausflug *m* (*into town* in

die Stadt) ② (MIL) Ausfall *m;* (AVIAT) Feindflug, Einsatz *m*

sorting office *s* Sortierstelle *f*

SOS [ˌesəʊ'es] *s* SOS *nt*

so-so [ˌsəʊ'səʊ] *adv* so lala; so einigermaßen

sot [sɒt] *s* Trunkenbold *m;* **sot·tish** ['sɒtɪʃ] *adj* dem Trunk ergeben; benebelt

sou·bri·quet ['su:brɪkeɪ] *s* Spitzname *m*

sought [sɔ:t] **I.** *pt, pp of* **seek** **II.** *adj* (~*-after,* ~*-for*) gesucht, gefragt, begehrt

soul [səʊl] *s* ① Seele *f* ② Herz; (*fig*) Gemüt *nt* ③ (das) Innerste, Wesen *nt* ④ (MUS) Soul *m* ⑤ ~**s** (*mit Zahlwort*) Seelen *fpl,* Menschen *mpl;* **not a** ~ nicht eine lebende Seele; **with all my** ~ von ganzem Herzen; **be the life and** ~ **of s.th.** von etw die Triebfeder sein; **keep body and** ~ **together** Leib und Seele zusammenhalten; **she's in it heart and** ~ sie ist mit Leib und Seele dabei; **All Souls' Day** Allerseelen *nt;* **poor** ~ armer Teufel; **poor little** ~ armes Ding; **she's a nice** ~ sie ist ein netter Mensch; **soul brother, soul sister** *s* Bruder *m,* Schwester *f;* **soul-de·stroy·ing** ['səʊldɪˌstrɔɪɪŋ] *adj* geisttötend; nervtötend; **soul·ful** ['səʊlfl] *adj* seelenvoll; **soul·less** ['səʊllɪs] *adj* seelenlos; **soul mate** *s* Seelenverwandte(r) *f m;* **soul music** *s* Soul *m;* **soul-scar·ring** ['səʊlˌskɑ:rɪŋ] *adj* das Innerste verletzend; **soul-searching** *s* Gewissensprüfung *f;* **soul-stir·ring** ['səʊlˌstɜ:rɪŋ] *adj* herzergreifend

sound¹ [saʊnd] *adj* ① gesund ② einwandfrei, fehlerfrei, -los ③ unbeschädigt, unversehrt, in gutem Zustand, solide ④ lebensfähig, kräftig, stark, widerstandsfähig ⑤ (*Anspruch*) begründet; (*Grund*) stichhaltig, triftig ⑥ zuverlässig, vernünftig, verständig ⑦ (*Rat*) gut ⑧ (*Schlaf*) tief, fest, gesund; **sleep** ~**ly** tief schlafen; ~ **asleep** fest eingeschlafen; ~ **energy management** rationeller Energieeinsatz

sound² [saʊnd] **I.** *s* Geräusch *nt;* (LING) Laut *m;* (PHYS) Schall *m;* (MUS) Klang *m;* (*fam*) Sound *m;* (TECH RADIO TV) Ton *m;* **not to make a** ~ still sein; **within** ~ **of** in Hörweite *+gen;* **not a** ~ **was heard** es war kein Ton zu hören; ~**s of laughter** Gelächter *nt;* **I don't like the** ~ **of it** das hört sich gar nicht gut an; **that has a familiar** ~ das klingt vertraut **II.** *vi* ① ertönen, erschallen, erklingen ② sich anhören, klingen; **that** ~**s fishy to me** das klingt nicht ganz geheuer; **she** ~**s angry** sie hört sich verärgert an; **he** ~**s like a nice person** er scheint ein netter Mensch zu sein **III.** *vt* ① ertönen, erklingen lassen; (*Ton*) spielen; (*Buchstaben*) aussprechen ② (MED) abhorchen, abklopfen; ~ **the alarm** Alarm schlagen; ~ **the horn** hupen; ~ **the retreat** zum Rückzug blasen; ~ **a note of warning** warnen; **sound off** *vi* (*fam*) viel reden, sich wichtig machen

sound³ [saʊnd] *vt* (MAR) (aus)loten, sondieren; (METE) messen; ~**ing line** Lot *nt;* ~**ing balloon** Versuchsballon *m;* **sound out** *vt* (*jdn*) ausfragen; (*Absichten*) herausfinden

sound⁴ [saʊnd] *s* Meerenge *f,* Meeresarm *m*

sound ar·chives ['saʊnd, ɑ:(r)kaɪvz] *s pl* Tonarchiv *nt;* **sound bar·rier** ['saʊndbærɪə(r)] *s* ① Schallmauer *f* ② Lärmschutzwall *m;* Lärmschutzwand *f;* **sound·board** *s* Resonanzboden *m;* **use s.o. as a** ~ an jdm die Reaktion testen; **sound·box** *s* Schallkörper *m;* **sound effects** *s pl* Toneffekte *mpl;* **sound engineer** *s* Techniker(in) *m(f);* **sound film** *s* Tonfilm *m*

sound·ing ['saʊndɪŋ] *s* (MAR) Loten *nt,* Peilung *f;* **take** ~**s on s.th.** über etw Untersuchungen durchführen

sound·ing board ['saʊndɪŋˌbɔ:d] *s* Resonanzboden *m;* **use s.o. as a** ~ an jdm die Reaktion testen

sound·less ['saʊndlɪs] *adj* geräusch-, lautlos, still

sound·ness ['saʊndnɪs] *s* ① guter Zustand ② Solidität *f;* (*von Argument*) Stichhaltigkeit *f;* (*von Kenntnissen*) Gründlichkeit *f;* (*von Idee, Politik*) Vernünftigkeit *f* ③ (COM FIN) Stabilität *f* ④ (JUR) Rechtmäßigkeit *f* ⑤ (*von Schlaf*) Tiefe *f*

sound·proof ['saʊndpru:f] **I.** *adj* schalldicht **II.** *vt* schalldicht machen, schalldämmen; **sound recording** *s* Tonaufnahme *f;* **sound reproduction** *s* Tonwiedergabe *f;* **sound shift** *s* (LING) Lautverschiebung *f;* **sound·stage** ['saʊndsteɪdʒ] *s* Fernsehbühne *f;* **sound system** *s* (*einer Sprache*) Lautsystem *nt;* **soundtrack** ['saʊndtræk] *s* ① Tonspur *f* ② Soundtrack *m,* Musik *f* zu einem Film; **sound velocity** *s* Schallgeschwindigkeit *f;* **sound wave** *s* Schallwelle *f*

soup [su:p] *s* Suppe *f;* **be in the** ~ in der Tinte sitzen; **soup up** *vt* frisieren, hochzüchten

soup·çon ['su:psɒn, *Am* su:p'sɒn] *s* Spur *f;* Andeutung *f* (*of* von)

soup kit·chen ['su:pˌkɪtʃɪn] *s* ① Volksküche *f;* Feldküche *f* ② *Essensausgabe für Obdachlose;* **soup plate** *s* Suppenteller *m;* **soup spoon** *s* Suppenlöffel *m;* **soup tureen** *s* Suppenschüssel *f*

sour ['saʊə(r)] **I.** *adj* ① sauer; säuerlich

S

❷ (*Milch*) sauer ❸ (*fig*) verärgert; missmutig; **turn ~** sauer werden; **turn ~ on s.o.** jdm nicht mehr gefallen; (*Plan*) schief gehen; **it's ~ grapes!** die Trauben sind sauer **II.** *vt* ❶ sauer werden lassen ❷ (*fig*) verärgern, verstimmen ❸ (*Beziehung*) trüben **III.** *vi* ❶ sauer werden ❷ (*fig*) ärgerlich, missmutig werden

source [sɔːs] *s* ❶ (*a. fig*) Quelle *f* ❷ (ELEK) Strom-, Energiequelle *f* ❸ (*fig*) Ursprung *m*, Wurzel *f*; **from official ~s** aus amtlichen Quellen; **have its ~** seinen Ursprung haben (*in* in); **take its ~** entspringen (*from* aus); **taxation at ~** direkte Besteuerung; **~ code** Ausgangscode *m*; **~ document** Originaldokument *nt*; **~ file** (INFORM) Ursprungsdatei *f*; **~ of energy** Energiequelle *f*; **~ of errors** Fehlerquelle *f*; **~ of income** Einkommensquelle *f*; **~ of light** Lichtquelle *f*; **~s of manpower** Arbeitskräftereserven *fpl*; **~ of supply** Bezugsquelle *f*; **sourc·ing** ['sɔːsɪŋ] *s* (COM) Erwerb *m*

sour·puss ['saʊəpʊs] *s* (*fam*) Trauerkloß *m*

sou·sa·phone ['suːzəfəʊn] *s* (MUS) Sousaphon *nt*

souse [saʊs] *vt* ❶ (ein)pökeln; in Salzlake legen ❷ ein-, untertauchen; ins Wasser werfen ❸ (völlig) durchnässen; **get ~d** (*sl*) sich besaufen

south [saʊθ] **I.** *s* ❶ Süd(en) *m* ❷ südliche Richtung **II.** *adj* südlich, Süd- **III.** *adv* im Süden; in südlicher Richtung; nach Süden; **~ of** südlich von; **the South of France** Südfrankreich; **South Africa** *s* Südafrika *nt*; **South African I.** *adj* südafrikanisch **II.** *s* Südafrikaner(in) *m(f)*; **South America** *s* Südamerika *nt*; **South American I.** *adj* südamerikanisch **II.** *s* Südamerikaner(in) *m(f)*; **south·bound** ['saʊθbaʊnd] *adj* nach Süden fahrend

south·east [ˌsaʊθ'iːst] **I.** *adj* südöstlich **II.** *s* Südosten *m*; **south·easter** [ˌsaʊθ'iːstə(r)] *s* (starker) Südostwind *m*; **south·easter·ly** [ˌsaʊθ'iːstəlɪ] **I.** *adj, adv* südöstlich; aus Südost **II.** *s* (starker) Südostwind *m*; **south·eastern** [ˌsaʊθ'iːstən] *adj* südöstlich; aus Südost; **south-east·wards** [ˌsaʊθ'iːstwədz] *adv* nach Südosten; südostwärts

south·er·ly ['sʌðəlɪ] **I.** *adj* südlich; nach Süden **II.** *adv* nach Süden **III.** *s* Südwind *m*; **south·ern** ['sʌðən] *adj* südlich; aus Süden; Süd-; südländisch; **~ hemisphere** Südhalbkugel *f*; **Southern Cross** *s* Kreuz *nt* des Südens; **south·erner** ['sʌðənə(r)] *s* Bewohner(in) *m(f)* des Südens

southern lights *s pl* Südlicht *nt*

South Ko·rea *s* Südkorea *nt*; **South Ko·re·an I.** *adj* südkoreanisch **II.** *s* Südkoreaner(in) *m(f)*

south·paw ['saʊθpɔː] *s* (SPORT) Linkshänder *m*

South Pole *s* Südpol *m*; **south·ward(s)** ['saʊθwəd(z)] **I.** *adj* südlich **II.** *adv* nach Süden, südwärts

south·west [ˌsaʊθ'west] **I.** *s* Südwesten *m* **II.** *adj* südwestlich **III.** *adv* nach Südwest; südwestwärts; **~ of** südwestlich von; **south·wester** [ˌsaʊθ'westə(r)] *s* (starker) Südwestwind *m*; **south·wester·ly** [ˌsaʊθ'westəlɪ] **I.** *adj* südwestlich; aus Südwest **II.** *s* (starker) Südwestwind *m*; **south·western** [ˌsaʊθ'westən] *adj* südwestlich; aus Südwest; **south·west·ward(s)** [ˌsaʊθ'westwəd(z)] *adv* nach Südwesten

sou·venir [ˌsuːvə'nɪə(r)] *s* (Reise)Andenken, Souvenir *nt* (*of* an)

sou'wester [ˌsaʊ'westə(r)] *s* Südwester *m*

sov·er·eign ['sɒvrɪn] **I.** *adj* ❶ höchste(r, s), oberste(r, s); (*Verachtung*) tiefste(r, s) ❷ unumschränkt; souverän; **~ cure** Allheilmittel *nt* **II.** *s* ❶ Monarch(in) *m(f)*, Herrscher(in) *m(f)* ❷ (HIST: *Großbritannien*) Zwanzigshillingstück *nt*; (*Goldmünze*) Sovereign *m*; **sovereign rights** *s pl* Hoheitsrechte *ntpl*; **sovereign territory** *s* Hoheitsgebiet *nt*; **sov·er·eignty** ['sɒvrəntɪ] *s* Staatshoheit, Herrschaft *f*; Souveränität *f*

so·viet ['səʊvɪət] **I.** *s* (HIST) Sowjet *m* **II.** *adj* sowjetisch; **Soviet citizen** Sowjetbürger(in) *m(f)*; **Soviet Union** *s* (HIST) Sowjetunion *f*

sow¹ [səʊ] <*irr:* sowed, sowed (sown)> *vt* ❶ (*Saat*) (aus)säen ❷ (MIL: *Minen*) legen ❸ (*fig: Nachricht*) verbreiten; **~ one's wild oats** (*fig*) sich die Hörner abstoßen; sich ausleben; **~ discontent/hatred** Unzufriedenheit/Hass säen

sow² [saʊ] *s* ❶ Sau *f*; Dächsin *f* ❷ (TECH) Massel *f*; Masselgraben *m*

sow·ing ma·chine ['səʊɪŋmə'ʃiːn] *s* Sämaschine *f*; **sown** [səʊn] *s.* **sow¹**

sox [sɔks] *s pl* (*Am: fam*) Socken *pl*

soy [sɔɪ] (*Am*), **soya** ['sɔɪə] *s* Soja *f*; **soya bean** *s* Sojabohne *f*; **soya flour** *s* Sojamehl *nt*; **soya sauce** *s* Sojasoße *f*; **soy·bean** ['sɔɪbiːn] *s* (*Am*) Sojabohne *f*

soz·zled ['sɒzld] *adj* (*Br fam*) beschwipst

spa [spɑː] *s* ❶ Mineral-, Heilquelle *f* ❷ (Heil)Bad *nt*; Kurort *m*; **spa bath** *s* Heil-, Kurbad *nt*

space [speɪs] **I.** *s* ❶ Raum, Platz *m* ❷ (*a.* MUS) Zwischenraum, Abstand *m* ❸ Zeit(raum *m*), Frist *f* ❹ (*outer ~*) der

Weltraum; **take up** ~ Platz einnehmen; **stare into** ~ Löcher in die Luft starren; **a short** ~ ein Weilchen, eine kurze Zeit; **for a** ~ eine Zeit lang; **wide open** ~**s** weites, offenes Land; **within the** ~ **of three hours** innerhalb drei Stunden; **advertising** ~ Reklamefläche *f;* **air** ~ Luftraum *m;* **blank** ~ freie Stelle; **office** ~ Bürofläche *f;* **parking** ~ Platz *m* zum Parken **II.** *vt* ❶ mit Abstand, in Abständen, in Zwischenräumen anordnen ❷ (*räumlich*) verteilen ❸ (*sl*) high machen; ~ **out** (TYP) sperren; ~ **out evenly** gleichmäßig verteilen; ~**d out** (*sl*) high; **space age** *s* Weltraumzeitalter *nt;* **space agency** *s* Weltraumbehörde *f;* **space-bar** *s* (*Schreibmaschine*) Leertaste *f;* **space-based** ['speɪsbeɪst] *adj* weltraumgestützt; **space blanket** *s* Rettungsdecke, Alu-Isoliermatte *f;* **space capsule** *s* Raumkapsel *f;* **space centre** *s* Raumfahrtzentrum *nt;* **space·craft** ['speɪs,krɑːft] *s* Raumfahrzeug *nt;* Raumkörper *m;* **space defence** *s* Weltraumabwehr *f;* **space fiction** *s* Zukunftsromane *pl* über den Weltraum; **space-flight** *s* Raumfahrt *f;* **space heater** *s* Raumheizkörper *m;* **space lab(oratory)** *s* Weltraumlabor *nt;* **space·man** ['speɪsmən] <*pl* -men> *s* Raumfahrer *m;* **space medicine** *s* Raumfahrtmedizin *f;* **space probe** *s* Raumsonde *f;* **spacer** ['speɪsə(r)] *s* ❶ Leertaste *f* ❷ (TECH) Abstandsstück *nt;* **space research** *s* Raumforschung *f;* **space-saving** *adj* Platz sparend; **space·ship** ['speɪsʃɪp] *s* Raumschiff *nt;* **space shuttle** *s* Raumfähre *f,* Raumtransporter *m;* **space station** *s* Raumstation *f;* **space suit** *s* Raumanzug *m;* **space travel** *s* Raumfahrt *f;* **space traveller** *s* Raumfahrer(in) *m(f);* **space walk** *s* Spaziergang *m* im All; **space weapon** *s* Weltraumwaffe *f;* **space·woman** ['speɪs,wʊmən] *s* Raumfahrerin *f;* **spacey** ['speɪsɪ] *adj* (*Am: sl*) weggetreten, wie in Trance; **spac·ing** ['speɪsɪŋ] *s* Zwischenraum, Abstand *m;* Intervall *nt;* **single-/double-**~ (TYP) einzeiliger/zweizeiliger Abstand; **spa·cious** ['speɪʃəs] *adj* ❶ geräumig ❷ ausgedehnt, weit(läufig); **spa·cious·ness** [-nəs] *s* ❶ Geräumigkeit *f* ❷ Weitläufigkeit *f*

spade [speɪd] *s* ❶ Spaten *m* ❷ ~**s** (*Kartenspiel*) Pik *nt* ❸ (*pej sl*) Schwarze(r) *f m;* **call a** ~ **a** ~ (*fig*) das Kind beim Namen nennen; **Queen of Spades** Pikdame *f;* **spade·work** *s* Vorarbeit(en *pl*) *f*

spa·ghetti [spə'getɪ] *s* Spaghetti *pl;* **spaghetti western** *s* (*fam*) Italowestern *m*

Spain [speɪn] *s* Spanien *nt*

spam [spæm] *vt:* ~ **s.o.** jdn mit E-Mails überhäufen, jdn spammen

Spam® [spæm] *s* Frühstücksfleisch *nt*

span [spæn] **I.** *s* ❶ Spanne *f;* Abstand *m* ❷ (~ *-length*) Spannweite *f;* (ARCH) lichte Weite ❸ (~ *of time*) Zeitspanne *f;* ~ **of life** Lebensspanne *f* **II.** *vt* ❶ (über)spannen (*with* mit), überbrücken ❷ (*fig*) umfassen

spangle ['spæŋgl] **I.** *s* Flitter *m,* Paillette *f* **II.** *vt* ❶ mit Pailletten besetzen ❷ (*fig*) übersäen, schmücken (*with* mit); **span·gled** ['spæŋgld] *adj:* **the star-**~ **banner** das Sternenbanner (*die Flagge der USA*)

Span·iard ['spænɪəd] *s* Spanier(in) *m(f)*

span·iel ['spænɪəl] *s* (*Hunderasse*) Spaniel *m*

Span·ish ['spænɪʃ] **I.** *adj* spanisch; ~ **America** spanischsprachiges Lateinamerika; **s**~ **chestnut** Edelkastanie *f* **II.** *s* (das) Spanisch(e); **the** ~ die Spanier *mpl*

spank [spæŋk] **I.** *vt* (das Hinterteil) versohlen (*s.o.* jdm), verprügeln **II.** *vi* (~ *along*) dahinflitzen **III.** *s* Klaps *m;* **give s.o. a** ~ **on the bottom** jdm das Hinterteil versohlen; **spank·ing** ['-ɪŋ] **I.** *adj* schnell; **at a** ~ **pace** mit großer Geschwindigkeit **II.** *s:* **give s.o. a good** ~ jdm das Hinterteil tüchtig versohlen

span·ner ['spænə(r)] *s* Schraubenschlüssel *m;* **a** ~ **in the works** Sand im Getriebe; **put a** ~ **in the works** jdm Knüppel zwischen die Beine werfen

spar¹ [spɑː(r)] *s* (MAR) Spiere *f,* Rundholz *nt*

spar² [spɑː(r)] *s* (MIN) Spat *m*

spar³ [spɑː(r)] *vi* (*Boxen*) ein Sparring machen; (*fig*) sich zanken

spare [speə(r)] **I.** *adj* ❶ übrig, überzählig ❷ (*Teil, Reifen*) Ersatz- ❸ (*Bett, Zimmer*) Gäste- ❹ mager; dürftig ❺ (*fam*) wahnsinnig, verrückt; **do you have a** ~ **pen?** hast du einen Schreiber für mich?; **if you have a** ~ **minute** wenn du mal eine Minute Zeit hast; **there are two** ~ **seats** es sind zwei Plätze frei; **drive s.o.** ~ jdn wahnsinnig machen; **go** ~ wahnsinnig werden; ~ **battery** Reservebatterie *f;* ~ **capacity** freie Kapazität; ~ **parts** Ersatzteile *ntpl;* ~ **parts catalogue** Ersatzteilkatalog *m;* ~ **-part surgery** Ersatzteilchirurgie *f;* ~ **rib** Rippchen *nt;* ~ **room** Gästezimmer *nt;* ~ **time** Freizeit *f;* ~ **tyre** Ersatzreifen *m;* (*hum*) Rettungsring *m;* ~ **wheel** Ersatzrad *nt* **II.** *s* Ersatzteil *nt;* Ersatzreifen *m* **III.** *vt* ❶ übrig haben ❷ verzichten auf ❸ sparsam umgehen mit; (*Mühe, Geld*) scheuen ❹ verschonen; (*Gefühle* schonen; ~ **o.s. s.th.** sich etw ersparen; ~ **s.o. s.th** jdm etw übrig lassen; **have s.th. to** ~ etw übrig

S

haben; **enough and to** ~ mehr als genug; **I can't ~ her/that** ich kann auf sie/das nicht verzichten; ich brauche sie/das unbedingt; **they ~d no expense** sie haben keine Kosten gescheut; **spar·ing** ['-ɪŋ] *adj* sparsam, haushälterisch (*of* mit); **be ~ of s.th.** mit etw sparen, mit etw geizen

spark [spɑːk] **I.** *s* ① (*a.* ELEK) Funke(n) *m* ② (*fig*) Fünkchen *nt*, Spur *f*; **a ~ of interest/life** ein Fünkchen *nt* Interesse/Leben; **the ~s fly** die Funken fliegen; **a bright ~** (*fam*) ein Intelligenzbolzen **II.** *vi* ① Funken sprühen ② (AUTO) zünden **III.** *vt* ① entzünden; (*Explosion*) auslösen, verursachen ② (*fig*) auslösen; (*Begeisterung*) wecken; **spark(ing) plug** ['spɑːkɪŋplʌg] *s* Zündkerze *f*

sparkle ['spɑːkl] **I.** *vi* ① funkeln, glitzern (*with* vor) ② (*Flüssigkeit*) sprudeln, perlen, schäumen **II.** *s* Funkeln, Glitzern *nt*; **spark·ler** ['spɑːklə(r)] *s* ① Wunderkerze *f* ② (*sl*) Diamant *m*; **spar·kling** ['spɑːklɪŋ] *adj* ① funkelnd, glitzernd ② sprudelnd; (*Wein*) perlend ③ (*Geist*) sprühend

spark plug ['spɑːkplʌg] *s* Zündkerze *f*

spar·ring ['spɑːrɪŋ] *s* (Trainings)Boxen, Sparring *nt*; **sparring match** *s* (Freundschafts-, Trainings)Boxkampf *m*; **sparring partner** *s* Trainingspartner *m* (*beim Boxen*); (*fig*) Kontrahent(in) *m(f)*

spar·row ['spærəʊ] *s* Spatz, Sperling *m*; **spar·row·hawk** ['spærəʊhɔːk] *s* (*kleiner Greifvogel*) Sperber *m*

sparse [spɑːs] *adj* ① dünn ② (weit) verstreut ③ spärlich

Spar·tan ['spɑːtn] **I.** *s* Spartaner(in) *m(f)* **II.** *adj* (*fig: s~*) spartanisch

spasm ['spæzəm] *s* (MED) Krampf *m*; Anfall *m*; **cardiac ~** Herzkrampf *m*; **spas·modic** [spæz'mɒdɪk] *adj* ① krampfartig ② (*fig*) sporadisch

spas·tic ['spæstɪk] **I.** *adj* ① (MED) spastisch ② (*sl*) schlecht **II.** *s* Spastiker(in) *m(f)*

spat¹ [spæt] *s.* **spit²**

spat² [spæt] **I.** *vi* zanken, streiten **II.** *s* Wortwechsel *m*

spat³ [spæt] *s* Gamasche *f*

spat⁴ [spæt] *s* Muschellaich *m*

spate [speɪt] *s*: **a river in (full)** ~ ein Hochwasser führender Fluss; **a ~ of** eine Menge, ein Andrang *m* +*gen*

spa·tial ['speɪʃl] *adj* räumlich; **~ distribution** Raumverteilung *f*

spat·ter ['spætə(r)] **I.** *vt* (be)spritzen (*with* mit) **II.** *vi* ① spritzen ② (*Regen*) (nieder)prasseln **III.** *s* Spritzer *m*; **a ~ of rain** ein paar Tropfen Regen

spat·ula ['spætjʊlə] *s* Spa(ch)tel *m*

spavin ['spævɪn] *s* (VET) Spat *m* (*bei Pferden*)

spawn [spɔːn] **I.** *vi* laichen **II.** *vt* (*fig*) produzieren **III.** *s* Laich, Rogen *m*

spay [speɪ] *vt* (*weibliches Tier*) verschneiden, sterilisieren

speak [spiːk] <*irr:* spoke, spoken> **I.** *vi* ① sprechen (*of* von, *on, about* über, *to* mit, zu, *for* für) ② reden (*of* von, über), sich äußern (*of* über) ③ eine Rede, einen Vortrag halten (*to s.o.* vor jdm) ④ zeugen (*of* von) ⑤ (MUS) ertönen; **~ing!** (TELE) am Apparat!; **~ down to s.o.** mit jdm herablassend sprechen; **not to ~ of** ganz zu schweigen von; **nothing to ~ of** nicht der Rede wert; **so to ~** sozusagen, gewissermaßen; **~ to the point** zur Sache sprechen; **~ well for s.o.** zu jds Gunsten sprechen; **~ well of s.o.** Gutes von jdm sagen **II.** *vt* ① (aus)sprechen, sagen, äußern, ausdrücken ② (*Sprache*) sprechen; **~ one's mind** seine Meinung sagen; **~ volumes** (*fig*) Bände sprechen (*for* für); **speak against** *vt* sprechen gegen; sich aussprechen gegen; kritisieren; **speak for** *vt* (*Vorschlag*) unterstützen; **~ for s.o.** in jds Namen sprechen; sich für jdn einsetzen; **~ for o.s.** für sich selbst sprechen; **~ing for myself** was mich betrifft; **~ for yourself!** du vielleicht!; **that ~s well for him** das spricht für ihn; **I can ~ for his loyalty** ich kann mich für seine Loyalität verbürgen; **that ~s for itself** das sagt alles; **be spoken for** vergeben sein; **speak out** *vi* ① laut reden ② (*fig*) seine Meinung sagen; **~ out in favour of** sich einsetzen für; **~ out against** sich äußern gegen; **speak up** *vi* ① laut(er) reden ② (*fig*) seine Meinung sagen; **~ up for s.o./s.th.** für jdn/etw eintreten

speaker ['spiːkə(r)] *s* ① Sprecher(in) *m(f)*, Vorsitzende(r) *f m*, Redner(in) *m(f)* ② (*loud~*) Lautsprecher(box *f*) *m*; **Speaker** (*in GB*) Parlamentspräsident *m*; **Mr Speaker** Herr Vorsitzender; **speak·ing** ['spiːkɪŋ] **I.** *adj* ① sprechend ② sprechend ähnlich ③ (*suffix*) -sprachig; **generally ~** im Allgemeinen; im Großen und Ganzen; **strictly ~** genau genommen; **not to be on ~ terms with s.o.** mit jdm nicht (mehr) sprechen; jdn nicht näher kennen; **~ clock** (*Br*) telefonische Zeitansage *f*; **~ part** Sprechrolle *f*; **~ tube** Sprachrohr *nt* **II.** *s* Sprechen *nt*; Reden *fpl*; **~ voice** Sprechstimme *f*

spear [spɪə(r)] **I.** *s* ① Speer, Spieß *m*, Lanze *f* ② (BOT) Halm, Schaft *m*; (*von Spargel*)

Stange *f;* (*von Brokkoli*) Spross *m* **II.** *vt* durchbohren; aufspießen; mit Speeren fangen; **spear·head** **I.** *s* ① Speer-, Lanzenspitze *f* ② (MIL) Angriffsspitze *f* ③ (*fig*) führender Kopf **II.** *vt* an der Spitze stehen von; **spear·mint** ['spɪəmɪnt] *s* Grüne Minze

spec [spek] *s* ① **on** ~ auf Verdacht ② (*fam*) Patentbeschreibung *f* ③ (ARCH) Baubeschreibung *f* ④ ~**s** (TECH) technische Daten *pl*

spe·cial [speʃl] **I.** *adj* ① besondere(r, s) ② un-, außergewöhnlich, außerordentlich ③ speziell; **for** ~ **duty** zur besonderen Verwendung; ~ **agent** Agent(in) *m(f);* **Special Air Service, SAS** *britisches Sonderkommando;* **Special Branch** (*in GB*) Sicherheitspolizei *f;* ~ **bonus** Sonderzulage, -dividende *f;* ~ **case** Sonder-, Spezialfall *m;* ~ **committee** Sonderausschuss *m;* ~ **constable** (*in GB*) Hilfspolizist(in) *m(f);* ~ **correspondent** (*Presse*) Sonderberichterstatter(in) *m(f);* ~ **delivery** Eilzustellung *f;* ~ **desire** Sonderwunsch *m;* ~ **discount** Sonderrabatt *m;* ~ **drawing rights, SDR** (FIN) Sonderziehungsrechte *ntpl,* SZR *f;* ~ **edition** Sonderausgabe *f;* ~ **effects** (*Film*) Tricks *pl;* ~ **issue stamp** Sondermarke *f;* ~ **leave** Sonderurlaub *m;* ~ **meeting** außerordentliche Versammlung; ~ **mission** Sonderauftrag *m;* ~ **needs** spezielle Bedürfnisse *pl;* ~ **offer** (COM) Sonderangebot *nt;* ~ **pleading** (JUR) Beibringung *f* neuen Beweismaterials; ~ **power** Sondervollmacht *f;* ~ **price** Sonder-, Vorzugspreis *m;* ~ **rates** Sonderkonditionen *fpl;* ~ **regulation** Sonderbestimmung *f;* ~ **right** Sonder-, Vorrecht *nt;* ~ **subject** (SCHULE) Leistungsfach *nt;* (*Universität*) Schwerpunktfach *nt,* Spezialisierung *f;* ~ (**train**) Sonderzug *m;* ~ **waste** Sondermüll *m* **II.** *s* ① Sonderdruck *m,* -ausgabe, -nummer *f* ② Extrablatt *nt* ③ Sonderzug *m* ④ (*television* ~) Extrasendung *f* ⑤ (*Am*) Sonderangebot *nt* ⑥ (*Restaurant*) Tagesspezialität *f* ⑦ Hilfspolizist(in) *m (f);* ~ **of the day** Tagesgericht *nt*

spe·cial·ism ['speʃəlɪzm] *s* Spezialisierung *f;* Spezialgebiet *nt;* **spe·cial·ist** ['speʃəlɪst] **I.** *adj* Fach-; ~ **supplier** (COM) Fachhändler *m;* ~ **term** Fachwort *nt;* ~ **text** Fachtext *m* **II.** *s* ① Spezialist(in) *m(f),* Fachmann *m,* -frau *f* ② Facharzt *m,* -ärztin *f;* **heart** ~ Facharzt *m* für Herzkrankheiten; **spe·ci·al·ity** [ˌspeʃɪ'ælətɪ] *s,* **spe·ci·al·ty** ['speʃəltɪ] (*Am*) Spezialität *f;* **spe·cial·iz·ation** [ˌspeʃəlaɪ'zeɪʃn] *s* Spezialisierung *f;* **spe·cial·ize** ['speʃəlaɪz] **I.** *vt* spezialisieren; besonders einrichten (*for* für) **II.** *vi* sich spezialisieren (*in* in, auf); **spe·cial·ly** ['speʃəlɪ] *adv* besonders; insbesondere

spe·cies ['spiːʃiːz] <*pl* -> *s* (BES. ZOO BOT) Spezies, Art *f*

spe·ci·fic [spə'sɪfɪk] **I.** *adj* ① genau festgelegt, begrenzt, bestimmt ② genau ③ besondere(r, s), charakteristisch, typisch ④ spezifisch; **in each** ~ **case** in jedem Einzelfall; **be** ~ genau sein; ~ **gravity** (PHYS) spezifisches Gewicht **II.** *s* ① (MED) Spezifikum *nt* ② ~**s** Einzelheiten *fpl;* **spe·cifi·cal·ly** [spə'sɪfɪklɪ] *adv* ① besonders ② genau, klar ③ insbesondere, nämlich

spec·ifi·ca·tion [ˌspesɪfɪ'keɪʃn] *s* ① Spezifizierung, genaue Angabe *f* ② Bedingung *f;* Bestimmung *f* ③ Patentbeschreibung *f* ④ (ARCH) Baubeschreibung *f* ⑤ ~**s** (TECH) technische Daten *pl;* **spec·ify** ['spesɪfaɪ] *vt* ① einzeln, genau angeben ② an-, aufführen, spezifizieren ③ vorschreiben; **for a specified purpose** für einen bestimmten Zweck

speci·men ['spesɪmɪn] *s* ① Exemplar *nt;* Muster *nt* ② (*Blut, Harn*) Probe *f* ③ (*fam*) Typ, Kerl, Bursche *m;* **a beautiful** ~ ein Prachtexemplar; **a** ~ **of one's work** eine Probe seiner Arbeit; ~ **copy** Belegexemplar *nt;* ~ **page** Probeseite *f;* ~ **signature** Unterschriftsprobe *f*

spe·cious ['spiːʃəs] *adj* scheinbar; trügerisch, bestechend

speck [spek] *s* Fleck(chen *nt*) *m;* **a** ~ (**of**) ein bisschen (…), ein (klein) wenig (…)

speckle ['spekl] *s* (Farb)Fleck *m,* Tüpfel *m od nt;* **speckled** [spekld] *adj* getüpfelt, gesprenkelt

specs [speks] *s pl* (*fam*) Brille *f*

spec·tacle ['spektəkl] *s* ① Schauspiel *nt* ② ~**s** (*pair of* ~*s*) Brille *f;* **a sad** ~ ein trauriger Anblick

? Grammatik

> **spectacles** (oder umgangssprachlich **specs**) = Brille, wird im Plural gebraucht: *Are those spectacles new? I need (a) new (pair of) spectacles/ specs.*

spectacle case *s* Brillenetui *nt;* **spec·tacled** ['spektəkld] *adj* Brillen tragend

spec·tacu·lar [spek'tækjʊlə(r)] **I.** *adj* sensationell; spektakulär; atemberaubend **II.** *s* Show *f;* Fernsehschau *f*

spec·ta·tor [spek'teɪtə(r)] *s* Zuschauer(in) *m(f)*

spec·ter ['spektə(r)] *s* (*Am*) Gespenst *nt;* **spec·tral** ['spektrəl] *adj* gespenstisch, geisterhaft; ~ **analysis** Spektralanalyse *f;* **spectre** ['spektə(r)] *s* Gespenst *nt*

spec·tro·scope ['spektrəʊskəʊp] *s* Spektroskop *nt;* **spec·tro·sco·pic analy·sis** [ˌspektrəʊskəʊpɪk ə'næləsɪs] *s* Spektralanalyse *f*

spec·trum ['spektrəm, *pl* -trə] <*pl* -tra> *s* ① (OPT) Spektrum *nt* ② (*fig*) Skala *f*

specu·late ['spekjʊleɪt] *vi* ① nachdenken, (nach)sinnen, sich Gedanken machen (*on, upon, about* über) ② (COM) spekulieren (*in* mit, *on* an); **specu·la·tion** [ˌspekjʊ'leɪʃn] *s* ① Vermutung, Spekulation *f* ② (COM) Spekulation *f;* **specu·lat·ive** ['spekjʊlətɪv] *adj* ① (PHILOS) spekulativ; theoretisch ② (COM) Spekulations-; ~ **builder** Bauspekulant *m;* **specu·la·tor** ['spekjʊleɪtə(r)] *s* Spekulant(in) *m(f)*

sped [sped] *s.* **speed**

speech [spiːtʃ] *s* ① Sprache *f;* Sprechen *nt;* Sprechweise *f* ② Ansprache *f;* Rede *f;* **deliver** [*o* **make**] **a** ~ eine Rede halten (*on, about* über, *to* vor); **after-dinner** ~ Tischrede *f;* **freedom of** ~ Redefreiheit *f;* **power of** ~ Sprachvermögen *nt;* **speech act** *s* (LING) Sprechakt *m;* **speech community** *s* Sprachgemeinschaft *f;* **speech day** *s* (Schul)Schlussfeier *f;* **speech defect** *s* Sprachfehler *m;* **speech·ify** ['spiːtʃɪfaɪ] *vi* (*hum*) große Reden schwingen; **speech·less** ['spiːtʃlɪs] *adj* sprachlos (*with* vor); **speech recognition** *s* (INFORM) Spracherkennung *f;* **speech therapist** *s* Sprachtherapeut(in) *m(f),* Logopäde *m,* Logopädin *f;* **speech therapy** *s* (MED) ① logopädische Behandlung, Sprachtherapie *f* ② Logopädie *f;* **speech·writer** ['spiːtʃraɪtə(r)] *s* Verfasser(in) *m(f)* von Reden; (POL) Redenschreiber(in) *m(f)*

speed [spiːd] <*irr:* speeded (sped), speeded (sped)> **I.** *s* ① Schnelligkeit *f* ② Geschwindigkeit *f;* Tempo *nt* ③ (TECH) Drehzahl *f* ④ (AUTO) Gang *m* ⑤ (FILM) Empfindlichkeit *f* ⑥ (*sl: Droge*) Speed *nt;* **at a** ~ **of** mit einer Geschwindigkeit von; **at full** [*o* **top**] ~ mit Höchstgeschwindigkeit; **cruising** ~ Reisegeschwindigkeit *f* **II.** *vi* ① (*nicht irr*) zu schnell fahren ② jagen, sausen; (*Zeit*) schnell vergehen; **speed along I.** *vi* entlangsausen; (*Arbeit*) gut vorangehen **II.** *vt* beschleunigen; **speed off** *vi* davonrasen; **speed up I.** *vi* (*nicht irr*) schneller werden; (AUTO) beschleunigen **II.** *vt* beschleunigen; (*jdn*) antreiben

speed·boat ['spiːdbəʊt] *s* Rennboot *nt;* **speed bump** *s* Bodenschwelle *f;* **speed check, speed control** *s* Geschwindigkeitskontrolle *f;* **speed cop** *s* (*sl*) Verkehrsstreife *f* (*Polizist*)*;* **speed-dial button** *s* Kurzwahltaste *f;* **speed·ing** ['spiːdɪŋ] *s* (AUTO) Tempoüberschreitung *f,* Überschreiten *nt* der Geschwindigkeitsgrenze; **speed limit** *s* Geschwindigkeitsbegrenzung *f,* Tempolimit *nt*

i Land & Leute

Auf allen Landstraßen und Autobahnen in Großbritannien beträgt die **speed limit**, die erlaubte Höchstgeschwindigkeit, 70 mph – etwa 110 km/h. Innerhalb von Ortschaften darf man 30 mph, etwa 50 km/h, fahren.

speedo ['spiːdəʊ] *s* (*Br fam*) Tacho *m;* **speedo·meter** [spiː'dɒmɪtə(r)] *s* Geschwindigkeitsmesser *m,* Tachometer *m od nt;* **speed range** *s* Drehzahlbereich *m;* **speed skater** *s* Eisschnellläufer(in) *m(f);* **speed skating** *s* Eisschnelllauf *m;* **speed trap** *s* Radarfalle *f;* **speed-up** ['spiːdʌp] *s* ① Beschleunigung *f;* schnelleres Tempo ② Produktions-, Leistungssteigerung *f;* **speed·way** ['spiːdweɪ] *s* Speedwayrennen *nt;* **speedy** ['spiːdɪ] *adj* ① schnell ② prompt

spe·le·ol·ogist [ˌspiːlɪ'ɒlədʒɪst] *s* Höhlenforscher(in) *m(f);* **spe·le·ol·ogy** [ˌspiːlɪ'ɒlədʒɪ] *s* Höhlenforschung *f*

spell[1] [spel] *s* ① (*a. fig*) Zauber *m* ② Zauberwort *nt,* -formel *f,* -spruch *m;* **be under s.o.'s** ~ von jdm verzaubert, gebannt sein; in jds Bann stehen; **cast a** ~ **on** verzaubern; ganz für sich einnehmen

spell[2] [spel] <*irr:* spelled (spelt), spelled (spelt)> **I.** *vt* ① buchstabieren ② (richtig) schreiben (*with* mit) ③ bedeuten, gleichkommen (*s.th.* einer S) **II.** *vi* richtig schreiben; buchstabieren; **he can't** ~ (*fam*) er kann keine Rechtschreibung; **spell out** *vt* buchstabieren; entziffern; (*fig*) klarmachen (*s.th. for s.o.* jdm etw)

spell[3] [spel] **I.** *s* (kurze) Zeit, (Zeit)Dauer, Periode *f;* **by** ~**s** dann und wann; **for a** ~ eine Weile; **take** ~**s** sich ablösen; **cold/hot** ~ Kälte-/Hitzewelle *f* **II.** *vt* ablösen

spell·bind ['spelbaɪnd] <*irr:* -bound, -bound> *vt s.* **bind** ver-, bezaubern, faszinieren, fesseln; **spell·bound** ['spelbaʊnd] *adj* verzaubert, gebannt, fasziniert; mit-, hingerissen

speller ['spelə(r)] *s:* **be a bad** ~ viele Rechtschreibfehler machen; **spell·ing** ['spelɪŋ] *s* ① Buchstabieren *nt* ② Rechtschreibung *f;* **spelling check** *s* (INFORM) Rechtschreibprüfung *f*

spelt [spelt] *s.* **spell²**

spend [spend] <*irr:* spent, spent> **I.** *vt* ❶ verbrauchen, erschöpfen ❷ (*Geld*) ausgeben ❸ auf-, verwenden (*on, upon* für) ❹ (*Zeit*) ver-, zubringen ❺ verschwenden; (*Vermögen*) durchbringen; ~ **a lot of effort on s.th.** sich für etw sehr anstrengen **II.** *vi* ❶ (sein) Geld ausgeben ❷ (sich) verbrauchen, sich verzehren; **spend·ing** ['-ɪŋ] *s* Ausgaben *fpl;* **spending cut** *s* Ausgaben-, Etatkürzung *f;* **spending money** *s* Taschengeld *nt;* **spending power** *s* Kaufkraft *f;* **spending spree** *s* Großeinkauf *m;* **on a** ~ im Kaufrausch; **spend·thrift** ['spendθrɪft] **I.** *adj* verschwenderisch **II.** *s* Verschwender(in) *m(f)*

spent [spent] **I.** *pt, pp of* **spend II.** *adj* ❶ erschöpft, abgespannt, ermattet ❷ (TECH) verbraucht

sperm [spɜːm] *s* Sperma *nt,* männlicher Samen

sper·ma·ceti [ˌspɜːmə'setɪ] *s* Walrat *m od nt*

sperm donor *s* Samenspender *m;* **sper·mi·cide** ['spɜːmɪsaɪd] *s* Spermizid *nt*

sperm whale ['spɜːmweɪl] *s* Pottwal *m*

spew [spjuː] **I.** *vi* ❶ (~ *forth, out*) sich ergießen; hervorsprudeln, hervorquellen ❷ (*sl*) brechen, kotzen **II.** *vt* ❶ (~ *up, sl*) ausspucken ❷ (~ *out*) speien; (*Wasser*) ablassen

sphere [sfɪə(r)] *s* ❶ (MATH) Kugel *f* ❷ (~ *of life*) Sphäre *f,* Lebensbereich *m;* Gebiet *nt,* Wirkungskreis *m;* Umwelt *f,* Milieu *nt;* ~ **of influence** (POL) Einflussbereich *m;* ~ **of interest** Interessensphäre *f;* ~ **of operation** Wirkungsbereich *m;* **spheri·cal** ['sferɪkl] *adj* kugelförmig

spice [spaɪs] **I.** *s* ❶ Gewürz *nt* ❷ (*fig*) Würze *f* **II.** *vt* würzen

spick and span [ˌspɪkən'spæn] *adj* (funkel)nagelneu; wie aus dem Ei gepellt

spicy ['spaɪsɪ] *adj* ❶ (stark) gewürzt ❷ (*fig*) pikant, anregend

spi·der ['spaɪdə(r)] *s* (*a.* TECH) Spinne *f;* **spi·der('s)-web** *s* Spinnwebe *f,* Spinnengewebe *nt;* **spi·dery** ['spaɪdərɪ] *adj* krakelig; spinnwebartig; spinnenhaft

spiel [ʃpiːl] *s* (*sl*) Gequassel *nt;* Geschichte *f*

spigot ['spɪgət] *s* Spund *m;* (*Am*) Hahn *m*

spike [spaɪk] **I.** *s* ❶ (Metall)Spitze *f* ❷ (~ *nail*) großer Nagel ❸ ~**s** Rennschuhe, Spikes *mpl* **II.** *vt* ❶ aufspießen; durchbohren ❷ (*fig: Gerüchte*) verhindern ❸ (*Am*) versetzen; einen Schuss Alkohol geben in ❹ (Abdruck) verweigern; ~ **s.o.'s guns** jdm einen Strich durch die Rechnung machen; **spiky** ['spaɪkɪ] *adj* ❶ (lang und) spitz, spitzig; stachelig ❷ (*fig*) empfindlich

spill¹ [spɪl] <*irr:* spilled (spilt), spilled (spilt)> **I.** *vt* ❶ aus-, verschütten, vergießen ❷ (~ *out*) ver-, ausstreuen ❸ kleckern (*on* auf) ❹ gießen (*on* über) ❺ (*fam*) unter die Leute bringen, verbreiten; ~ **the beans** (*fam*) das Geheimnis verraten; ~ **blood** Blut vergießen; **there is no use crying over spilt milk** es hat keinen Sinn, Vergangenem nachzuweinen **II.** *vi* ❶ (~ *out*) herausquellen ❷ (~ *over*) überlaufen, -fließen **III.** *s* Sturz *m* (*vom Pferd, Rad*)*;* **take** [*o* **have**] **a** ~ herunter-, hinfallen

spill² [spɪl] *s* ❶ (Holz)Span *m* ❷ Fidibus *m*

spill·way ['spɪlweɪ] *s* Überlaufrinne *f*

spilt [spɪlt] *s.* **spill¹**

spin [spɪn] <*irr:* spun, spun> **I.** *vt* ❶ (*a.* ZOO) spinnen ❷ (schnell) drehen; herumwirbeln ❸ (*Wäsche*) schleudern **II.** *vi* ❶ spinnen ❷ (~ *round*) sich schnell drehen, im Kreis herumwirbeln ❸ (*Wäsche*) schleudern; **my head is ~ning** mir dreht sich alles im Kopf **III.** *s* ❶ Drehung *f* ❷ Schleudern *nt* ❸ (*Ball*) Drall *m* ❹ (AVIAT) Trudeln *nt* ❺ kurze Fahrt; **go for a** ~ (*fam*) mit dem Auto spazierenfahren; **go into a** ~ sich um die eigene Achse drehen; trudeln; **in a flat** ~ (*fam*) in Panik; **spin along** *vi* sausen, rasen; **spin off** *vt* ❶ (SPORT) wegschleudern ❷ (FIN) ausgliedern; **spin out** *vt* strecken; (*Zeit, Versammlung*) in die Länge ziehen; (*Geschichte*) ausspinnen; **spin round I.** *vi* sich drehen herumwirbeln; sich schnell umdrehen **II.** *vt* schnell drehen

spi·na bi·fi·da [ˌspaɪnə'bɪfɪdə] *s* offene Wirbelsäule

spin·ach ['spɪnɪdʒ, *Am* 'spɪnɪtʃ] *s* Spinat *m*

spi·nal ['spaɪnl] *adj:* ~ **column** Wirbelsäule *f;* ~ **cord,** ~ **marrow,** ~ **medulla** Rückenmark *nt;* ~ **curvature** Rückgratkrümmung *f*

spindle ['spɪndl] *s* (TECH) Spindel *f;* Schaft *m;* **spin·dly** ['spɪndlɪ] *adj* spindeldürr

spin doc·tor ['spɪnˌdɒktə(r)] *s* (POL) Berater(in) *m(f)*

spin-drier [ˌspɪn'draɪə(r)] *s* Trockenschleuder *f* (*für Wäsche*)*,* **spin·drift** ['spɪndrɪft] *s* Gischt *f;* **spin-dry** *vt, vi* schleudern

spine [spaɪn] *s* ❶ (BOT ZOO) Dorn *m* ❷ Rückgrat *nt* ❸ (Buch)Rücken *m;* **spine-chil·ling** ['spaɪntʃɪlɪŋ] *adj* gruselig; unheimlich; **spine·less** ['-lɪs] *adj* rückgratlos

spin·na·ker ['spɪnəkə(r)] *s* (MAR) Spinnaker *m*

spin·ner ['spɪnə(r)] *s* ❶ Spinner(in) *m(f)* ❷ Schleuder *f* ❸ (*Angeln*) Spinnköder *m*

spin·ney ['spɪnɪ] *s* Gehölz, Dickicht *nt*

spin·ning ['spɪnɪŋ] *s* Spinnen *nt*

S

spinning jenny *s* Jennymaschine *f;* **spinning mill** *s* Spinnerei *f;* **spinning top** *s* Kreisel *m;* **spinning wheel** *s* Spinnrad *nt*
spin-off ['spɪnɒf] *s* Nebenprodukt *nt*
spin·ster ['spɪnstə(r)] *s* (JUR) unverheiratete Frau; **old** ~ (*pej*) alte Jungfer
spiny ['spaɪnɪ] *adj* stach(e)lig, dornig
spi·ral ['spaɪərəl] **I.** *adj* spiralig; gewunden; in Spiralen; ~ **nebula** (ASTR) Spiralnebel *m;* ~ **staircase** Wendeltreppe *f* **II.** *s* Spirale *f;* **the** ~ **of rising prices and wages** die Lohn-Preis-Spirale **III.** *vi* sich in einer Spirale bewegen; ~ **up** sich in die Höhe schrauben
spire ['spaɪə(r)] *s* Turmspitze *f*
spirit ['spɪrɪt] **I.** *s* ❶ Geist *m* ❷ Mut *m;* Schwung *m;* Tatkraft *f* ❸ Geist *m;* Stimmung *f;* Einstellung *f* ❹ (CHEM) Spiritus *m* ❺ ~**s** Spirituosen *pl,* geistige Getränke *ntpl;* **in high** [*o* **great**] ~**s** in gehobener Stimmung; gut aufgelegt; **in poor** [*o* **low**] ~**s** niedergeschlagen; schlecht aufgelegt; **be with s.o. in** ~ in Gedanken bei jdm sein; **enter into the** ~ **of s.th.** sich an etw anpassen; **keep up one's** ~**s** sich nicht niederdrücken lassen; **community** ~ Gemeinschaftssinn *m;* **leading** ~ führender Kopf; **public** ~ Gemeinsinn *m;* ~ **of enterprise** Unternehmungsgeist *m;* **that's the** ~**!** so ist's recht! **II.** *vt* (~ *away, off*) wegzaubern; **spirited** ['spɪrɪtɪd] *adj* ❶ lebhaft ❷ energisch, kraftvoll; mutig; **spir·it·ism** ['spɪrɪtɪzəm] *s* Spiritismus *m;* **spirit·less** ['spɪrɪtlɪs] *adj* ❶ träge, schläfrig, schlaff ❷ niedergedrückt; **spirit level** *s* Wasserwaage *f*
spiri·tual ['spɪrɪtʃʊəl] **I.** *adj* ❶ geistig, seelisch, innerlich ❷ geistlich, kirchlich, religiös; ~ **heritage** geistiges Erbe **II.** *s* Spiritual *nt;* **spiri·tu·al·ism** ['spɪrɪtʃʊəlɪzəm] *s* Spiritismus *m;* **spiri·tu·al·is·tic** [ˌspɪrɪtʃʊə'lɪstɪk] *adj* spiritistisch
spit[1] [spɪt] **I.** *s* ❶ Bratspieß *m* ❷ Landzunge *f;* Sandbank *f* **II.** *vt* aufspießen
spit[2] [spɪt] <*irr:* spat, spat> **I.** *vt* ❶ (~ *out*) ausspeien, -spucken ❷ ausstoßen ❸ (*Worte*) heraussprudeln; ~ **s.o. in the eye** (*fig*) auf jdn pfeifen **II.** *vi* ❶ speien, spucken (*at, on, upon* auf) ❷ (*Katze*) fauchen; **be the** ~**ting image of s.o.** (*fam*) jdm wie aus dem Gesicht geschnitten sein **III.** *s* ❶ Speichel *m* ❷ (*Insekt*) Schaum *m* ❸ (*fam:* ~ *ting image*) Ebenbild *nt;* ~ **and polish** sorgfältige Reinigung; **spit at** *vt* verächtlich abtun; **spit down** *vi* herabsprühen; **spit out** *vt* ausspucken; (*Worte*) hervorstoßen; ~ **it out!** nun sag's schon!; **spit upon** *vt* verächtlich zurückweisen
spite [spaɪt] **I.** *s* Bosheit *f,* böser Wille (*against* gegen); **from** [*o* **out of**] ~ aus Bosheit; **in** ~ **of** trotz +*gen;* **in** ~ **of the fact that ...** obgleich ..., obwohl ... **II.** *vt* ärgern; **cut one's nose off to** ~ **one's face** (*fig*) sich ins eigene Fleisch schneiden; **do s.th. to** ~ **s.o.** etw jdm zum Trotz tun; **spite·ful** ['spaɪtfl] *adj* boshaft; schadenfroh
spit·fire ['spɪtˌfaɪə(r)] *s* giftiger Mensch
spittle ['spɪtl] *s* Speichel *m*
spit·toon [spɪ'tu:n] *s* Spucknapf *m*
splash [splæʃ] **I.** *vt* ❶ (ver)spritzen; gießen ❷ bespritzen ❸ (*Presse*) groß rausbringen; ~ **s.th. over s.o.** jdn mit etw anspritzen **II.** *vi* ❶ spritzen (*in all directions* nach allen Richtungen) ❷ (*Regen*) klatschen ❸ (*Tränen*) tropfen ❹ (*Mensch*) platschen; planschen **III.** *s* ❶ Spritzen *nt;* Platsch(en *nt*) *m* ❷ (*Wellen*) Plätschern, Klatschen *nt* ❸ Spritzer *m;* Klecks *m;* Farbfleck *m* ❹ (*fam*) Schuss *m* Sodawasser; **make a** ~ (*fig*) Furore machen, Aufsehen erregen; ~ **of mud** Dreckspritzer *m;* **with a** ~ mit einem Plumps; **splash about I.** *vt* ❶ herumspritzen ❷ (*fam: Geld*) verschleudern ❸ (*Geschichte*) groß rausbringen **II.** *vi* herumspritzen; herumplatschen; herumplanschen; **splash down** *vi* ❶ (*Raumsonde*) wassern ❷ (*Regen*) herunterprasseln; **splash out** *vi* (*fam*) viel Geld ausgeben (*on* für); **splash·board** *s* Spritzblech *nt;* **splash·down** ['splæʃdaʊn] *s* Wasserung *f*
splat [splæt] *s* Platschen *nt;* **splat·ter** ['splætə(r)] **I.** *vi* spritzen **II.** *vt* bespritzen
splay [spleɪ] **I.** *s* (ARCH) Ausschrägung, Fensterlaibung *f* **II.** *vt* ❶ ausbreiten, -dehnen, erweitern; (ARCH) ausschrägen ❷ (*Finger*) spreizen **III.** *vi* (~ *out*) nach außen gehen; sich nach außen biegen; (ARCH) ausgeschrägt sein; **splay·foot** *s* nach außen gestellter Fuß
spleen [spli:n] *s* (ANAT) Milz *f;* **vent one's** ~ seinem Ärger Luft machen (*on* gegen)
splen·did ['splendɪd] *adj* ❶ prachtvoll, prächtig ❷ großartig; glanzvoll ❸ (*fam*) herrlich, ausgezeichnet, blendend; **splen·dif·er·ous** [splen'dɪfərəs] *adj* (*hum fam*) glänzend; **splen·dor** *s* (*Am*), **splen·dour** ['splendə(r)] *s* Glanz *m,* Pracht, Herrlichkeit *f*
sple·net·ic [splɪ'netɪk] *adj* ❶ mürrisch, unwirsch ❷ (ANAT) Milz-
splice [splaɪs] **I.** *vt* ❶ (MAR) spleißen, splissen ❷ verzahnen, verbinden ❸ (FILM) zusammenkleben; **get** ~**d** (*fam*) heiraten **II.** *s* ❶ Verbindung *f;* Splissung *f* ❷ (FILM) Klebe-

stelle *f;* **splicer** ['splaɪsə(r)] *s* (Film)Klebegerät *nt*

splint [splɪnt] **I.** *s* (MED) Schiene *f* **II.** *vt* (MED) schienen

splin·ter ['splɪntə(r)] **I.** *vt* zersplittern; zerhacken; (*fig*) spalten **II.** *vi* (zer)splittern; (*fig*) sich spalten **III.** *s* Splitter, Span *m;* **splinter group** *s* Splittergruppe *f;* **splinter party** *s* Splitterpartei *f;* **splinter·proof** *adj* (*Glas*) splittersicher

split [splɪt] *<irr:* split, split> **I.** *vt* ① spalten, aufsplittern ② (*fig*) trennen, (auf)spalten, entzweien ③ (*Kosten*) aufteilen; verteilen ④ (CHEM PHYS) spalten ⑤ (*Aktien*) splitten; ~ **the difference** einen Kompromiss schließen, auf halbem Weg entgegenkommen; ~ **hairs** Haarspalterei (be)treiben; ~ **one's sides (laughing)** platzen vor Lachen **II.** *vi* ① sich spalten, (zer)splittern (*into* in) ② (zer)brechen, (zer)reißen, bersten ③ (*fig*) uneins werden, sich entzweien ④ (*fam*) den Gewinn teilen, halbe-halbe machen; ~ **into s.th.** sich in etw teilen, aufsplittern; ~ **open** aufplatzen; bersten; ~ **with s.o.** mit jdm brechen; mit jdm teilen; **my head is ~ting** ich habe furchtbare Kopfschmerzen; **let's ~!** (*fam*) hauen wir ab! **III.** *s* ① (Zer)Splittern *nt* ② Spalt, Riss, Sprung *m* ③ (*fig*) Entzweiung, Spaltung *f* ④ Aufteilung, Aufspaltung *f,* Split(ting *nt*) *m* ⑤ ~**s** (SPORT) Spagat *m;* **banana** ~ Bananensplit *m* **IV.** *adj* gespalten; aufgeteilt; gesplittet; **in a ~ second** im Bruchteil einer Sekunde; **a ~ decision** (*Boxkampf*) eine nicht einstimmige Entscheidung; ~ **ends** gespaltene Haarspitzen; ~ **infinitive** getrennter Infinitiv; ~ **payment** Teilzahlung *f;* ~ **pin** Splint *m;* ~ **screen** geteilter Bildschirm; **split off I.** *vt* abtrennen; abspalten; abbrechen **II.** *vi* abbrechen; sich lösen; (*fig*) sich trennen (*from* von); **split up I.** *vt* aufteilen; (*Partei*) spalten; (*Versammlung*) beenden; (*Leute*) trennen; (*Menge*) zerstreuen **II.** *vi* zerbrechen; sich teilen; (*Versammlung*) sich spalten; (*Menschen*) sich voneinander trennen

split-level [,splɪt'levl] *adj:* ~ **flat** Wohnung über mehrere Ebenen; **split peas** *s pl* gespaltene, halbe Erbsen; **split personality** *s* gespaltene Persönlichkeit; **split·ting** ['splɪtɪŋ] **I.** *adj* (*Kopfschmerzen*) stark, heftig, rasend; **a ~ sound** ein Geräusch, als ob etw zerrisse, zerbräche; **ear-~** ohrenbetäubend **II.** *s* ① (Auf)Spaltung, Teilung *f* ② (*Steuer*) Splitting *nt;* Aktiensplit *m;* **the ~ of the atom** die Kernspaltung; **split-up** ['splɪtʌp] *s* Bruch *m;* Trennung *f;* (*Partei*) Spaltung *f*

splodge, splotch [splɒdʒ, splɒtʃ] *s* Fleck, Klecks *m;* **splotchy** ['splɒtʃɪ] *adj* fleckig

splurge [splɜːdʒ] **I.** *s* (*fam*) Großeinkauf *m* **II.** *vi* (*fam*) groß einkaufen gehen; ~ **out on s.th.** sich etw leisten

splut·ter ['splʌtə(r)] **I.** *vi* ① zischen; spritzen (*over* über) ② (*Mensch*) prusten; stottern ③ (AUTO) stottern **II.** *vt* (~ *out*) heraussprudeln; (*Drohung*) ausstoßen **III.** *s* ① Zischen *nt;* Spritzen, Sprühen *nt* ② Prusten *nt;* Stottern *nt* ③ (AUTO) Stottern *nt*

spoil [spɔɪl] *<irr:* spoilt (spoiled), spoilt (spoiled)> **I.** *vt* ① vernichten, zerstören; beschädigen ② vereiteln ③ verderben, (stark) beeinträchtigen ④ verwöhnen, verziehen; ~ **s.o.'s fun** jdm die Freude verderben; **be spoilt for choice** die Qual der Wahl haben **II.** *vi* verderben, verkommen, schlecht werden, (ver)faulen; **be ~ing for** (ganz) verrückt sein nach; abzielen auf **III.** *s* ① Beute *f* ② ~**s** Gewinn *m;* **spoiler** [-ə(r)] *s* (AUTO) Spoiler *m;* **spoil·sport** *s* Spiel-, Spaßverderber(in) *m(f);* **spoilt** [spɔɪlt] *s.* **spoil**

spoke¹ [spəʊk] *s* ① Speiche *f* ② (*Leiter*) Sprosse *f;* **put a ~ in s.o.'s wheel** (*fig*) jdm Steine in den Weg legen

spoke² [spəʊk] *vt s.* **speak;** **spoken** ['spəʊkən] *s.* **speak;** **spokes·man** ['spəʊksmən] *<pl* -men> *s* Sprecher *m,* Meinungs-, Wortführer *m;* **spokes·per·son** ['spəʊkspɜːsn] *s* Sprecher(in) *m(f),* Meinungs-, Wortführer(in) *m(f)*

spo·li·ation [,spəʊlɪ'eɪʃn] *s* Plünderung *f*

sponge [spʌndʒ] **I.** *s* ① Schwamm *m* ② (~ *cake*) Rührkuchen *m;* Biskuit *m;* **give s.th. a ~** etw aufwischen; etw abwaschen **II.** *vt* ① mit einem Schwamm abwischen; abtupfen ② (*fam*) schnorren; **sponge down** *vt* (ab)waschen; **sponge off** *vt* abwischen; **sponge on** *vi:* ~ **on s.o.** jdm auf der Tasche liegen; **sponge out** *vt* herausreiben; auswaschen; **sponge up** *vt* aufwischen; **sponge bag** *s* Wasch-, Kulturbeutel *m;* **sponge bath** *s* (MED) Ganzkörperwaschung *f;* **sponge cake** *s* Rührkuchen *m;* Biskuit *m;* **sponger** ['spʌndʒə(r)] *s* Schmarotzer *m;* **spongy** ['spʌndʒɪ] *adj* ① schwammig ② nachgiebig, weich ③ (*Kuchen*) locker

spon·sor ['spɒnsə(r)] **I.** *s* ① Förderer *m,* Förderin *f;* Bürge *m,* Bürgin *f* ② (COM) Geldgeber(in) *m(f),* Sponsor(in) *m(f)* ③ Pate *m,* Patin *f;* **stand ~ for s.o.** jdn fördern **II.** *vt* ① fördern, unterstützen ② garantieren; finanzieren; sponsern ③ die Patenschaft übernehmen von; **spon·sor·ing group** ['spɒnsərɪŋ,gruːp] *s* Projektträger *m*

S

spon·sor·ship ['spɒnsəʃɪp] *s* ① Sponsern *nt* ② Förderung *f*

spon·ta·neity ['spɒntə'neɪətɪ] *s* Ungezwungenheit *f;* Spontaneität *f;* **spon·ta·neous** [spɒn'teɪnɪəs] *adj* spontan; impulsiv; von sich aus; ~ **combustion** Selbstentzündung *f*

spoof [spu:f] *s* (*fam*) ① Parodie *f* ② Scherz *m*

spook [spu:k] *s* (*hum*) Gespenst *nt;* **spooky** ['spu:kɪ] *adj* (*fam*) gespensterhaft

spool [spu:l] *s* Spule *f;* Rolle *f*

spoon [spu:n] **I.** *s* Löffel *m* **II.** *vt* löffeln; ~ **out** ausschöpfen; ~ **up** (aus)löffeln; **spoon·bill** ['spu:nbɪl] *s* (*hochbeiniger Vogel*) Löffler *m;* **spoon-feed** <*irr:* -fed, -fed> ['spu:nfi:d] *vt* ① (*Kind*) füttern ② (*fig*) gängeln; **spoon·ful** ['spu:nfʊl] *s* Löffel *m*

spor·adic [spə'rædɪk] *adj* sporadisch; gelegentlich

spore [spɔ:(r)] *s* (BOT) Spore *f*

spor·ran ['spɒrən] *s* Felltasche *f* (*über dem Schottenrock getragen*)

sport [spɔ:t] **I.** *s* ① Sport *m* ② ~**s** Sportveranstaltung *f* ③ Zeitvertreib *m,* Vergnügen *nt,* Spaß *m* ④ (ZOO BOT) Spielart *f* ⑤ (*fam*) prima Kerl; **do s.th. for** [*o* **in**] ~ etw zum Spaß tun; **say s.th. in** ~ etw im Spaß sagen; **be good at** ~(**s**) gut im Sport sein; **be a** (**good**) ~ alles mitmachen **II.** *vi* herumtollen; herumspielen **III.** *vt* ① (*Kleid*) anhaben ② (*fam*) protzen mit; **sport·ing** ['-ɪŋ] *adj* sportlich; Sports-; fair; ~ **events** Wettkämpfe *mpl;* **a** ~ **man** ein Sportsmann; **give s.o. a** ~ **chance** jdm eine faire Chance geben

sport·ive ['spɔ:tɪv] *adj* lustig; verspielt

sports car ['spɔ:tskɑ:(r)] *s* Sport-, Rennwagen *m;* **sports·cast** ['spɔ:ts,kɑ:st] *s* Sportübertragung *f;* **sports·caster** [-ə(r)] *s* Sportreporter(in) *m(f),* Kommentator(in) *m(f);* **sports day** *s* Schulsportfest *nt;* **sports field** *s* Sportplatz *m;* **sports jacket** *s* Sportjackett *nt,* Sakko *m;* **sports·man** ['spɔ:tsmən] <*pl* -men> *s* ① Sportler *m* ② anständiger Kerl; **sports·man·like** ['spɔ:tsmənlaɪk] *adj* ① sportlich ② fair; **sports·man·ship** ['spɔ:tsmənʃɪp] *s* Sportlichkeit *f,* sportliche Haltung; **sports page** *s* (*Zeitung*) Sportseite *f;* **sports·wear** ['spɔ:tsweə(r)] *s* Sportkleidung *f;* **sports·woman** ['spɔ:tswʊmən, *pl* -wɪmɪn] <*pl* -women> *s* Sportlerin *f;* **sport writer** ['spɔ:traɪtə(r)] *s* Sportjournalist(in) *m(f)*

sporty ['spɔ:tɪ] *adj* ① sportbegeistert; sportlich ② (*fig*) flott

spot [spɒt] **I.** *s* ① Tupfen, Punkt *m* ② (*fig*) Makel *m* ③ (MED) Fleck *m;* Pickel *m* ④ Punkt *m;* Stelle *f* ⑤ (*fig*) Klemme *f* ⑥ (TV) Spot, Werbekurzfilm *m* ⑦ (THEAT) Scheinwerfer *m;* ~**s of ink** Tintenkleckse *mpl;* **knock** ~**s off s.o.** jdn in den Schatten stellen; **break out in** ~**s** Pickel bekommen; **a pleasant** ~ ein schönes Fleckchen; **on the** ~ an Ort und Stelle; auf der Stelle; **an on-the-**~ **report** ein Bericht vom Ort des Geschehens; **a** ~ **of** ein bisschen; **be in a** (**tight**) ~ in der Klemme sein; **put s.o. in a** ~ jdn in Verlegenheit bringen **II.** *vt* ① entdecken, sehen; erkennen; ausmachen ② bespritzen; ~ **the winner** richtig tippen **III.** *vi* Flecken bekommen; **spot cash** *s* (COM) sofortige Bezahlung; **spot check** *s* Stichprobe *f;* **spot-check** *vt* Stichproben machen bei; **spot deal** *s* Kassageschäft *nt;* **spot goods** *s pl* Lokowaren *fpl;* **spot height** *s* Höhenangabe *f;* **spot·less** ['spɒtlɪs] *adj* ① tadellos ② (*Ruf*) makellos, untadelig; **spot·light** ['spɒtlaɪt] **I.** *s* Scheinwerfer(licht *nt*), Strahler *m;* **be in the** ~ im Rampenlicht stehen; **turn the** ~ **on s.o.** (*fig*) die Aufmerksamkeit auf jdn lenken **II.** *vt* (*fig*) aufmerksam machen auf; **spot market** *s* Spot-, Kassamarkt *m;* **spot-on** [spɒt'ɒn] *adj* (*fam*) exakt, haarscharf richtig; **spot price** *s* (FIN) Lokopreis *m;* Kassakurs *m;* **spot remover** *s* Fleckentferner *m;* **spot·ted** ['spɒtɪd] *adj* gesprenkelt, gefleckt, getüpfelt; **spot·ter** ['spɒtə(r)] *s* ① (MIL) Aufklärer *m* ② (*Am*) Detektiv *m;* **spotty** ['spɒtɪ] *adj* fleckig; pickelig

spouse [spaʊz] *s* Gatte *m,* Gattin *f*

spout [spaʊt] **I.** *s* ① Ausguss *m,* Tülle *f;* Ausflussrohr *nt* ② (*Kanne*) Schnauze *f* ③ Fontäne *f* ④ (*Wal*) Atemloch *nt;* **up the** ~ (*sl*) im Eimer; **water** ~ Wasserhose *f* **II.** *vt* ① (~ *out*) herausspritzen; speien ② (*fig*) vom Stapel lassen; hervorsprudeln; von sich geben **III.** *vi* ① herausschießen, -spritzen, -sprudeln ② (*fig*) palavern; ~ **out of s.th.** aus etw hervorspritzen

sprain [spreɪn] **I.** *vt* verrenken, verstauchen; ~ **one's ankle** sich den Fuß verstauchen **II.** *s* Verrenkung, Verstauchung *f*

sprang [spræŋ] *s.* **spring**

sprat [spræt] *s* (*kleiner Fisch*) Sprotte *f*

sprawl [sprɔ:l] **I.** *vi* ① der Länge nach hinfallen; sich hinflegeln ② (BOT) wuchern **II.** *vt:* **be** ~**ed over s.th.** ausgestreckt auf etw liegen **III.** *s* Lümmeln, Flegeln *nt;* **in the urban** ~ in der riesigen Stadtlandschaft; **spraw·ling** [-ɪŋ] *adj* (*Stadt*) wild wuchernd; (*Körper*) ausgestreckt; (*Handschrift*) riesig

spray¹ [spreɪ] **I.** *s* ❶ Sprüh-, Staubregen *m;* Gischt, Sprühnebel *m* ❷ (*~ can*) Sprühdose *f;* (*~ bottle*) Zerstäuber *m* ❸ Spray *nt od m* ❹ Besprühen *nt* **II.** *vt* ❶ zerstäuben, spritzen ❷ (*Pflanzen*) besprühen ❸ (*Wasser*) sprühen ❹ spritzlackieren **III.** *vi* sprühen; spritzen

spray² [spreɪ] *s* ❶ Strauß *m;* Zweig *m* ❷ Brosche *f*

spread [spred] <*irr:* spread, spread> **I.** *s* ❶ Spannweite, Flügelspanne *f* ❷ (*Punkte*) Verteilung, Streuung *f* ❸ (*Ideen*) Spektrum *nt* ❹ (*Größe*) Ausbreitung *f;* Ausdehnung *f* ❺ (*fam*) Festessen *nt* ❻ Decke *f* ❼ Brotaufstrich *m* ❽ (TYP) Doppelseite *f* ❾ (*Börse*) Spanne, Differenz *f;* **middle-age ~** Altersspeck *m;* **cheese ~** Streichkäse *m* **II.** *vt* ❶ ausbreiten; ausstrecken; auslegen ❷ (*Brot*) bestreichen ❸ (*Tisch*) decken ❹ (*Sand, Zahlungen, Risiko*) verteilen; streuen ❺ (*Wissen*) verbreiten; **~ a cloth on s.th.** ein Tuch über etw breiten; **~ about** [*o* **around**] verbreiten **III.** *vi* ❶ sich erstrecken, sich ausdehnen (*over, across* über), sich aus-, verbreiten ❷ (*Butter*) sich streichen lassen; **~ to s.th.** etw erreichen; auf etw übergreifen; **~ into s.th.** sich in etw erstrecken **IV.** *vr* sich ausstrecken; sich verbreiten

spread-eagle [ˌspred'iːgl] *vt:* **be ~d** mit ausgestreckten Armen daliegen; alle viere von sich strecken; **spreader** ['spredə(r)] *s* ❶ Spachtel *f* ❷ (AGR) Streugerät *nt,* Miststreuer *m* ❸ (MAR) Saling *f;* **spread·sheet** ['spredʃiːt] *s* Tabellenkalkulation *f*

spree [spriː] *s:* **buying** [*o* **shopping**] **~** Großeinkauf *m;* **be** [*o* **go out**] **on a ~** eine Zechtour machen

sprig [sprɪg] *s* (dünner) Zweig *m*

spright·ly ['spraɪtlɪ] *adj* munter, lebendig, lebhaft

spring [sprɪŋ] <*irr:* sprang, sprung> **I.** *s* ❶ Quelle *f* ❷ Frühling *m* ❸ Sprung, Satz *m* ❹ (MECH) Feder *f* ❺ Federung *f;* Elastizität *f;* **~s** (*fig*) Ursprung *m;* **in ~** im Frühjahr; **in the ~ of his life** im Frühling seines Lebens; **in one ~** mit einem Satz; **make a ~ at s.o.** sich auf jdn stürzen; **walk with a ~ in one's step** mit federnden Schritten gehen **II.** *adj* ❶ Frühlings- ❷ gefedert **III.** *vt* ❶ überspringen ❷ federn ❸ (*Schock*) auslösen ❹ (*Mine*) explodieren lassen ❺ (*Schloss*) zuschnappen lassen ❻ (*sl*) rausholen; **~ s.th. on s.o.** jdn mit etw konfrontieren; **~ a leak** undicht werden; ein Leck bekommen; **~ a surprise on s.o.** jdn völlig überraschen **IV.** *vi* ❶ springen; ausgelöst werden; zuschnappen ❷ (*~ forth*) hervorquellen; sprühen; hervorsprießen (*from* aus) ❸ (*Familie*) abstammen (*from* von) ❹ (*Idee*) enstehen (*from* aus) ❺ (*Interesse*) herrühren (*from* von); **~ back** zurückspringen; zurückschnellen; **~ up** hervorsprießen; aufspringen; erwachen, entstehen; auftauchen; **~ at s.o.** jdn anspringen; **~ out at s.o.** auf jdn losspringen; **~ open** aufspringen; **~ to one's feet** aufspringen; **~ into action** aktiv werden; **~ to arms** zu den Waffen eilen; **~ to mind** einem einfallen; **~ into existence** plötzlich entstehen; **~ out of bed** aus dem Bett hüpfen; **spring balance** *s* Federwaage *f;* **spring binder** *s* Klemmhefter *m;* **spring·board** *s* (SPORT) Sprungbrett *nt;* **spring-clean** **I.** *vt* gründlich putzen **II.** *vi* Frühjahrsputz machen; **spring-cleaning** *s* Frühjahrsputz *m;* **spring onion** *s* Lauch-, Frühlingszwiebel *f;* **spring roll** *s* Frühlingsrolle *f;* **spring tide** *s* Springflut *f;* **spring·time** ['sprɪŋtaɪm] *s* Frühlingszeit *f,* Frühjahr *nt;* **spring water** *s* Quellwasser *nt;* **spring wheat** *s* Sommerweizen *m*

springy ['sprɪŋɪ] *adj* elastisch; federnd

sprinkle ['sprɪŋkl] **I.** *vt* ❶ sprenkeln ❷ (*Rasen*) besprengen, bespritzen ❸ (*Kuchen*) bestreuen ❹ (*Salz*) streuen **II.** *s* ein paar Spritzer; Prise *f;* **a ~ of rain** ein paar Regentropfen; **sprink·ler** ['sprɪŋklə(r)] *s* ❶ Berieselungsapparat, Sprinkler *m* ❷ (*Garten*) Rasensprenger *m* ❸ Gießkannenkopf *m;* Brause *f* ❹ (REL) Weihwasserwedel *m;* **sprink·ling** ['sprɪŋklɪŋ] *s* ❶ ein paar Tropfen; Prise *f* ❷ (*fig*) Anflug *m,* Spur *f;* **a ~ of freckles** ein paar Sommersprossen

sprint [sprɪnt] **I.** *vi* sprinten; rennen **II.** *s* Lauf, Sprint *m;* **put on a ~** einen Sprint vorlegen; **sprinter** ['sprɪntə(r)] *s* Sprinter(in) *m(f),* Kurzstreckenläufer(in) *m(f)*

sprite [spraɪt] *s* Kobold *m*

sprocket ['sprɒkɪt] *s* (TECH) Kettenrad *nt;* Kettenzahnrad *nt*

sprog [sprɒg] **I.** *s* (*Br: sl*) Kind *nt;* Baby *nt* **II.** *vi* (*Br*) entbinden

sprout [spraʊt] **I.** *vi* ❶ sprießen; keimen; Triebe bekommen ❷ (*~ up*) emporschießen, sprießen **II.** *vt* sprießen, wachsen, keimen lassen **III.** *s* ❶ (BOT) Trieb, Spross *m;* Keim *m* ❷ **~s** (*Brussels ~s*) Rosenkohl *m*

spruce¹ [spruːs] **I.** *adj* sauber; gepflegt; adrett, schmuck; flott **II.** *vt:* **~ up** herausputzen; auf Vordermann bringen; **~ o.s. up** sich in Schale werfen; sich schön machen; **all ~d up** geschniegelt und gebügelt; zurechtgemacht

spruce² [spruːs] *s* Fichte, Rottanne *f*

sprung [sprʌŋ] *s.* **spring**
spry [spraɪ] *adj* rüstig
spud [spʌd] *s* (*fam*) Kartoffel *f*
spume [spjuːm] *s* Schaum, Gischt *m*
spun [spʌn] **I.** *pt, pp of* **spin II.** *adj* gesponnen
spunk [spʌŋk] *s* (*fam*) Mumm *m*
spur [spɜː(r)] **I.** *s* ① (*a.* ZOO) Sporn *m* ② (*fig*) Ansporn, Antrieb *m* (*to* für) ③ (*Gebirge*) Vorsprung *m* ④ (RAIL) Nebengleis, Rangiergleis *nt;* **on the ~ of the moment** ganz spontan; **win one's ~s** sich die Sporen verdienen **II.** *vt* ① die Sporen geben (*a horse* einem Pferd) ② (*fig*) anspornen; **~red (on) by ambition** vom Ehrgeiz getrieben **III.** *vi* galoppieren
spu·ri·ous ['spjʊərɪəs] *adj* ① (*Dokument*) falsch, unecht ② (*Forderung*) unberechtigt
spurn [spɜːn] *vt* verschmähen
spurt [spɜːt] **I.** *vt:* **the wound ~ed blood** aus der Wunde spritzte Blut **II.** *vi* ① hervorsprudeln (*from* aus) ② (SPORT) spurten **III.** *s* ① Strahl *m* ② (SPORT) Spurt *m;* **final ~** Endspurt *m;* **~s of flame** Stichflammen *fpl*
sput·ter ['spʌtə(r)] **I.** *vi* ① zischen; spritzen (*over* über) ② (*Mensch*) prusten; stottern ③ (AUTO) stottern **II.** *vt* (*~ out*) heraussprudeln; (*Drohung*) ausstoßen **III.** *s* ① Zischen *nt;* Spritzen, Sprühen *nt* ② Prusten *nt* ③ (AUTO) Stottern *nt*
spu·tum ['spjuːtəm] *s* (MED) Auswurf *m*
spy [spaɪ] **I.** *vt* sehen, erspähen; **~ out** ausfindig machen; **~ out the land** (*fig*) die Lage peilen **II.** *vi* spionieren, Spionage treiben; **~ into s.th.** in etw herumspionieren; **~ on s.o.** jdn bespitzeln **III.** *s* Spion(in) *m(f)*, Spitzel *m;* **spy·glass** *s* Fernglas *nt;* **spy·hole** *s* Guckloch *nt*, Spion *m;* **spy satellite** *s* Aufklärungs-, Spionagesatellit *m*
squabble ['skwɒbl] **I.** *vi* sich zanken, sich streiten **II.** *s* Zank, Streit *m*
squad [skwɒd] *s* ① (MIL) Korporalschaft *f* ② (*Polizei*) Kommando *nt;* Dezernat *nt* ③ (SPORT) Mannschaft *f* ④ (*Arbeiter*) Trupp *m;* **squad car** *s* (*Am*) Streifenwagen *m;* **squad·die** ['skwɔdɪ] *s* (*pej*) Gefreite(r) *m*
squad·ron ['skwɒdrən] *s* ① (MAR) Geschwader *nt* ② (*Kavallerie*) Schwadron *f* ③ (AVIAT) Staffel *f*
squalid ['skwɒlɪd] *adj* ① schmutzig und verwahrlost ② (*Dasein*) elend, erbärmlich ③ (*Motiv*) gemein, niederträchtig
squall [skwɔːl] **I.** *s* ① Bö *f;* Gewitter *nt*, Sturm *m* ② Schrei *m* **II.** *vi* schreien; **squally** ['skwɔːlɪ] *adj* böig; stürmisch
squalor ['skwɒlə(r)] *s* Schmutz *m;* Verkommenheit *f;* Verwahrlosung *f*
squan·der ['skwɒndə(r)] *vt* ① verschwenden, vergeuden ② (*Geld, fam*) durchbringen
square [skweə(r)] **I.** *s* ① (MATH) Quadrat *nt* ② Quadratzahl *f* ③ Viereck, Rechteck *nt;* Kästchen, Karo *nt* ④ Platz *m* ⑤ (*Am*) Block *m* ⑥ Winkelmaß *nt;* Zeichendreieck *nt* ⑦ (*Schachbrett*) Feld *nt* ⑧ (*sl*) Spießer *m;* **a 2 metre ~** 2 Meter im Quadrat; **cut in ~s** in Quadrate zuschneiden; **go back to ~ one** noch einmal von vorne anfangen; **be out of ~** nicht rechtwinklig sein; **be on the ~** (*fig*) in Ordnung sein; **be a ~** (*sl*) von gestern sein **II.** *adj* ① quadratisch; viereckig; vierkantig ② (*Winkel*) recht; rechtwinklig ③ (*Klammer*) eckig ④ (MATH) Quadrat- ⑤ (*Essen*) anständig, ordentlich ⑥ (*Spiel*) fair; ehrlich ⑦ (*sl*) spießig; überholt; **2 ~ metres** 2 Quadratmeter; **be a ~ peg in a round hole** am falschen Platz sein; **give s.o. a ~ deal** jdn gerecht behandeln; **be ~** in Ordnung sein; **get ~ with s.o.** mit jdm abrechnen; **we are (all) ~** (SPORT) wir stehen alle gleich **III.** *adv* ① rechtwinklig ② direkt, genau ③ ehrlich, fair; **fair and ~** offen und ehrlich **IV.** *vt* ① quadratisch, rechtwinklig machen ② (MATH) quadrieren ③ (*Schulden*) begleichen; abrechnen mit ④ (*fam*) schmieren; **~ one's shoulders** sich aufrichten; **try to ~ the circle** die Quadratur des Kreises versuchen; **3 ~d is 9** 3 hoch 2 ist 9; **~ one's accounts** abrechnen (*with* mit); **~ off** in Quadrate einteilen **V.** *vi* übereinstimmen; **~ up** abrechnen; **~ up to s.o.** jdm die Stirn bieten; **~ up to s.th.** sich einer S stellen; **square brackets** *s pl* eckige Klammern *fpl;* **square-built** [ˌskweə'bɪlt] *adj* breit gebaut, vierschrötig; stämmig; **square dance** *s* Squaredance *m*

i Land & Leute

Square dance nennt man einen amerikanischen Volkstanz. Gruppen von vier Paaren tanzen dabei in Quadraten, Kreisen oder zwei Reihen; sie führen Muster aus, die von einem *caller* ausgerufen werden. Der *caller* kann die Anweisungen singen oder sprechen. Musiker mit Geigen, Banjos und Gitarren begleiten oft das *square dancing*.

squared paper *s* Millimeterpapier *nt;* **square measure** *s* Flächenmaß *nt;* **square mile** *s* Quadratmeile *f;* **square number** *s* Quadratzahl *f*

square-rig·ger ['skweəˌrɪgə] *s* Rahsegler *m*
square root *s* (MATH) Quadratwurzel *f*
squash[1] [skwɒʃ] **I.** *vt* ❶ zerdrücken, zermalmen; aus-, zerquetschen ❷ (*fig*) zum Schweigen bringen ❸ quetschen; **be ~ed to a pulp** zu Brei zerquetscht werden; **~ s.o. in** jdn einquetschen; **be ~ed together** eng zusammengepresst sein **II.** *vi* ❶ zerdrückt werden ❷ sich quetschen; **~ in** sich einquetschen **III.** *s* ❶ Fruchtsaftgetränk *nt;* Fruchtsaftkonzentrat *nt* ❷ Menschenmenge *f,* Gedränge *nt*
squash[2] [skwɒʃ] *s* Kürbis *m*
squash[3] [skwɒʃ] *s* (SPORT) Squash *nt;* **squash court** *s* Squashhalle *f;* **squash racket** *s* Squashschläger *m*
squashy ['skwɒʃɪ] *adj* weich; saftig; matschig
squat [skwɒt] **I.** *vi* ❶ hocken, kauern ❷ (*~ down*) sich hinhocken ❸ sich illegal ansiedeln; **~ in a house** ein Haus besetzt halten **II.** *adj* ❶ gedrungen, kompakt ❷ (*Stuhl*) niedrig **III.** *s* ❶ Unterschlupf *m* ❷ Hausbesetzung *f* ❸ besetztes Haus; **squat·ter** ['skwɒtə(r)] *s* Hausbesetzer(in) *m(f)*
squaw [skwɔː] *s* Squaw *f*
squawk [skwɔːk] **I.** *vi* ❶ schreien; kreischen ❷ (*fam*) protestieren **II.** *s* ❶ heiserer Schrei ❷ (*fam*) Protest *m*
squeak [skwiːk] **I.** *vi* ❶ quietschen, knarren ❷ (*Tier*) quieken **II.** *vt* quieksen **III.** *s* ❶ Quietschen, Kreischen *nt* ❷ (*Maus*) Piepsen *nt;* **have a narrow ~** mit knapper Not davonkommen; **squeaky** ['skwiːkɪ] *adj* quietschend, knarrend; **~ clean** blitzsauber
squeal [skwiːl] **I.** *vi* ❶ schreien, quieken; kreischen ❷ (*fam*) jammern ❸ (*fam*) verpfeifen, verraten (*on s.o.* jdn); **~ with pain** vor Schmerz aufheulen; **~ for s.o.** nach jdm schreien **II.** *vt* ❶ schreien, kreischen ❷ (*fam*) singen; petzen **III.** *s* Schrei *m;* Kreischen *nt;* Quieken *nt;* **squeal·er** ['skwiːlə] *s* (*sl*) ❶ (SCHULE) Petzer(in) *m(f)* ❷ Informant(in) *m(f)*
squeam·ish ['skwiːmɪʃ] *adj* ❶ (*Magen*) empfindlich; heikel ❷ (*fig*) überempfindlich, feinfühlig; **I felt a bit ~** mir war leicht übel; **I'm not ~** mir wird nicht so schnell übel; ich bin nicht so zimperlich
squee·gee [ˌskwiː'dʒiː] *s* Gummiwischer *m;* (PHOT) Rollenquetscher *m*
squeeze [skwiːz] **I.** *vt* ❶ drücken; ausdrücken ❷ (*Orange*) auspressen, ausquetschen ❸ (*Hand*) einquetschen; **~ out water** Wasser herauspressen; **~ s.th. dry** etw auswringen; **~ money out of s.o.** Geld aus jdm herausquetschen; **be ~d to death** erdrückt werden **II.** *vi:* **~ in/out** sich hinein-/hinausdrängen; **~ past s.o.** sich an jdm vorbeidrücken; **~ through a hole** sich durch ein Loch zwängen **III.** *s* ❶ Drücken, Pressen *nt* ❷ Händedruck *m* ❸ Gedränge *nt* ❹ (*fig*) Spritzer *m* ❺ (FIN: *credit ~*) Kreditbeschränkung *f;* **give s.th. a ~** etw drücken; **it was a tight ~** es war fürchterlich eng; **be in a tight ~** in der Klemme sein; **put the ~ on s.o.** (*fig*) jdm die Daumenschrauben anlegen; **squeezer** ['skwiːzə(r)] *s* Presse *f*
squelch [skweltʃ] **I.** *vt:* **~ one's way through s.th.** durch etw platschen **II.** *vi* platschen, quatschen **III.** *s* Platschen, Glucksen *nt*
squib [skwɪb] *s* Knallfrosch *m;* **a damp ~** (*fig*) ein Reinfall
squid [skwɪd] *s* Tintenfisch *m*
squiggle ['skwɪgl] *s* Schnörkel *m*
squint [skwɪnt] **I.** *vi* ❶ schielen (*at* nach) ❷ blinzeln **II.** *s* ❶ Schielen *nt* ❷ Seitenblick *m;* **have a ~ at s.th.** einen Blick auf etw werfen **III.** *adj* schief; **squint- eyed** [ˌskwɪnt'aɪd] *adj* schielend
squire ['skwaɪə(r)] *s* ❶ (HIST) Knappe *m* ❷ (*früher*) Gutsbesitzer *m*
squirm [skwɜːm] *vi* sich winden, sich krümmen; schaudern
squir·rel ['skwɪrəl] *s* Eichhörnchen *nt*
squirt [skwɜːt] **I.** *vi* spritzen **II.** *vt* an-, bespritzen; **~ water at s.o.** jdn mit Wasser bespritzen **III.** *s* ❶ Spritzer *m* ❷ Spritze *f* ❸ (*fam*) Pimpf *m*
Sri Lan·ka [ˌsriː'læŋkə] *s* Sri Lanka *nt;* **Sri Lan·kan** [ˌsriː'læŋkən] **I.** *adj* srilankisch **II.** *s* Srilanker(in) *m(f)*
St *s Abk. von* **Saint** St., Sankt
St.[1] *s Abk. von* **Street** Str., Straße *f*
St.[2] *s s.* **Strait** Straße, Meerenge *f*
stab [stæb] **I.** *vt* ❶ einen Stich versetzen (*s.o.* jdm), einstechen auf ❷ niederstechen; **~ s.o. to death** jdn erstechen; **~ s.o. with a knife** jdn mit einem Messerstich verletzen; **~ s.o. in the back** (*fig*) jdm in den Rücken fallen **II.** *vi:* **~ at s.o.** nach jdm stechen; auf jdn zeigen **III.** *s* Stich *m;* **~ wound** Stichwunde *f;* **feel a ~ of conscience** ein schlechtes Gewissen haben; **a ~ in the back** (*fig*) ein Dolchstoß; **stab·bing** ['-ɪŋ] *adj* (*Schmerz*) stechend
sta·bil·ity [stə'bɪlətɪ] *s* ❶ Stabilität *f* ❷ (*fig*) Beständigkeit, Dauerhaftigkeit *f;* **sta·bil·iz·ation** [ˌsteɪbəlaɪ'zeɪʃn] *s* Stabilisierung *f;* **sta·bil·ize** ['steɪbəlaɪz] **I.** *vt* stabilisieren **II.** *vi* sich stabilisieren; **sta·bi·lizer** ['steɪbəlaɪzə(r)] *s* Stabilisator *m;* **sta·bil·iz·ing fin** [ˌsteɪbɪlaɪzɪŋ 'fɪn] *s* (MAR, AVIAT) Sta-

S

bilisierungsflosse *f*

stable¹ ['steɪbl] *adj* ❶ fest, stabil; sicher ❷ (*fig*) beständig, dauerhaft ❸ (*Charakter*) gefestigt; **his condition is ~** sein Zustand ist stabil

stable² ['steɪbl] **I.** *s* Stall *m;* **be out of the same ~** (*fig*) aus dem gleichen Stall stammen **II.** *vt* in den Stall bringen; **stable-boy, stable-lad** *s* Stallknecht *m*

stack [stæk] **I.** *s* ❶ Stapel, Stoß, Haufen *m* ❷ (Heu)Schober *m* ❸ Gewehrpyramide *f* ❹ (*fam*) Haufen *m* ❺ **~s** (*Bibliothek*) Magazin *nt* ❻ (GEOL) Felssäule *f;* **be in the ~** (AVIAT) Warteschleifen ziehen; **have ~s of time** jede Menge Zeit haben **II.** *vt* ❶ stapeln ❷ (*Am: Karten*) packen; **~ up** aufstapeln; **the cards are ~ed against us** wir haben keine großen Chancen **III.** *vi* sich stapeln lassen

sta·dium ['steɪdɪəm] *s* Stadion *nt*

staff [stɑːf] **I.** *s* ❶ Personal *nt;* Lehrkörper *m;* Mitarbeiterstab *m* ❷ Stab *m;* Stock *m* ❸ (*fig*) Stütze *f* ❹ (MIL) Stab *m* ❺ (*pl: staves*) Notensystem *nt;* **be on the ~** zum Personal gehören; **administrative ~** Verwaltungsstab *m;* **editorial ~** Redaktion *f;* **a large ~** viel Personal; **~ of office** Amtsstab *m;* **the ~ of life** das wichtigste Nahrungsmittel **II.** *vt* Personal einstellen für; **be well ~ed** gut besetzt sein

? Grammatik

staff wird normalerweise mit einem Verb im Plural gebraucht: *the staff are all out on strike.*

staff agency *s* Personalvermittlung *f;* **staff association** *s* Personalvertretung *f;* **staff costs** *s pl* Personalkosten *pl;* **staff·ing** ['stɑːfɪŋ] *s* Stellenbesetzung *f;* **~ levels** Personalbestand *m;* **staff nurse** *s* (*Br*) vollausgebildete Krankenschwester; **staff officer** *s* (MIL) Stabsoffizier *m;* (*Universität*) Personalbeauftragte(r) *f m;* **staff room** *s* Lehrerzimmer *nt*

stag [stæg] **I.** *s* ❶ Hirsch *m* ❷ (COM) Neuemissionsspekulant(in) *m (f)* **II.** *vt* (*mit einer Neuemission*) spekulieren; **stag beetle** *s* Hirschkäfer *m*

stage [steɪdʒ] **I.** *s* ❶ (THEAT) Bühne *f* ❷ Podium *nt* ❸ Stadium *nt;* Phase *f* ❹ (*Rennen*) Abschnitt *m,* Etappe *f* ❺ Teilstrecke, Zahlgrenze *f* ❻ (*~ coach*) Postkutsche *f* ❼ (*Rakete*) Stufe *f;* **the ~** das Theater, die Bühne; **be on the ~** beim Theater sein; **go on ~** die Bühne betreten; **come off ~** von der Bühne abtreten; **hold the ~** die Szene beherrschen; **at this ~ in the game** zu diesem Zeitpunkt; **in the early ~s** im Anfangsstadium; **experimental ~** Versuchsstadium *nt;* **in** [*o* **by**] **~s** etappenweise **II.** *vt* ❶ (*Stück*) auf die Bühne bringen, aufführen ❷ (*fig*) inszenieren; arrangieren, veranstalten; **~ a comeback** sein Comeback machen; **stage·coach** *s* Postkutsche *f;* **stage direction** *s* Bühnenanweisung *f;* **stage door** *s* Künstlereingang *m;* **stage effect** *s* Bühnenwirkung *f;* **stage fright** *s* Lampenfieber *nt;* **suffer from ~** Lampenfieber haben; **stage·hand** *s* Bühnenarbeiter(in) *m(f);* **stage-manage** *vt* inszenieren, Inspizient sein bei; **stage manager** *s* Inspizient *m;* **stage name** *s* Künstlername *m;* **stager** ['steɪdʒə(r)] *s:* **be an old ~** ein alter Hase sein; **stage-struck** ['steɪdʒstrʌk] *adj* theaterbegeistert; **stage whisper** *s* Bühnengeflüster *nt*

stag·fla·tion [ˌstæg'fleɪʃn] *s* (FIN) Stagflation *f*

stag·ger ['stægə(r)] **I.** *vi* (sch)wanken, taumeln; torkeln **II.** *vt* ❶ (*Nachrichten*) den Atem verschlagen (*s.o.* jdm) ❷ (*Ferien*) staffeln, stufen **III.** *s* Wanken, Schwanken, Taumeln *nt;* **give a ~** taumeln, schwanken; **stag·gered** ['stægəd] *adj* ❶ gestaffelt ❷ (*fig*) überrascht, verblüfft; **stag·ger·ing** ['stægərɪŋ] *adj* ❶ (sch)wankend, torkelnd ❷ (*fig*) atemberaubend, umwerfend; **give s.o. a ~ blow** jdm einen Schlag versetzen

stag·ing ['steɪdʒɪŋ] *s* ❶ Inszenierung *f* ❷ Bühne *f*

stagn·ant ['stægnənt] *adj* ❶ (*Wasser*) stehend, abgestanden ❷ (*Luft*) verbraucht ❸ (*fig*) träge, untätig ❹ (COM) stagnierend; **stag·nate** [stæg'neɪt] *vi* ❶ stagnieren ❷ (*Wasser*) abstehen ❸ (*Luft*) verbraucht werden ❹ (*Handel*) stocken, stagnieren ❺ (*Geist*) einrosten; **stag·na·tion** [stæg'neɪʃn] *s* ❶ Stagnation, Stockung *f* ❷ (COM) Flaute, Lustlosigkeit *f* ❸ (*Geist*) Verlangsamung *f*

stag night, stag party ['stægnaɪt, -pɑːtɪ] *s* (*fam*) Herrengesellschaft *f,* -abend *m* (*besonders vor einer Hochzeit*)

i Land & Leute

Unter einer **stag night** eines Bräutigams versteht man eine Party nur für Männer, die er ein bis zwei Abende vor seiner Hochzeit in einem *pub* (Kneipe) oder Restaurant gibt.

stagy ['steɪdʒɪ] *adj* theatralisch

staid [steɪd] *adj* gesetzt, ruhig, gelassen

stain [steɪn] **I.** *vt* ① beflecken ② beizen; färben **II.** *vi* ① Flecken hinterlassen ② fleckig werden **III.** *s* ① Fleck *m* ② (*fig*) Schandfleck *m* ③ Farbe *f*, Farbstoff *m*; Beize *f*; ~ **remover** Fleckenentferner *m*; **without a ~ on his character** ohne Makel; **stained** ['steɪnd] *adj* ① (*Glas*) bunt ② (*Kleid*) fleckig, befleckt; **~-glass window** Buntglasfenster *nt*; **stain·less** ['-lɪs] *adj* ① flecken-, makellos ② (*Stahl*) rostfrei; ~ **steel** rostfreier (Edel)Stahl; **"~ steel"** „rostfrei"

stair [steə(r)] *s* ① (Treppen)Stufe *f* ② **~s** Treppe *f*; **at the top of the ~s** oben an der Treppe; **stair carpet** *s* Treppenläufer *m*; **stair·case** *s* Treppe *f*; Treppenhaus *nt*; **stair rail** *s* Treppengeländer *nt*; **stair·way** ['steəweɪ] *s* Treppenhaus *nt*; **stair·well** ['steəwel] *s* Teppenhaus *nt*

stake [steɪk] **I.** *s* ① Pfahl, Pfosten, Pflock *m* ② Scheiterhaufen *m* ③ (*Spiel*) Einsatz *m* ④ (COM) Anteil *m* ⑤ **~s** Gewinn *m*; **die at** [*o* **go to**] **the ~** auf dem Scheiterhaufen sterben; **be at ~** auf dem Spiel stehen; **have a ~ in s.th.** einen Anteil an etw haben **II.** *vt* ① (*Tier*) anpflocken ② (*~ up*) hochbinden ③ (*Wette*) setzen (*on* auf); **~ one's life on s.th.** seine Hand für etw ins Feuer legen; **~ a claim to s.th.** ein Anrecht auf etw sichern; **~ out** abstecken; (*sl*) überwachen; **stake·hold·er** *s* Teilhaber(in) *m(f)*; **stake-out** ['steɪkaʊt] *s* (*Am sl*) Überwachung *f*

stal·ac·tite ['stæləktaɪt] *s* (GEOL) Stalaktit *m*; **stal·ag·mite** ['stæləgmaɪt] *s* (GEOL) Stalagmit *m*

stale [steɪl] *adj* ① (*Bier*) schal, abgestanden ② (*Brot*) altbacken ③ (*Fleisch, Ei*) nicht mehr ganz frisch ④ (*Wasser, Luft*) verbraucht ⑤ (*fig*) abgegriffen, abgedroschen

stale·mate ['steɪlmeɪt] **I.** *s* ① (*Schach*) Patt *nt* ② (*fig*) Sackgasse *f*, Patt *nt*, Pattsituation *f* **II.** *vt* ① (*Schach*) patt setzen ② (*fig*) matt setzen

stalk¹ [stɔ:k] **I.** *vi* ① stolzieren ② (*Jagd*) pirschen **II.** *vt* ① (*Jagd*) sich heranpirschen an ② (*fig*) sich anschleichen an

stalk² [stɔ:k] *s* (BOT) Stengel, Halm *m*; Strunk *m*

stalking-horse ['stɔ:kɪŋ,hɔ:s] *s* (POL) Strohmann *m*

stall [stɔ:l] **I.** *s* ① Box, Bucht *f* ② (Markt)Bude *f*, (Verkaufs)Stand *m* ③ (REL) Kirchenstuhl *m* ④ **~s** (*Br*) Theater-Parkett *nt* ⑤ (AVIAT) überzogener Flug **II.** *vt* ① (*Kuh*) einstellen ② (*Flugzeug*) überziehen ③ (AUTO) abwürgen ④ (*fig*) aufschieben, hinhalten, vertrösten **III.** *vi* ① (AUTO) absterben ② (AVIAT) überziehen ③ (*fig*) Zeit schinden; **~ on a decision** eine Entscheidung hinauszögern **~ for time** versuchen, Zeit zu gewinnen; **stall·holder** ['stɔ:l,həʊldə(r)] *s* Marktstandbesitzer(in) *m(f)*

stal·lion ['stælɪən] *s* (Zucht)Hengst *m*

stal·wart ['stɔ:lwət] **I.** *adj* ① kräftig, robust ② (*Glaube*) unentwegt, unerschütterlich **II.** *s* treuer Anhänger

sta·men ['steɪmen] *s* (BOT) Staubfaden *m*

stam·ina ['stæmɪnə] *s* Stehvermögen, Durchhaltevermögen *nt*

stam·mer ['stæmə(r)] **I.** *vt* stammeln **II.** *vi* stottern **III.** *s* Stottern *nt*; **stam·merer** ['stæmərə(r)] *s* Stotterer *m*, Stotterin *f*

stamp [stæmp] **I.** *vt* ① (zer)stampfen ② (*Brief*) frankieren ③ (*Papier*) stempeln; prägen; aufprägen ④ (*fig*) ausweisen (*as* als); **~ one's foot** mit dem Fuß aufstampfen; **~ the ground** auf den Boden stampfen; **~ on** aufprägen; **be ~ed on s.o.'s memory** sich jdm eingeprägt haben; **~ out** austreten; ausrotten; unterdrücken; (TECH) ausstanzen; **~ed addressed envelope, s.a.e.** frankierter Rückumschlag **II.** *vi* stampfen, trampeln; (TECH) stanzen; **~ in** hineinstapfen **III.** *s* ① Briefmarke *f* ② (Stempel)Marke *f* ③ (Rabatt)Marke *f* ④ Aufkleber *m* ⑤ Stempel *m*; **collect ~s** Briefmarken sammeln; **a man of his ~** ein Mann seines Schlags; **bear the ~ of the expert** den Stempel des Experten tragen; **stamp album** *s* Briefmarkenalbum *nt*; **stamp collector** *s* Briefmarkensammler(in) *m(f)*; **stamp dealer** *s* Briefmarkenhändler(in) *m(f)*; **stamp duty** *s* Stempelgebühr *f*

stam·pede [stæm'pi:d] **I.** *s* wilde Flucht; Massenansturm *m* (*on* auf) **II.** *vt* in Panik versetzen; **~ s.o. into doing s.th.** jdn dazu drängen etw zu tun **III.** *vi* durchgehen; losstürmen (*for* auf)

stamp·ing ground ['stæmpɪŋ,graʊnd] *s* (*fam*) Lieblingsaufenthalt *m*

stamp pad *s* Stempelkissen *nt*

stance [stɑ:ns] *s* ① Haltung *f*, Stand *m* ② Einstellung *f*

stand [stænd] <*irr:* stood, stood> **I.** *s* ① Platz, Standort *m* ② (*fig*) Standpunkt *m*, Einstellung *f* (*on* zu) ③ (MIL) Widerstand *m* ④ (*Taxi*) Stand *m* ⑤ (THEAT) Gastspiel *nt* ⑥ Ständer *m* ⑦ (*Markt*) Stand *m* ⑧ Podium *nt* ⑨ (SPORT) Tribüne *f* ⑩ (*Am: bei Gericht*) Zeugenstand *m*; **take a ~** eine Einstellung vertreten **II.** *vt* ① stellen ② (*Druck*) standhalten; gewachsen sein

S

(*s.th.* einer S) ❸ (*Klima*) vertragen ❹ (*Lärm*) ertragen, aushalten ❺ (*Verlust*) verkraften; **I can't ~ him** ich kann ihn nicht ausstehen; ~ **s.o. a drink** jdm einen Drink spendieren; ~ **a round** (*fam*) eine Runde schmeißen **III.** *vi* ❶ stehen; aufstehen ❷ (*Baum*) hoch, groß sein ❸ (*fig*) bestehen bleiben ❹ (*Versprechen*) gelten; gültig bleiben ❺ (*Rekord*) stehen ❻ (*Thermometer*) stehen (*at* auf); ~ **still** still stehen; ~ **as a candidate** kandidieren; ~ **to lose a lot** Gefahr laufen eine Menge zu verlieren; **how do we ~?** wie stehen wir?; **as things ~** nach Lage der Dinge; **as it ~s** so wie die Sache aussieht; ~ **alone** unerreicht sein; **~-alone terminal** (INFORM) autonome Datenstation; ~ **in the way of s.th./s.o.** (*fig*) etw verhindern/jdm im Wege stehen; **stand about** *vi* herumstehen; **stand apart** *vi* abseits stehen; sich fernhalten; **stand aside** *vi* auf die Seite treten, beiseite treten; abseits stehen; zurücktreten; **stand back** *vi* ❶ zurücktreten; zurückstehen ❷ (*fig*) Abstand nehmen; **stand by** *vi* ❶ danebenstehen; herumstehen ❷ sich bereithalten; ~ **by and do nothing** tatenlos zusehen; ~ **by for further news** auf weitere Nachrichten warten; ~ **by a promise** ein Versprechen halten; **stand down** *vi* ❶ verzichten, zurücktreten ❷ (JUR) den Zeugenstand verlassen ❸ (MIL) aufgelöst werden; **stand for** *vi* ❶ kandidieren für, sich zur Wahl stellen für ❷ stehen für ❸ hinnehmen, sich gefallen lassen; ~ **for election** kandidieren; **stand in** *vi* einspringen; **stand off** *vi* (MAR) seewärts anliegen; **stand out** *vi* ❶ (her)vorstehen, vorragen ❷ (*Kontrast*) hervorstechen, auffallen; ~ **out against s.th.** sich von etw abheben; weiterhin gegen etw Widerstand leisten; ~ **out for s.th.** auf etw bestehen; **stand over** *vi* ❶ liegen bleiben ❷ (*fig*) auf die Finger sehen (*s.o.* jdm); **stand up I.** *vi* ❶ aufstehen; stehen ❷ (*Argument*) überzeugen **II.** *vt* ❶ hinstellen ❷ (*fam*) versetzen; ~ **up for s.o.** für jdn eintreten; ~ **up to s.th.** einer S standhalten; einer S gewachsen sein; ~ **up to s.o.** sich jdm gegenüber behaupten

stand-alone I. *s* (*Computer*) eigenständiges Gerät **II.** *adj:* ~ **company** unabhängiges Unternehmen

stan·dard ['stændəd] **I.** *s* ❶ Norm *f;* Maßstab *m* ❷ **~s** sittliche Maßstäbe *mpl* ❸ Niveau *nt* ❹ (COM) Maßeinheit *f,* Standard *m;* Münzfuß *m* ❺ Mast *m* ❻ Flagge, Fahne *f;* Stander *m;* **set a good ~** Maßstäbe setzen; **above/below ~** über/unter der Norm; **be up to ~** den Anforderungen genügen; **conform to society's ~s** den Wertvorstellungen der Gesellschaft entsprechen; ~ **of living** Lebensstandard *m;* **of high/low ~** von hohem/niedrigem Niveau; **industry ~** Industrienorm *f;* **monetary ~** Währungsstandard *m* **II.** *adj* ❶ üblich; Standard-; Normal- ❷ (*Arbeit*) durchschnittlich ❸ (LING) gebräuchlich; ~ **English** korrektes Englisch; ~ **German** Hochdeutsch *nt;* ~ **agreement** [*o* **contract**] Mustervertrag *m;* ~ **letter** Standard-, Formbrief *m;* (INFORM) Serienbrief *m;* ~ **time** Normalzeit *f;* **standard-bearer** ['stændəd,beərə(r)] *s* Fahnenträger(in) *m(f);* **standard gauge** *s* (RAIL) Normalspur(weite) *f*

> **i Land & Leute**
>
> In Schottland ist der Schulabschluss **Standard Grade** das Gegenstück zum GCSE-Abschluss in England.

stan·dard·iz·ation [,stændədaɪ'zeɪʃn] *s* ❶ Normung, Standardisierung *f* ❷ Vereinheitlichung *f;* **stan·dard·ize** ['stændədaɪz] *vt* ❶ normen ❷ vereinheitlichen

stan·dard lamp ['stændədlæmp] *s* Stehlampe *f;* **standard quality** *s* (COM) Standard *m;* **standard size** *s* Normalgröße *f*

stand·by ['stændbaɪ] **I.** *s* ❶ Ersatzmann, Ersatz *m* ❷ (SPORT) Ersatzspieler(in) *m(f)* ❸ (AVIAT) Entlastungsflugzeug *nt* ❹ Stand-by-Ticket *nt;* **on ~** in Bereitschaft; **be on 24-hour ~** 24 Stunden Bereitschaftsdienst haben **II.** *adj* Reserve-, Ersatz-; Standby-; **stand-in** ['stændɪn] *s* (FILM) Double *nt;* Ersatzmann *m;* Ersatz *m,* Stellvertreter(in) *m(f)*

stand·ing ['stændɪŋ] **I.** *adj* ❶ ständig; bestehend ❷ (MIL) stehend ❸ aus dem Stand ❹ (*Ticket*) Stehplatz- ❺ (*Stein*) stehend; **it's a ~ joke** es ist schon ein Witz geworden; ~ **order** (COM) Dauerauftrag *m;* ~ **orders** (MIL) Vorschrift *f;* ~ **room only** nur Stehplätze; **receive a ~ ovation** stürmischen Beifall ernten **II.** *s* ❶ Rang, Stand *m,* Stellung *f;* Position *f* ❷ Ruf *m,* Ansehen *nt* ❸ Dauer *f;* **of high ~** von hohem Rang; von hohem Ansehen; **be in good ~ with s.o.** gute Beziehungen zu jdm haben; **of long ~** alt, langjährig; von langer Dauer

stand-of·fish [,stænd'ɒfɪʃ] *adj* hochnäsig; reserviert; **stand·pipe** ['stændpaɪp] *s* Steigrohr *nt;* **stand·point** ['stændpɔɪnt] *s* Standpunkt *m;* **stand·still** ['stændstɪl] *s* Stillstand *m;* **be at a ~** stocken; ruhen, stillstehen; **come to a** ~ stehen bleiben; ins Stocken geraten, zum Stillstand kommen; **stand trial** *vi* unter Anklage stehen; **stand-up** ['stænd,ʌp] *adj* ① Steh- ② (*Essen*) im Stehen; ~ **comedian** Alleinunterhalter(in) *m(f)*; ~ **fight** Schlägerei *f*

stank [stæŋk] *s.* **stink**

stan·za ['stænzə] *s* Stanze, Strophe *f*

staple¹ ['steɪpl] **I.** *s* ① Klammer *f* ② Heftklammer *f* **II.** *vt* heften

staple² ['steɪpl] **I.** *s* ① Haupterzeugnis *nt;* Ausgangsmaterial *nt* ② Hauptnahrungsmittel *nt* ③ Rohbaumwolle *f;* Rohwolle *f* **II.** *adj* Grund-; Haupt-; ~ **diet** Grundnahrung *f*

sta·pler ['steɪplə(r)] *s* Heftmaschine *f,* Hefter *m*

star [stɑ:(r)] **I.** *s* ① Stern *m* ② (TYP) Sternchen *nt* ③ (*Person*) Star *m;* **the Stars and Stripes** das Sternenbanner; **be born under a lucky** ~ unter einem glücklichen Stern geboren sein; **thank one's lucky** ~**s** von Glück sagen; **it's all in the** ~**s** es steht alles in den Sternen; **see** ~**s** Sterne sehen; **Star Wars** Krieg *m* der Sterne **II.** *adj* Haupt-; Star- **III.** *vt* ① mit Sternen versehen ② (*fig*) übersäen; ~ **s.o.** jdn in der Hauptrolle zeigen; ~**ring …** in der Hauptrolle … **IV.** *vi* die Hauptrolle spielen; **star bil·ling** [,stɑ:'bɪlɪŋ]: **get** ~ auf Plakaten groß herausgestellt werden

star·board ['stɑ:bəd] **I.** *s* (MAR) Steuerbord *nt* **II.** *adv* (nach) Steuerbord

starch [stɑ:tʃ] **I.** *s* Stärke *f* **II.** *vt* (*Wäsche*) stärken; **starchy** ['stɑ:tʃɪ] *adj* ① stärkehaltig ② (*fig*) steif, förmlich, formell

star·dom ['stɑ:dəm] *s* (FILM) Berühmtheit *f*

stare [steə(r)] **I.** *vi* starren; große Augen machen, die Augen weit aufreißen; ~ **at s.o.** jdn anstarren; ~ **at s.o. in horror** jdn entsetzt anstarren **II.** *vt:* **the answer was staring us in the face** die Antwort lag klar auf der Hand; ~ **down** [*o* **out**] durch Anstarren aus der Fassung bringen **III.** *s* starrer Blick; **give s.o. a** ~ jdn anstarren

i Land & Leute

Die Hongkong-Insel ist durch Fähren mit dem Festland Kowloon und den umliegenden Inseln verbunden. Die bekannteste Fähre ist die **Star Ferry**, die seit 100 Jahren von Pendlern zwischen der Hongkong-Insel und Kowloon benutzt wird.

star·fish ['stɑ:fɪʃ] <*pl* -> *s* Seestern *m;* **star·gazer** ['stɑ:,geɪzə(r)] *s* (*hum*) Sterngucker(in) *m(f)*

star·ing ['steərɪŋ] *adj* starrend; ~ **eyes** starrer Blick

stark [stɑ:k] **I.** *adj* ① (*Kontrast*) krass ② (*Armut, Wahrheit*) nackt ③ (*Kleidung*) schlicht ④ (*Verrücktheit*) schier, rein ⑤ (*Klippen*) nackt kahl ⑥ (*Licht*) grell ⑦ (*Farbe*) eintönig **II.** *adv* völlig, gänzlich; ~ **naked** splitter(faser)nackt; ~ **raving mad** (*fam*) total verrückt; **star·kers** ['stɑ:kə(r)s] *adj* (*fam*) splitternackt

star·less ['stɑ:lɪs] *adj* sternenlos; **star·let** ['stɑ:lɪt] *s* (THEAT FILM) Filmsternchen, Starlet *nt;* **star·light** ['stɑ:laɪt] *s* Sternenlicht *nt*

star·ling ['stɑ:lɪŋ] *s* (*Vogel*) Star *m*

star·lit ['stɑ:,lɪt] *adj* sternhell, -klar; **starry** ['stɑ:rɪ] *adj* ① sternenklar ② (*Augen*) strahlend, leuchtend; **starry-eyed** [,stɑ:rɪ'aɪd] *adj* romantisch; arglos; **star-spangled** ['stɑ:,spæŋgld] *adj* mit Sternen besät; **Star-Spangled Banner** (*in den USA*) Sternenbanner *m;* **star-stud·ded** [,stɑ:'stʌdɪd] *adj* (FILM) mit zahlreichen Stars in den Hauptrollen

start¹ [stɑ:t] **I.** *s* Zusammenfahren *nt;* Aufschrecken *nt;* **give s.o. a** ~ jdn erschrecken; **wake with a** ~ aus dem Schlaf hochschrecken **II.** *vi* auf-, hochschrecken; zusammenfahren; ~ **from one's chair** aus dem Stuhl hochfahren; **tears** ~**ed to her eyes** Tränen traten ihr in die Augen; ~ **up** auf-, hochschrecken **III.** *vt* aufscheuchen (*from* aus)

start² [stɑ:t] **I.** *vi* ① beginnen, anfangen ② (*Maschine*) anspringen, starten ③ anfahren ④ (*Bus*) abfahren ⑤ (*Boot*) ablegen ⑥ (*Gerücht*) in Umlauf kommen; ~**ing from …** ab …; ~ **for home** sich auf den Heimweg machen, aufbrechen; ~ **for work** zur Arbeit gehen; **to** ~ **off with** erstens; zunächst; ~ **after s.o.** jdn verfolgen; **get** ~**ed** anfangen; ~ **on a journey** sich auf eine Reise machen; ~ **talking** zu sprechen beginnen **II.** *vt* ① anfangen mit; beginnen; antreten ② (SPORT) starten ③ (*Zug*) abfahren lassen ④ (*Gerücht*) in Umlauf setzen ⑤ (*Reaktion*) auslösen ⑥ (*Feuer*) anzünden ⑦ (*Firma*) gründen ⑧ (*Motor*) anlassen; ~ **work** anfangen zu arbeiten; ~ **smoking** mit dem Rauchen anfangen; ~ **s.o. thinking** jdn nachdenklich machen; ~ **s.o. on a career** jdm zu einer Karriere verhelfen **III.** *s* ① Beginn, Anfang *m* ② (SPORT) Start *m* ③ (*Reise*) Aufbruch *m* ④ (*Gerücht*) Ausgangspunkt *m* ⑤ (SPORT) Vorsprung *m* (*over* vor); **at the** ~

S

am Anfang; **for a** ~ fürs Erste; zunächst einmal; **from the** ~ von Anfang an; **from** ~ **to finish** von Anfang bis Ende; **give s.o. a good** ~ **in life** jdm eine gute Starthilfe geben; **a head** ~ ein Vorsprung, Vorteil *m;* **make a** ~ **on s.th.** mit etw anfangen; **make an early** ~ frühzeitig aufbrechen; **start back** *vi* sich auf den Rückweg machen; **start in** *vi* (*fam*) loslegen, anfangen; ~ **in on s.th.** sich an etw machen; **start off** **I.** *vi* ❶ anfangen; losgehen ❷ (*Reise*) aufbrechen ❸ (SPORT) starten **II.** *vt* anfangen; ~ **s.o. off talking** jdm das Stichwort geben; ~ **s.o. off on s.th.** jdn auf etw bringen; **start out** *vi* ❶ (*fam*) aufbrechen ❷ anfangen, beginnen; ~ **out on a journey** sich auf eine Reise machen, begeben; **start up** **I.** *vi* ❶ anspringen; in Gang kommen ❷ anfangen **II.** *vt* (AUTO) anlassen; in Gang bringen, in Bewegung setzen, ankurbeln

starter ['stɑ:tə(r)] *s* ❶ (*Rennen*) Teilnehmer(in) *m(f)* ❷ (SPORT) Starter(in) *m(f)* ❸ (AUTO) Starter, Anlasser *m* ❹ (*Essen*) Vorspeise *f;* **be under ~'s orders** auf das Startkommando warten; **be a slow** ~ langsam in Schwung kommen; **for ~s** (*sl*) für den Anfang

start·ing ['stɑ:tɪŋ] *adj* Start-, Anfangs-; ~ **block** Startblock *m;* ~ **gate** (*Pferderennen*) Startmaschine *f;* ~ **grid** (*Autorennen*) Start(platz) *m;* ~ **gun** Startpistole *f;* ~ **point** Ausgangspunkt *m;* ~ **post** Startpflock *m;* ~ **salary** Anfangsgehalt *nt*

startle ['stɑ:tl] **I.** *vt* erschrecken; aufschrecken **II.** *vi:* **he ~s easily** er ist sehr schreckhaft; **start·ling** ['stɑ:tlɪŋ] *adj* erschreckend, überraschend; alarmierend; aufregend

start-up ['stɑ:tʌp] *s* ❶ Neugründung *f* ❷ Inbetriebnahme *f;* ~ **capital** Startkapital *nt;* ~ **costs** Anlaufkosten *pl*

star·va·tion [stɑ:'veɪʃn] *s* Aushungern *nt;* Hunger *m;* **die of** ~ verhungern; **live on a** ~ **diet** Hunger leiden; **starvation diet** *s* Hungerkur, Nulldiät *f;* **starvation wages** *s pl* Hungerlohn *m;* **starve** [stɑ:v] **I.** *vi* verhungern; hungern; ~ **to death** verhungern; **I'm starving!** (*fam*) ich sterbe vor Hunger!; ~ **for s.th.** nach etw hungern **II.** *vt* hungern lassen; aushungern; verhungern lassen; ~ **o.s.** hungern; ~ **s.o. of s.th.** jdm etw vorenthalten; **be ~d of affection** zu wenig Zuneigung erfahren; ~ **out** aushungern

stash [stæʃ] *vt* (~ *away, sl*) verschwinden lassen; beiseite schaffen

state [steɪt] **I.** *s* ❶ Zustand *m* ❷ Stand, Rang *m* ❸ Pomp, Aufwand *m* ❹ (POL) Staat *m;* ~ **of health** Gesundheitszustand *m;* **single** ~ Ledigenstand *m;* **the** ~ **of the nation** die Lage der Nation; **in a liquid** ~ im flüssigen Zustand; **in a good** ~ in gutem Zustand; **what a** ~ **of affairs!** was sind das für Zustände!; **get into a** ~ (**about s.th.**) (wegen etw) durchdrehen; **travel in** ~ pompös reisen; **lie in** ~ aufgebahrt sein; **the States** die Vereinigten Staaten *mpl;* **affairs of** ~ Staatsangelegenheiten *fpl* **II.** *vt* darlegen, vortragen; nennen; angeben; ~ **that ...** feststellen, dass ...; ~ **one's case** seine Sache vortragen; **unless otherwise ~d** wenn nicht ausdrücklich anders festgestellt **III.** *adj* staatlich, Staats-; bundesstaatlich; **~-aided** staatlich gefördert; ~ **bank** Staatsbank *f;* **state-con·trolled** ['steɪtkən,trəʊld] *adj* unter staatlicher Aufsicht, staatlich gelenkt; **state·craft** ['steɪtkrɑ:ft] *s* die Staatskunst; **stated** ['steɪtɪd] *adj* ❶ (*Summe*) angegeben, genannt ❷ (*Betrag*) festgesetzt; **at the** ~ **intervals** in den festgelegten Abständen; **on the date** ~ zum festgesetzten Termin; **State Department** *s* (*in den USA*) Außenministerium *nt;* **state education** *s* staatliche Erziehung; (*System*) staatliches Erziehungswesen; **state·less** ['steɪtlɪs] *adj* staatenlos

state·li·ness ['steɪtlɪnɪs] *s* Stattlichkeit, Würde *f;* **state·ly** ['steɪtlɪ] *adj* ❶ stattlich, würdig, würdevoll ❷ (*Schritte*) gemessen ❸ (*Schloss*) prächtig

state·ment ['steɪtmənt] *s* ❶ Darstellung *f* ❷ Feststellung *f;* Behauptung *f;* Erklärung, Stellungnahme *f;* Aussage *f* ❸ (PHILOS) Behauptung, These *f* ❹ (FIN) Rechnung *f;* Auszug *m;* **a clear** ~ **of the facts** eine klare Feststellung der Tatsachen; **make a** ~ **to the press** eine Presseerklärung abgeben; ~ **of account** Abrechnung *f;* ~ **of expenses** Spesenaufstellung *f*

state-of-the-art ['steɪtəvðiː,ɑ:t] *adj:* ~ **technology** neueste Technik, Spitzentechnologie *f*

state-owned ['steɪt,əʊnd] *adj* staatseigen; **state prison** *s* Staatsgefängnis *nt;* **state·room** ['steɪtrʊm] *s* ❶ (MAR) Kabine *f* ❷ (*Am: in Zug*) Privatabteil *nt;* **state school** *s* staatliche Schule; **State's evidence** *s* (*Am: vor Gericht*) Aussage *f* eines Kronzeugen; **turn** ~ als Kronzeuge auftreten; **state·side** ['steɪtsaɪd] *adj* (*Am*) in den Staaten; aus den Staaten; **states·man** ['steɪtsmən] <*pl* -men> *s* Staatsmann *nt;* **states·man·ship** [-ʃɪp] *s* Staatskunst *f;* **state visit** *s* Staatsbesuch *m*

static ['stætɪk] *adj* ❶ (PHYS) statisch ❷ (*fig*) konstant; feststehend; **stat·ics** ['stætɪks] *s pl* ❶ (RADIO) atmosphärische Störungen *fpl* ❷ *mit sing* Statik *f*

sta·tion ['steɪʃn] **I.** *s* ❶ Station *f* ❷ (*Polizei*) Wache *f* ❸ (*space* ~) Raumstation *f* ❹ (RAIL) Bahnhof *m*, Station *f* ❺ (MIL) Stellung *f*, Posten *m* ❻ (*Australien*) Farm *f* ❼ (TV) Sender *m*, Sendestation *f* ❽ Platz *m* ❾ Stand, Rang *m*; **at the** ~ auf dem Bahnhof; **work** ~ Arbeitsplatz *m*; **frontier** ~ Grenzstellung *f*; **take up one's** ~ sich aufstellen, seinen Platz einnehmen; ~ **in life** Stellung *f*, Rang *m* **II.** *vt* aufstellen; stationieren

sta·tion·ary ['steɪʃənrɪ] *adj* parkend; haltend; feststehend; **be** ~ stehen; **remain** ~ sich nicht bewegen; stillstehen

? Grammatik

stationary = stehend, geparkt: *a stationary car.*

stationery = Schreibwaren, wird immer im Singular gebraucht: *You buy stationery at a stationer's;*

sta·tioner ['steɪʃnə(r)] *s* Schreibwarenhändler(in) *m(f)*; ~**'s** (**shop**) (*Br*) Schreibwarenhandlung *f*; **sta·tion·ery** ['steɪʃənrɪ] *s* ❶ Briefpapier *nt* ❷ Schreibwaren *pl*

sta·tion house ['steɪʃn,haʊs] *s* (*Am*) Polizeiwache, -dienststelle *f*; **station-master** *s* (RAIL) Bahnhofsvorsteher *m*; **station police** *s* Bahnpolizei *f*; **station selector** *s* (*Radio*) Sendereinstellung *f*; **station wagon** *s* (*Am*) Kombi(wagen) *m*

stat·is·ti·cal [stə'tɪstɪkl] *adj* statistisch; **stat·is·ti·cian** [,stætɪ'stɪʃn] *s* Statistiker(in) *m(f)*; **stat·is·tics** [stə'tɪstɪks] *s pl* ❶ Statistiken *fpl* ❷ *mit sing* Statistik *f*

statu·ary ['stætʃʊərɪ] **I.** *adj* statuarisch **II.** *s* Bildhauerei *f*

statue ['stætʃu:] *s* Standbild *nt*, Statue *f*; **statu·esque** [,stætʃʊ'esk] *adj* standbildhaft

stat·ure ['stætʃə(r)] *s* ❶ Statur *f*; Wuchs *m* ❷ (*fig*) Format *nt*

sta·tus ['steɪtəs] *s* Stellung *f*; Status *m*; **equal** ~ Gleichstellung *f*; **marital** ~ Familienstand *m*; **desire** ~ nach Prestige streben; **status inquiry** *s* Kreditauskunft *f*; **status line** *s* (INFORM) Statuszeile *f*; **status poll** *s* (INFORM) Statusabfrage *f*; **status quo** [,steɪtəs'kwəʊ] *s* Status quo *m*; **status report** *s* Zwischenbericht *m*; **status symbol** *s* Statussymbol *nt*

stat·ute ['stætʃu:t] *s* Gesetz *nt*; Satzung *f*, Statut *nt*; **by** ~ gesetzlich; satzungsgemäß; **statute book** *s* Gesetzbuch *nt*; **statute law** *s* Gesetzesrecht *nt*; **statute of limitations** *s* Verjährungsfrist *f*; **statu·tory** ['stætʃʊtrɪ] *adj* ❶ gesetzlich; gesetzlich vorgeschrieben ❷ satzungs-, bestimmungsgemäß ❸ (*Recht*) verbrieft; ~ **rape** Notzucht *f*; ~ **holiday** gesetzlicher Feiertag; ~ **sick pay** Lohnfortzahlung *f* bei Krankheit

staunch¹ [stɔ:ntʃ] *vt* (*Blut*) stillen

staunch² [stɔ:ntʃ] *adj* überzeugt; loyal; ergeben; zuverlässig

stave [steɪv] **I.** *s* ❶ (Fass)Daube *f* ❷ (*Leiter*) Sprosse *f* ❸ (MUS) (Noten)Linie *f* ❹ Strophe *f* **II.** *vt*: ~ **in** eindrücken; einschlagen; ~ **off** zurückschlagen; abwehren; hinhalten

staves [steɪvz] *s pl* (MUS) *s.* **staff**

stay¹ [steɪ] **I.** *vi* ❶ bleiben ❷ wohnen; übernachten ❸ stehen bleiben; ~ **for supper** zum Abendessen bleiben; **if it** ~**s fine** wenn es schön bleibt; ~ **at a hotel** im Hotel wohnen; **he came to** ~ er ist zu Besuch gekommen; ~ **put** an Ort und Stelle bleiben **II.** *vt* ❶ Einhalt gebieten (*s.th.* einer S) ❷ (*Hunger*) stillen ❸ (JUR) aussetzen; ~ **one's hand** sich zurückhalten; ~ **the course** durchhalten **III.** *s* ❶ Aufenthalt *m* ❷ (JUR) Aussetzung *f*; **a short** ~ **in hospital** ein kurzer Krankenhausaufenthalt; ~ **of execution** Vollstreckungsaufschub *m*, (*fig*) Galgenfrist *f*; **stay away** *vi* wegbleiben; sich fernhalten (*from* von); **stay behind** *vi* zurückbleiben; **stay down** *vi* ❶ (SCHULE) eine Klasse wiederholen ❷ (*Preise*) stabil bleiben; **stay in** *vi* ❶ zu Hause, daheim bleiben ❷ (SCHULE) nachsitzen; **stay on** *vi* ❶ (*Licht*) anbleiben ❷ (*Besuch*) noch bleiben, noch nicht fortgehen ❸ (*Deckel*) haften, kleben bleiben; **stay out** *vi* ❶ draußen bleiben ❷ (*Streik*) weiterstreiken ❸ wegbleiben; ~ **out of s.th.** sich aus etw heraushalten; **stay up** *vi* ❶ aufbleiben, nicht zu Bett gehen ❷ (*Zelt*) stehen bleiben ❸ (*Bild*) hängen bleiben ❹ an der Uni bleiben

stay² [steɪ] *s* ❶ Stütztau, Halteseil *nt* ❷ (MAR) Stag *nt*; **the** ~ **of one's old age** (*fig*) die Stütze seines Alters

stay-at-home ['steɪəthəʊm] *s* Stubenhocker(in) *m(f)*; **stayer** ['steɪə(r)] *s* (SPORT) Steher *m*; **stay·ing-power** ['steɪɪŋ,paʊə(r)] *s* Ausdauer *f*; Stehvermögen *nt*

STD¹ [,esti:'di:] *s Abk. von* **subscriber trunk dialling** (TELE) Selbstwählfernverkehr, Selbstwählferndienst *m*; ~ **code** Vorwahl *f*

STD² [,esti:'di:] *s Abk. von* **sexually transmitted disease** (MED) Geschlechtskrankheit *f*

S

stead [sted] *s:* **in s.o.'s** ~ an jds Stelle; **stand s.o. in good** ~ jdm zustatten kommen

stead·fast ['stedfɑ:st] *adj* ❶ fest ❷ (*Blick*) unverwandt ❸ (*Ablehnung*) standhaft ❹ (*Glaube*) unerschütterlich

steady ['stedɪ] **I.** *adj* ❶ ruhig; fest, unverwandt ❷ (*Wind*) ständig; ununterbrochen; beständig ❸ (*Personal*) verlässlich, zuverlässig ❹ (*Job*) fest; ~ **on one's legs** sicher auf den Beinen; **hold s.th.** ~ etw ruhig halten **II.** *adv:* ~**!** vorsichtig! **III.** *s* (*sl*) fester Freund, feste Freundin **IV.** *vt* beruhigen; ausgleichen; ~ **o.s.** festen Halt finden **V.** *vi* sich beruhigen; ruhiger werden; sich festigen, sich behaupten

steak [steɪk] *s* ❶ Steak *nt* ❷ (Fisch)Filet *nt*

steal [sti:l] <*irr:* stole, stolen> **I.** *vt* stehlen; ~ **s.th. from s.o.** jdm etw stehlen; ~ **a march on s.o.** jdm zuvorkommen; ~ **a glance at s.o.** verstohlen zu jdm hinschauen; ~ **the show** die Schau stehlen **II.** *vi* ❶ stehlen ❷ sich stehlen, sich schleichen; ~ **away** sich wegstehlen; ~ **about** herumschleichen; ~ **up on s.o.** sich an jdn heranschleichen

stealth [stelθ] *s* List *f;* **by** ~ durch List; **stealthy** ['stelθɪ] *adj* heimlich, verstohlen

steam [sti:m] **I.** *s* ❶ Dampf *m* ❷ Dunst *m;* ~**-covered windows** beschlagene Fenster; **driven by** ~ dampfgetrieben; **full** ~ **ahead!** volle Kraft voraus!; **get up** ~ (*fig*) in Schwung kommen; **let off** ~ Dampf ablassen; **run out of** ~ (*fig*) den Schwung verlieren; **under one's own** ~ (*fig*) allein, ohne Hilfe **II.** *vt* ❶ dämpfen ❷ (*Essen*) dünsten; **be all** ~**ed** (**up**) ganz beschlagen sein; (*fig*) sich aufregen **III.** *vi* ❶ dampfen ❷ (*Schiff*) fahren; **the ship** ~**ed into the harbour** das Schiff lief in den Hafen ein; **steam off** *vi* abfahren; **steam over** *vi* beschlagen; **steam up I.** *vi* beschlagen **II.** *vt* (*fam*) auf Touren bringen; **get** ~**ed up** (*fam*) sich aufregen

steam·boat ['sti:mbəʊt] *s* Dampfschiff *nt,* Dampfer *m;* **steam engine** *s* Dampfmaschine *f;* **steamer** ['sti:mə(r)] *s* ❶ Dampfer *m* ❷ Dampfkochtopf *m;* **steam iron** *s* Dampfbügeleisen *nt;* **steam-roller I.** *s* Dampfwalze *f* **II.** *vt* glatt walzen; ~ **a bill through parliament** ein Gesetz im Parlament durchpeitschen; **steam room** *s* Saunaraum *m;* **steam·ship** ['sti:mʃɪp] *s* Dampfschiff *nt,* Dampfer *m;* **steam turbine** *s* Dampfturbine *f;* **steamy** ['sti:mɪ] *adj* ❶ dampfig, dunstig ❷ (*Glas*) beschlagen

steed [sti:d] *s* (*lit*) Ross *nt*

steel [sti:l] **I.** *s* Stahl *m;* **a man of** ~ ein stahlharter Mann **II.** *adj* Stahl- **III.** *vr* sich wappnen (*for* gegen); ~ **o.s. to do s.th.** allen Mut zusammennehmen um etw zu tun; **steel band** *s* Steelband *f;* **steel-clad** ['sti:lklæd] *adj* stahlgepanzert; **steel grey** *s* Stahlgrau *nt;* **steel guitar** *s* Hawaiigitarre *f;* **steel mill** *s* Stahlwalzwerk *nt;* **steel wool** *s* Stahlwolle *f;* **steel worker** *s* Stahlarbeiter(in) *m(f);* **steel works** *s pl mit sing* Stahlwerk *nt;* **steely** ['sti:lɪ] *adj* stählern

steep[1] [sti:p] *adj* ❶ steil; hoch; stark ❷ (*fam: Preis*) gesalzen, unverschämt; **it's a bit** ~ **that …** es ist ein starkes Stück, dass …

steep[2] [sti:p] *vt* ❶ eintauchen; ziehen lassen; einweichen ❷ sich vollsaugen lassen; **be** ~**ed in s.th.** von etw durchdrungen sein; ~**ed in ignorance** durch und durch unwissend

steepen ['sti:pən] **I.** *vt* steiler machen **II.** *vi* steiler werden

steeple ['sti:pl] *s* Kirchturm *m;* **steeple·chase** [-tʃeɪs] *s* ❶ (*Pferde*) Hindernisrennen *nt,* Steeplechase *f* ❷ (*Leichtathletik*) Hindernislauf *m;* **steeple·chaser** [-ə(r)] *s* ❶ (*Pferd*) Steepler *m;* (*Jockey*) Reiter(in) *m(f)* in einem Hindernisrennen ❷ (*Leichtathletik*) Hindernisläufer(in) *m(f);* **steeple·jack** ['sti:pldʒæk] *s* Turmarbeiter *m*

steer[1] [stɪə(r)] **I.** *vt* ❶ steuern ❷ (*fig*) lenken, leiten, führen; ~ **a course for s.th.** (*fig*) auf etw zusteuern **II.** *vi* lenken; steuern; ~ **due south** Kurs nach Süden halten; ~ **for s.th.** etw ansteuern; auf etw zusteuern; ~ **clear of s.o.** jdm aus dem Weg gehen; ~ **clear of s.th.** etw meiden

steer[2] [stɪə(r)] *s* junger Ochse

steer·age ['stɪərɪdʒ] *s* (MAR) ❶ Zwischendeck *nt* ❷ Ruderwirkung *f*

steer·ing ['stɪərɪŋ] *s* Steuerung *f;* **steering committee** *s* Lenkungsausschuss *m;* **steering gear** *s* (*Flugzeug*) Leitwerk *nt;* (AUTO) Lenkung *f;* (MAR) Ruderanlage *f;* **steering lock** *s* Lenkradschloss *nt;* **steering wheel** *s* Lenk-, Steuerrad *m;* **steers·man** ['stɪəzmən] <*pl* -men> *s* Steuermann *m*

stein [staɪn] *s* Maßkrug *m*

stel·lar ['stelə(r)] *adj* stellar

stem [stem] **I.** *s* ❶ (BOT) Stiel *m;* Stamm *m;* Halm *m* ❷ (*Glas*) Stiel *m* ❸ (*Pfeife*) Hals *m* ❹ (*Wort*) Stamm *m,* Wurzel *f* ❺ (MAR) Vordersteven *m* ❻ (*fig*) Hauptlinie *f,* Hauptzweig *m* ❼ (*Thermometer*) Röhre *f;* **from** ~ **to stern** von vorne bis achtern **II.** *vt* ❶ aufhalten ❷ (*Flut*) eindämmen

③ (*Blut*) stillen ④ (*fig*) Einhalt gebieten (*s.th.* einer S) **III.** *vi:* ~ **from s.th.** von etw kommen, von etw herrühren; auf etw zurückgehen; **stem turn** *s* (*Skifahren*) Stemmbogen *m*

stench [stentʃ] *s* Gestank *m*

sten·cil ['stensl] **I.** *s* ① Schablone *f* ② (TYP) Matrize *f* **II.** *vt* mit Schablone zeichnen; auf Matrize schreiben

sten·ogra·pher [stə'nɒgrəfə(r)] *s* Stenograf(in) *m(f);* **sten·ogra·phy** [stə'nɒgrəfɪ] *s* Stenografie, Kurzschrift *f*

step [step] **I.** *s* ① Schritt *m;* Tritt *m* ② kurze Strecke ③ Takt *m* ④ Tanzschritt *m* ⑤ Stufe *f* ⑥ (*fig*) Stufe *f,* Abschnitt *m* ⑦ (*fig*) Maßnahme *f;* **take a** ~ einen Schritt machen; ~ **by** ~ Schritt für Schritt; **follow in s.o.'s** ~**s** in jds Fußstapfen treten; **watch one's** ~ Acht geben; sich vorsehen; **be in** ~ im Gleichschritt sein; im Takt sein (*with* mit); **be out of** ~ nicht im Tritt sein; nicht im Gleichklang sein (*with* mit); **get out of** ~ aus dem Takt kommen; **break** ~ aus dem Schritt kommen; **fall into** ~ in den gleichen Takt kommen (*with* mit); **it's only a few** ~**s** es sind nur ein paar Schritte; **it's a great** ~ **forward** es ist ein großer Schritt nach vorn; **that would be a** ~ **back** das wäre ein Rückschritt; **take** ~**s to do s.th.** Maßnahmen ergreifen um etw zu tun; **take legal** ~**s** gerichtlich vorgehen; **mind the** ~**!** Vorsicht Stufe! **II.** *vi* gehen; ~ **into/out of s.th.** in etw/aus etw treten; ~ **on s.th.** in etw steigen; auf etw treten; ~ **on s.o.'s foot** jdm auf den Fuß treten; ~ **over s.o.** über jdn steigen; ~ **this way, please** hier entlang, bitte!; ~ **on board** an Bord gehen; ~ **inside** hineintreten; ~ **outside** hinaustreten; ~ **on it!** mach mal ein bisschen schneller; gib Gas! **III.** *vt* abstufen; **step aside** *vi* Platz machen; zur Seite treten; **step back** *vi* zurücktreten, zurückweichen; ~ **back from s.th.** von etw Abstand gewinnen; **step down** *vi* ① hinabsteigen ② (POL) zurücktreten; ~ **down in favour of s.o.** jdm Platz machen; **step in** *vi* ① eintreten ② (*fam*) eingreifen, einschreiten; **step off** *vi* ① aussteigen ② losmarschieren; **step out I.** *vi* ① hinausgehen ② schnell, zügig gehen **II.** *vt* abschreiten; **step up I.** *vi* ① vortreten ② (*fig*) ansteigen, zunehmen **II.** *vt* steigern; erhöhen; ~ **up to s.o.** auf jdn zugehen

step- [step] *PRÄF* Stief-; **step·brother** *s* Stiefbruder *m;* **step·daughter** *s* Stieftochter *f;* **step·father** *s* Stiefvater *m*

step·lad·der ['step,lædə(r)] *s* Stufen-, Trittleiter *f*

step·mother *s* Stiefmutter *f*

steppe [step] *s* Steppe *f*

step·ping stone ['stepɪŋstəʊn] *s* ① Trittstein *m* ② (*fig*) Sprungbrett *nt*

step·son *s* Stiefsohn *m*

stereo ['sterɪəʊ] *s* ① Stereo *nt* ② Stereoanlage *f;* **stereo·phonic** [,sterɪəʊ'fɒnɪk] *adj* stereophon; **stereo·phony** [,sterɪ'ɒfənɪ] *s* Stereophonie *f*

stereo·scope ['sterɪəskəʊp] *s* Stereoskop *nt;* **stereo·scopic** [,sterɪə'skɒpɪk] *adj* stereoskopisch

stereo·type ['sterɪətaɪp] **I.** *s* ① (TYP) Druckplatte *f* ② (*fig*) Klischee, Stereotyp *nt* **II.** *vt* ① (TYP) stereotypieren ② (*fig*) klischeehaft zeichnen, darstellen

ster·ile ['steraɪl] *adj* ① unfruchtbar ② (*Keim*) steril, keimfrei ③ (*fig*) steril; ergebnislos, nutzlos; **ster·il·is·ing unit** [,sterəlaɪzɪŋ'ju:nɪt] *s* Sterilisierbox *f;* **ste·ril·ity** [stə'rɪlətɪ] *s* ① Unfruchtbarkeit *f* ② Sterilität, Keimfreiheit *f* ③ (*fig*) Ergebnislosigkeit *f;* **ster·il·iz·ation** [,sterəlaɪ'zeɪʃn] *s* Sterilisation, Sterilisierung *f;* **ster·il·ize** ['sterəlaɪz] *vt* sterilisieren

ster·ling ['stɜ:lɪŋ] **I.** *adj* ① (COM) Sterling- ② (*fig*) gediegen **II.** *adj* aus Sterlingsilber; ~ **area** Sterlingblock *m,* Sterlingländer *ntpl;* **in (pounds)** ~ in Pfund Sterling **III.** *s* das Pfund Sterling, das englische Pfund

stern¹ [stɜ:n] *adj* ernst, streng, hart; **with a** ~ **face** mit strenger Miene

stern² [stɜ:n] *s* (MAR) Heck *nt*

stern·ness ['stɜ:nnɪs] *s* Ernst *m,* Strenge *f*

ster·num ['stɜ:nəm] *s* (ANAT) Brustbein *nt*

ste·roid ['stɪərɔɪd] *s* Steroid *m*

stetho·scope ['steθəskəʊp] *s* (MED) Stethoskop *nt*

steve·dore ['sti:vədɔ:(r)] *s* (MAR) Stauer *m*

stew [stju:] **I.** *vt* schmoren; dünsten; ~**ed apples** Apfelkompott *nt* **II.** *vi* schmoren; (*Tee*) bitter werden; **let s.o.** ~ **in his own juice** (*fig fam*) jdn im eigenen Saft schmoren lassen **III.** *s* Eintopf *m;* **be in a** ~ ganz aufgeregt sein

stew·ard ['stjʊəd] *s* ① (MAR AVIAT) Steward *m* ② (*bei Veranstaltungen*) Ordner(in) *m (f)* ③ (*Anwesen*) Verwalter(in) *m (f);* **shop** ~ gewerkschaftlicher Vertrauensmann; **stew·ard·ess** [,stjʊə'des] *s* (AVIAT) Stewardess *f*

stick¹ [stɪk] **I.** *s* ① Stock *m;* Zweig *m* ② (MUS) Taktstock *m* ③ (SPORT) Schläger *m* ④ (*Schlagzeug*) Schlegel *m* ⑤ Stange *f* ⑥ (AVIAT) Steuerknüppel *m* ⑦ (*Kreide*) Stück *nt* ⑧ (*Deo*) Stift *m* ⑨ (*fam*) Kerl *m;* **give s.o. the** ~**, take the** ~ **to s.o.** jdm eine Tracht Prügel geben; **give s.o.** ~ jdn

S

herunterputzen; **get hold of the wrong end of the** ~ etw falsch verstehen; **in the ~s** in der hintersten Provinz; **take a lot of** ~ viel einstecken müssen; ~ **insect** Stabheuschrecke *f* **II.** *vt* (*Pflanzen*) stützen

stick² [stɪk] <*irr:* stuck, stuck> **I.** *vt* ❶ kleben ❷ stecken ❸ (*Dolch*) stoßen ❹ (*Schwein*) abstechen ❺ (*fam*) tun; stecken ❻ (*Perlen*) besetzen ❼ (*fam*) aushalten; durchhalten; ~ **a stamp on s.th.** eine Briefmarke auf etw kleben; ~ **the blame on s.o.** jdm die Schuld zuschieben; ~ **one's hat on** (sich) den Hut aufsetzen; **I can't** ~ **it any longer!** ich halte das nicht mehr aus!; ~ **s.o. with s.th.** jdm etw aufladen; jdm etw andrehen **II.** *vi* ❶ kleben (*to* an) ❷ stecken bleiben; klemmen ❸ stecken (*in* in) ❹ (*Karten*) halten ❺ bleiben; haften bleiben; **make a charge** ~ genügend Beweismaterial haben; **it stuck in my foot** das ist mir im Fuß stecken geblieben; ~ **in s.o.'s mind** jdm im Gedächtnis bleiben; **make s.th.** ~ **in one's mind** sich etw einprägen; **stick around** *vi* (*sl*) in der Nähe bleiben; **stick at** *vi* ❶ bleiben an ❷ zurückschrecken vor; **stick by** *vi* (*fam*) halten zu; stehen zu; **stick down** *vt* ❶ ankleben; zukleben ❷ aufschreiben; **stick in I.** *vt* ❶ einkleben ❷ hineinstecken **II.** *vi* stecken bleiben; ~ **s.th. in s.th.** etw in etw stecken; **stick on I.** *vi* ❶ kleben, haften ❷ (*Pferd*) oben bleiben **II.** *vt* ❶ aufkleben ❷ (*Geld*) aufschlagen auf; **stick out I.** *vi* ❶ (*Nagel*) herausstehen ❷ (*Ohren*) abstehen ❸ (*fig*) auffallen **II.** *vt* hinausstrecken; **stick out for** *vi* ❶ sich stark machen für ❷ beharren auf; **stick to** *vi* ❶ bleiben bei; treu bleiben ❷ (*Aufgabe*) bleiben an; **stick together** *vi* zusammenkleben; zusammenhalten; **stick up I.** *vi* ❶ (*Kragen*) hochstehen ❷ (*Nagel*) herausstehen **II.** *vt* ❶ zukleben ❷ (*fam*) überfallen; ~ **'em up!** Hände hoch!; **stick up for** *vi* eintreten für; ~ **up for o.s.** sich behaupten; **stick with** *vi* bleiben bei; halten zu

sticker ['stɪkə(r)] **I.** *s* ❶ Aufkleber *m;* Klebeschildchen *nt* ❷ (*fig*) zäher Kerl **II.** *vt* (COM) auszeichnen; **stick·ing plas·ter** ['stɪkɪŋˌplɑːstə(r)] *s* Heftpflaster *nt;* **stick-in-the-mud** ['stɪkɪnðəmʌd] **I.** *s* Muffel *m* **II.** *adj* rückständig

stick·ler ['stɪklə(r)] *s:* **be a** ~ **for s.th.** es mit etw peinlich genau nehmen

stick-on ['stɪkɒn] *adj* Aufklebe-; **stick·pin** ['stɪkˌpɪn] *s* (*Am*) Krawattennadel *f;* **stick-up** ['stɪkʌp] *s* Überfall *m*

sticky ['stɪkɪ] *adj* ❶ klebrig ❷ (*Wetter*) schwül, drückend ❸ (*Farbe*) feucht ❹ (*Hände*) verschwitzt ❺ (*Problem*) schwierig ❻ (*Situation*) heikel; **come to a** ~ **end** ein böses Ende nehmen; **be on a** ~ **wicket** in der Klemme sein

stiff [stɪf] **I.** *adj* ❶ steif, starr ❷ (*Bürste*) hart ❸ (*Teig*) fest ❹ (*Kampf*) zäh, hart ❺ (*Grog*) steif ❻ (*Brise*) steif ❼ (*Examen*) schwer, schwierig ❽ (*Preis*) hoch; **that's a bit** ~ (*fam*) das ist ganz schön happig; **the lock is** ~ das Schloss klemmt **II.** *adv* steif **III.** *s* (*sl*) Leiche *f;* **stiffen** ['stɪfn] **I.** *vt* ❶ steif machen ❷ (*Hemd*) stärken ❸ (*fig*) verstärken **II.** *vi* ❶ steif, hart werden ❷ (*fig*) sich verhärten; **stiff·en·ing** ['stɪfnɪŋ] *s* Einlage *f;* **stiff-necked** [ˌstɪf'nekt] *adj* (*fig*) halsstarrig; **stiff-up-per-lipped** *adj* beherrscht

stifle ['staɪfl] **I.** *vt* ❶ ersticken ❷ (*fig*) unterdrücken **II.** *vi* ersticken; **stifl·ing** ['staɪflɪŋ] *adj* ❶ (*Hitze*) erstickend; drückend ❷ (*fig*) beengend

stigma¹ ['stɪgmə] <*pl* -s> *s* ❶ Brandmal, Stigma *nt* ❷ (BOT) Narbe *f*

stigma² ['stɪgmə, *pl* stɪg'mɑːtə] <*pl* -ta> *s* ❶ Wundmal *nt* ❷ Stigmatisierung *f;* **stig·ma·tize** ['stɪgmətaɪz] *vt* brandmarken; stigmatisieren

stile [staɪl] *s* Zaunübertritt *m*

sti·letto [stɪ'letəʊ] <*pl* -letto(e)s> *s* Stilett *nt;* **stiletto heel** *s* Pfennigabsatz *m*

still¹ [stɪl] **I.** *adj* ❶ still, ruhig ❷ bewegungs-, reglos; **keep** ~ still halten; **hold s.th.** ~ etw ruhig halten; **be** ~ still stehen; **stand** ~ still stehen; **a** ~ **small voice** ein leises Stimmchen **II.** *adj* ohne Kohlensäure **III.** *s* ❶ Stille *f* ❷ (FILM) Standfoto *nt* **IV.** *vt* beruhigen; besänftigen; abklingen lassen

still² [stɪl] *adv* ❶ noch; immer noch; noch immer; nach wie vor ❷ trotzdem ❸ (*mit Komparativ*) noch; **he is** ~ **busy** er ist noch beschäftigt; **it** ~ **hasn't come** es ist immer noch nicht gekommen; **I will** ~ **be here** ich werde noch da sein; ~**, she is my mother** sie ist trotz allem meine Mutter; ~ **better** noch besser; ~ **more because ...** und umso mehr, als ...

still³ [stɪl] *s* Destillierapparat *m*

still·birth ['stɪlbɜːθ] *s* Totgeburt *f;* **still-born** ['stɪlˌbɔːn] *adj* tot geboren; **still life** <*pl* -lifes> *s* (*Kunst*) Stillleben *nt;* **still·ness** ['stɪlnɪs] *s* ❶ Reglosigkeit *f* ❷ Stille, Ruhe *f*

stilt [stɪlt] *s* ❶ Stelze *f* ❷ (ARCH) Pfahl *m;* **walk on ~s** auf Stelzen laufen

stilted ['stɪltɪd] *adj* (*fig*) gespreizt, gestelzt

stimu·lant ['stɪmjʊlənt] **I.** *adj* anregend, stimulierend **II.** *s* ❶ Anregungsmittel *nt* ❷ Ansporn *m;* **stimu·late** ['stɪmjʊleɪt] *vt*

① anregen; beleben ② (MED) stimulieren ③ (*Nerven*) reizen ④ (*fig*) animieren, anspornen ⑤ (COM) ankurbeln; **stimu·lation** [ˌstɪmjʊˈleɪʃn] *s* ① Anregung *f* ② (MED) Stimulation *f* ③ (*sexuell*) Erregung *f* ④ (*fig*) Anreiz, Ansporn *m* ⑤ (COM) Ankurbelung *f*; **stimu·lus** [ˈstɪmjʊləs, *pl* -laɪ] <*pl* -li> *s* ① Ansporn *m;* Aufmunterung *f* ② (PSYCH) Stimulus *m;* Reiz *m;* **under the ~ of …** angespornt durch …

sting [stɪŋ] <*irr:* stung, stung> **I.** *vt* ① stechen; verbrennen ② (*fig*) treffen, schmerzen; **~ s.o. into doing s.th.** jdn antreiben etw zu tun; **~ s.o. into action** jdn aktiv werden lassen; **~ s.o. for s.th.** (*fam*) jdn bei etw ausnehmen **II.** *vi* ① stechen; brennen ② wie mit Nadeln stechen ③ (*fig*) schmerzen; **make a ~ing remark** eine bissige Bemerkung machen **III.** *s* ① Stachel *m* ② Stich *m;* Brennen *nt* ③ stechender Schmerz ④ (*fig*) Stachel *m;* **a ~ of remorse** Gewissensbisse *mpl;* **take the ~ out of s.th.** etw entschärfen

stin·gi·ness [ˈstɪndʒɪnɪs] *s* Knauserigkeit *f,* Geiz *m*

sting·ing nettle [ˌstɪŋɪŋˈnetl] *s* Brennnessel *f;* **sting·ray** [ˈstɪŋreɪ] *s* Stachelrochen *m*

stingy [ˈstɪndʒɪ] *adj* ① geizig, knauserig, knickerig ② (*Portion*) schäbig

stink [stɪŋk] <*irr:* stank, stunk> **I.** *vi* ① stinken ② (*fam*) miserabel sein; **the idea ~s** das ist eine miserable Idee **II.** *vt:* **~ out** verstänkern; ausräuchern; **~ up** verpesten **III.** *s* ① Gestank *m* (*of* nach) ② (*fam*) Stunk *m;* **kick up a ~** Stunk machen

stinker [ˈstɪŋkə(r)] *s* ① (*fam*) Ekel *nt* ② (*sl*) gesalzener Brief ③ (*fam*) harter Brocken

stint [stɪnt] **I.** *vt* sparen, knausern mit; **~ o.s.** sich einschränken; **~ s.o. of s.th.** jdm gegenüber mit etw knausern **II.** *vi:* **~ on s.th.** mit etw sparen **III.** *s* Arbeit, Aufgabe *f;* **do one's ~** seine Arbeit tun; **without ~** ohne Einschränkung

stipu·late [ˈstɪpjʊleɪt] *vt* ① zur Auflage machen, verlangen ② (*Preis*) festsetzen; vorschreiben ③ (*Bedingungen*) stellen; **stipu·la·tion** [ˌstɪpjʊˈleɪʃn] *s* ① Auflage *f* ② Festsetzung *f;* Stellen, Fordern *nt*

stir [stɜː(r)] **I.** *vt* ① umrühren; rühren ② (*Glieder*) bewegen; rühren ③ (*fig*) aufwühlen; anstacheln, erregen; **~ one's tea** den Tee umrühren; **~ s.o. to do s.th.** jdn bewegen etw zu tun; **~ s.o. to pity** jds Mitleid erregen; **~ one's stumps** (*fam*) die Beine unter den Arm nehmen; **~ up** umrühren; (*fig*) anregen; wachrufen; schüren; **~ up trouble** Unruhe stiften; **~ s.o. up to do s.th.** jdn zu etw anstacheln **II.** *vi* sich regen; sich rühren; sich bewegen **III.** *s* ① Rühren *nt* ② (*fig*) Aufruhr *m;* **give s.th. a ~** etw umrühren; **cause a ~, create a ~, make a ~** Aufsehen erregen; **stir-fry** [ˈstɜːfraɪ] *vt* unter Rühren kurz anbraten; **stir·ring** [ˈ-ɪŋ] *adj* aufregend, bewegend, aufwühlend; bewegt

stir·rup [ˈstɪrəp] *s* Steigbügel *m*

stitch [stɪtʃ] **I.** *s* ① Stich *m;* Masche *f* ② (MED) Seitenstechen *ntpl* ③ (*Stricken*) Muster *nt;* **put a few ~es in s.th.** etw mit ein paar Stichen nähen; **put ~es in a wound** eine Wunde nähen; **have not a ~ on** (*fam*) splitternackt sein; **be in ~es** (*fam*) sich schieflachen **II.** *vt* ① (*a.* MED) nähen ② (*Buch*) zusammenheften ③ sticken; **~ on** annähen; **~ up** nähen, zunähen; hochnähen; (*fam*) reinlegen **III.** *vi* nähen (*at* an)

stoat [stəʊt] *s* (großes) Wiesel *nt*

stock [stɒk] **I.** *s* ① Vorrat *m;* Bestand *m* (*of* an) ② Viehbestand *m* ③ (*Essen*) Brühe *f* ④ (COM) Anleihe-, Grundkapital *nt;* Anteil *m;* Staatsanleihe *f* ⑤ (BOT) Stamm *m;* Stock *m;* Wildling *m* ⑥ Stamm *m;* Abstammung *f* ⑦ (LING) Sprachfamilie *f* ⑧ Griff *m* ⑨ Halsbinde *f* ⑩ (RAIL) rollendes Material ⑪ (THEAT: *Am*) Repertoire *nt;* **~ of knowledge** Wissensschatz *m;* **have s.th. in ~** etw vorrätig haben; **be in/out of ~** vorrätig/nicht vorrätig sein; **keep s.th. in ~** etw auf Vorrat haben; **take ~** Inventur machen; **take ~ of s.o.** jdn abschätzen; **take ~ of s.th.** sich über etw klar werden; **surplus ~** Überschuss *m;* **~s and shares** Wertpapiere *ntpl;* **be of good ~** guter Herkunft sein; **be on the ~s** (MAR) im Bau sein **II.** *adj* Standard-; Serien-; stereotyp **III.** *vt* ① (*Waren*) führen ② ausstatten; füllen ③ (*Farm*) mit einem Viehbestand versehen **IV.** *vi:* **~ up** sich eindecken (*on* mit), einen Vorrat, Reserven anlegen (von)

stock·ade [stɒˈkeɪd] *s* Palisade *f;* Einfriedung *f*

stock·broker [ˈstɒkˌbrəʊkə(r)] *s* Börsenmakler(in) *m(f);* **stock·broking** [ˈstɒkˌbrəʊkɪŋ] *s* Börsen-, Effektenhandel *m;* **stock car** [ˈstɒkkɑː(r)] *s* ① (*Am: bei Eisenbahn*) Viehwagen *m* ② (AUTO) Serienwagen *m;* **~ racing** Stock-Car-Rennen *nt;* **stock code** *s* Warencode *m;* **stock company** *s* ① (COM) Aktiengesellschaft *f* ② (THEAT: *Am*) Repertoiretheater *nt;* **stock control** *s* Lagersteuerung *f;* **stock cube** *s* Suppenwürfel *m;* **stock exchange** *s* Börse *f;* Börsenplatz *m;* **~ listing** Börsenzulassung *f;* **stock farmer** *s* Viehhalter *m;* **stock·fish** [ˈstɒkfɪʃ] <*pl* -> *s* Stockfisch *m;*

stock·holder ['stɒk,həʊldə(r)] *s* Aktionär(in) *m(f)*

stock·ing ['stɒkɪŋ] *s* Strumpf *m;* **in one's ~(ed) feet** in Strümpfen

stock-in-trade [,stɒkɪn'treɪd] *s* Handwerkszeug *nt;* **stock·ist** ['stɒkɪst] *s* ❶ Fachhändler *m* ❷ Fachgeschäft *nt;* **stock level** *s* Lagerbestand *m;* **stock·list** *s* ❶ (COM) Warenliste *f* ❷ (FIN) Börsenzettel *m;* **stock-market** *s* Börse *f;* **stock·pile** ['stɒkpaɪl] **I.** *s* Vorrat *m* (*of* an), Lager *nt;* **the nuclear ~** das Kernwaffenarsenal **II.** *vt* Vorräte an ... anlegen; **stock price** *s* Aktienkurs *m;* **stock·room** *s* Lagerraum *m;* **stock size** *s* Standardgröße *f;* **stock-still** [,stɒk'stɪl] *adj, adv:* **stand ~** stockstill stehen; **stock-tak·ing** ['stɒkteɪkɪŋ] *s* Bestandsaufnahme, Inventur *f*

stocky ['stɒkɪ] *adj* stämmig, untersetzt

stock·yard ['stɒkjɑ:d] *s* Viehhof *m*

stodge [stɒdʒ] *s* (*sl*) Pampe *f;* **stodgy** ['stɒdʒɪ] *adj* ❶ (*Essen*) schwer, pampig ❷ (*Buch*) schwer verdaulich ❸ (*Stil*) schwerfällig ❹ (*Mensch*) langweilig, fad

stoic ['stəʊɪk] *s* Stoiker *m;* **sto·ic(al)** ['stəʊɪk(l)] *adj* stoisch; **sto·icism** ['stəʊɪsɪzəm] *s* (PHILOS) Stoizismus *m*

stoke [stəʊk] **I.** *vt* (*Feuer: ~ up*) beheizen; schüren **II.** *vi:* **~ up** sich vollschlagen; **stoker** ['stəʊkə(r)] *s* Heizer *m*

stole[1] [stəʊl] *s* Stola *f*

stole[2] [stəʊl] *s.* **steal**; **stolen** ['stəʊlən] **I.** *pp of* **steal** **II.** *adj* gestohlen

stolid ['stɒlɪd] *adj* blöd(e), stupide, stumpf(sinnig), schwerfällig

stom·ach ['stʌmək] **I.** *s* ❶ Magen *m;* Bauch *m* ❷ (*fig*) Lust *f* (*for* auf), Interesse *nt* (*for* an); **lie on one's ~** auf dem Bauch liegen; **on an empty ~** auf leeren, nüchternen Magen; **on a full ~** mit vollem Magen; **I have no ~ for that** ich habe keine Lust dazu **II.** *vt* vertragen; ausstehen; **stom·ach·ache** *s* Magenschmerzen *mpl;* **stom·ach upset** *s* Magenverstimmung *f*

stomp [stɒmp] *vi* (*fam*) stapfen

stone [stəʊn] **I.** *s* ❶ Stein *m* ❷ (*Br*) *Gewichtseinheit = 6,35 kg;* **a heart of ~** ein Herz aus Stein; **a ~'s throw from ...** nur einen Katzensprung von ... entfernt; **within a ~'s throw of success** den Erfolg in greifbarer Nähe; **leave no ~ unturned** nichts unversucht lassen **II.** *adj* aus Stein **III.** *vt* ❶ mit Steinen bewerfen; steinigen ❷ (*Frucht*) entsteinen; **Stone Age** *s* Steinzeit *f;* **stone-blind** *adj* stockblind; **stone-broke** *adj* (*Am fam*) völlig abgebrannt; **stone-cold** *adj* eiskalt; **~ sober** (*fam*) stocknüchtern; **stone-dead** *adj* mausetot; **stone-deaf** *adj* stocktaub; **stone fruit** *s* Steinobst *nt;* **stone·mason** ['stəʊn,meɪsən] *s* Steinmetz *m;* **stone pit** *s* Steinbruch *m;* **stone·wall** [,stəʊn'wɔ:l] *vi* ❶ (PARL) obstruieren ❷ (*Frage*) ausweichen ❸ (SPORT) mauern; **stone·ware** ['stəʊnweə(r)] *s* Steingut *nt;* **stone·work** ['stəʊnwɜ:k] *s* Mauerwerk *nt;* **stony** ['stəʊnɪ] *adj* ❶ steinig ❷ (*Substanz*) steinartig ❸ (*fig*) steinern; kalt; **~-broke** (*Br fam*) völlig abgebrannt

stood [stʊd] *s.* **stand**

stooge [stu:dʒ] *s* ❶ (THEAT) Stichwortgeber *m* ❷ (*fam*) Handlanger *m*

stool [stu:l] *s* ❶ Hocker, Schemel *m* ❷ (MED) Stuhl(gang) *m;* **fall between two ~s** (*fig*) sich zwischen zwei Stühle setzen; **stool pigeon** *s* (*fam*) Spitzel *m*

stoop [stu:p] **I.** *vi* sich bücken, sich beugen, sich neigen; **~ing shoulders** krumme Schultern *fpl;* **~ to s.th.** sich zu etw herablassen **II.** *vt* beugen; einziehen **III.** *s* gebeugte Haltung, krummer Rücken; **have a ~** einen Buckel haben

stop [stɒp] **I.** *vt* ❶ anhalten; stoppen ❷ (*Maschine*) abstellen ❸ (*Verbrecher*) aufhalten; zum Stehen bringen ❹ (*Verbrechen*) ein Ende machen (*s.th.* einer S) ❺ (*Arbeit*) beenden ❻ (*Blutung*) stillen, unterbinden ❼ (*Inflation*) aufhalten, hemmen ❽ (*Produktion*) zum Stillstand bringen ❾ aufhören mit; unterlassen ❿ (*Zahlung*) einstellen ⓫ (*Scheck*) sperren ⓬ (*Vertrag*) kündigen ⓭ (*Zeitung*) abbestellen ⓮ verhindern; unterbinden; abhalten ⓯ verstopfen; zustopfen ⓰ (*Zahn*) füllen ⓱ (MUS: *Saite*) greifen; **~ thief!** haltet den Dieb!; **~ s.o. dead** jdn urplötzlich anhalten lassen; **~ doing s.th.** aufhören etw zu tun; etw nicht mehr tun; **~ smoking** mit dem Rauchen aufhören; **~ o.s.** sich beherrschen, sich zurückhalten; **~ s.o. (from) doing s.th.** jdn davon abhalten etw zu tun; **~ o.s. from doing s.th.** sich zurückhalten und etw nicht tun; **~ s.o.'s mouth** (*fam*) jdm den Mund stopfen; **~ one's ears with one's fingers** sich die Finger in die Ohren stecken; **don't let me ~ you** ich will Sie nicht davon abhalten **II.** *vi* ❶ anhalten; stoppen; Halt machen ❷ (*Uhr*) stehen bleiben ❸ (*Maschine*) nicht mehr laufen ❹ aufhören ❺ (*Schmerzen*) vergehen ❻ (*Herz*) aufhören zu schlagen ❼ (*Lieferung*) eingestellt werden ❽ (*Film*) zu Ende sein ❾ (*fam*) bleiben (*at* in); **~ at nothing** vor nichts Halt machen; **~ dead** plötzlich stehen bleiben; **~ doing s.th.** aufhören etw zu tun; **~ for supper** zum Abendessen bleiben **III.** *s* ① Halt *m,* Stoppen *nt* ② Aufenthalt *m* ③ Pause *f* ④ (AVIAT) Zwischenlandung *f* ⑤ (RAIL) Station *f;* Haltestelle *f* ⑥ (MAR) Anlegestelle *f* ⑦ (GRAM) Punkt *m* ⑧ (MUS) Griffloch *nt;* Register *nt* ⑨ (TYP) Feststelltaste *f* ⑩ (PHOT) Blende *f* ⑪ (*Phonetik*) Verschlusslaut *m;* **be at a ~** still stehen; **bring s.th. to a ~** etw zum Stehen bringen; (*fig*) einer S ein Ende machen; **come to a ~** anhalten; eingestellt werden; **come to a dead ~** abrupt anhalten; **glottal ~** (*Phonetik*) Knacklaut *nt;* **put a ~ to s.th.** einer S einen Riegel vorschieben; **pull out all the ~s** (*fig*) alle Register ziehen

? Grammatik

to **stop to do** *something* bedeutet eine Pause machen, um etwas anderes zu tun: *We stopped to have tea;*
to **stop doing** *something* heißt mit etwas aufhören: *The pupils stopped talking when the teacher came into the classroom.*

stop away *vi* (*fam*) wegbleiben; **stop behind** *vi* (*fam*) dableiben, länger bleiben; **stop by** *vi* kurz vorbeikommen; hereinschauen; **stop down** *vi* (PHOT) abblenden; **stop in** *vi* (*fam*) drinbleiben; **stop off** *vi* einen kurzen Halt machen, (unterwegs) kurz anhalten; **stop out** *vi* (*fam*) wegbleiben; **stop over** *vi* kurz Halt machen; Zwischenstation machen (*in* in); (*Am a.*) übernachten; **stop up** **I.** *vt* zu-, verstopfen **II.** *vi* aufbleiben

stop·cock ['stɒpkɒk] *s* Absperr-, Abstellhahn *m;* **stop·gap** ['stɒpgæp] *s* Lückenbüßer *m;* (Not)Behelf, Ersatz *m;* **a ~ measure** eine Überbrückungsmaßnahme, Verlegenheitslösung; **~ aid** Soforthilfe *f;* **stop-go** [ˌstɒp'gəʊ] *adj:* **~ policies** Politik *f* des ewigen Hin und Her; **stop light** *s* ① Bremslicht *nt* ② (*Am*) rotes Licht; **stopover** ['stɒpəʊvə(r)] *s* Zwischenstation *f;* Zwischenlandung *f*

stop·page ['stɒpɪdʒ] *s* ① Unterbrechung *f;* Stockung *f* ② Stopp *m;* Streik *m* ③ (*Scheck*) Sperrung *f* ④ Abzug *m* ⑤ Verstopfung *f,* Stau *m*

stop·per ['stɒpə(r)] **I.** *s* Stöpsel *m;* Pfropfen *m* **II.** *vt* verstöpseln

stop·ping ['stɒpɪŋ] *s* Füllung, Plombe *f;* **~ and starting** Stop-and-Go-Verkehr *m;* **~ place** Haltestelle *f;* **~ train** Personenzug *m*

stop press ['stɒppres] *s* (*Zeitung*) letzte Meldungen *fpl;* **stop sign** *s* Stoppschild *nt;* **stop·watch** ['stɒpwɒtʃ] *s* Stoppuhr *f*

stor·age ['stɔːrɪdʒ] *s* ① Lagerung *f;* Aufbewahrung *f* ② (*Wasser*) Speicherung *f,* Speichern *nt* ③ Lagergeld *nt,* Lagerkosten *pl* ④ (INFORM) Speicher *m;* **put s.th. into ~** etw einlagern; **storage battery** *s* Akku(mulator) *m;* **storage capacity** *s* (INFORM) Speicherkapazität *f;* **storage charge** *s* Lagergeld *nt;* **storage heater** *s* Nachtspeicherofen *m;* **storage space** *s* Lagerraum *m;* Stauraum *m;* (INFORM) Speicherplatz *m;* **storage tank** *s* Vorratstank *m*

store [stɔː(r)] **I.** *s* ① Vorrat *m* (*of* an) ② (*fig*) Fülle *f,* Reichtum *m* (*of* an) ③ Lager *nt;* Lagerhaus *nt;* Lagerraum *m* ④ Kaufhaus, Warenhaus *nt* ⑤ (*Am*) Laden *m* ⑥ (INFORM) Speicher *m;* **~s** Vorräte *mpl;* **lay in a ~ of food** einen Lebensmittelvorrat anlegen; **have** [*o* **keep**] **s.th. in ~** etw lagern; **be in ~ for s.o.** jdm bevorstehen; **that's a treat in ~ for you** da habt ihr noch was Schönes vor euch; **set great ~ by s.th.** viel von etw halten; **a fine ~ of knowledge** ein großer Wissensschatz **II.** *adj* (*Am*) von der Stange **III.** *vt* ① lagern; aufbewahren ② (*Wärme*) speichern ③ (INFORM) abspeichern; **~ s.th. away** etw verwahren; **~ s.th. up** einen Vorrat von etw anlegen; etw anstauen **IV.** *vi* sich lagern lassen; **store card** *s* Kundenkarte *f;* **store detective** *s* Kaufhausdetektiv(in) *m(f);* **store·house** ['stɔ(r)haʊs] *s* Lagerhaus *nt;* (*fig*) Fundgrube *f;* **store·keeper** *s* Lagerverwalter(in) *m(f);* (*Am*) Ladenbesitzer(in) *m(f);* **store·room** *s* Lagerraum *m;* Vorratskammer *f*

sto·rey ['stɔːrɪ] *s* Stockwerk *nt,* Etage *f;* **on the second ~** im zweiten Stock; (*Am*) im ersten Stock; **-storeyed** ['stɔːrɪd] *adj,* **-stor·ied** (*Am*) -stöckig; **three-~** dreistöckig; **multi-~** mehrstöckig

stork [stɔːk] *s* Storch *m*

storm [stɔːm] **I.** *s* ① Sturm *m;* Unwetter *nt;* Gewitter *nt* ② (*fig*) Flut *f* (*of* von), Sturm *m;* Hagel *m;* **there is a ~ brewing** da braut sich ein Sturm zusammen; **a ~ in a teacup** ein Sturm im Wasserglas; **~ of protest** Proteststurm *m;* **a ~ of cheering** stürmischer Jubel **II.** *vi* ① toben, wüten (*at* gegen) ② stürmen ③ (MIL) stürmen (*at* gegen) **III.** *vt* stürmen; **storm-beaten** ['stɔːmbiːtn] *adj* sturmgepeitscht; **storm-bound** ['stɔːmbaʊnd] *adj* durch Stürme festgehalten; **storm-center** *s* (*Am*), **storm-centre** *s* ① (METE) Sturmzentrum *nt* ② (*fig*) Unruheherd, -stifter *m*

S

storm cloud *s* Sturm-, Wetterwolke *f;* **storm force** *s* Sturmstärke *f;* **storm-tossed** ['stɔːmtɒst] *adj* vom Sturm umhergeworfen, -getrieben; **stormy** ['stɔːmɪ] *adj* ❶ stürmisch ❷ (*Protest*) leidenschaftlich, heftig

story[1] ['stɔːrɪ] *s* ❶ Geschichte *f;* Erzählung *f* ❷ Witz *m* ❸ (*Presse*) Artikel *m* ❹ Handlung *f* ❺ (*fam*) Märchen *nt;* **the ~ goes that ...** man erzählt sich, dass ...; **according to your ~** dir zufolge; **to cut a long ~ short** um es kurz zu machen; **tell stories** Märchen erzählen

story[2] ['stɔːrɪ] *s* (*Am*) Stockwerk *nt,* Etage *f;* **on the second ~** (*Am*) im ersten Stock

story·book ['stɔːrɪbʊk] **I.** *adj* märchenhaft; Märchen- **II.** *s* Geschichten-, Märchenbuch *nt;* **story line** *s* Handlung *f;* **story·teller** *s* ❶ Geschichtenerzähler(in) *m(f)* ❷ (*fig*) Lügenbold *m*

stout [staʊt] **I.** *adj* ❶ korpulent; füllig; untersetzt ❷ (*Pferd*) kräftig ❸ (*Mauer*) fest; stark ❹ mutig, tapfer; beherzt ❺ (*Ablehnung*) entschieden; **with ~ heart** tapferen Herzens **II.** *s* (dunkles) Starkbier *nt;* **stout-hearted** [ˌstaʊt'hɑːtɪd] *adj* beherzt, tapfer; **stout·ly** ['staʊtlɪ] *adv:* **~ built** (*Mensch*) kräftig; (*Haus*) solide gebaut; **~-made** solide gebaut; **~ believe** etw fest glauben; **defend s.th. ~** etw tapfer verteidigen

stove [stəʊv] *s* Ofen *m;* Herd *m;* **stove-pipe** *s* Ofenrohr *nt*

stow [stəʊ] *vt* ❶ (*Fracht*) verstauen, -packen, verladen ❷ verstauen (*in* in); **~ away** verstauen; verstecken; sich als blinder Passagier verstecken; **stow·age** ['stəʊɪdʒ] *s* ❶ (MAR) Lade-, Stauraum *m* ❷ (MAR) Verstauen *nt;* **stow·away** ['stəʊəweɪ] *s* blinder Passagier

straddle ['strædl] **I.** *vt* ❶ rittlings sitzen auf ❷ breitbeinig, mit gespreizten Beinen stehen, sitzen auf ❸ (*fig*) überbrücken; **~ the border** sich über beide Seiten der Grenze erstrecken **II.** *s* (*Turnen*) Grätsche *f;* (*Hochsprung*) Straddle(sprung) *m*

straggle ['strægl] *vi* ❶ (*Häuser*) verstreut liegen ❷ (*Haare*) unordentlich hängen ❸ (*Pflanze*) wuchern; **~ behind** zurückbleiben; **~ in** vereinzelt kommen; **strag·gler** ['stræglə(r)] *s* Nachzügler(in) *m(f);* **stragg·ling** ['stræglɪŋ] *adj* ❶ weit verteilt; zurückgeblieben ❷ (*Häuser*) zerstreut liegend ❸ (*Haar*) unordentlich ❹ (*Pflanze*) hochgeschossen

straight [streɪt] **I.** *adj* ❶ gerade; direkt ❷ (*Haar*) glatt ❸ (*Hosen*) gerade geschnitten ❹ (*Denken*) klar ❺ (*Antwort*) offen, direkt, ehrlich ❻ (*Ablehnung*) ohne Umschweife ❼ (*Drink*) pur, unverdünnt ❽ (POL) direkt ❾ ununterbrochen ❿ (THEAT) konventionell; ernsthaft ⓫ (*fam: Mensch*) etabliert ⓬ (*fam: Mensch*) normal, hetero; **pull s.th. ~** etw geradeziehen; **as ~ as a die** kerzengerade; **keep a ~ face** ernst bleiben, das Gesicht nicht verziehen; **be ~ with s.o.** offen und ehrlich zu jdm sein; **keep s.o. ~** dafür sorgen, dass jd ehrlich bleibt; **~ A's** (SCHULE) glatte Einsen; **a ~ play** ein reines Drama; **be all ~** in Ordnung sein; **put s.o. ~ about s.th.** jdm etw klarmachen **II.** *adv* ❶ gerade; aufrecht ❷ (*Ziel*) direkt ❸ sofort ❹ (*Denken*) klar ❺ (*fig*) offen, rundheraus ❻ (THEAT) konventionell ❼ (*Drink*) pur; **~ through s.th.** glatt durch etw; **look ~ ahead** geradeaus sehen; **drive ~ on** geradeaus weiterfahren; **go ~** keine krummen Sachen machen; **look s.o. ~ in the eye** jdm direkt in die Augen sehen; **~ after this** sofort danach; **~ away** sofort; **come ~ to the point** sofort zur Sache kommen; **give s.o. s.th. ~ from the shoulder** jdm etw unverblümt sagen **III.** *s* ❶ (SPORT) Gerade *f* ❷ (*Linie*) Gerade *f;* **the final ~** die Zielgerade; **the ~ and narrow** der Pfad der Tugend; **keep s.o. on the ~ and narrow** dafür sorgen, dass jd ehrlich bleibt

straight·away [ˌstreɪtə'weɪ] **I.** *adv* geradewegs; sofort **II.** *s* (*Am: im Sport*) Gerade *f*

straighten ['streɪtn] **I.** *vt* ❶ gerade machen, begradigen ❷ (*Tuch*) glatt ziehen ❸ (TECH) gerade biegen ❹ (*fig*) in Ordnung bringen ❺ (*Schultern*) straffen **II.** *vi* gerade werden; glatt werden **III.** *vr* sich aufrichten; **straighten out** *vt* ❶ gerade machen; gerade biegen ❷ (*fig*) klären; in Ordnung bringen; **straighten up I.** *vi* sich aufrichten **II.** *vt* gerade machen; begradigen

straight·for·ward [ˌstreɪt'fɔːwəd] *adj* ❶ aufrichtig ❷ (*Blick*) offen, freimütig ❸ (*Problem*) einfach ❹ offen, frei, ehrlich; **straight-line depreciation** *s* lineare Abschreibung; **straight-out** [ˌstreɪt'aʊt] *adj* (*fam*) unverblümt, offen, glatt; **straight ticket** *s* (*Am*): **vote the ~** seine Stimme einer einzigen Partei geben; **vote a ~** Kandidaten nur einer Partei wählen

strain[1] [streɪn] **I.** *vt* ❶ spannen ❷ (*Freundschaft*) belasten; strapazieren ❸ (*Wort*) dehnen ❹ (MED) zerren; verrenken ❺ überanstrengen; belasten ❻ durchsieben; **~ one's ears to ...** angestrengt lauschen um zu ...; **~ every nerve** jeden Nerv anspannen; **~ o.s.** sich anstrengen; **~ off water** Wasser abgießen **II.** *vi* ❶ sich anstrengen, sich abmühen ❷ (*fig*) sich bemühen, streben; ~ **to do s.th.** sich anstrengen etw zu tun; ~ **at s.th.** sich mit etw abmühen; ~ **after s.th.** nach etw streben; ~ **for effect** auf Wirkung aussein; ~ **against s.o.** sich an jdn drücken **III.** *s* ① (TECH) Belastung, Beanspruchung *f;* Spannung *f;* Druck *m* ② (*fig*) Belastung *f;* Anstrengung *f;* Last *f* ③ (MED) Zerrung *f;* **the ~ on a rope** die Seilspannung; **put a ~ on s.th.** etw belasten; **take the ~ off s.th.** etw entlasten; **suffer from ~** überlastet sein, im Stress sein; **show signs of ~** Zeichen von Überlastung zeigen; **to the ~s of** zu den Klängen von

strain² [streɪn] *s* ① Hang, Zug *m,* Veranlagung *f* ② (*Stil*) Anflug *m* ③ Rasse *f;* Sorte *f;* Geschlecht *nt;* **a ~ of weakness** ein Hang zur Schwäche

strained [streɪnd] *adj* ① durchgesiebt; abgegossen ② (*Muskel*) gezerrt; überanstrengt ③ (*Stil*) unnatürlich, gekünstelt ④ (*Lächeln*) gezwungen ⑤ (*Beziehungen*) angespannt; **strainer** ['streɪnə(r)] *s* Filter *m;* Sieb *nt*

strait [streɪt] *s* ① (GEOG) Meerenge, Straße *f* ② **~s** (*fig*) Nöte, Schwierigkeiten *fpl;* **the Straits of Dover** die Straße von Dover; **be in dire ~s** in großen Nöten sein; **straiten·ed** ['streɪtnd] *adj* ① (*Mittel*) beschränkt ② (*Verhältnisse*) bescheiden, dürftig; **strait·jacket** *s* Zwangsjacke *f;* **strait-lac·ed** [ˌstreɪt'leɪst] *adj* prüde, puritanisch

strand¹ [strænd] **I.** *s* Strand *m* **II.** *vt* ① (*Schiff*) stranden lassen ② (*ohne Geld*) seinem Schicksal überlassen; **be (left) ~ed** auf dem Trockenen sitzen

strand² [strænd] *s* ① (Haar)Strähne *f* ② Strang *m* ③ (*Wolle*) Faden *m* ④ (*Draht*) Litze *f* ⑤ (*Wein*) Ranke *f* ⑥ (*fig*) Handlungsfaden *m* ⑦ (*Perlen*) Schnur *f*

strange [streɪndʒ] *adj* ① seltsam, sonderbar, merkwürdig ② (*Umgebung*) fremd; ungewohnt; **by a ~ chance** komischerweise; **~ to say** so seltsam es klingen mag; **I am ~ to the work** die Arbeit ist mir fremd; **strange·ly** [-lɪ] *adv* seltsam, sonderbar, merkwürdig; **stran·ger** ['streɪndʒə(r)] *s* Fremde(r) *f m;* **I'm a ~ here** ich bin hier fremd; **hallo ~!** (*fam*) hallo, lange nicht gesehen!; **she's a perfect ~ to me** ich kenne sie überhaupt nicht; **you're quite a ~ here** (*fam*) man kennt dich ja gar nicht mehr; **he is no ~ to misfortune** Leid ist ihm nicht fremd

strangle ['stræŋgl] *vt* ① erwürgen, erdrosseln ② (*fig*) abwürgen, ersticken; **the collar is strangling me** der Kragen schnürt mir den Hals zu; **strangle·hold** ['stræŋglhəʊld] *s* Würgegriff *m;* absolute Machtposition; **stran·gu·la·tion** [ˌstræŋgjʊ'leɪʃn] *s* Ersticken *nt;* Erwürgen *nt*

strap [stræp] **I.** *s* ① Riemen, Gurt *m* ② (*Schuh*) Riemchen *nt* ③ (*Bus*) Lasche *f* ④ (*Kleid*) Träger *m* **II.** *vt* ① festschnallen (*to* an) ② (*Mensch*) verprügeln ③ (*Bein*) bandagieren; **~ s.th. onto s.th.** etw auf etw schnallen; **~ s.o. down** jdn festschnallen; **~ on one's watch** sich die Uhr umbinden; **~ up a suitcase** einen Koffer zuschnallen; **strap-hanger** *s* Pendler(in) *m(f);* **strap·less** ['stræplɪs] *adj* trägerlos; **strap·ping** ['stræpɪŋ] *adj* (*fam*) stramm, kräftig

strat·agem ['strætədʒəm] *s* (*a. fig*) Kriegslist *f*

stra·tegic [strə'ti:dʒɪk] *adj* strategisch; (*fig*) taktisch; **stra·teg·ist** ['strætədʒɪst] *s* Stratege *m,* Taktiker(in) *m(f);* **strat·egy** ['strætədʒɪ] *s* ① (MIL) Strategie *f* ② (*fig*) Taktik *f*

strat·ify ['strætɪfaɪ] **I.** *vt* schichten; **a highly stratified society** eine vielschichtige Gesellschaft **II.** *vi* Schichten bilden; in Schichten zerfallen

strato·sphere ['strætəsfɪə(r)] *s* Stratosphäre *f*

stra·tum ['strɑ:təm, *pl* -tə] <*pl* -ta> *s* (GEOL) Schicht *f*

straw [strɔ:] **I.** *s* ① Stroh *nt* ② Strohhalm *m* ③ Trinkhalm *m;* **it's the last ~!** das ist der Gipfel!; **it's a ~ in the wind** das ist ein Vorzeichen; **clutch at ~s** sich an einen Strohhalm klammern; **man of ~** Strohmann *m;* **not worth a ~** keinen Pfifferling wert **II.** *adj* Stroh-; aus Stroh

straw·berry ['strɔ:brɪ] *s* Erdbeere *f*

straw-col·oured [strɔ:kʌləd] *adj* strohfarben; strohblond; **straw man** *s* Strohmann *m;* Scheingegner *m;* **straw poll, straw vote** *s* Probeabstimmung *f*

stray [streɪ] **I.** *vi* ① umherschweifen, -irren; sich verirren ② (*fig*) abschweifen; **~ (away) from s.th.** von etw abkommen; **~ from** [*o* **off**] **a path** von einem Weg abkommen **II.** *s* streunendes Tier; herrenloses Tier **III.** *adj* ① verirrt, verlaufen, verloren ② (*Tier*) herrenlos, streunend ③ (*Bemerkung*) einzeln ④ gelegentlich, vereinzelt

streak [stri:k] **I.** *s* ① Streifen *m* ② (*Licht*) Strahl *m* ③ (*Haar*) Strähne *f* ④ (*Fett*) Schicht *f* ⑤ (*fig*) Spur *f;* Zug *m;* Anflug *m;* **~ of lightning** Blitzstrahl *m;* **a winning ~** eine Glückssträhne **II.** *vt* streifen; **be ~ed** gestreift sein; **~ed with dirt** schmutzverschmiert **III.** *vi* ① (*Blitz*) zucken ② blitzen, flitzen; ~ **along** entlangflitzen; **streaker** [-ə(r)] *s* Blitzer(in) *m(f)*; **streaky** ['stri:kɪ] *adj* ① (*Fenster*) streifig, verschmiert ② (*Fleisch, Speck*) durchwachsen

stream [stri:m] **I.** *s* ① Bach, Fluss *m* ② Strom *m*, Strömung *f* ③ (*Licht*) Flut *f* ④ (*Worte*) Schwall *m* ⑤ (SCHULE) Leistungsgruppe *f*; **go with/against the** ~ mit dem/gegen den Strom schwimmen; ~ **of consciousness** Bewusstseinsstrom *m*; **be on** ~ in Betrieb sein; **come on** ~ in Betrieb genommen werden **II.** *vi* ① strömen, fließen, rinnen ② (*Augen*) tränen ③ (*Licht*) fluten ④ (*Fahne*) wehen; **his face was ~ing with sweat** sein Gesicht war in Schweiß gebadet; ~ **down** herunterströmen; ~ **in** hineinströmen; **streamer** ['stri:mə(r)] *s* ① Wimpel *m*, Banner *nt* ② Band *nt* ③ (INFORM) Magnetbandgerät *nt*, Streamer *m*; ~ **headline** (*Am*) Balkenüberschrift *f*; **stream·let** ['strɪ:mlɪt] *s* Bächlein *nt*

stream·line ['stri:mlaɪn] *vt* (*fig*) rationalisieren; **stream·lined** ['stri:mlaɪnd] *adj* ① (*Auto*) stromlinienförmig ② (*fig*) rationell, modern, zeitgemäß

street [stri:t] *s* Straße *f*; **in the** ~**, on the** ~ (*Am*) auf der Straße; **it's right up my** ~ (*fam*) das ist genau mein Fall; **he's not in the same** ~ **as her** zwischen ihm und ihr ist ein himmelweiter Unterschied; **be ~s ahead of** [*o* **better than**] **s.o.** (*fam*) jdm haushoch überlegen sein; **go on the ~s** (*fam*) auf den Strich gehen

? Grammatik

> **street** wird für Straßen mit Häusern und Geschäften in Städten und Dörfern gebraucht: *The children were playing in the street*;
> **road** wird für Verkehrsstraßen außerhalb der Städte und Dörfer gebraucht: *The road to Inverness passes through some magnificent scenery.*

street battle *s* Straßenschlacht *f*; **street·car** ['stri:tkɑ:(r)] *s* (*Am*) Straßenbahn *m*; **street cred(ibility)** *s* (*fam*) Milieunähe *f*; Glaubwürdigkeit *f* (innerhalb einer Gruppe); **street directory** *s* ① Straßenadressbuch *nt* ② Stadtplan *m*; **street door** *s* Haustür *f*; **street fighter** *s* Straßenkämpfer(in) *m(f)*; **street lamp** *s* Straßenlaterne *f*; **street-level dealer** *s jemand, der auf der Straße mit Drogen handelt*; **street lighting** *s* Straßenbeleuchtung *f*; **street party** *s* Straßenfest *nt*; **street-smart** *adj*: **be** ~ Köpfchen haben; **street value** *s* Marktwert *m* einer Droge; **street-walker** ['stri:twɔ:lkə(r)] *s* Prostituierte *f*; **street·wear** ['stri:tˌweə] *s* Streetwear, Alltagskleidung *f*; **street·wise** ['stri:twaɪz] *adj* clever

strength [streŋθ] *s* ① Kraft, Stärke *f* ② (*Tisch etc*) Stabilität *f* ③ (*Schuhe*) Festigkeit *f* ④ (*Meinung*) Überzeugtheit *f* ⑤ (*fig*) Überzeugungskraft *f* ⑥ (*Maßnahme*) Drastik *f* ⑦ (*Gesundheit*) Robustheit *f*; Stärke *f* ⑧ (*Farbe*) Intensität *f* ⑨ (MIL) Stärke *f* ⑩ (*Währung*) Stärke *f*; Stabilität *f*; ~ **of will** Willensstärke *f*; **on the** ~ **of s.th.** auf Grund einer S; **be beyond s.o.'s** ~ über jds Kräfte gehen; **save one's** ~ mit seinen Kräften haushalten; **be up to** ~ die volle Stärke haben; **be at full** ~ vollzählig sein; **strengthen** ['streŋθn] **I.** *vt* ① kräftigen, stärken ② (*fig*) bestärken ③ (*Markt*) festigen; ~ **s.o.'s hand** jdn bestärken **II.** *vi* stärker werden; sich verstärken

strenu·ous ['strenjʊəs] *adj* ① mühsam, anstrengend ② (*Versuch*) unermüdlich, energisch ③ (*Ablehnung*) hartnäckig ④ (*Protest*) heftig

strep·to·coc·cus [ˌstreptə'kɒkəs, *pl* -'kɒkaɪ] <*pl* -ci> *s* (MED) Streptokokkus *m*

stress [stres] **I.** *s* ① Stress *m*; Belastung *f* ② (MED) Überlastung *f* ③ Betonung *f*; Akzent *m*, Hauptgewicht *nt* ④ (TECH) Belastung, Beanspruchung *f*; **times of** ~ Krisenzeiten *fpl*; **put** [*o* **lay**] ~ **on s.th.** großen Wert auf etw legen; **put s.o. under great** ~ jdn großen Belastungen aussetzen **II.** *vt* ① betonen; großen Wert legen auf ② (TECH) belasten; **stressed out** *adj* (*fam*) total gestresst; **stress fracture** *s* (MED) Belastungsfraktur *f*, Überlastungsbruch *m*; **stress-free** ['stresfri:] *adj* stressfrei; **stress·ful** ['stresfʊl] *adj* anstrengend, stressig; **stress management** *s* Stressbewältigung *f*

stretch [stretʃ] **I.** *vt* ① strecken; dehnen; ausbreiten ② (*Seil*) spannen ③ (*Reserven*) voll ausnutzen ④ (*Arbeit*) fordern ⑤ (*Bedeutung*) äußerst weit fassen ⑥ (*Gesetz*) großzügig auslegen; **become ~ed** ausleiern; ~ **s.th. tight** etw straffen; ~ **o.s. out** sich auf den Boden legen; ~ **one's legs** sich die Beine vertreten; ~ **one's neck** den Hals recken; **be fully ~ed** (*fig*) voll ausgelastet sein; ~ **a point** ein Auge zudrücken **II.** *vi* ① sich strecken, sich dehnen ② (*Zeit*) sich erstrecken (*to* bis) ③ (*Geld*) reichen; ~ **to reach s.th.** sich recken, um etw zu erreichen; ~ **back to** zurückreichen bis; ~ **out** sich hinlegen; sich ausbreiten; sich erstrecken **III.** *s* (1) Strecken, Dehnen *nt* (2) Elastizität, Dehnbarkeit *f* (3) Strecke *f,* Stück *nt;* Abschnitt *m* (4) (*zeitlich*) Zeitraum *m;* **give s.th. a** ~ etw dehnen; **be at full** ~ bis zum Äußersten gedehnt sein; mit aller Kraft arbeiten; **by no** ~ **of the imagination** beim besten Willen nicht; **for hours at a** ~ stundenlang; **do a** ~ (*sl*) im Knast sitzen

stretcher ['stretʃə(r)] *s* (MED) Tragbahre *f;* **stretcher-bearer** *s* Krankenträger *m*

stretch limo *s* (*fam*) Pullmanlimousine *f;* **stretch mark** *s* Schwangerschaftsstreifen *m*

strew [stru:] <*irr:* strewed, strewed (strewn)> *vt* verstreuen; streuen; bestreuen; **the floor was ~n with flowers** Blumen lagen überall auf dem Boden verstreut

stri·ated [straɪ'eɪtɪd] *adj* gestreift; gefurcht

stricken ['strɪkən] **I.** *pp of* **strike II.** *adj* verwundet; leidgeprüft; schmerzerfüllt, leidend; ~ **with guilt** voller Schuldgefühle; **panic-**~ von Panik ergriffen

strict [strɪkt] *adj* (1) streng; strikt (2) (REL) strenggläubig (3) (*Neutralität*) absolut (4) (*Übersetzung*) genau; **in** ~ **confidence** streng vertraulich; **strict·ly** ['strɪktlɪ] *adv* streng; genau; ~ **speaking** genau genommen

stride [straɪd] <*irr:* strode, stridden> **I.** *vi* schreiten; ~ **along** ausschreiten; ~ **away** sich mit schnellen Schritten entfernen **II.** *s* Schritt *m;* Fortschritt *m;* **take s.th. in one's** ~ mit etw spielend fertig werden; **put s.o. off his** ~ jdn aus dem Konzept bringen

stri·dent ['straɪdnt] *adj* schrill, kreischend

strife [straɪf] *s* Unmut *m;* Zwietracht *f*

strike [straɪk] <*irr:* struck, struck (stricken)> **I.** *vt* (1) schlagen; schlagen an (2) (*Kugel*) treffen (3) (*Metall*) hämmern (4) (*Schmerz*) durchzucken (5) (*Unglück*) treffen (6) stoßen gegen, fahren gegen (7) (*Auge*) treffen (8) (*Blitz*) einschlagen in (9) (*Instrument*) anschlagen (10) (*Wurzeln*) schlagen (11) (*fig*) in den Sinn kommen (*s.o.* jdm) (12) beeindrucken (13) (*Münze*) prägen (14) (*Übereinkommen*) sich einigen auf, aushandeln (15) (*Öl*) stoßen auf (16) (*Zelt*) abbrechen (17) (*Segel*) einholen, streichen; ~ **one's fist on the table** mit der Faust auf den Tisch schlagen; ~ **s.o. a blow** jdm einen Schlag versetzen; ~ **a blow for s.th.** (*fig*) eine Lanze für etw brechen; **be struck by lightning** vom Blitz getroffen werden; ~ **one's head against s.th.** mit dem Kopf gegen etw stoßen; ~ **difficulties** in Schwierigkeiten geraten; ~ **the hour** die volle Stunde schlagen; ~ **s.o. as cold** jdm kalt vorkommen; **that ~s me as a good idea** das kommt mir sehr vernünftig vor; **it ~s me that ...** ich habe den Eindruck, dass ...; **a thought struck me** mir kam plötzlich ein Gedanke; **be struck by s.th.** von etw beeindruckt sein; **be struck with s.o.** von jdm begeistert sein; **be struck on s.o.** auf jdn versessen sein; **how does it** ~ **you?** wie finden Sie das?; ~ **a light** Feuer machen; **be struck blind** blind werden; ~ **fear into s.o.'s heart** jdn mit Angst erfüllen; ~ **it rich** das große Geld machen; **be struck from a list** von einer Liste gestrichen werden **II.** *vi* (1) treffen (2) (*Blitz*) einschlagen (3) (MIL) zuschlagen, angreifen (4) (*Panik*) ausbrechen (5) (*Uhr*) schlagen (6) (*Arbeiter*) streiken (7) (*Streichholz*) zünden (8) (MAR) auflaufen (*on* auf) (9) (*Fisch*) anbeißen (10) Wurzeln schlagen; ~ **against s.th.** gegen etw stoßen; ~ **at s.o.** nach jdm schlagen; ~ **at the roots of s.th.** etw an der Wurzel treffen; ~ **on a new idea** eine neue Idee haben; ~ **across country** querfeldein gehen; ~ **right** sich nach rechts wenden **III.** *s* (1) Streik, Ausstand *m* (2) (*Gold*) Fund *m* (3) (MIL) Angriff *m* (4) Schlag *m;* **be on** ~ streiken, im Ausstand sein; **go on** ~ in den Streik treten; **make a** ~ fündig werden; **a lucky** ~ ein Glücksfall, Treffer *m;* **strike back** *vi* (1) zurückschlagen (2) (*fig*) sich wehren; ~ **back at s.o.** sich gegen jdn zur Wehr setzen; **strike down** *vt* (1) niederschlagen; vernichten (2) (*fig*) zu Fall bringen; **be struck down** niedergeschlagen werden; getroffen werden; **strike in** *vi* sich einmischen, dazwischenplatzen; **strike off I.** *vt* (1) abschlagen (2) (*Geschriebenes*) (aus-, durch)streichen (3) (*Doktor*) die Zulassung entziehen (*s.o.* jdm) (4) (*Preis*) abziehen (5) (TYP) drucken **II.** *vi* (*Straße*) abbiegen; **strike out I.** *vi* (1) schlagen (2) (*Richtung*) zuhalten (*for* auf), sich aufmachen, losziehen **II.** *vt* ausstreichen; ~ **out wildly** wild um sich schlagen; ~ **out for home** sich auf den Heimweg machen; ~ **out in a new direction** neue Wege gehen; **strike through** *vt* durchstreichen; **strike up I.** *vt* (1) (*Melodie*) anstimmen (2) (*Bekanntschaft*) machen, anknüpfen (3) (*Konversation*) anfangen **II.** *vi* (*Musik*) einsetzen

strike ac·tion ['straɪkækʃn] *s* Streikaktion *f;* **strike ballot** *s* Urabstimmung *f*

S

strike·bound ['straɪkbaʊnd] *adj* bestreikt; **strike·breaker** ['straɪk,breɪkə(r)] *s* Streikbrecher(in) *m(f)*; **strike call** *s* Streikaufruf *m*; **strike committee** *s* Streikleitung *f*; **strike fund** *s* Streikkasse *f*; **strike leader** *s* Streikführer(in) *m(f)*; **strike pay** *s* Streikgeld *nt*

striker ['straɪkə(r)] *s* ❶ Streikende(r) *f m* ❷ (SPORT) Stürmer(in) *m (f)*

strik·ing ['straɪkɪŋ] *adj* ❶ (*Ähnlichkeit*) auffallend ❷ (*Unterschied*) verblüffend ❸ (*Schönheit*) eindrucksvoll ❹ (*Arbeiter*) streikend ❺ (*Uhr*) mit Schlagwerk

i Land & Leute

Strine heißt der australische Slang, bei dem viele Wörter verkürzt und zusammengezogen werden. So sagt man z. B. *G'day* für *Good day; arvo* für *this afternoon; cuppa* für *cup of coffee/tea; barbie* für *barbecue; brekky* für *breakfast* oder *veggies* für *vegetables. Oz* steht für *Australia; Aussie* für *Australian; Tassie* für *Tasmania* und *roo* für *kangaroo.*

string [strɪŋ] <*irr:* strung, strung> **I.** *s* ❶ Schnur, Kordel *f*, Bindfaden *m* ❷ Faden *m*; Draht *m* ❸ (*Perlen*) Schnur *f* ❹ (*Menschen*) Schlange *f* ❺ (*fig*) Serie, Reihe *f* ❻ (MUS SPORT) Saite *f* ❼ (BOT) Faden *m*; **have s.o. on a ~** jdn am Gängelband haben; **pull ~s** (*fig*) Fäden ziehen; **without ~s** (*fig*) ohne Bedingungen; **the ~s** (MUS) die Streichinstrumente *pl*, die Streicher *pl*; **have two ~s to one's bow** zwei Eisen im Feuer haben **II.** *vt* ❶ (*Instrument, Schläger*) besaiten, bespannen ❷ (*Perlen*) aufziehen, aufreihen ❸ (*Bohnen*) Fäden abziehen von ❹ aufreihen; **~ objects together** Gegenstände zusammenbinden; **string along** *vi* sich anschließen; **~ s.o. along** jdn hinhalten; **string out I.** *vi* sich verteilen **II.** *vt* aufhängen; **string up** *vt* aufhängen; *fam* aufknüpfen; **be strung up** aufgeregt sein; **~ o.s. up to do s.th.** sich seelisch und moralisch darauf vorbereiten etw zu tun

string bag ['strɪŋbæg] *s* Einkaufsnetz *nt*; **string band** *s* Streichorchester *nt*; **string bean** *s* grüne Bohne; (*Person, fam*) Bohnenstange *f*; **stringed** [strɪŋd] *adj* (MUS) Saiten-; **~ instrument** Saiteninstrument *nt*

strin·gency ['strɪndʒənsɪ] *s* ❶ Strenge, Härte *f* ❷ (COM) Knappheit, Verknappung *f*; **strin·gent** ['strɪndʒənt] *adj* ❶ streng ❷ (*Training*) hart ❸ (*Maßnahmen*) streng, energisch ❹ (COM: *Markt*) angespannt; **~ economies** schärfste Sparmaßnahmen *fpl*

stringer ['strɪŋə(r)] *s* Lokalreporter(in) *m(f)*

string player *s* (MUS) Streicher *m*; **string-puller** ['strɪŋpʊlə(r)] *s* Drahtzieher *m*; **string quartet** *s* Streichquartett *nt*; **stringy** ['strɪŋɪ] *adj* ❶ (*Fleisch*) sehnig, zäh, faserig ❷ (*Wurzel*) lang und dünn

strip [strɪp] **I.** *vt* ❶ ausziehen ❷ (*Bett*) abziehen ❸ (*Wand*) abkratzen; die Tapeten abziehen von; (*Holzoberfläche*) abbeizen ❹ (*Schrank*) ausräumen ❺ (*fig*) berauben (*of+gen*) ❻ (TECH) demontieren; auseinander nehmen ❼ (*Schraube*) überdrehen; **~ s.o. naked/to the skin** jdn nackt/bis auf die Haut ausziehen; **~ s.th. off s.th.** etw von etw entfernen; **~ the bark from the trees** die Bäume schälen, entrinden; **~ s.th. away** etw wegnehmen; **~ped of s.th.** ohne etw; **~ down** zerlegen; **~ off** abmachen; entfernen **II.** *vi* sich ausziehen; sich freimachen; **~ to the waist** den Oberkörper freimachen **III.** *s* ❶ Streifen *m*; schmales Stück ❷ (SPORT) Trikot *nt*, Dress *m* ❸ (AVIAT) Start- und Landebahn *f*; **do a ~** (*fam*) strippen; **tear a ~ off s.o.** jdn zur Schnecke machen; **strip cartoon** *s* Comic(strip) *m*, Bildgeschichte *f*

stripe [straɪp] *s* ❶ Streifen *m* ❷ (MIL) Streifen *m*; Tresse *f*; **striped** [straɪpt] *adj* gestreift; **be ~ (with) blue** blaue Streifen haben

strip light ['strɪplaɪt] *s* Neonröhre *f*; **strip light·ing** ['strɪplaɪtɪŋ] *s* Neonbeleuchtung *f*; **strip mall** *s* Einkaufsstraße *f*, Geschäftsstraße *f*; **strip mill** *s* Walzwerk *nt*; **strip mining** *s* (*Am*) Tagebau *m*

strip·per ['strɪpə(r)] *s* ❶ Stripper(in) *m(f)*, Stripteasetänzer(in) *m(f)* ❷ (*paint ~*) Farbentferner *m*; **strip-search** ['strɪpsɜːtʃ] *s* Leibesvisitation *f*; **strip show** *s* Stripteaseshow *f*; **strip·tease** ['strɪptiːz] *s* Striptease *m*

strive [straɪv] <*irr:* strove, striven> *vi* ❶ sich bemühen ❷ kämpfen; **~ to do s.th.** bestrebt sein etw zu tun; **~ for s.th.** etw anstreben; **~ against s.th.** gegen etw kämpfen; **~ with s.o.** mit jdm ringen

strobe [strəʊb] **I.** *adj* stroboskopisch **II.** *s* (**~** *light*) Stroboskoplampe *f*; **strobo·scope** ['strəʊbəskəʊp] *s* Stroboskop *nt*; **strobo·scop·ic** [,strəʊbəʊ'skɒpɪk] *adj* stroboskopisch

strode [strəʊd] *s.* **stride**

stroke [strəʊk] **I.** *s* ❶ Schlag, Hieb, Stoß *m* ❷ (SPORT) Schlag *m*; Stoß *m*; Zug *m* ❸ (*Ru-*

dern) Schlagmann *m* ④ (*Bürste*) Strich *m* ⑤ (*fig*) Schlag *m;* Schachzug *m* ⑥ (*Uhr*) Schlag *m* ⑦ (TECH) Hub *m* ⑧ (MED) Schlaganfall *m* ⑨ Schrägstrich *m;* **put s.o. off his ~** jdn aus dem Takt bringen; **he doesn't do a ~** er rührt keinen Finger; **a ~ of luck** ein Glücksfall *m;* **at a** [*o* **one**] **~** mit einem Schlag; **give s.o. a ~** jdn streicheln; **have a ~** einen Schlaganfall bekommen; **two-~ engine** Zweitaktmotor *m* **II.** *vt* streichen; **~ one's hair down** sich das Haar glattstreichen; **~ a boat** als Schlagmann rudern

stroll [strəʊl] **I.** *vi* spazieren, bummeln; **~ along the road** die Straße entlangbummeln **II.** *s* Spaziergang, Bummel *m;* **take a ~** einen Bummel machen; **stroller** [ˈstrəʊlə(r)] *s* ① Spaziergänger(in) *m(f)* ② (*Am: Kinder-*) Sportwagen *m*

strong [strɒŋ] **I.** *adj* ① stark, kräftig, kraftvoll ② (*Wand*) stabil, solide ③ (*Gesichtszüge*) ausgeprägt ④ (*Konstitution*) robust ⑤ (*Augen*) gut ⑥ (*Charakter*) fest ⑦ (*Land*) mächtig ⑧ (*Einfluss*) groß, stark ⑨ (*Argument*) überzeugend ⑩ (*Protest*) energisch ⑪ (*Maßnahme*) drastisch ⑫ (*Brief*) geharnischt ⑬ (*zahlenmäßig*) stark ⑭ (*Anhänger*) begeistert; überzeugt; unerschütterlich ⑮ (*Parfüm*) stark ⑯ (*Geruch*) streng ⑰ (*Butter*) ranzig ⑱ (*Farbe*) kräftig ⑲ (*Akzent*) stark ⑳ (*Lösung*) konzentriert ㉑ (*Preise*) stabil; (*Währung*) stark; **she's getting ~er every day** sie wird mit jedem Tag kräftiger; **have ~ feelings about s.th.** in Bezug auf etw stark engagiert sein; **have ~ feelings for s.th.** eine starke Bindung an etw haben; **his ~ point** seine Stärke; **he is ~ in s.th.** etw ist seine Stärke; **~ breath** Mundgeruch *m;* **a ~ drink** ein steifer Drink; **protest in the ~est terms** energisch protestieren **II.** *adv:* **be going ~** gut in Form sein; in Schwung sein; **strong-arm** [ˈstrɒŋɑːm] *adj* gewalttätig, brutal; **strong·box** *s* Stahl-, Geldkassette *f;* **strong·hold** [ˈstrɒŋhəʊld] *s* ① Festung *f* ② (*fig*) Bollwerk *nt,* Hochburg *f;* **strong·ly** [ˈstrɒŋlɪ] *adv* ① stark; kräftig; energisch ② (*Interesse*) brennend ③ (*Glaube*) fest ④ (*Bitte*) inständig; kräftig; **I ~ advise you …** ich möchte Ihnen dringendst raten …; **strong-minded** [ˌstrɒŋˈmaɪndɪd] *adj* willensstark; **strong·room** *s* Stahlkammer *f,* Tresor *m*

stron·tium [ˈstrɒntɪəm] *s* (CHEM) Strontium *nt*

strop [strɒp] **I.** *s* Streichriemen *m* **II.** *vt* (*Rasiermesser*) abziehen

stroppy [ˈstrɒpɪ] *adj* (*fam*) pampig

strove [strəʊv] *s.* **strive**

struck [strʌk] *s.* **strike**

struc·tural [ˈstrʌktʃərəl] *adj* ① strukturell ② (ARCH) baulich ③ (*Fehler*) Konstruktions- ④ (*fig*) Struktur- ⑤ (*Balken*) tragend ⑥ (*fig*) essenziell, notwendig; **~ change** Strukturwandel *m;* **~ engineering** Bautechnik *f;* **~ unemployment** strukturelle Arbeitslosigkeit; **struc·ture** [ˈstrʌktʃə(r)] **I.** *s* ① Struktur *f,* Gefüge *nt,* Aufbau *m* ② (*Auto*) Konstruktion *f* ③ Bau *m,* Gebilde, Gerüst *nt* ④ (BIOL) Organismus *m;* **bone ~** Knochenbau *m* **II.** *vt* strukturieren; aufbauen; gestalten; gliedern

struggle [ˈstrʌgl] **I.** *vi* ① kämpfen; sich wehren ② (*finanziell*) in Schwierigkeiten sein ③ (*fig*) sich abmühen; sich quälen; **~ to do s.th.** sich sehr anstrengen etw zu tun; **~ for s.th.** um etw kämpfen; **~ against s.o.** gegen jdn kämpfen; **~ with s.o.** mit jdm kämpfen; **~ with s.th.** sich mit etw herumschlagen; mit etw ringen; **~ to get up** sich hochquälen; **~ along** sich durchschlagen **II.** *s* ① Kampf *m* (*for* um) ② (*fig*) Anstrengung *f;* **without a ~** kampflos; **~ for survival/existence** Überlebens-/Daseinskampf *m*

strum [strʌm] **I.** *vt* klimpern auf **II.** *vi* klimpern (*on* auf)

strung [strʌŋ] *s.* **string**

strut¹ [strʌt] **I.** *vi* (herum)stolzieren **II.** *s* Stolzieren *nt*

strut² [strʌt] *s* (ARCH) Strebe, Stütze *f*

strych·nine [ˈstrɪkniːn] *s* Strychnin *nt*

stub [stʌb] **I.** *s* ① Stummel *m* ② (*Zigarette*) Kippe *f* ③ (*Scheck*) Abschnitt *m* **II.** *vt:* **~ one's toe** mit dem Zeh an etw stoßen; **~ out a cigarette** eine Zigarette ausdrücken

stubble [ˈstʌbl] *s* Stoppeln *fpl;* **designer~** Dreitagebart *m;* **stub·bly** [ˈstʌblɪ] *adj* stoppelig

stub·born [ˈstʌbən] *adj* ① stur; störrisch ② (*Ablehnung*) hartnäckig ③ (*Material*) widerspenstig

stubby [ˈstʌbɪ] *adj* untersetzt, stämmig, kräftig

stucco [ˈstʌkəʊ] <*pl* stucco(e)s> **I.** *s* ① Stuck *m* ② (*~ work*) Stuckarbeit, Stukkatur *f* **II.** *vt* mit Stuck verzieren

stuck [stʌk] **I.** *pt, pp of* **stick²** **II.** *adj:* **be ~** nicht zurechtkommen; **he is ~ for s.th.** es fehlt ihm an etw; **I was ~ for an answer** ich wusste nicht, was ich sagen sollte; **get ~ into s.o.** jdn richtig in die Mangel nehmen; **get ~ into s.th.** etwas in Angriff nehmen; **be ~ on s.o.** (*fam*) in jdn verknallt sein; **be ~ with s.th.** etw am Hals haben

stuck-up [ˌstʌkˈʌp] *adj* (*fam*) hochnäsig, arrogant

S

stud¹ [stʌd] **I.** *s* ❶ Ziernagel *m* ❷ Kragen-, Hemdknopf *m* ❸ (Ohr-, Nasen)Stecker *m;* **reflector** ~ Katzenauge *nt;* ~ **earring** Ohrstecker *m* **II.** *vt* übersäen (*with* mit)

stud² [stʌd] *s* ❶ Stall *m,* Gestüt *nt* ❷ (*sl*) Sexprotz *m;* **put to** ~ zur Züchtung verwenden

stu·dent ['stju:dnt] *s* ❶ Student(in) *m(f)* ❷ (*Am*) Schüler(in) *m(f);* **fellow** ~ Kommilitone *m,* Kommilitonin *f;* **medical** ~ Medizinstudent(in) *m(f);* **be a** ~ **of …** … studieren; **student teacher** *s* (Studien)Referendar(in) *m(f);* **student union** *s* Studentenvereinigung *f*

stud farm ['stʌdfɑ:m] *s* Gestüt *nt;* **stud horse** *s* Zuchthengst *m*

studied ['stʌdɪd] *adj* ❶ gut durchdacht, wohl überlegt ❷ (*Stil*) kunstvoll ❸ (*Beleidigung*) gewollt, beabsichtigt; berechnet ❹ (*Pose*) einstudiert

stu·dio ['stju:dɪəʊ] <*pl* -dios> *s* ❶ Studio *nt* ❷ (*Maler*) Atelier *nt* ❸ (RADIO) Senderaum *m;* **studio audience** *s* Publikum *nt* im Studio; **studio couch** *s* Schlafcouch *f*

stu·di·ous ['stju:dɪəs] *adj* ❶ fleißig; eifrig ❷ (*Kind*) lernbegierig ❸ (*Aufmerksamkeit*) gewissenhaft, sorgfältig ❹ (*Höflichkeit*) bewusst; gewollt ❺ (*Bemühung*) beflissen

study ['stʌdɪ] **I.** *s* ❶ Studium *nt;* Lernen *nt* ❷ (*Natur*) Beobachtung *f* ❸ Studie *f* (*of* über), Untersuchung *f* ❹ Arbeits-, Studierzimmer *nt;* **the** ~ **of cancer** die Krebsforschung; **make a** ~ **of s.th.** etw untersuchen; **during my studies** während meines Studiums; **spend one's time in** ~ seine Zeit mit Studieren verbringen **II.** *vt* ❶ studieren; lernen ❷ (*Natur*) beobachten ❸ (*Text*) sich befassen mit ❹ erforschen **III.** *vi* studieren (*for s.th.* etw); ~ **under s.o.** bei jdm studieren; **study group** *s* Arbeitsgruppe *f;* **study visit** *s* Studienreise *f*

stuff [stʌf] **I.** *s* ❶ Zeug *nt* ❷ (*sl: Drogen*) Stoff *m* ❸ (*fam*) Kram *m,* Sachen *fpl;* **green** ~ Grünzeug *nt;* **the** ~ **that heroes are made of** der Stoff, aus dem Helden gemacht sind; **it's poor** ~ das ist schlecht; **books and** ~ Bücher und so; **and** ~ **like that** und so was; **do one's** ~ (*fam*) seine Nummer abziehen; **know one's** ~ wissen, wovon man redet **II.** *vt* ❶ voll-, zustopfen ❷ (*Umschlag*) stecken (*into* in) ❸ (*Gans*) füllen ❹ (*Kissen*) füllen; ausstopfen; ~ **s.o. with food** jdn mästen; ~ **s.th. away** etw wegstecken; ~ **one's head with nonsense** sich den Kopf mit Unsinn vollstopfen; **be** ~**ed up** verschnupft sein; ~ **it!** (*sl*) Scheiß drauf; **get** ~**ed!** (*sl*) du kannst mich mal!; **stuffed shirt** *s* (*fam*) aufgeblasener Kerl; **stuf·fer** ['stʌfə(r)] *s* (*Am*) Reklamebeilage *f;* **stuff·ing** ['stʌfɪŋ] *s* ❶ (*Essen*) Füllung *f* ❷ Polstermaterial *nt;* **knock the** ~ **out of s.o.** (*fam*) jdn kleinkriegen, jdn fertig machen

stuffy ['stʌfɪ] *adj* ❶ stickig, dumpf ❷ (*fig*) spießig; prüde ❸ (*Atmosphäre*) steif, gezwungen; langweilig

stul·tify ['stʌltɪfaɪ] *vt* lähmen; verkümmern lassen

stumble ['stʌmbl] **I.** *vi* ❶ stolpern ❷ (*Rede*) stottern; ~ **against s.th.** gegen etw stoßen; ~ **on s.th.** auf etw stoßen; **she** ~**d through her speech** stockend hielt sie ihre Rede **II.** *s* ❶ Stolpern *nt* ❷ Stocken *nt;* **stum·bling block** ['stʌmblɪŋblɒk] *s* (*fig*) Hürde *f,* Hindernis *nt*

stump [stʌmp] **I.** *s* ❶ (Baum-, Zahn)Stumpf *m* ❷ (*Zigarette*) Stummel *m* ❸ (*Am*) Rednertribüne *f* ❹ (*Kricket*) Stab *m;* **stir one's** ~**s** sich rühren, sich regen **II.** *vt* ❶ (*Am*) als Wahlredner bereisen ❷ (*Kricket*) ausschalten; **you've got me** ~**ed** (*fam*) da bin ich überfragt; ~ **up money** (*sl*) Geld lockermachen **III.** *vi* stapfen; ~ **along** entlangstapfen; ~ **up** (*sl*) blechen; **stumpy** ['stʌmpɪ] *adj* stämmig, untersetzt; klein und gedrungen

stun [stʌn] *vt* ❶ betäuben; benommen machen ❷ (*fig*) aus der Fassung bringen

stung [stʌŋ] *s.* **sting**

stun gre·nade ['stʌŋgrɪˌneɪd] *s* Blendgranate *f*

stunk [stʌŋk] *s.* **stink**

stunned [stʌnd] *adj* ❶ betäubt; benommen ❷ (*fig*) fassungslos; **stun·ner** ['stʌnə(r)] *s* (*fam*) Pfundskerl *m;* tolle Frau; **stun·ning** ['stʌnɪŋ] *adj* ❶ wuchtig ❷ betäubend ❸ (*fam*) prächtig, toll, blendend

stunt¹ [stʌnt] *vt* ❶ (*Entwicklung*) hemmen ❷ (*Verstand*) verkümmern lassen

stunt² [stʌnt] *s* (*fam*) Stunt *m,* Kunststück *nt;* Nummer *f;* Gag *m*

stunted ['stʌntɪd] *adj* verkümmert, zurückgeblieben

stunt flying *s* Kunstflug *m*

stunt·man ['stʌntmən] <*pl* -men> *s* (FILM) Stuntman *m,* Double *nt*

stu·pe·fac·tion [ˌstju:pɪ'fækʃn] *s* Verblüffung *f;* **stu·pefy** ['stju:pɪfaɪ] *vt* ❶ benommen machen ❷ (*fig*) verblüffen

stu·pen·dous [stju:'pendəs] *adj* ❶ überwältigend ❷ (*Anstrengung*) gewaltig, ungeheuer

stu·pid ['stju:pɪd] **I.** *adj* ❶ dumm; blöd(e) ❷ benommen, benebelt; **don't be** ~ sei nicht so blöd; **drink o.s.** ~ sich sinnlos betrinken **II.** *s* Blödmann, Dummkopf *m;* **stu·pid·ity** [stjuːˈpɪdətɪ] *s* Dummheit, Blödheit *f*

stu·por [ˈstjuːpə(r)] *s* Benommenheit *f;* **in a drunken** ~ im Vollrausch

sturdy [ˈstɜːdɪ] *adj* ① kräftig, stämmig ② (*Material*) kräftig, robust ③ (*Auto*) stabil ④ (*fig*) entschlossen, unnachgiebig

stur·geon [ˈstɜːdʒən] *s* Stör *m*

stut·ter [ˈstʌtə(r)] **I.** *vt, vi* stottern; stammeln **II.** *s* Stottern *nt;* **stut·terer** [ˈstʌtərə(r)] *s* Stotterer *m,* Stotterin *f*

sty [staɪ] *s* Schweinestall *m*

sty(e) [staɪ] <*pl* **sties, styes**> *s* (MED) Gerstenkorn *nt*

style [staɪl] **I.** *s* ① Stil *m;* Ausdrucksweise *f* ② (*Kunst, fig*) Stil *m* ③ Art *f* ④ (*Mode*) Stil *m;* Schnitt *m* ⑤ Titel *m,* Anrede *f* ⑥ (BOT) Griffel *m;* ~ **of painting** Malstil *m;* ~ **of life** Lebensstil *m;* **that's the** ~ (*fam*) so ist's richtig; **in** ~ stilvoll; **do things in** ~ alles im großen Stil tun; **a new** ~ **of car** ein neuer Autotyp; **all the latest** ~**s** die neueste Mode; ~ **sheet** Merkblatt *nt* zur Manuskriptgestaltung **II.** *vt* ① nennen ② entwerfen; gestalten ③ (*Frisur*) stylen; **styl·ing** [ˈstaɪlɪŋ] *s* Stylen, Styling *nt;* Design *nt;* Schnitt *m;* **styl·ish** [ˈstaɪlɪʃ] *adj* ① modisch, elegant ② (*Haus*) vornehm ③ (*Möbel*) stilvoll ④ (*Lebensweise*) großartig, im großen Stil; **sty·list** [ˈstaɪlɪst] *s* ① Modeschöpfer(in) *m(f)* ② (*hair* ~) Friseur(in) *m(f),* Friseuse *f* ③ (*lit*) Stilist(in) *m(f);* **sty·lis·tic** [staɪˈlɪstɪk] *adj* stilistisch; **sty·lize** [ˈstaɪəlaɪz] *vt* stilisieren

sty·lus [ˈstaɪləs] *s* ① (*Plattenspieler*) Nadel *f* ② (HIST) Griffel *m*

sty·mie [ˈstaɪmɪ] *vt* (*fig*) matt setzen; **be** ~**d** aufgeschmissen sein

styp·tic [ˈstɪptɪk] **I.** *s* blutstillendes Mittel **II.** *adj* blutstillend, Blutstill-

suave [swɑːv] *adj* liebenswürdig; aalglatt

sub[1] [sʌb] *s s.* **subeditor** Redakteur(in) *m(f)*

sub[2] [sʌb] *s s.* **submarine** U-Boot *nt*

sub[3] [sʌb] *s s.* **subscription** Subskription *f*

sub[4] [sʌb] *s s.* **subscription allowance** Vorschuss *m*

sub[5] [sʌb] *s s.* **substitute** Ersatzspieler(in) *m(f)*

sub- [sʌb] *PRÄF* Unter-, sub-; **sub·agency** [ˌsʌbˈeɪdʒənsɪ] *s* Untervertretung *f;* **sub·agent** [ˌsʌbˈeɪdʒənt] *s* Untervertreter(in) *m(f);* **sub·al·tern** [ˈsʌbltən] *s* (MIL) Subalternoffizier *m;* **sub·atomic** [ˌsʌbəˈtɒmɪk] *adj* subatomar; **sub·class** [ˈsʌbklɑːs] *s* Unterabteilung *f;* **sub·com·mit·tee** [ˈsʌbkəˌmɪtɪ] *s* Unterausschuss *m;* **sub·con·scious** [ˌsʌbˈkɒnʃəs] **I.** *adj* unterbewusst **II.** *s:* **the** ~ das Unterbewusstsein; **sub·con·ti·nent** [ˌsʌbˈkɒntɪnənt] *s* (GEOG) Subkontinent *m;* **sub·con·tract** [ˌsʌbˈkɒntrækt] **I.** *s* Unter-, Nebenvertrag *m* **II.** [ˌsʌbkənˈtrækt] *vt* vertraglich weitervergeben (*to* an); **sub·con·tractor** [ˌsʌbkənˈtræktə(r)] *s* Subunternehmer(in) *m(f);* **sub·cul·ture** [ˌsʌbˈkʌltʃə(r)] *s* Subkultur *f;* **sub·cu·taneous** [ˌsʌbkjuːˈteɪnɪəs] *adj* (MED) subkutan; **sub·di·vide** [ˌsʌbdɪˈvaɪd] **I.** *vt* unterteilen **II.** *vi* sich aufteilen; **sub·di·vi·sion** [ˌsʌbdɪˈvɪʒn] *s* ① Unterteilung *f* ② Unterabteilung *f;* (*Am*) Bauplatz *m*

sub·due [səbˈdjuː] *vt* ① besiegen, unterwerfen ② (*Gefühl*) unterdrücken ③ (*Licht, Ton*) dämpfen ④ (*Tier*) zähmen ⑤ (*Schmerz*) lindern; **talk in a** ~**d voice** mit gedämpfter Stimme reden

sub·edit [ˌsʌbˈedɪt] *vt* redigieren; **sub·edi·tor** [ˌsʌbˈedɪtə(r)] *s* Redakteur(in) *m(f)*

sub·frame [ˌsʌbˈfreɪm] *s* Zwischen-, Nebenrahmen *m*

sub·group [ˈsʌbgruːp] *s* Unterabteilung *f*

sub·head·ing [ˌsʌbˈhedɪŋ] *s* Untertitel *m*

sub·ject [ˈsʌbdʒɪkt] **I.** *adj* ① unterworfen ② anfällig (*to* für) ③ abhängig (*to* von); **be** ~ **to s.th.** einer S unterworfen sein; für etw anfällig sein; **prices are** ~ **to change without notice** Preisänderungen vorbehalten; **be** ~ **to taxation** besteuert werden; ~ **to correction** vorbehaltlich Änderungen **II.** *s* ① (POL) Staatsbürger(in) *m(f);* (*Monarchie*) Untertan(in) *m(f)* ② (GRAM) Subjekt *nt* ③ (MUS) Thema *nt* ④ (SCHULE) Fach *nt;* Spezialgebiet *nt* ⑤ Grund, Anlass *m* (*for* zu) ⑥ Gegenstand *m;* Versuchsperson *f;* **change the** ~ das Thema wechseln; **on the** ~ **of …** zum Thema …; **that's off the** ~ das gehört nicht zum Thema **III.** [səbˈdʒekt] *vt* unterwerfen, -jochen; ~ **s.o. to s.th.** jdn einer S aussetzen; ~ **s.o. to insults** jdn beschimpfen; ~ **o.s. to s.th.** etw hinnehmen; sich einer S unterziehen; **subject catalogue** *s* Schlagwortkatalog *m;* **subject index** *s* Sachregister *nt*

sub·jec·tion [səbˈdʒekʃn] *s* ① Unterwerfung *f* ② (POL) Abhängigkeit *f* (*of* von)

sub·jec·tive [səbˈdʒektɪv] *adj* subjektiv

sub·ject mat·ter [ˈsʌbdʒɪktˌmætə(r)] *s* Stoff *m;* Inhalt *m*

sub ju·dice [ˌsʌbˈdʒuːdɪsɪ] *adj* (JUR) rechtshängig

sub·ju·gate [ˈsʌbdʒʊgeɪt] *vt* unterjochen, -werfen

sub·junc·tive [səbˈdʒʌŋktɪv] **I.** *adj* konjunk-

S

tivisch; ~ **mood** Konjunktiv *m* **II.** *s* Konjunktiv *m*

sub·lease [ˌsʌbˈliːs] **I.** *s* Untervermietung *f;* Unterverpachtung *f* **II.** *vt* weiterverpachten; untervermieten

sub·let <*irr:* -let, -let> *vt* untervermieten

sub·lieu·ten·ant [ˌsʌbləˈtenənt] *s* (*in GB*) Leutnant *m* zur See

sub·li·mate [ˈsʌblɪmeɪt] **I.** *vt* (CHEM PSYCH) sublimieren **II.** *s* (CHEM) Sublimat *nt*

sub·lime [səˈblaɪm] *adj* ① erhaben; überragend, unvergleichlich ② (*fam: Frechheit*) unglaublich

sub·lim·inal [ˌsʌbˈlɪmɪnl] *adj* (PSYCH) unterschwellig

sub·machine gun [ˌsʌbməˈʃiːnˌgʌn] *s* Maschinenpistole *f*

sub·mar·ine [ˌsʌbməˈriːn, ˈsʌbməˌriːn] **I.** *adj* unterseeisch, submarin **II.** *s* Unterseeboot, U-Boot *nt*

i Land & Leute

In den USA ist ein **submarine sandwich** ein längliches Brötchen, das oft mit Käse, Aufschnitt, Tomaten, Salat, Ketchup, Senf und Zwiebeln belegt ist. Dieses beliebte Sandwich hat noch viele andere Namen wie z. B. *hero sandwich, poor boy sandwich, Italian sandwich, Cuban sandwich, hoagie* und *grinder.*

sub·menu [ˌsʌbˈmenjuː] *s* (INFORM) Untermenü *nt*

sub·merge [səbˈmɜːdʒ] **I.** *vt* ① untertauchen ② überschwemmen, -fluten; ~ **s.th. in water** etw in Wasser tauchen **II.** *vi* tauchen; **sub·merged** [səbˈmɜːdʒd] *adj* ① unter Wasser ② (*Wrack*) gesunken

sub·mer·si·ble [səbˈmɜːsɪbl] **I.** *adj* tauchfähig **II.** *s* Tauchboot *nt;* **sub·mer·sion** [səbˈmɜːʒn] *s* ① (Unter)Tauchen *nt* ② Überschwemmung *f*

sub·mis·sion [səbˈmɪʃn] *s* ① Unterwerfung *f* (*to* unter), Gehorsam *m* ② (JUR) Unterbreitung, Vorlage *f* ③ Einwurf *m* ④ Einbeziehung *f;* **force s.o. into ~** jdn zwingen sich zu ergeben; **starve s.o. into ~** jdn aushungern; **make a ~ to s.o.** jdm eine Vorlage machen; **sub·mis·sive** [səbˈmɪsɪv] *adj* demütig, gehorsam; ~ **to authority** autoritätsgläubig

sub·mit [səbˈmɪt] **I.** *vt* ① vorlegen, unterbreiten, einreichen (*to* bei) ② verweisen an; ~ **s.th. to tests** etw Tests unterziehen; ~ **s.th. to heat** etw der Hitze aussetzen **II.** *vi* ① sich fügen, nachgeben ② (MIL) sich ergeben ③ (SPORT) aufgeben; ~ **to s.th.** sich einer S beugen; sich etw gefallen lassen **III.** *vr:* ~ **o.s. to s.th.** sich einer S unterziehen

sub·nor·mal [ˌsʌbˈnɔːml] *adj* ① (*Intelligenz*) unterdurchschnittlich ② (PSYCH) minderbegabt

sub·or·di·nate [səˈbɔːdɪnət] **I.** *adj* rangniedriger; untergeordnet; ~ **clause** Nebensatz *m;* **be ~ to s.o.** jdm untergeordnet sein **II.** *s* Untergebene(r) *f m* **III.** [səˈbɔːdɪneɪt] *vt* unterordnen; **sub·or·di·na·tion** [səˌbɔːdɪˈneɪʃn] *s* Unterordnung *f* (*to* unter)

sub·orn [səˈbɔːn] *vt* (JUR: *Zeugen*) beeinflussen

sub·plot [ˈsʌbplɒt] *s* Nebenhandlung *f*

sub·poena [səˈpiːnə] **I.** *s* (JUR) Vorladung *f* **II.** *vt* (JUR) vorladen

sub-post of·fice [ˌsʌbpəʊstˈɒfɪs] *s* Poststelle *f*

sub·scribe [səbˈskraɪb] **I.** *vt* ① (*Geld*) zeichnen ② spenden (*to* für); ~ **one's name to a document** ein Dokument unterzeichnen **II.** *vi* spenden, geben; ~ **to an appeal** sich an einer Spendenaktion beteiligen; ~ **to a magazine** eine Zeitschrift abonnieren; ~ **to s.th.** etw gutheißen, etw billigen; ~**d capital** gezeichnetes Kapital; **sub·scriber** [səbˈskraɪbə(r)] *s* ① Abonnent(in) *m(f)* ② Spender(in) *m(f)* ③ (TELE) Teilnehmer(in) *m(f)* ④ (*Anleihe*) Zeichner *m;* **subscriber trunk dialling, STD** *s* (*Br*) Selbstwählferndienst, -verkehr *m;* **sub·script** [səbˈskrɪpt] *adj* tief gestellt; **sub·scrip·tion** [səbˈskrɪpʃn] *s* ① Subskription, Zeichnung *f* ② Beitrag *m* ③ Abonnement *nt;* **take out a ~ to s.th.** etw abonnieren; **by public ~** mit Hilfe von Spenden; **subscription rate** *s* Abonnements-, Bezugspreis *m*

sub·sec·tion [ˈsʌbˌsekʃn] *s* Unterabschnitt *m*, -abteilung *f*

sub·se·quent [ˈsʌbsɪkwənt] *adj* ① folgend ② (*zeitlich*) später, anschließend; ~ **to** im Anschluss an; **sub·se·quent·ly** [-lɪ] *adv* später; anschließend

sub·ser·vi·ent [səbˈsɜːvɪənt] *adj* ① unterwürfig (*to* gegenüber) ② unterworfen

sub·set [ˈsʌbset] *s* (MATH) Teilmenge *f*

sub·side [səbˈsaɪd] *vi* ① (*Flüssigkeit*) sich setzen ② (*Flut*) sinken ③ (*Boden*) sich senken ④ (*Wind*) abflauen, nachlassen, sich legen ⑤ (*Ärger*) abklingen; **sub·sid·ence** [səbˈsaɪdns] *s* (Boden)Senkung *f*

sub·sidi·ary [səbˈsɪdɪərɪ] **I.** *adj* ① (*Rolle*) Neben- ② (*Firma*) Tochter-; **be ~ to s.th.** einer S untergeordnet sein **II.** *s* (~ *com-*

pany) Tochtergesellschaft *f;* **indirect** ~ Enkelgesellschaft *f*

sub·si·dize ['sʌbsɪdaɪz] *vt* finanziell unterstützen; subventionieren; ~**d accommodation** bezuschusste Wohnung; **sub·sidy** ['sʌbsədɪ] *s* Zuschuss *m;* Subvention *f*

sub·sist [səb'sɪst] *vi* leben, sich ernähren (*on* von); **sub·sis·tence** [səb'sɪstəns] *s* ❶ Existenz *f* ❷ (Lebens)Unterhalt *m,* Auskommen *nt;* **enough for** ~ genug zum Leben; **subsistence allowance** *s* ❶ Tagegeld *nt* ❷ Vorschuss *m;* **subsistence level** *s* Existenzminimum *nt;* **subsistence wage** *s* Mindestlohn *m*

sub·sonic [ˌsʌb'sɒnɪk] *adj* unter Schallgeschwindigkeit (fliegend)

sub·stance ['sʌbstəns] *s* ❶ Substanz, Materie *f,* Stoff *m* ❷ Substanz *f,* Gehalt *m;* Kern *m* ❸ Gewicht *nt;* **in** ~ im Wesentlichen; **the argument lacks** ~ das Argument hat keine Durchschlagskraft; **a man of** ~ ein vermögender Mann

sub·stan·dard [ˌsʌb'stændəd] *adj* ❶ (*Qualität*) minderwertig; unzulänglich ❷ (GRAM) nicht korrekt

sub·stan·tial [səb'stænʃl] *adj* ❶ kräftig ❷ (*Gebäude*) solide, fest ❸ (*Beweis*) schlüssig ❹ (*Grund*) stichhaltig ❺ (*Einkommen*) beträchtlich, bedeutend, umfangreich ❻ körperlich; **be in** ~ **agreement** im Wesentlichen übereinstimmen; **sub·stan·tially** [səb'stænʃəlɪ] *adv* ❶ erheblich, beträchtlich, wesentlich ❷ im Wesentlichen

sub·stan·ti·ate [səb'stænʃɪeɪt] *vt* erhärten, untermauern

sub·stan·tive ['sʌbstəntɪv] **I.** *s* (GRAM) Substantiv, Hauptwort *nt* **II.** *adj* ❶ (*Argument*) überzeugend, stichhaltig ❷ (*Fortschritt*) beträchtlich, wesentlich, bedeutend

sub·sta·tion ['sʌbsteɪʃn] *s* (ELEK) Umspannstation *f*

sub·sti·tute ['sʌbstɪtjuːt] **I.** *s* ❶ Ersatz *m;* Vertretung *f* ❷ (SPORT) Ersatzspieler(in) *m(f);* **find a** ~ **for s.o.** für jdn Ersatz finden **II.** *vt* ersetzen (*s.th. for s.th.* etw durch etw); ~ **margarine for butter** Butter durch Margarine ersetzen **III.** *vi:* ~ **for s.o.** jdn vertreten; ~ **for s.th.** etw ersetzen **IV.** *adj* stellvertretend; Ersatz-; **sub·sti·tu·tion** [ˌsʌbstɪ'tjuːʃn] *s* ❶ Ersatz *m* ❷ (SPORT) Austausch *m*

sub·stra·tum [ˌsʌb'strɑːtəm, *pl* -tə] <*pl* -ta> *s* ❶ Substrat *nt* ❷ (GEOL) Untergrund *m*

sub·sume [səb'sjuːm] *vt:* ~ **s.th. under s.th.** etw unter etw zusammenfassen

sub·ten·ant [ˌsʌb'tenənt] *s* Unterpächter(in) *m(f),* -mieter(in) *m(f)*

sub·ter·fuge ['sʌbtəfjuːdʒ] *s* Vorwand *m,* Ausflucht *f;* Trick *m*

sub·ter·ranean [ˌsʌbtə'reɪnɪən] *adj* unterirdisch

sub·title ['sʌbtaɪtl] **I.** *vt* (*Film*) mit Untertiteln versehen **II.** *s* Untertitel *m;* **sub·tit·ling** [-ɪŋ] *s* Untertitelung *f*

subtle ['sʌtl] *adj* ❶ (*Parfüm, Charme*) fein, zart; unaufdringlich ❷ (*Bemerkung*) scharfsinnig; raffiniert ❸ (*Beobachter*) aufmerksam; fein; **sub·tlety** ['sʌtltɪ] *s* ❶ Feinheit, Zartheit *f;* Unaufdringlichkeit *f* ❷ Scharfsinn *m;* Raffiniertheit *f* ❸ Aufmerksamkeit *f*

sub·total ['sʌbˌtəʊtl] *s* Zwischensumme *f*

sub·tract [səb'trækt] *vt, vi* abziehen, subtrahieren (*from* von); **sub·trac·tion** [səb'trækʃn] *s* Subtraktion *f*

sub·tropi·cal [ˌsʌb'trɒpɪkl] *adj* subtropisch

sub·urb ['sʌbɜːb] *s* Vorort *m;* **in the** ~**s** am Stadtrand; **sub·ur·ban** [sə'bɜːbən] *adj* ❶ vorstädtisch ❷ (*pej*) kleinbürgerlich, spießig; ~ **line** Vorortstrecke *f;* **sub·ur·bia** [sə'bɜːbɪə] *s* Vororte *mpl*

sub·ven·tion [səb'venʃn] *s* Subvention *f*

sub·ver·sion [səb'vɜːʃn] *s* ❶ Umsturz *m* ❷ (*von Rechten*) Unterwanderung *f;* **sub·vers·ive** [səb'vɜːsɪv] **I.** *adj* umstürzlerisch, subversiv **II.** *s* Umstürzler(in) *m(f),* Subversive(r) *f m;* **sub·vert** [sʌb'vɜːt] *vt* ❶ (*Regierung*) zu stürzen versuchen ❷ (*Glaube*) untergraben

sub·way ['sʌbweɪ] *s* ❶ (Fußgänger)Unterführung *f* ❷ (*Am*) Untergrundbahn, U-Bahn *f*

sub·zero [ˌsʌb'zɪərəʊ] *adj* unter Null, unter dem Gefrierpunkt

suc·ceed [sək'siːd] **I.** *vi* ❶ erfolgreich sein, Erfolg haben ❷ (*Plan*) gelingen ❸ nachfolgen; ~ **in business** geschäftlich erfolgreich sein; **I** ~**ed in doing it** es gelang mir es zu tun; ~ **to an office** in einem Amt nachfolgen; ~ **to an estate** einen Besitz erben **II.** *vt* ❶ folgen auf ❷ Nachfolger(in) *m(f)* werden (*s.o.* jds); ~ **s.o. in a post** jds Nachfolger(in) werden; **suc·ceed·ing** [-ɪŋ] *adj* aufeinander folgend, nachfolgend

suc·cess [sək'ses] *s* Erfolg *m;* **meet with** ~ Erfolg haben, erfolgreich sein; **make a** ~ **of s.th.** mit etw Erfolg haben; **be a** ~ **with s.o.** bei jdm ankommen; **without** ~ ohne Erfolg, erfolglos; ~ **story** Erfolgsstory *f;* **suc·cess·ful** [sək'sesfl] *adj* erfolgreich (*in everything* bei allem); **be entirely** ~ ein voller Erfolg sein

suc·ces·sion [sək'seʃn] *s* ❶ Folge, Serie *f;* Aufeinanderfolge *f* ❷ (JUR) Erbfolge *f;*

S

Nachfolge *f;* **in** ~ nach-, hintereinander; **in quick** ~ in rascher Folge; **in** ~ **to s.o.** in jds Nachfolge; ~ **to the throne** Thronfolge *f;* **suc·cess·ive** [sək'sesɪv] *adj* aufeinanderfolgend; **suc·cessor** [sək'sesə(r)] *s* Nachfolger(in) *m(f)* (*to* für); (*Produkt, Auto*) Nachfolgemodell *nt*

suc·cinct [sək'sɪŋkt] *adj* kurz (und bündig), knapp; prägnant

suc·cor (*Am*), **suc·cour** ['sʌkə(r)] *s* Beistand *m*

suc·cu·lent ['sʌkjʊlənt] *adj* ❶ (*Pfirsich*) saftig ❷ (BOT) fleischig

suc·cumb [sə'kʌm] *vi* ❶ erliegen (*to dat*) ❷ (*Drohungen*) sich beugen

such [sʌtʃ] **I.** *adj* solche(r, s); ~ **a book** so ein Buch; **all** ~ **people** all solche Leute; ~ **a thing** so etwas; **no** ~ **thing** nichts dergleichen; **in** ~ **a case** in einem solchen Fall; **men** ~ **as these** Männer wie diese; **she's** ~ **a beauty** sie ist solch eine Schönheit; **his behaviour was** ~ **that ...,** ~ **was his behaviour that ...** sein Verhalten war so, dass ... **II.** *adv* so, solch; **it's** ~ **a long time ago** es ist so lange her **III.** *pron:* ~ **being the case ...** in diesem Fall ...; ~ **was not my intention** das war nicht meine Absicht; ~ **is life!** so ist das Leben!; **as** ~ an sich; ~ **as it is** so, wie es nun mal ist; **such-and-such** *adj:* ~ **a time** die und die Zeit; **such·like** ['sʌtʃlaɪk] *adj* dergleichen

suck [sʌk] **I.** *vt* ❶ saugen an ❷ (*Bonbon, Eis*) lutschen an; ~ **the juice out of** [*o* **from**] **s.th.** den Saft aus etw heraussaugen; ~ **s.o. dry** jdn bis aufs Blut aussaugen **II.** *vi* ❶ saugen; nuckeln ❷ (*Pfeife*) ziehen (*at* an) **III.** *s* Saugen, Lutschen *nt;* **suck down** *vt* hinunterziehen; **suck in** *vt* ❶ auf-, ansaugen; einziehen ❷ (*Wissen*) aufsaugen; **suck under** *vt* hinunterziehen; verschlingen; **suck up** *vt* aufsaugen; ~ **up to s.o.** (*sl*) jdm schöntun; **suck·er** ['sʌkə(r)] *s* ❶ (ZOO) Saugnapf *m* ❷ (BOT) unterirdischer Ausläufer ❸ (*Am*) Lutscher *m* ❹ (*sl*) Idiot(in) *m(f);* **be a** ~ **for s.th.** auf etw hereinfallen; **suck·ing pig** ['sʌkɪŋpɪg] *s* Spanferkel *nt*

suckle ['sʌkl] **I.** *vt* stillen; säugen **II.** *vi* saugen; trinken

su·crose ['su:krəʊs] *s* Saccharose *f,* pflanzlicher Zucker

suc·tion ['sʌkʃn] *s* Saugwirkung *f;* Sog *m;* Sogwirkung *f;* **suction pump** *s* Saugpumpe *f*

Sudan [su:'dæn] *s* der Sudan; **Sudan·ese** [ˌsu:də'ni:z] **I.** *adj* sudan(es)isch **II.** *s* Sudanese *m,* Sudanesin *f;* Sudaner(in) *m(f)*

sud·den ['sʌdn] **I.** *adj* ❶ plötzlich, jäh ❷ (*fig*) unerwartet, unvorhergesehen **II.** *s:* **all of a** ~ (ganz) plötzlich; **sudden death** (**play-off**) *s* Stichkampf *m;* **sud·den·ly** [-lɪ] *adv* plötzlich

Su·de·ten·land [su:'deɪtənˌlænd] *s* (HIST) Sudetenland *nt*

suds [sʌdz] *s pl* Seifenwasser *nt,* -lauge *f,* -schaum *m*

sue [sju:] **I.** *vt* ❶ (JUR) verklagen, belangen ❷ (*lit*) bitten (*for* um); ~ **s.o. for s.th.** jdn wegen etw verklagen; ~ **s.o. for damages** jdn auf Schadensersatz verklagen **II.** *vi* ❶ (JUR) klagen, einen Prozess anstrengen ❷ bitten (*to s.o. for* jdn um); ~ **for divorce** die Scheidung einreichen; ~ **for peace** um Frieden bitten

suede [sweɪd] **I.** *adj* aus Wildleder, Wildleder- **II.** *s* Wildleder *nt*

suet ['su:ɪt] *s* Nierentalg *m,* -fett *nt*

suf·fer ['sʌfə(r)] **I.** *vt* ❶ erleiden ❷ (*Hunger*) leiden ❸ (*Krankheit*) leiden unter ❹ dulden, ertragen ❺ zulassen; ~ **defeat** eine Niederlage erleiden; ~ **s.th. to be done** zulassen, dass etw geschieht **II.** *vi* ❶ leiden (*from* an) ❷ büßen (*for* für); **she's still** ~**ing from the effects** sie leidet immer noch an den Folgen; ~ **for one's sins** für seine Sünden büßen; **he doesn't** ~ **fools gladly** er hat keine Geduld mit dummen Leuten; **suf·fer·ance** ['sʌfərəns] *s* Duldung *f;* **on** ~ (nur) geduldet; **suf·ferer** ['sʌfərə(r)] *s* Leidende(r) *f m* (*from* an); **suf·fer·ing** ['sʌfərɪŋ] *s* Leiden *nt*

suf·fice [sə'faɪs] **I.** *vi* genügen, ausreichen **II.** *vt* genügen; zufrieden stellen; ~ **it to say ...** es reicht wohl, wenn ich sage ...; **suf·fi·ciency** [sə'fɪʃnsɪ] *s* Hinlänglichkeit *f;* **have a** ~ genügend haben; **suf·fi·cient** [sə'fɪʃnt] *adj* genügend, aus-, hinreichend, genug; **be** ~ genügen, ausreichen, genug sein

suf·fix ['sʌfɪks] *s* (GRAM) Nachsilbe *f,* Suffix *nt*

suf·fo·cate ['sʌfəkeɪt] *vt, vi* ersticken; **suf·fo·cat·ing** [-ɪŋ] *adj* erstickend; erdrückend

suf·frage ['sʌfrɪdʒ] *s* Wahlrecht *nt;* Stimme *f;* **universal** ~ das allgemeine Wahlrecht; **female** ~ Frauenwahlrecht *nt;* **suf·fra·gette** [ˌsʌfrə'dʒet] *s* (HIST) Frauenrechtlerin, Suffragette *f*

sugar ['ʃʊgə(r)] **I.** *s* ❶ Zucker *m* ❷ (*fam*) Liebling *m,* Schätzchen *nt* **II.** *vt* ❶ zuckern, süßen ❷ (*fig*) versüßen, mildern; ~ **the pill** die Pille versüßen; **sugar basin, sugar bowl** *s* Zuckerdose *f;* **sugar beet** *s* Zuckerrübe *f;* **sugar cane** *s* Zuckerrohr *nt;* **sugar-coated** [ˌʃʊgə'kəʊtɪd] *adj* mit Zucker überzogen; **sugar daddy** *s* (*sl*) älterer, großzügiger Liebhaber; **sugar loaf** <*pl* loaves> *s* Zuckerhut *m;* **sugar lump** *s* Stück *nt* Würfelzucker; **sugar tongs** *s pl* Zuckerzange *f;* **sug·ary** ['ʃʊgərɪ] *adj* ① süß ② (*fig*) zuckersüß, süßlich

sug·gest [sə'dʒest] **I.** *vt* ① vorschlagen; anregen ② (*Theorie*) vorbringen, nahelegen ③ andeuten; unterstellen ④ (*Gedicht*) denken lassen an; andeuten; **I ~ going** ich schlage vor zu gehen; **I ~ (to you) that …** ich möchte (Ihnen) nahelegen, dass …; **what are you trying to ~?** worauf wollen Sie hinaus?; **~ s.th. to s.o.** jdm etw suggerieren **II.** *vr* (*Plan*) sich aufdrängen, sich anbieten, nahe liegen; **sug·gest·ible** [-əbl] *adj* beeinflussbar; **sug·ges·tion** [sə'dʒestʃən] *s* ① Vorschlag *m;* Anregung *f* ② Vermutung *f* ③ Andeutung, Anspielung *f;* Unterstellung *f* ④ Spur *f* ⑤ Eindruck *m,* Vorstellung *f* ⑥ (PSYCH) Suggestion *f;* **following his ~** auf seinen Vorschlag hin; **make the ~ that …** die Vermutung äußern, dass …; **with a ~ of irony** mit einer Spur von Ironie; **~ box** Kummerkasten *m;* **sug·ges·tive** [sə'dʒestɪv] *adj* ① anregend, zu denken gebend ② zweideutig, pikant ③ (PSYCH) suggestiv; **be ~ of s.th.** den Eindruck von etw erwecken; auf etw hindeuten

sui·cidal [ˌsju:ɪ'saɪdl] *adj* selbstmörderisch; selbstmordgefährdet; **have ~ tendencies** zum Selbstmord neigen; **sui·cide** ['sju:ɪsaɪd] *s* ① Selbstmord, Suizid *m* ② Selbstmörder(in) *m(f);* **commit ~** Selbstmord begehen; **~ pact** *Entschluss, gemeinsamen Selbstmord zu begehen;* **suicide bombing** *s* Selbstmordanschlag *m*

suit [su:t] **I.** *s* ① Anzug *m;* Kostüm *nt* ② (JUR) Prozess *m,* Verfahren *nt* ③ (*Kartenspiel*) Farbe *f* ④ (*lit*) Werbung *f* ⑤ Anliegen *nt;* **the ~s** (*sl*) Geschäftsleute *pl;* **~ of clothes** Garnitur *f;* **~ of armour** Rüstung *f;* **bring a ~ against s.o. for s.th.** gegen jdn wegen etw Klage erheben; **follow ~** (*fig*) jds Beispiel folgen; **press one's ~** seinem Anliegen Nachdruck verleihen **II.** *vt* ① passen; bekommen; gefallen (*s.o.* jdm) ② geeignet sein für ③ (*Kleider*) gut stehen (*s.o.* jdm) ④ anpassen ⑤ gefallen (*s.o.* jdm), zufriedenstellen; **that ~s me fine!** das ist mir recht; **they are well ~ed (to each other)** sie passen gut zusammen; **~ one's style to the audience** sich nach dem Publikum richten; **you can't ~ everybody** man kann es nicht jedem recht machen **III.** *vr:* **he ~s himself** er tut, was er will; **~ yourself!** wie du willst! **IV.** *vi* passen

suit·able ['su:təbl] *adj* passend, geeignet, angemessen; **be ~ for s.o.** jdm passen; für jdn geeignet sein; **be ~ for s.th.** für etw geeignet sein; **she's not ~ for him** sie passt nicht zu ihm

suit·case ['su:tkeɪs] *s* Koffer *m*

suite [swi:t] *s* ① Gefolge *nt* ② (*Möbel*) Garnitur *f* ③ (*Zimmer*) Suite, Zimmerflucht *f* ④ (MUS) Suite *f*

suitor ['su:tə(r)] *s* ① (JUR) Kläger(in) *m(f)* ② (*obs*) Freier *m*

sul·fate *s* (*Am:* CHEM) Sulfat *nt;* **sul·fide** *s* (*Am:* CHEM) Sulfid *nt;* **sul·fona·mide** *s* (*Am:* MED) Sulfonamid *nt;* **sul·fur** *s* (*Am:* CHEM) Schwefel *m;* **sul·fur·ic** *adj* (*Am*) Schwefel-; **~ acid** Schwefelsäure *f;* **sul·fur·ous** *adj* (*Am*) schwefel(halt)ig

sulk [sʌlk] **I.** *vi* schmollen, eingeschnappt sein **II.** *s* Schmollen *nt;* **have a ~** schmollen; **sulky** ['sʌlkɪ] *adj* eingeschnappt, beleidigt

sul·len ['sʌlən] *adj* ① verdrießlich, mürrisch ② (*Himmel*) düster, finster

sully ['sʌlɪ] *vt* (*Ruf*) beflecken

sul·phate ['sʌlfeɪt] *s* (CHEM) Sulfat *nt;* **sul·phide** ['sʌlfaɪd] *s* (CHEM) Sulfid *nt;* **sul·phona·mide** [sʌl'fɒnəmaɪd] *s* (MED) Sulfonamid *nt;* **sul·phur** ['sʌlfə(r)] *s* (CHEM) Schwefel *m;* **sulphur dioxide** ['sʌlfə(r)daɪ'ɒksaɪd] *s* (CHEM) Schwefeldioxid *nt;* **sul·phu·ric** [sʌl'fjʊərɪk] *adj* Schwefel-; **~ acid** Schwefelsäure *f;* **sul·phur·ous** ['sʌlfərəs] *adj* schwefel(halt)ig

sul·tan ['sʌltən] *s* Sultan *m;* **sul·tana** [sʌl'tɑ:nə] *s* ① (*Person*) Sultanin *f* ② (*Rosinenart*) Sultanine *f*

sul·try ['sʌltrɪ] *adj* ① schwül ② (*fig*) feurig, leidenschaftlich

sum [sʌm] **I.** *s* ① (Geld)Summe *f,* Betrag *m* ② Ergebnis, Resultat *nt* ③ (MATH) Rechenaufgabe *f;* **the ~ total of my ambitions** das Ziel meiner Wünsche; **do ~s (in one's head)** (im Kopf) rechnen; **in ~** mit einem Wort **II.** *vt:* **~ up** zusammenfassen; einschätzen; **she ~med me up at a glance** sie taxierte mich mit einem Blick **III.** *vi:* **~ up** zusammenfassen; **to ~ up we can say …** zusammenfassend können wir feststellen …

sum·mar·ize ['sʌməraɪz] *vt* zusammenfassen; **sum·mary** ['sʌmərɪ] **I.** *adj* ① knapp, kurzgefasst ② (JUR) summarisch **II.** *s* Zusammenfassung *f;* Abriss *m;* **~ of contents** Inhaltsangabe *f*

sum·ma·tion [sʌ'meɪʃn] *s* ① (MATH) Addition *f* ② Zusammenfassung *f* ③ (JUR: *Am*) Schlussplädoyer *nt*

sum·mer ['sʌmə(r)] **I.** *s* Sommer *m;* **in (the)**

S

~ im Sommer; **two ~s ago** im Sommer vor zwei Jahren; **a ~'s day** ein Sommertag **II.** *adj* Sommer- **III.** *vi* den Sommer verbringen; **summer holidays** *s pl* Sommerferien *pl;* **summer-house** *s* Gartenhaus *nt;* **sum·mer·time** ['sʌmətaɪm] *s* Sommer *m;* Sommerzeit *f*

i Land & Leute

Die **summer vacation** (Sommerferien) dauern in den USA drei Monate – von Mitte Juni bis Mitte September. Ursprünglich waren die Ferien so lang, damit die Kinder auf einem Bauernhof oder einer Ranch arbeiten konnten. Um die Jahrhundertwende, als immer mehr Leute in die Städte zogen, wurden *summer camps* (Ferienlager), auf denen die Stadtkinder die Natur erleben konnten, immer beliebter. Heutzutage können Kinder ein Ferienlager für Musik, Baseball, Pferdereiten, usw. besuchen.

sum·mery ['sʌmərɪ] *adj* sommerlich
sum·ming-up [ˌsʌmɪŋ'ʌp] *s* Resümee *nt*
sum·mit ['sʌmɪt] *s* ❶ Gipfel *m* ❷ (*fig*) Höhepunkt *m* ❸ (POL: ~ *conference*) Gipfelkonferenz *f*
sum·mon ['sʌmən] *vt* ❶ (JUR) vor Gericht laden, vorladen ❷ (*Tagung*) einberufen, anberaumen ❸ herbeirufen, kommen lassen; ~ **s.o. to do s.th.** jdn auffordern etw zu tun; ~ **up one's strength** seine Kraft aufbieten; ~ **up one's courage** seinen Mut zusammennehmen; ~ **up arguments** Argumente einholen
sum·mons ['sʌmənz] <*pl* -monses> **I.** *s* ❶ (JUR) Vorladung *f* ❷ Aufruf *m,* Aufforderung *f;* **take out a ~ against s.o.** jdn vorladen lassen **II.** *vt* (JUR) vorladen
sump [sʌmp] *s* ❶ (MIN) Sumpf *m* ❷ (AUTO) Ölwanne *f*
sump·tu·ous ['sʌmptʃʊəs] *adj* ❶ kostspielig, aufwendig ❷ (*Essen*) üppig, verschwenderisch
sun [sʌn] **I.** *s* Sonne *f;* **be up with the ~** in aller Frühe aufstehen; **there is no reason under the ~ why ...** es gibt keinen Grund auf Erden, warum ...; **a place in the ~** (*fig*) ein Platz an der Sonne **II.** *vt* der Sonne aussetzen **III.** *vr* sich sonnen; **sun·baked** ['sʌnbeɪkt] *adj* ausgedörrt; **sun bath** ['sʌnbɑ:θ] *s* Sonnenbad *nt;* **sun·bathe** ['sʌnbeɪð] *vi* sonnenbaden; **sun·beam** ['sʌnbi:m] *s* Sonnenstrahl *m;* **sun·bed** ['sʌnbed] *s* Sonnenbank *f;* **sun blind** ['sʌnblaɪnd] *s* Jalousie *f;* Markise *f;* **sun block(er)** *s* Sonnenblocker *m;* **sun·burn** ['sʌnbɜ:n] *s* Sonnenbrand *m;* **sun·burnt** ['sʌnbɜ:nt] *adj* sonnenverbrannt; gebräunt; **sun·cream** *s* Sonnenschutzcreme *f*
sun·dae ['sʌndeɪ] *s* Eisbecher *m* mit Früchten
Sun·day ['sʌndɪ] *s* Sonntag *m;* **on ~** am Sonntag; **on ~s** sonntags; **on ~ afternoon** am Sonntagnachmittag; **a month of ~s** eine Ewigkeit; **Sunday best, Sunday clothes** *s pl* (*fam*) Sonntagsstaat *m*

i Land & Leute

Der Begriff **Sunday papers** (Sonntagszeitungen) bezieht sich in Großbritannien mehr auf die anspruchsvollen Sonntagszeitungen als auf die Boulevardzeitungen. Einige sind die Sonntagsausgaben von großen Tageszeitungen (z. B. die *Independent on Sunday*). Sonntagszeitungen bestehen meist aus einem Hauptteil und vielen Sonderteilen sowie einem Magazin. Die ältesten **Sunday papers** sind der 1791 gegründete *Observer* und die *Sunday Times* von 1822.

Sunday school *s* Sonntagsschule *f,* Kindergottesdienst *m*
sun deck ['sʌndek] *s* (MAR) Sonnendeck *nt;* **sun·dew** ['sʌndju:] *s* Sonnentau *m;* **sun·dial** ['sʌndaɪəl] *s* Sonnenuhr *f;* **sun·down** ['sʌndaʊn] *s* Sonnenuntergang *m;* **sun·downer** ['sʌndaʊnə(r)] *s* (*fam*) Dämmerschoppen *m*
sun·dry ['sʌndrɪ] **I.** *adj* verschiedene **II.** *pron:* **all and ~** jedermann **III.** *s:* **sundries** Verschiedenes
sun·fast ['sʌnfæst] *adj* (*Am*) lichtecht; **sun·flower** ['sʌnˌflaʊə(r)] *s* Sonnenblume *f*
sung [sʌŋ] *s.* **sing**
sun·glasses ['sʌnˌglɑ:sɪz] *s pl* Sonnenbrille *f;* **sun hat** *s* Sonnenhut *m;* **sun helmet** *s* Tropenhelm *m*
sunk [sʌŋk] *s.* **sink**[2]; **sunk·en** ['sʌŋkən] *adj* ❶ (*Schiff*) versunken, untergegangen ❷ (*Garten*) tiefliegend ❸ (*Wangen*) eingefallen ❹ (*Augen*) tiefliegend
sun lamp ['sʌnlæmp] *s* Höhensonne *f;* **sun·less** ['sʌnlɪs] *adj* ohne Sonne; **sun·light** ['sʌnlaɪt] *s* Sonnenlicht *nt;* **in the ~** in der Sonne; **sun·lit** ['sʌnlɪt] *adj* von der Sonne beschienen
sunny ['sʌnɪ] *adj* ❶ sonnig ❷ (*fig*) heiter,

freundlich; ~**-side up** nur auf einer Seite gebraten; **on the ~ side of 50** noch keine, noch unter 50; **sunnier climes** sonnigere Gefilde; **sun protection factor** *s* Lichtschutzfaktor *m;* **sun·ray** *s* Sonnenstrahl *m;* **sun·ray lamp** *s* Höhensonne *f;* **sun·ray treatment** *s* Ultraviolett-/Infrarotbestrahlung *f;* **sun·rise** ['sʌnraɪz] *s* Sonnenaufgang *m;* **at ~** bei Sonnenaufgang; **~ industry** *aufstrebender, innovativer Industriezweig;* **sun·roof** *s* ❶ Sonnenterrasse *f* ❷ (AUTO) Schiebedach *nt*

sunroom *s* (*Am*) Wintergarten *m;* **sun·screen(ing agent)** ['sʌn,skri:n] *s* Sonnenschutzmittel *nt;* **sun·set** ['sʌnset] *s* Sonnenuntergang *m;* **at ~** bei Sonnenuntergang; **~ industry** *veralteter, überholter Industriezweig;* **sun·shade** ['sʌnʃeɪd] *s* ❶ Sonnenschirm *m* ❷ Sonnendach *nt,* Markise *f;* **sun·shine** ['sʌnʃaɪn] *s* Sonnenschein *m;* **hours of ~** Sonnenstunden *fpl;* **sunshine roof** *s* (AUTO) Schiebedach *nt;* **sun·spot** ['sʌnspɒt] *s* (ASTR) Sonnenfleck *m;* **sun·stroke** ['sʌnstrəʊk] *s* Sonnenstich *m;* **sun·tan** ['sʌntæn] *s* Sonnenbräune *f;* **suntan lotion** *s* Sonnenmilch *f;* **sun·tanned** ['sʌntænd] *adj* braungebrannt; **sun·tan oil** *s* Sonnenöl *nt;* **sun·trap** *s* sehr sonniges Plätzchen; **sun·up** ['sʌnʌp] *s* Sonnenaufgang *m;* **sun visor** *s* Sonnenschild *nt;* **sun-worshipper** *s* Sonnenanbeter(in) *m(f)*

sup (up) [sʌp] *vt* (aus)trinken

su·per ['su:pə(r)] **I.** *s* ❶ (THEAT) Statist(in) *m(f)* ❷ (*fam*) Aufseher(in) *m(f)* **II.** *adj* (*fam*) super, erstklassig, prima

super·abun·dant [,su:pərə'bʌndənt] *adj* (über)reichlich

super·an·nu·ate [,su:pər'ænjʊeɪt] *vt* in den Ruhestand versetzen; **super·an·nu·ated** [,su:pər'ænjʊeɪtɪd] *adj* ❶ pensioniert ❷ (*fig*) veraltet, altmodisch; **super·an·nu·ation** ['su:pər,ænjʊ'eɪʃn] *s* ❶ Pensionierung *f* ❷ Pension, Ruhestand ❸ Altersruhegeld, Rente *f*

su·perb [su:'pɜ:b] *adj* ❶ großartig, prächtig ❷ (*Qualität*) ausgezeichnet, hervorragend

Super Bowl *s* (*NFL's championship football game*) Super Bowl *m*

super·charged ['su:pətʃɑ:dʒd] *adj* ❶ aufgeladen ❷ (*fig*) gereizt; **super·charger** ['su:pə,tʃɑ:dʒə(r)] *s* Lader *m*

super·cili·ous ['su:pə'sɪlɪəs] *adj* hochnäsig, herablassend

super·ego ['su:pəregəʊ] *s* (PSYCH) Überich *nt*

super·fi·cial [,su:pə'fɪʃl] *adj* ❶ oberflächlich ❷ (*Ähnlichkeit*) äußerlich, scheinbar; **super·fi·cial·ity** [,su:pə,fɪʃɪ'ælətɪ] *s* Oberflächlichkeit *f*

super·flu·ous [su:'pɜ:flʊəs] *adj* überflüssig

super·glue ['su:pəg u:] *s* Sekundenkleber *m*

super·grass ['su:pəgrɑ:s] *s* Superspitzel *m;* **super·hero** ['su:pə hɪərəʊ] *s* Superheld *m*

super·high·way [,su:pə'haɪweɪ] *s* (*Am*) Autobahn *f*

super·hu·man [,su:pə'hju:mən] *adj* übermenschlich

super·im·pose [,su:pərɪm'pəʊz] *vt:* **~ s.th. on s.th.** etw auf etw legen; etw mit etw überlagern

super·in·tend [,su:pərɪn'tend] *vt* beaufsichtigen, überwachen **super·in·tend·ence** [-əns] *s* Oberaufsicht *f;* **super·in·tend·ent** [-ənt] *s* ❶ Aufsicht *f* ❷ Bademeister(in) *m(f)* ❸ Parkwächter(in) *m(f)* ❹ Leiter(in) *m(f);* (*Polizei*) Polizeirat *m,* -rätin *f*

su·perior [su:'pɪərɪə(r)] **I.** *adj* ❶ besser (*to* als) ❷ (*Fähigkeit*) überlegen (*to s.o.* jdm) ❸ großartig, hervorragend ❹ (*Verstand*) überragend ❺ (*im Rang*) höher ❻ (*Kraft*) überlegen; stärker ❼ (*Art*) überheblich ❽ (TYP) hochgestellt; **goods of ~ quality** Waren *f pl* bester Qualität; **~ officer** Vorgesetzte(r) *f m;* **be ~ to s.o.** jdm übergeordnet sein; **~ in number(s)** zahlenmäßig überlegen; **~ number** Hochzahl *f* **II.** *s* ❶ Vorgesetzte(r) *f m* ❷ Überlegene(r) *f m* ❸ (TYP) Hochzahl *f;* **be s.o.'s ~** jdm überlegen sein; **Father ~** Vater Superior; **Mother ~** Oberin *f;* **su·perior·ity** [su:,pɪərɪ'ɒrətɪ] *s* ❶ bessere Qualität; Überlegenheit *f* ❷ überragende Eigenschaft ❸ (*Rang*) höhere Stellung ❹ (*zahlenmäßig*) Überlegenheit *f* ❺ Überheblichkeit *f;* **superiority complex** *s* Superioritätskomplex *m*

su·per·la·tive [su:'pɜ:lətɪv] **I.** *s* (GRAM) Superlativ *m* **II.** *adj* überragend, unübertrefflich

super·man ['su:pəmæn] <*pl* -men> *s* Übermensch *m*

super·mar·ket ['su:pəmɑ:kɪt] *s* Supermarkt *m;* **supermarket trolley** *s* Einkaufswagen *m*

super max(i·mum se·cur·ity prison) [,su:pə'mæks] *s* Hochsicherheitsgefängnis *nt*

super·natu·ral [,su:pə'nætʃrəl] *adj* übernatürlich

super·nu·mer·ary [,su:pə'nju:mərərɪ] **I.** *adj* ❶ zusätzlich ❷ überzählig **II.** *s* ❶ (THEAT) Statist(in) *m(f)* ❷ Zusatzperson *f*

super·power [,su:pə'paʊə(r)] *s* (POL) Welt-, Groß-, Supermacht *f*

super·script ['su:pəskrɪpt] *adj* hochgestellt

S

super·sede [ˌsuːpəˈsiːd] *vt* ① ablösen ② (*Glauben*) an die Stelle treten von

super·sonic [ˌsuːpəˈsɒnɪk] *adj* Überschall-; ~ **travel** Reisen *nt* mit Überschallgeschwindigkeit

super·sti·tion [ˌsuːpəˈstɪʃn] *s* Aberglaube *m;* **super·sti·tious** [ˌsuːpəˈstɪʃəs] *adj* abergläubisch

super·store [ˈsuːpəstɔː(r)] *s* Verbrauchermarkt *m*

super·struc·ture [ˈsuːpəstrʌktʃə(r)] *s* Überbau *m*

super·tanker [ˈsuːpəˌtæŋkə(r)] *s* Supertanker *m*

super·vene [ˌsuːpəˈviːn] *vi* hinzukommen, dazwischentreten

super·vise [ˈsuːpəvaɪz] **I.** *vt* beaufsichtigen; überwachen **II.** *vi* Aufsicht führen; **super·vi·sion** [ˌsuːpəˈvɪʒn] *s* ① Aufsicht *f;* Beaufsichtigung *f* ② Überwachung *f;* **under the ~ of** unter der Aufsicht von; **super·vi·sor** [ˌsuːpəˈvaɪzə(r)] *s* ① Aufseher(in) *m(f),* Aufsicht(sperson) *f* ② Leiter(in) *m(f);* **super·vis·ory** [ˌsuːpəˈvaɪzərɪ] *adj* beaufsichtigend, überwachend; **in a ~ post** in einer Aufsichtsposition; ~ **board** Aufsichtsrat *m*

su·pine [ˈsuːpaɪn] *adj* ① auf dem Rücken liegend ② (*fig*) passiv, lethargisch; **in a ~ position** auf dem Rücken liegend, in Rückenlage

sup·per [ˈsʌpə(r)] *s* Abendessen *nt;* **have ~** zu Abend essen; **the Lord's Supper** das Abendmahl; **~-time** Zeit *f* des Abendessens

sup·plant [səˈplɑːnt] *vt* ablösen, ersetzen; ausstechen; verdrängen

supple [ˈsʌpl] *adj* ① biegsam, geschmeidig, elastisch ② (*Geist*) beweglich, flexibel

supple·ment [ˈsʌplɪmənt] **I.** *s* ① Ergänzung *f,* Zusatz *m* (*to* zu) ② (*Buch*) Nachtrag, Anhang *m* ③ Ergänzungsband *m* ④ (*Zeitung*) Beilage *f* ⑤ Zu-, Aufschlag *m* **II.** [ˈsʌplɪment] *vt* ergänzen; ~ **one's income** sein Einkommen aufbessern; **sup·ple·men·tary** [ˌsʌplɪˈmentərɪ] *adj* ergänzend, zusätzlich; Zusatz-; Nachtrags-; ~ **angle** Ergänzungswinkel *m;* ~ **benefit** (HIST) Sozialhilfe *f*

supple·ness [ˈsʌplnɪs] *s* Geschmeidigkeit, Elastizität *f,* Flexibilität *f*

sup·pli·ant, sup·pli·cant [ˈsʌplɪənt, ˈsʌplɪkənt] **I.** *s* Bittsteller(in) *m(f)* **II.** *adj* flehend; **sup·pli·ca·tion** [ˌsʌplɪˈkeɪʃn] *s* Flehen *nt*

sup·plier [səˈplaɪə(r)] *s* (COM) Lieferant(in) *m(f),* Anbieter(in) *m(f);* **sup·ply** [səˈplaɪ] **I.** *vt* ① sorgen für; liefern; stellen ② (COM) beliefern ③ (*Stadt*) versorgen (*with* mit) ④ (*Bedarf*) befriedigen, decken ⑤ (*Mangel*) ausgleichen, kompensieren **II.** *s* ① Versorgung *f* ② (COM) Lieferung *f;* Angebot *nt* ③ Vorrat *m;* Proviant *m* ④ (~ *teacher*) Aushilfslehrer(in) *m(f)* ⑤ (PARL) Etat *m;* **electricity ~** Stromversorgung *f;* **~ and demand** Angebot und Nachfrage; **cut off the ~** das Gas, Wasser abstellen; **lay in supplies** einen Vorrat anlegen; **be in short ~** knapp sein; **medical supplies** Arzneimittel *pl;* **be on ~** aushilfsweise unterrichten; **supply base** *s* Vorratslager *nt;* **supply depot** *s* Versorgungslager *nt;* **supply industry** *s* Zulieferungsindustrie *f;* **supply lines** *s pl* Versorgungslinien *fpl;* **supply-side economics** *s* angebotsorientierte Wirtschaftspolitik; **supply teacher** *s* Aushilfslehrer(in) *m(f)*

sup·port [səˈpɔːt] **I.** *vt* ① (ARCH) (ab)stützen; tragen ② (*fig*) unterstützen; fördern, begünstigen; billigen ③ (*Grund*) eintreten für ④ (*Theorie*) erhärten, untermauern ⑤ (*Benehmen*) dulden, ertragen; **without his family to ~ him** ohne die Unterstützung seiner Familie **II.** *vr* sich stützen (*on* auf), sich unterstützen **III.** *s* ① Stütze *f* ② (*fig*) Unterstützung *f;* **give ~ to s.o.** jdn stützen; **lean on s.o. for ~** sich auf jdn stützen; **in ~ of** zur Unterstützung; **depend on s.o. for financial ~** von jdm finanziell abhängig sein; **~ price** Stützungspreis *m;* **sup·port·able** [-əbl] *adj* erträglich; **sup·porter** [səˈpɔːtə(r)] *s* ① Anhänger(in) *m(f)* ② Befürworter(in) *m(f)* ③ (SPORT) Fan *m;* **~ of disarmament** Rüstungsgegner(in) *m(f);* **sup·port·ing** [-ɪŋ] *adj* tragend; **~ programme** (FILM) Beiprogramm *nt;* **~ role** (THEAT) Nebenrolle *f;* **~ tissue** Stützgewebe *nt;* **sup·port·ive** [səˈpɔːtɪv] *adj* stützend

sup·pose [səˈpəʊz] *vt* ① annehmen; sich vorstellen ② annehmen, denken, meinen ③ (*in Passivkonstruktion*) sollen ④ voraussetzen; **let's ~ that …** angenommen, dass …, nehmen wir einmal an, dass …; **I ~ he'll do it** er wird es wohl [*o* vermutlich] tun; **I don't ~ he'll do it** ich glaube kaum, dass er es tut; **I ~ so** ich glaube schon; **I don't ~ so** ich glaube kaum; **I ~ not** wohl kaum; **she is ~d to be intelligent** sie soll intelligent sein; **be ~d to do s.th.** etw tun sollen; **you are not ~d to know that** das solltest du eigentlich nicht wissen; **~ we go now?** wie wär's, wenn wir jetzt gingen?; **sup·posed** [səˈpəʊzd] *adj* vermutet; mutmaßlich; **let it be ~ that** gesetzt den Fall, dass; nehmen wir den Fall an, dass;

sup·pos·ed·ly [-ɪdlɪ] *adv* angeblich

sup·pos·ing [-ɪŋ] *conj* angenommen (*that* dass); **sup·po·si·tion** [ˌsʌpəˈzɪʃn] *s* Vermutung, Annahme *f;* **on the ~ that ...** unter der Annahme, dass ...

sup·posi·tory [səˈpɒzɪtrɪ] *s* (MED) Zäpfchen *nt*

sup·press [səˈpres] *vt* ❶ unterdrücken ❷ (ELEK) entstören; **sup·pression** [səˈpreʃn] *s* ❶ Unterdrückung *f* ❷ (ELEK) Entstörung *f*

sup·pu·rate [ˈsʌpjʊreɪt] *vi* eitern

su·prem·acy [sʊˈpreməsɪ] *s* Vormachtstellung *f;* **air/naval ~** Luft-/Seeherrschaft *f*

su·preme [suːˈpriːm] *adj* ❶ höchste(r, s), oberste(r, s) ❷ größte(r, s), äußerste(r, s); **the ~ authority** die Regierungsgewalt; **~ commander** Oberbefehlshaber *m;* **Supreme Court** oberstes Gericht

sur·charge [ˈsɜːtʃɑːdʒ] **I.** *vt* mit Zuschlag, mit einer Strafgebühr belegen **II.** *s* Auf-, Zuschlag, Aufpreis *m;* Strafgebühr *f;* Nachporto *nt*

sure [ʃʊə(r)] **I.** *adj* sicher; (*Beweis, Tatsache*) sicher, eindeutig; (*Methode, Mittel, Freund*) zuverlässig; **be ~ of s.th.** etw sicher wissen; **be ~ of winning** sicher gewinnen; **be ~ of o.s.** sich seiner Sache sicher sein; selbstsicher sein; **make ~** nachsehen, kontrollieren, sich vergewissern; **make ~ you ...** achten Sie darauf, dass Sie ...; **make ~ of one's facts** sich der Fakten versichern; **for ~** sicher, gewiss; **to be ~** tatsächlich; **~ thing** (*Am fam*) klar, sicher; **he is ~ to come** er kommt sicher; **be ~ not to forget your book** vergessen Sie ja ihr Buch nicht; **are you ~ you won't come?** wollen Sie wirklich nicht kommen?; **I'm ~ I don't know** ich weiß es sicher nicht; **I'm not ~ why/how** ich weiß nicht genau, warum/wie **II.** *adv* sicher, klar, gewiss; **~ enough** tatsächlich; bestimmt; **as ~ as can be** todsicher; **sure-footed** [ʃʊəˈfʊtɪd] *adj:* **be ~** einen sicheren, festen Tritt haben; **sure·ly** [ˈʃʊəlɪ] *adv* sicher(lich), gewiss; **he ~ ought to know that** das müsste er doch wissen; **surety** [ˈʃʊərətɪ] *s* (JUR) ❶ Garantie, Bürgschaft *f* ❷ Bürge *m,* Bürgin *f,* Garant *m;* **go** [*o* **stand**] **~** Bürgschaft leisten (*for* für)

surf [sɜːf] **I.** *s* Brandung *f* **II.** *vi* surfen, wellenreiten; **go ~ing** surfen, zum Wellenreiten gehen **III.** *vt:* **~ the net** (*fam*) durch das Netz surfen

sur·face [ˈsɜːfɪs] **I.** *s* ❶ Oberfläche *f* ❷ (Straßen)Belag *m* ❸ (MATH) Fläche *f;* Flächeninhalt *m* ❹ (AVIAT) Tragfläche *f;* **on the ~** oberflächlich betrachtet; nach außen hin; **at the ~, on the ~, up to the ~** (MIN) über Tage **II.** *adj* ❶ oberflächlich ❷ (MIN) über Tage ❸ (*Transport*) auf dem See-/Landweg **III.** *vt* ❶ (*Straße*) mit einem Belag versehen ❷ (*U-Boot*) auftauchen lassen **IV.** *vi* auftauchen; **surface area** *s* (MATH) Flächeninhalt *m;* **surface mail** *s* auf dem See-/Landweg beförderte Post; **surface noise** *s* (*Schallplatte*) Reibungsgeräusch *nt;* **surface tension** *s* Oberflächenspannung *f;* **surface-to-air** [ˌsɜːfɪstʊˈeə(r)] *adj:* **~ missile** Boden-Luft-Rakete *f;* **surface water** *s* Oberflächenwasser *nt*

surf·board [ˈsɜːfbɔːd] *s* (*Brett zum Wellenreiten*) Surfbrett *nt;* **surf·boarder** [-ə(r)] *s* Wellenreiter(in) *m(f),* Surfer(in) *m(f)*

sur·feit [ˈsɜːfɪt] **I.** *s* Übermaß *nt* (*of* an) **II.** *vt* übersättigen, überfüttern

surfer [ˈsɜːfə(r)] *s* Wellenreiter(in) *m(f);* (*a.* INTERNET) Surfer(in) *m(f);* **surf·ing, surf·rid·ing** [ˈsɜːfɪŋ, ˈsɜːfraɪdɪŋ] *s* Wellenreiten, Surfen *nt*

i Land & Leute

In Australien wurden die ersten **surf lifesaving clubs** (Lebensrettungsvereine) 1906 in Sydney gegründet. Jedes Jahr werden viele Leute in der australischen Brandung (*surf*) verletzt und einige ertrinken sogar; deshalb werden öffentliche Strände von **surf lifesaving clubs** überwacht. An den Stränden werden Flaggen aufgestellt, um die Bereiche zu kennzeichnen, wo man sicher schwimmen kann und um einige Schwimmbereiche werden Netze gegen Haie und Quallen gelegt. Lebensrettung ist eine ehrenamtliche Tätigkeit und es kostet sogar etwas, Mitglied in einem solchen Verein zu werden. *Surf carnivals* mit Schwimmwettbewerben, Surfboatrennen und vielen verschiedenen Veranstaltungen am Strand finden jedes Jahr an allen Stränden Australiens statt.

surge [sɜːdʒ] **I.** *s* ❶ Welle, Woge *f* ❷ (*fig*) Flut *f;* (*Gefühle*) Aufwallung *f;* **~ in demand** Nachfrageschub *m;* **~ of adrenalin** Adrenalinstoß *m* **II.** *vi* ❶ wogen, branden ❷ (*Menschen*) drängen, strömen ❸ (*Gefühl:* **~ up**) (auf)wallen ❹ (ELEK: *Fluss*) anschwellen; **blood ~d to his face** das Blut schoss ihm ins Gesicht

sur·geon [ˈsɜːdʒən] *s* ❶ Chirurg(in) *m(f)* ❷ (MIL) Stabsarzt *m,* -ärztin *f;* Marinearzt m, -ärztin f; **dental** ~ Zahnarzt m, -ärztin f

sur·gery ['sɜːdʒərɪ] *s* ❶ Chirurgie *f* ❷ Sprechzimmer *nt;* Sprechstunde *f;* **have** ~ operiert werden; **surgery hours** *s pl* Sprechstunde(n *pl*) *f*

sur·gi·cal ['sɜːdʒɪkl] *adj* operativ; chirurgisch; ~ **boot** orthopädischer Schuh; ~ **spirit** Wundalkohol *m;* ~ **stocking** Stützstrumpf *m;* ~ **ward** Chirurgie *f*

Su·ri·nam ['sʊəˌnæm] *s* Surinam *nt;* **Su·ri·nam·ese** [ˌsʊənæ'miːz] **I.** *adj* surinamisch **II.** *s* Surinamer(in) *m(f)*

sur·ly ['sɜːlɪ] *adj* schlecht gelaunt, mürrisch

sur·mise ['sɜːmaɪz] **I.** *s* Vermutung *f* **II.** [sə'maɪz] *vt* vermuten, annehmen

sur·mount [sə'maʊnt] *vt* überwinden; **be** ~**ed by s.th.** von etw gekrönt sein

sur·name ['sɜːneɪm] *s* Familien-, Nachname *m*

sur·pass [sə'pɑːs] *vt* ❶ übertreffen, -ragen (*in s.th.* in etw) ❷ hinausgehen über

sur·plus ['sɜːpləs] **I.** *s* ❶ Überschuss *m* (*of* an) ❷ Mehrbetrag *m;* Rest(betrag) *m* ❸ (~ *profit*) Mehrertrag *m,* -einnahme *f,* Gewinnüberschuss *m* ❹ nicht ausgeschütteter Gewinn ❺ (*Versicherung*) Exzedent *m* **II.** *adj* überschüssig, -zählig; **Army** ~ **goods** Stegwaren *fpl;* ~ **demand** Nachfrageüberhang *m;* ~ **goods** Überschussgüter *ntpl;* ~ **load** Mehrbelastung *f;* ~ **production** Überproduktion *f;* ~ **purchasing power** Kaufkraftüberhang *m;* ~ **revenue** Mehreinkommen *nt;* ~ **stock** Mehrbestand *m;* **sale of** ~ **stock** Verkauf *m* von Lagerbeständen; ~ **supply** Überangebot *nt;* ~ **value** Mehrwert *m;* ~ **weight** Über-, Mehrgewicht *nt*

sur·prise [sə'praɪz] **I.** *vt* ❶ überraschen ❷ (plötzlich) überfallen, überrumpeln ❸ in Erstaunen versetzen, verwundern, befremden; **be** ~**d** überrascht sein; **be** ~**d at s.th.** sich über etw wundern, über etw staunen; ~ **s.o. into doing s.th.** jdn so verblüffen, dass er etw tut; ~ **in the act** auf frischer Tat ertappen; **I should not be** ~**d** es würde mich nicht überraschen; **I'm** ~**d to see you here** ich bin erstaunt Sie hier zu sehen; **nothing** ~**s me any more** ich wundere mich über nichts mehr; **I'm** ~**d at you!** Sie überraschen mich! **II.** *s* ❶ Überraschung *f* ❷ plötzlicher Angriff, Überfall ❸ Erstaunen *nt,* Verwunderung *f* (*at* über); (**much**) **to my** ~ zu meiner (großen) Überraschung; **catch** [*o* **take**] **by** ~ überraschen; plötzlich überfallen; **give s.o. a** ~ jdm eine Überraschung bereiten; **you'll get the** ~ **of your life** Sie werden Ihr blaues Wunder erleben; ~ **attack** Überrumpelungs-, Überraschungsangriff *m;* ~, ~**!** (*iro*) was du nicht sagst!

sur·pris·ing [-ɪŋ] *adj* erstaunlich, überraschend; **sur·pris·ing·ly** [-ɪŋlɪ] *adv* überraschenderweise

sur·real·ism [sə'rɪəlɪzəm] *s* Surrealismus *m;* **sur·real·ist** [sə'rɪəlɪst] **I.** *adj* surrealistisch **II.** *s* Surrealist(in) *m(f);* **sur·real·is·tic** [sərɪə'lɪstɪk] *adj* surrealistisch

sur·ren·der [sə'rendə(r)] **I.** *vt* ❶ übergeben; (*Waffen*) ausliefern, aushändigen ❷ (*Hoffnung, Anspruch, Recht*) aufgeben ❸ (*Versicherungspolice*) frühzeitig einlösen ❹ (*Mietvertrag*) kündigen **II.** *vi* ❶ sich ergeben ❷ (JUR) sich stellen ❸ (MIL) kapitulieren; die Waffen strecken **III.** *vr:* ~ **o.s. to s.th.** sich einer S hingeben **IV.** *s* ❶ Übergabe *f;* Aushändigung, Auslieferung *f;* Aufgabe, Preisgabe *f;* (frühzeitiges) Einlösen *nt;* Kündigung *f* ❷ (*a. fig*) Kapitulation *f;* ~ **value** Rückkaufswert *m;* **no** ~**!** wir kapitulieren nicht!

sur·rep·ti·tious [ˌsʌrəp'tɪʃəs] *adj* heimlich; (*Blick*) verstohlen

sur·ro·ga·cy ['sʌrəgəsɪ] *s* Leihmutterschaft *f;* **sur·ro·gate** ['sʌrəgɪt] **I.** *s* ❶ Ersatz *m* ❷ (*Br*) Weihbischof *m* **II.** *adj* ❶ Ersatz- ❷ (REL) Weih-; ~ **mother** Leihmutter *f*

sur·round [sə'raʊnd] **I.** *vt* ❶ umgeben ❷ (*a.* MIL) einschließen, umzingeln ❸ herumstehen um; **be** ~**ed with** [*o* **by**] umringt sein von **II.** *s* Einfassung *f,* Rand *m*

sur·round·ing [-ɪŋ] **I.** *adj* umliegend **II.** *s meist pl* Umgebung *f*

surround sound *s* Surroundsound *m*

sur·tax ['sɜːtæks] *s* Zusatz-, Sondersteuer *f*

sur·veil·lance [sɜː'veɪləns] *s* Überwachung *f;* **be under** ~ überwacht werden

sur·vey [sə'veɪ] **I.** *vt* ❶ betrachten, sich ansehen; begutachten; mustern ❷ untersuchen; einer Prüfung unterziehen ❸ einen Überblick geben über ❹ (*Land*) vermessen; (*Gebäude*) begutachten **II.** ['sɜːveɪ] *s* ❶ Überblick *m* (*of* über), Musterung *f* ❷ Untersuchung *f;* (*Statistik*) Umfrage *f* ❸ (*Land*) Vermessung *f;* Vermessungsgutachten *nt;* (*Haus*) Begutachtung *f;* Gutachten *nt;* **sur·veyor** [sə'veɪə(r)] *s* ❶ Landvermesser(in) *m(f)* ❷ Bauinspektor(in) *m(f),* -gutachter(in) *m(f);* **quantity** ~ Baukostenkalkulator(in) *m(f)*

sur·vival [sə'vaɪvl] *s* ❶ Überleben *nt* ❷ Überrest *m,* -bleibsel *nt;* **on** ~ im Erlebensfalle; ~ **of the fittest** (BIOL) natürliche Auslese; ~ **kit** Überlebensausrüstung *f;*

sur·vive [sə'vaɪv] **I.** *vt* ❶ überleben ❷ überstehen ❸ (*fam*) aushalten **II.** *vi* ❶ überleben, am Leben bleiben ❷ weiter bestehen ③ übrig bleiben; **sur·viv·ing** [-ɪŋ] *adj* überlebend; **sur·vivor** [sə'vaɪvə(r)] *s* Überlebende(r) *f m,* Hinterbliebene(r) *f m*

sus·cep·tible [sə'septəbl] *adj* ① leicht beeinflussbar ② (MED) anfällig (*to* für); ~ **of proof** beweisbar; ~ **of change** veränderbar; **be** ~ **to s.th.** für etw empfänglich, zugänglich sein; **be** ~ **to attack** Angriffen ausgesetzt sein; **she is very** ~ **to remarks about her figure** wenn jd etwas über ihre Figur sagt, reagiert sie empfindlich; **he was not** ~ **to her tears** er ließ sich von ihren Tränen nicht erweichen

sus·pect ['sʌspekt] **I.** *s* Verdächtigte(r) *f m* **II.** *adj* verdächtig **III.** [sə'spekt] *vt* ① (*jdn*) verdächtigen (*of s.th.* einer S); (*Betrug, Verschwörung*) vermuten ② (*Wahrheit*) anzweifeln ③ vermuten; ~ **s.o. of having done s.th.** jdn verdächtigen etw getan zu haben; **he is a** ~**ed member** er steht im Verdacht Mitglied zu sein; **I** ~**ed as much** das habe ich mir doch gedacht; **a** ~**ed case of cholera** ein Fall, bei dem Choleraverdacht besteht

sus·pend [sə'spend] *vt* ① (frei) (auf)hängen (*from* an) ② (zeitweilig) einstellen, unterbrechen ③ (*Verhandlung, Urteil*) aussetzen ④ (*Genehmigung*) einziehen; (*Rechte*) aussetzen ⑤ (*Beamte*) suspendieren; (SPORT) (zeitweilig) ausschließen; sperren; ~ **payment** die Zahlungen einstellen; ~ **from duty** suspendieren; **be** ~**ed** hängen; (*Rechte*) ruhen; **be given a** ~**ed sentence** seine Strafe zur Bewährung ausgesetzt bekommen; ~**ed animation** vorübergehende Leblosigkeit

sus·pender [sə'spendə(r)] *s* ① (*Br*) Strumpfhalter *m;* Sockenhalter *m* ② ~**s** (*Am*) Hosenträger *mpl;* **suspender belt** *s* Hüftgürtel *m*

sus·pense [sə'spens] *s* Spannung *f;* **in** ~ in der Schwebe, unentschieden; **don't keep me in** ~ **any longer** spanne mich nicht länger auf die Folter!; **wait in** ~ gespannt warten; **the** ~ **is killing me** ich bin wahnsinnig gespannt

sus·pen·sion [sə'spenʃn] *s* ① (AUTO) Federung *f;* (Rad)Aufhängung *f* ② (CHEM) Suspension *f* ③ (MUS) Vorhalt *m,* Halten *nt* (*eines Tones*) ④ (zeitweilige) Einstellung *f* ⑤ (*von Verein*) (zeitweiliger) Ausschluss *m;* (SPORT) Sperren *nt* ⑥ (JUR) Aussetzung *f* ⑦ (*von Beamten*) (vorläufige) Suspendierung *f;* ~ **of payment** Zahlungseinstellung *f;* ~ **of work** Arbeitseinstellung *f;* **suspension bridge** *s* Hängebrücke *f;* **suspension points** *s pl* Auslassungspunkte *mpl;* **suspension railway** *s* Schwebebahn *f*

sus·pi·cion [sə'spɪʃr] *s* ① Verdacht, Argwohn *m* (*of, about* gegen) ② (*fig*) Andeutung, Spur *f,* Hauch *m* (*of* von); **above** ~ über jeden Verdacht erhaben; **on (the)** ~ unter dem Verdacht (*of having done s.th.* etw getan zu haben); **be under** ~ unter Verdacht stehen; **sus·pi·cious** [sə'spɪʃəs] *adj* ① verdächtig (*to dat*) ② argwöhnisch, misstrauisch (*of s.o.* gegen jdn, *about, of s.th.* gegen etw)

suss [sʌs] *vt* (*Br fam*) dahinter kommen; **I can't** ~ **him out** bei ihm blicke ich nicht durch

sus·tain [sə'steɪn] *vt* ① (*Gewicht*) aushalten, tragen ② (*Familie*) sorgen für, ernähren ③ (*Körper*) bei Kräften halten; (*Leben*) erhalten; (*Wohlfahrtsverein*) unterstützen ④ ermutigen, trösten ⑤ aufrecht erhalten ⑥ (*Verlust*) erleiden ⑦ (JUR: *Einspruch*) stattgeben (*s.th.* einer S) ⑧ (THEAT: *Rolle*) durchhalten ⑨ (MUS: *Note*) aushalten; **sus·tain·abil·ity** [sə,steɪnə'bɪlɪtɪ] *s* Verträglichkeit *f;* **sustainable** [sə'steɪnəbl] *adj:* ~ **development** nachhaltige Entwicklung; **sus·tained** [sə'steɪnd] *adj* ① ausdauernd ② anhaltend ③ (MUS) gehalten; **sus·tain·ing** [-ɪŋ] *adj* (*Mahlzeit*) stärkend; ~ **program** (*Am*) Fernsehprogramm *nt* ohne Reklameeinschaltungen; ~ **wall** Stützmauer *f*

sus·ten·ance ['sʌstɪnəns] *s* ① Nahrung *f* ② Nährwert *m*

su·ture ['su:tʃə(r)] **I.** *s* (MED) Naht *f* **II.** *vt* (MED) nähen

svelte [svelt] *adj* ① schlank; anmutig ② vornehm

swab [swɒb] **I.** *s* ① (MAR) Mopp *m* ② (MED) Tupfer *m;* Abstrich *m* **II.** *vt* ① scheuern ② (MED) abtupfen

swaddle ['swɒdl] *vt* (*Säugling*) wickeln; **swad·dling clothes** ['swɒdlɪŋkləʊðz] *s pl* Windeln *fpl*

swag·ger ['swægə(r)] *vi* ① (~ *about*) (einher)stolzieren ② angeben, prahlen

swal·low[1] ['swɒləʊ] *s* Schwalbe *f*

swal·low[2] ['swɒləʊ] **I.** *vt* ① (hinunter-, ver)schlucken ② (*fig*) schlucken; (*Beleidigung*) (hinunter)schlucken, einstecken; **that's hard to** ~ das kann man kaum glauben; ~ **one's words** nuscheln; nichts sagen; seine Worte zurücknehmen **II.** *vi* schlucken **III.** *s* Schluck *m;* **swallow down** *vt* hinunterschlucken; **swallow up** *vt* verschlingen; (*Nebel*) verschlucken, verschwinden lassen; **I wish the ground would open and** ~ **me up** ich könnte in den Boden versinken

swal·low dive ['swɒləʊdaɪv] *s* (*Br*) Schwal-

S

bensprung *m*

swam [swæm] *s.* **swim**

swamp [swɒmp] **I.** *s* Sumpf *m* **II.** *vt* ① überschwemmen, -fluten, unter Wasser setzen ② (MAR) volllaufen lassen ③ (*fig*) überschwemmen; **swamp fever** *s* Sumpffieber *nt;* **swamp·land** ['swɒmp,lænd] *s* Sumpfland *nt;* **swampy** ['swɒmpɪ] *adj* sumpfig, morastig

swan [swɒn] **I.** *s* Schwan *m* **II.** *vi* ① (~ *around*) sich herumtreiben ② (~ *off*) abhauen, abzwitschern; **a ~ning job** eine gemütliche Arbeit; **swan dive** *s* (*Am*) Schwalbensprung *m*

swank [swæŋk] **I.** *s* (*fam*) ① Angeberei *f* ② Angeber(in) *m (f)* **II.** *vi* (*fam*) protzen, angeben (*about* mit); **swanky** ['swæŋkɪ] *adj* (*fam*) großspurig; protzig

swann·ery ['swɒnərɪ] *s* Schwanenzucht *f;* **swan song** ['swɒnsɒŋ] *s* (*fig*) Schwanengesang *m*

swap, **swop** [swɒp] **I.** *vt* tauschen (*for* gegen); (*Geschichten, Erinnerungen*) austauschen; **~ s.th. for s.th.** etw für etw eintauschen; **~ places with s.o.** mit jdm (die Plätze) tauschen **II.** *vi* tauschen **III.** *s* Tausch(handel) *m;* **do a ~ with s.o.** mit jdm tauschen

swarm [swɔːm] **I.** *s* (Bienen-, Menschen)Schwarm *m* **II.** *vi* schwärmen; **the place was ~ing with** es wimmelte von; **~ up** hinaufklettern

swarthy ['swɔːðɪ] *adj* dunkel; dunkelhäutig

swash·buck·ling ['swɒʃ,bʌklɪŋ] *adj* draufgängerisch, verwegen

swas·tika ['swɒstɪkə] *s* Hakenkreuz *nt*

swat [swɒt] **I.** *vt* (*Fliege*) totschlagen; (*Wand*) schlagen auf; **~ at** schlagen nach **II.** *s* ① Schlag *m* ② Fliegenklatsche *f*

swatch [swɒtʃ] *s* ① (Textil)Muster *nt* ② Musterbuch *nt;* **colour ~** Farbmuster *nt*

swathe [sweɪð] *vt* wickeln

sway [sweɪ] **I.** *vi* ① schwanken ② schwingen ③ (*fig*) (hin)neigen, tendieren (*towards* zu) **II.** *vt* ① schwingen, schwenken ② (*fig*) geneigt machen (*towards* für), beeinflussen; **~ s.o. from s.th.** jdn von etw abbringen; **be easily ~ed** leicht beeinflussbar sein **III.** *s* ① Schwanken *nt* ② (*Korn*) Wogen *nt* ③ Macht *f;* **hold ~ over s.o.** jdn in der Gewalt haben; **under his ~** seinem Willen unterworfen

swear [sweə(r)] <*irr:* swore, sworn> **I.** *vi* ① schwören ② (JUR) unter Eid aussagen; beschwören (*to s.th.* etw, *to having done s.th.* etw getan zu haben) ③ fluchen (*at s.th.* auf etw); **I wouldn't like to ~ to it** ich könnte es nicht beschwören **II.** *vt* ① schwören; (*Eid*) leisten ② vereidigen; **swear by** *vi* schwören auf; **swear in** *vt* vereidigen; **swear off** *vi* abschwören (*s.th.* einer S); **swear-word** *s* Fluch *m*

sweat [swet] **I.** *vi* ① schwitzen (*with* vor) ② (*Gefäß, Scheibe*) sich beschlagen ③ (*fam*) schwer arbeiten ④ zittern, Angst haben; **~ blood** (*fig*) Blut und Wasser schwitzen **II.** *s* ① Schweiß *m* ② (TECH) Schwitzwasser *nt* ③ (*fig*) Plackerei *f* ④ Aufregung *f;* **by the ~ of his brow** im Schweiße seines Angesichts; **be in a ~** schwitzen; **in a cold ~** mit Angstschweiß auf der Stirn; **no ~!** (*fam*) kein Problem; **sweat out** *vt* ① herausschwitzen ② (*fam*) durchhalten, durchstehen; **sweat·band** ['swetbænd] *s* Schweißband *nt;* **sweated** ['swetɪd] *adj* ① für Hungerlöhne hergestellt ② (*Arbeit*) schlecht bezahlt ③ (*Personal*) ausgebeutet; **sweater** ['swetə(r)] *s* Pullover *m;* **sweat·shirt** *s* Sweatshirt *nt;* **sweat-shop** *s* Ausbeuterbetrieb *m;* **sweaty** ['swetɪ] *adj* ① schwitzend; schweißbedeckt; verschwitzt ② (*Arbeit*) anstrengend

swede [swiːd] *s* (*Br*) Kohl-, Steckrübe *f*

Swede [swiːd] *s* Schwede *m,* Schwedin *f;* **Swe·den** ['swiːdn] *s* Schweden *nt;* **Swe·dish** ['swiːdɪʃ] **I.** *adj* schwedisch **II.** *s* (das) Schwedisch(e)

sweep [swiːp] <*irr:* swept, swept> **I.** *vt* ① kehren, fegen; ausfegen; wegfegen ② absuchen (*for* nach); (*vermintes Gebiet*) durchkämmen; (*Minen*) räumen ③ (*Wind, Rock*) fegen über; (*Wellen*) überspülen; (*Blick*) gleiten über; (*fig*) überrollen; (*Krankheit*) sich verbreiten ④ wegfegen; fortschwemmen; fortreißen ⑤ großen Erfolg haben bei, im Sturm erobern; (*Wahl*) haushoch gewinnen; **~ all before one** (*fig*) überall Erfolg haben; **~ the board** (*fig*) einen vollen Erfolg verbuchen; **~ under the carpet** (*fig*) unter den Teppich kehren **II.** *vi* ① kehren, fegen ② vorbei-, hinausrauschen; (*Fahrzeug*) fegen ③ (*Straße*) sich in weitem Bogen winden (*round* um); **the disease swept through the country** die Krankheit griff im Land um sich **III.** *s* ① Kehren, Fegen *nt* ② (*chimney ~*) Kaminkehrer(in) *m(f),* Schornsteinfeger(in) *m(f)* ③ Schwenken *nt,* Schwung *m;* (*Schwert*) Streich *m* ④ (*Kleidung, Stoff*) Rauschen *nt* ⑤ (*Radar, Licht*) Strahl *m* ⑥ Bereich *m;* Schussbereich *m* ⑦ (*Straße, Fluss*) Bogen *m;* (*Umriss*) Schwung *m* ⑧ Ausdehnung, Fläche *f;* **give s.th. a ~** etw kehren, fegen; **make a clean ~** (*fig*) Ordnung schaffen; sehr erfolgreich sein; **at** [*o* **in**] **one ~** auf einmal; **sweep along** **I.** *vi* dahinrauschen; dahingleiten; dahinbrausen **II.** *vt* mitreißen; **sweep aside** *vt* wegfegen; (*fig*) vom Tisch fegen; **sweep away** **I.** *vi* davonrauschen; davonsausen; davongleiten **II.** *vt* wegfegen; wegreißen; wegschwemmen; (*fig*) zunichte machen; (*alte Gesetze*) abschaffen; **sweep down** **I.** *vi* hinunterrauschen; hinunterschießen; hinuntergleiten; (*Hang, Straße*) sanft abfallen **II.** *vt* abfegen; ~ **down on s.o.** sich auf jdn stürzen; **sweep off** **I.** *vi* davonrauschen; davonsausen; davongleiten **II.** *vt* hinunterfegen, -werfen; ~ **s.o. off to Gretna Green** jdn nach Gretna Green entführen; **he was swept off to bed/into hospital** er wurde schnell ins Bett/Krankenhaus gebracht; ~ **s.o. off his feet** jdn mitreißen; **she swept him off his feet** sie hat ihm völlig den Kopf verdreht; **sweep out** **I.** *vi* hinausfegen; hinausrauschen; hinausgleiten **II.** *vt* ausfegen, auskehren; **sweep up** **I.** *vi* ❶ (zusammen)fegen, -kehren ❷ heransausen; herangleiten ❸ (*Straße*) im Bogen hinaufführen **II.** *vt* ❶ zusammenfegen, -kehren ❷ (*Gegenstände*) zusammenraffen ❸ (*jdn*) hochreißen; (*Haare*) hochstecken

sweeper ['swi:pə(r)] *s* ❶ Straßenkehrer(in) *m(f)* ❷ Kehrmaschine *f* ❸ (SPORT) Ausputzer *m;* (*Fußball*) Libero *m;* **carpet-~** Teppichkehrmaschine *f;* **sweep hand** *s* Sekundenzeiger *m;* **sweep·ing** ['-ɪŋ] **I.** *adj* ❶ (*Geste*) weitausholend; schwungvoll; (*Blick*) schweifend ❷ (*fig*) gründlich, durchgreifend, radikal; (*Urteil*) pauschal; (*Erfolg*) glänzend **II.** *s pl* Kehricht *m;* (*fig*) Abschaum *m;* **sweep·stake** ['swi:psteɪk] *s* *Art Lotterie* (*bei der der Gesamteinsatz an die Spieler ausgezahlt wird*)

sweet [swi:t] **I.** *adj* ❶ süß ❷ (*fig*) angenehm, lieblich, duftig ❸ anmutig, hübsch ❹ lieb, freundlich (*to* gegenüber, zu) ❺ frisch, unverbraucht ❻ (*fam*) reizend, goldig; **be ~ on s.o.** in jdn verliebt sein **II.** *s* ❶ Süßigkeit *f* ❷ Süßspeise *f,* Nachtisch *m* ❸ (*fig*) Liebling *m* ❹ **~s** Süßigkeiten *fpl,* Bonbons *m od ntpl;* **sweet-and-sour** *adj* (*Küche*) süßsauer; **sweet·bread** ['swi:tbred] *s* Bries *nt;* **sweet·briar, sweet·brier** [,swi:t'braɪə(r)] *s* Hecken-, Hundsrose *f;* **sweet chestnut** *s* Esskastanie *f;* **sweet corn** *s* Zuckermais *m;* **sweet·en** ['swi:tn] *vt* ❶ süßen, zuckern ❷ *fig*) versüßen ❸ (*sl*) bestechen ❹ mildern, abschwächen ❺ besänftigen; **sweet·ener** ['swi:tnə(r)] *s* ❶ Süßstoff *m* ❷ (*sl*) Bestechungsgeld *nt;* **sweet·heart** ['swi:thɑ:t] *s* Liebchen *nt;* **sweet·ness** ['swi:tnɪs] *s* Süßigkeit, Süße *f;* **all is ~ and light** es herrscht eitel Freude und Sonnenschein; **sweet pea** *s* Gartenwicke *f;* **sweet potato** *s* Süßkartoffel, Batate *f;* **sweet-talk** ['swi:t,tɔ:k] *s* schöne Worte, Schmeicheleien *fpl;* **sweet tooth** *s:* **have a ~** (*fam*) gerne Süßes essen; **sweet william** *s* Bartnelke *f*

swell [swel] <*irr:* swelled, swollen (swelled)> **I.** *vi* ❶ (~ *up, out*) (an)schwellen (*into* zu, *with* von) ❷ sich (auf)blähen (*with* vor), sich bauschen ❸ sich ausdehnen; zunehmen, anwachsen (*to* zu); ~ **with pride** vor Stolz schwellen **II.** *vt* ❶ anschwellen lassen ❷ aufblasen, -blähen (*with* vor) ❸ erweitern, vergrößern, ausweiten; **swollen with pride** stolzgeschwellt; **swollen with rage** wutentbrannt; ~ **s.o.'s head** jdm zu Kopfe steigen **III.** *s* ❶ (*Meer*) Wogen *nt;* Woge *f* ❷ feine Dame, feiner Herr ❸ (MUS) Anschwellen, Crescendo *nt;* (*Knopf*) Schweller *m* **IV.** *adj* (*fam*) prima, großartig; **swell box** *s* (MUS) Schwellwerk *nt;* **swell·head** ['swelhed] *s* (*Am*) Fatzke *m;* **swell·ing** ['-ɪŋ] *s* Schwellung, Geschwulst, Beule *f*

swel·ter ['sweltə(r)] *vi* vor Hitze umkommen; **swel·ter·ing** ['sweltrɪŋ] *adj* glühend; heiß; schwül

swept [swept] **I.** *pt, pp of* **sweep** **II.** *s:* **~-back wing** (AVIAT) Pfeilflügel *m*

swerve [swɜ:v] **I.** *vi* ❶ abweichen, -schweifen, -gehen (*from* von) ❷ (AUTO) rasch ausbiegen **II.** *s* (AUTO) Ausbiegen *nt*

swift [swɪft] *adj* schnell, rasch, flink; **swift·ly** [-lɪ] *adv* geschwind, schnell; **swift·ness** [-nɪs] *s* Schnelligkeit *f*

swig [swɪg] **I.** *vt, vi* (*fam*) trinken **II.** *s* (*fam*) tüchtiger Schluck (*at a bottle* aus einer Flasche)

swill [swɪl] **I.** *vt* ❶ spülen, abwaschen ❷ hinunterspülen ❸ (*fam*) trinken **II.** *s* ❶ Schweinefutter *nt* ❷ Getränk *nt*

swim [swɪm] <*irr:* swam, swum> **I.** *vi* schwimmen (*on* auf); **my head is ~ming** es schwimmt mir alles vor den Augen **II.** *vt* ❶ schwimmen ❷ durchschwimmen **III.** *s* Schwimmen *nt;* **be in (out of) the ~** (nicht) auf dem Laufenden sein; **have a ~, take a ~, go for a ~** schwimmen (gehen); **swim·mer** ['swɪmə(r)] *s* Schwimmer(in) *m(f);* **swim·ming** ['-ɪŋ] **I.** *s* Schwimmen *nt* **II.** *adj* ❶ Schwimm-; schwimmend ❷ schwind(e)lig; **swimming bath, swimming pool** *s* Schwimmbad, -becken *nt;* **swimming cap** *s* Bademütze *f;* **swimming costume** *s* Badeanzug *m*

S

swim·ming·ly ['-ɪŋlɪ] *adv* spielend, wie am Schnürchen; **everything went** ~ alles ging glatt (vonstatten); **swimming match** *s* Wettschwimmen *nt;* **swimming trunks** *s pl* Badehose *f;* **swim·suit** *s* Badeanzug *m*

swindle ['swɪndl] **I.** *vt* ❶ beschwindeln, betrügen (*s.o. out of s.th., s.th. out of s.o.* jdn um etw) ❷ erschwindeln (*s.th. out of s.o.* etw von jdm) **II.** *s* Schwindel, Betrug *m;* **swin·dler** ['swɪndlə(r)] *s* Schwindler(in) *m(f),* Betrüger(in) *m(f)*

swine [swaɪn] <*pl* swine, *fig pej* swines> *s* Schwein *nt*

swing [swɪŋ] <*irr:* swung, swung> **I.** *vi* ❶ schwingen ❷ schlenkern, baumeln, schaukeln ❸ hängen (*for* wegen) ❹ sich drehen ❺ (*aufs Pferd*) sich schwingen ❻ (*fig*) Schwung haben, auf Zack sein; ~ **at anchor** schaukelnd vor Anker liegen; ~ **at s.o. with s.th.** etw gegen jdn schwingen; ~ **from tree to tree** sich von Baum zu Baum schwingen; ~ **into action** aktiv werden; ~ **to and fro** hin- und herschwingen, pendeln; ~ **open** sich öffnen; ~ **shut** zuschlagen; **a ~ing party** eine Party, bei der was los ist **II.** *vt* ❶ schwingen ❷ schaukeln ❸ (*Propeller*) anwerfen ❹ (*fig*) beeinflussen; (*Meinung*) umschwenken lassen; (*jdn*) umstimmen ❺ (MUS) schwungvoll machen; schwungvoll spielen ❻ (~ *round*) herumschwenken ❼ (*fam: Sache*) schaukeln, drehen; ~ **one's hips** mit den Hüften wackeln, sich in den Hüften wiegen; ~ **the lead** (*Br fam*) sich drücken; ~ **an axe at s.o.** eine Axt gegen jdn schwingen; ~ **o.s. into the saddle** sich in den Sattel schwingen; **that swung it for me** das hat für mich den Ausschlag gegeben; **there isn't room to ~ a cat** (*fam*) es ist so eng, dass man sich nicht einmal umdrehen kann; ~ **a deal** ein Geschäft machen **III.** *s* ❶ Schwung *m;* Schwingen *nt;* (*Zeiger*) Ausschlag *m* ❷ (*Boxen*) Schwinger *m;* (*Golf, Skilaufen*) Schwung *m* ❸ (*fig*) (Meinungs)Umschwung *m* ❹ (*Musik*) Schwung *m;* (*Tanz*) Swing *m* ❺ (*für Kinder*) Schaukel *f* ❻ (*Am: full* ~) freier Lauf; freie Hand; **get into the ~ of things** in Fahrt kommen; **go with a ~** ein voller Erfolg sein; **be in full ~** voll im Gang sein; **give one's imagination full ~** (*Am*) seiner Fantasie freien Lauf lassen; **give s.o. full ~ to make the decisions** (*fam*) jdm bei allen Entscheidungen freie Hand lassen; **swing across** *vi* hinüberschwingen; sich hinüberhangeln; **swing back** **I.** *vi* zurückschwingen; (*Meinung*) umschlagen **II.** *vt* zurückschwingen; (*Meinung*) umschlagen lassen; **swing round** **I.** *vi* sich umdrehen; herumschwenken; (*Zeiger*) ausschlagen; (*fig*) umschwenken **II.** *vt* herumschwenken; (*fig*) umstimmen; (*Meinung*) umschlagen lassen; **swing to** *vi* (*Tür*) zuschlagen

swing bridge ['swɪŋbrɪdʒ] *s* Drehbrücke *f;* **swing door** *s* Pendeltür *f*

swinge·ing ['swɪndʒɪŋ] *adj* (*fam*) gewaltig, mächtig; extrem; (*Angriff*) scharf

swing·ing ['swɪŋɪŋ] *adj* (*fig*) beschwingt, schwungvoll; (*fam: Mensch*) flott; ~ **door** Pendeltür *f;* **swing-wing** *s* (AVIAT) Schwenkflügel *m*

swin·ish ['swaɪnɪʃ] *adj* (*pej*) schweinisch; gemein

swipe [swaɪp] **I.** *s* harter Schlag, Hieb *m* **II.** *vt* ❶ einen Hieb versetzen (*s.o.* jdm) ❷ (*fam*) mopsen, klauen ❸ durch ein elektronisches Lesegerät ziehen **III.** *vi* schlagen (*at* nach)

swirl [swɜːl] **I.** *vi, vt* herumwirbeln (*about the street* auf der Straße) **II.** *s* Wirbel, Strudel *m*

swish [swɪʃ] **I.** *vi* ❶ schwirren, zischen ❷ rascheln, rauschen **II.** *vt* wedeln (*its tail* mit dem Schwanz) **III.** *s* Surren, Rascheln, Zischen *nt*

Swiss [swɪs] **I.** *adj* Schweizer, schweizerisch; ~ **franc** Schweizer Franken; ~ **German** Schweizerdeutsch *nt;* ~ **roll** Biskuitrolle *f* **II.** *s* Schweizer(in) *m(f);* **the** ~ die Schweizer *pl*

switch [swɪtʃ] **I.** *s* ❶ Gerte, Rute *f* ❷ (Licht)Schalter *m* ❸ (RAIL) Weiche *f* ❹ (*fig*) Wechsel *m* ❺ (COM) Tauschgeschäft *nt;* **do** [*o* **make**] **a** ~ tauschen **II.** *vt* ❶ wechseln; ändern ❷ (*Aufmerksamkeit*) lenken (*to* auf) ❸ (*Produktion*) verlegen; (*Gegenstand*) umstellen ❹ (*fam*) tauschen; vertauschen ❺ (ELEK) umschalten ❻ (*Schwanz, Rute*) schlagen mit ❼ (*Am: Zug*) rangieren; ~ **schools** die Schule wechseln; **I ~ed trousers with him** wir haben die Hosen getauscht **III.** *vi* ❶ (~ *over*) überwechseln (*to* zu) ❷ (ELEK RADIO) umschalten (*to* auf) ❸ (~ *round, over*) tauschen ❹ (*Wind*) drehen (*to* nach) ❺ (RAIL) rangieren; **switch back** **I.** *vi* ❶ zu Gehabtem zurückkehren ❷ (ELEK RADIO TV) zurückschalten (*to* zu) **II.** *vt* zurückschalten (*to* auf); **switch off** **I.** *vt* ausschalten; abschalten; abstellen **II.** *vi* ❶ ausschalten ❷ (*fig*) abschalten; **switch on** **I.** *vt* ❶ anschalten; anstellen ❷ (*sl*) munter machen; high machen **II.** *vi* anschalten; sich einschalten; **be ~ed on to s.th.** (*sl*) auf etw stehen; **switch over** **I.** *vi* umschalten; (*fig*) überwechseln (*to* zu) **II.** *vt* verlegen; umstellen (*to* auf); ~ **the programme over** auf ein anderes Programm umschalten; **switch round** **I.** *vt* vertauschen; umstellen **II.** *vi* tauschen; **switch through** *vt* (TELE) durchstellen (*to* zu)

switch·back ['swɪtʃbæk] *s* ❶ Berg-, Gebirgsbahn *f* ❷ Berg-und-Tal-Bahn *f;* Achterbahn *f;* **switch·blade (knife)** ['swɪtʃbleɪd] *s* (*Am*) Schnappmesser *nt;* **switch·board** *s* ❶ (ELEK) Schalttafel *f* ❷ (TELE) Vermittlung *f;* Zentrale *f;* **switchboard operator** *s* Telefonist(in) *m(f);* **switch·man** <*pl* -men> *s* (*Am*) Weichenwärter *m;* **switch tower** *s* (*Am*) Stellwerk *nt;* **switch-yard** *s* (*Am*) Rangierbahnhof *m*

Swit·zer·land ['swɪtsələnd] *s* die Schweiz

swivel ['swɪvl] **I.** *s* (TECH) Drehring *m,* -lager *nt* **II.** *vt* schwenken, herumdrehen **III.** *vi* sich drehen; **swivel chair** *s* Drehstuhl *m;* **swivel joint** *s* Universalgelenk *nt*

swizzle stick ['swɪzl,stɪk] *s* Sektquirl *m*

swol·len ['swəʊlən] *s.* **swell**

swoon [swu:n] **I.** *vi* ohnmächtig werden (*with* vor) **II.** *s* Ohnmacht *f*

swoop [swu:p] **I.** *vi* ❶ (*Raubvogel: ~ down*) herabschießen (*on* auf) ❷ herfallen (*on* über) **II.** *vt* (~ *up*) (weg)schnappen; emporreißen **III.** *s* ❶ Herabschießen *nt* ❷ (*fig*) plötzlicher Angriff; Razzia *f;* **at one (fell)** ~ mit einem Schlag

swop [swɒp] *s.* **swap**

sword [sɔ:d] *s* Schwert *nt;* **cross ~s** die Klingen kreuzen (*with* mit); **sword-dance** *s* Schwerttanz *m;* **sword·fish** ['sɔ:dfɪʃ] *s* Schwertfisch *m;* **sword-play** *s* Fechten *nt;* **sword-point** *s* Schwertspitze *f;* **at ~** mit vorgehaltener Klinge; **swords·man** ['sɔ:dzmən] <*pl* -men> *s* Schwertkämpfer *m;* Fechter *m;* **swords·man·ship** ['sɔ:dzmənʃɪp] *s* Fechtkunst *f*

swore, sworn [swɔ:, swɔ:n] *s.* **swear**

swot [swɒt] **I.** *vi* (*Br fam*) ochsen, büffeln, pauken (*for an exam* auf eine Prüfung); ~ **up on s.th.** sich über etw informieren **II.** *s* (*Br: pej*) Streber(in) *m(f)*

swum [swʌm] *s.* **swim**

swung [swʌŋ] *s.* **swing**

syca·more ['sɪkəmɔ:(r)] *s* ❶ (*Br*) Bergahorn *m* ❷ (*Am*) amerikanische Platane ❸ (*Holz*) Ahorn *m*

i Land & Leute

Der islamische **Syariah Court** (Gerichtshof) ist für alle Angelegenheiten, die mit der Eheschließung, der Scheidung und dem Erbe zu tun haben, zuständig. Wenn moslemische Paare Eheprobeme haben, versucht der Gerichtshof das Paar zunächst durch Eheberatung wieder zu versöhnen.

syco·phant ['sɪkəfænt] *s* Speichellecker *m*

syl·labic [sɪ'læbɪk] *adj* silbisch; **syl·lab·ifi·ca·tion** [,sɪləbɪfɪ'keɪʃn] *s* Silbentrennung *f;* **syl·lable** ['sɪləbl] *s* Silbe *f;* **don't breathe a ~ of this!** kein(en) Ton davon!

syl·la·bus ['sɪləbəs] *s* ❶ Lehrplan *m* ❷ Programm *nt*

sylph [sɪlf] *s* ❶ Sylphe, Luftgeist *m* ❷ (*fig*) schlankes Mädchen

sym·bio·sis [,sɪmbɪ'əʊsɪs] *s* Symbiose *f;* **sym·bio·tic** [,sɪmbɪ'ɒtɪk] *adj* symbiotisch

sym·bol ['sɪmbl] *s* Sinnbild, Symbol, Zeichen *nt;* **sym·bol·ic(al)** [sɪm'bɒlɪk(l)] *adj* symbolisch (*of* für); **sym·bol·ism** ['sɪmbəlɪzəm] *s* ❶ (*lit*) Symbolismus *m* ❷ Symbolik *f;* **sym·bol·ize** ['sɪmbəlaɪz] *vt* symbolisieren

sym·met·ri·cal [sɪ'metrɪkl] *adj* symmetrisch; **sym·me·try** ['sɪmətrɪ] *s* Symmetrie *f*

sym·path·etic [,sɪmpə'θetɪk] *adj* ❶ mitfühlend; teilnehmend ❷ empfänglich (*to* für) ❸ (*fam*) einverstanden (*to* mit), geneigt (*towards dat*); ~ **strike** Solidaritäts-, Sympathiestreik *m;* **sym·path·ize** ['sɪmpəθaɪz] *vi* ❶ sympathisieren (*with* mit) ❷ mitfühlen, Mitleid haben (*with* mit) ❸ Verständnis haben (*with* für); ~ **with s.o.'s views** jds Meinung teilen; **sym·path·iz·er** [-ə(r)] *s* (POL) Sympathisant(in) *m(f);* **sym·pathy** ['sɪmpəθɪ] *s* ❶ Mitleid, Mitgefühl *nt* (*for* mit); (*Tod*) Beileid *nt* ❷ Verständnis *nt;* Sympathie *f;* **feel** [*o* **have**] ~ **for s.o.** mit jdm Mitleid haben; **you have my ~** (*hum*) herzliches Beileid; **be in (out of) ~ with** (nicht) einhergehen mit; **our sympathies are with you** wir sind auf Ihrer Seite; **there isn't much ~ between them** sie verstehen sich nicht; **come out** [*o* **strike**] **in ~** in Sympathiestreik treten

sym·phonic [sɪm'fɒnɪk] *adj* (MUS) sinfonisch; **sym·phony** ['sɪmfənɪ] *s* Sinfonie *f;* **symphony concert** *s* Sinfoniekonzert *nt;* **symphony orchestra** *s* Sinfonieorchester *nt*

sym·po·sium [sɪm'pəʊzɪəm, -zɪə] <*pl* -sia> *s* Symposium *nt,* Konferenz *f*

symp·tom ['sɪmptəm] *s* Symptom, Anzeichen, Merkmal *nt* (*of* für); **symp·to·matic** [,sɪmptə'mætɪk] *adj* symptomatisch, charakteristisch (*of* für)

S

syna·gogue ['sɪnəgɒg] *s* Synagoge *f*
syn·chro·mesh ['sɪŋkrəʊˌmeʃ] *s* Synchrongetriebe *nt*
syn·chron·ize ['sɪŋkrənaɪz] **I.** *vt* ① (*Geräte, Uhren*) aufeinander abstimmen ② (FILM) synchronisieren **II.** *vi* ① gleichzeitig sein ② (*Uhren*) übereinstimmen ③ (FILM) synchronisiert sein; **syn·chron·ous** ['sɪŋkrənəs] *adj* gleichzeitig
syn·co·pate ['sɪŋkəpeɪt] *vt* (MUS) synkopieren; **syn·cope** ['sɪŋkəpɪ] *s* Synkope *f*
syn·di·cate ['sɪndɪkət] **I.** *s* Interessengemeinschaft *f;* (COM) Syndikat *nt,* Verband *m;* (*Presse*) (Presse)Zentrale *f;* (*crime* ~) Syndikat *nt,* Ring *m* **II.** ['sɪndɪkeɪt] *vt* ① (*Artikel, Beitrag*) an mehrere Zeitungen verkaufen ② (COM) syndizieren; **syn·di·ca·tion** [ˌsɪndɪ'keɪʃn] *s* (COM) Syndizierung *f*
syn·drome ['sɪndrəʊm] *s* Syndrom *nt;* Phänomen *nt*
syn·er·gist·ic ['sɪnəˌdʒɜstɪk] *adj* synergistisch; **syn·ergy** ['sɪnədʒɪ] *s* Synergie *f*
synod ['sɪnəd] *s* Synode *f*
syn·onym ['sɪnənɪm] *s* Synonym *nt;* **syn·ony·mous** [sɪ'nɒnɪməs] *adj* synonym, sinnverwandt; gleichbedeutend
syn·op·sis [sɪ'nɒpsɪs, *pl* -siːz] <*pl* -ses> *s* Übersicht, Zusammenfassung *f,* Abriss *m*
syn·tac·tic(al) [sɪn'tæktɪk(l)] *adj* syntaktisch; **syn·tax** ['sɪntæks] *s* Syntax *f*
syn·thesis ['sɪnθɪsɪs, *pl* -θɪsiːz] <*pl* -theses> *s* (*a.* CHEM) Synthese *f;* **syn·thesize** ['sɪnθəsaɪz] *vt* ① (*Stoff*) synthetisch herstellen (*from* aus) ② (*Stoff, Theorien*) zusammenfassen; **syn·thesizer** [-ər] *s* (ELEK) Synthesizer *m;* **syn·thetic** [sɪn'θetɪk] **I.** *s* Kunststoff *m* **II.** *adj* synthetisch; Kunst-; (*fig*) künstlich; ~ **fibre** Kunstfaser *f;* ~ **material** Kunststoff *m*
syph·ilis ['sɪfɪlɪs] *s* (MED) Syphilis *f;* **syphi·litic** [ˌsɪfɪ'lɪtɪk] *adj* syphilitisch
syphon ['saɪfn] **I.** *s* ① Syphon *m* ② (TECH) Heber *m* **II.** *vt* ausheben, umfüllen; **syphon off** *vt* ① absaugen ② (*Gewinn*) abschöpfen
Syria ['sɪrɪə] *s* Syrien *nt;* **Syr·ian** ['sɪrɪən] **I.** *adj* syrisch **II.** *s* Syrer(in) *m(f),* Syrier(in) *m(f)*
syr·inge [sɪ'rɪndʒ] **I.** *s* (MED TECH) Spritze *f* **II.** *vt* einspritzen, injizieren; (MED) (aus)spülen
syrup ['sɪrəp] *s* ① Sirup *m* ② (*fruit*-~) Frucht-, Obstsaft *m;* **syrupy** ['sɪrəpɪ] *adj* ① klebrig ② (*fam fig*) süßlich; sentimental
sys·tem ['sɪstəm] *s* ① System *nt* ② Methode *f;* **circulatory** ~ Kreislaufsystem *nt;* **digestive/respiratory** ~ Verdauungs-/Atmungsapparat *m;* **railway** ~ Eisenbahnnetz *nt;* **if you can't beat the** ~ **join it** wenn du nicht gegen das System ankommst, arrangiere dich mit ihm; **I have to get it out of my** ~ ich muss irgendwie darüber wegkommen; **it's bad for the** ~ das ist ungesund; **all** ~**s go!** jetzt aber voll ran!; **sys·tem·atic** [ˌsɪstə'mætɪk] *adj* systematisch; **sys·tematize** ['sɪstəmətaɪz] *vt* in ein System bringen, nach einem System (an)ordnen; **system check** *s* (INFORM) Systemprüfung *f;* **system crash** *s* (INFORM) Systemabsturz *m;* **system disk** *s* (INFORM) Systemdiskette *f;* **system error** *s* Systemfehler *m;* **systems analysis** *s* Systemanalyse *f;* **systems analyst** *s* Systemanalytiker(in) *m(f);* **system software** *s* (INFORM) Systemsoftware *f*

Tt

T, t [tiː] <*pl* -'s> *s* T, t *nt;* **to a** ~ ganz genau, aufs Haar
ta [tɑː] *interj* (*fam*) danke
tab [tæb] *s* ① Aufhänger *m;* Öse *f;* Lasche *f* ② Etikett *nt;* Namensschild *nt* ③ (Karten)Reiter *m* ④ (AVIAT) Klappe *f* ⑤ (*Am fam*) Rechnung *f* ⑥ (*fam: Schreibmaschine*) Tabulator *m;* **keep** ~**s on** (*fam*) genau kontrollieren
tab·by ['tæbɪ] **I.** *adj* (*fam: Katze*) getigert **II.** *s* (weibliche) Katze
tab·er·nacle ['tæbənækl] *s* ① (REL) Stiftshütte *f* ② Gotteshaus *nt* ③ Tabernakel *nt od m*
tab key ['tæbkiː] *s* Tabulatortaste *f*
table ['teɪbl] **I.** *s* ① Tisch *m* ② Tischgesellschaft *f* ③ Tabelle, Liste *f,* Verzeichnis *nt;* **lay (clear) the** ~ den Tisch decken (abräumen); **at the** ~ am Tisch; **at** ~ bei Tisch; **lay on the** ~ zur Diskussion vorschlagen; (*Am*) auf die lange Bank schieben; **put on the** ~ zur Sprache bringen, zur Diskussion stellen; anschneiden; **turn the** ~**s** (*fig*) den Spieß umkehren (*on s.o.* gegenüber jdm); **the** ~**s have turned** das Blatt hat sich gewendet; ~ **of contents** (*Buch*) Inhaltsverzeichnis *nt;* **multiplication** ~**s** Einmaleins *nt* **II.** *vt* ① in Tabellenform zusammenstellen ② (*Br: Anfrage im Parlament*) einbringen; **table·cloth** *s* Tischtuch *nt;* **table land** *s* (GEOG) Tafelland, Plateau *nt;* **table-lift·ing** ['teɪblˌlɪftɪŋ] *s* Tisch-

rücken *nt* (*der Spiritisten*); **table linen** *s* Tischwäsche *f;* **table manners** *s pl* Tischmanieren *fpl;* **table mat** *s* Set *nt od m;* **table·spoon** ['teɪblspu:n] *s* Esslöffel *m*

tab·let ['tæblɪt] *s* ❶ Gedenktafel *f* ❷ (MED) Tablette *f* ❸ (*Seife*) Stück *nt;* (*Schokolade, Wachs*) Täfelchen *nt*

table talk ['teɪbltɔ:k] *s* Tischgespräch *nt;* **table tennis** *s* Tischtennis *nt;* **tableware** ['teɪblweə(r)] *s* Tafelgeschirr *nt;* **table wine** *s* Tafelwein *m*

tab·loid [tæblɔɪd] *s* (*kleinformatige*) Boulevardzeitung *f*

ta·boo, ta·bu [tə'bu:] **I.** *s* Tabu *nt* **II.** *adj* tabu, verboten **III.** *vt* für tabu erklären

tabu·lar ['tæbjʊlə(r)] *adj:* **in ~ form** in Tabellenform; **tabu·late** ['tæbjʊleɪt] *vt* in Tabellenform bringen; **tabu·la·tion** [ˌtæbjʊ'leɪʃn] *s* tabellarische Anordnung; **tabu·la·tor** ['tæbjʊleɪtə(r)] *s* (*Tastatur*) Tabulator *m*

tacho ['tækəʊ] *s* (*fam*) Tacho *m;* **tacho·graph** ['tækəgrɑ:f] *s* Fahrtenschreiber, Tachograph *m*

tacit ['tæsɪt] *adj* stillschweigend; **taci·turn** ['tæsɪtɜ:n] *adj* schweigsam, wortkarg; **taci·tur·nity** [ˌtæsɪ'tɜ:nətɪ] *s* Schweigsamkeit *f*

tack [tæk] **I.** *s* ❶ Reißbrettstift *m,* Heftzwecke *f;* kleiner Nagel, Stift *m* ❷ Heftstich *m;* Heften *nt* ❸ (MAR) (Kreuz)Schlag *m* ❹ (*fig*) Kurs *m,* **on the wrong ~** (*fig*) auf dem Holzweg; **take** [*o* **try**] **a different ~** es anders versuchen **II.** *vt* ❶ mit Stiften befestigen ❷ heften ❸ (*fig*) hinzufügen (*on to s.th.* an etw); **~ together** zusammenfügen **III.** *vi* ❶ (MAR) aufkreuzen; wenden ❷ heften

tackle ['tækl] **I.** *s* ❶ Ausrüstung *f* ❷ (MAR) Tauwerk *nt* ❸ Flaschenzug *m* ❹ (*Fußball etc*) Angreifen, Tackling *nt;* **fishing ~** Angelsportgerät *nt;* (*fam*) Angelzeug *nt* **II.** *vt* ❶ ergreifen, packen; (SPORT) angreifen ❷ (*Problem, Arbeit*) anpacken, in Angriff nehmen ❸ angehen (*s.o. about/over s.th.* jdn wegen etw)

tacky ['tækɪ] *adj* ❶ klebrig ❷ (*fam*) schäbig, billig

tact [tækt] *s* Takt *m,* Fein-, Fingerspitzengefühl *nt;* **tact·ful** ['tæktfl] *adj* taktvoll

tac·ti·cal ['tæktɪkl] *adj* taktisch; **tac·ti·cian** [tæk'tɪʃn] *s* Taktiker(in) *m(f);* **tac·tics** ['tæktɪks] *s pl* Taktik *f*

tac·tile ['tæktaɪl] *adj:* **~ sense** Tastsinn *m*

tact·less ['tæktlɪs] *adj* taktlos; **tact·less·ness** [-nɪs] *s* Taktlosigkeit *f*

tad·pole ['tædpəʊl] *s* Kaulquappe *f*

taf·feta ['tæfɪtə] *s* Taft *m*

tag [tæg] **I.** *s* ❶ Etikett *nt,* Preiszettel *m;* Schildchen *nt* ❷ Aufhänger *m* ❸ stehende Redensart, Floskel *f,* Spruch *m* ❹ (GRAM) Bestätigungsfrage *f* ❺ (*Spiel*) Fangen *nt;* **price ~** Preisschild *nt* **II.** *vt* ❶ hinzufügen (*to* an) ❷ mit einem Anhänger, Schildchen, Etikett versehen ❸ (COM) auszeichnen ❹ (*Am fam*) einen Strafzettel verpassen *dat* **III.** *vi* hinterher-, nachlaufen (*after s.o.* jdm); **tag along** *vi* mitgehen, -kommen; **tag around with s.o.** *vi* mit jdm immer zusammen sein; **tag on I.** *vt* anhängen **II.** *vi* sich anhängen (*to* an); **tag together** *vt* zusammenheften

tai·ga ['taɪgə] *s* (GEOG) Taiga *f*

tail [teɪl] **I.** *s* ❶ Schwanz, Schweif *m* ❷ (*fig*) Ende *nt* ❸ Rockschoß *m;* Hemdzipfel *m* ❹ (AVIAT) Heck *nt* ❺ **~s** (*Münze*) Zahlseite *f* ❻ **~s** Frack *m* ❼ (*fig*) Schatten *m* ❽ (*sl pej*) Weibsbild; **wag its ~** mit dem Schwanz wedeln; **put a ~ on s.o.** jdn beschatten lassen; **put one's ~ between one's legs** (*fig*) den Schwanz einziehen; **turn ~** Reißaus nehmen; **I can't make head nor ~ of it** daraus werde ich nicht schlau; **heads or ~s?** Kopf oder Zahl? **II.** *vt* beschatten; folgen (*s.o.* jdm); **tail after s.o.** *vi* jdm hinterherlaufen; **tail back** *vi* (*Verkehr*) sich stauen; **tail off, tail away** *vi* ❶ abnehmen; schwächer werden ❷ schlechter werden, nachlassen

tail·back ['teɪlbæk] *s* (Auto)Schlange *f,* Stau *m;* **tail·board** *s* (Lade)Klappe *f;* **tail end** *s* hinteres Ende; Schluss *m;* **at the ~** ganz am Schluss; **tail·gate** ['teɪlgeɪt] **I.** *s* Hecktür *f;* Ladeklappe *f* **II.** *vi* dicht auffahren; **tail·less** ['teɪllɪs] *adj* schwanzlos; **tail·light** *s* (AUTO) Rücklicht *nt*

tailor ['teɪlə(r)] **I.** *s* Schneider(in) *m(f)* **II.** *vt* ❶ schneidern ❷ (*fig*) zuschneiden (*to* auf); **tailor-made** ['teɪləmeɪd] *adj* ❶ nach Maß angefertigt; maßgeschneidert ❷ (*fig*) zugeschnitten (*for* auf)

tail·piece ['teɪlpi:s] *s* ❶ Anhang *m,* Anhängsel *nt* ❷ (AVIAT) Heck *nt* ❸ (TYP) (Schluss)Vignette *f;* **tail·pipe** ['teɪlpaɪp] *s* (*Am*) Auspuffrohr *nt;* **tail·spin** *s* (AVIAT) Trudeln *nt;* **tail wind** *s* Rückenwind *m*

taint [teɪnt] **I.** *vt* ❶ verderben (*with* durch) ❷ (*fig: Ruf*) beflecken **II.** *s* ❶ Makel *m;* (Schand)Fleck *m* ❷ (krankhafte) Anlage *f* (*of* zu); **be free from ~** (*Fleisch*) (noch) nicht verdorben sein; **taint·less** [-lɪs] *adj* makel-, fleckenlos

take [teɪk] <*irr:* took, taken> **I.** *vt* ❶ nehmen ❷ an sich nehmen ❸ mitnehmen (*to* zu, nach) ❹ begleiten (*to* zu, nach) ❺ (*Verantwortung*) auf sich nehmen ❻ (*Preis*) gewinnen ❼ (*Examen*) machen ❽ (*Leh-*

rer) unterrichten; (*Schüler*) nehmen ❾ (*Reise, Spaziergang*) machen ❿ (*Tier*) fangen ⓫ ergreifen, packen; gefangen nehmen ⓬ (*Arznei*) einnehmen ⓭ (*Temperatur*) messen ⓮ (*Behandlung*) sich unterziehen ⓯ nehmen, (aus)wählen, sich entschließen zu; (*Stelle*) annehmen ⓰ auffassen, ansehen (*for* als), halten (*for* für) ⓱ verstehen, begreifen ⓲ (*unpersönliche Konstruktion*) brauchen ⓳ (*Hindernis*) nehmen, sich hinwegsetzen über; (*fig*) überwinden ⓴ (*Film, Foto*) machen ㉑ sich gefallen lassen; (*Alkohol, Essen*) vertragen; (*Enttäuschung*) fertig werden mit ㉒ (*Nachricht*) reagieren auf ㉓ annehmen; halten (*s.o. for s.th.* jdn für etw) ㉔ (MATH) abziehen ㉕ (GRAM) stehen mit; ~ **into account** in Betracht ziehen; ~ **legal advice** zum Rechtsanwalt, zur Rechtsberatung gehen; ~ **one's bearings** sich orientieren; ~ **the blame** die Schuld auf sich nehmen; ~ **a deep breath** tief Atem holen; ~ **a chair** [*o* **seat**] sich setzen, Platz nehmen; ~ **the chair** den Vorsitz übernehmen; ~ **a chance** etwas wagen, riskieren; ~ **charge of** sich kümmern um, Acht geben auf; die Leitung +*gen* in die Hand nehmen; ~ **into confidence** ins Vertrauen ziehen; ~ **into consideration** in Erwägung ziehen; ~ **cover** Schutz suchen, in Deckung gehen; ~ **a short cut** den Weg abkürzen; ~ **a degree** ein Examen ablegen; ~ **effect** wirksam werden; ~ **fire** Feuer fangen; ~ **for granted** für selbstverständlich halten; ~ **a hint** einen Wink verstehen; ~ **hold of s.th.** sich einer S bemächtigen; ~ **interest in** Interesse haben an; ~ **one's leave** sich verabschieden (*of* von); ~ **a liking to s.o.** sich zu jdm hingezogen fühlen; ~ **a look** einen Blick werfen (*at* auf); ~ **measures** Maßnahmen ergreifen; ~ **the mickey out of s.o.** (*fam*) jdn veräppeln; ~ **a nap** ein Nickerchen machen; ~ **a note of s.th.** etw notieren, *fig* bemerken; ~ **notes** sich Notizen machen; ~ **notice of** beachten, Notiz nehmen von; ~ **an oath** einen Eid leisten; schwören; ~ **offence at** sich beleidigt fühlen durch; ~ **orders** gehorchen; ~ **part in** teilnehmen an; ~ **s.o.'s picture** jdn aufnehmen, fotografieren; ~ **to pieces** auseinander nehmen; ~ **pity on** Mitleid haben mit; ~ **place** stattfinden; ~ **s.o.'s place** an jds Stelle treten; ~ **pleasure in** Vergnügen haben, finden an; ~ **possession of** Besitz ergreifen von; ~ **a resolution** einen Entschluss fassen; ~ **a rest** sich ausruhen; ~ **time** Zeit brauchen; ~ **one's time** sich Zeit lassen (*to* zu); ~ **the trouble** sich die Mühe machen, sich bemühen (*to* zu); ~ **turns** (sich) abwechseln; ~ **a turn for the better/worse** eine Wendung zum Besseren/Schlechteren nehmen; **it ~s 5 hours** man braucht 5 Stunden; **he ~s a size nine shoe** er hat (Schuh)Größe 9; **that doesn't ~ much brains** dazu gehört nicht viel Verstand; **how does that ~ you?** wie findest du das?; ~ **it from me!** glaube mir!; ~ **it or leave it** wie du willst; **I can't ~ it any more** ich kann nicht mehr; **I find that hard to ~** es fällt mir schwer, das hinzunehmen, zu verkraften, zu ertragen; **be ~n ill** krank werden; **be ~n with s.o.** von jdm angetan sein **II.** *vi* ❶ (*Pflanze*) anwachsen, Wurzeln schlagen; (*Feuer*) angehen; (*Farbe*) angenommen werden; (*Impfung*) anschlagen ❷ (*Fisch*) anbeißen ❸ Anklang, Beifall finden ❹ Abbruch tun, abträglich sein (*from dat*); ~ **ill** krank werden; ~ **long** lange dauern **III.** *s* ❶ (*Am*) Einnahmen *fpl* ❷ Beute *f;* Fang *m* ❸ (FILM) Aufnahme *f;* **be on the ~** Bestechungsgeld nehmen; **take aback** *vt* überraschen; **take after** *vi* ❶ nachschlagen (*s.o.* jdm) ❷ ähnlich sein (*s.o.* jdm); **take along** *vt* mitnehmen; **take apart** *vt* auseinander nehmen; **take away** *vt* ❶ wegnehmen ❷ (MATH) abziehen ❸ (*Essen*) mitnehmen; ~ **away from s.th.** etw schmälern, mindern; **take back** *vt* ❶ zurücknehmen ❷ (*Ware*) zurückbringen ❸ erinnern (*to* an); **take down** *vt* ❶ herunternehmen; abnehmen ❷ ab-, einreißen; abbauen ❸ demütigen ❹ aufschreiben; notieren; **I took him down a peg or two** (*fig*) ich habe ihm einen Dämpfer aufgesetzt; **take for** *vt* halten für; **take home** *vt* ❶ nach Hause bringen ❷ (*Geld*) netto verdienen; **take in** *vt* ❶ annehmen ❷ (*Kleid*) enger machen ❸ einschließen ❹ wahrnehmen; verstehen, begreifen ❺ täuschen, hereinlegen ❻ zu sich nehmen, aufnehmen; (COM) in Kost nehmen ❼ (*Ernte*) einbringen ❽ (*Geld*) einnehmen; **take off I.** *vt* ❶ wegnehmen ❷ (*Telefonhörer, Deckel*) abnehmen ❸ (*Kleidung*) ausziehen; (*Hut*) abnehmen ❹ abziehen, subtrahieren; (*vom Preis*) nachlassen ❺ (*Zug*) ausfallen lassen ❻ nachmachen, -äffen ❼ (*Tag*) freinehmen ❽ (*Person*) mitnehmen; abführen **II.** *vi* ❶ sich entfernen ❷ (AVIAT) starten; ~ **o.s. off** weggehen; ~ **s.o.'s mind off s.th.** jdn von etw ablenken; ~ **s.th. off s.o.'s hands** jdm etw abnehmen; **take on I.** *vt* ❶ beschäftigen, einstellen ❷ auf sich nehmen; (*Arbeit*) annehmen ❸ spielen gegen;

kämpfen gegen; sich auseinander setzen mit ❹ (*Farbe, Ausdruck*) bekommen, annehmen **II.** *vi* ❶ (*fam*) sich furchtbar ärgern ❷ (*fam*) ankommen, in Mode kommen (*among* bei); **take out** *vt* ❶ herausnehmen, entfernen ❷ hinausbringen; hinausfahren ❸ (*Geld*) abheben ❹ (*Patent*) nehmen, erwirken; (*Versicherung*) abschließen ❺ (*Am: Essen*) mitnehmen ❻ ausführen, begleiten ❼ (*euph*) zerstören; töten; ~ **it out of s.o.** jdn mitnehmen, jdn schlauchen; ~ **it out on s.o.** seinen Ärger an jdm auslassen; ~ **s.o. out of himself** jdn seine Sorgen vergessen lassen; ~ **out an annual subscription to s.th.** etw im Jahresabonnement beziehen; **take over I.** *vt* ❶ (*Geschäft, Amt*) übernehmen ❷ (*Person*) hinüberbringen; mitnehmen **II.** *vi* an die Macht, Regierung kommen; (*fam*) das Heft an sich reißen; ~ **over from s.o.** jdn ablösen; **take to** *vi* ❶ Gefallen finden an; (*Person*) sympathisch finden ❷ Zuflucht nehmen zu; ~ **to doing s.th.** anfangen, etw zu tun; **take up I.** *vt* ❶ aufnehmen; hochheben ❷ hinaufbringen ❸ aufsaugen, absorbieren ❹ (*Zeit*) in Anspruch nehmen; (*Platz*) einnehmen ❺ übernehmen ❻ (*Beschäftigung*) aufnehmen ❼ (*Kredit, Einladung*) annehmen ❽ (*Hobby*) sich zulegen ❾ (*Rock*) kürzer machen ❿ (*Angelegenheit*) besprechen; eingehen auf ⓫ (*Thema*) wieder aufnehmen ⓬ (*Redner*) berichtigen ⓭ (*Wohnung*) beziehen ⓮ (*Gedanken*) aufgreifen ⓯ fördern, sich einsetzen für ⓰ (FIN: *Option*) ausüben; (*Aktien*) zeichnen **II.** *vi* weitermachen; **I'll ~ you up on that** ich nehme Sie beim Wort; **be ~n up with** beschäftigt sein mit; **take up with** *vi* sich anfreunden mit

take·away ['teɪkəweɪ] *s* ❶ Essen *nt* zum Mitnehmen ❷ Imbissstube *f;* Restaurant *nt* für Außer-Haus-Verkauf; **take-home pay** ['teɪkhəʊm'peɪ] *s* Nettolohn *m;* **take-in** ['teɪkɪn] *s* (*fam*) Schwindel *m,* Gaunerei *f,* Betrug *m;* **taken** ['teɪkn] *s.* take; **take-off** ['teɪkɒf] *s* ❶ (AVIAT) Abflug, Start *m* ❷ (*fam*) Nachmachen *nt,* Karikieren *nt;* Nachahmung *f;* ~ **clearance** Startfreigabe *f;* **do a ~ of s.o.** jdn nachmachen; **take-out** ['teɪkaʊt] *s* (*Am sl*) Fertiggericht *nt* zum Mitnehmen; **take·over** ['teɪk,əʊvə(r)] *s* Übernahme *f;* **takeover bid** *s* Übernahmeangebot *nt;* **takeover target** *s* (COM) Übernahmeobjekt *nt*

taker ['teɪkə(r)] *s* ❶ Käufer(in) *m(f),* Interessent(in) *m(f)* ❷ Wettende(r) *f m;* **any ~s?** wer wettet?; (*bei Auktion*) wer bietet?, wer ist (daran) interessiert?

take-up ['teɪkʌp] *s* ❶ Inanspruchnahme *f* ❷ (*Tonband*) Aufwickeln, Aufspulen *nt;* **take-up spool** *s* (*Tonband*) Aufwickelspule *f*

tak·ing ['teɪkɪŋ] **I.** *adj* sympathisch **II.** *s* ❶ Entnahme *f* ❷ **~s** Einnahmen *fpl* ❸ (MIL) Einnahme *f;* **on ~** bei Entnahme; **~ an inventory** Inventur *f;* **~ out a policy** Abschluss *m* einer Versicherung; **tak·ing-over** [,teɪkɪŋ'əʊvə(r)] *s* Übernahme *f;* **tak·ing-up** [,teɪkɪŋ'ʌp] *s* (COM) Aufnahme *f;* **~ of a loan** Kreditaufnahme *f*

talc [tælk] *s* (MIN) Talk *m;* **tal·cum** ['tælkəm] *s* (~ *powder*) Talkum-, Körperpuder *m*

tale [teɪl] *s* ❶ Erzählung, Geschichte *f* ❷ Lüge, Erfindung *f* ❸ Bericht *m;* Gerede *nt;* **tell ~s** klatschen, (aus)plaudern

tal·ent ['tælənt] *s* ❶ Talent *nt,* Begabung, Fähigkeit *f* ❷ (*fam*) anziehende Frau; **to have a ~ for** begabt sein für; **talented** [-ɪd] *adj* begabt, befähigt

tal·is·man ['tælɪzmən] <*pl* -mans> *s* Talisman, Glücksbringer *m*

talk [tɔːk] **I.** *vi* ❶ sprechen, reden (*about, of, on* von, über, *to, with s.o.* mit jdm) ❷ plaudern, schwatzen; klatschen; ~ **big** (*sl*) angeben, prahlen; ~ **through one's hat** (*sl*) Unsinn reden; **now you are ~ing** das lässt sich hören!; **you can ~!** du hast gut reden!; ~ **to me!** sag' doch was!; ~ **to o.s.** Selbstgespräche führen; **~ing of holidays** da wir gerade vom Urlaub sprechen **II.** *vt* ❶ (*Sprache*) sprechen; (*Unsinn*) reden ❷ reden, sprechen über ❸ überreden (*into doing s.th.* etw zu tun); ~ **s.o. into s.th.** jdm etw einreden; ~ **s.o. out of s.th.** jdm etw ausreden; **be ~ed about** [*o* **of**] ins Gerede kommen; **let's ~ business** kommen wir zur Sache; ~ **scandal** klatschen; ~ **sense** vernünftig reden; ~ **shop** fachsimpeln **III.** *s* ❶ Gespräch *nt,* Unterhaltung *f* ❷ Diskussion, Aussprache, Besprechung *f* ❸ Gerede, Geschwätz *nt* ❹ Vortrag *m;* **be all ~** immer nur reden; **be the ~ of the town** in aller Munde sein; **there is ~ of** man spricht von, man sagt; **small ~** Smalltalk *m;* **talk back** *vi* (scharf) erwidern, antworten; frech sein; **talk down** *vt* ❶ zum Schweigen bringen ❷ (AVIAT) heruntersprechen; ~ **down to s.o.** mit jdm herablassend reden; **talk on** *vi* weiterreden; **talk out** *vt* ❶ (*Thema*) erschöpfen(d behandeln ❷ (PARL) durch lange Debatten hinauszögern; ~ **s.o. out of s.th.** jdn von etw abbringen; ~ **one's way out of s.th.** sich aus etw herausreden; **talk over** *vt* bereden, besprechen; **talk round**

vt umstimmen; ~ **round s.th.** um etw herumreden; **talk through** *vt:* ~ **s.th. through** etw diskutieren; ~ **s.o. through s.th.** etw mit jdm durchsprechen

talka·tive [ˈtɔːkətɪv] *adj* redselig, gesprächig; **talker** [ˈtɔːkə(r)] *s* ❶ Sprecher(in) *m(f),* Redner(in) *m(f)* ❷ Schwätzer(in) *m(f);* **talk·ing** [ˈtɔːkɪŋ] **I.** *adj* sprechend; ~ **picture** Tonfilm *m* **II.** *s* Reden *nt;* **talking point** *s* Gesprächsgegenstand *m;* **talking shop** *s* (*pej*) Laberrunde *f;* **talk·ing-to** [ˈtɔːkɪŋtuː] *s* (*fam*) Schimpfe, Schelte *f;* **talk show** *s* (TV) Talkshow *f*

tall [tɔːl] *adj* groß; hoch; lang; **a ~ order** eine Zumutung; **a ~ story** eine unglaubliche Geschichte

? Grammatik

tall wird besonders für die Größe von Personen und schmalen, aufragenden Gegenständen gebraucht: *Tim is tall. The office is that tall building on the corner.*

high wird für ungewöhnlich hohe Objekte gebraucht: *a high shelf/wall/mountain.*

tall·boy [ˈtɔːlbɔɪ] *s* Aufbaukommode *f;* **tall·ness** [ˈtɔːlnɪs] *s* Größe *f*

tal·low [ˈtæləʊ] *s* Talg *m*

tally [ˈtælɪ] **I.** *s* ❶ Anschreibbuch *nt* ❷ (Ab)Rechnung *f;* **keep a ~ of** Buch führen über **II.** *vt* (~ *up*) zusammenrechnen, -zählen **III.** *vi* übereinstimmen, sich decken (*with* mit)

tally-ho [ˌtælɪˈhəʊ] *interj* (*Jagd*) hallo

tally·man [ˈtælɪmən] <*pl* -men> *s* Ladungs-, Staugüterkontrolleur *m;* **tally sheet** *s* Strichliste *f*

talon [ˈtælən] *s* (*a. fig*) Kralle *f*

tam·able [ˈteɪməbl] *adj* zähmbar

tam·ar·ind [ˈtæmərɪnd] *s* (*tropischer Baum; Frucht*) Tamarinde *f*

tam·ar·isk [ˈtæmərɪsk] *s* (*Strauch*) Tamariske *f*

tam·bour [ˈtæmbʊə(r)] *s* ❶ (MUS) Trommel *f* ❷ (ARCH) Säulentrommel *f* ❸ Stickrahmen *m* ❹ (*Schreibtisch*) Rollo *nt;* **tam·bour·ine** [ˌtæmbəˈriːn] *s* Tamburin *nt*

tame [teɪm] **I.** *adj* ❶ zahm; gezähmt ❷ matt, fade, schal ❸ langweilig, uninteressant **II.** *vt* ❶ (be)zähmen ❷ (*fig*) gefügig machen; **tamer** [ˈteɪmə(r)] *s* (Tier)Bändiger(in) *m(f),* Dompteur(in) *m(f)*

tam-o'-shan·ter [ˌtæməˈʃæntə(r)] *s* (runde) Schottenmütze *f*

tamp [tæmp] *vt* ❶ ab-, verdämmen ❷ feststampfen; **tam·per** [ˈtæmpə(r)] *s* ❶ Ramme *f* ❷ (Pfeifen)Stopfer *m*

tam·per with [ˈtæmpə(r) ˈwɪð] *vt* sich zu schaffen machen an; herumpfuschen an; (*Abrechnungen*) frisieren; (*Dokument*) fälschen; **tamper-proof** [ˈtæmpə(r) pruːf] *adj* gegen Missbrauch geschützt

tam·pon [ˈtæmpən] *s* (MED) Tampon *m*

tan [tæn] **I.** *s* ❶ Hellbraun *nt* ❷ Sonnenbräune *f* **II.** *adj* hellbraun **III.** *vt* ❶ gerben ❷ (*in der Sonne*) bräunen; ~ **s.o.'s hide** jdn verdreschen **IV.** *vi* (*in der Sonne*) braun werden

tan·dem [ˈtændəm] **I.** *s* Tandem *nt* **II.** *adv* hintereinander

tang [tæŋ] *s* penetranter Geruch; scharfer Geschmack

tan·gent [ˈtændʒənt] *s* Tangente *f;* **fly** [*o* **go**] **off at a ~** (*fig*) vom Thema abkommen; plötzlich eine andere Richtung einschlagen; **tan·gen·tial** [tænˈdʒenʃl] *adj* (MATH) tangential; **this is only ~ to the question** das berührt die Frage nur am Rande

tan·ger·ine [ˌtændʒəˈriːn, *Am* ˈtændʒəriːn] *s* Mandarine *f*

tan·gible [ˈtændʒəbl] *adj* ❶ fühl-, greifbar ❷ (*fig: Beweis, Resultat*) greifbar; **tangible assets** *s pl* (COM) Sachanlagen *fpl*

tangle [ˈtæŋgl] **I.** *vt* verwirren; **get ~d** (**up**) sich verwickeln, sich verwirren; (*fig*) verwickelt werden (*in* in) **II.** *s* ❶ Gewirr *nt* ❷ (*fig*) Wirrwarr *m,* Durcheinander *nt* ❸ Streit *m,* Auseinandersetzung *f*

tango [ˈtæŋgəʊ] <*pl* tangos> **I.** *s* Tango *m* **II.** *vi* Tango tanzen

tangy [ˈtæŋɪ] *adj* stark riechend; scharf (schmeckend)

tank [tæŋk] *s* ❶ Tank, Behälter *m;* Kessel *m* ❷ Tank, Panzer *m;* **tank up** *vt* ❶ auftanken; volltanken ❷ (*sl*) sich besaufen; **be ~ed up** besoffen sein

tank·ard [ˈtæŋkəd] *s* Maßkrug *m*

tanker [ˈtæŋkə(r)] *s* ❶ Tanker *m,* Tankschiff *nt* ❷ (*flying ~*) Tankerflugzeug *nt* ❸ (AUTO) Tankwagen, -lastzug *m*

tanned [tænd] *adj* ❶ (*Person*) braun ❷ (*Tierhäute*) gegerbt

tan·ner [ˈtænə(r)] *s* Gerber(in) *m(f);* **tan·nery** [ˈtænərɪ] *s* Gerberei *f;* **tan·nic** [ˈtænɪk] *adj:* ~ **acid** Gerbsäure *f;* **tan·nin** [ˈtænɪn] *s* Tannin *nt;* **tan·ning** [ˈtænɪŋ] *s* ❶ (*Prozess*) Gerben *nt;* (*Fertigkeit*) Gerberei *f* ❷ (*fam*) Dresche *f;* ~ **lotion** Bräunungslotion *f*

tan·noy® [ˈtænɔɪ] *s* Lautsprecheranlage *f*

tan·ta·lize [ˈtæntəlaɪz] *vt* ❶ auf die Folter spannen ❷ foppen; quälen; **tan·ta·liz·ing** [-ɪŋ] *adj* verlockend; verführerisch

tan·ta·mount ['tæntəmaʊnt] *adj* gleichbedeutend (*to* mit); **be ~ to s.th.** einer S gleichkommen

tan·trum ['tæntrəm] *s* Wutanfall *m*

Tan·za·nia [,tænzə'nɪə] *s* Tansania *nt;* **Tan·za·ni·an** [,tænzə'nɪən] **I.** *adj* tansanisch **II.** *s* Tansanier(in) *m(f)*

tap¹ [tæp] **I.** *s* Hahn *m;* **on ~** (*Bier*) vom Fass; (*fig*) verfügbar; **turn a ~ on/off** einen Hahn auf-/zudrehen **II.** *vt* ❶ (*a.* ELEK) anzapfen ❷ (*Telefon*) abhorchen, -hören ❸ (*Markt*) erschließen; **~ the reserves** die Vorräte angreifen

tap² [tæp] **I.** *vt* klopfen (*s.o. on the shoulder* jdm auf die Schulter); **~ s.th. against s.th.** mit einer S an etw klopfen **II.** *s* ❶ Klopfen *nt* (*on the window* an das Fenster, *at the door* an die Tür) ❷ Klaps *m* ❸ **~s** (*Am*) Zapfenstreich *m;* **tap-dance** ['tæpdɑ:ns] **I.** *vi* steppen **II.** *s* Stepptanz *m*

tape [teɪp] **I.** *s* ❶ Band *nt* ❷ (Papier)Streifen *m;* Klebestreifen *m* ❸ (TELE) Lochstreifen *m* ❹ Ton-, Videoband *nt* ❺ (SPORT) Zielband *nt;* **adhesive ~** Klebestreifen *m;* **red ~** Bürokratie *f;* Amtsschimmel *m* **II.** *vt* ❶ mit einem Band befestigen; mit einem Klebestreifen verkleben ❷ auf Band aufnehmen; **have s.th./s.o. ~d** (*fam*) etw/jdn gründlich kennen; **tape cassette** *s* Tonbandkassette *f;* **tape deck** *s* Tapedeck *nt;* **tape measure** *s* Bandmaß *nt*

taper ['teɪpə(r)] **I.** *s* (Wachs)Kerze *f* **II.** *vt* spitz zulaufen lassen **III.** *vi* spitz zulaufen, sich verjüngen; abnehmen; **~ off** abklingen; auslaufen, zu Ende gehen

tape reader ['teɪp,ri:də(r)] *s* Lochstreifenleser *m;* **tape-re·cord** ['teɪprɪ'kɔ:d] *vt* auf Band aufnehmen; **tape re·corder** ['teɪprɪ'kɔ:də(r)] *s* Tonbandgerät *nt;* **tape re·cord·ing** ['teɪprɪ'kɔ:dɪŋ] *s* Bandaufnahme *f*

tapered wing [,teɪpəd'wɪŋ] *s* (AVIAT) Trapezflügel *m*

tap·es·try ['tæpɪstrɪ] *s* Wandbehang, -teppich, Gobelin *m*

tape·worm ['teɪpwɜ:m] *s* Bandwurm *m*

tapi·oca [,tæpɪ'əʊkə] *s* Tapioka *f,* Tapiokamehl *nt*

ta·pir ['teɪpə(r)] *s* Tapir *m*

tap·pet ['tæpət] *s* (TECH) Stößel, Mitnehmer *m*

tap·room ['tæprʊm] *s* Schankraum *m;* **tap root** *s* (BOT) Pfahlwurzel *f;* **tap stock** *s* (FIN) Staatsanleihe *f;* **tap water** *s* Leitungswasser *nt*

tar [tɑ:(r)] **I.** *s* Teer *m* **II.** *vt* teeren; **they are ~red with the same brush** von ihnen ist einer nicht mehr wert als der andere

ta·ran·tula [tə'ræntjʊlə] *s* (*große, giftige Spinne*) Tarantel *f*

tardy ['tɑ:dɪ] *adj* ❶ spät ❷ säumig, verspätet; **be ~ for s.th.** zu etw zu spät kommen

tare [teə(r)] *s* (COM) Tara *f*

tar·get ['tɑ:gɪt] **I.** *vt* zielen auf; richten auf **II.** *s* ❶ Schieß-, Zielscheibe *f* ❷ (POL COM) Ziel *nt* ❸ (*Produktion*) Soll *nt,* Planziffer *f;* **sales ~** Verkaufsziel *nt;* **target date** *s* ❶ (COM) Fälligkeitsdatum *nt* ❷ Liefertermin *m;* **target figures** *s pl* Sollzahlen *fpl;* **target language** *s* Zielsprache *f;* **target practice** *s* (MIL) Zielschießen *nt;* **target price** *s* ❶ Richtpreis *m* ❷ angestrebter Preis; **tar·get·ed** ['tɑ:gɪtəd] *adj* zielgerichtet

tar·iff ['tærɪf] *s* ❶ (Zoll-, Versicherungs)Tarif *m;* Zoll(satz) *m* ❷ Gebührensatz *m* ❸ Preisliste *f;* **tariff barrier** *s* (COM) Zollschranke *f*

tar·mac ['tɑ:mæk] **I.** *vt* asphaltieren **II.** *s* ❶ Asphalt, Teermakadam *m* ❷ (AVIAT) (asphaltiertes) Rollfeld

tarn [tɑ:n] *s* (kleiner) Bergsee *m*

tar·nish ['tɑ:nɪʃ] **I.** *vt* ❶ (*fig*) beflecken ❷ (*Metall*) stumpf werden lassen; mattieren **II.** *vi* seinen Glanz verlieren; trübe, matt werden; anlaufen **III.** *s* ❶ Anlaufen *nt;* Beschlag *m* ❷ (*fig*) Makel *m*

tar·pau·lin [tɑ:'pɔ:lɪn] *s* Zeltplane *f*

tar·ra·gon ['tærəgən] *s* Estragon *m*

tarry ['tɑ:rɪ] *adj* teerig

tar·sus ['tɑ:səs, *pl* 'tɑ:saɪ] <*pl* -si> *s* (ANAT) Fußwurzel *f,* Tarsus *m*

tart¹ [tɑ:t] *adj* ❶ scharf, herb, sauer ❷ (*fig*) beißend, spitz

tart² [tɑ:t] *s* ❶ Obsttorte *f* ❷ (*Am*) Törtchen *nt;* **apple-/cherry-~** Apfel-/Kirschtorte *f*

tart³ [tɑ:t] *s* (*pej*) Nutte *f;* **tart up** *vt* aufmachen, auftakeln, herausputzen

tar·tan ['tɑ:tn] *s* Schottenmuster *nt*

tar·tar¹ ['tɑ:tə(r)] *s* (*fig*) Tyrann *m;* Xanthippe *f;* **catch a ~** an den Unrechten kommen

tar·tar² ['tɑ:tə(r)] *s* Wein-, Zahnstein *m;* **tar·taric** [tɑ:'tærɪk] *adj:* **~ acid** Weinsteinsäure *f;* **tartar(e) sauce** *s* Remouladensoße *f*

task [tɑ:sk] *s* Aufgabe *f;* Pflicht *f;* **take to ~** zur Rede stellen (*for, about* wegen); **task force** *s* Sondereinheit *f;* Arbeitsgruppe *f;* **task·master** *s* Zuchtmeister *m;* **a hard ~** ein strenger Meister

tas·sel ['tæsl] *s* Troddel, Quaste *f*

taste [teɪst] **I.** *vt* ❶ (*Speise*) kosten, versuchen ❷ (ab)schmecken ❸ essen ❹ (*fig*) erfahren, erleben **II.** *vi* schmecken (*of* nach) **III.** *s* ❶ Geschmackssinn *m;*

Geschmack *m* (*einer Speise*) ② Kostprobe *f* ③ (*fig*) Vorgeschmack *m* ④ (guter) Geschmack *m* ⑤ Vorliebe *f* (*for* für), Neigung *f* (*for* zu), Sinn *m* (*for* für); **in (good)** ~ geschmack-, taktvoll; **in bad** [*o* **poor**] ~ geschmacklos; **to** ~ (*Küche*) nach Geschmack; **to s.o.'s** ~ nach jds Geschmack; **leave a bad** ~ **in one's mouth** einen schlechten Nachgeschmack haben; **taste·bud** ['teɪstbʌd] *s* Geschmacksknospe *f*; **taste·ful** ['teɪstfl] *adj* geschmackvoll; **taste·less** [-lɪs] *adj* ① fade, nach nichts schmeckend ② (*fig*) geschmacklos; **taster** ['teɪstə(r)] *s* (Wein-, Tee)Schmecker, Probierer *m*; **tasty** ['teɪstɪ] *adj* ① wohlschmeckend ② (*sl*) interessant

tat [tæt] **I.** *s:* **give tit for** ~ etw mit gleicher Münze heimzahlen **II.** *vt, vi* (in) Schiffchenarbeit herstellen

tat·ter ['tætə(r)] *s* ① Fetzen, Lumpen *m* ② ~**s** abgerissene Kleidung; **tear to** ~**s** (*fig*) zerfetzen, zerreißen; **tat·tered** ['tætəd] *adj* zerlumpt, abgerissen

tattle ['tætl] **I.** *vi* plaudern; klatschen **II.** *s* Gerede *nt;* **tat·tler** ['tætlə(r)] *s* Klatschbase *f*

tat·too¹ [tə'tu:] **I.** *vt* tätowieren **II.** *s* Tätowierung *f*

tat·too² [tə'tu:] *s* ① (MIL) Zapfenstreich *m* ② Trommeln *nt* ③ Musikparade *f;* **beat** [*o* **sound**] **the** ~ den Zapfenstreich blasen

tatty ['tætɪ] *adj* (*fam*) schäbig

taught [tɔ:t] *s.* **teach**

taunt [tɔ:nt] **I.** *vt* verspotten (*with cowardice* wegen Feigheit) **II.** *s* ① Spott *m* ② spöttische Bemerkung

Taurean [tɔ:'rɪən] **I.** *adj* Stier- **II.** *s* Stier *m;* **Taurus** ['tɔ:rəs] *s* (ASTR) Stier *m*

taut [tɔ:t] *adj* ① gespannt, straff ② (*Gesicht*) angespannt ③ (*Stil*) knapp

tauto·logi·cal [,tɔ:tə'lɒdʒɪkəl], **taut·ol·ogous** [tɔ:'tɒləgəs] *adj* tautologisch; **taut·ol·ogy** [tɔ:'tɒlədʒɪ] *s* Tautologie *f*

tav·ern ['tævən] *s* Schenke *f*

taw·dry ['tɔ:drɪ] *adj* billig, geschmacklos; kitschig

tawny ['tɔ:nɪ] *adj* gelbbraun; ~ **owl** Waldkauz *m*

tax [tæks] **I.** *vt* ① besteuern ② stark in Anspruch nehmen, anstrengen ③ schätzen (*at* auf) ④ beschuldigen (*with +gen*) **II.** *s* ① Steuer *f;* Abgabe *f* (*on* auf) ② Beanspruchung, Inanspruchnahme *f* (*on +gen*); **after** ~ netto, nach Steuern; **before** ~ brutto, vor Steuern; **exempt from** [*o* **free of**] ~ steuerfrei; **collect** ~**es** Steuern erheben; **impose/lay/levy/put a** ~ **on** mit einer Steuer belegen/besteuern; **pay £100 in** ~**es** £ 100 Steuern zahlen; **for** ~ **purposes** aus steuerlichen Gründen; ~ **incentive schemes** *pl* steuerliche Anreize *pl;* **tax·able** [-əbl] *adj* steuerpflichtig; ~ **entity** Steuersubjekt *nt;* ~ **income** zu versteuerndes Einkommen; ~ **period** Veranlagungszeitraum *m;* **tax allowance** *s* Steuerfreibetrag *m;* Steuervergünstigung *f;* **tax arrears** *s pl* Steuerrückstände *mpl;* **tax assessment** *s* (*Tat*) Steuerveranlagung *f;* (*Ergebnis*) Steuerbescheid *m;* **tax·ation** [tæk'seɪʃn] *s* Besteuerung, Steuerveranlagung *f;* Steuern *fpl;* **subject to** ~ steuerpflichtig; **tax avoidance** *s* Steuerumgehung *f;* **tax bracket** *s* Steuerklasse *f;* **tax collector** *s* Steuereinnehmer *m;* (*Bibel*) Zöllner *m;* **tax consultant** *s* Steuerberater(in) *m(f);* **tax-deductible** *adj* steuerlich abzugsfähig; **tax disc** *s* (*Br*) Kraftfahrzeugsteuerplakette *f;* **tax dodging**, **tax evasion** *s* Steuerhinterziehung *f;* Steuerflucht *f;* **tax evader** *s* Steuersünder *m;* **tax exemption** *s* Steuerbefreiung *f;* **tax-free** *adj* steuerfrei; **tax haven** *s* Steueroase *f;* **tax holiday** *s steuerfreie Jahre*

taxi ['tæksɪ] **I.** *s* Taxe *f,* Taxi *nt* **II.** *vi* ① (*take a* ~) mit einer Taxe fahren ② (AVIAT) rollen; ~ **to a standstill** (AVIAT) ausrollen

taxi·der·mist ['tæksɪ,dɜ:mɪst] *s* (Tier)Präparator(in) *m(f),* Taxidermist *m;* **taxi·dermy** ['tæksɪ,dɜ:mɪ] *s* Taxidermie *f*

taxi-driver *s* Taxifahrer(in) *m(f);* **taxi·meter** ['tæksɪmi:tə(r)] *s* Fahrpreisanzeiger, Taxameter *m;* **taxi plane** *s* (*Am*) Flugtaxe *f;* **taxi rank**, **taxi stand** *s* Taxistand *m*

tax·man ['tæksmən] <*pl* -men> *s* Steuerbeamte(r) *m;* **the** ~ **keeps ...** das Finanzamt behält ...

tax·ono·my [tæk'sɒnəmɪ] *s* Taxonomie *f*

tax·payer ['tæks,peɪə(r)] *s* Steuerzahler(in) *m(f);* **tax point** *s* Besteuerungsdatum *nt;* **tax rebate** *s* Steuerrückzahlung *f;* **tax relief** *s* Steuererleichterung, -vergünstigung *f;* **tax return** *s* Steuererklärung *f;* **tax year** *s* Steuerjahr *nt*

T-bar ['ti:bɑ:(r)] *s* Bügel *m;* Schlepplift *m*

tea [ti:] *s* Tee *m;* **have** ~ Tee trinken; **make (the)** ~ Tee zubereiten; **not my cup of** ~ (*fig fam*) nicht mein Fall; **beef** ~ Fleisch-, Kraftbrühe *f;* **camomile/peppermint** ~ Kamillen-/Pfefferminztee *m;* **five-o'-clock** ~ Fünfuhrtee *m;* **three** ~**s please, waiter** (Herr) Ober, dreimal Tee, bitte

i Land & Leute

Tea trinkt man in Großbritannien gewöhnlich stark und mit frischer

Milch und nach Belieben auch mit Zucker.

tea bag *s* Teebeutel *m;* **tea break** *s* Teepause *f;* **tea caddy** *s* Teebüchse *f;* Teespender *m;* **tea·cake** *s* Rosinenbrötchen *nt*

teach [ti:tʃ] <*irr:* taught, taught> **I.** *vt* lehren, unterrichten; ~ **s.o. to do s.th.** jdm etw beibringen; **this has taught him a lot** er hat viel daraus gelernt; **that'll ~ you!** das wird dir eine Lehre sein; ~ **s.o. a lesson** jdm eine Lektion erteilen **II.** *vi* unterrichten; **teacher** ['ti:tʃə(r)] *s* Lehrer(in) *m(f);* **teacher training** *s* Lehrerausbildung *f;* **teacher training college** *s* Lehrerseminar *nt;* pädagogische Hochschule

tea chest ['ti:tʃest] *s* Teekiste *f*

teach-in ['ti:tʃɪn] *s* Teach-in *nt;* **teach·ing** ['ti:tʃɪŋ] *s* ① Unterricht *m* ② Lehrberuf *m* ③ ~**s** Lehre(n *pl*) *f;* **teaching staff** *s* Lehrkörper *m;* Lehrerschaft *f*

tea cloth ['ti:klɒθ] *s* Geschirrtuch *nt;* **tea cosy** ['ti:kəʊzɪ] *s* Teewärmer *m;* **tea·cup** ['ti:kʌp] *s* Teetasse *f;* **a storm in a ~** ein Sturm im Wasserglas; **tea garden** *s* ① Gartenrestaurant *nt* ② Teepflanzung *f;* **tea·house** ['ti:haʊs] *s* Teehaus *nt*

teak [ti:k] *s* Teakbaum *m,* -holz *nt*

tea·leaves ['ti:li:vz] *s pl* Teesatz *m,* Teeblätter *pl;* **tell** [*o* **read**] **s.o.'s fortune from the ~** das Glück aus dem Kaffeesatz lesen

team [ti:m] *s* ① (SPORT) Mannschaft *f* ② Team *nt,* Arbeitsgruppe *f* ③ (*Ochsen*) Gespann *nt;* **football ~** Fußballmannschaft *f;* **team up with** *vi* zusammenarbeiten mit; sich zusammentun mit; **team captain** *s* Mannschaftsführer(in) *m(f),* -kapitän *m;* **team effort** *s* Teamarbeit *f;* **team-mate** *s* Mannschaftskamerad(in) *m(f);* **team play** *s* Zusammenspiel *nt;* **team spirit** *s* Mannschafts-, Teamgeist *m;* **team-work** *s* Gemeinschafts-, Gruppenarbeit *f,* Teamwork *nt*

tea·pot ['ti:pɒt] *s* Teekanne *f*

tear¹ [teə(r)] <*irr:* tore, torn> **I.** *vt* ① zerreißen (*on a nail* an einem Nagel) ② (*Loch*) reißen; ein-, aufreißen ③ (heraus)reißen (*from* aus) ④ (*Haare*) sich raufen ⑤ (*fig*) (auf)spalten; zersplittern ⑥ (*innerlich*) hin- und herreißen; **be torn between two things** zwischen zwei Dingen hin- und hergerissen sein; **be in a ~ing hurry** es sehr eilig haben; ~ **to pieces** [*o* **bits**] in Stücke reißen; **that's torn it!** (*fam fig*) das hat alles verdorben! **II.** *vi* ① (zer)reißen ② zerren, reißen (*at* an) ③ rasen, sausen **III.** *s* Riss *m;* **tear along** *vi* entlangrasen; **tear apart** *vt* ① zerreißen ② durcheinander bringen; **tear at** *vt* reißen, ziehen an; **tear away** **I.** *vt* los-, wegreißen **II.** *vi* davonrasen; **he couldn't ~ himself away from** er konnte sich nicht trennen von; **tear down** **I.** *vt* ① abreißen, abbrechen ② herunterreißen (*from* von) **II.** *vi* hinunterrasen; **tear into** *vt* ein Loch reißen in; (*Tier*) zerfleischen; ~ **into the food** übers Essen herfallen; ~ **into s.o.** auf jdn losgehen; **tear off** **I.** *vt* abreißen **II.** *vi* davonrasen; ~ **s.o. off a strip** mit jdm schimpfen; **the button tore off** der Knopf ist ab(gerissen); **tear open** *vt* aufreißen; **tear out** *vt* (her)ausreißen; **tear up** *vt* ① zerreißen ② (*Straße*) aufreißen

tear² [tɪə(r)] *s* Träne *f;* **in ~s** in Tränen (aufgelöst), weinend; **burst into ~s** in Tränen ausbrechen; **shed ~s** Tränen vergießen

tear·away ['teərəweɪ] *s* Schlingel *m*

tear·drop ['tɪədrɒp] *s* Träne *f;* **tear·ful** ['tɪəfl] *adj* ① weinend ② traurig ③ (*Gesicht*) tränenüberströmt; **tear-gas** *s* Tränengas *nt;* **tear-jer·ker** ['tɪə ˌdʒɜ:kə(r)] *s* (*fam*) sentimentaler Film; Schnulze *f;* **tear·less** ['tɪəlɪs] *adj* tränenlos

tea·room ['ti:rʊm] *s* Teestube *f*

tease [ti:z] **I.** *vt* ① hänseln, necken (*about* wegen) ② (*Tier*) quälen ③ (*fig*) auf den Arm nehmen ④ (TECH: *Flachs*) hecheln; (*Wolle*) krempeln; (*Tuch*) kardieren **II.** *vi* sticheln, frotzeln; Spaß machen **III.** *s* Schäker(in) *m(f);* **tease apart** *vt* entwirren; **teaser** ['ti:zə(r)] *s* ① Schelm *m,* Schäker(in) *m(f)* ② (*fam*) harte Nuss

tea ser·vice, tea set ['ti:ˌsɜ:vɪs, 'ti:set] *s* Teeservice *nt;* **tea·spoon** ['ti:spu:n] *s* Teelöffel *m;* **tea·spoon·ful** [-fʊl] *s* Teelöffelvoll *m;* **tea strainer** *s* Teesieb *nt*

teat [ti:t] *s* ① (*von Säugetieren*) Zitze *f* ② Sauger *m*

tea·time ['ti:taɪm] *s* Teestunde *f;* Abendessenszeit *f;* **tea towel** *s* Geschirrtuch *nt;* **tea tray** *s* Tablett *nt;* **tea trolley** *s* (*Am*), **tea urn** *s* Teemaschine *f;* **tea wagon** *s* Teewagen *m*

tech [tek] *s s.* **technical college** technische Fachschule

techie ['tekɪ] *s* (*sl*) Technologiefan *m*

tech·ni·cal ['teknɪkl] *adj* ① (*a.* SPORT) technisch ② fachlich; ~ **college** technische Fachschule; ~ **knowledge** Fachkenntnisse *pl,* Fachwissen *nt;* ~ **question** Verfahrensfrage *f;* ~ **school** Gewerbeschule *f;* ~ **term** Fachausdruck *m;* **that's too ~ for me** dazu fehlt mir die nötige Fachkenntnis;

tech·ni·cal·ity [ˌteknɪ'kælətɪ] *s* ① technische Einzelheit ② (JUR) Formsache *f*

tech·ni·cian [tek'nɪʃn] *s* ❶ Techniker(in) *m(f)* ❷ Facharbeiter(in) *m(f)*

tech·nique [tek'ni:k] *s* Technik *f*, Verfahren *nt;* Methode *f*

tech·noc·racy [tek'nɒkrəsɪ] *s* Technokratie *f*

tech·no·logi·cal [ˌteknə'lɒdʒɪkl] *adj* technologisch; technisch; ~ **infrastructure** technische Infrastruktur

tech·nol·ogy [tek'nɒlədʒɪ] *s* Technologie, Technik *f;* **college of** ~ technische Fachschule

techno·phil·ia [ˌteknəʊ'faɪlɪə] *s* Technophilie *f;* **techno·phob·ia** [ˌteknəʊ'fəʊbɪə] *s* Technophobie *f*

techy ['tetʃɪ] *adj* (*Br: fam*) empfindlich, reizbar

ted·dy bear ['tedɪbeə(r)] *s* Teddybär *m;* **teddy-bearish** *adj* (*Aussehen*) wie ein Teddybär

tedi·ous ['ti:dɪəs] *adj* langweilig; uninteressant; **tedi·ous·ness** [-nɪs] *s* Langweiligkeit *f;* **te·dium** ['ti:dɪəm] *s* Lang(e)weile *f*

tee [ti:] *s* (*Golf*) Tee *nt;* **tee off I.** *vt* (*Golfball*) abschlagen **II.** *vi* (*fig*) anfangen

teem [ti:m] *vi* wimmeln (*with* von); **it's ~ing with rain** es gießt in Strömen; **teem·ing** [-ɪŋ] *adj* wimmelnd (*with* von)

teen·age ['ti:neɪdʒ] *adj* jugendlich; **teen·ager** ['ti:neɪdʒə(r)] *s* Teenager *m*, Jugendliche(r) *f m* (*zwischen 13 und 19 Jahren*); **teens** [ti:nz] *s pl:* **she is still in her** ~ sie ist noch im Teenageralter

teeny ['ti:nɪ] *adj* winzig, klein; **tee·ny·bop·per** ['ti:nɪbɒpə(r)] *s* Teeny, Teenie *m*, Teenager und Popfan *m;* **tee·ny-wee·ny** [ˌti:nɪ'wi:nɪ] *adj* winzig

tee-shirt ['ti:ʃɜ:t] *s* T-Shirt *nt*

tee·ter ['ti:tə(r)] *vi* schwanken

teeth [ti:θ] *s s.* **tooth**; **teethe** [ti:ð] *vi* zahnen; **teether** ['ti:ðə(r)] *s* Beißring *m;* **teeth·ing troubles** ['ti:ðɪŋ 'trʌblz] *s pl* (*fig*) Kinderkrankheiten *fpl*

tee·total [ti:'təʊtl, *Am* 'ti:təʊtl] *adj* abstinent; **tee·totaler** ['ti:təʊtlə(r)] *s* (*Am*), **tee·total·ler** [ti:'təʊtlə(r)] *s* Abstinenzler(in) *m(f)*, Alkoholgegner(in) *m(f)*

tef·lon ['teflɒn] *s* (*fig*) Person, an der nichts kleben bleibt

tele·cast ['telɪkɑ:st] **I.** *s* Fernsehsendung, -übertragung *f* **II.** *vt* im Fernsehen übertragen, senden; **tele·com·muni·ca·tions** ['telɪkəˌmju:nɪ'keɪʃnz] *s pl* Telekommunikation *f;* Fernmeldewesen *nt;* Fernmeldetechnik *f;* **tele·con·fer·ence** ['telɪˌkɒnfərəns] *s* Telekonferenz *f;* **tele·copier** ['telɪkɒpɪə] *s* Tele-, Fernkopierer *m;* **tele·copy** ['telɪkɑpɪ] *s* Tele-, Fernkopie *f*, Telefax *nt;* **tele·fax** ['telɪfæks] *s* Telefax *nt;* **tele·genic** [ˌtelɪ'dʒenɪk] *adj* telegen

tele·gram ['telɪgræm] **I.** *s* Telegramm *nt;* **by** ~ telegrafisch **II.** *vi* telegrafieren; **tele·gram form** *s* Telegrammformular *nt*

tele·graph ['telɪgrɑ:f] **I.** *s* Telegraf *m* **II.** *vt, vi* telegrafieren; **tele·gra·phese** [ˌtelɪgrə'fi:z] *s* Telegrammstil *m;* **tele·graphic** [ˌtelɪ'græfɪk] *adj* telegrafisch; ~ **address** Telegrammadresse *f;* ~ **answer** Drahtantwort *f;* **telegraph pole, telegraph post** *s* Telegrafenmast *m;* **tele·gra·phy** [tɪ'legrəfɪ] *s* Telegrafie *f*

tele·mar·ket·er ['telɪˌmɑ:kɪtə] *s* Telemarketing-Berater(in) *m(f);* **tele·mar·ket·ing** *s* Telemarketing *nt* (*Verkauf über das Fernsehen*)

tele·mat·ics [ˌtelə'mætɪks] *s* Telematik *f*

tele·mess·age ['telɪˌmesɪdʒ] *s* (*Br*) Telegramm *nt;* **tele·or·der·ing** [ˌtelɪ'ɔ:dərɪŋ] *s* Teleordern *nt*

tele·pathic [ˌtelɪ'pæθɪk] *adj* telepathisch; **tel·epa·thy** [tɪ'lepəθɪ] *s* Telepathie, Gedankenübertragung *f*

tele·phone ['telɪfəʊn] **I.** *s* Fernsprecher *m*, Telefon *nt;* **by** ~ telefonisch, fernmündlich; **on the** ~ am Telefon; **are you on the ~?** haben Sie Telefon?; **answer the** ~ ans Telefon gehen; **be on the** ~ am Apparat sein; **he is wanted on the** ~ er wird am Telefon verlangt **II.** *vi* telefonieren; anrufen, -läuten **III.** *vt* ❶ (*Nachricht*) telefonisch durchgeben, -sagen ❷ (*Person*) anrufen (*s.o.* jdn); **telephone booth, telephone box** *s* Telefon-, Fernsprechzelle *f;* **telephone call** *s* (Telefon)Anruf *m*, -gespräch *nt;* **telephone connection** *s* Fernsprechverbindung *f;* **telephone conversation** *s* Telefongespräch *nt;* **telephone directory, telephone book** *s* Telefonbuch, -verzeichnis *nt;* **telephone exchange** *s* Telefonvermittlung, -zentrale *f;* **telephone information service** *s* Telefonansage *f;* **telephone message** *s* telefonische Nachricht, Durchsage *f;* **telephone number** *s* Telefonnummer, Rufnummer *f;* **telephone operator** *s* Telefonist(in) *m(f);* **telephone rates** *s pl* Fernsprechgebühren *fpl;* **tele·phon·ist** [tɪ'lefənɪst] *s* Telefonist(in) *m(f);* **tele·pho·ny** [tɪ'lefənɪ] *s* Fernsprechwesen *nt*

tele·photo lens [ˌtelɪ'fəʊtəʊ 'lens] *s* Teleobjektiv *nt*

tele·prin·ter ['telɪprɪntə(r)] *s* Fernschreiber *m*

tele·promp·ter® ['telɪprɒmptə(r)] *s* Teleprompter *m*

tele·re·cord·ing [ˌtelɪrɪ'kɔ:dɪŋ] *s* (Fernseh)Aufzeichnung *f*

tele·sales ['telɪseɪls] *s pl* Telefonverkauf *m*

tele·scope ['telɪskəʊp] **I.** *s* Fernrohr, Teleskop *nt;* **reflecting** ~ Spiegelreflektor *m* **II.** *vi* sich ineinander schieben **III.** *vt* ① ineinander schieben ② *(fig)* verkürzen; **tele·scopic** [ˌtelɪ'skɒpɪk] *adj* ① teleskopisch ② ausziehbar, ineinander schiebbar; **tele·shopp·ing** *s* (INTERNET) Online-Shopping *nt*

tele·tex ['telɪteks] *s* Teletex *nt*

tele·type® ['telɪtaɪp] **I.** *s* *(Am)* Fernschreiber *m* **II.** *vt* als Fernschreiben übermitteln; **tele·type·writer** [ˌtelɪ'taɪpraɪtə(r)] *s* *(Am)* Fernschreiber *m*

tel·evan·gel·ist [ˌtelɪ'vændʒəlɪst] *s* *(Am)* Fernsehprediger(in) *m(f)*

tele·view·er ['telɪˌvjuːə(r)] *s* Fernsehteilnehmer(in) *m(f);* **tele·vise** ['telɪvaɪz] *vt* im Fernsehen übertragen; ~**d debate** Fernsehdebatte *f;* **tele·vi·sion** ['telɪˌvɪʒn] *s* ① Fernsehen *nt* ② *(fam:* ~ *set)* Fernseher *m;* **watch** ~ fernsehen; **be on** ~ im Fernsehen kommen; **see s.th. on** ~ etw im Fernsehen sehen; **television advertising** *s* Fernsehwerbung *f;* **television announcer** *s* Fernsehansager(in) *m(f);* **television camera** *s* Fernsehkamera *f;* **television program(me)** *s* Fernsehprogramm *nt;* **television receiver** *s* Fernsehempfänger *m;* **television set** *s* Fernsehapparat *m;* **television studio** *s* Fernsehstudio *nt;* **television transmitter** *s* Fernsehsender *m;* **television viewer** *s* (Fernseh)Zuschauer(in) *m(f);* **tele·work·ing** ['telɪˌwɜːkɪŋ] *s* Teleheimarbeit *f*

telex ['teleks] **I.** *vt* telexen **II.** *s* Telex *nt*

tell [tel] <*irr:* told, told> **I.** *vt* ① erzählen, berichten ② sagen ③ mitteilen ④ ankündigen ⑤ enthüllen, bloßlegen ⑥ erkennen, feststellen ⑦ unterscheiden, auseinander halten *(from* von) ⑧ anweisen, beauftragen, befehlen *(s.o.* jdm) ⑨ versichern *(s.o.* jdm); **all told** alles in allem, summa summarum; ~ **all** auspacken; ~ **in advance** voraussagen; ~ **fortunes from cards** aus den Karten wahrsagen; ~ **lies** lügen; ~ **s.o. the time** jdm sagen, wie spät es ist; ~ **the truth** die Wahrheit sagen; **to** ~ **the truth** ehrlich gesagt; **I told you** ich habe es Ihnen doch gesagt; **you are** ~**ing me!** wem sagen Sie das! **II.** *vi* ① erzählen, berichten *(of* von, *about* über) ② es sagen ③ hinweisen, -deuten *(of* auf) ④ Bedeutung, Gewicht haben; sich auswirken *(on* auf); **I can't** ~ das weiß ich nicht; **you never can** ~ man kann nie wissen; **who can** ~**?** wer weiß?; **tell against** *vt* nachteilig sein für; **tell apart** *vt* auseinander halten; **tell off** *vt* ausschimpfen, anschnauzen; **tell on s.o.** *vi* jdn verraten; sich schlecht auf jdn auswirken

tel·ler ['telə(r)] *s* ① Erzähler(in) *m(f)* ② (Aus-, Stimm)Zähler(in) *m(f)* ③ Kassenbeamte(r) *m,* -beamtin *f;* **fortune-**~ Wahrsager(in) *m(f);* **tell·ing** ['telɪŋ] **I.** *adj* ① wirkungsvoll ② aufschlussreich **II.** *s:* **there is no** ~ **what may happen** man weiß nie, was (alles) passieren kann; **tell·ing-off** ['telɪŋ'ɒf] *s* Schimpfe *f;* **tell·tale** ['telteɪl] **I.** *s* Petze *f;* *(mar)* Windbändsel *nt* **II.** *adj* verräterisch

telly ['telɪ] *s* *(fam)* Fernsehen *nt*

te·mer·ity [tɪ'merətɪ] *s* (Toll)Kühnheit *f*

temp [temp] *s* *(fam: Büro)* Ersatzkraft, Zeitarbeitskraft *f;* **work as a** ~ als Aushilfskraft arbeiten

tem·per ['tempə(r)] **I.** *vt* ① mäßigen, mildern, abschwächen *(with* durch) ② (TECH) tempern; *(Stahl)* härten **II.** *s* ① Wesen *nt,* Wesensart *f* ② Laune, Stimmung *f;* *(bad* ~) Wut *f* ③ (TECH) Härtegrad *m;* **be in a** ~ wütend sein; **be out of** ~ **with s.o.** jdm böse sein; **get** [*o* **fly**] **into a** ~ **about** ärgerlich werden über; **keep** [*o* **control**] **one's** ~ sich beherrschen; **lose one's** ~ die Geduld verlieren

tem·pera ['tempərə] *s* Temperamalerei *f,* -farben *fpl*

tem·pera·ment ['temprəmənt] *s* Temperament *nt;* Charakter *m;* **tem·pera·men·tal** [ˌtemprə'mentl] *adj* ① temperamentvoll ② launisch ③ anlagemäßig; angeboren; **be** ~ Mucken haben

tem·per·ance ['tempərəns] *s* ① Mäßigkeit *f* ② Abstinenz *f;* **tem·per·ate** ['tempərət] *adj* ① mäßig, gemäßigt, maßvoll ② *(Klima)* gemäßigt

tem·pera·ture ['temprətʃə(r)] *s* Temperatur *f;* **have** [*o* **run**] **a** ~ Fieber haben; **take s.o.'s** ~ die Temperatur messen; ~ **chart** Fieberkurve *f*

tem·pest ['tempɪst] *s* *(a. fig)* Sturm *m;* **tem·pes·tu·ous** [tem'pestjʊəs] *adj* stürmisch; *(fig)* ungestüm

tem·plate, tem·plet ['templɪt] *s* Schablone *f*

temple[1] ['templ] *s* Tempel *m*

temple[2] ['templ] *s* (ANAT) Schläfe *f;* **go grey at the** ~**s** an den Schläfen grau werden

tempo ['tempəʊ, 'tempiː] <*pl* tempos, tempi> *s* Tempo *nt*

tem·poral ['tempərəl] *adj* ① (ANAT) Schläfen- ② zeitlich; vergänglich ③ weltlich ④ (GRAM) temporal; **tem·por·ar·ily** ['temprərəlɪ, *Am* ˌtempə'rerəlɪ] *adv* vorübergehend; **tem·por·ary** ['temprərɪ, *Am* 'tempəreri] **I.** *adj* zeitlich begrenzt, vorübergehend, zeitweilig; provisorisch; ~ **credit** Zwischenkredit *m;* ~ **exit** (*Autobahn*) Behelfsausfahrt *f;* ~ **injunction** (JUR) einstweilige Verfügung; ~ **storage** Zwischenlagerung *f;* ~ **store** Zwischenlager *nt* **II.** *s* Aushilfskraft *f;* **tem·por·ize** ['tempəraɪz] *vi* ① Zeit (zu) gewinnen (suchen) ② hinhalten (*with s.o.* jdn)

tempt [tempt] *vt* ① versuchen, verlocken ② in Versuchung führen; reizen, locken; **be ~ed to do s.th.** versucht sein etw zu tun; ~ **the appetite** den Appetit anregen; ~ **fate** das Schicksal herausfordern; **temp·ta·tion** [temp'teɪʃn] *s* Versuchung *f;* **lead into** ~ in Versuchung führen; **temp·ter** ['temptə(r)] *s* Verführer *m;* **temp·ting** ['temptɪŋ] *adj* verführerisch; (*Angebot*) verlockend; **temp·tress** ['temptrɪs] *s* Verführerin *f*

temp-work ['tempwɜːk] *s* Zeitarbeit *f*

ten [ten] **I.** *adj* zehn; ~ **to one** höchstwahrscheinlich, *adv* **II.** *s* Zehn *f;* **count in ~s** in Zehnern zählen; **buy in ~s** in Zehnerpackungen kaufen

ten·able ['tenəbl] *adj* ① zu halten(d) ② haltbar ③ (*Amt*) verliehen (*for* für, auf)

ten·acious [tɪ'neɪʃəs] *adj* ① (*Griff*) fest, eisern ② zäh ③ festsitzend, haftend (*of* an) ④ (*fig*) unbeugsam, unermüdlich ⑤ (*Gedächtnis*) gut; **ten·ac·ity** [tɪ'næsətɪ] *s* ① Festigkeit *f;* Zähigkeit *f;* Beharrlichkeit *f* ② (*Gedächtnis*) Zuverlässigkeit *f*

ten·ancy ['tenənsɪ] *s* Pacht-, Mietverhältnis *nt,* -dauer *f,* -besitz *m;* **during my** ~ als ich Mieter, Pächter war; **ten·ant** ['tenənt] **I.** *s* Pächter(in) *m(f),* Mieter(in) *m(f)* **II.** *vt* in Pacht, Miete haben; **tenant farmer** *s* Pächter(in) *m(f)*

tench [ten(t)ʃ] *s* (*Fisch*) Schleie *f*

tend¹ [tend] *vt* sich kümmern um; (*Schafe*) hüten; (*Kranken*) pflegen; (*Land*) bestellen; (*Maschine*) bedienen

tend² [tend] *vi* ① gehen, führen, gerichtet sein (*towards* nach) ② (*fig*) tendieren; geneigt sein (*to, towards* zu); **it ~s to go wrong** das geht oft schief; **he ~s to come early** er kommt meist früh; **ten·dency** ['tendənsɪ] *s* (*fig*) Hang *m,* Neigung *f;* Tendenz *f* (*to, towards* zu); **ten·den·tious** [ten'denʃəs] *adj* tendenziös

ten·der¹ ['tendə(r)] **I.** *vt* ① anbieten ② (*Beweis*) erbringen ③ (*Gesuch*) einreichen ④ (*Dank*) aussprechen; ~ **exact fare!** Fahrgeld abgezählt bereithalten! **II.** *vi* ein Angebot machen; ~ **for a contract** sich an einer Ausschreibung beteiligen **III.** *s* Angebot *nt;* **by** ~ in Submission; **legal** ~ gesetzliches Zahlungsmittel; **invite ~s for s.th.** etw ausschreiben

ten·der² ['tendə(r)] *s* ① (Auf)Wärter(in) *m(f)* ② (MAR) Lichter *m,* Leichterschiff *nt* ③ (RAIL) Tender *m;* **bar** ~ Barmixer *m*

ten·der³ ['tendə(r)] *adj* ① weich, zart ② empfindlich; anfällig ③ schmerzempfindlich ④ (*Alter, Farbton*) zart ⑤ (*fig*) zärtlich, liebevoll ⑥ feinfühlig; empfindlich; (*Herz*) weich ⑦ (*Thema*) heikel; **ten·der·foot** ['tendəfʊt] <*pl* -foots> *s* Neuling, Anfänger *m;* **ten·der-hearted** [ˌtendə'hɑːtɪd] *adj* weichherzig, gutmütig; **ten·der·ize** ['tendəraɪz] *vt* (*Fleisch*) zart machen; **ten·der·iz·er** [-ə(r)] *s* Mürbesalz *nt;* **ten·der·loin** ['tendəlɔɪn] *s* (*Küche*) Filet *nt;* **ten·der·ness** ['tendənɪs] *s* ① Zartheit *f* ② Empfindlichkeit *f* ③ Zärtlichkeit *f* (*to* gegen, zu) ④ Mit-, Feingefühl *nt*

ten·don ['tendən] *s* (ANAT) Sehne *f*

ten·dril ['tendrəl] *s* (BOT) Ranke *f*

ten·ement ['tenəmənt] *s* ① (JUR) Mietbesitz *m* ② Miet-, Wohnhaus *nt;* **tenement house** *s* Mietshaus *nt*

Ten·erife [ˌtenə'riːf] *s* Teneriffa *nt*

ten·fold ['tenfəʊld] *adj, adv* zehnfach

ten·nis ['tenɪs] *s* (*lawn*~) Tennis *nt;* **tennis court** *s* Tennisplatz *m;* **tennis elbow** *s* Tennisarm *m;* **tennis player** *s* Tennisspieler(in) *m(f);* **tennis racket** *s* Tennisschläger *m*

tenon ['tenən] *s* (TECH) Zapfen *m*

tenor ['tenə(r)] *s* ① Grundhaltung, -tendenz *f* ② Verlauf, Gang *m* ③ wesentlicher Inhalt; Wortlaut *m* ④ (MUS) Tenor *m*

ten·pin ['tenpɪn] *s* Kegel *m;* **tenpin bowling** *s* Bowling, Kegeln *nt*

tense¹ [tens] **I.** *adj* ① gespannt ② (*fig*) spannungsgeladen ③ (*Lage*) gespannt **II.** *vt* straffen; anspannen; **be ~d up** nervös sein **III.** *vi* sich anspannen

tense² [tens] *s* (GRAM) Tempus *nt,* Zeit(form) *f;* **present** ~ Gegenwart *f;* **past** ~ Vergangenheit *f;* **future** ~ Zukunft *f*

ten·sion ['tenʃn] *s* ① Spannung *f* ② (*fig*) Anspannung *f* ③ (POL) Gespanntheit, gespannte Lage *f* ④ (PHYS) Zug *m* ⑤ (ELEK) Spannung *f* ⑥ (*Dampf*) Druck *m* ⑦ (*Stricken*) Festigkeit *f;* **high** ~ (ELEK) Hochspannung *f;* **check the** ~ (*Stricken*) eine Maschenprobe machen

tent [tent] *s* Zelt *nt*

ten·tacle ['tentəkl] *s* (ZOO) Fühler *m,* Fangarm *m*

ten·ta·tive ['tentətɪv] *adj* ① vorläufig, provisorisch ② vorsichtig; ~ **agreement** Vorvertrag *m;* Probevereinbarung *f;* **ten·ta·tive·ly** [-lɪ] *adv* versuchsweise; vorsichtig, zögernd

ten·ter·hooks ['tentəhʊks] *s pl:* **be on ~** wie auf glühenden Kohlen sitzen; **keep s.o. on ~** jdn auf die Folter spannen

tenth [tenθ] **I.** *adj* zehnte(r, s) **II.** *s* Zehntel *nt;* Zehnte(r, s); (MUS) Dezime *f;* **tenth·ly** [-lɪ] *adv* zehntens

tent peg ['tentpeg] *s* Zeltpflock, Hering *m;* **tent pole** *s* Zeltstange *f*

tenu·ous ['tenjʊəs] *adj* ❶ dünn, fein; (*Gas*) flüchtig ❷ (*fig*) unbedeutend, schwach

ten·ure ['tenjʊə(r)] *s* ❶ Besitz *m* ❷ Bestallung, Anstellung *f* ❸ (~ *of office*) (Amts)Dauer *f*

tepee ['ti:pi:] *s* Tipi, Indianerzelt *nt*

tepid ['tepɪd] *adj* lau(warm); **tepid·ity, tepid·ness** [te'pɪdətɪ, 'tepɪdnɪs] *s* Lauheit *f*

ter·cen·ten·ary [ˌtɜ:sen'ti:nərɪ] *s* Dreihundertjahrfeier *f*

term [tɜ:m] **I.** *s* ❶ Dauer *f,* Zeitraum *m;* (*Vertrag*) Laufzeit *f* ❷ Frist *f* ❸ (*Schule, Universität*) Trimester, Semester *nt* ❹ (*sprachlich*) Ausdruck, Terminus, Fachbegriff *m;* Benennung *f,* Begriff *m* ❺ (MATH) Term *m,* Glied *nt;* (~ *in parentheses*) Klammerausdruck *m* ❻ **~s** Verhältnis, Beziehung *f* ❼ **~s** (Vertrags-, Geschäfts-, Zahlungs)Bedingungen *fpl;* **in ~s of** was ... betrifft; **in the long ~** auf lange Sicht, langfristig; **in the short ~** auf kurze Sicht, kurzfristig; **on easy ~s** zu günstigen Bedingungen; **be on good/bad ~s with s.o.** zu jdm ein gutes/schlechtes Verhältnis haben; **come to ~s** sich einigen (*with s.o.* mit jdm); **come to ~s with a situation** sich mit einer Situation abfinden; **meet s.o. on equal ~s** mit jdm auf gleichem Fuß verkehren; **we are not on speaking ~s** wir sprechen nicht miteinander; **technical ~** Fachausdruck *m;* **~ deposit** (FIN) Termineinlage *f;* **~ of delivery** Lieferzeit, -frist *f;* **~ of government** Regierungszeit *f;* **~ of office** Amtszeit *f;* **~ of imprisonment** Gefängnisstrafe *f;* **~ of notice** Kündigungsfrist *f;* **~ of notification** Anmeldefrist *f;* **~s of payment** Zahlungsbedingungen *fpl;* **~ of service** (MIL) Militärdienst *m,* Militärdienstzeit *f* **II.** *vt* (be)nennen; **ter·mi·na·ble** ['tɜ:mənəbl] *adj* kündbar, auflösbar

ter·minal ['tɜ:mɪnl] **I.** *adj* ❶ letzte(r, s); End-, Abschluss- ❷ (MED) unheilbar; **~ bonus** (FIN) Schlussdividende *f;* **~ ward** Sterbestation *f;* **be a ~ case** unheilbar krank sein **II.** *s* ❶ (ELEK) Pol *m* ❷ (*von Buslinie etc*) Endstation *f* ❸ (TECH) Endgerät *nt* ❹ (AVIAT) Terminal *m od nt* ❺ (INFORM) Terminal *nt;* **ter·min·ate** ['tɜ:mɪneɪt] **I.** *vt* aufhören mit, beend(ig)en; (*Vertrag*) lösen; (*Schwangerschaft*) unterbrechen **II.** *vi* aufhören (*in* mit), enden (*in* auf); (*Vertrag*) ablaufen; **ter·mi·na·tion** [ˌtɜ:mɪ'neɪʃn] *s* Beendigung *f;* Ende *nt;* Schluss *m;* **bring s.th. to a ~** etw zum Abschluss bringen; **~ of pregnancy** Schwangerschaftsabbruch *m*

ter·mi·no·logi·cal [ˌtɜ:mɪnə'lɒdʒɪkl] *adj* terminologisch; **ter·mi·nol·ogy** [ˌtɜ:mɪ'nɒlədʒɪ] *s* Terminologie *f*

ter·mi·nus ['tɜ:mɪnəs] *s* Endstation *f*

ter·mite ['tɜ:maɪt] *s* Termite *f*

tern [tɜ:n] *s* Seeschwalbe *f*

ter·race ['terəs] **I.** *s* ❶ Terrasse *f* ❷ **~s** (SPORT) Ränge *mpl* ❸ Häuserreihe *f* **II.** *vt* terrassenförmig anlegen; **ter·raced house** ['terəst'haʊs] *s* Reihenhaus *nt*

ter·rain [te'reɪn] *s* Gelände, Gebiet *nt*

ter·ra·pin ['terəpɪn] *s* Sumpfschildkröte *f*

ter·res·trial [tɪ'restrɪəl] *adj* ❶ irdisch, weltlich ❷ (*Tier*) Land-, auf dem Land lebend; **~ globe** Erdkugel *f;* **~ magnetism** Erdmagnetismus *m*

ter·rible ['terəbl] *adj* schrecklich, furchtbar, fürchterlich; **ter·ribly** ['terəblɪ] *adv* furchtbar, fürchterlich, schrecklich

ter·rier ['terɪə(r)] *s* Terrier *m*

ter·rific [tə'rɪfɪk] *adj* unheimlich; sagenhaft, toll; (*Kraft, Geschwindigkeit*) enorm, Mords-

ter·rify ['terɪfaɪ] *vt* erschrecken, in Angst und Schrecken versetzen; **be terrified** fürchterliche Angst haben; **a terrified look** ein angsterfüllter Blick; **ter·rify·ing** [-ɪŋ] *adj* erschreckend, grauenvoll

ter·ri·to·ri·al [ˌterɪ'tɔ:rɪəl] *adj* territorial, Gebiets-; (ZOO) Revier-; **~ changes, ~ claims** *pl,* **~ space** Hoheitsgebiet *nt;* **~ violation** Gebietsveränderungen *fpl,* -ansprüche *mpl,* -verletzung *f;* **~ waters** Hoheitsgewässer *ntpl;* **ter·ri·tory** ['terɪtrɪ, *Am* 'terɪtɔ:rɪ] *s* ❶ (Hoheits)Gebiet, Revier, Territorium *nt* ❷ (COM) Vertretergebiet *nt* ❸ (*fig*) Gebiet, Revier *nt*

ter·ror ['terə(r)] *s* ❶ Entsetzen *nt,* Schreck(en) *m* ❷ Terror *m* ❸ (*fam: Mensch*) Alptraum *m;* Scheusal *nt;* **in ~** in panischer Angst; **ter·ror·ism** ['terərɪzəm] *s* Terrorismus *m;* **act of ~** Terrorakt *m;* **ter·ror·ist** ['terərɪst] *adj* Terrorist(in) *m(f);* **ter·ror·istic** ['terərɪstɪk] *adj* terroristisch; **ter·rori·za·tion** [ˌterəraɪ'zeɪʃn] *s* Terrorisierung *f;* **ter·ror·ize** ['terəraɪz] *vt* terrorisieren; **ter·ror-stricken, ter·ror-struck** ['terəstrɪkən, 'terəstrʌk] *adj* angsterfüllt, zu Tode erschrocken

terry ['terɪ] *s* (*Textil*) Frottee *nt od m*

T

terse [tɜːs] *adj* (*Stil*) gedrängt, knapp, kurz angebunden

ter·ti·ary [ˈtɜːʃərɪ] **I.** *adj* tertiär; ~ **burns** Verbrennungen dritten Grades; ~ **education** Hochschulausbildung *f;* ~ **industry** Dienstleistungsgewerbe *nt* **II.** *s:* **Tertiary** (GEOL) Tertiär *nt*

tes·sel·lated [ˈtesəleɪtɪd] *adj* mosaikartig ausgelegt

test [test] **I.** *s* ❶ (*a.* PSYCH) Prüfung, Probe, Untersuchung *f,* Versuch, Test *m* ❷ Prüfungsarbeit *f;* (SCHULE) Klassenarbeit *f* ❸ (*fig*) Prüfstein *m,* Probe *f;* Kriterium *nt;* **put to the** ~ auf die Probe stellen; **stand** [*o* **pass**] **a** ~ eine Prüfung, Probe bestehen; **take a** ~ eine Prüfung ablegen, sich einer Prüfung unterziehen; **aptitude** ~ Eignungsprüfung *f;* **blood** ~ Blutprobe *f;* **driving** ~ Fahrprüfung *f;* **intelligence** ~ Intelligenztest *m;* ~ **ban treaty** Teststoppabkommen *nt;* ~ **case** Präzedensfall *m* **II.** *vt* prüfen; erproben; untersuchen, testen (*for* auf … hin)

tes·ta·ment [ˈtestəmənt] *s* (*last will and* ~) Testament *nt,* letztwillige Verfügung; **Testament** Testament *nt;* **tes·ta·men·tary** [ˌtestəˈmentrɪ] *adj* testamentarisch; **tes·ta·tor** [teˈsteɪtə(r)] *s* Erblasser *m;* **tes·ta·trix** [teˈsteɪtrɪks] *s* Erblasserin *f*

test ban [ˈtestˌbæn] *s* Versuchsverbot *nt;* **test card** *s* (TV) Testbild *nt;* **test case** *s* (JUR) Muster-, Präzedenzfall *m;* **test drive** *s* Probefahrt *f;* **tester** [ˈtestə(r)] *s* Prüf(end)er *m;* **test flight** *s* Probe-, Testflug *m*

tes·ticle [ˈtestɪkl] *s* Hode(n *m*) *m od f*

tes·tify [ˈtestɪfaɪ] **I.** *vt* bezeugen **II.** *vi* aussagen (*in s.o.'s favour, on s.o.'s behalf* zu jds Gunsten, *against s.o.* gegen jdn); ~ **to s.th.** etw bezeugen; etw bestätigen; **refuse to** ~ die Aussage verweigern

tes·ti·mo·nial [ˌtestɪˈməʊnɪəl] *s* ❶ Zeugnis, Empfehlungsschreiben *nt,* Referenz *f* ❷ Geschenk *nt* als Zeichen der Wertschätzung; **tes·ti·mony** [ˈtestɪmənɪ] *s* ❶ Zeugenaussage *f* ❷ Zeichen *nt,* Beweis *m* (*of* für); **in** ~ **whereof** urkundlich dessen; **be called in** ~ als Zeuge benannt werden; **bear** ~ Zeugnis ablegen (*to* für)

test·ing [ˈtestɪŋ] **I.** *s* (Über)Prüfung, Erprobung *f;* ~ **of goods** Warentest *m* **II.** *adj* hart, schwierig; **testing ground** *s* Versuchsgelände *nt;* **testing plant** *s* Versuchseinrichtung, -anlage *f;* **testing stand, testing bench** *s* Prüfstand *m;* **test match** *s* Kricket-Testmatch *nt;* **test piece** *s* Probestück *nt;* **test pilot** *s* (AVIAT) Testpilot(in) *m(f);* **test stage** *s* Versuchsstadium *nt;* **test tube** *s* Reagenzglas *nt;* **test-tube baby** *s* Retortenbaby *nt*

testy [ˈtestɪ] *adj* reizbar, empfindlich; ungeduldig; launisch

teta·nus [ˈtetənəs] *s* (Wund)Starrkrampf, Tetanus *m;* **anti-**~ **vaccination** Tetanusimpfung *f*

tetchy [ˈtetʃɪ] *adj* (*Br: fam*) empfindlich, reizbar

tether [ˈteðə(r)] **I.** *s* Strick *m;* Kette *f;* **be at the end of one's** ~ (*fig*) am Ende seiner Kräfte sein **II.** *vt* (*Tier*) anbinden (*to* an), an die Kette legen

Teu·tonic [tjuːˈtɒnɪk] *adj* (HIST) teutonisch; **the** ~ **Order** (HIST) der Deutsche Ritterorden

Tex·an [ˈteksən] **I.** *adj* texanisch **II.** *s* Texaner(in) *m(f);* **Tex·as** [ˈteksəs] *s* Texas *nt*

text [tekst] *s* ❶ Text *m* ❷ Bibelstelle *f;* **text·book** [ˈtekstbʊk] *s* Lehrbuch *nt;* **textbook case** *s* Paradefall *m;* **text editor** *s* (INFORM) Texteditor *m*

tex·tile [ˈtekstaɪl] **I.** *adj* Textil-, textil; ~ **factory** Textilfabrik *f;* ~ **industry** Textilindustrie *f* **II.** *s* ❶ Stoff *m* ❷ ~**s** (~ *fabrics, materials*) Textilien, Textilwaren *pl*

text-mes·sage [ˈtekstˌmesɪdʒ] *vi* eine SMS(-Nachricht) senden; **text mes·sage·ing** [ˌtekstˈmesɪdʒɪŋ] *s* das Versenden von SMS-Nachrichten

text pro·ces·sing [ˌtekstˈprəʊsesɪŋ] *s* Textverarbeitung *f*

tex·tual [ˈtekstʃʊəl] *adj* Text-

tex·ture [ˈtekstʃə(r)] *s* ❶ Gewebe *nt* ❷ Struktur *f,* Gefüge *nt* ❸ Beschaffenheit *f* ❹ (MUS) Gestalt *f,* Aufbau *m;* **textured vegetable protein, TVP** *s* strukturiertes Pflanzeneiweiß

Thai [taɪ] **I.** *adj* thailändisch **II.** *s* ❶ Thailänder(in) *m(f),* Thai *m f* ❷ (*Sprache*) Thai *nt;* **Thai·land** [ˈtaɪlənd] *s* Thailand *nt*

i Land & Leute

Das **Thaipusam**-Fest wird von den Hindus zwischen Januar und Februar gefeiert. Als ein Zeichen der Sühne oder des Dankes, tragen die Gläubigen einen dekorierten Holzbogen, einen *kavadi,* und gehen barfuß in einer Prozession von etwa einem Kilometer. Einige Gläubige tragen einen schweren *kavadi* aus Metall, der mit kleinen Haken an ihrem Körper festgemacht ist; außerdem sind ihre Backen und Zungen mit scharfen Spießen durchbohrt.

tha·lido·mide [θəˈlɪdəʊmaɪd] *s* Contergan® *nt;* **tha·lido·mide baby** *s* Contergankind *nt*

Thames [temz] *s* Themse *f;* **she won't set the ~ on fire** (*fig*) sie hat das Pulver nicht erfunden

than [ðən, ðæn] *conj* als; **you are taller ~ he (is)**, *fam* **~ him** du bist größer als er; **nothing else ~** nichts anderes als; völlig; **no other ~** kein anderer als

thank [θæŋk] **I.** *vt* ❶ danken (*s.o.* jdm) ❷ sich bedanken (*s.o.* bei jdm, *for s.th.* für etw); **have o.s. to ~ for s.th.** sich etw selbst zuzuschreiben haben; **~ you** danke; **~ you very much!** besten Dank!; **no, ~ you,** *fam* **no ~s!** danke, nein! **II.** *s pl* Dank *m;* **~s very much** danke (schön)! vielen Dank!; **~s to** dank *+dat;* **in ~s for** zum Dank für; **thank·ful** [ˈθæŋkfl] *adj* dankbar (*for* für); **thank·less** [-lɪs] *adj* undankbar; **thanks·giv·ing** [ˌθæŋksˈgɪvɪŋ] *s* Danksagung *f;* **Thanksgiving Day** (*in den USA*) Thanksgiving Day *m* (*letzter Donnerstag im November*)

i Land & Leute

Thanksgiving (Erntedank) ist einer der höchsten Feiertage in den USA. Er wird am vierten Donnerstag im November gefeiert. Der erste *Thanksgiving Day* wurde 1621 von den *Pilgrims* in *Plymouth Colony* gefeiert. Sie hatten schwere Zeiten überlebt und wollten Gott dafür danken. Traditionell treffen sich die meisten Leute mit ihrer Familie zu einem Festessen mit *stuffed turkey* (gefülltem Truthahn), *cranberry sauce* (Preiselbeersoße), *yams* (Süßkartoffeln) und *corn* (Mais).

thank-you [ˈθæŋkju:] *s* Dankeschön *nt;* **without even a ~** ohne ein Wort des Dankes

that[1] [ðæt, ðət] <*pl* those> **I.** *pron* ❶ das ❷ (*hinweisend*) das da, jenes; **what is ~?** was ist das?; **as stupid as ~** so dumm; **and all ~** und so; **like ~** so; **~'s it!** das ist es! richtig! das wär's!; **after/before/over ~** danach/davor/darüber **II.** *adj* der, die, das; jene(r, s); **~ poor dog** der arme Hund; **what about ~ car of yours?** was ist mit deinem Auto? **III.** *adv* (*fam*) so; **I was ~ pleased** ich habe mich so gefreut

that[2] [ðæt, ðət] *pron* der, die, das; **everything/nothing ~** alles/nichts, was; **the man ~ told me** der Mann, der mir erzählte; **the minute ~ he arrived** in dem Augenblick, als er ankam; **the day ~ …** an dem Tag, als …

that[3] [ðæt, ðət] *conj* dass; **I told you ~ I couldn't come** ich habe dir gesagt, dass ich nicht kommen kann; **~ I should live to see this!** dass ich das erleben muss!

thatch [θætʃ] **I.** *s* ❶ Stroh-, Binsendach *nt;* Dachstroh *nt* ❷ (*hum*) (Haar)Schopf *m* **II.** *vt* mit Stroh decken; **~ed roof** Strohdach *nt*

thaw [θɔ:] **I.** *vi* ❶ (auf)tauen ❷ (*fig*) auftauen, warm werden; **it is ~ing** es taut **II.** *vt* (*~ out*) auftauen **III.** *s* (*a. fig*) Tauwetter *nt*

the [ðə, *vor Vokal, betont* ði:] *art* der, die, das; **~ … ~ …** je … desto …; **all ~ better/worse** umso besser/schlimmer; **~ sooner ~ better** je eher, je lieber; **play ~ piano** Klavier spielen

the·ater *s* (*Am*), **the·atre** [ˈθɪətə(r)] *s* ❶ Theater *nt;* Schauspielhaus *nt* ❷ Hörsaal *m* ❸ (*fig*) Schauplatz *m;* **go to the ~** ins Theater gehen; **it's good ~** es eignet sich für die Bühne; **open-air ~** Freilichtbühne *f;* **operating ~** Operationssaal *m;* **picture ~** Filmtheater *nt;* **~ of war** Kriegsschauplatz *m;* **theatre company** *s* Theaterensemble *nt;* Theater-, Schauspieltruppe *f;* **theatre critic** *s* Theaterkritiker(in) *m(f);* **theatre·goer** [ˈθɪətə(r)gəʊə(r)] *s* Theaterbesucher(in) *m(f);* **the·atri·cal** [θɪˈætrɪkl] **I.** *adj* ❶ bühnenmäßig; dramatisch; Theater- ❷ (*fig*) theatralisch **II.** *s pl* ❶ Theateraufführungen *fpl* ❷ Laienspiele *ntpl*

thee [ði:] *pron* (*obs poet*) dich; dir

theft [θeft] *s* Diebstahl *m*

their [ðeə(r)] *adj possessives* ihr; **everyone knows ~ duty** jeder kennt seine Pflicht; **theirs** [ðeəz] *pron* ihre(r, s); der, die, das Ihre, Ihrige; **a friend of ~** einer ihrer Freunde, ein Freund von ihnen; **it's ~** es gehört ihnen

the·ism [ˈθi:ɪzəm] *s* Theismus *m*

them [ðem, ðəm] *pron* ❶ sie *acc,* ihnen *dat* ❷ (*inkorrekt*) diese; **of ~** ihrer; **that's ~** das sind sie; **with their children around ~** mit ihren Kindern um sich

the·mat·ic [ˌθi:mˈætɪk] *adj* thematisch

theme [θi:m] *s* Thema *nt;* (*Musik*) Thema, Leitmotiv *nt;* (*Film*) Melodie *f;* **themed** [θi:md] *adj* (*Restaurant*) thematisch gestaltet; **theme music** *s* Titelmusik *f;* **theme park** *s* Vergnügungspark *m;* **theme song** *s* Erkennungsmelodie *f*

them·selves [ðəmˈselvz] *pron* ❶ sich *acc/*

dat ❷ (*betont*) (sie) selbst; (**all**) **by** ~ (ganz) allein; ohne Hilfe; **they'll do it** ~ sie machen es selbst; **they …** ~ sie … selbst; **to** ~ zu sich (selbst)

then [ðen] **I.** *adv* ❶ dann ❷ damals; da ❸ außerdem, ferner ❹ in d(ies)em Fall; folglich; **before** ~ zuvor; **but** ~ aber dann; **by** ~ bis dahin; (**every**) **now and** ~ dann und wann; **from** ~ **onwards** von da an; **until** ~ bis dahin; ~ **and there, there and** ~ auf der Stelle; **what** ~**?** was dann? **II.** *adj* damalig

thence [ðens] *adv* (*obs*) ❶ von dort; von da an; von dannen ❷ deshalb; **thence·forth, thence·for·ward** [ˌðens'fɔ:θ, ˌðens'fɔ:wəd] *adv* (*obs*) von da an, seitdem

the·oc·racy [θɪ'ɒkrəsɪ] *s* Theokratie *f*

the·odo·lite [θɪ'ɒdəlaɪt] *s* Theodolit *m*

theo·lo·gian [ˌθɪə'ləʊdʒən] *s* Theologe *m*, Theologin *f*; **theo·logi·cal** [ˌθɪə'lɒdʒɪkl] *adj* theologisch; **the·ol·ogy** [θɪ'ɒlədʒɪ] *s* Theologie *f*

the·orem ['θɪərəm] *s* Lehrsatz *m*, Theorem *nt*

the·or·eti·cal [θɪə'retɪkl] *adj* theoretisch; **the·or·ist** ['θɪərɪst] *s* Theoretiker(in) *m(f)*; **the·or·ize** ['θɪəraɪz] *vi* theoretisieren (*about* über); **the·ory** ['θɪərɪ] *s* Theorie *f*; **in** ~ in der Theorie; ~ **of relativity** Relativitätstheorie *f*; **set** ~ Mengentheorie *f*

thera·peutic(al) [ˌθerə'pju:tɪk(l)] *adj* therapeutisch; **thera·peutics** [ˌθerə'pju:tɪk(s)] *s pl mit sing* Therapeutik *f*; **thera·pist** ['θerəpɪst] *s* Therapeut(in) *m(f)*; **ther·apy** ['θerəpɪ] *s* Therapie, Behandlung *f*; **occupational** ~ Beschäftigungstherapie *f*

there [ðeə(r)] **I.** *adv* dort, da; dort-, dahin; **here and** ~ hier und da; gelegentlich; **over** ~ dort drüben; **then and** ~ auf der Stelle; ~ **is/are** es ist/sind; es gibt; ~ **you are!** da hast du's (haben Sie's)! da sind Sie (bist du) ja!; ~ **is no one** ~ es ist niemand da **II.** *interj* nanu! na also! da haben wir es!; ~**, that's enough** so, nun ist's aber genug!; **there·about(s)** ['ðeərəbaʊt(s)] *adv* in der Gegend; so etwa; **at 3 or** ~ so um 3 Uhr herum; **there·after** [ðeər'ɑ:ftə(r)] *adv* danach; seither; **there·by** [ðeə'baɪ] *adv* dadurch; dabei; daran; ~ **hangs a tale** da gibt es eine Geschichte dazu; **there·fore** ['ðeəfɔ:(r)] *adv* ❶ deshalb, -wegen, darum ❷ folglich; **there·in** [ðeər'ɪn] *adv* darin; in dieser Sache; **there·of** [ðeər'ɒv] *adv* davon; dessen; **there·under** [ðeər'ʌndə(r)] *adv* darunter; **there·upon** [ˌðeərə'pɒn] *adv* darauf, danach; daraufhin

therm [θɜ:m] *s* (*Gas*) 100 000 Wärmeeinheiten *fpl*; **ther·mal** ['θɜ:ml] **I.** *adj* ❶ thermisch; (PHYS) Wärme- ❷ warm, heiß; ~ **baths** Thermalbäder *ntpl*; ~ **imaging** Thermobildgebung *f*; ~ **springs** Thermalquellen *fpl*; ~ **underwear** Thermowäsche *f*; ~ **unit** (PHYS) Wärmeeinheit *f* **II.** *s meist pl* Thermik *f*; **thermo·dynam·ic** [ˌθɜ:məʊdaɪ'næmɪk] **I.** *adj* thermodynamisch **II.** *s pl mit sing* Thermodynamik *f*; **thermo·elec·tric** [ˌθɜ:məʊɪ'lektrɪk] *adj* thermoelektrisch; **ther·mom·eter** [θə'mɒmɪtə(r)] *s* Thermometer *nt*; **ther·mometer scale** *s* Thermometerskala *f*; **ther·mo·nu·clear** [ˌθɜ:məʊ'nju:klɪə(r)] *adj*: ~ **weapons** thermonukleare Waffen *fpl*; **ther·mos bottle, ther·mos flask®** ['θɜ:məs'bɒtl, flɑ:sk] *s* Thermosflasche, -kanne *f*; **thermo·stat** ['θɜ:məʊstæt] *s* Thermostat *m*; **thermo·stat·ic** [ˌθɜ:məʊ'stætɪk] *adj* thermostatisch; ~ **switch** Temperaturschalter *m*

the·sau·rus [θɪ'sɔ:rəs] *s* Thesaurus *m*

these [ði:z] *pron s.* **this**

the·sis ['θi:sɪs, *pl* 'θi:si:z] <*pl* -ses> *s* ❶ These, Behauptung *f* ❷ Dissertation *f*, Doktorarbeit *f* ❸ Diplomarbeit *f* ❹ (MUS) *betonter Taktteil*

they [ðeɪ] *pron* sie *pl*, man; es; ~ **who** diejenigen, welche

they'll [ðeɪl] = **they shall; they will**

they're [ðeɪr] = **they are**

they've [ðeɪv] = **they have**

thick [θɪk] **I.** *adj* ❶ dick ❷ dicht ❸ dickflüssig ❹ (*Luft*) schlecht ❺ (*Akzent*) stark, breit ❻ (*fig*) dumm, stupide ❼ (*fam*) dick, eng befreundet (*with* mit); ~ **with** voller, voll von; **be as** ~ **as thieves** (*fam*) dicke Freunde sein; **it's a bit** ~ (*fam*) das ist ein starkes Stück; ~ **on the ground** (*fam*) wie Sand am Meer **II.** *adv* ❶ dick ❷ dicht; **lay it on** ~ (*fam fig*) dick auftragen, übertreiben **III.** *s* dickster, dichtester Teil; **in the** ~ **of** mitten in; **through** ~ **and thin** durch dick und dünn; **thicken** ['θɪkən] **I.** *vi* ❶ sich verdicken ❷ sich verdichten; dichter werden ❸ sich verwickeln, sich verwirren; **the plot** ~**s** der Knoten schürzt sich **II.** *vt* (*Sauce*) eindicken; **thick·en·ing** ['θɪkənɪŋ] *s* (*Küche*) Bindemittel *nt*

thicket ['θɪkɪt] *s* Dickicht *nt*

thick·headed [ˌθɪk'hedɪd] *adj* blöd(e), dumm; **thick·ness** ['θɪknɪs] *s* ❶ Dicke, Stärke *f* ❷ Dichte *f*; Dickflüssigkeit *f* ❸ (*fig*) Dummheit *f* ❹ Lage, Schicht *f*; **thick·set** [ˌθɪk'set] *adj* ❶ dicht gepflanzt ❷ untersetzt; **thick-skinned** [ˌθɪk'skɪnd] *adj* (*fig*) dickfellig

thief [θi:f, *pl* 'θi:vz] <*pl* thieves> *s* Dieb *m*;

stop ~! haltet den Dieb!; **thieve** [θiːv] *vt, vi* stehlen; **thiev·ing** ['θiːvɪŋ] **I.** *s* Stehlen *nt* **II.** *adj* diebisch

thigh [θaɪ] *s* (Ober)Schenkel *m;* **thigh-bone** *s* Oberschenkelknochen *m*

thimble ['θɪmbl] *s* Fingerhut *m*

thin [θɪn] **I.** *adj* ① dünn ② mager, hager; (*Gesicht*) schmal ③ fein(verteilt) ④ spärlich, dürftig ⑤ dünn, wässerig ⑥ (*Gewebe*) (hauch)dünn, fein, zart ⑦ (*fig: Ausrede*) schwach; fadenscheinig ⑧ (COM) flau; gering; unzureichend; **~ on the ground** (*fig*) dünn gesät; **have a ~ time of it** (*fam*) eine üble Zeit durchmachen **II.** *adv* dünn; schwach **III.** *vt* ① dünn(er) machen; verdünnen ② (*Wald*) lichten ③ (*Bevölkerung*) verringern **IV.** *vi* (*Haare*) schütter werden; (*Nebel*) sich lichten; (*Menge*) sich verlaufen; **thin down I.** *vi* dünner werden; abnehmen **II.** *vt* verdünnen; **thin out I.** *vi* schwächer werden; (*Menge*) kleiner werden; (*Haare*) sich lichten **II.** *vt* (*Haare*) ausdünnen; (*Wald*) lichten; (*Pflanzen*) verziehen; (*Bevölkerung*) verkleinern

thine [ðaɪn] *pron* (*obs*) dein

thing [θɪŋ] *s* ① (*a.* JUR) Ding *nt*, Sache *f*, Gegenstand *m* ② (*fam*) Ding, Dingsda, Dingsbums *nt* ③ **~s** Sachen *fpl*, Kleider *ntpl;* **among other ~s** unter anderem; **do one's own ~** (*fam*) tun, was man will; **first ~** zuerst, zunächst (einmal); **first ~ in the morning** morgens früh als Erstes; **first ~s first!** immer schön der Reihe nach!; **for one ~** einmal, vor allem; **in all ~s** in jeder Hinsicht; **just the ~** genau das Richtige; **no such ~** nichts dergleichen; **no small ~** keine Kleinigkeit; **quite the ~** die Sache; **the real ~** das Richtige; **the very ~** genau das; **a ~ like that** so etwas; **have a ~ about** eine Schwäche, eine Vorliebe haben für; **he's got a ~ about snakes** er kann Schlangen nicht ausstehen; (*fasziniert von*) er ist verrückt auf Schlangen; **know a ~ or two** (*fam*) einiges loshaben; etwas können; **not to feel quite the ~** nicht auf der Höhe sein; **it's a funny ~, but …** es ist seltsam, aber …; **make a good ~ of s.th.** aus etw Nutzen ziehen; **make a ~ of s.th.** etw wichtig nehmen; **that was a near ~!** das ist noch mal gut gegangen; **how are ~s?** wie geht's?; **I'm going to tell him a ~ or two** dem werde ich was erzählen!; **there is no such ~** so was gibt es nicht; **it's a good ~ to …** es ist vernünftig zu …; **a ~ of beauty** etwas Schönes; **it's a peculiar ~** es ist eigenartig; **the ~ is …** die Sache ist die, …; **the nice ~ about it** das Schöne daran; **another ~** noch etwas; etwas anderes; **~s are going well** es geht gut; **think ~s over** (sich) die Sache überlegen; **you poor ~!** du Arme(r)!; **you must be seeing ~s!** du siehst wohl nicht richtig!; **thing·uma·bob**, **thing·uma·jig** ['θɪŋ(ə)məbɒb, 'θɪŋ(ə)mədʒɪg] *s* Dingsda *nt*

think [θɪŋk] <*irr:* thought, thought> **I.** *vt* ① denken ② glauben, meinen ③ sich vorstellen; sich einbilden ④ halten für, ansehen als; **I ~ you had better do that** ich meine, du solltest das lieber tun; **I should ~ not!** das will ich auch nicht hoffen!; **do you ~ he'll manage?** glauben Sie, er schafft es?; **you must ~ me rude** Sie müssen mich für unhöflich halten; **that's what you ~!** das meinst du wohl!; **what do you ~?** was meinen Sie (dazu)?; **who would have thought it!** wer hätte das gedacht!; **~ nothing of it!** das ist nicht der Rede wert!; **~ nothing of** nichts halten von **II.** *vi* ① denken (*of* an, *about* über) ② glauben, meinen, der Meinung sein (*that* dass) ③ planen, beabsichtigen (*to do* zu tun) ④ nachdenken, -sinnen (*about, on, upon* über) ⑤ (sich) überlegen, sich durch den Kopf gehen lassen (*about s.th.* etw) ⑥ meinen (*about* zu) ⑦ halten (*of* von) ⑧ sich mit dem Gedanken tragen (*of doing* zu tun) ⑨ sich erinnern (*of* an), sich besinnen (*of* auf); **~ aloud** laut denken; **~ better of s.th.** sich etw noch mal überlegen; **~ fit** [*o* **good**] **to do** es für gut halten zu tun; **~ highly** [*o* **much**] **of** viel halten von; **~ twice** (es) sich noch mal überlegen; **act without ~ing** unüberlegt handeln; **he wasn't ~ing** (*fig*) er hat geschlafen; **I ~ so** ich denke schon; **it makes you ~** das stimmt einen nachdenklich; **let me ~** lass mich überlegen; **just ~** stell dir mal vor **III.** *s:* **have a ~ about s.th.** sich etw überlegen; über etw nachdenken; **think about** *vi* nachdenken über; sich überlegen; vorhaben (*doing s.th.* etw zu tun); **think ahead** *vi* vorausdenken; **think back** *vi* sich zurückversetzen (*to* in); **think of**, **think about** *vi* denken an; sich vorstellen; sich ausdenken; **what do you ~ of him/it?** was halten Sie von ihm/davon?; **think on** *vi* nachdenken über; planen, vorhaben; **think out** *vt* ausdenken; sich gut überlegen; **think over** *vt* überdenken, -legen; nachdenken (über); **think through** *vt* durchdenken; **think up** *vt* (sich) ausdenken

think·able ['θɪŋkəbl] *adj* denk-, vorstellbar;

thinker ['θɪŋkə(r)] *s* Denker(in) *m(f);*

think·ing ['θɪŋkɪŋ] **I.** *adj* vernünftig; denkend; **put one's ~ cap on** (*fam*) seinen Grips anstrengen, scharf nachdenken **II.** *s* Denken *nt;* Nachdenken *nt;* Meinung *f;* **to my ~** meiner Meinung nach; **that's wishful ~** das ist ein frommer Wunsch; **think tank** *s* Denkfabrik *f*

thin·ner ['θɪnə(r)] *s* (TECH) Verdünner *m,* Verdünnungsmittel *nt;* **thin·ness** ['θɪnnɪs] *s* ❶ Dünnheit *f;* Dünnflüssigkeit *f* ❷ Feinheit *f* ❸ (*Mensch*) Magerkeit *f* ❹ (*Stimme*) Schwäche *f;* (*Entschuldigung*) Dürftigkeit, Fadenscheinigkeit *f;* **the ~ of his hair** sein spärlicher Haarwuchs; **the ~ of the population** die geringe Bevölkerungsdichte; **thin-skinned** ['θɪnskɪnd] *adj* (*fig*) empfindlich, leicht beleidigt

third [θɜ:d] **I.** *adj* dritte(r, s); **the Third Way** (POL: *in Großbritannien*) die neue Mitte **II.** *s* ❶ Dritte(r, s) ❷ Drittel *nt* ❸ (AUTO) dritter Gang; **third-class mail** *s* (*Am*) Drucksache *f;* **third-country** *adj* Drittländer-; **~ nationals** Staatsangehörige aus Drittländern; **third degree** *s* ❶ dritter Grad ❷ strenges Verhör *nt;* **third-degree burns** *s* Verbrennungen *f pl* dritten Grades; **third·ly** [-lɪ] *adv* drittens; **third party** *s* (JUR) Dritte(r) *m,* dritte Person; **third-party liability, third-party insurance** *s* Haftpflichtversicherung *f;* **third-rate** [ˌθɜ:d'reɪt] *adj* drittrangig, minderwertig; **Third World** *s* Dritte Welt

thirst [θɜ:st] **I.** *s* ❶ Durst *m* ❷ (*fig*) Verlangen *nt,* Sehnsucht *f* (*for* nach); **~ for knowledge** Wissensdrang, -durst *m* **II.** *vi* nach Wissen dürsten; (*fig*) verlangen, sich sehnen (*for* nach); **thirsty** ['θɜ:stɪ] *adj* ❶ durstig ❷ (*fig*) begierig (*for, after* nach)

thir·teen [ˌθɜ:'ti:n] *adj* dreizehn; **thir·teenth** [ˌθɜ:'ti:nθ] **I.** *adj* dreizehnte(r, s) **II.** *s* Dreizehntel *nt;* Dreizehnte(r, s); **thir·ti·eth** ['θɜ:tɪəθ] **I.** *adj* dreißigste(r, s) **II.** *s* Dreißigstel *nt;* Dreißigste(r, s); **thirty** ['θɜ:tɪ] *adj* dreißig

this [ðɪs] <*pl* these> **I.** *pron, adj* diese(r, s); **~ one** (*substantivisch*) diese(r, s); **by ~ time** jetzt; schon lange; bis dahin; **~ day** heute; **~ day week** heute in acht Tagen; **~ minute** augenblicklich; **~ morning/evening/night** heute Morgen/Abend/Nacht; **~ time** diesmal; **~ time last month** letzten Monat um diese Zeit; **these days** heutzutage; **what are you doing these days?** was machen Sie (so) in letzter Zeit? **II.** *pron substantivisch* dies, das; **what is ~?** was ist das?; **who is ~?** wer ist das?; **these are my friends** das sind meine Freunde; **~ is to prove ...** hiermit wird bewiesen ...; **~ and that** dieses und jenes; **it's like ~** es ist so; **~ is Anna (speaking)** (hier ist) Anna **III.** *adv* so; **~ late** so spät; **~ much** so viel

thistle ['θɪsl] *s* Distel *f*

tho' [ðəʊ] **I.** *conj* obgleich; wenn auch; **as ~** als ob; **even ~** obwohl **II.** *adv* doch; **she did do it ~** sie hat es aber doch getan

thong [θɒŋ] *s* Lederriemen *m*

tho·rax ['θɔ:ræks] *s* (ANAT) Brust *f,* Brustkorb *m,* Brustkasten *m*

thorn [θɔ:n] *s* ❶ Dorn *m* ❷ Dornbusch, -strauch *m;* **that's a ~ in my flesh** (*fig*) das ist mir ein Dorn im Auge; **thorny** ['θɔ:nɪ] *adj* ❶ dornig ❷ (*fig*) schwierig; heikel

thor·ough ['θʌrə, 'θʌrəʊ] *adj* ❶ sorgfältig, gründlich, genau ❷ vollendet ❸ vollständig, völlig; **thor·ough·bred** ['θʌrəbred] **I.** *s* Vollblut(pferd) *nt,* Vollblüter *m* **II.** *adj* reinrassig; Vollblut-; **thor·ough·fare** ['θʌrəfeə(r)] *s* Durchfahrtsstraße *f;* **no ~!** keine Durchfahrt!; **thor·ough·go·ing** ['θʌrəˌgəʊɪŋ] *adj* gründlich; (*Reform, Änderung*) grundlegend; **thor·ough·ly** [-lɪ] *adv* gründlich; völlig; **thor·ough·ness** [-nɪs] *s* Sorgfalt, Gründlichkeit *f*

those [ðəʊz] *pron* diese; *s.* **that**[1]

thou [ðaʊ] *pron* (*obs poet*) du

though [ðəʊ] **I.** *conj* obgleich; wenn auch; **as ~** als ob; **even ~** obwohl **II.** *adv* doch; **she did do it ~** sie hat es aber doch getan

thought [θɔ:t] **I.** *pt, pp of* **think II.** *s* ❶ (Nach)Denken *nt;* Überlegung *f* ❷ Denkfähigkeit *f,* Verstand *m* ❸ Gedanke, Einfall *m* ❹ Denkweise *f* ❺ Aufmerksamkeit, Rücksicht *f;* **a ~** (*fig*) ein bisschen, etwas, eine Idee; **after serious ~, on second ~s** nach reiflicher Überlegung; **(lost) in ~** in Gedanken (versunken); **without ~** gedankenlos; **have no ~ of doing s.th.** nicht daran denken etw zu tun; **have second ~s about s.th.** sich etwas noch einmal überlegen; **give ~ to** nachdenken über; **don't give it another ~** denken Sie gar nicht daran; **thought·ful** ['θɔ:tfl] *adj* ❶ nachdenklich; wohl überlegt ❷ aufmerksam, rücksichtsvoll; **thought·less** [-lɪs] *adj* ❶ gedankenlos, unbesonnen ❷ rücksichtslos (*of* gegen), unachtsam ❸ unbekümmert (*of* um); **thought-out** [ˌθɔ:t'aʊt] *adj:* **a well ~ plan** ein wohl durchdachter Plan; **thought-pro·vok·ing** [ˌθɔ:tprə'vəʊkɪŋ] *adj* geistige Anstöße vermittelnd; anregend; **thought read·ing** ['θɔ:tˌri:dɪŋ] *s* Gedankenlesen *nt*

thou·sand ['θaʊznd] **I.** *adj* (*a ~*) tausend; **a**

~ **thanks** tausend Dank; **a ~ times** tausendmal **II.** *s* Tausend *nt;* **one ~** eintausend; **thou·sandth** ['θaʊzntθ] **I.** *adj* tausendste(r, s) **II.** *s* Tausendstel *nt;* Tausendste(r, s)

thrash [θræʃ] **I.** *vt* ❶ verprügeln; verdreschen; einschlagen auf ❷ (*fam*) (vernichtend) besiegen, schlagen; **~ one's arms about** (mit den Armen) um sich schlagen **II.** *vi* (~ *about*) um sich schlagen; **thrash out** *vt* (*Thema*) gründlich erörtern; (*Plan*) ausdiskutieren; **thrash·ing** [-ɪŋ] *s* ❶ Tracht *f* Prügel ❷ (*fig*) völlige Niederlage; **give s.o. a good ~** jdm eine tüchtige Tracht Prügel verabreichen

thread [θred] **I.** *s* ❶ (*Textil*) Faden *m,* (Näh)Garn *nt* ❷ (*Licht*) Strahl *m* ❸ (TECH) Gewinde *nt* (*on a screw* an einer Schraube); **hang by a ~** (*fig*) an einem seidenen Faden hängen; **lose the ~** (*fig*) den Faden verlieren; **pick up the ~s** (*fig*) den Faden wieder aufnehmen **II.** *vt* ❶ einfädeln ❷ aufreihen ❸ (*fig*) sich durchwinden durch ❹ (TECH) mit einem Gewinde versehen; **~ one's way through** sich durchschlängeln **III.** *vi* ❶ sich (hin)durchwinden ❷ sich durchziehen (*through* durch); **thread·bare** ['θredbeə(r)] *adj* abgewetzt; abgetragen; (*Teppich*) abgelaufen; (*fig: Argument*) fadenscheinig

threat [θret] *s* ❶ Drohung *f* (*of* mit) ❷ Bedrohung *f* (*to +gen*), Gefahr *f* (*to* für); **utter a ~ against s.o.** jdm drohen; **there's a ~ of rain** es sieht nach Regen aus; **coming under ~ from s.th.** durch etw bedroht sein; **pose a serious ~** ernsthaft gefährden; **threaten** ['θretn] *vt* ❶ (*jdn*) bedrohen (*with* mit) ❷ androhen (*s.o. with s.th.* jdm etw) ❸ drohend ankündigen ❹ drohen (*s.th.* mit etw, *to do* zu tun); **threaten·ing** [-ɪŋ] *adj* drohend; **~ letter** Drohbrief *m*

three [θri:] **I.** *adj* drei **II.** *s* Drei *f;* **three-cor·nered** [ˌθri:'kɔ:nəd] *adj* ❶ dreieckig ❷ zu dreien; **~ hat** Dreispitz *m;* **three-di·mensional** [ˌθrɪdaɪ'menʃənl] *adj,* **three-D** [ˌθri:'di:] *adj* dreidimensional; **three·fold** ['θri:fəʊld] *adj, adv* dreifach; **three-part** ['θri:pɑ:t] *adj* dreiteilig; **three·penny bit** ['θrepənɪbɪt] *s* Dreipennystück *nt;* **three-piece** [ˌθri:'pi:s] *adj* dreiteilig; **~ suite** dreiteilige Polstergarnitur; **three-ply** [ˌθri:'plaɪ] **I.** *adj* dreifach; dreischichtig **II.** *s* ❶ Sperrholz *nt* ❷ Dreifachwolle *f;* **three-quarter** [ˌθri:'kwɔ:tə(r)] **I.** *adj* dreiviertel **II.** *s* (*Rugby*) Dreiviertelspieler *m;* **three·some** ['θri:səm] *s* Dreiergruppe *f;* Dreier *m;* **in a ~** zu dritt; **three-wheeler** [θrɪ'wi:lə(r)] *s* Dreiradwagen *m*

thresh [θreʃ] *vt, vi* dreschen; **thresh·ing machine** ['θreʃɪŋ mə'ʃi:n] *s* Dreschmaschine *f*

thresh·old ['θreʃhəʊld] *s* ❶ Schwelle *f* ❷ (*fig*) Anfang, Beginn *m;* **at the ~ of an era** an der Schwelle eines Zeitalters; **be on the ~ of one's career** am Anfang seiner Laufbahn stehen; **~ of consciousness** Bewusstseinsschwelle *f;* **threshold agreement** *s* Lohnindexierung *f;* **threshold countries** *s* (COM) Schwellenländer *ntpl;* **threshold price** *s* Schwellenpreis *m*

threw [θru:] *s.* **throw**

thrice [θraɪs] *adv* dreimal, -fach

thrift [θrɪft] *s* Sparsamkeit *f;* **thrifty** ['θrɪftɪ] *adj* sparsam (*of, with* mit)

thrill [θrɪl] **I.** *vt* ❶ mitreißen; in Spannung versetzen; erregen ❷ erschauern lassen; **be ~ed to bits** sich fürchterlich freuen **II.** *vi* ❶ erregt, aufgewühlt sein ❷ zittern, beben (*with* vor) **III.** *s* Schauer, Nervenkitzel *m;* Sensation *f;* Erregung *f;* Reiz *m;* **a ~ of joy** eine freudige Erregung; **give us a ~!** (*fam*) lass uns mal was sehen!; **thriller** ['θrɪlə(r)] *s* Reißer, Krimi *m;* **thrill·ing** ['θrɪlɪŋ] *adj* aufregend; reißerisch; spannend, sensationell

thrive [θraɪv] <*irr:* thrived (throve), thrived (thriven)> *vi* ❶ (gut) gedeihen ❷ Erfolg haben; **thriv·ing** [-ɪŋ] *adj* (*fig*) (gut) gedeihend; blühend

throat [θrəʊt] *s* ❶ Kehle, Gurgel *f* ❷ Rachen, Schlund *m;* Hals *m;* **cancer of the ~** Kehlkopfkrebs *m;* **clear one's ~** sich räuspern; **grip s.o. by the ~** jdn an der Kehle packen; **jump down s.o.'s ~** (*fig fam*) jdm ins Gesicht springen; **thrust s.th. down s.o.'s ~** jdm etw aufzwingen; **stick in s.o.'s ~** (*fig*) für jdn nicht akzeptabel sein; (*Worte*) jdm im Halse stecken bleiben; **sore ~** Halsweh *nt;* **throaty** ['θrəʊtɪ] *adj* ❶ (*Stimme*) belegt, rau ❷ (*Mensch*) heiser

throb [θrɒb] **I.** *vi* (*Herz*) (heftig) schlagen, klopfen (*with* vor); (*Maschine*) klopfen; (*Trommeln*) dröhnen; (*fig*) pulsieren **II.** *s* (Herz-, Puls)Schlag *m;* (*fig*) Klopfen, Zittern, Dröhnen *nt*

throes [θrəʊz] *s:* **be in the ~ of s.th.** mitten in etw sein

throm·bo·sis [θrɒm'bəʊsɪs] *s* (MED) Thrombose *f*

throne [θrəʊn] *s* Thron *m;* **come to the ~** den Thron besteigen

throng [θrɒŋ] **I.** *s* Gedränge, Gewühl *nt,* Andrang *m;* (Menschen)Menge *f* **II.** *vi* (sich) drängen; strömen **III.** *vt* sich drän-

T

gen in, um

throttle ['θrɒtl] **I.** *s* (~ *-valve*) Drosselventil *nt;* **at full** ~ mit Vollgas **II.** *vt* ① erdrosseln ② (*fig*) unterdrücken; **throttle back, throttle down I.** *vt* drosseln **II.** *vi* Gas wegnehmen

through [θruː] **I.** *prep* ① (*räumlich*) durch ② (*zeitlich*) über ③ (*kausal*) durch, infolge *+gen,* mit Hilfe *+gen;* ~ **the night** die Nacht über; **all** ~ **her life** ihr ganzes Leben lang; **Monday** ~ **Friday** von Montag bis (einschließlich) Freitag; ~ **the post** mit der Post **II.** *adv* durch; ~ **and** ~ durch und durch, völlig; **all day** ~ den ganzen Tag über; **he knew it all** ~ er wusste es die ganze Zeit; **wet** ~ patschnass; **carry** ~ zu Ende bringen; **get** ~ durchkommen; **get** ~ **with** (*fam*) zu Ende kommen mit; **put** ~ (TELE) verbinden (*to s.o.* mit jdm); **I didn't get** ~ (TELE) ich bin nicht durchgekommen **III.** *adj* ① fertig ② (TELE) verbunden; **I'm** ~ **with him** der ist für mich gestorben; **I'm** ~ **with that job** ich habe diese Arbeit satt; **through car, through coach** *s* (RAIL) Kurswagen *m;* **through flight** *s* Direktflug *m;* **through·out** [θruː'aʊt] **I.** *prep* ① überall in ② während; ~ **his stay** seinen ganzen Aufenthalt über; ~ **his life** sein ganzes Leben lang **II.** *adv* ① überall ② die ganze Zeit (über); **through·put** ['θruːpʊt] *s* Durchsatz *m;* **through ticket** *s* (RAIL) durchgehende Fahrkarte; **through traffic** *s* Durchgangsverkehr *m;* **through train** *s* durchgehender Zug; **through·way** ['θruːweɪ] *s* (*Am*) Schnellstraße *f*

throve [θrəʊv] *s.* **thrive**

throw [θrəʊ] <*irr:* threw, thrown> **I.** *vt* ① werfen (*to the ground* auf den Boden), schleudern (*at* nach) ② (*vom Pferd*) abwerfen ③ (*Blick*) zuwerfen (*s.o.* jdm) ④ (*Hebel*) ein-, ausschalten ⑤ (*Brücke*) schlagen (*over, across* über) ⑥ (*Junge*) werfen ⑦ (*auf der Drehscheibe*) töpfern, drehen ⑧ (*fam*) drausbringen, verwirren ⑨ (*fam: Anfall*) bekommen ⑩ (*fam: Party*) geben, schmeißen; ~ **into confusion** [*o* **disorder**] in Unordnung bringen; ~ **dice** würfeln; ~ **a fit** (*fam*) einen Wutanfall bekommen; ~ **s.th. open** etw weit öffnen; ~ **overboard** (*fig*) über Bord werfen; ~ **into prison** ins Gefängnis werfen; ~ **shadow**(**s**) Schatten werfen; ~ **that light this way, please** bitte, leuchten Sie hierher; ~ **o.s. at s.o.** (*fig*) sich jdm an den Hals werfen; ~ **o.s. into s.th.** (*fig*) sich auf etw stürzen; **be** ~**n upon o.s.** auf sich selbst angewiesen sein **II.** *vi* werfen **III.** *s* ① Wurf *m* ② (GEOL) Sprunghöhe *f,* Verwurf *m;* **throw away** *vt* ① fort-, wegwerfen; verschwenden ② (*Gelegenheit*) verpassen; **throw back I.** *vt* zurückwerfen **II.** *vi* (BIOL) zurückgehen; **be** ~**n back upon** angewiesen sein auf; **throw down** *vt* ① hinunterwerfen ② (*fig: Waffen*) wegwerfen; **throw in** *vt* ① (SPORT) einwerfen ② (COM) zugeben; hinzufügen ③ (*eine Bemerkung*) einwerfen; ~ **in** (**one's lot**) **with s.o.** mit jdm gemeinsame Sache machen; ~ **in the sponge** [*o* **towel**] (*fig*) das Handtuch werfen; **throw off** *vt* ① abwerfen ② (*Funken, Geruch*) von sich geben ③ (*Erkältung*) losbekommen ④ (*von einer Spur*) ablenken; (*Verfolger*) abschütteln; **throw on** *vt* (*Kleidungsstück*) (schnell) überwerfen, -ziehen; **throw open** *vt* ① (*Tür*) aufstoßen ② (*Gebäude*) der Öffentlichkeit freigeben; **throw out** *vt* ① hinauswerfen; wegwerfen ② (*Gesetzesvorlage*) ablehnen, verwerfen ③ (*Bemerkung, Gedanken*) äußern ④ (*Schößlinge*) treiben ⑤ (*Hitze*) abgeben ⑥ (*Berechnungen, Pläne*) durcheinander bringen; ~ **out of work** entlassen; arbeitslos machen; **throw over** *vt* ① über den Haufen werfen ② (*Theorie*) verwerfen ③ (*Liebhaber*) sitzen lassen; **throw together** *vt* ① zusammenstoppeln ② (*Personen*) zusammenbringen; **throw up I.** *vt* ① hervorbringen; an den Tag bringen ② hochwerfen, in die Höhe werfen ③ (*Arbeit*) aufgeben; (*Gelegenheit*) sich entgehen lassen ④ (*Essen*) erbrechen ⑤ vorwerfen (*s.th. to s.o.* jdm etw) ⑥ (*Frage*) aufwerfen **II.** *vi* sich übergeben

throw·away ['θrəʊəˌweɪ] *adj* ① Wegwerf-; (*Flasche*) Einweg- ② (*Bemerkung*) beiläufig; (*Stil*) lässig; ~ **paper cup** Papierbecher *m* zum Wegwerfen; ~ **society** Wegwerfgesellschaft *f;* ~ **prices** Schleuderpreise *mpl;* **throw·back** ['θrəʊbæk] *s* Rückfall, Atavismus *m;* (*fig*) Rückgriff *m* (*to* auf); **thrower** ['θrəʊə(r)] *s* Werfer(in) *m(f);* **throw-in** ['θrəʊɪn] *s* (SPORT) Einwurf *m;* **throw·ing** ['θrəʊɪŋ] *s* Werfen *nt;* ~ **the hammer**/**the javelin** (SPORT) Hammer-/Speerwerfen *nt;*

thrown [θrəʊn] *s.* **throw**

thru [θruː] **I.** *prep* (*Am*) ① (*räumlich*) durch ② (*zeitlich*) über ③ (*kausal*) durch, infolge *+gen,* mit Hilfe *+gen;* ~ **the night** die Nacht über; **all** ~ **her life** ihr ganzes Leben lang; **Monday** ~ **Friday** von Montag bis (einschließlich) Freitag; ~ **the post** mit der Post **II.** *adv* durch; ~ **and** ~ durch und durch, völlig; **all day** ~ den ganzen Tag über; **he knew it all** ~ er wusste es die ganze Zeit; **wet** ~ patschnass; **carry** ~

zu Ende bringen; **get ~** durchkommen; **get ~ with** (*fam*) zu Ende kommen mit; **put ~** (TELE) verbinden (*to s.o.* mit jdm); **I didn't get ~** (TELE) ich bin nicht durchgekommen **III.** *adj* ❶ fertig ❷ (TELE) verbunden; **I'm ~ with him** der ist für mich gestorben; **I'm ~ with that job** ich habe diese Arbeit satt

thrum [θrʌm] **I.** *vt* klimpern; (*Gitarre*) spielen; (*fig*) trommeln auf **II.** *vi* klimpern

thrush¹ [θrʌʃ] *s* (*großer Singvogel*) Drossel *f*

thrush² [θrʌʃ] *s* (MED) Soor *m,* Mundfäule *f,* Schwämmchen *nt;* Pilzinfektion *f* der Scheide; (*Pferde*) Strahlfäule *f*

thrust [θrʌst] *<irr:* thrust, thrust*>* **I.** *vt* ❶ (heftig, fest) stoßen; drängen ❷ durchbohren ❸ (*Nadel*) stecken (*into* in); **~ o.s. (up)on s.o.** sich jdm aufdrängen; **~ o.s. forward** sich in den Vordergrund drängen; **~ one's hands into one's pockets** die Hände in die Tasche stecken; **~ one's way through** sich einen Weg bahnen durch **II.** *vi* ❶ stoßen, stechen (*at* nach) ❷ sich drängen (*into* in, *through* durch) **III.** *s* ❶ Stoß, Stich, Hieb *m* ❷ (TECH) Schub *m;* **thrust·ful** ['θrʌstfl] *adj* resolut, energisch; **thrust·ing** ['θrʌstɪŋ] *adj* (*Mensch*) aufdringlich, unverfroren

thru·way ['θru:weɪ] *s* (*Am*) Schnellstraße *f*

thud [θʌd] **I.** *s* (dumpfer) Schlag *m,* (dumpfes) Geräusch *nt;* (*fam*) Bums *m* **II.** *vi* dumpf aufschlagen (*to* auf)

thug [θʌg] *s* Schläger(typ) *m*

thumb [θʌm] **I.** *s* Daumen *m;* **twiddle one's ~s** Däumchen drehen; **under s.o.'s ~** unter jds Fuchtel; **he is all ~s** er hat zwei linke Hände; **~s down!** pfui!; **~s up!** bravo!; **give s.th./s.o. the ~s up** einer Sache/jdm grünes Licht geben **II.** *vt* (*Buch*) durchblättern; **~ a lift** [*o* **ride**] (*fam*) per Anhalter fahren; **a well ~ed book** ein zerlesenes Buch; **thumb index** *s* (*Buch*) Daumenregister *nt;* **thumb·nail** ['θʌmneɪl] *s* Daumennagel *m;* **thumbnail sketch** *s* kleine Skizze; kurze Skizze; **thumb·print** *s* Daumenabdruck *m;* **thumb·screw** ['θʌmskru:] *s* ❶ (TECH) Flügelschraube *f* ❷ (*Folter*) Daumenschraube *f;* **thumb-tack** *s* (*Am*) Heftzwecke *f,* Reißnagel *m*

thump [θʌmp] **I.** *s* dumpfer Schlag **II.** *vt* schlagen; schlagen auf, an **III.** *vi* ❶ dumpf aufschlagen; stampfen ❷ heftig schlagen (*on, at* an, auf) ❸ (*Herz*) pochen (*with* vor) **IV.** *adv* bums; **thump·ing** [-ɪŋ] *adj* (*fam*) riesig

thun·der ['θʌndə(r)] **I.** *s* ❶ Donner(schlag) *m* ❷ (*fig*) Getöse *nt;* (*Applaus*) Sturm *m;* **steal s.o.'s ~** (*fig*) jdm den Wind aus den Segeln nehmen **II.** *vi* ❶ donnern ❷ anbrüllen (*at s.o.* jdn) **III.** *vt* brüllen; **thun·der·bolt** ['θʌndəbəʊlt] *s* ❶ Blitz (und Donnerschlag) *m* ❷ (*fig*) Blitz *m* aus heiterem Himmel; **thun·der·clap** ['θʌndəklæp] *s* Donnerschlag *m;* **thunder·cloud** *s* Gewitterwolke *f;* **thun·der·ing** ['θʌndərɪŋ] *adj* (*fam*) verflixt; **thun·der·ous** ['θʌndərəs] *adj* stürmisch; (*fig*) donnernd; **thun·der·storm** ['θʌndəstɔ:m] *s* Gewitter *nt;* **thun·der·struck** ['θʌndəstrʌk] *adj* (*fig*) wie vom Schlag getroffen; **thun·dery** ['θʌndərɪ] *adj* gewitt(e)rig

Thurs·day ['θɜ:zdɪ] *s* Donnerstag *m;* **on ~** am Donnerstag; **on ~s** donnerstags

thus [ðʌs] *adv* ❶ so, auf diese Weise ❷ folglich; **~ far** so weit

thwart¹ [θwɔ:t] *vt* ❶ (*Plan*) durchkreuzen ❷ (*Absicht*) vereiteln ❸ einen Strich durch die Rechnung machen (*s.o.* jdm)

thwart² [θwɔ:t] *s* (MAR) Ruderbank, Ducht *f*

thy [ðaɪ] *pron* (*obs poet*) dein

thyme [taɪm] *s* Thymian *m*

thy·roid ['θaɪrɔɪd] **I.** *adj* Schilddrüsen- **II.** *s* (*~ gland*) Schilddrüse *f*

thy·rox·ine [θaɪ'rɒksi:n] *s* (MED) Thyroxin, Tetrajodthyronin *nt*

ti·ara [tɪ'ɑ:rə] *s* ❶ Tiara *f* ❷ Diadem *nt*

tibia ['tɪbɪə, *pl* 'tɪbɪi:] <*pl* tibiae> *s* Schienbein *nt*

tic [tɪk] *s* (MED) Gesichts-, Muskelzucken *nt*

tick¹ [tɪk] **I.** *s* ❶ Ticken *nt* ❷ Häkchen *nt* ❸ (*fam*) Augenblick *m;* **in a ~** gleich, sofort **II.** *vi* ticken; **I don't know what makes her ~** ich weiß nicht, was in ihr vorgeht **III.** *vt* abhaken, anstreichen; **tick off** *vt* ❶ abhaken ❷ abkanzeln; **tick over** *vi* ❶ (AUTO) leer laufen ❷ (*fig*) ordentlich gehen

tick² [tɪk] *s* (*große, Blut saugende Milbe*) Zecke *f*

tick³ [tɪk] *s* Matratzenbezug *m;* Inlett *nt*

tick⁴ [tɪk] *s* (*fam*) Kredit *m;* **buy on ~** auf Pump kaufen

ticker ['tɪkə(r)] *s* ❶ (TELE) Ticker, Börsenfernschreiber *m* ❷ (*fam*) Uhr *f* ❸ (*sl*) Herz *nt;* **ticker tape** *s* Lochstreifen *m;* **ticker-tape parade** *s* Konfettiparade *f*

ticket ['tɪkɪt] *s* ❶ (Eintritts-, Theater-, Fahr-, Flug)Karte *f;* Fahrschein *m,* Ticket *nt* ❷ (Gepäck)Schein *m;* Abschnitt, Zettel *m;* Park(Schein) *m* ❸ Etikett, Schildchen *nt;* Preiszettel *m* ❹ (*Am*) Kandidatenliste *f;* Wahlprogramm *nt* ❺ (JUR) gebührenpflichtige Verwarnung; Strafzettel *m;* **vote the straight ~** die Parteiliste wählen; **that's**

T

the ~! (*fam*) das ist die Sache!; **admission ~** Eintrittskarte *f;* **airline ~** Flugticket *nt,* Flugschein *m;* **cloakroom ~** Garderobenmarke *f;* **lottery ~** Lotterielos *nt;* **luggage ~, baggage ~** (*Am*) Gepäckschein *m;* **monthly ~** Monatskarte *f;* **return ~, round-trip ~** (*Am*) Rückfahrkarte *f* (*to* nach); **season ~** Dauer-, Zeitkarte *f;* **single ~** einfache Fahrkarte; **theatre ~** Theaterkarte *f;* **ticket agency** *s* Verkaufsstelle *f;* (THEAT) Vorverkaufsstelle *f;* **ticket collector** *s* Fahrkartenkontrolleur(in) *m(f),* Schaffner(in) *m(f);* **ticket counter** *s* Fahrkartenschalter *m;* **ticket holder** *s* Karteninhaber(in) *m(f);* **ticket machine** *s* Fahrscheinautomat *m;* **ticket number** *s* (*Lotterie*) Losnummer *f;* **ticket office** *s* Fahrkartenschalter *m;* (THEAT) Kasse *f*

tick·ing-off [ˈtɪkɪŋˈɒf] *s* (*fam*) Anpfiff, Anschnauzer *m;* **give s.o. a ~** jdn ausschimpfen

tickle [ˈtɪkl] **I.** *vt* ❶ kitzeln ❷ schmeicheln, gefallen, angenehm sein (*s.o.* jdm), erheitern; **be ~d pink** [*o* **to death**] sich fürchterlich freuen; **~ s.o.'s fancy** jdm gefallen **II.** *vi* kitzeln; jucken **III.** *s* Kitzeln *nt;* **give s.o. a ~** jdn kitzeln; **tick·lish** [ˈtɪklɪʃ] *adj* ❶ (*Mensch*) kitz(e)lig ❷ (*fig: Sache*) heikel

ti·dal [ˈtaɪdl] *adj:* **~ current** Gezeitenstrom *m;* **~ energy, ~ power** Gezeitenenergie *f;* **~ river** Tidefluss *m;* **~ wave** Flutwelle *f*

tid·bit [ˈtɪdbɪt] *s* (*Am*) Leckerbissen *m*

tid·dly [ˈtɪdlɪ] *adj* (*fam*) ❶ angeheitert ❷ winzig

tid·dly·winks [ˈtɪdlɪwɪŋks] *s* Flohhüpfen *nt* (*Spiel*)

tide [taɪd] *s* ❶ Ebbe und Flut *f,* Gezeiten *pl* ❷ (*fig*) Auf und Ab *nt* ❸ (*fig*) Strom *m,* Strömung *f;* **the ~ is in/out** es ist Flut/Ebbe; **the ~ turns** (*fig*) das Blatt wendet sich; **ebb** [*o* **low**] **~** Ebbe *f,* Niedrigwasser *nt;* **flood** [*o* **high**] **~** Flut *f,* Hochwasser *nt;* **at high ~** bei Flut; **go** [*o* **swim**] **against the ~** gegen den Strom schwimmen; **tide over** *vt* über Wasser halten; **will that ~ you over?** wird dir das ausreichen?; **tide·land** [ˈtaɪdlænd] *s* (*Am*) Watt *nt;* **tide·mark** *s* Flutmarke *f;* Pegelstand *m;* **tide·water** *s* Flut *f;* (*Am*) Watt *nt;* **tide-way** *s* Priel *m*

ti·di·ness [ˈtaɪdɪnɪs] *s* Ordentlichkeit *f;* Sauberkeit *f;* **tidy** [ˈtaɪdɪ] **I.** *adj* ❶ ordentlich; sauber ❷ (*fam: Geldsumme*) ganz nett, hübsch **II.** *vt* ❶ in Ordnung bringen; hübsch machen ❷ (*~ up*) aufräumen

tie [taɪ] **I.** *vt* ❶ binden (*to* an) ❷ zusammenknoten; (*Paket*) zusammenschnüren ❸ (*Knoten*) machen; (*Band, Schnürsenkel*) binden ❹ verbinden, verknüpfen; **the match was ~d** das Spiel war unentschieden; **my hands are ~d** mir sind die Hände gebunden **II.** *vi* gleich stehen (*with* mit); (SPORT) punktgleich sein; unentschieden spielen **III.** *s* ❶ Band *nt* ❷ (*fig*) Bindung, Verpflichtung *f;* Belastung *f* ❸ **~s** Verbindungen *fpl* ❹ (*neck~*) Krawatte *f,* Schlips *m* ❺ (SPORT) Unentschieden *nt;* unentschiedenes Spiel ❻ (MUS) Ligatur *f;* **the game ended in a ~** das Spiel endete unentschieden; **business ~** Geschäftsverbindung *f;* **family ~s** familiäre Bindungen *fpl;* **~s of blood/of friendship** Bande *nt pl* des Blutes/der Freundschaft; **tie back** *vt* zurückbinden; **tie down** *vt* ❶ festbinden ❷ (*fig*) binden (*to* an) ❸ (*Bedeutung, Gesprächspartner*) festlegen, festnageln; **he doesn't want to ~ himself down** er möchte sich nicht binden, festlegen; **a pet really ~s you down** mit einem Haustier ist man angebunden; **tie in I.** *vi* zusammenpassen **II.** *vt* in Einklang bringen; **~ in with s.th.** zu etw passen; **tie on** *vt* anbinden; **tie up I.** *vi* ❶ zusammenpassen; zusammenhängen (*with* mit) ❷ (MAR) festmachen **II.** *vt* ❶ (*Paket*) verschnüren; (*Schnürsenkel*) binden ❷ (*Tier*) anbinden; (*Gefangene*) fesseln; (*Boot*) festmachen ❸ (*Geschäft, Pläne*) festmachen ❹ (*Kapital*) anlegen ❺ (*Menschen*) beschäftigen; (*Maschinen*) auslasten ❻ (*Produktion*) stilllegen; **I am ~d up tomorrow** morgen bin ich belegt, beschäftigt; **be ~d up with s.th.** mit etw zusammenhängen; **be ~d up with s.o.** zu jdm Verbindung haben

tie-break [ˈtaɪbreɪk] *s* (*Tennis*) Tie Break *m od nt;* **tie clip** *s* Krawattennadel *f;* **tie-in** [ˌtaɪˈɪn] *s* ❶ Verbindung, Beziehung *f* ❷ (*Am: ~ sale*) Koppelungsgeschäft *nt;* **tie-on label** [ˌtaɪˈɒnˈleɪbl] *s* Anhängeadresse *f;* **tie·pin** *s* Krawattennadel *f*

tier [tɪə(r)] **I.** *s* ❶ (Sitz)Reihe *f;* (THEAT) Rang *m* ❷ (*fig*) Stufe *f* ❸ (*Kuchen*) Etage *f* **II.** *adj:* **in ~s** stufenförmig; **three-~ed** dreigestuft; dreistöckig **III.** *adv:* **in ~s** stufenweise

tie-up [ˈtaɪʌp] *s* ❶ (*Am*) Stockung *f,* Stillstand *m* ❷ Verbindung *f;* Zusammenschluss *m*

tiff [tɪf] *s* kleiner Streit, Krach *m*

ti·ger [ˈtaɪgə(r)] *s* Tiger *m*

tight [taɪt] **I.** *adj* ❶ (luft-, wasser)dicht ❷ fest (sitzend); (*Umarmung*) fest ❸ eng (anliegend), zu eng, knapp ❹ (*fig: Kontrolle*) streng ❺ (*Seil, Haut*) straff ❻ (*Platz*) eng ❼ (*Zeit, Geld*) knapp

❽ (*Lage*) schwierig ❾ (SPORT) knapp ❿ (*fam: Mensch*) geizig ⓫ (*sl*) blau, besoffen; **the cork is too** ~ der Korken sitzt zu fest; **air-/water-**~ luft-/wasserdicht **II.** *adv* ❶ fest ❷ eng ❸ straff; **hold** ~ fest halten; **shut** ~ fest zumachen; **sit** ~ sich nicht rühren; **sleep** ~**!** schlafe gut!; **tighten** ['taɪtn] **I.** *vt* ❶ anziehen, straffen ❷ enger machen; (*Gürtel*) enger schnallen ❸ (*Bestimmungen*) verschärfen **II.** *vi* ❶ enger werden ❷ sich straffen ❸ (*Bestimmungen, Kontrollen*) strenger werden ❹ (*Markt*) sich versteifen; **tight-fisted** [ˌtaɪt'fɪstɪd] *adj* filzig, knauserig; **tight·fit·ting** [ˌtaɪt'fɪtɪŋ] *adj* ❶ eng anliegend ❷ (TECH) genau eingepasst; **tight-lipped** [ˌtaɪt'lɪpt] *adj* ❶ mit zusammengepressten Lippen ❷ (*fig*) verschwiegen; **tight·ness** ['taɪtnɪs] *s* ❶ Dichte *f;* Enge *f* ❷ Knappheit, Verknappung *f* ❸ Knauserigkeit *f;* **tight·rope** *s* (Draht)Seil *nt;* **walk a** ~ (*fig*) einen Balanceakt vollführen, eine Gratwanderung machen; **tightrope walker** *s* Seiltänzer(in) *m(f)*

tights [taɪts] *s pl* (*Br*) Strumpfhose *f*

? Grammatik

tights = Plural: *Whose tights are these?*

a pair of tights = Singular: *Where is my black pair of tights? I bought some new tights/a new pair of tights.*

tight·wad ['taɪtwɒd] *s* (*Am: pej*) Knicker, Knauser *m*

ti·gress ['taɪgrɪs] *s* Tigerin *f*

i Land & Leute

Tiki oder **heitiki** sind Jadeschnitzereien der Maoris und stellen vermutlich den ersten Mann oder die erste Frau auf der Erde dar. Diese Schnitzereien zieren Maori-Siedlungen und kleine **tikis** werden oft an einem Halsband getragen. Die Maori haben einzigartige Kunstformen entwickelt. Die Männer schnitzen Holzfiguren und die Frauen weben. Ein anderes bedeutendes Kunsthandwerk ist das Tätowieren. Mit kleinen scharfen Meiseln werden kunstvolle Muster in die Haut geschlagen.

tile [taɪl] **I.** *s* ❶ (Dach)Ziegel *m* ❷ Kachel, Fliese *f* ❸ (*Kork, Isolierung*) Platte *f;* (*Teppich*) Fliese *f;* **have a night on the** ~**s** (*fam*) herumsumpfen **II.** *vt* (*Fußboden*) mit Fliesen belegen; (*Dach*) mit Ziegeln decken; kacheln; **tiler** ['taɪlə(r)] *s* Dachdecker(in) *m(f)*

till[1] [tɪl] **I.** *prep* (*zeitlich*) bis (zu); **not** ~ nicht vor; erst; ~ **now** bis jetzt; ~ **then** bis dahin **II.** *conj* bis; ~ **such time as** bis

till[2] [tɪl] *vt* beackern; (*den Boden*) bearbeiten

till[3] [tɪl] *s* (Laden)Kasse *f;* **have one's fingers in the** ~ Geld aus der Ladenkasse entwenden

tiller ['tɪlə(r)] *s* (MAR) (Ruder)Pinne *f*

tilt [tɪlt] **I.** *vt* ❶ kippen ❷ schräg stellen; schief halten **II.** *vi* ❶ geneigt, schräg sein ❷ sich neigen ❸ (*a. fig*) anrennen (*at* gegen) ❹ losziehen (*at* gegen); ~ **at windmills** gegen Windmühlen kämpfen **III.** *s* ❶ Neigung *f,* schiefe Lage ❷ (HIST) Turnier *nt;* Stoß *m;* (**at**) **full** ~ mit aller Gewalt; **have a** ~ sich neigen; **have a** ~ **at s.o.** (*fig*) jdn angreifen; **tilt back I.** *vi* sich nach hinten neigen **II.** *vt* nach hinten neigen, kippen; **tilt over I.** *vi* sich neigen; umkippen **II.** *vt* neigen; kippen; **tilt up I.** *vi* (nach oben) kippen **II.** *vt* kippen; schräg nach oben halten

tilth [tɪlθ] *s* (AGR) ❶ Gare *f* ❷ bestelltes Land

tim·ber ['tɪmbə(r)] *s* ❶ Bau-, Schnitt-, Nutzholz *nt;* Balken *m* ❷ (MAR) Spant *nt* ❸ Baumbestand, Wald *m;* ~**!** Baum fällt!; **a man of his** ~ (*Am*) ein Mann von seinem Schlag(e); **standing** ~ Nutzwald *m;* **tim·bered** ['tɪmbəd] *adj* baumbestanden, bewaldet; **half-**~ (*Haus*) Fachwerk-; **tim·ber·line** ['tɪmbəlaɪn] *s* Baumgrenze *f;* **tim·ber·work** *s* Gebälk *nt;* Fachwerk *nt*

time [taɪm] **I.** *s* ❶ Zeit *f,* Zeitraum *m,* Zeitspanne *f* ❷ (Zeit)Dauer *f* ❸ Arbeitszeit *f,* -lohn *m* ❹ Zeitmaß, Tempo *nt,* Geschwindigkeit *f* ❺ (MUS) Takt, Rhythmus *m* ❻ Zeitpunkt *m,* genaue Zeit, richtiger Augenblick ❼ Frist *f,* Termin *m* ❽ Mal *nt,* Gelegenheit *f* ❾ *meist pl* Zeiten *fpl;* **against the** ~ in größter Eile; **ahead of one's** ~ seiner Zeit voraus; **ahead of** ~ zu früh; **all the** ~ die ganze Zeit (über); **another** ~ ein andermal; **any number of** ~**s** x-mal; **at** ~**s** manchmal; hin und wieder; **at all** ~**s** immer; **at the same** ~ zur gleichen Zeit, gleichzeitig; **at that** ~ damals, zu der Zeit; **by that** ~ bis dahin, unterdessen; **every** ~ jedesmal; **for the** ~ **being** im Augenblick; zurzeit; **from** ~ **to** ~ von Zeit zu Zeit; **in**

half the ~ in der halben Zeit; **in** ~ rechtzeitig; **in due** ~ termingemäß; **in no** ~ im Nu; **many** ~**s, many a** ~ oft(mals); **next** ~ das nächste Mal; **on** ~ pünktlich, *adv;* **this** ~ diesmal; **up to this** [*o* **the present**] ~ bis heute, bis zum heutigen Tage; **once upon a** ~ (**there was**) **...** es war einmal ... (*Märchenbeginn*)*;* **ask s.o. the** ~ **of day** jdn nach der Uhrzeit fragen; **be behind** ~ sich verspätet haben; **be behind the** ~**s** hinter seiner Zeit zurück sein; **beat** ~ den Takt schlagen; **bide one's** ~ auf einen günstigen Augenblick warten; **do** ~ (*fam*) (im Gefängnis) sitzen; **have no** ~ **to lose** keine Zeit zu verlieren haben; **have a good** ~ sich gut unterhalten, sich amüsieren; **keep** ~ (MUS) den Takt halten; **make good** ~ aufholen; ein hohes Tempo haben; **take** ~ Zeit erfordern; **work against the** ~ unter Zeitdruck arbeiten; **what** ~ **do we eat?** um wie viel Uhr essen wir?; ~ **is up** die Zeit ist (her)um, vorbei; **take your** ~ **over it** lassen Sie sich Zeit dazu; ~ **will tell** die Zeit wird es lehren; **local** ~ Ortszeit *f;* **loss of** ~ Zeitverlust *m;* **a matter of** ~ eine Frage der Zeit; **spare** ~ Freizeit *f;* **waste of** ~ Zeitverschwendung *f;* ~ **of arrival/of departure** Ankunftszeit/Abflug-, Abfahrtszeit *f;* **the** ~ **of day** die Tageszeit **II.** *vt* ❶ den richtigen Zeitpunkt aussuchen für ❷ (*Bombe*) einstellen ❸ (*mit Uhr*) stoppen; (*Geschwindigkeit*) messen; timen; **you** ~**d that beautifully** sie haben genau den richtigen Augenblick gewählt; ~ **yourself to see how long it takes you** sehen Sie auf die Uhr, um herauszufinden, wie lange Sie brauchen

time-and-mo·tion study ['taɪmən ˌməʊʃnstʌdɪ] *s* Zeitstudie, Bewegungsstudie *f;* **time bomb** *s* Zeitbombe *f;* **time card** *s* (*am Arbeitsplatz*) Stechkarte *f;* **time clock** *s* Stechuhr *f;* **time-consum·ing** ['taɪmkənˌsjuːmɪŋ] *adj* zeitraubend; **time deposits** *s pl* Termineinlagen *fpl;* **time difference** *s* Zeitunterschied *m;* **time famine** *s no pl* Zeitnot *f,* Zeitknappheit *f;* **time fuse** *s* Zeitzünder *m;* **time·keeper** ['taɪmˌkiːpə(r)] *s* (SPORT) Zeitnehmer(in) *m (f);* **time-lag** *s* Verzögerung *f;* zeitliche Verschiebung; Zeitunterschied *m;* **time-lapse** ['taɪmlæps] *adj* Zeitraffer-; im Zeitraffer; **time·less** ['taɪmlɪs] *adj* zeitlos; immerwährend; **time limit** *s* Zeitbeschränkung *f;* Frist *f;* **put a** ~ **on s.th.** etw befristen; **time lock** *s* Zeitschloss *nt;* **time·ly** ['taɪmlɪ] *adj* rechtzeitig, im rechten Augenblick, zur rechten Zeit (stattfindend); **time-out** [ˌtaɪm'aʊt] *s* (*Am*) ❶ (SPORT) Auszeit *f* ❷ Pause *f;* **timer** ['taɪmə(r)] *s* ❶ Zeitmesser *m;* Schaltuhr *f* ❷ (SPORT) Zeitnehmer(in) *m (f);* **time-sav·ing** ['taɪmˌseɪvɪŋ] *adj* zeitsparend; **time scale** *s* zeitlicher Rahmen; Zeitmaßstab *m;* **time-share** ['taɪmʃeə(r)] *s* Anteil *m* an einer Ferienwohnung; **time sharing** *s* (INFORM) Timesharing *nt;* Anteile *m pl* an einer Ferienwohnung; **time sheet** *s* Arbeitsnachweisbogen, Stundenzettel *m;* **time switch** *s* Zeitschalter *m;* **time·table** ['taɪmˌteɪbl] *s* ❶ (RAIL) Fahrplan *m* ❷ (AVIAT) Flugplan *m* ❸ (SCHULE) Stundenplan *m* ❹ (*Kongress*) Programm *nt* ❺ Terminkalender *m;* **time·worn** ['taɪmwɔːn] *adj* abgenutzt, verbraucht; (*Stein*) verwittert; **time zone** *s* Zeitzone *f*

timid ['tɪmɪd] *adj* ❶ furchtsam, ängstlich (*of* vor) ❷ schüchtern; **timid·ity** [tɪ'mɪdətɪ] *s* ❶ Furchtsamkeit, Ängstlichkeit *f* ❷ Schüchternheit *f*

tim·ing ['taɪmɪŋ] *s* ❶ Terminplanung *f* ❷ Wahl *f* des richtigen Zeitpunkts; Timing *nt* ❸ (AUTO) Steuerung *f;* Einstellung *f* ❹ Zeitmessung *f;* Stoppen *nt;* **that was perfect** ~ das war gerade der richtige Zeitpunkt

tim·or·ous ['tɪmərəs] *adj* ängstlich, furchtsam

tim·pani ['tɪmpənɪ] *s pl* (MUS) Kesselpauke *f*

tin [tɪn] **I.** *s* ❶ Zinn *nt* ❷ Weißblech *nt* ❸ (*Br*) (Konserven)Büchse, -Dose *f* **II.** *adj* zinnern; aus Blech, Blech- **III.** *vt* ❶ (*Br*) eindosen; konservieren ❷ verzinnen; **tin can** *s* Blechdose *f*

tinc·ture ['tɪŋktʃə(r)] *s* Tinktur *f*

tin·der ['tɪndə(r)] *s* Zunder *m*

tin·foil ['tɪnfɔɪl] *s* Stanniol, Silberpapier *nt;* (Aluminium)Folie *f*

ting [tɪŋ] **I.** *s* heller Klang **II.** *vt* hell klingen lassen **III.** *vi* klingen

tinge [tɪndʒ] **I.** *vt* ❶ (leicht) färben, tönen (*with* mit) ❷ (*fig*) einen Anstrich, Beigeschmack geben (*s.th.* einer S, *with* von) **II.** *s* ❶ Tönung *f* ❷ (*fig*) Anflug *m* (*of* von)

tingle ['tɪŋgl] *vi* ❶ prickeln, stechen ❷ zittern (*with excitement* vor Aufregung)

tin god ['tɪngɒd] *s* (*fig*) Götze *m;* Bonze *m;* **tin hat** *s* (MIL: *fam*) Stahlhelm *m;* **tin·horn** ['tɪnhɔːn] *s* Angeber *m*

tin·ker ['tɪŋkə(r)] **I.** *s* Kesselflicker *m;* **not to be worth a** ~**'s cuss** keinen Pfifferling wert sein **II.** *vi* herumbasteln, -pfuschen (*with* an)

tinkle ['tɪŋkl] **I.** *vi, vt* klingeln, läuten **II.** *s* Geklingel *nt;* **give s.o. a** ~ (*Br fam*) jdn anrufen

tinned [tɪnd] *adj:* ~ **fruit** Obstkonserven

fpl; ~ **meat** Büchsenfleisch *nt;* **tinny** ['tɪnɪ] *adj* (*Ton*) blechern; (*Geschmack*) nach Blech; (*Ware*) billig; **tin-opener** ['tɪnəʊpənə(r)] *s* Dosen-, Büchsenöffner *m;* **Tin Pan Alley** [ˌtɪnpæn'ælɪ] *s* Schlagerindustrie *f;* **tin plate** *s* Weißblech *nt;* **tin·pot** ['tɪnpɒt] *adj* (*Br fam*) minderwertig

tin·sel ['tɪnsl] *s* ① Flitter *m,* Flittergold *nt;* Rauschgoldgirlande *f;* Lametta *nt* ② (*fig*) falscher Glanz, Kitsch *m*

tint [tɪnt] **I.** *s* ① Färbung, Tönung *f* ② Farbton *m* **II.** *vt* tönen

tiny ['taɪnɪ] *adj* winzig

tip¹ [tɪp] **I.** *s* ① Spitze *f* ② (*Zigarette*) Mundstück *nt* ③ (*Berg*) Spitze *f;* Gipfel *m;* **from ~ to toe** vom Scheitel bis zur Sohle; **I have it on the ~ of my tongue** (*fig*) es liegt mir auf der Zunge **II.** *vt* mit einer Spitze versehen; **~ped cigarette** Filterzigarette *f*

tip² [tɪp] **I.** *s* ① Trinkgeld *nt* ② Tip *m;* Hinweis *m;* **give s.th. a ~** etw antippen, etw leicht berühren **II.** *vt* ① ein Trinkgeld geben (*s.o.* jdm) ② (*Rennen*) tippen auf, wetten auf, setzen auf ③ leicht berühren; antippen **III.** *vi* Trinkgeld geben; **tip off** *vt* einen Tip geben (*s.o.* jdm)

tip³ [tɪp] **I.** *vt* kippen, umkippen; (*Flüssigkeit, Sand*) schütten; **~ the scales at 60 kg** 60 kg auf die Waage bringen; **~ the scales in s.o.'s favour** sich zu jds Gunsten auswirken **II.** *vi* ① kippen ② Schutt abladen **III.** *s* (*Br*) ① Schuttabladeplatz *m;* Müllhalde *f;* Kohlenhalde *f* ② (*fig*) Schweinestall *m;* **tip back** *vi, vt* nach hinten kippen; **tip out I.** *vt* auskippen; ausschütten **II.** *vi* herauskippen, -laufen, -rutschen, -fallen; **tip over** *vi, vt* umkippen; **tip up** *vi, vt* (um)kippen; hochklappen

tip-off ['tɪpɒf] *s* (*fam*) Wink, Tip *m*

tipple ['tɪpl] **I.** *vi* (gewohnheitsmäßig) trinken **II.** *s* Gläschen *nt;* **she enjoys the occasional ~** ab und zu trinkt sie ganz gern mal einen; **tip·pler** ['tɪplə(r)] *s* (*fam*) *jemand, der gern ein Gläschen zu sich nimmt*

tip sheet ['tɪpʃiːt] *s* Börsenratgeber *m*

tip·ster ['tɪpstə(r)] *s* Tipgeber *m* (*bei Pferderennen*)

tipsy ['tɪpsɪ] *adj* angeheitert, beschwipst

tip·toe ['tɪptəʊ] **I.** *vi* auf Zehenspitzen gehen **II.** *s:* **on ~** auf Zehenspitzen; **tip·top** [ˌtɪp'tɒp] *adj* (*fam*) tipptopp, erstklassig, prima; **tip-up seat** ['tɪpʌp'siːt] *s* Klappsitz *m*

ti·rade [taɪ'reɪd] *s* Schimpferei *f*

tire¹ ['taɪə(r)] **I.** *vi* müde werden (*of doing s.th.* etw zu tun) **II.** *vt* ermüden; **~ out** völlig erschöpfen; **be ~d out** erschöpft sein

tire² ['taɪə(r)] *s* (*Am*) Reifen *m*

tired ['taɪəd] *adj* ① müde (*with* von) ② (*~ out*) erschöpft ③ überdrüssig (*of s.th.* einer S); **I'm ~ of it** ich habe es satt; **tired·ness** ['taɪədnɪs] *s* Müdigkeit *f;* **tire·less** ['taɪəlɪs] *adj* unermüdlich; **tire·some** ['taɪəsəm] *adj* langweilig; lästig, ärgerlich; **tir·ing** ['taɪrɪŋ] *adj* anstrengend; ermüdend

'tis [tɪz] (*poet*) = **it is**

tis·sue ['tɪʃuː] *s* ① Gewebe *nt* ② (*~ paper*) Seidenpapier *nt* ③ Papiertaschentuch *nt;* **~ cell** Gewebezelle *f;* **a ~ of lies** ein Lügengespinst *nt*

tit¹ [tɪt] *s:* **give ~ for tat** etw mit gleicher Münze heimzahlen

tit² [tɪt] *s* (*kleiner Singvogel*) Meise *f*

tit³ [tɪt] *s* (*sl: Brust*) Titte *f*

ti·tanic [taɪ'tænɪk] *adj* titanenhaft

ti·ta·nium [taɪ'teɪnɪəm] *s* (CHEM) Titan *nt*

tit·bit ['tɪtbɪt] *s* Leckerbissen *m*

tit·il·late ['tɪtɪleɪt] *vt* erregen; anregen; (*Gaumen*) kitzeln; **tit·il·la·tion** [ˌtɪtɪ'leɪʃn] *s* Anregung *f;* Erregung *f;* (*fig*) Kitzel *m*

titi·vate ['tɪtɪveɪt] *vi* sich hübsch machen

title ['taɪtl] *s* ① (*Buch, Person*) Titel *m;* (*Kapitel*) Überschrift *f;* (*Film*) Untertitel *m* ② Recht *nt,* Rechtsanspruch *m* (*to* auf), Eigentumsurkunde *f;* **under the same ~** in der gleichen Rubrik; **title deed** *s* Eigentumsurkunde *f;* **title-holder** *s* Titelinhaber(in) *m(f);* (SPORT) Titelverteidiger(in) *m(f);* **title page** *s* (*Buch*) Titelseite *f;* **title role** *s* (THEAT) Haupt-, Titelrolle *f;* **title-track** *s* (MUS) Titelstück *nt*

tit·ter ['tɪtə(r)] **I.** *vi* kichern **II.** *s* Gekicher *nt*

tittle-tattle ['tɪtltætl] **I.** *s* Geschwätz *nt,* Tratsch *m* **II.** *vi* schwatzen, klatschen

tizzy ['tɪzɪ] *s* (*fam*) tolle Aufregung; **be in a ~** sich fürchterlich aufregen

to [tuː] **I.** *prep* ① (*Richtung*) zu; (*Länder, Städte*) nach; **go ~ school** zur Schule gehen; **go ~ the lawyer** zum Anwalt gehen; **go ~ the theatre/cinema** ins Theater/Kino gehen; **go ~ America/New York** nach Amerika/New York fahren; **~ Switzerland** in die Schweiz; **go ~ bed** ins [*o* zu] Bett gehen; **come ~ me!** komm zu mir! ② (*Erstreckung*) bis; (**up**) **~ the age of 10** bis 10 Jahre; (**from**) **30 ~ 40** 30 bis 40; **10 kms ~ Stuttgart** 10 km nach Stuttgart; **~ this day** bis auf den heutigen Tag ③ (*als Dativobjekt*) *mit Dativ;* **give s.th. ~ s.o.** jdm etw geben; **I said ~ myself** ich habe mir gesagt; **sing ~ o.s.** vor sich hin singen; **addressed ~ me** an mich adressiert ④ (*Widmung*) an; (*Trinkspruch*) auf ⑤ (*Nähe, Berührung*) an;

T

close ~ **s.th.** dicht an etw; **nail s.th. ~ the wall** etw an die Wand nageln ❻ (*Uhrzeit*) vor; **20** (**minutes**) ~ **3** 20 (Minuten) vor 3 ❼ (*Vergleich*) als; **superior** ~ besser als ❽ (*Beziehung*) zu; **3 goals ~ 1** 3 zu 1 (3 : 1); **a majority of 5 ~ 1** eine Mehrheit von 5 zu 1 ❾ pro; **one litre ~ one person** ein Liter pro Person ❿ (*Wendungen*): ~ **my knowledge** meines Wissens; ~ **my surprise** zu meiner Überraschung; ~ **his taste** nach seinem Geschmack **II.** (*beim Infinitiv*) zu; ~ **hope ~ succeed** hoffen, Erfolg zu haben; **I want you ~ do that** ich möchte, dass Sie das tun; **do you want ~ do that?** möchten Sie das tun?; ~ **hear you talk one could think** wenn man dich so reden hört, könnte man meinen; ~ **tell the truth** um ehrlich zu sein; **he is not the type ~ do that** er ist nicht der Typ, der so etwas tun würde; **you'll be the first ~ hear it** Sie werden der Erste sein, der das erfährt; **it's hard ~ go** es ist schwer zu gehen; **does he want ~?** will er denn?; **I would like ~ but I can't** ich würde ja gerne, aber ich kann nicht **III.** *adv:* ~ **and fro** hin und her; auf und ab **IV.** *adj* (*Tür*) zu; angelehnt

toad [təʊd] *s* Kröte *f;* **toad-in-the-hole** [ˌtəʊdɪnðəˈhəʊl] *s* Würstchen *nt* in Pfannkuchenteig; **toad·stool** [ˈtəʊdstuːl] *s* (Gift)Pilz *m;* **toady** [ˈtəʊdɪ] **I.** *s* Speichellecker *m* **II.** *vi* niedrig schmeicheln; sich anbiedern (*to s.o.* jdm)

to-and-fro [ˌtuːənˈfrəʊ] *s* Hin und Her *nt*

toast[1] [təʊst] **I.** *vt* toasten, rösten; ~ **o.s.** sich auf-, durchwärmen **II.** *vi* braun und knusprig werden **III.** *s* Toast *m*

toast[2] [təʊst] **I.** *s* Trinkspruch, Toast *m;* **propose** [*o* **give**] **a ~** einen Toast ausbringen (*to s.o.* auf jdn) **II.** *vt* ❶ zutrinken (*s.o.* jdm) ❷ hochleben lassen

toaster [ˈtəʊstə(r)] *s* Brotröster, Toaster *m*

toast·master [ˈtəʊstmɑːstə(r)] *s* Zeremonienmeister *m*

toast·rack [ˈtəʊstræk] *s* Toastständer *m*

to·bacco [təˈbækəʊ] *s* Tabak *m;* **to·bacco·nist** [təˈbækənɪst] *s* Tabakhändler(in) *m(f);* ~**'s** (**shop**) Tabakladen *m*

to-be [təˈbiː]: **my wife ~** meine zukünftige Frau

to·bog·gan [təˈbɒgən] **I.** *s* Rodel(schlitten) *m* **II.** *vi* rodeln; Schlitten fahren; **tobog·gan run** *s* Rodelbahn *f*

toby [ˈtəʊbɪ] *s* (~ *jug*) Bierkrug *m* (*als Figur*)

tod [tɒd] *s* (*sl*): **on one's ~** allein

to·day [təˈdeɪ] **I.** *adv* heute; heutzutage **II.** *s* heutiger Tag; Gegenwart *f;* ~**'s** heutig; **of ~** von heute; ~**'s rate** (COM) Tageskurs *m*

toddle [ˈtɒdl] *vi* ❶ tappen, watscheln ❷ (*fam*) gehen ❸ (*fam: ~ off*) abhauen; **tod·dler** [ˈtɒdlə(r)] *s* Kleinkind *nt*

toddy [ˈtɒdɪ] *s* (Whisky)Grog *m*

to-do [təˈduː] *s* Theater *nt;* **make a ~ about s.th.** viel Aufhebens von einer S machen

toe [təʊ] **I.** *s* ❶ Zehe *f* ❷ (*Schuh*) Kappe *f* ❸ (*Socken*) Spitze *f;* **from top to ~** von Kopf bis Fuß; **be on one's ~s** (*fig*) auf Draht sein; **step** [*o* **tread**] **on s.o.'s ~s** (*fig*) jdm zu nahe treten; **big/little ~** große/kleine Zehe **II.** *vt:* ~ **the line** (*fig*) nicht aus der Reihe tanzen, spuren; ~ **the party line** sich nach der Parteilinie richten

toe *s Abk. von* **tonne of oil equivalent** Tonne *f* Erdöläquivalent

toe·cap *s* (*Schuh*) Kappe *f;* **toe·hold** *s* (*fig*) Halt *m;* **get a ~** (*fig*) festen Fuß fassen; **toe·nail** *s* Zehen-, Fußnagel *m*

toff [tɒf] *s* (*sl*) feiner Pinkel

tof·fee, tof·fy [ˈtɒfɪ, *Am* ˈtɔːfɪ] *s* Karamelbonbon *m od nt;* **tof·fee apple** *s* kandierter Apfel; **tof·fee-nosed** [ˈtɒfɪnəʊzd] *adj* (*Br: pej*) eingebildet

to·gether [təˈgeðə(r)] *adv* ❶ zusammen (*with* mit) ❷ miteinander, gemeinsam ❸ zugleich, zu gleicher Zeit ❹ ununterbrochen; **close ~** nahe beieinander; **to·geth·er·ness** [-nɪs] *s* ❶ Beisammensein *nt* ❷ Zusammengehörigkeit *f*

toggle [ˈtɒgl] *s* Knebelknopf *m;* (TECH) Knebel *m;* **toggle switch** *s* Kippschalter *m*

Togo [ˈtəʊgəʊ] *s* Togo *nt;* **To·go·lese** [ˌtəʊgəʊˈliːz] **I.** *adj* togo(les)isch **II.** *s* Togoer(in) *m(f)*

toil [tɔɪl] **I.** *vi* sich abmühen, sich plagen; **he's ~ing** (*fam*) er tut sich schwer **II.** *s* Mühe, Plage *f*

toi·let [ˈtɔɪlɪt] *s* ❶ Toilette *f,* Klosett *nt* ❷ (Morgen)Toilette *f;* **toilet paper** *s* Toilettenpapier *nt;* **toi·let·ries** [ˈtɔɪlɪtrɪz] *s pl* Toilettenartikel *mpl;* **toi·let·ries bag** *s* (*Am*) Kulturbeutel *m;* **toilet roll** *s* Rolle *f* Klosettpapier; **toilet soap** *s* Toilettenseife *f;* **toilet water** *s* Toilettenwasser *nt*

to-ing and fro-ing [ˌtuːɪŋənˈfrəʊɪŋ] *s* Hin und Her *nt*

to·ken [ˈtəʊkən] **I.** *adj* Schein-, Pro-forma-; ~ **charge** nominelle Gebühr; ~ **payment** symbolische Zahlung, Pro-forma-Bezahlung *f;* ~ **strike** Warnstreik *m;* ~ **woman** Vorzeige-, Alibifrau *f* **II.** *s* ❶ Zeichen *nt* ❷ Andenken *nt,* Erinnerung(sstück *nt*) *f* ❸ (Wert)Marke *f;* Gutschein, Bon *m;* **by the same ~** aus dem gleichen Grund; **as a ~ of** zum Zeichen +*gen*

told [təʊld] *s.* **tell**

tol·er·able [ˈtɒlərəbl] *adj* erträglich; (*fig*)

annehmbar; **tol·er·ably** ['tɒlərəblɪ] *adv* leidlich, ziemlich; **tol·er·ance** ['tɒlərəns] *s* ❶ Duldung *f* ❷ (*a.* FIN TECH MED) Toleranz *f;* ~ **limit** Toleranzgrenze *f;* **tol·er·ant** ['tɒlərənt] *adj* tolerant (*of* gegen); **tol·er·ate** ['tɒlə·reɪt] *vt* ❶ dulden, zulassen ❷ ertragen, aushalten; **tol·er·ation** [,tɒlə'reɪʃn] *s* Duldung *f*

toll[1] [təʊl] *s* ❶ Brücken-, Wegegeld *nt,* -zoll *m;* Maut *f;* Autobahngebühr *f* ❷ (*Am*) Fernsprechgebühr *f* ❸ (*fig*) Zoll, Tribut *m;* **it took a heavy ~ of life** es hat viele Menschenleben gekostet; **the ~ on the roads** die Straßenverkehrsopfer *ntpl*

toll[2] [təʊl] **I.** *vt* (*Glocke*) läuten **II.** *vi* läuten, schallen; **for whom the bell ~s** wem die Stunde schlägt **III.** *s* Glockengeläut *nt;* Glockenschlag *m*

toll·bar, toll·gate ['təʊlbɑ:(r), 'təʊlgeɪt] *s* Schlagbaum *m,* Mautschranke *f;* **toll bridge** *s* gebührenpflichtige Brücke, Mautbrücke *f;* **toll call** *s* (*Am*) Ferngespräch *nt;* **toll-free** *adj* (*Am*) gebührenfrei; **toll·house** *s* Maut-, Zollhaus *nt;* **toll road** *s* gebührenpflichtige Straße, Mautstraße *f*

tom [tɒm] *s* Männchen *nt* (*einiger Tiere*); (*~ cat*) Kater *m;* **any Tom, Dick or Harry** Hinz und Kunz

toma·hawk ['tɒməhɔ:k] *s* Tomahawk *m*

tom·ato [tə'mɑ:təʊ, *Am* tə'meɪtəʊ] <*pl* -atoes> *s* Tomate *f;* **tomato juice** *s* Tomatensaft *m;* **tomato ketchup** *s* (Tomaten)Ketchup *m od nt;* **tomato soup** *s* Tomatensuppe *f*

tomb [tu:m] *s* Grab(gewölbe) *nt*

tom·bola [tɒm'bəʊlə] *s* Tombola *f*

tom·boy ['tɒmbɔɪ] *s* Wildfang *m;* **be a ~** (*Mädchen*) ein richtiger Junge sein

tomb·stone ['tu:mstəʊn] *s* ❶ Grabstein *m* ❷ (*fam*) Finanzanzeige *f*

tom·cat ['tɒmkæt] *s* Kater *m*

tome [təʊm] *s* Band *m*

tom·fool·ery [tɒm'fu:lərɪ] *s* Dummheit *f*

Tommy gun ['tɒmɪgʌn] *s* (*fam obs*) Maschinenpistole *f;* **tommy·rot** [,tɒmɪ'rɒt] *s* (*fam obs*) Unsinn *m*

to·mo·graph ['tɒməgrɑ:f] *s* (MED) Tomograph *nt;* **to·mo·graphy** [tə'mɒgrəfɪ] *s* (MED) Tomographie *f;* **computerized ~, CT** Computertomographie, CT *f*

to·mor·row [tə'mɒrəʊ] **I.** *adv* morgen; **~ morning/afternoon/night** morgen früh/Nachmittag/Abend; **~ week** morgen in acht Tagen; **the day after ~** übermorgen **II.** *s* der morgige Tag

tom·tom ['tɒmtɒm] *s* Trommel *f*

ton [tʌn] *s* ❶ Tonne *f* (*Gewichtseinheit*); (*Br: long ~*) *2240 lb. = 1016,05 kg;* (*Am: short ~*) *2000 lb. = 907,18 kg;* (*metric ~*) 1000 kg (*2204,6 lb.*) ❷ (MAR) Registertonne *f* (*100 Kubikfuß = 2,83 m³*) ❸ (*sl*) Geschwindigkeit *f* von 100 Meilen pro Stunde; **~s of** eine Menge, Masse; **that/he weighs a ~** (*fig*) das/er ist wahnsinnig schwer; **do a** [*o* **the**] **~** (AUTO: *sl*) hundert Sachen fahren

tone [təʊn] **I.** *s* ❶ Ton *m;* (MUS) Klang *m* ❷ (*Malerei*) Farbton *m* ❸ (PHYSIOL) Tonus *m;* Spannkraft, Elastizität *f;* **in an angry ~** mit zorniger Stimme; **don't speak to me in that ~** (**of voice**) ich verbiete mir einen solchen Ton; **lower the ~ of the conversation** sich unfein ausdrücken; **~ quality** Klangcharakter *m* **II.** *vt* ❶ (ab)tönen ❷ (PHOT) tonen **III.** *vi* farblich harmonieren; **tone down I.** *vt* dämpfen; abschwächen; mäßigen **II.** *vi* schwächer werden; abnehmen; **tone in** *vi* harmonieren (*with* mit); **tone up** *vt* stärken; **tone arm** *s* (*Am*) Tonarm *m;* **tone control** *s* Klangregler *m;* **tone deaf** *adj* ohne musikalisches Gehör; **tone·less** [-lɪs] *adj* tonlos; (*Musik*) eintönig; (*Farbe*) stumpf; **tone poem** *s* Tongedicht *nt*

to·ner ['təʊnə(r)] *s* (*für Drucker, Kopiergerät*) Toner *m;* **toner cartridge** *s* Tonerpatrone *f*

tone row ['təʊnrəʊ] *s* (MUS) Reihe *f*

tongs [tɒŋz] *s pl* Zange *f;* Lockenstab *m;* Brennschere *f;* **a pair of ~** eine Zange; **sugar ~** Zuckerzange *f*

tongue [tʌŋ] *s* ❶ Zunge *f* ❷ (*fig*) Sprache *f* ❸ (*Schuh*) Lasche, Zunge *f* ❹ (*Glocke*) Klöppel *m* ❺ (*Waage*) Zeiger *m* ❻ züngelnde Flamme; **find one's ~** die Sprache wiederfinden; **get one's ~ around** korrekt aussprechen; **have lost one's ~** kein Wort herausbringen; **~ in cheek** nicht ernst (gemeint); **hold one's ~** den Mund halten; **keep a civil ~ in one's head** höflich bleiben; **a slip of the ~** ein Lapsus, Versprecher *m;* **native ~** Muttersprache *f;* **put** [*o* **stick**] **out one's ~ at s.o.** jdm die Zunge herausstrecken; **tongue-tied** ['tʌŋtaɪd] *adj:* **be ~** gehemmt sein; **tongue-twister** ['tʌŋ,twɪstə(r)] *s* Zungenbrecher *m*

tonic ['tɒnɪk] **I.** *adj* ❶ (MED) stärkend, anregend ❷ (MUS) Grundton- ❸ (*Phonetik*) betont **II.** *s* ❶ (MED) Tonikum *nt;* (*kosmetisch*) Lotion *f;* (*Haar*) Haarwasser *nt* ❷ (*~ water*) Tonic(water) *nt* ❸ (MUS) Tonika *f;* **it was a real ~** es hat mir richtig gut getan

to·night [tə'naɪt] **I.** *adv* heute Abend; heute Nacht **II.** *s* der heutige Abend; diese Nacht

ton·nage ['tʌnɪdʒ] *s* Tonnage *f*

T

ton·sil ['tɒnsl] *s* (ANAT) Mandel *f;* **ton·sil·litis** [ˌtɒnsɪ'laɪtɪs] *s* Mandelentzündung *f*

tony ['təʊnɪ] *adj* (*Am: fam*) nobel, exklusiv

too [tu:] *adv* ❶ zu, allzu, gar zu ❷ auch, gleichfalls ❸ auch noch; ~ **bad** zu schade; bedauerlich; **it's ~ much for him** es geht über seine Kräfte; ~ **much** zu viel; (*fam*) toll

took [tʊk] *s.* **take**

tool [tu:l] **I.** *s* ❶ Werkzeug, Gerät *nt* ❷ Instrument *nt* ❸ (*fig*) Werkzeug *nt* (*Mensch*); **machine ~** Werkzeugmaschine *f;* **down ~s** die Arbeit niederlegen **II.** *vt* ❶ bearbeiten ❷ (*Leder, Buch*) punzen; **tool·bag** *s* Werkzeugtasche *f;* **tool·box, tool-chest** *s* Werkzeugkasten *m;* **tool·kit** *s* Werkzeug *nt,* Werkzeugausrüstung *f;* **tool-maker** ['tu:lmeɪkə(r)] *s* Werkzeugmacher(in) *m(f);* **tool·shed** ['tu:lʃed] *s* Geräteschuppen *m*

toot [tu:t] *vi, vt* tuten, hupen

tooth [tu:θ, *pl* ti:θ] <*pl* teeth> *s* (*a.* TECH) Zahn *m;* **long in the ~** alt; **~ and nail** (*fig*) mit aller Gewalt; erbittert; **cast** [*o* **throw**] **s.th. in s.o.'s teeth** (*fig*) jdm etw ins Gesicht schleudern; **cut one's teeth** zahnen; **escape by** [*o* **with**] **the skin of one's teeth** mit knapper Not davonkommen; **have a sweet ~** gern naschen; **have a ~ out, have a ~ pulled** (*Am*) sich einen Zahn ziehen lassen; **get one's teeth into s.th.** (*fig*) sich in etw hineinknien; (**set of**) **false teeth** Gebiss *nt;* **tooth·ache** ['tu:θeɪk] *s* Zahnschmerzen *mpl,* -weh *nt;* **tooth·brush** ['tu:θbrʌʃ] *s* Zahnbürste *f;* **tooth·comb** ['tu:θkəʊm] *s:* **go through with a fine ~** kritisch prüfen; **toothed whale** *s* Zahnwal *m;* **tooth·paste** ['tu:θpeɪst] *s* Zahnpasta *f;* **tooth·pick** ['tu:θpɪk] *s* Zahnstocher *m;* **tooth·some** ['tu:θsəm] *adj* wohlschmeckend, schmackhaft; **toothy** [tu:θɪ] *adj* mit vorstehenden Zähnen

tootle ['tu:tl] **I.** *vi* ❶ tuten; dudeln ❷ (~ *along*) dahinschlendern; dahinzockeln; weggehen **II.** *s* Tuten *nt*

toots ['tʊts] *s* (*fam*) Schätzchen *nt*

top[1] [tɒp] **I.** *s* ❶ oberer Teil; Spitze *f;* (*Baum*) Gipfel, Wipfel *m;* (*Berg*) Gipfel *m;* (*Welle*) Kamm *m* ❷ (*Pflanzen*) Kraut *nt* ❸ (*Tisch, Bett*) Kopfende *nt;* oberes Ende ❹ (*Kleid, Bikini*) Oberteil *nt* ❺ Oberfläche *f,* obere Seite ❻ Deckel *m;* Kappe *f;* (Flaschen)Kapsel *f* ❼ (*fig*) Gipfel, Höhepunkt *m;* höchste Stellung ❽ Oberkörper *m* ❾ (*working ~*) Arbeitsfläche *f* ❿ (AUTO) höchster Gang; **at the ~ of the tree** (*fig*) auf der höchsten Sprosse; **at the ~ of one's voice** [*o* **lungs**] aus vollem Halse; **from ~ to bottom** von oben bis unten; von vorn bis hinten; **from ~ to toe** von Kopf bis Fuß; **in ~** (**gear**) mit dem höchsten Gang; **on ~** oben; (*fig*) obenauf; **on ~ of** auf, über; (*fig*) über … hinaus; **its getting on ~ of me** es wächst mir über den Kopf; **over the ~** übertrieben; **come to the ~** (*fig*) an die Spitze kommen; **you are ~s with me** bei mir bist du ganz groß angeschrieben; **~ of the pops** Spitzenreiter *m* (in der Hitparade) **II.** *adj* oberste(r, s); höchste(r, s); beste(r, s) **III.** *vt* ❶ (*Pflanze*) kappen ❷ bedecken ❸ die Spitze bilden (*s.th.* einer S) ❹ maximal erreichen ❺ an der Spitze stehen (*s.th.* einer S) ❻ übersteigen; **to ~ it all** zur Krönung des Ganzen; **~ o.s.** (*sl*) sich umbringen; **top off** *vt* abrunden; **top up** *vt* auffüllen

top[2] [tɒp] *s* Kreisel *m*

to·paz ['təʊpæz] *s* (MIN) Topas *m*

top·coat ['tɒpkəʊt] *s* ❶ Mantel *m* ❷ oberste Farbschicht ❸ Über(nagel)lack *m;* **top copy** *s* Original *nt;* **top dog** *s* der Boss vom Ganzen; **top drawer** *adj* erstklassig; vornehm; **top executive** *s* Spitzenkraft *f;* **top-flight** *adj* (*fam*) erstklassig; **top hat** *s* Zylinder *m;* **~ pension** Sonderpension *f* für leitende Angestellte; **top-heavy** *adj* kopflastig

topi, topee ['təʊpɪ] *s* Tropenhelm *m*

topic ['tɒpɪk] *s* Thema *nt;* **provide a ~ for discussion** ein Diskussionsthema abgeben; **topi·cal** ['tɒpɪkl] *adj* aktuell; **~ index** Sachregister *nt;* **topi·cal·ity** [ˌtɒpɪ'kælətɪ] *s* ❶ Aktualität *f* ❷ **topicalities** Gegenwartsprobleme *ntpl*

top·less ['tɒplɪs] *adj* oben ohne, Oben-ohne-, topless; **top-level** *adj, s* Spitzen-; **on ~** auf höchster Ebene; **top loader** ['tɒpləʊdə(r)] *s* Toplader *m;* **top man·age·ment** *s* Unternehmens-, Führungsspitze *f,* Topmanagement *nt;* **top·most** ['tɒpməʊst] *adj* oberste(r, s); **top·notch** [ˌtɒp'nɒtʃ] *adj* (*fam*) großartig, fantastisch, prima

to·pog·ra·pher [tə'pɒgrəfə(r)] *s* Topograph(in) *m(f);* **topo·graphi·cal** [ˌtɒpə'græfɪkl] *adj* topographisch; **to·pog·ra·phy** [tə'pɒgrəfɪ] *s* Topographie *f*

top·per ['tɒpə(r)] *s* (*fam*) Zylinder *m*

top·ping ['tɒpɪŋ] **I.** *adj* (*fam*) prächtig, großartig **II.** *s:* **with a ~ of cream** mit einer Sahnehaube, mit Sahne

topple ['tɒpl] **I.** *vi* ❶ wackeln ❷ fallen ❸ (*fig*) gestürzt werden **II.** *vt* ❶ umwerfen; hinunterwerfen ❷ (*fig*) stürzen;

topple down *vi* umfallen; umkippen; herunterfallen; **topple over** *vi* fallen

top price ['tɒp'praɪs] *s* Höchstpreis *m;* **top priority** *s* höchste Priorität; **top quality** *s* Spitzenqualität *f;* **top-ranking** *adj* hochrangig, Spitzen-; **top·sail** ['tɒpsl] *s* Marssegel *nt;* **top salary** *s* Spitzengehalt *nt;* **top secret** *adj* streng geheim; **top-selling** *adj* meistverkauft; **top·soil** ['tɒpsɔɪl] *s* Mutterboden, Humusboden *m,* -schicht *f;* **top speed** *s:* **at** ~ mit Höchstgeschwindigkeit; **top-spin** ['tɒpspɪn] *s* (*Tennis*) Topspin *m*

topsy-turvy [ˌtɒpsɪ'tɜ:vɪ] *adv, adj* kopfüber, drunter und drüber, durcheinander; **turn** ~ das Oberste zuunterst kehren

torch [tɔ:tʃ] *s* ❶ (*Br*) Taschenlampe *f* ❷ Fackel *f* ❸ (*fig*) Licht *nt,* Flamme *f* ❹ (~ *-lamp*) Lötlampe *f;* Schweißbrenner *m;* **carry a ~ for s.o.** in jdn verknallt sein; **torch·light** ['tɔ:tʃlaɪt] *s* Fackelschein *m;* Licht *nt* der Taschenlampe; **torchlight procession** *s* Fackelzug *m*

tore [tɔ:(r)] *s.* **tear**[1]

tor·ment ['tɔ:ment] **I.** *s* ❶ Qual, Folter, Pein *f* ❷ (*Kind*) Quälgeist *m* **II.** [tɔ:'ment] *vt* quälen, martern, peinigen (*with* mit); **tor·men·tor** [tɔ:'mentə(r)] *s* Peiniger(in) *m(f)*

torn [tɔ:n] *s.* **tear**[1]

tor·nado [tɔ:'neɪdəʊ] <*pl* -nadoes> *s* Wirbelsturm, Tornado *m*

tor·pedo [tɔ:'pi:dəʊ] <*pl* -pedoes> **I.** *s* (MAR) Torpedo *m* **II.** *vt* torpedieren; (*fig*) unterminieren, hintertreiben

tor·pid ['tɔ:pɪd] *adj* träge; apathisch, stumpf; **tor·por** ['tɔ:pə(r)] *s* ❶ Stumpfheit, Trägheit *f* ❷ (*a.* ZOO) Erstarrung, Betäubung *f*

torque [tɔ:k] *s* (PHYS) Drehmoment *nt*

tor·rent ['tɒrənt] *s* ❶ Sturz-, Gießbach *m* ❷ (*fig*) Strom *m,* Flut *f;* **it rained in ~s** es goss in Strömen; **tor·ren·tial** [tə'renʃl] *adj* (*Regen*) wolkenbruchartig

tor·sion ['tɔ:ʃn] *s* Torsion *f*

torso ['tɔ:səʊ] <*pl* torsos> *s* Körper, Rumpf *m;* (*Kunst*) Torso *m*

tor·toise ['tɔ:təs] *s* (Land)Schildkröte *f;* **tor·toise·shell** ['tɔ:təsʃel] *s* Schildpatt *nt*

tor·tu·ous ['tɔ:tjʊəs] *adj* ❶ gewunden, kurvenreich ❷ (*fig*) verwickelt; umständlich

tor·ture ['tɔ:tʃə(r)] **I.** *s* ❶ Folter *f* ❷ (*fig*) Qual *f* **II.** *vt* foltern; quälen, peinigen; **tor·turer** ['tɔ:tʃərə(r)] *s* ❶ Folterknecht *m,* Folterer *m* ❷ (*fig*) Peiniger(in) *m(f)*

Tory ['tɔ:rɪ] **I.** *adj* (*in GB*) konservativ; Tory- **II.** *s* (*in GB*) Konservative(r) *f m;* **Tory·ism** [-ɪzm] *s* (*in GB*) Konservatismus *m*

tosh [tɒʃ] *s* (*fam*) Quatsch, Blödsinn *m*

toss [tɒs] **I.** *vt* ❶ werfen; (*Reiter*) abwerfen ❷ in die Höhe werfen ❸ (*Salat*) anmachen ❹ (*Kopf*) hoch-, zurückwerfen ❺ (*mit einer Münze*) auslosen (*for s.th.* etw); ~ **s.o. for s.th.** mit jdm um etw losen **II.** *vi* ❶ (~ *o.s. about*) sich (unruhig) hin- und herwerfen, wälzen ❷ (*Schiff*) schlingern; (*Korn*) wogen ❸ (~ *up*) losen (*for* um) **III.** *s* ❶ Wurf *m* ❷ (Aus)Losen *nt* ❸ (*Schiff*) Schlingern *nt;* **win/lose the ~** beim Losen gewinnen/verlieren; **toss about I.** *vi* sich hin- und herwerfen **II.** *vt* hin- und herschütteln; (*Schiff*) schaukeln lassen; (*fig*) diskutieren; **toss away** *vt* wegwerfen; **toss off I.** *vt* hinunterstürzen, -spülen; (*fig*) aus dem Ärmel schütteln **II.** *vi, vr* (*sl*) sich einen runterholen; **toss out** *vt* ❶ wegwerfen ❷ hinauswerfen; **toss up I.** *vi* losen (*for* um) **II.** *vt* werfen

toss-up ['tɒsʌp] *s* Losen *nt;* **it's a ~** das hängt ganz vom Zufall ab (*whether* ob)

tot [tɒt] *s* ❶ (*Br fam*) Schluck *m* (*Schnaps*) ❷ (*fam: tiny ~*) Knirps *m;* **tot up** *vt* zusammenzählen, -rechnen

to·tal ['təʊtl] **I.** *adj* ganz, völlig, vollständig; gesamt; ~ **amount** Gesamtbetrag *m;* ~ **cost** Gesamtkosten *pl;* ~ **eclipse** totale Finsternis; ~ **loss** Totalverlust *m;* ~ **spend** Gesamtausgaben *fpl* **II.** *s* Gesamtbetrag *m,* Summe *f;* Gesamtmenge *f;* **in ~** insgesamt; **what does the ~ come to?** wie hoch ist der Gesamtbetrag? **sum ~** Gesamtsumme *f,* -betrag *m* **III.** *vt* ❶ (~ *up*) zusammenzählen, -rechnen ❷ sich belaufen auf

to·tali·tar·ian [ˌtəʊtælɪ'teərɪən] *adj* (POL) totalitär; **to·tali·tar·ian·ism** [-ɪzəm] *s* Totalitarismus *m*

to·tal·ity [təʊ'tælətɪ] *s* ❶ Gesamtheit *f* ❷ (ASTR) totale Verfinsterung; **in ~** im Ganzen, insgesamt

to·tal·iz·ator, to·tal·izer ['təʊtəlaɪˌzeɪtə(r), 'təʊtəlaɪzə(r)] *s* (*Pferderennen*) Totalisator *m*

to·tal·ly ['təʊtəlɪ] *adv* völlig, vollständig, ganz, gänzlich

tote[1] [təʊt] *s* (*fam: Pferderennen*) Totalisator *m*

tote[2] [təʊt] *vt* (*fam*) schleppen; bei sich tragen; **tote bag** *s* (*Am*) Einkaufstasche *f*

to·tem ['təʊtəm] *s* Totem *nt;* **totem pole** *s* Totempfahl *m*

tot·ter ['tɒtə(r)] *vi* ❶ schaukeln ❷ torkeln, (sch)wanken ❸ wackeln ❹ (*fig*) schwanken; **tot·tery** ['tɒtərɪ] *adj* (sch)wankend; wack(e)lig; tatterig, zitterig

tot·ty ['tɒtɪ] *s* <no pl> (*Br: sl: Frauen*) Miezen *pl*

tou·can ['tu:kæn] *s* (*Vogel*) Tukan *m*

touch [tʌtʃ] **I.** *vt* ❶ be-, anrühren, anfassen ❷ rühren, stoßen an ❸ grenzen an; streifen ❹ (*fig*) erreichen, heranreichen an ❺ benutzen, gebrauchen ❻ (*Thema*) berühren; betreffen, angehen ❼ (*seelisch*) rühren ❽ treffen (*to the quick* ins Mark) ❾ (*sl*) anhauen, -pumpen (*for* um); **don't ~ it!** fass das nicht an!; **they can't ~ me** (*fig*) sie können mir nichts anhaben; **I haven't ~ed a tennis racket for years** ich habe schon seit Jahren nicht mehr Tennis gespielt; ~ **bottom** (*fig: der Sache*) auf (den Grund) kommen; auf einem Tiefpunkt ankommen **II.** *vi* sich berühren; (*Grundstücke*) aneinander stoßen **III.** *s* ❶ (leichte) Berührung *f* ❷ Pinselstrich *m* ❸ Tastsinn *m* ❹ Gefühl *nt;* Empfindung *f* ❺ Verbindung, Fühlung *f* ❻ Anflug, Hauch *m;* Idee, Spur *f* ❼ (MED) leichter Anfall ❽ (MUS) Anschlag *m;* **at a ~** bei bloßer Berührung; **be/keep in ~ with** in Verbindung stehen/bleiben mit; **be out of ~ with** nicht mehr in Verbindung stehen mit; **touch at** *vi* (MAR) anlaufen; **touch down I.** *vi* ❶ (AVIAT) aufsetzen, landen ❷ (SPORT) einen Versuch erzielen **II.** *vt* (*Ball*) hinlegen; **touch in** *vt* einfügen; **touch on** *vt* (*Thema*) berühren, anschneiden, erwähnen; **touch off** *vt* hervorrufen, auslösen; **touch up** *vt* ❶ (*Farbe*) auffrischen; (*Foto*) retuschieren; (*Aufsatz*) überarbeiten ❷ (*fam: Person*) befummeln; **touch upon** *vt* (*Thema*) kurz berühren, streifen

touch-and-go [ˌtʌtʃən'gəʊ] *adj* riskant, gewagt; **touch-down** ['tʌtʃdaʊn] *s* ❶ (AVIAT) Landung *f* ❷ (SPORT) Versuch *m;* **touched** [tʌtʃt] *adj* gerührt, ergriffen; ~ **in the head** nicht ganz klar im Kopf; **touchi·ness** ['tʌtʃɪnəs] *s* Empfindlichkeit *f;* **touch·ing** ['tʌtʃɪŋ] *adj* rührend, ergreifend; **touch-screen** ['tʌtʃˌskri:n] *adj* Touchscreen-; **touch-sensitive** ['tʌtʃ'sensɪtɪv] *adj:* ~ **screen** Kontaktbildschirm *m;* **touch·stone** ['tʌtʃstəʊn] *s* (*fig*) Prüfstein *m;* **touch-type** *vt, vi* blind schreiben

touchy ['tʌtʃɪ] *adj* ❶ empfindlich ❷ heikel, riskant; **touchy-feely** *adj* (*fam pej*): ~ **stuff** Gefühlsduselei *f*

tough [tʌf] **I.** *adj* ❶ zäh; robust ❷ widerstandsfähig ❸ hartnäckig ❹ mitleidslos, hart ❺ schwierig, schwer ❻ rauflustig, streitsüchtig; **it is really ~ that ...** es ist wirklich hart, dass ...; **that's a ~ nut to crack** (*fig*) das ist eine harte Nuss; **have a ~ time** eine schwere Zeit durchmachen; ~ **(luck)!** Pech!; ~ **customer** schwieriger Patron **II.** *s* Raufbold *m;* **toughen** ['tʌfn] **I.** *vi* hart werden; zäh werden; sich verhärten **II.** *vt* ❶ (*Material*) härten ❷ (*Menschen*) stählen; hart machen ❸ (*Gesetze, Disziplin*) verschärfen; **toughness** [-nɪs] *s* Zähheit *f;* Zähigkeit *f;* Härte *f;* Schwierigkeit *f*

toupée ['tu:peɪ] *s* Toupet *nt*

tour [tʊə(r)] **I.** *s* ❶ Tour *f;* Reise, Fahrt *f;* (*im Gebäude*) Rundgang *m* ❷ Führung *f;* Rundfahrt *f* ❸ (*~ of inspection*) Runde *f,* Rundgang *m* ❹ (THEAT SPORT) Tournee *f;* **go on a ~ of France** eine Reise durch Frankreich machen; **make a ~ of the building** einen Rundgang durchs Gebäude machen; **on ~** auf Tournee; **guided ~** Führung *f;* **coach ~** Busreise *f;* ~ **of inspection** Inspektionsreise *f* **II.** *vi* ❶ eine Reise machen ❷ (THEAT SPORT) eine Tournee machen; auf Tournee sein **III.** *vt* ❶ bereisen, reisen durch ❷ einen Rundgang machen durch; besichtigen ❸ (THEAT SPORT) eine Tournee machen durch; **tour·ing com·pany** [ˌtʊərɪŋ'kʌmpənɪ] *s* Tourneetheater *nt*

tour·ism ['tʊərɪzəm] *s* Fremdenverkehr, Tourismus *m;* **tour·ist** ['tʊərɪst] *s* Tourist(in) *m(f);* **travel ~** in der Touristenklasse reisen; **tourist agency** *s* (*Am*), **tourist bureau** *s* Reisebüro *nt;* **tourist class** *s* Touristenklasse *f;* **tourist guide** *s* ❶ (*Buch*) Reiseführer *m* ❷ (*Person*) Fremdenführer(in) *m(f);* **tourist industry** *s* Fremdenverkehr *m,* Fremdenverkehrsindustrie *f;* **tourist office** *s* Fremdenverkehrsbüro *nt;* **tourist season** *s* Reisezeit *f;* **tourist ticket** *s* Rundreise(fahr)karte *f;* **tourist visa** *s* Touristenvisum *nt*

tour·na·ment ['tɔ:nəmənt, *Am* 'tɜ:nəmənt] *s* (*a.* SPORT) Turnier *nt*

tour op·er·ator ['tʊə(r)'ɒpərəɪtə(r)] *s* Reiseveranstalter *m*

tousle ['taʊzl] *vt* zerzausen

tout [taʊt] **I.** *vi* ❶ (*fam*) auf Kunden-, Stimmenfang gehen (*for* für) ❷ (*~ round*) auf Pferderennen Tips verkaufen **II.** *vt* ❶ (*Pferd*) als Favoriten angeben ❷ (*Lage, Ställe*) auskundschaften ❸ (*Information*) anbieten; (*Karten*) schwarz verkaufen ❹ (*fig*) anpreisen, aufschwatzen (*s.o. s.th.* jdm etw) **III.** *s* ❶ (*Person*) Schlepper *m* ❷ Tipgeber *m* ❸ Kartenschwarzhändler *m*

tow[1] [təʊ] **I.** *vt* (AUTO MAR) (ab)schleppen **II.** *s* Schleppen *nt;* (MAR) Treideln *nt;* **have** [*o* **take**] **in ~** im Schlepptau haben; ins Schlepptau nehmen; **can we give you a ~?** können wir Sie abschleppen?

tow[2] [təʊ] *s* Werg *nt*

to·ward [tə'wɔ:d, *Am* tɔ:rd] *prep s.* **towards**

to·wards [təˈwɔːd(z), *Am* tɔːrd(z)] *prep* ❶ auf … zu, nach … zu, in Richtung auf ❷ gegenüber +*dat* ❸ (*zeitlich*) gegen

tow·bar [ˈtəʊbɑː(r)] *s* (AUTO) Anhängerkupplung *f*; **tow·boat** *s* Schlepper *m*

towel [ˈtaʊəl] **I.** *s* Hand-, Badetuch *nt*; **throw in the ~** (*Boxen*) aufgeben, das Handtuch werfen; **kitchen ~** Geschirrtuch *nt*; **sanitary ~** Damenbinde *f* **II.** *vt* abtrocknen, trockenreiben; **towel·ette** [ˌtaʊəˈlet] *s* Erfrischungstuch *nt*; **towel·ing** *s* (*Am*), **towel·ling** [-ɪŋ] *s* Frottee *nt od m*; **towel-rail** *s* Handtuchhalter *m*

tower [ˈtaʊə(r)] **I.** *s* ❶ Turm *m*; (AVIAT: *control ~*) Kontrollturm *m* ❷ (*fig: ~ of strength*) (sicherer) Hort *m*; Stütze *f* **II.** *vi* ragen; **tower above**, **tower over** *vi* emporragen über; überragen; **tower up** *vi* emporragen; **tower block** *s* Hochhaus *nt*; **tower·ing** [-ɪŋ] *adj* ❶ (*Gebäude*) alles überragend; (*Berge*) hochragend; (*Baum, Mensch*) hoch aufragend ❷ (*fig*) gewaltig, heftig

town [taʊn] *s* ❶ Stadt *f* ❷ London *nt* ❸ Stadtbevölkerung *f*; **in ~** in der Stadt; **be out of ~** verreist sein; **go to ~** in die Stadt gehen; (*fig fam*) es übertreiben (*on* mit); **paint the ~ red** die Stadt auf den Kopf stellen; **town centre** *s* Stadtzentrum *nt*, -mitte *f*; **town clerk** *s* (*Br*) Stadtdirektor *m*; **town council** *s* Stadtrat *m*; **town councillor** *s* Stadtrat *m*, Stadträtin *f*, Stadtratsmitglied *nt*; **town gas** *s* Stadtgas *nt*; **town hall** *s* Rathaus *nt*; **town house** *s* ❶ Stadthaus *nt*, -wohnung *f* ❷ Reihenhaus *nt*; **town planning** *s* Stadtplanung, Städteplanung *f*; **town·scape** [ˈtaʊnskeɪp] *s* Stadtbild *nt*, Stadtlandschaft *f*; **towns·folk** [ˈtaʊnzfəʊk] *s pl* Städter *mpl*; **town·ship** [ˈtaʊnʃɪp] *s* (*Am*) (Amts)Bezirk *m*; Ortschaft *f*; (*Südafrika*) Township *f*; **towns·people** [ˈtaʊnzˌpiːpl] *s* Städter, Bürger *mpl*; **town twinning** *s* Städtepartnerschaft *f*

tow truck *s* (*Am*) Abschleppwagen *m*

tox·aemia [tɒkˈsiːmɪə] *s*, **tox·emia** *s* (*Am*) Blutvergiftung *f*

toxic [ˈtɒksɪk] *adj* giftig; **~ agent** Gift(stoff) *nt (m)*; **~ waste** Giftmüll *m*; **toxi·col·ogy** [ˌtɒksɪˈkɒlədʒɪ] *s* Toxikologie *f*; **toxin** [ˈtɒksɪn] *s* Gift, Toxin *nt*

toy [tɔɪ] **I.** *s* Spielzeug *nt*; **~s** *pl* Spielwaren *fpl* **II.** *adj* ❶ klein ❷ (*Hund*) Zwerg- **III.** *vi* spielen (*with* mit); **toy car** *s* Spielzeugauto *nt*; **toy·shop** *s* Spielwarenhandlung *f*

trace¹ [treɪs] **I.** *s* ❶ Spur *f* ❷ *meist pl* (*a.* CHEM) Spur, geringe Menge *f*; **without a ~** spurlos; **lose ~ of** aus den Augen verlieren; **~ element** Spurenelement *nt* **II.** *vt* ❶ folgen (*a path* einem Pfad) ❷ nachgehen, -spüren (*s.o.* jdm) ❸ (*Ereignisse: ~ back*) zurückverfolgen, zurückführen (*to* auf) ❹ aufspüren, ausfindig machen ❺ zeichnen; nachzeichnen; durchpausen ❻ (mühsam) schreiben

trace² [treɪs] *s*: **kick over the ~s** (*fig*) über die Stränge schlagen

trace·able [ˈtreɪsəbl] *adj* ❶ zurückzuverfolgen(d) ❷ nachweisbar ❸ zurückführbar (*to* auf) ❹ auffindbar; **tracer** [ˈtreɪsə(r)] *s* ❶ (*~ bullet*) Leuchtspurgeschoss *nt* ❷ (*radioactive ~*) Isotopenindikator *m* ❸ Suchzettel *m*; **~ ammunition** Leuchtspurmunition *f*

tracery [ˈtreɪsərɪ] *s* (ARCH) Maßwerk *nt*

tra·chea [trəˈkɪə, *pl* -kɪiː] <*pl* -cheae> *s* (ANAT) Luftröhre *f*

trac·ing [ˈtreɪsɪŋ] *s* ❶ Aufspüren *nt* ❷ (Durch)Pausen *nt*; **tracing paper** *s* Pauspapier *nt*

track [træk] **I.** *s* ❶ Spur, Fährte *f* ❷ Pfad, Weg *m* ❸ (*fig*) Bahn *f*, Gang *m* ❹ (Renn-, Aschen)Bahn *f* ❺ (*fig*) (Gedanken)Gang *m* ❻ (RAIL) Gleis *nt*, Schienenstrang *m* ❼ (*Raupenfahrzeug*) Gleiskette *f*; (AUTO) Spur(weite) *f* ❽ Musikstück *nt* (*auf Band, Schallplatte*); (*Band*) Spur *f*; **off the ~** auf falscher Fährte; (*fig*) auf dem Holzweg; **be born on the wrong side of the ~s** (*Am*) aus einfachen Verhältnissen stammen; **be on the ~ of s.o.** jdm auf der Spur sein; **go off the ~** entgleisen; **keep ~ of s.o.** jdn im Auge behalten; **keep ~ of s.th.** sich etw genau merken; etw verfolgen; **leave the ~s** entgleisen; **lose ~ of s.o.** jdn aus den Augen verlieren; **make ~s** (*fam*) sich auf die Socken machen **II.** *vt* ❶ (*jdn, eine Spur*) verfolgen ❷ folgen (*s.o.* jdm) ❸ aufspüren ❹ Spuren hinterlassen in, auf **III.** *vi* ❶ (AUTO) Spur halten ❷ (FILM) sich bewegen ❸ Fährten lesen; **track down** *vt* aufspüren, ausfindig machen; **track-and-field events** *s pl* Leichtathletikkämpfe *mpl*; **tracker dog** [ˈtrækəˌdɒg] *s* Spürhund *m*; **track events** *s pl* (SPORT) Laufdisziplinen *fpl*; **track·ing sta·tion** [ˈtrækɪŋˈsteɪʃn] *s* Beobachtungsstation *f* (*Raumflug*); **track·less** [ˈtræklɪs] *adj* ❶ spur-, pfadlos ❷ (*Fahrzeug*) ohne Ketten; **track record** *s* Leistungsnachweis *m*; **what's his ~?** was hat er vorzuweisen?; **track shoe** *s* Lauf-, Turnschuh *m*; **track·suit** *s* Trainings-, Jogginganzug *m*

tract¹ [trækt] *s* ❶ (ANAT) Verdauungstrakt *m*; (Atem)Wege *mpl* ❷ (*Land*) Gebiet *nt*; **a narrow ~ of land** ein schmaler Streifen

T

Land
tract² [trækt] *s* (BES. REL) Traktat *nt*
tract·able ['træktəbl] *adj* folgsam, lenkbar
trac·tion ['trækʃn] *s* ❶ Zug *m*, Zugkraft *f* ❷ (*Fahrzeug*) Bodenhaftung *f* ❸ (MED) Streckverband *m*; **traction engine** *s* Zugmaschine *f*; **trac·tor** ['træktə(r)] *s* Traktor *m*, Zugmaschine *f*
trad [træd] *s* (*~ jazz*) Originaljazz *m*
trade [treɪd] **I.** *s* ❶ Gewerbe *nt*; Handwerk *nt* ❷ (COM) Handel *m* ❸ Beruf *m* ❹ (COM) Fachwelt *f* ❺ Wirtschafts-, Erwerbszweig *m*; Branche *f* ❻ Tauschgeschäft *nt*, -handel *m*; **the Trades** der Passat, die Passatwinde *mpl*; **by ~** von Beruf **II.** *vi* handeln, Handel treiben (*in s.th.* mit einer S, *with s.o.* mit jdm), Geschäfte machen (*with s.o.* mit jdm) **III.** *vt* eintauschen (*s.th. for s.th.* etw für etw); **trade in** *vt* in Zahlung geben (*for* für); **trade on** *vt* ausnutzen (*s.o.* jdn); **trade agreement** *s* Handelsabkommen *nt*; **trade association** *s* Fachverband *m*; **trade balance** *s* Handelsbilanz *f*; **trade barrier** *s* Handelsschranke *f*; **trade cycle** *s* Konjunkturzyklus *m*; **trade directory** *s* Branchen-, Firmenverzeichnis *nt*; **trade discount** *s* Händler-, Großhandelsrabatt *m*; **traded option** *s* handelbare Option; **trade fair** *s* (Fach)Messe *f*; **trade gap** *s* Außenhandelsdefizit *nt*; **trade-in** ['treɪdɪn] *s* in Zahlung gegebener Gegenstand; **trade-in value** *s* Gebrauchtwert *m*
trade journal *s* Fachzeitschrift *f*
trade·mark *s* Warenzeichen *nt*
trade mission *s* Handelsdelegation *f*
trade name *s* Handelsname *m*
trade-off ['treɪdɒf] *s* Austausch *m*
trade policy *s* Handelspolitik *f*; **trade press** *s* Fachpresse *f*; **trade price** *s* Großhandelspreis *m*; **trad·er** ['treɪdə(r)] *s* ❶ Händler(in) *m(f)* ❷ (*Börse*) freie(r) Makler(in) *m (f)* ❸ (MAR) Handelsschiff *nt*; **trade reference** *s* Handels-, Kreditauskunft *f*; **trade register** *s* Handelsregister *nt*; **trade route** *s* Handelsweg *m*; **trade secret** *s* Betriebsgeheimnis *nt*; **trades·man** ['treɪdzmən] <*pl* -men> *s* Lieferant *m*; **tradesmen's entrance** Eingang *m* für Lieferanten; **trades·people** ['treɪdz,pi:pl] *s pl* Geschäftsleute *pl*; **trade surplus** *s* Handelsüberschuss *m*
trade union [,treɪd'ju:njən] *s* Gewerkschaft *f*; **form a ~** sich gewerkschaftlich organisieren, zusammenschließen; **trade unionism** *s* Gewerkschaftsbewegung *f*; **trade unionist** *s* Gewerkschafter(in) *m(f)*
trade war *s* Handelskrieg *m*
trade wind *s* Passatwind *m*
trad·ing ['treɪdɪŋ] **I.** *adj* handeltreibend **II.** *s* Handel *m*; **~ area** Absatzgebiet *nt*; **~ estate** Gewerbegebiet *nt*; **~ licence** Gewerbeschein *m*; **~ relations** Handelsbeziehungen; **~ stamp** Rabattmarke *f*; **~ volume** Handelsvolumen *nt*
tra·di·tion [trə'dɪʃn] *s* Tradition *f*; Brauch *m*; **tra·di·tional** [trə'dɪʃənl] *adj* traditionell, herkömmlich; üblich; **tra·di·tion·al·ism** [trə'dɪʃənəlɪzəm] *s* Traditionalismus *m*; **tra·di·tion·al·ist** [trə'dɪʃənəlɪst] *s* Traditionalist(in) *m(f)*
traf·fic ['træfɪk] <*ppr:* -ficking, *pp:* -ficked> **I.** *s* ❶ Verkehr *m*; Flugverkehr *m* ❷ Handel *m* (*in* in, mit) ❸ (Waren)Umschlag *m* ❹ (INTERNET) Traffic *m*; **air ~** Luftverkehr *m*; **freight ~, goods ~, merchandise ~** Fracht-, Güter-, Warenverkehr *m*; **one-way ~** Einbahnverkehr *m*, -straße *f* **II.** *vi* (Schwarz-, Schleich)Handel treiben, handeln (*in s.th.* mit etw); **~ accident** Verkehrsunfall *m*; **~ calming** *Maßnahmen zur Verkehrsberuhigung*; **~ circle** (*Am*) Kreisverkehr *m*; **~ emissions** verkehrsbedingte Emissionen; **~ in human beings** Menschenhandel *m*; **~ island** Verkehrsinsel *f*; **~ jam** Verkehrsstockung *f*, -stau(ung *f*) *m*; **traf·ficker** ['træfɪkə(r)] *s* Schwarzhändler, Schieber *m*; **traffic lights** *s pl* Verkehrsampel *f*; **traffic patrol** *s* Verkehrsstreife *f*; **traffic regulation** *s* Verkehrsregelung *fpl*, Verkehrsvorschriften *fpl*; **traffic sign** *s* Verkehrszeichen, -schild *nt*; **traffic signals** *s pl* Verkehrsampel *f*; **traffic warden** *s* Verkehrspolizist(in) *m(f)*, Politesse *f*
tra·gedy ['trædʒədɪ] *s* Trauerspiel *nt*, Tragödie *f*; **tra·gic** ['trædʒɪk] *adj* tragisch; **tragi·com·edy** [,trædʒɪ'kɒmədɪ] *s* Tragikomödie *f*
trail [treɪl] **I.** *vt* ❶ nach-, hinter sich herschleifen ❷ nachziehen, -schleppen ❸ verfolgen **II.** *vi* ❶ schleifen ❷ (BOT) ranken, kriechen ❸ sich dahinschleppen ❹ (*fig*) weit abgeschlagen sein **III.** *s* ❶ (*Rauch*) Fahne *f*; (*Meteor*) Schweif *m* ❷ Spur, Fährte *f* ❸ Pfad *m*; (**hot**) **on s.o.'s ~** (dicht) auf jds Spur; **blaze the ~** (*fig*) den Weg bahnen; **~ of blood** Blutspur *f*; **~ of dust** Staubwolke *f*; **trail along I.** *vi* entlangtrotten **II.** *vt* entlangschleppen; **trail away, trail off** *vi* (*Stimme*) sich verlieren; verstummen; **trail behind I.** *vi* ❶ hinterhertrotten ❷ (*fig*) zurückgefallen sein **II.** *vt* hinter sich herschleppen
trail·blazer ['treɪl'bleɪzə(r)] *s* (*fig*) Wegbereiter, Bahnbrecher, Pionier *m*
trailer ['treɪlə(r)] *s* ❶ (BOT) Kletterpflanze *f* ❷ (*~ car*) Anhänger *m* (eines Fahrzeuges)

③ Wohnwagen *m* ④ (Film)Vorschau *f*; **trailer camp, trailer park** *s* (*Am*) Campingplatz *m* für Wohnwagen; Wohnwagenkolonie *f*

train¹ [treɪn] *s* ① (Eisenbahn)Zug *m* ② langer Zug; Karawane *f*; Wagenkolonne *f*; (~ *of barges*) Schleppzug *m*; (*Menschen*) Schlange *f*; Gefolge *nt* ③ (*fig*) Reihe, Serie, Kette, Folge *f* ④ (TECH) Walzenstrecke, -straße *f* ⑤ (*Kleid*) Schleppe *f*; **by** ~ mit dem Zug, mit der Bahn; **in** ~ im Gange; **get into a** ~, **get on a** ~, **board a** ~ in einen Zug einsteigen; **put in** ~ in Gang setzen; **change** ~**s** umsteigen; **on the** ~ im Zug; ~ **of thought** Gedankengang *m*; **it brought a drought in its** ~ es brachte eine Dürre mit sich

train² [treɪn] **I.** *vt* ① ausbilden, schulen; (*Tier*) abrichten, dressieren; (*Kind*) erziehen; (*Auszubildende, Anfänger*) einweisen, unterweisen ② (SPORT) trainieren; (*Gehirn*) schulen ③ (*Gewehr, Fernglas*) richten (*on* auf) ④ (*Pflanze*) wachsen lassen; am Spalier ziehen; ~ **o.s. to do s.th.** sich dazu erziehen etw zu tun; ~ **s.o. as s.th.** jdn zu etw ausbilden **II.** *vi* ① (BES. SPORT) trainieren ② ausgebildet werden; ~ **as a teacher** eine Lehrerausbildung machen, für das Lehramt studieren

train ac·ci·dent ['treɪn,æksɪdənt] *s* Eisenbahnunglück *nt*; **train collision** *s* Zugzusammenstoß *m*; **train connection** *s* Zugverbindung *f*; **train driver** *s* Zug-, Lokführer(in) *m(f)*

trained ['treɪnd] *adj* gelernt; ausgebildet; (*Tier*) dressiert; (*Auge, Ohr*) geschult; ~ **workers** Fachkräfte *fpl*; **well-**~ **child** wohlerzogenes Kind

trainee [treɪ'ni:] *s* Auszubildende(r) *f m*, Azubi *f m*, Praktikant(in) *m(f)*; **he is a** ~ er befindet sich noch in der Ausbildung

trainee·ship [,treɪ'ni:ʃɪp] *s* Ausbildungsplatz *m*; **trainee teacher** *s* Referendar(in) *m(f)*; **trainer** ['treɪnə(r)] *s* ① Trainer *m* ② Ausbilder(in) *m(f)* ③ (*Tier*) Dresseur(in) *m(f)*, Dompteur(in) *m(f)* ④ (AVIAT: ~ *plane*) Schulflugzeug *nt*; Simulator *m*

train ferry ['treɪn,ferɪ] *s* Eisenbahnfähre *f*

train·ing ['treɪnɪŋ] *s* ① Schulung, Ausbildung *f* ② Dressur *f* ③ Training *nt*; **in/out of** ~ (SPORT) in/aus der Übung; **go into** ~ sich vorbereiten (*for* auf); **training camp** *s* Trainingslager *nt*; **training college** *s* Hochschule *f* für die Lehrerausbildung; **training course** *s* Ausbildungs-, Schulungskurs *m*; **training objective** *s* Ausbildungsziel *nt*; **training personnel** *s* Lehrpersonal *nt*; **training plane** *s* Schulflugzeug *nt*; **training programme** *s* Schulungsmaßnahme *f*, Ausbildungsprogramm *nt*; **training ship** *s* Schulschiff *nt*

train·man ['treɪnmən] <*pl* -men> *s* (*Am*) Eisenbahner *m*; Bremser *m*; **train schedule** *s* Fahrplan *m*; **train service** *s* Zugverkehr *m*; Zugverbindung *f*; **train·spot·ter** *s* (*Br*) *Eisenbahnfan, der die Nummern aller Lokomotiven sammelt*

traipse [treɪps] *vi* (*fam*) latschen; ~ **round the town for s.th.** sich in der Stadt die Beine nach etw ablaufen

trait [treɪt] *s* Eigenschaft *f*; (Charakter-, Wesens-, Gesichts)Zug *m*

trai·tor ['treɪtə(r)] *s* Verräter(in) *m(f)* (*to* an); **trai·tor·ous** ['treɪtərəs] *adj* verräterisch; **trai·tress** ['treɪtrɪs] *s* Verräterin *f*

tra·jec·tory [trə'dʒektərɪ] *s* Flugbahn *f*

tram [træm] *s* Straßenbahn *f*; **go by** ~ mit der Straßenbahn fahren; **tram·line** ['træmlaɪn] *s* ① Straßenbahnlinie *f* ② ~**s** (SPORT) Linien *pl* des Doppelspielfelds

tram·mel ['træml] **I.** *s pl* (*fig*) Fesseln *fpl* **II.** *vt* behindern, einengen, hemmen

tramp [træmp] **I.** *vi* ① fest auftreten, stapfen ② wandern, marschieren; umherziehen **II.** *vt* ① durchwandern, -streifen ② (*Schmutz*) herumtreten **III.** *s* ① (schwerer) Tritt *m* ② Fußmarsch *m*, Wanderung *f* ③ Wohnsitzlose(r) *f m*, Landstreicher(in) *m(f)* ④ (*pej*) Flittchen *nt* ⑤ (MAR: ~ *steamer*) Trampschiff *nt*; **tramp down** *vt* (*Erde*) festtreten; (*Blumen, Gras*) niedertrampeln; **tramp in** *vt* in den Boden treten

trample ['træmpl] **I.** *vt* zertrampeln; ~ **s.o. underfoot** (*fig*) jdn überfahren; ~ **s.th. into the ground** etw in den Boden trampeln **II.** *vi* stampfen, trampeln; ~ **on s.o.** auf jdm herumtrampeln

tram·po·line ['træmpəli:n] *s* Trampolin *nt*

tram·way ['træmweɪ] *s* Straßenbahn(strecke) *f*

trance [trɑ:ns] *s* Trance *f*, Trancezustand *m*; **send s.o. into a** ~ jdn in Trance versetzen

tranche [trɒnʃ] *s* Tranche *f*

tranny ['trænɪ] *s* (*fam*) Transistor *m*, Kofferradio *nt*

tran·quil ['træŋkwɪl] *adj* ① ruhig, friedlich ② (*Mensch*) ruhig, gelassen; **tran·quil·ity** *s* (*Am*) *s.* **tranquillity**; **tran·quil·ize** *vt* (*Am*) *s.* **tranquillize**; **tran·quil·izer** *s* (*Am*) *s.* **tranquillizer**; **tran·quil·lity** [træŋ'kwɪlətɪ] *s* Ruhe *f*; **tran·quil·lize** ['træŋkwɪlaɪz] *vt* beruhigen; **tran·quil·lizer** ['træŋkwɪlaɪzə(r)] *s* Beruhigungsmittel *nt*

trans·act [træn'zækt] *vt* abwickeln;

T

(*Geschäfte*) aus-, durchführen, abschließen, tätigen; **trans·ac·tion** [træn'zækʃn] *s* ❶ Aus-, Durchführung *f* ❷ Abschluss *m*, Tätigung *f* ❸ (*legal* ~) Rechtsgeschäft *nt* ❹ (FIN) Transaktion *f* ❺ ~**s** Sitzungsbericht *m;* Verhandlungsprotokoll *nt;* **cash** ~ Barverkauf *m;* **exchange** ~ Börsengeschäft *nt*

trans·al·pine [trænz'ælpaɪn] *adj* transalpin

trans·at·lan·tic [ˌtrænzət'læntɪk] *adj* transatlantisch; ~ **liner** Überseedampfer *m*

trans·bound·ary [ˌtrænz'baʊndrɪ] *adj* grenzüberschreitend

trans·ceiver [træn'siːvə(r)] *s* (RADIO) Sende- und Empfangsgerät *nt*

trans·cend [træn'send] *vt* (*fig*) überschreiten, -steigen, hinausgehen über; **trans·cend·ent** [træn'sendənt] *adj* (REL PHILOS) transzendent; (*fig*) überragend; **trans·cen·den·tal** [ˌtrænsen'dentl] *adj* überirdisch; (PHILOS) transzendental; (*Zahl*) transzendent

trans·con·ti·nen·tal ['trænzkɒntɪ 'nentl] *adj* transkontinental

tran·scribe [træn'skraɪb] *vt* ❶ kopieren ❷ übertragen, transkribieren ❸ (MUS) umsetzen ❹ (RADIO) auf Band aufnehmen; **tran·script** ['trænskrɪpt] *s* ❶ Kopie *f;* Protokoll *nt;* Niederschrift *f* ❷ (*Am*) (Zeugnis)Abschrift *f*

tran·scrip·tion [træn'skrɪpʃn] *s* ❶ Abschrift *f* ❷ Transkription, Umschrift *f* ❸ (MUS) Umsetzung *f* ❹ (RADIO) Ton-, Bandaufnahme *f;* **phonetic** ~ Lautschrift, phonetische Schrift *f*

trans·duc·er [ˌtræns'djuːsə(r)] *s* (TECH) Umformer *m*

trans·gen·der·ing [trænz'dʒendərɪŋ] *s no pl* Geschlechtsumwandlung *f*

trans·ge·net·ics [trænz'dʒɪnetɪks] *s pl* Transgenetik *f*

tran·sept ['trænsept] *s* (ARCH) Querschiff *nt*

trans·Euro·pean *adj* transeuropäisch; ~ **transport infrastructure network, TEN** transeuropäisches Verkehrsnetz

trans·fer [træns'fɜː] **I.** *vt* ❶ verlegen (*from … to* von … nach) ❷ versetzen (*to* nach) ❸ (*Eigentum, Recht BED….: Eigentum, Recht*) übertragen (*to* auf) ❹ (*Geld*) überweisen (*to* auf) ❺ (COM) übertragen, vortragen, umbuchen **II.** *vi* ❶ überwechseln (*to* zu), umstellen (*to* auf) ❷ (RAIL) umsteigen **III.** ['trænsfɜː(r)] *s* ❶ Verlegung *f* ❷ Versetzung *f* (*to* nach) ❸ (JUR) Übertragung *f* (*to* auf) ❹ (*Geschäft*) Umzug *m* ❺ (COM) Überweisung *f;* Transfer *m;* Umbuchung *f* ❻ Umsteigen *nt;* Umsteigefahrkarte *f* ❼ Abziehbild *nt* ❽ (SPORT) Transfer *m;* Transferspieler(in) *m(f);* **he is a ~ from another department** er ist von einer anderen Abteilung versetzt worden; **technology** ~ Technologietransfer *m;* **trans·fer·able** [træns'fɜːrəbl] *adj* übertragbar; **trans·fer·ence** ['trænsfərəns] *s* ❶ (*a.* PSYCH) Übertragung *f* ❷ (*Geld*) Überweisung *f,* Transfer *m;* **transferred charge call** *s* R-Gespräch *nt*

trans·fig·ure [træns'fɪgə(r)] *vt* ❶ umgestalten (*into* in) ❷ (REL) verklären

trans·fix [træns'fɪks] *vt* ❶ durchbohren ❷ (*fig*) lähmen; **be ~ed to the spot** wie gelähmt, wie angewurzelt dastehen

trans·form [træns'fɔːm] *vt* ❶ verwandeln ❷ (*a.* MATH PHYS ELEK) umformen, umwandeln (*to* in); **trans·form·ation** [ˌtrænsfə'meɪʃn] *s* Verwandlung *f;* Umgestaltung *f;* Umformung, Umwandlung *f;* **trans·former** [træns'fɔːmə(r)] *s* (ELEK) Transformator, Umformer *m*

trans·fuse [træns'fjuːz] *vt* (*Blut*) übertragen; (*fig*) erfüllen; **trans·fusion** [træns'fjuːʒn] *s* (*blood* ~) Bluttransfusion, -übertragung *f;* (**blood**) ~ **service** Blutspendedienst *m*

trans·gress [trænz'gres] **I.** *vt* (*Gesetz*) übertreten, verstoßen gegen **II.** *vi* sündigen; **trans·gress·ion** [trænz'greʃn] *s* ❶ Übertretung *f,* Verstoß *m* ❷ (REL) Sünde *f;* **trans·gressor** [træns'gresə(r)] *s* ❶ Rechtsbrecher(in) *m(f),* Übel-, Missetäter(in) *m(f)* ❷ (REL) Sünder(in) *m(f)*

tran·si·ent ['trænzɪənt, *Am* 'trænʃnt] *adj* ❶ vorübergehend; kurz(lebig); flüchtig ❷ (*Am*) nichtansässig

tran·sis·tor [træn'zɪstə(r)] *s* ❶ (ELEK) Transistor *m* ❷ (~ *radio*) Kofferradio *nt;* **tran·sis·tor·ize** [træn'zɪstəraɪz] *vt* mit Transistoren bestücken

tran·sit ['trænsɪt] *s* ❶ (*a.* ASTR) Durchgang *m* ❷ Transit-, Durchgangsverkehr *m* ❸ (*Waren*) Transport *m;* **in** ~ auf dem Transport, unterwegs; **transit business** *s* Transithandel *m;* **transit camp** *s* Durchgangslager *nt;* **transit desk** *s* (AVIAT) Transitschalter *nt;* **transit duty** *s* Durchgangszoll *m;* **transit goods** *s pl* Transitwaren *fpl*

tran·si·tion [træn'zɪʃn] *s* Übergang *m;* (*period of* ~) Übergangszeit *f;* ~ **period** Übergangsphase *f;* **tran·si·tional** [træn'zɪʃənl] *adj* Übergangs-

tran·si·tive ['trænsətɪv] *adj* (GRAM) transitiv

transit lounge ['trænsɪtˌlaʊndʒ] *s* Transitraum *m*

tran·si·tory ['trænsɪtrɪ] *adj* vorübergehend; kurz(lebig)

tran·sit pas·sen·ger ['trænsɪt 'pæsɪndʒə(r)] *s* Transitreisende(r) *f m;* **transit trade** *s* Transithandel *m;* **transit traffic** *s* Transitverkehr *m;* **transit visa** *s* Durchreise-, Transitvisum *nt*

trans·lat·able [trænz'leɪtəbl] *adj* übersetzbar; **trans·late** [trænz'leɪt] **I.** *vt* ❶ übersetzen, -tragen (*into German* ins Deutsche, *from* (*the*) *Italian* aus dem Italienischen) ❷ ~ **words into actions** Worte in die Tat umsetzen **II.** *vi* sich übersetzen lassen, übersetzbar sein; übersetzen; **trans·la·tion** [trænz'leɪʃn] *s* Übersetzung, -tragung *f;* **trans·la·tor** [trænz'leɪtə(r)] *s* Übersetzer(in) *m(f)*

trans·li·ter·ate [trænz'lɪtəreɪt] *vt* transliterieren; **trans·li·ter·at·ion** [ˌtrænzlɪtə'reɪʃn] *s* Transliteration *f*

trans·lu·cent, trans·lu·cid [trænz'lu:snt, trænz'lu:sɪd] *adj* lichtdurchlässig

trans·mi·gra·tion [ˌtrænzmaɪ'greɪʃn] *s* (~ *of the soul*) Seelenwanderung *f*

trans·mis·sible [trænz'mɪsəbl] *adj* übertragbar

trans·mis·sion [trænz' mɪʃn] *s* ❶ Übersendung, -mittlung *f* ❷ (*a.* BIOL PHYS) Übertragung *f* ❸ (TECH) Transmission *f;* (AUTO) Getriebe *nt* ❹ (RADIO) Sendung *f* ❺ (INFORM) Datenübertragung *f;* ~ **network** Übertragungsnetz *nt;* ~ **speed** Datenübertragungsrate *f;* **trans·mit** [trænz'mɪt] *vt* ❶ übersenden, -mitteln ❷ übertragen ❸ (PHYS) übertragen; leiten ❹ (RADIO) senden; **trans·mit·ter** [trænz'mɪtə(r)] *s* ❶ Übermittler *m* ❷ (RADIO) Sender *m* ❸ (*Telefon*) Mikrofon *nt;* **trans·mit·ting** [-ɪŋ] *adj:* ~ **station** Sendestelle *f;* ~ **set** Sender *m*

trans·mog·rify [trænz'mɒgrɪfaɪ] *vt* (*hum fig*) ummodeln

trans·mu·ta·tion [ˌtrænsmju:'teɪʃn] *s* ❶ (CHEM) Umwandlung *f* ❷ (BIOL) Transmutation *f;* **trans·mute** [trænz'mju:t] *vt* umwandeln (*into* in)

trans·oceanic ['trænzˌəʊʃɪ'ænɪk] *adj* überseeisch

tran·som ['trænsəm] *s* Querbalken, -träger *m;* (~ *window*) Oberlicht *nt;* (MAR) Spiegel *m*

trans·par·ency [træns'pærənsɪ] *s* ❶ Durchsichtigkeit, Transparenz *f* ❷ Diapositiv *nt* ❸ Overheadfolie *f;* **trans·par·ent** [træns'pærənt] *adj* ❶ durchsichtig ❷ (*fig*) durchschaubar; offenkundig, offensichtlich; **it became** ~ es wurde offensichtlich

tran·spi·ra·tion [ˌtrænspɪ'reɪʃn] *s* Ausdünstung, Transpiration *f;* **tran·spire** [træn'spaɪə(r)] **I.** *vt* ❶ ausdünsten, -schwitzen ❷ (BOT) verdunsten **II.** *vi* ❶ schwitzen, transpirieren ❷ (*fig*) bekannt werden; durchsickern ❸ geschehen

trans·plant [træns'plɑ:nt] **I.** *vt* ❶ umpflanzen ❷ (*Menschen*) verpflanzen (*to* nach) ❸ (MED: *Gewebe*) transplantieren, verpflanzen **II.** ['trɑ:nsplɑ:nt] *s* ❶ Transplantation *f* ❷ Transplantat *nt;* **trans·plan·ta·tion** [ˌtrænsplɑ:n'teɪʃn] *s* ❶ (BOT) Umpflanzen *nt* ❷ (MED) Transplantation *f;* (*Organ*) Transplantat *nt*

trans·port [træn'spɔ:t] **I.** *vt* befördern, transportieren; (HIST) deportieren **II.** ['trænspɔ:t] *s* ❶ Beförderung *f,* Transport *m* ❷ (MIL) Transportschiff *nt;* Transportflugzeug *nt* ❸ Beförderungsmittel *nt* ❹ (*Am*) Fracht, Ladung *f;* **in a** ~, **in** ~**s of,** ~**ed with** hingerissen vor; **means of** ~ Beförderungs-, Transportmittel *nt;* **passenger** ~ Personenverkehr *m;* **public** ~ öffentliche Verkehrsmittel *ntpl;* **road** ~ Güterkraftverkehr *m;* ~ **by rail** (Eisenbahn)Güterverkehr *m;* **trans·port·able** [træns'pɔ:təbl] *adj* transportierbar, versandfähig; **trans·por·ta·tion** [ˌtrænspɔ:'teɪʃn] *s* ❶ Beförderung *f* ❷ Beförderungs-, Transportmittel *nt;* Verkehrsmittel *nt* ❸ Versand-, Transportkosten *pl;* **transport café** *s* Fernfahrerlokal *nt;* **trans·porter** [træn'spɔ:tə(r)] *s* ❶ Autotransporter *m* ❷ Laufkran *m* ❸ (~ *line*) Transportband *nt*

trans·pose [træn'spəʊz] *vt* ❶ vertauschen ❷ (MATH MUS) transponieren

trans·sex·ual [træns'seksjʊəl] *s* Transsexuelle(r) *f m*

trans·verse ['trænzvɜ:s] *adj* diagonal, quer verlaufend (*to* zu); (*Lage*) horizontal; (*Motor*) querstehend

trans·ves·tite [træns'vestaɪt] *s* Transvestit *m*

trap [træp] **I.** *s* ❶ Falle *f* ❷ (*Hunderennen*) Box *f* ❸ (*Schießen*) Wurfmaschine *f* ❹ (~ *door*) Falltür *f;* (THEAT) Versenkung *f* ❺ (TECH) Siphon *m* ❻ zweirädriger Einspänner ❼ (*sl*) Schnauze *f;* **set a** ~ **for s.o.** jdm eine Falle stellen; **fall** [*o* **walk**] **into a** ~ in eine Falle gehen **II.** *vt* ❶ fangen ❷ (*Menschen*) in die Falle locken ❸ in die Enge treiben; einschließen; absperren ❹ (*Ball*) stoppen ❺ (*Gas, Wasser*) stauen; ~ **s.o. into doing s.th.** jdn dazu bringen, dass er etw tut; **the miners were** ~**ped** die Bergleute waren von der Außenwelt abgeschlossen; **I feel** ~**ped** ich fühle mich wie im Gefängnis; ~ **one's finger in a drawer** sich den Finger in einer Schublade einklemmen; **trap door** *s* Falltür *f*

tra·peze [trə'pi:z] *s* (SPORT) Trapez *nt;* **tra·pezium** [trə'pi:zɪəm] *s* (*Br*) Trapez *nt;* (*Am*) Trapezoid *nt;* **trap·ezoid** ['træpɪzɔɪd] *s* (MATH: *Br*) Trapezoid *nt;* (*Am*) Trapez *nt*

trap·per ['træpə(r)] *s* Trapper(in) *m(f)*

trap·pings ['træpɪŋz] *s pl* ❶ (*fig*) Aufmachung *f* ❷ Abzeichen *ntpl*

Trap·pist ['træpɪst] *s* Trappist *m*

trap-shoot·ing ['træp,ʃu:tɪŋ] *s* Wurftaubenschießen *nt*

trash [træʃ] *s* ❶ (*Am*) Abfall *m* ❷ (*fig*) Schund, Plunder *m* ❸ Unsinn *m* ❹ Gesindel *nt;* **white** ~ (*in den USA*) arme Weiße *pl;* **trash can** *s* (*Am*) Abfalleimer *m;* **trash-talk·ing** *s* blödes Geschwätz; **trashy** ['træʃɪ] *adj* wertlos; minderwertig

trauma ['trɔ:mə, *Am* 'traʊmə] *s* Trauma *nt;* **trau·matic** [trɔ:'mætɪk, *Am* traʊ'mætɪk] *adj* traumatisch; **trau·ma·tize** ['trɔ:mətaɪz, *Am* 'traʊmətaɪz] *vt* traumatisieren

trav·el ['trævl] **I.** *vi* ❶ (*a.* COM) reisen (*in* in), fahren; eine Reise machen ❷ (TECH) sich bewegen ❸ sich ausbreiten, sich fortpflanzen **II.** *vt* ❶ bereisen ❷ (*Strecke*) zurücklegen; fahren **III.** *s* ❶ Reisen *nt,* Reise *f* ❷ ~**s** Reisen *fpl* ❸ (TECH) Kolbenweg, Hub *m;* (*Instrumente*) Ausschlag *m;* **travel agency, travel bureau** *s* Reisebüro *nt;* **travel·card** ['trævlkɑ:d] *s* Netz-, Zeitkarte *f;* **daily** ~ Tageskarte *f;* **weekly** ~ Wochenkarte *f;* **monthly** ~ Monatskarte *f;* **travel cot** *s* Kinderreisebett *nt;* **travel expenses** *s pl* Reisekosten *pl;* **travel insurance** ['trævlɪn'ʃʊərens] *s* Reiseversicherung *f;* **traveled** *adj* (*Am*), **travel·led** ['trævld] *adj* ❶ (*Mensch*) weitgereist ❷ (*Straße*) (viel) befahren; **trave·ler** *s* (*Am*), **trav·el·ler** ['trævlə(r)] *s* (*a.* COM) Reisende(r) *f m;* **commercial** ~ Vertreter(in) *m(f);* ~**'s cheque,** ~**'s check** (*Am*) Reisescheck *m*

travel·ing *s* (*Am*), **travel·ling** ['trævlɪŋ] *s* Reisen *nt;* **travelling allowance** *s* Reisespesen *pl;* **travelling bag** *s* Reisetasche *f;* **travelling circus** *s* Wanderzirkus *m;* **travelling clock** *s* Reisewecker *m;* **travelling crane** *s* Laufkran *m;* **travelling salesman** <*pl* -men> *s* Handelsreisende(r) *m*

trav·elog *s* (*Am*), **trav·elogue** ['trævəlɒg] *s* Reisebericht *m;* Lichtbildervortrag *m* über Reiseerlebnisse

travel-sick ['trævlsɪk] *adj* reisekrank; **travel-sickness** ['trævlsɪknəs] *s* Reisekrankheit *f*

tra·verse ['trævɜ:s] **I.** *vt* ❶ durch-, überqueren ❷ (*Zeit*) überdauern ❸ (*Bergsteigen*) queren **II.** *s* Querlinie *f,* -balken *m,* -gang *m*

trav·esty ['trævəstɪ] **I.** *s* ❶ Travestie *f* ❷ (*fig*) Zerrbild *nt;* **the hearing was a ~ of justice** der Prozess war eine reine Farce **II.** *vt* (*fig*) verzerren, entstellen

tra·vo·la·tor [,trævə'leɪtə(r)] *s* Rollsteg *m*

trawl [trɔ:l] **I.** *s* (~-*net*) Schleppnetz *nt* **II.** *vi, vt* mit dem Schleppnetz fischen; **trawler** ['trɔ:lə(r)] *s* Fischdampfer, Trawler *m*

tray [treɪ] *s* ❶ Tablett *nt* ❷ (flache) Schale *f;* Backblech *nt* ❸ (*Büro*) Ablage *f,* Ablagekorb *m* ❹ Koffereinsatz *m;* **ash-**~ Aschenbecher *m;* **in-/out-**~ (Ablage *f*) eingehende/ausgehende Post

treach·er·ous ['tretʃərəs] *adj* ❶ verräterisch, treulos (*to s.o.* jdm) ❷ heimtückisch; gefährlich ❸ (*Gedächtnis*) trügerisch; **treach·ery** ['tretʃərɪ] *s* Treulosigkeit *f* (*to* gegen), Verrat *m* (*to* an)

treacle ['tri:kl] *s* Sirup *m;* **treac·ly** ['tri:klɪ] *adj* ❶ sirupartig ❷ (*fig*) süßlich

tread [tred] <*irr:* trod, trodden> **I.** *vt* ❶ gehen, schreiten auf ❷ (*Weg*) machen; ~ **a risky path** einen gefährlichen Weg beschreiten; ~ **grapes** Trauben stampfen; ~ **water** Wasser treten; ~ **dirt into the carpet** Schmutz in den Teppich treten **II.** *vi* ❶ schreiten, gehen ❷ treten, trampeln (*on, upon* auf); ~ **on air** (*fig*) im Glück schwimmen; ~ **in s.o.'s (foot)steps** (*fig*) in jds Fußstapfen treten; ~ **on s.o.'s heels** (*fig*) jdm nicht von den Fersen gehen; ~ **on s.o.'s toes** (*fig*) jdm zu nahe treten; ~ **carefully** vorsichtig gehen; (*fig*) vorsichtig vorgehen **III.** *s* ❶ Tritt, Schritt *m* ❷ Tritt *m,* Trittbrett *nt;* (Treppen)Stufe *f;* (Leiter)Sprosse *f* ❸ (*Rad*) Lauffläche *f;* (*Gummireifen*) Profil *nt;* **tread down, tread in** *vt* festtreten; **tread out** *vt* austreten

treadle ['tredl] *s* (TECH) Pedal *nt*

tread·mill ['tredmɪl] *s* (*a. fig*) Tretmühle *f*

trea·son ['tri:zn] *s* Verrat *m* (*to* an); **trea·son·able** ['tri:zənəbl] *adj* verräterisch

treas·ure ['treʒə(r)] **I.** *s* (*a. fig*) Schatz *m* **II.** *vt* ❶ (~ *up*) horten, sammeln ❷ (*fig*) sehr schätzen; **treasure house** *s* Schatzkammer *f;* (*fig*) Fundgrube *f;* **treasure hunt** *s* Schatzsuche *f;* **treas·urer** ['treʒərə(r)] *s* Schatzmeister *m;* Stadtkämmerer *m;* Leiter(in) *m(f)* der Finanzabteilung; Kassenverwalter(in) *m(f),* -wart(in) *m(f);* **treas·ure trove** ['treʒə,trəʊv] *s* ❶ Schatz *m* ❷ Schatzgrube *f;* **treas·ury** ['treʒərɪ] *s* ❶ Schatzamt *nt,* Fiskus *m;* Finanzministerium *nt* ❷ Kasse *f* ❸ (*fig*) Schatz *m,* Sammlung *f;* Fundgrube *f*

i Land & Leute

Das britische **Treasury** (Finanzministerium) wird von dem *Chancellor of* *the Exchequer* (Finanzminister) geleitet, der wiederum dem *First Lord of the Treasury,* d. h. dem *Prime Minister,* verantwortlich ist. Im *House of Commons* (Unterhaus) ist die *Treasury bench* die Bank, auf welcher der *Prime Minister,* der *Chancellor of the Exchequer* und andere Regierungsmitglieder sitzen.

treasury bill *s* kurzfristiger Schatzwechsel; **treasury bond, treasury note** *s* Schatzanweisung *f;* **Treasury Secretary** *s* (*in den USA*) Finanzminister(in) *m(f)*

treat ['tri:t] **I.** *vt* ❶ behandeln (*for* wegen, *with* mit), umgehen mit ❷ ansehen, betrachten (*as* als) ❸ (*Thema*) behandeln, sich befassen mit ❹ (*Material*) behandeln; (*Abwasser*) klären; (*Altpapier*) verarbeiten, recyceln ❺ bewirten, freihalten (*to s.th.* mit etw); ~ **o.s. to s.th.** sich etw gönnen; **I am going to ~ you** ich lade dich ein; ~ **lightly** auf die leichte Schulter nehmen **II.** *vi* ❶ handeln (*of* von) ❷ ver-, unterhandeln (*with* mit, *for* wegen) **III.** *s* ❶ Bewirtung *f;* Fest(essen) *nt* ❷ (Hoch)Genuss *m,* Freude *f,* Vergnügen *nt;* **it's my ~** das geht auf meine Rechnung; **give s.o. a ~** jdm eine besondere Freude machen; **it's a real ~** das ist ein wahrer Genuss; **it's coming along a ~** (*fam*) das macht sich prächtig

treat·ise ['tri:tɪz] *s* Abhandlung *f* (*upon, on* über)

treat·ment ['tri:tmənt] *s* Behandlung *f* (*for* wegen); (*Abwasser*) Klärung *f*

treaty ['tri:tɪ] *s* Vertrag *m,* Abkommen *nt,* Übereinkunft *f;* **commercial ~** Handelsabkommen *nt;* **peace ~** Friedensvertrag *m*

treble¹ ['trebl] **I.** *adj* dreifach **II.** *adv* dreimal **III.** *vt* verdreifachen **IV.** *vi* sich verdreifachen **V.** *s* (das) Dreifache

treble² ['trebl] *s* (MUS) Diskant, Sopran *m;* **treble clef** *s* Violinschlüssel *m;* **treble recorder** *s* Altflöte *f*

tree [tri:] **I.** *s* ❶ (*a.* TECH) Baum *m* ❷ (*shoe ~*) Leisten *m* ❸ (*family ~*) Stammbaum *m* ❹ (*clothes ~*) Kleiderständer *m;* **up a ~** (*fam*) in der Klemme; **at the top of the ~** (*fig*) ganz oben; **they don't grow on ~s** (*fig*) die fallen nicht vom Himmel **II.** *vt* auf einen Baum jagen; **tree frog** *s* Laubfrosch *m;* **tree·less** [-lɪs] *adj* baumlos; **tree·line** ['tri:laɪn] *s* Baumgrenze *f;* **tree-lined** ['tri:laɪnd] *adj* baumbestanden; **tree surgeon** *s* Baumchirurg(in) *m(f);* **tree·top** ['tri:tɒp] *s* (Baum)Wipfel *m;* **tree trunk** *s* Baumstamm *m*

tre·foil ['trefɔɪl] *s* ❶ Klee *m* ❷ (*Symbol*) Kleeblatt *nt* ❸ (ARCH) Dreipass *m*

trek [trek] **I.** *vi* ziehen; mühsam gehen **II.** *s* Treck, Zug *m;* mühsamer Weg; **trek·king** ['trekɪŋ] *s* Trekking *nt*

trel·lis ['trelɪs] *s* Spalier *nt*

tremble ['trembl] **I.** *vi* ❶ zittern (*with* vor) ❷ vibrieren, zittern ❸ sehr besorgt sein, zittern (*for* um) **II.** *s:* **be all of a ~** (*fam*) am ganzen Leibe zittern

tre·men·dous [trɪ'mendəs] *adj* ❶ gewaltig, riesig ❷ (*fig*) toll; hervorragend

trem·olo ['tremələʊ] <*pl* -olos> *s* (MUS) Tremolo *nt*

tremor ['tremə(r)] *s* Zittern, Beben *nt;* (*earth~*) Erdstoß *m,* Beben *nt;* **without a ~** gelassen, ruhig; **tremu·lous** ['tremjʊləs] *adj* ❶ zitternd, bebend ❷ ängstlich, nervös

trench [trentʃ] **I.** *vt* einen Graben ziehen in; Schützengräben ausheben in **II.** *s* Graben *m;* Schützengraben *m*

trench·ant ['trentʃənt] *adj* (*Satire*) scharf, schneidend; (*Kritik, Geist*) scharf; (*Sprache, Ausdruck*) treffend, treffsicher

trench coat ['trentʃkəʊt] *s* Regen-, Wettermantel *m*

trencher·man ['trentʃəmən] <*pl* -men> *s* guter Esser

trend [trend] **I.** *vi* (*fig*) gerichtet sein, tendieren (*towards* nach) **II.** *s* ❶ Richtung, Tendenz *f,* Trend *m* ❷ (*fig*) Verlauf *m,* Entwicklung *f* ❸ Mode *f,* Trend *m;* **trend up** *vt* (*Zahlen*) ansteigen; (*Partei*) sich verbessern; **trend-conscious** ['trend,kɒnʃəs] *adj* modebewusst; **trend·set·ter** ['trend,setə(r)] *s* Trendsetter *m;* **trendy** ['trendɪ] **I.** *adj* modisch; (*fam*) schickimicki **II.** *s* Modefan *m;* (*fam*) Schickimicki *m;* **the trendies** die Schickeria

trepi·da·tion [,trepɪ'deɪʃn] *s* ❶ Aufgeregtheit *f,* Bangen *nt* ❷ Verzagtheit *f;* **in fear and ~** mit Zittern und Bangen

tres·pass ['trespəs] **I.** *vi* ❶ widerrechtlich betreten (*on, upon s.th.* etw) ❷ zu sehr in Anspruch nehmen (*on, upon s.o.'s time* jds Zeit); (*Rechte, Bereich*) eingreifen (*on, upon* in) ❸ (*Bibel*) sündigen (*against* gegen, wider); **no ~ing!** Betreten verboten! **II.** *s* ❶ unerlaubtes Betreten ❷ (*Bibel*) Sünde *f;* **tres·passer** ['trespəsə(r)] *s:* **~s will be prosecuted!** Betreten (bei Strafe) verboten!

trestle ['tresl] *s* Bock *m,* Gestell *nt;* **trestle table** *s* Tisch *m* auf Böcken; Tapeziertisch *m*

triad ['traɪæd] *s* (MUS) Dreiklang *m*

trial ['traɪəl] *s* ❶ Versuch *m;* Probe *f* ❷ Untersuchung, Prüfung *f* ❸ (JUR) Gerichtsver-

T

fahren *nt;* (Gerichts)Verhandlung *f* ④ **~s** (*horse* **~s**) Querfeldeinrennen *nt* ⑤ (*fig*) Unannehmlichkeit *f;* schwere Belastung, Last *f* (*to s.o.* für jdn); **~s and tribulations** Aufregungen, Schwierigkeiten *pl;* **by (way of) ~ and error** durch Ausprobieren; **on ~** auf, zur Probe; **bring to ~** vor Gericht bringen; **be on ~** angeklagt sein; **give s.th. a ~** etw ausprobieren; **put s.th. to the ~** etw testen; **year of ~** Probejahr *nt;* **~ by jury** Schwurgerichtsverfahren *nt;* **~ of strength** Kraftprobe *f;* **trial flight** *s* Testflug *m;* **trial marriage** *s* Ehe *f* auf Probe; **trial period** *s* Probezeit *f;* **trial run** *s* Generalprobe *f;* Probelauf *m;* Versuchs-, Probefahrt *f*

tri·angle ['traɪæŋgl] *s* ① Dreieck *nt* ② (MUS) Triangel *m* ③ (*fig*) Dreiecksbeziehung *f;* **tri·angu·lar** [traɪ'æŋgjʊlə(r)] *adj* dreieckig

tribal ['traɪbl] *adj* Stammes-; **~ chief** Stammeshäuptling *m;* **tribal·ism** ['traɪblɪzəm] *s* Stammesstruktur *f;* **tribe** [traɪb] *s* ① (Volks)Stamm *m* ② (BOT) Gattung *f* ③ (*pej*) Sippschaft *f;* **tribes·man** ['traɪbzmən] <*pl* -men> *s* Stammesangehörige(r) *m*

tribu·la·tion [,trɪbjʊ'leɪʃn] *s* (großer) Kummer *m;* (*fig*) schwere Prüfung

tri·bu·nal [traɪ'bju:nl] *s* Gericht *nt,* Gerichtshof *m,* Untersuchungsausschuss *m;* Tribunal *nt*

tri·bune¹ ['trɪbju:n] *s* Tribüne *f*

tri·bune² ['trɪbju:n] *s* (HIST) Tribun *m*

tribu·tary ['trɪbjʊt(ə)rɪ] **I.** *adj* tributpflichtig (*to dat*) **II.** *s* (**~** *river*) Nebenfluss *m;* **trib·ute** ['trɪbju:t] *s* Tribut *m,* Zeichen *nt* der Hochachtung; **pay (a) ~ to s.o.** jdm Anerkennung zollen

trice [traɪs] *s:* **in a ~** im Nu

tri·chi·na [trɪ'kaɪnə, *pl* -ni:] <*pl* -nae> *s* Trichine *f;* **trichi·no·sis** [,trɪkɪ'nəʊsɪs] *s* (MED) Trichinose *f*

trick [trɪk] **I.** *s* ① List *f,* Trick *m* ② Kunststück *nt* ③ Streich *m* ④ (schlechte) Angewohnheit, Eigenheit *f* ⑤ (*Kartenspiel*) Stich *m;* **that should do the ~** so müsste es gehen; **know a ~ or two** sich auskennen, gewitzt sein; **I know a ~ worth two of that** das kann ich besser; **she never misses a ~** ihr entgeht nichts; **play a ~ on s.o.** jdm einen Streich spielen; **I'm on to his ~s** ich kenne seine Schliche; **how's ~s?** (*fam*) wie geht's?; **card ~** Kartenkunststück *nt,* -trick *m;* **a ~ of the light** eine Täuschung **II.** *vt* beschwindeln, betrügen; überlisten; an der Nase herumführen; **~ s.o. into doing s.th.** jdn dazu verleiten etw zu tun; **~ out** herausputzen, ausstaffieren; **trick·ery** ['trɪkərɪ] *s* Schwindel, Betrug *m,* Gaunerei *f*

trickle ['trɪkl] **I.** *vi* tröpfeln **II.** *vt* träufeln **III.** *s* Rinnsal *nt;* **a ~ of people** tröpfchenweise ankommende Leute; **trickle away** *vi* (*Menge*) sich verlaufen; **trickle out** *vi* durchsickern; (*fig*) herausströmen (*of* aus)

trick·ster ['trɪkstə(r)] *s* Schwindler(in) *m(f),* Betrüger(in) *m(f);* **tricksy** ['trɪksɪ] *adj* heimtückisch; schlau; **tricky** ['trɪkɪ] *adj* ① gerissen, durchtrieben ② kompliziert; (*Problem*) schwierig; (*Situation*) kitzlig

tri·cycle ['traɪsɪkl] *s* Dreirad *nt*

tri·dent ['traɪdnt] *s* Dreizack *m*

tried [traɪd] *adj* erprobt

tri·en·nial [traɪ'enɪəl] *adj* alle drei Jahre stattfindend; drei Jahre dauernd

trier ['traɪə(r)] *s* (*fam*) jemand, der sich Mühe gibt

trifle ['traɪfl] *s* ① Kleinigkeit, Bagatelle *f;* Belanglosigkeit *f* (*to* für) ② (*Nachspeise*) Trifle *nt;* **a ~** ein bisschen; **trifle away** *vt* vergeuden; **trifle with** *vi* spielen mit, nachlässig umgehen mit; **he is not a person to be ~d with** mit ihm ist nicht zu spaßen; **trif·ling** ['traɪflɪŋ] *adj* nichtig, unbedeutend

trig·ger ['trɪgə(r)] **I.** *s* (*Gewehr*) Abzug *m;* (*Kamera*) Auslöser *m;* **be quick on the ~** schnell abdrücken; **pull the ~** abdrücken **II.** *vt* (**~** *off*) auslösen; **trigger-happy** *adj* schießwütig

trig·on·om·etry [,trɪgə'nɒmətrɪ] *s* Trigonometrie *f*

trike [traɪk] *s* Dreirad *nt*

tri·lat·eral [,traɪ'lætərəl] *adj* dreiseitig

trilby ['trɪlbɪ] *s* weicher Filzhut *m*

tri·lin·gual [,traɪ'lɪŋgwəl] *adj* dreisprachig

trill [trɪl] **I.** *s* Triller *m* **II.** *vt, vi* trillern; trällern

tril·lion ['trɪlɪən] *s* Billion *f*

tril·ogy ['trɪlədʒɪ] *s* Trilogie *f*

trim [trɪm] **I.** *vt* ① (*Hecke, Bart*) beschneiden, stutzen; (*Haare*) nachschneiden; (*Holzstück*) zurechtschneiden ② (*Budget, Aufsatz*) kürzen ③ besetzen; schmücken ④ (MAR: *Schiff*) trimmen; (*Segel*) brassen ⑤ (AVIAT) (aus)trimmen; anpassen ⑥ (*Am*) völlig besiegen **II.** *s* ① guter Zustand, gute Verfassung ② Ausstattung, Einrichtung *f;* Ausrüstung *f* ③ (AUTO) Innenausstattung *f* ④ (MAR) Trimm *m* ⑤ (AVIAT) Trimmlage, Fluglage *f;* **in good [*o* proper] ~** in gutem Zustand; (*fam*) in Form; **give s.th. a ~** etw zurechtschneiden; etw stutzen **III.** *adj* sauber; gepflegt; hübsch, fesch; gut proportioniert; **trim away** *vt* wegschneiden; **trim down** *vt* kürzen; stutzen; schneiden

trim off *vt* abschneiden; **trim up** *vt* stutzen; **trim·ming** [-ɪŋ] *s* ❶ Besatz *m*, Verzierung *f* ❷ **~s** Zubehör *m* ❸ **~s** Abfälle *mpl*, Papierschnitzel *pl;* **with all the ~s** (*fig*) mit allem Drum und Dran

Tri·ni·dad ['trɪnɪdæd] *s* Trinidad *nt*

Trin·ity ['trɪnətɪ] *s* ❶ (REL) Dreifaltigkeit *f* ❷ (*t~*) Sommertrimester *nt;* ~ (**Sunday**) Dreifaltigkeitssonntag *m*

trin·ket ['trɪŋkɪt] *s* kleines Schmuckstück

trio ['tri:əʊ] <*pl* trios> *s* (MUS) Trio *nt*

trip [trɪp] **I.** *s* ❶ Reise *f;* Ausflug *m* ❷ (*sl: Drogen*) Trip *m* ❸ Stolpern *nt* ❹ (SPORT) Beinstellen *nt* ❺ Fehler, Lapsus *m* ❻ (TECH) Auslösung *f* **II.** *vi* ❶ trippeln ❷ stolpern (*over* über) ❸ (*fig*) einen Irrtum begehen, einen Schnitzer machen ❹ (*Drogen*) auf einen Trip gehen **III.** *vt* ❶ (~ *up*) stolpern lassen; ein Bein stellen (*s.o.* jdm) ❷ (*fig*) scheitern lassen, zu Fall bringen ❸ (TECH) in Gang setzen; auslösen; betätigen; **trip over** *vi* stolpern (über); **trip up** **I.** *vi* ❶ stolpern ❷ (*fig*) einen Fehler machen **II.** *vt* ❶ stolpern lassen; zu Fall bringen ❷ (*fig*) eine Falle stellen (*s.o.* jdm)

tri·par·tite [,traɪ'pɑ:taɪt] *adj* dreiseitig

tripe [traɪp] *s* ❶ (*Küche*) Kaldaunen, Kutteln *fpl* ❷ (*fam fig*) Schund, Kitsch *m*

tri·ple ['trɪpl] **I.** *adj* dreifach; ~ **jump** Dreisprung *m* **II.** *vt* verdreifachen **III.** *vi* sich verdreifachen; **triple sec** *s* süßer, farbloser Orangenlikör; **trip·let** ['trɪplɪt] *s* ❶ (MUS) Triole *f* ❷ *meist pl* Drilling *m;* **trip·li·cate** ['trɪplɪkət] **I.** *adj* ❶ dreifach ❷ in dreifacher Ausfertigung; **in** ~ in dreifacher Ausfertigung **II.** ['trɪplɪkeɪt] *vt* dreifach ausfertigen

tri·pod [traɪpɒd] *s* ❶ Dreifuß *m* ❷ (PHOT) Stativ *nt*

trip·per ['trɪpə(r)] *s* Ausflügler(in) *m(f)*

trip·ping ['trɪpɪŋ] *adj* trippelnd; ~ **device** Auslösemechanismus *m*

trip·tych ['trɪptɪk] *s* Triptychon *nt*

tri·sect [traɪ'sekt] *vt* in drei gleiche Teile teilen

trite [traɪt] *adj* abgedroschen; banal

tri·umph ['traɪʌmf] **I.** *s* Triumph, Sieg *m* (*over* über) **II.** *vi* ❶ triumphieren (*over* über) ❷ einen Triumph feiern; **tri·um·phal** [traɪ'ʌmfl] *adj* triumphal; Sieges-; ~ **arch** Triumphbogen *m;* **tri·um·phant** [traɪ'ʌmfənt] *adj* ❶ triumphierend; siegreich ❷ jubelnd

trivia ['trɪvɪə] *s pl* Trivialitäten *fpl;* **triv·ial** ['trɪvɪəl] *adj* ❶ trivial ❷ belanglos, unwichtig ❸ (*Mensch*) oberflächlich; **triv·ial·ity** [,trɪvɪ'ælətɪ] *s* ❶ Trivialität, Nebensächlichkeit *f* ❷ Belanglosigkeit *f;* **triv·ial·ize** ['trɪvɪəlaɪz] *vt* trivialisieren

tro·chaic [trəʊ'keɪɪk] *adj* trochäisch; **tro·chee** ['trəʊki:] *s* (*Versfuß*) Trochäus *m*

trod, **trodden** [trɒd, 'trɒdn] *s.* **tread**

trog·lo·dyte ['trɒglədaɪt] *s* (HIST) Höhlenmensch *m*

Tro·jan ['trəʊdʒən] **I.** *s* Trojaner(in) *m(f),* Troer(in) *m(f);* **work like a ~** arbeiten wie ein Pferd **II.** *adj* ❶ trojanisch ❷ (*fig*) übermenschlich; ~ **Horse** Trojanisches Pferd; ~ **War** Trojanischer Krieg

trol·ley ['trɒlɪ] *s* ❶ Handkarren *m* ❷ (RAIL) Draisine *f* ❸ (ELEK) Kontaktrolle *f* ❹ (*shopping, supermarket* ~) Einkaufswagen *m;* **~-bus** Obus *m;* **tea ~** Teewagen *m;* **he's off his ~** (*fam*) er hat einen Dachschaden

trol·lop ['trɒləp] *s* Schlampe *f;* Dirne *f*

trom·bone [trɒm'bəʊn] *s* Posaune *f;* **trom·bon·ist** [trɒm'bəʊnɪst] *s* Posaunist(in) *m(f)*

troop [tru:p] **I.** *s* ❶ Gruppe *f* ❷ Haufe(n), Trupp *m* ❸ Schar, Herde *f* ❹ (*Pfadfinder*) Stamm *m* ❺ **~s** (MIL) Truppen *pl* **II.** *vi* strömen; ~ **out of** scharenweise herauskommen aus; ~ **into** hineinströmen in; ~ **past s.th.** an etw vorbeiziehen **III.** *vt:* ~ **the colours** eine Fahnenparade abhalten; **troop carrier** *s* (AVIAT MAR) Truppentransporter *m;* **trooper** ['tru:pə(r)] *s* ❶ Kavallerist *m* ❷ (*in den USA*) Polizist *m;* **swear like a ~** fluchen wie ein Kutscher

trophy ['trəʊfɪ] *s* Trophäe *f*

tropic ['trɒpɪk] *s* ❶ (GEOG) Wendekreis *m* ❷ **~s** Tropen *pl;* **Tropic of Cancer/Capricorn** Wendekreis *m* des Krebses/des Steinbocks; **tropi·cal** ['trɒpɪkl] *adj* tropisch; ~ **clothing** Tropenkleidung *f;* ~ **disease** Tropenkrankheit *f;* ~ **rainforest** tropischer Regenwald

tro·po·sphere ['trəʊpəsfɪə(r)] *s* (METE) Troposphäre *f*

trot [trɒt] **I.** *vi* trotten; traben; (*fam*) gehen **II.** *vt* traben lassen **III.** *s* ❶ Trab *m* ❷ **~s** (*fam*) Durchfall *m;* **go for a ~** (*fam*) sich die Füße vertreten; **keep s.o. on the ~** (*fig*) jdn auf Trab halten; **three weeks on the ~** drei Wochen lang; **trot along**, **trot off** *vi* (*fam*) losziehen; **trot out** **I.** *vi* hinausgehen **II.** *vt* (*fig*) produzieren; **trot·ter** ['trɒtə(r)] *s* (*Rennpferd*) Traber *m;* **pig's ~s** Schweinsfüße *mpl*

trouble ['trʌbl] **I.** *vt* ❶ beunruhigen, bedrücken, aufregen ❷ belästigen; bemühen (*for* um) ❸ Kummer, Sorgen machen (*s.o.* jdm); **be ~d about s.th.** sich wegen etw Sorgen machen; **I am sorry to ~ you** es tut mir leid, dass ich Sie stören muss; ~ **to do s.th.** sich bemühen etw zu tun; **may I ~ you?** darf ich Sie bitten (*for* um, *to do* zu tun) **II.** *vi* sich bemühen (*to do* zu tun); **I**

shan't ~ with that das werde ich mir ersparen **III.** *s* ❶ Schwierigkeiten *fpl,* Ärger *m,* Unannehmlichkeiten *fpl* ❷ Mühe *f,* Umstände *mpl* ❸ (MED) Krankheit *f,* Leiden *nt* ❹ Unruhe *f,* Durcheinander *nt;* (POL) Wirren *pl* ❺ (TECH) Störung *f,* Defekt *m;* **ask** [*o* **look**] **for** ~ sich Ärger einhandeln; **be in** ~ in Schwierigkeiten sein; **be a ~ to s.o.** jdm Ärger machen; **get into** ~ sich Unannehmlichkeiten einhandeln; **get a girl into** ~ (*euph*) ein Mädchen ins Unglück bringen; **get s.o. into** ~ jdn in Schwierigkeiten bringen; **have** ~ **with** Ärger, Scherereien haben mit; **make** ~ Ärger machen; (**it will be**) **no** ~ (**at all**) das ist nicht der Rede wert; **what's the ~?** was ist los?; **the ~ is that ...** das Problem ist, dass ...; **liver/heart** ~ Leber-/Herzleiden *nt;* **labour** ~ Arbeiterunruhen *fpl;* **troubled** ['trʌbld] *adj* beunruhigt; bekümmert; (*Zeiten*) unruhig; (*See*) aufgewühlt; **fish in ~ waters** (*fig*) im Trüben fischen; **trouble·free** ['trʌblfriː] *adj* sorglos; **trouble·maker** ['trʌblˌmeɪkə(r)] *s* Unruhestifter(in) *m(f);* **trouble·shooter** ['trʌblˌʃuːtə(r)] *s* ❶ Störungssucher(in) *m(f)* ❷ Schlichter(in) *m(f),* Vermittler(in) *m(f);* **trouble·some** ['trʌblsəm] *adj* ❶ störend, lästig, unangenehm ❷ beschwerlich, mühevoll; **trouble spot** *s* Krisenherd *m*

trough [trɒf, *Am* trɔːf] *s* ❶ Trog *m* ❷ Furche, Rille *f* ❸ Wellental *nt* ❹ (METE) Tief *nt* ❺ (FIN) Konjunkturtief *nt,* Talsohle *f;* ~ **of barometric depression** Tiefdruckrinne *f*

troupe [truːp] *s* (Schauspiel)Truppe *f;* **trouper** ['truːpə(r)] *s* Mitglied *nt* einer Truppe *f;* **old** ~ (*fig*) alter Hase

trouser clip ['traʊzəˌklɪp] *s* Hosenklammer *f;* **trouser leg** *s* Hosenbein *nt*

trousers ['traʊzəz] *s pl* (*pair of* ~) (lange) Hose *f;* **wear the** ~ (*fig*) die Hosen anhaben

? Grammatik

trousers = Plural: *Whose trousers are these?;*
a pair of trousers = Singular: *Where is my blue pair of trousers? I bought some new trousers/a new pair of trousers.*

trouser suit *s* Hosenanzug *m*

trous·seau ['truːsəʊ] *s* Aussteuer *f*

trout [traʊt] *s* Forelle *f;* **trout farm**(**ing**) *s* Forellenzucht *f;* **trout fishing** *s* Forellenfang *m*

trowel ['traʊəl] *s* Kelle *f;* **lay it on with a** ~ (*fig*) dick auftragen

troy [trɔɪ] *s* (~ *weight*) Troy-, Juwelengewicht *nt;* **troy ounce** *s* Feinunze *f*

Troy [trɔɪ] *s* Troja *nt;* **Helen of** ~ die schöne Helena

tru·ancy ['truːənsɪ] *s* Schulschwänzen *nt;* **tru·ant** ['truːənt] *s* Schulschwänzer(in) *m(f);* **play** ~ (die Schule) schwänzen

truce [truːs] *s* Waffenstillstand *m*

truck¹ [trʌk] **I.** *s* ❶ Schub-, Handkarren *m* ❷ (*Am*) Lastwagen *m,* -auto *nt* ❸ offener Güterwagen **II.** *vt* (*Am*) transportieren **III.** *vi* (*Am*) Lastwagen fahren

truck² [trʌk] *s* ❶ (*Am: garden* ~) Gemüse *nt* für den Markt ❷ (HIST) Tauschsystem *nt;* **have no ~ with s.o.** mit jdm nichts zu tun haben

truck driver ['trʌkˌdraɪvə(r)] *s* LKW-Fahrer(in) *m(f),* Last(kraft)wagenfahrer(in) *m(f);* **trucker** ['trʌkə(r)] *s* (*Am*) ❶ Lastwagenfahrer(in) *m(f),* Spediteur *m* ❷ Gemüsegärtner(in) *m(f);* **truck farming** *s* Gemüseanbau *m* für den Markt; **truck·ing** ['trʌkɪŋ] *s* (*Am*) Spedition *f;* **truck stop** *s* (*Am*) Fernfahrerlokal *nt;* **truck trailer** *s* LKW-Anhänger *m*

trucu·lence ['trʌkjʊləns] *s* Aufsässigkeit *f;* **trucu·lent** ['trʌkjʊlənt] *adj* aufsässig

trudge [trʌdʒ] **I.** *vi* sich schleppen, sta(m)pfen (*through* durch) **II.** *s* langer mühsamer Marsch

true [truː] **I.** *adj* ❶ wahr ❷ (*Bericht, Beschreibung*) wahrheitsgemäß; (*Kopie*) getreu ❸ (*Gefühle*) wahr, echt; (*Grund*) wirklich ❹ (*Leder etc*) echt ❺ (*Eigentümer, Erbe*) rechtmäßig ❻ (*Mann, Freund*) treu ❼ (*Wand, Fläche*) gerade; (*Kreis*) rund; (MUS) rein ❽ (PHYS) tatsächlich; (**it is**) ~ allerdings, zwar **II.** *adv* wahrhaftig, wirklich; genau; **come** ~ Wirklichkeit werden; **prove** ~ sich bewahrheiten; **tell me ~!** sag mir die Wahrheit! **III.** *s:* **out of** ~ schief, nicht gerade; **true up** *vt* genau einstellen; genau ausrichten; **true-blue I.** *adj* waschecht, echt **II.** *s* (*in GB*) echter Tory; **true-born** *adj* gebürtig; echt; rechtmäßig; **true-hearted** [ˌtruː'hɑːtɪd] *adj* aufrichtig, ehrlich; (ge)treu; **true-life** *adj* lebensecht; **true-love** *s* Liebchen *nt,* Geliebte(r) *f m*

truffle ['trʌfl] *s* Trüffel *f*

tru·ism ['truːɪzəm] *s* Binsenwahrheit *f*

truly ['truːlɪ] *adv* ❶ aufrichtig; wahrhaftig ❷ wirklich, tatsächlich; **Yours** ~ hochachtungsvoll

trump¹ [trʌmp] **I.** *s* Trumpf *m,* Trumpfkarte *f;* **play one's ~ card** (*fig*) seine Trümpfe ausspielen; **turn up ~s** (*fig fam*) alle Erwartungen übertreffen; Glück haben

II. *vt* übertrumpfen; **trump up** *vt* erfinden

trump² [trʌmp] *s* Trompete *f;* **the last** ~ die Posaune des Jüngsten Gerichts

trump·ery ['trʌmpərɪ] **I.** *adj* kitschig; wertlos **II.** *s* Plunder *m;* Unsinn *m*

trum·pet ['trʌmpɪt] **I.** *s* Trompete *f;* **blow one's own** ~ (*fig*) sein eigenes Lob singen **II.** *vt, vi* ❶ trompeten ❷ (~ *forth*) ausposaunen; **trum·peter** ['trʌmpɪtə(r)] *s* Trompeter(in) *m(f)*

trun·cate [trʌŋ'keɪt] **I.** *vt* ❶ stutzen, verkürzen ❷ abschneiden ❸ verstümmeln **II.** ['trʌŋkeɪt] *adj* stumpf; abgestumpft

trun·cheon ['trʌntʃən] *s* (Gummi)Knüppel *m*

trundle ['trʌndl] **I.** *vi* (dahin)rollen **II.** *vt* rollen, ziehen, schieben

trunk [trʌŋk] *s* ❶ (Baum)Stamm *m* ❷ (*Mensch*) Rumpf *m* ❸ (*Elefant*) Rüssel *m* ❹ (großer) Koffer ❺ (*Am*) Kofferraum *m* ❻ **~s** Turn-, Badehose *f*

? Grammatik

trunks = Badehose, wird immer im Plural gebraucht: *Whose trunks are these?;*
a pair of trunks wird aber im Singular verwendet: *Where is my black pair of trunks? I bought some new trunks/a new pair of trunks.*

trunk call *s* (*Br*) Ferngespräch *nt;* **trunk line** *s* ❶ (RAIL) Hauptlinie *f* ❷ (TELE) Fernleitung *f;* **trunk road** *s* (*Br*) Fernstraße *f*

truss [trʌs] **I.** *vt* ❶ abstützen ❷ (*Küche*) wickeln, dressieren ❸ (*Heu*) bündeln **II.** *s* ❶ Bündel *nt* ❷ (Eisen)Band *nt,* Klammer *f* ❸ (ARCH) Fachwerk *nt;* Dachsparren *mpl,* Tragbalken *m* ❹ (MED) Bruchband *nt*

trust [trʌst] **I.** *s* ❶ Vertrauen *nt* (*in* zu, auf), Zutrauen *nt* (*in* zu) ❷ Verantwortung *f* ❸ (FIN COM) Treuhandverhältnis *nt,* Treuhandvermögen *nt* ❹ Stiftung *f* ❺ (~ *company*) Kartell *nt,* Trust *m;* **in** ~ zu treuen Händen; treuhänderisch; **on** ~ auf Treu und Glauben; **put one's ~ in s.o.** auf jdn sein Vertrauen setzen **II.** *vi* ❶ Vertrauen haben, vertrauen, bauen (*to* auf) ❷ sich verlassen (*to* auf) **III.** *vt* ❶ vertrauen (*s.o.* jdm) ❷ trauen (*s.th.* einer S) ❸ sich verlassen (*s.o. to do s.th.* darauf, dass jd etw tut, *to* auf) ❹ erwarten; hoffen; ~ **s.o. to do s.th.** jdm vertrauen, dass er/sie etw tut; jdm zutrauen, dass er/sie etw tut; ~ **s.o. with s.th.** jdm etw anvertrauen; ~ **you!** typisch!; **I** ~ **not!** ich hoffe es nicht; **you are coming, I** ~ Sie kommen doch hoffentlich; **trust·bust·ing** ['trʌst,bʌstɪŋ] *s* (*Am*) Monopolzerschlagung *f;* **trusted** ['trʌstɪd] *adj* ❶ (*Methode*) bewährt ❷ (*Diener, Freund*) (ge)treu; **trustee** [trʌs'tiː] *s* ❶ Treuhänder(in) *m(f),* Vermögensverwalter(in) *m(f)* ❷ (*Institution*) Kurator, Verwalter *m;* **trust·ful** ['trʌstfl] *adj* vertrauensvoll; gutgläubig; **trust fund** *s* Treuhandvermögen *nt;* **trust·ing** ['trʌstɪŋ] *adj* vertrauensvoll; **trust·worthi·ness** ['trʌst,wɜːðɪnɪs] *s* Vertrauenswürdigkeit *f;* Glaubhaftigkeit *f;* **trust·worthy** ['trʌst,wɜːðɪ] *adj* vertrauenswürdig; (*Geschichte*) glaubwürdig; **trusty** ['trʌstɪ] *adj* treu, zuverlässig

truth [truːθ, *pl* truːðz] <*pl* truths> *s* Wahrheit *f;* **in** ~ in Wirklichkeit; **to tell the** ~ ehrlich gesagt; **I told him the plain** ~ ich habe ihm reinen Wein eingeschenkt; **there is no** ~ **in it** es ist nichts Wahres daran; **home ~s** bittere Wahrheiten *fpl;* **truth·ful** ['truːθfl] *adj* ehrlich; **truth·ful·ness** [-nəs] *s* Ehrlichkeit *f;* (*einer Aussage*) Wahrheit *f*

try [traɪ] **I.** *vt* ❶ versuchen (*doing s.th.* etw zu tun) ❷ probieren ❸ auf die Probe stellen ❹ (JUR: *Menschen*) vor Gericht stellen; (*Fall*) verhandeln; ~ **one's hand at s.th.** etw probieren; ~ **one's luck** sein Glück versuchen; **be tried for murder** wegen Mordes vor Gericht stehen; **just you** ~ **it!** versuch's bloß (nicht)!; **why don't you** ~ **him** warum versuchst du es nicht mal mit ihm; **tried and tested** erprobt; **these things are sent to** ~ **us!** man ist schon gestraft! **II.** *vi* versuchen; **I'll** ~ ich werde es versuchen; ~ **and come** versuche zu kommen **III.** *s* Versuch *m;* **give s.th. a** ~ etw versuchen; **have a** ~**!** versuchen Sie es mal!; **it was a good** ~ das war gar nicht schlecht; **try for** *vi* sich bemühen um; **try on** *vt* ❶ anprobieren; (*Hut*) aufprobieren ❷ (*fig*): **she's ~ing it on** sie probiert, wie weit sie gehen kann; sie will nur provozieren; ~ **it on with s.o.** jdn provozieren; **don't** ~ **it on with me** komm mir bloß nicht so; **try out** *vt* ausprobieren; (*Angestellten*) einen Versuch machen mit; **try over** *vt* (MUS) proben; **try·ing** [-ɪŋ] *adj* anstrengend, mühsam (*to* für); **how** ~**!** wie ärgerlich!; **try-on** ['traɪɒn] *s:* **it's just a** ~ er/sie tut nur so; **try-out** ['traɪaʊt] *s* Probe *f;* Probefahrt *f;* Probespiel *nt;* Probezeit *f;* **give s.th. a** ~ etw ausprobieren

tsar [zɑː(r)] *s* Zar *m;* **tsa·rina** [zɑː'riːnə] *s* Zarin *f;* **tsar·ist** ['zɑːrɪst] **I.** *s* Zarist *m* **II.** *adj* zaristisch

T

tsetse (fly) ['tsetsɪ] *s* Tsetsefliege *f*

T-Shirt ['ti:ʃɜ:t] *s* T-Shirt *nt;* **T-square** ['ti:skweə(r)] *s* Reißschiene *f*

i Land & Leute

Die **TT, the Tourist Trophy** ist das einzige Motorradrennen, das auf öffentlichen Straßen abgehalten wird. Seit 1907 findet es jedes Jahr auf der *Isle of Man* (Insel Man) statt. Die Bergstrecke beträgt 37 Meilen und es gibt verschiedene Rennklassen, z. B. *Formula 1*, *Senior TT* (für 500 ccm Motorräder), *Junior TT* (für 350 ccm Motorräder), *Lightweight* (für 250 ccm Motorräder) und *Sidecar*.

tub [tʌb] *s* ❶ Tonne *f*, Fass *nt;* Kübel *m;* Zuber *m* ❷ Becher *m* ❸ (*fam*) (Bade)Wanne *f* ❹ (*pej fam*) Kahn *m;* **tubby** ['tʌbɪ] *adj* (*fam*) klein und dick; mollig; pummelig; rundlich

tube [tju:b] *s* ❶ Rohr *nt;* Schlauch *m;* Sprachrohr *nt* ❷ (*Zahnpasta etc.*) Tube *f* ❸ (ELEK TV) Röhre *f* ❹ (ANAT) Eileiter *m* ❺ (*in London*) U-Bahn *f;* **bronchial ~s** Bronchien *pl;* **tubeless** [-lɪs] *adj* (AUTO) schlauchlos

tu·ber ['tju:bə(r)] *s* (BOT) Knolle *f*

tu·ber·cu·lar [tju:'bɜ:kjʊlə(r)] *adj* tuberkulös; **tu·ber·cu·lo·sis** [tju:ˌbɜ:kjʊ'ləʊsɪs] *s* Tuberkulose, Tb(c) *f;* **tu·ber·cu·lous** [tju:'bɜ:kjʊləs] *adj* tuberkulös

tube station ['tju:bsteɪʃn] *s* (*in London*) U-Bahn-Station *f*

tub-thumper ['tʌbθʌmpə(r)] *s* Volksredner *m*

tuck [tʌk] **I.** *vt* ❶ stecken ❷ (*Nähen*) mit Biesen versehen **II.** *s* ❶ Saum *m;* Biese *f* ❷ Süßigkeiten *fpl;* **tuck away** *vt* wegstecken; (*fam: Essen*) wegputzen; **tuck in I.** *vt* ❶ hineinstecken ❷ (*Kind*) zudecken **II.** *vi* (*fam*) (beim Essen) zulangen; **tuck up** *vt* hochstecken; (*Ärmel*) hochkrempeln; (*Beine*) unterschlagen; **~ up in bed** ins Bett stecken; **tucker** ['tʌkə(r)] *s:* **in one's best bib and ~** im Sonntagsstaat; **tuck-in** [ˌtʌk'ɪn] *s* (*fam*) solide Mahlzeit; **tuck shop** *s* (*fam*) Süßwarengeschäft *nt*

Tues·day ['tju:zdɪ] *s* Dienstag *m;* **on ~** am Dienstag; **on ~s** dienstags

tuft [tʌft] *s* Büschel *nt*

tug [tʌg] **I.** *vi* fest ziehen, zerren, reißen (*at* an) **II.** *vt* ❶ zerren an, heftig ziehen an ❷ (MAR) schleppen **III.** *s* ❶ Zerren *nt* ❷ (MAR: *~ boat*) Schlepper *m;* **~ of war** (SPORT) Tauziehen *nt;* **give s.th. a ~** an etw ziehen

tu·ition [tju:'ɪʃn] *s* Unterricht *m*

tu·lip ['tju:lɪp] *s* Tulpe *f*

tumble ['tʌmbl] **I.** *s* ❶ Sturz *m* ❷ Durcheinander *nt;* **have** [*o* **take**] **a ~** stürzen; (*fig*) fallen; **in a ~** durcheinander **II.** *vi* ❶ straucheln, stolpern (*over* über) ❷ stürzen, fallen (*off a bicycle* vom Fahrrad, *out of a window* aus einem Fenster) ❸ (COM: *Preise*) fallen ❹ (*fam*) plötzlich kapieren (*to s.th.* etw) **III.** *vt* ❶ stoßen ❷ (*Haar*) zerzausen; **tumble about** *vi* durcheinander purzeln; **tumble down** *vi* ❶ hinfallen; herunterfallen; (*Gebäude*) einfallen ❷ herunter-, hinunterrennen; **tumble in** *vi* hereinpurzeln; **tumble over** *vi* umfallen; **tumble·down** ['tʌmblˌdaʊn] *adj* baufällig

tumble-drier *s* (ELEK) Wäschetrockner *m;* **tum·bler** ['tʌmblə(r)] *s* ❶ Akrobat(in) *m (f)* ❷ (*Spielzeug*) Stehaufmännchen *nt* ❸ Becherglas *nt* ❹ (ELEK) Wäschetrockner *m*

tu·mes·cence [tu:'mesns] *s* Schwellung *f;* **tu·mes·cent** [tu:'mesnt] *adj* anschwellend

tummy ['tʌmɪ] *s* (*fam*) Bauch *m;* **tummy-ache** *s* Bauchweh *nt*

tu·mor *s* (*Am*), **tu·mour** ['tju:mə(r)] *s* (MED) Geschwulst *f*, Tumor *m*

tu·mult ['tju:mʌlt] *s* ❶ Lärm, Tumult *m* ❷ Durcheinander *nt;* **tu·mul·tu·ous** [tju:'mʌltʃʊəs] *adj* ❶ lärmend ❷ turbulent, stürmisch

tu·mu·lus ['tju:mjʊləs, *pl* -laɪ] <*pl* -li> *s* Tumulus *m*, Hügelgrab *nt*

tun [tʌn] *s* Fass *nt*

tuna ['tju:nə] *s* Thunfisch *m*

tun·dra ['tʌndrə] *s* (GEOG) Tundra *f*

tune [tju:n] **I.** *s* Melodie *f;* **in ~** (MUS) (gut) gestimmt, in Harmonie (*with* mit); (*fig*) auf der gleichen Wellenlänge (*with* wie); **out of ~** (MUS) verstimmt; (AUTO) falsch eingestellt; (*fig*) im Widerspruch (*with* zu); **to the ~ of** (*fam*) zum Preis, in Höhe von; **change one's ~** (*fig*) andere Töne anschlagen **II.** *vt* ❶ (*Musikinstrument*) stimmen ❷ (TECH RADIO) einstellen ❸ (AUTO) tunen; **tune in** *vt* (RADIO) einschalten; **~ in to s.th.** etw einschalten; **tune up I.** *vi* (MUS) die Instrumente stimmen **II.** *vt* (AUTO: *Motor*) tunen; richtig einstellen

tuned-in *adj* auf der richtigen Wellenlänge

tune·ful ['tju:nfl] *adj* klangvoll, melodisch

tune·less [-lɪs] *adj* misstönend

tuner ['tju:nə(r)] *s* ❶ (*piano ~*) Klavierstimmer(in) *m(f)* ❷ (RADIO) Tuner *m;*

tune-up ['tju:nʌp] *s* (TECH AUTO) Justierung *f*

tung·sten ['tʌŋstən] *s* (CHEM) Wolfram *nt*

tu·nic ['tju:nɪk] *s* ❶ lange (Damen)Bluse *f;* Kittel *m* ❷ (MIL) Waffenrock *m*

tun·ing ['tju:nɪŋ] *s* ❶ (MUS) Stimmen *nt* ❷ (RADIO) Einstellen *nt* ❸ (AUTO) Tunen, Tuning *nt;* **tuning fork** *s* Stimmgabel *f;* **tuning knob** *s* Abstimmknopf *m;* **tuning range** *s* Abstimmbereich *m*

Tu·ni·sia [tju:'nɪzɪə] *s* Tunesien *nt;* **Tu·ni·sian** [tju:'nɪzɪən] **I.** *s* Tunesier(in) *m(f)* **II.** *adj* tunesisch

tun·nel ['tʌnl] **I.** *s* ❶ Tunnel *m;* Unterführung *f* ❷ (MIN) Stollen *m* ❸ (*von Tieren*) Bau *m;* **Channel Tunnel** Kanaltunnel *m* **II.** *vt* untertunneln **III.** *vi* einen Tunnel anlegen (*through* durch, *into* in)

tunny ['tʌnɪ] *s* T(h)unfisch *m*

tup·pence ['tʌpəns] *s* zwei Pence *mpl;* **I don't care** ~ das ist mir egal; **tup·penny** ['tʌpənɪ] *adj* für zwei Pence; Zweipence-; **tup·penny-ha'penny** ['tʌpnɪ'heɪpnɪ] *adj* (*Br fam*) lächerlich

tur·ban [tɜ:bən] *s* Turban *m*

tur·bid ['tɜ:bɪd] *adj* ❶ (*Flüssigkeit*) trüb(e), schmutzig ❷ (*fig*) wirr, konfus

tur·bine ['tɜ:baɪn] *s* Turbine *f;* **turbo·car** [,tɜ:bəʊ'kɑ:(r)] *s* Turbinenauto *nt;* **turbo·charged** ['tɜ:bəʊ,tʃɑ:dʒəd] *adj* (AUTO) mit Turbolader *m;* **turbo·charger** ['tɜ:bəʊ,tʃɑ:dʒə(r)] *s* (AUTO) Turbolader *m;* **turbo·diesel** ['tɜ:bəʊ,di:sl] *s* (AUTO) Turbodiesel *m;* **turbo engine** ['tɜ:bəʊ ,endʒɪn] *s* Turbomotor *m;* **tur·bo·jet** [,tɜ:bəʊ'dʒet] *s* Düsenflugzeug *nt;* Turbotriebwerk *nt;* **turbo·prop** ['tɜ:bəʊ'prɒp] *s* Turboprop *f;* Turbo-Prop-Flugzeug *nt*

tur·bot ['tɜ:bət] *s* (Stein)Butt *m*

tur·bu·lence ['tɜ:bjʊləns] *s* ❶ Unruhe *f* ❷ (*a.* PHYS) Turbulenz *f,* Böigkeit *f;* **tur·bu·lent** ['tɜ:bjʊlənt] *adj* ❶ unruhig, ungestüm ❷ wirr, stürmisch, aufgeregt ❸ (PHYS) turbulent ❹ (*Wetter*) böig

turd [tɜ:d] *s* (*vulg*) ❶ Kacke *f,* Kot *m* ❷ Scheißkerl *m*

tu·reen [tjʊ'ri:n] *s* Suppenschüssel *f*

turf [tɜ:f, tɜ:vz] <*pl* turfs, turves> **I.** *s* Grasnarbe *f,* Rasen *m;* **the Turf** die (Pferde)Rennbahn; das Pferderennen **II.** *vt* mit Rasen(stücken) bedecken; ~ **out** (*sl*) rausschmeißen; **turf accountant** *s* Buchmacher(in) *m(f)*

tur·gid ['tɜ:dʒɪd] *adj* ❶ (MED) geschwollen ❷ (*fig*) schwülstig

Turk [tɜ:k] *s* Türke *m,* Türkin *f*

tur·key ['tɜ:kɪ] *s* Truthahn *m;* **talk** ~ kein Blatt vor den Mund nehmen

Turkey ['tɜ:kɪ] *s* die Türkei; **Tur·kish** ['tɜ:kɪʃ] **I.** *adj* türkisch; ~ **bath** türkisches Bad, Schwitzbad *nt;* ~ **delight** Lokum *nt* (*mit Puderzucker bestreutes Geleekonfekt*); ~ **towel** Frottiertuch *nt* **II.** *s* (das) Türkisch(e)

tur·moil ['tɜ:mɔɪl] *s* Aufruhr *m;* Durcheinander *nt;* **her mind was in a** ~ sie war völlig durcheinander

turn [tɜ:n] **I.** *s* ❶ Drehung *f;* Umdrehung *f* ❷ (*Straße*) Kurve *f;* (SPORT) Wende *f* ❸ Reihenfolge *f* ❹ (guter) Dienst *m* ❺ (MED) Anfall *m* ❻ Tendenz *f,* Hang *m;* Neigung *f* ❼ (BES. THEAT) Nummer *f* ❽ Zweck *m* ❾ Spaziergang *m;* Spazierfahrt *f* ❿ (~ *of phrase*) Ausdruck *m* ⓫ (FIN) Handelsgewinn *m;* **do s.o. a good** ~ jdm einen guten Dienst erweisen; **give s.th. a** ~ etw drehen; **give s.o. a** ~ jdm einen Schrecken einjagen; **have an analytical** ~ **of mind** analytisch begabt sein, analytisch denken; **make a** ~ **to the right** eine Rechtskurve machen; rechts ein-, abbiegen; **miss a** ~ einmal aussetzen; **serve s.o.'s** ~ jds Zwecken dienen; **take a** ~ **for the better** besser werden; **take** ~**s at doing s.th.** sich bei etw abwechseln, etw abwechselnd tun; **take a** ~ **in the park** einen Spaziergang im Park machen; **at every** ~ auf Schritt und Tritt; **by** ~**s, in** ~ abwechselnd; **in** ~ der Reihe nach; ~ **and** ~ **about** abwechselnd; **out of** ~ außer der Reihe; (*fig*) unberechtigt; **be on the** ~ (*Nahrungsmittel*) nicht mehr ganz gut sein; **the** ~ **of the century** die Jahrhundertwende; **the** ~ **of events** der Verlauf der Dinge; ~ **of the tide** Gezeitenwechsel *m;* (*fig*) Umschwung *m,* (Trend)Wende *f;* **it gave me quite a** ~ es hat mir einen schönen Schrecken eingejagt; **it's your** ~ du bist an der Reihe, du bist dran; **it has served its** ~ es hat seinen Zweck erfüllt; **whose** ~ **is it?** wer ist an der Reihe? wer ist dran? **II.** *vt* ❶ drehen; (*Rad etc*) antreiben; (*Purzelbaum*) schlagen ❷ (*Kopf*) drehen, wenden; (*Rücken*) zudrehen, zuwenden (*to s.o.* jdm); (*Magen*) umdrehen ❸ (*Heu, Kragen, Auto*) wenden; (*Seite*) umblättern; (*Schallplatte, Bild, Stuhl*) umdrehen ❹ (*Gedanken, Blicke, Aufmerksamkeit, Gewehr*) richten (*to* auf); (*Schritte*) lenken ❺ (*bestimmtes Alter*) überschreiten ❻ verwandeln (*into* in); (*Milch*) sauer werden lassen ❼ (*Holz, Gegenstand*) drechseln; (*Metall*) drehen; ~ **s.o.'s head** (*fig*) jdm den Kopf verdrehen; jdm zu Kopf steigen; ~ **s.o.'s brain** jdn verwirren; jdn verstören; ~ **one's hand to s.th.** etw versuchen; **it has**

T

~**ed two o'clock** es ist zwei Uhr vorbei; **the lorry** ~**ed the corner** der Lastwagen bog um die Ecke; ~ **s.o.'s hair grey** jds Haar grau werden lassen; ~ **s.th. black** etw schwarz werden lassen; **nothing will** ~ **him from his goal** nichts wird ihn von seinem Ziel abbringen; **a well-**~**ed phrase** ein gut formulierter Satz; ~ **s.o. loose** jdn freilassen **III.** *vi* ① sich drehen; sich drehen lassen; (*Magen*) sich umdrehen ② (*Fahrer, Auto*) abbiegen; wenden; (*Flugzeug, Schiff*) abdrehen; wenden; (*Mensch*) sich umdrehen; (*Wind*) drehen ③ sich wenden (*to* an) ④ (*Blätter*) sich färben; (*Nahrungsmittel*) schlecht werden; sauer werden; (*Wetter*) umschlagen ⑤ (*Alter, Beruf*) werden; ~ **traitor** zum Verräter werden; **his hair** ~**ed grey** sein Haar wurde grau; ~ **into s.th.** zu etw werden; sich in etw verwandeln; ~ **red** rot werden; **our luck** ~**ed** das Blatt hat sich gewendet; **he didn't know which way to** ~ er wusste nicht mehr aus noch ein; **turn about I.** *vi* umdrehen; kehrtmachen **II.** *vt* (*Auto*) wenden; **turn against I.** *vi* sich wenden gegen **II.** *vt* aufbringen gegen; (*Argument*) verwenden gegen; **turn away I.** *vt* ① fort-, wegschicken ② (*Gesicht*) abwenden **II.** *vi* sich abwenden; ~ **away business** Aufträge ablehnen; **turn back I.** *vi* umkehren; sich umdrehen; (*im Buch*) zurückblättern **II.** *vt* ① (*Menschen*) zurückschicken; zurückweisen ② (*Uhr*) zurückstellen; zurückdrehen ③ (*Bettdecke*) zurückschlagen; (*Buchseite*) umdrehen; **turn down I.** *vt* ① herunterklappen ② (*Flamme*) herunterdrehen, klein stellen ③ (*Sache*) abschlagen, -lehnen ④ (*Radio*) leiser stellen ⑤ (*Person*) ab-, zurückweisen; einen Korb geben (*s.o.* jdm) **II.** *vi* einbiegen in (*eine Straße*); **turn in I.** *vi* ① (*Auto*) einbiegen ② (*fam*) zu Bett gehen **II.** *vt* ① (*fam*) zurückgeben; abgeben ② eintauschen (*for* gegen) ③ (*bei Polizei*) anzeigen; **her toes** ~ **in** ihre Zehen gehen nach innen; ~ **in on o.s.** sich in sich selbst zurückziehen; ~ **it in!** (*Br sl*) hör auf!; **turn into I.** *vi* sich verwandeln in **II.** *vt* verwandeln in; **turn off I.** *vt* ① (*Wasser, Gas*) abstellen ② (*Strom*) abschalten; (*Licht*) ausschalten **II.** *vi* ① vom Wege abbiegen ② (*Straße*) abzweigen, -biegen; ~ **s.o. off** jdn abschrecken; **turn on** *vt* ① (*Wasser*) aufdrehen ② (*elektrisches Gerät*) einschalten ③ (*Licht*) anmachen; ~ **on s.o.** sich gegen jdn wenden; ~ **on s.th.** von etw abhängen; ~ **s.o. on** (*sl*) jdn scharf machen; jdm gefallen; **turn out I.** *vt* ① nach außen kehren; (*Tasche*) umkehren ② hinauswerfen, wegjagen, entlassen ③ (*Licht*) ausmachen ④ produzieren, herstellen ⑤ (*Saldo*) aufweisen **II.** *vi* ① (heraus)kommen (*for* zu) ② sich erweisen, sich herausstellen (*to be good* als gut) ③ ausgehen, ausfallen; werden (*wet* regnerisch) ④ (*well*) gut gelingen; **it** ~**ed out to be right** es stellte sich heraus, dass es richtig war; **how did it** ~ **out?** wie ist es geworden?; **turn over I.** *vt* ① umdrehen ② aus-, abliefern ③ (COM) umsetzen, verkaufen ④ nachdenken über ⑤ (AUTO) laufen lassen **II.** *vi* sich umdrehen, sich auf die andere Seite legen; umkippen; **turn round I.** *vi* ① sich umdrehen; umkehren ② (*fig*) einfach gehen **II.** *vt* ① umdrehen; drehen ② (*Schiff*) abfertigen; (*Waren*) fertig stellen ③ (COM) sanieren, in die Gewinnzone bringen; ~ **round the corner** um die Ecke biegen; **the earth** ~**s round the sun** die Erde dreht sich um die Sonne; **you can't just** ~ **round and deny it** du kannst das nicht einfach abstreiten; **turn to** *vi* sich an die Arbeit machen; ~ **to s.o.** sich an jdn wenden; ~ **to one's work** sich an die Arbeit machen; **turn up I.** *vi* ① auftauchen ② geschehen; sich ergeben ③ (*Nase, Seite*) nach oben gebogen sein **II.** *vt* ① (*Kragen*) hochschlagen; (*Ärmel*) hochkrempeln ② (*Gas, Heizung*) höher stellen; (*Radio*) lauter stellen; (*Lautstärke*) aufdrehen; (*Licht*) heller machen ③ finden, entdecken; ausfindig machen ④ (*Boden*) umpflügen; ~ **up one's nose at s.th.** die Nase über etw rümpfen; **a** ~**ed up nose** eine Himmelfahrtsnase; ~ **it up!** (*Br sl*) hör auf!

turn·about, turn·around [ˈtɜːnəˌbaʊt, ˈtɜːnəˌraʊnd] *s* Kehrtwendung *f;* (COM) Tendenzwende *f;* (*fig*) Umschwung *m*

turn·coat [ˈtɜːnkəʊt] *s* Abtrünnige(r) *m*

turner [ˈtɜːnə(r)] *s* Drechsler *m;* Dreher *m*

i Land & Leute

Der **Turner Prize**, der nach dem englischen Maler JMW Turner (1775–1851) benannt wurde, ist seit 1984 ein mit £20,000 dotierter Preis für zeitgenössische Kunst und wird jedes Jahr einem britischen Künstler unter 50 Jahren verliehen. Der Wettbewerb wird von der Londoner *Tate Gallery* organisiert und das Werk des Gewinners wird dort auch ausgestellt.

turn·ing ['tɜ:nɪŋ] *s* ❶ Biegung, Kurve *f;* Straßenecke *f;* Abzweigung *f* ❷ Drechslerei *f;* Drehen *nt;* **turning area** *s* (AUTO) Wendefläche *f;* **turning lathe** *s* Drehbank *f;* **turning point** *s* Wendepunkt *m*
tur·nip ['tɜ:nɪp] *s* Rübe *f*
turn·key op·er·ation [ˌtɜ:nki:ɒpə'reɪʃn] *s* schlüsselfertiges Projekt
turn-off ['tɜ:nɒf] *s* (Straßen)Gabelung, Abzweigung *f;* **it's a real** ~ *(fam)* da vergeht einem doch alles; **turn-out** ['tɜ:naʊt] *s* ❶ Teilnahme, Beteiligung *f;* Besucherzahl *f* ❷ Reinigung *f* ❸ Produktion *f* ❹ Aufmachung, Kleidung *f;* **give s.th. a** ~ etw sauber machen; **turn·over** ['tɜ:nˌəʊvə(r)] *s* (COM) Umsatz *m;* *(Kapital)* Umlauf *m;* *(Waren, Lager)* Umschlag *m;* *(Personal)* Fluktuation *f;* **turn·pike** ['tɜ:npaɪk] *s* ❶ Schlagbaum *m,* Mautschranke *f* ❷ *(Am)* (gebührenpflichtige) Autobahn *f;* **turn·round** ['tɜ:nraʊnd] *s* ❶ *(Schiff, Flugzeug)* Abfertigung *f* ❷ *(Firma)* Sanierung *f* ❸ *(Firma)* Tendenzwende *f* ❹ *(Ware)* mittlerer Lagerumschlag; **turn·stile** ['tɜ:nstaɪl] *s* Drehkreuz *nt;* **turn·table** *s* ❶ (RAIL) Drehscheibe *f* ❷ Plattenteller *m;* **turntable ladder** *s* Drehleiter *f;* **turn-up** ['tɜ:nʌp] *s* ❶ *(Br: Hose)* Aufschlag *m* ❷ *(fam)* Überraschung *f;* **a** ~ **for the book** eine tolle Überraschung
tur·pen·tine ['tɜ:pəntaɪn] *s* Terpentin *nt*
tur·pi·tude ['tɜ:pɪtju:d] *s* Schändlichkeit, Verderbtheit *f*
turps [tɜ:ps] *s* *(fam)* Terpentin *nt*
tur·quoise ['tɜ:kwɔɪz] *s* ❶ (MIN) Türkis *m* ❷ *(Farbe)* Türkis *nt*
tur·ret ['tʌrɪt] *s* ❶ Türmchen *nt* ❷ (MIL) Geschütz-, Panzerturm *m* ❸ (AVIAT MIL) Kanzel *f*
turtle ['tɜ:tl] *s* (Wasser)Schildkröte *f;* **turn** ~ (MAR) (voll durch)kentern; **turtle·dove** *s* Turteltaube *f;* **turtle·neck** *s* (Pullover *m* mit) Stehbündchen *nt*
tusk [tʌsk] *s* Stoßzahn *m;* Eckzahn *m;* Hauer *m*
tussle ['tʌsl] **I.** *vi* ❶ sich raufen ❷ *(fig)* streiten *(with* mit) **II.** *s* Balgerei *f*
tus·sock ['tʌsək] *s* (Gras)Büschel *nt*
tut [tʌt] *interj* pfui!; ~-~! Unsinn!
tu·te·lage ['tju:tɪlɪdʒ] *s* ❶ Vormundschaft *f* ❷ Anleitung, Führung *f*
tu·tor ['tju:tə(r)] **I.** *s* *(Universität)* Tutor(in) *m(f);* *(Am)* Assistent(in) *m(f),* Hauslehrer(in) *m(f)* **II.** *vt* ❶ unterrichten; Nachhilfeunterricht geben *(s.o.* jdm) ❷ *(fig: Gefühle)* beherrschen; **tu·torial** [tju:'tɔ:rɪəl] *s* Kolloquium *nt;* Seminarübung *f*
tux·edo [tʌk'si:dəʊ] <*pl* -edos> *s* *(Am)* Smoking *m*
TV [ti:'vi:] *s* Fernsehen *nt;* Fernseher *m;* **on** ~ im Fernsehen; **TV guide** *s* Fernsehzeitschrift *f;* **TV satellite** *s* Fernsehsatellit *m;* **TV star** *s* Fernsehstar *m*
TVP [ˌti:vi:'pi:] *s Abk. von* **textured vegetable protein** strukturiertes Pfanzeneiweiß
twaddle ['twɒdl] *s* Geschwätz *nt*
twang [twæŋ] **I.** *s* ❶ Näseln *nt* ❷ *(Geräusch)* Ping *nt;* Doing *nt* **II.** *vt* *(Gitarre)* zupfen **III.** *vi* ping, doing machen; ~ **on a guitar** auf einer Gitarre klimpern
tweak [twi:k] *vt* zwicken, kneifen
twee [twi:] *adj* *(fam)* niedlich; geziert; verniedlichend
tweed [twi:d] *s* ❶ *(Textil)* Tweed *m* ❷ ~**s** Kleidungsstücke *nt pl* aus Tweed; **tweedy** ['twi:dɪ] *adj* ❶ in Tweed gekleidet ❷ burschikos; formlos
tween·ag·er ['twi:neɪdʒə(r)] *s Kind, das das Teenageralter noch nicht erreicht hat, sich aber im Verhalten bereits als Teenager gibt*
tweet·er ['twi:tə(r)] *s* Hochtonlautsprecher, Hochtöner *m*
tweez·ers ['twi:zəz] *s pl* *(a pair of* ~*)* Pinzette *f*
twelfth [twelfθ] **I.** *adj* zwölfte(r, s) **II.** *s* Zwölftel *nt;* Zwölfte(r, s); **twelve** [twelv] **I.** *adj* zwölf **II.** *s* Zwölf *f*
twen·ti·eth ['twentɪəθ] **I.** *adj* zwanzigste(r, s) **II.** *s* Zwanzigstel *nt;* Zwanzigste(r, s); **twenty** ['twentɪ] **I.** *adj* zwanzig **II.** *s* ❶ Zwanzig *f* ❷ *(Geld)* Zwanziger *m*
24/7 [ˌtwentɪfɔ:'sevn] *adv s.* **24 hours per day, 7 days per week** rund um die Uhr (und sieben Tage die Woche)

> **i Land & Leute**
>
> **24/7** (sprich: *twenty-four, seven*) ist ein Modeausdruck, der in den USA 24 Stunden am Tag, 7 Tage die Woche, also ständig oder pausenlos, bedeutet. Typische Sätze wie *We're open 24/7* oder *I'm available 24/7* hört man in der Werbung, sieht man im Internet oder sagt jemand, der einen coolen Eindruck machen will.

twerp [twɜ:p] *s* *(sl)* blöder Kerl
twice [twaɪs] *adv* zweimal; doppelt, zweifach; ~ **the amount** der doppelte Betrag; ~ **as much/many** doppelt, noch einmal so viel/so viele; **twice-told** [ˌtwaɪs'təʊld] *adj* oft erzählt; abgedroschen
twiddle ['twɪdl] **I.** *vt* (herum)spielen mit; ~

T

one's thumbs Däumchen drehen **II.** *vi* herumdrehen (*with* an)

twig [twɪg] **I.** *s* Zweig *m,* Zweiglein *nt* **II.** *vt, vi* (*fam*) kapieren, begreifen

twi·light ['twaɪlaɪt] *s* (Abend)Dämmerung *f;* **at** ~ in der Dämmerung

twin [twɪn] **I.** *adj* paarig, doppelt; Zwillings-; Doppel- **II.** *s* ① Zwilling *m* ② (*Ding*) Gegenstück, Pendant *nt;* **fraternal/identical ~s** zwei-/eineiige Zwillinge *mpl* **III.** *vt* (*Städte*) durch Partnerschaft verbinden; **twin beds** *s pl* zwei Einzelbetten *ntpl;* **twin brother** *s* Zwillingsbruder *m;* **twin carburettors** *s pl* Doppelvergaser *m;* **twin-cylinder engine** *s* Zweizylindermotor *m*

twine [twaɪn] **I.** *s* Bindfaden *m,* Schnur *f* **II.** *vt* ① verflechten ② winden (*s.th. round s.th.* etw um etw) ③ umfassen, umschlingen

twin-en·gined [,twɪn'endʒɪnd] *adj* zweimotorig

twinge [twɪndʒ] *s* leichter Schmerz; **~s of conscience** Gewissensbisse *mpl;* **a ~ of regret** (ein) leichtes Bedauern

twin·kle ['twɪŋkl] **I.** *vi* ① flimmern, funkeln, glitzern ② (*Augen*) blitzen ③ (*fig*) schnell hin- und hertanzen, huschen **II.** *s* Flimmern, Flackern, Funkeln *nt;* **there was a ~ in his eyes** seine Augen blitzten; **when you were still a ~ in your father's eye** als du noch nicht auf der Welt warst; **in a ~** im Nu; **twin·kling** ['twɪŋklɪŋ] *s* Funkeln *nt;* Aufblitzen *nt;* **in the ~ of an eye** im Nu

twin·ning ['twɪnɪŋ] *s* (*town* ~) Städtepartnerschaft *f;* **twin prime** *s* (MATH) Primzahlzwilling *m;* **twin·set** ['twɪnset] *s* Twinset *nt;* **twin sister** *s* Zwillingsschwester *f;* **twin town** *s* Partnerstadt *f;* **twin-tub washing machine** *s* Waschmaschine *f* mit getrennter Schleuder

twirl [twɜːl] **I.** *vt* ① im Kreise drehen ② (*Haar*) zwirbeln, winden (*round* um) **II.** *vi* wirbeln **III.** *s* Wirbel *m,* Wirbeln *nt,* schnelle Umdrehung; **give a ~** sich drehen; **give s.th. a ~** etw herumdrehen

twist [twɪst] **I.** *vt* ① drehen; wickeln (*around* um) ② verbiegen; verdrehen; verrenken ③ (*fig*) verdrehen, entstellen; **~ s.th. out of shape** etw verbiegen; **~ one's ankle** sich den Fuß vertreten; **his face was ~ed** sein Gesicht war verzerrt; **~ s.o.'s arm** jdm den Arm verdrehen; (*fig*) jdn überreden; **she can ~ him round her little finger** sie kann ihn um den (kleinen) Finger wickeln **II.** *vi* ① sich drehen, sich winden ② (*Rauch*) sich ringeln ③ (*Tanz*) twisten **III.** *s* ① (Bind)Faden *m* ② Twist *m* (*Tanz*) ③ Tabakrolle *f* ④ (Hefe)Zopf *m* ⑤ (TECH SPORT) Drall *m;* Schraube *f* ⑥ Drehung *f* ⑦ Kurve, Biegung *f* ⑧ (*fig: Geschichte*) Wendung *f;* **round the ~** (*sl*) bekloppt; **twist off** *vt* (*Kappe*) abschrauben; **twist out of** *vt* herauswinden aus; **twisted** ['twɪstɪd] *adj* ① verdreht; verbogen ② (*Fuß*) verrenkt ③ (*fig: Gedanken, Logik*) verdreht ④ (*fam fig*) unredlich; **twister** ['twɪstə(r)] *s* ① (SPORT) geschnittener Ball ② (*Am*) Wirbelsturm *m* ③ (*Br*) schwieriges Problem ④ (*fam*) Schwindler *m* ⑤ Twisttänzer(in) *m(f);* **twisty** ['twɪstɪ] *adj* (*Straße*) gewunden

twit [twɪt] **I.** *vt* verspotten, aufziehen (*s.o. with, about s.th.* jdn mit etw) **II.** *s* (*fam*) Depp *m*

twitch [twɪtʃ] **I.** *vt* ① zupfen, zerren ② zucken mit **II.** *vi* zucken **III.** *s* ① Zucken *nt;* Zuckung *f* ② Ruck *m*

twit·ter ['twɪtə(r)] **I.** *vi* ① zwitschern ② (*fig*) schnattern **II.** *s* ① Gezwitscher *nt* ② (*fig*) Geschnatter *nt;* **in a ~** aufgeregt

two [tuː] *adj* zwei; **the ~** die beiden; **by ~s, in ~s, ~ and ~** zu zweit, zu zweien, paarweise; **in ~** entzwei; **break in ~** in zwei Teile brechen; **in a day or ~** in ein paar Tagen; **one or ~** ein paar; **the ~ of us** wir beide; **be in ~ minds about doing s.th.** unentschlossen sein, ob man etw tun soll; **cut in ~** halbieren; **put ~ and ~ together** sich die Sache zusammenreimen; **that makes ~ of us** das betrifft auch mich; **two-bit** *adj* (*Am fam*) mies; **two-dimensional** ['tuːdaɪ'menʃənl] *adj* zweidimensional; **two-door** *adj* zweitürig; **two-edged** [,tuː'edʒd] *adj* zweischneidig; **two-faced** [,tuː'feɪst] *adj* (*fig*) falsch, heuchlerisch; **two·fold** ['tuːfəʊld] *adj* zweifach, doppelt; **two-part** ['tuːpɑːt] *adj* zweiteilig; **two-party system** *s* Zweiparteiensystem *nt;* **two·pence** ['tʌpəns, *Am* 'tuːpens] *s* zwei Pence; **two·penny** ['tʌp(ə)nɪ, *Am* 'tuːpenɪ] *adj* ① Zweipence-; für zwei Pence ② (*fig*) billig, wertlos; **two-phase** *adj* (ELEK) Zweiphasen-; **two-piece** *adj* zweiteilig; **~ bathing-suit** zweiteiliger Badeanzug; **two-seater** ['tuːsiːtə(r)] *s* Zweisitzer *m;* **two·some** ['tuːsəm] *s* Pärchen *nt;* **go out in a ~** zu zweit ausgehen; **two-stroke** *s* (*Motor*) Zweitakter *m;* (*Kraftstoff*) Zweitaktgemisch *nt;* **two-thirds majority** *s* (PARL) Zweidrittelmehrheit *f;* **two-tiered** ['tuːtɪəd] *adj* ① zweistöckig ② zweigestuft; **two-time** ['tuːtaɪm] *vt* (*fam: in der Liebe*) betrügen; **two-tim·ing** ['tuːtaɪmɪŋ] *adj* falsch

i Land & Leute

Die Australier sind für ihre Wettleidenschaft bekannt. Sie wetten beim Fußball, bei Pferderennen, bei Hunderennen, beim Hahnenkampf und bei Krebsrennen. Man sagt, sie würden sogar wetten welche von zwei Fliegen schneller die Wand hochkrabbelt. **Two-Up** heißt ein Spiel, bei dem mit Hilfe eines Holzstückes, dem *kip*, zwei Münzen in die Luft geworfen werden; man wettet dann bei welcher Münze ‚Kopf' oder ‚Zahl' oben liegen wird.

two-way [ˌtuːˈweɪ] *adj* (*Sprechverkehr*) in beide Richtungen; (*Stoff*) auf beiden Seiten tragbar; (*Straße*) mit Verkehr in beiden Richtungen; ~ **radio** Funksprechgerät *nt;* ~ **switch** Wechselschalter *m;* ~ **adaptor** Doppelstecker *m;* ~ **trade** wechselseitiger Handel

ty·coon [taɪˈkuːn] *s* Tycoon, Magnat, Großindustrielle(r) *m;* **oil** ~ Ölmagnat *m*

tyke, tike [taɪk] *s* ❶ Köter *m* ❷ Lümmel *m* ❸ (*Am*) kleines Kind

tym·pa·num [ˈtɪmpənəm] *s* ❶ Mittelohr *nt* ❷ Trommelfell *nt*

i Land & Leute

Tynwald (Altnordisch *thing-völlr* ‚Versammlungsfeld') ist der Name des 1000 Jahre alten Parlaments der *Isle of Man*, das von den Wikingern gegründet wurde, als die Insel das Zentrum des nordischen Königreichs war. Das *House of Keys* (Unterhaus) hat 24 Abgeordnete; das *Legislative Council* (Oberhaus) hat 11 Abgeordnete, einschließlich dem *Anglican Bishop of Sodor and Man*. Neben den regelmäßigen Sitzungen findet jedes Jahr am 5. Juli ein Treffen des **Tynwald** unter freiem Himmel statt.

type[1] [taɪp] **I.** *s* ❶ Art *f;* Sorte *f;* (*Mensch, Charakter*) Typ *m* ❷ (*fam*) Typ *m;* Type *f;* **this ~ of car** dieser Autotyp; **a person of this ~** ein Mensch der Art; **that ~ of behaviour** solches Benehmen; **she is not my ~** sie ist nicht mein Typ; **he is not the ~ to do that** er ist nicht der Typ, der so etwas tut **II.** *vt* bestimmen, klassifizieren

type[2] [taɪp] **I.** *s* (TYP) Type *f;* **small ~** kleine Buchstaben *mpl;* **bold ~** Fettdruck *m;* **italic ~** Kursive *f;* **Roman ~** Antiqua *f;* **in ~** gedruckt; maschinegeschrieben; **set s.th. up in ~** etw setzen **II.** *vt* mit der Maschine schreiben, tippen **III.** *vi* Maschine schreiben, tippen; **type out** *vt* schreiben, tippen; (*Fehler*) ausixen; **type up** *vt* auf der Maschine schreiben

type·cast [ˈtaɪpkɑːst <*irr:* -cast, -cast> *vt* für eine Rolle auswählen; (*fig*) auf eine bestimmte Rolle festlegen; **type·face** [ˈtaɪpfeɪs] *s* Schrift *f;* **type·script** [ˈtaɪpˌskrɪpt] *s* Schreibmaschinenmanuskript *nt;* **type·set·ter** [ˈtaɪpsetə(r)] *s* ❶ (*Beruf*) Schriftsetzer(in) *m(f)* ❷ (*Maschine*) Setzmaschine *f;* **type·set·ting** [ˈtaɪpˌsetɪŋ] *s* (Schrift)Setzen *nt;* **type·write** [ˈtaɪpraɪt] <*irr:* -wrote, -written> **I.** *vi* maschineschreiben **II.** *vt* auf der Maschine schreiben; **type·writer** [ˈtaɪpˌraɪtə(r)] *s* Schreibmaschine *f;* **typewriter ribbon** *s* Farbband *nt;* **type·writing paper** [ˈtaɪpraɪtɪŋˈpeɪpə(r)] *s* Schreibmaschinenpapier *nt;* **type·written** [ˈtaɪpˌrɪtn] *adj* Maschinen geschrieben, getippt

ty·phoid [ˈtaɪfɔɪd] *s* (~ *fever*) Typhus *m*

ty·phoon [taɪˈfuːn] *s* (METE) Taifun *m*

ty·phus [ˈtaɪfəs] *s* Flecktyphus *m*

typi·cal [ˈtɪpɪkl] *adj* typisch, charakteristisch, kennzeichnend (*of* für); **typ·ify** [ˈtɪpɪfaɪ] *vt* kennzeichnend sein für

typ·ing [ˈtaɪpɪŋ] **I.** *s* Maschineschreiben, Tippen *nt* **II.** *adj* Schreibmaschinen-; ~ **error** Tippfehler *m;* ~ **pool** Schreibzentrale *f;* ~ **speed** (Schreib)Geschwindigkeit *f,* Anschläge *m pl* pro Minute

typ·ist [ˈtaɪpɪst] *s* Maschinenschreiber(in) *m(f),* Schreibkraft *f*

ty·pogra·pher [taɪˈpɒgrəfə(r)] *s* Buchdrucker(in) *m(f);* **ty·po·graphic(al)** [ˌtaɪpəˈgræfɪk(l)] *adj* typographisch, drucktechnisch; Druck-; ~ **error** Druckfehler *m;* **ty·pogra·phy** [taɪˈpɒgrəfɪ] *s* Buchdruck *m,* Buchdruckerkunst *f;* Typographie *f*

ty·ran·ni·cal [tɪˈrænɪkl] *adj* tyrannisch; **tyr·an·nize** [ˈtɪrənaɪz] **I.** *vi* eine Gewaltherrschaft ausüben (*over* über) **II.** *vt* tyrannisieren; **tyr·anny** [ˈtɪrənɪ] *s* Gewaltherrschaft *f;* Tyrannei *f;* **ty·rant** [ˈtaɪərənt] *s* Tyrann(in) *m(f)*

tyre [ˈtaɪə(r)] *s* (AUTO) Reifen *m;* **put air in the ~** den Reifen aufpumpen; **a flat ~** ein platter Reifen; **tyre gauge** *s* Reifendruckmesser *m;* **tyre pressure** *s* Reifendruck *m*

tzar [zɑː(r)] *s* Zar *m*

tzetze [ˈtsetsɪ] *s* Tsetsefliege *f*

T

U u

U, u [juː] <*pl* -'s> **I.** *s* U, u *nt* **II.** *adj* ❶ vornehm ❷ (FILM) jugendfrei
UAE [juːeɪ'iː] *s Abk. von* **United Arab Emirates** Vereinigte Arabische Emirate *pl*
ubi·qui·tous [juː'bɪkwɪtəs] *adj* allgegenwärtig; **ubi·quity** [juː'bɪkwətɪ] *s* Allgegenwart *f*
U-boat *s* U-Boot *nt*
ud·der ['ʌdə(r)] *s* Euter *nt*
UFO ['juːfəʊ] *s Abk. von* **unidentified flying object** Ufo, UFO *nt*
Ugan·da [juːgændə] *s* Uganda *nt;* **Ugan·dan I.** *adj* ugandisch **II.** *s* Ugander(in) *m(f)*
ugh [ɜːh] *interj* äh! pfui!
ug·li·ness ['ʌglɪnɪs] *s* Hässlichkeit *f;* **ugly** ['ʌglɪ] *adj* ❶ hässlich ❷ widerlich, scheußlich, grässlich ❸ (*fig*) gemein, abstoßend; ~ **customer** (*fam*) übler Patron; ~ **duckling** hässliches Entlein
UK [juː'keɪ] *s Abk. von* **United Kingdom** Vereinigtes Königreich
uke·lele [juːkə'leɪlɪ] *s* (MUS) Ukulele *f*
Ukraine [juː'kreɪn] *s:* **the** ~ die Ukraine; **Ukrain·ian** [-ɪən] **I.** *adj* ukrainisch **II.** *s* ❶ Ukrainer(in) *m(f)* ❷ (*Sprache*) Ukrainisch *nt*
ul·cer ['ʌlsə(r)] *s* (MED) Geschwür *nt;* **stomach** ~ Magengeschwür *nt;* **ul·cer·ate** ['ʌlsəreɪt] **I.** *vt* (MED) ein Geschwür verursachen; eitern lassen **II.** *vi* ein Geschwür bilden; eitern; **ul·cer·ous** ['ʌlsərəs] *adj* (MED) geschwürartig; eiternd
ul·lage ['ʌlɪdʒ] *s* Leckage *f,* Schwund *m*
ulna ['ʌlnə, *pl* 'ʌlniː] <*pl* ulnae> *s* (ANAT) Elle *f*
Ulster ['ʌlstə(r)] *s* Ulster *nt*
ul·terior [ʌl'tɪərɪə(r)] *adj* (*selten*) jenseitig; ~ **motive** Hintergedanke(n *pl*) *m*
ul·ti·mate ['ʌltɪmət] **I.** *adj* ❶ entfernteste(r, s), weiteste(r, s), äußerste(r, s) ❷ letzte(r, s); endlich, schließlich; endgültig ❸ fundamental, grundlegend, primär ❹ maximal, größte(r, s), größtmöglich ❺ vollendet, perfekt; **the** ~ **cause** die eigentliche Ursache; ~ **consumer** Endverbraucher *m* **II.** *s* (das) Beste; (das) Nonplusultra; **ul·ti·mate·ly** ['ʌltɪmətlɪ] *adv* schließlich, letzten Endes; im Grunde
ul·ti·ma·tum [ˌʌltɪ'meɪtəm, *pl* -tə] <*pl* -tums, -ta> *s* (POL) Ultimatum *nt* (*to* an); **deliver an** ~ ein Ultimatum stellen
ul·timo ['ʌltɪməʊ] *adv* letzten Monats
ultra- [ˌʌltrə] *PRÄF* ultra-; **ultrahigh frequency, UHF** *s* Ultrakurzwellenbereich *m;* **ultra·mar·ine** [ˌʌltrəmə'riːn] *adj* ultramarin; **ultra·mod·ern** [ˌʌltrə'mɒdən] *adj* supermodern; **ultra-short wave** *s* (RADIO) Ultrakurzwelle *f,* UKW; **ultra·sonic** [ˌʌltrə'sɒnɪk] *adj* Überschall-, Ultraschall-; ~ **cleaning** Ultraschallreinigung *f;* **ultra·sound** ['ʌltrəsaʊnd] *s* Ultraschall *m;* **ultrasound picture** *s* (MED) Ultraschallaufnahme *f;* **ultra·vio·let** [ˌʌltrə'vaɪələt] *adj* (PHYS) ultraviolett; ~ **treatment** Ultraviolettbestrahlung *f*
umbel ['ʌmbəl] *s* (BOT) Dolde *f*
um·ber ['ʌmbə(r)] **I.** *s* Umber *m,* Umbra *f* **II.** *adj* dunkelbraun
um·bili·cal [ʌm'bɪlɪkl] *adj:* ~ **cord** (ANAT) Nabelschnur *f;* (*Raumfahrt*) Kabelschlauch *m*
um·brage ['ʌmbrɪdʒ] *s:* **take** ~ Anstoß nehmen (*at* an)
um·brella [ʌm'brelə] *s* ❶ (Regen)Schirm *m;* Sonnenschirm *m* ❷ (MIL) Abschirmung *f;* Jagdschutz *m* ❸ (*fig*) Kontrolle *f;* **under the** ~ **of** unter der Kontrolle von; **umbrella case, umbrella cover** *s* Schirmhülle *f;* **umbrella organization** *s* Dachorganisation *f,* -verband *m;* **umbrella stand** *s* Schirmständer *m*
um·pire ['ʌmpaɪə(r)] **I.** *s* Schiedsrichter(in) *m(f)* **II.** *vt* (SPORT) als Schiedsrichter leiten **III.** *vi* Schiedsrichter sein (*in a dispute* bei einem Streit)
ump·teen ['ʌmptiːn] *adj* (*fam*) zig; eine Menge, Masse …; ~ **times** x-mal; **ump·teenth** ['ʌmptiːnθ] *adj* (*fam*) zigste(r, s), soundsovielte(r, s)
UN [juː'en] *s Abk. von* **United Nations** UNO, UN *f*
un·abashed [ˌʌnə'bæʃt] *adj* nicht bange, beherzt, mutig; unverfroren; unerschrocken
un·abated [ˌʌnə'beɪtɪd] *adj* unvermindert
un·able [ʌn'eɪbl] *adj* untauglich, unfähig; **be** ~ **to do s.th.** etw nicht tun können, außer Stande sein etw zu tun; ~ **to pay** zahlungsunfähig
un·abridged [ˌʌnə'brɪdʒd] *adj* (*Text*) ungekürzt
un·ac·cept·able [ˌʌnək'septəbl] *adj* unannehmbar (*to* für)
un·ac·com·panied [ˌʌnə'kʌmpənɪd] *adj* (*a.* MUS) ohne Begleitung
un·ac·count·able [ˌʌnə'kaʊntəbl] *adj* unerklärlich; **un·ac·counted for** [ˌʌnə'kaʊntɪd'fɔː(r)] *adj* ungeklärt; (*Person*) vermisst
un·ac·cus·tomed [ˌʌnə'kʌstəmd] *adj* ungewohnt; **be** ~ **to s.th.** etw nicht gewohnt

sein

un·acknow·ledged [ˌʌnək'nɒlɪdʒd] *adj* ❶ (*Brief*) unbeantwortet ❷ (*Fehler*) uneingestanden

un·ad·dressed [ˌʌnə'drest] *adj* ohne Anschrift

un·adorned [ˌʌnə'dɔːnd] *adj* schlicht; ungeschminkt

un·adul·terated [ˌʌnə'dʌltəreɪtɪd] *adj* unverfälscht, rein

un·ad·vent·ur·ous [ˌʌnəd'ventʃərəs] *adj* wenig abenteuerlich, ereignislos; (*Mensch*) wenig unternehmungslustig

un·ad·vis·able [ˌʌnəd'vaɪzəbl] *adj* nicht ratsam

un·af·fec·ted [ˌʌnə'fektɪd] *adj* ❶ unbeeinflusst (*by* von) ❷ ungekünstelt, natürlich

un·afraid [ˌʌnə'freɪd] *adj* unerschrocken, furchtlos

un·aid·ed [ʌn'eɪdɪd] *adv* ohne (fremde) Hilfe; selbstständig

un·alike [ˌʌnə'laɪk] *adj* unähnlich

un·al·loyed [ˌʌnə'lɔɪd] *adj* (*fig*) ungetrübt

un·al·tered [ʌn'ɔːltəd] *adj* unverändert

un·am·big·u·ous [ˌʌnæm'bɪgjʊəs] *adj* eindeutig, unzweideutig

un-Ameri·can [ˌʌnə'merɪkən] *adj* unamerikanisch

una·nim·ity [ˌjuːnə'nɪmətɪ] *s* Einstimmigkeit *f;* **unani·mous** [juː'nænɪməs] *adj* einstimmig, einmütig

un·an·nounced [ˌʌnə'naʊnst] *adj* ohne Ankündigung

un·an·swer·able [ʌn'ɑːnsərəbl] *adj* ❶ unbestreitbar, unwiderleglich ❷ nicht beantwortbar; **un·an·swered** [ʌn'ɑːnsəd] *adj* unbeantwortet

un·ap·pet·iz·ing [ʌn'æpɪtaɪzɪŋ] *adj* unappetitlich; (*fig*) wenig verlockend

un·ap·proach·able [ˌʌnə'prəʊtʃəbl] *adj* unzugänglich

un·armed [ˌʌn'ɑːmd] *adj* unbewaffnet; ~ **combat** Nahkampf *m* ohne Waffe

un·ashamed [ˌʌnə'ʃeɪmd] *adj* schamlos; **be ~ about s.th.** sich einer S nicht schämen

un·asked [ʌn'ɑːskt] *adj* ❶ ungefragt ❷ ungebeten; **~-for** unerwünscht

un·as·sign·able [ˌʌnə'saɪnəbl] *adj* (JUR) nicht übertragbar

un·as·sum·ing [ʌnə'sjuːmɪŋ] *adj* zurückhaltend, bescheiden

un·at·tached [ˌʌnə'tætʃt] *adj* ❶ unbefestigt ❷ (MIL) nicht zugeteilt ❸ (SPORT) keinem Verein angehörend ❹ unabhängig, frei ❺ ohne Anhang ❻ parteilos

un·at·tain·able [ˌʌnə'teɪnəbl] *adj* unerreichbar

un·at·tended [ˌʌnə'tendɪd] *adj* ❶ ohne Pflege ❷ unbeaufsichtigt

un·at·trac·tive [ˌʌnə'træktɪv] *adj* unschön; unattraktiv; unsympathisch

un·au·dit·ed [ˌʌn'ɔːdɪtɪd] *adj* ungeprüft

un·auth·or·ized [ˌʌn'ɔːθəraɪzd] *adj* unbefugt, nicht ermächtigt; **no entry for ~ persons!** Zutritt für Unbefugte verboten!

un·avail·able [ˌʌnə'veɪləbl] *adj* nicht verfügbar; unerhältlich; **un·avail·ing** [ˌʌnə'veɪlɪŋ] *adj* nutzlos, unnütz, vergeblich

un·avoid·able [ˌʌnə'vɔɪdəbl] *adj* unvermeidlich; (*Folgerung*) unausweichlich

un·aware [ˌʌnə'weə(r)] *adj* nicht bewusst; **be ~ of s.th.** sich einer S nicht bewusst sein; etw nicht bemerken; etw nicht wissen; **un·awares** [ˌʌnə'weəz] *adv* unabsichtlich; versehentlich; unerwartet; **catch** [*o* **take**] **s.o. ~** jdn überraschen

un·bal·anced [ˌʌn'bælənst] *adj* ❶ unausgewogen; einseitig ❷ (*mentally* ~) verrückt, nicht normal ❸ (COM) nicht saldiert, nicht ausgeglichen

un·bar [ˌʌn'bɑː(r)] *vt* ❶ aufschließen ❷ (*fig: Weg*) eröffnen

un·bear·able [ˌʌn'beərəbl] *adj* unerträglich; unausstehlich

un·beat·able [ˌʌn'biːtəbl] *adj* unschlagbar, unbesiegbar; unübertrefflich; **un·bea·ten** [ˌʌn'biːtn] *adj* ungeschlagen; (*Rekord*) ungebrochen

un·be·com·ing [ˌʌnbɪ'kʌmɪŋ] *adj* ❶ (*fig*) unschicklich, ungehörig (*to, for* für) ❷ (*Kleidung*) unvorteilhaft

un·be·known(**st**) [ˌʌnbɪ'nəʊn] *adv:* ~ **to us** ohne dass wir etw gewusst hätten

un·be·lief [ˌʌnbɪ'liːf] *s* Unglaube(n) *m;* **un·be·liev·able** [ˌʌnbɪ'liːvəbl] *adj* unglaublich; **un·be·liev·er** [ˌʌnbɪ'liːvə(r)] *s* Ungläubige(r) *f m;* **un·be·liev·ing** [ˌʌnbɪ'liːvɪŋ] *adj* ungläubig

un·bend [ˌʌn'bend] <*irr:* -bent, -bent> **I.** *vt* geradebiegen; (*Arm*) strecken **II.** *vi* ❶ sich aufrichten ❷ aus sich herausgehen; **un·bend·ing** [-ɪŋ] *adj* (*fig*) fest entschlossen

un·bias(**·s**)**ed** [ˌʌn'baɪəst] *adj* unvoreingenommen; wertfrei

un·bid·den [ˌʌn'bɪdn] *adj* ungebeten

un·bind [ˌʌn'baɪnd] <*irr:* -bound, -bound> *vt* ❶ losbinden, losmachen ❷ befreien

un·bleached [ˌʌn'bliːtʃt] *adj* ungebleicht

un·blink·ing [ˌʌn'blɪnkɪŋ] *adj* unverwandt; starr

un·blush·ing [ˌʌn'blʌʃɪŋ] *adj* (*fig*) schamlos

un·bolt [ˌʌn'bəʊlt] *vt* aufriegeln, -schließen, öffnen

un·born [ˌʌn'bɔːn] *adj* ❶ ungeboren ❷ (*fig*) (zu)künftig; **generations yet ~** kommende Generationen

U

un·bosom [ˌʌnˈbʊzəm] *vt* freien Lauf lassen (*one's feelings* seinen Gefühlen)
un·bounded [ˌʌnˈbaʊndɪd] *adj* ❶ unbegrenzt ❷ (*fig*) grenzen-, schrankenlos
un·bowed [ˌʌnˈbaʊd] *adj* (*fig*) ungebeugt
un·break·able [ˌʌnˈbreɪkəbl] *adj* unzerbrechlich; (*Versprechen*) unverbrüchlich; (*Regel*) unumstößlich
un·bri·bable [ˌʌnˈbraɪbəbl] *adj* unbestechlich
un·bridled [ˌʌnˈbraɪdld] *adj* (*fig*) hemmungs-, zügellos, unbeherrscht; ~ **tongue** loses Mundwerk
un-Brit·ish [ˌʌnˈbrɪtɪʃ] *adj* unbritisch
un·bro·ken [ˌʌnˈbrəʊkən] *adj* ❶ unzerbrochen, heil, ganz ❷ (*fig*) ungebrochen; gleich bleibend; ununterbrochen
un·buckle [ˌʌnˈbʌkl] *vt* auf-, los-, abschnallen
un·bur·den [ˌʌnˈbɜːdn] *vt* ❶ entlasten ❷ (*fig*) sich befreien von, sich erleichtern um; ~ **o.s.** sein Herz ausschütten
un·busi·ness·like [ˌʌnˈbɪznɪslaɪk] *adj* ❶ im Geschäftsleben nicht üblich ❷ (*unsystematisch*) ineffizient
un·but·ton [ˌʌnˈbʌtn] *vt* aufknöpfen
un·called-for [ˌʌnˈkɔːldfɔː(r)] *adj* ❶ unangebracht, ungerechtfertigt ❷ überflüssig
un·canny [ˌʌnˈkænɪ] *adj* unheimlich
un·cared-for [ˌʌnˈkeədfɔː(r)] *adj* vernachlässigt
un·car·pet·ed [ˌʌnˈkɑːpɪtɪd] *adj* ohne Teppich
un·ceas·ing [ˌʌnˈsiːsɪŋ] *adj* unaufhörlich
un·cer·emo·ni·ous [ˌʌnˌserɪˈməʊnɪəs] *adj* ❶ zwanglos ❷ unfreundlich
un·cer·tain [ʌnˈsɜːtn] *adj* ❶ unbestimmt (*a. Wetter*) ❷ unsicher, problematisch ❸ vage, ungenau; **in no ~ terms** klipp und klar; **un·cer·tainty** [ʌnˈsɜːtntɪ] *s* ❶ Ungewissheit, Unbestimmtheit *f* ❷ Unsicherheit, Fragwürdigkeit *f* ❸ Unbeständigkeit *f*
un·chal·lenged [ˌʌnˈtʃælɪndʒd] *adj* unbestritten, unangefochten
un·changed [ˌʌnˈtʃeɪndʒd] *adj* unverändert
un·char·ac·ter·is·tic [ˌʌnkærəktəˈrɪs tɪk] *adj* uncharakteristisch, untypisch
un·chari·table [ˌʌnˈtʃærɪtəbl] *adj* lieblos, kalt
un·checked [ˌʌnˈtʃekt] *adj* ❶ unbe-, ungehindert ❷ unkontrolliert, ungeprüft
un·chris·tian [ˌʌnˈkrɪstʃən] *adj* unchristlich
un·civil [ˌʌnˈsɪvl] *adj* unhöflich
un·clad [ˌʌnˈklæd] *adj* unbekleidet, nackt
un·claimed [ˌʌnˈkleɪmd] *adj* ❶ nicht bestellt, unverlangt ❷ (*Brief*) nicht abgeholt, unzustellbar ❸ (*Eigentum*) besitzerlos
un·clas·si·fied [ˌʌnˈklæsɪfaɪd] *adj* ❶ nicht geordnet ❷ nicht geheim; ~ **road** Landstraße *f*
uncle [ˈʌŋkl] *s* Onkel *m*
un·clean [ˌʌnˈkliːn] *adj* (REL) unrein; unsauber; schmutzig
un·clear [ˌʌnˈklɪə(r)] *adj* unklar; **be ~ about s.th.** sich über etw nicht im Klaren sein
un·clut·tered [ˌʌnˈklʌtəd] *adj* schlicht, einfach; (*Raum*) nicht überfüllt, nicht überladen
un·col·lected [ˌʌnkəˈlektɪd] *adj* ❶ (*Waren*) nicht abgeholt ❷ (*Gebühren*) nicht erhoben, nicht eingezogen
un·col·ored *adj* (*Am*), **un·col·oured** [ˌʌnˈkʌləd] *adj* (*fig*) ungeschminkt
un·com·fort·able [ʌnˈkʌmftəbl] *adj* ❶ unbehaglich ❷ verlegen; **feel ~** sich nicht wohl fühlen
un·com·mit·ted [ˌʌnkəˈmɪtɪd] *adj* ❶ nicht gebunden (*to* an), ungebunden ❷ (POL) bündnis-, blockfrei; **remain ~** sich nicht festlegen
un·com·mon [ˌʌnˈkɒmən] *adj* ungewöhnlich; außergewöhnlich; **un·com·mon·ly** [ʌnˈkɒmənlɪ] *adv* bemerkenswert; ungewöhnlich
un·com·muni·cat·ive [ˌʌnkəˈmjuːnɪ kətɪv] *adj* schweigsam
un·com·pro·mis·ing [ʌnˈkɒmprə maɪzɪŋ] *adj* unnachgiebig, unbeugsam; entschieden; kompromisslos
un·con·cerned [ˌʌnkənˈsɜːnd] *adj* ❶ interesselos, uninteressiert (*with* an) ❷ unbekümmert, gleichgültig, teilnahmslos (*about* an) ❸ unbeteiligt (*in* an)
un·con·di·tional [ˌʌnkənˈdɪʃənl] *adj* bedingungs-, vorbehaltlos
un·con·firmed [ˌʌnkənˈfɜːmd] *adj* unbestätigt
un·con·ge·nial [ˌʌnkənˈdʒiːnɪəl] *adj* unangenehm
un·con·nec·ted [ˌʌnkəˈnektɪd] *adj* ❶ nicht miteinander in Beziehung stehend ❷ unzusammenhängend
un·con·scion·able [ʌnˈkɒnʃ(ə)nəbl] *adj* unerhört
un·con·scious [ʌnˈkɒnʃəs] **I.** *adj* ❶ (*a.* PSYCH) unbewusst (*of s.th.* einer S), unabsichtlich ❷ bewusstlos, ohnmächtig; **be ~ of s.th.** sich einer S nicht bewusst sein **II.** *s* (PSYCH) (das) Unbewusste; **un·con·scious·ly** [-lɪ] *adv* unbewusst; **un·con·scious·ness** [-nɪs] *s* ❶ (MED) Bewusstlosigkeit *f* ❷ Unkenntnis *f*
un·con·sid·ered [ˌʌnkənˈsɪdəd] *adj* ❶ unbedacht, unüberlegt ❷ (*Tatsache*) unbeach-

tet, unberücksichtigt

un·con·sti·tu·tional [ˈʌnˌkɒnstɪˈtjuːʃənl] *adj* ① (POL) verfassungswidrig ② (COM) satzungswidrig

un·con·sum·mated [ˌʌnˈkɒnsjʊmeɪtɪd] *adj* unvollzogen

un·con·tested [ˌʌnkənˈtestɪd] *adj* ① unbestritten ② (*Wahl*) ohne Gegenkandidaten

un·con·trol·lable [ˌʌnkənˈtrəʊləbl] *adj* unkontrollierbar; unbezwingbar; **un·con·trolled** [ʌnkənˈtrəʊld] *adj* ① unbeaufsichtigt ② ungehindert; (*Lachen*) unkontrolliert; (*Weinen*) hemmungslos

un·con·tro·versial [ˌʌnkɒntrəˈvɜːʃl] *adj* unverfänglich

un·con·vinced [ˌʌnkənˈvɪnst] *adj* nicht überzeugt; **un·con·vinc·ing** [ˌʌnkənˈvɪnsɪŋ] *adj* nicht überzeugend

un·cooked [ˌʌnˈkʊkt] *adj* ungekocht, roh

un·co·op·er·ative [ˌʌnkəʊˈɒpərətɪv] *adj* nicht entgegenkommend; wenig hilfsbereit; **be** ~ nicht zur Kooperation, Mithilfe bereit sein; nicht mittun

un·cork [ʌnˈkɔːk] *vt* entkorken

un·cor·rob·or·ated [ˌʌnkəˈrɒbəreɪtɪd] *adj* unbestätigt; (*Beweis*) nicht bekräftigt

un·couple [ˌʌnˈkʌpl] *vt* (TECH) abkuppeln

un·couth [ʌnˈkuːθ] *adj* ungehobelt, ordinär

un·cover [ʌnˈkʌvə(r)] *vt* ① auf-, abdecken ② (*fig*) enthüllen, aufdecken

un·criti·cal [ˌʌnˈkrɪtɪkl] *adj* unkritisch

un·crowned [ˌʌnˈkraʊnd] *adj* ungekrönt

un·crush·able [ʌnˈkrʌʃəbl] *adj* ① knitterfrei ② (*fig: Wille*) unbeugsam

unc·tion [ˈʌŋkʃn] *s* Salbung *f;* **the extreme** ~ die letzte Ölung; **unc·tu·ous** [ˈʌŋktʃʊəs] *adj* salbungsvoll

un·cut [ˌʌnˈkʌt] *adj* ① (*Haare*) ungeschnitten ② (*Buch*) unbeschnitten ③ (*Stein*) ungeschliffen ④ (*fig*) ungekürzt

un·dated [ˌʌnˈdeɪtɪd] *adj* undatiert

un·daunted [ˌʌnˈdɔːntɪd] *adj* unerschrocken, furchtlos; nicht entmutigt

un·de·ceive [ˌʌndɪˈsiːv] *vt:* ~ **s.o.** jdm reinen Wein einschenken

un·de·cided [ˌʌndɪˈsaɪdɪd] *adj* ① unentschieden ② unentschlossen, unschlüssig

un·de·clared [ˌʌndɪˈkleəd] *adj* ① (*Zoll*) nicht deklariert ② (*Liebe*) heimlich ③ (*Krieg*) nicht erklärt

un·de·fined [ˌʌndɪˈfaɪnd] *adj* undefiniert; undefinierbar

un·de·liv·erable [ˌʌndɪˈlɪvrəbl] *adj* (*Post*) unzustellbar; **un·de·liv·ered** [ˌʌndɪˈlɪvəd] *adj* (*Post*) nicht zugestellt

un·de·mand·ing [ˌʌndɪˈmɑːndɪŋ] *adj* anspruchslos

un·demo·cratic [ˌʌndeməˈkrætɪk] *adj* undemokratisch

un·de·mon·stra·tive [ˌʌndɪˈmɒnstrətɪv] *adj* reserviert, zurückhaltend

un·de·ni·able [ˌʌndɪˈnaɪəbl] *adj* unleugbar, unbestreitbar; **un·de·ni·ably** [-ɪ] *adv* zweifelsohne, zweifellos; unbestreitbar

un·der [ˈʌndə(r)] **I.** *prep* ① unter ② (*zeitlich*) unter, während ③ unter, weniger als; geringer als ④ (JUR) gemäß, laut, nach; **from** ~ unter ... hervor; ~ **an act** auf Grund eines Gesetzes; ~ **anaesthetic** in der Narkose; ~ **these circumstances/conditions** unter diesen Umständen/Bedingungen; ~ **construction** im Bau (befindlich); ~ **discussion** zur Debatte; ~ **s.o.'s** (**very**) **eyes** vor jds Augen; ~ **the impression** unter dem Eindruck; ~ **a misapprehension** irrtümlich; ~ **s.o.'s name** unter jds Namen; ~ **oath** unter Eid; ~ **repair** in Reparatur; ~ **treatment** in Behandlung; **be** ~ **control** in Ordnung sein; **be** ~ **the impression** den Eindruck haben (*that* dass); **come** ~ **s.th.** unter etw fallen **II.** *adv* ① unten; nach unten; (dar)unter ② bewusstlos ③ (*zahlenmäßig*) darunter; **get out from** ~ langsam wieder klarkommen

under·achieve [ˌʌndərəˈtʃiːv] *vi* hinter den Erwartungen zurückbleiben; **under·act** [ˌʌndərˈækt] *vt, vi* (THEAT) verhalten spielen;

under-age [ˌʌndəˈeɪdʒ] *adj* minderjährig; von Minderjährigen; **under·bid** [ˌʌndəˈbɪd] <*irr:* -bid, -bid> *vt* (COM) unterbieten;

under·capi·tal·ized [ˌʌndəˈkæpɪtəlaɪzd] *adj* unterkapitalisiert; **under·car·riage** [ˈʌndəkærɪdʒ] *s* (AVIAT) Fahrgestell, -werk *nt;*

under·charge [ˌʌndəˈtʃɑːdʒ] **I.** *vt* ① zu wenig berechnen (*s.o.* jdm) ② ungenügend belasten **II.** *s* ① ungenügende Ladung ② zu geringe Berechnung ③ zu geringe Belastung; **under clothes**, **under·cloth·ing** [ˈʌndəkləʊðz, ˈʌndəkləʊðɪŋ] *s* Unter-, Leibwäsche *f;* **under·coat** [ˈʌndəkəʊt] *s* ① (TECH) Grundanstrich *m* ② (AUTO) Unterbodenschutz *m;* **under·cover** [ˌʌndəˈkʌvə(r)] *adj* geheim; ~ **agent** Spitzel *m,* Geheimagent(in) *m (f);* **under·cur·rent** [ˈʌndəkʌrənt] *s* Unterströmung *f;* **under·cut** [ˌʌndəˈkʌt] <*irr:* -cut, -cut> *vt* (COM) unterbieten; **under·de·vel·oped** [ˌʌndədɪˈveləpt] *adj* unterentwickelt; **under·dog** [ˈʌndədɒg] *s* (*fig*) Benachteiligte(r), Unterprivilegierte(r) *f m;* **under·done** [ˌʌndəˈdʌn] *adj* nicht gar; nicht durchgebraten; blutig; **under·em·ployed** [ˌʌndərɪmˈplɔɪd] *adj* unterbeschäftigt; **under·equip·ped** [ˌʌndərˈkwɪpt] *adj* unzulänglich ausgerüstet; **under·esti·mate** [ˌʌndərˈestɪmeɪt]

I. *vt* unterschätzen II. [ˌʌndərˈestɪmət] *s* Unterbewertung, Unterschätzung *f;* **under·ex·pose** [ˌʌndərɪkˈspəʊz] *vt* (PHOT) unterbelichten; **under·expo·sure** [ˌʌndərɪkˈspəʊʒə(r)] *s* (PHOT) Unterbelichtung *f;* **under·eye circles** *s pl* Ringe unter den Augen; **under·fed** [ˌʌndəˈfed] *adj* unterernährt; **under·felt** [ˈʌndəfelt] *s* Filzunterlage *f;* **under·floor heat·ing** [ˌʌndəˈflɔːhiːtɪŋ] *s* Fußbodenheizung *f;* **under·foot** [ˌʌndəˈfʊt] *adv* ❶ am Boden ❷ im Wege; **under·fund** [ˌʌndəˈfʌnd] *vt* unterfinanzieren; **under·fund·ing** [ˌʌndəˈfʌndɪŋ] *s* Unterfinanzierung *f;* **under·gar·ment** [ˈʌndəgɑːmənt] *s* Leibwäsche *f;* **under·go** [ˌʌndəˈgəʊ] <*irr:* -went, -gone> *vt* ❶ erfahren ❷ durchmachen ❸ sich unterziehen (müssen) (*s.th.* einer S); **under·grad·uate** [ˌʌndəˈgrædʒʊət] *s* Student(in) *m(f)*

under·ground [ˈʌndəgraʊnd] I. *s* ❶ (*fig*) Untergrund-, Widerstandsbewegung *f* ❷ (*Br*) Untergrundbahn, U-Bahn *f;* **go** [*o* **travel**] **by** ~ mit der U-Bahn fahren II. *adj* ❶ unterirdisch ❷ (*fig*) geheim; Untergrund-; ~ **car park** Tiefgarage *f;* ~ **dump** Untertagedeponie *f* III. *adv* ❶ unter der Erdoberfläche ❷ (MIN) unter Tage; **go** ~ untertauchen; (POL) in den Untergrund gehen

under·growth [ˈʌndəgrəʊθ] *s* Gestrüpp, Unterholz *nt;* **under·hand** [ˈʌndəhænd] I. *adj* ❶ heimlich, geheim ❷ hinterhältig ❸ (SPORT) unter der Schulterhöhe ausgeführt II. *adv* im Geheimen; hinterhältig; **under·in·sure** [ˌʌndərɪnˈʃʊə(r)] *vt* unterversichern; **under·lay** [ˌʌndəˈleɪ] <*irr:* -laid, -laid> *vt* unterlegen (*with* mit); **under·lie** [ˌʌndəˈlaɪ] <*irr:* -lay, -lain> *vt* ❶ liegen unter ❷ zu Grunde liegen (*s.th.* einer S), die Grundlage bilden (*s.th.* für etw); **under·line** [ˌʌndəˈlaɪn] *vt* ❶ unterstreichen ❷ (*fig*) betonen, hervorheben

under·ling [ˈʌndəlɪŋ] *s* Untergebene(r) *f m*

under·ly·ing [ˌʌndəˈlaɪɪŋ] *adj* ❶ tiefer liegend ❷ (*Grund*) eigentlich; tiefer; (*Problem*) zu Grunde liegend; (*Ehrlichkeit*) grundlegend; **under·man·ned** [ˌʌndəˈmænd] *adj* ❶ (MAR) ungenügend bemannt ❷ unterbesetzt; **under·man·ning** [ˌʌndəˈmænɪŋ] *s* Personalmangel *m;* (*absichtlich*) Unterbesetzung *f;* **under·men·tioned** [ˌʌndəˈmenʃnd] *adj* untenerwähnt; **under·mine** [ˌʌndəˈmaɪn] *vt* ❶ unterminieren; auswaschen ❷ (*fig*) untergraben, (unmerklich) schwächen; **under·most** [ˈʌndəməʊst] *adj* unterste(r, s)

under·neath [ˌʌndəˈniːθ] I. *adv* darunter II. *prep* unter III. *s* Unterseite *f*

under·nour·ished [ˌʌndəˈnʌrɪʃt] *adj* unterernährt; **under·paid** [ˌʌndəˈpeɪd] *adj* unterbezahlt; **under·pants** [ˈʌndəpænts] *s pl* Unterhose *f;* **under·pass** [ˈʌndəpɑːs] *s* Unterführung *f;* **under·pay** [ˌʌndəˈpeɪ] <*irr:* -paid, -paid> *vt* unterbezahlen; **under·per·form** [ˌʌndəpəˈfɔːm] *vi* unterdurchschnittlich abschneiden; **under·play** [ˈʌndəpleɪ] *vt* ❶ (*Karten*) nicht voll ausspielen ❷ (*fig*) sich zurückhalten; **under·popu·lated** [ˌʌndəˈpɒpjʊleɪtɪd] *adj* unterbevölkert; **under·privi·leged** [ˌʌndəˈprɪvəlɪdʒd] *adj* unterprivilegiert, benachteiligt; **the** ~ die Unterprivilegierten *pl;* **under·rate** [ˌʌndəˈreɪt] *vt* unterbewerten, unterschätzen; **under·rep·re·sent·ed** [ˌʌndəreprɪˈzentɪd] *adj* unterrepräsentiert; **under·score** [ˌʌndəˈskɔː(r)] I. *vt* ❶ unterstreichen ❷ (*fig*) hervorheben, betonen II. *s* Unterstreichung *f;* **under·seal** [ˈʌndəsiːl] I. *s* (*Br: von Auto*) Unterbodenschutz *m* II. *vt* mit Unterbodenschutz versehen; **under·sell** [ˌʌndəˈsel] <*irr:* -sold, -sold> *vt* verschleudern; unter (dem) Preis verkaufen; unterbieten; **under·shirt** [ˈʌndəʃɜːt] *s* (*Am*) Unterhemd *nt;* **under·side** [ˈʌndəsaɪd] *s* Unterseite *f;* **under·signed** [ˈʌndəsaɪnd] I. *adj* unterzeichnet II. *s* Unterzeichnete(r) *f m;* **under·sized** [ˌʌndəˈsaɪzd] *adj* unter Normalgröße; **under·skirt** [ˈʌndəskɜːt] *s* Unterrock *m;* **under·staffed** [ˌʌndəˈstɑːft] *adj* unterbesetzt; **be** ~ an Personalmangel leiden

under·stand [ˌʌndəˈstænd] <*irr:* understood, understood> I. *vt* ❶ verstehen (*by* unter) ❷ begreifen, einsehen ❸ annehmen, voraussetzen ❹ entnehmen, schließen (*from* aus); **I** ~ **that…** ich habe gehört, dass …; **am I to** ~ **that …?** soll das heißen, dass …?; ~ **one another** sich, einander (gut) verstehen; **give s.o. to** ~ jdm zu verstehen geben; **make o.s. understood** sich verständlich machen; **it's understood** es ist selbstverständlich, es versteht sich von selbst (*that* dass); **is that understood?** ist das klar? II. *vi* ❶ Verständnis, Einsicht haben ❷ Bescheid wissen; (**so**) **I** ~ wie ich höre

under·stand·able [-əbl] *adj* verständlich

under·stand·ing [-ɪŋ] I. *s* ❶ Verständnis *nt* (*of* für), Einsicht *f* (*of* in) ❷ Absprache *f,* Übereinkommen *nt,* Verständigung *f,* Einvernehmen *nt* (*between* zwischen) ❸ Voraussetzung *f;* **on this** ~ unter dieser Voraussetzung; **on the** ~ **that …** unter der Voraussetzung, dass …; **come to** [*o* **reach**] **an** ~ zu einer Verständigung kommen (*with* mit), sich einigen II. *adj* verständnisvoll

under·state [ˌʌndəˈsteɪt] *vt* untertreiben; zu niedrig ausweisen; **under·state·ment** [ˈʌndəsteɪt mənt] *s* Untertreibung *f*, Understatement *nt*; **under·stocked** [ˌʌndəˈstɒkt] *adj:* **be** ~ zu wenig Vorrat haben (*with* an)

under·stood [ˌʌndəˈstʊd] *s.* **understand**

under·sto·rey [ˌʌndəˈstɔːrɪ] *s* (BOT) Unter(be)stand *m*

under·study [ˈʌndəstʌdɪ] **I.** *s* (THEAT) Ersatzdarsteller(in) *m(f)* **II.** *vt* einspringen für

under·take [ˌʌndəˈteɪk] <irr: -took, -taken> *vt* ❶ (*Aufgabe*) übernehmen ❷ (*Pflicht*) auf sich nehmen ❸ (*Risiko*) eingehen ❹ sich verpflichten (*to do* zu tun) ❺ sich verbürgen, garantieren ❻ (*Arbeit, Reise*) unternehmen; **under·taker** [ˈʌndəteɪkə(r)] *s* Beerdigungsunternehmer(in) *m(f)*, Leichenbestatter(in) *m(f)*; **under·tak·ing** [ˌʌndəˈteɪkɪŋ] *s* ❶ Unternehmen *nt*; Projekt *nt* ❷ Zusicherung *f* ❸ Beerdigungsgewerbe *nt*

under-the-counter [ˌʌndəðəˈkaʊntə(r)] *adj:* ~ **sale** Verkauf *m* unter dem Ladentisch; **under·tone** [ˈʌndətəʊn] *s* ❶ gedämpfter Ton ❷ (*fig*) Unterton *m*; **under·tow** *s* Unterströmung *f*; **under·uti·lized** [ˌʌndəˈjuːtɪlaɪzd] *adj* nicht voll genutzt; **under·value** [ˌʌndəˈvæljuː] *vt* zu niedrig schätzen; unterbewerten; **under·water** [ˈʌndəwɔːtə(r)] *adj:* ~ **camera** Unterwasserkamera *f*; ~ **swimming** Unterwasserschwimmen *nt*; **under·wear** [ˈʌndəweə(r)] *s* Unterwäsche *f*; **under·weight** [ˌʌndəˈweɪt] *adj* untergewichtig; **he is several pounds** ~ er hat mehrere Pfund Untergewicht; **under·worked** [ˌʌndəˈwɜːkt] *adj* nicht ausgelastet; **under·world** [ˈʌndəwɜːld] *s* Unterwelt *f*; **under·write** [ˌʌndəˈraɪt] <irr: -wrote, -written> *vt* ❶ (FIN) garantieren ❷ (*Versicherung*) übernehmen ❸ (*ein Risiko*) versichern ❹ (*Anleihe*) die Platzierung übernehmen für; **under·writer** [ˈʌndəˌraɪtə(r)] *s* ❶ Emissionsbank *f*, Konsorte *m* ❷ Versicherer *m* ❸ ~**s** Konsortium *nt*

un·de·sir·able [ˌʌndɪˈzaɪərəbl] *adj* unerwünscht

un·de·tected [ˌʌndɪˈtektɪd] *adj* unentdeckt

un·de·vel·oped [ˌʌndɪˈveləpt] *adj* ❶ unentwickelt ❷ (COM) unerschlossen

un·did [ʌnˈdɪd] *s.* **undo**

un·dies [ˈʌndɪz] *s pl* (*fam*) (Unter)Wäsche *f*

un·dis·charged bank·rupt [ˌʌndɪstʃɑːdʒdˈbæŋkrʌpt] *s* nicht entlastete(r) Konkursschuldner(in) *m(f)*

un·dis·closed [ˌʌndɪsˈkləʊzd] *adj* ❶ nicht enthüllt, unbekannt ❷ verheimlicht

un·dis·covered [ˌʌndɪsˈkʌvəd] *adj* unentdeckt

un·dis·pu·ted [ˌʌndɪˈspjuːtɪd] *adj* unbestritten

un·dis·tin·guished [ˌʌndɪˈstɪŋgwɪʃt] *adj* mittelmäßig, durchschnittlich

un·di·vided [ˌʌndɪˈvaɪdɪd] *adj* ❶ ungeteilt ❷ (COM) nicht verteilt

undo [ʌnˈduː] <irr: undid, undone> *vt* ❶ aufmachen; (*Knoten*) lösen; (*Paket*) öffnen ❷ zerstören, vernichten; ruinieren ❸ (*Tat*) ungeschehen machen; **un·do·ing** [-ɪŋ] *s* Ruin *m*, Verderben, Unglück *nt*; **un·done** [ˌʌnˈdʌn] **I.** *pp of* **undo** **II.** *adj* ❶ (*Arbeit*) unerledigt ❷ (*Kleid, Paket*) offen; **leave nothing** ~ nichts unversucht lassen; **come** ~ aufgehen

un·doubted [ʌnˈdaʊtɪd] *adj* unbestritten; **un·doubted·ly** [-lɪ] *adv* zweifellos, gewiss, sicher

un·dreamed-of, undreamt-of [ʌnˈdriːmdɒv, ʌnˈdremtɒv] *adj* ungeahnt, unerwartet

un·dress [ʌnˈdres] **I.** *vt* entkleiden, ausziehen **II.** *vi* sich ausziehen, seine Kleider ablegen **III.** *s:* **in a state of** ~ halb bekleidet; **un·dressed** [ˌʌnˈdrest] *adj* ❶ unbekleidet ❷ (*Wunde*) unverbunden ❸ (*Häute*) ungegerbt ❹ (*Salat*) nicht angerichtet; **get** ~ sich ausziehen

un·due [ˌʌnˈdjuː] *adj* übertrieben; ungebührlich

un·du·late [ˈʌndjʊleɪt] *vi* wellig sein; wogen; **un·du·la·ting** [-ɪŋ] *adj* wellenförmig; (*Landschaft*) hügelig

un·duly [ˌʌnˈdjuːlɪ] *adv* (zu) sehr; übermäßig

un·dy·ing [ˌʌnˈdaɪɪŋ] *adj* unsterblich; unvergänglich, ewig

un·earned [ˌʌnˈɜːnd] *adj* ❶ (*Geld*) nicht verdient ❷ (*fig: Lob*) unverdient; ~ **income** Kapitaleinkommen *nt*; ~ **increment** Wertzuwachs *m*

un·earth [ʌnˈɜːθ] *vt* ❶ ausgraben ❷ (*fig*) ausfindig machen, entdecken; **un·earth·ly** [ʌnˈɜːθlɪ] *adj* ❶ unheimlich ❷ (*Schönheit*) überirdisch; **at this** ~ **hour** zu dieser unchristlichen Stunde

un·ease [ʌnˈiːz] *s* Unbehagen *nt*; Unruhe *f*; **un·easy** [-ɪ] *adj* ❶ unruhig (*about* wegen), besorgt (*about* um) ❷ unbehaglich ❸ ungeschickt; **be** ~ sich in seiner Haut nicht wohl fühlen; **I feel** ~ mir ist unbehaglich (zu Mute) (*about s.th.* wegen etw)

un·econ·omic(al [ˈʌnˌiːkəˈnɒmɪk(l)] *adj* unwirtschaftlich; unrentabel, verschwenderisch

un·edu·cated [ʌnˈedʒʊkeɪtɪd] *adj* ungebildet

un·emo·tional [ˌʌnɪˈməʊʃənl] *adj* nüch-

U

tern, sachlich; kühl; unbewegt

un·em·ploy·able [ˌʌnɪm'plɔɪəbl] *adj* (*Mensch*) arbeitsunfähig; **un·em·ployed** [ˌʌnɪm'plɔɪd] *adj* ❶ arbeitslos; erwerbslos ❷ unbe-, ungenutzt ❸ (*Kapital*) tot; **the ~** die Arbeitslosen *pl*; **un·em·ploy·ment** [ˌʌnɪm'plɔɪmənt] *s* Erwerbs-, Arbeitslosigkeit *f*; **~ among young people** Jugendarbeitslosigkeit *f*; **~ benefit** Arbeitslosengeld *nt*, -hilfe *f*; **~ insurance** Arbeitslosenversicherung *f*; **~ rate** Arbeitslosenquote *f*

un·en·force·able [ˌʌnɪn'fɔːsəbl] *adj* nicht erzwingbar; nicht klagbar

un·en·light·ened [ˌʌnɪn'laɪtnd] *adj* ❶ (*fig*) unaufgeklärt, uneingeweiht ❷ rückständig ❸ intolerant

un·en·vi·able [ˌʌn'envɪəbl] *adj* wenig beneidenswert

un·equal [ˌʌn'iːkwəl] *adj* ❶ ungleich; unausgeglichen ❷ nicht gewachsen (*to a task* einer Aufgabe); **un·equaled** *adj* (*Am*), **un·equal·led** [ˌʌn'iːkwld] *adj* einzig(artig); beispiellos; unübertroffen; **be ~** seinesgleichen suchen

un·equivo·cal [ˌʌnɪ'kwɪvəkl] *adj* unzweideutig

un·err·ing [ʌn'ɜːrɪŋ] *adj* ❶ unfehlbar ❷ untrüglich

UNESCO [juː'neskəʊ] *s Abk. von* **United Nations Educational, Scientific and Cultural Organisation** UNESCO *f*

un·even [ˌʌn'iːvn] *adj* ❶ uneben; ungleich ❷ unregelmäßig ❸ (*fig: Qualität*) ungleichmäßig ❹ (*fig*) uneinheitlich, unausgeglichen ❺ (*Zahl*) ungerade

un·event·ful [ˌʌnɪ'ventfʊl] *adj* ereignislos

un·ex·ampled [ˌʌnɪg'zɑːmpld] *adj* beispiellos, einmalig

un·ex·cep·tion·able [ˌʌnɪk'sepʃənəbl] *adj* untadelig, einwandfrei; **un·ex·cep·tional** [ˌʌnɪk'sepʃnəl] *adj* ❶ gewöhnlich ❷ ausnahmslos

un·ex·cit·ing [ˌʌnɪk'saɪtɪŋ] *adj* nicht besonders aufregend

un·ex·pected [ˌʌnɪk'spektɪd] *adj* unerwartet, unvorhergesehen

un·ex·peri·enced [ˌʌnɪk'spɪərɪənst] *adj* unerfahren; unerprobt

un·ex·plod·ed [ˌʌnɪk'spləʊdɪd] *adj* nicht explodiert

un·ex·ploit·ed [ˌʌnɪk'splɔɪtɪd] *adj* ungenutzt; brachliegend

un·ex·pressed [ˌʌnɪk'sprest] *adj* unausgesprochen; ungeäußert

un·ex·pres·sive [ˌʌnɪk'spresɪv] *adj* ausdruckslos

un·ex·pur·ga·ted [ˌʌn'ekspɜːgeɪtɪd] *adj* (*Buch*) ungekürzt

un·fail·ing [ʌn'feɪlɪŋ] *adj* unerschöpflich; zuverlässig

un·fair [ˌʌn'feə(r)] *adj* ❶ unfair, ungerecht(fertigt) ❷ unsportlich, unfair ❸ (*Wettbewerb*) unlauter (*to* gegenüber)

un·faith·ful [ˌʌn'feɪθfʊl] *adj* ❶ untreu (*to* gegenüber) ❷ ungenau

un·fal·ter·ing [ʌn'fɔːltərɪŋ] *adj* ❶ nicht wankend ❷ (*fig*) unerschütterlich

un·fam·il·iar [ˌʌnfə'mɪlɪə(r)] *adj* ❶ ungewohnt ❷ nicht vertraut (*with* mit); **be ~ with s.th.** etw nicht kennen

un·fas·ten [ˌʌn'fɑːsn] **I.** *vt* los-, aufmachen **II.** *vi* aufgehen

un·fath·om·able [ʌn'fæðəməbl] *adj* unergründlich, unerforschlich; **un·fath·omed** [ʌn'fæðəmd] *adj* unerforscht

un·fa·vor·able *adj* (*Am*), **un·fa·vour·able** [ˌʌn'feɪvrəbl] *adj* ungünstig, unvorteilhaft (*for, to* für); **~ balance of trade** passive Handelsbilanz *f*

un·feel·ing [ʌn'fiːlɪŋ] *adj* empfindungslos, grausam

un·feigned [ʌn'feɪnd] *adj* aufrichtig; unverhohlen

un·filled [ʌn'fɪld] *adj* leer; (*Stelle*) frei, offen, unbesetzt

un·fin·ished [ˌʌn'fɪnɪʃt] *adj* unvollendet; (TECH) unbearbeitet

un·fit [ˌʌn'fɪt] *adj* ❶ unfähig, untüchtig ❷ untauglich (*for* für) ❸ (SPORT) nicht in Form; **~ for work** arbeitsunfähig

un·flag·ging [ˌʌn'flægɪŋ] *adj* unermüdlich

un·flap·pable [ˌʌn'flæpəbl] *adj* unerschütterlich

un·flinch·ing [ʌn'flɪntʃɪŋ] *adj* unnachgiebig, entschlossen; unerschütterlich, unerschrocken

un·fold [ʌn'fəʊld] **I.** *vt* ❶ entfalten ❷ (*fig*) offen darlegen, enthüllen **II.** *vi* ❶ sich entfalten ❷ bekannt werden ❸ (*Knospe*) sich öffnen

un·fore·see·able [ˌʌnfɔː'siːəbl] *adj* unvorhersehbar; **un·fore·seen** [ˌʌnfɔː'siːn] *adj* unvorhergesehen

un·for·get·table [ˌʌnfə'getəbl] *adj* unvergesslich

un·for·giv·able [ˌʌnfə'gɪvəbl] *adj* unverzeihlich

un·for·tu·nate [ʌn'fɔːtʃʊnət] **I.** *adj* ❶ unglücklich ❷ bedauerlich ❸ erfolg-, aussichtslos ❹ (*Bemerkungen*) unpassend **II.** *s* Pechvogel *m*; **un·for·tu·nate·ly** [-lɪ] *adv* unglücklicherweise, leider

un·founded [ˌʌn'faʊndɪd] *adj* unbegründet, grundlos

un·freeze [ˌʌn'friːz] *vt, vi* ❶ auf-, abtauen ❷ (*fig: Preisstopp*) aufheben ❸ (*Gutha-*

ben) freigeben

un·fre·quented [ˌʌnfrɪˈkwentɪd] *adj* wenig besucht; einsam

un·friend·ly [ˌʌnˈfrendlɪ] *adj* ❶ unfreundlich (*to* gegen) ❷ ungünstig (*for, to* für)

un·ful·filled [ˌʌnfʊlˈfɪld] *adj* ❶ unerfüllt ❷ unausgefüllt; **unfulfilled order** *s* nicht ausgeführter Auftrag

un·furl [ʌnˈfɜːl] **I.** *vt* aufrollen; entfalten **II.** *vi* sich entfalten; sich aufrollen

un·fur·nished [ˌʌnˈfɜːnɪʃt] *adj* unmöbliert, leer

un·gain·ly [ʌnˈgeɪnlɪ] *adj* unbeholfen, plump; ungraziös

un·geared [ˌʌnˈgɪəd] *adj* (FIN) ohne Fremdmittel

un·gen·er·ous [ʌnˈdʒenərəs] *adj* kleinlich

un·gentle·man·ly [ʌnˈdʒentlmənlɪ] *adj* unfein, ungebildet; **that is ~** so etwas tut ein Gentleman nicht

un·get-at-able [ˌʌngetˈætəbl] *adj* (*fam*) schwer erreichbar, unerreichbar

un·god·ly [ʌnˈgɒdlɪ] *adj* ❶ gottlos ❷ (*fam*) verdammt; abscheulich ❸ (*fam*) gotteslästerlich; unmöglich; **at an ~ hour** zu nachtschlafender Zeit

un·gov·ern·able [ʌnˈgʌvənəbl] *adj* unbezähmbar; zügellos; (*Volk*) nicht zu regieren(d)

un·grace·ful [ˌʌnˈgreɪsfl] *adj* ohne Anmut, plump

un·gra·cious [ˌʌnˈgreɪʃəs] *adj* unhöflich

un·grate·ful [ʌnˈgreɪtfl] *adj* undankbar (*to* gegen)

un·grudg·ing [ˌʌnˈgrʌdʒɪŋ] *adj* entgegenkommend; großzügig; **un·grudg·ing·ly** [-lɪ] *adv* gern

un·guarded [ˌʌnˈgɑːdɪd] *adj* ❶ unbewacht ❷ (SPORT) ungedeckt ❸ sorglos, nachlässig; **in an ~ moment** in einem unbedachten Augenblick

un·guent [ˈʌŋgwənt] *s* Salbe *f*

un·hal·lowed [ʌnˈhæləʊd] *adj* ungeweiht

un·happy [ʌnˈhæpɪ] *adj* ❶ unglücklich; traurig ❷ nicht zufrieden; **feel ~ about s.th.** nicht glücklich über etw sein; ein ungutes Gefühl bei etw haben

un·harmed [ʌnˈhɑːmd] *adj* wohlbehalten, unversehrt

UNHCR [ˌjuːeneɪtʃsiːˈɑː] *s Abk. von* **United Nations High Commission for Refugees** Flüchtlingshilfswerk *nt* der UN

un·healthy [ʌnˈhelθɪ] *adj* ❶ kränklich ❷ ungesund

un·heard [ʌnˈhɜːd] *adj* ungehört; **un·heard-of** [ʌnˈhɜːdɒv] *adj* unerhört

un·hinge [ʌnˈhɪndʒ] *vt* verwirren, verstören

un·hip [ʌnˈhɪp] *adj* (*sl*) nicht cool

un·holy [ʌnˈhəʊlɪ] *adj* ❶ ungeweiht; (*Geister*) böse ❷ (*fam*) entsetzlich, schrecklich

un·hook [ʌnˈhʊk] *vt* los-, aufhaken; losmachen

un·hoped-for [ʌnˈhəʊptfɔː(r)] *adj* unerwartet, unverhofft

un·horse [ˌʌnˈhɔːs] *vt* aus dem Sattel werfen

un·hurt [ʌnˈhɜːt] *adj* unverletzt

UNICEF [ˈjuːnɪsef] *s Abk. von* **United Nations International Children's Emergency Fund** UNICEF *f*, Weltkinderhilfswerk *nt* der UNO

uni·corn [ˈjuːnɪkɔːn] *s* Einhorn *nt*

un·iden·ti·fied [ˌʌnaɪˈdentɪfaɪd] *adj* nicht identifiziert; unbekannt; **~ flying object, UFO** unbekanntes Flugobjekt, UFO *nt*

uni·fi·ca·tion [ˌjuːnɪfɪˈkeɪʃn] *s* Vereinheitlichung *f*; Einigung *f*; **unification treaty** *s* (POL) Einigungsvertrag *m*

uni·form [ˈjuːnɪfɔːm] **I.** *adj* ❶ gleich(bleibend), gleichförmig, -mäßig ❷ einförmig; einheitlich ❸ übereinstimmend **II.** *s* Uniform *f*; **uni·form·ity** [ˌjuːnɪˈfɔːmətɪ] *s* ❶ Gleichmäßigkeit *f* ❷ Einheitlichkeit *f* ❸ (*pej*) Eintönigkeit *f*

unify [ˈjuːnɪfaɪ] *vt* vereinheitlichen; einigen; vereinigen

uni·lat·eral [ˌjuːnɪˈlætrəl] *adj* einseitig, unilateral

un·im·ag·in·able [ˌʌnɪˈmædʒnəbl] *adj* unvorstellbar

un·im·peach·able [ˌʌnɪmˈpiːtʃəbl] *adj* unanfechtbar; einwandfrei, untadelig

un·in·formed [ˌʌnɪnˈfɔːmd] *adj* nicht unterrichtet, nicht informiert (*about, on* über)

un·in·hab·it·able [ˌʌnɪnˈhæbɪtəbl] *adj* unbewohnbar; **un·in·hab·ited** *adj* unbewohnt

un·in·hib·ited [ˌʌnɪnˈhɪbɪtɪd] *adj* ungehemmt

un·in·jured [ʌnˈɪndʒəd] *adj* unverletzt

un·in·sur·able [ˌʌnɪnˈʃʊərəbl] *adj* nicht versicherungsfähig; **un·in·sured** [ˌʌnɪnˈʃʊəd] *adj* nicht versichert

un·in·tel·li·gent [ˌʌnɪnˈtelɪdʒənt] *adj* unintelligent; **un·in·tel·li·gible** [ˌʌnɪnˈtelɪdʒəbl] *adj* unverständlich

un·in·ten·tional [ˌʌnɪnˈtenʃənl] *adj* unabsichtlich; **un·in·ten·tional·ly** [ˌʌnɪnˈtenʃnəlɪ] *adv* unbeabsichtigt

un·in·ter·ested [ʌnˈɪntrɪstɪd] *adj* uninteressiert (*in* an); **un·in·ter·est·ing** [ʌnˈɪntrɪstɪŋ] *adj* uninteressant

un·in·ter·rupted [ˌʌnɪntəˈrʌptɪd] *adj* ununterbrochen

union [ˈjuːnɪən] *s* ❶ Vereinigung *f*, Zusammenschluss *m*; Verbindung *f* ❷ (Staaten)Bund *m*, Union *f* ❸ (*trade ~*) Gewerk-

U

schaft *f* ❹ (TECH: *pipe* ~) Rohrverbindung *f* ❺ (*Textil*) gemischtes Gewebe ❻ (MATH) Vereinigungsmenge *f* ❼ (*fig*) Eintracht *f*; **in perfect** ~ in voller Eintracht; **union agreement**, **union contract** *s* Tarifvertrag *m*; **union dues**, **union subscription(s)** *s pl* Gewerkschaftsbeiträge *mpl*; **union·ist** [-ɪst] *s* ❶ Gewerkschaft(l)er(in) *m(f)* ❷ (POL) Unionist(in) *m(f)*, Unionsanhänger(in) *m(f)*; **union·ize** ['juːnɪənaɪz] *vt* gewerkschaftlich organisieren; **Union Jack** ['juːnɪən'dʒæk] *s* britische Nationalflagge; **union member** *s* Gewerkschaftsmitglied *nt*; **union official** *s* Gewerkschaftsfunktionär(in) *m(f)*; **union representative** *s* (gewerkschaftliche) Vertrauensperson *f*

unique [juː'niːk] *adj* ❶ einzig; einmalig ❷ einzigartig, ungewöhnlich ❸ (MATH) eindeutig; **unique·ness** [juː'niːknɪs] *s* Einmaligkeit, Einzigartigkeit *f*; **uniqueness theorem** *s* (MATH) Eindeutigkeitssatz *m*

uni·sex ['juːnɪseks] *adj* einheitlich für beide Geschlechter; Unisex-

uni·son ['juːnɪsn] *s* ❶ Einklang *m* ❷ (*fig*) Übereinstimmung *f* ❸ (MUS) Gleichklang *m*; **in** ~ einstimmig; **in** ~ **with** in Einklang mit

unit ['juːnɪt] *s* ❶ (*a.* MATH MIL) Einheit *f*, Stück *nt* ❷ Einzelteil, Anbauteil, Element *nt* ❸ (TECH) Anlage *f* ❹ (MATH) Einer *m* ❺ (*Organisation*) Abteilung *f* ❻ (FIN) Fondsanteil *m*; ~ **of account** Rechnungseinheit *f*; ~ **of charge** Gebühreneinheit *f*; ~ **of currency** Währungseinheit *f*; ~ **of sampling** Stichprobeneinheit *f*; ~ **of value** Wertmaßstab *m*; ~ **costs** Stückkosten *pl*; ~ **price** Stückpreis *m*; **generative** ~ Aggregat *nt*; **compressor** ~ Kompressor *m*; **kitchen** ~ Teil *nt* einer Einbauküche

unite [juː'naɪt] **I.** *vt* vereinigen, verbinden; (*fig*) vereinen **II.** *vi* sich vereinigen, sich zusammenschließen; ~ **in doing s.th.** etw gemeinsam tun; **united** [juː'naɪtɪd] *adj* ❶ vereinigt; verbunden ❷ (*Gruppe*) geschlossen ❸ (*Kräfte*) vereint; ~ **trust** offener Investmentfonds; **United Arab Emirates**, **UAE** *s pl* Vereinigte Arabische Emirate *ntpl*; **United Kingdom**, **UK** *s* Vereinigtes Königreich *nt* (*Großbritannien und Nordirland*); **United Nations (Organization)**, **UN(O)** *s sing* Vereinte Nationen *pl*; **United States (of America)**, **US(A)** *s sing od pl* Vereinigte Staaten *pl* (von Amerika)

unity ['juːnətɪ] *s* ❶ (*a.* MATH) Einheit *f* ❷ Einigkeit, Eintracht, Solidarität, Harmonie *f* (*among* unter) ❸ Einheitlichkeit, Geschlossenheit *f*; **in** ~ **with** in Übereinstimmung mit; **economic** ~ Wirtschaftseinheit *f*

uni·ver·sal [juːnɪ'vɜːsl] *adj* allgemein, allumfassend, universal; universell; ~ **agent** Generalvertreter(in) *m (f)*, -bevollmächtigte(r) *f m*; ~ **education** Allgemeinbildung *f*; **he is a** ~ **favourite** er ist allgemein beliebt; ~ **heir** Alleinerbe *m*; ~ **joint** [*o* **coupling**] (TECH) Universalgelenk *nt*; **Universal Postal Union** Weltpostverein *m*; ~ **suffrage** allgemeines Wahlrecht

uni·verse ['juːnɪvɜːs] *s* Weltall, Universum *nt*

uni·ver·sity [ˌjuːnɪ'vɜːsətɪ] *s* Universität *f*; **be at** ~ die Universität besuchen, studieren

? Grammatik

university wird ohne Artikel verwendet, wenn man sagen will, dass jemand dort studiert: *He's going to university in October;* aber mit Artikel, wenn man die Universität aus einem anderen Grund besucht: *We went to the university for a concert last night.*

university education *s* akademische Bildung; **university lecture** *s* Vorlesung *f*; **university lecturer** *s* Dozent(in) *m(f)*; **university library** *s* Universitätsbibliothek *f*; **university town** *s* Universitätsstadt *f*

un·just [ˌʌn'dʒʌst] *adj* ungerecht (*to* gegen); **un·jus·ti·fi·able** [ʌn'dʒʌstɪ faɪəbl] *adj* ❶ nicht zu rechtfertigen, ungerechtfertigt ❷ unentschuldbar; **un·jus·ti·fied** [ʌn'dʒʌstɪfaɪd] *adj* ❶ ungerechtfertigt ❷ (TYP) nicht ausgerichtet, im Flattersatz; **un·just·ly** [ˌʌn'dʒʌstlɪ] *adv* zu Unrecht; ungerecht

un·kempt [ˌʌn'kempt] *adj* ❶ ungekämmt, zerzaust, verwahrlost ❷ unordentlich

un·kind [ʌn'kaɪnd] *adj* unfreundlich; **un·kind·ly** [-lɪ] *adv* herzlos; unfreundlich

un·know·ing [ˌʌn'nəʊɪŋ] *adj* nichts wissend (*of* von); **un·known** [ˌʌn'nəʊn] **I.** *adj* unbekannt; fremd (*to s.o.* jdm); ~ **quantity** unbekannte Größe; (MATH) Unbekannte *f*; ~ **territory** (*a. fig*) Neuland *nt*; **it's** ~ **for him to do that** das tut er sonst eigentlich nicht **II.** *s* Unbekannte(r) *f m*; (MATH) Unbekannte *f*; (*Gegend*) unerforschtes Gebiet; **the** ~ das Unbekannte; das Ungewisse

un·law·ful [ˌʌn'lɔːfʊl] *adj* widerrechtlich,

ungesetzlich, illegal
un·lead·ed [ˌʌn'ledɪd] *adj* (*Benzin*) bleifrei, unverbleit
un·learn [ˌʌn'lɜːn] *vt* verlernen, vergessen; sich abgewöhnen
un·leash [ʌn'liːʃ] *vt* ❶ von der Leine lassen ❷ (*fig*) entfesseln
un·leav·ened [ˌʌn'levnd] *adj* (*Brot*) ungesäuert
un·less [ən'les] *conj* ❶ wenn nicht; außer wenn; es sei denn, dass ❷ vorausgesetzt, dass nicht
un·li·censed [ˌʌn'laɪsənst] *adj* unkonzessioniert
un·like [ˌʌn'laɪk] **I.** *adj* ungleich; verschieden **II.** *prep* ❶ unähnlich (*s.o.* jdm) ❷ im Gegensatz zu; **un·like·ly** [ʌn'laɪklɪ] *adj* unwahrscheinlich
un·limited [ʌn'lɪmɪtɪd] *adj* unbegrenzt; unbeschränkt; grenzenlos; ~ **liability** unbeschränkte Haftung
un·listed [ʌn'lɪstɪd] *adj* nicht verzeichnet
un·load [ʌn'ləʊd] *vt, vi* ❶ (*Ladung*) ab-, ausladen ❷ (MAR) löschen ❸ (*Fahrzeug*) entladen ❹ (*fig fam*) abladen; abwälzen ❺ (FIN) abstoßen
un·lock [ˌʌn'lɒk] *vt* aufschließen, -sperren; **un·locked** [ˌʌn'lɒkt] *adj* unverschlossen
un·looked-for [ʌn'lʊktfɔː(r)] *adj* unerwartet, überraschend
un·lucky [ʌn'lʌkɪ] *adj* ❶ unglücklich ❷ unheilvoll; **be** ~ Pech haben
un·man [ˌʌn'mæn] *vt* mutlos machen, entmutigen; **un·manned** [ˌʌn'mænd] *adj* unbemannt; nicht besetzt
un·man·ner·ly [ʌn'mænəlɪ] *adj* ungesittet, unmanierlich
un·mar·ried [ˌʌn'mærɪd] *adj* unverheiratet, ledig
un·mask [ʌn'mɑːsk] **I.** *vt* ❶ demaskieren ❷ (*fig*) entlarven, bloßstellen **II.** *vi* ❶ sich demaskieren ❷ (*fig*) die Maske fallen lassen
un·matched [ʌn'mætʃt] *adj* unübertroffen, unvergleichlich
un·men·tion·able [ʌn'menʃənəbl] *adj* unaussprechlich; **un·men·tioned** [ˌʌn'menʃnd] *adj* unerwähnt
un·mind·ful [ʌn'maɪndfl] *adj* unachtsam, unaufmerksam; **be** ~ **of s.th.** etw nicht beachten
un·mis·tak·able [ˌʌnmɪ'steɪkəbl] *adj* unverkennbar
un·miti·gated [ʌn'mɪtɪgeɪtɪd] *adj* ❶ ungemildert, unvermindert ❷ vollkommen, völlig; vollendet
un·moved [ʌn'muːvd] *adj* ❶ unbewegt ❷ (*fig*) ungerührt
un·natu·ral [ʌn'nætʃ-əl] *adj* ❶ unnatürlich ❷ widernatürlich, unnormal, abnorm; **it is** ~ **for her to do that** das tut sie normalerweise nicht
un·nec·es·sar·ily [ˌʌn'nesəsərəlɪ] *adv* unnötigerweise; übermäßig; **un·nec·es·sary** [ʌn'nesəsrɪ] *adj* unnötig, überflüssig
un·nerve [ˌʌn'nɜːv] *vt* ❶ zermürben ❷ den Mut nehmen (*s.o.* jdm)
un·no·ticed [ˌʌn'nəʊtɪst] *adj* unbemerkt
un·num·bered [ˌʌn'nʌmbəd] *adj* ❶ ungezählt, zahllos ❷ unnummeriert
un·ob·tain·able [ˌʌnəb'teɪnəbl] *adj* nicht erhältlich; **this number is** ~ kein Anschluss unter dieser Nummer
un·ob·trus·ive [ˌʌnəb'truːsɪv] *adj* ❶ (*Sache*) unaufdringlich ❷ (*Mensch*) zurückhaltend, bescheiden
un·oc·cupied [ˌʌn'ɒkjʊpaɪd] *adj* ❶ unbewohnt ❷ unbeschäftigt, müßig ❸ (MIL) unbesetzt
un·of·fi·cial [ˌʌnə'fɪʃl] *adj* inoffiziell, nicht amtlich
un·or·gan·ized [ˌʌn'ɔːgənaɪzd] *adj* ❶ chaotisch; unmethodisch; ungeordnet ❷ (*Arbeiter*) nicht gewerkschaftlich organisiert
un·or·tho·dox [ˌʌn'ɔːθədɒks] *adj* unorthodox, unkonventionell
un·pack [ˌʌn'pæk] *vt, vi* auspacken
un·paid [ˌʌn'peɪd] *adj* ❶ unbezahlt ❷ unfrankiert ❸ (*Stellung*) ehrenamtlich
un·pal·at·able [ˌʌn'pælətəbl] *adj* ungenießbar; (*Wahrheit*) bitter
un·par·al·leled [ʌn'pærəleld] *adj* unvergleichlich; einmalig
un·par·lia·men·tary [ˌʌnˌpɑːlə'mentrɪ] *adj* unparlamentarisch
un·per·turbed [ˌʌnpə'tɜːbd] *adj* gelassen, nicht aus der Ruhe zu bringen
un·pick [ˌʌn'pɪk] *vt* (*Naht*) auftrennen
un·placed [ˌʌn'pleɪst] *adj* (SPORT) unplatziert
un·pleas·ant [ʌn'pleznt] *adj* ❶ unangenehm ❷ ungefällig, unfreundlich; **un·pleas·ant·ness** [-nɪs] *s* ❶ Unstimmigkeit *f* ❷ Unannehmlichkeit *f*
un·plug [ˌʌn'plʌg] *vt* den Stecker herausziehen
un·plumbed [ˌʌn'plʌmd] *adj* unerforscht
un·polished [ˌʌn'pɒlɪʃt] *adj* ❶ unpoliert, rau ❷ (*fig*) grob; unausgeglichen
un·pol·luted [ˌʌnpə'luːtɪd] *adj* unverschmutzt
un·popu·lar [ˌʌn'pɒpjʊlə(r)] *adj* unbeliebt, unpopulär; **un·popu·lar·ity** [ʌnˌpɒpjʊ'lærətɪ] *s* Unbeliebtheit *f*
un·prac·ti·cal [ˌʌn'præktɪkl] *adj* unpraktisch
un·prac·ticed [ʌn'præktɪst] *adj*, **un·prac·tised** *adj* (*Am*) ungeübt, unerfahren

U

un·prece·dented [ʌnˈpresɪdentɪd] *adj* ❶ einmalig, beispiellos; noch nie dagewesen ❷ (JUR) ohne Präzedenzfall

un·pre·dict·able [ˌʌnprɪˈdɪktəbl] *adj* ❶ unvorhersehbar ❷ (*Person*) unberechenbar

un·preju·diced [ʌnˈpredʒʊdɪst] *adj* vorurteilsfrei, unvoreingenommen

un·pre·medi·tated [ˌʌnprɪˈmedɪteɪtɪd] *adj* unüberlegt; nicht vorsätzlich

un·pre·ten·tious [ˌʌnprɪˈtenʃəs] *adj* zurückhaltend, bescheiden; schlicht

un·prin·cipled [ʌnˈprɪnsəpld] *adj* ohne Grundsätze; gewissenlos

un·pro·duc·tive [ˌʌnprəˈdʌktɪv] *adj* unproduktiv, unergiebig (*of* an); ~ **capital** totes Kapital

un·pro·fes·sional [ˌʌnprəˈfeʃənl] *adj* (*Verhalten*) berufswidrig; (*Arbeit*) unfachmännisch, laienhaft

un·prof·it·able [ˌʌnˈprɒfɪtəbl] *adj* unrentabel

un·prompted [ˌʌnˈprɒmptɪd] *adj* aus eigenem Antrieb, spontan

un·pro·vided [ˌʌnprəˈvaɪdɪd] *adj:* ~ **for** unversorgt

un·pub·lished [ˌʌnˈpʌblɪʃt] *adj* unveröffentlicht

un·punc·tual [ˌʌnˈpʌŋktʃʊəl] *adj* unpünktlich

un·quali·fied [ʌnˈkwɒlɪfaɪd] *adj* ❶ unqualifiziert, ungeeignet, nicht befähigt ❷ uneingeschränkt, vorbehaltlos

un·ques·tion·able [ʌnˈkwestʃənəbl] *adj* unbestritten; fraglos; **un·ques·tion·ing** [ʌnˈkwestʃnɪŋ] *adj* (*Glaube*) bedingungslos, blind

un·quote [ʌnˈkwəʊt] *interj* Zitatende *nt;* **un·quoted** [ʌnˈkwəʊtɪd] *adj* (*Börse*) nicht notiert

un·ravel [ʌnˈrævl] *vt* ❶ auftrennen, -ziehen ❷ (*Fäden*) entwirren ❸ (*fig*) klären, lösen

un·read·able [ˌʌnˈriːdəbl] *adj* ❶ unleserlich ❷ unlesbar

un·real [ʌnˈrɪəl] *adj* unwirklich; (*sl*) unglaublich

un·real·is·tic [ˌʌnˌrɪəˈlɪstɪk] *adj* unrealistisch, realitätsfern

un·real·ized [ʌnˈrɪəlaɪzd] *adj* ❶ (COM) nicht realisiert ❷ unverwirklicht

un·reas·on·able [ʌnˈriːznəbl] *adj* ❶ unvernünftig; unsinnig ❷ unmäßig ❸ unangemessen ❹ übertrieben, exorbitant; **un·reas·on·ing** [ʌnˈriːsənɪŋ] *adj* unvernünftig

un·re·deemed [ˌʌnrɪˈdiːmd] *adj* ❶ (REL) unerlöst ❷ (*Pfand*) nicht eingelöst; (*Schuld*) ungetilgt; ~ **by** nicht aufgehoben durch

un·re·fined [ˌʌnrɪˈfaɪnd] *adj* ❶ nicht raffiniert ❷ (*Mensch*) unkultiviert

un·re·flect·ing [ˌʌnrɪˈflektɪŋ] *adj* gedankenlos; (*Handlung*) unüberlegt; (*Gefühl*) unreflektiert

un·reg·is·tered [ˌʌnˈredʒɪstəd] *adj* ❶ nicht eingetragen, nicht registriert; nicht gemeldet ❷ (*Brief*) nicht eingeschrieben ❸ (*Warenzeichen*) nicht eingetragen

un·re·lent·ing [ˌʌnrɪˈlentɪŋ] *adj* unablässig; hartnäckig, unnachgiebig; unbarmherzig

un·re·lia·bil·ity [ˈʌnrɪˌlaɪəˈbɪlətɪ] *s* Unzuverlässigkeit *f;* **un·re·li·able** [ˌʌnrɪˈlaɪəbl] *adj* unzuverlässig

un·re·lieved [ˌʌnrɪˈliːvd] *adj* ❶ ununterbrochen ❷ ungemildert

un·re·mit·ting [ˌʌnrɪˈmɪtɪŋ] *adj* unablässig, unaufhörlich, ununterbrochen

un·re·peat·able [ˌʌnrɪˈpiːtəbl] *adj* nicht zu wiederholen

un·re·quit·ed [ˌʌnrɪˈkwaɪtɪd] *adj* (*Liebe*) unerwidert

un·re·served [ˌʌnrɪˈzɜːvd] *adj* nicht reserviert; **un·re·serv·ed·ly** [ˌʌnrɪˈzɜːvɪdlɪ] *adv* rückhaltlos; frei, offen

un·rest [ʌnˈrest] *s* Unruhen *fpl,* Unzufriedenheit *f;* **focus of** ~ Unruheherd *m;* **student** ~ Studentenunruhen *fpl*

un·re·strained [ˌʌnrɪˈstreɪnd] *adj* uneingeschränkt; (*Gefühle*) ungehemmt; (*Freude, Atmosphäre*) ungezügelt; (*pej*) unbeherrscht

un·re·stricted [ˌʌnrɪˈstrɪktɪd] *adj* ❶ unbeschränkt ❷ (*Geschwindigkeit*) unbegrenzt

un·ripe [ˌʌnˈraɪp] *adj* unreif

un·ri·valed *adj* (*Am*), **un·ri·valled** [ʌnˈraɪvld] *adj* konkurrenzlos; unvergleichlich, einzigartig

un·roll [ʌnˈrəʊl] **I.** *vt* aufrollen **II.** *vi* sich entfalten

un·ruffled [ʌnˈrʌfld] *adj* unbewegt, ruhig

un·ruly [ʌnˈruːlɪ] *adj* ❶ widersetzlich, undiszipliniert ❷ ungehorsam, aufsässig ❸ (*Haar*) widerspenstig

un·saddle [ˌʌnˈsædl] *vt* ❶ (*Pferd*) absatteln ❷ aus dem Sattel werfen

un·safe [ˌʌnˈseɪf] *adj* nicht sicher, unsicher; gefährlich

un·said [ˌʌnˈsed] *adj* unausgesprochen; **leave s.th.** ~ etw ungesagt sein lassen

un·sal·aried [ˌʌnˈsælərɪd] *adj* (*Arbeit*) unbezahlt; ehrenamtlich

un·sal(e)·able [ˌʌnˈseɪləbl] *adj* unverkäuflich

un·sat·is·fac·tory [ˈʌnˌsætɪsˈfæktrɪ] *adj* unbefriedigend

un·sat·is·fied [ˌʌnˈsætɪsfaɪd] *adj* unbefriedigt

un·sa·vory *s* (*Am*), **un·sa·voury**

[ˌʌn'seɪvərɪ] *s* unerfreulich; widerwärtig

un·say [ʌn'seɪ] *vt* ungesagt machen

un·scathed [ʌn'skeɪðd] *adj* unbeschädigt, unverletzt

un·sched·uled [ˌʌn'ʃedju:ld] *adj* außerplanmäßig

un·schooled [ˌʌn'sku:ld] *adj* ungebildet; unausgebildet

un·screened [ˌʌn'skri:nd] *adj* ❶ (*Film*) nicht gezeigt ❷ nicht abgeschirmt ❸ nicht überprüft; nicht untersucht

un·scripted [ʌn'skrɪptɪd] *adj* improvisiert

un·scru·pu·lous [ʌn'skru:pjʊləs] *adj* skrupel-, gewissenlos

un·seal [ˌʌn'si:l] *vt* öffnen; entsiegeln; **un·sealed** [ˌʌn'si:ld] *adj* offen; unversiegelt

un·seat [ˌʌn'si:t] *vt* ❶ des Amtes entheben; (PARL) seinen Sitz nehmen (*s.o.* jdm) ❷ (*Reiter*) abwerfen

un·se·cured [ˌʌnsɪ'kjʊəd] *adj* ❶ ungesichert ❷ (COM) ungedeckt

un·see·ing [ˌʌn'si:ɪŋ] *adj* ❶ nicht sehend ❷ (*fig*) blind; (*Blick*) leer

un·seem·ly [ʌn'si:mlɪ] *adj* unpassend, unschicklich

un·seen [ʌn'si:n] **I.** *adj* ungesehen; unbemerkt **II.** *s* (SCHULE) Herübersetzung *f*

un·self·ish [ˌʌn'selfɪʃ] *adj* selbstlos, uneigennützig

un·ser·vice·able [ˌʌn'sɜ:vɪsəbl] *adj* unbrauchbar (*to* für)

un·settle [ˌʌn'setl] *vt* ❶ durcheinander bringen; aufregen; verstören ❷ beunruhigen; aufregen; verunsichern ❸ (*Fundament*) erschüttern; **un·settled** [ˌʌn'setld] *adj* ❶ (*Gebiet*) unbesiedelt ❷ (*Rechnung*) unbezahlt ❸ (*Frage*) ungeklärt; (*Zukunft*) ungewiss ❹ (*Wetter, Markt, Verhältnisse*) unbeständig; (*Leben*) unstet; **be ~** (*Mensch*) aus dem Gleichgewicht geworfen sein; **un·sett·ling** [-ɪŋ] *adj* ❶ aufreibend ❷ (*Wissen, Nachricht*) beunruhigend; **have an ~ influence on** durcheinander bringen, aus dem Gleichgewicht bringen; **have an ~ effect on** aus dem Gleis werfen; verunsichern; verstören

un·shak·able [ʌn'ʃeɪkəbl] *adj* unerschütterlich

un·sha·ven [ˌʌn'ʃeɪvn] *adj* unrasiert

un·shod [ˌʌn'ʃɒd] *adj* ❶ barfuß ❷ (*Pferd*) unbeschlagen

un·shrink·able [ˌʌn'ʃrɪŋkəbl] *adj* ❶ nicht schrumpfend ❷ (*Gewebe*) nicht einlaufend; **un·shrink·ing** [ˌʌn'ʃrɪŋkɪŋ] *adj* furchtlos

un·sight·ly [ʌn'saɪtlɪ] *adj* unansehnlich, hässlich

un·signed [ˌʌn'saɪnd] *adj* nicht unterzeichnet

un·skilled [ˌʌn'skɪld] *adj* ungelernt; ungeübt; **~ labo(u)r** [*o* **workers**] ungelernte Arbeitskräfte *fpl*, Hilfsarbeiter *mpl*

un·soci·able [ʌn'səʊʃəbl] *adj* ungesellig

un·social [ˌʌn'səʊʃl] *adj* unsozial; **work ~ hours** außerhalb der normalen Arbeitszeiten arbeiten

un·sold [ˌʌn'səʊld] *adj* unverkauft

un·sol·ici·ted [ˌʌnsə'lɪsɪtɪd] *adj* unverlangt; unaufgefordert

un·soph·is·ti·cated [ˌʌnsə'fɪstɪkeɪtɪd] *adj* ❶ einfach ❷ natürlich, ungekünstelt ❸ naiv; unkritisch

un·sound [ˌʌn'saʊnd] *adj* ❶ krank; (*Gesundheit*) schlecht ❷ (*Gebäude*) baufällig; (*Finanzen*) unsicher ❸ (*Grund*) nicht stichhaltig; (*Rat*) töricht; (*Urteil*) unzuverlässig; (*Politik*) unvernünftig ❹ (COM) finanzschwach; unsicher; **of ~ mind** (JUR) unzurechnungsfähig; **be ~ on a subject** auf einem Gebiet unsicher, schlecht bewandert sein

un·spar·ing [ʌn'speərɪŋ] *adj* ❶ verschwenderisch, freigebig (*of* mit) ❷ reichlich, großzügig (*of* mit) ❸ schonungslos (*of* gegen); **be ~ in one's efforts** keine Mühe scheuen

un·speak·able [ʌn'spi:kəbl] *adj* unaussprechlich, unsagbar; scheußlich

un·spec·ified [ˌʌn'spesɪfaɪd] *adj* nicht spezifiziert, nicht einzeln angegeben

un·stable [ˌʌn'steɪbl] *adj* ❶ labil; unsicher, schwankend ❷ (*a. fig*) unbeständig, instabil

un·stressed [ˌʌn'strest] *adj* (*Silbe*) unbetont

un·stuck [ˌʌn'stʌk] *adj* nicht fest; lose; **come ~** sich lösen; (*Plan*) schief gehen; (*Redner*) stecken bleiben; **we came ~** wir sind gescheitert

un·stud·ied [ˌʌn'stʌdɪd] *adj* ungekünstelt, natürlich

un·sub·stan·tial [ˌʌnsəb'stænʃl] *adj* ❶ dürftig, nicht solide ❷ (*Geist*) körperlos ❸ (*Essen*) leicht ❹ (*Beweis*) haltlos; (*Anspruch*) unberechtigt

un·suc·cess·ful [ˌʌnsək'sesfl] *adj* erfolglos; (*Versuch*) vergeblich; (*Ergebnis*) nicht erfolgreich; **be ~ in doing s.th.** mit etw keinen Erfolg haben

un·suit·able [ˌʌn'su:təbl] *adj* unpassend, unangebracht; ungeeignet (*to, for* für)

un·sullied [ˌʌn'sʌlɪd] *adj* unbefleckt

un·sure [ˌʌn'ʃʊə(r)] *adj* unsicher; (*Methode*) unzuverlässig

un·sus·pect·ing [ˌʌnsə'spektɪŋ] *adj* nichtsahnend

un·swerv·ing [ˌʌn'swɜ:vɪŋ] *adj* unerschüt-

U

terlich, standhaft
un·tapped [ˌʌnˈtæpt] *adj* ungenutzt
un·taxed [ˌʌnˈtækst] *adj* unbesteuert, steuerfrei
un·ten·able [ˌʌnˈtenəbl] *adj* unhaltbar
un·ten·anted [ˌʌnˈtenəntɪd] *adj* unbewohnt
un·think·able [ʌnˈθɪŋkəbl] *adj* undenkbar; **un·think·ing** [ʌnˈθɪŋkɪŋ] *adj* gedankenlos; unbedacht; **un·thought-of** [ʌnˈθɔːtɒv] *adj* ungeahnt
un·ti·di·ness [ʌnˈtaɪdɪnɪs] *s* Unordentlichkeit *f;* **un·tidy** [ʌnˈtaɪdɪ] *adj* unordentlich
un·tie [ˌʌnˈtaɪ] *vt* aufbinden, -knoten; losbinden
un·til [ənˈtɪl] **I.** *prep* (*zeitlich*) bis, bis zu; **not** ~ nicht vor; erst; ~ **further notice** bis auf Widerruf, bis auf weiteres **II.** *conj* bis (dass); **not** ~ nicht bevor; erst als, erst wenn
un·time·ly [ʌnˈtaɪmlɪ] *adj* ❶ ungelegen, unangebracht ❷ vorzeitig
un·told [ˌʌnˈtəʊld] *adj* ❶ nicht erzählt ❷ ungezählt, unzählig ❸ (*Reichtum*) unermesslich
un·touched [ˌʌnˈtʌtʃt] *adj* ❶ unberührt ❷ nicht erwähnt ❸ unverletzt, intakt ❹ ungerührt; unbeeinflusst ❺ (*fig*) unerreicht
un·to·ward [ˌʌntəˈwɔːd] *adj* ❶ ungünstig, unglücklich ❷ unschicklich, unziemlich; **I hope nothing** ~ **has happened** ich hoffe, dass nichts Schlimmes passiert ist
un·trans·fer·able [ˌʌntrænsˈfɜːrəbl] *adj* (COM) nicht übertragbar
un·trans·lat(e·)able [ˌʌntrænsˈleɪtəbl] *adj* unübersetzbar
un·treat·ed [ʌnˈtriːtɪd] *adj* unbehandelt
un·true [ˌʌnˈtruː] *adj* ❶ unwahr, falsch ❷ unrichtig
un·trust·worthy [ˌʌnˈtrʌstˌwɜːðɪ] *adj* unzuverlässig
un·truth [ʌnˈtruːθ] *s* Unwahrheit *f;* **un·truth·ful** [ʌnˈtruːθfl] *adj* ❶ unwahr, falsch ❷ unwahrhaft, unaufrichtig, lügnerisch
un·turned [ˌʌnˈtɜːnd] *adj:* **leave no stone** ~ (*fig*) nichts unversucht lassen
un·tu·tored [ˌʌnˈtjuːtəd] *adj* ungeschult
un·used [ʌnˈjuːzd] *adj* ❶ ungebraucht, unbenutzt ❷ (*Kredit*) nicht beansprucht ❸ nicht gewöhnt (*to* an), nicht gewohnt (*to doing* zu tun)
un·usual [ʌnˈjuːʒl] *adj* ❶ ungewöhnlich ❷ selten; **un·usually** [ʌnˈjuːʒəlɪ] *adv* ungewöhnlich; sehr; in höchstem Maße
un·ut·ter·able [ʌnˈʌtərəbl] *adj* ❶ unaussprechlich ❷ unbeschreiblich
un·var·nished [ʌnˈvɑːnɪʃt] *adj* (*Wahrheit*) ungeschminkt
un·veil [ˌʌnˈveɪl] **I.** *vt* ❶ entschleiern ❷ enthüllen, aufdecken ❸ (*fig*) ans Licht, an den Tag bringen; den Schleier lüften von **II.** *vi* den Schleier fallen lassen
un·versed [ˌʌnˈvɜːst] *adj* unerfahren (*in* in)
unwaged *s:* **the** ~ die Erwerbslosen *pl*
un·war·ranted [ˌʌnˈwɒrəntɪd] *adj* ungerechtfertigt
un·wa·ver·ing [ʌnˈweɪvərɪŋ] *adj* standhaft, unerschütterlich
un·well [ʌnˈwel] *adj* unwohl, unpässlich; **feel** ~ sich nicht wohl fühlen
un·wieldy [ʌnˈwiːldɪ] *adj* ❶ unhandlich, sperrig ❷ ungeschickt, schwerfällig
un·will·ing [ˌʌnˈwɪlɪŋ] *adj* widerwillig; **be** ~ keine Lust haben (*to do* zu tun); **un·will·ing·ly** [-lɪ] *adv* ungern
un·wind [ˌʌnˈwaɪnd] <*irr:* -wound, -wound> **I.** *vt* abwickeln **II.** *vi* ❶ (*fam*) abschalten, sich entspannen ❷ (*Rolle*) sich abwickeln; (*Handlung*) sich entwickeln, abrollen
un·wise [ʌnˈwaɪz] *adj* unklug
un·wit·ting [ʌnˈwɪtɪŋ] *adj* unbewusst; unabsichtlich; unwissentlich; **un·wit·ting·ly** [-lɪ] *adv* unwissentlich; ohne Absicht; ahnungslos
un·wonted [ʌnˈwəʊntɪd] *adj* ❶ ungewohnt (*to do* zu tun) ❷ ungewöhnlich, selten
un·work·able [ˌʌnˈwɜːkəbl] *adj* nicht durchführbar; (*Plan*) unausführbar; (*Material*) nicht bearbeitbar; (MIN) nicht abbauwürdig
un·world·ly [ˌʌnˈwɜːldlɪ] *adj* weltabgewandt; weltfremd
un·worthy [ʌnˈwɜːðɪ] *adj* unwürdig; **be** ~ **of s.th.** einer S nicht wert, würdig sein; **that's** ~ **of you** das ist unter deiner Würde
un·wrap [ˌʌnˈræp] *vt* auswickeln, -packen
un·writ·ten [ˌʌnˈrɪtn] *adj* ungeschrieben; ~ **agreement** mündliche Vereinbarung, stillschweigende Übereinkunft; ~ **law** ungeschriebenes Gesetz
un·yield·ing [ʌnˈjiːldɪŋ] *adj* ❶ nicht nachgebend, starr ❷ (*fig*) unnachgiebig
un·zip [ˌʌnˈzɪp] *vt* den Reißverschluss öffnen (*s.th.* einer S)
up [ʌp] **I.** *adv* ❶ oben; nach oben; ~ **here** hier oben; ~ **there** da oben; **on the way** ~ auf dem Weg hinauf; (*fig*) auf dem Weg nach oben; **go** ~ hinauf-, hochgehen; **jump** ~ aufspringen; hinaufspringen; **look** ~ hochsehen; **things are looking** ~ es geht bergauf; **throw** ~ hochwerfen; (*fam*) kotzen; (**stand**) ~**!** steh auf!; ~ **in Hamburg** oben in Hamburg ❷ (INFORM) laufend ❸ (*nicht im Bett*) auf; **get** ~ aufstehen ❹ (*Preise*) gestiegen ❺ (*Gebäude*) gebaut;

be ~ stehen; (*Gerüst*) aufgestellt sein; (*Bild, Mitteilung, Tapete, Vorhänge*) hängen ⑥ (*Zahlen*) aufwärts; **from £3** ~ von £3 aufwärts, ab £3; **from the age of 18** ~ ab 18 Jahren; ~ **to € 100** bis zu € 100,- ⑦ (*Begrenzung*) bis; ~ **to here/now** bis hier/jetzt ⑧ (SPORT) in Führung; **be one** ~ **on s.o.** (*fig*) jdm um einen Schritt voraus sein ⑨ (*in Kenntnissen*) beschlagen (*in, on* in); **be well** ~ **in s.th.** sich in etw auskennen ⑩ zu Ende, vorüber, um; **time's** ~ die Zeit ist um; **it's all** ~ **with her** es ist aus mit ihr ⑪ (~ *to*) gewachsen; abhängig; **be** [*o* **feel**] ~ **to s.th.** einer S gewachsen sein; **it's** ~ **to him to do that** es hängt von ihm ab, das zu tun, es liegt bei ihm, das zu tun; **it's** ~ **to my boss** das ist Aufgabe meines Chefs; **it's not** ~ **to much** das taugt nicht viel ⑫ (*mit anderen Präpositionen*): ~ **against** gegen; **be** ~ **against problems** Schwierigkeiten haben; **be** ~ **against a difficult opponent** einem schwierigen Gegner gegenüberstehen; **I know what we're** ~ **against** ich weiß, wie schwer das ist; ~ **and down** auf und ab; hin und her; ~ **and** ~ immer höher ⑬ (*Wendungen*): **what are you** ~ **to?** was machst du?; was hast du vor?; **he is** ~ **to no good** er führt irgendetwas im Schilde; **what's** ~**?** (*fam*) was ist los?; **what's** ~ **with you?** was ist mit dir los?; **there is something** ~ **with him/it** irgend etwas stimmt mit ihm/damit nicht; **be** ~ **for sale** zu verkaufen sein, zum Verkauf stehen; **be** ~ **for discussion** zur Diskussion stehen; **be** ~ **for election** aufgestellt sein; **be** ~ **for trial** vor Gericht stehen **II.** *prep* hinauf; oben auf; **go** ~ **the hill** den Berg hinaufgehen **III.** *s* Höhepunkt *m;* ~**s and downs** Höhen und Tiefen; **be on the** ~ **and** ~ immer besser werden; (*sl*) sauber sein **IV.** *vt* (*fam*) erhöhen; (*Produktion*) ankurbeln **V.** *vi* (*fam*) aufstehen; **she** ~**ped and kissed him** sie gab ihm plötzlich einen Kuss

up-and-com·ing [ˌʌpənˈkʌmɪŋ] *adj* aufstrebend; im Aufstieg

up·beat [ˈʌpbiːt] **I.** *s* (MUS) Auftakt *m* **II.** *adj* (*fam*) fröhlich; optimistisch

up·braid [ˌʌpˈbreɪd] *vt* tadeln (*for, with* wegen)

up·bring·ing [ˈʌpbrɪŋɪŋ] *s* Erziehung *f*

up·com·ing [ˈʌpˌkʌmɪŋ] *adj* (*Am*) bevorstehend

up-coun·try [ˌʌpˈkʌntrɪ] *adj* landeinwärts, im Landesinneren

up·date [ˌʌpˈdeɪt] **I.** *vt* auf den neuesten Stand bringen, aktualisieren **II.** *s* Aktualisierung *f;* **up·dat·ing** [-ɪŋ] *s* Aktualisierung *f*

up·draught [ˈʌpdrɑːft] *s* Aufwind *m*

up·end [ʌpˈend] *vt* ① umstülpen ② auf den Kopf, hochkant stellen

up·front [ˈʌpfrʌnt] *adv* im voraus

up·grade [ˈʌpˌgreɪd] **I.** *s* ① (INFORM) Erweiterung *f* ② (*Am*) Steigung *f* (*im Gelände*); **be on the** ~ (*fig*) auf dem Weg nach oben sein **II.** *adj* (*Am*) ansteigend **III.** *adv* (*Am*) bergauf **IV.** [ˌʌpˈgreɪd] *vt* höher einstufen; befördern; (*Image, Verdienst*) aufbessern, -werten, anheben; (INFORM) erweitern; **up·grade·able** [ˌʌpˈgreɪdəbl] *adj* (INFORM) erweiterbar; **up·grad·ing** [ˌʌpˈgreɪdɪŋ] *s* ① Höhergruppierung *f* ② Beförderung *f* ③ (INFORM) Erweiterung *f*

up·heaval [ˌʌpˈhiːvl] *s* (*fig*) Umwälzung *f,* Umsturz *m*

up·hill [ˌʌpˈhɪl] **I.** *adv* bergan, bergauf **II.** *adj* ① (an)steigend ② (*fig*) mühselig, anstrengend

up·hold [ˌʌpˈhəʊld] <*irr:* -held, -held> *vt* wahren; (*Gesetz*) hüten; (*Entscheidung, jdn*) unterstützen; (JUR) bestätigen

up·hol·ster [ʌpˈhəʊlstə(r)] *vt* polstern; **well** ~**ed** (*Mensch*) gut gepolstert; **up·hol·sterer** [ʌpˈhəʊlstərə(r)] *s* Polsterer *m,* Polsterin *f;* **up·hol·stery** [ˌʌpˈhəʊlstərɪ] *s* Polsterung *f;* Polstern *nt;* Polsterei *f*

up·keep [ˈʌpkiːp] *s* ① Instandhaltung *f* ② Instandhaltungs-, Unterhaltungskosten *pl*

up·land [ˈʌplənd] *s* Hochland *nt*

up·lift [ˈʌplɪft] **I.** *s* ① (*fig*) Erbauung *f;* Erhebung *f* ② (FIN) Anhebung *f* **II.** [ʌpˈlɪft] *vt* ① (*fig*) erheben ② (*schottisch*) abholen; **feel** ~**ed** sich erbaut fühlen

up·market [ˈʌpˈmɑːkɪt] *adj* (*Produkt*) für den anspruchsvollen Kunden; (*Haus, Hotel etc.*) luxuriös; Luxus-; (*Zeitschrift, Kunde*) anspruchsvoll

upon [əˈpɒn] *prep* auf; **once** ~ **a time** es war einmal; ~ **inquiry** auf Erkundigungen hin; ~ **this** hierauf, danach, dann; ~ **my word** auf mein Wort

up·per [ˈʌpə(r)] **I.** *adj* höhe(r, s), obere(r, s); ~ **arm** Oberarm *m;* ~ **jaw** Oberkiefer *m;* ~ **lip** Oberlippe *f;* **Upper Egypt** Oberägypten *nt;* ~ **income bracket** obere Einkommensgruppe; **get/have the** ~ **hand of** die Oberhand gewinnen/haben über; **the** ~ **circle** (THEAT) der erste Rang; **the Upper House** (PARL) das Oberhaus; **the** ~ **storey** oberes Stockwerk; (*fam*) das Oberstübchen; **the** ~ **crust** (*fam*) die oberen Zehntausend **II.** *s* ① ~**s** Oberleder, -material *nt* ② (*sl*) Peppille *f;* **be on one's** ~**s** auf den Hund gekommen sein; **upper-body** *adj*

Oberkörper-; **upper case** *s* (TYP) Großbuchstabe *m;* **upper class** *s* Oberschicht *f;* **upper-class** *adj* der Oberschicht; vornehm, fein; **upper·cut** *s* (*Boxen*) Kinnhaken *m;* **upper deck** *s* (MAR) Oberdeck *nt;* **up·per·most** ['ʌpə(r)məʊst] **I.** *adj* oberste(r, s), höchste(r, s) **II.** *adv* ganz oben; **say what is ~ in one's mind** sagen, was einem am wichtigsten ist

up·pish, **up·pity** ['ʌpɪʃ, 'ʌpətɪ] *adj* dünkelhaft, überheblich

up·right ['ʌpraɪt] **I.** *adj* ① aufrecht, senkrecht ② aufrecht, ehrlich **II.** *adv* aufrecht, gerade; senkrecht **III.** *s* ① Ständer, Pfosten *m* ② (MUS) Klavier *nt*

up·ris·ing ['ʌpraɪzɪŋ] *s* Aufstand *m*

up·roar ['ʌprɔː(r)] *s* Lärm, Spektakel *m;* **up·roari·ous** [ʌp'rɔːrɪəs] *adj* tobend, lärmend, laut; fürchterlich komisch

up·root [ˌʌp'ruːt] *vt* ① entwurzeln ② (*fig: Übel*) ausmerzen

up·set [ˌʌp'set] <*irr:* upset, upset> **I.** *vt* ① umstoßen, umwerfen, umkippen ② (*jdn*) bestürzen, mitnehmen; aus der Fassung bringen; aus dem Gleichgewicht bringen; aufregen; verletzen ③ (*Pläne, Berechnungen*) durcheinander bringen; (*Theorie*) umstoßen ④ (*Magen*) verderben; **don't ~ yourself** regen Sie sich nicht auf; **now you've ~ him** jetzt ist er beleidigt; jetzt regt er sich auf; **what's ~ you?** was hast du denn?; **fatty food ~s my stomach** fettes Essen vertrage ich nicht **II.** *vi* umkippen **III.** *adj* ① mitgenommen, geknickt; bestürzt; ärgerlich; gekränkt ② (*Magen*) verstimmt, verdorben; **don't be ~!** nimm's nicht so schwer!; **I'd be ~ if she did that** ich würde mich aufregen, wenn sie das täte **IV.** ['ʌpset] *s* ① Störung *f;* böse Überraschung ② Aufregung *f;* Ärger *m* ③ verdorbener Magen, Magenverstimmung *f;* **that was an ~ to our plans** das hat unsere Pläne durcheinander geworfen; **upset price** *s* Mindestpreis *m*

up·shot ['ʌpʃɒt] *s* Ergebnis, Resultat *nt*

up·side down [ˌʌpsaɪd 'daʊn] *adv* verkehrt herum; **turn s.th. ~** etw auf den Kopf stellen; **the world is ~** die Welt steht kopf

up·stage [ˌʌp'steɪdʒ] **I.** *adv* im Hintergrund der Bühne **II.** *adj* (*fam*) eingebildet, hochmütig **III.** *vt* (*fig*) an die Wand spielen, in den Hintergrund drängen

up·stairs [ˌʌp'steəz] **I.** *adv* ① oben, im oberen Stock ② (die Treppe) hinauf, in den oberen Stock; **go ~** nach oben, hinaufgehen **II.** *adj* im oberen Stockwerk **III.** *s* obere Stockwerke *ntpl*

up·stand·ing [ˌʌp'stændɪŋ] *adj* (*fig*) rechtschaffen; **be ~** (JUR) stehen; aufstehen

up·start ['ʌpstɑːt] *s* Emporkömmling *m*

up·state ['ʌpsteɪt] *adj* (*in den USA*) im Norden (des Bundesstaates); in den Norden

up·stream [ˌʌp'striːm] *adv* fluss-, stromaufwärts

up·surge ['ʌpsɜːdʒ] *s* ① Aufwallung *f* ② (*fig*) steiler Aufstieg, Anstieg

up·swing ['ʌpswɪŋ] *s* (*fig*) Anstieg, Aufschwung *m;* (COM) Konjunkturaufschwung *m*

up·take ['ʌpteɪk] *s:* **be quick on the ~** schnell begreifen; **be slow on the ~** schwer von Begriff sein

up·tick [ʌp'tɪk] *s* (*Am*) kleiner Zuwachs

up·tight [ʌp'taɪt] *adj* (*sl*) verklemmt; verärgert; nervös; **be ~ about s.th.** etw eng sehen; **get ~ about s.th.** (*fam*) wegen etw ausflippen

up-to-date [ˌʌptə'deɪt] *adj* ① auf dem neuesten Stand; hochaktuell ② modern; **keep ~** auf dem Laufenden bleiben; **bring ~** auf den neuesten Stand bringen; aktualisieren; **up-to-the-min·ute** ['ʌptəðə'mɪnɪt] *adj* modernste(r, s); (*Information*) auf dem neuesten Stand

up·town [ˌʌp'taʊn] **I.** *adv* (*in den USA*) im, in den Norden (der Stadt); im, ins Villenviertel **II.** *s* (*Am*) Villenviertel *nt*

up·trend ['ʌptrend] *s* Aufwärtstrend *m*

up·turn ['ʌptɜːn] *s* (*fig*) Besserung *f,* Aufschwung *m;* **economic ~** Konjunkturbelebung *f;* **up·turned** [ˌʌp'tɜːnd] *adj* umgedreht, -gestülpt; **~ nose** Stupsnase *f*

up·ward ['ʌpwəd] **I.** *adj* Aufwärts-, nach oben; **~ movement** Aufwärtsbewegung *f;* **~ mobility** Aufstiegsmöglichkeiten *fpl;* **~ slope** Steigung *f* **II.** *adv* (*a.* **~s**) aufwärts; **and ~s** und mehr, und darüber; **go ~s** in die Höhe gehen; **up·ward·ly** [-lɪ] *adv:* **~ mobile** beruflich erfolgreich, auf der Karriereleiter; **upward trend** *s* steigende Tendenz; **~ of prices/of wages** Preis-/Lohnauftrieb *m*

ur(a)e·mia [jʊə'riːmjə] *s* (MED) Urämie, Harnvergiftung *f*

ura·nium [jʊ'reɪnɪəm] *s* (CHEM) Uran *nt;* **~ deposit** Uranvorkommen *nt;* **~ fission** Uranspaltung *f;* **~ ore** Uranerz *nt*

Ura·nus [jʊ'reɪnəs] *s* (ASTR) Uranus *m*

ur·ban ['ɜːbən] *adj* städtisch; **~ and regional policy** Raumordnungspolitik *f;* **~ fringe** Umland *nt;* **~ renewal** Stadtsanierung *f;* **~ warfare** Stadtguerilla *f;* **~ wastewater** kommunales Abwasser; **~ sprawl** Ballungsgebiet *nt;* unkontrollierte Ausdehnung einer Stadt

ur·bane [ɜː'beɪn] *adj* höflich; weltmännisch; **ur·ban·ity** [ɜːˈbænətɪ] *s* Kultiviertheit *f;* Höflichkeit *fpl,* gute Umgangsformen *fpl*

ur·ban·iz·ation [ˌɜːbənaɪˈzeɪʃn] *s* Verstädterung *f;* **ur·ban·ize** [ˈɜːbənaɪz] *vt* verstädtern; **highly ~d region** Ballungsgebiet *nt,* -raum *m*

ur·chin [ˈɜːtʃɪn] *s* ❶ Seeigel *m* ❷ Lausbub *m*

urethra [ˌjʊəˈriːθrə] *s* Harnröhre *f*

urge [ɜːdʒ] **I.** *vt* ❶ inständig bitten ❷ drängen auf ❸ (*Anspruch*) betonen; (*Argument*) anführen ❹ (*~ on*) weiter-, vorantreiben; **~ s.o. to do s.th.** jdn drängen etw zu tun; jdm zureden etw zu tun; **~ s.th. on s.o.** jdm etw aufdrängen **II.** *s* Verlangen, Bedürfnis *nt;* Drang *m;* (*körperlich*) Trieb *m;* **urge on** *vt* vorantreiben, antreiben; anfeuern

ur·gency [ˈɜːdʒənsɪ] *s* Dringlichkeit *f;* **a matter of ~** dringend; **there is no ~** es eilt nicht; **~ measure** Dringlichkeitsmaßnahme *f;* **ur·gent** [ˈɜːdʒənt] *adj* ❶ dringend, (vor)dringlich, eilig ❷ (*Ton, Bitte*) dringlich; **be ~** eilen; **be in ~ need of s.th.** etw dringend brauchen; **be ~ about s.th.** etw eindringlich betonen; **give ~ attention to s.th.** etw vordringlich behandeln; **very ~** eilt sehr; **ur·gent·ly** [-lɪ] *adv* dringend

uri·nal [ˈjʊərɪnl] *s* ❶ (MED) Harnglas *nt,* Urinflasche *f* ❷ Pissoir *nt;* **uri·nary** [ˈjʊərɪnrɪ] *adj* Harn-; **uri·nate** [ˈjʊərɪneɪt] *vi* Wasser lassen, urinieren; **urine** [ˈjʊərɪn] *s* Urin, Harn *m*

URL *s Abk. von* **Uniform Resource Locator** (INTERNET) URL *f*

urn [ɜːn] *s* ❶ (*funeral ~*) (Toten)Urne *f* ❷ Tee-, Kaffeemaschine *f*

Uru·guay [ˈjʊərəgwaɪ] *s* Uruguay *nt;* **Uru·guay·an** [ˌjʊərəˈgwaɪən] **I.** *adj* uruguayisch **II.** *s* Uruguayer(in) *m(f)*

us [əs, *betont* ʌs] *pron* uns; **all of ~** wir alle; **both of ~** wir beide; **it's ~** wir sind es

USA [ˌjuːesˈeɪ] *s Abk. von* **United States of America** USA *pl,* Vereinigte Staaten *pl* von Amerika

usage [ˈjuːzɪdʒ] *s* ❶ Brauch *m,* Sitte, Gewohnheit *f;* Handelsbrauch *m* ❷ (Sprach)Gebrauch *m,* Anwendung *f* ❸ Behandlung *f;* **come into ~** üblich werden; **that's local ~** das ist ortsüblich; das ist (so) Brauch

use [juːz] **I.** *vt* ❶ benützen, benutzen; verwenden; gebrauchen; (*Methode, Behandlung, Gewalt, Fähigkeiten*) anwenden; (*Medikamente*) nehmen ❷ (aus)nutzen, (aus)nützen; (*Vorteil*) nutzen; (*Abfallprodukte*) verwerten, nutzen ❸ (*~ for*) (ge)brauchen ❹ (*~ up*) verbrauchen ❺ (*pej*) ausnutzen; **~ s.th. for s.th.** etw für etw verwenden; **~ s.th. as s.th.** etw als etw verwenden; **~ s.o.'s name** jds Namen verwenden; (*als Referenz*) jds Namen nennen, angeben; **I could ~ a whisky** ich könnte einen Whisky vertragen; **I could ~ a few pounds** ich könnte ein paar Pfund (gut) gebrauchen; **I feel ~d** ich komme mir ausgenutzt vor **II.** [juːs] *s* ❶ Verwendung *f;* Benutzung *f;* Gebrauch *m* ❷ (*Gewalt, Methode*) Anwendung *f* ❸ Nutzung *f;* (*Abfallprodukte*) Verwertung *f* ❹ Nutzen *m* ❺ Gebrauch *m,* Benutzung *f* ❻ (JUR) Nutznießung *f* ❼ Brauch *m;* **be in ~** benutzt werden; in Betrieb sein; **be out of ~** nicht in Gebrauch sein; nicht in Betrieb sein; **be of ~** nützlich sein (*for s.o.* jdm); **come into ~** in Gebrauch kommen; **fall** [*o* **go**] **out of ~** außer Gebrauch kommen; **have the ~ of s.th.** etw benutzen können; **have no ~ for s.th.** etw nicht gebrauchen können; für etw keine Verwendung haben; **make ~ of s.th.** etw benutzen; etw ausnutzen; **put to ~** Gebrauch machen von; **for the ~ of** für; **direction(s) for ~** Gebrauchsanweisung *f;* **ready for ~** gebrauchsfertig; einsatzbereit; **he/it is no ~** er/das nützt nichts, ist nicht zu gebrauchen; **it's no ~ telling him** es hat keinen Zweck es ihm zu sagen; **can I be of any ~?** kann ich irgendwie helfen?; **it's no ~!** es hat keinen Zweck!; **what's the ~** was nützt das schon; **use up** *vt* verbrauchen; aufbrauchen; verwerten; **it's ~d up** es ist alle; **feel ~d up** sich ausgelaugt fühlen

used¹ [juːzd] *adj* (*Waren, Auto*) gebraucht; Gebraucht-; (*Briefmarke*) gestempelt; (*Handtuch, Taschentuch etc*) benutzt

used² [juːst] *adj* gewohnt; **be ~ to s.th.** an etw gewöhnt sein, etw gewohnt sein; **get ~ to s.th.** sich an etw gewöhnen

used³ [juːst] *aux* (*nur in der Vergangenheit*) üblicherweise getan haben; **I ~ to like it** früher mochte ich das; **things aren't what they ~ to be** es ist alles nicht mehr so wie früher; **he didn't use to smoke, he ~ not to smoke** er hat früher nicht geraucht

use·ful [ˈjuːsfl] *adj* ❶ nützlich; brauchbar; praktisch ❷ (*fam*) fähig, tüchtig; **prove** (**to be**) **~** sich als nützlich erweisen; **make o.s. ~** sich nützlich machen; **come in ~** sich als nützlich erweisen; **~ life** (TECH) Lebensdauer *f;* **use·ful·ness** [ˈjuːsflnɪs] *s* Nützlichkeit, Brauchbarkeit *f;* **use·less** [ˈjuːslɪs] *adj* ❶ nutzlos, unnütz, zwecklos ❷ unbrauchbar

user [ˈjuːzə(r)] *s* ❶ Benutzer(in) *m(f)*

U

❷ (COM) Verbraucher(in) *m(f)* ❸ (INFORM) Anwender(in) *m(f)*, Bediener(in) *m(f)*; ~'**s guide** [*o* **handbook**] Benutzerhandbuch *nt;* **road** ~ Verkehrsteilnehmer(in) *m(f);* **ultimate** ~ Letzt-, Endverbraucher *m;* **user-friendly** ['juzə'frendlɪ] *adj* benutzerfreundlich, anwenderfreundlich; **user interface** *s* (INFORM) Benutzeroberfläche *f;* **user name** *s* (INTERNET) Benutzername *m;* **user program** *s* (INFORM) Anwenderprogramm *nt;* **user software** *s* Anwendersoftware *f*

i Land & Leute

Die **U.S. flag** hat verschiedene Namen: *The Stars and Stripes* bezieht sich auf die inzwischen 50 Sterne, die die heutigen US-Staaten symbolisieren und die 13 Streifen für die ursprünglich 13 US-Staaten. Die patriotische Bezeichnung *Old Glory* stammt von dem Schiffskapitän William Driver. Der Titel der amerikanischen Nationalhymne, *The Star-spangled Banner*, bezieht sich auch auf die Flagge.

usher ['ʌʃə(r)] **I.** *s* ❶ Platzanweiser *m* ❷ (JUR) Gerichtsdiener *m* **II.** *vt* begleiten, bringen; ~ **into a room** in ein Zimmer bringen; ~ **out of a room** hinausbringen; ~ **s.o. in** jdn hineinführen; ~ **in a new era** ein neues Zeitalter einleiten; **usher·ette** [ˌʌʃə'ret] *s* Platzanweiserin *f*

USP [ju:es'pi:] *s Abk. von* **unique selling proposition** USP *m*

usual ['ju:ʒl] *adj* gewöhnlich, üblich; **as** ~ wie gewöhnlich; **the** ~ das Übliche; wie üblich; **usu·ally** ['ju:ʒəlɪ] *adv* gewöhnlich, im Allgemeinen

usu·fruct ['ju:sju:frʌkt] *s* (JUR) Nießbrauch *m*

us·urer ['ju:ʒərə(r)] *s* Wucherer *m*, Wucherin *f;* **usuri·ous** [ju:'zjʊərɪəs] *adj* Wucher-

usurp [ju:'zɜ:p] *vt* widerrechtlich Besitz ergreifen von; usurpieren; an sich reißen; **usurper** [ju:'zɜ:pə(r)] *s* unrechtmäßiger Machthaber, Usurpator *m;* (*fig*) Eindringling *m*

us·ury ['ju:ʒərɪ] *s* Wucher *m*

uten·sil [ju:'tensl] *s* Gerät, Utensil *nt*

uterine ['ju:tərаɪn] *adj* der Gebärmutter; ~ **brother** Halbbruder *m;* ~ **sister** Halbschwester *f* mütterlicherseits; **uterus** ['ju:tərəs] *s* Gebärmutter *f*, Uterus *m*

utili·tar·ian [ju:ˌtɪlɪ'teərɪən] **I.** *adj* auf Nützlichkeit ausgerichtet; utilitaristisch **II.** *s* Utilitarist *m*

util·ity [ju:'tɪlətɪ] **I.** *s* ❶ Nützlichkeit *f*, Nutzen *m* ❷ (*public* ~) (öffentlicher) Versorgungsbetrieb *m* **II.** *adj attr* Gebrauchs-; ~ **program** (INFORM) Dienstprogramm *nt;* ~ **room** Abstellraum *m*

util·iz·ation [ˌju:tɪlaɪ'zeɪʃn] *s* Verwendung, Nutzung *f;* Auswertung *f;* **util·ize** ['ju:tɪlaɪz] *vt* verwenden; nutzen; verwerten

ut·most ['ʌtməʊst] **I.** *adj* ❶ größte(r, s), höchste(r, s) ❷ äußerste(r, s), weiteste(r, s); **of the** ~ **importance** äußerst wichtig; **with the** ~ **speed** so schnell wie möglich **II.** *s* (das) Beste; (das) Äußerste; **do one's** ~ sein Möglichstes tun; **that is the** ~ **I can help** mehr kann ich nicht helfen; **to the** ~ aufs Äußerste; **at the** ~ höchstens

ut·ter¹ ['ʌtə(r)] *vt* ❶ äußern, von sich geben; (*Schrei*) ausstoßen; (*Verleumdung*) verbreiten ❷ (JUR: *Geld*) in Umlauf bringen; (*Scheck*) ausstellen

ut·ter² ['ʌtə(r)] *adj* ❶ völlig, total ❷ unverbesserlich; **what** ~ **nonsense!** was für ein Unsinn!

ut·ter·ance ['ʌtərəns] *s* ❶ Äußerung *f* ❷ Sprechen *nt;* Ausdruck *m;* **give** ~ **to s.th.** einer S Ausdruck geben, etw zum Ausdruck bringen

ut·ter·ly ['ʌtəlɪ] *adv* völlig, total; **despise s.o.** ~ jdn zutiefst verachten; ~ **beautiful** unsagbar schön

ut·ter·most ['ʌtəməʊst] **I.** *adj* ❶ größte(r, s), höchste(r, s) ❷ äußerste(r, s), weiteste(r, s); **of the** ~ **importance** äußerst wichtig; **with the** ~ **speed** so schnell wie möglich **II.** *s* (das) Beste; (das) Äußerste; **do one's** ~ sein Möglichstes tun; **that is the** ~ **I can help** mehr kann ich nicht helfen; **to the** ~ aufs Äußerste; **at the** ~ höchstens

U-turn ['ju:tɜ:n] *s* (*a. fig*) Kehrtwendung *f;* **no** ~**s!** Wenden verboten!

UVA rays [ju:vi:'eɪreɪz] *s pl Abk. von* **long wavelength ultraviolet radiation** UVA-Strahlen *pl*

uvula ['ju:vjʊlə] *s* (ANAT) Zäpfchen *nt*

ux·ori·ous [ˌʌk'sɔ:rɪəs] *adj* (*Mann*) äußerst liebevoll, anhänglich

Uz·bek ['ʌzˌbək] **I.** *adj* usbekisch **II.** *s* Usbeke *m*, Usbekin *f;* **Uz·be·kis·tan** [ʌz'bekɪstən] *s* Usbekistan *nt*

V v

V, v [vi:] <*pl* -'s> *s* V, v *nt*

vac [væk] *s* (*fam*) Ferien *pl*

va·cancy [veɪkənsɪ] *s* ① Leere *f* ② (*Hotel*) freies Zimmer ③ (*Firma*) offene Stelle ④ (*fig*) geistige Leere; **advertise a ~** eine freie Stelle ausschreiben; **fill a ~** eine Stelle besetzen; **Vacancies** (*Zeitungsrubrik*) Stellenangebote *ntpl*, Stellenmarkt *m;* (*Hotel*) Zimmer frei; **va·cant** ['veɪkənt] *adj* ① leer ② (*Raum, Wohnung, Haus*) leer stehend, unbewohnt ③ (*Toilette, Zimmer, Platz*) frei ④ (*Stelle*) unbesetzt, frei, vakant ⑤ (*fig*) geistesabwesend; **be ~** leer stehen; **~ possession** sofort beziehbar; **va·cate** [və'keɪt, *Am* 'veɪkeɪt] *vt* ① (*Wohnung*) räumen ② (*Stelle*) aufgeben ③ (*Amt*) niederlegen, zur Verfügung stellen ④ (*Platz*) freimachen; **va·ca·tion** [və'keɪʃn, *Am* veɪ'keɪʃn] **I.** *s* ① Räumung *f* ② (Amts)Niederlegung *f* ③ (Schul-, Semester-, Gerichts)Ferien *pl*, Urlaub *m;* **on ~** in Urlaub; **take a ~** (*Am*) Ferien machen; Urlaub nehmen; **summer ~** Sommerferien *pl* **II.** *vi* (*Am*) Urlaub, Ferien machen (*in, at* in); **va·ca·tion·er, va·ca·tion·ist** [veɪ'keɪʃənə(r), veɪ'keɪʃənɪst] *s* (*Am*) Urlauber(in) *m(f)*

vac·ci·nate ['væksɪneɪt] *vt* impfen (*against* gegen); **vac·ci·na·tion** [ˌvæksɪ'neɪʃn] *s* Impfung *f;* **vac·cine** ['væksi:n] *s* Impfstoff *m*

vac·il·late ['væsɪleɪt] *vi* wanken, schwanken (*between* zwischen); **vac·il·la·tion** [ˌvæsɪ'leɪʃn] *s* (*fig*) Schwanken *nt*, Unschlüssigkeit *f*

vacu·ity [və'kju:ətɪ] *s* ① Leere *f* ② (*fig*) Gedanken-, Geistlosigkeit *f;* **vacu·ous** ['vækjʊəs] *adj* ① leer; ausdruckslos ② gedanken-, geistlos; **vac·uum** ['vækjʊəm, -jʊə] <*pl* -uums, -uua> **I.** *s* (luft)leerer Raum, Vakuum *nt* **II.** *vt* mit einem Staubsauger reinigen; **vacuum bottle, vacuum flask** *s* Thermosflasche®, Isolierkanne *f;* **vacuum cleaner** *s* Staubsauger *m;* **vac·uum-packed** [ˌvækjʊəm'pækt] *adj* vakuumverpackt; **vacuum suction** *s* Vakuumsuktion *f*

vaga·bond ['vægəbɒnd] *s* Landstreicher(in) *m(f)*

va·gary ['veɪgərɪ] *s* Laune, Grille *f;* verrückte Idee; **the vagaries of life** die Wechselfälle des Lebens

va·gina [və'dʒaɪnə] *s* Scheide, Vagina *f*

va·grancy ['veɪgrənsɪ] *s* Landstreicherei *f;* **va·grant** ['veɪgrənt] **I.** *s* Landstreicher(in) *m(f)* **II.** *adj* ① vagabundierend ② (*fig*) unstet

vague [veɪg] *adj* ① vage, unbestimmt ② ungenau, unklar, verschwommen ③ zerstreut; **not the ~st idea** nicht die leiseste Ahnung; **vague·ness** ['-nɪs] *s* Unbestimmtheit, Unklarheit, Verschwommenheit *f;* Zerstreutheit *f*

vain [veɪn] *adj* ① eitel; eingebildet ② zweck-, nutzlos, vergeblich; **in ~** umsonst, vergeblich; **take s.o.'s name in ~** respektlos, leichtfertig von jdm sprechen; **vain·glori·ous** [ˌveɪn'glɔ:rɪəs] *adj* prahlerisch; (*Person*) dünkelhaft

val·ance ['væləns] *s* Volant *m*

vale [veɪl] *s* (*poet*) Tal *nt;* **this ~ of tears** dieses Jammertal

val·edic·tion [ˌvælɪ'dɪkʃn] *s* ① Abschied *m*, Lebewohl *nt* ② Abschiedsworte *ntpl;* (*Am*) Abschiedsrede *f;* **val·edic·tory** [ˌvælɪ'dɪktərɪ] *s* (*Am*) Abschiedsrede *f*

val·ence, val·ency ['væləns, 'veɪlənsɪ] *s* ① (CHEM) Wertigkeit *f* ② (LING) Valenz *f*

val·en·tine ['væləntaɪn] *s* am Valentinstag (*14. Februar*) erwählter Schatz; **~ (card)** Karte *f* zum Valentinstag

val·erian [və'lɪərɪən] *s* Baldrian *m*

valet ['vælɪt] *s* ① (Kammer)Diener *m* ② Hoteldiener *m;* **valet service** *s* (*Hotel*) Reinigungsdienst *m*

val·etu·di·nar·ian [ˌvælɪtju:dɪ'neərɪən] **I.** *adj* ① kränklich ② hypochondrisch **II.** *s* ① kränklicher Mensch ② Hypochonder *m*

val·iant ['vælɪənt] *adj* tapfer, mutig

valid ['vælɪd] *adj* ① gültig; (*Vertrag*) bindend, rechtskräftig; (*Anspruch*) berechtigt ② (*Grund*) stichhaltig, triftig; (*Einwand*) berechtigt; **~ for three months** drei Monate gültig; **~ until recalled** gültig bis auf Widerruf; **become ~** rechtswirksam werden; **remain ~** Geltung behalten

vali·date ['vælɪdeɪt] *vt* für gültig erklären, bestätigen; **valid·ity** [və'lɪdətɪ] *s* ① Gültigkeit *f;* Rechtswirksamkeit *f* ② Stichhaltigkeit *f*

val·ley ['vælɪ] *s* Tal *nt*

valor *s* (*Am*), **val·our** ['vælə(r)] *s* (*lit*) Tapferkeit *f*, Mut *m*

valu·able ['væljʊəbl] **I.** *adj* ① wertvoll, kostbar ② geschätzt **II.** *s pl* Wertgegenstände *mpl*, -sachen *fpl;* **valu·ation** [ˌvæljʊ'eɪʃn] *s* ① (Ab)Schätzung, Wertermittlung *f* ② Veranschlagung, Bewertung, Wertfestsetzung *f* ③ Schätz-, Taxwert *m* ④ (*fig*) Beurteilung *f;* **valu·ator** ['væljʊeɪtə(r)] *s* Taxator, Schätzer *m;* **value** ['vælju:] **I.** *s* ① Wert *m* ② Nutzen *m* ③ **~s** sittliche Werte *mpl*

❹ (MATH) Wert *m* ❺ (MUS) Quantität *f;* **at ~** zum Tageskurs; **of lasting ~** von bleibendem Wert; **of no/little ~** nichts/wenig wert; **be of ~ to s.o.** jdm nützen; **of great ~** sehr wertvoll; **to the ~ of** im Wert von; **attach ~ to s.th., put a ~ on s.th.** einer S Wert, Bedeutung beimessen; **what's the ~ of it?** was ist es wert?; **go down in ~** an Wert verlieren; **it's good ~** das ist preiswert; **get ~ for money** reell bedient werden; **increase in ~** Wertsteigerung *f;* **loss in ~** Wertverlust *m;* **nominal ~** Nennwert *m* **II.** *vt* ❶ (ab)schätzen, bewerten, taxieren (*at* auf) ❷ (*fig*) (wert)schätzen; **value-added tax, VAT** *s* Mehrwertsteuer, MwSt *f;* **valued** ['vælju:d] *adj* geschätzt; **value·less** ['vælju:lɪs] *adj* ❶ wertlos ❷ (*Beurteilung*) wertfrei; **valuer** ['vælju:ə(r)] *s* Schätzer, Taxator *m*

valve [vælv] *s* ❶ Ventil *nt* ❷ (RADIO TV) Röhre *f* ❸ (ANAT) Klappe *f*

vamp[1] [væmp] **I.** *s* ❶ Oberleder *nt* ❷ improvisierte Begleitmusik **II.** *vt* ❶ flicken ❷ (MUS) improvisieren; **~ up** (*sl*) aufmotzen **III.** *vi* (MUS) improvisieren

vamp[2] [væmp] **I.** *s* (*Frau*) Vamp *m* **II.** *vi* verführerisch sein

vam·pire ['væmpaɪə(r)] *s* Vampir *m*

van[1] [væn] *s* ❶ (*Br*) Lieferwagen, Kleintransporter *m;* Möbelwagen *m* ❷ (RAIL) Güterwagen *m* ❸ (*fam*) Wohnwagen *m;* **gipsy's ~** Zigeunerwagen *m;* **removal ~** Möbelwagen *m;* **luggage ~** (RAIL) Gepäckwagen *m*

van[2] [væn] *s Abk. von* **advantage** (*Tennis*) Vorteil *m*

van[3] [væn] *s Abk. von* **vanguard** Vorhut *f*

i Land & Leute

Die Blume **Vanda Miss Joachim** wurde 1981 als die Nationalblume Singapurs gewählt. Miss Agnes Joachim entdeckte die Blume 1893 in ihrem Garten in Singapur. Seitdem ist die unempfindliche und das ganze Jahr über blühende Pflanze eine beliebte Gartenpflanze geworden.

van·dal ['vændl] *s* (*fig*) Rowdy *m;* **van·dal·ism** ['vændəlɪzəm] *s* mutwillige Sachbeschädigung, Vandalismus *m;* **van·dal·ize** ['vændəlaɪz] *vt* mutwillig zerstören

vane [veɪn] *s* ❶ Wetterfahne *f* ❷ (*Propeller*) Flügel *m* ❸ (TECH) Schaufel *f*

van·guard ['vængɑ:d] *s* ❶ (MIL) Vorhut *f* ❷ (*fig*) Avantgarde *f;* **be in the ~ of s.th.** an der Spitze von etw stehen

va·nilla [və'nɪlə] *s* Vanille *f*

van·ish ['vænɪʃ] *vi* verschwinden; (*Angst, Sorgen*) sich legen; (*Hoffnung*) schwinden; (*Rasse, Kultur*) untergehen; **~ing cream** Tagescreme *f;* **~ing point** Fluchtpunkt *m;* (*fig*) Nullpunkt *m*

van·ity ['vænətɪ] *s* ❶ Eitelkeit, Selbstgefälligkeit *f;* Einbildung *f* ❷ Nichtigkeit *f;* Vergeblichkeit *f* ❸ (*Am*) Frisiertisch *m;* **vanity bag, vanity case** *s* Kosmetikkoffer *m*

van·quish ['væŋkwɪʃ] *vt* besiegen

van·tage ['vɑ:ntɪdʒ] *s* Vorteil *m* (*a. Tennis*); **vantage point** *s* günstiger Aussichtspunkt; **from a modern ~** aus moderner Sicht

vapid ['væpɪd] *adj* (*fig*) nichts sagend; fade

va·por·iz·ation [ˌveɪpəraɪ'zeɪʃn, *Am* ˌveɪpərɪ'zeɪʃn] *s* Verdampfung *f;* Verdunstung *f;* **va·por·ize** ['veɪpəraɪz] *vt, vi* verdampfen; verdunsten; **va·por·izer** ['veɪpəraɪzə(r)] *s* Verdampfer *m;* Zerstäuber *m;* **va·por** *s* (*Am*), **va·pour** ['veɪpə(r)] *s* Dampf *m;* Dunst *m;* **water ~** Wasserdampf *m;* **vapo(u)r pressure** *s* Dampfdruck *m;* **vapo(u)r trail** *s* (AVIAT) Kondensstreifen *m*

varia·bil·ity [ˌveərɪə'bɪlətɪ] *s* Veränderlichkeit *f;* **vari·able** ['veərɪəbl] **I.** *adj* ❶ veränderlich; variabel; (*Winde*) wechselnd ❷ (TECH) regulierbar; einstellbar ❸ (*fig: Wetter, Stimmung*) unbeständig **II.** *s* (MATH) Variable *f,* veränderliche Größe; **variable geometry wing** *s* (AVIAT) Schwenkflügel *m*

vari·ance ['veərɪəns] *s* ❶ Unterschied *m;* Abweichung *f* ❷ (*Statistik*) Streuung *f* ❸ (MATH) Varianzvial *nt,* Phiole *f;* **at ~** (*Sachen*) im Widerspruch (*with* zu); **be at ~ with s.o.** anderer Meinung sein als jd

vari·ant ['veərɪənt] **I.** *adj* andere(r, s), verschiedenartig **II.** *s* Variante *f;* **vari·ation** [ˌveərɪ'eɪʃn] *s* ❶ Veränderung *f;* Variation *f;* (METE FIN) Schwankung *f* ❷ (MUS) Variation *f* (*on* zu) ❸ (*a.* BIOL) Variante *f;* **~ in quality** unterschiedliche Qualität

vari·cose ['værɪkəʊs] *adj:* **~ veins** Krampfadern *fpl*

var·ied ['veərɪd] *adj* ❶ mannigfach, verschiedenartig; unterschiedlich ❷ abwechslungsreich

varie·gated ['veərɪgeɪtɪd] *adj* bunt, farbenprächtig; (*Blatt*) panaschiert

var·iety [və'raɪətɪ] *s* ❶ Mannigfaltigkeit, Vielfalt *f* ❷ Abwechslung *f* ❸ Auswahl *f;* Art, Sorte *f* ❹ Spielart, Variante *f* ❺ (THEAT) Varietee *nt;* **add** [*o* **give**] **~ to s.th.** Abwechslung in etw bringen; **there is not much ~** es ist nicht sehr abwechslungsreich; **a ~ of colours** die verschiedensten Farben; **for a ~ of reasons** aus verschiedenen Gründen; **~ is the spice of life** (*prov*) Abwechslung muss sein; **variety act** *s* Varieteenummer *f*; **variety show** *s* Varietee *nt*; (RADIO TV) Unterhaltungssendung *f*; **variety theatre** *s* Varieteetheater *nt*

vari·ous [ˈveərɪəs] *adj* ① verschiedene ② (*fam*) mehrere; **at ~ times** zu verschiedenen Zeiten; **for ~ reasons** aus verschiedenen Gründen

var·mint [ˈvɑːmɪnt] *s* ① (*Am*) Halunke *m* ② (*Tier*) Schädling *m*

var·nish [ˈvɑːnɪʃ] **I.** *s* ① Firnis *m*; Politur *f*; Lack *m*; (*Töpferei*) Glasur *f* ② (*fig*) (äußerer) Schein *m* **II.** *vt* ① firnissen; polieren; lackieren ② (*fig*) beschönigen

vars·ity [ˈvɑːsətɪ] *s* (*fam*) Uni(versität) *f*

vary [ˈveərɪ] **I.** *vt* abändern; variieren **II.** *vi* ① sich wandeln, sich (ver)ändern, veränderlich sein; variieren ② sich unterscheiden (*from* von); **vary·ing** [-ɪŋ] *adj* ① veränderlich ② unterschiedlich

vas·cu·lar [ˈvæskjʊlə(r)] *adj* (ANAT ZOO BOT): **~ system** Gefäßsystem *nt*

vase [vɑːz, *Am* veɪs] *s* (Blumen)Vase *f*

vas·sal [ˈvæsl] *s* (HIST) Vasall, Lehensmann *m*; **vas·sal·age** [ˈvæsəlɪdʒ] *s* (HIST) Lehenspflicht *f* (*to* gegenüber); (*fig*) Unterworfenheit *f* (*to* unter)

vas·sal state *s* Vasallenstaat *m*

vast [vɑːst] *adj* ① riesig ② enorm; beträchtlich, umfangreich; **~ majority** überwiegende Mehrheit; **vast·ly** [ˈ-lɪ] *adv* in hohem Maße; **vast·ness** [ˈ-nɪs] *s* ① Weite, Ausgedehntheit *f* ② gewaltige Größe

vat [væt] *s* (großes) Fass *nt*, Bottich *m*

VAT [ˌviːeɪˈtiː] *s Abk. von* **value-added tax** (FIN) Mehrwertsteuer, MwSt *f*

Vati·can [ˈvætɪkən] *s* Vatikan *m*

vaude·ville [ˈvɔːdəvɪl] *s* Varietee(vorstellung *f*) *nt*

vault¹ [vɔːlt] *s* ① (*a.* BIOL) Gewölbe *nt*, Wölbung *f* ② Keller *m* ③ Gruft *f* ④ Stahlkammer *f*, Tresor(raum) *m*

vault² [vɔːlt] **I.** *s* (SPORT) Sprung *m* **II.** *vt* überspringen, springen über **III.** *vi* springen

vaulted [ˈvɔːltɪd] *adj* gewölbt; **vault·ing** [ˈvɔːltɪŋ] *s* (ARCH) Wölbung *f*; Gewölbe *nt*

vault·ing horse [ˈvɔːltɪŋhɔːs] *s* (*Turnen*) Pferd *nt*; **vaulting pole** *s* Sprungstab *m*

vaunt [vɔːnt] **I.** *s* Loblied *nt* **II.** *vt* rühmen

VCR [ˌviːsiːˈɑː(r)] *s Abk. von* **video cassette recorder** Videorecorder *m*

VD [viːˈdiː] *s Abk. von* **venereal disease(s)** Geschlechtskrankheit(en *pl*) *f*

VDU [ˌviːdiːˈjuː] *s Abk. von* **visual display unit** Datensicht-, Bildschirmgerät *nt*

veal [viːl] *s* Kalbfleisch *nt*; **veal cutlet** *s* Kalbsschnitzel *nt*

vec·tor [ˈvektə(r)] *s* ① (MATH) Vektor *m* ② (MED) Träger *m*

vee-jay [ˈviːdʒeɪ] *s* (*fam*) Musikvideojockey *m*

veer [vɪə(r)] **I.** *vi* ① sich drehen, sich wenden ② (AUTO) ausscheren ③ (*fig*) seine Meinung ändern, umschwenken (*to* zu) **II.** *s* ① (*Wind*) Drehung *f* ② (*Schiff, fig*) Kurswechsel *m* ③ (AUTO) Ausscheren *nt* ④ (*Straße*) Knick *m*, scharfe Kurve; **veer (a)round** *vt* (*Auto*) herumreißen; wenden

veg [vedʒ] *s* (*fam*) (gekochtes) Gemüse *nt*;

ve·gan [ˈviːgən] *s* Veganer(in) *m(f)*

> **i Land & Leute**
>
> **Vegemite** ist ein brauner Brotaufstrich: ein Gemüse- und Hefeextrakt mit viel Vitamin B, den man überall in Australien auf Toast zum Frühstück oder auf dem Pausenbrot isst.

veg·eta·ble [ˈvedʒtəbl] **I.** *adj* pflanzlich **II.** *s* Gemüse *nt*; **become a mere ~** nur noch dahinvegetieren; **vegetable fat** *s* Pflanzenfett *nt*; **vegetable food** *s* Pflanzenkost *f*, pflanzliche Nahrung; **vegetable garden** *s* Gemüsegarten *m*; **vegetable kingdom** *s* Pflanzenreich *nt*; **vegetable oil** *s* Pflanzenöl *nt*

veg·etar·ian [ˌvedʒɪˈteərɪən] **I.** *s* Vegetarier(in) *m(f)* **II.** *adj* vegetarisch; **veg·etate** [ˈvedʒɪteɪt] *vi* (*fig*) (dahin)vegetieren; **veg·eta·tion** [ˌvedʒɪˈteɪʃn] *s* ① Vegetation *f* ② (*fig*) Dahinvegetieren *nt*

ve·he·mence [ˈviːəməns] *s* Heftigkeit *f*; Leidenschaftlichkeit *f*; **ve·he·ment** [ˈviːəmənt] *adj* ① heftig, stark, gewaltig ② (*fig*) leidenschaftlich

ve·hicle [ˈviːɪkl] *s* ① Fahrzeug *nt* ② (*fig*) Träger *m* ③ Medium, Mittel *nt*; **commercial ~** Nutzfahrzeug *nt*; **motor ~** Kraftfahrzeug *nt*; **~ of** [*o* **for**] **propaganda** Propagandamittel *nt*; **vehicle currency** *s* Leitwährung *f*; **vehicle registration centre** *s* Kraftfahrzeugzulassungsstelle *f*; **vehicle registration number** *s* Kraftfahrzeugkennzeichen *nt*; **ve·hicu·lar** [vɪˈhɪkjʊlə(r)] *adj*: **~ traffic** Fahrzeugverkehr *m*

veil [veɪl] **I.** *s* ① Schleier ② (*fig*) Deckmantel *m*; **under the ~ of** (*fig*) unter dem Schleier, unter dem Deckmantel +*gen*; **draw a ~ over** (*fig*) einen Schleier ziehen über; **raise the ~** den Schleier lüften **II.** *vt* verschleiern; verhüllen, verbergen; **veiled** [veɪld] *adj* (*a.* COM) verschleiert, versteckt

vein [veɪn] *s* ❶ (ANAT) Ader *f;* Vene *f* ❷ (BOT MIN) Ader *f* ❸ (*Holz*) Faser *f* ❹ (*fig*) Ader, Anlage, Veranlagung, Neigung *f* (*of* zu) ❺ (*fig*) Stimmung *f;* **a ~ of truth** eine Spur von Wahrheit; **veined** [veɪnd] *adj* geädert

ve·lar ['vi:lə(r)] **I.** *adj* velar **II.** *s* Velar(laut) *m*

Vel·cro® ['velkrəʊ] *s:* **~ fastener** Klett(en)verschluss *m*

veld(t) [velt] *s* Grasland *nt* (*in Südafrika*)

vel·oc·ity [vɪ'lɒsətɪ] *s* Geschwindigkeit *f;* **at the ~ of** mit der Geschwindigkeit von; **initial/final ~** Anfangs-/Endgeschwindigkeit *f;* **~ of light** Lichtgeschwindigkeit *f;* **~ of sound** Schallgeschwindigkeit *f*

vel·vet ['velvɪt] *s* Samt *m;* **vel·vet·een** [ˌvelvɪ'ti:n] *s* Veloursamt *m;* **vel·vety** ['velvɪtɪ] *adj* samtweich

ve·nal ['vi:nl] *adj* käuflich; korrupt; **ve·nal·ity** [vɪ'nælətɪ] *s* Käuflichkeit *f;* Korruption *f*

vend [vend] *vt* verkaufen

ven·det·ta [ven'detə] *s* Fehde *f;* Blutrache *f*

vend·ing ma·chine ['vendɪŋməʃi:n] *s* Verkaufs-, Warenautomat *m;* **vendor** ['vendə(r)] *s* Verkäufer(in) *m(f);* **ven·due** ['vendju:] *s* (*Am*) Auktion *f*

ve·neer [və'nɪə(r)] **I.** *vt* furnieren **II.** *s* ❶ Furnier *nt* ❷ (*fig*) Tünche *f*

ven·er·able ['venərəbl] *adj* ehrwürdig; **ven·er·ate** ['venəreɪt] *vt* verehren; (*Andenken*) ehren; **ven·er·ation** [ˌvenə'reɪʃn] *s* Verehrung *f* (*for* für); **hold s.o. in ~** jdn verehren; **hold s.o.'s memory in ~** jds Andenken ehren

ve·ner·eal [və'nɪərɪəl] *adj* Geschlechts-; **~ disease, VD** Geschlechtskrankheit *f*

ve·ne·tian blind [vəˌni:ʃn'blaɪnd] *s* Jalousie *f*

Vene·zue·la [ˌvene'zweɪlə] *s* Venezuela *nt;* **Vene·zue·lan** [ˌvene'zweɪlən] **I.** *adj* venezolanisch, venezuelisch **II.** *s* Venezolaner(in) *m(f)*

ven·geance ['vendʒəns] *s* Rache *f;* **with a ~** (*fam*) wie toll, wie verrückt; **take ~ (up)on s.o.** sich an jdm rächen

ve·nial ['vi:nɪəl] *adj* verzeihlich; **~ sin** lässliche Sünde

ven·ison ['venɪzn] *s* Reh(fleisch) *nt*

venom ['venəm] *s* ❶ Gift *nt* ❷ (*fig*) Bosheit *f;* **venom·ous** ['venəməs] *adj* ❶ giftig ❷ (*fig*) boshaft, bösartig; **~ snake** Giftschlange *f*

ve·nous ['vi:nəs] *adj* ❶ (PHYSIOL) venös ❷ (BOT) geädert

vent [vent] **I.** *s* ❶ Öffnung *f;* (*Kamin*) Abzug *m;* (*Fass*) Spundloch *nt* ❷ (*Kleidung*) Schlitz *m* ❸ (*fig*) Ventil *nt;* **give ~ to s.th.** etw ausdrücken; **give ~ to one's feelings** seinen Gefühlen freien Lauf lassen; **give ~ to one's anger** sich Luft machen **II.** *vt* (*Gefühle*) abreagieren (*on* an)

ven·ti·late ['ventɪleɪt] *vt* ❶ (ent-, be)lüften ❷ (PHYSIOL) Sauerstoff zuführen (*s.th.* einer S) ❸ (*fig: Frage*) ventilieren, erörtern; (*Beschwerde*) vorbringen; **ven·ti·la·tion** [ˌventɪ'leɪʃn] *s* ❶ Be-, Entlüftung, Ventilation *f* ❷ (PHYSIOL) Sauerstoffzufuhr *f* ❸ (*fig*) (freie) Aussprache *f;* **ventilation duct** *s* Lüftungsleitung *f;* **ven·ti·la·tor** ['ventɪleɪtə(r), *Am* 'ventəleɪtə(r)] *s* Ventilator *m*

ven·tricle ['ventrɪkl] *s* (ANAT) Herzkammer *f,* Ventrikel *m*

ven·tril·oquist [ven'trɪləkwɪst] *s* Bauchredner(in) *m(f)*

ven·ture ['ventʃə(r)] **I.** *s* Unternehmen, Unterfangen *nt;* Projekt *nt;* **that's his latest ~** darauf hat er sich neuerdings verlegt; **his first ~ at doing this** sein erster Versuch das zu tun; **business ~** Unternehmen, Projekt *nt* **II.** *vt* wagen; aufs Spiel setzen, riskieren; **may I ~ an opinion?** darf ich sagen, was ich darüber denke? **III.** *vi* sich wagen (*on, upon s.th.* an etw); **venture on s.th.** *vi* sich an etw wagen; **he ~d on a statement** er hatte den Mut, eine Erklärung abzugeben; **venture out** *vi* sich hinauswagen; **venture capital** *s* (FIN) Risikoanlagekapital *nt;* **ven·ture·some** [-səm] *adj* abenteuerlich

venue ['venju:] *s* Treffpunkt *m,* Begegnungsstätte *f;* (SPORT) Austragungsort *m;* (JUR) Verhandlungsort *m*

Venus ['vi:nəs] *s* (ASTR) Venus *f*

ver·acious [və'reɪʃəs] *adj* ❶ ehrlich ❷ wahr, richtig; **ver·ac·ity** [və'ræsətɪ] *s* ❶ Ehrlichkeit *f* ❷ Wahrheit *f*

ve·ran·da(h) [və'rændə] *s* Veranda *f*

verb [vɜ:b] *s* (GRAM) Verb, Zeitwort *nt;* **ver·bal** ['vɜ:bl] *adj* ❶ mündlich ❷ (*Übersetzung*) wörtlich; wortgetreu ❸ (*Fehler, Fähigkeit*) sprachlich ❹ (GRAM) verbal; **~ memory** Wortgedächnis *nt;* **~ note** (POL) Verbalnote *f;* **~ noun** Verbalsubstantiv *nt;* **ver·bal·ize** ['vɜ:bəlaɪz] *vt* ❶ in Worten ausdrücken ❷ (GRAM) verbal formulieren; **ver·bal·ly** ['vɜ:bəlɪ] *adv* ❶ mündlich ❷ (GRAM) verbal; **ver·ba·tim** [vɜ:'beɪtɪm] *adv, adj* wörtlich; Wort für Wort; **ver·bi·age** ['vɜ:bɪɪdʒ] *s* Wortreichtum, -schwall *m;* **ver·bose** [vɜ:'bəʊs] *adj* wortreich, langatmig; **ver·bos·ity** [vɜ:'bɒsətɪ] *s* Langatmigkeit *f*

ver·dant ['vɜ:dnt] *adj* grün, frisch

ver·dict ['vɜ:dɪkt] *s* Urteil *nt;* (*Wähler*) Entscheidung *f;* **arrive at a ~** zu einem (Urteils)Spruch kommen; **~ of guilty**

Schuldspruch *m;* ~ **of not guilty** Freispruch *m;* **what is the ~?** wie lautet das Urteil?; **what is your ~ on this book?** wie beurteilen Sie dieses Buch?; **give one's ~ on** [*o* **about**] **s.th.** sein Urteil über etw abgeben

ver·di·gris ['vɜ:dɪgrɪs] *s* Grünspan *m*

verge [vɜ:dʒ] *s* Rand *m;* (*Straße*) Bankett *nt,* Seitenstreifen *m;* **on the ~ of** (*fig*) am Rande +*gen,* nahe an; **be on the ~ of doing s.th.** im Begriff, nahe daran sein etw zu tun; **verge on** *vi* grenzen an; **he is verging on sixty** er ist fast sechzig

verger ['vɜ:dʒə(r)] *s* Kirchendiener, Küster *m*

veri·fi·able ['verɪfaɪəbl] *adj* nachprüfbar; **veri·fi·ca·tion** [ˌverɪfɪ'keɪʃn] *s* ① Nach-, Überprüfung, Kontrolle *f* ② Bestätigung *f;* Nachweis *m;* Beurkundung *f;* **on ~ of this** urkundlich dessen; **ver·ify** ['verɪfaɪ] *vt* ① (*auf Echtheit, Richtigkeit*) (über)prüfen, kontrollieren ② bestätigen, (urkundlich) belegen; beglaubigen; beweisen ③ (*Verdacht, Furcht*) bestätigen

veri·si·mili·tude [ˌverɪsɪ'mɪlɪtju:d] *s* Wahrscheinlichkeit *f*

veri·table ['verɪtəbl] *adj* wahr(haft), wirklich

ver·mi·celli [ˌvɜ:mɪ'selɪ] *s pl* Fadennudeln *fpl*

ver·mi·cide ['vɜ:mɪsaɪd] *s* Wurmmittel *nt*

ver·mi·form ['vɜ:mɪfɔ:m] *adj* wurmförmig; ~ **appendix** (ANAT) Wurmfortsatz *m*

ver·mil·ion [və'mɪlɪən] *adj* zinnoberrot

ver·min ['vɜ:mɪn] *s* ① Ungeziefer *nt;* Schädling *m* ② (*fig*) Gesindel *nt;* **ver·min·ous** ['vɜ:mɪnəs] *adj* voller Ungeziefer

ver·mouth ['vɜ:məθ, *Am* vər'mu:θ] *s* Wermut *m*

ver·nacu·lar [və'nækjʊlə(r)] **I.** *adj* (*Sprache*) mundartlich; (ein)heimisch **II.** *s* Mundart *f;* Landessprache *f*

ver·nal equi·nox ['vɜ:nl'i:kwɪnɒks] *s* Frühjahrs-Tagundnachtgleiche *f* (*21. März*)

ve·ron·ica [və'rɒnɪkə] *s* Ehrenpreis *m od nt*

ver·ruca [və'ru:kə] *s* Warze *f*

ver·sa·tile ['vɜ:sətaɪl, *Am* 'vɜ:sətl] *adj* vielseitig; **ver·sa·til·ity** [ˌvɜ:sə'tɪlətɪ] *s* Vielseitigkeit *f*

verse [vɜ:s] *s* ① Strophe *f* ② Dichtung *f* ③ (REL) Vers *m;* **in ~** in Versform; **give** [*o* **quote**] **chapter and ~ for s.th.** etw genau belegen

versed [vɜ:st] *adj* erfahren, bewandert, versiert (*in* in)

ver·sify ['vɜ:sɪfaɪ] **I.** *vi* Verse machen, dichten **II.** *vt* in Versform bringen

ver·sion ['vɜ:ʃn] *s* ① Version *f* ② Darstellung *f* ③ (*Auto etc*) Modell *nt,* Ausführung *f* ④ Übersetzung *f*

verso ['vɜ:səʊ] <*pl* versos> *s* Rückseite *f*

ver·sus ['vɜ:səs] *prep* (JUR SPORT) gegen

ver·te·bra ['vɜ:tɪbrə, *pl* -bri:] <*pl* -brae> *s* Rückenwirbel *m;* **ver·te·bral** ['vɜ:tɪbrl] *adj:* ~ **column** Wirbelsäule *f,* Rückgrat *nt;* **ver·te·brate** ['vɜ:tɪbrət] *s* Wirbeltier *nt*

ver·tex ['vɜ:teks, *pl* -tɪsi:z] <*pl* -tices> *s* ① Spitze *f,* Gipfel *m* ② (MATH) Scheitel(punkt) *m* ③ (ASTR) Zenit *m*

ver·ti·cal ['vɜ:tɪkl] **I.** *adj* senkrecht, lotrecht, vertikal; ~ **clearance** lichte Höhe; ~ **integration** vertikale Integration, Unternehmenskonzentration; ~ **take-off aircraft** Senkrechtstarter *m* **II.** *s* Senkrechte, Vertikale *f;* **out of the ~** aus der Senkrechten

ver·ti·gin·ous [vɜ:'tɪdʒɪnəs] *adj* schwindelerregend; **ver·tigo** ['vɜ:tɪgəʊ] *s* ① Schwindel(gefühl *nt*) *m* ② (MED) Gleichgewichtsstörung *f*

verve [vɜ:v] *s* ① Schwung *m,* Begeisterung *f,* Feuer *nt* ② Ausdruckskraft, -gewalt *f*

very ['verɪ] **I.** *adv* ① sehr ② äußerst ③ gerade, (ganz) genau ~ **much** sehr; **thank you ~ much** vielen Dank; ~ **possible** gut möglich; **how ~ peculiar!** wie eigenartig!; **the ~ best** der, die, das Allerbeste; **at the ~ latest** allerspätestens; **the ~ same** genau derselbe; **the ~ next day** gleich am nächsten Tag; **the ~ same day** noch am selben Tag; **my ~ own** mein eigenes; ~ **well** na, nun gut; sehr wohl; **Very Important Person, VIP** bedeutende Persönlichkeit, VIP *f* **II.** *adj* ① genau ② äußerste(r, s) ③ bloß, allein, schon; sogar; **in the ~ act** auf frischer Tat; **to the ~ heart** tief ins Herz; **the ~ thought** der bloße Gedanke; **the ~ thing** genau das Richtige; **at the ~ end** am äußersten Ende

Very light® ['verɪ laɪt] *s* (MIL) Leuchtpatrone *f;* **Very pistol®** *s* Leuchtpistole *f*

ves·icle ['vesɪkl] *s* Bläschen *nt*

ves·pers ['vespəz] *s pl* Vesper *f*

vessel ['vesl] *s* ① (*a.* ANAT BOT) Gefäß *nt,* Behälter *m* ② (MAR) Schiff *nt;* **blood ~** Blutgefäß *nt*

vest[1] [vest] *s* ① (*Br*) Unterhemd *nt* ② (*Am*) Weste *f*

vest[2] [vest] *vt* verleihen (*s.o. with s.th., s.th. in s.o.* jdm etw); **be ~ed with the power to do s.th.** das Recht haben etw zu tun; **the authority ~ed in him** die ihm verliehene Macht; **have a ~ed interest in s.th.** finanziell an etw beteiligt sein; (*fig*) persönliches Interesse an etw haben

ves·tal ['vestl] *adj:* ~ **virgin** Vestalin *f*

ves·ti·bule ['vestɪbju:l] *s* ① Eingang(shalle

f) *m,* Vorraum *m* ❷ (ANAT) Vorhof *m*

ves·tige ['vestɪdʒ] *s* Spur *f;* Überrest *m;* **not a ~ of** keine Spur von

vest·ment ['vestmənt] *s* ❶ (Amts)Tracht, Robe *f* ❷ (REL) Messgewand *nt*

vest-pocket ['vest,pɒkɪt] *adj* (*Am*): **~ edition** (*Buch*) Miniaturausgabe *f;* **~ size** Westentaschenformat *nt*

ves·try ['vestrɪ] *s* Sakristei *f*

vet [vet] **I.** *s s.* **veterinary surgeon** Tierarzt *m,* -ärztin *f* **II.** *vt* überprüfen

vet [vet] *s* (*Am fam*) *s.* **veteran** Veteran(in) *m(f)*

vetch [vetʃ] *s* Wicke *f*

vet·eran ['vetərən] *s* ❶ Veteran(in) *m(f)* ❷ (*fig*) alter Praktikus; **veteran car** *s* Oldtimer *m*

i Land & Leute

Der **Veterans Day** am 11. November wurde ursprünglich eingeführt, um des Waffenstillstands von 1918 zwischen Deutschland und den USA zu gedenken. Der Feiertag ehrt alle Veteranen amerikanischer Kriege.

vet·eri·nar·ian [,vetərɪ'neərɪən] *s* (*Am*) Tierarzt *m,* -ärztin *f;* **vet·erin·ary** ['vetrɪnrɪ] *adj* tierärztlich; veterinär-; **~ medicine** Veterinärmedizin *f;* **~ surgeon** Tierarzt *m,* -ärztin *f*

veto ['vi:təʊ] <*pl* vetoes> **I.** *s* ❶ Veto *nt,* Einspruch *m* ❷ (*power, right of ~*) Veto-, Einspruchsrecht *nt* **II.** *vt* ❶ sein Veto einlegen gegen ❷ verbieten, untersagen

vex [veks] *vt* ❶ ärgern, aufregen, rasend machen ❷ plagen, quälen; **be ~ed about** verärgert sein über; **be ~ed with s.o.** auf jdn böse sein; **a ~ed question** eine schwierige, vieldiskutierte, umstrittene Frage; **vex·ation** [vek'seɪʃn] *s* ❶ Ärger *m;* Plage, Qual *f* ❷ **~s** Ärgernisse *ntpl,* Unannehmlichkeiten *fpl;* **vex·atious** [vek'seɪʃəs] *adj* ❶ lästig, ärgerlich, verdrießlich ❷ (JUR) schikanös

VHF [,vi:eɪtʃ'ef] *s Abk. von* **very high frequency** UKW *f*

via ['vaɪə] *prep* über; per; via

vi·abil·ity [,vaɪə'bɪlətɪ] *s* ❶ Lebensfähigkeit *f* ❷ Machbarkeit *f* ❸ (COM) Rentabilität *f;* **vi·able** ['vaɪəbl] *adj* ❶ lebensfähig ❷ (*Plan*) machbar ❸ (COM) rentabel; lebensfähig

vi·aduct ['vaɪədʌkt] *s* Viadukt *m od nt*

vibe [vaɪb] *s* Stimmung *f,* Atmosphäre *f;* **vibes** [vaɪbz] *s pl* ❶ (*fam*) Vibraphon *nt* ❷ (*sl*) Atmosphäre *f;* Reaktion *f;* Ausstrahlung *f;* **vi·brant** ['vaɪbrənt] *adj* ❶ vibrierend, schwingend ❷ (*fig*) pulsierend, lebhaft; **vi·bra·phone** ['vaɪbrəfəʊn] *s* (MUS) Vibraphon *nt;* **vi·brate** [vaɪ'breɪt] **I.** *vi* ❶ vibrieren ❷ zittern (*with* vor); **~ with life** vor Leben sprühen; **~ with activity** von regem Treiben erfüllt sein **II.** *vt* in Schwingungen versetzen; vibrieren lassen; **vibrate alert** *s* Vibrationsalarm *m;* **vi·bra·tion** [vaɪ'breɪʃn] *s* ❶ Schwingung, Vibration *f* ❷ *oft pl* (*sl*) Ausstrahlung *f;* Atmosphäre *f;* Feeling *nt;* **he got ~s from her** er spürte ihre Ausstrahlung; **vi·brator** [vaɪ'breɪtə(r)] *s* Vibrator *m*

vicar ['vɪkə(r)] *s* Pfarrer(in), Pastor(in) *m (f);* **vicar·age** ['vɪkərɪdʒ] *s* Pfarrhaus *nt*

vi·cari·ous [vɪ'keərɪəs, *Am* vaɪ'keərɪəs] *adj* ❶ stellvertretend ❷ (*fig*) nachempfunden; Ersatz-

vice[1] [vaɪs] *s* ❶ Laster *nt* ❷ (*a.* COM) Fehler *m;* **~ squad** Sittenpolizei *f*

vice[2] [vaɪs] *s* Schraubstock *m;* **~-like grip** eiserner Griff

vice[3] [vaɪs] **I.** *s* (*fam*) Vize(präsident(in)) *m (f)* **II.** *PRÄF* Vize-; **vice-chairman** *s* stellvertretender Vorsitzender; **vice-chancellor** *s* Vizekanzler(in) *m(f);* (*Universität*) Rektor(in) *m(f);* **vice-president** *s* Vizepräsident(in) *m(f)*

vice versa [,vaɪsɪ'vɜ:sə] *adv* umgekehrt

vi·cin·ity [vɪ'sɪnətɪ] *s* Nachbarschaft, Nähe *f;* **in close ~ to** ganz nahe bei; **in the immediate ~** in unmittelbarer Umgebung; **in the ~ of € 1,000** um die € 1.000 (herum), ca. € 1.000

vi·cious ['vɪʃəs] *adj* ❶ tückisch, bösartig, gefährlich ❷ (*Hund*) bissig ❸ boshaft ❹ gemein, grausam ❺ lasterhaft; **vicious circle** *s* Teufelskreis *m*

vi·ciss·itude [vɪ'sɪsɪtju:d] *s* ❶ Wechsel *m;* Unbeständigkeit *f* ❷ **~s** Wechselfälle *mpl,* Auf und Ab *nt*

vic·tim ['vɪktɪm] *s* ❶ Opfer *nt* ❷ Geschädigte(r) *f m;* **fall ~ to** das Opfer werden von; **~ of circumstances** Opfer *nt* der Verhältnisse; **vic·tim·ize** [-aɪz] *vt* unfair behandeln; schikanieren

vic·tor ['vɪktə(r)] *s* Sieger(in), Gewinner(in) *m (f)*

i Land & Leute

Das **Victoria Cross, the VC,** wurde 1856, während des Krimkrieges, von Queen Victoria als die höchste militärische Auszeichnung im *Commonwealth* eingesetzt. Es wird für ‚bemerkens werte Tapferkeit' verliehen; die Inschrift lautet: *For valour.*

Vic·tor·ian [vɪk'tɔːrɪən] *adj* ❶ (HIST) viktorianisch ❷ (*fig*) spießbürgerlich, prüde

i Land & Leute

Victorian (viktorianisch) bezieht sich nicht nur auf die Regierungszeit von Queen Victoria (1837–1901); es wird auch als ein Synonym für Begriffe wie ‚streng, altmodisch, prüde, repressiv', oder sogar ‚scheinheilig' verwendet, um damit die Einstellung dieses Zeitalters zu beschreiben.

vic·tori·ous [vɪk'tɔːrɪəs] *adj* siegreich (*over* über); **vic·tory** ['vɪktərɪ] *s* Sieg *m;* **gain** [*o* **win**] **a narrow ~ over** einen knappen Sieg erringen über; **~ at the elections** Wahlsieg *m*

vict·ual ['vɪtl] **I.** *s meist pl* Lebensmittel *ntpl* **II.** *vt* verpflegen, verproviantieren **III.** *vi* sich verpflegen, sich verproviantieren; **vict·ual·ler** ['vɪtlə(r)] *s* Lebensmittelhändler(in) *m(f);* **licensed ~** *für den Verkauf von Alkohol konzessionierter Lebensmittelhändler*

vide·licet, viz [vɪ'diːlɪsət, *Am* vɪ'delɪsət, vɪz] *adv* nämlich; und zwar

video ['vɪdɪəʊ] *<pl* videos> **I.** *vt* auf Band aufnehmen **II.** *s* (*Am*) Fernsehen *nt;* Videogerät *nt,* -recorder *m;* **video camera** *s* Videokamera *f;* **video cassette** *s* Videokassette *f;* **video conference** *s* Videokonferenz *f;* **video·fit** ['vɪdɪəʊfɪt] *s* ein am Bildschirm erstelltes Phantombild; **video game** *s* Video-, Telespiel *nt;* **video·phone** *s* Bildtelefon *nt;* **video recorder** *s* Videorecorder *m,* -gerät *nt;* **video set** *s* Video(-Fernseh)gerät *nt;* **video show** *s* Fernsehprogramm *nt;* **video surveillance** *s* Videoüberwachung *f;* **video tape** *s* Videoband *nt;* **video·text** ['vɪdɪəʊtekst] *s* Videotext *m;* **video transmission** *s* Fernsehübertragung *f;* **video transmitter** *s* Fernsehsender *m*

vie [vaɪ] *vi* wetteifern (*with s.o.* mit jdm, *for* um)

Vi·en·na [vɪ'enə] *s* Wien *nt;* **Vi·en·nese** [ˌvɪə'niːz] **I.** *s* Wiener(in) *m(f)* **II.** *adj* wienerisch, Wiener-

Vi·et·cong [ˌvjet'kɒŋ] *s* Vietcong *m;* **Vi·et·nam** [ˌvjet'næm] *s* Vietnam *nt;* **Vi·et·nam·ese** [ˌvjetnə'miːz] **I.** *s* ❶ Vietnamese *m,* Vietnamesin *f* ❷ (das) Vietnamesisch(e) **II.** *adj* vietnamesisch

view [vjuː] **I.** *s* ❶ Sicht *f* ❷ Aussicht *f* ❸ Meinung, Ansicht *f* ❹ Absicht *f;* **at first ~** auf den ersten Blick; **in ~** zu sehen; (*fig*) in Aussicht; **in ~ of** im Hinblick auf; **in my ~** meines Erachtens, meiner Ansicht nach; **on ~** ausgestellt; (COM) zur Ansicht; **out of ~** nicht zu sehen; **with a ~ to, with the ~ of** mit der Absicht zu; **in full ~ of all these people** vor den Augen all dieser Leute; **come into ~** in Sicht kommen; **keep s.th. in ~** etw im Auge behalten; **go out of ~** außer Sicht kommen, verschwinden; **hidden from ~** nicht zu sehen; **a nice ~ of the mountains** ein schöner Blick auf die Berge; **see the ~s** die Sehenswürdigkeiten ansehen; **take the ~ that ...** die Ansicht vertreten, dass ...; **a general ~ of a problem** ein Überblick über ein Problem; **have s.th. in ~** etw beabsichtigen; **lose ~ of s.th.** etw aus den Augen verlieren; **take a dim** [*o* **poor**] **~ of s.th.** etw nicht gut finden **II.** *vt* ❶ ansehen, betrachten ❷ besichtigen ❸ (*fig: Problem*) sehen, beurteilen **III.** *vi* fernsehen; **viewer** ['vjuːə(r)] *s* ❶ (Fernseh)Zuschauer(in) *m(f)* ❷ Diabetrachter *m;* **view·finder** *s* (OPT PHOT) Sucher *m;* **view·ing** ['vjuːɪŋ] *s* ❶ Besichtigung *f* ❷ Fernsehen *nt;* **~ figures** Einschaltquote *f;* **peak ~ time** Haupteinschaltzeit *f;* **view·point** ['vjuːpɔɪnt] *s* Gesichts-, Standpunkt *m*

vigil ['vɪdʒɪl] *s* Nachtwache *f;* **keep ~** Nachtwache halten (*over* bei)

vigi·lance ['vɪdʒɪləns] *s* Wachsamkeit *f;* **vigi·lant** ['vɪdʒɪlənt] *adj* wachsam

vi·gnette [viː'njet] *s* ❶ Vignette *f* ❷ Charakterskizze *f*

vigor *s* (*Am*), **vig·our** ['vɪgə(r)] *s* ❶ Stärke, Kraft, Robustheit *f* ❷ Energie, Vitalität *f;* **vig·or·ous** ['vɪgərəs] *adj* ❶ stark, kräftig, kraftvoll, robust ❷ energisch, nachdrücklich

i Land & Leute

Die **Vikings** (Wikinger) oder *Norsemen* waren Krieger aus Skandinavien, die zwischen dem 8. und dem 11. Jh. Teile der britischen Inseln eroberten. Zuerst fielen sie als Piraten an der Ostküste Englands ein und griffen hauptsächlich Klöster an, wurden dann aber Siedler und Händler. Die Wikinger errichteten ihre Herrschaft im Nordwesten auf den Orkneyinseln und den

Shetlandinseln, im Westen Schottlands, auf der Insel Man und Teilen Irlands. Im Jahr 1016 wurde der dänische König Canute (Knut), König von England. Die Wikinger traten während des 10. und 11. Jh. zum Christentum über. 1066 wurde England von Frankreich aus durch die *Normans* (Normannen) besetzt, die Nachkommen der Wikinger waren.

vile [vaɪl] *adj* ❶ (*sittlich*) schlecht, gemein ❷ widerlich, ekelhaft ❸ (*fam*) schlecht, abscheulich

vil·ify ['vɪlɪfaɪ] *vt* verleumden, herabwürdigen

vil·lage ['vɪlɪdʒ] *s* Dorf *nt;* **village community** *s* Dorfgemeinschaft *f;* **village green** *s* Dorfwiese *f;* **village inn** *s* Dorfgasthaus *nt;* **vil·lager** ['vɪlɪdʒə(r)] *s* Dorfbewohner(in) *m(f)*

vil·lain ['vɪlən] *s* ❶ Schuft, Schurke *m;* Bösewicht *m* ❷ (*hum*) Schelm, Schlingel *m* ❸ (*fam*) Verbrecher *m;* **vil·lain·ous** [vɪlənəs] *adj* ❶ schurkisch ❷ (*fam*) miserabel, schlecht; **vil·lainy** ['vɪlənɪ] *s* Gemeinheit *f*

vim [vɪm] *s* (*fam*) Schwung *m*

vin·ai·grette [,vɪnɪ'gret] *s* Vinaigrette *f;* Salatsoße *f*

vin·di·cate ['vɪndɪkeɪt] *vt* ❶ rechtfertigen ❷ rehabilitieren; **vin·di·ca·tion** [,vɪndɪ'keɪʃn] *s* ❶ Rechtfertigung, Verteidigung *f* ❷ Rehabilitation *f;* **in ~ of** zur Rechtfertigung *+gen*

vin·dic·tive [vɪn'dɪktɪv] *adj* nachtragend; rachsüchtig

vine [vaɪn] *s* ❶ Weinstock *m,* Rebe *f* ❷ Kletterpflanze *f*

vin·egar ['vɪnɪgə(r)] *s* Essig *m;* **vin·egary** ['vɪnɪgərɪ] *adj* säuerlich, sauer

vine·yard ['vɪnjəd] *s* Weinberg *m*

vin·tage ['vɪntɪdʒ] **I.** *s* ❶ (Wein)Lese *f* ❷ Jahrgang *m* **II.** *adj* hervorragend; alt; **~ car** Oltimer *m;* **~ wine** Qualitätswein *m;* **~ year** guter Jahrgang; **vint·ner** ['vɪntnə(r)] *s* Weinhändler *m*

vinyl ['vaɪnɪl] *s* Vinyl, PVC *nt*

viol ['vaɪəl] *s* (HIST) Viola *f;* **bass ~** Gambe *f*

vi·ola[1] [vɪ'əʊlə] *s* Bratsche *f;* **~ da gamba** Gambe *f*

vi·ola[2] ['vaɪəʊlə] *s* Veilchen *nt*

vi·ol·ate ['vaɪəleɪt] *vt* ❶ (*Recht*) verletzen; (*Gesetz*) übertreten, verstoßen gegen; (*Vertrag, Versprechen*) brechen ❷ (*geweihten Ort*) entehren; (*Gefühl, Empfinden*) verletzen, beleidigen; (*Stille*) stören ❸ (*Frau*) vergewaltigen; **vi·ol·ation** [,vaɪə'leɪʃn] *s* ❶ Verletzung *f,* Verstoß *m* ❷ Entehrung *f;* Verletzung *f;* Störung *f* ❸ Vergewaltigung *f;* **~ of a treaty** Vertragsbruch *m;* **~ of human rights** Menschenrechtsverletzung *f;* **vi·ol·ence** ['vaɪələns] *s* ❶ Gewalt *f;* Gewalttätigkeit *f* ❷ Heftigkeit *f;* Stärke *f;* **do ~ to s.o.** jdm Gewalt antun; **crimes of ~** Gewaltverbrechen *ntpl;* **robbery with ~** Raubüberfall *m;* **an outbreak of ~** ein Ausbruch von Gewalttätigkeiten; **vi·ol·ent** ['vaɪələnt] *adj* ❶ gewaltsam; gewalttätig ❷ heftig, stark ❸ leidenschaftlich; **meet with a ~ death** eines gewaltsamen Todes sterben; **have a ~ temper** jähzornig sein; **by ~ means** unter Gewaltanwendung

vi·olet ['vaɪələt] **I.** *s* Veilchen *nt* **II.** *adj* violett

vi·olin [,vaɪə'lɪn] *s* Geige, Violine *f;* **play the ~** Geige spielen; **~ bow/case** Geigenbogen/-kasten *m;* **~ string** Geigensaite *f;* **vi·olin·ist** ['vaɪəlɪnɪst] *s* Geiger(in) *m(f);* **vi·olon·cel·list** [,vaɪələn'tʃelɪst] *s* Cellist(in) *m(f);* **vi·olon·cello** [,vaɪələn'tʃeləʊ] <*pl* -cellos> *s* Cello *nt*

V.I.P., VIP [,vi:aɪ'pi:] *s Abk. von* **very important person** bedeutende Persönlichkeit, VIP *f;* **give s.o. the ~ treatment** jdn wie einen Ehrengast behandeln

vi·per ['vaɪpə(r)] *s* ❶ Viper *f* ❷ (*fig*) Schlange *f*

vir·ago [vɪ'rɑ:gəʊ] <*pl* -ago(e)s> *s* Xanthippe *f,* Zankteufel *m*

vir·gin ['vɜ:dʒɪn] **I.** *s* Jungfrau *f* **II.** *adj* ❶ jungfräulich, *a. Schnee* ❷ (*fig: Land*) unberührt; **~ birth** jungfräuliche Geburt; (BIOL) Jungfernzeugung *f;* **vir·ginal** ['vɜ:dʒɪnl] *adj* jungfräulich; **vir·gin forest** *s* Urwald *m;* **vir·gin·ity** [və'dʒɪnətɪ] *s* Unschuld, Jungfräulichkeit *f*

Virgo ['vɜ:gəʊ] <*pl* Virgos> *s* (ASTR) Jungfrau *f;* **v~ intacta** unberührte Jungfrau

vir·ile ['vɪraɪl, *Am* 'vɪrəl] *adj* ❶ männlich ❷ (*fig*) kraftvoll; **vir·il·ity** [vɪ'rɪlətɪ] *s* ❶ Männlichkeit *f;* Potenz, Manneskraft *f* ❷ Ausdruckskraft *f*

vi·rol·ogy [vaɪə'rɒlədʒɪ] *s* Virologie *f*

vir·tual ['vɜ:tʃʊəl] *adj* ❶ wirklich, tatsächlich, eigentlich ❷ (PHYS) virtuell; **~ reality** virtuelle Realität; **~ value** Effektivwert *m;* **vir·tual·ly** [-ɪ] *adv* fast, praktisch, so gut wie

vir·tue ['vɜ:tʃu:] *s* ❶ Tugend *f* ❷ Tugendhaftigkeit *f* ❸ Vorteil *m,* Qualität *f* ❹ Wirkung *f;* Heilkraft *f;* **by ~ of** kraft, auf Grund *+gen;* **make a ~ of necessity** (*prov*) aus

der Not eine Tugend machen; **a woman of easy ~** ein Flittchen *nt;* **vir·tue·crat** ['vɜ:tʃu:ˌkræt] *s* Programmzensor(in) *m(f)*
vir·tu·os·ity [ˌvɜ:tjʊ'ɒsətɪ] *s* Virtuosität *f;* **vir·tu·oso** [ˌvɜ:tjʊ'əʊzəʊ, *pl* -əʊzi:] <*pl* -osos, -osi> *s* (MUS) Virtuose *m*
vir·tu·ous ['vɜ:tʃʊəs] *adj* tugendhaft
viru·lence ['vɪrʊləns] *s* ① (MED) Heftigkeit, Bösartigkeit *f* ② (*fig*) Boshaftigkeit *f;* **viru·lent** ['vɪrʊlənt] *adj* ① (MED) bösartig; (*Gift*) stark, tödlich ② (*fig*) boshaft, gehässig
vi·rus ['vaɪərəs] *s* (MED) Virus *m*
visa ['vi:zə] **I.** *s* Visum *nt;* Sichtvermerk *m;* **entrance ~** Einreisevisum *nt;* **transit ~** Durchreisevisum *nt* **II.** *vt* mit einem Visum versehen
vis-à-vis ['vi:zəvi:] *prep* gegenüber
vis·cera ['vɪsərə] *s pl* (ANAT) Eingeweide *ntpl*
vis·cose ['vɪskəʊz] *s* Viskose *f*
vis·cos·ity [vɪs'kɒsətɪ] *s* Zähflüssigkeit, Viskosität *f*
vis·count ['vaɪkaʊnt] *s* Vicomte *m;* **vis·count·ess** ['vaɪkaʊntɪs] *s* Vicomtesse *f*
vis·cous [vɪskəs] *adj* zähflüssig, viskos
vise [vaɪs] *s* (*Am*) Schraubstock *m*
visé ['vi:zeɪ] **I.** *s* (*Am*) Visum *nt;* **entrance ~** Einreisevisum *nt;* **transit ~** Durchreisevisum *nt* **II.** *vt* mit einem Visum versehen
vis·ibil·ity [ˌvɪzə'bɪlətɪ] *s* ① Sichtbarkeit *f* ② Sicht(weite) *f;* Sichtverhältnisse *ntpl;* **~ was poor** die Sicht war schlecht; **vis·ible** ['vɪzəbl] *adj* ① sichtbar, wahrnehmbar ② (*fig*) offensichtlich, deutlich
vi·sion ['vɪʒn] *s* ① Sehen *nt;* Sehkraft *f,* -vermögen *nt* ② Vision *f* ③ Vorstellung *f* ④ Voraussicht *f,* Weitblick *m;* **~ of the future** Zukunftsvision *f;* Vorstellung *f* von der Zukunft; **field of ~** Gesichts-, Blickfeld *nt;* **have ~s of fame** von Ruhm träumen; **I had ~s of having to do it all again** ich sah mich das schon alles noch einmal machen; **vi·sion·ary** ['vɪʒənrɪ] **I.** *adj* ① visionär, unwirklich, fantastisch ② unpraktisch, undurchführbar ③ hellseherisch **II.** *s* ① Hellseher(in) *m(f)* ② Fantast(in) *m(f)*
vis·it ['vɪzɪt] **I.** *vt* ① auf-, besuchen; auf Besuch sein bei ② besichtigen ③ (REL) heimsuchen **II.** *vi* einen Besuch machen **III.** *s* ① Besuch *m* (*to* bei) ② Kontrolle *f* ③ (INTERNET) Visit *m;* **pay s.o./s.th. a ~** jdn/etw besuchen; **courtesy ~** Höflichkeitsbesuch *m;* **visi·ta·tion** [ˌvɪzɪ'teɪʃn] *s* ① Besichtigung *f;* Visitation, Inspektion *f* ② (*Geist*) Erscheinung *f* ③ (REL) Heimsuchung *f;* **visitation rights** *s pl* Besuchsrecht *nt;* **visit·ing** ['vɪzɪtɪŋ] *adj:* **be on ~ terms** sich (gegenseitig) besuchen; **~ card** Visitenkarte *f;* **~ hours** Besuchszeit *f;* **~ professor** Gastprofessor(in) *m (f);* **the ~ team** die Gäste *pl;* **visi·tor** ['vɪzɪtə(r)] *s* ① Besucher(in) *m(f)* (*to a castle* eines Schlosses) ② Gast *m* ③ Inspekteur(in) *m(f);* **~s' book** Gästebuch *nt*
vi·sor ['vaɪzə(r)] *s* ① (HIST: *Helm*) Visier *nt* ② Mützenschirm *m* ③ (AUTO: *sun~*) Sonnenblende *f*
vista ['vɪstə] *s* ① Ausblick *m,* -sicht *f* ② (*fig*) Aussicht *f* (*of* auf) (*von Vergangenheit*) Bild *nt;* **open new ~s** (*fig*) neue Möglichkeiten eröffnen
vis·ual ['vɪʒʊəl] *adj* ① visuell ② Seh-; **~ aids** Anschauungsmaterial *nt;* **~ display unit, VDU** Datensicht-, Bildschirmgerät *nt,* Bildschirm *m;* **~ instruction** Anschauungsunterricht *m;* **~ memory** visuelles Gedächtnis; **~ nerve** Sehnerv *m;* **vis·ual·ize** ['vɪʒʊəlaɪz] *vt* ① sich vorstellen ② erwarten, rechnen mit; **vis·ual·ly** *adv* visuell; **the ~ impaired** die Sehgeschädigten
vi·tal ['vaɪtl] **I.** *adj* ① lebenswichtig, -notwendig; Lebens- ② (*fig*) wesentlich, unerlässlich (*to* für) ③ (*Fehler*) schwerwiegend; **~ force** Lebenskraft *f;* **~ organs** lebenswichtige Organe *ntpl;* **~ parts** wichtige Teile *mpl;* **~ problem** Kernproblem *nt;* **~ statistics** Bevölkerungsstatistik *f;* (*fam*) Körpermaße *ntpl;* **at the ~ moment** im entscheidenden, kritischen Augenblick; **of ~ importance** äußerst wichtig; **it is ~ that …** es ist unbedingt notwendig, dass …; **how ~ is it?** wie wichtig ist es? **II.** *s pl* lebenswichtige Organe *ntpl;* (*hum*) Genitalien *pl;* **vi·tal·ity** [vaɪ'tælətɪ] *s* ① Lebendigkeit *f* ② Vitalität, Energie *f* ③ Beständigkeit *f;* **vi·tal·ize** ['vaɪtəlaɪz] *vt* beleben
vit·amin ['vɪtəmɪn, *Am* 'vaɪtəmɪn] *s* Vitamin *nt;* **vitamin deficiency** *s* Vitaminmangel *m;* **vitamin tablets** *s pl* Vitamintabletten *fpl*
vit·reous ['vɪtrɪəs] *adj* ① gläsern; glas(art)ig ② (GEOL) glasig; **vit·rify** ['vɪtrɪfaɪ] **I.** *vt* zu Glas schmelzen, verglasen **II.** *vi* zu Glas werden
vit·riol ['vɪtrɪəl] *s* ① (CHEM) Vitriol *nt* ② Schwefelsäure *f* ③ (*fig*) beißender Spott; **blue ~** Kupfervitriol *nt;* **vit·riolic** [ˌvɪtrɪ'ɒlɪk] *adj* (*fig*) bissig, sarkastisch
vit·uper·ate [vɪ'tju:pəreɪt] *vt* schmähen, heruntermachen, beschimpfen; **vit·uper·ation** [vɪˌtju:pə'reɪʃn] *s* Beschimpfung *f*
viva ['vaɪvə] *s* (*Br*) mündliche Prüfung
vi·va·cious [vɪ'veɪʃəs] *adj* lebhaft; (quick)lebendig, munter; **vi·vac·ity** [vɪ'væsətɪ] *s* Lebhaftigkeit *f;* Lebendigkeit, Munterkeit *f*
vi·var·ium [vaɪ'veərɪəm] *s* Vivarium, Aqua-

V

rium *nt* (mit Terrarium)

viva voce [ˌvaɪvəˈvəʊsɪ] **I.** *adj* mündlich **II.** *s* mündliche Prüfung

vivid [ˈvɪvɪd] *adj* ❶ lebhaft, lebendig ❷ (*Farbe*) kräftig, leuchtend; (*Licht*) hell ❸ (*Erinnerung*) frisch, lebhaft

vi·vipar·ous [vɪˈvɪpərəs, *Am* vaɪˈvɪpərəs] *adj* (ZOO) lebend gebärend

vivi·sect [ˌvɪvɪˈsekt] *vt* vivisezieren; **vivi·sec·tion** [ˌvɪvɪˈsekʃn] *s* Vivisektion *f*

vixen [ˈvɪksn] *s* ❶ Füchsin *f* ❷ (*fig*) Xanthippe *f*, Zankteufel *m*

viz [vɪz] *adv* nämlich; und zwar

vo·cabu·lary [vəˈkæbjʊlərɪ] *s* ❶ Wörterverzeichnis, Vokabular *nt* ❷ Wortschatz *m*

vo·cal [ˈvəʊkl] *adj* ❶ Stimm- ❷ mündlich ❸ (*fig*) lautstark; **become** ~ sich hören lassen, seine Meinung lautstark kundtun; ~ **cords** Stimmbänder *ntpl;* ~ **music** Vokalmusik *f*, Gesang *m;* ~ **part** Gesangspartie *f;* **vo·cal·ist** [ˈvəʊkəlɪst] *s* Sänger(in) *m(f);* **vo·cal·ize** [ˈvəʊkəlaɪz] *vt* ❶ aussprechen ❷ (*Konsonanten*) vokalisieren

vo·ca·tion [vəʊˈkeɪʃn] *s* ❶ Berufung *f* ❷ Eignung *f* (*for* für) ❸ Beruf *m;* **vo·ca·tional** [vəʊˈkeɪʃənl] *adj* beruflich; Berufs-; ~ **adviser** [*o* **counsellor**] Berufsberater(in) *m(f);* ~ **education** Berufsausbildung *f;* ~ **guidance** Berufsberatung *f;* ~ **retraining** Umschulung *f;* ~ **school** (*Am*) Berufsschule *f;* ~ **training** Berufsausbildung *f*

vo·cif·er·ate [vəˈsɪfəreɪt] *vt, vi* schreien, brüllen; **vo·cif·er·ation** [vəˌsɪfəˈreɪʃn] *s* Geschrei, Gebrüll *nt;* **vo·cif·er·ous** [vəˈsɪfərəs] *adj* laut; lautstark

vogue [vəʊg] *s* Mode *f;* **all the** ~ der letzte Schrei; **be in** ~ Mode sein; **come into/go out of** ~ in Mode/aus der Mode kommen; **have a great** ~ sehr beliebt sein; in großer Mode sein

voice [vɔɪs] **I.** *s* ❶ Stimme *f* ❷ Mitspracherecht *nt* ❸ (GRAM) Aktionsart *f* ❹ (*Phonetik*) Stimmhaftigkeit *f;* **by a majority of** ~**s** mit Stimmenmehrheit; **in a loud** ~ mit lauter Stimme; **with one** ~ einstimmig; **give** ~ **to s.th.** etw zum Ausdruck bringen; **have a** ~ **in s.th.** bei einer S (ein Wörtchen) mitzureden haben; **raise one's** ~ seine Stimme erheben (*against* gegen), lauter sprechen, anschreien (*to s.o.* jdn); **I have no** ~ **in the matter** ich habe in der Angelegenheit wenig zu sagen; **active/passive** ~ (GRAM) Aktiv/Passiv *nt;* **chest/head** ~ Brust-/Kopfstimme *f* **II.** *vt* ❶ äußern, zum Ausdruck bringen, ausdrücken ❷ (*Phonetik*) stimmhaft aussprechen; **voice box** *s* Kehlkopf *m;* **voiced** [vɔɪst] *adj* (*Phonetik*) stimmhaft; **voice·less** [ˈvɔɪslɪs] *adj* ❶ stumm ❷ (PARL) nicht stimmberechtigt ❸ (*Phonetik*) stimmlos; **voice·mail** [ˈvɔɪsˌmeɪl] *s* Voicemail *f* (*digitaler Anrufbeantworter für Handys*); **voice-over** [ˈvɔɪsəʊvə(r)] *s* Begleitkommentar *m*

void [vɔɪd] **I.** *adj* ❶ leer ❷ nichtig, sinnlos ❸ (JUR) ungültig, nichtig; ~ **of** ohne; **null and** ~ null und nichtig **II.** *s* Leere *f* **III.** *vt* ❶ (aus)leeren ❷ (JUR) ungültig machen, für ungültig, nichtig erklären

voile [vɔɪl] *s* Voile(stoff) *m*

vol·atile [ˈvɒlətaɪl, *Am* ˈvɒlətl] *adj* ❶ (CHEM) flüchtig ❷ (*fig*) impulsiv; sprunghaft ❸ (POL) gespannt, brisant ❹ (FIN) unbeständig

vol·canic [vɒlˈkænɪk] *adj* ❶ (GEOL) vulkanisch ❷ (*fig*) explosiv; ~ **eruption** Vulkanausbruch *m;* ~ **rock** Eruptivgestein *nt;* **vol·cano** [vɒlˈkeɪnəʊ] <*pl* -cano(e)s> *s* Vulkan *m*

vole [vəʊl] *s* (*field-*~) Feldmaus *f;* **water-**~ Wasserratte *f*

vo·li·tion [vəˈlɪʃn, *Am* vəʊˈlɪʃn] *s* Wille *m;* **power of** ~ Willenskraft *f;* **do s.th. of one's own** ~ etw aus eigenem Antrieb tun

vol·ley [ˈvɒlɪ] **I.** *s* ❶ (MIL) Salve *f* ❷ (*fig*) Hagel *m;* Flut *f* ❸ (SPORT) Flugball, Volley *m* **II.** *vi* ❶ eine Salve abfeuern ❷ (SPORT) einen Volley spielen **III.** *vt:* ~ **the ball** einen Volley spielen; **vol·ley·ball** [ˈvɒlɪbɔːl] *s* Volleyball *m*

volt [vəʊlt] *s* (ELEK) Volt *nt;* **volt·age** [ˈvəʊltɪdʒ] *s* Spannung *f;* **what** ~ **is it?** wie viel Volt hat es?; **voltage detector** *s* (ELEK) Spannungsprüfer *m;* **voltage drop** *s* (ELEK) Spannungsabfall *m*

volte-face [ˌvɒltˈfɑːs] *s* (Meinungs-, Stimmungs)Umschwung *m*, Kehrtwendung *f*

vol·uble [ˈvɒljʊbl] *adj* ❶ gesprächig, redselig, geschwätzig ❷ wortreich ❸ (*Rede*) flüssig

vol·ume [ˈvɒljuːm] *s* ❶ Band *m*, Buch *nt* ❷ Rauminhalt *m*, Volumen *nt;* (großer) Umfang *m* ❸ Lautstärke *f;* (MUS) Klangfülle *f;* ~**s of** ein Schwall +*gen;* **speak** ~**s** (*fig*) Bände sprechen (*for* für); **odd** ~ Einzelband *m;* ~ **of business** Geschäftsvolumen *nt;* ~ **of goods sold** Absatzvolumen *nt;* ~ **of sales** Umsatz *m;* ~ **of trade** Handelsvolumen *nt;* **volume control, volume regulator** *s* Lautstärkeregler *m;* **volume discount** *s* Mengenrabatt *m;* **vol·umi·nous** [vəˈljuːmɪnəs] *adj* ❶ voluminös; üppig ❷ (*Schriften*) umfangreich ❸ (*Rock*) bauschig

vol·un·tary [ˈvɒləntrɪ] **I.** *adj* ❶ freiwillig ❷ (PHYSIOL) willkürlich ❸ (PSYCH) spontan

❹ (*Verbrechen*) vorsätzlich **II.** *s* (Orgel)Solo *nt;* ~ **organization** Wohltätigkeitsorganisation *f;* ~ **redundancy** freiwilliges Ausscheiden aus einem Betrieb; ~ **repatriation** freiwillige Rückführung; **vol·un·teer** [ˌvɒlən'tɪə(r)] **I.** *s* Freiwillige(r) *f m* **II.** *vt* ❶ (*Hilfe*) anbieten ❷ (*Vorschlag*) machen; (*Auskunft*) geben **III.** *vi* sich freiwillig melden; etw freiwillig tun; ~ **for s.th.** sich für etw zur Verfügung stellen; ~ **to do s.th.** anbieten etw zu tun

vo·lup·tu·ous [və'lʌptʃʊəs] *adj* ❶ sinnlich ❷ (*Leben*) ausschweifend ❸ (*Körper*) üppig

vo·lute [və'ljuːt] *s* (ARCH) Volute, Schnecke *f*

vomit ['vɒmɪt] **I.** *s* (MED) ❶ (Er)Brechen *nt* ❷ (das) Erbrochene **II.** *vi* sich erbrechen **III.** *vt* ❶ erbrechen, wieder von sich geben ❷ ausstoßen ❸ (*Feuer*) speien

voo·doo ['vuːduː] *s* Voodoo, Wodu *m*

vo·racious [və'reɪʃəs] *adj* ❶ gefräßig ❷ unersättlich; **vo·racity** [və'ræsətɪ] *s* ❶ Gefräßigkeit *f* ❷ (*fig*) Gier *f*

vor·tex ['vɔːteks, *pl* -teksəz, -tɪsiːz] <*pl* -texes, -tices> *s* (*a. fig*) Strudel *m*

vote [vəʊt] **I.** *s* ❶ Wahl, Abstimmung *f* ❷ Stimmabgabe *f* ❸ (Wahl)Stimme *f* ❹ Wahl-, Stimmrecht *f* ❺ Wahl-, Abstimmungsergebnis *nt* ❻ Bewilligung *f*, bewilligte Summe; **by 5 ~s to 3** mit 5 gegen 3 Stimmen; **by a majority of 2 ~s** mit einer Mehrheit von 2 Stimmen; **by a majority ~** mit Stimmenmehrheit; **bring** [*o* **put**] **to the ~** zur Abstimmung bringen; **cast one's ~** seine Stimme abgeben; **have a ~** Stimmrecht haben (*in* bei); **take a ~ on** abstimmen über; **casting ~** ausschlaggebende Stimme *f;* **casting of ~s** Stimmabgabe *f;* **counting of ~s** Stimmenzählung *f;* **final ~** Schlussabstimmung *f;* **number of ~s** Stimmenzahl *f;* ~ **of confidence** Vertrauensvotum *nt;* **ask for a ~ of confidence** die Vertrauensfrage stellen; **pass a ~ of confidence in s.o.** jdm das Vertrauen aussprechen; ~ **of censure** Missbilligungsvotum *nt;* ~ **of no confidence** Misstrauensvotum *nt* **II.** *vi* wählen; seine Stimme abgeben (*for* für) **III.** *vt* ❶ wählen; wählen zu ❷ bewilligen, genehmigen; **vote down** *vt* überstimmen; ablehnen; **vote in** *vt* wählen (*s.o.* jdn); (*Gesetz*) beschließen; **vote on** *vi* abstimmen über; **vote out** *vt* ablehnen; abwählen; **voter** ['vəʊtə(r)] *s* Wähler(in) *m(f);* **vot·ing** ['-ɪŋ] *s* ❶ Wahl *f* ❷ Wahlbeteiligung *f;* **return a blank ~ paper** einen leeren Stimmzettel abgeben; **system of ~** Wahlsystem *nt;* ~ **right** Stimmrecht *nt*

i Land & Leute

In Australien ist das **voting** (Wählen) Pflicht. Neuseeland war das erste Land auf der Welt, in dem Frauen in einer Parlamentswahl 1893 wählen durften; Australien war 1901 das zweite Land.

voting booth *s* Wahlzelle, -kabine *f;* **voting box** *s* Wahlurne *f;* **voting machine** *s* Stimmenzählmaschine *f*

vouch [vaʊtʃ] *vi* sich verbürgen, garantieren (*for* für); **voucher** ['vaʊtʃə(r)] *s* ❶ Gutschein *m* ❷ Beleg *m*, Bescheinigung *f* ❸ (JUR) Schuldschein *m;* **luncheon ~** Essen(s)marke *f*, Essensbon *m;* **credit ~** Gutschrift *f;* **gift ~** Geschenkgutschein *m;* **vouch·safe** [vaʊtʃ'seɪf] *vt* gewähren (*s.o.* jdm); **he ~d (me) no reply** er würdigte mich keiner Antwort

vow [vaʊ] **I.** *s* ❶ (REL) Gelübde *nt* ❷ Versprechen, Gelöbnis *nt;* **lover's ~** Treueschwur *m;* **make a ~ to do s.th.** geloben etw zu tun; **take one's ~s** sein Gelübde ablegen; **be under a ~ to do s.th.** verpflichtet sein etw zu tun **II.** *vt* geloben; feierlich erklären

vowel ['vaʊəl] *s* Vokal, Selbstlaut *m*

voy·age ['vɔɪɪdʒ] **I.** *s* ❶ Reise *f* ❷ (*Raumfahrt*) Flug *m;* **on the ~ out/home** auf der Hin-/Rückreise **II.** *vi* ❶ eine (See)Reise machen ❷ fliegen; **voy·ager** ['vɔɪədʒə(r)] *s* ❶ Passagier *m* ❷ Raumfahrer(in) *m(f)*

voyeur [vwaː'jɜː(r)] *s* Voyeur *m*

VTO(L) [ˌviːtiː'əʊ, ˌviːtiːəʊ'el] *s Abk. von* **vertical take-off (and landing)**: ~ **aircraft** Senkrechtstarter *m*

vul·can·ite ['vʌlkənaɪt] *s* Hartgummi *m od nt*, Ebonit *nt;* **vul·can·iz·ation** [ˌvʌlkənaɪ'zeɪʃn] *s* Vulkanisierung *f;* **vul·can·ize** ['vʌlkənaɪz] *vt* vulkanisieren

vul·gar ['vʌlgə(r)] *adj* ❶ vulgär; ordinär; geschmacklos ❷ (MATH: *Bruch*) gemein; ~ **beliefs** volkstümliche Auffassungen *fpl;* **in the ~ tongue** in der Sprache des Volkes; ~ **Latin** Vulgärlatein *nt;* **vul·gar·ity** [vʌl'gærətɪ] *s* Vulgarität *f;* Anstößigkeit *f;* Geschmacklosigkeit *f;* **vul·gar·ize** ['vʌlgəraɪz] *vt* ❶ popularisieren, verbreiten ❷ vulgär werden lassen

Vul·gate ['vʌlgeɪt] *s* (REL) Vulgata *f*

vul·ner·able ['vʌlnərəbl] *adj* ❶ verwundbar ❷ ungeschützt; ~ **to the cold** kälteempfindlich; ~ **to temptation** für Versuchungen anfällig; **be ~ to criticism** der Kritik ausgesetzt sein; keine Kritik vertragen; **a ~ point** [*o* **spot**] eine schwache Stelle; **vul·ner·abil·ity** *s* Verwundbarkeit *f;* (*fig*) Verletzbarkeit *f*

vul·ture ['vʌltʃə(r)] *s* Geier *m*

vulva ['vʌlvə] *s* (äußere) weibliche Scham, Vulva *f*

vy·ing ['vaɪɪŋ] **I.** *adj* wetteifernd **II.** *s* Konkurrenzkampf *m* (*for* um)

W w

W, w ['dʌblju:] <*pl* -'s> *s* W, w *nt*

wack [wæk] *s* (*Br: sl*) Kumpel *m;* **wacky** ['wækɪ] *adj* (*fam*) verrückt, blöd

wad [wɒd] **I.** *s* ❶ Knäuel *nt;* (*in Geschoss*) Pfropfen *m;* (*Watte*) Bausch *m* ❷ (*Geld*) Bündel *nt;* ~**s of money** ein Haufen Geld **II.** *vt* ❶ stopfen; zusammenknüllen ❷ (*Nähen*) wattieren; **wad·ding** ['wɒdɪŋ] *s* Füllsel *nt;* Wattierung, Watte *f;* (MED) Wattetupfer *m*

waddle ['wɒdl] **I.** *vi* watscheln **II.** *s* Watscheln *nt*

wade [weɪd] *vi* ❶ waten (*through* durch) ❷ (*fig*) sich (mühsam) (hin)durcharbeiten (*through* durch) ❸ (*fam fig*) sich hineinstürzen (*in, into* in); ~ **into s.o.** (*fam*) auf jdn losgehen; **wader** ['weɪdə(r)] *s* ❶ Watvogel *m* ❷ ~**s** (hohe) Gummistiefel *mpl*

wa·fer ['weɪfə(r)] *s* ❶ Waffel *f* ❷ Oblate *f* ❸ (REL) Hostie *f* ❹ (*silicone* ~, INFORM) Chip *m,* Siliziumplättchen *nt;* ~**-thin** hauchdünn

waffle[1] ['wɒfl] *s* Waffel *f*

waffle[2] ['wɒfl] **I.** *vi* (*Br: fam*) quasseln, schwafeln **II.** *s* (*Br: pej*) Gequassel, Geschwafel *nt*

waffle iron *s* Waffeleisen *nt*

waft [wɒft] **I.** *vt* (weg-, fort)wehen, -blasen **II.** *vi* wehen; schweben **III.** *s* Hauch, Luftzug *m;* Duft *m*

wag[1] [wæg] **I.** *vt* wippen mit; wedeln mit; ~ **one's finger at s.o.** jdm mit dem Finger drohen **II.** *vi* wippen; wedeln; **his tongue never stops** ~**ging** sein Mund steht nie still; **set tongues** ~**ging** Anlass zum Gerede geben **III.** *s* Wackeln, Wedeln *nt*

wag[2] [wæg] *s* Witzbold *m;* **he's a bit of a** ~ er ist ein alter Witzbold

wage[1] [weɪdʒ] *s oft pl* (Arbeits)Lohn *m;* **at a** ~ **of** bei einem Lohn von; **basic** ~ Grundlohn *m;* **weekly** ~ Wochenlohn *m;* **the** ~**s of sin** die gerechte Strafe

wage[2] [weɪdʒ] *vt:* ~ **war** Krieg führen

wage ad·just·ment [ˌweɪdʒə'dʒʌstmənt] *s* Lohnausgleich *m,* -anpassung *f;* **wage bill** *s* Lohnsumme *f;* **wage claim, wage demand** *s* Lohnforderung *f;* **wage costs** ['weɪdʒ kɒsts] *s pl* Lohnkosten *pl;* **wage differentials** *s pl* Lohngefälle *nt;* **wage dispute** *s* Lohnauseinandersetzung *f;* **wage earner** *s* Lohnempfänger(in) *m(f);* **wage freeze** *s* Lohnstopp *m;* **wage increase** *s* Lohnerhöhung *f;* **wage level** *s* Lohnniveau *nt;* **wage negotiation** *s* Lohn-, Tarifverhandlung *f;* **wage packet** *s* Lohntüte *f*

wa·ger ['weɪdʒə(r)] **I.** *s* Wette *f;* **lay** [*o* **make**] **a** ~ eine Wette abschließen **II.** *vt, vi* wetten

wage scale ['weɪdʒskeɪl] *s* Lohnskala *f;* **wages clerk** *s* Lohnbuchhalter(in) *m(f);* **wage settlement** *s* Tarifabschluss *m;* **wage slip** *s* Lohnstreifen *m;* **wages policy** *s* Lohnpolitik *f;* **wage worker** *s* (*Am*) Lohnarbeiter(in) *m(f)*

wag·gish ['wægɪʃ] *adj* spaßig, scherzhaft

waggle ['wægl] **I.** *vt* wackeln mit; wedeln mit; wippen mit **II.** *vi* wackeln; wedeln; wippen **III.** *s* Wackeln *nt;* Wedeln *nt;* **with a** ~ **of its tail** mit einem Schwanzwedeln; **wagg·ly** ['wæglɪ] *adj* wackelnd; wackelig; (*Schwanz*) wedelnd

wag(·g)on ['wægən] *s* ❶ Wagen *m* ❷ (RAIL) Waggon *m;* **be on the** ~ (*fam*) keinen Alkohol trinken; **wag(·g)oner** ['wægənə(r)] *s* Fuhrmann *m;* **wag(g)on·load** ['wægənləʊd] *s* Waggon-, Wagenladung *f;* **wagon train** *s* (HIST) Zug *m* von Planwagen

waif [weɪf] *s* ❶ herrenloses Tier ❷ Obdachlose(r) *f m* ❸ verwahrlostes Kind; ~**s and strays** heimatlose Kinder

wail [weɪl] **I.** *vi* ❶ wimmern, schreien ❷ wehklagen, jammern (*for* um, *over* über) ❸ (*Wind*) heulen **II.** *s* Wimmern *nt;* Jammern, Klagen *nt;* Heulen *nt;* **wail·ing** ['weɪlɪŋ] *s* Wehklagen *nt;* **Wailing Wall** (*in Jerusalem*) Klagemauer *f*

wain·scot ['weɪnskət] *s* Wandverkleidung *f*

waist [weɪst] *s* ❶ Taille *f* ❷ (MAR) Mitteldeck *nt;* **strip to the** ~ den Oberkörper freimachen; **waist·band** ['weɪstbænd] *s* (Rock-, Hosen)Bund *m;* **waist·coat** ['weɪstkəʊt] *s* (*Br*) Weste *f;* **waist deep** *adj* hüfthoch; bis zur Hüfte; **waisted** ['weɪstɪd] *adj* tailliert; **waist·line** *s* Taille *f;* **watch one's** ~ auf die schlanke Linie achten

wait [weɪt] **I.** *vi* ❶ warten (*for* auf, *until* bis) ❷ unerledigt bleiben ❸ aufwarten (*on s.o.* jdm, *at table* bei Tisch), bedienen (*on s.o.* jdn) ❹ (AUTO) halten; ~ **a minute!** Augenblick!; ~ **and see** abwarten; ~ **at table** (*Am*) bei Tisch bedienen; ~ (*Verkehrsampel*) warten; **I can't** ~ ich kann's kaum erwarten; ich bin gespannt; **keep** ~**ing** warten lassen; ~**-and-see-policy** Politik *f* des Abwartens; abwartende Haltung; **what are you** ~**ing for?** worauf wartest du? **II.** *vt* ① warten auf, ab-, erwarten ② (*fam*) verschieben; ~ **dinner** mit dem Essen warten (*for* auf); ~ **one's turn** abwarten, bis man an der Reihe ist; ~ **at table** bei Tisch servieren **III.** *s* Warten *nt*, Wartezeit *f*; **have a long** ~ lange warten müssen; **lie in** ~ **for s.o.** jdm auflauern; **wait about**, **wait around** *vi* warten (*for* auf); **wait behind** *vi* zurückbleiben (und warten); **wait in** *vi* zu Hause warten; **wait on** *vi* noch länger warten; ~ **on s.o.** jdn bedienen; auf jdn warten; **wait out** *vt* das Ende abwarten von; **wait up** *vi* aufbleiben (*for* wegen); **wait-and-see** *adj* vorsichtig

i Land & Leute

Der **Waitangi Day** oder *New Zealand Day* wird am 6. Februar gefeiert. Am 6. Februar 1840 unterschrieben 512 Maori-Häuptlinge einen Vertrag mit der britischen Regierung, der den Beginn der neuen Nation Neuseeland bedeutete.

waiter ['weɪtə(r)] *s* Kellner *m*; (*head* ~) Ober(kellner) *m*; ~ **the bill/check, please!** (*Br/Am*) Ober, bitte zahlen!

wait·ing ['weɪtɪŋ] *s* ① Warten *nt* ② Dienen *nt* bei Hof ③ Servieren, Bedienen *nt*; **lady-in-**~ Hofdame *f*; **no** ~ (*Schild*) Halteverbot *nt*; **waiting game** *s* Wartespiel, Warten *nt*; Geduldsprobe *f*; **waiting list** *s* Warteliste *f*; **waiting room** *s* Wartezimmer *nt* (*beim Arzt*); (RAIL) Wartesaal *m*

wait·ress ['weɪtrɪs] *s* Kellnerin *f*; (*Anrede*) Fräulein!

waive [weɪv] *vt* ① (JUR) verzichten auf, aufgeben, zurücktreten von ② (*Einwurf, Frage*) abtun; ~ **one's right to speak** (PARL) auf das Wort verzichten; **waiver** ['weɪvə(r)] *s* Verzicht(erklärung *f*) *m* (*of* auf), Außerkraftsetzung *f*

wake¹ [weɪk] <*irr:* woke (waked), woken (waked)> **I.** *vi* ① (~ *up*) auf-, erwachen, munter werden ② wachen, wach, munter sein ③ (~ *up*) aufmerksam werden (*to* auf), sich klar werden (*to* über) **II.** *vt* ① (auf)wecken ② (*Gefühl*) erwecken ③ (*Erinnerungen*) wachrufen ④ (*Echo*) hervorrufen **III.** *s* ① Totenwache *f*; (*Irland*) Leichenschmaus *m* ② ~**s** (*Nordengland*) jährlicher Urlaub; **wake up I.** *vi* aufwachen **II.** *vt* aufwecken; (*fig*) wachrütteln; ~ **up to s.th.** sich einer S bewusst werden; ~ **s.o. up to s.th.** jdm etw klarmachen

wake² [weɪk] *s* Kielwasser *nt*; **in the** ~ **of** (*fig*) im Gefolge +*gen*, unmittelbar nach

wake·board·ing ['weɪkbɔːdɪŋ] *s* (SPORT) Wakeboarding *nt*

wake·ful ['weɪkfl] *adj* wach(sam); schlaflos;

waken ['weɪkən] **I.** *vi* ① auf-, erwachen; munter werden ② (*fig*) sich bewusst werden (*to s.th.* +*gen*) **II.** *vt* ① (auf)wecken (*from, out of* von, aus) ② (*fig*) auf-, ermuntern, antreiben; **wake-up call** *s* Weckruf *m*; **wakey** ['weɪkɪ] *interj* (*fam*) aufwachen!

Wales ['weɪlz] *s* Wales *nt*

walk [wɔːk] **I.** *vi* ① gehen ② zu Fuß gehen; wandern; spazieren gehen ③ (*Gespenst*) umgehen, spuken ④ (*fam*) einfach verschwinden; ~ **in one's sleep** schlafwandeln; **it takes 5 minutes to** ~ **there** zu Fuß sind es 5 Minuten; **I like to go** ~**ing** ich gehe gerne spazieren, wandern **II.** *vt* ① spazieren gehen mit, spazieren führen; ausführen ② (*Strecke*) gehen, laufen ③ (*Baseball*) einen Walk geben (*s.o.* jdm); ~ **s.o. home** jdn (zu Fuß) nach Hause bringen, begleiten; ~ **s.o. off his feet** jdn müde machen; **he** ~**ed his bicycle** er hat sein Rad geschoben; **you can** ~ **it from here** von hier aus kannst du zu Fuß gehen; ~ **the boards** beim Theater sein; ~ **the streets** durch die Straßen streifen, irren; (*Prostituierte*) auf den Strich gehen **III.** *s* ① Spaziergang *m*; Wanderung *f* ② (SPORT) Gehen *nt*; Geherwettkampf *m*; Marsch *m* ③ Gang(art *f*) *m* ④ Weg *m* ⑤ (*Baseball*) Walk *m*; **at a** ~ im Schritt; **go for** [*o* **take**] **a** ~ einen Spaziergang machen; **it's a long** ~ es ist ein weiter Weg; **from all** ~**s of life** aus allen Schichten und Berufen; **it's a 5 minute** ~ es sind 5 Minuten zu Fuß; **take s.o. for a** ~ einen Spaziergang mit jdm machen; **walk about, walk around I.** *vi* herumgehen, -laufen **II.** *vt* auf- und abführen; herumführen; **walk away** *vi* weggehen; **he** ~**ed away unhurt** er ist unverletzt davongekommen; ~ **away with s.th.** etw mitnehmen; etw leicht gewinnen; **walk back** *vi* zurückgehen; **walk in** *vt* hineingehen; **please** ~ **in!** bitte eintreten!; **walk into** *vt* ① hineingehen in ② anrempeln; laufen gegen ③ zufällig treffen ④ ohne Mühe bekommen; ~ **into a trap** in eine Falle gehen; **walk off I.** *vt* ab-, herunterlaufen; (*Rausch*) an der frischen

Luft loswerden **II.** *vi* weggehen; ~ **off with** einfach mitnehmen; (*Preis*) gewinnen; **walk on** *vi* ❶ weitergehen ❷ betreten ❸ (THEAT) auftreten; auf der Bühne erscheinen; **walk out** *vi* ❶ gehen ❷ verlassen (*of s.th.* etw, *on s.o.* jdn), im Stich lassen (*on s.o.* jdn) ❸ in Streik treten, die Arbeit niederlegen; **walk over** *vi* ❶ leicht besiegen ❷ auf der Nase rumtanzen (*all over s.o.* jdm), herumschikanieren (*all over s.o.* jdn); **walk through** *vt* ❶ (*fam: Examen*) spielend schaffen, mit links machen ❷ (THEAT: *Rolle*) durchgehen; **walk up** *vi* ❶ hinaufgehen; zu Fuß hinaufgehen ❷ zugehen (*to* auf); ~ **up,** ~ **up!** treten Sie näher!

walk·about ['wɔ:kəbaʊt] *s* persönliche Fühlungnahme mit dem Volk; **walk·away** ['wɔ:kəweɪ] *s* (*Am*) leichter Sieg; **walker** ['wɔ:kə(r)] *s* ❶ Fuß-, Spaziergänger(in) *m(f)* ❷ (SPORT) Geher(in) *m(f)* ❸ Laufstuhl *m;* **walker-on** ['wɔ:kər'ɒn] *s* (THEAT) Statist(in) *m(f);* **walkie-talkie** [ˌwɔ:kɪ'tɔ:kɪ] *s* Hand-, Sprechfunkgerät, Walkie Talkie *nt;* **walk-in** ['wɔ:kɪn] **I.** *s* (*Am*) leichter Sieg **II.** *adj:* ~ **cupboard** begehbarer Schrank

walk·ing ['wɔ:kɪŋ] **I.** *s* Gehen *nt;* Spazierengehen *nt;* Wandern *nt* **II.** *adj attr* ❶ (*hum*) wandelnd ❷ (*Puppe*) laufend, Lauf-; **at a** ~ **pace** im Schritt; **good** ~ gute Wandermöglichkeiten; **the** ~ **wounded** die Leichtverletzten *pl;* **within** ~ **distance** zu Fuß erreichbar, zu erreichen; **walking frame** *s* Laufgestell *nt;* **walking shoes** *s pl* Wanderschuhe *mpl;* **walking stick** *s* Spazierstock *m;* **walking tour** *s* (Fuß)Wanderung *f*

walk·man® ['wɔ:kmən] *s* Walkman *m*

walk-on ['wɔ:kɒn] *s* (~ *-on part,* THEAT) Statistenrolle *f;* **walk·out** ['wɔ:kaʊt] *s* (*fam*) Ausstand, Streik *m;* demonstratives Verlassen des Saales; **walk·over** ['wɔ:kəʊvə(r)] *s* (~ *victory*) leichter Sieg; (*fig*) Kinderspiel *nt;* **walk-through** ['wɔ:kˌθru:] *s* (INFORM) Spielhinweis *m*

walk·way ['wɔ:kweɪ] *s* Fußweg *m*

wall [wɔ:l] **I.** *s* ❶ Wand *f;* (*a.* ANAT) Mauer *f* ❷ (Trenn-, Scheide)Wand *f;* **the Great Wall of China** die Chinesische Mauer; **the north** ~ **of the Eiger** die Eigernordwand; **with one's back to the** ~ (*fig*) in die Enge getrieben; **drive** [*o* **push**] **s.o. to the** ~ (*fig*) jdn an die Wand drücken; **drive s.o. up the** ~ jdn auf die Palme bringen; **the** ~**s have ears** die Wände haben Ohren; **go to the** ~ (*fig*) an die Wand gedrückt werden; den Kürzeren ziehen; (*Firma*) kaputtgehen; **go up the** ~ wahnsinnig werden; **bang one's head against a brick** ~ (*fig*) mit dem Kopf gegen die Wand rennen **II.** *vt* ummauern, mit einer Mauer umgeben; **wall in** *vt* mit Mauern umgeben; (*fig*) umgeben, einschließen; **wall off** *vt* durch eine Mauer abtrennen; unterteilen; ~ **o.s. off** (*fig*) sich abriegeln; **wall up** *vt* zumauern; **wall bars** *s pl* (SPORT) Sprossenwand *f;* **wall chart** *s* Wandkarte *f;* Diagramm *nt;* **wall clock** *s* Wanduhr *f*

wal·let ['wɒlɪt] *s* ❶ (*Br*) Brieftasche *f* ❷ (*Am*) Geldbeutel *m*

wall·flower ['wɔ:lˌflaʊə(r)] *s* ❶ Goldlack *m* ❷ (*fig*) Mauerblümchen *nt;* **wall hanging** *s* Wandbehang *m;* **wall map** *s* Wandkarte *f*

Walloon [wɒ'lu:n] **I.** *s* ❶ Wallone *m,* Wallonin *f* ❷ (das) Wallonisch(e) **II.** *adj* wallonisch

wal·lop ['wɒləp] **I.** *vt* (*sl*) ❶ verprügeln ❷ erledigen, fertig machen **II.** *s* (*sl*) ❶ Schlag *m* ❷ Tempo *nt;* **wal·lop·ing** [-ɪŋ] *adj* (*fam*) gewaltig, enorm, riesig; (*Preise*) saftig

wal·low ['wɒləʊ] **I.** *vi* ❶ sich wälzen; sich suhlen ❷ (MAR) rollen, schlingern ❸ (*fig*) schwelgen (*in* in); ~ **in money** (*fam*) im Geld schwimmen; ~ **in self-pity** in Selbstmitleid schwelgen **II.** *s* Suhle *f;* Bad *nt*

wall·pa·per ['wɔ:lpeɪpə(r)] **I.** *s* Tapete *f* **II.** *vt* tapezieren

i Land & Leute

Wall Street heißt eine kurze, enge Straße in New York. Zusammen mit der Broad Street und der New Street bildet sie einen Bezirk, in dem sich das wichtigste Banken- und Wirtschaftszentrum der USA befindet. Der Name dieser Straße ist zu einem Symbol für die amerikanische Finanzwelt geworden.

wall socket *s* (ELEK) Steckdose *f;* **wall-to-wall** ['wɔltə'wɔ:l] *adj:* ~ **carpeting** Teppichboden *m*

wal·nut ['wɔ:lnʌt] *s* ❶ Walnuss *f* ❷ (Wal)Nussbaum *m* ❸ Nussbaum(holz *nt*) *m*

wal·rus ['wɔ:lrəs] *s* Walross *nt;* **walrus moustache** *s* Hängeschnurrbart *m*

waltz [wɔ:ls] **I.** *s* Walzer *m* **II.** *vi* Walzer tanzen; herumwirbeln **III.** *vt* Walzer tanzen mit; **waltz about, waltz around** *vi* herumtanzen; **waltz in** *vi* hereintanzen; **waltz off** *vi* abtanzen; ~ **off with** abzie-

hen mit; **waltz up to** *vi* zuschlendern auf
wan [wɒn] *adj* blass, bleich; müde, schwach
wand [wɒnd] *s* Zauberstab *m*
wan·der ['wɒndə(r)] *vi* ① umherwandern, -streifen, -schweifen ② abbiegen (*from* von) ③ (~ *away*) sich verlaufen, sich verirren ④ (~ *off*) abschweifen (*from* von) ⑤ (*Blick*) umherschweifen, gleiten ⑥ (*Fluss*) sich schlängeln, sich winden; **his mind is ~ing** er ist geistig abwesend; **wan·derer** ['wɒndərə(r)] *s* Wanderer *m*, Wanderin *f*; Herumtreiber(in) *m(f)*; **wan·der·ing** ['wɒndərɪŋ] *adj* ① wandernd, umherstreifend; unstet; (*Sänger*) fahrend ② nomadisch ③ (*fig: Gedanken*) abschweifend ④ (*Weg*) sich schlängelnd; **wan·der·ings** ['wɒndərɪŋz] *s* Fahrten *fpl*, Wanderleben *nt*; (*fig*) wirre Gedanken *mpl*; wirres Gerede *nt*
wane [weɪn] **I.** *vi* ① (*Mond*) abnehmen ② schwächer werden, nachlassen ③ (*fig*) vergehen, (dahin)schwinden, verfallen **II.** *s*: **be on the ~** im Abnehmen sein
wangle [wæŋgl] **I.** *vt* (*sl*) ① hinkriegen, drehen, deichseln ② rausschlagen (*s.th. out of s.o.* etw aus jdm), ergattern **II.** *s* (*sl*) Schiebung *f*
wank [wæŋk] **I.** *vi* (*vulg*) wichsen **II.** *s* (*vulg*): **have a ~** sich einen runterholen; **wank·er** *s* ① (*vulg*) Wichser *m* ② (*sl: idiot*) Schwachkopf *m*
want [wɒnt] **I.** *vt* ① wollen; mögen ② nötig haben, brauchen ③ sollen, müssen ④ nicht haben; **~ to do s.th.** etw tun wollen; **I ~ you to do it** ich möchte, dass du das machst; **I was ~ing to leave sooner** ich wäre gerne früher gegangen; **you ~ to get professional advice** Sie sollten einen Fachmann befragen; **that's all I ~ed!** das hat mir gerade noch gefehlt!; **your hair ~s cutting** du solltest zum Friseur gehen; **~ed by the police** polizeilich gesucht; **feel ~ed** das Gefühl haben, dass man gebraucht wird; **you are ~ed on the telephone** Sie werden am Telefon verlangt; **we ~ time** uns fehlt die Zeit; **all it ~s is a little paint** es braucht nur etwas Farbe **II.** *vi* ① wollen; mögen ② nicht haben (*for s.th.* etw) ③ (*lit*) Mangel haben; in Armut leben; **if you ~ (to)** wenn Sie möchten; **as you ~** wie du willst; **they ~ for nothing** es fehlt ihnen an nichts **III.** *s* ① Mangel *m* (*of* an) ② Not, Armut *f* ③ Bedürfnis *nt*; Wunsch *m*; **for ~ of** aus Mangel an, mangels +*gen*; **for ~ of something to do** weil ich nichts zu tun hatte; **feel the ~ of s.th.** etw vermissen; **be in ~ of s.th.** etw brauchen; **a long- felt ~** ein langgehegter Wunsch; **all s.o.'s ~s** alles, was jd braucht; **it wasn't for ~ of trying** nicht, dass er sich nicht bemüht hätte; **want in** *vi* (*fam*) hereinwollen; **want out** *vi* (*fam*) rauswollen
want ad ['wɒnt 'æd] *s* (*fam*) Kaufgesuch *nt*; Kleinanzeige *f*; **want·age** ['wɒntɪdʒ] *s* (*Am*) Fehlbetrag *m*; **want·ing** ['wɒntɪŋ] *adj* fehlend, nicht vorhanden; **be ~** fehlen, nicht enthalten sein (*in* in), es fehlen lassen (*in* an), nicht haben (*in s.th.* etw); **be found ~** (*Mensch*) für zu leicht befunden werden; sich als mangelhaft erweisen; **he's a bit ~** er ist etwas minderbemittelt
wan·ton ['wɒntən] *adj* ① unbeherrscht, zügellos ② ausschweifend, lüstern ③ ausgelassen, mutwillig, übermütig ④ (*Vernachlässigung, Verschwendung*) sträflich
WAP [wɒp] *s Abk. von* **Wireless Application Protocol** WAP *nt* (*Verfahren, mit dem über das Handy Informationen aus dem Internet abgerufen werden können*)
wapi·ti ['wɒpɪtɪ] *s* Wapiti, Elk *m*
war [wɔː(r)] **I.** *s* ① Krieg *m* ② (*fig*) Kampf, Streit, Konflikt *m*; **at ~** im Krieg(szustand) (*with* mit); **in case of ~, in the event of ~** im Kriegsfall; **in time(s) of ~** in Kriegszeiten; **carry the ~ into the enemy's camp** (*fig*) zum Gegenangriff übergehen; **declare ~ (on a country)** (einem Land) den Krieg erklären; **declare ~ on s.o.** (*fig*) jdm den Kampf ansagen; **have been in the ~s** (*fig fam*) übel aussehen; **he looks as though he's been in the ~s** er sieht ziemlich mitgenommen aus; **make [o wage] ~ (up)on** Krieg führen gegen; **civil ~** Bürgerkrieg *m*; **declaration of ~** Kriegserklärung *f*; **outbreak of ~** Kriegsausbruch *m*; **prisoner of ~** Kriegsgefangene(r) *f m*; **world ~** Weltkrieg *m*; **~ of aggression** Angriffskrieg *m*; **~ of attrition** Zermürbungskrieg *m*; **~ of independence** Unabhängigkeitskrieg *m*; **~ of nerves** Nervenkrieg *m* **II.** *vi* ① Krieg führen (*for* um) ② kämpfen, streiten (*against* gegen, *with* mit); **war atrocities** *s pl* Kriegsgreuel *mpl*; **war baby** *s* Kriegskind *nt*
warble ['wɔːbl] **I.** *vi* ① (*Lerche*) trillern ② (*Mensch*) trällern **II.** *vt* trällern; **war·bler** ['wɔːblə(r)] *s* Grasmücke *f*; Waldsänger *m*
war bond ['wɔːbɒnd] *s* Kriegsanleihe *f*; **war bulletin** *s* Kriegsbericht *m*; **war chest** *s* ① Kriegskasse *f* ② (*fig*) Wahlkampfgelder *pl*; **war correspondent** *s* Kriegsberichterstatter(in) *m(f)*; **war crime** *s* Kriegsverbrechen *nt*; **war criminal** *s* Kriegsverbrecher(in) *m(f)*; **war cry** *s* Kriegsruf *m*; (*fig*)

Schlachtruf *m*

ward [wɔːd] *s* ❶ Mündel *nt* ❷ (Gefängnis-, Krankenhaus)Abteilung *f;* (MED) Station *f* ❸ (Stadt-, Verwaltungs)Bezirk *m;* **in** ~ unter Vormundschaft; **ward off** *vt* abwehren, fern halten

war·den [ˈwɔːdn] *s* ❶ Herbergsvater *m,* -mutter *f;* Jagdaufseher(in) *m(f);* Feuerwart(in) *m(f);* Aufseher(in) *m(f)* ❷ Rektor(in) *m(f),* Direktor(in) *m(f)* ❸ (*Am*) Gefängnisdirektor(in) *m(f)* ❹ Heimleiter(in) *m(f);* **air-raid** ~ Luftschutzwart *m;* **traffic** ~ Verkehrspolizist(in) *m(f);* (*fam*) Politesse *f*

war·der [ˈwɔːdə(r)] *s* Gefängniswärter(in) *m(f)*

ward·robe [ˈwɔːdrəʊb] *s* ❶ Garderobe *f* ❷ Kleiderschrank *m;* ~ **trunk** Schrankkoffer *m*

ward·ship [ˈwɔːdʃɪp] *s* Vormundschaft *f* (*of, over* über)

war effort [ˈwɔː(r)ˈefət] *s* Kriegsanstrengungen *pl*

ware·house [ˈweəhaʊs] **I.** *s* (Waren)Lager *nt;* Lagerhaus *nt,* Speicher *m;* ~**-keeper** [*o* **man**] Lagerhalter *m* **II.** *vt* einlagern

wares [weəz] *s pl* Waren *fpl*

war·fare [ˈwɔːfeə(r)] *s* Krieg(führung *f*) *m;* **guerilla** ~ Guerillakrieg *m;* **psychological** ~ Nervenkrieg *m;* **war game** *s* Kriegsspiel *nt;* **war grave** [ˈwɔːgreɪv] *s* Kriegs-, Soldatengrab *nt,* Kriegsgräber *ntpl;* **war·head** [ˈwɔːhed] *s* Sprengkopf *m*

wari·ly [ˈweərɪlɪ] *adv* vorsichtig; misstrauisch; **tread** ~ sich vorsehen, vorsichtig sein

war·like [ˈwɔːlaɪk] *adj* kriegerisch; **war·lord** [ˈwɔːlɔːd] *s* Kriegsherr *m*

warm [wɔːm] **I.** *adj* ❶ warm ❷ wärmend ❸ erhitzt ❹ (*fig*) hitzig, erregt, aufgeregt; **I feel** [*o* **am**] ~ mir ist warm; **make things** ~ **for s.o.** (*fig*) jdm einheizen **II.** *vt* ❶ (er)wärmen ❷ (*Speise:* ~ *up*) aufwärmen, warm machen ❸ (*fig*) erwärmen, begeistern (*to* für) **III.** *vi* ❶ (~ *up*) warm werden; (*fig*) sich erwärmen (*to* für) ❷ (*fig*) sich erhitzen, sich begeistern, entflammen (*to, towards* für) **IV.** *s* (*fam*) ❶ Warmwerden *nt,* Erwärmung *f* ❷ warmer Platz; **warm up** **I.** *vt* (er)wärmen; (*Essen*) an-, aufwärmen; (*fig*) in Schwung bringen, anfeuern, begeistern; (AUTO) warm laufen lassen **II.** *vi* warm, wärmer werden; in Schwung kommen, sich begeistern, sich erregen; (SPORT) sich in Form bringen, sich warm laufen; **warm-blooded** [ˌwɔːmˈblʌdɪd] *adj* (*Tiere*) warmblütig; (*fig*) heißblütig; **warm front** *s* (METE) Warmluftfront *f;* **warm-hearted** [ˌwɔːmˈhɑːtɪd] *adj* warmherzig, freundlich, mitfühlend, herzlich; **warm start** *s* (INFORM) Warmstart *m;* **warmth** [wɔːmθ] *s* ❶ Wärme *f* ❷ (*fig*) Herzlichkeit *f* ❸ Eifer *m,* Heftigkeit *f;* **warm-up** [ˈwɔːmʌp] *s* (SPORT) Sichwarmlaufen *nt*

warn [wɔːn] **I.** *vt* warnen (*of, about, against* vor); (JUR) verwarnen; ~ **s.o. not to do s.th.** jdn davor warnen etw zu tun; ~ **s.o. that ...** jdn darauf hinweisen, dass ...; **you might have** ~**ed us** du hättest (auch) vorher Bescheid sagen können **II.** *vi* warnen (*of* vor); **warn off** *vt* warnen; ~ **s.o. off doing s.th.** jdn davor warnen etw zu tun; ~ **s.o. off a certain subject/product** jdm von einem bestimmten Thema/Produkt abraten; **warn·ing** [-ɪŋ] **I.** *s* ❶ Warnung *f;* (JUR) Verwarnung *f* ❷ (Voraus)Benachrichtigung, Mitteilung *f,* Wink *m;* **at a minute's** ~ fristlos; **without any** ~ überraschend, unerwartet; **give s.o. a** ~**, give a** ~ **to s.o.** jdn verwarnen; **give me some days'** ~ sagen Sie mir einige Tage vorher Bescheid; **let that be a** ~ **to you!** lassen Sie sich das eine Warnung sein!; **take** ~ **from s.th.** sich etw als Warnung dienen lassen; **gale** ~ Sturmwarnung *f* **II.** *adj* warnend; Warn-; ~ **light** Warnlicht *nt;* ~ **shot** Warnschuss *m;* ~ **sign** Warnzeichen *nt;* (*fig*) erstes Anzeichen; ~ **triangle** (AUTO) Warndreieck *nt*

warp [wɔːp] **I.** *s* ❶ Verwerfung *f* ❷ Biegung, Verkrümmung *f* ❸ (*fig*) Verdrehung, Entstellung *f* ❹ (*Weberei*) Kette *f* ❺ Schleppleine *f* **II.** *vt* ❶ verziehen, verbiegen ❷ (*fig*) verdrehen, entstellen **III.** *vi* sich werfen, sich verziehen

war·paint [ˈwɔːpeɪnt] *s* Kriegsbemalung *f;* **war·path** *s* Kriegspfad *m;* **be on the** ~ (*fig*) auf dem Kriegspfad sein

warped [wɔːpt] *adj* ❶ verzogen ❷ (*fig*) verschroben, pervers; (*Urteil*) verzerrt

war·rant [ˈwɒrənt] **I.** *s* ❶ (COM) Garantie *f* ❷ (JUR) Haftbefehl *m;* Durchsuchungsbefehl *m;* Beschlagnahmeverfügung *f* ❸ (*death* ~) Hinrichtungsbefehl *m* ❹ (MIL) Patent *nt,* Beförderungsurkunde *f* ❺ Berechtigung *f;* Befugnis *f* ❻ (FIN) Optionsschein *m;* **take out a** ~ **against s.o.** einen Haftbefehl gegen jdn erwirken; **a** ~ **is out against him** er wird steckbrieflich gesucht; **search** ~ Durchsuchungsbefehl *m;* ~ **of arrest** Haftbefehl *m;* ~ **of attorney** Prozessvollmacht *f;* ~ **for payment** gerichtlicher Zahlungsbefehl **II.** *vt* ❶ rechtfertigen ❷ verdienen ❸ garantieren, gewährleisten; **war·ran·tee** [ˌwɒrənˈtiː] *s* Garantienehmer *m;* **warrant officer** *s*

❶ (MIL) Stabsfeldwebel *m* ❷ (MAR) (Ober)Stabsbootsmann *m;* **war·ran·tor** ['wɒrəntɔː(r)] *s* Garant(iegeber) *m;* **war·ranty** ['wɒrəntɪ] *s* Garantie *f;* **it's under ~** darauf ist Garantie

war·ren ['wɒrən] *s* ❶ Kaninchenbau *m* ❷ (*fig*) Gewirr *nt*

war·ring ['wɔːrɪŋ] *adj* kriegführend; (*fig*) gegensätzlich; (*Parteien*) sich bekämpfend; **war·rior** ['wɒrɪə(r)] *s* Krieger(in) *m(f),* Kämpfer(in) *m(f)*

Warsaw Pact, Warsaw Treaty ['wɔːsɔː'pækt, -'triːtɪ] *s* (HIST) Warschauer Pakt, Vertrag

war·ship ['wɔːʃɪp] *s* Kriegsschiff *nt*

wart [wɔːt] *s* (BOT ZOO MED) Warze *f;* **wart·hog** ['wɔːthɒg] *s* Warzenschwein *nt*

war·time ['wɔːtaɪm] *s* Kriegszeit *f;* **in ~** in Kriegszeiten; **war·torn** ['wɔːtɔːn] *adj* vom Krieg erschüttert; **war-weary** *adj* kriegsmüde

wary ['weərɪ] *adj* vorsichtig; umsichtig; (*Blick*) misstrauisch; **be ~ of s.th.** sich vor etw vorsehen; **be ~ about doing s.th.** seine Zweifel haben, ob man etw tun soll; **keep a ~ eye on** ein wachsames Auge haben auf

war zone ['wɔːzəʊn] *s* Kriegsgebiet *nt*

was [wɒz] *1., 3. Person Singular Präteritum* **be**

wash [wɒʃ] **I.** *vt* ❶ waschen; (*Geschirr*) abwaschen, spülen; (*Boden*) aufwischen; (*Körperteile*) sich *dat* waschen ❷ (*Wellen*) be-, umspülen; schlagen gegen ❸ (*Gestein, Rinne*) auswaschen, ausspülen ❹ (*Fluss, See*) (weg)spülen ❺ (*Wände*) tünchen; (*Papier*) kolorieren; **~ the dishes** abwaschen, das Geschirr spülen; **~ one's dirty linen in public** seine schmutzige Wäsche in der Öffentlichkeit waschen; **~ one's hands** sich die Hände waschen; **~ one's hands of s.th.** (*fig*) mit etw nichts zu tun haben wollen; **the body was ~ed ashore** die Leiche wurde an Land gespült, geschwemmt **II.** *vi* ❶ sich waschen ❷ (die Wäsche) waschen ❸ (*Stoff*) sich waschen lassen ❹ (*Meer*) branden, schlagen (*against* gegen) ❺ (*fig*) einer Prüfung standhalten; (*Entschuldigung*) gelten; **that won't ~** das lässt sich nicht waschen; (*fig fam*) das kauft dir keiner ab **III.** *s* ❶ Waschen *nt* ❷ Wäsche *f* ❸ (MAR) Kielwasser *nt;* (AVIAT) Luftstrudel *m* ❹ (*Wellen*) Wellenschlag *m;* Geplätscher *nt* ❺ Mundwasser *nt* ❻ (*a. fig pej*) Spülwasser *nt* ❼ Tünche *f,* Anstrich *m* ❽ (*Kunst*) Kolorierung, Tönung *f;* **be in the ~** in der Wäsche sein; **it'll all come out in the ~** es wird sich noch alles zeigen; **have a ~** sich waschen; **give s.th. a ~** etw waschen; **need a ~** gewaschen werden müssen; **wash away** *vt* wegspülen; **~ s.o.'s sins away** jdn von Sünden reinwaschen; **wash down** *vt* ❶ (ab)spülen ❷ (*Wagen*) waschen ❸ (*Bissen*) hinunterspülen; **wash off** *vt* weg-, abwaschen; **wash out I.** *vi* sich wegwaschen lassen **II.** *vt* ❶ auswaschen; ausspülen ❷ (*fig*) ins Wasser fallen lassen; **our party was ~ed out** unsere Party ist ins Wasser gefallen; **wash over** *vt* überstreichen, -pinseln; **it all just ~ed over him** das alles schien spurlos an ihm vorbeizugehen; **wash up I.** *vt* ❶ (*Geschirr*) ab-, aufwaschen, spülen ❷ (*Meer*) anspülen **II.** *vi* Geschirr spülen, abwaschen; **be ~ed up** (*fig*) fertig, erledigt sein

wash·able ['wɒʃəbl] *adj* waschbar; **wash-and-wear** ['wɒʃn'weə(r)] *adj* bügelfrei; **wash·basin** ['wɒʃˌbeɪsn] *s* Waschbecken *nt;* **wash·board** ['wɒʃbɔːd] *s* Waschbrett *nt;* **~ stomach** Waschbrettbauch *m;* **wash·bowl** ['wɒʃbəʊl] *s* Waschschüssel *f;* Waschbecken *nt;* **wash·cloth** *s* (*Am*) Waschlappen *m;* **wash·day** ['wɒʃdeɪ] *s* Waschtag *m;* **wash·down** ['wɒʃdaʊn] *s* (AUTO) (Wagen)Waschen *nt;* **washed-out** [ˌwɒʃt'aʊt] *adj* ❶ (*Farbe*) verwaschen, verblasst ❷ (*fam*) ausgelaugt; **washer** ['wɒʃə(r)] *s* ❶ (*Am*) Waschmaschine *f* ❷ (TECH) Dichtungsring *m;* **dish-~** Geschirrspülmaschine *f;* **wash-hand-basin** ['wɒʃhændˌbeɪsn] *s* Handwaschbecken *nt;* **wash-house** ['wɒʃhaʊs] *s* Waschküche *f;* -haus *nt*

wash·ing ['wɒʃɪŋ] *s* Wäsche *f;* Waschen *nt;* **do the ~** Wäsche waschen; **he dislikes ~** er wäscht sich nicht gern; **washing machine** *s* Waschmaschine *f;* **washing powder** *s* Waschpulver *nt;* **washing soda** *s* Bleichsoda *f;* **wash·ing-up** [ˌwɒʃɪŋ'ʌp] *s* Abwaschen, Geschirrspülen *nt;* **washing-up bowl, washing-up basin** *s* Spülschüssel *f;* **washing-up liquid** *s* (Geschirr)Spülmittel *nt*

i Land & Leute

Washington's Birthday ist ein gesetzlicher Feiertag in den USA. Obwohl George Washington eigentlich am 22. Februar 1732 geboren wurde, wird sein Geburtstag seit einigen Jahren immer am dritten Montag im Februar gefeiert, damit man ein langes Wochenende hat.

W

wash-leather ['wɒʃleðə(r)] *s* Waschleder *nt;* **wash·out** ['wɒʃaʊt] *s* ❶ Reinfall *m,* Fiasko *nt* ❷ (*Mensch*) Niete *f;* **wash-rag** *s* (*Am*) Waschlappen *m;* **wash·room** ['wɒʃrʊm] *s* Waschraum *m;* **wash·stand** *s* Waschtisch *m*

wasn't [wɒznt] = **was not**

wasp [wɒsp] *s* Wespe *f*

Wasp [wɒsp] *s Abk. von* **White Anglo-Saxon Protestant** (*in den USA*) weiße(r), angelsächsische(r) Protestant(in)

wasp·ish [-ɪʃ] *adj* (*fig*) gemein, giftig; **wasp's nest** *s* Wespennest *nt;* **wasp-waisted** [ˌwɒsp'weɪstɪd] *adj* mit einer Wespentaille

wast·age ['weɪstɪdʒ] *s* ❶ Abnutzung *f,* Schwund *m,* Verschleiß *m* ❷ (Material)Verlust *m* ❸ (TECH) Abfall, Ausschuss *m;* **natural** ~ natürlicher Arbeitskräfteabgang *m*

waste [weɪst] **I.** *vt* ❶ verschwenden, vergeuden ❷ schwächen; (*Kraft*) aufzehren ❸ verwüsten; **you're wasting your time** das ist reine Zeitverschwendung; **you didn't ~ much time!** das ging ja schnell; **all our efforts were ~d** alle Mühe war umsonst, vergeblich; **you are ~d on that man** für den Mann bist du viel zu schade; **art is ~d on him** er hat keinen Sinn für Kunst; ~ **o.s. on s.o.** sich an jdn verschwenden; **you're wasting your breath** du redest vergeblich, spar dir deine Worte; **he didn't ~ any words** er hat nicht viele Worte gemacht **II.** *vi* (*Nahrung*) umkommen; (*Fähigkeiten*) verkümmern; (*Körper, Patient*) verfallen; (*Kraft, Vermögen*) schwinden **III.** *adj* ❶ überschüssig; ungenutzt ❷ Abfall-; **lay** ~ verwüsten; **lie** ~ brachliegen **IV.** *s* ❶ Verschwendung *f* ❷ Abfall *m;* Abfallstoffe *mpl* ❸ Ödland *nt,* Wildnis *f;* **go** [*o* **run to**] ~ umkommen, verkommen; (*Fähigkeiten, Geld, Land*) ungenutzt bleiben; (*Talent*) verkümmern; ~ **of energy, money, time** Kraft-, Geld-, Zeitverschwendung *f;* **what a ~!** so eine Verschwendung!; **nuclear** ~ Atommüll *m;* **toxic** ~ Giftmüll *m;* **waste away** *vi* dahinsiechen; immer weniger werden; **waste·basket, waste·bin** *s* Papierkorb *m;* **waste dis·pos·al** *s* Müllbeseitigung *f;* **waste-disposal unit** *s* Müllschlucker *m;* **waste·ful** ['weɪstfl] *adj* verschwenderisch (*of* mit), unrentabel; **waste heat** *s* Abwärme *f;* **waste incineration** *s* Müllverbrennung *f;* **waste·land** ['weɪstlænd] *s* Ödland *nt;* **waste management** *s* Abfallwirtschaft *f;* **waste·paper** ['weɪst'peɪpə(r)] *s* Papierabfälle *mpl,* Makulatur *f;* (*zum Wiederverwerten*) Altpapier *nt;* **wastepaper basket** *s* Papierkorb *m;* **waste pipe** *s* Ablussrohr *nt;* **waste product** *s* Abfallprodukt *nt;* (BIOL) Ausscheidungsstoff *m;* **waster** ['weɪstə(r)] *s* Verschwender(in) *m(f);* Taugenichts *m;* **waste reprocessing** *s* Müllverwertung *f;* **waste separation** *s* Mülltrennung *f;* **waste steam** *s* Abdampf *m;* **waste water** *s* Abwasser *nt;* **wast·ing** ['weɪstɪŋ] *adj* (*Krankheit*) zehrend; **wast·rel** ['weɪstrəl] *s* Verschwender(in) *m (f)*

watch¹ [wɒtʃ] *s* (Armband)Uhr *f*

watch² [wɒtʃ] **I.** *s* ❶ (*a.* MAR) Wache *f* ❷ Be-, Überwachung *f* ❸ (gespannte) Aufmerksamkeit, Wachsamkeit *f* ❹ Wache, Wachmannschaft *f* ❺ Wachmann *m,* Wächter(in) *m (f);* **on** ~ auf Wache; **be on the** ~ auf der Hut sein; Ausschau halten (*for* nach); **keep** ~ Wache halten; aufpassen (*on* auf) **II.** *vi* ❶ aufpassen, Acht geben (*over* auf) ❷ zusehen, beobachten ❸ abpassen, -warten (*for s.th.* etw) ❹ wachen; Wache halten; ~ **for s.o./s.th.** nach jdm/etw Ausschau halten; ~ **for certain symptoms** auf gewisse Symptome achten **III.** *vt* ❶ bewachen, aufpassen auf, Acht geben auf; nicht aus den Augen lassen ❷ achten auf ❸ abwarten; ~ **one's step** vorsichtig zu Werke gehen; ~ **your step!** Vorsicht, Stufe!; Seien Sie vorsichtig!; **she ~ed her chance** sie wartete auf eine günstige Gelegenheit; ~ **your health** achte auf deine Gesundheit; ~ **your language!** drück dich bitte etwas gepflegter aus!; ~ **it** [*o* **yourself**]! sei vorsichtig!; **he needs close ~ing** man muss ihm auf die Finger sehen; **a ~ed pot never boils** (*prov*) wenn man daneben steht, kocht das Wasser nie; **watch out** *vi* aufpassen, Acht geben, ausschauen (*for s.o.* nach jdm), sich hüten (*for s.o.* vor jdm); ~ **out!** Vorsicht!

watch·band ['wɒtʃbænd] *s* Uhrarmband *nt*

watch-dog ['wɒtʃdɒg] *s* Wachhund *m;* **watcher** ['wɒtʃə(r)] *s* Beobachter(in) *m(f);* **watch·ful** ['wɒtʃfl] *adj* wachsam, aufmerksam (*for* auf)

watch·maker ['wɒtʃˌmeɪkə(r)] *s* Uhrmacher(in) *m(f)*

watch·man ['wɒtʃmən] <*pl* -men> *s* ❶ Wachmann *m* ❷ (*night* ~) (Nacht)Wächter *m;* **watch·strap** *s* Uhrarmband *nt;* **watch·tower** *s* Wachtturm *m;* **watch·word** ['wɒtʃwɜːd] *s* Kennwort *nt,* Parole *f*

water ['wɔːtə(r)] **I.** *s* ❶ (*a.* MED) Wasser *nt* ❷ Flüssigkeit *f* ❸ Urin *m,* Wasser *nt* ❹ **~s** Gewässer *nt;* **above** ~ über Wasser; **by** ~

auf dem Wasserweg; **of the first** [*o* **purest**] ~ reinsten Wassers; **be in deep** ~ (*fig*) in Schwierigkeiten stecken; **get into hot** ~ (*fig*) in Teufels Küche kommen; **have** ~ **on the brain** einen Wasserkopf haben; (*fig*) den Verstand verloren haben; **hold** ~ wasserdicht, *fig* stichhaltig sein; **keep one's head above** ~ (*fig*) sich über Wasser halten; **make** ~ (MAR) lecken; **make** [*o* **pass**] ~ (MED) Wasser lassen; **stay above** ~ sich über Wasser halten; **spend money like** ~ mit Geld um sich werfen; **take** [*o* **drink**] **the** ~**s** eine (Trink)Kur machen; **throw cold** ~ **on s.th.** (*fig*) die Begeisterung für etw dämpfen; **the boat draws ten feet of** ~ das Schiff hat zehn Fuß Tiefgang; **drinking** ~ Trinkwasser *nt;* **high** ~ Hochwasser *nt;* Flut *f;* **holy** ~ Weihwasser *nt;* **low** ~ Niedrigwasser *nt;* Ebbe *f* **II.** *vt* ① (*Vieh*) tränken ② bewässern, begießen, sprengen ③ (~ *down*) (mit Wasser) verdünnen ④ (*fig*) verwässern; ~ **down** (*fig*) verwässern, abschwächen, mildern **III.** *vi* ① (*Tier*) saufen ② Wasser einnehmen, tanken ③ (*Augen*) tränen; **my mouth is watering** mir läuft das Wasser im Munde zusammen

water bird ['wɔ:təbɜ:d] *s* Wasservogel *m;* **water biscuit** *s* Wasserzwieback *m;* **water boatman** *s* Wasserläufer *m;* **water·borne** ['wɔ:təbɔ:n] *adj* auf dem Wasserweg befördert; (*Seuche*) durch Wasser übertragen; **water bottle** *s* Wasserflasche *f;* Feldflasche *f;* **water butt** *s* Regenwassertonne *f;* **water can·non** ['wɔ:tə,kænən] *s* Wasserwerfer *m;* **water carrier** *s* Wasserträger *m;* **the Water-carrier** (ASTR) der Wassermann; **water cart** *s* Wasser-, Sprengwagen *m;* **water closet** *s* (Spül-, Wasser)Klosett *nt;* **water·color** *s* (*Am*), **water·colour** *s* ① Wasserfarbe, Aquarellfarbe *f* ② Aquarell *nt* ③ ~**s** Aquarellmalerei *f;* **water content** *s* Wassergehalt *m;* **water-cooled** ['wɔ:təku:ld] *adj* (TECH) wassergekühlt; **water-cool·ing** ['wɔ:təku:lɪŋ] *s* (TECH) Wasserkühlung *f;* **water·course** ['wɔ:təkɔ:s] *s* ① Wasserlauf *m* ② Fluss-, Kanalbett *nt;* **water·craft** ['wɔ:təkrɑ:ft] *s* Wasserfahrzeug(e *pl*) *nt;* **water·cress** ['wɔ:təkres] *s* Brunnenkresse *f;* **water cure** *s* Wasser-, Kneippkur *f;* **water-driven** ['wɔ:tə,drɪvn] *adj* durch Wasser angetrieben; **water·fall** ['wɔ:təfɔ:l] *s* Wasserfall *m;* **water·fowl** ['wɔ:təfaʊl] *s* Wasservögel *m(pl);* **water·front** ['wɔ:təfrʌnt] *s* ① Uferbezirk *m* (*einer Stadt*) ② Hafenviertel *nt;* **water gauge** *s* Pegel *m;* Wasserstandsmesser *m;* **water heater** *s* Warmwasserbereiter *m,* Heißwassergerät *nt;* **water hole** *s* Wasserloch *nt;* **water hose** *s* Wasserschlauch *m;* **water ice** *s* Wassereis *nt* (*Speiseeis aus Wasser, Zucker und Fruchtsaft*)

water·ing ['wɔ:tərɪŋ] *s* ① Sprengen, Begießen, (Be)Wässern *nt* ② (*Vieh*) Tränken *nt;* **watering can** *s* Gießkanne *f;* **watering cart** *s* Sprengwagen *m;* **watering place** *s* ① Kurort *m;* Badeort *m* ② (*Tiere*) Tränke *f*

water·less ['wɔ:təlɪs] *adj* wasserlos, trocken; **water level** *s* ① Wasserspiegel *m* ② Wasserstand *m;* Pegelstand *m;* **water lily** *s* Seerose *f;* **water·line** *s* (MAR) Wasserlinie *f;* **water·logged** ['wɔ:təlɒgd] *adj* ① voll(er) Wasser ② vollgesogen; **water main** *s* ① Hauptwasserrohr *nt* ② ~**s** Wasserleitungsnetz *nt;* **water·man** ['wɔ:təmən] <*pl* -men> *s* Fähr-, Bootsmann *m;* **water·mark** ['wɔ:təmɑ:k] **I.** *s* ① Hochwasserstandsmarke *f* ② (*Papier*) Wasserzeichen *nt* ③ ~**s** (MAR) Tiefgangsmarken *fpl* **II.** *vt* (*Papier*) mit einem Wasserzeichen versehen; **water·melon** ['wɔ:təmelən] *s* Wassermelone *f;* **water meter** *s* Wassermesser *m,* -uhr *f;* **water pipe** *s* ① Wasserrohr *nt* ② Wasserpfeife *f;* **water pistol** *s* Wasserpistole *f;* **water pollution** *s* Wasserverschmutzung, -verunreinigung *f;* **water polo** *s* Wasserball(spiel *nt*) *m;* **water power** *s* Wasserkraft *f;* **water pressure** *s* Wasserdruck *m;* **water·proof** ['wɔ:təpru:f] **I.** *adj* wasserdicht; wasserundurchlässig; wasserfest **II.** *s* Regenmantel *m* **III.** *vt* imprägnieren; **water-repellent** *adj* Wasser abstoßend; **water·shed** ['wɔ:təʃed] *s* ① Wasserscheide *f* ② (*fig*) Wendepunkt *m;* **water shortage** *s* Wassermangel *m;* ~**s** Wasserknappheit *f;* **water·side** ['wɔ:təsaɪd] *s* Ufer *nt,* Strand *m;* **water-ski** **I.** *s* Wasserski *m* **II.** *vi* Wasserski fahren; **water-ski·ing** ['wɔ:tə,ski:ɪŋ] *s* Wasserskilaufen *nt;* **water softener** *s* Enthärter *m;* **water-soluble** *adj* wasserlöslich; **water·spout** *s* ① Regenrinne *f* ② (METE) Wasserhose *f;* **water supply** *s* Wasserversorgung *f;* **water supply pipe** *s* Wasserleitungsrohr *nt;* **water supply point** *s* Wasserstelle *f;* **water table** ['wɔ:təteɪbl] *s* ① Grundwasserspiegel *m* ② (ARCH) Wasserabflussleiste *f;* **water tank** *s* Wasserbehälter, -tank *m;* **water·tight** ['wɔ:tətaɪt] *adj* ① wasserdicht ② (*fig*) stichhaltig; **water tower** *s* Wasserturm *m;* **water vapor** *s* (*Am*), **water vapour** *s* Wasserdampf *m;* **water vole** *s* Wasserratte *f;* **water wave** *s* (*Frisur*) Wasserwelle *f;* **water·way** ['wɔ:təweɪ] *s* Wasserweg *m;*

Schleppkanal *m;* Fahrrinne *f;* **water·wings** ['wɔːtəwɪŋz] *s pl* Schwimmflügel *mpl;* **water·works** ['wɔːtəwɜːks] *s pl oft mit sing* Wasserwerk *nt;* **turn on the ~** (*fam*) auf die Tränendrüsen drücken; **have trouble with one's ~** (*fam*) eine schwache Blase haben

wat·ery ['wɔːtərɪ] *adj* ❶ wässerig ❷ (*Augen*) tränend, feucht ❸ (*Himmel, Sonne*) blass; **a ~ grave** ein feuchtes Grab

watt [wɒt] *s* (ELEK) Watt *nt;* **wat·tage** ['wɒtɪdʒ] *s* Wattleistung *f;* **what ~?** wie viel Watt?

wave ['weɪv] **I.** *s* ❶ Welle *f* ❷ (*fig*) Woge *f* ❸ Wink(zeichen *nt*) *m;* **give s.o. a ~** jdm (zu)winken; **in ~s** in (aufeinander folgenden) Wellen; **~ of enthusiasm** Welle *f* der Begeisterung; **~ of one's hand** Handbewegung *f;* **~ of strikes** Streikwelle *f* **II.** *vi* ❶ winken (*to s.o.* jdm) ❷ (*Fahne*) wehen; (*Korn*) wogen; (*Äste*) sich bewegen ❸ (*Haare*) sich wellen **III.** *vt* ❶ winken mit; schwenken ❷ durch Winkzeichen zu verstehen geben (*s.o.* jdm) ❸ (*Haare*) wellen; **~ one's hand at s.o.** jdm winken; **~ s.o. goodbye** jdm zum Abschied winken; **he ~d us over to his table** er winkte uns zu sich an den Tisch herüber; **wave aside** *vt* ❶ zur Seite winken ❷ (*fig*) einfach abtun; **wave down** *vt* anhalten; **wave on** *vt* weiter winken; **wave power** *s* Wellenenergie *f;* **wave through** *vt* durchwinken; (*fig: Antrag*) ohne Einwände annehmen; **wave-band** *s* Frequenzband *nt;* **wave·length** *s* (*a. fig*) Wellenlänge *f*

wa·ver ['weɪvə(r)] *vi* ❶ (hin- und her)schwanken, flattern ❷ (*fig*) schwanken; zaudern; (*Mut*) wanken; (*Unterstützung*) nachlassen ❸ (*Licht*) flackern

wave·range ['weɪvreɪndʒ] *s* Wellenbereich *m*

wa·verer ['weɪvərə(r)] *s* Zauderer *m;* **wa·ver·ing** ['weɪvərɪŋ] *adj* (*fig*) unentschlossen; (*Mut, Unterstützung*) wankend; nachlassend

wavy ['weɪvɪ] *adj* wellenförmig; wellig; **~ line** Schlangenlinie *f*

wax¹ [wæks] **I.** *s* ❶ (*bees~*) (Bienen)Wachs *nt* ❷ (*ear~*) Ohrenschmalz *nt* ❸ (*sealing ~*) Siegellack *m* **II.** *vt* (ein)wachsen; bohnern

wax² [wæks] *vi* zunehmen; **~ing moon** zunehmender Mond

wax paper ['wækspeɪpə(r)] *s* Wachspapier *nt;* **wax removal strip** *s* Wachsenthaarungsstreifen *m;* **wax·works** ['wækswɜːks] *s pl* Wachsfigurenkabinett *nt;* **waxy** ['wæksɪ] *adj* wachsartig; wächsern, Wachs-

way [weɪ] **I.** *s* ❶ Weg *m* ❷ Entfernung, (Weg)Strecke *f* ❸ Richtung *f;* (MAR) Kurs *m* ❹ (*fig*) Art, Weise, Art und Weise *f* ❺ Verhaltensweise, Art *f* ❻ Möglichkeit, Gelegenheit *f* ❼ Hinsicht, Beziehung *f* ❽ Verfassung *f,* Zustand *m* ❾ **~s** (MAR) Helling *f;* **ask the ~** nach dem Weg fragen; **be out of the ~** abgelegen sein; **be on the ~ in** im Kommen sein; **be on the ~ out** (*fig*) im Begriff sein unmodern zu werden; **do s.th. the hard ~** sich etw schwer machen; **get** [*o* **have**] **one's** (**own**) **~** seinen Willen durchsetzen; **get into the ~ of doing s.th.** sich angewöhnen etw zu tun; **give ~** nachgeben, Platz machen (*to s.o.* jdm); (AUTO) die Vorfahrt beachten; **go out of one's ~** sich große Mühe geben (*for* wegen); **go one's own ~** (*fig*) seinen eigenen Weg gehen; **have a ~ with s.o.** mit jdm umzugehen verstehen; **have it both ~s** das eine tun und das andere nicht lassen; **have it your own ~!** wie du willst!; **have right of ~** Vorfahrt haben; **lead the ~** vorangehen; (*fig*) ein Beispiel geben; **lose one's ~** sich verlaufen; sich verfahren; **lose ~** (MAR) Fahrt verlieren; **make ~** Platz machen (*for* für); **make one's ~** vorwärts-, weiter-, vorankommen; **pave the ~ for s.o.** (*fig*) jdm den Weg ebnen; **that's the ~ he wants it** so will er es haben; **no ~!** (*sl*) ich denke nicht daran!; **a long ~ from** weit entfernt von; **a long ~ off** weit weg; **he'll go a long ~** er wird es weit bringen; **he worked his ~ up** er hat sich nach oben gearbeitet; **things are in a bad ~** es steht schlecht; **~ home** Heimweg *m;* **~ in, ~ out** Ein-/Ausgang *m;* **~-out!** irre!; **~s and means** Mittel und Wege; **across the ~** gegenüber; **any ~** auf jeden Fall; **by ~ of** über, durch; mittels, mit Hilfe *+gen;* **by the ~** übrigens; **in a ~** in gewisser Weise; gewissermaßen; **in the ~** im Wege, hinderlich, lästig; **in the ~ of** hinsichtlich *+gen;* **in no ~** durchaus nicht, keineswegs; **in the family ~** (*fam*) in anderen Umständen; **on the ~** auf dem Weg, unterwegs (*to* nach); **one ~ or another** irgendwie; **there are no two ~s about it** da gibt es gar nichts; **this/that ~** so; auf diese Weise; **this ~** hierher; hier entlang, hindurch; **this ~ or that ~** so oder so; **"this ~ up"** „hier oben"; **under ~** unterwegs, auf dem Wege; (*fig*) in Gang; **be under ~** (*fig*) vorankommen, Fortschritte machen; **get under ~** in Gang kommen; (MAR) Fahrt aufnehmen **II.** *adv* (*fam*) weit, ein tüchtiges Stück, ganz; **~ back** weit zurück; (*zeitlich*) vor langer Zeit; **~ behind/down/up**

ganz hinten/unten/oben; **he was ~ out** er hat weit gefehlt; **~ out/over** weit draußen/drüben; **~ to go!** (*fam*) gut gemacht!, bravo!

way·bill ['weɪbɪl] *s* Frachtbrief *m;* **way·lay** [ˌweɪ'leɪ] *irr vt* auflauern (*s.o.* jdm); **way of thinking** *s* Denkweise *f;* **way out** [ˌweɪ'aʊt] *s* Ausgang *m;* (*Straße, Parkplatz*) Ausfahrt *f;* **way-out** [ˌweɪ'aʊt] *adj* (*sl*) irre; **way·side** ['weɪsaɪd] *s* Straßenrand *m;* **by the ~** am Weges-, Straßenrand; **fall by the ~** auf der Strecke bleiben; **wayside inn** *s* Rasthaus *nt*

way·ward ['weɪwəd] *adj* ❶ (*Mensch*) widerspenstig, eigensinnig, eigenwillig ❷ (*Bitte, Vorstellung*) abwegig ❸ (*lit*) launisch

we [wiː] *pron* wir

weak [wiːk] *adj* ❶ (*a.* GRAM) schwach ❷ (*Spieler*) schlecht ❸ (*Flüssigkeit*) dünn ❹ (*Charakter*) labil, willenlos ❺ (*Argument*) nicht überzeugend; **weaken** ['wiːkən] **I.** *vt* ❶ schwächen ❷ verringern **II.** *vi* ❶ schwächer werden ❷ (*Mensch*) schwach werden, nachgeben; **weak·ling** ['wiːklɪŋ] *s* Schwächling *m;* **weak·ly** ['wiːklɪ] *adj, adv* schwächlich; **weak-minded** [ˌwiːk'maɪndɪd] *adj* ❶ willensschwach ❷ schwachsinnig; **weak·ness** ['wiːknɪs] *s* ❶ Schwäche *f* ❷ (*fig*) schwache Seite, Schwäche *f* (*for* für)

weal¹ [wiːl] *s* (LIT) Wohl *nt;* **the common ~, the public ~, the general ~** das Wohl der Allgemeinheit

weal² [wiːl] *s* Striemen *m*

wealth [welθ] *s* ❶ Reichtum *m;* Vermögen *nt* ❷ (*fig*) Fülle *f* (*of* von); **wealth creation** *s* Vermögensbildung *f;* **wealth tax** *s* Vermögenssteuer *f;* **wealthy** ['welθɪ] *adj* vermögend, wohlhabend; **the ~** die Reichen *pl*

wean [wiːn] *vt* (*Kind*) entwöhnen; **~ s.o. from s.th.** jdm etw abgewöhnen

weapon ['wepən] *s* Waffe *f;* **weap·on·ry** ['wepənrɪ] *s* Waffen *fpl;* **atomic ~s** Atomwaffen *fpl;* **~s of mass destruction** Massenvernichtungswaffen *pl*

wear [weə(r)] <*irr:* wore, worn> **I.** *vt* ❶ (*Kleidung, Schmuck, Brille*) tragen ❷ abnutzen; (*Kleidung*) abtragen; (*Ärmel*) durchwetzen; (*Stufen*) austreten; (*Reifen*) abfahren ❸ (*fig fam*) annehmen; **~ smooth** abgreifen; austreten; glatt machen; verwittern lassen; **what did she ~?** was hatte sie an?; **what shall I ~?** was soll ich anziehen?; **he has nothing to ~** er hat nichts anzuziehen **II.** *vi* ❶ (*Stoff, Material*) halten ❷ sich abnutzen; kaputtgehen; abgefahren werden; **~ to its end** [*o* **close**] langsam zu Ende gehen; **~ smooth** verwittern; abgegriffen werden, sein; glatt, stumpf werden; **my patience is ~ing thin** meine Geduld geht langsam zu Ende, ich bin mit meiner Geduld am Ende; **the excuse is ~ing thin** die Ausrede zieht langsam nicht mehr; **he has worn well** (*fig fam*) er hat sich gut gehalten **III.** *s* ❶ (*Kleidung*) Tragen *nt* ❷ Kleidung *f* ❸ Abnutzung *f,* Verschleiß *m* ❹ (*Material*) Haltbarkeit *f;* **have had a lot of ~ out of s.th.** etw oft getragen haben; **there is a lot of ~ left in this material** dieses Material hält noch lange; **for hard ~** strapazierfähig; **for long ~** haltbar; **be the worse for ~** abgetragen, abgenutzt, in schlechtem Zustand sein; **I was none the worse for ~** ich war völlig auf der Höhe; **menswear, women's ~, children's ~** Herren-, Damen-, Kinder(be)kleidung *f;* **a dress for evening ~** ein Kleid für den Abend; **suit for everyday ~** Alltagsanzug *m;* **summer ~, winter ~** Sommer-, Winterkleidung *f;* **~ and tear** Abnutzung *f,* Verschleiß *m;* **wear away I.** *vt* ❶ (*Stein, Fels*) abtragen; aushöhlen; auswaschen; (*Stufen*) austreten; (*Inschrift*) verwischen; verwittern lassen ❷ (*fig*) schwächen; (*Geduld*) zehren an **II.** *vi* ❶ abgetragen werden; sich abschleifen; (*Inschrift*) verwittern; verwischen ❷ (*fig*) schwinden; **wear down** *vt* ❶ abnutzen ❷ ermüden ❸ (*Widerstand*) zermürben ❹ (*Geduld*) erschöpfen; **wear off** *vi* ❶ sich abnutzen ❷ vergehen; (*Aufregung*) sich legen; (*Eindruck*) sich verlieren; **wear on** *vi* (*Zeit*) (dahin)schleichen, langsam vergehen **wear out** *vt* ❶ abtragen, abnutzen ❷ erschöpfen; ermüden

wear·able ['weərəbl] *adj* tragbar

wear·ing ['weərɪŋ] *adj* ermüdend

wear·i·some ['wɪərɪsəm] *adj* ❶ ermüdend, mühselig ❷ langweilig ❸ unangenehm, lästig

weary ['wɪərɪ] **I.** *adj* ❶ abgespannt, erschöpft (*with* von) ❷ ermüdend; lästig, unangenehm **II.** *vt* ermüden; langweilen **III.** *vi* überdrüssig werden (*of s.th.* einer S); **he never wearied of it** er wurde es nie leid

wea·sel ['wiːzl] **I.** *s* (kleines) Wiesel *nt* **II.** *vi* (*Am*) sich herausreden; **wea·sel·ing** ['wiːzlɪŋ] *s* ❶ Ausweichen *nt* ❷ zweideutige Formulierung; **weasel out** *vi* sich drücken (*of* vor)

weather ['weðə(r)] **I.** *s* Wetter *nt,* Witterung *f;* **in wet ~** bei nassem Wetter; **in all ~s** bei jeder Witterung; **under the ~**

W

(*fam*) nicht auf dem Posten; nicht glücklich; in der Patsche; **keep one's ~ eye open** (*fig fam*) aufpassen; **make heavy ~ of s.th.** etw schwierig finden **II.** *vt* ❶ verwittern lassen; (*Haut*) gerben ❷ (*Holz*) (aus)trocknen, ablagern lassen ❸ (MAR) luvwärts umschiffen; vorbeifahren an ❹ (*fig: ~ out*) gut überstehen; **weather-beaten** ['weðəˌbiːtn] *adj* ❶ durch Witterungseinflüsse beschädigt ❷ (*Haut*) wettergegerbt; **weather·board**, **weather boarding** *s* Holzverschalung *f*; **weather-bound** ['weðəbaʊnd] *adj* durch schlechtes Wetter gehindert; **weather bureau** *s* Wetterwarte *f*; **weather chart** *s* Wetterkarte *f*; **weather·cock** ['weðəkɒk] *s* Wetterhahn *m*; **weather conditions** *s pl* Wetterlage *f*, -verhältnisse *ntpl*; **weather forecast** *s* Wettervorhersage *f*, -bericht *m*; **weather·ing** ['weðərɪŋ] *s* (GEOL) Verwitterung *f*; **weather·man** ['weðəmæn] <*pl* -men> *s* Meteorologe *m*; **weather·proof** ['weðəpruːf] **I.** *adj* wetterfest **II.** *vt* wetterfest machen

weave [wiːv] <*irr:* wove, woven> **I.** *vt* ❶ weben, wirken ❷ (ein)flechten (*into* in) ❸ (*fig*) ausdenken, ersinnen ❹ verflechten (*with* mit, *into* in, zu) ❺ (AUTO) ständig Spur wechseln; **~ one's way** sich durchlavieren (*through* durch) **II.** *vi* ❶ weben ❷ sich hin- und herbewegen; (*Weg*) sich schlängeln; **get weaving** (*fam*) sich ins Zeug legen **III.** *s* Webart *f*; Gewebe *nt*; **weaver** ['wiːvə(r)] *s* Weber(in) *m (f)*; **weaver bird** *s* Webervogel *m*

Web [web] *s* (INTERNET) WWW (World Wide Web) *nt*

web [web] *s* ❶ Gewebe *nt* ❷ (*cob~*) Spinnennetz *nt* ❸ Schwimmhaut *f*; **~ of lies** Lügengewebe, -gespinst *nt*

web browser [web'braʊzə] *s* (INTERNET) Websurfprogramm *nt*; **web·cam** ['webkæm] *s* Webcam *f* (*Kamera, deren Aufnahmen ins Internet eingespeist werden*); **web·cast** ['webkɑːst] *s* (*internet programming*) Webcast *nt*

web-footed [ˌweb'fʊtɪd] *adj* schwimmfüßig; **web·master** ['webmɑːstə] *s* Web-Administrator(in) *m(f)*

web-offset *s* Rollenrotations-Offsetdruck *m*

web page *s* (INTERNET) Web-Seite *f*; **web-page designer** [webˌpeɪdʒ'dɪzaɪnə] *s* Webpagedesigner(in) *m(f)*; **web site** *s* Web-Site *f*; **web·zine** ['webziːn] *s* elektronische Zeitschrift im Internet

wed [wed] **I.** *vt* ❶ heiraten; (*Pfarrer*) trauen ❷ (*fig*) eng verbinden, vereinigen (*with, to* mit) **II.** *vi* sich verheiraten

we'd [wiːd] = **we had; we would**

wedded ['wedɪd] *adj* ❶ verheiratet ❷ (*fig*) (eng) verbunden (*to* mit); **~ bliss** Eheglück *nt*; **wed·ding** ['wedɪŋ] *s* Hochzeit *f*; (*fig*) Verbindung *f*; **wedding anniversary** *s* Hochzeitstag *m*; **wedding breakfast** *s* Hochzeitsessen *nt*; **wedding cake** *s* Hochzeitskuchen *m*; **wedding day** *s* Hochzeitstag *m*, Tag *m* der Trauung; **wedding dress** *s* Hochzeitskleid *nt*; **wedding guest** *s* Hochzeitsgast *m*; **wedding night** *s* Hochzeitsnacht *f*; **wedding present** *s* Hochzeitsgeschenk *nt*; **wedding ring** *s* Trauring, Ehering *m*

wedge [wedʒ] **I.** *s* ❶ Keil *m* ❷ (*keilförmiges*) Stück *nt* (*Torte, Kuchen*) ❸ (*Schuh*) Keilabsatz *m* ❹ (*Golf*) Wedge *m* ❺ (*sl*) Bündel *nt* Scheine; **the thin end of the ~** (*fig*) der Anfang, das Vorspiel **II.** *vt* ❶ verkeilen ❷ (*~ in*) (hinein)drücken, zusammenpferchen; **~ o.s. in** sich hineinzwängen, -drängen; **be ~d between** eingekeilt, eingezwängt sein zwischen

wed·lock ['wedlɒk] *s* Ehe *f*; **born out of ~** unehelich geboren

Wed·nes·day ['wenzdɪ] *s* Mittwoch *m*; **on ~** am Mittwoch; **on ~s** mittwochs; **Ash ~** Aschermittwoch *m*

wee [wiː] **I.** *adj* winzig (klein); **a ~ bit** ein bisschen, ein wenig **II.** *s* (*fam*) Pipi *nt* **III.** *vi* (*fam*) Pipi machen

weed [wiːd] **I.** *s* ❶ Unkraut *nt* ❷ (*fig*) Schwächling *m* ❸ (*fam: Tabak*) Kraut *nt* ❹ (*sl: Marihuana*) Gras *nt* **II.** *vt* ❶ (*Garten*) jäten ❷ (*~ out, fig*) aussondern; **weed·killer** ['wiːdkɪlə(r)] *s* Unkrautvertilgungsmittel *nt*; **weedy** ['wiːdɪ] *adj* ❶ voller Unkraut ❷ (*fig*) schwächlich

week [wiːk] *s* Woche *f*; **by the ~** wochenweise; wöchentlich; **for ~s** wochenlang; **this day/yesterday/Sunday ~** heute/gestern/Sonntag in 8 Tagen; **a ~ from tomorrow** morgen in 8 Tagen; **once a ~** (einmal) wöchentlich; **~ in, ~ out** Woche für Woche; **a ~ or two** ein paar Wochen; **a 40-hour ~** eine 40-Stunden-Woche; **what day of the ~?** an welchem Tag?; **week·day** ['wiːkdeɪ] *s* Wochen-, Arbeitstag *m*; **work (on) ~s** werktags arbeiten; **week·end** [ˌwiːk'end] **I.** *s* Wochenende *nt*; **long ~** verlängertes Wochenende; **~ ticket** Sonntagsrückfahrkarte *f* **II.** *vi* das Wochenende verbringen; **week·ender** [ˌwiːk'endə(r)] *s* Wochenendausflügler *m*; **week·ly** ['wiːklɪ] **I.** *adj, adv* wöchentlich; **~ report** Wochenbericht *m*; **~ travelcard** Wochenkarte *f* **II.** *s* Wochenblatt *nt*

wee·nie ['wi:neɪ] *s* (*Am: pej*) Waschlappen *m pej*

wee·ny ['wi:nɪ] *adj* (*fam*) winzig

weep [wi:p] <*irr:* wept, wept> **I.** *vi* ❶ weinen (*for* um, *at, over* über) ❷ (*Wunde*) nässen; ~ **for joy** vor Freude weinen **II.** *vt* beweinen, beklagen; ~ **bitter tears** bittere Tränen weinen; ~ **o.s. to sleep** sich in den Schlaf weinen; **weep·ing** [-ɪŋ] **I.** *s* Weinen *nt* **II.** *adj* weinend; ~ **willow** Trauerweide *f*

weigh [weɪ] **I.** *vt* ❶ wiegen ❷ (*fig*) abwägen; (*in one's mind*) erwägen; ~ **anchor** den Anker lichten **II.** *vi* ❶ wiegen ❷ (*fig*) lasten (*on* auf) ❸ (*Wort, Meinung*) gelten, Gewicht haben; **weigh down** *vt* ❶ beugen, niederdrücken ❷ (*fig*) belasten, niederdrücken; **weigh in** *vi* ❶ (SPORT) sich wiegen lassen ❷ das Gepäck wiegen lassen ❸ (*fig fam*) beispringen, sich einmischen; ~ **in at 80 kilos** 80 Kilo wiegen; **weigh out** *vt* abwiegen; **weigh up** *vt* abwägen; (*Menschen*) einschätzen; **weigh·bridge** ['weɪbrɪdʒ] *s* Brückenwaage *f*; **weigh-in** ['weɪɪn] *s* (SPORT) Wiegen *nt*

weight [weɪt] **I.** *s* ❶ Gewicht *nt* ❷ (*fig*) (schwere) Last, Bürde *f* ❸ Wichtigkeit, Bedeutung *f*, Einfluss *m* ❹ (*Statistik*) Wertigkeit *f*; **by** ~ nach Gewicht; **of** ~ gewichtig; **over** ~, **under** ~ zu schwer, zu leicht; **attach** ~ **to s.th.** (*fig*) einer S Gewicht beimessen; **carry** ~ (*fig*) Gewicht, Macht, Einfluss haben (*with* auf); **lose** ~ abnehmen; **put on** ~ (*Mensch*) zunehmen; **throw one's** ~ **about** (*fam*) sich wichtig machen; **atomic** ~ (CHEM) Atomgewicht *nt*; **dead** ~ Leer-, Eigengewicht *nt*; **excess** [*o* **surplus**] ~ Übergewicht *nt* **II.** *vt* ❶ beschweren ❷ (*Statistik*) gewichten; verfälschen; ~ **in s.o.'s favour** zu jds Gunsten beeinflussen; **be** ~**ed against s.o.** jdn benachteiligen; ~**ed average** gewogener Mittelwert; ~**ed index** gewogener Index; **weight down** *vt* ❶ überladen ❷ beschweren ❸ (*fig*) belasten; **weight·ing** ['weɪtɪŋ] *s* Zulage *f*; **weight·less** [-lɪs] *adj* schwerelos; **weight·less·ness** ['weɪtlɪsnɪs] *s* Schwerelosigkeit *f*; **weight·lifter** ['weɪtlɪftə(r)] *s* (SPORT) Gewichtheber(in) *m(f)*; **weight·lift·ing** ['weɪtlɪftɪŋ] *s* (SPORT) Gewichtheben *nt*; **weighty** ['weɪtɪ] *adj* ❶ schwer ❷ (*fig*) (ge)wichtig, schwierig ❸ (*Grund*) triftig

weir [wɪə(r)] *s* ❶ Wehr *nt*, Damm *m* ❷ (Fisch)Reuse *f*

weird [wɪəd] *adj* ❶ unheimlich; übernatürlich ❷ (*fam*) seltsam; **weirdie, weirdo** ['wɪədɪ, 'wɪədəʊ] *s* (*sl*) komischer Kauz

wel·come ['welkəm] **I.** *adj* ❶ willkommen, gern gesehen ❷ erfreulich, angenehm; **you are** ~ **to use my car** mein Wagen steht zu Ihrer Verfügung; (**you are**) ~**!** bitte sehr, nichts zu danken! gern geschehen! **II.** *s* Willkomm(en *nt*) *m*; Willkommensgruß *m*; **give s.o. a warm** ~ jdm einen herzlichen Empfang bereiten **III.** *interj* herzlich willkommen! **IV.** *vt* ❶ willkommen heißen ❷ (*fig*) begrüßen, gern sehen; **I should** ~ **it if ...** ich würde es begrüßen, wenn ...; **wel·com·ing** [-ɪŋ] *adj* Begrüßungs-; (*Atmosphäre*) freundlich

weld [weld] **I.** *vt* ❶ (TECH) schweißen ❷ (*fig*) zusammenschweißen **II.** *s* Schweißstelle *f*; **welder** ['weldə(r)] *s* ❶ Schweißer(in) *m(f)* ❷ Schweißgerät *nt*; **weld·ing** [-ɪŋ] *s* Schweißen *nt*; **welding torch** *s* Schweißbrenner *m*

wel·fare ['welfeə(r)] *s* ❶ Wohlergehen *nt* ❷ Wohlfahrt, Fürsorge *f* ❸ Sozialhilfe *f*; **welfare payment** *s* Sozialhilfeleistung *f*; **welfare services** *s pl* Sozialdienste *mpl*; **welfare state** *s* Wohlfahrtsstaat *m*

i Land & Leute

Nach dem *Beveridge Report* von 1942 war das Ziel des **welfare state** (Wohlfahrtsstaats) in Großbritannien, die Beseitigung der fünf Übel Not, Krankheit, Unwissenheit, Verkommenheit und Faulheit. Der Staat kümmert sich um das Wohl seiner Bürger ‚von der Wiege bis zum Grab', indem er z. B. für die Schulbildung, das Gesundheitswesen, Sozialwohnungen, Sozialhilfe, Arbeitslosenhilfe und Renten sorgt. Früher waren diese Leistungen für alle kostenfrei – sie wurden über die Steuern finanziert. Seit den 80er Jahren wird das *means-testing* (Einkommensveranlagung) verstärkt eingesetzt, um sie auf die Ärmsten zu beschränken.

welfare work *s* Sozialarbeit *f*; **welfare worker** *s* Sozialarbeiter(in) *m(f)*

we'll [wi:l] = **we shall; we will**

well[1] [wel] **I.** *s* ❶ Brunnen(schacht) *m* ❷ (MIN) Bohrloch *nt*; Ölquelle *f* ❸ (*a. fig*) Quelle *f* ❹ (ARCH) Treppenhaus *nt*; Fahrstuhlschacht *m* ❺ (*Br:* JUR) eingefriedeter Platz der Anwälte ❻ (THEAT) Parkett *nt* ❼ (*ink~*) Tintenfass *nt*; **drive** [*o* **sink**] **a** ~ einen Brunnen bohren **II.** *vi* quellen, sprudeln, fließen (*from* aus); **well up** *vi* ❶ em-

W

porquellen ❷ (*fig*) aufsteigen; (*Geräusch*) anschwellen; **tears ~ed up in her eyes** ihr traten Tränen in die Augen

well² [wel] <better, best> **I.** *adv* ❶ gut ❷ durchaus, mit Recht, mit gutem Grund ❸ weit, sehr ❹ (ganz) genau; **do ~** seine Sache gut machen, gut vorankommen; **the patient is doing ~** der Patient ist wohlauf; **business is doing ~** die Geschäfte gehen gut; **do as ~ as one can** es so gut man kann machen; (*Patient*) wohlauf sein; **do ~ in an exam** in einer Prüfung gut abschneiden; **do ~ out of s.th.** bei etw profitieren; **you would do ~ to come early** es wäre gut, wenn Sie früh kämen; **you did ~ to go** es war richtig [*o* gut], dass Sie gegangen sind; **~ done!** bravo!; **do ~ by s.o.** jdm gegenüber großzügig sein; **go ~** gut gehen; **go as ~** mitgehen; **let ~ alone** die Finger davon lassen; **speak ~ of s.o.** gut von jdm sprechen; **stand ~ with s.o.** bei jdm gut angeschrieben sein; **~ past, ~ over, ~ under** weit nach, weit über, weit unter; **~ played!** gut gespielt!; **as ~** auch; **as ~ as** ebenso wie; **all** [*o* **only**] **too ~** nur zu gut; **~ and truly** wirklich; richtig; **pretty ~ enough** ziemlich genug; **you might as ~ come** du könntest eigentlich kommen; **I might as ~** warum eigentlich nicht; **I might as ~ not be there** ich könnte ebensogut nicht da sein; **he may ~ have said that** es kann gut sein, dass er das gesagt hat; **I can't very ~ not go** ich kann nicht gut nicht hingehen; **you may ~ ask!** das kann man wohl fragen!; **I am ~ content** ich bin sehr zufrieden; **he can ~ afford it** er kann es sich sehr gut leisten; **it was ~ worth it** es hat sich sehr gelohnt **II.** *adj* ❶ gesund ❷ (*Lage, Zustand*) gut; **get ~ soon!** gute Besserung!; **she is not ~** es geht ihr nicht gut; **I don't feel ~** ich fühle mich nicht wohl; **all is not ~** es steht gar nicht gut; **that's all very ~ but ...** das ist ja gut und schön, aber ...; **it's all very ~ for you to talk** Sie haben gut reden; **it would be just as ~ to tell him** es wäre wohl gut, wenn man es ihm sagen würde; **just as ~ you asked** nur gut, dass Sie gefragt haben; **you're ~ out of it** sei froh, dass du damit nichts zu tun hast; **all's ~ that ends ~** (*prov*) Ende gut, alles gut **III.** *interj* also; na; na ja; **~, ~!** na so etwas!; **~ now** also; **very ~ (then)** na schön **IV.** *s* (das) Gute; **wish s.o. ~** jdm alles Gute wünschen

well-ad·vised [ˌweləd'vaɪzd] *adj* wohl überlegt; **be ~** gut beraten sein; **well-ap·pointed** [ˌwelə'pɔɪntɪd] *adj* gut ausgerüstet, gut ausgestattet; **well-bal·anced** [ˌwel'bælənst] *adj* ❶ wohl ausgewogen ❷ gut ausgeglichen, im Gleichgewicht; **well-behaved** [ˌwelbɪ'heɪvd] *adj* wohlerzogen, artig; **well·be·ing** [ˌwel'biːɪŋ] *s* Wohl *nt*, Wohlergehen *nt*; **well-bred** [ˌwel'bred] *adj* wohlerzogen; **well-chosen** [ˌwel'tʃəʊzn] *adj* gut (aus)gewählt, passend; **well-con·nec·ted** [ˌwelkə'nektɪd] *adj* mit guten Beziehungen; **well-de·served** [ˌweldɪ'sɜːvd] *adj* wohlverdient; **well-de·veloped** [ˌweldɪ'veləpt] *adj* (*Mensch*) gut entwickelt; (*Wirtschaft*) hochentwickelt; **well-dis·posed** [ˌweldɪ'spəʊzd] *adj* freundlich gesonnen (*towards dat*); **well-done** [ˌwel'dʌn] *adj* (*Fleisch*) gar, gut durch; **well-dressed** [ˌwel'drest] *adj* gut angezogen, gut gekleidet; **well-earned** [ˌwel'ɜːnd] *adj* wohlverdient; **well-educat·ed** *adj* gebildet; **well-fed** [ˌwel'fed] *adj* wohlgenährt; **well-founded** [ˌwel'faʊndɪd] *adj* (wohl)begründet; **well-groomed** [ˌwel'gruːmd] *adj* (*Pferd, Mensch*) gepflegt; **well-heeled** [ˌwel'hiːld] *adj* (*fam*) betucht; **well-in·formed** [ˌwelɪn'fɔːmd] *adj* gut informiert, unterrichtet

wel·ling·ton (boot) ['welɪŋtən (buːt)] *s* (*Br*) Gummistiefel *m*

well-intentioned [ˌwelɪn'tenʃənd] *adj* wohl meinend; **well-knit** [ˌwel'nɪt] *adj* gut gebaut; (*fig*) gut durchdacht; **well-known** [ˌwel'nəʊn] *adj* (wohl) bekannt; **well-man·nered** [ˌwel'mænəd] *adj* höflich; **well-mean·ing** [ˌwel'miːnɪŋ] *adj* wohl meinend; **well-meant** [ˌwel'ment] *adj* gut gemeint

well·ness cen·tre ['welˌnɪsˌsentə(r)] *s* Wellness-Center *nt*

well-nigh ['welnaɪ] *adv* beinahe, fast; **well-off** [ˌwel'ɒf] *adj* ❶ reich, wohlhabend ❷ gut daran; **be ~** es gut haben; **well-oiled** [ˌwel'ɔɪld] *adj* (*fam*) beschwipst; **well-pro·por·tioned** [ˌwelprə'pɔːʃnd] *adj* wohlproportioniert; **well-read** [ˌwel'red] *adj* belesen; **well-spoken** [ˌwel'spəʊkən] *adj* gepflegt sprechend; **be ~** sich gepflegt ausdrücken; **well-thought-of** [ˌwel'θɔːtɒv] *adj* angesehen, von gutem Ruf; **well-timed** [ˌwel'taɪmd] *adj* im rechten Augenblick; **well-to-do** [ˌweltə'duː] *adj* wohlhabend; **well-turned** [ˌwel'tɜːnd] *adj* (*fig*) gut ausgedrückt; **well-wisher** ['welwɪʃə(r)] *s* Gönner(in) *m(f)*, Freund(in) *m(f)*; **well-worn** [ˌwel'wɔːn] *adj* (*Kleidung*) abgetragen; (*Teppich*) abgelaufen; (*Weg*) ausgetreten; (*fig*) abgedroschen

welly ['welɪ] *s* (*Br: fam*) Gummistiefel *m*

Welsh [welʃ] **I.** *adj* walisisch; **~ dresser**

Anrichte *f;* ~ **rabbit** [*o* **rarebit**] Toast *m* mit zerlassenem Käse **II.** *s* (das) Walisisch(e)

i Land & Leute

Am 18. September 1997 stimmten die Waliser durch ein Referendum für die Errichtung einer **Welsh Assembly** (eines Parlaments), die einige der Befugnisse des *Secretary of State for Wales* übernehmen sollte. Die *Assembly* hat in der Landeshauptstadt Cardiff ihren neuen Sitz. Die Wahl der 60 Abgeordneten fand erstmals 1999 statt.

Welsh·man ['welʃmən, *pl* -men] <*pl* -men> *s* Waliser *m;* **Welsh·woman** ['welʃwʊmən, *pl* -wɪmɪr] <*pl* -women> *s* Waliserin *f*

welt [welt] *s* ❶ Stoßkante *f* ❷ (*Schuh*) Rahmen *m* ❸ Strieme(n *m*) *f*

wel·ter·weight ['weltəweɪt] *s* Weltergewicht(sboxer *m*) *nt*

wend [wend] *vt:* ~ **one's way to** seinen Weg machen nach

went [went] *s.* **go**

wept [wept] *s.* **weep**

were [wɜː(r)] *2. Person Singular, 1., 2., 3. Person Plural Präteritum* **be**

we're [wɪə(r)] = **we are**

weren't [wɜːnt] = **were not**

west [west] **I.** *s* Westen *m;* **the West** der Westen; (*in den USA*) die Weststaaten *mpl;* **in the** ~ im Westen; **to the** ~ nach Westen; **to the** ~ **of** westlich von **II.** *adj* westlich **III.** *adv* nach Westen; ~ **of** westlich von; **go** ~ (*fig fam*) draufgehen; **west·bound** ['westbaʊnd] *adj* nach Westen gehend; **West End** *s* Westend *nt;* **west·er·ly** ['westəlɪ] *adj* westlich; **west·ern** ['westən] **I.** *adj* westlich; ~ **Germany** der westliche Teil Deutschlands; die alten Bundesländer *ntpl* **II.** *s* Wildwestgeschichte *f,* -roman, -film *m,* Western *m;* **west·erner** ['westənə(r)] *s* ❶ Abendländer(in) *m(f)* ❷ (*amerik.*) Weststaatler(in) *m(f);* **west·ern·ize** ['westənaɪz] *vt* verwestlichen; **West Germany** *s* (HIST) Westdeutschland *nt,* die (alte) Bundesrepublik (Deutschland)

i Land & Leute

Westminster heißt der Stadtteil im Zentrum Londons, in dem die *Houses of Parliament* und viele Regierungsgebäude stehen. Der Name wird oft als eine alternative Bezeichnung für das britische Parlament verwendet.

west·ward(s) ['westwəd(z)] *adj, adv* westwärts, nach Westen

wet [wet] <*irr:* wet (wetted), wet (wetted)> **I.** *adj* ❶ nass, feucht (*with* von) ❷ regennass, feucht, regnerisch ❸ (*Farbe*) frisch ❹ (*Br: fam*) weichlich; ~ **to the skin** nass bis auf die Haut; **be** ~ **through** (**and through**) durch und durch nass sein; ~ **blanket** (*fam*) Miesmacher(in) *m(f);* ~ **cell** Nasszelle *f;* ~ **dock** Dock, Flutbecken *nt;* ~ **paint!** frisch gestrichen! **II.** *s* ❶ Nässe, Feuchtigkeit *f* ❷ Regenzeit *f* ❸ (*Br: pej*) Waschlappen *m* **III.** *vt* nass machen; ~ **one's whistle** (*fam*) sich einen hinter die Binde kippen; ~ **the bed** ins Bett machen, bettnässen

weth·er ['weðə(r)] *s* Hammel, Schöps *m*

wet-nurse ['wetnɜːs] *s* Amme *f;* **wet season** *s* Regenzeit *f;* **wet shave** *s* Nassrasur *f;* **wet·ting** ['wetɪŋ]: **get a** ~ durchnässt, nass werden

we've [wiːv] = **we have**

whack [wæk] **I.** *vt, vi* schlagen **II.** *s* ❶ heftiger Schlag, Knall *m* ❷ (*fam*) Versuch *m* ❸ (*fam*) Anteil *m;* **have a** ~ **at s.th.** (*fam*) etw probieren; **whack around** *vt* (*sl*) schlecht machen; **whacked** [wækt] *adj* (*fam*) hundemüde **whack·ing** ['wækɪŋ] **I.** *adj* (*fam*) gewaltig, kolossal **II.** *s* (*fam*) Tracht *f* Prügel; **get a** ~ verprügelt werden; (SPORT) haushoch geschlagen werden

whacko ['wækəʊ] *adj* (*Br: sl*) ballaballa

whad·dya ['wɒdʒɑː] *s* (*sl: what do you ...?*): ~ **think?** was meinst du?, was hältst du davon?

whale [weɪl] *s* Wal(fisch) *m;* **a** ~ **of** (*fam*) eine wahnsinnige Menge, ein Riesen- +*gen;* **we had a** ~ **of time** es war fantastisch; **whal·ing** [-ɪŋ] *s* Walfang *m;* **go** ~ auf Walfang gehen

wham [wæm] *s,* **whang** [wæŋ] *s* Knall, Bums *m*

wharf [wɔːf, *pl* wɔːvz] <*pl* wharfs, wharves> *s* Kai *m;* **wharf·age** ['wɔːfɪdʒ] *s* Kaigebühr *f*

what [wɒt] **I.** *pron* ❶ (*fragend und ausrufend*) was; wie ❷ (*relativ*) was; das, was; **and** ~ **not** und was nicht noch alles; ~ **about, of ...?** wie steht es mit ...?; ~ **for?** warum? weshalb? wozu?; ~ **if ...** (und) was ist, wenn ...; ~ **is more** außerdem; dazu kommt noch ...; ~ **is it called?** wie heißt es?; ~**'s your name?** wie heißen Sie?; ~ **does it matter?** was macht das

W

schon?; ~ **is he like?** wie ist er?; **and ~'s more** und außerdem; ~ **next?** was nun?; ~**'s up?** was ist (denn) los?; **that's just ~** gerade das; **give s.o. ~ for** es jdm tüchtig geben; **she knows ~'s ~** sie kennt sich aus; **I don't know ~'s ~ any more** ich kenne mich nicht mehr aus; ~**'s that to you?** was geht Sie das an?; **so ~?** na und?; ~ **with overwork and undernourishment she fell ill** wegen Überarbeitung und Unterernährung wurde sie krank; **Mr ~-d'you-call-him, Mr ~'s-his-name** Herr Soundso **II.** *adj* ❶ (*fragend*) welche(r, s) ❷ (*relativ*) der, die, das ❸ (*ausrufend*) was für ein(e); ~ **age?** wie alt?; ~ **good would that be?** wozu sollte das gut sein?; ~ **time is it?** wie viel Uhr ist es?; ~ **sort of** was für ein(e); ~ **else** was noch; ~ **a lucky man** so ein Glückspilz; ~ **an idiot I have been!** was war ich doch für ein Idiot! **III.** *interj* was!

> **? Grammatik**
>
> **what about ..?** bedeutet wie sieht es mit … aus?: *What about your homework – have you finished it?*
> **how about …?** bedeutet wie wäre es, wenn wir …?: *How about going for a swim?*

what·ever [wɒt'evə(r)] **I.** *pron* was (auch immer); egal was; ~ **does he want?** was will er wohl?; (*ungeduldig*) was will er denn?; ~ **does he mean?** was meint er bloß? **II.** *adj* ❶ egal welche(r, s) ❷ (*verneint*) überhaupt ❸ (*fragend*) was denn, was wohl; ~ **reason** welcher Grund auch immer; **nothing ~** überhaupt nichts; ~ **good can that be?** was kann das schon helfen?; **what·not** ['wɒtnɒt] *s* Dingsbums *nt;* **whats·it** ['wɒtsɪt] *s* Dings(da) *nt;* **what·so·ever** [ˌwɒtsəʊ'evə(r)] **I.** *pron* was (auch immer); egal was **II.** *adj* ❶ egal welche(r, s) ❷ (*verneint*) überhaupt ❸ (*fragend*) was denn, was wohl

wheat [wi:t] *s* Weizen *m;* **shredded ~** Weizenflocken *fpl;* **wheat belt** *s* (*in den USA*) Weizengürtel *m;* **wheat·germ** ['wi:tˌdʒɜ:m] *s* Weizenkeim *m*

wheel [wi:l] **I.** *s* ❶ Rad *nt* ❷ (AUTO: *steering ~*) Steuer(rad), Lenkrad *nt* ❸ (*spinning ~*) Spinnrad *nt* ❹ (*potter's ~*) Töpferscheibe *f* ❺ (MIL) Schwenkung *f* ❻ ~**s** (*fig*) Mühlen *fpl;* **at the ~** am Steuer; **on ~s** auf Rädern; **put one's shoulder to the ~** (*fig*) Hand ans Werk legen; ~**s within ~s** Beziehungen *fpl* **II.** *vt* ❶ schieben; ziehen; (*Rollstuhl*) fahren ❷ drehen **III.** *vi* drehen; (*Vogel, Flugzeug*) kreisen; (MIL) schwenken; **wheel in** *vt* ❶ hereinfahren ❷ (*fig fam*) vorstellen, anschleppen; **wheel round** *vi* sich schnell umdrehen; (MIL) schwenken; **wheel·bar·row** ['wi:lˌbærəʊ] *s* Schubkarren *m;* **wheel brace** *s* Kreuzschlüssel *m;* **wheel·chair** *s* Rollstuhl *m;* **wheel clamp** *s* Parkkralle *f;* **wheeler-dealer** [ˌwi:lə'di:lə(r)] *s* (*fam*) Schlitzohr *nt;* **wheel·house** ['wi:lhaʊs] *s* (MAR) Ruderhaus *nt*

wheelie ['wi:lɪ] *s* (*sl*) Wheelie *nt* (*Fahren auf dem Hinterrad*)

wheel·ing ['wi:lɪŋ] *s:* ~ **and dealing** Machenschaften *fpl*

wheeze [wi:z] **I.** *vi* keuchen **II.** *vt* (*Worte: ~ out*) pfeifend herausbringen **III.** *s* ❶ pfeifendes Geräusch, Keuchen *nt* ❷ (*Br: obs*) Scherz *m;* **wheezy** ['wi:zɪ] *adj* pfeifend; keuchend

whelp [welp] **I.** *s* junger Hund, Welpe *m* **II.** *vi* (Junge) werfen

when [wen] **I.** *adv* ❶ (*fragend*) wann ❷ (*relativ*) als, wo, da; **since ~, until ~** seit wann, bis wann? **II.** *conj* ❶ wenn; als ❷ (*mit Verlaufsform*) beim; wobei ❸ wo … doch; ~ **singing that song** beim Singen dieses Lieds **III.** *s:* **the ~ and where of s.th.** die zeitlichen und örtlichen Umstände einer S

whence [wens] *adv* ❶ (*obs*) woher, von wo ❷ (*fig*) woraus, wodurch

when·ever [wen'evə(r)] *adv* ❶ wann auch immer; sobald ❷ jedesmal wenn

where [weə(r)] **I.** *adv* wo; ~ (**to**) wohin; ~ (**from**) woher **II.** *conj* wo; da, wo; wohin; **this is ~ we were** da waren wir; ~ **this is concerned** was das betrifft; **where·abouts** [ˌweərə'baʊts] **I.** *adv* wo; wohin **II.** ['weərəbaʊts] *s pl mit sing* Aufenthalt(sort) *m;* **where·as** [weər'æz] *conj* ❶ während, wohingegen ❷ (JUR) da nun; mit Rücksicht darauf, dass; **where·by** [weə'baɪ] *adv* wodurch, woran; **where·in** [weər'ɪn] *adv* worin; **where·upon** [ˌweərə'pɒn] *adv* worauf; **wher·ever** [ˌweər'evə(r)] **I.** *conj* ❶ egal wo, wo auch immer ❷ wohin (auch immer) ❸ überall wo **II.** *adv* wo nur; **where·withal** ['weəwɪðɔ:l] *s:* **the ~** die (erforderlichen) Mittel *ntpl*

whet [wet] *vt* ❶ wetzen, schleifen ❷ (*den Appetit*) anregen

whether ['weðə(r)] *conj* ob; ~ **… or** (~) ob … oder (ob); ~ **… or not** ob … oder (ob) nicht; ~ **or not** auf jeden Fall

whet·stone ['wetstəʊn] *s* Wetz-, Schleifstein *m*

whew [fju:] *interj* puh!

whey [weɪ] *s* Molke *f*

which [wɪtʃ] **I.** *pron* 1 (*relativ*) der, die, das; welche(r, s); was 2 (*fragend*) welche(r, s); wer **II.** *adj* welche(r, s); **which·ever** [wɪtʃ'evə(r)] *pron, adj* welche(r, s) auch immer

whiff [wɪf] *s* 1 leichter Windstoß, (Luft)Zug *m* 2 vorüberstreichender Geruch 3 (*fam*) Zigarillo *m od nt* 4 Atemzug *m* 5 (*fig*) Hauch *m;* Spur *f;* **whiffy** ['wɪfɪ] *adj* übel riechend

Whig [wɪg] *s* (HIST: *in England*) Whig *m,* Liberale(r) *f m*

while [waɪl] **I.** *s* Weile *f;* **a long ~ ago** vor langer Zeit; **all this ~** die ganze Zeit; **for a ~** eine Zeitlang; **in a little ~** bald, in Kürze; **once in a ~** gelegentlich; **a short ~** eine kleine Weile; **be worth~** der Mühe wert sein, sich lohnen **II.** *conj* 1 während; solange 2 zwar, obwohl 3 (*gegenüberstellend*) während; **while away** *vt* (*Zeit*) sich vertreiben

whim [wɪm] *s* Einfall *m,* Laune *f*

whim·per ['wɪmpə(r)] **I.** *vi, vt* 1 wimmern 2 (*Hund*) winseln **II.** *s* 1 Gewimmer *nt* 2 Gewinsel *nt*

whim·si·cal ['wɪmzɪkl] *adj* launisch; schrullig, wunderlich; **whim·si·cal·ity** [,wɪmzɪ'kælətɪ] *s* 1 Wunderlichkeit *f* 2 Laune, Grille *f;* **whimsy** ['wɪmzɪ] *s* 1 Laune, Grille *f* 2 schrulliger Humor

whin [wɪn] *s* (Stech)Ginster *m*

whine [waɪn] **I.** *vi* wimmern; winseln; jammern **II.** *vt* weinerlich sagen **III.** *s* Gewimmer, Gejammer *nt*

whinge [wɪndʒ] *vi* (*fam*) meckern

whinny ['wɪnɪ] **I.** *vi* wiehern **II.** *s* Wiehern *nt*

whip [wɪp] **I.** *vt* 1 peitschen, schlagen 2 (*Sahne, Eiweiß*) (zu Schaum, Schnee) schlagen 3 (um)säumen, überwendlich nähen 4 (*fam fig*) abhängen, schlagen 5 (*fam*) schnell nehmen; schnell bringen; **~ s.o. into shape** jdn auf Vordermann bringen **II.** *vi* rennen, rasen, flitzen **III.** *s* 1 Peitsche *f* 2 Peitschenschlag *m* 3 (*Küche*) Creme *f* 4 (PARL) Einpeitscher *m* 5 (PARL) Appell *m,* Aufforderung *f* (*zur Abstimmung zu kommen*); **whip away** *vt* wegreißen; **whip back** *vi* 1 (*Zweig*) zurückschnellen 2 (*fam*) schnell zurückgehen; **whip off** *vt* (*Kleidung*) herunterreißen; (*Tuch*) wegziehen; (*jdn*) schnell bringen; **whip on** *vt* 1 antreiben 2 (*Kleidung*) schnell anziehen; **whip out** *vt* herausholen; **whip up** *vt* 1 an sich reißen 2 (*Pferde*) antreiben 3 (*Küche*) schlagen; verrühren; (*fam: Essen*) schnell zubereiten 4 (*fig: Unterstützung*) auf die Beine stellen; (*Interesse*) entfachen; (*Publikum*) mitreißen

whip·cord ['wɪpkɔ:d] *s* 1 Peitschenschnur *f* 2 Whipcord *m* (*Gewebe*); **whip hand** *s:* **have the ~** (*fig*) das Heft in der Hand haben; **have the ~ over s.o.** die Oberhand über jdn haben; **whip·lash** *s* Peitschenschnur *f;* (*~ injury,* MED) Schleudertrauma *nt;* **whipped cream** *s* Schlagsahne *f,* -rahm *m;* **whipper-in** *s* (*Jagd*) Pikör *m*

whip·per·snap·per [wɪpəsnæpə(r)] *s* (*obs*) kleiner Angeber

whip·pet ['wɪpɪt] *s* (*Rennhund*) Whippet *m*

whip·ping ['wɪpɪŋ] *s* 1 Tracht *f* Prügel; Prügelstrafe *f* 2 Niederlage *f;* **whipping boy** *s* Prügelknabe *m;* **whipping cream** *s* Schlagsahne *f;* **whipping top** *s* Kreisel *m;* **whip-round** ['wɪpraʊnd] *s* (*fam*) (spontane) (Geld)Sammlung *f*

whip·saw ['(h)wɪpsɔ:] *vt:* **be ~ed by s.th.** von zwei Seiten her in Bedrängnis geraten

whirl [wɜ:l] **I.** *vi* 1 wirbeln, sich schnell drehen, rotieren 2 (*fig: Gedanken*) durcheinander wirbeln 3 schwindlig werden 4 rasen, sausen; **~ about** herumwirbeln **II.** *vt* 1 wirbeln 2 schnell bringen **III.** *s* 1 Wirbeln *nt* 2 Wirbel *m* 3 Schwindel(gefühl *nt*) *m* 4 (*fig*) Trubel *m;* Durcheinander, geschäftiges Hin und Her *nt;* **my head is in a ~** mir schwirrt der Kopf; **give s.th. a ~** (*fig fam*) etw versuchen; **whirli·gig** ['wɜ:lɪgɪg] *s* 1 Kreisel *m* 2 Karussell *nt;* **whirl·pool** *s* (*a. fig*) Strudel *m;* **whirl·wind** ['wɜ:lwɪnd] *s* 1 Wirbelwind *m* 2 (*fig*) Wirbel, Sturm *m;* **a ~ romance** eine stürmische Romanze; **reap the ~** Sturm ernten; **whirly·bird** ['wɜ:lɪ,bɜ:d] *s* (*fam*) Hubschrauber *m*

whirr [wɜ:(r)] *vi* surren

whisk [wɪsk] **I.** *vt* 1 (*~ away*) (weg)wischen, fegen, kehren 2 (*~ away*) rasch (weg)nehmen 3 (*Sahne, Eiweiß*) schlagen; **the horse was ~ing its tail** das Pferd wedelte mit dem Schweif **II.** *vi* sausen, huschen **III.** *s* 1 schnelle Bewegung 2 (Staub)Wedel *m* 3 (*egg ~*) Schneebesen *m*

whiskers ['wɪskəz] *s pl* 1 Backenbart *m* 2 (*von Katzen*) Schnurrhaare *ntpl;* **by a whisker** fast, um ein Haar; **he thinks he's the cat's ~s** er hält sich für wer weiß was

whis·k(e)y ['wɪskɪ] *s* Whisky *m*

whis·per ['wɪspə(r)] **I.** *vi, vt* ① flüstern ② (*Wind*) rauschen ③ ausplaudern, weitererzählen ④ zuflüstern (*to s.o.* jdm) **II.** *s* ① Geflüster *nt* ② Tuscheln *nt;* Gerücht *nt;* **talk in a ~** im Flüsterton reden; **whis·per·ing** ['wɪspərɪŋ] *adj:* **~ campaign** (POL) Verleumdungskampagne *f;* **~ propaganda** Flüsterpropaganda *f*

whist [wɪst] *s* (*Kartenspiel*) Whist *nt*

whistle ['wɪsl] **I.** *vi* pfeifen (*to s.o.* jdm); **he'll have to ~ for it** er wird darauf warten müssen **II.** *vt* (*Ton, Lied*) pfeifen **III.** *s* Pfeife *f;* Pfiff *m*

whit [wɪt] *s:* **not a ~ of ...** nicht ein bisschen, kein Jota, keine Spur von ...

white [waɪt] **I.** *adj* ① weiß ② hell ③ blass (*with terror* vor Schrecken); **black or ~?** (*Kaffee*) mit oder ohne Milch? **II.** *s* ① Weiß *nt* ② das Weiße (*of the eye* im Auge) ③ (*~ of egg*) Eiweiß *nt* ④ weiße Kleidung ⑤ Weiße(r) *f m;* **white ant** *s* Termite *f;* **white·bait** <*pl* -> *s* Weißfisch *m;* **white-col·lar** [ˌwaɪt'kɒlə(r)] *adj:* **~ crime** Wirtschaftsverbrechen *nt;* **~ job** Bürotätigkeit *f;* **~ union** Angestelltengewerkschaft *f;* **~ worker** Angestellte(r) *f m;* **white corpuscle** *s* weißes Blutkörperchen; **white elephant** *s* nutzloser Gegenstand; **white ensign** *s* (MAR) Fahne *f* der britischen Marine; **white feather** *s:* **show the ~** sich feige benehmen; **white flag** *s:* **hoist the ~** die weiße Fahne zeigen, sich ergeben; **white goods** *s* ① elektrische Haushaltsgeräte *pl* ② Bett- und Tischwäsche *f*

White·hall [waɪt'hɔ:l] *s* (*fig*) die britische Regierung

> **i Land & Leute**
>
> **Whitehall** ist die Straße in London, die vom *Trafalgar Square* zu den *Houses of Parliament* führt und wo sich die wichtigsten Regierungsgebäude befinden. Der Name wird oft verwendet, wenn man von der britischen Regierung oder der Hauptverwaltung spricht.

white·head ['waɪthed] *s* entzündeter Mitesser

white heat [ˌwaɪt'hi:t] *s* Weißglut *f;* (*fig*) Feuereifer *m;* **white horse** *s* Schaumkrone *f;* **White House, the** *s* das Weiße Haus (*Regierungssitz des Präsidenten der USA*)*;* **white lead** *s* Bleiweiß *nt;* **white lie** *s* Notlüge *f;* **white man, the** *s* der weiße Mann, die Weißen *mpl;* **white meat** *s* Geflügel, Kalb- und Schweinefleisch *nt*

whit·en ['waɪtn] **I.** *vt* weiß machen, bleichen **II.** *vi* weiß, heller werden; **whiten·ing** ['waɪtnɪŋ] *s* ① Weißen, Tünchen *nt* ② Schlämmkreide *f*

white-out ['waɪtaʊt] *s* starkes Schneegestöber; **White Paper** *s* (POL) Weißbuch *nt;* **white sale** *s* (COM) Weiße Woche *f;* **white slave** *adj:* **~ trade** Mädchenhandel *m;* **white spirit** *s* Terpentinersatz *m;* **white·thorn** ['waɪtθɔ:n] *s* Weißdorn *m;* **white tie** *s* weiße Fliege *f;* **a ~-tie occasion** eine Veranstaltung mit Frackzwang; **white·wash** ['waɪtwɒʃ] **I.** *s* ① Tünche *f;* Kalk(anstrich) *m* ② (*fig*) Schönfärberei *f* **II.** *vt* ① tünchen, weißen ② (*fig*) rein waschen ③ (*Sache*) bemänteln, beschönigen; **white·water raft·ing** [ˌwaɪtwɔ:tə'rɑ:ftɪŋ] *s* Wildwasserrafting *nt;* **white wine** *s* Weißwein *m*

whither ['wɪðə(r)] *adv* (*poet lit*) wohin

whit·ing¹ ['waɪtɪŋ] *s* Schlämmkreide *f*

whit·ing² ['waɪtɪŋ] *s* (*Fisch*) Merlan, Wittling *m*

Whit Mon·day [ˌwɪt'mʌndɪ] *s* Pfingstmontag *m;* **Whit·sun** ['wɪtsn] **I.** *adj* Pfingst- **II.** *s* Pfingsten *nt;* **Whit Sun·day** [ˌwɪt'sʌndɪ] *s* Pfingstsonntag *m;* **Whit·sun·tide** ['wɪtsntaɪd] *s* Pfingsten *nt*

whittle ['wɪtl] **I.** *vt* schnitzen **II.** *vi:* **~ (away) at s.th.** an etw herumschnitzen; **whittle away** *vt* ① wegschneiden, -schnitzen ② (*fig*) verringern, reduzieren; **whittle down** *vt* ① zurechtschneiden ② (*fig*) verringern, vermindern

whiz(z) [wɪz] **I.** *vi* ① zischen, surren, pfeifen ② sausen, rasen **II.** *s* (*Am*) Kanone *f,* Könner *m;* **gee ~!** Donnerwetter!; **whiz(z) kid** ['wɪzkɪd] *s* (*fig*) Senkrechtstarter *m;* Genie *nt*

WHO ['dʌblju:eɪtʃˌəʊ] *s Abk. von* **World Health Organisation** Weltgesundheitsorganisation *f*

who [hu:] *pron* ① (*fragend*) wer, wem *dat,* wen *acc* ② (*relativ*) der, die, das; welche(r, s); **know ~'s ~** die Personen kennen; **~ would have thought it?** wer hätte das gedacht?

whoa [wəʊ] *interj* halt! brr!

who·dun·it [ˌhu:'dʌnɪt] *s* (*fam*) Krimi *m;*

who·ever [hu:'evə(r)] *pron* ① wer auch (immer) *dat,* wem auch immer *acc,* wen auch immer ② (*fragend*) wer ... denn? ③ (*ärgerlich*) wer zum Kuckuck? ④ egal wer

whole [həʊl] **I.** *adj* ① ganz ② intakt, vollständig; **go the ~ hog** (*sl*) aufs Ganze gehen; **with one's ~ heart** von ganzem Herzen **II.** *s* das Ganze, Gesamtheit *f;* **the ~ of** der, die, das Ganze, alle(s); **(taken) as a ~** als Ganzes, im Ganzen; **on the ~** im Ganzen gesehen, alles in allem; **whole·food** ['həʊlfu:d] *s* Vollwert-, Natur-, Biokost *f;* **wholefood shop** *s* Naturkost-, Bioladen *m;* **whole·grain** ['həʊlgreɪn] *s* Vollkorn *nt;* **whole·hearted** [ˌhəʊl'hɑ:tɪd] *adj* ① rückhaltlos ② aufrichtig; **whole·meal bread** ['həʊlmi:l'bred] *s* Vollkornbrot *nt*

whole·sale ['həʊlseɪl] **I.** *s* Großhandel *m* **II.** *adj* ① *attr* Großhandels- ② *(fig)* umfassend; *(Vernichtung, Entlassungen)* Massen-; *(pej)* pauschal; **~ arrests, destruction** Massenverhaftungen *fpl,* -vernichtung *f;* **~ dealer, ~ merchant, ~ trader** Großhändler, Grossist *m;* **~ insurance** Gruppenversicherung *f;* **~ price** Großhandels-, Grossistenpreis *m;* *(Börse)* Kurs *m* im Freiverkehr; **~ trade** Großhandel *m* **III.** *adv* ① im Großhandel ② *(fig)* massenweise; *(pej)* pauschal **IV.** *vt* im Großhandel vertreiben **V.** *vi* im Großhandel kosten; **whole·saler** ['həʊlseɪlə(r)] *s* Großhändler(in) *m(f)*

whole·some ['həʊlsəm] *adj* gesund

whole-tone scale [ˌhəʊltəʊn'skeɪl] *s* (MUS) Ganztonleiter *f*

who'll [hu:l] = **who will; who shall**

wholly ['həʊlɪ] *adv* ganz, gänzlich, vollständig, völlig; **~-owned subsidiary** (COM) hundertprozentige Tochtergesellschaft

whom [hu:m] *pron* ① *(fragend)* wen; *(to ~)* wem ② *(relativ)* den; dem

whoop [hu:p] **I.** *s* ① (Freuden)Geschrei *nt* ② (MED) Keuchen *nt* **II.** *vi* schreien, brüllen **III.** *vt:* **~ it up** ein großes Fest veranstalten; sich toll amüsieren

whoopee ['wʊpɪ] *s:* **make ~** *(sl)* die Sau rauslassen

whoop·ing cough ['hu:pɪŋkɒf] *s* Keuchhusten *m*

whoops [wu:ps] *interj* hoppla!

whop [wɒp] *vt (sl)* ① verdreschen, versohlen ② besiegen; **whop·per** ['wɒpə(r)] *s (fam)* ① Riesenbiest, Mordsding *nt* ② faustdicke Lüge; **whop·ping** ['wɒpɪŋ] *adj (fam)* ① gewaltig, riesig ② *(Lüge)* faustdick

whore [hɔ:(r)] *s* Hure *f*

whorl [wɜ:l] *s* ① *(a.* BOT) (Spinn)Wirtel *m* ② (ANAT, ZOO) Windung *f,* Ring *m*

whortle·berry ['wɜ:tlˌberɪ] *s* Heidelbeere *f;* **red ~** Preiselbeere *f*

who's [hu:z] = **who is; who has**

whose [hu:z] *pron* wessen; dessen, deren

why [waɪ] **I.** *adv* ① warum, weshalb, wofür ② wieso; aus welchem Grunde ③ zu welchem Zweck **II.** *interj* sieh da! nun!; **~, yes!** natürlich! **III.** *s:* **the ~s and wherefores** das Warum und Wieso

wick [wɪk] *s* Docht *m;* **get on s.o.'s ~** *(fam)* jdm auf den Wecker gehen

wicked ['wɪkɪd] *adj* ① böse, schlecht ② *(Sache)* böse, übel ③ *(Schlag)* schlimm ④ *(sl)* geil

wicker ['wɪkə(r)] *s* Flechtwerk, Geflecht *nt;* **wicker basket** *s* Weidenkorb *m;* **wicker bottle** *s* Korbflasche *f;* **wicker chair** *s* Korbstuhl *m;* **wicker furniture** *s* Korbmöbel *pl;* **wicker·work** ['wɪkəwɜ:k] *s* Flechtwerk *nt;* Korbwaren *fpl*

wicket ['wɪkɪt] *s* ① *(~-door, -gate)* Pförtchen *nt* ② Drehkreuz *nt* ③ Schalterfenster *nt* ④ *(Kricket)* Dreistab *m;* Tor *nt;* **wicket·keeper** ['wɪkɪtˌki:pə(r)] *s (Kricket)* Torhüter *m*

wide [waɪd] **I.** *adj* ① weit ② breit; groß ③ *(fig)* umfangreich, umfassend ④ *(Kleidung)* weit, lose, locker fallend ⑤ *(Auswahl)* reich ⑥ *(Interessen)* vielseitig **II.** *adv* ① *(~ of)* weit (weg), fern; weitab ② daneben; **far and ~** weit und breit; **~ of the mark** danebengeschossen, verfehlt; **wide-angle** *adj* (PHOT, FILM) Weitwinkel-; **wide-awake** [ˌwaɪdə'weɪk] *adj* ① ganz, völlig wach ② wachsam, aufmerksam *(to* auf) ③ *(fig)* hellwach; **wide boy** *s (Br: fam)* Fuchs, Gauner *m;* **wide-eyed** ['waɪdaɪd] *adj:* **look at s.o. ~** jdn groß anschauen; **wide·ly** ['waɪdlɪ] *adv* ① weit; weit und breit ② in hohem Maße, sehr; **differ ~** sehr verschieden sein; sehr verschiedener Meinung sein; **widen** ['waɪdn] **I.** *vt* ① verbreitern ② *(Kluft)* vertiefen ③ *(Interesse)* erweitern **II.** *vi* ① breiter werden ② *(Interessen)* sich ausbreiten; **wide-open** *adj* ① ganz offen ② völlig unentschieden; **wide-range filter** *s* Breitbandfilter *m;* **wide·spread** ['waɪdspred] *adj* weit verbreitet

widow ['wɪdəʊ] *s* Witwe *f;* **grass ~** Strohwitwe *f;* **wid·owed** ['wɪdəʊd] *adj* verwitwet; **wid·ower** ['wɪdəʊə(r)] *s* Witwer *m;* **widow·hood** ['wɪdəʊhʊd] *s* Witwenschaft *f,* -stand *m;* **widow's allowance** *s* Witwengeld *nt;* **widow's peak** *s* spitzer Haaransatz; **widow's pension** *s* Witwenrente *f*

width [wɪdθ] *s* ① Weite *f;* Breite *f* ② *(fig)* Vielfalt *f* ③ (Stoff)Breite, Bahn *f;* **be 10 feet in ~** 10 Fuß breit sein

wield [wi:ld] *vt* ① *(Schwert, Feder)* führen; *(Schlaginstrument)* schwingen ② *(Macht)* ausüben *(over* über)

wife [waɪf, *pl* waɪvz] <*pl* wives> *s* (Ehe)Frau, Gattin *f;* **wife·ly** [-lɪ] *adj* ehelich, der Ehefrau

wig [wɪg] *s* Perücke *f*

wiggle ['wɪgl] **I.** *vt* wackeln mit **II.** *vi* (hin- und her)wackeln

wig·gy ['wɪgɪ] *adj* (*Am: sl*) verrückt

wig·wam ['wɪgwæm] *s* Wigwam *m*

wild [waɪld] **I.** *adj* ① wild ② unbewohnt, unbebaut, öde ③ wild, primitiv, unzivilisiert ④ unbändig, zügellos ⑤ (*Schmerz, Wut*) rasend ⑥ ausgelassen, toll; stürmisch ⑦ (leidenschaftlich) begeistert ⑧ wahnsinnig (*with* vor) ⑨ (*fam*) wütend (*about* über) ⑩ plan-, ziellos ⑪ (*fam*) fetzig; **be ~ about s.th.** auf etw erpicht sein; **drive s.o. ~** jdn zur Raserei bringen; **go ~** kein Maß mehr kennen; **sow one's ~ oats** sich die Hörner abstoßen **II.** *s* Wildnis, (freie) Natur *f;* **in the ~** in der Wildnis; **in the ~s of Scotland** im tiefsten Schottland; **observe an animal in the ~** ein Tier in freier Wildbahn beobachten **III.** *adv* ① wild; frei ② aufs Geratewohl; daneben; **run ~** (*Tier*) frei herumlaufen; (*Kind*) herumtoben; (*Garten*) verwildern; **let one's imagination run ~** seiner Fantasie freien Lauf lassen; **wild beast** *s* wildes Tier; Raubtier *nt;* **~ show** Raubtierschau *f;* **wild boar** *s* Wildschwein *nt;* **wild·cat** ['waɪldkæt] **I.** *s* ① Wildkatze *f* ② (*Am: fam*) riskante Sache; (*Ölindustrie*) Probebohrung *f* **II.** *adj* ① unreell, schwindelhaft ② Probe-, Versuchs- ③ riskant; **~ strike** wilder Streik; **wil·der·ness** ['wɪldənɪs] *s* (*a. fig*) Wildnis *f;* **wild·fire** ['waɪld‚faɪə(r)] *s:* **spread like ~** (*fig*) sich wie ein Lauffeuer verbreiten; **wild·fowl** ['waɪldfaʊl] *s* Wildvögel *mpl;* **wild goose** <*pl* -geese> *s* Wildgans *f;* **wild-goose chase** *s* (*fig*) vergebliches Bemühen; **wild·life** ['waɪldlaɪf] *s* Tierwelt *f;* **~ species** frei lebende Tierarten; **wild·ly** ['waɪldlɪ] *adv* ① wild, wütend, stürmisch ② bei weitem; erheblich; **wild·ness** ['waɪldnɪs] *s* Wildheit *f*

wile [waɪl] *s* List *f,* Trick *m*

wil·ful ['wɪlfl] *adj* ① absichtlich, vorsätzlich ② eigensinnig; **~ homicide** vorsätzliche Tötung

wili·ness ['waɪlɪnɪs] *s* Verschlagenheit *f*

will¹ [wɪl] <*Präteritum:* would> **I.** *aux* werden; wollen; **I won't be a minute** ich bin gleich wieder da; **this window won't open** dieses Fenster lässt sich nicht öffnen; **he ~ keep interrupting me** er muss mich dauernd unterbrechen; **~ you be quiet!** sei gefälligst ruhig!; **boys ~ be boys** Jungs sind halt so **II.** *vi* wollen

will² [wɪl] **I.** *s* ① Wille *m* ② Wunsch *m,* Verlangen *nt* ③ Befehl *m,* Anordnung, Anweisung *f* ④ (*last ~ and testament*) Letzter Wille, Testament *nt;* **against s.o.'s ~** gegen jds Willen; **at ~** nach Wunsch, nach Belieben; (JUR) auf Widerruf; **by ~** letztwillig; **of one's free ~** aus freiem Willen; **do s.o.'s ~** jdm seinen Willen tun; **have a ~ of one's own** einen eigenen Willen haben; **read a ~** ein Testament eröffnen; **where there's a ~ there's a way** (*prov*) wo ein Wille ist, ist auch ein Weg **II.** *vt* ① (*obs*) wollen, bestimmen ② stark wollen; erzwingen ③ testamentarisch vermachen **III.** *vi* wollen

will·ful *adj* (*Am*) ① absichtlich, vorsätzlich ② eigensinnig; **~ homicide** vorsätzliche Tötung

wil·lies ['wɪlɪz] *s pl* (*sl*): **give s.o. the ~** jdn nervös machen

will·ing ['wɪlɪŋ] *adj* ① willig, geneigt ② bereitwillig; **God ~** so Gott will; **will·ing·ness** [-nɪs] *s* Bereitwilligkeit *f;* Bereitschaft *f*

will-o'-the-wisp [‚wɪləðə'wɪsp] *s* ① Irrlicht *nt* ② (*fig*) Täuschung *f*

wil·low ['wɪləʊ] *s* (*~-tree*) Weide *f;* **wil·lowy** ['wɪləʊɪ] *adj* (*fig*) schlank, graziös

will·power ['wɪl‚paʊə(r)] *s* Willenskraft *f*

willy-nilly [‚wɪlɪ'nɪlɪ] *adv* wohl oder übel, notgedrungen

wilt [wɪlt] *vi* ① (ver)welken ② (*fig*) erschlaffen; müde werden

wily ['waɪlɪ] *adj* listig, verschlagen, schlau

win [wɪn] <*irr:* won, won> **I.** *vi* gewinnen, siegen; **~ hands down** (*fam*) leichtes Spiel haben; **you can't ~** (*fig*) man macht's doch immer falsch **II.** *vt* ① gewinnen; (*Sieg*) erringen ② (*Ruf*) erlangen; (*Vertrag, Stipendium*) bekommen ③ (*Rohstoffe*) gewinnen; **~ a competition** ein Preisausschreiben gewinnen; **~ the day** den Sieg davontragen **III.** *s* Sieg *m;* **win back** *vt* zurückgewinnen; **win over, win round** *vt* für sich gewinnen; bekehren; **win through** *vi* (*Patient*) durchkommen; **we'll ~ through** wir werden es schaffen

wince [wɪns] **I.** *vi* zusammenzucken (*under a blow* unter einem Hieb, *at an insult* bei einer Beleidigung) **II.** *s:* **without a ~** ohne eine Miene zu verziehen

winch [wɪntʃ] **I.** *s* Winde *f* **II.** *vt:* **~ up** hochwinden

wind¹ [wɪnd] **I.** *s* ① Wind *m* ② Atem *m* ③ (MED) Blähungen *pl* ④ (*fig*) dummes Gerede, Unsinn *m;* Aufschneiderei *f* ⑤ **~s** (MUS) Blasinstrumente *ntpl;* **break ~** einen Wind streichen lassen; **get/have ~ of**

s.th. von einer S Wind kriegen/haben; **get one's second ~** wieder zu Atem kommen; **know how the ~ blows** (*fig*) wissen, woher der Wind weht; **put the ~ up s.o.** (*fig sl*) jdm bange machen; **sail close to the ~** (*fig*) mit einem Fuß im Gefängnis stehen; **see which way the ~ blows** sehen, woher der Wind weht; **take the ~ out of s.o.'s sails** (*fig*) jdm den Wind aus den Segeln nehmen; **I got the ~ up** (*sl*) das Herz fiel mir in die Hose; **sound in ~ and limb** kerngesund **II.** *vt* ❶ den Atem nehmen *dat* ❷ (*Baby*) ein Bäuerchen machen lassen

wind² [waɪnd] <*irr:* wound, wound> **I.** *vt* ❶ drehen, kurbeln ❷ winden, (auf)wickeln, spulen ❸ umwinden, -wickeln ❹ (*~ up*) hochwinden ❺ (*Uhr*) aufziehen; **~ s.o. round one's (little) finger** (*fig*) jdn um den (kleinen) Finger wickeln; **~ one's way into s.o.'s affections** sich bei jdm einschmeicheln **II.** *vi* sich winden (*about, around* um), sich schlängeln **III.** *s* ❶ Drehung *f* ❷ Biegung, Windung, Kurve *f*; **wind back** *vt* (*Film*) zurückspulen; **wind down I.** *vt* ❶ (*Scheibe*) herunterkurbeln ❷ reduzieren **II.** *vi* ❶ (*Uhr*) ablaufen ❷ (*fig*) sich beruhigen ❸ (COM) sich mehr und mehr zurückziehen; **wind on** *vt* (*Film*) weiterspulen; **wind up I.** *vt* ❶ aufwickeln, hochwinden ❷ (*Uhr*) aufziehen ❸ (*fig*) beschließen ❹ (*Geschäft*) abwickeln; liquidieren, auflösen **II.** *vi* ❶ (*Rede*) abschließen ❷ (*fam*) enden, landen; **he got wound up about it** er regte sich darüber auf

wind·bag ['wɪndbæg] *s* (*fam fig*) Schwätzer(in) *m(f)*; **wind·break** ['wɪndbreɪk] *s* Windschutz *m*; **wind cone** *s* Windsack *m*; **wind energy** *s* Windenergie *f*

winder ['waɪndə(r)] *s* ❶ Winde, Kurbel *f* ❷ Aufziehschraube *f* ❸ (BOT) Schlingpflanze *f*

wind·fall ['wɪndfɔ:l] *s* ❶ Fallobst *nt* ❷ (*fig*) unverhoffter Glücksfall, Gewinn; **~ profit** (COM) unerwarteter Gewinn; **~ tax** (FIN) Sondergewinnsteuer *f*; **wind farm** *s* Windfarm *f*

wind generator ['wɪnd'dʒenəreɪtə(r)] *s* Windgenerator *m*

wind·ing ['waɪndɪŋ] **I.** *s* ❶ Drehung *f* ❷ Winden, (Auf)Wickeln *nt* ❸ (ELEK) Wickelung *f* **II.** *adj* sich windend, sich schlängelnd, gewunden; **winding rope** *s* Förderseil *nt*; **winding sheet** *s* Leichentuch *nt*; **winding staircase** *s* Wendeltreppe *f*; **wind·ing-up** [,waɪndɪŋ'ʌp] *s* Aufziehen *nt*; (*fig*) Beendigung *f*, Abschluss *m*, Abwick(e)lung *f*; Liquidation *f*; **winding-up sale** *s* Verkauf *m* wegen Geschäftsaufgabe, Räumungsverkauf *m*

wind in·stru·ment ['wɪnd 'ɪnstrʊmənt] *s* (MUS) Blasinstrument *nt*; **wind·jam·mer** ['wɪnd,dʒæmə(r)] *s* Windjammer *m*

wind·lass ['wɪndləs] *s* ❶ Winde, Haspel *f* ❷ (MAR) Anker-, Gangspill *nt*

wind·mill ['wɪndmɪl] *s* Windmühle *f*

win·dow ['wɪndəʊ] *s* ❶ Fenster *nt* ❷ Schalter *m* ❸ (*shop-~*) Schaufenster *nt*, Auslage *f*; **dress a ~** ein Schaufenster dekorieren; **ticket ~** Fahrkartenschalter *m*; **window box** *s* Blumenkasten *m*; **window cleaner** *s* Fensterputzer(in) *m(f)*; **window display** *s* (Schaufenster)Auslage *f*; **window display competition** *s* Schaufensterwettbewerb *m*; **window-dressing** *s* ❶ Schaufensterdekoration *f* ❷ (*fig*) Aufmachung, Reklame *f*; Mache *f*, Bilanzschönung *f*; **window envelope** *s* Fenster(brief)umschlag *m*; **window frame** *s* Fensterrahmen *m*; **window pane** *s* Fensterscheibe *f*; **window shopping** *s* Schaufensterbummel *m*; **go ~** einen Schaufensterbummel machen; **window sill** *s* Fensterbank *f*; Fenstersims *m*

wind·pipe ['wɪndpaɪp] *s* (ANAT) Luftröhre *f*; **wind power** *s* Windkraft *f*; **wind·screen** ['wɪndskri:n] *s* Windschutzscheibe *f*; **windscreen wiper** *s* Scheibenwischer *m*; **wind·shield** *s* (*Am*) Windschutzscheibe *f*; **wind·sock** *s* (AVIAT) Windsack *m*; **wind·surf·er** ['wɪndsɜ:fə(r)] *s* Windsurfer(in) *m(f)*; **wind·surf·ing** ['wɪndsɜ:fɪŋ] *s* Windsurfen *nt*; **go ~** windsurfen; **wind-swept** ['wɪndswept] *adj* ❶ sturmgepeitscht ❷ zerzaust; **wind tunnel** *s* (AVIAT) Windkanal *m*; **wind turbine** *s* (TECH) Windrad *nt*; **wind·ward** ['wɪndwəd] **I.** *adj* gegen den, am Wind **II.** *s* Windseite *f*; **windy** ['wɪndɪ] *adj* ❶ windig ❷ (*fig*) langatmig ❸ (*fam*) ängstlich, nervös

wine [waɪn] **I.** *s* Wein *m* **II.** *vt* mit Wein bewirten; **wine bottle** *s* Weinflasche *f*; **wine cooler** *s* Wein-, Sektkühler *m*; **wine-glass** ['waɪnglɑ:s] *s* Weinglas *nt*; **wine grower** ['waɪngrəʊə(r)] *s* Winzer(in) *m(f)*; **wine grow·ing** ['waɪngrəʊɪŋ] *s* Weinbau *m*; **wine list** *s* Weinkarte *f*; **wine merchant** *s* Weinhändler(in) *m (f)*; **wine·press** ['waɪnpres] *s* Kelter *f*; **win·ery** ['waɪnərɪ] *s* (*Am*) Weinkellerei *f*; **wine tasting** *s* Weinprobe *f*; **wine waiter** *s* Weinkellner *m*

wing [wɪŋ] **I.** *s* ❶ Flügel *m* ❷ (AVIAT) Tragfläche *f* ❸ (AUTO) Kotflügel *m* ❹ (Tür-, Fenster)Flügel *m* ❺ (ARCH) (Seiten)Flügel *m*

W

❻ ~s (THEAT) Kulisse *f* ❼ (*fig*) Flügel *m* (*einer Partei*) ❽ (AVIAT) Gruppe *f;* (*Am*) Geschwader *nt;* **in the ~s** hinter den Kulissen; **on the ~** im Fluge; (SPORT) auf dem Flügel; **under s.o.'s ~** (*fig*) unter jds Fittichen; **clip s.o.'s ~s** (*fig*) jdm die Flügel stutzen; **give** [*o* **lend**] **~s** (*fig*) Flügel verleihen; **take ~** davonfliegen; (*fig*) rasch verschwinden **II.** *vt* ❶ durch-, überfliegen ❷ in den Flügel treffen ❸ (*fam*) in den Arm schießen; **wing assembly** *s* (AVIAT) Tragwerk *nt;* **wing chair** *s* Ohrensessel *m;* **wing commander** *s* (AVIAT) ❶ Oberstleutnant *m* der Luftwaffe ❷ (*Am*) Geschwaderkommodore *m;* **winged** ['wɪŋd] *adj* ❶ (*a.* BOT) geflügelt ❷ (*fig*) beflügelt, beschwingt; **winger** ['wɪŋə(r)] *s* (SPORT) Außen-, Flügelstürmer(in) *m(f);* **wing nut** *s* Flügelmutter *f;* **wing·span**, **wing·spread** *s* Spannweite *f*

wink [wɪŋk] **I.** *vi* ❶ blinzeln ❷ mit den Augen zwinkern ❸ (*Stern*) flimmern ❹ (*Auto*) blinken; **~ at s.o.** jdm zuzwinkern, zublinzeln; **~ at s.th.** etw geflissentlich übersehen **II.** *vt* blinzeln, zuzwinkern (*s.o.* jdm) **III.** *s* ❶ Blinzeln, Zwinkern *nt* ❷ Augenblick *m* ❸ (AUTO) Blinken *nt;* **give s.o. a ~** jdm einen Blick zuwerfen; **tip s.o. the ~** (*sl*) jdm einen Wink geben; **I did not sleep a ~, I could not get a ~ of sleep** (**all night**) ich habe (die ganze Nacht) kein Auge zugetan; **winker** ['wɪŋkə(r)] *s* (*Br:* AUTO) Blinker *m*

win·ner ['wɪnə(r)] *s* ❶ Gewinner(in) *m(f),* Sieger(in) *m(f)* ❷ (*fam*) todsichere Sache;

win·ning ['wɪnɪŋ] **I.** *adj* (*fig*) gewinnend, einnehmend, anziehend; **~ party** siegreiche Partei; (JUR) obsiegende Partei; **~ post** (SPORT) Ziel *nt;* **~ ticket** Gewinnlos *nt* **II.** *s* ❶ (MIN) Gewinnung, Förderung *f,* Abbau *m* ❷ **~s** (Geld)Gewinn *m;* **~ of iron** Eisengewinnung *f*

win·now ['wɪnəʊ] *vt* ❶ (*Getreide*) schwingen, worfeln ❷ (*fig*) aussortieren, trennen (*from* von)

win·some ['wɪnsəm] *adj* gewinnend, anziehend, reizend

win·ter ['wɪntə(r)] **I.** *s* Winter *m;* **nuclear ~** nuklearer Winter **II.** *vi, vt* überwintern (*in, at* in); **winter coat** *s* (*Menschen*) Wintermantel *m;* (*Tiere*) Winterfell *nt;* **winter season** *s* Wintersaison *f;* **winter solstice** *s* Wintersonnenwende *f;* **winter sports** *s pl* Wintersport *m;* **win·tery**, **win·try** ['wɪntrɪ] *adj* winterlich

WIP [ˌdʌbljuːaɪ'piː] *s Abk. von* **work in progress** Halbfabrikate *ntpl*

wipe [waɪp] **I.** *vt* ❶ (ab)wischen, abreiben, abtrocknen (*on a towel* an einem Handtuch) ❷ säubern, reinigen ❸ putzen (*one's nose* die Nase) ❹ (*sl*) schlagen; **~ dry** trockenwischen; **~ the floor with s.o.** (*sl*) jdn völlig fertig machen **II.** *s* ❶ (Ab)Wischen *nt* ❷ (*sl*) Schlag, Hieb *m;* **give s.th. a ~** etw abwischen; etw putzen; **wipe down** *vt* (nass) abwischen; **wipe off** *vt* weg-, abwischen; (COM: *Schulden*) abtragen; **wipe out** *vt* ❶ völlig vernichten, auslöschen ❷ reinigen; auswischen; **wipe up** *vt* ❶ aufwischen ❷ (*Geschirr*) abtrocknen

wiper ['waɪpə(r)] *s* (AUTO: *windscreen ~*) Scheibenwischer *m*

wire ['waɪə(r)] **I.** *s* ❶ Draht *m* ❷ (*fam*) Telegramm *nt;* **by ~** telegrafisch; **get one's ~s crossed** missverstanden, verwirrt werden; **pull** (**the**) **~s** (*fig*) die Fäden in der Hand haben; **live ~** (*fig: Mensch*) Energiebündel *nt* **II.** *vt* ❶ mit Draht befestigen ❷ (ELEK) eine Leitung legen in ❸ telegrafieren, drahten; **wire cutters** *s pl* Drahtschere *f;* **wired** [waɪəd] *adj* (*programmed, designed*): **be ~ for s.th.** für etw wie gemacht sein; **be ~ like s.o.** jdm gleichen; **wire fence** *s* Drahtzaun *m;* **wire-haired terrier** ['waɪəheəd 'terɪə(r)] *s* Drahthaarterrier *m*

wire·less ['waɪəlɪs] **I.** *s* (*obs*) (Rund)Funk *m;* Radio(apparat *m*) *nt;* **by ~** durch Funkspruch, funktelegrafisch; **on** [*o* **over**] **the ~** im Rundfunk **II.** *vt, vi* funken; **wireless operator** *s* Funker(in) *m(f);* (AVIAT) Bordfunker(in) *m(f);* **wireless set** *s* Radioapparat *m*

wire·photo ['waɪəˌfəʊtəʊ] *s* Bildtelegramm *nt;* Bildtelegrafie *f;* **wire·puller** ['waɪəˌpʊlə(r)] *s* (*Am*) Drahtzieher *m;* **wire-pul·ling** ['waɪəˌpʊlɪŋ] *s* (*fig*) Machenschaften *fpl;* **wire-tap·ping** ['waɪəˌtæpɪŋ] *s* (TELE) Abhören *nt;* **wire transfer** *s* (*Am*) telegrafische Geldüberweisung

wir·ing ['waɪərɪŋ] *s* Leitungsnetz *nt,* Verkabelung *f;* **wiring diagram** *s* Schaltplan *m*

wiry ['waɪərɪ] *adj* (*fig*) sehnig

wis·dom ['wɪzdəm] *s* Weisheit *f;* Klugheit *f;* **wisdom tooth** <*pl* -teeth> *s* Weisheitszahn *m*

wise [waɪz] *adj* ❶ weise ❷ klug, vernünftig ❸ klug, intelligent; **be none the ~r for s.th.** durch etw nicht schlauer geworden sein; **be ~ to s.th.** (*fam*) über etw im Bilde sein; **get ~ to s.th.** (*fam*) von etw eine Ahnung bekommen; **put s.o. ~ to s.th.** jdm in einer S ein Licht aufstecken; **wise up** **I.** *vt* (*Am: sl*) aufklären, informieren **II.** *vi* dahinter kommen; **wise·acre**

['waɪz,eɪkəʳ(r)] *s* Neunmalkluge(r) *f m*, Angeber(in) *m(f)*; **wise·crack** ['waɪzkræk] **I.** *s* (*fam*) witzige Bemerkung **II.** *vi* (*fam*) witzig reden; **wise guy** *s* (*fam*) Neunmalkluge(r), Angeber *m*

wish [wɪʃ] **I.** *vt* ① (sich) wünschen; wollen ② (*Glück*) wünschen ③ aufhalsen (*on s.o.* jdm); ~ **s.o. (good) luck** jdm Glück wünschen; ~ **s.o. well/ill** jdm wohl/übel wollen; **I** ~ ich möchte **II.** *vi* sich etwas wünschen **III.** *s* ① Wunsch *m* ② Wille *m* ③ Bitte *f* (*for* um), Verlangen *nt* (*for* nach) ④ ~**s** (*good* ~*es*) Glückwünsche *mpl*; **with best** ~**es** mit herzlichen Glückwünschen; **wish·bone** *s* (*Vogel*) Gabelbein *nt*; **wish·ful** ['wɪʃfl] *adj*: ~ **thinking** Wunschdenken *nt*

wishy-washy ['wɪʃɪwɒʃɪ] *adj* ① wässerig, dünn ② (*fig*) wischiwaschi

wisp [wɪsp] *s* ① (kleines) Büschel, Bündel *nt* ② (Wolken)Fetzen *m*; (Rauch)wölkchen *nt* ③ (*fig*) Hauch *m*; **a** ~ **of a girl** ein schmächtiges Ding; ~ **of hair** Haarsträhne *f*; **wispy** ['wɪspɪ] *adj* klein, dünn

wis·teria [wɪ'stɪərɪə] *s* Glyzin(i)e *f*, Blauregen *m*

wist·ful [wɪstfl] *adj* sehnsuchtsvoll, sehnsüchtig

wit [wɪt] *s* ① Verstand *m*, geistige Fähigkeiten *fpl*, Intelligenz *f* ② Geist, Witz *m* ③ witziger Kopf; **be at one's** ~**s' end** mit seiner Kunst am Ende sein; **have** [*o* **keep**] **one's** ~**s about one** einen klaren Kopf behalten; **live by one's** ~**s** sich (geschickt) durchs Leben schlagen; **scared out of one's** ~**s** verrückt vor Angst

witch [wɪtʃ] *s* Hexe *f*; **witch·craft** ['wɪtʃkrɑ:ft] *s* Hexerei, Zauberei *f*; **witch doctor** *s* Medizinmann *m*; **witch·ery** ['wɪtʃərɪ] *s* ① Hexerei *f* ② Zauber, Reiz *m*; **witch-hunt** *s* Hexenverfolgung *f*; **witch·ing** ['wɪtʃɪŋ] *adj*: **the** ~ **hour** die Geisterstunde

with [wɪð, wɪθ] *prep* ① mit ② (*instrumental*) durch ③ (*kausal*) durch, an, vor; nebst; bei; auf; trotz; vor; ~ **the window open** bei offenem Fenster; ~ **all his faults** bei all seinen Fehlern, trotz all seiner Fehler; **be** ~ **it** (*fam*) auf Draht sein; **be in** ~ eng verbunden sein mit; **have s.th.** ~ **one** etw bei sich haben; **part** ~ sich trennen von; **are you still** ~ **me?** sind Sie mitgekommen?; ~ **anger,** ~ **love,** ~ **hunger** vor Ärger, Liebe, Hunger

with·draw [wɪð'drɔ:] **I.** *vt* ① zurückziehen, -nehmen (*from* von, aus) ② entziehen (*s.o. s.th.* jdm etw) ③ (*Geld*) abheben; entnehmen ④ widerrufen; abberufen; ~ **from circulation** (*Geld*) aus dem Verkehr ziehen; ~ **from school** von der Schule nehmen **II.** *vi* ① sich zurückziehen ② zurücktreten; austreten ③ ausscheiden (*from* von) ④ (PARL) seinen Antrag zurücknehmen; **with·drawal** [wɪð'drɔ:əl] *s* ① Zurücknahme, -ziehung *f* (*from* von) ② Entnahme *f*; Abhebung *f* (*vom Konto*) ③ Ausscheiden *nt*, Rücktritt *m* (*from* von) ④ Widerruf *m* ⑤ (MIL) Rückzug *m* ⑥ (*aus der Gesellschaft*) Ausstieg *m*; **withdrawal symptoms** *s pl* Entzugserscheinungen *fpl*

wither ['wɪðə(r)] **I.** *vi* ① (~ *up*) (ver)welken, verdorren, vertrocknen ② (*fig*) welken; schwinden **II.** *vt* ① vertrocknen, verdorren lassen ② (*fig*) einschüchtern (*with a look* mit einem Blick); **wither·ing** ['wɪðərɪŋ] *adj* (*Blick*) vernichtend

with·hold [wɪð'həʊld] *vt* ① zurückhalten ② verweigern, vorenthalten (*s.th. from s.o.* jdm etw) ③ verhindern; versagen ④ (*Steuern*) einbehalten

with·in [wɪð'ɪn] **I.** *adv* innen (drin), im Innern, innerlich; **from** ~ von innen (her) **II.** *prep* ① in; innerhalb +*gen* ② im Bereich +*gen*, in den Grenzen, im Rahmen +*gen* ③ (*zeitlich*) binnen; ~ **one's income** im Rahmen seines Einkommens; **be** ~ **walking distance** zu Fuß erreichbar sein; ~ **hearing,** ~ **reach,** ~ **sight** in Hör-, Reich-, Sichtweite

with·out [wɪð'aʊt] **I.** *prep* ohne; ~ **saying a word** ohne ein Wort zu sagen; ~ **number** (*fig*) unzählig; ~ **doubt** zweifellos **II.** *adv* (*obs lit*) außen; **from** ~ von draußen; von außen **III.** *adj* ohne; **be** ~ **s.th.** etw nicht haben

with·stand [wɪð'stænd] *vt* ① sich widersetzen, widerstehen (*s.o., s.th.* jdm, einer S) ② aus-, standhalten (*hard wear* starker Beanspruchung)

wit·ness ['wɪtnɪs] **I.** *s* ① Zeugnis *nt* ② Zeuge *m*, Zeugin *f* (*to* für) ③ Urkundsperson *f*; Beweis(stück, -mittel *nt*) *m* (*to* für); **in** ~ **thereof** [*o* **whereof**] zu Urkund, zum Zeugnis dessen; **bear** ~ Zeugnis ablegen (*of, to s.th.* von einer S, *against, for s.o.* gegen, für jdn); **call as** [*o* **to**] ~ als Zeugen benennen [*o* vorladen]; **hear a** ~ einen Zeugen vernehmen; **hearing of** ~**es** Zeugenvernehmung, Beweisaufnahme *f*; **marriage** ~ Trauzeuge *m*, -zeugin *f*; **principal** ~ Haupt-, Kronzeuge *m*, -zeugin *f*; ~ **of an accident** Unfallzeuge *m*, -zeugin *f*; ~ **for the defence/the prosecution** Ent-/Belastungszeuge *m*, -zeugin *f*; ~ **on oath** vereidigter Zeuge **II.** *vt* ① bezeugen ② erkennen lassen ③ beurkunden, bestätigen, beglaubigen ④ Augenzeuge sein +*gen*

III. *vi* bezeugen (*to s.th.* etw); **witness box** *s* (*Am*), **witness stand** *s* Zeugenstand *m*

witty ['wɪtɪ] *adj* geistreich, witzig

wiz·ard ['wɪzəd] **I.** *s* ① Zauberer, Hexenmeister *m* ② Genie *nt* **II.** *adj* (*Br: fam*) prächtig, prima; **wiz·ardry** ['wɪzədrɪ] *s* Zauberei *f*

wiz·ened ['wɪznd] *adj* vertrocknet, verhutzelt

wobble ['wɒbl] **I.** *vi* ① wackeln; (sch)wanken ② (*Knie*) schlottern ③ (*Stimme*) zittern **II.** *vt* zum Wackeln bringen **III.** *s* Wackeln *nt;* Zittern *nt;* **wob·bly** ['wɒblɪ] *adj* (sch)wankend, wack(e)lig

woe [wəʊ] *s* Weh, Leid *nt,* Schmerz *m,* Übel *ntpl,* Nöte *fpl;* **woe·be·gone** ['wəʊbɪgɒn] *adj* jämmerlich, erbärmlich; **woe·ful** ['wəʊfl] *adj* ① traurig, betrüblich ② jämmerlich

wog [wɒg] *s* (*Br: pej*) dunkelhäutige(r) Ausländer(in) *m (f);* Kanake *m pej*

woke ['wəʊk] *pt of* **wake**[1]

woken ['wəʊkn] *pp of* **wake**[1]

wolf [wʊlf, *pl* wʊlvz] <*pl* wolves> **I.** *s* ① Wolf *m* ② (*sl*) Schürzenjäger *m;* **cry ~** (*fig*) blinden Alarm schlagen; **keep the ~ from the door** (*fig*) sich über Wasser halten **II.** *vt* (~ *down*) hinunterschlingen; **wolf cub** *s* ① junger Wolf ② Jungpfadfinder, Wölfling *m;* **wolf·hound** *s* Schäfer-, Wolfshund *m;* **wolf whistle** *s* Pfiff *m* für eine Schöne

wom·an ['wʊmən, *pl* 'wɪmɪn] <*pl* women> *s* Frau *f;* **single ~** Alleinstehende *f;* **women's book** Frauenbuch *nt;* **women's group** Frauengruppe *f;* **women's magazine** Frauenzeitschrift *f;* **women's refuge** Frauenhaus *nt;* **women's representative** Frauenbeauftragte *f;* **women's rights** Frauenrechte *ntpl;* **women's liberation movement** Frauenrechtsbewegung *f;* **women's libber** (*fam*) Frauenrechtlerin *f;* **woman doctor** *s* Ärztin *f;* **woman driver** *s* (Auto)Fahrerin *f;* **woman·hood** ['wʊmənhʊd] *s* Weiblichkeit, Fraulichkeit *f;* **reach ~** (*Mädchen*) heranwachsen; **woman·ish** ['wʊmənɪʃ] *adj* weiblich; weibisch; **woman·ize** ['wʊmənaɪz] *vi* (*fam*) es mit den Frauen haben; **woman·kind** ['wʊməkaɪnd] *s* die Frauen *fpl,* das weibliche Geschlecht; **woman·ly** [-lɪ] *adj* weiblich, fraulich

womb [wu:m] *s* (ANAT) Gebärmutter *f;* **in the ~** im Mutterleib

women·folk ['wɪmɪnfəʊk] *s* Frauen *fpl*

women's centre ['wɪmɪnz,sentə(r)] *s* Frauenzentrum *nt;* **women's lib** *s* (*fam*) Frauenrechtsbewegung *f;* **women's shelter** *s* Frauenhaus *nt*

won [wʌn] *s.* **win**

wonder ['wʌndə(r)] **I.** *s* ① Verwunderung *f,* Erstaunen *nt* ② Wunder *nt;* **in ~** voller Staunen; **the ~ of architecture** das Wunder der Architektur; **do** [*o* **work**] **~s** Wunder wirken; (**it's**) **no ~ that …** (es ist) kein Wunder, dass …; **the ~ of it is …** das Erstaunliche daran ist …; **~s will never cease!** (*prov*) es geschehen noch Zeichen und Wunder!; **~ of the world** Weltwunder *nt* **II.** *vt* sich fragen; **~ why** sich fragen, warum; **~ what/how** gespannt sein, was/wie **III.** *vi* ① gespannt sein; sich fragen ② sich wundern; **it set him ~ing** das gab ihm zu denken; **I was just ~ing** das war nur so ein Gedanke; **I ~!** na ja, mal sehen!; **~ about s.th.** sich über etw Gedanken machen; **~ about doing s.th.** es sich überlegen, ob man etw tut; **I was ~ing if you would like one** möchten Sie vielleicht eines?; **I ~ that he didn't say anything** es wundert mich, dass er nichts gesagt hat; **~ at s.th.** sich über etw wundern; **I shouldn't ~** es würde mich nicht überraschen; **wonder drug** *s* Wundermittel *nt*

won·der·ful ['wʌndəfl] *adj* wundervoll, -bar

won·der·land ['wʌndəlænd] *s* ① Wunder-, Zauber-, Märchenland *nt* ② (*fig*) Paradies *nt;* **won·der·ment** ['wʌndəmənt] *s* Verwunderung *f,* Erstaunen *nt*

wonky ['wɒŋkɪ] *adj* (*fam*) wack(e)lig, kipp(e)lig, unsicher; schief; verschwommen

wont [wəʊnt, *Am* wɔ:nt] **I.** *s* (*obs*) Gewohnheit *f* **II.** *adj:* **be ~** gewöhnt sein, pflegen (*to do* zu tun); **as is his ~** wie er zu tun pflegt

won't [wəʊnt] = **will not**

woo [wu:] *vt* ① umwerben; (*Wähler*) zu gewinnen suchen ② (*fig*) streben nach, trachten nach; **~ s.o. away** jdn abwerben

wood [wʊd] **I.** *s* ① Holz *nt* ② Wald *m* ③ Holzfass *nt* ④ **~s** (MUS) Holzblasinstrumente *ntpl* ⑤ (SPORT: *Golf*) Holz *nt;* (*Bowling*) Kugel *f;* **from the ~** vom Fass; **out of the ~(s)** (*fig*) über den Berg; **be unable to see the ~ for the trees** (*fig*) den Wald vor (lauter) Bäumen nicht sehen; **touch ~!** unberufen! **II.** *adj* hölzern, Holz-; **wood alcohol** *s* Holzgeist *m;* **wood·bine** ['wʊdbaɪn] *s* ① Geißblatt *nt* ② (*Am*) wilder Wein; **wood·carver** *s* Holzschnitzer(in) *m(f);* **wood·craft** ['wʊdkrɑ:ft] *s* ① Weidmannskunst *f* ② Holzarbeiten *fpl;* **wood·cut** ['wʊdkʌt] *s* Holzschnitt *m*

wood·cut·ter ['wʊd,kʌtə(r)] *s* ① Holzfäller(in) *m(f)* ② Holzschnitzer(in) *m (f)*

wooded ['wʊdɪd] *adj* bewaldet

wooden [wʊdn] *adj* ① hölzern ② *(fig)* steif, langweilig; ~ **construction** Holzkonstruktion *f;* ~ **floor** Holzfußboden *m;* ~**-headed** dumm, doof

wood·land ['wʊdlænd] *s* Waldland *nt;* **wood panelling** *s* Holzvertäfelung *f;* **wood·pecker** ['wʊd,pekə(r)] *s* Specht *m;* **wood·pile** ['wʊdpaɪl] *s* Holzstoß *m;* **wood preservative** *s* Holzschutzmittel *nt;* **wood·shed** ['wʊdʃed] *s* Holzschuppen *m;* **wood·pulp** *s* Holzschliff *m;* **wood·wind** ['wʊdwɪnd] *s* *(pl)* (Holz)Blasinstrument(e *pl*) *nt;* **wood·work** ['wʊdwɜːk] *s* ① Holzarbeiten *fpl* ② hölzerne Bauteile *mpl,* Balkenwerk *nt;* **wood·worm** ['wʊdwɜːm] *s* Holzwurm *m;* **woody** ['wʊdɪ] *adj* ① bewaldet, waldig ② holzig

woof [wuːf] *s* (Hunde)Gebell *nt*

woofer ['wuːfə(r)] *s* Tieftöner *m*

wool [wʊl] *s* (*a.* TECH) Wolle *f;* **pull the ~ over s.o.'s eyes** *(fig)* jdm das Fell über die Ohren ziehen

woolen *s* *(Am),* **wool·len** ['wʊlən] **I.** *adj* wollen **II.** *s pl* (~ *goods*) Wollwaren, -sachen *fpl*

wool·ly ['wʊlɪ] **I.** *adj* ① wollen ② wollig, flauschig, weich ③ *(fig)* nebelhaft; verworren **II.** *s* wollenes Kleidungsstück

wool·sack ['wʊlsæk] *s* Wollsack *m* (*Sitz des britischen Lordkanzlers im Oberhaus*)

wool trade *s* Wollhandel *m*

wooly **I.** *adj* *(Am)* ① wollen ② wollig, flauschig, weich ③ *(fig)* verworren **II.** *s* wollenes Kleidungsstück

woopie ['wʊpɪ] *s pl Abk. von* **well-off older people** wohlhabende Senioren

woozy ['wuːzɪ] *adj* *(fam)* schwindelig

wop [wɒ̆ɔ] *s* *(sl pej)* Itaker *m*

word [wɜːd] **I.** *s* ① Wort *nt* ② (MIL) Befehl *m;* Kennwort *nt* ③ *(fig)* kurze Äußerung, Bemerkung *f* (*about* über) ④ Rede *f,* Spruch *m* ⑤ Zusage *f;* (Ehren)Wort *nt* ⑥ Bescheid *m,* Nachricht *f* ⑦ ~**s** Wortwechsel, Streit *m;* **at a ~** auf einen Wink, sofort; **by ~ of mouth** mündlich; **in a** [*o* **one**] ~ mit einem Wort; **in other ~s** mit anderen Worten; **in so many ~s** ausdrücklich; **of many ~s** redselig, gesprächig; **not to be the ~ for s.th.** etw nicht richtig wiedergeben; **break/keep one's ~** sein Wort brechen/halten; **give one's ~ upon s.th.** sein Wort auf etw geben; **have a ~ with s.o.** kurz mit jdm sprechen; **have ~ from** Nachricht haben von; **have ~s with s.o.** sich mit jdm streiten; **have no ~s for s.th.** für etw keine Worte finden; **have the last ~** das letzte Wort haben; **leave ~** eine Nachricht, Bescheid hinter-, zurücklassen (*with* bei, *at the office* im Büro); **put into ~s** in Worte kleiden; **put in** [*o* **say**] **a** (**good**) **~ for s.o.** für jdn ein gutes Wort einlegen; **send ~** eine Nachricht zukommen lassen (*to s.o.* jdm); **take s.o. at his ~** jdn beim Wort nehmen; **he is as good as his ~** man kann sich auf ihn verlassen; **he didn't say a ~ about it** er hat kein Wort, keinen Ton davon gesagt **II.** *vt* in Worte kleiden, formulieren; **word break** *s* (TYP) Trennung *f;* **word division** *s* (TYP) Silbentrennung *f;* **word·ing** [-ɪŋ] *s* Formulierung, Wortwahl *f;* Wortlaut *m;* ~ **of the law** Gesetzestext *m;* ~ **of the oath** Eidesformel *f;* **word·less** [-lɪs] *adj* wort-, sprachlos; **word order** *s* (GRAM) Wortstellung *f;* **word-per·fect** [,wɜːd'pɜːfɪkt] *adj:* **be ~** seine Rolle auswendig können, rollensicher sein; **word·play** *s* Wortspiel *nt;* **word processing** *s* Textverarbeitung *f;* **word processor** *s* ① Textverarbeitungsanlage *f* ② Textverarbeitungsprogramm *nt;* **word·wrap** *s* ① (TYP) Fließsatz *m* ② (INFORM) automatischer Zeilenumbruch;

wordy ['wɜːdɪ] *adj* wortreich; weitschweifig

wore [wɔː(r)] *s.* **wear**

work [wɜːk] **I.** *s* ① Arbeit *f* ② Tätigkeit, Beschäftigung *f* ③ Unternehmen *nt* ④ Werk *nt,* (Arbeits)Leistung *f;* (Kunst)Werk *nt* ⑤ ~**s** Werke *ntpl,* Taten *fpl,* Werke *ntpl* (*eines Dichters*) ⑥ ~**s** *mit sing* (Werk-, Industrie)Anlage *f;* Werk(e *pl*) *nt,* Fabrik, Anstalt *f* ⑦ ~**s** (ARCH) Baustelle *f* ⑧ ~**s** (TECH) Getriebe *nt;* Uhrwerk *nt;* **brain ~** geistige Arbeit; **casual ~** Gelegenheitsarbeit *f;* **clerical** [*o* **office**] ~ Schreib-, Büroarbeit *f;* **gas ~s** *mit sing* Gaswerk *nt;* **iron ~s** *mit sing* Eisenhütte *f,* -werk *nt;* **public ~s** Stadt-, Versorgungswerke *ntpl;* **water ~s** Wasserwerk *nt;* ~ **of art** Kunstwerk *nt;* **at ~** bei der Arbeit, beschäftigt (*upon* mit), in Betrieb, im Gange, tätig; **fit for ~** arbeitsfähig; **in ~** in Arbeit stehend; **out of ~** arbeitslos; **the ~s** *(sl)* alles Drum und Dran; **give s.o. the ~s** *(sl)* jdn fertigmachen; jdn verwöhnen; **have one's ~ cut out** schwer arbeiten müssen; **make light ~ of s.th.** mit etw leicht fertig werden; **make short** [*o* **quick**] ~ **of** kurzen Prozess machen mit **II.** *vi* ① arbeiten (*at* an) ② beschäftigt, tätig sein (*at* mit) ③ funktionieren; wirksam sein ④ Einfluss ausüben (*on, upon* auf), zu überreden suchen (*on, upon s.o.* jdn) ⑤ sich abmü-

W

hen, sich plagen ⑥ in Bewegung, in Erregung sein ⑦ (*Pläne*) glücken, gelingen; ~ **loose** lose werden, los-, abgehen; ~ **towards s.th.** auf etw hinarbeiten; **it won't** ~ das klappt nicht; **her face** ~**ed** in ihrem Gesicht arbeitete es **III.** *vt* ① be-, ver-, erarbeiten, ausarbeiten ② (*Aufgabe*) lösen, ausrechnen ③ zu Stande bringen, bewerkstelligen; hervorbringen, -rufen, auslösen, (be)wirken ④ arbeiten mit, betätigen, in Betrieb setzen, in Gang bringen ⑤ (*Maschine*) bedienen; beanspruchen ⑥ (*Betrieb*) leiten ⑦ (*Gut*) bewirtschaften ⑧ (*Gebiet*) bereisen, bearbeiten ⑨ (*fam*) spielen lassen, ausnutzen, Gebrauch machen von; ~ **o.s. hard** hart arbeiten; ~ **one's way through s.th.** sich durch etw durcharbeiten; ~ **it** (*sl*) es fertig bringen, es schaffen; **work away** *vi* vor sich hinarbeiten; **work in I.** *vt* einfügen, -flechten; einarbeiten **II.** *vi* sich einfügen (*with* in); **work off I.** *vi* sich losmachen **II.** *vt* abarbeiten; (*Energie*) loswerden; (*Gefühl*) abreagieren; **work on I.** *vi* weiterarbeiten **II.** *vt* ① arbeiten an ② ausgehen von ③ bearbeiten (*s.o.* jdn); **work out I.** *vt* ① ausarbeiten, entwickeln ② aus-, zusammenrechnen ③ lösen ④ (*fam*) verstehen ⑤ herausfinden ⑥ (MIN) abbauen **II.** *vi* ① funktionieren, klappen ② (*Aufgabe, Rätsel*) aufgehen ③ ergeben (*at* acc) ④ (SPORT) trainieren; **things didn't** ~ **out for me** es ist mir schiefgegangen; **how is it** ~**ing out?** wie geht's damit?; **work over** *vt* überarbeiten; ~ **s.o. over** jdn zusammenschlagen; **work round** *vi* ① sich mühsam durcharbeiten (*to* nach) ② (*Wind*) sich drehen; **work up I.** *vt* ① ausarbeiten ② aufstacheln ③ (*Begeisterung*) aufbringen; (*Appetit*) sich machen; (*Geschäft*) zum Erfolg bringen **II.** *vi* (*Rock*) sich hochschieben; ~ **one's way up** sich hocharbeiten; **get** ~**ed up about s.th.** sich über etw aufregen; ~ **o.s. up** sich aufregen; ~ **up to s.th.** auf etw hinauswollen; etw im Sinn haben; ~ **up to a climax** sich zu einem Höhepunkt steigern

work·able ['wɜːkəbl] *adj* ① bearbeitbar; zu gebrauchen(d), brauchbar, praktizierbar, durchführbar ② (MIN) abbaufähig, -würdig; **work·a·day** ['wɜːkədeɪ] *adj* ① werktäglich ② alltäglich, gewöhnlich, abgedroschen; **work·around** ['wɜːkə'raʊnd] *s* (INFORM) Hilfskonstruktion *f*; **work·bag** *s* Nähbeutel *m*; **work·bench** ['wɜːkbentʃ] *s* Werkbank *f*; **work·book** ['wɜːkbʊk] *s* Arbeitsheft *nt*; **work camp** *s* Arbeitslager *nt*; **work·day** ['wɜːkdeɪ] **I.** *s* Arbeits-, Werk-, Wochentag *m*; **on** ~**s** an Wochen-, Werktagen **II.** *adj* werktäglich

worker ['wɜːkə(r)] *s* ① Arbeiter(in) *m(f)*, Arbeitnehmer(in) *m(f)* ② (~ *bee*) Arbeiterin *f*; **factory** [*o* **industrial**] ~ Fabrikarbeiter(in) *m(f)*; **manual** ~ Handarbeiter(in) *m(f)*; **real** ~ richtiges Arbeitstier; ~**s' participation** Mitbestimmung *f*; **work ethic** *s* Arbeitsethos *nt*; **work·flow** *s* Arbeitsablauf *m*; **work·force** ['wɜːkfɔːs] *s* ① Belegschaft *f*; Arbeitskräfte *pl* ② Arbeitskräftepotential *nt*; **work·horse** *s* Arbeitspferd *nt*; **work-in** ['wɜːkɪn] *s* Betriebsbesetzung *f* durch die Arbeitnehmer

work·ing ['wɜːkɪŋ] **I.** *adj* ① arbeitend; werktätig, berufstätig; (*Partner*) aktiv ② betriebs-, arbeitsfähig ③ (*Hypothese, Modell*) Arbeits-; (*Mehrheit*) arbeitsfähig ④ (*Tag, Bedingungen, Kleidung*) Arbeits-; ~ **capital** Betriebskapital *nt*; ~ **committee** Arbeitsausschuss *m*; ~ **condition** Arbeitsbedingung *f*; ~ **day** Arbeits-, Werktag *m*; ~ **dinner** Arbeitsessen *nt*; ~ **girl** Berufstätige *f*; (*Am: euph*) Gunstgewerblerin *f*; ~ **hours** Arbeitszeit *f*; ~ **knowledge** ausreichende praktische Kenntnisse; ~ **lunch** Arbeitsessen *nt*; ~ **man** Arbeiter *m*; **I am a** ~ **man** ich arbeite den ganzen Tag; ~ **model** funktionsfähiges Modell; **in** ~ **order** gebrauchs-, betriebsfähig; ~ **paper** Arbeitsunterlage *f*; Arbeitspapier *nt*; ~ **party** Arbeitsgruppe *f*, -ausschuss *m*; ~ **place** Arbeitsplatz *m*; ~ **population** erwerbstätige Bevölkerung; ~ **process** Arbeitsprozess, -vorgang *m*; ~ **week** Arbeitswoche *f*; **35-hour** ~ **week** 35-Stunden-Woche *f*; ~ **wife** berufstätige Ehefrau; ~ **woman** berufstätige Frau **II.** *s* ① Arbeit *f* ② ~**s** Funktion, Arbeitsweise *f* ③ ~**s** (MIN) Schächte *mpl*, Grube *f*; ~**s of the mind** Gedankengänge *mpl*; **working-class** *adj* der Arbeiterklasse, Arbeiter-; (*pej*) proletenhaft; **working class(es)** *s* (*pl*) Arbeiterklasse *f*; **work·ing-out** ['wɜːkɪŋ'aʊt] *s* Ausarbeitung *f*; Berechnung *f*; (SPORT) Training *nt*; **work·ing-over** ['wɜːkɪŋ'əʊvə(r)] *s* (*fam*) Tracht *f* Prügel

work·load ['wɜːkləʊd] *s* Arbeit(slast), Arbeitsbelastung *f*; **work·man** ['wɜːkmən] <*pl* -men> *s* Handwerker *m*; **work·man·like** ['wɜːkmənlaɪk] *adj* fachmännisch; **work·man·ship** ['wɜːkmənʃɪp] *s* Arbeitsausführung *f*; Qualität *f*; **work of art** *s* Kunstwerk *nt*; **work-out** ['wɜːkaʊt] *s* (SPORT) Training *nt*; **work permit** *s* Arbeitserlaubnis *f*; **work·place** ['wɜːkpleɪs] *s* Arbeitsplatz *m*; **works committee**, **works council** *s* Betriebsrat *m*

work·shar·ing ['wɜːkˌʃeərɪŋ] *s* Arbeitsplatzteilung *f,* Jobsharing *nt;* **work·shop** ['wɜːkʃɒp] *s* ❶ Werkstatt, -stätte *f* ❷ Arbeitsgruppe *f,* -kreis, Kurs *m;* Workshop *m;* **work-shy** ['wɜːkʃaɪ] *adj* arbeitsscheu; **works manager** *s* Betriebsleiter(in) *m(f);* **works outing** *s* Betriebsausflug *m;* **work·space** ['wɜːkspeɪs] *s* (INFORM) Arbeitsspeicher *m;* **work station** *s* Arbeitsplatz *m;* Fertigungsstation *f;* (INFORM) Werkstation *f,* Bildschirmarbeitsplatz *m;* **work-study** *s* Arbeitsstudie *f;* **work·table** ['wɜːkˌteɪbl] *s* Arbeitstisch *m;* **work·top** *s* Arbeitsplatte *f;* **work-to-rule** [ˌwɜːktə'ruːl] *s* Dienst *m* nach Vorschrift; **work·week** ['wɜːkwiːk] *s* (*Am*) Arbeitswoche *f*

world [wɜːld] *s* Welt *f;* **all the ~ knows** alle wissen; **all the ~ and his wife** Gott und die Welt; **not for all the ~** um nichts in der Welt; **be all the ~ to s.o.** jds ein und alles sein; **a ~ of** eine Menge; sehr; **be ~s apart** völlig verschieden sein; **in the ~** auf der Welt; **all over the ~** in der ganzen Welt; **all the ~ over** überall; **out of this ~** (*fig sl*) sagenhaft; **round the ~** (rund) um die Welt; **bring s.o. into the ~** jdn auf die, zur Welt bringen; **bring s.th. into the ~** etw in die Welt setzen; **come into the ~** auf die, zur Welt kommen; **come** [*o* **go**] **down in the ~** herunterkommen; **go up in the ~** es zu etwas bringen; **feel on top of the ~** sich nicht besser fühlen können; **have the best of both ~s** auf nichts verzichten müssen, können; **think the ~ of s.o.** große Stücke auf jdn halten; **it's not the end of the ~** deshalb geht die Welt nicht unter; **how goes the ~ with you?** wie geht's, wie steht's?; **what in the ~?** was in aller Welt?; **the New/Old/Third World** die Neue/Alte/Dritte Welt; **a man of the ~** ein Mann von Welt

World Bank [ˌwɜːld'bæŋk] *s* Weltbank *f*

world-beater ['wɜːldˌbiːtə(r)] *s* alles überragende Person, Sache; **world clock** *s* Weltzeituhr *f;* **world congress** *s* Weltkongress *m;* **World Cup** *s* Fußballweltmeisterschaft *f,* Worldcup *m;* **World Fair** *s* Weltausstellung *f;* **world-famous** *adj* weltberühmt; von Weltrang; **world language** *s* Weltsprache *f*

world·ly ['wɜːldlɪ] *adj* ❶ weltlich, irdisch; diesseitig; weltzugewandt ❷ (~ *wise*) weltklug

world opinion ['wɜːldə'pɪnjən] *s* Weltöffentlichkeit *f;* **world population** *s* Weltbevölkerung *f;* **world power** ['wɜːldˌpaʊə(r)] *s* Weltmacht *f;* **world record** *s* Weltrekord *m;* **world-shattering** *adj* welterschütternd; **world view** *s* Weltbild *nt;* **world war** *s* Weltkrieg *m;* **world-weary** [ˌwɜːld'wɪərɪ] *adj* lebensmüde; **world·wide** [ˌwɜːld'waɪd] *adj, adv* weltweit; ~ **reputation** Weltruf *m;* ~ **sales** Weltumsatz *m*

worm [wɜːm] **I.** *s* ❶ Wurm *m* ❷ (Schrauben)Gewinde *nt* **II.** *vt* ❶ mit einem Wurmmittel behandeln ❷ (*fig*) herausziehen, -locken (*s.th., a secret out of s.o.* etw, ein Geheimnis aus jdm) ❸ zwängen (*into* in); ~ **o.s.** [*o* **one's way**] **in(to)** sich einschleichen; ~ **o.s.** [*o* **one's way**] **through** sich hindurchwinden; **worm-eaten** ['wɜːmˌiːtn] *adj* ❶ wurmstichig ❷ (*sl*) alt; **worm·hole** *s* Wurmloch *nt* (*in einem Möbelstück*); **wormy** ['wɜːmɪ] *adj* ❶ wurmig ❷ wurmstichig

worn [wɔːn] *pp of* **wear**; **worn-out** [ˌwɔːn'aʊt] *adj* ❶ verbraucht, abgenutzt ❷ abgetragen ❸ erschöpft; abgespannt ❹ (*fig*) abgedroschen

wor·ried ['wʌrɪd] *adj* ❶ besorgt, beunruhigt; **be ~ about s.o./s.th.** sich über jdn/etw Sorgen machen ❷ gequält; **worri·some** ['wʌrɪsəm] *adj* ❶ Besorgnis erregend ❷ lästig; **worry** ['wʌrɪ] **I.** *vt* ❶ beunruhigen, Sorgen machen (*s.o.* jdm) ❷ belästigen, stören ❸ (*Hund*) beißen, packen; ~ **s.o. with s.th.** jdn wegen etw stören; ~ **s.o. for s.th.** jdn um etw plagen; **I won't let that ~ me** darüber lasse ich mir keine grauen Haare wachsen **II.** *vi* besorgt, beunruhigt sein, sich Sorgen machen, in Ängsten sein (*about* um); **don't ~!** machen Sie sich keine Sorgen! seien Sie unbesorgt! **III.** *s* Sorge(n *pl*) *f;* **it's a great ~ to me** ich mache mir deswegen große Sorgen; **worry·ing** [-ɪŋ] **I.** *adj* beunruhigend; **it's ~ for me** es macht mir Sorgen **II.** *s* Sorgen *f pl;* ~ **won't help** es hilft nichts, wenn man sich Sorgen macht

worse [wɜːs] <*Komparativ von* **bad, badly**> **I.** *adj* ❶ schlechter, übler, schlimmer, ärger ❷ (~ *off*) schlechter, übler dran; kränker **II.** *adv* schlimmer, ärger **III.** *s* (das) Schlimmmere, Ärgere **IV.** (*Wendungen*): **all** [*o* **so much**] **the ~** umso schlimmer; **from bad to ~** immer schlimmer; **~ and ~** immer schlimmer; **I'm ~ (off)** es geht mir schlechter; **he's none the ~ for it** es hat ihm nichts geschadet; **~ was to follow** es sollte noch schlimmer kommen; **my shoes are the ~ for wear** meine Schuhe sind ganz abgetragen; ~ **luck!** leider! unglücklicherweise!; **a change for the ~** eine Wendung zum Schlechteren; **worsen** ['wɜːsn] **I.** *vi* sich verschlimmern, sich verschlechtern **II.** *vt* verschlechtern

wor·ship ['wɜːʃɪp] **I.** *s* ❶ (REL) Verehrung, Anbetung *f* ❷ Gottesdienst *m* ❸ tiefe Hingabe; **Your Worship** Euer Ehren; Frau/Herr Bürgermeister **II.** *vt* ❶ verehren, anbeten ❷ vergöttern **III.** *vi* den Gottesdienst abhalten; **wor·ship·per** [-ə(r)] *s* (*in einer Kirche*) Gottesdienstbesucher(in) *m(f);* (*einer Gottheit*) Anbeter(in) *m(f);* (*einer Person*) Verehrer(in) *m(f)*

worst [wɜːst] <*Superlativ von* **bad, badly**> **I.** *adj* schlechteste(r, s), übelste(r, s), schlimmste(r, s) **II.** *adv* am schlimmsten, am ärgsten **III.** *s* (das) Schlechteste, Schlimmste **IV.** (*Wendungen*): **at** (**the**) ~ schlimmstenfalls; **at his ~, her ~, its ~** im ungünstigsten Moment; **if the ~ comes to the ~** im allerschlimmsten Fall; **be ~ off** am schlimmsten dran sein; **be prepared for the ~** auf das Schlimmste gefasst sein; **get the ~ of it** den Kürzeren ziehen; am meisten zu leiden haben; **the ~ of it is that …** das Schlimmste daran ist, dass …; **do your ~!** mach, was du willst!; **let him do his ~!** lass ihn machen, was er will!; **the ~ is yet to come** das dicke Ende kommt noch (nach)

wor·sted ['wʊstɪd] *s* Kammgarn(stoff *m*) *nt*

worth [wɜːθ] **I.** *s* Wert *m;* Gegenwert *m;* **a pound's ~ of apples** für ein Pfund Äpfel; **did you get your money's ~?** sind Sie auf Ihre Kosten gekommen? **II.** *adj* wert; **be ~** wert sein; sich lohnen; **it's ~ a lot to me** es ist mir viel wert; (*fig*) es bedeutet mir sehr viel; **be ~ a million** Millionär sein; **is it ~ it?** lohnt es sich?; **he isn't ~ it** er ist es nicht wert; **~ reading/seeing/mentioning** lesens-/sehens-/der Rede wert; **for all one is ~** mit ganzer Kraft, so gut man kann; **it's ~ the trouble** die Mühe lohnt sich; **worth·less** [-lɪs] *adj* ❶ wertlos ❷ (*fig*) unwürdig; **worth·while** [ˌwɜːθ'waɪl] *adj* lohnend; **be ~** sich lohnen; der Mühe wert sein; **worthy** ['wɜːðɪ] *adj* ❶ würdig, wert (*of s.th.* einer S) ❷ ehrenwert; würdig; löblich; **~ of credit** glaubwürdig; (COM) kreditwürdig

would [wʊd] *pt of* **will**[1] würde; **he ~ do it** er würde es tun; **he ~ have done it** er hätte es getan; **he said he ~ do it** er sagte, er würde es tun; **but he ~ do it** (*betont*) aber er muss es unbedingt machen; **~ he do it?** würde er es vielleicht tun?; **~ he have done it?** hätte er es getan?; **who ~ have thought it?** wer hätte das gedacht; **you ~ think …** man sollte meinen …; **you ~ be the one who …** typisch, dass ausgerechnet du …; **I ~n't know** was weiß ich?; **he ~ go there every year** er ging jedes Jahr dahin; **it ~ seem** es scheint so; **would-be** ['wʊdbiː] *adj attr* ❶ angeblich; Möchtegern- ❷ gut gemeint

wouldn't [wʊdnt] = **would not**

wound[1] [wuːnd] **I.** *s* ❶ Wunde *f* (*in the arm* am Arm), Verletzung *f* ❷ (*fig*) Kränkung, Beleidigung *f* (*to* für) **II.** *vt* verwunden, verletzen; **~ fatally** tödlich verwunden

wound[2] [waʊnd] *s.* **wind**[2]

wounded ['wuːndɪd] *adj* ❶ verwundet, verletzt ❷ (*Eitelkeit*) gekränkt

wove(n) ['wəʊv(n)] *s.* **weave**

wow [waʊ] **I.** *interj* Mensch! **II.** *s* (*sl*) ❶ Mordsspaß *m* ❷ toller Kerl, tolle Frau ❸ (THEAT) Bombenerfolg *m* **III.** *vt* (*sl*) begeistern

wrack [ræk] *s* Seetang *m;* **go to ~ and ruin** in die Brüche gehen

wraith [reɪθ] *s* Geist *m* (*bes. eines Sterbenden*)

wrangle ['ræŋgl] **I.** *vi* (sich) zanken, (sich) streiten, disputieren (*with s.o. about, over s.th.* mit jdm über etw) **II.** *s* Gerangel *nt*

wrap [ræp] **I.** *vt* ❶ (*~ up*) einwickeln, -schlagen; ein-, verpacken (*in* in) ❷ wickeln (*round* um); **be ~ped in** (*fig*) gehüllt sein in **II.** *s* Umschlagtuch *nt;* Stola *f;* Cape *nt;* Mantel *m;* **take the ~s off s.th.** etw der Öffentlichkeit vorstellen; **under ~s** versteckt, geheim; **wrap·around** ['ræpəˌraʊnd] *s* (INFORM) (automatischer) Zeilenumbruch *m;* **wrap-over vest** *s* Wickelhemdchen *nt;* **wrap up I.** *vt* ❶ einpacken ❷ (*fam*) unter Dach und Fach bringen **II.** *vi* ❶ sich warm anziehen ❷ (*sl*) den Mund halten; **be ~ped up in s.th.** ganz in etw aufgehen; von etw völlig in Anspruch genommen sein; **wrap·per** ['ræpə(r)] *s* ❶ Streif-, Kreuzband *nt* ❷ (*Buch*) Schutzumschlag *m;* (*Zigarre*) Deckblatt *nt* ❸ Verpackung(smaterial *nt*) *f;* (Bonbon)Papier *nt;* **wrapping paper** *s* Packpapier *nt;* Geschenkpapier *nt*

wrath [rɒθ] *s* Zorn *m;* **wrath·ful** ['rɒθfl] *adj* zornig

wreak [riːk] *vt* (*Schaden, Chaos*) anrichten; (*Rache*) üben (*on, upon* an); (*Ärger*) auslassen (*on* an); **~ havoc** verheerenden Schaden anrichten; sich verheerend auswirken (*on* auf)

wreath [riːθ] *s* Girlande *f;* Kranz *m;* **~ of smoke** Rauchfahne *f;* **wreathe** [riːð] **I.** *vt* ❶ winden ❷ flechten (*into a wreath* zu einem Kranz) ❸ bekränzen ❹ einhüllen **II.** *vi* ❶ sich winden, sich kräuseln ❷ sich ringeln (*round* um)

wreck [rek] **I.** *s* ❶ Wrack *nt* ❷ (MAR) Schiff-

bruch *m* ❸ (JUR) Strandgut *nt* ❹ (*fig*) (elendes) Wrack *nt* ❺ Verderben *nt,* Untergang, Ruin *m,* Zerstörung *f* ❻ (COM) Konkursunternehmen *nt;* **be a mere ~ of one's former self** nur noch ein Schatten seiner selbst sein **II.** *vt* ❶ zerstören, zertrümmern, zerschlagen ❷ (*fig*) ruinieren, zu Grunde richten ❸ (*Pläne*) vernichten;
wreck·age ['rekɪdʒ] *s* Trümmer *pl;* **wrecker** ['rekə(r)] *s* ❶ (*Am*) Abbrucharbeiter, -unternehmer *m;* Schrotthändler *m* ❷ (*Am*) Bergungsdampfer *m;* Bergungsarbeiter *mpl,* Bergungsmannschaft *f,* -trupp *m* ❸ (*Am:* AUTO) Abschleppwagen *m* ❹ (*ship~*) *jd der durch falsche Signale ein Schiff zum Stranden bringt* ❺ (*fig*) Umstürzler(in) *m(f);* **~ service** (*Am:* AUTO) Abschleppdienst *m*

wren [ren] *s* (*Vogel*) Zaunkönig *m*

Wren [ren] *s Angehörige des weiblichen Marinedienstes* (*Womens Royal Naval Service*)

wrench [rentʃ] **I.** *s* ❶ (plötzlicher) Ruck *m* ❷ (MED) Zerrung, Verrenkung, Verstauchung *f* ❸ (*fig*) Stich (*ins Herz*), Abschiedsschmerz *m* ❹ (TECH) Schraubenschlüssel *m;* **monkey ~** Universalschraubenschlüssel *m* **II.** *vt* ❶ heftig reißen, ziehen (*from* von), zerren ❷ (MED) verrenken, -stauchen; **~ away** entreißen (*from s.o.* jdm)

wrestle ['resl] **I.** *vi* ❶ ringen ❷ kämpfen (*for* um, *with* mit) ❸ sich herumschlagen, sich abquälen (*with* mit) **II.** *vt* ❶ ringen mit ❷ (*Ringkampf*) austragen **III.** *s* Ringkampf *m;* **wres·tler** ['reslə(r)] *s* Ring(kämpf)er(in) *m(f);* **wres·tling** ['reslɪŋ] *s* Ringen *nt;* **wrestling bout, wrestling match** *s* Ringkampf *m*

wretch [retʃ] *s* ❶ unglücklicher Mensch ❷ (*pej*) Wicht *m;* **wretched** ['retʃɪd] *adj* ❶ unglücklich ❷ elend; erbärmlich ❸ scheußlich

wriggle ['rɪgl] **I.** *vi* ❶ sich winden ❷ sich unruhig hin- und herbewegen ❸ (*fig*) sich (drehen und) winden ❹ sich unbehaglich fühlen **II.** *vt* wackeln mit; **~ (o.s.)** [*o* **one's way**] **out** sich herauswinden (*of s.th.* aus etw) **III.** *s* Winden *nt;* Krümmung *f*

wring [rɪŋ] <*irr:* wrung, wrung> *vt* ❶ (*~ out*) auswringen, -drücken, -pressen, -quetschen ❷ (*~ out*) herausdrücken, -pressen ❸ (*Bekenntnis*) erpressen (*from, out of* von) ❹ (*Hals*) umdrehen; **~ one's hands** die Hände ringen; **~ s.o.'s heart** jdm (großen) Kummer machen; jdm ans Herz greifen; **wringer** ['rɪŋə(r)] *s* Mangel *f*

wrinkle ['rɪŋkl] **I.** *s* ❶ Falte, Runzel *f* ❷ (*Papier*) Kniff *m* **II.** *vt* ❶ zerknittern ❷ runzlig machen ❸ (*Stirn*) runzeln; (*Nase*) rümpfen **III.** *vi* ❶ knittern ❷ Falten schlagen ❸ runzlig werden; **wrinkled, wrinkly** ['rɪŋkld, 'rɪŋklɪ] *adj* ❶ runz(e)lig, faltig ❷ (*Stoff*) leicht knitternd

wrist [rɪst] *s* Handgelenk *nt;* **wrist·band** *s* ❶ Armband *nt;* Schweißband *nt* ❷ Armbündchen *nt;* **wrist·let** ['rɪstlɪt] *s* Armband *nt;* **wrist·watch** ['rɪstwɒtʃ] *s* Armbanduhr *f*

writ [rɪt] *s* (JUR) Verfügung, Anweisung *f;* (*~ of summons*) Vorladung *f;* **issue a ~ against s.o., serve a ~ (up)on s.o.** jdm eine Vorladung zustellen; **Holy Writ** Heilige Schrift

write [raɪt] <*irr:* wrote, written> **I.** *vt* ❶ schreiben; auf-, niederschreiben, zu Papier bringen ❷ aufzeichnen, ab-, verfassen ❸ (JUR) aufsetzen ❹ (*Bescheinigung, Scheck*) ausstellen ❺ (*Scheck*) ausschreiben ❻ (*Formular*) ausfüllen ❼ (*Papier*) beschreiben ❽ (*Vertrag*) aufsetzen ❾ (schriftlich, brieflich) mitteilen (*s.th. to s.o., s.o. s.th.* jdm etw); **~ in full** ausschreiben; **~ shorthand** stenografieren; **~ s.o. a letter** jdm einen Brief schreiben **II.** *vi* ❶ schreiben ❷ bestellen, kommen lassen (*for s.th.* etw); **write away** *vi* auswärts bestellen (*for s.th.* etw); **write back** *vi* zurückschreiben; **write down** *vt* nieder-, aufschreiben; (COM) (teil)abschreiben; **write in I.** *vt* ❶ einfügen, eintragen ❷ (*Am: Wahlschein*) ausfüllen; seine Stimme abgeben für **II.** *vi* sich schriftlich bewerben (*for* um); **write off** *vt* ❶ (COM) abschreiben ❷ (*Auto*) zu Schrott fahren; als Totalschaden abschreiben ❸ schnell hinschreiben; **write out** *vt* ❶ (voll) ausschreiben ❷ (*Scheck*) ausfüllen, -stellen; **write up** *vt* ❶ einen schriftlichen Bericht machen über, eingehend berichten; (*Aufzeichnungen*) ausarbeiten ❷ (*schriftlich*) aufs Laufende bringen ❸ eine Kritik schreiben über ❹ (*Wert*) zu hoch ansetzen

write·down ['raɪt,daʊn] *s* Teilabschreibung *f*

write-in ['raɪtɪn] *s* (*in den USA*) Stimmabgabe *f* für einen nicht aufgeführten Kandidaten; **write-off** ['raɪtɒf] *s* (COM) Abschreibung *f;* (AUTO) Totalschaden *m;* **write-pro·tec·ted** ['raɪtprə'tektəd] *adj* (INFORM) schreibgeschützt

writer ['raɪtə(r)] *s* ❶ Schreiber(in) *m(f),* Schriftsteller(in) *m(f),* Verfasser(in) *m(f)* ❷ (*Am*) Versicherer *m;* **~ of a cheque** Scheckaussteller *m;* **~'s cramp** Schreibkrampf *m;* **I am a poor ~** ich schreibe nicht gerne Briefe; ich schreibe schlecht

W

write-up ['raɪtʌp] *s* ① (COM) Heraufsetzung *f* des Buchwertes ② Pressebericht *m;* Kritik *f*

writhe [raɪð] *vi* sich krümmen, winden (*with* vor)

writ·ing ['raɪtɪŋ] *s* ① Schreiben *nt;* Schriftstück *nt* ② (Hand)Schrift *f* ③ Buch, Werk *nt* ④ Schriftstellerei *f;* **in** ~ schriftlich; **put in** ~ niederschreiben, schriftlich abfassen; **writing case** *s* Schreibmappe *f;* **writing desk** *s* Schreibtisch *m;* **writing pad** *s* Schreibunterlage *f;* Notiz-, Briefblock *m;* **writing paper** *s* Schreibpapier *nt*

writ·ten ['rɪtn] **I.** *pp of* **write II.** *adj* schriftlich; (*Wort*) geschrieben; ~ **language** Schriftsprache *f*

wrong [rɒŋ, *Am* rɔːŋ] **I.** *adj* ① unrichtig, falsch ② unrecht ③ unangebracht, unpassend; ~ **side out** mit der Innenseite nach außen; **be** ~ unrecht haben; sich irren, nicht in Ordnung sein, nicht stimmen; **get on the** ~ **side of s.o.** sich jdn zum Gegner machen; **there is s.th.** ~ da stimmt etw nicht (*with* mit); **what's** ~**?** stimmt etw nicht?; **sorry,** ~ **number!** (TELE) Sie haben sich verwählt; ~**-foot s.o.** jdn auf dem falschen Fuß erwischen; **I was** ~**-footed by the question** die Frage traf mich unvorbereitet **II.** *adv* falsch, nicht richtig, nicht recht; **do s.th.** ~ etw falsch, verkehrt machen; **go** ~ schief gehen, scheitern; nicht richtig funktionieren; **get it** ~ sich verrechnen; es falsch verstehen; **take s.th.** ~ etw übel nehmen **III.** *s* ① Unrecht *nt;* Ungerechtigkeit *f* ② (JUR) Rechtswidrigkeit *f;* **be in the** ~ im Unrecht sein; **do** ~ Unrecht tun (*to s.o.* jdm), sich etw zuschulden kommen lassen; **put in the** ~ ins Unrecht setzen **IV.** *vt* ① ein Unrecht zufügen (*s.o.* jdm) ② ungerecht behandeln, benachteiligen, beeinträchtigen ③ unrecht tun (*s.o.* jdm); **wrong·doer** ['rɒŋ,dʊə(r)] *s* Übel-, Missetäter(in) *m(f);* **wrong·doing** [,rɒŋ'duːɪŋ] *s* Übeltat *f;* Missetaten *fpl;* **wrong·ful** ['rɒŋfl] *adj* ungerechtfertigt, zu Unrecht; ~ **dismissal** unrechtmäßige Entlassung; **wrong-headed** [,rɒŋ'hedɪd] *adj* starrsinnig, querköpfig, halsstarrig; **wrong·ly** ['rɒŋlɪ] *adv* falsch, unrichtig; zu Unrecht; fälschlicherweise

wrote [rəʊt] *s.* **write**

wrought [rɔːt] **I.** *vt Präteritum, pp von* **work** (*obs*): **great changes have been** ~ es wurden große Veränderungen herbeigeführt; **the storm** ~ **destruction** der Sturm richtete Zerstörung an **II.** *adj* (*Eisen*) Schmiede-; (*Silber*) getrieben; ~ **iron** Schmiedeeisen *nt;* **wrought-up** [rɔːt'ʌp] *adj* erregt; aufgeregt, -gewühlt

wrung [rʌŋ] *s.* **wring**

wry [raɪ] *adj* ironisch; (*Lächeln*) gezwungen; **make a** ~ **face** das Gesicht verziehen; **a** ~ **sense of humour** ein trockener Humor

wussy ['wʊsɪ] *s* (*Am: sl: wimp*) Waschlappen *m fam*

WWW *s Abk. von* **World Wide Web** (INFORM) WWW *nt*

X x

X, x [eks] <*pl* -'s> *s* ① X, x *nt* ② (MATH) x, unbekannte Größe ③ (*in Briefen nach Namen*) Küsschen *nt;* **x number of people** x Leute; **Mrs. X** Frau X; **x marks the spot where …** die Stelle, an der …, ist mit einem Kreuzchen bezeichnet; **x-axis** x-Achse *f;* **X-cer·ti·fi·cate** ['ekssə,tɪfɪkət] *adj* (*Film*) nicht jugendfrei, ab 18 Jahren

X-chromosome ['eks,krəʊməsəʊm] *s* (BIOL) X-, Geschlechtschromosom *nt*

xeno·phobia [,zenə'fəʊbɪə] *s* Fremdenhass *m,* Xenophobie *f;* **xeno·pho·bic** [,zenə'fəʊbɪk] *adj* fremdenfeindlich, xenophob

Xerox® ['zɪərɒks] **I.** *s* Xerokopie *f;* Xeroxverfahren *nt* **II.** *vt* xerokopieren

Xmas ['eksməs, 'krɪsməs] *s* (*fam*) Weihnachten *nt; s.* **Christmas**

i Land & Leute

Das **X** von **Xmas** ist eigentlich der griechische Buchstabe *chi.* Er wurde in frühchristlicher Zeit zusammen mit *rho* als eine Abkürzung für Christus verwendet. In Großbritannien wird **Xmas** als Abkürzung für *Christmas* (Weihnachten) benutzt.

X-ray ['eksreɪ] **I.** *s* ① Röntgenaufnahme *f* ② ~**s** Röntgenstrahlen *mpl;* **take an** ~ **of s.o.** jdn röntgen; **have an** ~ geröntgt werden; ~ **apparatus** Röntgenapparat *m;* ~ **diagnosis,** ~ **examination,** ~ **test** Röntgenuntersuchung *f* **II.** *vt* röntgen, durchleuchten

xylo·phone ['zaɪləfəʊn] *s* (MUS) Xylophon *nt*

Yy

Y, y [waɪ] *s* <*pl* -'s> ❶ Y, y *nt* ❷ (MATH) y, zweite Unbekannte; **y-axis** y-Achse *f*
yacht [jɒt] **I.** *s* (MAR) (Segel-, Motor)Jacht, Yacht *f* **II.** *vi* auf einer Jacht fahren, segeln; **yacht·ing** [-ɪŋ] *s* Segeln *nt;* **they go ~** sie gehen zum Segeln; **yachts·man** ['jɒtsmən] <*pl* -men> *s* Jachtfahrer, Segler *m*
yak [jæk] **I.** *s* (*wild lebendes Rind*) Jak, Yak *m* **II.** *vi* (*fam*) quasseln
yam [jæm] *s* ❶ Jamswurzel *f* ❷ (*in den USA*) Süßkartoffel *f*

i Land & Leute

Yams sind ein süßes Wurzelgemüse. In den USA werden sie oft gebacken und dann mit Butter gegessen, oder auch mit einer süßen Soße gekocht. Man isst **yams** besonders häufig an *Thanksgiving.*

yank [jæŋk] **I.** *s* Ruck *m* **II.** *vt* mit einem Ruck ziehen; **yank off** *vt* abreißen; **yank out** *vt* ausreißen; (*Zahn*) ziehen
Yank [jæŋk] *s* (*fam*) Ami *m;* **Yan·kee** ['jæŋkɪ] *s* Amerikaner, Yankee *m*
yap [jæp] **I.** *vi* ❶ kläffen ❷ (*fam*) schwätzen; (*dumm*) quatschen **II.** *s* ❶ Gekläff *nt* ❷ (*fam*) Gequatsche *nt*
yard¹ [jɑːd] *s* ❶ Yard *nt* (= *0,914 m*) ❷ (MAR) Rah(e) *f;* **square ~** Quadratyard *nt;* **by the ~** meterweise; (*fig*) unendlich viel, lang
yard² [jɑːd] *s* ❶ Hof *m* ❷ (Arbeits-, Bau-, Lager)Platz *m* ❸ (*Am*) Garten *m* (*ohne Gemüse*); **in the ~** auf dem Hof; **the Yard, Scotland Yard** Londoner Polizeibehörde; **shipbuilding ~** Werft *f*
yard·stick ['jɑːdstɪk] *s* ❶ Elle *f,* Yardstock *m* ❷ (*fig*) Maßstab *m;* **~ of performance** Erfolgsmaßstab *m*
yarn [jɑːn] **I.** *s* ❶ Garn *nt,* Faden *m* ❷ (*fig*) Seemannsgarn *nt* **II.** *vi* (*spin a ~*) ein Seemannsgarn spinnen (*about* über)
yaw [jɔː] **I.** *vi* (MAR, AVIAT) gieren, vom Kurs abweichen **II.** *s* (Kurs)Abweichung *f*
yawl [jɔːl] *s* (MAR) Jolle *f;* Beiboot *nt*
yawn [jɔːn] **I.** *vi* ❶ gähnen ❷ (*fig*) klaffen, sich öffnen **II.** *s* Gähnen *nt;* **it was a ~** (*fam*) es war langweilig; **yawn·ing** [-ɪŋ] *adj* gähnend
yea [jeɪ] **I.** *adv* ja (doch) **II.** *s* ❶ Ja *nt* ❷ Jastimme *f;* **yeah** [jeə] *adv* (*fam*) ja
year [jɜː(r), jɪə(r)] *s* Jahr *nt;* Jahrgang *m;* **all the ~ round** das ganze Jahr über; **for ~s** seit Jahren, jahrelang; **for his ~s** für sein Alter; **in the ~ 1837** im Jahre 1837; **last/this/next ~** letztes/dieses/nächstes Jahr; **~s ago** vor Jahren; **~ in, ~ out** jahraus, jahrein; **difference in ~s** Altersunterschied *m;* **~ of assessment** Steuerjahr *nt;* **~ of birth** Geburtsjahr *nt;* **~ of manufacture** Baujahr *nt;* **~ under report** [*o* **review**] Berichtsjahr *nt;* **~s of service** Dienstjahre *ntpl;* **year·book** *s* Jahrbuch *nt;* **year·ling** ['jɜːlɪŋ, 'jɪəlɪŋ] *s* (ZOO) Jährling *m;* **year·long** [jɜː'lɒŋ, 'jɪə'lɒŋ] *adj* ein volles Jahr dauernd; **year·ly** ['jɜːlɪ, 'jɪəlɪ] *adj, adv* jährlich; **~ income/output/subscription** Jahreseinkommen *nt,* -produktion *f,* -beitrag *m*
yearn [jɜːn] *vi* sich sehnen, verlangen (*for, after* nach, *to do* zu tun); **yearn·ing** [-ɪŋ] *s* Sehnsucht *f,* Verlangen *nt*
yeast [jiːst] *s* Hefe *f;* **yeasty** ['jiːstɪ] *adj* hefig, nach Hefe
yell [jel] **I.** *s* Schrei *m;* **give me a ~ when you're ready** sag Bescheid, wenn du fertig bist; **college ~** (*Am*) anfeuernder Zuruf eines Colleges **II.** *vi* (*~ out*) schreien; **~ at s.o.** jdn anbrüllen **III.** *vt* (*~ out*) schreien, brüllen; rufen
yel·low ['jeləʊ] **I.** *adj* ❶ gelb ❷ (*fam*) feige; **the ~ peril** die gelbe Gefahr; **he has a ~ streak in him** er ist feige; **parking on the ~ lines** Parken im Parkverbot **II.** *s* ❶ Gelb *nt* ❷ Eigelb *nt* **III.** *vt* gelb färben **IV.** *vi* ❶ gelb werden ❷ vergilben; **yellow-belly** *s* (*sl*) Feigling *m;* **yellow-dog** *adj* (*Am*) gewerkschaftsfeindlich; **yellow fever** *s* (MED) Gelbfieber *nt;* **yellow jack** *s* (gelbe) Quarantäneflagge *f;* **yellow pages** *s pl* Gelbe Seiten *pl,* Branchenverzeichnis *nt*
yelp [jelp] **I.** *vi* ❶ kläffen, jaulen ❷ aufschreien **II.** *s* ❶ kurzes Bellen, Jaulen *nt* ❷ Aufschrei *m*
Yem·en ['jemən] *s:* **the ~** der Jemen; **Yem·eni** ['jemənɪ] **I.** *adj* jemenitisch **II.** *s* Jemenit(in) *m(f)*
yen [jen] *s* ❶ (FIN) Yen *m* ❷ Sehnsucht *f;* Lust *f* (*for* auf); **he has a ~ to be alone** er möchte gar zu gerne allein sein
yeo·man ['jəʊmən] <*pl* -men> *s* (HIST) Freisasse *m;* kleiner Grundbesitzer; **Yeoman of the Guard** königlicher Leibgardist; **yeo·manry** [-rɪ] *s* bäuerlicher Mittelstand; **yeoman('s) service** *s* treue Dienste *mpl*
yep [jep] *adv* (*sl*) ja
yes [jes] **I.** *adv* ja, jawohl; doch **II.** *s* Ja *nt;* **yes man** <*pl* men> *s* Jasager *m*

yes·ter·day ['jestədɪ, 'jestədeɪ] **I.** *adv* gestern; **the day before ~** vorgestern; **~ morning/afternoon/night** gestern Morgen/Nachmittag/Nacht; **~ week** vor acht Tagen **II.** *s* der gestrige Tag

yet [jet] **I.** *adv* ❶ (*zeitlich*) noch; jetzt; schon; schon noch ❷ (*vor Komparativ*) noch, sogar; außerdem; trotzdem; **as ~** bis jetzt; **not ~** noch nicht; **I have ~ to see it myself** ich muss es selbst noch sehen **II.** *conj* (je)doch, dennoch, trotzdem

yew [ju:] *s* (*a.* **~-tree**) Eibe *f*

Yid·dish ['jɪdɪʃ] *s* Jiddisch *nt*

yield [ji:ld] **I.** *vt* ❶ hervorbringen, liefern ❷ einbringen, abwerfen, (her)geben ❸ (*Zinsen*) gewähren ❹ (*fig*) aufgeben; abtreten (*to s.o.* an jdn) **II.** *vi* ❶ (AGR) tragen ❷ (COM) Zinsen tragen ❸ sich fügen; es aufgeben ❹ nachgeben ❺ (AUTO) die Vorfahrt lassen, beachten ❻ (*Am*) das Wort überlassen (*to s.o.* jdm); **~ to conditions** auf Bedingungen eingehen; **~ to force** der Gewalt weichen; **~ to no-one** niemandem nach-, hinter niemandem zurückstehen **III.** *s* ❶ Ertrag, (erzielter) Gewinn *m* ❷ Ernte *f* ❸ Ausbeute *f*; effektive Verzinsung; (COM) Rendite *f*; **yield up** *vt* abtreten (*to* an); (*Leben*) aufgeben; **~ up to one's fate** sich in sein Schicksal ergeben, fügen; **yield·ing** [-ɪŋ] *adj* ❶ nachgebend ❷ (*fig*) nachgiebig

yip·pee ['jɪpɪ] *interj* juhe! hurra!

yob, **yob·bo** [jɒb, 'jɒbəʊ] *s* Rüpel *m*; **yob·bish·ness** ['jɒbɪʃ,nəs] *s* (*Br: sl*) Rüpelhaftigkeit *f*

yodel, **yodle** ['jəʊdl] **I.** *vi* jodeln **II.** *s* Jodler *m*

yoga ['jəʊgə] *s* Yoga, Joga *nt od m*

yog·h(o)urt ['jɒgət] *s* Jogurt *m od nt*

yogi ['jəʊgɪ] *s* Yogi *m*

yoke [jəʊk] **I.** *s* ❶ (*a. fig*) Joch *nt* ❷ (*Kleid*) Passe *f*; **throw off the ~** (*fig*) das Joch abschütteln **II.** *vt* ❶ (*Zugtiere*) anjochen, anspannen (*to* an) ❷ (*fig*) koppeln, verbinden (*to* mit)

yokel ['jəʊkl] *s* (*pej*) Tölpel *m*

yolk [jəʊk] *s* Dotter *m od nt*, Eigelb *nt*

yon·der ['jɒndə(r)] *adv* dort (drüben)

yore [jɔ:(r)] *s* (LIT): **in days of ~** in alten Zeiten

you [ju:] *pron* ❶ du; dich *acc*, dir *dat* ❷ (*pl*) ihr; euch *acc/dat* ❸ (*Höflichkeitsform*) Sie *a. acc*, Ihnen *dat* ❹ (*unbestimmt*) man; einen *acc*, einem *dat*; **all of ~** ihr alle; Sie alle; **if I were ~** ich an deiner, Ihrer Stelle; **it's ~** du bist es; ihr seid's; Sie sind es; **~ teachers** ihr Lehrer; **there's a nice job for ~** das ist eine nette Arbeit; **that hairstyle just isn't ~** die Frisur passt einfach nicht zu dir; **you'll** [ju:l] = **you will; you shall**

young [jʌŋ] **I.** *adj* ❶ (*a.* GEOL) jung ❷ jugendlich ❸ frisch, kräftig ❹ unerfahren; **the night is still ~** der Abend hat erst angefangen **II.** *s* (ZOO) (das) Junge; **the ~** die Jungen, die jungen Leute *pl*; **with ~** (*Tier*) trächtig; **young people** *s pl* junge Leute *pl*; **young persons** *s pl* Jugendliche *pl*; **young·ster** ['jʌŋstə(r)] *s* Junge, Bursche *m*

your [jɔ:(r), jʊə(r)] *pron* ❶ dein; euer *pl* ❷ (*Höflichkeitsform*) Ihr ❸ (*unbestimmt*) sein ❹ (*typisch*) der, die, das; **~ average German** der durchschnittliche Deutsche; **you register and then you get ~ form** man meldet sich an, und dann bekommt man sein Formular; **one of ~ friends** einer deiner, Ihrer Freunde

you're [jʊə(r)] = **you are**

yours [jɔ:z, jʊəz] *pron* ❶ deine(r, s); der, die, das Deine ❷ (*pl*) eure(r, s); der, die, das Eure ❸ (*Höflichkeitsform*) Ihre(r, s); der, die, das Ihre; **a friend of ~** einer deiner, eurer, Ihrer Freunde; **this book is ~** dies Buch gehört dir, euch, Ihnen; **Yours sincerely** mit freundlichen Grüßen; **Yours truly/faithfully** hochachtungsvoll

your·self [jɔ:'self, jə'self, *Am* jʊər'self] <*pl* -selves> *pron* ❶ dich *acc*, dir *dat* ❷ (*pl*) euch *acc/dat* ❸ (*Höflichkeitsform*) sich ❹ (*betont*) (du, ihr, Sie) selbst; (**all**) **by ~** (ganz) allein; ohne Hilfe; **be ~!** (*fam*) reiß dich zusammen!; **you don't seem to be ~ today** Sie sind heute wohl nicht ganz auf der Höhe; **will you do it ~?** machst du das selbst? machen Sie das selbst?; **you ~ said it** das hast du, das habt ihr, das haben Sie selbst gesagt

youth [ju:θ, *pl* ju:ðz] <*pl* youths> *s* ❶ Jugend *f* ❷ Jugendlichkeit, -frische *f* ❸ *mit sing od pl* Jugend *f*, junge Leute *pl* ❹ junger Mann, Jugendliche(r) *m*; **the friends of his ~** seine Jugendfreunde *mpl*; **vigour of ~** Jugendkraft *f*; **youth centre**, **youth club** *s* Haus *nt* der Jugend, Jugendzentrum *nt*; **youth·ful** ['ju:θfl] *adj* ❶ jung ❷ jugendlich; **youth hostel** *s* Jugendherberge *f*; **youth training scheme** *s* Ausbildungsförderungsprogramm *nt*; **youth unemployment** *s* Jugendarbeitslosigkeit *f*

you've [ju:v] = **you have**

yowl [jaʊl] *vi* jaulen

yo-yo ['jəʊjəʊ] *s* (*Kinderspielzeug*) Jo-Jo *nt*; **up and down like a ~** immer auf und ab; **yo-yo diet·ing** *s* (*fam*) Abnehmen und gleich wieder Zunehmen (Jo-Jo-Effekt)

i Land & Leute

Das Fest **Yuen Siu** steht am Ende der 15-tägigen *Lunar New Year*-Feiern. Es ist auch als Lampionfest bekannt, weil Tempel und Häuser mit traditionellen Lampions geschmückt werden. Löwen- und Drachentänze werden zum Rhythmus von Trommeln und Becken als Teil der Feiern aufgeführt.

Yu·go·slav ['ju:gəʊ'slɑ:v] **I.** *adj* jugoslawisch **II.** *s* Jugoslawe *m*, Jugoslawin *f*

Yu·go·sla·via ['ju:gəʊ'slɑ:vɪə] *s* (HIST) Jugoslawien *nt*; **Yu·go·sla·vian** ['ju:gəʊ'slɑ:vɪən] *adj* jugoslawisch

yuk ['jʌk] *vi* (*sl*): ~ **it up with s.o.** mit jdm quatschen *sl*

yuk·ky ['jʌkɪ] *adj* (*fam*) ekelhaft

yule [ju:l] *s* Weihnachten *nt*, Weihnacht *f*; **yule log** *s* Weihnachtsscheit *nt*; **yule·tide** *s* Weihnachtszeit *f*

yuppie ['jʌpɪ] *s s.* **young urban professional** Yuppie *m*

Z z

Z, z [zed, *Am* zi:] <*pl* -'s> *s* Z, z *nt*

Zaire [zɑ:'i:ə] *s* Zaire *nt*; **Za·ir·ean** [zɑ:'i:ərən] **I.** *adj* zairisch **II.** *s* Zairer(in) *m(f)*

Zam·bia ['zæmbɪə] *s* Sambia *nt*; **Zam·bi·an** ['zæmbɪən] **I.** *adj* sambisch **II.** *s* Sambier(in) *m(f)*

zany ['zeɪnɪ] *adj* komisch, spaßig

zap [zæp] *vt* ① (*fam*) löschen ② (TV: *fam*) ständig hin- und herschalten; **zap·ping** [zæpɪŋ] *s* (*fam*) TV-Hoppen *nt*, ständiges Umschalten

zeal [zi:l] *s* Eifer *m*; **zealot** ['zelət] *s* ① Fanatiker(in) *m(f)* ② (REL) Zelot *m*; **zeal·ous** ['zeləs] *adj* eifrig; begeistert, enthusiastisch

zebra ['zi:brə] *s* Zebra *nt*; **zebra crossing** *s* Zebrastreifen *m*

zen·ith ['zenɪθ, *Am* 'zi:nɪθ] *s* (*a. fig*) Zenit *m*

zero ['zɪərəʊ] <*pl* zero(e)s> **I.** *s* ① Null *f* ② Nullpunkt *m* (*einer Skala*) ③ Gefrierpunkt *m* ④ (*fig*) Null-, Tiefpunkt, -stand *m* ⑤ Nichts *nt*; **be at** ~ auf Null stehen; **fall to** ~ auf null Grad fallen **II.** *adj* null, Null-; ~ **altitude flying** Tiefflug *m*; ~ **degrees** null Grad; ~ **emission vehicle, ZEV** abgasfreies Fahrzeug; ~ **gravity** Schwerelosigkeit *f*; ~ **growth** Nullwachstum *nt*; ~ **hour** die Stunde X; ~ **option** (POL) Nulllösung *f*; ~**-rated** von der Mehrwertsteuer befreit; **I have** ~ **interest in that** (*fam*) ich habe null Interesse daran; **zero in** *vi* (MIL) sich einschießen (*on* auf); ~ **in on s.o.** jdn einkreisen; ~ **in on s.th.** sich etw herausgreifen; sich auf etw stützen; **zero out** *vt* eliminieren, ausradieren; **zero-point engine** *s* Nullpunkt-Maschine *f*

zest [zest] *s* ① Begeisterung *f* ② (*fig*) Pfiff, Schwung *m* ③ Zitronen-, Orangenschale *f*; ~ **for life** Lebensfreude *f*; **with** ~ mit Eifer, Begeisterung; **add** [⊃ **give**] ~ **to s.th.** einer S Würze verleihen, eine S interessant machen

Zeus [zju:s] *s* Zeus *m*

ZEV [ˌzedi:'vi:] *s Abk. von* **zero emission vehicle** abgasfreies Fahrzeug

zig·zag ['zɪgzæg] **I.** *s* Zickzack *m*, Zickzacklinie *f*, Zickzackweg *m* **II.** *adv* im Zickzack **III.** *adj* Zickzack-; zickzackförmig; ~ **path** Zickzackweg *m* **IV.** *vi* im Zickzack (ver)laufen

zilch [zɪltʃ] *pron* (*fam*) nichts, null

Zim·ba·bwe [zɪm'bɑ:bwɪ] *s* (GEOG) Simbabwe, Zimbabwe *nt*; **Zim·bab·we·an** [zɪm'bɑ:bwɪən] **I.** *adj* simbabwisch **II.** *s* Simbabwer(in) *m(f)*

zinc [zɪŋk] *s* Zink *nt*

zine [zi:n] *s* (*sl*) Zeitschrift *f*

zip [zɪp] **I.** *s* ① Pfeifen, Zischen, Surren *nt* ② (*fig fam*) Dynamik *f*, Schwung *m* ③ (~ *fastener*) Reißverschluss *m* **II.** *vi* pfeifen, schwirren, surren **III.** *vt* ① (~ *shut*) mit einem Reißverschluss schließen ② (~ *open*) den Reißverschluss aufmachen (*s.th.* einer S); **will you** ~ **me up?** würdest du meinen Reißverschluss zumachen?; **zip code, ZIP code** *s* (*Am*) Postleitzahl *f*; **zip fas·tener** ['zɪpˌfɑ:snə(r)] *s* Reißverschluss *m*; **zip·per** ['zɪpə(r)] *s* (*Am*) Reißverschluss *m*; ~ **clause** (*Am*) Schweigepflichtklausel *f*; **zippy** ['zɪpɪ] *adj* (*fam*) schwungvoll; schnell

zither ['zɪðə(r)] *s* (MUS) Zither *f*

zo·diac ['zəʊdɪæk] *s* (ASTR) Tierkreis *m*; **sign of the** ~ Tierkreiszeichen *nt*

zom·bie ['zɒmbɪ] *s* ① (*Westindien*) Zombie *m* ② (*fam*) Trottel *m*; **like a** ~ total im Tran

zonal ['zəʊnl] *adj* Zonen-, zonal

zone [zəʊn] **I.** *s* ① Zone *f* ② Gebiet *nt*, Bereich *m* ③ (Post)Bezirk *m*; (*Am*) Gebührenzone *f;* **danger** ~ Gefahrenzone *f,* -bereich *m;* **frigid/temperate/torrid** ~ kalte/gemäßigte/heiße Zone; **occupation** ~ Besatzungszone *f* **II.** *vt* ❶ in Zonen [*o* Bezirke] einteilen ❷ (*Gelände*) für einen bestimmten Zweck vorsehen; **zone out** *vt* (*fig*) abdriften, in Gedanken woanders sein; **zon·ing** [-ɪŋ] *s* Gebiets-, Flächenaufteilung *f;* **zoning ordinance** *s* Bebauungsplan *m,* baurechtliche Vorschriften *fpl*

zoo [zu:] *s* Zoo *m;* **zo·ol·ogi·cal** [ˌzəʊə'lɒdʒɪkl] *adj* zoologisch; ~ **gardens** zoologischer Garten, Tierpark *m;* **zo·ol·ogist** [zəʊ'ɒlədʒɪst] *s* Zoologe *m,* Zoologin *f;* **zo·ol·ogy** [zəʊ'ɒlədʒɪ] *s* Zoologie *f*

zoom [zu:m] **I.** *s* ❶ (PHOT: ~ *lens*) Zoom(objektiv) *nt* ❷ (AVIAT) Steilflug *m,* steiler Aufstieg ❸ (*Geräusch*) Surren *nt* **II.** *vt* ❶ (AVIAT) steil hochziehen ❷ (AUTO) auf Hochtouren bringen **III.** *vi* ❶ (AVIAT) steil aufsteigen ❷ (*Preise*) in die Höhe schnellen ❸ sausen, rasen; schnell arbeiten ❹ surren; **he just ~ed through it** er hatte das im Nu fertig; **zoom in** *vi* ❶ (PHOT) nah herangehen ❷ (*fam*) hereinsausen; ~ **in on s.th.** (*fig fam*) etw sofort herausgreifen; **zoom out** *vi* ❶ (PHOT) aufziehen ❷ (*fam*) hinaussausen

zorb·ing ['zɔ:bɪŋ] *s* (*rolling downhill while strapped inside a huge, transparent, air-cushioned ball*) Zorbing *nt*

zuc·chi·ni [zu'ki:nɪ] *s* (*Am*) Zucchini *pl*

Notizen

Notizen

Notizen

Notizen

Notizen

Notizen

Notizen

Notizen

British Isles
Britische Inseln
0 50 100 150 200 km
0 50 100 150 miles
1 : 7 700 000
Shetland Islands
Shetland-Inseln
Orkney Islands
Orkney-Inseln
Outer Hebrides
Äußere Hebriden
ATLANTIC OCEAN
ATLANTSCHER OZEAN
Spey
Scotland
Tay
Schottland
North Sea
Nordsee
Glasgow
Edinburgh
Tweed
North Channel/Nordkanal
UNITED KINGDOM
Northern Ireland
Nordirland
Belfast
Isle of Man
England
VEREINIGTES KÖNIGREICH
IRELAND
IRLAND
Irish Sea
Irische See
Dublin
Manchester
Liverpool
Trent
Shannon
Barrow
Suir
Wales
Birmingham
Ouse
St George's Channel
St.-Georgs-Kanal
Severn
Oxford
Thames
Themse
Cardiff
London
Isle of Wight
English Channel
Kanal
Scilly Isles
Scilly-Inseln
Channel Is. (U. K.)
Kanalinseln
Alderney
Guernsey
Sark
Jersey
Seine
FRANCE
FRANKREICH

The English-Speaking World
Die englischsprachige Welt

1 : 127 000 000

0 1000 2000 3000 km

0 1000 2000 miles

Countries where English is the official language
Staaten, in denen Englisch die offizielle Landes-sprache ist

Countries where English is one of the official languages
Staaten, in denen Englisch eine der offiziellen Landes sprachen ist

	›TSWANA ›TSUANA	P.	PAPUA NEW GUINEA PAPUA NEUGUINEA
	›itish Virgin Islands ›itische Jungferninseln (U. K.)	P. R.	Puerto Rico (USA)
	›AMEROON ›AMERUN	S.	SINGAPORE SINGAPUR
	›E GAMBIA ›AMBIA	S. A.	SOUTH AFRICA SÜDAFRIKA
	›braltar (U. K.) ›am (USA)	S. I.	SOLOMON ISLANDS SALOMONEN
	›rthern Mariana Is. ›rdliche Marianen (USA)	S. L.	SIERRA LEONE
		ST K.	ST KITTS AND NEVIS ST. KITTS UND NEVIS

ST V.	ST VINCENT AND THE GRENADINES ST. VINCENT UND DIE GRENADINEN
U.	UGANDA
U. A. E.	UNITED ARAB EMIRATES VEREINIGTE ARABISCHE EMIRATE
Z.	ZAMBIA SAMBIA
ZI.	ZIMBABWE SIMBABWE

Countries in the Pacific Ocean:
Staaten im Pazifischen Ozean:

1 Midway (USA)
2 Hawaii (USA)
3 MARSHALL ISLANDS
MARSHALLINSELN
4 NAURU
5 KIRIBATI
6 TUVALU
7 Western Samoa
Samoa-West
8 FIJI
FIDSCHI
9 TONGA
10 Cook Islands
Cookinseln

Canada
Kanada
1 : 60 000 000
0 500 1000 1500
0 500 1000 miles
RUSSIA
RUSSLAND
Bering Sea
Beringmeer
Alaska
(USA)
Yukon
Beaufort Sea
Beaufortsee
Greenland
(Denm.)
Grönland
(Dän.)
ICELA
ISLAN
Arctic Circle
Nördlicher Polarkreis
Baffin Bay
Yukon Territory
Yukon-territorium
Whitehorse
Mackenzie
Gt. Bear L.
Gr. Bärensee
Northwest Territories
Nordwestterritorien
Yellowknife
Gt. Slave L.
Gr. Sklavensee
Nunavut
Iqaluit
Labrador Sea
Labradorsee
ATLANTIC OCE
ATLANTISCH
OZEAN
Gulf of Alaska
Golf von Alaska
50
PACIFIC OCEAN
PACIFISCHER
OZEAN
British Columbia
British Columbia
Peace R.
Peace
Athabasca
L. Athabasca
Athabascasee
Alberta
Edmonton
Saskatchewan
Regina
Hudson Bay
Nelson
Manitoba
L. Winnipeg
Winnipegsee
Winnipeg
Ontario
Québec
Québec
Newfoundland
Neufundland
St. Joh
St. Pier
Miquel
St. Pier
Miquel
St. Lawrence R.
St.-Lorenz-Strom
N. B.
P. E. I.
Charlottetow
Fredericton
Halifax
N. S.
Victoria
Columbia
Missouri
L. Superior
Oberer See
Ottawa
Toronto
L. Huron
Huronsee
L. Ontario
Ontariosee
L. Erie
Eriesee
L. Michigan
Michigansee
Mississippi
UNITED STATES
OF AMERICA
VEREINIGTE STAATEN
VON AMERIKA
120 110 100 90 80
N. B. New Brunswic
Neubraunschw
N. S. Nova Scotia
Neuschottland
P. E. I. Prince Edward
Prinz-Eduard-I

C. Connecticut
D. C. District of Columbia
M. Maryland
Ma. Massachusetts
N. H. New Hampshire
R. I. Rhode Island
S. C. South Carolina
Südkarolina
V. Vermont
W. V. West Virginia
Westvirginia
CANADA
KANADA
120 110 100 90 80 70
Olympia
Washington
Salem
Oregon
Boise
Idaho
Missouri
Montana
Helena
North Dakota
Bismarck
Norddakota
Minnesota
St. Paul
L. Superior
Oberer See
Wisconsin
Madison
Michigan
L. Michigan
Michigansee
Lansing
L. Huron
Huronsee
L. Erie
Eriesee
L. Ontario
Ontariosee
St. Lawrence R.
St.-Lorenz-Strom
Main
Aug
M.
V.
C.
N. H.
Bo
Albany
New York
Ma.
C.
P.
Hartford
R
South Dakota
Pierre
Süddakota
Wyoming
Cheyenne
Nebraska
Lincoln
Iowa
Des Moines
Mississippi
Illinois
Springfield
Indiana
Indianapolis
Ohio
Columbus
Pennsylvania
Harrisburg
Trenton
New Jers
Dover
Delaware
A.
M.
Washington D
W. V.
Charleston
Richmond
Virginia
Nevada
Carson City
Sacramento
California
Kalifornien
Salt Lake City
Utah
Colorado
Denver
Colorado
Rio Grande
Kansas
Topeka
Arkansas
Jefferson City
Missouri
Ohio
Frankfort
Kentucky
Raleigh
North Carolina
Nordkarolina
Nashville
Tennessee
S. C.
Columbia
PACIFIC OCEAN
PAZIFISCHER OZEAN
A. Annapolis
C. Concord
J. Jackson
M. Montpelier
P. Providence
Arizona
Phoenix
Santa Fe
New Mexico
Oklahoma
Oklahoma City
Arkansas
Little Rock
Mississippi
Atlanta
Alabama
Georgia
Montgomery
Louisiana
J.
Baton Rouge
Tallahassee
Florida
ATLANT
OCEA
ATLANTISCH
OZEAN
Texas
Austin
Rio Grande
MEXICO
MEXIKO
Gulf of Mexico
Golf von Mexiko
BAHAMA
Straits of Florida
Floridastraße
Midway (USA)
170 160
Hawaii (USA)
PACIFIC OCEAN
Tropic of Cancer
Nördl. Wendekreis
Honolulu
PAZIFISCHER OZEAN
20
0 500 1000 km
RUSSIA
RUSSLAND
60
Alaska
(USA)
Yukon
CANADA
KANADA
Bering Sea
Beringmeer
Juneau
50
180 170 160
0 500 1000 km
110
Tropic of Cancer
Nördlicher Wendekreis
1 : 41 000 000
0 200 400 600 km
0 200 400 miles
United States of Ameri
Vereinigte Staaten von Amerik

Australia and New Zealand
Australien und Neuseeland

1 : 45 000 000

0 500 1000 1500 2000 km

0 500 1000 miles

Deutschland
Germany

1 : 6 400 000

0 50 100 150 200 km
0 50 100 150 miles

BELG.	BELGIEN BELGIUM
L.	LIECHTENSTEIN
LUX.	LUXEMBURG LUXEMBOURG

sterreich
ustria
5 800 000
25 50 75 km
25 50 miles
LIECHTENSTEIN
TSCHECHISCHE REP.
CZECH REP.
SLOWAKEI
SLOVAKIA
DEUTSCHLAND
GERMANY
Donau
Danube
Inn
Niederösterreich
Lower Austria
Wien
Vienna
St. Pölten
St Pölten
Linz
Oberösterreich
Upper Austria
Eisenstadt
Burgenland
Salzburg
Enns
Steiermark
Styria
UNGARN
HUNGARY
Bregenz
ralberg
Tyrol
Innsbruck
Salzach
Mur
Graz
Tirol
Tyrol
Kärnten
Carinthia
Drau
Drava
Klagenfurt
HWEIZ
ZERLAND
ITALIEN
ITALY
SLOWENIEN
SLOVENIA
KROATIEN
CROATIA

-R. Appenzell Ausser-Rhoden
Appenzell Outer Rhodes
R. Appenzell Inner-Rhoden
Appenzell Inner Rhodes
Basel-Landschaft
Basel District
Basel-Stadt
Basel City
Neuenburg
Neuchâtel
Nidwalden
Obwalden
Solothurn
Schaffhausen
DEUTSCHLAND
GERMANY
Rhein
Rhine
Sch.
Schaffhausen
Bodensee
Lake Constance
Basel
B.-St.
Thurgau
Frauenfeld
Liestal
B.-L.
Zürich
Zurich
St. Gallen
St Gallen
Herisau
A. A.-R.
Appenzell
A. I.-R.
Jura
Delémont
S.
Aare
Aarau
Aargau
Doubs
Solothurn
St Gallen
St Gallen
LIECHTENSTEIN
ÖSTERREICH
AUSTRIA
Zug
Zug
Schwyz
Schwyz
Luzern
Luzern
Lucerne
Lucerne
Vierwaldstätter See
Lake Lucerne
Glarus
Glarus
Neuenburg
Neuchâtel
N.
Bern
Stans
Nidw.
Altdorf
Chur
Coire
Neuenburger See
Lake Neuchâtel
Freiburg
Fribourg
Sarnen
Obw.
Uri
Inn
ANKREICH
ANCE
Bern
Graubünden
Grisons
Waadt
Vaud
Freiburg
Fribourg
Lausanne
Genfer See
Lake Geneva
Tessin
Ticino
Sion
Rhône
Genf
Geneva
Genf
Geneva
Bellinzona
Wallis
Valais
Lago Maggiore
Lake Maggiore
Luganer See
Lake Lugano
ITALIEN
ITALY
Die Schweiz
Switzerland
1 : 4 000 000
0 25 50 75 km
0 25 50 miles

Europa
1 : 40 000 000
0 250 500 750 1000 km
0 250 500 750 miles
AND. ANDORRA
ARM. ARMENIA ARMENIEN
BELG. BELGIUM BELGIEN
B.A.H. BOSNIA AND HERZEGOVINA BOSNIEN UND HERZEGOWINA
CROAT. CROATIA KROATIEN
L. LIECHTENSTEIN
LUX. LUXEMBOURG LUXEMBURG
MACED. MACEDONIA MAZEDONIEN
MOLD. MOLDOVA MOLDAU
MON. MONACO
NETH. NETHERLANDS NIEDERLANDE
S. M. SAN MARINO
SL. SLOVAKIA SLOWAKEI
SLOV. SLOVENIA SLOWENIEN
SW. SWITZERLAND SCHWEIZ
HUNG. HUNGARY UNGARN
VAT. VATICAN CITY VATIKANSTADT
ATLANTIC OCEAN
ATLANTISCHER OZEAN
Norwegian Sea
Arctic Circle
Nördlicher Polarkreis
Europäisches Nordmeer
Barents Sea
Barentssee
North Sea
Nordsee
British Isles
Britische Inseln
English Channel
Kanal
Bay of Biscay
Golf von Biscaya
Straits of Gibraltar
Straße von Gibraltar
Mediterranean Sea
Mittelmeer
Tyrrhenian Sea
Tyrrhenisches Meer
Adriatic Sea
Adria
Ionian Sea
Ionisches Meer
Black Sea
Schwarzes Meer
Caspian Sea
Kaspisches Meer
Bosporus
Danube
Donau
Volga
Wolga
Euphrates
Euphrat
Reykjavík
ICELAND
ISLAND
Faroe Islands (Den.)
Färöer (Dän.)
Lofoten
NORWAY
NORWEGEN
Oslo
SWEDEN
SCHWEDEN
Stockholm
FINLAND
FINNLAND
Helsinki
Tallinn
ESTONIA
ESTLAND
Riga
LATVIA
LETTLAND
LITHUANIA
LITAUEN
Vilnius
(Russia)
(Russland)
BELARUS
WEISSRUSSLAND
Minsk
RUSSIA
RUSSLAND
Moscow
Moskau
UNITED KINGDOM
VEREINIGTES KÖNIGREICH
London
IRELAND
IRLAND
Dublin
DENMARK
DÄNEMARK
Copenhagen
Kopenhagen
NETH.
Amsterdam
Brussels
Brüssel
BELG.
LUX.
Luxembourg
Luxemburg
GERMANY
DEUTSCHLAND
Berlin
POLAND
POLEN
Warsaw
Warschau
Prague
Prag
CZECH. REP.
TSCHECH. REP.
SL.
Bratislava
Pressburg
AUSTRIA
ÖSTERREICH
Vienna
Wien
FRANCE
FRANKREICH
Paris
Bern
SW.
L.
HUNG.
Budapest
UKRAINE
Kiev
Kiew
MOLD.
Chişinău
ROMANIA
RUMÄNIEN
Bucharest
Bukarest
SLOV.
Ljubljana
Laibach
Zagreb
CROAT.
B.A.H.
Sarajevo
Belgrade
Belgrad
YUGOSLAVIA
JUGOSLAWIEN
Sofia
BULGARIA
BULGARIEN
Skopje
MACED.
Tirana
ALBANIA
ALBANIEN
GREECE
GRIECHENLAND
Athens
Athen
ITALY
ITALIEN
S.M.
VAT.
Rome
Rom
MON.
Corsica
Korsika
Sardinia
Sardinien
Sicily
Sizilien
Valletta
MALTA
PORTUGAL
Lisbon
Lissabon
SPAIN
SPANIEN
Madrid
AND.
Balearic Is.
Balearen
Madeira (Port.)
Canary Is.
Kanarische In. (Sp.)
Rabat
MOROCCO
MAROKKO
Laâyoune
El-Aaiún
Western Sahara
Westsahara
Algiers
Algier
ALGERIA
ALGERIEN
Tunis
TUNISIA
TUNESIEN
Tripoli
Tripolis
LIBYA
LIBYEN
TURKEY
TÜRKEI
Ankara
Nicosia
Nikosia
CYPRUS
ZYPERN
LEBANON
LIBANON
Beirut
SYRIA
SYRIEN
Damascus
Damaskus
ISRAEL
Jerusalem
JORDAN
JORDANIEN
Amman
EGYPT
ÄGYPTEN
SAUDI-ARABIA
SAUDI-ARABIEN
IRAQ
IRAK
Baghdad
Bagdad
KUWAIT
Kuwait
IRAN
Teheran
GEORGIA
GEORGIEN
Tbilisi
Tiflis
ARM.
Yerevan
Eriwan
AZERBAIJAN
ASERBAIDSCHAN
Baku
TURKMENISTAN
KAZAKHSTAN
KASACHSTAN
UZBEKISTAN
USBEKISTAN
West from Greenwich
Westl. Länge von Greenwich
East from Greenwich
Östl. Länge von Greenwich

PONS

Schülerwörterbuch

Deutsch - Englisch

Ernst Klett Sprachen
Barcelona · Belgrad · Budapest · Ljubljana · London · Posen · Prag · Sofia · Stuttgart · Zagreb

PONS Schülerwörterbuch Deutsch-Englisch
herausgegeben von Prof. Dr. Erich Weis †

Kompaktwörterbuch Deutsch-Englisch neu bearbeitet und ergänzt
von Christian Nekvedavičius

Kompaktwörterbuch Neubearbeitung 1991:
Louise Aidulis, Dr. Andreas Cyffka, Elisabeth Meyer-Koch

Kompaktwörterbuch Neubearbeitung 1997:
Hugh Keith, Gudrun Küper, Annette Haas
unter Mitwirkung und Leitung von Dr. Andreas Cyffka

Schülerwörterbuch Neuentwicklung 1999:
Unter Mitwirkung und Leitung von Andrea Ender

Schülerwörterbuch Neubearbeitung 2003:
Rupert Livesey, Lucia Richter, Dr. Kurt Schwab, Gregor Vetter
unter Mitwirkung und Leitung von Andrea Ender

Aa

A, a [aː] <-, -> *nt* A, a; **das A und O** the be-all and end-all; **wer A sagt, muss auch B sagen** in for a penny, in for a pound; **von A bis Z** from beginning to end

Aal [aːl] <-(e)s, -e> *m* eel; **sich winden wie ein ~** wriggle like an eel

aalen *vr* (*faulenzen*) stretch out

aalglatt *adj* slick, slippery as an eel

Aas [aːs] <-es, -e/Äser> *nt* (*Tierkadaver*) carrion; **Aasgeier** *m* (*a. fig*) vulture

ab [ap] **I.** *adv* away, off; **~ und zu** now and then [*o* again]; **~ durch die Mitte!** (*fam*) beat it!; **London ~ 8.35 Uhr** (RAIL) leaving London 8:35; **von heute ~** from this day; **auf und ~ gehen** walk up and down **II.** *präp:* **~ Werk** (COM) ex works *pl;* **von nun ~, von jetzt ~** from now on; **~ heute** from today; **~ sofort** as of now

ab|ändern *vt* alter (*in* to); (*revidieren*) revise; **ein Gesetz ~** amend a bill

Abänderung *f* ❶ alteration ❷ (PARL) amendment; **in ~ des ...** in amendment of ...; **Abänderungsantrag** *m* (PARL) proposed amendment

ab|arbeiten **I.** *vt* work; (*Schuld*) work off **II.** *vr* ❶ (*Material*) wear off ❷ (*Person*) slave away

Abart *f* variety; (*Variation*) variation

abartig *adj* ❶ (*abnorm*) abnormal ❷ (*sl*) kinky

ab|ballern *vt* (*sl*) shoot down

Abbau <-(e)s> *m* ❶ (MIN) mining; (*über Tage*) quarrying ❷ (COM: *Preis~*) cut (*von* in) ❸ (CHEM: *Auflösung, Trennung*) decomposition ❹ (*von Fabrikeinrichtung*) dismantling; **~ von Arbeitskräften** reduction in labour *sing*

ab|bauen **I.** *vt* ❶ (MIN) mine; (*über Tage*) quarry ❷ (COM: *Preis*) reduce ❸ (*demontieren*) dismantle ❹ (CHEM) decompose **II.** *vi* (*erlahmen*) flag, wilt

ab|beißen *irr vt* bite off

ab|beizen *vt* strip; **Abbeizmittel** *nt* paint stripper

ab|bekommen *irr vt:* **etw ~** (*erhalten*) get some of it; (*beschädigt werden*) get damaged; (*verletzt werden*) get injured

ab|bestellen *vt* cancel; **jdn ~** tell s.o. not to come; **eine Zeitung ~** cancel a newspaper subscription; **Abbestellung** *f* cancellation

ab|bezahlen *vt* pay off

ab|biegen **I.** *irr vt haben* ❶ (*Gegenstand*) bend off ❷ (*fam: verhindern*) head off; (*sich einer Aufgabe entziehen*) manage to get out of **II.** *vi sein* ❶ (*Fahrzeug*) turn off (*in* into) ❷ (*Straße*) bend; **nach links ~** turn to the left

Abbiegespur *f* (AUTO) filter lane

Abbild *nt* ❶ (*Kopie*) copy ❷ (*~ eines Menschen*) image; **ab|bilden** *vt* ❶ portray ❷ (INFORM) map; **auf Seite 15 ist ein Schloss abgebildet** there's a castle shown on page 15

Abbildung *f* ❶ (*Wiedergabe*) reproduction ❷ (*Illustration*) illustration ❸ (INFORM) mapping; **mit ~en versehen** illustrate

ab|binden *irr vt* ❶ (*losbinden*) untie ❷ (MED) ligature

Abbitte *f* apology; **~ leisten** apologize (*bei jdm wegen etw* to s.o. for s.th.)

ab|bitten *irr vt:* **jdm etw ~** beg someone's pardon for s.th.

ab|blasen *irr vt* ❶ (*fam*) call off ❷ (*Staub*) blow off (*von etw* s.th.)

ab|blättern *vi* (*sich abschälen*) flake off

ab|blenden *vt* ❶ (*Lampe*) screen ❷ (AUTO) dip *Br,* dim *Am* ❸ (PHOT) stop down ❹ (FILM) fade out

Abblendlicht *nt* dipped headlights *Br,* dimmed headlights *Am*

ab|blitzen *sein vi* (*fam*) be sent packing; **jdn ~ lassen** (*fam*) send s.o. packing

ab|blocken *vt* (*a. fig*) block

ab|brausen **I.** *vt haben* (*Körperteil*) wash under a shower **II.** *vi sein* (*fam: wegfahren*) roar off **III.** *vr haben* take a shower

ab|brechen **I.** *irr vt haben* ❶ break off; (*abreißen*) tear down ❷ (*aufhören*) break off ❸ (INFORM) abort; **brich dir (mal) keinen ab!** (*fam*) don't make such a dance!; **sich einen ~** (*sl: Umstände machen*) make heavy weather of it **II.** *vi* ❶ *sein* break off ❷ *haben* (*aufhören*) stop

ab|brennen **I.** *irr vt haben* (*Bewuchs*) burn off; (*Gebäude*) burn down; (*Feuerwerk*) let off **II.** *vi sein* burn down

ab|bringen *irr vt* (*Gegenstand*) get off; **jdn von etw ~** make s.o. change his [*o* her] mind about s.th.; **ich lass' mich davon nicht ~!** nothing will make me change my mind about it!; **jdn vom Rauchen ~** get s.o. to stop smoking

ab|bröckeln *sein vi* crumble away; (*fig*) drop off

Abbruch <-(e)s> *m* ❶ (*von Gebäude*) demolition ❷ (*von Beziehungen*) breaking off ❸ (*Schaden*) harm; **einer Sache ~ tun** do harm to s.th.

abbruchreif *adj* only fit for demolition

ab|brühen *vt* scald

ab|buchen *vt* (COM) debit (*von* to); **etw ~ lassen** pay s.th. by direct debiting order (*von* from)
Abbuchung *f* (COM) direct debiting
ab|bürsten *vt* brush (down)
ab|büßen *vt* (*Strafe*) serve
Abc [abe'tse:] <-, -s> *nt* Abc; **Abc-Schütze** *m* (*fam*) child just starting school
ABC-Waffen *fpl* (MIL) NBC-weapons
ab|danken *vi* (POL) resign; (*von Herrschern*) abdicate
ab|decken *vt* ❶ (*Dach*) untile ❷ (*Haus*) tear the roof off ❸ (*Tisch*) clear ❹ (*ver-, zudecken*) cover ❺ (*Bett*) turn down
Abdeckstift *m* concealer stick
ab|dichten *vt* seal up; **gegen Lärm ~** make soundproof; **gegen Wasser ~** make watertight
Abdichtung *f* (*Verschluss*) seal
ab|drängen *vt* push away (*von* from)
ab|drehen **I.** *vt* (*Gas, Wasser*) turn off; (ELEK) switch off **II.** *vi* (AVIAT) veer off
ab|driften *vi sein* drift off
ab|drosseln *vt* (AUTO) throttle down
Abdruck[1] <-(e)s, Abdrücke> *m* imprint; (*von Finger, Fuß*) print; **man sieht jeden ~ auf dieser Lederjacke** you can see every mark on this leather jacket
Abdruck[2] *m* (TYP: *Nachdruck*) reprint
ab|drucken *vt* print; (*wieder ~*) reprint
ab|drücken **I.** *vt*: **jdn ~** (*fam*) squeeze s.o.; **jdm die Luft ~** squeeze all the breath out of s.o. **II.** *vi* (*Schusswaffe*) pull [*o* squeeze] the trigger
ab|dunkeln *vt* dim
ab|ebben *sein vi* ❶ (*Meer*) go out ❷ (*sich beruhigen*) fade [*o* die] away
Abend ['a:bənt] <-s, -e> *m* evening; **am ~** in the evening; **am nächsten ~** the next evening; **gegen ~** towards evening; **heute ~** this evening; (*später*) tonight; **gestern ~** last night; **morgen ~** tomorrow evening; **es ist noch nicht aller Tage ~** it's early days still; **zu ~ essen** have supper [*o* dinner]; **Abendanzug** *m* dinner suit; **Abendbrot** *nt*, **Abendessen** *nt* supper; **Abenddämmerung** *f* dusk; **abendfüllend** *adj* taking up the whole evening; **Abendkasse** *f* (THEAT) box office; **Abendkleid** *nt* evening dress; **Abendkurs** *m* evening classes *pl*; **Abendland** *nt* western world; **abendländisch** *adj* western; **Abendmahl** *nt* (*Kommunion*) Holy Communion; **das ~ empfangen** take communion; **Abendrot** *nt* sunset; **abends** ['a:bənts] *adv* in the evening; **Abendschule** *f* night school; **Abendsonne** *f* setting sun; **Abendstern** *m* evening star
Abenteuer ['a:bəntɔɪɐ] <-s, -> *nt* adventure; **ein ~ mit jdm haben** (*kurzes Verhältnis*) have an affair with s.o.; **Abenteuerferien** *pl* adventure holidays; **abenteuerlich** *adj* adventurous; **Abenteuerspielplatz** *m* adventure playground; **Abenteurer(in)** ['a:bəntɔɪrɐ] *m(f)* adventurer, adventuress
aber ['a:bɐ] *konj* ❶ (*Gegensatz*) but; **oder ~** or else; **~ trotzdem** but still; **schönes Wetter! – ~ ziemlich kalt!** nice day! – rather cold, though! ❷ (*Verstärkung*): **~, ~!** (*interj*) come, come!; **~ ja!** oh, yes!; **bist du ~ braun!** aren't you brown!; **nun ist ~ Schluss!** now that's enough!
Aber <-s, -> *nt* but; **ohne Wenn und ~** without any ifs and buts *pl*
Aberglaube *m* superstition
abergläubisch *adj* superstitious
aberhundert *num*: **hundert und A~** hundreds upon hundreds
ab|erkennen *irr vt*: **jdm etw ~** deprive s.o. of s.th.; (JUR SPORT) disallow s.o. s.th.
abermals ['a:bɐma:ls] *adv* once again
ab|ernten *vt* harvest
abertausend *num*: **tausend und A~** thousands upon thousands
ab|fackeln *vt* (*Erdgas*) burn off
abfahrbereit *adj* ready to leave
ab|fahren **I.** *irr vi sein* ❶ leave (*nach* for); (MAR) sail (*nach* for) ❷ (*Ski*) ski down **II.** *vt haben* (*fortschaffen*) cart off
Abfahrt *f* ❶ departure ❷ (*beim Skifahren*) descent; **Abfahrtslauf** *m* (*Ski*) downhill; **Abfahrt(s)tag** *m* day of departure; **Abfahrt(s)zeit** *f* time of departure
Abfall *m* ❶ (*Müll*) rubbish *Br*, garbage *Am* ❷ (*a.* POL) break (*von* with); **in den ~ kommen** go into the dustbin *Br*, go into the trashcan *Am*; **Abfallberg** *m* rubbish tip; **Abfallbeseitigung** *f* waste disposal; **Abfalleimer** *m* wastebin *Br*, garbage can *Am*
ab|fallen *sein irr vi* ❶ drop off ❷ (*übrig bleiben*) be left ❸ (*rebellieren*) revolt ❹ (*von Gelände*) slope away; **wie viel fällt für mich ab?** (*fam*) how much do I get?; **vom Glauben ~** break with the faith
abfällig *adj* disparaging, deprecatory; **von jdm ~ sprechen** speak disparagingly of s.o.; **~e Bemerkungen über jdn machen** make derogatory [*o* disparaging] remarks about s.o.
Abfallprodukt *nt* (*a. fig*) by-product; **Abfallstoffe** *mpl* waste products; **Abfallverbrennung** *f* refuse incineration; **Abfallverbrennungsanlage** *f* refuse

incineration plant; **Abfallverwertung** *f* recycling; **Abfallwirtschaft** *f* waste management

ab|fangen *irr vt* ❶ (*erwischen*) catch ❷ (*Briefe, Meldungen*) intercept ❸ (AVIAT) pull out; **Abfangjäger** *m* (MIL AERO) interceptor

ab|färben *vi* (*Wäschestück*) run; **auf jdn ~** (*fig*) rub off on s.o.

ab|fassen *vt* (*verfassen*) write, draft

ab|fertigen *vt* ❶ (*versandfertig machen*) get ready for dispatch ❷ (*Gepäck*) check (in) ❸ (*an Grenze*) clear ❹ (*Kundschaft*) deal with, attend to; **jdn kurz ~** snub s.o.

Abfertigung *f* (COM) ❶ (*Gebäude*) dispatch office ❷ (*Tätigkeit*) clearance; **Abfertigungsschalter** *m* check-in desk

ab|feuern *vt* fire

ab|finden I. *irr vt* pay off II. *vr:* **sich mit jdm ~** come to terms with s.o.; **sich mit etw schwer ~** find it hard to accept s.th.; **Abfindung** *f* paying off; (*Entschädigung*) compensation, indemnification

ab|flauen ['apflaʊən] *sein vi* ❶ (*Wind*) die down, subside ❷ (*fig*) fade ❸ (COM: *Nachfrage, Geschäft*) fall [*o* drop] off

ab|fliegen *irr vi sein* (AVIAT) take off (*nach* for)

Abflug *m* (AVIAT) ❶ (*von Flugzeug*) take-off ❷ (*für Fluggäste*) departure (*nach* for); **Abflughalle** *f* departure lounge; **Abflugzeit** *f* departure time

Abfluss <-es, Abflüsse> *m* ❶ (*Rohr*) wastepipe ❷ (*von Gewässern*) outlet

ab|fordern *vt:* **jdm etw ~** demand s.th. from s.o.

Abfrage <-, -n> *f* (INFORM) inquiry, query; **Abfragemedium** *nt* (INFORM) inquiry medium

ab|fragen *vt* ❶ question (*über etw* on s.th.) ❷ (SCHULE) test orally ❸ (INFORM) query

Abfuhr ['apfu:ɐ] <-, -en> *f* (*Rüge*) rebuff, snub; **jdm eine ~ erteilen** snub s.o.; **sich eine ~ holen** be snubbed

ab|führen I. *vt* ❶ (*wegführen*) lead away ❷ (*Geld*) pay (*an* to) II. *vi* (MED) have a laxative effect

Abführmittel *nt* (MED) laxative

ab|füllen *vt* ❶ (*in Flaschen*) bottle ❷ (*aus Gefäß*) ladle off ❸ (*sl: betrunken machen*) get sloshed

Abgabe *f* ❶ (*das Abgeben*) delivery ❷ (FIN) contribution; (*Steuer*) duty, tax; **abgabepflichtig** *adj* (FIN) liable to taxation

Abgang *m* ❶ (*Aufbruch*) departure ❷ (THEAT) exit ❸ (SPORT) dismount ❹ (MED: *von Blasenstein*) passing; **Abgangsprüfung** *f* leaving examination; **Abgangszeugnis** *nt* leaving certificate

abgängig *adj* (*österr: vermisst*) missing

Abgas *nt* (AUTO) exhaust fumes *pl*; **abgasarm** *adj* with low exhaust emission; (*Fahrzeug a.*) low-pollution; **Abgasgrenzwerte** *pl* exhaust emission limits *pl*; **Abgasreinigung** *f* purification of exhaust gases; **Abgasrückführung** *f* (AUTO) exhaust gas recirculation; **Abgassonderuntersuchung** *f* (AUTO) *compulsory annual test of a car's emission levels*

ab|geben *irr vt* ❶ hand in; (*fortgeben*) give away ❷ (COM) sell ❸ (SPORT: *Punkte*) concede; (*Ball*) pass ❹ (*Erklärung, Urteil*) give; **jdm etw ~** give s.th. to s.o.; **sich mit etw ~** bother o.s. with s.th.; **sich mit jdm ~** associate with s.o.; **seine Meinung ~ über ...** express one's opinion about ...; **eine Nachricht bei jdm ~** leave a message with s.o.

abgebrannt *adj* (*fam*) (stony) broke

abgebrüht *adj* (*fam*) hardened

abgedreht *adj* (*sl*) tuned in

abgedroschen *adj* well-worn, hackneyed

abgefahren *adj* (*sl: cool, schräg*) way-out

abgefeimt ['apgəfaɪmt] *adj* crafty, cunning

abgehackt *adj* (*fig*) clipped; **~ sprechen** speak in a clipped manner

abgehangen *adj* hung

abgehärtet *adj* hardy (*gegen* to)

ab|gehen *sein irr vi* ❶ (*von Schule*) leave ❷ (*Knopf*) come off; **es ist alles gut abgegangen** everything went [*o* passed] off well; **von einer Meinung ~** change one's opinion; **davon kann ich nicht ~** I must insist on that

abgekartet *adj:* **ein ~es Spiel** a put-up job

abgeklärt *adj* (*Alter*) serene; **Abgeklärtheit** *f* serenity

abgelagert *adj* (*Wein*) matured; (*Holz*) seasoned

abgelaufen *adj* ❶ (COM: *Wechsel*) due, payable ❷ (*Zeit*) expired

abgelegen *adj* remote

abgemacht *interj* OK!; **das ist eine ~e Sache** that's a fix

abgeneigt *adj:* **~ sein** be adverse [*o* reluctant] to ...; **jdm ~ sein** dislike s.o.; **ich wäre nicht ~** I wouldn't mind

abgenutzt *adj* worn; (*Reifen*) worn-down

Abgeordnete(r) <-n, -n> *f m* representative; (*im Parlament*) member of parliament; **~ des Europäischen Parlaments** Member of the European Parliament, MEP; **Abgeordnetenhaus** *nt* parliament

abgereichert *adj* (*Uran*) depleted

abgerissen *adj* ❶ (*fam: Person*) ragged ❷ (*Kleider*) shabby

abgerundet *adj* rounded
Abgesandte(r) <-n -n> *f m* delegate; (POL) envoy
abgeschabt *adj* threadbare
abgeschieden *adj* (*abgelegen*) remote, solitary; **Abgeschiedenheit** *f* seclusion
abgeschlafft *adj* (*fam*) whacked
abgeschlagen *adj* (*müde*) worn-out
abgeschlossen *adj* ❶ (*verschlossen*) locked ❷ (*isoliert*) isolated; (*Wohnung*) self-contained
abgeschmackt ['apgəʃmakt] *adj* fatuous
abgesehen *adj:* ~ **von ...** apart from ...; **es auf jdn ~ haben** have it in for s.o.; **es auf etw ~ haben** have one's eye on s.th.
abgespannt *adj* (*müde*) weary, tired out
abgestanden *adj* stale; (*Bier*) flat
abgestorben *adj* (*Pflanze, Gewebe*) dead; (*Glieder*) numb
abgestumpft *adj* ❶ (*von Gefühl*) dull ❷ (*geistig*) insensitive (*gegenüber* to)
ab|gewinnen *irr vt:* **einer Sache Geschmack ~** get a taste for s.th.; **ich kann seinem Vorschlag keinen Reiz ~** I am unable to see anything attractive in his proposal
ab|gewöhnen *vt:* **sich etw ~** give up doing s.th.; **jdm etw ~** cure s.o. of s.th.
Abglanz *m* reflection
Abgleich <-s> *m* comparison; **ab|gleichen** *irr vt* ❶ (*Bau*) level out ❷ (ELEK) tune ❸ (*fig*) coordinate
ab|gleiten *irr vi* slip, slide
Abgott *m* idol; **jds ~ sein** be idolized by s.o.; **abgöttisch** ['apgœtɪʃ] *adj* idolatrous; **jdn ~ lieben** idolize s.o.
ab|graben *vt:* **jdm das Wasser ~** cut off sb's lifeline, take away sb's livelihood
ab|grasen *vt* graze; (*fig*) comb
ab|grenzen I. *vt* ❶ (*mit Einzäunung*) fence off ❷ (*fig*) delimit (*gegen* from) **II.** *vr* (*fig*): **sich ~ gegen** dis(as)sociate o.s. from
Abgrenzung *f* ❶ (*Zaun*) fencing ❷ (*fig*) delimitation
Abgrund *m* precipice; (*fig*) abyss
abgründig *adj* (*fig*) cryptic
abgrundtief *adj* (*a. fig*) profound
ab|gucken *vi* copy (*bei* from)
Abguss <-es, Abgüsse> *m* ❶ (*Gießen*) founding ❷ (*abgegossenes Bild*) cast
ab|hacken *vt* chop off
ab|haken *vt* (*von Liste*) tick off *Br*, check off *Am*
ab|halten *irr vt* ❶ keep off ❷ (*Sitzung*) hold ❸ (*Fest*) celebrate ❹ (*verhindern*) stop; **jdn davon ~, etw zu tun** keep s.o. from doing s.th.; **lass dich nicht ~!** don't let me stop you!; **ein Kind ~** allow a child to pee
ab|handeln *vt* ❶ (*vom Preis*) get s.o. to knock a bit off ❷ (*erörtern*) deal with, treat
abhanden [ap'handən-] *adv:* ~ **kommen** get lost
Abhandlung *f* treatise, discourse (*über* on)
Abhang *m* slope
ab|hängen I. *vt* ❶ take down; (*Zug*) uncouple ❷ (*Auto, a. fig: nach dem Überholen*) shake off **II.** *irr vi* (*fig*): ~ **von** depend on; **das hängt davon ab!** that depends!
abhängig *adj* (*Person*) dependent (*von* on)
Abhängigkeit *f* ❶ (*von Personen*) dependence ❷ (*Bedingtheit*) dependency ❸ (GRAM) subordination
ab|härten I. *vt* toughen up **II.** *vr* (*fig*) harden o.s. (*gegen* to)
Abhärtung *f* ❶ toughening up ❷ (*fig*) hardening
ab|hauen I. *irr vt* (*Gegenstand*) cut off **II.** *vi sein* (*sl: weggehen*) push off; **hau ab!** get lost!
ab|heben I. *irr vt* ❶ (*Gegenstand*) take off ❷ (*anheben*) lift ❸ (*Geld*) withdraw; **eine Karte ~** take a card **II.** *vi* (AVIAT) take off; (*Rakete*) lift off **III.** *vr:* **sich von etw ~** stand out against s.th.
ab|helfen *irr vi:* **einer Sache ~** remedy s.th.
ab|hetzen I. *vt* tire out **II.** *vr* wear o.s. out
Abhilfe *f* remedy; ~ **schaffen** take remedial action
ab|hobeln *vt* plane down
ab|holen *vt* ❶ (*Person*) call for ❷ (*Gegenstand*) collect, fetch; **etw ~ lassen** send for s.th.; **jdn am Bahnhof ~** meet s.o. at the station
Abholmarkt *m* cash and carry
ab|holzen *vt* (*Wald*) chop down; (*ganze Gebiete*) clear; **Abholzung** *f* deforestation
Abhöraffäre *f* bugging affair; **Abhöraktion** *f* bugging operation
ab|horchen *vt* (MED) auscultate
Abhöreinrichtung *f* bugging system
ab|hören *vt* ❶ (SCHULE) hear a pupil's lesson ❷ (*Gespräch*) bug; **abhörsicher** *adj* bugproof
Abitur <-s, -e> *nt* Abitur, *German school-leaving examination and university entrance qualification*

i Land & Leute

Das Abitur, the school leaving examination needed for entry to higher education, is taken in most German grammar schools in Year 13. As this is relatively late in comparison to other countries, there are some schools in which the **Abitur** can be taken in Year 12. In Austria and Switzerland it is called *Matura* or *Maturität* and can already be taken in Year 9.

Abiturient(in) *m(f) person who has done the Abitur*
ab|jagen *vt:* **jdm etw ~** get s.th. off s.o.
ab|kapseln *vr* cut o.s. off
ab|kauen *vt* (*Fingernägel*) bite; (*Bleistift*) chew
ab|kaufen *vt:* **jdm etw ~** buy s.th. from s.o.
ab|kehren *vr:* **sich von jdm/etw ~** turn away from s.o./s.th.
ab|klappern *vt* (*fam*) scour (*nach* for)
ab|klären *vt* clarify
Abklatsch <-es, -e> *m* (*fig pej*) poor imitation
ab|klingen *sein irr vi* ❶ (*Krankheit*) ease off ❷ (*Effekt, Wirkung*) wear off
ab|klopfen *vt* (MED) sound; **jdn auf etw ~** (*fam*) sound s.o. out about s.th.; **etw auf etw ~** go into s.th. to find out whether …
ab|knallen *vt* (*sl*): **jdn ~** shoot s.o. down
ab|knapsen *vt:* **sich etw ~** scrape s.th. together; **jdm etw ~** get s.th. off s.o.
ab|knöpfen *vt* unbutton; **jdm etw ~** (*fam*) get s.th. off s.o.
ab|knutschen I. *vt* (*fam*): **jdn ~** canoodle s.o. **II.** *vr* canoodle
ab|kochen *vt* boil; (*sterilisieren*) sterilize; (*Milch*) scald
ab|kommandieren *vt* detail (*zu* for)
Abkommen <-s, -> *nt* agreement; **ein ~ treffen mit …** come to an agreement with …
ab|kommen *sein irr vi* get away; **vom Weg ~** lose one's way; **von etw ~** give up s.th.; **von einem Thema ~** get off a subject
abkömmlich *adj* available, free; **nicht ~ sein** be unavailable
Abkömmling [ˈapkœmlɪŋ] *m* (*Nachkomme*) descendant
ab|koppeln *vt* (TECH) uncouple; (*fig*) break the link
ab|kratzen I. *vt haben* scrape [*o* scratch] off **II.** *vi sein* (*vulg: sterben*) kick the bucket, pop off
ab|kriegen *vt* ❶ (*bekommen*) get ❷ (*verletzt werden*) get hurt
ab|kühlen I. *vt* (*a. fig*) cool **II.** *vr* cool down; **Abkühlung** *f* cooling
ab|kupfern *vt* (*fam*) crib, copy
ab|kürzen *vt* ❶ (*ein Wort*) abbreviate ❷ (*verkürzen*) cut short; **den Weg ~** take a short cut
Abkürzung *f* ❶ (GRAM) abbreviation ❷ (*von Weg*) short cut; **Abkürzungsverzeichnis** *nt* list of abbreviations
ab|laden *irr vt* (*Last*) unload; (*Müll*) dump
Ablage *f* storage place; (*im Büro*) filing
ab|lagern I. *vt* (*deponieren*) store; (*anhäufen*) deposit **II.** *vi* (*Wein*) mature; (*Holz*) season
Ablagerung *f* (*a.* GEOL) deposit
ablagerungsfähig *adj* capable of landfill disposal
ab|lassen[1] *irr vi* (*aufhören*) desist; **von etw ~** abandon s.th.
ab|lassen[2] *irr vt* (*Flüssigkeit*) drain; (*Dampf*) let off; (AUTO: *Motoröl*) drain off; **jdm etw vom Preis ~** knock s.th. off the price for s.o.
Ablauf *m* ❶ (*das Ablaufen*) drain ❷ (*von Ereignissen*) course ❸ (*einer Frist*) expiry; **nach ~ von …** at the end of …; **Ablaufbrett** *nt* (*an Spüle*) draining board
ab|laufen I. *irr vi sein* ❶ (*Flüssigkeit*) run off ❷ (*Frist*) run out ❸ (*Uhr*) run down; **wie ist es abgelaufen?** how did it go? **II.** *vt haben* (*Schuhe*) wear out; **jdm den Rang ~** steal a march on s.o.
Ableben *nt* (*Tod*) decease
ab|lecken *vt* lick off
ab|legen I. *vt* ❶ (*ausziehen*) take off ❷ (*Gewohnheiten*) give up ❸ (*Last*) lay down ❹ (*Akten*) file; **einen Eid ~** take an oath; **eine Probe von etw ~** give a proof of s.th.; **eine Prüfung ~** pass [*o* take] an examination **II.** *vi* (*Schiff*) cast off
ab|lehnen *vt* decline; (*Angebot, Stelle*) reject
Ablehnung *f* refusal; (*von Angebot, Stelle*) rejection; **auf ~ stoßen** meet with disapproval
ab|leisten *vt:* **seinen Wehrdienst ~** serve one's time
ab|leiten I. *vt* ❶ (*Gewässer*) divert ❷ (LING: *Wort*) derive (*aus, von* from) **II.** *vr* (LING) be derived
Ableitung *f* ❶ (*eines Flusses*) diversion ❷ (LING) derivative
ab|lenken I. *vt* (*zerstreuen*) distract **II.** *vi:* **vom Thema ~** change the subject
Ablenkung *f* (*Zerstreuung*) diversion; **~ vom Thema** changing of the subject; **~ brauchen** need s.th to take one's mind off things; **Ablenkungsmanöver** *nt:* **~ betreiben** bring in a red herring, lay a false scent

ab|lesen *irr vi, vt* (*von einem Blatt, Zählerstand*) read
ab|leugnen *vt* deny
ab|lichten *vt* (*fotokopieren*) photocopy; (*fotografieren*) photograph
Ablichtung *f* (PHOT) photocopy
ab|liefern *vt* (*übergeben*) hand over (*bei* to); (COM) deliver
Ablieferung *f* handing-in; (*von Waren*) delivery; **bei** ~ on delivery
ablösbar *adj* (*trennbar*) detachable
ab|lösen **I.** *vt* ❶ (*entfernen*) take off ❷ (FIN: *Schulden*) pay off; **jdn** ~ take the place of s.o. **II.** *vr* (*abgehen*) come off; (*Haut*) peel off; (*Kollegen, Wache*) take turns
Ablösung *f* ❶ (MIL) relief ❷ (FIN: *von Schulden*) redemption
Abluft *f* (TECH) waste air
ABM *f Abk. von* **Arbeitsbeschaffungsmaßnahme** job creation scheme
ab|machen[1] *vt* take off
ab|machen[2] *vt* (*vereinbaren*) agree (*etw* on s.th.); **Abmachung** *f* agreement
ab|magern *sein vi* get thinner; **Abmagerungskur** *f* diet; **eine** ~ **machen** be on a diet
ab|mahnen *vt* caution; **Abmahnung** *f* caution
ab|malen *vt* copy
Abmarsch *m* departure; **abmarschbereit** *adj* ready to move off
ab|marschieren *sein vi* march off
ab|mehren *vi* (*CH: abstimmen*) take a vote
ab|melden **I.** *vt* (*Abonnement*) cancel; **sein Telefon** ~ have one's telephone disconnected **II.** *vr:* **sich bei jdm** ~ tell s.o. that one is leaving
ab|messen *irr vt* (*a. fig*) measure; **Abmessung** *f* measurement
ab|montieren *vt* (*Gegenstand*) take off (*von etw* s.th.)
ABM-Stelle *f* temporary post (*through job creation scheme*)
ab|mühen *vr* struggle
ab|nabeln *vr* (*fam*) cut oneself loose
ab|nagen *vt:* **einen Knochen** ~ gnaw off meat from a bone
Abnahme[1] *f* (*das Abnehmen*) taking down
Abnahme[2] *f* ❶ (*Verringerung*) decrease ❷ (COM) decline ❸ (*TÜV*) inspection
ab|nehmen **I.** *irr vt* ❶ (*Gegenstand*) take off ❷ (MED: *Körperteil*) amputate; **den Hörer** ~ lift the receiver; **jdm etw** ~ take s.th. from s.o.; **das nehme ich dir nicht ab!** (*fam*) I don't buy that tale! **II.** *vi* ❶ (*an Zahl*) decrease; (*an Gewicht*) lose weight ❷ (*Mond*) wane; **sein Erfolg nimmt ab** his success is on the wane
Abnehmer(in) *m(f)* (COM) buyer, customer, purchaser
Abneigung *f* dislike (*gegen* of), aversion (*gegen* to)
abnorm [ap'nɔrm] *adj* abnormal
ab|nutzen *vt, vr* wear out; **Abnutzung** *f* wear and tear
Abonnement [abɔn(ə)'mɑ̃:] <-s, -s> *nt* subscription; **Abonnementfernsehen** *nt* pay TV
Abonnent(in) [abɔ'nɛnt] <-en, -en> *m(f)* (*von Zeitung*) subscriber; **Abonnentenwerbung** *f* (MARKT) circulation promotion
abonnieren *vt* subscribe to
ab|ordnen *vt* delegate; **Abordnung** *f* delegation
Abort [a'bɔrt] <-s, -e> *m* ❶ lavatory, toilet ❷ (MED) abortion
ab|packen *vt* (COM) pack
ab|pflücken *vt* pick
ab|plagen *vr:* **sich mit etw** ~ slave away at s.th.
ab|prallen *sein vi* (*a. fig*) bounce off
ab|putzen *vt* (*Schmutz*) clean (off); **sich die Hände** ~ wipe one's hands
ab|rahmen *vt* skim
ab|raten *irr vi* warn (*von* against)
Abraum <-(e)s> *m* (MIN) mining debris
ab|räumen *vt* clear away; **den Tisch** ~ clear the table
ab|reagieren *vr* let off steam, work it off
ab|rechnen **I.** *vt* (*abziehen*) deduct **II.** *vi* (COM) cash up; **mit jdm** ~ (*a. fig*) settle up with s.o.
Abrechnung *f* ❶ (COM: *an der Kasse*) cashing up ❷ (*Aufstellung*) statement (*über* for) ❸ (*Rechnung*) bill; (COM) invoice ❹ (*fig*) revenge; **Abrechnungszeitraum** *m* (COM) accounting period
abregen *vr* (*fam*) calm [*o* cool] down
ab|reiben *irr vt* ❶ (*Schmutz*) rub off ❷ (*Schuhe*) wipe
Abreibung *f:* **eine** ~ **kriegen** (*fam*) get a good hiding
Abreise *f* departure (*nach* for); **bei meiner** ~ **von hier** … on leaving this place …
ab|reisen *sein vi* depart, leave (*nach* for)
ab|reißen **I.** *irr vt haben* tear off; (*Haus*) pull down; **ich habe mir einen Knopf abgerissen** I've torn a button off **II.** *vi sein* (*abgehen*) come off; **mein Schnürsenkel ist abgerissen** my shoestring has broken
Abreißkalender *m* tear-off calendar
ab|richten *vt* (*Tiere*) train
ab|riegeln *vt* ❶ (*Straße*) block off ❷ (*Türe*) bolt

Abriss <-es, -e> *m* ① (*von Gebäude*) demolition ② (*Übersicht*) summary

ab|rollen **I.** *vt haben* (*von Rolle*) unroll; (*von Spule*) unreel; (*Kabel*) uncoil **II.** *vi sein* ① (RAIL) roll off ② (*sich ereignen*) unfold

ab|rücken **I.** *vi sein* ① (*fortziehen*) move out ② (*fig*) disassociate o.s. (*von* from) **II.** *vt haben* (*Gegenstand*) move away

Abruf *m:* **sich auf ~ bereithalten** be ready to be called for; **ab|rufen** *irr vt* ① (*Geld vom Konto*) withdraw ② (*Daten*) retrieve

ab|runden *vt* ① (*rund machen, a. fig*) round off ② (FIN: *eine Summe*) round down

ab|rüsten *vt, vi* (MIL POL) disarm; **Abrüstung** *f* (MIL POL) disarmament; **Abrüstungskonferenz** *f* (MIL POL) disarmament conference

ab|rutschen *sein vi* ① slip ② (*Leistung*) drop down (*auf* to)

ABS *nt Abk. von* **Antiblockiersystem** (AUTO) anti-lock braking system

ab|sacken *sein vi* ① sink ② (*Flugzeug*) drop ③ (SCHULE: *in der Leistung*) drop off

Absage ['apza:gə] <-, -n> *f* refusal; **jdm eine ~ erteilen** reject s.o.

ab|sagen **I.** *vt* cancel; (*Einladung*) decline **II.** *vi:* **jdm ~** tell s.o. that one cannot come

ab|sägen *vt* ① (*Ast*) saw off ② (*fam*) sling out

Absatz *m* ① (*Abschnitt*) paragraph ② (*Schuh~*) heel ③ (COM: *Waren~*) sales *pl* ④ (*von Treppe*) landing; **Absatzgebiet** *nt* market; **Absatzrenner** *m* (COM) big seller; **Absatzvolumen** *nt* (COM) sales volume

ab|schaben *vt* scrape off

ab|schaffen *vt* abolish, do away with

Abschaffung *f* abolition

ab|schalten **I.** *vt* (ELEK) switch off **II.** *vi* (*fam*) switch off

ab|schätzen *vt* assess; **ein ~der Blick** an appraising look

abschätzig ['apʃɛtsɪç] *adj* disparaging; **eine ~e Bemerkung** a derogatory remark

ab|schauen *vi* (*österr*) copy (*bei* from)

Abschaum <-(e)s> *m:* **der ~ der Menschheit** the scum of the earth

Abscheu <-(e)s> *m* abhorrence (*vor* at); **vor etw ~ haben** loathe s.th.

abscheulich [ap'ʃɔɪlɪç] *adj* (*widerlich*) abominable; (*heimtückisch*) heinous; **~!** (*interj*) terrible!

ab|schicken *vt* send (off); (*mit Post*) post *Br,* mail *Am*

ab|schieben **I.** *irr vt* ① (*deportieren*) deport ② (*loswerden*) get rid of **II.** *vi sein* (*fam*) push off

Abschied ['apʃi:t] <-(e)s, (-e)> *m* farewell, parting; **von jdm ~ nehmen** say goodbye to s.o.; **Abschiedsbrief** *m* farewell letter; **Abschiedsfeier** *f* farewell party; **Abschiedsrede** *f* farewell speech

ab|schießen *irr vt* ① (*Pfeil*) shoot; (*Gewehr*) fire ② (MIL: *Flugzeug*) shoot down

Abschirmdienst *m* (MIL) counter-espionage service

ab|schirmen *vt* shield; **Abschirmung** *f* shielding

ab|schlachten *vt* (*fig*) butcher

ab|schlaffen *sein vi* (*fam*) wilt

Abschlag *m* ① (SPORT: *von Fußball*) goal kick ② (COM: *bei Handel*) reduction ③ (*~szahlung*) part payment (*auf* of)

ab|schlagen *irr vt* ① (*Gegenstand*) cut off ② (MIL: *Angriff*) beat off ③ (*verweigern*) turn down

abschlägig ['apʃlɛ:gɪç] *adj* negative; **meine Bewerbung wurde ~ beschieden** my application was rejected

Abschlagszahlung *f* part payment (*auf* of)

ab|schleifen *irr vt* (*Gegenstand*) grind down; **Rost ~** polish off rust

ab|schleppen *vt* ① (AUTO MAR) tow ② (*fam: Person*) pick up

Abschleppseil *nt* towrope; **Abschleppstange** *f* tow bar; **Abschleppwagen** *m* recovery vehicle

ab|schließen **I.** *irr vt* ① (*Tür*) lock up ② (*beenden*) complete; **eine Versicherung ~** take out an insurance; **einen Vertrag ~** conclude a treaty **II.** *vr:* **sich von etw ~** cut o.s. off from s.th.; **abschließend** *adj* (*Bemerkung*) final

Abschluss *m* ① (*Ende*) end ② (COM) business deal; **kurz vor dem ~ stehen** be in the final stages *pl;* **Abschlussarbeit** *f* degree dissertation; **Abschlussprüfung** *f* (SCHULE) final examination; **Abschlusszeugnis** *nt* (SCHULE) leaving certificate, diploma *Am*

ab|schmecken *vt* ① (*probieren*) taste ② (*würzen*) season

ab|schmieren *vt* (AUTO) grease

ab|schminken *vr* ① take off one's make up ② (*fam*): **sich etw ~** get s.th. out of one's head

ab|schnallen **I.** *vr* unfasten one's seat belt **II.** *vi:* **da schnallst du ab!** (*fam*) it blows your mind!

ab|schneiden **I.** *irr vt* cut off; (*Haar*) cut; **jdm das Wort ~** cut s.o. short **II.** *vi* (*fig*): **bei etw gut (schlecht) ~** come off well (badly) in s.th.

Abschnitt *m* ❶ (*Sektion*) section ❷ (MATH) segment ❸ (*in Buch*) passage ❹ (*Zeit~*) period

ab|schöpfen *vt* skim off; **Gewinn ~** (COM) siphon off the profits *pl*

ab|schrauben *vt* unscrew

ab|schrecken *vt* ❶ deter ❷ (*Speisen*) rinse with cold water; **abschreckend** *adj* deterrent; **ein ~es Beispiel** a warning

Abschreckung *f* (MIL) deterrence; **Abschreckungsmittel** *nt* (MIL) deterrent

ab|schreiben I. *irr vt* ❶ copy out ❷ (COM) deduct; **jdn ~** (*fig*) write s.o. off II. *vi* (*in der Schule*) crib; **jdm ~** tell s.o. that one cannot come to a meeting

Abschreibung *f* (COM) deduction; (*Wertminderung*) depreciation

Abschrift *f* copy

ab|schürfen *vt* graze

Abschürfung *f* (*Wunde*) graze

Abschuss *m* ❶ (MIL: *einer Waffe*) firing ❷ (MIL: *von Raketengeschoss, Torpedo*) launching ❸ (MIL: *eines Flugzeuges*) shooting down; (*eines Panzers*) knocking out

abschüssig ['apʃʏsɪç] *adj* sloping

Abschussrampe *f* (*a.* MIL) launching pad

ab|schütteln *vt* (*a. fig*) shake off

ab|schwächen *vt* ❶ weaken ❷ (*beschönigen*) tone down

ab|schweifen ['apʃvaɪfən] *sein vi* digress; **vom Thema ~** deviate from the subject

absehbar *adj* (*Zeit*) before long, imaginable; **nicht ~** not to be foreseen; **in ~er Zeit** in the foreseeable future

ab|sehen I. *irr vt:* **es ist abzusehen, dass ...** it's easy to see that ...; **ein Ende ist noch nicht abzusehen** the end is not yet in sight II. *vi:* **ich will (mal) davon ~** I'm going to dispense with it

Abseits <-> *nt* (SPORT) offside

abseits ['apzaɪts] I. *adv* (SPORT) offside II. *präp:* **~ der Straße** away from the road

Abseitsfalle *f* (SPORT: *Fußball*) off-side trap; **Abseitstor** *nt* (SPORT) goal scored from an off-side position

ab|senden *irr vt* send; (*Briefe*) post *Br*, mail *Am*; (COM) dispatch

Absender(in) *m(f)* sender

absetzbar *adj* ❶ (*Person*) dismissible ❷ (COM) sal(e)able ❸ (FIN: *Betrag*) deductible

ab|setzen I. *vt* ❶ (*Gegenstand*) take off ❷ (COM: *verkaufen*) sell ❸ (*entlassen*) dismiss; (*Herrscher*) depose ❹ (TYP) compose ❺ (*Fahrgast*) drop ❻ (THEAT: *Stück*) take off ❼ (FIN: *Betrag*) deduct II. *vi* (*unterbrechen*) stop

Absicht <-, -en> *f* intention; **die ~ haben, etw zu tun** intend to do s.th.

absichtlich *adj* intentional; **etw ~ tun** do s.th. on purpose

ab|sitzen I. *irr vi sein* dismount II. *vt:* **seine Strafe ~** serve one's time

absolut [apzo'lu:t] *adj* absolute

absolvieren *vt* (*Studium*) complete; (*Schule*) finish; (*Prüfung*) pass

absonderlich [ap'zɔndɐlɪç] *adj* odd, quaint

ab|sondern I. *vt* ❶ (*Personen*) separate; (*isolieren*) isolate ❷ (MED) secrete II. *vr:* **sich ~** cut o.s. off

Absonderung *f* (MED) secretion

absorbieren [apzɔr'bi:rən] *vt* absorb

ab|spalten *vt, vr* split off

ab|sparen *vt:* **sich etw vom Munde ~** scrimp and save for s.th.

ab|speichern *vt* (INFORM) save, file

abspenstig ['apʃpɛnstɪç] *adj:* **jdm jdn ~ machen** lure s.o. away from s.o.

ab|sperren *vt* ❶ (*Straße*) block ❷ (TECH) turn off; (*Tür*) lock

ab|spielen I. *vt* (*Tonmedien*) play II. *vr:* **sich ~** happen

Absprache *f* arrangement

ab|sprechen I. *irr vt* (*Termin*) arrange; **jdm etw ~** (*verweigern*) dispute s.o. s.th. II. *vr:* **sich mit jdm ~** arrange things with s.o.

ab|springen *sein irr vi* jump down (*von* from); (*mit Fallschirm*) jump

ab|spritzen I. *vt* spray II. *vr* (*mit Wasserstrahl*) spray o.s. down

Absprung *m* jump; **den ~ schaffen** (*fam*) make the break

ab|spülen I. *vt* rinse II. *vi* (*Geschirr*) do the dishes

ab|stammen *vi* ❶ (*Mensch*) be descended (*von* from) ❷ (LING) be derived (*von* from); **Abstammung** *f* ❶ (*gesellschaftlich*) descent ❷ (GEOG) origin

Abstand *m* ❶ (*räumlich*) distance ❷ (*zeitlich*) interval ❸ (*Ablösungssumme*) indemnity; **mit ~** by far; **kurzer ~** short gap; **~ halten** keep one's distance

ab|statten *vt:* **jdm einen Besuch ~** pay s.o. a visit

ab|stauben *vt* ❶ (*Gegenstände*) dust ❷ (*fam*) cadge (*bei jdm* from s.o.); **etw ~** (*fam*) nick s.th.

ab|stechen I. *irr vt* ❶ (*töten*) stick ❷ (*Boden*) dig up II. *vi* (*sich abheben*): **von etw ~** stand out against s.th.

Abstecher *m* ❶ excursion ❷ (*fig*) digression

ab|stecken *vt* mark out; (*Kleid*) pin

ab|stehen *irr vi* stick out

ab|steigen *sein irr vi* ❶ get off (*von* s.th.)

❷ (*im Hotel*) put up (*in* at); **sich auf dem ~den Ast befinden** (*fam*) be on the decline
ab|stellen *vt* ❶ (*Gegenstand*) put down ❷ (TECH: *Maschine*) stop; (*abdrehen*) turn off ❸ (*Fahrzeug*) park ❹ (*Missstände*) bring to an end
Abstellgleis *nt* (RAIL) siding
ab|stempeln *vt* ❶ stamp ❷ (*fig*) brand (*zu* as)
ab|sterben *sein irr vi* (*a. fig*) die
Abstieg ['apʃti:k] <-(e)s, (-e)> *m* ❶ descent ❷ (*fig*) decline
ab|stimmen **I.** *vt* ❶ (RADIO) tune (*auf* to) ❷ (*in Einklang bringen*) match (*auf* with) ❸ (*Termine*) coordinate (*auf* with) **II.** *vi* (POL) take a vote (*über* on); **über etw ~ lassen** put s.th. to the vote **III.** *vr:* **sich mit jdm ~** come to an agreement with s.o.
Abstimmung *f* vote; **eine ~ vornehmen** take a vote (*über* on)
abstinent [apsti'nɛnt] *adj* teetotal; **~ leben** live a life of abstinence
Abstinenzler(in) *m(f)* teetotal(l)er
Abstoß *m* (SPORT: *beim Fußball*) goal-kick; **ab|stoßen** **I.** *irr vt* ❶ (*fortstoßen*) push off; (SPORT: *beim Fußball*) make a goal kick ❷ (*Möbel*) batter ❸ (COM) get rid of ❹ (*fig*) repel **II.** *vi* (*fig*) be repulsive; **abstoßend** *adj* repulsive
ab|stottern *vt* (*fam*) pay off
ab|strahlen *vt* ❶ (*Wärme*) emit ❷ (*Fassade*) sandblast
abstrakt [ap'strakt] *adj* abstract
ab|streifen *vt haben* ❶ (*Gegenstand*) slip off ❷ (*Schmutz*) wipe off
ab|streiten *irr vt* (*leugnen*) deny
ab|stufen **I.** *vt* ❶ (*Farben*) shade ❷ (*Haare*) layer ❸ (COM FIN) grade **II.** *vr* (*von Gelände*): **sich ~** be terraced
ab|stumpfen *sein vi* ❶ (*stumpf werden*) blunt ❷ (*fig*) dull
Absturz *m* ❶ fall ❷ (AVIAT) crash
ab|stürzen *sein vi* ❶ (*Mensch*) fall ❷ (AVIAT: *Flugzeug*) crash
ab|suchen *vt* ❶ (*Gelände*) search ❷ (MIL: *mit Scheinwerfern*) sweep
absurd [ap'zʊrt] *adj* absurd
Abszess [aps'tsɛs] <-es, -e> *m* (MED) abscess
Abt [apt, *pl:* 'ɛptə] <-(e)s, Äbte> *m* abbot
ab|tasten *vt* ❶ feel; (MED) palpate; (*~ auf Waffen*) frisk (*auf* for) ❷ (ELEK) scan
ab|tauen **I.** *vt* defrost **II.** *vi sein* thaw
Abtauvorrichtung *f* (TECH) defroster *Br*, demister *Am*
Abtei [ap'taɪ] *f* abbey
Abteil [ap'taɪl] *nt* (RAIL) compartment
ab|teilen *vt* (*durch Wand*) partition off;
Abteilung [-'--] *f* ❶ department ❷ (MIL) unit; **Abteilungsleiter(in)** *m(f)* head of department
Äbtissin [ɛp'tɪsɪn] *f* abbess
ab|töten *vt* (*Zahnnerv*) deaden
ab|tragen *irr vt* ❶ (*Gebäude*) take down ❷ (*Geschirr*) clear away ❸ (*Schuld*) pay off ❹ (*Kleidung*) wear out
abträglich ['aptrɛ:klɪç] *adj* harmful, injurious
Abtransport *m* transportation; (*Evakuierung*) evacuation
ab|treiben *irr vi* ❶ *sein* (AVIAT MAR) be driven off course ❷ *haben* (MED) have an abortion
Abtreibung *f* (MED) abortion; **eine ~ vornehmen (lassen)** have an abortion; **Abtreibungspille** *f* abortion pill
ab|trennen *vt* ❶ take off; (*Abschnitt*) detach; (*mit Messer, Schere*) cut off ❷ (*räumlich*) divide off
ab|treten **I.** *irr vt haben* ❶ (*abnutzen*) wear out ❷ (JUR: *Ansprüche, Gebiet*) cede **II.** *vi sein* (*vom Amt*) resign; (THEAT) go off
ab|trocknen **I.** *vt haben* dry **II.** *vi sein* dry up
abtrünnig ['aptrʏnɪç] *adj* (POL) rebel; (*im Glauben*) apostate; **jdm ~ werden** (POL) desert s.o.; **Abtrünnige(r)** *f m* (POL) rebel; (*im Glauben*) apostate, recusant
ab|tun *irr vt* (*von sich schieben*) dismiss
ab|turnen ['abtɜ:nən] *vi* (*sl*) be a real turn-off, be a pain in the neck
ab|urteilen *vt:* **jdn ~** pass sentence upon s.o.
Abverkauf *m* (*österr: Ausverkauf*) sale
ab|wägen *irr vt* (*fig: gegeneinander ~*) weigh up; (*Worte*) weigh
ab|wählen *vt* vote out (of office)
ab|wälzen *vt* (*fig*) shift (*auf* onto)
ab|wandeln *vt* ❶ (*variieren*) modify ❷ (MUS) adapt
ab|wandern *sein vi* migrate (*aus* from)
Abwärme *f* (TECH) waste heat
Abwart(in) <-s, -e> *m(f)* (*CH: Hausmeister*) janitor
ab|warten **I.** *vt:* **etw ~** wait s.th. out **II.** *vi* wait; **warte nur ab!** just you wait!; **~ und Tee trinken** wait and see
abwärts ['apvɛrts] *adv* down; **es geht mit ihm ~** he is on the decline
Abwasch <-, -en> *f* (*österr: Spülstein*) sink
ab|waschen **I.** *irr vt* (*Schmutz*) wash off; (*Geschirr*) wash up; (*Gesicht*) wash **II.** *vi* do the washing up
Abwaschmaschine *f* (*CH*) dishwasher
Abwaschwasser *nt* dish-water
Abwasser *nt* sewage, waste water;

Abwasserkanal *m* sewer
ab|wechseln *vr* alternate, change, vary; **sich miteinander ~** (*Personen*) take turns; **abwechselnd** *adv* alternately
Abwechslung *f* change; **zur ~** for a change; **hier gibt es wenig ~** there's not much variety in life here
Abweg *m:* **auf ~e geraten** go astray
abwegig ['apve:gɪç] *adj* (*fam*) off-beat; (*Verdacht*) groundless
Abwehr *f* defence; (MIL) counter-intelligence; **auf ~ stoßen** be repulsed; **Abwehrkräfte** *fpl* (MED) the body's defences; **Abwehrmaßnahme** *f* defence reaction; **Abwehrmechanismus** *m* defence mechanism
ab|wehren **I.** *vt* ① ward off; (*Angriff*) repulse ② (*fig*) dismiss **II.** *vi* ① (SPORT) clear ② (*fig*) refuse
ab|weichen *sein irr vi* ① (*von Kurs*) deviate; (*Weg*) swerve; (PHYS) decline; (*von Wahrheit*) depart ② (*Meinungen*) differ
Abweichung *f* deviation
ab|weisen *irr vt* ① (*Person*) turn away ② (*Antrag*) reject, turn down
abweisend *adj* (*Haltung*) cold
ab|wenden **I.** *irr vt* (*Unglück*) avert **II.** *vr:* **sich ~** (*a. fig*) turn away
ab|werben *irr vt* (COM) headhunt
ab|werfen *irr vt* ① throw [*o* cast] off; (*aus der Luft*) drop; (*Blätter*) shed; (*Spielkarte*) discard ② (COM: *einbringen*) yield
ab|werten *vt* ① (FIN) devaluate ② (*fig*) cheapen
Abwertung *f* (FIN) devaluation
abwesend ['apve:zənt] *adj* ① absent ② (*fig*) far-away; **Abwesende(r)** *f m* absentee
Abwesenheit *f* ① absence ② (*fig: Geistes~*) abstraction; **durch ~ glänzen** (*iro*) be conspicuous by one's absence
ab|wickeln *vt* ① unwind ② (*Angelegenheit*) deal with ③ (COM: *Geschäft*) conclude; **Abwicklung** *f* ① (COM: *von Geschäft*) completion ② (*von Kontrolle, Prüfung*) carrying out; **für eine reibungslose ~ von etw sorgen** make sure that s.th. goes off smoothly
ab|wimmeln *vt* (*fam*): **jdn ~** get rid of s.o.
ab|winken *vi:* **jdm ~** put s.o. off
ab|wischen *vt* (*Schmutz*) wipe off; (*Gesicht*) wipe; (*Tränen*) dry
Abwurf *m* throwing off; (*aus Flugzeug*) dropping
ab|würgen *vt* ① (*fam*) scotch ② (*Motor*) stall
ab|zahlen *vt* pay off
ab|zählen *vt* (*Geld*) count
Abzahlung *f* (*Rückzahlung*) paying off; **auf ~ kaufen** buy on hire purchase *Br,* buy on the instalment plan *Am;* **Abzahlungsgeschäft** *nt* (COM) hire purchase; **Abzahlungskredit** *m* consumer credit
ab|zapfen *vt* draw off; **jdm Blut ~** (*fam*) take blood from s.o.
Abzeichen *nt* ① (*an Anzug, Kleid*) badge ② (MIL) insignia *pl*
ab|zeichnen **I.** *vt* ① (*jdn/etw*) draw ② (*mit Sichtvermerk*) initial **II.** *vr* ① stand out (*gegen* against) ② (*fig*) become apparent
ab|ziehen **I.** *irr vt haben* ① (*Schlüssel*) take out ② (*Bett*) strip ③ (*Haut*) skin ④ (*in Flaschen*) bottle ⑤ (*Zahl*) take away, substract; (*vom Preis*) take off ⑥ (PHOT: *Bild*) print **II.** *vi sein* ① (*Gase*) escape ② (MIL: *Truppen*) withdraw
ab|zielen *vi* (*fig*): **~ auf** be aimed at
ab|zocken ['aptsɔkən] *vt* (*sl*) fleece; **Abzocker(in)** <-s, -> *m(f)* fleecer
Abzug *m* ① (MIL) withdrawal ② (COM) discount; (*vom Lohn*) deduction ③ (TYP) copy ④ (PHOT) print ⑤ (*Gewehr~*) trigger; **nach ~ der Kosten** expenses deducted
abzüglich ['aptsy:klɪç] *präp* less
Abzugshaube *f* (*Dunst~*) extractor hood
ab|zweigen **I.** *vi sein* (*Weg*) branch off **II.** *vt haben* (*Geld*) spare
Abzweigung *f* junction; (RAIL) branchline
Accessoires *pl* accessories *pl*
Ach *nt:* **mit ~ und Krach** by the skin of one's teeth
ach [ax] *interj* oh!; **~ nee!** really!; **~ so!** I see!
Achillessehne [a'xɪlɛs-] *f* Achilles tendon
Achse ['aksə] <-, -n> *f* ① (AUTO) axle ② (MATH) axis; **auf ~ sein** (*fam: mit Kfz unterwegs*) be on the road
Achsel ['aksəl] <-, -n> *f* armpit; **die ~n zucken** shrug one's shoulders; **Achselhöhle** *f* (ANAT) armpit
Acht [axt] <-> *f:* **außer ~ lassen** disregard; **sich in ~ nehmen** watch out
acht *num* eight; **alle ~ Tage** every week; **vor ~ Tagen** a week ago; **heute in ~ Tagen** a week today
achtbar *adj* respectable
achte *adj* eighth
Achteck *nt* octagon; **achteckig** *adj* octagonal
Achtel ['axtəl] <-s, -> *nt* eighth
achten ['axtən] **I.** *vt* (*schätzen*) respect **II.** *vi:* **auf etw ~** pay attention to s.th.; **auf jdn ~** look after s.o.
ächten ['ɛçtən] *vt* outlaw, proscribe
achtens ['axtəns] *adv* in the eighth place
Achter <-s, -> *m* ① (SPORT: *Boot*) eight

❷ (SPORT: *Figur*) figure eight; **Achterbahn** *f* big dipper *Br,* roller coaster; **Achterdeck** *nt* (MAR) quarterdeck

achtern *adv* (MAR) astern

achtfach *adj* eightfold; **in ~er Ausfertigung** with seven copies; **achtjährig** *adj* eight-year-old

achtlos *adj* careless; **Achtlosigkeit** *f* carelessness

achtmal *adv* eight times

Achtspurtechnik *f* eight-track technology

Achtstundentag *m* eight hour day

achttägig *adj* lasting a week

Achtung ['axtʊŋ] *f* ❶ respect (*vor* for) ❷ **~!** attention!; **sich ~ verschaffen** gain respect for o.s.; **alle ~!** good for you!

Ächtung ['ɛçtʊŋ] *f* proscription, outlawing

achtzehn *num* eighteen; **achtzehnte** *adj* eighteenth

achtzig ['axtsɪç] *num* eighty; **achtzigjährig** *adj* eighty-year-old; **achtzigste** *adj* eightieth

ächzen ['ɛçtsən] *vi* groan (*vor* with)

Acker ['akɐ] <-s, Äcker> *m* field; **den ~ bestellen** till the soil; **Ackerbau** *m* agriculture, farming; **Ackerland** *nt* arable land

ackern *vi* (*fam*) slog away

Acryl [a'kry:l] <-s> *nt* (CHEM: *in Zusammensetzungen*) acrylic; **Acrylamid** *nt* (CHEM) acryliamide; **Acrylfarbe** *f* acrylic paint; **Acrylglas** *nt* acrylic glass

Adapter [a'daptɐ] <-s, -> *m* adapter, adaptor; **adaptieren** *vt* (*österr: herrichten*) fix up

Ad Click ['ɛtklɪk] <-s> *m* (*Anklicken von Werbehinweisen im Internet*) ad click; **Ad-Click-Rate** *f* ad-click rate

addieren [a'di:rən] *vt* add

Addition *f* addition

Adel ['a:dəl] <-s> *m* nobility; (*niederer ~*) gentry; **von ~** of noble birth

ad(e)lig *adj* noble; **~ sein** be of noble birth

Ad(e)lige(r) ['a:d(ə)lɪgə] <-n, -n> *f m* nobleman (noblewoman); **Ad(e)lige** *pl* the aristocracy

adeln ['a:dəln] *vt* ❶ knight ❷ (*fig*) ennoble

Ader ['a:dɐ] <-, -n> *f* ❶ (ANAT) blood vessel ❷ (BOT MIN) vein; (ELEK) core ❸ (*Holz~*) grain, streak; **er hat eine musikalische ~** he has a feeling for music

Adieu [a'djø:] <-, (-s)> *nt* farewell

Adjektiv ['atjɛkti:f] <-s, -e> *nt* (GRAM) adjective

Adjunkt(in) <-en, -en> *m(f)* (*österr: Assistent*) junior civil servant

Adjutant [atju'tant] <-en, -en> *m* (MIL) adjutant

Adler ['a:dlɐ] <-s, -> *m* eagle; **Adlernase** *f* aquiline nose

Admiral [atmi'ra:l] <-s, -e> *m* (MIL) admiral; **Admiralität** *f* (MIL) ❶ (*Gesamtheit der Admirale*) the admirals *pl* ❷ (*Ministerium*) the Admiralty *Br*

adoptieren [adɔp'ti:rən] *vt* adopt

Adoption *f* adoption

Adoptiveltern *pl* adoptive parents; **Adoptivkind** *nt* adopted child

Adrenalin [adrena'li:n] <-s> *nt* adrenalin; **Adrenalinspiegel** *m* adrenalin level

Adressat <-en, -en> *m* addressee

Adressatengruppe *f,* **Adressatenkreis** *m* (*fig*) target group

Adressbuch *nt* directory

Adresse [a'drɛsə] <-, -n> *f* (*a.* INFORM) address; **per ~ ...** care of ..., c/o; **an die falsche ~ kommen** pick the wrong person

adressieren *vt* address (*an* to)

Adressiermaschine *f* (TECH) addressograph

Adria ['a:dria] *f* Adriatic Sea

ADSL *f Abk. von* **Asynchronus Digital Subscriber Line** (*asynchrone digitale Übermittlungsleitung*) ADSL

Advent [at'vɛnt] *m* Advent; **Adventskranz** *m* Advent wreath

i Land & Leute

An **Adventskalender** is a colourful, picture calendar for children with 24 little closed windows behind which chocolates are concealed. A different window is opened each day of Advent, the 24 days before Christmas.

i Land & Leute

Traditionally on Advent Sundays an **Adventskranz** (Advent wreath) made of thin pine branches is placed on the living-room table. It is decorated with four candles (every Sunday another candle is lit) and sometimes with bows and small ornaments.

Adverb [at'vɛrp] *nt* (GRAM) adverb

Advokat [atvo'ka:t] <-en, -en> *m* ❶ advocate ❷ (*österr: Rechtsanwalt*) lawyer; **Advokatur** <-, -en> *f* (*CH*) ❶ (*Büro*) lawyer's office ❷ (*Amt*) legal profession

Aerobic [ɛə'rɔbɪk] <-s> *nt* aerobics *sing*

Aerodynamik [aerody'na:mɪk] <-> *f* aerodynamics *pl;* **aerodynamisch** *adj* aerodynamic

Aerofelge [a'ero-] *f* aero rim

Affe ['afə] <-n, -n> *m* monkey; (*Menschen~*) ape; **ein eingebildeter ~** a conceited ass

Affekt [a'fɛkt] <-(e)s, -e> *m:* **im ~ handeln** act in the heat of the moment; **Affektfernsehen** *nt* TV talk shows (*like Oprah Winfrey*)

affektiert [afɛk'ti:ɐt] *adj* affected

Affenhitze *f* (*fam*) incredible heat

affig *adj* affected

Afghane, -nin [af'ga:nə] <-n, -n> *m, f* Afghan

Afrika ['a(:)frika] <-s> *nt* Africa; **Afrikaner(in)** *m(f)* African; **afrikanisch** *adj* African

Afroamerikaner(in) *m(f)* Afro-American; **afroamerikanisch** *adj* Afro-American

After ['aftɐ] <-s, -> *m* (ANAT) anus

Agent(in) [a'gɛnt] <-en, -en> *m(f)* agent; **Agentur** <-, -en> *f* agency

Agglomeration <-, -en> *f* (*CH: Ballungsraum*) conurbation

Aggregat [agre'ga:t] <-(e)s, -e> *nt* (TECH) unit

agieren [a'gi:rən] *vi* act

Agitator *m* (POL) agitator; **agitatorisch** *adj* (POL) agitative; **eine ~e Rede** an inflammatory speech

agitieren *vi* agitate

Agrarfläche [a'gra:ɐ-] *f* agricultural land; **Agrarstaat** *m* agrarian state

Ägypten [ɛ'gʏptən] <-s> *nt* Egypt; **Ägypter(in)** *m(f)* Egyptian; **ägyptisch** *adj* Egyptian

aha [a'ha(:)] *interj* I see!; **Aha-Erlebnis** *nt* sudden insight

Ahle ['a:lə] <-, -n> *f* awl

Ahn [a:n] <-s/-en, -en> *m* forefather; (*geh*) ancestor

ahnden ['a:ndən] *vt* punish

ähneln ['ɛ:nəln] *vi* be like, resemble

ahnen ['a:nən] *vt* foresee, know; **ich ahne nichts Gutes** I have a premonition that all is not well; **das konnte ich doch nicht ~!** I couldn't be expected to know that!

Ahnentafel *f* genealogical table

ähnlich ['ɛ:nlɪç] *adj* similar; **ziemlich ~ wie …** pretty much as …; **jdm ~ sehen** resemble s.o.; **das sieht ihm ~** (*fam*) that is just like him

Ähnlichkeit *f* similarity; **mit etw ~ haben** resemble s.th.

Ahnung *f* ❶ (*Vorgefühl*) presentiment ❷ (*Wissen*) idea; **hast du eine ~!** that's what you know!; **keine ~!** no idea!

ahnungslos *adj* unsuspecting

Ahorn ['a:hɔrn] <-s, -e> *m* (*Laubbaum*) maple (tree)

Ähre ['ɛ:rə] <-, -n> *f* ear; **~n lesen** glean

AIDA-Formel *f* (COM) AIDA formula

Aids, AIDS [eɪts] <-> *nt Akr. von* **Acquired Immune Deficiency Syndrome** (MED) aids, AIDS; **Aids-Erreger** *m* aids virus; **Aids-Hilfe** *f* (*Institution*) aids-centre; **aidsinfiziert** *adj* aids-infected, infected with aids; **Aids-Infizierte(r)** *f m* person infected with aids; **aids-positiv** *adj* tested positive for aids; **Aids-Test** *m* aids test

Airbag ['ɛəbæg] <-s, -s> *m* (AUTO) airbag

Airbus ['ɛəbʊs] *m* (AVIAT) airbus

Airdesign ['ɛədɪzaɪn] <-s, -s> *nt* (*Aromen zur Verkaufsförderung*) air design

Airline ['ɛəlaɪn] <-, -s> *f* airline

Ajatollah [aja'tɔla] <-(s), -s> *m* ayatollah

Akademie [akade'mi:] *f* academy

Akademiker(in) *m(f)* (*Hochschulabsolvent*) university graduate

akademisch *adj* academic

Akazie [a'ka:tsiə] *f* (*Baum oder Strauch*) acacia

akklimatisieren [aklimati'zi:rən] **I.** *vt* acclimatize **II.** *vr* become acclimatized

Akkord [a'kɔrt] <-(e)s, -e> *m* ❶ (MUS) chord ❷ (*Stücklohn*) piece rate; **im ~ arbeiten** do piecework; **Akkordarbeit** *f* piece work; **Akkordarbeiter(in)** *m(f)* pieceworker

Akkordeon [a'kɔrdeɔn] <-s, -s> *nt* (MUS) accordion

akkreditieren [akredi'ti:rən] *vt* (POL: *~ bei*) accredit to

Akkreditiv [---'-] *nt* ❶ (POL) credentials *pl* ❷ (FIN) letter of credit

Akkumulation *f* build-up

Akku(mulator) [akumu'la:tɔr] <-s, -s> *m* (ELEK) accumulator

akkurat [aku'ra:t] *adj* precise

Akkusativ ['akuzati:f] <-s, -e> *m* (GRAM) accusative

Akne ['aknə] <-> *f* acne

Akontozahlung [a'kɔnto-] *f* payment on account

Akquisition *f* (*von Kunden*) canvassing

Akrobat(in) [akro'ba:t] <-en, -en> *m(f)* acrobat; **akrobatisch** *adj* acrobatic

Akt [akt] <-(e)s, -e> *m* ❶ (*Tat*) act, action ❷ (THEAT) act ❸ (JUR: *Vorgang*) file ❹ (*Malerei: Nacktbild*) nude ❺ (*Geschlechtsakt*) coitus ❻ (*österr: Akte*) file

Akten *fpl* files, records; **zu den ~ legen** file away; **aktenkundig** *adj* on record; **Aktennotiz** *f* memo; **Aktenordner** *m* file; **Aktenschrank** *m* filing cabinet;

Aktentasche *f* brief-case, portfolio; **Aktenvernichtung** *f* shredding of files; **Aktenzeichen** *nt* reference

Akteur(in) *m(f)* (FILM THEAT) protagonist

Aktfoto *nt* nude (photograph)

Aktie ['aktsiə] *f* share; **in ~n anlegen** invest in shares; **na, wie stehen die ~n?** (*fig hum*) how are things?; **Aktiengesellschaft** *f* joint-stock company; **Aktienkapital** *nt* share capital; **Aktienkurs** *m* (COM) share price; **Aktienmehrheit** *f*: **die ~ besitzen** hold the controlling interest; **Aktienoption** *f* share option

Aktion [ak'tsjo:n] *f* action; (*Einsatz*) operation; (COM: *Sonderangebot*) special offer; **in ~ treten** go into action

Aktionär(in) <-s, -e> *m(f)* shareholder *Br*, stockholder *Am*

Aktionspreis *m* (COM) special-offer price; **Aktionsradius** *m* (AVIAT MAR) radius, range

aktiv [ak'ti:f] *adj* active; **sich ~ an etw beteiligen** take an active part in s.th.

Aktiva *pl* (FIN) assets

Aktivgeschäft *nt* (COM) lending business

aktivieren *vt* ❶ (CHEM) activate ❷ (*in Bewegung setzen*) get moving

Aktivist(in) *m(f)* (POL) activist

Aktivität *f* activity

aktualisieren *vt* update; **Aktualisierung** *f* update

Aktualität [aktuali'tɛ:t] *f* topicality

Aktuar(in) <-s, -e> *m(f)* (*CH: Schriftführer*) secretary

aktuell [aktu'ɛl] *adj* topical; **~e Mode** latest fashion; **das ist nicht mehr ~** that's no longer relevant; **eine ~e Sendung** (RADIO TV) a current-affairs programme

Akupressur *f* (MED) acupressure

Akupunktur [akupuŋk'tu:ɐ] <-> *f* acupuncture

Akustik [a'kʊstɪk] *f* acoustics *pl*; **Akustikkoppler** <-s, -> *m* (INFORM) acoustic coupler

akustisch *adj* acoustic; **ich habe Sie ~ nicht verstanden** I simply didn't catch what you said

akut [a'ku:t] *adj* ❶ (MED) acute ❷ (*vordringlich*) urgent

AKW <-s, -s> *nt Abk. von* **Atomkraftwerk** nuclear power station

Akzent [ak'tsɛnt] <-(e)s, -e> *m* ❶ (LING) accent ❷ (*fig*) stress (*auf* on)

Akzeptanz *f* acceptance, approval

akzeptieren *vt* accept

Alabaster [ala'bastɐ] <-s, (-)> *m* alabaster

Alarm [a'larm] <-(e)s, -e> *m* alarm; **~ schlagen** sound the alarm; **Alarmanlage** *f* alarm system; **alarmieren** *vt* alert; **Alarmzustand** *m*: **in den ~ versetzen** put on the alert

Albaner(in) *m(f)* Albanian; **Albanien** [al'ba:niən] <-s> *nt* Albania; **albanisch** *adj* Albanian

albern ['albɐn] *adj* (*kindisch*) silly

albern *vi* behave foolishly

Albernheit *f* ❶ (*alberne Art*) silliness ❷ (*alberner Streich*) silly prank

Albtraum *m* nightmare

Album ['album, *pl:* albən] <-s, -ben> *nt* album

Alge ['algə] <-, -n> *f* alga *pl*, algae *pl*

Algebra ['algebra] <-> *f* (MATH) algebra

Algenentwicklung *f* algae development [*o* growth]

algorithmisch [algo'ritmɪʃ] *adj* algorithmic; **Algorithmus** <-, -men> *m* algorithm

Alibi ['a:libi] <-s, -s> *nt* alibi; **Alibifrau** *f* token woman; **Alibifunktion** *f*: **~ haben** be used as an alibi

Alimente [ali'mɛntə] *pl* maintenance *sing*

alkalisch *adj* alkaline

Alkohol ['alkoho:l] <-s, -e> *m* alcohol; **alkoholarm** *adj* low in alcohol; **Alkoholeinfluss** *m*: **unter ~** under the influence of alcohol; **alkoholfrei** *adj* non-alcoholic; **~e Getränke** soft drinks; **Alkoholgehalt** *m* alcohol content; **alkoholhaltig** *adj* alcoholic

Alkoholiker(in) [alko'ho:likɐ] *m(f)* alcoholic; **Alkoholismus** <-> *m* alcoholism; **Alkoholmissbrauch** *m* alcohol abuse; **Alkoholtest** *m* breath test; **Alkoholverbot** *nt* ban on alcohol

All [al] <-s> *nt* space; (PHILOS) universe

alle ['alə] *adj pred:* **~ sein** be all gone; **~ werden** run out

all(e, s) *pron* all; **~es in ~em** on the whole; **~es, was ...** all that ...; **~e beide** both of us [*o* you, them ...]; **~e 2 Tage** every other day; **~e 8 Tage** once a week; **auf ~e Fälle** at all events; **ein für ~emal** once and for all; **dies ~es** all this; **~es, was Sie wollen** anything you like; **vor ~em** above all; **wer war ~es da?** who was there?; **was soll das ~es?** what's all this supposed to mean?

Allee [a'le:, *pl:* a'le:ər] <-, -n> *f* avenue

allein [a'laɪn] *adj, adv* alone; (*einsam*) lonely; **eine ~ erziehende Mutter** a single mother; **~ stehend** single; **von ~** by o.s.; **das weiß ich von ~!** you don't have to tell me that!; **Alleinerziehende(r)** *f m* single parent; **Alleingang** *m* (*a.* SPORT) solo run; **Alleinherrschaft** *f* (POL) autocratic rule

alleinig *adj* sole
Alleinlebende(r) <-n, -n> *f m* person living alone; **Alleinsein** *nt* loneliness; **Alleinvertretung** *f* ① (COM) sole agency ② (POL) sole representation
allemal [ˈaləˈmaːl] *adv:* ~! (*interj*) no problem!; **ein für ~** once and for all
allenfalls [ˈalənˈfals] *adv* if need be; (*höchstens*) at most
allenthalben *adv* everywhere
allerbeste [ˈalɐˈbɛst] *adj* best of all, very best; **es ist am ~n, wenn ...** the best thing would be if ...
allerdings [ˈalɐˈdɪŋs] **I.** *adv* (*aber*) but **II.** *interj:* ~! certainly!
allererste *adj* very first; **zu allererst** first and foremost
Allergie [alɛrˈgiː] *f* (MED) allergy; **Allergiker(in)** *m(f)* person suffering from an allergy; **er ist ~** he suffers from an allergy; **allergisch** *adj* allergic (*gegen* to)
Allergologe, -gin *m, f* (MED) allergist
Allerheiligen [--ˈ---] *nt* All Saints' Day
allerlei [ˈalɐˈlaɪ] *adj* all sorts of things; **allerletzte** *adj* very last; **das ist das A~!** (*fam*) that is the absolute limit!; **allermeiste** *adj* by far the most; **am ~n** most of all; **die Allermeisten** the vast majority; **allernächste** *adj* the very next; **in ~r Zukunft** in the very near future; **allerneueste** *adj* very latest
Allerseelen [--ˈ--] *nt* All Souls' Day
allerseits [ˈalɐˈzaɪts] *adv:* **guten Morgen ~!** good morning (to) everybody!
allerwenigst *adj* least of all; **das wissen die Allerwenigsten** very few people know that; **allerwenigstens** *adv* at the very least
allesamt *adv* all
allfällig *adv* (*CH: eventuell*) possibly
allgemein [ˈalgəˈmaɪn] *adj* general; **im Allgemeinen** generally, in general; **~ bildend** providing general education; **~ verständlich** generally intelligible; **Allgemeinbildung** *f* general education; **Allgemeinheit** *f* general public; **Allgemeinwohl** *nt* public good
Allheilmittel [alˈhaɪl-] *nt* panacea, cure-all
Allianz [aliˈan(t)s] <-, -en> *f* alliance; **strategische ~** (COM) strategic alliance
Alliierte [aliˈiːɐtə] *m* ally; **die ~n** the Allies
All-Inclusive [ˈɔːlɪnkluːzɪf] <-> *nt* (*Pauschalreise*) all inclusive
alljährlich [-ˈ--] *adj* annual, yearly
allmächtig [-ˈ--] *adj* omnipotent; **~er Gott!** (*interj*) heavens above!
allmählich [alˈmɛːlɪç] **I.** *adj* gradual **II.** *adv* gradually, step by step; **wir sollten ~ gehen** we should think about going
Allonge [aˈlõːʒə] <-, -n> *f* (COM) allonge
Allradantrieb [ˈ----] *m* (AUTO) all-wheel drive
allseitig [ˈalzaɪtɪç] *adj:* **~ interessiert sein** have all-round interests *pl*
Alltag [ˈaltaːk] *m* ① weekday ② (*fig*) everyday life
alltäglich [-ˈ--] *adj* ① daily ② (*gewöhnlich*) everyday
allwissend *adj* omniscient
allzu [ˈ--] *adv:* **~ oft** much too often; **~ sehr** too much; **nicht ~ sehr** not all that much; **~ viel** too much; **~ viel ist ungesund** you can have too much of a good thing
Allzweck- [ˈ--] (*in Zusammensetzungen*) all-purpose ...
Alm [alm] <-, -en> *f* alpine pasture
Alpen [ˈalpən] *pl* (GEOG): **die ~** the Alps

i Land & Leute

Das Alpenglühen is a reddish light reflected from Alpine summits at sunset.

Alpentransitverkehr *m* transalpine traffic; **Alpenveilchen** *nt* cyclamen
Alphabet [alfaˈbeːt] <-(e)s, -e> *nt* alphabet; **alphabetisch** *adj* alphabetical; **~ ordnen** arrange alphabetically
alphanumerisch *adj* alphanumeric
Alpinist *m* Alpinist

i Land & Leute

Älpler-Magrone is a Swiss speciality consisting of macaroni with onions and potatoes in a creamy cheese sauce served with apple purée.

Alptraum *m*, **Albtraum** *m* nightmare
Alraune [alˈraʊnə] *f* (*Alraunwurzel*) mandrake
als [als] *konj* ① (*nach Komparativen*) than ② (*bei Vergleich*) as ... as ③ (*temporal*) when; **meine Schwester ist größer ~ ich** my sister is taller than I; **wir machen das anders ~ ihr** we do it differently to you; **alles andere ~ ...** anything but ...; **es sieht so aus, ~ würde es regnen** it looks like rain; **~ ich nach Hause kam, ...** when I came home ...; **gerade, ~ ...** just as ...; **gleich, ~** as soon as; **~ Kind** as a child; **~ ob das so einfach wäre** as if it were as easy as that

A

? Grammatik

als, when it means 'than', is used to make an inferior or superior comparison: *Der Bodensee ist größer als der Gardasee. – Lake Constance is bigger than Lake Garda.*
wie is used to make an equal comparison: *Meine Mutter ist genauso groß wie mein Vater. – My mother is just as tall as my father. Deine Zähne sind so weiß wie Schnee. – Your teeth are as white as snow.*

alsdann [-ˈ-] *adv:* ~! (*interj*) well then!
also [ˈalzo] **I.** *adv* so; (*als Füllwort*) well; ~ **doch!** so … after all!; ~ **gut!** well all right then! **II.** *konj* (*daher*) therefore
alt [alt] <älter, ältest> *adj* ❶ (*Person*) old ❷ (*historisch*) ancient; **mein Alter** (*Mann, Vater*) my old man; **meine Alte** (*Frau, Mutter*) my old lady; ~**e Sprachen** classical languages; **wie ~ bist du?** how old are you?; **er ist nicht mehr der Alte** he is not the man he used to be; **alles beim Alten lassen** leave everything as it was; ~ **aussehen** look a right fool; **etw ~ kaufen** buy s.th. second-hand
Alt[1] *nt* (*Bierart*) *top-fermented German dark beer*
Alt[2] *m* (MUS) alto
Altar [alˈtaːɐ, *pl:* alˈtɛːrə] <-(e)s, Altäre> *m* altar
Altauto *nt* scrap car
altbacken [ˈ---] *adj* ❶ (*Brot*) stale ❷ (*Aussehen*) old-fashioned
Altbau *m* ❶ (*altes Haus*) old building ❷ (*Hausteil*) old part of a house
Altbausanierung *f* redevelopment of old buildings
altbewährt *adj* of long standing
alteingesessen *adj* old-established
Alteisen *nt* scrap iron
Altenheim *nt* old people's home; **Altenhilfe** *f* old people's welfare; **Altenpflegeheim** *nt* geriatric care centre
Alter [ˈaltɐ] <-s> *nt* age; **hohes ~** old age; **im ~ von …** at the age of …; **das ist doch kein ~!** that's no age at all!
altern *sein vi* ❶ (*von Mensch*) get older ❷ (*von Wein, Spirituosen*) mature
alternativ *adj* (*Weg, Methode, Lebensweise, Energiegewinnung*) alternative; (POL) unconventional; (*umweltbewusst*) ecologically minded
Alternativ- (*in Zusammensetzungen*) alternative; (*Bäckerei, Landwirtschaft*) organic
Alternative <-, -n> *f* alternative
Alternative(r) <-n, -n> *f m* (POL) member of the alternative movement
Altersasyl *nt* (*CH: Altersheim*) old people's home; **alterbedingt** *adj* (*Krankheit*) age-related; **Altersfleck** *m* age spot; **Altersgenosse, -genossin** *m, f* contemporary; **Altersgrenze** *f* age limit; **die ~ erreichen** reach retirement age; **Altersgruppe** *f* age group; **Altersheim** *nt* old people's home; **Alterspyramide** *f* age pyramid; **Altersruhegeld** *nt* old-age pension; **Altersschwäche** *f* ❶ (*von Mensch*) infirmity ❷ (*von Material*) decrepitude; **Altersteilzeit** *f part-time work for employees over 55*; **Altersversorgung** *f* provision for old age
Altertum [ˈaltɐtuːm] *nt* antiquity
altertümlich [ˈaltɐtyːmlɪç] *adj* ❶ (*altmodisch*) old-fashioned ❷ (*veraltet*) antiquated
Alterung *f:* ~ **der Bevölkerung** ageing population
Alterungsbeständigkeit *f* aging resistance [*o* stability]
altgedient [ˈaltgədiːnt] *adj* long-serving
Altglascontainer *m* bottle bank
althergebracht [-ˈ---] *adj* traditional
Altjahresabend *m* (*CH: Silvester*) New Year's Eve
altklug *adj* precocious
Altlasten *fpl* dangerous waste residues
ältlich [ˈɛltlɪç] *adj* oldish
Altmaterial *nt* scrap; **Altmeister** *m* (SPORT) ex-champion; **altmodisch** *adj* old-fashioned; **Altöl** *nt* waste oil; **Altöltank** *m* slop-tank; **Altpapier** *nt* wastepaper; **Altpapiersammlung** *f* wastepaper collection; **Altstadt** *f* old part of town; **Altwagen** *m* used car; **Altwarenhändler(in)** *m(f)* second-hand dealer; **Altweibersommer** [-ˈ----] *m* Indian summer

i Land & Leute

Der Altweibersommer, literally 'old women's summer', is the German word for Indian summer, and describes a period in September and October of fine autumnal weather with big swings in temperature over a large part of Europe.

Alufolie [ˈalufoːljə] *f* tin foil, aluminium foil *Br,* aluminum foil *Am*

Aluminium [alu'mi:niʊm] <-s> *nt* aluminium *Br,* aluminum *Am*

am [am] *präp:* ~ **1. November** on November 1st; **Frankfurt** ~ **Main** F. on the Main; ~ **Abend** in the evening; ~ **Anfang** at the beginning; ~ **Ende** after all, at last, in short; ~ **Himmel** in the sky; **ich war gerade** ~ **Weggehen** I was just leaving; ~ **Tag** by day; ~ **Tag darauf** on the following day; ~ **Lager** (COM) in stock; ~ **besten** best; ~ **meisten** most; ~ **Leben** alive

Amateur(in) [ama'tø:ɐ] <-s, -e> *m(f)* amateur; **Amateurfunker(in)** *m(f)* radio amateur; (*fam*) radio ham

Amboss ['ambɔs] <-es, -e> *m* anvil

Ambulanz *f* (MED) ❶ (*im Krankenhaus*) outpatients *sing* ❷ (*Krankenwagen*) ambulance

Ameise ['a:maɪzə] <-, -n> *f* ant; **Ameisenbär** *m* ant-eater; **Ameisenhaufen** *m* anthill; **Ameisensäure** *f* (CHEM) formic acid

amen ['a:mɛn] *interj* amen!; **ja und** ~ **zu etw sagen** give one's blessing to s.th.

Amerika [a'me:rika] <-s, (-)> *nt* America; **die Vereinigten Staaten von** ~ the United States of America, the USA; **Amerikaner(in)** [ameri'ka:nɐ] *m(f)* American; **amerikanisch** *adj* American; **amerikanisieren** *vt* Americanize

Amethyst [ame'tyst] <-en, -en> *m* amethyst

Ammann *m* <-s, -männer> (*CH*) mayor

Ammoniak ['amonjak] <-s> *nt* (CHEM) ammonia

Amnestie [amnɛs'ti:] *f* (POL) amnesty; **amnestieren** *vt* grant an amnesty to

Amöbe [a'mø:bə] <-, -n> *f* am(o)eba

Amok ['a:mɔk] <-s> *m* amok *Br,* amuck *Am;* ~ **laufen** run amok; **Amokschütze** *m* crazed gunman

amortisieren [amɔrti'zi:rən] *vr:* **sich** ~ pay for itself

Ampel ['ampəl] <-, -n> *f* ❶ (*Verkehrs~*) traffic lights *pl* ❷ (*Hängelampe*) hanging lamp

Ampere [am'pɛ:ɐ] <-(s), -> *nt* (ELEK) ampere; **Amperemeter** *nt* (ELEK) ammeter

Amphibie [am'fi:biə] <-, -n> *f* amphibian

amphibisch *adj* amphibious

Ampulle [am'pʊlə] <-, -n> *f* (MED) ampoule

amputieren [ampu'ti:rən] *vt* amputate

Amsel ['amzəl] <-, -n> *f* blackbird

Amt [amt, *pl:* 'ɛmtɐ] <-(e)s, Ämter> *nt* ❶ (*öffentliches*) office ❷ (*Aufgabe*) duty, task ❸ (*Behörde*) department ❹ (TELE) exchange; **zum zuständigen** ~ **gehen** go to the relevant authority; **von** ~**s wegen** officially; **sich um ein** ~ **bewerben** apply for a post

Ämterhäufung *f* holding of multiple posts

amtieren *vi* hold office, be in office; ~ **als** (*fungieren*) act as

amtlich *adj* official; ~**es Kennzeichen** registration number *Br,* license number *Am*

Amtsanmaßung *f* unauthorized assumption of authority; **Amtsantritt** *m* assumption of office; **Amtsarzt** *m* medical officer; **Amtseid** *m* oath of office; **Amtsentsetzung** <-, -en> *f* (*österr*) dismissal from office; **Amtsgericht** *nt* county court *Br,* district court *Am;* **Amtshandlung** *f* official duty; **Amtsrichter** *m* county court judge *Br,* district court judge *Am*

Amtsübernahme *f* taking office, assumption of office; **Amtszeichen** *nt* (TELE) dialling tone *Br,* dial tone *Am;* **Amtszeit** *f* period of office; **Amtszimmer** *nt* office

Amulett [amu'lɛt] <-(e)s, -e> *nt* amulet, charm

amüsant [amy'zant] *adj* amusing

amüsieren **I.** *vt* amuse **II.** *vr* enjoy o.s., have a good time; **sich über etw** ~ find s.th. funny

Amüsierviertel *nt* nightclub district

an [an] **I.** *präp* ❶ (*räumlich*): ~ **der Wand stehen** stand by the wall; ~ **etw vorbeigehen** pass s.th.; **sie ging** ~**s Fenster** she went to the window; ~**s Telefon gehen** answer the phone ❷ (*zeitlich*): ~ **diesem Abend** that evening; **es ist** ~ **der Zeit** the time has come ❸ (*fig*): **jdn** ~ **etw erkennen** recognize s.o. by s.th.; **was haben Sie** ~ **Weinen da?** what wines do you have?; ~ **etw schuld sein** be to blame for s.th.; **ich habe eine Bitte** ~ **Sie** I have a request to make of you **II.** *adv* ❶ (*etwa*): ~ **die 500 Schüler** about five hundred pupils; **von nun** ~ from today onwards ❷ (RAIL: *Ankunft*): **Stuttgart** ~ **16.25** arriving Stuttgart 16:25

Anabolikum [ana'bo:likʊm] <-s, -ka> *nt* anabolic steroid

Anachronismus *m* anachronism

analog [ana,lo:k] *adj* ❶ analogous ❷ (INFORM) analog

Analogie [analo'gi:] *f* analogy

Analogrechner *m* (INFORM) analog computer

Analphabet(in) ['analfabe:t, ---'-] <-en, -en> *m(f)* illiterate; **Analphabetentum** *nt* illiteracy

Analyse [ana'ly:zə] <-, -n> *f* analysis

analysieren *vt* analyze

Ananas ['ananas] <-, -/(-se)> *f* pineapple

anaphylaktisch [anafy'laktɪʃ] *adj* (MED) anaphylactic; ~**er Schock** anaphylactic shock

Anarchie [anar'çiː] *f* anarchy
Anarchist(in) *m(f)* anarchist
Anatomie [anato'miː] *f* ❶ anatomy ❷ (*Institut*) anatomical institute
anatomisch [ana'toːmɪʃ] *adj* anatomical
an|bahnen I. *vt* initiate **II.** *vr* (*bevorstehen*) be in the offing
an|bändeln ['anbɛndəln] *vi* (*fam: flirten*) flirt (*mit* with)
Anbau[1] <-(e)s, -ten> *m* (*Gebäude*) extension
Anbau[2] <-(e)s> *m* (*landwirtschaftlich*) cultivation
an|bauen *vt* ❶ (*Gebäude*) add, build on ❷ (*landwirtschaftlich*) cultivate, grow
Anbaufläche *f* cultivable land; (*bebaute Fläche*) area under cultivation
anbei [-'-] *adv* (COM) enclosed please find
an|beißen I. *irr vi* ❶ bite ❷ (*fig*) swallow the bait **II.** *vt* bite into
an|belangen *vi* concern; **was mich anbelangt ...** as far as I am concerned ...
an|bellen *vt* bark at
an|beraumen *vt* arrange, fix
an|beten *vt* worship; (*fig*) adore
Anbetracht *m:* **in ~** in view of; **in ~ dessen, dass ...** considering the fact that ...
an|biedern *vr:* **sich bei jdm ~** curry favour with s.o.
an|bieten I. *irr vt* offer (*jdm etw* s.o. s.th.) **II.** *vr* ❶ (*Mensch*) offer one's services ❷ (*Gelegenheit*) present itself; **Anbieter(in)** *m(f)* supplier
an|binden *irr vt* tie (up); **kurz angebunden** (*fig*) curt
Anblick *m* sight; **beim ersten ~** at first sight
an|blicken *vt* glance at, look at
an|bohren *vt* bore into; (*eine Quelle*) open up
Anbot <-(e)s, -e> *nt* (*österr*) offer
an|brechen I. *irr vt haben* ❶ (*Packung*) open ❷ (*Geld*) break into **II.** *vi sein* (*Tag*) break, dawn; (*Nacht*) fall
an|brennen *sein irr vi* catch fire; (*Essen*) get burnt; **~ lassen** burn; **nichts ~ lassen** not miss one's chances
an|bringen *irr vt* ❶ (*festmachen*) fix (*an* to) ❷ (*installieren*) install ❸ (*Bitte, Beschwerde*) make (*bei* to); **seine Kritik ~** get one's criticism in
Anbruch <-(e)s> *m* beginning; **bei ~ des Tages** at day-break; **bei ~ der Nacht** at nightfall
Andacht ['andaxt] <-, -en> *f* devotion; (*Gottesdienst*) prayers *pl*
andächtig ['andɛçtɪç] *adj* devout
an|dauern *vi* continue; **andauernd** *adj* (*ständig*) continuous; (*anhaltend*) continual; **jdn ~ unterbrechen** keep on interrupting s.o.
Andenken <-s, -> *nt* ❶ memory ❷ (*Gegenstand*) keepsake (*an* from); (*Reise~*) souvenir; **zum ~ an ...** in memory [*o* remembrance] of ...
an|denken *vt* start thinking
andererseits *adv* on the other hand
andere *adj* ❶ (*verschieden*) different ❷ (*noch ein*) other; **am ~n Morgen** the next morning; **kein ~r** no one else; **etw ~s** s.th. else; **das ist etw Anderes** that is different; **nichts ~s als** nothing but; **alles ~ als** anything but; **~ Kleider anziehen** change one's clothes; **es blieb mir nichts ~s übrig, als selbst hinzugehen** I had no alternative but to go myself; **ein ~s Mal** another time; **es kam eins zum ~n** one thing led to another; **unter ~m** among other things *pl;* **einer nach dem ~n** one at a time; **nichts ~s** nothing else; **~ Saiten aufziehen** change one's tune; **sich eines ~n besinnen** change one's mind; **und vieles ~ mehr** and much more besides
ändern ['ɛndɐn] **I.** *vt* alter; (*wechseln*) change; **ich kann es nicht ~** I can't do anything about it **II.** *vr* alter, change
andernfalls *adv* otherwise
anders ['andɐs] *adv* differently; **jemand ~** someone else; **es sich ~ überlegen** change one's mind; **es geht nicht ~** there's no other way; **das klingt schon ganz ~** now that's more like it; **es war nicht ~ möglich** there was no other way; **~ (als jd) gesinnt sein** hold different views (from s.o.)
Andersdenkende(r) *f m* dissenter
andersherum *adv* the other way round
anderswo ['---] *adv* elsewhere; **anderswoher** *adv* from elsewhere; **anderswohin** *adv* elsewhere
anderthalb ['andɐtalp] *num* one and a half; **anderthalbfach** *adj* one and a half times
Änderung ['ɛndərʊŋ] *f* alteration, change
anderweitig ['----] **I.** *adj* other **II.** *adv* (*woanders*) elsewhere; **~ vergeben werden** be given to s.o. else
an|deuten *vt* (*erkennen lassen*) indicate; (*zu verstehen geben*) hint (*jdm etw* s.th. to s.o.)
Andeutung *f:* **eine ~ über etw machen** hint at s.th.; **versteckte ~en machen** drop veiled hints
Andrang <-(e)s> *m* (*von Menschen*) crowd, rush; (*von Blut*) rush
an|drehen *vt* ❶ (*Licht*) switch on; (*Gas*)

turn on ② (*befestigen*) tighten; (*Schraube*) screw in; **jdm etw ~** palm s.th. off on s.o.

an|drohen *vt:* **jdm etw ~** threaten s.o. with s.th.

an|ecken *sein vi* (*fam*): **bei jdm ~** rub s.o. up the wrong way

an|eignen *vr:* **sich etw ~** acquire s.th.; (*widerrechtlich*) appropriate s.th., learn s.th.

aneinander *adv* each other; **sich ~ gewöhnen** get used to each other; **~ fügen** put together; **mit jdm ~ geraten** come to blows with s.o.; (*streiten*) have words with s.o.; **~ grenzen** border on each other; **~ reihen** string together; **~ stoßen** (*Gegenstände*) bang together; (*Leute*) bump into each other

Anekdote [anɛk'do:tə] <-, -n> *f* anecdote

an|ekeln *vt* disgust; **es ekelt mich an** it's making me sick

Anemone [ane'mo:nə] <-, -n> *f* (*Buschwindröschen*) anemone

Anerbieten *nt* offer

an|erkennen *irr vt* ① recognize, acknowledge; (COM) accept ② (*lobend*) appreciate; **ein ~der Blick** an appreciative look; **Anerkennung** *f* ① recognition, acknowledgement ② (*lobende ~*) appreciation

an|fachen *vt* ① (*Feuer*) fan ② (*fig*) arouse

an|fahren *sein* **I.** *irr vi* (AUTO) start; (RAIL) pull up **II.** *vt* ① (MAR) put in at ② *haben* (*zusammenstoßen*) run into ③ *haben* (*liefern*) deliver; **jdn ~** shout at s.o.

Anfahrt *f* ① (*Reise*) journey ② (*Zufahrt*) approach

Anfall *m* ① (MED) attack; (*Schlag~*) fit (of apoplexy) ② (FIN: *von Kosten*) amount (*an* of); **in einem ~ von …** in a fit of …

an|fallen **I.** *irr vt haben* attack **II.** *vi sein* arise; **die ~de Arbeit** the work which comes up

anfällig ['anfɛlɪç] *adj* (*von schwacher Gesundheit*) delicate; **für etw ~ sein** be susceptible to s.th.

Anfang ['anfaŋ] <-(e)s, Anfänge> *m* beginning; **~ Mai** at the beginning of May; **für den ~** for the present; **von ~ an** right from the beginning; **den ~ machen** begin, start

an|fangen *irr vt, vi* begin, start; **von vorn ~** begin [*o* start] again; **fang nicht wieder damit an!** don't start all that again!; **bei einer Firma ~** start with a firm; **Streit ~** start an argument; **ich weiß nicht, was ich damit ~ soll** I don't know what to do with it

Anfänger(in) *m(f)* beginner

anfänglich ['anfɛŋlɪç] **I.** *adj* initial **II.** *adv* at first

anfangs ['anfaŋs] *adv* at first

Anfangsbuchstabe *m* first letter; **großer ~** capital initial; **kleiner ~** small initial; **Anfangsgehalt** *nt* starting salary; **Anfangsgeschwindigkeit** *f* (PHYS) initial velocity; **Anfangsstadium** *nt* initial stage

an|fassen *vt* touch; **eine Sache falsch ~** tackle a problem the wrong way; **jdn ~** (*behandeln*) treat s.o.; **zum Anfassen** (*Mensch, Sache*) accessible; (*Mensch a.*) approchable

anfechtbar *adj* contestable

an|fechten *irr vt* contest; (JUR) appeal against; (*Vertrag*) dispute

an|feinden *vt* treat with hostility

an|fertigen *vt* make; **etw ~ lassen** have s.th. made

an|feuchten *vt* moisten, wet

an|feuern *vt* ① (*Ofen*) light ② (*fig*) spur on

an|flehen *vt* implore (*um* for)

Anflug *m* ① (AVIAT: *das Anfliegen*) approach ② (*Spur*) trace ③ (*Hauch*) hint; **mit einem ~ von Spott** with a hint of derision

an|fordern *vt* request

Anforderung *f* ① (*Belastung*) demand ② (*Bedürfnis*) requirement ③ (*das Anfordern*) request (*von* for); **hohe ~en an jdn stellen** demand a lot of s.o.; **den ~en genügen** be able to meet the demands

Anfrage *f* ① inquiry ② (PARL) question ③ (INFORM) query

an|fragen *vi* inquire (*bei jdm* of s.o.)

an|freunden *vr:* **sich mit jdm ~** make friends with s.o.; **sich mit etw ~** get to like s.th.

an|fügen *vt* add

an|fühlen *vt, vr* feel

an|führen *vt* ① (*als Führer*) lead ② (*zitieren*) cite, quote; **ein Beispiel ~** give an example

Anführer *m* leader; (*Anstifter*) ringleader

Anführungszeichen *ntpl* inverted commas, quotation marks

an|füllen *vt* fill up

Angabe¹ *f* ① (*Aussage*) statement ② (*nähere*) detail; **~n über etw machen** give details about s.th.; **~n zur Person** personal details

Angabe² *f* (*Prahlerei*) showing off

an|geben¹ *irr vt* ① (*nennen*) give ② (*behaupten*) maintain; **seinen Namen ~** give one's name; **Gründe ~** state reasons; **sein Vermögen ~** state one's fortune

an|geben² *irr vi* (*fam: prahlen*) boast, show off

Angeber(in) *m(f)* (*fam: Prahler*) show-off

angeblich ['ange:plɪç/ -'--] **I.** *adj* so-called

II. *adv* allegedly; **er fährt ~ einen Rolls-Royce** he is said to drive a Rolls-Royce
angeboren *adj* innate; **~e Kurzsichtigkeit** congenital short-sightedness
Angebot *nt* offer; (*Waren~*) supply; **~ und Nachfrage** supply and demand
angebracht *adj* (*sinnvoll*) reasonable
angebrannt *adj* burnt
angegossen *adj:* **wie ~ sitzen** fit like a glove
angegriffen *adj:* **~e Gesundheit** weak health; **sie sieht ~ aus** she looks strained
angeheitert ['angəhaɪtɐt] *adj* tipsy
an|gehen **I.** *irr vi sein* (*Feuer*) start burning; **gegen etw ~** fight s.th. **II.** *vt haben* (*betreffen*) concern; **das geht Sie nichts an!** that's none of your business!; **was geht das mich an?** what's that got to do with me?; **was mich angeht ...** for my part ...; **angehend** *adj:* **ein ~er Ehemann** a prospective husband
an|gehören *vi* (*Familie*) be a member of
Angehörige(r) *f m:* **meine Angehörigen** my relatives
Angeklagte(r) <-n, -n> *f m* accused, defendant
Angel[1] ['aŋəl] <-, -n> *f* (*Fenster~, Tür~*) hinge; **etw aus den ~n heben** revolutionize s.th. completely; **eine Tür aus den ~n heben** unhinge a door
Angel[2] *f* (*Fisch~*) rod and line *Br,* fishing pole *Am*
Angelegenheit *f* matter; **das ist nicht meine ~** that's not my business; **kümmere dich um deine eigenen ~en!** mind your own business!
angelernt *adj:* **~er Arbeiter** semi-skilled worker
angeln ['aŋəln] *vi, vt:* **~ gehen** go fishing; **nach etw ~** fish for s.th.; **den werde ich mir ~!** (*fam*) I'll give him a piece of my mind!
angeloben *vt* (*österr*) swear in
Angelobung <-> *f* (*österr*) swearing in
Angelrute *f* fishing rod
angemessen *adj* appropriate; (*Preis*) reasonable
angenehm ['angəne:m] *adj* agreeable, pleasant; **ist es Ihnen so ~?** is that all right for you?; **~e Reise!** have a pleasant journey!
angenommen **I.** *adj:* **~er Name** adopted name **II.** *konj:* **~, dass ...** assuming that ...
angesehen *adj* respected
angesichts *präp* in view of, considering
Angestellte(r) *f m* employee; **~ sein bei ...** be on the staff of ...; **Angestelltenversicherung** *f* employees' insurance
angestrengt **I.** *adj:* **ein ~es Gesicht** a strained face **II.** *adv:* **~ arbeiten** work hard
angetan *adv:* **von jdm (etw) ~ sein** be impressed by s.o (s.th.); **es jdm ~ haben** appeal to s.o.
angetrunken *adj* inebriated
angewandt *adj:* **~e Mathematik** applied mathematics *pl*
angewiesen *adj:* **~ sein auf** be dependent on; **darauf bin ich nicht ~** I can get along without it
an|gewöhnen **I.** *vt:* **jdm etw ~** accustom s.o. to s.th. **II.** *vr:* **sich etw ~** get accustomed to s.th.
Angewohnheit *f* habit; **die ~ haben, etw zu tun** be in the habit of doing s.th.
Angina [aŋ'gi:na] <-> *f* (MED) angina
an|gleichen **I.** *irr vt* bring into line (*an* with) **II.** *vr:* **sich ~** grow closer together
Angler(in) ['aŋlɐ] *m(f)* angler
an|gliedern *vt* affiliate (*an* to); (POL) annex (*an* to)
Anglist(in) [aŋ'glɪst <-en, -en> *m(f)* anglicist; (*Student*) student of English philology; (*Dozent*) English lecturer; **Anglistik** *f* study of English philology
an|grabschen, **an|grapschen** *vt* (*sl*) grope
angreifbar *adj* (*fig*) open to attack
an|greifen *irr vt* ❶ (*feindlich*) attack ❷ (*in Anspruch nehmen: Vorräte, Geld*) draw on ❸ (*etw anfassen*) tackle ❹ (*schwächen*) weaken; (*beeinträchtigen*) affect
Angreifer(in) *m(f)* aggressor, attacker
an|grenzen *vi:* **~ an** border on; **angrenzend** *adj* ❶ (*Gebiet*) adjacent (*an* to) ❷ (INFORM) contiguous
Angriff *m* attack (*auf* to); **etw in ~ nehmen** tackle s.th.; **zum ~ übergehen** take the offensive; **Angriffsfläche** *f:* **jdm eine ~ bieten** lay o.s. open to an attack
angriffslustig *adj* aggressive
Angriffspunkt *m* ❶ (*Ziel, a. fig*) target ❷ (TECH: *Schwachstelle*) weakspot; **der Plan bietet der Opposition zu viele ~e** the plan is too vulnerable to attack by the opposition
an|grinsen *vt* grin at
Angst [aŋst, *pl:* 'ɛŋstə] <-, Ängste> *f* anxiety (*um* about); (*Furcht*) fear (*vor* of); **vor etw ~ haben** be afraid of s.th.; **um jdn ~ haben** be anxious about s.o.; **keine ~!** don't worry!
ängstigen ['ɛŋstɪgən] **I.** *vr:* **sich vor etw ~** be afraid of s.th.; **sich wegen etw ~** worry about s.th. **II.** *vt:* **jdn ~** frighten s.o.
ängstlich ['ɛŋstlɪç] *adj* (*angstvoll*) anxious;

(*schüchtern*) timid
Angstzustände *pl* (PSYCH) state *sing* of anxiety; ~ **bekommen** get in a state of panic
an|gucken *vt* look at
an|gurten *vr:* **sich** ~ fasten one's seat belt
an|haben *irr vt* ❶ (*Kleidungsstücke*) have on, wear ❷ (*beeinträchtigen*): **das kann mir nichts** ~ that can't do me any harm; **sie können mir nichts** ~ they can't touch me
an|haften *vi* stick (*an* to)
Anhalt <-(e)s, (-e)> *m* (~*spunkt*) clue; **jdm einen** ~ **gewähren** give a clue to s.o.; **ich habe keinen** ~ **dafür, dass …** I have no grounds to suppose that …
an|halten I. *irr vt* stop; **die Luft** ~ hold one's breath; **jdn zu etw** ~ encourage s.o. to do s.th. **II.** *vi* ❶ (*stehen bleiben*) stop ❷ (*andauern*) last; **um jds Hand** ~ propose to s.o.; **anhaltend** *adj* ongoing; (*unaufhörlich*) incessant
Anhalter(in) *m(f)* hitch-hiker; **per** ~ **fahren** hitch-hike
Anhaltspunkt *m* clue
anhand, an Hand *adv* (*mit*) with; ~ **dieser Unterlagen** from these documents
Anhang *m* ❶ appendix ❷ (*von Partei*) followers *pl* ❸ (*fam: Familie*) family
an|hängen *vt* ❶ (AUTO: *Anhänger*) hitch up (*an* to) ❷ (*hinzufügen*) add ❸ (INFORM: *an Datei*) append; **jdm etw** ~ blame s.th. on s.o.
Anhänger *m* ❶ (*Person*) follower, supporter ❷ (*Gepäck~*) tag; (*Schmuckstück*) pendant ❸ (AUTO) trailer
Anhängerschaft *f* supporters *pl*
anhänglich *adj* clinging
Anhänglichkeit *f* devotion
an|hauen *irr vt* (*fam*): **jdn** ~ make a pass at s.o., touch s.o. for s.th.
an|häufen I. *vt* amass; (*sammeln, hamstern*) hoard up **II.** *vr* pile up
Anhäufung *f* amassing; (*von Waren*) hoarding
an|heben *irr vt* raise; (*hochheben*) lift up
an|heften *vt* fasten (*an* to); (*mit Reißnagel*) tack on; (*mit Stecknadel*) pin to
anheim [an'haɪm]: **der Vergessenheit** ~ **fallen** sink into oblivion; **jdm etw** ~ **stellen** leave s.th. to someone's discretion
anheimelnd ['anhaɪməlnt] *adj* homely
an|heizen *vt* ❶ (*Kamin*) light ❷ (*positiv*) stimulate; (*negativ*) aggravate
an|heuern *vi, vt* (MAR) sign up
Anhieb *m:* **auf** ~ straight off
an|himmeln *vt:* **jdn** ~ make sheep's eyes at s.o.
Anhöhe *f* hill
an|hören I. *vt:* **jdn** ~ hear s.o.; **etw** ~ listen to s.th. **II.** *vr:* **das hört sich ja gut an!** that sounds good!
Anhörung *f* (PARL) hearing
animalisch *adj* animal
Animateur(in) [anima'tø:ɐ] <-s, -e> *m(f)* host (hostess)
animieren [ani'mi:rən] *vt* encourage
Anis ['a:nɪs/a'ni:s] <-es, -e> *m* anise
Ankauf *m* purchase
an|kaufen *vt* buy, purchase
Anker ['aŋkɐ] <-s, -> *m* ❶ (MAR) anchor ❷ (ELEK) armature; **vor** ~ **gehen** drop anchor; **den** ~ **lichten** weigh anchor
ankern ['aŋkɐn] *vi* (*vor Anker liegen*) be anchored
Ankerkette *f* (MAR) anchor cable; **Ankerplatz** *m* anchorage
an|ketten *vt* chain up (*an* to)
Anklage *f* ❶ (JUR) charge ❷ (*Staatsanwalt als* ~*vertreter*) prosecution; **jdn unter** ~ **stellen** charge s.o. (*wegen* with); **gegen jdn** ~ **erheben** bring charges against s.o.; **Anklagebank** *f* (JUR) dock; **auf der** ~ in the dock
an|klagen *vt* charge (*wegen* with); **jdn** ~, **etw getan zu haben** accuse s.o. of having done s.th.
Ankläger(in) *m(f)* (JUR) prosecutor
an|klammern I. *vt* (*mit Klammer*) clip (*an* to) **II.** *vr* cling (*an* to)
Anklang *m* (*Beifall*): ~ **bei jdm finden** be well received by s.o.
an|kleben I. *vt haben* stick up (*an* on) **II.** *vi sein* stick
an|kleiden *vt, vr* dress
Ankleidezimmer *nt* dressing-room
an|klicken *vt* (INFORM) click on
an|klopfen *vi* knock (*an* at); **bei jdm** ~ **wegen etw** come knocking at someone's door for s.th.
an|knipsen *vt* (*Licht*) switch on
an|knüpfen I. *vt* ❶ tie on (*an* to) ❷ (*fig*) start up; **Beziehungen** ~ establish relations **II.** *vi:* **an etw** ~ take s.th. up
an|kommen[1] *sein irr vi* ❶ arrive ❷ (*bei Bewerbungen*) be taken on (*bei* by) ❸ (*Anklang finden*) go down (*bei* with); **bist du gut angekommen?** did you get there all right?; **jdm mit etw** ~ come to s.o. with s.th.; **bei jdm** ~ (*fam*) have success with s.o.; **komm bloß damit nicht wieder an!** (*fam*) don't start up again with this!
an|kommen[2] *sein irr vi* (*wichtig sein*): **es kommt darauf an** it depends; **es kommt darauf an, dass …** what matters is that …; **es darauf** ~ **lassen** chance it; **lass es**

A

nicht darauf ~! don't push your luck!; **es auf einen Prozess ~ lassen** let it get as far as the courts; **darauf soll es mir nicht ~** that's not the problem

an|kotzen *vt* (*sl*): **das kotzt mich an!** that's enough to make me sick!

an|kreuzen *vt* mark with a cross

an|kündigen **I.** *vt* announce **II.** *vr* (*fig*) be heralded (*durch* by)

Ankündigung *f* announcement

Ankunft ['ankʊnft] <-> *f* arrival; **bei ~** on arrival; **Ankunftszeit** *f* time of arrival

an|kurbeln *vt* (*fig*) boost

an|lächeln *vt:* **jdn ~** give s.o. a smile

an|lachen *vt* smile at; **sich jdn ~** (*fam*) pick s.o. up

Anlage *f* ❶ (*Fabrik~*) plant ❷ (*Park*) public park, gardens *pl* ❸ (*Garten~*) grounds *pl* ❹ (*Beilage*) enclosure; (INTERNET) attachment ❺ (*Entwurf*) layout ❻ (ELEK) installation ❼ (INFORM RADIO) system ❽ (FIN) investment; **als ~ erhalten Sie ...** enclosed please find ...; **Anlagen** *pl* (*Garten~*) grounds *pl;* **Anlagepapier** *nt* (FIN) long-term investment bond

Anlass ['anlas, *pl:* 'anlɛsə] <-es, Anlässe> *m* ❶ (*Ursache*) cause (*zu* for) ❷ (*Gelegenheit*) occasion; **es besteht kein ~** there is no reason; **etw zum ~ nehmen zu ...** use s.th. as an opportunity to ...; **festlicher ~** festive occasion; **beim geringsten ~** for the slightest reason

an|lassen *irr vt* ❶ (AUTO: *in Gang setzen*) start ❷ (*nicht ausziehen z. B. Jacke*) keep on ❸ (*Geräte*) leave on

Anlasser <-s, -> *m* (AUTO) starter

anlässlich ['anlɛslɪç] *präp* on the occasion of

Anlauf *m:* **einen ~ nehmen** take a run-up; **erst beim zweiten ~** only at the second go

an|laufen **I.** *irr vi sein* ❶ (*anfangen*) begin, start; (FILM) open ❷ (MED) swell up ❸ (*beschlagen*) steam up; (*von Metall*) tarnish **II.** *vt haben* (MAR: *einen Hafen*) call at

Anlaufprobleme *pl* teething troubles *pl*

Anlaufstelle *f* shelter, refuge; **~ für Drogensüchtige** Drug Crisis Centre *Br,* Drug Crisis Center *Am*

Anlaufzeit *f* (*fig*): **das braucht ein paar Wochen ~** it needs a few weeks to get going

Anlaut *m* (LING) initial sound

an|legen **I.** *vt* ❶ (*daranlegen*) lay (*an* next to) ❷ (*anziehen*) don ❸ (FIN) invest ❹ (*Kartei*) start ❺ (*Vorräte*) lay in ❻ (INFORM) create; **eine Leiter ~ an** put up a ladder to; **sein Lineal ~** set one's ruler; **es darauf ~, dass ...** be determined that ...; **sich mit jdm ~** pick a quarrel with s.o. **II.** *vi* (MAR) berth

Anleger(in) *m(f)* (FIN) investor

Anleger *m* (MAR) landing-stage; (*für Ozeandampfer*) berth

an|lehnen **I.** *vt* lean (*an* against); (*Tür*) leave ajar **II.** *vr* lean (*an* against); **sich an etw ~** follow s.th.

an|leiern *vt* (*fam: in die Wege leiten*) launch, get on the road

Anleihe ['anlaɪə] <-, -n> *f* ❶ (*Darlehen*) loan ❷ (*Wertpapier*) bond; **eine ~ aufnehmen** take a loan; **bei jdm eine ~ machen** (*a. fig*) borrow from s.o.

an|leimen *vt* stick on (*an* to)

an|leiten *vt* instruct; **jdn zu etw ~** teach s.o. s.th.

Anleitung *f* (*a.* TECH) instructions *pl;* **unter ~ von ...** under the guidance of ...

Anliegen ['anli:gər] <-s, -> *nt* ❶ (*Bitte*) request ❷ (*Angelegenheit*) matter

an|liegen *irr vi* (*Kleider*) fit closely (*an* s.th.); (*Haare*) lie flat (*an* against)

anliegend *adj* ❶ (*benachbart*) adjacent ❷ (*Kleider*) tight-fitting ❸ (*beiliegend*) enclosed

Anlieger(in) <-s, -> *m(f)* (*Anwohner*) local resident; **~ frei** residents only

an|locken *vt* attract; (*Tiere*) lure

an|löten *vt* solder on (*an* to)

an|lügen *irr vt:* **jdn ~** lie to s.o.

an|machen *vt* ❶ (*befestigen*) put up (*an* on) ❷ (*Salat*) dress ❸ (*Feuer*) light ❹ (*fam: ansprechen*) chat up ❺ (*fam: erregen*) turn on ❻ (*beschimpfen*) slam; (**das**) **Licht ~** turn on the light

Anmarsch *m* walk; **im ~ sein auf** (MIL) be advancing on; (*fig*) be on one's way

an|maßen ['anma:sən] *vr:* **sich ~, etw zu tun** have the presumption to do s.th.; **sich etw ~** claim s.th.; **anmaßend** ['anma:sənt] *adj* presumptuous

Anmaßung *f* ❶ presumption ❷ (*Unverschämtheit*) insolence

Anmeldeformular *nt* registration form; **Anmeldegebühr** *f* registration fee

an|melden **I.** *vt* ❶ announce ❷ (*für Abgaben, Zoll*) declare ❸ (TELE: *Gespräch*) book; **jdn bei einer Schule ~** enrol s.o. at a school; **jdn zu einem Kurs ~** enrol s.o. for a course; **seinen Fernseher ~** get a licence for one's TV set **II.** *vr* ❶ announce one's arrival ❷ (*für einen Kurs*) enrol o.s.; **sich polizeilich ~** register with the police

Anmeldung *f* ❶ (*Ankündigung*) announcement ❷ (*zu einem Kurs*) enrolment; (*bei Polizei*) registration ❸ (*Reception*) reception

an|merken *vt* ❶ (*anstreichen*) mark ❷ (*bemerken*) say ❸ (*schriftlich*) note; **sich nichts ~ lassen** keep a straight face
Anmerkung *f* ❶ (*schriftlich*) note ❷ (*Bemerkung*) remark
Anmut ['anmu:t] <-> *f* grace
anmutig *adj* graceful
an|nähen *vt* sew on (*an* to)
an|nähern **I.** *vt* bring more into line (*an* with) **II.** *vr* approach (*einer S* s.th.); **annähernd** ['annɛ:ɐnt] **I.** *adj* approximate **II.** *adv* (*etwa*) about, approximately
Annäherung *f* approach (*an* towards); **Annäherungsversuch** *m* advances *pl*
Annahme ['anna:mə] <-, -n> *f* acceptance; (*Vermutung*) assumption; **der ~ sein, dass ...** assume that ...; **in der ~, dass ...** on the assumption that ...
Annahmeschluss *m* deadline
annehmbar *adj* acceptable, admissible; **ein ~er Preis** a reasonable price
an|nehmen *irr vt* ❶ (*Angebotenes ~*) accept ❷ (*aufnehmen*) take ❸ (*vermuten*) presume ❹ (*voraussetzen*) assume; **von jdm etw ~** expect s.th. of s.o.; **einen Auftrag ~** take on an order; **sich einer Sache ~** see to a matter
Annehmlichkeit *f* convenience; **die ~en des Lebens** the comforts of life
annektieren [anɛk'ti:rən] *vt* (POL) annex
Anno *adv* (*österr: im Jahre*) in (the year)
Annonce *f* advertisement
annullieren [anʊ'li:rən] *vt* (JUR) annul
an|öden ['anø:dən] *vt* (*fam*) bore stiff
anonym [ano'ny:m] *adj* anonymous; **Anonyme Alkoholiker** Alcoholics Anonymous *pl*
anonymisieren *vt* (*Daten, Fragebögen*) make anonymous
Anorak ['anorak] <-s, -s> *m* anorak
an|ordnen *vt* ❶ (*aufstellen*) arrange ❷ (*befehlen*) order
Anordnung *f* ❶ (*Aufstellung*) arrangement ❷ (*Befehl*) order; **auf ~ meines Arztes** on my doctor's orders *pl*
an|packen *vt* ❶ (*anfassen*) grab ❷ (*fig*) tackle; **kannst du mal mit ~?** can you lend me a hand?
an|passen **I.** *vt* (*Kleidung*) fit (- on); (TECH) fit (- to); **etw einer Sache ~** suit s.th. to s.th. **II.** *vr:* **sich ~ an etw** adapt o.s. to s.th.
Anpassung *f* adjustment; (*Angepasstheit*) conformity; **anpassungsfähig** *adj* adaptable; **Anpassungsfähigkeit** *f* adaptability
an|peilen *vt* (RADIO): **etw ~** take a bearing on s.th.; (*im Auge haben*) have one's sights on s.th.
an|pflanzen *vt* grow
Anpflanzung *f* (*bepflanzte Fläche*) cultivated area
an|prangern ['anpraŋɐn] *vt* denounce
an|preisen *irr vt* extol; **sich ~ als** sell o.s. as
Anprobe *f* fitting
an|probieren *vt* try on
an|pumpen *vt* (*fam*): **jdn um € 50 ~** touch s.o. for 50 euro
Anrainer(in) <-s, -> *m(f)* (*österr: Anlieger*) neighbour
an|rechnen *vt* ❶ (*berechnen*) charge ❷ (*gutschreiben*) take into account; **wie viel rechnen Sie mir für mein altes Auto noch an?** how much will you allow me for my old car?
Anrecht *nt:* **ein ~ auf etw haben** be entitled to s.th.
an|reden *vt* address; **gegen den Lärm ~** make o.s. heard against the noise
an|regen *vt* ❶ (*stimulieren*) stimulate ❷ (*ermuntern*) prompt (*zu* to); **jds Appetit ~** whet someone's appetite; **anregend** *adj* stimulating
Anregung *f* ❶ (*Stimulierung*) stimulation ❷ (*Vorschlag*) idea; **auf ~ von** on the suggestion of
an|reichern ['ənraɪçern] **I.** *vt* ❶ (*a. fig*) enrich ❷ (*vergrößern*) enlarge; **angereichert werden** (CHEM) be accumulated **II.** *vr* (CHEM) accumulate
Anreicherung *f* ❶ (CHEM) accumulation ❷ (*fig*) enrichment
Anreise *f* journey
Anreiz *m* incentive
an|reizen *vt* encourage
Anreizsystem *nt* reward system
an|rempeln *vt:* **jdn ~** bump into s.o.; (*böswillig*) jostle s.o.
an|rennen *sein irr vi:* **gegen etw ~** run against s.th.; (*fig*) fight against s.th.
Anrichte ['anrɪçtə] <-, -n> *f* ❶ sideboard ❷ (*Raum*) pantry
an|richten *vt* ❶ (*Mahlzeit*) prepare ❷ (*verursachen*) bring about; **da hat er was Schönes angerichtet!** he's really made a fine mess there!
anrüchig ['anrʏçɪç] *adj* notorious
Anruf *m* (TELE) call; **Anrufbeantworter** *m* (telephone) answering machine
an|rufen *irr vt* ❶ (*jdn ~*) shout to (s.o.) ❷ (TELE) call, ring; **darf ich mal bei Ihnen ~?** can I make a call from here?
an|rühren *vt* ❶ (*berühren*) touch ❷ (*Farbe ~*) mix; (*Sauce*) blend
anrührend *adj* touching
Ansage ['anza:gə] <-, -n> *f* announcement

an|sagen I. *vt* announce; **Sie sagen an!** (*beim Kartenspiel*) it is your turn to bid! II. *vr* say that one is coming; **angesagt sein** be recommended, be suggested; (*modisch*) be the in thing; **Spannung ist angesagt** we are in for a bit of excitement

Ansager(in) *m(f)* (RADIO) announcer

an|sammeln *vt* accumulate; **Vorräte ~** build up provisions

Ansammlung *f* ❶ (*von Gegenständen*) collection, build-up ❷ (*von Menschen*) crowd

ansässig ['anzɛsɪç] *adj* resident

Ansatz *m* ❶ (*Haar~*) hair-line ❷ (TECH) attachment; (*zur Verlängerung*) extension ❸ (*Ablagerung*) layer ❹ (PHILOS) approach; **die ersten Ansätze zeigen** be in the initial stages

an|saugen *vt* draw [*o* suck] in

Ansaugfilter *m* (AUTO) suction filter

an|schaffen I. *vt* (*kaufen*) buy, purchase II. *vi* (*sl: Prostituierte*) be on the game

Anschaffung *f* acquisition; **~en machen** make purchases; **Anschaffungswert** *m* cost-value

an|schalten *vt* (ELEK RADIO) switch on

an|schauen *vt* look at

anschaulich *adj* (*klar*) clear, graphic; (*lebendig*) vivid; **ein ~es Beispiel** a concrete example

Anschauung *f* opinion, view; **etw aus eigener ~ kennen** know s.th. from one's own experience; **Anschauungsmaterial** *nt* visual aids *pl*

Anschein <-(e)s> *m* appearance; **allem ~ nach** to all appearances *pl;* **es hat den ~, als ob ...** it seems as if ...; **sich den ~ geben** pretend to be

anscheinend I. *adj* apparent II. *adv* apparently

an|schieben *irr vt* push

an|schießen I. *irr vt haben* shoot II. *vi sein* (*fam*): **angeschossen kommen** come shooting along

Anschlag *m* ❶ (*Mord~*) murderous attempt ❷ (*Bekanntmachung*) notice; (*Poster*) poster ❸ (*auf Schreibmaschine*) touch ❹ (TECH: *bei Hebel*) stop; **einem ~ zum Opfer fallen** be assassinated; **dreh den Knopf bis zum ~!** push the knob right down!; **Anschlagbrett** *nt* notice-board *Br,* bulletin board *Am*

an|schlagen I. *irr vt* ❶ (*annageln*) nail on (*an* to) ❷ (*Bekanntmachung aushängen*) post (*an* on) ❸ (*Vase, Teller*) chip II. *vi* ❶ (*Brecher*) beat (*an* against) ❷ (MED: *wirken*) take effect

an|schließen I. *irr vt* (ELEK TECH) connect II. *vr:* **sich jdm ~** join s.o.; **ich schließe mich (Ihrer Meinung) an** I'll second you; **~ an etw** be a follow-up of s.th.

anschließend I. *adv* afterwards II. *adj* following

Anschluss *m* ❶ (RAIL) connection ❷ (*freiwilliger ~*) joining (*an* of) ❸ (TELE) telephone; **im ~ an** following; **den ~ verpassen** (RAIL) miss one's connection; (*fig*) miss the bus; **~ haben nach ...** (RAIL) have a connection to ...; **einen ~ beantragen** (TELE) apply for a telephone to be connected; **Anschlussflug** *m* connecting flight; **Anschlusszug** *m* connection

an|schmiegen *vr* ❶ (*Mensch*) snuggle up (*an* to), nestle (*an* against) ❷ (*Kleidung: passen, eng anliegen*) cling to

anschmiegsam *adj* (*Material, Stoff*) smooth

an|schnallen I. *vt* strap on; **seine Skier ~** clip on one's skis II. *vr* (AVIAT AUTO) fasten one's seat belt

Anschnallpflicht *f* (AVIAT AUTO) obligatory wearing of seat belts

an|schnauzen *vt:* **jdn ~** yell at s.o.

an|schneiden *irr vt* ❶ cut ❷ (*Frage*) touch on

an|schrauben *vt* screw on (*an* to)

Anschreiben *nt* covering letter *Br,* cover letter *Am*

an|schreiben *irr vt* ❶ (*an Wand*) write up (*an* on); (*an Tafel*) chalk up ❷ (*auf Kredit ~*) chalk up; **~ lassen** (*fam*) buy on tick; **jdn ~** (*durch Brief*) write s.o. a letter

an|schreien *irr vt* shout at

Anschrift *f* address

an|schuldigen *vt* accuse (*wegen* of)

Anschuldigung *f* accusation

an|schweißen *vt* (TECH) weld on (*an* to)

an|schwellen *sein irr vi* swell

Anschwellung *f* (*a.* MED) swelling

an|schwemmen I. *vt haben* wash up II. *vi sein* be washed up

Ansehen ['anzeːən] <-s> *nt* ❶ (*Aussehen*) appearance ❷ (*Achtung*) reputation; **zu ~ gelangen** acquire standing; **an ~ verlieren** lose credit

an|sehen *irr vt* ❶ look at ❷ (*besichtigen*) have a look at (*etw* s.th.) ❸ (TV) watch (*etw* s.th.); **sieh mal (einer) an!** well, I never!; **etw ~ als** regard s.th. as; **sich etw genau ~** take a close look at s.th.; **das sieht man ihr nicht an** she doesn't look it; **das kann ich nicht länger mit ~!** I can't stand it any more!

ansehnlich *adj* ❶ (*Person*) handsome ❷ (*beträchtlich*) considerable; **ein ~es Sümmchen** (*fam*) a tidy little sum

an|seilen I. *vt:* **jdn** ~ rope s.o. up II. *vr* rope o.s. up

an|setzen I. *vt* ① (*anfügen*) put on (*an* to) ② (*fig: bestimmen*) fix; (*veranschlagen*) estimate; **Fett** ~ put on weight; **eine Leiter an die Wand** ~ put a ladder onto the wall II. *vr* (*Ablagerungen*) form

Ansicht <-, -en> *f* ① view ② (*fig*) opinion ③ (TECH: *Zeichnung*) drawing; **meiner** ~ **nach** in my opinion; **der** ~ **sein, dass ...** be of the opinion that ...; **ich bin ganz Ihrer** ~ I entirely agree with you; **zur** ~ on approval; **Ansichtsexemplar** *nt* article sent on approval; **Ansichtskarte** *f* picture (post)card; **Ansichtssache** *f* matter of opinion

an|siedeln *vt* (*Menschen*) settle; (*Industrie*) establish

Ansiedlung *f* settlement

ansonsten *adv* otherwise; ~ **ist es okay** it's OK apart from that

an|spannen *vt* ① (*Seil*) tighten ② (*anstrengen*) strain; **das spannt mich zu sehr an!** that's too much of a strain for me!

Anspannung *f* strain

an|spielen I. *vi* (SPORT: *Fußball*) kick off; **auf etw** ~ allude to s.th.; **worauf spielen Sie an?** what are you driving at? II. *vt* (SPORT: *Fußball*) pass to

Anspielung *f* allusion (*auf* to)

an|spitzen *vt* (*Gegenstand*) sharpen

Ansporn [ˈanʃpɔrn] <-(e)s> *m* incentive

an|spornen *vt* (*fig*): **jdn zu etw** ~ encourage s.o. to do s.th.

Ansprache *f* address; **eine** ~ **halten** make a speech

an|sprechen I. *irr vt* ① speak to ② (*gefallen*) appeal to II. *vi* (*reagieren*) respond (*auf* to); **die Bremsen sprechen gut an** the brakes are very responsive

ansprechend *adj* attractive

Ansprechpartner(in) *m(f)* person to talk to, contact

an|springen I. *irr vi sein* (AUTO) start; **auf etw** ~ jump at s.th. II. *vt* jump

Anspruch *m* claim (*auf* to); **auf etw** ~ **haben** have a right to s.th.; **jdn völlig in** ~ **nehmen** take up all of someone's time

anspruchslos *adj* ① (*Mensch*) modest ② (*Lektüre*) light

anspruchsvoll *adj* (*viel verlangend*) demanding; (*hohe Anforderungen stellend*) ambitious

an|stacheln *vt* spur on

Anstalt [ˈanʃtalt] <-, -en> *f* ① (*Institut*) institute ② (JUR: *Institution*) institution; **für etw** ~**en treffen** take measures for s.th.

Anstand *m* decency, propriety; **keinen** ~ **haben** have no manners *pl*

anständig [ˈanʃtɛndɪç] *adj* (*a. fig*) decent; **ein** ~**es Essen bekommen** get a square meal

anstandslos *adv* without difficulty

an|starren *vt* stare at

anstatt [anˈʃtat] *präp, konj* instead of

an|stechen *irr vt* pierce; **ein Fass Bier** ~ tap a keg (of beer)

an|stecken[1] *vt* ① (*mit Nadel*) pin on ② (*Ring*) slip on

an|stecken[2] *vt* (*anzünden*) light; **ein Haus** ~ set fire to a house

an|stecken[3] I. *vt* (MED: *infizieren*) infect II. *vr:* **sich mit etw** ~ catch s.th. (*bei* from); **ansteckend** *adj* contagious, infectious; ~**e Krankheit** infectious disease

Anstecknadel *f* pin

Ansteckung *f* infection; **Ansteckungsgefahr** *f* risk of infection

an|stehen *irr vi* ① (*Schlange stehen*) queue (up); (*nach Waren* ~) stand in line (*nach* for) ② (*noch folgen*) be due to be dealt with

an|steigen *sein irr vi* rise

anstelle *präp* in place (*von* of), instead (*von* of)

an|stellen I. *vt* ① (*anlehnen*) lean (*an* against) ② (TECH AUTO) start; (ELEK RADIO) turn on ③ (*einstellen*) employ; **ich weiß nicht, wie ich es** ~ **soll** I don't know how to manage it; **stell bloß keinen Unsinn an!** don't get up to mischief! II. *vr* ① (*in Schlange*) queue up ② (*sich verhalten*) act up; **stell dich nicht so an!** don't make such a fuss!

Anstellung *f* employment; **eine feste** ~ a permanent position

an|stiften *vt:* **jdn zu etw** ~ incite s.o. to do s.th.

Anstifter *m* instigator

an|stimmen *vt:* **ein Lied** ~ begin singing a song

Anstoß *m* ① (SPORT) kick-off ② (*Ärgernis*) annoyance; **jdm den** ~ **geben, etw zu tun** induce s.o. to do s.th.; ~ **erregen** cause offence (*bei* to); **den** ~ **zu etw geben** get s.th. going

an|stoßen *irr vi* ① *sein* knock, bump ② *haben* (*mit Gläsern*) touch glasses ③ *haben* (SPORT: *Fußball*) kick off; **auf etw** ~ drink to s.th.

anstößig [ˈanʃtøːsɪç] *adj* offensive

anstreben *vt* strive for

an|streichen *irr vt* ① (*anmalen*) paint ② (*markieren*) mark

Anstreicher *m* painter

an|strengen I. *vt* strain; **sein Gedächtnis** ~ rack one's brains *pl* II. *vr* make an effort; **anstrengend** *adj* strenuous; **das ist** ~ **für die Augen** it's a strain on the eyes

Anstrengung *f* effort; (*große* ~) strain; **große** ~**en machen** make every effort *sing*

Anstrich *m* ❶ (*das Anstreichen*) painting ❷ (*Farbschicht*) coat of paint ❸ (*Hauch*) touch

Ansturm <-(e)s> *m* rush

an|stürmen *sein vi* (*gegen etw* ~, *a. fig*) attack s.th.

ansuchen *vi* (*österr: förmlich bitten*) ask for

an|surfen ['anzœ:ɐfən] *vt* (*im Internet*) log in

Antarktis [ant'arktɪs] <-> *f* (GEOG): **die** ~ the Antarctic; **antarktisch** *adj* antarctic

an|tasten *vt* ❶ (*berühren*) touch ❷ (*Frage*) touch on ❸ (*Rechte*) question; **Vorräte** ~ break into supplies

Anteil *m* share; (**tiefen**) ~ **nehmen an etw** (*mitfühlend*) be (deeply) sympathetic over s.th.; **an etw** (**regen**) ~ **nehmen** show a (lively) interest in s.th.

anteilig ['antaɪlɪç] *adj* proportionate

Anteilnahme ['antaɪlna:mə] <-> *f* sympathy (*an* with)

Antenne [an'tɛnə] <-, -n> *f* ❶ (RADIO) aerial ❷ (*bei Schnecken*) antenna

Anthrax *m* (MED) anthrax

Anthrazit [antra'tsi:t] <-s, (-e)> *m* anthracite

anthropogen *adj* manmade

Antialkoholiker(in) *m(f)* teetotaller

antiautoritär *adj* antiauthoritarian

Antibabypille [anti'be:bi-] *f* contraceptive pill

Antibiotikum [antibi'o:tikʊm] <-s, -ka> *nt* (MED) antibiotic

Antiblockiersystem *nt* (AUTO) anti-lock braking system

Antifaltencreme *f* anti-wrinkle cream

Antihistamin [antihɪsta'mi:n] <-s, -e> *nt* (MED) antihistamine

antik [an'ti:k] *adj* ❶ (COM) antique ❷ (*aus der Antike*) ancient; **Antike** [an'ti:kə] <-, -n> *f*: **die** ~ antiquity

Antikörper ['----] *m* (MED) antibody

Antilope [anti'lo:pə] <-, -n> *f* antelope

antimilitaristisch ['antimilitarɪstɪʃ] *adj* anti-militaristic

Antipathie [antipa'ti:] *f* antipathy (*gegen* to)

Antiqua [an'ti:kva] <-> *f* (TYP) Roman type

Antiquariat [antikvari'a:t] <-s, -e> *nt* ❶ (*Geschäft*) second-hand bookshop ❷ (*Abteilung*) second-hand department

antiquarisch *adj* second-hand

Antiquitäten [antikvi'tɛ:tn] *pl* antiques *pl*; **Antiquitätenschmuggel** *m* smuggling of antiques

Antischäummittel *nt* (CHEM: *in Motoröl*) foam inhibitor

antisemitisch *adj* anti-Semitic

antistatisch *adj* antistatic

Antiterror- antiterrorist

Antlitz ['antlɪts] <-es, (-e)> *nt* countenance

antönen *vt* (*österr: andeuten*) hint

Antrag ['antra:k, *pl:* 'antrɛ:gə] <-(e)s, Anträge> *m* application (*auf* for); (JUR) petition; (PARL) motion; **einen** ~ **auf etw stellen** make an application for s.th.; (JUR) file a petition for s.th.; (PARL) propose a motion for s.th.; **auf** ~ **von** at the request of; **Antragsformular** *nt* application form; **Antragsteller(in)** *m(f)* applicant

an|treffen *irr vt* find; (*zufällig*) come across

an|treiben I. *irr vt* ❶ (*a.* AUTO) drive ❷ (*drängen*) urge II. *vi sein* wash ashore

an|treten I. *irr vt haben* (*Reise*) begin; **eine neue Stellung** ~ take up a new job II. *vi sein* ❶ (SPORT) compete ❷ (*neue Stellung*) start

Antrieb *m* ❶ (*fig*) drive; (*plötzlicher*) impetus ❷ (AUTO TECH) drive; **aus eigenem** ~ on one's own initiative; **Antriebswelle** *f* (AUTO) halfshaft

Antritt *m* (SPORT) acceleration; **bei** ~ **der Reise ...** when beginning one's journey ...

Antrittsrede *f* inaugural speech

an|tun *irr vt*: **jdm etw** ~ do s.th. to s.o.; **sich etw** ~ do away with o.s.; **tun Sie sich keinen Zwang an!** don't stand on ceremony!

an|turnen ['antœrnən] *vt* (*sl*) turn on

Antwort ['antvɔrt] <-, -en> *f* answer, reply; **jdm eine** ~ **geben** reply to s.o.; **keine** ~ **ist auch eine** ~**!** your silence is answer enough!; **als** ~ **auf etw** in response to s.th.

antworten ['antvɔrtən] *vi, vt* answer, reply; **auf etw** ~ answer s.th.

Antwortcoupon *m* reply coupon

an|vertrauen I. *vt*: **jdm etw** ~ entrust s.o. with s.th.; (*fig*) confide s.th. to s.o. II. *vr*: **sich jdm** ~ entrust o.s. to s.o.; (*fig*) confide in s.o.

an|wachsen *sein irr vi* ❶ (*Pflanze*) take root ❷ (*zunehmen*) increase

Anwalt ['anvalt, *pl:* 'anvɛltə] <-(e)s, Anwälte> *m*, **Anwältin** ['anvɛltɪn] *f* lawyer; (*fig*) advocate; **Anwaltskanzlei** *f* lawyer's office; **Anwaltskosten** *pl* legal expenses

Anwandlung *f*: **aus einer** ~ **heraus** on an

impulse
Anwärter(in) *m(f)* candidate (*auf* for); (SPORT) contender
an|weisen *irr vt* ❶ (FIN) transfer ❷ (*anleiten*) instruct ❸ (*befehlen*) order; **jdm einen Platz** ~ show s.o. a seat
Anweisung *f* ❶ (FIN) transfer ❷ (FIN: ~*sformblatt*) payment slip ❸ (*Anleitung*) instructions *pl* ❹ (*Anordnung*) instruction; **auf ~ von ...** on the instructions of ...
anwendbar *adj* applicable (*auf* to)
an|wenden *irr vt* use (*auf* on); **sich auf etw ~ lassen** be applicable to s.th.
Anwender(in) <-s, -> *m(f)* user; **anwenderfreundlich** *adj* user-friendly; **Anwenderprogramm** *nt* user program; **Anwendersoftware** *f* user software
Anwendung *f* ❶ use ❷ (*Übertragung, a.* INFORM) application ❸ (*Kur~*) treatment; **Anwendungsvorschrift** *f* instructions *pl* for use
an|werben *irr vt* recruit (*für* to)
Anwerbestopp *m* recruitment freeze
Anwesen <-s, -> *nt* (*Gut*) estate
anwesend *adj* present; **sehr verehrte Anwesende!** Ladies and Gentlemen!
Anwesenheit *f* presence; **in ~ von ...** in the presence of ...; **Anwesenheitsliste** *f* attendance register
an|widern ['anvi:dɐn] *vt* disgust; **es widert mich an** it makes me feel sick
an|wurzeln *sein vi:* **ich war wie angewurzelt** I stood rooted to the spot
Anzahl <-> *f* number
an|zahlen *vt:* **können Sie € 20 auf den Mantel ~?** can you pay 20 euro as a deposit on this coat?
Anzahlung *f* deposit; **eine ~ machen auf ...** pay a deposit on ...
an|zapfen *vt* ❶ (*Fass*) tap ❷ (ELEK) tap
Anzeige ['antsaɪgə] <-, -n> *f* ❶ (*bei der Polizei*) report (*wegen* of) ❷ (MARKT) advertisement ❸ (INFORM: *Bildschirm~*) display; **wegen etw ~ bei der Polizei erstatten** report s.th. to the police
an|zeigen *vt* ❶ **jdn** ~ report s.o. ❷ (TECH: *auf Skala*) indicate ❸ (*bekannt geben*) announce ❹ (MARKT) advertise
Anzeigenannahme *f* advertising office; **Anzeigenblatt** *nt* advertising journal; **Anzeigenkampagne** *f* (COM) advertising campaign; **Anzeigenleiter** *m* (COM) head of advertising
an|zetteln *vt* instigate
an|ziehen **I.** *irr vt* ❶ (*Kleidung*) put on ❷ (TECH: *Schraube*) tighten ❸ (AUTO: *Handbremse*) apply ❹ (*an sich her~*) draw up ❺ (*a. Staub, Späne*) attract **II.** *vi* ❶ (COM: *Preise*) rise ❷ (*beschleunigen*) accelerate **III.** *vr* (*sich ankleiden*) get dressed; **anziehend** *adj* attractive
Anziehung *f* attraction
Anziehungskraft *f* ❶ (PHYS) force of attraction ❷ (*fig*) appeal
Anzug *m* ❶ (*Kleidung*) suit ❷ (*Anrücken*) approach; **im ~ sein** be in the offing; **Anzughose** *f* suit trousers *pl*
anzüglich ['antsy:klɪç] *adj:* ~ **werden** make lewd remarks
an|zünden *vt* (*Feuer, Streichholz*) light; (*Gebäude*) set on fire
apart [a'part] *adj* distinctive
apathisch [a'pa:tɪʃ] *adj* apathetic
aper *adj* (*CH: schneefrei*) snowless
Aperitif [aperi'ti:f] <-s, -s> *m* aperitif
Apfel ['apfəl, *pl:* 'ɛpfəl] <-s, Äpfel> *m* apple; **in den sauren ~ beißen** (have to) swallow the bitter pill; **Apfelbaum** *m* apple tree; **Apfelkuchen** *m* apple cake; **Apfelmus** *nt* apple sauce; **Apfelsaft** *m* apple juice
Apfelsine [apfəl'zi:nə] <-, -n> *f* orange

i Land & Leute

Apfelstrudel, Apple strudel, is made from layers of thin filo pastry rolled around a filling of apples, raisins and cinnamon.

Apfelwein *m* cider
apodiktisch **I.** *adj* (*geh*) apodictic **II.** *adv* (*geh*) apodictically
Apostel [a'pɔstəl] <-s, -> *m* apostle; **Apostelgeschichte** *f* Acts of the Apostles *pl*
Apostroph [apos'tro:f] <-s, -e> *m* (GRAM) apostrophe
Apotheke [apo'te:kə] <-, -n> *f* chemist's shop, pharmacy *Am*
Apotheker(in) [--'--] <-s, -> *m(f)* chemist, pharmacist, druggist *a. Am*
Apparat [apa'ra:t] <-(e)s, -e> *m* ❶ (*a. fig*) apparatus; (*Vorrichtung*) appliance, contraption ❷ (*Gerät*) set; (*Foto~*) camera ❸ (*Telefon*) (tele)phone; **am ~!** (TELE) speaking!; **bleiben Sie am ~!** (TELE) hold the line, please!; **Apparatemedizin** *f* high-tech medicine
Apparatur *f* equipment
Appartement [apartə'mɑ̃:] <-s, -s> *nt* flat *Br,* apartment *Am*
Appartementhaus *nt* block of flats *Br,* condominium, apartment house *Am*
Appell [a'pɛl] <-s, -e> *m* appeal; **einen ~ an jdn richten** make an appeal to s.o.

A

Appellation <-, -en> *f* (*CH*) appeal
appellieren *vi* appeal (*an* to)
Appetit [apəˈtiːt] <-(e)s, (-e)> *m* appetite (*auf etw* for s.th.); ~ **bekommen** get an appetite; **jdm den ~ verderben** spoil someone's appetite; ~ **auf etw haben** feel like s.th.
appetitlich *adj* appetizing; (*fig*) attractive; **das sieht ~ aus!** that looks tempting!
Appetitlosigkeit *f* lack of appetite; **Appetitzügler** *m* appetite suppressant
applaudieren [aplaʊˈdiːrən] *vi* applaud; **Applaus** [aˈplaʊs] <-es> *m* applause
Aprikose [apriˈkoːzə] <-, -n> *f* apricot
April [aˈprɪl] <-(s), (-e)> *m* April; **der 1. ~** April Fools' Day; **~, ~!** April fool!; **Aprilscherz** *m* April fool's trick
apropos [aproˈpoː] *adv:* ~ by the way, that reminds me; ~ **Gesundheit ...** talking about health ...
Aqua-Fitness [ˈakva,fɪtnɛs] *f fitness training in water*
Aquamarin [akvamaˈriːn] <-(e)s, -e> *m* aquamarine
Aquaplaning [akvaˈplaːnɪŋ] <-s> *nt* aquaplaning
Aquarell [akvaˈrɛl] <-(e)s, -e> *nt* watercolour (painting)
Äquator [ɛˈkvaːtoːɐ] <-s> *m* (GEOG) equator; **Äquatortaufe** *f* crossing the line ceremony
Ära [ˈɛːra] <-, (Ären)> *f* era
Araber(in) [ˈarabɐ] *m(f)* Arab (Arabian woman); **Arabien** [aˈraːbiən] *nt* Arabia; **arabisch** *adj* Arabic
Arbeit [ˈarbaɪt] <-, -en> *f* ❶ work ❷ (*Lohn~*) labour ❸ (*Stellung, Job*) job ❹ (*Klassen~*) test; **jdm viel ~ machen** be a lot of work for s.o.; **an die ~ gehen** get down to work; **mein Fernseher ist gerade in ~** my TV-set is in for a repair at the moment; **jdm ~ machen** put s.o. to trouble; **machen Sie sich keine ~!** don't bother!; **eine ~ suchen als ...** look for a job as ...; **ohne ~ sein** be out of work; **eine ~ schreiben** (*Klassen~*) do a test
arbeiten [ˈarbaɪtən] *vi, vt* ❶ work (*an* on) ❷ (TECH AUTO) operate; (*laufen*) run ❸ (*Teig*) work; (*Holz*) warp; **die ganze Anlage arbeitet automatisch** the plant is automatic; **sich krank ~** work one's fingers to the bone; **sich nach oben ~** work one's way up
Arbeiter(in) [ˈarbaɪtɐ] <-s, -> *m(f)* worker; (*ungelernter*) labourer; **Arbeiterschaft** *f* work force; **Arbeiterviertel** *nt* working-class district
Arbeitgeber(in) *m(f)* employer; **Arbeitgeberanteil** *m* (*für Sozialbeiträge*) employer's contribution; **Arbeitgeberverband** *m* employer's association; **Arbeitnehmer(in)** *m(f)* employee; **Arbeitnehmerseite** [--ˈ----] *f* employees' side; **arbeitsam** *adj* industrious
Arbeitsamt *nt* employment exchange; **Arbeitsbedingungen** *pl* working conditions; **Arbeitsbelastung** *f* (COM) workload; **Arbeitsbeschaffungsmaßnahme** *f* job-creation scheme, job scheme; **Arbeitseinstellung** *f* walkout; **Arbeitserlaubnis** *f* work permit; **Arbeitserleichterung** *f:* **das ist eine große ~ für mich** that makes work much easier for me; **Arbeitsessen** *nt* working lunch
arbeitsfähig *adj* able to work
Arbeitsfeld *nt* sphere of activity
Arbeitsfrieden *m* peaceful labour relations *pl*
Arbeitsgebiet *nt* field of work; **Arbeitsgemeinschaft** *f* team; (SCHULE) study-group; **Arbeitsgericht** *nt* industrial tribunal; **arbeitsintensiv** *adj* labour-intensive; **Arbeitskampf** *m* industrial dispute; **Arbeitskleidung** *f* working clothes *pl;* **Arbeitskraft** *f* ❶ (*körperlich*) capacity to work ❷ (*Arbeiter*) worker; **Arbeitskräfte** *fpl* labour *sing;* **Arbeitskräftemangel** *m* labour shortage; **Arbeitskreis** *m* study group; **Arbeitslager** *nt* labour camp; **Arbeitsleistung** *f* performance; **Arbeitslohn** *m* wages *pl*
arbeitslos *adj* out of work, unemployed
Arbeitslose(r) *f m* unemployed person; **Arbeitslosengeld** *f* earnings-related benefit; **Arbeitslosenhilfe** *f* unemployment benefit; **Arbeitsloseninitiative** *f* self-help group of the unemployed; **Arbeitslosenquote** *f* rate of unemployment; **Arbeitslosenunterstützung** *f:* ~ **bekommen** draw unemployment benefit; **Arbeitslosenversicherung** *f* National Insurance *Br,* social insurance *Am;* **Arbeitslosigkeit** *f* unemployment; **Arbeitsmarkt** *m* labour market; **Arbeitsmaterial** *nt* work material; **Arbeitsniederlegung** *f* walk-out; **Arbeitspapier** *nt* working paper; **Arbeitsplatz** *m* ❶ (*im Betrieb*) workplace ❷ (*Stelle*) job; **Arbeitsplatzbeschreibung** *f* job description; **Arbeitsplatzteilung** *f* job sharing; **Arbeitsplatzwechsel** *m* change of jobs; **Arbeitsschutz** *m* maintenance of industrial health and safety standards; **Arbeitsschutzvorschriften** *fpl* health and safety regula-

tions; **Arbeitsspeicher** *m* (INFORM) working storage; **Arbeitssprache** *f* working language; **Arbeitsstunde** *f* man hour; **Arbeitstag** *m* working day, workday; **Arbeitstagung** *f* conference; **Arbeitsteilung** *f* division of labour

arbeitsunfähig *adj* ❶ (*krank*) unfit for work ❷ (*dauernd*) unable to work; **Arbeitsunfall** *m* occupational accident; **Arbeitsverdienst** *m* earned income; **Arbeitsverhältnis** *nt* ❶ (*im Betrieb*) employee-employer relationship ❷ (*Stellung*) employment; **Arbeitsvermittlung** *f* ❶ (*Agentur*) employment agency ❷ (*im Arbeitsamt*) employment exchange; **Arbeitsvertrag** *m* (COM) contract of employment; **Arbeitsvorgang** *m* work process; **Arbeitsweise** *f* ❶ (*menschliche ~*) working method ❷ (*einer Maschine*) mode of operation; **Arbeitswoche** *f* (COM) working week

Arbeitszeit *f* working hours *pl;* **gleitende ~** flexible working hours *pl;* (*fam*) flexitime; **Arbeitszeitkonto** *nt* flexitime account; **Arbeitszeitverkürzung** *f* reduction in working hours; **Arbeitszeugnis** *nt* reference from one's employer; **Arbeitszimmer** *nt* study

Archäologe, -login [arçɛo'lo:gə] *m, f* archaeologist; **Archäologie** [arçɛolo'gi:] *f* archaeology; **archäologisch** *adj* archaeological

Architekt(in) [arçi'tɛkt] <-en, -en> *m(f)* architect; **architektonisch** *adj* architectural; **Architektur** *f* architecture

Archiv [ar'çi:f] <-s, -e> *nt* archives *pl*

Areal [are'a:l] <-s, -e> *nt* area

Arena [a're:na, *pl:* a're:nən] <-, -nen> *f* (*a. fig*) arena; (*Zirkus~*) ring

arg [ark] <ärger, ärgst> **I.** *adj* ❶ (*böse*) wicked ❷ (*stark, schlimm*) terrible; **mein ärgster Feind** my worst enemy; **etw noch ärger machen** make s.th. worse **II.** *adv* (*sehr*) awfully, very

Argentinien [argɛn'ti:niən] <-s> *nt* Argentina; **Argentinier(in)** *m(f)* Argentine; **argentinisch** *adj* Argentinian

Ärger ['ɛrgɐ] <-s> *m* (*Wut*) anger; (*Probleme*) trouble; **aus ~** out of anger; **jdm ~ machen** cause s.o. a lot of trouble; **~ kriegen** get into trouble; **mach keinen ~!** (*fam*) cool it!; **so ein ~!** what a nuisance!

ärgerlich *adj* ❶ (*verärgert*) annoyed, cross ❷ (*Ärger erregend*) annoying; **das ist ~** that is a nuisance; **~ über etw sein** be cross about s.th.

ärgern ['ɛrgɐn] **I.** *vt* annoy, irritate; (*belästigen*) pester **II.** *vr:* **sich über jdn ~** get angry with s.o.

Ärgernis *nt* offence; **~ erregen** cause offence

arglos *adj* ❶ (*harmlos*) innocent ❷ (*ohne Argwohn*) unsuspecting

Argument [argu'mɛnt] <-(e)s, -e> *nt* argument

argumentieren *vi* argue

Argwohn ['arkvo:n] <-(e)s> *m* suspicion; **~ gegen jdn schöpfen** become suspicious of s.o.; **voller ~** suspiciously

argwöhnen ['arkvø:nən] *vt* suspect

argwöhnisch *adj* suspicious (*gegen* of)

Arie ['a:riə] <-, -n> *f* (MUS) aria

Aristokrat(in) [arɪsto'kra:t] <-en, -en> *m(f)* aristocrat; **Aristokratie** *f* aristocracy; **aristokratisch** *adj* aristocratic

Arithmetik [arɪt'me:tɪk] *f* arithmetic

arithmetisch *adj* arithmetical

Arktis ['arktɪs] <-> *f* (GEOG): **die ~** the Arctic

arktisch *adj* arctic; **~e Kaltluft** polar air

Arm [arm] <-(e)s, -e> *m* ❶ (ANAT) arm ❷ (*von Leuchter*) branch ❸ (*von Waage*) beam; **~ in ~** arm in arm; **jdn in den ~ nehmen** take s.o. in one's arms *pl;* **jdn auf den ~ nehmen** (*fam*) pull someone's leg, take s.o. for a ride; **jdm in die ~e laufen** bump into s.o.; **einen langen ~ haben** have a lot of pull; **einen längeren ~ haben** have more pull

arm [arm] <ärmer, ärmst> *adj* poor; **~ an etw sein** be somewhat lacking in s.th.; **das Land ist ~ an Bodenschätzen** the country is poor in mineral resources; **die Armen** the poor; **~ dran sein** (*fam*) have a hard time of it; **~es Schwein** (*fam*) poor so-and-so

Armatur [arma'tu:ɐ] <-, -en> *f* (TECH) fitting; **Armaturenbrett** *nt* (AUTO) dashboard; (RAIL MAR) instrument panel

Armband *nt* ❶ (*von Uhr*) strap ❷ (*Schmuckstück*) bracelet; **Armbanduhr** *f* wrist watch

Armbinde *f* armband

Armbrust *f* crossbow

Armee [ar'me:, *pl:* ar'me:ən] <-, -n> *f* army; **bei der ~ sein** be in the army

Ärmel ['ɛrməl] <-s, -> *m* sleeve; **etw aus dem ~ schütteln** produce s.th. just like that; **Ärmelaufschlag** *m* cuff

Ärmelkanal *m:* **der ~** the (English) Channel

Armlehne *f* armrest

Armleuchter *m* (*sl: Idiot*) twit

ärmlich ['ɛrmlɪç] *adj* ❶ poor ❷ (*Kleidung*) shabby ❸ (*Verhältnisse*) humble

armselig ['armse:lɪç] *adj* ❶ (*elend*) miserable ❷ (*pej*) pathetic

Armut ['armu:t] <-> *f* poverty

Armutsgrenze *f* poverty line; **Armutszeugnis** *nt:* **sich ein ~ ausstellen** show one's own shortcomings *pl*

Aroma [a'ro:ma, *pl:* a'ro:mən/ a'ro:mas/ a'ro:mata] <-s, -men/-mas/ -mata> *nt* ❶ (*Duft*) aroma ❷ (*Geschmack*) flavour; **Aromatherapie** *f* aromatherapy

aromatisch *adj* ❶ (*duftend*) aromatic ❷ (*würzig*) spicy

Arrest [a'rɛst] <-(e)s, -e> *m* ❶ (*a.* JUR: *Haft*) detention ❷ (JUR: *Beschlagnahme*) distress; **Arrestzelle** *f* detention cell

arrogant *adj* arrogant; **Arroganz** *f* arrogance

Arsch [arʃ, *pl:* 'ɛrʃə] <-(e)s, Ärsche> *m* (*fam*) arse; **leck mich am ~!** (*vulg*) fuck off!; **jdm geht etw am ~ vorbei** (*sl: jdm ist etw vollkommen egal*) s.o. doesn't give a shit about s.th.; **Arschkriecher** *m* (*vulg pej*) ass-kisser; **Arschloch** *nt* (*vulg a. fig*) arsehole; **du ~!** (*vulg*) you bastard! you asshole!

Arsen [ar'ze:n] <-s> *m* (CHEM) arsenic

Arsenal <-(e)s, -e> *nt* (MIL) arsenal

Art [art] <-, -en> *f* ❶ (*Sorte*) kind, sort; (*Typ*) type ❷ (BIOL) species ❸ (*Benehmen*) behaviour ❹ (*Methode*) way ❺ (*Wesen*) nature; **auf diese ~** in this way; **alle ~en von Menschen** all sorts of people; **die einfachste ~ etw zu tun** the simplest way of doing s.th.; **was ist denn das für eine ~!** what sort of a way to behave is that!

Artenreichtum *m ohne pl* biodiversity

Artenrückgang *m ohne pl* decline of species

Artenschutz *m* protection of species

Artenvielfalt *f ohne pl* biodiversity

Arterie [ar'te:riə] <-, -n> *f* artery; **Arterienverkalkung** *f* (MED) arteriosclerosis

Artgenosse *m* s.o. of the same type; **seine ~n** (*fam*) the likes of him

Arthroskopie [artrosko'pi:] <-> *f* arthroscopy

artig ['artɪç] *adj* (*Kinder*) good, well-behaved; **sei schön ~!** be a good child!

Artikel [ar'ti:kəl] <-s, -> *m* ❶ (GRAM) article ❷ (COM: *Ware*) article; (*einzelner Posten*) item ❸ (*Zeitungs~*) article, feature

artikulieren **I.** *vt* articulate **II.** *vr* express o.s.

Artillerie [artɪlə'ri:] *f* (MIL) artillery

Artischocke [arti'ʃɔkə] <-, -n> *f* artichoke

Artist(in) [ar'tɪst] <-en, -en> *m(f)* artiste

Arznei [arts'naɪ] <-, -en> *f* medicine; **Arzneimittel** *nt* drug; **Arzneimittelabhängigkeit** *f* (MED) drug dependence; **Arzneimittelentsorgung** *f* disposal of drugs; **Arzneimittelmissbrauch** *m* drug abuse

Arzt [artst, *pl:* 'ɛrtstə] <-es, Ärzte> *m* doctor, physician; **praktischer ~** general practitioner; **Arztbesuch** *m* GP visit

Ärztekammer *f* General Medical Council *Br,* State Medical Board of Registration *Am*

Arzthelferin *f* (doctor's) receptionist

Ärztin ['ɛrtstɪn] *f* female doctor

ärztlich *adj* medical; **in ~er Behandlung sein** be under medical care; **sich ~ behandeln lassen** get medical treatment

Arztwahl *f* choice of doctor

As [as] <-, -> *nt* (MUS) A flat; **As-Dur/As-Moll** A flat major/minor

Asbest [as'bɛst] <-(e)s, -e> *m* asbestos; **asbesthaltig** [as'bɛsthaltɪç] *adj* containing asbestos

Asche ['aʃə] <-, (-n)> *f* ash, ashes *pl;* **zu ~ werden** turn to dust; **Aschenbahn** *f* (SPORT) cinder track; **Aschenbecher** *m* ashtray; **Aschenbrödel** *nt* Cinderella; **Aschermittwoch** [--'--] *m* Ash Wednesday

aschfahl *adj* ashen

aschgrau *adj* ash-grey

ASCII-Code ['askɪko:d] <-s, -s> *m* (INFORM) ASCII code

Ascorbinsäure *f* (CHEM) ascorbic acid

ASEAN *m Abk. von* **Association of South-East Asian Nations** ASEAN, Verband Südasiatischer Nationen

äsen ['ɛ:zən] *vi* graze, browse

Asiat(in) *m(f)* Asian; **asiatisch** *adj* Asian; **Asien** ['a:ziən] *nt* Asia

Asket [as'ke:t] <-en, -en> *m* ascetic

asketisch *adj* ascetic

asozial ['azotsja:l] *adj* antisocial; **Asozialenviertel** *nt* (*pej*) sink estate

Asphalt [as'falt] <-(e)s, -e> *m* asphalt

asphaltieren *vt* asphalt

Ass <-es, -e> *nt* (*Spielkarte, a. fig*) ace

Assembler [ə'sɛmblə] <-s, -> *m* (INFORM) assembler

Assessment [ə'sɛsmɛnt] <-s, -s> *nt* (*Beurteilung von Bewerbern*) assessment

Assimilation [asimila'tsjo:n] <-, -en> *f* ❶ (LING CHEM) assimilation ❷ (*fig*) adjustment (*an* to)

assimilieren *vt* (CHEM) assimilate; **sich an etw ~** adjust to s.th.

Assistent(in) [asɪs'tɛnt] <-en, -en> *m(f)* assistant

Assistenz [asɪs'tɛnts] *f:* **unter (der) ~ von …** with the assistance of …; **Assistenzarzt** *m* houseman *Br,* intern *Am*

assistieren *vi:* **jdm ~** assist s.o. (*bei etw* in doing s.th.)

Ast [ast, *pl:* 'ɛstə] <-(e)s, Äste> *m* ❶ bough, branch ❷ (*im Holz*) knot ❸ (ANAT: *Nerven,*

Arterien) branch ④ (MATH: *Geometrie*) branch; **sich einen ~ lachen** (*fam*) double up with laughter; **den ~ absägen, auf dem man sitzt** dig one's own grave

Aster ['astɐ] <-, -n> *f* (*Sternblume*) aster

Ästhet [ɛs'te:t] <-en, -en> *m* (a)esthetic

Ästhetik *f* (a)esthetics *pl*

ästhetisch *adj* (a)esthetic(al)

Asthma ['astma] <-s> *nt* (MED) asthma

asthmatisch *adj* asthmatic

Astloch *nt* knothole

astrein *adj* (*fam*) above board; **nicht ganz ~** (*fam*) somewhat fishy

Astrologe, -login [astro'lo:gə] <-n, -n> *m, f* astrologer; **Astrologie** *f* astrology; **astrologisch** *adj* astrologic(al)

Astronom(in) [astro'no:m] <-en, -en> *m(f)* astronomer; **Astronomie** *f* astronomy; **astronomisch** *adj* (*a. fig*) astronomic(al)

Astrophysik *f* (PHYS) astrophysics; **Astrophysiker(in)** *m(f)* astrophyicist

ASU ['a:zu] <-> *f Abk. von* **Abgassonderuntersuchung** (AUTO) *anti-pollution test of exhaust fumes*

Asyl [a'zy:l] <-(e)s, -e> *nt* (POL) asylum; (*fig: Schutzort*) sanctuary; **~ suchen** (POL) seek asylum; **Asylant(in)** *m(f)* asylum seeker; **Asylantenwohnheim** *nt home for asylum seekers;* **Asylbewerber(in)** *m(f)* applicant for political asylum; **Asylrecht** *nt* (POL) right of (political) asylum

Atelier [atə'lje:] <-s, -s> *nt* studio

Atem ['a:təm] <-s> *m* breath; **~ holen** take breath; **wieder zu ~ kommen** regain breath; **den ~ anhalten** hold one's breath; **außer ~ kommen** get out of breath, lose one's breath; **außer ~ sein** be out of breath, be panting; **atemberaubend** *adj* ① breath-taking ② (*fig*) exciting; **Atembeschwerden** *pl* respiratory trouble *sing*, trouble *sing* in breathing; **Atemgerät** *nt* oxygen apparatus; **atemlos** *adj* breathless, out of breath; **Atemluft** *f* inhaled air; **Atemnot** *f* difficulty in breathing; (MED) dyspn(o)ea; **Atempause** *f* ① (*Entspannung*) breather ② (*Pause*) respite; **Atemschutzgerät** *nt* breathing apparatus; **Atemstillstand** *m* respiratory arrest; **Atemwege** *pl* respiratory tract *sing;* **Atemzug** *m* breath; **in einem ~** with the same breath; **den letzten ~ tun** (*sterben*) breathe one's last; **bis zum letzten ~** to the last breath

Atheismus [ate'ɪsmʊs] <-> *m* atheism; **Atheist(in)** <-en, -en> *m(f)* atheist; **atheistisch** *adj* atheistical

Äther ['ɛ:tɐ] <-s> *m* ① (CHEM) ether ② (RADIO): **über den ~** on the air; **ätherisch** [ɛ'te:rɪʃ] *adj* (*a. fig*) ethereal; **~es Öl** volatile [*o* essential] oil

Äthiopien [ɛti'o:piən] *nt* Ethiopia; **Äthiopier(in)** *m(f)* Ethiopian; **äthiopisch** *adj* Ethiopian

Athlet(in) [at'le:t] <-en, -en> *m(f)* athlete; **athletisch** *adj* athletic

Atlantik [at'lantɪk] <-s> *m:* **der ~** the Atlantic; **atlantisch** *adj* atlantic; **der Atlantische Ozean** the Atlantic Ocean

Atlas ['atlas, *pl:* at'lantən] <-, -lanten> *m* ① (GEOG) Atlas ② (*Kartenwerk*) atlas

Atmen *nt* breathing

atmen ['a:tmən] *vi* breathe, respire; **tief ~** draw [*o* fetch] a deep breath; **wieder ~ können** recover one's breath

Atmosphäre [atmo'sfɛ:rə] <-, -n> *f* atmosphere; **atmosphärisch** *adj* atmospheric

Atmung ['a:tmʊŋ] *f* breathing, respiration; **Atmungsorgane** *pl* respiratory organs

Atom [a'to:m] <-s, -e> *nt* atom; **atomar** [ato'ma:ɐ] *adj* atomic, nuclear; **Atomausstieg** *m* withdrawal from nuclear power; **Atombombe** *f* atomic bomb, A-bomb; **Atombombenexplosion** *f* atomic explosion; **Atomenergie** *f* atomic [*o* nuclear] energy; **Atomforschungszentrum** *nt* atomic [*o* nuclear] research centre; **Atomgewicht** *nt* atomic weight; **Atomindustrie** *f* nuclear industry; **Atomkern** *m* atomic nucleus; **Atomkraft** *f* nuclear [*o* atomic] energy; **Atomkraftwerk** *nt* nuclear power station; **Atomkrieg** *m* nuclear war; **Atommacht** *f* nuclear [*o* atomic] power; **Atommüll** *m* radioactive waste; **Atommülldeponie** *f* radioactive waste dump; **Atommülllagerung** *f* radioactive waste storage; **Atomphysik** *f* nuclear physics *pl;* **Atompilz** *m* mushroom cloud; **Atomreaktor** *m* atomic [*o* nuclear] reactor; **Atomspaltung** *f* atomic fission; **Atomtest** *m* nuclear test; **Atomteststopp** *m* nuclear test ban; **Atomwaffe** *f* (MIL) nuclear weapon; **atomwaffenfrei** *adj* nuclear-free; **Atomwaffenversuch** *m* nuclear test; **Atomzeitalter** *nt* nuclear age

ätsch [ɛ:tʃ] *interj* (*Schadenfreude*) serves you right!

Attentat [atɛn'ta:t/ '---] <-(e)s, -e> *nt* attempt on someone's life; **es wurde ein ~ auf ihn verübt** an attempt was made on his life; **Attentäter(in)** [atɛn'tɛ:tɐ/ '----] *m(f)* assassin, assailant

Attest [a'tɛst] <-(e)s, -e> *nt* attest(ation), certificate; **ärztliches ~** medical certificate *Br,* doctor's certificate *Am;* **ein ~ ausstellen** grant a certificate

Attrappe [a'trapə] <-, -n> *f* dummy; (*Schaustück, leere Packung*) show piece
Attribut [atri'bu:t] <-(e)s, -e> *nt* ❶ (*Abzeichen, Sinnbild*) emblem, symbol; (*äußeres Zeichen*) attribute; (*Merkmal*) characteristic, property ❷ (GRAM) attribute; **attributiv** [atribu'ti:f/ '----] *adj* (GRAM) attributive
ätzen ['ɛtsən] *vt* corrode; (MED) cauterize; (*beim Kupferstich*) etch; **ätzend** *adj* ❶ corrosive, caustic *a. fig* ❷ (*beißend*) biting, mordant ❸ (*fam: abscheulich, fürchterlich*) revolting, sickening, nauseating
Au [aʊ] <-, -en> *f* (*poet*) green, meadow
au(a) *interj* ouch!
Aubergine [obɛr'ʒi:nə] <-, -n> *f* aubergine, egg-plant *Am*
auch [aʊx] *adv* ❶ also, too ❷ (*steigernd*) even ❸ (*gleichermaßen*) likewise ❹ (*wirklich*) certainly, indeed; **ich ~** me too; **ich ~ nicht** neither do I, me neither; **nicht nur ... sondern ~** not only ... but also; **er ist ~ so einer** he is another one of those; **wie dem ~ sei** be that as it may; **und mag er ~ noch so reich sein** let him be ever so rich; **was ~ ...** whatever ...; **wenn ~ ...** (even) though ..., although ...; **wer ~ ...** whoever ...; **wo ~ immer** wheresoever; **wozu ~?** what is the good of it?
Audienz [aʊdi'ɛn(t)s] <-, -en> *f* audience (*bei* with); **um eine ~ bitten bei ...** request an audience with ...; **jdm eine ~ gewähren** grant an audience to s.o.
Audiotex ['aʊdio,tɛks] <-> *m* (*elektronische Telefonansagedienste*) Audiotex
Auditorium [aʊdi'to:riʊm] <-s, -rien> *nt* ❶ (*Räumlichkeit*) auditorium, lecture-hall ❷ (*Zuhörer*) audience
Auerochse *m* bison
auf [aʊf] **I.** *präp* ❶ (*örtlich*) at; **~ der Post** at the post office; **~ der Schule** at school ❷ (*örtlich*) in; **~ dem Land** in the country; **~ der Straße** in the street *Br,* on the street *Am;* **~ der Welt** in the world; **~ dem Markt** in the market-place; (COM) on the market; **~ der Karte** on the map ❸ (*räumlich*) on; **etw ~ etw legen** (**stellen**) put s.th. on [*o* on top of] s.th.; **sich ~ den Boden setzen** sit down on the floor; **~ der Insel Wight** on the Isle of Wight; **etw ~ einen Zettel schreiben** write s.th. on a piece of paper ❹ (*sonstiger Gebrauch*): **~ Anfrage** on inquiry; **~ Befehl von** by order of; **~ Besuch sein bei** stay with; **~ Deutsch** in German; **~ einmal** all at once; **~ jeden Fall** in any case; **~ keinen Fall** on no account; **~ der Geige spielen** play the violin; **~ Kredit kaufen** (*fam*) buy on tick; **~ diese Weise** in this manner; **Einfluss ~ jdn haben** have influence over s.o. **II.** *adv* ❶ (*offen*) open ❷ (*hinauf*): **~ haben** (*Augen, Mund*) have open; (*Laden*) be open; (*Hut*) have on, wear; **~ und ab** up and down ❸ (*sonstiger Gebrauch*): **~ und davon** up and away; **noch ~ sein** be still up; **von klein ~** from childhood; **~ dass ...** that ... **III.** *interj:* **~! (los!)** come along!
auf|arbeiten *vt* ❶ (*auffrischen*) refurbish ❷ (*Polstersachen*) upholster; **Rückstände ~** clear the backlog
auf|atmen *vi* breathe a sigh of relief
auf|bahren *vt* lay out (*feierlich* in state)
Aufbau <-(e)s> *m* ❶ (*Tätigkeit*) building ❷ (*einer Organisation*) set-up ❸ (AUTO) body ❹ (*Struktur*) structure; (*eines Kunstwerkes*) composition
Aufbaucreme *f* regenerative cream
auf|bauen *vt* ❶ (*errichten*) put up; (ELEK AUTO) assemble ❷ (*fig*) build up; **jdn ~** (*beruflich*) promote s.o.; **sich ~ auf** be based on; **sich vor jdm ~** (*fam*) plant o.s. before s.o.
auf|bäumen ['aʊfbɔɪmən] *vr* ❶ (*von Tieren*) rear ❷ (*fig*) rebel
auf|bauschen **I.** *vt* ❶ blow out ❷ (*fig*) blow up, exaggerate **II.** *vr* ❶ blow out ❷ (*fig*) blow up (*zu* into)
Aufbauten *pl* ❶ (MAR) superstructure *sing* ❷ (FILM) set *sing*
auf|behalten *irr vt* ❶ (*Hut*) keep on ❷ (*Augen*) keep open
auf|bekommen *irr vt* (*fam*) ❶ (*öffnen*) get open ❷ (*Übung*) get as homework
auf|bereiten *vt* process; (*Kohle*) prepare; (*Wasser*) condition, treat; (*Erz*) dress; (*Daten*) edit
Aufbereitung *f* processing; (*von Kohle*) preparation; (*von Wasser*) conditioning; (*von Erz*) dressing; **~ radioaktiver Abfälle** processing of radio-active waste; **Aufbereitungsanlage** *f* (*für Kernbrennstoff*) nuclear fuel reprocessing plant
auf|bessern *vt:* **jds Gehalt ~** increase [*o* raise] someone's salary
auf|bewahren *vt* keep; (*Wertsachen ~*) look after; **sein Gepäck ~ lassen** leave one's luggage; **jds Dokumente ~** have someone's documents in one's keeping
Aufbewahrung *f* keeping, storage; (*Gepäck~*) left-luggage office; **sein Gepäck zur ~ geben** deposit one's luggage
auf|bieten *irr vt* muster; (MIL: *a. Polizei*) call in; **alle Kräfte ~** strain every nerve
auf|binden *irr vt* (*öffnen*) undo, untie; **jdm**

eine Lüge ~ take s.o. in

auf|blähen I. *vt* blow out; (MED) swell; (*fig*) inflate **II.** *vr* blow out; (*fig*) puff o.s.

aufblasbar *adj* inflatable

auf|blasen I. *irr vt* ❶ (*mit Luft füllen*) blow up; (AUTO) inflate ❷ (*hochblasen*) blow up **II.** *vr* (*fig*) puff o.s. up

auf|bleiben *sein irr vi* ❶ (*offen bleiben*) stay open ❷ (*nicht schlafen gehen*) stay up

auf|blenden *vi, vt* ❶ (AUTO) turn the headlights on full ❷ (PHOT) increase the aperture

auf|blicken *vi:* **zu jdm** ~ look up to s.o.

auf|blitzen I. *vi sein* (*Licht*) flash **II.** *vi sein* (*fig: Idee*) flare up

auf|blühen *sein vi* ❶ blossom ❷ (*gedeihen*) flourish

auf|bocken *vt* (AUTO) jack up

auf|brauchen *vt* use up

auf|brausen *sein vi* (*fig*) flare up

auf|brechen I. *irr vt haben* break [*o* force] open; **ein Schloss** ~ pick a lock **II.** *vi sein* ❶ (*Wunden*) burst; (*Knospen*) open ❷ (*fortgehen*) set out (*nach* for)

auf|brennen *irr vt:* **einem Tier ein Zeichen** ~ brand an animal

auf|brezeln *vr* (*fam*) get all dolled up

auf|bringen *irr vt* ❶ (*fam: Tür*) get open ❷ (*Mut*) summon up ❸ (*Geld*) raise ❹ (*jdn reizen*) irritate; **jdn gegen jdn** ~ set s.o. against s.o.

Aufbruch *m* ❶ (*das Losgehen*) departure ❷ (*Riss*) crack

auf|brühen *vt* brew up

auf|brummen *vt* (*fam*): **jdm etw** ~ land s.o. with s.th.

auf|bürden *vt:* **jdm etw** ~ load s.th. onto s.o., encumber s.o. with s.th.

auf|decken *vt* ❶ (*abdecken*) uncover; (*Bett*) turn down ❷ (*fig*) uncover; **ein Geheimnis** ~ disclose [*o* reveal] a secret; **seine Karten** ~ show one's hand

auf|drängen I. *vt:* **jdm etw** ~ force s.th. on s.o. **II.** *vr:* **sich jdm** ~ impose o.s. on s.o.

auf|drehen I. *vt* (*Hahn*) turn on; (*Schraube*) unscrew **II.** *vi* ❶ (*loslegen*) get going ❷ (*beschleunigen, fam*) open up

aufdringlich *adj* (*a. Benehmen*) obtrusive; (*Person*) pushing

Aufdringlichkeit *f* obtrusiveness; (*von Person*) pushiness

Aufdruck *m* imprint; (*Stempel*) overprint

auf|drucken *vt:* **etw auf etw** ~ print s.th. on s.th.

auf|drücken *vt* ❶ (*stempelnd*): **etw auf etw** ~ press s.th. on s.th.; (TYP) stamp s.th. on s.th. ❷ (*öffnen*) press [*o* break] open

aufeinander [aʊfaɪˈnandɐ] *adv* ❶ (*folgend*) one after another ❷ (*übereinander*) one on top of the other; ~ **folgen** follow each other; ~ **folgend** successive; ~ **häufen** put on top of each other; ~ **stoßen** bump into each other; (*Meinungen*) clash

Aufenthalt [ˈaʊfəntalt] <-(e)s, -e> *m* stay; (RAIL) stop; **Sie haben 5 Minuten ~ in München** you have a five-minute stop in Munich; **wie lange haben wir hier ~?** how long do we stop here?; **Aufenthaltsgenehmigung** *f* residence permit; **Aufenthaltsort** *m* whereabouts *pl;* **Aufenthaltsraum** *m* common-room, recreation room

auf|erlegen I. *vt* impose; (*Strafe*) inflict **II.** *vr:* **sich Zwang** ~ force o.s.

auf|erstehen *sein irr vi* rise (*von den Toten* from the dead)

Auferstehung *f* resurrection

auf|essen *irr vt* eat up

auf|fahren I. *irr vi sein* ❶ (*hochschrecken*) start ❷ (*auf ein Auto*) drive into **II.** *vt haben* (MIL: *Artillerie* ~) place

Auffahrt *f* ❶ (*Haus~*) drive ❷ (*Autobahn~*) slip road

Auffahrunfall *m* front-end collision

auf|fallen *sein irr vi* (~ *d sein*) be remarkable (*durch* for); **was fällt dir an diesem Haus auf?** what strikes you about this house?; **auffallend I.** *adj* conspicuous, striking **II.** *adv:* ~ **gekleidet** showily dressed

auffällig [ˈaʊffɛlɪç] *adj* striking; (*Verhalten*) marked; ~**e Farben** loud colours

auf|fangen *irr vt* ❶ catch (up) ❷ (*Stöße* ~) cushion ❸ (*Regenwasser* ~) collect

Auffanglager *nt* refugee camp

auf|fassen *vt* (*ansehen*) understand (*als* as); (*begreifen*) grasp

Auffassung *f* (*Meinung*) opinion, view; **nach meiner** ~ in my opinion, to my mind

auf|finden *irr vt* locate

auf|fliegen *sein irr vi* ❶ (*Vögel*) fly up ❷ (*Türen*) fly open ❸ (*Schmugglerring*) be busted

auf|fordern *vt* ask; (*gerichtlich*) summon; **jdn zum Tanzen** ~ ask s.o. to dance; **Aufforderung** *f* request; (*Bitte*) invitation; (JUR) incitement

auf|forsten [ˈaʊffɔrstən] *vt* afforest; **eine Rodung** ~ retimber a clearing

Aufforstung *f* reafforestation, reforestation

auf|fressen *irr vt* eat up

auf|frischen *vt* ❶ freshen up ❷ (*Vorräte*) replenish; (*Kenntnisse*) brush up; (*Erinne-*

rungen) refresh; **Auffrischungskurs** *m* (SCHULE) refresher course

auf|führen **I.** *vt* ❶ (THEAT) perform ❷ (*auflisten*) list **II.** *vr* behave

Aufführung *f* (THEAT) performance; **eine gelungene** ~ a successful performance

auf|füllen *vt* ❶ (*ganz füllen*) fill up ❷ (*nachfüllen*) top up ❸ (*ergänzen*) replenish

Aufgabe ['aʊfga:bə] *f* ❶ task ❷ (SCHULE) exercise; (*Haus~*) homework ❸ (*Verzicht*) surrender; (SPORT) retirement ❹ (*das Aufgeben*) giving up; **das ist nicht deine** ~ that's not your job; **sich etw zur** ~ **machen** make s.th. one's business

auf|gabeln *vt* ❶ (*mit der Gabel*) fork up ❷ (*fam*) pick up; **wo hast du denn das Buch aufgegabelt?** where did you get hold of this book?

Aufgabenbereich *m* area of responsibility

Aufgang *m* ❶ (*Sonnen~, Mond~*) rising ❷ (*Treppen~*) staircase, stairs *pl*, steps *pl*, stairway *Am*

auf|geben **I.** *irr vt* ❶ (*verzichten*) give up ❷ (*Hausaufgaben*) give ❸ (*Gepäck*) register; **einen Koffer** ~ register a suitcase; **eine Anzeige** ~ place an advertisement; **einen Brief** ~ post a letter *Br*, mail a letter *Am* **II.** *vi* give up

aufgeblasen *adj* (*fig*) puffed-up

Aufgebot *nt* ❶ (*von Menschen*) contingent ❷ (*standesamtlich*) notice of (one's) intended marriage, banns *pl*

aufgebracht *adj* outraged

aufgedonnert *adj* (*fam*) dressed to kill

aufgedunsen ['aʊfgədʊnzən] *adj* bloated

auf|gehen *sein irr vi* ❶ (ASTR: *Sonne, Mond*) rise ❷ (*Knopf, Schnürsenkel*) come undone ❸ (*Teig*) rise ❹ (*Saat*) come up ❺ (MATH) work out; **in Flammen** ~ go up in flames; **jetzt geht mir ein Licht auf!** now I get it!, now it dawns on me!; **in einer Sache ganz** ~ be taken up with s.th.

aufgeklärt *adj* (*a.* HIST) enlightened; ~ **sein** (*sexuell*) know the facts of life

aufgelegt *adj:* ~ **sein, etw zu tun** feel like doing s.th.; **gut** (**schlecht**) ~ **sein** be in a good (bad) mood

aufgeregt *adj* excited; (*nervös*) nervous

aufgeschmissen *adj* (*fam*): ~ **sein** be all at sea

aufgesprungen *adj:* ~**e Lippen** chapped lips

aufgetakelt *adj* (*fam*) all dolled up

aufgeweckt *adj* (*fig*) bright, quick-witted

auf|gießen *irr vt* (*Tee*) brew; (*Kaffee*) make

auf|gliedern **I.** *vt* split up (*in* into) **II.** *vr* divide (*in* into)

auf|greifen *irr vt* (*fig*) take up (again)

aufgrund *präp* on the basis of; (*wegen*) because of

Aufguss *m* infusion; (*fig*) rehash; **Aufgussbeutel** *m* tea [*o* coffee] bag [*o* herb]

auf|haben **I.** *vt* ❶ (*Hut*) have on, wear ❷ (*Augen, Mund*) have open ❸ (*Schularbeiten*) have to do **II.** *vi* (*Laden*) be open

auf|halten **I.** *irr vt* ❶ (*offen halten*) keep open ❷ (*hemmen*) stop; (*hinhalten*) delay; **ich will Sie nicht länger** ~ don't let me keep you **II.** *vr* stay; **sich mit etw** ~ spend time dealing with s.th.

auf|hängen **I.** *vt* ❶ (*Gegenstand*) hang up ❷ (*erhängen*) hang **II.** *vr* hang o.s. (*an* from)

Aufhänger *m* (*für Kleider*) loop; **ein** ~ **für etw** a peg to hang s.th. on

Aufhängung *f* (AUTO: *für Batterie, Stoßdämpfer*) mounting; ~ **der Vorderräder** front-wheel suspension

Aufheben <-s> *nt* fuss; **viel** ~(**s**) **um etw machen** make a lot of fuss about s.th.

auf|heben *irr vt* ❶ (*hochheben*) pick up ❷ (*aufbewahren*) keep ❸ (PARL) abolish; (*Vertrag*) cancel ❹ (*Sitzung*) break up; **kannst du das für mich** ~**?** (*aufbewahren*) can you put this aside for me?; **Aufhebung** *f* (PARL: *Abschaffung*) abolition

auf|heitern **I.** *vt* brighten up, cheer up **II.** *vr* (*Wetter*) clear up; **Aufheiterung** *f* (*von Wetter*) brighter period

auf|hellen **I.** *vt* brighten **II.** *vr* (*Wetter, a. Miene*) brighten up

auf|hetzen *vt* (*fig*) stir up; **jdn gegen jdn** ~ stir up someone's animosity against s.o.

auf|holen **I.** *vt* ❶ (*Zeitverlust*) make up ❷ (MAR: *den Anker*) haul up; **ich muss noch in Latein** ~ (SCHULE) I must catch up on Latin **II.** *vi* (SPORT) make up ground; (RAIL) make up time

auf|horchen *vi* prick up one's ears

auf|hören *vi* stop; (*enden*) come to an end; **er hörte nicht auf zu reden** he kept on talking; **hör doch endlich auf!** will you stop it!; **also, da hört bei mir der Spaß auf!** I'm not amused by that!

auf|kaufen *vt* buy up

auf|klappen *vt* open up; (*Buch*) open; (*Klappe*) let down

auf|klaren ['aʊfkla:rən] *vi* (METE: *a. fig*) brighten [*o* clear] up

auf|klären **I.** *vt* clear up; (*Verbrechen*) solve; **jdn** (**sexuell**) ~ tell s.o. the facts of life **II.** *vr* (*fig*) be resolved; **Aufklärer** *m* (AVIAT MIL) reconaissance plane

Aufklärung *f* ❶ clearing up ❷ (HIST)

enlightenment ❸ (*Information*) informing; **sexuelle** ~ sex education

Aufklärungssatellit *m* reconnaissance satellite

auf|klatschen *vt* (*sl: verprügeln*) beat up

aufklebbar *adj* adhesive

auf|kleben *vt* stick on (*auf* to); (*mit Klebstoff*) glue on

Aufkleber *m* sticker

auf|knöpfen *vt* unbutton

auf|knüpfen *vt* ❶ (*Knoten*) untie ❷ (*erhängen*) hang (*an* from)

auf|kochen *vi sein* come to the boil

auf|kommen *sein irr vi* ❶ (*für Schäden*) pay for ❷ (*entstehen*) arise; **ein schwacher Wind ist aufgekommen** a gentle breeze has sprung up; **für die Kosten** ~ bear the costs; **Zweifel** ~ **lassen** give rise to doubts

auf|krempeln *vt:* **sich die Ärmel** ~ roll up one's sleeves

auf|kriegen *vt* (*fam*) get open

auf|lachen *vi* give a laugh

auf|laden **I.** *irr vt* ❶ (*Last*) load ❷ (ELEK) charge; **jdm etw** ~ burden s.o. with s.th. **II.** *vr* (ELEK) become charged

Auflage *f* ❶ (TYP: *von Buch*) edition; (*von Zeitung*) circulation ❷ (*~nhöhe*) number of copies ❸ (*Bedingung*) condition; **jdm etw zur** ~ **machen** impose s.th. on s.o. as a condition; **Auflagenhöhe** *f* number of copies published

auf|lassen *irr vt* ❶ (*offen lassen*) leave open ❷ (*Hut*) leave on

auf|lauern *vi:* **jdm** ~ lie in wait for s.o.

Auflauf *m* ❶ (*Menschen~*) crowd ❷ (*Gericht*) baked pudding (*sweet or savoury*)

auf|laufen **I.** *irr vi sein* ❶ (*Zinsen*) accumulate ❷ (MAR) run aground (*auf* on) **II.** *vt haben:* **sich die Füße** ~ get sore feet

Auflaufform *f* ovenproof dish

auf|leben *sein vi* liven up; **etw** (**wieder**) ~ **lassen** revive s.th.

auf|legen *vt* (*Geschirr*) lay; (*Hörer*) replace; (*Aktien*) issue; (*ein Buch* ~) publish a book

auf|lehnen *vr:* **sich** ~ **gegen** revolt against

auf|lesen *irr vt* pick up

auf|leuchten *haben o sein vi* (*a. fig*) light up

auf|lockern *vt* ❶ (*Erde*) break up ❷ (SCHULE: *Unterricht*) give relief to (*durch* with); **aufgelockerte Atmosphäre** relaxed mood

auflösbar *adj* (*in Flüssigkeit*) soluble; (*Vertrag*) revocable

auf|lösen **I.** *vt* ❶ (*in Flüssigkeiten*) dissolve ❷ (*zerlegen*) resolve (*in* into) ❸ (*Versammlung*) break up ❹ (*Geschäft*) wind up; **sein Konto** ~ close one's account **II.** *vr* dissolve; (*fig*) be dissolved

Auflösung *f* ❶ (*einer Versammlung*) dispersal ❷ (*von Aufgabe, Rätsel*) solution

auf|machen **I.** *vt* open **II.** *vr* (*aufbrechen*) set out (*nach* for)

Aufmachung *f* ❶ (*einer Person*) rig-out ❷ (*eines Buches*) presentation ❸ (TYP: *einer Druckseite*) lay-out

auf|marschieren *sein vi* march up; ~ **lassen** (*a.* MIL) deploy

aufmerksam [ˈaʊfmɛrkzam] *adj* attentive; **jdn auf etw** ~ **machen** draw someone's attention to s.th.

Aufmerksamkeit *f* attention, attentiveness; **das ist nur eine kleine** ~**!** that's just a little something!

auf|möbeln *vt* (*fig*): **jdn** ~ buck s.o. up

auf|mucken *vi* (*fam*) balk, jib

auf|muntern [ˈaʊfmʊntɐn] *vt:* **jdn** ~ cheer s.o. up

aufmüpfig [ˈaʊfmʏpfɪç] *adj* (*fam*) rebellious

Aufnahme [ˈaʊfnaːmə] <-, -n> *f* ❶ (*Empfang*) reception ❷ (*Zulassung*) admission (*in* to) ❸ (PHOT: *Vorgang*) taking ❹ (*Foto*) photo ❺ (RADIO: *auf Tonband*) recording ❻ (FIN: *von Geldern*) raising; **eine** ~ **machen** (PHOT) take a photo; ~ (**diplomatischer**) **Beziehungen** establishment of (diplomatic) relations; **Aufnahmebedingungen** *fpl* conditions of admission; **aufnahmefähig** *adj* (MARKT) active; **ich bin nicht mehr** ~ I can't take anything else in; **Aufnahmegebühr** *f* admission fee; **Aufnahmelager** *nt* reception camp; **Aufnahmeland** *nt* host country; **Aufnahmeprüfung** *f* entrance examination

auf|nehmen *irr vt* ❶ (*Gegenstand*) pick up ❷ (*zulassen*) admit (*in* to) ❸ (*empfangen*) receive ❹ (*auf Band*) record ❺ (*etw beginnen*) begin; **Kontakt mit jdm** ~ contact s.o.; **es mit jdm** ~ **können** be a match for s.o.; **er kann alles sehr schnell** ~ he's very quick on the uptake; **Verhandlungen** ~ enter into negotiations

auf|nötigen *vt:* **jdm etw** ~ force s.th. on s.o.

auf|opfern **I.** *vr* sacrifice o.s. **II.** *vt* give up

auf|passen *vi:* **pass auf!** watch out!; **auf jdn** ~ keep an eye on s.o.

Aufpasser(in) *m(f)* (*Aufseher, Wächter*) guard; (*Beobachter*) supervisor

auf|peitschen *vt* ❶ (*fig*) inflame ❷ (*Sturm: das Meer*) whip up

auf|peppen *vt* (*fam*) jazz up

auf|pflanzen **I.** *vt:* **das Bajonett** ~ fix the

bajonet **II.** *vr* (*fam*): **sich vor jdm ~** plant o.s. in front of s.o.

auf|platzen *sein vi* burst open

Aufprall <-s, -e> *m* impact

auf|prallen *sein vi:* **auf den Boden ~** hit the ground; **auf einen anderen Wagen ~** collide with another car

Aufpreis *m* surcharge; **gegen ~ von …** for an extra charge of …

auf|pumpen *vt* (*Reifen*) inflate, pump up

auf|putschen *vt* (*aufhetzen*) inflame; (*erregen*) stimulate

Aufputschmittel *nt* stimulant

auf|putzen *vt* (*österr*) decorate

auf|raffen *vr:* **sich ~** pull o.s. up; (*fig*) pluck up courage

auf|ragen *sein vi* rise; (*höher*) tower

auf|räumen **I.** *vt* tidy **II.** *vi* (*fig*): **mit etw ~** do away with s.th.

Aufräum(ungs)arbeiten *pl* clearing-up operation *sing*

aufrecht ['aʊfrɛçt] *adj* erect, upright; **~ sitzen** sit up; **~ stehen** stand erect; **aufrecht|erhalten** *irr vt* maintain; (*Verbindung, Kontakt*) keep up; (*Gebräuche, Urteil, Lehre*) uphold

auf|regen **I.** *vt* (*ärgern*) annoy; **reg mich nicht auf!** don't drive me mad! **II.** *vr* get (over)excited (*über* about)

Aufregung *f* excitement; **nur keine ~!** don't get in a state!

auf|reiben **I.** *irr vt* ❶ (*erschöpfen*) wear down [*o* out] ❷ (MIL: *vernichten*) annihilate, wipe out ❸ (*wundreiben*) chafe **II.** *vr* (*fig*) wear o.s. out

auf|reißen *irr vt* ❶ tear up ❷ (*öffnen*) fling open; **sich die Hand ~** gash one's hand

auf|reizen *vt* ❶ (*ärgern*) provoke ❷ (*erregen*) excite

auf|richten **I.** *vt* ❶ set upright ❷ (*seelisch*) lift **II.** *vr* straighten up; (*aufsitzen*) sit up

aufrichtig *adj* sincere (*zu* towards); **mein ~es Beileid** my sincere condolences *pl;* **Aufrichtigkeit** *f* sincerity

Aufriss(zeichnung) *m* (TECH) elevation; **etw (von vorne/von der Seite) im ~ zeichnen** draw (the front/the side) elevation of s.th.

auf|rollen **I.** *vt* ❶ (*zusammenrollen*) roll up; (*Kabel*) coil up ❷ (*entfalten*) unroll; **eine Frage ~** go into a problem **II.** *vr* unroll

Aufruf *m* ❶ appeal (*an* to) ❷ (AVIAT INFORM) call

auf|rufen *irr vt* (*a.* INFORM) call; **einen Schüler ~** ask a pupil a question; **zum Widerstand ~** call for resistance

Aufruhr ['aʊfruːɐ] <-(e)s, -e> *m* ❶ (*Aufstand*) rebellion, uprising ❷ (*Aufgewühltheit*) turmoil

auf|rühren *vt* (*Skandal, alte Geschichte*) rake up

Aufrührer *m* rabble-rouser; **aufrührerisch** *adj* ❶ (*aufständisch*) rebellious ❷ (*Rede*) inflammatory

auf|runden *vt* (*Betrag*) round up

auf|rüsten *vt* (re)arm

Aufrüstung *f* rearmament

auf|rütteln *vt* ❶ (*aus dem Schlaf*) rouse (*aus* from) ❷ (*fig: jdn*) stir

auf|sagen *vt* (*rezitieren*) recite

auf|sammeln *vt* pick up

aufsässig ['aʊfzɛsɪç] *adj* rebellious

Aufsatz *m* ❶ (*Abhandlung*) essay; (SCHULE) composition ❷ (*oberer Teil*) top, upper part

auf|saugen *vt* soak up; (*fig*) absorb

auf|schauen *vi* look up

auf|scheuchen *vt* startle

auf|schichten *vt* pile up, stack

auf|schieben *irr vt* ❶ (*fig*) put off, postpone ❷ (*Fenster, Türe*) slide open

Aufschlag *m* ❶ (*Aufprall*) impact ❷ (*Hosen~*) turn-up ❸ (*beim Tennis*) service ❹ (COM: *Preis~*) surcharge; **wer hat ~?** (*beim Tennis*) whose serve?

auf|schlagen **I.** *irr vi* ❶ (COM: *Preise*) rise, go up ❷ (*beim Tennis*) serve ❸ (*aufprallen*) hit **II.** *vt* ❶ (*Nuss*) crack ❷ (*öffnen*) open ❸ (*verwunden*) cut; **ein Zelt ~** pitch a tent

auf|schließen **I.** *irr vt* unlock; **jdm ~** unlock the door for s.o. **II.** *vi* (SPORT) catch up (*zu* with)

auf|schlitzen *vt* rip (open); (*mit Messer a.*) slit (open)

Aufschluss *m:* **können Sie mir darüber ~ geben?** can you give me any information about it?

aufschlussreich *adj* informative, instructive

auf|schnallen *vt* ❶ (*auflösen*) unbuckle ❷ (*Rucksack aufbinden*) buckle on

auf|schnappen *vt* (*ein Wort*) pick up

auf|schneiden **I.** *irr vt* cut open; (MED) lance **II.** *vi* (*übertreiben*) boast, brag

Aufschnitt <-(e)s> *m* sliced cold meat

auf|schnüren *vt* undo

auf|schrauben *vt* ❶ (*losschrauben*) unscrew ❷ (*daraufschrauben*) screw on (*auf* to)

auf|schrecken **I.** *vt haben* startle **II.** *vi sein* give a start; **aus dem Schlaf ~** wake up with a start

Aufschrei *m* yell; (*fig*) outcry

auf|schreiben *irr vt* put [*o* write] down

auf|schreien *irr vi* yell out
Aufschrift *f* inscription; (*auf Poster*) caption; (*auf Etikett*) label
Aufschub *m* delay, postponement
auf|schütten *vt* ❶ (*Flüssigkeit*) pour on; (*Erde*) deposit ❷ (*Damm*) throw up
auf|schwatzen *vt* (*fam*): **jdm etw ~** talk s.o. into taking s.th.
auf|schwingen *irr vr* (*fig*): **sich zu etw ~** (*sich aufraffen*) bring o.s. to do s.th.
Aufschwung *m* ❶ (*fig*) upswing ❷ (SPORT: *beim Turnen*) swing-up ❸ (COM) boom, upturn, upswing; **das gibt mir (wieder) neuen ~** this is giving me a lift
Aufsehen <-s> *nt:* **~ erregen** cause [*o* create] a sensation; **ohne großes ~** without any fuss
auf|sehen *irr vi* look up; **zu jdm ~** (*auch fig*) look up to s.o.
Aufseher(in) *m(f)* (*Gefängnis~*) warden; (*im Museum*) attendant; (*im Betrieb*) supervisor
auf|setzen **I.** *vt* ❶ (*Gegenstand auf etw ~*) put on ❷ (*Kaffee ~*) make ❸ (*schriftlich entwerfen*) draft **II.** *vi* (AVIAT) touch down
Aufsicht *f* ❶ (*Überwachung*) supervision ❷ (*mit der ~ Beauftragter*) person in charge; **über etw ~ führen** be in charge of s.th.; **Aufsichtsbehörde** *f* supervisory body; **Aufsichtsrat** *m* board of directors; **Aufsichtsratsvorsitzende(r)** *f m* chairman of the board, chairwoman of the board
auf|sitzen *sein irr vi* mount
auf|spalten *vt* ❶ split ❷ (*fig*) split up
Aufspaltung *f* ❶ (BIOL) fission ❷ (CHEM) disintegration
auf|spannen *vt* ❶ spread out ❷ (*Stoff*) stretch (*auf* onto); **seinen Schirm ~** open one's umbrella
auf|sparen *vt* save up
auf|speichern *vt* store up
auf|sperren *vt* (*aufschließen*) unlock; **sperr deine Ohren auf!** prick up your ears!
auf|spielen *vr* give o.s. airs; **sich ~ als etw** set o.s. up as s.th.
auf|spießen *vt* spear; (*mit der Gabel*) prong; (*mit den Hörnern*) gore
auf|springen *sein irr vi* ❶ (*Person*) jump to one's feet ❷ (*Risse bekommen*) crack; (*Haut*) chap ❸ (*Tür*) fly open
auf|spüren *vt* track down
auf|stacheln *vt:* **jdn ~, etw zu tun** urge s.o. into doing s.th.
Aufstand *m* rebellion, insurrection
Aufständische(r) <-n, -n> *f m* insurgent, rebel
auf|stapeln *vt* pile [*o* stack] up
auf|stechen *irr vt* puncture; (MED) lance
auf|stecken *vt* ❶ (*Gegenstand*) put on (*auf* to); (*mit Nadeln*) pin up ❷ (*Haar*) put up ❸ (*fam: aufgeben*) pack it in
auf|stehen *irr vi* ❶ *sein* (*sich erheben*) get up ❷ *haben* (*offen stehen*) be open
auf|steigen *sein irr vi* ❶ (*auf Berg, Leiter*) climb (up) ❷ (*Nebel*) rise; (*Vogel, Drachen*) soar (up) ❸ (*Gefühl*) rise ❹ (*beruflich ~*) be promoted
Aufsteiger(in) *m(f)* climber
auf|stellen **I.** *vt* ❶ (*hinstellen*) put up; (*Maschine*) install ❷ (SPORT: *Mannschaft*) draw up ❸ (*Kandidaten*) nominate; **eine Behauptung ~** put forward an assertion; **einen Rekord ~** set up a record; **eine Liste ~** make a list **II.** *vr* stand; **sich hintereinander ~** line up
Aufstellung *f* ❶ putting-up ❷ (SPORT: *die Mannschaft*) line-up ❸ (*Liste*) list
Aufstieg ['aʊfʃtiːk] *m* <-(e)s, -e> ❶ ascent ❷ (*beruflich*) advancement, promotion
Aufstiegschancen *pl* prospects of promotion
auf|stöbern *vt* (*aufspüren*) ferret out
auf|stocken *vt* ❶ (*Haus*) build another storey onto ❷ (COM: *Kredit*) increase; **sein Kapital ~** raise additional funds *pl*
auf|stoßen **I.** *irr vt* push open **II.** *vi* burp **III.** *vr:* **sich den Knöchel ~** graze one's ankle
auf|streichen *irr vt* spread (*auf* on)
Aufstrich *m* (*Brotbelag*) spread; **was willst du als ~?** what would you like on your bread?
auf|stülpen *vt* (*Hut*) pull on
auf|stützen **I.** *vt* (*Körperteil*) rest (*auf* on) **II.** *vr* support o.s.
auf|suchen *vt:* **jdn ~** call on s.o.; **etw ~** pick up s.th.; **eine Stadt auf der Karte ~** find a town on the map
auf|takeln *vr:* **sich ~** (*fam*) deck oneself out
Auftakt *m* ❶ (MUS) up-beat ❷ (*Eröffnung, Beginn*) prelude; **den ~ zu etw bilden** mark the start of s.th.
auf|tanken *vt* (AUTO) fill up; (AVIAT) refuel
auf|tauchen *sein vi* ❶ (*plötzlich erscheinen*) appear ❷ (MAR) surface ❸ (*fig*) arise
auf|tauen *vt haben, vi sein* (*a. fig*) thaw
auf|teilen *vt* ❶ (*an Personen*) share out (*an* between) ❷ (*unterteilen*) split up (*in* into); **Aufteilung** *f* ❶ (*Verteilung*) sharing out ❷ (*Unterteilung*) division
auf|tischen ['aʊftɪʃən] *vt* (*Speisen*) serve up; **jdm etw ~** come up with s.th.
Auftrag ['aʊftraːk, *pl:* 'aʊftrɛːgə] <-(e)s, Auf-

träge> *m* ① (*Anweisung*) instructions *pl* ② (COM) order; **in jds ~ handeln** act on someone's behalf; **jdm den ~ geben, etw zu tun** instruct s.o. to do s.th.; **etw bei … in ~ geben** order s.th. from …

auf|tragen *irr vt* ① (*Speisen*) serve ② (*Farbe*) put on; **jdm etw ~** instruct s.o. to do s.th.; **dick ~** lay it on thick

Auftraggeber(in) *m(f)* (COM) client; (*von Firma*) customer

Auftragnehmer(in) *m(f)* contractor

Auftragsbestätigung *f* (COM) confirmation of order; **Auftragsbuch** *nt* (COM) orderbook; **Auftragseingang** *m* incoming orders *pl*

auftragsgemäß *adv* as instructed; (COM) as per order

auf|treiben I. *irr vt haben* (*ausfindig machen*) get hold of II. *vi sein* (MED) become bloated

auf|trennen *vt* undo

Auftreten *nt* ① (*Vorkommen*) appearance ② (*Benehmen*) behaviour; **ein sicheres ~ haben** have self-assured manners *pl*; **bei ~ von Schwierigkeiten** in case difficulties should arise

auf|treten *irr vi sein* ① (*auf Fuß*) tread ② (*erscheinen*) appear ③ (*sich zeigen*) arise ④ (*sich verhalten*) behave

Auftrieb *m* ① (*fig*) impetus ② (AVIAT) lift; **das gibt mir wieder ~** that gives me a lift

Auftritt *m* ① (*Erscheinen*) appearance ② (THEAT: *Szene, a. fig*) scene

auf|trumpfen *vi* show how good one is

auf|tun I. *irr vr* ① (*Abgrund*) yawn ② (*sich bieten*) open up II. *vt* (*fam: finden*) find

auf|türmen I. *vt* pile up II. *vr* tower up; (*fig*) mount up

auf|wachen *sein vi* wake up

auf|wachsen *sein irr vi* grow up

auf|wallen *vi sein* ① boil up ② (*fig*) surge up

Aufwand ['aʊfvant] <-(e)s> *m* ① (FIN) expenditure (*an* of); (*Kosten*) expense ② (*Prunk*) extravagance; **Aufwandsentschädigung** *f* expense allowance

aufwändig *adj* ① (*teuer*) costly ② (*prunkvoll*) lavish

auf|wärmen I. *vt* ① (*Speisen*) heat up ② (*fig*) bring up II. *vr* warm o.s. up

aufwärts ['aʊfvɛrts] *adv* up, upward(s)

Aufwärtsentwicklung *f* upward trend

auf|waschen *irr vt* (*Schmutz*) wash off

auf|wecken *vt* wake up

auf|weichen I. *vt haben* make sodden II. *vi sein* get sodden

auf|weisen *irr vt* show; **etw aufzuweisen haben** have s.th. to show for o.s.

auf|wenden *irr vt* use; (FIN) spend; **aufwendig** *adj* ① (*teuer*) costly ② (*prunkvoll*) lavish

auf|werfen *irr vt* ① (*Graben*) dig ② (*Frage*) raise

auf|werten *vt* ① (FIN) revalue, revaluate *Am a.* ② (*fig*) increase the value of

Aufwertung *f* (FIN) revaluation

auf|wickeln *vt* ① (*aufrollen*) roll up ② (*loswickeln*) untie

auf|wiegeln *vt* stir up

auf|wirbeln *vt* (*Blätter*) whirl up; **das wird viel Staub ~** (*fig*) that is going to cause a big stir

auf|wischen I. *vt* mop up II. *vi* wipe the floor

auf|wühlen *vt* (*fig*) stir up

auf|zählen *vt* enumerate, list

Aufzählung *f* enumeration

auf|zehren *vt* ① (*verzehren*) eat up ② (*erschöpfen*) exhaust

auf|zeichnen *vt* ① (*mit Stift*) draw ② (RADIO TV) record

Aufzeichnung *f* ① (*Niederschrift*) note ② (RADIO TV) recording

auf|zeigen *vt* show, demonstrate

auf|ziehen I. *irr vt haben* ① (*fig*): **jdn ~** make fun of s.o. (*mit* about) ② (*Uhr*) wind up ③ (*Vorhang*) draw back ④ (*Gegenstände*) pull up ⑤ (*ein Kind*) raise ⑥ (*Foto*) mount II. *vi sein* ① (*erscheinen*) come up ② (MIL) march up

Aufzucht <-> *f* (*von Vieh*) rearing

Aufzug *m* ① (*Fahrstuhl*) lift *Br*, elevator *Am* ② (*Parade*) parade ③ (THEAT) act ④ (*Kleidung*) get-up

auf|zwingen *irr vt*: **jdm etw ~** force s.th. upon s.o.

Augapfel *m* eyeball

Auge ['aʊgə] <-s, -n> *nt* ① eye ② (*Punkt beim Spiel*) point; **mit den ~n zwinkern** wink; **ich habe es mit eigenen ~n gesehen** I have seen it with my own eyes; **etw im ~ haben** (*Staubkorn*) have s.th. in one's eye; (*fig*) have one's eye on s.th.; **ich konnte kaum aus den ~n gucken** I could hardly see straight; **vor aller ~n** in front of everybody; **ein ~ zudrücken** (*fam*) turn a blind eye (to); **jdm etw aufs ~ drücken** (*fam*) impose s.th. on s.o.; **ich werde es im ~ behalten** I'll bear it in mind; **er lässt sie nicht aus den ~n** he won't let her out of his sight; **jdn aus den ~n verlieren** lose sight of s.o.; **das kann leicht ins ~ gehen!** (*fam*) it might easily go wrong!; **in meinen ~n …** in my opinion …; **das fällt ins ~** that leaps to the eye; **unter vier ~n** in private

Augenarzt, **-ärztin** *m, f* eye specialist
Augenbinde *f* eye bandage; (*Klappe*) eye patch; (*um nichts sehen zu können*) blindfold
Augenblick *m* moment; **einen ~ bitte!** one moment please!; **~ mal!** just a second!; **im letzten ~** at the last moment
augenblicklich I. *adj* ❶ (*umgehend*) immediate ❷ (*gegenwärtig*) current II. *adv* ❶ (*umgehend*) at once ❷ (*zurzeit*) at present, presently *bes. Am*
Augenbraue *f* eyebrow; **Augenentzündung** *f* ophtalmia; **Augenfarbe** *f* colour of eyes; **Augenhöhe** *f:* **in ~** at eye-level; **Augenhöhle** *f* eye socket; **Augenlicht** *nt* eyesight; **Augenlid** *nt* eyelid; **Augenmaß** *nt:* **nach ~** by eye; **Augenmerk** <-(e)s> *nt:* **sein ~ richten auf** direct one's attention to; **Augenschein** <-(e)s> *m:* **dem ~ nach** by all appearances *pl;* **etw in ~ nehmen** have a close look at s.th.; **Augentropfen** *mpl* eyedrops; **Augenweide** *f* feast [*o* treat] for the eyes; **das ist nicht gerade eine ~!** (*ironisch*) that's a bit of an eyesore!; **Augenwimpern** *fpl* eyelashes; **Augenzeuge**, **-gin** *m, f* eyewitness (*bei* to)
August[1] [aʊ'gʊst] *m* August
August[2] ['aʊgʊst] *m* Augustus; **der dumme ~** the clown
Auktion [aʊk'tsjo:n] <-, -en> *f* auction; **Auktionator** *m* auctioneer; **Auktionshaus** *nt* auction house, auctioneers *pl*
Aula ['aʊla] <-, -len/-s> *f* hall
Aurikel [aʊ'ri:kəl] <-, -n> *f* (*Alpenprimel*) auricula
Aus <-> *nt* ❶ (SPORT) touch, offside ❷ (*fig*) end, finish; **ins ~ gehen** go out
aus [aʊs] I. *präp* ❶ (*örtlich, räumlich, zeitlich*) from; (*von innen*) out of; **~ dem Fenster fallen** fall out of the window; **ich komme ~ Deutschland** I'm from Germany; **trink bitte nicht ~ der Flasche!** please don't drink from [*o* out of] the bottle!; **dieser Stuhl stammt ~ dem 18. Jahrhundert** this chair's from the 18th century ❷ (*begründend*): **~ Versehen** by mistake; **~ Erfahrung** from experience; **~ Mitleid** out of sympathy ❸ (*sonstige*): **~ der Sache ist nichts geworden** nothing came of it; **was ist ~ ihr geworden?** what has become of her?; **das ist doch ~ der Mode!** that's out of fashion! II. *adv:* **von mir ~!** I don't care!; **vom Turm ~ konnte man den Fluss sehen** one could see the river from the tower
aus|arbeiten *vt* work out; (*vorbereiten*) prepare
aus|arten *sein vi* ❶ (*außer Kontrolle geraten*) get out of control ❷ (*über die Stränge schlagen*) get out of hand
aus|atmen *vi, vt* breathe out
aus|baden *vt:* **etw ~ müssen** (*fam*) carry the can for s.th.
aus|baggern *vt* (*Baugrube*) excavate
aus|baldowern ['aʊsbal,do:vən] <ohne ge-> *vt* (*fam*): **etw ~** nose [*o* scout] s.th. out; **~, ob …** nose [*o* scout] around to find out whether …
Ausbau <-(e)s, -ten> *m* ❶ (TECH: *von Motor, Gerät*) removal ❷ (*Erweiterung*) extension; **aus|bauen** *vt* ❶ (TECH: *Motor, Gerät*) remove (*aus* from) ❷ (*Dachboden*) fit out ❸ (*erweitern, a. fig*) extend; **ausbaufähig** *adj* that can be extended
aus|bedingen <ausbedungen> *irr vt:* **ich muss mir ~, dass …** I must make it a condition that …
aus|beißen *irr vt:* **sich einen Zahn ~** break a tooth; **an dem wirst du dir noch die Zähne ~!** you'll have a tough time of it with him!
aus|bessern *vt* mend, repair; (*Fehler*) correct
Ausbesserung *f* mending, repair
aus|beulen *vt* (AUTO) beat out
Ausbeute *f* gain; (*Ertrag*) yield (*an* in)
aus|beuten *vt* exploit; **Ausbeuter(in)** *m(f)* exploiter
Ausbeutung *f* exploitation
aus|bezahlen *vt* (*Betrag*) pay out; (*Miteigentümer*) buy out
aus|bilden I. *vt* ❶ train; (*geistig*) educate ❷ (*ausgestalten*) shape II. *vr* (*fig*) develop, form
Ausbilder(in) *m(f)* instructor
Ausbildung *f* training, instruction; (*geistige ~*) education; **Ausbildungsbeihilfe** *f* educational grant; **Ausbildungsförderung** *f* promotion of training; **Ausbildungsplatz** *m* training place; **Ausbildungsstand** *m* level of training
aus|bitten *irr vt:* **sich etw von jdm ~** request s.th. from s.o.; **das bitte ich mir auch aus!** I should think so too!
Ausbleiben *nt* ❶ (*Fernbleiben*) non-appearance ❷ (*~ der Zahlung*) non-payment
aus|bleiben *sein irr vi* (*Person*) stay out; **unsere Gäste sind ausgeblieben** our guests have failed to appear; **es konnte nicht ~, dass …** it was inevitable that …
aus|blenden *vt* (FILM RADIO) fade out
Ausblick *m* view (*auf* of); (*fig*) prospect (*auf* for)
aus|borgen *vt:* **sich etw von jdm ~** bor-

row s.th. from s.o.

aus|brechen *sein irr vi* ❶ (*aus Gefängnis*) escape (*aus* from) ❷ (*entstehen*) break out ❸ (*von Vulkan*) erupt; **in Tränen ~** burst into tears; **in Gelächter ~** burst out laughing

aus|breiten **I.** *vt* spread out; (*entfalten*) display **II.** *vr* spread; **sich über etw ~** spread on s.th.; **Ausbreitung** *f* (*das Ausbreiten*) spreading

aus|brennen **I.** *irr vt haben* (*Wunden*) cauterize **II.** *vi sein* (*Feuer*) burn out

Ausbruch *m* ❶ (*aus Gefängnis*) escape ❷ (*Beginn*) outbreak ❸ (*Vulkan~*) eruption; **zum ~ kommen** break out; (*fig*) erupt

aus|brüten *vt* ❶ (*Eier*) hatch ❷ (*Pläne*) hatch up

aus|büchsen *vi* (*fam: ausreißen*) break out, run away

aus|buddeln *vt* dig out

aus|bürgern ['aʊsbʏrgən] *vt* expatriate

aus|bürsten *vt* (*Kleid*) brush; (*Staub*) brush out

Ausdauer *f* endurance; (*Beharrlichkeit*) perseverance; (*Hartnäckigkeit*) persistence

aus|dehnen **I.** *vt* ❶ (*räumlich, durch Wärme*) expand; (*Stoffe*) stretch ❷ (*Macht*) extend (*auf* to) **II.** *vr* ❶ (*Stoffe*) stretch ❷ (*sich erstrecken*) extend

Ausdehnung *f* ❶ (*Größe*) extension ❷ (*Umfang*) expanse

aus|denken *irr vt:* **sich etw ~** think s.th. up; (*in der Fantasie*) imagine s.th.

aus|drehen *vt* (*Gas*) turn off; (*Lampe*) switch off

Ausdruck[1] <-(e)s, Ausdrücke> *m* (*Wort*) term; **etw zum ~ bringen** express s.th.; **das ist gar kein ~!** that's not the word for it!

Ausdruck[2] <-s, -e> *m* (*Computer~*) printout

aus|drucken *vt* (INFORM) print (out)

aus|drücken *vt* ❶ (*Zigarette*) stub out ❷ express; **sich ~** express o.s.

ausdrücklich *adv:* **ich möchte ~ betonen, dass …** I should like to emphasize particularly that …

Ausdruckskraft *f* expressiveness

ausdruckslos *adj* inexpressive

Ausdrucksvermögen *nt* expressiveness; (*Gewandtheit*) articulateness; **ausdrucksvoll** *adj* expressive; **Ausdrucksweise** *f* mode of expression; **was ist denn das für 'ne ~!** what sort of language is that to use!

aus|dünnen *vt* (*Haare*) thin out

Ausdünstung *f* vaporization; (*von Körper*) transpiration

auseinander [aʊsaɪ'nandɐ] *adv* apart; **weit ~ liegen** lie wide apart; **etw ~ schreiben** write s.th. as two words; **~ bringen** be able to get (s.o., s.th.) apart; **~ fallen** fall apart; **~ falten** unfold; **~ gehen** (*Menschen*) separate; (*Meinungen*) differ; (*Gegenstand*) fall apart; (*fam: dick werden*) put on weight; **~ halten** keep apart; (*Zwillinge*) tell apart; **~ nehmen** take apart; **~ setzen** (*erklären*) explain; **sich mit etw ~ setzen** have a good look at s.th.

Auseinandersetzung *f* (*Streit*) argument

auserlesen *adj* select

aus|erwählen *vt* choose

aus|fahren **I.** *irr vi sein* ❶ (*spazieren fahren*) go for a ride ❷ (AVIAT: *Fahrgestell*) come out **II.** *vt haben* ❶ **jdn ~** take s.o. for a ride ❷ (*Waren*) deliver ❸ (AVIAT: *Fahrgestell*) lower

Ausfahrt *f* ❶ (*für Kraftfahrzeuge*) exit ❷ (*Spazierfahrt*) ride

Ausfall *m* ❶ (AUTO TECH) failure ❷ (*Verlust*) loss

aus|fallen *sein irr vi* ❶ (*nicht stattfinden*) be cancelled ❷ (AUTO TECH) fail; **der Aufsatz ist schlecht ausgefallen** the composition has turned out badly; **die Schule fällt morgen aus** there's no school tomorrow

ausfallend *adj*, **ausfällig** *adj* (*Verhalten*) impertinent; (*Sprache*) abusive; **~ werden** become personal

Ausfallstraße *f* main road (leading out of a city)

Ausfallzeit *f* (COM) downtime

aus|fertigen *vt* (*Auftrag*) make out; (*Pass*) issue

Ausfertigung *f* ❶ (*das Ausfertigen*) drawing up; (*von Pass*) issuing ❷ (*Kopie*) copy; **in doppelter** (**dreifacher**) **~** in duplicate (triplicate)

ausfindig ['aʊsfɪndɪç] *adv:* **~ machen** find; (*aufspüren*) trace

aus|fließen *sein irr vi* ❶ flow out (*aus* of) ❷ (*auslaufen*) leak (*aus* out of)

aus|flippen *vi* (*sl*) freak out

Ausflucht ['aʊsflʊxt, *pl:* 'aʊsflʏçtə] <-, Ausflüchte> *f* excuse; **Ausflüchte machen** make excuses

Ausflug *m* trip; **einen ~ machen** go on a trip

Ausflügler(in) ['aʊsfly:klɐ] *m(f)* tripper

Ausfluss *m* ❶ (*das Ausfließen*) flowing out ❷ (MED) vaginal discharge

aus|fragen *vt* question (*nach* about)

aus|fressen *irr vt* (*fig*): **etw ~** do s.th. wrong

Ausfuhr ['aʊsfuːɐ] <-, -en> *f* export, exportation

ausführbar *adj* feasible, practicable

Ausfuhrbestimmungen *fpl* export regulations

aus|führen *vt* ❶ (*exportieren*) export ❷ (*Bestellungen, Aufträge, Pläne*) carry out ❸ (*genauer darstellen*) explain

ausführlich ['aʊsfyːɐlɪç] **I.** *adj* detailed **II.** *adv* in detail; **~er** in greater detail

Ausfuhrpapiere *ntpl* (COM) export documents [*o* papers]; **Ausfuhrzoll** *m* export duty

Ausführung *f* ❶ (*von Aufträgen, Plänen*) execution ❷ (*Bauplan*) design; (*Typ*) model; (COM) quality ❸ (*Darstellung*) statement; **~en** report

Ausführungsbestimmungen *fpl* regulations

aus|füllen *vt* ❶ (*Graben*) fill up ❷ (*Formular*) fill in; **das füllt mich nicht ganz aus** that doesn't satisfy me completely

Ausgabe *f* ❶ (*Geld*) expense ❷ (*Buch*) edition ❸ (*Austeilung*) distribution ❹ (INFORM: *Daten~*) output; **~n** (*Auslagen*) costs

Ausgabedaten *pl* (INFORM) output data; **Ausgabegerät** *nt* (INFORM) output device

Ausgang *m* ❶ (*Öffnung nach außen*) exit ❷ (*Ergebnis*) outcome; **~ haben** have a day off; **Ausgangspunkt** *m* starting point; **Ausgangssperre** *f* ❶ (*für Zivilisten*) curfew ❷ (MIL: *Disziplinarstrafe*) confinement to barracks; **Ausgangsstellung** *f* starting position

aus|geben *irr vt* ❶ (*Geld*) spend ❷ (*Befehle, Banknoten, Fahrkarten*) issue ❸ (*verteilen*) give out, distribute; (*Karten*) deal; **sich für etw ~** pass o.s. off as s.o.; **einen ~** (*fam*) stand a round

ausgebucht *adj* booked up, fully booked

ausgebufft ['aʊsgəbʊft] *adj* (*fam: trickreich*) shrewd, fly

ausgedehnt *adj* ❶ (*umfassend*) extensive ❷ (*Gummiband*) stretched; **ein ~er Spaziergang** a long walk

ausgefallen *adj* extravagant; (*ungewöhnlich*) exceptional

ausgeflippt *adj* (*sl*) flipped, freaked out

ausgefuchst *adj* (*fam*) crafty, wily

ausgeglichen *adj* balanced; **~es Klima** even climate

Ausgeglichenheit *f* balance

aus|gehen *sein irr vi* ❶ (*abends*) go out ❷ (*Vorräte*) run out ❸ (*Feuer*) go out ❹ (*Haare*) fall out; **schlecht ~** turn out badly; **mir ging das Geld aus** I ran out of money; **leer ~** come away empty-handed; **wir können davon ~, dass ...** we can proceed from the assumption that ...; **ihm ging die Puste aus** he ran out of breath

ausgelassen *adj* ❶ (*lärmend*) boisterous ❷ (*Stimmung*) mad

ausgemacht *adj* ❶ (*abgemacht*) agreed ❷ (*vollkommen*) utter

ausgenommen *konj* except

ausgepowert [aʊsgə'paʊət] *adj* (*fam: erledigt, erschöpft*) washed out, tired

ausgeprägt *adj* distinct; **ein ~es Interesse** a marked interest

ausgerechnet *adv* (*fig*): **~ ich musste den Ausweis vergessen** of all people, I had to forget my passport; **~ in Paris musste ich meinen Fotoapparat verlieren** I would have to lose my camera in Paris; **~ im Juni war das Schwimmbad geschlossen** in June, of all times, the swimming pool was shut

ausgereift *adj* (TECH) fully developed

ausgeschlossen *adj* impossible

ausgeschnitten *adj* (*Kleid*) low-cut

ausgesprochen **I.** *adj* (*fig*) definite **II.** *adv* really

ausgestorben *adj* extinct; **die Straßen waren wie ~** the streets were deserted

ausgesucht **I.** *adj* choice, select **II.** *adv* (*besonders*) exceptionally

ausgewählt *adj* select

ausgewogen *adj* balanced

ausgezeichnet *adj* excellent; **es geht mir ~!** I'm feeling marvellous!

ausgiebig *adj* substantial; **~en Gebrauch machen von ...** make full use of ...; **~ frühstücken** have a substantial breakfast

aus|gießen *irr vt* ❶ (*Flüssigkeit*) pour out ❷ (*Fugen*) fill in

Ausgleich ['aʊsglaɪç] <-(e)s, -e> *m* (*Konto~*) balancing; (*von Schulden*) settling; **zum ~ für etw** in order to compensate for s.th.

aus|gleichen **I.** *irr vt* ❶ (*gleich machen*) level out ❷ (COM: *Konto*) balance ❸ (FIN: *Schulden*) settle **II.** *vi* (SPORT) equalize

Ausgleichssport *m* keep-fit activity

aus|gleiten *sein irr vi* slip (*auf* on)

aus|graben *irr vt* ❶ (*Gegenstand, a. fig*) dig up ❷ (*Loch*) dig out

Ausgrabungen *fpl* excavations

aus|grenzen *vt* exclude; (*Person a.*) ostracize

Ausguck ['aʊsgʊk] <-(e)s, -e> *m* (MAR) lookout

Ausguss *m* (*in der Küche*) sink

aus|halten **I.** *irr vt* (*ertragen*) bear, stand; **es ist nicht zum Aushalten!** it's unbearable!; **er hält viel aus** he can take a lot **II.** *vi*

hold out
aus|händigen ['aʊshɛndɪgən] *vt* hand over; (*ausliefern*) deliver
Aushang <-(e)s, Aushänge> *m* (*Bekanntmachung*) notice
aus|hängen **I.** *vt* ❶ (*aushaken*) unhook ❷ (*eine Tür*) unhinge ❸ (*bekannt machen*) put up **II.** *irr vi* have been put up
Aushängeschild *nt* sign
aus|harren *vi* wait
aus|heben *irr vt* ❶ (*Graben*) dig ❷ (*Bande*) make a raid on
Aushebung <-, -en> *f* (*CH: Einberufung*) conscription
aus|hecken *vt* (*Pläne*) cook up
aus|heilen *sein vi* be cured; (*Wunde*) heal
aus|helfen *irr vi:* **jdm ~** help s.o. out
Aushilfe *f* (*Person*) temporary worker; (*im Büro*) temp; **jdn zur ~ haben** have s.o. to help out; **als ~ arbeiten** (*im Büro*) temp
aushilfsweise *adv* temporarily
aus|höhlen *vt* hollow out; (*fig*) undermine
aus|holen *vi* ❶ (*zum Schlag*) raise one's hand; (*zum Wurf*) reach back ❷ (*fig*) go far afield
aus|horchen *vt:* **jdn ~** sound s.o. out
aus|kennen *irr vr* (*an einem Ort*) know one's way around; (*fig*) know a lot (*in* about)
Ausklang *m* end
aus|klappen *vt* open out
aus|kleiden **I.** *vt* ❶ (*entkleiden*) undress ❷ (*mit Bezugsstoff beziehen*) line **II.** *vr* get undressed
aus|klingen *sein irr vi* finish
aus|klopfen *vt* (*Kleidung*) beat the dust out of; (*Teppich*) beat
aus|knipsen *vt* (*Licht*) switch out
aus|kochen *vt* boil
Auskommen *nt* livelihood; **sein ~ haben** get by
aus|kommen *sein irr vi* manage (*mit* on); **ohne etw ~** do without s.th.; **mit jdm gut ~** get along well with s.o.
aus|kosten *vt* (*fig*) make the most of
aus|kramen *vt* turn out; (*fig*) bring up
aus|kratzen *vt* scrape out
aus|kundschaften *vt* find out, spy out; (MIL) reconnoitre
Auskunft ['aʊskʊnft, *pl:* 'aʊskʏnftə] <-, Auskünfte> *f* information; (*Telefon~*) directory inquiries *pl;* (*~sschalter*) information desk
Auskunftei *f* credit inquiry agency
aus|lachen *vt* laugh at; **lass dich nicht ~!** don't make a fool of yourself!
aus|laden **I.** *irr vt* ❶ unload ❷ (*Gast*) uninvite **II.** *vi* (ARCH) jut out
Auslage *f* ❶ (*Kosten*) expense; (*ausgelegtes Geld*) outlay ❷ (*Waren*) display ❸ (*Schaufenster*) shop window
aus|lagern *vt* (INFORM: *Daten*) export
Ausland <-(e)s> *nt* foreign countries *pl;* **ins ~, im ~** abroad; **aus dem ~** from abroad
Ausländer(in) *m(f)* foreigner; (*bes. juristisch*) alien; **Ausländerbeauftragte(r)** *mf* officer with special responsibility for foreigners; **ausländerfeindlich** *adj* hostile to foreigners, xenophobic; **Ausländerfeindlichkeit** *f* hostility to foreigners, xenophobia
ausländisch *adj* foreign; (*Pflanzen, Tiere*) exotic
Auslandsaufenthalt *m* stay abroad; **Auslandsgespräch** *nt* (TELE) international call; **Auslandskorrespondent(in)** *m(f)* foreign correspondent; **Auslandsreise** *f* trip abroad
aus|lassen *irr vt* ❶ (*Fett*) melt ❷ (*weglassen*) leave out ❸ (RADIO: *a. Kleidung*) leave off; **sich über etw ~** go on about s.th.; **sich an jdm ~** vent on s.o.
auslasten *vt* ❶ (*Maschine*) use to capacity ❷ (*Person*) occupy fully; **Auslastung** *f* (*von Maschine*) full utilization
Auslauf <-(e)s> *m* ❶ (*Gelände*) run ❷ (*Ausfluss*) outlet
Auslaufen *nt* ❶ (*von Schiffen*) sailing ❷ (*von Programm oder Serie*) phasedown
aus|laufen *sein irr vi* ❶ (*Flüssigkeit*) run out; (*lecken*) leak ❷ (MAR) sail ❸ (*Serie*) be discontinued ❹ (*Vertrag*) run out
Ausläufer *m* ❶ (*von Pflanzen*) runner ❷ (*Berg~*) foothill
Auslaut *m* (LING) final position
aus|lauten *vi* (LING) end (*auf* in)
aus|leben *vr* live it up
aus|lecken *vt* lick out
aus|leeren *vt* empty
aus|legen *vt* ❶ (*Waren*) display, lay out ❷ (*auskleiden*) line ❸ (*erklären*) explain ❹ (*Geld*) lend ❺ (*technisch ausstatten*) design (*für* for); **mit Teppich ~** carpet; **etw falsch ~** misinterpret s.th.
Ausleger *m* ❶ (TECH: *von Kran*) boom ❷ (MAR: *von Boot*) outrigger
Auslegeware *f* carpets and rugs *pl*
Auslegung *f* interpretation
aus|leihen *irr vt* (*verleihen*) lend; **etw von jdm ~** borrow s.th. from s.o.
aus|lernen *vt:* **man lernt nie aus** you live and learn
Auslese ['aʊsle:zə] <-, -n> *f* selection;
aus|lesen *irr vt* ❶ (*auswählen*) select ❷ (*fam: ein Buch*) finish reading

aus|liefern *vt* ❶ (*übergeben*) hand over ❷ (*Waren ~*) deliver ❸ (POL: *jdn ~*) extradite; **jdm ausgeliefert sein** be at someone's mercy
Auslieferung *f* ❶ (COM) delivery ❷ (POL) extradition; **Auslieferungslager** *nt* distribution depot
aus|liegen *irr vi* be displayed; (*Zeitungen*) be available
aus|loben *vt* (JUR) offer as a reward for
aus|löschen *vt* ❶ (*meist fig*) extinguish; (*Licht*) put out ❷ (*Schrift*) erase
aus|losen *vt* draw lots for; (*Preis*) draw
aus|lösen *vt* ❶ (*a.* TECH) trigger; (*Kameraverschluss*) release ❷ (*fig*) arouse ❸ (*Gefangene*) release; **eine Wirkung** ~ produce an effect
Auslöser *m* (TECH) trigger; (PHOT) shutter release
Auslosung *f* draw
aus|machen *vt* ❶ (*Feuer*) put out ❷ (ELEK RADIO) turn off ❸ (*vereinbaren*) agree ❹ (*betragen*) come to ❺ (*ermitteln*) make out; **einen Termin** ~ agree on a time; **ein Treffen** ~ arrange a meeting; **das macht nichts aus** that doesn't matter; **macht es Ihnen etw aus, wenn ...?** do you mind if ...?
aus|malen *vr:* **sich etw** ~ imagine s.th.
Ausmaß *nt* size; (*fig*) extent; **in größerem** ~ on a bigger scale
aus|merzen ['aʊsmɛrtsən] *vt* eradicate; (*fig*) weed out
aus|messen *irr vt* measure out
aus|misten *vt* ❶ (*Stall*) muck out ❷ (*säubern*) tidy out
Ausnahme *f* exception; **mit** ~ **von** with the exception of; **ohne** ~ without exception; ~**n bestätigen die Regel** the exception proves the rule; **Ausnahmefall** *m* exceptional case; **Ausnahmezustand** *m* state of emergency; **den** ~ **verhängen** declare a state of emergency
ausnahmslos **I.** *adv* without exception **II.** *adj* unanimous
ausnahmsweise *adv* as an exception, once
aus|nehmen *irr vt* ❶ (*ausweiden*) draw ❷ (*ausschließen*) make an exception of ❸ (*Bande*) raid ❹ (*fam*) fleece
ausnehmend *adv* exceptionally
aus|nutzen *vt* make use of; **jdn** ~ take advantage of s.o.
aus|packen **I.** *vt* (*aus Verpackung*) unwrap; **seinen Koffer** ~ unpack one's suitcase **II.** *vi* (*sl: Neuigkeiten*) talk
aus|peitschen *vt* whip
aus|pfeifen *irr vt* (THEAT) hiss off the stage
aus|plaudern *vt* let out
aus|plündern *vt* pillage, plunder; **jdn** ~ (*fam*) clean s.o. out
aus|posaunen <ohne ge-> *vt* (*fam*) broadcast
aus|pressen *vt* (*Früchte*) squeeze out; **jdn** ~ bleed s.o. white
aus|probieren *vt* try out
Auspuff ['aʊspʊf] <-(e)s, -e> *m* exhaust; **Auspuffgase** *ntpl* exhaust fumes; **Auspuffrohr** *nt* exhaust pipe; **Auspufftopf** *m* silencer *Br,* muffler *Am*
aus|pumpen *vt* pump out; (*erschöpfen*) drain
aus|quartieren ['aʊskvarti:rən] *vt* move out
aus|quetschen *vt* squeeze out; **jdn** ~ (*sl: ausfragen*) grill s.o.
aus|radieren *vt* erase; (*dem Erdboden gleichmachen*) wipe out
aus|rangieren *vt* throw out; (*Auto*) scrap
aus|rauben *vt* rob
aus|räuchern *vt* fumigate; (*fig*) smoke out
aus|räumen *vt* ❶ (*Schrank*) clear out ❷ (*Möbel*) move out ❸ (*Bedenken*) put aside
aus|rechnen *vt* work out; (*berechnen*) calculate
Ausrede *f* excuse
aus|reden *vi* finish speaking; **jdn** ~ **lassen** let s.o. speak out
aus|reichen *vi* be sufficient; **ausreichend** **I.** *adj* sufficient; (SCHULE) satisfactory **II.** *adv* sufficiently
aus|reifen *sein vi* ripen
Ausreise *f:* **bei der** ~ on departure
Ausreiseantrag *m* application for an exit visa; **Ausreisegenehmigung** *f* exit permit
ausreisen *sein vi* leave the country
Ausreisevisum *nt* exit visa
aus|reißen **I.** *irr vt haben* pull out; (*Haare*) tear out **II.** *vi sein* ❶ (*einreißen*) tear ❷ (*fam: weglaufen*) run away
Ausreißer(in) *m(f)* runaway
aus|reiten *sein irr vi* go for a ride (on horseback)
aus|renken ['aʊsrɛŋkən] *vt* dislocate
aus|richten *vt* ❶ (*erreichen*) achieve ❷ (*Nachricht ~*) tell ❸ (TECH) align; **jdm etw** ~ give s.o. a message
Ausrichtung *f* ❶ (TECH) alignment ❷ (POL) orientation (*auf* towards)
Ausritt *m* ride (on horseback)
aus|rollen **I.** *vt haben* (*Teig, Teppich*) roll out **II.** *vi sein* (AVIAT) taxi to a standstill; (AUTO) coast to a stop
aus|rotten ['aʊsrɔtən] *vt* wipe out, exterminate; (*fig*) stamp out
aus|rücken **I.** *vi sein* ❶ turn out; (*Feuer-*

wehr, Polizei) be called out; (MIL) move off ❷ (*fam: ausreißen*) make off; (*heimlich*) run away **II.** *vt haben* (TYP) move out
Ausruf *m* cry, exclamation
aus|rufen *irr vt, vi* exclaim; (*verkünden*) call out; **jdn ~ lassen** put out a call for s.o., have s.o. paged
Ausrufezeichen *nt* exclamation mark
aus|ruhen *vi* rest; **sich ein wenig ~** have a rest
aus|rüsten *vt* equip
Ausrüstung *f* equipment
aus|rutschen *sein vi* slip
Ausrutscher *m* (*fam*) gaffe, slip
Aussaat *f* ❶ (*das Säen*) sowing ❷ (*die Saat*) seed
Aussage ['aʊsza:gə] <-, -n> *f* statement; (*Zeugen~*) evidence; **nach ~ von** according to; **es steht ~ gegen ~** it's one person's word against another's
Aussagekraft *f* expressiveness
aus|sagen *vt* say; (JUR) state; **gegen jdn ~** testify against s.o.
aus|schachten ['aʊsʃaxtən] *vt* dig, excavate
aus|schalten *vt* ❶ (ELEK) turn off ❷ (*eliminieren*) eliminate
Ausschank ['aʊsʃaŋk] <-(e)s> *m* ❶ (*Lokal*) bar ❷ (*Tätigkeit*) serving of drinks
Ausschau <-> *f*: **~ halten nach** be on the lookout for
aus|schauen *vi* ❶ (*aussehen*) look like ❷ **nach jdm ~** look out for s.o.
aus|scheiden **I.** *irr vi sein* ❶ (*weggehen*) leave (*aus etw* s.th.); (*aus einem Amt*) retire (*aus* from); (SPORT) be disqualified, drop out ❷ (*nicht in Betracht kommen*) be ruled out **II.** *vt haben* ❶ (*fallen lassen*) drop ❷ (MED) excrete
Ausscheidung *f* ❶ (SPORT) elimination ❷ (MED): **~en** secretions; **Ausscheidungskampf** *m* (SPORT) qualifying contest
aus|schenken *vt* serve
aus|schicken *vt* send out
aus|schildern *vt* signpost
aus|schimpfen *vt* tell off, scold
aus|schlachten *vt* ❶ (*Fahrzeug*) cannibalize ❷ (*fig*) exploit
aus|schlafen **I.** *irr vt* (*Rausch*) sleep off **II.** *vi* have a good sleep
Ausschlag <-(e)s> *m* ❶ (MED: *Haut~*) rash ❷ (*eines Zeigers*) swing; **den ~ geben** be the decisive factor
aus|schlagen **I.** *irr vt* ❶ (*herausschlagen*) knock out ❷ (*mit Bezugsstoff*) line ❸ (*ablehnen*) turn down **II.** *vi* ❶ (*Bäume*) come out ❷ (*Tiere*) kick ❸ (*Zeiger*) swing
ausschlaggebend *adj* decisive; **von ~er Bedeutung sein** be of prime importance
aus|schließen *irr vt* ❶ (*Tür verschließen*) lock out ❷ (SPORT) disqualify ❸ (*fig*) exclude; (*aus Gemeinschaft*) expel
ausschließlich **I.** *adj* exclusive **II.** *adv* exclusively
aus|schlüpfen *sein vi* (*Küken*) hatch
Ausschluss *m* exclusion; (SPORT) disqualification; **unter ~ der Öffentlichkeit stattfinden** be closed to the public
aus|schmücken *vt* ❶ decorate ❷ (*Erzählung*) embroider
aus|schneiden *irr vt* cut out; (*Bäume*) prune
Ausschnitt *m* ❶ (*Teil*) part, section; (*Detail*) detail ❷ (*bei Kleid*) neckline; **einen tiefen ~ haben** have a low neckline; **ein ~ aus einem Buch** an extract from a book
aus|schöpfen *vt* ladle out; (*Wasser aus einem Boot*) bale out; (*Thema*) exhaust
aus|schreiben *irr vt* ❶ (*veröffentlichen*) advertise; (*Bauvorhaben*) invite tenders for ❷ (*Rechnung*) make out ❸ (*in Worten*) write out
Ausschreibung *f* (*einer offenen Stelle*) advertising; (*eines Bauvorhabens*) invitation of tenders
Ausschreitung *f* riot
Ausschuss *m* ❶ (*Komitee*) committee ❷ (COM) rejects *pl* ❸ (*Geschossaustrittsöffnung*) exit wound; **Ausschuss der Regionen** *m* (EU) Regional Committee; **Ausschusssitzung** *f* committee meeting
aus|schütteln *vt* shake out
aus|schütten *vt* ❶ tip out; (*Flüssigkeit aus Behältnis*) empty ❷ (COM: *Dividenden*) distribute; **jdm sein Herz ~** pour out one's heart to s.o.
Ausschüttung *f* (COM) distribution
ausschweifend *adj* (*Leben*) dissipated
Ausschweifung *f* dissipation
aus|schwenken *vi* (*Kran*) swing out
Aussehen <-s> *nt* appearance
aus|sehen *irr vi* look; **du siehst gut aus** you look good; **~ wie jd** look like s.o.; **wie sieht's aus?** (*fam*) how's things?; **so siehst du aus!** (*fam*) that's what you think!; **es sieht nicht gut aus** things don't look too good
außen ['aʊsən] *adv* on the outside; **~ vor sein** be out of it
Außenanstrich *m* outside coating
Außenbezirk *m* fringe area, outskirts
aus|senden *irr vt* send out
Außendienst *m* external duty; **im ~ tätig sein** work as a sales representative; **Außendienstmitarbeiter(in)** *m(f)* sales representative

Außenhandel *m* foreign trade; **Außenhandelsbilanz** *f* foreign trade balance

Außenminister(in) *m(f)* foreign minister; (*in GB*) Foreign Secretary *Br;* (*in den USA*) Secretary of State *Am;* **Außenministerium** *nt* foreign ministry, Foreign Office *Br,* State Department *Am;* **Außenpolitik** *f* foreign policy; **außenpolitisch** *adj* foreign policy; **Außenseite** *f* outside; **Außenseiter(in)** *m(f)* outsider; **Außenspiegel** *m* (AUTO) outside mirror; **Außenstände** *mpl* (FIN) outstanding debts; **Außenstürmer** *m* (SPORT) wing; **Außentemperatur** *f* outside temperature; **Außenverteidiger** *m* (SPORT) outside defender

außer ['aʊsɐ] *präp* ① (*räumlich*) out of ② (*ausgenommen*) except; (*abgesehen von*) apart from; ~ **sich sein vor ...** be beside o.s. with ...; ~ **Haus sein** be out; ~ **wenn ...** except when ...

außerdem [aʊsɐ'de:m] *adv* besides

Äußere ['ɔɪsərə] <-n> *nt* exterior; (*von Personen*) outward appearance

äußere *adj* outer; (*fig*) outward; **der ~ Durchmesser** the external diameter

außerehelich *adj* extramarital; (*Kind*) illegitimate

außergewöhnlich **I.** *adj* unusual **II.** *adv* (*sehr*) extremely

außerhalb **I.** *präp* outside; ~ **der Geschäftszeiten** out of office hours; ~ **der Legalität** outside the law **II.** *adv* outside; ~ **wohnen** live out of town

äußerlich ['ɔɪsɐlɪç] *adj* ① (*Sache*) external ② (*oberflächlich*) superficial; **rein ~ betrachtet** on the face of it

Äußerlichkeit *f* (*Formalität*) formality; (*Oberflächlichkeit*) superficiality

äußern ['ɔɪsɐn] **I.** *vt* say; **seine Wünsche ~** express one's wishes **II.** *vr* speak; **ich will mich dazu nicht ~** I don't want to say anything about that

außerordentlich **I.** *adj* extraordinary; **Außerordentliches leisten** achieve some remarkable things **II.** *adv* exceptionally, extraordinarily

außerparlamentarisch *adj* extraparliamentary

außerplanmäßig *adj* unscheduled; (*zusätzlich*) additional

außerschulisch *adj* extracurricular

äußerst ['ɔɪsɐst] *adv* exceedingly, extremely

außerstande [aʊsɐ'ʃtandə] *adj:* ~ **sein etw zu tun** be incapable of doing s.th.

äußerste *adj* ① (*räumlich*) furthest; (*Schicht*) outermost ② (*zeitlich*) latest possible ③ (*fig*) extreme, utmost; **im ~n Falle** if the worst comes to the worst; **mit ~r Kraft** with all one's strength; **Äußerste** *nt:* **bis zum ~n gehen** go to extremes *pl*

äußerstenfalls *adv* at most

außertariflich *adj:* ~ **bezahlt werden** be paid non-union rates

Äußerung *f* comment, remark; (*Ausdruck*) expression

aus|setzen **I.** *vt* ① (*Kind, Tier*) abandon ② (*eine Belohnung*) offer ③ (JUR) suspend ④ (*unterbrechen*) interrupt; **ein Boot ~** lower a boat; **eine Strafe zur Bewährung ~** give a suspended sentence; **an jdm etw auszusetzen haben** find fault with s.o.; **was hast du daran auszusetzen?** what don't you like about it?; **daran gibt es nichts ~** there's nothing wrong with it **II.** *vi* (*aufhören*) stop; (AUTO: *Motor*) fail; **ohne auszusetzen** without a break

Aussetzer <-s, -> *m abrupt failure of a machine or one of its functions during operation;* (AUTO) misfiring; **einen ~ haben** (*fig*) not being able to remember anything

Aussetzung *f* ① (*von Kind, Tier*) abandonment ② (*Unterbrechung*) interruption; **durch ~ einer Belohnung** by the offer of a reward

Aussicht *f* ① (*Blick*) view (*auf* of) ② (*fig*) prospect (*auf* of); **die ~, dass etw geschieht** the chances of s.th. happening; **jdm die ~ nehmen** block someone's view; **jdm etw in ~ stellen** promise s.o. s.th.; **etw in ~ haben** have good prospects of s.th.; **Aussichten** *pl* (*fig*) prospects; **keine ~ haben** have no chance; **das sind ja (feine) ~!** (*ironisch*) what a prospect!

aussichtslos *adj* (*zwecklos*) pointless; (*hoffnungslos*) hopeless; **Aussichtslosigkeit** *f* (*Zwecklosigkeit*) pointlessness; (*Hoffnungslosigkeit*) hopelessness; **aussichtsreich** *adj* promising; **Aussichtsturm** *m* lookout [*o* observation] tower

aus|sieben *vt* (*a. fig*) sift out

aus|siedeln *vt* evacuate

Aussiedlung *f* evacuation

aus|sitzen *irr vt* (*Problem*) sit out

aus|söhnen ['aʊszø:nən] **I.** *vt:* **jdn mit jdm (etw) ~** reconcile s.o. with s.o. (to s.th.) **II.** *vr:* **sich mit jdm ~** become reconciled with s.o.

Aussöhnung *f* reconciliation (*mit jdm* with s.o., *mit etw* to s.th.)

aus|sondern *vt* pick out

aus|sortieren *vt* sort out

aus|spannen **I.** *vi* (*sich erholen*) have a break, relax **II.** *vt* ① (*Wäscheleine*) put up;

(*Tuch*) spread out ② (*Tiere aus Wagengeschirr*) unhitch; **jdm die Freundin ~** (*fam*) pinch someone's girlfriend

aus|sparen *vt* ① (*freilassen*) leave blank ② (*vorläufig auslassen*) omit

Aussparung *f* (*Lücke*) gap

aus|sperren *vt* lock out

Aussperrung *f* lockout

aus|spielen *vt* ① (*Karten*) play ② (*fig*) display; **jdn gegen jdn ~** play s.o. off against s.o.

aus|spionieren *vt* spy out

Aussprache *f* ① (LING) pronunciation ② (*Gespräch*) discussion; **mit jdm eine ~ haben** talk the matter fully out with s.o.

aus|sprechen **I.** *irr vt* ① (*a.* JUR) pronounce ② (*einen Satz*) finish ③ (*äußern*) express; **eine Warnung ~** deliver a warning **II.** *vi* finish speaking **III.** *vr* talk things out; **sich für etw ~** declare o.s. in favour of s.th.; **sich mit jdm über etw ~** have a talk with s.o. about s.th.

Ausspruch *m* (*Bemerkung*) remark; (*Sprichwort*) saying

aus|spucken *vt* spit out; (*fam: Geld*) cough up

aus|spülen *vt* rinse out

aus|staffieren ['aʊsʃtafi:rən] *vt* (*etw ~*) fit out; (*jdn ~*) kit out

Ausstand *m:* **im ~ sein** be on strike; **in den ~ treten** go on strike

aus|stanzen *vt* (*Loch*) punch out

aus|statten ['aʊsʃtatən] *vt* equip

Ausstattung *f* equipment

aus|stechen *irr vt* ① (*Auge*) put out; (*Rasen*) dig up ② (*fig*): **jdn ~** outdo s.o.

aus|stehen **I.** *irr vt* bear, endure; **ich kann ihn nicht ~** I can't stand him **II.** *vi* be due, be outstanding; **die Antwort steht noch aus** the answer is still due; **Geld ~ haben** have money owing; **ausstehend** *adj* (*Forderungen*) outstanding

aus|steigen *sein irr vi* ① (*aus dem Auto*) get out (*aus* of); (*aus dem Bus, Zug*) get off (*aus* s.th.) ② (*aus der Gesellschaft*) drop out

Aussteiger(in) *m(f)* (*fam*) dropout

aus|stellen *vt* ① (*auf Ausstellung*) exhibit, show; (*in Schaufenster*) display ② (*Pässe, Zeugnisse*) issue; (*Rezept*) write; (*Rechnung, Quittung*) make out

Aussteller *m* ① (*auf Ausstellung*) exhibitor ② (COM: *eines Schecks*) drawer

Ausstellung *f* ① exhibition ② (*von Schriftstück*) making out; (*von Dokument*) issuing; **Ausstellungshalle** *f* exhibition hall

aus|sterben *sein irr vi* die out; (*Tiere*) become extinct

Aussteuer <-, -n> *f* dowry

Ausstieg ['aʊsʃti:k] <-(e)s, -e> *m* exit; (*aus Gesellschaft, aus Kernenergie*) withdrawal

aus|stopfen *vt* stuff

Ausstoß <-es, Ausstöße> *m* ① (TECH) ejection ② (COM) output ③ (*Ausschluss*) expulsion

aus|stoßen *irr vt* eject; (*ausschließen*) expel (*aus* from); (*Gase, Dampf*) emit, belch out

aus|strahlen *vt* radiate; (*Sendung*) broadcast

Ausstrahlung *f* ① radiation ② (*fig*) charisma ③ (RADIO TV) broadcasting

aus|strecken **I.** *vt* extend (*nach* towards) **II.** *vr* stretch o.s. out

aus|streichen *irr vt* ① (*Geschriebenes*) cross out ② (*Teig*) spread out

aus|streuen *vt* ① scatter, spread ② (*Gerüchte*) spread

aus|strömen **I.** *vt haben* give off; (*fig*) radiate **II.** *vi sein* pour out (*aus* of); (*Gase*) escape

aus|suchen *vt* choose; **darf ich mir was ~?** can I pick what I want?

Austausch <-(e)s> *m* exchange; (*von Ideen*) interchange

austauschbar *adj* interchangeable

aus|tauschen *vt* exchange (*gegen* for); (*ersetzen*) replace (*durch* with)

Austauschmaterial *nt* replacement (material)

aus|teilen *vt* distribute (*an* among); (*Spielkarten*) deal out; (*Essen*) serve

Austeilung *f* (*Verteilung*) distribution; (*von Verpflegung*) serving

Auster ['aʊstɐ] <-, -n> *f* oyster; **Austernbank** *f* oysterbed

Austernpilz *m* chinese mushroom

aus|toben *vr:* **sich ~** let off steam; (*Kinder*) romp about

aus|tragen **I.** *irr vt* ① (*Briefe, Waren*) deliver ② (*ein Kind*) carry to the full term ③ (SPORT: *Kampf*) hold **II.** *vr* (*aus einer Liste*) sign out

Austragung *f* (SPORT) holding; **Austragungsort** *m* (SPORT) venue

aus|treiben **I.** *irr vi* (*Pflanzen*) sprout **II.** *vt* (*Teufel*) exorcize; **das werde ich ihm noch ~!** I'll cure him of that!

aus|treten **I.** *irr vi sein* ① (*aus einer Kirche*) leave (*aus* s.th.) ② (*von Flüssigkeit*) come out (*aus* of); (*von Gas*) escape (*aus* from) ③ (*fam: zur Toilette gehen*) go to the loo **II.** *vt haben* (*Treppe*) tread out; (*Schuhe*) wear out

aus|tricksen *vt* (*fam*) outwit

Austritt *m* ① (*aus Kirche*) leaving (*aus* s.th.) ② (*von Flüssigkeit*) outflow; (*von Gas*) escape; **Austrittserklärung** *f* resignation

aus|trocknen **I.** *vi sein* dry out; (*Fluss*) dry up; (*Gaumen*) become parched **II.** *vt haben* (*Gefäß*) wipe dry

aus|üben *vt* ① (*Beruf*) practise; (*Amt*) perform ② (*Druck*) exert (*auf* on)

aus|ufern *sein vi* escalate, get out of hand

Ausverkauf *m* ① (COM) (clearance) sale; (*wegen Geschäftsaufgabe*) closing-down sale ② (*fig*) sell-out; **im ~** at the sales *pl*

aus|verkaufen *vt* clear, sell off; **ausverkauft** *adj* sold out; **vor ~em Hause spielen** (THEAT) play to a full house

aus|wachsen **I.** *irr vr* (*fig*): **sich zu etw ~** turn into s.th. **II.** *vi sein:* **aus den Kleidern ~** grow out of one's clothes; **das ist ja zum Auswachsen!** (*fam*) it's enough to drive you round the bend!

Auswahl <-> *f* ① selection (*an* of) ② (SPORT) representative team ③ (*Vielfalt*) variety; **eine reiche ~ an …** a wide range of …; **seine ~ treffen** make one's choice; **hier gibt es keine ~** there is no choice; **drei Bücher stehen zur ~** there are three books to choose from

aus|wählen *vt* choose, select (*unter* from among)

Auswahlverfahren *nt* selection procedure

aus|walzen *vt* ① (*Blech*) roll out ② (*Thema*) drag out

Auswanderer, -rin *m, f* emigrant

aus|wandern *sein vi* emigrate (*nach* to); (*Volk*) migrate

Auswanderung *f* emigration; (*von Volk*) migration

auswärtig ['aʊsvɛrtɪç] *adj* non-local; **die ~en Schüler** the pupils from out of town; **der ~e Dienst** the foreign service; **das Auswärtige Amt** the Foreign Office *Br,* the State Department *Am*

auswärts ['aʊsvɛrts] *adv* ① (*nach außen*) outwards ② (*außerhalb des Wohnsitzes*) away from home; **sie kommt von ~** she comes from out of town; **~ essen** dine [*o* eat] out

Auswärtsspiel *nt* (SPORT) away game

aus|waschen *irr vt* ① wash out (*aus* of); (*säubern*) rinse ② (GEOL) erode

Auswaschung *f* soil erosion, washout

auswechselbar *adj* exchangeable; (*untereinander*) interchangeable; (*ersetzbar*) replaceable

aus|wechseln *vt* change (*gegen* for); (*austauschen*) exchange (*gegen* for); (*ersetzen*) replace (*gegen* by); (SPORT) substitute (*gegen* for); **Auswechselspieler** *m* (SPORT) substitute

Auswechslung *f* exchange; (*Ersatz*) replacement

Ausweg *m* (*fig*) way out; **der letzte ~** the last resort; **ich weiß keinen ~ mehr** I don't know any way out (*aus* of)

ausweglos *adj* hopeless

aus|weichen *sein irr vi* make way for; **einer Sache ~** evade s.th.; (*Schlag, Geschoss*) dodge s.th.; **jdm ~** avoid s.o.; **ausweichend** *adv:* **~ antworten** make an evasive answer; **Ausweichgleis** *nt* (RAIL) siding; **Ausweichmanöver** *nt* evasive action; **Ausweichmöglichkeit** *f* (*fig*) alternative

aus|weinen *vr* have a good cry; **sich die Augen ~** cry one's eyes out

Ausweis ['aʊsvaɪs] <-es, -e> *m* (*Personal~*) identity card; **Ihren ~ bitte!** your papers please!

aus|weisen **I.** *irr vt* ① (*verweisen*) expel ② (*identifizieren*) identify **II.** *vr* identify o.s.

Ausweiskontrolle *f* identity check; **Ausweispapiere** *ntpl* identity papers

Ausweisung *f* expulsion

aus|weiten **I.** *vt* widen; (*Gummiband*) stretch **II.** *vr* ① (*Gummiband*) stretch ② (*fig*) expand (*zu* into)

auswendig ['aʊsvɛndɪç] *adj:* **~ lernen** learn by heart; **das kenne ich schon ~!** (*ironisch*) I know that inside out!

aus|werfen *irr vt* ① (*Leine*) cast ② (TECH) eject ③ (*Lava*) throw out

aus|werten *vt* utilize; (*analysieren*) analyse

Auswertung *f* ① (*von Lage*) utilization ② (*Messwerte*) analysis

aus|wickeln *vt* unwrap

aus|wirken *vr* have an effect (*auf* on); **sich günstig ~** have a favourable effect; **sich zu jds Vorteil ~** turn out to someone's advantage

Auswirkung *f* ① (*Wirkung*) effect ② (*Folge*) consequence

aus|wischen *vt* wipe out; **jdm eins ~** (*fam*) get one over on s.o.

aus|wringen ['aʊsvrɪŋən] *irr vt* wring out

Auswuchs *m* ① (*Produkt*) product ② (*Übersteigerung*) excess

auswuchten *vt* (AUTO: *Reifen, Rad*) balance

Auswurf *m* (MED) sputum

aus|zahlen *vt* (*Lohn*) pay out; **sich ~** pay; **er bekommt 3.000 Euro ausgezahlt** his net pay is 3,000 euro

aus|zählen *vt* ① (SPORT: *im Boxkampf*)

count out ❷ (PARL: *Stimmen*) count

Auszahlung *f* ❶ (*Summe*) payment ❷ (*von Gehalt*) paying off; (*durch Bank*) paying out ❸ (*von Partner*) buying out; **zur ~ kommen** be paid out

aus|zeichnen I. *vt* ❶ (COM: *Waren*) label ❷ (*ehren*) honour; **jdn mit einem Preis ~** award a prize to s.o. **II.** *vr* distinguish o.s.

Auszeichnung *f* ❶ (COM: *von Ware*) labelling ❷ (*Ehrung*) distinction ❸ (*Orden*) decoration; **eine Prüfung mit ~ bestehen** pass an examination with distinction

ausziehbar *adj* extensible; **~e Antenne** telescopic aerial

aus|ziehen I. *irr vt haben* ❶ (*Schublade*) pull out; (*verlängern*) extend ❷ (*Kleider*) take off ❸ (*extrahieren*) extract; **jdn ~** undress s.o.; **jdm die Jacke ~** take off someone's jacket **II.** *vr haben* undress; (*in Bar*) strip **III.** *vi sein* set out; (*aus einem Haus ~*) move (*aus* out of)

Ausziehtisch *m* extending table

Auszubildende(r) *f m* trainee

Auszug *m* ❶ (*Fortgehen*) departure; (*aus der Wohnung*) move ❷ (CHEM: *Extrakt*) extract ❸ (*eines Werkes*) excerpt; (*Inhalt*) summary ❹ (FIN: *Konto~*) statement

auszugsweise *adv* in extracts

autark [aʊ'tark] *adj* self-sufficient

authentisch [aʊ'tɛntɪʃ] *adj* authentic

Authentizität *f* authenticity

Autismus [aʊ'tɪsmʊs] <-> *m* (MED) autism; **autistisch** *adj* autistic

Auto ['aʊto] <-s, -s> *nt* car; **~ fahren** drive; **mit dem ~ fahren** go by car; **Autoabgase** *ntpl* motor vehicle exhaust fumes; **Autoapotheke** *f* first-aid kit; **Autoatlas** *m* road atlas; **Autobahn** *f* motorway

> **i Land & Leute**
>
> **Die Autobahn** is a multilane fast highway for vehicles travelling faster than 60 km/h. There are no crossroad intersections and motorists are usually separated from oncoming traffic by a central reservation (median strip in the USA). There is no countrywide speed limit on German motorways; in Austria the speed limit for cars is 130 km/h and in Switzerland 120 km/h.

Autobahnausfahrt *f* motorway exit; **Autobahnbenutzungsgebühr** *f* toll; **Autobahndreieck** *nt* motorway merging point; **Autobahneinfahrt** *f* motorway entrance; **Autobahngebühr** *f* motorway toll; **Autobahnkreuz** *nt* motorway intersection; **Autobahnpolizei** *f* motorway police; **Autobahnraststätte** *f* motorway service area; **Autobahnzubringer** *m* approach road

Autobiografie [aʊtobiogra'fi:] *f*, **Autobiographie** *f* autobiography; **~ einer/eines Schwerkranken** pathobiography

Autobombe *f* car bomb

Autobus ['aʊtobʊs] *m* bus

Autodidakt [autodi'dakt] <-en, -en> *m* self-educated person

Autodieb(in) *m(f)* car thief; **Autofähre** *f* (MAR) car ferry; **Autofahrer(in)** *m(f)* driver; **Autofahrt** *f* drive; **Autofriedhof** *m* breaker's yard; **Autogas** *nt* liquified petroleum gas

autogen [aʊto'ge:n] *adj* autogenous; **~es Training** relaxation through selfhypnosis

autogerecht *adj* car-oriented

Autogramm *nt* autograph; **Autogrammjäger(in)** *m(f)* autograph hunter

Autoimmunkrankheiten *fpl* autoimmune diseases

Autokarte *f* road map; **Autokino** *nt* (FILM) drive-in cinema

Automat [aʊto'ma:t] <-en, -en> *m* ❶ (COM) vending machine; (*Spiel~*) slot-machine ❷ (ELEK: *Sicherung*) cut-out; **Automatenverkauf** *m* automatic vending

Automatik *f* ❶ (AUTO) automatic transmission ❷ (*System*) automatic system; **Automatikgurt** *m* (AUTO) automatic safety belt, inertia-reel seat belt; **Automatikschaltung** *f* (AUTO) automatic gear change *Br*, automatic gear shift *Am*; **Automatikwagen** *m* automatic

Automation *f* automation

automatisch *adj* automatic

automatisieren <ohne ge-> *vt* automate; **Automatisierung** *f* automation

Automobil [aʊtomo'bi:l] <-s, -e> *nt* car; **Automobilausstellung** *f* motor-show; **Automobilbau** *m* car manufacture *Br*, automobile manufacture *Am*; **Automobilbranche** *f* automotive sector

autonom [aʊto'no:m] *adj* autonomous; **Autonome(r)** *f m* (POL) independent; **Autonomie** *f* autonomy

Autopsie [aʊtɔ'psi:] <-, -n> *f* (MED) post-mortem, autopsy

Autor ['aʊto:ɐ] *m* author

Autoradio *nt* car radio; **Autoreifen** *m* car tyre *Br*, car tire *Am*; **Autoreisezug** *m* motorail train

Autorenlesung [aʊ'to:rən,le:zʊŋ] *f* reading by the author

Autorennen *nt* car race

Autoreparaturwerkstatt *f* garage
Autorin [aʊ'to:rɪn] *f* authoress
autorisieren *vt* authorize
autoritär *adj* authoritarian
Autorität *f* authority
Autoschalter *m* (*in Bank*) drive-in counter; **Autoschlange** *f* stream of cars; **Autoschlosser** *m* panel beater; **Autoshop** *m* (*in Tankstelle*) accessory shop
Autosuggestion *f* (PSYCH) auto-suggestion
Autoverkehr *m* motor traffic; **Autovermietung** *f* car hire [*o* rental] firm; **Autowrack** *nt* derelict car; **Autozubehör** *nt* car accessories *pl*
auweh *interj* oh dear!
avisieren [avi'zi:rən] *vt* advise of
axial *adj* (TECH) axial
Axt [akst, *pl:* 'ɛkstə] <-, Äxte> *f* axe *Br,* ax *Am*
Ayatollah *m* ayatollah
Ayurveda [ajʊr've:da] <-> *m* (*alte indische Heilkunst*) Ayurveda
Azalee [atsa'le:ə] <-, -n> *f* (*Strauch mit großen Blüten*) azalea
Azetylen [atzety'le:n] <-s> *nt* acetylene
Azoren [a'tso:rən] *pl* (GEOG): **die ~** the Azores
Azubi [a'tsu:bi, 'a:tsubi] <-s, -s> *m Abk. von* **Auszubildende(r)** trainee
Azubine [atsu'bi:nə] <-, -n> *f* (*fam*) (female) trainee

B b

B, b [be:] <-, -> *nt* B, b
Baby ['be:bi/'beɪbɪ] <-s, -s> *nt* baby; **Babyausstattung** *f* layette; **Babyhöschen** *nt* baby pants *pl;* **Babynahrung** *f* baby food; **Babyschuhe** *mpl* bootees; **Babysitter** *m* baby-sitter; **Babytragetasche** *f* carrycot
Bach [bax, *pl:* 'bɛçə] <-(e)s, Bäche> *m* brook
Bache ['baxə] <-, -n> *f* (*weibliches Wildschwein*) wild sow
Bachstelze *f* (*Singvogel mit langem Schwanz*) wagtail
Backblech *nt* baking tray
Backbord ['bakbɔrt] <(-s)> *nt* (MAR) port
Backe ['bakə] <-, -n> *f* ① (*Wange*) cheek ② (TECH: *Einspann~*) jaw ③ (AUTO: *Brems~*) shoe
backen ['bakən] *irr vt* bake; (*in der Pfanne*) fry
Backenbart *m* sideburns *pl;* **Backenknochen** *m* cheek bone; **Backenzahn** *m* molar
Bäcker(in) ['bɛkɐ] *m(f)* baker; **Bäckerei** *f* bakery; **Bäckermeister(in)** *m(f)* master baker
Backfisch *m* fried fish; (*obs: junges Mädchen*) young thing; **Backform** *f* baking tin; **Backobst** *nt* dried fruit; **Backofen** *m* oven; **Backpflaume** *f* prune; **Backpulver** *nt* baking powder
Backstagebereich [bæk'steɪdʒ-] *m* backstage (area)
Backstube *f* bakery; **Backwaren** *pl* bread, cakes and pastries
Bad [ba:t, *pl:* 'bɛ:dɐ] <-(e)s, Bäder> *nt* ① (*in der Wanne*) bath ② (*Badezimmer*) bathroom ③ (*Badeort*) spa; **ein ~ einlaufen lassen** run a bath; **ein ~ nehmen** have a bath
Badeanstalt *f* (*obs*) swimming baths *pl;* **Badeanzug** *m* swimsuit; **Badehose** *f* trunks *pl;* **Badekappe** *f* bathing cap; **Bademantel** *m* beach robe; (*Morgenmantel*) bathrobe; **Bademeister(in)** *m(f)* swimming-pool attendant
baden ['ba:dən] **I.** *vi* have a bath; (*im Meer*) have a swim; ~ **gehen** go swimming; (*fig*) come a cropper **II.** *vt* bathe
Badelatschen *mpl* (*fam*) flip-flops; **Badeort** *m* ① (*Heilbad*) spa ② (*Seebad*) resort; **Badeschuhe** *mpl* bathing shoes; **Badestrand** *m* bathing beach; **Badetuch** *nt* bath towel; **Badewanne** *f* bath; **Badewasser** *nt* bath water; **Badezeug** *nt* swimming things *pl;* **Badezimmer** *nt* bathroom; **Badezusatz** *m* bath salts *pl*
baff [baf] *adj:* ~ **sein** (*fam*) be flabbergasted
BAföG ['ba:fœk] <-, -> *nt Abk. von* **Bundesausbildungsförderungsgesetz** grant; **er kriegt ~** (*fam*) he gets a grant
Bagatelle [baga'tɛlə] <-, -n> *f* trifle
bagatellisieren *vt* trivialize
Bagger ['bagɐ] <-s, -> *m* excavator
baggern *vi* excavate; (*fam: arbeiten*) slog; ~ **wie blöde** (*sl*) slog one's guts out
Bahamas *fpl* Bahamas
Bahn [ba:n] <-, -en> *f* ① (*Weg, Kurs*) path, track ② (ASTR) orbit ③ (*Tapeten~*) length ④ (RAIL) railway *Br,* railroad *Am;* **etw in die richtigen ~en lenken** channel s.th. properly; **jdn aus der ~ werfen** throw s.o. out of gear; ~ **frei!** make way!; **Bahnbeamte(r), -beamtin** *m, f* railway official *Br,* railroad official *Am*
bahnbrechend *adj* pioneering; **Bahnbrecher** *m* pioneer

BahnCard <-, -s> *f card entitling holder to purchase rail tickets at half price*

Bahndamm *m* railway embankment

bahnen ['ba:nən] *vt:* **sich einen Weg ~** force one's way; **einer Sache den Weg ~** pave the way for s.th.

Bahnfahrt *f* railway journey; **Bahnhof** *m* railway station *Br,* railroad station *Am;* **auf dem ~** at the station; **ich verstehe nur ~** (*fam*) it's as clear as mud; **Bahnhofsgaststätte** *f* station buffet; **Bahnhofshalle** *f* concourse; **Bahnhofsvorsteher(in)** *m(f)* stationmaster

bahnlagernd *adj* (COM) to be collected from the station; **Bahnpolizei** *f* transport police; **Bahnschranke** *f* level crossing barrier *Br,* grade crossing gate *Am;* **Bahnsteig** *m* platform; **Bahntransport** *m* ❶ (*Beförderungsart*) rail transport ❷ (COM: *Stückgutsendung*) consignment sent by rail; **Bahnübergang** *m* level crossing *Br,* grade crossing *Am;* **Bahnverbindung** *f* train connection; **Bahnwärter(in)** *m(f)* attendant *Br,* gatekeeper *Am*

Bahre ['ba:rə] <-, -n> *f* stretcher; (*Toten~*) bier

Bai [baɪ] <-, -en> *f* bay

Baisse ['bɛ:s(ə)] <-, -n> *f* (COM) slump

Baissier [bɛ'sje:] <-s, -s> *m* (COM) bear

Bajonett [bajo'nɛt] <-(e)s, -e> *nt* bayonet

Bake ['ba:kə] <-, -n> *f* ❶ (*Verkehrs~*) distant warning signal ❷ (MAR) marker buoy

Bakterie [bak'te:riə] *f* bacterium, bacteria *pl;* **bakteriell** *adj* bacterial

Bakteriologe, -gin [bakterio'lo:gə] *m, f* bacteriologist; **Bakteriologie** *f* bacteriology; **bakteriologisch** *adj* bacteriological

bakterizid [bakteri'tsi:t] *adj* bactericidical

Balance [ba'lã:s(ə)] <-, -n> *f* balance; **die ~ behalten** keep one's balance

balancieren *sein vi* balance; **über etw ~** balance one's way across s.th.

bald [balt] *adv* ❶ soon ❷ (*fast*) almost, nearly; **möglichst ~** as soon as possible; **kommst du ~?** will you be coming soon?; **wird's bald?!** get a move on!; **bis ~!** see you soon!; **~ ... ~ ...** sometimes ... sometimes ...

Baldachin ['baldaxi:n] <-(e)s, -e> *m* canopy

baldigst *adv* as soon as possible; (COM) at your earliest convenience

Baldrian ['baldria:n] <-s> *m* (*Pflanze*) valerian

Balearen [bale'a:rən] *pl:* **die ~** the Balearic Islands

Balg¹ [balk, *pl:* 'bɛlgə] <-(e)s, Bälge> *m* (*Blase~, a.* PHOT) bellows *pl*

Balg² [balk, *pl:* 'bɛlgɐ] <-(e)s, Bälger> *nt* (*pej: Kind*) brat

Balkan <-s> *m* Balkans *pl;* **Balkanländer** *ntpl* (GEOG) Balkan States

Balken ['balkən] <-s, -> *m* ❶ (*Holz~*) beam; (*Stütz~*) prop ❷ (*auf Uniform*) stripe; **lügen, dass sich die ~ biegen** (*fam*) lie in one's teeth; **Balkendecke** *f* ceiling with wooden beams; **Balkendiagramm** *nt* bar chart; **Balkenkode** *m* bar code; **Balkenkonstruktion** *f* timber-frame construction

Balkon [bal'kɔŋ/bal'ko:n] <-s, -s/-e> *m* ❶ (ARCH) balcony ❷ (THEAT) dress circle; **Balkontür** *f* French window

Ball¹ [bal, *pl:* 'bɛlə] <-(e)s, Bälle> *m* ball; **~ spielen** play ball; **am ~ bleiben** (SPORT) keep the ball; **am ~ sein** (SPORT) have the ball; **bei jdm am ~ bleiben** keep in with s.o.

Ball² *m* (*Tanz*) ball

Ballade [ba'la:də] <-, -n> *f* ballad

Ballast ['balast/ -'-] <-(e)s, (-e)> *m* ❶ (AVIAT MAR) ballast ❷ (*fig*) burden; **Ballaststoffe** *pl* roughage *sing*

Ballen ['balən] <-s, -> *m* ❶ (*Stoff~*) bale ❷ (ANAT) ball

ballen ['balən] **I.** *vt* (*die Faust*) clench **II.** *vr* ❶ (*Wolken*) build up ❷ (*Menschen*) crowd

Ballett [ba'lɛt] <-(e)s, -e> *nt* ballet; **Balletttänzer(in)** *m(f)* ballet dancer

ballistisch *adj* ballistic

Balljunge *m* (*Tennis*) ball boy

Ballkleid *nt* ball [*o* evening] dress

Ballon [ba'lɔŋ/ba'lo:n] <-s, -s/-e> *m* (*Luft~*) balloon

Ballspiel *nt* ball game

Ballung ['balʊŋ] *f* concentration

Ballungsgebiet *nt* conurbation

Balsam ['balza:m] <-s, -e> *m* ❶ (*Ölmischung*) balsam ❷ (*Linderung*) balm

balsamieren *vt* embalm

Balte ['baltə] <-n, -n> *m* Balt; **Baltikum** ['baltikʊm] *nt* the Baltic; **Baltin** ['baltɪn] *f* Balt; **baltisch** *adj* Baltic; **das ~e Meer** the Baltic

Bambus ['bambʊs] <-/-ses, -se> *m* bamboo; **Bambusrohr** *nt* bamboo (cane); **Bambussprossen** *fpl* bamboo shoots

Bammel ['baməl] <-s> *m* (*fam*): **~ vor etw haben** be scared of s.th.

banal [ba'na:l] *adj* trite

Banalität *f* banality

banalisieren *vt* (*geh*) trivialize

Banane [ba'na:nə] <-, -n> *f* banana; **Bananenrepublik** *f* (*pej*) banana republic; **Bananenstecker** *m* (ELEK) jack plug

Banause [ba'naʊzə] <-n, -n> *m* (*pej*) philistine

Band[1] [bant, *pl:* 'bɛndɐ] <-(e)s, Bänder> *nt* ① (*Stoffband*) ribbon; (*Maß~*) tape ② (RADIO: *Ton~*) tape ③ (*Fließ~*) conveyor belt; **etw auf ~ aufnehmen** tape s.th.; **etw auf ~ sprechen** record s.th. on tape; **am laufenden ~** (*fam*) continuously, in endless succession

Band[2] [bant, *pl:* 'bɛndə] <-(e)s, Bände> *m* (*Buch*) volume; **das spricht Bände** that speaks volumes

Bandage [ban'da:ʒə] <-, -n> *f* bandage; **bandagieren** *vt* bandage

Bandarchiv *nt* (INFORM) tape library; **Bandaufnahme** *f* (RADIO) tape-recording

Bandbreite *f* ① (RADIO) wave band, frequency range ② (*fig*) range

Bande[1] ['bandə] <-, -n> *f* (SPORT: *am Billardtisch*) cushion

Bande[2] *f* (*Verbrecher~*) gang

Banderole [bandə'ro:lə] <-, -n> *f* tax seal

Bänderriss *m* (MED) torn ligament

bändigen ['bɛndɪgən] *vt* ① tame ② (*unter Kontrolle halten*) control ③ (*Leidenschaft*) master

Bandit [ban'di:t] <-en, -en> *m* bandit

Bandlaufwerk *nt* (INFORM) tape streamer

Bandmaß *nt* tape measure

Bandsäge *f* band-saw

Bandscheibe *f* (ANAT) intervertebral disc; **Bandscheibenschaden** *m* damaged disc; **Bandscheibenvorfall** *m* slipped disc

Bandwurm *m* tape-worm

bang(e) [baŋ(ə)] *adj:* **sei nicht ~!** don't be afraid!; **jdn ~ machen** scare s.o.; **eine ~ Ahnung** a sense of foreboding

bangen ['baŋən] **I.** *vi:* **mir bangt davor** I am afraid of it **II.** *vr* be anxious (*um* about)

Bank[1] [baŋk, *pl:* 'bɛŋkə] <-, Bänke> *f* ① (*Sitz~*) bench ② (*Untiefe*) sandbank; **etw auf die lange ~ schieben** put s.th. off

Bank[2] [baŋk, *pl:* 'baŋkən] <-, -en> *f* (COM) bank; **ein Konto bei einer ~ eröffnen** open an account with a bank

bankabel [baŋ'ka:bəl] *adj* (*kreditwürdig*) bankable

Bankangestellte(r) *f m* bank employee; **Bankanweisung** *f* banker's order; **Bankautomat** *m* cash dispenser

Bankenkonsortium <-s, -konsortien> *nt* (COM) consortium of banks

Banker ['bɛŋkɐ] <-s, -> *m* (COM) banker

Bankett[1] [baŋ'kɛt] <-s, -s/-e> *nt* banquet

Bankett[2] *nt* (*Straßen~*) verge *Br,* shoulder *Am*

Bankgeheimnis *nt* (COM) banking secrecy; **Bankguthaben** *nt* bank balance

Bankier [baŋ'kje:] <-s, -s> *m* banker

Bankkauffrau *f (m)* bank clerk; **Bankkonto** *nt* bank account; **Bankkredit** *m* bank loan, bank credit; **Bankleitzahl** *f* bank sorting code; **Banknote** *f* banknote *Br,* bill *Am;* **Bankraub** *m* bank robbery; **Bankräuber(in)** *m(f)* bank robber

Bankrott [baŋ'krɔt] <-(e)s, -e> *m* bankruptcy; **~ machen** go bankrupt; **bankrott** *adj* bankrupt; (*Politik*) discredited

Banküberweisung *f* bank transfer; **Bankverbindung** *f* banking arrangements *pl;* (*Kontonummer*) banking details *pl;* **Bankwesen** *nt* (COM) banking (system)

Bann [ban] <-(e)s> *m* spell; **er ist ganz in ihrem ~** he is completely under her spell; **jdn in seinen ~ schlagen** captivate s.o.

bannen ['banən] *vt* (*böse Geister*) exorcize; **eine Gefahr ~** avert a danger

Banner[1] ['banɐ] <-s, -> *nt* banner

Banner[2] ['bɛnɐ] <-s, -> *nt* (*Werbetafel im Internet*) banner

Bannwald *m* (*österr*) forest for protection against avalanches

Bar [ba:ɐ] <-, -s> *f* bar

bar *adj* ① (FIN) cash ② (*bloß*) bare ③ (*völlig*) pure ④ (*ohne*) devoid of; **~ zahlen** pay cash (down); **~ auf die Hand** cash on the nail; **etw für ~e Münze nehmen** take s.th. at face value; **~er Unsinn** utter nonsense

Bär [bɛ:ɐ] <-en, -en> *m* bear; **der Große ~** (ASTR) the Great Bear; **jdm einen ~en aufbinden** have s.o. on

Baracke [ba'rakə] <-, -n> *f* shack

Barbar(in) [bar'ba:ɐ] <-s/-en, -en> *m(f)* barbarian; **Barbarei** [barba'raɪ] *f* barbarism; **barbarisch** *adj* barbarous

Barbiturat <-s, -e> *nt* (PHARM) barbiturate

Bardame *f* barmaid; (*Animierdame*) hostess

Bärendreck *m* (*CH: Lakritze*) liquorice

Barett [ba'rɛt] <-(e)s, -e/-s> *nt* ① (*Baskenmütze*) beret ② (*Richter~*) biretta

barfuß *adj* barefoot(ed)

Bargeld *nt* cash; **bargeldlos** *adj* non-cash; **~e Zahlungsweise** non-cash means of payment; **~er Zahlungsverkehr** transfer of money not involving cash

Bärin ['bɛ:rɪn] *f* she-bear

Barkasse [bar'kasə] <-, -n> *f* (MAR) launch

Barkauf *m* cash purchase

Barke ['barkə] <-, -n> *f* (MAR) skiff

Barkeeper *m* barkeeper

barmherzig [barm'hɛrtsɪç] *adj* compassionate; **der ~e Samariter** the good Samaritan; **Barmherzigkeit** *f* compassion

Barmixer *m* cocktail waiter

Barock [ba'rɔk] <-s> *nt* baroque; **barock** *adj* ① (ARCH) baroque ② (*Figur*) buxom

Barometer [baro'me:tɐ] *nt* barometer

Baron [ba'ro:n] <-s, -e> *m* baron

Baronin *f* baroness

Barren ['barən] <-s, -> *m* ① (*Edelmetall~*) ingot ② (SPORT: *zum Turnen*) parallel bars *pl*

Barriere [ba'rje:rə] <-, -n> *f* ① (*Hindernis*) barrier ② (*CH: Bahnschranke*) level crossing barrier

Barrikade [bari'ka:də] <-, -n> *f* barricade; **~n bauen** raise barricades; **auf die ~n gehen** protest

Barsch [barʃ] <-(e)s, -e> *m* (*Raubfisch*) perch

barsch *adj* brusque; **jdn ~ anfahren** snap at s.o.

Barscheck *m* open [*o* uncrossed] cheque

Barsortiment *nt* (COM) book wholesaler's

Bart[1] [ba:ɐt, *pl:* 'bɛrtə] <-(e)s, Bärte> *m* beard; **sich einen ~ wachsen lassen** grow a beard; **der ~ ist ab!** (*fam*) you've had it!; **der Witz hat einen Bart!** that's a real oldie!

Bart[2] *m* (*Schlüssel~*) bit

Bartflechte *f* ① (MED) barber's itch, sycosis ② (*Pflanze*) beard moss; **Bartschneider** *m* beard trimmer

Barzahlung *f* cash payment, payment in cash; **bei ~ 2% Skonto** 2% discount for cash

Basalt [ba'zalt] <-(e)s, -e> *m* basalt

Basaltemperatur *f* basal body temperature

Basar [ba'za:ɐ] <-s, -e> *m* bazaar

Base[1] ['ba:zə] <-, -n> *f* (*Cousine*) cousin

Base[2] ['ba:zə] <-, -n> *f* (CHEM) base

basieren [ba'zi:rən] **I.** *vt* (*~ auf*) base on **II.** *vi* (*~ auf*) rest upon

Basilikum [ba'zi:likʊm] <-s> *nt* (*Gewürzkraut*) basil

Basis ['ba:zɪs] <-, Basen> *f* (*a.* MIL) base; (*fig*) basis; **die ~** (POL) the grass roots *pl;* **auf breiter ~ ruhen** be firmly established; **Basisdemokratie** *f* grass-roots democracy; **Basisgruppe** *f* action group; **Basiswissen** *nt* basic knowledge

Baske, -kin ['baskə] <-n, -n> *m, f* Basque; **Baskenland** *nt* Basque region; **Baskenmütze** *f* beret

Bass [bas, *pl:* 'bɛsə] <-es, Bässe> *m* bass

Bassgitarre *f* bass guitar

Bassin [ba'sɛ̃:] <-s, -s> *nt* pool

Bassist [ba'sɪst] <-en, -en> *m* ① (*Sänger*) bass singer ② (*Orchester~*) bass player

Bast [bast] <-(e)s, -e> *m* ① (*Faserstoff*) raffia ② (*am Hirschgeweih*) velvet

basta ['basta] *interj:* **und damit ~!** and that's that!

Bastard ['bastart] <-(e)s, -e> *m* bastard

Bastei [bas'taɪ] *f* (HIST) bastion

basteln ['bastəln] *vi:* **ich bastle gern** I like to do handicrafts; **an etw ~** (*arbeiten*) work on s.th.; **an etw** (**herum**)**~** mess around with s.th.

Bataillon [batal'jo:n] <-s, -e> *nt* (MIL) battalion

Batist [ba'tɪst] <-(e)s -e> *m* cambric

Batterie [batə'ri:] *f* ① (ELEK) battery ② (MIL) battery ③ (*Anzahl*) row; **Batteriebetrieb** *m* battery operation; **batteriebetrieben** *adj* battery operated; **Batterieladegerät** *nt* battery charger

Bau [baʊ] <-(e)s, -ten> *m* ① (*das Bauen*) construction ② (*Bauart*) structure ③ (*Gebäude*) building ④ (*Baustelle*) building site ⑤ (*Kaninchen~*) burrow; **im ~** under construction; **auf dem ~ arbeiten** be a building worker *Br,* be a construction worker *Am;* **Bauamt** *nt* planning department and building control office; **Bauarbeiten** *pl* construction work *sing;* **Bauarbeiter** *m* construction worker; **Bauart** *f* ① (ARCH) style ② (TECH) construction, design; (*Type*) model, type; **Baubeginn** *m* start of building

Bauch [baʊx, *pl:* 'bɔɪçə] <-(e)s, Bäuche> *m* ① (ANAT) stomach ② (*fam*) tummy ③ (*Fett~*) paunch; **mir tut der ~ weh** I have (a) stomach ache; **mit etw auf den ~ fallen** come a cropper with s.th.; **sich den ~ vollschlagen** (*fam*) gorge [*o* stuff] o.s; **Bauchdecke** *f* (ANAT) abdominal wall; **Bauchfellentzündung** *f* peritonitis; **bauchfrei** *adj* showing one's bellybutton; **Bauchhöhlenschwangerschaft** *f* ectopic pregnancy

bauchig ['baʊxɪç] *adj* bulbous; **Bauchlandung** *f* (AVIAT) belly landing; **Bauchnabel** *m* navel; **Bauchredner(in)** *m(f)* ventriloquist; **Bauchschmerzen** *pl:* **ich habe ~** I have (a) stomach ache *sing;* **Bauchspeicheldrüse** *f* pancreas; **Bauchtanz** *m* belly dance; (*das Tanzen*) belly dancing

Bauelement *nt* ① (ARCH) building component ② (TECH) construction element

bauen ['baʊən] **I.** *vt* build, construct; **einen Unfall ~** (*fam*) cause an accident **II.** *vi* build; **hier wird viel gebaut** there's a lot of building going on here

Bauer <-n/(-s), -n> *m* ① farmer ② (*Schachfigur*) pawn ③ (*Kartenfigur*) knave

B

Bäuerchen *nt* (*Luftaufstoßen*) burp; **ein ~ machen** do a burp
Bäuerin ['bɔɪərɪn] *f* farmer's wife
bäuerlich *adj* rural
Bauernaufstand *m* peasants' revolt; **Bauernbub** *m* (*österr*) country boy; **Bauernhaus** *nt* farmhouse; **Bauernhof** *m* farm; **Bauernregel** *f* country saying; **bauernschlau** *adj* (*pej*) cunning, shrewd
baufällig *adj* dilapidated
Baufirma *f* building contractor; **Baugelände** *nt* building site; **Baugenehmigung** *f* planning and building permission; **Baugerüst** *nt* scaffolding; **Baugrube** *f* excavation; **Bauherr(in)** *m(f)* client; **Bauholz** *nt* timber *Br,* lumber *Am;* **Bauingenieur(in)** *m(f)* civil engineer; **Baujahr** *nt* year of construction; (*vom Auto*) model; **Baukasten** *m* building kit; **Baukonjunktur** *f* building boom; **Baukosten** *pl* building costs; **Bauland** *nt* building land; **Baulärm** *m* noise from a building site; **Bauleitung** *f* ❶ (*Büro*) site office ❷ (*Bauaufsicht*) site supervision
baulich *adj* structural; **in gutem ~en Zustand** structurally sound
Baum [baʊm, *pl:* 'bɔɪmə] <-(e)s, Bäume> *m* tree; **auf dem ~** in the tree; **auf einen ~ steigen** climb a tree
Baumarkt *m* (COM) DIY superstore; **Baumaßnahmen** *fpl* building measures; **Baumaterialien** *ntpl* building materials
Baumblüte *f* blossom
baumeln ['baʊməln] *vi* dangle (*an* from)
Baumgrenze *f* tree line; **baumlos** *adj* treeless; **Baumnuss** *f* (*CH: Walnuss*) walnut; **Baumrinde** *f* bark; **Baumschule** *f* nursery; **Baumstamm** *m* tree trunk; **Baumsterben** *nt* (*Umwelt*) dying (off) of trees; **Baumstumpf** *m* tree stump
Baumwolle *f* cotton; **baumwollen** *adj* cotton
Bauordnung *f* building by-law, building regulations *pl;* **Bauplan** *m* building plan; **Bauplanung** *f* project planning; **Bauplatz** *m* site; **Baupolizei** *f* building control department
Bausch [baʊʃ] <-(e)s, -e> *m* ball; **in ~ und Bogen** (*fam*) lock, stock and barrel
Bauschäden *mpl* structural damages
bauschen ['baʊʃən] **I.** *vi* become bunched **II.** *vr* billow out **III.** *vt:* **der Wind bauscht die Segel** the wind is filling the sails
Bauschlosser(in) *m(f)* locksmith
Bauschutt *m* rubble
bausparen *vi* save with a building society; **Bausparkasse** *f* building society *Br,* building and loan association *Am;* **Bausparvertrag** *m* building society savings agreement *Br,* savings contract with a building and loan association *Am;* **Bauspekulant** *m* (COM) building speculator
Baustein *m* stone; (*fig*) constituent; **elektronischer ~** chip; **Baustelle** *f* (*Haus~*) building site; (*Straßen~*) roadworks *Br,* construction work *Am;* **Baustoff** *m* building-material; **Bauteil** *nt* prefabricated part (of building)
Bauten *pl* buildings
Bautrupp *m* construction team; **Bauunternehmer(in)** *m(f)* building contractor; **Bauvorhaben** *nt* building scheme; **Bauweise** *f* type of construction; **Bauwerk** *nt* building; **Bauwesen** *nt* building and construction industry; **Bauwirtschaft** *f* construction industry
Bauxit [baʊ'ksiːt] <-s, -e> *m* bauxite
Bauzaun *m* (building site) fencing
Bayer(in) <-n, -n> *m(f)* Bavarian; **Bayern** ['baɪɐn] *nt* Bavaria; **bay(e)risch** *adj* Bavarian
Bazillus [ba'tsɪlʊs] <-, -llen> *m* bacillus, germ
beabsichtigen *vt* intend; **das war beabsichtigt!** that was intentional!
beachten *vt* ❶ (*aufmerksam ~*) pay attention to ❷ (*Vorschrift*) observe; **jds Ratschlag ~** follow someone's advice
beachtlich *adj* considerable
Beachtung *f:* **die ~ der Verkehrsregeln** observance of traffic regulations; **~ finden** receive attention; **jdm keine ~ schenken** take no notice of s.o.
Beamte(r), -tin [bə'amtə] *m, f* civil servant; **Beamtenanwärter(in)** *m(f)* civil service trainee; **Beamtendeutsch** *nt* officialese; **Beamtenlaufbahn** *f:* **die ~ einschlagen** join the civil service; **Beamtentum** *nt* civil service; **beamtet** *adj* permanently appointed as a civil servant
beängstigend *adj* alarming
beanspruchen *vt* ❶ (*Recht*) claim ❷ (*Aufmerksamkeit*) demand; (*erfordern*) take ❸ (TECH) use; **jds Hilfe ~** ask for someone's help; **etw ~ können** be entitled to s.th.
Beanspruchung *f* ❶ (*Inanspruchnahme*) demand (*von* on) ❷ (*Belastung*) use
beanstanden *vt* complain about
Beanstandung *f* complaint
beantragen *vt* ❶ (*Erlaubnis*) apply for (*bei* to) ❷ (*bei Diskussion*) propose
beantworten *vt* answer; **leicht zu ~** easily answered
bearbeiten *vt* ❶ work on ❷ (*Buch*) edit ❸ (*Land*) cultivate ❹ (INFORM) process;

Bestellungen ~ deal with orders; **etw mit dem Hammer** ~ hammer s.th.; **Bearbeiter(in)** *m(f) person dealing with s.th.;* **Bearbeitung** *f* ① (*Neu~*) revision ② (*von Vorgang*) handling; **Bearbeitungsgebühr** *f* processing fees *pl*

beargwöhnen *vt* regard with suspicion

Beat ['bi:t] <-s, -s> *m* beat

beatmen *vt:* **jdn künstlich** ~ give s.o. artificial respiration

Beatmusik ['bi:t] *f* beat (music); **Beatnik** [bi:tnɪk] <-s, -s> *m* beatnik

beaufsichtigen *vt* supervise

Beaufsichtigung *f* supervision

beauftragen *vt* ① (*mit Auftrag versehen*) engage ② (*anweisen*) instruct; **jdn mit etw** ~ employ s.o. to do s.th.

Beauftragte(r) *f m* representative

bebauen *vt* ① build on ② (*Land*) cultivate

Bebauungsdichte *f* density of development; **Bebauungsplan** *m* development scheme

Bébé <-s, -s> *nt* (*CH: Baby*) baby

Beben ['be:bən] <-s, -> *nt* earthquake; **beben** *vi* tremble

bebildern *vt* illustrate

Becher ['bɛçɐ] <-s, -> *m* cup; (*Glas~*) tumbler; (*Ton~*) mug

bechern ['bɛçɐn] *vi* (*fam*) have a few

Becken ['bɛkən] <-s, -> *nt* ① basin; (*Küchen~*) sink; (*Schwimm~*) pool ② (ANAT) pelvis ③ (MUS) cymbal

Becquerel [bɛkə'rɛl] <-, -> *nt* Becquerel

Bedacht *m:* **etw mit ~ tun** do s.th. deliberately

bedacht [bə'daxt] *adj* careful, cautious; **auf etw ~ sein** be concerned about s.th.; **wohl** ~ well considered

bedächtig [bə'dɛçtɪç] *adj* deliberate

Bedächtigkeit *f* deliberateness

bedanken *vr:* **ich möchte mich bei Ihnen für …** ~ I should like to thank you for …; **dafür können Sie sich bei … bedanken** (*iro*) you've got … to thank; **ich bedanke mich** thank you very much

Bedarf [bə'darf] <-(e)s> *m* ① (*Bedürfnis*) need (*an* for) ② (*Waren~*) requirements *pl;* **bei** ~ when required; **an etw ~ haben** be in need of s.th.; **je nach** ~ according to demand; **Bedarfsanalyse** *f* demand analysis; **Bedarfsartikel** *m* necessaries *pl;* **Bedarfsbestimmung** *f* determination of demand; **Bedarfsdeckung** *f* filling of demand, filling of needs; **Bedarfsgüter** *ntpl* basic commodities, consumer goods; **Bedarfshaltestelle** *f* request stop; **Bedarfsrechnung** *f* assessment of demand

bedauerlich [bə'daʊɐlɪç] *adj* regrettable, unfortunate; **wie ~!** how unfortunate!; **bedauerlicherweise** *adv* unfortunately, regrettably

Bedauern <-s> *nt* regret; **zu meinem größten** ~ much to my regret

bedauern [bə'daʊɐn] *vt* ① (*etw*) regret ② (*jdn*) be sorry for; **bedaure!** I'm sorry!; **er ist zu** ~ one must feel sorry for him; **bedauernswert** *adj* (*Mensch*) pitiful; (*Zustand*) deplorable

bedecken **I.** *vt* cover; **mit etw bedeckt sein** be covered in [*o* with] s.th. **II.** *vr* cover o.s.; **der Himmel bedeckt sich** the sky is becoming overcast. **bedeckt** *adj* (*Himmel*) clouded, overcast; **sich bedeckt halten** keep a low profile

Bedeckung *f* ① (MIL) escort ② (*Leibwache*) guard

Bedenken <-s, -> *nt* doubt; **mir kommen** ~ I'm having second thoughts; **ohne** ~ without thinking

bedenken *irr vt* ① consider ② **jdn** ~ remember s.o.; **wenn man es recht bedenkt** if you think about it properly; **man muss bedenken, dass …** one must take into consideration the fact that …; **bedenkenlos** *adj* (*ohne zu zögern*) unhesitating; ~ **zustimmen** agree without hesitation

bedenklich *adj* ① (*Lage*) alarming, serious ② (*zweifelhaft*) dubious ③ (*besorgt*) anxious; **sein Zustand ist** ~ his condition is giving cause for concern

Bedenkzeit *f:* **können Sie mir einen Tag ~ geben?** can you give me one day to think about it?

bedeuten *vt, vi* mean; **was soll das ~?** what does that mean?; **was soll denn das ~?** what's the meaning of that?; **das hat nichts zu** ~ it doesn't mean anything; **bedeutend** **I.** *adj* ① (*gewichtig*) important ② (*groß*) considerable **II.** *adv* (*erheblich*) considerably; **bedeutsam** *adj* ① (*bedeutungsvoll*) meaningful ② (*wichtig*) important

Bedeutung *f* ① meaning ② (*Wichtigkeit*) importance; **von ~ sein** be important; **von großer ~ sein** be of great importance; **nichts von** ~ nothing of any importance; **bedeutungslos** *adj* (*unwichtig*) insignificant; **Bedeutungslosigkeit** *f* insignificance

bedienen **I.** *vi, vt* ① attend to, serve ② (*beim Kartenspiel*) follow suit ③ (TECH: *Apparate, Maschinen*) operate; **hier wird man gut bedient** the service is good here; **na, ich bin bedient!** (*iro*) I've had all I

B

can take! **II.** *vr* help o.s. (*mit* to); **Bediener(in)** *m(f)* (INFORM) operator, user; **Bedienerführung** *f* (INFORM) context-sensitive help

Bedienerin *f* (*österr: Putzfrau*) cleaner

bedienstet *adj* (*österr: angestellt*): ~ **sein** be an employee; **Bedienstete(r)** *f m* (*im öffentlichen Dienst*) public employee; **seine ~n** his servants

Bedienung *f* ① (*im Laden*) service ② (*von Geräten*) operation; **~!** waiter (waitress)!; **Bedienungsanleitung** *f* operating instructions *pl;* **Bedienungskomfort** *m* user-friendliness

bedingen [bə'dɪŋən] *irr vt* ① (*voraussetzen*) demand ② (*bewirken*) cause

bedingt *adj:* **nur ~ richtig** only partially right; **~ tauglich** (MIL) fit for limited duties

Bedingung *f* condition; **unter der ~, dass ...** on condition that ...; **unter keiner ~** under no circumstances *pl;* **nur unter einer ~** only on one condition; **zu günstigen ~en** on favourable terms; **bedingungslos** *adj* unconditional

bedrängen *vt* ① (*belästigen*) plague ② (SPORT) pressurize

Bedrängnis *f:* **in ~ bringen** get into trouble; **in ~ geraten** get into difficulties *pl*

bedrohen *vt* threaten; **bedroht sein durch ...** coming under threat from ...; **bedrohlich** *adj* threatening; **sich ~ verschlechtern** deteriorate alarmingly; **Bedrohung** *f* threat

bedrücken *vt* (*fig*) depress

bedrückt *adj* depressed

Beduine [bedu'i:nə] <-n, -n> *m* Bedouin

bedürfen *irr vt:* **es bedarf einiger Mühe** some effort is required; **das bedarf keiner weiteren Erklärung** there's no need for any further explanation

Bedürfnis *nt* need; **ich hatte das dringende ~ ...** I felt an urgent need to ...

bedürftig *adj* needy

Beefsteak ['bi:fste:k] <-s, -s> *nt* steak

beeid(ig)en *vt* swear to

beeidigt *adj* (JUR): **~e Aussage** sworn evidence

beeilen *vr* hurry up; **beeil dich!** hurry up! get a move on!; **Beeilung** *f:* **~!** hurry up!

beeindrucken *vt* impress; **davon lasse ich mich nicht ~** I won't be impressed by that

beeinflussen *vt* influence; **kannst du sie nicht ~?** can't you persuade her?

beeinträchtigen *vt:* **den Wert von etw ~** reduce the value of s.th.

beelenden *vt* (*CH: traurig stimmen*) distress

beenden *vt* ① finish ② (INFORM: *erfolgreich*) exit, quit; (*nicht erfolgreich*) abort

Beendigung *f* (*Abschluss*) completion

beengen [bə'ɛŋən] *vt* cramp; (*fig*) inhibit; **~de Kleidung** tight clothing

beerben *vt:* **jdn ~** be heir to s.o.

beerdigen [bə'e:ɐdɪgən] *vt* bury

Beerdigung *f* ① (*Bestattung*) burial ② (*Feier*) funeral

Beere ['be:rə] <-, -n> *f* berry; **Beerenauslese** *f* (*Weinart*) *vintage wine of selected grapes*

Beet [be:t] <-(e)s, -e> *nt* bed

befähigen [bə'fɛ:ɪgən] *vt* enable; **befähigt** *adj* capable; **zu etw ~ sein** be capable of doing s.th.

Befähigung *f* ability, capability

befahrbar *adj:* **nicht ~ sein** be closed to traffic

befahren *irr vt* drive on; **diese Straße ist stark ~** this road is used a lot

befallen *irr vt* (*Krankheit*) strike; **von Schädlingen ~ sein** be infested with parasites

befangen *adj* ① (*scheu*) bashful ② (*voreingenommen*) prejudiced; **in einem Irrtum ~ sein** labour under a misapprehension

Befangenheit *f:* **jdn wegen ~ ablehnen** (JUR) object to s.o. on grounds of interest

befassen *vt:* **sich mit etw ~** deal with s.th.; **mit etw befasst sein** be dealing with s.th.

Befehl [bə'fe:l] <-(e)s, -e> *m* command, order; (INFORM) instruction, command; **den ~ haben über ...** have command of ...; **~ ist ~** orders are orders; **auf ~ handeln** act under orders

befehlen *irr vt* order; **du hast mir gar nichts zu ~!** I won't take orders from you!; **er befiehlt gern** he likes giving orders; **Befehlsfolge** *f* (INFORM) command sequence; **befehlsgemäß** *adj* as ordered; **Befehlsgewalt** *f:* **~ haben über ...** have command over ...; **Befehlshaber** *m* (MIL) commander

Befehlskode *m* (INFORM) command code; **Befehlssprache** *f* (INFORM) command language

Befehlsverweigerung *f* (MIL) insubordination

befestigen *vt* ① (*Gegenstand*) fasten (*an* to) ② (*Straße*) make up ③ (*fig*) consolidate

Befestigung *f* ① (*Vorrichtung*) fastening ② (MIL) fortification

befeuchten *vt* moisten

Befinden <-s> *nt:* **wie ist Ihr ~?** how are you feeling?

befinden *irr* **I.** *vr* (*sein*) be; **die Abbildung**

befindet sich auf der nächsten Seite the illustration can be found on the next page **II.** *vi* (*entscheiden*) decide (*über* about)

beflecken *vt* stain; (*fig*) sully

befliegen *irr vt* (AVIAT: *Strecke*) fly

beflissen [bəˈflɪsən] *adj* keen; ~ **sein etw zu tun** be concerned to do s.th.

Beflissenheit *f* zeal

beflügeln *vt* (*fig*) inspire; **Freude beflügelte seine Schritte** (*lit*) joy winged his steps

befolgen *vt* ❶ (*Beispiel, Rat, Regel*) follow ❷ (*Vorschrift*) comply with; **befolge meinen Rat!** take my advice!

befördern *vt* ❶ carry; (*Waren*) transport ❷ (*dienstlich*) promote

Beförderung *f* ❶ (*von Waren*) transport ❷ (*dienstlich*) promotion

befrachten *vt* ❶ (*Fahrzeug*) load ❷ (*fig*) burden

befragen *vt* ❶ (*ausfragen*) question ❷ (*um Rat, a. Bücher*) consult; **jdn um Rat** ~ ask someone's advice

Befragung *f* (*Verhör*) questioning; (*Erhebung*) survey

befreien *vt* free; (*freistellen*) exempt (*von* from); **jdn vom Militärdienst** ~ exempt s.o. from military service; **Befreier(in)** *m(f)* liberator; **Befreiung** *f* liberation; (*Erleichterung*) relief; **Befreiungsorganisation** *f* liberation organisation; **Befreiungsversuch** *m* escape attempt

befremden [bəˈfrɛmdən] *vt:* **das befremdet mich** I find it displeasing

Befremden <-s> *nt (f):* **zu meinem** ~ to my displeasure; **befremdend** *adj* displeasing

befreunden [bəˈfrɔɪndən] *vr* make friends (*mit* with); **befreundet** *adj:* **miteinander** ~ **sein** be friends; **gut** ~ **sein** be close friends

befrieden *vt* (*geh: Land*) bring peace to

befriedigen [bəˈfriːdɪgən] **I.** *vt* satisfy; **jds Ansprüche** ~ meet someone's demands **II.** *vr* (*sexuell*) masturbate; **befriedigend** *adj* ❶ satisfactory ❷ (*Schulzensur*) fair

Befriedigung *f* satisfaction

befristen *vt* restrict (*auf* to); **etw** ~ put a time limit on s.th.; **befristet** *adj* restricted; ~ **sein** be valid for a limited time; ~**er Arbeitsvertrag** fixed term contract

befruchten *vt* ❶ (BIOL) fertilize ❷ (*Blüten*) pollinate ❸ (*fig*) stimulate; **künstlich** ~ inseminate artificially

Befruchtung *f* insemination

Befugnis [bəˈfuːknɪs] *f* authorization

befugt *adj:* ~ **sein etw zu tun** be authorized to do s.th.

befühlen *vt* feel, finger

Befund <-(e)s, -e> *m* findings *pl;* (MED) diagnosis; **ohne** ~ (MED) (results) negative; **Ihr Magen ist ohne** ~ the results of the tests on your stomach are negative

befürchten *vt* fear; **es ist zu** ~**, dass ...** it is to be feared that ...; **das ist nicht zu** ~ there is no fear of that

Befürchtung *f:* **die schlimmsten** ~**en haben** fear the worst

befürworten [bəˈfyːɐvɔrtən] *vt* approve

Befürworter(in) *m(f)* supporter, advocate

begabt [bəˈgaːpt] *adj* talented; (*geistig, musisch*) gifted; **für etw** ~ **sein** be talented at s.th.

Begabung [bəˈgaːbʊŋ] *f* ❶ (*Fähigkeit*) talent ❷ (*begabte Person*) talented person; **mangelnde** ~ insufficient talent

begeben *irr vr* ❶ (*aufbrechen nach*) go (to), set out (for) ❷ (*sich ereignen*) come to pass; **sich zur Ruhe** ~ retire; **sich in Gefahr** ~ put o.s. in danger; **sich in ärztliche Behandlung** ~ undergo medical treatment

Begebenheit *f* event, occurrence

begegnen [bəˈgeːgnən] *sein vi* meet; **sich** ~ meet; **jdm ist etw begegnet** s.th. has happened to s.o.; **Schwierigkeiten** ~ face difficulties

Begegnung *f* meeting; (SPORT) encounter; **Begegnungsstätte** *f* venue for meetings

begehbar *adj* passable on foot

begehen *irr vt* ❶ (*Weg*) use ❷ (*tun, machen*) commit ❸ (*feiern*) celebrate; **eine Dummheit** ~ do s.th. stupid; **einen Fehler** ~ make a mistake

begehren [bəˈgeːrən] *vt* desire

Begehren *nt* desire (*nach* for); **auf mein** ~ at my request; **begehrenswert** *adj* desirable; **begehrt** *adj* in demand; (*Ort*) coveted, desirable; **ein** ~**er Junggeselle** an eligible bachelor

begeistern [bəˈgaɪstɐn] **I.** *vt* fill with enthusiasm; (*inspirieren*) inspire **II.** *vr:* **sich für etw** ~ be enthusiastic about s.th.; **begeistert** *adj* enthusiastic (*von* about)

Begeisterung *f* enthusiasm; **etw mit** ~ **tun** do s.th. with enthusiasm

Begier(de) <-, -den> *f* desire (*nach* for)

begierig *adj* eager; (*gierig*) greedy; **auf etw** ~ **sein** be eager for s.th.

begießen *irr vt:* **das müssen wir** ~**!** (*fam*) that calls for a drink!

Beginn [bəˈgɪn] <-(e)s> *m* beginning; **bei** ~ at the beginning; **gleich zu** ~ at the very beginning

beginnen *irr vi, vt* begin, start

beglaubigen [bə'glaʊbɪgən] *vt* ❶ (*Schriftstück*) witness; (*Kopie*) authenticate; (*durch Gutachten*) attest ❷ (POL) accredit (*bei* to); **etw ~ lassen** have s.th. witnessed

Beglaubigung *f* ❶ witnessing, authentication, attestation ❷ accrediting; **Beglaubigungsschreiben** *nt* credentials *pl*

begleichen *irr vt* (*bezahlen*) settle; **mit jdm eine Rechnung zu ~ haben** have a score to settle with s.o.

begleiten *vt* (*a. fig*) accompany; **meine besten Wünsche ~ Sie** my best wishes go with you; **begleitend** *adj* accompanying; **Begleiter(in)** *m(f)* companion; (MUS) accompanist

Begleiterscheinung *f* concomitant; **Begleitinstrument** *nt* (MUS) accompanying instrument; **Begleitmusik** *f* accompaniment; **Begleitschreiben** *nt* (COM) covering letter

Begleitung *f* ❶ company ❷ (*Begleiter*) companion ❸ (MUS) accompaniment; **in ~ von** accompanied by

beglücken *vt* make happy; **ein ~des Gefühl** a cheering feeling; **beglückt über etw sein** be delighted about s.th.

beglückwünschen *vt* congratulate (*zu* on)

begnadet [bə'gna:dət] *adj:* **ein ~er Künstler** a gifted artist

begnadigen *vt* (JUR) reprieve

Begnadigung *f* (JUR) reprieve; **Begnadigungsgesuch** *nt* plea for reprieve; **ein ~ einreichen** file a plea for reprieve

begnügen [bə'gny:gən] *vr:* **sich mit etw ~** be content with s.th.; **damit begnüge ich mich nicht** that doesn't satisfy me

begraben *irr vt* bury; (*fig*) abandon; **das ist längst ~** that was over long ago

Begräbnis [bə'grɛ:pnɪs] *nt* ❶ burial ❷ (*Feier*) funeral

begradigen [bə'gra:dɪgən] *vt* straighten

begreifen *irr vt* understand; **~, dass …** realize that …; **es ist kaum zu ~** it's almost incomprehensible; **begreiflich** *adj:* **jdm etw ~ machen** make s.th. clear to s.o.; **begreiflicherweise** *adv* understandably (enough)

begrenzen *vt* mark the boundary of …; (*fig*) restrict (*auf* to); **begrenzt haltbare Waren** non-durable goods; **Begrenzung** *f* demarcation; (*fig*) restriction

Begriff <-(e)s, -e> *m* ❶ (*Vorstellung*) idea ❷ (*Ausdruck*) term; **sein Name ist mir kein ~** his name doesn't mean anything to me; **sich einen ~ von etw machen** imagine s.th.; **du machst dir keinen ~ davon** you've no idea about it; **für meine ~e** in my opinion; **im ~ sein etw zu tun** be about to do s.th.; **schwer von ~ sein** (*pej*) be slow on the uptake

begriffsstutzig *adj* dense, slow

begründen *vt* ❶ (*Gründe geben für*) give reasons for … ❷ (*gründen*) establish, found; **können Sie Ihr Verhalten ~?** can you account for your behaviour?; **begründet** *adj* well-founded; (*berechtigt*) justified; **nicht ~ sein** be unfounded; **wohl ~** well-founded

Begründung *f* reason, grounds *pl;* **etw als ~ anführen** say s.th. in explanation

begrünen *vt* (*beim Straßenbau*) put turf down; **Begrünung** *f* planting with trees and grass

begrüßen *vt* greet; (*fig*) welcome; **es ist zu ~, dass …** it's a good thing that …

Begrüßung *f* greeting; (*das Willkommen*) welcome

begünstigen [bə'gʏnstɪgən] *vt* ❶ (*günstig sein für*) encourage ❷ (*fördern*) favour ❸ (JUR) aid and abet

Begünstigung *f* ❶ (*Bevorzugung*) preferential treatment ❷ (JUR) aiding and abetting

begutachten *vt* give expert advice about; (SCHULE) judge; **etw ~ lassen** get expert advice about s.th.; **Begutachtung** *f* assessment

begütert [bə'gy:tɐt] *adj* wealthy

behaart [bə'ha:ɐt] *adj* hairy; (*Tiere*) hirsute

behäbig [bə'hɛ:bɪç] *adj* ❶ (*von Mensch*) portly ❷ (*fig*) comfortable ❸ (*CH: stattlich*) well-to-do

behaftet [bə'haftət] *adj:* **mit etw ~ sein** be full of s.th.

Behagen <-s> *nt* contentment; **er aß mit sichtlichem ~** he ate with obvious pleasure; **behagen** [bə'ha:gən] *vi* please; **behaglich** *adj* cosy; **~ warm** comfortably warm; **Behaglichkeit** *f* cosiness

behalten *irr vt* ❶ keep ❷ (*im Gedächtnis*) remember ❸ (*zurückbehalten*) be left with; **die Nerven ~** keep one's nerve; **etw für sich ~** keep s.th. to o.s.; **jdn in guter Erinnerung ~** have happy memories of s.o.

Behälter [bə'hɛltɐ] *m* container

behände [bə'hɛndə] *adj* agile, nimble

behandeln *vt* treat; (*Problem*) deal with; **der ~de Arzt** the doctor in attendance; **seine Zähne ~ lassen** have one's teeth attended to

Behandlung *f* treatment; **ich war früher in ~ bei Dr. X wegen …** Dr. X used to treat me for …

behängen *vt* decorate; **sich ~ mit …** deck o.s. out with …

beharren *vi:* **auf seiner Meinung** ~ insist on one's opinion; **auf seinen Grundsätzen** ~ stick to one's principles

beharrlich *adj* insistent; (*unerschütterlich*) steadfast; **Beharrlichkeit** *f* persistence

behauen *irr vt* (*Steine*) cut

behaupten [bə'hauptən] **I.** *vt* ① (*aussagen*) claim ② (*fig*) maintain; **von jdm ~, dass ...** say of s.o. that ... **II.** *vr* assert o.s.

Behauptung *f* claim; (*unbewiesene*) assertion; **eine ~ aufstellen** make an assertion

Behausung [bə'hauzʊŋ] *f* dwelling

beheben *irr vt* ① (*Schwierigkeiten*) remove; (*Schaden*) repair ② (*österr: vom Konto abheben*) withdraw

beheimatet [bə'haɪma:tət] *adj* resident

Behelf [bə'hɛlf] <-(e)s, -e> *m* makeshift

behelfen *irr vr* get by

behelfsmäßig *adj* makeshift, provisional; (*vorläufig*) temporary

behelligen [bə'hɛlɪgən] *vt* bother

beherbergen [bə'hɛrbɛrgən] *vt* house; **Gäste** ~ accommodate guests

beherrschen **I.** *vt* ① govern, rule ② (*fig*) dominate; (*können*) master **II.** *vr* control o.s.; **ich kann mich ~!** (*fam*) not likely!; **Beherrschung** *f* ① (*Selbst~*) self-control ② (*Können*) mastery

beherzigen [bə'hɛrtsɪgən] *vt* heed

Beherzigung *f* heeding

beherzt [bə'hɛrtst] *adj* courageous

Beherztheit *f* courage

behilflich *adj:* **jdm bei etw ~ sein** help s.o. with s.th.

behindern *vt* hinder; **jdn bei etw ~** hinder s.o. in s.th.; **jds Sicht ~** impede someone's view

behindert *adj* handicapped; **Behinderte(r)** *f m* handicapped person; **die ~n** the handicapped; **schwer ~** seriously handicapped person; **Behindertenwerkstatt** *f* sheltered workshop; **Behinderung** *f* ① hindrance ② (*Verkehrs~*) obstruction ③ (*Körper~*) handicap

Behörde [bə'hø:ɐdə] <-, -n> *f* authority; **die zuständige ~** the proper authorities *pl;* **behördenübergreifend** *adj* concerning more than one authority

behördlich *adj* official

behüten *vt:* **jdn vor etw ~** protect s.o. from s.th.; **behütet** *adj:* **~ aufwachsen** have a sheltered upbringing

behutsam [bə'hu:tza:m] *adj* careful, cautious; **mit etw ~ umgehen** handle s.th. with care

bei [baɪ] *präp* ① (*räumlich*) at, near, with; **ich war ~ meinem Onkel** I was at my uncle's; **~ jdm zu Hause sein** stay with s.o.; **~ mir zu Hause** at home; **ein Konto ~ der Bank haben** have an account at the bank; **hast du etwas Geld ~ dir?** have you any money on you? ② (*zeitlich*) at, during, on; **~ den schweren Regenfällen** during the heavy rains; **~ Tag** by day; **~ Nacht** at night; **~ Beginn der Vorstellung** at the beginning of the performance ③ (*sonstiger Gebrauch*): **~ guter Gesundheit sein** be in good health; **~m Arbeiten sah er ...** when he was working, he saw ...; **~ reiflicher Überlegung** upon mature reflection; **~ zwanzig Grad unter Null** when it's twenty degrees below zero; **~ offenem Fenster schlafen** sleep with the window open; **~ aller Vorsicht** despite all one's caution; **es geht ~m besten Willen nicht!** with the best will in the world it's not possible!

bei|behalten *irr vt* keep; **seine Gewohnheit ~** keep up one's habit

bei|bringen *irr vt* ① (*lehren*): **jdm etw ~** teach s.o. s.th. ② (*mitteilen*) break s.th. to s.o.; **Dokumente ~** furnish documents

Beichte ['baɪçtə] <-, -n> *f* confession; **zur ~ gehen** go to confession; **beichten** *vt* confess (*jdm etw* s.th. to s.o.); **Beichtvater** *m* father confessor

beide ['baɪdə] *pron* both, the two; **ihr ~n** you two; **alle ~** both of them; **keiner von ~n** neither of them; **~s** both; **beidemal** *adv* both times; **beiderlei** ['baɪdɐlaɪ/--'-] *adj* both; **beiderseitig** *adj* ① (*auf beiden Seiten*) on both sides ② (*gegenseitig*) bilateral; **in ~em Einvernehmen** by mutual agreement; **beieinander** *adv* together; **du hast sie wohl nicht alle ~!** (*fam*) you can't be all there!

Beifahrer(in) *m(f)* (AUTO) ① (*in Kfz*) (front-seat) passenger ② (*bei Motorrad*) pillion rider; **Beifahrerairbag** *m* (AUTO) passenger airbag; **Beifahrersitz** *m* passenger seat

Beifall <-s> *m* ① (*Applaus*) applause ② (*Billigung*) approval; **~ finden** meet with approval

beifällig *adj:* **~ aufnehmen** receive favourably

bei|fügen *vt* enclose

Beifügung *f* ① **unter ~ eines Verrechnungsschecks** enclosing a crossed cheque ② (GRAM) attributive

Beigabe *f* (COM: *Zugabe*) free gift; **unter ~ von** (*beim Kochen*) adding

beige [be:ʃ] *adj* beige

Beige <-, -n> *f* (*österr: Stapel*) pile

bei|geben *irr* **I.** *vt* add **II.** *vi:* **klein** ~ give in
Beigeschmack *m* aftertaste, residual flavour; **einen unangenehmen** ~ **haben** have an unpleasant taste to it; **das hat einen** ~ **von ...** (*fig*) that smacks of ...
Beiheft *nt* supplement
Beihilfe *f* ① (*Unterstützung*) financial assistance ② (*staatliche*) allowance ③ (JUR) abetment
bei|kommen *irr vi sein:* **jdm** ~ get hold of s.o.
Beil [baɪl] <-(e)s, -e> *nt* axe; (*kleines* ~) hatchet
Beilage *f* ① (*in Zeitung*) insert; (*in Buch*) insertion ② (*Essens~*) side dish; **Beilagen** *pl* side dishes *pl;* (*Gemüse*) vegetables *pl*
beiläufig ['baɪlɔɪfɪç] *adj* casual; ~ **gesagt** by the way
bei|legen *vt* ① (*einer Sendung*) insert; (*einem Briefe*) enclose (in) ② (*beimessen*) ascribe, attribute ③ (*schlichten*) settle; **einer Sache Gewicht** ~ attach importance to s.th.; **Beilegung** *f* (*von Streit*) settlement
beileibe [baɪ'laɪbə] *adv:* ~ **nicht!** certainly not!; ~ **kein Held** by no means a hero
Beileid <-(e)s> *nt:* **mein aufrichtiges** ~**!** my heartfelt condolences! *pl*
bei|liegen *irr vi* (*in Brief*) be enclosed; (*einer Zeitung*) be inserted (in); **beiliegend** *adj* enclosed; ~ **sende ich ...** enclosed please find ...
bei|messen *irr vt:* **einer Sache Bedeutung** ~ attach importance to s.th.
bei|mischen *vt* add
Beimischung *f* addition, admixture
Be-in [bi:'ɪn] <-[s], -s> *nt* (*Riesen-Szenetreff*) be-in
Bein [baɪn] <-(e)s, -e> *nt* (ANAT) leg; **jdm ein** ~ **stellen** (*a. fig*) trip s.o. up; **jdm** ~**e machen** (*fam*) make s.o. get a move on; **etw auf die** ~**e stellen** get s.th. off the ground
beinahe [baɪ'na:ə] *adv* almost, nearly; **ich hätte** ~ **gesagt ...** I nearly said ...
Beiname *m* epithet
Beinbruch *m* fracture of the leg; **das ist kein** ~**!** it could be worse!
Beinfreiheit *f* leg-room
beinhalten [bə'ɪnhaltən] *vt* ① (*enthalten*) contain ② (*besagen*) express, say ③ (*bedeuten*) imply
Beinprothese *f* artificial leg
Beipackzettel *m* instruction leaflet
bei|pflichten ['baɪpflɪçtən] *vi:* **jdm in etw** ~ agree with s.o. on s.th.
Beirat *m* advisory council
beirren [bə'ɪrən] *vt:* **sich durch nichts** ~ **lassen** not to let o.s. be put off by s.th.
Beiried ['bairi:t] <-(e)s> *nt* (*österr*) roast beef
beisammen [baɪ'zamən] *adv* together; **gut** ~ **sein** (*fig*) be in good shape; **nicht alle** ~ **haben** (*fam*) be not (quite) all there; **Beisammensein** *nt* get-together
Beischlaf *m* (JUR) intercourse
Beisein *nt:* **in meinem** ~ in my presence
beiseite [baɪ'zaɪtə] *adv* aside; **jdn** ~ **schaffen** get rid of s.o.; **etw** ~ **schaffen** misappropriate s.th.; **Spaß** ~**!** joking apart!
Beisel ['baizl] <-s, -(n)> *f* (*österr*) pub
bei|setzen *vt* ① (*beerdigen*) bury ② (MAR: *Segel*) spread
Beisetzung *f* funeral; (*Urnen~*) installing in its resting place
Beisitzer(in) *m(f)* committee member; (JUR) assessor
Beispiel *nt* example; **zum** ~ for instance; **wie zum** ~ such as; **jdm ein** ~ **geben** set s.o. an example; **sich ein** ~ **an jdm nehmen** take s.o. as an example; **beispiellos** *adj* ① (*ohne Beispiel*) unprecedented ② (*unverschämt*) outrageous; **beispielsweise** *adv* for example [*o* instance]
beißen ['baɪsən] *irr vt, vi* ① bite ② (*Gewürz, Geschmack*) sting; **in den Augen** ~ make one's eyes sting; **beißend** *adj* ① (*Kälte*) biting; (*Rauch*) stinging; (*Geschmack*) pungent, sharp ② (*Bemerkung*) cutting
Beißzange *f* pincers *pl;* **eine** ~ a pair of pincers
Beistand *m:* **jdm** ~ **leisten** give s.o. assistance; **Beistandspakt** *m* (POL) mutual assistance treaty
bei|stehen *irr vi:* **jdm** ~ stand by s.o.
beistellen *vt* (*österr: zur Verfügung stellen*) provide
Beistelltisch *m* occasional table
Beitrag ['baɪtra:k] <-(e)s, Beiträge> *m* ① (*Geldsumme*) contribution; (*Mitglieds~*) (member's) fee; (*Versicherungs~*) premium ② (*Anteil*) contribution; **einen** ~ **zu etw leisten** make a contribution to s.th.; **beitragen** *vt* contribute (*zu* to)
beitragspflichtig *adj* contributory; ~ **sein** have to pay contributions *pl;* **Beitragssatz** *m* rate of subscription
bei|treten *irr vi sein* ① (*einer Partei*) join ② (*einem Vertrag*) accede to
Beitritt *m* joining; (*zu einem Vertrag*) accession to; **seinen** ~ **erklären** become a member; **Beitrittskandidat** *m* (EU) pre-accession country
Beiwagen *m* (*von Motorrad*) sidecar
bei|wohnen *vi:* **einer Sache** ~ be present

at s.th.; **einem Treffen** ~ attend a meeting

Beize ['baɪtsə] <-, -n> *f* ① (*für Holz*) stain ② (*für Speisen*) marinade

beizeiten [baɪ'tsaɪtən] *adv* in good time

beizen ['baɪtsən] *vt* ① (*Holz*) stain ② (*Speisen*) marinate

bejahen [bə'ja:ən] *vt, vi* ① (*ja sagen zu*) answer in the affirmative ② (*gutheißen*) approve of; **bejahend** *adj* affirmative; **eine ~e Lebenseinstellung** a positive attitude towards life

bejahrt [bə'ja:ɐt] *adj* advanced in years; **ein ~er Mann** an elderly man

bejammern *vt* (*etw*) lament; (*jdn*) lament for

bekämpfen *vt* fight; **sich** ~ fight one another; **Schädlinge** ~ control pests

Bekämpfung *f* fight; (*Schädlings~*) controlling; **bei ~ von …** in fighting …

bekannt [bə'kant] *adj* well-known (*wegen* for); **wie ist das ~ geworden?** how did that come to be so well-known?; **das ist mir** ~ I know about that; **wir sind miteinander** ~ we have already met; ~ **geben** announce; **jdn mit jdm ~ machen** introduce s.o. to s.o.; **etw ~ machen** announce s.th.; **Bekannte(r)** *f m* acquaintance; **ein ~r von mir** a friend of mine; **Bekanntenkreis** *m* circle of friends

bekanntlich *adv* as is (well) known

Bekanntmachung *f* announcement; (*Publikation*) publication; **Bekanntschaft** *f*: **jds ~ machen** make someone's acquaintance; **mit etw ~ machen** come into closer contact with s.th.

bekehren **I.** *vt* convert **II.** *vr* become converted; **Bekehrung** *f* conversion

bekennen *irr vt* confess; **sich zu etw** ~ declare one's belief for s.th.; **sich schuldig** ~ admit one's guilt; **sich zur Demokratie** ~ declare one's belief in democracy; **Bekennerbrief** *m* letter claiming responsibility

Bekenntnis *nt* confession; (*Glaubens~*) denomination

beklagen **I.** *vt* lament; **jds Tod** ~ mourn someone's death **II.** *vr* complain (*über* about); **sich bei jdm über etw** ~ complain to s.o. about s.th.; **ich kann mich nicht** ~ I can't complain; **Sie können sich nicht ~!** you have no reason to complain!

beklagenswert *adj* pitiable; **ein ~er Unfall** a terrible accident

Beklagte(r) *f m* (JUR: *im Zivilprozess*) defendant

bekleben *vt* ① (*mit Klebstoff*) paste over ② (*mit Gegenständen*): **etw mit etw** ~ stick s.th. onto s.th.

bekleckern **I.** *vt* stain **II.** *vr*: **sich mit etw** ~ spill s.th. over o.s.

bekleiden *vt* ① (*anziehen*) dress (*mit* in) ② (*obs: Stellung*) hold; **bekleidet sein mit …** be wearing …; **Bekleidung** *f* clothes *pl*

beklemmen *vt* (*fig*) oppress

Beklemmung *f* apprehensiveness

beklommen [bə'klɔmən] *adj* apprehensive

bekloppt [bə'klɔpt] *adj* (*fam*) loony

Bekloppte(r) *f m* (*fam*) nit

bekommen *irr* **I.** *vt haben* (*erhalten*) get, receive; **wir ~ bald Regen** we're going to have rain; **was ~ Sie dafür?** (*im Laden*) how much is that?; **jdn dazu ~ etw zu tun** get s.o. to do s.th.; **Flecken** ~ get spotty; **eine Glatze** ~ go bald; **etw zu essen** ~ get s.th. to eat; **es mit jdm zu tun** ~ get into trouble with s.o. **II.** *vi sein* (*bekömmlich sein*): **jdm gut** ~ do s.o. good; **wohl bekomm's!** your health!

> **? Grammatik**
>
> **bekommen** = to receive, to get: *Wir haben Post bekommen – We've got some post;* **werden** = to become, to get: *ich werde alt – I'm getting old.*

bekömmlich [bə'kœmlɪç] *adj* (*Speisen*) digestible

beköstigen [bə'kœstɪgən] *vt* (*geh*) cater for

Beköstigung *f* (*geh*) catering

bekräftigen *vt* confirm; **jdn in etw** ~ strengthen s.o. in s.th.

Bekräftigung *f* confirmation

bekränzen [bə'krɛntsən] *vt* garland

bekreuzigen *vr* cross o.s.

bekriegen *vt* ① (MIL) wage war on ② (*fig*) fight

bekritteln *vt* (*fam pej*) criticize

bekritzeln *vt* scribble over

bekümmern *vt* worry; **bekümmert** *adj* worried

bekunden *vt* (*aussagen*) state

belächeln *vt* smile at

beladen **I.** *vt* load; (*fig: belasten*) burden **II.** *adj* loaded; (*Mensch*) laden

Belag [bə'la:k, *pl:* bə'lɛ:gə] <-(e)s, Beläge> *m* coating; (*Straßen~*) surface; (*der Zunge*) fur; (*Zahn~*) film; (*Brot~*) topping

belagern *vt* besiege, lay siege to

Belagerung *f* siege; **Belagerungszustand** *m* state of siege

belämmert [bə'lɛmɐt] *adj* (*fam*) sheepish

Belang [bə'laŋ] <-(e)s, -e> *m* importance; **nicht von** ~ of no importance; **meine ~e** my interests

belangen *vt* ❶ (JUR: *heranziehen*) sue (*wegen* for) ❷ (*angehen*) concern
belanglos *adj* irrelevant, trivial
belassen *irr vt:* **wollen wir es dabei ~!** let's leave it at that!; **alles beim Alten ~** leave things as they are; **etw an seinem Ort ~** leave s.th. in its place
belasten I. *vt* ❶ (*mit Gewicht*) put weight on; (*Fahrzeug*) load ❷ (*fig*) burden ❸ (JUR) incriminate ❹ (FIN: *Bankkonto*) charge; **das belastet mich sehr** that weighs heavily upon my mind; **die Atmosphäre ~** pollute the atmosphere **II.** *vr* (JUR) incriminate o.s.
belästigen [bəˈlɛstɪgən] *vt* ❶ (*lästig sein*) bother ❷ (*zudringlich werden*) pester
Belästigung *f* annoyance; **etw als ~ empfinden** find s.th. a nuisance
Belastung [bəˈlastʊŋ] *f* ❶ (*fig*) burdening; (*Anstrengung*) strain, pressure ❷ (*von Fahrzeug*) load ❸ (FIN: *von Bankkonto*) charge (on); **höchstzulässige ~** maximum load; **Belastungsfähigkeit** *f* (*durch Stress*) ability to take stress; **Belastungsgrenze** *f* ❶ (*fig*) limit ❷ (*durch Gewicht*) weight limit; **Belastungszeuge, -zeugin** *m, f* witness for the prosecution
belauern *vt* keep under observation
belaufen *irr vr:* **sich ~ auf …** amount [*o* come] to …
belauschen *vt* eavesdrop on
beleben I. *vt* liven up; **jds Hoffnungen ~** stimulate someone's hopes **II.** *vr* (*fig*) ❶ (*zum Leben erwachen*) come to life ❷ (FIN: *Konjunktur*) be stimulated; **belebend** *adj* invigorating
belebt *adj* (*Straße*) crowded; (*fig*) busy
Belebung *f* ❶ (FIN: *von Konjunktur*) stimulation ❷ (*Wiederaufleben*) revival
Beleg [bəˈleːk] <-(e)s, -e> *m* ❶ (FIN) receipt ❷ (*~stelle*) reference
belegen *vt* ❶ (*nachweisen*) verify ❷ (*Platz*) reserve ❸ (*bedecken*) cover; **eine Vorlesung ~** enrol for a lecture; **Belegexemplar** *nt* (TYP) specimen copy; **Belegleser** *m* (INFORM) optical reader
Belegschaft *f* staff
belegt *adj* ❶ (*Stimme*) hoarse ❷ (*Zunge*) furred ❸ (*Platz*) occupied; **~e Brote** open sandwiches
Belegungsrecht *nt* (JUR) right of occupation
belehren *vt* instruct, teach; **jdn eines Besseren ~** teach s.o. otherwise; **sich eines anderen ~ lassen** learn otherwise
Belehrung *f* (*Instruktion*) instruction; (JUR) caution; **ich verbitte mir deine ~en!** there's no need to lecture me!
beleibt [bəˈlaɪpt] *adj* corpulent, stout
beleidigen [bəˈlaɪdɪgən] *vt* insult; (*fig: beleidigend sein*) offend; **ich wollte Sie nicht ~** no offence!; **bist du jetzt beleidigt?** have I offended you?
Beleidigung *f* insult; **etw als ~ auffassen** take s.th. as an insult
beleihen *irr vt* (*Gegenstände*) lend money on …; (*Immobilien*) mortgage
belesen *adj* well-read
Belesenheit *f* wide reading
beleuchten *vt* ❶ light; (*festlich*) illuminate ❷ (*fig: untersuchen*) examine
Beleuchtung *f* ❶ (*Lichtanlage*) lights *pl* ❷ (*fig*) examination; **die ~ einschalten** turn on the lights; **Beleuchtungsanlage** *f* lighting equipment; **Beleuchtungskörper** *m* lighting appliance
beleumundet [bəˈlɔɪmʊndət] *adj:* **gut ~** of good reputation
Belgien [ˈbɛlgiən] *nt* Belgium; **Belgier(in)** *m(f)* Belgian; **belgisch** *adj* Belgian
belichten *vt* (PHOT) expose
Belichtung *f* (PHOT) exposure; **Belichtungsautomatik** *f* (PHOT) automatic exposure; **Belichtungsmesser** *m* (PHOT) exposure meter; **Belichtungszeit** *f* exposure time
Belieben <-s> *nt:* **ganz nach Ihrem ~** at your discretion
belieben *vi:* **wie es Ihnen beliebt** as you wish
beliebig *adj* optional, any; **zu jeder ~en Zeit** at any time; **von ~er Größe** of any size; **in ~er Reihenfolge** in any order whatever
beliebt *adj* popular; **sich bei jdm ~ machen** make o.s. popular with s.o.
Beliebtheit *f* popularity
beliefern *vt:* **jdn mit etw ~** supply s.o. with s.th.
bellen [ˈbɛlən] *vi* bark
Belletristik [bɛleˈtrɪstɪk] *f* fiction and poetry; **belletristisch** *adj:* **~e Literatur** fiction and poetry; **~e Zeitschrift** literary magazine
belohnen *vt* reward
Belohnung *f* recompense, reward; **zur ~ für …** as a reward for …
belüften *vt* ventilate
Belüftung *f* ❶ ventilating ❷ (*Anlage*) ventilation; **Belüftungsschacht** *m* (AUTO) intake air shaft
belügen *irr vt:* **jdn ~** tell lies to s.o.
belustigen *vt* amuse; **sich mit etw ~** amuse o.s. by (doing) s.th.
belustigt *adj:* **~ über etw** amused with s.th.

Belustigung *f* amusement; **zu meiner ~** to my amusement

bemächtigen [bə'mɛçtɪgən] *vr:* **sich einer Sache ~** seize hold of s.th.; **sich jds ~** (*fig*) come over s.o.

bemalen I. *vt* paint **II.** *vr* paint o.s.

bemängeln [bə'mɛŋəln] *vt* find fault with …

bemannt [bə'mant] *adj* (*Rakete, Raumfahrzeug*) manned

bemerkbar *adj* noticeable, perceptible; **sich ~ machen** draw attention to o.s.; (*fig*) make itself felt

bemerken *vt* ① (*merken*) notice ② (*sagen*) remark; **nebenbei bemerkt** by the way

bemerkenswert *adj* remarkable

Bemerkung *f* comment, remark

bemessen *irr vt* (*zumessen*) allocate; **meine Zeit ist knapp ~** my time is limited

bemitleiden [bə'mɪtlaɪdən] *vt* pity; **sich selbst ~** feel sorry for o.s.; **bemitleidenswert** *adj* pitiable, pitiful

bemoost [bə'mo:st] *adj* mossy

bemühen [bə'my:ən] **I.** *vt* trouble; **jdn zu sich ~** call in s.o. **II.** *vr* try hard; **sich um jdn ~** look after s.o.; **bitte ~ Sie sich nicht!** please don't trouble yourself!; **sich um eine Stelle ~** try to get a job

Bemühung *f* effort, endeavour; **Bemühungen** *pl* trouble, efforts *pl;* **vielen Dank für Ihre ~** thank you for your trouble

bemuttern [bə'mʊtɐn] *vt* mother

benachbart [bə'naxba:ɐt] *adj* neighbouring; **das ~e Haus** the house next door

benachrichtigen [bə'na:xrɪçtɪgən] *vt* inform (*von* of)

Benachrichtigung *f* notification; **eine ~ erhalten** be notified

benachteiligen [bə'na:xtaɪlɪgən] *vt* discriminate against; **Benachteiligung** *f* ① (*Zustand*) discrimination ② (*das Benachteiligen*) disadvantaging

Benchmarking ['bɛntʃma:kɪŋ] <-s> *nt* (*Orientierungsmaßstäbe*) bench marking

Benefizkonzert <-(e)s, -e> *nt* benefit concert; **Benefizveranstaltung** [bene'fi:ts-] *f* charity event, benefit gig

Benehmen <-s> *nt* behaviour

benehmen *irr vr* behave; **benimm dich!** behave yourself!

beneiden *vt:* **jdn um etw ~** envy s.o. s.th.; **er ist nicht zu ~** I don't envy him; **beneidenswert** *adj* enviable

Beneluxstaaten *mpl* Benelux Economic Union *sing*

benennen *irr vt* name

Benennung *f* (*Bezeichnung*) name

Bengel ['bɛŋəl] <-s, -'-s> *m* (*fam*) rascal

benommen [bə'nɔmən] *adj* dazed

benötigen [bə'nø:tɪgən] *vt* need, require; **dringend ~** be in urgent need of

benutzen *vt* use; **etw als Vorwand ~** use s.th. as an excuse; **Benutzer(in)** *m(f)* user; **benutzerfreundlich** *adj* user-friendly; **Benutzerhandbuch** *nt* (TECH) user's guide, user handbook; **Benutzerkonto** *nt* (INTERNET) account; **Benutzername** *m* (INTERNET) user name; **Benutzeroberfläche** *f* (INFORM) user [*o* system] interface

Benutzung *f* use; **etw in ~ haben** be using s.th.

Benzin [bɛn'tsi:n] <-s, -e> *nt* petrol *Br,* gasoline *Am;* **Benzinkanister** *m* petrol can *Br,* gasoline can *Am;* **Benzinpumpe** *f* fuel pump; **Benzintank** *m* fuel tank *Br,* gasoline tank *Am*

Benzinuhr *f* fuel gauge [*o* meter]; **Benzinverbrauch** *m* fuel consumption

beobachten [bə'o:baxtən] *vt* observe, watch; **etw an jdm ~** notice s.th. in s.o.

Beobachter(in) *m(f)* observer

Beobachtung *f* observation; **Beobachtungsgabe** *f* power of observation; **Beobachtungssatellit** *m* (MIL METE) observation satellite

beordern *vt:* **jdn an einen Ort ~** instruct s.o. to go somewhere

bequem [bə'kve:m] *adj* ① (*komfortabel*) comfortable ② (*fig: leicht*) easy; **es sich ~ machen** make o.s. comfortable; **es ~ haben** have an easy time of it

bequemen *vr:* **sich zu etw ~** deign to do s.th.

Bequemlichkeit *f* ① (*Komfort*) comfort ② (*Faulheit*) idleness

beraten *irr* **I.** *vt* ① (*Rat geben*) advise ② (*beratschlagen*) discuss; **sich von jdm ~ lassen** ask someone's advice; **sich von einem Anwalt ~ lassen** consult a lawyer **II.** *vr* discuss; **sich mit jdm ~ über etw** consult with s.o. about s.th.; **beratend** *adj* advisory

Berater(in) *m(f)* adviser

beratschlagen *vi* confer

Beratung *f* ① (*Konsultation*) consultation ② (*Besprechung*) discussion; **Beratungspraxis** *f* consultancy (office); **Beratungsstelle** *f* advice centre

berauben *vt* rob; **jdn einer Sache ~** rob s.o. of s.th.

berauschen **I.** *vt* ① intoxicate ② (*fig*) enrapture **II.** *vr* ① become intoxicated (*an* *etw* with s.th.) ❷ (*fig*) be enraptured (*an* by); **berauschend** *adj* intoxicating; **das war nicht sehr ~!** (*fam*) that wasn't very exciting!

Berber ['bɛrbɐ] <-s, -> *m* ❶ (*Teppich*) Berber carpet [*o* rug] ❷ (*Volkszugehöriger*) Berber ❸ (*fam: Obdachloser*) tramp

berechenbar [bə'rɛçənba:ɐ] *adj* ❶ (FIN) calculable ❷ (*fig*) predictable

berechnen *vt* ❶ (*a. fig*) calculate ❷ (*in Rechnung stellen*) charge; **Sie haben mir das zu teuer berechnet** you've charged me too much for this; **berechnend** *adj* calculating

Berechnung *f* calculation; **nach meiner ~** according to my calculations *pl*

berechtigen [bə'rɛçtɪgən] *vt* entitle; **das berechtigt zu der Annahme, dass ...** this justifies the assumption that ...

berechtigt *adj* legitimate; **~ sein etw zu tun** be entitled to do s.th.

Berechtigung *f* ❶ (*Recht*) right ❷ (*Rechtmäßigkeit*) legitimacy

bereden *vt* talk over; **sich mit jdm über etw ~** talk s.th. over with s.o.

Beredsamkeit *f* eloquence

beredt [bə're:t] *adj* eloquent

Bereich [bə'raɪç] <-(e)s, -e> *m* ❶ area ❷ (*fig*) sphere; **im ~ des Möglichen** within the bounds of possibility

bereichern **I.** *vt* enrich **II.** *vr* make a lot of money (*an* out of)

Bereicherung *f* money-making; (*fig*) enrichment

bereifen *vt* (AUTO) put tyres on; **Bereifung** *f* set of tyres

bereinigen *vt* (*ins Reine bringen*) clear up; **sich ~** resolve itself

bereisen *vt* (COM) travel; **England ~** travel around England

bereit [bə'raɪt] *adj* ready; (*bereitwillig*) prepared, willing; **~ sein etw zu tun** be willing to do s.th.

bereiten *vt* ❶ (*zubereiten*) prepare ❷ (*verursachen*) cause; **jdm Kummer ~** cause s.o. grief; **Vergnügen ~** give pleasure

bereit|halten *irr vt* have ready; (*fig*) have in store

bereits [bə'raɪts] *adv* already; **~ am nächsten Tag** on the very next day

Bereitschaft *f* ❶ readiness ❷ (*~sdienst*) emergency service; **welcher Arzt hat heute ~?** which doctor is on call today?; **welche Apotheke hat heute ~?** which chemist is open after-hours today?; **etw in ~ haben** have s.th. ready; **Bereitschaftsdienst** *m* emergency service; **Bereitschaftspolizei** *f* crowd control police, riot police *Br*

bereit|stellen *vt* get ready; (*zur Lieferung*) provide, supply

Bereitstellungskosten *pl* material overheads

bereitwillig *adj* eager; **~ Auskunft erteilen** give information willingly

bereuen [bə'rɔɪən] *vt* regret; **das wirst du (noch) ~!** you'll be sorry for that!

Berg [bɛrk] <-(e)s, -e> *m* ❶ mountain; (*Hügel*) hill ❷ (*fig*) heap, pile; **in die ~e fahren** go to the mountains; **über den ~ sein** (*fig*) be out of the wood; **über alle ~e sein** (*fig*) be long gone; **ihr standen die Haare zu ~e** her hair stood on end; **bergab** [bɛrk'ap] *adv* downhill; **bergan** *adv* uphill

Bergarbeiter *m* miner; **Bergarbeiterstreik** *m* miner's strike

bergauf [bɛrk'aʊf] *adv* uphill; **es geht mit ihm ~** things are looking up for him

Bergbahn *f* mountain railway

Bergbau *m* mining

bergen ['bɛrgən] *irr vt* ❶ (*retten*) rescue, save ❷ (MAR) salvage ❸ (*enthalten*) hold; **das birgt natürlich die Gefahr, dass ...** this of course involves the danger that ...

Bergführer(in) *m(f)* mountain guide; **Berggipfel** *m* mountain top; **Bergkette** *f* mountain range; **Bergkristall** *m* rock crystal; **Bergkuppe** *f* (round) mountain top; **Bergland** *nt* hilly region; **Bergmann** <-(e)s, -leute> *m* miner; **Bergrücken** *m* mountain ridge; **Bergrutsch** *m* landslide; **Bergschuh** *m* climbing boot; **Bergsteigen** *nt* mountaineering; **Bergsteiger(in)** *m(f)* mountain climber, mountaineer; **Berg-und-Talbahn** *f* big dipper *Br*, roller-coaster

Bergung ['bɛrgʊŋ] *f* ❶ (*Rettung*) rescue, saving ❷ (MAR) salvage; **Bergungsarbeit** *f* ❶ (*Rettungsarbeit*) rescue work ❷ (MAR) salvage work; **Bergungstrupp** *m* rescue team

Bergwacht *f* mountain rescue service; **Bergwand** *f* mountain face; **Bergwanderung** *f* hike in the mountains; **Bergwerk** *nt* mine

Bericht [bə'rɪçt] <-(e)s, -e> *m* report; **einen ~ über etw abfassen** give a report on s.th.; **jdm über etw ~ erstatten** give s.o. a report on s.th.

berichten *vt, vi* report; **er berichtete, dass ...** he said that ...; **gibt es Neues zu ~?** has anything new happened?; **nun berichte mal von dir!** now tell me about yourself!

Berichterstatter(in) *m(f)* (*Presse*) report-

er; (*Korrespondent*) correspondent
Berichterstattung *f* reporting
berichtigen [bəˈrɪçtɪgən] *vt* correct
Berichtigung *f* correction
berieseln *vt* (*Rasen*) sprinkle
Berieselung *f* (*mit Wasser*) watering; **die ~ durch etw** (*fig*) the constant stream of s.th.; **Berieselungsanlage** *f* sprinkler system
beritten [bəˈrɪtən] *adj* (*Polizei*) mounted
Berliner[1] [bɛrˈliːnɐ] <-s, -> *m* (*Gebäck*) doughnut
Berliner(in)[2] *m(f)* Berliner

i Land & Leute

Die Berliner Filmfestspiele, the Berlin Film Festival, also called the *Berlinale*, has been held since 1951. Among others, Ingmar Bergman, Roman Polanski, Jean-Luc Godard and Claude Chabrol have all been successful there. Films are shown both in and out of competition and there is also a section for children's films and a forum for international young film makers. The awards are called the Golden and Silver Bear and, since 1986, the Berlinale Camera.

berlinern *vt* speak with a Berlin accent
Bernstein *m* amber
bersten [ˈbɛrstən] *irr vi sein* (*auf~*) crack; (*platzen*) burst; **vor Ungeduld ~** be bursting with impatience
berüchtigt [bəˈrʏçtɪçt] *adj* infamous, notorious
berücksichtigen [bəˈrʏkzɪçtɪgən] *vt* ❶ (*in Betracht ziehen*) consider ❷ (*bedenken*) take into consideration; **etw nicht ~** disregard s.th.
Berücksichtigung *f* consideration; **unter ~ der Tatsache, dass …** in view of the fact that …
Beruf [bəˈruːf] <-(e)s, -e> *m* occupation; (*Handwerk*) trade; **einen ~ ausüben** have an occupation; **was sind Sie von ~?** what's your job?
berufen *irr* **I.** *vt* (*ernennen*) appoint **II.** *vr* refer (*auf etw* to s.th.)
berufen *adj* (*zuständig*) competent; **sich zu etw ~ fühlen** feel one has a mission to do s.th.
beruflich *adj* professional; **~e Probleme** problems at work; **sich ~ weiterbilden** undertake further job training; **~ unterwegs sein** be away on business
Berufsausbildung *f* training; **Berufsberater(in)** *m(f)* careers adviser; **Berufsberatung** *f* careers guidance; **Berufsbezeichnung** *f* job title; **Berufsbild** *nt* job description; **berufserfahren** *adj* professionally experienced; **Berufserfahrung** *f* (professional) experience; **Berufsfachschule** *f* technical college; **Berufsgenossenschaft** *f* professional association; (*für Handwerk*) trade association; **Berufskrankheit** *f* occupational disease; **Berufsleben** *nt* professional life; **Berufsrisiko** *nt* occupational hazard; **Berufsschule** *f* vocational college; (*technische ~*) technical college; **Berufsschullehrer(in)** *m(f)* vocational school teacher; **Berufssoldat** *m* professional soldier; **Berufssportler(in)** *m(f)* professional sportsman (sportswoman); **berufstätig** *adj* working; **Berufstätige(r)** *f m* working person; **Berufsunfall** *m* professional accident; **Berufsverband** *m* professional organization; **Berufsverkehr** *m* commuter traffic; **Berufswahl** *f* choice of occupation
Berufung *f* ❶ (*fig*) vocation; (REL) calling ❷ (JUR) appeal; **in die ~ gehen** (JUR) appeal; **unter ~ auf …** with reference to …
beruhen *vi* be founded [*o* based] on; **etw auf sich ~ lassen** let s.th. rest
beruhigen [bəˈruːɪgən] **I.** *vt* calm (down); **ich kann Sie (da) ~!** I can reassure you!; **na, dann bin ich ja beruhigt!** well I must say I'm quite relieved! **II.** *vr* calm down; (*Verkehr*) subside; **hat sich dein Magen jetzt beruhigt?** has your stomach settled down now?
Beruhigung *f*: **zu Ihrer ~ kann ich sagen, dass …** you'll be reassured to know that …; **Beruhigungsmittel** *nt* (MED) sedative, tranquillizer
berühmt [bəˈryːmt] *adj* famous; **~ für etw sein** be famous for s.th.; **Berühmtheit** *f* ❶ (*großer Ruf*) fame ❷ (*bekannte Person*) celebrity
berühren *vt* ❶ touch ❷ (*nahe angehen*) move; **das berührt mich nicht** that's nothing to do with me
Berührung *f* touch; **in ~ kommen mit …** come in(to) contact with …
Berührungsangst *f* fear of contact
besagen *vt* say; **das besagt nicht viel** that doesn't mean a lot; **das besagt nicht, dass …** that doesn't say that …
besagt [bəˈzaːkt] *adj* said; (*geh*) aforementioned

besaitet [bə'zaɪtət] *adj:* **zart ~ sein** be highly sensitive
besänftigen [bə'zɛnftɪgən] *vt* calm down, soothe
Besänftigung *f* calming, soothing
besät [bə'zɛ:t] *adj* covered; **mit Blättern ~** strewn with leaves
Besatz *m* edging, trimming
Besatzung *f* ① (MIL: *einer Stadt, Garnison*) garrison ② (*Schiffs-*) crew; **Besatzungsarmee** *f* army of occupation; **Besatzungsmacht** *f* occupying power; **Besatzungsstreitkräfte** *fpl* occupying forces
besaufen *irr vr* (*sl*) get plastered
beschädigen *vt* damage
Beschädigung *f* damage (*von* to)
beschaffen *vt* get hold of, obtain
beschaffen *adj:* **so ~ sein, wie ...** be the same as ...
Beschaffenheit *f* composition; (*seelische ~*) disposition, nature
Beschaffung *f* obtaining, procuring; **Beschaffungsgüter** *ntpl* supply goods; **Beschaffungskredit** *m* buyer credit; **Beschaffungskriminalität** *f* (*Drogenszene*) drug-related crime; **Beschaffungsplan** *m* buying programme, procurement budget; **Beschaffungspreis** *m* cost [*o* purchase] price; **Beschaffungswert** *m* acquisition value
beschäftigen [bə'ʃɛftɪgən] **I.** *vr:* **sich mit etw ~** occupy o.s. with s.th.; **sich mit jdm ~** devote one's attention to s.o.; **ich beschäftige mich gerade mit meiner Arbeit** I'm busy with my work just now **II.** *vt* ① occupy ② (*Arbeit geben*) employ; **beschäftigt** *adj* busy, occupied; **er ist ~** he is busy; **~ bei ...** employed by ..., working for ...; **viel ~** very busy
Beschäftigte(r) *f m* employee
Beschäftigung *f* ① (*Tätigkeit*) occupation ② (*fig: mit Problem*) preoccupation ③ (*Beruf*) job, employment; **Beschäftigungslage** *f* employment situation; **Beschäftigungsprogramm** *nt* (*Schaffung von Arbeitsplätzen*) job creation scheme; **Beschäftigungstherapie** *f* occupational therapy
beschämen *vt* ① (*jdn ~*) shame ② (*~ d sein für*) embarrass
beschämt *adj* embarrassed
Beschämung *f* embarrassment; (*Scham*) shame
beschatten *vt* (*a. fig*) shadow; **jdn ~ lassen** (*fig*) have s.o. shadowed
Beschattung *f* shading
beschauen *vt* behold, look at
beschaulich *adj* ① (*geruhsam*) tranquil ② (*in sich gekehrt*) contemplative
Beschaulichkeit *f* ① (*Geruhsamkeit*) tranquillity ② (REL) contemplativeness
Bescheid [bə'ʃaɪt] <-(e)s, -e> *m* ① (*Antwort*) answer, reply; (*Auskunft*) information ② (*Entscheidung*) decision; **ich warte noch auf ~** I'm still waiting to hear; **jdm ~ stoßen** (*fam*) tell s.o. where to get off; **jdm über etw Bescheid geben** let s.o. know about s.th.; **weißt du darüber ~?** do you know about this?
bescheiden *irr* **I.** *vt:* **jdn abschlägig ~** turn s.o. down **II.** *vr:* **sich mit etw ~** content o.s. with s.th.
bescheiden *adj* ① (*genügsam*) modest ② (*mittelmäßig*) mediocre; **~es Auftreten** unassuming manners *pl*
Bescheidenheit *f* (*Genügsamkeit*) modesty; (*Anspruchslosigkeit*) unassumingness; **bei aller ~** with all due modesty; **nur keine falsche ~!** no false modesty now!
bescheinigen [bə'ʃaɪnɪgən] *vt* certify; **den Empfang von ... ~** acknowledge receipt of ...; **hiermit wird bescheinigt, dass ...** this is to certify that ...; **können Sie mir ~, dass ...?** can you confirm in writing that ...?
Bescheinigung *f* certificate; (*Quittung*) receipt
bescheißen *irr vt* (*sl*): **jdn ~** do s.o. (*um* out of); **wir sind ganz schön beschissen worden!** (*sl*) we've really been had!
beschenken *vt:* **jdn mit etw ~** give s.o. s.th.; **sich gegenseitig ~** give each other presents
bescheren [bə'ʃe:rən] *vt:* **die Kinder ~** give the children their Christmas presents

i Land & Leute

On Christmas Eve (24th December) presents are placed under the Christmas tree in preparation for them to be given out, **die Bescherung.** In many families the children are allowed to unwrap their presents after Christmas dinner when *das Christkind* rings a bell.

Bescherung *f* distribution of Christmas presents; **eine schöne ~!** (*ironisch*) this is a nice mess!; **da haben wir die ~!** (*ironisch*) what did I tell you!
bescheuert [bə'ʃɔɪɐt] *adj* (*sl*) dumb
beschichtet *adj* coated
beschicken *vt* (TECH) charge, feed, load

B

beschießen *irr vt* ❶ fire on; (*durch Geschütze*) shell ❷ (*fig*) bombard
Beschießung *f* ❶ (*mit Geschossen*) firing (*von* on); (*durch Geschütze*) shelling ❷ (PHYS) bombarding
Beschilderung *f* signposting
beschimpfen *vt* abuse, swear at
Beschimpfung *f* insult
beschirmen *vt* protect, shield
beschissen *adj* (*vulg*): **es geht mir** ~ I feel pissed off
Beschlag *m* ❶ (*an Tür*) mounting; (*Koffer~*) fitting ❷ (*Niederschlag auf Metall*) tarnish; **etw mit ~ belegen** monopolize s.th.
beschlagen[1] *irr vt* (*Pferd*) shoe
beschlagen[2] *irr vi sein* (*Scheiben*) get steamed; (*von Metall*) tarnish
beschlagen *adj:* **gut ~ sein in …** be well versed in …; **der Spiegel ist ~** the mirror is misted over
beschlagnahmen *vt* ❶ (JUR) confiscate ❷ (*fig*) monopolize; **Beschlagnahmung** *f* confiscation
beschleunigen [bəˈʃlɔɪnɪgən] *vt* accelerate, hasten, speed (up); (*Lieferung, Verkauf*) expedite; **die Fahrt ~** pick up speed; **seine Schritte ~** quicken one's steps
Beschleunigung *f* acceleration, speeding up; **Beschleunigungsvermögen** *nt* (AUTO) acceleration
beschließen *irr vt* ❶ (*Resolution*) decide on; (PARL: *Gesetz*) pass ❷ (*beenden*) conclude; **über etw ~** decide on s.th.
Beschluss *m* decision, resolution; **beschlussfähig** *adj* (*a.* PARL): **~ sein** have a quorum; **beschlussunfähig** *adj* (*a.* PARL): **~ sein** be inquorate
beschmieren **I.** *vt* smear; **die Wände mit … ~** smear … on the walls; **die Tafel ~** scribble all over the blackboard **II.** *vr* get dirty
beschmutzen **I.** *vt* (*a. fig*) dirty, soil **II.** *vr* get o.s. dirty
beschneiden *irr vt* ❶ trim; (*Bäume*) prune ❷ (*Vorhaut*) circumcise ❸ (*fig*) curtail
Beschneidung *f* ❶ (*der Vorhaut*) circumcision ❷ (*fig*) curtailment
beschnüffeln *vt* sniff at; **jdn ~** (*fig*) spy s.o. out
beschönigen [bəˈʃøːnɪgən] *vt* gloss over
beschränken [bəˈʃrɛŋkən] **I.** *vt* limit, restrict (*auf* to) **II.** *vr:* **sich ~ auf …** confine o.s. to …; **sich auf das Wesentliche ~** confine o.s. to the essentials *pl*
beschränkt *adj* ❶ limited ❷ (*geistig*) limited, narrow; **Gesellschaft mit ~er Haftung** private limited company *Br*, corporation *Am*
Beschränktheit *f* (*a. fig*) limitedness
Beschränkung *f* limitation, restriction; **jdm ~en auferlegen** impose restrictions on s.o.
beschreiben *irr vt* ❶ (*schildern*) describe ❷ (*Papier*) write on ❸ (MATH: *Kreis*) describe; **nicht zu ~ sein** be beyond description
Beschreibung *f* description; (*Funktionsdarstellung*) instructions *pl*
beschreiten *irr vt:* **neue Wege ~** (*fig*) follow new paths
beschriften [bəˈʃrɪftən] *vt* ❶ (*mit Schrift versehen*) write on; (*mit Lettern versehen*) inscribe ❷ (*etikettieren*) label
Beschriftung *f* (*Aufschrift*) inscription
beschuldigen [bəˈʃʊldɪgən] *vt* accuse of, charge with
Beschuldigung *f* accusation, charge
Beschuss *m* ❶ (MIL) fire ❷ (PHYS) bombarding; **unter ~ nehmen** fire on; (*fig*) launch an attack on
beschützen *vt* protect, shelter (*vor* from)
Beschützer(in) *m(f)* protector (protectress)
beschwatzen *vt* (*fam*) ❶ talk over ❷ (*schwatzen über*) have a chat about; **jdn zu etw ~** talk s.o. into s.th.
Beschwerde [bəˈʃveːɐdə] <-, -n> *f* ❶ (*Klage*) complaint ❷ (*Schmerzen*) trouble; **mit etw ~n haben** have trouble with s.th.; **eine ~ einlegen** lodge a complaint
beschweren **I.** *vr* complain **II.** *vt* (*mit Gewicht*) weigh down
beschwerlich *adj* arduous; **jdm ~ fallen** be a burden to s.o.
beschwichtigen [bəˈʃvɪçtɪgən] *vt* appease, calm
beschwindeln *vt* ❶ (*betrügen*) swindle ❷ (*belügen*) tell a fib; **jdn um etw ~** cheat s.o. out of s.th.
beschwingt [bəˈʃvɪŋt] *adj* ❶ (*lebhaft, munter*) lively, sprightly ❷ (*rasch, schnell*) swift; **~e Laune** cheerful mood
beschwipst [bəˈʃvɪpst] *adj* (*fam*) tipsy
beschwören *irr vt* ❶ (*durch Schwur bekräftigen*) swear to ❷ (*anflehen*) beseech, implore ❸ (*heraufbeschwören, a. fig*) conjure up
Beschwörung *f* ❶ (*durch Zauberer*) conjuration ❷ (*inständiges Bitten*) entreaty
beseelen *vt* fill, inspire
besehen *irr vt* look at; **sich etw aus der Nähe ~** look at s.th. closely
beseitigen [bəˈzaɪtɪgən] *vt* remove
Beseitigung *f* removal; (*Liquidierung*) elimination

Besen ['be:zən] <-s, -> *m* broom; (*Reisig~*) besom; **ich fresse einen ~, wenn …** (*fam*) I'll eat my hat if …; **Besenstiel** *m* broom-stick; **Besenwirtschaft** *f* inn run by a wine-grower, serving simple meals and wine, during the new-wine season

besessen [bə'zɛsən] *adj* ❶ (*von bösen Geistern*) possessed (*von* by) ❷ (*fig*) obsessed (*von* with); **wie ~ arbeiten** work like one possessed

besetzen *vt* ❶ (*a.* MIL) occupy ❷ (*mit Verzierungen*) trim ❸ (*Stelle, Posten*) fill ❹ (*Rolle*) cast; **ist dieser Platz besetzt?** is this seat taken?; **ein Haus instand ~** squat in a house (and do it up)

besetzt *adj* ❶ (*Platz*) taken; (*Toilette*) occupied ❷ (TELE) engaged *Br*, busy *Am* ❸ (*ausgebucht*) booked; **Besetztzeichen** *nt* (TELE) engaged tone *Br*, busy tone *Am*

Besetzung *f* ❶ (MIL) occupation ❷ (MUS) instrumentation; (THEAT) cast; (SPORT) team

besichtigen [bə'zɪçtɪgən] *vt* have a look at; (*Stadt*) visit

Besichtigung *f* ❶ (*einer Stadt*) visit (to); (*von Sehenswürdigkeiten*) sight-seeing tour ❷ (*Inspektion*) inspection

besiedelt *adj*: **dicht** (**dünn**) **besiedelt** densely (sparsely) populated

Besied(e)lung *f* settlement; (*Kolonisierung*) colonization; **dünne ~** sparse population

besiegeln *vt* seal

besiegen *vt* ❶ (*Feind*) defeat; (*Land*) conquer ❷ (*fig*) overcome

Besiegte(r) *f m* ❶ (*besiegter Feind*) defeated foe ❷ (SPORT) loser

besinnen *irr vr* ❶ (*es sich anders überlegen*) have second thoughts ❷ (*sich erinnern an*) remember ❸ (*nachdenken*) think, reflect; **sich anders ~** change one's mind; **ohne sich lange zu ~** without thinking twice; **sich eines Besseren ~** think better of …; **wenn ich mich recht besinne** if I remember correctly

besinnlich *adj* contemplative

Besinnung *f* ❶ (*Bewusstsein*) consciousness ❷ (*Sich-Besinnen*) reflection, contemplation; **die ~ verlieren** lose consciousness; **wieder zur ~ kommen** regain consciousness; (*fig*) come to one's senses *pl*; **jdn zur ~ bringen** bring s.o. round; (*fig*) bring s.o. to his [*o* her] senses *pl*; **nicht bei ~ sein** be unconscious; **besinnungslos** *adj* insensible, unconscious; **~ vor Wut** blind with rage

Besitz <-es> *m* possession; (*Grundvermögen*) property, (real) estate; **von etw ~ ergreifen** seize possession of s.th.; **etw in ~ nehmen** take possession of s.th.; **wir sind im ~ von Dokumenten** we have documents in our possession; **besitzanzeigend** *adj* (GRAM) possessive

besitzen *irr vt* (*haben*) have; (*geh*) own, possess; **jds Vertrauen ~** have someone's confidence; **Besitzer(in)** *m(f)* owner, proprietor; **den ~ wechseln** change hands

besitzergreifend *adj* possessive

besitzlos *adj* without possessions

Besitzstandsdenken *nt* (*Festhalten am Status Quo*) property-oriented thinking

Besitztum *nt* ❶ (*Eigentum*) possession, property ❷ (*Landgut*) estate; **Besitzung** *f* possession; (*Land~*) estates *pl*

besoffen [bə'zɔfən] *adj* (*fam*) canned, pissed

besohlen [bə'zo:lən] *vt* sole

besolden [bə'zɔldən] *vt* pay; **Besoldung** *f* pay

besondere [bə'zɔndərə] *adj* special; (*außergewöhnlich*) exceptional; **ohne ~ Begeisterung** without any particular enthusiasm; **wir legen ~n Wert auf …** we place special emphasis on …

Besonderheit *f* peculiarity

besonders *adv* ❶ (*hauptsächlich*) chiefly, particularly ❷ (*speziell*) specially; **das ist nicht ~ lustig!** that's not particularly funny!; **das Essen ist nicht ~** the food is nothing to write home about; **wie geht's? - nicht ~** how are you? - not too hot

besonnen [bə'zɔnən] *adj* considered

Besonnenheit *f* level-headedness

besorgen *vt* ❶ (*beschaffen*) get ❷ (*erledigen*) see to

Besorgnis *f* anxiety, worry; **es besteht kein Grund zur ~** there's no reason for concern; **besorgt** [bə'zɔrkt] *adj* anxious, worried (*wegen* about); **um seine Sicherheit ~ sein** be concerned for one's safety; **Besorgtheit** *f s.* **Besorgnis**

Besorgung *f*: **~en machen** do some shopping; **für jdn eine ~ machen** get s.th. for s.o.

bespannen *vt* (*mit Bezugsmaterial*) cover; **Bespannung** *f* (*Bespannmaterial*) covering

bespielen *vt* record

besprechen *irr vt* ❶ discuss, talk over ❷ (*Film, Theaterstück*) criticize; (*Buch*) review; **sich mit jdm über etw ~** confer with s.o. about s.th.

Besprechung *f* ❶ (*Unterredung*) discussion ❷ (*Sitzung*) conference ❸ (*Buch~*) review; **Besprechungszimmer** *m* meeting room

bespritzen *vt* (*mit Wasser*) spray; (*mit

Schmutz) splash; (*mit Blut*) stain

besser ['bɛsɐ] *adj* better; ~ **werden** get better, improve; **umso ~!** so much the better!; **das ist auch ~ so** it's better that way; **ich habe Besseres zu tun** I have better things to do; **jdn eines Besseren belehren** teach s.o. otherwise; **das solltest du ~ nicht tun** you had better not do that

bessern **I.** *vt* better, improve **II.** *vr* ① (*Zustand*) get better, improve ② (*sittlich*) mend one's ways *pl*

Besserung *f* improvement; **gute ~!** I hope you get well soon!; **auf dem Wege der ~ sein** be on the way to recovery

Besserwisser(in) *m(f)* (*pej*) know-all *Br*, know-it-all *Am*

Bestand [bə'ʃtant] *m* ① (*Fortdauer*) continued existence ② (COM: *Lager~*) stock (*an* of); **von ~ sein** be permanent; **~ aufnehmen** (COM) take stock

beständig *adj* ① (*ständig*) constant, continual ② (*gleichbleibend*) constant; (*Wetter*) settled ③ (*dauerhaft*) resistant (*gegen* to); (*Farbe*) fast

Beständigkeit *f* ① (*Standhaftigkeit*) constancy ② (TECH: *Dauerhaftigkeit*) resistance

Bestandsaufnahme *f* (*a.* COM) stock-taking; **Bestandskontrolle** *f* stock control; **Bestandsmaterial** *nt* stock-in-trade

Bestandteil *m* component, part; (*fig*) integral part; **in seine ~e zerlegen** take apart; **sich in seine ~e auflösen** fall to pieces

bestärken *vt* confirm; **jdn in seinem Vorhaben ~** confirm s.o. in his intention; **das hat mich nur (darin) bestärkt** that made me all the more determined

bestätigen [bə'ʃtɛːtɪgən] **I.** *vt* confirm; **den Empfang ~** acknowledge (receipt of); **hiermit wird bestätigt, dass ...** this is to certify that ...; **sich in etw bestätigt finden** be confirmed in s.th. **II.** *vr* prove [*o* be proved] true; **bestätigend** *adj* confirmative

Bestätigung *f* confirmation; (*Empfangs~*) acknowledg(e)ment of receipt

bestatten [bə'statən] *vt* bury

Bestattung *f* burial; (*Feier*) funeral; **Bestattungsinstitut** *nt* undertaker's *Br*, mortician's *Am*

bestäuben [bə'ʃtɔɪbən] *vt* (*von Blüten*) pollinate

beste ['bɛstə] *adj* best; **~n Dank!** many thanks!; **der erste Beste** the first that comes along; **mit den ~n Grüßen** with best wishes; **ich hielte es für das Beste, wenn ...** I thought it best if ...; **das Beste wäre, wir ...** it would be the best for us to ...; **wir wollen das Beste hoffen** let's hope for the best; **es ist zu deinem Besten** it is for your own good

bestechen *irr vt* ① bribe, corrupt ② (*fig: faszinieren*) captivate, fascinate; **sich ~ lassen** take bribes; **bestechlich** [bə'ʃtɛçlɪç] *adj* bribable, corruptible; **Bestechlichkeit** *f* corruptibility

Bestechung *f* bribery, corruption

Besteck [bə'ʃtɛk] <-(e)s, -e/(-s)> *nt* cutlery *Br*, flatware *Am*

Bestehen *nt* ① (*Existenz*) existence ② (*einer Prüfung*) passing; **bei ~ der Prüfung** on passing the exam(ination)

bestehen *irr* **I.** *vi* ① (*existieren*) exist ② (*zusammengesetzt sein aus*) consist (*aus* of); **~ aus** consist of; **~ bleiben** remain; **es besteht die Aussicht, dass ...** there is a prospect that ...; **das Problem besteht darin, dass ...** the problem is that ... **II.** *vt* ① (*Prüfung*) pass ② (*Kampf*) win; **eine Prüfung mit 'befriedigend' ~** pass an exam with 'fair'

besteigen *irr vt* ① (*Berg*) climb ② (*Schiff*) go aboard ③ (*Thron*) ascend; **Besteigung** *f* climbing

bestellen *vt* ① (*Waren*) order ② (*ausrichten*) leave a message ③ (*Land*) till; **soll ich etw ~?** can I take a message?; **er hat hier nichts zu ~!** (*fam*) he doesn't have any say here!; **ich bin für zehn Uhr bestellt** I have an appointment for ten o'clock; **wir sitzen hier wie bestellt und nicht abgeholt** (*fam*) we're sitting here all dressed up and nowhere to go

Bestell-Hotline *f* (*von Versandhäusern*) order hotline; **Bestellnummer** *f* order number; **Bestellschein** *m* order form

Bestellung *f* (*Auftrag*) order

bestenfalls *adv* at best

bestens *adv* very well; **er lässt Sie ~ grüßen** he sends his best regards

besteuern *vt* tax

Besteuerung *f* taxation

bestialisch [bɛsti'aːlɪʃ] *adj* bestial; (*ekelhaft*) beastly

Bestie ['bɛstiə] *f* ① (*Tier*) beast ② (*Mensch*) animal, brute

bestimmen **I.** *vt* ① (*festlegen*) determine; (*Zeit, Ort*) fix, set ② (*berechnen*) ascertain ③ (*vorsehen*) mean **II.** *vi* decide (*über* on); **er hat hier nicht zu ~!** he doesn't make the decisions here!; **bestimmend** *adj* determining; **für etw ~ sein** be characteristic of s.th.

bestimmt **I.** *adj* ① (*festgelegt*) fixed, set ② (*fig: fest*) firm; **ich suche eine ~e Ausgabe** I want a particular edition **II.** *adv* certainly, definitely; **~ wissen, dass ...** know

for certain that ...; **das ist für dich ~** that's meant for you; **das ist ~ für dich!** (*Post*) it's bound to be for you!; **Bestimmtheit** *f* certainty; **mit ~** for certain, positively
Bestimmung *f* ❶ (*Vorschrift*) regulation ❷ (*Schicksal*) destiny ❸ (*das Bestimmen*) determining; **gesetzliche ~en** legal regulations [*o* requirements]; **Bestimmungsland** *nt* (country of) destination; **Bestimmungsort** *m* destination
Bestleistung *f* best performance
bestmöglich *adj* best possible; **sein Bestmögliches tun** do one's best
Bestnoten *fpl* top marks
bestrafen *vt* punish
Bestrafung *f* punishment
bestrahlen *vt* ❶ (*anstrahlen*) illuminate ❷ (MED) give ray treatment to ...
Bestrahlung *f* (MED) radiotherapy, ray treatment
Bestreben <-s> *nt* effort, endeavour
bestrebt *adj:* **~ sein etw zu tun** endeavour to do s.th.
Bestrebung *f* attempt, endeavour; **~en sind im Gange** efforts are being made
bestreichen *irr vt:* **etw mit etw ~** spread s.th. on s.th.
bestreiken *vt* black; **dieser Betrieb wird bestreikt** this factory is on strike
bestreiten *irr vt* ❶ contest, dispute ❷ (*leugnen*) deny ❸ (*aufkommen für*) defray; **das will ich nicht ~** I'm not disputing it; **es lässt sich nicht ~, dass ...** there's no denying the fact that ...
bestreuen *vt* ❶ cover (*mit* with) ❷ (*Speisen*) sprinkle
bestsituiert *adj* (*österr: gut situiert*) well-off
bestücken *vt* ❶ (*ausstatten*) equip, fit ❷ (MIL) arm
Bestückung *f* ❶ (*Ausstattung*) equipment ❷ (MIL) armaments *pl*
bestürmen *vt* ❶ (MIL) assail, storm ❷ (*fig: angehen*) bombard, inundate
bestürzt [bəˈʃtʏrtst] *adj* dismayed
Bestürzung *f* consternation, dismay; **zu unserer ~** to our dismay
Besuch [bəˈzuːx] <-(e)s, -e> *m* ❶ visit ❷ (*Teilnahme*) attendance ❸ (*Besucher*) visitor; **bei jdm zu ~ sein** be visiting s.o.; **von jdm ~ erhalten** get a visit from s.o.; **bekommst du viel ~?** do you have a lot of visitors?
besuchen *vt* ❶ visit ❷ (*gehen zu*) go to ❸ (*teilnehmen*) attend
Besucher(in) *m(f)* visitor; **Besucherzahl** *f* attendance
Besuchszeit *f* visiting time; **Besuchszimmer** *nt* visitor's room
besucht *adj* ❶ (*Ort, Lokal*) frequented ❷ (FILM THEAT) attended, patronized; **gut (schwach) ~** well (poorly) attended
besudeln [bəˈzuːdəln] *vt* soil; (*fig*) sully
Betablocker <-s, -> *m* (MED) beta blocker
betagt [bəˈtaːkt] *adj* aged
betasten *vt* feel
betätigen [bəˈtɛːtɪgən] **I.** *vt* operate; **die Bremsen ~** apply the brakes **II.** *vr* busy o.s.; **sich literarisch ~** do some writing; **sich politisch ~** be active in politics
Betätigung *f* ❶ (*Tätigkeit*) activity ❷ (*Bedienung*) operation ❸ (*Aktivierung*) activation
betäuben [bəˈtɔɪbən] *vt* ❶ (MED: *narkotisieren*) anaesthetize ❷ (*benommen machen*) stun; **~der Lärm** deafening noise
Betäubung *f* ❶ (*Narkotisierung*) anaesthetization ❷ (*Narkose*) anaesthetic
Betäubungsmittel *nt* anaesthetic
Bete [ˈbeːtə] <-, -n> *f:* **Rote ~** beetroot
beteilen *vt* (*österr*) give presents to
beteiligen [bəˈtaɪlɪgən] **I.** *vr* participate, take part (*an* in); **sich an den Kosten ~** contribute to the expenses **II.** *vt:* **jdn an etw ~** let s.o. take part in s.th.
beteiligt *adj:* **an etw ~ sein** be involved in s.th.; (FIN) have a share in s.th.; **Beteiligte(r)** *f m* person involved; (*fig*) stakeholder; (JUR) party
Beteiligung *f* ❶ participation ❷ (*Teilhaberschaft*) partnership ❸ (*Anteil*) share, interest ❹ (*Zuhörerschaft*) attendance
beten [ˈbeːtən] *vi* pray
beteuern [bəˈtɔɪɐn] *vt* declare; **seine Unschuld ~** protest one's innocence
Beteuerung *f* declaration
betiteln *vt* ❶ (*mit Titel versehen*) entitle ❷ (*beschimpfen*) call
Beton [beˈtɔŋ] <-s, -s> *m* concrete
betonen [bəˈtoːnən] *vt* (*a. fig*) emphasize, stress
betonieren [betoˈniːrən] *vt* concrete; (*fig: festigen*) firm up
Betonmischmaschine *f* concrete mixer; **Betonsilo** *m* (*pej: Hochhaus*) concrete block
betont [bəˈtoːnt] *adj:* **~ einfach** markedly simple
Betonung *f* ❶ (*von Wort*) stress ❷ (*Nachdruck*) emphasis
betören [bəˈtøːrən] *vt* beguile, bewitch
Betracht [bəˈtraxt] <-(e)s> *m:* **in ~ kommen** be considered; **in ~ ziehen** take into consideration; **etw außer ~ lassen** disregard s.th.; **nicht in ~ kommen** be out of

the question

betrachten *vt* look at; (*fig: ansehen als*) consider, regard; **sich etw ~** have a look at s.th.

Betrachter(in) *m(f)* observer

beträchtlich [bə'trɛçtlɪç] *adj* considerable

Betrag [bə'tra:k, *pl:* bə'trɛ:gə] <-(e)s, Beträge> *m* amount, sum; **~ dankend erhalten** payment received with thanks; **ein Scheck über den ~ von € 300,-** a cheque for € 300

Betragen *nt* behaviour *Br,* behavior *Am;* (*Führung*) conduct

betragen *irr* **I.** *vi* be **II.** *vr* behave

betrauen *vt:* **jdn mit etw ~** entrust s.o. with s.th.

betrauern *vt* mourn

Betreff [bə'trɛf] <-(e)s> *m:* **~: ...** re: ...

betreffen *irr vt* (*angehen*) concern, relate to; **was das betrifft** as far as that goes; **betreffend** *adj* concerned, in question; **der ~e Brief** the letter referred to; **Betreffzeile** *f* with-reference-to line

betreiben *irr vt* ① (*Studien*) pursue; (*Geschäft*) carry on ② (*eine Angelegenheit*) push ahead; **auf Betreiben von** at the instigation of

Betreiber(in) <-s, -> *m(f)* runner

betreten *irr vt* ① (*Raum*) enter, go into ② (*Boden*) walk on (to); **Betreten verboten!** keep off!

betreuen [bə'trɔɪən] *vt* look after; **Betreuer(in)** *m(f)* carer (*person who looks after s.o.*); **Betreuung** *f* looking after; (*von Patienten*) care

Betrieb *m* ① (*Geschäft*) business, concern ② (*einer Fabrik*) operation ③ (*Betriebsamkeit*) bustle; (*Verkehr*) traffic; **außer ~** out of order; **in der Stadt war viel ~** the town was very busy

Betriebsanleitung *f* operating instructions *pl;* **Betriebsarzt** *m* company doctor; **Betriebsausflug** *m* firm's outing; **betriebsblind** *adj* (*pej*) blind to the shortcomings in one's company; **Betriebsferien** *pl* annual holiday *sing;* **Betriebsfest** *nt* office party; **Betriebskapital** *nt* working capital; **Betriebsklima** *nt* working conditions *pl;* **Betriebskosten** *pl* ① (TECH) running costs ② (COM) overheads; **Betriebsleiter(in)** *m(f)* (works) manager; **Betriebsleitung** *f* management; **Betriebsrat** *m* ① (*Kollegium*) works committee ② (*Angehöriger des ~es*) works committee member; **Betriebsratsvorsitzende(r)** <-s, -> *f m* chair of works [*o* factory] committee; **Betriebsstilllegung** *f* closing down, shutdown; **Betriebssystem** *nt* (INFORM) operating system; **Betriebstemperatur** *f* (TECH) operating temperature; **Betriebsunfall** *m* industrial accident; **Betriebsverfassungsgesetz** *nt* Industrial Constitution Law; **Betriebsversammlung** *f* works meeting, company meeting *Am;* **Betriebswirt(in)** *m(f)* business economist; **Betriebswirtschaft** *f* business management

betrinken *irr vr* get drunk

betroffen [bə'trɔfən] *adj* ① (*bestürzt*) full of consternation ② (*erfasst*) affected (*von* by); **~ sind verschiedene Mitarbeiter** several staff members are concerned

betrüben *vt* distress, sadden; **betrüblich** [bə'try:plɪç] *adj* deplorable

betrübt *adj* distressed; **tief ~** deeply distressed

Betrug [bə'tru:k] <-(e)s> *m* deceit, deception; (JUR) fraud; **das ist ~!** it's all a fraud!

betrügen [bə'try:gən] *irr vt* cheat, deceive; **jdn um etw ~** cheat s.o. out of s.th.; **seinen Mann ~** be unfaithful to one's husband

Betrüger(in) *m(f)* (*beim Spiel*) cheat; (*geschäftlich*) swindler; (*Hochstapler*) con-man; **Betrügerei** *f* cheating, swindling

betrügerisch *adj* deceitful; **in ~er Absicht** with intent to defraud

betrunken [bə'trʊŋkən] *adj* drunk; **ein Betrunkener** a drunk

Bett [bɛt] <-(e)s, -en> *nt* ① (*Liege~*) bed ② (*Ober~*) quilt; **das ~ machen** make the bed; **im ~** in bed; **Frühstück im ~** breakfast in bed; **zu ~ gehen** go to bed; **mit jdm ins ~ gehen** go to bed with s.o.; **Bettanzug** *m* (*CH: Bettbezug*) quilt-cover; **Bettbezug** *m* quilt-cover; **Bettdecke** *f* ① (*flache ~*) blanket ② (*Steppdecke*) quilt

bettelarm [--'-] *adj* destitute

betteln *vi* beg; **bei jdm um etw ~** beg s.o. for s.th.

Bettflasche *f* (*CH: Wärmflasche*) hot-water bottle

bettlägerig ['bɛtlɛ:gərɪç] *adj* bed-ridden

Bettlaken *nt* sheet

Bettler(in) *m(f)* beggar

Bettnässer(in) *m(f)* bedwetter

Bettruhe *f:* **jdm ~ verordnen** order s.o. to stay in bed

Betttuch *nt* sheet; **Bettvorleger** *m* bedside rug; **Bettwäsche** *f* bed linen; **Bettzeug** *nt* bedding

beugen ['bɔɪgən] **I.** *vt* ① bend; (*Kopf*) bow ② (*fig*) break ③ (GRAM) inflect; (*Verb*) conjugate; (*Substantiv, Adjektiv*) decline **II.** *vr* bend; (*fig*) submit (to); **sich nach vorne ~** lean forward

Beule ['bɔɪlə] <-, -n> *f* ❶ (*Schwellung*) bump, swelling; (*Eiter~*) boil ❷ (*im Blech*) dent

beunruhigen [bə'ʊnruːigən] *vt* worry; **~d sein** give cause for concern

Beunruhigung *f* concern; **es besteht kein Grund zur ~** there is no cause for alarm

beurkunden *vt* certify

Beurkundung *f* certification

beurlauben *vt* give leave; **beurlaubt sein** be on leave; **sich ~ lassen** take leave

beurteilen *vt* judge (*nach* by, from); **etw falsch ~** misjudge s.th.

Beurteilung *f* ❶ (*das Beurteilen*) judg(e)ment ❷ (*Rezension*) review

Beute ['bɔɪtə] <-> *f* booty, loot, spoil; **reiche ~ machen** make a big haul; **jdm zur ~ fallen** fall a prey to s.o.

Beutel ['bɔɪtəl] <-s, -> *m* bag; **tief in den ~ greifen** dig deep into one's pocket

bevölkern [bə'fœlkɐn] *vt* inhabit; **das Land ist dicht bevölkert** it's a densely populated country

Bevölkerung *f* population; **Bevölkerungsdichte** *f* density of population; **Bevölkerungsentwicklung** *f* demographic developments; **Bevölkerungsexplosion** *f* population explosion; **Bevölkerungsrückgang** *m* decline in population; **Bevölkerungszunahme** *f* increase in population

bevollmächtigen [bə'fɔlmɛçtɪgən] *vt* authorize (*zu etw* to do s.th.); **Bevollmächtigte(r)** *f m* authorized representative

bevor [bə'foːɐ] *konj* before; **~ nicht ...** until ...

bevormunden [bə'fɔːɐmʊndən] *vt* tell s.o. what he [*o* she] should be doing

Bevormundung *f*: **ich lasse mir diese ~ nicht gefallen** I hate having my mind made up for me

bevorraten *vt* store, stockpile, build up stocks

Bevorratung <-> *f* stockpiling

bevorrechtigt [bə'foːɐrɛçtɪçt] *adj* ❶ (*privilegiert*) privileged ❷ (*vorrangig*) high-priority

bevor|stehen *irr vi* lie ahead; (*unmittelbar drohend*) be imminent; **wer weiß, was ihr noch bevorsteht** who knows what is still in store for her; **bevorstehend** *adj* forthcoming, approaching; **der ~e Winter** the approaching winter

bevorzugen *vt* prefer; (*begünstigen*) favour; **bevorzugt** *adj* preferred, favourite; (*privilegiert*) privileged; **Bevorzugung** *f* preferential treatment (*bei* in)

bewachen *vt* guard

bewachsen [bə'vaksən] *adj*: **~ mit ...** overgrown with ...

Bewachung *f* ❶ (*das Bewachen*) guarding ❷ (*Wache*) guard

bewaffnen [bə'vafnən] *vt* arm; **bewaffnet** *adj* armed; **schwer ~** heavily armed

Bewaffnung *f* ❶ (*Vorgang*) arming ❷ (*Waffen*) armament, arms *pl*

bewahren [bə'vaːrən] *vt* ❶ (*aufheben*) keep ❷ (*beschützen*) protect (*vor* from), safeguard; **Gott bewahre!** heaven forbid!

bewähren [bə'vɛːrən] *vr* ❶ (*Mensch*) prove one's worth ❷ (*Gerät*) prove worthwhile

bewahrheiten [bə'vaːɐhaɪtən] *vr* prove well-founded

bewährt *adj* tried and tested; **ein ~es Mittel** a proven remedy

Bewährung *f* (JUR) probation; **eine Strafe zur ~ aussetzen** impose a suspended sentence; **Bewährungsfrist** *f* (JUR) probation period; **Bewährungshelfer(in)** *m(f)* probation officer

bewaldet [bə'valdət] *adj* wooded

bewältigen [bə'vɛltɪgən] *vt* ❶ (*meistern*) manage ❷ (*überwinden*) get over

bewandert [bə'vandɐt] *adj* expert, knowledgeable; **in etw gut ~ sein** be well versed in s.th.

Bewandtnis [bə'vantnɪs] *f*: **damit hat es folgende ~ ...** the facts are these ...

bewässern [bə'vɛsɐn] *vt* (*Land*) irrigate; (*Rasen*) water

Bewässerung *f* irrigation

bewegen [bə'veːgən] **I.** *vt* (*a. fig*) move; **jdn zu etw ~** induce s.o. to do s.th.; **können Sie ihn dazu ~?** can you get him to do it? **II.** *vr* move; (*sich Bewegung verschaffen*) get some exercise; **es bewegt sich etwas** (*fig*) things happen, things get going

Beweggrund *m* motive

beweglich [bə'veːklɪç] *adj* ❶ movable; (*leicht manövrierbar*) manoevrable ❷ (*flink*) agile ❸ (*geistig ~*) nimble

Beweglichkeit *f* movability; (*Agilität*) agility

bewegt [bə'veːkt] *adj* ❶ (*Wasser: aufgerührt*) choppy ❷ (*fig*) moved ❸ (*ereignisreich*) eventful; **tief ~** deeply moved

Bewegung *f* ❶ movement, motion ❷ (*körperlich*) exercise ❸ (*seelisch*) agitation, emotion; **politische ~** political movement; **in ~ bringen** set in motion; **etwas kommt in ~** s.th. gets moving; **jdn in ~ bringen** get s.o. moving; **keine (falsche) ~!** freeze!; **sich ~ verschaffen** get some exercise; **Bewegungsfreiheit** *f* freedom of movement; (*Ellenbogenfreiheit*) elbowroom; **bewegungslos** *adj* motionless; **Bewegungslosigkeit** *f* immobility, motionlessness; **Bewegungstherapie** *f* (MED) kinesiotherapy

Beweihräucherung [bəˈvaɪrɔɪçərʊŋ] <-, -en> *f* (*fig*) incensation, adulation

beweinen *vt* weep for; (*betrauern*) mourn

Beweis [bəˈvaɪs] <-es, -e> *m* proof; (JUR) evidence; (MATH) demonstration; **als ~ dienen** serve as evidence; **den ~ erbringen** produce proof; **den ~ führen** prove; **zum ~ von ...** in proof of ...; **Beweisaufnahme** *f* hearing of evidence; **beweisbar** *adj* demonstrable, provable; **Beweisbarkeit** *f* demonstrability

beweisen *irr vt* ❶ prove ❷ (*zeigen*) show; **was noch zu ~ wäre** that remains to be seen

Beweisführung *f* ❶ (JUR) presentation of one's case ❷ (*Argumentation*) reasoning

Beweismaterial *nt* evidence

Bewenden *nt:* **damit hatte es sein ~** that was the end of the matter

bewenden *vt:* **lassen wir es dabei ~!** let's leave it at that!

bewerben *irr vr:* **sich bei jdm um eine Stelle ~** apply to s.o. for a job

Bewerber(in) *m(f)* applicant; **Bewerberstaat** *m* (EU) applicant state

Bewerbung *f* application; **seine ~ einreichen** file one's application; **Bewerbungsgespräch** *nt* (job) interview; **Bewerbungsschreiben** *nt* letter of application; **Bewerbungsverfahren** *nt* application procedure

bewerfen *irr vt:* **jdn mit etw ~** throw s.th. at s.o.

bewerkstelligen *vt* manage

bewerten *vt* judge; (*schätzen auf*) value; **etw zu hoch (niedrig) ~** overvalue (undervalue) s.th.

Bewertung *f* judg(e)ment; (*Schätzung*) valuation; **Bewertungskriterien** *ntpl* valuation criteria

bewilligen [bəˈvɪlɪgən] *vt* (*zugestehen*) allow; (FIN) grant

Bewilligung *f* allowance; (FIN) grant; (*amtliche ~*) approval

bewirken *vt* bring about, cause; **eine Veränderung ~** effect a change

bewirten *vt:* **jdn ~** entertain s.o. to a meal

bewirtschaften *vt* ❶ (*Gut*) administer, manage ❷ (*Acker*) cultivate ❸ (*Mangelware*) ration; (*Wohnraum*) control

Bewirtschaftung *f* ❶ (*Betreibung*) management ❷ (*von Grund und Boden*) cultivation

Bewirtung *f* (*zu Hause*) hospitality; (*im Gasthaus*) service

bewohnbar *adj* habitable

bewohnen *vt* live in; **bewohnt sein** be inhabited [*o* occupied]

Bewohner(in) *m(f)* (*Einwohner*) inhabitant; (*Haus~*) occupant

bewölken [bəˈvœlkən] *vr* cloud over; **bewölkt** *adj* cloudy; **dicht bewölkt** heavily overcast

Bewölkung *f* clouds *pl*

Bewuchs *m* natural cover

Bewunderer, -rin *m, f* admirer

bewundern *vt* admire (*wegen* for); **bewundernswert** *adj* admirable

Bewunderung *f* admiration

bewusst [bəˈvʊst] **I.** *adj* ❶ conscious ❷ (*willentlich*) deliberate ❸ (*besagt*) in question; **sich einer Gefahr ~ sein** be aware of a danger; **die ~e Sache** the matter in question; **es war eine ~e Lüge** it was a deliberate lie; **jdm etw ~ machen** make s.o. aware of s.th. **II.** *adv* (*absichtlich*) deliberately

bewusstlos *adj* unconscious; **~ werden** lose consciousness; **~ zusammenbrechen** fall senseless; **Bewusstlosigkeit** *f* unconsciousness

Bewusstsein <-s> *nt* consciousness; **in dem ~ ...** conscious of ...; **es kommt jdm zu ~** it dawns upon s.o.; **jdm etw zum ~ bringen** bring s.th. home to s.o.; **das ~ verlieren** lose consciousness; **wieder zu ~ kommen** regain consciousness; **bewusstseinserweiternd** *adj* mind-expanding; **Bewusstseinsschwelle** *f* threshold of consciousness; **bewusstseinsverändernd** *adj* (*Droge*) which alters one's (state of) awareness

bezahlen *vt* pay; **ein Fahrrad ~** pay for a bike; **kannst du mir das nicht ~?** could you pay for it for me?; **bezahlt** *adj:* **sich ~ machen** pay off; **gut ~** highly-paid

Bezahlung *f* pay

bezaubern *vt* charm, fascinate; **bezaubernd** *adj* charming, fascinating

bezeichnen *vt* (*beschreiben*) describe; (*benennen*) call; **so kann man es (natürlich) auch ~** you can call it that too

bezeichnend *adj* characteristic (*für* of); **das ist wieder ~!** that is just typical!

Bezeichnung *f* (*Ausdruck*) term; **das ist eine zutreffende ~!** that hits the nail on the head!

bezeugen *vt* testify

bezichtigen [bəˈtsɪçtɪgən] *vt* accuse; **jdn einer Sache ~** accuse s.o. of s.th., charge

B

s.o. with s.th.

beziehen *irr* **I.** *vt* ① (*mit Bezugsmaterial*) cover ② (*Haus, Wohnung*) move into ③ (*bekommen*) get, obtain; **die Betten ~** change the beds; **eine Zeitung ~** take a newspaper; **einen Standpunkt ~** adopt a point of view; **etw auf sich ~** take s.th. personally **II.** *vr* ① (*mit Wolken*) cloud over ② (*betreffen*): **sich ~ auf ...** refer to ...

Bezieher(in) *m(f)* ① (*einer Zeitung*) subscriber ② (COM) purchaser ③ (*von Unterstützung*) drawer; **~ niedriger Einkommen** earners of low wages

Beziehung *f* ① (*Verhältnis*) relationship ② (*menschliche ~*) relations *pl* ③ (*Verbindung*) connections *pl;* **keine ~ zu etw haben** have no bearing on s.th.; **er hat ~en** he knows the right people; **in jeder ~** in every respect; **Beziehungskiste** *f* (*fam*) affair, relationship

beziehungsweise *adv* ① (*aber*) respectively; **Kinder ~ Jugendliche ...** children and/or young people (respectively) ② (*oder vielmehr*) or rather

beziffern [bəˈtsɪfɐn] **I.** *vt:* **etw auf etw ~** estimate s.th. at **II.** *vr:* **sich ~ auf ...** amount to ...

Bezirk [bəˈtsɪrk] <-(e)s, -e> *m* district; **Bezirksgericht** *nt* (*CH: Amtsgericht*) district court; **Bezirksverwaltung** *f* district administration

bezogen *adj:* **auf jdn/etw ~** in relation to s.o./s.th.

Bezug [bəˈtsuːk] *m* ① (*Überzug*) cover ② (*Kauf*) purchase ③ (FIN: *Erhalt*) drawing; (*von Zeitung*) taking; **Bezüge** (FIN) earnings; **~ nehmen auf ...** refer to ...

bezüglich [bəˈtsyːklɪç] *präp* regarding, with regard to

Bezugsperson *f* person to whom one relates; **Bezugsquelle** *f* source of supply

bezwecken [bəˈtsvɛkən] *vt* (*beabsichtigen*) aim at; **was soll das ~?** what's the point of that?

bezweifeln *vt* call in question, doubt

bezwingen *irr* **I.** *vt* conquer; (*besiegen*) defeat; (*fig: überwinden*) master **II.** *vr* control one's feelings

BH [beːˈhaː] <-s, -s> *m* bra

Bibel [ˈbiːbəl] <-, -n> *f* Bible; **Bibelstelle** *f* quotation from the Bible

Biber [ˈbiːbɐ] <-s, -> *m* beaver

Bibliografie [bibliograˈfiː] *f,* **Bibliographie** *f* bibliography

Bibliothek [biblioˈteːk] <-, -en> *f* library

Bibliothekar(in) *m(f)* librarian

bieder [ˈbiːdɐ] *adj* ① (*rechtschaffen*) honest ② (*spießig*) conventional

biegen [ˈbiːgən] *irr* **I.** *vt* bend **II.** *vi sein* (*ab~*) turn **III.** *vr* bend; (*sich verziehen*) warp; **gerade ~** straighten; (*fig*) sort out; **sich vor Lachen ~** double up with laughter

biegsam *adj* flexible; (*geschmeidig*) supple

Biegsamkeit *f* flexibility; (*Geschmeidigkeit*) suppleness

Biegung *f* bend; **eine ~ machen** bend

Biene [ˈbiːnə] <-, -n> *f* bee; **Bienenhonig** *m* natural honey; **Bienenkönigin** *f* queen bee; **Bienenschwarm** *m* swarm of bees; **Bienenstock** *m* beehive; **Bienenwabe** *f* honeycomb; **Bienenwachs** *nt* beeswax

Bier [biːɐ] <-(e)s, -e> *nt* beer; **zwei ~ bitte!** two beers, please!; **das ist mein ~!** (*fam*) that's my business!; **das ist dein ~!** (*fam*) that's your funeral!; **Bierdose** *f* beer can; **Bierflasche** *f* beer bottle; **Bierkasten** *m* beer crate; **Bierkrug** *m* beermug, tankard; **Biertrinker(in)** *m(f)* beer drinker; **Bierzelt** *nt* beer tent

Biest [biːst] <-(e)s, -er> *nt* (*Tier*) creature; **du ~!** (*sl: zu Frau*) you bitch!; (*zu Mann*) you bastard!

bieten [biːtən] *irr* **I.** *vt* ① (*an~*) offer ② (*dar~*) present; **wer bietet mehr?** will anyone offer more?; **das lasse ich mir nicht ~!** I won't stand for that! **II.** *vi* bid **III.** *vr* present itself

Bigamie [bigaˈmiː] *f* bigamy

biken [ˈbaɪkən] *vi* (*sl*) cycle; **Biker(in)** [ˈbaɪkɐ] <-s, -> *m(f)* (*sl*) biker

Bikini [biˈkiːni] <-s, -s> *m* bikini

Bilanz [biˈlants] <-, -en> *f* ① (FIN: *Lage*) balance ② (*Abrechnung*) balance sheet ③ (*fig*) outcome; **~ ziehen** take stock (*aus* of); **Bilanzkosmetik** *f* (COM) window-dressing the accounts; **Bilanzprüfer(in)** *m(f)* (COM) balance sheet auditor; **Bilanzsumme** *f* balance sheet totals *pl*

bilateral [ˈbiːlateraːl] *adj* bilateral

Bild [bɪlt] <-(e)s, -er> *nt* picture; (*Gemälde*) painting; (PHOT) picture; **sie ist darüber nicht im ~e** she is not in the picture about it; **sich von etw ein ~ machen** get an idea of s.th.; **~- und Tonverarbeitung** image and sound processing; **Bildauflösung** *f* (TV, INFORM) resolution; **Bilddatei** *f* photo [*o* picture] file

bilden [ˈbɪldən] **I.** *vt* ① (*darstellen*) constitute ② (*formen, a. fig*) form ③ (*geistig ~*) educate; **sich ein Urteil ~** form a judgment **II.** *vr* ① (*sich entwickeln*) develop, form ② (*sich geistig ~*) improve one's mind; **bildend** *adj:* **die ~en Künste** the fine arts; **allgemein ~e Schule** school providing general education

Bilderbogen *m* illustrated broadsheet; **Bilderbuch** *nt* picture book; **Bildergeschichte** *f* strip cartoon; **Bilderhaken** *m* picture hook; **Bilderrahmen** *m* picture-frame; **Bilderrätsel** *nt* picture-puzzle; **Bilderschrift** *f* pictographic writing system

Bildfläche *f:* **auf der ~ erscheinen** appear on the scene; **von der ~ verschwinden** vanish from the scene; **Bildfolge** *f* sequence of pictures; **Bildhauer(in)** *m(f)* sculptor; **Bildhauerei** *f* sculpture

bildhübsch *adj* pretty as a picture

bildlich *adj:* **~ gesprochen** figuratively speaking; **sich etw ~ vorstellen** picture s.th. in one's mind

Bildnachweis *m* picture reference; (*im Impressum*) pictures by: …

Bildnis ['bɪltnɪs] *nt* portrait; **Bildplatte** *f* (TV) video disc; **Bildplattenspieler** *m* (TV) video disc player; **Bildpunkt** *m* microdot; **Bildschirm** *m* screen; **Bildschirmabstrahlung** *f* (INFORM) screen radiation; **Bildschirmarbeit** *f* on-screen work; **Bildschirmarbeitsplatz** *m* work station; **Bildschirmgerät** *nt* visual display unit, VDU; **Bildschirmschoner** *m* (INFORM) screen-saver; **Bildschirmtext** *m* viewdata

bildschön *adj* superb, gorgeous

Bildstörung *f* (TV) interference; **Bildtelefon** *nt* videophone

Bildung ['bɪldʊŋ] *f* ① (*geistige ~*) education ② (*Formung, a. fig*) formation; **~ haben** be educated; **Bildungsgrad** *m* degree of instruction, educational level; **Bildungsgut** *nt* cultural heritage; **Bildungslücke** *f* gap in someone's education; **Bildungsniveau** *nt* standard of education; **Bildungsplanung** *f* education planning; **Bildungspolitik** *f* educational policy; **Bildungsurlaub** *m* educational holiday; **Bildungswesen** *nt* education system

Bildverarbeitung *f* (INFORM) image processing

Billard ['bɪljart] <-s> *nt* billiards *pl;* **~ spielen** play billiards; **Billardkugel** *f* billiard ball; **Billardstock** *m* billiard cue

Billet [bɪl'jɛt] <-s, -e> *nt* (*CH*) ① (*Bahn~, Theater~*) ticket ② (*fam*) driving licence ③ (*österr: Brief*) letter; **Billeteur, -euse** <-s, -e> *m, f* (*CH: Schaffner*) conductor

Billiarde [bɪ'ljardə] <-, -n> *f* thousand trillion

billig ['bɪlɪç] *adj* ① (*preiswert*) cheap ② (*primitiv*) shabby; **eine ~e Ausrede** a feeble excuse; **~ davonkommen** get off lightly

billigen ['bɪlɪgən] *vt* approve of

Billigflagge *f* (MAR COM) flag of convenience; **Billiglöhner(in)** <-s, -> *m(f)* cheap labourer

Billiglohnland *nt* country with low production costs

Billigung *f* approval; **jds ~ finden** meet with someone's approval

Billigwaren *pl* cut-price goods *pl*

Billion [bɪl'joːn] *f* trillion

bimbam *interj* ding-dong!

Bimsstein *m* pumice stone

binär *adj* binary

Binde ['bɪndə] <-, -n> *f* ① (MED) bandage ② (*Armschlinge*) sling ③ (*Damen~*) sanitary towel *Br,* napkin *Am* ④ (*Armband*) armband ⑤ (*Augen~*) blindfold; **sich einen hinter die ~ gießen** (*fam*) whet one's whistle

Bindegewebe *nt* (ANAT) connective tissue; **Bindeglied** *nt* link; **Bindehaut** *f* (ANAT) conjunctiva; **Bindehautentzündung** *f* conjunctivitis; **Bindemittel** *nt* binder, binding agent

binden ['bɪndən] *irr* **I.** *vt* ① (*fest~*) tie ② (*fig*) bind ③ (*Staub*) bind ④ (*absorbieren*) absorb; **jdm die Hände ~** (*a. fig*) tie someone's hands **II.** *vr* (*fig*) commit o.s. (*an* to); **bindend** *adj* binding

Bindestrich *m* hyphen; **ein Wort mit ~ schreiben** hyphenate a word

Bindfaden *m* piece of string

Bindung ['bɪndʊŋ] *f* ① (*fig*) relationship ② (*Ski~*) binding; **enge ~en an die Heimat haben** have close ties to one's home country

bingo ['bɪŋgo] *interj* bingo

binnen ['bɪnən] *präp* within; **~ kurzem** before long

Binnengewässer *nt* inland water; **Binnenhafen** *m* inland port; **Binnenhandel** *m* domestic trade; **Binnenland** *nt* interior; **Binnenmarkt** *m* home [*o* domestic] market; **europäischer ~** EU's internal market; **Binnenmeer** *nt* inland sea; **Binnenschifffahrt** *f* inland navigation

Binse ['bɪnzə] <-, -n> *f* (*Pflanze*) rush; **in die ~n gehen** (*fig fam*) be a wash-out

Binsenweisheit *f* truism

Biobauer *m* bio-farmer; **Biochemie** [bioçe'miː] *f* biochemistry; **Biochemiker(in)** *m(f)* biochemist; **biodynamisch** *adj* biodynamic; **Biogas** *nt* biogas, methane gas

Biografie *f,* **Biographie** *f* biography; **biografisch** *adj,* **biographisch** *adj* biographical

Bioindustrie *f* bioindustry; **Bioladen** *m* whole-food shop
Biologe, **-gin** *m, f* biologist; **Biologie** [biolo'giː] *f* biology; **biologisch** *adj* biological; ~ **abbaubar** biodegradable; ~**e Abwasserreinigung** biological purification of sewage; ~**e Kläranlage** biological sewage plant; ~**er Landbau** organic agriculture
Biomasse <-> *f* (CHEM) biomass; **Biomechanik** *f* biomechanics *sing;* **Biomüll** *m* organic waste; **Bionahrungsmittel** *nt* biofoodstuff; **Biophysik** *f* biophysics *pl*
Bioprodukte *ntpl* bio(logical) products; **Biorhythmus** *m* biorhythm; **Biotechnik** *f* biotechnology; **biotechnisch** *adj* biotechnological; **Biotechnologie** *f* biotechnology; **Biotonne** *f waste bin reserved for biological waste;* **Biotop** <-s, -e> *nt* biotope
BIP *nt Abk. von* **Bruttoinlandsprodukt** GDP
Birchermüsli *nt* (*CH*) muesli
Birke ['bɪrkə] <-, -n> *f* birch; **Birkenpilz** *m* boletus
Birma ['bɪrma] <-s> *nt* Burma; **Birmane**, **-nin** <-n, -n> *m, f* Burmese; **birmanisch** *adj* Burmese
Birnbaum *m* pear tree
Birne ['bɪrnə] <-, -n> *f* ❶ (*Frucht*) pear ❷ (ELEK: *Glüh~*) bulb ❸ (*fam: Kopf*) nut
birnenförmig *adj* pear-shaped
bis [bɪs] **I.** *präp* ❶ (*räumlich*) to; ~ **hierher** (to) here; ~ **hierher und nicht weiter** this far and no further ❷ (*zeitlich*) till, until; (*spätestens*) by; **ich werde ~ Ende der Woche zurück sein** I'll be back by the end of this week; ~ **wann?** till when?; ~ **einschließlich ...** up to and including ...; **von ... ~ ...** from ... till ... *Br,* from ... thru ... *Am;* ~ **dann!** see you then!; ~ **bald!** see you soon! **II.** *adv* ❶ (*räumlich*) till, until; (*spätestens*) by; ~ **auf weiteres** until further notice ❷ (*sonstige*): **alle ~ auf einen** all except for one **III.** *konj:* **es wird lange dauern, ~ sie es merken** it'll be a long time before they'll find out
Bisam ['biːzam] <-s, -e/-s> *m* ❶ (*Moschus*) musk ❷ (*Pelz der Bisamratte*) musquash; **Bisamratte** *f* muskrat
Bischof ['bɪʃɔf, *pl:* 'bɪʃøːfə] <-s, Bischöfe> *m* bishop; **bischöflich** *adj* episcopal; **Bischofsmütze** *f* mitre; **Bischofssitz** *m* diocesan town; **Bischofsstab** *m* crosier
bisexuell ['biːzɛksuˌɛl] *adj* bisexual
bisher [bɪs'heːɐ] *adv* hitherto, until now; ~ **wusste ich das noch nicht** I didn't know that before; ~ **noch nicht** not as yet; **bisherig** *adj* previous; **die ~en Nachrichten** the news received to date
Biskaya [bɪs'kaːja] *f* (GEOG) Biscay; **Golf von ~** Bay of Biscay
Biskuit [bɪs'kviːt] <-(e)s, -s/-e> *m/nt* sponge (cake)
bislang [bɪs'laŋ] *adv* until now; (*und weiterhin*) up to now
Bison ['biːzɔn] <-s, -s> *m* (*nordamerik. Büffel*) bison
Biss [bɪs] <-es, -e> *m* bite; ~ **haben** have bite
bisschen ['bɪsçən] *nt, adv, adj:* **ein ~ ...** a bit of ...; **warten Sie ein ~** wait a while; **ein ~ länger** a little longer; **kein ~** not a bit; **das ist ein ~ zu wenig** that's not quite enough; **das ist ein ~ wenig** that's not very much
Bissen ['bɪsən] <-s, -> *m* mouthful; **ich rühre keinen ~ an** I won't eat a thing
bissig *adj* (*Hund*) snappy; (*Bemerkung*) cutting, biting
Bissigkeit *f* (*a. fig*) viciousness
Bistum ['bɪstuːm, *pl:* 'bɪstyːmɐ] *nt* bishopric, diocese
bisweilen [bɪs'vaɪlən] *adv* from time to time, now and then
Bit <-s, -s> *nt* (INFORM) bit
Bitte ['bɪtə] <-, -n> *f* request; **auf meine ~** at my request; **ich habe eine ~ an Sie** I have a favour to ask (of) you
bitte *interj* please!; **wie ~?** sorry? pardon?; ~ **nicht!** please don't!; ~ **nach Ihnen!** after you; ~**?** (*was möchten Sie?*) can I help you?; **ich kündige! - ~!** I resign! - go ahead!; **na ~!** there you are!
bitten *irr vt* ask; **jdn um etw ~** ask s.o. for s.th.; **aber ich bitte Sie!** not at all!; **wenn ich ~ darf** if you wouldn't mind; **ich muss doch sehr ~!** well I must say!
bitter ['bɪtɐ] *adj* (*a. fig*) bitter; **das ist mein ~er Ernst!** I mean it!; ~**e Wahrheit** sad truth; **etw ~ nötig haben** be in dire need of s.th.; **bitterböse** *adj* furious; **Bitterkeit** *f* bitterness
bitterlich *adv:* ~ **weinen** cry bitterly
Bittsteller(in) *m(f)* petitioner
Biwak ['biːvak] <-s, -e/-s> *nt* (MIL) bivouac
bizarr [bi'tsar] *adj* bizarre
Blache <-, -n> *f* (*österr: Plane*) tarpaulin
Blackout <-s, -s> *m* (*Ohnmacht, Gedächtnisverlust*) blackout
blähen ['blɛːən] **I.** *vt, vr* (*Segel*) swell **II.** *vi* cause flatulence; **blähend** *adj* (MED) flatulent; **Blähung** *f* flatulence, wind
blamabel *adj* disgraceful
Blamage [bla'maːʒə] <-, -n> *f* disgrace
blamieren **I.** *vt* disgrace; **damit hast du uns schön blamiert!** you've really put us

in a spot! **II.** *vr* make a fool of o.s.; **damit hast du dich unsterblich blamiert!** you've made yourself look a hopeless fool!

blank [blaŋk] *adj* ❶ (*glänzend*) shining ❷ (~ *gescheuert*) shiny ❸ (*entblößt*) bare ❹ (*rein*) sheer; **~er Unsinn** sheer nonsense; **etw ~ scheuern** clean s.th. till it shines; **ich bin ~** (*fam*) I am dead broke

Blankoscheck *m* blank cheque *Br,* blank check *Am;* **Blankovollmacht** *f* carte blanche

Blase [ˈblaːzə] <-, -n> *f* ❶ (*Luft~*) bubble ❷ (MED: *Haut~*) blister ❸ (ANAT: *Harn~*) bladder; **~n werfen** blister; **sich die ~ erkälten** get a chill on the bladder

Blasebalg *m* bellows *pl,* pair *sing* of bellows

blasen *irr vi, vt* blow; **ein Horn ~** blow a horn; **dir werde ich was ~!** I'll give you a piece of my mind!

Blasenentzündung *f* bladder infection, cystitis; **Blasenstein** *m* bladder stone

Bläser(in) [ˈblɛːzɐ] *m(f)* (MUS) windplayer

blasiert [blaˈziːɐt] *adj* blasé

Blasinstrument *nt* (MUS) wind-instrument; **Blaskapelle** *f* brass band

Blasphemie [blasfeˈmiː] *f* blasphemy

blass [blas] *adj* pale; **~ werden** grow pale; **~ aussehen** look pale; **keinen ~en Schimmer haben** (*fam*) not to have the faintest idea

Blässe [ˈblɛsə] <-> *f* paleness, pallor; (*fig*) colourlessness

Blatt [blat, *pl:* ˈblɛtɐ] <-(e)s, Blätter> *nt* ❶ (*einer Pflanze*) leaf ❷ (~ *Papier*) sheet ❸ (*Zeitung*) paper ❹ (*bei Kartenspiel*) hand; **ein ~ Papier** a sheet of paper; **das steht auf einem anderen ~** that is another story; **er nimmt kein ~ vor den Mund** he doesn't mince his words

blättern *vi* browse

Blätterteig *m* puff pastry/paste *Br/Am*

Blattgold *nt* gold leaf; **Blattgrün** *nt* chlorophyll; **Blattlaus** *f* greenfly; **Blattpflanze** *f* foliate plant; **Blattstiel** *m* leafstalk; **Blattwerk** *nt* foliage

blau [blaʊ] *adj* ❶ (*Farbe*) blue ❷ (*fam: betrunken*) blotto, canned; **ein ~es Auge** a black eye; **~e Flecken** (*am Körper*) bruises; **sein ~es Wunder erleben** (*fam*) get the surprise of one's life; **mit einem ~en Auge davonkommen** get off cheaply; **blauäugig** *adj* ❶ (*mit blauen Augen*) blue-eyed ❷ (*naiv*) naïve; **Blauäugigkeit** *f* ❶ (*Augenfarbe*) blue eyes *pl* ❷ (*Naivität*) naïvety

Blaubeere *f* bilberry *Br,* blueberry *Am*

Blaue [ˈblaʊə] *nt:* **das ~** the blue; **das ~ vom Himmel herunterlügen** tell a pack of lies; **Fahrt ins ~e** mystery tour

Bläue [ˈblɔɪə] <-> *f* blueness

Blaufuchs *m* ❶ (*Tier*) arctic fox ❷ (*Pelz*) blue fox

blaugrau *adj* bluish grey, livid

Blauhelm *m* (*fam: UNO-Soldat*) Blue Helmet

bläulich [ˈblɔɪlɪç] *adj* bluish

Blaulicht *nt* flashing blue light; **blau|machen** *vi* (*fam: von der Arbeit*) skip work; **Blaumeise** *f* bluetit; **Blausäure** *f* (CHEM) prussic [*o* hydrocyanic] acid; **Blaustrumpf** *m* (*pej*) bluestocking

Blazer [ˈbleɪzə] <-s, -> *m* blazer

Blech [blɛç] <-(e)s, -e> *nt* ❶ (*Material*) sheet metal ❷ (*Stück ~*) metal plate ❸ (*fam: Blödsinn*) rubbish; **red kein ~!** (*fam*) don't talk rot!; **Blechbüchse** *f,* **Blechdose** *f* tin *Br,* can *Am;* **in ~n** tinned *Br,* canned *Am*

blechen [ˈblɛçən] *vt, vi* (*fam: bezahlen*) cough up, fork out

blechern [ˈblɛçɐn] *adj* metal; (*im Klang*) tinny

Blechinstrument *nt* brass instrument; **Blechkanister** *m* metal can; **Blechlawine** *f* (*pej*) wave of cars; **Blechschaden** *m* (AUTO) damage to the bodywork; **Blechschere** *f* ❶ (*Handgerät*) metal shears *pl* ❷ (*Schrottschere*) metal shearer

Blei [blaɪ] <-(e)s, -e> *nt* lead; **aus ~** leaden; **meine Füße sind wie ~** (*fam*) my feet feel like lead

Bleibe [ˈblaɪbə] <-, (-n)> *f:* **keine ~ haben** have nowhere to stay; **eine ~ suchen** look for a place to stay

bleiben [ˈblaɪbən] *irr vi sein* ❶ (*da~*) remain, stay ❷ (*übrig ~*) be left; **bleibt's dabei?** so we'll stick to this?; **du bleibst zu Hause, und dabei bleibt's!** you stay at home, and that's that!; **bei der Wahrheit ~** stick to the truth; **wo bleibt er nur?** where's he got to?; **ruhig ~** keep calm; **wo bleibst du so lange?** what's keeping you?; **sieh zu, wo du bleibst!** you're on your own!; **jds Freund ~** remain someone's friend; **das bleibt unter uns!** that is between you and me!; **es bleibt dabei!** agreed!; **es bleibt mir nichts anderes übrig** I have no other choice; **lassen Sie das lieber ~!** you had better leave that alone!; **am Leben ~** survive

bleibend *adj* lasting

bleich [blaɪç] *adj* pale

bleichen *vi, vt* bleach

Bleichmittel *nt* bleaching agent

bleiern ['blaɪɐn] *adj* leaden

bleifrei *adj* unleaded; (*Benzin*) lead-free, unleaded; **Bleifuß** *m:* **mit ~ fahren** keep one's foot down; **bleihaltig** *adj* containing lead, leaded; **~es Benzin** leaded petrol; **Bleikristall** *m* lead crystal; **Bleirohr** *nt* lead-pipe

Bleistift *m* pencil; **Bleistiftspitzer** *m* pencil sharpener

Blende ['blɛndə] <-, -n> *f* ① (*Sonnen~*) blinds *pl* ② (PHOT) aperture; **die ~ einstellen** (PHOT) set the aperture

blenden **I.** *vt* (*a. fig*) blind; (*faszinieren*) dazzle **II.** *vi* (*Licht*) be dazzling; **blendend** *adj* (*wunderbar*) splendid; **ich habe mich ~ amüsiert** I had a wonderful time

Blender(in) *m(f)* (*pej*) phoney

blendfrei *adj:* **~er Rückspiegel** anti-glare rear view mirror

Blendschutzanpflanzung *f* anti-dazzle screen planting; **Blendschutzzaun** *m* anti-dazzle barrier

Blendung *f* blinding

Blesse ['blɛsə] <-, -n> *f* (*von Pferd: weißer Stirnfleck*) blaze

Blick [blɪk] <-(e)s, -e> *m* look; (*Ausblick*) view; **auf den ersten ~** at first glance; **jdm einen ~ zuwerfen** look at s.o.; **ohne jdn eines ~es zu würdigen** without deigning to look at s.o.; **mit einem ~** at a glance; **einen ~ auf etw tun** glance at s.th.; **ein Zimmer mit ~ auf den Park** a room overlooking the park

blicken *vi* look; **er lässt sich gar nicht mehr bei uns ~** he never visits us these days; **das lässt ja tief ~!** that tells a tale!; **lassen Sie sich (bloß) nicht mehr ~!** never show your face here again!; **sich ~ lassen** let o.s. be seen; **weit ~d** (*fig*) far-sighted

Blickfang *m* eye-catcher; **Blickfeld** *nt* range of vision; **Blickkontakt** *m* visual contact; **Blickpunkt** *m:* **im ~ stehen** be in the limelight; **Blickwinkel** *m:* **etw aus einem anderen ~ betrachten** regard s.th. from a different point of view

blind [blɪnt] *adj* blind (*für* to); **~er Alarm** false alarm; **~e Gewalt** brute force; **~er Eifer** blind enthusiasm; **Liebe macht ~** (*prov*) love is blind; **~er Passagier** stowaway

Blindband <-(e)s, -bände> *m* dummy

Blinddarm *m* (*Wurmfortsatz*) appendix; (*eigentlicher ~*) caecum; **Blinddarmentzündung** *f* appendicitis; **Blinddarmoperation** *f* appendix operation; (MED) appendectomy

Blinde(r) ['blɪndə] *f m* blind woman, blind man; **das sieht doch ein ~r!** any fool can see that!; **Blindekuh** *f:* **~ spielen** play blind-man's-buff; **Blindenhund** *m* guide-dog; **Blindenschrift** *f* braille; **Blindflug** *m* (AVIAT) blind flight; **Blindgänger** *m* (*Geschoss, a. fig*) dud; **Blindheit** *f* blindness; **mit ~ geschlagen** blind; **Blindlandung** *f* blind landing

blindlings ['blɪntlɪŋs] *adv* blindly

Blindschleiche ['blɪntʃlaɪçə] *f* (*Echse mit schlangenförmigem Körper*) slow-worm

blinken ['blɪŋkən] *vi* ① glitter, sparkle; (*Sterne*) twinkle ② (AUTO) signal, indicate; **links ~** indicate left

Blinker <-s, -> *m,* **Blinklicht** *nt* (AUTO) indicator

blinzeln ['blɪntsəln] *vi* ① (*vor Helligkeit*) squint ② (*Augenzeichen geben*) wink

Blitz [blɪts] <-es, -e> *m* ① lightning ② (PHOT) flash; **vom ~ getroffen werden** be struck by lightning; **wie vom ~ getroffen** thunder-struck; **wie ein geölter ~** (*fam*) like greased lightning; **ein ~ aus heiterem Himmel** a bolt from the blue; **Blitzableiter** *m* lightning conductor; **blitzartig** **I.** *adj* lightning **II.** *adv* like lightning; **blitzblank** *adj* spick and span

blitzen *vi* ① **es blitzt** there is lightning ② (*strahlen*) flash ③ (PHOT) use flash

Blitzgerät *nt* (PHOT) flash gun; **Blitzgespräch** *nt* (TELE) special priority telephone call; **Blitzkrieg** *m* blitz; **Blitzlicht** *nt* (PHOT) flash; **blitzsauber** *adj* spick and span; **Blitzschlag** *m* flash of lightning; **blitzschnell** **I.** *adj* lightning **II.** *adv* like lightning; (*plötzlich*) in a flash; **Blitzwürfel** *m* (PHOT) flashcube

Block [blɔk, *pl:* blœkə] <-(e)s, Blöcke> *m* ① (*a. Häuser~*) block ② (*Holz~*) log ③ (*Schreib~*) pad

Blockade [blɔ'ka:də] <-, -n> *f* blockade; **die ~ aufheben** raise the blockade; **die ~ durchbrechen** run the blockade

Blockflöte *f* recorder

blockfrei *adj* (POL) non-aligned

Blockhaus *nt* log-cabin

blockieren **I.** *vt* block; (*fig*) obstruct **II.** *vi* (*Lenkung, Rad*) lock

Blocksatz *m* (TYP) justification; **Blockschrift** *f* block letters *pl*

blöde ['blø:də] *adj* silly, stupid; **ein ~s Gefühl** (*fam*) a funny feeling

blödeln ['blø:dəln] *vi* fool around

Blödheit *f* stupidity; **Blödmann** *m* (*Schimpfwort*) idiot, silly ass; **Blödsinn** *m* nonsense; **mach keinen ~!** don't mess about!

blödsinnig *adj* idiotic, stupid

blöken ['bløːkən] *vi* (*Rind*) low; (*Schaf*) bleat

blond [blɔnt] *adj* blond, fair

Blondine [blɔn'diːnə] <-, -n> *f* blonde

bloß [bloːs] **I.** *adj* ① (*nackt*) bare ② (*nichts als*) mere; **der ~e Gedanke** the mere idea, the very thought; **mit ~en Fäusten** with bare fists; **~er Schwindel** pure swindle; **mit ~em Auge** with the naked eye; **mit ~em Kopf** bare-headed **II.** *adv* only; **es handelt sich ~ um einige Tage** it's only a matter of a few days; **was sie ~ hat?** whatever is wrong with her?; **hau ~ ab!** just get lost!; **~ nicht!** God forbid!; **komm ~ nicht näher!** don't you dare come any nearer!

Blöße ['bløːsə] <-, -n> *f* bareness, nakedness; **sich eine ~ geben** show one's ignorance

bloß\|legen *vt* uncover; (*fig*) reveal; **bloß\|stellen I.** *vt* show up **II.** *vr* show o.s. up

Blouson [blu'zõː] <-s, -s> *m* blouson

Blues [bluːs] <-> *m* blues

Bluff [blʊf] <-s, -s> *m* (*fam*) bluff

bluffen *vi* (*fam*) bluff

blühen ['blyːən] *vi* ① (*Blumen*) bloom; (*Bäume*) blossom ② (*Wirtschaft, Geschäfte*) flourish ③ (*bevorstehen*) be in store; **dir blüht noch was!** you'll be in for it!; **blühend** ['blyːənt] *adj* ① blooming ② (*fig*) flourishing; (*Gesundheit*) glowing

Blümchen ['blyːmçən] *nt* little flower

Blume ['bluːmə] <-, -n> *f* ① flower ② (*Wein: Bouquet*) bouquet; **Blumenbeet** *nt* flower bed; **Blumenkohl** *m* cauliflower; **Blumenkübel** *m* flower tub; **Blumenständer** *m* flowerstand; **Blumenstrauß** *m* bunch of flowers; **Blumentopf** *m* flowerpot; **keinen ~ mit etw gewinnen können** (*fam*) not to get a fig out of s.th.; **Blumenvase** *f* vase; **Blumenzwiebel** *f* bulb

blumig ['bluːmɪç] *adj* flowery; **ein ~er Stil** an ornate style

Bluse ['bluːzə] <-, -n> *f* blouse

Blut [bluːt] <-(e)s> *nt* blood; **ich kann kein ~ sehen** I can't stand the sight of blood; **das gibt böses ~** that'll cause ill feeling; **nur ruhig ~!** (*fam*) keep your shirt on!; **das liegt ihm im ~** that's in his blood; **jetzt hab' ich ~ geleckt!** now I've developed a taste for it!; **das geht einem ins ~** it gets in your blood; **blutarm** *adj* (MED) anaemic; **Blutarmut** *f* (MED) anaemia; **Blutbad** *nt* bloodbath; **Blutbank** *f* blood bank; **blutbefleckt** *adj* bloodstained; **Blutbild** *nt* blood count; **Blutdruck** *m* blood pressure; **erhöhter ~** high blood pressure; **niedriger ~** low blood pressure

Blüte ['blyːtə] <-, -n> *f* ① (*Blumen~*) bloom; (*Baum~*) blossom ② (*sl: falsche Banknote*) dud; **in ~ stehen** be in full bloom [*o* blossom]; (*fig*) be flourishing

Blutegel *m* leech

bluten ['bluːtən] *vi* bleed (*aus* from); **mir blutet das Herz!** (*iro*) my heart bleeds for you!; **dafür wirst du ~ müssen!** (*fam*) you'll have to cough up a lot for this!

Blütenblatt *nt* petal; **Blütenstaub** *m* pollen

Bluter ['bluːtɐ] *m* (MED) haemophiliac

Bluterguss *m* bruise, haematoma

Bluterkrankheit *f* blood disease

Blütezeit *f* ① **in der ~ sein** be in blossom ② (*fig: ~ des Lebens*) prime; **die ~ der Künste** the heyday of the arts

Blutfettwerte *mpl* plasma lipid concentrations; **Blutfleck** *m* bloodstain; **Blutgefäß** *nt* blood vessel; **Blutgerinnsel** *nt* blood clot; **Blutgruppe** *f* blood group; **Bluthund** *m* bloodhound

blutig *adj* bloody; **ein ~er Anfänger** an absolute beginner

blutjung *adj* very young

Blutkonserve *f* unit of stored blood; **Blutkörperchen** *nt* blood corpuscles, blood cells; **rote (weiße) ~** red (white) corpuscles [*o* cells]; **Blutkreislauf** *m* blood circulation; **blutleer** *adj* bloodless; **Blutorange** *f* blood orange; **Blutplasma** *nt* blood plasma; **Blutpräparat** *nt* (MED) blood preparation; **Blutprobe** *f* (MED) blood test; **Blutrache** *f* blood feud; **blutrot** *adj* blood-red; **blutrünstig** ['bluːtrʏnstɪç] *adj* bloodthirsty; **Blutsauger** *m* (*auch fig*) bloodsucker; **Blutschande** *f* incest; **Blutsenkung** *f* sedimentation of the blood; **Blutspende** *f* donation of blood; **Blutspender(in)** *m(f)* blood donor; **Blutspur** *f* trail of blood; **blutstillend** *adj* styptic; **Blutstropfen** *m* drop of blood; **blutsverwandt** *adj* related by blood; **Blutsverwandte(r)** *f m* blood relation; **Blutsverwandtschaft** *f* blood relationship; **Bluttat** *f* bloody deed; **Blutübertragung** *f* blood transfusion

Blutung *f* bleeding; (*Monats~*) period

blutunterlaufen *adj* bloodshot; **Blutuntersuchung** *f* blood examination [*o* test]; **Blutvergießen** *nt* bloodshed; **Blutvergiftung** *f* blood-poisoning; **Blutverlust** *m* loss of blood; **Blutwäsche** *f* (MED) detoxification of the blood

Blutwurst *f* blood sausage

Blutzucker *m* blood sugar

Blutzuckerwert *m* (MED) blood sugar count
BMX-Rad *nt* BMX bike
Bö [bøː] <-, -en> *f* gust, sudden squall
Board [bɔːt] <-s, -s> *nt* (*Führungsgremium einer Firma*) board of directors
Bock [bɔk, *pl:* 'bœkə] <-(e)s, Böcke> *m* ❶ (*Nager, Rotwild*) buck; (*Schaf~*) ram; (*Ziegen~*) he-goat ❷ (AUTO: *Gestell*) ramp ❸ (SPORT) vaulting horse; **auf etw ~ haben** (*sl*) fancy s.th.; **keinen ~ haben etw zu tun** (*sl*) not to feel like doing s.th.
Bockbier *nt* bock beer
bocken *vi* ❶ (*Pferd*) refuse ❷ (*Auto*) jerk ❸ (*fig: bockig sein*) act up; **bockig** *adj* contrary
Bockshorn ['bɔkshɔrn] *nt:* **lass dich nicht ins ~ jagen!** don't let yourself get into a state!
Bockshornklee *m* fenugreek
Bockspringen *nt* ❶ (SPORT) vaulting ❷ (*Spiel*) leap-frog; **Bocksprung** *m* ❶ (SPORT) vault ❷ (*Spiel*) leap
Bockwurst *f* bockwurst (*type of sausage*)
Boden ['boːdən, *pl:* 'bøːdən] <-s, Böden> *m* ❶ (*Erd~*) ground; (*Acker~*) soil ❷ (*Fuß~*) floor ❸ (*Dach~*) loft ❹ (*von Gefäß, Meeres~*) bottom; **zu ~ fallen** fall to the ground; **am ~ zerstört sein** be shattered; **an ~ gewinnen** gain ground; **auf dem ~ der Tatsachen bleiben** stick to the facts
Bodenbelag *m* floor covering; **Bodenbeschaffenheit** *f* condition of the soil; **Bodenbewirtschaftung** *f* soil management; **Bodenfläche** *f* (*von Raum*) floor space; **Bodenfreiheit** *f* (AUTO) ground clearance; **Bodenfrost** *m* ground frost; **Bodenhaftung** *f* (AUTO) road holding
bodenlos *adj* ❶ bottomless ❷ (*unglaublich*) incredible; **eine ~e Frechheit** an unbounded cheek
Bodennebel *m* ground mist; **Bodennutzung** *f* land use; **Bodenpersonal** *nt* (AVIAT) ground staff [*o* personnel]; **Bodenprobe** *f* soil sample; **Bodenreform** *f* land reform; **Bodensatz** *m* deposit, sediment; (*von Kaffee*) dregs *pl;* **Bodenschätze** *pl* mineral resources; **Bodenschutz** *m* soil protection
Bodensee *m* Lake Constance
Bodensenke *f* depression; **bodenständig** *adj* native, indigenous; **Bodenstation** *f* (RADIO) ground station; **Bodenstreitkräfte** *pl* (MIL) ground forces; **Bodenturnen** *nt* floor exercises *pl;* **Bodentruppen** *pl* ground troops *pl;* **Bodenuntersuchung** *f* soil exploration [*o* survey]; **Bodenverbesserung** *f* land improvement [*o* amelioration]; **Bodenverdichtung** *f* soil compaction, surface sealing of soil; **Bodenverschmutzung** *f,* **Bodenverseuchung** *f* soil contamination
Body <-, Bodies> *m* body stocking; **Bodybuilder(in)** *m(f)* bodybuilder; **Bodybuilding** <-s> *nt* bodybuilding; **Bodysuit** <-, -s> *m* body stocking [*o* suit]; **Bodywear** ['bɔdivɛːɐ] <-> *f* (*Unterwäsche*) underwear
Bogen ['boːgən, *pl:* 'bøːgən] <-s, -/Bögen> *m* ❶ (*Kurve*) curve ❷ (*Waffe*) bow ❸ (*Papier~*) sheet; **er hat den ~ heraus** (*fam*) he's got the hang of it; **einen ~ machen** curve; **jdn in hohem ~ hinauswerfen** send s.o. flying out
bogenförmig *adj* arched
Bogengang *m* (ARCH) arcade; **Bogenschütze, -schützin** *m, f* archer
Bohle ['boːlə] <-, -n> *f* thick board
böhmisch ['bøːmɪʃ] *adj* Bohemian; **das sind ihm ~e Dörfer** that is Greek to him
Bohne ['boːnə] <-, -n> *f* bean; **dicke ~n** broad beans; **das juckt mich nicht die ~** (*fam*) I don't care a fig; **Bohnenkaffee** *m* real coffee; **Bohnenkraut** *nt* savory; **Bohnenstange** *f* (*fig*) beanpole
bohnern ['boːnɐn] *vt* polish
Bohnerwachs *nt* floor polish [*o* wax]
bohren ['boːrən] *vi* ❶ bore; (*mit Bohrer*) drill ❷ (*nachfragen*) keep on; **~de Zweifel** gnawing doubts
Bohrer *m* (*Bohrmaschine*) drill; (*Handbohrer*) gimlet
Bohrinsel *f* oil rig; **Bohrloch** *nt* drillhole; **Bohrmaschine** *f* drill; **Bohrturm** *m* (*für Öl*) derrick
böig *adj* squally
Boiler ['bɔɪlɐ] <-s, -> *m* tank
Boje ['boːjə] <-, -n> *f* buoy
Bolivien [bo'liːviən] *nt* Bolivia
Böller <-s, -> *m* (*fam*) banger *Br,* firecracker *Am*
Bollwerk ['bɔlvɛrk] <-(e)s, -e> *nt* bulwark, stronghold
Bolschewismus [bɔlʃe'vɪsmʊs] *m* Bolshevism; **bolschewistisch** *adj* Bolshevist
Bolzen ['bɔltsən] <-s, -> *m* (TECH) ❶ (*Schraub~*) bolt ❷ (*Zapfen, Stift*) pin
Bombardement [bɔmbardə'mãː] <-s, -s> *nt* bombardment; **bombardieren** *vt* ❶ (MIL) bomb ❷ (*fig*) bombard
bombastisch *adj* (*pej*) bombastic
Bombe ['bɔmbə] <-, -n> *f* bomb; **die Nachricht schlug wie eine ~ ein** the news struck like a bombshell; **Bombenangriff** *m* bomb raid; **Bombenanschlag** *m* bomb attack; **Bombenerfolg** *m* (*fam*) smash hit; **Bombengeschäft** *nt* (*fam*): **ein ~**

macher do a roaring trade; **Bombenstimmung** *f* (*fam*) fantastic atmosphere
Bomber ['bɔmbɐ] *m* (MIL) bomber
bombig *adj* (*fam*) fantastic
Bombing ['bɔmɪŋ] <-s, -s> *nt* (*illegales Graffitisprühen*) bombing
Bon [bɔŋ/bõ:] <-s, -s> *m* (*Gutschein*) voucher
Bonbon [bɔŋ'bɔŋ/bõ'bõ:] <-s, -s> *m/nt* sweet *Br*, candy *Am*
Bonität <-> *f* (FIN) financial standing, credit-worthiness
Bonsai ['bɔnzai] <-(s), -s> *m* bonsai
Bonus ['bo:nʊs] <-/ses, -se/Boni> *m* bonus
Bonze ['bɔntsə] <-n, -n> *m* ① (*buddhistischer Priester*) bonze ② (*pej: Partei~*) bigwig, big shot
Boom [bu:m] <-s, -s> *m* (COM) boom
boomen ['bu:mən] *vi* (*fam*) boom
Boot [bo:t] <-(e)s, -e> *nt* boat; ~ **fahren** go boating
booten [bu:tən] *vt* (INFORM: *neu starten*) boot
Bootlegging ['bu:tlegɪŋ] <-s> *nt* bootlegging
Bootsfahrt *f* boat trip; **Bootsflüchtlinge** *mpl* boat people; **Bootshaus** *nt* boathouse; **Bootsliegeplatz** *m* landing stage, mooring; **Bootsmann** <-s, -leute> *m* (MAR) boatswain; (MIL) petty officer; **Bootsverleih** *m* boat hire business
Bor [bo:ɐ] <-s> *nt* (CHEM) boron
Bord [bɔrt] <-(e)s, -e> *nt* ① (*das Bücher~*) shelf ② (AVIAT MAR) board; **an ~ gehen** board the plane/ship; **über ~ werfen** (*a. fig*) throw overboard; **von ~ gehen** disembark
Bordell [bɔr'dɛl] <-s, -e> *nt* brothel
Bordfunker(in) *m(f)* (AVIAT MAR) radio operator; **Bordkarte** *f* boarding card, boarding pass; **Bordkino** *nt* (MAR) ship's cinema; **Bordpersonal** *nt* (AVIAT) air-crew
Bordstein *m* kerb(stone)
Bordverpflegung *f* (AVIAT) flight rations *pl;* **Bordwaffen** *fpl* (AVIAT) aircraft armaments; **Bordwerkzeug** *nt* (AVIAT) tool kit
borgen ['bɔrgən] *vt, vi* borrow (*von* from)
Borke ['bɔrkə] <-, -n> *f* bark; **Borkenkäfer** *m* bark beetle
borniert [bɔr'ni:ɐt] *adj* (*pej*) narrow-minded
Börse ['bœrzə] <-, -n> *f* ① (*Geldbeutel*) purse ② (COM: *Gebäude*) the stock-exchange ③ (COM: *~nmarkt*) stock market; **Börsenbericht** *m* stock market report; **Börsengang** *m* going public; **Börsenklima** *nt* market climate; **Börsenkrach** *m* (stock market) crash; **Börsenkurs** *m* market price; **Börsenmakler(in)** *m(f)* stockbroker; **börsennotiert** *adj* (*Firma*) listed [*o* quoted] [on the stock exchange]; **Börsenplatz** *m* stock exchange; **Börsenspekulant(in)** *m(f)* stock exchange speculator; **Börsenstart** *m* stockmarket flotation [of an enterprise]
Borste ['bɔrstə] <-, -n> *f* bristle
Borte ['bɔrtə] <-, -n> *f* braid trimming
bösartig *adj* ① (*Menschen*) malicious; (*Tiere*) vicious ② (*Tumor*) malignant
Bösartigkeit *f* ① ill nature, viciousness ② (*von Tumor*) malignancy
Böschung ['bœʃʊŋ] *f* (*von Straße*) embankment; (*Fluss~*) bank
böse [bø:s/'bø:zə] *adj* ① evil; (*schlimm, schlecht*) bad ② (*frech*) nasty; **das war nicht ~ gemeint** I didn't mean it nastily; **ein ~es Erwachen** a rude awakening; **die ~e Stiefmutter** the wicked stepmother; **er meinte es nicht ~** he meant no harm; **~e sein** (**auf jdn**) be angry (with s.o.)
Bösewicht ['bø:zəvɪçt] <-(e)s, -er/-e> *m* villain
boshaft ['bo:shaft] *adj* malicious, spiteful
Boshaftigkeit *f* maliciousness
Bosheit *f* nastiness
Boss [bɔs] <-es, -e> *m* (*fam*) boss
Bossing ['bɔsɪŋ] <-s> *nt* (*Psychoterror vom Boss*) bossing
böswillig *adj* malevolent; (JUR) malicious; **eine ~e Verleumdung** a malevolent defamation
Böswilligkeit *f* malice
Botanik [bo'ta:nɪk] *f* botany; **Botaniker(in)** *m(f)* botanist; **botanisch** *adj* botanical; **~er Garten** botanical gardens *pl*
Bote, -tin ['bo:tə] <-n, -n> *m, f* messenger; **Botengang** *m* errand; **einen ~ machen** run an errand
Botschaft ['bo:tʃaft] *f* ① (*Nachricht*) message ② (*Botschaftsgebäude*) embassy; **gute ~** good news *pl;* **eine ~ übermitteln** deliver a message
Botschafter(in) *m(f)* ambassador
Bottich ['bɔtɪç] <-(e)s, -e> *m* tub
Bouillon [bʊl'jõ:] <-, -s> *f* bouillon
Boulevardpresse [bulə'va:ɐprɛsə] *f* popular press
Boutique [bu'ti:k] <-, -n> *f* boutique
Bowle ['bo:lə] <-, -n> *f* ① (*Gefäß*) punch-bowl ② (*Getränk*) punch; **eine ~ ansetzen** prepare some punch
bowlen ['bəʊlən] *vi* bowl
Bowling ['bəʊlɪŋ] <-s> *nt* (ten-pin) bowling
Box [bɔks] <-, -en> *f* box; (*von Lautspre-*

B

cher) speaker

boxen ['bɔksən] *vi* box; **gegen jdn** ~ fight s.o.

Boxer *m* (*a. Hunderasse*) boxer

Boxermotor *m* opposed cylinder engine

Boxhandschuh *m* boxing glove

Boxkampf *m* boxing match

Boykott [bɔɪ'kɔt] <-(e)s, -e> *m* boycott

boykottieren *vt* boycott

brach [bra:x] *adj* ❶ (*von Acker*) fallow ❷ (*ungenutzt*) unexploited; ~**liegende Kenntnisse** unexploited knowledge; **Brachfeld** *nt* fallow field

brachial [braxi'a:l] *adj* (*geh*): **mit** ~**er Gewalt vorgehen** use brute force; **Brachialgewalt** *f*: **mit** ~ by brute force

brach|liegen *vi* lie fallow

Brackwasser ['brakvasɐ] *nt* brackish water

Braindrain ['breɪndreɪn] <-s> *m* (*Abwanderung von Wissenschaftlern ins Ausland*) brain drain; **Brainstorming** ['breɪnstɔ:mɪŋ] <-s> *nt* brainstorming

Branche ['brã:ʃə] <-, -n> *f* (COM) branch; (*Fach*) department, field; **Branchenbuch** *nt* (*Branchenverzeichnis*) classified [*o* trade] directory, Yellow Pages; **Branchenführer** *m* market leader; **Branchenkenntnis** *f* knowledge of the trade; **Branchenverzeichnis** *nt* (TELE) yellow pages *pl*

Brand [brant, *pl:* 'brɛndə] <-(e)s, Brände> *m* ❶ (*Feuer*) fire ❷ (MED: *Gangrän*) gangrene ❸ (*Getreidepilz*) blight ❹ (*starker Durst nach Rausch*) raging thirst; **in** ~ **geraten** catch fire; **in** ~ **setzen** [*o* **stecken**] set on fire, set fire to; **in** ~ **stehen** be on fire; **Brandblase** *f* blister; **Brandbombe** *f* incendiary bomb

brandeilig *adj* extremely urgent, pressing

branden ['brandən] *vi* surge; ~ **gegen ...** break against ...

Brandherd *m* ❶ (*Feuerentstehungsort*) source of the fire ❷ (*Gefahrenherd*) trouble spot

brandig *adj* ❶ (*Getreide*) suffering from blight ❷ (MED) gangrenous; ~ **riechen** have a burnt smell

Branding ['brɛndɪŋ] <-s> *nt* (*Erfinden eines Markennamens*) branding

Brandmal <-s, -e> *nt* (*Narbe*) brand

brandmarken *vt* brand; **jdn als etw** ~ brand s.o. as s.th.

Brandmauer *f* fire-proof wall

brandneu *adj* brand new

Brandrodung *f* slash-and-burn

Brandsalbe *f* ointment for burns

Brandschaden *m* fire damage; **Brandschutz** *m* fire protection; **Brandstelle** *f* ❶ (*Ort des Brands*) fire ❷ (*verbrannte Stelle*) burnt patch; **Brandstifter(in)** *m(f)* fire-raiser; **Brandstiftung** *f* arson, fire-raising

Brandung ['brandʊŋ] *f* surf, breakers *pl*

Brandwache *f* ❶ (*Tätigkeit*) firewatch ❷ (*Gruppe*) firewatch team; **Brandwunde** *f* burn; (*durch Verbrühung*) scald; **Brandzeichen** *nt* brand

Branntwein *m* spirits *pl*

Brasilianer(in) [brazi'lja:nɐ] *m(f)* Brazilian; **brasilianisch** *adj* Brazilian; **Brasilien** [bra'zi:liən] *nt* Brazil

Bratapfel *m* baked apple

Braten <-s, -> *m* roast (meat); **den** ~ **begießen** baste the roast; **den** ~ **riechen** smell a rat

braten ['bra:tən] *irr vi, vt* roast; (*in der Pfanne*) fry; **etw knusprig** ~ fry s.th. until it is crispy

Bratenfett *nt* dripping

Bräter ['brɛ:tɐ] <-s, -> *m* roasting dish

Brathähnchen *nt* roast chicken; **Brathering** *m* fried herring; **Brathuhn** *nt* roast chicken; **Bratkartoffeln** *pl* fried potatoes; **Bratpfanne** *f* frying-pan; **Bratrost** *m* grill

Bratsche ['bra:tʃə] <-, -n> *f* (MUS) viola

Bratspieß *m* skewer; **Bratwurst** *f* ❶ (*zum Braten*) frying sausage ❷ (*gebratene Wurst*) fried sausage

Brauch [braʊx, *pl:* 'brɔɪçə] <-(e)s, Bräuche> *m* (*Sitte*) common usage, custom; **das ist bei uns so** ~ that's traditional with us

brauchbar *adj* ❶ (*nützlich*) useful ❷ (*verwendungsfähig*) usable ❸ (*gut, vernünftig*) decent; **ein** ~**er Hinweis** a useful hint; **ein** ~**er Plan** a plan that works

brauchen ['braʊxən] *vt* ❶ (*nötig haben, bedürfen*) need, require ❷ (*gebrauchen*) use; **Zeit** ~ take time; **er braucht nur 2 Stunden, um es zu tun** it takes him only 2 hours to do it; **wie lange wird er noch** ~**?** how much longer will it take him?; **Sie** ~ **es nur zu sagen** you only need to say so; **das brauchst du dir nicht gefallen zu lassen** you don't have to stand for that

Brauchtum *nt* customs *pl,* traditions *pl*

Brauchwasser *nt* industrial water

Braue ['braʊə] <-, -n> *f* eyebrow

brauen ['braʊən] *vt* (*Bier*) brew

Brauerei *f* brewery

braun [braʊn] *adj* brown; ~ **werden** (*von der Sonne*) get a tan, tan

Braunbär *m* brown bear

Bräune ['brɔɪnə] <-> *f* brownness; (*Sonnen~*) tan; **gesunde** ~ healthy tan

bräunen I. *vt* ❶ (*in Fett*) brown ❷ (*in der*

Sonne) tan **II.** *vr* tan

Braunkohle *f* brown coal, lignite

Braunkohleabraumhalde *f* slag heap

bräunlich *adj* brownish

brausen *vi* ① *haben* (*rauschen*) roar; (*Wasser*) foam ② *haben* (*Beifall*) thunder ③ *sein* (AUTO: *rasen*) race

Brausepulver *nt* lemonade powder; **Brausetablette** *f* lemonade tablet

Braut [braʊt, *pl:* 'brɔɪtə] <-, Bräute> *f* bride

Bräutigam ['brɔɪtigam] <-s, -e> *m* (bride)groom

Brautjungfer *f* bridesmaid; **Brautkleid** *nt* wedding dress; **Brautpaar** *nt* bride and (bride)groom; **Brautschleier** *m* wedding veil

brav [bra:f] *adj* ① (*rechtschaffen*) honest, upright ② (*von Kindern*) good, well-behaved

Breakdance ['breɪkdə:ns] *m* break-dancing

Break-even-Point [breɪk'i:vənpɔɪnt] <-s, -s> *m* (*Kostendeckungspunkt*) break-even point

Brechdurchfall *m* (MED) diarrhoea and sickness

Brecheisen *nt* crowbar, jemmy *Br,* jimmy *Am*

brechen ['brɛçən] *irr* **I.** *vt haben* ① (*a. fig*) break; (*Steine, Gestein*) cut ② (*erbrechen*) bring up, vomit; **sich das Bein ~** break one's leg **II.** *vi* ① *sein* break ② *haben* (*erbrechen*) throw up; **mit jdm ~** break with s.o. **III.** *vr* ① (*Wellen*) break ② (*Schall*) rebound (*an* off)

Brecher ['brɛçɐ] *m* (*Welle*) breaker

Brechmittel *nt* (MED) emetic; **Brechreiz** *m* nausea

Brechung *f* (*von Wellen*) breaking; (OPT: *von Strahlen*) refraction

Brei [braɪ] <-(e)s, -e> *m* mash; **jdn zu ~ schlagen** (*fam*) beat s.o. to a pulp; **um den (heißen) ~ herumreden** (*fam*) beat about the bush; **breiig** ['braɪɪç] *adj* mushy

breit [braɪt] *adj* broad; (*weit, a. fig*) wide; **machen Sie sich bitte nicht so ~!** please don't take up so much room!; **etw ~er machen** widen s.th.; **die ~e Masse** the masses *pl;* **~ gebaut** sturdily built

Breitbandkabel *nt* (ELEK) broadband cable

breitbeinig *adj* with one's legs apart

Breite ['braɪtə] <-, -n> *f* ① breadth; (*bei Maßen*) width ② (GEOG) latitude; **eine ~ von 10 Metern haben** be 10 meters in width; **in die ~ gehen** (*fam*) put on weight

Breitengrad *m* latitude

breit|machen *vr* spread (oneself); (*fig*) make oneself at home; **breit|schlagen** *irr vt* (*fam*): **jdn ~** talk s.o. round; **sich ~ lassen** let o.s. be talked round; **breitschult(e)rig** *adj* broad-shouldered; **Breitseite** *f* (MAR) broadside; **Breitwandfilm** *m* (FILM) wide-screen picture

Bremsbacke *f* brake block; **Bremsbelag** *m* brake lining; **den ~ erneuern** reline the brakes

Bremse[1] ['brɛmzə] <-, -n> *f* (*Insekt*) horsefly

Bremse[2] *f* (AUTO) brake; **die ~n nachstellen** adjust the brakes; **die ~en entlüften** bleed the brakes

bremsen **I.** *vi* brake **II.** *vt* (*fig*) slow down; **er ist nicht zu ~** there is no stopping him

Bremsflüssigkeit *f* brake fluid; **Bremshauptzylinder** [-'---] *m* (AUTO) brake master cylinder; **Bremsklotz** *m* (AUTO) brake block; **Bremskraftverstärker** *m* servo-assistance unit; **Bremslicht** *nt* brake light; **Bremspedal** *nt* brake pedal; **Bremsrakete** *f* (AVIAT) retro rocket; **Bremsschlauch** *m* (AUTO) brake hose; **Bremsschlupfregler** *m* (AUTO) anti-block braking system; **Bremsspur** *f* skid mark; **Bremstrommel** *f* brake drum; **Bremsweg** *m* braking distance

brennbar ['brɛnba:ɐ] *adj* combustible; (*entzündlich*) inflammable

Brenndauer *f* (ELEK: *von Glühbirne*) life;

Brennelement *nt* fuel element

brennen ['brɛnən] *irr* **I.** *vi* ① (*Feuer*) burn ② (ELEK) be on ③ (*Verletzung*) sting; (*Druckstelle*) hurt; **das brennt in den Augen!** that burns my eyes!; **lass das Licht nicht ~!** don't leave the light on!; **es brennt!** fire! fire!; **darauf ~ etw zu tun** be dying to do s.th. **II.** *vt* ① (*Ziegel*) bake ② (*Schnaps*) distil; **brennend** *adj* ① burning; (*Pfeife, Zigarette*) lighted ② (*Hitze*) scorching ③ (*fig: Schmerz*) smarting ④ (*fig: Frage*) urgent, vital

Brenner <-s, -> *m* ① (TECH: *Schweiß~*) welding torch ② (TECH: *Gas~, Öl~*) burner ③ (*Schnaps~*) distiller

Brennerei *f* (*für Schnaps*) distillery

Brennglas *nt* burning glass; **Brennholz** *nt* firewood; **Brennmaterial** *nt* fuel; **Brennnessel** ['brɛnnɛsəl] *f* stinging nettle; **Brennpunkt** *m* (*fig* OPT) focus; **im ~ stehend** (*fig*) focal; **etw in den ~ rücken** focus attention on s.th.; **Brennspiritus** *m* methylated spirits *pl;* **Brennstab** *m* fuel rod; **Brennstoff** *m* fuel; **Brennstoffzelle** *f* fuel cell; **Brennweite** *f* (OPT) focal length

brenzlig ['brɛntslɪç] *adj* (*fam: gefährlich*) dicey, precarious; **eine ~e Angelegenheit** (*fam*) a delicate matter; **die Sache**

wird für mich zu ~ (*fam*) the matter is getting too hot for me

Bresche ['brɛʃə] <-, -n> *f* breach, gap; **in die** ~ **springen** (*fig*) step into the breach

Bretagne [bre'tanjə] <-> *f* (GEOG): **die** ~ Brittany; **Bretone, -nin** *m, f* Breton; **bretonisch** *adj* Breton

Brett [brɛt] <-(e)s, -er> *nt* ❶ board; (*dickeres* ~) plank ❷ (*Spiel~*) board ❸ (*Frühstück~, Ess~*) platter; **der hat 'n Brett vorm Kopf** (*fam*) he's as thick as two short planks; **schwarzes** ~ notice board; **Bretterbude** *f* shack; **Bretterwand** *f* wooden wall; (MARKT) hoarding; **Bretterzaun** *m* wooden fence

Brettspiel *nt* board game

Brezel ['bre:tsəl] <-, -n> *f* pretzel

i Land & Leute

Brezeln (pretzels) are a south German speciality whose light-coloured dough is turned brown by dipping in a salt solution before baking. They are sprinkled with coarse salt and sold in baker's shops or on pretzel stalls; when spread with butter they are called *Butterbrezeln*.

Brief [bri:f] <-(e)s, -e> *m* letter; **etw als** ~ **schicken** send s.th. by letter post; **jdm** ~ **und Siegel auf etw geben** (*fig*) assure s.o. on one's oath; **Briefablage** *f* letter files *pl;* **Briefbeschwerer** *m* paperweight; **Briefbogen** *m* sheet of note paper; **Briefbombe** *f* letter bomb; **Brieffreund(in)** *m(f)* pen-friend; **Briefgeheimnis** *nt* privacy of the post

Briefing ['bri:fɪŋ] <-s, -s> *nt* (*kurze Einweisung*) briefing

Briefkasten *m* (*am Haus*) letter box *Br;* mail box *Am;* (*in Säule*) pillar box, post box *Br,* mail box *Am;* **Briefkastenfirma** *f* (COM) letter box company; **Briefkopf** *m* letter-head; (*von Hand*) heading

brieflich *adj* by letter; ~**er Verkehr** correspondence; **mit jdm** ~ **verkehren** correspond with s.o.

Briefmarke *f* stamp; **Briefmarkenautomat** *m* (postage) stamp slot machine; **Briefmarkensammler(in)** *m(f)* philatelist, stamp collector; **Briefmarkensammlung** *f* stamp collection

Brieföffner *m* letter opener; **Briefpapier** *nt* writing-paper; **Briefpost** *f* letter post; **Brieftasche** *f* wallet *Br,* billfold *Am;* **Brieftaube** *f* carrier pigeon; **Briefträger(in)** *m(f)* postman (postwoman) *Br,* mailman (mailwoman) *Am;* **Briefumschlag** *m* envelope; **Briefwaage** *f* letter scales *pl;* **Briefwahl** *f* (POL) postal vote; **Briefwahlunterlagen** *pl* postal vote documents; **Briefwechsel** *m* correspondence; **mit jdm in** ~ **stehen** correspond with s.o.; **Briefwerbung** *f* direct mail advertising

Brigade [bri'ga:də] <-, -n> *f* brigade

Brigadekommandeur *m* (MIL) brigadier *Br,* brigadier general *Am*

Brigg [brɪk] <-, -s> *f* (MAR) brig

Brikett [bri'kɛt] <-s, -s/(-e)> *nt* briquette

Brillant [brɪl'jant] <-en, -en> *m* diamond

Brillantenschliff *m* brilliant cut

Brille ['brɪlə] <-, -n> *f* ❶ glasses *pl;* (*Schutz~*) goggles *pl* ❷ (*von Toilettensitz*) (toilet) seat; **eine** ~ **tragen** wear glasses; **Brillenetui** *nt* spectacle case; **Brillengestell** *nt* spectacle frame; **Brillenglas** *nt* lens; **Brillenschlange** *f* ❶ (*Giftschlange*) cobra ❷ (*pej: Brillenträger*) four-eyes; **Brillenträger(in)** *m(f):* ~ **sein** wear glasses

bringen ['brɪŋən] *irr vt* ❶ (*herbringen*) bring; (*wegbringen*) take ❷ (*veröffentlichen*) publish; **auseinander** ~ be able to get (s.o., s.th.) apart; **jdn dazu** ~ **etw zu tun** get s.o. to do s.th., make s.o. do s.th.; **es weit** ~ [*o* **es zu etw** ~] (*fig*) get somewhere, make one's way; **jdn nach Hause** ~ see s.o. home; **jdn auf den Gedanken** ~ suggest s.th. to s.o.; **du bringst mich auf den Gedanken ...** you make me think that ...; **auf die Seite** ~ put aside; **ich brachte sie auf meine Seite** I brought her over to my side; **er brachte es bis zum General** he rose to be a general; **in Erfahrung** ~ get to know, learn; **Gewinn** ~ yield a profit; **in Verlegenheit** ~ embarrass; **mit sich** ~ (*fig*) imply, involve; **jdn um etw** ~ deprive s.o. of s.th.; (*betrügen*) cheat s.o. out of s.th.; **sich ums Leben** ~ commit suicide; **jdn um den Verstand** ~ drive s.o. mad; **zum Abschluss** ~**, zu Ende** ~ bring to a close; **jdn zur Besinnung** ~ bring s.o. to his/her senses; **zu Fall** ~ bring down; **jdn zum Lachen** ~ make s.o. laugh; **jdn zum Schweigen** ~ silence s.o.; **jdn wieder zu sich** ~ bring s.o. round; **jdn zur Vernunft** ~ bring s.o. to reason; **das bringt's auch nicht!** that's no use either!; **das bringt nichts!** that's pointless!; **fertig** ~ (*vollenden*) get done; (*imstande sein*) manage; **der bringt es glatt fertig und ...** he's quite capable of ...; **vorwärts** ~ (*fig*) advance; **jdn vorwärts** ~ help s.o. to get on

brisant *adj* explosive

Brisanz [bri'zants] <-> *f* explosive nature

Brise ['bri:zə] <-, -n> *f* breeze

Britannien [bri'taniən] *nt* (*poet*) Britannia

Brite, -tin <-n, -n> *m, f* Briton; **die ~n** the British; **britisch** *adj* British

bröckeln ['brœkəln] *sein vi* crumble

Brocken ['brɔkən] <-s, -> *m* chunk; (*Klumpen*) lump; **ein harter ~ sein** be a tough nut to crack

brodeln ['bro:dəln] *vi* (*Lava, Schmelze*) seethe

Brokat [bro'ka:t] <-(e)s, -e> *m* brocade

Broker ['bro:kɐ] <-s, -> *m* (COM) broker

Brokkoli *mpl* broccoli *pl*

Brom [bro:m] <-s> *nt* (CHEM) bromine

Brombeere ['brɔmbe:rə] *f* blackberry; **Brombeerstrauch** *m* bramble

bronchial [brɔnçi'a:l] *adj* bronchial; **Bronchialkatarrh** *m* bronchial catarrh; **Bronchien** ['brɔnçiən] *fpl* bronchi *pl*, bronchial tubes *pl*; **Bronchitis** <-, -tiden> *f* bronchitis

Bronze ['brõ:sə] <-, -n> *f* bronze; **bronzefarben** *adj* bronze-coloured; **Bronzemedaille** *f* bronze medal; **bronzen** *adj* (of) bronze; **Bronzezeit** *f* Bronze Age

Brosche ['brɔʃə] <-, -n> *f* brooch

broschiert [brɔ'ʃi:ɐt] *adj:* **~e Ausgabe** paperback edition

Broschur *f*, **Broschureinband** *m* (TYP) cut flush binding

Broschüre [brɔ'ʃy:rə] <-, -n> *f* booklet

Brösel ['brøzl] <-s, -> *m* crumb

Brot [bro:t] <-(e)s, -e> *nt* bread; (*Brotlaib*) loaf of bread; (*belegtes ~*) sandwich

Brötchen ['brø:tçən] *nt* roll; **belegtes ~** filled roll; **kleinere ~ backen** (*fig*) set one's sights lower

Broteinheit *f* carbohydrate exchange *Br*, bread unit *Am*; **Brotkasten** *m* bread bin; **Brotkrume** *f* bread-crumb; **brotlos** *adj* (*fig: ohne Stellung*) unemployed; **~ werden** lose one's livelihood; **jdn ~ machen** put s.o. out of work; **Brotrinde** *f* crust; **Brotschneidemaschine** *f* bread slicer

browsen ['braʊzən] *vi* (*Webseiten blättern*) browse; **Browser** ['braʊzə] *m* (INTERNET) browser

Bruch[1] [brʊx, *pl:* 'brʏçə] <-(e)s, Brüche> *m* ❶ (*a.* TECH) break; (*Knochen~*) fracture; (*der Eingeweide*) hernia, rupture ❷ (*Vertrags~*) infringement; (*eines Gesetzes*) violation ❸ (MATH) fraction; **zu ~ gehen** get broken; **ein Auto zu ~ fahren** smash a car; **in die Brüche gehen** (*Beziehung*) break up; **sich einen ~ heben** do o.s. an injury

Bruch[2] *m* (*Sumpf*) fen, marsh

Bruchband *nt* (MED) truss

Bruchbude *f* (*fam*) tumbledown shanty

bruchfest *adj* unbreakable

brüchig ['brʏçɪç] *adj* ❶ (*zerbrechlich*) fragile; (*von Metallen*) flawed; (*spröde*) brittle ❷ (*rissig*) cracked ❸ (*fig: zerbröckelnd*) crumbling; **~e Stimme** rough voice

Bruchlandung *f* crash-landing

Bruchrechnung *f* (MATH) fractions *pl*

Bruchrille *f* (*bei Tablette*) score-mark

Bruchstrich *m* (MATH) line of a fraction

Bruchstück *nt* fragment

bruchstückhaft *adj* fragmentary

Bruchteil *m* fraction; **im ~ einer Sekunde** in a split second

Bruchzahl *f* fraction

Brücke ['brʏkə] <-, -n> *f* ❶ bridge ❷ (*Zahn~*) bridge ❸ (*Teppich*) rug ❹ (SPORT: *Gymnastik*) crab; **jdm eine ~ bauen** (*fig*) give s.o. a helping hand; **alle ~n hinter sich abbrechen** burn one's bridges [*o* boats]; **Brückenbau** *m* bridge construction; **Brückengeländer** *nt* parapet; **Brückenkopf** *m* (MIL) bridgehead; **Brückenpfeiler** *m* pier

Bruder ['bru:dɐ, *pl:* 'bry:dɐ] <-s, Brüder> *m* brother; **brüderlich** *adj* brotherly, fraternal; **Brüderlichkeit** *f* fraternity; **Brudermord** *m* fratricide; **Bruderschaft** *f* brotherhood

Brühe ['bry:ə] <-, -n> *f* ❶ (*Fleisch~*) broth ❷ (*trübe Flüssigkeit*) sludge ❸ (*pej: dünnes Getränk*) muck

brühen *vt* (*Speisen*) blanch; **Tee ~** brew tea

brühwarm *adj* (*brandneu*) hot from the press; **sie verbreitete die Nachricht ~** she spread the news red hot

Brühwürfel *m* stock-cube

brüllen ['brʏlən] *vi* roar; (*Stier*) bellow; (*Kind*) bawl; **das ist zum Brüllen!** (*fam*) it's a scream!

Brummbär *m* (*fam*) grouch

brummen ['brʊmən] *vi* ❶ (*summen*) hum ❷ (*Käfer, Fliegen*) buzz ❸ (*Motor*) drone, purr ❹ (*von Menschen*) growl, grumble, snarl ❺ (*sl: Strafe absitzen*) be locked up; **er brummte etw in seinen Bart** he muttered s.th. in his beard; **mir brummt der Kopf** my head is spinning

Brummer *m* (*fam*) ❶ (*Fliege*) blue-bottle (fly) ❷ (*LKW*) juggernaut

brummig *adj* (*verdrießlich*) grouchy, grumpy

Brummschädel *m* (*fam*) thick head

brünett [bry'nɛt] *adj* dark-haired

Brünette <-n, -n> *f* brunette

Brunnen ['brʊnən] <-s, -> *m* ❶ (*Schöpf~*) well ❷ (*Spring~*) fountain ❸ (*Mineral~*) spring; **Brunnenkresse** *f* watercress; **Brunnenrand** *m* brim [*o* edge] of a well; **Brunnenschacht** *m* well-shaft; **Brunnenwasser** *nt* well water

Brunst [brʊnst, *pl:* 'brʏnstə] <-, Brünste> *f* (*Paarungszeit der Tiere*) mating season

brünstig ['brʏnstɪç] *adj* (*Tiere*) in heat

brüsk [brʏsk] *adj* (*kurz angebunden*) brusque; (*barsch*) curt

brüskieren *vt* snub

Brüssel ['brʏsəl] <-s> *nt* Brussels

Brust [brʊst, *pl:* 'brʏstə] <-, Brüste> *f* ❶ (*weibliche*) breast ❷ (*Brustkorb*) chest; **jdn an die ~ drücken** press s.o. to one's bosom; **einem Kind die ~ geben** feed a baby; **einen zur ~ nehmen** (*fam*) have a quick one

Brustbein *nt* (ANAT) breastbone, sternum; **Brustbeutel** *m* money bag

brüsten ['brʏstən] *vr* boast, brag (*mit etw* about s.th.)

Brustfell *nt* (ANAT) pleura; **Brustfellentzündung** *f* pleurisy; **Brustkorb** *m* chest, thorax; **Brustkrebs** *m* breast cancer; **Brustmuskel** *m* (ANAT) pectoral muscle; **Brustschwimmen** *nt* breast-stroke; **Brusttasche** *f* ❶ (*außen*) breast pocket ❷ (*innen*) inside pocket; **Brustumfang** *m* (*weiblicher ~*) bust measurement; (*männlicher ~*) chest measurement

Brüstung ['brʏstʊŋ] *f* parapet

Brustwarze *f* nipple

Brut ['bru:t] <-, -en> *f* ❶ (*Nest mit Jungen*) brood; (*~ der Fische*) fry, spawn ❷ (*pej: Leute*) lot, mob, rabble; (*Kinder*) brats *pl* ❸ (*das Brüten*) brooding, sitting

brutal [bru'ta:l] *adj* brutal; **ein ~er Kerl** a beast, a brute

Brutalisierung *f* brutalization

Brutalität *f* brutality

brüten ['bry:tən] *vi, vt* ❶ brood, sit ❷ (*nachdenken*) ponder (*über* over); **~de Hitze** oppressive heat

Brüter <-s, -> *m* (TECH: *Brutreaktor*): **schneller ~** fast-breeder (reactor)

Brutkasten *m* incubator

Brutstätte *f* (*fig*) hotbed

brutto ['brʊto] *adj* gross

Bruttoeinkommen *nt* gross income; **Bruttogewicht** *nt* gross weight; **Bruttoinlandsprodukt** *nt* Gross Domestic Product; **Bruttopreis** *m* gross price; **Bruttoregistertonne** *f* gross register ton; **Bruttosozialprodukt** *nt* gross national product

Btx *Abk. von* **Bildschirmtext** viewdata, videotext

Bub(e) [bu:p/'bu:bə] <-n, -n> *m* ❶ (*Junge*) boy, lad ❷ (*bei Kartenspiel*) jack, knave

Buch [bu:x, *pl:* 'by:çɐ] <-(e)s, Bücher> *nt* book; **über etw ~ führen** keep a record of s.th.; **reden wie ein ~** talk like a book; **er ist ein Lehrer, wie er im ~e steht** he is a perfect example of a teacher; **Buchbesprechung** *f* book review; **Buchbinder(in)** *m(f)* bookbinder; **Buchbinderei** *f* (*Werkstatt*) bookbindery; **Buchclub** *m* bookclub; **Buchdruck** *m* letterpress; **Buchdrucker(in)** *m(f)* printer

Buche ['bu:xə] <-, -n> *f* beech; **Buchecker** *f* beechnut; **Buchenholz** *nt* beechwood; **Buchenwald** *m* beechwood

Bücherbrett *nt* bookshelf; **Bücherei** *f* library; **Büchergutschein** *m* book token; **Bücherregal** *nt* bookshelf; **Bücherschrank** *m* bookcase; **Bücherstütze** *f* book-end; **Bücherwurm** *m* (*fig*) bookworm

Buchfink *m* chaffinch

Buchführung *f* accounting, book-keeping; **doppelte ~** double-entry book-keeping; **Buchhalter(in)** *m(f)* bookkeeper; **Buchhaltung** *f* ❶ accounting, book-keeping ❷ (*Abteilung*) accounts department; **Buchhandel** *m* booktrade; **Buchhändler(in)** *m(f)* bookseller; **Buchhandlung** *f* bookshop *Br*, bookstore *Am*; **Buchhülle** *f* dust jacket [*o* cover]; **Buchklub** *m* book club

Buchmacher(in) *m(f)* bookmaker

Buchmarkt *m* book market

Buchprüfer(in) *m(f)* (FIN COM) auditor; **Buchprüfung** *f* audit

Buchs(baum) ['bʊksbaʊm] <-es, -e> *m* box(-tree)

Buchse ['bʊksə] <-, -n> *f* socket

Büchse ['bʏksə] <-, -n> *f* ❶ (*Dose*) can; (*Konserven~*) tin; (*Sammel~*) collecting box ❷ (*Gewehr*) rifle; **Büchsenfleisch** *nt* canned meat, tinned meat *Br*; **Büchsenmilch** *f* evaporated milk, tinned milk *Br*; **Büchsenöffner** *m* tin opener *Br*, can opener *Am*

Buchstabe ['bu:xʃta:bə] <-ns, -n> *m* character, letter; **in ~n** in words; **~ für ~** letter by letter; **großer ~** capital letter; **kleiner ~** small letter; **dem ~n nach** literally

buchstabieren *vt* spell; **falsch ~** misspell

buchstäblich ['bu:xʃtɛ:plɪç] *adj* literal; **etw ~ nehmen** take s.th. literally

Buchstütze *f* book-end

Bucht [bʊxt] <-, -en> *f* bay; (*kleine*) cove

Buchtel <-, -n> *f* (*österr*) *dumpling filled with jam*

Buchung ['bu:xʊŋ] *f* (COM) entry; (*Reservierung*) booking, reservation; **Buchungssystem** *nt* booking system

Buchweizen *m* buckwheat

Buchwert *m* (FIN COM) book value

Buckel ['bʊkəl] <-s, -> *m* ❶ (*buckliger Rücken*) hump, humpback ❷ (*fam: Rücken*) back ❸ (*bucklige Wölbung*) bulge, hump; **einen ~ machen** hunch one's back; **du kannst mir den ~ herunterrutschen!** (*fam*) you can get knotted!; **den ~ hinhalten** (*fam*) carry the can

bucklig *adj* hunchbacked; **~e Straße** bumpy road

Buck(e)lige(r) *f m* humpback, hunchback

buckeln *vi* (*pej*) kowtow

bücken ['bʏkən] *vr* bend, stoop; **sich nach etw ~** stoop to pick s.th. up

Bückling[1] *m* (*Hering*) bloater, kipper

Bückling[2] *m* (*fam: Verbeugung*) bow

buddeln ['bʊdəln] *vi* (*fam*) dig

Buddhismus [bʊ'dɪsmʊs] *m* Buddhism

Buddhist(in) *m(f)* Buddhist

Bude ['bu:də] <-, -n> *f* ❶ (*Bretter~*) hut ❷ (*Verkaufsstand*) booth, stall, stand ❸ (*fam: Zimmer*) room, bedsit(ter); **jdm die ~ auf den Kopf stellen** (*fam*) turn someone's place upside down; **jdm auf die ~ rücken** (*fam*) descend on s.o.; **eine sturmfreie ~ haben** (*hum*) be able to have visitors any time

Budget [by'dʒe:] <-s, -s> *nt* budget; **Budgetabweichung** *f* budget variance

Büfett [by'fɛt/by'fe:] <-(e)s, -s/-e> *nt* ❶ (*Möbel*) sideboard ❷ (*Schanktisch*) bar; **kaltes ~** cold buffet

Büffel ['bʏfəl] <-s, -> *m* buffalo; **Büffelleder** *nt* buff (leather)

büffeln ['bʏfəln] **I.** *vt* (*fam: Lernstoff*) swot up (on) **II.** *vi* (*fam*) cram, swot

Bug[1] [bu:k] <-s, -e> *m* (MAR) bow; (AVIAT) nose

Bug[2] [bag] <-s, -s> *m* (*Fehler im Software-Programm*) bug

Bügel ['by:gəl] <-s, -> *m* ❶ (*Kleider~*) hanger ❷ (*Steig~*) stirrup

Bügelbrett *nt* ironing board; **Bügeleisen** *nt* iron; **Bügelfalte** *f* (*in der Hose*) crease; **bügelfrei** *adj* non-iron; **Bügelmaschine** *f* rotary iron

bügeln *vt* (*Wäsche*) iron; (*Kleidungsstück*) press; **glatt ~** iron smooth

buhen ['bu:ən] *vi* boo

buhlen ['bu:lən] *vi:* **um jds Gunst ~** (*pej*) court someone's favour

Buhne ['bu:nə] <-, -n> *f* breakwater, groyne

Bühne ['by:nə] <-, -n> *f* ❶ (THEAT) stage ❷ (*Hebe~*) ramp; **auf der ~** on stage; **hinter der ~** (*a. fig*) behind the scenes *pl;* **etw über die ~ bringen** (*fig*) stage s.th.; **Bühnenbearbeitung** *f* stage adaptation; **Bühnenbild** *nt* stage set; **Bühnenbildner(in)** *m(f)* stage designer; **Bühnenstück** *nt* play

bühnenwirksam *adj* effective on the stage; **Bühnenwirkung** *f* dramatic effect

Buhruf *m* boo

Bukarest <-s> *nt* Bucharest

Bukett [bu'kɛt] <-(e)s, -e/-s> *nt* (*Strauß; eines Weines*) bouquet

Bulgare, -rin [bʊl'ga:rə] <-n, -n> *m, f* Bulgarian; **Bulgarien** *nt* Bulgaria; **bulgarisch** *adj* Bulgarian

Bulimie <-> *f* (MED) bulimia

Bullauge ['bʊlaʊgə] *nt* (MAR) porthole

Bulldogge *f* bulldog

Bulldozer ['bʊldo:zɐ] <-s,-> *m* bulldozer

Bulle ['bʊlə] <-n, -n> *m* ❶ (*männliches Rind*) bull ❷ (*bulliger Mann*) great ox of a man ❸ (*sl: Polizist*) cop

Bullenhitze *f* (*fam*) boiling heat

Bulletin [byl'tɛ̃:] <-s, -s> *nt* bulletin

Bumerang ['bu:məraŋ] <-s, -e/-s> *m* (*a. fig*) boomerang

Bummel ['bʊməl] <-s, -> *m* stroll; **einen ~ machen** go for a stroll

Bummelant(in) [bʊmə'lant] <-en, -en> *m(f)* (*pej*) slowcoach *Br,* slowpoke *Am;* **Bummelei** *f* dawdling; **bummeln** *vi* ❶ *sein* (*umherschlendern*) stroll ❷ *haben* (*trödeln*) dawdle

Bummelstreik *m* go-slow; (*im öffentlichen Dienst*) work-to-rule

Bummelzug *m* (*pej*) slow train *Br,* accommodation train *Am*

bums [bʊms] *interj* bang! thud!

bumsen ['bʊmzən] **I.** *vi* ❶ (*schlagen*) thump ❷ (*vulg: Sex haben*) screw; **es hat gebumst!** (AUTO) there's been a crash!; **gegen die Tür ~** hammer on the door **II.** *vt:* **jdn ~** (*vulg*) screw s.o.

Bund[1] [bʊnt] <-(e)s, -e> *m* bunch

Bund[2] [bʊnt, *pl:* 'bʏndə] <-es> *m* ❶ (*Vereinigung*) association ❷ (*Staaten~*) alliance ❸ (*fam: Bundeswehr*) the services *pl* ❹ (*fam: Bundesrepublik*) Federal Government; **den ~ fürs Leben schließen** take the marriage vows *pl*

Bündel ['bʏndəl] <-s, -> *nt* ❶ bundle; (*Bund*) bunch ❷ (*fig*) cluster; **ein ~ von Vorschlägen** a set of suggestions

bündeln *vt* ❶ bundle up ❷ (OPT) focus

Bundesarbeitsgericht *nt* Federal Labour

Court; **Bundesausbildungsförderungsgesetz** *nt law regarding grants for higher education;* **Bundesbank** *f* Federal Bank; **Bundesbehörde** *f* Federal authority; **Bundesbürger(in)** *m(f)* citizen of the Federal Republic (of Germany); **Bundesfinanzhof** *m* Federal Finance Court; **Bundesgebiet** *nt* federal territory; **Bundesgerichtshof** *m* Federal Supreme Court; **Bundeshauptstadt** *f* capital of the Federal Republic (of Germany); **Bundesheer** *nt* (*österr*) (Austrian) Federal Armed Forces *pl;* **Bundesinnenminister(in)** *m(f)* Federal Minister of the Interior; **Bundeskanzler(in)** *m(f)* German Chancellor

i Land & Leute

In Germany the **Bundeskanzler** (Federal Chancellor) is elected by the *Bundestag* (Lower House of the Federal Parliament) and then invested by the head of state, the Federal President. In Austria, the **Bundeskanzler** is proposed by the largest party in the *Nationalrat* (National Assembly) and appointed by the President. He is the leader of the government and heads the *Bundeskanzleramt* (Federal Chancellery) which in Switzerland is called *die Bundeskanzlei.*

Bundesland *nt* federal state, Land

i Land & Leute

Since reunification the Federal Republic of Germany has been made up of 16 **Bundesländer** (federal states). Austria is divided up into 9 federal states. Each state has a capital containing the seat of state government.

Bundesliga *f* National League; **Bundesnachrichtendienst** *m* Federal Intelligence Service; **Bundespost** *f* Federal Post Office

Bundespräsident(in) *m(f)* (*in Deutschland*) Federal President; (*in der Schweiz*) President of the Federal Council

i Land & Leute

The **Bundespräsident** (Federal President) in Germany and Austria is head of state with predominantly ceremonial functions. In Switzerland though, he/she is a member of the government and one of the seven members of the *Bundesrat* (Federal Council) which each year elects one of its members to be Federal President – albeit as ‚Primus inter Pares', first among equals.

Bundesrat *m* (*in Deutschland*) Bundesrat; (*in der Schweiz*) Federal Government

i Land & Leute

Der Bundesrat, the Upper House of the German Parliament, is composed of members of the individual state governments. The number of representatives is determined by the size of the state. The **Bundesrat** plays a role in the passing of legislation. In Austria, the **Bundesrat** is the part of parliament where the *Länder* (provinces) are represented according to their population. The exact number of representatives from the provinces is stipulated by the Federal President after each national census. In Switzerland however, the **Bundesrat** is the government, which consists of seven members who are elected for four years and is chaired by the Federal President.

Bundesregierung *f* Federal Government; **Bundesrepublik** *f* Federal Republic; (*Deutschland*) Federal Republic of Germany; **Bundesschatzbrief** *m* Federal Government bond; **Bundesstaat** *m* federal state; **Bundesstraße** *f* federal highway

Bundestag *m* Bundestag

i Land & Leute

Der Bundestag, the Lower House of the German Parliament, is the representative body of the people and is elected every four years in a free and secret ballot. The **Bundestag** elects the *Bundeskanzler* (Federal Chancellor) and debates and passes bills.

Bundestagsmitglied *nt* member of the

Bundestag; **Bundestagspräsident(in)** *m(f)* President of the Bundestag; **Bundestagswahl** *f* elections to [*o* for] the Bundestag; **Bundestrainer(in)** *m(f)* coach of the German national team; **Bundesverfassungsgericht** *nt* Federal Constitutional Court; **Bundesversammlung** *f* (*in Deutschland*) Federal Convention; (*in der Schweiz*) Federal Assembly; **Bundeswehr** *f* Federal Armed Forces *pl*

Bundfaltenhose *f* pleated trousers *Br,* pegged [*o* pleated] pants *Am*

bündig ['bʏndɪç] *adj* ❶ (TECH: *fluchtrecht*) flush ❷ (*schlüssig*) conclusive; **kurz und ~** concisely

Bündnis ['bʏntnɪs] *nt* alliance; **Bündnispartner** *m* alliance partner

Bunker ['bʊnkɐ] <-s, -> *m* (MIL) bunker; (*Schutz~*) air-raid shelter

bunkern ['bʊŋkɐn] *vt* store (as in a bunker)

Bunsenbrenner ['bʊnzn-] <-s, -> *m* (CHEM) bunsen burner

bunt [bʊnt] *adj* ❶ (*vielfarbig*) colourful; (*farbig*) coloured ❷ (*allerlei enthaltend*) mixed; (*verschiedenartig*) varied; **~es Glas** stained glass; **ein ~er Abend** a social; **in ~er Reihenfolge** in a varied sequence; **jetzt wird's mir aber zu ~!** (*fam*) that's going too far!

Buntmetall *nt* non-ferrous metal

Buntsandstein *m* new red sandstone

Buntspecht *m* spotted woodpecker

Buntstift *m* coloured pencil, crayon

Buntwäsche *f* coloureds *pl*

Bürde ['bʏrdə] <-, -n> *f* ❶ (*aufgebürdete Last*) load ❷ (*fig*) burden

Burg [bʊrk] <-, -en> *f* castle; **Burganlage** *f* castle complex

Bürge ['bʏrgə] <-n, -n> *m* guarantor; **einen ~n stellen** offer surety

bürgen *vt:* **für etw ~** guarantee s.th.; **für jdn ~** stand surety for s.o.; (*fig*) vouch for s.o.

Bürger(in) *m(f)* (*Staats~*) citizen; **die ~ unserer Stadt** the people of our town; **Bürgerinitiative** *f* citizens' action group; **Bürgerkrieg** *m* civil war

bürgerlich *adj* civil; **das ~e Gesetzbuch** the Civil Code

Bürgermeister(in) *m(f)* mayor; **bürgernah** *adj* (*Politiker*) close to the people

Bürgerrecht *nt* civil rights *pl;* **Bürgerrechtler(in)** *m(f)* civil righter; **Bürgerrechtsbewegung** *f* civil rights movement

Bürgerschaft *f* ❶ (*die Bürger*) citizens *pl* ❷ (*Stadtparlament*) City Parliament

Bürgersteig *m* pavement *Br,* sidewalk *Am*

Bürgerversammlung *f* town meeting; **Bürgerwehr** *f* militia

Burggraben *m* castle moat

Bürgschaft ['bʏrkʃaft] *f* security, surety; **für jdn ~ leisten** stand surety for s.o.

Burgund [bʊr'gʊnt] <-s> *nt* Burgundy; **Burgunder** *m* (*Wein*) burgundy; **burgundisch** *adj* Burgundian

Burgverlies *nt* (castle) dungeon

burlesk [bʊr'lɛsk] *adj* burlesque

Büro [by'ro:] <-s, -s> *nt* office; **Büroangestellte(r)** *f m* office worker; **Büroarbeit** *f* office work; **Bürobedarf** *m* office supplies *pl;* **Bürohengst** *m* (*pej*) pen pusher; **Büroklammer** *f* paper clip; **Bürokommunikation** *f* office communications *pl;* **Bürokommunikationssystem** *nt* (INFORM) office communications system

Bürokrat(in) *m(f)* bureaucrat; **Bürokratie** [byrokra'ti:] *f* bureaucracy; **bürokratisch** *adj* bureaucratic

Büromaschinen *pl* office machines; **Bürostuhl** *m* office chair; **Bürostunden** *pl* office hours; **Bürovorsteher(in)** *m(f)* chief clerk

Bursche ['bʊrʃə] <-n, -n> *m* ❶ (*Halbwüchsiger*) boy, chap, lad ❷ (*Kerl*) fellow, guy; **ein kluger ~** a clever fellow; **ein übler ~** (*pej*) a bad lot

burschikos [bʊrʃi'ko:s] *adj* tomboyish

Bürste ['bʏrstə] <-, -n> *f* brush; **bürsten** *vt* brush; **sich die Haare ~** brush one's hair

Bürstenhaarschnitt *m* crew cut; **Bürstenmassage** *f* brush massage

Bus[1] [bʊs] <-ses, -se> *m* bus

Bus[2] [bas] *m* (*computerinternes Verbindungssystem*) bus

Busbahnhof *m* bus [*o* coach] station

Busch [bʊʃ, *pl:* 'bʏʃə] <-es, Büsche> *m* ❶ bush; (*einzelner Strauch*) shrub ❷ (*Dickicht*) copse, thicket; (*Urwald*) jungle; **jdm auf den ~ klopfen** (*fam*) sound s.o. out; **sich in die Büsche schlagen** (*fam*) slip away; **etw ist im ~** (*fam*) there's s.th. up; **Buschbohne** *f* dwarf bean

Büschel ['bʏʃəl] <-s, -> *nt* (*von Haaren*) tuft, wisp; (*von Stroh*) bundle; **büschelweise** *adv* in tufts

Busen ['bu:zən] <-s, -> *m* breast; **am ~ der Natur** (*hum*) in the lap of nature; **Busenfreund(in)** *m(f)* bosom friend

Busfahrer(in) *m(f)* bus driver

Bushaltestelle *f* bus stop

Business Class ['bɪznɪs,kla:s] <-> *f* business class

Buslinie *f* bus route

Bussard ['bʊsart] <-s, -e> *m* (*Greifvogel*) buzzard

Buße ['bu:sə] <-, -n> *f* (*Bußsakrament*) penance; (*Reue*) penitence; ~ **tun** do penance
büßen ['by:sən] *vt, vi:* **das wirst du mir** (**noch**) **~!** I'll make you pay for that!; **er musste schwer dafür** ~ he had to pay dearly for it
Bußgeld *nt* fine; **Bußgeldbescheid** *m* notice of payment due
Bußtag *m* day of repentance
Büste ['bʏstə] <-, -n> *f* bust
Büstenhalter *m* brassiere
Butangas [bu'ta:n-] *nt* butane
Butike <-, -n> *f s.* **Boutique**
Butt [bʊt] <-(e)s, -e> *m* (*Scholle*) flounder
Bütte ['bʏtə] <-, -n> *f* (*Kufe, Wanne*) tub; (*Zuber*) vat
Bütten(papier) *nt* (*Werksbütten*) rag paper
Butter ['bʊtɐ] <-> *f* butter; **alles in ~!** (*fam*) everything ok!
Butterberg *m* (*fam*) butter mountain
Butterblume *f* buttercup
Butterbrot *nt* bread and butter; (*belegtes* ~) sandwich; **jdm etw** (**ständig**) **aufs ~ schmieren** keep rubbing s.th. in; **Butterbrotpapier** *nt* greaseproof paper; **Buttermilch** *f* buttermilk; **Butterschmalz** *nt* clarified butter; **butterweich** *adj* (*a. fig*) beautifully soft
Button ['batn] <-s, -s> *m* badge, button
Button-down-Kragen ['batndaʊn-] *m* button-down collar
Butzenscheibe *f* bull's-eye (window)pane
Bypass-Operation *f* (MED) bypass operation
Byte [bait] <-(s), -(s)> *nt* (INFORM) byte
Byzanz [bytsants] *nt* Byzantium
bzw. *konj Abk. von* **beziehungsweise** or (rather)

C c

C, c [tse:] <-,-> *nt* C, c
ca. *adv Abk. von* **circa** approx.
CAD <-> *nt Abk. von* **computer-aided design** CAD
Cadmium ['katmiʊm] <-s> *nt* (CHEM) cadmium
Café [ka'fe:] <-s, -s> *nt* café
Cafeteria [kafete'rɪa] <-, -s> *f* cafeteria
Callboy ['kɔ:lbɔɪ] <-s, -s> *m* callboy
Callcenter ['kɔ:lsɛntɐ] <-s, -> *nt* (*für Telefonanfragen*) call centre; **Callcenter-Agent(in)** *m(f)* call-centre agent
Callgirl ['kɔ:lgœrl] <-s, -s> *nt* callgirl
Calls [kɔ:ls] *pl* (*Optionspapiere auf steigende Aktien*) calls
Camcorder ['kæmkɔrdɐ] <-s, -> *m* camcorder
Camp [kæmp] <-s, -s> *nt* camp
Camping ['kæmpɪŋ] <-s> *nt* camping; **zum ~ fahren** go camping; **Campingausrüstung** *f* camping gear; **Campingbus** *m* camper, dormobile®; **Campinggeschirr** *nt* camping eating utensils *pl;* **Campingplatz** *m* camping [*o* caravan] site
Cappuccino [kapʊ'tʃi:no] <-s, -s> *m* cappuccino
Carnapper ['ka:nɛpɐ] <-s, -> *m* (*Autodieb*) carnapper; **Carnapping** ['ka:nɛpɪŋ] <-s, -s> *nt* carnapping
Carrier ['kɛrɪəɐ] <-s, -> *m* (*Flugreiseunternehmer*) carrier
Cashflow ['kɛʃfləʊ] <-s> *m* (*übrige Geldmittel*) cash flow
Casino [ka'zi:no] <-s, -s> *nt* casino
Cäsium ['tsɛ:ziʊm] <-s> *nt* (CHEM) caesium *Br,* cesium *Am*
casten ['ka:stən] *vt* cast
Casting-Agentur ['ka:stɪŋagɛn,tu:ɐ] *f* casting agency
Catcher(in) ['kætʃɐ] <-s, -> *m(f)* wrestler
Catering ['keɪtərɪŋ] <-[s]> *nt* (*Bereitstellung von Essen und Getränke*) catering; **Catering-Service** <-> *m* catering service
CB-Funk *m* citizen's band, CB
CD[1] <-, -s> *f s.* **Compact Disc** CD, compact disc
CD[2] <-s, -s> *nt s.* **Corporate Design** corporate design
CD-ROM <-, -s> *f* CD-ROM; **CD-ROM-Laufwerk** *nt* CD-ROM drive; **CD-Spieler** *m* compact disc player, CD player; **CD-Ständer** *m* CD rack
Cellist(in) [tʃɛ'lɪst] *m(f)* cellist
Cello ['tʃɛlo, *pl:* 'tʃɛli/'tʃɛlos] <-s, -i/-s> *nt* cello
Cellophan [tsɛlo'fa:n] <-s> *nt* cellophane
Celsius ['tsɛlziʊs] <-,-> *nt* centigrade; **8 Grad** ~ eight degrees centigrade
Cembalo ['tʃɛmbalo, *pl:* 'tʃɛmbali/ tʃɛmbalos] <-s, -i/-s> *nt* cembalo, harpsichord
Cent [sent] *m* eurocent
Ces [tsɛs] <-, (-)> *nt* (MUS) C flat
Ceylon ['tsaɪlɔn] <-s> *nt* Ceylon
Chamäleon [ka'mɛ:leɔn] <-s, -s> *nt* (*a. fig*) chameleon
Champagner [ʃam'panjɐ] <-s, -> *m* champagne
Champignon ['ʃampɪnjɔŋ] <-s, -s> *m*

mushroom
Champion ['tʃæmpjən] <-s, -s> *m* (SPORT) champion
Chance [ʃã:s(ə)] <-, -n> *f* chance; **keine ~n haben** not to stand a chance; **bei jdm ~n haben** stand a chance with s.o.; **Chancengleichheit** *f* equal opportunities *pl;* **chancenlos** *adj* (*Spieler, Partei*) bound to lose; (*Plan, Produkt*) bound to fail
Chanson [ʃã'sõ:] <-s, -s> *nt* song
Chaos ['ka:ɔs] <-> *nt* chaos; **Chaostheorie** *f* (MATH) chaos theory
Chaot(in) [ka'o:t] <-en, -en> *m(f)* ❶ (POL) anarchist ❷ (*sl: unordentlicher Mensch*) chaotic person; (*ausgeflippte Person*) freak
chaotisch [ka'o:tɪʃ] *adj* chaotic
Charakter [ka'raktɐ, *pl:* karak'te:rə] <-s, -e> *m* ❶ (*Wesenszug, Merkmal*) character ❷ (*Persönlichkeit*) personality ❸ (*Art*) nature; **Charaktereigenschaft** *f* character trait
charakterfest *adj* of firm character, strong-minded; **Charakterfestigkeit** *f* firmness of character, strong-mindedness
charakterisieren *vt* characterize
Charakterisierung *f* characterization
Charakteristik *f* characteristics *pl;* (*Schilderung*) description
Charakteristikum <-s, -ka> *nt* characteristic
charakteristisch *adj* characteristic; **~e Eigenschaft** typical feature
charakterlich *adv* character; **~ unbeständig** having an unsteady character
charakterlos *adj* ❶ (*von Person*) unprincipled ❷ (*fig: farblos*) colourless
Charakterlosigkeit *f* ❶ (*Eigenschaft*) lack of principles ❷ (*Tat*) unprincipled act
Charakterzug *m* characteristic trait; **das ist kein schöner ~!** that is an unpleasant character trait!
Charity-Event ['tʃɛrətɪ-ɪˌvent] <-s, -s> *m* (*Wohltätigkeitsveranstaltung*) charity event
charmant [ʃar'mant] *adj* charming
Charme [ʃarm] <-s> *m* charm
Charta ['karta] <-, -s> *f* charter; **die ~ der Vereinten Nationen** the United Nations Charter
Charterflug ['tʃa:ɐtɐ-] *m* charter flight; **Chartermaschine** *f* (AVIAT) charter plane
chartern ['tʃa:ɐtɐn] *vt* (AVIAT MAR) charter; (*anheuern*) hire
Chassis [ʃa'si:] <-, -> *nt* (AUTO TECH) chassis, frame
Chat [tʃæt] *m* (INTERNET) chat; **chatten** ['tʃætən] *vi* (*fam*) chat
Chauffeur(in) [ʃɔ'fø:ɐ] <-s, -e> *m(f)* chauffeur
Chauffeuse [ʃofɔz] <-, -n> *f* (*CH*) female professional driver
chauffieren *vt haben, vi sein* (AUTO) drive
Chauvi [ʃo:vi] <-s, -s> *m* (*fam pej*) male chauvinist pig, MCP; **Chauvinismus** [ʃovi'nɪsmʊs] *m* ❶ (POL) chauvinism, jingoism ❷ (*männlicher ~*) male chauvinism;
Chauvinist(in) *m(f)* ❶ (POL) chauvinist ❷ (*männlicher ~*) male chauvinist; **chauvinistisch** *adj* ❶ (POL) chauvinistic ❷ (*männlich ~*) chauvinist
checken ['tʃækn̩] *vt* ❶ (*überprüfen*) check ❷ (*fam: begreifen*) get it
Chef(in) [ʃɛf] <-s, -s> *m(f)* boss; (*von Polizei*) chief; **Chefarzt, -ärztin** *m, f* senior consultant; **Chefetage** *f* executive floor; **Chefkoch, -köchin** *m, f* chef; **Chefredakteur(in)** *m(f)* editor-in-chief; **Chefsache** *f* matter for the boss, boss' business; **Chefsekretärin** *f* personal assistant, PA; **Chefzimmer** *nt* executive's office
Chemie [çe'mi:] *f* chemistry; **Chemiefaser** *f* synthetic fibre; **Chemiemüll** *m* chemical waste; **Chemieunfall** *m* chemical accident; **Chemiewaffe** *f* chemical weapon; **Chemikalien** [çemi'ka:liən] *fpl* chemicals
Chemiker(in) *m(f)* chemist
chemisch *adj* chemical; **~e Kampfstoffe** chemical warfare agents; **~e Reinigung** dry cleaner's
Chemotherapie [çemotera'pi:] *f* (MED) chemotherapy
Chiffre ['ʃɪfrə] <-, -n> *f* ❶ (*Code~*) cipher ❷ (*in Zeitungsannoncen*) box number; **Chiffreanzeige** *f* box number advertisement
chiffrieren [ʃɪ'fri:rən] *vt* encode, encipher; **chiffrierte Nachricht** coded message
Chile ['çi:le/'tʃi:le] <-s> *nt* Chile; **Chilene, -nin** [çi'le:nə] <-n, -n> *m, f* Chilean; **chilenisch** *adj* Chilean
China ['çi:na] <-s> *nt* China; **Chinarestaurant** *nt* Chinese restaurant; **Chinese, -sin** [çi'ne:zə] <-n, -n> *m, f* Chinese; **chinesisch** *adj* Chinese; **die Chinesische Mauer** the Great Wall of China
Chinin [çi'ni:n] <-s> *nt* quinine
Chip [tʃɪp] <-s, -s> *m* ❶ (*Kartoffel~*) crisp *Br,* potato chip *Am* ❷ (*Spiel~*) chip ❸ (INFORM) chip
Chipkarte *f* (COM) smart card
Chirurg(in) [çi'rʊrk] <-en, -en> *m(f)* surgeon
Chirurgie [çirʊr'gi:] <-, -n> *f* surgery
chirurgisch *adj* surgical; **~er Eingriff**

surgery
Chlor [klo:ɐ] <-s> *nt* (CHEM) chlorine
chloren ['klo:rən] *vt* chlorinate
Chlorid [klo'ri:t] <-(e)s, -e> *nt* (CHEM) chloride
Chloroform [kloro'fɔrm] <-s> *nt* chloroform; **chloroformieren** *vt* chloroform
Chlorophyll [kloro'fʏl] <-s> *nt* chlorophyll
Chlorwasser *nt* chlorinated water; **Chlorwasserstoff** [-'---] *m* (CHEM) chlorhydric acid
Cholera ['ko:lera/'kɔlәra] <-> *f* cholera
Choleriker(in) *m(f)* choleric person
cholerisch *adj* choleric
Cholesterin [kolɛste'ri:n] <-s> *nt* (MED) cholesterol; **Cholesterinspiegel** *m* cholesterol level; **Cholesterinwert** *m* cholesterol level
Chor[1] [ko:ɐ, *pl:* 'kø:rə] <-(e)s, Chöre> *m* (MUS) choir; (THEAT) chorus; **im ~ singen** sing in the choir
Chor[2] *m* (ARCH ECCL) chancel, choir
Choral [ko'ra:l, *pl:* ko'rɛ:lə] <-s, Choräle> *m* chant
Choreograf(in) [koreo'gra:f] <-en, -en> *m(f)* choreographer; **Choreografie** [koreogra'fi:] *f* choreography; **Choreograph** *m s.* **Choreograf**; **Choreographie** *f s.* **Choreografie**
Chorknabe *m* choirboy
Chorsänger(in) *m(f)* chorister
Chose ['ʃo:zə] <-, -n> *f* (*fam*): **die ganze ~** all of it, the whole lot of it
Christ(in) [krɪst] <-en, -en> *m(f)* Christian
Christbaum *m* Christmas tree

i Land & Leute

Der Christbaum, the Christmas tree, is a small conifer which is erected in the living room at Christmas and decorated with, for example, balls, stars, lametta (thin strips of tinsel) and candles. *Das Christkind* is a mysterious figure who brings children presents at Christmas; the German equivalent of Father Christmas.

Christenheit *f* Christendom; **Christentum** *nt* Christianity
Christkind *nt* Christ Child; **das ~ kommt!** Father Christmas is coming!

i Land & Leute

A **Christkindlmarkt,** literally ‘Christmas present market’, or *Weihnachtsmarkt* is one with numerous stalls at which all kinds of Christmassy things including Christmas biscuits and mulled wine are sold in the run up to Christmas.

christlich **I.** *adj* Christian; **Christlicher Verein Junger Menschen** Young Men’s Christian Association, Y.M.C.A.; **~e Zeitrechnung** Christian Era **II.** *adv* as a Christian; **jdn ~ erziehen** bring s.o. up as a Christian
Christmette *f* Midnight Mass

i Land & Leute

A **Christstollen** is a Christmas fruit loaf made from sweetened yeast dough filled with raisins, candied fruit or marzipan, and is eaten in slices.

Christus ['krɪstʊs] *m* Christ; **vor Christi Geburt** before Christ, B.C.; **700 nach ~** in the year 700 of our Lord, A.D.
Chrom [kro:m] <-s> *nt* chrome
Chromosom [kromo'zo:m] <-s, -en> *nt* chromosome
Chrompflegemittel *nt* chrome polish; **Chromstahl** *m* chromium steel; **Chromteil** *nt* (*a.* AUTO) chrome-plated part
Chronik ['kro:nɪk] *f* chronicle
chronisch *adj* (*Krankheit, a. fig*) chronic
Chronist [kro'nɪst] *m* chronicler
chronologisch [krono'lo:gɪʃ] *adj* chronological
Chronometer [krono'me:tɐ] <-s, -> *m* chronometer
Chrysantheme [kryzan'te:mə] <-, -n> *nt* chrysanthemum
CI *f Abk. von* **Corporate Identity** corporate identity
circa ['tsɪrka] *adv* about, circa, ca.
Cis [tsɪs] <-, -> *nt* (MUS) C sharp
Citycall ['sɪtɪkɔ:l] <-s, -s> *m* (*Ortsgespräch*) city call
Clearing ['kli:rɪŋ] <-s, -s> *nt* (COM) clearing
Clementine [klemɛn'ti:nə] <-, -n> *f* (*Mandarine*) clementine
clever ['klævɐ] *adj* clever
Clinch [klɪntʃ] <-(e)s> *m* (*fam*): **mit jdm im ~ liegen** (*fig*) be at loggerheads with s.o.
Clip [klɪp] <-s, -s> *m* ❶ (*an Schreibgerät*) clip ❷ (*Ohrclip*) earring
Clique ['klɪkə] <-, -n> *f* (*fam*) group, set; **Paul und seine (ganze) ~** Paul and his set
Clochard [klɔ'ʃa:r] <-s, -s> *m* tramp

Clou [klu: <-s, -s> *m*: **das ist doch gerade der ~!** but that's just it!; **der ~ des Abends** the highlight of the evening
Clown [klaʊn] <-s, -s> *m* clown; **sich zum ~ machen** make a clown of o.s.
Cockpit ['kɔkpɪt] <-s, -s> *nt* (AVIAT) cockpit
Cocktailbar ['kɔkteɪl,ba:ɐ] *f* cocktail bar
Cocooning [kə'ku:nɪŋ] <-s> *nt* (*Rückzug ins Private*) cocooning
Code [ko:d] <-s, -s> *m* code; **genetischer ~** (BIOL) genetic code
codieren *vt* codify, encode
Coiffeur [kwa'fɔ:r] <-s, -e> *m* (*CH*) hairdresser
Collage [kɔ'la:ʒə] <-, -n> *f* collage
Colt® [kɔlt] <-s, -s> *m* colt
Come-back [kam'bæk] <-s, -s> *nt* (*a.* SPORT) comeback
Comicheft *nt* comic
committen [ko'mɪtən] *vr* (*sich verpflichten*) committ oneself
Computer [kɔm'pju:tɐ] <-s, -> *m* (INFORM) computer; **Computerarbeitsplatz** *m* work station; **Computerdiagnose** *f* (MED) computer diagnosis; **computergesteuert** *adj* computer-controlled; **Computergrafik** *f* computer graphics *sing;* **Computerkriminalität** *f* computer crime; **computerlesbar** *adj* (*Ausweis*) machine-readable; **Computernetzwerk** *nt* computer network; **Computersatz** *m* (TYP) computer typesetting; **Computersimulation** *f* computer simulation; **Computerspiel** *nt* computer game; **Computertisch** *m* computer table; **Computertomografie** *f*, **Computertomographie** *f* (MED) computer tomography; **Computervirus** *m* computer virus; **Computerzeitschrift** *f* computer magazine
Conférencier [kõferãsj'e:] <-s, -s> *m* compère
Container [kɔn'te:nɐ] <-s, -> *m* (*zum Transport*) container; (*für Bauschutt*) skip; **Containerbrücke** *f* (MAR) transporter container-loading bridge; **Containerdorf** *nt* village of prefab huts; **Containerschiff** *nt* container ship; **Containerstapel** *m* unit load; **Containerstapler** *m* (TECH) container carrier truck; **Containerterminal** *m* container berth [*o* terminal]
Contergankind [kɔntɛr'ga:n-] *nt* thalidomide baby
Convenience-Markt [kən'vi:niəns,markt] *m* (*kl. Supermarkt bei der Tankstelle*) petrol station shop
Cookie [kʊkɪ] *m* (*kleine Datei auf der Festplatte des Users, die seine Aktivitäten in der besuchten Web-Site niederschreibt*) cookie
cool [kʊ:l] *adj* (*fam*) cool
Copy-Shop ['kɔpiʃɔp] <-s, -s> *m* (COM) copy shop
Cord <-s, -s> *m* cord, corduroy; **Cordjeans** ['kɔrtʒi:ns] *pl* corduroy jeans, cords
Cornflakes ['kɔ:nfle:ks] *pl* cornflakes
Costa Rica ['kɔsta 'ri:ka] *nt* Costa Rica
Couch [kaʊtʃ] <-, -en> *f* couch; **Couchgarnitur** *f* suite; **Couchtisch** *m* coffee table
Countdown ['kaʊntdaʊn] <-s, -s> *m* (*a. fig*) countdown
Coupon [ku'põ:] <-s, -s> *m* coupon
Courage [kʊ'ra:ʒə] <-> *f* (*fam*) guts *pl*
couragiert *adj* courageous
Cousin(e) [ku'zɛ̃: (ku'zi:nə)] <-, -s> *m(f)* cousin
Couvert [ku've:ɐ] <-s, -s> *nt* envelope
Cover-Version ['kavɐvɛr,zjo:n] *f* (*Imitat eines Musiktitels*) cover version
Crack¹ [kræk] <-s, -s> *m* (*Könner*) ace
Crack² [kræk] <-s> *nt* (*Droge*) crack
Cracker ['krækə] *m* (INTERNET: *böswilliger Hacker*) cracker
crash-erprobt ['kræʃ-] *adj* crash-tested
Creme [krɛ:m/kre:m] <-, -s> *f* cream
cremefarben *adj* cream-coloured
Cremespülung *f* cream rinse
Cremetorte *f* cream gateau
cremig *adj* creamy
Curling ['kø:ɐlɪŋ] <-s> *nt* (SPORT) curling
Curriculum [kʊ'rɪkʊlʊm] <-s, -la> *nt* (SCHULE) curriculum
Curry ['kœrɪ] <-s, -s> *nt* curry; **Currywurst** ['kœrivʊrst] *f curried sausage with ketchup*
Cursor ['kœ:rzɐ] <-s, -> *m* (INFORM) cursor
Cutter(in) ['katɐ] <-s, -> *m(f)* (FILM) cutter
Cybercash ['saɪbə,kæʃ] *nt* (*elektronisches Geld,* INTERNET) cybercash; **Cybergeld** ['saɪbə,geld] *nt* (INTERNET) e-cash (electronic cash)
Cybersex ['saɪbə,seks] *m* (INTERNET) cybersex
Cyberspace ['saɪbə,speɪs] *m* (INTERNET) cyberspace

D

Dd

D, d [de:] <-,-> *nt* D, d
D-Zug ['de:tsu:k] *m* (RAIL) fast train
da [da:] **I.** *adv* ❶ (*örtlich: dort*) there ❷ (*örtlich: hier*) here; (*bei der Hand*) at hand ❸ (*zeitlich*) then; **das Haus ~** the house

over there; ~ **haben wir's!** that had to happen!; **wer** ~**?** who's there?; **da sein** be there; **wir sind gleich** ~ we'll soon be there; **ich bin gleich wieder** ~ I'll be right back; **ich bin noch** ~ I'm still there; **ist noch** (**etw**) **Tee** ~**?** is there any tea left?; **ist die Post schon** ~**?** has the post come yet?; ~**, nimm schon!** here, take it!; ~ **siehst du, was du angerichtet hast!** now see what you've done!; **was gibt's denn** ~ **zu lachen?** what's funny about that?; ~ **kann man nichts machen** there's nothing to be done about it; ~ **kann ich bloß lachen!** I can't help laughing!; ~ **fällt mir gerade ein, …** it just occurred to me … **II.** *konj* (*weil*) as, since, seeing that

DAAD <-> *m Abk. von* **Deutscher Akademischer Austauschdienst** German Academic Exchange Service

dabei [da'baɪ/'da:baɪ] *adv* ① (*örtlich*): **ist die Beschreibung** ~**?** are the instructions attached? ② (*zeitlich*): **hör auf Klavier zu spielen!** ~ **kann ich mich nicht konzentrieren!** do stop playing the piano! I can't concentrate!; ~ **darf man** (**allerdings**) **nicht vergessen, dass …** it shouldn't be forgotten here that … ③ (*sonstige*): **es kommt doch nichts** ~ **heraus** nothing will come of it (after all); **… und** ~ **bleibt's!** … and that's that!; **lassen wir es** ~ (**bewenden**)! let's leave it at that!; **was ist schon** ~**?** so what of it?; **was hast du dir** ~ **gedacht?** what were you thinking of?

da|bleiben *sein irr vi* stay

Dach [dax, *pl:* 'dɛçɐ] <-s, Dächer> *nt* roof; **unterm** ~ **wohnen** live right on the top floor; **unter** ~ **und Fach sein** be in the bag; **eins aufs** ~ **kriegen** (*fig fam*) get told off; **Dachbalken** *m* roof beam; **Dachboden** *m* attic; **Dachdecker** *m* tiler; **Dachfenster** *nt* dormer window; (*Dachluke*) skylight; **Dachfirst** *m* ridge of the roof; **Dachgarten** *m* roof garden; **Dachgepäckträger** *m* (AUTO) roof rack; **Dachgesellschaft** *f* holding company; **Dachgleiche** <-, -n> *f* (*österr: Richtfest*) topping-out ceremony; **Dachhaus** *nt* penthouse; **Dachkammer** *f* attic room; **Dachkännel** <-s, -> *m* (*CH: Dachrinne*) gutter; **Dachluke** *f* skylight; **Dachorganisation** *f* parent organization; **Dachpappe** *f* roofing felt; **Dachpfanne** *f* tile; **Dachrinne** *f* gutter

Dachs [daks] <-es, -e> *m* badger

Dachschaden *m:* **du hast ja 'n** ~**!** (*fig fam*) you've a screw loose!; **Dachstuhl** *m* roof truss; **Dachwohnung** *f* attic flat; **Dachziegel** *m* roofing tile

Dackel ['dakəl] <-s, -> *m* (*Hunderasse*) dachshund

dadurch ['da:dʊrç] *adv* ① (*örtlich: dort durch*) that way, through there ② (*Grund: durch dieses Mittel*) by that, in that way

dafür ['da:fy:ɐ/da'fy:ɐ] *adv* ① (*für das*) for it, for that; **ich bin ganz** ~**!** I'm all for it!; **ich bin** ~ **nach Hause zu gehen** I'm for going home; **sie gibt ihr ganzes Geld** ~ **aus** she spends all her money on it; **ich werde** ~ **sorgen, dass …** I'll see to it that … ② (*andererseits*): **der Anzug ist teuer,** ~ **passt er aber gut** the suit is expensive, but then it fits well

Dafürhalten [-'---] *nt:* **nach meinem** ~ in my opinion

dagegen ['da:ge:gən/da'ge:gən] **I.** *adv* ① (*gegen etwas*) against that, against it ② (*örtlich*) into s.th., against s.th. ③ (*verglichen mit*) compared with; **er schlug** ~ he hammered on it; **ich habe nichts** ~ I don't object, I've no objections; **haben Sie etw** ~**, wenn ich gehe?** do you mind if I leave?; ~ **kann man nichts machen** nothing can be done about it **II.** *konj* (*andererseits*) on the other hand

Daheim [da'haɪm] <-s> *nt* home

daheim *adv* at home; **wieder** ~ **sein** be home again

daher ['da:he:ɐ/da'he:ɐ] **I.** *adv* ① (*örtlich*) from there ② (*aus diesem Grund*) that's why …, hence; **das kommt** ~**, dass …** that's because … **II.** *konj* (*deswegen*) that's why …; **daherbringen** *vt* (*österr: herbeibringen*) bring over

dahin ['da:hɪn] *adv* ① (*örtlich*) there ② (*zeitlich: bis* ~) by that time, by then, until then ③ (*vorbei, vergangen*) gone; **ist es noch weit bis** ~**?** is it still a long way?; **mir steht's bis** ~**!** (*fam*) I've had it up to here!; **dahingestellt** [-'---] *adj:* **ich lasse das mal** (**so**) ~ I leave it open whether …; **dahin|sagen** [-'---] *vt* say without really thinking; **das war nur so dahingesagt** I just said that; **dahin|schwinden** [-'---] *sein irr vi* ① (*räumlich*) dwindle ② (*Zeit*) go past

dahinten [da'hɪntən] *adv* over there

dahinter [da'hɪntɐ] *adv* behind that [*o* it]; **es steckt etw** ~ (*fig*) there is s.th. in it; **es steckt nichts** ~ (*fig*) there's nothing in it; ~ **klemmen** (*fam*) put one's back into it; ~ **kommen** (*fam*) find out

dahin|vegetieren *vi* vegetate

Dahlie ['da:liə] <-, -n> *f* dahlia

Dalmatien [dal'ma:tsiən] *nt* (GEOG) Dalmatia

damalig ['da:ma:lɪç] *adj* at that time; **der ~e Gesandte** the then ambassador

damals *adv* then; **seit ~** since then; **~, als ...** at the time when ...

Damast [da'mast] <-(e)s, -e> *m* damask

Dame ['da:mə] <-, -n> *f* ❶ (*Frau*) lady ❷ (*im Damespiel*) king ❸ (*im Kartenspiel*) queen ❹ (*Spiel*) draughts *Br,* checkers *pl Am;* **meine ~n und Herren!** Ladies and Gentlemen!; **Damebrett** *nt* draught(s) board *Br,* checkerboard *Am;* **Damenbinde** *f* sanitary towel *Br,* napkin *Am;* **Damenfahrrad** *nt* ladies' bicycle; **Damenunterwäsche** *f* lingerie; **Damenwahl** *f* (*beim Tanz*) ladies' choice

Damespiel *nt* draughts *Br,* checkers *pl Am;* **Damestein** *m* draughts-man *Br,* checker *Am*

Damhirsch ['damhɪrʃ] *m* fallow deer

damit ['da:mɪt/da'mɪt] **I.** *adv:* **was willst du ~?** what do you want with that?; **was soll ich ~?** what am I meant to do with that?; **was ist ~?** what about it?; **wie wär's ~?** how about it?; **das hat ~ gar nichts zu tun** that has nothing to do with it; **hör auf ~!** stop it!; **was wollen Sie ~ sagen?** what's that supposed to mean?; **sind Sie ~ einverstanden?** do you agree to that?; **her ~!** (*fam*) give it to me! **II.** *konj:* **~ ... nicht ...** so that ... not ...

dämlich ['dɛ:mlɪç] *adj* dumb, stupid

Damm [dam, *pl:* 'dɛmə] <-(e)s, Dämme> *m* ❶ (*Ufer~*) embankment ❷ (*Deich*) dyke ❸ (*fig: Hindernis*) barrier ❹ (ANAT) perineum; **nicht auf dem ~ sein** (*fig fam*) not to feel up to the mark; **wieder auf dem ~ sein** (*fig fam*) be all right again; **Dammbruch** *m* breach in a dyke

dämmerig ['dɛmərɪç] *adj* (*Beleuchtung*) dim, faint; **Dämmerlicht** *nt* gloom, half-light; (*Zwielicht*) twilight

dämmern ['dɛmɐn] *vi* ❶ (*morgens*) dawn; (*abends*) fall ❷ (*fig: dahin~*) doze; **jetzt dämmert's mir!** now it is beginning to dawn on me!; **es dämmerte ihr** it dawned upon her

Dämmerung ['dɛmərʊŋ] *f* twilight; **bei ~** (*abends*) when dusk begins to fall; (*morgens*) when dawn is breaking

Dämon ['dɛ:mɔn, *pl:* dɛ'mo:nən] <-s, -en> *m* demon; **dämonisch** *adj* demonic

Dampf [dampf, *pl:* 'dɛmpfə] <-(e)s, Dämpfe> *m* (*Wasser~*) steam; (*Dunst*) vapour; **~ ablassen** (*a. fig*) let off steam; **jdm ~ machen** (*fig fam*) make s.o. get a move on; **Dampfbad** *nt* steam [*o* vapour] bath; **Dampfbügeleisen** *nt* steam iron; **Dampfdruck** *m* vapour pressure

dampfen ['dampfən] *vi* ❶ (*aus~*) steam ❷ (*voll von Dampf sein*) be full of steam

dämpfen ['dɛmpfən] *vt* ❶ (*fig*) muffle; (*Stimme*) lower ❷ (*fig: Freude*) dampen ❸ (*Speisen*) steam

Dampfer ['dampfɐ] <-s, -> *m* steamer, steamship; **da bist du aber auf dem falschen ~!** (*fig fam*) you're on the wrong track!

Dämpfer ['dɛmpfɐ] <-s, -> *m* ❶ (*Schall~ an Auspuff*) silencer *Br,* muffler *Am* ❷ (*Schall~ bei Schusswaffe*) silencer ❸ (MUS: *bei Trompete*) mute

Dampferfahrt *f* boat trip

Dampfheizung *f* steam heating

dampfig *adj* steamy

Dampfkessel *m* ❶ (TECH) steam boiler ❷ (*Kochkessel*) steamer; **Dampfkochtopf** *m* pressure cooker; **Dampfkraftwerk** *nt* steam power plant; **Dampfmaschine** *f* steam engine; **Dampfschifffahrt** *f* steam navigation; **Dampfturbine** *f* steam turbine; **Dampfwalze** *f* steamroller

danach ['da:nax/da'na:x] *adv* ❶ (*zeitlich: darauf*) after, after that ❷ (*demgemäß*) accordingly ❸ (*in Richtung*) at, towards; **er sieht auch ~ aus** that's just what he looks like; **~ siehst du gerade aus!** (*iro*) I can see that!; **mir ist nicht ~ zumute** I don't feel like it; **sich ~ erkundigen, ob ...** enquire whether ...

dandyhaft ['dɛndɪhaft] *adj* dandyish

Däne, -nin ['dɛ:nə] <-n, -n> *m, f* Dane

daneben [da'ne:bən/'da:ne:bən] *adv* ❶ (*räumlich*) next to s.o. [*o* s.th.] ❷ (*zusätzlich*) in addition; (*gleichzeitig*) at the same time; **dicht ~** hard [*o* close] by; **rechts ~** to the right of it; **~ nimmt sich das Haus ganz klein aus** the house looks very small in comparison; **daneben|gehen** [-'----] *sein irr vi* (*fig fam*) go wrong

Dänemark ['dɛ:nəmark] <-s> *nt* Denmark; **dänisch** *adj* Danish

Dank [daŋk] <-(e)s> *m* (*Dankbarkeit*) gratitude; **vielen ~!** thanks a lot!; **jdm zu ~ verpflichtet sein** owe s.o. a debt of gratitude; **mit bestem ~ zurück!** thanks very much for lending it to me!; **ist das also dein ~ dafür?!** is that your way of saying thank you?

dank *präp* thanks to

dankbar *adj* grateful; (*fig: lohnend*) rewarding; **jdm für etw ~ sein** be grateful to s.o. for s.th.; **ich wäre Ihnen ~, wenn** I'd appreciate it if; **ein ~es Publikum** an appreciative audience

Dankbarkeit *f* gratitude

danke *interj* thanks!; ~ **schön!** thank you!
danken *vi* (*jdm* ~) thank s.o. (*für* for); **jdm ~ lassen** send s.o. one's thanks; **~d ablehnen** decline with thanks; **nichts zu ~!** don't mention it!
dann [dan] *adv* ❶ (*danach*) then ❷ (*dann also*) then; ~ **und wann** now and then; **selbst ~ nicht, wenn …** not even if …; ~ **eben nicht!** (*fam*) well, suit yourself!; **also, ~ bis morgen!** see you tomorrow then!
daran [da'ran/'da:ran] *adv* ❶ (*räumlich: an etw*) on (s.th.); (*festmachen an etw*) to (s.th.) ❷ (*fig: an etw*) in s.th. ❸ (*zeitlich*): **im Anschluss ~** following it; **nahe ~ sein** (*fig*) be on the point of; **nahe ~ sein etw zu tun** very nearly do s.th.; **ich bin ~ interessiert** I'm interested in it; **das Schönste ~ ist, …** the best thing about it is …; **daran|gehen** [-'---] *sein irr vi:* ~ **etw zu tun** (*fam*) set about doing s.th.; **daran|machen** [-'---] *vr:* **sich ~ etw zu tun** (*fam*) get down to doing s.th.; **daran|setzen** [-'---] *vt* risk, stake
darauf ['da:rauf/da'rauf] *adv* ❶ (*räumlich*) on (s.th.) ❷ (*zeitlich*) after that ❸ (*fig: auf etw*) to that; **am Tag ~** the next day; **drei Jahre ~** three years later; **ich werde ~ nicht antworten** I won't answer that; **~ steht Gefängnis** that is punishable by imprisonment; **ich bestehe ~, dass Sie ein neues Getriebe einbauen** I insist on your fitting a new gearbox; **wie kommst du ~?** what makes you think that?; (**nur**) **~ aus sein etw zu tun** be (only) interested in doing s.th.
daraufhin[1] *adv* ❶ (*als Folge*) as a result ❷ (*danach*) after that
daraufhin[2] *adv* (*im Hinblick darauf*) with regard to (s.th.)
daraus ['da:raus/da'raus] *adv* ❶ (*aus einem Gegenstand heraus*) out of (s.th.) ❷ (*fig: aus Material*) from (s.th.) ❸ (*fig: folgend aus etw*) from (s.th.); **~ wird nichts!** (*fam*) forget it!; **~ mache ich mir nichts** I'm not very keen on that
darben ['darbən] *vi* live in want
dar|bieten ['da:ɐbi:tən] **I.** *irr vt* ❶ (*Aufführung*) perform ❷ (*Speisen: anbieten*) serve **II.** *vr* present itself
Darbietung *f* (THEAT) performance
darein- *präp*, **drein-** [da'raɪn-] *präp:* **traurig ~blicken** look sad; **jdm dreinreden** interfere in someone's affairs
darin ['da:rɪn/da'rɪn] *adv* ❶ (*räumlich*) in (s.th.) ❷ (*fig*) in that respect; **der Unterschied liegt ~, dass …** the difference is that …
dar|legen ['da:ɐle:gən] *vt* explain (*jdm etw* s.th. to s.o.); (*Plan, Theorie a.*) expound
Darleh(e)n ['da:ɐle:(ə)n] <-s, -> *nt* loan (*an, für* to); **ein ~ aufnehmen** raise [*o* take up] a loan; **Darlehensgeber** *m* lender; **Darlehensnehmer** *m* borrower
Darm [darm, *pl:* 'dɛrmə] <-(e)s, Därme> *m* ❶ (ANAT) bowel, intestines *pl* ❷ (*Wursthaut*) skin; **Darmerkrankung** *f* intestinal disease; **Darmgrippe** *f* gastric influenza; **Darminfektion** *f* bowel infection; **Darmkrebs** *m* cancer of the intestine; **Darmverschluss** *m* obstruction of the bowel
dar|reichen ['da:ɐraɪçən] *vt* offer (*jdm etw* s.o. s.th.)
dar|stellen ['da:ɐʃtɛlən] *vt* ❶ (*vorzeigen*) show; (*beschreiben*) describe ❷ (THEAT) play ❸ (*bedeuten*) constitute, represent; **was soll das ~?** what is that supposed to be?
Darsteller(in) *m(f)* (THEAT) actor (actress)
Darstellung *f* ❶ (*bildlich*) portrayal ❷ (*fig*) representation; (*Beschreibung*) description ❸ (*grafische* ~) graph; **falsche ~** misrepresentation
darüber ['da:rybɐ/da'ry:bɐ] *adv* ❶ (*räumlich*) over s.th.; (*quer* ~) across s.th. ❷ (*fig: über*) about (s.th.); **~ hinweg sein** (*fig*) have got over it; **~ hinaus** over and above that; **es geht nichts ~** there's nothing to beat it
darum ['da:rʊm/da'rʊm] *adv* ❶ (*örtlich*) round s.th. ❷ (*fig: deshalb*) that's why; **es geht ~, dass …** the thing is that …; **~ geht es gar nicht** that isn't the point; **ach ~!** so that's why!
darunter ['da:rʊntɐ/da'rʊntɐ] *adv* ❶ (*räumlich*) under [*o* beneath] s.th. ❷ (*unter einer Anzahl*) among them ❸ (*weniger*) under that; **was verstehen Sie ~?** what do you understand by it?
das **I.** *art* the **II.** *pron* (*nom sing*) who, which, that; (*acc sing*) whom, which
Dasein ['da:zaɪn] <-s> *nt* ❶ (*Anwesendsein*) presence ❷ (*Existenz*) existence; **etw ins ~ rufen** call s.th. into existence
dass [das] *konj* that; **~ du es mir nicht verlierst!** see that you don't lose it!; **ich bin dagegen, ~ wir jetzt gehen** I'm against us leaving now
dasselbe [das'zɛlbə] *pron* the same; **das ist genau ~** it is just the same
Datei [da:'taɪ] *f* (INFORM) file; **Dateimarke** *f* (INFORM) filemark; **Dateiname** *m* file name; **Dateisystem** *nt* (INFORM) file system
Daten ['da:tən] *pl* data *pl;* **technische ~**

technical data; **Datenabruf** *m* data retrieval; **Datenaufbereitung** *f* data preparation; **Datenaustausch** *m* data exchange [*o* interchange]; **Datenautobahn** *f* information superhighway; **Datenbank** *f* database; **Datenbasis** *f* database; **Datenbestand** *m* database; **Dateneingabe** *f* data input; **Datenerfassung** *f* data capture; **Datenfeld** *nt* data field; **Datenfernverarbeitung** *f* teleprocessing; **Datenfluss** *m* data flow; **Datenhandschuh** *m* data glove; **Datenklau** <-s> *m* (*fam*) data theft; **Datenleitung** *f* data line; **Datenmissbrauch** *m* data abuse; **Datennetz** *nt* data network; **Datenpflege** *f* data management; **Datenschutz** *m* data protection; **Datenschutzbeauftragte(r)** *f m* data protection specialist

Datensicherheit *f* data integrity; **Datensicherung** *f* backup; **Datensichtgerät** *nt* visual display unit, VDU; **Datenträger** *m* data carrier; **Datentypist(in)** *m(f)* terminal operator; **Datenübertragungsrate** *f* transmission speed; **Datenverarbeitung** *f* data processing; **elektronische ~** electronic data processing; **Datenzentrale** *f* data centre

datieren [daˈtiːrən] *vt* date; **datiert sein vom …** date from …

Dativ [ˈdaːtiːf] <-s, -e> *m* (GRAM) dative

dato [ˈdaːto] *adv* (COM: *heute*): **bis ~** to date

Dattel [ˈdatəl] <-, -n> *f* date; **Dattelpalme** *f* date palm

Datum [daːtʊm] <-s, -ten> *nt* date; **welches ~ haben wir heute?** what is the date today?; **ich hab' mich im ~ vertan** I've got the wrong date; **welches ~ hat der Brief?** when is the letter dated?; **Datumstempel** *m* date stamp

Dauer [ˈdauɐ] <-> *f* duration; (*Zeitspanne*) length; **für die ~ von …** for a period of …; **auf die ~** in the long term; **von kurzer ~ sein** be short-lived; **das kann auf die ~ nicht so weitergehen** it can't go on like that indefinitely; **Dauerauftrag** *m* (COM) standing order; **Dauerbehandlung** *f* permanent treatment; **Dauerbetrieb** *m* continuous [*o* non-stop] operation; **Dauerbrenner** *m* ① (*Ofen*) slow-burning stove ② (*Erfolg*) long runner ③ (*fam: Kuss*) long passionate kiss; **Dauererfolg** *m* long-running success; **dauerhaft** *adj* durable, lasting; (*ständig*) permanent; **Dauerhaftigkeit** *f* ① (*von Material*) durability ② (*fig: Permanenz*) permanence; **Dauerlauf** *m* (SPORT) jogging; **einen ~ machen** go jogging

dauern *vi* go on, last; **dauert das noch lange?** will it take much longer?; **wie lange dauert das denn noch?** how much longer will it take?; **das dauert mir zu lange** it takes too long; **es dauert nicht mehr lange** it won't take much longer; **dauernd** [ˈdauɐnt] *adj* (*andauernd*) lasting; (*ständig*) permanent; **etw ~ tun** keep doing s.th.

Dauerregen *m* continuous rain; **Dauerschaden** *m* permanent injury; **Dauerschleife** *f* (INFORM) continuous loop; **Dauerstellung** *f* permanent position; **Dauerwelle** *f* (*Frisur*) permanent wave, perm; **Dauerwirkung** *f* lasting effect; **Dauerzustand** *m* permanent state of affairs

Daumen [ˈdaumən] <-s, -> *m* thumb; **am ~ lutschen** suck one's thumb; **drücken Sie mir die ~!** keep your fingers crossed for me!

Daune [ˈdaunə] <-, -n> *f* down feather; **Daunendecke** *f* continental quilt, duvet; **Daunenjacke** *f* quilted jacket

davon [ˈdaːfɔn/daˈfɔn] *adv* ① (*räumlich*) from (s.th.) ② (*dadurch*) from (s.th.); **das kommt ~!** (*fam*) I told you so!; **das hängt ~ ab, ob …** that depends on whether …; **ich habe keine Ahnung ~** I've no idea about it; **davon|fliegen** [-ˈ---] *sein irr vi* fly away; **davon|kommen** *sein irr vi* escape, get away; **mit dem Schrecken ~** escape with no more than a shock; **davonlaufen** *sein irr vi* run away (*vor jdm* from s.o.); **davon|machen** *vr* make off; **davon|tragen** *irr vt* ① (*wegtragen*) carry away ② (*fig: Schaden, Verletzung*) suffer ③ (*Preis, Sieg*) carry off, win

davor [ˈdaːfoːɐ/daˈfoːɐ] *adv* ① (*örtlich*) in front of (s.th.) ② (*zeitlich*) before (s.th.); **hast du Angst ~?** are you afraid of it?

DAX *m Abk. von* **Deutscher Aktien Index** DAX, German Stock Index

dazu [ˈdaːtsu/daˈtsuː] *adv* ① (*räumlich*) there ② (*Zweck*) for that; **ich kam nicht ~ es zu tun** I never got round to doing it; **noch ~, wo …** when … too; **wie konnte es nur ~ kommen?** how could that happen?; **wie komme ich ~!** why on earth should I!; **ich habe keine Lust ~** I don't feel like it; **dazu gehören** [-ˈ----] *vi:* **das gehört mit dazu** it's all part of it; **es gehört schon einiges dazu** that takes a lot; **dazu|tun** *irr vt* add

dazwischen [ˈdatsvɪʃən/daˈtsvɪʃən] *adv* ① (*örtlich*) between ② (*mittendrin*) amongst them; **dazwischen|fahren** [-ˈ----] *sein irr vi* (*unterbrechen*) interrupt; **dazwischen|kommen** *sein irr vi* come between; **wenn nichts dazwischen-**

kommt if all goes well, if nothing crops up; **dazwischen|treten** *sein irr vi* intervene

Deal ['i:l] <-s, -s> *m* (*fam: Drogenhandel*) deal

dealen ['di:lən] *vi* (*sl*) push

Dealer(in) *m(f)* (*sl*) pusher; (*international*) trafficker

Debakel [de'ba:kl] <-s, -> *nt* debacle

Debatte [de'batə] <-, -n> *f* debate; **das steht hier nicht zur** ~ that's not the issue

debattieren *vi, vt:* **mit jdm über etw** ~ discuss s.th. with s.o.

debuggen [dɪ'bagən] *vt* (*Computerfehler im Softwareprogramm beheben*) debug; **Debugging** [dɪ'bagɪŋ] <-s> *nt* debugging

Debüt [de'by:] <-s, -s> *nt:* **sein** ~ **geben** make one's debut

dechiffrieren [deʃɪ'fri:rən] *vt* decipher, decode

Deck [dɛk] <-(e)s, -s/(-e)> *nt* ❶ (MAR) deck ❷ (*von Omnibus*) top ❸ (*Parkhaus~*) level; **an** ~ **gehen** go on deck; **von** ~ **gehen** go below deck; **Deckanstrich** *m* top coat(ing); **Deckblatt** *nt* ❶ (*von Zigarre*) wrapper ❷ (*von Pflanze*) bract ❸ (*zur Einlage*) overlay

Decke ['dɛkə] <-, -n> *f* ❶ (*Woll~*) blanket; (*Stepp~*) quilt ❷ (AUTO: *Reifen~*) cover ❸ (*Zimmer~*) ceiling; **an die** ~ **gehen** (*fig*) blow one's top; **mit jdm unter einer** ~ **stecken** (*fig*) be hand in glove with s.o.

Deckel ['dɛkəl] <-s, -> *m* ❶ (*von Topf*) cover, lid ❷ (*von Buch*) cover ❸ (*pej: Hut*) hat

decken ['dɛkən] **I.** *vt* ❶ (*be~*) cover ❷ (*Tisch*) lay, set ❸ (*fig*) cover ❹ (*Tiere begatten*) cover **II.** *vr* ❶ (MATH) be congruent ❷ (*fig*) coincide

Deckenbeleuchtung *f* ceiling lighting

Deckmantel *m* (*fig*): **unter dem** ~ **von ...** under the guise of ...; **Deckname** *m* (*im Geheimdienst*) code name

Deckung ['dɛkʊŋ] *f* ❶ (MIL: *Schutz*) cover ❷ (FIN) cover; **in** ~ **gehen** take cover; **jdm** ~ **geben** (MIL) give s.o. cover

Deckungsbeitragskostenrechnung *f* accounting of departmental participation in covering costs

Decoder [di'koʊdə] <-s, -> *m* decoder

deeskalierend *adv* (*beruhigend*) calmingly

Defekt [de'fɛkt] <-(e)s, -e> *m* defect, fault

defekt [de'fɛkt] *adj* defective, faulty; (*beschädigt*) damaged

defensiv [defɛn'zi:f] *adj* defensive

Defensive [defɛn'zi:və] <-, -n> *f* defensive; **in der** ~ on the defensive

definieren [defi'ni:rən] <ohne ge-> *vt* define

Definition *f* definition

definitiv [defini'ti:f] *adj* (*eindeutig*) definite; (*endgültig*) definitive; **etw** ~ **abklären** clear s.th. up definitively [*o* once and for all]

Defizit ['de:fitsɪt] <-s, -e> *nt* deficit; (*fig*) deficiency (*an* of)

Deflation [defla'tsjo:n] *f* (FIN) deflation

deformieren [defɔr'mi:rən] *vt* deform

deftig ['dɛftɪç] *adj* ❶ (*Mahlzeit*) solid ❷ (*Ohrfeige*) cracking

Degen ['de:gən] <-s, -> *m* rapier

Degeneration [de:genəratsi'o:n] <-> *f* degeneration

degenerieren [degene'ri:rən] *sein vi* degenerate (*zu* into)

degradieren [degra'di:rən] *vt* ❶ (MIL) demote (*zu* to) ❷ (*fig*) lower (*jdn zu etw* s.o. to the level of s.th.)

dehnbar ['de:nba:ɐ] *adj* ❶ (*Stoff*) elastic ❷ (*Begriff*) flexible

Dehnbarkeit *f* elasticity; (*fig: von Begriff*) flexibility

dehnen ['de:nən] *vt, vr* stretch

Dehnung *f* stretching; (LING) lengthening; **Dehnungsfuge** *f* (TECH) contraction [*o* expansion] joint

Deich [daɪç] <-(e)s, -e> *m* dyke *Br,* dike *Am*

Deichsel ['daɪksəl] <-, -n> *f* shaft

deichseln *vt* (*fam: fertig bringen*) wangle

dein [daɪn] *pron* your; **deine(r, s)** *pron* (*substantivisch*) yours; **deinerseits** ['daɪne'zaɪts] *adv* on your part; **deinesgleichen** ['daɪnəs'glaɪçən] *pron* the likes of you; **deinetwegen** ['daɪnətve:gən] *adv* (*wegen dir*) because of you; (*dir zuliebe*) for your sake; **deinige** ['daɪnɪgə] *m/f/nt* yours; (*für dich*) on your behalf

dekadent [deka'dɛnt] *adj* decadent

Dekadenz *f* decadence

Deka(gramm) [deka'gram] <-s> *nt* (*österr*) 10 gram(me)s

Dekan [de'ka:n] <-s, -e> *m* dean

deklamieren [dekla'mi:rən] *vt* declaim

Deklaration [deklara'tsjo:n] *f* declaration

deklarieren *vt* declare

Deklination [deklina'tsjo:n] *f* ❶ (GRAM) inflexion ❷ (PHYS: *Abweichung*) declination

deklinieren *vt* decline, inflect

Dekor [de'ko:ɐ] <-s, -e> *nt* decor; **Dekorateur(in)** [dekora'tø:ɐ] <-s, -e> *m(f)* ❶ (*Schaufenster~*) window-dresser ❷ (*Innen~*) interior designer; **Dekoration** *f* (*a.* THEAT) decoration, set; **dekorativ** *adj* decorative; **dekorieren** *vt* (*a. fig*) decorate; (*Schaufenster*) dress

Dekret [de'kre:t] <-(e)s, -e> *nt* decree
Delegation [delega'tsjo:n] *f* delegation
Delegierte(r) *f m* delegate
Delfin *m* dolphin
delikat [deli'ka:t] *adj* ❶ (*köstlich*) delicious ❷ (*heikel*) delicate; **eine ~e Angelegenheit** a delicate [*o* sensitive] issue
Delikatesse [delika'tɛsə] <-, -n> *f* delicacy
Delikt [de'lɪkt] <-(e)s, -e> *nt* (JUR: *Vergehen*) offence; (*Verbrechen*) crime
Delinquent(in) [delɪŋ'kvɛnt] <-en, -en> *m(f)* delinquent, offender
Delirium [de'li:riʊm] *nt* delirium
Delle ['dɛlə] <-, -n> *f* (*fam*) dent
delogieren *vt* (*österr: raussetzen*) evict
Delphin [dɛl'fi:n] <-s, -e> *m*, **Delfin** *m* dolphin
Delta ['dɛlta] <-(s), -s> *nt* delta; **deltaförmig** *adj* delta-shaped
dem [de(:)m] *pron* (*dat von der, das*): **wie ~ auch sei** be that as it may; **wenn ~ so ist** if that's the way it is
Demagoge, -gin [dema'go:gə] *m, f* demagogue; **Demagogie** <-, -n> *f* demagogy
demaskieren [demas'ki:rən] **I.** *vt* unmask; **jdn als etw ~** expose s.o. as s.th. **II.** *vr* unmask o.s.; **sich als etw ~** reveal o.s. as s.th.
Dementi [de'mɛnti] <-s, -s> *nt* denial
dementieren **I.** *vt* (*offiziell berichtigen*) deny **II.** *vi* deny it
dementsprechend **I.** *adv* correspondingly **II.** *adj* appropriate
demnach *adv* therefore, according to that
demnächst [dem'nɛ:kst] *adv* soon
Demo[1] <-, -s> *f* (*fam*) demo
Demo[2] ['demo] <-s, -s> *nt* (*Demonstrationsprogramm*) demo
Demokratie [demokra'ti:] *f* democracy; **Demokrat(in)** *m(f)* democrat; **demokratisch** *adj* democratic
demokratisieren *vt* democratize; **Demokratisierung** *f* democratization
demolieren [demo'li:rən] *vt* wreck
Demonstrant(in) *m(f)* demonstrator
Demonstration [demɔnstra'tsjo:n] *f* (*a.* POL) demonstration; **Demonstrationseinsatz** *m* (*~ der Polizei*) demonstration duty
demonstrativ [demɔnstra'ti:f] *adj* demonstrative; **Demonstrativpronomen** *nt* (GRAM) demonstrative pronoun
demonstrieren *vt, vi* demonstrate; **für etw ~** demonstrate in support of s.th.; **gegen etw ~** demonstrate against s.th.
Demontage [demɔn'ta:ʒə] <-, -n> *f* dismantling
demontieren *vt* dismantle
demoralisieren *vt* demoralize
Demoskopie [demɔsko'pi:] *f* opinion polls *pl*
demotivieren *vt* demotivate
Demut ['de:mu:t] <-> *f* humility
demütig ['de:my:tɪç] *adj* humble; **demütigen** *vt* humble; **Demütigung** *f* humiliation
Denglisch ['dɛŋlɪʃ] <-[s]> *nt* (*das Englisch im Deutschen*) Denglish
denkbar *adj* conceivable; **das ist durchaus ~** that is feasible
denken ['dɛŋkən] *irr vt, vi* think; **an etw ~** think of s.th.; **ich denke nicht daran!** no way!; **daran hatte ich gar nicht mehr gedacht** I had forgotten about that; **das kann ich mir ~** I can imagine; **das habe ich mir gleich gedacht** I thought that all along; **dacht' ich's mir doch!** I knew it!
Denker(in) *m(f)* thinker
Denkfabrik *f* think tank
Denkfigur *f* (*geh*) conceived idea
Denkmal ['dɛŋkma:l] <-s, -mäler> *nt* ❶ (*Monument*) monument ❷ (*Statue*) statue; **Denkmalschutz** *m* protection of historical monuments; **unter ~ stehen** be under a preservation order; **Denkprozess** *m* process of reasoning; **Denkschrift** *f* memorandum; **denkwürdig** *adj* memorable; **Denkzettel** *m*: **jdm einen ~ verpassen** teach s.o. a lesson
denn [dɛn] **I.** *konj* for; **es sei ~, dass ...** unless ... **II.** *adv* then; **wo ~?** oh, where?; **wieso ~?** how come?; **warum ~ nicht?** why not?; **was soll das ~?** what's all this then?
dennoch *adv* nevertheless, still
Denunziant(in) *m(f)* informer
denunzieren *vt* inform against (*jdn bei* s.o. to)
Deo <-s, -s> *nt*, **Deodorant** <-s, -s> *nt* deodorant; **Deoroller** <-s, -> *m* roll-on deodorant; **Deospray** *nt o m* deodorant spray; **Deostift** *m* deodorant stick
Departement [departə'mɛnt] <-(e)s, -e> *nt* (*CH*) department
Deponie [depo'ni:] *f* dump; **geordnete ~** officially approved rubbish dump *Br*, sanitary fill *Am*; **wilde ~** unauthorized refuse disposal site
deponieren *vt* deposit
deportieren [depɔr'ti:rən] *vt* deport
Depot [de'po:] <-s, -s> *nt* ❶ (*in Bank*) strong room ❷ (*Lager*) warehouse
Depp [dɛp] <-s, -en> *m* (*pej*) idiot
Depression [deprɛ'sjo:n] *f* depression
depressiv *adj* depressive
deprimieren [depri'mi:rən] *vt* depress

der [deːɐ] **I.** *art, pron* the, that; (*derjenige*) the one **II.** *pron* (*nom sing*) who, which, that; (*acc sing*) whom, which; **derart** ['--] *adv* in such a way, so; ~, **dass ...** so much that ...; **derartig** *adj* of that kind

derb [dɛrp] *adj* ❶ (*kräftig*) strong, tough ❷ (*rau, grob*) coarse, crude

derentwegen ['deːrənt'veːgən] *adv* (*von Personen*) on whose account; (*von Sachen*) on account of which

dergestalt ['---] *adv* in such a way; **dergleichen** *adj* of that kind, such; **und** ~ and the like

deregulieren *vt* (*Markt*) deregulate; **Deregulierung** *f* (*Aufheben regulierender Maßnahmen*) deregulation

Derivat [deri'vaːt] <-(e)s, -e> *nt* (FIN) derivative

derjenige *pron*, **diejenige**, **dasjenige** ['deːɐjeːnɪgə] *pron:* ~ **welcher ...** he who ...; **ach, du warst** (**also**) ~, **welcher ...!** so it was you who ...!; **dermaßen** ['deːɐ'maːsən] *adv:* ~, **dass ...** so much that ...

derselbe *pron*, **dieselbe**, **dasselbe** [deːɐ'zɛlbə] *pron* the same; (*auf Vorhergehendes weisend*) he, she, it; **eben** ~ the very same; **es sind immer dieselben!** it's always the same people!

> **? Grammatik**
>
> **derselbe** means 'the very same': *Heute trägt Anja denselben Pulli wie gestern. – Anja is wearing the same jumper today as yesterday.*
> **der gleiche** means 'one which is similar': *Anja trägt den gleichen Pulli wie ihre Schwester Susanne. – Anja is wearing the same jumper as her sister Susanne.* The difference is often ignored in spoken German: *Wir sind derselben/der gleichen Meinung. – We are of the same opinion.*

derzeit ['--] *adv* at present; **derzeitig** *adj* present

Des *nt* (MUS) D flat

Desaster <-s, -> *nt* disaster

Deserteur [dezɛr'tøːɐ] <-s, -e> *m* deserter

desertieren *sein vi* desert

Desertifikation *f* (*Vordringen der Wüste*) desertification

desgleichen [dɛs'glaɪçən] *adv* likewise

deshalb ['--] *adv* therefore; ~ **also!** so that's why!; ~ **frage ich ja!** that's exactly why I'm asking!

Design [di'zaɪn] *nt* design; **designen** *vi* design; **Designermode** *f* designer fashion

Desinfektion [dezɪnfɛk'tsjoːn] *f* disinfection; **Desinfektionsmittel** *nt* disinfectant

desinfizieren *vt* disinfect

Desinformation *f* disinformation

Desktoppublishing ['dɛsk tɔp'pablɪʃɪŋ] <-> *nt* desktop publishing

desodorieren [dezodo'riːrən] *vt* deodorize

Despot [dɛs'poːt] <-en, -en> *m* despot; **despotisch** *adj* despotic

dessen ['dɛsən] *pron* (*von Personen*) of whom, whose; (*von Sachen, Tieren*) of which

Dessert [dɛ'sɛːɐ] <-s, -s> *nt* dessert

destabilisieren *vt* destabilize; **Destabilisierung** *f* destabilization

destillieren [dɛstɪ'liːrən] *vt* distil

desto ['dɛsto] *konj:* ~ **mehr** all the more; ~ **besser** all the better

destruktiv [destrʊk'tiːf/'---] *adj* destructive

deswegen *adv* therefore; ~ **sage ich es dir ja!** that's exactly why I'm telling you this!

Detail [de'taɪ(l)/de'ta(ː)j] <-s, -s> *nt* detail; **ins** ~ **gehen** go into details; **alle** ~**s** full details; **detaillieren** [deta'jiːrən] *vt* give full particulars of ..., specify; **detailliert** *adj* detailed

Detektei *f* detective agency

Detektiv(in) [detɛk'tiːf] <-s, -e> *m(f)* private investigator

Detonation [detona'tsjoːn] <-, -en> *f* explosion

detonieren *sein vi* explode

deuten ['dɔɪtən] **I.** *vt* (*interpretieren*) interpret; **etw falsch** ~ misinterpret s.th. **II.** *vi:* **auf etw** ~ point s.th. out; (*fig*) indicate s.th.

deutlich ['dɔɪtlɪç] *adj* clear; **ich fühle** ~, **dass ...** I have the distinct feeling that ...; **muss ich** ~**er werden?** have I not made myself plain enough?; **Deutlichkeit** *f* clarity; **ich muss** (**einmal**) **mit aller** ~ **sagen ...** I must make it perfectly clear ...

deutsch [dɔɪtʃ] *adj* German; **auf Deutsch heißt das ...** in German it means ...; **auf gut Deutsch** (*fam*) in plain English

Deutsche[1] <-n> *nt* (*Sprache*) German

Deutsche(r)[2] <-n, -n> *f m* German

Deutsche Demokratische Republik *f* (HIST) German Democratic Republic, GDR

deutschfeindlich *adj* anti-German; **deutschfreundlich** *adj* pro-German; **Deutschland** <-s, (-)> *nt* Germany; **deutschsprachig** *adj* German-speaking; **Deutschstämmige(r)** *f m* ethnic German

Devise [de'viːzə] <-, -n> *f* ❶ (*Wahlspruch*)

motto ❷ (FIN) foreign currency; **Devisenbringer** *m* earner of foreign exchange; **Devisenvergehen** *nt* breach of exchange control regulations

Dezember [de'tsɛmbɐ] <-(s), (-)> *m* December

dezent [de'tsɛnt] *adj* discreet

dezentral *adj* decentralized; **dezentralisieren** *vt* decentralize

Dezernat [detsɛr'na:t] <-(e)s, -e> *nt* department

Dezernent(in) [detsɛr'nɛnt] *m(f)* head of department

dezimal [detsi'ma:l] *adj* decimal; **Dezimalrechnung** *f* decimals *pl*

dezimieren [detsi'mi:rən] *vt* decimate

d.h. *adv Abk. von* **das heißt** i.e., id est

Dia ['di:a] <-s, -s> *nt* slide

Diabetes [dia'be:tɛs] <-> *f* diabetes; **Diabetiker(in)** [dia'be:tɪkɐ] *m(f)* diabetic; **Diabetikerkost** *f* diabetic diet

diabolisch [dia'bo:lɪʃ] *adj* diabolical

Diadem [dia'de:m] <-s, -e> *nt* diadem

Diagnose [dia'gno:zə] <-, -n> *f* diagnosis; **Diagnosestand** *m* (AUTO) diagnostic test bay; **diagnostizieren** [diagnɔsti'tsi:rən] *vt* diagnose

diagonal [diago'na:l] *adj* diagonal

Diagonale <-, -n> *f* diagonal

Diagramm [dia'gram] <-s, -e> *nt* diagram

Diakon [dia'ko:n] <-s/-en, -e/-en> *m* deacon; **Diakonissin** *f* deaconess

Dialekt [dia'lɛkt] <-(e)s, -e> *m* dialect

Dialektik *f* dialectics *pl*

Dialog [dia'lo:k] <-(e)s, -e> *m* (INFORM) dialogue, dialog; **Dialogbetrieb** *m* (INFORM) conversational mode

Dialyse [dia'ly:zə] <-, -n> *f* (MED) dialysis

Diamant [dia'mant] <-en, -en> *m* diamond; **diamanten** *adj* diamond; **Diamantring** *m* diamond-ring

Diät [di'ɛ:t] <-> *f* diet; ~ **halten** be on a diet

Diäten [di'ɛ:tən] *pl* (PARL) parliamentary allowance *sing*

Diätkur *f* diet

Diätsalz *nt* dietetic salt

dich [dɪç] **I.** *pron pers* you **II.** *pron reflexiv* yourself

dicht [dɪçt] **I.** *adj* ❶ (*Beschaffenheit*) thick ❷ (~ *geschlossen*) heavy; ~**es Laub** dense foliage **II.** *adv* ❶ (*nahe daran*) closely ❷ (*Gegenteil von dünn*) densely; ~ **beieinander sitzen** sit close together; ~ **bewölkt** heavily overcast; ~ **schließen** shut tightly; **du bist wohl nicht ganz ~!** (*fig fam*) you must be daft!

Dichte <-, (-n)> *f* (PHYS) density

dichten[1] ['dɪçtən] **I.** *vt* (*verfassen*) write **II.** *vi* write poems

dichten[2] *vt* (*ab~*) seal

Dichter(in) *m(f)* poet(ess); **dichterisch** *adj* poetic; ~**e Freiheit** poetic licence

dicht|halten *irr vt fig fam*) hold one's tongue, keep one's mouth shut

Dichtkunst *f* art of poetry

Dichtung[1] *f* ❶ (*Verskunst*) poetry ❷ (*Literatur*) literature

Dichtung[2] *f* (TECH) seal

Dichtungsscheibe *f* washer

dick [dɪk] *adj* ❶ thick ❷ (*fett*) fat, hefty; **er ist ein ~er Brocken** (*fig fam*) he is a tough nut to crack; **das ist ein ~er Hund** (*fam*) that's a bit much; ~**e Freunde** (*fam*) close friends; **dickbäuchig** ['dɪkbɔɪçɪç] *adj* potbellied; **Dickdarm** *m* colon; **Dickdarmkrebs** *m* colonic cancer

Dicke ['dɪkə] <-, -n> *f* ❶ (*Beleibtheit*) fatness ❷ (*Maßangabe*) thickness; **dickfellig** ['dɪkfɛlɪç] *adj* (*fam*) thick-skinned; **dickflüssig** *adj* thick, viscous

Dickicht ['dɪkɪçt] <-(e)s, -e> *nt* thicket; (*fig: Wirrwarr*) maze

Dickkopf *m* (*fig*): **einen ~ haben** be obstinate; **dickköpfig** *adj* (*fig*) obstinate, stubborn

Dickmilch *f* soured milk

Dickwanst *m* (*fam*) fatso

die [di(:)] **I.** *art* the; (*diejenige*) the one **II.** *pron* (*nom sing*) who, which, that; (*acc sing*) whom, which

Dieb(in) [di:p, 'di:bɪn] <-s, -e> *m(f)* thief; **haltet den ~!** stop thief!

diebisch *adj* ❶ thieving ❷ **sich über etw ~ freuen** gloat over s.th.

Diebstahl *m* theft; **Diebstahlsicherung** *f* (AUTO) anti-theft device

Diele[1] ['di:lə] <-, -n> *f* (*Brett*) floorboard

Diele[2] *f* (*Hausflur*) hall, hallway

dienen ['di:nən] *vi* serve; **womit kann ich ~?** can I help you?; **damit ist mir nicht gedient** that doesn't help me; **zu etw ~** serve for s.th.

Diener *m* ❶ servant ❷ (*Verbeugung*) bow; **Dienerin** *f* maid

dienlich *adj* ❶ (*brauchbar*) useful ❷ (*geraten*) advisable; **es für ~ halten** deem it expedient

Dienst [di:nst] <-es, -e> *m* service; (~*ausübung*) duty; **öffentlicher ~** public service; ~ **nach Vorschrift** work-to-rule; ~ **haben** (*Arzt*) be on duty; (*Apotheke*) be open; ~ **habend/~ tuend** on duty; **es leistet mir gute ~e** I find it very useful; **jdm einen schlechten ~ erweisen** do s.o. a bad turn; **jdm gute ~e leisten** serve s.o. well; **Dienstabteil** *nt* (RAIL) guard's

D

compartment *Br*, conductor's car *Am*
Dienstag ['di:nsta:k] <-(e)s, -e> *m* Tuesday
Dienstälteste(r) *f m* senior member of staff; **Dienstanweisung** *f* regulations *pl;* **dienstfrei** *adj:* **einen ~en Tag haben** have a day off; **Dienstgrad** *m* rank; **was ist er für ein ~?** what rank does he have?; **Dienstjahre** *ntpl* years of service; **Dienstleister** <-s, -> *m* service provider; **Dienstleistung** *f* service; **Dienstleistungsbereich** *m* services
dienstlich *adj* official; **ich bin ~ hier** I'm here on business; **möchten Sie ihn ~ oder privat sprechen?** do you want to speak to him on a business or private matter?
Dienstpflicht *f* compulsory service; **Dienstreise** *f* business trip; **Dienststelle** *f* office; **Dienststunden** *pl* working hours; **Dienstvorschrift** *f* official regulations *pl;* **Dienstwagen** *m* official car; (*Firmenwagen*) company car; **Dienstweg** *m:* **auf dem ~** through official channels *pl;* **Dienstwohnung** *f* ❶ (*Betriebswohnung*) company flat [*o* house] ❷ (*dienstlicher Wohnsitz*) official residence; **Dienstzeit** *f* period of service
diesbezüglich ['----] *adj* regarding this
Diesel ['di:zəl] <-s, -> *m* ❶ (*Motor*) diesel (engine) ❷ (*Fahrzeug*) diesel ❸ (*Kraftstoff*) diesel oil; **Dieselantrieb** *m* (AUTO): **mit ~** diesel powered; **Diesel(kraftstoff)** *m* derv *Br*, diesel oil *Am;* **Diesellokomotive** *f* diesel locomotive; **Dieselmotor** *m* diesel engine
dies(e, er, es) *pron* this *pl,* these; **dies und das** this and that; **dies alles** all this
diesig ['di:zɪç] *adj* hazy, misty
diesjährig *adj* this year's; **diesmal** *adv* this time; **diesseitig** *adj* nearside; (*fig*) of this world
Diesseits ['di:szaɪts] <-> *nt* this life; **im ~** in this life
diesseits *adv* on this side of …
Dietrich ['di:trɪç] <-s, -e> *m* (*Nachschlüssel*) picklock, skeleton-key
diffamieren [dɪfa'mi:rən] *vt* defame
Differential *nt s.* **Differenzial**
Differentialrechnung *f s.* **Differenzialrechnung**
Differenz [dɪfə'rɛnts] *f* ❶ (*Unterschied*) difference ❷ (*Auseinandersetzung*) argument
Differenzial [dɪfərɛn'tsja:l] <-s, -e> *nt* (AUTO) differential
Differenzialrechnung *f* (MATH) differential calculus
differenzieren *vt* make distinctions
differieren *vi* differ
diffizil [dɪfi'tsi:l] *adj* difficult, meticulous
diffus [dɪ'fu:s] *adj* diffuse
digital [digi'ta:l] *adj* digital; **~es Zeitalter** digital age; **digitalisieren** *vt* (*Daten, Signale*) digitize; **Digitalisierung** *f* digitization; **Digitalkamera** *f* digital camera; **Digitalrechner** *m* digital computer; **Digitaluhr** *f* digital clock; (*Armbanduhr*) digital watch
Diktafon, Diktaphon [dɪkta'fo:n] <-s, -e> *nt* Dictaphone®
Diktat [dɪk'ta:t] <-(e)s, -e> *nt* ❶ dictation ❷ (POL: *Befehl*) dictate; **ein ~ aufnehmen** take a dictation
Diktator *m* dictator; **diktatorisch** *adj* dictatorial; **Diktatur** *f* dictatorship
diktieren *vt* dictate
Diktiergerät *f* dictating machine
Dilemma [di'lɛma] <-s, -s> *nt* dilemma
Dilettant(in) [dilɛ'tant] <-en, -en> *m(f)* amateur; **dilettantisch** *adj* amateurish
Dill [dɪl] <-(e)s, -e> *m* dill
Dimension [dimɛn'zjo:n] *f* dimension
Dimmer ['dɪmɐ] <-s, -> *m* (ELEK) dimmer (switch)
DIN *Abk. von* **Deutsche Industrie-Norm(en)** DIN, German Industrial Standard(s)
Ding [dɪŋ] <-(e)s, -e> *nt* (*Gegenstand*) thing; **er hat ein tolles ~ gedreht** (*fam*) he pulled off a good job; **reden wir von anderen ~en!** let's talk about s.th. else!
dingfest *adj:* **~ machen** (*fam*) take into custody
Dings [dɪŋs] <-> *nt* (*fam*) thingummy
dinieren [di'ni:rən] *vi* (*geh*) dine
Dinosaurier [dino'zaʊriɐ] *m* dinosaur
Diode [di'o:də] <-, -n> *f* (INFORM) diode
Dioxin ['dioksi:n] <-s, -e> *nt* (CHEM) dioxane; **dioxinhaltig** *adj* dioxinated
Diphtherie [dɪfte'ri:] *f* diphtheria
Diplom [di'plo:m] <-(e)s, -e> *nt* diploma; **sein ~ machen** take one's degree; **Diplomarbeit** *f* diploma thesis, dissertation
Diplomat(in) [diplo'ma:t] <-en, -en> *m(f)* diplomat; **Diplomatenkoffer** *m* executive case; **Diplomatie** [diploma'ti:] *f* diplomacy; **diplomatisch** *adj* diplomatic
Diplomingenieur(in) *m(f)* academically qualified engineer
dir [di:ɐ] *pron* (*dat von du*) (to) you; **mir nichts ~ nichts** just like that
Directmailing [dɪ'rekt/daɪ'rekt 'meɪlɪŋ] <-s> *nt* (COM) direct mailing
direkt [di'rɛkt] **I.** *adj* direct; **eine ~e Verbindung** (AVIAT) a direct flight; (RAIL) a

through train **II.** *adv* directly *Br,* right (-away), straight *Am;* ~ **gegenüber von ...** straight across ...; ~ **nach Hause kommen** come home right away; **ich konnte ihn ~ vor mir sehen, als sie von ihm sprach** I could almost see him in front of me when she was speaking about him

Direktbank *f* direct bank

Direktion [dirɛk'tsjo:n] *f* (*Verwaltung*) management; **Direktor(in)** *m(f)* director; (*Schul~*) headmaster (headmistress) *Br,* principal *Am;* (*Gefängnis~*) governor *Br,* warden *Am*

Direktrice [dirɛk'tri:sə] <-, -n> *f* head designer

Direktübertragung *f* (RADIO TV) live broadcast; **Direktversicherungsunternehmen** *nt* direct insurance enterprise; **Direktvertrieb** *m* (COM) direct marketing; **Direktzugriff** *m* direct access; **Direktzugriffsspeicher** *m* random access memory, RAM

Dirigent(in) [diri'gɛnt] *m(f)* (MUS) conductor

dirigieren *vt* ❶ (MUS) conduct ❷ (*fig*) direct

dirigistisch *adj* (*Maßnahmen*) dirigiste

i Land & Leute

A **Dirndl** is the traditional alpine Bavarian or Austrian female peasant costume with a bodice, full skirt and apron; it has remained an item of everyday fashion since the first World War.

Dirne ['dɪrnə] <-, -n> *f* prostitute

Dis [dɪs] <-, (-)> *nt* (MUS) D sharp

Discountladen [dɪs'kaʊnt-] *m* (COM) discount store

disharmonisch *adj* (*a. fig*) discordant, disharmonious

Diskette *f* (floppy) disk, diskette; **Diskettenbox** *f* diskette box; **Diskettenlaufwerk** *nt* disk drive

Disko <-, -s> *f* (*fam*) disco

Diskont [dɪs'kɔnt] <-(e)s, -e> *m* (FIN) discount; **Diskontladen** *m* discount store; **Diskontsatz** *m* (FIN) discount rate

Diskothek [dɪsko'te:k] <-, -en> *f* discotheque

Diskrepanz [dɪskre'pants] <-, -en> *f* discrepancy

diskret [dɪs'kre:t] *adj* discreet; (*zurückhaltend*) reserved; (*behutsam*) cautious

Diskretion [dɪskret'sjo:n] *f* discretion

diskriminieren [dɪskrimi'ni:rən] *vt* discriminate; **Diskriminierung** *f* discrimination

Diskus ['dɪskʊs] <-, -se/disken> *m* (SPORT) discus

Diskussion [dɪskʊ'sjo:n] *f* discussion; **da gibt's gar keine ~!** I'm not having any discussions about it!

Diskuswerfen *m* throwing the discus; **Diskuswerfer(in)** *m(f)* discus-thrower

diskutieren [dɪsku'ti:rən] *vt, vi* discuss; **über etw ~** discuss s.th.

dispensieren [dɪspɛn'zi:rən] *vt* excuse (*von* from)

Display [dɪs'pleɪ] <-s, -s> *nt* display

disponieren [dɪspo'ni:rən] *vt* (*Anordnungen treffen*) make arrangements; **über etw ~ können** have s.th. at one's disposal

Disposition [dɪspozi'tsjo:n] *f*: **seine ~en treffen** make one's arrangements

disqualifizieren [dɪskvalifi'tsi:rən] *vt* disqualify (*von* from)

Dissertation [dɪsɛrta'tsjo:n] *f* (*Doktorarbeit*) thesis

Dissident [dɪsi'dɛnt] <-en, -en> *m* dissenter, dissident

dissonant [dɪso'nant] *adj* dissonant

Distanz [dɪs'tants] <-, -en> *f* distance; **auf ~ gehen** (*fig*) become distant

distanzieren *vr* distance; **sich von etw ~** dissociate o.s. from s.th.

Distel ['dɪstəl] <-, -n> *f* thistle

Distrikt [dɪs'trɪkt] <-(e)s, -e> *m* district

Disziplin [dɪstsi'pli:n] <-, -en> *f* ❶ (*Ordnung*) discipline ❷ (*Wissenszweig, Fach*) discipline; **~ halten** keep good discipline; **disziplinarisch** [dɪstsipli'na:rɪʃ] *adj* disciplinary; **~e Maßnahmen** disciplinary measures; **Disziplinarstrafe** *f* disciplinary penalty; **disziplinieren** *vt* discipline; **diszipliniert** *adj* disciplined

Diva ['di:va] <-, -s/-ven> *f* star

divers [di'vɛrs] *adj* diverse, various

Diversifikation *f* (COM) diversification; **diversifizieren** *vt* diversify

Dividende [divi'dɛndə] <-, -n> *f* (FIN) dividend

dividieren *vt* divide

Division [divi'zjo:n] *f* (MIL) division

Diwan ['di:va:n] <-s, -e> *m* divan

DNS <-> *f Abk. von* **Desoxyribonukleinsäure** desoxyribonucleic acid, DNA

doch [dɔx] *konj* ❶ (*dennoch*) yet ❷ (*aber*) but; **das ist ~ nicht dein Ernst!** you can't be serious!; **wenn er ~ käme!** if only he would come!; **Sie kommen ~?** you're coming, aren't you?; **denk ~!** just imagine!; **nicht ~!** don't do that!; **~, ~!** well, yes ...!; **das ist ~ interessant!** that's really interesting!; **komm ~!** do come!

? Grammatik

In reply to a question, **doch** contradicts a negative or emphasises an affirmative reply: *Hast du keinen größeren Koffer? Doch, ich habe einen, aber dieser ist praktischer. – Haven't you got a larger suitcase? Yes I have, but this one is handier. Bist du nie in Dänemark gewesen? Doch, ich war letztes Jahr dort im Urlaub. – Haven't you been to Denmark before? Yes I have, I went there on holiday last year.*

Docht [dɔxt] <-(e)s, -e> *m* wick

Dock [dɔk] <-(e)s, -s> *nt* (MAR) dock; **Dockarbeiter** *m* docker

dockingfähig ['dɔkɪŋ-] *adj* (INFORM) dockable

Dogge ['dɔgə] <-, -n> *f* (*Hunderasse*) mastiff

Dogma ['dɔgma] <-s, -men> *nt* (*a.* ECCL) dogma; **dogmatisch** *adj* dogmatic

Dohle ['do:lə] <-, -n> *f* (*kleiner Rabenvogel*) jackdaw

Doktor(in) ['dɔktɔr] *m(f)* doctor; **seinen ~ machen** do a doctorate; **Doktorand(in)** [dɔkto'rant] <-en, -en> *m(f)* PhD student (*graduate student studying for a doctorate*); **Doktorarbeit** *f* thesis; **Doktorvater** *m* PhD supervisor

Doktrin [dɔk'tri:n] <-, -en> *f* (*a.* POL) doctrine

Dokument [doku'mɛnt] <-(e)s, -e> *nt* document; **Dokumentarfilm** *m* documentary; **dokumentarisch** *adj* documentary; **Dokumentation** [dokumɛnta'tsjo:n] *f* documentation

dokumentieren **I.** *vt* (*a.* INFORM) document **II.** *vr* (*fig*) become evident

Dolch [dɔlç] <-(e)s, -e> *m* dagger

Dolde ['dɔldə] <-, -n> *f* (*Blütenstand*) umbel

Dollar ['dɔlar] <-s, -s> *m* dollar; (*fam*) buck; **Dollarkrise** *f* dollar crisis; **Dollarkurs** *m* (COM) dollar (exchange) rate

dolmetschen ['dɔlmɛtʃən] *vt, vi* interpret; **Dolmetscher(in)** *m(f)* interpreter

Dom [do:m] <-(e)s, -e> *m* ❶ (ARCH: *Kathedrale*) cathedral ❷ (*Kuppel*) dome

Domain [dəʊ'meɪn] *f* (*Kürzel, das die Namenshierarchie innerhalb einer Internetadresse kennzeichnet*) domain

Domäne [do'mɛ:nə] <-, -n> *f* ❶ (HIST: *Staatsgut*) domain ❷ (*Fach*) domain, province

Domestizierung [domɛsti'tsi:rʊŋ] <-, -en> *f* domestication

dominant [domi'nant] *adj* dominant

dominieren *vi* ❶ (*Eigenschaft*) be predominant ❷ (*Mensch*) dominate

Dominikanische Republik [domini'ka:nɪʃə-] *f* Dominican Republic

Domino ['do:mino] <-s, -s> *m* (*Spiel*) dominoes *pl;* **~ spielen** play dominoes

Dompfaff ['do:mpfaf] <-s, -en> *m* (*Singvogel*) bullfinch

Dompteur [dɔmp'tø:ɐ] <-s, -e> *m* tamer

Dompteuse [dɔmp'tø:zə] <-, -n> *f* (female) tamer

Donau ['do:naʊ] <-> *f* the Danube

Döner *m* kebab (of mutton)

Donner ['dɔnɐ] <-s> *m* thunder; **Donnergrollen** *nt* roll of thunder; **donnern** ['dɔnɐn] *vi* thunder; **es hat gedonnert und geblitzt** there was thunder and lightning

Donnerstag *m* Thursday

Donnerwetter *nt* (*fig: Schelte*) scolding; **~!** (*anerkennend*) not bad at all!; (*wütend*) hang it all!, damn it!

doof [do:f] *adj* (*fam*) daft, thick; **Doofheit** *f* (*fam*) dumbness

dopen ['do:pən] *vt* (SPORT) dope; **Doping** ['-pɪŋ] <-s, -s> *nt* (SPORT) doping

Doppel ['dɔpəl] <-s, -> *nt* ❶ (*Duplikat*) duplicate ❷ (SPORT: *beim Tennis*) doubles *pl;* **Doppelagent(in)** *m(f)* double agent; **Doppelbett** *nt* double-bed; **Doppeldecker** *m* ❶ (AVIAT) biplane ❷ (*Bus*) double-decker; **doppeldeutig** *adj* ambiguous; **Doppelfenster** *nt* double window; **Doppelgänger(in)** *m(f)* double; **Doppelglasfenster** *nt* double-glazed window; **Doppelhaus** *nt* semi-detached house; **Doppel-Jobber(in)** *m(f)* (*mit zwei Jobs*) *s.o. working in two jobs;* **Doppelkinn** *nt* double chin; **Doppelleben** *nt* double life; **ein ~ führen** lead a double life; **Doppelname** *m* double-barrelled name; **Doppelpunkt** *m* colon; **Doppelstecker** *m* (ELEK) two-way adaptor

doppelt ['dɔpəlt] **I.** *adj* double; **die ~e Menge** twice [*o* double] the amount; **~e Buchführung** double-entry book-keeping; **in ~er Hinsicht** in two respects *pl* **II.** *adv* doubly, twice; **~ so viel** twice as much

Doppelverdiener *pl* couple *sing* with two incomes; **Doppelwährungsphase** *f* dual-currency period; **Doppelzentner** *m* 100 kilograms; **Doppelzimmer** *nt* double room

Dopplereffekt *m* (PHYS) Doppler effect

Dorf [dɔrf, *pl:* 'dœrfɐ] <-(e)s, Dörfer> *nt* village; **Dorfbewohner(in)** *m(f)* villager; **Dorftrottel** *m* (*pej*) village idiot

Dorn [dɔrn] <-(e)s, -en> *m* ❶ thorn ❷ (*an Schnalle*) tongue ❸ (TECH: *Ahle*) awl; **das ist mir schon lange ein ~ im Auge** it has been a thorn in my flesh for a long time

Dornröschen [dɔrn'røːsçən] <-s> *nt* Sleeping Beauty

dörren ['dœrən, 'dɔrən] *vt, vi* dry; **Dörrobst** *nt* dried fruit

Dorsch [dɔrʃ] <-(e)s, -e> *m* (*kleiner Kabeljau*) cod

dort [dɔrt] *adv* there; **~ kommt er ja!** here he comes!; **es liegt ~ drüben** it's over there; **dorther** *adv* from there, thence; **dorthin** *adv* there; **dortig** *adj* there

Dose ['doːzə] <-, -n> *f* ❶ (*Holz~*) box; (*Plastik~*) pack ❷ (*Konserven~*) tin *Br,* can *Am* ❸ (ELEK: *Steck~*) socket

dösen ['døːzən] *vi* doze

Dosenbier *nt* canned beer; **Dosenmilch** *f* tinned [*o* canned] milk; **Dosenöffner** *m* tin opener *Br,* can opener *Am*

dosieren [do'ziːrən] *vt* measure out

Dosierung *f* dosage, dose

Dosis ['doːzɪs, *pl:* 'doːzən] <-, Dosen> *f* dose

Dossier [dɔ'sjeː] <-s, -s> *nt* dossier

Dotcom-Unternehmen *nt* (*sl*) dotcom [business [*o* company]]

dotieren [do'tiːrən] *vt* ❶ (*bezahlen*) remunerate ❷ (*mit Preis*) endow; **dotiert** *adj:* **einen gut ~en Posten suchen** look for a remunerative position

Dotter ['dɔtɐ] <-s, -> *m* yolk

Double ['duːb(ə)l] <-s, -s> *nt* (FILM) substitute

Dow-Jones-Aktienindex *m* Dow Jones Average

down|loaden ['daʊnləʊdən] *vt* (INFORM: *herunterladen*) download; **Downloads** ['daʊnləʊdz] *pl* (*empfangene Dateien*) downloads

Downsizing ['daʊnsaɪzɪŋ] <-[s]> *nt* (*Arbeitsplatzabbau*) downsizing

Down-Syndrom *nt* (MED) Down's syndrome

Dozent(in) [do'tsɛnt] <-en, -en> *m(f)* lecturer *Br;* (assistant) professor *Am;* **sie ist Dozentin für Physik** she is a lecturer in physics *Br,* she is an assistant professor of physics *Am;* **dozieren** *vi* (*belehrend vortragen*) hold forth (*über* on)

Drache ['draxə] <-n, -n> *m* (*Fabeltier*) dragon; **Drachen** <-s, -> *m* ❶ (*Papier~*) kite ❷ (*pej: zänkische Frau*) battle-axe ❸ (SPORT) hang-glider; **einen ~n steigen lassen** fly a kite; **Drachenfliegen** *nt* (SPORT) hang-gliding; **Drachenflieger(in)** *m(f)* hang-glider

Dragee [dra'ʒeː] <-s, -s> *nt* coated tablet

Draht [draːt, *pl:* 'drɛːtə] <-(e)s, Drähte> *m* wire; **er ist auf ~** (*fam*) he is on the ball; **Drahtbürste** *f* wire brush; **Drahtgitter** *nt* wire netting

drahtig *adj* wiry

drahtlos *adj* (RADIO) wireless

Drahtseil *nt* wire-cable; **Drahtseilakt** *m* (*a. fig*) balancing act; **Drahtzieher(in)** *m(f)* (*fig*) wire-puller; **der ~ sein** pull the strings

Drainage [drɛ(ː)'naːʒə] <-, -n> *f* drainage; **drainieren** *vt* drain

drakonisch [dra'koːnɪʃ] *adj* draconian

Drall [dral] <-(e)s> *m* (PHYS) spin

drall [dral] *adj* buxom

Drama ['draːma, *pl:* 'dramən] <-s, -men> *nt* drama; **sie machte immer ein ~ daraus** (*fig*) she used to make quite a fuss about it; **Dramatiker(in)** [dra'maːtikɐ] *m(f)* dramatist; **dramatisch** *adj* dramatic; **dramatisieren** *vt* dramatize; (*hochspielen*) make a to-do about

dran [dran] *adv:* **du bist ~!** (*beim Spiel*) it's your turn!; **jetzt bist du ~!** (*fam*) now you are for it!; **er ist arm ~** he's badly off; **drauf und ~ sein ...** be on the verge of ...; **mit allem Drum und Dran** with all the trimmings *pl*

Drang [draŋ] <-(e)s> *m* impulse, urge

drängeln ['drɛŋəln] *vi* ❶ (*vor~*) jostle, push ❷ (*drangsalieren*) pester

Drängeln ['drɛŋln] <-s> *nt* pushing and shoving

drängen ['drɛŋən] **I.** *vi* ❶ (*vor~*) press, push ❷ (*fig: ~d sein*) be pressing ❸ (*fig: dringen*) press (*auf* for); **darauf ~, dass etw getan wird** press for s.th. to be done **II.** *vt* push

Drangsal ['draŋzaːl] <-> *f* hardship

drangsalieren [draŋza'liːrən] *vt* ❶ (POL: *peinigen*) oppress ❷ (*belästigen*) pester, plague

dran|kriegen *vt* (*fam*): **ihr habt mich schön drangekriegt!** you really got me!

drastisch ['drastɪʃ] *adj* drastic

drauf ['draʊf] *adv* (*fam*): **der hat schwer 'was ~!** he knows his trade!

Draufgabe *f* (*österr: Zugabe*) encore

Draufgänger(in) ['draʊfgɛŋɐ] <-s, -> *m(f)* go-getter

drauf|gehen *sein irr vi* (*fam*) ❶ (*sterben*) snuff it ❷ (*Geld*) disappear; **drauf|haben** *vt* (*fam: Sprüche, Antwort*) come out with; **drauflos** *adv:* **nichts wie ~!** go for it!; **drauf|machen** *vt* paint the town red;

drauf|setzen *vt* (*fam*): **eins** [*o* **einen**] ~ go one better; **drauf|zahlen** *vi* pay extra

draußen ['draʊsən] *adv* outside; (*im Freien*) in the open air, out of doors; **da** ~ out there

drechseln ['drɛksəln] **I.** *vt* turn **II.** *vi* work the lathe

Drechsler(in) ['drɛksle] *m(f)* turner

Dreck [drɛk] <-(e)s> *m* ① dirt, stuff ② (*fam: Kleinigkeit*) little thing; **das geht dich einen ~ an!** (*vulg*) that's none of your damn business!; **kümmere dich um deinen eigenen ~!** (*fam*) mind your own bloody business!

dreckig *adj* dirty; **es geht ihm** ~ (*fam*) he's badly off

Dreckspatz *m* (*fam*) mucky pup

Dreh [dre:] <-(e)s, -s/-e> *m* (*fam: Trick*) trick; **den ~ heraushaben** have got the hang of it; **Drehbank** *f* lathe; **drehbar** *adj* revolving, rotating; **Drehbleistift** *m* propelling pencil *Br*, mechanical pencil *Am*

Drehbuch *nt* (FILM) script; **Drehbuchautor(in)** *m(f)* scriptwriter

drehen I. *vt* ① (*a.* TECH) turn ② (*rotieren*) rotate ③ (*Zigarette, Augen*) roll ④ (FILM) shoot; **ein Ding** ~ (*fam*) pull off a prank; (*Verbrechen*) pull a job **II.** *vr* turn (*um* about); **um was dreht es sich?** what's it all about?; **mir dreht sich alles** my head is spinning; **sich im Kreise** ~ turn round and round; (*fig*) be going round in circles; **es dreht sich darum, ob ...** the point is whether ...

Dreher(in) *m(f)* lathe operator

Dreherlaubnis *f* shooting permisssion

Drehort *m* location

Drehkartei *f* rotary file; **Drehkreuz** *nt* turnstile; **Drehmoment** *nt* (AUTO TECH) torque; **Drehorgel** *f* hurdy-gurdy

Drehort *m* location

Drehscheibe *f* ① (TELE) dial ② (RAIL) turntable; **Drehstrom** *m* (ELEK) three-phase current; **Drehstuhl** *m* swivel-chair; **Drehtür** *f* revolving door; **Drehung** *f* turn; (*Rotation*) rotation; **Drehzahl** *f* (AUTO) revolutions per minute, r. p. m.

drei [draɪ] *num* three; (*in Zusammensetzungen*) three-, tri-

Drei-D-Job *m* dirty, difficult, dangerous job

Dreieck *nt* triangle; **dreieckig** *adj* triangular; **dreierlei** ['draɪɐ'laɪ] *adj* three sorts of; **dreifach** ['draɪfax] *adj* threefold, triple; **Dreifachstecker** *m* (ELEK) three-way adapter; **dreihundert** *adj* three hundred; **dreijährig** *adj* three-year-old; **Dreiklang** *m* (MUS) triad; **Dreikönigstag** *m* Epiphany; **Dreipunktsicherheitsgurt** *m* (AUTO) three-point safety belt; **Dreirad** *nt* tricycle; **Dreisatz** *m* (MATH) rule of three

dreißig ['draɪsɪç] *adj* thirty; **dreißigjährig** *adj* thirty years old, thirty-year-old; **der Dreißigjährige Krieg** the Thirty Years' War; **Dreißigstel** <-s, -> *nt* thirtieth

dreist [draɪst] *adj* ① (*kühn*) bold ② (*frech*) cheeky, impudent

dreistellig *adj* (*Zahlen*) three-figure

Dreistigkeit ['draɪstɪçkaɪt] *f* ① (*Kühnheit*) boldness ② (*Frechheit*) impudence

dreistöckig *adj* three-storied; **dreistufig** *adj* three-stage; **Dreitagebart** *m* designer stubble; **dreitägig** *adj* three-day; **ein ~er Kurs** a three-day course; **dreiteilig** *adj* three-piece; **Dreizack** *m* trident; **dreizehn** *num* thirteen; **dreizehnte** *adj* thirteenth

Dresche ['drɛʃə] <-> *f* (*fam*) thrashing; **~ kriegen** get a good hiding

dreschen *irr vt* (*Korn*) thresh; **Phrasen** ~ mouth empty phrases

Dreschflegel *m* flail; **Dreschmaschine** *f* threshing machine

Dress <-es, -e> *nt* (*österr*) kit

dressieren [drɛ'si:rən] *vt* train

Dressman ['drɛsmən] <-s, -men> *m* male model

Dressur *f* training

Drill [drɪl] <-(e)s> *m* (MIL) drill

drillen ['drɪlən] *vt* ① (MIL) drill ② (TECH) drill; **auf etw gedrillt sein** (*fig*) be practised at doing s.th.

Drilling ['drɪlɪŋ] <-s, -e> *m* (*Gewehr*) triple-barrelled (shot)gun

Drillinge *pl* triplets

drin [drɪn] *adv* (*fam*): **er ist da** ~ he is in there; **bis jetzt ist noch alles** ~ (*fam*) everything is still quite open

dringen ['drɪŋən] *irr vi* come through, penetrate (*an* to); **auf etw** ~ insist on s.th.; **an die Öffentlichkeit** ~ leak out

dringend *adj*, **dringlich** *adj* pressing, urgent; ~ **verdächtig** strongly suspected; **Dringlichkeit** *f* urgency

drinnen ['drɪnən] *adv* inside

dritt [drɪt] *adj* third; **der Dritte im Bunde sein** make a third; **die Dritte Welt** the Third World; **das dritte Jahrtausend** the third millennium; **wir waren zu** ~ there were three of us; **aus ~er Hand** indirectly; **Drittel** ['drɪtəl] <-s, -> *nt* third; **drittens** ['drɪtəns] *adv* thirdly; **Dritte-Welt-Laden** *m* Third World Shop; **Drittland** *nt* (COM) third country

Drive-in [ˌdraɪf'ɪn] <-[s], -s> *nt* (*Kino*) drive-in (cinema)

droben ['dro:bən] *adv* up there

Droge ['dro:gə] *f* drug; **drogenabhängig** *adj* drug-addicted, addicted to drugs; **Drogenabhängigkeit** *f* drug addiction; **Drogenberatungsstelle** *f* drug advice [*o* help] centre; **Drogenprävention** *f* drug prevention; **drogensüchtig** *adj* addicted to drugs; **Drogensüchtige(r)** *f m* drug addict

Drogerie [drogə'ri:] *f* chemist's (shop) *Br*, drugstore *Am;* **Drogist(in)** *m(f)* chemist *Br*, druggist *Am*

Drohbrief *m* threatening letter

drohen ['dro:ən] *vi* ① (*jdm ~*) threaten ② (*~d bevorstehen*) be imminent; **da droht Gefahr** that could be dangerous; **drohend** *adj* ① (*bevorstehend*) imminent ② (*Gebärde*) threatening, menacing

Drohne ['dro:nə] <-, -n> *f* ① (*Männchen der Honigbiene*) drone ② (*pej: Nichtstuer*) parasite

dröhnen ['drø:nən] *vi* ① (*Triebwerk*) roar; (*Lautsprecher*) boom ② (*widerhallen*) resound; **mir ~ die Ohren** my ears are ringing

Drohung ['dro:ʊŋ] *f* threat

drollig ['drɔlɪç] *adj* droll, funny; (*Person*) odd

Dromedar ['dro:meda:ɐ/drome'da:ɐ] *nt* (*einhöckeriges Kamel*) dromedary

Drossel ['drɔsəl] <-, -n> *f* ① (*großer Singvogel*) thrush ② (TECH) throttle valve ③ (ELEK) choking coil

drosseln ['drɔsəln] *vt* ① (AUTO) choke ② (*zurückdrehen*) turn down ③ (*fig*) cut down (*etw* on)

drüben ['dry:bən] *adv* over there

drüber ['dry:bɐ] *adv s.* **darüber**

Druck[1] [drʊk] <-s> *m* (*a. fig*) pressure; **jdn unter ~ setzen** put pressure on s.o.; **~ hinter etw machen** put pressure on s.th.

Druck[2] [drʊk, *pl:* 'drʊkə] <-s, -e> *m* ① (*Buch~*) printing ② (*~erzeugnis*) copy ③ (*Schrifttype*) print; **das Buch ist im ~** the book is being printed; **Druckabfall** *m* (TECH) pressure drop [*o* loss]; **Druckanstieg** *m* (TECH) pressure increase [*o* rise]; **Druckausgleich** *m* pressure compensation; **Druckbuchstabe** *m* printed letter; **bitte in ~n schreiben** please print

Drückeberger *m* (*fam*) shirker, slacker

drucken ['drʊkən] *vt* print; **etw ~ lassen** have s.th. printed; **fett gedruckt** (TYP) printed in bold-type

drücken ['drʏkən] **I.** *vt* ① press; (*kneifen, von Schuhen*) pinch ② (*Preise*) force down, lower; **wo drückt der Schuh?** (*fig*) what's the trouble?; **jdm etw in die Hand ~** slip s.th. into someone's hand **II.** *vr* shirk (*vor etw* s.th.); **sich vor etw ~** get out of s.th.; **drückend** *adj* ① (*Last*) heavy ② (*fig: Hitze*) oppressive; (*Luft*) sultry

Drucker *m* (*a.* INFORM) printer

Drücker *m* (*Druckknopf*) button; **am ~ sitzen** (*fig fam*) be in a key position

Druckerei *f* printing works *pl;* **Druckerin** *f* printer; **Druckerpresse** *f* printing press; **Druckfehler** *m* misprint, printer's error; **Druckkabine** *f* pressurized cabin; **Druckknopf** *m* ① (*Klingel, an Instrumentenbrett*) push-button ② (*bei Kleidung*) press stud; **Druckluft** *f* compressed air; **Druckmittel** *nt* means of exerting pressure; **Druckplatte** *f* (TYP) printing plate; **druckreif** *adj* ready for printing; **Drucksache** *f* printed matter; **Druckschrift** *f* block capitals

drucksen ['drʊksən] *vi* (*fam*) hum and haw

Druckverlust *m* head loss; **Druckwasserreaktor** *m* pressurized water reactor

Drum [drʊm] *nt:* **das ~ und Dran** the incidentals, the fancy bits *pl;* **mit allem ~ und Dran** with all the trimmings *pl*

drunten ['drʊntən] *adv* down there

drunter ['drʊntɐ] *adv* underneath; **~ und drüber gehen** be topsy-turvy

Drüse ['dry:zə] <-, -n> *f* gland

Dschungel ['dʒʊŋəl] <-s, -> *m* jungle

DTP *nt Abk. von* **Desktoppublishing** DTP

du [du:] *pron* you; **bist ~ es?** is that you?; **mach ~ das doch!** why don't you do it!

Duathlet(in) <-en, -en> *m(f)* biathlete

Duathlon ['du:atlɔn] <-s> *m* biathlon

Dübel ['dy:bəl] <-s, -> *m* plug

dubios [du'bjo:s] *adj* dubious

ducken ['dʊkən] **I.** *vr* duck (*vor etw* s.th.); (*unterwürfig*) cringe **II.** *vt* (*erniedrigen*) humiliate

Duckmäuser ['dʊkmɔɪzɐ] <-s, -> *m* (*pej*) moral coward

dudeln ['du:dln] *vi* (*fam*) tootle

Dudelsack ['du:dəlzak] *m* bagpipes *pl*

Duell [du'ɛl] <-s, -e> *nt* duel

Duett [du'ɛt] <-s, -e> *nt* duet

Duft [dʊft, *pl:* 'dʏftə] <-(e)s, Düfte> *m* (*Geruch*) scent, smell; (*von Blume*) fragrance; (*von Parfüm*) perfume; **duften** ['dʊftən] *vi* smell (*nach* of); **duftend** *adj* fragrant (*nach* with)

duftig *adj:* **ein ~es Sommerkleid** a light summery frock

Duftmischung *f* potpourri

dulden ['dʊldən] **I.** *vt* (*zulassen*) tolerate; **er ist hier nur geduldet** he's only tolerated here **II.** *vi* (*leiden*) suffer; **duldsam** [dʊltza:m] *adj* tolerant (*gegenüber jdm*

D

towards s.o.)

dumm [dʊm] <dümmer, dümmst> *adj* ❶ stupid *Br*, dumb *Am* ❷ (*ärgerlich*) annoying; **red kein ~es Zeug!** don't talk such rubbish!; **frag nicht so ~!** don't ask such silly questions!; **jdm ~ kommen** (*fam*) get funny with s.o.; **der Dumme sein** be the sucker; **das ist gar nicht so ~** that's not such a bad idea; **jetzt wird's mir zu ~!** now I've had enough!

dummerweise *adv* foolishly; **Dummheit** *f* ❶ stupidity ❷ (*dummer Fehler*) stupid thing; **Dummkopf** *m* (*fam*) blockhead

dumpf [dʊmpf] *adj* ❶ (*Ton*) hollow, muffled ❷ (*muffig*) musty; **ein ~es Gefühl** a vague feeling

Dumping ['dampɪŋ] <-s, -s> *nt* (COM) dumping

Düne ['dy:nə] <-, -n> *f* dune

Dung [dʊŋ] <-(e)s> *m* dung, manure

Düngemittel *nt* fertilizer

düngen ['dʏŋən] *vt* (*natürlich*) dung; (*künstlich*) fertilize; **Dünger** *m* (*natürlicher*) dung; (*künstlicher*) fertilizer

Dunkel ['dʊŋkəl] <-s> *nt* darkness; **im ~n tappen** (*fig*) grope in the dark

dunkel ['dʊŋkəl] *adj* ❶ (*Farbe*) dark ❷ (*fig: tief*) deep ❸ (*fig: vage, unbestimmt*) vague; **es wird ~** it's getting dark

? Grammatik

All adjectives ending in *-el*, as in **dunkel**, drop the **e** when there is an ending: *Der Mann auf dem Foto hat eine dunkle Vergangenheit. – The man in the photo has a shady past.*
Er hat eine miserable Aussprache. – His pronunciation is terrible.

Dünkel ['dʏŋkəl] <-s> *m* arrogance, conceit

dunkel- *präfix* (*in Zusammensetzungen*) dark

dünkelhaft *adj* arrogant

dunkelhäutig *adj* dark-skinned

Dunkelheit *f* darkness; **bei Eintritt der ~** at nightfall; **Dunkelkammer** *f* (PHOT) darkroom; **dunkeln** *vi:* **es dunkelt schon** (*lit*) it's growing dark

Dunkelziffer *f* (estimated) number of unreported cases

dünken ['dʏŋkən] **I.** *irr vi* (*obs lit*): **mich dünkt, er kommt nicht mehr** methinks he will not come **II.** *vr:* **sich klug ~** have a high opinion of o.s.

dünn [dʏn] *adj* thin; (*Haar*) fine; **~ besiedelt** sparsely settled; **sich ~(e) machen** (*fig fam*) beat it, make off

Dünndarm *m* small intestine

Dünnsäure *f* (CHEM) dilute acid; **Dünnsäureverklappung** *f* dumping of dilute acid (into the sea)

Dunst [dʊnst, *pl:* 'dʏnstə] <-es, Dünste> *m* ❶ (*Dampf*) steam ❷ (*diesige Luft*) haze; **keinen blassen ~ haben** (*fam*) not to have a clue; **Dunstabzugshaube** *f* extractor hood

dünsten ['dʏnstən] *vt, vi* steam

Dunstglocke *f* enveloping haze, haze canopy

dunstig ['dʊnstɪç] *adj* hazy, misty

Duplikat [dupli'ka:t] <-(e)s, -e> *nt* duplicate

Dur [du:ɐ] <-, -en> *nt* (MUS) major; **G-dur** G major

durch [dʊrç] **I.** *präp* ❶ (*räumlich*) through ❷ (*mittels*) by means of ❸ (*wegen*) due [*o* owing] to; **~ den Fluss** across the river; **sechs ~ zwei ist drei** two into six makes three; **~ Zufall** by chance **II.** *adv:* **es ist schon fünf ~** it's past five; **du darfst hier nicht ~** you can't come through here; **ist das Fleisch gut ~?** is the meat well done?; **gut ~(gebraten)** well done;

durch|arbeiten *vt, vi* work through;

durch|atmen *vi* breathe deeply

durchaus *adv:* **ich bin ~ deiner Meinung, aber …** I do agree with you, but …; **es ist ~ möglich** it's perfectly possible; **er ist ~ nicht dumm** he is by no means stupid

durch|biegen **I.** *irr vt* bend **II.** *vr* sag;

durchblättern *vt* (*Buch*) leaf through;

Durchblick *m* (*fig fam*) comprehension; **ihm fehlt der ~** he does'nt quite get it;

durch|blicken *vi* look through; (*fam: verstehen*) understand; **etw ~ lassen** (*fig*) hint at s.th.; **ich blicke (da) nicht durch** (*fig*) I don't get it

Durchblutungsstörungen *fpl* circulation problems

durchbohren *vt* stab; **durchbohrend** *adj* piercing; (*Blicke a.*) penetrating

durch|boxen *vr* (*fam: sich durchschlagen*) fight; **sich nach oben ~** fight one's way up

durch|braten *irr vt* cook through

durch|brechen[1] *irr vt, vi* break

durchbrechen[2] <ohne -ge-> *vt* break through; (*fig*) break

durch|brennen[1] *vi sein* (ELEK) blow

durch|brennen[2] *sein vi* (*fam: sich davonmachen*) run away

durch|bringen **I.** *irr vt* ❶ (*fam: verschwenden*) blow ❷ (*einen Kranken*) pull through ❸ (*durchsetzen*) get through

II. *vr* make ends meet; **ich bringe mich gerade so durch** I just manage to get by

Durchbruch ['--] <-(e)s, -brüche> *m* (*fig*) breakthrough

durchdenken <ohne -ge-> *irr vt* think through; **wohl durchdacht** carefully thought out

durch|dränge(l)n *vr* force one's way through

durch|drehen *vi* (*fam*) go berserk

durch|dringen[1] *sein irr vi* (*durchkommen*) come through

durchdringen[2] *vt* penetrate

durch|drücken *vt* ① (*durchpressen*) press through ② (*fam: erzwingen*) enforce

Durcheinander <-s> *nt* mess, muddle

Durchfahrt ['--] *f* ① (*das Durchfahren*) thoroughfare ② (*Tor*) gateway ③ (*Durchreise*) way through; ~ **verboten!** no thoroughfare!

Durchfall *m* (MED) diarrhoea *Br,* diarrhea *Am;* **durch|fallen** *sein irr vi* ① (*durch Öffnung*) fall [*o* drop] through ② (*im Examen*) fail; **in einer Prüfung** ~ fail an exam

durch|finden *irr vr* find one's way through

durchforschen *vt* ① search ② (*fig*) search through

Durchforstung <-, -en> *f* thinning

durch|fragen *vr* ask one's way

durchführbar *adj* feasible, practicable; **Durchführbarkeit** *f* feasibility; **durch|führen I.** *vt* (*ausführen*) carry out **II.** *vi* (*Straße*) go through (*unter etw* under s.th.); **Durchführung** *f* (*Ausführung*) carrying out

Durchgang *m* ① (*Verbindungsgang*) gateway ② (*Weg*) way; ~ **gesperrt!** closed to traffic!; **kein ~!** no thoroughfare! private road!

durchgängig *adj* general

Durchgangsstraße *f* thoroughfare; **Durchgangsverkehr** *m* through traffic *Br,* thru traffic *Am;* **kein ~!** no through road!

durch|geben *irr vt* ① (*durchreichen*) pass through ② (RADIO TV: *Meldung*) give

durchgebraten *adj* well done

durch|gehen *sein irr vi* ① (*hindurch*) go [*o* walk] through; (*Antrag*) be carried [*o* passed] ② (*fam: durchpassen*) go through ③ (AVIAT RAIL) be direct ④ (*Pferd*) bolt; **jdm etw ~ lassen** let s.o. get away with s.th.; **durchgehend** *adj:* **~er Zug** through train; ~ **geöffnet** open 24 hours

durch|greifen *irr vi* ① (*durchfassen*) reach through ② take vigorous action; **durchgreifend** *adj* drastic; **~e Änderung** radical change

durch|halten I. *irr vi* hold out **II.** *vt* stand

durch|kämmen *vt* (*Gebiet*) comb

durch|kommen *sein irr vi* ① come through ② (*fig: Erfolg haben*) succeed; (*ungestraft* ~) get away with ③ (*genesen*) pull through ④ (*Prüfung*) get through, pass

durchkreuzen <ohne -ge-> *vt* (*fig*) foil, thwart

durch|lassen *irr vt* let through; (*fig*) let pass; **durchlässig** ['dʊrçlɛsɪç] *adj* permeable; **Durchlässigkeit** *f* permeability

Durchlauf *m* run, flow

durch|laufen I. *irr vt* (*Schuhe, Socken*) wear through **II.** *vi* run through

Durchlauferhitzer ['-----] *m* (TECH) continuous-flow water heater

durch|lesen *irr vt* read through

durchleuchten <ohne -ge-> *vt* ① (MED: *röntgen*) X-ray ② (*fig: untersuchen*) investigate; **Durchleuchtung** [-'--] *f* (MED) X-ray examination

durchlöchern [dʊrç'lœçɐn] <ohne -ge-> *vt* make holes in

durch|machen *vt* ① (*erleben*) go through ② (*durchlaufen*) undergo ③ (*durcharbeiten*) work through; **wir haben gestern Nacht durchgemacht** we had an all-night party last night

Durchmarsch *m* march(ing) through; (*fam: Durchfall*) the runs *pl;* **durch|marschieren** *sein vi* march through

Durchmesser *m* diameter

durch|mogeln *vr* fiddle one's way through

durchnässen *vt* soak, wet through; **ganz durchnässt** drenched to the skin

durch|nehmen *irr vt* (*in der Schule*) go through

durch|pausen ['dʊrçpaʊzən] *vt* trace

durch|peitschen *vt* ① (*auspeitschen*) flog ② (*fig: ein Gesetz*) rush through

durch|prügeln *vt* beat, cudgel, thrash

durchqueren [dʊrç'kve:rən] <ohne -ge-> *vt* cross, traverse

durch|rechnen *vt* calculate

durch|regnen *vi:* **es regnet durch** (**das Dach**) the rain is coming through (the roof)

Durchreise ['---] *f:* **ich bin nur auf der** ~ I'm only passing through; **durch|reisen** *vi* (*auf der Durchreise sein*) pass [*o* travel] through; **Durchreisende(r)** *f m* through-passenger *Br,* transient *Am;* **Durchreisevisum** *nt* transit visa

durch|reißen *irr vi sein, vt haben* tear in half

durch|rosten *sein vi* rust through

durch|rühren *vt* mix thoroughly

Durchsage ['dʊrçza:gə] <-, -n> *f* announcement

durch|sagen *vt* announce

durch|sägen *vt* saw through

durchschauen <ohne -ge-> *vi* (*fig*) see through (*jdn* s.o.)

durch|scheinen *irr vi* shine through

durchscheinend ['---] *adj* (*lichtdurchlässig*) transparent

Durchschlag *m* (*Schreibmaschinen~*) (carbon) copy; **durch|schlagen** *haben* **I.** *irr vi haben* (*fig: zum Vorschein kommen*) show through **II.** *vr* (*fig*) fight one's way through; **durchschlagend** *adj* ❶ (*effektiv*) effective ❷ (*total*) sweeping; **Durchschlagpapier** *nt* carbon paper; **Durchschlagskraft** *f* ❶ (*von Geschoss*) penetrating power ❷ (*fig*) force, impact

durch|schlängeln ['dʊrçʃlɛŋəln] *vr* (*fig*) manoeuvre one's way through

durch|schlüpfen *sein vi* slip through

durch|schneiden *irr vt* cut in two [*o* through]

Durchschnitt ['dʊrçʃnɪt] *m* average; **im** ~ on average; **über dem** ~ above the average

durchschnittlich ['dʊrçʃnɪtlɪç] **I.** *adj* average **II.** *adv* on average

Durchschnittseinkommen *nt* average income; **Durchschnittsgeschwindigkeit** *f* average speed; **Durchschnittswert** *m* average [*o* mean] value

durchschnüffeln *vt* nose through

Durchschrift *f* (carbon) copy

Durchschuss *m* ❶ (*Schusswunde*) gunshot wound ❷ (TYP) space

durch|sehen **I.** *irr vi* look through **II.** *vt* (*fig*) check through

durch|setzen **I.** *vt* (*durchführen*) carry through; (*erzwingen*) push through; **etw bei jdm** ~ get s.o. to agree to s.th.; **seinen Willen** ~ impose one's will (*bei* on) **II.** *vr* assert o.s. (*bei* with)

durchseuchen <haben, ohne -ge-> *vt* infect; **Durchseuchung** [-'--] *f* (MED) spread of an epidemic [*o* infection]

Durchsicht ['dʊrçzɪçt] *f*: **bei** ~ **von ...** on checking ...; **durchsichtig** *adj* (*Material, a. fig*) transparent; (*Wasser, Luft*) clear; (*Kleidungsstück*) see-through; **Durchsichtigkeit** *f* (*a. fig*) transparency; (*von Wasser*) clarity

durch|sickern *sein vi* ❶ trickle out ❷ (*fig: Nachrichten*) leak out

durch|sprechen *irr vt* talk over

durch|stehen *vt* stand, bear

durch|steigen *vi* (*fam*) get it

durch|stöbern *vt* ransack (*nach* in search of); (*Gegend: durchsuchen*) scour (*nach* for)

durch|streichen *irr vt* cross out, delete

durchstreifen <ohne -ge-> *vt* rove through

durch|stylen *vt* (*fam*) give style to; **durchgestylt** fully styled

durchsuchen <ohne -ge-> *vt* search (*nach* for); **Durchsuchung** [dʊrç'zu:xʊŋ] *f* search

durch|treten *irr vt* (*Pedal*) step on

durchtrieben [dʊrç'tri:bən] *adj* cunning, sly; **Durchtriebenheit** *f* cunning, slyness

durchwachen <ohne -ge-> *vt*: **die Nacht** ~ stay awake all night

durchwachsen **I.** *adj*: ~**er Speck** streaky bacon **II.** *adv* (*fam: leidlich*) so-so

durchweg(s) ['dʊrçvɛk/(-'ve:ks)] *adv* without exception

durch|winden *irr vr* (*fig*) worm one's way through

durch|winken *vt*: **jdn an der Grenze** ~ wave s.o. through

durchwühlen[1] <ohne -ge-> *vt* ❶ (*fig: durchstöbern*) rummage (through) (*nach* for) ❷ (*Erde*) dig up

durch|wühlen[2] *vr* burrow through; (*fig*) plough through

durch|wursteln *vr* (*fam*) muddle through

durch|zählen **I.** *vt* count over **II.** *vi* (MIL) count off

durch|ziehen **I.** *irr vt* ❶ draw through ❷ (*fam: erledigen*) get through **II.** *vi sein* (*durchmarschieren, a. fig*) go through

Durchzug *m* (*Zugluft*) draught

dürfen ['dʏrfən] *irr vi*: **darf ich fragen, ...?** may I ask ...?; **ich darf nicht ...** I must not [*o* I am not allowed to] ...; **darf man hier rauchen?** are you allowed to smoke here?; **was darf ich Ihnen bringen?** what can I bring you?; **ich darf wohl sagen ...** I dare say ...; **das darf doch (wohl) nicht wahr sein!** that can't be true!; **wenn ich bitten darf** if you please; **das dürfte wohl das Beste sein** that is probably the best thing; **das dürfte reichen** that should be enough

? Grammatik

dürfen most often expresses permission: *Darf ich heute Abend in die Disco gehen? – Can (May) I go to the disco this evening?*
können is most often used to express ability: *Kannst du schwimmen? – Can you swim?*

dürftig ['dʏrftɪç] *adj* ① (*armselig*) wretched ② (*unzulänglich*) scanty
dürr [dʏr] *adj* ① (*trocken*) dry; (*~er Boden*) arid, barren ② (*mager*) scrawny; **ein ~er Ast** a withered bough
Dürre <-, -n> *f* (*Trockenzeit*) drought
Durst [dʊrst] <-es> *m* thirst (*nach* for); **~ haben** be thirsty; **seinen ~ löschen** [*o* **stillen**] quench one's thirst; **einen über den ~ trinken** have one over the eight
dursten *vi*: **~ müssen** have to go thirsty
dürsten *vt* (*fig*): **~ nach** be thirsty for
durstig *adj* thirsty
durstlöschend *adj*, **durststillend** *adj* thirst-quenching
Durststrecke *f* lean time
Dusche ['du:ʃə/'dʊʃə] <-, -n> *f* shower; **duschen** ['du:ʃən/'dʊʃən] *vi* take a shower; **Duschgel** <-s, -s> *nt* shower gel; **Duschkabine** *f* shower (cubicle); **Duschvorhang** *m* shower curtain; **Duschwanne** *f* shower basin
Düse ['dy:zə] <-, -n> *f* (*Luft~, Wasser~*) nozzle; (*Kraftstoff~*) jet
düsen *vi* (*fam*) dash
Düsenantrieb *m* jet-propulsion; **Düsenflugzeug** *nt* jet (plane)
dusslig ['dʊslɪç] *adj* (*fam*) daft
düster ['dy:stɐ] *adj* dark, gloomy; (*drohend, finster*) dismal, sinister
Dutzend ['dʊtsənt] <-s, -e> *nt* dozen; **dutzendmal** *adv* dozens of times; **dutzendweise** *adv* by the dozen
DVD *f Abk. von* **Digital Versatile Disc; Digital Video Disc** DVD; **DVD-Player** <-s, -> *m* DVD player
dynamisch [dy'na:mɪʃ] *adj* dynamic
Dynamit [dyna'mɪt/dyna'mi:t] <-(e)s> *nt o m* dynamite
Dynamo ['dynamo] *m* (TECH) dynamo
Dynastie [dyna'sti:] <-, -n> *f* dynasty

Ee

E, e [e:] <-, -> *nt* E, e
EAN *f Abk. von* **Europäische Artikelnummer** EAN, European article number
Easy Listening ['i:zɪ,lɪsənɪŋ] <-[s]> *nt* (*sanfte Unterhaltungsmusik*) easy listening
Ebbe ['ɛbə] <-, -n> *f* ① (*sinkender Wasserspiegel*) ebb (tide); (*gesunkener Wasserspiegel, Niedrigwasser*) low tide ② (*fig*): **bei** [*o* **in**] **etw herrscht ~** s.th. is at a low ebb; **~ und Flut** ebb and flow; **bei ~** (*wenn der Wasserspiegel sinkt*) when the tide is going out; (*bei Niedrigwasser*) at low tide
eben ['e:bən] **I.** *adj* (*gleichmäßig*) even; (*von gleicher Höhe*) level; (*flach*) flat; (*glatt*) smooth; (MATH) plane; **auf ~er Strecke** on the flat; **zu ~er Erde** at ground level **II.** *adv* ① (*gerade noch*) just ② (*genau*) exactly, precisely ③ (*einfach, nun einmal*) just, simply; **schau doch ~ mal bei mir vorbei!** will you please drop in on me for a minute! **ich erreichte mein Flugzeug noch** (**so**) **~** I just caught the plane
Ebenbild *nt* image; **dein Sohn ist wirklich dein ~** your son really is the very picture of you
ebenbürtig ['e:bɐrbʏrtɪç] *adj* (*gleichwertig*) equal (*jdm* someone's, *an* in); **einander ~ sein** be equals *pl*
Ebene ['e:bənə] <-, -n> *f* ① (*Tiefland*) plain; (*Hochland*) plateau ② (MATH) plane ③ (*fig*) level; **auf höchster** (**gleicher**) **~** (*fig*) at the highest (same) level
ebenerdig *adj* ground-level
ebenfalls *adv* as well, likewise; (*bei Negation*) either
Ebenholz *nt* ebony
Ebenmaß *nt* due proportion, symmetry
ebenso *adv* ① (*genauso*) just as ② (*ebenfalls*) as well; **~ sehr, ~ viel** just as much; **~ wenig** just as little
Eber ['e:bɐ] <-s, -> *m* (*männliches Schwein*) boar
Eberesche *f* (*Baum mit gefiederten Blättern*) mountain ash, rowan
ebnen ['e:bnən] *vt* ① level (off) ② (*fig*) smooth
E-Business <-> *f* e-business
EC <-, -s> *m Abk. von* **EuroCity**(**-Zug**) EC
E-Cash ['i:kæʃ] *nt* (INTERNET) e-cash
Echo ['ɛço] <-s, -s> *nt* ① echo ② (*fig: Antwort*) response (*auf* to); **bei der Bevölkerung ein lebhaftes ~ finden** (*fig*) meet with a lively response from the population
Echolot *nt* echo-sounder; (*mit Ultraschall*) supersonic echo sounding
Echse ['ɛksə] <-, -n> *f* lizard
echt [ɛçt] **I.** *adj, adv* ① (*nicht falsch, nicht gefälscht*) genuine; (*Urkunde, Unterschrift*) authentic; (*wirklich*) real; (*natürlich*) natural ② (*lauter, aufrichtig*) sincere ③ (*typisch*) typical ④ (*von Farbe*) fast; **~es Gold** real gold **II.** *adv* (*fam*) really; **das ist ~ klasse!** that's really smashing!; **das ist ~ geil!** (*sl*) that's really wicked!;

E

Echtheit *f* ❶ genuineness; (*Authentizität*) authenticity ❷ (*Aufrichtigkeit*) sincerity ❸ (*von Farbe*) fastness; **Echtzeit** *f* (INFORM) real time

Eck [ɛk] <-(e)s, -e(n)> *nt* ❶ (SPORT): **langes** (**kurzes**) ~ far (near) corner of the goal ❷ **über** ~ crosswise, diagonally across

EC-Karte *f* (COM) debit card

Eckball *m* (SPORT: *Fußball*) corner

Eckbank *f* corner seat

Eckdaten *pl* basic data

Ecke ['ɛkə] <-, -n> *f* ❶ corner ❷ (*Kante, Rand*) edge ❸ (*Kuchen~*) wedge ❹ (*fam: Gegend*) corner ❺ (*fam: Entfernung, Strecke*) way ❻ (*Fußball: Eckball*) corner; (**gleich**) **um die** ~ (just) round the corner; **Queensborough Terrace** ~ **Bayswater Road** at the corner of Queensborough Terrace and Bayswater Road; **jdn um die** ~ **bringen** (*fig fam*) do away with s.o.; **an allen** ~**n und Enden sparen** scrimp and save; **jdn in die linke** ~ **abdrängen** (POL) label s.o. (as) left, label s.o. as a leftie; **diese** ~ **Deutschlands** (*fam*) this corner of Germany; **bis London ist's noch 'ne ganze** ~ (*fam*) London's still a fair way away

Eckhaus *nt* corner house

eckig *adj* ❶ angular; (*Klammer*) square ❷ (*ruckartig*) jerky

Eckkneipe *f* (*fam*) pub [*o* bar] on the corner

Eckstein *m* (*a. fig*) cornerstone; **Eckzahn** *m* canine tooth; **Eckzins** *m* (FIN) minimum lending rate

E-Commerce ['i:kɔ,mœ:ɐs] <-[s]> *m* e-commerce

Economyclass [ɪ'kɔnəmɪ ,kla:s] <-> *f* Economy Class

Ecuador [ekua'do:ɐ] *nt* Equador; **Ecuadorianer(in)** *m(f)* Equadorian; **ecuadorianisch** *adj* Equadorian

edel ['e:dəl] *adj* ❶ (*adlig, vornehm*) noble ❷ (*hochwertig*) precious; (*Pferde*) thoroughbred ❸ (*fig: großherzig*) generous; **Edelfrau** *f* (HIST) noblewoman; **Edelgas** *nt* (CHEM) noble gas, inert gas; **Edelholz** *nt* high-grade timber; **Edelkastanie** *f* sweet [*o* Spanish] chestnut; **Edelkitsch** *m* pretentious kitsch; **Edelmann** <-s, -leute> *m* (HIST) nobleman; **Edelmetall** *nt* precious metal; **Edelmut** *m* magnanimity; **edelmütig** ['e:dəlmy:tɪç] *adj* magnanimous; **Edelpilzkäse** *m* green mould [*o* blue vein] cheese; **Edelstahl** *m* refined [*o* high-grade] steel; **Edelstein** *m* precious stone; (*geschliffen*) gem, jewel; **Edeltanne** *f* noble fir; **Edelweiß** *nt* (*Gebirgsplanze*) edelweiss

edieren *vt* (INFORM) edit

Edikt [e'dɪkt] <-(e)s, -e> *nt* (HIST) edict

editieren *vt* edit; **Editor** <-s, -en> *m* (INFORM) editor

Edutainment [,edjʊ'teɪnmənt] <-s> *nt* (*kurz für: education + entertainment*) edutainment

EDV [e:de:'faʊ] <-> *f Abk. von* **elektronische Datenverarbeitung** EDP, electronic data processing; **EDV-Anlage** *f* EDP equipment; **EDV-Branche** *f* data processing business

Efeu ['e:fɔɪ] <-s> *m* ivy

Effeff [ɛf'ɛf] *m* (*fam*): **etw aus dem** ~ **können** [*o* **beherrschen**] can do s.th. standing on one's head

Effekt [ɛ'fɛkt] <-(e)s, -e> *m* effect

Effekten *pl* (FIN: *Wertpapiere*) stocks and bonds; **Effektenbörse** *f* (FIN) stock exchange

Effekthascherei *f* ❶ (*fam pej*) cheap gimmicks ❷ (*Prahlerei*) showing-off

effektiv *adj* ❶ (*wirkungsvoll*) effective ❷ (*tatsächlich*) actual

Effektivität *f* effectiveness

effizient **I.** *adj* efficient **II.** *adv* efficiently; **Effizienz** *f* efficiency

EG [e:'ge:] <-> *f* (HIST) *Abk. von* **Europäische Gemeinschaft** European Community

egal [e'ga:l] *adj* (*fam*) ❶ (*gleichartig*) equal, the same ❷ (*gleichgültig*): **das ist mir ganz** ~ it's all the same to me, I couldn't care less

Egge ['ɛgə] <-, -n> *f* harrow

eggen *vt, vi* harrow

Egoismus [ego'ɪsmʊs] *m* egoism; **Egoist(in)** *m(f)* egoist; **egoistisch** *adj* egoistical

ehe ['e:ə] *konj* (*bevor*) before; (*bis*) until

Ehe ['e:ə] <-, -n> *f* marriage; **Kinder aus erster** (**zweiter**) ~ children from someone's first (second) marriage; **mit jdm die** ~ **schließen** [*o* **eingehen**] marry s.o.; **in den Stand der** ~ **eintreten** enter into matrimony; **unsere** ~ **wurde letztes Jahr geschieden** we were divorced last year; **Eheberater(in)** *m(f)* marriage (guidance) counsellor; **Eheberatung** *f* ❶ (*Vorgang*) marriage guidance ❷ (*Stelle*) marriage guidance council; **Ehebrecher(in)** *m(f)* adulterer (adulteress); **Ehebruch** *m* adultery

Ehefrau *f* wife; **Ehegatte**, **-tin** *m, f* spouse; **Ehekrach** *m* marital row; **Eheleute** *pl* married couple *sing*

ehelich *adj* ❶ conjugal, marital ❷ (*von Kin-*

Das Badezimmer — The Bathroom

1	Duschkopf	shower head
2	Stange	rail
3	Fenster	window
4	Rollo	blind
5	Kachel	tile
6	Schlauch	hose
7	Deospray	deodorant spray
8	Körperpuder	talcum powder
9	Slipeinlagen	panty-liners
10	Bademantel	bathrobe
11	Shampoo	shampoo
12	Duschgel	shower gel
13	Schwamm	sponge
14	Wasserhahn	tap (GB), faucet (USA)
15	Duschvorhang	shower curtain
16	Badetuch	bath towel
17	Spülkasten	cistern
18	Toilettenpapier	toilet paper (GB), bathroom tissue (USA)
19	Badewanne	bath(tub)
20	Abfluss	plughole
21	Stück Seife	bar of soap
22	Toilettenbürste	toilet brush
23	Toilettenschüssel	toilet bowl
24	Deckel	lid
25	Toilettensitz	toilet seat
26	Wäschekorb	dirty-clothes basket
27	Hocker	stool
28	Hausschuhe	slippers
29	Bademattе	bath mat

1	Rasierapparat	electric razor	22	Bauchnabel	navel
2	Rasierpinsel	shaving brush	23	Zahnpasta	toothpaste
3	Rasierschaum	shaving foam	24	Rücken	back
4	Rasierer	razor	25	Arm	arm
5	Spiegel	mirror	26	Schalter	switch
6	Stirn	forehead	27	Föhn	hair dryer
7	Auge	eye	28	Bord	shelf
8	Wange, Backe	cheek	29	Waschlappen	flannel (GB), washcloth (USA)
9	Mund	mouth	30	Wasserhahn	tap (GB), faucet (USA)
10	Augenbraue	eyebrow	31	Waschbecken	washbasin
11	Nase	nose	32	Oberschenkel	thigh
12	Ohr	ear	33	Hintern	bottom, backside
13	Kopf	head	34	Kniekehle	back/hollow of the knee
14	Ellenbogen	elbow	35	Handtuch	towel
15	Lockenstab	(electric) curling tongs	36	Handtuchhalter	towel rail
16	Wattestäbchen	cotton buds	37	Pantoffel	slipper
17	Zahnbürste	toothbrush	38	Fuß	foot
18	Haarbürste	hairbrush	39	Knöchel	ankle
19	Hand	hand	40	Wade	calf
20	Brust	breast	41	Ferse	heel
21	Bauch	stomach	42	Fußboden	floor

dern) legitimate; **für ~ erklären** legitimate

ehelos *adj* (*ledig*) single, unmarried; **Ehelosigkeit** *f* ① single life, unmarried state ② (*Zölibat*) celibacy

ehemalig ['e:əma:lɪç] *adj* former, onetime; **er ist ein Ehemaliger** (*Exsträfling*) he's an ex-con

Ehemann <-(e)s, -männer> *m* ① (*als männlicher Ehepartner*) husband; (*fam*) hub, hubby ② (*allg: verheirateter Mann*) married man; **Ehepaar** *nt* married couple; **Ehepartner** *m* marriage partner, spouse

eher ['e:ɐ] *adv* ① (*früher*) earlier, sooner ② (*lieber*) rather ③ (*vielmehr*) more ④ (*leichter*) more easily ⑤ (*wahrscheinlicher*) more likely; **je ~, desto besser** the sooner the better; **ich würde ~ sterben als ...** I would rather die than ...; **nicht ~, als ...** not until ...; **so geht es am ehesten** that's the easiest way to do it; **umso ~** the more so; **das ist schon ~ möglich** that is more likely

Ehering *m* wedding ring; **Ehescheidung** *f* divorce; **Eheschließung** *f* wedding

ehrbar *adj* ① (*ehrenhaft*) honourable ② (*Respekt einflößend*) respectable

Ehre ['e:rə] <-, -n> *f* honour; **auf ~ und Gewissen** on my honour; **damit kannst du wenig ~ einlegen** that does not do you any credit; **etw allein um der ~ willen tun** do s.th. for the very honour of it; **jdm die letzte ~ erweisen** pay one's last respects to s.o.; **er macht seiner Familie ~** he is an honour to his family; **~, wem ~ gebührt** credit where credit is due; **jdm zur ~ gereichen** do [*o* be an] honour to s.o.; **zu ~n von ...** in honour of ...; **mit wem habe ich die ~?** to whom do I have the honour of speaking?; **was verschafft mir die ~?** to what do I owe the honour of your visit?; **es ist mir eine ~, ...** it is an honour for me ...; **Ihr Wissen in allen ~n, aber ...** with all due deference to your knowledge, but ...; **mit militärischen ~n** with full military honours

ehren *vt* honour; **Ihre Einstellung zu dieser Frage ehrt Sie** your attitude towards this question does you credit; **ich fühle mich durch Ihren Besuch geehrt** I am honoured by your visit

Ehrenamt *nt* honorary office [*o* post]; **ehrenamtlich** **I.** *adj* honorary **II.** *adv* in an honorary capacity; **Ehrenbürger(in)** *m(f)* honorary citizen [*o* freeman]; **Ehrendoktor** *m* honorary doctor; **Ehrengast** *m* guest of honour; **ehrenhaft** *adj* honourable; **ehrenhalber** *adv:* **Doktor ~** honorary doctor; **Ehrenmal** <-(e)s, -mähler> *nt* cenotaph; **Ehrenmann** <-s, -männer> *m* man of honour; **Ehrenmitglied** *nt* honorary member; **Ehrenplatz** *m* ① place of honour ② (*fig: hervorgehobener Platz*) special place; **Ehrenrechte** *ntpl* (JUR): **Verlust der bürgerlichen ~** loss of civil rights; **Ehrensache** *f* point of honour; **Ehrentor** *nt,* **Ehrentreffer** *nt (m)* (SPORT) consolation goal; **ehrenvoll** *adj,* **ehrenwert** *adj* honourable

Ehrenwort <-(e)s, -e> *nt* word of honour; **ich gebe mein ~** I promise on my honour; **sein ~ brechen** (**halten**) break (keep) one's word; **du hast mir dein ~ gegeben nichts zu erzählen** I've put you on your honour not to tell; **jdm Urlaub auf ~ gewähren** let s.o. out on parole; **~?** (**~!**) (*fam*) cross your heart? (cross my heart!)

ehrerbietig *adj* (*respektvoll*) respectful; (*rücksichtsvoll*) deferential

Ehrerbietung *f* (*Respekt*) respect; (*Achtung*) deference; **Ehrfurcht** *f* (*Respekt*) deep respect (*vor* for); (*Scheu*) awe; **vor jdm** (**etw**) **~ haben** respect s.o. (s.th.); **jdm ~ einflößen** strike s.o. with awe; **ehrfürchtig** *adj,* **ehrfurchtsvoll** *adj* reverent; **Ehrgefühl** *nt* sense of honour

Ehrgeiz *m* ambition; **ehrgeizig** *adj* ambitious

ehrlich *adj* honest; (*aufrichtig*) sincere; **ob er es wohl ~ mit uns meint?** I wonder if he is being honest with us; **~ gesagt ...** frankly speaking ...; **~!** honestly! really!; **er hat ~e Absichten** (*aufrichtige*) his intentions are sincere; (*ehrbare*) his intentions are honourable; **~ währt am längsten** (*prov*) honesty is the best policy; **Ehrlichkeit** *f* honesty; (*Aufrichtigkeit*) sincerity

ehrlos *adj* dishonourable; **Ehrlosigkeit** *f* dishonourableness

Ehrung *f* honour (*jds* bestowed (up)on s.o.)

Ehrwürden *f* (*Titel*) Reverend, Rev.

ehrwürdig *adj* venerable

Ei [aɪ] <-(e)s, -er> *nt* ① (*Hühner~*) egg ② (*sl*): **~er** (*Pfund*) quid *sing Br;* (*Dollar*) bucks *pl Am* ③ (*vulg*): **~er** (*Hoden*) balls; **~er von freilaufenden Hennen** free-range eggs; **das ~ des Kolumbus** just the thing; **einander wie ein ~ dem andern gleichen** be as alike as two peas in a pod; **nicht gerade das Gelbe vom ~ sein** (*fig*) be not quite the thing; **das sind doch alles ungelegte ~er!** (*fig fam*) we can't cross those bridges before we come to them!; **jdn wie ein rohes ~ behandeln** (*fig*) handle s.o. with kid gloves; **wie aus**

E

dem ~ gepellt aussehen (*fig fam*) look smart

Eibe ['aɪbə] <-, -n> *f* (*Nadelbaum*) yew

Eichamt ['aɪç-] *nt* Weights and Measures Office *Br*, gaging-office *Am*

Eiche ['aɪçə] <-, -n> *f* oak

Eichel ['aɪçəl] <-, -n> *f* ① (*Frucht der Eiche*) acorn ② (ANAT) glans

Eichelhäher ['aɪçəl hɛːɐ] <-s, -> *m* (*Vogel mit buntem Gefieder*) jay

eichen ['aɪçən] *vt* calibrate

Eichenholz *nt* oak; **Eichenwald** *m* oakwood

Eichhörnchen *nt* squirrel

Eichmaß *nt* standard; **Eichung** *f* standardization

Eid [aɪt] <-(e)s, -e> *m* oath; **einen ~ leisten** [*o* **schwören**] take [*o* swear] an oath (*auf* on); **ich kann einen ~ darauf ablegen** I can swear to it; **unter ~ aussagen** give evidence under oath; **an ~es statt** (JUR) in lieu of oath; **eidbrüchig** *adj* (JUR): **~ werden** break one's oath

Eidechse ['aɪdɛksə] <-, -n> *f* lizard

eidesstattlich *adj*: **eine ~e Erklärung abgeben** make a solemn declaration; **hiermit erkläre ich ~, dass ...** herewith I affirm that ...

Eidgenossenschaft *f*: **Schweizerische ~** Swiss Confederation

eidlich **I.** *adj* given under oath, sworn **II.** *adv* under [*o* on] oath

Eierbecher *m* eggcup; **Eierkuchen** *m* (*Pfannkuchen*) pancake

eiern *vi* (*fam: Rad*) wobble

Eierschale *f* eggshell

Eierschwammerl ['aiɐʃvamɐl] <-s, -n> *nt* (*österr: Pfifferling*) chanterelle

Eierstock *m* (ANAT) ovary; **Eierstockkrebs** *m* ovarian cancer

Eierteigwaren *pl* pasta *sing*

Eifer ['aɪfɐ] <-s> *m* ① (*Eifrigkeit*) eagerness, zeal ② (*Begeisterung*) enthusiasm; **blinder ~ schadet nur** more haste less speed; **er ist mit großem ~ bei der Sache** he's really put his heart into it; **im ~ des Gefechtes** (*fig*) in the heat of the moment; **Eiferer** ['aɪfərɐ] *m* zealot; **eifern** ['aɪfɐn] *vi*: **nach etw ~** strive for s.th.

Eifersucht *f* jealousy (*auf* of); **aus ~** out of jealousy; **vor lauter ~** for pure jealousy; **eifersüchtig** *adj* jealous (*auf* of)

eiförmig *adj* egg-shaped

eifrig ['aɪfrɪç] *adj* ① eager, zealous ② (*begeistert*) enthusiastic

Eigelb *nt* egg yolk

eigen ['aɪgən] *adj* ① (*zu etw o jdm gehörend*) own ② (*selbständig, abgetrennt*) separate ③ (*~tümlich*) peculiar, strange ④ (*pingelig*) fussy, particular ⑤ (*typisch*) typical (*jdm* of s.o.); **ein ~es Haus haben** have a house of one's own; **er hat es sich zu Eigen gemacht ...** (*angewöhnt*) he's made it a habit to ...; **sich eine Idee zu Eigen machen** adopt an idea; **in ~er Sache** on one's own account; **meine Wohnung hat einen ~en Eingang** my flat has a separate entrance; **er hat eine ganz ~e Art zu malen** he has quite a peculiar way of painting; **er ist sehr ~ in Bezug auf seine Kleidung** he is very particular about his clothes

Eigenart *f* ① (*Besonderheit*) peculiarity ② (*Individualität*) individuality ③ (*charakteristische Eigenschaft*) characteristic; **eigenartig** *adj* peculiar; (*sonderbar*) odd, strange

Eigenbedarf *m* (*eines Menschen*) (one's own) personal use; (*des Staates*) domestic requirements *pl*; **eigengesetzlich** *adj* autonomous; **Eigengewicht** *nt* (TECH) dead weight; (*Leergewicht eines LKWs*) unladen weight; (COM) net weight; **eigenhändig** *adj* ① (*mit eigener Hand*) with one's own hand ② (*persönlich, selbst*) personal; **~e Unterschrift** one's own signature; **eine Arbeit ~ erledigen** do a job personally [*o* o.s.]; **Eigenheim** *nt* house of one's own; **Eigenkapital** *nt* (*von Person*) personal capital; (*von Firma*) equity capital; **Eigenliebe** *f* self-love; **Eigenlob** *m* self-praise; **~ stinkt** don't blow your own trumpet

eigenmächtig **I.** *adj* ① (*in Eigenverantwortung*) done on one's own authority ② (*unbefugt*) unauthorized ③ (*selbstherrlich*) high-handed **II.** *adv* ① on one's own authority ② without any authorization ③ high-handedly

Eigenmittel *ntpl* (FIN) one's own resources; **Eigenname** *m* proper name; **Eigennutz** *m* self-interest; **eigennützig** *adj* selfish

Eigenschaft *f* (*Attribut*) quality; (*Merkmal*) characteristic; (PHYS CHEM) property; (*Funktion*) capacity; **in seiner ~ als ...** in his capacity as [*o* of] ...; **Eigenschaftswort** <-(e)s, -wörter> *nt* adjective; **Eigensinn** <-s> *m* obstinacy, stubbornness; **eigensinnig** *adj* obstinate, stubborn; **eigenständig** *adj* (*unabhängig*) independent

eigentlich **I.** *adj* ① (*wirklich, tatsächlich*) actual, real, true ② (*ursprünglich*) original; **im ~en Sinne des Wortes** in the original meaning of the word **II.** *adv* ① (*tatsächlich*) actually, really ② (*überhaupt*) anyway; ~ **sollten Sie das nicht tun** you shouldn't really do that; **ich bin ~ nur gekommen, um zu …** actually I've only come to …; **was wollen Sie ~?** what do you want anyway?

Eigentor *nt* (SPORT) own goal

Eigentum *nt* property; (*Besitzen*) ownership; **Eigentümer(in)** *m(f)* owner, proprietor (proprietress)

eigentümlich *adj* ① (*typisch*) characteristic, typical (*jdm, einer Sache* of s.o., of s.th.) ② (*sonderbar*) odd, peculiar, strange; **Eigentümlichkeit** *f* ① (*Eigenheit*) peculiarity ② (*charakteristisches Merkmal*) characteristic

Eigentumsverhältnisse *ntpl* (COM) ownership (structure); **Eigentumsvorbehalt** *m* (JUR) reservation of proprietary rights; **Eigentumswohnung** *f* owner-occupied flat

eigenwillig *adj* ① (*eigensinnig*) self-willed ② (*eine eigene Meinung habend*) with a mind of one's own ③ (*unkonventionell*) unconventional

eignen ['aɪgnən] *vr* be suitable (*zu, für* for, *als* as)

Eignung *f* (*Brauchbarkeit*) suitability; (*Qualifikation, Befähigung*) aptitude

Eiklar <-s, -> *nt* (*österr*) egg white

Eilbote *m* special [*o* express] messenger; **einen Brief per ~n schicken** send a letter express

Eilbrief *m* express letter *Br*, special-delivery letter *Am*

Eile <-> *f* hurry; **ich bin in ~** I am in a hurry; **das hat keine ~** there is no hurry about it; **nur keine ~!** don't rush!; **in aller ~** hurriedly

Eileiter *m* (ANAT) oviduct; **Eileiterschwangerschaft** *f* ectopic pregnancy

eilen ['aɪlən] *vi* ① *sein* (*hasten*) hurry, rush ② *haben* (*dringlich sein*) be urgent; **jdm zu Hilfe ~** rush to help s.o.; **die Sache eilt** the matter is urgent; **eilt!** (*auf Briefen*) urgent!

Eilgut *nt* express freight

eilig ['aɪlɪç] *adj* ① (*rasch, hastig*) hasty, hurried ② (*dringend*) urgent; **es ~ haben** be in a hurry; **die Sache ist sehr ~** the matter is very urgent

Eilzug *m* (RAIL) fast stopping train

Eilzustellung *f* express delivery; (*Post*) special delivery

Eimer ['aɪmɐ] <-s, -> *m* bucket, pail; **im ~ sein** (*fam*) be done for

ein¹ [aɪn] *adv* ① (*auf Elektrogeräten*): **~/aus** on/off ② **~ und aus gehen** come and go; **er geht hier praktisch ~ und aus** he is almost always round here; **er wusste nicht mehr ~ noch aus** he was at his wits' end

ein² **I.** *num* one; **~ gewisser Herr …** a certain Mr …; **das ist ~ und dasselbe** it is one and the same thing; **das wirst du ~es Tages bereuen!** you'll regret it one day! **II.** *pron* one; **du bist mir ~e(r)!** (*fam*) you're a one!; **~er nach dem anderen** one after the other; **sieh mal ~er an!** (*fam*) fancy that!; **das muss ~em doch gesagt werden!** (*fam*) how can one be expected to know that!; **kannst du ~en denn nie in Ruhe lassen?** (*fam*) why can't you ever leave me alone?; **~es sage ich Ihnen …** I'll tell you one thing …; **das ist mir alles ~s** (*fam*) it's all the same to me; **sich ~en genehmigen** (*fam*) have one on the sly; **jdm ~e runterhauen** (*fam*) give s.o. a clout (round the ears) **III.** *art* a; (*vor Vokal*) an; **das ist (vielleicht) ~ Bier!** that's some beer!; **ich hatte aber auch ~en Hunger!** was I hungry!

Einakter ['aɪnaktɐ] <-s, -> *m* (THEAT) one-act play

einander [aɪ'nandɐ] *pron* each other, one another

ein|arbeiten **I.** *vt* ① (*anlernen*) train ② (*integrieren, einbauen*) work in (*in* to) **II.** *vr* get used to the work

Einarbeitungszeit *f* training period

einarmig *adj* one-armed

ein|äschern ['aɪnɛʃɐn] *vt* ① (*Häuser, Städte*) burn to ashes ② (*Leichen*) cremate

ein|atmen *vt, vi* breathe in

einäugig ['aɪnɔɪgɪç] *adj* one-eyed

Einbahnstraße *f* one-way street

ein|balsamieren *vt* embalm

Einband <-(e)s, -bände> *m* (*Buchdecke*) book cover, case

einbändig ['aɪnbɛndɪç] *adj* in one volume; (*nur attr*) one-volume

Einbau ['aɪnbaʊ] *m* (TECH) installation

ein|bauen *vt* (*installieren*) install

Einbauküche *f* fitted kitchen

Einbaum *m* (*Boot*) dug-out

Einbaumöbel *ntpl* built-in furniture; **Einbauschrank** *m* built-in cupboard

ein|behalten *irr vt* keep back; (*Lohn*) stop

ein|berufen *irr vt* ① (*Versammlung*) convene; (PARL) summon ② (MIL) call up *Br*, draft *Am*

Einberufung *f* ① (*einer Versammlung*) convention; (PARL) summoning ② (MIL) conscription *Br*, draft call *Am*

ein|betten *vt* embed

E

ein|beulen *vt* (*bes. von Auto*) dent in

ein|beziehen *vt* include; **Einbeziehung** *f* submission

ein|biegen **I.** *irr vt haben* (*verbiegen*) bend in **II.** *vi sein* turn off (*in* into, (*nach*) *links o rechts* to the left, to the right)

ein|bilden *vr* ❶ (*fantasieren*) imagine ❷ (*eingebildet, stolz sein*) be conceited [*o* vain]; **sich viel auf etw ~** be conceited about s.th.; **bilden Sie sich nur nicht ein, dass …!** don't imagine that …!; **das bildest du dir alles nur ein!** you're just imagining things!; **ich bilde mir nicht ein, ein großer Künstler zu sein** I'm not pretending to be a great artist; **er bildet sich Wunder was ein** he thinks he's too wonderful for words; **darauf kannst du dir nicht gerade etw ~** that's nothing to be proud of

Einbildung *f* ❶ (*Fantasie, Vorstellung*) imagination ❷ (*Illusion*) illusion ❸ (*Dünkel*) conceit; **Einbildungskraft** *f* power of imagination

einbinden *irr vt* ❶ (*Buch*) bind ❷ (*fig: Person*) integrate

Einbindung *f* (*fig*) integration

ein|bläuen *vt* (*fam*): **jdm etw ~** thump s.th. into s.o.

ein|blenden *vt* (*Werbespots*) slot in

Einblick *m* ❶ (*Einsicht in etw hinein*) view (*in* of) ❷ (*fig: Kenntnis*) insight (*in* into)

ein|brechen[1] **I.** *irr vi* ❶ *sein* (*zusammenfallen*) fall in ❷ (*fig: einsetzen: Nacht*) fall ❸ **auf dem Eis ~** fall through the ice **II.** *vt haben* ❶ (*Mauer, Tür*) break down ❷ (*Eis*) break through

ein|brechen[2] *irr vi* ❶ *haben o sein* (*Einbruch begehen*) break in, burgle, burglarize *Am* ❷ *sein* (MIL: *in feindliches Terrain*) invade (*in etw* s.th.); **in dem Gebäude (bei mir) wurde eingebrochen** thieves broke into the place (my home), the place (I) was burgled

Einbrecher(in) *m(f)* burglar

ein|brennen **I.** *irr vt* (*Brandzeichen*) brand **II.** *vr* (*fig: sich einprägen*) engrave itself (*in* on)

ein|bringen **I.** *irr vt* ❶ (PARL: *Antrag*) introduce; (*Gesetzentwurf*) bring in ❷ (*Ernte*) gather in ❸ (FIN: *Ertrag, Zinsen*) earn (*jdm etw* s.o. s.th.); (*Nutzen, Geld*) bring in (*jdm etw* s.th. to s.o.), yield ❹ (*hin~, mitbringen*) bring in (*in* -to), contribute; (*integrieren*) integrate **II.** *vr* commit o.s.; **das bringt nichts ein** (*fig*) it's not worth it

ein|brocken *vt* ❶ (*Brot*) crumble (*in* into) ❷ (*fig fam*): **sich (jdm) etw ~** land o.s. (s.o.) in the soup; **da hast du mir aber was Schönes eingebrockt!** see what you've let me in for now!

Einbruch *m* ❶ (*~sdiebstahl*) burglary (*in* in) ❷ (MIL) breakthrough (*in* of); (*Invasion*) invasion (*in* of) ❸ **bei ~ der Dunkelheit** [*o* **Dämmerung**] at dusk; **bei ~ der Nacht** at nightfall

Einbruchsdiebstahl *m* (JUR) burglary

ein|buchten *vt* (*sl: einsperren*) put behind bars

ein|bürgern **I.** *vt* (*a. fig: Wort, Sitte*) naturalize **II.** *vr* (*a. fig*) become naturalized

Einbuße *f* loss (*an* to)

ein|büßen *vt* ❶ (*verlieren*) lose ❷ (*verwirken*) forfeit

ein|checken *vt* (AVIAT) check in

ein|cremen *vt* put cream on

ein|dämmen *vt* ❶ (*Fluss*) dam ❷ (*fig: hemmen*) check; (*in Grenzen halten*) contain; **Eindämmungspolitik** *f* (POL) policy of containment

ein|dampfen *vt* evaporate

ein|decken **I.** *vt* (*fam: überhäufen*) inundate **II.** *vr* (*Vorräte schaffen*) stock up (*mit* on)

eindeutig *adj* ❶ (*nicht mehrdeutig*) unambiguous ❷ (*klar*) clear

ein|deutschen *vt* (*Begriff*) Germanize

ein|dicken *vt* thicken

ein|dringen *irr vi* ❶ *sein* penetrate (*in etw* into s.th.) ❷ **auf jdn ~** (*bestürmen*) go for s.o. (*mit* with); **in ein Land ~** invade a country, penetrate into a country; **entschuldigen Sie, wenn wir hier so ~, wir wollten nur …** forgive the intrusion, we only wanted to …

Eindringling *m* intruder

Eindruck <-(e)s, Eindrücke> *m* impression; **sie hat großen ~ auf mich gemacht** she made a great impression on me; **die Worte des Präsidenten haben großen ~ bei der Bevölkerung hinterlassen** the President's words made quite a strong impression on the population; **den ~ haben, dass …** be under the impression that …; **du willst wohl unbedingt ~ schinden!** (*fam*) you must be hell-bent on impressing!

ein|drücken **I.** *vt* (*zusammendrücken*) crush; (*flach machen*) flatten **II.** *vr* leave an impression

eindrucksvoll *adj* impressive

ein|ebnen *vt* (*a. fig*) level

eineiig *adj* (*Zwillinge*) identical

eineinhalb *num* one and a half

Einelternfamilie *f* single-parent familiy

ein|engen *vt* (*a. fig*) constrict

Einer <-s, -> *m* ❶ (*Boot*) single scull

② (MATH) unit; **Deutscher Meister im ~** (*Rudersport*) German champion in the single sculls; **Zehner und ~** tens and units *pl*

Einerlei ['aɪnɐ'laɪ] <-s> *nt* sameness, monotony; **einerlei** *adj* ① (*der-, die-, dasselbe*) (one and) the same ② (*gleichgültig*) all the same; **es ist mir alles ~** it is all one [*o* the same] to me; **~, was (wer) ...** no matter what (who) ...; **einerseits** *adv* on the one hand

einfach ['aɪnfax] **I.** *adj* ① (*nicht schwer*) simple; (*schlicht*) plain ② (*nicht doppelt*) simple; (*Fahrt, Fahrkarte*) single ③ (*leicht*) easy; **~e Fahrkarte** single [*o* one-way] ticket; **einmal ~, bitte!** (*in Bus, Bahn*) one single, please!; **~e Kost** plain fare **II.** *adv* (*geradezu*) simply; **~ unerträglich** simply intolerable; **so etwas tut man ~ nicht** that simply isn't done

Einfachheit *f* simplicity, plainness

ein|fädeln ['aɪnfɛːdəln] **I.** *vt* ① thread (*in* through) ② (*fam: Komplott, Intrige*) set up **II.** *vr* (AUTO): **sich in den laufenden Verkehr ~** filter into the stream of traffic

ein|fahren I. *irr vt* ① *haben* (*ein Auto*) run in *Br*, break in *Am* ② (*Fahrgestell*) retract ③ (*Ernte, Gewinne*) bring in; (*Verluste*) make ④ (*Tor, Zaun, Wand*) knock down **II.** *vi sein* (*Zug*) come in (*auf, in* at, into)

Einfahrt *f* ① (*Eingang*) entrance ② (*das Einfahren*) entry (*in* to); (MIN: *in den Schacht*) descent; **keine ~!** no entrance!; **Vorsicht bei der ~ des Zuges!** please stand well back, the train is arriving!

Einfall *m* ① (*plötzlicher Gedanke*) (sudden) idea ② (MIL) invasion (*in* of)

ein|fallen *irr vi* ① (*in den Sinn kommen*) occur (*jdm* to s.o.) ② (*Strahlen*) be incident; (*Licht*) come in (*in* -to) ③ (MIL: *eindringen*) invade (*in ein Land* a country) ④ (*Wangen, Augen*) become sunken ⑤ (*einstürzen*) collapse; **jdm (wieder) ~** (*ins Gedächtnis kommen*) come (back) to s.o.; **was fällt Ihnen ein!** how dare you!; **mir fällt einfach nichts ein** I just can't think of anything; **da fällt mir eben ein, ...** by the way, it just occurred to me ...; **dabei fällt mir ein, wie ich ...** that reminds me of how I ...

einfallslos *adj* unimaginative

Einfallswinkel *m* (PHYS) angle of incidence

Einfalt [aɪnfalt] <-> *f* ① (*Naivität*) simplicity ② (*Dummheit*) simple-mindedness; **einfältig** ['aɪnfɛltɪç] *adj* ① (*naiv*) simple ② (*dumm*) simple-minded; **Einfaltspinsel** *m* (*fam*) simpleton

Einfamilienhaus *nt* detached house

ein|fangen *irr vt* (*a. fig*) catch

einfarbig *adj* of one colour; (*Stoff*) self-coloured; (TYP) monochrome

ein|fassen *vt* ① (*umsäumen*) edge; (*Knopfloch, Naht*) trim ② (*Edelstein*) set (*mit* in); **Einfassung** *f* ① (*Umsäumung*) edging; (*von Knopfloch, Naht*) trimming ② (*von Edelsteinen*) setting

ein|fetten *vt* grease

ein|finden *irr vr* ① (*kommen*) come ② (*eintreffen*) arrive

ein|flößen *vt*: **jdm etw ~** (*eingeben*) give s.o. s.th.; (*fig*) instil s.th. into s.o.

Einflugschneise *f* (AVIAT) air corridor, approach line

Einfluss *m* (*fig*) influence (*auf* over, on); **darauf haben Sie keinen ~** you can't influence that; **~ auf jdn haben (ausüben)** have (exert) an influence on s.o.; **Einflussbereich** *m* sphere of influence; **Einflussnahme** *f* influencing control; **einflussreich** *adj* influential

einförmig ['aɪnfœrmɪç] *adj* ① (*uniform*) uniform ② (*eintönig*) monotonous; **Einförmigkeit** *f* ① (*Gleichförmigkeit*) uniformity ② (*Eintönigkeit*) monotony

ein|frieden ['aɪnfriːdən] *vt* enclose

Einfriedung *f* enclosure

ein|frieren *irr* **I.** *irr vi sein* (*zufrieren*) freeze (up) **II.** *vt* ① *haben* (*Lebensmittel*) freeze ② (*fig: Beziehungen*) suspend

ein|fügen I. *vt* ① (*einpassen*) fit (*in* into) ② (*nachträglich hinzufügen*) insert (*in* in) **II.** *vr* ① (*passen*) fit in (*in* -to) ② (*sich anpassen*) adapt (*in* to)

ein|fühlen *vr* empathise (*in* with)

Einfühlungsvermögen *nt* empathy

Einfuhr ['aɪnfuːɐ] <-, -en> *f* (COM) import; **Einfuhrbestimmungen** *fpl* (COM) import regulations

ein|führen I. *vt* ① (COM: *importieren*) import ② (*Markt: neue Produkte*) introduce (*in* to); (*neue Mode, Trend*) set ③ (*hineinstecken*) insert (*in* into); **einige ~de Worte** some words of introduction **II.** *vr* (*sich vorstellen*) introduce o.s.

Einfuhrsperre *f* (COM) ban on imports; **eine ~ für Autos** a ban on the import of cars

Einführung *f* ① *Neuvorstellung, Einleitung*) introduction (*in* to) ② (*Amts~*) installation; **Einführungskampagne** *f* (MARKT) introductory [*o* launching] campaign; **Einführungskosten** *pl* introduction cost *sing*; **Einführungspreis** *m* introductory price

Einfuhrzoll *m* import duty

ein|füllen *vt* pour in; (*in Flaschen*) bottle

Eingabe *f* ① (*Gesuch*) petition (*an* to)

❷ (*Daten~*) input; **Eingabedaten** *pl* input data; **Eingabegerät** *m* input device; **Eingabetaste** *f* return [*o* enter] key

Eingang *m* ❶ (*Tür, Tor*) entrance (*in* to) ❷ (*Zutritt, a. fig*) entry (*in* into, *zu* to) ❸ (COM: *Erhalt*) receipt; (*von Waren*) delivery; **kein ~** keep out! no entrance!; **nach ~** (COM) on receipt; **gleich beim ~ sind die Waren zu prüfen** (COM) the goods must be checked on delivery

eingangs *adv* initially

ein|geben *irr vt* ❶ (*verabreichen*) administer, give ❷ (*Daten*) enter, key in ❸ (*fig: Gedanken*) inspire (*jdm etw* s.o. with s.th.)

eingebildet *adj* ❶ (*nicht wirklich*) imaginary ❷ (*hochmütig*) conceited

eingeboren *adj* (*einheimisch*) native

Eingeborene(r) *f m* native

Eingebung *f* inspiration; **göttliche ~** divine inspiration

eingefahren *adj* (*fig*) well-worn; **~e Gleise** old groove

eingefallen *adj* (*Wangen, Augen*) sunken; (*Gesicht*) haggard

eingefleischt ['aɪngəflaɪʃt] *adj* (*unverbesserlich*) dyed-in-the-wool; **ein ~er Junggeselle** a confirmed bachelor

ein|gehen I. *irr vi* ❶ *sein* (*schrumpfen, einlaufen*) shrink ❷ (*sterben: Pflanzen*) die (*an* of); (*fam: Zeitungen, Betriebe*) fold up ❸ (*fig: einfließen*) leave its mark (*in* on); (*angenommen werden*) be adopted (*in* in) ❹ (*zustimmen*) agree (*auf* to); **es will mir einfach nicht ~, warum ...** I just cannot understand why ...; **auf eine Frage ~** (*behandeln*) go into a question; **die ~de Post** the incoming mail; **auf etw näher ~** go into the particulars of s.th. **II.** *vt:* **eine Wette ~** make a bet; **ein Risiko ~** take a risk

eingehend *adj* ❶ (*ausführlich*) detailed ❷ (*gründlich*) thorough

Eingemachte <-n> *nt* (*Marmelade*) preserves *pl;* (*in Essig*) pickles *pl*

ein|gemeinden *vt* incorporate (*nach, in* into)

Eingemeindung *f* incorporation

eingenommen *adj:* **von sich (jdm, etw) ~ sein** fancy oneself (s.o., s.th.); **für jdn (etw) ~ sein** be taken with s.o. (s.th.); **gegen jdn (etw) ~ sein** be biased against s.o. (s.th.)

eingeschnappt *adj* (*fig fam*) cross, peeved

eingeschränkt *adj* (*eingeengt*) limited, restricted

eingeschrieben *adj* (*Brief, Mitglied*) registered

eingestandenermaßen *adv* admittedly

Eingeständnis *nt* admission, confession

ein|gestehen *irr vt* admit, confess (*etw* to s.th.)

eingestellt *adj:* **auf etw ~ sein** be prepared for s.th.; **gegen jdn (etw) ~ sein** be set against s.o. (s.th.); **konservativ ~ sein** be a conservative; **sozial ~** socially minded [*o* oriented]

eingetragen *adj* registered

Eingeweide ['aɪngəvaɪdə] *pl* bowels, entrails *pl*

Eingeweihte(r) *f m* initiate

ein|gewöhnen *vr* settle down

ein|gießen *vt* pour (out); **sie goss sich ein Glas Wein ein** she poured herself a glass of wine

eingleisig *adj* ❶ (RAIL) single-track ❷ (*fig*): **~ denken** have a one-track mind

ein|gliedern I. *vt* (*Betriebsteile, Firma*) incorporate (*in* with, into); (*Personen*) integrate (*in* into) **II.** *vr* integrate o.s. (*in* into); **Eingliederung** *f* incorporation, integration; **~ Behinderter** integration of the disabled

ein|graben I. *irr vt* dig in **II.** *vr* (MIL: *a. fig*) dig o.s. in

ein|gravieren *vt* engrave

ein|greifen *irr vi* (*intervenieren*) intervene; **in ein Gespräch ~** intervene in a conversation

Eingriff *m* ❶ (MED) operation ❷ (*fig: Einmischung*) intervention; **ein ~ in jds Rechte (Privatsphäre)** an infringement of someone's rights (privacy)

eingruppieren *vt* group (*in* in)

Eingruppierung *f* classification, grouping

ein|haken I. *vt* hook in (*in* -to) **II.** *vi* (*fam: etw aufgreifen, sich einmischen*) intervene **III.** *vr:* **er hakte sich bei mir ein** he put his arm through mine

Einhalt *m:* **einer Sache ~ gebieten** put a stop to s.th.

ein|halten I. *irr vt* (*sich halten an, beachten*) keep; **eine Frist [*o* einen Termin] ~** meet a deadline; **den Kurs ~** stay on course **II.** *vi* ❶ (*innehalten*) pause ❷ (*aufhören*) stop; **Einhaltung** *f* (*Beachtung*) keeping of, keeping to

ein|hämmern I. *vt* ❶ (*Nagel*) hammer in (*in* -to) ❷ (*fig*): **jdm etw ~** hammer s.th. into s.o. **II.** *vi:* **auf etw ~** hammer on s.th.; **auf jdn ~** (*fig*) pound s.o.

ein|handeln *vt* ❶ (COM) trade (*gegen, für* for) ❷ (*fig fam*): **sich etw ~** get s.th.

einheimisch *adj* (*Tiere, Pflanzen*) native; (*lokal*) local

ein|heimsen ['aɪnhaɪmzən] *vt* (*fam: Ruhm, Beifall*) walk off with
Einheit ['aɪnhaɪt] *f* ❶ (*staatlich, national*) unity; (*Ganzes*) whole ❷ (MIL) unit
Einheitenanzeige *f* (TELE) display of units used
einheitlich *adj* ❶ (*standardisiert*) standard(ized) ❷ (*gleichförmig*) uniform ❸ (*ein geschlossenes Ganzes bildend*) unified; **Einheitliche Programmplanungsdokumente, EPPD** (EU) Single Programming Decisions, SPDs; **~e Währung** single currency; **~ gekleidet** dressed the same
Einheitsgebühr *f* consolidated [*o* flat] rate; **Einheitsliste** *f* (POL) single list; **Einheitspreis** *m* (COM) standard price [*o* rate]; **Einheitstarif** *m* standard tariff; **Einheitswährung** *f* single currency
ein|heizen *vi* (*heizen*) put the heating on; **jdm tüchtig ~** (*fam*) make things hot for s.o.
einhellig ['aɪnhɛlɪç] *adj* unanimous
ein|holen **I.** *vt* ❶ (*Fahne, Segel*) lower ❷ (*Netze, Boot*) haul in ❸ (*erreichen*) catch up ❹ (*gutmachen: Verlust*) make good; (*Zeit*) make up (for) ❺ (*einkaufen*) buy; **bei jdm Rat ~** obtain someone's advice; **ärztlichen Rat ~** take medical advice; **Versäumtes ~** make up for lost time **II.** *vi* shop
Einhorn *nt* unicorn
ein|hüllen *vt* wrap up
einig ['aɪnɪç] *adj* ❶ (*einer Meinung*) in agreement, agreed (*in* on, *über* about) ❷ (*geeint*) united; **sich über etw ~ werden** agree on s.th.; **miteinander ~ werden** come to an agreement; **sie sind sich (darüber) ~, dass ...** they are agreed that ...
einige ['aɪnɪgə] *pron* some; **in ~r Entfernung** some distance away; **ich weiß ~s über sie** I know a thing or two about her; **das wird ~s kosten** that will cost something; **~ andere** (*mehrere*) several others; **in ~n Tagen** in a few days
einigen **I.** *vt* ❶ (*Nation*) unite ❷ (*streitende Parteien*) reconcile **II.** *vr* agree, come to an agreement (*über* on, about)
einigermaßen ['aɪnɪgɐ'ma:sən] **I.** *adv* ❶ (*etwa*) to a certain extent ❷ (*ziemlich*) somewhat; **wie gehen die Geschäfte? - na, so ~** how's business? - well, so-so **II.** *adj* (*fam: leidlich*) all right
Einigkeit *f* ❶ (*Eintracht*) unity ❷ (*Übereinstimmung*) agreement (*in, über* on); **~ macht stark** unity is strength
Einigung *f* ❶ (*Übereinstimmung*) agreement ❷ (JUR: *Vergleich*) settlement ❸ (POL) unification; **über eine strittige Frage ~ erzielen** reach agreement on a controversial question; **Einigungsversuch** *m* (*Schlichtungsversuch*) attempt at reconciliation
ein|impfen *vt* ❶ (*impfen*) vaccinate (*jdm etw* s.o. with s.th. ❷ (*fig*) instil (*jdm etw* s.th. into s.o.)
ein|jagen *vt:* **jdm Angst ~** frighten s.o.; **jdm einen Schrecken ~** give s.o. a fright
einjährig ['aɪnjɛ:rɪç] *adj* ❶ (*ein Jahr alt*) one-year-old ❷ (*Pflanze*) annual ❸ (*ein Jahr dauernd*) of one [*o* a] year
ein|kalkulieren *vt* take into account
ein|kassieren *vt* (*Geld*) collect
Einkauf *m* ❶ (*das Kaufen*) buying ❷ (*das Gekaufte*) purchase ❸ (*Abteilung*) buying (department); **ein|kaufen** **I.** *vt* buy **II.** *vi* (*privat*) shop; (*durch Einkaufsabteilung*) buy, do the buying **III.** *vr* (COM) buy o.s. (*in* into)
Einkäufer(in) *m(f)* buyer
Einkaufsabteilung *f* procurement; **Einkaufsbummel** *m* shopping spree; **einen ~ machen** go on a shopping expedition; **Einkaufsgenossenschaft** *f* consumers' co-operative society; **Einkaufsleiter(in)** *m(f)* purchasing manager; **Einkaufspassage** *f* shopping arcade; **Einkaufspreis** *m* wholesale price; **Einkaufstasche** *f* shopping bag; **Einkaufswagen** *m* shopping cart, trolley; **Einkaufszeile** *f* row of shops; (*Haupteinkaufsstraße*) high street; **Einkaufszentrum** *nt* shopping centre *Br*, shopping center *Am*
Einkehr ['aɪnke:ɐ] <-> *f* ❶ (*Rast*) stop ❷ (*fig*) contemplation; **in einem Gasthof ~ halten** stop at an inn; **innere ~ halten** (*fig*) contemplate
ein|kehren *vi* ❶ *sein* (*in Gasthof*) stop (off) (*in* at) ❷ (*Friede, Sorge, Ruhe*) come (*bei* to); **bei jdm ~** call on s.o.; **der Friede ist (bei uns) wieder eingekehrt** peace has returned (to us)
ein|kellern *vt* store in a cellar
ein|klammern *vt* (*in Klammern setzen*) bracket, put in brackets
Einklang *m* ❶ (*Harmonie*) harmony ❷ (MUS) unison; **in ~ bringen** bring into accord; **in ~ mit etw sein** [*o* **stehen**] be in accord with s.th.
ein|kleben *vt* stick in (*in* -to)
ein|kleiden *vt* (MIL) fit out with a uniform; **jdn (sich) neu ~** buy s.o. (o.s.) new clothes
ein|klemmen *vt* (*quetschen*) jam; **hinter**

E

dem Steuer eingeklemmt werden be pinned behind the wheel

ein|kochen **I.** *vt* (*Obst*) preserve; (*Marmelade*) bottle **II.** *vi* (*Marmelade*) boil down

Einkommen <-s, -> *nt* income; **Einkommensgefälle** *nt* income differential; **Einkommen(s)steuer** *f* income tax; **Einkommen(s)steuererklärung** *f* income tax return

ein|kreisen *vt* ❶ (MIL) encircle, surround ❷ (*fig: Fragen, Probleme*) isolate

Einkünfte ['aɪnkʏnftə] *pl* income *sing*, revenue *sing*

ein|laden *irr vt* ❶ (*Waren*) load (*in* into) ❷ (*Gäste*) invite (*jdn zu etw* s.o. to s.th.); **darf ich Sie zu einem** [*o* **auf ein**] **Bier ~?** may I invite you for a beer?; **ich lade Sie ein** I'm treating you; **einladend** *adj* inviting; (*verlockend*) enticing; **Einladung** *f* invitation

Einlage *f* ❶ (FIN: *Spar~*) deposit; (*Investition*) investment ❷ (*Spiel~*) stake ❸ (THEAT) interlude ❹ (*Einlegesohle*) insole; (*orthopädische Schuh~*) support

ein|lagern *vt* store

einlangen *vi sein* (*österr: eintreffen*) arrive

Einlass ['aɪnlas, *pl:* 'aɪnlɛsə] <-es, Einlässe> *m* (*Zutritt*) admission

ein|lassen **I.** *irr vt* ❶ (*her~*) let in ❷ (*einsetzen, einfügen*) set in (*in* -to); **sich ein Bad ~** run o.s. a bath; **Wasser in die Badewanne ~** run water into the bath(tub) **II.** *vr:* **sich auf etw ~** (*in etw verwickelt werden*) let o.s. in for s.th.; (*einer Sache zustimmen*) agree to s.th.; **sich mit jdm ~** (*Umgang haben*) get mixed up with s.o.

Einlauf *m* ❶ (MED) enema ❷ (SPORT: *Ziel~*) finish

ein|laufen **I.** *irr vi* ❶ *sein* (*einfahren*) come in (*in* -to); (*Wasser*) run in (*in* -to) ❷ (*Stoff*) shrink; **läuft garantiert nicht ein** (*bei der Wäsche*) guaranteed non-shrink **II.** *vt haben* (*Schuhe*) wear in

ein|leben *vr* settle down (*in* in, *an* at)

ein|legen *vt* ❶ (*Intarsien*) inlay ❷ (*hin~, -tun*) put in (*in* -to) ❸ (*in Essig*) pickle ❹ (FIN: *Geld*) deposit; **Widerspruch ~** (register a) protest; **sein Veto ~** use one's veto; **den ersten Gang ~** (AUTO) engage first (gear); **einen Film ~** (PHOT) load the camera; **eine Pause ~** have a pause; **eine Sonderschicht ~** put on an extra shift; **ein gutes Wort für jdn ~** put in a good word for s.o.

Einlegesohle *f* insole

ein|leiten *vt* ❶ (*beginnen*) start; (*eröffnen*) open ❷ (*initiieren*) initiate; (*Schritte, Maßnahmen*) take; **ein Verfahren gegen jdn ~** (JUR) take legal proceedings *pl* against s.o.; **seine Wahl leitete eine neue Ära ein** his election inaugurated a new era; **einleitend** *adj* introductory; **Einleitung** *f* ❶ (*eines Buches*) introduction; (MUS) prelude ❷ (*das Ingangsetzen*) initiation

ein|lenken *vi* (*fig*) give way, yield; **so war es nicht gemeint, lenkte er ein** it wasn't meant like that, he said, giving in

ein|leuchten *vi* be clear (*jdm* to s.o.); **das leuchtet mir ein** I can see the point; **das will mir einfach nicht ~** I simply can't see that

einleuchtend *adj* clear, plausible

ein|liefern *vt* (*bringen, abliefern*) deliver; **jdn ins Krankenhaus ~** admit s.o. to hospital; **jdn ins Gefängnis ~** commit s.o. to prison

Einlieferung *f* delivery; **~ ins Krankenhaus** admission to hospital; **~ ins Gefängnis** committal to prison

ein|loggen *vi* (INTERNET) log in

ein|lösen *vt* ❶ (*Pfand*) redeem ❷ (*Scheck*) cash (in) ❸ (*Verpflichtung*) discharge; (*Versprechen*) keep

ein|machen *vt* (*Gemüse, Obst*) preserve; (*in Gläser*) bottle; (*in Büchsen*) tin *Br*, can *Am*

Einmachglas *nt* bottling jar

einmal ['aɪnma:l] *adv* ❶ (*nicht zweimal*) once ❷ (*ehemals*) once (upon a time) ❸ (*in Zukunft*) one day, some time ❹ (*erstens*) first of all; **auf ~** (*zugleich*) at once; (*plötzlich*) all of a sudden; **noch ~** again, once more; (*ein letztes Mal*) one last time; **nicht ~** not even …, not so much as …; **wenn du sie ~ siehst** if you happen to see her; **das war ~!** that was then!; **~ ist keinmal** once won't hurt; **warst du schon ~ in London?** have you ever been to London?; **so liegen die Dinge nun ~** that's just the way things are

Einmaleins [aɪnma:l'aɪns] <-> *nt* (multiplication) tables *pl;* **das große (kleine) ~** tables over (up to) ten; **das ~ aufsagen** say one's tables

einmalig *adj* ❶ (*einzigartig*) unique; (*fam*) fantastic ❷ (*nur einmal nötig*) single; **eine ~e Gelegenheit** a unique chance; **~e Abfindung** lump-sum payoff

Einmannbetrieb *m* one-man business; **Einmannkapelle** *f* one-man band

Einmarsch *m* (MIL) invasion (*in* of)

ein|marschieren *vi sein* march in (*in* -to)

ein|mengen *vt* (*hinzufügen, unterrühren*) mix in (*in* -to)

Einmischung *f* interference, meddling (*in*

in)

einmotorig ['aɪnmoto:rɪç] *adj* (AVIAT) single-engine(d)

ein|motten ['aɪnmɔtən] *vt* ① (*Kleidung*) put in mothballs ② (*fig*) mothball

ein|mummen ['aɪnmʊmən] *vt, vr* (*fam*) muffle up

ein|münden *vi sein* (*Flüsse*) flow in (*in* -to); (*Straßen*) run in (*in* -to)

Einmündung *f* (*Flüsse*) confluence; (*Straßen*) junction; **die ~ der Mosel in den Rhein** the confluence of the Moselle and the Rhine

einmütig ['aɪnmy:tɪç] *adj* unanimous

Einmütigkeit *f* unanimity

Einnahme ['aɪnna:mə] *f* ① (MIL) seizure; (*einer Stadt, Stellung*) capture ② (COM) receipt; **Einnahmen** *pl* income *sing;* (*Geschäfts~*) takings receipts *pl;* (*Gewinn*) earnings *pl;* **Einnahmequelle** *f* source of income [*o* revenue]

ein|nehmen *irr vt* ① (*zu sich nehmen*) take ② (*verdienen*) earn; (*Steuern*) collect; (COM) take ③ (*Platz, Posten, a. fig*) occupy ④ (MIL: *erobern*) take; **jdn für etw** ~ win s.o. over to s.th.; **jdn für sich** ~ win s.o. over; **jdn gegen sich** (**jdn, etw**) ~ set s.o. against o.s. (s.o., s.th.); **einnehmend** *adj* likeable; **ein ~es Wesen haben** (*gewinnend sein*) be a likeable character

ein|nicken *vi sein* (*fam*) drop [*o* nod] off [*o* doze]

ein|nisten *vr* ① (*nisten*) nest ② (*fig*) settle (*in* in, *bei jdm* at someone's place)

Einöde ['aɪnø:də] <-, -n> *f* (*a. fig*) wasteland

ein|ölen *vt* oil

ein|ordnen **I.** *vt* ① (*in eine Ordnung bringen*) put in order; (*Karteikarten, Aktenordner*) file ② (*klassifizieren*) classify **II.** *vr* ① (*sich anpassen*) fit in (*in* -to) ② (AUTO) get in lane; **sich rechts** (**links**) ~ get into the right (left) lane

ein|packen **I.** *vt* ① (*in Packpapier, warme Kleidung*) wrap up (*in* in) ② (*Koffer*) pack (*in* in) ③ (*Päckchen, Paket*) pack up **II.** *vi* pack; **wenn er erst einmal loslegt, dann können wir alle** ~ (*fam*) once he gets going we can all pack it all in

ein|parken *vt, vi* park (*zwischen zwei Autos* between two cars)

ein|passen *vt* (TECH) fit in (*in* -to)

einpendeln *vr* even out

ein|pferchen *vt* ① (*Tiere*) pen in (*in* -to) ② (*fig*) coop up (*in* in)

einpflegen *vt* (*Daten*) update

ein|planen *vt* (*planen*) include in one's plans; (*von vornherein berücksichtigen*) allow for

ein|prägen **I.** *vt* ① (*Muster*) impress, imprint ② (*fig*) impress (*jdm etw* s.th. on s.o.) ③ (*fig*): **sich etw** ~ (*merken*) memorize s.th. **II.** *vr* make an impression (*jdm* on s.o.)

einprägsam ['aɪnprɛ:kza:m] *adj* easily remembered

ein|programmieren *vt* (INFORM) feed in

ein|quartieren ['aɪnkvarti:rən] **I.** *vt* quarter (*bei* with) **II.** *vr* be quartered (*bei* with)

Einrad *nt* unicycle

ein|rahmen *vt* (*a. fig*) frame

ein|rammen *vt* ram in (*in* -to)

einrasten *vi* engage

ein|räumen *vt* ① (*verstauen*) put away ② (*leeren Schrank*) fill ③ (*zugeben*) admit, concede ④ (*zugestehen*) allow

ein|rechnen *vt* include; **die Kosten eingerechnet** including the costs

ein|reden **I.** *vt:* **jdm** (**sich**) **etw** ~ talk s.o. (o.s.) into believing s.th. **II.** *vi:* **auf jdn** ~ keep on and on at s.o.

ein|reiben *irr vt* rub in; **sich** (**das Gesicht**) **mit etw** ~ rub o.s. with s.th. [*o* rub s.th. into one's face]

ein|reichen *vt* ① (*Unterlagen*) submit (*bei* to) ② (*Pensionierung, Versetzung*) apply for; **eine Klage gegen jdn** ~ institute proceedings *pl* against s.o.

ein|reihen **I.** *vt* ① (*klassifizieren*) classify ② (*einordnen*) put in (*in* -to) **II.** *vr* join (*in etw* s.th.)

Einreise *f* entry (*in* to); **bei der** ~ on entry; **Einreisebestimmungen** *fpl* entry regulations; **Einreisebewilligung** *f*, **Einreiseerlaubnis**, **Einreisegenehmigung** *f* entry permit

ein|reisen *vi sein* enter the country; **nach England** ~ enter England

Einreiseverbot *nt* refusal of entry; ~ **haben** have been refused entry

ein|reißen **I.** *irr vt haben* (*Haus, Zaun*) pull [*o* tear] down **II.** *vi* ① *sein* (*Fingernagel, Papier*) tear ② (*fig fam: Missstände*) catch on

ein|renken ['aɪnrɛŋkən] **I.** *vt* ① (*Glieder, Gelenke*) set ② (*fig fam*) sort out **II.** *vr* (*fig fam*) sort itself out

ein|rennen *irr vt* ① (*Hindernisse*) batter down ② (*fig*): **offene Türen** ~ kick at an open door *sing* ③ (*fig fam*): **jdm die Bude** ~ pester s.o.

ein|richten **I.** *vt* ① (*gründen*) establish; (*Konto*) open ② (TECH: *justieren*) set up ③ (*möblieren*) furnish; (*ausstatten*) fit out ④ (*arrangieren, a. Musikstück*) arrange; (THEAT TV) adapt; **seine Wohnung neu** ~

E

refurnish one's flat; **können Sie es ~, mich um sechs** (**Uhr**) **zu treffen?** can you arrange to meet me at six (o'clock)? **II.** *vr* ❶ (*sich niederlassen*) settle (down) ❷ (*sich vorbereiten*) prepare o.s. (*auf* for) ❸ (*seine Wohnung möblieren*) furnish one's flat

Einrichtung *f* ❶ (*Gründung*) establishment; (*eines Bankkontos*) opening ❷ (TECH) setting-up ❸ (*das Möblieren*) furnishing; (*das Ausstatten*) fitting-out ❹ (*Möbel*) furnishings *pl;* (*Ausstattung*) fittings *pl* ❺ (MUS: *Bearbeitung*) arrangement; (THEAT TV) adaptation ❻ (*Institution*) institution; (*staatlich, öffentlich*) facility; **kulturelle** (**öffentliche, soziale**) **~en** cultural (public, social) facilities

Einrichtungsstil *m* furnishing style

ein|ritzen *vt* carve in (*in* -to)

ein|rollen *vt, vr* roll up

ein|rosten *vi* ❶ *sein* (*Rost ansetzen*) rust up ❷ (*fig fam: Gelenke, Körper*) stiffen up

ein|rücken **I.** *vi sein* (MIL: *einmarschieren*) march in (*in* -to) **II.** *vt haben* (TYP: *Zeile*) indent

Eins [aɪns] <-, -en> *f* ❶ (*Ziffer*) one ❷ (*Schulnote*) A ❸ (*beim Würfeln*) one; **eine ~ schreiben** (**würfeln**) get an A (throw a one)

eins [aɪns] *num* one; **~ a** (*fam: erstklassig*) A1; **es läuft ja doch alles auf ~ hinaus** (*auf dasselbe*) it always comes to the same thing anyway; (**es steht**) **~ zu ~/zwei** (SPORT) (the score is) one all/one-two

ein|sacken **I.** *vt* (*fam: kassieren*) rake in **II.** *vi* (*einsinken*) sink

ein|salzen *irr vt* salt

einsam ['aɪnza:m] *adj* ❶ (*Mensch*) lonely; (*einzeln*) solitary ❷ (*abgelegen*) secluded; (*Strand*) empty; **~e Spitze** (*fam*) absolutely great

Einsamkeit *f* ❶ (*von Mensch*) loneliness, solitariness; (*das Alleinsein*) solitude ❷ (*von Ort*) emptiness, seclusion

ein|sammeln *vt* (*Ernte*) gather (in); (*Geld*) collect (in)

Einsatz *m* ❶ (*eingesetztes Stück, Teil*) inset; (*Schubfach, Kofferfach*) tray ❷ (*Spiel~*) stake; (*Kapital~*) investment ❸ (MIL: *Aktion*) action ❹ (*Gebrauch, Anwendung*) use; (*von Arbeitskräften*) employment ❺ (*Engagement*) commitment (*für etw* to s.th.) ❻ (MUS) entry; (THEAT) entrance; **seinen ~ wieder herausbekommen** recover one's stake; **seinen ~ verpassen** (MUS) miss one's entrance; **dem Orchester den ~ geben** bring in the orchestra; **zum ~ kommen** (*verwendet werden*) be put to use; (*von Personal*) be employed; (MIL: *von Truppen*) go into action; **unter ~ aller Kräfte** (*mit größtem Kraftaufwand*) by summoning up all one's strength; **im ~** in action; **unter ~ ihres Lebens** at the risk of her life; **einsatzbereit** *adj* ready for use; (MIL) ready for action; **Einsatzbereitschaft** *f* readiness for use; **Einsatzmöglichkeit** *f* range [*o* field] of application

ein|schalten **I.** *vt* ❶ (*Maschinen, Licht*) switch on; (*Gerät*) turn on ❷ (*einschieben*) interpolate ❸ **jdn** (**bei etw**) **~** bring s.o. in (on s.th.) **II.** *vr* (*sich einmischen*) intervene

Einschaltquote *f* (RADIO TV) audience rating; **Einschaltung** *f* ❶ (*das Anmachen*) switching [*o* turning] on ❷ (*Einschub*) interpolation ❸ (*von Personen, Institutionen*) bringing in

ein|schärfen *vt* impress (*jdm etw* s.th. (up) on s.o.)

ein|schätzen **I.** *vt* assess; **falsch ~** (*beurteilen*) misjudge **II.** *vr* rate o.s.

ein|schenken *vt* pour (out); **jdm reinen Wein ~** (*fig*) tell s.o. the unvarnished truth

ein|schicken *vt* send in

ein|schieben *irr vt* ❶ (*hin~*) put in (*in* -to) ❷ (*dazwischenschieben*) interpolate ❸ (*einfügen*) insert, put in

ein|schießen **I.** *irr vt* ❶ (*mit Gewehr*) shoot in; (*mit Ball*) smash ❷ (TYP: *Zwischenblätter*) interleave **II.** *vr* ❶ (MIL: *bei Schießübungen*) get one's eye in ❷ (*fig*): **sich auf jdn ~** line s.o. up for the kill

ein|schiffen **I.** *vt* ship **II.** *vr* embark

Einschiffung *f* embarkation

ein|schlafen *irr vi* ❶ *sein* fall asleep ❷ (*von Gliedern*) go to sleep ❸ (*fig: allmählich aufhören*) peter out

ein|schläfern ['aɪnʃlɛ:fɐn] *vt* ❶ (*schläfrig machen*) make sleepy ❷ (*fig: einlullen*) lull ❸ (*Tiere töten*) put to sleep; **einschläfernd** *adj* ❶ (*narkotisierend*) soporific ❷ (*fig: langweilig*) monotonous, soporific

Einschlag *m* ❶ (*am Kleid*) fold; (*von Gewebe*) weft, woof ❷ (*von Geschoss*) impact; (*von Blitz*) striking ❸ (*Zusatz, Charakterelement*) element; **ein|schlagen** **I.** *irr vt* ❶ (*Nagel*) drive in ❷ (*Scheibe, Tür*) smash; (*Zähne*) knock out ❸ (*einwickeln*) wrap (up) ❹ (*Kleid, Stoff*) turn up ❺ (AUTO: *Lenkrad*) turn ❻ (*Weg, Kurs, a. fig*) take **II.** *vi* ❶ (*Geschoss*) hit (*in etw* s.th.); (*Blitz*) strike (*in etw* s.th.) ❷ (*fam: gut ankommen*) be a big hit ❸ (*prügeln*) hit out (*auf jdn, etw* at s.o., s.th.); **wie eine Bombe ~** burst like a bombshell; **komm, schlag ein!** (*fam*) come on, let's shake (hands) on it!

einschlägig ['aɪnʃlɛːgɪç] *adj* ❶ (*geeignet*) appropriate; (*Literatur, Gesetzesvorschrift*) relevant ❷ (JUR): ~ **vorbestraft sein** have been previously convicted [*o* have a previous conviction] for a similar offence

ein|schleichen *irr vr* (*a. fig*) creep in (*in* -to)

ein|schleppen *vt* (*fig: Krankheit*) bring in

ein|schleusen *vt* smuggle in (*in, nach* -to)

ein|schließen *irr vt* ❶ (*in Zimmer*) lock up ❷ (MIL) encircle, surround ❸ (*fig*) include; **einschließlich I.** *präp* including, inclusive of; ~ **Mehrwertsteuer** V.A.T. included **II.** *adv:* **von Mittwoch bis ~ Freitag** from Wednesday to Friday inclusive, from Wednesday thru Friday *Am*

ein|schmeicheln *vr* ingratiate o.s. (*bei jdm* with s.o.); **einschmeichelnd** *adj* (*gewinnend*) winning; (*Musik*) enticing

ein|schmieren *vt* (*einfetten*) grease; (*ölen*) oil; (AUTO) lubricate

ein|schmuggeln *vt* (*a. fig*) smuggle in (*in* -to)

ein|schnappen *vi* ❶ *sein* (*Türschloss*) click shut ❷ (*fam: beleidigt sein*) get peeved (*über* about, at)

ein|schneiden *irr vt* ❶ (*Papier, Stoff*) cut ❷ (*einkerben*) carve (*in* into); **einschneidend** *adj* (*fig: drastisch*) drastic; (*weitreichend*) far-reaching

Einschnitt *m* ❶ (*Schnitt*) cut; (MED) incision ❷ (*Spalte*) cleft ❸ (*fig: Wendepunkt*) decisive point

ein|schnüren *vt* ❶ (*Taille*) lace in; (*einschneiden*) cut into ❷ (*Paket*) tie up

ein|schränken ['aɪnʃrɛŋkən] **I.** *vt* (*reduzieren*) reduce; (*begrenzen*) limit; (*Behauptung, Kritik*) qualify; **~d möchte ich sagen, dass …** I should like to qualify this by saying that … **II.** *vr* (*sparen*) economize; **sich finanziell ~** cut down on one's expenses

Einschränkung *f* ❶ (*Reduzierung*) reduction; (*Begrenzung*) limitation; (*Vorbehalt*) qualification ❷ (*das Einsparen*) economizing; (*Einsparung*) economy (*bei* in); **ohne ~** without reservations *pl;* **mit ~** in a qualified sense

Einschreibebrief *m,* **Einschreiben** *nt* registered letter *Br,* certified letter *Am*

ein|schreiben I. *irr vt* (*eintragen*) enter **II.** *vr* ❶ (*an Universität*) register ❷ (*in Verein*) enrol(l); **sich in ein Buch ~** enter one's name in a book; **einen Brief ~ lassen** have a letter registered *Br,* have a letter certified *Am*

Einschreibung *f* ❶ (*an Universität*) registration ❷ (*in Verein*) enrol(l)ment

ein|schreiten *irr vi sein* (*Maßnahmen ergreifen*) take action (*gegen* against); (*eingreifen*) intervene

ein|schrumpfen *vi sein* shrink

ein|schüchtern *vt* intimidate

Einschüchterung *f* intimidation; **Einschüchterungsversuch** *m* attempt at intimidation

ein|schulen *vt:* **eingeschult werden** start school; **Einschulung** *f* enrol(l)ment in elementary school

Einschuss *m* ❶ (*Wunde*) bullet hole ❷ (SPORT) shot into goal ❸ (*beim Weben*) weft, woof

ein|schweißen *vt* (*in Plastik*) shrink-wrap; **Einschweißfolie** *f* shrink wrap

ein|segnen *vt* ❶ (*segnen*) consecrate ❷ (*konfirmieren*) confirm

ein|sehen I. *irr vt* ❶ (*Akten*) look at ❷ (*begreifen*) see **II.** *vi* ❶ (*in Gelände*) see (*in etw* s.th.) ❷ (*in Akten*) look (*in* at)

ein|seifen *vt* ❶ (*mit Seife*) soap ❷ (*fig fam: hereinlegen*) con

einseitig ['aɪnzaɪtɪç] *adj* ❶ (*von einer Seite, a. fig*) one-sided ❷ (*voreingenommen*) bias(s)ed ❸ (*Nahrung*) unbalanced ❹ (JUR POL) unilateral; **Einseitigkeit** *f* ❶ (*Beschränktheit*) onesidedness ❷ (*Voreingenommenheit*) bias(s)edness (*gegenüber* towards) ❸ (*Unausgewogenheit*) imbalance

ein|senden *irr vt* send in

Einsender(in) *m(f)* ❶ (*von Post*) sender ❷ (*von Preisausschreiben*) competitor; **Einsendeschluss** *m* closing date; **Einsendung** *f* sending in

einsetzbar *adj* applicable, usable

ein|setzen I. *vt* ❶ (*hin~, einfügen*) put [*o* fit] in (*in* -to) ❷ (*Geld beim Spiel*) stake ❸ (*zum Einsatz bringen, gebrauchen*) use; (MIL: *Truppen*) bring into action ❹ (*ernennen*) appoint (*jdn als etw* s.o. s.th., *jdn in etw* s.o. to s.th.); **sein Leben ~** risk one's life **II.** *vi* (*anfangen*) start **III.** *vr* ❶ (*sich engagieren*) commit o.s. (*für etw* to s.th.) ❷ (*sich verwenden*) give one's support (*für jdn* to s.o.)

Einsetzung *f* (*Ernennung*) appointment (*als, zu* to)

Einsicht <-, -en> *f* ❶ (*Erkenntnis*) insight; (*Verständnis*) understanding; (*Vernunft*) reason ❷ (*in Akten, Bücher*) look (*in* at); **ich bin zu der ~ gelangt, dass …** I have come to the conclusion that …; **jdm ~ in etw gewähren** allow s.o. to look at s.th.; **~ nehmen in etw** take a look at s.th.;

E

einsichtig *adj* ❶ (*vernünftig*) reasonable; (*verständnisvoll*) understanding ❷ (*begreiflich*) understandable

Einsichtnahme [ˈaɪnzɪçtnaːmə] *f* (*in Akten*) perusal; **zur ~** (*Aufschrift auf Aktenstücken*) for attention

ein|sickern *vi sein* (*in den Boden*) seep in (*in* -to)

Einsiedler(in) *m(f)* hermit

einsilbig [ˈaɪnzɪlbɪç] *adj* ❶ (GRAM) monosyllabic ❷ (*fig: schweigsam*) uncommunicative; (*kurz, lakonisch*) monosyllabic

ein|sinken *sein irr vi* ❶ (*in Sumpf*) sink in (*in* -to) ❷ (*von Boden*) subside

ein|spannen *vt* ❶ (*in Rahmen*) fit in (*in* -to); (*in Schraubstock*) clamp in (*in* -to); (*in Schreibmaschine*) insert (*in* in(to)) ❷ (*Pferde*) harness ❸ (*fam: zu Arbeiten heranziehen*) rope in (*für etw* to s.th., *etw zu tun* to do s.th.)

Einspänner <-s, -> *m* (*österr: Kaffee mit Sahnehaube*) black coffee with whipped cream

ein|sparen *vt* ❶ (*sparen*) save ❷ (*reduzieren*) reduce

Einsparung *f* economy (*bei, in* in)

ein|speisen *vt* (ELEK) feed in (*in* -to); (*Daten, Programm*) enter

ein|sperren *vt* ❶ (*in Zimmer*) lock in (*in* -to) ❷ (*fam: ins Gefängnis*) put away

ein|spielen **I.** *vt* ❶ (THEAT FILM: *Geld*) bring in ❷ (MUS) record **II.** *vr* ❶ (SPORT: *warm werden*) warm up ❷ (*nach einer Anlaufzeit funktionieren*) work out; **das wird sich schon noch ~** that will work out (come out) all right in the end

Einsprache *f* (*CH: Einspruch*) objection

ein|springen *sein irr vi* (*helfen*) stand in (*für jdn* for s.o.)

ein|spritzen *vt* (AUTO MED) inject (*etw* s.th., *jdm etw* s.o. with s.th.)

Einspritzer, **Einspritzmotor** *m* fuel-injection engine; **Einspritzpumpe** *f* fuel injection

Einspruch *m* (*a.* JUR) objection; **gegen etw ~ erheben** object to s.th.; (JUR) file an objection to s.th.; (**ich erhebe**) **~!** - (**~**) **abgelehnt!** vor Gericht, objection! - (objection) overruled!; (**dem ~ wird**) **stattgegeben!** (objection) sustained!; **Einspruchsrecht** *nt* veto

einspurig [ˈaɪnʃpuːrɪç] *adj* (RAIL) single-track; (AUTO) single-lane

einst(mals) [aɪn(t)st, ˈ-maːls] *adv* ❶ (*früher*) once ❷ (*künftig*) some day

ein|stampfen *vt* (*Bücher, Papier*) pulp

Einstand *m* (*Anfang*) start; **seinen ~ geben** celebrate starting one's new job

Einstandspreis *m* (COM) cost price

ein|stecken *vt* ❶ (*hin~*) put in (*in* -to) ❷ (*in Tasche, a. fig*) pocket; **hast du dein Feuerzeug eingesteckt?** have you got your lighter with you?

ein|stehen *sein irr vi* ❶ (*Verantwortung übernehmen*) answer (*für etw* for s.th.) ❷ (*Schaden ersetzen*) make good (*für etw* s.th.) ❸ (*bürgen*) vouch (*für jdn, etw* for s.o., s.th.)

Einsteigekarte *f* (AVIAT) boarding pass [*o* card]

ein|steigen *irr vi* ❶ *sein* (*ins Auto*) get in (*in* -to); (*in Zug, Bus*) get on (*in* -to) ❷ (*fam: in Geschäft, Politik*) go in (*in etw* -to s.th., *bei jdm* with s.o.) ❸ (SPORT: *sl*): **hart ~** go in hard; **~!** (RAIL) all aboard!; **alles ~!** (*fam*) everybody pile in!

Einsteigöffnung *f* manhole

einstellbar *adj* adjustable

ein|stellen **I.** *vt* ❶ (*Arbeiter*) hire; (*Angestellte*) take on ❷ (*beenden*) stop; (*zeitweilig*) suspend; (MIL: *Feuer, Gefecht*) cease ❸ (TECH: *Geräte*) adjust (*auf* to); (*Sender*) tune in to; (*Gerät*) tune; (PHOT) focus (*auf* on); **einen Rekord ~** (*fig*) beat a record **II.** *vr* ❶ (*erscheinen, kommen*) appear ❷ (*sich bereit machen o halten*) prepare o.s. (*auf* for) ❸ (*sich anpassen*) adapt o.s. (*auf* to)

einstellig *adj* (MATH) single-digit

Einstellung *f* ❶ (*Haltung, Ansicht*) attitude; (*Gesinnung*) views *pl* ❷ (*von Arbeitskräften*) employment ❸ (TECH: *von Geräten*) adjustment; (RADIO TV) tuning (*auf* in to); (PHOT) focus(s)ing ❹ (*Beendigung*) stopping; (*zeitweilig*) suspension; **Einstellungsstopp** *m* job freeze

Einstiegsdroge *f* starter drug

Einstiegsversion *f* beginner's version

einstimmig **I.** *adj* (*einmütig*) unanimous **II.** *adv* unanimously

ein|stufen *vt* classify; **in eine Kategorie ~** put into a category

Einstufung *f* classification

einstündig [ˈaɪnʃtʏndɪç] *adj* one-hour; **nach ~em Aufenthalt** after an hour's wait, after a one-hour wait

ein|stürmen *vi sein:* **auf jdn ~** (*mit Fragen*) assail (*mit* with)

Einsturz <-es> *m* collapse; (GEOL MIN) caving-in

ein|stürzen *vi sein* (*zusammenfallen*) collapse; (*Decke, Boden, Stollen*) cave in; **auf jdn ~** (*fig*) overwhelm s.o.

einstweilen [ˈaɪnstˈvaɪlən] *adv* ❶ (*in der Zwischenzeit*) in the meantime ❷ (*vorübergehend*) temporarily

einstweilig ['aɪnst'vaɪlɪç] *adj* temporary; (JUR) interim; ~**e Verfügung** (JUR) interim injunction (order)

eintägig ['aɪntɛːgɪç] *adj* (*einen Tag dauernd*) one-day

Eintagsfliege *f* ❶ (*Insekt*) mayfly ❷ (*fig*) nine-days wonder

ein|tasten *vt* (*Zahlen, Daten*) key in

ein|tauchen I. *vt* ❶ *haben* (*eintunken*) dip in (*in* into) ❷ (*untertauchen, versenken*) immerse (*in* to) II. *vi sein* dive

ein|tauschen *vt* exchange; (*fam*) swap (*für, gegen* for); (*Geld*) change

ein|teilen *vt* ❶ (*aufteilen*) divide (*in* into); (*in Grade*) graduate ❷ (*organisieren*) organize; (FIN: *Mittel*) budget ❸ (*für bestimmte Aufgabe*) detail (*zu, für* for, *etw zu tun* to do s.th.)

Einteiler *m* (*einteiliger Badeanzug*) one-piece; **einteilig** *adj* (*attributiv*) one-piece; (*prädikativ*) of one piece

Einteilung *f* ❶ (*Aufteilung*) division; (*Grad~*) gradation ❷ (*Organisation*) organization; (FIN: *Budgetierung*) budgeting ❸ (*für bestimmte Aufgabe*) detailment

eintönig ['aɪntøːnɪç] *adj* monotonous

Eintönigkeit *f* monotony

Eintopf(gericht) *m (nt)* stew

Eintracht ['aɪntraxt] <-> *f* harmony

einträchtig ['aɪntrɛçtɪç] *adj* peaceable

Eintrag ['aɪntraːk, *pl:* 'aɪntrɛːgə] <-(e)s, Einträge> *m* (*in Buch*) entry (*in* in); **ein|tragen** I. *irr vt* ❶ (*in Liste, Buch*) enter; (*registrieren*) register ❷ (*einbringen*) bring (*jdm etw* s.o. s.th.) II. *vr* put one's name down

einträglich ['aɪntrɛːklɪç] *adj* lucrative, profitable

Eintragung *f* entry

ein|träufeln *vt:* **jdm etw** ~ (*Medizin*) give s.o. s.th. by drops **jdm Medizin ins Ohr** ~ put some drops of medicine in someone's ear

ein|treffen *irr vi* ❶ *sein* (*ankommen*) arrive ❷ (*fig: sich bestätigen, verwirklichen*) come true

ein|treiben *irr vt* (*Geldsummen*) collect; (*Schulden*) recover

ein|treten I. *irr vt haben* (*Tür*) kick in II. *vi sein* ❶ (*betreten*) enter (*in etw* s.th.) ❷ (*beitreten*) join (*in etw* s.th.) ❸ **für jdn (etw)** ~ stand for s.o. (s.th.) ❹ (*einsetzen, beginnen*) set in ❺ (*geschehen*) happen, occur; **treten Sie (bitte) ein!** do come in (, please)!; **in Verhandlungen** ~ enter into negotiations; **wann wird Spacelab in seine Umlaufbahn** ~**?** when will Spacelab go into its orbit?; **sollte der Fall** ~, **dass …** should it happen, that …; **sollte dies(er Fall)** ~ **…** should this happen (this case occur) …

ein|trichtern *vt* (*fam*): **jdm etw** ~ drum s.th. into s.o.; **jdm** ~**, dass …** drum it into s.o. that …

Eintritt *m* ❶ (*das Betreten, a. Berufs~*) entry (*in* (in)to) ❷ (*Beitritt*) joining (*in* of) ❸ (*Zutritt*) admittance ❹ (*~sgeld*) admission (*in* to) ❺ (*Beginn*) onset; **Eintrittsgeld** *nt* charge for admission; **Eintrittskarte** *f* ticket

ein|trocknen *vi sein* dry up

ein|trudeln *vi* (*fam*) drift in

ein|tunken *vt* dip in (*in* to)

ein|üben *vt* practise; (THEAT: *proben*) rehearse

ein|verleiben ['aɪnfɛɐlaɪbən] *vt* incorporate (*etw einer Sache* s.th. into s.th.); (*annektieren*) annex (*etw einer Sache* s.th. to s.th.); **sich etw** ~ (*ein Land*) annex s.th.; (*Wissen*) assimilate s.th.

Einvernahme <-, -n> *f* (*österr: Vernehmung*) examination

Einvernehmen ['aɪnfɛɐneːmən] *nt* ❶ (*Übereinstimmung*) agreement ❷ (*Harmonie*) harmony; **in gutem** ~ **leben** live in perfect harmony; **im** ~ **mit jdm** in agreement with s.o.; **einvernehmlich** *adj* mutually acceptable

einverstanden ['aɪnfɛɐʃtandən] *adj:* **mit jdm (etw)** ~ **sein** agree with s.o. (to s.th.); ~**!** agreed!

Einverständnis *nt* ❶ (*Zustimmung*) consent; (JUR: *mit etw Strafbarem*) connivance (*mit, bei* at) ❷ (*Übereinstimmung*) agreement; **in gegenseitigem** ~ by mutual consent

Einwahlknoten *m* (INTERNET) POP (point of presence)

Einwand ['aɪnvant, *pl:* 'aɪnvɛndə] <-(e)s, Einwände> *m* objection; **einen** ~ **erheben** raise an objection

Einwanderer, **-rin** *m, f* immigrant

ein|wandern *sein vi* immigrate (*nach, in* to)

Einwanderung *f* immigration; **Einwanderungspolitik** *f* immigration policy

einwandfrei *adj* ❶ (*fehlerfrei*) perfect ❷ (*unanfechtbar, unbestreitbar*) indisputable

einwärts ['aɪnvɛrts] *adv* inwards

Einwegflasche *f* non-returnable bottle; **Einwegrasierer** *m* disposable razor

ein|weichen *vt* soak, steep

ein|weihen *vt* ❶ (*eröffnen*) inaugurate ❷ **jdn in etw** ~ initiate s.o. into s.th.; **eingeweiht sein** be in the know

E

Einweihung *f* inauguration

ein|weisen *irr vt* ❶ **jdn** (**in seine Arbeit**) ~ introduce s.o. to his [*o* her] job ❷ (*in Klinik*) admit (*in* to); **jdn ins Krankenhaus** ~ admit s.o. to hospital *Br,* hospitalize s.o. *Am;* **Einweisung** *f* (*in ein Amt*) installation;; (*in eine Klinik*) admission; (*in eine neue Tätigkeit*) introduction

ein|wenden *irr vt* object (*gegen* to)

Einwendung *f* objection

ein|werfen I. *irr vt* ❶ (*Scheiben*) break ❷ (*Brief*) post *Br,* mail *Am* ❸ (SPORT: *Ball*) throw in ❹ (*fig: Bemerkung*) throw in (*in* -to) II. *vi* ❶ (SPORT: *Einwurf ausführen*) throw in ❷ (*einwenden*) object

ein|wickeln *vt* ❶ wrap up ❷ (*fam: hereinlegen*) take in

ein|willigen ['aɪnvɪlɪgən] *vi* agree, consent (*in* to)

Einwilligung *f* agreement, consent

ein|wirken *vi* ❶ (*Wirkung zeigen*) have an effect (*auf* on) ❷ (MED) work in; **etw** ~ **lassen** let s.th. work in; **auf jdn** ~ influence s.o.

Einwirkung *f* ❶ (*Wirkung*) effect ❷ (*Einfluss*) influence

Einwohner(in) *m(f)* inhabitant; **Einwohnermeldeamt** *nt* registration office; **Einwohnerschaft** *f* population, inhabitants *pl*

Einwurf *m* ❶ (*Öffnung, Münz~*) slot; (*Briefkastenschlitz*) slit ❷ (*fig: Einwand*) objection ❸ (*fig: Gesprächs~, Bemerkung*) interjection ❹ (SPORT) throw-in

Einzahl *f* (GRAM) singular

ein|zahlen *vt* pay in (*auf ein Konto* -to an account)

Einzahlung *f* deposit

ein|zäunen ['aɪntʃɔɪnən] *vt* fence in

Einzelbett *nt* single bed; **Einzelblatteinzug** *m* (TECH: *von Drucker*) cut-sheet feed; **Einzelfahrschein** *m* ticket (for one journey); **Einzelfall** *m* ❶ (*der einzelne Fall*) individual case ❷ (*der spezielle Fall, Ausnahme*) isolated case; **Einzelgänger(in)** ['aɪntsəlgɛŋɐ] *m(f)* loner; **Einzelhaft** *f* (*Gefängnis*) solitary confinement

Einzelhandel *m* retail trade

Einzelhändler *m* retailer

Einzelheit *f* detail; **in allen** ~**en** in great detail *sing;* **bis in die kleinsten** ~**en** right down to the last detail *sing*

Einzelkind *nt* only child

einzellig ['aɪntsɛlɪç] *adj* (*Lebewesen*) monocellular, unicellular

einzeln ['aɪntsəln] *adj* ❶ (*individuell*) individual ❷ (*getrennt*) separate ❸ ~**e** (*einige, wenige*) some; **der** (**die**) **Einzelne** the individual; **das Einzelne** (*nicht das Allgemeine*) the particular; ~ (**herein**)**kommen** come (in) separately; **im Einzelnen aufführen** list in detail; ~ **aufführen** list separately; **jeder Einzelne** each and every one; **ein** ~**er Handschuh** an odd glove

Einzelperson *f* individual; **Einzelradaufhängung** *f* (AUTO) independent suspension; **Einzelstück** *nt* individual item; **Einzelteil** *nt* ❶ (*Bestandteil*) component (part) ❷ (*einzelnes Teil*) separate part; **Einzeltherapie** *f* individual therapy; **Einzelzimmer** *nt* (*im Hotel*) single room

ein|ziehen I. *irr vt* ❶ *haben* (*zurückziehen, Fahrgestell*) retract; (*Bauch*) draw in; (*Segel, Flagge*) lower ❷ (*Gebühren, Steuern, Miete*) collect (*bei, von* from) ❸ (*aus dem Verkehr ziehen*) withdraw; (*konfiszieren*) confiscate ❹ (MIL: *Wehrpflichtige*) call up *Br,* draft *Am* ❺ (*einsaugen*) suck in ❻ (*einbauen: Wand, Kabel*) put in; **Erkundigungen über jdn** (**etw**) ~ make inquiries about s.o. (s.th.); **den Kopf** ~ duck one's head; **den Schwanz** ~ (*a. fig sl*) put one's tail between one's legs II. *vi* ❶ *sein* (*in Wohnung*) move in (*in* -to, *bei* with) ❷ (*Ruhe und Ordnung*) come (*in etw, bei jdm* to s.th., to s.o.) ❸ (*Substanz*) soak in (*in* -to); **ins Parlament** ~ take up one's seat (in Parliament); **lassen Sie die Farbe erst einmal** ~**!** leave the colour to soak in first!

einzig ['aɪntsɪç] I. *adj* ❶ (*nur*) only, sole ❷ *pred* (*ohnegleichen*) unique II. *adv:* ~ **und allein** simply and solely

einzigartig *adj* unique

ein|zuckern *vt* sugar

Einzug *m* ❶ (*in Wohnung*) move, moving in ❷ (*Kassieren von Geld*) collection; **Einzugsbereich** *m* catchment area; (*einer Großstadt*) commuter belt; **Einzugsverfahren** *nt* (FIN) direct debit

Eis [aɪs] <-es> *nt* ❶ (*gefrorenes Wasser*) ice ❷ (*Speise~*) ice-cream; **zu** ~ **werden** turn to ice; **auf** ~ **legen** (*fig*) put on ice, shelve

Eisbahn *f* icerink

Eisbär *m* polar bear

Eisbecher *m* sundae

eisbedeckt *adj* covered by ice

Eisbein *nt* knuckle of pork

Eisberg *m* iceberg; **Eisbeutel** *m* ice-pack; **Eisbrecher** *m* ❶ (*Schiff*) icebreaker ❷ (*an Brücken*) ice-guard; **Eiscreme** *f* ice-cream; **Eisdecke** *f* sheet of ice; **Eisdiele** *f* ice-cream parlour

Eisen ['aɪzən] <-s> *nt* iron; **zum alten** ~ **gehören** (*fig*) be on the scrap heap; **noch**

ein ~ im Feuer haben (*fig*) have another iron in the fire; **ein heißes ~ sein** (*fig*) be a hot potato

Eisenbahn *f* railway *Br,* railroad *Am;* **mit der ~ fahren** travel by rail [*o* train]; **es ist höchste ~** (*fam*) it's high time; **Eisenbahner** *m* railwayman *Br,* railroader *Am;* **Eisenbahnergewerkschaft** *f* railway union *Br,* railroad brotherhood *Am;* **Eisenbahnfähre** *f* train ferry; **Eisenbahnknotenpunkt** *m* railway junction; **Eisenbahnnetz** *nt* railway network *Br,* railroad network *Am;* **Eisenbahnüberführung** *f* ❶ (*für Kfz*) railway over-pass *Br,* railroad over-pass *Am* ❷ (*für Fußgänger*) footbridge; **Eisenbahnunglück** *nt* railway accident; **Eisenbahnunterführung** *f* railway underpass *Br,* railroad underpass *Am;* **Eisenbahnwagen** *m* railway carriage *Br,* railroad car *Am;* (*Güterwagen*) goods wagon

Eisenblech *nt* sheet iron; **Eisenerz** *nt* iron ore; **Eisengitter** *nt* iron bars *pl*

eisenhaltig ['aɪzənhaltɪç] *adj* ferruginous; **das Wasser ist ~** the water contains iron

Eisenhandlung *f* ironmonger's *Br,* hardware store *Am;* **Eisenhütte** *f* steel mill, ironworks *pl;* **Eisenmangel** *m* (MED) iron deficiency; **Eisenstange** *f* iron bar

eisern ['aɪzɐn] *adj* ❶ (*aus Eisen*) iron ❷ (*fig: unbeugsam*) inflexible, iron; **aber ~!** (*fam*) absolutely!; **~ trainieren** train resolutely

eisfrei *adj* ice-free; **eisgekühlt** *adj* chilled; **Eisglätte** *f* (*auf Fahrbahn*) black ice; **Eishockey** *nt* ice hockey *Br,* hockey *Am*

eisig ['aɪzɪç] *adj* icy

Eiskaffee *m* iced coffee

i Land & Leute

> **Eiskaffee**, iced coffee, is drunk primarily in summer in ice-cream parlours and street cafés. However, it is also a standard feature of every restaurant's ice-cream menu and usually consists of a scoop of vanilla ice cream with a topping of whipped cream floating in ice-cold black coffee.

eiskalt I. *adj* icy-cold; (*kaltblütig*) cold-blooded **II.** *adv* (*fig*) as cold as you please; **aber ~!** (*fam*) no problem!

Eiskristall *m* ice crystal

Eiskugel *f* scoop of ice-cream

Eiskunstlauf *m* figure skating; **Eislaufen** *nt* ice skating; **Eisläufer(in)** *m(f)* ice-skater

Eisprung <-(e)s> *m* ovulation

Eisscholle *f* ice floe; **Eisverkäufer** *m* ice-cream man; **Eiswürfel** *m* ice cube; **Eiszapfen** *m* icicle; **Eiszeit** *f* Ice Age

eitel ['aɪtəl] *adj* vain; (*eingebildet*) conceited; **sie ist ~** she's vain about her appearance; **Eitelkeit** *f* vanity

Eiter ['aɪtɐ] <-s> *m* pus; **eiterig** *adj* (*voll von Eiter*) purulent; (*eiternd*) festering; **eitern** *vi* fester, suppurate

Eiweiß *nt* ❶ egg-white ❷ (CHEM) protein; **eiweißreich** *adj* rich in proteins

Eizelle *f* (BIOL) eggcell, ovum

Ejakulation [ejakula'tsjo:n] <-, -en> *f* ejaculation

Ekel[1] ['e:kəl] <-s> *m* disgust; **vor etw einen ~ haben** have a loathing of s.th.

Ekel[2] <-s, -> *nt* (*fam: Scheusal*) creep

ekelhaft *adj,* **ekelig** *adj* disgusting, revolting

ekeln I. *vi:* **mich ekelt vor ...** ... fills me with revulsion **II.** *vr:* **sie ekelt sich vor ...** she finds ... disgusting [*o* revolting]

Ekstase [ɛk'sta:zə] <-, -n> *f* ecstasy; **in ~ geraten** go into ecstasies *pl*

Ekzem [ɛk'tse:m] <-s, -e> *nt* (MED) eczema

elastisch [e'lastɪʃ] *adj* elastic

Elastizität *f* elasticity; (*Flexibilität*) flexibility

Elch [ɛlç] <-(e)s, -e> *m* elk

Elefant [ele'fant] <-en, -en> *m* elephant

Elefantenhochzeit *f* (*Fusion*) merger of giants

elegant [ele'gant] *adj* elegant

Eleganz *f* elegance

elektrifizieren [elɛktrifi'tsi:rən] *vt* electrify

Elektrifizierung *f* electrification

Elektriker(in) [e'lɛktrikɐ] *m(f)* electrician

elektrisch [e'lɛktrɪʃ] *adj* electric; **~e Geräte** electrical appliances; **~er Schlag** electric shock

elektrisieren [elɛktri'zi:rən] *vt* (*a. fig*) electrify; **sie stand wie elektrisiert da** she was standing there as if electrified

Elektrizität *f* electricity; **Elektrizitätsgesellschaft** *f* electric power company; **Elektrizitätswerk** *nt* (*Kraftwerk*) power station

Elektroantrieb [e'lɛktro-] *m* electric drive; **Elektroauto** *nt* electric car

Elektrode [elɛk'tro:də] <-, -n> *f* electrode

Elektrofilter *m* (TECH: *Industrieabgas- und Staubfilter*) electrostatic filter; **Elektroherd** *m* electric cooker; **Elektroindustrie** *f* electrical industry; **Elektroingenieur** *m* electrical engineer; **Elektrokardiogramm** [-'----'-] *nt* (MED) electrocardiogram; **Elektrolok(omotive)** *f* electric locomotive; **Elektrolyse** [elɛktro'ly:zə] <-, -n> *f* electrolysis; **Elektromagnet** *m* electromagnet; **elektromagnetisch** [-'---'--] *adj* electromagnetic

Elektromotor *m* electric motor

Elektronen [elɛk'tro:nən] *ntpl* electrons; **Elektronenblitz** *m* (PHOT) electronic flash; **Elektronenhirn** *nt* electronic brain; **Elektronenmikroskop** *nt* electron microscope; **Elektronenrechner** *m* electronic computer; **Elektronenröhre** *f* valve *Br*, electron tube *Am*

Elektronik [elɛk'tro:nɪk] *f* electronics *sing*; **Elektronikindustrie** *f* electronics industry

elektronisch *adj* electronic; **~e Datenverarbeitung** electronic data processing; **~es Geld** e-cash (electronic cash); **~er Geschäftsverkehr** electronic commerce; **~e Unterschrift** (INTERNET) signature; **~e Zeitschrift (im Internet)** e-zine, webzine

Elektrorasenmäher *m* electric lawn mower; **Elektrorasierer** *m* electric shaver; **Elektroschock** *m* electric shock; **Elektrosmog** *m* electrochemical smog; **Elektrotechnik** *f* electrical engineering; **Elektrotechniker** *m* electrical engineer

Element [ele'mɛnt] <-(e)s, -e> *nt* ❶ (*Grundstoff*) element ❷ (ELEK: *Batteriezelle*) cell; **in seinem ~ sein** be in one's element

elementar [elemɛn'ta:ɐ] *adj* ❶ (*grundlegend*) elementary ❷ (*heftig*) elemental; **~e Bedürfnisse** elementary [*o* primary] needs

Elementarteilchen *nt* (PHYS) elementary particle

Elend ['e:lɛnt] <-(e)s> *nt* ❶ (*Unglück*) distress, misery ❷ (*Armut*) poverty; **es ist wirklich ein ~ mit dir!** (*fam*) you really make me want to weep!

elend *adj* ❶ (*krank, übel*) awful, ill ❷ (*niederträchtig*) wretched ❸ (*fam: gewaltig*) dreadful; **mir ist ~ (zumute)** I feel really awful; **eine ~e Hitze heute!** (*fam*) dreadfully hot today!

Elendsviertel *nt* slums *pl*

elf [ɛlf] *adj* eleven

Elfe ['ɛlfə] <-, -n> *f* elf, fairy

Elfenbein ['ɛlfənbaɪn] <-(e)s> *nt* ivory; **aus ~** ivory

elfenbeinfarben *adj* ivory-coloured

Elfenbeinküste *f* (GEOG) Ivory Coast

Elfenbeinturm *m* (*fig*) ivory tower

Elfmeter [ɛlf'me:tɐ] <-s, -> *m* penalty kick; **einen ~ schießen** take a penalty; **Elfmetermarke** *f* penalty spot

elfte *adj* eleventh

Elftel ['ɛlftəl] <-s, -> *nt* eleventh part

eliminieren [elimi'ni:rən] *vt* eliminate

Elisabeth [e'li:zabɛt] <-> *f* Elizabeth

elisabethanisch *adj* Elizabethan; **das ~e Zeitalter** the Elizabethan age

elitär *adj* elite; **ein ~er Zirkel** an elite circle

Elite [e'li:tə] <-, -n> *f* elite

Eliteeinheit *f* (MIL) crack troops *pl*

Elixier [elɪ'ksi:ɐ] <-s, -e> *nt* elixir

Ellbogen ['ɛlbo:gən] <-s, -> *m* elbow; **Ellbogengesellschaft** *f* (*pej*) dog-eat-dog society

Elle ['ɛlə] <-, -n> *f* ❶ (*Maß*) cubit ❷ (ANAT) ulna

Ellipse [ɛ'lɪpsə] <-, -n> *f* (MATH) ellipse

elliptisch *adj* elliptical

El Salvador [ɛl zalva'do:ɐ] *nt* El Salvador

Elsass ['ɛlzas] <-> *nt* Alsace; **Elsässer(in)** ['ɛlzɛsɐ] *m(f)* Alsatian; **elsässisch** ['ɛlzɛsɪʃ] *adj* Alsatian; **Elsass-Lothringen** *nt* Alsace-Lorraine

Elster ['ɛlstɐ] <-, -n> *f* magpie; **eine diebische ~ sein** (*fig*) be a thieving magpie

elterlich ['ɛltɐlɪç] *adj* parental

Eltern ['ɛltɐn] *pl* parents; **Elternabend** *m* (SCHULE) parents' evening; **Elternhaus** *nt* (parental) home; **Elternliebe** *f* parental love; **elternlos** *adj* parentless; **Elternsprechtag** *m* (SCHULE) open day

E-Mail ['i:meil] <-s, -s> *f/nt* email, e-mail; **~-Adresse** email address; **~-Kommunikation** email communication

Email [e'ma:j/e'maɪ(l)] <-, -n> *nt* enamel; **Emailleschicht** *f* enamel coating

emaillieren [ema'(l)ji:rən] *vt* enamel

Emanze [e'mantsə] <-, -n> *f* (*pej*) women's libber

Emanzipation [emantsipa'tsjo:n] *f* emancipation

emanzipieren *vr* emancipate o.s.

Embargo [ɛm'bargo] <-s, -s> *nt* embargo

Embryo ['ɛmbryo] <-s, -s> *m* embryo; **Embryonalentwicklung** [ɛmbryo'na:l-] *f* embyronic development

Emigrant(in) [emi'grant] <-en, -en> *m(f)* emigrant; **Emigration** *f* emigration

emigrieren *vi sein* emigrate

Emirat [emi'ra:t] <-(e)s, -e> *nt* emirate

Emission [emɪ'sjo:n] *f* ❶ (PHYS) emission ❷ (FIN: *Ausgabe*) issue; (*Ausgabe von neuen Wertpapieren*) emission; **Emissionswelle** [emɪ'sjo:ns,vɛlə] *f* (*am neuen Markt*) wave of new issues

emittieren *vt* (*Abgase, Schadstoffe*) emit

Emoticon [i:'məʊtɪkn] *nt* (INTERNET) emoticon, smiley :-)

Emotion [emo'tsjo:n] <-, -en> *f* emotion
emotional *adj* emotional
Empfang [ɛm'pfaŋ, *pl:* ɛm'pfɛŋə] <-(e)s, Empfänge> *m* ❶ (*von Personen*) reception ❷ (*von Sachen*) receipt; **bei ~** on receipt; (*von Waren*) on delivery; **in ~ nehmen** receive; **den ~ von ... bestätigen** acknowledge receipt of ...; **nach ~** after receipt; **einen ~ geben** give a reception
empfangen *irr vt* receive
Empfänger(in) [ɛm'pfɛŋɐ] *m(f)* (*von Brief*) addressee; (*von Waren*) consignee; **~ unbekannt** not known at this address
empfänglich *adj* susceptible (*für* to)
Empfängnis *f* conception; **empfängnisverhütend** *adj* contraceptive; **~es Mittel** contraceptive; **Empfängnisverhütung** *f* contraception
Empfangsbescheinigung *f*, **Empfangsbestätigung** *f* (COM) (acknowledgement of) receipt; **Empfangschef(in)** *m(f)* head receptionist; **Empfangsdame** *f* receptionist; **Empfangszimmer** *nt* reception room
empfehlen [ɛm'pfe:lən] **I.** *irr vt* recommend; **jdm etw ~** recommend s.th. to s.o.; **es ist nicht zu ~** it's not to be recommended **II.** *vr* (*sich anbieten*) recommend itself; **ob sich das empfiehlt?** I wonder whether it's advisable; **empfehlenswert** *adj* recommendable
Empfehlung *f* recommendation; (*Referenz*) reference; **auf ~ von ...** on the recommendation of ...
Empfehlungsschreiben *nt* letter of recommendation, testimonial
empfinden [ɛm'pfɪndən] *irr vt* (*fühlen*) feel; **das empfinde ich nicht so** I feel differently about it; **~ Sie das auch so?** do you feel the same way?
empfindlich [ɛm'pfɪntlɪç] *adj* ❶ (*empfindungsvoll*) sensitive ❷ (*leicht verletzt*) touchy; (*reizbar*) irritable ❸ (*schmerzlich*) grievous; **~e Kälte** severe cold; **er ist gegenüber solchen Bemerkungen ~** he's sensitive about comments like that; **Empfindlichkeit** *f* ❶ (*Empfindungsfähigkeit*) sensitiveness ❷ (*Verletzbarkeit*) touchiness
empfindsam [ɛm'pfɪntza:m] *adj* sensitive; **Empfindsamkeit** *f* sentimentality
Empfindung *f* (*Gefühl*) feeling
empor [ɛm'po:ɐ] *adv* upwards; **empor|arbeiten** *vr* work one's way up
Empore [ɛm'po:rə] <-, -n> *f* gallery
empören [ɛm'pø:rən] **I.** *vt* (*aufbringen*) outrage **II.** *vr* ❶ (*aufgebracht werden*) be indignant (*über* at) ❷ (*rebellieren*) rebel
empörend *adj* scandalous
Emporkömmling [ɛm'po:ɐkœmlɪŋ] *m* (*pej*) upstart
empor|ragen *vi* tower (*über* above)
empört *adj* indignant (*über* at)
Empörung [ɛm'pø:rʊŋ] *f* (*Entrüstung*) indignation (*über* at)
emsig ['ɛmzɪç] *adj* ❶ (*geschäftig*) busy; (*fleißig*) industrious; (*eifrig*) eager ❷ (*unermüdlich*) assiduous
End- ['ɛnt-] (*in Zusammensetzungen*) final; **Endabnehmer** *m* (COM) ultimate buyer; **Endbahnhof** *m* terminus; **Endbenutzer** *m* (COM) end user
Ende ['ɛndə] <-s, -n> *nt* ❶ (*räumlich, zeitlich*) end ❷ (*kleines Stück*) piece ❸ (*Resultat*) result ❹ (*Ausgang*) ending; **von einem ~ zum anderen** from end to end; **gegen ~ Mai** towards the end of May; **zu ~ sein** be at an end; **mit seiner Weisheit am ~ sein** be at one's wits' end; **ein Buch bis zu ~ lesen** read a book to the end; **zu ~ gehen** come to an end; **ein böses ~ nehmen** come to a bad end; **etw zu ~ bringen** finish off s.th.; **sie ist ~ dreißig** she is in her late thirties; **ein ~ mit Schrecken nehmen** end in disaster; **das ~ vom Lied sein** (*fam*) be the end of it
Endeffekt *m*: **im ~** in the end
Endemie [ɛnde'mi: <-, -n> *f* (MED) endemic; **endemisch** [ɛn:de:mɪʃ] *adj* (MED) endemic
enden *vi* end, finish; **das wird böse ~!** no good will come of it!; **als Säufer ~** end up (as) an alcoholic
Endergebnis *nt* final result; **Endgerät** *nt* terminal (equipment)
endgültig *adj* definite; **jetzt ist ~ Schluss!** that's it!
Endhaltestelle *f* terminus
Endivie [ɛn'di:viə] *f* endive
Endkampf *m* (SPORT) final
Endlager *nt* final depot, permanent storage depot; **endlagern** *vt* put into permanent storage; **Endlagerung** *f* permanent [*o* final] storage
endlich *adv* (MATH PHILOS) finite; **hör ~ auf!** will you stop that!; **komm jetzt ~!** get a move on!; **na ~!** at last!; **schließlich und ~** at long last
endlos *adj* endless
Endlosigkeit *f* endlessness
Endlospapier *nt* (INFORM) continous form [*o* stationary]
Endlosperlenkette *f* rope
Endoskopie [ɛndosko'pi:] <-> *f* (MED) endoscopy

E

Endprodukt *nt* final product; **Endrunde** *f* ❶ (SPORT) finals *pl* ❷ (*beim Boxen*) final round; **Endsilbe** *f* last syllable; **Endspurt** *m* final spurt; **Endstation** *f* terminus; **Endstufe** *f* (ELEK) power amplifier; **Endsumme** *f* total; **Endung** *f* (GRAM) ending; **Endverbraucher** *m* consumer; **Endziel** *nt* ultimate goal

Energie [enɛr'giː] *f* energy; ~ **sparen** save energy; **mit aller** ~ with all one's energies *pl;* **Energiebedarf** *m* energy needs, energy requirements; **energiebewusst** *adj* energy conscious; **Energiegewinnung** *f* generation of energy; **Energieknappheit** *f* energy shortage; **Energiekrise** *f* energy crisis; **Energiepolitik** *f* energy policy; **Energiequelle** *f* source of energy; **energiesparend** *adj* energy-saving; **Energiesparmaßnahmen** *fpl* energy-saving measures; **Energieverbrauch** *m* consumption of energy; **Energieversorgung** *f* supply of energy; **Energieversorgungsunternehmen** *nt* energy supply company

energisch [e'nɛrgɪʃ] *adj* (*tatkräftig*) energetic; ~ **durchgreifen** take vigorous action

Energy-Drink ['enɐdʒiˌdrɪŋk] <-s, -s> *m* energy drink

eng [ɛŋ] *adj* ❶ (*schmal*) narrow ❷ (~ *sitzend*) tight ❸ (*innig*) close; **du darfst das nicht so ~ sehen!** take it easy!; **in der ~eren Wahl sein** be on the short list; **~er machen** (*Kleidung*) take in; **wir sind ~ befreundet** we are close friends; **~ zusammen** close together

Engagement [ãgaʒə'mɑ̃ː] <-s, -s> *nt* ❶ (*Anstellung*) engagement ❷ (*Verpflichtung*) engagement

engagieren [ãga'ʒiːrən] **I.** *vt* (*verpflichten*) engage **II.** *vr* become committed (*für* to); **ich wollte mich nicht zu sehr ~** I didn't want to get too involved; **engagiert** *adj* committed

Enge ['ɛŋə] <-, -n> *f* ❶ (*Schmalheit*) narrowness ❷ (*Beengtheit*) crampedness; **jdn in die ~ treiben** (*fig*) drive s.o. into a corner, corner s.o.

Engel ['ɛŋəl] <-s, -> *m* ❶ angel ❷ (*als Kosewort*) darling, sweetheart; **rettender ~** saviour

Engelsgeduld *f:* **eine ~ haben** have the patience of a saint

Engerling ['ɛŋɐlɪŋ] *m* (*Larve*) grub [*o* larva] (of the cockchafer)

England ['ɛŋlant] *nt* England; **Engländer(in)** ['ɛŋlɛndɐ] <-s, -> *m(f)* Englishman (Englishwoman); **englisch** ['ɛŋlɪʃ] *adj* English; **das Englische, die ~e Sprache** English, the English language

engmaschig *adj* close-meshed

Engpass *m* ❶ (GEOG) defile, narrow pass ❷ (COM: *a. Straßenverengung*) bottleneck

engstirnig *adj* (*Mensch, Verhalten*) narrow-minded

Enkel(in) ['ɛŋkəl] <-s, -> *m(f)* grandson, granddaughter; (*Enkelkind*) grandchild

enorm [e'nɔrm] *adj* enormous

Enquete <-, -n> *f* (*österr: Arbeitstagung*) symposium

Ensemble [ã'sãːbəl] <-s, -s> *nt* (THEAT) cast

entarten [ɛnt'artən] *vi sein* degenerate (*zu* into); **entartet** *adj* degenerate

Entartung *f* degeneration

entbehren [ɛnt'beːrən] *vt* (*auskommen ohne*) do without

entbehrlich *adj* dispensable; (*überflüssig*) unnecessary

Entbehrung *f:* **~en auf sich nehmen** make sacrifices

entbinden *irr vt* ❶ (*von einem Baby*) deliver (*von* of) ❷ (*lossprechen*) release (*von* from)

Entbindung *f* delivery; **Entbindungsklinik** *f* maternity clinic; **Entbindungsstation** *f* maternity ward

entblößen [ɛnt'bløːsən] *vt* bare; **entblößt** *adj* bare

entbrennen *irr vi* (*fig*) become inflamed (*vor* with)

entbürokratisieren *vt* free from bureaucracy

entdecken *vt* discover; (*herausfinden*) find out; (*sehen*) spot

Entdecker(in) *m(f)* discoverer

Entdeckung *f* discovery; **Entdeckungsreise** *f* expedition; **auf ~ gehen** go exploring

Ente ['ɛntə] <-, -n> *f* ❶ (*Schwimmvogel*) duck ❷ (*Zeitungslüge*) canard, hoax ❸ (*fig fam: Citroën 2 CV*) deux-chevaux

entehren *vt* dishonour; **entehrend** *adj* degrading

enteignen [ɛnt'aɪgnən] *vt* dispossess, expropriate

Enteignung *f* expropriation

enteisen [ɛnt'aɪzən] *vt* (*Scheibe*) de-ice

Entenbraten *m* roast duck

enterben *vt* disinherit

entern ['ɛntɐn] *vt* (*v. Schiff, a. Flugzeug*) *enter with violence and take possession of*

Entertainer(in) ['ɛntɐteɪnɐ] <-s, -> *m(f)* entertainer

Enter-Taste *f* enter key

entfachen [ɛnt'faxən] *vt* (*a. fig*) kindle

entfallen *irr vi sein:* **die morgige Vorstellung entfällt** tomorrow's performance has been cancelled; **bei diesem Wort entfällt das e im Plural** this word drops the e in the plural

entfalten I. *vt* ① (*auseinander falten*) unfold ② (*fig: entwickeln*) develop II. *vr* ① (*aufblühen*) open, unfold ② (*fig: sich entwickeln*) develop; **Entfaltung** *f* (*fig: Entwicklung*) development

entfärben *vt* take the colour out of, decolorize

entfernen [ɛnt'fɛrnən] I. *vr* ① (*fortgehen*) go away (*von* from) ② (*fig: sich entfremden*) become estranged; (*abweichen*) depart II. *vt* remove (*aus, von* from)

entfernt I. *adj* ① (*räumlich, zeitlich*) distant ② (*fig: gering*) remote, vague; ~ **sein von** be away from II. *adv* remotely, slightly; **sie sind sich nicht im Entferntesten ähnlich** they're not even remotely similar; **nicht im Entferntesten!** not in the least!; ~ **verwandt** distantly related

Entfernung *f* ① (*Distanz*) distance ② (*das Entfernen*) removal; **in zwei Metern** ~ at a distance of two metres; **aus der** ~ **sieht das ganz anders aus** seen from a distance it looks different; **auf eine** ~ **von** at a range of; **auf kurze** ~ at close range; **unerlaubte** ~ **von der Truppe** (MIL) absence without leave

Entfernungsmesser *m* (PHOT) rangefinder

entfesseln *vt* (*fig*) unleash

entflammbar *adj* inflammable

entflammen I. *vi* ① *sein* (*Feuer fangen*) catch fire ② (*fig: Person*) be inflamed ③ (*fig: ausbrechen*) flare up II. *vt haben* (*begeistern*) inflame

Entflechtung *f* (COM) breaking up

entfliegen *irr vi sein* fly away

entfliehen *irr vi sein* escape, flee (*aus* from)

entfremden [ɛnt'frɛmdən] I. *vt* alienate, estrange II. *vr* become alienated [*o* estranged] (*von* from)

Entfremdung *f* estrangement

Entfroster <-s, -> *m* (AUTO) defroster

entführen *vt* ① (*Menschen*) kidnap ② (*Flugzeug*) hijack ③ (*fam: entwenden*) make off with

Entführer(in) *m(f)* kidnapper

Entführung *f* ① (*einer Person*) kidnapping ② (*eines Flugzeuges*) hijacking

entgegen [ɛnt'ge:gən] *präp* contrary to; ~ **meinen Erwartungen** contrary to what I expected

entgegen|bringen *irr vt:* **jdm Vertrauen** ~ have confidence in s.o.

entgegen|gehen *irr vi* ① *sein* (*auf jdn zugehen*) go to meet; (*in jds Richtung*) go towards ② (*fig*) face; **er ging ihr** ~ he walked towards her; **der Krieg geht seinem Ende entgegen** the war is approaching its end

entgegengesetzt *adj* ① (*Richtung*) opposite ② (*fig: Meinung*) opposing

entgegen|halten *irr vt* ① (*Gegenstand*) hold s.th. out (*jdm* to s.o.) ② (*fig: dagegenstellen*) object

entgegen|kommen *irr vi sein* come to meet; **auf halbem Weg** ~ (*a. fig*) meet halfway; **entgegenkommend** *adj* (*fig*) obliging

entgegen|nehmen *irr vt:* **können Sie diesen Brief ~?** can you accept this letter?

entgegen|setzen *vt:* **einer Sache Widerstand** ~ put up resistance against s.th.; **können Sie dem irgend etwas ~?** can you counter this?

entgegen|stehen *irr vi:* **was steht dem entgegen?** what obstacle is there to that?; **dem steht allerdings entgegen, dass ...** what stands in the way of that is that ...

entgegen|treten *irr vi* ① *sein* (*in den Weg treten*) step up to ② (*fig: angehen gegen*) counter

entgegnen [ɛnt'ge:gnən] *vt* reply (*auf etw* to s.th.)

entgehen *irr vi sein:* **das ist mir entgangen** I missed that; **mir ist (durchaus) nicht entgangen, dass ...** it didn't escape me that ...; **lass dir das nicht ~!** don't miss your chance!

entgeistert [ɛnt'gaɪstɐt] *adj* (*verstört*) thunderstruck; (*verblüfft*) dumbfounded

Entgelt [ɛnt'gɛlt] <-(e)s, -e> *nt* (*Entschädigung*) compensation; **nur gegen ~!** only for a consideration!

entgiften *vt* detoxicate

Entgiftung *f* detoxication; **Entgiftungsanlage** *f* (TECH) decontamination plant

entgleisen [ɛnt'glaɪzən] *vi* ① *sein* (*Zug*) be derailed, jump the rails ② (*fig: sich taktlos benehmen*) misbehave; **Entgleisung** *f* ① derailment ② (*fig*) faux pas, gaffe

entgleiten *irr vi sein* slip away

entgräten [ɛnt'grɛ:tən] *vt* bone

enthaaren [ɛnt'ha:rən] *vt* remove hair from

Enthaarungsmittel *nt* depilatory

enthalten I. *irr vt* (*in sich haben*) contain; (*fassen*) hold II. *vr* abstain; **sie konnte sich einer Bemerkung nicht** ~ she couldn't refrain from making a remark

enthaltsam *adj* ① (*von Genussmitteln*) abstemious ② (*sexuell*) continent

Enthaltsamkeit *f* ① (*Essen, Trinken*) abstemiousness ② (*sexuell*) continence

enthärten *vt* (*Wasser*) soften

Enthärtungsanlage *f* (*Wasser~*) softening plant

enthaupten [ɛntˈhaʊptən] *vt* behead, decapitate

entheben *irr vt:* **jdn seines** [*o* **des**] **Amtes** ~ remove s.o. from (his) office

enthüllen *vt* reveal, uncover

Enthüllung *f* (*fig: Aufdeckung*) disclosure, revelation

Enthusiasmus [ɛntuziˈasmʊs] *m* enthusiasm

enthusiastisch *adj* enthusiastic (*über* about, at)

entkalken *vt* decalcify

entkernen *vt* (*Kernobst*) core; (*Steinobst*) stone

entkleiden *vt, vr* undress

entkoffeiniert *adj* decaffeinated

entkommen *irr vi sein* escape; **mit knapper Not** ~ have a narrow escape

entkorken *vt* uncork

entkräften [ɛntˈkrɛftən] *vt* ① (*die Kräfte rauben*) wear out ② (*fig: widerlegen*) invalidate

Entkräftung *f* exhaustion; (*fig*) invalidation

entkriminalisieren *vt* decriminalize

entladen I. *irr vt* (*abladen, ausladen*) unload II. *vr* ① (ELEK: *Batterie*) discharge ② (*fig: Ärger*) vent itself; **Entladung** *f* ① (*Ausladung*) unloading ② (ELEK) discharge; **etw zur** ~ **bringen** (*Explosion*) detonate s.th.

entlang [ɛntˈlaŋ] *adv* along; **hier** ~ **bitte!** this way please!

entlarven [ɛntˈlarfən] *vt* (*fig*) expose; **sich** ~ reveal one's true character

entlassen *irr vt* ① (*aus Stellung*) dismiss; (*Personal*) decruit ② (*aus Klinik*) discharge; **Entlassung** *f* ① (*aus Stellung*) dismissal ② (*aus Klinik*) discharge; **Entlassungszeugnis** *nt* (SCHULE) school leaving certificate

entlasten *vt* ① (*von Last befreien*) relieve the load on ② (*fig: Arbeit abnehmen*) relieve (*von* of) ③ (JUR) exonerate; **Entlastung** *f* (*Erleichterung*) relief; **Entlastungszeuge**, **-zeugin** *m, f* witness for the defence; **Entlastungszug** *m* relief train

entlauben *vt* (MIL) defoliate

entlaufen *irr vi sein* run away; **Katze** ~ cat missing

entledigen [ɛntˈleːdɪgən] *vr:* **sich einer Sache** ~ rid o.s. of s.th.

entleeren *vt* empty

entlegen [ɛntˈleːgən] *adj* remote

entlehnen *vt* (*fig*) borrow (*von* from)

Entlehnung *f* (*fig*) borrowing

entleihen *irr vt* borrow (*aus* from)

entlocken *vt* elicit (*jdm etw* s.th. from s.o.)

entlohnen *vt* pay; **Entlohnung** *f* pay; **nur gegen** ~ for payment only

entlüften *vt* ① (*von Luft befreien*) air, ventilate ② (AUTO: *Bremsen*) bleed; **Entlüftung** *f* ventilation

entmachten *vt* deprive of power

Entmieter(in) [ɛntˈmiːtɐ] *m(f)* (*Vermieter, der seine Mieter hinausekelt*) bullying landlord/-lady; **Entmietung** *f* eviction by bullying landlord/-lady

entmilitarisieren *vt* demilitarize

entmündigen *vt* incapacitate

entmutigen *vt* discourage, dishearten

entnehmen *irr vt* ① (*weg~*) take out (*aus* of) ② (*einem Buch*) take (*aus* from) ③ (*fig: folgern*) infer (*aus* from); **sie entnahm** (**aus**) **seinem Brief, dass …** she gathered from his letter that …

entölen *vt* deoil

entpuppen [ɛntpʊpən] *vr:* **sich** ~ **als …** turn out to be …

entrahmen *vt* skim

enträtseln *vt* ① (*Geheimnis*) solve ② (*Geheimschrift*) decipher

entreißen *irr vt:* **jdm etw** ~ snatch s.th. away from s.o.

entrichten *vt* (FIN) pay

Entrinnen *nt:* **es gibt kein ~!** there is no escape!

entrinnen *irr vi sein* escape from

entrosten *vt* derust

entrümpeln [ɛntˈrʏmpəln] *vt* clear out

entrüsten [ɛntˈrʏstən] I. *vt* (*empören*) outrage II. *vr* be outraged (*über* at)

entrüstet *adj* indignant, outraged

entsaften [ɛntˈzaftən] *vt* extract the juice from

Entsafter *m* juice extractor

Entsagung *f* (*Entbehrung*) privation

entschädigen *vt* ① (*für Verluste*) indemnify ② (*für geleistete Dienste*) compensate ③ (*für Auslagen*) reimburse

Entschädigung *f* compensation, recompense

entschärfen *vt* (*Bombe*) defuse; **die Situation** ~ alleviate the situation

Entscheid [ɛntˈʃaɪt] <-(e)s, -e> *m* decision

entscheiden *irr vt, vr* decide; **wie habt ihr euch entschieden?** what did you decide?; **du musst ~, was du tun willst** you must decide what to do; **ich kann mich nicht** ~ I don't know [*o* I can't decide]; **jetzt wird es sich** ~ now we'll see; **das musst du** ~ it's your decision;

entscheidend *adj* decisive; **ein ~er Feh-**

ler a crucial error; **die ~e Stimme** (POL) the casting vote

Entscheidung *m* decision; **eine ~ treffen** make a decision; **wie ist die ~ ausgefallen?** which way did the decision go?; **um die ~ spielen** (SPORT) play the decider; **es geht um die ~** it's going to decide things; **Entscheidungsfindung** *f* decision-making; **entscheidungsfreudig** *adj* decisive; **Entscheidungskriterium** *nt* deciding factor; **Entscheidungsprozess** *m* decision-making process; **Entscheidungsspiel** *nt* decider; **Entscheidungsträger** *mpl* policy-makers

entschieden [ɛnt'ʃi:dən] *adj* determined, resolute

Entschiedenheit *f* determination, resolution

entschlacken *vt* (MED) purify

Entschlackungskur *f* cleansing treatment

entschlafen *irr vi sein* (*geh: sterben*) pass away

entschließen *irr vr* decide, determine; **wozu hast du dich entschlossen?** what did you decide?; **sich ~ etw zu tun** determine to do s.th.

Entschließung *f* resolution; **Entschließungsentwurf** *m* draft resolution

entschlossen [ɛnt'ʃlɔsən] *adj* determined, resolute; **kurz ~** without further ado; **fest ~ sein** be absolutely determined; **ich bin jetzt zu allem ~** I'm ready for anything now

Entschluss *m* decision, resolution; **einen ~ fassen** make a decision; **mein ~ ist gefasst** my mind is made up; **es ist mein fester ~ …** it's my firm intention …

entschlüsseln *vt* ❶ (*Geheimschrift*) decipher ❷ (*Funkspruch*) decode

Entschlüsselung *f* deciphering, decoding

entschlussfreudig *adj* decisive

entschuldbar *adj* excusable

entschuldigen **I.** *vt* excuse; **~ Sie bitte!** excuse me! sorry!; **entschuldige, dass ich gefragt habe!** excuse me for asking!; **und nun ~ Sie mich, ich habe zu arbeiten** and now if you will excuse me I have work to do **II.** *vr* apologize (*bei* to, *wegen* for); **sich ~ lassen** send one's apologies

Entschuldigung *f* excuse; (*~sbrief*) excuse note; **ich habe eine gute ~, warum ich nicht hingehen kann** I've a good excuse for not going; **was sagte Sie zu ihrer ~?** what did she say in her defence? **~!** excuse me!, sorry!

Entschuldigungsbrief *m* excuse note

Entschuldung [ɛnt'ʃʊldʊŋ] *f* (FIN) regulation of debts

entschwefeln *vt* (TECH) desulphurize; **Entschwefelung** *f* (TECH) desulphurization; **Entschwefelungsanlage** *f* desulphurization plant

entschwinden *irr vi sein* disappear, vanish

entseelt [ɛnt'ze:lt] *adj* (*tot*) lifeless

entsenden *irr vt* dispatch, send off

Entsetzen <-s> *nt* horror; **zu meinem ~** to my horror

entsetzen **I.** *vt* ❶ (*erschrecken*) horrify ❷ (MIL: *von Einschließung befreien*) relieve **II.** *vr* be horrified (*über* at)

entsetzlich [ɛnt'zɛtslɪç] *adj* ❶ (*grässlich*) appalling, dreadful ❷ (*fam: sehr*) awful; **wie ~, dass das passieren musste!** what a dreadful thing to happen!

entsetzt *adj* horrified (*über* at); **sie fuhr ~ zurück** she shrank back in horror

entseuchen *vt* (TECH) decontaminate; **Entseuchung** *f* (TECH) decontamination; **Entseuchungsmittel** *nt* ❶ (MED) disinfectant ❷ (CHEM) decontaminating agent

entsichern *vt* (*Pistole*) release the safety catch of

entsinnen *irr vr* recollect, remember; **soweit ich mich ~ kann** as far as I can recollect

entsorgen *vt:* **eine Stadt ~** dispose of a town's refuse and sewage; **Entsorgung** [ɛnt'zɔrgʊŋ] *f* sewage and refuse disposal, waste management; **Entsorgungspark** *m* (*nuklearer ~*) waste dump

entspannen **I.** *vt* ❶ (*Muskeln*) relax ❷ (*fig: Lage*) ease **II.** *vr* (*a. fig*) relax

Entspannung *f* ❶ (POL) détente ❷ (*fig: Zerstreuung*) diversion ❸ (*Gelöstheit, a. fig*) relaxation; **Entspannungspolitik** *f* policy of détente; **Entspannungsübung** *f* relaxation exercises

entsprechen *irr vi* ❶ (*übereinstimmen, ähnlich sein*) correspond to ❷ (*nachkommen*) comply with, conform to; **allen Anforderungen ~** answer [*o* meet] all requirements; **jds Erwartungen ~** come up to (meet) someone's expectations; **entsprechend** **I.** *adj* ❶ (*angemessen*) appropriate ❷ (*gleichend*) corresponding **II.** *adv* accordingly, according to

Entsprechung *f* counterpart, equivalent; **die deutsche ~ des englischen Wortes** the German equivalent of the English word

entspringen *irr vi* ❶ *sein* (*Flüsse*) rise ❷ (*fig: herrühren*) arise (*aus* from)

entstammen *vi* originate from

entstehen *irr vi sein* originate; (*sich bilden*) arise

Entstehung *f* (*Ursprung*) origin; (*Bildung*) formation

E

entsteinen *vt* (*Obst*) stone
entstellen *vt* ❶ (*verunstalten*) disfigure ❷ (*verändern, a. fig*) distort
Entstellung *f* ❶ (*fig: Verdrehung*) distortion ❷ (*Verunstaltung*) disfigurement
entstören *vt* ❶ (RADIO TELE) free from interference ❷ (AUTO, ELEK) suppress
Entstörungsstelle *f* (TELE) telephone maintenance service
entströmen *vi* ❶ *sein* (*Flüssigkeit*) pour out (*aus* of) ❷ (*Gas*) escape (*aus* from)
enttäuschen *vt* disappoint; **in einer Prüfung ~d abschneiden** do disappointingly in an exam
enttäuscht *adj* disappointed; **von jdm ~ sein** be disappointed in s.o.
Enttäuschung *f* disappointment; **so eine ~!** how disappointing!
entwaffnen [ɛnt'vafnən] *vt* (*a. fig*) disarm
entwaffnend *adj* (*fig*) disarming
Entwarnung *f* (*Signal*) all-clear
entwässern [ɛnt'vɛsɐn] *vt* ❶ (*Boden*) drain ❷ (CHEM) dehydrate
Entwässerung *f* (*Kanalisation eines Hauses*) drainage
entweder *konj:* **~ ... oder ...** either ... or ...; **~ oder!** make up your mind!
entweichen *irr vi* ❶ *sein* (*Gase*) escape (*aus* from); (*lecken*) leak (*aus* out of) ❷ (*entfliehen*) escape (*aus* from)
entwenden *vt* purloin (*jdm etw* s.th. from s.o.)
entwerfen *irr vt* ❶ (*zeichnerisch*) sketch; (*Modell*) design ❷ (*Schriftstück*) draft, draw up
entwerten *vt* ❶ (*wertlos machen*) devalue ❷ (*fig: entkräften*) undermine; **seinen Fahrschein ~** cancel one's ticket
Entwerter <-s, -> *m* ticket(-cancelling) machine
entwickeln **I.** *vt* develop; (*entstehen lassen*) produce; **eine Theorie ~** evolve a theory **II.** *vr* develop (*zu* into); (*sich bilden*) be produced
Entwickler *m* (PHOT) developer
Entwicklung *f* development; (*Erzeugung*) generation, production; **Entwicklungsdienst** *m* Voluntary Service Overseas *Br*, Peace Corps *Am;* **entwicklungsfähig** *adj* capable of development; **Entwicklungsgeschichte** *f* developmental history, evolution; **Entwicklungshelfer(in)** *m(f) person involved in foreign aid, e.g. doing Voluntary Service Overseas;* **Entwicklungshilfe** *f* foreign aid; **Entwicklungsland** *nt* developing country; **Entwicklungsmaßnahmen** *fpl* development measures; **Entwicklungsplanung** *f* development planning; **Entwicklungsstadium** *nt* stage of development
entwirren *vt* unravel
entwischen *sein vi* get away
entwöhnen [ɛnt'vø:nən] *vt:* **jdn einer Sache ~** cure s.o. of s.th.
Entwurf *m* ❶ (*Zeichnung, Plan*) outline, sketch ❷ (*Modell*) design ❸ (*~ von Resolution*) draft
entwurzeln *vt* (*a. fig*) uproot
entzerren *vt* (PHOT) rectify
entziehen **I.** *irr vt* ❶ (*fortnehmen*) take away ❷ (CHEM: *extrahieren*) extract; **jdm den Führerschein ~** revoke someone's driver's licence **II.** *vr* (*einer Sache*) evade; **sich der Festnahme ~** elude arrest; **das entzieht sich meiner Kenntnis** that is beyond my knowledge
Entziehungsanstalt *f* treatment centre for drug addicts [*o* alcoholics]
Entziehungskur *f* ❶ (*für Drogensüchtige*) cure for drug addiction ❷ (*für Alkoholiker*) alcoholism cure; **eine ~ mitmachen** take a cure for drug addiction [*o* an alcoholism cure]
entziffern [ɛnt'tsɪfɐn] *vt* (*Schrift*) decipher; **nicht zu ~** indecipherable
Entzücken [ɛn'tsʏkən] <-s> *nt* delight
entzücken *vt:* **entzückt sein über** (**von**) be in raptures over (about); **entzückend** *adj* charming
Entzug *m* withdrawal; (*Behandlung*) *s.* **Entziehungskur**; **Entzugserscheinung** *f* withdrawal symptom
entzündbar *adj* inflammable; **leicht ~** highly inflammable
entzünden **I.** *vt* ❶ (*Feuer*) light ❷ (MED: *infizieren*) inflame ❸ (*fig: entfachen*) start **II.** *vr* ❶ (*Feuer fangen*) catch fire ❷ (MED) become inflamed ❸ (*fig: sich entfachen*) be sparked off; **entzündet** *adj* (MED) inflamed; **entzündlich** *adj* inflammable
Entzündung *f* (MED) inflammation
entzwei [ɛn'tsvaɪ] *adj* ❶ (*in zwei Teile zerbrochen*) in two ❷ (*kaputt*) broken
entzweien *vr:* **sie haben sich entzweit** they've fallen out with each other
entzwei|gehen *vi sein* break in two
Enzian ['ɛntsia:n] <-s, -e> *m* ❶ (*Gebirgspflanze*) gentian ❷ (*Branntwein*) gentian spirit
Enzyklopädie [ɛntsyklopɛ'di:] *f* encyclop(a)edia
Enzym [ɛn'tsy:m] <-(e)s, -e> *nt* enzyme
Epidemie [epide'mi:] *f* epidemic; **Epidemiologe** *m*, **Epidemiologie** *f* epidemiology; **Epidemiologin** *f* epidemiologist; **epidemiologisch** *adj* epidemiological

Epik ['eːpɪk] <-> *f* epic
Epilepsie [epilɛ'psiː] *f* epilepsy
Epileptiker(in) *m(f)* epileptic
epileptisch *adj* epileptic
Epilog [epi'loːk] <-s, -e> *m* epilogue
episch ['eːpɪʃ] *adj* epic
Episode [epi'zoːdə] <-, -n> *f* episode; **episodenhaft** [epi'zoːdənhaft] *adj* episodic(al)
Epoche [e'pɔxə] <-, -n> *f* epoch; **~machend** epoch-making
Epos ['eːpɔs] <-, Epen> *nt* epic poem
er [eːɐ] *pron* he; **~ selbst** he himself; **~ ist es** it's him
Erachten [ɛr'axtən] *nt:* **meines ~s** in my opinion
erahnen *vt* guess
erarbeiten **I.** *vt* ① (*Vermögen*) work for ② (*erwerben*) acquire ③ (*ausarbeiten*) work out **II.** *vr* ① (*Vermögen*) earn ② acquire
Erbadel *m* hereditary nobility
Erbanlage *f* hereditary disposition
Erbarmen <-s> *nt* pity, compassion (*mit* on); (*Gnade*) mercy (*mit* on); **~!** for pity's sake!; **mit jdm ~ haben** feel pity for s.o.; **es ist zum ~** it's pitiful
erbarmen [ɛɐ'barmən] *vr:* **sich jds ~** (*geh*) take pity on s.o.
erbärmlich [ɛɐ'bɛrmlɪç] *adj* ① (*fig: niederträchtig*) miserable ② (*erbarmungswürdig*) wretched; **mir geht's ~** I feel wretched
erbarmungslos *adj* merciless, pitiless
erbauen *vt* build
Erbauer(in) *m(f)* builder
Erbe[1] ['ɛrbə] <-n, -n> *m* (*Person*) heir
Erbe[2] <-s> *nt* ① (*Erbteil*) inheritance ② (*fig*) heritage
erbeben [-'--] *vi sein* shake, tremble
erben ['ɛrbən] *vt* inherit (*von* from)
erbetteln *vt* get by begging
erbeuten [ɛɐ'bɔɪtən] *vt* ① (*Diebesgut*) get away with ② (*Raubtier: Tierbeute*) carry off
Erbfaktor *m* gene; **Erbfehler** *m* hereditary defect
Erbfolge *f* succession
Erbgut *nt* (BIOL) genetic make-up, genotype; **erbgutschädigend** *adj* genetically damaging [*o* harmful]
erbieten *irr vr* (*geh*): **sich ~ etw zu tun** offer to do s.th.
Erbin <-, -nen> *f* heiress
Erbinformation *f* (BIOL) genetic information
erbitten *irr vt* ask for, request
erbittern [ɛɐ'bɪtɐn] *vt* enrage, incense
erbittert *adj* bitter
Erbitterung *f* bitterness
Erbkrankheit *f* hereditary disease
erblassen [ɛr'blasən] *vi sein* go [*o* turn] pale (*vor* with)
Erblasser(in) ['ɛrplasɐ] <-s, -> *m(f)* (JUR) testator (testatrix)
erbleichen *vi sein* go [*o* turn] pale (*vor* with)
erblich *adj* hereditary
erblicken *vt* behold
erblinden *vi sein* go blind
Erblindung *f* loss of sight; **das kann zur ~ führen** that can lead to loss of sight
erblühen *vi sein* bloom, blossom
Erbmasse ['ɛrpmasə] <-, (-n)> *f* ① (*das Geerbte*) inheritance ② (BIOL) genetic make-up
Erbrechen <-s> *nt* (MED) vomiting
erbrechen **I.** *irr vt* (*Mageninhalt*) throw up **II.** *vr* vomit
Erbrecht *nt* law of inheritance
erbringen *irr vt:* **den Beweis ~** furnish proof, produce evidence
Erbschaft *f* inheritance; **eine ~ machen** come into an inheritance; **Erbschaftssteuer** *f* death duty
Erbschein *m* certificate of inheritance
Erbschleicher(in) *m(f)* legacy-hunter; **Erbschleicherei** *f* legacy-hunting
Erbse ['ɛrpsə] <-, -n> *f* pea; **Erbsensuppe** *f* pea soup; **Erbsenzähler(in)** *m(f)* (*pej*) pedant
Erbstück *nt* heirloom; **Erbteil** *nt* inheritance
Erdachse *f* earth's axis; **Erdanziehung** *f* gravitational pull of the earth; **Erdapfel** *m* (*österr*) potato; **Erdarbeiten** *pl* excavation *sing;* **Erdatmosphäre** *f* earth's atmosphere; **Erdball** *m* globe; **Erdbeben** *nt* earthquake; **Erdbebengürtel** *m* earthquake zone; **Erdbeere** *f* strawberry; **Erdboden** *m* ground, earth; **dem ~ gleichmachen** level, raze to the ground
Erde ['eːɐdə] <-, -n> *f* ① (*Welt*) earth, world ② (*Boden*) ground ③ (*Bodenart*) soil ④ (ELEK) earth *Br,* ground *Am;* **auf der ~** on earth; **den Himmel auf ~n** heaven on earth; **zur ~ fallen** fall to earth; **über (unter) der ~** above (below) ground
erdenken *irr vt* devise, think up
erdenklich *adj* imaginable; **alles Erdenkliche tun** do everything imaginable
Erdgas *nt* natural gas; **Erdgasfeld** *nt* gas field; **Erdgasleitung** *f* (natural gas) pipeline
Erdgeschoss <-es, -e> *nt* ground floor *Br,* first floor *Am;* **im ~** on the ground floor *Br,*

E

on the first floor *Am*

Erdhaufen *m* mound of earth

erdichten *vt* fabricate

erdig ['eːɐdɪç] *adj* earthy

Erdinnere *nt* interior of the earth; **Erdkabel** *nt* underground cable; **Erdklumpen** *m* clod of earth; **Erdkruste** *f* (GEOL) earth's crust; **Erdkugel** *f* globe; **Erdkunde** *f* geography; **Erdmännchen** *nt* (*Schleichkatze*) meerkat; **Erdnuss** *f* peanut; **Erdoberfläche** *f* earth's surface; **Erdöl** *nt* oil, petroleum; **Erdölembargo** *nt* oil embargo; **erdölexportierend** *adj* oil-exporting; **Erdölverarbeitung** *f* processing of crude oil; **Erdreich** *nt* earth, soil

erdreisten [ɛr'draɪstən] *vr:* **sich ~ etw zu tun** have the audacity [*o* cheek] to do s.th.

erdrosseln *vt* strangle

erdrücken *vt* ❶ (*zermalmen*) crush ❷ (*fig: überwältigen*) overwhelm

Erdrutsch ['eːɐtrʊtʃ] <-es, -e> *m* (*a. fig*) landslide; **Erdrutschsieg** *m* (POL) landslide (victory); **Erdscholle** *f* clod of earth; **Erdstoß** *m* seismic shock; **Erdstrahlen** *mpl* field lines; **Erdteil** *m* continent

erdulden *vt* endure

Erdumdrehung *f* rotation of the earth; **Erdumlaufbahn** *f* earth orbit; **Erdumseglung** *f* circumnavigation of the globe

Erdung ['eːɐdʊŋ] *f* (ELEK) earthing *Br*, grounding *Am*

Erdwärme *f* geothermal energy, geothermy; **Erdwärmekraftwerk** *nt* geothermal power station; **Erdzeitalter** *nt* geological era

ereifern [ɛɐ'aɪfɐn] *vr* get worked up (*über* over)

ereignen [ɛɐ'aɪgnən] *vr* happen, occur

Ereignis *nt* event, occurrence

ereignisreich *adj* eventful

Erektion [erɛk'tsjoːn] <-, -en> *f* erection

erfahren *irr vt* ❶ (*hören*) hear, learn (*von* from); (*herausfinden*) find out ❷ (*erleben*) experience

erfahren *adj* experienced

Erfahrung *f* experience; **die ~ lehrt, dass ...** experience proves that ...; **etw aus ~ wissen** know s.th. by experience; **aus eigener ~** from one's own personal experience; **Erfahrungsaustausch** *m* exchange of experiences; **Erfahrungsbericht** *m* report

erfahrungsgemäß *adv* as experience shows

erfassen *vt* ❶ (*begreifen*) grasp ❷ (*registrieren*) record, register ❸ (*einschließen*) include ❹ (*ergreifen*) catch; **diese Tatsachen sind nirgends erfasst** these facts aren't recorded anywhere

erfinden *irr vt* ❶ (*eine Erfindung machen*) invent ❷ (*etw ausdenken*) fabricate; **eine Story ~** (*fam*) cook up a story

Erfinder(in) *m(f)* inventor

erfinderisch *adj* inventive; **Not macht ~** (*prov*) necessity is the mother of invention

Erfindung *f* invention; **Erfindungsreichtum** *m* inventiveness, ingenuity

Erfolg [ɛɐ'fɔlk] <-(e)s, -e> *m* ❶ (*Gelingen*) success ❷ (*Ergebnis*) result; **ohne ~** without success; **viel ~!** wishing you every success!; **mit etw ~ haben** make a success of s.th.; **~ haben** meet with success; **ein voller ~ sein** be entirely successful; **bei jdm ~ haben** be a success with s.o.; **wir hatten damit großen ~** we had very good results with this; **... mit dem ~, dass ...** with the consequence that ...; **~ versprechend** promising

erfolgen *vi* ❶ *sein* (*Zahlungen*) be made ❷ (*stattfinden*) occur, take place

erfolglos *adj* unsuccessful, without success

Erfolglosigkeit *f* lack of success, unsuccessfulness

erfolgreich *adj* successful

Erfolgsautor(in) *m(f)* best-selling author; **Erfolgsbilanz** *f* record of success; **Erfolgsdruck** *m* pressure to succeed; **Erfolgserlebnis** *nt* (PSYCH) feeling of success, sense of achievement; **Erfolgshonorar** *nt* (COM) contingent fee; **Erfolgskontrolle** *f* (SCHULE) testing; **Erfolgsrezept** *nt* recipe for success

erforderlich [ɛɐ'fɔrdɐlɪç] *adj* necessary; **falls ~** if required; **alle ~en Qualifikationen** all the necessary qualifications; **die dazu ~e Zeit** the requisite time; **das Erforderliche tun** do what is necessary

erfordern *vt* call for, require; **das erfordert große Sorgfalt** it requires great care

Erfordernis *nt* requirement

erforschen *vt* ❶ (*erkunden*) explore ❷ (*untersuchen*) research (*etw* into s.th.)

Erforschung *f* ❶ (*Erkundung*) exploration ❷ (*Untersuchung*) research (*von etw* into s.th.)

erfragen *vt* ask, inquire; **zu ~ bei** apply to, inquire at

erfreuen **I.** *vt* delight, please; **jdn ~** give s.o. pleasure **II.** *vr* delight (*an* in); **sich an Büchern ~** find pleasure in books; **sich großer Nachfrage ~** be in great demand

erfreulich *adj* pleasant; **~!** how nice!; **es ist ~ zu erfahren, dass ...** it's gratifying to learn that ...

erfreulicherweise *adv* fortunately, happily

erfreut *adj:* **sehr ~!** pleased to meet you!; **über etw ~ sein** be delighted [*o* at] about s.th.

erfrieren *irr vi* ❶ *sein* (*totfrieren*) freeze to death ❷ (*abfrieren*) get frostbitten ❸ (*Pflanze*) be killed by frost; **seine Füße sind erfroren** his feet got frostbite

erfrischen *vt, vi* refresh; **erfrischend** *adj* (*a. fig*) refreshing

Erfrischung *f* refreshment; **eine ~ zu sich nehmen** take some refreshment; **Erfrischungsgetränk** *nt* soft drink; **Erfrischungsraum** *m* cafeteria, snack bar

erfüllen *vt* ❶ (*ausführen*) fulfil ❷ (*fig*) fill; **die Prophezeiung erfüllte sich** the prophecy was fulfilled; **der Gedanke erfüllt mich mit Entsetzen** the thought fills me with horror; **Verpflichtungen ~** carry out obligations; **seine Pflicht ~** perform one's duty; **jds Erwartungen ~** come up to someone's expectations; **jdm einen Wunsch ~** grant s.o. a wish

Erfüllung *f* fulfilment; **in ~ gehen** be fulfilled; **~ finden** feel fulfilled

ergänzen [ɛɐ'gɛntsən] *vt* complete, supplement; **sich** [*o* **einander**] **~** complement one another; **ergänzt** *adj* complemented; **Ergänzung** *f* ❶ (*das Vervollständigen*) completion ❷ (*das Ergänzte*) addition ❸ (GRAM) complement; **~en** (*zu Buch*) addenda *pl;* **Ergänzungsabgabe** *f* (FIN) supplementary tax; **Ergänzungsband** *m* supplement

ergattern [ɛɐ'gatɐn] *vt* (*fam*) get hold of

ergeben **I.** *irr vt* amount [*o* come] to **II.** *vr* ❶ (*aufgeben*) surrender, yield ❷ (*resultieren*) result (*aus* from); **hieraus ergibt sich, dass …** it follows from this that …

Ergebnis *nt* result; **zu keinem ~ führen** lead nowhere; **ergebnislos** *adj* unsuccessful, without result; **~ bleiben** come to nothing

ergehen *irr vi* ❶ *sein* (*erteilt werden*) go out; **etw über sich ~ lassen** submit to s.th. ❷ (*geschehen*): **es ist ihr schlecht ergangen** she fared badly; **wie wird es ihm ~?** what will become of him?

ergiebig [ɛɐ'gi:bɪç] *adj* (*ertragreich, a. fig*) productive; (*lukrativ*) lucrative, profitable

ergießen *irr vr* pour out

Ergometer <-s, -> *nt* ergometer

Ergonomie *f* ergonomics *sing;* **ergonomisch** *adj* ergonomic

ergrauen *vi sein* go [*o* turn] grey

ergreifen *irr vt* ❶ grasp, seize ❷ (*fig: rühren*) move; **jds Partei ~** take someone's side; **ergreifend** *adj* (*fig*) moving; **Ergreifung** *f* capture

ergriffen [ɛɐ'grɪfən] *adj* (*bewegt*) moved

ergründen *vt* fathom; **das wollen wir jetzt mal ~!** now let's get to the bottom of this!

Erguss [ɛɐ'gʊs, *pl:* ɛɐ'gʏsə] <-es, Ergüsse> *m* ❶ (*Blut~*) bruise ❷ (*fig: Geschriebenes*) effusion

erhaben [ɛɐ'ha:bən] *adj* ❶ (*fig: feierlich erhoben*) elevated, exalted ❷ (*erhöht*) embossed, raised; **~e Gedanken** elevated thoughts; **~e Gefühle** lofty sentiments; **über jeden Verdacht ~ sein** be above suspicion; **über solche Dinge bin ich ~** I'm above such things

Erhabenheit *f* (*fig*) sublimity

Erhalt <-(e)s> *m* receipt

erhalten *irr vt* ❶ (*bekommen*) get, receive ❷ (*bewahren*) preserve ❸ (*unterhalten*) maintain; **dankend ~** received with thanks; **gut ~** well preserved; **erhältlich** [ɛɐ'hɛltlɪç] *adj* available, obtainable

Erhaltung *f* preservation; (*von Maschinen*) maintenance; (*von Bauten*) upkeep; **Erhaltungsdosis** *f* (MED) booster [*o* maintenance] dose; **Erhaltungsmaßnahmen** *fpl* conservation measures

erhängen **I.** *vt* hang **II.** *vr* hang o.s.

erhärten *vt* (*fig*) substantiate; **eine Theorie ~** corroborate a theory

erhaschen [ɛɐ'haʃən] *vt* (*a. fig*) catch

erheben **I.** *irr vt* ❶ (*Gegenstand*) raise ❷ (*Steuern*) levy; **gegen jdn Anklage ~** bring a charge against s.o.; **ein Geschrei ~** set up a cry **II.** *vr* ❶ (*aufstehen*) get up, rise ❷ (*sich auflehnen*) revolt

erheblich *adj* considerable; (*ernstlich*) serious

Erhebung *f* ❶ (*kleiner Hügel*) rise ❷ (*Aufstand*) uprising ❸ (*offizielle Befragung*) inquiry ❹ (*Einziehung von Gebühren*) levying

erheitern [ɛɐ'haɪtɐn] **I.** *vt* cheer up **II.** *vr* be amused (*über* by)

Erheiterung *f* amusement; **zur allgemeinen ~** to everybody's amusement

erhellen *vt* ❶ (*durch Licht*) illuminate, light up ❷ (*fig: erläutern*) elucidate

erhitzen [ɛɐ'hɪtsən] *vt* heat up (*auf* to)

erhoffen *vt* hope for

erhöhen [ɛɐ'hø:ən] *vt, vr* increase; **erhöhte Temperatur haben** have a temperature

Erhöhung *f* ❶ (*Vermehrung*) increase ❷ (*Gelände~*) rise ❸ (*Intensivierung*) heightening, intensification; **Erhöhungszeichen** *nt* (MUS) sharp

erholen *vr* (*sich ausruhen*) take a rest; (*sich entspannen*) relax; **sich von einer Krankheit ~** recover from an illness;

erholsam *adj* refreshing, restful; **Erholung** *f* (*Ruhe*) rest; (*Entspannung*) recovery; **gute ~!** have a good rest!; **ich brauche dringend ~** I badly need a holiday; **Erholungsgebiet** *nt* recreational area; **Erholungsurlaub** *m* holiday for convalescence purposes; **Erholungswert** *m* recreational value

erhören *vt:* **Herr, erhöre unser Gebet!** Lord, hear our prayer!

erinnern [ɛɐ'ɪnɐn] **I.** *vt* remind (*jdn an etw* s.o. of s.th.); **jdn daran ~ etw zu tun** remind s.o. to do s.th.; **seine Gegenwart erinnerte mich an …** his presence was a reminder of … **II.** *vr* remember (*an* s.th.); **soweit ich mich ~ kann** as far as I can remember; **ich kann mich nicht ~** I have no recollection of it

Erinnerung *f* memory, recollection; **in ~en schwelgen** walk down memory lane; **zur ~ an …** in memory of …

erkalten *vi* ❶ *sein* (*kalt werden*) go cold ❷ (*fig: Gefühle*) cool down

erkälten [ɛr'kɛltən] *vr* catch a cold; **erkältet** *adj:* **~ sein** have a cold

Erkältung *f* cold; **eine schwere ~** a bad cold; **sich eine ~ holen** catch a cold

erkämpfen *vt, vr* win

erkaufen *vt* buy

erkennbar *adj* ❶ (*sichtbar*) visible ❷ (*wahrnehmbar*) discernible; **ohne ~es Einkommen** (JUR) with no visible means of support

erkennen *irr vt* ❶ (*wieder~*) recognize (*an* by) ❷ (*wahrnehmen*) discern ❸ (*klar sehen*) see; **~ Sie die Melodie?** do you recognize this tune?; **ich hätte sie in der Verkleidung nicht erkannt** I wouldn't have recognized her in her disguise; **ich erkannte nur zu deutlich, dass …** I saw only too clearly that …

erkenntlich [ɛɐ'kɛntlɪç] *adj:* **sich jdm für etw ~ zeigen** show s.o. one's gratitude for s.th.

Erkenntnis *f* ❶ (*Wissen*) knowledge ❷ (*Erkennen*) realization ❸ (*Einsicht*) insight; **die Polizei hat keine neuen ~se über seine Aktivitäten** the police have no knowledge of his activities; **Erkenntnisstand** *m* level of knowledge

Erkennungsdienst *m* (*der Polizei*) police records department; **Erkennungsmelodie** *f* signature tune; **Erkennungszeichen** *nt* identification

Erker ['ɛrkɐ] <-s, -> *m* (ARCH) bay

erklärbar *adj* explainable, explicable; **das ist leicht ~** that's easy to explain; **das ist nicht ~** that's inexplicable

erklären I. *vt* ❶ (*begründen*) explain (*jdm etw* s.th. to s.o.) ❷ (*bekannt geben*) declare; (*sagen*) say; **ich hoffe, Sie können das ~** you'd better explain yourself; **was meinst du mit dumm? erklär mir das!** what do you mean stupid? - explain yourself!; **jdm den Krieg ~** (*a. fig*) declare war on s.o.; **ich erkläre diese Sitzung für geschlossen** I declare this meeting closed; **der Regierungssprecher erklärte …** the government spokesman said … **II.** *vr* be explained; **das erklärt sich durch …** that is explained by …; **das erklärt sich von selbst** that's self-explanatory

erklärlich *adj:* **mir ist einfach nicht ~, wie …** I simply cannot understand how …

erklärt *adj:* **~er Feind** open [*o* sworn] enemy; **~er Liebling** acknowledged favourite

Erklärung *f* ❶ (*Begründung, Erläuterung*) explanation ❷ (*Bekanntgabe*) declaration; (*Aussage*) statement; **es bedarf einer kurzen ~** it needs a little explanation; **eine ~ abgeben** make a declaration; (*Regierungssprecher*) make a statement

erklingen *irr vi* ❶ *sein* (*hallen*) resound (*von* with) ❷ (*erschallen*) be heard; **um 9 Uhr erklangen die Kirchenglocken** at 9 o'clock the church bells rang

erkranken *vi sein* be taken sick, fall ill; **sie ist erkrankt** she is ill

Erkrankung *f* disease

erkunden [ɛɐ'kʊndən] *vt* ❶ (*ausfindig machen*) find out ❷ (MIL: *ausspähen*) reconnoitre, scout

erkundigen [ɛɐ'kʊndɪgən] *vr:* **sich bei jdm nach etw ~** enquire s.th. of s.o.; **sich nach etw ~** ask about s.th.

Erkundigung *f:* **~en einziehen über …** make enquiries about …

Erkundung *f* reconnaissance

erlahmen *sein vi* (*Interesse, Begeisterung*) flag

erlangen [ɛɐ'laŋən] *vt* achieve, attain

Erlass [ɛɐ'las, *pl:* ɛɐ'lɛsə] <-es, Erlässe> *m* ❶ (*Verordnung*) decree, edict ❷ (*einer Strafe*) remission

erlassen *irr vt:* **jdm die Gebühren ~** waive the fees for s.o.; **er erließ mir den Rest** he let me off paying the rest; **ein Gesetz ~** enact a law

erlauben [ɛɐ'laʊbən] *vt* (*gestatten*) allow, permit; **jdm ~ etw zu tun** allow s.o. to do s.th.; **wenn Sie ~** if you permit; **wenn ich mir ~ darf, meine Meinung zu sagen** if I may venture an opinion; **was ~ Sie sich!** how dare you!; **~ Sie mal!** well I must say!

Erlaubnis *f* permission; **mit Ihrer ~** with your permission; **jdm die ~ geben etw zu tun** give s.o. permission to do s.th.; **jdn um ~ bitten** ask permission of s.o.

erlaubt *adj* permitted, allowed

erläutern [ɛɐ'lɔɪtɐn] *vt* explain; (*kommentieren*) comment on; **Erläuterung** *f* explanation; (*Kommentar*) comment

Erle ['ɛrlə] <-, -n> *f* (*Baum, Strauch*) alder

erleben *vt* ❶ (*durchmachen*) experience ❷ (*noch ~*) live to see; **er hat zwei Kriege erlebt** he lived through two wars; **ich möchte mal ~, dass …** I'd like to see the day …; **du kannst was ~!** you're going to be in for it!; **ich möchte mal was ~** I want to have a good time; **Sie werden (noch) Ihr blaues Wunder ~!** (*fig*) you'll get the shock of your life!

Erlebnis *nt* experience; **ich hatte ein unangenehmes ~** I had a nasty experience; **Erlebniswelt** *f* experience world; **Erlebniswert** *m* value as an experience

erledigen [ɛɐ'le:dɪgən] *vt* ❶ (*ausführen*) settle ❷ (*vernichten*) finish; (*fam: umbringen*) do in; **ich habe noch einiges zu ~** I still have a few things to see to; **erledigt** *adv* (*fam: erschöpft*) shattered; (*fam: ruiniert*) finished; **er ist ~** he's done for; **er ist für mich ~** I'm finished with him

erlegen *vt* (*Wild*) shoot

erleichtern [ɛɐ'laɪçtɐn] *vt* ❶ (*leichter machen*) make easier ❷ (*fig: lindern*) relieve; **jds Lage ~** lighten someone's burden; **jdn um seine Geldbörse ~** (*fam*) relieve someone of his purse; **es würde die Sache ~** it would facilitate matters

erleichtert *adj*: **~ sein** feel relieved

Erleichterung *f*: **jdm ~ verschaffen** bring s.o. relief

erleiden *irr vt* suffer

erlernen *vt* learn

erlesen *adj* exquisite, select

erleuchten *vt* illuminate, light up

Erleuchtung *f* (*fig*) inspiration

erliegen *irr vi sein* succumb to; **einem Irrtum ~** be the victim of an error

Erliegen [ɛɐ'li:gən] *nt*: **zum ~ kommen** come to a standstill

Erlös [ɛɐ'lø:s] <-es, -e> *m* proceeds *pl*

erloschen *adj* (*Vulkan, Spezies*) extinct

erlöschen *irr vi* ❶ *sein* (*Feuer*) go out ❷ (*fig*) die ❸ (*Versicherung*) become void

erlösen *vt* ❶ (REL) redeem; (*von Qualen*) deliver ❷ (*bei Verkauf*) get

Erlösung *f* ❶ (*von Qual*) release ❷ (REL) redemption

ermächtigen [ɛɐ'mɛxtɪgən] *vt* authorize, empower; **ermächtigt sein etw zu tun** be empowered to do s.th.

ermahnen *vt* reprove (*wegen* for)

Ermahnung *f* admonition, rebuke

Ermangelung *f*: **in ~ eines Besseren** for want of anything better

ermäßigen [ɛɐ'mɛ:sɪgən] *vt* reduce

Ermäßigung *f* reduction

ermattet *adj* exhausted

Ermessen *nt*: **das liegt in Ihrem ~** that's within your discretion; **nach meinem ~** in my estimation; **nach menschlichem ~** as far as anyone can judge

ermessen *irr vt* ❶ (*abwägen*) gauge ❷ (*begreifen*) realize

Ermessensfrage *f* matter of discretion

ermitteln [ɛɐ'mɪtəln] **I.** *vt* ❶ (*bestimmen*) determine; (*feststellen*) establish ❷ (*ausfindig machen*) trace; **jds Identität ~** establish someone's identity **II.** *vi* (*polizeilich*) investigate; **gegen jdn ~** investigate s.o.; **in einem Fall ~** investigate a case

Ermittlung *f* (*polizeiliche ~*): **~en anstellen** make inquiries (*über* about); **Ermittlungsverfahren** *nt* preliminary proceedings *pl*

ermöglichen [ɛɐ'mø:klɪçən] *vt* facilitate, make possible; **es jdm ~ etw zu tun** make it possible for s.o. to do s.th.

ermorden *vt* murder

Ermordung *f* murder

ermüden [ɛɐ'my:dɐn] *vt* tire; **ermüdend** *adj* tiring; **Ermüdung** *f* fatigue

ermuntern [ɛɐ'mʊntɐn] *vt* ❶ (*aufmuntern*) cheer up ❷ (*ermutigen*) encourage

ermutigen [ɛɐ'mu:tɪgən] *vt* encourage; **jdn ~ etw zu tun** encourage s.o. to do s.th.

ernähren **I.** *vt* ❶ (*speisen*) feed ❷ (*erhalten*) maintain, support **II.** *vr* live (*von* on)

Ernährung *f* ❶ (*Nahrung*) food, nourishment ❷ (*das Ernähren*) feeding; **Ernährungsgewohnheiten** *fpl* dietary habits

ernennen *irr vt* appoint; **jdn zu etw ~** appoint s.o. s.th.; **er wurde zum Rektor ernannt** he was appointed headmaster

Ernennung *f* appointment (*zum* as)

erneuerbar *adj*: **~e Energiequellen** renewable energy resources; **~e Energien** renewables; **~e Quellen** renewable sources

erneuern [ɛɐ'nɔɪɐn] *vt* ❶ (*Autoreifen*) replace ❷ (*fig: wiederherstellen*) renew; **seine Bekanntschaft mit jdm ~** renew one's acquaintance with s.o.; **jds Pass ~** renew someone's passport

erniedrigen [ɛɐ'ni:drɪgən] *vt* (*demütigen*) humiliate; **~de Behandlung** humiliating treatment

Erniedrigungszeichen *nt* (MUS) flat

Ernst [ɛrnst] <-es> *m* ❶ (*ernster Wille*) seriousness ❷ (*ernsthafte Gesinnung*) earnestness; **im** ~ in earnest; **ganz im** ~ in all seriousness; **das ist mein** ~ I'm serious about it; **das kann nicht dein** ~ **sein!** you can't be serious!; **wollen Sie das im** ~**?** do you seriously want to do that?; **ist das Ihr** ~**?** do you mean that seriously?

ernst *adj* ❶ (*ernsthaft*) earnest, serious ❷ (*bedrohlich*) serious; **er meint es** ~ **mit ihr** he is serious about her; **das meinst du doch nicht** ~**!** you can't be serious!; **es wird** ~ it's getting serious; **etw/jdn** ~ **nehmen** take s.th./s.o. seriously

Ernstfall *m* emergency; **im** ~ in case of emergency

ernsthaft *adj* earnest, serious; ~ **gefährden** pose a serious threat

Ernsthaftigkeit *f* earnestness

ernstlich *adj* serious; **um etw** ~ **besorgt sein** be seriously concerned about s.th.

Ernte ['ɛrntə] <-, -n> *f* ❶ (*das Ernten, a. fig*) harvest ❷ (*Ertrag*) crop; **die** ~ **einbringen** bring the crops in; **Erntedankfest** *nt* harvest festival

ernten ['ɛrntən] *vt, vi* ❶ (*Getreide, Wein*) harvest, reap ❷ (*fig*) reap; **Undank** ~ (*fig*) get little thanks *pl;* **Kartoffeln** ~ dig potatoes; **Äpfel** ~ pick apples

ernüchtern [ɛɐ'nʏçtɐn] *vt* (*zur Vernunft bringen*) sober up

Ernüchterung *f* disillusionment

Eroberer [ɛɐ'o:bərɐ] <-s, -> *m* conqueror

erobern [ɛɐ'o:bɐn] *vt* (*a. fig*) conquer; **sie eroberten die vom Feinde beherrschte Stadt** they captured the town from the enemy

Eroberung *f* (*a. Person*) conquest

eröffnen *vt* (*mit etw beginnen*) open; **eine Ausstellung** ~ open an exhibition; **ein Konto** ~ open an account

Eröffnung *f* ❶ (*Beginn*) opening ❷ (*Mitteilung*) disclosure

erörtern [ɛɐ'œrtɐn] *vt* discuss; **ich möchte das nicht weiter** ~ I don't want to discuss it any further

Erörterung *f* discussion

Erosion [ero'zjo:n] <-, -en> *f* erosion; **Erosionsschutz** *m* erosion control [*o* prevention]

Erotik [e'ro:tɪk] *f* eroticism; **erotisch** *adj* erotic

Erpel ['ɛrpəl] <-s, -> *m* drake

erpicht [ɛɐ'pɪçt] *adj:* **auf etw** ~ **sein** be keen on s.th.

erpressen *vt* ❶ (*unter Druck setzen*) blackmail ❷ (*abpressen*) extort (*von* from)

Erpresser(in) *m(f)* blackmailer

Erpresserbrief *m* ❶ blackmail letter ❷ (*Brief von Entführern*) ransom note

erpresserisch *adj* blackmailing

Erpressung *f* blackmail; **Erpressungsversuch** *m* blackmail attempt

erproben *vt* test, try; **erprobt** *adj* (*bewährt*) proven

erquicklich *adj:* **nicht sehr** ~ not very pleasant

erraten *irr vt* guess; **wie hast du das bloß** ~**?** how did you guess?; **das wirst du nie** ~**!** you'll never guess!; **sie hat es fast** ~ her guess was nearly right

errechnen *vt* calculate, work out

erregbar [ɛɐ're:kba:ɐ] *adj* excitable

erregen [ɛɐ're:gən] **I.** *vt* ❶ (*bewirken*) cause, create ❷ (*aufregen*) excite ❸ (*anregen*) arouse; **Aufsehen** ~ attract publicity; **Mitleid** ~ provoke pity; **jds Verdacht** ~ arouse someone's suspicion **II.** *vr* get excited, get worked up (*über* about)

Erreger *m* (MED) pathogene

Erregung *f* (*Erregtheit*) agitation

erreichbar *adj:* **nicht** ~ unattainable; **telefonisch** ~ **sein** have a phone connection; **er ist nie** ~ he is never available; **Erreichbarkeit** *f* (*verkehrsgünstige Lage*) accessibility

erreichen *vt* ❶ (*zustande bringen*) manage ❷ (*gelangen zu, ergreifen*) reach

errichten *vt* ❶ (*bauen*) erect ❷ (*gründen*) establish

Errichtung *f* ❶ (*das Bauen*) erection ❷ (*Gründung*) establishment

erringen *irr vt* achieve, gain; **einen Sieg** ~ win a victory

erröten [ɛɐ'rø:tən] *vi sein* blush (*vor* with)

Errungenschaft [ɛɐ'rʊŋənʃaft] *f* ❶ (*Leistung*) achievement ❷ (*hum: Liebschaft*) acquisition

Ersatz [ɛɐ'zats] <-es> *m* replacement, substitute; **für jdn** ~ **finden** find a substitute for s.o.; **als** ~ as a substitute; **Ersatzbefriedigung** *f* (PSYCH) substitutive [*o* vicarious] satisfaction; **Ersatzdienst** *m community service as an alternative to military service;* **Ersatzkasse** *f* private health insurance company; **Ersatzlösung** *f* alternate solution; **Ersatzmann** <-s, -leute> *m* replacement; (SPORT) substitute; **Ersatzmine** *f* refill; **Ersatzreifen** *m* (AUTO) spare tyre; **Ersatzteil** *nt* spare

ersaufen *irr vi sein* (*sl: ertrinken*) drown

ersäufen [ɛɐ'zɔɪfən] *vt* drown

erschaffen *irr vt* create

Erschaffung *f* creation

erschauern *vi sein* shiver (*vor* with);

(*schaudern*) shudder

Erscheinen *nt* ❶ appearance ❷ (*Publizierung*) publication

erscheinen *irr vi* ❶ *sein* (*publiziert werden*) be published, come out ❷ (*sichtbar werden*) appear; **vor Gericht** ~ appear in court

Erscheinung *f* ❶ (*Natur~*) phenomenon ❷ (*Geister~*) apparition; **äußere** ~ outward appearance; **in** ~ **treten** appear; **Erscheinungsjahr** *nt* year of publication; **Erscheinungsort** *m* place of publication; **Erscheinungstermin** *m* publication date

erschießen **I.** *irr vt* shoot **II.** *vr* shoot o.s.

Erschießung *f* (MIL) shooting

erschlaffen [ɛɐ'ʃlafən] **I.** *vi* ❶ *sein* (*Person*) go limp ❷ (*Seil*) flag, wane **II.** *vt haben* (*ermüden*) tire

erschlagen *irr vt* slay; **vom Blitz** ~ **werden** be struck by lightning

erschlagen *adj* (*fam*) worn out

erschleichen *irr vt* obtain in an underhand way

erschließen *irr vt* ❶ (*Rohstoffquellen*) tap ❷ (*Gelände, Markt*) develop, open up ❸ (*Einnahmequelle*) find, acquire

Erschließungskosten *pl* development costs

erschöpfen *vt* exhaust; **meine Geduld ist erschöpft** I've run out of patience; **erschöpfend** *adj* ❶ (*ausführlich*) exhaustive ❷ (*ermüdend*) exhausting; **erschöpft** *adj* exhausted; **Erschöpfung** *f* exhaustion; ~ **der Ressourcen** exhaustion of ressources

erschrecken **I.** *vi sein* (*auffahren*) start **II.** *vt* frighten, startle; **jdn** ~ startle s.o.; **ich stellte erschreckt fest, ...** I was startled to see ...

erschrocken *adj* startled

erschüttern [ɛɐ'ʃʏtɐn] *vt* ❶ (*erzittern lassen*) shake ❷ (*fig: aus der Fassung bringen*) upset; (*fam*) shatter; **von etw erschüttert sein** be distressed about s.th.

Erschütterung *f* ❶ (*Vibration*) vibration ❷ (*fig: Ergriffenheit*) shock

erschweren [ɛɐ'ʃveːrən] *vt* ❶ (*schwerer machen*) make more difficult ❷ (*verschlimmern*) aggravate; ~**de Umstände** aggravating circumstances

erschwinglich [ɛɐ'ʃvɪŋlɪç] *adj* within one's means

ersehen *irr vt:* **wie aus meinem Bericht zu** ~ **ist** as will be gathered from my report; **soviel ich aus dem Bericht ersehe ...** as far as I can see from the report ...

ersehnen *vt* long for

ersetzen *vt* replace; (*an jds Stelle treten*) take the place of; **du musst mir den Schaden** ~ you've got to compensate me for the loss; **jds Auslagen** ~ refund someone's expenses

ersichtlich [ɛɐ'zɪçtlɪç] *adj* obvious; **hieraus ist** ~**, dass ...** this shows that ...

erspähen *vt* espy, spot

ersparen *vt* save; **es erspart uns sehr viel Mühe, wenn wir ...** it'll save a lot of hard work if we ...; **mir blieben sehr viele Ausgaben erspart** I've been spared a lot of expense

Ersparnis *f* ❶ (*Einsparung*) saving (*an* of) ❷ ~**se** (FIN) savings

erst [eːɐst] *adv* ❶ (*zuerst*) at first ❷ (*nicht eher, als*) not until; ~ **einmal** in the first place; ~ **hast du aber etw anderes gesagt** that's not what you said first; ~ **gehe ich schwimmen** first of all I'm going for a swim; **ich muss das** ~ **fertig machen** I must finish this first; **überlege** ~**, bevor du etw unterschreibst!** think first before you sign anything!; **ich habe** ~ **vor fünf Minuten davon gehört** I heard nothing of it until five minutes ago; **er kommt** ~**, wenn Sie ihn einladen** he won't come until you invite him; **sie fingen** ~ **an, als wir da waren** they didn't start until we came; ~ **gestern** only yesterday; **jetzt** ~ **recht!** that makes me all the more determined!; **das ist fürs Erste genug** that's enough to begin with

erstarren *vi* ❶ *sein* (*steif werden*) grow stiff, stiffen ❷ (*flüssige Masse*) solidify ❸ (*unbeweglich werden*) ossify

erstatten [ɛɐ'ʃtatən] *vt* (*Auslagen*) refund, reimburse; **diese Ausgaben werden erstattet** these expenses are refundable; **Erstattung** *f* (*von Kosten*) refund, reimbursement

Erstaufführung *f* (THEAT) first-night (performance)

Erstaunen <-s> *nt* astonishment, amazement; **in** ~ **setzen** amaze; **ich höre mit** ~**, dass ...** I'm astonished to learn that ...; **zu meinem großen** ~ much to my amazement

erstaunen **I.** *vt haben* amaze, astonish **II.** *vi sein* be astonished (*über* at); **nein, wirklich? da bin ich aber erstaunt!** no, really? you amaze me!

erstaunlich *adj* amazing, astonishing

erstaunlicherweise *adv:* ~ **hat er es gleich beim ersten Mal richtig gemacht** amazingly, he got it right first time

Erstausgabe *f* first edition

E

erste *adj* first; **er war der Erste, der das gemacht hat** he was the first to do that; **wer ist der Erste?** who's first?; **wann haben Sie ihn das ~ Mal getroffen?** when did you first meet him?; **sie kamen als Erster** they were the first to come; **er war als Erster zu Hause** he was the first home; **in ~r Linie** first and foremost; **~ Hilfe** first aid

erstechen *irr vt* stab (to death)

Erste-Hilfe-Kasten *m* first-aid box

ersteigen *irr vt* climb

ersteigern *vt* buy (at an auction)

erstellen *vt* (*Liste*) draw up; (*Bau*) construct

ersticken [ɛɐ'ʃtɪkən] **I.** *vt haben* (*töten*) suffocate **II.** *vi sein* suffocate; **sie erstickte an einer Fischgräte** she choked on a fishbone

Erstickung *f* suffocation

erstklassig ['e:ɐstklasɪç] *adj* first-class, first-rate

Erstkommunion *f* first communion

Erstkontakt *m* initial approach [*o* contact]

Erstlagerung *f* (*von Atommüll*) initial storage

Erstlingswerk *nt* first work

erstmalig ['e:ɐstma:lɪç] *adj* first

erstmals ['e:ɐstma:ls] *adv* for the first time

erstreben *vt* strive after [*o* for], aspire to

erstrecken *vr* extend; (*räumlich a.*) reach (*bis* to, as far as), strech (*auf, über* over); (*zeitlich a.*) carry on, last (*auf, über* for)

Erstschlag *m* (MIL: *nuklearer ~*) first strike

erstürmen *vt* (MIL) storm

Ersuchen <-s, -> *nt* request; **auf ~ von ...** at the request of ...

ersuchen *vt* request (*jdn um etw* s.th. of s.o.)

ertappen *vt:* **jdn bei etw ~** catch s.o. at s.th.; **auf frischer Tat ertappt** caught in the act, caught red-handed

erteilen *vt* give; **eine Erlaubnis ~** grant permission

ertönen [ɛɐ'tø:nən] *vi sein* sound; **bei Ertönen des Signals ...** at the sounding of the signal ...

Ertrag [ɛɐ'tra:k, *pl:* ɛɐ'trɛ:gə] <-(e)s, Erträge> *m* ① (*Gewinn*) proceeds *pl*, return ② (*von Boden*) yield

ertragen *irr vt* bear, endure; **sie kann es nicht ~, wenn man über sie lacht** she can't bear being laughed at

erträglich [ɛɐ'trɛ:klɪç] *adj* bearable, endurable

ertragreich *adj:* **~er Boden** fertile soil; **~e Goldmine** productive goldmine

Ertragsausfall *m* reduced yields *pl*

Ertragsausschüttung *f* (FIN) dividend distribution

Ertragssteigerung *f* increase of efficiency

ertränken *vt* drown; **seine Sorgen im Alkohol ~** (*fig*) drown one's sorrows (in drink)

ertrinken *irr vi sein* drown

ertüchtigen [ɛɐ'tʏçtɪgən] *vr* keep fit

erübrigen [ɛɐ'y:brɪgən] **I.** *vt* spare **II.** *vr* be unnecessary; **es erübrigt sich, zu sagen ...** it's superfluous to say ...

erwachen *sein vi* awake, wake (up); **als sie erwachte, sangen die Vögel** she woke to the sounds of birds singing

erwachsen[1] [ɛɐ'vaksən] *sein irr vi* (*fig*) arise, develop; **daraus werden Ihnen einige Kosten ~** some costs will accrue to you from this

erwachsen[2] *adj* adult, grown-up; **Erwachsene(r)** *f m* grown-up (person), adult; **Erwachsenenbildung** *f* adult education

erwägen *irr vt* consider

Erwägung *f:* **in ~ ziehen** take into consideration

erwähnen [ɛɐ'vɛ:nən] *vt* mention; **er wurde mehrfach lobend erwähnt** he was mentioned in several dispatches

erwärmen **I.** *vt* heat, warm **II.** *vr* heat up; **sich für etw ~** (*fig*) take to s.th.

erwarten *vt* ① (*annehmen*) expect ② (*entgegensehen*) await; **etw von jdm ~** expect s.th. from s.o.; **das war zu ~** that was to be expected; **ich weiß, was mich erwartet** I know what to expect; **das habe ich erwartet** I expected as much; **ich habe eigentlich erwartet, dass sie kommt** I was expecting her to come; **Sie ~ doch wohl nicht, dass ich dem zustimme?** you can't expect me to agree to that; **ich erwarte dich morgen** I'll be expecting you tomorrow; **der lang erwartete Tag** the long awaited day; **ich kann das Wochenende kaum noch ~** I can hardly wait for the weekend

Erwartung *f* expectation; **in ~ ...** in expectation of ...; **jds ~en entsprechen** come up to someone's expectations; **Erwartungsdruck** *m* pressure of expectation; **Erwartungshaltung** *f* (PSYCH) anticipation

erwartungsvoll *adj* expectant

erwecken *vt:* **Verdacht ~** raise suspicion; **Interesse ~** arouse interest

erwehren *vr:* **sich jds ~** ward s.o. off

erweichen [ɛɐ'vaɪçən] *vt* (*fig: milde stimmen*) move; **sich nicht ~ lassen** be unmoved

erweisen **I.** *irr vt* ① (*beweisen*) prove

❷ (*zuteil werden lassen*) show; **jdm die letzte Ehre** ~ pay one's last respects to s.o.; **das muss erst noch erwiesen werden** that remains to be proved **II.** *vr* prove o.s. (*als etw* as s.th.); **sich als unfähig** ~ show o.s. to be incompetent; **sich als nützlich** ~ prove useful

erweiterbar *adj* ❶ expandable ❷ (INFORM) upgradeable

erweitern [ɛɐ'vaɪtɐn] *vt* (*vergrößern*) enlarge; (*verbreitern*) widen; (*Geschäft*) expand; **erweiterte Ausgabe** enlarged edition; **seinen Horizont** ~ (*fig*) broaden one's mind; **seine Macht** ~ extend one's power; **Erweiterung** *f* enlargement, expansion; (*Verbreiterung*) widening

Erwerb [ɛɐ'vɛrp] <-(e)s, -e> *m* (*Kauf*) purchase

erwerben *irr vt* acquire; **erworbene Eigenschaften** acquired characteristics; **mehr Wissen** ~ gain in knowledge

Erwerbsarbeit *f* waged work; **Erwerbsbevölkerung** *f* working population; **Erwerbsfähige(r)** *f m* person able to work [*o* fit for work]; **Erwerbsleben** *nt* working life; **erwerbslos** *adj* unemployed; **erwerbstätig** *adj* (gainfully) employed; ~**e Bevölkerung** economically active population; **Erwerbstätige(r)** *f m* gainfully employed person; **erwerbsunfähig** *adj* unable to work, incapacitated

Erwerbung *f* acquisition

erwidern [ɛɐ'vi:dɐn] *vt* ❶ (*antworten*) answer, reply ❷ (*vergelten*) return; **jds Liebe** ~ return someone's love; **das Feuer** ~ (MIL) return fire

Erwiderung *f* reply, retort

erwiesenermaßen *adv* as has been proved

erwirken *vt* obtain

erwirtschaften *vt* earn through good management

erwischen *vt* ❶ (*fangen*) catch ❷ (*zufällig bekommen*) get hold of; **sich** ~ **lassen** get caught; **jdn bei etw** ~ catch s.o. at s.th.; **hab' ich dich erwischt!** aha, caught you!; **in flagranti erwischt** caught in the act

erwogen *adj:* **wohl** ~ carefully considered

erwünscht *adj* desirable; **nicht** ~**e Person** persona non grata

erwürgen [ɛɐ'vʏrgən] *vt* strangle

Erz [e:ɐts/ɛrts] <-es, -e> *nt* ore

erzählen *vt* tell; **jdm von etw** ~ tell s.o. about [*o* of] s.th.; **ich erzählte meinem Freund, was geschehen war** I told my friend what had happened; **so hat man es mir jedenfalls erzählt** or so I've been told; **wem** ~ **Sie das!** (*fam*) you're telling me!; **na, dem werd' ich was** ~**!** (*fam*) I'll give him a piece of my mind!; **erzählend** *adj* narrative

Erzähler(in) *m(f)* narrator

Erzählung *f* story, tale

Erzbischof *m* archbishop

Erzbistum *nt* archbishopric

Erzengel *m* archangel

erzeugen *vt* produce; **aus Kohle Energie** ~ generate electricity from coal

Erzeuger *m* (COM) manufacturer; **Erzeugergemeinschaft** *f* manufacturers' association

Erzeugnis *nt* produce

Erzeugung *f* generation; (*Produktion*) production

Erzfeind(in) *m(f)* arch-enemy

Erzherzog *m* archduke; **Erzherzogin** *f* archduchess

erziehbar *adj:* **schwer** ~ maladjusted

erziehen *irr vt* ❶ (*aufziehen*) bring up ❷ (*ausbilden*) educate; **jdn dazu** ~ **etw zu tun** bring s.o. up to do s.th.

Erzieher(in) *m(f)* ❶ (*Hauslehrer*) (private) tutor ❷ (*Internats~*) educator

erzieherisch *adj* educational

Erziehung *f* ❶ upbringing ❷ (*Bildung*) education; **Erziehungsberechtigte(r)** *f m* parent; (JUR) legal guardian; **Erziehungsgeld** *nt* subsidy for parents; **Erziehungsurlaub** *m paid leave for working parents of a newly-born baby;* **Erziehungswesen** *nt* educational system; **Erziehungswissenschaft** *f* educational science; **Erziehungswissenschaftler(in)** *m(f)* educationalist

erzielen *vt* (*erreichen*) reach; **einen Erfolg** ~ achieve a success; **ein Ergebnis** ~ obtain a result; **ein Tor** ~ score a goal

erzürnen [ɛɐ'tsʏrnən] **I.** *vt* anger **II.** *vr* grow angry (*über* about)

erzwingen *irr vt* force; **etw von jdm** ~ force s.th. from s.o. **ein Geständnis von jdm** ~ force a confession out of s.o.

Es [ɛs] <-, -> *nt* (MUS) E flat

es [ɛs] *pron* it; ~ **gibt viele Leute, die ...** there are a lot of people who ...; ~ **ist kalt** it's cold; ~ **klopft** there's a knock (at the door); ~ **meldete sich niemand** nobody replied; ~ **sei denn, dass ...** unless ...; ~ **wurde gesagt, dass ...** it was said that ...; **ich bin's** it's me; **ich hab's** I've got it; **wer ist** ~**?** who is it?

Esche ['ɛʃə] <-, -n> *f* (*Laubbaum*) ash

Esel ['e:zəl] <-s, -> *m* donkey; **blöder** ~**!** silly ass!

Eselin *f* she-ass

Eselsbrücke *f* mnemonic; **jdm eine** ~

E

bauen give s.o. a hint
Eselsohr *nt* (*fig*) dog-ear
eskalieren [ɛska'li:rən] *vt* escalate
Eskapade [ɛska'pa:də] <-, -n> *f* escapade
Eskimo ['ɛskimo] <-s, -s> *m* Eskimo
Eskorte [ɛs'kɔrtə] <-, -n> *f* escort
eskortieren *vt* escort
Espe ['ɛspe] <-, -> *f* (*Zitterpappel*) aspen; **Espenlaub** *nt*: **zittern wie** ~ tremble like a leaf
Espressomaschine *f* espresso machine
essbar ['ɛsba:ɐ] *adj* eatable, edible; (*Pilz*) edible
Essbesteck *nt* cutlery (knife, fork and spoon)
Essen <-s, -> *nt* ❶ (*Kost, Verpflegung*) food ❷ (*Mahlzeit*) meal; **komm zum ~!** dinner is ready!; **warmes** ~ hot meal; **Sie sollten während des ~s nicht rauchen** you shouldn't smoke at meal times; **ich lade dich zum ~ ein** I'll invite you for a meal
essen ['ɛsən] *irr vt, vi* eat; **ich hab' schon ewig nichts mehr gegessen!** I haven't eaten for ages!; **ich hab' seit zwei Tagen nichts Richtiges mehr gegessen** I haven't had a proper meal for two days; **in dem Lokal kann man gut** ~ that's a good restaurant; **sich** (**ordentlich**) **satt** ~ eat one's fill; ~ **Sie gern Rosenkohl?** do you like Brussels sprouts?; ~ **gehen** eat out; **die Sache ist gegessen** (*fam*) that's history
Essensmarke *f* meal voucher
Essenz [ɛ'sɛnts] *f* essence
Esser(in) ['ɛsɐ] *m(f)* eater; **ein guter** (**schlechter**) ~ **sein** be a good (poor) eater
Essgeschirr *nt* ❶ (*im Haus*) dinner-service ❷ (MIL) mess kit
Essig ['ɛsɪç] <-s, (-e)> *m* vinegar; **damit ist's ~!** (*fam*) it's all off!; **Essigbaum** *m* stag's horn sumac; **Essiggurke** *f* pickled gherkin
Essigsäure *f* (CHEM) acetic acid
Esskastanie *f* sweet chestnut
Esslöffel *m* soup [*o* dessert] spoon; **ein ~ voll** a tablespoonful; **esslöffelweise** *adj* by the spoonful; **Essstäbchen** *ntpl* chopsticks; **Essstörungen** *fpl* eating disorders; **Esstisch** *m* dining table; **Esswaren** *pl* food *sing*, provisions; **Esszimmer** *nt* dining-room
Este, -tin ['e:stə] <-n, -n> *m, f* Estonian; **Estland** *nt* Estonia; **estnisch** *adj* Estonian
Estragon ['ɛstragɔn] <-> *m* (*Gewürzkraut*) tarragon
Estrich <-s, -e> *m* (*CH: Dachboden*) attic
ESZB *nt Abk. von* **Europäisches System der Zentralbanken** European Central Bank System
etablieren [eta'bli:rən] *vt* establish; **etabliert** *adj* established
Etage [e'ta:ʒə] <-, -n> *f* floor; **er wohnt auf der 3.** ~ he lives on the 3rd floor; **Etagenbad** *nt* (*im Hotel*) shared bath; **Etagendusche** *f* (*im Hotel*) shared shower; **Etagenkellner(in)** *m(f)* waiter (waitress) on room-service; **Etagenwohnung** *f* flat (occupying an entire floor)
Etappe [e'tapə] <-, -n> *f* ❶ (*Teilstrecke*) stage ❷ (MIL) communications zone
Etat [e'ta:] <-s, -s> *m* (FIN) budget
etepetete ['e:təpə'te:tə] *adj* (*fam*): **sie ist sehr** ~ she's very finicky
Eternit® [etɛr'ni:t] <-s> *nt* asbestos cement
Ethik ['e:tɪk] *f* ethics *pl*; **ethisch** *adj* ethical
Ethnographie [ɛtnogra'fi:] *f*, **Ethnografie** *f* ethnography
Ethnologie [ɛtnolo'gi:] *f* ethnology
Etikett [eti'kɛt] <-(e)s, -e/-s> *nt* label
Etikette [eti'kɛtə] <-> *f* etiquette; **gegen die ~ verstoßen** offend against etiquette
etikettieren *vt* label
etliche ['ɛtlɪçə] *pron* quite a few
Etui [ɛ'tvi:] <-s, -s> *nt* case
etwa ['ɛtva] *adv* (*ungefähr*) about, approximately; **soll das ~ heißen, dass ...?** is that supposed to mean that ...?; **es ist ~ so groß** it's about this size; **es ist ~ so** it's more or less like this; **wann ~?** roughly when?; **sind Sie ~ nicht einverstanden?** do you mean to say that you don't agree?
etwaig *adj* possible; **~e Einwände ...** any objections ...
etwas ['ɛtvas] *pron* ❶ (*substantivisch*) something; (*Frage: verneint*) anything ❷ (*adjektivisch*) some; **das ist immerhin** ~ well, that's something; **das gewisse Etwas** that certain something; ~ **mehr als 200** something over 200; **hast du heute Abend schon ~ vor?** are you doing anything tonight?; **kaum** ~ hardly anything; **noch ~ Tee?** some more tea?; **lass mir ~ Kuchen übrig!** leave some cake for me!
Etymologie *f* etymology; **etymologisch** *adj* etymological
EU [e:'u:] <-> *f Abk. von* **Europäische Union** (COM) EU, European Union
EU-Behörde *f* EU institution
euch [ɔɪç] *pron* you; **es liegt an** ~ it's up to you; **setzt ~!** sit down!; **wascht ~!** wash yourselves!
EU-Ebene *f*: **auf** ~ at EU level
euer, eure ['ɔɪɐ, 'ɔɪrə] *pron* your; **sind das eure?** are these yours?

Eukalyptus [ɔɪka'lyptʊs] <-> *m* eucalyptus
EU-Kommissar(in) *m(f)* EU Commissioner; **EU-Kommission** *f* EU Commission
EU-Land *nt* European Union member state
Eule ['ɔɪlə] <-, -n> *f* owl; **~n nach Athen tragen** (*prov*) carry coals to Newcastle
EU-Ministerrat *m* EU Council of Ministers; **EU-Mitgliedsland** *nt* EU member state; **EU-Mitgliedsstaat** *m* European Union Member State; **EU-Norm** *f* EU standard
Eunuch [ɔɪ'nu:x] <-en, -en> *m* eunuch
euphemistisch [ɔɪfe'mɪstɪʃ] *adj* euphemistic
Euphorie [ɔɪfo'ri:] <-> *f* euphoria
euphorisch *adj* euphoric
euphorisieren *vt* enthuse
eurerseits *pron* on your part, for your part
euresgleichen *pron* the likes of you
euretwegen ['ɔɪrətve:gən] *adv* because of you
euretwillen ['ɔɪrətvɪlən] *adv:* **um ~** for your sake
eurige ['ɔɪrɪgə] *pron:* **der/die/das ~** yours; **tut ihr das Eurige** you do your bit
Euro *m* euro; **5 ~** 5 euro

? Grammatik

The **Euro** (*euro*) is masculine and the plural is usually the same*: Ein Kilo Kartoffeln kostet einen Euro. – One kilo of potatoes costs one euro. Ich habe achtzig Euro fünfzig (Cent(s)) für diese Schuhe bezahlt. – I paid eighty euros fifty (cents) for these shoes.*

Euro-Banknote *f* euro banknote
EuroCity *m* European Inter-City train
Euro-Info-Centre *nt* (EU) Euro Info Centre, EIC
Euroland *nt* (FIN) eurozone
Euro-Münze *f* euro coin
Europa [ɔɪ'ro:pa] <-s> *nt* Europe; **Europacup** *m* European cup; **Europäer(in)** [ɔɪro'pɛ:ɐ] <-s, -> *m(f)* European; **europäisch** *adj* European; **~e Artikelnummer** (*Warenauszeichnung*) European Article Number; **Europäischer Bürgerbeauftragte(r)** European Ombudsman; **Europäischer Fonds für regionale Entwicklung, EFRE** European Regional Development Fund, ERDF; **Europäischer Gerichtshof** European Court; **Europäische Investitionsbank** European Investment Bank; **Europäische Kommission** European Commission; **Europäischer Rat** European Council; **Europäischer Rechnungshof, ERH** European Court of Auditors, ECA; **Europäisches Polizeiamt** European Police Office; **~es Sicherheitssystem** (MIL) European security system; **Europäisches System der Zentralbanken** European Central Bank System; **Europäisches Währungsinstitut** European Monetary Institute; **Europäisches Währungssystem, EWS** European Monetary System, EMS; **Europäische Zentralbank** European Central Bank
Europameister(in) *m(f)* European champion; **Europaparlament** *m* European Parliament; **Europapass** *m* European passport; **Europapokal** *m* (SPORT) European cup; **Europarat** *m* Council of Europe; **Europawahlen** *fpl* European elections
Europol *nt Abk. von* **Europäisches Polizeiamt** Europol, European Police Office, Eurocheque; **Euroscheckkarte** *f* Eurocheque card
Euro-Schein *m* euro note
Euro-Währungsgebiet *nt* euro-currency area
Euro-Zone *f* euro zone
EU-Staat *m* EU country
Euter ['ɔɪtɐ] <-s, -> *nt* udder
Eutrophierung *f* (*von Gewässern: zu viele Nährstoffe enthaltend*) eutrophication
EU-Umweltrecht *nt* EU environmental legislation
evakuieren [evaku'i:rən] *vt* evacuate
Evakuierung *f* evacuation
Evaluation <-, -en> *f* (*Bewertung*) evaluation; **evaluieren** *vt* (*bewerten*) evaluate
evangelisch [evaŋ'ge:lɪʃ] *adj* Protestant
Evangelium [evaŋ'ge:liʊm] *nt* gospel
Eventbereich [ɪ'vɛntbə,raɪç] *m* event area
eventuell [evɛntu'ɛl] **I.** *adj* (*etwaig*) possible **II.** *adv* if the occasion arises; (*nötigenfalls*) if need be; (*vielleicht*) perhaps, possibly; **ich komme ~ ein bisschen später** I might come a little later
evident *adj* (*offenbar*) obvious
Evolution [evolu'tsjo:n] <-> *f* evolution
EWI *nt Abk. von* **Europäisches Währungsinstitut** EMI
ewig ['e:vɪç] *adj* eternal; **das dauert ja ~!** (*fam*) it's taking ages!; **ich mag diese ~en Diskussionen nicht** I don't like these never-ending discussions
Ewigkeit *f* eternity; **ich habe ihn eine ~ nicht mehr gesehen** (*fig*) I haven't seen him for ages *pl;* **das dauert ja eine ~!** (*fig*) it's taking ages!

E

EWS [e:ve:'e's] <-> *nt Abk. von* **Europäisches Währungssystem** EMS
EWU [e:ve:u:] <-> *f Abk. von* **Europäische Währungsunion** EMU
exakt [ɛ'ksakt] *adj* exact; ~ **arbeiten** work accurately
Examen [ɛ'ksa:mən, *pl:* ɛ'ksa:mina] <-s, -/ -mina> *nt* examination; (*fam*) exam; ~ **machen** take one's exams *pl*
Exekution [ɛkseku'tsjo:n] *f* execution
Exekutionskommando *nt* firing squad
Exempel [ɛ'ksɛmpəl] <-s, -> *nt* example; **die Probe aufs ~ machen** put it to the test; **ein ~ an jdm statuieren** make an example of s.o.
Exemplar [ɛksɛm'pla:ɐ] <-s, -e> *nt* ❶ (*Buch*) copy ❷ (*Muster*) sample ❸ (*Pflanze*) specimen
exemplarisch *adj* exemplary; **jdn ~ bestrafen** punish s.o. as an example
exerzieren [ɛksɛr'tsi:rən] *vi* drill
Exerzierplatz *m* parade ground
exhumieren [ɛkshu'mi:rən] *vt* exhume
Exil [ɛ'ksi:l] <-s, -e> *nt* exile; **ins ~ gehen** go into exile
existentiell *adj* existential
Existenz [ɛksɪs'tɛnts] *f* (*Dasein*) existence; **sich eine ~ aufbauen** make a life for o.s.; **Existenzangst** *f* existential fear, angst; **Existenzberechtigung** *f* right to exist; **Existenzgründer(in)** *m(f)* founder of a new business; **Existenzgrundlage** *f* basis of one's livelihood; **Existenzgründung** *f* establishing one's livelihood; **Existenzminimum** *nt* subsistence level
existieren *vi* ❶ (*bestehen*) exist ❷ (*leben können*) live, subsist (*von* on)
exklusiv [ɛksklu'zi:f] *adj* exclusive
Exklusivrecht *nt* exclusive rights *pl*
Exkremente [ɛkskre'mɛntə] *pl* excrement, excreta
Exkursion [ɛkskʊr'zjo:n] <-, -en> *f* excursion
exmatrikulieren **I.** *vr* withdraw from the university register **II.** *vt* take off the university register
exotisch [ɛ'kso:tɪʃ] *adj* exotic
Expansion [ɛkspan'zjo:n] <-, -en> *f* expansion
Expedition [ɛkspedi'tsjo:n] *f* expedition; **auf eine ~ gehen** go on an expedition
Experiment [ɛksperi'mɛnt] <-(e)s, -e> *nt* experiment; **ein ~ machen** do an experiment
experimentieren *vi* experiment
Experte, -tin [ɛks'pɛrtə] <-n, -n> *m, f* expert (*für* in); **Expertensystem** *m* (INFORM) expert system
explizit [ɛkspli'tsi:t] *adj* explicit
explodieren [ɛksplo'di:rən] *vi sein* explode
Explosion *f* explosion; **etw zur ~ bringen** detonate s.th.; **explosionsartig** *adj* explosive; **Explosionsgefahr** *f* danger of explosion
explosiv [ɛksplo'zi:f] *adj* explosive
exponieren [ɛkspo'ni:rən] *vr* take a prominent stance; **exponierte Lage** prominent position
Export [ɛks'pɔrt] <-(e)s, -e> *m* export
Exportartikel *m* export; **Exporteur** [ɛkspɔr'tø:ɐ] <-s, -e> *m* exporter; **Exportgenehmigung** *f* (COM) export authorisation; **exportieren** *vt* export; **Exportschlager** *m* (COM) export hit; **Exportverbot** *nt* (COM) export ban, ban on exports
Express [ɛks'prɛs] *adv* (*Postsendung*) by express
Expressgutabfertigung *f* (RAIL) express goods office
Expressionismus [---'-] *m* expressionism
expressionistisch *adj* expressionist
expressiv [ɛksprɛ'si:f] *adj* expressive
Expressstraße *f* (*CH: Schnellstraße*) expressway
extern [ɛks'tɛrn] *adj* external
extra ['ɛkstra] **I.** *adv:* **das hast du ~ getan!** you did that on purpose!; **jetzt tu ich's ~!** just for that I'll do it!; **diese Frage wird ~ diskutiert** there will be separate discussions on this question **II.** *adj:* **ein ~ Blatt Papier** a separate sheet of paper
Extraausstattung *f* (AUTO) special fittings *pl;* **Extrablatt** *nt* special edition; **extrafein** *adj* superfine
Extrakt [ɛks'trakt] <-(e)s, -e> *m* extract
Extranet ['ɛkstranet] <-s, -s> *nt* (*Verknüpfung von Intranets*) extranet
extravagant [ɛkstrava'gant] *adj* extravagant
Extrawurst *f* (*fig*): **er muss immer eine ~ (gebraten) haben** he always expects to get special treatment
Extrem <-s, -e> *nt* extreme; **von einem ~ ins andere fallen** go from one extreme to the other
extrem [ɛks'tre:m] *adj* extreme; **die ~e Linke** (POL) the extreme left
Extremist(in) *m(f)* extremist
Extremitäten *fpl* (ANAT) extremities
Extremwert *m* extreme value
extrovertiert ['ɛkstrovɛrti:ɐt] *adj* (PSYCH) extrovert
exzellent [ɛkstsɛ'lɛnt] *adj* excellent
Exzellenz [ɛkstsɛ'lɛnts] *f* Excellency
exzentrisch [ɛks'tsɛntrɪʃ] *adj* eccentric
Exzess [ɛks'tsɛs] <-es, -e> *m* excess; **bis**

zum ~ to excess; **exzessiv** [--'-] *adj* excessive

EZB *f Abk. von* **Europäische Zentralbank** ECB

Ff

F, f [ɛf] <-, -> *nt* F, f; **F-Schlüssel** *m* (MUS) F clef

Fabel ['fa:bəl] <-, -n> *f* ① (*Tier~*) fable ② (*fam: unglaubliche Geschichte*) fantastic story; **fabelhaft** *adj* ① (*wunderbar*) fabulous ② (*großartig*) splendid; **Fabeltier** *nt*, **Fabelwesen** *nt* mythical creature

Fabrik [fa'bri:k] <-, -en> *f* factory; (*Werk*) works *pl*; (*Anlage, Anwesen*) establishment, plant; **Fabrikant(in)** [fabri'kant] <-en, -en> *m(f)* ① (*Besitzer*) factory-owner ② (*Erzeuger*) manufacturer; (*Hersteller*) maker; **Fabrikarbeiter(in)** *m(f)* factory worker; **Fabrikat** <-(e)s, -e> *nt* ① (*Marke, Fertigung*) brand, make ② (*Erzeugnis*) article, product; **Fabrikation** *f* manufacture, manufacturing, production; **Fabrikationsfehler** *m* manufacturing fault; **Fabrikbesitzer(in)** *m(f)* factory-owner; **Fabrikgelände** *nt* factory premises *pl*; **fabrikneu** *adj* brand-new; **Fabrikschornstein** *m* smoke stack; **Fabrikstilllegung** *f* closing down (of a factory), industrial dereliction

fabrizieren [fabri'tsi:rən] *vt* manufacture; (*herstellen*) make; (*produzieren*) produce

fabulieren [fabu'li:rən] *vi* romance

facettieren [fasɛ'ti:rən] *vt* facet

Fach [fax, *pl:* 'fɛçe] <-(e)s, Fächer> *nt* ① (*Abteil*) compartment, division; (*Schub~*) drawer; (*Ablage~*) filing cabinet; (*Schrankabteil*) partition ② (*fig: Zweig*) branch, business, line; (*Arbeitsgebiet*) province ③ (*Unterrichts~*) subject; **ein Mann (eine Frau) vom** ~ an expert; **er versteht sein** ~ he knows his business

Facharbeiter(in) *m(f)* skilled worker; **Facharzt, -ärztin** *m, f* specialist (*für* in); ~ **für innere Medizin** specialist for internal medicine; **Fachausdruck** *m* technical term; **Fachbereich** *m* (*Gebiet*) (special) field; (*an Universität*) faculty; **Fachbuch** *nt* specialist book [*o* publication]; **Fachdisziplin** *f* specialist discipline

fächeln ['fɛçəln] *vi* fan

Fächer ['fɛçɐ] <-s, -> *m* fan

Fachfrau *f* expert; **Fachgebiet** *nt* (special) field (of work); **Fachgeschäft** *nt* specialist shop *Br*, specialist store *Am*; **Fachhändler** *m* specialist retailer; **Fachhochschule** *f* college, polytechnic

> **i Land & Leute**
>
> A **Fachhochschule (FH)** is a college which offers advanced courses in a special technical or artistic subject leading, for instance, to a Diploma in Engineering, and the title of 'Diplom Ingenieur' shortened to 'Dipl. Ing. (FH)'. In Austria, a Master's degree can also be attained.

Fachidiot *m* (*fam*) one-track specialist; **Fachkenntnisse** *pl* special knowledge *sing*; **Fachkraft** *f* qualified [*o* skilled] employee

fachkundig *adj* competent, expert

fachlich *adj* ① technical ② (*beruflich*) professional

Fachliteratur *f* technical literature; **Fachmann** <-s, -leute/(-männer)> *m* expert; **fachmännisch** *adj* expert; **Fachmaßnahmen** *fpl* specific measures; **Fachmesse** *f* trade fair; **Fachpresse** *f* trade press; **Fachschule** *f* technical college; **fachsimpeln** ['-zɪmpəln] *vi* (*fam*) talk shop; **Fachsprache** *f* technical language; **Fachtext** *m* specialist [*o* technical] text; **Fachwelt** *f* experts *pl*

Fachwerk *nt* half-timbering; **Fachwerkhaus** *nt* half-timbered house

Fachwissen *nt* expertise; **Fachwort** *m* technical term; **Fachwörterbuch** *nt* specialist dictionary; **Fachzeitschrift** *f* (*technisch*) technical journal; (*naturwissenschaftlich*) scientific journal; (*Branchen~*) trade journal

Fackel ['fakəl] <-, -n> *f* torch

fackeln *vi* (*fam*): **da wird nicht lange gefackelt!** there won't be any dilly-dallying!

Factory-Outlet ['fɛktərɪˌaʊtlət] <-s, -s> *nt* (*Fabrikverkaufstelle*) factory outlet

fade ['fa:də] *adj* ① stale, tasteless ② (*abgeschmackt*) insipid; (*langweilig*) dull, flat

Faden ['fa:dən, *pl:* 'fɛ:dən] <-s, Fäden> *m* ① thread ② (*Maß*) fathom; **ihr Schicksal hängt an einem dünnen** ~ her fate hangs by a thread; **der rote** ~ the main idea; **alle Fäden in der Hand halten** hold the reins; **den** ~ **verlieren** lose the thread

Fadennudeln *fpl* vermicelli

fadenscheinig *adj* (*a. fig*) threadbare

Fadheit *f* ❶ (*Abgeschmacktheit*) insipidity ❷ (*Langweiligkeit*) dullness

Fagott [faˈgɔt] <-(e)s, -e> *nt* (MUS) bassoon

fähig [ˈfɛːɪç] *adj* able, capable; (*qualifiziert*) fit, qualified; **er ist zu allem ~** he is capable of anything

Fähigkeit *f* ability, capability

fahl [faːl] *adj* fallow; (*matt*) faded; (*bleich*) livid, pale

fahnden [ˈfaːndən] *vi* search (*nach* for)

Fahndung *f* search (*nach* for); **Fahndungsliste** *f* list of wanted criminals, wanted list

Fahne [ˈfaːnə] <-, -n> *f* ❶ flag ❷ (TYP) galley (proof) ❸ (*fam*): **eine ~ haben** (*fig fam*) reek of the bottle; **mit fliegenden ~n untergehen** (*fig*) go down with all flags flying; **die ~ hochhalten** (*fig*) keep the flag flying

Fahnenabzug *m* (TYP) galley-proof; **Fahneneid** *m* oath of allegiance; **Fahnenflucht** *f* (MIL: *a. fig*) desertion; **fahnenflüchtig** *adj* (MIL: *a. fig*): **~ sein** have deserted; **~ werden** desert; **Fahnenstange** *f* flagpole; **Fahnenträger(in)** *m(f)* standard-bearer

Fähnrich [ˈfɛːnrɪç] <-s, -e> *m* (MIL) sergeant

Fahrausweis *m* ticket; **Fahrbahn** *f* lane; **Fahrbahnverengung** *f* lane closures *pl;* (*auf Schildern*) road narrows; **fahrbar** *adj* (*beweglich*) mobile; **~er Untersatz** (*fam*) wheels *pl;* **Fahrdienstleiter(in)** *m(f)* (RAIL) assistant station-master *Br,* station agent *Am*

Fähre [ˈfɛːrə] <-, -n> *f* ferry

fahren [ˈfaːrən] **I.** *irr vi* ❶ *sein* go; (*mit dem Rad*) ride; (*mit einem Schiff*) sail ❷ (*von Fahrzeugen*) run **II.** *vt* ❶ *haben* (*einen Wagen lenken*) drive; (*Boot*) row; (*Schiff*) sail (*nach* for) ❷ (*befördern*) convey; (*Steine*) cart; **er kann Auto (Motorrad) ~** he knows how to drive a car (ride a motorcycle); **wollen wir ~ oder zu Fuß gehen?** shall we go by car or walk?; **was ist in sie gefahren?** (*fig*) what's got into her?; **per Anhalter ~** hitch(hike); **über den Fluss ~** cross the river; **etw ~ lassen** (*aufgeben*) abandon, give up, let go; **rechts ~!** keep right!; **sich mit der Hand über das Gesicht ~** pass one's hand over one's face; **in die Höhe ~** (*aufschrecken*) start (up); **nicht schlecht bei etw ~** (*fig*) not to come off badly with; **Sie ~ besser, wenn …** (*fig*) you would do better if …; **fahrend** *adj* itinerant

Fahrer(in) *m(f)* driver; **Fahrerflucht** *f* hit-and-run

Fahrerlaubnis *f* driver's permit, driving licence *Br,* driver's license *Am;* **jdm die ~ entziehen** revoke someone's driving licence

Fahrgast *m* passenger; **Fahrgeld** *nt* fare; **Fahrgelegenheit** *f* conveyance; (*für Anhalter*) lift; **Fahrgemeinschaft** *f* driving pool, car pool *Am;* **Fahrgestell** *nt* ❶ (AUTO) chassis; (AVIAT) undercarriage *Br,* landing gear *Am* ❷ (*fam: Beine*) legs *pl*

fahrig [ˈfaːrɪç] *adj* fidgety

Fahrkarte *f* (RAIL) ticket; **einfache ~** single ticket *Br,* one-way ticket *Am;* **Fahrkartenautomat** *m* (automatic) ticket (vending) machine; **Fahrkartenschalter** *m* ticket office; **Fahrkomfort** *m* (AUTO) motoring comfort

fahrlässig [ˈfaːɐlɛsɪç] *adj* (JUR) negligent; **~e Körperverletzung** physical injury caused by negligence; **~e Tötung** manslaughter through culpable negligence

Fahrlässigkeit *f* (JUR) negligence; **grobe ~** culpable negligence

Fahrlehrer(in) *m(f)* driving instructor

Fährlinie *f* ferry line; **Fährmann** <-s, -männer/-leute> *m* ferryman

Fahrplan *m* (RAIL) time-table *Br,* (railroad) schedule *Am*

fahrplanmäßig *adj* scheduled; **~ ankommen** arrive on schedule; **alles verlief ~** (*fig*) everything went according to schedule

Fahrpraxis *f* driving experience; **Fahrpreis** *m* fare; **Fahrpreisermäßigung** *f* fare reduction; **Fahrprüfung** *f* (AUTO) driving test

Fahrrad *nt* bicycle, cycle; (*fam*) bike; **Fahrradcomputer** *m* bicycle computer; **Fahrradkurier** *m* bicycle courier; **Fahrradständer** *m* bicycle stand; **Fahrradweg** *m* cyclepath

Fahrrinne *f* (MAR) shipping channel; **Fahrschein** *m* ticket; **Fahrscheinautomat** *m* ticket machine; **Fahrschule** *f* driving school; **Fahrschüler(in)** *m(f)* learner (driver); **Fahrspur** *f* lane; **Fahrspurmarkierung** *f* lane marking; **Fahrstuhl** *m* lift *Br,* elevator *Am*

Fahrt [faːɐt] <-, -en> *f* ❶ (*im Wagen*) drive, ride ❷ (*Reise*) journey, trip; (MAR: *See~*) voyage; (*Über~*) passage; (*Kreuz~*) cruise ❸ (*~geschwindigkeit*) speed; **in voller ~** (at) full speed; **~ aufnehmen** pick up speed; **in ~ kommen** (*fig*) get into one's stride

Fährte [ˈfɛːɐtə] <-, -n> *f* track, trail; **auf falscher ~** on the wrong track

Fahrtenbuch *nt* (AUTO) driver's log; **Fahrtenschreiber** *m* (AUTO) tachograph;

Fahrtkosten *pl* travelling expenses *pl;* **Fahrtrichtung** *f* direction; **in ~ sitzen** sit facing the engine; **Fahrtrichtungsanzeiger** *m* ① (AUTO) indicator ② (RAIL) destination board

fahrtüchtig *adj* ① (*Kfz*) roadworthy ② (*Fahrer*) fit to drive

Fahrtüchtigkeit *f* ① (*Kfz*) roadworthiness ② (*Fahrer*) fitness to drive

Fahrtunterbrechung *f* break in the journey

Fahrtwind *m* air stream, head wind

fahruntüchtig *adj* (*Fahrer*) unfit to drive

Fahrverbot *nt* suspension of someone's driving licence *Br,* suspension of someone's driver's license *Am;* **jdm (ein) ~ erteilen** suspend someone's driving licence

Fahrverhalten *nt* ① (*von Kfz*) road performance ② (*von Fahrer*) driving behaviour

Fahrwasser *nt* ① (MAR) fairway ② (*fig*): **im richtigen ~ sein** be in one's element

Fahrwerk *nt* (*von Flugzeug*) undercarriage, landing gear

Fahrzeit *f* running-time; (*Reisedauer*) duration (of a journey)

Fahrzeug *nt* vehicle; **Fahrzeughalter(in)** *m(f)* owner of a vehicle

Faksimile [fak'zi:mile] <-s, -s> *nt* facsimile

faktisch ['faktɪʃ] *adj* effective, real

Faktor *m* (MATH) factor

Faktum ['faktʊm] *nt* fact

Fakultät [fakʊl'tɛ:t] *f* (*Universitäts~*) faculty

fakultativ [fakʊlta'ti:f/'----] *adj* optional

Falke ['falkə] <-n, -n> *m* (*Greifvogel*) falcon

Fall¹ [fal] <-(e)s> *m* (*a. fig: Sturz*) fall; **zu ~ bringen** make fall; (*fig*) cause the downfall of ...; **zu ~ kommen** (*hinfallen*) fall; **Knall auf ~ entlassen werden** (*fam*) be sacked on the spot

Fall² [fal, *pl:* 'fɛlə] <-(e)s, Fälle> *m* ① (*Umstand, Sachverhalt*) case, instance ② (JUR MED GRAM) case; **gesetzt den ~, dass ...** supposing that ...; **in diesem ~** in this case [*o* instance]; **in jedem (keinem) ~** always (never); **auf jeden (keinen) ~** at any rate (on no account); **für den ~, dass er ...** in case he ...; **auf alle Fälle** anyway; **im besten (schlimmsten) ~** at best (worst); **von ~ zu ~** from case to case; **ein klarer ~ sein** be a clear-cut case; **klarer ~!** (*fam*) sure thing!; **das ist ganz mein ~** (*fam*) that's right up my street!; **er ist ganz mein ~** (*fam*) he's just my type; **das ist nicht mein ~** (*fam*) that's not my cup of tea

Fallbeil *nt* guillotine

Fallbeispiel *nt* case study

Falle ['falə] <-, -n> *f* ① (*a. fig*) trap ② (*fam: Bett*) sack; **in die ~ gehen** get caught in the trap; (*fig*) fall into the trap; (*fam: ins Bett gehen*) hit the sack; **jdn in eine ~ locken** (*fig*) trick s.o.; **jdm eine ~ stellen** (*fig*) set a trap for s.o.

fallen ['falən] *irr vi* ① *sein* fall ② (*Preise, Temperatur*) drop, go down ③ (*Schuss*) be fired ④ (*Entscheidung*) be made; (*Urteil*) be passed ⑤ (*im Krieg sterben*) be killed ⑥ (*Wort*) be uttered; (*Bemerkung*) be made; (*Name*) be mentioned; **er fiel durch die Prüfung** he failed the exam; **über etw ~** trip over s.th.; **im Preis ~** go down in price; **im Kurs ~** (*Aktien*) go down; **ins Schloss ~** (*von Tür*) click shut; **endlich fiel ein Tor** (SPORT) finally a goal was scored; **mit der Tür ins Haus ~** (*fig*) blurt things out; **nicht ins Gewicht ~** be of no consequence; **in Ohnmacht ~** faint; **jdm um den Hals ~** fling one's arms around someone's neck; **jdm in den Rücken ~** (*fig*) stab s.o. in the back; **er ist nicht auf den Mund gefallen** (*fam*) he's not at a loss for words; **sie ist nicht auf den Kopf gefallen** (*fam*) she's smart; **jdm leicht ~** be easy for s.o.

fällen ['fɛlən] *vt* ① (*Bäume*) fell ② (*fig: Entscheidung*) make; (*Urteil*) pass ③ (MATH): **das Lot ~** drop a perpendicular

Fallensteller(in) *m(f)* trapper

Fallgeschwindigkeit *f* (PHYS) speed of fall; **Fallgesetz** *nt* (PHYS) law of gravity; **Fallgrube** *f* ① pit ② (*fig*) pitfall

fällig ['fɛlɪç] *adj* (*a.* FIN) due; **die Zahlung ist ~** the payment is due; **~ werden** fall due; (*Wechsel*) mature; **jetzt bist du ~!** (*fam*) you're for it!

Fälligkeit *f* (FIN) settlement date; (*von Wechsel*) maturity; **bei ~** by settlement date [*o* at maturity]; **Fälligkeitsdatum** *nt* due date; (*von Wechsel*) date of maturity

Fallobst *nt* windfall

falls [fals] *konj* ① (*wenn*) if ② (*für den Fall, dass*) in case ...

Fallschirm *m* parachute; **mit dem ~ abspringen** parachute (*über* out over); **mit dem ~ abwerfen** drop by parachute; **Fallschirmabsprung** *m* parachute jump; **Fallschirmjäger** *m* (MIL) paratrooper; **Fallschirmspringer(in)** *m(f)* parachutist

Fallstrick *m* (*fig*) snare, trap

Fallstudie *f* case study

Falltür *f* trapdoor

falsch [falʃ] *adj* ① (*verkehrt*) wrong ② (*Name, Zähne*) false ③ (*Pass, Alibi*) fake, forged; (*Geld*) counterfeit ④ (*betrügerisch*) bogus; **~ gehen** (*Uhr*) be wrong;

etw ~ aussprechen mispronounce s.th.; **etw ~ schreiben** misspell s.th.; **etw ~ beurteilen** misjudge s.th.; **etw ~ verstehen** misunderstand s.th.; **~ singen** (**spielen**) (*unrein*) sing (play) out of tune; **~ spielen** (*einen Ton*) play the wrong note(s); (*beim Kartenspiel*) cheat; **damit liegst du ~** (*fig fam*) you're wrong about that; **bei mir gerätst du an den Falschen** you've picked the wrong man in me; **~er Alarm** (*a. fig*) false alarm; **so ein ~er Hund!** (*fam*) he's such a snake-in-the-grass!

fälschen ['fɛlʃən] *vt* ❶ fake, forge; (*Geld*) counterfeit ❷ (*Rechnung, Bilanz*) falsify ❸ (*Tatsachen*) falsify

Falschgeld *nt* counterfeit money

Falschheit *f* falseness

fälschlich ['fɛlʃlɪç] *adj* false; **fälschlicherweise** *adv* falsely, wrongly

Falschmünzer(in) *m(f)* counterfeiter, forger; **Falschparker** *m* person who parks illegally; **Falschspieler(in)** *m(f)* cheat

Fälschung ['fɛlʃʊŋ] *f* fake, forgery; **fälschungssicher** *adj* (*Ausweis*) unforgeable, forgery-proof

Faltblatt *nt* (*Prospekt*) leaflet *Br,* folder *Am;* **Faltboot** *nt* collapsible boat *Br,* foldboat *Am*

Fältchen ['fɛltçən] <-s, -> *nt* fine line

Faltdach *nt* (AUTO) collapsible [*o* convertible] top, folding roof

Falte ['faltə] <-, -n> *f* ❶ fold ❷ (*Bügel~*) crease; (*von Rock*) pleat ❸ (*Gesichts~*) wrinkle; **die ~n glätten** smooth the folds; **in ~n legen** fold, pleat; **~n werfen** crease, pucker; **die Stirn in ~n legen** [*o* **ziehen**] knit one's brow; **falten** *vt* (*zusammenlegen*) fold; (*Stoff*) crease, pleat; **die Hände ~** clasp one's hands; **faltenlos** *adj* ❶ without folds ❷ (*ohne Runzeln*) unwrinkled; **faltenreich** *adj* (*runzlig*) wrinkled; **Faltenrock** *m* pleated skirt; **Faltenwurf** *m* drapery

Falter <-s, -> *m* (*Schmetterling*) butterfly

faltig *adj* (*Haut*) wrinkled

Falz [falts] <-es, -e> *m* ❶ (*Faltung*) fold ❷ (TECH: *Nutnaht*) rabbet

falzen ['faltsən] *vt* ❶ (*Papier*) fold ❷ (TECH) rabbet

familiär [fami'ljɛːɐ] *adj* (*zwanglos*) informal

Familie [fa'miːliə] *f* family; **aus guter ~ sein** come from a good family; **es liegt in der ~** it runs in the family; **Familienanschluss** *m:* **mit ~** as one of the family; **Familienanzeige** *f* personal announcement; **Familienbetrieb** *m* family-run business; **Familienfeier** *f* family party; **Familienkreis** *m* family circle; **Familienleben** *nt* family life; **Familienmitglied** *nt* member of the family; **Familienname** *m* surname *Br,* last name *Am;* **Familienplanung** *f* family planning; **Familienstand** *m* marital status; **Familientherapie** *f* family therapy; **Familienunternehmen** *nt* family business; **Familienvater** *m* father of a family, family man

famos [fa'moːs] *adj* (*ausgezeichnet*) splendid *Br,* capital, swell *Am*

Fan [fɛn] <-s, -s> *m* (*fam*) fan; (*sl*) freak

Fanatiker(in) [fa'naːtɪkɐ] *m(f)* fanatic; **fanatisch** *adj* fanatical

Fanclub *m* fan club

Fanfare [fan'faːrə] <-, -n> *f* ❶ (MUS) fanfare ❷ (AUTO) horn

Fang [faŋ, *pl:* 'fɛŋə] <-(e)s, Fänge> *m* ❶ (*Beute, a. fig*) catch ❷ (*Jagd*) hunting; (*Fisch~*) fishing ❸ (*Kralle*) talon ❹ (*~zahn*) fang; (*von Keiler*) tusk; **ein guter ~** a good catch; **in jds Fängen** in someone's clutches

Fangarm *m* (*eines Kraken*) tentacle

Fangemeinde *f* all the fans

fangen ['faŋən] **I.** *irr vt* ❶ catch; (*mit Fallen*) trap ❷ (*fig: durch Fangfragen*) trap; (*überlisten*) trick; **du fängst dir gleich eine!** (*fam*) you're going to catch it! **II.** *vr* (*fig*) steady o.s.

Fangflotte *f* fishing fleet; **Fangfrage** *f* catch question; **Fangleine** *f* (MAR) hawser

Fantasie [fanta'ziː] *f* fantasy, imagination; **Fantasiegebilde** *nt* (*Einbildung*) figment of the [*o* one's] imagination; **fantasielos** *adj* unimaginative, lacking in imagination; **fantasieren** *vi* ❶ (*sich vorstellen*) fantasize (*über* about) ❷ (MED: *delirieren*) be delirious; **fantasievoll** *adj* imaginative

Fantast [fan'tast] <-en, -en> *m* dreamer, visionary; **Fantasterei** *f* fantasy; **fantastisch** *adj* ❶ fantastic ❷ (*großartig*) excellent, swell *Am* ❸ (*unglaublich*) incredible

Fanzine ['fænziːn] <-s, -s> *nt* (*Zeitschrift eines Fanclubs*) fanzine

FAQ *f* (INTERNET: *häufig gestellte Frage*) FAQ (frequently asked question)

Farbabzug *m* coloured print; **Farbaufnahme** *f* colour photo(graph)

Farbband *nt* (*von Schreibmaschine*) typewriter ribbon; **Farbbandkassette** *f* ribbon cassette

Farbe ['farbə] <-, -n> *f* ❶ colour *Br,* color *Am;* (*dunkle Tönung*) shade; (*helle Tönung*) tint; (*von Gesicht*) complexion ❷ (*Färberei*) dye; (TYP: *Druck~*) ink; (*Anstrich*) paint ❸ (*von Kartenspiel*) suit ❹ (*im pl: Fahne*) colours *pl;* **~ bekennen**

(*sich entscheiden*) nail one's colours to the mast; (*gestehen*) come clean; ~ **bekommen** get a bit of colour

farbecht *adj* colourfast

färben ['fɛrbən] **I.** *vt* colour; (*Stoff, Haare*) dye **II.** *vr* change colour; **sich gelb** ~ turn yellow

farbenblind *adj* colour-blind

Farb(en)druck <-(e)s, -e> *m* ❶ (TYP) colour print(ing) ❷ (*Bild*) chromotype; **Farbenfabrik** *f* paint factory; **farbenfreudig** *adj* colourful; **farbenfroh** *adj* colourful; **Farb(en)kasten** *m* paintbox; **Farbenlehre** *f* chromatology; **Farbenpracht** *f* blaze of colour; **Farbenreichtum** *m* wealth of colours; **Färberei** *f* ❶ (*Betrieb*) dyeing works *sing* ❷ (*Gewerbe*) dyer's trade

Farbfernsehen *nt* colour TV; **Farbfernseher** *m* (*Gerät*) colour TV; **Farbfilm** *m* colour film; **Farbfoto(grafie)** *nt* *(f)* ❶ (*Verfahren*) colour photography ❷ (*Bild*) colour photo(graph)

farbig ['farbɪç] *adj* ❶ coloured ❷ (OPT) chromatic ❸ (*fig*) colourful, vivid

Farbige(r) *f m* coloured man/woman, coloured person

Farbkopierer *m* colour (photo)copier

farblos *adj* (*a. fig*) colourless

Farbskala *f* colour range; **Farbstift** *m* coloured pencil [*o* crayon]; **Farbstoff** *m* colouring; (*Pigment*) pigment; **Farbton** *m* hue, shade; (*Tönung*) tint

Färbung ['fɛrbʊŋ] *f* ❶ (*das Färben*) colouring ❷ (*Farbe*) colour, tinge; (*Schattierung*) shade ❸ (*fig: Tendenz*) slant

Farce [farsə] <-, (-n)> *f* (THEAT: *a. fig*) farce

Farm [farm] <-, -en> *f* farm; **Farmer(in)** *m(f)* farmer

Farn [farn] <-(e)s, -e> *m* fern

Fasan [fa'za:n] <-(e)s, -e(n)> *m* pheasant

Faschierte(s) [fa'ʃi:rtə(s)] <-n> *nt* (*österr*) mince(d meat) *Br*, ground meat *Am*

Fasching ['faʃɪŋ] <-s, -e/-s> *m* carnival

Faschingsdienstag *m* Shrove Tuesday

Faschismus [fa'ʃɪsmʊs] <-> *m* (POL) fascism; **Faschist(in)** *m(f)* fascist; **faschistisch** *adj* fascist

Faselei [fa:zə'laɪ] *f* (*fam pej*) drivel, twaddle; **faseln** ['fa:zəln] **I.** *vi* (*fam pej*) drivel, gas **II.** *vt:* **dummes Zeug** ~ talk drivel

Faser ['fa:zɐ] <-, -n> *f* (BOT ANAT) fibre *Br*, fiber *Am*; **faserig** ['fa:zərɪç] *adj* fibrous; (*Fleisch, Spargel*) stringy

fasern *vi* fray

Fass [fas, *pl:* 'fɛsɐ] <-es, Fässer> *nt* barrel; **vom** ~ on tap; (*Bier*) on draught; **Bier vom** ~ draught beer; **das ist doch ein** ~ **ohne Boden** it's a bottomless pit; **das schlägt dem** ~ **den Boden aus!** that's the last straw!

Fassade [fa'sa:də] <-, -n> *f* (*a. fig*) façade

fassen ['fasən] **I.** *vt* ❶ (*ergreifen*) take hold of; (*packen*) grab; (*festnehmen*) apprehend ❷ (*Edelsteine*) set ❸ (*enthalten*) hold ❹ (*begreifen*) grasp, understand ❺ (*fig: Entschluss, Mut*) take ❻ (*fig: ausdrücken*) express; **den Vorsatz** ~ **etw zu tun** take a resolution to do s.th.; **zu jdm Vertrauen** ~ come to trust s.o.; **etw in Worte** ~ put s.th. into words; **diesen Teil der Story müssen Sie neu** ~ you must revise this part of the story; **es ist nicht zu** ~ it's unbelievable; **etw ins Auge** ~ contemplate s.th.; **sich ein Herz** ~ pluck up courage **II.** *vi* ❶ (*an*~) feel, touch (*an etw* s.th.) ❷ (*Halt finden, greifen*) grip **III.** *vr* (*sich sammeln*) compose o.s.; **sich kurz** ~ be brief; **sich in Geduld** ~ be patient

fasslich ['faslɪç] *adj* comprehensible

Fassung ['fasʊŋ] *f* ❶ (*von Juwelen*) setting; (ELEK: *Birnen*~) socket ❷ (*fig: Ruhe*) composure ❸ (*Version, Bearbeitung*) version; **jdn aus der** ~ **bringen** disconcert s.o.; **die** ~ **verlieren** (**bewahren**) lose (maintain) one's composure; **etw mit** ~ **tragen** take s.th. calmly; **eine ungekürzte** ~ an unabridged version

Fassungskraft *f* (power of) comprehension; **das übersteigt die menschliche** ~ that is beyond human understanding

fassungslos *adj* aghast, stunned; **Fassungsvermögen** *nt* (*a. fig*) capacity; **das übersteigt mein** ~ that is beyond me

fast [fast] *adv* almost, nearly; ~ **dasselbe** much the same; ~ **nichts** hardly anything; ~ **nie** hardly ever

fasten ['fastən] *vi* fast; **Fastenkur** *f* fast; **Fastenzeit** *f* Lent

Fastfood ['fa:st'fu:d] <-> *nt* fast food

Fastnacht *f* ❶ carnival ❷ (*Dienstag*) Shrove Tuesday

i Land & Leute

Die Fastnacht is the German for Shrovetide and is the time of carnival, the period of celebration before the start of Lent. It is characterized by the reversal of the usual rules and dressing up in masks and costumes.

faszinieren [fastsi'ni:rən] *vt, vi* fascinate (*an* about); **fasziniert sein** be fascinated (*von,*

F

durch by); **faszinierend** *adj* fascinating

fatal [fa'ta:l] *adj* ① (*verhängnisvoll*) disastrous, fatal; (*unglücklich*) unlucky ② (*unangenehm*) awkward

Fatalismus *m* fatalism

Fatzke ['fatskə] <-n/-s, -n/-s> *m* (*pej*) ① (*Geck*) dandy, fop ② (*hochnäsiger Dummkopf*) stuck-up twit

fauchen ['faʊxən] *vi* hiss

faul [faʊl] *adj* ① (*träge*) idle, lazy ② (*verdorben, a. fig*) rotten; (*Zahn*) decayed ③ (*fam: verdächtig*) fishy; (*fadenscheinig*) flimsy; **~es Geschwätz** idle talk; **an der Sache ist etw ~** there's s.th. fishy about the whole business; **auf der ~en Haut liegen** laze about; **~er Zauber** humbug

faulen ['faʊlən] *vi sein* rot

faulenzen ['faʊlɛntsən] *vi* laze [*o* loaf] about

Faulenzer(in) *m(f)* lazybones *sing;* (*Bummler*) loafer, idler; (*fam*) slacker; **Faulenzerei** *f* lazing [*o* loafing] about

Faulgas *nt* sewer gas

Faulheit *f* idleness, laziness

faulig *adj* (*Obst*) going rotten; (*Geruch*) foul, putrid; (*Wasser*) stale

Fäulnis ['fɔɪlnɪs] <-> *f* (*Fäule*) rottenness; (MED) putrefaction; (*Zahn~*) caries; **in ~ übergehen** go rotten; **Fäulnisprozess** *m* breakdown, decomposition

Faulpelz *m* (*fam*) lazybones *sing;* **Faulschlamm** *m* sludge; (GEOL) sapropel; **Faultier** *nt* ① (*Säugetier*) sloth ② (*pej*) sluggard; **Faulturm** *m* (*im Klärwerk*) digestion tower

Fauna ['faʊna] <-, -nen> *f* fauna

Faust [faʊst, *pl:* 'fɔɪstə] <-, Fäuste> *f* fist; **die ~ ballen** clench one's fist; **auf eigene ~** (*fam*) off one's own bat; **das passt wie die ~ aufs Auge** (*fam*) it's completely out of place

Fäustchen ['fɔɪstçən] *nt:* **sich ins ~ lachen** laugh up one's sleeve

faustdick *adj* as big as a fist; **er hat es ~ hinter den Ohren** (*fam*) he's a crafty one; **eine ~e Lüge** a whopping lie

Fausthandschuh *m* mitt(en); **Faustpfand** *nt* pledge; **Faustregel** *f* rule of thumb; **Faustschlag** *m* punch

Favorit(in) [favo'ri:t] <-en, -en> *m(f)* favourite

Fax ['faks] <-, -e> *nt* fax; **faxen** *vt* fax

Fazit ['fa:tsɪt] <-s, -e/-s> *nt* (*fig*) result; **das ~ ziehen** draw the conclusion(s) (*aus etw* from)

FCKW *m Abk. von* **Fluorchlorkohlenwasserstoff** (CHEM) CFC

Feber ['fe:bə] <-s, -e> *m* (*österr*) February

Februar ['fe:brua:ɐ] <-(s), (-e)> *m* February

fechten ['fɛçtən] *irr vi* fence, fight

Fechter(in) *m(f)* (SPORT) fencer

Fechtmeister(in) *m(f)* fencing master

Feder ['fe:dɐ] <-, -n> *f* ① (*Vogel~*) feather; (*Gänse~*) quill; (*Hut~*) plume ② (TECH) spring ③ (*Schreib~*) pen; (*Stahl~, Spitze einer ~*) nib; **noch in den ~n liegen** (*fam*) be still in one's bed; **sich mit fremden ~n schmücken** deck o.s. out in [*o* adorn o.s. with] borrowed plumes; **mit spitzer ~** (*fig*) with a deadly pen; **Federball** *m* ① (*Ball*) shuttlecock ② (SPORT: *~spiel*) badminton; **Federbett** *nt* quilt *Br,* feather comforter *Am;* **Federbusch** *m* ① (*von Vogel*) crest ② (*an Helm, Hut*) plume; **Federfuchser** *m* (*pej: Schreiberling*) penpusher; **federführend** *adj* (*fig*) in (overall) charge (*bei, für* of); **Federgabel** *f* suspension fork; **Federgewicht** *nt* (SPORT) featherweight; **Federhalter** *m* pen; **federleicht** *adj* light as a feather; **Federlesen** *nt:* **nicht viel ~(s) machen** make short work (*mit* of)

federn **I.** *vi* ① *sein* (*elastisch sein*) be springy ② (*zurück~*) spring back ③ *haben* (*von Polster*) shed **II.** *vt* ① (TECH) spring ② (AUTO) fit with suspension; **federnd** *adj* ① (*elastisch*) springy ② (TECH) sprung; **~er Gang** springy step

Federung *f* ① (TECH) springing ② (AUTO) (spring) suspension

Federvieh *nt* (*obs a. hum*) poultry

Federzeichnung *f* pen-and-ink drawing

Fee [fe:, *pl:* 'fe:ən] <-, -n> *f* fairy

Feedback ['fi:dbæk] <-s, -s> *nt* (COM) feedback

feenhaft *adj* fairylike

Fegefeuer *nt* purgatory

fegen ['fe:gən] **I.** *vt haben* ① (*mit Besen*) sweep clean ② (*CH: feucht wischen*) wipe clean **II.** *vi* ① *haben* sweep (up) ② *sein* (*fam: jagen*) sweep; **um die Ecke ~** sweep round the corner

Fehde ['fe:də] <-, -n> *f* (HIST) feud; **mit jdm in ~ liegen** (*a. fig*) feud with s.o.

Fehl *m:* **ohne ~ und Tadel** without (a) blemish; **fehl** [fe:l] *adj:* **~ am Platze sein** be out of place; **Fehlanzeige** *f:* **~!** no chance!; **Fehlbetrag** *m* deficit; **Fehleinschätzung** *f* misjudg(e)ment

fehlen ['fe:lən] *vi* ① (*nicht da sein*) be missing; (*in Schule*) be away (*in* from) ② (*mangeln*) be lacking; **es fehlt ihm an etw, ihm fehlt etw** he lacks s.th.; **du fehlst mir** I am missing you; **hier fehlt etw** there's s.th. missing here; **mir ~ die Worte** words fail me; **das hat uns gerade noch gefehlt!** (*iro*) that was all we needed!; **was fehlt Ihnen?** what's the matter with you?; **wo fehlt es?** what's the trouble?; **es fehlt ihm nie an einer Ausrede** he is never at a loss for an excuse; **jetzt fehlt nur noch, dass …** … is all we need; **weit gefehlt!** (*fig: ganz im Gegenteil*) far from it!

Fehler [ˈfeːlɐ] *m* ① (*Fehlgriff, Schreib~*) mistake; (*Irrtum*) error ② (*Defekt*) defect, fault; **einen ~ begehen** [*o* **machen**] make a mistake; **~!** (SPORT) fault!; **das war nicht mein ~** that was not my fault; **einen ~ (an sich) haben** have a fault; **sie hat den ~, dass …** the trouble with her is that …; **fehleranfällig** *adj* error-prone; **Fehleranzeige** *f* error message; **fehlerfrei** *adj* perfect; (*makellos*) faultless, flawless; **fehlerhaft** *adj* defective, faulty; **fehlerlos** *adj* perfect; (*makellos*) faultless, flawless

Fehlermeldung *f* error message; **Fehlerquelle** *f* source of error; **Fehlerquote** *f* error rate

Fehlfunktion *f* inadequate function, malfunction

Fehlgeburt *f* miscarriage

fehl|gehen *irr vi* (*sich irren*) be wrong [*o* mistaken]

Fehlgriff *m* (*fig*) mistake; **Fehlinterpretation** *f* misinterpretation; **Fehlkalkulation** *f* miscalculation; **Fehlkonstruktion** *f* bad design; **das ist ja wohl eine ~!** (*fam*) that's no good at all!; **Fehlleistung** *f* ① (SCHULE) mistake, slip ② (PSYCH) failure of purposive action; **freudsche ~** Freudian slip

fehl|leiten *vt* misdirect

Fehlprognose *f* incorrect prognosis; **Fehlschaltung** *f* faulty circuit; **Fehlschlag** *m* (*fig*) failure; **fehl|schlagen** *irr vi sein* (*fig*) fail; **Fehlschluss** *m* false conclusion; **Fehlstart** *m* false start *Br,* wrong start *Am;* **Fehltritt** *m* (*fig*) false step, lapse; **Fehlurteil** *nt* (JUR) miscarriage of justice; **Fehlzündung** *f* (AUTO) backfiring

Feier [ˈfaɪɐ] <-, -n> *f* (*Fest*) celebration; (*zeremonielle ~*) ceremony; (*Party*) party; **zur ~ des Tages** in honour of the occasion

Feierabend *m* (*Arbeitsschluss*) end of work; (*Geschäftsschluss*) closing time *Br,* quitting time *Am;* **~ machen** finish work; **machen wir ~ für heute!** let's call it a day!; **nach ~** after work; **schönen ~!** have a nice evening!; **~!** (*in der Kneipe*) time, please!

feierlich *adj* ① (*erhebend*) solemn ② (*festlich*) festive ③ (*förmlich*) ceremonious; **Feierlichkeiten** *fpl* (*Veranstaltungen*) celebrations

feiern [ˈfaɪɐn] *vt* ① (*Festtag halten*) keep; (*Fest, Geburtstag*) celebrate ② (*rühmen, preisen*) fête

Feiertag *m* holiday; (*kirchlicher*) feast; **gesetzlicher ~** public holiday *Br,* legal holiday *Am*

feig(e) [faɪk/ˈfaɪgə] **I.** *adj* cowardly; (*fam*) gutless **II.** *adv* in a cowardly way, like a coward

Feige [ˈfaɪgə] <-, -n> *f* (*Frucht*) fig; **Feigenbaum** *m* fig tree; **Feigenblatt** *nt* (*a. fig*) fig leaf

Feigheit [ˈfaɪkhaɪt] *f* cowardice

Feigling *m* coward

Feile [ˈfaɪlə] <-, -n> *f* file; **feilen I.** *vt* file **II.** *vi* ① file (*an etw* away at s.th.) ② (*fig: verbessern*) polish (*an etw* s.th. up)

feilschen [ˈfaɪlʃən] *vi* haggle (*um* over)

Feilspäne *mpl* filings

fein [faɪn] **I.** *adj* ① (*nicht grob*) fine ② (*zart, a. fig*) delicate ③ (*erlesen*) choice; (*nur attr*) excellent ④ (*prima, sehr gut*) splendid ⑤ (*vornehm*) refined ⑥ (*einfühlsam*) sensitive; (*Gehör, Geruchssinn*) acute; **~ gemahlen** finely ground; **~er Regen** drizzling rain; **das hast du ~ gemacht** you did it beautifully; **er ist ein ~er Kerl** (*fam*) he's a great guy; **~!** great! *Br,* swell! *Am;* (*in Ordnung*) fine!; **du hast dich heute aber ~ gemacht!** you're dressed up today! **II.** *adv:* **~ säuberlich** nice and neat

Feinabstimmung *f* (RADIO) fine tuning

Feind(in) [faɪnt] <-(e)s, -e> *m(f)* enemy; (*unversöhnlicher ~*) foe; **sich jdn zum ~ machen** make an enemy of s.o.; **Feindbild** *nt* concept of the enemy; **ein ~ aufbauen** build up a picture of the enemy; **Feindesland** *nt* enemy territory; **feindlich** *adj* ① (*feindselig*) hostile (*gegen* to) ② (MIL: *gegnerisch*) enemy; **~e Übernahme** contested takeover; **im ~en Lager** (*a. fig*) in the enemy camp; **Feindschaft** *f* enmity; **feindselig** *adj* hostile; **Feindseligkeit** *f* hostility; **die ~en eröffnen/einstellen** commence/suspend hostilities

Feineinstellung *f* fine adjustment; **feinfühlend** *adj* sensitive; (*taktvoll*) tactful; **Feinfühligkeit** *f,* **Feingefühl** *nt* sensitivity; (*Takt*) tact; **Feingold** *nt* refined gold; **Feinheiten** *fpl* (*fig*) niceties; **feinkörnig** *adj* fine-grained

Feinkostgeschäft *nt* delicatessen; **feinmaschig** *adj* fine-meshed; **Feinmechanik** *f* precision engineering; **Feinschmecker(in)** *m(f)* ① gourmet ② (*fig: Kenner*) connoisseur; **Feinsieb** *nt* micro-strainer; (*in Kläranlage*) fine screen; **Feinstaub** *m*

fine dust; **Feinunze** *f* troy ounce; **Feinwäsche** *f* ❶ (*Wäschestücke*) delicate clothes *pl* ❷ (*Waschvorgang*) programme for delicates *pl;* **Feinwaschmittel** *nt* mild detergent

feist [faɪst] *adj* fat, plump

feixen ['faɪksən] *vi* (*fam*) smirk

Feld [fɛlt] <-(e)s, -er> *nt* ❶ (*a.* SPORT) field ❷ (*freies* ~) open country ❸ (MIL: *Schlacht~*) (battle)field ❹ (*Schachbrett~*) square ❺ (*fig: Arbeitsbereich*) area, field ❻ (PHYS, CHEM, MIN, ELEK) field; **auf freiem ~** in the open country; **das ~ beherrschen** be on top; **das ~ behaupten** (*fig*) hold the field; **das ~ räumen** (*fig*) give way (*jdm, einer Sache* to s.o., s.th.); **etw ins ~ führen** (*fig*) bring s.th. to bear; **gegen jdn (etw) zu ~e ziehen** (*fig*) crusade against s.o. (s.th.); **einander das ~ streitig machen** (*fig*) fight for the same ground; **er ließ das ~ hinter sich** (SPORT) he left the rest of the field behind; **das ist natürlich ein weites ~** (*fig*) of course, this is a very broad field

Feldarbeit *f* ❶ (*landwirtschaftliche* ~) work in the fields ❷ (*wissenschaftliche* ~) fieldwork; **Feldbett** *nt* campbed; **Feldblume** *f* wild flower; **Feldflasche** *f* waterbottle; **Feldforschung** *f* field research; **Feldgeistliche** *m* (MIL) army chaplain; **Feldherr** *m* commander-in-chief; **Feldküche** *f* (MIL) field kitchen; **Feldlager** *nt* (MIL) (military) camp; **Feldlazarett** *nt* (MIL) field hospital; **Feldmarschall** *m* (MIL) field marshal; **Feldmaus** *f* field mouse; **Feldmesser** *m* (land) surveyor; **Feldpost** *f* (MIL) forces' postal service; **Feldsalat** *m* lamb's lettuce; **Feldspat** ['fɛltʃpa:t] <-(e)s, (-e)> *m* (GEOL) feldspar; **Feldstärke** *f* (PHYS) field strength; **Feldstecher** *m* pair *sing* of field glasses, field glasses *pl;* **Feldwebel** ['fɛltve:bəl] <-s, -> *m* (MIL) sergeant; **Feldweg** *m* path [*o* track] (across the fields); **Feldzug** *m* (*a. fig*) campaign

Felge ['fɛlgə] <-, -n> *f* (TECH) (wheel) rim; **Felgenbremse** *f* caliper brake

Fell [fɛl] <-(e)s, -e> *nt* ❶ (*Pelz*) fur; (*Vlies*) fleece ❷ (*bei toten Tieren: zum Abziehen*) skin; (*bei Rindern*) hide ❸ (*fam: Haut eines Menschen*) hide ❹ (MUS: *von Trommel*) skin; **ihm schwimmen alle ~e davon** (*fig*) his hopes are all being dashed; **einem Tier das ~ abziehen** skin an animal; **ein dickes ~ haben** be thick-skinned, have a thick skin; **jdm das ~ über die Ohren ziehen** pull the wool over someone's eyes

Fels(en) ['fɛls, 'fɛlzən] <-s, -en> *m* rock

Felsblock *m* boulder

felsenfest *adj* firm as a rock; **~er Glaube** (*fig*) unwavering faith; **davon bin ich ~ überzeugt** (*fig*) I am dead certain about it

Felsgestein *nt* rock material, formation

felsig ['fɛlzɪç] *adj* craggy, rocky

Felswand *f* rock face

feminin *adj* feminin

Feminismus *m* feminism; **Feminist(in)** <-en, -en> *m(f)* feminist; **feministisch** *adj* feminist

Fenchel ['fɛnçəl] <-s, -> *m* (*Gewürz- u. Gemüsepflanze*) fennel

Fenster ['fɛnstɐ] <-s, -> *nt* window; **das Geld zum ~ hinauswerfen** (*fig*) pour money down the drain; **Fensterbank** *f,* **Fensterbrett** *nt* window-sill; **Fensterbriefumschlag** *f* window envelope; **Fensterflügel** *m* casement; **Fensterheber** *m* (AUTO) window winder; (*elektronisch*) window control; **Fensterkurbel** *f* (AUTO) window crank; **Fensterladen** *m* shutter; **Fensterleder** *nt* chamois (leather); **Fensternische** *f* windowbay; **Fensterplatz** *m* window seat; **Fensterputzer(in)** *m(f)* window cleaner; **Fensterrahmen** *m* window frame; **Fensterscheibe** *f* (window) pane; **Fenstertechnik** *f* (INFORM) split-screen technique; **Fensterumschlag** *m* window envelope

Ferien ['fe:riən] *fpl* ❶ holidays *Br,* vacation *Am* ❷ (*~reise*) holiday *Br,* vacation *Am* ❸ (PARL JUR) recess *sing;* **die großen ~** the summer holidays *Br,* the long vacation *Am;* **~ haben** be on holiday *Br,* be on vacation *Am;* **in die ~ fahren** go on holiday *Br,* go on vacation *Am;* **Ferienhaus** *nt* holiday cottage; **Ferienkurs** *m* holiday course; **Ferienlager** *f* holiday camp; **Ferienwohnung** *f* holiday dwelling *Br,* vacation apartment *Am;* **Ferienzeit** *f* holiday time

Ferkel ['fɛrkəl] <-s, -> *nt* ❶ (*Schweinchen*) piglet ❷ (*fam: Dreckspatz*) mucky pup ❸ (*unanständiger Mensch*) dirty pig

fern [fɛrn] **I.** *adj* ❶ (*räumlich*) distant, faraway ❷ (*zeitlich*) far-off; **von ~** from a distance, from afar; **jdm ~ liegen** be far from someone's mind; **~ von hier** a long way from here; **der Tag ist nicht mehr ~, an dem …** the day is not far when …; **es liegt mir fern zu …** I am far from … **II.** *präp* far (away) from

Fernamt *nt* (TELE) (telephone) exchange *Br,* long-distance office [*o* exchange] *Am*

Fernbahn *f* (RAIL) main-line service

Fernbedienung *f* remote control

Fernbleiben *nt* (*vom Arbeitsplatz*) absenteeism; **fern|bleiben** *irr vi sein* stay away (*jdm, von etw* from s.o., s.th.)

Fernblick *m* distant view (*auf* of)

Fernempfang *m* (RADIO TELE) long-range [*o* long-distance] reception

ferner ['fɛrnɐ] **I.** *adj* (*weiter*) further **II.** *adv* (*weiterhin*) further(more); **~ liefen ...** (SPORT) also-rans ...; **wir kamen unter ~ liefen** (*fig*) we were among the also-rans; **... und so wollen wir es auch ~ halten** ... and we shall continue to do so

Fernfahrer(in) *m(f)* (AUTO) long-distance lorry driver *Br*, long-distance truck driver *Am*; **Fernflug** *m* long-distance flight; **Ferngas** *nt* long-distance gas; **ferngelenkt** *adj* ❶ (*Rakete*) remote-controlled ❷ (*fig*) manipulated; **Ferngespräch** *nt* trunk call *Br*, long-distance call *Am*; **ferngesteuert** *adj* ❶ (*Rakete*) remote-controlled ❷ (*fig*) manipulated; **Fernglas** *nt* (pair of) field glasses; **fern|halten** *irr vt, vr* keep away (*von* from); **Fernheizung** *f* district heating; **Fernkopie** *f* (TELE) fax; **fernkopieren** *vt, vi* fax, send by fax; **Fernkopierer** *m* (TELE) telecopier, fax terminal, facsimile terminal; **Fernkurs(us)** *m* correspondence course; **Fernlaster** *m* long-distance lorry *Br*, long-distance truck *Am*; **Fernleitung** *f* ❶ (TELE) trunk-line *Br*, long-distance line *Am* ❷ (ELEK) (long-distance) transmission line; **Fernlenkung** *f* remote control; (*drahtlos*) wireless control *Br*, radio control *Am*; **Fernlicht** *nt* (AUTO) main beam *Br*, high beam *Am*

Fernmeldedienst *m* telecommunications service; **Fernmeldesatellit** *m* telecommunications satellite; **Fernmeldetechnik** *f* telecommunications engineering

fernmündlich **I.** *adj* telephone **II.** *adv* by telephone

Fernost [fɛrn'ɔst] *m*: **in ~** in the Far East

Fernrohr *nt* ❶ (ASTR) telescope ❷ (*Feldstecher*) (pair of) field glasses; **Fernruf** *m* (TELE) ❶ (*Anruf*) (telephone) call ❷ (*Teilnehmernummer*) telephone number; **Fernschnellzug** *m* (RAIL) long-distance express train; **Fernschreiben** *nt* telex; **Fernschreiber** *m* teleprinter; (COM) telex; **fernschriftlich** *adj* by telex

Fernsehansager(in) *m(f)* television announcer; **Fernsehantenne** *f* television aerial; **Fernsehapparat** *m* television (set), TV

Fernsehen *nt* television, telly *Br*; **im ~ übertragen werden** be televised; **er hat einen Job beim ~** he's got a job in television; **im ~** on television; **~ haben** (*ein Fernsehgerät*) have a TV

fern|sehen *irr vi* watch television, watch TV

Fernseher *m* television, TV

Fernsehfilm *m* television film; **Fernsehgerät** *nt* television [*o* TV] set; **Fernsehkamera** *f* television [*o* TV] camera; **Fernsehnetz** *nt* television network; **Fernsehprogramm** *nt* ❶ (*Erstes, Zweites~*) channel *Br*, station *Am* ❷ (*Sendefolge*) program(me)s *pl* ❸ (*einzelne Sendung*) program(me) ❹ (*Programmzeitschrift*) (television) program(me) guide; **Fernsehsatellit** *m* TV satellite; **Fernsehsender** *m* television station; **Fernsehsendung** *f* television program(me); **Fernsehspiel** *nt* television play; **Fernsehtechnik** *f* television engineering; **Fernsehtechniker** *m* television engineer; **Fernsehteilnehmer** *m* television licence holder; **Fernsehübertragung** *f* television broadcast; **Fernsehwerbung** *f* television advertising; **Fernsehzeitschrift** *f* TV guide

Fernsicht *f* clear view

Fernsprechamt *nt* telephone exchange *Br*, telephone central office *Am*; **Fernsprechanlage** *f* telephone installation; **Fernsprechansagedienst** *f* information services *pl*; **Fernsprechanschluss** *m* telephone; **Fernsprechauftragsdienst** *m* answering service; **Fernsprechauskunft** *f* directory enquiries *pl*; **Fernsprecher** *m* telephone; **öffentlicher ~** public telephone; **Fernsprechgebühren** *fpl* telephone charges; **Fernsprechnetz** *nt* telephone network; **Fernsprechnummer** *f* (tele)phone number; **Fernsprechortsnetz** *nt* local telephone network; **Fernsprechteilnehmer** *m* (telephone) subscriber; **Fernsprechverkehr** *m* telephone traffic; **Fernsprechvermittlung** *f* telephone exchange *Br*, telephone central office *Am*

Fernsteuerung *f* remote control; (*drahtlos*) radio control; **Fernstudium** *nt* correspondence degree course, Open University course *Br*; **Fernverkehr** *m* (AUTO) long-distance traffic; **Fernverkehrsstraße** *f* trunk road *Br*, highway *Am*; **Fernwärme** *f* municipal heat distribution; **Fernwärmeversorgung** *f* district [*o* municipal] heating; **Fernwasserversorgung** *f* long-distance water supply; **Fernweh** *nt* wanderlust; **Fernwirkung** *f* (PHYS) long-distance effect

Ferse ['fɛrzə] <-, -n> *f* (ANAT) heel; **jdm auf den ~n folgen** be on someone's heels; **Fersenbein** *nt* (ANAT) heel bone; **Fersengeld** *nt* (*fam*): **~ geben** take to one's

F

heels

fertig ['fɛrtɪç] *adj* ❶ (*bereit*) ready ❷ (*vollendet*) finished; (*ausbildungsmäßig*) qualified ❸ (*reif*) mature ❹ (*fam: ruiniert*) finished; (*völlig erschöpft*) done in, shattered; **das Essen ist** ~ dinner is ready; **bist du mit deiner Arbeit** ~**?** have you finished your work?; **mit dir bin ich** ~ I am through [*o* finished] with you; **sind Sie** ~ **ausgebildeter …?** are you a fully qualified …?; **ich muss erst** ~ **essen** I must finish eating first; **mit jdm** (**etw**) ~ **werden** (*fig*) cope with s.o. (s.th.); **ich werde auch ohne dich** ~ I'll get along without you; **ich bin echt** ~ (*fam: erschöpft*) I'm really done in; **der ist** ~ (*fam: ruiniert*) he's done for; ~ **bringen** (*vollenden*) get done; (*imstande sein*) manage; **der bringt es glatt fertig und …** he's quite capable of …; ~ **machen** (*vollenden*) finish; (*bereitmachen*) get ready; **jdn** ~ **machen** (*fam: herunterputzen*) lay into s.o.; (*erledigen*) do for s.o.; (*ermüden*) take it out of s.o.; (*deprimieren*) get s.o. down; ~ **stellen** complete

Fertigbau <-s, -bauten> *m* prefab(ricated house); **Fertigbauweise** *f* (ARCH) prefabricated construction; **Haus in** ~ prefab

fertigen ['fɛrtɪgən] *vt* (*herstellen*) manufacture

Fertigerzeugnisse *ntpl* finished goods [*o* products]; **Fertigfabrikat** *nt* finished product; **Fertiggericht** *nt* ready-to-serve [*o* instant] meal; **Fertighaus** *nt* (ARCH) prefabricated house, prefab

Fertigkeit *f* (*Geschick*) skill; **er hat** (**eine**) **große** ~ **darin** he is very skilled at it

Fertignahrung *f* ready-to-eat food

Fertigstellung *f* completion; **Fertigteil** *nt* finished part; **Fertigung** *f* production; **Fertigungsstraße** *f* production line

Fes[1] [fɛs] <-, -> *nt* (MUS) F flat

Fes[2] [fe:s] <-, -e> *m* (*Kopfbedeckung*) fez

fesch [fɛʃ] *adj* smart

Fessel[1] ['fɛsəl] <-, -n> *f* (ANAT) ❶ (*beim Menschen*) ankle ❷ (*bei Tieren*) pastern

Fessel[2] *f* (*a. fig*) bond, fetter, shackle; **jdn in** ~**n legen, jdm** ~**n anlegen** fetter [*o* shackle] s.o.

Fesselballon *m* captive balloon

fesseln *vt* ❶ (*binden*) bind; (*mit Fesseln*) fetter, shackle; (*mit Handschellen*) handcuff ❷ (*fig: faszinieren*) grip; **jdn an Händen und Füßen** ~ fetter [*o* bind] s.o. hand and foot; **meine Krankheit fesselt mich ans Bett** my illness confines me to bed; **jdn an sich** ~ bind s.o. to o.s.

fesselnd *adj* (*packend*) gripping; (*faszinierend*) fascinating

Fest [fɛst] <-(e)s, -e> *nt* (*Feier*) celebration; (*Party*) party; **frohes** ~**!** (*Weihnachts*~) Merry Christmas!

fest [fɛst] **I.** *adj* ❶ (*hart, stabil*) solid ❷ (FIN COM: *Kurse*) stable ❸ (*nicht nachgebend, sicher*) firm ❹ (*nicht leicht o locker*) tight; (*Schlag*) hard; (*fig: Schlaf*) sound ❺ (*ständig*) regular; (*Lohn, Gehalt, Preise*) fixed; (*Stellung, Beruf, Wohnsitz*) permanent; ~**e Nahrung** solid food; ~**er Brennstoff** solid fuel; **mit** ~**er Stimme erklärte sie …** with a steady voice she explained …; ~ **angestellt** permanently employed; ~ **versprechen** promise faithfully; ~ **packen** grip tightly; **ich bin** ~ **entschlossen** I am absolutely determined; **Anna und Peter sind** ~ **befreundet** Anna and Peter are going steady; ~**er Freund**/~**e Freundin** steady boyfriend/girlfriend; **sie ist in** ~**en Händen** (*hum fam*) she's spoken for **II.** *adv* (*fam: kräftig, tüchtig*) properly; (*nachdrücklich, eifrig*) with a will

fest|binden *irr vt* tie up; **jdn** (**etw**) **an etw** ~ tie s.o. (s.th.) to s.th.

fest|bleiben *sein irr vt* remain firm

festen *vi* (*CH: feiern*) celebrate

Festessen *nt* banquet

Festgeldkonto *nt* term account, time deposit account

fest|fahren *irr vr* ❶ get stuck ❷ (*fig*) be at a deadlock

fest|halten **I.** *irr vt* ❶ hold (tight) ❷ (*betonen*) emphasize ❸ (*speichern*) record; **jdn am Arm** ~ hold on to someone's arm; **diese Tatsachen sind nirgends festgehalten** these facts are not recorded anywhere **II.** *vi* hold (*an etw* to s.th.) **III.** *vr* hold on (*an* to); **halt dich fest!** hold tight!; (*fam: sei gefasst*) brace yourself!

festigen ['fɛstɪgən] **I.** *vt* strengthen **II.** *vr* become stronger

Festiger *m* (*Haar*~) setting lotion

Festigkeit *f* ❶ (*Stärke, Kraft*) strength ❷ (*fig: Standhaftigkeit*) steadfastness; (*Beständigkeit*) firmness; **Festigung** *f* (*Be-, Verstärkung*) strengthening

fest|klammern *vr* cling on (*an* to)

fest|kleben *vt haben o sein* stick (firmly) (*an* to)

Festland *nt* ❶ (*das europäische* ~) continent ❷ (*als Gegensatz zur Insel*) mainland

fest|legen **I.** *vt* ❶ (*bestimmen*) lay down; (*festsetzen*) fix; (*vorschreiben*) stipulate ❷ (FIN: *Geld*) tie up ❸ (*verpflichten*) commit (*jdn auf etw* s.o. to s.th.); (*festnageln*) tie down (*jdn auf etw* s.o. to s.th.) **II.** *vr* ❶ (*beschließen*) decide (*auf* on) ❷ (*sich *verpflichten*) commit o.s. (*auf* to); (*eine einzige Möglichkeit ins Auge fassen*) tie o.s. down (*auf* to)

Festlegung *f* ❶ (*Bestimmung*) laying-down; (*Festsetzung*) fixing; (*Vorschrift: in Vertrag*) stipulation ❷ (*Verpflichtung*) commitment (*auf* to)

festlich [ˈfɛstlɪç] *adj* ❶ festive ❷ (*feierlich*) solemn; **in ~er Stimmung** in a festive mood; **~ begehen** celebrate

Festlichkeit *f* ❶ (*Feier*) festivity ❷ (*Feststimmung*) festiveness

fest|liegen *irr vi* ❶ (*bestimmt sein*) have been laid down; (*festgesetzt sein*) have been fixed ❷ (FIN: *Geld*) be tied up [*o* on time deposit] ❸ (*Schiff*) be aground

fest|machen **I.** *vt* ❶ (*festbinden*) fasten (*an* on to) ❷ (*befestigen*) fix on (*an* to) ❸ (MAR) moor ❹ (*abmachen*) arrange **II.** *vi* (MAR) moor

Festmahl *nt* banquet

Festmeter *m* (*Holz*) cubic metre *Br*, meter (of solid timber) *Am*

fest|nageln *vt* nail up, nail down (*etw an etw* s.th. to s.th.); **jdn auf etw ~** (*fig*) pin s.o. down to s.th.

Festnahme [ˈfɛstnaːmə] <-, -n> *f* arrest

fest|nehmen *irr vt* (put under) arrest

Festplatte *f* (INFORM) hard disk; **Festplattenlaufwerk** *nt* (INFORM) hard disk drive

Festpreis *m* (COM) fixed price

fest|schnallen *vt* buckle; **fest|schrauben** *vt* screw in tight; **fest|setzen** **I.** *vt* (*bestimmen*) fix (*auf, bei* at) **II.** *vr* ❶ (*Schmutz*) collect ❷ (*fig*) take root; **fest|sitzen** *irr vi* (*nicht weiterkönnen*) be stuck (*an, bei* on); (MAR) be aground

Festspiele *ntpl* festival *sing*

fest|stehen *irr vi* ❶ (*gewiss sein*) be certain ❷ (*endgültig sein*) be definite ❸ (*beschlossene Sache sein*) have been fixed

feststellbar *adj* ❶ (*herausfindbar*) ascertainable ❷ (TECH) securable

fest|stellen *vt* ❶ (*herausfinden*) ascertain, find (out) ❷ (*erkennen*) tell (*an* from) ❸ (*entdecken*) discover; (*einsehen*) realize ❹ (*betonend äußern*) emphasize ❺ (TECH) lock, stop

Feststellung *f* ❶ (*Ermittlung*) ascertainment; (*von Personalien, Sachverhalt, Ursache*) establishment ❷ (*Schlussfolgerung*) conclusion ❸ (*Bemerkung*) remark, statement

Festtag *m* (*Feiertag*) holiday; (*kirchlicher*) feast

Festung [ˈfɛstʊŋ] *f* fort(ress)

festverzinslich *adj* (FIN) fixed-interest; (*nur attributiv*) with fixed interest

Festzins(satz) *m* (FIN) fixed rate of interest

Festzug *m* (festive) procession, parade

Fetisch [ˈfeːtɪʃ] <-(e)s, -e> *m* fetish; **Fetischist** *m* fetishist

Fett [fɛt] <-(e)s, (-e)> *nt* ❶ fat ❷ (*Schmiere*) grease; **~ ansetzen** put on weight; **er hat sein ~ weg** (*fam*) he's got his come-uppance

fett *adj* ❶ (*a. fig*) fat ❷ (*Weide, Gewinn, Beute*) rich ❸ (*Essen*) fatty; **er isst gern ~** he likes (to eat) fatty food; **die ~en Jahre sind vorbei** the fat years are over; **~e Schrift** bold face; **~ gedruckt** printed in bold (face) [*o* in bold-type]; **fettarm** *adj* with a low fat content; **Fettauge** *nt* globule of grease; **Fettdruck** *m* bold type

fetten **I.** *vt* (*schmieren*) lubricate, oil **II.** *vi* ❶ (*fettig sein*) be greasy ❷ (*Fett absondern*) get greasy

Fettfleck *m* grease spot; **Fettgehalt** *m* fat content; **Fettgewebe** *nt* (ANAT) fatty tissue; **fettig** *adj* greasy; (*Haut*) oily; **Fettkloß** *m* (*fam: Mensch*) fatty; **fettleibig** [ˈfɛtlaɪbɪç] *adj* corpulent; **Fettleber** *f* (MED) fatty liver; **Fettleibigkeit** *f* corpulence; **Fettnäpfchen** *nt*: **ins ~ treten** put one's foot in it; **Fettpolster** *nt* ❶ (ANAT) subcutaneous fat ❷ (*hum fam*) padding; **er hat ganz hübsche ~** he's quite well-padded; **Fettsäure** *f* (CHEM) fatty acid; **Fettsucht** *f* (MED) obesity

Fetzen [ˈfɛtsən] <-s, -> *m* (*Abgerissenes*) shred; (*Kleider~, Lappen*) rag; (*Stoff~, Papier~, Gesprächs~*) scrap; **..., dass die ~ nur so fliegen** (*fam*) ... like mad

fetzen *vi* (*sl*): **diese Musik fetzt echt!** that music really blows your mind!; **fetzig** *adj* (*sl*) wild, crazy; (*Kleidung a.*) racy

feucht [fɔɪçt] *adj* damp, moist; (*Klima*) humid; (*Hände*) sweaty; **das geht dich einen ~en Dreck an!** (*sl*) that's none of your bloody business! *Br*, that's none of your goddam business! *Am*; **Feuchtbiotop** *nt/m* damp biotope; **Feuchtgebiet** *nt* wetland; **Feuchtigkeit** *f* ❶ (*Zustand*) dampness, moistness; (*von Klima*) humidity; (*von Körperteil*) sweatiness ❷ (*Flüssigkeit*) moisture; (*Luft~*) humidity; **Feuchtigkeitscreme** *f* moisturizing cream; **Feuchtigkeitsgehalt** *m* moisture content; **Feuchtigkeitsverlust** *m* moisture loss

feuchtwarm *adj* (*Klima*) humid, muggy

feudal [fɔɪˈdaːl] *adj* ❶ (POL) feudal ❷ (*fam: prächtig*) plush *Br*, swell *Am*

Feudalismus *m* (HIST) feudalism

Feuer [ˈfɔɪɐ] <-s, -> *nt* ❶ (*Herd~, Kamin~, Brand, Gewehr~*) fire ❷ (*für Zigarette*) light ❸ (*Glanz, Scheinen*) sparkle ❹ (*fig: Glut, Leidenschaft*) ardour; **am ~** by the fire; **~ (an)machen** light a fire; **~ legen** start a fire; **~ an etw legen** set fire to s.th.; **Spiel mit dem ~** (*fig*) brinkmanship; **~ fangen** catch fire; (*fig*) be really taken (*bei* with); **für jdn durchs ~ gehen** (*fig*) go through fire and water for s.o.; **können Sie mir ~ geben?** can I have a light? can you give me a light?; **mit dem ~ spielen** (*fig*) play with fire; **sie ist ganz ~ und Flamme für …** (*fam*) she's crazy about …; **~ (frei)!** (MIL) (open) fire!; **Feueralarm** *m* fire alarm; **Feueranzünder** *m* firelighter; **Feuerbefehl** *m* (MIL) order to fire; **feuerbeständig** *adj* fire-resistant; **Feuerbestattung** *f* cremation; **Feuereifer** *m* zeal; **mit ~ arbeiten** work with great zeal; **mit ~ bei der Sache sein** be full of zeal for the cause; **Feuereinstellung** *f* (MIL) cease-fire; **feuerfest** *adj* fireproof; (*Glas*) heat-resistant; **Feuergasse** *f* fire lane; **Feuergefahr** *f* fire hazard; **bei ~** in the event of fire; **feuergefährlich** *adj* combustible, (in)flammable; **Feuergefecht** *nt* gun fight; **Feuerhaken** *m* (*Schüreisen*) poker; **Feuerleiter** *f* ❶ (*Nottreppe*) fire escape ❷ (*Leiter eines Feuerwehrfahrzeugs*) fireman's ladder; **Feuerlöscheinrichtung** *f* fire fighting device; **Feuerlöscher** *m* fire extinguisher; **Feuermelder** *m* fire alarm; (*automatischer*) fire detector

feuern I. *vi* ❶ (MIL: *schießen*) fire (*auf* at, on, upon) ❷ (*heizen*): **mit Öl ~** have oil heating **II.** *vt* ❶ (*heizen*) heat ❷ (*fam: schmeißen*) fling ❸ (*fam: entlassen*) fire, sack; **jdm eine ~** (*fam: schlagen*) thump s.o. one; **den Ball ins Tor ~** (*fam: Fußball*) slam the ball in; **gefeuert werden** (*fam: entlassen werden*) get the sack

Feuerpause *f* (MIL) pause in firing; **feuerrot** *adj* fiery red; **Feuersbrunst** *f* conflagration; **Feuerschaden** *m* fire damage; **Feuerschlucker** *m* fire-eater; **feuersicher** *adj* fireproof; **Feuerspritze** *f* fire hose; **Feuerstein** *m* flint; **Feuerstelle** *f* (camp)fire; **Feuersturm** *m* firestorm; **Feuerüberfall** *m* (MIL) armed attack; **Feuerung** *f* ❶ (*das Heizen*) heating ❷ (*Brennmaterial*) fuel ❸ (*~sanlage*) heating system; **Feuerversicherung** *f* fire insurance; **Feuerwache** *f* fire station; **Feuerwaffe** *f* firearm

Feuerwehr ['fɔɪɐveːɐ] <-, -en> *f* fire brigade *Br,* fire department *Am;* **Feuerwehrauto** *nt* fire engine *Br,* fire truck *Am;* **Feuerwehrfrau** *f* firewoman; **Feuerwehrleiter** *f* fireman's ladder; **Feuerwehrmann** *m* fireman

Feuerwerk *nt* ❶ fireworks *pl* ❷ (*fig*) cavalcade; **Feuerwerkskörper** *m* firework

Feuerzeug *nt* (cigarette) lighter

Feuilleton [fœj(ə)'tõ(:)] <-s, -s> *nt* ❶ (*Zeitungssparte*) feature pages *pl* ❷ (*Artikel*) feature (article)

feurig ['fɔɪrɪç] *adj* (*a. fig*) fiery

Fiaker <-s, -> *m* (*österr: Kutsche*) cab

i Land & Leute

In Austria a **Fiaker** is a two-horsed hackney carriage, or the person who drives it: the cabby.

Fiasko [fi'asko] <-s, -s> *nt* failure, fiasco

Fibel ['fiːbəl] <-, -n> *f* (*Schul~*) primer

Fichte ['fɪçtə] <-, -n> *f* (*Nadelbaum*) spruce

ficken *vt, vi* (*vulg*) fuck (*jdn, mit jdm* s.o.)

fidel [fi'deːl] *adj* jolly, merry

Fidschiinseln *pl* Fiji Islands

Fieber ['fiːbɐ] <-s, (-)> *nt* ❶ (*Krankheit, a. fig*) fever ❷ (*Temperatur*) temperature; **jdm das ~ messen** take someone's temperature; **(39 °C) ~ haben** have a temperature (of 39 °C); **Fieberanfall** *m* attack of fever; **Fieberblase** *f* herpes blister; **Fieberfantasie** *f* delirious ravings *pl;* **fieberfrei** *adj* free from fever; **fieberhaft** *adj* (*fig: hektisch*) feverish; **fieberkrank** *adj* sick with fever, suffering from fever; **Fieberkurve** *f* temperature curve

fiebern *vi* ❶ (*Fieber haben*) have a temperature [*o* a fever] ❷ (*fig*): **nach etw ~** long feverishly for s.th.; **vor … ~** be in a fever of …

Fieberphantasie *f* delirious ravings *pl;* **fiebersenkend** *adj* fever-reducing; **Fieberthermometer** *nt* (clinical) thermometer

fiebrig ['fiːb(ə)rɪç] *adj* feverish; (MED) febrile

Fiedel <-, -n> *f* fiddle; **fiedeln** *vt, vi* fiddle

fies *adj* (*fam*) nasty, horrid

fifty-fifty ['fɪfti'fɪfti] *adv* (*fam*): **mit jdm ~ machen** go fifty-fifty with s.o.

Figur [fi'guːɐ] <-, -en> *f* ❶ (*Abbildung, Statuette, a.* SPORT MUS MATH) figure ❷ (*Gestalt, Körperform*) figure ❸ (*~ in einem Film o Roman*) character; **ich muss auf meine ~ achten** I must watch my figure; **eine traurige (gute) ~ machen** cut a sorry (good) figure

figürlich [fi'gyːɐlɪç] *adj* (*übertragen*) figurative

Fiktion [fɪk'tsjoːn] <-, -en> *f* fiction

fiktiv *adj* fictitious

Filet [fi'leː] <-s, -s> *nt* (*Fleischstück*) piece of sirloin *Br,* piece of tenderloin *Am*

Filetsteak *nt* fillet steak

Filiale [fi'lja:lə] <-, -n> *f* branch

Filialleiter(in) *m(f)* branch manager

Filipina <-, -s> *f* Filipina; **Filipino** <-s, -s> *m* Filipino

Film [fɪlm] <-(e)s, -e> *m* ❶ (PHOT) film ❷ (*Kino~*) film *Br,* movie *Am,* motion picture ❸ (*~ branche*) films *Br,* movies *Am* ❹ (*dünner Belag*) coat, film; **einen ~ drehen** shoot a film *Br,* shoot a movie *Am;* **einen ~ (in eine Kamera) einlegen** load (a film into) a camera; **in einen ~ gehen** go and see a film; **zum ~ gehen** go into the films *Br,* go into the movies *Am;* **Filmarchiv** *nt* film archives *pl;* **Filmatelier** *nt* film studio

Filmemacher(in) *m(f)* film-maker

filmen ['fɪlmən] *vt, vi* (FILM: *machen*) film

filmisch *adj* cinematic

Filmkamera *f* film camera *Br,* movie camera *Am;* **Filmkunst** *f* cinematic art; **Filmprojektor** *m* film projector *Br,* movie projector *Am;* **Filmprüfstelle** *f* film censorship office; **Filmregisseur(in)** *m(f)* film director *Br,* movie director *Am;* **Filmriss** *m* (*fig*) mental blackout; **Filmsatz** *m* (TYP) film-setting, photocomposition; **Filmschauspieler(in)** *m(f)* film actor/actress *Br,* movie actor/actress *Am;* **Filmstar** *m* film star *Br,* movie star *Am;* **Filmtheater** *nt* cinema *Br,* movie theater *Am;* **Filmverleih** *m,* **Filmvertrieb** *m* ❶ (*Tätigkeit*) film distribution ❷ (*Firma*) film distributors *pl;* **Filmvorführgerät** *nt* cine-projector; **Filmvorführung** *f* film show *Br,* movie show *Am;* **Filmvorschau** *f* ❶ (*für Kritiker*) preview, prevue *Am a.* ❷ (*Reklame für das nächste Kinoprogramm*) trailer (*auf* of); **Filmvorstellung** *f* film show *Br,* movie show *Am;* **Filmzensur** *f* film censorship

Filofax® ['faɪləʊfɛks] <-es, e> *nt* Filofax®

Filter ['fɪltɐ] <-s, -> *m/nt* (ELEK PHOT RADIO TECH) filter; **Filteraggregat** *nt* filter unit; **Filteranlage** *f* filter [*o* filtration] plant; **Filtereinsatz** *m* filter pad; **Filtergewebe** *nt* filtering fabric; **Filterkaffee** *m* filter coffee *Br,* drip coffee *Am*

filtern *vt, vi* filter

Filterpapier *nt* filter paper; **Filterwirkung** *f* filter effect; **Filterzigarette** *f* (filter-)tipped cigarette, filter cigarette

filtrieren *vt* filter

Filz [fɪlts] <-es, -e> *m* ❶ (*Stoff*) felt ❷ (*fam: Hut*) felt hat ❸ (*fig: Korruption*) corruption, sleaze; (*Vetternwirtschaft*) nepotism

filzen I. *vt* (*fam*) ❶ (*berauben*) do over ❷ (*durchsuchen*) frisk **II.** *vi* (*Stoff*) felt

filzig *adj* (*filzartig*) feltlike

Filzlaus *f* crablouse

Filzokratie *f* (*hum*) corruption and nepotism

Filzpantoffel *m* felt slipper

Filzschreiber *m,* **Filzstift** *m* felt-pen, felt-tip pen

Finale [fi'na:lə] <-s, -/(-s)> *nt* ❶ (SPORT) finals *sing* ❷ (MUS) finale

Finanz [fi'nants] <-> *f* financial world

Finanzamt *nt* tax [*o* fiscal] office; **Finanzbeamte, -beamtin** *m, f* tax official

Finanzen <-> *pl* finances; **Finanzhilfen** *fpl* financial assistance [*o* aid]

finanziell [finan'tsjɛl] *adj* financial

finanzierbar *adj* fundable, able to be financed; **finanzieren** *vt* finance; **Finanzierung** *f* financing; **Finanzierungsgesellschaft** *f* finance company

Finanzmärkte *pl* financial markets

Finanzminister(in) *m(f)* Chancellor of the Exchequer *Br,* Secretary of the Treasury *Am;* (*in anderen Ländern*) minister of finance; **Finanzministerium** *nt* the Exchequer *Br,* Treasury Department *Am;* (*andere Länder*) ministry of finance; **Finanzpolitik** *f* financial policy; **Finanzspritze** *f* a (financial) shot in the arm; **Finanzverwaltung** *f* financial administration; (*Steuer*) Board of Inland Revenue

Findelkind ['fɪndəlkɪnt] *nt* foundling

finden ['fɪndən] **I.** *irr vt* ❶ (*entdecken, vor~*) find ❷ (*halten für, ansehen als*) think; **er ist nirgends zu ~** he is nowhere to be found; **ich finde nichts dabei** I think nothing of it; **Bestätigung ~** be confirmed; **Beifall ~** meet with applause; **ich finde einfach nicht die Kraft zu ...** I simply can't find the strength to ...; **~ Sie es auch schön hier?** do you find it quite nice here, too?; **etw gut ~** think s.th. is good; **wir ~ sie alle sehr nett** we all think she is very nice **II.** *vi:* **zu sich selbst ~** sort o.s. out **III.** *vr* ❶ (*auftauchen*) be found ❷ (*in Ordnung kommen*) sort itself out ❸ (*sich ab~*) reconcile o.s. (*in etw* to s.th.); **niemand fand sich, der ...** there was no-one (to be found) who ...; **es wird sich schon alles ~** (*in Ordnung kommen*) it will all sort itself out

Finder(in) *m(f)* finder

Finderlohn *m* finder's reward

findig *adj* resourceful

Findigkeit *f* resourcefulness

Findling *m* ❶ (*Kind*) foundling ❷ (GEOL) erratic block

Finesse [fiˈnɛsə] <-, -n> *f* refinement; **mit allen ~n** with every refinement *sing*

Finger [ˈfɪŋɐ] <-s, -> *m* finger; **jdm auf die ~ sehen** keep a close eye on s.o.; **sich etw aus den ~n saugen** dream s.th. up; **sich in den ~ schneiden** cut one's finger; **man kann es sich an den fünf ~n abzählen** it sticks out a mile; **jdm auf die ~ klopfen** (*fig*) rap someone's knuckles; **die ~ von jdm (etw) lassen** keep one's hands off s.o. (s.th.); **überall seine ~ drin haben** (*fam*) have a finger in every pie; **für den mache ich keinen ~ krumm** I won't lift a finger to help him; **sich die ~ nach etw lecken** be dying for s.th.

Fingerabdruck <-(e)s, -abdrücke> *m* fingerprint; **jds Fingerabdrücke nehmen** fingerprint s.o., take someone's fingerprints; **fingerdick** *adj* as thick as a finger; **fingerfertig** *adj* dext(e)rous; **Fingerfertigkeit** *f* dexterity; **Fingerglied** *nt* (ANAT) phalanx; **Fingerhut** *m* ① (*Nähutensil*) thimble ② (*hohe Staude*) foxglove

fingern *vi:* **an** [*o* **mit**] **etw ~** fiddle with s.th.

Fingernagel *m* fingernail; **Fingerspitze** *f* fingertip; **Fingerspitzengefühl** *nt* (*fig*) ① (*Feingefühl, Takt*) tact ② (*Einfühlungsvermögen*) instinctive feel(ing)

Fingerzeig *m* hint

fingieren [fɪŋˈgiːrən] *vt* fake

Fink [fɪŋk] <-en, -en> *m* (*kleiner Singvogel*) finch

Finne, **-nin** <-n, -n> *m, f* Finn; **finnisch** *adj* Finnish

Finnland <-s> *nt* Finland

finster [ˈfɪnstɐ] *adj* ① (*dunkel*) dark ② (*fig: unheimlich*) sinister ③ (*fig: mürrisch, verdrossen*) grim, sullen ④ (*fig: zweifelhaft, anrüchig*) shady; **im Finstern** in the dark; **es sieht ~ aus** things look bleak; **eine ~e Angelegenheit** a shady business

Finsterling <-(e)s, -e> *m* (*fam*) shady type

Finsternis <-, -se> *f* darkness

Finte [ˈfɪntə] <-, -n> *f* ① (SPORT) feint ② (*List*) ruse, trick

Firewall *f* (INTERNET: *Sicherheitssystem, das ein geschlossenes Netzwerk* (*z.B. Intranet*) *vor unbefugtem Eindringen schützt*) firewall

Firma [ˈfɪrma, *pl:* ˈfɪrmən] <-, -men> *f* (COM) ① (*Unternehmen*) company, firm ② (*Name des Unternehmens*) name; **unter der ~ ...** under the name of ...; **~ X und Y** (*Briefanschrift*) Messrs. X and Y

Firmament [fɪrmaˈmɛnt] <-s, (-e)> *nt* firmament, heavens *pl*

firmen [ˈfɪrmən] *vt* confirm

Firmengründer(in) *m(f)* founder of a business [*o* firm]; **Firmengründung** *f* formation of a company; **Firmenhochzeit** *f* (*Fusion*) merger; **Firmenleitung** *f* management; **Firmenname** *m* corporate name; **Firmenschild** *m* (shop) sign; **Firmenschließung** *f* closing-down; **Firmenstempel** *m* firm stamp; **Firmenwagen** *m* company car; **Firmenzeichen** *nt* logo; **Firmenzugehörigkeit** *f:* **nach einer ~ von 10 Jahren** after working for a firm for ten years

Firmling *m* candidate for confirmation; **Firmung** *f* confirmation

Firn [fɪrn] <-s, -e> *m* firn

First [fɪrst] <-es, -e> *m* ① (*Dach~*) ridge ② (*Berg*) crest, (mountain) ridge

Fis [fɪs] <-, -> *nt* (MUS) F sharp

Fisch [fɪʃ] <-(e)s, -e> *m* ① fish ② (*Sternzeichen*) Pisces *pl;* **(zehn) ~e fangen** catch (ten) fish(es); **kleine ~e** (*eine leichte Aufgabe*) child's play; **er ist nur ein kleiner ~** (*unbedeutend*) he's only one of the small fry; **ich bin ~e** (*Sternzeichen*) I am (a) Pisces; **munter wie ein ~ im Wasser sein** be as sound as a bell; **Fischart** *f* fish population

Fischbein *nt* whalebone

Fischbestände *mpl* fish stocks

Fischdampfer *m* trawler

fischen *vt, vi* (*a. fig*) fish; **im Trüben ~** (*fig*) fish in troubled waters *pl*

Fischer *m* fisherman; **Fischerei** *f* ① (*Vorgang*) fishing ② (*~ branche*) fishing industry

Fischfang *m* fishing; **vom ~ leben** live by fishing; **zum ~ auslaufen** set off for the fishing grounds; **Fischhändler(in)** *m(f)* fishmonger *Br,* fish dealer *Am;* **Fischkonserve** *f* canned fish; **Fischmehl** *nt* fish meal; **Fischmesser** *nt* fish-knife; **Fischotter** *m* otter; **fischreich** *adj* rich in fish; **Fischstäbchen** *nt* fish finger; **Fischtreppe** *f* fish leap [*o* pass]; **Fischzucht** *f* fish culture, fish-farming

fiskalisch [fɪsˈkaːlɪʃ] *adj* fiscal

Fiskus [ˈfɪskʊs] <-> *m* exchequer *Br,* treasury *Am*

Fisole [fiˈzoːlə] <-s, -n> *f* (*österr*) French bean, green bean

Fistel [ˈfɪstəl] <-, -n> *f* (MED) fistula

Fistelstimme *f* falsetto

fit [fɪt] *adj* fit, in good shape

Fitness [ˈfɪtnɛs] <-> *f* fitness; **Fitnesscenter** [ˈfɪtnɛsˈsɛntɐ] <-s, -> *nt* health center

fix [fɪks] *adj* ① (*feststehend*) fixed ② (*fam: flink*) quick; **~e Idee** (PSYCH) idee fixe, obsession; **~ und fertig sein** (*fam:

erschöpft) be finished; **jdn ~ und fertig machen** (*fam: erschöpfen*) wear s.o. out

fixen *vi* ① (*sl: Rauschgift spritzen*) (give o.s. a) fix, shoot ② (FIN: *an der Börse*) bear; **Fixer(in)** *m(f)* ① (*sl*) fixer; (*Süchtige(r)*) junkie ② (FIN) bear

fixieren *vt* ① (*festlegen*) define, specify ② (*schriftlich festhalten*) record ③ (*starr ansehen*) fix one's eyes on; **fixiert** *adj* fixated (*auf* on)

Fixierung *f* ① (*Festlegung*) specification ② (*schriftliche ~*) recording ③ (*starres Ansehen*) fixing of one's eyes (*einer Person, einer Sache* on s.o., on s.th.) ④ (PSYCH: *Mutter~*) fixation (*auf* on)

Fixum ['fɪksʊm, *pl:* 'fɪksa] <-s, -xa> *nt* (COM) basic (salary)

FKK-Strand [ɛfka'ka-] *m* nudist beach

flach [flax] *adj* ① (*niedrig*) flat; (*Haus*) low ② (*nicht tief*) shallow ③ (*Böschung*) gentle; (*Kiel eines Bootes*) flat-bottomed ④ (*fig: seicht*) shallow; (*oberflächlich*) superficial; **~ machen** flatten; **die ~e Hand** the flat of one's hand; **sich ~ auf den Boden legen** lie down flat on the ground; **~ liegen** lie flat

Flachbildschirm *m* (TV) flat screen; **Flachdach** *nt* flat roof; **Flachdruck** <-(e)s, -e> *m* (TYP) ① (*Verfahren*) planography ② (*Ergebnis*) planograph

Fläche ['flɛçə] <-, -n> *f* area; (*Ober~*) surface; **Flächenausdehnung** *f* surface area; **Flächeninhalt** *m* area; **Flächenmaß** *nt* unit of square measure; **Flächenstruktur** *f* surface structure

flach|fallen *irr vi* (*fam: nicht stattfinden*) not come off

Flachland *nt* lowland

Flachs [flaks] <-es> *m* ① (*Pflanze*) flax ② (*fam: Jux*) kidding; **das war doch nur ~!** I was only kidding!

flachsblond *adj* flaxen-haired

flachsen *vi* (*fam*) kid around

flackern ['flakɐn] *vi* (*a. fig*) flicker

Fladenbrot <-s, -> *nt* pitta (bread)

Flagge ['flagə] <-, -n> *f* flag; **die ~ streichen** strike the flag; (*fig*) show the white flag; **die ~ hissen** hoist the flag

flaggen *vi* fly flags [*o* a flag]; **Flaggensignal** *nt* flag signal

Flaggschiff *nt* (MAR AERO: *a. fig*) flagship

Flair [flɛːɐ] <-s> *nt* flair

Flak [flak] <-, -(s)> *f* (*Fliegerabwehrkanone*) ① (MIL: *sl: Gerät*) anti-aircraft gun ② (*Einheit*) anti-aircraft unit

Flakon [fla'kõː] <-s, -s> *nt* phial; (*Parfüm~*) scent bottle

flambieren [flam'biːrən] *vt* flambée

Flame, -min ['flaːmə (flɛːmɪn)] *m, f* Fleming

Flamingo [fla'mɪŋgo] <-s, -s> *m* flamingo

flämisch ['flɛːmɪʃ] *adj* Flemish

Flamme ['flamə] <-, -n> *f* ① (*a. fig*) flame ② (*fam: alte Liebe*) flame; **in ~n aufgehen** go up in flames; **in hellen ~n stehen** be ablaze; **etw auf kleiner ~ kochen** cook s.th. on a low flame; (*fig*) let s.th. just tick over; **er ist eine alte ~ von mir** (*fam*) he's an old flame of mine

flammen *vi* blaze; **flammend** *adj* blazing; (*feurig*) fiery

Flammenwerfer *m* (MIL) flamethrower

Flandern ['flandɐn] <-s> *nt* (GEOG) Flanders *sing*

Flanell [fla'nɛl] <-s, -e> *m* flannel

Flanke ['flaŋkə] <-, -n> *f* ① (ANAT MIL) flank; (*von Fahrzeug*) side ② (SPORT: *beim Turnen*) side-vault; (*beim Fußball*) centre pass; **offene ~** open flank

flanken *vi* (SPORT: *Fußball*) centre

flankieren *vt* (*a. fig*) flank; **~de Maßnahmen** supporting measures

Flansch [flanʃ] <-(e)s, -e> *m* (TECH) flange

Flasche ['flaʃə] <-, -n> *f* ① bottle ② (*fam: Versager*) dead loss; **in ~n füllen** bottle; **mit der ~ aufziehen** bottle-feed; **zur ~ greifen** take to the bottle; **du alte ~!** (*fam*) you're a dead loss, you are!

> **? Grammatik**
>
> With words like **Flasche**, Glas, Tasse etc. German does not use ‚of': *eine Flasche Apfelsaft – a bottle of apple juice; ein Glas Wasser – a glass of water; eine Tasse Kaffee – a cup of coffee.*

Flaschenbier *nt* bottled beer

Flaschenbürste *f* bottle-brush

Flaschengestell *nt* bottle rack

Flaschenhals *m* neck of a bottle

Flaschenkind *nt* bottle-fed baby

Flaschennahrung *f* baby milk

Flaschenöffner *m* bottle-opener

Flaschenpfand *m* deposit (on a bottle)

Flaschenpost *f* message in a bottle

Flaschenzug *m* pulley

flatterhaft *adj* fickle

flattern ['flatɐn] *vi* ① *sein* (*Vogel*) flutter ② *haben* (*Fahne*) stream, wave

flau [flaʊ] *adj* ① (*schwach*) weak ② (*Saison, Wind*) slack; **mir ist ganz ~** I feel queasy

Flaum [flaʊm] <-(e)s> *m* down, fluff; **Flaumfeder** *f* down feather; **flaumig** *adj*

downy, fluffy
Flausch [flaʊʃ] <-(e)s, -e> *m* fleece; **flauschig** *adj* fluffy
Flausen [ˈflaʊzən] *pl* (*fam*) ❶ (*Unsinn*) nonsense ❷ (*Illusionen*) fancy ideas *pl*
Flaute [ˈflaʊtə] <-, -n> *f* ❶ (*Windstille*) calm ❷ (*der Konjunktur, fig*) slack period
Flechte [ˈflɛçtə] <-, -n> *f* ❶ (*geh: Zopf*) braid, plait ❷ (*Algen, Pilzfäden*) lichen ❸ (MED) herpes
flechten *irr vt* (*Haar*) plait; (*Korb, Matte*) weave; (*Kranz*) wreathe
Flechtwerk *nt* interlacing
Fleck [flɛk] <-(e)s, -e> *m* ❶ (*Stelle*) spot ❷ (*Schmutz~*) blot, stain; (*Farb~*) splotch; **vom ~ weg** on the spot; **nicht vom ~ kommen** (*a. fig*) not to make any headway; **sie hat das Herz auf dem rechten ~** (*fig*) her heart is in the right place; **ein weißer ~** (*auf der Landkarte*) a blank area; **~en machen** stain (*in o auf etw* s.th.); **blauer ~** bruise; **er hatte überall blaue ~en** he was bruised all over
Flecken [ˈflɛkən] <-s, -> *m* (*Ort*) market town; **fleckenlos** *adj* (*a. fig*) spotless
Fleckentferner *m*, **Fleckenwasser** *nt* stain-remover
Fleckerlteppich *m* (*österr*) rag rug
fleckig [ˈflɛkɪç] *adj* stained
Fledermaus [ˈfleːdɐmaʊs] *f* bat
Flegel [ˈfleːgəl] <-s, -> *m* (*rüpelhafter Mensch*) uncouth fellow; **Flegelei** *f* uncouth behaviour; **flegelhaft** *adj* uncouth; **Flegeljahre** *pl* awkward adolescent phase *sing*
Flehen [ˈfleːən] *nt* entreaty
flehen *vi* plead (*um etw* for s.th., *zu jdm* with s.o.), entreat (*um etw* for s.th., *zu jdm* s.o.); **flehentlich** [ˈfleːəntlɪç] *adj* entreating, imploring; **ich bitte Sie ~ zu ...** I implore you to ...
Fleisch [flaɪʃ] <-(e)s> *nt* ❶ (*Nahrung*) meat ❷ (*lebendes ~*) flesh; **vom ~ fallen** (*fam*) lose a lot of weight; **sich ins eigene ~ schneiden** (*fig*) cut off one's nose to spite one's face; **es ist mir in ~ und Blut übergegangen** (*fig*) it has become second nature to me; **~ fressend** carnivorous; **Fleischbeschau** *f* ❶ meat inspection ❷ (*fam: Striptease*) cattle market; **Fleischbrühe** *f* meat stock; **Fleischbrühwürfel** *m* stock cube; **Fleischer(in)** *m(f)* butcher; **Fleischextrakt** *m* beef extract, extract of meat; **fleischfarben** *adj* flesh-coloured
fleischig *adj* fleshy
Fleischklößchen *nt* meat-ball
Fleischkost *f* meat diet
fleischlich *adj* ❶ (*Nahrung*) meat ❷ (*Begierde*) carnal
fleischlos *adj* (*ohne Fleisch*) meatless
Fleischpastete *f* meat pie
Fleischtomate *f* beef tomato
Fleischvergiftung *f* botulism; **Fleischwaren** *fpl* meat products; **Fleischwarenfabrik** *f* packing house; **Fleischwolf** *m* mincer *Br*, meat grinder *Am*; **Fleischwunde** *f* flesh wound; **Fleischwurst** *f* pork sausage
Fleiß [flaɪs] <-es> *m* (*als Wesenseigenschaft*) industriousness; **ohne ~ kein Preis** no pains, no gains; **mit großem ~** very industriously
fleißig *adj* ❶ diligent, industrious; (*arbeitsam*) hard-working ❷ (*fam: unverdrossen*) keen
flennen [ˈflɛnən] *vi* (*fam pej*) blubber
fletschen [ˈflɛtʃən] *vt*: **die Zähne ~** show one's teeth
flexibel *adj* flexible; **flexible Arbeitszeit** flexitime; **Flexibilisierung** *f*: **~ der Arbeitszeit** transition to flexible working hours; **Flexibilität** *f* flexibility
Flexion [flɛˈksjoːn] *f* (GRAM) inflection, inflexion
Flicken <-s, -> *m* patch; **flicken** [ˈflɪkən] *vt* mend; (*mit Flicken*) patch; **Flickenteppich** *m* rag rug
Flickzeug *nt* ❶ (*Nähzeug*) sewing kit ❷ (*für Reifen*) (puncture) repair outfit
Flieder [ˈfliːdɐ] <-s, -> *m* (*Strauch*) lilac
fliederfarben *adj* lilac
Fliege [ˈfliːgə] <-, -n> *f* ❶ (*Insekt*) fly ❷ (*Krawatte*) bow tie; **zwei ~n mit einer Klappe schlagen** kill two birds with one stone; **er kann keiner ~ etw zuleide tun** he wouldn't hurt a fly; **komm, mach 'ne ~!** (*sl*) get lost!
fliegen [ˈfliːgən] **I.** *irr vi* ❶ (*als Fortbewegungsart, a. wehen*) fly; (*Raumschiff*) travel ❷ (*eilen*) fly (*jdm in die Arme* into someone's arms) ❸ (*Puls*) race ❹ (*fam: fallen*) fall (*von etw* off s.th.) ❺ (*sl: entlassen werden*) be kicked out (*aus, von* of); **mit Pan Am ~** fly (by) Pan Am; **in die Ferien ~** fly on holiday *Br*, fly on vacation *Am*; **~ kann ich leider noch nicht!** (*fam: schneller kann ich nicht arbeiten*) sorry, I haven't got wings yet!; **in die Luft ~** (*fam: explodieren*) go up in the air; **auf jdn ~** (*fam*) be mad about s.o.; **durch eine Prüfung ~** (*fam*) flunk one's exam **II.** *vt* fly
fliegend *adj* flying
Fliegenfänger(in) *m(f)* fly-paper; **Fliegengewicht** *nt* (SPORT: *a. fig*) flyweight; **Fliegenklatsche** *f* fly-swat
Fliegenpilz *m* (*giftiger Blätterpilz*) fly aga-

ric
Fliieger ['fli:gɐ] *m* (AVIAT) ❶ (*Flugzeug*) plane ❷ (MIL: *Rang*) aircraftman *Br,* airman (basic) *Am;* **bei den ~n sein** be in the air force; **Fliegeralarm** *m* air-raid warning; **Fliegerangriff** *m* air-raid; **Fliegerhorst** *m* (MIL) RAF station *Br,* air-base *Am*
fliehen ['fli:ən] **I.** *irr vi sein* flee (*vor jdm* from s.o.) **II.** *vt* ❶ (*meiden*) avoid, shun ❷ (*entkommen*) escape (*aus* from); **aus dem Lande ~** flee the country; **zu jdm ~** take refuge with s.o.
Fliese ['fli:zə] <-, -n> *f* tile; **~n legen** lay tiles; **Fliesenleger** *m* tiler
Fließband *nt* assembly line; **am ~ arbeiten** [*o* **stehen**] work on the assembly line; **vom ~ rollen** come off the assembly line; **Fließbandarbeit** *f* assembly-line work; **Fließbandfertigung** *f* (conveyor-) belt production
fließen ['fli:sən] *irr vi sein* flow; **fließend** *adj* ❶ flowing ❷ (*Grenze, Übergang*) fluid; **~es Wasser** running water; **~ Englisch sprechen** speak English fluently, speak fluent English
Fließheck *nt* (AUTO) fastback
Fließsatz *m* (TYP) wordwrap
flimmern ['flɪmɐn] *vi* (*Bildschirm*) flicker
flink [flɪŋk] *adj* (*schnell*) quick
Flinte ['flɪntə] <-, -n> *f* rifle; (*Schrot~*) shot gun; **die ~ ins Korn werfen** (*fig*) throw in the sponge
Flipchart ['flɪptʃa:rt] <-, -s (-s, -s)> *nt* flip chart
Flipper(automat) ['flɪpɐ] <-s, -> *m* (*fam: Spielautomat*) pinball machine
flippern *vi* (*fam*) play pinball
flippig ['flɪpɪç] *adj* (*fam*) kooky, wild
Flirt [flœrt] <-(e)s, -s> *m* flirtation
flirten *vi* flirt
Flittchen *nt* (*pej*) slut
Flitter ['flɪtɐ] <-s> *m* ❶ (*Pailletten*) sequins, spangles *pl* ❷ (*fig: Tand*) frippery
Flittergold *nt* tinsel
Flitterwochen *pl* honeymoon *sing;* **sie fahren in die ~** they are going on their honeymoon
flitzen ['flɪtsən] *vi sein* (*fam*) whizz
Flocke ['flɔkə] <-, -n> *f* (*Schnee~*) flake; (*Staub~*) ball (of fluff); **flockig** *adj* fluffy
Floh [flo:, *pl:* 'flø:ə] <-(e)s, Flöhe> *m* ❶ (*kleines, Blut saugendes Insekt*) flea ❷ (*sl: Geld*): **Flöhe** dough *sing;* **jdm einen ~ ins Ohr setzen** put an idea into someone's head; **die Flöhe husten hören** (*hum*) imagine things; **Flohmarkt** *m* flea market
Flokati [flo'ka:ti] <-s, -s> *m* flokati
Flop [flɔp] <-s, -s> *m* flop
Flor[1] [flo:ɐ] <-(e)s,(-e)> *m* ❶ (*dünnes Gewebe*) gauze; (*Trauer~*) crêpe ❷ (*Samt~*) pile
Flor[2] *m* ❶ (*alle Blüten einer Pflanze*) bloom ❷ (*Blumenfülle*) abundance (of flowers) ❸ (*fig: Schar, Schwarm*) bevy
Florett [flo'rɛt] <-(e)s, -e> *nt* foil
florieren [flo'ri:rən] *vi* bloom, flourish
Floskel ['flɔskəl] <-, -n> *f* set phrase; **eine abgedroschene ~** a hackneyed phrase
Floß [flo:s, *pl:* 'flø:sə] <-es, Flöße> *nt* raft
Flosse ['flɔsə] <-, -n> *f* ❶ (ZOO MAR AERO) fin ❷ (*eines Tauchers*) flipper ❸ (*sl: Hand*) paw; **nimm deine ~n weg!** (*sl*) take your paws off!
flößen ['flø:sən] *vt, vi* raft
Flößer *m* raftsman *Br,* riverdriver *Am*
Flöte ['flø:tə] <-, -n> *f* ❶ (MUS) pipe; (*Quer~*) flute ❷ (*beim Kartenspiel*) flush
flöten *vi* ❶ (MUS) play (on) the flute ❷ (*Vogel*) warble ❸ (*pfeifen*) whistle; **~ gehen** (*sl*) go west
Flötenspieler(in) *m(f)* piper
Flötist(in) *m(f)* (MUS) flautist
flott [flɔt] *adj* ❶ (*schnell*) quick; (*Musik*) lively ❷ (*Kleidung*) smart; (*Tänzer*) good; (*Stil, Artikel*) racy ❸ (*Schiff*) afloat; **mach mal ein bisschen ~!** make it snappy!; **wieder ~ sein** (*Schiff*) be afloat again; (*Auto*) be back on the road; **flott|bekommen** *irr vt,* **flott|machen** *vt* ❶ (*Schiff*) float off ❷ (*Auto*) get on the road
Flotte ['flɔtə] <-, -n> *f* (MAR) fleet
Flottenabkommen *nt* (POL) naval treaty
Flottenstützpunkt *m* (MIL) naval base
Flöz [flø:ts] <-es, -e> *nt* (MIN) seam
Fluch [flu:x, *pl:* 'fly:çə] <-(e)s, Flüche> *m* ❶ (*Verfluchung*) curse ❷ (*Kraftausdruck*) swearword; **fluchen** ['flu:xən] *vi* ❶ swear (*über* about) ❷ (*verfluchen*) curse (*jdn, eine Sache* s.o., s.th.)
Flucht [flʊxt] <-, -en> *f* (*Fliehen*) flight; (*erfolgreiche ~*) escape; **in die ~ schlagen** put to flight; **die ~ ergreifen** flee, take flight; **auf der ~ sein** (*Flüchtling*) be fleeing; (*vor der Polizei*) be on the run
fluchtartig *adj* (*eilends*) hasty
flüchten ['flʏçtən] **I.** *vi* ❶ *sein* flee; (*entkommen*) escape ❷ (*Zuflucht suchen*) take refuge **II.** *vr* take refuge
Fluchthelfer(in) *m(f)* person who helps an escape
Fluchthilfe *f* escape aid; (**jdm**) **~ leisten** aid someone's escape
flüchtig ['flʏçtɪç] *adj* ❶ (*auf der Flucht*) fugitive ❷ (*oberflächlich*) cursory ❸ (*sorglos, nachlässig*) careless ❹ (*schnell vorü-*

F

bergehend) brief, fleeting; (*kurzlebig*) short-lived ❺ (CHEM) volatile; ~ **sein** (*Ausbrecher*) be still at large; **ich habe es nur ~ gelesen** I only skimmed through it; **jdn ~ kennen** know s.o. slightly [*o* have a nodding acquaintance with s.o.]; **ein ~er Bekannter** a passing [*o* nodding] acquaintance; **Flüchtigkeit** *f* ❶ (*Kürze*) brevity ❷ (*Oberflächlichkeit*) cursoriness ❸ (*Sorglosigkeit, Nachlässigkeit*) carelessness ❹ (*Vergänglichkeit*) fleetingness ❺ (CHEM) volatility; **Flüchtigkeitsfehler** *m* careless mistake

Flüchtling *m* refugee; **Flüchtlingslager** *nt* refugee camp

Fluchtversuch *m* escape attempt

Flug [flu:k, *pl:* 'fly:gə] <-(e)s, Flüge> *m* flight; **im ~** in flight, on the wing; (*fig: eilig*) in a twinkling; **Flugabwehr** *f* (MIL) anti-aircraft defence *Br,* anti-aircraft defense *Am;* **Flugabwehrkörper** *m* (MIL) anti-aircraft missile; **Flugasche** *f* flue dust, fly ash; **Flugaufkommen** *nt* air traffic; **Flugbahn** *f* ❶ (MATH) trajectory ❷ (AVIAT) flight path; **Flugbegleiter(in)** *m(f)* (AVIAT) steward(ess, air hostess) *Br,* flight attendant *Am;* **Flugblatt** *nt* leaflet; (*Werbe~*) handbill; **Flugblattaktion** *f* leaflet campaign; **Flugboot** *nt* (AVIAT MAR) flying boat; **Flugdatenschreiber** *m* flight recorder; **Flugdauer** *f* (AVIAT) flying time; **Flugdrachen** *m* hang glider

Flügel ['fly:gəl] <-s, -> *m* ❶ (*von Vogel, Haus, Tragfläche*) wing ❷ (*von Ventilator, Hubschrauber*) blade; (*Windmühlen~*) vane ❸ (*von Fenster*) casement; (*von Tür*) leaf, side ❹ (MIL) wing ❺ (ANAT: *Lungen~*) lobe; (*Nasen~*) nostril ❻ (MUS: *Piano*) grand piano; **mit den ~n schlagen** (*Vogel*) flap its wings; **jdm die ~ beschneiden** [*o* **stutzen**] (*fig*) clip someone's wings; **die ~ hängen lassen** (*fig*) be downcast

flügellahm *adj* ❶ (*Vogel*) with (an) injured wing(s) ❷ (*fig: kränkelnd*) ailing

Flügelmutter *f* (TECH) wing nut; **Flügelschraube** *f* wing screw

Flügeltür *f* double door

Fluggast *m* (AVIAT) (airline) passenger

flügge ['flʏgə] *adj* (fully-)fledged; ~ **werden** (*fig*) leave the nest

Fluggeschwindigkeit *f* flying speed; **Fluggesellschaft** *f* (AVIAT) airline; **Flughafen** *m* (AVIAT: *Zivil~*) airport; (MIL) aerodrome *Br,* airdrome *Am;* **Flughöhe** *f* (AVIAT) altitude; **wir befinden uns in einer ~ von ...** we are flying at an altitude of ...; **Flugkapitän** *m* (AVIAT) captain; **Flugkörper** *m* ❶ flying object ❷ (MIL) missile; **Fluglärm** *m* aircraft [*o* air-traffic] noise; **Fluglehrer(in)** *m(f)* flight instructor; **Flugleitsystem** *nt* (AVIAT) flight control system; **Flugleitung** *f* flight control; **Flugleitzentrum** *nt* mission control centre; **Fluglotse, -lotsin** *m, f* air-traffic controller, flight controler; **Flugnummer** *f* flight number; **Flugplan** *m* (AVIAT) flight schedule; **Flugplatz** *m* (AVIAT) airfield; **Flugreise** *f* flight

flugs [flu:ks] *adv* instantly, without delay

Flugschein *m* (*für Piloten*) pilot's licence *Br,* pilot's license *Am;* **Flugschneise** *f* (AVIAT) aerial corridor, flying lane; **Flugsicherheit** *f* (AVIAT) air safety; **Flugsicherung** *f* (AVIAT) air traffic control; **Flugstrecke** *f* air route; **Flugtechnik** *f* (AVIAT) ❶ (*Flugzeugbau*) aircraft engineering ❷ (*Technik des Fliegens*) flying technique; **Flugticket** *nt* air ticket; **Flugverbot** *nt* (AVIAT) grounding order; **jdm ~ erteilen** ground s.o.; **Flugverkehr** *m* (AVIAT) air traffic; **Flugwaffe** *f* (*CH: Luftwaffe*) air force; **Flugwesen** *nt* (AVIAT: *mit Ballon*) aeronautics *pl;* (*mit Flugzeug*) aviation; **Flugzeit** *f* flying time

Flugzettel *m* (*österr: Flugblatt*) leaflet

Flugzeug ['flu:ktsɔɪk] <-(e)s, -e> *nt* aircraft, plane; **Flugzeugabsturz** *m* air [*o* plane] crash; **Flugzeugbau** *m* aircraft construction; **Flugzeugbesatzung** *f* aircrew; **Flugzeugentführer(in)** *m(f)* hijacker; **Flugzeugentführung** *f* hijack(ing); **Flugzeugfabrik** *f* aircraft factory; **Flugzeughalle** *f* hangar; **Flugzeugkonstrukteur(in)** *m(f)* aircraft designer; **Flugzeugpark** *m* fleet of aircraft; **Flugzeugträger** *m* aircraft carrier; **Flugzeugunglück** *m* plane crash; **Flugzeugverband** *m* (MIL) aircraft formation; **Flugzeugwrack** *nt:* **ein (zwei, drei) ~(s)** the wreckage of a (two, three) plane(s)

fluktuieren [flʊktu'i:rən] *vi* fluctuate

Flunkerei [flʊŋkə'raɪ] *f* (*fam*) ❶ (*das Flunkern*) story-telling ❷ (*kleine Lüge*) fib

flunkern ['flʊŋkɐn] *vi* tell fibs

Fluor ['flu:ɔr] <-s> *nt* (CHEM) fluorine; **Fluorchlorkohlenwasserstoff** *m* (CHEM) chlorofluorocarbon, CFC

Fluoreszenz [fluorɛs'tsɛnts] *f* (PHYS) fluorescence; **fluoreszieren** *vi* fluoresce; **fluoreszierend** *adj* fluorescent; **Fluorkohlenwasserstoff** *m* (CHEM) fluorocarbon

Flur[1] [flu:ɐ] <-(e)s, -e> *m* (*Haus~*) hall; (*Korridor*) corridor

Flur[2] <-, -en> *f* (*unbewaldetes Land*) open fields *pl;* **der Kanzler stand allein auf**

weiter ~ (*fig*) the chancellor was out on a limb

Flurbereinigung <-> *f* land consolidation; **Flurname** *m* field-name; **Flurschaden** *m* damage to crops

Fluss [flʊs, *pl:* 'flʏsə] <-es, Flüsse> *m* river; (**unten**) **am** ~ down by the river; **in** ~ **kommen** (TECH) begin to melt; (*fig: beginnen*) get going; **etw in** ~ **bringen** (*sich verändern*) move into a state of flux; (*fig*) get s.th. going; **im** ~ **sein** (TECH) be molten; (*fig: vorankommen*) be going on; (*sich verändern*) be in a state of flux

flussabwärts [-'-(-)] *adv* downstream; **Flussarm** *m* arm of a [*o* the] river; **flussaufwärts** [-'-(-)] *adv* upstream; **Flussbett** *nt* river bed

Flussdiagramm *nt* flow chart, flow diagram

Flusseinzugsgebiet *nt* river basin

flüssig ['flʏsɪç] *adj* ❶ (*nicht fest*) liquid; (*Metall, Glas*) molten ❷ (*fließend*) flowing, fluid; (*Sprechen, Lesen, Schreiben*) fluent ❸ (COM FIN: *Geld*) available; ~ **machen** liquefy; (*schmelzen*) melt; (COM FIN: *Wertpapiere*) convert; **nicht** ~ **sein** (*fig fam*) be out of funds; ~ **sein** (*fig fam*) be in funds

Flüssiggas *nt* liquefied gas, L.P. gas

Flüssigkeit *f* ❶ (*flüssiger Stoff*) liquid ❷ (*Zustand*) liquidity ❸ (*von Geldern*) availability

Flüssigkristall *m* liquid crystal; **Flüssigkristallanzeige** *f* (TECH: *in elektronischen Taschenrechnern*) liquid crystal display, LCD

Flusskrebs *m* crayfish *Br,* crawfish *Am;* **Flusslauf** *m* course of a [*o* the] river; **Flussniederung** *f* river plain; **Flusspferd** *nt* hippopotamus; **Flussschif(f)fahrt** *f* (*Verkehr*) river traffic; (*~swesen*) river navigation; **Flussufer** *nt* riverbank

flüstern ['flʏstɐn] *vt, vi* whisper (*jdm etw ins Ohr* s.th. in someone's ear); **das kann ich dir** ~ (*fam: glaub es mir*) take it from me; **Flüsterpropaganda** *f* underground rumours *pl;* **Flüsterton** *m* whisper; **im** ~ in whispers *pl*

Flut [flu:t] <-, -en> *f* ❶ (*im Gegensatz zu Ebbe*) flood [*o* high] tide ❷ (*im pl: Wassermassen*) waters *pl* ❸ (*fig: Menge*) floods; **es ist** ~ (*die* ~ *kommt*) the tide is coming in; (*die* ~ *ist da*) it is high tide, the tide is in; **fluten** **I.** *vi sein* flood, pour, stream **II.** *vt haben* (MAR): **die Tanks** ~ flood the tanks; **Flutkatastrophe** *f* flood disaster; **Flutlicht** *nt* floodlight; **Flutwelle** *f* tidal wave

Flyer ['flaɪɐ] <-s, -> *m* (*Handzettel*) flyer

Föderalismus [fødera'lɪsmʊs] *m* (POL) federalism; **föderalistisch** *adj* (POL) federalist; **föderativ** *adj* (POL) federal

Fohlen ['fo:lən] <-s, -> *nt* (*junges Pferd*) foal; (*Hengst~*) colt; (*Stuten~*) filly; **fohlen** *vi* foal

Föhn[1] [fø:n] <-(e)s, -e> *m* (METE) foehn, föhn

Föhn[2] [fø:n] <-(e)s, -e> *m* (*Haartrockner*) hair-dryer; **föhnen** *vt* blow-dry

Föhre ['fø:rə] <-, -n> *f* (*Nadelbaum*) Scots pine

Folge ['fɔlgə] <-, -n> *f* ❶ (*Aufeinander~*) succession; (*Reihen~*) order; (*Serie*) series *sing;* (MATH) sequence ❷ (RADIO TV: *Fortsetzung*) episode ❸ (*Konsequenz*) consequence; (*Ergebnis*) result ❹ (*formell*): ~ **leisten** comply with (*einer Sache* s.th.); **in zwangloser** ~ in no particular order; **in der** ~ subsequently; **als** ~ **davon** in consequence [*o* as a result]; **dies hatte zur** ~, **dass ...** the consequence [*o* result] of this was that ...; **die Sache wird** ~**n haben** the affair will have serious consequences; **die** ~**n tragen** take the consequences; **Folgeerscheinung** *f* consequence, result

folgen *vi* ❶ *sein* (*a. fig: verstehen*) follow (*jdm, einer Sache* s.o., s.th.) ❷ (*resultieren*) follow (*aus* from) ❸ (*gehorchen*) do as one is told; **es folgt daraus, dass ...** hence it follows that ...; **Fortsetzung folgt** to be continued; **jds Beispiel** ~ follow someone's example; **auf den Frühling folgt der Sommer** spring is followed by summer

folgend *adj* following; **am** ~**en Tage** the following day; **er schreibt Folgendes ...** he writes (as follows) ...; **es handelt sich um Folgendes ...** the matter is this ...; **folgendermaßen** *adv* as follows; **folgenschwer** *adj* of serious consequence(s); (*bedeutsam*) momentous; **folgerichtig** *adj* consistent, logical; **Folgerichtigkeit** *f* (logical) consistency

folgern ['fɔlgɐn] *vt, vi* conclude from, infer from; **Folgerung** *f* conclusion; **die** ~**en können Sie selber ziehen** draw your own conclusions

Folgezeit *f* time to come

folglich ['fɔlklɪç] *konj* consequently, therefore

folgsam ['fɔlkza:m] *adj* obedient

Folgsamkeit *f* obedience

Foliant [fo'ljant] <-en, -en> *m* ❶ (*Folioband*) folio (volume) ❷ (*dickes Buch*) tome

F

Folie ['fo:liə] <-, -n> *f* (*Metall~, Schicht*) foil; (*Plastik~*) film

Folio ['fo:lio] <-s, -s/-lien> *nt* folio

Folklore [fɔlk'lo:rə] <-, -n> *f* folklore; **folkloristisch** *adj* folkloric

Folksong *m* folk song

Folsäure ['fo:l-] *f* folic acid

Folter ['fɔltɐ] <-, -n> *f* ① torture ② (*fig*) torment; **jdn auf die ~ spannen** (*a. fig*) put s.o. on the rack; **Folterbank** *f* rack; **foltern** **I.** *vt* torture; **jdn ~ lassen** have s.o. tortured **II.** *vi* use torture; **Folterung** *f* torture

Fon¹ *nt* phon

Fon² *nt* (*Tel.*) phone

Fond [fɔ̃:] <-s> *m* (AUTO) back, rear

Fonds [fõ:] <-, -> *m* ① (FIN: *Geldreserve*) funds *pl;* (*Schuldverschreibung*) government bond ② (*fig*) fund; **Fondsmanager(in)** *m(f)* fund manager

Fondue [fõ'dy:] <-s, -s> *nt* fondue

i Land & Leute

A **Fondue** is a dish consisting of a pot of melted cheese on a low flame, placed on the table so that each guest can dip their piece of bread on a skewer into the cheese. A *Fleischfondue* requires a pot of hot oil and small pieces of meat on skewers which when cooked are then dipped in a variety of sauces.

Fonotypistin *f* audio typist

Fontäne [fɔn'tɛ:nə] <-, -n> *f* ① (*Strahl*) jet ② (*Springbrunnen*) fountain

foppen ['fɔpən] *vt* (*fam*): **jdn ~** (*für dumm verkaufen*) make a fool of s.o.

forcieren [fɔr'si:rən] *vt* force; (*nach oben zwingen*) force [*o* push] up; **seine Anstrengungen ~** increase one's efforts

Förderanlage *f* hauling plant; **Förderband** *nt* conveyor belt

Förderer(in) *m(f)* sponsor; (*Gönner*) patron

Fördergelder *pl* development funds

Fördergerät *nt* (TECH) conveyor; **Fördergerüst** *nt* (MIN) pithead; **Fördergeschwindigkeit** *f* velocity of conveying; **Förderkorb** *m* (MIN) mine cage; **Förderland** *nt* producer country

förderlich *adj* beneficial (*jdm, einer Sache* to s.o., to s.th.)

Fördermenge *f* capacity, delivery; (*von Öl*) output

fordern ['fɔrdɐn] **I.** *vt* ① (*verlangen*) demand (*von jdm* of s.o.); (*Anspruch erheben auf*) claim ② (*er~*) call for ③ (*heraus~, a. fig*) challenge; **richtig** [*o* **wirklich**] **gefordert werden** (*fig*) be faced with a real challenge **II.** *vi* make demands

fördern ['fœrdɐn] *vt* ① (*unterstützen*) support; (*finanziell*) sponsor ② (*propagieren, voranbringen, steigern*) promote, encourage ③ (MIN: *Bodenschätze*) extract; (*Erz, Kohle*) mine; **zu Tage ~** (*fig*) bring to light

Förderprogramm *nt* promotion programme, development plan

Förderschacht *m* (MIN) winding shaft; **Förderturm** *m* (MIN) winding tower

Forderung *f* ① (*Verlangen*) demand (*nach* for); (*Lohn~*) claim (*nach* for) ② (*Erfordernis*) requirement ③ (COM: *gegenüber Schuldnern*) claim (*gegen* against) ④ (*Heraus~*) challenge

Förderung *f* ① (*Unterstützung*) support; (*finanzielle*) sponsorship ② (*Voranbringen*) promotion ③ (*fam: ~ssumme*) grant ④ (MIN) extraction, mining

Förderungsprogramm *nt* development [*o* aid] program(me)

Forelle [fo'rɛlə] <-, -n> *f* (*Lachsfisch*) trout

Form [fɔrm] <-, -en> *f* ① form; (*Umriss, Gestalt*) shape ② (TECH: *Gieß~*) mould; (*Back~*) baking, tin *Br,* pan *Am* ③ (*im pl: Umgangsformen*) manners *pl* ④ (SPORT: *Kondition*) condition, form; **in guter ~ sein** (SPORT) be in good form; **in ~ von ...** in the form of ...; **eine bestimmte ~ haben** be in a certain form; **einer Sache ~ geben** [*o* **verleihen**] (*a. fig*) shape s.th.; **in aller ~ um Entschuldigung bitten** make a formal apology; **die ~ wahren** observe the proprieties *pl;* **der ~ wegen** for form's sake; **feste ~ annehmen** (*fig*) take shape

formal [fɔrma:l] *adj* ① formal ② (*äußerlich*) technical

Formaldehyd <-s> *m* (CHEM) formaldehyde

Formalität *f* formality

Format [fɔr'ma:t] <-(e)s, -e> *nt* ① format ② (*fig: Niveau*) quality; (*Rang*) stature; **ein Staatsmann von ~** (*fig*) a statesman of high calibre *Br,* caliber *Am*

formatieren *vt* (*Text*) format; **Formatierung** *f* formatting

Formation *f* formation

formbar *adj* (*a. fig*) malleable; **Formbarkeit** *f* (*a. fig*) malleability; **formbeständig** *adj* (TECH) retaining its form

Formblatt *nt* (blank) form

Formel ['fɔrməl] <-, -n> *f* ① formula ② (*Wortlaut eines Eides*) wording; **~-1-Rennen** Formula-One race; **um dies alles auf eine ~ zu bringen ...** (in order)

to reduce this all to a formula …

formell [fɔr'mɛl] *adj* formal

formen [fɔrmən] *vt* form, shape; ~**de Kraft** formative power; **Formenlehre** *f* (LING GEOG) morphology; **Former(in)** *m(f)* moulder; **Formerei** *f* moulding shop

Formfehler *m* (JUR) flaw

formieren **I.** *vt* form; (*Truppen*) draw up **II.** *vr* form up

Formierung *f* formation; (MIL: *von Truppen*) drawing-up

förmlich ['fœrmlɪç] *adj* ❶ (*formell*) formal ❷ (*regelrecht*) positive, real

Förmlichkeit *f* formality; **bitte keine ~en!** please don't stand on ceremony! *sing*

formlos *adj* ❶ (*gestaltlos*) formless ❷ (*fig: zwanglos*) casual ❸ (*Antrag*) unaccompanied by any forms

Formsache *f* formality; **das ist eine ~** that's a matter of form

Formular [fɔrmu'la:ɐ] <-s, -e> *nt* form *Br,* blank *Am;* **ein ~ ausfüllen** fill in a form *Br,* fill out a blank *Am;* **formulieren** *vt* formulate, word; **ich möchte es so ~: …** I should like to put it like this: …; **ich werde die Frage anders ~** I'll put the question another way; **Formulierung** *f* formulation, wording; **eine bestimmte ~** a particular phrase

Formung *f* ❶ (*das Formen*) forming ❷ (*Form*) shape

formvollendet *adj* perfect in form

forsch [fɔrʃ] *adj* (*nass~*) brash

forschen ['fɔrʃən] *vi* ❶ (*suchen*) search (*nach* for) ❷ (*wissenschaftlich*) do research work, research

Forscher(in) *m(f)* ❶ (*Wissenschaftler*) research scientist ❷ (*Forschungsreisender*) explorer

Forschung *f* research; **Forschungsabteilung** *f* research department; **Forschungsanstalt** *f* research institute; **Forschungsergebnis** *nt* result of research; **Forschungslabor** *nt* research laboratory; **Forschungsreise** *f* expedition; **Forschungssatellit** *m* resarch satellite; **Forschungszentrum** *nt* research centre

Forst [fɔrst] <-(e)s, -e(n)> *m* forest; **Forstamt** *nt* forestry office; **Forstarbeiter(in)** *m(f)* forestry worker; **Forstaufseher(in)** *m(f)* ranger; **Forstbeamte(r)**, **-beamtin** *m, f* forestry official

Förster(in) ['fœrstɐ] *m(f)* forester *Br,* forest ranger *Am;* **Forsthaus** *nt* forester's lodge *Br,* ranger's lodge *Am;* **Forstwirtschaft** *f* forestry

fort [fɔrt] *adv* ❶ (*weg*) away; (*verschwunden*) gone ❷ (*weiter*) on; **ich muss ~** I must be off; **meine Uhr ist ~** my watch is gone; **~! ~ mit dir!** (*interj*) away with you!; **~ und ~** on and on; **in einem ~** without a break; **und so ~** and so on, and so forth

Fortbestand *m* continuance; **~ gefährdeter Tierarten** continuance of endangered species

fort|bestehen *irr vi* continue (to exist); **fort|bewegen** *vt, vr* move; **Fortbewegung** *f* locomotion; **Fortbewegungsmittel** *nt* means of transport; **fort|bilden** *vt, vr* continue someone's (one's) education; **Fortbildung** *f* further education; **berufliche ~** further training; **fort|bringen** *irr vt* ❶ take away; (*zur Reinigung, Reparatur*) take in ❷ (*bewegen*) move

Fortdauer *f* continuance

fort|dauern *vi* continue; **fortdauernd** **I.** *adj* continuing; (*bei Vergangenem*) continued **II.** *adv* continuously

Fortentwicklung *f* (further) development; **dieses Modell ist eine ~ seines Vorgängers** this model is a further development on the previous one

fort|fahren **I.** *irr vi* ❶ *sein* (*wegfahren*) go [*o* drive] away ❷ (*~ wie bisher*) continue (*in, mit etw* with s.th.); **~ etw zu tun** continue to do [*o* doing] s.th.; **wie ich schon sagte …, fuhr er fort …** as I already told you …, he continued … **II.** *vt haben* take [*o* drive] away

Fortfall <-(e)s> *m* discontinuance; **fortfallen** *sein irr vi* ❶ (*abgeschafft werden*) be abolished ❷ (*nicht mehr erfolgen*) be stopped ❸ (*aufhören zu existieren*) cease to exist ❹ (*nicht mehr zutreffen*) cease to apply; **fort|fliegen** *irr vi sein* fly away; **fort|führen** *irr vt* ❶ (*fortsetzen*) continue, go on with; (*Geschäft, Krieg*) carry on ❷ (*wegführen*) take [*o* lead] away; **Fortführung** *f* (*Fortsetzung*) continuation;

Fortgang <-(e)s> *m* ❶ (*Weggang*) departure (*von, aus* from) ❷ (*Verlauf*) progress; **bei seinem ~** when he left; **seinen ~ nehmen** progress; **fort|gehen** *irr vi sein* go away; **von zu Hause ~** leave home

fortgeschritten *adj* advanced; **zu ~er Stunde** at a late hour; **eine Krankheit im ~en Stadium** an advanced stage of an illness

fortgesetzt *adj* continual, incessant; (*wiederholt*) repeated

fort|jagen *vt haben* chase out (*von, aus* of)

Fortkommen *nt* (*a. fig: Fortschritt*) progress

fort|kommen *irr vi* ❶ *sein* (*wegkommen*) get away ❷ (*fig: vorankommen*) get on well ❸ (*abhanden kommen*) disappear; **machen Sie, dass Sie ~!** be off! make yourself scarce!

fort|laufen *irr vi* run away (*jdm* from s.o.); **fortlaufend** *adj* ongoing; (*ausdauernd*) continual; **~ numeriert** (*Geldscheine*) serially numbered; (*Buchseite*) consecutively paginated

fort|leben *vi* live on

fort|pflanzen *vr* ❶ (BIOL) reproduce ❷ (PHYS: *Wellen*) propagate; **Fortpflanzung** *f* (BIOL) reproduction; (*Vermehrung von Pflanzen*) propagation; **Fortpflanzungsfähigkeit** *f* ❶ (BIOL) reproductiveness ❷ (PHYS) transmissibility; **Fortpflanzungsorgan** *nt* reproductive organ; **Fortpflanzungstrieb** *m* reproductive instinct

fort|schaffen *vt* remove; **fort|schicken** *vt* send away; **fort|schreiten** *irr vi* ❶ *sein* (*sich entwickeln*) develop ❷ (*weitergehen*) continue

Fortschritt *m* ❶ progress ❷ (*wissenschaftlicher*) advance; **~e machen** [*o* **erzielen**] make progress; **dem ~ dienen** further progress; **fortschrittlich** *adj* progressive

fort|setzen **I.** *vt* (*fortführen*) continue; **wird fortgesetzt** (*Fortsetzung folgt*) to be continued **II.** *vr* ❶ (*sich ausbreiten*) extend ❷ (*weitergehen, weiter dauern*) continue; **Fortsetzung** *f* ❶ (*das Fortsetzen*) continuation ❷ (*eines Romans, einer Serie*) instal(l)ment; **~ folgt** to be continued; **Fortsetzungsgeschichte** *f* serial

fortwährend *adj* continual, incessant

fort|wirken *vi* continue to have an effect

fossil *adj* fossil; **~e Brennstoffe** fossil fuels

Foto ['fo:to] <-s, -s> *nt* photo; **ein ~ (von jdm/etw) machen** take a photo (of s.o./s.th.); **Fotoapparat** *m* camera

Foto-CD *f* photo CD

fotogen [foto'ge:n] *adj* photogenic

Fotograf(in) [foto'gra:f] *m(f)* photographer

Fotografie *f* ❶ (*Kunst der ~*) photography ❷ (*Foto*) photograph; **fotografieren** **I.** *vt* take a photograph of; **sich ~ lassen** have one's photo(graph) taken **II.** *vi* take pictures; **fotografisch** **I.** *adj* photographic **II.** *adv* photographically

Fotokopie *f* photocopy; **fotokopieren** *vt* photocopy; **Fotokopierer** *m* photocopier; **Fotokopiergerät** *nt* photocopying machine

Fotomontage *f* photomontage; **Fotoreporter(in)** *m(f)* press photographer

Fotosatz *m* (TYP) photo composition

Fotosynthese *f* photosynthesis

Fotozelle *f* photoelectric cell

Fötus <-(ses), se/Föten> *m* foetus

Fotze ['fɔtsə] <-, -n> *f* (*vulg*) cunt

Fötzel <-s, -> *m* (*CH: Taugenichts*) good-for-nothing

Foul [faul] <-s, -s> *nt* foul; **foulen** *vt* foul

Fracht [fraxt] <-, -en> *f* ❶ (*Ladung*) freight; (MAR AERO) cargo ❷ (*~gebühr*) freight(age); **etw per ~ versenden** send s.th. freight; **~ berechnen** charge freight; **Frachtbrief** *m* consignment note; (MAR) bill of lading; **Frachtdampfer** *m* cargo steamer; **Frachter** *m* freighter; **Frachtflugzeug** *nt* freight plane, freighter; **frachtfrei** *adj* carriage paid [*o* free]; **Frachtgut** *nt* freight; **Frachtkosten** *pl* freight charges; **Frachtraum** *m* ❶ (*Raum für die Fracht*) hold ❷ (*Ladekapazität*) cargo space; **Frachtschiff** *nt* cargo ship, freighter; **Frachttarif** *m* freight rate; **Frachtverkehr** *m* goods traffic

Frack [frak, *pl:* 'frɛkə] <-(e)s, Fräcke> *m* ❶ tail coat ❷ (*fam: Jackett*) jacket; **im ~** in tails *pl*

Frage ['fra:gə] <-, -n> *f* ❶ question ❷ (*Problem*) problem; **ich möchte Ihnen eine ~ stellen** I should like to ask you a question; **ich habe hierzu noch eine ~** I have another question on this; **ich habe eine ~ an Sie** I have a question for you; **die deutsche ~** (POL HIST) the German issue [*o* question]; **entscheidende ~** crucial question; **das ist eine andere ~** that is another question; **eine ~ aufwerfen** raise a question; **das ist (doch sehr) die ~** that's the whole problem; **eine ~ des Geldes** a question of money; **etw in ~ stellen** call s.th. into question; **in ~ kommen** (*in Betracht kommen*) be considered (*für etw* for s.th.); **nicht in ~ kommen** be out of the question (*für jdn oder etw* for s.o., s.th.); **das ist (gar) keine ~** there is no question about it; **ohne ~** without doubt; **das ist nur eine ~ der Zeit** that's only a matter of time; **nur diese ~ ist noch strittig** this is the only controversial problem

Fragebogen *m* questionnaire

fragen ['fra:gən] **I.** *vt, vi* ask (*jdn o etw* s.o., s.th, *nach jdm o etw* about s.o., s.th.); **ich fragte ihn nach seinem Namen** I asked him (what) his name (was); **wir mussten nach dem Weg ~** we had to ask the way; **ich möchte Sie um Rat ~** I would like to ask your advice; **darf ich Sie etw ~?** may I ask you a question?; **frag mich bloß das nicht!** ask me another!; **frag doch nicht so dumm!** don't ask (such) silly questions!; **danach fragt sie doch überhaupt nicht** (*das kümmert sie nicht*) she doesn't bother about that at all; **man wird ja**

wohl noch ~ dürfen (*fam*) I only asked **II.** *vr* wonder; **da fragt man sich doch wirklich, ob …** one can't help wondering if …; **es fragt sich, ob …** it's questionable whether

Fragerei *f* (*fam pej*) questions *pl;* **was soll die ganze ~?** why all these questions?

Fragesatz *m* (GRAM) interrogative sentence; **Fragesteller(in)** *m(f)* questioner; **Fragestellung** *f* ❶ (*Formulierung einer Frage*) formulation of a question ❷ (*Problem, Frage*) question; **Fragestunde** *f* (PARL) question time; **Fragewort** *nt* (GRAM) interrogative; **Fragezeichen** *nt* (*a. fig*) question mark

fraglich [ˈfraːklɪç] *adj* ❶ (*in Frage stehend*) in question; (*attributiv*) questionable ❷ (*zweifelhaft*) doubtful ❸ (*ungewiss*) uncertain

fraglos *adj* unquestionable

Fragment [fragˈmɛnt] <-(e)s, -e> *nt* fragment; **fragmentarisch** *adj* fragmentary

fragwürdig *adj* ❶ doubtful ❷ (*dubios*) dubious

Fraktal [frakˈtaːl] <-(e)s, -e> *nt* (MATH) fractal

Fraktion [frakˈtsjoːn] *f* (POL) parliamentary party *Br,* congressional party *Am;* **Fraktionsführer(in)** *m(f)* party whip

Fraktur [frakˈtuːɐ] <-, -en> *f* fracture

Frame [frɛɪm] *m* (*Browsertechnik, die es erlaubt eine Web-Seite in verschiedene Fenster einzuteilen*) frame

Franchisenehmer(in) [ˈfrɛntʃaɪzˌneːmɐ] <-s, -> *m(f)* franchisee; **Franchisegeber(in)** [ˈfrɛntʃaɪzˌgeːbɐ] <-s, -> *m(f)* franchiser; **Franchising** [ˈfræntʃaɪzɪŋ] <-s> *nt* (COM) franchising

frank [fraŋk] *adj* frank, open; **~ und frei** frankly, openly

Franken [ˈfraŋkn] <-s, -> *m* (Swiss) franc

frankieren *vt* (*manuell*) stamp; (*maschinell*) frank

Frankiermaschine *f* franking machine

Frankierung *f* franking

franko [ˈfraŋko(ː)] *adj* (*bei Postbeförderung*) postpaid, P.P.; (COM: *frei Haus*) carriage paid

Frankreich [ˈfraŋkraɪç] *nt* France

Franse [ˈfranzə] <-, -n> *f* (*an Teppich*) fringe; (*von Haar*) strand of hair

Franzose [franˈtsoːzə] <-n, -n> *m* Frenchman; **die ~n** (*das Volk*) the French; **ich bin ~** I'm French; **Französin** [franˈtsøːzɪn] *f* French woman; **französisch** *adj* French

fräsen [ˈfrɛːzən] *vt* (TECH) mill(-cut); (*Holz*) mould; **Fräsmaschine** *f* milling machine

Fraß [fraːs] <-es> *m* (*pej*) muck; **den Löwen zum ~ vorwerfen** feed to the lions

Fratze [ˈfratsə] <-, -n> *f* ❶ (*Grimasse*) grimace ❷ (*fam: hässliches Gesicht*) ugly face ❸ (*fig: Zerrbild*) grotesque caricature; **~n schneiden** pull a face (*jdm* at s.o.)

Frau [frau] <-, -en> *f* woman; (*Ehe~*) wife; (*Anrede*) Mrs(.); (*Familienstand unbekannt*) Ms(.); **jdn zur ~ haben** be married to s.o.; **~ und Kinder haben** have a wife and children; **kann ich Ihnen helfen, gnädige ~?** can I help you, madam?;

Frauenarzt, -ärztin *m, f* gyn(a)ecologist; **Frauenbeauftragte(r)** *f m* official women's representative; **frauenbewegt** *adj* (active as a) feminist; **Frauenbewegung** *f* feminist movement

Frauenförderung *f* promotion of women; **Frauengruppe** *f* women's group; **Frauenhaus** *nt* women's refuge, refuge (for battered women); **Frauenklinik** *f* gyn(a)ecological hospital; **Frauenleiden** *nt* gyn(a)ecological illness; **Frauenpolitik** *f* feminist politics *sing;* **Frauenrechtler(in)** *m(f)* feminist; (*fam*) Women's Libber; **Frauenzeitschrift** *f* women's magazine; **Frauenzimmer** *nt* (*fam a. pej*) female

Fräulein [ˈfrɔɪlaɪn] <-s, -s> *nt* ❶ (*unverheiratete Frau, junge Frau*) young lady ❷ (*Anrede*) Miss; (*Kellnerin*) waitress; **~ Schmid** Miss Schmid

i Land & Leute

Unmarried women used to be addressed as **Fräulein** (Miss). However, since the 1970s the women's movement has been campaigning against this form of address as 'Herrlein' (literally 'little man') does not exist. Nowadays no distinction is made between married and unmarried women; the normal form of address is *Frau* (Mrs or Ms).

freakig *adj* (*sl*) freaky

frech [frɛç] *adj* insolent; (*unverschämt*) impudent; (*fam: keck*) cheeky *Br,* fresh *Am;* (*trotzig*) saucy, sassy *Am;* **eine ~e Lüge** a brazen lie; **~e Antwort** backtalk; **werd nicht ~!** don't be fresh with me!; **sei nicht so ~!** don't be cheeky!

Frechdachs *m* (*fam*) cheeky monkey

Frechheit *f* ❶ (*freches Verhalten*) cheek(iness), impudence, insolence, sauciness ❷ (*freche Bemerkung, Handlung*) bit

F

of impudence [*o* cheek]; **sie besaß die ~ zu …** she had the impudence [*o* nerve] to …; **so eine ~!** what a cheek!

Freecall ['fri:kɔ:l] <-s, -s> *m* (*kostenloser Anruf*) free call

free|climben ['fri:klaɪm(b)ən] *vi* free climb, do free climbing

Fregatte [fre'gatə] <-, -n> *f* (MAR) frigate; **Fregattenkapitän** *m* (MAR) commander

frei [fraɪ] *adj* ① (*unbehindert, unabhängig*) free; (*~ beruflich*) freelance; (*privat, nichtstaatlich*) private ② (*Posten, Amt, Wohnung*) vacant; (*Taxi*) for hire ③ (*kostenlos*) free ④ (*freisinnig*) liberal; (*freimütig*) free ⑤ (*unbekleidet*) bare ⑥ (*verfügbar, erhältlich*) available; (*Beamter, Angestellter, Zeit*) free; **~e Wahl des Arbeitsplatzes** free movement of labour; **~e Hand haben (jdm lassen)** have (give s.o.) a free hand; **Eintritt ~!** admission free!; **sind Sie ~?** are you free?; **~ an Bord** (COM) free on board, f.o.b.; **auf ~em Felde** in the open country; **unter ~em Himmel** in the open air; **auf ~er Strecke** (RAIL) between stations *pl;* (AUTO) on the road; **aus ~en Stücken** of one's own free will; **keine ~e Minute haben** not have a moment to o.s.; **ich bin so ~** may I?; **endlich gab er dem Projekt ~e Fahrt** (*fig*) at last he gave the green light for the project; **~es Geleit** safe conduct; **jdn auf ~en Fuß setzen** set s.o. free; **kannst du dich von dieser Vorstellung nicht ~ machen?** can't you free yourself from that idea?; **den Dingen ~en Lauf lassen** let things take their course; **~ lebende Tierarten** wildlife species; **das ~e Spiel der Kräfte** the free play of forces; **machen Sie die Straße ~!** clear the road!; **ich arbeite als ~er Mitarbeiter** I am working freelance; **~e Marktwirtschaft** free-market [*o* open market] economy; **einen Tag ~ bekommen (haben, nehmen)** get (have, take) a day off; **morgen ist ~** tomorrow is a holiday; **unser Haus steht völlig ~** (*allein, isoliert*) our house stands quite by itself; **sie hat heute Abend ~** she is off tonight; **haben Sie noch etw ~?** (*ein Zimmer*) have you got any vacancies? *pl;* **~ reden, ~ sprechen** (*offen*) speak openly; (*nicht vom Blatt ablesen*) extemporize; **diese Stelle wird nächsten Monat ~** this position will become vacant next month

Freibad *nt* open-air (swimming) pool

freiberuflich *adj* self-employed; (*Journalist, Autor*) freelance; **Freibetrag** *m* (*bei Steuern*) tax allowance; **Freibier** *nt* free beer; **Freibrief** *m* ① (*Vorrechte*) privilege ② (*fig*) licence *Br,* license *Am*

Freidenker(in) *m(f)* freethinker

Freie <-n> *nt:* **das ~** the open (air); **im ~n** in the open (air); **im ~n übernachten** sleep out in the open

Freier *m* (*fam: Kunde einer Prostituierten*) punter, client *Br,* john *Am*

Freiexemplar *nt* free copy

Freigabe *f* release; (*von Preiskontrollen*) lifting; (*von Strecke*) opening; (*von Film*) passing

frei|geben **I.** *irr vt* ① (*Vermögen, Personen, a. Nachrichten*) release (*für, an* to); (*Gefangene, Ehegatten*) set free; (*gesperrte Konten*) deblock; (*Preise*) decontrol ② (*eröffnen*) open (*für etw* to s.th.) ③ (*einen Film*) pass; **dieser Film ist (für Jugendliche) ab 16 (Jahren) freigegeben** this film may be seen by people over (the age of) 16; **ein Produkt für den Markt ~** allow a product to be sold on the market **II.** *vi:* **jdm (eine Woche) ~** give s.o. a (week's) holiday; **jdm (für) einen Tag ~** give s.o. a day off

freigebig ['fraɪge:bɪç] *adj* generous; **~ mit Geld sein** be liberal with one's money; **Freigebigkeit** *f* generosity; **Freigeist** *m* freethinker; **Freigelassene(r)** *f m* (HIST) freedman; **Freigepäck** *nt* baggage allowance; **Freihafen** *m* free port

frei|halten *irr vt* ① (*Platz*) keep free; (*reservieren*) keep ② (*für jdn bezahlen*) pay for

Freihandel *m* (COM POL) free trade; **Freihandelszone** *f:* **Europäische ~** European Free Trade Area, EFTA

freihändig ['fraɪhɛndɪç] *adj* (*Schießen*) offhand; (*Zeichnen*) freehand; (*Radfahren*) without hands

Freiheit ['fraɪhaɪt] *f* ① freedom; (*als Idealvorstellung*) liberty ② (*Privileg, oft pl: ~en*) freedom; **endlich bin ich wieder in ~** at last I am free again; **jdn in ~ setzen** set s.o. free; **dichterische ~** poetic licence *Br,* license *Am;* **persönliche ~** personal freedom; **du hast doch alle ~en, was willst du noch?** you have all the freedom possible, what else do you want?; **sich die ~ nehmen etw zu tun** take the liberty of doing s.th.; **sich ~en herausnehmen** take liberties

freiheitlich *adj* liberal; **die ~-demokratische Grundordnung** the free democratic constitutional structure

Freiheitsberaubung *f* (JUR) wrongful deprivation of personal liberty; **Freiheitsdrang** *m* thirst [*o* desire] for freedom; **Freiheitskrieg** *m* war of liberation

Freiheitsstrafe *f* prison sentence; **zu einer ~ von vier Jahren verurteilt werden** be sentenced to four years' imprisonment, be given a four-year prison sentence

Freikarte *f* free [*o* complimentary] ticket

frei|kaufen *vt* ransom

Freikörperkultur *f* nudism

Freilandhuhn *nt* free-range hen

frei|lassen *irr vt* set free; (*Häftling*) release (*aus* from); **gegen Kaution ~** release on bail; **Freilassung** *f* release

Freilauf *m* (*beim Fahrrad*) freewheel

frei|legen *vt* (*a. fig*) expose

Freileitung *f* (ELEK) aerial line, overhead cable

freilich ['fraɪlɪç] *adv* ❶ (*natürlich*) certainly, of course, sure *Am* ❷ (*allerdings*) admittedly; **ja ~!** to be sure! yes, of course!

Freilichtbühne *f* open-air theatre; **Freilichtspiele** *pl* open-air festival *sing*

Freilos *nt* free lottery ticket

frei|machen **I.** *vt* (*frankieren*) stamp; (*maschinell*) frank **II.** *vi* (*nicht arbeiten*) take off; **ich mache morgen frei** I'll take the day off tomorrow **III.** *vr* (*sich entkleiden*) take one's clothes off

Freimaurer *m* Freemason; **Freimaurerei** *f* Freemasonry

freimütig ['fraɪmy:tɪç] *adj* candid, frank, open; **Freimütigkeit** *f* frankness, openness

freischaffend *adj* freelance

frei|sprechen *irr vt* (JUR) acquit (*jdn von etw* s.o. of s.th.); **er wurde wegen erwiesener Unschuld freigesprochen** he was proved not guilty

Freisprechmikrofon *nt* wireless headset

Freispruch *m* (JUR) acquittal; **die Verteidigung plädierte auf ~** the defence pleaded not guilty

Freistaat *m* free state

frei|stehen *irr vi* (*dem jeweiligen Gutdünken*) be up (*jdm* to s.o.)

frei|stellen *vt* ❶ (*ausnehmen, befreien*) exempt (*jdn von etw* s.o. from s.th.) ❷ (*Arbeiter, Angestellte*) release (*für* for) ❸ (*anheim stellen*) leave (*jdm etw* s.th. (up) to s.o.)

Freistoß *m* (*Fußball*) free kick

Freitag ['fraɪta:k] <-(e)s, -e> *m* Friday

Freitod *m* suicide; **Freitreppe** *f* open stairs *pl;* **Freiumschlag** *m* stamped envelope; **adressierter ~** stamped addressed envelope; **Freiwild** *nt* (*fig*) fair game

freiwillig *adj* voluntary; (*Schulbesuch, Krankenversicherung*) optional; **~e Feuerwehr** voluntary fire brigade; **Freiwillige(r)** *f m* volunteer; **~ vor!** volunteers, one pace forward!; **Freiwilligkeit** *f* voluntariness

Freizeichen *nt* (TELE) dialling tone; **Freizeit** *f* leisure time, free time; **Freizeitausgleich** *m* free time compensation; **Freizeitgesellschaft** *f* leisure society; **Freizeitgestaltung** *f* organization of one's leisure time; **Freizeithemd** *nt* casual shirt; **Freizeitindustrie** *f* leisure industry; **Freizeitkleidung** *f* ❶ casual clothes *pl* ❷ (*Warengattung*) leisure wear; **Freizeitpark** *m* amusement park; **Freizeitwert** *m* recreational value

freizügig *adj* ❶ (*liberal*) liberal ❷ (*offen, geradeheraus*) permissive

Freizügigkeit *f* ❶ (POL) freedom of movement ❷ (*Großzügigkeit*) liberalness ❸ (*ethisch, moralisch*) permissiveness

fremd [frɛmt] *adj* ❶ (*anders, unvertraut*) strange; (*ausländisch*) foreign ❷ (*unbekannt*) unknown (*jdm o für jdn* to s.o.) ❸ (*nicht eigen, jd anderem gehörend*) s.o. else's; **ich bin hier ~** I am a stranger here; **solches Verhalten ist mir ~** I don't understand how one can behave like that; **er ist mir völlig ~** he is a complete stranger to me; **wir sind einander ~ geworden** we have grown apart; **nicht für ~e Ohren bestimmt sein** be not meant to be heard by other people

fremdartig ['frɛmta:ɐtɪç] *adj* strange; (*exotisch*) exotic; **Fremdartigkeit** *f* strangeness; (*Exotisches*) exoticism

Fremde ['frɛmdə] <-> *f* foreign parts *pl;* **in die ~ gehen** go to foreign parts; (*ins Ausland*) go abroad

Fremde(r) <-n, -n> *f m* ❶ (*orts~ o unbekannte Person*) stranger ❷ (*Ausländer*) foreigner

fremdeln *vi* (*Kind*) be scared of strangers

Fremdenführer(in) *m(f)* guide; **Fremdenlegion** *f* Foreign Legion; **Fremdenverkehr** *m* tourism; **Fremdenverkehrszentrum** *nt* tourist centre *Br,* tourist center *Am;* **Fremdenzimmer** *nt* guest room

Fremdfinanzierung *f* (COM) outside financing; **Fremdherrschaft** *f* foreign rule; **Fremdkapital** *nt* (COM) outside capital; **Fremdkörper** *m* ❶ (MED) foreign body ❷ (*fig*) alien element

fremdländisch ['frɛmtlɛndɪʃ] *adj* ❶ (*ausländisch*) foreign ❷ (*exotisch*) exotic

Fremdling *m* stranger

Fremdsprache *f* foreign language; **Fremdsprachensekretärin** *f* bilingual secretary

fremdsprachlich *adj:* **~er Unterricht** (foreign-)language teaching

Fremdwährung *f* foreign currency

Fremdwort *nt* foreign word

frenetisch *adj* frenetic, frenzied; (*Beifall a.*) wild

Frequenz [fre'kvɛnts] <-, -en> *f* (*Häufigkeit, a.* PHYS) frequency

Fresko ['frɛsko] <-s, -ken> *nt* fresco

Fressalien [frɛ'saːliən] *pl* (*fam*) grub *sing*

Fresse ['frɛsə] <-, -n> *f* (*vulg*) ❶ (*Mund*) gob, trap ❷ (*Gesicht*) mug; **jdm die ~ polieren** (*vulg*) give s.o. a sock in the kisser; **halt endlich deine ~!** (*vulg*) won't you shut your trap!

Fressen <-s> *nt* ❶ (*für Tiere*) food ❷ (*pej: Fraß*) muck; **ein gefundenes ~** a heaven-sent opportunity

fressen **I.** *irr vi* ❶ (*von Tieren*) eat, feed ❷ (*sl: von Menschen*) eat; **er isst nicht, er frisst** he doesn't eat, he stuffs himself; (*unmanierlich*) he eats like a pig; **jdm aus der Hand ~** (*fam*) eat out of someone's hand **II.** *vt* ❶ (*Tiere*) eat; (*sich ernähren von*) feed on ❷ (*sl: gierig essen*) scoff ❸ (*fam: verbrauchen*) gobble up ❹ (*fig: Hass, Neid*) eat up; **du frisst mir noch die Haare vom Kopf!** (*fam*) you're going to eat me out of house and home!; **ich habe dich zum Fressen gern** (*fam*) I could eat you; **hast du's jetzt endlich gefressen?** (*fam: kapiert*) have you got it at last?; **jdn (etw) gefressen haben** (*fam*) have had as much as one can take of s.o. (s.th.); **ich fresse einen Besen, wenn ...** (*fam*) I'll eat my hat if ... **III.** *vr* (*sich hineinbohren*) eat one's way (*durch* through, *in* into)

Fressnapf *m* feeding bowl

Fresssucht *f* bulimia

Frettchen ['frɛtçən] <-s, -> *nt* (*Iltis*) ferret

Freude ['frɔɪdə] <-, -n> *f* joy (*über* at); (*Entzücken*) delight (*über* at); (*Vergnügen*) pleasure; **vor ~** with joy; **vor ~ außer sich sein** be mad with joy; **vor ~ weinen** weep for joy; **mit ~n** gladly; **ich habe einfach keine ~ am Lesen** I simply don't get any pleasure from [*o* out of] reading; **~ am Leben haben** enjoy life; **jdm eine ~ machen** make s.o. happy; **jdm die ~ verderben** spoil someone's pleasure; **zu seiner großen ~** to his great delight; **ihr Sohn macht ihnen wenig ~** their son is not much of a joy to them; **Freudengeschrei** *nt* shrieks *pl* of joy; **Freudenmädchen** *nt* (*Prostituierte*) woman of easy virtue; **Freudentanz** *m:* **einen ~ aufführen** dance for [*o* with] joy; **Freudentränen** *fpl* tears of joy

freudestrahlend *adj* beaming with delight

freudig ['frɔɪdɪç] *adj* ❶ (*froh*) joyful; (*bereitwillig*) willing ❷ (*glücklich*) happy; **in ~er Erwartung Ihrer Ankunft ...** looking forward to your arrival with great pleasure ...; **ein ~es Ereignis** (*meist: Geburt*) a happy event

freudlos ['frɔɪtloːs] *adj* joyless

freuen ['frɔɪən] **I.** *vt:* **das freut mich** I'm really pleased; **es freut mich zu ..., (dass ...)** I'm pleased to ... (that ...) **II.** *vr* ❶ (*froh sein*) be pleased [*o* glad] (*über* about) ❷ (*Vorfreude*) look forward (*auf etw* to s.th., *auf jdn* to seeing, meeting s.o.); **ich habe mich riesig über dein Geschenk gefreut** I was ever so pleased about your present; **ich freue mich mit Ihnen** I share your happiness; **sich an etw (sehr) ~** get (a lot of) pleasure from s.th.; **er freut sich seines Lebens** he enjoys life; **da hast du dich wohl zu früh gefreut** it seems you got your hopes up too soon

Freund [frɔɪnt] <-(e)s, -e> *m* ❶ (*Kamerad*) friend ❷ (*Liebhaber*) boyfriend ❸ (*fig: Kunst~*) lover; (*Mäzen*) friend; **dicke ~e** (*fam*) great friends; **mit jdm gut ~ sein** be good friends with s.o.; **jdn zum ~ haben** have s.o. for a friend; **du bist mir ein schöner ~** (*fam iro*) a fine friend you are; **kein ~ von Katzen** no lover of cats; **ich bin kein ~ vieler Worte** I'm not one of the talking kind; **Freundchen** *nt* (*fam*): **jetzt hör mal zu, mein ~!** now listen, loverboy!

Freundin ['frɔɪndɪn] *f* ❶ (*Kameradin*) friend ❷ (*feste ~*) girlfriend

freundlich ['frɔɪntlɪç] *adj* ❶ (*wohlgesonnen*) friendly ❷ (*gütig, nett*) kind (*zu* to) ❸ (*angenehm*) pleasant; (*heiter*) cheerful; **~er Empfang** friendly welcome; **~es Zimmer** cheerful room; **wären Sie wohl so ~ zu ...?** would you be so kind as to ...?; **das Wetter ist ~** the weather is pleasant; **~e Börsentendenz** (COM FIN) favourable stock market trend; **Freundlichkeit** *f* ❶ friendliness ❷ (*nette Art*) kindliness ❸ (*Heiterkeit*) cheerfulness ❹ (*Gefälligkeit*) favour, kindness ❺ (*freundliche Äußerung*) kind remark; **hätten Sie wohl die ~ zu ...?** would you be so kind as to ...?

Freundschaft *f* friendship; **mit jdm ~ schließen** make friends with s.o.; **freundschaftlich** *adj* friendly; **~e Gesinnung** friendly disposition; **~e Gefühle** feelings of friendship

Freundschaftsbesuch *m* (POL) goodwill visit

Freundschaftsspiel *nt* (SPORT) friendly (match)

Frevel ['fre:fəl] <-s, -> *m* ❶ (*Sünde*) sin (*gegen* against) ❷ (*fig: Verbrechen*) crime (*an* against); (*Sakrileg*) sacrilege; **frevelhaft** *adj* sacrilegious, sinful; **freveln** *vi* sin (*gegen, an* against); **Frevler(in)** *m(f)* sinner

Friede(n) ['fri:dən] <-s, (-)> *m* ❶ peace ❷ (*Ruhe*) tranquillity; **im** ~ in time of peace; **in** ~ **und Freiheit** in peace and freedom; ~ **schließen** (POL) make peace; **(seinen)** ~ **mit der Welt schließen** make one's peace with the world; **der Westfälische** ~ (HIST) the Peace of Westphalia; **der häusliche** ~ domestic harmony; **um des lieben** ~**s willen** (*fam*) for the sake of peace and quiet; **lass mich in** ~**!** leave me alone!; **Friedensabkommen** *nt* peace agreement

friedensbewegt *adj* (*fam: Person*) pacifist; **Friedensbewegte(r)** *f m* (*fam*) peace activist; **Friedensbewegung** *f* peace movement

Friedensbruch *m* violation of (the) peace; **Friedensgespräche** *ntpl* peace talks; **Friedensinitiative** *f* (*für den Frieden eintretende Gruppe*) peace campaigners *pl;* **Friedenskonferenz** *f* peace conference; **Friedensmarsch** *m* peace march; **Friedenspfeife** *f* peace-pipe; **die** ~ **rauchen** smoke the peace-pipe; **Friedensregelung** *f* arrangement [*o* settlement] of peace; **Friedensrichter(in)** *m(f)* justice of the peace, J.P.; **Friedensschluss** *m* conclusion of peace; **Friedensstifter(in)** *m(f)* peacemaker; **Friedensverhandlungen** *fpl* peace negociations; **Friedensvertrag** *m* peace treaty; **Friedenszeit** *f:* **in** ~**en** in times of peace, in peacetime

friedfertig *adj* peaceable

Friedhof [fri:tho:f] *m* cemetery

friedlich *adj* peaceful; (*friedfertig*) peaceable; ~**e Lösung,** ~**er Weg** peaceful solution; **bist du dann endlich** ~**?** (*fam*) will that make you happy?; **nun sei doch endlich** ~**!** (*fam*) now, give it a rest!

friedliebend *adj* peace-loving

frieren [fri:rən] *irr vi, vt* (*a. gefrieren*) freeze; **ich friere** I am cold, I feel cold; **mich friert es an den Fingern** my fingers are cold; **wird es heute Nacht** ~**?** will it freeze tonight?

Fries [fri:s] <-es, -e> *m* (ARCH) frieze

frigide [fri'gi:də] *adj* frigid

Frikadelle *f* meatball

Frisbeescheibe® *f* frisbee disc®

frisch [frɪʃ] *adj* ❶ fresh; (*noch feucht*) wet ❷ (*kühl*) chilly, cool ❸ (*Aussehen, Gesichtsfarbe*) fresh ❹ (*munter*) bright, cheery; ~**e Eier** new-laid eggs; ~**es Obst** fresh-picked fruit; ~ **gestrichen** newly painted; (*als Warnung auf Hinweisschild*) wet paint *Br,* fresh paint *Am;* **auf** ~**er Tat ertappt werden** be caught in the act; ~ **von der Schulbank** fresh out of college; **an der** ~**en Luft** in the fresh air; **jdn an die** ~**e Luft setzen** (*fam*) kick s.o. out; **nur immer** ~ **drauflos!** just go ahead! don't hold back!; **sie schreibt einfach** ~ **drauflos** she just writes away; ~ **verheiratet** newly married; **ein** ~**er Wind** a fresh wind; (*fig*) the wind of change

Frische ['frɪʃə] <-> *f* freshness; (*Kühle*) coolness

Frischfleisch *nt* fresh meat

Frischhaltedatum *nt* sell-by date; **Frischhaltefolie** *f* cling film; **Frischhaltepackung** *f* air-tight [*o* vacuum] pack(age)

Frischkäse *m* cream cheese

Frischzelle *f* live cell; **Frischzellentherapie** *f* (MED) cellular therapy, live-cell therapy

Friseur(in) [fri'zø:ɐ] <-s, -e> *m(f)* hairdresser; (*für Herren auch*) barber

Friseur(salon) *m* (*Damen~*) hairdresser's *Br,* beauty salon *Am;* (*Herren~ auch*) barber's; **frisieren I.** *vt* ❶ **jdm das Haar** ~**, jdn** ~ do someone's hair; (*kämmen*) comb someone's hair ❷ (*fam: manipulieren*) fiddle; **die Bilanz** ~ (*fam*) cook the books ❸ (AUTO) hot [*o* soup] up **II.** *vr* do one's hair; **Frisiersalon** *m* (*für Damen*) hairdressing salon

Frisör(in) *m(f)* hairdresser; (*für Herren auch*) barber

Frist [frɪst] <-, -en> *f* ❶ (*Zeitraum*) period (*für Nachricht, Kündigung* of notice) ❷ (*Zeitpunkt*) deadline (*für, zu* for); (COM: *Zahlungsziel*) last date for payment; (~*verlängerung, Aufschub*) period of grace; **nach Ablauf der** ~ after expiration of the term; **binnen kürzester** ~ without delay; **die** ~ **verstreichen lassen** let the deadline [*o* the last date for payment] pass; **eine** ~ **einhalten (versäumen)** meet (miss) a deadline; **jdm eine** ~ **von sieben Tagen gewähren** grant [*o* give] s.o. seven days grace

fristen *vt:* **sein Dasein mit etw** ~ eke out one's existence with s.th.; **sein Leben kümmerlich** ~ eke out a miserable existence

Fristenregelung *f* (JUR: *bei Schwangerschaftsabbruch*) *latest point at which abortion is legally permitted*

fristgerecht *adj* within the period stipulated; **fristlos** *adj* without notice; ~ **entlas-**

sen dismiss without notice
Frisur *f* hairstyle
Fritteuse *f* deep-fryer
frittieren *vt* deep-fry
frivol [fri'vo:l] *adj* frivolous
froh [fro:] *adj* ❶ (*dankbar, glücklich*) glad; (*erfreut*) pleased ❷ (*erfreulich*) happy; **über etw ~ sein** be glad about [*o* pleased with] s.th.; **~e Ostern** (**Weihnachten**)! Happy Easter (Christmas)!
fröhlich ['frø:lɪç] *adj* cheerful; **Fröhlichkeit** *f* cheerfulness
frohlocken [fro'lɔkən] <ohne ge-> *vi* rejoice (*über* at)
Frohnatur <-, -en> *f* cheerful nature
Frohsinn <-s> *m* cheerfulness
fromm [frɔm] *adj* (*gläubig*) religious; (*Christ*) devout; (*Leben*) pious; **das ist ja wohl nur ein ~er Wunsch!** thats just a pipe-dream!; **eine ~e Lüge** a white lie
Frömmelei [frœmə'laɪ] *f* (*pej*) false [*o* affected] piety
frömmeln ['frœməln] *vi* (*pej*) affect piety
Frömmigkeit *f* religiousness; (*des Handelns*) piousness
Frömmler(in) *m(f)* (*pej*) sanctimonious hypocrite
Fron(arbeit) ['fro:n-] <-, (-en)> *f* ❶ (HIST: *Frondienst*) socage ❷ (*fig*) drudgery
frönen ['frø:nən] *vi* indulge (*einer Sache* in s.th.)
Fronleichnam(sfest) [-'--(-)] *nt* (Feast of) Corpus Christi
Front [frɔnt] <-, -en> *f* ❶ (*Vorderseite*) front ❷ (METE: *Wetter~*) front ❸ (MIL) front; (*Kampflinie*) front line ❹ (SPORT: *Spitze*) lead; **gegen diese Entscheidung werden wir ~ machen** (*fig*) we will make a stand against this decision; **an der ~** (MIL) at the front; **wir müssen endlich klare ~en schaffen** (*fig*) it's high time we made our position clear; **die ~en wechseln** (*fig*) change sides
frontal [frɔn'ta:l] **I.** *adj* frontal **II.** *adv* frontally, head on; **Frontalzusammenstoß** *m* head-on collision
Frontman, -woman ['frɔntmɛn/vumən] *m, f* (*TV-Hauptmoderator*) frontman/-woman
Frontscheibe *f* (AUTO) windscreen *Br,* windshield *Am*
Frosch [frɔʃ, *pl:* 'frœʃə] <-(e)s, Frösche> *m* frog; **ich hab' einen ~ im Hals!** (*fam*) I've got a frog in my throat!; **komm, sei kein ~!** (*fam: kein Spielverderber*) come on, be a sport!; **Froschlaich** *m* (*Froscheier*) frogspawn; **Froschperspektive** *f* worm's eye view; **Froschschenkel** *m* frog's leg
Frost [frɔst] <-(e)s> *m* frost; **strenger** (**eisiger**) **~** heavy (crisp) frost; **Frostbeule** *f* (MED) chilblain
frösteln ['frœstəln] *vi* shiver
frostig *adj* (*a. fig*) frosty
Frostigkeit *f* (*fig*) frostiness
Frostschaden *m* frost damage; **Frostschutzmittel** *nt* (AUTO) antifreeze
Frottee ['frɔte:] *nt* <-s, -> terry towelling; **Frotteehandtuch** *nt* terry towel; **Frotteekleid** *nt* towelling dress
frottieren *vt, vr* rub (down)
frotzeln ['frɔtsəln] *vi* (*fam*) tease; **über jdn** (**etw**) **~** make fun of s.o. (s.th.)
Frucht [frʊxt, *pl:* 'frʏçtə] <-, Früchte> *f* (*a. fig*) fruit; **Früchte tragen** (*a. fig*) bear fruit
fruchtbar *adj* ❶ (*a. fig*) fertile, prolific ❷ (*fig: nutzbringend*) productive; **Fruchtbarkeit** *f* ❶ (*a. fig*) fertility, prolificness ❷ (*fig*) productiveness
Fruchtblase *f* (ANAT) amniotic sac
Früchtchen ['fryçtçən] <-s, -> *nt* (*pej*) good-for-nothing
fruchten ['frʊxtən] *vi* (*fig*) bear fruit; **nichts ~** be fruitless
Fruchtfleisch *nt* flesh (of a fruit)
fruchtlos *adj* (*fig*) fruitless; **Fruchtlosigkeit** *f* (*fig*) fruitlessness
Fruchtsaft *m* fruit juice
Fruchtwasserspiegelung *f* amnioscopy; **Fruchtwasseruntersuchung** *f* (MED) amneocentesis
Fruchtwechsel *m* (AGR) crop rotation
Fruchtzucker *m* fructose
früh [fry:] **I.** *adj* early; **am ~en Nachmittag** in the early afternoon; **in ~er Jugend** in one's early youth; **seit meiner ~esten Kindheit** since I was a very small child **II.** *adv* ❶ early ❷ (*schon in der Kindheit o Jugend*) at an early age; **heute** (**morgen**) **~** this (tomorrow) morning; **es ist noch ~ am Tag** it's still early in the day; **Sonntag ~** Sunday morning; **von ~ bis spät** from morning till night
Frühaufsteher(in) *m(f)* early riser
Frühe ['fry:ə] <-> *f*: **in aller** (**der**) **~** at the crack of dawn (early in the morning)
früher ['fry:ɐ] **I.** *adj* ❶ earlier ❷ (*ehemalig*) former; (*vorherig*) previous; **in ~en Zeiten** in the past; **der ~e Besitzer** the previous owner **II.** *adv* ❶ earlier ❷ formerly, previously; **~ am Abend** earlier on in the evening; **ich habe ihn ~ einmal gekannt** I used to know him; **ich kenne ihn noch von ~** I've known him for some time; **es ist alles genau wie ~** everything's just as it used to be; **~ oder später** sooner or later; **da musst du ~ aufstehen** (*fig fam*)

you have to be quicker off the mark

Früherkennung *f* (MED) early diagnosis

frühestens *adv* at the earliest; **wann kannst du ~ kommen?** what is the earliest you can come?

Frühgeburt *f* ① (*Geburt*) premature birth ② (*Baby*) premature baby

Frühjahr *nt* spring; **Frühjahrsmüdigkeit** *f* springtime lethargy

Frühling *m* spring; **Frühlings-** *präfix* spring; **Frühlingsrolle** *f* spring roll; **Frühlingssuppe** *f* mixed early vegetables soup

frühmorgens *adv* early in the morning

Frühpensionierung *f* early retirement

frühreif *adj* ① (*körperlich*) mature at an early age ② (*fig*) precocious; **~es Kind** precocious child; **Frühreife** *f* ① early maturity ② (*fig*) precocity

Frühschicht *f* early shift

Frühschoppen *m* morning [*o* lunchtime] drinking; **einen ~ machen** go for a morning drink

Frühstück *nt* breakfast; **sollen wir Eier zum ~ essen?** shall we have eggs for breakfast?; **Übernachtung und ~** bed and breakfast; **frühstücken** **I.** *vi* have breakfast **II.** *vt* breakfast on

Frühwarnsystem *nt* (MIL) (distant) early warning system

frühzeitig *adj* ① (*früh*) early ② (*vorzeitig*) premature

Frühzündung *f* (AUTO) pre-ignition

Frust [frʊst] <-s> *m* (*fam*) frustration; **Frustration** *f* frustration; **frustrieren** *vt* frustrate

FTP *nt* (*Internetprotokoll*) FTP

Fuchs [fʊks, *pl:* 'fʏksə] <-es, Füchse> *m* ① (*auch Pelz*) fox ② (*Pferd*) chestnut; (*Rotfuchs*) sorrel; **ein schlauer ~** (*fam*) a sly fox; **Fuchsbau** *m* fox's den; **Füchsin** ['fʏksɪn] *f* vixen; **Fuchsjagd** *f* fox-hunt(ing); **fuchsrot** *adj* (*Pferd*) sorrel; (*Haar*) ginger; **Fuchsschwanz** *m* ① (*eines Fuchses*) fox's tail ② (*Säge*) handsaw ③ (*Pflanze*) love-lies-bleeding

fuchsteufelswild *adj* (*fam*) hopping mad

Fuchtel ['fʊxtəl] <-, -n> *f* (*österr: zänkische Frau*) shrew; **unter jds ~ stehen** be under someone's thumb; **fuchteln** *vi* (*fam*) wave (*mit etw* s.th. about)

Fug [fu:k] *m:* **mit ~ und Recht** with good cause

Fuge[1] ['fu:gə] <-, -n> *f* ① joint ② (*Falz*) groove; **in allen ~en krachen** creak in every joint; **aus den ~n gehen** [*o* **geraten**] (*a. fig*) come apart (at the seams), go awry

Fuge[2] *f* (MUS) fugue

fügen ['fy:gən] **I.** *vt* place **II.** *vr* (*nachgeben*) be obedient, bow (*jdm* to s.o., *einer Sache* to s.th.); **er fügte sich in sein Schicksal** he resigned himself to his fate; **es hat sich so gefügt, dass ...** it so happened that ...

fügsam *adj* ① (*gehorsam*) obedient ② (*biegsam*) pliant

Fügsamkeit *f* ① (*Gehorsamkeit*) obedience ② (*Biegsamkeit*) pliability

Fügung *f* chance; (*Zusammentreffen*) coincidence; **göttliche ~** divine providence

fühlbar *adj* ① (*greifbar*) palpable ② (*deutlich*) marked ③ (*wahrnehmbar*) perceptible; **ein ~er Verlust** a grievous loss

fühlen ['fy:lən] *vt, vi, vr* feel; (*Puls*) take; **jdm auf den Zahn ~** (*fam: ausfragen*) pump s.o. for information; **sich verletzt/krank/verantwortlich ~** feel hurt/ill/responsible; **sich jdm (einer Sache) gewachsen ~** feel up to s.o. (s.th.); **zart ~d** sensitive

Fühler *m* (*von Insekten, Schnecken*) antenna, feeler; **seine ~ nach etw ausstrecken** put out feelers towards s.th.

Fühlung *f* contact, touch; **~ haben mit ...** be in touch [*o* contact] with ...

Fuhre ['fu:rə] <-, -n> *f* (*a. fig*) ① (*Ladung*) load ② (*Schub*) batch

führen ['fy:rən] **I.** *vt* ① (*an~, vorangehen*) lead ② (*bringen, geleiten*) take; (*Touristen, Blinde*) guide ③ (COM: *im Sortiment haben*) carry, keep ④ (*Fahrzeug steuern*) drive; (MAR) sail; (AVIAT) fly; (*bedienen: Fahrstuhl, Bagger*) operate ⑤ (*leiten: Unternehmen*) run; (MIL: *Armee, Kompanie*) command ⑥ (*tragen, transportieren*) carry; **was führt Sie zu mir?** what brings you here?; **etw bei sich ~** carry s.th. on one's person; **jdm den Haushalt ~** keep house for s.o.; **er führte den Beweis seiner Unschuld** he offered proof of his innocence; **er führte sein Glas an die Lippen** he raised his glass to his lips; **er führt über alles genau Buch** he keeps a detailed record of everything; **jdm die Bücher ~** keep someone's books; **~ Sie Badeanzüge?** do you sell bathing suits?; **gegen jdn einen Prozess ~** take legal action against s.o.; **der Rhein führt im Augenblick Hochwasser** the Rhine is running high at the moment; **etw (nichts Gutes) im Schilde ~** be up to s.th. (to no good); **die Firma X führt in Software** firm X is the leading software dealer **II.** *vi* ① (*bewirken*): **zu etw ~** lead to s.th.; **zu nichts ~** come to nothing ② (*an der Spitze, in Füh-*

rung sein) lead; (SPORT) be in the lead (*um, mit* by) ❸ (*verlaufen: Weg, Straße*) go; (*Leitung, Kabel*) run; **wohin soll das bloß ~?** where is this leading us?; **wollen Sie mich hinters Licht ~?** (*fig fam*) are you trying to lead me up the garden path? **III.** *vr* (*sich auf~*) conduct o.s.; **führend** *adj* leading; (*Persönlichkeit*) prominent; **die Firma A ist bei Videorekordern ~** A is the leading firm for video recorders

Führer ['fy:rɐ] *m* ❶ (POL) leader; (*Oberhaupt*) head ❷ (*von Fahrzeug*) driver; (*Bagger~, Fahrstuhl~*) operator ❸ (*Reiseführer*) guide; **der ~** (POL HIST: *selbstgeschaffener Titel Adolf Hitlers*) the Fuehrer; **~ durch Frankreich** guide to France; **Führerhaus** *nt* (driver's) cab; **Führerin** *f* ❶ (POL) leader; (*An~*) head ❷ (AUTO: *Fahrerin*) driver; (*Fahrstuhl~*) operator ❸ (*Reise~*) guide

führerlos *adj* (*Partei*) leaderless, without a leader

Führerschein *m* driving licence *Br,* driver's license *Am;* **er macht gerade den ~** he is learning to drive; **wann haben Sie den ~ gemacht?** when did you take your driving test?; **Führerscheinentzug** *m* disqualification from driving; **Führerscheinprüfung** *f* driving test

Führerstand *m* (RAIL) cab

Fuhrmann <-(e)s, -leute/(-männer)> *m* carter

Fuhrpark *m* fleet (of vehicles)

Führung ['fy:rʊŋ] *f* ❶ (*Vorsprung*) lead ❷ (*Verantwortung*) direction, guidance; (MIL) command; (COM: *Unternehmens~*) management; (POL: *Partei~*) leadership ❸ (TECH) guide(way) ❹ (*Verhalten*) conduct ❺ (*Besichtigung*) guided tour (*durch* of); **die ~ übernehmen** take the lead; **in ~ liegen** be in the lead; **unter jds ~** under someone's direction; (MIL) under someone's command; (COM) under someone's management; (POL) under someone's leadership; **sind Sie zur ~ eines Kraftfahrzeugs berechtigt?** are you licensed to drive a motor vehicle?

Führungsebene *f* (COM) top management level; **Führungselite** *f* leadership elite; **Führungskraft** *f* ❶ (COM) executive ❷ (POL) leader; **Führungsnachwuchs** *m* ❶ (COM) management [*o* executive] trainees *pl* ❷ (POL) potential leaders; **Führungsqualität** *f meist pl* leadership quality; **Führungsschicht** *f* ruling classes *pl;* (COM) managerial class; (POL) group of leaders; **Führungsschwäche** *f* weak leadership; **Führungsspitze** *f* (COM) top management; **Führungsstab** *m* ❶ (MIL) operations staff ❷ (COM) top management; **Führungsstärke** *f* strong leadership; **Führungsstil** *m* style of management; **Führungszeugnis** *nt* certificate of conduct

Fuhrunternehmen *nt* haulage firm; **Fuhrunternehmer(in)** *m(f)* haulage contractor

Fülle ['fʏlə] <-> *f* ❶ (*Vollsein*) fullness ❷ (*Körper~*) corpulence ❸ (*Menge*): **eine ~ von Problemen/Fragen** plenty [*o* a whole host] of problems/questions; (*Über~*) abundance; **in Hülle und ~** in abundance

füllen **I.** *vt* fill; (*Gans, Ente*) stuff; **einen Zahn ~** fill a tooth; **eine Lücke ~** (*fig*) stop a gap; **etw in Flaschen ~** bottle s.th.; **einen Sack ~** fill a sack; **etw in einen Sack ~** put s.th. into a sack; **ihre Bücher ~ ihre ganze Wohnung** her books take up her whole flat; **voll ~** fill up **II.** *vr* fill up; **ihre Augen füllten sich mit Tränen** her eyes filled with tears

Füller *m,* **Füllfederhalter** *m* fountain pen

Füllgewicht *nt* ❶ (COM: *Nettogewicht*) net weight ❷ (*einer Waschmaschine*) maximum load

Füllmengenanzeige *f* (*an Tanksäule*) volume readout

Füllsel ['fʏlzəl] <-s, -> *nt* filler

Full-Size-Airbag ['fʊl saɪz 'eəbæg] <-s, -s> *m* (AUTO) full size airbag

Füllung *f* ❶ filling; (*von Gans, Ente*) stuffing; (*von Praline*) centre *Br,* center *Am* ❷ (*Tür~*) panel ❸ (*Zahn~*) filling

Fummel *m* (*sl: Kleid*) rag

fummeln ['fʊməln] *vi* (*fam: hantieren*) fumble (*an etw* with)

Fund [fʊnt] <-(e)s, -e> *m* (*gefundene Sache*) find

Fundament [fʊnda'mɛnt] <-(e)s, -e> *nt* (*a. fig*) foundation; **das ~ für etw schaffen** (*fig*) lay the foundations for s.th.

fundamental *adj* fundamental

Fundamentalist(in) *m(f)* fundamentalist; **fundamentalistisch** *adj* fundamentalist

Fundbüro *nt* lost-property office *Br,* lost and found office [*o* department] *Am*

Fundgrube *f* (*fig*) treasure trove

Fundi ['fʊndɪ] <-s, -s> *m fundamentalist of the German ecology movement*

fundieren [fʊn'di:rən] *vt* (*begründen*) found; **gut fundiert** well-founded

Fundsachen *fpl* lost property *sing*

fünf [fʏnf] *num* five; **~e gerade sein lassen** (*fam*) turn a blind eye; **es ist ~ (Minuten) vor zwölf** it's five (minutes) to twelve; (*fig: fast schon zu spät*) it's at the eleventh hour

Fünfeck *nt* pentagon; **fünfeckig** *adj* pentagonal

Fünfer ['fʏnvɐ] <-s, -> *m* (*fam: Fünfeuroschein*) five-euro note *pl;* **fünferlei** ['fʏnfɐ'laɪ] *adj* of five different sorts; **fünffach** *adj* fivefold

Fünfganggetriebe *nt* (AUTO) five-speed gearbox

fünfhundert *num* five hundred

Fünfkampf *m* (SPORT) pentathlon

fünfmal *adv* five times

Fünftagewoche [-'----] *f* five-day week

fünftausend *num* five thousand

Fünftel ['fʏnftəl] <-s, -> *nt* fifth

fünftens ['fʏnftəns] *adv* fifth(ly), in the fifth place

fünfzehn *num* fifteen

fünfzig ['fʏnftsɪç] *num* fifty; **Fünfziger** *m* (*fam*) ❶ (*Fünfzigjähriger*) fifty-year-old ❷ (*Geldstück*) fifty-cent piece; (*Geldschein*) fifty-euro note; **falscher ~** crook; **fünfzigjährig** *adj pred* fifty years old, fifty-year-old

fünfzigste *adj* fiftieth

fungieren [fʊŋ'giːrən] *vi* function (*als* as a)

Funk ['fʊŋk] <-s> *m* radio; **Funkamateur(in)** *m(f)* radio amateur; (*fam*) radio ham; **Funkausstellung** *f* radio and television exhibition

funkeln [fʊŋkəln] *vi* sparkle; (*Edelstein*) glitter; (*Augen: vor Freude*) gleam; (*vor Zorn*) flash; (*Stern*) twinkle

funkelnagelneu *adj* (*fam*) brand-new

Funken <-s, -> *m* (*a. fig*) spark; **ein ~ Verstand** a modicum of sense; **zwischen den beiden ist wohl der ~ übergesprungen** (*fam*) they seem to have clicked; **kein ~ Hoffnung** not the slightest gleam of hope; **~ sprühen** spark; (*Augen*) flash; **..., dass die ~ fliegen** (*fam*) ..., like mad

funken ['fʊŋkən] **I.** *vt:* **SOS ~** radio an SOS **II.** *vi* (*senden*) radio; **na, hat's zwischen den beiden gefunkt?** well, have they clicked?

Funker(in) *m(f)* radio operator; (AVIAT) radioman

Funkgerät *nt* ❶ (*Sprech~*) radio set; (*fam*) walkie-talkie ❷ (*Funkausrüstung*) radio equipment

funkgesteuert *adj* radio-controlled

Funkhaus *nt* broadcasting station; **Funkkolleg** *nt* educational radio broadcasts *pl;* **Funknavigation** *f* radio navigation; **Funksprechgerät** *nt* walkie-talkie; **Funkspruch** *m* ❶ (*Nachricht*) radio message ❷ (*Signal*) radio signal; **Funkstation** *f* radio station; **Funkstille** *f* radio silence; **bei den beiden herrscht ~** (*fam*) they are no longer talking to each other; **Funktaxi** *nt* radio taxi, radio cab; **Funktechnik** *f* radio technology; **Funktelefon** *nt* radio-telephone, cordless telephone

Funktion [fʊŋk'tsjoːn] *f* ❶ (*Amt*) office ❷ (*Zweck, mathematische ~*) function; **eine ~ übernehmen** take up a position; **in ~ treten** start to function; **etw außer ~ setzen** stop s.th. functioning

funktional *adj* functional; **Funktionalität** *f* practicality

Funktionär(in) *m(f)* (POL) functionary, official

funktionell *adj* functional

funktionieren *vi* function, work

Funktionsbild *nt* job profile; **Funktionsprüfung** *f* functional test; **Funktionstaste** *f* (INFORM) function key; **Funktionsweise** *f* functioning; **die ~ des Gehirns** the functioning of the brain

Funkturm *m* radio tower; **Funkverbindung** *f* radio contact; **Funkverkehr** *m* radio traffic, wireless communication

Funzel ['fʊntsl] <-, -n> *f* (*pej*) dim light

für [fyːɐ] *präp* ❶ for ❷ (*anstatt*) instead of, for ❸ (*zugunsten von*) in favour of, for ❹ (*Gegenleistung*) (in exchange) for; **er ist gern ~ sich** he likes to be left by himself; **~ mich** for me; (*nach meiner Meinung*) in my view; **~ jdn handeln** act for s.o.; **ein ~ allemal** once and for all; **~s erste** for the time being; **eine Karte ~ die heutige Vorstellung** a ticket for today's performance; **was ~ ein Mann ist er?** what kind of a man is he?; **es ~ ratsam halten** think it advisable; **jdn ~ ... halten** think s.o. is ...; **~ seinen Humor ist er bekannt** he is known for his sense of humour; **sich ~ jdn (etw) entscheiden** decide in favour of s.o. (s.th.); **kannst du denn nie etw ~ dich behalten?** can't you ever keep anything to yourself?; **er hat schließlich doch etw ~ sich** he's not so bad after all; **das hat etw ~ sich** there's s.th. in it; **Schritt ~ Schritt** step by step; **Tag ~ Tag** day after day; **Wort ~ Wort** word for word; **an und ~ sich** actually; **das Für und Wider** the pros and cons *pl*

Furche ['fʊrçə] <-, -n> *f* (*Ackerfurche, Falte im Gesicht*) furrow; (*Wagenspur*) rut; **furchen** *vt* furrow

Furcht [fʊrçt] <-> *f* fear; **aus ~ vor ...** for fear of ...; **jdm ~ einflößen** frighten s.o.; **~ erregend** fearful, terrifying

furchtbar *adj* awful, dreadful, terrible

fürchten ['fʏrçtən] **I.** *vt* be afraid of, fear

F

II. *vi* fear (*um, für* for) **III.** *vr* be afraid (*vor* of)

fürchterlich *adj* dreadful, terrible

furchtlos *adj* fearless, intrepid; **Furchtlosigkeit** *f* fearlessness, intrepidity; **furchtsam** *adj* timorous; **Furchtsamkeit** *f* timorousness

füreinander *adv* for one another, for each other

Furie ['fu:riə] <-, -n> *f* ① (*in der Mythologie*) Fury ② (*pej: wütende Frau*) hellcat, termagant

Furnier [fʊr'ni:ɐ] <-s, -e> *nt* veneer; **furnieren** *vt* veneer

Furore [fu'ro:rə] <-> *f* furore *Br,* furor *Am;* **ihr neues Stück machte ~** her latest play caused a furor(e)

Fürsorge <-> *f* ① (*Betreuung*) care ② (*Sozial~, a. fam: Sozialamt*) welfare ③ (*fam: ~unterstützung*) social security

Fürsorgeamt *nt* welfare office *Br,* department of welfare *Am*

Fürsorger(in) *m(f)* welfare worker

fürsorglich *adj* careful

Fürsprache *f* intercession; **~ einlegen** intercede (*für* for, *bei* with)

Fürsprecher(in) *m(f)* intercessor

Fürst [fʏrst] <-en, -en> *m* prince; **Fürstentum** *nt* principality; **Fürstin** *f* princess; **fürstlich** *adj* ① princely ② (*fig: üppig*) lavish

Furt [fʊrt] <-, -en> *f* ford

Furunkel [fu'rʊŋkəl] <-s, -> *m* (MED) boil

Furz [fʊrts, *pl:* 'fʏrtsə] <-es, Fürze> *m* (*vulg*) fart; **einen ~ lassen** (*vulg*) let off a fart; **furzen** *vi* (*vulg*) fart

Fusel ['fu:zəl] <-s, -> *m* (*pej*) rotgut *Br,* hooch *Am*

Fusion [fu'zjo:n] *f* ① (*a. fig*) fusion ② (COM) merger; **fusionieren** *vi* (*a.* COM) merge (*mit* with); **Fusionsreaktor** *m* (PHYS) fusion reactor

Fuß [fu:s, *pl:* 'fy:sə] <-es, Füße> *m* ① (ANAT: *a. Längenmaß*) foot ② (*eines Gegenstandes*) base; (*eines Gebirges*) foot ③ (*Vers~*) foot; **~ fassen** (*a. fig*) establish o.s.; **jdm auf den ~ treten** tread on someone's foot; **jdm auf die Füße treten** (*fam: vor den Kopf stoßen*) give s.o. a good talking-to; **einander auf die Füße treten** (*fam: weil zu viele Menschen da sind*) tread on each other's toes; **jdn (etw) mit Füßen treten** kick s.o. (s.th.) about; (*fig*) trample all over s.o. (s.th.); **kalte Füße bekommen** (*a. fig*) get cold feet; **auf eigenen Füßen stehen** stand on one's own two feet; **auf großem ~ leben** live in style; **zu ~** on foot; **jdm (einer Sache) auf dem ~e folgen** be hot on the heels of s.o. (s.th.); (*fig*) follow hard on s.o. (s.th.); **mit jdm auf gutem ~e stehen** be on good terms with s.o.; **jdn auf freien ~ setzen** set s.o. free; **jdm zu Füßen fallen** fall at someone's feet

Fußabdruck *m* footprint; **Fußabstreifer** *m,* **Fußabtreter** *m* doormat, footscraper; **Fußangel** *f* ① mantrap ② (*fig: Falle*) catch, trap; **Fußbad** *nt* foot bath

Fußball *m* ① (association) football *Br,* soccer *Am* ② (*der Ball*) football *Br,* soccer ball *Am;* **Fußballer(in)** *m(f)* (*fam*) footballer; **Fußballmannschaft** *f* football team *Br,* soccer team *Am;* **Fußballplatz** *m* football pitch *Br,* soccer ground *Am;* **Fußballrowdy** *m* football hooligan; **Fußballspiel** *nt* football match *Br,* soccer match *Am;* **Fußballspieler(in)** *m(f)* footballer; **Fußballstadion** *nt* football stadium; **Fußballtoto** *nt* football pools *pl*

Fußbank *f* footstool

Fußboden *m* floor; **Fußbodenbelag** *m* floor covering; **Fußbodenheizung** *f* underfloor heating

Fußbremse *f* (AUTO) footbrake

Fussel ['fʊsəl] <-, -n (-s, -)> *f (m)* (*fam*) fluff; **fusselig** *adj* fluffy; **sich den Mund ~ reden** (*fam*) talk till one is blue in the face

fußen ['fu:sən] *vi* (*a. fig*) be based, rest (*auf* on)

Fußende *nt* bottom-end, foot

Fußgänger(in) ['fu:sgɛŋər] *m(f)* pedestrian; **Fußgängerinsel** *f* pedestrian island; **Fußgängerstreifen** *m* (*CH*) pedestrian crossing; **Fußgängerüberweg** *m* pedestrian crossing; **Fußgängerzone** *f* pedestrian precinct

Fußgelenk *nt* ankle joint; **fußgerecht** *adj* foot-contoured, anatomically correct; **Fußkettchen** *nt* anklet; **Fußnagel** *m* toenail

Fußnote *f* footnote

Fußpflege *f* chiropody; **Fußpfleger(in)** *m(f)* chiropodist

Fußpilz *m ohne pl* athlete's foot

Fußraum *m* (AUTO) footwell; **Fußschaltung** *f* (AUTO) foot gear control, foot shifter

Fußsohle *f* sole of the foot; **Fußspitze** *f* ① toes *pl* ② (*von Strumpf*) toe; **Fußspur** *f,* **Fußstapfen** *fpl* footprints; **in jds Fußstapfen treten** (*fig*) follow in someone's footsteps; **Fußtritt** *m* (*Stoß*) kick; **ich bekam einen ~** (*fig*) I was kicked out

Fußvolk *nt* (*fig*): **das ~** the rank and file

Fußweg *m* ① (*Entfernung*) walk ② (*Weg für Fußgänger*) footpath

futsch [fʊtʃ] *adj* (*fam*) ① (*weg*) gone ② (*kaputt*) bust

Futter[1] ['fʊtɐ] <-s> *nt* ① (*Nahrung für*

Tiere) food; (*Vieh~*) fodder ② (*fam: Essen*) grub

Futter² <-s, -> *nt* (*Stoff~*) lining; (*Tür~*) casing

Futteral [fʊtəˈraːl] <-s, -e> *nt* case

futtern [ˈfʊtɐn] **I.** *vt* (*hum fam*) scoff **II.** *vi* stuff o.s.

füttern¹ [ˈfʏtɐn] *vt* (*mit Nahrung versorgen*) feed

füttern² *vt* (*mit Pelz*) fur; (*mit Tuch*) line

Futternapf *m* bowl; **Futterneid** *m* (*a. fig*) envy (of someone's possessions)

Fütterung [ˈfʏtərʊŋ] *f* feeding

Futterzusatz *m* feed additives *pl*

Futur [fuˈtuːɐ] <-/-s> *nt* (GRAM) future (tense)

futuristisch *adj* futurist(ic)

Futurologie *f* futurology

G g

G, g [geː] <-, -> *nt* G, g

Gabe [ˈgaːbə] <-, -n> *f* ① (*Geschenk*) gift, present ② (*Begabung*) gift, talent ③ (*Dosis*) dose

Gabel [ˈgaːbəl] <-, -n> *f* ① (*zum Essen*) fork ② (*Deichsel*) shafts *pl;* **gabelförmig** *adj* forked; **gabeln** [ˈgaːbəln] *vr* fork; **Gabelstapler** *m* fork-lift truck; **Gabelung** *f* fork

gackern [ˈgakɐn] *vi* cackle

gaffen [ˈgafən] *vi* gape (*nach* at); **Gaffer** *m* gaper

Gag [gæk] <-s, -s> *m* gag

Gage [ˈgaːʒə] <-, -n> *f* (THEAT) fee

gähnen [ˈgɛːnən] *vi* yawn

Galaabend *m* gala evening

galaktisch *adj* galactic

galant [gaˈlant] *adj* gallant

Galavorstellung *f* (THEAT) gala performance

Galaxis [gaˈlaksɪs] *f* <-, Galaxien> (ASTR) galaxy

Galeere [gaˈleːrə] <-, -n> *f* galley

Galerie [galəˈriː] *f* gallery

Galgen [ˈgalgən] <-s, -> *m* gallows *pl;* **am ~ enden** end on the gallows; **Galgenfrist** *f* (*fig a. hum*) reprieve; **Galgenhumor** *m* gallows humour

Galle [ˈgalə] <-, -n> *f* ① (ANAT: *Gallenblase*) gallbladder ② (*~nflüssigkeit*) bile, gall; **mir läuft gleich die ~ über!** (*fig*) I'm beginning to seethe!; **Gallenblase** *f* gallbladder; **Gallenflüssigkeit** *f* bile; **Gallenkolik** *f* gall-stone colic; **Gallenleiden** *nt:* **sie hat ein ~** she has trouble with her gallbladder; **Gallenstein** *m* gall-stone

gallertartig [ˈgalɐtaːɐtɪç] *adj* gelatinous, jelly-like

Galopp [gaˈlɔp] <-s, -s/-e> *m* gallop; **im ~** at a gallop; **galoppieren** *haben o sein vi* (*a. fig*) gallop (*auf* at); **~de Inflation** galloping inflation

galvanisch [galˈvaːnɪʃ] *adj* galvanic

galvanisieren *vt* electroplate

Gamasche [gaˈmaʃə] <-, -n> *f* gaiter

Gameboy [ˈgeɪmbɔɪ] <-s, -s> *m* Gameboy

Gammastrahlung *f* (PHYS) gamma radiation

gammeln [ˈgaməln] *vi* (*fam*) bum around; **Gammler(in)** *m(f)* (*pej*) loafer, layabout

Gams <-, -(en)> *f* (*österr*) chamois

i Land & Leute

A **Gamsbart**, literally 'chamois beard' or 'goatee', is a tuft of chamois hair from the backbone worn as a traditional hat decoration in Bavaria and Austria.

Gämse [ˈgɛmzə] <-, -n> *f* chamois

Gang [gaŋ, *pl:* ˈgɛŋə] <-s, Gänge> *m* ① (*Spazier~*) stroll, walk; (*Besorgung*) errand ② (*von Personen*) gait ③ (*Flur*) hallway; (RAIL: *in Eisenbahnwagen*) corridor ④ (*beim Essen*) course ⑤ (AUTO) gear; **etw in ~ halten** keep s.th. moving; **etw in ~ setzen** set s.th. going; **etw ist im ~e** something's up; **in den zweiten ~ schalten** change into second (gear) *Br,* shift into second (gear); **Gangart** *f* gait, walk; **gangbar** *adj* ① (*Weg*) passable ② (*fig*) practicable

Gängelband *nt:* **jdn am ~ führen** spoon-feed s.o., treat s.o. like a child; **gängeln** [ˈgɛŋəln] *vt:* **jdn ~** spoon-feed s.o., treat s.o. like a child

gängig [ˈgɛŋɪç] *adj* ① (COM) in demand ② (*gebräuchlich*) current

Gangschaltung *f* (AUTO) gears *pl*

Gangster [ˈgæŋstɐ] <-s, -> *m* gangster

Gangway [ˈgæŋweɪ] <-, -s> *f* (AVIAT) steps *pl;* (MAR) gangway

Ganove [gaˈnoːvə] <-n, -n> *m* (*fam*) crook

Gans [gans, *pl:* ˈgɛnzə] <-, Gänse> *f* goose; **dumme ~!** silly goose!

Gänseblümchen *nt* daisy; **Gänsebraten** *m* roast goose; **Gänsefüsschen** *ntpl* (*fam*) inverted commas, quotation marks

Gänsehaut *f* (*fig*) goose-flesh, goose-pimples; **eine ~ bekommen** get goose-flesh [*o* goose-pimples]; **Gänseleberpastete** *f* pâté de foie gras; **Gänsemarsch** *m*: **im ~** in single [*o* Indian] file; **Gänserich** ['gɛnzərɪç] <-s, -e> *m* gander; **Gänseschmalz** *nt* goose-dripping

ganz [gants] **I.** *adj* ① (*vollständig*) entire, whole ② (*fam: heil*) intact; **die ~e Zeit** all the time, the whole time; **das ist eine ~e Menge** that's quite a lot; **~ deiner Meinung** I quite agree; **~e zehn Tage** all of ten days **II.** *adv* ① (*völlig*) quite ② (*fam: wirklich*) really; **~ und gar nicht** by no means, not at all; **im Großen und Ganzen** on the whole; **das haben Sie ~ und gar missverstanden** you've misunderstood every bit of it; **~ gewiss!** most certainly!; **das ist mir ~ gleich** it's all the same to me; **~ wie Sie meinen** just as you think; **~ wenig** a tiny bit; **Ganze** <-n> *nt* whole; **aufs ~e gehen** go all out (for); **Ganzheit** *f* totality; **ganzheitlich** *adj* ① (*einheitlich*) integrated ② (*Sichtweise*) holistic; **Ganzheitsmethode** *f* (SCHULE) ① (*Unterricht*) global method ② (*Ganzwortmethode*) look and say method

gänzlich ['gɛntslɪç] *adv* completely, totally

Ganztagsschule *f* all-day school

gar[1] [ga:ɐ] *adj* (*von Speisen*) cooked, done

gar[2] *adv* (*sogar*) even; **~ nicht** not at all; **es fällt ihr ~ nicht ein es zu tun** she would not even think of doing it; **er geht fast ~ nicht aus** he hardly ever goes out; **~ nichts** nothing at all

Garage [ga'ra:ʒə] <-, -n> *f* garage; **garagieren** *vt* (*österr: Auto*) park

Garant [ga'rant] <-en, -en> *m* guarantor

Garantie [garan'ti:] *f* guarantee; **hat dein Fernseher noch ~?** is your TV set still under guarantee?; **6 Monate ~ haben** have a 6 month guarantee; **garantieren** *vt* guarantee; **ich kann nicht dafür ~, dass es gut ist** I can't guarantee it will be any good; **Garantieschein** *m* guarantee; **Garantiezeit** *f* guarantee period, period of guarantee

Garaus ['ga:'raʊs] *m*: **jdm den ~ machen** (*fam*) do s.o. in, finish s.o. off

Garbe ['garbə] <-, -n> *f* (*Getreidehalme*) sheaf

Garde ['gardə] <-, -n> *f* guard

Garderobe [gardə'ro:bə] <-, -en> *f* ① (*Kleiderablage*) hall-stand; (*Raum*) cloakroom *Br*, checkroom *Am* ② (*Kleidung*) wardrobe; **für ~ wird nicht gehaftet** articles deposited at owner's risk; **Garderobenständer** *m* hatstand, hall stand

Gardine [gar'di:nə] <-, -n> *f* curtain *Br*, drape *Am*; **die ~n aufziehen/zuziehen** draw the curtains; **hinter schwedischen ~ sitzen** (*fig*) be behind bars; **Gardinenpredigt** *f* (*fam*) ticking-off; **Gardinenstange** *f* curtain rail

gären ['gɛ:rən] *irr vi* ferment; **es gärt** (*fig*) s.th. is brewing

Garette <-, -n> *f* (*CH: Schubkarren*) barrow

Garn [garn] <-(e)s, -e> *nt* thread; (*Woll~*) yarn

Garnele [gar'ne:lə] <-, -n> *f* shrimp

garnieren [gar'ni:rən] *vt* (*Speisen*) garnish

Garnison [garni'zo:n] <-, -en> *f* garrison

Garnitur [garni'tu:ɐ] *f* (*Satz*) set; **erste ~** (*fig*) top rank; **zweite ~** second rank

Garnknäuel *nt* ball of thread [*o* yarn]; **Garnrolle** *f* spool [*o* reel]

garstig ['garstɪç] *adj* (*gemein*) mean; **~es Wetter** foul [*o* nasty] weather

Garten ['gartən, *pl:* 'gɛrtən] <-s, Gärten> *m* garden; **einen ~ anlegen** lay out a garden; **Gartenarbeit** *f* gardening; **Gartenarchitekt(in)** *m(f)* landscape gardener; **Gartenbau** <-(e)s> *m* horticulture; **Gartenfest** *nt* garden-party; **Gartengerät** *nt* gardening tools *pl*; **Gartenhag** *m* <-(e)s, -häge> (*CH: Hecke*) hedge; **Gartenhaus** *nt* ① (*Gartenlaube*) summer house ② (*Geräteschuppen*) garden shed; **Gartenlaube** *f* arbour, bower; **Gartenlokal** *nt* garden café; **Gartenmöbel** *pl* garden furniture; **Gartenschere** *f* pruning shears *pl*

Gartensitzplatz *m* (*CH: Terrasse*) patio; **Gartenstadt** *f* garden city; **Gartentor** *f* garden gate; **Gartenzaun** *m* garden fence

Gärtner(in) *m(f)* gardener

Gärtnerei [gɛrtnə'raɪ] *f* market garden

Gärung ['gɛ:rʊŋ] *f* fermentation

Gas [ga:s] <-es, -e> *nt* gas; **~ geben** (AUTO) accelerate, step on the gas; (*im Leerlauf*) rev up; **~ wegnehmen** (AUTO) decelerate; **das ~ andrehen** turn on the gas; **Gasbrenner** *m* (TECH) gas burner; **Gasfeuerzeug** *nt* gas-lighter; **Gasflasche** *f* gas canister; **gasförmig** *adj* gaseous; **Gashahn** *m* gas-tap; **Gashebel** *m* (AUTO) throttle; **Gasheizung** *f* gas heating; **Gasherd** *m* gas cooker [*o* stove]; **Gaskocher** *m* camping stove; **Gaslaterne** *f* gas lamp; **Gasleitung** *f* gas pipe; **Gasmann** *m* gasman; **Gasmaske** *f* gasmask; **Gasolin** [gazo'li:n] <-s> *nt* petroleum ether; **Gaspedal** *nt* accelerator *Br*, gas pedal *Am*; **Gaspistole** *f* gas-pistol

Gasse ['gasə] <-, -n> *f* lane; **eine ~ für jdn bilden** clear a path for s.o.; **Gassenjunge**

m street urchin

Gast [gast, *pl:* 'gɛstə] <-es, Gäste> *m* guest; (*Kunde*) customer; **bei jdm zu ~ sein** be someone's guest

Gastarbeiter(in) *m(f)* foreign worker

Gästebuch *nt* visitors' book; **Gästezimmer** *nt* guest room

gastfreundlich *adj* hospitable; **Gastfreundschaft** *f* hospitality; **Gastgeber(in)** *m(f)* host (hostess); **Gastgewerbe** *nt* catering and hotel industry; **Gasthaus** *nt* inn; **Gasthof** *m* inn; **Gasthörer(in)** *m(f)* (*an Universität*) observer *Br,* auditor *Am;* **gastieren** *vi* (THEAT) guest; **Gastland** *nt* host country; **gastlich** *adj* hospitable; **Gastmannschaft** *f* (SPORT) visiting side [*o* team]; **Gastprofessur** <-, -en> *f* visiting chair

Gastritis [gas'tri:tɪs] <-> *f* gastritis

Gastronomie <-> *f* gastronomy; **gastronomisch** *adj* gastronomic(al)

Gastspiel *nt* (THEAT) guest performance

Gaststätte *f* restaurant; **Gaststube** *f* lounge; **Gastwirt(in)** *m(f)* innkeeper; **Gastwirtschaft** *f* inn; **Gastzimmer** *nt* guest room

Gasverflüssigung *f* gas liquefaction; **Gasvergiftung** *f* gas poisoning; **Gaswolke** *f* gas cloud; **Gaszähler** *m* gas meter

GATT <-s> *nt* (POL) *Abk. von* **General Agreement on Tariffs and Trade** (**Allgemeines Zoll- und Handelsabkommen**) GATT

Gatte ['gatə] <-n, -n> *m* husband

Gatter ['gatɐ] <-s, -> *nt* trellis; (*Eisen~*) grating

Gattin ['gatɪn] *f* wife

Gattung ['gatʊŋ] *f* (*Art*) kind, sort; (*von Pflanzen*) genus; (*von Tieren*) species *sing*

Gau, GAU <-s, -s> *m* (*bei Atomreaktor*) *Abk. von* **größter anzunehmender Unfall** nuclear catastrophe, MCA

Gaudi ['gaʊdi] <-, -s> *f* (*fam*) fun

Gaukelei [gaʊkə'laɪ] *f* trickery; **Gaukler(in)** *m(f)* travelling entertainer

Gaul [gaʊl, *pl:* 'gɔɪlə] <-(e)s, Gäule> *m* (*pej*) nag, hack

Gaumen ['gaʊmən] <-s, -> *m* palate

Gauner ['gaʊnɐ] <-s, -> *m* (*Schwindler*) crook, spiv; **Gaunerei** *f* cheating, swindling

Gazastreifen ['ga:za] <-s> *m* Gaza Strip

Gaze ['ga:zə] <-, -n> *f* gauze

Gazelle [ga'tsɛlə] <-, -n> *f* gazelle

Gebäck [gə'bɛk] <-(e)s> *nt* pastries *pl*

Gebälk [gə'bɛlk] <-(e)s> *nt* timberwork

geballt *adj* concentrated; **~e Ladung** (**Dynamit**) (*a. fig*) concentrated charge (of dynamite)

Gebärde [gə'bɛ:ɐdə] <-, -n> *f* gesture

gebärden *vr* behave, conduct o.s.

Gebärdensprache *f* (use of) gestures, sign language

gebären [gə'bɛ:rən] *irr vt* give birth to; **Gebärmutter** *f* (ANAT) uterus, womb

gebauchpinselt [gə'baʊxpɪnzəlt] *adj* (*fam*): **sich ~ fühlen** feel flattered

Gebäude [gə'bɔɪdə] <-s, -> *nt* building; (*fig*) construct; **Gebäudekomplex** *m* (building) complex

Gebeine *ntpl* (*Skelett*) remains *pl*

gebeizt *adj* (*Holz*) stained

Gebell [gə'bɛl] <-(e)s> *nt* barking

geben ['ge:bən] *irr vt* ❶ give ❷ (THEAT: *aufführen*) put on ❸ (*Karten ~*) deal; **sich etw ~ lassen** ask s.o. for s.th.; **gib's her!** give it to me!; **was gibt's?** what's the matter?; **wann gibt's was zu essen?** when are we going to get s.th. to eat?; **das gibt's doch nicht!** that can't be true!; **geben Sie mir bitte …** (TEL) can I speak to … please?; **er gibt Englisch** (*fam*) he teaches English; **wer gibt?** (*beim Kartenspiel*) whose deal is it?; **das wird sich ~** it'll all work out; **sich mit etw zufrieden ~** be content with s.th.

Gebet <-(e)s, -e> *nt* prayer

Gebiet [gə'bi:t] <-(e)s, -e> *nt* area, region; (*Arbeits~*) field

gebieten [gə'bi:tən] *irr vt:* **einer Sache Einhalt ~** halt [*o* stop] s.th.

Gebieter(in) *m(f)* lord (lady), master (mistress); **gebieterisch** *adj* ❶ (*befehlend*) imperious ❷ (*entschieden*) peremptory

Gebietsanspruch *m* territorial claim

Gebietsleiter(in) *m(f)* area manager (manageress)

Gebilde [gə'bɪldə] <-s, -> *nt* ❶ (*Ding*) object ❷ (*Konstruktion*) construction

gebildet *adj* educated; (*kultiviert*) cultured

Gebinde [gə'bɪndə] <-s, -> *nt* (*Blumen~*) arrangement

Gebirge [gə'bɪrgə] <-s, -> *nt* mountains *pl,* mountain chain; **gebirgig** *adj* mountainous; **Gebirgsstraße** *f* mountain road; **Gebirgszug** *m* mountain range

Gebiss [gə'bɪs] <-es, -e> *nt* ❶ (*Zähne*) teeth ❷ (*künstliches*) dentures *pl*

geblümt [gə'bly:mt] *adj* flowered; (*Muster*) floral

gebogen [gə'bo:gən] *adj* bent

geboren [gə'bo:rən] *adj* born; **ich wurde 1974 ~** I was born in 1974; **taub ~ sein** be born deaf; **er ist der ~e Lehrer** he is a born teacher; **Maria Braun ~e** [*o* **geb.**] **Schmidt** Maria Braun, née Schmidt; **tot ~**

G

still-born

geborgen [gə'bɔrgən] *adj* safe, secure

Gebot [gə'bo:t] <-(e)s, -e> *nt* ❶ (*Gesetz*) law ❷ (*Vorschrift*) rule ❸ (*Grundsatz*) precept ❹ (*Auktionsangebot*) bid(ding); **höchstes ~** highest bid; **ein ~ machen** make a bid; **die Zehn ~e** the Ten Commandments; **geboten** *adj* advisable; **dringend ~** imperative; **Gebotsschild** *nt* mandatory sign

Gebräu [gə'brɔɪ] <-s> *nt* (*pej*) brew

Gebrauch [gə'braʊx] <-(e)s> *m* (*Anwendung*) use; **von etw ~ machen** make use of s.th.; **in ~ sein** being used; **gebrauchen** *vt* ❶ (*benutzen*) use ❷ (*anwenden*) apply; **das ist nicht mehr zu ~** that's useless; **das kann ich gut ~** that'll come in handy; **ich könnte jetzt einen Kaffee ~** I could do with a cup of coffee now

gebräuchlich [gə'brɔɪçlɪç] *adj* ❶ (*üblich*) customary ❷ (*gewöhnlich*) common; **nicht mehr ~** no longer used

Gebrauchsanweisung *f* directions for use, instructions *pl*; **Gebrauchsartikel** *m* article of everyday use; **gebrauchsfertig** *adj* ready for use; **Gebrauchsgegenstand** *m* basic commodity; **gebraucht** *adj* used; **etw ~ kaufen** buy s.th. second-hand; **Gebrauchtwagen** *m* second-hand [*o* used] car

Gebrechen [gə'brɛçən] <-s, -> *nt* affliction; **gebrechlich** *adj* infirm; **alt und ~** old and infirm; **Gebrechlichkeit** *f* infirmity

gebrochen [gə'brɔxən] *adj* (*a. fig*) broken; **in ~em Englisch** in broken English

Gebrüder [gə'bry:dɐ] *pl* brothers

Gebrüll [gə'brʏl] <-(e)s> *nt* (*Menschen*) yelling; (*Rinder*) bellowing; (*Löwen*) roaring

gebückt *adv:* **~ gehen** stoop

Gebühr [gə'by:ɐ] <-, -en> *f* charge; (*Beitrag*) fee; **gegen eine geringe ~** on payment of a small fee; **gebühren** [gə'by:rən] *vi:* **wie es sich gebührt** as it is (right and) proper; **gebührend** *adj* due; **Gebühreneinheit** *f* (TELE) unit; **Gebührenerhöhung** *f* increase in charges; **Gebührenermäßigung** *f* reduction of fees; **gebührenfrei** *adj* free of charge; **gebührenpflichtig** *adj* chargeable; **~e Autobahn** toll road *Br,* turnpike *Am;* **~e Verwarnung** fine; **Gebührenzähler** *m* meter

gebunden [gə'bʊndən] *adj* bound; (*fest~*) tied (*an* to); **vertraglich ~ sein** be bound by contract

Geburt [gə'bu:ɐt] <-, -en> *f* birth; **von ~** by birth; **Geburtenanstieg** *m* rising birth rate; **Geburtenkontrolle** *f* birth-control; **Geburtenrückgang** *m* drop in the birth rate; **geburtenschwach** *adj* (*Jahrgang*) with a low birth rate; **Geburtenüberschuss** *m* excess of births over deaths; **Geburtenziffer** *f* birth-rate

gebürtig [gə'bʏrtɪç] *adj* born (*aus* in); **er ist ~er Ire** he is Irish-born

Geburtsablauf *m* course of labour; **Geburtsanzeige** *f* birth notice; **Geburtsdatum** *nt* date of birth; **Geburtsjahr** *nt* year of birth; **Geburtsort** *m* birth place; **Geburtstag** *m* birthday; **herzlichen Glückwunsch zum ~** happy birthday; **Geburtsurkunde** *f* birth certificate; **Geburtsvorbereitung** *f* preparation for delivery; **Geburtswehen** *fpl* labour pains; (*fig*) birth pangs

Gebüsch [gə'bʏʃ] <-es, -e> *nt* bushes *pl*

gedacht [gə'daxt] *adj* (*imaginär*) imaginary

Gedächtnis [gə'dɛçtnɪs] *nt* memory; **sich etw ins ~ zurückrufen** recall s.th.; **Gedächtnishilfe** *f* aide-memoire, memory aid; **Gedächtnislücke** *f* gap in one's memory; **Gedächtnisschwund** *m* loss of memory, failing memory; **Gedächtnisstörung** *f* dysmnesia; **Gedächtnistraining** *nt* memory training

gedämpft *adj* ❶ (*Schall*) muffled ❷ (*Schwingung*) damped ❸ (*fig: gedrückt*) subdued

Gedanke [gə'daŋkə] <-ns, -n> *m* ❶ thought ❷ (*Idee*) idea; **sich über etw ~n machen** think about s.th.; **sich ~n machen** worry; **auf andere ~n kommen** be distracted; **ich kann doch nicht ~n lesen!** I'm not a mind-reader!; **ich mache mir so meine ~n** I've got my ideas; **mir schwebt der ~ vor …** I'm toying with the idea …; **Gedankenaustausch** *m* exchange of ideas; **Gedankengang** *m* train of thought; **gedankenlos** *adj* ❶ (*rücksichtslos*) thoughtless ❷ (*zerstreut*) absent-minded; **Gedankenlosigkeit** *f* ❶ (*Rücksichtslosigkeit*) thoughtlessness ❷ (*Zerstreutheit*) absentmindedness; **Gedankenstrich** *m* dash; **Gedankenübertragung** *f* telepathy; **gedankenverloren** *adj* lost in thought

gedanklich *adj* intellectual

Gedärme [gə'dɛrmə] *pl* intestines

Gedeck [gə'dɛk] <-(e)s, -e> *nt:* **ein ~ auflegen** lay a place

gedeihen [gə'daɪən] *sein irr vi* prosper, thrive; **die Angelegenheit ist soweit gediehen** the affair has now reached such a point; **wie weit sind die Verhandlungen gediehen?** how far have the negotiations progressed?

gedenken *irr vi* ❶ (*denken an*): **jds ~** think of s.o. ❷ (*beabsichtigen*): **~ etw zu tun** propose to do s.th.

Gedenkfeier *f* commemoration; **Gedenkminute** *f* minute's silence; **Gedenktafel** *f* commemorative plaque; **Gedenktag** *m* remembrance day

Gedicht [gəˈdɪçt] <-(e)s, -e> *nt* poem; **Gedichtsammlung** *f* anthology

gediegen [gəˈdiːgən] *adj* ❶ (*echt*) solid, true ❷ (*gründlich*) sound

Gedränge [gəˈdrɛŋə] <-s> *nt* ❶ (*Menschenmenge*) crowd ❷ (*Drängelei*) jostling; **ins ~ geraten** (*fig*) get into a fix; **gedrängt** *adj* ❶ (*räumlich*) packed ❷ (*fig: Stil*) concise; **~ voll** crowded

gedrückt *adj* (*fig*) depressed

gedrungen [gəˈdrʊŋən] *adj* (*Körperbau*) stout, sturdy

Geduld [gəˈdʊlt] <-> *f* patience; **mit etw die ~ verlieren** lose patience with s.th.; **meine ~ ist erschöpft!** I've been patient long enough!; **gedulden** *vr* have patience; **geduldig** *adj* patient; **Geduldsprobe** *f* trial of (one's) patience

geehrt [gəˈeːɐt] *adj* (*geschätzt*) esteemed; **sehr ~e Damen und Herren!** Ladies and Gentlemen!; **Sehr ~e Frau Braun, danke für ...** Dear Mrs/Ms Braun, Thank you for ...

geeignet [gəˈaɪgnət] *adj* suitable; **er ist nicht die ~e Person** he is not the right person; **~e Maßnahmen ergreifen** take appropriate action *sing;* **im ~en Augenblick** at the right moment

Gefahr [gəˈfaːɐ] <-, -en> *f* danger; (*Risiko*) risk; **in ~ schweben** be in danger; **außer ~ sein** be out of danger; **es besteht die ~, dass ...** there is the danger that ...; **auf eigene ~** at one's own risk; **~ laufen etw zu tun** run the risk of doing s.th.; **gefährden** [gəˈfɛːɐdən] *vt* endanger; **Gefahrenquelle** *f* source of danger; **Gefahrenzone** *f* danger area; **Gefahrenzulage** *f* danger money; **Gefahrgut** *nt* dangerous goods *pl;* **Gefahrguttransport** *m* transport of dangerous goods; **gefährlich** [gəfɛːɐlɪç] *adj* dangerous; **Gefährlichkeit** *f* dangerousness; **gefahrlos** *adj* safe

Gefährte, -tin [gəˈfɛːɐtə] <-n, -n> *m, f* companion

Gefälle [gəˈfɛlə] <-s, -> *nt* ❶ (*Abhang*) slope; (*Fluss~*) fall ❷ (*fig*) difference

gefallen *irr vi* please; **es gefällt mir** I like it; **sich etw ~ lassen** put up with s.th.; **eine solche Frechheit lasse ich mir nicht ~!** I'm not going to stand for that kind of cheek!; **wie hat ihm der Film ~?** how did he enjoy the picture?; **das lasse ich mir (schon eher) ~** that's more like it

> **? Grammatik**
>
> **gefallen** means 'to like' and is used in a general sense or to express an aesthetic point of view: *Der Freund deiner Schwester gefällt mir gar nicht. – I don't like your sister's boyfriend at all. Dein neuer Rock gefällt mir sehr. – I really like your new skirt.* **schmecken** is used when talking about food: *Schmeckt dir die Fischsuppe? – Do you like the fish soup? Dieser Wein schmeckt ausgezeichnet. – This wine is/tastes gorgeous.*

gefallen *adj* (MIL) killed in action

Gefallen[1] <-s, -> *m* favour; **jdm einen ~ tun** do s.o. a favour; **jdn um einen ~ bitten** ask s.o. a favour

Gefallen[2] <-s> *nt* (*Vergnügen*): **an etw ~ finden** delight in s.th., get pleasure from s.th.

Gefallene(r) *m* (MIL): **die ~n** those killed in action

gefällig [gəˈfɛlɪç] *adj* ❶ (*angenehm*) pleasing ❷ (*hilfsbereit*) helpful; **Gefälligkeit** *f* ❶ (*Gefallen*) favour ❷ (*Hilfsbereitschaft*) helpfulness; **aus ~** as a favour; **jdm eine ~ erweisen** do s.o. a good turn; **darf ich Sie um eine ~ bitten?** may I ask a favour of you?

gefälligst *adv* kindly; **mach ~ die Tür zu!** (*fam*) shut the bloody door!

gefangen *adj* captured; **~ halten** keep prisoner; **Gefangene(r)** *f m* prisoner; **Gefangennahme** *f* capture; (*Verhaftung*) arrest; **bei seiner ~** on his arrest; **Gefangenschaft** *f* captivity; **in ~ geraten** be taken prisoner

Gefängnis [gəˈfɛŋnɪs] *nt* ❶ (*Ort*) jail, prison ❷ (*Strafe*) imprisonment; **ins ~ kommen** be sent to prison **darauf steht ~** that's punishable by imprisonment; **Gefängnisdirektor(in)** *m(f)* governor *Br,* warden *Am;* **Gefängnisstrafe** *f* prison sentence; **Gefängniswärter(in)** *m(f)* warder (wardress)

Gefasel <-s> *nt* (*pej*) waffle

Gefäß [gəˈfɛːs] <-es, -e> *nt* ❶ (*Behälter*) container, receptacle ❷ (ANAT BOT) vessel

Gefäßerweiterung *f* vasodilation

gefasst *adj* calm, composed; **du kannst dich auf was ~ machen!** (*fam*) I'll give you s.th. to think about!; **ich bin auf das**

G

Schlimmste ~ I'm prepared for the worst

Gefecht [gəˈfɛçt] <-(e)s, -e> *nt* encounter; (*Schlacht*) battle; **außer ~ setzen** (*a. fig*) put out of action; **Gefechtskopf** *m* (MIL) warhead; **Gefechtsstand** *m* command post

gefeit [gəˈfaɪt] *adj:* **gegen etw ~ sein** be immune to s.th.

Gefieder [gəˈfiːdɐ] <-s, -> *nt* feathers *pl;* **gefiedert** *adj* ① (*mit Federn*) feathered ② (*von Blättern*) pinnate

gefinkelt *adj* (*österr: durchtrieben*) cunning

Geflecht [gəˈflɛçt] <-(e)s, -e> *nt* network; (*aus Weiden*) wickerwork; (ANAT) plexus

gefleckt *adj* spotted

geflissentlich [gəˈflɪsəntlɪç] *adj* (*absichtlich*) intentional

Geflügel <-s> *nt* poultry; **Geflügelsalat** *m* chicken salad; **Geflügelschere** *f* poultry shears *pl*

geflügelt *adj* winged; **~e Worte** familiar quotations

Geflüster [gəˈflʏstɐ] <-s> *nt* whispering

Gefolge <-s, -> *nt* retinue; **Gefolgschaft** *f* following

Gefrage <-s> *nt* (*pej*) (annoying) questions *pl*

gefräßig [gəˈfrɛːsɪç] *adj* gluttonous; **Gefräßigkeit** *f* gluttony

Gefreite [gəˈfraɪtə] *m* lance corporal *Br,* private first class *Am*

gefrieren *sein irr vi* freeze; **Gefrierfach** *nt* freezing compartment; **Gefrierfleisch** *nt* frozen meat; **gefriergetrocknet** *adj* freeze-dried; **Gefrierpunkt** *m* freezing point; **unter dem ~** below zero; **Gefrierschrank** *m* (upright) freezer; **Gefriertruhe** *f* deep freeze, freezer; **Gefriervorrichtung** *f* freezer

gefroren [gəˈfroːrən] *adj* frozen; **hart ~** frozen solid

Gefüge [gəˈfyːgə] <-s, -> *nt* structure

gefügig *adj* submissive; **jdn ~ machen** make s.o. bend to one's will

Gefühl [gəˈfyːl] <-(e)s, -e> *nt* feeling; **das ist das höchste der ~e** (*fam*) that's the best I can do for you; **jds ~e erwidern** return someone's affection; **etw im ~ haben** have a feel for s.th.; **gefühllos** *adj* ① (*herzlos*) unfeeling ② (*Körperteil*) numb; **Gefühllosigkeit** *f* unfeelingness; **Gefühlsausbruch** *m* emotional outburst; **gefühlsbetont** *adj* emotional; **Gefühlsduselei** [gəˈfyːlsduzəˈlaɪ] *f* (*fam pej*) mawkishness; **Gefühlskälte** *f* coldness; **gefühlsmäßig** *adj* instinctive; **Gefühlssache** *f:* **das ist reine ~** it's purely a matter of instinct; **gefühlvoll** *adj* sensitive

gefüllt *adj* (*Speise*) stuffed

gegebenenfalls *adv* if need be

gegen [ˈgeːgən] *präp* ① (*Gegenteil von: für*) against ② (*an*) against ③ (*etwa*) around ④ (*etwa: zeitlich*) towards ⑤ (*statt*) for; **~ etw sein** be against s.th.; **~ bar** for cash; **gut ~ Kopfschmerzen** good for headaches; **~ die Tür schlagen** hammer on the door; **Gegenangriff** *m* counterattack; **Gegenargument** *nt* counterargument; **Gegenbeweis** *m:* **den ~ antreten** produce evidence to counter s.th.

Gegend [ˈgeːgənt] <-, -en> *f* area; **ungefähr in dieser ~** somewhere round here

Gegendarstellung *f* contradiction, denial; **Gegendemonstrant(in)** *m(f)* counterdemonstrator

gegeneinander *adv* against one another; **~ halten** compare

Gegenfahrbahn *f* oncoming carriageway; **Gegenfrage** *f* counter-question; **Gegengewicht** *nt:* **das ~ halten** counterbalance; **Gegengift** *nt* antidote (*gegen* to); **Gegenkandidat(in)** *m(f)* rival candidate; **Gegenleistung** *f* service in return; **als ~ für** in return for; **Gegenlichtaufnahme** *f* (PHOT) contre-jour shot; **Gegenliebe** *f:* **mein Vorschlag fand keine ~** my proposal met with no approval; **Gegenmaßnahme** *f* countermeasure; **Gegenprobe** *f* crosscheck; **die ~ zu etw machen** crosscheck s.th.; **Gegenreformation** *f* (HIST) Counter-Reformation; **Gegensatz** *m* contrast; **im ~ zu …** in contrast to …; **Gegensätze** (*Streitigkeiten*) differences; **im ~ zu etw stehen** conflict with s.th.; **gegensätzlich** [ˈ--zɛtslɪç] *adj* contrasting; **~e Meinung** different view; **Gegenschlag** *m* (MIL) reprisal; **einen ~ führen** strike back; **Gegenseite** *f* other side; **gegenseitig** [ˈgeːgənzaɪtɪç] *adj* mutual, reciprocal; **Gegenseitigkeit** *f:* **das beruht auf ~** the feeling is mutual; **Gegenspieler(in)** *m(f)* opponent; **Gegenspionage** *f* counterespionage; **Gegensprechanlage** *f* intercom

Gegenstand *m* ① (*Ding*) object, thing ② (*fig: als Thema*) subject, topic; **gegenstandslos** *adj* irrelevant; (*unbegründet*) unfounded; **etw als ~ betrachten** disregard s.th.

Gegenstimme *f* vote against; **Gegenstoß** *m* (*a.* MIL) counterattack; **Gegenströmung** *f* countercurrent; (*Unterströmung*) undertow; **Gegenstück** *nt* counterpart; **Gegenteil** <-s> *nt* opposite; **im ~!** on the contrary; **ins ~ umschlagen** swing to the other extreme; **ganz im ~!** quite the reverse!; **gegenteilig** *adj* opposite

Gegenüber [--'--] <-s, -> *nt:* **jds ~** person opposite to s.o; **gegenüber** [gegən'y:bɐ] **I.** *adv* opposite **II.** *präp* (*in Bezug auf*) as regards, with regard to; **mir ~ ist sie immer höflich** she is always polite to me; **gegenüberliegend** *adj* opposite; **gegenüber|stehen** *irr vi* stand opposite; **gegenüber|stellen** *vt* ❶ (*Person*) confront ❷ (*vergleichen*) compare; **Gegenüberstellung** *f* ❶ (*von Person*) confrontation ❷ (*Vergleich*) comparison

Gegenverkehr *m* oncoming traffic; **Gegenvorschlag** *m* counter-proposal

Gegenwart ['ge:gənvart] <-> *f* ❶ (*Anwesenheit*) presence ❷ (*Jetztzeit*) present; **gegenwärtig** ['ge:gənvɛrtɪç] **I.** *adj* present **II.** *adv* (*zurzeit*) at present; **Gegenwehr** *f* resistance

Gegenwelt *f* counterworld

Gegenwert *m* equivalent; **Gegenwind** *m* headwind

gegen|zeichnen *vt* countersign

Gegner(in) ['ge:gnɐ] *m(f)* adversary, opponent; (*Feind*) enemy, foe; **gegnerisch** *adj* opposing; (*feindlich*) enemy; **Gegnerschaft** *f* ❶ (*Einstellung*) opposition ❷ (*die Gegner*) opponents *pl*

Gehabe [gə'ha:bə] <-s> *nt* (*pej*) affected behaviour

Gehalt¹ [gə'halt, *pl:* gə'hɛltɐ] <-(e)s, Gehälter> *nt* (*Entlohnung*) salary; **sie hat ein gutes ~** she earns a good salary; **wie hoch ist sein ~?** what is his salary?

Gehalt² <-(e)s, -e> *m* (*Anteil*) content; **gehaltlos** *adj* ❶ (*ohne Nährwert*) unnutritious ❷ (*fig: seicht*) empty

Gehaltsabrechnung *f* pay slip; **Gehaltsempfänger(in)** *m(f)* salary earner; **Gehaltserhöhung** *f* rise in salary; **Gehaltsgruppe** *f* salary group; **Gehaltskonto** *nt* current account; **Gehaltsnachzahlung** *f* back-payment; **Gehaltszulage** *f* salary increase

gehaltvoll *adj* nutritious, rich

gehandikapt [gə'hɛndikɛpt] *adj* handicapped (*durch* by)

gehässig [gə'hɛsɪç] *adj* spiteful; **Gehässigkeit** *f* spitefulness

Gehäuse [gə'hɔɪzə] <-s, -> *nt* ❶ (TECH) case ❷ (*Obst~*) core

gehbehindert ['ge:bəhɪndɐt] *adj:* **~ sein** have difficulty in walking

Gehege [gə'he:gə] <-s, -> *nt* (*Tier~*) enclosure; **jdm ins ~ kommen** queer someone's pitch

geheim [gə'haɪm] *adj* secret; **das bleibt ~** that remains a secret; **~ halten** keep secret; **vor jdm etw ~ halten** keep s.th. secret from s.o.; **~ tun** (*fam*) be secretive; **Geheimagent(in)** *m(f)* secret agent; **Geheimdienst** *m* secret service; **Geheimfach** *nt* ❶ (*in Schreibtisch*) secret drawer ❷ (*in Wand*) private safe; **Geheimhaltung** *f* secrecy; **zur ~ von etw verpflichtet sein** be obliged to keep s.th. a secret

Geheimnis *nt* secret; (*nicht begründbares ~*) mystery; **ein ~ verraten** disclose a secret; **ich habe kein ~ vor dir** I have no secrets *pl* from you; **aus etw kein ~ machen** make no secret of s.th.; **Geheimniskrämerei** *f* (*pej*) secretiveness; **geheimnisvoll** *adj* mysterious

Geheimnummer *f* (TELE) secret number; **Geheimpolizei** *f* secret police; **Geheimrezept** *nt* (*fam*) secret recipe; **Geheimschrift** *f* code, secret writing; **Geheimtipp** *m* quiet tip; **Geheimtür** *f* secret door; **Geheimzahl** *f* personal identification number, PIN

Geheiß [gə'haɪs] <-es> *nt:* **auf jds ~** at someone's behest

Gehen *nt* (*a.* SPORT) walking; **das Kommen und ~** the coming and going

gehen ['ge:ən] *sein irr vi* ❶ go; (*zu Fuß*) walk ❷ (TECH) work; (*Uhr*) go, run ❸ (*Waren*) be selling well; **sich ~ lassen** let oneself go; **schwimmen ~** go swimming; **schlafen ~** go to bed; **über die Straße ~** cross the street; **das geht zu weit** that's going too far; **was geht hier vor?** what's going on here?; **wie geht's?** how are you?; **es geht** so-so; **das geht doch nicht!** you can't do that!; **darum geht es nicht** that's not the point; **wenn es nach mir ginge** if it were up to me; **~ wir!** let's go!; **sie ~ miteinander** they are going together; **das will mir nicht in den Kopf** ~ I just can't understand it; **es geht nicht** it can't be done, it won't work; **geht es morgen?** will tomorrow be all right?; **solange es geht** as long as possible; **worum geht's denn?** what's it about?; **es geht nichts über ein gutes Glas Wein** there's nothing better than a good glass of wine; **gut gehend** (*fig*) flourishing, thriving; **vorwärts ~** come on progress

Geher(in) ['ge:ɐ] *m(f)* (SPORT) walker

geheuer [gə'hɔɪɐ] *adj:* **die Sache ist nicht ~** there's s.th. fishy about it; **es ist mir nicht ganz ~** I feel uneasy about it

Gehilfe, -fin [gə'hɪlfə] *m, f* assistant

Gehirn [gə'hɪrn] <-(e)s, -e> *nt* brain;

G

Gehirnerschütterung *f* concussion; **Gehirnschlag** *m* stroke; **Gehirntumor** *m* brain tumour; **Gehirnwäsche** *f* (*fig*) brain-washing; **jdn einer ~ unterziehen** brainwash s.o.

Gehöft [gəˈhøːft] <-(e)s, -e> *nt* farm-stead

Gehölz [gəˈhœlts] <-es, -e> *nt* copse; (*Dickicht*) thicket

Gehör [gəˈhøːɐ] <-(e)s> *nt* hearing; **~ finden** gain a hearing; **sich ~ verschaffen** obtain a hearing; **nach dem ~ spielen** play by ear

gehorchen *vi* obey

gehören *vi* ❶ (*Eigentum sein*) belong to ❷ (*erfordern*) take ❸ (*Teil sein von*) be part of; **dazu gehört schon eine Portion Unverschämtheit** that takes a lot of cheek; **das gehört nicht hierher** it doesn't go [*o* belong] here; (*fig*) it's irrelevant here; **du gehörst jetzt zur Familie** now you're one of the family; **das gehört sich einfach nicht** that's just not done

Gehörgang *m* auditory canal

gehörig *adj* ❶ (*gebührend*) proper ❷ (*fam: beträchtlich*) good, sound; **sie bekamen eine ~e Tracht Prügel** they got a sound thrashing; **zu etw ~ sein** belong to s.th.

Gehörlose(r) *f m* deaf person; **Gehörnerv** *m* auditory nerve

Gehorsam [gəˈhoːɐzaːm] <-s> *m* obedience; **gehorsam** *adj* obedient

Gehörschutz *m* ear muff, ear protectors

Gehrock *m* frock coat

Gehupe <-s> *nt* (*pej*) hooting

Gehweg <-s, -e> *m* ❶ (*Bürgersteig*) pavement *Br,* sidewalk *Am* ❷ (*Fußweg*) footpath

Geier [ˈgaɪɐ] <-s, -> *m* vulture

Geige [ˈgaɪgə] <-, -n> *f* fiddle, violin; **die erste ~ spielen** (*fig*) call the tune; **geigen** *vi* fiddle, play the violin; **Geiger(in)** *m(f)* violinist

Geigerzähler *m* Geiger counter

geil [gaɪl] *adj* ❶ (*a. pej*) randy *Br,* horny *Am* ❷ (*sl: toll*) ace, brilliant; **das ist echt ~!** (*sl*) that's real(ly) wicked!

Geisel [ˈgaɪzəl] <-s, -n> *f* hostage; **jdn als ~ nehmen** take s.o. hostage; **Geiseldrama** *nt* hostage crisis; **Geiselhaft** *f* captivity (as hostage); **Geiselnahme** *f* taking of hostages; **Geiselnehmer(in)** *m(f)* hostage-taker

Geiß [gaɪs] <-, -en> *f* goat; **Geißblatt** *nt* honeysuckle, woodbine

Geißel [ˈgaɪsəl] <-, -n> *f* scourge; **geißeln** *vt* ❶ whip; (*zur Buße*) flagellate ❷ (*fig: kritisieren*) castigate

Geist [gaɪst] <-(e)s, -er/-e> *m* ❶ (*Intellekt*) mind ❷ (*Gespenst*) ghost ❸ (*Gesinnung*) spirit; **etw im ~e vor sich sehen** see s.th. in one's mind's eye; **von allen guten ~ern verlassen sein** have taken leave of one's senses

Geisterbahn *f* ghost train; **Geisterglaube** *m* belief in ghosts; **geisterhaft** *adj* ghostly; **Geisterstimme** *f* (RADIO) voice-over; **Geisterstunde** *f* witching hour

geistesabwesend *adj* absent-minded; **Geistesabwesenheit** *f* absent-mindedness; **Geistesblitz** *m* brainwave; **Geistesgegenwart** *f* presence of mind; **geistesgegenwärtig** *adj* quick-witted; **geistesgestört** *adj* mentally deranged; **du bist wohl ~!** (*fig fam*) you must be out of your mind!; **Geisteshaltung** *f* attitude of mind; **geisteskrank** *adj* mentally ill; **Geisteskrankheit** *f* mental illness; **Geistesleben** *nt* mental life; **geistesverwandt** *adj* mentally akin (*mit* to); **Geisteswissenschaften** *fpl* the arts; **Geisteszustand** *m* state of mind

geistig [ˈgaɪstɪç] *adj* ❶ (*intellektuell*) intellectual, mental ❷ (*seelisch*) spiritual; **~ behindert** mentally handicapped; **jds ~e Heimat** someone's spiritual home

geistlich [ˈgaɪstlɪç] *adj* spiritual

Geistliche(r) *m* clergyman

geistlos *adj* ❶ (*langweilig*) dull ❷ (*dumm*) stupid ❸ (*nichts sagend*) inane; **geistreich** *adj* witty

Geiz [gaɪts] <-es> *m* meanness; **geizen** *vi:* **mit etw ~** be mean with s.th.; **Geizhals** *m,* **geizig** *adj* mean; (*knauserig*) stingy; **Geizkragen** *m* miser, skinflint

Gejammer [gəˈjamɐ] <-s> *nt* (*pej*) moaning and groaning

Gejohle [gəˈjoːlə] <-s> *nt* (*Gegröle*) caterwauling; (*Gekreische*) howling

gekauft *adj:* **viel ~** frequently bought, much purchased

Gekicher [gəˈkɪçɐ] <-s> *nt* giggling, tittering

Gekläff [gəˈklɛf] <-(e)s> *nt* (*pej*) yelping

Geklapper [gəˈklapɐ] <-s> *nt* rattling

Geklingel <-s> *nt* ringing

Gekritzel [gəˈkrɪtsəl] <-s> *nt* (*pej*) scrawl; (*das Kritzeln*) scribbling

gekünstelt [gəˈkʏnstəlt] *adj* artificial; (*geziert*) affected

Gel <-s, -e> *nt* gel

Gelaber <-s> *nt* (*pej*) rabbiting on

Gelächter [gəˈlɛçtɐ] <-s, -> *nt* laughter; **in ~ ausbrechen** burst out laughing

Gelackmeierte(r) *mf* (*fam*): **der** (**die**) **~ sein** be the dupe

geladen *adj* ❶ (ELEK) charged ❷ (*Gewehr*)

loaded; **er war ziemlich** ~ (*fam*) he was rather ratty

Gelage [gəˈlaːgə] <-s, -> *nt* carouse

gelähmt *adj* paralyzed

Gelände [gəˈlɛndə] <-s, -> *nt* ❶ (*Grundstück*) grounds *pl* ❷ (*freies Land*) open country; **Geländefahrzeug** *nt* cross-country vehicle; **geländegängig** *adj* able to go cross-country

Geländer [gəˈlɛndɐ] <-s, -> *nt* ❶ (*Treppen~*) banisters *pl* ❷ (*als Begrenzung*) railing

Geländerennen *nt* (SPORT) cross-country race

Geländerpfosten *m* baluster

Geländewagen *m* (AUTO) cross-country vehicle

gelangen [gəˈlaŋən] *sein vi* reach (*zu etw* s.th.); **ans Ziel** ~ (*fig*) attain one's goal; **zur Überzeugung** ~**, dass …** become convinced that …

gelassen [gəˈlasən] *adj* calm; ~ **bleiben** keep calm; **Gelassenheit** *f* calmness; (*Fassung*) composure

geläufig [gəˈlɔɪfɪç] *adj:* **das ist durchaus** ~ that's quite common; **das ist mir** ~ I'm familiar with that

gelaunt [gəˈlaʊnt] *adj:* **gut** ~ good-tempered, in a good mood, cheerful, in good spirits; **schlecht** [*o* **übel**] ~ bad-tempered, in a bad mood, ill-humoured

Geläut(e) [gəˈlɔɪt(ə)] <-s> *nt* (*pej*) ringing

gelb [gɛlp] *adj* yellow; ~**!** (*bei Verkehrsampel*) amber!; **Gelbe Seiten** (TELE) Yellow Pages®; **Gelbfieber** *nt* yellow fever; **Gelbsucht** *f* (MED) jaundice

Geld [gɛlt] <-(e)s, -er> *nt* money; **ins** ~ **gehen** (*fam*) cost a pretty penny; **zu** ~ **machen** sell off; **um** ~ **spielen** play for money; ~ **wie Heu haben** (*fam*) have money to burn; **etw für sein** ~ **bekommen** get one's money's worth; **sein** ~ **wert sein** be good value; **das Fahrrad war wirklich sein** ~ **wert** I've really had my money's worth out of that bike; **das ist rausgeschmissenes** ~**!** that's money down the drain!; **mit** ~ **geht alles** money talks; **jdm das** ~ **aus der Tasche ziehen** squeeze money out of s.o.; **Geldanlage** *f* investment; **Geldautomat** *m* (*zum Geldabheben*) cash dispenser, automatic teller *Am;* (*zum Geldwechseln*) change machine; **Geldautomatenkarte** *f* cash(-line) card; **Geldbetrag** *m* amount of money; (*angezeigter* ~) cash readout; **Geldbeutel** *m* purse *Br,* wallet *Am;* **Geldbombe** *f* strongbox; **Geldeinwurf** *m* slot; **Geldentwertung** *f* currency depreciation; **Geldgeber(in)** *m(f)* financial backer; **geldgierig** *adj* avaricious; **Geldkarte** *f* cash card; **geldlich** *adj* financial; **Geldmacherei** <-, -en> *f* (*pej*) profiteering; **Geldmenge** *f* (COM) money supply; **Geldmittel** *pl* funds; **Geldquelle** *f* source of income; **Geldschein** *m* banknote *Br,* bill *Am;* **Geldschrank** *m* safe; **Geldspielautomat** *m* slot machine; **Geldstrafe** *f* fine; **Geldstück** *nt* coin; **Geldsumme** *f* sum of money; **Geldwäsche** *f* money laundering; **Geldwechsler** *m* (*Automat*) change machine; **Geldwert** *m* cash value

Gelee [ʒeˈleː] <-s, -s> *nt* jelly

gelegen [gəˈleːgən] *adj* ❶ (*örtlich*) situated *Br,* located *Am* ❷ (*günstig*) opportune; **es kam mir gerade** ~ it came just at the right time; **mir ist nichts daran** ~ it doesn't matter to me; **Sie kommen mir gerade** ~ you are just the person I want to see; **Gelegenheit** *f* ❶ (*Anlass*) occasion ❷ (*günstige* ~) opportunity; **bei erster** ~ at the first opportunity; (COM) at one's earliest convenience; **die** ~ **nutzen etw zu tun** take the opportunity of doing s.th.; **sobald sich die** ~ **ergibt** as soon as I get the opportunity; **Gelegenheitsanzeige** *f* classified advertisement; **Gelegenheitsarbeit** *f* casual work; **Gelegenheitsarbeiter(in)** *m(f)* casual worker; **Gelegenheitskauf** *m* bargain

gelegentlich **I.** *adj* (*zeitweise*) occasional **II.** *adv* (*hin und wieder*) now and again, occasionally; **er raucht** ~ **ganz gern eine Zigarre** he likes an occasional cigar

gelehrig [gəˈleːrɪç] *adj* quick to learn

gelehrt *adj* learned; **Gelehrte(r)** <-n, -n> *f m* scholar

Geleit [gəˈlaɪt] <-(e)s, -e> *nt* ❶ (*Begleitung, a.* MIL) escort ❷ (*Grab~*) cortege; **freies** ~ safe-conduct; **jdm das** ~ **geben** escort s.o.; **geleiten** *vt* escort; **Geleitschutz** *m* (MIL) escort; **Geleitzug** *m* (MAR MIL) convoy

Gelenk [gəˈlɛŋk] <-(e)s, -e> *nt* ❶ (ANAT) joint ❷ (TECH) hinge; **Gelenkbus** *m* articulated bus; **Gelenkentzündung** *f* arthritis; **gelenkig** *adj* ❶ (*geschmeidig*) supple ❷ (*agil*) agile; **Gelenkrheumatismus** *m* rheumatic fever

geliebt *adj* beloved, dear; **viel** ~ much-beloved; **Geliebte(r)** *f m* lover

geliefert *adj:* **verdammt, jetzt sind wir** ~**!** (*fam*) blast! that's the end!

gelind(e) *adj* light, slight; ~**e gesagt** to put it mildly

Gelingen <-s> *nt* success; **gutes** ~**!** good luck!; **gelingen** [gəˈlɪŋən] *sein irr vi* suc-

G

ceed; **es gelang mir es zu tun** I succeeded in doing it

gellen ['gɛlən] *vi:* **jdm in den Ohren** ~ ring in one's ears; **gellend** *adj* piercing, shrill

geloben *vt* vow; **er hat Stillschweigen gelobt** he is sworn to silence; **Gelöbnis** [gə'lø:pnɪs] *nt* vow

Gelse <-, -n> *f* (*österr*) gnat

gelten ['gɛltən] *irr vi* ❶ (*Gültigkeit haben*) be valid ❷ (~ *für*) go for; **das lasse ich ~!** I accept that!; **das gilt nicht!** (*beim Spiel*) that doesn't count!; **das gilt auch für dich!** that goes for you, too!; **geltend** *adj:* ~ **machen** assert; ~**e Preise** current prices; ~**e Meinung** prevailing opinion

Geltung *f* ❶ (*Gültigkeit*) validity ❷ (*Ansehen*) prestige; ~ **haben** be valid; **etw zur ~ bringen** show s.th. to advantage; **das Gemälde kommt in diesem Zimmer nicht zur ~** the picture doesn't look good in this room; **sich ~ verschaffen** establish one's position

Geltungsbedürfnis *nt* drive for personal prestige

Geltungsbereich *m* (INFORM) scope

Geltungsdauer *f* period of validity

Geltungsdrang *m* (PSYCH) need for recognition

Gelübde [gə'lʏpdə] <-s, -> *nt* vow; **ein ~ ablegen** (REL) take a vow

gelungen [gə'lʊŋən] *adj* capital, excellent; **das war ein ~er Abend** the evening was a success

gemächlich [gə'mɛ(:)çlɪç] **I.** *adj* unhurried **II.** *adv* ❶ (*gemütlich*) leisurely ❷ (*langsam*) slow; ~ **gehen** walk at a leisurely pace

Gemahl [gə'ma:l] <-(e)s, (e)> *m*, **Gemahlin** *f* spouse

Gemälde [gə'mɛ:ldə] <-s, -> *nt* painting; **Gemäldeausstellung** *f* exhibition of paintings; **Gemäldegalerie** *f* picture gallery

Gemarkung [gə'markʊŋ] <-, -en> *f* communal land

gemäß [gə'mɛ:s] **I.** *präp* in accordance with; **~ ...** (JUR) under ... **II.** *adj* (*angemessen*) appropriate to

gemäßigt [gə'mɛ:sɪçt] *adj* moderate; ~**es Klima** temperate climate

Gemäuer [gə'mɔɪɐ] <-s, -> *nt* ruins *pl*

Gemecker <-s> *nt* (*pej*) griping, grousing

gemein [gə'maɪn] *adj* ❶ (*bösartig*) mean, wicked ❷ (*gemeinsam*) common; **das ist eine ~e Lüge** that's a dirty lie; **sie haben nichts miteinander ~** they have nothing in common; **du ~es Stück!** (*fam*) you mean thing!

Gemeinde [gə'maɪndə] <-, -n> *f* ❶ (*städtische*) community, municipality ❷ (*Kirchen~*) parish ❸ (*Anhängerschaft*) following; **Gemeindeabgaben** *fpl* rates; **Gemeindehaus** *nt* parish rooms *pl;* **Gemeindeordnung** *f* municipal by-laws *pl;* **Gemeinderat** *m* ❶ (*Körperschaft*) district council ❷ (*Person*) district councillor; **Gemeindeschwester** *f* district nurse; **Gemeindesteuern** *fpl* local rates *Br,* local taxes *Am;* **Gemeindeverwaltung** *f* local authority; **Gemeindezentrum** *nt* community centre

gemeingefährlich *adj* dangerous to the community

Gemeingut *nt* common property

Gemeinheit *f* ❶ (*Eigenschaft*) meanness ❷ (*Tat*) dirty trick

gemeinhin *adv* generally; **Gemeinnutz** *m* common good

gemeinnützig *adj* charitable; ~**er Verein** non-profit-making organization

gemeinsam **I.** *adj* ❶ (*gemeinschaftlich*) common ❷ (*beidseitig*) mutual; **mit jdm ~e Sache machen** join up with s.o.; **der Gemeinsame Markt** the Common Market; **Gemeinsame Agrarpolitik, GAP** Common Agricultural Policy, CAP **II.** *adv* (*zusammen*) together; **Gemeinschaft** *f* ❶ (*Gemeinde*) community ❷ (~*sgefühl*) sense of community; **gemeinschaftlich** *adj* common; **Gemeinschaftliche Förderkonzepte, GFK** Community Support Frameworks, CSFs; **Gemeinschaftsarbeit** *f* teamwork, team effort; **Gemeinschaftsgefühl** *nt* sense of community; **Gemeinschaftskunde** *f* social studies *pl;* **Gemeinschaftspraxis** *f* group practice; **gemeinverständlich** *adj:* **sich ~ ausdrücken** make o.s. generally understood; **Gemeinwohl** *nt* public welfare

Gemenge <-s, -> *nt* ❶ (CHEM: *Mischung*) mixture ❷ (*Menschengewühl*) bustle

gemessen *adj:* ~**en Schrittes** at a measured pace

Gemetzel [gə'mɛtsəl] <-s, -> *nt* massacre

Gemisch [gə'mɪʃ] <-(e)s, -e> *nt* mixture

gemischt *adj* mixed

Gemme ['gɛmə] <-, -n> *f* cameo

Gemotze <-s> *nt* (*sl pej*) moaning

Gemunkel <-s> *nt* ❶ (*Gerücht*) rumours *pl* ❷ (*Geflüster*) whispers *pl*

Gemurmel <-s> *nt* murmuring, muttering

Gemüse [gə'my:zə] <-s, -> *nt* vegetables *pl;* (*hum: junge Dinger*) whippersnappers, green young things; **Gemüseanbau** *m* market gardening *Br,* truck farming *Am;* **Gemüsegarten** *m* kitchen garden;

Gemüsehändler *m* ❶ (*Person*) greengrocer ❷ (*Laden*) greengrocer's
gemustert *adj* patterned
Gemüt [gəˈmy:t] <-(e)s, -er> *nt:* **sich** (**etw**) **zu ~e führen** (*zu sich nehmen*) indulge in s.th.; **also, du hast ein ~!** you're a fine one!
gemütlich *adj* ❶ (*angenehm, bequem*) comfortable, cosy; (*schnuckelig*) snug ❷ (*gelassen*) easy-going; **es sich ~ machen** make o.s. comfortable; **Gemütlichkeit** *f:* **in aller ~** at one's leisure
Gemütsmensch *m* good-natured person; **Gemütsruhe** *f* composure; **Gemütsverfassung** *f,* **Gemütszustand** *m* frame of mind
Gen [ge:n] <-s, -e> *nt* (BIOL) gene
genannt [gəˈnant] *adj:* **der/die oben Genannte** the above-mentioned
genau [ɡəˈnaʊ] **I.** *adj* ❶ (*exakt*) exact ❷ (*detailliert*) detailed **II.** *adv* exactly; **~ genommen** strictly speaking; (**stimmt**) **~!** exactly!; **das ist ~ das Wort, nach dem ich gesucht habe** that's just the word I was looking for; **meine Uhr geht ~** my watch keeps accurate time; **passt ~!** fits perfectly! it's a perfect fit!; **Genauigkeit** *f* exactness; **genauso** *adv:* **~ gut** just as well; **~ viel** just as much; **~ wenig** just as little
Genbank *f* gene bank
genehmigen [gəˈne:mɪɡən] *vt* ❶ (*amtlich*) approve ❷ (*gewähren*) grant; **Genehmigung** *f* (*amtlich*) approval; (*Ermächtigung*) authorization; **mit ~ von …** by permission of …; **~ einholen** secure the approval; **~ erteilen** grant a licence; **genehmigungspflichtig** *adj* requiring official approval; **Genehmigungsverfahren** *nt* approval procedure
geneigt[1] *adj* inclined, sloping
geneigt[2] *adj* ❶ (*aufgelegt zu*) willing ❷ (*wohlwollend*) well-disposed
General(in) [genəˈra:l] <-s, -e/Generäle> *m(f)* general; **Generaldirektor(in)** *m(f)* chairman (chairwoman) *Br,* chair, president *Am;* **Generalintendant(in)** *m(f)* (THEAT) director; **Generalkonsul(in)** *m(f)* consul general; **Generalkonsulat** *nt* consulate general; **Generalmajor** *m* major general; **Generalprobe** *f* dress-rehearsal; **Generalstab** *m* general staff; **Generalstreik** *m* general strike; **generalüberholen** *vt:* **~ lassen** have generally overhauled; **Generalüberholung** *f* thorough going-over; **Generaluntersuchung** *f* (MED) general check-up; **Generalversammlung** *f* general meeting
Generation [genəraˈtsjo:n] *f* generation; **Generationenkonflikt** *m* generation gap
Generator [genəˈra:to:ɐ] *m* generator
generell [genəˈrɛl] *adj* general
genesen [gəˈne:zən] *sein irr vi* convalesce; **Genesung** *f* recovery; **ich wünsche baldige ~** I wish you a speedy recovery
Genetik [geˈne:tɪk] *f* (BIOL) genetics *pl;* **Genetiker(in)** *m(f)* (BIOL) geneticist; **genetisch** *adj* genetic
Genf [gɛnf] <-s> *nt* Geneva; **~er Abkommen** Geneva Convention; **~er See** Lake Geneva, Lake Leman
Genforscher(in) *m(f)* genetic researcher; **Genforschung** *f* genetic research
genial [geˈnja:l] *adj* ❶ (*einfallsreich*) ingenious ❷ (*fam: hervorragend*) brilliant; **das ist eine ~e Idee!** that's a brilliant idea!; **Genialität** *f* brilliance, genius
Genick [gəˈnɪk] <-(e)s, -e> *nt* neck; **jdm das ~ brechen** break someone's neck; (*fig*) put paid to s.o.; **Genickschuss** *m* shot in the neck; **Genickstarre** *f:* **~ haben** have a stiff neck
Genie [ʒeˈni:] <-s, -s> *nt* genius
genieren [ʒeˈni:rən] *vr* be embarrassed
genießen [gəˈni:sən] *irr vt* enjoy; **Genießer(in)** *m(f)* connoisseur; (*Feinschmecker*) gourmet
Genitalien [geniˈta:liən] *ntpl* genitals
Genitiv [ˈge:niti:f] *m* genitive
Genius [ˈge:niʊs, *pl:* ˈge:niən] <-, -nien> *m* genius
Genmanipulation *f* genetic manipulation
genormt *adj* standardized
Genosse [gəˈnɔsə] <-n, -n> *m* ❶ (*Kamerad*) mate *Br,* pal *Am* ❷ (POL) comrade; **Genossenschaft** *f* co-operative; **Genossenschaftsbank** *f* co-operative bank
Genpatent *nt* gene patent; **Gentechnik** *f* genetic engineering; **Gentechniker(in)** *m(f)* genetic engineer; **gentechnisch** *adj* (*Fortschritt*) in genetic engineering; **~ verändert, GV** genetically modified, GM; **~ veränderte Organismen, GVO** genetically modified organisms, GMO; **Gentechnologie** *f* genetic engineering; **Gentherapie** *f* gene therapy; **Gentransfer** *m* genetic transfer
genug [gəˈnu:k] *adv* enough; **danke, das ist ~** enough, thank you; **so, jetzt hab' ich aber ~!** I've had enough!
Genüge [gəˈny:gə] <-> *f:* **das kenne ich zur ~** I know that well enough; **jdm ~ tun** satisfy s.o.; **genügen** *vi* be enough, suffice; **den Anforderungen ~** fulfil the requirements; **das genügt** that will do;

G

genügend *adj* ① (*ausreichend*) sufficient ② (*befriedigend*) satisfactory; **genügsam** *adj* undemanding; **Genügsamkeit** *f* simple needs *pl*

Genugtuung [gə'nu:ktu:ʊŋ] *f* satisfaction; **das hat mir richtig ~ verschafft** that gave me a sense of satisfaction

Genus ['ge:nʊs] <-, Genera> *nt* (LING) gender

Genuss [gə'nʊs, *pl:* gə'nʏsə] <-es, Genüsse> *m* ① (*Vergnügen*) pleasure ② (*Verbrauch*) consumption; **in den ~ von etw kommen** enjoy s.th.; **genüsslich** *adj* pleasureable; **Genussmittel** *ntpl coffee, tea, alcoholic drinks, tobacco, etc;* **genusssüchtig** *adj* hedonistic; **genussvoll** *adj* delightful; **etw ~ trinken** drink s.th. with obvious enjoyment

genverändert *adj* genetically manipulated

Geograf(in) <-en, -en> *m(f)*, **Geograph(in)** *m(f)* geographer; **Geografie** [geogra'fi:] *f*, **Geographie** *f* geography; **geografisch** *adj*, **geographisch** *adj* geographical

Geologie [geolo'gi:] *f* geology; **geologisch** *adj* geological

Geometrie [geome'tri:] *f* geometry; **geometrisch** *adj* geometric

Gepäck [gə'pɛk] <-(e)s> *nt* luggage *Br*, baggage *Am;* **sein ~ aufgeben** check in one's luggage *Br*, check in one's baggage *Am;* **Gepäckabfertigung** *f* (AVIAT) luggage check in *Br*, baggage check in *Am;* (RAIL) luggage office *Br*, baggage office *Am;* **Gepäckaufkleber** *m* luggage sticker *Br*, baggage sticker *Am;* **Gepäckausgabe** *f* (AVIAT) luggage reclaim *Br*, baggage reclaim *Am;* **ich muss noch zur ~** I've still got to collect my luggage; **Gepäckkarren** *m* luggage van *Br*, baggage car *Am;* **Gepäcknetz** *nt* luggage [*o* baggage] rack; **Gepäckschein** *m* luggage ticket *Br*, baggage ticket *Am;* **Gepäckschließfach** *nt* luggage locker *Br*, baggage locker, Am; **Gepäckstück** *nt* piece of luggage [*o* baggage]; **Gepäckträger** *m* ① (*Person*) porter *Br*, baggage-handler *Am* ② (*an Fahrrad*) carrier; **Gepäckwagen** *m* ① (*Eisenbahnwagen*) luggage van *Br*, baggage car *Am* ② (*Karren*) luggage trolley *Br*, baggage trolley *Am*

gepfeffert *adj* peppered; **eine ~e Rechnung** a steep bill; **ein ~er Brief** a stiff letter

gepflegt *adj* ① (*Rasen, Haus*) well cared-for ② (*Person*) well-groomed; **~ wohnen** live in style; **sich ~ unterhalten** have a civilized conversation

Gepflogenheit [gə'pflo:gənhaɪt] *f* habit

gepfropft *adj:* **voll ~** crammed, packed

geplant *adj* planned

Geplapper [gə'plapɐ] <-s> *nt* babbling

Geplätscher [gə'plɛtʃɐ] <-s> *nt* splashing

Gepolter [ge'pɔltɐ] <-s> *nt* banging

Gepräge [gə'prɛ:gə] <-s, -> *nt* character; **die Fachwerkhäuser geben der Stadt ihr ~** the half-timbered houses lend character to the town

Gerade <-n, -n> *f* (MATH) straight line; (*Fluss, Weg, Rennbahn*) straight; **kurze ~** (*beim Boxen*) jab

gerade [gə'ra:də] **I.** *adj* ① (*nicht uneben*) even ② (*geradlinig*) straight; **~ Zahl** even number; **sitz ~!** sit up! **II.** *adv* (*eben, a. fig*) just; **ich wollte ~ gehen** I was just about to leave; **er war nicht ~ freundlich** he wasn't exactly friendly; **~ heute** today of all days; **ich komme ~ so aus** I can just about manage; **sie war ~ hier** she was here a moment ago; **das ist es ja ~!** that's just it!; **warum ~ ich?** why me of all people?; **~ biegen** straighten; (*fig*) sort out

geradeaus [---'-] *adv* straight ahead; **geradeheraus** [-'---'-] *adv* frankly

gerädert [gə'rɛ:dɐt] *adj:* **wie ~ sein** be knackered

gerade|stehen *irr vi* stand up straight; **~ für etw** (*fig*) answer for s.th.

geradewegs *adv* straight

geradezu *adv* ① (*beinahe*) almost ② (*wirklich*) really; **das ist ~ Wahnsinn** that's sheer madness

geradlinig [gə'ra:tli:nɪç] *adj* straight; (*Entwicklung*) linear; (*fig*) straight; **Geradlinigkeit** *f* (*fig*) straightness

Geranie [ge'ra:niə] *f* geranium

Gerät [gə'rɛ:t] <-(e)s, -e> *nt* ① (*Apparat*) gadget; (ELEK TECH) appliance ② (RADIO TELE TV) set ③ (*Werkzeug*) tool ④ (*Ausrüstung*) equipment

geraten [gə'ra:tən] *sein irr vi* ① (*gelangen*) get [*o* fall] (*in* into) ② (*fig: ausfallen*) turn out; **an etw ~** come by s.th.; **an jdn ~** find s.o.; **an den Falschen ~** pick the wrong man; **in Gefangenschaft ~** be taken prisoner; **in eine Falle ~** fall into a trap; **in Brand ~** catch fire; **nach jdm ~** take after s.o.

geraten *adj:* **etw für ~ halten** think it best

Geräteturnen *nt* apparatus gymnastics *sing*

Geratewohl [gəra:tə'vo:l] *nt:* **aufs ~** at random, on the off-chance

geraum [gə'raʊm] *adj:* **~e Zeit** a long time; **vor ~er Zeit** (a) long (time) ago

geräumig [gə'rɔɪmɪç] *adj* roomy, spacious

Geräusch [gəˈrɔɪʃ] <-(e)s, -e> *nt* noise; **geräuscharm** *adj* low-noise; **geräuschdämmend** *adj* soundproofing; **Geräuschdämpfung** *f* sound damping; **geräuschempfindlich** *adj* sensitive to noise; **geräuschlos** *adj* silent; **Geräuschminderung** *f* noise reduction; **geräuschvoll** *adj* noisy

gerben [ˈgɛrbən] *vt* tan; **Gerber(in)** *m(f)* tanner; **Gerberei** *f* (*Betrieb*) tannery; **Gerbsäure** *f* tannic acid

gerecht [gəˈrɛçt] *adj* just; **~er Lohn** fair wages *pl*; **jdm ~ werden** do justice to s.o.; **jds Erwartungen ~ werden** come up to someone's expectations; **Gerechtigkeit** *f* justice; **Gerechtigkeitsliebe** *f* love of justice

Gerede <-s> *nt* talk; **das ist nur ~** that's only gossip; **ins ~ kommen** get o.s. talked about

gereizt *adj* ❶ (*wütend*) irritated ❷ (*reizbar*) irritable; **~e Stimmung** strained atmosphere

Geriatrie [geriaˈtriː] <-> *f* (MED) geriatrics

Gericht¹ [gəˈrɪçt] <-(e)s, -e> *nt* dish

Gericht² *nt* ❶ (JUR: *Gebäude*) court ❷ (*Richter*) court; **jdn vor ~ bringen** take s.o. to court; **mit etw vor ~ gehen** take legal action about s.th.; **das Jüngste ~** the Last Judgment; **mit jdm ins ~ gehen** (*fig*) judge s.o. harshly; **gerichtlich** *adj*: **~e Untersuchung** judicial investigation; **gegen jdn ~ vorgehen** take court proceedings against s.o.; **~ vereidigt** sworn; **Gerichtsakten** *fpl* court records; **Gerichtsarzt, -ärztin** *m, f* court doctor; **Gerichtsbarkeit** *f* jurisdiction; **Gerichtsbeschluss** *m* court decision; **Gerichtsferien** *pl* recess; **Gerichtshof** *m* Supreme Court; **~ der Europäischen Gemeinschaften, EuGH** Court of Justice of the European Communities, CJ; **Gerichtskosten** *pl* court costs; **jdm die ~ auferlegen** order s.o. to pay costs; **Gerichtsmedizin** *f* forensic medicine; **Gerichtssaal** *m* courtroom; **Gerichtsstand** *m* court jurisdiction; **Gerichtsverfahren** *nt* court [*o* legal] proceedings; **gegen jdn ein ~ einleiten** institute court proceedings against s.o.; **Gerichtsverhandlung** *f* (*Zivil~*) hearing; (*Straf~*) trial; **Gerichtsvollzieher** *m* bailiff

gering [gəˈrɪŋ] *adj* ❶ (*niedrig*) low ❷ (*~wertig*) little; **~e Chance** slight chance; **~e Temperatur** low temperature; **~e Entfernung** short distance; **nicht das Geringste** nothing at all; **~e Qualität** poor quality

geringfügig [gəˈrɪŋfyːgɪç] *adj* (*klein*) minor; (*unwichtig*) insignificant; **Geringfügigkeit** *f* triviality; **geringschätzig** *adj* contemptuous; **Geringschätzung** *f* (*Ablehnung*) disdain; (*geringe Meinung*) low opinion (*für* of)

gerinnen [gəˈrɪnən] *sein irr vi* coagulate; (*Milch*) curdle

Gerinnsel [gəˈrɪnzəl] <-s, -> *nt* (MED) clot

Gerinnung *f* coagulation

Gerippe [gəˈrɪpə] <-s, -> *nt* ❶ (*Skelett*) skeleton ❷ (ARCH) frame

gerissen [gəˈrɪsən] *adj* (*pej*) crafty, cunning

Germane, -nin [gɛrˈmaːnə] <-n, -n> *m, f* Teuton; **germanisch** *adj* Teutonic; **Germanist(in)** *m(f)* German specialist, German scholar

gern [gɛrn] *adv* gladly, with pleasure; **~ haben** like; **du kannst mich mal ~ haben!** (*fam*) you know what you can do!; **aber ~!** of course!; **~ geschehen!** don't mention it *Br*; you're welcome! *Am*; **das glaube ich ~** I can well believe it

Gernegroß <-, -e> *m* (*pej*) show-off

Geröll [gəˈrœl] <-(e)s, -e> *nt* rubble; (*größer*) boulders *pl*

Gerontotechnik [geˈrɔntotɛçnɪk] *f* (*Technologie für alte Menschen*) gerontotechnology

Gerste [ˈgɛrstə] <-> *f* barley; **Gerstenkorn** *nt* ❶ barley-corn ❷ (MED) stye; **Gerstensaft** *m* (*hum*) the amber liquid

Gerte [ˈgɛrtə] <-, -n> *f* switch

Geruch [gəˈrʊx, *pl:* gəˈrʏçə] <-(e)s, Gerüche> *m* ❶ smell; (*starker ~*) odour ❷ (*~ssinn*) sense of smell; **geruchlos** *adj* odourless, scentless; **Geruchsbelästigung** *f* offensive smell; **Geruchssinn** *m* sense of smell

Gerücht [gəˈrʏçt] <-(e)s, -e> *nt* rumour; **es geht das ~, dass ...** it is rumoured that ...

geruhen *vi*: **~ etw zu tun** deign to do s.th.

geruhsam *adj* peaceful

Gerümpel [gəˈrʏmpəl] <-s> *nt* junk

Gerundium [geˈrʊndiʊm, *pl:* geˈrʊndiən] <-s, -dien> *nt* (GRAM) gerund

Gerüst [gəˈrʏst] <-(e)s, -e> *nt* ❶ (ARCH) scaffolding; (*Gestell*) trestle ❷ (*fig*) framework

Ges [gɛs] <-, -> *nt* (MUS) G flat

gesalzen *adj* salted; **~e Preise** steep prices

gesamt [gəˈzamt] *adj* entire, whole; **die ~en Kosten** the total costs; **Gesamtansicht** *f* general view; **Gesamtausgabe** *f* (TYP) complete edition; **Gesamtbetrag** *m* total; **gesamtdeutsch** *adj* all-German; **Gesamteindruck** *m* general impression; **Gesamtheit** *f* totality; **die ~ der ...** all the ...; **in ihrer (seiner) ~ ...** as a whole;

Gesamthochschule *f* comprehensive university, polytechnic; **Gesamtkosten** *pl* overall costs; **Gesamtnutzungsdauer** *f* useful life; **Gesamtschule** *f* comprehensive school

i Land & Leute

The conventional school system is preserved in the **Gesamtschulen** (comprehensive schools). Here there are compulsory subjects which every pupil has to study, optional subjects which the pupils can choose themselves, hobby subjects and special courses. Various examinations can be taken, depending on the pupil's academic level. This type of school is only established in parts of Germany, Austria and Switzerland however.

Gesamtüberblick *m* complete picture; **Gesamtübersicht** *f* general survey; **Gesamtwertung** *f* (SPORT) overall placings *pl*

Gesandte(r) [gəˈzantə] <-n, -n> *f m* envoy; **Gesandtschaft** *f* legation

Gesang [gəˈzaŋ, *pl:* gəˈzɛŋə] <-(e)s, Gesänge> *m* ❶ (*das Singen*) singing ❷ (*Choral*) chant; **Gesangbuch** *nt* hymnbook; **Gesangverein** *m* choral society

Gesäß [gəˈzɛːs] <-es, -e> *nt* buttocks *pl*

Geschäft [gəˈʃɛft] <-(e)s, -e> *nt* ❶ (*Laden*) shop *Br,* store *Am* ❷ (COM: *Gewerbe*) business; **ein gutes ~ machen** make a good deal; **ein ~ mit etw machen** make money out of s.th.; **mit jdm ~e machen** do business with s.o.; **ins ~ gehen** go to the office

Geschäftemacher(in) <-s, -> *m(f)* profiteer

geschäftig *adj* busy

geschäftlich **I.** *adj* business **II.** *adv:* **ich muss ihn ~ sprechen** I must see him on business

Geschäftsanteil *m* share of a business; **Geschäftsbrief** *m* business letter; **Geschäftsessen** *nt* business lunch; **Geschäftsfläche** *f* (MARKT) trading floor space; **Geschäftsfrau** *f* businesswoman; **Geschäftsfreund(in)** *m(f)* business associate; **geschäftsführend** *adj* executive; **~er Direktor** managing director; **Geschäftsführer(in)** *m(f)* managing director; (*von Verein*) secretary; **Geschäftsführung** *f* management; **Geschäftsidee** *f* business idea, idea for a new business; **Geschäftsjahr** *nt* financial year; **Geschäftskosten** *pl* business expenses; **das geht auf ~** that's on expenses; **Geschäftslage** *f* business conditions *pl;* **Geschäftsleben** *nt* business life; **Geschäftsleitung** *f* management; **Geschäftsleute** *pl* businesspeople *pl;* **Geschäftsmann** <-(e)s, -leute/(-männer)> *m* businessman; **Geschäftsordnung** *f* (PARL) standing orders; **Geschäftsräume** *mpl* premises; **in unseren ~n** on our premises; **Geschäftsreise** *f* business trip; **Geschäftsschluss** *m* closing time; **nach ~** (*von Betrieb*) out of working hours *pl;* (*von Laden*) after closing time; **Geschäftssinn** <-(e)s> *m* business sense; **Geschäftsstelle** *f* offices *pl;* (*Zweigstelle*) branch; **Geschäftsstunden** *fpl* office hours; **Geschäftstätigkeit** *f* business activity; **geschäftstüchtig** *adj* business-minded; **Geschäftsverbindung** *f* business connection; **mit jdm in ~ stehen** have business connections with s.o.; **Geschäftsviertel** *nt* shopping centre; **Geschäftsvolumen** *nt* volume of trade; **Geschäftszeit** *f* office hours *pl;* **Geschäftszimmer** *nt* office

Geschehen <-s> *nt* events *pl*

geschehen [gəˈʃeːən] *sein irr vi* happen; (*stattfinden*) take place; **das geschieht dir recht** that serves you right; **um ihn ist's ~** it's all up with him; **ich wusste nicht, wie mir geschah** I didn't know what was going on; **es muss etw ~** something must be done

gescheit [gəˈʃaɪt] *adj* clever

Geschenk [gəˈʃɛŋk] <-(e)s, -e> *nt* gift, present; **jdm ein ~ machen** give s.o. a present; **Geschenkabonnement** *nt* gift subscription; **Geschenkboutique** *f* gift shop; **Geschenkgutschein** *m* gift coupon, gift voucher; **Geschenkpackung** *f* gift pack; **Geschenkpapier** *nt* wrapping paper, giftwrap

Geschichte [gəˈʃɪçtə] <-, -n> *f* ❶ (*Erzählung*) story ❷ (*Menschheits~*) history ❸ (*fig: Angelegenheit*) affair; **mach keine langen ~n!** don't make a fuss!; **immer wieder die alte ~!** it's the same old story!; **Geschichtenerzähler(in)** *m(f)* storyteller

geschichtlich *adj* historical; **~ bedeutsam** historic; **Geschichtsatlas** *m* historical atlas; **Geschichtsbuch** *nt* history book; **geschichtsträchtig** *adj* historic; **Geschichtszahl** *f* historical date

Geschick¹ [gəˈʃɪk] <-(e)s, -e> *nt* (*Schicksal*) fate

Geschick² <-(e)s> *nt* (*Fertigkeit*) skill

Geschicklichkeit *f* skilfulness, skill

geschickt *adj:* ~ **sein** be skilful; **das war sehr ~!** that was very clever!

geschieden [gəˈʃiːdən] *adj* (*Ehe*) divorced; **wir sind ~e Leute** we're through

Geschirr [gəˈʃɪr] <-(e)s, -e> *nt* ❶ (*Küchen~*) kitchenware ❷ (*Tafelgedeck*) service; **Geschirrschrank** *m* china cupboard; **Geschirrspüler** *m,* **Geschirrspülmaschine** *f* dishwasher; **Geschirrspülmittel** *nt* washing-up liquid; **Geschirrtuch** *nt* tea towel

Geschlecht [gəˈʃlɛçt] <-(e)s, -er> *nt* ❶ (*menschliches*) sex ❷ (GRAM) gender ❸ (*Familie, Sippe*) house; **das schöne ~** the fair sex; **geschlechtlich** *adj* sexual; **Geschlechtsakt** *m* coitus; **Geschlechtshormon** *nt* sex hormone; **geschlechtskrank** *adj* suffering from venereal disease [*o* VD]; **Geschlechtskrankheit** *f* venereal disease, VD; **Geschlechtsorgan** *nt* sexual organ; **Geschlechtsteile** *mpl* genitals; **Geschlechtsverkehr** *m* sexual intercourse; **Geschlechtswort** *nt* (GRAM) article

geschliffen [gəˈʃlɪfən] *adj* ❶ (*Glas*) cut ❷ (*fig*) polished

geschlossen [gəˈʃlɔsən] **I.** *adj* ❶ (*zu*) closed ❷ (*fig: abgerundet*) well-rounded; **~e Gesellschaft** private party **II.** *adv* unanimously; **~ hinter jdm stehen** stand solidly behind s.o.

Geschmack [gəˈʃmak] <-(e)s> *m* (*a. fig*) taste; **an etw ~ finden** acquire a taste for s.th.; **das ist nicht mein ~** that's not to my taste; **über ~ lässt sich streiten** there's no accounting for tastes *pl;* **geschmacklos** *adj* (*a. fig*) tasteless; **Geschmacklosigkeit** *f* bad taste; **geschmacksneutral** *adj* (*ohne besonderen Geschmack*) having a neutral taste; **Geschmacksrichtung** *f* flavour; **Geschmacksache** *f* matter of taste; **Geschmacksverstärker** *m* flavour enhancer; **geschmackvoll** *adv* tastefully; **~ gekleidet** dressed tastefully

Geschmeide [gəˈʃmaɪdə] <-s, -> *nt* jewellery

geschmeidig [gəˈʃmaɪdɪç] *adj* ❶ (*weich*) supple ❷ (*fig: Bewegung, Körper*) lissom, lithe; **Geschmeidigkeit** *f* ❶ (*Weiche*) suppleness ❷ (*fig: ~ der Bewegung*) litheness

Geschöpf [gəˈʃœpf] <-(e)s, -e> *nt* creature

Geschoss [gəˈʃɔs] <-es, -e> *nt* ❶ (*Rakete*) missile ❷ (*Kugel*) bullet ❸ (*Haus~*) floor *Br,* stor(e)y *Am*

geschraubt *adj* (*fig: gekünstelt*) stilted

Geschrei <-s> *nt* screaming; (*Rufen*) shouting; **ein großes ~ aufführen** make a great fuss

Geschütz [gəˈʃʏts] <-es, -e> *nt* cannon; **schweres ~ auffahren gegen ...** (*fig*) bring up one's big guns against ...; **Geschützstellung** *f* (MIL) gun emplacement

Geschwader [gəˈʃvaːdɐ] <-s, -> *nt* squadron

Geschwafel <-s> *nt* (*pej*) waffle

Geschwätz [gəˈʃvɛts] <-es> *nt* ❶ (*pej: Unsinn*) nonsense ❷ (*Klatsch*) gossip; **geschwätzig** *adj* gossipy; **Geschwätzigkeit** *f* gossipiness

geschweige [gəˈʃvaɪgə] *adv:* ~ **denn ...** let alone

geschwind [gəˈʃvɪnt] *adv* quickly

Geschwindigkeit *f* speed; (*Flinkheit*) swiftness; **mit einer ~ von ...** at a speed of ...; **Geschwindigkeitsbeschränkung** *f* speed limit; **gegen die ~ verstoßen** exceed the speed limit; **Geschwindigkeitskontrolle** *f* speed check; **Geschwindigkeitsüberschreitung** *f* exceeding the speed limit, speeding

Geschwister [gəˈʃvɪstɐ] *pl* brothers and sisters

geschwollen [gəˈʃvɔlən] *adj* swollen

Geschworene(r) [gəˈʃvoːrənə] *f m* juror; **die ~n** the jury

Geschwulst [gəˈʃvʊlst] <-, Geschwülste> *f* growth; (*Krebs~*) tumour

Geschwür [gəˈʃvyːɐ] <-(e)s, -e> *nt* (*Wund~*) sore; (*Eiterbeule*) boil

Geselchtes *nt* (*österr*) *salted and smoked meat*

Geselle [gəˈzɛlə] <-n, -n> *m* (*Handwerks~*) journeyman; **ein komischer ~** a strange fellow

gesellen *vr:* **sich zu jdm ~** join s.o.

gesellig *adj* sociable; **~es Beisammensein** social gathering; **Geselligkeit** *f* (*Eigenschaft*) sociability; **er mag keine ~** he doesn't like company

Gesellschaft [gəˈzɛlʃaft] *f* ❶ society ❷ (*geladene ~*) party ❸ (COM) company *Br,* corporation *Am;* **~ mit beschränkter Haftung** private limited company *Br,* Ltd, incorporated company *Am,* Inc; **eine ~ geben** give a party; **jdm ~ leisten** keep s.o. company; **Gesellschafter(in)** *m(f)* (COM) partner; (*Begleiter*) escort

gesellschaftlich *adj* social; **gesellschaftsfähig** *adj* ❶ (*Verhalten*) socially acceptable ❷ (*Aussehen*) presentable;

G

Gesellschaftsordnung *f* social structure; **Gesellschaftsraum** *m* function room; **Gesellschaftsspiel** *nt* party game

Gesetz [gəˈzɛts] <-es, -e> *nt* ❶ (*bestehendes ~, Recht*) law ❷ (PARL: *~esvorlage*) bill; **nach dem ~** under the law (*über* on); **ein ungeschriebenes ~** an unwritten rule; **ein ~ erlassen** enact a law; **ein ~ verabschieden** bringing in legislation; **Gesetzblatt** *nt* law gazette; **Gesetzbuch** *nt* civil code; **Gesetzentwurf** *m* bill; **gesetzgebend** *adj:* **~e Körperschaft** legislative body; **Gesetzgeber** *m* legislator; **Gesetzgebung** *f* legislation

gesetzlich *adj* legal; **~ geschützt** patented; **~er Erbe** heir apparent; **~es Zahlungsmittel** legal tender

gesetzlos *adj* lawless; **Gesetzlosigkeit** *f* lawlessness; **gesetzmäßig** *adj* ❶ (*rechtmäßig*) lawful, legitimate ❷ (*regelmäßig*) regular; **Gesetzmäßigkeit** *f* ❶ (*Rechtmäßigkeit*) legitimacy ❷ (*Regelmäßigkeit*) regularity

gesetzt I. *adj* (*behäbig*) sedate II. *konj:* **~ den Fall, dass …** supposing that …; **Gesetztheit** *f* (*Behäbigkeit*) sedateness

gesichert *adj* ❶ (*Mensch: ab~*) safe ❷ (TECH) secured; (*Schraube*) locked

Gesicht [gəˈzɪçt] *nt* ❶ <-(e)s, -er> face ❷ <-(e)s, -e> (*Erscheinung*) apparition, vision; **jdm etw ins ~ sagen** tell s.o. s.th. to his (her) face; **sein wahres ~ zeigen** (*fig*) show one's true nature; **den Tatsachen ins ~ sehen** face facts; **jdn zu ~ bekommen** see s.o.

Gesichtsausdruck *m* (facial) expression; **Gesichtsbehandlung** *f* facial treatment; **Gesichtscreme** *f* face cream; **Gesichtsfarbe** *f* complexion; **Gesichtsfeld** *nt* field of vision, visual field; **Gesichtskreis** *m:* **jdn aus seinem ~ verlieren** lose sight of s.o.; **Gesichtsmaske** *f* face mask; **Gesichtspflege** *f* facial care

Gesichtspunkt *m* point of view; **das ist natürlich ein ~!** that's certainly one way of looking at it!

Gesichtswasser *nt* face lotion

Gesichtswinkel *m* visual angle

Gesichtszüge *pl* features

Gesims [gəˈzɪms] <-es, -e> *nt* ledge

Gesindel [gəˈzɪndəl] <-s> *nt* (*pej*) rabble, riffraff

gesinnt [gəˈzɪnt] *adj* disposed, minded; **anders ~ sein** hold different views *pl* (*als* from s.o.); **gleich ~ sein** hold the same views (*wie* as s.o.); **Gesinnung** *f* way of thinking; **Gesinnungsgenosse** *m* like-minded person; **Gesinnungslosigkeit** *f* lack of principle; **Gesinnungswandel** *m* change of opinion

gesittet [gəˈzɪtət] *adj* well-mannered

Gesöff [gəˈzœf] <-s, (-e)> *nt* (*pej*) plonk

Gespann [gəˈʃpan] <-(e)s, -e> *nt* ❶ (*fig: Menschen*) pair ❷ (*Zugtier~*) team

gespannt *adj* ❶ (*fig: erwartungsvoll*) eager; (*neugierig*) curious ❷ (*straff*) taut ❸ (*fig: belastet*) strained; **da bin ich aber ~!** that I'd like to see!; **auf einen Film ~ sein** be dying to see a film; **Gespanntheit** *f* ❶ (*fig: von Situation*) tension ❷ (*Neugierde*) curiosity

Gespenst [gəˈʃpɛnst] <-(e)s, -er> *nt* ghost, spectre; **du siehst ~er!** you're imagining things!; **gespenstisch** *adj* ❶ (*Aussehen*) ghostly ❷ (*fig: schauerlich*) eery

gesperrt *adj* ❶ (*Straße*) closed ❷ (TYP) spaced

Gespött [gəˈʃpœt] <-(e)s> *nt* mockery; **sich zum ~ machen** make o.s. a laughingstock

Gespräch [gəˈʃprɛːç] <-(e)s, -e> *nt* conversation, talk; (TELE) call; **das ~ auf etw bringen** bring the conversation round to s.th.; **ein ~ anmelden** (TELE) book a call; **ein ~ mit jdm führen** have a talk with s.o.; **gesprächig** *adj* talkative; **Gesprächsbereitschaft** *f* readiness to talk; **Gesprächseinheit** *f* (TELE) unit; **Gesprächsthema** *nt* subject, topic (of conversation); **Gesprächstherapie** *f* face-to-face conversation-style psychotherapy; **Gesprächsübergabe** *f* (TELE) call transfer

gespreizt *adj* ❶ (*auseinander stehend*) wide apart ❷ (*fig: affektiert*) affected, unnatural

gesprenkelt *adj* speckled

Gespür <-s> *nt* feel(ing)

Gestagen [gɛstaˈgeːn] <-s> *nt* gestagen

Gestalt [gəˈʃtalt] <-, -en> *f* ❶ (*Form, Mensch*) form ❷ (*Körperbau*) build ❸ (*Roman~*) character; **in ~ von …** in the form of …

gestalten *vt* form, shape; **einen Abend ~** arrange an evening; **seine Freizeit ~** organize one's leisure time; **Gestaltung** *f* arrangement

Gestammel <-s> *nt* (*pej*) stammering

geständig [gəˈʃtɛndɪç] *adj:* **~ sein** have confessed

Geständnis [gəˈʃtɛntnɪs] *nt* confession; **ein ~ ablegen** make a confession

Gestänge [gəʃtɛŋə] <-s, -> *nt* (AUTO) linkage

Gestank [gəˈʃtaŋk] <-(e)s> *m* (*pej*) stench, stink

gestatten [gə'ʃtatən] **I.** *vt* allow, permit; **jdm etw** ~ allow s.o. s.th.; ~**?** would you mind? **II.** *vr* take the liberty (*etw zu tun* of doing s.th.)

Geste ['gɛstə] <-, -n> *f* gesture

gestehen *irr vt* confess; **offen gestanden** frankly speaking

Gestein <-(e)s, -e> *nt* rock

Gestell [gə'ʃtɛl] <-(e)s, -e> *nt* (*Bücher~*) shelf; (*Ablage*) rack

gestern ['gɛstɐn] *adv* yesterday; ~ **früh** yesterday morning; ~ **Abend** last night; ~ **vor acht Tagen** a week ago yesterday

gestimmt *adj:* **heiter** ~ **sein** be in a cheerful mood

Gestirn [gə'ʃtɪrn] <-(e)s, -e> *nt* ① (*Himmelskörper*) celestial body ② (*Stern*) star ③ (*Sternbild*) constellation

gestochen [gə'ʃtɔxən] *adj:* ~**e Schrift** neat handwriting

Gestotter <-s> *nt* (*pej*) stuttering

Gesträuch [gə'ʃtrɔɪç] <-(e)s, -e> *nt* bushes *pl*

gestreckt *adj:* **lang** ~ long

gestreift *adj* striped; **quer** ~ cross-striped

gestrichen [gə'ʃtrɪçən] *adj* painted; **frisch** ~**!** wet paint!; ~ **voll** full to the brim; **ein** ~**er Esslöffel** a level tablespoon; **die Nase von etw** ~ **voll haben** (*fam*) be fed up to the teeth with s.th.

gestrig ['gɛstrɪç] *adj* of yesterday; **am** ~**en Abend** yesterday evening

Gestrüpp [gə'ʃtrʏp] <-(e)s, -e> *nt* brushwood

Gestüt [gə'ʃty:t] <-(e)s, -e> *nt* stud farm

Gesuch [gə'zu:x] <-(e)s, -e> *nt* petition; (*Antrag*) application; **ein** ~ **einreichen auf ...** make an application for ...

gesucht *adj* ① (*polizeilich*) wanted ② (*begehrt*) sought-after

gesund [gə'zʊnt] *adj* ① (*körperlich* ~) healthy ② (*fig*) sound; **Milch ist** ~ milk is good for you [*o* your health]; **bleib** ~**!** look after yourself!; ~**er Menschenverstand** common sense

gesunden [gə'zʊndən] *sein vi* recover

Gesundheit *f* health; (*fig: Zuträglichkeit*) healthiness; **auf deine** ~**!** your health!; ~**!** (*interj*) (God) bless you!; **gesundheitlich** *adj:* ~**er Zustand** state of health; **wie geht's** ~**?** how's your health?; **Gesundheitsamt** *nt* public health department; **Gesundheitsbewusstsein** *nt* health awareness; **Gesundheitsdesigner(in)** *m(f)* (*von Wohnungen*) health architect; **Gesundheitserziehung** *f* health education; **gesundheitsschädlich** *adj* harmful [*o* damaging] to health, noxious; **Gesundheitsschuh** *m* orthopaedic shoe; **Gesundheitswelle** *f* health craze; **Gesundheitswesen** *nt* health service; **Gesundheitszustand** *m* (*eines Menschen*) state of health; **gesund|schrumpfen** *vr* (*Unternehmen*) concentrate and consolidate; **gesund|stoßen** *irr vr* (*fam*): **bei diesem Geschäft hat er sich gesundgestoßen** he made a pile in this business

Getier [gə'ti:ɐ] <-(e)s> *nt* creatures *pl*

getönt *adj:* ~**e Brillengläser** tinted lenses

Getöse [gə'tø:zə] <-s> *nt* (*pej*) din

getragen *adj* ① (*Kleidung: gebraucht*) used ② (*aus zweiter Hand*) second-hand

Getrampel <-s> *nt* (*pej*) trampling

Getränk [gə'trɛŋk] <-(e)s, -e> *nt* drink; **Getränkeautomat** *m* drinks machine; **Getränkemarkt** *m* drinks cash-and-carry

getrauen *vr* dare

Getreide [gə'traɪdə] <-s, -> *nt* grain, cereals *pl;* **Getreideanbau** *m* cultivation of grain, cultivation of cereals; **Getreideernte** *f* grain harvest; **Getreideprodukt** *nt* cereal product; **Getreidesilo** *m* silo

getrennt *adj* separate; ~ **bezahlen** go Dutch; ~ **leben** live apart

getreu [gə'trɔɪ] *adj* ① faithful, true ② *pred o dat* true to

Getriebe [gə'tri:bə] <-s, -> *nt* (TECH) gears *pl;* (*im Auto*) gearbox; **Getriebeöl** *nt* transmission oil

getrocknet *adj* dried

getrost [gə'tro:st] **I.** *adj* confident **II.** *adv:* **Sie können sich** ~ **darauf verlassen, dass ...** you can rest assured that ...

getrübt *adj* (*a. fig*) cloudy

Getto ['gɛto] <-s, -s> *nt* ghetto

Getue [gə'tu:ə] <-s> *nt* (*pej*) fuss

Getümmel [gə'tʏməl] <-s, -> *nt* ① (*Volksmenge*) crowd ② (*Durcheinander*) turmoil

geübt *adj* (*beschlagen*) versed; (*fähig*) proficient

Gewächs [gə'vɛks] <-es, -e> *nt* plant

gewachsen *adj:* **einer Sache** ~ **sein** be equal to s.th.; **jdm** ~ **sein** be a match for s.o.

Gewächshaus *nt* hothouse, greenhouse

gewagt *adj* risky

gewählt *adj* ① (PARL) elect ② (*fig: ausgewählt*) distinguished; **sich** ~ **ausdrücken** choose one's words carefully

Gewähr [gə'vɛ:ɐ] <-> *f:* **ohne** ~ no liability assumed; **diese Angabe erfolgt ohne** ~ this information is supplied without liability; **für etw** ~ **leisten** guarantee s.th.

gewähren *vt, vi* (*Bitte*) grant; (*bewilligen*) afford; (*gestatten*) allow; **Vorteil ~** offer an advantage; **jdn ~ lassen** let s.o. do as he likes

gewährleisten *vt* (*sicherstellen*) ensure; **Gewährleistung** *f* guarantee; **zur ~ von …** to ensure …

Gewahrsam [gə'vaːɐzaːm] <-s, -e> *m:* **etw in ~ nehmen** take s.th. into safe-keeping; **er befindet sich jetzt in sicherem ~** he's in safe custody now

Gewährsmann <-(e)s, -männer/-leute> *m* source

Gewährung *f* granting

Gewalt [gə'valt] <-, -en> *f* ❶ (*~anwendung*) force ❷ (*Macht*) power ❸ (*Wucht*) force; **~ anwenden** use force; **mit aller ~** (*fam*) for all one is worth; **jdn in seiner ~ haben** have s.o. in one's power; **sich nicht mehr in der ~ haben** have lost control of o.s.; **Gewaltanwendung** *f* use of force; **Gewaltbereitschaft** *f* propensity to violence; **Gewaltenteilung** *f* separation of powers; **Gewaltherrschaft** *f* tyranny

gewaltig *adj* ❶ (*fam: eindrucksvoll*) tremendous ❷ (*stark*) violent ❸ (*riesig*) huge; **da täuscht du dich aber ~!** (*fam*) you're way out!

gewaltlos **I.** *adj* non-violent **II.** *adv* without force [*o* violence]; **Gewaltlosigkeit** *f* non-violence; **Gewaltmonopol** *nt* (*des Staats*) monopoly of power; **gewaltsam** **I.** *adj* forcible; **~er Umsturz** violent overthrow **II.** *adv* by force, forcibly; **Gewalttäter** *m* violent criminal; **gewalttätig** *adj* violent; **Gewalttätigkeit** *f* ❶ (*Eigenschaft*) violence ❷ (*Tat*) act of violence; **Gewaltverzichtsabkommen** *nt* non-aggression treaty

Gewand [gə'vant, *pl:* gə'vɛndɐ] <-(e)s, Gewänder> *nt* gown

gewandt [gə'vant] *adj* ❶ (*flink*) nimble ❷ (*geschickt*) skilful

Gewässer [gə'vɛsɐ] <-s, -> *nt* waters *pl*, stretch of water; **Gewässerreinhaltung** *f* maintenance of water quality; **Gewässerschutz** *m* prevention of water pollution

Gewebe [gə'veːbə] <-s, -> *nt* ❶ (BIOL) tissue ❷ (*Stoff*) fabric; **Gewebeentnahme** *f* removal of tissue; **Gewebstransplantation** *f* (MED) tissue graft

Gewehr [gə'veːɐ] <-(e)s, -e> *nt* rifle; **Gewehrkolben** *m* butt

Geweih [gə'vaɪ] <-(e)s, -e> *nt* antlers *pl*

Gewerbe [gə'vɛrbə] <-s, -> *nt* trade; **ein ~ ausüben** carry on a trade; **Gewerbeabfall** *m* special refuse; **Gewerbeaufsichtsamt** *nt* factory inspectorate; **Gewerbebetrieb** *m* commercial enterprise; **Gewerbegebiet** *nt* commercial district, business park; **Gewerbesteuer** *f* trade tax

gewerblich [gə'vɛrplɪç] *adj* commercial; (*industriell*) industrial

gewerbsmäßig *adj* professional

Gewerkschaft [gə'vɛrkʃaft] *f* trade(s) union *Br*, labor union *Am;* **Gewerkschaft(l)er(in)** *m(f)* trade unionist; **gewerkschaftlich** *adj* trade *Br*, labor *Am;* **Gewerkschaftsbund** *m* trade unions federation; **Gewerkschaftsführer(in)** *m(f)* trade union leader; **Gewerkschaftsmitglied** *nt* union member

Gewicht [gə'vɪçt] <-(e)s, -e> *nt* weight; **spezifisches ~** (PHYS) specific gravity; **ins ~ fallen** be of great importance; **nicht ins ~ fallen** be of no consequence; **auf etw ~ legen** lay stress upon s.th.; **gewichtig** *adj* (*fig*) important, weighty; **Gewichtskontrolle** *f* weight control; **Gewichtsverlust** *m* weight loss; **Gewichtszunahme** *f* weight gain

gewickelt *adj:* **wenn du glaubst, ich helfe dir, bist du (aber) schief ~!** if you think I'm going to help you you've got another think coming!

gewieft [gə'viːft] *adj* (*fam*) crafty, smart

Gewieher <-s> *nt* (*a. fig*) whinnying

gewillt [gə'vɪlt] *adj:* **~ sein etw zu tun** be willing to do s.th.

Gewimmel <-s> *nt* throng

Gewinde [gə'vɪndə] <-s, -> *nt* (TECH) thread; **Gewindebohrer** *m* (screw) tap

Gewinn <-(e)s, -e> *m* ❶ (COM) profit ❷ (*Preis*) prize; (*Spiel~*) winnings *pl;* **~ abwerfen** make a profit; **~ bringend** profitable; **~ bringend anlegen** invest advantageously; **einen großen ~ machen** win a lot; **Gewinnanteil** *m* (FIN) dividend; **Gewinnbeteiligung** *f* ❶ (FIN: *Grundsatz*) profit-sharing ❷ (*Ausschüttung*) bonus; **Gewinneinbruch** *m* (COM) collapse in profits; **Gewinneinbußen** *fpl* reduced income *sing*

gewinnen [gə'vɪnən] **I.** *irr vt* ❶ (*siegen*) win ❷ (*erzeugen*) produce; (*aus Altware*) reclaim, recover; **Zeit ~** gain time **II.** *vi* win (*bei* at); **du kannst dadurch nur ~** you can only gain by it; **gewinnend** *adj:* **ein ~es Wesen** winning manners *pl;* **lieb ~** grow fond of

Gewinner(in) *m(f)* winner; **Gewinnlos** *nt* winning ticket; **Gewinnmarge** <-, -n> *f* profit margin; **Gewinnmitnahme** *f* (FIN) profit taking; **Gewinnnummer** *f* winning number; **Gewinnspanne** *f* profit margin; **Gewinnspiel** *nt* prize competition

Gewinnung *f:* ~ **von Eisenerz** extraction of iron ore; ~ **von Energie** generation of energy

Gewinsel <-s> *nt* (*pej*) whining

gewiss [gə'vɪs] **I.** *adj* (*bestimmt*) certain; **sie hat das ~e Etwas** she's got that certain something; **ein ~er Joe Cook** a certain Joe Cook **II.** *adv* (*sicher*) certainly; **aber ~ doch!** but of course! why, certainly!

Gewissen <-s, -> *nt* conscience; **das hast du auf dem ~!** it's your fault!; **jdm ins ~ reden** have a serious talk with s.o.; **gewissenhaft** *adj* conscientious; **Gewissenhaftigkeit** *f* conscientiousness; **gewissenlos** *adj* unscrupulous; **Gewissenlosigkeit** *f* unscrupulousness; **Gewissensbisse** *mpl* pangs *pl* of conscience; **er macht sich ~** his conscience is pricking him; **Gewissensfrage** *f* matter of conscience; **Gewissensfreiheit** *f* freedom of conscience; **Gewissenskonflikt** *m* moral conflict

gewissermaßen *adv* as it were, so to speak

Gewissheit *f* certainty; **ich muss mir darüber ~ verschaffen** I must be certain about it

Gewitter [gə'vɪtɐ] <-s, -> *nt* thunderstorm; **es ist ein ~ im Anzug** (*a. fig*) a storm is brewing; **gewitterig** *adj* thundery; **gewittern** *vi:* **es gewittert** it's thundering; **Gewitterschauer** *m* thundery shower; **Gewitterstimmung** *f* (*a. fig*) stormy atmosphere

gewogen [gə'vo:gən] *adj:* **jdm ~ sein** be favourably disposed towards s.o.

gewöhnen [gə'vø:nən] **I.** *vt:* **jdn an etw ~** make s.o. used to s.th.; **etw gewöhnt sein** be used to s.th. **II.** *vr:* **sich an etw ~** get used to s.th.

Gewohnheit [gə'vo:nhaɪt] *f* habit; **die Macht der ~** the force of habit; **es sich zur ~ machen** make it a habit; **aus ~** by habit; **zur ~ werden** grow into a habit; **gewohnheitsmäßig** *adj* habitual; **Gewohnheitsmensch** *m* creature of habit; **Gewohnheitsrecht** *nt* common law

gewöhnlich [gə'vø:nlɪç] *adj* ❶ (*üblich*) ordinary ❷ (*unfein*) common, vulgar

gewohnt [gə'vo:nt] *adj* usual; **etw ~ sein** be used to s.th.; **~ sein etw zu tun** be used to doing s.th.

Gewöhnung [gə'vø:nʊŋ] *f* acclimatization; **gewöhnungsbedürftig** *adj* requiring getting used to; **Gewöhnungssache** *f:* **das ist nur (eine) ~** that's only a question of getting used to it

Gewölbe [gə'vœlbə] <-s, -> *nt* vault

gewölbt *adj* (*Decke*) vaulted; (*Stirn*) domed

Gewühl [gə'vy:l] <-(e)s> *nt* (*Menschen~*) crowd, throng

gewunden [gə'vʊndən] *adj* (*Fluss, Pfad*) winding

gewünscht *adj* desired; **die ~e Wirkung** the desired effect

Gewürm [gə'vʏrm] <-(e)s> *nt* (*meist pej*) ❶ (*Ungeziefer a. fig*) vermin ❷ (*Würmer*) worms *pl*

Gewürz [gə'vʏrts] <-es, -e> *nt* ❶ (*~art*) spice ❷ (*Würze*) seasoning

Gewürzbord *nt* spice rack; **Gewürzgurke** *f* pickled gherkin; **Gewürzmischung** *f* mixed spices

gezackt [gə'tsakt] *adj* serrated; (*Fels*) jagged

Gezänk [gə'tsɛŋk] <-(e)s> *nt* (*pej*) wrangling

gezeichnet *adj:* **~es Kapital** subscribed capital

Gezeiten *fpl* tides; **Gezeitenkraftwerk** *nt* tidal power plant; **Gezeitenstrom** *m* tidal current; **Gezeitenwechsel** *m* turn of the tide

Gezeter [gə'tse:tɐ] <-s> *nt* clamour, yelling

gezielt *adj* with a particular aim in mind, purposeful; (*Kritik*) pointed

geziert *adj* affected

Gezweig <-(e)s> *nt* branches *pl*

Gezwitscher [gə'tsvɪtʃɐ] <-s> *nt* chirping, twitter

gezwungen [gə'tsvʊŋən] *adj* ❶ (*fig: gespannt*) forced ❷ (*fig: unnatürlich*) stiff; **gezwungenermaßen** [-'---'--] *adv* of necessity

Ghana ['ga:na] *nt* Ghana; **Ghanaer(in)** <-s, -> *m(f)* Ghanaian; **ghanaisch** *adj* Ghanaian

Ghetto *nt* ghetto; **ghettoisieren** *vt* ghettoize

Gicht [gɪçt] <-> *f* (MED) gout

Giebel ['gi:bəl] <-s, -> *m* gable

Gier [gi:ɐ] <-> *f* greed (*nach* for); **gierig** *adj* greedy (*nach* for)

gießen ['gi:sən] **I.** *irr vt* ❶ (*in Gefäß*) pour ❷ (*wässern*) water ❸ (*Glas*) found **II.** *vi* (*fam: regnen*) pour; **es goss (in Strömen)** it was pouring (with rain); **Gießer** *m* caster, founder; **Gießerei** *f* foundry; **Gießkanne** *f* watering can

GIF *nt* (*Grafikformat im Internet*) gif

Gift [gɪft] <-(e)s, -e> *nt* poison; (*Tier~*) venom; (*fig: Bosheit*) malice; **~ nehmen** poison o.s.; **schleichendes ~** slow poison;

Giftgas *nt* poison gas
gifthaltig *adj* toxiferous; **giftig** *adj* poisonous; (*Schlange*) venomous; (*Pflanze, Medikament*) toxic; (*fig: boshaft*) poisonous, venomous; **Giftigkeit** *f* toxicity
Giftmüll *m* toxic waste; **Giftmüllexport** *m* exports of toxic waste, exporting of toxic waste; **Giftpfeil** *m* poisoned arrow; **Giftpflanze** *f* poisonous plant; **Giftpilz** *m* poisonous toadstool; **Giftschlange** *f* poisonous snake; **Giftstoff** *m* toxic substance; **Giftzwerg** *m* (*pej*) nasty little squirt
Gigant [gi'gant] <-en, -en> *m* giant; **gigantisch** *adj* enormous, gigantic; **Gigantomanie** <-> *f* megalomania
Gimpel ['gɪmpəl] <-s, -> *m* ❶ (*kleiner Singvogel*) bullfinch ❷ (*pej*) dunce
Ginster ['gɪnstɐ] <-s, -> *m* broom; (*Stech~*) gorse
Gipfel ['gɪpfəl] <-s, -> *m* ❶ (*Bergspitze*) peak, summit ❷ (*fig*) height; **also, das ist doch der ~!** that takes the cake!; **Gipfelkonferenz** *f* (POL) summit (conference); **gipfeln** *vi* culminate (*in* in); **Gipfelpunkt** *m* (*fig*) high point; **Gipfeltreffen** *nt* summit (meeting)
Gips [gɪps] <-es, -e> *m* plaster; **Gipsabdruck** *m* plaster cast; **gipsen** *vt* plaster; **Gipsfigur** *f* plaster figure; **Gipsverband** *m* plaster cast
Giraffe [gi'rafə] <-, -n> *f* giraffe
Girlande [gɪr'landə] <-, -n> *f* garland
Girlie ['gœːɐlɪ] <-s, -s> *nt* (*sl*) girly
Giro ['ʒiːro] <-s, -s> *nt* giro; **Girokonto** ['ʒiːrokɔnto] *nt* current account
Gis [gɪs] <-, -> *nt* (MUS) G sharp
Gischt [gɪʃt] <-> *f* spray
Gitarre [gi'tarə] <-, -n> *f* guitar; **Gitarrist(in)** <-en, -en> *m(f)* guitarist
Gitter ['gɪtɐ] <-s, -> *nt* ❶ (*~stangen*) bars *pl* ❷ (*Viereck~*) grid ❸ (*Holz~*) lattice, trellis; **hinter ~n** behind bars; **Gitterfenster** *nt* barred window; **Gitterrost** *m* grating; **Gittertor** *nt* paled gate; **Gitterzaun** *m* paling
Give-away ['gɪfəveɪ] <-s, -s> *nt* (*Werbegeschenk*) give-away
Glacéhandschuh [gla'seːhantʃu] *m*: **jdn mit ~en anfassen** kid-glove s.o.
Gladiole [gladi'oːlə] <-, -n> *f* gladiolus
glamourös [glamu'røːs] *adj* glamorous
Glanz [glants] <-es> *m* ❶ gleam; (*von Farbe, Schuh*) shine ❷ (*fig: Ruhm*) glory; **seinen ~ verlieren** lose its shine
glänzen ['glɛntsən] *vi* ❶ shine; (*glitzern*) glisten; (*vor Fett*) be shiny ❷ (*fig*) be brilliant; **durch Abwesenheit ~** be conspicuous by one's absence
glänzend *adj* ❶ shining; (*glitzernd*) glistening ❷ (*fig*) brilliant
Glanzleistung *f* brilliant achievement
glanzlos *adj* (*a. fig*) dull; **Glanznummer** *f* big number; **Glanzpapier** *nt* glossy paper; **Glanzpolitur** *f* gloss polish; **glanzvoll** *adj* brilliant, splendid; **Glanzzeit** *f* heyday
Glas [glaːs, *pl:* 'glɛːzɐ] <-es, Gäser> *nt* ❶ glass ❷ (*Fern~*) binoculars *pl* ❸ (*Brillen~*) lens; **ein ~ Marmelade** a jar of jam; **unter ~** behind glass; **Glasauge** *nt* glass eye; **Glasbaustein** *m* glass block; **Glasbehälter** *m* glass container [*o* vessel]; **Glascontainer** *m* bottle bank; **Glasdach** *nt* glass roof; **Glaser(in)** *m(f)* glazier; **Glaserei** *f* glazier's workshop
gläsern ['glɛːzɐn] *adj* ❶ (*aus Glas*) glass ❷ (*fig: starr*) glassy; (*durchschaubar*) transparent
Glasfaserkabel *nt* (TECH) fibre optic cable; **Glasfaseroptik** *f* (TECH) fibre optics *sing;* **Glashaus** *nt:* **wer im ~ sitzt, soll nicht mit Steinen werfen** (*prov*) those who live in glasshouses shouldn't throw stones; **Glashütte** *f* glassworks *pl*
glasig *adj* ❶ (*Speck, Zwiebeln*) transparent ❷ (*fig: Blick*) glassy
Glaskasten *m* glass case; (*fam: verglaster Raum*) glass box; **glasklar** *adj* ❶ (*klar, wie Glas*) clear as glass ❷ (*fig*) crystal-clear
Glaskörper *m* (*im Auge*) corpus vitreum; **Glaskörpertrübung** *f* opacity of the vitreum; **Glasmalerei** *f* glass painting; **Glasperle** *f* glass bead; **Glasplatte** *f* glass top; **Glasröhre** *f* glass tube; **Glasscheibe** *f* sheet of glass; (*Fenster*) pane of glass; **Glasscherbe** *f* fragment of glass, piece of broken glass; **Glasschrank** *m* glass-fronted cupboard; **Glassplitter** *m* splinter of glass; **Glastür** *f* glass door
Glasur [gla'zuːɐ] *f* ❶ (*auf Keramik*) glaze ❷ (*auf Kuchen*) icing
Glasversicherung *f* glass insurance; **Glaswolle** *f* glass wool
glatt [glat] **I.** *adj* ❶ (*a. fig*) smooth ❷ (*Fahrbahn*) slippery; (*Stoff*) uncreased ❸ (*fig: ausgesprochen*) downright; **~ sitzen** (*anliegen*) be a close fit **II.** *adv* ❶ (*eben, a. fig*) smoothly ❷ (*direkt*) flatly; **er hat es mir ~ ins Gesicht gesagt** he said it straight to my face; **das habe ich doch ~ vergessen** I clean forgot about it
glatt|bügeln *vt* (*fig*) iron out
Glätte ['glɛtə] <-, (-n)> *f* ❶ (*Ebenheit*) smoothness ❷ (*Schlüpfrigkeit*) slipperiness ❸ (*fig: Benehmen*) slickness
Glatteis *nt* (black) ice; **jdn aufs ~ führen**

(*fig*) take s.o. for a ride

glätten ['glɛtən] *vt* ① (*glatt machen*) smooth out ② (*fig: in Ordnung bringen*) iron out

glattweg ['glatvɛk] *adv* (*fam*) bluntly, just like that

Glatze ['glatsə] <-, -n> *f* bald head; **eine ~ bekommen** be going bald; **eine ~ haben** be bald; **Glatzkopf** *m* (*pej*) baldie; **glatzköpfig** ['glatskœpfɪç] *adj* bald

Glaube ['glaubə] <-ns, (-n)> *m* ① faith (*an* in) ② (*Ansicht*) belief; **den ~n an etw verlieren** lose faith in s.th.; **lass sie doch in dem ~n!** let her keep her illusions!

glauben *vt, vi* ① (*meinen*) think ② (*für wahr halten*) believe (*jdm* s.o., *an etw* in s.th.); **ich glaube schon** I suppose so; **ich glaube, ja** I think so; **wer's glaubt, wird selig!** (*fam*) a likely story!; **daran ~ müssen** (*fam*) cop it; **glaubst du?** do you think so?; **ob du es glaubst oder nicht** believe it or not; **es ist kaum zu ~** I can hardly believe it; **das glaubst du wohl selbst nicht!** you can't be serious!; **Glaubensbekenntnis** *nt* creed; **Glaubensfreiheit** *f* religious freedom

glaubhaft *adj* ① (*zu glauben*) believable, credible ② (*authentisch, verbürgt*) authentic; **jdm etw ~ machen** satisfy s.o. of s.th.; **Glaubhaftigkeit** *f* credibility

gläubig ['glɔɪbɪç] *adj* religious; **Gläubige(r)** *f m* believer; **die ~n** the faithful *pl*

Gläubiger(in) *m(f)* (COM) creditor; **Gläubigerbank** *f* creditor bank; **Gläubigerland** *nt* creditor nation [*o* state]

glaubwürdig *adj* ① (*Person*) credible ② (*Hinweis*) reliable; **Glaubwürdigkeit** *f* (*von Person*) credibility

gleich [glaɪç] **I.** *adj* ① (*identisch*) same ② (*ähnlich*) similar ③ (*rechnerisch ~*) equal; **zur ~en Zeit** at the same time; **ich hab' das ~e Buch!** I've got the same book!; **in ~em Abstand** at an equal distance; **es war der Gleiche wie gestern** it was the same one as yesterday; **ist mir ganz ~!** it's all the same to me! **II.** *adv* ① (*sofort*) at once ② (*in ~er Weise*) equally; **ich komme ~** I'll be right there; **~!** just a minute!; **ich komme ~ wieder** I'll be right back; **warum nicht ~ so?** why didn't you do that straight away?; **bis ~!** see you ; **wie war das doch ~?** what was that again?; **das bleibt sich ~** it doesn't matter; **~ bleibend** constant; **~ gesinnt sein wie** hold the same views as; **~ lautend** identical

gleichaltrig *adj* of the same age; **gleichartig** *adj* of the same kind; (*ähnlich*) similar; **gleichbedeutend** *adj:* **das ist ~ mit ...** that's tantamount to ...; **gleichberechtigt** *adj* with equal rights; **~ sein** have equal rights; **Gleichberechtigung** *f* equal rights

gleichen ['glaɪçən] *irr vi* be like; **sie gleicht ihrer Mutter** she looks like her mother

gleichermaßen *adv* (*in gleicher Weise*) in a similar manner

gleichfalls *adv* (*auch*) also; **danke, ~!** thanks, the same to you!; **gleichförmig** *adj* (*eintönig*) monotonous

Gleichgewicht *nt* (*a. fig*) balance; **das ~ verlieren** lose one's balance; **jdn aus dem ~ bringen** throw s.o. off balance; **Gleichgewichtsorgan** *nt* organ of equilibrium; **Gleichgewichtsstörung** *f* balance impairment

gleichgültig *adj* ① (*uninteressiert*) indifferent (*gegen* towards) ② (*apathisch*) listless; **ist mir doch völlig ~!** I don't give a damn!; **Gleichgültigkeit** *f* indifference (*gegen* towards)

Gleichheit *f* equality; **Gleichheitszeichen** *nt* (MATH) equals sign

gleich|kommen *sein irr vi:* **jdm ~ an ...** match s.o. in ...

gleich|machen *vt* level out; **dem Erdboden ~** raze to the ground; **Gleichmacherei** *f* (*pej*) levelling down

gleichmäßig *adj* ① (*zu gleichen Teilen*) equal ② (*fig: ausgeglichen*) stable, well-balanced ③ (*ebenmäßig*) even ④ (*regelmäßig*) regular; **Gleichmäßigkeit** *f* ① (*Ebenmäßigkeit*) evenness ② (*Regelmäßigkeit*) regularity; **Gleichmut** <-(e)s> *m* composure, equanimity; **gleichmütig** ['glaɪçmy:tɪç] *adj* composed

Gleichnis *nt* (*Parabel*) parable

gleichsam *adv* as it were, so to speak

gleichschenk(e)lig *adj* (MATH) isosceles; **Gleichschritt** *m:* **im ~, marsch!** forward march!; **gleichseitig** *adj* equilateral; **gleich|setzen** *vt* equate; **Gleichstand** *m* (SPORT): **den ~ erzielen** draw level; **Gleichstellung** *f* equality; **Gleichstrom** *m* (ELEK) direct current, D.C.; **gleich|tun** *irr vt:* **es jdm ~** match s.o.; **es jdm ~ wollen** vie with s.o.

Gleichung *f* equation; **~ 1. Grades** linear equation; **~ mit mehreren Unbekannten** simultaneous equation

gleichwertig *adj* equal; (*gleichstark*) evenly matched; (CHEM) equivalent; **gleichwinklig** *adj* equiangular; **gleichwohl** *adv* nevertheless; **gleichzeitig** **I.** *adj* simultaneous **II.** *adv* at the same time

gleich|ziehen *irr vi* (SPORT): **~ mit ...** catch

G

up with …

Gleis [glaɪs] <-es, -e> *nt* (RAIL) track; **von welchem ~ geht der Zug nach …?** which platform does the train to … leave from?; **Gleisanschluss** *m* siding; **Gleisarbeiten** *pl* track repairs

gleißen ['glaɪsən] *vi* glisten

Gleitboot *nt* hydroplane

gleiten ['glaɪtən] *sein irr vi* ① glide ② (*Blick*) pass, range; (*Hand a.*) slide; **~de Arbeitszeit** flexitime; **sie glitt zu Boden** she slid to the ground; **Gleitflug** *m* glide, gliding; **Gleitflugzeug** *m* glider; **Gleitkarte** *f* (*fam: Ausweis für Gleitzeitteilnehmer*) flexicard; **Gleitklausel** *f* (COM FIN) escalator clause; **Gleitmittel** *nt* lubricant; **Gleitschiene** *f* (*bei Schreibmaschine*) carriage rail; **Gleitschirm** *m* hang glider; **Gleitschirmfliegen** *nt* hang-gliding; **Gleitwachs** *nt* (*Skiwachs*) wax; **Gleitzeit** *f* flexitime

Gletscher ['glɛtʃɐ] <-s, -> *m* glacier; **Gletscherbrand** *m* glacial sunburn; **Gletscherspalte** *f* crevasse

Glied [gliːt] <-(e)s, -er> *nt* ① (*Körperteil*) limb ② (*Penis*) member ③ (*Ketten~, a. fig*) link; **seine ~er strecken** stretch o.s.; **Gliederarmband** *nt* expanding bracelet

gliedern ['gliːdɐn] **I.** *vt* (*unter~*) subdivide (*in* into) **II.** *vr* be composed, consist (*in* of)

Gliederschmerzen *mpl* rheumatic pains; **Gliederung** *f* ① (*Struktur*) structure ② (*als Aufgabe*) organization; **Gliedmaßen** ['gliːtmasən] *pl* limbs

glimmen ['glɪmən] *irr vi* glow; (*fig*) glimmer

glimmern *vi* glimmer

Glimmstengel *m* (*fam*) fag *Br*

glimpflich ['glɪmpflɪç] *adj* light, mild; **~ davonkommen** get off lightly

glitschig ['glɪtʃɪç] *adj* slippery

glitzern ['glɪtsɐn] *vi* glitter; (*Stern a.*) twinkle

global [gloː'baːl] *adj* global; **~e Klimaveränderung** global change of the climate; **~es Navigationssatellitensystem, GNSS** Global Navigation Satellite System, GNSS; **~e Nachhaltigkeit** global sustainability; **globalisiert** [globali'ziːɐt] *adj* globalized; **Globalisierung** [globali'ziːrʊŋ] <-> *f* globalization

Global Player ['gləʊbəlˌpleɪɐ] <-s, -> *m* (*international tätiger Konzern*) global player

Globus ['gloːbʊs] <-/-ses, -ben/-se> *m* globe

Glocke ['glɔkə] <-, -n> *f* bell; **die ~n läuten** ring the bells; **du brauchst es nicht an die große ~ zu hängen** you don't need to shout it from the rooftops

Glockenblume *f* bellflower, blue-bell; **glockenförmig** *adj* bell-shaped; **Glockengeläute** *nt* peal of bells; **Glockenklang** *m* ringing of bells; **Glockenschlag** *m* stroke of a bell; **Glockenspiel** *nt* chimes *pl*; **Glockenstuhl** *m* bellcage; **Glockenturm** *m* belltower, belfry; **Glöckner** ['glœknɐ] *m* bellringer

Glorie ['gloːriə] *f* (*Ruhm*) glory

glorifizieren [glorifi'tsiːrən] *vt* glorify

glorreich ['gloːɐraɪç] *adj* glorious

Glossar [glɔ'saːɐ] <-s, -e> *nt* glossary

Glosse ['glɔsə] <-, -n> *f* gloss (*zu* on); **glossieren** *vt* write a gloss on

Glotze <-, -n> *f* (*sl: Fernseher*) goggle-box; **glotzen** ['glɔtsən] *vi* stare (*auf* at)

Glück [glʏk] <-(e)s> *nt* ① (*~sfall*) good luck ② (*Glücklichsein*) happiness; **~ gehabt!** that was lucky!; **kein ~ haben** be out of luck; **von ~ sagen können** be able to consider o.s. lucky; **sein ~ versuchen** try one's luck; **du hast ~ gehabt** you were lucky; **ein ~, dass …** it's a good thing that …; **ein ~!** how lucky!; **zum ~** fortunately; **viel ~!** good luck!; **dein ~!** lucky for you!; **auf gut ~** on the off-chance; **jdm ~ zu etw wünschen** congratulate s.o. on s.th.

Glucke ['glʊkə] <-, -n> *f* (*brütende Henne*) broody hen; (*mit Jungen*) mother hen

glücken ['glʏkən] *sein vi* be a success; **es wollte einfach nicht ~** it simply wouldn't go right

gluckenhaft *adj* overprotective

gluckern ['glʊkɐn] *vi* (*Wasser*) gurgle

glücklich *adj* ① (*froh*) happy ② (*erfolgreich*) fortunate, lucky; **sich ~ schätzen** consider o.s. lucky; **glücklicherweise** *adv* fortunately, luckily

Glücksbringer *m* lucky charm; **Glücksfall** *m* stroke of luck *Br*, lucky break *Am*; **Glücksgriff** *m* lucky chance; **Glückskind** *nt* lucky person; **Glücksklee** *m* four-leaf clover; **Glückspfennig** *m* lucky penny; **Glückspilz** *m* (*fam*) lucky fellow [*o* beggar]; **Glücksrad** *m* wheel of fortune; **Glückssache** *f* matter of luck; **Glücksspiel** *nt* game of chance; **Glücksspieler(in)** *m(f)* gambler; **Glückstreffer** *m* ① (*auch Lotterie*) stroke of luck ② (SPORT MIL) lucky shot

Glückwunsch *m* congratulations *pl*; **herzlichen ~ zum Geburtstag!** happy birthday!; **Glückwunschkarte** *f* greetings card; **Glückwunschtelegramm** *nt* greetings telegram

Glühbirne *f* light bulb

glühen ['gly:ən] *vi* glow; **ihre Augen glühten vor Zorn** her eyes glowed with anger; **glühend** *adj* ❶ glowing; (*Metall*) red-hot ❷ (*fig*) ardent, fervent; **~e Hitze** blazing heat; **~ heiß** burning hot; **rot ~** red-hot; **Glühfaden** *m* (ELEK) filament; **Glühstrumpf** *m* gas mantle; **Glühwein** *m* mulled wine

i Land & Leute

Glühwein, hot red wine, spiced with cinnamon, aniseed and cloves – is sold in winter, especially in the Christmas markets.

Glühwürmchen *nt* glow-worm
Glupschauge ['glʊpʃaʊgə] *nt* (*fam*) goggle eye
Glut [glu:t] <-, -en> *f* ❶ (*Sonnen~*) blaze ❷ (*glühende Masse*) embers *pl*
Glutamin [gluta'mi:n] <-s, -e> *nt* (CHEM) glutamine
Gluthitze *f* sweltering heat; **glutrot** *adj* fiery red
Glykol [gly'ko:l] <-s, -e> *nt* (CHEM) glycol
GmbH <-, -s> *f Abk. von* **Gesellschaft mit beschränkter Haftung** Ltd *Br*, Inc *Am*
Gnade ['gna:də] <-, -n> *f* (*Erbarmen*) mercy; **~ vor Recht ergehen lassen** temper justice with mercy; **~!** (*a. fig*) mercy!; **Gnadenfrist** *f* reprieve; **ich geb' dir noch zwei Stunden ~!** I will give you two hours' grace!; **Gnadengesuch** *nt* plea for clemency; **ein ~ einreichen** file a plea for clemency; **gnadenlos** *adj* merciless; **Gnadenstoß** *m* coup de grâce
gnädig ['gnɛ:dɪç] *adj* ❶ (*erbarmend*) merciful ❷ (*herablassend*) condescending
Gnom [gno:m] <-en, -en> *m* gnome
Gobelin [gobə'lɛ̃:] <-s, -s> *m* tapestry
Gockel(hahn) ['gɔkəl-] <-s, -> *m* cock
Gold [gɔlt] <-(e)s> *nt* gold; **Goldbarren** *m* gold ingot; **Goldbarsch** *m* redfish; **Goldbestand** *m* gold reserve; **Golddoublé** ['gɔltduble:] <-s, (-s)> *nt* gold plating
golden ['gɔldən] *adj* golden; **~er Schnitt** golden section; **die ~e Mitte wählen** strike a happy medium
goldfarben *adj* golden
Goldfasan *m* golden pheasant; **Goldfisch** *m* goldfish; **Goldgehalt** *m* gold contents *pl*; **goldgelb** *adj* golden; **Goldgräber** *m* gold-digger; **Goldgrube** *f* (*a. fig*) goldmine
Goldhamster *m* golden hamster
goldig *adj* (*fig*) sweet *Br*, cute *Am*
Goldklumpen *m* gold nugget; **Goldlack** *m* ❶ (*goldener Lack*) gold laquer ❷ (*Pflanze*) wallflower; **Goldmedaille** *f* gold medal; **Goldmedaillengewinner(in)** *m(f)* gold medallist; **Goldmünze** *f* gold piece; **Goldregen** *m* (*Strauch*) laburnum; **goldrichtig** *adj* (*fam*) dead right; **Goldschmied(in)** *m(f)* goldsmith; **Goldschnitt** *m* (TYP) gilt edging; **Goldstück** *nt* (*Münze*) gold coin; **Goldsucher** *m* gold-hunter; **Goldwaage** *f* gold-scales *pl*; **alle Worte auf die ~ legen** (*fig*) weigh (one's) words well; **Goldwährung** *f* gold-standard; **Goldwaren** *fpl* gold articles
Golf¹ [gɔlf] <-(e)s, -e> *m* (GEOG) gulf; **der ~** the Gulf
Golf² <(-s)> *nt* (*Spiel*) golf
Golfplatz *m* golf course; **Golfschläger** *m* golf club; **Golfspieler(in)** *m(f)* golfer
Golfstaat *m* Gulf state; **Golfstrom** *m* (GEOG) Gulf Stream
Gondel ['gɔndəl] <-, -n> *f* ❶ (*Boot*) gondola ❷ (*Seilbahnkabine*) car
gönnen ['gœnən] *vt*: **nicht ~** begrudge; **sich ~** give [*o* allow] o.s.; **das sei dir gegönnt** I don't grudge you that; **er gönnt sich keine Minute Ruhe** he doesn't allow himself a minute's rest
Gönner(in) *m(f)* patron(ess); **gönnerhaft** *adj* (*pej*) patronizing; **Gönnermiene** *f* (*pej*) patronizing air
Gör [gø:ɐ] <-(e)s, -en> *nt* (*pej fam*) brat; (*fam*) kid
Göre ['gø:rə] <-, -n> *f* cheeky [*o* saucy] little miss
Gorilla [go'rɪla] <-s, -s> *m* gorilla
Gosse ['gɔsə] <-, -n> *f* gutter
Gote, -tin ['go:tə] <-n, -n> *m, f* Goth; **Gotik** ['go:tɪk] *f* (ARCH) Gothic; **gotisch** *adj* Gothic
Gott¹ [gɔt] <-es> *m* God; **ach ~ ...** well ...; **der liebe ~** the good Lord; **an ~ glauben** believe in God; **leider ~es** unfortunately; **ich habe, weiß ~, keine Zeit für so etwas!** I really have no time for that sort of thing!; **mein ~, was machen Sie denn da?** for God's sake, what are you doing?; **o ~!** dear me!; **du bist wohl ganz von ~ verlassen!** (*fig*) you must be completely out of your mind!; **in ~es Namen!** for goodness sake!; **um ~es willen!** for heaven's sake; **~ sei Dank** thank God!
Gott² [gɔt, *pl:* 'gœtɐ] <-es/(-s), Götter> *m* god
Götterspeise *f* fruit jelly
Gottesdienst *m* service; **zum ~ gehen** go to church; **Gotteshaus** *nt* place of worship; **Gotteslästerung** *f* blasphemy; **gottgewollt** *adj* willed by God; **Gottheit**

f ❶ (*Göttlichkeit*) divinity ❷ (*ein Gott*) deity; **Göttin** ['gœtɪn] *f* goddess; **göttlich** *adj* divine

gottlob! *interj* thank goodness!

gottlos *adj* (*fig: verrucht*) wicked; **gottverlassen** *adj* godforsaken; **Gottvertrauen** *nt* trust in God; **na, du hast aber ~!** I wish I had your faith!

Götze ['gœtsə] <-n, -n> *m* (*pej*) idol

Gourmet-Tempel [gʊr'me:-] *m* (*fam*) place of pilgrimage for gourmets

Gouverneur [guvɛ'nø:ɐ] <-s, -e> *m* governor

GPS *nt Abk. von* **Global Positioning System** (*Navigationssystem*) GPS

Grab [gra:p, *pl:* 'grɛ:bər] <-(e)s, Gräber> *nt* grave; **jdn zu ~e tragen** bear s.o. to his (her) grave; **deine Mutter würde sich im ~ umdrehen, wenn ...** (*fig*) your mother would turn in her grave if ...; **sie bringt mich noch ins ~!** (*fig*) she'll be the death of me yet!

Grabbeltisch ['grabl-] *m* (*fam*) clearance table

Graben ['gra:bən, *pl:* 'grɛ:bən] <-s, -> *m* ditch; (MIL) trench

graben *irr vt* (*mit Spaten*) dig

Grabeskälte *f* deathly cold

Grabhügel *m* mound; **Grabinschrift** *f* epitaph; **Grabmal** *nt* monument; **Grabplatte** *f* memorial slab; **Grabrede** *f* funeral oration; **Grabschänder(in)** *m(f)* defiler of graves; **Grabstein** *m* gravestone

Grad [gra:t] <-(e)s, -e> *m* degree; **die Waschmaschine auf 60° stellen** set the washing-machine at sixty degrees; **bis zu einem gewissen ~e** to a certain degree; **im höchsten ~e** extremely; **Gradeinteilung** *f* graduation; **Gradnetz** *nt* (GEOG TECH) latitude and longitude grid

graduell [gradu'ɛl] *adj* ❶ (*allmählich*) gradual ❷ (*gering*) slight

Graf [gra:f] <-en, -en> *m* earl *Br;* (*ausländischer ~*) count

Graffiti [gra'fɪtɪ] *pl* graffiti *pl*

Grafik ['gra:fɪk] *f* ❶ (*künstlerische ~*) graphic ❷ (*Gewerbe*) graphic arts *pl* ❸ (*Diagramm*) diagram; **Grafikbildschirm** *m* (INFORM) graphics screen; **Grafiker(in)** *m(f)* graphic artist; **Grafikkarte** *f* (INFORM) graphics card

Gräfin ['grɛ:fɪn] *f* countess

grafisch *adj* graphic; (*schematisch*) schematic; (*anschaulich*) vivid; **~e Darstellung** graph

Grafit *m* graphite

Grafschaft *f* (*früher*) earldom; (*heute*) county

Gram [gra:m] <-(e)s> *m* grief, sorrow

grämen ['grɛ:mən] *vr:* **sich über jdn (etw) ~** grieve over s.o. (s.th.)

Gramm [gram] <-s, (-e)> *nt* gram(me)

Grammatik [gra'matɪk] *f* grammar; **grammatikalisch** *adj* grammatical; **grammatisch** *adj* grammatical

Grammel ['graml] <-, -n> *f* (*österr*) greaves

Granat [gra'na:t] <-(e)s, -e> *m* (*Edelstein*) garnet

Granatapfel *m* pomegranate

Granate [gra'na:tə] <-, -n> *f* shell; **Granatfeuer** *nt* shell fire, shelling; **Granatsplitter** *m* shell splinter; **Granattrichter** *m* shell crater; **Granatwerfer** *m* trench mortar

grandios [gran'djo:s] *adj* magnificent, terrific

Granit [gra'ni:t] <-s, -e> *m* granite

Grapefruit ['greipfru:t] <-, -s> *f* grapefruit

Graphik *f s.* **Grafik**

Graphit [gra'fi:t] <-(e)s, -e> *m* graphite

Gras [gra:s, *pl:* 'grɛ:zər] <-es, Gräser> *nt* grass; **ins ~ beißen** (*fam*) bite the dust; **über etw ~ wachsen lassen** let the dust settle over s.th.

grasen ['gra:zən] *vi* graze

grasgrün *adj* grass-green; **Grashalm** *m* blade of grass; **Grashüpfer** *m* grasshopper; **Grasland** <-(e)s> *nt* grassland; **Grasmücke** *f* (*kleiner Singvogel*) warbler

grassieren [gra'si:rən] *vi* (MED) rage; **die Seuche grassiert immer mehr** the disease is spreading

grässlich ['grɛslɪç] *adj* ❶ (*grauenvoll*) hideous, horrible ❷ (*widerlich*) awful, dreadful

Grat [gra:t] <-(e)s, -e> *m* ❶ (*Berg~*) ridge ❷ (TECH) burr

Gräte ['grɛ:tə] <-, -n> *f* fish-bone

Gratifikation [gratifika'tsjo:n] *f* bonus

gratis ['gra:tɪs] *adv* free (of charge); **Gratisprobe** *f* free sample

gratulieren *vi* congratulate (on); **ich gratuliere!** my congratulations!; **jdm zum Geburtstag ~** wish s.o. many happy returns

Grau <-s, -/(-s)> *nt* grey; **grau** [graʊ] *adj* grey; **der ~e Alltag** the humdrum everyday life, the dull routine; **~e Haare bekommen** go grey; **~ meliert** (*Haar*) greying; **in ~er Vorzeit** in the misty past; **grauäugig** ['graʊɔɪgɪç] *adj* grey-eyed; **graubraun** *adj* greyish brown; **Graubrot** *nt* rye bread

Gräuel ['grɔɪəl] <-s, -> *m* ❶ (*Grauen*) horror ❷ (*~tat*) outrage; **Gräuelmärchen** *nt* horror story; **Gräuelmeldung** *f* atrocity propaganda; **Gräueltat** *f* atrocity

Grauen <-s> *nt* (*Entsetzen*) horror; ~ **erregend** gruesome, horrid
grauen I. *imp:* **mir graut es davor** I dread it **II.** *vi:* **der Tag fängt schon an zu** ~ dawn is beginning to break
grauenhaft *adj,* **grauenvoll** *adj* gruesome, horrid
Grauer Star <-(e)s> *m* (MED) cataract
graugrün *adj* grey-green; **Grauguss** *m* (TECH: *Gusseisen*) grey iron; **grauhaarig** *adj* grey-haired
gräulich ['grɔɪlɪç] *adj* abominable, atrocious
Graupe ['graʊpə] <-, -n> *f* grain of pearl barley
Graupelschauer *m* sleet
Graupensuppe *f* barley broth
grausam ['graʊza:m] *adj* ① (*brutal*) cruel (*zu* to) ② (*fam: schlimm*) awful; **Grausamkeit** *f* cruelty
Grausen ['graʊzən] <-s> *nt:* **da überkommt dich** (**doch**) **das kalte** ~ it's enough to give you the creeps; **grausig** *adj* horrible; **grauslich** *adj, adv* (*österr*) terrible
Graveur(in) [gra'vø:ɐ] <-s, -e> *m(f)* engraver; **gravieren** *vt* engrave; **Gravierung** *f* engraving
Gravitation [gravita'tsjo:n] *f* (PHYS) gravitation; **Gravitationskraft** *f* (PHYS) gravitational force
gravitätisch [gravi'tɛ:tɪʃ] *adj* grave, solemn
Gravurplatte *f* nameplate
Grazie ['gra:tsiə] *f* grace; **graziös** [gra'tsjø:s] *adj* graceful
Greifarm *m* claw arm; **greifbar** *adj* (*zur Verfügung*) available; **in ~er Nähe** within reach
greifen ['graɪfən] **I.** *irr vt* (*er~*) grasp **II.** *vi* ① (TECH: *einrasten*) grip ② (*fig*) have an effect (*bei* on); (*wirksam werden*) be effective; **nach etw** ~ reach for s.th.; **zum Greifen nahe liegen** (*fig*) be within one's grasp; **zur Flasche** ~ take to the bottle; **ineinander** ~ (TECH) mesh (with each other); (*fig: sich überschneiden*) overlap; **Greifer** *m* (TECH: *Klaue*) grab
Greifvogel *m* bird of prey, raptor
Greis [graɪs] <-es, -e> *m* old man; **greis** *adj:* **sein ~es Haupt schütteln** (*a. hum fam*) shake one's wise old head; **Greisin** *f* old woman
grell [grɛl] *adj:* **~e Sonne** dazzling sun; **~e Farbe** loud colour
Gremium ['gre:miʊm] <-s, Gremien> *nt* body
Grenzbeamte, -beamtin *m, f* passport official; **Grenzbereich** *m* border zone; **Grenzbevölkerung** *f* inhabitants of the border zone
Grenze ['grɛntsə] <-, -n> *f* ① (*Staats~*) border ② (*private ~*) boundary ③ (*fig*) limits *pl;* **alles hat seine ~n** (*fig*) there's a limit to everything; **sich** (**noch**) **in ~n halten** keep within limits; **die ~ überschreiten** cross the border; **die ~ zu Dänemark** the Danish border; **grenzen** *vi* (*a. fig*) border (*an* on); **grenzenlos** *adj* (*a. fig*) boundless; **Grenzfall** *m* borderline case; **Grenzgänger(in)** *m(f)* (COM) cross-frontier commuter; **Grenzgebiet** *m* border area; **Grenzkonflikt** *m* border [*o* frontier] dispute; **Grenzkontrolle** *f* border control; **Grenzlinie** *f* boundary; **Grenzpfahl** *m* boundary post; **Grenzposten** *m* border guard; **Grenzschutz** *m* frontier guard; **Grenzstadt** *f* border-town; **Grenzstation** *f* border station; **Grenzstein** *m* boundary stone; **Grenzstreitigkeit** *f* (POL) border [*o* frontier] dispute; **Grenzübergang** *m* border [*o* frontier] crossing; **grenzüberschreitend** *adj* transboundary; **Grenzverkehr** *m* border traffic; **Grenzwert** *m* (MATH) limit; **Grenzzwischenfall** *m* frontier [*o* border] incident
Grieche, -chin ['gri:çɐ] <-n, -n> *m, f* Greek; **Griechenland** *nt* Greece; **griechisch** *adj* Greek
Grieß(brei) [gri:s] <-es> *m* semolina
Griff [grɪf] <-(e)s, -e> *m* ① (*Stiel*) handle ② (*Revolver~*) butt ③ (*Tür~*) knob ④ (*Hand~*) grasp, grip; **einen ~ ansetzen** (*beim Ringen*) apply a hold; **etw in den ~ bekommen** (*fig*) gain control of s.th.; **griffbereit** *adj* handy
Griffbrett *nt* (*von Musikinstrument*) fingerboard
Griffel ['grɪfəl] <-s, -> *m* ① (*Schreibgerät*) slate-pencil ② (BOT) style
griffig *adj* ① (*handlich*) handy ② (*gut greifend*) non-slip; **Griffigkeit** *f* (*von Fahrbahn*) skid-resisting properties *pl*
Grill [grɪl] <-s, -s> *m* ① (*Brat~*) grill ② (AUTO: *Kühler~*) grille
Grille ['grɪlə] <-, -n> *f* cricket
grillen ['grɪlən] *vt* (*in der Küche*) grill; (*im Garten*) barbecue
Grillrestaurant *nt* grillroom
Grimasse [gri'masə] <-, -n> *f* grimace; **~n schneiden** pull faces
grimmig *adj* ① (*zornig*) grim ② (*Kälte*) severe
Grinsen ['grɪnzən] <-s> *nt* grin; **grinsen** *vi* grin
grippal [grɪ'pa:l] *adj:* **~er Infekt** influenza infection; **Grippe** ['grɪpə] <-, -n> *f* influenza; (*fam*) flu; **Grippemittel** *nt* flu

remedy

Grips [grɪps] <-es> *m* (*fam*) brains *pl;* **streng mal deinen ~ an!** use your brains!

grob [gro:p] <gröber, gröbst> *adj* ① (*von Beschaffenheit*) coarse ② (*fig: verletzend*) rude ③ (*groß*) gross; ~ **gemahlen** coarse-ground; ~ **geschätzt** at a rough estimate; **aus dem Gröbsten heraus sein** be out of the woods; **Grobheit** *f* (*fig*) rudeness; **jdm ~en an den Kopf werfen** be rude to s.o.; **grobkörnig** *adj* coarse-grained; **grobmaschig** *adj* large-meshed; (*von Pullover*) loose-knit

grö(h)len ['grø:lən] *vi* bawl

Groll [grɔl] <-(e)s> *m* anger, wrath; ~ **gegen jdn hegen** harbour [*o* hold] a grudge against s.o.; **grollen** *vi* ① (*jdm ~*) be filled with wrath against (s.o.) ② (*Donner*) peal, roll

Grönland ['grø:nlant] <-s> *nt* Greenland

Gros [gro:, *gen, pl:* gro:s] <-, -> *nt* ① bulk, major part ② (COM) gross

Groschenroman *m* cheap novel *Br,* dime novel *Am*

groß [gro:s] <größer, größt> **I.** *adj* ① big; (*bedeutend*) great; (*räumlich*) large; (*riesig*) huge; (*hoch gewachsen*) tall; (*Fläche*) extensive, vast ② (*großartig*) grand; **~e Hitze** intense heat; ~ **Kälte** severe cold; **~er Fehler** bad mistake; **die ~e Masse** the vast majority; **die ~en Ferien** the long holidays *Br,* the long vacation *Am;* **~e Worte machen** use big words; **ich habe ~e Lust ins Kino zu gehen** I would really like to go to the cinema; **das ist jetzt ~e Mode** that's all the fashion now **II.** *adv:* **im Trinken ist er** ~ he's great at drinking; (**ganz**) ~ **rauskommen** (*fam*) make the big time

? Grammatik

> **groß** can mean both 'big/large' and 'tall': *Die Hose ist mir zwei Nummern zu groß. – The trousers are two sizes too big for me. Mein jüngerer Cousin ist viel größer als ich. – My younger cousin is much taller than me.*

Großabnehmer(in) *m(f)* bulk purchaser

großartig *adj* (*wunderbar*) wonderful; (*hervorragend*) splendid; **~!** great! splendid!; **Großaufnahme** *f* (FILM) close-up; **Großauftrag** *m* large order; **Großbetrieb** *m* large concern; **Großbildschirm** *m* (TV) large screen; **Großbritannien** ['gro:sbrɪ'taniən] <-s> *nt* Great Britain; **Großbuchstabe** *m* (TYP) capital; **Großcomputer** *m* mainframe

Größe ['grø:sə] <-, -n> *f* ① (*Umfang, Format, Nummer*) size ② (*Höhe*) height ③ (*Ausdehnung*) dimensions *pl* ④ (MATH ASTR: *Wichtigkeit*) magnitude ⑤ (*Bedeutung*) greatness; **in natürlicher** ~ full-scale [*o* -length]; **unbekannte** ~ unknown quantity; **der ~ nach aufstellen** line up in order of height

Großeinkauf *m* bulk purchase

Großeltern *pl* grandparents

Größenordnung *f* scale; **in der ~ von ...** on the scale of ...

großenteils *adv* for the most part, mostly

Größenwahn *m* megalomania; **größenwahnsinnig** *adj* megalomaniac

Großfahndung *f* dragnet operation, manhunt; **Großfamilie** *f* extended family; **Großfeuer** *nt* major fire; **Großformat** *nt* large size; **Großgrundbesitzer(in)** *m(f)* big landowner; **Großhandel** *m* wholesale trade; **Großhändler(in)** *m(f)* wholesaler; **großherzig** *adj* generous, magnanimous; **Großherzigkeit** *f* generosity, magnanimity; **Großherzog(in)** *m(f)* grand duke (duchess); **Großherzogtum** *nt* Grand Duchy; **Großhirn** <-(e)s> *nt* cerebrum

Großkind *nt* (*CH*) grandchild

großkotzig ['gro:skɔtsɪç] *adj* (*sl pej*) swanky

Großküche *f* canteen kitchen; **Großkundgebung** *f* mass rally; **Großmacht** *f* great power

Großmama *f* grandma

Großmarkt *m* hypermarket; **Großmaul** *nt* (*pej*) loudmouth; **Großmut** *m* magnanimity; **großmütig** ['gro:smy:tɪç] *adj* magnanimous

Großmutter *f* grandmother; **Großneffe** *m* great-nephew; **Großnichte** *f* great-niece; **Großonkel** *m* great-uncle

Großraumabteil *nt* (RAIL) open carriage; **Großraumbüro** *nt* open-plan office; **Großraumflugzeug** *nt* large-capacity aircraft; **Großraumlimousine** *f* multi-purpose vehicle; **Großrechner** *m* mainframe; **Großreinemachen** *nt* thorough cleaning

Großsprecher(in) *m(f)* (*geh: Angeber*) show-off, poser

großspurig *adj* (*pej*) boastful

Großstadt *f* city; **Großstädter(in)** *m(f)* city-dweller; **großstädtisch** *adj* big-city

Großtante *f* great-aunt

Großteil *m* large part; **zum** ~ for the most part

größtenteils *adv* for the most part

Großunternehmen *nt* large concern
Großvater *m* grandfather
Großveranstaltung *f* big event; **Großverbraucher** *m* large consumer; **Großversandhaus** *nt* mail-order house; **Großwetterlage** *f* general weather situation; **die politische ~** the general political climate
groß|ziehen *irr vt* raise
großzügig ['gro:stsy:gɪç] *adj* ❶ (*planend*) large scale ❷ (*freigebig*) generous, liberal ❸ (*weiträumig*) spacious; **Großzügigkeit** *f* (*Freigebigkeit*) generosity
grotesk [gro'tɛsk] *adj* grotesque; **groteskerweise** *adj* grotesquely
Grotte ['grɔtə] <-, -n> *f* grotto
Groupie ['gru:pi] <-s, -s> *nt* (*sl*) groupie
Grube ['gru:bə] <-, -n> *f* ❶ (*Ton~, a.* MIN) mine, pit ❷ (*gegrabene ~*) hole, hollow; **wer andern eine ~ gräbt, fällt selbst hinein** (*prov*) you can easily fall into your own trap
Grübelei *f* brooding; **grübeln** ['gry:bəln] *vi* brood (*über* over)
Grubenexplosion *f* colliery explosion; **Grubenunglück** *nt* mine disaster
grüezi ['gryətsi] *interj* (*CH*) hello, good morning/afternoon/evening

i Land & Leute

Grüezi is the Swiss for "Hello".

Gruft [grʊft, *pl:* 'grʏftə] <-, Grüfte> *f* (*Grabgewölbe*) tomb, vault
grün [gry:n] *adj* green; **eine Fahrt ins Grüne** a trip to the country; **eine ~e Witwe** a grass widow; **das ist dasselbe in Grün** (*fam*) that's one and the same thing; **~e Welle** (AUTO) phased traffic lights *pl;* **jdm ~es Licht geben** give s.o. the go-ahead; **sie ist mir nicht ~** I'm not in her good books

i Land & Leute

Packaging materials such as cartons, cans, bottles and yoghurt pots carry a characteristic **grüner Punkt** (green spot) which indicates that they can be collected, sorted and re-used, according to the *Duales System* (recycling system) – thus avoiding large mountains of waste.

Grünanlage *f* park; **grünäugig** ['gry:nɔɪgɪç] *adj* green-eyed; **grünblau** *adj* greeny blue
Grund[1] [grʊnt, *pl:* 'grʏndə] <-(e)s, Gründe> *m* (*Ursache*) reason; **aus welchem ~?** for what reason?; **jdm zu etw ~ geben** give s.o. good cause for s.th.; **einen ~ zum Feiern haben** have good cause for celebration; **der ~, weshalb ich gegangen bin** my reason for going [*o* the reason I went]; **ich habe allen ~ zu glauben, dass ...** I have every reason to believe that ...; **aus irgendeinem ~** for some reason or other
Grund[2] *m* ❶ (*Boden von Gefäß, Grube*) bottom ❷ (*~stück*) land ❸ (*Erdboden*) ground; **von ~ auf** completely; **einer Sache auf den ~ gehen** get to the bottom of s.th.; **im ~e** basically; **etw zu ~e legen** base s.th. on s.th.; **etw zu ~e liegen** be based on s.th.; **zu ~e richten** ruin, destroy
Grundausbildung *f* basic training; **Grundbedingung** *f* main condition; **Grundbegriff** *m* basic principle; **Grundbesitz** *m* landed property, real estate; **Grundbesitzer(in)** *m(f)* landowner; **Grundbuch** *nt* land register; **Grundbuchamt** *nt* land registry
gründen ['grʏndən] *vt* found; **sich ~ auf** be based on; **Gründer(in)** *m(f)* founder
Grunderwerb *m* land acquisition
grundfalsch *adj* utterly wrong
Grundfläche *f* floor space
Grundforderung *f* basic claim; **Grundgebühr** *f* standing charge; **Grundgedanke** *m* basic idea; **Grundgesetz** *nt* (*bundesdeutsche Verfassung*): **das ~** the German Constitution
grundieren [grʊn'di:rən] *vt* undercoat; **Grundierfarbe** *f* undercoat
Grundkapital *nt* capital stock, equity capital
Grundkonsens *m* (POL) fundamental consensus
Grundlage *f* basis, foundation; **die ~ schaffen** establish the basis; **jeder ~ entbehren** be without any foundation; **Grundlagen** *pl* fundamental principles *pl,* basis, foundation; **grundlegend** *adj* fundamental, basic (*für* to)
gründlich ['grʏntlɪç] *adj* thorough; **sich ~ täuschen** (*fam*) be greatly mistaken; **Gründlichkeit** *f* thoroughness
Grundlohn *m* basic pay
grundlos *adj* ❶ (*unbegründet*) unfounded ❷ (*sehr tief*) bottomless
Grundmauer *f* foundation wall
Grundnahrungsmittel *nt* staple food
Gründonnerstag *m* Maundy Thursday
Grundrecht *nt* fundamental right; **Grundregel** *f* basic principle; **Grundrente** *f*

basic pension; **Grundriss** *m* (ARCH) ground plan; (*Skizze*) outline, sketch; **Grundsatz** *m* principle; **es sich zum ~ machen** make it a rule; **grundsätzlich** ['grʊntzɛts-lɪç] **I.** *adv* ① (*im Allgemeinen*) in principle ② (*stets*) always; **~ nicht** absolutely not **II.** *adj* (*grundlegend*) fundamental; **Grundsatzpapier** *nt* (POL) (written) statement of principles

Grundschuld *f* mortgage

Grundschule *f* elementary [*o* primary] school; **Grundschullehrer(in)** *m(f)* elementary [*o* primary] school teacher

Grundsicherung *f* basic security

Grundstein *m* foundation-stone; **zu etw den ~ legen** (*fig*) lay the foundations *pl* of s.th.; **Grundsteuer** *f* property tax; **Grundstock** <-s> *m* basis, foundation; **Grundstoffindustrie** *f* primary industry; **Grundstück** *nt* ① (*Parzelle*) plot; (*größeres ~*) estate ② (*Grund und Boden*) property ③ (*Bau~*) site; **Grundstücksmakler(in)** *m(f)* estate agent *Br,* realtor *Am;* **Grundstückspreis** *m* land price; **Grundton** *m* ① (MUS) key-note ② (*Farbe*) ground colour; **Grundübel** *nt* ① basic evil ② (*Grundproblem*) basic problem; **Grundumsatz** *m* (MED) basal metabolism

Gründung ['grʏndʊŋ] *f* foundation

grundverschieden *adj* entirely different

Grundwasser *nt* ground water; **Grundwasserspiegel** *m* ground-water level; **Grundwehrdienst** *m* national service *Br,* selective service *Am;* **Grundwortschatz** *m* basic [*o* essential] vocabulary; **Grundzahl** *f* ① (*Kardinalzahl*) cardinal number ② (MATH) base number; **Grundzug** *m* essential feature

Grüne(r) ['gryːnə] *f m* (POL) Green; **die ~n** the Green Party

grünen *vi* turn green

Grüner Star <-(e)s> *m* (MED) glaucoma; **Grünfink** *m* greenfinch; **Grünfläche** *f* green [*o* open] space; **Grünfutter** *nt* green fodder; **Grünkohl** *m* kale; **grünlich** *adj* greenish; **Grünplanung** *f* open space planning; **Grünschnabel** *m* (*pej*) greenhorn; **Grünspan** <-s> *m* verdigris; **Grünstreifen** *m* ① (*am Straßenrand*) grass verge ② (*Mittelstreifen*) central reservation *Br,* median strip *Am*

grunzen ['grʊntsən] *vi* grunt

Grünzeug *nt* (*fam: Salat*) greens *pl*

Gruppe ['grʊpə] <-, -n> *f* group; (*Arbeits~*) team; **in ~n einteilen** group together; **Gruppenarbeit** *f* (SCHULE) teamwork; **Gruppenbild** *nt* (PHOT) group portrait; **Gruppendynamik** *f* (PSYCH) group dynamics *pl;* **gruppendynamisch** *adj* (PSYCH) group-dynamic; **Gruppentherapie** *f* group therapy; **gruppenweise** *adv* in groups; **Gruppenzwang** *m* group [*o* peer] pressure

gruppieren [grʊ'piːrən] **I.** *vt* group **II.** *vr* form groups; **Gruppierung** *f* grouping

Gruselgeschichte *f* gruesome tale

gruselig ['gruːzəlɪç] *adj* gruesome, horrifying

Gruß [gruːs, *pl:* 'gryːsə] <-es, Grüße> *m* greeting; **jdm herzliche Grüße bestellen** give one's kindest regards to s.o.; **schönen ~ zu Hause!** my regards to your family!; **viele Grüße (an ...)** best wishes (to ...); **grüßen** ['gryːsən] *vt* greet; (MIL) salute; **grüß dich!** hi!; **jdn ~ lassen** send one's compliments [*o* love] to ... [*o* regards]; **~ Sie Ihre Mutter von mir!** remember me to your mother!

gucken ['gʊkən/kʊkən] *vi* look; **aus dem Fenster ~** look out of the window; **guck mal!** just take a look!; **Guckloch** *nt* peephole

Guerillakrieg [ge'rɪl(j)akriːk] *m* guerilla war(fare)

Guillotine [gɪljo'tiːnə/gijo'tiːnə] <-, -n> *f* (HIST) guillotine

Guinea [gi'neːa] *nt* Guinea; **Guineer(in)** *m(f)* Guinean; **guineisch** *adj* Guinean

Gulasch ['gʊlaʃ] <-(e)s, -e> *nt* goulash; **Gulaschkanone** *f* (MIL: *sl*) cooker; **Gulaschsuppe** *f* goulash soup

Gulden ['gʊldən] <-s, -> *m* ① (HIST: *Gold~*) florin ② (*niederländischer ~*) guilder

Gully *m* drain

gültig ['gʏltɪç] *adj* valid; **ist der neue Fahrplan schon ~?** has the new timetable come into force yet?; **die ~en Preise** the current prices; **Gültigkeit** *f* (*Währung*) validity; **Gültigkeitsdauer** *f* period of validity

Gummi ['gʊmi] <-s, -(s)> *m* ① (*a. Radiergummi*) rubber ② (*fam: Kondom*) rubber; **Gummiband** *nt* ① (*für Bürobedarf*) rubber band ② (*für Kleidung*) elastic; **Gummibärchen** *nt* jelly baby; **Gummibaum** *m* rubber plant; **gummieren** *vt* gum; **Gummigeschoss** *nt* rubber bullet; **Gummihandschuhe** *mpl* rubber gloves; **Gummiknüppel** *m* (rubber) truncheon; **Gummireifen** *m* rubber tyre; **Gummischlauch** *m* ① (AUTO: *in Reifen*) tube ② (*Wasserschlauch*) rubber hose; **Gummistopfen** *m* rubber stopper; **Gummistrumpf** *m* elastic stocking; **Gummizelle** *f* (*fam*) padded cell

Gunst [gʊnst] <-> *f* favour; **zu deinen ~en**

in your favour *sing;* **sich jds ~ verscherzen** lose someone's favour; **zu ~en** (*von o mit Genitiv*) in favour of

günstig ['gʏnstɪç] *adj* ① (*vorteilhaft*) favourable ② (*preiswert*) cheap; **Gemüse ist jetzt ~** vegetables are reasonable just now; **im ~sten Falle** at best; **ich hab' es ~ gekauft** I bought it for a good price; **in ~er Lage** well-situated

Günstling ['gʏnstlɪŋ] <-s, -e> *m* favourite

Gurgel ['gʊrgəl] <-, -n> *f* throat; **jdn an der ~ packen** grab s.o. by the throat; **Gurgelmittel** *nt* gargle; **gurgeln** *vi* ① (*mit Mundwasser*) gargle ② (*~ de Geräusche machen*) gurgle

Gurke ['gʊrkə] <-, -n> *f* cucumber; (*Essig~, Pfeffer~*) gherkin; **Gurkensalat** *m* cucumber salad

gurren ['gʊrən] *vi* coo

Gurt [gʊrt] <-(e)s, -e> *m* ① (*Riemen*) strap ② (*Gürtel*) belt

Gürtel ['gʏrtəl] <-s, -> *m* ① (*Hosen~*) belt ② (*fig: Absperrung*) cordon ③ (*fig: Streifen, Zone*) zone; **Gürtellinie** *f* waist; **ein Schlag unter die ~** (*a. fig*) a punch below the belt; **Gürtelreifen** *m* (AUTO) radial-ply tyre

Gürtelrose <-> *f* (MED) shingles *sing*

Gürtelschnalle *f* buckle

Gurtmuffel *m* (*fam*) person who refuses to wear a seat-belt; **Gurtpflicht** *f* (AUTO): **es besteht ~** wearing of seat-belts is compulsory

Guru ['gu:ru:] <-s, -s> *m* guru

GUS *Abk. von* **Gemeinschaft unabhängiger Staaten** CIS

Guss [gʊs, *pl:* 'gʏsə] <-es, Güsse> *m* ① (TECH: *das Gießen*) casting, founding ② (*Gusseisen*) cast iron ③ (*Wasser~*) gush ④ (*Regen~*) downpour ⑤ (*Zucker~*) frosting, icing; **aus einem ~** (*fig*) a unified whole; **Gusseisen** *nt* cast iron *Br,* pig iron *Am;* **gusseisern** *adj* cast-iron; **Gussform** *f* mould

Gut [gu:t, *pl:* 'gy:tɐ] <-(e)s, Güter> *nt* (*Landgut*) estate

gut [gu:t] <besser, best> **I.** *adj* good; **wozu ist das ~?** what's that for?; **wie ~, dass ...** it's good that ...; **das ist schön und ~, aber ...** it's all very well but ...; **~e Besserung!** get well soon!; **schon ~!** all right! OK!; **nun ~!** all right then!; **du bist vielleicht ~!** (*fam*) some hope!; **das tut ~** that's good; **das wird dir ~ tun** that will do you good **II.** *adv* well; **du hast ~ lachen!** it's easy for you to laugh!; **Sie haben's ~!** you're lucky!; **~ so!** that's it!; **das kann ~ sein** that may well be; **~ gemacht!** well done!; **mach's ~!** take care!; **~ bezahlt** highly-paid, well-paid; **~ gehend** flourishing; **~ gelaunt** cheerful; **~ gemeint** well-meaning, well-meant

Gutachten ['gu:taxtən] <-s, -> *nt* expert opinion; **ein ~ abgeben** deliver [*o* render] an opinion; **ein ~ einholen** get an, opinion; **Gutachter(in)** *m(f)* expert

gutartig *adj* (MED: *Geschwulst*) benign; **gutbürgerlich** *adj:* **~e Küche** home cooking

Gutdünken ['gu:tdʏŋkən] <-s> *nt:* **nach ~** at discretion

Güte ['gy:tə] <-> *f* ① (*Freundlichkeit*) kindness ② (COM: *Qualität*) quality; **(ach) du meine ~!** goodness me!

Güter *pl* (COM) goods; **~ mit doppeltem Verwendungszweck** dual-use goods; **Güterabfertigung** *f* ① (*Vorgang*) dispatch of goods ② (*Gebäude*) goods office *Br,* freights office *Am;* **Güterbahnhof** *m* goods depot *Br,* freights depot *Am;* **Güterfernverkehr** *m* long-distance haulage; **Gütergemeinschaft** *f* (JUR) community of property; **Güternahverkehr** *m* short-distance haulage; **Gütertrennung** *f* (JUR) separation of property; **Güterwagen** *m* goods truck *Br,* freight car *Am;* **Güterzug** *m* goods train *Br,* freight train *Am*

Gütezeichen *nt* ① (COM) quality mark ② (*fig*) hallmark

gutgläubig *adj* (*leichtgläubig*) credulous

Guthaben ['gu:tha:bən] <-s, -> *nt* credit; **ich habe noch ein ~ von € 150,-** my account is still 150 euro in the black

gut|heißen *irr vt* approve (*etw* of s.th.)

gütig ['gy:tɪç] *adj* ① (*freundlich*) friendly, kind ② (*voller Güte*) generous

gütlich *adj* amicable; **sich an etw ~ tun** make free with s.th.

gutmütig ['gu:tmy:tɪç] *adj* good-natured; **Gutmütigkeit** *f* goodnaturedness

Gutsbesitzer(in) *m(f)* landowner

Gutschein *m* ① (*als Zahlung*) coupon, voucher ② (*für umgetauschte Waren*) credit note

gut|schreiben *irr vt* credit; **schreiben Sie es bitte meinem Konto gut** credit it to my account please

Gutschrift *f* ① <-> (*Vorgang*) crediting ② (*Bescheinigung*) credit note; (*Betrag*) credit (item)

Gutsherrenart *f:* **nach ~** à la lord of the manor

Gutshof *m* estate

gutwillig *adj* ① (*bereitwillig*) willing ② (*nicht böswillig*) well-meaning

GVO *ntpl Abk. von* **gentechnisch verän-**

derte Organismen GMO, genetically modified organisms

Gymnasiast(in) [gʏmnazi'ast] <-en, -en> *m(f)* grammar school pupil *Br,* high school student *Am;* **Gymnasium** [gʏm'na:ziʊm] *nt* grammar school *Br,* high school *Am*

i Land & Leute

German schoolchildren who after primary school go to **das Gymnasium** (the grammar school) have the possibility of achieving the necessary academic standard required for university entrance between Years 5 and 13. In Austria, this takes eight years and in Switzerland the pupils have to spend at least eight years (and in some cantons nine years) at *Maturitätsschule* (grammar school). Traditionally, there are several types of grammar school: those that specialize in classical languages (Latin and Greek), those that emphasize modern languages (with or without Latin), those that specialize in maths and science or economics, and those that put emphasis on music and art.

Gymnastik [gʏm'nastɪk] *f* keep fit; ~ **machen** do keep-fit exercises *pl;* **Gymnastikanzug** *m* leotard

Gynäkologe, -gin [gʏnɛko'logə] *m, f* gynaecologist

Hh

H, h [ha:] <-, -> *nt* H, h; **H** *nt* (MUS) ❶ (*Note*) B ❷ (*Tonart: H-dur*) B major; (*h-moll*) B minor; **H-Bombe** *f* H-bomb; **H-Milch** *f* UHT-milk

ha! [ha] *interj* ha! ah!

Haar [ha:ɐ] <-(e)s, -e> *nt* hair; **blondes ~ (haben)** (have) fair hair; **sie hat ~e auf den Zähnen** (*fam*) she's a tough customer; **sich die ~e kämmen** comb one's hair; **er musste ~e lassen** (*fam*) he did not escape unscathed; **etw an den ~en herbeiziehen** drag s.th. in by the head and shoulders; **jdn an den ~en ziehen** pull someone's hair; **um ein ~** (*fig: beinahe*) within a hair's breadth; **man hat ihr kein ~ gekrümmt** they didn't harm a hair of her head; **kein gutes ~ an jdm lassen** pick [*o* pull] s.o. to pieces; **mir standen die ~e zu Berge** (*fam*) my hair stood on end; **sich in die ~e geraten** (*fam: handgreiflich werden*) come to blows; (*sich streiten*) pick a quarrel (with each other); **sich ständig in den ~en liegen** (*fam*) be constantly quarrel(l)ing; **sich die ~e schneiden lassen** have one's hair cut; **sich über etw keine grauen ~e wachsen lassen** (*fam*) not lose any sleep over s.th.; **ein ~ in der Suppe finden** (*fam*) find s.th. to quibble about; **um kein ~ besser** not a whit better; **Haarausfall** *m* loss of hair; **Haarbürste** *f* hairbrush

haaren ['ha:rən] *vi* ❶ (*von Tieren*) lose it's hair ❷ (*von Stoff o Pelz*) shed (hairs)

Haaresbreite *f:* **um ~** by a hair's breadth; **nicht um ~** (*weichen*) not an inch

Haarfarbe *f* colour of hair; **Haarfestiger** *m* (hair) setting lotion

haargenau **I.** *adj* exact to a T, meticulous **II.** *adv* to a hair [*o* T]

haarig ['ha:rɪç] *adj* ❶ (*behaart, a. fig fam: heikel*) hairy ❷ (*fig fam: schlimm*) nasty

Haarklammer *f* hairgrip *Br,* bobby pin *Am*

haarklein *adv* (*fam*) minutely, to the last detail

Haarlack *m* hair lacquer; **Haarnadel** *f* hairpin; **Haarnadelkurve** *f* (AUTO) hairpin bend; **Haarnetz** *nt* hairnet

haarscharf **I.** *adj* ❶ (*Gedächtnis, Konturen*) very sharp ❷ (*Wiedergabe*) exact **II.** *adv* (*fam*) by a hair's breadth

Haarschneider *m* (*Gerät*) (electric) clippers *pl;* **Haarschnitt** *m* haircut; **Haarspalterei** *f* (*pej*) hair-splitting; **Haarspange** *f* hair slide; **Haarspray** *m* hair lacquer [*o* spray]; **Haarspülung** *f* hair conditioner, hair rinse; **haarsträubend** *adj* hair-raising; **Haarteil** *nt* hair-piece; **Haartöner** <-s, -> *m* hair-tinting-lotion; **Haartrockner** *m* hair-dryer; **Haarwaschmittel** *nt* shampoo; **Haarwasser** *nt* hair lotion

Haarwild *nt* game animals *pl*

Haarwuchs *m* growth of hair; **Haarwuchsmittel** *nt* hair restorer; **Haarwurzel** *f* root of a [*o* the] hair

Hab [ha:p] *nt:* **mit ~ und Gut** with all one's belongings *pl;* **Habe** ['ha:bə] <-> *f* (*Besitz*) goods, possessions *pl;* (*persönliche ~*) belongings *pl;* **Haben** <-> *nt* (COM) credit (side)

haben ['ha:bən] **I.** *irr vt* have; (*fam*) have

got; **noch zu** ~ still to be had; (*fam: noch nicht verheiratet*) still single; **für etw zu ~ sein** be keen on s.th.; **das ~ Sie davon!** that'll teach you!; **es hat nichts auf sich** that's not important; **es hat's in sich** it has hidden depths *pl;* **ich kann das eben nicht** ~ (*fam: leiden*) I just can't stand it; **ich hab's!** I've got it!; **Eile ~, es eilig** ~ be in a hurry; **gute Laune** ~ be in a good mood; **eine Erkältung** ~ have (got) a cold; **etw fertig** ~ have finished s.th.; **jdn zum Freund** ~ have s.o. for a friend; **gern** ~ be fond of, like; **du kannst mich mal gern ~!** (*fam*) I don't give a damn!; **es gut (schlecht)** ~ be lucky (unlucky), be fortunate (unfortunate); **lieber** ~ prefer; **nötig** ~ need; **Recht** ~ be right; **Unrecht** ~ be wrong; **die Wahl** ~ have the choice; **etw ~ wollen** (*verlangen*) ask for s.th.; (*wünschen*) desire, want s.th.; **wir ~ heute schlechtes Wetter** it's bad weather today; **jetzt ~ wir Winter** it's winter now; **den Wievielten ~ wir heute?** what's the date today?; **zu tun** ~ (*beschäftigt sein*) be busy; **etw zu tun ~ mit …** have s.th. to do with …; **was ~ Sie?** what's the matter with you?; **das ~ wir gleich!** (*fam*) we'll have that fixed in a jiffy!; **da ~ Sie's!** (*fam*) there you are!; **bei sich** ~ have about; **etw (nichts) gegen jdn (etw)** ~ have s.th. (nothing) against s.o. (s.th.); **unter sich** ~ be in charge of …; **es hat seine Richtigkeit** it is quite correct; **aber davon habe ich nichts** but I don't get anything out of that; **was hat es damit auf sich?** what's this all about?; **etw von einem … (an sich)** ~ be a bit of a … **II.** *vr* (*fam*): **~ Sie sich (deswegen) nicht so!** don't make such a fuss (about that)!; **und damit hat sich's!** and that's that!

? Grammatik

> The verbs *liegen, sitzen* and *stehen* form their perfect tenses with **haben** in standard German: *Ich habe gelegen/gesessen/gestanden. – I lay/sat/stood.* In southern Germany, Austria and Switzerland *sein* is used: *Ich bin gelegen* etc.

Habenichts <-(es), -e> *m* (*pej*) have-not
habgierig *adj* covetous, greedy
habhaft *adj:* ~ **werden** get hold (*jds* of s.o, *einer Sache* of s.th.)
Habicht ['ha:bɪçt] <-s, -e> *m* (*Greifvogel*) hawk
Habseligkeiten *pl* (few) personal belongings [*o* effects] *pl*
Habsucht *f* covetousness, greed(iness); **habsüchtig** *adj* covetous, greedy
Hackbraten *m* meat loaf
Hacke[1] ['hakə] <-, -n> *f* (ANAT) heel
Hacke[2] *f* (*Gerät*) hoe; (*Picke*) pick(axe); **hacken** ['hakən] **I.** *vt* ❶ (*Holz*) chop; (*Fleisch*) mince *Br,* grind *Am* ❷ (*Feld, Garten*) hoe ❸ (*mit Spitzhacke*) hack; **klein** ~ chop up small **II.** *vi* ❶ (*picken*) peck (*nach jdm* at s.o.) ❷ (INFORM) hack
Hacker(in) ['hakɐ] <-s, -> *m(f)* (INFORM) hacker
Hackfleisch *nt* minced meat *Br,* ground meat *Am;* **aus jdm ~ machen** (*sl*) make mincemeat of s.o.; **Hackklotz** *m* chopping block; **Hackordnung** *f* (*a. fig*) pecking order
Häcksel ['hɛksəl] <-s> *m/nt* chaff
Hader ['ha:dɐ] <-s, (-)> *m* ❶ (*Zank*) dispute ❷ (*Zwist*) discord **hadern** *vi* quarrel, wrangle (*mit* with, *über* over)
Hafen ['ha:fen, *pl:* 'hɛ:fən] <-s, Häfen> *m* ❶ (MAR) harbour, port ❷ (*fig: sicherer Ort*) haven; **aus einem ~ auslaufen** leave a harbour; **in einen ~ einlaufen** enter a harbour; **Hafenanlagen** *pl* (*Docks*) docks; (*Hafeneinrichtungen*) port facilities; **Hafenarbeiter(in)** *m(f)* docker *Br,* longshoreman (longshorewoman) *Am;* **Hafenbehörden** *fpl* port authorities; **Hafeneinfahrt** *f* harbour entrance; **Hafengebühren** *pl* harbour-dues; **Hafenkneipe** *f* (*fam*) dockland pub *Br,* dockland bar *Am;* **Hafenrundfahrt** *f* conducted boat tour of the harbour; **Hafenspeicher** *m* entrepôt; **Hafenstadt** *f* port; (*am Meer*) seaport
Hafer ['ha:fɐ] <-s> *m* oats *pl;* **ihn sticht der ~** (*fam*) he's feeling his oats; **Haferflocken** *fpl* porridge oats; **grobe** ~ rolled oats
Haft [haft] <-> *f* ❶ (*~strafe*) imprisonment ❷ (*vor dem Prozess*) custody; **in** ~ in prison [*o* custody]; **aus der ~ entlassen** release from prison [*o* custody]; **in ~ nehmen** take into custody
haftbar *adj* (legally) responsible [*o* liable] (*für jdn* for s.o., *o für etw* for s.th.); **~ machen** make [*o* hold] liable
Haftbefehl *m* warrant of arrest
haften ['haftən] *vi* ❶ (*an etw kleben*) adhere, stick (*an* to) ❷ (*haftbar sein*) be liable [*o* responsible] (*für* for, *jdm* to s.o.); **an etw ~ bleiben** stick to s.th.
Häftling ['hɛftlɪŋ] <-s, -e> *m* prisoner
Haftnotiz *f* self-adhesive note
Haftpflicht *f* (JUR: *Schadenersatzpflicht*)

liability (*für* for); **Haftpflichtversicherung** *f* ❶ (JUR) personal liability insurance *Br,* public liability insurance *Am* ❷ (AUTO) third-party insurance

Haftpulver *nt* (*für Gebiss*) denture fixative; **Haftreifen** *m* (AUTO) traction tyre *Br,* traction tire *Am;* **Haftschalen** *pl* (OPT) contact lenses

Haftung *f* ❶ (JUR: *Schadenersatz*) liability; (*Verantwortung für Personen*) responsibility ❷ (PHYS TECH) adhesion; **beschränkte** ~ limited liability; **für Garderobe wird keine** ~ **übernommen** all articles are left at owner's risk !; **Haftungsbeschränkung** *f* (JUR) limitation of liability

Haftverkürzung *f* shortened sentence

Hag <-s *o* -e> *m* (*CH: Hecke*) hedge

Hagebutte ['ha:gəbʊtə] <-, -n> *f* hip, rosehip; **Hagebuttentee** *m* rosehip tea

Hagel ['ha:gəl] <-s> *m* hail; (*von Steinen*) shower; (*von Vorwürfen*) stream; **Hagelkorn** *nt* hailstone; **hageln** ['ha:gəln] *vt haben o sein* (*a. fig*) hail; **es hagelt** it's hailing; **Schläge hagelten auf ihn** [*o* **es hagelte Schläge auf ihn**] the blows hailed down on him; **Hagelschaden** *m* damage (done) by hail; **Hagelschauer** *m* hailstorm

hager ['ha:gɐ] *adj* lean, thin

haha [ha'ha(:)] *interj* (*Lachen*) haha!; (*triumphierend*) aha!

Häher ['hɛ:ɐ] <-s, -> *m* (*größerer Vogel*) jay

Hahn[1] [ha:n, *pl:* 'hɛ:nə] <-(e)s, Hähne> *m* ❶ (*Wasser~*) tap *Br,* faucet *Am;* (*Sperr~*) stopcock ❷ (*Zapf~*) spigot ❸ (*am Gewehr*) hammer; **den** ~ **spannen** cock the gun; **den** ~ **aufdrehen** turn on the tap

Hahn[2] *m* cock *Br,* rooster *Am;* **der** ~ **im Korb sein** (*fam*) be the cock of the walk; **es kräht kein** ~ **danach** (*fam*) nobody cares a hoot about it; **Hahnenfuß** *m* (*Pflanze*) crowfoot; **Hahnenschrei** *m* cockcrow; **beim ersten** ~ at cockcrow; **Hahnentrittmuster** *nt* dogtooth check

Hai [haɪ] <-(e)s, -e> *m* (*a. fig*) shark

Hain [haɪn] <-(e)s, -e> *m* (*poet*) grove

Haiti [ha'i:ti] *nt* Haiti; **Haitianer(in)** <-s, -> *m(f)* Haitian; **haitianisch** *adj* Haitian

häkeln ['hɛ:kəln] *vt, vi* crochet; **Häkelnadel** *f* crochet hook

Haken ['ha:kən] <-s, -> *m* hook; (*aus Holz*) peg; (*Zeichen*) tick *Br,* check *Am;* **die Sache hat einen** ~ (*fam*) there's a catch in it; **Hakenkreuz** *nt* swastika; **Hakennase** *f* hooked nose

halb [halp] **I.** *adj* (*a. fig*) half; (*in Zusammensetzungen*) half-; (TECH) semi-; **es ist** ~ **eins** it is half past twelve; **machen wir** ~**e-**~**e!** (*fam*) let's go halves!; **nichts Halbes und nichts Ganzes** neither one thing nor the other; **mit** ~**em Herzen** half-heartedly; **zum** ~**en Preis** at half the price; **eine** ~**e Stunde** half an hour; **das ist nur die** ~**e Wahrheit** that is only half the truth; **jdm auf** ~**em Wege entgegenkommen** (*fig*) meet s.o. halfway; **wir machen keine** ~**en Sachen** we don't do things by halves; **eine** ~**e Note** (MUS) a half note; **ein** ~**er Ton** (MUS) a semitone; **noch ein** ~**es Kind sein** be scarcely more than a child; **ich fühle mich wie ein** ~**er Mensch** I feel half dead **II.** *adv* ❶ (*zur Hälfte, a. teilweise*) half ❷ (*beinahe*) almost; ~ **so viel** half as much; **das ist doch** ~ **so schlimm** (*fam*) it's not that bad; ~ **fertig** semi-finished; ~ **nackt** half-naked; ~ **offen** half-open; ~ **tot** half-dead; ~ **voll** half-full

? Grammatik

The adjective **halb** is declined and can be used with the definite or indefinite article: *Wir haben den Kühlschrank zum halben Preis gekauft. – We got the fridge at half-price. Ich wartete eine halbe Stunde. – I waited (for) half an hour. Er war ein halbes Jahr im Ausland. – He spent half a year (six months) abroad.*
eineinhalb, zweieinhalb – 1½, 2½ etc. are not declined: *Die Fahrt dauerte 6½ (sechseinhalb) Stunden – The journey took 6½ hours. Wir haben zweieinhalb Kilo Zwiebeln gekauft. – We (have) bought two and a half kilos of onions.*

halbamtlich *adj* semiofficial; **halbautomatisch** *adj* semiautomatic; **Halbbruder** *m* half-brother; **Halbdunkel** *nt* ❶ semi-darkness ❷ (*Zwielicht*) twilight

halber ['halbɐ] *präp* ❶ (*um … willen*) for the sake of … ❷ (*wegen*) on account of

Halberzeugnis *nt,* **Halbfabrikat** *nt* (COM) semifinished product; **halbflüssig** *adj* semifluid; **Halbgott** *m* (*a. fig*) demigod; **Halbheit** *f* half-measure; **keine** ~**en bitte!** please don't do things by halves [*o* half-measures]

halbieren [hal'bi:rən] *vt* halve; (*zerschneiden*) cut in halves; (MATH) bisect; **Halbierung** *f* (MATH) bisection

Halbinsel *f* peninsula; **Halbjahr** *nt* half-year, six months *pl;* **Halbjahresabonnement** *nt* semi-annual subscription; **Halbjahresbericht** *m* semi-annual report; **halbjährig** *adj* (*ein halbes Jahr dauernd*) six month; **halbjährlich** **I.** *adj* half-yearly *Br,* semiannual *Am* **II.** *adv* every six months; **Halbkreis** *m* semicircle; **Halbkugel** *f* hemisphere; **halblaut** **I.** *adj* low **II.** *adv* in an undertone; **Halbleiter** *m* (ELEK PHYS) semiconductor; **halbmast** *adv* (*a. fam hum*) half-mast; **auf** ~ at half-mast; **Halbmond** *m* ❶ (ASTR) half-moon ❷ (*im Wappen*) crescent; **Halbpension** *f* half-board; **halbrund** *adj* semicircular; **Halbschatten** *m* ❶ (*Halbdunkel*) half shadow ❷ (ASTR) penumbra; **Halbschrit(t)taste** *f* condensed key, half-space key; **Halbschuh** *m* shoe; **Halbschwergewicht** *nt* (*Boxen*) light-heavyweight; **Halbschwester** *f* half-sister; **halbtags** *adj:* ~ **arbeiten** work part-time; **Halbtagsarbeit** *f* part-time job

halbwegs ['halpve:ks] *adv* (*fig*) ❶ (*teilweise*) partly ❷ (*ein bisschen*) a bit

Halbwelt *f* (*pej*) demimonde; **Halbwertszeit** *f* (PHYS CHEM) half-life (period); **Halbwüchsige(r)** *f m* (*pej*) adolescent; **Halbzeit** *f* (SPORT) ❶ (*Spielhälfte*) half ❷ (*Pause*) half-time

Halde ['haldə] <-, -n> *f* ❶ (*Schutt~*) waste dump ❷ (MIN: *Kohlen~*) pithead stocks *pl;* (*Schlacken~*) slagheap

Hälfte ['hɛlftə] <-, -n> *f* half; **bis zur** ~ (*Mitte*) to the middle; **um die** ~ by half; **um die** ~ **mehr** half as much again; **meine bessere** ~ (*fam hum*) my better half; **mehr als die** ~ more than half

Halle ['halə] <-, -n> *f* ❶ (*großer Raum*) hall ❷ (*Vor~*) vestibule ❸ (*Fabrik~*) shed ❹ (*Hotel~*) lobby, lounge ❺ (SPORT) gym(nasium); **in der** ~ (SPORT) indoors

hallen ['halən] *vi* (re)sound; (*wider~*) reverberate

Hallenbad *nt* indoor swimming pool

hallo [ha'lo:/'halo] *interj* hello!

Halluzination *f* hallucination

Halm [halm] <-(e)s, -e> *m* (*Stängel*) stalk, stem; (*Gras~*) blade; (*Stroh~*) straw

Halogenbirne *f* halogen bulb; **Halogenscheinwerfer** [halo'ge:n-] *m* (AUTO) halogen headlight

Hals [hals, *pl:* 'hɛlzə] <-es, Hälse> *m* ❶ (*Nacken*) neck ❷ (*Kehle*) throat ❸ (*Flaschen~*) neck; **ich habe es im** ~ I have a sore throat; **steifer** ~ stiff neck; **aus vollem** ~**e lachen** roar with laughter; **das wird ihm den** ~ **brechen!** that will cost him his neck!; **jdm um den** ~ **fallen** fling one's arms around someone's neck; **jdn am** ~ **haben** (*fam*) be saddled with s.o.; **das hängt mir zum** ~ **heraus** (*fam*) I am sick and tired of that; **sie hat es in den falschen** ~ **bekommen** (*fam*) she took it the wrong way; **sich jdn (etw) vom** ~ **schaffen** (*fam*) get s.o. (s.th.) off one's back; ~ **über Kopf** in a rush; ~- **und Beinbruch!** (*fam*) break a leg!; **sich jdm an den** ~ **werfen** (*pej*) throw o.s. at s.o.; **du kannst den** ~ **auch nie voll kriegen!** (*pej*) really, you're never satisfied!; **Halsabschneider** *m* (*pej*) cutthroat; **Halsband** *nt* (*von Hund*) collar; **halsbrecherisch** *adj* ❶ (*Tempo*) breakneck ❷ (*riskant*) daredevil; **Halsentzündung** *f* sore throat; **Halskette** *f* ❶ (*Schmuck*) necklace ❷ (*für Hund*) collar; **Halskrause** *f* ruff; **Halsschlagader** *f* (MED) carotid (artery); **Halsschmerzen** *pl* sore throat; **halsstarrig** *adj* ❶ (*verstockt*) obstinate, stubborn ❷ (*eigensinnig*) wilful *Br,* stiff-necked *Am;* **Halsstarrigkeit** *f* ❶ (*Verstocktheit*) obstinacy, stubbornness ❷ (*Eigensinn*) wilfulness *Br,* stiff-neckedness *Am;* **Halstuch** *nt* ❶ (*zum Schmuck*) neckerchief ❷ (*Schal*) scarf; **Halswirbel** *m* (ANAT) cervical vertebra; **Halswirbelsäule** *f* cervical vertebra

Halt [halt] <-(e)s, -e> *m* ❶ (*Festigkeit*) hold; (*Stütze, a. fig*) support; (*innerer* ~) stability ❷ (*Anhalten, Aufenthalt*) halt, stop; **ohne** ~ non-stop; **ohne jeden** ~ without any backbone; **jdm ein** ~ **sein** be a support for s.o.; ~ **machen** (make a) stop; **vor nichts** ~ **machen** stop at nothing

halt[1] *interj* stop!; (*fam*) hold on!; (MIL) halt!

halt[2] *adv* (*fam: nun einmal*) just, simply; **das ist** ~ **so** that's just the way it is

haltbar *adj* ❶ (*Position, Behauptung*) tenable; (*Zustand*) tolerable ❷ (*dauerhaft*) durable; (*Farbe*) fast, permanent ❸ (*stabil*) solid, strong ❹ (SPORT: *Bälle*) stoppable; (*Tore*) avoidable ❺ (*Lebensmittel*): **nur begrenzt** ~ perishable; ~ **machen** (*Früchte*) preserve; ~ **sein** (*Lebensmittel*) keep (well); **Ihre Theorie ist wirklich nicht** ~ you really can't maintain your theory; **Haltbarkeit** *f* ❶ (*von Position*) tenability; (*von Zustand*) tolerability ❷ (*Dauerhaftigkeit*) durability; (*von Farbe*) fastness ❸ (*Festigkeit, Stabilität*) solidity ❹ (*von Lebensmitteln*) shelf life (of a product); **begrenzte** ~ perishability; **Haltbarkeitsdatum** *nt* eat-by date; **Haltbarmachung** *f* preservation

Haltegriff *m* grab handle

H

halten ['haltən] **I.** *irr vt* ❶ (*fest~, zurück~*) hold ❷ (*aufrechter~, beibe~*) maintain ❸ (*be~*) keep; (*Rekord, Position*) hold ❹ (*beschäftigen, besitzen*) keep ❺ (*tragen, stützen*) hold up, support ❻ (SPORT: *Torschuss*) save ❼ (*ein~, erfüllen*) keep ❽ (*erachten, einschätzen*) think (*jdn für etw* s.o. (to be) s.th.) ❾ (*ab~, veranstalten*) hold; **eine Rede** (**Vorlesung**) ~ give a speech (lecture); **Ruhe** (**Ordnung**) ~ keep quiet (order); **halt den Mund!** (*fam*) shut up!; **jdn unter Kontrolle** ~ keep s.o. in order; **etw ans** [*o* **gegen das**] **Licht** ~ hold s.th. up to the light; **etw für wahr** (**falsch**) ~ hold s.th. to be true (false); **was** ~ **Sie von dem Film?** how do you rate the film?; **mit jdm Verbindung** ~ keep in touch with s.o.; **wofür** ~ **Sie mich eigentlich?** really, what do you take me for?; **was** ~ **Sie von ihm?** what do you think of him?; **ich halte nicht viel von ihm** I don't think much of him; **jdm die Treue** ~ remain faithful to s.o.; **jdn zum Besten** ~ make fun of s.o.; **jdn auf dem Laufenden** ~ keep s.o. posted; **fest** ~ (*mit Kraft festhalten*) hold tight **II.** *vi* ❶ (*fest~, stand~, haften*) hold ❷ (*an~*) stop ❸ (*in einem Zustand er~*) keep ❹ (*bestehen bleiben, dauern, haltbar sein*) last; (*Lebensmittel*) keep; (*Stoffe*) wear well ❺ (SPORT: *als Torwart*) make a save, make saves; **Jogging hält fit** jogging keeps you fit; **X hat gestern fantastisch gehalten** (SPORT) X made phantastic saves yesterday; **zu jdm** ~ stand by s.o.; **an sich** ~ contain o.s. **III.** *vr* ❶ (*Nahrungsmittel, Blumen*) keep ❷ (*sich behaupten*) last, stay; (*im Kampf*) hold out ❸ (*sich wenden an*) turn (*an jdn* to s.o.) ❹ (*für klug, etw Besonderes*) think o.s. (*für etw* (to be) s.th.); **sich an die Tatsachen** ~ keep to the facts; **sich an die Vorschriften** ~ observe the regulations; **sie hat sich gut gehalten** (*in einem Spiel, bei einer Anstrengung*) she did well; (*fam: sie sieht immer noch gut aus*) she's well-preserved; **sich an ein Versprechen** ~ keep a promise; **sich gerade** ~ hold o.s. upright; **sich links** (**rechts**) ~ keep (to the) left (right); **der Film hält sich streng an den Roman** the film sticks closely to the novel; **sich an die Spielregeln** ~ play the game

Halteschlaufe *f* (*im Bus, in der Straßenbahn*) strap (on a bus, tram)

Haltestelle *f* (*Bus~*) stop; (RAIL) station; **Halteverbot** *nt* (AUTO) no stopping; (*Bereich*) no-stopping zone

haltlos *adj* ❶ (*schwach*) unstable, unsteady ❷ (*hemmungslos*) unrestrained ❸ (*unbegründet*) unfounded; **Haltlosigkeit** *f* ❶ (*Schwäche*) instability, unsteadiness ❷ (*Hemmungslosigkeit*) lack of restraint ❸ (*Unbegründetheit*) unfoundedness

Haltung *f* ❶ (*Körper~*) posture ❷ (*fig*) attitude; (*Auftreten a.*) bearing ❸ (*inneres Gleichgewicht*) composure ❹ (*Einstellung*) attitude; ~ **annehmen** (MIL) stand to attention; **er bewahrt immer** ~ he always maintains his composure

Halunke [ha'lʊŋkə] <-n, -n> *m* ❶ (*Schuft*) scoundrel ❷ (*hum*) rascal, scamp

hämisch ['hɛːmɪʃ] *adj* malicious, rancorous, spiteful; ~**es Lächeln** sardonic smile, sneer; **sich** ~ **über etw freuen** gloat over s.th.

Hammel ['haməl] <-s, -> *m* ❶ (*verschnittender Schafsbock*) wether ❷ (*Fleisch*) mutton ❸ (*fam: Dummkopf*) muttonhead; **Hammelbraten** *m* roast mutton; **Hammelfleisch** *nt* mutton; **Hammelkeule** *f* leg of mutton; **Hammelkotelett** *nt* mutton chop

Hammer ['hamɐ, *pl:* 'hɛmɐ] <-s, Hämmer> *m* ❶ (*a.* SPORT, ANAT) hammer; (*Holz~*) mallet ❷ (*sl: schwerer Schnitzer*) howler; **du hast wohl 'n ~!** (*sl*) you must be round the bend!; **das ist ja 'n ~!** (*sl: toll*) that's fantastic!; **unter den** ~ **bringen** (*versteigern*) auction off, bring to the hammer

hämmern ['hɛmɐn] *vt, vi* ❶ (*a. fig*) hammer ❷ (*Blut, Herz, Puls*) pound

Hämorrhoiden [hɛmɔro'iːdən] *pl,*

Hämorriden *pl* (MED) h(a)emorrhoids

Hampelmann ['hampəlman] <-(e)s, -männer> *m* ❶ (*Spielzeug*) jumping jack ❷ (*zappelige Person*) fidget ❸ (*fam: willensschwache Person*) puppet

Hamster ['hamstɐ] <-s, -> *m* hamster

hamstern *vt, vi* (*speichern*) hoard

Hand [hant, *pl:* 'hɛndə] <-, Hände> *f* hand; (*in Zusammensetzungen*) manual; **~!** (*Fußball*) hands! *pl;* ~ **und Fuß haben** (*fam*) hold water; **weder** ~ **noch Fuß haben** (*fam*) not make sense; **von** ~ by hand; **jdm die** ~ **geben** give s.o. one's hand; **in die Hände klatschen** clap one's hands; **Hände hoch!** hands up!; **Hände weg!** hands off!; (**bei etw**) **mit** ~ **anlegen** (*helfen*) lend a hand (with s.th.); **letzte** ~ **an etw legen** put the finishing touches to s.th.; **die** ~ **auf etw legen** lay hands on s.th.; **das liegt doch wohl auf der** ~ that's obvious, isn't it?; **jdm freie** ~ **geben** give s.o. a free hand; **bei etw die** ~ **im Spiel haben** have a hand in s.th.; ~ **aufs**

Herz! cross your heart!; **etw in die ~ nehmen** (*anfassen*) pick s.th. up; (*in Angriff nehmen*) take s.th. in hand; **es lag in ihrer ~** it was in her hands *pl;* **alle Hände voll zu tun haben** have one's hands full; **eine ~ wäscht die andere** (*prov*) you scratch my back and I'll scratch yours; **ich wasche meine Hände in Unschuld** I wash my hands of it; **entsetzt die Hände über dem Kopf zusammenschlagen** throw up one's hands in horror; **von der ~ in den Mund leben** live from hand to mouth; **in festen Händen sein** (*Person*) be spoken for; **etw aus erster ~ wissen** know s.th. first hand; **etw bei der** [*o* **zur**] **~ haben** have s.th. to hand; (*Ausrede, Erklärung*) have s.th. ready; **stets mit einer Antwort bei der ~ sein** never be at a loss for a reply; **jdn bei der ~ nehmen** take s.o. by the hand; **die Situation fest in der ~ haben** have the situation well in hand; **~ in ~** hand in hand; **sich in der ~ haben** have o.s. under control; **er hat es in der ~, ob ...** it's up to him whether ...; **mit beiden Händen zugreifen** (*fig*) grasp an opportunity with both hands; **sich mit Händen und Füßen gegen etw wehren** fight s.th. tooth and nail; **die Arbeit geht ihm leicht von der ~** he finds the work easy (to do); **von langer ~ vorbereiten** prepare long before; **es lässt sich nicht von der ~ weisen, dass ...** it cannot be denied that ...; **zu Händen von ...** (*bei Briefen*) (for the) attention of ...; **das ist bei mir in guten Händen** that's in good hands with me; **dem Feind in die Hände fallen** fall into the hands of the enemy; **eine ~ voll** a handful

Handarbeit *f* ❶ (*nicht Maschinenarbeit*) hand(i)work; (*kunsthandwerklich*) handicraft ❷ (*Nähen, Stricken, Häkeln*) needlework; (*Unterrichtsfach*) classes in sewing and needlework; **dieser Tisch ist ~** this table is handmade

Handball *m* (*Spiel*) (European) handball

Handbewegung *f* ❶ movement [*o* sweep] of the hand ❷ (*Geste*) gesture

Handbibliothek *f* reference library

Handbremse *f* (AUTO) handbrake

Handbuch *nt* ❶ handbook, manual ❷ (*Führer*) guide ❸ (*Kompendium*) compendium

Händchen ['hɛntçən] *nt* little hand; **~ halten** hold hands

Händedruck <-(e)s> *m* handshake

Handel ['handəl] <-s> *m* ❶ (*das ~n, Warenverkehr*) trade (*mit Ware* in, *mit Partner* with) ❷ (*Geschäft*) deal ❸ (*Wirtschaftszweig*) commerce; **etw aus dem ~ ziehen** take s.th. off the market; **~ treiben** trade (*mit jdm* with s.o.); **~ mit Emissionsrechten** emissions trading

Handeln *nt* ❶ (*Handeltreiben*) trading ❷ (*Feilschen*) haggling ❸ (*Tätigwerden, -sein*) action; (*Verhalten*) behaviour

handeln ['handəln] **I.** *vi* ❶ (*agieren, tätig sein*) act; (*sich verhalten*) behave ❷ (*von etw ~, zum Gegenstand haben*) deal (*von, über* with) ❸ (*feilschen*) haggle (*um* about, over) ❹ (*fig: ver~*) negotiate (*um* about) ❺ (*Handel treiben*) trade (*mit* in); **rechtswidrig ~** act unlawfully; **lässt er wohl mit sich ~?** do you think he'll be open to persuasion? **II.** *vt:* **an der Börse gehandelt werden** be quoted **III.** *vr:* **es handelt sich um ...** it is a matter of ..., it concerns ...; **worum handelt es sich?** what's it about?; **darum handelt es sich nicht** that is not the issue

Handelsabkommen *nt* trade agreement; **Handelsakademie** *f* (*österr*) commercial college; **Handelsartikel** *m* commodity; **Handelsbank** *f* commercial bank *Br,* investment banking house *Am;* **Handelsbeziehungen** *fpl* commercial [*o* trade] relations; **~ unterhalten** maintain trade relations; **Handelsbilanz** *f* balance of trade; **Handelsdefizit** *nt* trade deficit

handelseinig *adj:* **~ werden** come to terms (*mit jdm* with s.o.)

Handelsflotte *f* merchant [*o* mercantile] fleet; **Handelsfreiheit** *f* freedom of trade; **Handelsgericht** *nt* commercial court; **Handelsgesellschaft** *f* ❶ (COM) trading company *Br,* business corporation *Am* ❷ (JUR) firm under the mercantile law; **offene ~** general partnership; **Handelsgesetz** *nt* (JUR) commercial [*o* mercantile] law; **Handelsgesetzbuch** *nt* (JUR) code of commerce; **Handelshaus** *nt* business house [*o* firm]; **Handelskammer** *f* chamber of commerce *Br,* Board of Trade *Am;* **Handelskrieg** *m* trade war; **Handelsmarine** *f* merchant [*o* mercantile] marine; **Handelsmarke** *f* retail label; **Handelsniederlassung** *f* branch (establishment); **Handelspartner** *m* trading partner; **Handelsrecht** *nt* (JUR) commercial law; **Handelsregister** *nt* (COM) commercial [*o* trade] register; **Handelsschiff** *nt* trading ship; **Handelsschule** *f* commercial school *Br,* business school *Am;* **handelsüblich** *adj* customary in trade; **Handelsvertrag** *m* trade agreement; **Handelsvertreter(in)** *m(f)* sales representative; **Handelswaren** *fpl* commodities, merchandise

H

sing; **Handelszentrum** *nt* trading [*o* trade] centre; **Handelszweig** *m* branch (of trade); **Handeltreibende(r)** *f m* trader

händeringend *adv* ❶ wringing one's hands ❷ (*fig: inständig*) imploringly

Handfeger *m* brush; **Handfertigkeit** *f* (*Geschick*) dexterity; **handfest** *adj* ❶ (*Kerl*) robust, strong ❷ (*Schlägerei*) violent ❸ (*Beweis*) solid; **Handfeuerwaffe** *f* hand gun; **Handfläche** *f* palm; **Handfunkgerät** *nt* Walkie-talkie; **handgearbeitet** *adj* handmade; **Handgelenk** *nt* wrist; **Handgemenge** *nt* ❶ (MIL) hand-to-hand fight ❷ (*Schlägerei*) scuffle; **Handgepäck** *nt* hand luggage *Br,* hand baggage *Am;* **Handgerät** *nt* (TELE) handset; **handgeschrieben** *adj* handwritten; **handgestrickt** *adj* hand-knitted; **Handgranate** *f* hand grenade; **handgreiflich** *adj* ❶ (*gewalttätig*) violent ❷ (*fig: offensichtlich*) evident; ~ **werden** (*tätlich*) become violent *Br,* get tough *Am;* **Handgriff** *m* ❶ (*an Tür, Schirm*) handle, knob ❷ (*Tätigkeit, Bewegung*) movement; **das ist doch nur ein** ~ that only needs a flick of the wrist; **Handhabe** <-, (-n)> *f* ❶ (*a. fig*) handle ❷ (JUR): **gesetzliche** ~ legal grounds *pl;* **handhaben** ['hantha:bən] *vt* ❶ (*Werkzeug, Waffe, a. fig*) handle ❷ (*Maschine*) operate ❸ (*fig: Methode*) apply; **Handhabung** *f* ❶ (*von Gerät*) handling ❷ (TECH: *Bedienung*) operation ❸ (*fig: Anwendung*) application; **Handharmonika** *f* (MUS) accordion

händisch *adj* (*österr: manuell*) manual

Handkarren *m* handcart; **Handkoffer** *m* small suitcase; **Handkuss** *m* kiss on the hand; **mit** ~ (*fam*) with pleasure; **Handlanger(in)** *m(f)* ❶ (*Zuarbeiter*) helper ❷ (*verächtlich*) jackal; (*Komplize*) accomplice

Händler(in) ['hɛndlɐ] *m(f)* ❶ (*Handeltreibende*) trader, dealer ❷ (*Ladeninhaber*) shopkeeper *Br,* storekeeper *Am*

handlich ['hantlɪç] *adj* (*vom Format her*) handy

Handlung ['handlʊŋ] *f* ❶ (*Vorgehen*) action; (*Tat*) act ❷ (*Geschehen*) action; (*im Drama*) plot; **Handlungsbevollmächtigte(r)** *f m* ❶ (*Prokurist*) authorized clerk ❷ (*Stellvertreter*) proxy; **handlungsfähig** *adj* capable of acting; **Handlungsfreiheit** *f* freedom of action; **Handlungsweise** *f* ❶ (*Art und Weise zu handeln*) manner of acting ❷ (*Verhalten*) behaviour ❸ (*Vorgehen*) procedure

Handmehr <-s> *nt* (*CH*) show of hands

Handorgel *f* (*CH: Harmonika*) concertina

Handpflege *f* manicure; **Handrücken** *m* back of the hand; **Handsatz** <-es> *m* (TYP) hand composition; **Handschelle** *f* handcuff; **Handschlag** <-(e)s> *m* (*Händeschütteln*) handshake; **keinen** ~ **tun** (*fam*) not do a stroke; **Handschrift** *f* ❶ handwriting ❷ (*Text*) manuscript ❸ (*Charakterzug*) (trade)mark; **handschriftlich I.** *adj* (hand)written **II.** *adv* in writing; **Handschuh** *m* glove; **Handschuhfach** *nt* (AUTO) glove compartment; **Handstand** *m* (SPORT) handstand; **Handtasche** *f* (hand)bag *Br,* purse *Am;* **Handteller** *m* palm (of the hand); **Handtuch** *nt* towel; **das** ~ **werfen** (*beim Boxen, a. fig*) throw in the sponge [*o* towel]; **Handumdrehen** *nt:* **im** ~ in a jiffy, in no time;

Handwerk *nt* ❶ (*im Gegensatz zu industrieller Arbeit*) (handi)craft ❷ (*Berufsstand*) trade; (*fig*) put a stop to someone's game; **sein** ~ **verstehen** know one's job; **Handwerker(in)** *m(f)* ❶ (skilled) manual worker ❷ (*Selbständige, Kunst~*) craftsperson, craftsman (-woman); **Handwerksmeister(in)** *m(f)* master craftsperson; **Handwerkszeug** *nt* ❶ (*Werkzeug, Geräte*) tools *pl* ❷ (*fig*) equipment, tools *pl;* **Handwurzel** *f* (ANAT) carpus

Handy [hɛndɪ] <-s, -s> *nt* mobile (phone) *Br,* cell phone *Am;* **Handyaner(in)** [hɛndɪ'a:nɐ] <-s, -> *m(f)* (*sl: Handy-Benutzer*) mobile user *Br,* cell phone user *Am*

Handzeichnung *f* (*Zeichnung aus freier Hand*) freehand drawing; **Handzettel** *m* flier, handbill

hanebüchen ['ha:nəby:çən] *adj* (*obs: unglaublich*) incredible

Hanf [hanf] <-(e)s> *m* hemp

Hang [haŋ, *pl:* 'hɛŋə] <-(e)s, Hänge> *m* ❶ (*Abhang*) slope ❷ (*fig: Neigung*) tendency; **einen** ~ **zu etw haben** have a tendency towards s.th.

Hängebrücke *f* suspension bridge; **Hängelampe** *f* droplight; **Hängematte** *f* hammock

hängen I. *vt* hang; **sein Herz an etw** ~ set one's heart on s.th. **II.** *irr vi* hang; **an etw** ~ cling to s.th.; (*am Geld*) be fond of; **an jdm** ~ (*gern haben*) be fond of s.o.; (*wie eine Klette*) cling to s.o.; **an jds Lippen** ~ hang on someone's every word; **mit Hängen und Würgen** (*fam*) by the skin of one's teeth; **an einem Nagel** ~ **bleiben** get caught on a nail; **ihr Blick blieb an ihm hängen** her gaze rested on him; **im Gedächtnis** ~ **bleiben** stick in one's memory; ~ **bleiben** (*fam: sitzen bleiben*) repeat a year; **an mir bleibt ja doch wieder alles ~!** (*fam*) I'll get stuck with all that again anyway! **III.** *vr* ❶ hang on (*an etw* to s.th.) ❷ (*fam: sich anschließen*) latch on (*an jdn* to s.o.) ❸ (*fam: verfolgen*) set off in pursuit (*an jdm* of s.o.); (*beschatten*) tail (*an jdn* s.o.); **hängend** *adj* ❶ (*baumelnd*) hanging ❷ (*Schultern*) sagging

Hansdampf [hansdamf] *m* (*fam*): **(ein) ~ in allen Gassen** Jack-of-all-trades

Hanse ['hanzə] <-> *f* (HIST) Hanse, Hanseatic League

i Land & Leute

Die Hanse or Hanseatic League was originally an association of towns lying on important trade routes. The aim of these *Hansestädte* was to protect and control trade. The German Hanse had a trade monopoly on the Baltic for 200 years. Today, there are still seven north German towns which call themselves *Hansestädte*: Hamburg, Bremen, Lübeck, Greifswald, Rostock, Stralsund and Wismar.

hänseln ['hɛnzəln] *vt* (*pej*) tease

Hanswurst <-(e)s, -e> *m* buffoon; (*im Zirkus*) clown; **den ~ spielen** fool around; **für andere den ~ machen** (*pej*) do the donkey work for others

Hantel ['hantəl] <-, -n> *f* (SPORT) dumbbell

hantieren [han'ti:rən] *vi* ❶ (*arbeiten*) work ❷ (*herumbasteln*) be busy, tinker (*an* on) ❸ (*umgehen*) handle (*mit etw* s.th.)

hapern ['ha:pɐn] *vi* (*fam*): **es hapert an ...** there's a hitch in ...; **mit der Grammatik hapert es bei ihm** he's weak at grammar; **bei ihm hapert es immer am Geld** he's always short of money

Happen ['hapən] <-s, -> *m* (*fam*) morsel, mouthful

happig *adj* (*fam*) steep; **das ist ganz schön ~** that's a bit much

Happyend ['hɛpɪɛnt] <-s, -s> *nt* happy ending

Hardliner(in) ['ha:dlaɪnɐ] <-s, -> *m(f)* (POL) hardliner

Hardrock ['ha:drɔk] *m* (MUS) hard rock

Hardware ['ha:dɛə] <-, -s> *f* (INFORM) hardware

Harfe ['harfə] <-, -n> *f* (MUS) harp; **~ spielen** play the harp; **etw auf der ~ spielen** play s.th. on the harp

Harke ['harkə] <-, -n> *f* rake; **dir werd' ich zeigen, was 'ne ~ ist!** (*fam*) I'll show you what's what!; **harken** *vt, vi* rake

Harlekin ['harleki:n] <-s, -e> *m* harlequin

Harm [harm] <-(e)s> *m* (*poet*) ❶ (*Kummer*) grief ❷ (*Kränkung*) harm; **harmlos** *adj* ❶ (*Mensch, Tier*) harmless ❷ (*Vergnügen*) innocent ❸ (*Verletzung, Unfall*) minor; **Harmlosigkeit** *f* ❶ (*Gutmütigkeit*) harmlessness ❷ (*von Vergnügen*) innocence ❸ (*von Wunde*) minor nature

Harmonie [harmo'ni:] *f* (MUS: *a. fig*) harmony; **harmonieren** *vi* (*a. fig*) harmonize (*mit* with)

Harmonika [har'mo:nika] <-, -s/-ken> *f* ❶ (*Zieh~*) concertina ❷ (*Mund~*) mouth organ

harmonisch *adj* ❶ (MUS) harmonic ❷ (*fig*) harmonious

Harmonium <-s, -nien> *nt* (MUS) harmonium

Harn [harn] <-(e)s> *m* (MED) urine; **Harnblase** *f* (ANAT) (urinary) bladder

Harnisch ['harnɪʃ] <-(e)s, -e> *m* (HIST) armour; **in ~ geraten** fly into a rage (*wegen etw* about s.th.)

Harnleiter *m* ureter; **Harnröhre** *f* urethra; **Harnwege** *pl* urinary tract *sing*

Harpune [har'pu:nə] <-, -n> *f* harpoon; **harpunieren** *vt, vi* harpoon

harren ['harən] *vi* await, wait for (*jds* s.o., *einer Sache* s.th.)

Harsch [harʃ] <-es> *m* crusted snow

harsch *adj* harsh

hart [hart] <härter, härtest> **I.** *adj* ❶ (*a. fig*) hard ❷ (*Gesichtszüge, Umrisse*) sharp ❸ (*widerstandsfähig*) tough; (*rau*) rough ❹ (*solide, stabil*) stable ❺ (*grausam*) cruel; (*streng*) severe; **ein ~es Herz** a hard heart; **~ gefroren** frozen hard; **~ gekochtes Ei** hard-boiled egg; **sie ist ~ im Nehmen** (*fam*) she's a tough cookie; **~e Worte** harsh words; **~ zu jdm sein** be hard on s.o.; **~ (gegenüber jdm) bleiben** remain adamant (towards s.o.); **~ werden** (*a. fig*) harden **II.** *adv* ❶ hard ❷ (*scharf*) sharply ❸ (*rau*) roughly ❹ (*streng*) severely ❺ (*nahe, beinahe*) close (*an* to); **~ arbeiten** work hard; **das mag ~ klingen, aber ...** that may sound harsh, but ...; **jdn ~ anpacken** be hard on s.o.; **der Tod seiner Frau traf ihn ~** his wife's death hit him hard; **~ an der Grenze von etw** on the very limits of s.th.

Härte ['hɛrtə] <-, -n> *f* ❶ hardness ❷ (*Zähigkeit*) toughness; (*Rauheit*) roughness ❸ (*Strenge*) severity ❹ (*Stabilität*) stability ❺ (*schwere Erträglichkeit*) cruelty, harshness; (*soziale ~*) hardship; **Härtefall**

H

m hardship case; **Härtegrad** *m* degree of hardness; (*von Stahl*) temper; **härten** *vt, vi, vr* (*a. fig*) harden; (*Stahl*) temper; **Härtetest** *m* ❶ endurance test ❷ (*fig*) acid test

Hartfaserplatte *f* hardboard *Br,* fiberboard *Am;* **hartgefroren** *adj* (*attributiv*) frozen; (*prädikativ*) frozen hard; **hartgekocht** *adj* (*Ei*) hard-boiled; **Hartgeld** *nt* hard cash; **hartgesotten** *adj* (*fig*) tough, hard-boiled; **hartherzig** *adj* hard-hearted; **Hartherzigkeit** *f* hard-heartedness; **Hartholz** *nt* hardwood; **hartnäckig** ['hartnɛkɪç] *adj* ❶ (*stur, a. Husten*) stubborn ❷ (*beharrlich*) persistent; **Hartnäckigkeit** *f* ❶ (*Sturheit*) obstinacy, stubbornness ❷ (*Beharrlichkeit*) persistence; **Hartschalenkoffer** *m* hard-top case

Harz [ha:ɐts] <-es, -e> *nt* (*Absonderung aus dem Holz von Nadelbäumen*) resin; **harzig** *adj* resinous

Hasch [haʃ] <-s> *nt* (*fam: Haschisch*) hash, grass, pot

Haschee [ha'ʃe:] <-s, -s> *nt* (*Hackfleischgericht*) hash

haschen ['haʃən] **I.** *vt* (*jagen*) chase **II.** *vi* (*fig*) strive (*nach* for); **nach Effekt** ~ strain for effect; **nach Beifall** ~ strive for applause

Haschisch <-(s)> *nt o m* hashish

Hase ['ha:zə] <-n, -n> *m* hare; **falscher** ~ (*fam*) meat loaf; **sehen, wie der ~ läuft** (*fam*) see how the cat jumps; **da liegt der ~ im Pfeffer** there's the rub

Haselnuss ['ha:zəlnʊs] *f* hazel(nut)

Hasenfuß *m* (*Feigling*) coward; **Hasenpfeffer** *m* jugged hare; **Hasenscharte** *f* (MED) harelip

Hass [has] <-es> *m* ❶ hate, hatred ❷ (*fam: Ärger, Wut*) soreness *Am;* **sich jds ~ zuziehen** incur someone's hatred; **aus ~ auf ...** out of hatred of ...; **ich habe einen richtigen ~ auf ihn** (*fam*) I'm really sore at him

hassen ['hasən] *vt, vi* ❶ hate (*wegen* for) ❷ (*verabscheuen*) detest; **hassenswert** *adj* hateful, odious; **haßerfüllt** *adj* filled with hatred; **jdn ~ ansehen** look daggers at s.o.

hässlich ['hɛslɪç] *adj* ❶ (*unschön*) ugly ❷ (*scheußlich*) hideous ❸ (*fig: unangenehm*) unpleasant ❹ (*fig: gemein*) mean, nasty; **Hässlichkeit** *f* ❶ (*Unschönheit*) ugliness ❷ (*Scheußlichkeit*) hideousness ❸ (*fig: Unerfreulichkeit*) unpleasantness ❹ (*fig: Gemeinheit*) meanness, nastiness; (*hässliche Bemerkung*) nasty remark

Hast [hast] <-> *f* ❶ (*Eile*) haste, hurry ❷ (*Überstürzung*) precipitation; **in großer ~** in great haste; **hasten** *sein vi* hasten, hurry; **hastig** *adj* ❶ (*eilig*) hasty, hurried ❷ (*überstürzt*) precipitate

hätscheln ['hɛ(:)tʃəln] *vt* ❶ (*liebkosen*) fondle ❷ (*verzärteln*) pamper

Haube ['haʊbə] <-, -n> *f* ❶ cap, hood ❷ (*Motor~*) bonnet *Br,* hood *Am* ❸ (*von Vogel*) crest, tuft; **unter die ~ kommen** (*fam hum*) get spliced

Hauch [haʊx] <-(e)s, (-e)> *m* ❶ (*Atem*) breath; (*Luft~*) breeze; (*kalter*) blast ❷ (*fig: Spur*) hint, touch; **hauchdünn** *adj* ❶ filmy ❷ (*fig*) wafer-thin; **hauchen** ['haʊxən] **I.** *vi* breathe; (*blasen*) blow **II.** *vt* (*leise sprechen*) whisper softly; **hauchzart** *adj* extremely delicate

Haudegen *m* (MIL) old warhorse; (POL) old campaigner

Haue ['haʊə] <-, -n> *f* ❶ (*Hacke*) hoe ❷ (*fam: Prügel*) (good) hiding; **hauen** *irr* **I.** *vt, vi* ❶ (*Holz, Fleisch*) chop ❷ (MIN: *Steine, Kohle*) break; (*Erz*) cut ❸ (*fam: schlagen, prügeln*) hit ❹ (*fam: schmeißen*) bang, slam; **sein Geld auf den Kopf ~** (*fam*) blow one's money **II.** *vr* (*fam*) ❶ (*sich schlagen*) scrap, fight ❷ (*sich setzen, legen*) fling o.s.; **sich in die Falle ~** (*fam*) hit the sack

Hauer[1] *m* (*Eberzahn*) tusk

Hauer[2] *m* (*Bergmann*) hewer

Haufen ['haʊfən] <-s, -> *m* ❶ heap ❷ (*fam: große Anzahl, Menge*) great number ❸ (*Häufung, Ansammlung*) accumulation ❹ (*pej: Leute*) bunch; **ein ~ Arbeit** a load of work; **über den ~ werfen** (*Pläne*) upset; (*Bedenken*) throw aside; **jdn über den ~ rennen** send s.o. cartwheeling; **haufenweise** *adj* in heaps; **etw ~ haben** have piles of s.th.; **Haufenwolke** *f* cumulus (cloud)

häufig ['hɔɪfɪç] **I.** *adj* ❶ (*oft vorkommend*) frequent ❷ (*weit verbreitet*) common, widespread **II.** *adv* frequently, often; **Häufigkeit** *f* frequency; **Häufung** *f* accumulation

Haupt [haʊpt, *pl:* 'hɔɪptɐ] <-(e)s, Häupter> *nt* head; (*in Zusammensetzungen*) chief, main, principal; **mit entblößtem ~** bareheaded; **zu jds Häuptern** at someone's head *sing;* **das ~ einer Verschwörung** the mastermind [*o* head] of a conspiracy; **Hauptaktionär(in)** *m(f)* major shareholder; **Hauptaltar** *m* high altar; **Hauptanschluss** *m* (TELE) main extension; **Hauptaufgabe** *f* main [*o* chief] task; **Hauptaugenmerk** *nt* chief attention; **Hauptbahnhof** *m* (RAIL) central station;

Hauptbedingung *f* principal condition; **Hauptbelastungszeuge**, **-zeugin** *m, f* (JUR) chief witness for the prosecution; **Hauptberuf** *m* main profession; **hauptberuflich** *adv* as one's main occupation; **Hauptbestandteil** *m* ❶ principal ingredient ❷ (*einer Warensendung*) bulk ❸ (*einer Mahlzeit*) substantials *pl;* **Hauptbuch** *nt* (COM) ledger; **Hauptdarsteller(in)** *m(f)* (FILM THEAT) principal actor (actress); **mit ... als ~** starring ...; **Haupteingang** *m* main entrance; **Hauptfach** *nt* main subject; **Hauptfigur** *f* main figure; **Hauptfilm** *m* main film; **Hauptgebäude** *nt* main building; **Hauptgericht** *nt* (*Essen*) main course; **Hauptgeschäftszeit** *f* main business hours *pl;* **Hauptgewinn** *m* ❶ (*Erster Preis*) first prize ❷ (*größter Vorteil*) main profit; **Hauptgrund** *m* principal reason; **Haupthahn** *m* (*Gas, Wasser*) main tap; **den ~ abdrehen** turn off the mains *pl;* **Hauptleitung** *f* ❶ (ELEK) mains ❷ (*Gas, Abwasser, Wasser*) main pipe

Häuptling ['hɔɪptlɪŋ] *m* chief(tain)

Hauptmahlzeit *f* main meal; **Hauptmann** <-(e)s, -leute> *m* ❶ (MIL) captain; (AVIAT MIL) flight lieutenant ❷ (*Räuber~*) chieftain; **Hauptmerkmal** *nt* chief characteristic, main feature; **Hauptnenner** *m* (MATH) common denominator; **Hauptnutzen** *m* main benefit; **Hauptperson** *f* ❶ (*a. fig*) central figure ❷ (*Schlüsselfigur*) key man/woman ❸ (*eines Romans*) hero, heroine ❹ (FILM THEAT) principal character; **Hauptpost(amt)** *f (nt)* Main Post Office; **Hauptproblem** *nt* main problem; **Hauptquartier** *nt* headquarters *pl,* H.Q.; **Hauptrolle** *f* (THEAT FILM) leading role [*o* part]; **die ~ spielen** (FILM) star; (*fig*) be all-important; **mit ... in der ~** starring ...; **Hauptsache** *f* main point; **das ist die ~** that's all that matters; **in der ~** mainly; **~, es klappt** the main thing is it comes off; **hauptsächlich** I. *adj* chief, main, principal II. *adv* chiefly, mainly, principally; **Hauptsaison** *f* high season; **Hauptsatz** *m* ❶ (GRAM) principal clause ❷ (MUS) principal (movement) ❸ (*einer wissenschaftl. Theorie*) main proposition; **Hauptschalter** *m* ❶ (ELEK) main switch ❷ (*im Postamt*) main ticket office; **Hauptschlagader** *f* (MED) aorta; **Hauptschlüssel** *m* master key; **Hauptschuld** *f* (*a.* JUR) principal fault; **Hauptschuldige(r)** *f m* (JUR) main offender

Hauptschule *f* secondary school, junior high school *Am*

i Land & Leute

The **Hauptschule** (roughly equivalent to the old secondary modern school in the UK) carries on from the primary school and runs from Years 5 to 9. It caters for pupils whose average mark at the end of primary school is not good enough for either a *Realschule* or *Gymnasium* (grammar school). Teenagers who only have a leaving certificate from a **Hauptschule** often find it very difficult to obtain an apprenticeship. In Austria, it is possible, given the necessary academic achievement, to switch after four years of a **Hauptschule** to a grammar school.

Hauptschüler(in) *m(f)* secondary school pupil, junior high school pupil *Am*

Hauptsendezeit *f* prime time; **Hauptsicherung** *f* (ELEK) main fuse; **Hauptspeicher** *m* (EDV) main storage; **Hauptstadt** *f* capital; **Hauptstraße** *f* ❶ (*in der Stadt*) high street *Br,* main street *Am* ❷ (*für Fernverkehr*) arterial road *Br,* highway *Am;* **Haupttreffer** *m* (*bei Lotterie*) jackpot, top prize; **Hauptursache** *f* chief cause; **Hauptverantwortung** *f* primary responsibilty; **Hauptverhandlung** *f* (JUR) (actual) trial, main hearing; **Hauptverkehrsstraße** *f* ❶ (*in der Stadt*) main street ❷ (*Durchgangsstraße*) main thoroughfare ❸ (*Städteverbindung*) main highway; **Hauptverkehrszeit** *f* rush hour; **Hauptversammlung** *f* general meeting; (*bei AG*) shareholders' general meeting *Br,* stockholders' general meeting *Am;* **Hauptverwaltung** *f* (COM) head office; **Hauptwäsche** *f,* **Hauptwaschgang** *m* main wash; **Hauptwort** *nt* (*Substantiv*) noun; **Hauptzuständigkeit** *f* primary responsibilty

Haus [haʊs, *pl:* 'hɔɪzɐ] <-es, Häuser> *nt* ❶ house; (*Gebäude*) building; (*Heim*) home ❷ (*Fürsten~, Firma, Parlament*) House ❸ (THEAT: *Publikum*) house; (*Theatergebäude*) theatre *Br,* theater *Am;* **ein volles ~** (THEAT) a full house; **Herr X ist nicht im ~e** Mr X is not in; **altes ~** (*fam: Freund, Kamerad*) old chum; **Lieferung frei ~** (COM) free delivery; **außer ~ essen** eat out; **das ~ Habsburg** the House of the Habsburgs; **~ an ~ mit jdm wohnen** live next door to s.o.; **aus gutem ~e** from a good family; **~ und Hof** house and home;

der kommt mir nicht ins ~! I won't have him in the house!; **mit der Tür ins ~ fallen** come straight to the point, blurt s.th. out; **nach ~e** home; **jdn nach ~e bringen** see s.o. home; **von ~ aus** (*ursprünglich*) originally; (*von Natur aus*) naturally; **zu ~e** at home; **wieder zu ~e sein** be back home; **in einer Sache zu ~e sein** be at home in s.th.; **er ist in London zu ~e** his home town is London; **ich fühle mich hier wie zu ~e** I feel at home here; **fühlen Sie sich wie zu ~e!** make yourself at home!; **das ~ hüten** (*zu ~e bleiben*) stay at home; (*sich ums ~ kümmern*) look after the house; **jdm das ~ verbieten** forbid s.o. (to enter) one's house; **ins ~ stehen** be forth-coming

Hausangestellte(r) *f m* domestic (servant); **Hausanschluss** *m* (TECH) house [*o* service] connection; **Hausanzug** *m* leisure suit; **Hausapotheke** *f* (family) medicine-chest; **Hausarbeit** *f* ❶ (*Haushalt*) chores *pl,* housework ❷ (SCHULE) homework; **Hausarrest** *m* (JUR) house arrest; **jdn unter ~ stellen** put s.o. under house arrest; **Hausarzt, -ärztin** *m, f* family doctor; **Hausaufgabe** *f* (SCHULE) homework; **seine ~n machen** do one's homework *sing;* **hausbacken** *adj* (*pej*) drab, homespun, homely *bes. Am;* **Hausbar** *f* cocktail cabinet; **Hausbesetzer(in)** *m(f)* squatter; **Hausbesetzung** *f* squatting; **Hausbesitzer(in)** *m(f)* house owner; **Hausbesuch** *m* home visit; **Hausbewohner(in)** *m(f)* occupant (of a house); **Hausbrand** *m* domestic fuel

Häuschen ['hɔɪsçən] <-s, -> *nt* ❶ (*kleines Haus*) small house ❷ (*im Grünen*) cottage; **ganz aus dem ~ sein** (*fam: vor Freude, Aufregung*) be out of one's mind with excitement; (*vor Wut*) hit the ceiling; **das Publikum geriet förmlich aus dem ~** (*fam*) the audience really went berserk

Hauseingang *m* (house) entrance

hausen ['haʊzən] *vi* (*fam pej: wohnen*) dwell; **übel ~** (*fig*) wreak havoc

Häuserblock <-(e)s, -s> *m,* **Häuserkomplex** *m* block (of buildings); **Häusermakler(in)** *m(f)* estate agent

Hausflur <-(e)s, -e> *m* (*Diele*) (entrance)hall *Br,* hallway *Am;* (*Gang*) corridor

Hausfrau *f* housewife; **Hausfreund** *m* (*Geliebter einer Ehefrau*) man friend; **Hausfriedensbruch** *m* (JUR) disturbance of domestic peace and security; **Hausgebrauch** *m* domestic use; **mein Englisch reicht gerade für den ~** (*fam*) I just about get by with my English; **Hausgeburt** *f* home birth; **hausgemacht** *adj* home-made; **Haushalt** <-(e)s, -e> *m* ❶ (*Hausgemeinschaft*) household ❷ (FIN POL: *Etat*) budget; **jdm den ~ führen** keep house for s.o.; **haus|halten** *irr vi* ❶ (*den Haushalt führen*) keep house ❷ (*sparsam wirtschaften*) be economical; **mit seinen Kräften ~** conserve one's strength; **mit seinen Kräften nicht ~** burn the candle at both ends; **Haushälterin** *f* housekeeper; **Haushaltsgeld** *nt* housekeeping money; **Haushaltsgerät** *nt* domestic appliance; **Haushaltsjahr** *nt* (POL) fiscal [*o* financial] year; **Haushaltsplan** *m* (POL) budget; **den ~ aufstellen** draw up the budget; **Haushaltswaren** *fpl* household articles *Br,* housewares *Am;* **Hausherr(in)** *m(f)* ❶ (*Gastgeber*) host (hostess) ❷ (*Hauswirt*) landlord (landlady)

haushoch *adj* (*sehr hoch*) enormous, huge; (*Sieg*) crushing; **~ gewinnen** win by miles

hausieren ['haʊ'ziːrən] *vi* (*a. fig*) hawk (about), peddle (*mit etw* s.th.); **Betteln und Hausieren verboten!** no begging or peddling!; **Hausierer(in)** *m(f)* hawker

Hauslehrer(in) *m(f)* private tutor(ess)

häuslich ['hɔɪslɪç] *adj* (*das Zuhause liebend*) home-loving; **Häuslichkeit** *f* domesticity

Hausmacherleberwurst *f* home-made liver sausage

Hausmädchen *nt* (house)maid; **Hausmann** <-(e)s, -männer> *m* house-husband; **Hausmannskost** *f* plain fare; **Hausmarke** *f* own brand [*o* label]; **Hausmeister(in)** *m(f)* caretaker *Br,* janitor *Am;* **Hausmittel** *nt* (*gegen Krankheiten*) household remedy; **Hausmüll** *m* domestic rubbish [*o* refuse], domestic garbage *Am;* **Hausnummer** *f* house number; **Hausordnung** *f* rules *pl* of the house; **Hausrat** <-(e)s> *m* household effects *pl;* **Hausratversicherung** *f* household contents insurance; **Hausschlüssel** *m* front-door key; **Hausschuh** *m* slipper

haussieren *vi* (FIN: *im Kurswert steigen*) rise (in the bull market)

Haussuchung *f* (JUR) house search/check *Br/Am;* **eine ~ vornehmen** search a house; **Haustelefon** *nt* internal telephone; **Haustier** *nt* (*in der Wohnung*) pet; (*kein wildes Tier*) domestic animal; **Haustür** *f* front door; **Hausverwalter(in)** *m(f)* (COM) property manager; **Hauswart(in)** ['haʊsvart] <-s, -e> *m(f)* (*österr*) caretaker *Br,* janitor *Am*

Hauswirt(in) *m(f)* landlord (landlady); **Hauswirtschafter(in)** <-s, -> *m(f)* housekeeper; **Hauszelt** *nt* ridge tent

Haut [haʊt, *pl:* 'hɔːtə] <-, Häute> *f* ① skin ② (*zur Lederverarbeitung*) hide ③ (*einer Frucht*) peel ④ (*bei Flüssigkeit*) film; (*bei Milch*) cream, skin; **eine dicke ~ haben** (*fam*) be thick-skinned; **die ~ betreffend** cutaneous; **mit ~ und Haaren** (*fam*) lock, stock, and barrel; **sich einer Sache mit ~ und Haaren verschreiben** (*fam*) devote o.s. body and soul to s.th.; **nur ~ und Knochen sein** be nothing but skin and bone; **mit heiler ~ davonkommen** escape without a scratch; **das ist zum Aus-der-~-Fahren** (*fam*) that's enough to drive you mad; **den ganzen Tag auf der faulen ~ liegen** (*fam*) idle away one's time; **nass bis auf die ~** soaked to the skin; **ich möchte nicht in seiner ~ stecken** (*fam*) I wouldn't like to be in his shoes; **sich seiner ~ wehren** defend o.s vigorously; **das geht einem unter die ~** (*fam*) that gets under your skin; **Hautabschürfung** *f* (MED) excoriation; **Hautarzt, -ärztin** *m, f* (MED) dermatologist; **Hautausschlag** *m* rash

Häutchen ['hɔɪtçən] <-s, -> *nt* ① (*dünne Haut*) thin skin ② (ANAT BOT: *Membran*) membrane; (*an Fingernagel*) cuticle

Hautcreme *f* skin cream

häuten ['hɔɪtən] **I.** *vt* (*Tier*) skin **II.** *vr* shed its skin; (*Schlange*) slough

hauteng *adj* skin-tight

Hautevolee [(h)oːtvo'leː] <-> *f* (*fam meist pej*) (the) upper crust

Hautfarbe *f* skin colour; **Hautklinik** *f* dermatological [o skin] clinic; **Hautkrankheit** *f* skin disease; **Hautkrebs** *m* skin cancer; **Hautpflege** *f* skin care; **Hautreinigung** *f* skin cleansing; **Hauttyp** *m* skin type; **Hautübertragung** *f* (ANAT) skin grafting; **Hautunreinheit** <-, -en> *f* skin flaw

Havarie [hava'riː] *f* (MAR) accident; (*Schaden*) damage

Haxe ['haksə] <-, -n> *f* knuckle

HDTV *Abk. von* **High Definition Television** HDTV

he, he da [heː] *interj* hey!

Headhunter(in) ['hedhantə] <-s, -> *m(f)* (COM) headhunter

Hebamme ['heːbamə] <-, -n> *f* midwife

Hebebühne *f* (AUTO) lifting platform

Hebel ['heːbəl] <-s, -> *m* lever; **alle ~ in Bewegung setzen** move heaven and earth; **am längeren ~ sitzen** have the whip hand; **Hebelarm** *m* lever arm; **Hebelwirkung** *f* leverage

heben ['heːbən] *irr* **I.** *vt* ① (*hoch~*) lift, raise ② (*fig: aufwerten*) improve; (*vergrößern*) increase; **einen ~** (*fam*) wet one's whistle **II.** *vr* ① (*sich nach oben bewegen*) rise ② (*sich verbessern*) improve; (*zunehmen*) increase

Hebräer(in) [he'brɛːɐ] *m(f)* Hebrew; **hebräisch** *adj* Hebrew

Hebung ['heːbʊŋ] *f* ① (*von Küste, Boden*) elevation ② (*von Stimme*) accent ③ (*betonte Silbe*) stressed syllable ④ (*fig: Verbesserung*) improvement; (*Erhöhung*) increase

Hecht [hɛçt] <-(e)s, -e> *m* (*Raubfisch*) pike; **Hechtsprung** *m* (*beim Schwimmen*) pike dive *Br,* jackknife *Am;* (*beim Turnen*) long fly; (*eines Torwarts*) (full-length) dive

Heck [hɛk] <-s, -s> *nt* (MAR) stern; (AUTO) rear; (AVIAT) tail

Hecke ['hɛkə] <-, -n> *f* hedge; **Heckenrose** *f* dogrose; **Heckenschere** *f* hedge clippers *pl;* **Heckenschütze** *m* (MIL) sniper

Heckklappe *f* (AUTO) tail gate; **Heckmotor** *m* (AUTO) rear engine; **Heckscheibe** *f* (AUTO) rear window; **Heckscheibenheizung** *f* (AUTO) rear window pane heating; **Heckspoiler** *m* (AUTO) rear spoiler

heda ['heːda] *interj* (*fam*) heigh! hey there!

Hedgegeschäft ['hedʒ-] *nt* (COM) hedging, hedge transaction

Heer [heːɐ] <-(e)s, -e> *nt* ① (MIL) army ② (*fig: Schwarm*) swarm ③ (*fam: große Menge*) host, large number; **stehendes ~** (MIL) standing army; **ein ~ von Reportern** (*fam*) a host of reporters

Hefe ['heːfə] <-, -n> *f* (*zum Backen*) yeast; **Hefeteig** *m* yeast dough

Heft[1] [hɛft] <-(e)s, (-e)> *nt* ① (*Griff*) handle; (*Schwert~*) hilt ② (*fig: Leitung*) reins *pl*

Heft[2] <-(e)s, -e> *nt* ① (*Schreib~*) notebook ② (*Übungs~*) exercise book ③ (*Broschüre*) booklet ④ (*einzelnes ~ einer Zeitschrift*) issue, number

heften **I.** *vt* ① (*befestigen*) fix; (*feststecken*) pin ② (*Buch*) stitch ③ (*Saum, Naht*) baste, tack **II.** *vr:* **sich an jds Fersen ~** (*verfolgen*) dog someone's heels

Hefter <-s, -> *m* ① (*Mappe*) folder ② (*Bürogerät*) stapler

heftig ['hɛftɪç] *adj* ① (*stark, gewaltig*) violent ② (*Intensität*) intense ③ (*Gewitter*) furious; (*Regen*) lashing; **~ sein** (*aufbrausend*) be violent-tempered; **~er Widerstand** fierce resistance; **Heftigkeit** *f* ① violence ② (*Intensität*) intensity

Heftklammer *f* paper clip, staple

H

Heftpflaster *nt* adhesive plaster *Br,* adhesive tape *Am;* **Heftzwecke** *f* drawing-pin *Br,* thumbtack *Am*

hegen ['he:gən] *vt* ❶ (*pflegen*) care for ❷ (*fig: Gefühle*) entertain, have, nourish; **den Verdacht ~, dass ...** have a suspicion that ...; **Hoffnung** ~ cherish hope(s); **Groll gegen jdn** ~ bear s.o. a grudge; **den Wunsch** ~ have the wish

Hehl [he:l] *nt:* **aus etw kein ~ machen** make no secret of s.th.; **Hehler(in)** *m(f)* receiver (of stolen goods); **Hehlerei** *f* (JUR) receiving (of stolen goods)

hehr [he:ɐ] *adj* sublime

Heide, -din <-n, -n> *m, f* heathen, pagan

Heide ['haɪdə] <-, -n> *f* (*Landschaft*) heath; **Heidekraut** <-(e)s> *nt* heather

Heidelbeere ['haɪdəlbe:rə] *f* bilberry, blueberry *Br,* huckleberry *Am*

Heidenangst *f* (*fam*) blue funk; **eine ~ haben** be in a blue funk; **Heidengeld** *nt* (*fam*): **ein** ~ loads of money; **Heidenlärm** *m* (*fam*): **ein** ~ a heck of a noise; **Heidenspaß** *m* (*fam*) terrific fun; **einen ~ haben** have a ball

Heidentum *nt* ❶ (*die Heiden*) heathendom ❷ (*heidnischer Glaube*) paganism; **heidnisch** ['haɪdnɪʃ] *adj* heathen, pagan

heikel ['haɪkəl] *adj* (*Sache*) delicate, ticklish; (*Person*) fussy, particular (*in Bezug auf etw* about s.th.)

Heil [haɪl] <-(e)s> *nt* ❶ (*Wohl*) welfare ❷ (*Nutzen*) benefit ❸ (*Glück*) luck ❹ (*Erlösung*) salvation; (*Gnade*) grace; **sein ~ in der Flucht suchen** seek refuge in flight

heil *adj* ❶ (*unverletzt*) unhurt, unscathed ❷ (*ganz, intakt*) undamaged ❸ (*geheilt*) cured, healed; **Heilanstalt** *f* ❶ (*Pflegeheim*) nursing home ❷ (*für Geisteskranke*) mental hospital; **heilbar** *adj* ❶ (*Wunden*) healable ❷ (*Krankheit*) curable; **Heilbarkeit** *f* curability; **Heilbehandlung** *f* curative treatment

Heilbutt *m* (*Raubfisch*) halibut

heilen ['haɪlən] **I.** *vt haben* (*a. fig*) cure **II.** *vi sein* heal

heilfroh *adj* (*fam*) jolly glad

Heilgymnast(in) *m(f)* physiotherapist; **Heilgymnastik** *f* physiotherapy

heilig ['haɪlɪç] *adj* holy; (*vor Namen*) Saint; **Heiliger Vater** (*Papst*) Holy Father; **das ist mir** ~ that is sacred to me; **~er Bimbam!** (*fam*) holy smoke!; **jdm etw hoch und ~ versprechen** promise s.th. to s.o. faithfully; **es war ihr ~er Ernst** she was dead serious; ~ **sprechen** canonize

Heiligabend *m* Christmas Eve; **Heilige(r)** <-n, -n> *f m* saint

heiligen ['haɪlɪgən] *vt* ❶ (*weihen*) sanctify; (*heilig halten*) hallow ❷ (*rechtfertigen, gutheißen*) justify; **geheiligt werde Dein Name** hallowed be Thy name; **der Zweck heiligt die Mittel** (*prov*) the end justifies the means; **Heiligenschein** *m* aureole; (*um den Kopf*) halo; **Heiligkeit** *f* holiness

Heiligtum *nt* ❶ (*heiliger Ort*) sanctuary ❷ (*fam: heiliger Gegenstand*) sacred object

Heilklima *nt* salubrious climate; **Heilkraft** *f* ❶ healing power ❷ (MED: *einer Pflanze*) medicinal properties *pl;* **Heilkraut** *nt* medicinal herb; **Heilkunde** *f* medicine

heillos **I.** *adj* ❶ (*unheilig*) unholy ❷ (*hoffnungslos*) hopeless ❸ (*schrecklich*) terrible **II.** *adv* (*äußerst, sehr*) utterly

Heilmittel *nt* (*a. fig*) remedy; **Heilpflanze** *f* medicinal plant; **Heilpraktiker(in)** *m(f)* non-medical practitioner *Br,* naturopathic doctor *Am;* **Heilquelle** *f* mineral spring; **heilsam** *adj* (*a. fig*) beneficial; **eine ~e Erfahrung** a salutary experience

Heilsarmee *f* Salvation Army

Heilung *f* ❶ (*Wund~*) healing; (*Kranken~*) curing ❷ (*Gesundung*) cure; **Heilungsprozess** *m* healing process

Heilwasser *nt* medicinal water

Heim [haɪm] <-(e)s, -e> *nt* home; **heim** *adv* home; **Heimarbeit** *f* ❶ (*das Zuhause-Arbeiten*) outwork ❷ (*als Industrieform*) home industry ❸ (*Produkt*) homemade article

Heimat ['haɪma:t] <-> *f* native country; **in der** ~ at home; **seine ~ verlassen** leave one's home; **Heimatgemeinde** *f* (*Stadt*) native town; (*Dorf*) native village; **Heimatland** *nt* home country; **heimatlich** *adj* (*zur Heimat gehörig*) native, of home; **heimatlos** *adj* homeless; **Heimatrecht** *nt* (JUR) right of domicile; **Heimatstadt** *f* home town; **Heimatvertriebene(r)** *f m* displaced person

Heimchen ['haɪmçən] <-s, -> *nt* ❶ (*Grille*) (house) cricket ❷ (*pej*): **~ am Herd** (*Hausmütterchen*) little woman at home

Heimcomputer *m* home computer

heim|fahren **I.** *vi sein* ❶ (*als Fahrer*) drive home ❷ (*als Gefahrener*) ride home **II.** *vt:* **jdn** ~ drive [*o* take] s.o. home; **Heimfahrt** *f* return journey; (MAR) return voyage; **auf der ~ sein** be on one's way (back) home

heimisch *adj* ❶ (*national*) home; (*ein~*) native; (*ortsansässig*) local ❷ (*vertraut*) at home, familiar; **~e Gewässer** home waters; **sich ~ fühlen in ...** feel at home in …

Heimkehr ['haɪmkeːɐ] <-> *f* homecoming, return; **heim|kehren** *vi sein* return home (*aus* from); **Heimkehrer** *m* homecomer; (POL) repatriate(d prisoner of war); **heim|kommen** *sein vi* come [*o* return] home

heimlich ['haɪmlɪç] *adj* ❶ (*geheim*) secret ❷ (*verstohlen*) furtive; **sich ~ entfernen** sneak away; **er ging ~ (still und leise) weg** he left on the quiet; **Heimlichkeit** *f* ❶ (*Verborgenheit*) secrecy ❷ (*Geheimnis*) secret; **in aller ~** in secrecy; **Heimlichtuerei** *f* secretive ways *pl* (*mit* about); **heimlich|tun** *irr vi* put on an air of secrecy

Heimreise *f* homeward journey, journey home; (MAR) homeward voyage; **auf der ~ sein** be homeward-bound

heim|suchen *vt* ❶ (*Geister*) haunt ❷ (*Ungeziefer*) infest ❸ (*Unglück*) afflict

heimtückisch *adj* ❶ (*boshaft*) malicious ❷ (*Krankheit*) insidious ❸ (*gefährlich, trügerisch*) treacherous ❹ (*hinterlistig*) insidious

heimwärts ['haɪmvɛrts] *adv* homeward(s); **~ ziehen** head for home; **Heimweg** *m* way home; **auf dem ~ sein** be on one's way home; **sich auf den ~ machen** set out for home; **Heimweh** *nt* ❶ homesickness ❷ (*fig: Nostalgie*) nostalgia; **~ haben** be homesick; **krank vor ~ sein** suffer badly from homesickness; **heim|zahlen** *vt* (*fig: vergelten*) pay back (*jdm etw* s.o. for s.th.)

Heirat ['haɪraːt] <-, -en> *f* marriage; (*Hochzeitsfeier*) wedding; **heiraten** I. *vt* marry II. *vi* get married; **Heiratsantrag** *m* proposal (of marriage); **jdm einen ~ machen** propose to s.o.; **Heiratsanzeige** *f* ❶ (*Bekanntgabe*) marriage announcement ❷ (*Heiratsinserat*) insertion in a Lonely Hearts' column; **heiratsfähig** *adj* marriageable; **im ~en Alter** of marriageable age, nubile; **Heiratsurkunde** *f* marriage certificate; **Heiratsvermittler(in)** *m(f)* (*Beruf*) marriage broker; **Heiratsvermittlung** *f* (*Geschäft*) marriage agency *Br*, marriage bureau *Am*

heischen ['haɪʃən] I. *vt* demand II. *vi* strive (*nach etw* for s.th.)

heiser ['haɪzɐ] *adj* hoarse; (*belegt*) husky; **sich ~ schreien** shout o.s. hoarse; **mit ~er Stimme** in a hoarse voice; **Heiserkeit** *f* hoarseness

heiß [haɪs] *adj* hot; (*Zone*) torrid; (*Kampf*) fierce; (*Temperament*) fiery; **drückend ~** oppressively hot; **mir ist ~** I am hot; **etw ~ machen** (*erhitzen*) heat s.th. up; **jdm die Hölle ~ machen** worry the life out of s.o.; **das ist ein ~es Eisen** that's a hot potato; **ein ~es Eisen anfassen** bring up a controversial subject; **etw ~ ersehnen** long for s.th. ardently; **~ geliebt** ardently beloved; **~ umkämpft** fiercely fought over; **~er Draht** hot line; **~e Spur** hot trail; **~er Tipp** hot tip; **heißblütig** ['haɪsblyːtɪç] *adj* (*leidenschaftlich*) hot-blooded

heißen ['haɪsən] *irr* I. *vt* ❶ (*nennen*) call (*jdn etw* s.o. s.th.) ❷ (*befehlen*) tell (*jdn, etw zu tun* s.o. to do s.th.); **jdn einen Lügner ~** call s.o. a liar; **jdn willkommen ~** bid s.o. welcome II. *vi* ❶ (*genannt werden*) be called (*nach jdm* after/for s.o.) *Br/Am* ❷ (*bedeuten*) mean; **es heißt** (*man sagt*) it is said, they say; (*es steht geschrieben*) it says; **das heißt** that is, i.e.; (*mit anderen Worten*) that is to say; **was soll das ~?** (*bei Unleserlichem*) what does this say?; (*bei unverständlichem Verhalten*) what's the idea?; (*bei unverständlichem Ausspruch*) what do you mean by that?; **das will nicht viel ~** that doesn't mean much; **es soll nicht ~, dass …** it shall not be said that …; **wie ~ Sie?** what's your name?; **wie heißt das?** what do you call this?; **was heißt das auf Englisch?** what's that in English?; **wie heißt dieser Ort?** what's the name of this place?; **da hieß es schnell handeln** that situation called for quick action

Heißhunger *m* ravenous appetite; **heiß|laufen** *vi sein* (TECH) run hot; (AUTO) overheat; **Heißluft** *f* hot air; **Heißluftherd** *m* convection oven; **Heißmangel** *f* (steamheated) mangle; **Heißwasserspeicher** *m* storage water heater

heiter ['haɪtɐ] *adj* ❶ (*sonnig, hell*) bright, fair ❷ (*fröhlich*) cheerful ❸ (*erheiternd*) amusing, funny ❹ (*abgeklärt, ausgeglichen*) serene; **aus ~em Himmel** out of the blue; **~er werden** (*Mensch*) cheer up; (*Wetter*) brighten up; **das kann ja noch ~ werden!** (*iro*) nice prospects indeed!; **Heiterkeit** *f* ❶ (*Helligkeit, Klarheit*) brightness ❷ (*Fröhlichkeit*) cheerfulness ❸ (*Lachen, Gelächter*) laughter ❹ (*Belustigung*) amusement

heizbar *adj* ❶ (AUTO: *Heckscheibe*) heated ❷ (*Wohnung*) with heating; **Heizdecke** *f* (*im Bett*) electric blanket; **heizen** ['haɪtsən] I. *vt* ❶ (*Wohnung*) heat ❷ (*Ofen*) fire II. *vi* ❶ (*die Heizung in Betrieb haben*) have the heating on ❷ (*Wärme abgeben*) give off heat; **mit … ~** use … for heating; **Heizer** *m* (MAR)

H

stoker; (RAIL) fireman; **Heizkessel** *m* boiler; **Heizkissen** *nt* electric heat pad; **Heizkörper** *m* radiator; **Heizkosten** *pl* heating cost; **Heizkostenpauschale** *f* fixed heating cost; **Heizkraftwerk** *nt* thermal power station; **Heizleistung** *f* (TECH) heat output; **Heizlüfter** *m* (ELEK) fan heater; **Heizmaterial** *nt* fuel; **Heizöl** *nt* fuel oil; **Heizsonne** *f* (ELEK) electric fire; **Heizung** *f* (TECH) heating; **die ~ anstellen (abstellen)** turn on (turn off) the heating; **Heizungsanlage** *f* heating system; **Heizungskeller** *m* boiler room

Hektar ['hɛkta:ɐ] <-s, (-e)> *m/nt* hectare

Hektik ['hɛktɪk] <-> *f* hectic pace; **nur keine ~!** take it easy!; **hektisch** ['hɛktɪʃ] **I.** *adj* hectic **II.** *adv* in a hectic way

hektographieren [hɛktogra'fi:rən] *vt* hectograph

Hektoliter ['hɛktoli:tɐ] *m* hectolitre *Br*, hectoliter *Am*

Held(in) [hɛlt] <-en, -en> *m(f)* hero(ine); **Held des Tages** hero of the hour; **heldenhaft** *adj* heroic; **Heldentat** *f* heroic deed; **Heldentum** *nt* heroism

helfen ['hɛlfən] *irr vi* help (*jdm* s.o., *bei etw* with s.th.); **jdm aus der Patsche ~** (*fam*) help s.o. out of a jam; **sich zu ~ wissen** be able to take care of o.s.; **sich nicht zu ~ wissen** be at a loss; **sich nicht mehr zu ~ wissen** be at one's wits' end; **sich selbst ~** help o.s.; **ich kann mir nicht ~, ich liebe ihn** I can't help loving him; **was hilft schon Weinen?** what good is crying?; **es hilft nichts** it's no good; **dir ist nicht mehr zu ~** you are beyond help; **da hilft kein Jammern und kein Klagen** it's no use moaning; **Helfer(in)** *m(f)* ❶ (*Helfende*) helper ❷ (*Gehilfe*) assistant ❸ (*Ratgeber*) advisor; **Helfershelfer(in)** *m(f)* (JUR) abettor, accessory

hell [hɛl] *adj* ❶ (*nicht dunkel*) light; (*leuchtend, a. fig*) bright; **ein ~er Mantel** a light-coloured coat; **es wird schon ~** it's getting light; **du bist ein ~es Köpfchen** (*fam*) you have brains ❷ (*attr: völlig*): **~er Wahnsinn** (*fam*) sheer madness; **hellauf** *adv* (*völlig*) completely; **~ begeistert** totally enthusiastic; **hellblau** *adj* light blue; **hellblond** *adj* light blond; **Helle** ['hɛlə] <-> *f* ❶ (*von Farben*) brightness ❷ (*helles Licht*) (bright) light; **hellhörig** *adj* (*Wohnung*) poorly soundproofed

Helligkeit *f* ❶ (*a. von TV, Bildschirm*) brightness ❷ (*Beleuchtung*) lightness ❸ (PHYS) light intensity; **Helligkeitsregelung** *f* (TECH) brightness control; **Helligkeitsregler** *m* brightness control switch

helllicht *adj*: **am ~en Tage** in broad daylight

Hellseher(in) *m(f)* clairvoyant(e); **Hellseherei** *f* clairvoyance

hellwach *adj* wide-awake

Helm [hɛlm] <-(e)s, -e> *m* helmet; **Helmpflicht** *f*: **es besteht ~** wearing of crash helmets is compulsory

Hemd [hɛmt] <-(e)s, -en> *nt* ❶ (*Ober~*) shirt ❷ (*Unter~*) vest *Br*, undershirt *Am*; **hemdsärmelig** *adj* (*a. fig*) shirt-sleeved

Hemisphäre [hemi'sfɛ:rə] <-, -n> *f* hemisphere

hemmen ['hɛmən] *vt* ❶ (*den Fortschritt*) hamper, hinder ❷ (*den Lauf der Dinge*) check ❸ (PSYCH: *seelisch*) inhibit; (*Leidenschaften*) restrain ❹ (*verlangsamen*) slow down; **Hemmnis** *nt* hindrancen, impediment (*für* to); **Hemmschuh** *m* ❶ (TECH) drag ❷ (*fig*) hindrance, impediment (*für* to); **Hemmschwelle** *f* inhibition threshold; **Hemmung** *f* ❶ (*das Verhindern, Verlangsamen*) hindering; (*Eindämmung*) check ❷ (PSYCH: *seelisch*) inhibition; (*Bedenken*) scruple; **hemmungslos** *adj* ❶ (*ungezügelt*) unrestrained ❷ (*skrupellos*) unscrupulous; **Hemmungslosigkeit** *f* ❶ (*Zügellosigkeit*) lack of restraint ❷ (*Skrupellosigkeit*) unscrupulousness

Hendl <-s, -(n)> *nt* (*österr*) chicken

Hengst [hɛŋst] <-es, -e> *m* (*männliches Pferd*) stallion *Br*, stud *Am*

Henkel ['hɛŋkəl] <-s, -> *m* handle

henken ['hɛŋkən] *vt* hang; **Henker** *m* ❶ (HIST) hangman ❷ (*Scharfrichter*) executioner; **zum ~!** (*sl*) hang it all!; **weiß der ~, was ...** (*sl*) heaven knows what ...; **Henkersmahlzeit** *f* (*fig*) last meal

Henna ['hɛna] <-(s)> *nt* henna

Henne ['hɛnə] <-, -n> *f* (*weibliches Huhn*) hen

Hepatitis [hepa'ti:tɪs] <-> *f* hepatitis

her [he:ɐ] *adv* ❶ (*örtlich: hier~*) here; (*von ... ~*) from ❷ (*zeitlich*) ago; **kommen Sie ~!** come here (to me)!; **wo kommen Sie ~?** where do you come from?; (*aus welcher Stadt*) where are you from?; **wo hast du das ~?** where did you get that from?; (*wo hast du das gehört?*) who told you that?; **~ damit!** give that here!; **wie lang ist das ~?** how long ago was that?; **ich kenne ihn noch von früher ~** I used to know him before; **ich kenne ihn von der Universität ~** I have known him since university; **hinter jdm ~ sein** (*fam*) be after s.o.; **mit ihm ist es nicht weit ~** (*fam*) he's no great shakes

herab [hɛ'rap] *adv* down, downward(s);

von oben ~ from above; (*herablassend*) condescendingly; **herab|blicken** *vi* (*a. fig*) look down (*auf jdn* on s.o.); **herab|fallen** *irr vi* fall down; **herabgesetzt** *adj* (*Preise*) cut-rate; **herab|hängen** *irr vi* hang down; **herab|lassen** *irr* **I.** *vt* let down, lower **II.** *vr* ❶ let o.s. down ❷ (*fig*) condescend (*etw zu tun* to do s.th.); **herablassend** *adj* condescending; **Herablassung** *f* condescension; **herab|sehen** *irr vi* (*a. fig*) look down (*auf jdn* on s.o.); **herab|setzen** *vt* ❶ (*Preise, Steuern*) cut (down), reduce ❷ (*schlechtmachen*) belittle, disparage; **Herabsetzung** *f* ❶ (*Reduzierung*) reduction ❷ (*Geringschätzung*) disparagement; (*geringschätzige Behandlung*) disparaging treatment

heran [hɛ'ran] *adv* close, near; **nur ~! immer ~!** come here!; **heran|bilden I.** *vt* ❶ (*ausbilden*) train ❷ (*erziehen*) educate **II.** *vr* ❶ (*sich ausbilden*) train o.s. ❷ (*sich erziehen*) educate o.s. ❸ (*sich entwickeln*) develop; **heran|fahren** *irr vi* ❶ drive close (*an* to) ❷ (*um zu halten*) pull up (*an* to); **heran|kommen** *irr vi* ❶ (*näher kommen*) come near ❷ (*fig: Zeit*) approach, draw near ❸ (*erreichen*) reach (*an jdn/etw* s.o./s.th.); **die Dinge an sich ~ lassen** wait and see what happens; **man kann nur schwer an ihn ~** (*menschlich*) it is difficult to get anywhere near him; **heran|machen** *vr* (*fam*): **sich an etw ~** (*mit etw beginnen*) get down to s.th.; **sich an jdn ~** make up to s.o.; **heran|nahen** *sein vi* approach, draw near; **heran|reichen** *vi* ❶ reach up (*an* to) ❷ (*fig*) come up (*an* to); **heran|wachsen** *irr vi* (*a. fig*) grow up; **heran|wagen** *vr* dare to go near, venture near; **heran|ziehen** *irr* **I.** *vt haben* ❶ (*näher bringen*) pull up (*an* to, *zu* toward(s)) ❷ (*zu Hilfe, Arbeit*) call up(on) (*jdn zu etw* s.o. to do s.th.); (*Arzt*) call in ❸ (*in Betracht ziehen*) take into consideration; (*benutzen*) use; (*zitieren*) refer (*etw* to s.th.) ❹ (*aufziehen*) raise; (*ausbilden*) train ❺ (COM: *zu Zahlung*) subject (*jdn zu etw* s.o. to s.th.) **II.** *vi sein* approach

herauf [hɛ'rauf] **I.** *adv* up; **von unten ~** from below **II.** *präp* up; **die Treppe ~** up the stairs; **herauf|beschwören** *irr vt* ❶ (*wachrufen*) conjure up, evoke ❷ (*herbeiführen*) bring about; **herauf|kommen** *irr vi* come up; **herauf|ziehen** *irr* **I.** *vt haben* ❶ (*nach oben ziehen*) pull up ❷ (*fig*): **jdn zu sich ~** raise s.o. to one's level **II.** *vi sein* (*von Gewitter*) approach, draw near

heraus [hɛ'raus] *adv* ❶ out ❷ (*fig*): **aus ... ~** out of ... ❸ (*fam: entschieden sein*) have been settled; **von innen ~** from within; **nach vorn ~ wohnen** live at the front; **ein Zimmer nach vorn ~** a frontroom; **zum Fenster ~** out of the window; **~ mit dir!** out with you!; **~ damit!** (*fam: sag es!*) out with it!; (*her damit!*) hand it over!; **das ist noch nicht ~** (*fam*) that's not yet been settled; **aus einer Notlage ~** out of necessity; **aus dem Ärgsten ~ sein** be out of the wood *Br*, be out of the woods *Am*; **heraus|bekommen** *irr vt* ❶ (*Wechselgeld*) get back ❷ (*Nagel, Flecken*) get out ❸ (*herausfinden*) find out; (*lösen*) solve; **ich bekomme noch 3 Euro heraus** I still have 3 euro change to come; **wie viel haben Sie ~?** (*Wechselgeld*) how much change did you get back?; (*herausgefunden*) how much did you find out?; **sie werden nicht viel aus ihm ~** (*er wird nicht viel sagen*) they won't get much out of him; **heraus|bringen** *irr vt* ❶ (*a.* COM) bring out ❷ (*Nagel, Flecken*) get out ❸ (*fig: lösen*) solve; (*herausfinden*) find out ❹ (*fig: hervorbringen, sagen*) get out; **jdn (etw) groß ~** give s.o. (s.th.) a big build-up; **heraus|fahren** *irr* **I.** *vt haben* (*nach draußen*) drive out **II.** *vi sein* ❶ (*nach draußen*) drive out ❷ (*schnell herauskommen*) leap out; **heraus|finden** *irr* **I.** *vt* (*a. fig*) find out **II.** *vi* find one's way out

Herausforderer(in) *m(f)* challenger; **heraus|fordern** *vt* ❶ (*a.* SPORT) challenge (*zu* to) ❷ (*provozieren*) provoke (*zu etw* to do s.th.) ❸ (*zurückfordern*) reclaim; **zur Kritik ~** invite criticism; **jdn zum Duell ~** challenge s.o. to a duel; **herausfordernd** *adj* ❶ (*frech*) provoking ❷ (*provokativ*) provocative; **Herausforderung** *f* ❶ (*a.* SPORT) challenge ❷ (*Provokation*) provocation

heraus|geben *irr* **I.** *vt* ❶ (*zurückgeben*) return; (*Gefangene*) give up (*jdm jdn* s.o. to s.o.); (*aushändigen*) hand over (*jdm etw* s.th. to s.o.) ❷ (COM: *Ware*) deliver, hand out; (*Wechselgeld*) give change ❸ (*herausreichen*) pass out ❹ (*Buch als Hrsg.*) edit; (*als Verleger*) publish; **ich kann auf € 50,- nicht ~** I haven't got change for € 50; **Sie haben mir zu wenig herausgegeben** you gave me too little change **II.** *vi* (*Wechselgeld*) give change (*auf* for); **können Sie mir (auf € 100,-) ~?** can you give me change (for 100 euro.)?

Herausgeber(in) *m(f)* ❶ (*Verfasser*)

H

editor ❷ (*Verleger*) publisher

herausǀgehen *irr vi* go out; (*von Flecken*) come out; **aus sich** ~ come out of one's shell; (*munter werden*) liven up; **herausǀgreifen** *irr vt* pick out; **herausǀgucken** *vi* (*fam*) peep out; **herausǀhalten** *irr vr* keep out (*aus etw* of s.th.); **herausǀheben** *irr vt* lift out; (*betonen*) set off; **herausǀkommen** *irr vi* ❶ (*a. fig: entdeckt werden*) come out ❷ (*wegkommen, weggehen*) get out ❸ (*Buch*) be published, come out ❹ (*als Ergebnis*) come (*bei etw* of s.th.); (*bei Rechenaufgaben*) be the result ❺ (*fam: gestehen*) admit (*mit etw* s.th.); **es kommt auf eins heraus** it comes (down) to the same thing; **groß** ~ be a big hit; **was wird dabei ~?** what will come of it?; **dabei kommt nichts** ~ that doesn't get us anywhere; **sie kamen aus dem Lachen nicht** ~ they just couldn't stop laughing; **herausǀnehmen** *irr vt* (*a.* MED) take out; **sich etw** ~ (*fig*) take liberties *pl;* **sich jdm gegenüber zu viel** ~ make too free with s.o.; **er nahm sich die Frechheit heraus, mir zu erzählen, …** he had the nerve to tell me …; **sich den Blinddarm ~ lassen** have one's appendix out; **herausǀragen** *vi* ❶ (*hervorstehen*) jut out ❷ (*höher sein*) tower (*aus etw* above s.th.) ❸ (*fig*) stand out; **herausǀragend** *adj* outstanding; **herausǀreden** *vr:* **sich** ~ make excuses; **sich aus etw** ~ talk one's way out of s.th.; **herausǀreißen** *irr vt* tear out; **jdn aus etw** ~ (*fig*) tear s.o. away from s.th.; (*aus Schwierigkeiten*) save s.o. from s.th.; **herausǀrücken** **I.** *vi sein:* **mit etw** ~ (*mit der Wahrheit*) come out with s.th.; (*mit Geld*) fork s.th. out *Br,* shell s.th. out *Am* **II.** *vt haben* ❶ (*fam: hergeben*) let go of; (*Geld*) fork out *Br,* shell out *Am* ❷ (TYP) flush (*nach links, an den Rand* to the left, to the margin); **herausǀrutschen** *sein vi* slip out; **herausǀschlagen** *irr* **I.** *vt haben* ❶ (*Nagel*) pound out ❷ (*Zähne*) knock out; **einen Vorteil aus etw** ~ make a profit out of s.th. **II.** *vi sein* (*von Flammen*) leap out; **herausǀspritzen** *sein vt, vi* squirt out; **herausǀstellen** **I.** *vt* ❶ (*Gegenstände*) put out ❷ (SPORT: *einen Spieler*) turn out ❸ (*darstellen*) present; (*betonen*) emphasize; **jdn groß** ~ (*fig*) feature s.o. **II.** *vr* (*sich zeigen*) turn out; **herausǀstreichen** *irr vt* (*betonen*) emphasize; (*loben*) crack up; **herausǀtröpfeln** *vi* trickle out; **herausǀwachsen** *irr vi* grow out (*aus* of); **herausǀziehen** *irr vt* ❶ pull out ❷ (*entfernen*) remove (*aus* from)

herb [hɛrp] *adj* (*bitter*) bitter; (*streng*) austere; (*Kritik*) harsh; **ein ~es Parfum** a tangy perfume; **~er Wein** dry wine

herbei [hɛrˈbaɪ] *adv* here; **herbeiǀeilen** *sein vi* come running (up); **herbeiǀführen** *vt* ❶ (*bewirken*) bring about; (*verursachen*) cause ❷ (*nach sich ziehen*) give rise to ❸ (*veranlassen*) induce ❹ (*Begegnung arrangieren*) arrange for; **die Entscheidung** ~ (SPORT) decide the match; **herbeiǀrufen** *irr vt* call (for); **herbeiǀziehen** *irr vt* pull near; **an den Haaren herbeigezogen** (*fig*) far fetched

Herberge [ˈhɛrbɛrgə] <-, -n> *f* ❶ (*Obdach*) shelter ❷ (*Gasthof*) inn ❸ (*Jugend~*) (youth) hostel; **Herbergsmutter** *f,* **Herbergsvater** *m* warden

Herbizid <-(e)s, -e> *nt* (CHEM) herbicide

Herbst [hɛrpst] <-(e)s, -e> *m* (*a. fig*) autumn *Br,* fall *Am;* **im** ~ in autumn *Br,* in the fall *Am;* **der ~ des Lebens** (*poet*) the autumn of (one's) life; **herbstlich** *adj* autumnal; (*attributiv*) autumn; **Herbstzeitlose** <-, -n> *f* meadow saffron

Herd [heːɐt] <-(e)s, -e> *m* ❶ (*Küchen~*) kitchen stove; (*Elektro~*) electric range ❷ (*fig: Ausgangspunkt*) centre; **Heim und** ~ hearth and home; **am heimischen** ~ by the fireside; **eigener ~ ist Goldes wert** (*prov*) there's no place like home; ~ **eines Erdbebens** epicentre *Br,* epicenter *Am*

Herde [ˈheːɐdə] <-, -n> *f* (*Vieh~*) herd; (*von Schafen*) flock; (*fig*) crowd; **Herdenmensch** *m* (*pej*) man of the crowd; **Herdentrieb** *m* (*a. fig*) herd instinct

herein [hɛˈraɪn] *adv* in, into; **~!** (*interj*) come in!; **immer nur ~!** roll up!; **hier ~, bitte!** this way in, please!; **von draußen** ~ from outside; **hereinǀbekommen** *irr vt* ❶ (*Waren*) get in ❷ (RADIO: *bestimmten Sender*) get; **hereinǀbrechen** *vi sein* ❶ (*eindringen*) gush in ❷ (*von Dunkelheit*) close in; (*von Nacht, Dämmerung*) fall; (*von Unwetter*) break (*über* over) ❸ (*von Unglück*) befall (*über jdn, etw* s.o., s.th.); **hereinǀfallen** *vi sein* (*betrogen werden*) be taken in (*auf* by); **mit jdm (etw)** ~ have a bad deal with s.o. (s.th.); **hereinǀholen** *vt* ❶ (*von draußen*) fetch in ❷ (COM: *Aufträge*) canvass ❸ (*fig: aufholen: Verluste*) make up for; **hereinǀkommen** *irr vi sein* come in(side); **wie bist du bloß hier hereingekommen?** how on earth did you get in here?; **hereinǀlassen** *irr vt* let in (*in* -to); **hereinǀlegen** *vt* (*fam*): **jdn** ~ take s.o. for a ride; **hereinǀplatzen** *sein vi* burst in

Herfahrt *f ohne pl* journey here

her|fallen *irr vi:* **über jdn** ~ (*angreifen*) fall upon s.o ; (*mit Fragen*) pitch into s.o.; (*kritisieren*) pull s.o. to pieces; **über etw** ~ (*über Geschenke*) pounce upon s.th.; **Hergang** *m* ① (*Ablauf*) course of events ② (*Umstände*) details *pl;* **her|geben** *vt* give away, hand over; **hergebracht** *adj* (*alt~*) traditional; **her|gehen** *irr vi* ① **es ging hoch her** (*wild*) there were wild goings-on; **es ging lustig her** we had lots of fun ② **hinter** (**neben, vor**) **jdm** ~ walk behind (beside, ahead of) s.o.; **hergelaufen** *adj* (*fam pej*): **ein** ~**er Kerl** a bum; **her|halten** *irr vi:* **immer** ~ **müssen** be always in for it; **her|holen** *vt* fetch, (go and) get; **her|hören** *vi* listen; **hört mal her!** listen here!

Hering ['he:rɪŋ] <-s, -e> *m* ① (*Speisefisch*) herring ② (*Zeltpflock*) (tent-)peg ③ (*fam pej: dünner Mensch*) shrimp; **Heringsbrötchen** *nt* roll with pickled herring

her|kommen *vi sein* ① come here; (*sich nähern*) approach ② (*abstammen*) come (*von* from); **herkömmlich** ['he:ɐkœmlɪç] *adj* conventional; **Herkunft** ['he:ɐkʊnft] <-> *f* ① (*Abstammung*) descent; (*soziale* ~) background ② (*Ursprung*) origin; **britischer** ~ of British descent; **von vornehmer** ~ of gentle birth; **von unbekannter** ~ of obscure origin; **Herkunftsland** *nt* country of origin; **her|leiten** **I.** *vt* (*ableiten*) derive (*aus* from) **II.** *vr* be derived (*von* from); **her|machen** **I.** *vr:* **sich über etw** ~ (*fam: in Angriff nehmen*) get stuck into s.th.; (*über Essen*) pitch into s.th.; **sich über jdn** ~ lay into s.o. **II.** *vt:* **viel** ~ (*fam*) be impressive; **wenig von sich** ~ be pretty modest

Hermelin [hɛrmə'li:n] <-s, -e> *m* ① (*großes Wiesel*) ermine ② (*Pelz*) ermine (fur)

hermetisch [hɛr'me:tɪʃ] *adv* hermetically

hernach [hɛr'na:x] *adv* afterward(s)

her|nehmen *irr vt* ① (*beschaffen*) get ② (*fam: tadeln*) give a (good) talking-to; **jdn richtig** ~ (*fordern, belasten*) make s.o. sweat

Heroin [hero'i:n] <-s> *nt* heroine

heroisch [he'ro:ɪʃ] *adj* heroic; **Heroismus** [hero'ɪsmʊs] *m* heroism

Herold ['he:rɔlt] <-(e)s, -e> *m* (*a. fig*) herald; (*Vorbote*) harbinger

Herpes <-> *m* (MED) herpes

Herr [hɛr] <-/(-en)n, -en> *m* ① (*Mann*) gentleman ② (*Gebieter*) lord, master ③ (*Anrede ohne Namen*) sir ④ (*Anrede mit Namen*) Mr (= Mister); ~ **Professor Maier** Professor Maier; **meine Damen und** ~**en!** ladies and gentlemen!; **sehr geehrter** ~ **Beck** dear Mr Beck; **sehr geehrte** ~**en** dear Sirs; ~**en** (*Toilette*) Gentlemen, Men('s room); **die** ~**en A. und B.** Messrs. A. and B.; ~ **über etw sein** have the command of s.th.; **sein eigener** ~ **sein** be one's own boss; ~ **über seine Leidenschaften sein** control one's passions; ~ **der Lage** master of the situation; ~ **über Leben und Tod sein** have the power of life and death; **einer Sache** ~ **werden** master s.th.; **des Feuers** ~ **werden** get the fire under control; **Herrenbekleidung** *f* men's wear; **Herrenfahrrad** *nt* man's bicycle; **Herrenhaus** *nt* mansion; **herrenlos** *adj* (JUR: *Sache*) ownerless; (*verlassen*) abandoned; (*Tier*) stray; **Herrenrad** *nt* man's bicycle; **Herrensalon** *m* barber's; **Herrentoilette** *f* (gentle)men's toilet, gents *sing*

Herrgott <-s> *m* God, Lord; ~**!** (*fam*) good Lord!; ~ **noch mal!** (*Fluch*) damn it all!

Herrin ['hɛrɪn] *f* mistress

herrisch *adj* ① (*gebieterisch*) domineering, imperious ② (*hochmütig*) lordly ③ (*anmaßend*) overbearing

herrlich *adj* ① (*großartig*) magnificent ② (*wunderbar*) marvel(l)ous ③ (*prächtig*) splendid; **Herrlichkeit** *f* (*fig*): **die ganze** ~ the whole set-out

Herrschaft *f* ① (*Staatsgewalt*) rule; (*eines Fürsten*) reign ② (*Macht*) power; (*Kontrolle*) control ③ (*Herr und Herrin*) master and mistress; **meine** ~**en!** (*Anrede*) ladies and gentlemen!; **die** ~ **der Vernunft** the supremacy of reason; **die** ~ **über etw** (**jdn**) **ausüben** rule s.th. (s.o.); **herrschaftlich** *adj* ① (*einem hohen Herrn gehörig*) belonging to a lord ② (*vornehm*) elegant, grand

herrschen ['hɛrʃən] *vi* ① (*die Macht haben*) rule ② (*regieren*) govern; (*als König*) reign ③ (*vor~*) prevail ④ (*bestehen*) be; **hier** ~ **ja Zustände!** (*fam*) things are in a pretty state round here!; **herrschend** *adj* ① (*Klasse, Partei*) ruling; (*König*) reigning ② (*fig: vor~*) prevailing; (*augenblicklich*) present; (*Mode, Trend*) current

Herrscher(in) *m(f)* ruler (*über* of); (*Fürst*) sovereign; **Herrscherfamilie** *f* reigning family; **Herrscherhaus** *nt* dynasty; **Herrschsucht** *f* domineering behaviour; **herrschsüchtig** *adj* domineering

her|rühren *vi* come (*von* from), be due (*von* to); **her|sagen** *vt* ① (*aufsagen*) recite ② (*herunterleiern*) reel off; **her|stellen** *vt* ① (*fam: hierher stellen*) put (over) here

❷ (*zu Wege bringen*) establish ❸ (COM: *erzeugen*) make, produce; **Hersteller(in)** *m(f)* ❶ (COM: *Produzent*) producer ❷ (*Buch~*) production manager; **Herstellung** *f* (COM TYP) production; **Herstellungskosten** *pl* production costs

herüber [hɛ'ry:bɐ] *adv* over (here); (*über Grenze*) across

herum [hɛ'rʊm] *adv* about, (a)round; **um ... ~** around ...; **oben ~** round the top; **immer um jdn ~ sein** be always hanging about s.o.; **es kostet so um die 10 Euro ~** (*fam*) it costs somewhere round 10 euro; **herum|ärgern** *vr* keep getting annoyed (*mit* with); **herum|bummeln** *vi* (*fam*) ❶ (*herumlungern*) loiter ❷ (*faulenzen*) loaf about ❸ (*trödeln*) mess about; **herum|drehen** **I.** *vt* ❶ turn round ❷ (*wenden*) turn over; **jdm das Wort im Munde ~** twist someone's words *pl* **II.** *vi* twiddle (*an etw* with s.th.) **III.** *vr* ❶ (*im Kreis*) rotate; (*um sich selbst*) spin (a)round ❷ (*sich umwenden*) turn round (*zu jdm* toward(s) s.o.); **herum|drucksen** *vi* (*fam*) hum and haw *Br*, hem and haw *Am*; **herum|fahren** *irr* **I.** *vt haben* drive about, take around **II.** *vi sein* ❶ (*umherfahren*) drive around ❷ (*sich schnell umdrehen*) turn round quickly; **herum|fuchteln** [hɛ'rʊmfʊxtəln] *vi* (*fam*) wave one's hands about; **herum|führen** **I.** *vt* ❶ (*Tiere, Menschen*) lead around (*um etw* s.th.) ❷ (*bei Besichtigung*) show around (*in etw* s.th.); **etw um etw ~** (*herumbauen*) build s.th. around s.th.; **jdn an der Nase ~** lead s.o. up the garden path **II.** *vi* go around (*um etw* s.th.); **herum|gehen** *irr vi* ❶ (*umhergehen*) go around (*in etw* s.th.) ❷ (*um etw ~*) walk around (*um etw* s.th.) ❸ (*zirkulieren*) be passed around ❹ (*zu Ende gehen*) pass; **etw ~ lassen** (*weiterreichen*) circulate s.th.; **diese Melodie geht mir im Kopf ~** that tune goes round and round in my head; **das Gerücht geht herum, dass ...** there's a rumour around that ...; **herum|horchen** *vi* (*fam: sich umhören*) keep one's ears open; **herum|kommandieren** *vt, vi* order around; **herum|kommen** *vi sein* (*reisen*) get around; **um etw ~** (*nicht tun müssen*) get out of s.th.; **er ist weit herumgekommen** he has seen a lot of the world; **Sie kommen um die Tatsache nicht herum, dass ...** you cannot overlook the fact that ...; **herum|kramen** *vi* (*fam*) rummage around; **herum|kriegen** *vt* ❶ (*fam*) get round ❷ (*Zeit*) get through; **herum|laufen** *vi sein* (*fam*) run around; **frei ~** (*Verbrecher*) be at large; (*Hund*) run free; **herum|liegen** *vi* (*fam*) lie around; (*verstreut*) be scattered about; (*faul*) laze around; **herum|lungern** [-'-lʊŋɐn] *vi* (*fam*) loaf about; **herum|reichen** **I.** *vt* (*zirkulieren lassen*) hand round; **jdn ~** introduce s.o. to one's friends **II.** *vi* reach round (*um etw* s.th.); **herum|reiten** *vi sein* (*fam: umherreiten*) ride about; **auf etw ~** (*dauernd von etw reden*) harp upon s.th.; **herum|schlagen** *irr vr* (*fam*) ❶ (*sich prügeln*) scuffle about ❷ (*mit Personen*) battle; (*mit Problemen*) struggle (*mit* with); **herum|schleppen** *vt* (*fam*) drag about; **herum|schnüffeln** *vi* (*fam*) snoop about; **herum|springen** *vi* (*fam*) dance about; **herum|stehen** *irr vi* (*fam*) stand around (*um jdn, etw* s.o., s.th.); **herum|stoßen** *vt* push [*o* shove] around; **herum|suchen** *vi* (*fam*) ferret about (*nach* for); **herum|treiben** *irr vr* (*fam*) ❶ (*herumziehen*) knock around (*mit jdm* with s.o.) ❷ (*herumhängen*) hang around; **herum|werfen** *irr* **I.** *vt* (*Lenkrad, Hebel*) throw around; **das Steuer ~** (*fig*) alter course **II.** *vr* toss about; **herum|ziehen** *vi* ❶ (*umherziehen*) wander about ❷ (*fam: zerren*) pull around (*an etw* at s.th.); **in der Weltgeschichte ~** (*fam*) roam the world; **etw mit sich ~** take s.th. around with one

herunten *adv* (*österr: hier unten*) down here

herunter [hɛ'rʊntɐ] **I.** *adv* down; **von oben ~** from above; **vom Berg ~** down the mountain; **gerade ~** straight down; **~ damit!** down with it! **II.** *präp* down; **die Treppe/den Berg ~** down the stairs/the mountain; **herunter|fallen** *irr vi* fall down; **herunter|gehen** *irr vi* ❶ go down; (*eine Treppe*) go downstairs ❷ (AVIAT) descend ❸ (*Preise*) go down

herunter|fahren *irr vt* (INFORM: *abspeichern vor dem Abschalten*) download, save

heruntergekommen *adj* ❶ down-and-out ❷ (*äußerlich*) dowdy ❸ (*finanziell*) rundown ❹ (*moralisch*) degenerated ❺ (*verfallen*) dilapidated

herunter|handeln *vt* (*Preis*) beat down; **herunter|hauen** *irr vt* (*fam*): **jdm eine ~** give s.o. a clip on the ear; **herunter|holen** *vt* ❶ fetch down ❷ (MIL AERO: *abschießen*) shoot down; **herunter|klappen** *vt* (*Kragen*) turn down; (*Sitz*) fold down; **herunter|kommen** *irr vi* ❶ (*nach unten kommen*) come down ❷ (*gesundheitlich*) get run down; (*wirtschaftlich*) go to pot

❸ (*moralisch*) degenerate ❹ (*verfallen*) decay; **herunter|laden** *vt* (INTERNET) to download; **herunter|machen** *vt* ❶ (*fam: kritisieren*) tear to pieces; (*fam: schlecht machen*) run down ❷ (*abmachen, wegmachen*) take down; **herunter|purzeln** *sein vi* tumble down; **herunter|putzen** *vt* (*fam*): **jdn** ~ tear strips off someone; **herunter|schlucken** *vt* swallow; **herunter|schrauben** *vt* (*fig*): **seine Ansprüche** ~ lower one's demands; **herunter|spielen** *vt* (*Problem*) play down; **herunter|wirtschaften** *vt* (*fam*) run down

hervor [hɛrˈfoːɐ] *adv:* **aus etw** ~ out from s.th.; **unter etw** ~ from under s.th.; **hervor|bringen** *vt* ❶ (*produzieren*) bring forth, produce ❷ (*Worte äußern*) get out; **hervor|gehen** *vi sein* ❶ (*als Sieger*) come out ❷ (*entstehen*) develop, spring (*aus* from) ❸ (*folgen, sich ergeben*) follow (*aus* from); (*herrühren*) result (*aus* from) ❹ (*stammen*) come (*aus* from); **hervor|heben** *irr vt* ❶ (*betonen*) emphasize, stress ❷ (*fig: herausstreichen*) point out ❸ (TYP: *im Druck*) set off; **hervor|holen** *vt* get out, produce; **hervor|locken** *vt* lure out (*aus* from, *hinter* from behind); **hervor|ragen** *vi* ❶ (*hervorstehen*) jut out; (*höher sein*) tower (*aus etw* above s.th.) ❷ (*fig: hervorstechen*) stand out; **hervorragend** *adj* (*ausgezeichnet*) excellent, outstanding; **hervor|rufen** *irr vt* ❶ (*verursachen*) cause, give rise to ❷ (*Bewunderung*) arouse; **hervorstechend** *adj* (*auffallend*) striking; **hervor|treten** *vi sein* ❶ (*heraustreten*) step out; (*von Augen, Adern*) protrude; (*auftauchen*) emerge (from behind) ❷ (*vor die Öffentlichkeit treten*) come to the fore ❸ (*Farben, Umrisse*) stand out; (*sichtbar werden*) become evident; ~ **lassen** set off (*vor* against); **her|vortun** *irr vr* (*auszeichnen*) distinguish o.s.; **hervor|wagen** *vr* venture (to come) out

Herz [hɛrts] <-ens, -en> *nt* ❶ heart ❷ (*in Zssg*) heart-, of the heart; (MED) cardiac ❸ (*Farbe beim Kartenspiel*) hearts *pl;* (*einzelne Spielkarte*) heart ❹ (*als Kosewort*) sweetheart; **ein gutes** ~ **haben** be good-hearted; **jdm sein** ~ **ausschütten** pour out one's heart to s.o.; **jdm das** ~ **brechen** break someone's heart; **sein** ~ **ist angegriffen** his heart is affected; **mein** ~ **klopft** my heart is beating; **jdm sein** ~ **schenken** (*poet*) give s.o. one's heart; ~ **spielen** (*beim Kartenspiel*) play hearts *pl;* **sein** ~ **verlieren** lose one's heart; **das liegt mir** (**sehr**) **am** ~**en** I am (very) concerned about that; **jdm etw ans** ~ **legen** recommend s.th. warmly to s.o.; **Hand aufs** ~, **hast du wirklich ...?** did you honestly ...?; **jdm ans** ~ **gewachsen sein** be very dear to s.o.; **etw auf dem** ~**en haben** have s.th. on one's mind; **aus tiefstem** ~**en** from the bottom of one's heart; **im tiefsten** ~**en** in one's heart of hearts; **im** ~**en der Stadt** in the heart of the city; **jdn ins** ~ **schließen** take s.o. to one's heart; **ich kann es nicht übers** ~ **bringen** I haven't got the heart to do it; **jdm das** ~ **schwer machen** grieve s.o.; **schweren** ~**ens** with a heavy heart; **von** ~**en** (**gern**) with all one's heart; **jdn auf** ~ **und Nieren prüfen** (*fam*) put s.o. to the acid test; **mit ganzem** ~ wholeheartedly; **aus ganzem** ~**en lachen** laugh heartily; **jdm zu** ~**en gehen** touch someone's heart; **sich etw zu** ~**en nehmen** take s.th. to heart; **ein** ~ **und eine Seele sein** be bosom friends; **jdm aus dem** ~**en sprechen** voice someone's innermost thoughts

Herzanfall *m* heart attack; **Herzbeutel** *m* (MED) pericardium

herzen [ˈhɛrtsən] *vt* (*obs*) ❶ (*umarmen*) embrace, hug ❷ (*liebkosen*) cuddle

herzensgut *adj* kind-hearted, very kind; **Herzenslust** *f:* **nach** ~ to one's heart's content; **herzergreifend** *adj* heart-rending

Herzfehler *m* (MED) cardiac defect

herzhaft *adj* (*kräftig*) hearty

her|ziehen *irr* **I.** *vt haben* ❶ (*näher heran ziehen*) draw closer ❷ **jdn** (**etw**) **hinter sich** ~ drag s.o. (s.th.) along behind one **II.** *vi sein* ❶ (*in neue Wohnung ziehen*) move here ❷ (*gehen, marschieren*) march along (*vor* in front of, *neben* beside, *hinter* behind); **über jdn** (**etw**) ~ pull s.o. (s.th.) to pieces

herzig [ˈhɛrtsɪç] *adj* delightful, sweet

Herzinfarkt *m* heart attack; **Herzinsuffizienz** *f* heart failure; **Herzkammer** *f* (MED) ventricle; **Herzklappe** *f* (MED) cardiac valve; **Herzklappenfehler** *m* valvular defect of the heart; **Herzklopfen** *nt* throbbing of the heart; **ich bekam** ~ my heart started pounding; **herzkrank** *adj* suffering from a heart condition; **Herzkrankheit** *f* heart condition, cardiopathy; **Herzkranzgefäße** *ntpl* coronary blood vessels; **Herz-Kreislauf-Erkrankung** *f* (MED) cardiovascular disease [*o* complaint]; **Herz-Kreislauf-System** *nt* (MED) heart circulation system; **Herzleiden** *nt* heart

H

condition, cardiopathy

herzlich **I.** *adj* ① (*Empfang*) warm ② (*Lachen*) hearty ③ (*Bitte*) sincere ④ (*eher formelhaft*) cordial; ~**e Grüße** kind regards; ~**en Dank!** thank you very much indeed!; ~**es Beileid!** you have my heartfelt sympathy! **II.** *adv* ① (*sehr*) very ② (*äußerst*) utterly; ~ **wenig** precious little; ~ **gern** with all one's heart; **Herzlichkeit** *f* (*Wärme*) warmth; **herzlos** *adj* heartless

Herz-Lungen-Maschine *f* (MED) heart-lung machine; **Herzmittel** *nt* cardiac drug; **Herzmuskel** *m* (MED) cardiac muscle

Herzog(in) ['hɛrtso:k] *m(f)* duke (duchess); **Herzogtum** *nt* ① (*Land*) duchy ② (*Würde*) dukedom

Herzrhythmusstörung *f* (MED) palpitation; **Herzschlag**[1] *m* ① (*einzelner Schlag des Herzens*) heartbeat ② (*Herztätigkeit*) pulse rate; **Herzschlag**[2] *m* (MED: *Stillstand des Herzens*) heart failure; **Herzschrittmacher** *m* (MED) cardiac pacemaker; **Herzstillstand** *m* (MED) cardiac arrest; **Herztätigkeit** *f* (MED) cardiac activity; **Herztransplantation** ['-transplanta'tsio:n] <-, -en> *f* (MED) heart transplant; **Herzversagen** *nt* heart failure

herzzerreißend *adj* heart-rending

Hesse, **-sin** ['hɛsə] <-n, -n> *m, f* Hessian; **hessisch** *adj* Hessian

heterogen *adj* heterogeneous

heterosexuell [heterozɛksu'ɛl] *adj* heterosexual

Hetze ['hɛtsə] <-, (-n)> *f* ① (*fam: Eile*) hurry, rush ② (*fig*) agitation, campaign (*gegen* against); **hetzen** *vt haben, vi sein* ① (*jagen*) chase, hunt ② (*eilen, antreiben*) hurry, rush ③ (*fig: aufreizen*) agitate, stir up hatred (*gegen* against); **zu Tode** ~ hunt to death; (*fig*) hound; **die Hunde auf jdn** ~ set the dogs on s.o.; **Hetzerei** *f* (*Eile*) rush; **Hetzkampagne** *f* inflammatory campaign

Heu [hɔɪ] <-(e)s> *nt* hay; ~ **machen** make hay; **Geld wie** ~ **haben** (*fam*) be rolling in money, have pots of money; **Heuboden** *m* hayloft

Heuchelei [hɔɪçə'laɪ] *f* hypocrisy; **heucheln** ['hɔɪçəln] **I.** *vi* (*sich verstellen*) play the hypocrite **II.** *vt* (*vortäuschen*) feign; **Heuchler(in)** *m(f)* ① hypocrite ② (*Frömmler*) canter; **heuchlerisch** *adj* ① hypocritical ② (*frömmelnd*) canting

heuer ['hɔɪɐ] *adv* this year

heulen ['hɔɪlən] *vi* ① howl; (*laut*) yell ② (*Wind*) roar ③ (*Tiere*) howl, yelp ④ (*Sirene*) wail; **das** ~**de Elend** (*fam*) the blues *pl;* **es ist einfach zum Heulen** (*fam*) it's enough to make you weep

heurig ['hɔɪrɪç] *adj* (*österr, CH*) *this year's*

i Land & Leute

Der Heurige is the Austrian term for new wine served after the main fermentation.

Heuschnupfen *m* hay fever

Heuschrecke ['hɔɪʃrɛkə] <-, -n> *f* grasshopper; (*in heißen Ländern*) locust

heute ['hɔɪtə] *adv* today, this day; ~ **Abend** this evening, tonight; ~ **früh,** ~ **Morgen** this morning; ~ **Mittag** today at twelve o'clock *Br,* today noon *Am;* ~ **in 8 Tagen** this day week, today week; ~ **in einem Jahr** a year from today; ~ **vor 8 Tagen** a week ago today; **den Wievielten haben wir** ~**?** what date is it today?; **bis** ~ till today; **noch** ~ **muss das geschehen** it has to be done this very day; **von** ~ **an** from this day on; **der Mensch von** ~ modern man; **die Jugend von** ~ the young people of today

heutig *adj* ① of this day, today's ② (*gegenwärtig*) contemporary; (*neuzeitlich*) modern; **der** ~**e Tag** today; **bis zum** ~**en Tag** to this very day; **vom** ~**en Tag** (COM: *Brief*) of today('s date)

heutzutage *adv* nowadays, these days

Hexe ['hɛksə] <-, -n> *f* witch; **alte** ~ (*pej: alte Frau*) old hag; **hexen** ['hɛksən] *vi* (HIST) practise witchcraft; (*Wunder wirken*) work miracles; **ich kann doch nicht** ~**!** (*fam*) I am not a magician!; **Hexenkessel** *m* (*fig*) pandemonium

Hexenschuss *m* (MED) lumbago

Hexer ['hɛksɐ] <-s, -> *m* wizard; **Hexerei** *f* ① (*das Hexen*) sorcery, witchcraft ② (*von Zaubertrick*) magic; **das ist doch keine** ~ (*fam*) that's no magic

Hickhack <-s> *nt* (*fam*) squabbling

Hieb [hi:p] <-(e)s, -e> *m* ① (*Schlag*) blow; (*Streich*) stroke ② (*beim Fechten*) slash; ~**e bekommen** get a thrashing

hieb- und stichfest *adj* watertight, copper-bottomed

hier [hi:ɐ] *adv* ① (*räumlich*) here; (*in diesem Land*) in this country ② (*zeitlich*) now; **der Herr** ~ this gentleman; **sind Sie von** ~ are you a local?; ~ **und da** (*örtlich*) here and there; (*zeitlich*) now and then; ~ **oben** up here; ~ **unten** down here; ~ **ist Frau W.** (TELE) this is Mrs W. (speaking); ~ **bin ich** here I am!; **es steht mir bis** ~ (*fig sl: ich hab's satt*) I'm fed up to here

hieran *adv:* ~ **lässt sich erkennen, …** you can see from this …; **wenn ich ~ denke** when I think of this; ~ **kann es keinen Zweifel geben** there can be no doubt about that; ~ **erkenne ich es** I recognize it by this

Hierarchie [hierar'çiː] <-, -n> *f* hierarchy

hierauf *adv* (*zeitlich*) then; **hieraus** *adv* from this; **hierbei** *adv* ① (*währenddessen*) doing this ② (*bei dieser Gelegenheit*) on this occasion; (*in diesem Zusammenhang*) in this connection; **hierdurch** *adv* ① (*hier hindurch*) through here ② (*fig: hiermit*) by this means, hereby, herewith ③ (JUR: *kraft*) by (virtue of) the present; **hierfür** *adv* for it, for this; **hierher** *adv* here, over here, this way; ~**!** come here!; **bis ~** (*zeitlich*) so far, up to now; (*räumlich*) up to here; **bis ~ und nicht weiter** this far and no further; **mir steht es bis ~** (*sl*) I'm fed up to here; **hierin** *adv* (*a. fig*) in this; **hiermit** *adv* herewith, with this

Hieroglyphe [hiero'glyːfə] <-, -n> *f* hieroglyphics

hierüber *adv* ① (*hierher*) over here ② (*oberhalb dieser Stelle*) over it ③ (*betreffend*) about this; **hierunter** *adv* ① (*unter diesem hier*) beneath this, under this ② (*fig*) by this; (*in dieser Kategorie*) among these; **hiervon** *adv* (*von diesem*) from this; **hierzu** *adv* ① (*dafür*) for this; (*dazu*) with this ② (*außerdem*) in addition to this, moreover ③ (*zu diesem Punkt*) about this

hierzulande *adv* here, in this country

hiesig ['hiːzɪç] *adj* local; **die ~e Bevölkerung** the local population

Hi-Fi-Anlage ['haɪfaɪ/'haɪfi] *f* hi-fi (set)

high *adj* (*sl: von Drogen*) high; **von etw ~ werden** get a kick from s.th.

Highflyer ['haɪflaɪe] <-s, -> *m* (*erfolgreiches, neues Unternehmen*) high flyer

Highlife ['haɪlaɪf] <-s> *nt* (*fam*) high life; ~ **machen** live it up

High-Tech ['haɪ'tɛk] <-(s)> *nt* high-tech, hi tech

Hilfe ['hɪlfə] <-, -n> *f* ① help ② (*finanzielle ~*) aid; (*Beistand*) assistance ③ (*für Notleidende*) relief ④ (*Hilfskraft*) help; **erste ~** first aid; **mit ~ des Lineals** with the help of the ruler; **ohne ~ sein** stand alone; **zu ~!** help! help!; **jdn um ~ bitten** ask for someone's help; **jdm zu ~ kommen** come to someone's aid; **jede ~ kam zu spät** it was too late to help; **jdm ~ leisten** help s.o.; **etw zu ~ nehmen** make use of s.th.; **um ~ rufen** cry for help; ~ **suchend** imploring, seeking help; **jdn ~ suchend ansehen** look at sb beseechingly; **Hilfeleistung** *f* assistance, help; **Hilferuf** *m* ① cry for help ② (*fig*) urgent appeal

hilflos *adj* helpless; **Hilflosigkeit** *f* helplessness; **hilfreich** *adj* ① helpful ② (*nützlich*) useful

Hilfsaktion *f* relief action; **Hilfsarbeiter(in)** *m(f)* unskilled worker; **hilfsbedürftig** *adj* ① (*Hilfe benötigend*) in need of help ② (*Not leidend*) needy; **hilfsbereit** *adj* ① (*helfend, hilfreich*) helpful ② (*entgegenkommend*) obliging; **er ist stets ~** he is always ready to help; **Hilfsdatei** *f* (EDV) scratch file; **Hilfsdienst** *m* ① (*Aus~*) auxiliary service ② (*Notdienst*) emergency service ③ (AUTO: *bei Autopannen*) breakdown service, wrecker service *Am;* **Hilfskraft** *f* ① (*Assistent*) assistant, help(er) ② (*Aus~*) temporary worker; **Hilfsmittel** *nt* ① (*Hilfe*) aid ② (*Maßnahme*) means, measure ③ (*pl: Mittel*) resources ④ (*Werkzeug*) device; **Hilfsmotor** *m:* **Fahrrad mit ~** motor-assisted bicycle; **Hilfswerk** *nt* relief organization; **Hilfszeitwort** *nt* (GRAM) auxiliary verb

Himbeere ['hɪmbeːrə] <-, -n> *f* raspberry; **Himbeersaft** *m* raspberry juice

Himmel ['hɪməl] <-s, -> *m* ① (*der sichtbare ~*) sky ② (REL) heaven; (*Paradies*) paradise; (*fig: Gott, Schicksal*) Heaven ③ (*Decke eines ~bettes*) canopy; **bewölkter ~** cloudy sky; **am ~** in the sky; **aus heiterem ~** out of the blue; **um ~s willen!** for Heaven's sake!; **dem ~ sei Dank!** thank Heaven!; **du lieber ~!** great Heavens!; **unter freiem ~ schlafen** sleep in the open air; ~ **und Erde in Bewegung setzen** move heaven and earth; **jdn in den ~ heben** praise s.o. to the skies *pl;* **das Blaue vom ~ herunterlügen** (*fam*) lie a blue streak; **jdm das Blaue vom ~ versprechen** promise s.o. everything under the sun

Himmelbett *nt* four-poster; **himmelblau** *adj* azure, sky-blue; **Himmelfahrt** *f* ① **Christi ~** the Ascension of Christ ② (*~stag*) Ascension Day; **Mariä ~** the Assumption of the Virgin Mary; **Himmelreich** *nt* Kingdom of Heaven; **himmelschreiend** *adj* ① (*Unrecht*) outrageous; (*Verhältnisse*) appalling ② (*Unsinn*) utter ③ (*Schande, Skandal*) crying; **Himmelskörper** *m* (ASTR) celestial body; **Himmelsrichtung** *f* direction; **himmelweit** *adj* (*fig*) tremendous; **es ist ein ~er Unterschied** it makes all the difference in the world

himmlisch ['hɪmlɪʃ] *adj* ① (*zum Himmel*

gehörig) heavenly ❷ (*wunderbar*) divine; (*grenzenlos*) infinite

hin [hɪn] **I.** *adv* ❶ (*dort~*) there; (*zu*) towards ❷ (*entlang*) along; **nichts wie ~!** (*fam*) let's go then!; ~ **und her** (*auf und ab*) to, and fro; (~ *und zurück*) there and back; **das Hin und Her** the comings and goings *pl;* **auf die Gefahr ~ missverstanden zu werden** at the risk of being misunderstood; **auf seinen Rat** ~ on his advice; ~ **und wieder** (every) now and again; ~ **und zurück** there and back; **eine Fahrkarte ~ und zurück** a return ticket *Br,* a round-trip ticket *Am;* **Sonntag ~, Sonntag her** Sunday or not; **über die Jahre** ~ as years go by; **nach außen** ~ (*fig*) outwardly; **wo sind sie ~?** (*fam*) where have they gone?; **etw ~ und her überlegen** think about s.th. over and over (again) **II.** *adj pred* (*fam*) ❶ (*Ruf*) ruined ❷ (*kaputt*) broken ❸ (*fig: erschöpft*) done in ❹ (*fig: begeistert*) carried away ❺ (*fig: tot*) dead; **sie war ganz ~ (und weg)** (*fam: hingerissen*) she was really carried away; **dein Ruf ist** ~ (*fam*) your reputation is ruined

hinab [hɪ'nap] *adv* down, downward(s); ~ **mit dir!** down with you! down you go!; **den Berg** ~ down the hill, downhill; **den Strom** ~ down the river, downstream

hin|arbeiten *vi* aim (*auf* at)

hinauf [hɪ'naʊf] *adv* up; **da** ~ up there; **die Straße** ~ up the street; **hinauf|fahren** *irr* **I.** *vi* go up, drive up **II.** *vt* take up, drive up; **hinauf|gehen** *irr vi* ❶ go up; (*Treppe*) go upstairs ❷ (*von Preisen*) rise; **hinauf|steigen** *irr vi* climb up

hinaus [hɪ'naʊs] *adv* ❶ (*räumlich*) out; **über ...** ~ beyond ... ❷ (*zeitlich*): **über ...** ~ until after ... ❸ (*fig*): **über ...** ~ on top of ...; (*jenseits*) beyond ...; ~ **(mit Ihnen)!** (get) out!; **hier** ~ this way out; **sie wohnt nach hinten (vorn)** ~ she is living towards the back (the front); **zum Fenster** ~ out of the window; **zur Tür** ~ out through the door; **auf Jahre** ~ for years to come; **darüber** ~ on top of this; **über das Grab** ~ beyond the grave; **er will zu hoch** ~ (*fig*) he aims too high; **hinaus|befördern** *vt* kick out, throw out; **hinaus|begleiten** *vt* see out (*aus* of); **hinaus|ekeln** *vt* winkle out; **hinaus|gehen** *irr vi* ❶ (*Raum verlassen*) go out ❷ (*Tür, Zimmer, Fenster*) open (*auf* onto) ❸ (*fig: überschreiten*) go beyond (*über etw* s.th.) ❹ (*fig: übertreffen, übersteigen*) exceed (*über etw* s.th.); **hinaus|laufen** *irr vi* ❶ (*hinausrennen*) run out ❷ (*fig*): **auf etw** ~ come to s.th.; **hinaus|lehnen** *vr* lean out; **hinaus|schicken** *vt* send out; **hinaus|schieben** *vt* put off, postpone; **hinaus|schießen** *vi sein* (*fig*): **über das Ziel** ~ overshoot the mark; **hinaus|werfen** *irr vt* ❶ (*aus Fenster*) throw out ❷ (*fam: entfernen*) chuck out; (*entlassen*) fire; (*sl*) sack; **einen Blick** ~ take a, glance outside; **Geld zum Fenster** ~ (*verschwenden*) pour money down the drain; **hinaus|wollen** *irr vi* (*beabsichtigen*) be driving at; **hoch** ~ aim high; **hinaus|zögern** *vt* delay

hin|biegen *irr vt* (*fam*) sort out

Hinblick *m:* **im ~ auf ...** (*in Bezug auf*) with regard to ...; (*angesichts*) in view of ...

hin|bringen *irr vt* ❶ (*begleiten*) take there ❷ (*fig: Zeit*) pass, spend

hinderlich ['hɪndɐlɪç] *adj* ❶ (*im Weg*) in the way ❷ (*lästig*) restricting; (*störend*) embarrassing; **jdm ~ sein** (*jdm im Wege stehen*) stand in someone's way; **jds Fortkommen ~ sein** be an obstacle to someone's advancement

hindern **I.** *vt* ❶ (*aufhalten*) hinder; (*hemmen*) hamper, impede ❷ (*ganz abhalten*) prevent (*an* from) **II.** *vi* (*stören*) be a hindrance (*bei* to); **Hindernis** ['hɪndɐnɪs] <-ses, -se> *nt* ❶ (*a. fig*) obstacle ❷ (*Erschwernis*) hindrance ❸ (*Behinderung*) handicap; **jdm ~se in den Weg legen** put obstacles in someone's way; **alle ~se aus dem Wege räumen** remove all obstacles; **auf ~se stoßen** run into obstacles; **Hindernisrennen** *nt* (*auf Pferden*) steeplechase

hin|deuten *vi* ❶ (*zeigen*) point (*auf* at) ❷ (*anzeigen*) indicate

Hindu ['hɪndu] <-(s), -(s)> *m* Hindu

hindurch [hɪn'dʊrç] *adv* ❶ (*räumlich*) through ❷ (*zeitlich*) throughout; **das ganze Jahr** ~ all the year round, througout the year; **den ganzen Tag** ~ all day (long); **mitten** ~ right through; **lange Zeit** ~ for a long time

hinein [hɪ'naɪn] *adv* ❶ (*räumlich*) in, inside, into ❷ (*zeitlich*) into; ~ **mit Ihnen!** in you go!; **da** ~ in there; **in etw** ~ into s.th.; **bis tief in die Nacht** ~ well into the night; **hinein|finden** *vr:* **sich ~ in ...** (*vertraut werden mit*) get familiar with ...; (*sich abfinden*) come to terms with ...; **hinein|gehen** *vi sein* ❶ go in (*in* -to) ❷ (*hineinpassen*): **in dieses Faß gehen 20 Liter hinein** this barrel holds 20 liters; **hinein|legen** *vt* (*a. fig*) put in; **hinein|passen** *vi:* **in etw** ~ fit into s.th.;

(*in Schema*) fit in with s.th.; **hinein|reden** *vi* ① (*unterbrechen*) interrupt (*jdm* s.o.) ② (*sich einmischen*) interfere (*jdm* in someone's affairs); **sich in seine Wut ~** talk o.s. into a rage; **hinein|stecken** *vt* put in (*in* -to); **viel Mühe in etw ~** put a lot of effort into s.th.; **seine Nase in alles ~** poke one's nose into everything; **hinein|steigern** *vr* work o.s. up (*in einen Zustand* into a state); **sich in seine Wut ~** work o.s. up into a rage; **sich in seinen Kummer ~** let o.s. be completely taken up with one's worries *pl;* **sich in eine Rolle ~** become completely caught up in a role; **hinein|versetzen** *vr* put o.s. in the position (*in jdn* of s.o.)

hin|fahren *irr* **I.** *vt haben* take [*o* drive] there **II.** *vi sein* go there, drive there, sail there; **Hinfahrt** *f* journey there; (MAR) voyage out; (RAIL) outward journey; **auf der ~** on the way there; **nur ~** (RAIL) single *Br,* one way *Am*

hin|fallen *irr vi* fall (down); **hinfällig** *adj* ① (*schwach*) frail ② (*unhaltbar*) untenable ③ (*ungültig*) invalid; **Hinfälligkeit** *f* ① (*Schwäche*) frailness ② (*fig: Ungültigkeit*) invalidity

Hinflug *m* (AVIAT) outward flight

hin|führen *vt, vi* (*a. fig*) lead there; **wo soll das ~?** (*fig*) where is this leading to?

Hingabe <-> *f* ① (*Ergebenheit*) devotion ② (*Begeisterung*) dedication; **hin|geben** *irr* **I.** *vt* ① (*aufgeben*) give up ② (*opfern*) sacrifice **II.** *vr:* **sich einer Sache ~** (*einer positiven Sache*) devote o.s. to s.th.; (*einer negativen Sache*) abandon o.s. to s.th.; **sich jdm ~** give o.s. to s.o.; **hingebungsvoll** *adj* devoted

hingegen [-'--] *konj* (*jedoch*) however; (*andererseits*) on the other hand

hin|gehen *irr vi* ① go there ② (*von Zeit*) go by, pass; **etw ~ lassen** (*fig*) hinnehmen, let s.th. pass

hin|halten *irr vt* ① (*reichen*) hold out (*jdm* to s.o.) ② (*fig*): **jdn ~** put s.o. off; **Hinhaltetaktik** *f* stalling tactics *pl*

hin|hauen *irr* **I.** *vt* (*sl*) ① (*hinschmeißen*) plonk down ② (*hinschmieren*) knock off **II.** *vi* (*sl*) ① (*ausreichen*) do ② (*klappen*) work **III.** *vr* (*sl: sich schlafen legen*) turn in

hinken ['hɪŋkən] *vi* limp; (*unpassend sein*) be inappropriate; **mit dem rechten Bein ~** have a limp in one's right leg; **der Vergleich hinkt** that's a lame comparison

hin|knien *vi, vr* kneel down

hinlänglich *adj* ① (*ausreichend*) sufficient ② (*angemessen*) adequate

hin|legen I. *vt* ① (*niederlegen*) put down; (*flach ~*) lay down ② (*fam: Leistung*) perform effortlessly ③ (*fam: bezahlen müssen*) fork out **II.** *vr* lie down; **sich der Länge nach ~** (*fam*) be taken aback

hin|nehmen *irr vt* accept, take; **etw als selbstverständlich ~** take s.th. for granted

hin|raffen *vt* (*poet*) carry off

hinreichend *adj* ① (*ausreichend*) sufficient ② (*angemessen*) adequate

Hinreise *f* journey there; (MAR) voyage out; (RAIL) outward journey; **auf der ~** on the way there; **Hin- und Rückreise** journey there and back

hin|reißen *irr vt* ① (*entzücken*) enrapture, thrill ② (*überwältigen*) force (*jdn zu etw* s.o. into s.th.); **sich ~ lassen** let o.s. be carried away (*zu einer Entscheidung* into making a decision); **hinreißend** *adj* (*fantastisch*) fantastic; (*bezaubernd*) enchanting; (*Schönheit*) ravishing

hin|richten *vt* (*Verbrecher*) execute; **jdn durch den Strang ~** hang s.o.; **Hinrichtung** *f* execution

hin|schmeißen *irr vt* ① (*fam: hinwerfen*) fling down ② (*fam: aufgeben*) chuck in

hin|sehen *irr vi* look; **vor sich ~** look straight ahead

hin|setzen I. *vt* (*Gegenstände*) set down; (*Personen*) seat **II.** *vr* sit down; **sich gerade ~** sit up straight

Hinsicht *f:* **in jeder ~** in every respect; **in ~ auf ...** (*bezüglich*) with regard to ...; (*angesichts*) in view of ...; **in dieser ~** in this regard; **hinsichtlich** *präp* (*bezüglich*) with regard to; (*angesichts*) in view of

hin|stellen I. *vt* ① (*hinsetzen, -legen*) put (down) ② (*fam: Häuser*) put up; **jdn (etw) als jdn (etw) ~** make s.o. (s.th.) out to be s.o. (s.th.) **II.** *vr* ① stand ② (*parken*) park

hinten ['hɪntən] *adv* behind; (*auf der Rückseite*) at the back; **~ im Buch** at the end of the book; **~ im Bild** in the back of the picture; **nach ~** to the back; **von ~ anfangen** begin from the back; **ein Blick nach ~** a look behind; **~ bleiben** stay behind; (*fig*) lag behind; **von ~ (her)** from behind, from the back; **von weit ~** from the very back; **weit ~** far behind, far back; **jdn am liebsten von ~ sehen** (*fam*) be glad to see the back of s.o.; **jdn ~ und vorne bedienen** wait on s.o. hand and foot; **es jdm ~ und vorne reinstecken** (*fam*) spoon-feed s.o.; **ich weiß nicht mehr, wo ~ und vorn ist** (*fam*) I don't know whether I'm coming or going; **das langt ~ und vorn nicht** (*fam*) that's not enough to make ends meet

hinter ['hɪntɐ] *präp* ① (*räumlich*) behind ② (*zeitlich*) after; ~ **dem Haus** at the back of the house; ~ **mir** (**her**) (*räumlich*) behind me; (*um mich zu kriegen*) after me; ~ **meinem Rücken** behind my back; **sich hinter jdn stellen** stand behind s.o., support s.o.; ~ **Schloss und Riegel** under lock and key; ~ **etw kommen** get to the bottom of s.th.; ~ **etw stecken** be at the bottom of s.th.; **etw** ~ **sich bringen** get s.th. over (and done with); (*Entfernung*) cover s.th.; **etw** ~ **sich haben** (*überstanden*) have got over s.th.; (*Krankheit, schlimme Zeit*) have been through s.th.; (*zurückgelegt*) have covered s.th.; ~ **sich lassen** leave behind

Hinterachse *f* (AUTO) rear axle

Hinterbacke *f* buttock

Hinterbein *nt* hind leg; **sich auf die ~e stellen** (*Pferd*) rear up; (*fam: sich widersetzen*) kick up a fuss

Hinterbliebene(r) [hɪntɐ'bli:bənə] *f m* (JUR) surviving relative; **die ~n** the bereaved

hinterbringen *irr vt* inform (*jdm etw* s.o. of s.th.)

hintere ['hɪntərə] *adj* back; **der** (**die**) ~ the one at the back

hintereinander *adv* ① (*zeitlich*) one after the other, one after another ② (*räumlich*) one behind the other; **drei Tage** ~ three days running; **dicht** ~ (*zeitlich*) close behind; (*räumlich*) close on one another

Hintergedanke *m* ulterior motive

hintergehen *irr vt haben* (*betrügen*) deceive

Hintergrund *m* ① (*von Zimmer, Gemälde, a. fig*) background ② (THEAT) back; **vor diesem** ~ (*a. fig*) against this background; **im** ~ **bleiben** (*a. fig*) stay in the background; **Hintergrundprogramm** *nt* background program

Hinterhalt *m* (MIL: *a. fig*) ambush; **in einen** ~ **locken** draw into an ambush; **im** ~ **liegen** lie in ambush; **jdn aus dem** ~ **angreifen** ambush s.o.; **jdm im** ~ **auflauern** wait in ambush for s.o.; **hinterhältig** ['hɪntɐhɛltɪç] *adj* underhand

Hinterhand *f*: **noch etw in der** ~ **haben** have s.th. up one's sleeve

hinterher [--'-] *adv* ① (*räumlich*) behind ② (*zeitlich*) afterward(s); **hinter|herlaufen** *vi sein* ① run behind ② (*fam*) run after (*jdm* s.o.)

hinterher|hecheln *vi* (*pej fam*) try to keep up

Hinterhof *m* backyard

Hinterkopf *m* back of one's head; **etw im** ~ **haben** (*fam*) have s.th. in the back of one's mind

Hinterland <-(e)s> *nt* hinterland

hinterlassen *irr vt* ① (*zurücklassen*) leave ② (*testamentarisch*) bequeath (*jdm etw* s.th. to s.o.); **Hinterlassenschaft** *f* ① (JUR) estate ② (*fig*) legacy

Hinterlauf *m* hind leg

hinterlegen *vt* ① (*verwahren lassen*) deposit (*bei* with) ② (*als Pfand*) leave

Hinterlist *f* ① (*Tücke*) craftiness; (*Verschlagenheit*) cunning ② (*in Betrugsabsicht*) deceitfulness ③ (*List*) trick; **hinterlistig** *adj* ① (*tückisch*) crafty; (*verschlagen*) cunning ② (*betrügerisch*) deceitful ③ (*falsch*) false, perfidious

Hintermann <-(e)s, -männer> *m* ① (*hinter einem Stehender*) person behind (one) ② (*fig*) backer

Hintern ['hɪntɐn] <-s, -> *m* (*fam*) bottom, bum *Br*, butt *Am*; **sich auf den** ~ **setzen** (*fam: hinfallen*) fall on one's bottom; (*energisch arbeiten*) buckle down to work; **ein Tritt in den** ~ (*fam*) a kick up the backside; **was auf den** ~ **kriegen** (*fam*) get one's bottom smacked

Hinterrad *nt* (RAIL) back wheel; (AUTO: *a. Fahrrad*) rear wheel; **Hinterradantrieb** *m* (AUTO) rear wheel drive

hinterrücks ['hɪntərʏks] *adv* ① (*von hinten*) from behind ② (*fig: heimtückisch*) behind someone's back

Hintersitz *m* (AUTO) backseat

hinterste *adj* backmost, very back; **das** ~ **Ende** the very end

Hintertreffen *nt*: **ins** ~ **geraten** lose ground; **im** ~ **sein** be under a handicap

hintertreiben *irr vt* (*vereiteln*) foil, thwart

Hintertreppe *f* back stairs *pl*

Hintertür *f* ① (*Tür nach hinten heraus*) back door ② (*fig: Ausweg*) loophole; **sich ein ~chen offen halten** leave o.s. a loophole

Hinterwäldler ['hɪntɐvɛltlɐ] *m* (*pej*) backwoodsman, hillbilly *Am*

hinterziehen *irr vt*: **Steuern** ~ evade tax(es)

hinüber [hɪ'ny:bɐ] *adv* over; (*durch Überqueren*) across; **hinüber|sein** *irr vi* (*fam*) ① (*verdorben*) be off ② (*kaputt, tot*) have had it ③ (*betrunken*) be (well) away

hinunter [hɪ'nʊntɐ] *adv, präp* down; **die Straße** ~ down the street; **bis** ~ **nach ...** down to ...; **hinunter|fahren** *vi sein* go down; **hinunter|gehen** *vi sein* go down; (*zu Fuß*) walk down; **hinunter|kippen** *vt* (*fam: Getränk*) knock back

hinunter|schlucken *vt* (*a. fig*) swallow

hinunter|spülen *vt* ❶ wash down ❷ (*fig: Ärger*) soothe; **hinunter|werfen** *vt* throw down; **jdn die Treppe** ~ kick s.o. downstairs

hinweg [hɪnˈvɛk] *adv* ❶ (*fort*) away ❷ (*zeitlich*): **über 10 Jahre** ~ over a period of 10 years; **über jdn/jds Kopf** ~ over someone's head; **hinweg|gehen** *irr vi:* **über etw** ~ (*nicht beachten*) pass over s.th.; **hinweg|kommen** *irr vi* (*fig*) get over; **er kann nicht darüber** ~ he can't get over it; **hinweg|sehen** *irr vi* (*fig*): **über jdn/etw** ~ see over s.o./s.th.; (*fig: ignorieren*) ignore s.o./s.th.; (*außer Acht lassen*) overlook s.o./s.th.; **hinweg|setzen** *vr* (*fig*): **sich** ~ **über etw** disregard s.th.

Hinweis [ˈhɪnvaɪs] <-es, -e> *m* ❶ (*Anhaltspunkt*) indication (*auf* to); (*bes. für Polizei*) clue ❷ (*Anspielung*) allusion (*auf* to) ❸ (*amtlicher* ~) notice; (*Rat*) tip ❹ (*Verweisung*) reference (*auf* to); **hin|weisen** *irr* **I.** *vt* point (*jdn auf etw* s.th. out to s.o.) **II.** *vi* ❶ (*zeigen*) point (*auf* to) ❷ (*verweisen*) refer (*auf* to) ❸ (*betonen*) emphasize (*auf etw* s.th.)

hin|werfen *irr* **I.** *vt* ❶ throw down (*jdm etw* s.th. to s.o.) ❷ (*fig: flüchtige Bemerkung*) drop (casually) ❸ (*fam: Arbeit, Stelle*) chuck **II.** *vr* throw o.s. down (*auf die Knie* on one's knees)

hinwirken *vi:* **auf etw** ~ pave the way for s.th.

Hinz [hɪnts] *m:* ~ **und Kunz** every Tom, Dick and Harry

hin|ziehen **I.** *vt* ❶ *haben* draw (*zu* towards) ❷ (*anziehen*) attract (*zu* to) ❸ (*in die Länge ziehen*) drag out **II.** *vr haben* ❶ (*sich erstrecken*) stretch (*bis, nach* to) ❷ (*zeitlich*) drag on

hinzu [hɪnˈtsuː] *adv* ❶ (*örtlich*) there ❷ (*außerdem*) besides, in addition; **hinzu|fügen** *vt* ❶ add (*einer Sache* to s.th.) ❷ (*in Briefen*) enclose; **hinzu|kommen** *irr vi* ❶ (*herbeikommen*) arrive ❷ (*sich anschließen*) join (*bei, zu etw* s.th.) ❸ (*beigefügt werden*) be added (*zu etw* to s.th.); **es kommt noch hinzu, dass …** add to this that …; **kommt sonst noch etw ~?** will there be anything else?; **hinzu|zählen** *vt* add; **hinzu|ziehen** *irr vt* (*Arzt*) consult

Hiobsbotschaft [ˈhiːɔps-] *f* bad news, tidings of gloom and doom

hip [hɪp] *adj* (*sl: aktuell*) hip

Hirn [hɪrn] <-(e)s, -e> *nt* ❶ (ANAT) brain ❷ (*fam: Verstand, Intelligenz*) brains *pl;* **Hirnanhangdrüse** *f* pituitary gland; **Hirngespinst** [ˈhɪrngəʃpɪnst] <-(e)s, -e> *nt* (*pej*) fantasy; **Hirnhautentzündung** *f* (MED) meningitis; **hirnrissig** *adj* (*fam*) daft, barmy; **Hirntod** *m* (MED) brain death; **hirnverbrannt** *adj* (*fam*) crackbrained

Hirsch [hɪrʃ] <-(e)s, -e> *m* (*Rot*~) stag; **Hirschfänger** *m* hunting-knife; **Hirschgeweih** *nt* antlers *pl;* **Hirschkäfer** *m* stag-beetle; **Hirschkalb** *nt* fawn; **Hirschkeule** *f* haunch of venison; **Hirschkuh** *f* hind

Hirse [ˈhɪrzə] <-> *f* (*Getreideart*) millet

Hirte [ˈhɪrtə] <-n, -n> *m* herdsman; (*Schaf*~, *a. Seelsorger*) shepherd; **Hirtenbrief** *m* pastoral

His [hɪs] <-, -> *nt* (MUS) B sharp

hissen [ˈhɪsən] *vt* hoist (up)

Historie [hɪsˈtoːriə] <-, -n> *f* ❶ (*Welt*~) history ❷ (*Erzählung*) story; **Historiker(in)** *m(f)* historian; **historisch** *adj* ❶ (*geschichtlich*) historical ❷ (*fig: sehr bedeutsam*) historic

Hit *m* (*Zugriff auf die einzelnen Dateien einer Web-Seite*) hit

Hitparade <-, -n> *f* charts *pl*

Hitze [ˈhɪtsə] <-> *f* heat; (*Wetter*) hot weather; **drückende** ~ oppressive heat; **in der** ~ **des Gefechts** in the heat of the moment; **hitzebeständig** *adj* heat-resistant; **hitzeempfindlich** *adj* sensitive to heat

i Land & Leute

Hitzefrei means that schoolchildren in Germany are allowed to go home if the temperature at 11 o'clock is around 30 degrees centigrade and the head-teacher gives the pupils the rest of the day off. Since the introduction of summer (daylight saving) time this has become a rarity.

Hitzeschutzschild *m* (*bei Raumfahrt*) heat shield; **Hitzewelle** *f* heat wave

hitzig [ˈhɪtsɪç] *adj* ❶ (*aufbrausend*) hot-headed ❷ (*Debatte*) heated; ~ **werden** (*Person*) flare up; (*Debatte*) grow heated

Hitzkopf *m* hothead

Hitzschlag *m* heat stroke

HIV [haːiːˈfaʊ] <-(s), -(s)> *nt Abk. von* **Human Immunodeficiency Virus** HIV; **HIV-infiziert** *adj* HIV(-)infected; **HIV-positiv** *adj* HIV(-)positive, tested positive for aids; **HIV-Positive(r)** *f m* HIV-positive person; **HIV-Virus** *m* HIV virus

hm [hm] *interj* hm, hum

H-Milch *f* UHT-milk

HNO *Abk. von* **Hals-Nasen-Ohren** ear, nose and throat

Hobby ['hɔbi] <-s, -s> *nt* hobby; **Hobbyferien** *pl* activity holiday *sing*

Hobel ['ho:bəl] <-s, -> *m* (TECH) plane; **Hobelbank** *f* joiner's bench; **hobeln** *vt, vi* plane; **wo gehobelt wird, da fallen Späne** (*prov*) you can't make an omelette without breaking eggs

Hoch [ho:x] <-s, -s> *nt* ① (~ *ruf*) cheer (*auf, für* for) ② (*in Meteorologie, a. fig*) high; **ein dreifaches ~ für …** three cheers for …

hoch [ho:x] <höher, höchst> **I.** *adj* ① high; (*groß, ~ gewachsen*) tall ② (*Preise*) dear, high ③ (*Ehre*) great; (*Geburt*) noble; (*Strafe*) heavy, severe; **ein hohes Alter erreichen** live to a ripe old age; **in hohem Ansehen stehen** be highly esteemed; **in hoher Blüte stehen** (*fig: Handel*) be flourishing; (*Kultur*) be at its zenith; **eine hohe Geldstrafe** a heavy fine; **das hohe C** (MUS) top C; **ein hohes Tier** (*fam*) a big fish; **im hohen Norden** in the far North; **auf dem hohen Ross sitzen** (*pej*) be on one's high horse; **auf hoher See** on the high seas *pl;* **in hohem Maße** to a high degree **II.** *adv* ① (*nach oben*) up ② (*Qualität*) highly ③ (MATH): **2 ~ 3** (= 2^3) 2 to the power of 3; **~ oben** high up; **~ angesetzt** highly-targeted; **~ zu Ross** on horseback; **~ und heilig versprechen** promise faithfully; **Hände ~!** hands up!; **Kopf ~!** chin up!; **jdm etw ~ anrechnen** think highly of s.o. for s.th.; **~ hinauswollen** aim high; **es geht ~ her** things are pretty lively; **~ lebe der König!** long live the king!; **den Kopf ~ tragen** hold one's head high; **die Nase ~ tragen** (*pej*) go around with one's nose in the air; **~ begabt** highly talented; **~ bezahlt** highly paid; **~ halten** hold up

? Grammatik

The adjective **hoch** drops the **c** when it is declined: *der Berg ist hoch – the mountain is high* aber *ein hoher Berg – a high mountain*; note also: *der höhere Berg – the higher mountain* aber *der höchste Berg – the highest mountain.*

Hochachtung *f* deep respect; **meine ~!** well done!; **hochachtungsvoll** *adv* (*in Briefen*) yours faithfully; **hochaktiv** *adj* high-level; **~e wärmeerzeugende Abfälle** high-level heat-generating waste *sing;* **hochaktuell** *adj* highly topical; **Hochaltar** *m* high altar; **Hochamt** *nt* High Mass; **hoch|arbeiten** *vr* work one's way up; **hochauflösend** *adj* (TV) high-resolution; **Hochbahn** *f* elevated railway *Br,* elevated railroad *Am;* **Hochbau** <-(e)s> *m* ① (TECH) building construction, surface engineering ② (ARCH) high-rise building; **Hochbegabte(r)** *f m* gifted person; (*Kind*) gifted child; **hochberühmt** *adj* very famous; **hochbetagt** *adj* advanced [*o* well on] in years; **Hochbetrieb** *m* (*in Geschäft*) peak period; **Hochburg** *f* (*fig*) stronghold; **hochdeutsch** *adj* High German; **Hochdruck** [-(e)s] *m* ① (*Wetter, a. phys*) high pressure ② (TYP: *Verfahren*) relief printing ③ (*Ergebnis*) relief print ④ (*Blut~*) high blood pressure; **mit ~ arbeiten** work at full stretch; **Hochebene** *f* plateau; **hochentwickelt** *adj* (TECH) highly advanced; **hocherfreut** *adj* overjoyed (*über* at); **hochexplosiv** *adj* (*a. fig*) highly explosive; **hochfahrend** *adj* (*fig: überheblich*) arrogant; **Hochfinanz** <-> *f* high finance; **hochfliegend** *adj* (*fig*) ① (*hochgesteckt*) ambitious ② (*übertrieben*) high-flown; **Hochform** <-> *f* (SPORT: *a. fig*) top form; **Hochformat** *nt* vertical format; **Hochfrequenz** *f* (ELEK) high frequency; **Hochgarage** *f* (AUTO) multistor(e)y car park; **Hochgebirge** *nt* high mountains *pl;* **Hochgefühl** *nt* elation

hoch|gehen *vi sein* ① (*steigen*) rise ② (*fam: hinaufgehen*) go up ③ (*fam: zornig werden*) hit the ceiling [*o* roof]; (*fam: explodieren*) blow up ④ (*sl: gefasst werden*) get nabbed

hochgelobt *adj* highly praised, critically acclaimed

Hochgenuss *m* real treat; **Hochgeschwindigkeitscomputer** *m* high-speed computer; **Hochgeschwindigkeitszug** *m* high-speed train; **hochgespannt** *adj* (*fig*) great, high; **Hochglanz** *m* high-polish; **etw auf ~ bringen** polish s.th. until it gleams; **hochgradig** *adj* ① extreme ② (*Unsinn*) absolute, utter; **hoch|halten** *irr vt* (*achten*) uphold; *s. a.* **hoch**; **Hochhaus** *nt* high-rise building; (*Wolkenkratzer*) skyscraper; **hoch|heben** *irr vt* (*Hand, Arm*) lift raise, hold up; (*Kind, Last*) lift up

hochkant ['ho:xkant] *adv* end up, on end

hoch|kommen *vi* come up

Hochkonjunktur *f* (COM FIN) boom; **Hochland** <-(e)s> *nt* highland; **das schottische ~** the Scottish Highlands *pl;* **Hochleistung** *f* first-class performance; **Hochlohnland** *nt* country with high wage costs; **hochmodern** *adj* very modern; **Hochmoor** *nt* moor; **Hochmut** *m* arrogance; ~ **kommt vor dem Fall** (*prov*) pride comes before a fall; **hochmütig** ['ho:xmy:tɪç] *adj* haughty, arrogant; **hochnäsig** *adj* (*fam pej*) stuck-up, snooty; **Hochofen** *m* (blast) furnace; **hochprozentig** *adj* (*Alkohol*) high-proof; **hochqualifiziert** *adj* highly qualified; **Hochrechnung** *f* (computer) projection, projected result; **hoch|rüsten** **I.** *vt* (TECH) upgrade **II.** *vi* (MIL) increase the weaponry (of a country); **Hochrüstung** <-> *f* (MIL) arms build-up; **Hochsaison** *f* high season; **Hochschrank** *m* ① (*Einbau~*) floor-to-ceiling wardrobe ② (*hoher Schrank*) high wardrobe; **Hochschule** *f* college; (*Universität*) university; **Hochschullehrer(in)** *m(f)* university teacher; (*Professor*) professor; **Hochschulreife** *f* matriculation standard; **hochschwanger** *adj* well advanced in pregnancy; **Hochsee** *f* high sea; **Hochseefischerei** *f* deep-sea fishing; **hochsensibel** *adj* (*Apparat, Person*) highly sensitive; **Hochsicherheitstrakt** *m* (*Gefängnis*) high-security wing; **Hochsommer** *m* midsummer; **Hochspannung** *f* (ELEK) high-voltage, H.V.; (*a. fig*) high-tension, H.T.; **Hochspannungsleitung** *f* (ELEK) high-tension line; **Hochspannungsmast** *m* (ELEK) (high-tension) pylon; **Hochsprache** *f* standard language; **Hochsprung** *m* (SPORT) high jump

höchst [hø:çst/hø:kst] *adv* highly, most; **Höchstalter** *nt* maximum age

Hochstapler(in) *m(f)* (*Schwindler*) confidence trickster

Höchstbetrag *m* maximum amount; (*Limit*) limit

höchste *adj* ① highest ② (*größte*) tallest; (*längste*) longest ③ (*äußerste*) utmost; (*extrem*) extreme ④ (*maximal*) maximum ⑤ (*schwerste*) heaviest; **die ~ Instanz** (JUR) the supreme court (of appeal); **im ~n Maße** to the highest degree; **im ~n Fall** at the most; **aufs ~ erfreut** highly pleased; **am ~n** highest; **~ Zeit** high time; **das ist aber das ~ der Gefühle** (*fam*) and that's the end of it

höchstens *adv* ① (*bestenfalls*) at best, at (the) most ② (*nicht mehr*) not more than …

Höchstfall *m:* **im ~** at the most; **Höchstform** *f* (SPORT: *a. fig*) top form; **Höchstgebot** *nt* highest bid; **Höchstgeschwindigkeit** *f* top speed; **zulässige ~** speed limit; **Höchstgrenze** *f* upper limit, cap; **Höchstleistung** *f* ① (*Bestleistung*) best performance ② (SPORT) record ③ (*Produktions~*) maximum output; **Höchstmaß** *nt* maximum amount (*an* of); **höchstpersönlich** *adv* in person; **Höchstpreis** *m* (COM) maximum price; **höchstwahrscheinlich** *adv* in all probability, most likely

hochstylen *vt* (*fam*) give style to; (*pej: Person*) hype; (*sl: hochgestyltes Produkt*) stylish product

höchstzulässig *adj* maximum (permissible); **~er Wert** maximum value

Hochtechnologie *f* high-technology; **Hochtemperaturreaktor** *m* high temperature reactor; **Hochtouren** *pl:* **auf ~en laufen** at full speed [*o* steam]

hochtrabend *adj* (*pej: aufgeblasen*) pompous; (*geschwollen*) high-falutin(g)

Hochverrat *m* high treason

Hochwald *m* timber forest; **Hochwasser** *nt* ① (*zu hoher Wasserstand*) high water; (*Überschwemmung*) flood ② (*Höchststand von Flut*) high tide; **seine Hose hat ~** (*hum fam*) his trousers are at half-mast; **Hochwasserstand** *m* high water level; (*bei Überschwemmung*) flood stage

hochwertig *adj pred* of high quality, high-quality

Hochzahl *f* (MATH) exponent

Hochzeit[1] ['ho:xtsaɪt] *f* (*Blüteperiode*) golden age

Hochzeit[2] ['hɔxtsaɪt] *f* wedding; **diamantene/goldene/silberne ~** diamond/golden/silver wedding; **auf allen ~en tanzen** have a finger in every pie; **Hochzeitsfeier** *f* wedding celebration; **Hochzeitsgast** *m* wedding guest; **Hochzeitsnacht** *f* wedding night; **Hochzeitsreise** *f* honeymoon; **Hochzeitstag** *m* ① (*Tag der Hochzeit*) wedding day ② (*Jahrestag*) wedding anniversary

hoch|ziehen *vt* pull up

Hocke ['hɔkə] <-, -n> *f* (*beim Turnen*) squat; **in die ~ gehen** squat; **hocken** *vi* ① squat ② (*fam: sitzen*) sit (around); **über seinen Büchern ~** pore over one's books

Hocker *m* (*Schemel*) stool; **das reißt mich nicht vom ~** (*fam*) that doesn't bowl me over

Höcker ['hœkɐ] <-s, -> *m* (*vom Kamel, a. Buckel*) hump

Hode(n) ['ho:dən] <-s, -> *f (m)* (ANAT) testicle; **Hodenkrebs** *m* testicular cancer; **Hodensack** *m* (ANAT) scrotum

Hof [ho:f, *pl:* 'hø:fə] <-(e)s, Höfe> *m* ① (*Platz*) yard; (*Innen~*) courtyard; (*Hinter~*) backyard ② (*Bauern~*) farm ③ (*Fürsten~*) court ④ (ASTR: *Ring um Mond,*

Sonne) halo; **bei ~e** at court; **am ~e Heinrichs VIII** at the court of Henry VIII
hoffen ['hɔfən] **I.** *vt* hope for **II.** *vi* hope (*auf etw* for s.th.), set one's hopes (*auf jdn* on s.o.); **das Beste ~** hope for the best; **ich hoffe es** I hope so; **es ist sehr zu ~** it is much to be hoped; **ich will nicht ~, dass das wahr ist** I hope that it is not true; **auf Gott ~** trust in God; **hoffentlich** ['hɔfəntlɪç] *adv* hopefully, I hope so; **~ nicht** I hope not; **~ kommt sie** I hope she will come; **Hoffnung** ['hɔfnʊŋ] *f* hope (*auf* in); **die ~ aufgeben** (**verlieren**) abandon (lose) hope; **jdm ~en machen** raise someone's hopes; **jdm keine ~en machen** not hold out any hopes for s.o.; **sich ~ machen** have hopes (*auf etw* of getting s.th.); **sie ist meine einzige ~** my only hope is in her; **seine ~en setzen auf …** pin one's hope on …; **in der ~ zu …** hoping to …; **guter ~ sein** (*schwanger*) be expecting; **hoffnungslos** *adj* hopeless; **Hoffnungslosigkeit** *f* hopelessness; **Hoffnungsschimmer** *m* glimmer of hope; **Hoffnungsstrahl** <-(e)s> *m* ray of hope; **Hoffnungsträger(in)** *m(f)* carrier of hope; **hoffnungsvoll I.** *adj* (*voller Hoffnung*) hopeful; (*viel versprechend*) promising **II.** *adv* full of hope
Hofhund *m* watchdog
höfisch ['hø:fɪʃ] *adj* courtly
höflich ['hø:flɪç] *adj* polite; (*zuvorkommend*) courteous; (*respektvoll*) respectful; **Höflichkeit** *f* (*das Höflichsein*) politeness, courteousness; **~en** (*Komplimente*) compliments
Höfling *m* courtier
Hofnarr *m* court jester
Hoftor *nt* yard gate
hohe ['ho:ə] *adj attr* ❶ high; (*groß*) tall ❷ (*Preise*) dear, high ❸ (*Ehre*) great; (*Geburt*) noble; (*Strafe*) heavy, severe
Höhe ['hø:ə] <-, -n> *f* ❶ height ❷ (MATH ASTR AERO) altitude ❸ (*Gipfel*) summit; (*An~*) hill ❹ (*Ausmaß, Größenordnung, Niveau*) level; (*Umfang, Wert, Betrag*) amount ❺ (*geografische ~*) latitude ❻ (MUS: *Ton~*) pitch; (RADIO: *Ton~*) treble; **das ist doch wohl die ~!** (*fam*) that's the limit!; **auf der ~ sein** (*fam: der Zeit*) be up-to-date; (*gesundheitlich*) be fighting fit; **auf gleicher ~** level with each other; **auf der ~ von Liverpool** (MAR) off Liverpool; **an ~ gewinnen** (AVIAT) gain height; **aus der ~** from above; **die Preise in die ~ treiben** force up the prices; **bis zur ~ von $5** up to the amount of $5; **ein Betrag in ~ von …** an amount of …; **in der ~** on high, up in the air; **in die ~** into the air, up, upwards; **die ~n und Tiefen des Lebens** the ups and downs of life; **in einer ~ von 1.000 Fuß** (AVIAT) at an altitude of 1,000 feet; **in die ~ fahren** start up; **in die ~ gehen** (*Preise*) go up
Hoheit ['ho:haɪt] *f* ❶ (*Staats~*) sovereignty (*über* over) ❷ (*Titel*) Highness; **Seine** (**Ihre**) **Königliche ~** His (Her) Royal Highness, H.R.H.; **Hoheitsgebiet** *nt* territorial space, sovereign territory; **Hoheitsgewässer** *pl* territorial waters; **hoheitsvoll** *adj* majestic; **Hoheitszeichen** *nt* national emblem
Höhenangaabe *f* altitude reading; (*auf Karte*) height marking; **Höhenmesser** *m* (AVIAT) altimeter; **Höhensonne** *f* (ELEK) sunray lamp; **Höhenunterschied** *m* difference in altitude; **höhenverstellbar** *adj* (*Sitz*) vertically adjustable; **Höhenzug** *m* mountain range, ridge of hills
Höhepunkt *m* ❶ (*höchster Punkt*) highest point ❷ (*einer Entwicklung*) apex, summit; (*des Tages, einer Veranstaltung*) high spot; (*der Karriere, der Macht*) peak, pinnacle; (*eines Dramas*) climax ❸ (MED: *Krise*) crisis ❹ (ASTR: *a. fig*) zenith
höher ['hø:ɐ] *adj* higher; (*von Macht*) superior; (*von Klasse*) upper; **~e Gewalt** an act of God; **~e Instanz** (JUR) higher court; (*Behörde*) higher authority; **~e Mathematik** higher mathematics; **~e Schule** secondary school *Br*, high school *Am;* **mein Herz schlägt ~** my heart beats faster
hohl [ho:l] *adj* ❶ hollow; (*Wangen, Augen*) sunken ❷ (*gedämpft klingend*) dull, hollow ❸ (*fig: leer*) empty; (*schal, seicht*) shallow
Höhle ['hø:lə] <-, -n> *f* ❶ cave, cavern; (*Loch*) hole; (*Tier~*) den, hole ❷ (ANAT) cavity; **Höhlenforscher(in)** *m(f)* speleologist
Hohlheit *f* (*fig: Leere*) emptiness, shallowness; **Hohlkopf** *m* (*pej*) dunce, num(b)skull; **Hohlkörper** *m* hollow body; **Hohlkreuz** <-(e)s> *nt* hollow back; **Hohlmaß** *nt* measure of capacity; **Hohlraum** *m* hollow space; (*Höhlung*) cavity; **Hohlraumversiegelung** *f* (AUTO) cavity seal; **Hohlspiegel** *m* concave mirror
Höhlung ['hø:lʊŋ] *f* cavity, hollow
Hohlweg *m* narrow pass
Hohn [ho:n] <-(e)s> *m* scorn; (*Spott*) derision, mockery; **nur ~ und Spott ernten** get nothing but scorn and derision; **das ist der reinste ~** it's sheer mockery; **höhnen** ['hø:nən] **I.** *vt* mock **II.** *vi* sneer (*über* at);

Hohngelächter *nt* scornful laughter; **höhnisch** ['hø:nɪʃ] *adj* mocking, scornful, sneering; **Hohnlächeln** *nt* sneer

Hokuspokus [ho:kʊs'po:kʊs] <-> *m* ① (*Zauberformel*) hey presto ② (*fam: Täuschung*) hocus-pocus ③ (*fam: Drumherum*) fuss

hold [hɔlt] *adj* (*geh: zugeneigt*) well-disposed (*jdm* to s.o.); **das Glück war ihr ~** (*poet*) fortune smiled upon her

holen ['ho:lən] *vt* fetch, get; (*Person ab~*) take away; (*erringen, gewinnen*) win; **jdn ~ lassen** send for s.o.; **sich eine Erkältung ~** catch a cold; **sich den Tod ~** (*fam*) catch one's death; **sich bei jdm Rat ~** ask someone's advice; **Atem ~** draw (a) breath; **da ist nichts zu ~** (*fam*) there's nothing in it; **bei ihr ist nichts zu ~** (*fam*) you won't get anything out of her; **hol's der Teufel!** (*sl*) confound it!; **hol dich der Teufel!** (*sl*) go to hell!

Holland ['hɔlant] <-s> *nt* Holland

Holländer <-s, -> *m* Dutchman; **Holländerin** *f* Dutchwoman; **holländisch** *adj* Dutch

Hölle ['hœlə] <-> *f* hell; **fahr zur ~!** (*sl*) go to hell!; **dort war die ~ los!** (*fam*) all hell had broken loose!; **die ~ auf Erden haben** have a hellish time; **jdm die ~ heiß machen** (*fam*) give s.o. hell; **jdm das Leben zur ~ machen** (*fam*) make someone's life a hell; **Höllenlärm** *m* (*fam*) infernal noise; **Höllenstein** *m* (CHEM) lunar caustic, silver nitrate; **höllisch** *adj* ① (*aus der Hölle*) infernal ② (*fam: sehr, riesig*) hellish; **~ aufpassen** keep one's eyes skinned; **eine ~e Angst haben** (*fam*) be scared stiff; **~ weh tun** (*fam*) hurt like hell; **~ schwer** (*fam*) hellish(ly) difficult

Holocaust ['ho:lokaʊst] <-s> *m* holocaust; **Holocaust-Mahnmal** *nt* holocaust memorial

Holografie *f* holography; **Hologramm** [holo'gram] <-(e)s, -e> *nt* holograph; **Holographie** *f* holography

holpern ['hɔlpɐn] *sein vi* (*von Wagen*) bump, jolt; **holprig** ['hɔlprɪç] *adj* ① (*Weg*) bumpy ② (*Stil*) clumsy

Holunder [ho'lʊndɐ] <-s, -> *m* (*Strauch*) elder

Holunderbeere *f* elderberry

Holz [hɔlts, *pl:* 'hœltsɐ] <-es, Hölzer> *nt* wood; (*Bau~*) timber *Br,* lumber *Am;* **aus ~** made of wood; **aus demselben ~ geschnitzt sein** (*fig*) be cast in the same mo(u)ld; **aus hartem ~ geschnitzt sein** (*fig*) be made of stern stuff; **holzartig** *adj* woodlike, woody; **Holzbearbeitung** *f* woodworking

hölzern ['hœltsɐn] *adj* (*a. fig*) wooden

Holzfäller *m* lumberjack, woodcutter; **Holzfaser** *f* wood fibre *Br,* wood fiber *Am;* **holzfrei** *adj* (*Papier*) wood-free; **Holzhacker** *m* woodchopper; **Holzhammer** *m* mallet; **jdm etw mit dem ~ beibringen** (*fam*) hammer s.th. into s.o.; **Holzhammermethode** *f* (*fam*) sledgehammer method; **Holzhandel** *m* timber trade *Br,* lumber trade *Am*

holzig ['hɔltsɪç] *adj* ① (*holzartig*) woody ② (*bei Rettich, Spargel*) stringy

Holzklotz *m* block of wood; **Holzkohle** *f* charcoal; **Holzlager** *nt* timberyard *Br,* lumberyard *Am;* **Holzschnitt** *m* wood engraving; **Holzschnitzer(in)** *m(f)* wood carver; **Holzschuh** *m* (*hölzerner Schuh*) wooden shoe; (*Pantine*) clog, sabot; **Holzschutzmittel** *nt* wood preservative; **Holzstich** *m* wood engraving; **Holzstoß** *m* woodpile; **Holzweg** *m* (*fam*): **auf dem ~ sein** be on the wrong track; **Holzwolle** *f* woodwool *Br,* excelsior *Am;* **Holzwurm** *m* woodworm

Home-Care ['həʊmkɛ:ɐ] <-> *f* (*häusliche Krankenpflege*) home care

Homepage ['həʊmpeɪdʒ] *f* (INTERNET) homepage; **Homeshopping** *nt* (*online einkaufen*) home shopping; **Hometrainer** *m* home exercise machine

Homie ['həʊmɪ] <-s, -s> *m* (*sl: guter Freund*) mate, pal

Homo ['ho:mo] <(-s), -s> *m* (*fam*) queer

homogen [homo'ge:n] *adj* homogeneous; **homogenisieren** *vt* homogenize; **Homogenität** *f* homogeneity

Homöopathie [homøopa'ti:] *f* (MED) hom(o)eopathy; **homöopathisch** *adj* hom(o)eopathic

Homosexualität [-zɛksuali'tɛ:t] *f* homosexuality; **homosexuell** *adj* homosexual; **Homosexuelle(r)** *m* homosexual

Honduraner(in) <-s, -> *m(f)* Honduran; **honduranisch** *adj* Honduran; **Honduras** [hɔn'du:ras] *nt* Honduras

Honig ['ho:nɪç] <-s> *m* honey; **Honigbiene** *f* honey-bee; **Honigkuchenpferd** *nt* (*fam*): **wie ein ~ grinsen** grin like a Cheshire cat

Honigmelone *f* honeydew melon; **honigsüß** *adj* ① as sweet as honey ② (*fig*) honeyed; **Honigwabe** *f* honeycomb

Honorar [hono'ra:ɐ] <-s, -e> *nt* fee; (*für Autor*) royalty

Honoratioren [hɔnora'tsjo:rən] *pl* dignitaries

honorieren *vt* ① (COM) remunerate; (*Wechsel, Scheck*) honour ② (*fig*) reward

Hopfen ['hɔpfən] <-s, -> *m* hop; (*Brau~*) hops *pl;* **bei ihm ist ~ und Malz verloren** (*fam*) he's a dead loss

hopphopp **I.** *interj:* **~!** (be) quick! **II.** *adv* (*fam*): **alles muss ~ gehen** everything has to be done double-quick

hoppla ['hɔpla] *interj:* **~!** (wh)oops!; **~, jetzt komm' ich!** look out, here I come!

Hops [hɔps] <-es, -e> *m* (*fam*) hop; **hops¹** *interj:* **~ war er weg** with a jump he was gone; **hops²** *adj pred* (*fam*): **~ gehen** (*verloren gehen*) get lost; (*kaputtgehen*) get broken; (*sl: sterben*) kick the bucket

hopsen *sein vi* (*fam*) hop, skip

Hörapparat *m* (TECH MED) hearing aid

hörbar *adj* audible

Hörbrille *f* earglasses *pl*

Hörbuchladen *m* (*Laden für literarische CDs und Kassetten*) audio bookshop

horchen ['hɔrçən] *vi* ① (*hören*) listen (*auf* to) ② (*an der Tür*) eavesdrop; **horch!** listen!; **Horcher(in)** *m(f)* (*an der Tür*) eavesdropper; **Horchposten** *m* (MIL) listening post

Horde ['hɔrdə] <-, -n> *f* (*a. pej*) horde

hören ['hø:rən] *vt, vi* ① hear; (*hin~, lauschen*) listen (*auf* to); (*Vorlesung*) go to ② (*erfahren*) hear (*von* about, of) ③ (*gehorchen*) obey; **Radio ~** listen to the radio; **etw im Radio ~** hear s.th. on the radio; **~ Sie mich?** (RADIO) are you receiving me?; **mit meinem Radio kann ich Radio Peking ~** I can get Radio Peking with my radio; **auf jdn ~** listen to s.o.; **auf den Namen Bello ~** (*meist von Tieren*) answer to the name of Bello ...; **hört! hört!** (*bei Zustimmung*) hear! hear!; (*bei Missfallen*) listen to that!; **er will auch gehört werden** he wants to be heard too; **soviel man hört** from what one hears; **von etw nichts ~ wollen** not want to know anything about s.th.; **gut ~** hear well; **schlecht ~** be hard of hearing; **das lässt sich ~** that doesn't sound bad; **von sich ~ lassen** keep in touch (*jdm gegenüber* with s.o.); **ihr verging Hören und Sehen** (*fam*) she didn't know whether she was coming or going; **Sie werden noch von mir ~!** (*fam: als Drohung*) you'll be hearing from me!

Hörensagen *nt:* **vom ~** from hearsay

Hörer(in) *m(f)* (RADIO) listener

Hörer *m* (TELE) receiver; **den ~ abnehmen** lift the receiver; **den ~ auflegen** put down the receiver, hang up

Hörerschaft *f* ① (RADIO) listeners *pl* ② (*Studenten*) (number of) students *pl;* **Hörfehler** *m* (MED) hearing defect; **Hörfunk** *m* radio; **Hörgerät** *nt* hearing aid

hörig *adj* enslaved, sexually dependent (*jdm* on s.o.); **sie ist ihm völlig ~** she is in complete bondage to him; **Hörigkeit** *f* (*Sklaverei*) bondage; (*geschlechtlich*) sexual dependence

Horizont [hori'tsɔnt] <-(e)s, -e> *m* (*a. fig*) horizon; **am ~** on the horizon; **das geht über meinen ~** that's beyond me

horizontal *adj* horizontal; **das ~e Gewerbe** (*fam hum*) the oldest profession in the world; **Horizontale** <-, -n> *f* (MATH) horizontal (line); **sich in die ~ begeben** (*hum: ins Bett gehen*) hit the sack

Hormon [hɔr'mo:n] <-s, -e> *nt* (MED CHEM) hormone; **Hormonbehandlung** *f* hormone treatment; **Hormonproduktion** *f* hormone production; **Hormonsystem** *nt* hormone system

Hörmuschel *f* (TELE) earpiece

Horn [hɔrn, *pl:* 'hœrnɐ] <-(e)s, Hörner> *nt* ① horn ② (*Fühler*) feeler ③ (MUS: *Instrument*) horn; (MIL MUS) bugle; (AUTO: *Hupe*) horn; **jdm Hörner aufsetzen** (*fam*) cuckold s.o.; **in das gleiche ~ stoßen** chime in; **sich die Hörner abstoßen** sow one's wild oats; **Hornbrille** *f* horn-rimmed spectacles *pl*

Hörnchen ['hœrnçən] <-s, -> *nt* (*Gebäck*) croissant

Hörnerv *m* (ANAT) auditory nerve

Horngestell *nt* (*Brille*) tortoiseshell, frame; **Hornhaut** *f* ① horn skin ② (*im Auge*) cornea; **Hornhautbildung** *f* hornification; **Hornhauthobel** *m* calosity plane

Hornisse [hɔr'nɪsə] <-, -n> *f* hornet

Hornochse *m* (*als Schimpfwort*) blockhead; **Hornvieh** *nt* ① (*Vieh mit Hörnern*) horned cattle ② (*Dummkopf*) blockhead

Horoskop [horo'sko:p] <-s, -e> *nt* horoscope; **jdm das ~ stellen** cast someone's horoscope

Hörrohr *nt* ear-trumpet; (MED) stethoscope

Horrortrip *m* (*fam*) horror trip

Hörsaal *m* lecture room

Hörspiel *nt* (RADIO) radio play

Horst [hɔrst] <-(e)s, -e> *m* (*Adler~*) eyrie; (*Flieger~*) airbase

Hörsturz *m* (MED) hearing loss

Hort [hɔrt] <-(e)s, -e> *m* ① (*Schatz*) hoard, treasure ② (*Zufluchtsort*) refuge ③ (*Kinder~*) day nursery for children of school age; **ein ~ der Freiheit** a stronghold of liberty; **horten** *vt* hoard

Hörvermögen *nt* (capacity of) hearing; **Hörweite** *f* hearing range; **in ~** within earshot; **außer ~** out of hearing
Höschenwindel *f* disposable nappy
Hose ['ho:zə] <-, -n> *f* (*lang*) trousers *Br,* pants *Am;* (*kurz*) shorts; (*Unter~*) (under)pants; **eine ~** a pair of trousers *Br,* a pair of pants *Am;* **die ~n anhaben** (*fam*) wear the trousers; **das Herz rutschte ihm in die ~** (*fam*) his heart was in his mouth; **die ~n voll haben** (*fam: in die ~ gemacht haben*) have made a mess in one's pants; (*fam: sehr ängstlich sein*) be wetting o.s.; **in die ~ gehen** (*fam*) be a complete flop; **tote ~ sein** (*sl: langweilig sein*) be a drag; (*erfolglos sein*) be a dead loss
Hosenanzug *m* trouser suit *Br,* pantsuit *Am;* **Hosenaufschlag** *m* turn-up *Br,* cuff *Am;* **Hosenbein** *nt* trouser leg; **Hosenbund** *m* waistband; **Hosenklammer** *f* (*für Radfahrer*) trouser clip; **Hosenrock** *m* culottes *pl,* pantskirt; **Hosensack** *m* (*CH*) trouser pocket; **Hosenscheißer** *m* ❶ (*fam: Hosenmatz*) mucky pup ❷ (*sl: Feigling*) chicken; **Hosenschlitz** *m* fly; **Hosentasche** *f* trousers pocket; **Hosenträger** *mpl* braces *pl Br,* suspenders *pl Am*
Hospital [hɔspi'ta:l, *pl:* hɔspi'tɛ:lɐ] <-s, -e/ Hospitäler> *nt* hospital, infirmary
Hospitation *f* (SCHULE) sitting in on classes
Hostie ['hɔstiə] <-, -n> *f* host
Hotel [ho'tɛl] <-s, -s> *nt* hotel; **Hotelboy** *m* bellboy; **Hotelfachschule** *f* college of hotel management; **Hotelgewerbe** *nt* hotel business; **Hotelier** [hotə'lie:] <-s, -s> *m* hotelkeeper, hotelier; **Hotelkette** *f* hotel chain; **Hotelverzeichnis** *nt* hotel register
HTML *f Abk. von* **Hypertext Markup Language** HTML
hü [hy:] *interj* (*beim Antreiben der Pferde*) gee up!; (*nach links*) wo hi!; **einmal ~, einmal hott** (*fam*) always chopping and changing
Hubraum *m* (AUTO) cubic capacity
hübsch [hypʃ] *adj* ❶ (*gut aussehend*) pretty; (*nett*) nice ❷ (*ironisch*) fine, nice, pretty ❸ (*fam: beträchtlich, ziemlich*) pretty; **Ihr zwei Hübschen** (*fam*) the two of you; **eine ~e Summe Geld** a tidy sum of money; **sei ~ artig!** be a good boy/girl!; **ganz ~!** rather pretty!; **das wirst du ~ bleiben lassen!** (*fam*) you're not going to do anything of the kind!; **da hast du dir etw Hübsches eingebrockt!** (*iro*) now you've got yourself into a fine mess!
Hubschrauber *m* helicopter; **Hubschrauberlandeplatz** *m* heliport
Hucke ['hʊkə] *f* (*fam*): **die ~ vollkriegen** get a thrashing; **huckepack** ['hʊkəpak] *adv* pick-a-back; **jdn ~ tragen** carry s.o. pick-a-back; **Huckepackverfahren** *nt* (AVIAT RAIL) piggy-back system
Huf [hu:f] <-(e)s, -e> *m* hoof; **Hufeisen** *nt* horseshoe; **hufeisenförmig** *adj* horseshoe-shaped; **Hufeisenmagnet** *m* horseshoe magnet; **Hufnagel** *m* horseshoe-nail; **Hufschmied** *m* farrier
Hüftbein *nt* hip-bone
Hüfte ['hʏftə] <-, -n> *f* hip; **Hüftgelenk** *nt* hip joint; **ein neues ~** a hip replacement
Hüfthalter *m* (panty-)girdle, suspender belt
Hügel ['hy:gəl] <-s, -> *m* hill; (*kleiner*) hillock; **hüg(e)lig** *adj* hilly
Huhn [hu:n, *pl:* 'hy:nər] <-(e)s, Hühner> *nt* (*Henne*) hen; **Hühner** (*Federvieh*) poultry; **mit den Hühnern aufstehen** (*fam*) get up with the lark; **da lachen ja die Hühner!** (*fam*) it's enough to make a cat laugh!; **ein verrücktes ~** (*fam*) a queer fish; **dummes ~!** (*fam*) silly goose!
Hühnchen ['hy:nçən] <-s, -> *nt* chicken; (*Brat~*) (roast) chicken; **mit jdm ein ~ zu rupfen haben** (*fam*) have a bone to pick with s.o.
Hühnerauge *nt* (MED) corn
Hühnerbrühe *f* chicken broth; **Hühnerei** *nt* hen's egg; **Hühnerfarm** *f* chicken farm; **Hühnerfutter** *nt* chicken feed; **Hühnerstall** *m* chicken-coop, henhouse; **Hühnerstange** *f* perch, roost; **Hühnersuppe** *f* chicken soup; **Hühnerzucht** *f* chicken farming
Huld [hʊlt] <-> *f* (*geh: Güte*) grace; (*Gunst*) favour; **huldigen** ['hʊldɪgən] *vi* ❶ (*einen Menschen ehren*) pay homage (*jdm* to s.o.) ❷ (*einem Laster*) indulge (*einer Sache* in s.th.); **Huldigung** *f* homage; **huldvoll** **I.** *adj* (*geh*) gracious **II.** *adv* (*geh*) graciously
Hülle ['hʏlə] <-, -n> *f* cover; (*Brief~*) envelope; (*Schallplatten~*) sleeve; **in ~ und Fülle** in abundance; **die sterbliche ~** (*gehoben*) the mortal frame; **die ~n fallen lassen** strip off; **… in ~ und Fülle …** galore; **hüllen** *vt* (*einwickeln*) wrap; (*bedecken*) cover; **in Dunkel gehüllt** shrouded in darkness; **sich (über etw) in Schweigen ~** remain silent (on s.th.); **hüllenlos** *adj* (*nackt*) unclothed
Hülse ['hʏlzə] <-, -n> *f* ❶ (*Schale*) hull, husk; (*Schote*) pod ❷ (TECH) case, shell; (*von Geschoss*) case; (*Kapsel*) capsule; **Hülsenfrucht** *f* legume(n)
human [hu'ma:n] *adj* ❶ humane ❷ (*ver-*

ständnisvoll) considerate (*gegenüber* to(wards)); **Humangenetiker(in)** *m(f)* human geneticist; **Humanismus** *m* humanism; **humanitär** *adj* humanitarian; **Humanität** *f* humaneness

Humankapital *nt* (*die Mitarbeiter einer Firma*) human resources

Human Resources [ˌhjuːmənrɪˈsɔːsɪz] *pl* (*die Mitarbeiter einer Firma*) human resources

Hummel [ˈhʊməl] <-, -n> *f* bumble-bee

Hummer [ˈhʊmɐ] <-s, -> *m* lobster

Humor [huˈmoːɐ] <-s> *m* (sense of) humour; **etw mit ~ (auf)nehmen** take s.th. in good humour; **(Sinn für) ~ haben** have a sense of humour; **humoristisch** *adj* humorous; **humorlos** *adj* humourless; **humorvoll** *adj* humorous

humpeln [ˈhʊmpəln] *haben o sein vi* ① hobble ② (*fam: hinken*) limp

Humpen [ˈhʊmpən] <-s, -> *m* tankard

Humus [ˈhuːmʊs] <-> *m* humus; **Humusboden** *m* humus

Hund [hʊnt] <-(e)s, -e> *m* ① dog; (*Jagd~*) hound ② (*als Schimpfwort*) bastard, swine; **armer ~** poor devil; **da wird ja der ~ in der Pfanne verrückt!** (*fam*) that's really enough to drive you round the bend!; **auf den ~ kommen** (*fam*) go to the dogs *pl;* **da liegt der ~ begraben** (*fam*) that's why! there's the rub!; **er ist vor die ~e gegangen** (*fam: heruntergekommen*) he's gone to the dogs; (*sl: krepiert*) he kicked the bucket; **wie ~ und Katze leben** lead a cat-and-dog life; **das ist ein dicker ~!** (*fam*) that's a bit much!; **er ist bekannt wie ein bunter ~** he's a well-known sight; **damit kann man keinen ~ hinterm Ofen hervorlocken** that won't tempt anybody

hundeelend *adv* (*fam*) lousy

Hundehütte *f* (*a. fig*) (dog-)kennel; **Hundekälte** *f* (*fam*) freezing cold; **Hundekuchen** *m* dog biscuit; **Hundeleben** *nt* (*fam*) dog's life; **Hundeleine** *f* dog leash; **hundemüde** *adj* (*fam*) dog-tired

hundert [ˈhʊndɐt] *num* one hundred

Hundert[1] <-> *f* (*Zahl*) hundred; **Hundert**[2] <-s, -e> *nt* hundred; **zu ~en** by the hundred, in hundreds; **fünf von~** five per cent; **Hunderter** *m* ① (MATH) hundred ② (*fam: Geldschein*) hundred-mark note

hunderterlei *adj* a hundred and one; **hundertfach** **I.** *adj* hundredfold **II.** *adv* a hundred times; **Hundertjahrfeier** *f* centenary *Br,* centennial *Am;* **hundertjährig** *adj* ① *attr* (*hundert Jahre alt*) (one-)hundred-year-old, a hundred years old ② (*hundert Jahre lang*) of a hundred years

hundertprozentig *adj* a hundred per cent; **hundertste** *adj* hundredth; **Hundertstel** <-s, -> *nt* hundredth

Hundesteuer *f* dog tax

Hündin [ˈhʏndɪn] *f* bitch

hündisch *adj* ① (*hundeartig*) doglike ② (*kriecherisch*) fawning, sycophantic

Hüne [ˈhyːnə] <-n, -n> *m* (*Riese*) giant; **hünenhaft** *adj* gigantic

Hunger [ˈhʊŋɐ] <-s> *m* hunger (*nach* for); (*Verlangen*) craving, yearning (*nach* for); **~ haben** be hungry; **auf etw ~ haben** feel like s.th.; **~ leiden** go hungry, starve; **seinen ~ stillen** satisfy one's hunger; **ich sterbe vor ~** (*fam*) I'm starving; **Hungerkur** *f* starvation diet; **Hungerland** *nt* famine-stricken country; **Hungerlohn** *m* (*pej*) starvation wages *pl,* pittance; **für einen ~ arbeiten** work for a mere pittance

hungern [ˈhʊŋɐn] **I.** *vi* ① (*Hunger leiden*) go hungry, starve ② (*fasten*) go without food ③ (*fig: verlangen*) hunger (*nach* for) **II.** *vr:* **sich zu Tode ~** starve o.s. to death

Hungersnot *f* famine; **Hungerstreik** *m* hunger strike; **Hungertuch** *nt* (*fig*): **am ~ nagen** (*fam*) be on the breadline

hungrig [ˈhʊŋrɪç] *adj* (*a. fig*) hungry (*nach* for)

Hupe [ˈhuːpə] <-, -n> *f* (AUTO) horn; **hupen** *vi* hoot, sound one's horn

hüpfen [ˈhʏpfən] *sein vi* hop; (*springen*) jump, skip; (*Ball*) bounce; **vor Freude ~** jump for joy

Hürde [ˈhʏrdə] <-, -n> *f* ① (SPORT: *a. fig*) hurdle ② (*Schaf~*) fold, pen; (*Pferde~*) corral; **Hürdenlauf** *m* (SPORT) hurdling

Hure [ˈhuːrə] <-, -n> *f* (*pej*) whore; **Hurensohn** *m* (*vulg*) bastard *Br,* son of a bitch *Am*

hurra [hʊˈraː] *interj* hurray, hurrah; **Hurra** <-s, -s> *nt* cheer; **ein dreifaches ~** three cheers

husch [hʊʃ] *interj* come on! quickly now!; **huschen** [ˈhʊʃən] *sein vi* dart, flash

hüsteln [ˈhyːstəln] *vi* cough slightly

Husten [ˈhuːstən] <-s> *m* cough; **~ haben** have a cough; **husten** *vt, vi* cough; **dem werd' ich was ~!** (*fam*) I'll tell him where he can get off!; **Hustenanfall** *m* fit of coughing; **Hustenbonbon** *m/nt* cough drop; **Hustenmittel** *nt* cough medicine; **Hustenreiz** *m* irritation of the throat; **Hustensaft** *m* cough mixture

Hut[1] [huːt] <-> *f:* **auf der ~ sein** be on one's guard (*vor* against)

Hut[2] [huːt, *pl:* ˈhyːtə] <-(e)s, Hüte> *m* hat;

(*von Pilz*) cap; ~ **ab!** hat(s) off!; (*vor jds Leistung*) I take my hat off to you (her, him, that); **den ~ abnehmen** take off one's hat (*vor jdm* to s.o.); **das kannst du dir an den ~ stecken!** (*fam*) you can keep it!; **mir geht der ~ hoch** (*fam*) I blow my top; **unter einen ~ bringen** (*widerstreitende Meinungen*) reconcile (conflicting opinions); **das ist ein alter ~** (*fam*) that's old hat; **Hutablage** *f* hat shelf

hüten ['hy:tən] **I.** *vt* ❶ look after, tend ❷ (*Geheimnisse*) keep; **das Bett ~** stay in bed; **seine Zunge ~** guard one's tongue **II.** *vr* be on one's guard (*vor* against); **sich hüten, etw zu tun** take care not to do s.th.; **ich werde mich ~!** I'll do nothing of the kind!; **Hüter(in)** *m(f)* guardian; (*Aufseher*) custodian; (*Wärter*) keeper

Hutgeschäft *nt* hatter's (shop); (*für Damenhüte*) milliner's (shop); **Hutkrempe** *f* brim (of a hat)

Hutsche <-, -n> *f* (*österr: Schaukel*) swing

Hutschnur *f*: **das geht mir über die ~** (*fam*) that's going too far

Hütte ['hʏtə] <-, -n> *f* ❶ hut; (*kleines Häuschen*) cottage; (*Holz~, Block~*) cabin; (*Hunde~*) kennel ❷ (TECH: *Eisen~*) iron and steel works *pl*; **Hüttenkäse** *m* cottage cheese; **Hüttenschuh** *m* slipper-sock

Hyäne [hy'ɛ:nə] <-, -n> *f* hyena

Hyazinthe [hya'tsɪntə] <-, -n> *f* hyacinth

Hydrant [hy'drant] <-en, -en> *m* hydrant

Hydraulik [hy'draʊlɪk] *f* (TECH) hydraulics *pl*; (*~anlage*) hydraulic system; **hydraulisch** *adj* hydraulic

hydrieren [hy'dri:rən] *vt* (CHEM) hydrogenate

Hydrodynamik ['hydrody'na:mɪk] *f* (TECH) hydrodynamics *pl*

Hydrokultur *f* hydroponics *sing*

Hydrotherapie *f* (MED) hydrotherapy

Hygiene [hy'gje:nə] <-> *f* hygiene; **Hygienepapier** *nt* toilet tissue; **hygienisch** *adj* hygienic

Hymne ['hʏmnə] <-, -n> *f* hymn

Hype [haɪp] <-s, -s> *nt* (*künstliches Hochjubeln*) hype

Hyperbel [hy'pɛrbəl] <-, -n> *f* ❶ (MATH) hyperbola ❷ (*als rhetorischer Begriff*) hyperbole

Hyperlink [ˌhaɪpə'lɪŋk] *f* (INTERNET: *hervorgehobene Text- oder Bildstelle einer Web-Seite, die beim Anklicken auf eine andere Adresse verweist*) hyperlink

Hypertext [ˌhaɪpə'tekst] *m* (INTERNET: *mit Hyperlinks ausgestatteter Text*) hypertext

Hypnose [hʏp'no:zə] <-, -n> *f* hypnosis; **unter ~** under hypnosis; **Hypnotiseur(in)** *m(f)* hypnotist; **hypnotisieren** [hʏpnoti'zi:rən] *vt* hypnotize

Hypotenuse [hypote'nu:zə] <-, -n> *f* (MATH) hypotenuse

Hypothek [hypo'te:k] <-, -en> *f* ❶ (FIN) mortgage ❷ (*Belastung*) burden; **eine ~ abzahlen** pay off a mortgage; **eine ~ aufnehmen** raise a mortgage; **etw mit einer ~ belasten** mortgage s.th.; **Hypothekenbrief** *m* mortgage deed *Br*, mortgage note *Am*; **hypothekenfrei** *adj* unmortgaged; **Hypothekengläubiger(in)** *m(f)* mortgagee; **Hypothekenpfandbrief** *m* mortgage bond; **Hypothekenzins** *m* mortgage interest (rate)

Hypothese [hypo'te:zə] <-, -n> *f* hypothesis; **hypothetisch** *adj* hypothetical

Hysterie [hʏste'ri:] *f* hysteria; **hysterisch** [hʏs'te:rɪʃ] *adj* hysteric; **einen ~en Anfall bekommen** go into hysterics *pl*

I i

I, i [i:] <-, -> *nt* I, i; **I** *nt*: **das Tüpfelchen auf dem i** (*fig*) the final touch

IC <-, -s> *m* (RAIL) *Abk. von* **Intercity(-Zug)** intercity; **IC-Betreuer(in)** *m(f)* intercity steward (stewardess); **ICE** <-, -s> *m Abk. von* **Intercity Express** intercity express train

Ich <-(s), -(s)> *nt* self; (PSYCH) ego; **das eigene ~** one's (own) self [*o* ego]; **das eigene ~ verleugnen** deny the self; **mein zweites ~** my alter ego; **ich** [ɪç] *pron 1. pers sing* I; **~ nicht!** not I!; (*fam*) not me!; **~ selbst** I myself; **~ bin es** it is I; (*fam*) it's me; **~ Armer!** poor me!; **immer ~!** it's always me! **~ Idiot!** what an idiot I am!

Icon ['aɪkən] <-s, -s> *nt* (INFORM: *bildhaftes Symbol*) icon

IC-Zuschlag *m* intercity supplement

Ideal [ide'a:l] <-s, -e> *nt* ideal

ideal *adj* ideal

Idealgewicht *nt* ideal weight

idealisieren [ideali'zi:rən] *vt* idealize; **Idealismus** <-> *m* idealism; **Idealist(in)** <-en, -en> *m(f)* idealist; **idealistisch** *adj* idealistic

Idee [i'de:] <-, -r> *f* idea (*zu* for); **du kommst wirklich manchmal auf selt-**

same **~n!** you do have some strange ideas!; **das ist eine fixe ~ von ihr** it's an obsession with her; **wie kommst du denn auf die ~?** whatever gave you that idea?; **eine ~ zu kurz** (*fam*) a trifle too short; **auf die ~ kommen etw zu tun** have the idea of doing s.th.; **ideenreich** *adj* ❶ (*einfallsreich*) full of ideas ❷ (*reich an Vorstellungskraft*) imaginative

Identifikationsfigur *f* role model; **identifizieren** [idɛntifi'tsi:rən] *vt, vr* identify (*mit* with); **Identifizierung** *f* identification

identisch *adj* identical (*mit* with)

Identität *f* identity; **Identitätskrise** *f* (PSYCH) identity crisis

Ideologie [ideolo'gi:] *f* ideology; **ideologisch** *adj* ideological

Idiom *nt* (LING) idiom; **idiomatisch** [idio'ma:tɪʃ] *adj* idiomatic

Idiot [i'djo:t] <-en, -en> *m* idiot; **Idiotie** [idio'ti:] *f* idiocy; **idiotisch** *adj* idiotic

Idol [i'do:l] <-s, -e> *nt* idol

Idyll(e) [i'dʏl] <-s, -e (-, -n)> *nt (f)* idyll; **idyllisch** *adj* idyllic

Igel ['i:gəl] <-s, -> *m* hedgehog

igitt *interj:* **~, ~!** ugh! yuk!

Ignorant(in) [ɪgno'rant] <-en, -en> *m(f)* ignoramus; **Ignoranz** *f* ignorance; **ignorieren** *vt* ignore

ihm [i:m] *pron 3. pers sing dat m/nt* (*für Person*) (to) him; (*für Sache*) (to) it

ihn [i:n] *pron 3. pers sing acc m* (*für Person*) him; (*für Sache*) it

Ihnen *pron 2. pers sing und pl dat* (*Anrede*) (to) you

ihnen ['i:nən] *pron 3. pers pl dat* (to) them; **ein Freund von ~** a friend of theirs

Ihr *pron sing und pl* (*Anrede*) your; **~ ...** (*Briefschluss*) yours, ...; **ist das ~es?** is this yours?

ihr [i:ɐ] **I.** *pron* ❶ (*für Person*) (to) her; (*für Sache*) (to) it ❷ (*bezogen auf Plural*) you **II.** *pron* ❶ (*von Person*) her; (*von Sache*) its ❷ (*bezogen auf Plural*) their; **meine und ~e Anschauungen** my opinions and hers, my opinion and theirs; **ist das ~(e)s?** is this hers?, is this theirs?

Ihrer *pron 2. pers gen sing und pl* (*Anrede*) of you; **wir werden ~ gedenken** we will remember you

ihrer ['i:rɐ] *pron* ❶ (*von Person*) of her; (*von Sache*) of it ❷ (*bezogen auf Plural*) of them; **wir werden ~ gedenken** we will remember her, we will remember them

Ihrerseits *adv* (*Anrede*) for your part; (*von Ihrer Seite*) on your part

ihrerseits *adv* ❶ (*bezüglich Singular*) for her part; (*von ihrer Seite*) on her part ❷ (*bezüglich Plural*) for their part; (*von ihrer Seite*) on their part

Ihresgleichen *pron* (*unveränderlich: Anrede*) people like you

ihresgleichen *pron* (*unveränderlich*) ❶ (*von einer Person*) people like her; (*von einer Sache*) similar ones ❷ (*bei mehreren Personen*) people like them; (*von Sachen*) similar ones

Ihrethalben *adv,* **Ihretwegen**, **Ihretwillen** *adv* (*Anrede*) because of you; (*Ihnen zuliebe*) for your sake

ihrethalben *adv,* **ihretwegen** *adv,* **ihretwillen** *adv* (*bei Person*) because of her; (*ihr zuliebe*) for her sake; (*bei Sache*) because of it; (*auf eine Mehrzahl bezogen*) because of them; (*ihnen zuliebe*) for their sake

illegal ['ɪlega:l] *adj* illegal; **Illegalität** *f* illegality

illegitim ['ɪlegiti:m] *adj* illegitimate

Illumination [ɪlumina'tsjo:n] *f* illumination; **illuminieren** *vt* (*a. fig*) illuminate; **eine nicht sehr ~de Bemerkung** not a very enlightening comment

Illusion [ɪlu'zjo:n] *f* illusion; **sich ~en machen** have illusions

illusorisch *adj* illusory

Illustration [ɪlʊstra'tsjo:n] *f* illustration; **Illustrator(in)** <-, -en> *m(f)* illustrator; **illustrieren** *vt* illustrate (*jdm etw* s.th. for s.o.); **Illustrierte** <-n, -n> *f* magazine

Iltis ['ɪltɪs] <-ses, -se> *m* polecat

im [ɪm] *präp* in the

IM <-s, -s> *m* (*des Ministeriums für Staatssicherheit*) *Abk. von* **Informeller Mitarbeiter** *individual who provided information to the security authorities in the former GDR*

Image ['ɪmɪt] <-(s), -s> *nt* image; **Imageverlust** *m* damage to one's image

imaginär [imagi'nɛ:ɐ] *adj* imaginary

Imbiss ['ɪmbɪs] <-es, -e> *m* snack; (*Imbissstube*) snack bar; **Imbissstube** *f* snack bar

Imitation [imita'tsjo:n] *f* imitation; **imitieren** *vt* imitate

Imker(in) ['ɪmkɐ] <-s, -> *m(f)* beekeeper

Immatrikulation [ɪmatrikula'tsjo:n] *f* matriculation; **immatrikulieren** *vt, vr* register (*an* at)

immens [ɪ'mɛns] *adj* immense, enormous

immer ['ɪmɐ] *adv* (*häufig, ständig*) always, all the time; **~ mehr** more and more; **~ wieder** time [*o* again] and again; **für ~** for ever; **wie ~** as usual; **schon ~** always; **~ noch** still; **~ noch nicht** still not (yet); ~

größer bigger and bigger; ~ **geradeaus!** keep straight ahead!; ~ **weiter,** ~ **zu!** keep on! keep going!; ~ **ruhig Blut!** (*fam*) don't get excited!; ~ **schön langsam!** (*fam*) take your time!; ~ **drei auf einmal** three at a time; **was auch** ~ what(so)ever; **wer auch** ~ who(so)ever; **wie auch** ~ how(so)ever; **wo auch** ~ where(so)ever

Immergrün <-(s)> *nt* periwinkle

immergrün *adj* evergreen

immerhin *adv* ❶ (*wenigstens*) at least ❷ (*schließlich*) after all

immerzu *adv* all the time

Immigrant(in) [ɪmi'grant] <-en, -en> *m(f)* immigrant; **Immigration** <-> *f* immigration

Immissionen [ɪmɪ'sjo:nən] *fpl* (*Gase, Stäube*) airborne substances; **Immissionsschaden** *m* pollution damage; **Immissionsschutz** *m* pollution protection; **Immissionsschutzgebiet** *nt* air pollution control area; **Immissionsschutzgesetz** *nt* air pollution laws *pl*

Immobilien [ɪmo'bi:liən] *fpl* real estate *sing;* **Immobilienmakler(in)** *m(f)* (real) estate agent *Br,* realtor *Am*

immun [ɪ'mu:n] *adj* immune (*gegen* to); **dagegen bin ich** ~ (*fam*) that doesn't bother me; **Immunabwehr** *f* (MED) immune defense; **Immunglobulin** <-(e)s, -e> *nt* (MED) immunoglobulin; **immunisieren** [ɪmuni'zi:rən] *vt* immunize (*gegen* against); **Immunisierung** *f* immunization (*gegen* against); **Immunität** *f* (MED POL) immunity (*gegen* to); **Immunologe, -gin** *m, f* immunologist; **immunologisch** *adj* immunological; **Immunschwäche** *f* (MED) immunodeficiency; **Immunschwächekrankheit** *f* immunodeficiency syndrome; **Immunsystem** *nt* immune system

Imperativ ['ɪmperati:f] <-s, -e> *m* (GRAM) imperative

Imperfekt ['ɪmpɛrfɛkt] <-s, -e> *nt* (GRAM) imperfect [*o* past] tense

Imperialismus [ɪmperia'lɪsmʊs] *m* (POL) imperialism; **imperialistisch** *adj* (POL) imperialistic

impfen ['ɪmpfən] *vt* inoculate, vaccinate (*gegen* against)

Impfpass *m* vaccination card; **Impfschaden** *m* vaccine damage; **Impfschein** *m* certificate of vaccination; **Impfstoff** *m* vaccine; **Impfung** *f* inoculation, vaccination; **Impfzwang** *m* compulsory vaccination

implantieren [ɪmplan'ti:rən] *vt* (MED) implant

implementieren *vt* implement

implizit [ɪmpli'tsi:t] *adj* implicit

imponieren [ɪmpo'ni:rən] *vi* impress (*jdm* s.o.); **imponierend** *adj* impressive; **Imponiergehabe** *nt* ❶ (*von männl. Tieren*) display behaviour ❷ (*pej*) exhibitionism

Import [ɪm'pɔrt] <-(e)s, -e> *m* import(s); **Importeur** <-s, -e> *m* importer; **importieren** *vt* import

imposant [ɪmpo'zant] *adj* imposing

impotent ['ɪmpotɛnt] *adj* (*a. fig*) impotent; **Impotenz** <-> *f* (*a. fig*) impotence

imprägnieren [ɪmprɛ'gni:rən] *vt* ❶ (*gegen Zerfallschützen*) impregnate ❷ (*wasserdicht machen*) waterproof

Impresario [ɪmpre'za:rio] <-s, -s *o* -ri> *m* impresario

Impressionismus *m* impressionism; **impressionistisch** *adj* impressionistic

Impressum *nt* imprint

improvisieren [ɪmprovi'zi:rən] *vt, vi* improvise; (MUS) extemporize; (*fam: Rede*) ad-lib

Impuls [ɪm'pʊls] <-es, -e> *m* impulse; **aus einem** ~ **heraus** on impulse

impulsiv [ɪmpʊl'zi:f] *adj* impulsive

imstande [ɪm'ʃtandə] *adv,* **im Stande** *adv* ❶ (*fähig*): ~ **sein** be able (*etw zu tun* to do s.th.), be capable (*zu etw* of s.th.) ❷ (*in der Lage*) be in a position (*etw zu tun* to do s.th.); **er ist** ~ **und vergisst es** I wouldn't put it past him to forget it

in [ɪn] **I.** *präp* ❶ (*räumlich*) in; (*bei kleineren Ortschaften*) at; (*hinein* ~) into; (*zu, nach*) to ❷ (*zeitlich*) in; (*bis*) into; (*innerhalb*) within; **sind Sie schon einmal** ~ **London gewesen?** have you ever been to London?; **im ersten Stock** on the first floor; **die Kinder sind** ~ **der Schule** the children are at school; ~ **die Schule gehen** go to school; **komm, wir gehen** ~**s Kino!** let's go to the pictures [*o* movies]!; **komm, wir gehen** ~**s Haus!** let's go into the house!; **im vorigen Jahr** last year; **bis** ~**s 19. Jahrhundert (hinein)** into the 19th century; ~ **der Nacht** at night; **bis** ~ **die späte Nacht** far into the night; ~ **tiefster Nacht** at dead of night; **im Alter von ...** at the age of ...; **dieser Whisky hat's aber** ~ **sich!** (*fam*) that's quite a whisky, isn't it?; ~ **Englisch ist er ziemlich schwach** he's rather weak at English **II.** *adj* (*fam*): ~ **sein** be in, be the in thing

inaktiv ['ɪnakti:f] *adj* inactive

Inanspruchnahme [-'----] <-, -n> *f* ❶ (*Beanspruchung*) demands [*o* claims] *pl* (*jds* on s.o.) ❷ (*Benutzung von Einrichtungen*)

I

utilization
Inbegriff ['ɪnbəgrɪf] <-(e)s> *m* ❶ (*eigentliches Wesen*) epitome ❷ (*Verkörperung*) embodiment, perfect example
inbegriffen *adj* included
Inbetriebnahme [--'---] <-, -n> *f* ❶ (*von Bauwerk*) inauguration ❷ (TECH: *von Maschinen*) putting into operation
Inbrunst ['ɪnbrʊnst] <-> *f* ardour, fervour
inbrünstig ['ɪnbrʏnstɪç] *adj* ardent, fervent
Inbusschraube ['ɪnbʊs-] *f* Allen screw
indem [ɪn'de:m] *konj* ❶ (*während*) while; (*in dem Augenblick*) as ❷ (*dadurch, dass*) by; ~ **er lachte ...** by laughing ...
Inder(in) ['ɪndɐ] <-s, -> *m(f)* Indian
indes(sen) [ɪn'dɛs(ən)] **I.** *adv* ❶ (*zeitlich*) meanwhile, (in the) meantime ❷ (*jedoch*) however **II.** *konj* ❶ (*zeitlich*) while ❷ (*jedoch*) however ❸ (*hingegen, andererseits*) whereas
Index ['ɪndɛks, *pl:* 'ɪnditse:s] <-(es), -e/ indizes> *m* index
Indianer(in) [ɪndi'anɐ] <-s, -> *m(f)* (Red) Indian
Indien ['ɪndiən] <-s> *nt* India
indifferent ['ɪndɪferɛnt] *adj* ❶ (*gleichgültig*) indifferent (*gegenüber* to) ❷ (CHEM PHYS) inert
Indikativ ['ɪndikati:f] <-s, -e> *m* (GRAM) indicative
Indio ['ɪndio] <-s> *m* indio
indirekt ['ɪndirɛkt] *adj* indirect; ~**e Rede** (GRAM) indirect speech
indisch ['ɪndɪʃ] *adj* Indian; **der Indische Ozean** the Indian Ocean
indiskret ['ɪndɪskre:t] *adj* indiscreet
Indiskretion *f* indiscretion
indiskutabel *adj* out of the question
Individualismus <-> *m* individualismus; **Individualist(in)** [ɪndividua'lɪst] *m(f)* individualist; **individualistisch** *adj* individualistic; **Individualität** *f* ❶ (*eigene Persönlichkeit*) individuality ❷ (*Charakterzug*) individual characteristic; **Individualverkehr** *m* private transport; **individuell** *adj* individual; ~**e Note** personal note; ~ **verschieden sein** differ from person to person [*o* from case to case]; **Individuum** [ɪndi'vi:duʊm] <-s, -duen> *nt* individual
Indiz [ɪn'di:ts] <-es, -ien> *nt* ❶ (JUR: *Beweismittel*) piece of circumstantial evidence ❷ (*Hinweis*) indication (*für* of); **Indizienbeweis** *m* (JUR) circumstantial evidence
Indochina [ɪndo'çi:na] *nt* Indochina
indogermanisch *adj* Indo-European
Indonesien [ɪndo'ne:ziən] *nt* Indonesia; **indonesisch** *adj* Indonesian
Indossament *nt* (COM FIN) endorsement; **indossieren** [ɪndɔ'si:rən] *vt* (COM FIN) endorse
Induktion [ɪndʊk'tsjo:n] *f* (PHYS) induction; **Induktionsofen** *m* (TECH) induction furnace
industrialisieren [ɪndʊstriali'zi:rən] *vt* industrialize; **Industrialisierung** *f* industrialization
Industrie [ɪndʊs'tri:] *f* industry; **Industrie- und Handelskammer, IHK** *f* chamber of industry and commerce; **Industrieabwasser** *nt* industrial waste water; **Industriebetrieb** *m* industrial plant; **Industrieerzeugnis** *nt* industrial product; **Industriegebiet** *nt* industrial area; **Industriegewerkschaft** *f* industrial (trade) union; **Industriekaufmann, -frau** *m, f* business executive (employed by an industrial company); **Industrieland** *nt* industrialized country; **Industrielandschaft** *nt* industrial landscape; **industriell** [ɪndʊstri'ɛl] *adj* industrial; **Industrielle(r)** [ɪndʊstri'ɛlə] <-n, -n> *f m* industrialist; **Industriemesse** *f* industries fair; **Industriemüll** *m* industrial waste; **Industriestaat** *m* industrial country [*o* nation]; **Industriestadt** *f* industrial town; **Industriezentrum** *nt* industrial centre; **Industriezweig** *m* branch of industry
ineinander [ɪnaɪ'nandɐ] *adv* in(to) one another, in(to) each other; ~ **greifen** interlock; (*fig*) overlap; ~ **schieben** telescope; **sich ~ schieben lassen** be telescopic
infam [ɪn'fa:m] *adj* infamous
Infanterie ['ɪnfantri/--'-] *f* (MIL) infantry; **Infanterist** <-en, -en> *m* (MIL) infantryman
infantil [ɪnfan'ti:l] *adj* infantile
Infektion [ɪnfɛk'tsjo:n] *f* (MED) infection; **Infektionsherd** *m* focus of infection; **Infektionskrankheit** *f* infectious disease
infiltrieren [ɪnfɪl'tri:rən] *vt* infiltrate
Infinitiv ['ɪnfiniti:f] <-s, -e> *m* (GRAM) infinitive
infizieren [ɪnfi'tsi:rən] **I.** *vt* infect **II.** *vr* be infected (*bei* by)
Inflation [ɪnfla'tsjo:n] *f* (FIN) inflation; **Inflationsrate** *f* (FIN) rate of inflation; **inflatorisch** *adj* inflationary
Info <-, -s> *f* (*fam*) info
infolge [ɪn'fɔlgə] *präp* as a result of, owing to; **infolgedessen** [---'--] *adv* as a result (of that), because of that, consequently
Informatik [ɪnfɔrma'tik] *f* computer science; **Informatiker(in)** *m(f)* computer scientist
Information [ɪnfɔrma'tsjo:n] *f* information

(*über* on, about); **informationell** *adj* informational; **Informationsdienst** *m* (*in Zeitschriftenform*) news letter; **Informationsfluss** *m* flow of information; **Informationsgesellschaft** *f* information society; **Informationsmarktquellen** *pl* information market sources; **Informationsstand** *m* information stand; **Informationstafel** *f* notice board; **Informationstechnologie** *f* information technology; **Informationsvorsprung** *m:* **einen ~ haben** be better informed; **informativ** [---'-] *adj* informative; **informieren** **I.** *vt* inform (*über, von* about, of) **II.** *vr* inform o.s. (*über* about)

Infotainment [ɪnfo'teinmənt] <-s> *nt* (*Medien*) infotainment

infrage *adv:* **für etw ~ kommen** (*möglich sein*) be possible for s.th.; (*in Betracht kommen*) be considered for s.th.; **für jdn nicht ~ kommen** be out of the question for s.o.; **etw ~ stellen** call s.th. into question

infrarot [ɪnfra'ro:t] *adj* (PHYS) infra-red; **Infrarotscheinwerfer** *m* blackout service headlight; **Infraschall** *m* infrasound; **Infrastruktur** ['----] <-> *f* infrastructure; **Infrastrukturmaßnahme** *f* provision of infrastructure

Ingenieur(in) *m(f)* engineer; **Ingenieurbüro** *nt* engineering office

Ingwer ['ɪŋvɐ] <-s> *m* ginger

Inhaber(in) ['ɪnha:bɐ] *m(f)* ① (*Geschäfts~, Firmen~*) owner; (*Besitzer*) proprietor (proprietress) ② (*von Konto, Rekord, Patent*) holder; (*von Wertpapier, Urkunde*) bearer

inhaftieren [ɪnhaf'ti:rən] *vt* take into custody

Inhalation [ɪnhala'tsjo:n] *f* inhalation; **inhalieren** *vt, vi* inhale

Inhalt ['ɪnhalt] <-(e)s, -e> *m* ① contents *pl* ② (*von Buch, Film*) content; (*Sinn, Bedeutung: des Lebens*) meaning ③ (MATH: *Flächen~*) area; (*Raum~*) volume; **inhaltlich** *adj* as regards content; **Inhaltsangabe** *f* (*Zusammenfassung*) précis, summary; **inhaltslos** *adj* ① (*leer*) empty ② (*fig: bedeutungslos*) meaningless; **Inhaltsstoffe** *pl* ingredients *pl;* **Inhaltsverzeichnis** *nt* table of contents

Initiale [initsi'a:lə] <-, -n> *f* initial

Initialzündung *f* (TECH) booster detonation

Initiation [initsia'tsɪo:n] <-, -en> *f* (*a. lit*) initiation

Initiativbewerbung *f* job application on one's own initiative

Initiative [initsia'ti:və] <-, -n> *f* initiative; **die ~ ergreifen** take the initiative; **aus eigener ~** on one's own initiative; **auf jds ~ hin** on someone's initiative

Injektion [ɪnjɛk'tsjo:n] *f* injection; **Injektionsspritze** *f* hypodermic (syringe)

injizieren [ɪnji'tsi:rən] *vt* inject (*jdm etw* s.o. with s.th.)

Inkasso [ɪn'kaso] <-s, -s/(-kassi)> *nt* (FIN) collection; **Inkassobüro** *nt* debt-collecting agency

inklusive [ɪnklu'zi:və] **I.** *präp* inclusive of **II.** *adv* inclusive

inkompatibel ['ɪnkɔmpati:bəl] *adj* (*unvereinbar*) incompatible

inkompetent ['ɪnkɔmpetɛnt] *adj* incompetent; **Inkompetenz** ['ɪnkɔmpetɛnts] *f* incompetence

inkonsequent ['ɪnkɔnzekvɛnt] *adj* inconsistent; **Inkonsequenz** *f* inconsistency

In-Kraft-Treten <-s> *nt* coming into force [*o* effect]; **bei ~ von etw** when s.th. comes into force

Inkubationszeit [ɪnkuba'--] *f* (MED) incubation period

Inland ['ɪnlant] <-(e)s> *nt* ① (*das Landesinnere*) inland ② (*im Gegensatz zum Ausland*) home; **Inlandflug** *m* internal flight; **inländisch** ['ɪnlɛndɪʃ] *adj* domestic, home; (*von Ware*) home-made; **Inlandsmarkt** *m* home market

inmitten [ɪn'mɪtən] **I.** *präp* in the midst of **II.** *adv:* **~ von …** amongst …

inne|haben *irr vt* hold; **inne|halten** *irr vi* (*aufhören*) pause, stop

innen ['ɪnən] *adv* inside; (*im Haus*) indoors; (*auf Innenseite*) on the inside; **nach ~** inward(s); **von ~** from within; **~ und außen** within and without

Innenansicht *f* interior (view); **Innenantenne** *f* indoor aerial; **Innenarchitekt(in)** *m(f)* interior designer; **Innenaufnahme** *f* (PHOT) indoor photo(graph); (FILM) indoor shot; **Innendienst** *m* office duty; **im ~ sein** work in the office; **Innenleben** *nt* ① (*seelisch*) inner life ② (*körperlich*) insides *pl;* **Innenminister(in)** *m(f)* minister of the interior; (*in GB*) Home Secretary; (*in den USA*) Secretary of the Interior; **Innenministerium** *nt* ministry of the interior; (*in GB*) Home Office; (*in den USA*) Department of the Interior; **Innenpolitik** *f* domestic policy; **innenpolitisch** *adj* domestic, internal; **Innenraum** *m* interior; **Innenseite** *f* inside; **Innenspiegel** *m* (AUTO) interior mirror; **Innenstadt** *f* centre/center of town *Br/Am;* (*bei Großstadt*) centre/center of the city *Br/Am;* **Innenverkleidung** *f* (AUTO) interior trim

innerbetrieblich *adj* internal *Br,* in-plant *Am*

Innere ['ɪnərə] <-n> *nt* ① inside, interior ② (*fig: Herz*) heart; **Minister des ~n** Home Secretary *Br,* Secretary of the Interior *Am;* (*bei anderen Ländern*) minister of the interior; **ins ~ des Landes** into the heart of the country; **im tiefsten ~n** (*fig*) in one's heart of hearts

innere *adj* inner; (*im Körper*) internal; **vor meinem ~n Auge** in my mind's eye; **~ Angelegenheit** (POL) internal affair; **~ Mission** Home Mission; **~r Monolog** interior monolog(ue); **~ Werte** inner worth *sing*

Innereien <-> *pl* innards

innerhalb ['ɪnɐhalp] **I.** *präp* within **II.** *adv* inside

innerlich *adj* ① (*körperlich*) internal ② (*fig: nach innen*) inward; (*von innen heraus*) inner

Innerlichkeit *f* inwardness

innerparteilich *adj* within the party, internal

Innerste <-n> *nt* ① (*innerstes Teil*) innermost part ② (*fig*) (very) heart; **tief im ~n** in one's heart of hearts; **bis ins ~ getroffen** deeply hurt

innert *präp* (*österr: binnen*) within

inne|wohnen *vi* be inherent in

innig ['ɪnɪç] *adj* ① (*herzlich*) heartfelt, hearty ② (*vertraut*) intimate ③ (*tief*) deep, profound; **Innigkeit** *f* ① (*Wärme*) warmth; (*Aufrichtigkeit*) sincerity; (*Intensität*) intensity ② (*Vertrautheit*) intimacy ③ (*Tiefe*) depth

Innovation *f* innovation; **innovativ** *adj* innovative; **innovatorisch** *adj* innovatory

Innung ['ɪnʊŋ] *f* guild; **Innungsbetrieb** *m* firm affiliated to a guild

inoffiziell ['ɪnɔfitsjɛl] *adj* unofficial

ins [ɪns] in(to) the

Insasse, -sin ['ɪnzasə] <-n, -n> *m, f* (*einer Anstalt*) inmate; (*Fahrgast*) passenger; **Insassenunfallversicherung** *f* (AUTO) passenger cover

insbesondere [ɪnsbə'zɔndərə] *adv* notably, in particular, particularly

Inschrift *f* inscription; (*auf Münzen*) legend; (*auf Grabstein*) epitaph

Insekt [ɪn'zɛkt] <-(e)s, -en> *nt* insect; **Insektenbekämpfungsmittel** *nt* insecticide *Br,* pesticide *Am;* **Insektenkunde** *f* entomology; **Insektenpulver** *nt* insect powder; **Insektenstich** *m* (insect) sting; **Insektizid** [ɪnzɛkti'tsi:t] <-(e)s, -e> *nt* insecticide *Br,* pesticide *Am*

Insel ['ɪnzəl] <-, -n> *f* island, isle; **künstliche ~** man-made island; **die Britischen ~n** the British Isles; **Inselstaat** *m* island state

Inserat [ɪnze'ra:t] <-(e)s, -e> *nt* advertisement; (*fam*) advert *Br,* ad *Am;* **ein ~ aufgeben** put an advertisement in a paper; **Inseratenteil** *m* advertisement section; (*fam*) adverts *Br,* ads *Am*

Inserent(in) <-en, -en> *m(f)* advertiser; **inserieren** *vt, vi* advertise (*etw* s.th., *in* in)

insgeheim *adv* secretly

insgesamt *adv* altogether; **... beläuft sich auf ~ € 10.000,-** ... amounts to a total of € 10,000

Insider(in) ['ɪnsaɪdɐ] <-s, -> *m(f)* insider

insofern *konj,* **insoweit** *konj* ① (*was dies betrifft*) in this respect ② (*falls*) if; **~ ..., als ...** ... inasmuch as ...

insolvent *adj* (*zahlungsunfähig*) insolvent; **Insolvenz** <-, -en> *f* insolvency

Inspektion [ɪnʃpɛk'tsjo:n] *f* inspection; (AUTO) service; **Inspektionsreise** *f* tour of inspection

Inspektor(in) *m(f)* inspector; (*Aufseher, Verwalter*) superintendent

inspirieren [ɪnspi'ri:rən] *vt* inspire

inspizieren [ɪnspi'tsi:rən] *vt* inspect

Installateur(in) [ɪnʃtala'tø:ɐ] <-s, -e> *m(f)* (*Klempner*) plumber; (*Monteur*) fitter; (*für Gas*) gas-fitter; **Installation** *f* installation; **installieren** *vt* (*a. fig*) install

instand, in Stand [ɪn'ʃtant] *adj:* **etw ~ halten** (*in Ordnung*) maintain s.th.; (*funktionsfähig*) keep s.th. in working order; **etw ~ setzen** (*funktionstüchtig machen*) get s.th. into working order; (*reparieren*) repair s.th.; **instand|besetzen** *vt:* **ein Haus ~** [*o* **in Stand besetzen**] squat in a house (and do it up)

inständig ['ɪnʃtɛndɪç] **I.** *adj* urgent **II.** *adv:* **~ bitten** beseech, implore; **~ hoffen** hope fervently

Instandsetzung *f* (*Überholung*) overhaul; (*Reparatur*) repair

Instanz [ɪn'stan(t)s] <-, -en> *f* ① (JUR) court ② (JUR: *Stadium der Revision*) instance ③ (*Behörde*) authority; **in erster ~** (JUR) in the first instance; **höhere ~** (JUR) appellate court; (*höhere Verwaltungsbehörde*) higher authority; **in letzter ~** (JUR) in the last instance, without further appeal; **von einer ~ zur nächsten gehen** (JUR) go through all the courts *pl;* (*von Behörde zu Behörde*) go from one department to the next; **Instanzenweg** *m* ① (*bei Behörden*) official channels *pl* ② (JUR) stages of appeal *pl;* **auf dem** ~ through the official channels; (JUR) through the various stages of appeal

Instinkt [ɪn'stɪŋkt] <-(e)s, -e> *m* instinct; **aus** ~ by instinct; **instinktiv** [ɪnstɪŋ'ti:f] *adj* instinctive; ~ **handeln** act instinctively, act by instinct

Institut [ɪnsti'tu:t] <-(e)s, -e> *nt* ❶ institute ❷ (JUR) institution

Institution *f* institution

instruieren [ɪnstru'i:rən] *vt* instruct

Instruktion [ɪnstrʊk'tsjo:n] *f* instruction

Instrument [ɪnstru'mɛnt] *nt* instrument; (TECH: *Werkzeug*) implement, tool; **Instrumentalstück** *nt* (MUS) instrumental piece

Insulaner(in) [ɪnzu'la:nɐ] *m(f)* islander

Insulin <-s> *nt* insulin

inszenieren [ɪnstse'ni:rən] *vt* ❶ (THEAT) put on the stage ❷ (FILM: *produzieren*) produce; (*Regie führen*) direct ❸ (*Streit, Skandal*) stage; **Inszenierung** *f* production

intakt [ɪn'takt] *adj* intact

Intarsie [ɪn'tarziə] *f* inlay, marquetry

Integral [ɪnte'gra:l] <-s, -e> *nt* (MATH) integral

Integralhelm *m* full-face helmet

Integralrechnung *f* (MATH) integral calculus

Integration *f* integration; **Integrationsfigur** *f* unifying figure; **integrativ** *adj* (*Erziehung, Zusammenarbeit*) integrated; **integrieren** *vt* (a. MATH) integrate; **ein integrierter Bestandteil** an integral part; **integrierte Gesamtschule** comprehensive (school); **integrierte Schaltung** (ELEK) integrated circuit; **Integrierung** *f* integration

Intellekt [ɪntɛ'lɛkt] <-(e)s> *m* intellect

intellektuell [ɪntɛlɛktu'ɛl] *adj* intellectual; **Intellektuelle(r)** *f m* intellectual

intelligent [ɪntɛli'gɛnt] *adj* intelligent; **Intelligenz** <-, -en> *f* ❶ (*Denkfähigkeit*) intelligence ❷ (*als Kollektivbezeichnung*) intelligentsia; **Intelligenzquotient** *m* intelligence quotient

Intendant(in) [ɪntɛn'dant] <-en, -en> *m(f)* (THEAT) director, manager

Intensität [ɪntɛnzi'tɛ:t] *f* intensity

intensiv [ɪntɛn'zi:f] *adj* ❶ (*Gefühl, Blick, Farbe*) intense ❷ (*Arbeit*) intensive; **Intensivbehandlung** *f* (MED) intensive care; **intensivieren** *vt* intensify; **Intensivkurs** *m* intensive course; **Intensivstation** *f* (MED) intensive care unit

intentional [ɪntɛntsjo'na:l] *adj* intentional

interaktiv *adj* (a. INFORM) interactive

Intercity(zug) <-s, -s> *m* intercity (train)

interessant [ɪnt(ə)rɛ'sant] *adj* interesting; **er will sich doch nur** ~ **machen** he just wants to attract everybody's attention; **das ist für mich nicht mehr** ~ I am no more interested in it

Interesse [ɪn'trɛsə] <-s, -n> *nt* interest (*für, an* in); ~ **haben an …** be interested in …; **es liegt in meinem ureigenen** ~ it is in my very own interest; **aus** ~ for interest; **für jdn nicht von** ~ **sein** be of no interest to s.o.; **jds** ~**n vertreten** [*o* **wahrnehmen**] look after someone's interests; **von allgemeinem** ~ of general interest; **im öffentlichen** ~ in the public interest; **Fragen von öffentlichem** ~ questions of public interest; **interessehalber** *adv* for interest; **interesselos** *adj* indifferent; **Interessengemeinschaft** *f* ❶ (*Interessengleichheit*) community of interests ❷ (*Personengruppe*) group of people sharing interests; (COM) syndicate; **Interessengruppen** *fpl* stakeholder; **Interessenkonflikt** *m* conflict of interests; **Interessent(in)** *m(f)* interested person [*o* party]

interessieren **I.** *vt* interest (*für, an* in) **II.** *vr* be interested (*für* in); **interessiert** **I.** *adj* interested **II.** *adv* with interest

Interface ['ɪntɐfeɪs] <-, -s> *nt* (INFORM: *Schnittstelle*) interface

Intermezzo [ɪnte'mɛtso] <-s, -s/ - mezzi> *nt* ❶ (MUS) intermezzo ❷ (*fig: Zwischenspiel*) interlude

intern [ɪn'tɛrn] *adj* internal

Internat <-(e)s, -e> *nt* boarding school

international ['ɪntɐnatsio'na:l] *adj* international; **Internationaler Währungsfonds** International Monetary Fund, IMF; ~**es Finanzsystem** international financial system

Internet *nt* internet; **Internetauftritt** *m* Internet presence

Internet-Café *nt* cybercafé

internieren [ɪnte'ri:rən] <ohne ge-> *vt* intern; **Internierte(r)** *f m* internee; **Internierung** *f* internment

Internist(in) [ɪnte'nɪst] <-en, -en> *m(f)* (MED) internist

Internverbindung *f* (TELE) internal connection

interpolieren [ɪntɐpo'li:rən] *vt* (MATH) interpolate

Interpret(in) *m(f)* interpreter (*of art, music*); **Chansons junger** ~**en** chansons by young singers

Interpretation [ɪntɐpreta'tsjo:n] *f* interpretation; **interpretieren** *vt* interpret; **etw falsch** ~ misinterpret s.th

Interpunktion *f* punctuation

Interpunktionszeichen *nt* punctuation mark

Interrail-Karte *f* inter-rail ticket

interreligiös *adj* interreligious

Intervall [ɪntɐ'val] <-s, -e> *nt* (*a.* MUS) interval; **Intervallschaltung** *f* interval switch

intervenieren [-ve'ni:rən] *vi* intervene (*bei jdm* with s.o., *bei etw* in s.th.)

Intervention [ɪntɐvɛn'tsjo:n] <-, -en> *f* (MIL POL) intervention (*bei* with, *für* for)

Interview [ɪntɐ'vju:/'ɪntɐvju] <-s, -s> *nt* interview; **interviewen** [ɪntɐ'vju:ən] <ohne ge-> *vt* interview (*jdn zu/über etw* s.o. on/about s.th.)

intim [ɪn'ti:m] *adj* intimate (*mit* with); **mit jdm ~ werden** become intimate with s.o.; **ein ~er Kenner von etw sein** have an intimate knowledge of s.th.; **in ~em Kreise** with one's most intimate friends; **Intimbereich** *m* privacy; **Intimität** *f* intimacy (*mit* with); **Intimpartner(in)** *m(f)* sexual partner

intolerant *adj* intolerant (*gegenüber jdm* toward(s) s.o., *gegenüber einer Sache* of s.th.); **Intoleranz** *f* intolerance

Intranet ['ɪntrənet] <-s, -s> *nt* (*Netzwerk eines Unternehmens*) intranet

intransitiv *adj* (GRAM) intransitive

intrigant [ɪntri'gant] *adj* plotting, scheming

Intrigant(in) <-en, -en> *m(f)* intriguer, plotter, schemer; **Intrige** [ɪn'tri:gə] <-, -n> *f* intrigue; **intrigieren** *vi* intrigue, plot, scheme

introvertiert ['ɪntrovɛrti:ɐt] *adj* introverted

Intuition *f* intuition

intuitiv **I.** *adj* intuitive **II.** *adv* intuitively

intus *adj:* **etw ~ haben** (*fam: zu sich genommen haben*) have had

Invalide [ɪnva'li:də] <-n, -n> *m* invalid; **~ sein** be disabled [*o* invalid]; **Invalidität** *f* disability

Invasion [ɪnva'zjo:n] *f* (*a. fig*) invasion

Inventar [ɪnvɛn'ta:ɐ] <-s, -e> *nt* (COM) ① (*Warenliste*) inventory ② (*Einrichtung*) fittings *pl;* **lebendes ~** livestock; **totes ~** fixtures and fittings *pl;* **das ~ aufnehmen** do the inventory; **er gehört schon zum ~** (*fam*) he's part of the furniture

Inventur *f* (COM) stocktaking *Br,* inventory *Am;* **~ machen** stocktake *Br,* make an inventory *Am*

Inversionswetterlage *f weather situation comprising temperature inversion*

investieren [ɪnvɛs'ti:rən] *vt, vi* (*a. fig*) invest (*in* in); **Investition** *f* (COM FIN) investment; **Investitionsgut** *nt meist pl* (FIN COM) item of capital expenditure

Investor(in) [ɪn'vɛsto:ɐ] <-s, -en> *m(f)* investor

In-vitro-Fertilisation *f* (MED) in vitro fertilization

inwendig ['ɪnvɛndɪç] *adj* inside; **in- und auswendig** inside out

inwiefern *konj,* **inwieweit** *adv* (in) how far; (*als Frage*) in what way?

Inzucht <-> *f* inbreeding

inzwischen *adv* (in the) meantime, meanwhile

Ion [io:n] <-s, -en> *nt* (CHEM PHYS) ion

Irak [i'ra:k] <-s> *m:* **der ~** Iraq; **Iraker(in)** *m(f)* Iraqi

Iran [i'ra:n] <-s> *m:* **der ~** Iran; **Iraner(in)** *m(f)* Iranian

irden ['ɪrdən] *adj* earthen; **~es Geschirr** earthenware

irdisch *adj* earthly, terrestrial; **der Weg alles Irdischen** the way of all flesh

Ire ['i:rə] <-n, -n> *m* Irishman

irgend ['ɪrgənt] *adv* (*überhaupt*) at all; **wo es ~ geht** where it's at all possible; **sie ist doch nicht ~!** she is not just anybody!; **irgendein** *pron* some; (*in verneinten Sätzen, Frage- oder Bedingungssätzen*) any; **irgendeine(r, s)** *pron* (*substantivisch*) ① (*bei Personen*) someone, somebody; (*in verneinten, Frage- oder Bedingungssätzen*) anyone, anybody ② (*bei Sachen*) something; (*in verneinten, Frage- oder Bedingungssätzen*) anything; **irgendetwas** *pron* something; (*in verneinten, Frage- oder Bedingungssätzen*) anything; **irgendjemand** *pron* someone, somebody; (*in verneinten, Frage- oder Bedingungssätzen*) anyone, anybody, somebody; **ich bin nicht ~** I'm not just anybody

irgendwann *adv* sometime; (*fragend oder bedingend*) ever

irgendwas *pron* anything, something

irgendwie *adv* somehow (or other); **das habe ich ~ schon einmal gesehen** I've got a feeling I've seen it before

irgendwo *adv* somewhere; (*fragend, verneinend oder bedingend*) anywhere; **irgendwoher** *adv* from somewhere; (*fragend, verneinend oder bedingend*) from anywhere

irgendwohin *adv* somewhere; (*fragend, verneinend oder bedingend*) anywhere

Irin ['i:rɪn] *f* Irishwoman; **irisch** *adj* Irish

Irland ['ɪrlant] <-s> *nt* Ireland; (*auf gälisch*) Eire

Ironie [iro'ni:] *f* irony; **ironisch** *adj* ironic(al)

irrational *adj* (*a.* MATH) irrational

irre ['ɪr(ə)] **I.** *adj* ① (*verrückt*) crazy, insane, mad ② (*fam: wild*) wild; **wie ~** (*fam*) like crazy; **du machst mich noch ganz ~!** you're going to drive me mad!; **~(e)r Typ** (*sl*) groover; **das ist ja echt ~(e)!** (*sl*) that's really mind-boggling! **II.** *adv* ① (*verrückt*) in a mad way ② (*sl: sehr*) incredibly; **~ gut** (*sl*) way-out

Irre(r)[1] <-n, -n> *f m* lunatic

Irre² <-> *f*: **jdn in die ~ führen** (*a. fig*) lead s.o. astray

irreal ['---] *adj* unreal

irre|führen *vt* ① (*falschen Weg zeigen*) mislead ② (*täuschen*) deceive; **sich durch jdn ~ lassen** let s.o. mislead [*o* deceive] one; **irreführend** *adj* misleading

irrelevant *adj* irrelevant (*für* for, to)

irre|machen *irr vt* confuse

irren ['ɪrən] **I.** *vi* ① *sein* (*herum~*) roam, wander ② *haben* (*sich täuschen*) be mistaken **II.** *vr haben* be mistaken (*in jdm* in s.o., *in etw* about s.th.); **ich habe mich in der Nummer geirrt** I made a mistake about the number; **Sie haben sich um drei Euro geirrt** you've made a mistake of three euro; **Irren ist menschlich** (*prov*) to err is human; **jeder kann sich mal ~** anyone can make a mistake

Irrenanstalt *f*, **Irrenhaus** *nt* (*pej*) lunatic asylum; **hier geht's ja zu wie im Irrenhaus!** (*fam*) this place is an absolute madhouse!; **reif fürs Irrenhaus sein** (*fam*) have gone loony; **Irrenarzt, -ärztin** *m, f* (*pej*) shrink

Irrfahrt *f* odyssey, wandering

Irrgarten *m* maze

irrig *adj* erroneous; **in der ~en Annahme** under the wrong assumption

irritieren [ɪri'tiːrən] *vt* ① (*ärgern*) irritate ② (*verwirren*) confuse

Irrläufer *m* ① (*Brief*) misdirected letter ② (MIL) stray bullet

Irrlicht <-(e)s, -er> *nt* (*a. fig*) jack-o'-lantern, will-o'-the-wisp

Irrsinn <-(e)s> *m* insanity, madness; **das ist doch ~!** (*fam*) that's sheer madness!

irrsinnig *adj* ① (*verrückt*) crazy, insane, mad ② (*fam: stark, klasse*) groovy, terrific

Irrtum *m* (*schuldhafter ~*) error; (*Fehler, Versehen*) mistake; **~!** that's where you're wrong!; **~, mein Lieber!** you're wrong there, my dear boy!; **sehr im ~ sein** be greatly mistaken; **im ~ sein, sich im ~ befinden** be in error; **~ vorbehalten!** (COM) errors excepted!; **einen ~ zugeben** admit an error [*o* a mistake]; **da muss ein ~ vorliegen** there must be some mistake

irrtümlich ['ɪrtyːmlɪç] **I.** *adj* erroneous, mistaken **II.** *adv* erroneously; (*aus Versehen*) by mistake

ISBN <-> *f Abk. von* **Internationale Standardbuchnummer** ISBN

Ischias ['ɪʃias] <-> *f* (MED) sciatica

ISDN *nt Abk. von* **Integrated Services Digital Network** ISDN

Islam [ɪs'laːm] <-s> *m* Islam; **islamisch** *adj* Islamic; **Islamisierung** *f* Islamization

islamistisch *adj* Islamist

Island ['iːslant] <-s> *nt* Iceland; **Isländer(in)** ['iːslɛndɐ] *m(f)* Icelander; **isländisch** *adj* Icelandic

Isolation [izola'tsjoːn] *f* ① (*a.* MED) isolation; (*von Häftlingen*) (solitary) confinement ② (TECH, ELEK) insulation; **Isolationshaft** *f* solitary confinement

Isolator *m* (ELEK) insulator

Isolierband *nt* (ELEK) insulating tape

isolieren **I.** *vt* ① (*absondern*) isolate ② (*a. Häuser, Fenster*) insulate **II.** *vr* isolate o.s. (from the world)

Isolierkanne *f* thermos flask, insulated flask; **Isoliermasse** *f* insulating compound; **Isoliermaterial** *nt* insulating material

Isomatte® *f* karrimat, thermomat

Isotherme [izo'tɛrmə] <-, -n> *f* isotherm

isotonisch [izo'toːnɪʃ] *adj* (CHEM) isotonic

Isotop [izo'toːp] <-s, -e> *nt* (CHEM PHYS) isotope

Israel ['ɪsraɛl] *nt* Israel; **Israeli** [ɪsra'eːli] *m/f* Israeli; **israelisch** *adj* Israeli; **Israelit(in)** [ɪsrae'liːt] <-en, -en> *m(f)* (HIST) Israelite; **israelitisch** *adj* (HIST) Israelite

Istbestand ['ɪstbəʃtant] <-(e)s> *m* (COM FIN: *an Geld*) cash in hand; (*an Waren*) actual stock

Italien [i'taːliən] *nt* Italy; **Italiener(in)** [ita'ljeːnɐ] *m(f)* Italian; **italienisch** *adj* Italian

IVF *f* (MED) *Abk. von* **In Vitro Fertilisation** IVF, in vitro fertilisation

IWF *m Abk. von* **Internationaler Währungsfonds** IMF

J j

J, j [jɔt] <-, -> *nt* J, j

ja [jaː] *adv* ① yes ② (*feststellend*): **~ doch** [*o* **aber ~**] yes, of course ③ (*Frage: wirklich?*) really? ④ (*tatsächlich*) just ⑤ (*schließlich*) after all ⑥ (*sogar*) even; **~?** (*richtig?*) right?; **zu etw ~ sagen** say yes to s.th.; **nun ~ …** well …; **sei ~ vorsichtig!** be careful!; **tu es ~ nicht!** I warn you, don't do it!; **das ist ~ schrecklich!** that's just terrible!; **es schneit ~!** goodness, it's snowing!; **es ist ~ nicht so schlimm** after all it's not that bad; **ich sehe Sie also morgen, ~?** I'll see you tomorrow, right?; **ich habe es Ihnen ~ gesagt!** I told you so!; **es muss sich ~ eines Tages bessern** don't worry, it'll have to improve one day; **~, was Sie nicht sagen!** you don't say!; **sie ist ~ meine Schwester!** why, she is my sister!; **ich komm' ~ schon!** all right, all right, I'm coming!

Jacht [jaxt] <-, -en> *f* yacht

Jacke ['jakə] <-, -n> *f* jacket; **das ist ~ wie Hose** (*fam*) that's six (of one) and half a dozen (of the other); **die ~ voll kriegen** (*fam*) cop a packet

Jackett [ʃa'kæt] <-(e)s, -e/-s> *nt* jacket *Br*, coat *Am*

Jagd [ja:kt] <-, -en> *f* ① (*a. fig: Verfolgung*) hunt (*nach* for); (*das Jagen*) hunting ② (*fig*) chase (*nach* after); **auf die ~ gehen** go hunting; **~ machen auf …** (*a. fig*) hunt for …; **die ~ aufs Geld** the pursuit of money; **Jagdaufseher(in)** *m(f)* gamekeeper; **Jagdbeute** *f* bag; **Jagdbomber** *m* (MIL AERO) fighter-bomber; **Jagdflugzeug** *nt* (MIL AERO) fighter plane [*o* aircraft]; **Jagdgewehr** *nt* hunting rifle; **Jagdhaus** *nt* hunting lodge; **Jagdhund** *m* hound; (*Vorstehhund*) pointer; **Jagdrevier** *nt* shoot; **Jagdschein** *m* hunting license

jagen ['ja:gən] **I.** *vt* ① hunt ② (*verfolgen, hetzen*) chase; **jdn zum Teufel ~** (*fam*) send s.o. to hell; **ein Unglück jagte das andere** one misfortune followed hard upon the other; **damit kann man mich ~** (*fam*) I wouldn't touch that thing with a (ten-foot) barge pole *Br* **II.** *vi* ① (*auf die Jagd gehen*) go hunting ② *sein* (*rasen*) race; **nach etw ~** chase after s.th. **III.** *vr:* **die Ereignisse ~ sich** things happen one after the other

Jäger ['jɛ:gɐ] <-s, -> *m* ① hunter, huntsman ② (MIL) rifleman ③ (*Jagdflugzeug*) fighter (plane); **Jägerin** *f* huntress

i Land & Leute

Das Jägerlatein, literally 'huntsman's Latin', is the telling of hunting stories in which the fantasy of the narrator knows no bounds.

Jägerzaun *m* rustic fence

Jaguar ['ja:gua:ɐ] <-s, -e> *m* (*Raubtier*) jaguar

jäh [jɛ:] *adj* ① (*steil*) steep ② (*plötzlich*) sudden; (*unvermittelt*) abrupt ③ (*überstürzt*) headlong, precipitous

Jahr [ja:ɐ] <-(e)s, -e> *nt* year; **ein halbes ~** six months; **alle ~e** every year; **alle fünf ~e** every five years; **~ für ~** year after year; **das ganze ~ hindurch** [*o* **über**] all the year round; **im ~e 2002** in (the year) 2002; **in den besten ~en** in the prime of one's life; **in den neunziger ~en** in the nineties; **im Alter von zehn ~en** at the age of ten; **mit den ~en** over the years; **viele ~e lang** for many years; **pro ~** a year, per annum; **von ~ zu ~** from year to year; **vor einem ~** a year ago

jahraus [ja:ɐ'aʊs] *adv:* **~, jahrein** year in, year out

Jahrbuch *nt* ① (*statistisches ~*) yearbook ② (*Almanach*) almanac

jahrelang **I.** *adj attr* lasting for years **II.** *adv* for years

jähren ['jɛ:rən] *vr:* **es jährt sich heute (zum zehnten Mal), dass …** it is a year (ten years) ago today that …

Jahresabonnement *nt* annual subscription; **Jahresabschluss** *m* ① end of the year ② (COM) annual statement of account; **Jahresanfang** *m* beginning of a [*o* the] (new) year; **Jahresbeitrag** *m* annual subscription; **Jahresarbeitszeitverhältnis** *nt* annual work contract; **Jahresbericht** *m* annual report; **Jahresbilanz** *f* (COM) annual balance sheet; **Jahresdurchschnitt** *m* annual average; **Jahreseinkommen** *nt* annual income; **Jahresetat** *m* annual budget; **Jahresfrist** <-> *f* year's time; **binnen** [*o* **noch vor**] **~** within a year's time; **Jahrestag** *m* anniversary; **Jahresurlaub** *m* annual vacation; **Jahreswechsel** *m* turn of the year; (*Neujahr*) New Year; **Jahreswende** *f* turn of the year; (*Neujahr*) New Year; **Jahreszahl** *f* date, year; **Jahreszeit** *f* season; **jahreszeitlich** *adj* seasonal; **~e Schwankungen** seasonal variations [*o* fluctuations]

Jahrgang *m* ① (*Altersklasse*) age-group ② (*von Zeitschrift*) volume ③ (*von Wein*) vintage

Jahrhundert [-'--] <-s, -e> *nt* century; **jahrhundertelang** **I.** *adj* lasting for centuries **II.** *adv* for centuries; **Jahrhundertwende** *f* turn of the century

jährlich ['jɛ:ɐlɪç] **I.** *adj* annual, yearly **II.** *adv* annually, every year, yearly; (COM FIN) per annum; **einmal ~** once a year

Jahrmarkt *m* fair

Jahrtausend [-'--] <-s, -e> *nt* millennium; **Jahrtausendumstellung** *f* millennium changeover; **Jahrtausendwende** *f* turn of the millennium

Jahrzehnt [ja:ɐ'tse:nt] <-(e)s, -e> *nt* decade; **jahrzehntelang** **I.** *adj* decades of …, lasting for decades **II.** *adv* for decades

Jähzorn ['jɛ:tsɔrn] *m* irascibility, violent temper; **jähzornig** *adj* irascible, violent-tempered

Jalousie [ʒalu'zi:] *f* (Venetian) blind *Br,* window shades *Am*

Jammer ['jamɐ] <-s> *m* ① (*Klage*) lamentation, wailing ② (*Elend*) misery, wretchedness; **es ist ein** ~ it is awful; **ein Bild des ~s bieten** (*fig*) be a sorry sight; **jämmerlich** ['jɛmɐlɪç] **I.** *adj* ① (*elend, erbärmlich*) wretched ② (*Mitleid erregend*) pitiful ③ (*beklagenswert*) lamentable ④ (*fam: schlecht, mies*) pathetic **II.** *adv* (*fam: sehr*) terribly; **jammern** ['jamɐn] *vi* wail (*über* over, *um* for); **jammerschade** *adj* (*fam*): **es ist ~, dass …** it's a crying shame that …

Janker <-s, -> *m* (*österr: Strickjacke*) cardigan

Jänner ['jɛnɐ] <-s, -> *m* (*österr*) January

Januar ['janua:ɐ] <-(s), -e> *m* January

Japan ['ja:pan] *nt* Japan; **Japaner(in)** [ja'pa:nɐ] *m(f)* Japanese; **japanisch** *adj* Japanese

Jargon [ʒar'gõ:] <-s, -s> *m* jargon

Jasmin [jas'mi:n] <-s, -e> *m* (*Pflanze*) jasmine

jäten ['jɛ:tən] *vt, vi* weed

Jauche ['jaʊxə] <-, -n> *f* liquid manure; **Jauchegrube** *f* cesspool

jauchzen ['jaʊxtsən] *vi* exult, rejoice

jaulen ['jaʊlən] *vi* (*a. fig*) howl

Java *f* (*Programmiersprache von Sun Microsystems*) Java; **JavaScript** *nt* (*Produktname für Scriptsprache*) JavaScript

Jawort *nt* consent

Jazz [dʒæs/jats] <-> *m* (MUS) jazz; **jazzig** *adj* jazzy

je¹ [je:] *interj:* ~ **nun …** well now …; **o ~!** oh dear!

je² **I.** *präp* (*pro*) per **II.** *adv* ① (~ *weils*) each, every ② (~ *mals*) ever; **für ~ zehn Wörter** for every ten words; **schlimmer denn** ~ worse than ever **III.** *konj:* ~ **eher, desto besser** the sooner the better; ~ **nachdem** that depends; ~ **nach …** depending on …

Jeans [dʒi:ns] *pl* jeans, denims; **Jeansanzug** *m* denim suit; **Jeansrock** *m* denim skirt

jedenfalls *adv* ① (*auf jeden Fall*) in any case ② (*zumindest*) at least

jede(r, s) ['je:də] **I.** *pron* (*substantivisch*) ① (~ *einzelne,* ~ *für sich*) each ② (~ *von allen*) everyone, everybody ③ (~ *beliebige*) anyone, anybody **II.** *adj* ① (*einzeln, für sich*) each; (~ *von zweien*) either ② (~ *von allen*) every ③ (~ *beliebige*) any; **~s Mal** each time, every time; **~s Mal, wenn** whenever; **~r Einzelne** every individual

jedermann *pron* ① (*ein jeder*) everyone, everybody ② (*jeder beliebige*) anyone, anybody

jederzeit *adv* (at) any time

jedoch [je'dɔx] *adv, konj* however

Jeep® [dʒi:p] <-s, -s> *m* jeep

jeher ['je:he:ɐ] *adv:* **von** [*o* **seit**] ~ always

jemals ['je:ma:ls] *adv* ever

jemand ['je:mant] *pron* somebody, someone; (*in fragenden, verneinenden o bedingenden Sätzen*) anybody, anyone; **sonst ~, ~ anders** somebody else; (*irgend~*) anybody else

jene(r, s) ['je:nə] **I.** *pron* that one, those ones; **bald dieser, bald jener** first one, then the other; **jener** (*letzterer*) the latter; **dies und jenes** this and that **II.** *adj* that; (*bezogen auf Plural*) those

jenseitig *adj* opposite, on the other side

Jenseits <-> *nt* next world; **jdn ins ~ befördern** (*sl*) send s.o. to kingdom come

jenseits ['je:nzaɪts] *präp* (~ *von*) on the other side of; **er ist ~ von Gut und Böse** (*fam*) he's past it

Jesuit [jezu'i:t] <-en, -en> *m* Jesuit; **Jesuitenorden** *m* Jesuit Order

Jesus ['je:zʊs] *m* Jesus

Jetset ['dʒætsæt] <-s> *m* (*fam*) jet-set

jetten ['dʒɛtn] *vi* (*fam*) jet

jetzig ['jɛtsɪç] *adj* (*im Augenblick*) present; (*laufend*) current; **~e Preise** current prices

jetzt [jɛtst] *adv* now; **gerade ~** this very moment; **bis ~** so far, up to now; ~ **eben** just now; **von ~ an** from now on; **für ~** for the present, for now; **gleich ~, ~ gleich** right now; **erst ~** only now; ~ **oder nie!** (it's) now or never!

Jetztzeit *f* present time

jeweilig ['je:vaɪlɪç] *adj* ① (*derzeitig*) of the day; (*vorherrschend*) prevailing ② (*betreffend*) respective

jeweils ['je:vaɪls] *adv* ① (*zur gleichen Zeit*) at a time ② (*jedesmal*) each time; (*jeder einzelne*) each; **die ~ erfolgreichsten Kandidaten der beiden Wahlgänge** the most successful candidates of each of the two ballots

Job [dʒɔp/dʒɔb] <-s, -s> *m* (*a.* INFORM) job **jobben** *vi* (*fam*) work, do casual work **Jobbörse** ['dʒɔp,bœrzə] *f* job exchange **Jobhopping** *nt* job hopping; **Jobsharing** *nt* job sharing

Joch [jɔx] <-(e)s, -e> *nt* ❶ (*a. fig*) yoke ❷ (*Berg~*) ridge ❸ (ARCH) truss; **sein ~ abschütteln** (*fig*) shake off one's yoke; **sich einem ~ beugen** (*fig*) submit to a yoke

Jockei *m*, **Jockey** ['jɔki/dʒɔki] <-s, -s> *m* jockey

Jod [jo:t] <-(e)s> *nt* iodine

jodeln ['jo:dəln] *vt, vi* yodel

i Land & Leute

Das Jodeln, yodelling is a form of singing practised mainly in the Alps, in Switzerland and Tyrol, in which individual sounds are sung alternately falsetto and in a normal voice from the chest.

Jodler[1] *m* (*Jodelruf*) yodel; **Jodler(in)**[2] *m(f)* (*jodelnde Person*) yodeller

Jodmangel *m* iodine deficiency; **Jodtinktur** *f* iodine tincture

Joga ['jo:ga] <-(s)> *m* yoga

joggen ['dʒɔgn] *vi* jog; **Jogger(in)** <-s, -> *m(f)* jogger; **Jogging** <-s> *nt* jogging; **Jogginganzug** *m* jogging suit

Joghurt ['jo:gʊrt] <-s, -s> *m/nt*, **Jogurt** *m/nt* yog(h)urt

Johannisbeere [jo'hanɪsbe:rə] *f*: **rote** (**schwarze**) ~ redcurrant (blackcurrant)

Johannistag *m* Midsummer's Day

johlen ['jo:lən] *vi* bawl, howl

Jointventure ['dʒɔɪnt'væntʃə] <-(s), -s> *nt* (COM) joint venture

Jojo [jo'jo:] <-s, -s> *nt* yo-yo; **Jojo-Effekt** *m* yo-yo effect

Jongleur(in) [ʒɔ̃'glø:ɐ] <-s, -e> *m(f)* juggler; **jonglieren** *vi* (*a. fig*) juggle

Jordanien [jɔr'da:niən] *nt* Jordan; **Jordanier(in)** <-s, -> *m(f)* Jordanian; **jordanisch** *adj* Jordanian

Joule [dʒu:l] <-(s), -> *nt* joule

Journal [ʒɔr'na:l] <-s, -e> *nt* ❶ (*Tagebuch*) diary ❷ (COM) daybook ❸ (*Fach~*) journal

Journalismus *f* journalism; **Journalist(in)** *m(f)* journalist

jovial [jo'vja:l] *adj* jovial

Joystick ['dʒɔɪstɪk] <-s, -s> *m* (INFORM) joystick

JPEG *nt* (*Grafikformat im Internet*) jpeg

Jubel ['ju:bəl] <-s> *m* jubilation; **Jubeljahr** *nt* jubilee year; **alle ~e einmal** (*fam*) once in a blue moon; **jubeln** *vi* rejoice, shout with joy

Jubilar(in) [jubi'la:ɐ] *m(f)* man (woman) celebrating an anniversary

Jubiläum [jubi'lɛ:ʊm] <-s, -läen> *nt* jubilee; (*Jahrestag*) anniversary

jucken ['jʊkən] **I.** *vi* itch; **mir juckt die Nase** my nose itches; **das juckt mich doch nicht!** (*fam*) I don't care (a damn)!; **es juckt mir in den Fingern zu …** I'm itching to … **II.** *vt* (*kratzen*) scratch; **Jucken** *nt*, **Juckreiz** *m* itching

Jude ['ju:də] <-n, -n> *m* Jew; **Judentum** *nt* ❶ (*Judaismus*) Judaism ❷ (*Volk*) Jewry ❸ (*Wesen*) Jewishness; **Judenverfolgung** *f* persecution of the Jews; **Jüdin** ['jy:dɪn] *f* Jewess; **jüdisch** *adj* Jewish

Judo ['ju:do] <-(s)> *nt* (SPORT) judo

Jugend ['ju:gənt] <-> *f* ❶ (*~zeit*) youth ❷ (*~lichkeit*) youthfulness ❸ (*junge Menschen*) young people *pl*, youth; **frühe ~** early youth; **von ~ an** [*o* **auf**] from one's youth; **in meiner ~** when I was young; **die heutige ~** the youth of today, young people of today; **Jugendamt** *nt* youth welfare department; **Jugendarbeitslosigkeit** *f* youth unemployment; **Jugenderinnerung** *f* memory of one's youth; **Jugendfreund(in)** *m(f)* friend of one's youth; **Jugendherberge** *f* youth hostel; **Jugendherbergsausweis** *m* youth hostelling card, YHA card; **Jugendkriminalität** *f* juvenile crime [*o* delinquency]

jugendlich *adj* ❶ (*jung*) young ❷ (*jung wirkend*) youthful ❸ (JUR) juvenile; **Jugendliche(r)** *f m* young person, teenager; (JUR) juvenile; (*Minderjährige*) minor; **Jugendlichkeit** *f* youthfulness

Jugendschutz *m* (JUR) protection of children and young people

Jugendzeit *f* youth

Jugoslawe, -win [jugo'sla:və] *m, f* Yugoslav; **Jugoslawien** *nt* (HIST) Yugoslavia; **jugoslawisch** *adj* Yugoslav(ian)

Juli ['ju:li] <-(s), -s> *m* July

jung [jʊŋ] <jünger, jüngst> *adj* young

Junge[1] ['jʊŋə] <-n, -n(s)> *m* boy; **~, ~!** (*fam*) oh boy!; **alter ~** (*fam: als Anrede*) old pal; **ein schwerer ~** (*pej*) a bad egg

Junge[2] <-n, -n> *nt* (*generell von Tieren*) young one; (*von Hund*) puppy; (*von Katze*) kitten; (*von Raubtier*) cub; (*von Vogel*) nestling; **die ~n** the young

Jünger *m* (*a. fig*) disciple

jünger ['jʏŋɐ] *adj* ❶ (*Komparativ von jung*) younger ❷ (*Entwicklung, Geschichte*) recent; **sie ist fünf Jahre ~ als ich** she is my junior by five years [*o* five years my junior]; **er sieht ~ aus, als er ist** he does not look his age; **die ~e Steinzeit** the New Stone Age

Jungfer ['jʊŋfɐ] <-, -n> *f:* **alte ~** (*pej*) old maid, spinster

Jungfernfahrt *f* (MAR) maiden voyage

Jungfernhäutchen *nt* (ANAT) hymen, maidenhead

Jungfilmer(in) *m(f)* young film maker

Jungfrau *f* ① virgin ② (*Sternzeichen*) Virgo; **jungfräulich** ['jʊŋfrɔɪlɪç] *adj* (*a. fig*) virgin

Junggeselle *m* bachelor; **eingefleischter ~** confirmed bachelor; **Junggesellin** *f* bachelor girl

Jüngling ['jʏŋlɪŋ] *m* youth

jüngst [jʏŋst] *adv* lately, recently

jüngste *adj* ① (*Superlativ von jung*) youngest ② (*letzte*) latest; (*Zeit, Vergangenheit*) recent; **der Jüngste Tag** Doomsday; **das Jüngste Gericht** the Last Judg(e)ment; **sein ~er Roman** his latest novel; **sie ist nicht mehr die Jüngste** (*fam*) she's no (spring) chicken any more; **mein Jüngster** my youngest; **in der ~n Zeit** recently; **die ~n Ereignisse** the latest events

Juni ['ju:ni] <-(s), -s> *m* June

junior ['ju:niɔr] *adj* (*unveränderlich*) junior, jun., jr.; **Sammy Davis ~** Sammy Davis jr.; **Junior(in)** <-s, -en> *m(f)* junior

Junkbondmarkt ['dʒaŋkbɔnd,markt] *m* (*Handel mit zweitklassigen Wertpapieren*) junk-bond market

Junkie ['dʒaŋki] <-s, -s> *m* (*sl*) junkie

Jupe [ʒyp] <-s, -s> *m* (*CH*) skirt

Jura¹ ['ju:ra] <-> *m* (GEOG) Jura Mountains *pl*

Jura² *ntpl* (JUR) law *sing;* **~ studieren** study [*o* read] law

Jurisprudenz [jurɪspru'dɛnts] <-> *f* jurisprudence

Jurist(in) *m(f)* ① (*ausgebildeter*) jurist ② (*Jurastudent*) law student; **Juristerei** *f* (*fam*) law; **juristisch** *adj* legal; **~e Person** body corporate, corporation, legal entity; **~es Studium** law studies *pl;* **~e Fakultät** faculty of law *Br,* law school *Am;* **~er Beistand** counsel; **~er Kommentar** legal commentary

Jury [ʒy'ri:/'ʒy:ri] <-, -s> *f* jury

Jus [ju:s] *nt* (*österr*) law *sing;* **~ studieren** study law

just [jʊst] *adv* exactly, just

justierbar [jʊs'ti:ɐba:ɐ] *adj* adjustable; **justieren** [jʊs'ti:rən] *vt* (*einstellen, einrichten*) adjust; (TYP) justify

Justiz [jʊs'ti:ts] <-> *f* justice; **jdn der ~ überantworten** hand s.o. over to the law; **Justizbeamte, -beamtin** *m, f* judicial officer; **Justizgebäude** *nt* courthouse; **Justizirrtum** *m* error [*o* miscarriage] of justice; **Justizminister(in)** *m(f)* minister of justice; (*in GB*) Lord Chancellor; (*in den USA*) Attorney General; **Justizministerium** *nt* Ministry of Justice; (*in den USA*) Department of Justice; **Justizmord** *m* judicial murder

Juwel [ju've:l] <-s, -en> *nt* (*a. fig*) gem, jewel; **Juwelenhandel** *m* jewel(l)er's trade; **Juwelier(in)** [juve'li:ɐ] <-s, -e> *m(f)* jewel(l)er; **Juweliergeschäft** *nt* jewel(l)er's (shop)

Jux [jʊks] <-es, -e> *m* (*fam*) lark; **das war doch nur ein ~!** it was only a joke!; **sich einen ~ aus etw machen** make a joke out of s.th.; **aus ~** for a lark; **juxig** *adj* (*fam*) funny

Kk

K, k [ka:] <-, -> *nt* K, k

Kabarett [kaba'rɛt/kaba're:] <-s, -s/-e> *nt* cabaret; (*~programm*) floor show; **politisches ~** satirical political revue

Kabel ['ka:bəl] <-s, -> *nt* ① (ELEK) wire; (TELE) flex ② (*Drahtseil*) cable; **Kabelanschluss** *m* (TV) cable connection; **~ bekommen** get cable; **Kabelfernsehen** *nt* cable television

Kabeljau ['ka:bəljaʊ] <-s, -e/-s> *m* (*großer Raubfisch*) cod

Kabelkanal *m* (TV) cable channel; **Kabelklemme** *f* (ELEK) ① (*an Auto*) cable clamp ② (*an Zündkerze*) plug terminal; **kabeln** ['ka:bəln] *vt, vi* cable; **Kabelnetz** *nt* cable network

Kabine [ka'bi:nə] <-, -n> *f* ① (*Umkleide~, Dusch~*) cubicle; (TELE) booth; (AVIAT MAR) cabin ② (*von Drahtseilbahn*) car

Kabinett [kabi'nɛt] <-s, -e> *nt* (POL) cabinet; **Kabinettskrise** *f* (POL) ministerial crisis; **Kabinettssitzung** *f* (POL) cabinet meeting; **Kabinettsumbildung** *f* (POL) cabinet reshuffle

Kabis <-> *m* (*CH*) cabbage

Kabriolett [kabrio'lɛt/'kabriole:] <-s, -s> *nt* (AUTO) convertible

Kachel ['kaxəl] <-, -n> *f* (glazed) tile;

kacheln *vt* tile; **Kachelofen** *m* tiled stove

Kacke ['kakə] <-> *f* (*vulg*) crap, shit; **kacken** *vt, vi* (*vulg*) crap, shit

Kadaver [ka'da:vɐ] <-s, -> *m* carcass; **Kadavergehorsam** *m* (*pej*) blind obedience

Kader ['ka:dɐ] <-s, -> *m* (MIL POL) cadre

Kadmium *nt* cadmium

Käfer ['kɛ:fɐ] <-s, -> *m* beetle

Kaff [kaf] <-s, -s/Käffer> *nt* (*pej*) dump

Kaffee ['kafe/ka'fe:] <-s> *m* coffee; ~ **mit Milch** white coffee *Br,* coffee with milk *Am;* ~ **kochen** make coffee; **das ist doch alles kalter ~!** (*fam*) that's all old stuff!; **zwei ~, bitte!** two coffees, please!; **Kaffeebohne** *f* coffee bean; **Kaffeefilter** *m* coffee filter; **Kaffeehaus** *nt* (*österr*) café; **Kaffeekanne** *f* coffeepot; **Kaffeeklatsch** *m* (*fam*), **Kaffeekränzchen** *nt* coffee klatsch *Am;* **sie trafen sich zu einem ~** they met for a chat over coffee; **Kaffeelöffel** *m* coffee spoon; **Kaffeemaschine** *f* coffee maker, (coffee) percolator; **Kaffeemühle** *f* coffee grinder; **Kaffeepause** *f* coffee break; **Kaffeesatz** *m* coffee grounds *pl;* **Kaffeeservice** *nt* coffee set; **Kaffeestrauch** *m* coffee tree; **Kaffeetasse** *f* coffee cup

Käfig ['kɛ:fɪç] <-s, -e> *m* cage; **Käfighaltung** *f* caging

kahl [ka:l] *adj* ① (*Landschaft*) barren, bleak ② (*Bäume*) bare; ~ **geschoren** (*Mensch*) shaven; (*Schaf*) shorn; **Kahlheit** *f* ① (*von Mensch*) baldness ② (*von Landschaft*) barrenness, bleakness ③ (*von Bäumen*) bareness; **Kahlkopf** *m* ① (*Glatze*) bald head ② (*pej: Person*) bald man [*o* woman]; **kahlköpfig** ['ka:lkœpfɪç] *adj* bald-headed; **Kahlschlag** *m* ① (*Abholzen*) deforestation ② (*fig: Abriss*) demolition ③ (*fam: radikale Kürzung*) axing

Kahn [ka:n, *pl:* 'kɛ:nə] <-(e)s, Kähne> *m* boat; (*Last~*) barge; ~ **fahren** go boating; **Kahnfahrt** *f* row; (*mit Stechkahn*) punt

Kai [kaɪ] <-s, -e/-s> *m* quay; **Kaimauer** *f* quay wall

Kaiser ['kaɪzɐ] <-s, -> *m* emperor; (*Deutscher ~*) Kaiser; **Kaiserin** *f* empress; **Kaiserkrone** *f* ① (*eines Kaisers*) imperial crown ② (*Liliengewächs*) crown imperial; **kaiserlich** *adj* imperial; **Kaiserreich** *nt* empire

i Land & Leute

Kaiserschmarren is a type of pancake, commonplace in Austria, southern Germany and Switzerland, which is pulled to pieces and sprinkled with sugar, and sometimes contains raisins. Its origins can be traced back to the Empress Elisabeth of Austria.

Kaiserschnitt *m* (MED) Caesarean (section)

Kaisertum *nt* ① (*Kaiserreich*) empire ② (*Kaiserwürde*) imperial dignity

Kajüte [ka'jy:tə] <-, -n> *f* cabin

Kakadu ['kakadu] <-s, -s> *m* (*großer Papagei*) cockatoo

Kakao [ka'kaʊ] <-s> *m* cocoa; **jdn durch den ~ ziehen** (*fam: auf den Arm nehmen*) take the mickey out of s.o.; (*heruntermachen*) run s.o. down; **Kakaobohne** *f* cocoa bean

Kakerlake [ka(:)kɐ'la(:)kə] <-, -n> *f* (*Küchenschabe*) cockroach

Kaktee [kak'te:] <-, -n> *f,* **Kaktus** ['kaktʊs] <-, Kakteen> *m* cactus

Kalauer ['ka:laʊɐ] <-s, -> *m* (*Wortspiel*) corny pun; (*fauler Witz*) old chestnut

Kalb [kalp, *pl:* 'kɛlbɐ] <-(e)s, Kälber> *nt* calf; **kalben** ['kalbən] *vi* calve; **Kalbfleisch** *nt* veal; **Kalb(s)leder** *nt* calf(skin); **Kalbsschnitzel** *nt* veal cutlet

Kaleidoskop [kalaɪdo'sko:p] <-s, -e> *nt* kaleidoscope

Kalender [ka'lɛndɐ] <-s, -> *m* calendar; (*Taschen~*) diary; **Kalenderjahr** *nt* calendar year

Kali ['ka:li] <-s, -s> *nt* (CHEM) potash, potassium oxide

Kaliber [ka'li:bɐ] <-s, -> *nt* (*a. fig: Format*) calibre *Br,* caliber *Am*

Kalifornien [kali'fɔrniən] *nt* California

Kalium ['ka:liʊm] <-s> *nt* (CHEM) potassium; **Kaliumchlorid** *nt* (CHEM) potassium chloride; **kaliumhaltig** *adj* potassic; **Kaliumpermanganat** [-pɛrmaŋga'na:t] <-s> *nt* (CHEM) potassium permanganate

Kalk [kalk] <-(e)s, -e> *m* lime; **gebrannter ~** quicklime; **gelöschter ~** slaked lime; **Kalkboden** *m* calcareous soil; **Kalkbrennerei** *f* lime works *pl;* **kalken** *vt* ① (*tünchen*) whitewash ② (*mit Kalk düngen*) lime; **kalkhaltig** *adj* (*Boden*) chalky; (*Wasser*) hard; **Kalkmangel** <-s> *m* (MED) calcium deficiency; **Kalkofen** *m* lime kiln; **Kalksandstein** *m* calcareous sandstone; **Kalkstein** <-(e)s> *m* limestone

Kalkulation [kalkula'tsjo:n] *f* ① (*Berechnung*) calculation ② (*Kostenvoranschlag*) estimate; **kalkulierbar** *adj* calculable; **kalkulieren** *vt* calculate

Kalorie [kalo'riː] *f* calorie; **kalorienarm** *adj* low in calories, low-calorie; **Kalorienbombe** *f* (*fam*) billions of calories; **Kaloriengehalt** *m* calorie content

kalt [kalt] *adj* (*a. fig*) cold; **Kalter Krieg** (HIST) Cold War; **ein ~es Buffet** a cold buffet; **es überlief mich ~** cold shivers were running through me; **mir ist ~** I am cold; **das lässt mich ~** that leaves me cold; **~ bleiben** (*unbewegt bleiben*) remain unmoved; **~e Füße kriegen** (*fam*) get cold feet; **jdm die ~e Schulter zeigen** give s.o. the cold shoulder; **eine Flasche Wein ~ stellen** chill a bottle of wine; **etw ~ lächelnd tun** take callous pleasure in doing s.th.; **kaltblütig** ['kaltblyːtɪç] **I.** *adj* (*gefühllos*) cold-blooded **II.** *adv* coolly, in cold blood; **Kaltblütigkeit** *f* cold-bloodedness

Kälte ['kɛltə] <-> *f* cold; (METE: *~periode*) cold spell; (*fig*) coldness; **zehn Grad ~** minus ten degrees; **bei dieser ~** in this cold; **die ~ lässt nach** the cold is breaking up; **Kältebehandlung** *f* cryotherapy; **kältebeständig** *adj* cold-resistant; **kälteempfindlich** *adj* sensitive to cold; **Kältegrad** *m* (*fam: Maßgröße f. Minustemperaturen*) degree of frost; **Kältemischung** *f* freezing-mixture; **Kälteschutzmittel** *nt* (AUTO) anti-freeze; **Kältewelle** *f* cold spell

Kaltluft *f* cold air; **Kaltluftfront** *f* (METE) cold front

kalt|machen *vt* (*sl*) do in

Kaltschale *f* cold sweet [*o* iced fruit] soup

kaltschnäuzig ['kaltʃnɔɪtsɪç] *adj* (*fam*) ❶ (*gefühllos*) callous, cold ❷ (*frech, unverschämt*) insolent

Kaltstart *m* (INFORM) cold start; **Kaltstartautomatik** *f cold start device*

kalt|stellen *vt* (*fig*) demote; *s. a.* **kalt**

Kalzium <-s> *nt* (CHEM) calcium

Kamel [ka'meːl] <-(e)s, -e> *nt* ❶ camel ❷ (*Trottel*) dope; **Kamelhaar** *nt* camelhair *Br*, camel's-hair *Am*

Kamelie [ka'meːliə] *f* (*Strauch*) camellia

Kamera ['kaməra] <-, -s> *f* (PHOT) camera

Kamerad [kamə'raːt] <-en, -en> *m* ❶ (MIL) comrade; (*Gefährte*) companion ❷ (*fam: Freund*) chum *Br*, buddy *Am*; **Kameradschaft** *f* comradeship; **kameradschaftlich** *adj* comradely; (*Gemeinschaft, Ehe*) companionate; **Kameradschaftsgeist** *m* spirit of comradeship

Kamerafrau <-, -en> *f* camerawoman; **Kameraführung** *f* camera work; **Kameramann** <-(e)s, -männer/-leute> *m* (FILM) cameraman; **kamerascheu** *adj* camera-shy

Kamerun ['kaməruːn] *nt* Cameroon

Kamille [ka'mɪlə] <-, -n> *f* camomile; **Kamillentee** *m* camomile tea

Kamin [ka'miːn] <-s, -e> *m* ❶ (*Schornstein, a. von Berg*) chimney ❷ (*im Zimmer*) fireplace, fireside; **Kaminaufsatz** *m* mantelpiece; **Kaminfeger(in)** *m(f)* chimney sweep

Kamm [kam, *pl:* 'kɛmə] <-(e)s, Kämme> *m* ❶ (*Haar~*) comb ❷ (*von Vögeln, Wellen*) crest ❸ (*von Berg*) crest, ridge ❹ (*von Rind*) neck; **über einen ~ scheren** lump together; **ihm schwillt der ~** (*fam: vor Stolz*) he is getting swollen-headed

kämmen ['kɛmən] **I.** *vt* (*Haare*) comb; (*Wolle*) card **II.** *vr* comb one's hair

Kammer ['kamɐ] <-, -n> *f* ❶ (*kleines Zimmer*) small room ❷ (*fig: von Behörde*) chamber; (*Ärzte~*) association; **Kammerdiener** *m* valet; **Kammerzofe** *f* chambermaid

Kampagne [kam'panjə] <-, -n> *f* campaign

Kampf [kampf, *pl:* 'kɛmpfə] <-(e)s, Kämpfe> *m* ❶ (*a. fig*) fight (*um* for) ❷ (*Schlacht*) battle ❸ (*Wettkampf*) contest; **im ~ für die Freiheit** in the struggle for freedom; **schließlich kam es zum ~** finally fighting broke out; **~ auf Leben und Tod** life and death struggle; **~ ums Dasein** struggle for existence; **~ bis aufs Messer** (*fig*) fight to the finish; **ein heißer ~** a ding-dong fight; **jdm (einer Sache) den ~ ansagen** declare war on s.o. (s.th.); **im ~ fallen** be killed in action; **Kampfansage** *f* (*fig*) declaration of war; **Kampfbahn** *f* (SPORT) arena, sports stadium; **kampfbereit** *adj* ready for action; **Kampfeinsatz** *m* (MIL) combat mission

kämpfen ['kɛmpfən] *vt, vi* fight (*um, für* for, *gegen jdn o etw* s.o., s.th.); **um sein Leben ~** fight for one's life; **mit den Tränen ~** fight back one's tears; **mit Schwierigkeiten ~** contend with difficulties; **mit sich selber ~** have a battle with o.s.

Kampfer ['kampfɐ] <-s> *m* (CHEM) camphor

Kämpfer(in) *m(f)* fighter; (*Krieger*) warrior; **kämpferisch** *adj* aggressive

kampferprobt *adj* battle-tried; **kampffähig** *adj* (MIL) fit for action; **Kampfgas** *nt* (MIL) war gas; **Kampfgeist** <-(e)s> *m* fighting spirit; **Kampfgruppe** *f* (MIL) combat group; (*Spezialeinheit*) task force; **Kampfhahn** *m* (*a. fig*) fighting cock; **Kampfhandlung** *f* action; **Kampfhund** *m* fighting dog; **Kampfkraft** *f* fighting strength; **kampflustig** *adj* pugnacious; **er ist ganz schön ~** he's quite eager for the fray; **Kampfmaßnahme** *f* offensive measure; ~**n ergreifen** go on the offensive; **Kampfplatz** *m* ❶ (MIL: *Schlachtfeld*) battle field ❷ (SPORT: *Arena*) arena; **Kampfrichter(in)** *m(f)* (SPORT) referee; (*beim Tennis*) umpire; **Kampfsport** *m* martial art; **kampfunfähig** *adj* ❶ (MIL) unfit for fighting ❷ (SPORT: *von Boxer*) unfit

kampieren [kam'pi:rən] *vi* camp

Kanada ['kanada] *nt* Canada; **Kanadier(in)** [ka'na:diɐ] *m(f)* Canadian; **kanadisch** *adj* Canadian

Kanal [ka'na:l, *pl:* ka'nɛ:lə] <-s, Kanäle> *m* ❶ (*natürlicher*) channel; (*Ärmel~*) Channel; (*künstlicher*) canal ❷ (*Entwässerungs~*) drain; (*Abwasser~*) sewer ❸ (RADIO TV) channel; **die haben den ~ aber ganz schön voll** (*sl: sie sind ziemlich betrunken*) they're pretty canned, aren't they?; **Kanaldeckel** *m* drain cover

Kanalinseln *fpl* Channel Islands

Kanalisation [kanaliza'tsjo:n] *f* ❶ (*für Abwässer*) sewerage system ❷ (*Flussbegradigung*) canalization; **Kanalisationsnetz** *nt* sewerage system; **kanalisieren** *vt* ❶ (*mit Kanalröhren versehen*) install sewers (*eine Stadt* in a town) ❷ (*einen Fluss*) canalize ❸ (*fig: Energie, Gefühle*) channel; **Kanalisierung** *f* ❶ (*von Fluss*) canalization ❷ (*fig*) *channelization;* **Kanalrohr** *nt* sewer pipe

Kanaltunnel *m* Channel Tunnel

Kanaren *pl* Canaries

Kanarienvogel [ka'na:riənfo:gəl] *m* canary

Kanarische Inseln *fpl* Canary Islands

Kandidat(in) [kandi'da:t] <-en, -en> *m(f)* candidate; (*Bewerber*) applicant; **Kandidatur** *f* candidature *Br,* candidacy *Am;* **kandidieren** *vi* (POL) run, stand (*für* for); **für das Amt des Präsidenten ~** run for president

kandiert [kan'diɐt] *adj* (*Früchte*) candied

Kandis(zucker) ['kandɪs] <-> *m* (sugar)candy

Känguru ['kɛŋguru] <-s, -s> *nt* kangaroo

Kaninchen [ka'ni:nçən] <-s, -> *nt* rabbit; **Kaninchenbau** *m* rabbit burrow

Kanister [ka'nɪstɐ] <-s, -> *m* can

Kännchen ['kɛnçən] <-s, -> *nt* (*für Milch*) jug; (*für Kaffee*) pot

Kanne ['kanə] <-, -n> *f* can; (*Tee~, Kaffee~*) pot; (*große Milch~*) churn

Kannibale, -lin [kani'ba:lə] <-n, -n> *m, f* cannibal; **kannibalisch** *adj* cannibal

Kanonade [kano'na:də] <-, -n> *f* ❶ (MIL) cannonade ❷ (*fig: Schimpf~*) tirade

Kanone [ka'no:nə] <-, -n> *f* ❶ gun; (HIST) cannon ❷ (*fam: Ass, Könner*) ace ❸ (*sl: Revolver*) gat, rod; **das ist einfach unter aller ~** (*fam*) that simply defies description; **Kanonenboot** *nt* gunboat; **Kanonenbootpolitik** *f* gunboat diplomacy; **Kanonenfutter** *nt* (*fam*) cannon fodder; **Kanonenkugel** *f* cannon ball; **Kanonenrohr** *nt* gun barrel; **heiliges ~!** (*fam*) good grief!

Kanonier [kano'ni:ɐ] <-s, -e> *m* (MIL) gunner

Kante ['kantə] <-, -n> *f* ❶ (*bei Gegenstand, Fläche*) edge ❷ (*Rand*) border; **etw (Geld) auf die hohe ~ legen** (*fam*) put some money by; **etw (Geld) auf der hohen ~ haben** (*fam*) have some money put by; **kanten** *vt* ❶ (*kippen*) tilt ❷ (*mit Kanten versehen*) trim; **Kantholz** *nt* squared timber; **kantig** *adj* ❶ (*Holz*) edged ❷ (*Gesicht*) angular

Kantine [kan'ti:nə] <-, -n> *f* canteen; (MIL) Naafi *Br*

Kanton [kan'to:n] <-(e)s, -e> *m* (*CH*) Swiss federal state

> **i Land & Leute**
>
> Switzerland consists of 26 **Kantone** (cantons) of which three are divided into *Halbkantone* (demicantons) – Unterwalden, Basel and Appenzell. The cantons elect a total of 46 representatives to the *Ständerat*, one of the two chambers of the Swiss legislature. The largest cantons are Graubünden, Bern and Waadt (Vaud).

Kanu ['ka:nu/ka'nu:] <-s, -s> *nt* canoe; **~ fahren** canoe

Kanüle [ka'ny:lə] <-, -n> *f* (MED) needle

Kanzel ['kantsəl] <-, -n> *f* ❶ (*in der Kirche*) pulpit ❷ (AVIAT) cockpit; **auf der ~** in the pulpit; **von der ~ herab** from the pulpit

Kanzlei [kants'laɪ] *f* ❶ (*Dienststelle*) office; (*Rechtsanwalts~*) chambers *pl* ❷ (HIST POL) chancellery

Kanzler(in) ['kantslɐ] *m(f)* chancellor; **Kanzleramt** *nt* chancellory

Kap [kap] <-s, -s> *nt* cape

Kapaun [ka'paʊn] <-s, -e> *m* capon

Kapazität [kapatsi'tɛ:t] *f* ❶ (*Volumen*) capacity ❷ (*fig: Experte*) authority

Kapelle [ka'pɛlə] <-, -n> *f* ❶ (*Gotteshaus*) chapel ❷ (MUS) band; **Kapellmeister** *m* (MUS: *Leiter einer Musikkapelle*) bandmaster; (*Dirigent*) conductor

Kaper ['ka:pɐ] <-, -n> *f* (*in Essig eingelegte Blütenknospe*) caper

kapern ['ka:pɐn] *vt* (MAR) capture, seize

kapieren [ka'piːrən] *vt* (*fam*) get; **kapiert?** got it?; **er kapiert aber schnell** he really catches on quick

Kapital [kapi'taːl, *pl:* kapi'taːliən] <-s, -e/-ien> *nt* ❶ (FIN) capital ❷ (*fig*) asset (*an etw* in s.th.); **angelegtes ~** capital investments *pl;* **~ anlegen, ~ hineinstecken** invest capital; **aus etw ~ schlagen** capitalize on s.th; **Kapitalabfluss** <-es> *m* (FIN) capital outflow; **Kapitalabwanderung** *f* (COM) exodus of capital; **Kapitalanlage** *f* (FIN) capital investment; **Kapitalanlagegesellschaft** *f* (FIN) investment fund; **Kapitalanleger(in)** <-s, -> *m(f)* capital investor; **Kapitalbeteiligungsgesellschaft** *f* (FIN) capital investment company; **Kapitalertrag** *m* (FIN) capital gains *pl*

Kapitalismus *m* capitalism; **kapitalgedeckt** *adv* (*mit Geldrücklagen*) capital secured; **Kapitalist(in)** *m(f)* capitalist; **kapitalistisch** *adj* capitalist(ic)

Kapitalmangel <-s> *m* (FIN) lack of capital; **Kapitalmarkt** *m* (FIN) money market

Kapitalverbrechen *nt* (JUR) serious crime

Kapitän [kapi'tɛːn] <-s, -e> *m* (MAR AERO) captain; **~ zur See** captain RN *Br,* commodore *Am;* **Kapitänleutnant** *m* lieutenant-commander

Kapitel [ka'pɪtəl] <-s, -> *nt* (*a. fig*) chapter; **das ist ein ~ für sich** that's another story

Kapitell [kapi'tɛl] <-s, -e> *nt* (ARCH) capital

Kapitulation [kapitula'tsjoːn] *f* surrender; (*a. fig*) capitulation (*vor* to, *angesichts* in the face of); **kapitulieren** *vi* surrender; (*a. fig*) capitulate (*vor* to, *angesichts* in the face of)

Kaplan [ka'plaːn, *pl:* ka'plɛːnə] <-s, Kapläne> *m* chaplain

Kappe ['kapə] <-, -n> *f* ❶ (*Kopfbedeckung*) cap ❷ (*von Flaschen*) top; **alles auf seine ~ nehmen** (*fam*) take the full responsibility; **das geht auf meine ~** (*fam: auf meine Rechnung*) that's on me

kappen ['kapən] *vt* (*a. fig*) cut

Kappes ['kapəs] <-, (-se)> *m* (*fam*) ❶ (*Kohl*) cabbage ❷ (*fig: Blödsinn*) rubbish

Kapriole [kapri'oːlə] <-, -n> *f* caper

Kapsel ['kapsəl] <-, -n> *f* capsule

kaputt [ka'pʊt] *adj* (*fam*) ❶ (*zerbrochen*) broken; (*Beziehungen, Ehe*) on the rocks ❷ (*übermüdet*) done in, shattered ❸ (*Gesundheit*) ruined; **ein ~er Typ** (*sl*) a bum; **musst du denn immer alles ~ machen?** do you have to break everything?; **dieses ewige Theater macht mich noch ganz ~** this never-ending fuss will be the death of me; **mach dich doch nicht ~!** (*überanstrenge dich nicht*) don't wear yourself out!; **kaputt|gehen** *sein irr vi* (*fam: entzweigehen*) break; (*Maschinen, Geräte*) break down; (*Beziehungen*) go on the rocks (*an* because of); **kaputt|lachen** *vr* (*fam*) die laughing; **er hat sich kaputtgelacht** he was killing himself (laughing); **da lachst du dich kaputt!** this one'll kill you!; **kaputt|machen** *vt* ❶ break ❷ (*fig: Person*) exhaust, wear out

Kapuze [ka'puːtsə] <-, -n> *f* hood; (*von Mönch*) cowl

Kapuziner [kapu'tsiːnɐ] *m* Capuchin (monk); **Kapuzinerkresse** *f* nasturtium

Karabiner [kara'biːnɐ] <-s, -> *m* ❶ (*Gewehr*) carbine ❷ (*Haken*) karabiner snap link

Karaffe [ka'rafə] <-, -n> *f* carafe; (*für Wein*) decanter

Karambolage [karambo'laːʒə] <-, -n> *f* collision, crash; **karambolieren** *vi* ❶ (AUTO) crash (*mit* into) ❷ (*beim Billard*) cannon *Br,* carom *Am*

Karamell [kara'mɛl] <-s> *nt* caramel

Karat [ka'raːt] <-(e)s, -e> *nt* carat

Karate [ka'raːtə] <-(s)> *nt* karate; **Karatekämpfer(in)** *m(f)* karateka

Karawane [kara'vaːnə] <-, -n> *f* caravan

Karbid [kar'biːt] <-(e)s, -e> *nt* (CHEM) carbide

Kardamom [karda'moːm] <-s> *nt* cardamom

Kardinal [kardi'naːl, *pl:* kardi'nɛːlə] <-s, Kardinäle> *m* cardinal

Kardinalfrage *f* (*geh*) essential question

Kardinalzahl *f* (MATH) cardinal number

Kardiogramm [kardio'gram] <-s, -e> *nt* (MED) cardiogram

Karenzzeit [ka'rɛntstsaɪt] *f* waiting period

Karfiol [kar'fjoːl] <-s> *m* (*österr*) cauliflower

Karfreitag [kaːɐ'fraɪtaːk] *m* Good Friday

karg [kark] *adj* ❶ (*mager, spärlich*) meagre, sparse; (*unfruchtbar*) barren ❷ (*geizig*) mean (*mit* with); **kärglich** ['kɛrklɪç] *adj* meagre, sparse

Karibik [ka'riːbɪk] <-> *f* Caribbean

kariert [ka'riːɐt] *adj* ❶ (*Stoff*) checked *Br,* checkered *Am* ❷ (*Papier*) squared

Karies ['kaːriɛs] <-> *f* (MED) caries

Karikatur [karika'tuːɐ] *f* caricature; **Karikaturist(in)** *m(f)* cartoonist; **karikieren** *vt* caricature

Karl [karl] *m* Charles; **~ der Große** Charlemagne

Karneval ['karnəval] <-s, -e/-s> *m* carnival

Kärnten ['kɛrntən] *nt* Carinthia

Karo ['kaːro] <-s, -s> *nt* ❶ (*Quadrat*)

K

square; (*Raute*) lozenge; (*quadratisches Stoffmuster*) check ② (*Kartenfarbe*) diamonds *pl*

Karosse [ka'rɔsə] <-, -n> *f* state coach

Karosserie [---'-] *f* (AUTO) bodywork

Karotte [ka'rɔtə] <-, -n> *f* carrot

Karpaten [kar'pa:tən] *pl* Carpathians

Karpfen ['karpfən] <-s, -> *m* (*großer Süßwasserfisch*) carp; **Karpfenteich** *m* carp pond

Karre(n) ['karən] <-s, -> *f* (*m*) ① (*Wagen*) cart; (*Schub~*) (wheel-)barrow ② (*pej: altes Auto*) crate; **jdm wegen einer Sache an den Karren fahren** (*fam*) take s.o. to task for s.th.; **Sie haben den Karren gründlich in den Dreck gefahren!** (*fam*) you got things in a complete mess!; **jetzt ziehen Sie den Karren auch wieder aus dem Dreck!** (*fam*) now clear up the mess again!

Karriere [ka'rjɛ:rə] <-, -n> *f* career; ~ **machen** make a career for o.s; **Karriereberater(in)** *m(f)* careers adviser; **Karrierefrau** *f* (*pej*) career woman; **Karriereknick** *m* hiccup in one's career; **Karrieremacher(in)** *m(f)* (*pej*) careerist

Karst [karst] <-(e)s, -e> *m* (GEOL) chalky formation

Karte ['kartə] <-, -n> *f* ① (*Land~*) map; (*See~*) chart ② (*Fahr~, Theater~*) ticket ③ (*Post~, Spiel~, Visiten~*) card ④ (*Speise~*) menu; **kannst du ~n lesen?** can you map-read?; **ein Spiel ~n** a pack [*o* deck *Am*] of cards; **decken Sie Ihre ~n auf!** (*a. fig*) show your hand!; **alle ~n in der Hand haben** (*fig*) hold all the trumps; **~n geben** deal cards; ~ **mischen** give the cards a shuffle; **~n spielen** play cards; **jdm die ~n legen** tell someone's fortune from the cards; **er lässt sich nicht in die ~n gucken** (*fig*) he's playing it close to his chest; **alles auf eine ~ setzen** (*fig*) put all one's eggs in one basket

Kartei [kar'taɪ] *f* card file; **Karteikarte** *f* file card; **Karteikasten** *m* file-card box; **Karteileiche** *f* (*fig hum*): **das sind doch bloß ~n** they're just names on the files

Kartell [kar'tɛl] <-s, -e> *nt* (COM) cartel; **Kartellamt** *nt* Monopolies Commission *Br*

Kartenhaus *nt* ① (*fig*) house of cards ② (MAR) chart house

Karteninhaber(in) *m(f)* card-holder

Kartenkunststück *nt* card trick; **Kartenleger(in)** *m(f)* fortune-teller; **Kartenlesegerät** *nt* card reader; **Kartenspiel** *nt* ① (*das ~en*) card-playing ② (*einzelnes Spiel*) card game ③ (*die Karten*) pack of cards *Br*, deck of cards *Am*; **Kartenspieler(in)** *m(f)* card-player; **Kartentelefon** *nt* cardphone; **Kartenvorverkauf** *m* (THEAT) advance sale of tickets; **Kartenvorverkaufsstelle** *f* ticket agency

kartieren *vt* (*Gebiet*) map out

Kartoffel [kar'tɔfəl] <-, -n> *f* potato; **~n schälen** peel potatoes; **man ließ ihn fallen wie eine heiße** ~ (*fam*) they dropped him like a hot potato; **Kartoffelbrei** *m* mashed potatoes *pl*; **Kartoffelchips** *mpl* (potato) crisps *Br*, (potato) chips *Am*; **Kartoffelernte** *f* (*Ernteergebnis*) potato crop; **Kartoffelkäfer** *m* Colorado [*o* potato] beetle; **Kartoffelpuffer** *m* potato fritter; **Kartoffelsalat** *m* potato salad; **Kartoffelschale** *f* ① (*Haut der Kartoffel*) potato skin ② (*als Abfall*) potato peel

Karton [kar'tɔŋ] <-s, -s/(-e)> *m* ① (*Pappe*) cardboard ② (*Schachtel*) cardboard box; **kartonieren** [karto'ni:rən] *vt* (*Buch mit Pappeinband versehen*) bind in boards; **kartoniert** *adj* paperback

Kartusche *f* cartridge

Karussell [karʊ'sɛl] <-s, -s/-e> *nt* car(r)ousel, merry-go-round, roundabout *Br*

karzinogen [kartsino'ge:n] *adj* (MED) carcinogenic; **~e Stoffe** carcinogenic agents; **Karzinom** [kartsi'no:m] <-s, -e> *nt* (MED) carcinoma, malignant growth

kaschieren [ka'ʃi:rən] *vt* ① (*überdecken*) conceal ② (*Bucheinband*) laminate

Kaschmir ['kaʃmi:ɐ] <-s> *nt* Kashmir

Käse ['kɛ:zə] <-s, -> *m* ① cheese ② (*fam: Quatsch*) rubbish; **Käseblatt** *nt* (*pej: Zeitung*) (local) rag; **Käseglocke** *f* cheese cover; **Käsekuchen** *m* cheesecake; **Käseplatte** *f* cheese board; **Käserei** *f* (*~betrieb*) cheese-dairy

Kaserne [ka'zɛrnə] <-, -n> *f* (MIL) barracks *pl*; **Kasernenhof** *m* barrack square; **Kasernenhofton** *m*: **im ~ sagte er ...** in his sergeant-major's voice he said ...; **kasernieren** *vt* quarter in barracks

käsig ['kɛ:zɪç] *adj* (*fam: Gesichtsfarbe*) pasty

Kasino [ka'zi:no] <-s, -s> *nt* ① (*Spiel~*) casino ② (MIL) (officers') mess

Kaskoversicherung ['kasko-] *f* (AUTO: *Teil~*) third-party insurance; (*Voll~*) fully comprehensive insurance

Kasper <-s, -> *m* Punch; (*fig*) clown; **Kasperletheater** ['kaspɐlə-] *nt* Punch and Judy (show)

Kasse ['kasə] <-, -n> *f* ① (*Geldkasten*) cashbox ② (*Zahlstelle im Laden*) cash point, till; (*im Supermarkt*) check-out; (*Theater~*) box office; (*in Bank*) cashdesk ③ (*Bargeld*) cash; **knapp bei ~ sein**

(*fam*) be short of cash; **gut bei ~ sein** (*fam*) be well-off; **bei ~ sein** (*fam*) be flush; **bei mir stimmt die ~** I'm all right for the money; **gegen ~** for cash; **netto ~** no discount allowed; **~ bei Lieferung** cash on delivery; **zahlen Sie bitte an der ~** (*im Laden*) please pay at the till [*o* desk]; **sie wurde beim Griff in die ~ ertappt** she was caught with her hands in the till; **jdn zur ~ bitten** (*fig*) make s.o. pay up; **~ machen** count the money; **Kassenabschluss** *m* (COM) cashing-up; **Kassenarzt, -ärztin** *m, f* panel doctor *Br;* **Kassenautomat** *m* cash dispenser; **Kassenbeleg** *m* sales receipt, sales check *Am;* **Kassenbestand** *m* (COM) cash balance; **Kassenbon** *m* (COM) sales slip *Br,* sales check *Am*

Kassengestell *nt* (*fam: von Brille*) National Health spectacle frame *Br;* **Kassenpatient(in)** *m(f)* panel patient *Br;* **Kassensturz** *m* (COM) cashing-up; **Kassenterminal** *nt* sales point; **Kassenzettel** *m* sales slip *Br,* sales check *Am*

Kassette [ka'sɛtə] <-, -n> *f* ❶ (*Kästchen*) case ❷ (COM: *Buchkasten*) box; (*Verkaufspackung für mehrere Produkte*) pack, set ❸ (*Musik~, Film~, Video~*) cassette; **Kassettendeck** *nt* cassette deck; **Kassettenrecorder** *m* cassette recorder

kassieren I. *vt* ❶ (FIN) collect (*bei jdm* from s.o.); (*fam: einstecken, verdienen*) pick up (*bei etw* on s.th.) ❷ (*fam: wegnehmen*) take away ❸ (*fam: schnappen, einlochen*) nab **II.** *vi* ❶ (FIN) collect money (*bei jdm* from s.o.) ❷ (*fam: Geld machen, verdienen*) make money; (*Kapital schlagen*) cash in (*bei etw* on s.th.); **darf ich bitte ~?** would you like to pay now?; **er hat dabei ganz hübsch kassiert** (*fam*) he really cashed in on it; **Kassierer(in)** *m(f)* (COM) cashier; (*bei Bank*) clerk, teller; (*bei Verein*) treasurer

Kastagnette [kasta'njɛtə] <-, -n> *f* (MUS) castanet

Kastanie [kas'ta:niə] <-, -n> *f* chestnut; **für jdn die ~n aus dem Feuer holen** (*fig*) pull someone's chestnuts out of the fire; **Kastanienbaum** *m* chestnut tree; **kastanienbraun** *adj* maroon; (*Haarfarbe*) chestnut

Kästchen ['kɛstçən] <-s, -> *nt* ❶ (*kleiner Kasten*) small box ❷ (*Karo*) square

Kaste ['kastə] <-, -n> *f* caste

kasteien [kas'taɪən] <ohne ge-> *vr* castigate o.s.

Kasten ['kastən, *pl:* 'kɛstən] <-s, Kästen> *m* ❶ (*Schachtel*) box; (*Kiste*) case; (*Truhe*) chest ❷ (*österr*) cupboard *Br,* closet *Am;* (*Kleider~*) wardrobe ❸ (*fam: Auto*) crate

kastrieren [kas'tri:rən] *vt* (*a. fig*) castrate

Kasus ['ka:zʊs] <-, -> *m* (LING) case

Katakomben [kata'kɔmbən] *fpl* catacombs

Katalog [kata'lo:k] <-(e)s, -e> *m* catalogue *Br,* catalog *Am;* **katalogisieren** *vt* catalogue *Br,* catalog *Am*

Katalysator [kataly'za:tɔr] <-s, -en> *m* ❶ (CHEM PHYS: *a. fig*) catalyst ❷ (AUTO) catalytic converter; **Katalysatorwagen** *m* car (fitted) with a catalytic converter

Katamaran [katama'ra:n] <-s, -e> *m* catamaran

Katapult [kata'pʊlt] <-(e)s, -e> *m/nt* catapult; **katapultieren** *vt* (AVIAT) catapult

Katarr, Katarrh [ka'tar] <-s, -e> *m* (MED) catarrh

Kataster [ka'tastɐ] <-s, -> *m/nt* land register; **Katasteramt** *nt* land registry

katastrophal [katastro'fa:l] *adj* catastrophic; **Katastrophe** [katas'tro:fə] <-, -n> *f* catastrophe; **Katastrophenalarm** *m* disaster warning signal; **Katastrophenhilfe** *f* disaster relief; **Katastrophenopfer** *nt* disaster victim; **Katastrophenschutz** *m* ❶ (*zur Verhütung*) disaster prevention ❷ (*zur Eindämmung*) disaster control

Katechismus [kate'çɪsmʊs] <-, -men> *m* catechism

Kategorie [katego'ri:] *f* category; **kategorisch** *adj* categorical

Kater ['ka:tɐ] <-s, -> *m* ❶ (*männl. Katze*) tomcat ❷ (*Katzenjammer*) hangover; **Katerstimmung** *f* hangover mood, morning-after feeling

Katheder [ka'te:dɐ] <-s, -> *nt* (*in der Schule*) teacher's desk; (*im Hörsaal*) lectern

Kathedrale [kate'dra:lə] <-, -n> *f* cathedral

Katheter <-s, -> *m* (MED) catheter

Kathode [ka'to:də] <-, -n> *f* (PHYS) cathode

Katholik(in) [katɔ'li:k] <-en, -en> *m(f)* (Roman) Catholic; **katholisch** *adj* (Roman) Catholic

katzbuckeln ['---] *vi* (*pej*) grovel (*vor jdm* before s.o.)

Kätzchen ['kɛtsçər] *nt* kitten

Katze ['katsə] <-, -n> *f* cat; (*fam*) pussy; **bei Nacht sind alle ~n grau** all cats are grey at night; **die ~ aus dem Sack lassen** (*fig fam*) let the cat out of the bag; **die ~ im Sack kaufen** buy a pig in a poke; **wenn die ~ aus dem Haus ist, tanzen die Mäuse** (*prov*) when the cat's away the mice will play; **es war alles für die Katz** (*fam*) it was a sheer waste of time; **nun schleich doch nicht wie die ~ um den heißen Brei herum!** stop beating about

K

the bush!; **katzenartig** *adj* cat-like, feline

Katzenauge *nt* ① (*Rückstrahler*) reflector ② (*Fahrbahnmarkierung*) cat's-eye

katzenfreundlich *adj* (*pej*) overfriendly

Katzenjammer *m* (*fam*) ① (*depressive Stimmung*) the blues *pl* ② (*Kater nach Rausch*) hangover

Katzensprung *m* (*fam*) stone's throw

Katzenstreu *f* cat litter

Katzenwäsche *f* (*hum fam*) a lick and a promise

Katz-und-Maus-Spiel *nt* cat-and-mouse game

Kauderwelsch ['kaʊdɐvɛlʃ] <-(s)> *nt* (*fam*) ① (*Sprachgemisch*) hotch potch ② (*unverständliche Ausdrucksweise*) double dutch ③ (*Fachjargon*) lingo, jargon

kauen ['kaʊən] *vt, vi* chew; **an den Nägeln ~** chew one's nails; **daran kaue ich immer noch** (*fam*) I still can't get over it

kauern ['kaʊɐn] *vi, vr* crouch; (*vor Angst in der Ecke*) cower

Kauf [kaʊf, *pl:* 'kɔɪfə] <-(e)s, Käufe> *m* ① (*das Ein~en*) buying, purchase ② (*das Eingekaufte*) buy; **ein guter ~** a good buy; **etw zum ~ anbieten** offer s.th. for sale; **einen ~ tätigen** complete a purchase; **etw in ~ nehmen** (*fig*) accept s.th., put up with s.th.; **Kaufabsicht** *f* (MARKT) purchase intention; **Kaufbereitschaft** *f* (MARKT) disposition to buy

kaufen ['kaʊfən] **I.** *vt* ① (*erwerben*) buy ② (*fam: bestechen*) buy off; **sich jdn ~** (*fam*) fix s.o.; (*ihm gehörig die Meinung sagen*) give s.o. a piece of one's mind; **jdm etw ~** buy s.th. for s.o. **II.** *vi* ① buy ② (*Einkäufe machen*) shop

Käufer(in) ['kɔɪfɐ] *m(f)* buyer, purchaser; (*Kunde*) customer

Kauffrau *f* businesswoman

Kaufhaus *nt* department store; **Kaufhausdetektiv(in)** *m(f)* store detective

Kaufkraft *f* ① (MARKT) spending power ② (FIN) buying [*o* purchasing] power; **kaufkräftig** *adj* ① (MARKT): **~e Kundschaft** customers with money to spend, customers with considerable spending power *pl* ② (FIN): **~e Währung** currency with good buying power; **Kaufkraftlenkung** *f* (FIN POL) control of consumer spending

Kaufladen *m* shop, store; (*Spielzeug*) toy shop

käuflich ['kɔɪflɪç] *adj* ① (*angeboten*) on [*o* for] sale, purchasable ② (*fig: bestechlich*) venal; **er ist nicht ~** (*fig*) one can't buy him (off); **etw ~ erwerben** acquire s.th. by purchase; **~e Liebe** prostitution; **Käuflichkeit** *f* (*fig*) corruptibility, venality

Kaufmann <-(e)s, -leute> *m* ① (*Einzelhandels~*) small shopkeeper; (*für Lebensmittel*) grocer ② (*Händler*) trader; (*Geschäftsmann*) businessman; **kaufmännisch** *adj* commercial; (*geschäftsmäßig*) businesslike; **~er Angestellter** clerk; **~e Ausbildung** business training; **Kaufpreis** *m* (COM) selling price; **Kaufrausch** *m* spending spree; **im ~ sein** be on a spending spree; **Kaufsumme** *f* (COM) (purchase) money; **Kaufvertrag** *m* (COM) contract of sale, sales contract; **Kaufzwang** *m* (COM) obligation to buy; **kein ~** no obligation

Kaugummi *m* chewing gum

Kaulquappe ['kaʊlkvapə] <-, -n> *f* (*Froschlarve*) tadpole

kaum [kaʊm] *konj* hardly, scarcely; **~ zehn Euro** hardly ten euro; **ich glaube ~** I hardly think so; **das wird wohl ~ passieren** that's scarcely likely to happen; **~ hatte er das gesagt, als ...** hardly had he said this when ...

Kausalkette *f* (*kausaler Zusammenhang*) chain of causality, causal chain

Kautabak *m* chewing tobacco

Kaution [kaʊ'tsjo:n] *f* ① (JUR) bail ② (*Miet~*) deposit; **eine ~ stellen** stand bail; **gegen ~** on bail; **jdn gegen ~ freibekommen** bail s.o. out; **eine ~ hinterlegen** (*für Mietwohnung*) leave a deposit

Kautschuk ['kaʊtʃʊk] <-s, -e> *m* India rubber

Kauz [kaʊts, *pl:* 'kɔɪtsə] <-es, Käuze> *m* (*Eule*) screech owl; **komischer ~** odd bird

Kavalier [kava'li:ɐ] <-s, -e> *m* gentleman; **Kavaliersdelikt** *nt* peccadillo

Kavallerie [kavalə'ri:, '----] *f* (MIL HIST) cavalry; **Kavallerist** *m* (MIL HIST) cavalry man

Kaviar ['ka:viar] <-s, -e> *m* caviar

keck [kɛk] *adj* ① (*kühn*) bold ② (*flott*) pert ③ (*frech*) cheeky, saucy; **Keckheit** *f* ① (*Kühnheit*) boldness ② (*Flottheit*) pertness ③ (*Frechheit*) cheekiness, sauciness

Keeper(in) <-s, -> *m(f)* (*CH*) goalkeeper

Kefe <-, -n> *f* (*CH: Zuckererbse*) mangetout (pea)

Kegel ['ke:gəl] <-s, -> *m* ① (MATH) cone ② (*Figur beim ~n*) ninepin, skittle; (*beim Bowling*) pin ③ (TYP) body; **~ schieben** play at ninepins; **mit Kind und ~** (*hum fam*) with the whole lot; **Kegelbahn** *f* skittle-alley; (*für Bowling*) bowling alley; **kegelförmig** *adj* conic(al); **kegeln** ['ke:gəln] *vi* play ninepins (*beim Bowling* bowls); **Kegelschnitt** *m* (MATH) conic section

Kehle ['ke:lə] <-, -n> *f* ❶ (ANAT: *Gurgel*) throat ❷ (TECH: *Rille*) groove; **mir ist die ~ wie zugeschnürt** I've got a lump in my throat; **jdm das Messer an die ~ setzen** (*a. fig*) hold a knife to someone's throat; **Kehlkopf** *m* (ANAT) larynx; **Kehlkopfentzündung** *f* layringitis; **Kehlkopfkrebs** *m* cancer of the throat; **Kehllaut** *m* guttural (sound)

Kehre ['ke:rə] <-, -n> *f* ❶ (*Kurve*) (sharp) bend [*o* turn] ❷ (SPORT: *beim Turnen*) rear vault

kehren¹ **I.** *vt, vi* (*drehen, wenden*) turn; **jdm (einer Sache) den Rücken ~** (*a. fig*) turn one's back on s.o. (s.th.); **in sich gekehrt** (*still, verschlossen*) introverted; (*nachdenklich*) pensive; **das Oberste zuunterst ~** turn everything upside down **II.** *vr* ❶ (*sich drehen, wenden*) turn ❷ (*sich kümmern*) mind (*an etw* s.th.) ❸ (*sich wenden gegen*) rebound (*gegen jdn* on s.o.)

kehren² ['ke:rən] *vt, vi* (*fegen*) sweep

Kehricht ['ke:rıçt] <-s> *m* sweepings *pl;* (*CH: Müll*) rubbish, garbage

Kehrmaschine *f* ❶ (*Straßen~*) road-sweeper ❷ (*Teppich~*) carpet-sweeper

Kehrreim *m* chorus, refrain

Kehrschaufel *f* dustpan

Kehrseite *f* ❶ (*fam: Rücken*) back; (*Gesäß*) backside ❷ (*von Münze*) reverse ❸ (*fig: Nachteil*) drawback; (*Schattenseite*) other side

kehrt|machen ['ke:ɐt-] *vi* ❶ (MIL) about-turn ❷ (*umkehren*) turn back; **Kehrtwendung** *f* (MIL: *a. fig*) about-turn

Kehrwert *m* (MATH) reciprocal value

i Land & Leute

> **Die Kehrwoche** (the 'cleaning', or literally 'sweeping week') is a Swabian invention. So that pavements and staircases stay clean, residents undertake to clean them in a weekly rota.

keifen ['kaıfən] *vi* ❶ (*meckern*) nag ❷ (*giftig zanken*) bicker

Keil [kaıl] <-(e)s, -e> *m* (TECH: *a. fig*) wedge

Keile <-> *pl* (*fam*) thrashing; **keilen** **I.** *vt* (TECH) wedge **II.** *vr* (*fam: sich schlagen*) brawl, fight

Keiler *m* (*männl. Wildschwein*) wild boar

Keilerei *f* (*fam: Schlägerei*) brawl, punch-up *Br*

keilförmig *adj* wedge-shaped; **Keilriemen** *m* (AUTO) fan belt; **Keilschrift** *f* (HIST) cuneiform (writing)

Keim [kaım] <-(e)s, -e> *m* ❶ (*Krankheits~*) germ ❷ (*Schössling*) shoot, sprout ❸ (*fig*) seed; **etw im ~ ersticken** nip s.th. in the bud; **den ~ zu etw legen** (*fig*) sow the seeds *pl* of s.th.; **Keimdrüse** *f* (ANAT) gonad; **keimen** *vi* ❶ (*a. fig*) germinate; (*treiben*) shoot, sprout ❷ (*von Verdacht, Hoffnung*) be aroused; **keimfrei** *adj* (MED: *a. fig*) sterile; **Keimling** *m* (*Spross*) sprout; **keimtötend** *adj* antiseptic, germicidal; **Keimung** *f* germination; **Keimzelle** *f* germ cell; (*fig*) nucleus

kein(e) [kaın] *pron* (*adjektivisch*) ❶ no; (*vor Subst. im Sing a.*) not a; (*vor Subst. im Pl a.*) not any ❷ (*kaum, nicht einmal*) less than; **er ist kein Kind mehr** he is no longer a child; **kein Wort mehr!** not another word!; **kein bisschen ...** absolutely no ...; **kein einziges Mal** not a single time; **kein anderer als Bismarck** no-one else but Bismarck

? Grammatik

> You cannot say '*nicht ein*' in German. Instead, whenever you need to put *nicht* before *ein(e)*, you use **kein(e)**: *Das ist keine Überraschung. – That is not a/is no surprise. Wir haben keinen Hund – we haven't got/don't have a dog; wir haben keine Haustiere – we haven't got any/don't have any pets.*

keine(r, s) *pron* (*substantivisch*) ❶ (*von Menschen: als Subjekt*) no-one, nobody; (*als Subjekt o Objekt*) not anyone, not anybody ❷ (*von Gegenständen: als Subjekt*) not one *sing,* none; (*als Subjekt o Objekt*) not any, none; **keiner von uns** none of us; **keiner von uns beiden** neither of us

keinerlei *adj attr* not ... at all, no ... whatever

keinesfalls *adv* on no account, under no circumstances; **keineswegs** *adv* ❶ (*keinesfalls*) by no means, not at all ❷ (*nicht im Geringsten*) not in the least

Keks [ke:ks] <-(es), -(e)> *m* biscuit *Br,* cookie *Am;* **jdm auf den ~ gehen** (*fam*) get on someone's wick

Kelch [kεlç] <-(e)s, -e> *m* ❶ (*Trinkgefäß*) goblet ❷ (*von Blüten*) calyx ❸ (*Kommunion~*) communion cup

Kelle ['kεlə] <-, -n> *f* ❶ (*Schöpf~*) ladle ❷ (*Maurer~*) trowel ❸ (RAIL: *Zugführer~*) signalling disc

K

Keller ['kɛlɐ] <-s, -> *m* cellar; **Kellerassel** [-'asəl] <-, -n> *f* wood-louse; **Kellergeschoss** *nt* basement; **Kellerspeicher** *m* (INFORM) stack; **Kellerwohnung** *f* basement flat

Kellner(in) *m(f)* waiter (waitress)

Kelte ['kɛltə] <-n, -n> *m* Celt

Kelter ['kɛltɐ] <-, -n> *f* winepress; (*Obst~*) press; **keltern** *vt* press

Kenia ['ke:nja] *nt* Kenya

Kenndaten *pl* characteristics

kennen ['kɛnən] *irr vt* know; (*bekannt sein mit*) be acquainted with; **oh, ich kenne dich doch! (... was du für einer bist!)** oh, I know what you're like!; **das Leben ~** know the ways of the world; **~ Sie mich denn nicht mehr?** well, don't you remember me?; **ich kenne ihn nur dem Namen nach** I know him only by name; **nur oberflächlich ~** know but slightly; **aber so ~ wir ihn gar nicht!** but we've never known him like this before!; **etw in- und auswendig ~** know s.th. inside out; **~ lernen** become acquainted with, get to know; (*zum ersten Mal sehen*) meet; **Sie werden mich noch ~ lernen!** (*fam*) I'll show you! you'll have me to reckon with!; **jdn näher ~ lernen** get to know s.o. better

? Grammatik

> The general word for 'to know' is *wissen*: *Weißt du wie viel Uhr es ist? – Nein, das weiß ich nicht. – Do you know what time it is? – No I don't.* But in the sense of knowing people or places, or knowing something like a book, film or song, you use **kennen**: *Kennst du das Mädchen mit dem langen blonden Haar? Nein, die kenne ich nicht. – Do you know that girl with the long blonde hair? No I don't. Kennst du das Buch? – Do you know/ Have you read this book?*

Kenner(in) *m(f)* ① (*Wein~*) connoisseur ② (*Experte*) expert (*von* in, on); (*Autorität*) authority (*von* on); **Kennerblick** *m* expert's eye

Kennkarte *f* identity card; **Kennnummer** *f* identification number

kenntlich *adj* ① (*erkennbar*) recognizable (*an* by) ② (*unterscheidbar*) distinguishable (*an* by) ③ (*klar*) clear; **etw ~ machen** (*kennzeichnen*) mark s.th.; (*klar bezeichnen*) indicate s.th. clearly

Kenntnis ['kɛntnɪs] <-, -se> *f* (*Wissen*) knowledge; **jdn von etw in ~ setzen** advise s.o. about s.th.; **etw zur ~ nehmen** take note of s.th.; **nehmen Sie bitte zur ~, dass ...** please note that ...; **von etw ~ erhalten** hear [*o* learn] about s.th.; **ohne ~ von etw** without any knowledge of s.th; **Kenntnisnahme** *f*: **zu Ihrer ~** for your information; **Kenntnisse** *fpl* ① (*Talente*) attainments *pl* ② (*Fertigkeiten*) accomplishments *pl* ③ (*Wissen*) knowledge *sing* (*in* of); **jdm ~ vermitteln** impart knowledge to s.o.

Kennwort *nt* ① (*Chiffre*) code name ② (INFORM) password; **Kennzahl** *f* code [*o* reference] number; (TELE) dialling [*o* area] code; **Kennzeichen** *nt* ① (*Charakteristikum*) characteristic (*für, von* of) ② (*Anzeichen*) symptom (*für* of) ③ (*Merkmal, Markierung*) (distinguishing) mark ④ (*~ für Qualität*) hallmark (*für, von* of) ⑤ (AUTO) number plate *Br,* license plate *Am;* **kennzeichnen** *vt* ① (*markieren*) mark (*als zerbrechlich* fragile) ② (*charakterisieren*) characterize; **Kennziffer** *f* ① (MATH) characteristic ② (COM) reference number ③ (*bei Chiffreanzeige*) box number

kentern ['kɛntɐn] *sein vi* (MAR) capsize

Keramik [ke'ra:mɪk] *f* ① (*Kunst*) ceramics *pl* ② (*Tonwaren*) ceramics *pl,* pottery

Kerbe ['kɛrbə] <-, -n> *f* notch; **in die gleiche ~ hauen** (*fig fam*) take the same line

Kerbel ['kɛrbl] <-s> *m* chervil

kerben *vt* notch

Kerbholz *nt* (*fig fam*): **er hat einiges auf dem ~** he has quite a record; **etw auf dem ~ haben** have done s.th. wrong

Kerl [kɛrl] <-(e)s, -e/(-s)> *m* (*fam*) chap, fellow, bloke *Br,* guy *Am;* **ein anständiger ~** a decent sort of a fellow; **ein feiner ~** a fine fellow; **sie ist ein netter ~** she's a nice lass; **ein ganzer ~** a real man, a stout fellow; **gemeiner ~!** mean thing!

Kern [kɛrn] <-(e)s, -e> *m* ① (*Obst~*) pip; (*Kirsch~*) stone ② (TECH, ELEK) core; (PHYS) nucleus ③ (*fig: Hauptsache*) core, heart

Kernarbeitszeit *f* core time

Kernbrennstoff *m* nuclear fuel; **Kernenergie** *f* nuclear energy; **Kernexplosion** *f* nuclear explosion; **Kernforschung** *f* nuclear research; **Kernforschungszentrum** *nt* nuclear research centre *Br,* nuclear research center *Am;* **Kernfusion** *f* ① (PHYS) nuclear fusion ② (BIOL) karyogamy

Kerngehäuse *nt* core

kerngesund *adj* as fit as a fiddle

kernig ['kɛrnɪç] *adj* (*kräftig*) robust

Kernkraft *f* nuclear power; **Kernkraftbefürworter(in)** *m(f)* supporter of nuclear power; **Kernkraftgegner(in)** *m(f)* antinuke activist, opponent of nuclear power; **Kernkraftwerk** *nt* nuclear power station; **Kernladung** *f* (CHEM PHYS) nuclear charge

kernlos *adj* pipless; **Kernobst** *nt* pome

Kernphysik *f* nuclear physics *pl*

Kernpunkt *m* (*fig*) essential [*o* central] point

Kernreaktion *f* (PHYS) nuclear reaction; **Kernreaktor** *m* nuclear reactor

Kernschatten *m* (ASTR OPT) complete shadow

Kernschmelze <-, -n> *f* (PHYS) meltdown

Kernseife *f* washing soap

Kernspaltung *f* (PHYS) nuclear fission

Kernspeicher *m* (INFORM) core memory

Kernstück *nt* (*fig*) principal item

Kerntechnik *f* (PHYS TECH) nucleonics *pl*; **kerntechnnisch** *adj*: ~**e Anlage** nuclear plant; **Kernteilung** *f* (BIOL) nuclear division; **Kernverschmelzung** *f* ① (PHYS) nuclear fusion ② (BIOL) cell union; **Kernwaffe** *f* nuclear weapon

Kerosin [kero'zi:n] <-s> *nt* kerosene

Kerze ['kɛrtsə] <-, -n> *f* ① candle ② (*Zünd~*) plug; **kerzengerade** *adj* straight as a die; **Kerzenlicht** *nt* candlelight; **Kerzenschein** *m*: **bei** ~ by candlelight; **Kerzenständer** *m* candle holder

kess [kɛs] *adj* (*fam: keck*) pert, saucy

Kessel ['kɛsəl] <-s, -> *m* ① (*Tee~*) kettle ② (*Dampf~*) boiler ③ (GEOG: *Tal~*) basin ④ (MIL) encircled area; **Kesselstein** *m* fur, scale

Kesseltreiben *nt* ① (*Treibjagd, a. fig*) battue ② (*fig*) witchhunt

Ketschup, **Ketchup** ['kɛtʃap] *m/nt* ketchup

Kette ['kɛtə] <-, -n> *f* ① chain ② (*Hals~*) necklace ③ (*Berg~*) range ④ (*fig: Serie*) series, string; **an die** ~ **legen** chain up; **jdn in** ~**n legen** put s.o. in chains; **eine** ~ **von Ereignissen** a chain [*o* series] of events

ketten *vt* (*an~*) chain (*an* to); **jdn an sich** ~ bind s.o. to o.s

Kettenblatt *nt* chain wheel; **Kettenfahrzeug** *nt* tracked vehicle; **Kettenglied** *nt* (chain-)link

Kettenraucher(in) *m(f)* chainsmoker

Kettenreaktion *f* chain reaction

Ketzer(in) *m(f)* (*a. fig*) heretic; **Ketzerei** [kɛtsə'raɪ] *f* heresy; **ketzerisch** *adj* (*a. fig*) heretical

keuchen ['kɔɪçən] *vi* pant

Keuchhusten *m* whooping-cough

Keule ['kɔɪlə] <-, -n> *f* ① (*Schlagwerkzeug*) club, cudgel ② (*Fleisch~*) leg

keusch [kɔɪʃ] *adj* (*a. fig*) chaste; **Keuschheit** *f* (*Unberührtheit*) chastity

Keyboard ['ki:bɔ:d] <-s, -s> *nt* (MUS) keyboards *pl*

KI <-> *f Abk. von* **Künstliche Intelligenz** AI

Kichererbse *f* chickpea

kichern ['kɪçen] *vi* giggle

Kickdown ['kɪkdaʊn] <-s, -s> *nt o m* (AUTO) kickdown

kidnappen *vt* kidnap

Kiebitz ['ki:bɪts] <-es, -e> *m* ① (*Vogel*) peewit ② (*fam: Kartengucker*) kibitzer

Kiefer[1] <-, -n> *f* (*Nadelbaum*) pine

Kiefer[2] ['ki:fɐ] <-s, -> *m* (ANAT) jaw; **Kiefergelenk** *nt* jaw joint; **Kieferorthopäde**, **-din** *m, f* orthodontist; **Kieferorthopädie** *f* orthodontics

Kiel[1] [ki:l] <-(e)s, -e> *m* (*Feder~*) quill

Kiel[2] *m* (MAR) keel; **kielholen** ['---] *vt* (MAR) ① (*von Schiff*) careen ② (*als Strafe*) keelhaul; **Kielraum** *m* (MAR) bilge; **Kielwasser** *nt* (MAR: *a. fig*) wake; **in jds** ~ **segeln** (*fig*) follow in someone's wake

Kieme ['ki:mə] <-, -n> *f* gill

Kies [ki:s] <-es, (-e)> *m* ① (*Geröll, Schotter*) gravel ② (*sl: Geld*) dough

Kiesel ['ki:zəl] <-s, -> *m* pebble

Kieselerde *f* (CHEM) silica

Kieselstein ['ki:zəl-] <-s, -e> *m* pebble

Kiesgewinnung *f* gravel working; **Kiesgrube** *f* gravel pit

kiffen *vi* (*fam*) smoke (pot)

Kikeriki [kɪkəri'ki:] <-(s), (-s)> *nt* cock-a-doodle-doo

killen ['kɪlən] *vt* (*sl*) bump off; **Killer** <-s, -> *m* (*sl*) killer; (*bezahlter Mörder*) hit-man

Kilo ['ki:lo] <-s, -(s)> *nt* kilogram(me)

> **? Grammatik**
>
> **Kilo** is used without a preposition and is usually used in the singular: *Ich hätte gerne zwei Kilo Mandarinen. – I'd like two kilos of mandarins, please.*

Kilobyte *nt* kilobyte

Kilogramm ['ki:lo] <-s, -(s)> *nt* kilogram(me)

Kilohertz *nt* (RADIO) kilocycle

Kilojoule *nt* kilojoule

Kilometer [--'--/'----] *m* kilometre *Br*, kilometer *Am*; **Kilometerfresser** [--'----] *m* (AUTO: *fam*) long-haul driver; **Kilometergeld** *nt* mileage allowance; **Kilometerstand** *m* (AUTO) mileage; **Kilometerstein** *m* milestone; **Kilometerzähler** *m* (AUTO) mil(e)ometer *Br,* odometer *Am*

Kilowattstunde *f* (ELEK) kilowatt hour

Kind [kɪnt] <-(e)s, -er> *nt* child; **von ~ auf** from childhood; **mit ~ und Kegel** (*fam*) with the whole lot; **~er und Kindeskinder** children and grandchildren; **an ~es statt annehmen** adopt; **das ~ mit dem Bade ausschütten** (*prov*) throw out the baby with the bathwater; **sich wie ein ~ freuen** be as pleased as Punch; **sie bekommt ein ~** she's going to have a baby; **sie kann keine ~er mehr bekommen** she is past child-bearing; **ein ~ erwarten** be expecting a baby; **wir werden das ~ schon schaukeln** (*fam*) don't worry, we'll get along somehow; **das ~ beim Namen nennen** call a spade a spade; **sich bei jdm lieb ~ machen** (*pej*) soft-soap s.o.

Kindbett *nt* childbed; **im ~** in confinement

Kinderarzt, -ärztin *m, f* pediatrician; **Kinderbuch** *nt* children's book; **Kinderchor** *m* children's choir; **Kinderdorf** *nt* children's village; **Kinderei** *f* childishness; **Kinderfahrkarte** *f* (RAIL) child's ticket, half; **Kinderfest** *nt* children's party; **Kinderfreibetrag** *m* allowance for dependent children; **Kinderfunk** *m* (RADIO) children's radio; **Kindergarten** *m* kindergarten

i Land & Leute

Kindergärten (nursery schools) in Germany are public institutions which are housed in a room or building belonging to the local authority. Children of pre-school age are supervised and stimulated by teachers for between 4 and 6 hours a day. Every 3-year-old in Germany has a basic right to a place in a **Kindergarten**.

Kindergärtnerin *f* nursery-school teacher; **Kindergeld** *nt* family allowance; **Kinderhort** *m* day nursery; **Kinderkrankheit** *f* ❶ (MED) children's disease ❷ (*fig*) teething troubles *pl;* **Kinderlähmung** *f* (MED) polio(myelitis); **kinderleicht** *adj* childishly simple, dead easy; **kinderlieb** *adj* fond of children; **kinderlos** *adj* childless; **Kindermädchen** *nt* nanny; **Kindernarr** *m* great lover of children; **ein ~ sein** adore children; **Kinderprogramm** *nt* children's programme; **kinderreich** *adj* (*Familie*) large, with a lot of children; **Kinderreichtum** *m* abundance of children; **Kinderreisebett** *nt* collapsible cot; **Kinderschuh** *m* child's shoe; **~e** children's shoes; **den ~en entwachsen sein** (*erwachsen sein*) have grown up; **noch in den ~en stecken** be still in its infancy; **kindersicher** *adj* childproof; **Kindersitz** *m* (AUTO) child's safety seat; **Kinderspiel** *nt* ❶ (*Spiel für Kinder*) children's game ❷ (*fig*) child's play; **Kinderspielplatz** *m* children's playground; **Kinderspielzeug** *nt* child's toy; **Kindersprache** *f* ❶ (*von Kindern*) children's language ❷ (*Babysprache, imitierend*) baby talk; **Kindersterblichkeit** *f* infant mortality; **Kinderstube** *f* (*fig*) upbringing; **ihm fehlt die ~** he hasn't got any upbringing; **Kindertagesstätte** *f* day nursery; **Kinderteller** *m* (*in Restaurant*) children's portion; **Kinderwagen** *m* pram *Br,* (baby-)carriage *Am;* **Kinderzimmer** *nt* child's [*o* children's] room

Kindesalter *nt* infancy; **Kindesbeine** *ntpl:* **von ~n an** from (early) childhood

Kindfrau *f young girl treated as an adult woman*

kindgerecht *adj* child-orient(at)ed

Kindheit *f* childhood

kindisch *adj* childish

kindlich I. *adj* childlike **II.** *adv* like a child

Kindtaufe *f* christening

Kinn [kɪn] <-(e)s, -e> *nt* chin; **Kinnbart** *m* goatee (beard); **Kinnhaken** *m* (*beim Boxen*) hook to the chin; **Kinnlade** *f* (ANAT) jaw(-bone)

Kino ['ki:no] <-s, -s> *nt* cinema; **ins ~ gehen** go to the pictures *Br,* go to the movies *Am;* **Kinocenter** *nt* cinema complex; **Kinogänger(in)** *m(f)* cinemagoer; **Kinohit** *m* blockbuster; **Kinoprogramm** *nt* film programme; (*Übersicht*) film guide; **Kinovorstellung** *f* performance

Kiosk [ki'ɔsk/'ki:ɔsk] <-(e)s, -e> *m* kiosk

Kipferl <-s, -(n)> *nt* (*österr*) croissant

Kippe ['kɪpə] <-, -n> *f* (*fam: Zigaretten~*) stub; **es steht auf der ~** (*fam*) it's touch and go

kippen I. *vt haben* (*um~*) tilt **II.** *vi sein* tip over; (*Mensch*) topple; (*Fahrzeug*) overturn; **aus den Latschen ~** (*fam: vor Staunen*) fall through the floor; (*ohnmächtig werden*) pass out; **Kippschalter** *m* (TECH) toggle switch; **Kippwagen** *m* (AUTO) dump truck, tipper

Kirche ['kɪrçə] <-, -n> *f* church; **in der ~** at church; **in die** [*o* **zur**] **~ gehen** go to church

Kirchenbesuch *m* church-going; **Kirchenbuch** *nt* parish register

Kirchenchor *m* church choir; **Kirchenfenster** *nt* church window; **Kirchengemeinde** *f* parish; **Kirchengeschichte** *f* church history; **Kirchenjahr** *nt* ecclesiastical year

Kirchenmaus *f:* **so arm wie eine ~** as poor as a church mouse

Kirchenrecht *nt* canon(ical) law; **Kirchenstaat** <-(e)s> *m* (HIST) Papal State *pl;* (*Vatikanstaat*) Vatican City; **Kirchensteuer** *f* church tax

i Land & Leute

Kirchensteuer (church tax) is equivalent to about 8 % of income tax and is payable, in addition to income tax, by everyone who belongs to the Protestant or Catholic churches. It is usually forwarded directly to the relevant churches by the Inland Revenue. In Austria, the churches themselves collect the contributions in varying amounts and in Switzerland, church tax is regulated by cantonal law.

Kirchentag *m* Church congress; **Kirchenvater** *m* Father of the Church

Kirchgänger(in) *m(f)* churchgoer; **Kirchhof** *m* ❶ churchyard ❷ (*Friedhof*) graveyard

kirchlich *adj* (*attributiv*) church; (*institutionell*) ecclesiastical; (*religiös*) religious; **sich ~ trauen lassen** get married in church; **~es Begräbnis** religious funeral

Kirchturm *m* church steeple; **Kirchweih** <-> *f* (*Volksfest*) fair *Br,* kermis *Am*

kirre ['kɪrə] *adj* (*fam*) tame; **jdn ~ machen** soften s.o. up

Kirschbaum *m* cherry tree

Kirsche ['kɪrʃə] <-, -n> *f* cherry; **mit ihm ist nicht gut ~n essen** (*fig*) it's best not to tangle with him; **Kirschkern** *m* cherry stone; **Kirschkuchen** *m* cherry cake; **Kirschwasser** *nt* kirsch

Kissen [kɪsən] <-s, -> *nt* cushion; (*Kopf~*) pillow; **Kissenbezug** *m* pillow case; (*für Sofakissen*) cushion cover

Kiste ['kɪstə] <-, -n> *f* ❶ (*Behälter*) box; (*Truhe*) chest; (*Wein~*) case ❷ (*fam: Auto, Flugzeug*) crate; (*Fernseher*) box

Kitsch [kɪtʃ] <-(e)s> *m* (*pej*) kitsch; **kitschig** *adj* kitschy

Kitt [kɪt] <-(e)s, -e> *m* (*Spachtel, a. fig*) cement; (*Glaser~*) putty

Kittchen ['kɪtçən] <-s, -> *nt* (*fam*) clink; **ins ~ kommen** be sent to clink

Kittel ['kɪtəl] <-s, -> *m* smock; (*Arbeits~*) overall; (*Arzt~*) coat

kitten *vt* (*a. fig*) cement; (*Fenster*) putty

Kitz [kɪts] <-es, -e> *nt* (*Zicklein*) kid; (*Reh~*) fawn

Kitzel ['kɪtsəl] <-s, -> *m* ❶ tickle ❷ (*fig*) thrill; **kitzelig** ['kɪts(ə)lɪç] *adj* (*a. fig*) ticklish; **kitzeln** *vt, vi* (*a. fig*) tickle

Kiwi ['ki:vi] <-, -s> *f* (*Frucht*) kiwi

KKW <-s, -s> *nt Abk. von* **Kernkraftwerk** nuclear power station

Klacks [klaks] *m* (*fam*): **das ist doch nur ein ~** (*sehr einfach*) that's but a piece of cake

klaffen ['klafən] *vi* gape

kläffen ['klɛfən] *vi* yap

Klage ['kla:gə] <-, -n> *f* ❶ (JUR: *zivilrechtlich*) action, suit; (*strafrechtlich*) charge ❷ (*Beschwerde*) complaint (*über* about) ❸ (*Weh~*) lament (*um, über* for); **eine ~ abweisen** (JUR) dismiss a case; **eine ~ gegen jdn anstrengen** [*o* **einreichen**] (JUR) institute proceedings against s.o; **Klagelaut** *m* plaintive cry; **Klagelied** *nt* lament; **ein ~ anstimmen** start to moan (*über* about)

klagen ['kla:gən] **I.** *vi* ❶ (*sich be~*) complain (*über* about) ❷ (*trauern*) lament (*um jdn o etw* s.o., s.th.) ❸ (*weh~*) moan ❹ (JUR) sue (*auf* for); **auf Schadenersatz ~** (JUR) sue for damages *pl;* **wir können nicht ~** (*fam*) we've got nothing to grumble [*o* complain] about **II.** *vt:* **jdm sein Leid ~** pour out one's sorrow to s.o.

Kläger(in) ['klɛ:gɐ] *m(f)* (JUR) plaintiff; **wo kein ~ ist, ist auch kein Richter** (*prov*) if no-one complains ...

Klageschrift *f* (JUR) charge

kläglich ['klɛ:klɪç] **I.** *adj* ❶ (*Mitleid erregend*) pitiful ❷ (*dürftig*) pathetic ❸ (*klagend*) plaintive **II.** *adv* (*in ~er Weise*) miserably

klamm [klam] *adj* ❶ (*feuchtkalt*) clammy ❷ (*erstarrt*) numb

Klammer ['klamɐ] <-, -n> *f* ❶ (*Haar~*) (hair)grip; (*Büro~, Wund~*) clip; (*Heft~*) staple; (*Wäsche~*) peg ❷ (*Satzzeichen, Rechenzeichen*) bracket; **in ~n setzen** put in brackets; **~ auf (zu)** open (close) brackets; **Klammeraffe** *m* (INTERNET) at sign: @; **klammern I.** *vt* (*Wäsche*) peg; (*Papier*) staple **II.** *vi* (SPORT) clinch **III.** *vr* (*a. fig*) cling (*an* to)

klammheimlich *adj, adv* (*fam*) on the quiet

Klamotten [kla'mɔtən] *pl* (*fam: Kleider*) gear *sing*

Klang [klaŋ, *pl:* 'klɛŋə] <-(e)s, Klänge> *m*

K

sound; (MUS: *Tonqualität*) tone

Klangfarbe *f* tone colour; **Klangfülle** *f* sonority; **klanglich** *adj* tonal; **klangvoll** *adj* ❶ (*sonor*) sonorous ❷ (*fig: Namen*) fine-sounding

klappbar *adj* ❶ (*zusammen~*) collapsible, folding ❷ (*nach unten, oben ~*) hinged, tipping; **Klappbett** *nt* folding bed

Klappe <-, -n> *f* ❶ flap; (*Deckel*) lid ❷ (MUS: *von Blasinstrument*) key ❸ (TECH: *Ventil, a. Herz~*) valve ❹ (*sl: Mund*) trap; **zwei Fliegen mit einer ~ schlagen** (*fam*) kill two birds with one stone; **die ~ halten** (*sl*) pipe down

klappen ['klapən] **I.** *vi* (*fam: in Ordnung sein*) work; (*gut gehen*) work out; **wenn das bloß klappt!** I hope that'll work out!; **es hat alles geklappt** everything clicked; **es klappt nichts** everything is going wrong; **alles klappte wie am Schnürchen** everything went like clock-work **II.** *vt* fold (*nach oben/unten/vorn/hinten* up/down/forward/back)

Klappentext *m* blurb

Klapper ['klapɐ] <-, -n> *f* rattle

klapperdürr *adj* (*pej*) (as) thin as a rake

klapp(e)rig ['klapərɪç] *adj* rickety

Klapperkiste *f* (*pej: altes Auto*) boneshaker, rattletrap; **klappern** *vi* clatter, rattle; (*mit den Zähnen*) chatter; (*Absatz, Mühle*) clack

Klapperschlange *f* rattlesnake

Klapp(fahr)rad *nt* folding bicycle; **Klappmesser** *nt* jack-knife; **Klappsitz** *m* folding seat; **Klappstuhl** *m* folding chair; **Klapptisch** *m* folding table; **Klappverdeck** *nt* (AUTO) collapsible [*o* folding] hood

Klaps [klaps] <-es, -e> *m* (*leichter Schlag*) slap, smack; **einen ~ haben** (*fam*) be off one's rocker; **Klapsmühle** *f* (*fam pej*) loony bin *Br*, bughouse *Am*

klar [klaːɐ] *adj* clear; **na ~!** (*fam*) of course! *Br*, sure! *Am*; **~er Fall!** (*fam*) sure thing!; **alles ~?** (*fam*) everything OK?; **~ und deutlich** distinctly, plainly; **~e Antwort** plain answer; **sich darüber im Klaren sein, dass** realize that; **sich über etw im Klaren sein** be aware of s.th.; **jdm etw ~ zu verstehen geben** make s.th. plain to s.o.; **ist das ~?** do I make myself plain?; **~ wie Kloßbrühe** (*fam*) clear as mud; **~ sehen** see clearly

Kläranlage *f* sewage plant; **Klärbecken** *nt* clarification basin, clarifier

klären ['klɛːrən] **I.** *vt* (*klar machen*) clear; (*Sachlage*) clarify; (*Angelegenheit, Problem*) settle **II.** *vr* ❶ (*Himmel*) clear; (*Wetter*) clear up ❷ (*klar, deutlich werden*) become clear; (*aufgeklärt, gelöst werden*) be clarified; (*bereinigt werden*) be settled

klar|gehen *irr vi* (*fam*) be OK; **das geht schon klar** that's OK, don't worry

Klarheit *f* ❶ (*Reinheit, Schärfe*) clearness ❷ (*Deutlichkeit*) clarity; **ich möchte Ihnen in aller ~ sagen, dass ...** I'd like to make it perfectly plain to you that ...; **sich über etw ~ verschaffen** get clear about s.th.

Klarinette [klari'nɛtə] <-, -n> *f* (MUS) clarinet

klar|kommen *irr vi* (*fam*) get by; **mit jdm (etw) ~** cope with s.o. (s.th.)

Klarlack *m* clear varnish

klar|legen *vt* make clear, explain; **klar|machen** *vt* ❶ (*erklären*) make clear ❷ (MAR: *Schiff*) make ready; **sich etw ~** realize s.th.

Klärschlamm *m* sewage sludge

Klarsichtfolie *f* cling [*o* clear] film; **Klarsichthülle** *f* clear plastic folder

Klartext *m* uncoded text; **im ~** (*fam*) in plain English; **mit jdm ~ reden** (*fam*) give s.o. a piece of one's mind

Klärungsbedarf *m*: **es besteht ~** matters need to be clarified

Klasse ['klasə] <-, -n> *f* ❶ (*Kategorie*) class; (SPORT: *Spiel~*) league; (COM: *Güte~*) grade ❷ (*Schul~*) class, form; (*~nzimmer*) classroom; **das ist ja große ~!** (*fam: großartig*) that's really great! that's a real smasher!; **das ist einsame ~!** (*fam*) that's a class by itself!; **untere/höhere/arbeitende ~** lower/upper/working class; **in ~n einteilen** classify

Klassenarbeit *f* class test

Klassenbewusstsein *nt* class-consciousness

Klassenbuch *nt* (class-)register; **Klassenkamerad(in)** *m(f)* classmate

Klassenkampf *m* (POL) class struggle

Klassenlehrer(in) *m(f)* class teacher; **Klassensprecher(in)** *m(f)* class rep(resentative); **Klassenzimmer** *nt* classroom

klassifizieren [klasifi'tsiːrən] *vt* classify

Klassik ['klasɪk] <-> *f* ❶ (*Kunstperiode*) classical period ❷ (*klassische Musik*) classical music; **Klassiker** *m* classic; **klassisch** *adj* ❶ (*die Klassik betreffend*) classical ❷ (*typisch*) classic

Klatsch [klatʃ] <-(e)s, (-e)> *m* (*Gerede*) gossip; **Klatschbase** *f* ❶ (*pej: Quasselstrippe*) chatterbox ❷ (*Lästermaul*) gossip, scandalmonger

klatschen **I.** *vt* ❶ (*Takt, Beifall*) clap ❷ (*knallen, schlagen*) slap, smack; **jdm Beifall ~** clap s.o. **II.** *vi* ❶ (*mit den Hän-*

den) clap ❷ (*schlagen, klapsen*) slap ❸ (*platschen, spritzen*) splash ❹ (*fam: tratschen*) gossip (*über* about); **er klatschte sich auf die Schenkel** he slapped his thighs; **sie klatschte in die Hände** she clapped her hands; **sie klatscht gern** (*fam*) she likes to (spread) gossip

Klatschmaul *nt* (*sl pej*) scandalmonger

Klatschmohn *m* poppy

klatschnass *adj* (*fam*) sopping [*o* soaking] wet

Klatschpresse *f* gossip press; **Klatschspalte** *f* gossip column

Klaue ['klaʊə] <-, -n> *f* ❶ (*von Raubtier*) claw; (*von Raubvogel*) talon ❷ (*fam: schlechte Schrift*) scrawl

klauen I. *vt* (*sl*) nick, pinch (*jdm etw* s.th. from s.o.) II. *vi* pinch things

Klause ['klaʊzə] <-, -n> *f* ❶ (*von Einsiedler*) hermitage; (*Mönchszelle*) cell ❷ (*Schlucht*) chasm

Klausel ['klaʊzəl] <-, -n> *f* (JUR) clause; (*Bedingung*) stipulation; (*Vorbehalt*) proviso

Klausur <-, -en> *f* ❶ (SCHULE) exam, paper ❷ *nur sing* (*Abgeschlossenheit*) seclusion

Klavier [kla'viːɐ] <-s, -e> *nt* piano; ~ **spielen** play the piano; **Klavierspiel** <-(e)s> *nt* piano-playing; **Klavierspieler(in)** *m(f)* piano-player; **Klavierstimmer(in)** *m(f)* piano-tuner

Klebeband *nt* adhesive tape; **Klebebindung** *f* (TYP) adhesive binding; **Klebefläche** *f* surface to be glued

kleben ['kleːbən] I. *vt* glue, paste; **jdm eine ~** (*fam*) belt s.o. one; **Bilder in ein Album ~** paste pictures into an album; **selbst~** self-adhesive II. *vi* ❶ (*anhaften*) stick (*an* to) ❷ (*fig: festhalten*) cling (*an* to)

klebrig ['kleːbrɪç] *adj* sticky

Klebstoff *m* adhesive; **Klebstofftube** *f* tube of glue; **Kleb(e)streifen** *m* adhesive tape

kleckern ['klɛkɐn] *vi* ❶ (*beim Essen*) make a mess ❷ (*fam: stückchenweise tun*) fiddle about; **kleckerweise** *adv* (*fam pej*) in dribs and drabs; **das Geld kommt nur ~ herein** the money ist only dribbling in

Klecks [klɛks] <-es, -e> *m* (*Tinten~*) blot; (*Farb~*) blob; **klecksen** *vi* ❶ blot ❷ (*pej: malen*) daub

Klee [kleː] <-s> *m* clover; **über den grünen ~ loben** praise to the skies; **Kleeblatt** *nt* cloverleaf; (*fig*) threesome

Kleid [klaɪt] <-(e)s, -er> *nt* dress; **~er** (*Kleidung*) clothes; **~er machen Leute** (*prov*) fine feathers make fine birds

kleiden ['klaɪdən] I. *vt* ❶ (*mit Kleidung ausstatten, a. fig*) clothe, dress ❷ (*kleidsam sein*) suit (*jdn* s.o.) II. *vr* (*sich anziehen*) dress (o.s.)

Kleiderablage *f* (*Garderobe*) cloakroom *Br*, checkroom *Am*; **Kleiderbügel** *m* coat hanger; **Kleiderbürste** *f* clothes brush; **Kleiderhaken** *m* coat hook; **Kleiderkasten** *m* (*österr: Kleiderschrank*) wardrobe; **Kleiderordnung** *f* dress code [*o* regulations]; **Kleidersack** *m* suit bag; **Kleiderschrank** *m* ❶ wardrobe ❷ (*fam: großer Mensch*) great hulk (of a man); **kleidsam** *adj* becoming, flattering

Kleidung *f* clothes *pl*, clothing; **Kleidungsstück** *nt* garment

Kleie ['klaɪə] <-, -n> *f* bran

klein [klaɪn] *adj* ❶ (*unbedeutend, gering*) little ❷ (*an Umfang, Wert, Anzahl*) small ❸ (*kurz, ~ von Wuchs*) short; **~ beigeben** eat humble pie; **bis ins Kleinste** in minute detail; **ein ~ bisschen, ein ~ wenig** a little bit; **~er Fehler** trifling error; **haben Sie es nicht etw ~er?** do you not have anything smaller?; **einige ~ere Fehler** some minor mistakes; **~er Gauner** petty crook; **~er Beamter** minor official; **im Kleinen** in miniature; **~ hacken** chop up small; **von ~ auf ist er daran gewöhnt** he's been used to it from his childhood; **~ anfangen** start off in a small way; **er ist einen Kopf ~er als ich** he is a head shorter than I; **das ~ere Übel** the lesser evil

> **? Grammatik**
>
> **klein** can mean both 'small/little' and 'short': *Die Hose ist mir zu klein. – The trousers are too small for me. Ich bin viel kleiner als mein Cousin. – I am much shorter than my cousin.*

Kleinaktionär(in) *m(f)* small shareholder

Kleinanzeige *f* classified ad

Kleinasien [-'--] *nt* Asia Minor

Kleinbauer *m* small farmer; **Kleinbetrieb** *m* small business; **Kleinbuchstabe** *m* small [*o* lower case] letter; **Kleinbürger** *m* petty bourgeois; **Kleinbürgertum** *nt* petty bourgeoisie **Kleinbus** *m* minibus; **Kleinformat** *nt* small size; **Kleingeld** <-(e)s> *nt* small change; **das nötige ~ haben** (*fam*) have the necessary wherewithal

kleingläubig *adj* doubting; (*ängstlich*) timid

K

Kleinheit *f* smallness, small size; **Kleinhirn** *nt* (ANAT) cerebellum

Kleinholz <-es> *nt* firewood, kindling; ~ **aus jdm machen** (*fam*) make mincemeat out of s.o.; ~ **aus etw machen** (*fam*) smash s.th. to pieces

Kleinigkeit ['klaɪnɪçkaɪt] *f* ❶ (*kleines Ding*) little thing; (*Bagatelle*) trifling matter; (*Detail*) minor detail ❷ (*ein bisschen*) a little, a trifle; **nur eine ~ essen** eat but a little s.th.; **das ist eine ~** that's nothing; **sich nicht mit ~en abgeben** not bother over details; **wegen** [*o* **bei**] **jeder ~** for the slightest reason; **das wird Sie aber eine ~ kosten** (*iro*) but that'll cost you a pretty penny; **die ~ von € 50.000,-** (*iro*) the small matter of € 50,000; **Kleinigkeitskrämer(in)** *m(f)* (*pej*) pedant, stickler (for detail)

Kleinkalibergewehr *nt* small-bore rifle

kleinkariert *adj* (*pej*) small-time; **sei doch nicht so ~!** don't be so small-minded!; ~ **denken** think small

Kleinkind *nt* infant

Kleinkram *m* (*fam*) odds and ends *pl;* **Kleinkrieg** *m* (*fig*) battle; **einen ~ mit jdm führen** be fighting a running battle with s.o.

klein|kriegen *vt* ❶ (*zerhacken*) chop up; (*zerteilen, aufteilen*) break up ❷ (*fam: unterkriegen*) get down ❸ (*fam: kaputtmachen*) smash

kleinlaut *adj* abashed, meek, subdued

kleinlich *adj* ❶ (*pedantisch*) petty; (*knauserig*) mean ❷ (*engstirnig*) small-minded; **Kleinlichkeit** *f* ❶ (*Pedanterie*) pettiness ❷ (*Engstirnigkeit*) small-mindedness

kleinmütig *adj* fainthearted, timid

Kleinod <-(e)s, -e/-dien> *nt* gem

Kleinstaat *m* small state; **Kleinstadt** *f* small town; **kleinstädtisch** *adj* (*meist pej*) provincial

Kleinstkamera *f* subminiature camera; **Kleinstwagen** *m* midget car, minicar

Kleinvieh *nt:* ~ **macht auch Mist** (*prov*) many a mickle makes a muckle

Kleinwagen *m* (AUTO) small car

Kleister ['klaɪstɐ] <-s, -> *m* paste; **kleistern** *vt, vi* paste

Klemme ['klɛmə] <-, -n> *f* ❶ (*Klammer*) clip ❷ (*fam*) fix, jam, tight spot; **in eine ~ geraten** (*fam*) get into a jam; **tief in der ~ sitzen** be deep in a fix

klemmen **I.** *vt* ❶ (*Draht*) clamp, clip; (*verkeilen, fest~*) wedge; **dahinter ~** (*fam*) make a bit of an effort ❷ (*fam: klauen*) pinch **II.** *vi* (*Tür*) jam, stick **III.** *vr* (*fig fam*): **sich hinter jdn** (**etw**) ~ get on to s.o. (get stuck into s.th.); **können Sie sich mal** (**'n bisschen**) **dahinter ~?** (*fam*) can't you make a bit of an effort?

Klempner(in) ['klɛmpnɐ] <-s, -> *m(f)* plumber; **Klempnerei** *f* (*Werkstatt*) plumber's workshop

Klepper ['klɛpɐ] <-s, -> *m* (*pej: ausgemergeltes Pferd*) nag

Kleriker <-s, -> *m* cleric

Klerus ['kle:rʊs] <-> *m* clergy

Klette ['klɛtə] <-, -n> *f* ❶ (*Pflanze*) burdock ❷ (*fam: lästige Person*) barnacle

Klettergerüst *nt* climbing frame

klettern ['klɛtɐn] *sein vi* climb

Kletterpflanze *f* climbing plant

Kletterstange *f* climbing pole

Klettverschluss *m* Velcro®

Klima ['kli:ma] <-s, (-s/-ta)> *nt* (*a. fig*) climate; **Klimaanlage** *f* air-conditioner; **Klimaforscher(in)** *m(f)* climatologist

Klimakterium <-s> *nt* climacteric, menopause

klimatisch *adj* climatic

klimatisiert *adj* air-conditioned; **Klimatisierung** *f* air-conditioning; **Klimaveränderungen** *pl* climate change; **Klimawandel** *m* climate change; **Klimawechsel** *m* change of air

klimmen ['klɪmən] *irr vi* clamber

Klimmzug *m* (SPORT) pull-up; **geistige Klimmzüge machen** do intellectual acrobatics

klimpern ['klɪmpɐn] *vt, vi* tinkle; (*pej: Klavier spielen*) plonk away

Klinge ['klɪŋə] <-, -n> *f* blade

Klingel ['klɪŋəl] <-, -n> *f* bell; **klingeln** *vi* ❶ (*läuten*) ring (*nach* for) ❷ (AUTO) knock; **es hat geklingelt!** somebody just rang the door bell!; (TELE) the phone just rang!; **na, hat's geklingelt?** (*fig*) has the penny dropped?

klingen ['klɪŋən] *irr vi* (*tönen, sich anhören*) sound (*nach etw* like s.th.); **das klingt mir wie Musik in den Ohren** that is music to my ears

Klinik ['kli:nɪk] *f* (MED) clinic; **Klinikum** *nt* ❶ (*Teil der med. Prüfung*) clinical curriculum ❷ (*Großkrankenhaus*) clinical complex; **klinisch** *adj* clinical

Klinke ['klɪŋkə] <-, -n> *f* (*Tür~*) handle; **Klinkenputzer** *m* (*pej: Hausierer*) hawker

Klinker ['klɪŋkɐ] <-s, -> *m* clinker

klipp [klɪp] *adv:* ~ **und klar** (*offen*) frankly; (*deutlich*) plainly; **er sagte mir ~ und klar, dass …** he told me flat that …

Klippe ['klɪpə] <-, -n> *f* (*am Steilufer*) cliff; (*im Meer*) rock; (*fig*) obstacle

Klips [klɪps] <-> *pl* clips
klirren ['klɪrən] *vi* clink; (*von Waffen*) clash; (*von Ketten*) jangle; (*von Fensterscheiben*) rattle; **Klirrfaktor** *m* (*bei HiFi-Verstärker*) distortion factor
Klischee [kli'ʃe:] <-s, -s> *nt* ❶ (TYP) block ❷ (*fig*) cliché; **klischieren** *vt* (TYP) stereotype
Klistier [klɪs'ti:ɐ] <-s, -e> *nt* enema
Klitoris ['klitorɪs] <-> *f* (ANAT) clitoris
Klitsche ['klɪtʃə] <-, -n> *f* (*pej*) tumbledown shanty
klitschnass ['klɪtʃ'nas] *adj* (*fam*) sopping wet
Klo [klo:] <-s, -s> *nt* (*fam*) loo *Br*, john *Am*
Kloake [klo'a:kə] <-, -n> *f* ❶ (*Abwasserkanal*) sewer ❷ (*fig*) cesspool; **Kloakenjournalismus** *m* gutter press [*o* journalism]
klobig ['klo:bɪç] *adj* ❶ bulky; (*Mensch*) hulking great ❷ (*pej: Benehmen*) boorish
Klon [klo:n] <-s, -e> *m* clone; **Klonen** ['klo:nən] <-s> *nt* (BIOL) cloning; **klonen** *vt* clone
klönen ['klø:nən] *vi* (*fam*) have a chat, natter *Br*
Klontechnologie *f* cloning technology
klopfen ['klɔpfən] **I.** *vi* ❶ (*an der Tür*) knock (*an* at); (*sanft*) tap (*an, auf* at, on) ❷ (*Herz*) beat; (*stärker*) pound ❸ (*Motor*) knock, pink; **es klopft** there is a knock at [*o* on] the door; **jdm auf die Finger ~** (*fig*) rap s.o. on the knuckles **II.** *vt* (*Steine*) knock down; (*Fleisch, Teppich*) beat; **den Takt ~** beat time
klopffest *adj* (AUTO) anti-knock
Klöppel ['klœpəl] <-s, -> *m* (*von Glocke*) clapper, tongue; **klöppeln** *vi* make lace
kloppen ['klɔpən] *vr* (*fam*) scrap
Klops [klɔps] <-es, -e> *m* (*fam*) meatball
Klosett [klo'zɛt] <-s, -e/-s> *nt* lavatory, toilet; **Klosettpapier** *nt* toilet paper
Kloß [klo:s, *pl:* 'klø:sə] <-es, Klöße> *m* ❶ (*Erd~*) clod ❷ (*Knödel*) dumpling; (*Fleisch~*) meatball
Kloster [klo:stɐ, *pl:* 'klø:stɐ] <-s, Klöster> *nt* (*Mönchs~*) monastery; (*Frauen~*) convent
Klotz [klɔts, *pl:* 'klœtsə] <-es, Klötze> *m* ❶ (*Holz~*) block (of wood) ❷ (*fam: hässliches Haus*) monstrosity ❸ (*fam: grober Kerl*) great lump; **auf einen groben ~ gehört ein grober Keil** (*prov*) rudeness must be met with rudeness; **sich einen ~ ans Bein binden** (*fig*) tie a millstone around one's neck
klotzen *vi* (*sl: hart arbeiten*) slog (away); (*angeben*) show off
Klub [klʊp] <-s, -s> *m* club; **Klubsessel** *m* club chair
Kluft [klʊft, *pl:* klʏftə] <-, Klüfte> *f* ❶ (*Lücke, a. fig*) gap ❷ (*Abgrund*) chasm; (*Spalte*) cleft; (*Schlucht*) ravine ❸ (*sl: Kleidung*) gear; **eine ~ überbrücken** (*fig*) bridge a gulf
klug [klu:k] <klüger, klügst> *adj* clever; (*aufgeweckt*) bright; (*verständig*) sensible, wise; **durch Schaden wird man ~** one learns by one's mistakes; **der Klügere gibt nach** (*prov*) discretion is the better part of valour; **das Klügste wäre wohl zu gehen** it would probably be best to go; **Klugheit** *f* (*Verstand*) cleverness, intelligence; (*Weisheit*) wisdom
Klumpen ['klʊmpən] <-s, -> *m* lump; (*Erd~*) clod; (*Gold~*) nugget
klumpen *vi* (*Sauce*) go lumpy
Klumpfuß *m* club-foot
Klüngel ['klʏŋəl] <-s, -> *m* (*pej: Clique*) clique; **Klüngelei** <-, -en> *f* (*pej*) cronyism
knabbern ['knabɐn] *vt, vi* nibble; **daran wirst du noch zu ~ haben!** (*fam*) you won't get over it so easily!
Knabe ['kna:bə] <-n, -n> *m* (*obs*) boy, lad; **alter ~** (*fam*) old chap
Knäckebrot *nt* crispbread
knacken ['knakən] **I.** *vi* ❶ (*reißen*) crack ❷ (*sl: pennen*) (have a) kip **II.** *vt* ❶ (*Nuss, Rätsel*) crack ❷ (*sl: Autos, Tresor*) break into
Knacker *m* (*pej sl*): **alter ~** old geezer
Knacki *m* (*sl: ehem. Häftling*) jailbird
Knackpunkt *m* (*fam*) critical point, crucial point
Knacks [knaks] <-es, -e> *m* ❶ (*Riss, Sprung*) crack ❷ (*fam: leichter Defekt*): **er hat einen ~ weg** (*fam*) he's a bit screwy; (*gesundheitlich*) his health isn't too good; **einen ~ bekommen** (*fam*) suffer a setback
Knall [knal] <-(e)s, (-e)> *m* ❶ (*von Peitsche*) crack; (*von Tür*) bang; (*von Sektkorken*) pop ❷ (*fam: Krach*) trouble; **einen ~ haben** (*fig fam*) be off one's rocker; **~ auf Fall** (*fam*) all of a sudden; **jdn ~ auf Fall entlassen** (*fam*) dismiss s.o. completely out of the blue
Knallbonbon *nt* cracker; **Knalleffekt** *m* (*fam*) surprise [*o* spectacular] effect
knallen **I.** *vt* bang, slam; **ich knalle dir gleich eine!** (*fam*) I'll clout you one in a minute! **II.** *vi* ❶ bang; (*Tür*) bang, slam; (*Sektkorken*) (go) pop; (*Peitsche*) crack ❷ (*fam: Sonne*) blaze down; **mit der Peitsche ~** crack the whip
Knallerbse *f* toy torpedo; **Knallgas** *nt* (CHEM) oxyhydrogen

knallhart *adj* (*fam*) hard as nails
knallrot *adj* scarlet, bright red; (*Gesicht*) as red as a beetroot
knapp [knap] *adj* ❶ (*spärlich*) scarce; (*Kleidung*) scanty; (*Geld*) tight; (*dürftig*) meagre *Br,* meager *Am* ❷ (*kaum ausreichend*) barely sufficient ❸ (*Stil*) concise; (*Geste*) terse ❹ (*gerade noch*) just; **~ bei Kasse sein** (*fam*) be short of money; **mit ~er Mehrheit** with a narrow majority; **sein ~es Auskommen haben** only just get by; **mit ~er Not entkommen** only just escape; **seit einem ~en Jahr** for almost a year; **etw wird bei jdm ~** s.o. is running short of s.th.; **..., aber nicht zu ~!** (*fam: gehörig, und wie!*) ..., and good and proper!
Knappe ['knapə] <-n, -n> *m* ❶ (HIST: *Schild~*) squire ❷ (MIN: *Berg~*) qualified miner
Knappheit *f* ❶ (*Mangel*) scarcity, shortage; (*von Zeit*) shortness ❷ (*von Stil*) conciseness
Knappschaft *f* (MIN) miners' guild
Knarre ['knarə] <-, -n> *f* ❶ (*sl: Gewehr*) shooter ❷ (TECH: *~nschlüssel*) ratchet wrench
knarren *vi* creak
Knast [knast] <-(e)s, -e> *m* (*sl: Gefängnis*) clink, jug, can *Am a.;* **im ~** in clink; **~ schieben** (*sl*) do time
knattern ['knatɐn] *vi* (*rattern*) rattle; (*Motor*) roar
Knäuel ['knɔɪəl] <-s, -> *m/nt* (*Garn~*) ball
Knauf [knaʊf, *pl:* 'knɔɪfə] <-(e)s, Knäufe> *m* (*Tür~*) knob; (*Degen~*) pommel
knauserig *adj* (*fam*) stingy (*mit* with); **knausern** *vi* (*fam*) be stingy (*mit* with)
knautschen ['knaʊtʃən] *vt, vi* (*fam*) crumple (up)
Knautschzone *f* (AUTO) crumple zone
Knebel ['kne:bəl] <-s, -> *m* gag; **Knebelknopf** *m* (*an Mantel*) toggle fastening; **knebeln** *vt* (*a. fig: die Presse*) gag
Knecht [knɛçt] <-(e)s, -e> *m* ❶ (*Bauern~*) farm hand; (*Diener*) (man) servant ❷ (*fig: Sklave*) slave (*jds* to s.o.); **knechten** *vt* enslave; **Knechtschaft** *f* servitude
kneifen ['knaɪfən] **I.** *irr vt, vi* pinch (*jdn* s.o.); **jdn in den Arm ~** pinch someone's arm **II.** *vi* (*fam: sich drücken*) chicken out (*vor* of); **~ gilt nicht!** there's no shirking it!
Kneipe ['knaɪpə] <-, -n> *f* (*fam*) pub *Br,* bar *Am;* **Kneipenbummel** *m* pub crawl *Br,* bar hop *Am*
Knete *f* ❶ (*sl: Geld*) dough ❷ (*Knetgummi*) plasticine; **kneten** ['kne:tən] *vt* knead; **Knetgummi** *m/nt* plasticine; **Knetmasse** *f* modelling clay
Knick [knɪk] <-(e)s, -e> *m* ❶ (*Biegung*) sharp bend ❷ (*Falte*) crease
knicken *vt, vi* snap; (*falten*) fold
knick(e)rig *adj* (*fam: geizig*) stingy
Knicks [knɪks] <-es, -e> *m* curts(e)y; **vor jdm einen ~ machen** (drop a) curts(e)y to s.o.; **knicksen** *vi* curts(e)y (*vor jdm* to s.o.)
Knie [kni:, *pl:* 'kni:ə] <-s, -> *nt* ❶ (ANAT) knee ❷ (*von Fluss*) bend ❸ (TECH: *Rohr~*) angle; **etw übers ~ brechen** (*übereilen*) rush at s.th.; **in die ~ sinken** drop to one's knees; **vor jdm das ~ beugen** bend the knee to s.o.; **schließlich ging er doch in die ~** (*fig*) at last he was brought to his knees; **ich lege ihn gleich übers ~** I'll put him over my lap in a minute; **jdn in die ~ zwingen** (*fig*) force s.o. to his (her, their) knees; **Kniebeuge** *f* (SPORT) knee-bend; **Kniebundhose** *f* knee-breeches; **Kniegelenk** *nt* (ANAT) knee joint; **Kniekehle** *f* (ANAT) hollow of the knee
knien ['kni:ən] *vi, vr* kneel (*vor* before)
Knies [kni:s] *m* (*fam*): **~ haben** have a tiff
Kniescheibe *f* (ANAT) kneecap; **Knieschützer** *m* kneepad
Kniestrumpf *m* knee-length sock
Kniestück *nt* (TECH) elbow joint
Kniff [knɪf] <-(e)s, -e> *m* ❶ (*fam: Trick*) knack, trick ❷ (*Falte*) crease, fold ❸ (*Kneifen*) pinch; **den ~ bei etw heraushaben** (*fam*) have the knack of s.th.; **ist ein besonderer ~ dabei?** (*fam*) is there a special knack to it?; **knifflig** *adj* fiddly; (*heikel*) tricky
Knilch [knɪlç] <-s, -e> *m* (*fam pej*) bloke, guy *Am*
knipsen ['knɪpsən] **I.** *vt* ❶ (PHOT: *fam*) snap ❷ (*lochen*) punch **II.** *vi* (PHOT: *fam*) take pictures
Knirps [knɪrps] <-es, -e> *m* ❶ (*kleiner Junge*) whippersnapper ❷ (® *Faltschirm*) folding umbrella
knirschen ['knɪrʃən] *vi* (*Schnee*) crunch; (*Getriebe*) grind; **mit den Zähnen ~** gnash [*o* grind] one's teeth
knistern ['knɪstɐn] *vi* (*Feuer*) crackle; (*Papier, Seide*) rustle
knitterfrei *adj* crease-resistant
knittern ['knɪtɐn] *vt, vi* crease
knobeln ['kno:bəln] *vi* ❶ (*würfeln*) play dice ❷ (*grübeln, nachdenken*) puzzle (*an* over); (**mit jdm**) **um etw ~** toss (s.o.) for s.th.
Knoblauch ['kno:blaʊx] <-(e)s> *m* garlic; **Knoblauchpresse** *f* garlic press; **Knoblauchzehe** *f* clove of garlic
Knöchel ['knœçəl] <-s, -> *m* (*von Fuß*)

ankle; (*von Hand*) knuckle

Knochen ['knɔxən] <-s, -> *m* bone; **nass bis auf die ~** soaked to the skin; **er hat einfach keinen Mumm in den ~** (*fam*) he just has no guts; **mir tun alle ~ weh** (*fam*) every bone in my body is aching; **sich einen ~ brechen** break a bone; **Knochenarbeit** *f* hard graft; **Knochenbau** *m* bone structure; **Knochenbruch** *m* fracture; **Knochengerüst** *nt* skeleton; **Knochenleiden** *nt* osteopathy; **Knochenmark** *nt* bone marrow

Knochenschinken *m* ham on the bone

knöchern ['knœçɐn] *adj* (*Material*) osseous

knochig ['knɔxɪç] *adj* bony

Knödel ['knø:dəl] <-s, -> *m* dumpling

i Land & Leute

The **Knödel** is the south German and Austrian term for dumpling: a small ball of dough made with a variety of ingredients, cooked in hot water and eaten as an accompaniment to meat dishes. *Kartoffelknödel* (potato dumplings) and *Semmelknödel* (bread dumplings) are particularly common in the south.

Knolle ['knɔlə] <-, -n> *f* ❶ (*Pflanzenteil*) nodule; (*von Kartoffel*) tuber ❷ (*pej: Nase*) conk

Knollenblätterpilz [--'---] *m* deathcup

Knopf [knɔpf, *pl:* 'knœpfə] <-(e)s, Knöpfe> *m* ❶ (*an Kleidern*) button ❷ (*an Geräten*) (push-)button; **auf den ~ drücken** press [*o* push] the button; **knöpfen** ['knœpfən] *vt* button (up); **Knopfloch** *nt* buttonhole; **Knopfzelle** *f* round cell battery

Knorpel ['knɔrpəl] <-s, -> *m* (ANAT) cartilage; (*an Bratenstücken*) gristle; **knorpelig** *adj* (ANAT) cartilaginous; (*Fleisch*) gristly

knorrig ['knɔrɪç] *adj* ❶ (*Holz*) knotty; (*Baum*) gnarled ❷ (*fig: eigenwillig*) surly

Knospe ['knɔspə] <-, -n> *f* bud; **knospen** *vi* bud

Knoten ['kno:tən] <-s, -> *m* knot; (ASTR BOT MATH) node; (MED) lump; **(in etw) einen ~ machen** tie a knot (in s.th.); **einen ~ lösen** undo a knot; (*fig*) solve a difficulty; **Knotenpunkt** *m* (AUTO RAIL) junction

knotig *adj* knotty; (*Hände, Zweige*) gnarled

Know-how [noʊ'haʊ] <-(s)> *nt* know-how

knülle *adj* (*fam: betrunken*) tight

knüllen ['knʏlən] *vt, vi* crumple

Knüller ['knʏlɐ] <-s, -> *m* (*fam*) ❶ (*Sensation*) big hit ❷ (*sensationelle Zeitungsmeldung*) scoop

knüpfen ['knʏpfən] **I.** *vt* ❶ (*Knoten, Band*) knot, tie; (*Netz*) mesh ❷ (*fig: Freundschaft*) form; **eine Bedingung an etw ~** add a condition to s.th. **II.** *vr* be linked (*an etw* with s.th.)

Knüppel ['knʏpəl] <-s, -> *m* ❶ (*Waffe*) cudgel; (*Polizei~*) truncheon ❷ (AVIAT: *Steuer~*) control stick; (AUTO: *an Gangschaltung*) gear stick; **jdm (einen) ~ zwischen die Beine werfen** (*fig*) put a spoke in someone's wheel

knüppeldick *adj* (*fam*): **wenn's mal losgeht, dann kommt's auch gleich ~** it never rains but it pours

Knüppelschaltung *f* (AUTO) gear shift

knurren ['knʊrən] *vt, vi* ❶ (*Hund*) growl; (*wütend ~*) snarl ❷ (*Magen*) rumble; **knurrig** *adj* (*brummig*) grumpy; (*verstimmt*) disgruntled

knuspern ['knʊspɐn] *vt, vi* crunch

knusprig *adj* (*Brötchen*) crisp

knutschen ['knu:tʃən] *vt, vi, vr* (*fam*) neck, pet, smooch (*jdn o mit jdm* with s.o.); **Knutschfleck** *m* (*fam*) love bite

Koalition [koali'tsjo:n] *f* (POL) coalition; **Koalitionär** [koalitsjo'nɛ:ɐ] <-s, -e> *m* coalitionist, coalitioner; **Koalitionspartner** *m* coalition partner; **Koalitionsregierung** *f* (POL) coalition government

Kobalt ['ko:balt] <-s> *nt* cobalt

Kobold ['ko:bɔlt] <-(e)s, -e> *m* goblin, imp

Kobra ['ko:bra] <-, -s> *f* cobra

Koch [kɔx, *pl:* 'kœçə] <-(e)s, Köche> *m* cook; **viele Köche verderben den Brei** (*prov*) too many cooks spoil the broth; **Kochbuch** *nt* cookbook, cookery book; **kochen** ['kɔxən] **I.** *vi* ❶ (*Wasser*) boil ❷ (*Mahlzeiten*) cook; **vor Wut ~** (*fam*) be boiling with rage; **er kocht gut** he is a good cook **II.** *vt* ❶ (*Essen*) cook ❷ (*Wasser, Suppe*) boil; (*Kaffee*) make; **hart gekochtes Ei** hard-boiled egg; **weich gekochtes Ei** soft-boiled egg

Kocher *m* ❶ (*Herd*) cooker; (*Camping~*) stove ❷ (*Heizplatte*) hotplate

Köcher ['kœçɐ] <-s, -> *m* (*für Pfeile*) quiver

Kochfeld *nt* ceramic hob; **Kochgelegenheit** *f* cooking facilities *pl;* **Kochgeschirr** *nt* (*im Haushalt*) pots and pans *pl;* (MIL) mess tin

Köchin ['kœçɪn] <-, -nen> *f* cook

Kochkunst *f* culinary art; **Kochlöffel** *m* cooking spoon; **Kochnische** *f* kitchenette; **Kochplatte** *f* boiling ring, hotplate; **Kochrezept** *nt* recipe; **Kochsalz** *nt* common salt, sodium chloride; **Kochtopf** *m*

K

pot; (*mit Stiel*) saucepan; **Kochwäsche** *f* washing that can be boiled

Köder ['kø:dɐ] <-s, -> *m* (*a. fig*) bait; **ködern** *vt* ① lure ② (*fig*) entice; **sich ~ lassen** swallow the bait

Kodex ['ko:dɛks] <-es/-, -e/Kodizes> *m* code, codex

Kodierung [ko'di:rʊŋ] *f* coding

Koffein [kɔfe'i:n] <-s> *nt* caffeine

koffeinfrei *adj* decaffeinated

Koffer ['kɔfɐ] <-s, -> *m* case, bag; **seine ~ packen** (*a. fig*) pack one's bags

Kofferradio *m* portable radio

Kofferraum *m* (AUTO) boot *Br,* trunk *Am*

Kognak ['kɔnjak] <-s, -s> *m* brandy

kognitiv *adj* (PHILOS, PSYCH) cognitive

Kohäsion *f* (*innerer Zusammenhalt*) cohesion; **Kohäsionsfonds** *m* (EU) Cohesion Fund

Kohl <-(e)s> *m* ① (*Gemüse*) cabbage ② (*fam: Quatsch*) rubbish; **das macht den ~ auch nicht fett** (*fam*) you won't get fat on that; **Kohldampf** *m* (*fam*): **~ schieben** be starving

Kohle ['ko:lə] <-, -n> *f* ① (*Stein~*) coal ② (TECH) carbon ③ (*sl: Geld*) dough, dosh; **wie auf heißen ~n sitzen** be on tenterhooks; **Hauptsache, die ~n stimmen** (*sl*) the main thing is that the money's right; **Kohlefilter** *m* carbon filter; **Kohlekraftwerk** *nt* coal(-fired) power station; **kohlen**[1] *vi* ① (*karbonisieren*) carbonize ② (MAR) take on coal

kohlen[2] *vi* (*fam: lügen*) tell lies

Kohlenbecken *nt* coal basin; **Kohlenbergbau** *m* coal-mining; **Kohlenbergwerk** *nt* coalmine; **Kohlendioxid** *nt* (CHEM) carbon dioxide; **Kohlenflöz** [-flø:ts] <-es, -e> *nt* layer of coal; **Kohlenhalde** *f* pile of coal; **Kohlenhändler(in)** *m(f)* coal merchant; **Kohlenhandlung** *f* coal-merchant's business; **Kohlenherd** *m* range

Kohlenhydrat *nt* (CHEM) carbohydrate

Kohlenkasten *m* coal-box; **Kohlenkeller** *m* coal cellar

Kohlenmonoxid *nt* (CHEM) carbon monoxide; **Kohlensäure** *f* (CHEM) carbonic acid

Kohlenstaub *m* coaldust

Kohlenstoff <-(e)s> *m* (CHEM) carbon; **Kohlenstoffhandel** *m* (POL) carbon trading

Kohlenwagen *m* ① (AUTO) coal truck ② (RAIL: *Tender*) tender

Kohlenwasserstoff *m* (CHEM) hydrocarbon

Kohlepapier <-s> *nt* carbon paper

Kohleverflüssigung *f* (TECH) carbohydrate metabolism; **Kohlezeichnung** *f* charcoal drawing

Kohlkopf *m* cabbage

Kohlmeise *f* (*kleiner Singvogel*) great tit

kohlrabenschwarz *adj* ① (*Haar, Augen*) jet black ② (*fam: sehr schmutzig*) (as) black as coal

Kohlrabi [ko:l'ra:bi] <-, -> *m* kohlrabi

Kohlroulade *f* stuffed cabbage

Kohlrübe *f* swede; **Kohlsprosse** *f* (*österr*) Brussel sprout

Kohlweißling *m* (*Schmetterling*) cabbage white

Koitus ['ko:itʊs] <-> *m* coition, coitus

Koje ['ko:jə] <-, -n> *f* (MAR) berth, bunk; **sich in die ~ hauen** (*sl*) hit the sack

Kojote [ko'jo:tə] <-n, -n> *m* ① (*Präriewolf*) coyote ② (*pej: Schuft*) cad

Kokain [koka'i:n] <-s> *nt* cocaine

Kokerei [ko:kə'raɪ] *f* coking plant, coke works *pl*

kokett [ko'kɛt] *adj* coquettish; **Koketterie** [kokɛtə'ri:] *f* coquetry; **kokettieren** *vi* (*a. fig*) flirt

Kokolores [koko'lo:rəs] <-> *m* (*fam*) ① (*Kram*) shebang ② (*Unsinn, Unfug*) rubbish ③ (*viel Aufhebens, Getue*) palaver

Kokon [ko'kõ:] <-s, -s> *m* (*Seidenraupengespinst*) cocoon

Kokos ['ko:kɔs] <-> *nt* coconut; **Kokosfaser** *f* coco fibre *Br,* coco fiber *Am;* **Kokosfett** *nt* coconut oil; **Kokosflocken** *pl* desiccated coconut; **Kokosmatte** *f* coconut matting; **Kokosmilch** *f* coconut milk; **Kokosnuss** *f* coconut; **Kokospalme** *f* coconut palm

Koks[1] [ko:ks] <-> *m* ① (*Brennstoff*) coke ② (*fam: Unsinn, Unfug*) rubbish ③ (*sl: Geld*) dough

Koks[2] *m/nt* (*sl: Kokain*) coke

Kolben ['kɔlbən] <-s, -> *m* ① (*Gewehr~*) butt ② (BOT) spadix; (*Mais~*) cob ③ (AUTO) piston ④ (CHEM: *Destillier~*) retort; **Kolbenfresser** *m* (AUTO: *fam*) piston seizure

Kolibri ['ko:libri] <-s, -s> *m* colibri

Kolik ['ko:lɪk/ko:'li:k] *f* (MED) colic

Kollaborateur(in) [kɔlabora'tø:ɐ] *m(f)* (POL) collaborator

Kollaps ['kɔlaps] *m* (MED) collapse

Kolleg [kɔ'le:k] <-s, -s/-ien> *nt* ① (*Reihe von Vorlesungen*) course of lectures ② (*einzelne Vorlesung*) lecture

Kollege, -gin [ko'le:gə] <-n, -n> *m, f* colleague; (*Arbeiter*) workmate; **kollegial** [kole'gja:l] *adj* ① (*als Kollege*) like a good colleague ② (*kooperativ, hilfsbereit*) cooperative

Kollegium [kɔ'le:giʊm] *nt* (*Lehrer~*) staff

Kollegmappe *f* document case

Kollekte [kɔ'lɛktə] <-, -n> *f* offertory

Kollektiv [kɔlɛk'ti:f] <-s, -e/(-s)> *nt* collective; **kollektiv** *adj* collective; **Kollektivschuld** *f* collective guilt; **Kollektivwirtschaft** *f* (POL) collective economy

Kollektor <-s, -en> *m* (ELEK) collector

Koller ['kɔlɐ] <-s, -> *m* (*fam*): **einen ~ kriegen** fly into a rage

kollidieren [kɔli'di:rən] *sein o haben vi* (*a. fig*) collide (*mit* with); (*zeitlich*) clash

Kollision [kɔli'zjo:n] <-, -en> *f* (*a. fig*) collision; (*zeitlich*) clash; **Kollisionskurs** *m* (*a. fig*) collision course; **auf ~ laufen** (*a. fig*) be heading on a collision course

Kollokation [kɔloka'tsjo:n] <-, -en> *f* (LING) collocation

Kolloquium [kɔ'lo:kviʊm] *nt* colloquium

Köln [kœln] *nt* Cologne

Kölnischwasser *nt* eau de cologne

kolonial [kolo'nja:l] *adj* colonial; **Kolonialherrschaft** *f*: **die britische ~ über ...** British colonial supremacy over ...; **in den Zeiten britischer ~** during the times of British colonial power; **Kolonialsystem** *nt* colonial system; **Kolonie** [kolo'ni:] *f* colony; **Kolonisation** *f* colonization; **kolonisieren** *vt* colonize; **Kolonist(in)** *m(f)* colonist; (*Siedler*) settler

Kolonnade [kolɔ'na:də] <-, -n> *f* (ARCH) colonnade

Kolonne [ko'lɔnə] <-, -n> *f* column; (MIL) convoy; (AUTO: *Autoschlange*) line; (*Arbeiter~*) gang; **fünfte ~** (HIST) fifth column

kolorieren [kolo'ri:rən] *vt* (ARCH) colour

Kolorit [kolo'ri:t] <-(e)s, -e> *nt* ① (MUS) colour; (*bei Malerei*) colouring ② (*fig: Lokal~*) atmosphere

Koloss [kɔ'lɔs] <-es, -e> *m* colossus

kolossal [kolɔ'sa:l] **I.** *adj* colossal; (*fam: Fehler*) crass **II.** *adv* (*fam*) tremendously

Kolumbien [ko'lʊmbiən] *nt* Colombia

Kolumne [ko'lʊmnə] <-, -n> *f* (TYP) column; **Kolumnist(in)** *m(f)* columnist

Koma ['ko:ma] <-s, -s/-ta> *nt* (MED) coma

Kombi ['kɔmbi] <-s, -s> *m Abk. von* **Kombiwagen** estate car *Br*, station wagon *Am*

Kombination [kɔmbina'tsjo:n] *f* ① (*Zusammenstellung*) combination ② (SPORT: *Zusammenspiel*) concerted move ③ (*Schlussfolgerung*) deduction ④ (*von Kleidung*) ensemble, suit; (AVIAT: *Flieger~*) flying suit; **Kombinationsgabe** *f* power of deduction

kombinieren **I.** *vt* combine **II.** *vi* ① (*folgern*) deduce ② (*vermuten*) suppose

Kombiwagen *m* (AUTO) estate car *Br*, station wagon *Am*

Kombüse [kɔm'by:zə] <-, -n> *f* (MAR) galley

Komet [ko'me:t] <-en, -en> *m* (ASTR) comet

Komfort [kɔm'fo:ɐ] <-s> *m* (*Luxus*) luxury; (*Bequemlichkeiten*) comfort; **komfortabel** [kɔmfɔr'ta:bəl] *adj* ① (*mit Komfort*) luxurious ② (*bequem*) comfortable; **Komforthaus** *nt* luxury home

Komik ['ko:mɪk] *f* ① (*das Komische*) comic ② (*komisches Moment*) comic element; **Komiker(in)** *m(f)* comedian

komisch *adj* ① (*lustig*) comic(al), funny ② (*merkwürdig*) funny, strange; **das Komische daran ist, dass ...** the funny thing about it is that ...

Komitee [komi'te:] <-s, -s> *nt* committee

Komma ['kɔma] <-s, -s/-ta> *nt* comma; (MATH: *Dezimal~*) decimal point; **zwei ~ fünf** (**2,5**) two point five (2.5); **null ~ vier** (**0,4**) point 4 (.4)

Kommandant(in) [kɔman'dant] <-en, -en> *m(f)* commanding officer; **Kommandantur** *f* headquarters *pl*

Kommandeur(in) *m(f)* commander; (MIL) commanding officer, C. O.; (MAR) captain

kommandieren **I.** *vt* ① (*Truppen*) command ② (*befehlen*) order (*jdm etw* s.o. to do s.th.) **II.** *vi* ① (*Kommandeur sein*) be in command ② (*Befehle erteilen*) give the orders

Kommanditgesellschaft [--'dit-] *f* (COM) limited partnership; **Kommanditist** *m* (COM) limited partner

Kommando [kɔ'mando] <-s, -s> *nt* ① (*Befehl*) command, order ② (*Befehlsgewalt*) command (*über* of) ③ (MIL: *Abteilung*) commando; **das ~ führen** be in command; **das ~ übernehmen** take command; **Kommandobrücke** *f* (MAR) bridge

kommen ['kɔmən] **I.** *irr vi* ① come; (*an~*) arrive; (*her~*) come over ② (*gelangen, hin~*) get (*nach, zu* to); (*reichen*) reach; **das kommt überhaupt nicht in Frage!** that's absolutely out of the question!; **ich komme ja schon!** I'm just coming!; **da kommt sie ja!** there she is!, here she comes; **ich komme gleich** I'll be there right away; **~ Sie mir bloß nicht mit der Tour!** (*fam*) don't come that (game) with me!; **komme, was wolle** come what may; **was (wer) kommt als Nächstes?** what's (who's) next?; **das kommt davon, wenn ...** that's what happens when ...; **das kommt von ...** that's because of ...; **das kommt davon, dass ...** that's because ...; **das kommt davon!** see what happens?; **los, komm!** come on!; **aber das Schlimmste kommt noch ...**, but the worst is yet to come; **ich komme nicht auf den richtigen Ausdruck** I

K

can't think of the right expression; **es kam alles ziemlich überraschend** it all came as quite a surprise; **alles zusammen kommt das auf € 500,-** (*fam*) that comes to € 500 all together; **auf wie viel Geld ~ Sie pro Monat?** (*fam*) how much money do you get a month?; **mir kommt gerade ein Gedanke** I just had an idea; **das haben wir ~ sehen** we saw it coming; **~ Sie mir bloß nicht so!** (*fam*) don't try that on me!; **er ließ einen Arzt ~** he sent for a doctor; **die Kupplung ~ lassen** (*fam*) let the clutch in; **nach London ~** get to London; **an die frische Luft ~** get out into the fresh air; **endlich ~ die Dinge in Bewegung** things start to move at last; **ins Gefängnis ~** go to prison; **wer zuerst kommt, mahlt zuerst** (*prov*) first come first served [*o* first in first out]; **~ Sie bloß nicht an diese Vase!** just don't touch this vase!; **ich lasse auf diese Frau nichts ~** I won't have a word against this woman; **darauf wäre ich nie gekommen** that would never have occurred to me; **wie sind Sie dahinter gekommen?** how did you find that out?; **er wird schon noch dahinter kommen** (*fam: schlau werden*) he'll get it sooner or later; **um seinen Schlaf ~** not to get any sleep; **gelaufen ~** come running; **dazu kommt noch …** then there is …; **ich bin noch nicht dazu gekommen** I haven't yet got round to it; **ins Gerede ~** get o.s. talked about; **zu sich ~** come to one's senses; (*fig: sich über sich selbst klar werden*) sort o.s. out; **soweit ist es gekommen!** it has come to that!; **es kommt noch so weit, dass …** it will get to the point where …; **ums Leben ~** lose one's life; **(zu etw) zu spät ~** be late (for s.th.); **zu kurz ~** come off badly; **zu einer Entscheidung ~** come to a decision; **in/mit etw vorwärts ~** make progress in/with s.th.; (*fig*) get on with s.th.; **sie kamen im offenen Gelände gut vorwärts** they made good progress across the open country **II.** *vt* (*fam*): **das wird Sie teuer zu stehen ~!** that'll cost you dear!

kommend *adj:* **~e Woche** next week; **in den ~en Jahren** in the years to come

Kommentar [kɔmɛnˈtaːɐ] <-s, -e> *m* commentary; (*Statement gegenüber Presse*) comment; **kein ~** no comment; **einen ~ zu etw abgeben** (make a) comment on s.th.; **Kommentator(in)** *m(f)* commentator; **kommentieren** *vt* comment on

kommerzialisieren *vt* (*vermarkten*) commercialize; **kommerziell** [kɔmɛrˈtsjɛl] *adj* commercial; **rein ~ denken** think purely in commercial terms

Kommilitone, -nin [kɔmiliˈtoːnə] <-n, -n> *m, f* fellow student

Kommiss [kɔˈmɪs] <-es> *m* (*fam*) ❶ (*~leben*) barrack-room life ❷ (*Heer*) army

Kommissar [kɔmɪˈsaːɐ] <-s, -e> *m* ❶ (POL) commissioner ❷ (*Polizei~*) inspector

Kommissär(in) <-s, -e> *m(f)* (*österr*) inspector

Kommissariat [kɔmɪsariˈaːt] <-(e)s, -e> *nt* ❶ (POL) commissioner's department ❷ (*Polizeidienststelle*) superintendent's department

kommissarisch *adj* (*vorläufig*) temporary

Kommission *f* ❶ (*Komitee*) committee; (*Untersuchungsausschuss*) commission ❷ (COM) commission; **in ~** (COM) on commission; **Kommissionär** <-s, -e> *m* (COM) ❶ commission agent ❷ (*im Buchhandel: Großhändler*) wholesale bookseller

Kommode [kɔˈmoːdə] <-, -n> *f* chest of drawers

kommunal [kɔmuˈnaːl] *adj* (POL) local; (*die Stadt betreffend*) municipal; **~es Abwasser** urban wastewater; **Kommunalpolitik** *f* (POL) local government politics *pl;* **Kommunalwahlen** *fpl* (POL) local [*o* municipal] elections

Kommune [kɔˈmuːnə] <-, -n> *f* ❶ (*Gemeinde, Ortschaft*) community ❷ (*Wohngemeinschaft*) commune; **die Pariser ~** (POL HIST) the Paris Commune

Kommunikation *f* communication; **Kommunikationsmittel** *nt* means of communication; **Kommunikationsnetz** *nt* communication network; **Kommunikationssatellit** *m* communications satellite; **Kommunikationswissenschaftler(in)** *m(f)* communication scientist

kommunikativ *adj* communicative

Kommunikee *nt* communiqué

Kommunion [kɔmuˈnjoːn] *f* Communion

Kommuniqué [kɔmyniˈkeː] <-s, -s> *nt* communiqué

Kommunismus [kɔmuˈnɪsmʊs] *m* communism; **Kommunist(in)** *m(f)* Communist; **kommunistisch** *adj* communist; **~e Partei** Communist Party; **~e Internationale** Communistic International

Komödiant(in) [komøˈdjant] *m(f)* ❶ (THEAT) actor (actress) ❷ (*pej: Heuchler*) play-actor

Komödie [koˈmøːdiə] <-, -n> *f* ❶ (THEAT) comedy ❷ (*fig*) farce; **~ spielen** (*fig*) put on an act

Kompagnon [ˈkɔmpanjɔŋ/-ˈjõː] <-s, -s> *m* (COM) partner

kompakt *adj* compact; **Kompaktkamera**

f compact camera
Kompaktpuder *nt* compact powder
Kompanie [kɔmpa'niː] *f* ① (MIL) company ② (COM) trading company, Co; **Kompaniechef, Kompanieführer** *m* (MIL) company commander
Komparativ ['kɔmparatiːf] <-s, -e> *m* (GRAM) comparative
Komparse [kɔm'parzə] <-n, -n> *m* (FILM) extra; (THEAT) super(numerary)
Kompass ['kɔmpas] <-es, -e> *m* compass; **nach dem ~** by the compass; **Kompassnadel** *f* compass needle
kompatibel *adj* compatible; **Kompatibilität** *f* compatibility
Kompensation [kɔmpɛnza'tsjoːn] *f* compensation; **kompensieren** *vt* compensate for
kompetent [kɔmpe'tɛnt] *adj* ① (*zuständig*) competent; (*fähig*) able ② (*befugt*) authorized; **Kompetenz** <-, -en> *f* competence, authority; (JUR: *~bereich eines Gerichts*) jurisdiction; **Kompetenzstreitigkeit** *f* demarcation dispute
komplett [kɔm'plɛt] *adj* complete; **komplettieren** *vt* complete; **Komplettlösung** *f* overall solution
Komplex [kɔm'plɛks] <-es, -e> *m* complex; (*fam: Minderwertigkeits~*) hang-up; **er hat ~e wegen seiner großen Nase** he has a complex about his big nose
komplex *adj* complex; **Komplexität** <-> *f* complexity
Komplikation *f* complication
Kompliment [kɔmpli'mɛnt] <-(e)s, -e> *nt* compliment; **jdm für etw ~e machen** compliment s.o. on s.th.
Komplize, -zin [kɔm'pliːtsə] <-n, -n> *m, f* accomplice
kompliziert *adj* complicated
Komplott [kɔm'plɔt] <-(e)s, -e> *nt* conspiracy, plot; **ein ~ schmieden** hatch a plot
komponieren [kɔmpo'niːrən] *vt, vi* compose; **Komponist(in)** *m(f)* composer; **Komposition** *f* composition
Kompost [kɔm'pɔst] <-(e)s, -e> *m* compost; **Komposthaufen** *m* compost heap; **Kompostieranlage** *f* composting plant; **kompostierbar** *adj* degradable; **Kompostierbarkeit** *f* degradability; **kompostieren** *vt* compost; **Kompostierung** *f* composting; **Kompostwerk** *nt* composting plant
Kompott [kɔm'pɔt] <-(e)s, -e> *nt* compote, stewed fruit
Kompresse [kɔm'prɛsə] <-, -n> *f* compress
Kompressor <-s, -en> *m* (TECH) compressor
komprimieren [kɔmpri'miːrən] *vt* ① (TECH) compress ② (*fig*) condense
Kompromiss [kɔmpro'mɪs] <-es, -e> *m* compromise; **einen ~ schließen** [*o* **eingehen**] (make a) compromise; **kompromissbereit** *adj* willing to compromise; **kompromisslos** *adj* uncompromising; **Kompromisslösung** *f* compromise solution; **Kompromissvorschlag** *m* suggested compromise
kompromittieren **I.** *vt* compromise **II.** *vr* compromise o.s.
Kondensat *nt* condensate
Kondensator [kɔndɛn'zaːtɔr] <-s, -en> *m* (CHEM ELEK AUTO) condenser
kondensieren *vt, vi* (*a. fig*) condense
Kondensmilch [kɔn'dɛn(t)s-] *f* condensed milk; **Kondensstreifen** *m* (AVIAT) vapour trail; **Kondenswasser** *nt* condensation
Kondition [kɔndi'tsjoːn] <-, -en> *f* (SPORT: *Bedingung*) condition
Konditor(in) [kɔn'diːtɔr] <-s, -en> *m(f)* pastry-cook; **Konditorei** *f* cake shop; **Konditorwaren** *pl* cakes and pastries
Kondolenz [kɔndo'lɛnts] <-> *f* condolence
Kondom [kɔn'doːm] <-s, -e> *nt* condom
Kondor ['kɔndoːɐ] <-s, -e> *m* condor
Kondukteur [kɔnduk'tøːɐ] <-s, -e> *m* (*CH*) conductor
Konfekt [kɔn'fɛkt] <-(e)s, -e> *nt* confectionery
Konfektion [kɔnfɛk'tsjoːn] *f* (manufacture of) ready-made clothes; **Konfektionsgröße** *f* size; **Konfektionskleidung** *f* ready-made clothing
Konferenz [kɔnfe'rɛnts] <-, -en> *f* conference; (*Zusammenkunft*) meeting; **eine ~ abhalten** hold a meeting; **Konferenzschaltung** *f* ① (RADIO TV) link-up ② (TELE) conference circuit; **Konferenzzimmer** *nt* conference room; **konferieren** *vi* confer (*über* on, about)
Konfession [kɔnfɛ'sjoːn] *f* denomination; **konfessionell** *adj* denominational; **konfessionslos** *adj* non-denominational
Konfetti [kɔn'fɛti] <-(s)> *nt* confetti
Konfirmand(in) [kɔnfɪr'mant] <-en, -en> *m(f)* candidate for confirmation; **Konfirmation** *f* confirmation; **konfirmieren** *vt* confirm
konfiszieren [kɔnfɪs'tsiːrən] *vt* confiscate
Konfitüre [kɔnfi'tyːrə] <-, -n> *f* jam
Konflikt [kɔn'flɪkt] <-(e)s, -e> *m* conflict
Konföderation [kɔnfødera'tsjoːn] <-, -en> *f* confederation
konform [kɔn'fɔrm] *adj* concurring; **mit jdm (in etw) ~ gehen** agree with s.o. (about s.th.)
Konfrontation [kɔnfrɔnta'tsioːn] *f* confron-

tation; **konfrontieren** *vt* confront (*mit* with)

konfus [kɔn'fuːs] *adj* confused, muddled; ~ **machen** confuse; **Sie machen mich noch ganz ~!** you're really quite confusing me!

Konglomerat *nt* (*Konzern*) conglomerate

Kongress [kɔŋ'grɛs] <-es, -e> *m* ① (POL) congress; (*Fach~*) convention ② (*in den USA*) Congress; **Kongresshalle** *f* congress hall

kongruent [kɔŋgru'ɛnt] *adj* ① (MATH) congruent ② (*fig: übereinstimmend*) concurring

König ['køːnɪç] <-(e)s, -e> *m* king; **Königin** ['køːnɪgɪn] *f* queen; **königlich** [køːnɪklɪç] *adj* royal; **sie hat sich ~ amüsiert** (*fam*) she had the time of her life [*o* a jolly good time]; **Königreich** *nt* kingdom; **Königtum** *nt* kingship

Konjugation [kɔnjuga'tsjoːn] *f* (GRAM) conjugation; **konjugieren** *vt* (GRAM) conjugate

Konjunktion [kɔnjʊŋk'tsjoːn] *f* (GRAM ASTR) conjunction; **Konjunktiv** ['kɔnjʊnktiːf] <-s, -e> *m* (GRAM) subjunctive

Konjunktur *f* (COM) ① (*Wirtschaftslage*) economic situation ② (*Hoch~*) boom; **steigende** (**fallende**) ~ upward (downward) economic trend; **Konjunkturabschwung** *m* (COM) economic down-turn; **Konjunkturbarometer** *nt* (COM) business barometer; **Konjunkturbelebung** *f* (COM) economic revival; **Konjunktureinbruch** *m* (COM) slump; **konjunkturell** *adj* (COM) economic; ~ **bedingt** due to economic factors; **Konjunkturkrise** *f* (COM) economic crisis; **Konjunkturrückgang** *m* (COM) slowdown in the economy; **Konjunkturschwankung** *f* (COM) economic fluctuation; **Konjunkturtief** *nt* trough; **Konjunkturzyklus** *m* economic [*o* trade] cycle

konkav *adj* (MATH PHYS) concave

konkret [kɔŋ'kreːt] *adj* concrete; ~**e Maßnahmen** concrete actions; **konkretisieren** *vt* put in concrete terms

Konkurrent [kɔŋkʊ'rɛnt] <-en, -en> *m* ① (COM) competitor ② (*Rivale*) rival; **Konkurrenz** *f* ① (COM: *Wettbewerb*) competition; (*Rivalität*) rivalry ② (*die Konkurrenten*) competitors [*o* rivals]; **scharfe ~** keen competition; **jdm ~ machen** compete with s.o.; **sich gegenseitig ~ machen** be in competition with each other; **Konkurrenzdruck** *m* pressure of competition; **konkurrenzfähig** *adj* competitive; **Konkurrenzkampf** *m* ① (COM) competition ② (*Rivalität*) rivalry; **konkurrenzlos** *adj* unrival(l)ed, without competition; **Konkurrenzprodukt** *nt* (COM) competing product; **konkurrieren** *vi* compete (*mit* with)

Konkurs [kɔŋ'kʊrs] <-es, -e> *m* (COM) bankruptcy; ~ **anmelden** declare o.s. bankrupt; **in ~ gehen** go bankrupt; **Konkursmasse** *f* (COM) bankrupt's estate; **Konkursverfahren** *nt* (COM JUR) bankruptcy proceedings *pl;* **Konkursverwalter(in)** *m(f)* (COM JUR) (official) receiver

Können *nt* ① (*Fähigkeit*) ability ② (*Kenntnisse*) knowledge

können ['kœnən] *irr vt, vi* ① (*beherrschen, verstehen*) know (*etw* s.th.) ② (*vermögen*) be able to, can ③ (*dürfen*) be allowed to, may ④ (*wahrscheinlich, möglich sein*) be likely to, may; **ich kann kein** (**Wort**) **Deutsch** I have no German, I have got no German *Br;* **sie kann sehr gut Englisch** she knows a lot of English; **tanzen ~** know how to dance; **Klavier spielen ~** know how to play the piano; **jd kann etw tun** s.o. can [*o* is able to] do s.th.; **ich kann nicht mehr** (*mehr kann ich nicht aushalten*) I can't take any more; (*ich kann nicht weitermachen*) I can't go on; (*essen*) I can't eat any more; **er kann mir nichts** (**anhaben**) he can't touch me; **er kann einfach nichts** (*ist unfähig*) he's just incapable; (*er versteht sich auf nichts*) he just doesn't know a thing; **das hätte ich Ihnen gleich sagen ~** I could have told you that straight away; **Sie ~ jetzt gehen** you can [*o* are allowed to] go now; **Sie ~ sich doch wohl nicht beklagen, oder?** you certainly can't complain, can you?; **das kann man wohl sagen!** you could well say that!; **das kann doch nicht wahr sein!** but that's impossible! [*o* that can't possibly be true!]; **ich kann nichts dafür** [*o* **dazu**] (*fam*) it's not my fault [*o* I'm not to blame for that]; **kann ich das Fenster öffnen?** may I open the window?; **ich kann das Fenster nicht öffnen** I can't open the window; **ich kann mich irren** I may be mistaken; **kann schon sein** maybe; **das könnte durchaus stimmen** that's quite likely to be true, that may well be true; **dieser Spinner kann mich mal!** (*sl*) that crank can get stuffed!

Konsens [kɔn'zɛns] <-es> *m* consensus

konsequent [kɔnze'kvɛnt] *adj* consistent; **etw ~ einhalten** [*o* **beachten**] observe s.th. strictly

Konsequenz *f* ① (*Folgerichtigkeit*) consistency; (*Härte, Strenge*) rigourousness

❷ (*Folge*) consequence, result; ~**en ziehen** cut one's losses

konservativ [kɔnzɛrva'ti:f/'----] *adj* conservative; (POL PARL: *in GB*) Conservative, Tory

Konserve [kɔn'zɛrvə] <-, -n> *f* preserved food; (*in ~nbüchse*) tinned food *Br,* canned food *Am;* **Konservenbüchse**, **Konservendose** *f* tin *Br,* can *Am;* **Konservenfabrik** *f* tinning factory *Br,* cannery *Am;* **konservieren** *vt* conserve, preserve; **Konservierung** *f* preservation; **Konservierungsmittel** *nt* preservative

konsistent **I.** *adj* (*fest*) stiff, solid; (*konsequent*) consistent **II.** *adv* consistently

Konsistenz [kɔnzɪs'tɛnts] <-, -en> *f* consistency

Konsole [kɔn'zo:lə] <-, -n> *f* console

konsolidieren [kɔnzoli'di:rən] *vt* consolidate; **Konsolidierung** *f* consolidation

Konsonant [kɔnzo'nant] <-en, -en> *m* consonant

Konsortium [kɔn'zɔrtsiʊm] <-s, Konsortien> *nt* consortium

konspirativ [kɔnspira'ti:f] *adj* conspiratorial

konstant [kɔn'stant] *adj* constant; **Konstante** <-, -n> *f* constant

konstatieren [kɔnsta'ti:rən] *vt* notice, see

Konstellation [kɔnstɛla'tsjo:n] <-, -en> *f* constellation

Konstitution [kɔnstitu'tsjo:n] *f* (POL MED) constitution; **konstitutionell** *adj* (POL MED) constitutional

konstruieren [kɔnstru'i:rən] *vt* ❶ (*a. fig*) construct ❷ (*entwerfen*) design; **Konstrukteur(in)** [kɔnstrʊk'tø:ɐ] <-s, -e> *m(f)* engineer, designer; **Konstruktion** *f* ❶ (MATH: *a. fig*) construction ❷ (*Entwurf, Bauweise*) design; **Konstruktionsfehler** *m* ❶ (*fehlerhafter Entwurf*) design fault ❷ (*struktureller Fehler*) structural defect

konstruktiv *adj* constructive

Konsul(in) ['kɔnzʊl] <-s, -n> *m(f)* (POL) consul; **Konsulat** <-(e)s, -e> *nt* (POL) consulate

konsultieren *vt* consult

Konsum [kɔn'zu:m] <-s> *m* (*Verbrauch*) consumption; **Konsument(in)** <-en, -en> *m(f)* consumer; **Konsumgesellschaft** *f* consumer society; **Konsumgüter** *ntpl* consumer goods; **konsumieren** *vt* consume

Kontakt [kɔn'takt] <-(e)s, -e> *m* (*a.* ELEK) contact; **mit jdm in ~ stehen** (**kommen**) be in (come into) contact with s.o.; **Kontaktanzeige** *f* lonely hearts ad; **Kontaktbildschirm** *m* (INFORM) touch-sensitive screen; **kontaktfreudig** *adj* sociable

kontaktieren *vt* contact

Kontaktlinsen *fpl* (OPT) contact lenses; **Kontaktlinsenpflegemittel** *nt* contact-lens-care product

Kontaktperson *f* contact

kontern *vt, vi* counter

Konterrevolution *f* counter-revolution

Kontext ['kɔntɛkst] <-(e)s, -e> *m* (LING: *fig*) context

Kontinent ['kɔntinɛnt/--'-] <-(e)s, -e> *m* continent; **kontinental** *adj* continental; **Kontinentalklima** *nt* continental climate

Kontingent [kɔntɪŋ'gɛnt] <-(e)s, -e> *nt* ❶ (COM) quota ❷ (MIL: *Truppen~*) contingent ❸ (*Zuteilung*) allotment; **kontingentieren** *vt* fix the quotas (*etw* of s.th.)

kontinuierlich *adj* continuous; **Kontinuität** [kɔntinui'tɛ:t] *f* continuity

Konto ['kɔnto] <-s, -ten/(-s/-ti)> *nt* account; **das geht auf mein ~** (*fam: es ist meine Schuld*) I am to blame for this; (*es geht auf meine Rechnung*) this is on me; **Kontoauszug** *m* (bank) statement; **Kontobewegung** *f* transaction; **Kontoführung** *f* running of an account; **Kontoinhaber(in)** *m(f)* account holder; **Kontonummer** *f* account number

Kontor [kɔn'to:ɐ] <-s, -e> *nt* (COM) office; **Kontorist(in)** *m(f)* (COM) clerk (clerkess)

Kontostand *m* bank balance

Kontra ['kɔntra] <-s> *nt* (*Ansage beim Kartenspiel*) double; **jdm ~ geben** (*beim Kartenspiel*) double; (*fig: widersprechen*) contradict s.o.

Kontrahent(in) [kɔntra'hɛnt] <-en, -en> *m(f)* ❶ (*Gegenspieler*) opponent ❷ (COM: *Vertragspartner*) contracting party

Kontraindikation *f* (MED) contra indication

kontraproduktiv *adj* counterproductive

Kontrapunkt *m* (MUS) counterpoint

konträr [kɔn'trɛ:ɐ] *adj* contrary, opposite

Kontrast [kɔn'trast] <-(e)s, -e> *m* contrast; **kontrastieren** *vi* contrast (*mit* with); **Kontrastmittel** *nt* (MED) contrast medium; **Kontrastprogramm** *nt* alternative program(me); **Kontrastregler** *m* (TV) contrast control; **kontrastreich** *adj* rich in contrast

Kontribution [kɔntribu'tsjo:n] *f* contribution

Kontrollabschnitt *m* (COM) counterfoil; **Kontrol(l)lampe** *f* pilot lamp; (AUTO) warning light

Kontrolle [kɔn'trɔlə] <-, -n> *f* ❶ (*Überprüfung*) check (*bei jdm/etw, jds/einer Sache* on s.o./s.th.) ❷ (*Kontrollpunkt, -stelle*) checkpoint ❸ (*Kontrolleur*)

inspector ❹ (*Beherrschung, Gewalt*) control (*über jdn o etw* of s.o., s.th.); **regelmäßige ~n (bei jdm/etw) durchführen** make regular checks (on s.o./s.th.); **jdn (etw) unter ~ haben** have s.o. (s.th.) under control

Kontrolletti [kɔntrɔˈlɛti] <-s, -s> *m* (*pej*) control freak

Kontrolleur(in) *m(f)* inspector; **Kontrollfunktion** *f* controlling function; **Kontrollgerät** *nt* controlling device

kontrollierbar *adj* ❶ (*beherrschbar*) controllable ❷ (*überprüfbar*) verifiable

kontrollieren *vt* ❶ (*nachprüfen*) check (*nach, auf etw* for s.th.); (*überwachen*) supervise ❷ (*beherrschen, lenken*) control

Kontrollliste *f* check-list; **Kontrollturm** *m* (AVIAT) control tower; **Kontrolluhr** *f* time clock; **Kontrollzentrum** *nt* control centre *Br,* control center *Am*

Kontroverse [kɔntroˈvɛrzə] <-, -n> *f* controversy

Kontur [kɔnˈtuːɐ] <-, -en> *f* contour, outline

Konvention [kɔnvɛnˈtsjoːn] *f* convention; **Konventionalstrafe** *f* (COM) penalty for breach of contract; **konventionell** *adj* conventional

Konvergenz *f* convergence; **~kriterien** convergence criteria

Konversation [kɔnvɛrzaˈtsjoːn] *f* conversation; **Konversationslexikon** *nt* encyclop(a)edia

Konversionskurs *m* conversion course

konvertierbar *adj* (FIN) convertible; **konvertieren** [kɔnvɛrˈtiːrən] **I.** *vt* convert (*in* into) **II.** *vi* be converted

Konvertit(in) *m(f)* convert

konvex [kɔnˈvɛks] *adj* (MATH PHYS) convex

Konvoi [kɔnˈvɔɪ/ˈ--] <-s, -s> *m* convoy; **im ~** in convoy

konzedieren [kɔntseˈdiːrən] *vt, vi* concede (*jdm etw* s.th.)

Konzentrat [kɔntsɛnˈtraːt] <-(e)s, -e> *nt* ❶ (CHEM) concentrate ❷ (*fig*) condensed extract

Konzentration *f* concentration (*auf* on)

Konzentrationsfähigkeit *f* power of concentration

Konzentrationslager *nt* concentration camp

Konzentrationsschwäche *f* concentration failure; **Konzentrationsstörung** *f* impaired concentration

konzentrieren *vt, vr* concentrate (*auf* on)

konzentrisch *adj* (MATH) concentric

Konzept [kɔnˈtsɛpt] <-(e)s, -e> *nt* ❶ (*für Essay, Aufsatz*) rough copy; (*Entwurf*) draft ❷ (*Begriff, Vorstellung*) concept; **jdn aus dem ~ bringen** put s.o. off; (*fam: aus dem Gleichgewicht*) upset s.o; **sich aus dem ~ bringen lassen** be put off one's stroke; **das passte ihm ganz und gar nicht ins ~** that did not at all fit in with his plans; **Konzeption** *f* conception

Konzern [kɔnˈtsɛrn] <-s, -e> *m* (COM) combine, trust; **multinationaler ~** multinational company

Konzert [kɔnˈtsɛrt] <-(e)s, -e> *nt* ❶ (*~vorstellung*) concert ❷ (*musikalische Gattung*) concerto; **Konzertflügel** *m* concert grand

konzertieren *vi* (MUS) give a concert

Konzertmeister(in) *m(f)* (MUS) leader *Br,* concertmaster *Am;* **Konzertpavillon** *m* bandstand; **Konzertsaal** *m* concert hall

Konzession [kɔntsɛˈsjoːn] *f* ❶ (*Zugeständnis*) concession (*an* to) ❷ (*Lizenz*) licence *Br,* franchise *Am;* **konzessionieren** *vt* license

Konzil [kɔnˈtsiːl] <-s, -e/-ien> *nt* council

konziliant [kɔntsiliˈant] *adj* (*beschwichtigend*) conciliatory

konzipieren *vt* conceive

Kooperation *f* cooperation

Koordination [koɔrdinaˈtsjoːn] <-> *f* coordination; **koordinieren** *vt* coordinate

Kopf [kɔpf, *pl:* ˈkœpfə] <-(e)s, Köpfe> *m* ❶ head; (*oberster Teil*) top ❷ (*fig: Verstand*) brain ❸ (*leitende Persönlichkeit*) leader ❹ (*einzelner Mensch*) person; **von ~ bis Fuß** from top to toe; **~ an ~** shoulder to shoulder; (SPORT) neck to neck; **~ hoch!** (*fam*) chin up!; **aus dem ~** by heart; **Hals über ~** head over heels; **jdm den ~ waschen** (*fam*) give s.o. a piece of one's mind; **einen dicken ~ haben** (*fam: einen Kater haben*) have a thick head; **seine Probleme wachsen ihm über den Kopf** his problems are getting too much for him; **es will ihr nicht in den ~, dass ...** she won't get it into her head that ...; **er ist ein heller ~** he has a good head on his shoulders; **der ~ einer Bewegung sein** be the head of a movement; **etw über jds ~ hinweg tun** go over someone's head; **~ und Kragen riskieren** (*fam*) risk one's neck; **..., und wenn Sie sich auf den ~ stellen** (*fam*) ..., you can say or do what you like; **~ oder Zahl?** heads or tails?; **sie war wie vor den ~ geschlagen** she was dumbfounded; **pro ~** per capita [*o* head] [*o* person]; **wir bekamen zehn Euro pro ~** we got ten euro each; **das hältst du ja im ~ nicht aus!** (*sl*) it's absolutely incredible!; **jdn einen ~ kürzer machen** (*fam*) cut [*o* chop] someone's head off; **jds ~ fordern**

(*a. fig*) demand someone's head; **nicht auf den ~ gefallen sein** (*fam*) be no fool; **sich etw durch den ~ gehen lassen** think about s.th.; **den ~ hängen lassen** hang one's head; (*fig*) be downcast; **dieser Gedanke geht mir immer im ~ herum** I can't get that thought out of my head; **muss denn immer alles nach deinem ~ gehen?** do you always have to get your own way?; **er hat seinen eigenen ~** he's got a mind of his own; **sich etw aus dem ~ schlagen** get s.th. out of one's head; **ich habe andere Dinge im ~** I have other things on my mind; **nicht richtig im ~ sein** (*fam*) be not quite right up top; **sich etw in den ~ setzen** take s.th. into one's head; **einem in den ~ steigen** go to one's head; **ich weiß nicht, wo mir der ~ steht** I don't know whether I'm coming or going; **etw auf den ~ stellen** (*a. fig*) turn s.th. upside down; **die Tatsachen auf den ~ stellen** stand the facts on their heads; **jdn vor den ~ stoßen** (*fig*) offend s.o.; **jdm den ~ verdrehen** (*fig fam*) turn someone's head; **den ~ (nicht) verlieren** (*fig*) lose (keep) one's head; **sich (über etw) den ~ zerbrechen** rack one's brains over s.th.; **jdm etw auf den ~ zusagen** say s.th. straight out to s.o.; **~ stehen** stand on one's head; (*fig*) go wild

Kopfarbeiter(in) *m(f)* brainworker

Kopfball *m* (SPORT) header

Kopfbedeckung *f* headgear

Köpfchen ['kœpfçən] *nt* (*fam hum*): **~ haben** have brains *pl*

köpfen ['kœpfən] *vt, vi* ❶ (*hinrichten*) behead; (*hum fam: Flasche*) crack ❷ (SPORT: *beim Fußball*) head (*ins Tor* a goal)

Kopfende *nt* head; **Kopfhaar** *nt* hair on one's head; **Kopfhaut** *f* scalp; **Kopfhörer** *m* (RADIO) headphones *pl;* **Kopfkissen** *nt* pillow

kopflastig *adj* ❶ (*a. fig*) top-heavy ❷ (AVIAT) nose-heavy

Kopflaus *f* head louse; **kopflos** *adj* (*fig*) panicky; **~ werden** lose one's head; **Kopfmensch** *m* cerebral person; **Kopfrechnen** *nt* mental arithmetic; **Kopfsalat** *m* lettuce; **kopfscheu** *adj* shy, timid; **jdn ~ machen** intimidate s.o.; **Kopfschmerz** *m* headache; **rasende ~en haben** have a splitting headache *sing;* **Kopfschmerztablette** *f* headache tablet; **Kopfschuppen** *pl* dandruff; **Kopfsprung** *m* header; **einen ~ machen** take a header

Kopfstand *m* headstand

Kopfsteinpflaster *nt* cobbles, cobbled surface

Kopfstimme *f* (MUS) falsetto; **Kopfstütze** *f* headrest; **Kopftuch** *nt* scarf; **kopfüber** [-'--] *adj* (*a. fig*) headlong; **Kopfverletzung** *f* head injury; **Kopfweh** *nt* (*fam*) headache; **Kopfzerbrechen** *nt:* **etw bereitet jdm ~** s.th. is a headache for sb

Kopie [ko'pi:] <-, -n> *f* ❶ copy; (*Durchschlag*) carbon copy ❷ (PHOT FILM) print ❸ (*Imitation*) imitation; **kopieren** *vt, vi* ❶ (*a. fig*) copy; (*durchpausen*) trace ❷ (PHOT FILM) print; **oft kopiert, nie erreicht** often imitated, but never equalled; **Kopierer** *m*, **Kopiergerät** *nt* photocopier, copier; **Kopierschutz** *m* (INFORM) copy protection; **Kopiersperre** *f* (INFORM) anti-copy device

Koppel[1] ['kɔpəl] <-s, -> *nt* (MIL) belt

Koppel[2] <-, -n> *f* (*Weide*) paddock

Koppel[3] <-, -n> *f* (*Hunde~*) pack; (*Pferde~*) string

koppeln *vt* ❶ (*Pferde*) string together; (*Hunde*) leash together ❷ (*verbinden*) couple, join (*etw an etw* s.th. to s.th.) ❸ (*fig*) link (*etw an etw* s.th. with s.th.)

Koppelung *f* coupling; (*von Raumschiffen*) link-up

Koproduktion ['----] *f* (FILM) co-production

Koralle [ko'ralə] <-, -n> *f* coral; **Korallenhalsband** *nt* coral necklace; **Korallenriff** *nt* coral reef

Koran [ko'ra:n] <-s> *m* Koran

Korb [kɔrp, *pl:* 'kœrbə] <-(e)s, Körbe> *m* ❶ basket; (*Bienen~*) hive; (MIN: *Förder~*) cage ❷ (*~geflecht*) wicker; **jdm einen ~ geben** (*fig*) turn s.o. down; **einen ~ bekommen** (*fig*) get a refusal

Korbball *m* (SPORT) basket-ball

Körbchen ['kœrpçən] *nt* (*kleiner Korb*) little basket; **ab ins ~!** (*fam: ins Bett*) time for bye-byes!

Korbflasche *f* demijohn; **Korbflechter(in)** *m(f)* basket-maker; **Korbmöbel** *ntpl* wicker furniture; **Korbstuhl** *m* wicker chair

Kord [kɔrt] <-(e)s, -e> *m* corduroy; **Kordhose** *f* corduroy (o cord) trousers *pl*

Korea [ko're:a] *nt* Korea; **Koreaner(in)** <-s, -> *m(f)* Korean; **koreanisch** *adj* Korean

Koriander [kori'andɐ] <-s> *m* coriander

Korinthe [ko'rɪntə] <-, -n> *f* currant

Kork [kɔrk] <-(e)s, -e> *m* cork; **Korkeiche** *f* cork oak; **Korken** ['kɔrkən] <-s, -> *m* cork; (*Plastik~*) stopper; **Korkenzieher** *m* corkscrew

Korn[1] [kɔrn, *pl:* 'kœrnɐ] <-(e)s, Körner> *nt* ❶ (*Samen~*) seed; (*Salz~, Sand~, a.* PHOT) grain; (*Pfeffer~*) corn ❷ (*Getreide*) grain,

K

corn *Br a.*

Korn[2] <-(e)s> *m* (*fam: Kornbranntwein*) corn schnapps

Korn[3] <-(e)s> *nt* (*am Gewehr*) bead, front sight; **jdn (etw) aufs ~ nehmen** (*fig*) hit out at s.o. (s.th.); **die Flinte ins ~ werfen** throw in the sponge

Kornblume *f* cornflower

körnen ['kœrnən] *vt* granulate; (*aufrauen*) roughen

körnig ['kœrnɪç] *adj* granular

Kornkammer *f* (*a. fig*) granary

Körper ['kœrpɐ] <-s, -> *m* body; (*Schiffs~*) hull; **Körperbau** *m* build, physique; **körperbehindert** *adj* physically handicapped; **Körperbehinderte(r)** *f m* disabled [*o* handicapped] person; **körperbetont** *adj* (*Kleidung*) clinging, emphasizing one's contours; **körpereigen** *adj* (MED BIOL): **~e Abwehrstoffe** endogenous antibodies [*o* antitoxins]; **körpergerecht** *adj* adjusted to the human body; **Körpergewicht** *nt* weight; **Körpergröße** *f* height; **Körperhaltung** *f* bearing, posture; **Körperkraft** *f* physical strength; **Körperlänge** *f* body length

körperlich *adj* ❶ (*physisch*) physical ❷ (*materiell*) material; **~e Züchtigung** corporal punishment

Körperlotion *f* body lotion; **Körperpflege** *f* personal hygiene; **Körperpuder** *m* talcum powder; **Körperschaft** *f* corporation; **gesetzgebende ~** legislative body; **Körperschaft(s)steuer** *f* corporation tax; **Körpersprache** *f* body language; **Körperteil** *m* part of the body; **Körperverletzung** *f* (JUR) bodily injury; **Körperwärme** *f* body heat

Korps [koːɐ] <-(s), -s> *nt* (MIL) corps

korpulent [kɔrpuˈlɛnt] *adj* corpulent; **Korpulenz** *f* corpulence

korrekt [kɔˈrɛkt] *adj* correct; **Korrektheit** *f* correctness

Korrektor(in) *m(f)* (TYP) proof-reader

Korrektur [kɔrɛkˈtuːɐ] <-, -en> *f* ❶ (*Berichtigung*) correction ❷ (TYP: *das ~lesen*) proof-reading ❸ (TYP: *~fahne*) proof; **~ lesen** read the proofs *pl*; **Korrekturband** *nt* correction tape; **Korrekturfahne** *f* (TYP) galley proof; **Korrekturflüssigkeit** *f* correction fluid; **Korrekturspeicher** *m* (TYP INFORM) correction memory; **Korrekturtaste** *f* correction key; **Korrekturzeichen** *nt* (TYP) proofreader's mark

Korrespondent(in) [kɔrɛspɔnˈdɛnt] <-en, -en> *m(f)* correspondent; **Korrespondenz** *f* correspondence; **mit jdm in ~ stehen** be in correspondence with s.o.; **korrespondieren** *vi* correspond (*mit jdm* with s.o., *mit etw* to s.th.)

Korridor [ˈkɔridoːɐ] <-s, -e> *m* corridor; (*Hausflur*) hall

korrigieren [kɔriˈgiːrən] *vt* ❶ (*berichtigen*) correct; (TYP) read the proofs; (*Aufsätze*) mark ❷ (*nachstellen*) alter

Korrosion [kɔroˈzioːn] <-, -en> *f* corrosion; **korrosionsbeständig** *adj* corrosion-resistant

korrumpieren *vt* corrupt

korrupt [kɔˈrʊpt] *adj* corrupt; **Korruption** *f* corruption

Korse, -sin [ˈkɔrzə] <-n, -n> *m, f* Corsican

Korsett [kɔrˈzɛt] <-(e)s, -e/-s> *nt* corset

korsisch *adj* Corsican

Korvette [kɔrˈvɛtə] <-, -n> *f* (MAR) corvette; **Korvettenkapitän** *f* (MAR) lieutenant commander

Koryphäe [koryˈfɛːə] <-, -n> *f* coryphaeus

koscher [ˈkoːʃɐ] *adj* kosher

kosen [ˈkoːzən] *vt, vi* (*poet*) caress, fondle (*jdn o mit jdm* s.o.)

Kosename *m* pet name; **Kosewort** *nt* term of endearment

Kosinus [ˈkoːzinʊs] <-, -/(-se)> *f* (MATH) cosine

Kosmetik [kɔsˈmeːtɪk] <-> *f* ❶ (*Körperpflege*) beauty treatment ❷ (*kosmetisches Mittel*) cosmetic ❸ (*fig: Tünche*) cosmetics *pl;* **Kosmetika** [kɔsˈmeːtika] *ntpl* cosmetics; **Kosmetikerin** *f* beautician; **Kosmetikkoffer** *m* vanity case; **Kosmetiktuch** *nt* paper tissue; **kosmetisch** *adj* (*a. fig*) cosmetic; (*Chirurgie*) plastic

kosmisch [ˈkɔsmɪʃ] *adj* cosmic

Kosmonaut(in) [kɔsmoˈnaʊt] <-en, -en> *m(f)* cosmonaut

Kosmopolit(in) [kɔsmopoˈliːt] <-en, -en> *m(f)* cosmopolitan

Kosmos [ˈkɔsmɔs] <-> *m* cosmos

Kosovare, -rin [kosoˈvaːrə] <-n, -n> *m, f* Kosovan; **kosovarisch** [kosoˈvaːrɪʃ] *adj* Kosovan; **Kosovo** [ˈkosovo] <-s> *nt (m)* Kosovo; **Kosovo-Albaner(in)** *m(f)* Kosovo-Albanian; **kosovo-albanisch** *adj* Kosovo-Albanian

Kost [kɔst] <-> *f* ❶ (*Essen, Nahrung*) fare, food ❷ (*Beköstigung, Pension*) board; **magere ~** meagre fare; (MED) low diet; **leichte ~** (*fig*) easy going; **bei jdm in ~ sein** board with s.o.; **jdn in ~ nehmen** take s.o. as a boarder; **~ und Logis** board and lodging

kostbar *adj* precious; (*kostspielig*) sumptuous; **Kostbarkeit** *f* (*kostbarer Gegenstand*) treasure

Kosten [ˈkɔstən] *pl* (*Preis*) cost, costs; (*Aus-*

gaben) expenses; (*Auslagen*) outlay *sing;* **auf jds ~** (*a. fig*) at someone's expense; **auf ~ seiner Gesundheit** at the cost of his health; **die ~ bestreiten** defray the expenses; **die ~ für etw tragen** bear the costs of s.th.; **die ~ auf € 1000,- veranschlagen** estimate the cost at € 1,000; **jdm seine ~ zurückerstatten** refund someone's expenses; **das ist aber mit ~ verbunden** that involves costs, you know?; **keine ~ scheuen** spare no expense; **weder ~ noch Mühe scheuen** spare neither trouble nor expense; **auf seine ~ kommen** (*seine Kosten decken*) cover one's expenses; (*fig*) get one's money's worth

kosten[1] *vt, vi* ① (FIN) cost ② (*erfordern*) take; **koste es, was es wolle** cost what it may [*o* whatever the cost]; **was** [*o* **wie viel**] **kostet das?** what [*o* how much] does it cost?; **Zeit und Mühe ~** take time and trouble; **Höflichkeit kostet nichts** politeness doesn't cost anything

kosten[2] *vt, vi* (*probieren*) taste ((*von*) *etw* s.th.)

Kostenbeteiligung *f* sharing of costs; **kostendeckend** *adj* cost-effective; **Kostenersparnis** *f* cost saving; **Kostenfaktor** *m* cost factor; **Kostenfrage** *f* question of cost(s); **kostengünstig** *adj* cost-effective; **kostenlos** *adj, adv* free; **Kosten-Nutzen-Analyse** *f* (COM FIN) cost-benefit analysis; **kostenpflichtig** *adj:* **das ist ~** there is a charge (on it); **Kostenplanung** *f* cost planning; **Kostenrahmen** *m* budgeted costs *pl;* **Kostenrechnung** *f* cost accounting; **Kostenrückerstattung** *f* reimbursement of costs; **Kostenübernahme** *f* assumption of costs; **Kostenvoranschlag** *m* estimate; **Kostenwirksamkeit** *f* (COM) cost effectiveness

köstlich ['kœstlɪç] *adj* ① (*wohlschmeckend*) delicious; (*erlesen*) choice, exquisite ② (*amüsant*) priceless; **sich ~ amüsieren** have a marvellous time

Kostprobe *f* ① (*Geschmacksprobe*) taste ② (*fig*) sample

kostspielig *adj* costly, expensive

Kostüm [kɔs'tyːm] <-s, -e> *nt* (*Damen~*) suit; (*Masken~*) fancy dress; **Kostümfest** *nt* fancy dress ball; **kostümieren** *vt, vr* dress up (*als* as); **Kostümprobe** *f* (THEAT) dress rehearsal

Kostumstellung *f* change of diet

Kostverächter *m:* **kein ~ sein** (*hum*) be a ladies' man

Kot [koːt] <-(e)s> *m* faeces *pl,* excrements *pl*

Kotelett [kot(ə)'lɛt/'kɔtlɛt] <-(-e)s, -s/ (e)> *nt* chop

Koteletten *fpl* sideburns, sidewhiskers

Köter ['køːtɐ] <-s, -> *m* (*pej*) cur

Kotflügel *m* (AUTO) wing *Br,* fender *Am*

Kotzbrocken *m* (*sl: Schimpfwort*) son of a bitch

Kotze ['kɔtsə] <-> *f* (*sl*) puke; **kotzen** *vi* (*sl: sich erbrechen*) puke; **das ist ja zum Kotzen!** it really makes you sick!; **kotzübel** *adj* (*sl*): **mir ist ~** I feel like I could puke my guts up

Krabbe ['krabə] <-, -n> *f* ① (*Taschenkrebs*) crab ② (*Garnele*) shrimp

krabbeln ['krabəln] *sein vi* crawl

Krach [krax] <-(e)s> *m* ① (*Lärm*) din, noise; (*Schlag*) bang, crash ② (*fam: Streit*) quarrel, row; (*Krawall, Aufruhr*) racket; **~ machen** make a noise [*o* racket]; **wegen einer Sache ~ schlagen** (*fam*) kick up a fuss about s.th.; **mit jdm ~ kriegen** have a row with s.o.; **sie haben ~** they're not on speaking terms; **mit Ach und ~** (*fam*) by the skin of one's teeth

krachen *vi* ① (*Schuss*) crack out; (*Holz*) creak ② (*fam: zusammenstoßen*) crash; (*aufplatzen*) rip; **..., sonst kracht's!** (*fam*) ... or there'll be trouble!; **auf dieser Kreuzung hat es schon wieder gekracht** (*fam*) there was another crash on this crossing; **Kracher** *m* (*fam: Feuerwerkskörper*) banger *Br,* fire-cracker *Am*

krächzen ['krɛçtsən] *vi* croak

Kraft [kraft, *pl:* 'krɛftə] <-, Kräfte> *f* ① (*Körper~*) strength ② (*bewirkende, treibende ~*) force, power ③ (*Arbeits~*) employee, worker ④ (JUR: *Gültigkeit*) force; **mit letzter ~** with one's last ounce of strength; **mit aller ~** with all one's strength; **aus eigener ~** by o.s.; **nach** (**besten**) **Kräften** to the best of one's ability; **mit frischer ~** with renewed strength; **seine ~** [*o* **Kräfte**] **an jdm** (**etw**) **messen** pit one's strength against s.o. (s.th.); **die ~ aufbringen zu ...** (**für etw**) find the strength to ... (for s.th.); **er war am Ende seiner Kräfte** he couldn't take any more; **es ging über seine Kräfte** it was too much for him; **wieder zu Kräften kommen** regain one's strength; **volle ~ voraus!** (MAR) full speed ahead!; **treibende ~** (*fig*) driving force; **Gleichgewicht der Kräfte** (POL) balance of power; **in ~ treten** (**sein**) (JUR) come into (be in) force; **außer ~ treten** (**sein**) (JUR) cease (have ceased) to be in force; (**zeitweilig**) **außer ~ setzen** (JUR) annul (suspend)

kraft *präp* by virtue of, on the strength of; ~

meines Amtes (meiner Befugnisse) by virtue of my office [o authority]

Kraftakt *m* ❶ strong-man act ❷ (*fig*) show of strength; **Kraftaufwand** *m* effort; **Kraftausdruck** *m* swearword; **Kraftausdrücke** strong language *sing*

Kräftespiel *nt* power play; **Kräfteverfall** *m* loss of strength

Kraftfahrer(in) *m(f)* (AUTO: *a. als Berufsbezeichnung*) driver

Kraftfahrzeug *nt* motor vehicle; **Kraftfahrzeugbrief** *m* (vehicle) registration document [*o* book]; **Kraftfahrzeugkennzeichen** *nt* vehicle registration; **Kraftfahrzeugsteuer** *f* motor vehicle tax; **Kraftfahrzeugversicherung** *f* car insurance

Kraftfeld *nt* (PHYS) force field

Kraftfutter *nt* concentrated feed

kräftig ['krɛftɪç] **I.** *adj* ❶ (*stark*) strong ❷ (*kraftvoll*) powerful; (*Händedruck*) firm ❸ (*nahrhaft*) nourishing **II.** *adv* ❶ (*stark*) strongly ❷ (*als Verstärkung: viel, stark, sehr*) really; ~ **regnen** rain heavily; ~ **schütteln** shake vigorously; **die Preise sind aber ~ gestiegen** prices have really gone up

kräftigen ['krɛftɪgən] *vt* invigorate

kraftlos *adj* (*schwach*) feeble, weak

Kraftprobe *f* (*a. fig*) trial of strength; **Kraftrad** *nt* (AUTO) motor-cycle; **Kraftreserve** *f* power reserve; **Kraftstoff** *m* fuel; **Kraftstoffgemisch** *nt* fuel mixture; **kraftstrotzend** *adj* vigorous; **Krafttraining** *nt* (SPORT) strength training; **Kraftübertragung** *f* (TECH) power transmission

kraftvoll *adj* powerful; (*tatkräftig*) energetic

Kraftwagen *m* motor car

Kraftwerk *nt* (ELEK) power station; **Kraftwerksbetreiber** <-s, -> *m* power-station operator

Kraft-Wärme-Kopplung *f* co-generation

Kragen ['kra:gən] <-s, Krägen> *m* collar; **jdn beim ~ packen** grab s.o. by the collar; **sie riskiert ihren ~** (*fam*) she's risking her neck; **es geht um Kopf und ~!** (*fam*) all is at stake!; **das kann ihn den ~ kosten** that could be his downfall; **jetzt platzt mir aber der ~!** (*fam*) that's the real last straw!; **schließlich platzte ihr der ~** (*fam*) at last she blew her top; **jetzt endlich geht's ihm an den ~** (*fam*) now at last he's in for it; **Kragenknopf** *m* collar stud *Br*, collar button *Am;* **Kragenweite** *f* collar size; **das ist nicht meine ~** (*fam*) that's not my cup of tea; **das ist genau meine ~!** (*fam*) that's right up my street!; **dieser Job ist eine ~ zu groß für mich** (*fam*) this job's too much for me to handle

Krähe ['krɛ:ə] <-, -n> *f* crow; **krähen** *vi* crow

Krähenfüße *mpl* ❶ (*Falten um die Augenwinkel*) crow's-feet *pl* ❷ (*fam: krakelige Schrift*) scrawl *sing*

Krake ['kra:kə] <-, -n> *f* octopus

krakeelen [kra'ke:lən] <ohne ge-> *vi* (*fam pej*) kick up a racket [*o* row]

Krakel ['kra:kl] <-s, -> *m* (*fam*) scrawl

Kralle ['kralə] <-, -n> *f* ❶ claw; (*Raubvogel~*) talon ❷ (*sl: Hand*) paw; **jdm die ~n zeigen** show s.o. one's claws

krallen *vt* ❶ **die Finger in etw ~** claw at, clutch s.th. ❷ (*sl: klauen*) pinch

Kram [kra:m] <-s> *m* (*fam*) ❶ (*Zeug*) stuff; (*Plunder*) junk ❷ (*Sache, Angelegenheit*) business; **das passt mir überhaupt nicht in den ~** (*fam*) that's a bloody nuisance, really; **den ganzen ~ hinschmeißen** (*fam*) chuck the whole business; **mach doch deinen ~ selber!** (*fam*) why don't you do that yourself?; **er kennt seinen ~** he knows what's what, he knows his onions *Br;* **kramen I.** *vi* (*fam*) rummage about (*in* in, *nach* for) **II.** *vt:* **etw aus etw ~** fish s.th. out of s.th.

Krämer ['krɛ:mɐ] <-s, -> *m* grocer; **Krämerseele** *f* (*pej*) petty-minded man [*o* woman]

Kramladen *m* (*fam pej*) tatty little shop

Krampen <-s, -> *m* (*österr*) pick

Krampf [krampf, *pl:* 'krɛmpfə] <-(e)s, Krämpfe> *m* ❶ cramp; (MED: *einzelner*) spasm; (*wiederholter*) convulsion ❷ (*fam: Getue*) palaver; (*Blödsinn*) nonsense; **Krampfader** *f* (ANAT) varicose vein; **krampfen** *vt* (*Finger, Hand*) clench (*um etw* around s.th.); **krampfhaft** *adj* ❶ (*krampfartig*) convulsive ❷ (*fam: verzweifelt*) desperate, frantic; (*gezwungen, angestrengt*) forced

Kran [kra:n, *pl:* 'krɛ:nə] <-(e)s, Kräne> *m* crane; **Kranführer(in)** *m(f)* crane operator

Kranich ['kra:nɪç] <-s, -e> *m* crane

krank [kraŋk] *adj* ill, sick; (*Organ*) diseased; (*Zahn, Bein*) bad; (*fig: leidend*) ailing; ~ **werden** be taken sick, fall ill; **dieses Warten macht mich ganz ~** (*fam*) this waiting really drives me round the bend; **Kranke(r)** *f m* sick person; **die ~en** the ill, the sick

kränkeln ['krɛŋkəln] *vi* be sickly; (*a. fig: Wirtschaft*) be ailing

kranken ['kraŋkən] *vi* (*a. fig*) suffer (*an*

from)

kränken [krɛŋkən] *vt* hurt (*jdn* s.o., someone's feelings); **sie war tief gekränkt** she was deeply hurt; **jdn in seiner Ehre ~** offend someone's pride

Krankenakte *f* medical file; **Krankenbericht** *m* medical report; **Krankenbesuch** *m* ❶ (*Besuch bei jdm*) visit (to a sick person) ❷ (*Arztbesuch*) (sick) call; **Krankenbett** *nt* sick-bed; **Krankengeld** *nt* sickness benefit; (*von Firma*) sickpay; **Krankenhaus** *nt* hospital; **jdn in ein ~ einliefern** put s.o. in a hospital, hospitalize s.o.; **jdn in ein ~ aufnehmen** admit s.o. to a hospital; **Krankenkasse** *f* ❶ (*Krankenversicherung*) health insurance ❷ (*Versicherungsunternehmen*) health insurance company; **Krankenkost** *f* sick diet; **Krankenpflege** *f* nursing; **Krankenpfleger** *m* male nurse, orderly; **Krankenpflegerin** *f* nurse; **Krankenschwester** *f* nurse; **Krankenstand** *m* number of absentees due to illness; **Krankentransport** *m* ❶ (*Transport*) transportation of sick people ❷ (*Rettungsdienst*) ambulance service; **Krankenversicherung** *f* health insurance

i Land & Leute

In Germany, everybody who is gainfully employed and either not registered to a business or is self-employed must **krankenversichert sein** (have health insurance). The same is true for Austria, but in Switzerland, health insurance is voluntary. Nevertheless, over 95 % of Swiss do have health insurance.

Krankenwagen *m* ambulance; **Krankenzimmer** *nt* (*Zimmer mit Kranken*) sickroom; (*Krankenhauszimmer*) hospital room

krank|feiern *vi* (*fam*) be off sick

krankhaft *adj* ❶ (*a. fig*) morbid ❷ (*seelisch*) pathological

Krankheit *f* ❶ (*a. fig*) illness, sickness ❷ (*bestimmte*) disease; **ansteckende ~** contagious disease; **eine ~ durchmachen** suffer from an illness; **sich eine ~ zuziehen** contract a disease; **eine ~ vortäuschen** pretend to be ill; **diese Karre ist eine ~!** (*pej fam*) this crate's just a joke!; **krankheitserregend** *adj* pathogenic; **Krankheitserreger** *m* (MED) disease-causing agent, pathogene; **Krankheitskeim** *m* (MED) germ of a [*o* the] disease; **Krankheitsverlauf** *m* (MED) course of a [*o* the] disease

krank|lachen *vr* crease up (laughing)

kränklich ['krɛŋklɪç] *adj* in poor health, sickly

krank|melden *vr* report sick; (*telefonisch*) phone in sick

Krankmeldung *f* notification of illness (to one's employer)

krank|schreiben *irr vt* file a medical certificate; **er ist seit drei Wochen krankgeschrieben** he's been off sick for three weeks

Kränkung ['krɛŋkʊŋ] *f* insult, offence

Kranz [krants, *pl:* 'krɛntsə] <-es, Kränze> *m* ❶ wreath ❷ (*ringförmig Eingefasstes*) ring ❸ (*fig: Zyklus*) cycle

kränzen ['krɛntsən] *vt* adorn (with garlands)

krass [kras] *adj* ❶ (*auffallend*) glaring; (*Unterschied*) extreme ❷ (*unerhört*) blatant, crass ❸ (*unverblümt*) stark

Krater ['kra:tɐ] <-s, -> *m* crater

Kratten <-s, -> *m* (*CH: Korb*) basket

Kratzbürste *f* (*pej fam*) crosspatch

Krätze ['krɛtsə] <-> *f* (MED) scabies

kratzen ['kratsən] *vt* ❶ (*a. intransitiv*) scratch; (*ab~*) scrape (*von* off) ❷ (*fam: stören*) bother; **es kratzt mich im Hals** [*o* **mein Hals kratzt**] my throat feels rough; **das kratzt mich nicht** (*fam*) I don't give a damn (about that)

Kratzer *m* (*Schramme*) scratch; **kratzfest** *adj* mar-resistant; **kratzig** *adj* scratchy

kraulen[1] ['kraʊlən] *sein vi* (SPORT) do the crawl

kraulen[2] *haben vt* (*liebkosen*) fondle; **jdn am Kinn ~** chuck s.o. under the chin

kraus [kraʊs] *adj* ❶ crinkly; (*Haar*) frizzy; (*Stirn*) wrinkled ❷ (*konfus*) muddled; **die Stirn ~ ziehen** knit one's brow; (*missbilligend*) frown

kräuseln ['krɔɪzəln] **I.** *vt* (*Haar*) make frizzy; (*Wasseroberfläche*) ruffle; (*Lippen*) pucker **II.** *vr* (*Haare*) go frizzy; (*Wasser*) ripple; (*Rauch*) curl (up)

Krauskopf *m* ❶ (*Frisur*) frizzy hair ❷ (*wirrer Mensch*) curly-head

Kraut [kraʊt, *pl:* 'krɔɪtɐ] <-(e)s, Kräuter> *nt* ❶ (BOT) herb ❷ (*Kohlgemüse*) cabbage ❸ (*pej: Tabak*) tobacco; **ins ~ schießen** run to seed; (*fig*) run wild; **wie ~ und Rüben durcheinander** higgledy-piggledy; **dagegen ist kein ~ gewachsen** (*fam*) there is no remedy for that

Kräutertee *m* herb tea

Krautkopf *m* (*österr*) cabbage

Krawall [kra'val] <-s, -e> *m* ❶ (*Aufruhr*) riot ❷ (*Krach, Lärm*) racket; **~ machen**

K

(*fam: randalieren*) go on the rampage; ~ **schlagen** (*fam: sich beschweren*) kick up a fuss

Krawatte [kra'vatə] <-, -n> *f* (neck)tie; **Krawattennadel** *f* tie-pin

kraxeln ['kraksəln] *sein vi* (*fam*) clamber

kreativ [kreɑ'ti:f] *adj* creative; **Kreativchef(in)** *m(f)* (*Ideengeber*) creative director; **Kreativdirektor(in)** *m(f)* creative director; **Kreativität** *f* creativity; **Kreativurlaub** *m* creative holidays

Kreatur [krea'tu:ɐ] <-, -en> *f* creature

Krebs [kre:ps] <-es, -e> *m* ❶ (*Fluss~*) crayfish *Br*, crawfish *Am;* (*Taschen~*) crab ❷ (*Sternzeichen*) Cancer ❸ (MED) cancer; ~ **erregend** carcinogenic; **krebsartig** *adj* (MED) cancerous; **Krebsentstehung** *f* cancerogenesis; **Krebsforschung** *f* cancer research; **Krebsfrüherkennung** *f* early detection of cancer; **Krebsgeschwulst** *f* (MED) cancerous growth [*o* tumour]; **Krebsgeschwür** *nt* ❶ (MED) carcinoma ❷ (*fig*) cancer; **Krebsklinik** *f* cancer clinic; **krebskrank** *adj* suffering from cancer; **Krebsrisikofaktor** *m* cancer risk factor; **Krebsvorsorge(untersuchung)** *f* cancer check-up; **Krebszelle** *f* cancer cell

Kredit [kre'di:t] <-(e)s, -e> *m* ❶ (*Anleihe*) credit, loan ❷ (*fig: Ruf*) (good) repute [*o* standing]; **auf** ~ on credit; **einen** ~ **aufnehmen** raise a loan; **jdm** ~ **einräumen** grant s.o. a credit; ~ **haben** (FIN) enjoy credit; (*fig*) have standing; **Kreditgeber** *m* (COM FIN) creditor; **Kredithai** *m* (*pej*) loan shark; **kreditieren** *vt* (COM FIN): **jdm einen Betrag** ~ credit s.o. with an amount; **Kreditinstitut** *nt* financial institution; **Kreditkarte** *f* credit card; **Kreditlaufzeit** *f* credit period; **Kreditlinie** *f* (FIN) line of credit; **Kreditnehmer** *m* (COM FIN) borrower

Kreditor(in) *m(f)* (FIN) creditor

kreditwürdig *adj* (FIN) credit-worthy

Kreide ['kraɪdə] <-, -n> *f* ❶ (CHEM) chalk ❷ (GEOL: *Erdzeitalter*) Cretaceous (period); **bei jdm tief in der** ~ **stehen** (*fam*) be deep in debt to s.o.; **kreidebleich** *adj* (as) white as chalk; **Kreidefelsen** *m* chalk cliff; **kreideweiß** *adj* (as) white as chalk; **Kreidezeichnung** *f* chalk drawing

kreieren [kre'i:rən] *vt* create

Kreis [kraɪs] <-es, -e> *m* ❶ circle ❷ (*Sphäre, Wirkungs~*) sphere ❸ (*Stadt~, Land~*) district ❹ (ELEK: *Strom~*) circuit ❺ (*fig: Zirkel*) circle; **sich im ~(e) drehen** turn round in a circle; (*fig*) go round in circles *pl;* **einen** ~ **beschreiben** describe a circle; **in weiten ~en der Bevölkerung** in wide sections of the population; **weite ~e ziehen** (*fig*) have wide repercussions; **Kreisbahn** *f* (ASTR) orbit; **Kreisbewegung** *f* gyration; **Kreisbogen** *m* arc (of a circle); (ARCH) circular arch

kreischen ['kraɪʃən] *vi* shriek, screech

Kreisdiagramm *nt* pie chart

Kreisel ['kraɪzəl] <-s, -> *m* ❶ (*Spielzeug*) spinning top ❷ (TECH) gyroscope; **Kreiselpumpe** *f* centrifugal pump

kreisen *sein vi* ❶ (*um eine Achse, a. fig*) revolve (*um* around); (*Satellit*) orbit (*um etw* s.th.) ❷ (*Blut, a. fig*) circulate (*in* through); **die Arme** ~ **lassen** swing one's arms around

Kreisfläche *f* ❶ (*der Kreis*) circle ❷ (MATH: ~*ninhalt*) area of a [*o* the] circle; **kreisförmig** *adj* circular

Kreislauf *m* ❶ (*Blut~, Öl~, Geld~*) circulation ❷ (*Zyklus, ewiger ~ der Natur*) cycle; **Kreislaufstillstand** *m* circulatory collapse; **Kreislaufstörungen** *fpl* (MED) circulatory disorders

Kreissäge *f* circular saw

Kreißsaal *m* delivery room

Kreisstadt *f* district [*o* county] town *Br*

Kreisumfang *m* (MATH) circumference

Kreisverkehr *m* roundabout traffic *Br*, rotary traffic *Am;* **Kreisverkehrsplatz** *m* roundabout

Krematorium [krema'to:riʊm] *nt* crematorium *Br*, crematory *Am*

Kreml ['krɛml] <-(s)> *m* (POL) Kremlin

Krempe ['krɛmpə] <-, -n> *f* brim

Krempel ['krɛmpəl] <-s> *m* (*pej: Zeug*) stuff; (*Gerümpel*) junk; **ich werfe den ganzen** ~ **hin!** (*fig*) I'm really going to chuck the whole business in!

Kren [kre:n] <-(e)s> *m* (*österr*) horseradish

krepieren [kre'pi:rən] *sein vi* ❶ (*pej: eingehen*) die ❷ (*pej sl: sterben*) croak (it) ❸ (MIL: *Bombe*) explode

Krepp [krɛp] <-s, -s/-e> *m* crepe; **Krepppapier** *nt* crepe paper; **Kreppsohle** *f* crepe sole

Kresse ['krɛsə] <-, -n> *f* cress

Kreuz [krɔɪts] <-es, -e> *nt* ❶ (*a. fig*) cross ❷ (*Kartenfarbe*) clubs *pl;* (*einzelne ~karte*) club ❸ (ANAT) small of the back ❹ (MUS) sharp; **das** ~ **schlagen** (*sich bekreuzigen*) cross o.s.; **jdn ans** ~ **schlagen** nail s.o. to the cross; **aufs** ~ **fallen** (*hinfallen*) fall on one's back; (*fam*) fall through the floor; **jdn aufs** ~ **legen** (*fam*) take s.o. for a ride; **zu ~e kriechen** eat humble pie; **es ist ein** ~ **mit ihr** (*fam*) she's a real plague; **sein** ~ **auf sich neh-**

men take up one's cross; **ich hab's im ~** (*fam*) I have back trouble

kreuz *adv:* ~ **und quer** (**durcheinander**) all over (the place)

kreuzen **I.** *vt, vr haben* (BIOL) cross; **die Klingen mit jdm ~** (*a. fig*) cross swords with s.o.; **werden sich unsere Wege jemals wieder ~?** will our ways ever cross again? **II.** *vi sein* (MAR) cruise

Kreuzer *m* (MAR MIL) cruiser

Kreuzfahrt *f* ① (HIST: *Kreuzzug*) crusade ② (MAR) cruise; **eine ~ machen** (MAR) go on a cruise; **Kreuzfeuer** *nt* (MIL: *a. fig*) crossfire; **im ~ stehen** (*fig*) be caught in the crossfire; **kreuzfidel** *adj* (*fam*) as merry as a cricket; **Kreuzgang** *m* (ARCH) cloister

kreuzigen ['krɔɪtsɪgən] *vt* crucify; **Kreuzigung** *f* crucifixion

Kreuzotter *f* (*giftige Viper*) adder; **Kreuzschlitzschraube** *f* (TECH) recessed head screw; **Kreuzschlitzschraubenzieher** *m* (TECH) Phillips screwdriver®; **Kreuzschlüssel** *m* (AUTO) wheel brace; **Kreuzschmerzen** *mpl* backache *sing;* **Kreuzspinne** *f* cross [*o* garden] spider

Kreuzung *f* ① (*Straßen~*) crossroads *Br,* intersection *Am* ② (BIOL: *Vorgang*) cross-breeding; (*Ergebnis*) cross-breed, hybrid

Kreuzverhör *nt* cross-examination; **jdn ins ~ nehmen** cross-examine s.o.; **Kreuzweg** *m* ① (*Leidensweg Christi*) way of the cross ② (*Wegkreuzung, a. fig*) crossroads *pl*

kreuzweise *adv* crosswise; **du kannst mich ~!** (*sl*) get stuffed!

Kreuzworträtsel *nt* crossword puzzle

Kreuzzug *m* (*a. fig*) crusade

kribbeln ['krɪbəln] *vi* tingle

kriechen [kri:çən] *irr vi* ① creep, crawl ② (*unterwürfig sein*) grovel (*vor* before); **Kriecher(in)** *m(f)* (*pej*) groveller; **Kriechspur** *f* (AUTO: *fam*) slow [*o* crawler] lane; **Kriechtempo** *nt* (AUTO: *fam*): **im ~** at a snail's pace

Krieg [kri:k] <-(e)s, -e> *m* war; **im ~** (*im Gegensatz zum Frieden*) in war; (*als Soldat*) away in the war; **im ~ sein mit ...** be at war with ...; **~ anfangen mit ...** start a war with ...; **~ führen mit ...** wage war (on); **~ führend** belligerent

kriegen ['kri:gən] *vt* (*fam: bekommen*) get

Krieger ['kri:gɐ] <-s, -> *m* warrior; **Kriegerdenkmal** <-s, -mäler> *nt* war memorial

kriegerisch *adj* warlike; **~e Auseinandersetzung** military conflict

Kriegerwitwe *f* war-widow

Kriegführung *f* warfare

Kriegsausbruch *m* outbreak of war; **Kriegsbeil** *nt* tomahawk; **das ~ begraben** bury the hatchet; **Kriegsberichterstatter(in)** *m(f)* war correspondent; **kriegsbeschädigt** *adj* war-disabled; **Kriegsdienstverweigerer** *m* conscientious objector; **Kriegserklärung** *f* declaration of war; **Kriegsfall** *m* war

Kriegsfuß *m* (*fam*): **mit jdm auf ~ stehen** be at loggerheads with s.o.; **mit der deutschen Sprache auf ~ stehen** find the German language rather heavy going

Kriegsgefangene(r) *m* prisoner of war; **Kriegsgefangenschaft** *f* captivity; **in ~ sein** be a prisoner of war; **Kriegsgericht** *nt* court-martial; **vor das ~ kommen** be tried by court-martial; **jdn wegen etw vors ~ stellen** court-martial s.o. for s.th.; **Kriegshafen** *m* naval port; **Kriegskamerad** *m* fellow soldier; **Kriegslist** *f* stratagem; **Kriegsmarine** *f* navy; **Kriegspfad** *m* war-path; **Kriegsrecht** *nt* (MIL) martial law; **Kriegsschauplatz** *m* theatre of war *Br,* theater of war *Am;* **Kriegsschiff** *nt* warship; **Kriegsspielzeug** *nt* war toy(s); **Kriegsteilnehmer** *m* combatant; (*nach Kriegsende*) ex-serviceman *Br,* veteran *Am;* **kriegstraumatisiert** *adj* traumatized by war; **Kriegstreiber** *m* (*pej*) warmonger; **Kriegsverbrecher** *m* war criminal; **kriegsversehrt** *adj* war-disabled; **Kriegszustand** *m* state of war; **im ~** at war

Krimi ['krɪmi] <-s, -s> *m* (*fam*) thriller

Kriminalbeamte -beamtin [krɪmi'na:l-] *m, f* detective; **Kriminalität** *f* ① (*Verbrechertum*) crime ② (*~srate*) crime rate; **Kriminalpolizei** *f* criminal investigation department *Br,* detective force *Am;* **Kriminalroman** *m* (crime) thriller, detective novel; **kriminell** *adj* criminal; **Kriminelle(r)** *f m* criminal

Krimskrams ['krɪmskrams] <-(es)> *m* (*fam: Zeug*) odds and ends *pl*

Kringel ['krɪŋl] <-s, -> *m* (*fam*) squiggle

Kripo ['kri:po] <-> *f Abk. von* **Kriminalpolizei** CID, Criminal Investigation Department

Krippe ['krɪpə] <-, -n> *f* ① (*Weihnachts~*) crib; (*biblisch: im NT*) manger ② (*Futter~*) haybox, rack ③ (*Kinder~*) creche

Krippentod *m* (MED) cot death

Krise ['kri:zə] <-, -n> *f* crisis; **kriseln** ['kri:zəln] *vi* (*fam*): **es kriselt** there is a crisis looming

krisenanfällig *adj* crisis-prone; **krisenfest** *adj* crisis-proof; **Krisenherd** *m* flashpoint, trouble spot; **Krisenhilfe** *f* crisis [*o* emergency] relief; **Krisenmanagement** *nt* (COM POL) crisis management; **Krisenstab** *m* action committee; **Krisenzeit** *f* time of crisis

Kristall [krɪs'tal] *m* crystal; **kristallen** *adj* crystal; **Kristallglas** *nt* crystal glass; **kristallin(isch)** [krɪ sta'li:n(ɪʃ)] *adj* crystalline; **kristallisieren** *vi, vr* (*a. fig*) crystallize; **Kristallwaren** *pl* crystalware; **Kristallzucker** *m* refined sugar in crystals

Kriterium *nt* criterion; (*Radsport*) circuit race

Kritik [kri'ti:k] *f* ① criticism ② (*Besprechung, Rezension*) review ③ (*die ~er*) critics *pl* ④ (PHILOS: *kritische Analyse*) critique; **unter aller ~** (*fam*) beneath contempt; **Kritiker(in)** *m(f)* critic; **kritiklos** *adj* uncritical; **kritisch** *adj* critical; **etw ~ prüfen** scan s.th.; **dann wird es kritisch!** it could be critical!

kritisieren *vt, vi* criticize; **du hast aber auch an allem etw zu ~** you really always have s.th. to criticize

kritteln ['krɪtəln] *vi* (*pej*) find fault (*an* with)

Kritzelei [krɪtsə'laɪ] *f* (*pej*) scribble; (*an Wänden*) graffiti; **kritzeln** *vt, vi* scribble

Krokant [kro'kant] <-s> *nt* cracknel

Krokette [kro'kɛtə] <-, -n> *f* croquette

Krokodil [kroko'di:l] <-s, -e> *nt* crocodile; **Krokodilstränen** *fpl* (*pej*) crocodile tears; **Krokoleder** *nt* (*fam*) crocodile skin [*o* leather]

Krokus [kro:kʊs] <-, -se> *m* crocus

Krone ['kro:nə] <-, -n> *f* ① (*Königs~*) crown ② (*Zahn~*) cap, crown ③ (*Baum~*) top ④ (*Währungseinheit*) crown; (*in Schweden*) krona; **das setzt doch wirklich allem die ~ auf!** that really beats everything!; **einen in der ~ haben** (*fam*) have had a drop too much; **die ~ der Schöpfung** the pride of creation

krönen ['krø:nən] *vt* (*a. fig*) crown (*jdn zum König* s.o. king); **seine Bemühungen waren von Erfolg gekrönt** his efforts were crowned with success

Kronkorken *m* crown cork; **Kronleuchter** *m* chandelier

Kronprinz *m* crown prince; (*im Vereinigten Königreich*) Prince of Wales; **Kronprinzessin** *f* crown princess; (*im Vereinigten Königreich*) Princess Royal

Krönung ['krønʊŋ] *f* ① (*Königs~*) coronation ② (*fig: Kulmination*) culmination

Kronzeuge *m* (JUR): **als ~ auftreten** turn Queen's/State's evidence *Br/Am*

Kropf [krɔpf, *pl:* 'krœpfə] <-(e)s, Kröpfe> *m* ① (*bei Taube*) crop ② (MED) goitre; **Kropfband** *nt* choker

Kröte ['krø:tə] <-, -n> *f* ① (*froschähnliches Tier*) toad ② (*sl: Geld*): **~n** dough ③ (*fam: kleines Kind*): **freche ~!** cheeky minx!

Krücke ['krʏkə] <-, -n> *f* ① (*Gehhilfe*) crutch ② (*fig*) prop ③ (*sl: Flasche, Versager*) dead loss

Krug [kru:k, *pl:* 'kry:gə] <-(e)s, Krüge> *m* jug; (*Bier~*) mug

Krume ['kru:mə] <-, -n> *f* ① (*Brot~*) crumb ② (*Acker~*) soil

Krümel ['kry:məl] <-s, -> *m* crumb; **krümelig** *adj* crumbly; **krümeln** *vt, vi* crumble; (*beim Essen*) make crumbs

krumm [krʊm] *adj* ① crooked; (*verbogen*) bent; (*Rücken*) hunched ② (*fam: nicht ganz legal*) crooked; **~e Wege** (*fam*) crooked ways; **~e Nase** hooked nose; **keinen Finger (für jdn) ~ machen** (*fam*) not lift a finger (for s.o.); **auf die ~e Tour** (*fam*) by dishonest means; **etw auf die ~e Tour versuchen** (*fam*) try to fiddle s.th.; **(jdm) etw ~ nehmen** (*fam*) take s.th. amiss; **krummbeinig** *adj* bandy-legged

krümmen ['krʏmən] **I.** *vt* bend **II.** *vr* ① (*Straße, Fluss*) wind ② (*Wurm*) writhe; **sich vor Schmerzen ~** writhe with pain

Krümmung ['krʏmʊŋ] *f* (*Biegung*) bend, turn; (MED: *von Rückgrat*) curvature

Kruppe ['krʊpə] <-, -n> *f* (*Kreuz des Pferdes*) croup, crupper

Krüppel ['krʏpəl] <-s, -> *m* (*a. fig*) cripple; **jdn zum ~ machen** cripple s.o.; **krüppelig** *adj* ① (MED: *verkrüppelt*) crippled ② (*missgestaltet: Baum*) deformed

Kruste ['krʊstə] <-, -n> *f* crust; (MED) scurf; (*Braten~*) crackling

Krustentier *nt* crustacean

Kruzifix [krutsi'fɪks] <-es, -e> *nt* crucifix

Krypta ['krʏpta] <-, -ten> *f* crypt

kryptisch ['krʏptɪʃ] *adj* cryptic(al)

Kryptochip ['krʏptotʃɪp] *m* (*Sicherheitschip*) cryptochip

Kuba ['ku:ba] *nt* Cuba; **Kubaner(in)** [ku'ba:nɐ] *m(f)* Cuban; **kubanisch** *adj* Cuban

Kübel ['ky:bəl] <-s, -> *m* (*Eimer*) bucket, pail; **es gießt wie aus ~n** it's really bucketing down

Kubikmeter *m* cubic metre; **Kubikwurzel** [ku'bi:k-] *f* (MATH) cube root; **Kubikzahl** *f* (MATH) cube number; **Kubikzentimeter** *m* cubic centrimetre *Br,* cubic centimeter *Am*

Küche ['kʏçə] <-, -n> *f* ① (*Raum*) kitchen ② (*Kochkunst*) cooking, cuisine ③ (*fig: Essen, Speisen*) dishes, meals *pl*

Kuchen ['ku:xən] <-s, -> *m* cake

Küchenabfälle *mpl* kitchen slops *pl*
Kuchenblech *nt* baking tin
Küchenchef(in) *m(f)* chef
Kuchenform *f* cake tin
Küchenherd *m* kitchen range; **Küchenmaschine** *f* food processor; (*Mixer*) mixer; **Küchenschabe** *f* cockroach; **Küchenschrank** *m* (kitchen) cupboard
Kuchenteig *m* cake mixture
Küchentuch *nt* kitchen towel
Kuckuck ['kʊkʊk] <-s, -e> *m* ① (*Vogel*) cuckoo ② (*fam: Pfandsiegel*) bailiff's seal; **zum ~ noch mal!** hell's bells!; **hol's der ~!** botheration!; **weiß der ~!** heaven knows!; **Kuckucksuhr** *f* cuckoo clock
Kuddelmuddel ['kʊdlmʊdl] <-s> *nt* (*fam*) muddle, mess
Kufe ['ku:fə] <-, -n> *f* (*Schlitten~*) runner; (AVIAT) skid
Kugel ['ku:gəl] <-, -n> *f* ① (*Form*) ball ② (MATH) sphere ③ (*Geschoss*) bullet; **eine ruhige ~ schieben** (*faulenzen*) swing the lead; **Kugelblitz** *m* ball-lightning; **Kugelfang** *m* butt; **kugelförmig** *adj* spherical; **Kugelkopf** *m* golf ball; **Kugelkopfschreibmaschine** *f* golf-ball typewriter; **Kugellager** *nt* ball bearing; **kugeln** ['ku:gəln] *vt, vi, vr* roll; **ich könnte mich kugeln!** (*fam*) it's killingly funny!; **es war zum Kugeln!** (*fam*) I nearly split with laughing!; **kugelrund** *adj* ① as round as a ball ② (*fam: fett*) barrel-shaped; **Kugelschreiber** *m* ballpoint pen; **kugelsicher** *adj* bullet-proof; **Kugelstoßen** *nt* (SPORT) putting the shot
Kuh [ku:, *pl:* ky:ə] <-, Kühe> *f* cow; **blinde ~** blind-man's-buff; **heilige ~** (*a. fig*) sacred cow; **Kuhhandel** *m* (*fam*) horse-trading; **Kuhhaut** *f* cow-hide; **das geht auf keine ~!** (*fam*) that's absolutely staggering!; **Kuhhirte** *m* cowherd
kühl [ky:l] *adj* ① chilly, cool ② cool; (*abweisend*) cold; **mir wird etw ~** I'm getting rather chilly; **abends wird es ~** in the evening it gets chilly; **Kühlanlage** *f* cooling [*o* refrigerating] plant; **Kühlbecken** *nt* (*für Brennelemente*) cooling pond; **Kühlbox** *f* cold box, cooler; **Kühle** ['ky:lə] <-> *f* (*a. fig*) coolness; (*Abweisung*) coldness
kühlen *vt, vi* cool; (TECH) refrigerate
Kühler *m* (AUTO) ① radiator ② (*fam: ~haube*) bonnet *Br,* hood *Am;* **Kühlergrill** *m* (AUTO) radiator grille; **Kühlerhaube** *f* (AUTO) bonnet *Br,* hood *Am*
Kühlgebläse *nt* cooling air fan; **Kühlhaus** *nt* cold-storage depot; **Kühlmantel** *m* (TECH) cooling jacket; **Kühlraum** *m* cold-storage room; **Kühlschlange** *f* (TECH) refrigerating coil; **Kühlschrank** *m* refrigerator, fridge *Br,* icebox *Am;* **Kühltruhe** *f* freezer cabinet; **Kühlturm** *m* cooling tower; **Kühlung** *f* ① (*das Kühlen*) cooling ② (*Kühle*) coolness; **Kühlwagen** *m* ① (RAIL) refrigerator waggon *Br,* refrigerator car *Am* ② (AUTO: *Lastwagen*) refrigerator truck; **Kühlwasser** *nt* cooling water
Kuhmilch *f* cow's milk
kühn [ky:n] *adj* (*a. fig*) bold; **die Vorstellung übertraf meine ~sten Erwartungen** the performance surpassed my wildest hopes [*o* dreams]; **Kühnheit** *f* boldness
Kuhstall *m* byre, cowshed
Küken ['ky:kn] <-s, -> *nt* chicken
kulant *adj* obliging
Kuli ['ku:li] <-s, -s> *m* ① (*Lastträger*) coolie ② (*fam: Kugelschreiber*) ballpoint
kulinarisch [kuli'na:rɪʃ] *adj* culinary
Kulisse [ku'lɪsə] <-, -n> *f* ① (THEAT: *a. Landschafts~*) scenery ② (*fig: Hintergrund*) background; **was geht hinter den ~n vor?** what's going on backstage?; **einen Blick hinter die ~n tun** (*fig*) have a glimpse behind the scenes
kullern ['kʊlɐn] *vi* (*fam*) roll
Kult [kʊlt] <-(e)s, -e> *m* cult; (*Verehrung*) worship; **Kultfigur** *f* cult figure; **Kultfilm** *m* cult film
kultig ['kʊltɪç] *adj* (*sl: modern*) hip
kultivieren [kʊlti'vi:rən] *vt* (*a. fig*) cultivate; **kultiviert** *adj* (*a. fig*) cultivated; (*verfeinert, anspruchsvoll*) sophisticated; **eine ~e Unterhaltung** a refined conversation
Kultstätte *f* place of worship
Kultstatus *m* cult status
Kultur [kʊl'tu:ɐ] <-, -en> *f* ① (*Geistesleben*) culture ② (*Lebensform*) civilization ③ (*Bakterien~, Pilz~, Bienen~*) culture; **Kulturaustausch** *m* cultural exchange; **Kulturbanause** *m* (*pej*) philistine; **Kulturbeutel** *m* toilet bag, sponge bag *Br;* **kulturell** [kʊltu'rɛl] *adj* cultural; **Kulturfilm** *m* documentary film; **Kulturgeschichte** *f* history of civilisation; **Kulturlandschaft** *f* ① (*bebautes Land*) agricultural landscape ② (*fig*) cultural landscape; **Kulturnation** *f* cultural nation; **Kulturpolitik** *f* politics of culture; **Kulturreferent(in)** *m(f) convenor responsible for cultural affairs in a community;* **Kulturstufe** *f* stage of civilisation; **Kulturvolk** *nt* civilized nation [*o* people]; **Kulturzentrum** *nt* ① (*kultureller Mittelpunkt*) cultural centre/center *Br/Am* ② (*Institution, Anlage*) arts centre
Kultusministerium ['kʊltʊs-] *nt* ministry of education and the arts

Kümmel ['kʏməl] <-s, -> *m* ❶ (*Gewürz*) caraway ❷ (*fam: ~branntwein*) kümmel
Kummer ['kʊmɐ] <-s> *m* (*Betrübtheit*) grief, sorrow; (*Ärger*) trouble, worry; **jdm ~ bereiten** cause s.o. worry; **wir sind ~ gewöhnt** (*fam*) it happens all the time
kümmerlich ['kʏmɐlɪç] *adj* ❶ (*karg, armselig*) miserable, wretched; (*spärlich, kläglich*) scanty ❷ (*schwächlich, mickrig*) puny
kümmern **I.** *vt* (*betreffen*) concern; **was kümmert mich das?** what's that to me? what do I care about that? **II.** *vr* ❶ (*sorgen*): **sich um jdn (etw) ~** look after s.o. (s.th.), take care of s.o. (s.th.) ❷ (*sich befassen*) mind (*um etw* s.th.); **~ Sie sich darum, dass ...** see to it that ...; **~ Sie sich nicht um ...** don't worry about ...; **~ Sie sich um Ihre eigenen Angelegenheiten!** mind your own business!; **ich muss mich um ein Geschenk für sie ~** I have to see about a present for her
kummervoll *adj* sorrowful
Kumpan [kʊm'pa:n] <-s, -e> *m* (*fam*) pal; (*pej*) accomplice
Kumpel ['kʊmpəl] <-s, -(s)> *m* ❶ (MIN) pitman ❷ (*fam: Freund, Arbeitskollege*) mate *Br*, pal, buddy *Am*
kündbar ['kʏntba:ɐ] *adj* (*Vertrag*) terminable; (*Anleihe*) redeemable
Kunde, -din ['kʊndə] <-n, -n> *m, f* customer; (*für Dienstleistung*) client
Kunde <-> *f* (*geh: Nachricht*) news *pl;* **von etw ~ ablegen** bear witness to s.th.
Kundendienst *m* ❶ (*Service*) after-sales service ❷ (*~abteilung*) service department; **Kundendienstscheckheft** *nt* service coupon book; **Kundenkarte** *f* customer (loyalty) card; **Kundenkreis** *m* clientele; **Kundennummer** *f* customer number; **Kundenstamm** *m* (*Kundenschaft*) clientele; (*Stammkundschaft*) regular customers *pl;* **Kundenstock** *m* (*österr*) customers
kund|geben *irr vt* ❶ (*bekannt machen*) make known ❷ (*zum Ausdruck bringen*) express; **Kundgebung** *f* ❶ (POL) rally ❷ (*Erklärung*) declaration
kundig *adj* (*informiert*) well-informed; (*erfahren, sach~*) expert; **sich über etw ~ machen** inform oneself about s.th.
kündigen ['kʏndɪgən] **I.** *vt* ❶ (*Arbeit*) hand in one's notice for ❷ (*Vertrag*) terminate; (*Mitgliedschaft, Kredite*) cancel **II.** *vi* ❶ (*vom Arbeitnehmer, Mieter aus*) give in one's notice ❷ (*vom Arbeitgeber aus*) give (s.o. his/her) notice (*zum 1. Juli* for July 1st, as of July 1st); (*vom Vermieter aus*) give (s.o.) notice to quit ❸ (*bei Mitgliedschaft*) cancel one's membership
Kündigung *f* ❶ (*von Stellung, Wohnung*) notice ❷ (*von Vertrag, Mitgliedschaft*) cancellation; **mit monatlicher ~** with a month's notice; **Kündigungsfrist** *f* period of notice; **Kündigungsschutz** *m* protection against unlawful dismissal
Kundschaft *f* customers *pl;* (*von Dienstleistungsbetrieb*) clients *pl*
kundschaften ['---] *vt* (MIL) reconnoitre; **Kundschafter** *m* (MIL) scout
künftig ['kʏnftɪç] **I.** *adj* future **II.** *adv* in future
Kunst [kʊnst, *pl:* 'kʏnstə] <-, Künste> *f* ❶ (*Malerei, Bildhauerei*) art ❷ (*Geschicklichkeit*) skill; **die bildenden Künste** the plastic arts *pl;* **die schönen Künste** the fine arts *pl;* **das ist keine ~!** (*fig*) it doesn't take much!; **die ~ besteht darin zu ...** the knack is in ... -ing ...; **ärztliche ~** medical skill; **das ist eine brotlose ~** (*fam*) there's no money in that; **was macht die ~?** (*fam: wie steht's?*) how are things?; **Kunstakademie** *f* academy of art; **Kunstausstellung** *f* art exhibition
Kunstdünger *m* artificial fertilizer
Kunsterziehung *f* (*Schulfach*) art
Kunstfaser *f* synthetic fibre
kunstfertig *adj* skillful; **Kunstfertigkeit** *f* skill; **Kunstgegenstand** *m* object of art; **kunstgerecht** *adj* proficient; **Kunstgeschichte** *f* history of art; **Kunstgewerbe** *nt* arts and crafts *pl*
Kunstgriff *m* trick
Kunsthändler(in) *m(f)* art dealer; **Kunsthandlung** *f* fine-art repository; **Kunsthandwerk** *nt* arts and crafts *pl;* **Kunsthandwerksarbeiten** *pl* hobbycraft *sing*
Kunstharz *m* (CHEM) artificial resin
Kunstherz *nt* artificial heart
Kunstkenner(in) *m(f)* connoisseur; **Kunstkritiker(in)** *m(f)* art-critic
Kunstleder *nt* artificial [*o* imitation] leather
Künstler(in) ['kʏnstlɐ] <-s, -> *m(f)* ❶ artist ❷ (*fig: Könner*) genius (*in* at); **künstlerisch** ['kʏnstlərɪʃ] *adj* artistic; **Künstlername** *m* (*von Schauspieler*) stage name; (*von Schriftsteller*) pen name
künstlich *adj* artificial; (*synthetisch*) synthetic; (*Haar, Zähne*) false; **jdn ~ ernähren** feed s.o. artificially; **sich ~ aufregen** (*fam*) get all worked up about nothing; **~e Intelligenz** (INFORM) artificial intelligence, AI
Kunstliebhaber(in) *m(f)* art lover; **kunstlos** *adj* unsophisticated; **Kunstmaler(in)** *m(f)* painter; **Kunstpause** *f* (*spannungs-*

steigernde Pause) pause for effect; (*iro: Steckenbleiben im Text*) awkward pause; **Kunstreiter(in)** *m(f)* trick rider; **Kunstsammlung** *f* art collection

Kunstseide *f* artificial silk; **Kunststoff** *m* synthetic material, synthetics *pl;* **kunststoffbeschichtet** *adj* synthetic-coated; **Kunststoffkarosserie** *f* (AUTO) fibre/fiber glass body *Br/Am;* **Kunststoffmüll** *m* plastic waste

Kunststück *nt* stunt, trick; **~!** (*iro: kein Wunder*) small wonder!; **Kunstturnen** *nt* gymnastics *sing*

Kunstwerk *nt* work of art

kunterbunt ['kʊntɐ'bʊnt] *adj* motley; (*vielfarbig*) many-coloured; (*abwechslungsreich*) varied

Kupfer ['kʊpfɐ] <-s> *nt* copper; **Kupferdraht** *m* copper wire; **Kupferschmied(in)** *m(f)* coppersmith; **Kupferstich** *m* ❶ (*das Kupferstechen*) copper engraving ❷ (*~ Karte*) copperplate

Kuppe ['kʊpə] <-, -n> *f* ❶ (*Berg~*) rounded hilltop ❷ (*Finger~*) tip

Kuppel ['kʊpəl] <-, -n> *f* cupola, dome

Kuppelei *f* (JUR) procuring

kuppeln ['kʊpəln] **I.** *vi* (AUTO) operate the clutch **II.** *vt* (TECH: *verbinden*) couple, join

Kuppler(in) *m(f)* matchmaker; (JUR) procurer

Kupplung *f* ❶ (TECH: *Wellen~, a. das Koppeln*) coupling ❷ (AUTO) clutch; **die ~ treten** disengage the clutch; **die ~ kommen lassen** let the clutch in

Kur [kuːɐ] <-, -en> *f* (MED) cure; **in ~ gehen** go to a health resort [*o* spa]

Kür [kyːɐ] <-, -en> *f* (*Eiskunstlauf*) free skating

Kuratorium [kura'toːriʊm] <-s, -rien> *nt* ❶ (*Gremium*) board of trustees ❷ (*Komitee, Vereinigung*) comittee

Kurbel [kʊrbəl] <-, -n> *f* (TECH) crank; **Kurbelgehäuse** *nt* (AUTO) crankcase; **kurbeln** *vt, vi* turn, wind; **Kurbelwelle** *f* (AUTO) crankshaft

Kürbis ['kyrbɪs] <-ses, -se> *m* ❶ (*Frucht*) pumpkin ❷ (*pej: Kopf*) nut

kuren ['kuːrən] *vi* (*fam*) take a cure

Kurfürst *m* (HIST) Elector; **Kurfürstentum** *nt* (HIST) electorate

Kurgast *m* patient at a health resort; **Kurhaus** *nt* spa rooms *pl*

Kurie ['kuːriə] <-, -n> *f* Curia

Kurier [ku'riːɐ] <-s, -e> *m* courier; **Kurierdienst** *m* parcel delivery service

kurieren *vt* cure

kurios [kuri'oːs] *adj* (*seltsam*) curious, odd; **Kuriosität** *f* ❶ (*einzelner Gegenstand*) curiosity ❷ (*Merkwürdigkeit*) oddity

Kurort *m* health resort, spa; **Kurpackung** *f* (*für Haare*) hair-repair kit; **Kurpfuscher(in)** *m(f)* (*pej*) quack; **Kurpfuscherei** *f* (*pej*) quackery

Kurs [kʊrs] <-es, -e> *m* ❶ (MAR AERO: *a. fig*) course; (POL) line ❷ (*Wechsel~*) rate of exchange; (*Aktien~*) price ❸ (*Lehrgang*) course (*für, in* in); **vom ~ abkommen** (AVIAT MAR: *a. fig*) deviate from one's course; **den ~ ändern** (**beibehalten**) (MAR AERO: *a. fig*) alter (hold) one's course; **~ nehmen auf ...** set course for ...; **zum ~ von ...** (FIN) at the rate of ...; **im ~ fallen** fall, go down; **im ~ steigen** go up, rise; **hoch im ~ stehen** (*Aktien*) be high; (*fig*) be popular (*bei* with); **Kursbericht** *m* (FIN) stock market report; **Kursbuch** *nt* (RAIL) timetable *Br,* railroad guide *Am*

Kürschner(in) ['kyrʃnɐ] <-s, -> *m(f)* furrier

Kurseinbruch *m* sudden price fall; **Kursgewinn** *m* gain, advance

kursieren *vi* circulate

kursiv [kʊr'ziːf] *adj* italic; **etw ~ drucken** print s.th. in italics; **Kursivschrift** *f* italic script, italics

Kursnotierung *f* (FIN) quotation; **Kursrisiko** *nt* (FIN) market risk; **Kursrückgang** *m* (FIN) fall in prices; **Kursschwankung** *f* (FIN) fluctuation in rates of exchange; **Kurssturz** *m* (FIN) sharp fall in prices

Kursteilnehmer(in) *m(f)* student

Kursus ['kʊrzʊs, *pl* 'kʊrzə] <-, Kurse> *m* (*Lehrgang*) course

Kursverlust *m* (FIN) loss on the stock exchange

Kurswagen *m* (RAIL) through coach

Kurswechsel *m* (POL) change of policy

Kurszettel *m* (FIN) stock exchange list

Kurve ['kʊrvə] <-, -n> *f* (*a.* MATH) curve; (*Biegung*) bend; (AVIAT) turn; **weiter vorn macht die Straße eine ~** further ahead the road bends; **die ~ kratzen** (*fam*) make tracks *pl;* **die ~ raushaben** (*fam*) have (got) the hang of it; **kurvenreich** *adj* (*Straße*) bendy

Kurverwaltung *f* spa authorities *pl*

kurz [kʊrts] **I.** *adj* ❶ (*räumlich und zeitlich*) short ❷ (*bündig*) brief ❸ (*rasch*) quick; **mach's ~!** make it brief!; **binnen ~em** before long; **seit ~em** for a short while; **über ~ oder lang** sooner or later; (**bis**) **vor ~em** (until) recently; **vor ~er Zeit** lately; **den Kürzeren ziehen** (*fam*) get the worst of it; **kürzer machen** shorten **II.** *adv* ❶ (*nicht lang, nicht weit*) just, shortly ❷ (*für eine ~e Zeit*) briefly; **~ und gut** in a word, in short; **~ und bündig** concisely; ~ **vor London** just before London; **etw ~ und klein schlagen** smash s.th. to pieces; **zu ~ kommen** come off badly

Kurzarbeit *f* short time; **kurz|arbeiten** *vi* be on short time; **Kurzarbeitergeld** *nt* short time allowance

kurzärmelig *adj* short-sleeved

kurzatmig *adj* ① (MED) short-winded ② (*fig*) feeble

Kurzbrief *m* memo letter

Kürze ['kʏrtsə] <-> *f* shortness; (*von Aufsatz, Bericht*) briefness; (*fig: Barschheit*) curtness; (*Bündigkeit*) conciseness; **in aller ~** very briefly; **der ~ halber** for the sake of brevity; **in der ~ liegt die Würze** (*prov*) brevity is the soul of wit

kürzen *vt* ① (*kürzer machen*) shorten; (*Buch*) abridge ② (*fig: beschneiden*) cut (back) (back) ③ (MATH: *einen Bruch*) cancel (down)

kurzerhand ['kʊrtsɐ'hant] *adv* ① (*ohne Umschweife*) without further ado ② (*auf der Stelle*) on the spot

Kurzfassung *f* abridged version; **Kurzfilm** *m* filmlet, short; **Kurzform** *f* (LING) abbreviated form; **kurzfristig I.** *adj* short-term **II.** *adv* ① (*fürs erste*) for the short term ② (*für kurze Zeit*) for a short time; **Kurzgeschichte** *f* short story; **kurzlebig** *adj* short-lived

kürzlich ['kʏrtslɪç] *adv* lately, recently

Kurznachrichten *fpl* the news headlines *pl;* **Kurzparkzone** *f* short-stay parking zone; **Kurzreise** *f* short trip; **Kurzschluss** *m* (ELEK) short-circuit; **einen ~ haben (bekommen)** be short-circuited (short-circuit); **Kurzschlusshandlung** *f* (*fig*) rash action; **Kurzschrift** *f* shorthand; **kurzsichtig** *adj* (*a. fig*) short-sighted; **Kurzsichtigkeit** *f* (*a. fig*) short-sightedness; **Kurzstreckenflug** *m* short-haul flight; **Kurzstreckenrakete** *f* (MIL) short-range missile

Kürzung ['kʏrtsʊŋ] *f* ① (*das Kürzermachen*) shortening; (*bei Buch*) abridgement ② (*von Gehältern, Ausgaben*) cut (*bei etw o Genitiv: einer Sache* in s.th.)

Kurzurlaub *m* short holiday, short break

Kurzwaren *pl* haberdashery *Br,* notions *Am*

Kurzweil ['kʊrtsvaɪl] <-> *f* pastime; **kurzweilig** *adj* entertaining

Kurzwelle *f* (RADIO) short wave

Kurzzeitgedächtnis *nt* short-term memory; **Kurzzeitspeicher** *m* (INFORM) register

kuscheln ['kʊʃln] *vi* cuddle

kuschen ['kʊʃn] *vi* (*pej*) knuckle under

Kusine [ku'zi:nə] <-, -n> *f* cousin

Kuss [kʊs, *pl:* 'kʏsə] <-es, Küsse> *m* kiss; **kussecht** *adj* kiss-proof

küssen ['kʏsən] *vt, vi, vr* kiss; **sie küssten sich** they kissed (each other)

Küste ['kʏstə] <-, -n> *f* coast; **Küstengebiet** *nt* coastal area; **Küstengewässer** *ntpl* coastal waters; **Küstenlandschaft** *f* coastal landscape; **küstennah** *adj* offshore; **Küstenschifffahrt** *f* coastal shipping; **Küstenschutz** *m* ① (*Erhaltung*) coastal preservation ② (*Küstenwache*) coastguard; **Küstenstrich** *m* stretch of coast; **Küstenverschmutzung** *f* coastal pollution

Küster ['kʏstɐ] <-s, -> *m* sexton, verger

Kutsche ['kʊtʃə] <-, -n> *f* ① carriage, coach ② (*fam: Auto*) jalopy; **Kutscher** *m* coachman

Kutte ['kʊtə] <-, -n> *f* habit

Kutteln *pl* (*Gericht: saurer Rindermagen*) tripes

Kutter ['kʊtɐ] <-s, -> *m* cutter

Kuvert [ku'vɛrt/ku've:ɐ] <-(e)s, -e/-s> *nt* (*Briefumschlag*) envelope

Kuwait [ku'vaɪt] *nt* Kuwait; **Kuwaiter(in)** <-s, -> *m(f)* Kuwaiti; **kuwaitisch** *adj* Kuwaiti

Kybernetik [kybɛr'ne:tɪk] *f* cybernetics *pl;* **kybernetisch** *adj* cybernetic

kyrillisch [ky'rɪlɪʃ] *adj* Cyrillic

KZ [ka:'tsɛt] <-s, -s> *nt Abk. von* **Konzentrationslager** concentration camp; **KZ-Gedenkstätte** *f* concentration camp memorial

L

L, l [ɛl] <-, -> *nt* L, l

laben ['la:bən] *vr* (*geh*) feast (*an* on); (*erfrischen*) refresh (*jdn* s.o., *sich mit o an etw* o.s. with s.th.); **sie ~ sich an dem Anblick** they feast their eyes on the view

labern ['la:bɐn] *vt, vi* (*pej fam*) drivel, jabber

labil [la'bi:l] *adj* (*gesundheitlich*) delicate; (*psychisch*) weak

Labor [la'bo:ɐ] <-s, -s/(-e)> *nt* lab; **Laborant(in)** [labo'rant] *m(f)* lab(oratory) technician; **Laboratorium** *nt* laboratory; **Laborbefund** *m* laboratory findings *pl*

laborieren *vi* (*fam*) labour (*an etw* at s.th.)

i Land & Leute

Labskaus is a Hamburg seaman's dish made of corned beef and mashed potatoes, to which can be added onions, pickled gherkins, beetroot and matie (young) herring as desired.

Labyrinth [laby'rɪnt] <-(e)s, -e> *nt* ❶ (*Irrgarten*) labyrinth ❷ (*fig*) maze
Lache[1] ['laxə] <-, -n> *f* (*Pfütze*) puddle, pool
Lache[2] ['laxə] <-> *f* (*pej fam*) laugh, way of laughing
lächeln ['lɛçəln] *vi* smile (*über* at); **lächle doch mal!** give me [*o* us] a smile!; **kalt ~d** (*fam pej*) cool as you please
Lachen *nt* laughing, laughter; **brüllen vor ~** roar with laughter; **können vor ~!** (*fam*) if only I knew how!; **das ist nicht zum ~** that's not funny; **sich das ~ verbeißen** keep a straight face; **Ihnen wird das ~ noch vergehen!** you'll soon be laughing on the other side of your face!
lachen ['laxən] *vt, vi* laugh (*über* at); **aus vollem Halse ~** roar with laughter; **dass ich nicht lache!** (*fam*) don't make me laugh! my eye!; (**bei jdm**) **nichts zu ~ haben** (*fig fam*) have a tough time of it (with s.o.); **er hat gut ~** it's all right [*o* very well] for him to laugh; **das Glück lacht ihm** fortune smiles on him; **sich ins Fäustchen ~** laugh up one's sleeve; **sich halbtot ~** split one's sides laughing; **wer zuletzt lacht, lacht am besten** (*prov*) he who laughs last laughs longest
Lacher *m* ❶ (*Lachender*) laugher ❷ (*fam: die Lache*) laugh; **die ~ auf seiner Seite haben** (*triumphieren*) have the last laugh
lächerlich ['lɛçəlɪç] *adj* ❶ ridiculous ❷ (*unbedeutend*) petty; **zu einem ~en Preis** at an absurdly low price; **sich** (**vor jdm**) **~ machen** make a fool of o.s. (in front of s.o.); **jdn ~ machen** expose s.o. to ridicule; **er hat mich vor ihnen ~ gemacht** he made me look stupid in front of them; **etw ins Lächerliche ziehen** make fun of s.th.; **Lächerlichkeit** *f* absurdity
Lachfalten *pl* laughing lines; **Lachgas** *nt* laughing gas; **lachhaft** *adj* laughable
Lachs [laks] <-es, -e> *m* salmon; **lachsfarben** *adj* salmon-coloured; **Lachsforelle** *f* salmon trout
Lachsschinken *m* smoked ham
Lack [lak] <-(e)s, -e> *m* lacquer, varnish; (*Auto~*) paint
Lackel <-s, -> *m* (*österr: Tölpel*) oaf
lackieren *vt, vi* varnish; (*Fingernägel*) paint; (*Auto*) spray
Lackleder *nt* patent leather
Lackmus ['lakmʊs] <-> *nt o m* (CHEM) litmus; **Lackmuspapier** *nt* litmus paper
Lackpflegemittel *nt* lacquer preservative
Lackschuh *m* patent-leather shoe
Ladegerät *nt* battery charger; **Ladehemmung** *f* (MIL) jam; **~ haben** jam
Laden[1] ['la:dən, *pl:* 'lɛ:dən] <-s, Läden> *m* (*Fenster~*) shutter
Laden[2] *m* (*~geschäft*) shop *Br,* store *Am;* **na, wie läuft der ~?** (*fam*) well, how's business?; **das ist ja ein feiner ~ hier!** (*fam iro*) a nice outfit you've got here!; **den ~ dichtmachen** (*fam*) shut up shop; **den** (**ganzen**) **~ schmeißen** (*sl*) run the (whole) show; **den ganzen ~ hinschmeißen** (*sl*) chuck the whole lot in
laden[1] *irr vt* ❶ (*Gäste*) invite ❷ (*vor Gericht*) summon
laden[2] *irr vt, vi* ❶ (*mit Frachtbe~*) load ❷ (ELEK PHYS) charge ❸ (*Feuerwaffe*) load; **sich etw auf den Hals ~** (*fam*) saddle o.s. with s.th.; **schwere Schuld auf sich ~** place o.s. under a heavy burden of guilt
Ladenbesitzer(in) *m(f)* shopkeeper; **Ladendieb(in)** *m(f)* shoplifter; **Ladendiebstahl** *m* shoplifting; **Ladeneinrichtung** *f* shopfittings *pl;* **Ladenhüter** *m* (*pej*) non-seller; **Ladenkette** *f* chain of shops *Br,* chain of stores *Am;* **Ladenpreis** *m* retail price; (*von Druckerzeugnissen*) publishing price; **Ladenschild** *nt* shop sign *Br,* store sign *Am;* **Ladenschluss** *m* closing time; **Ladenschlusszeiten** *fpl* closing hours; **Ladentisch** *m* (sales) counter
Laderampe *f* loading ramp; **Laderaum** *m* load room; (MAR AERO) hold
lädieren [lɛ'di:rən] *vt* (*beschädigen*) damage; **lädiert sein** (*fam*) be the worse for wear
Ladung[1] *f* (*vor Gericht*) summons *sing*
Ladung[2] *f* (*a. fig*) load; (ELEK PHYS) charge
Lage ['la:gə] <-, -n> *f* ❶ (*Situation*) situation ❷ (*Position*) position ❸ (*örtliche ~*) location ❹ (*Schicht*) layer ❺ (*fam: Runde Bier, Schnaps*) round; **Herr der ~ sein** be master of the situation; **die ~ der Nation** the state of the nation; **die ~ der Dinge** the situation; **nach ~ der Dinge** as things stand; **die ~ peilen** (*fam*) see how the land lies; **sich in jds ~ versetzen** put o.s. in someone's place; **jdn in die ~ versetzen etw zu tun** put s.o. in a position to do s.th.; **dazu bin ich nicht in der ~** I'm not in a position to do that; **in günstiger ~** (*günstig gelegen*) well-situated; **das Haus**

L

hat eine ruhige ~ the house is in a peaceful location; **Lagebericht** *m* situation report; **Lageplan** *m* general plan, layout plan, site plan

Lager ['lagɐ] <-s, -> *nt* ❶ (*Unterkunft, a. fig: Partei*) camp ❷ (*Waren~*) store; (*~haus*) warehouse; (*Vorrat*) stocks ❸ (GEOL: *Ab~ung, ~stätte*) deposit ❹ (AUTO TECH) bearing; **ans ~ gefesselt sein** be confined to bed; **das ~ abbrechen** strike [*o* break] camp; **ein ~ aufschlagen** pitch camp; **das sozialistische ~** (*fig: Partei*) the socialist camp; **etw am ~ haben** have s.th. in stock; **etw auf ~ haben** (*fam: einen Witz*) have s.th. on tap; **Lagerbestand** *m* stock, inventory; **Lagerbestandsaufstellung** *f* inventory status report; **Lagerbestandsführung** *f* inventory accounting, inventory control; **Lagerfeuer** *nt* campfire; **Lagergebühr** *f* storage charge; **Lagergröße** *f* inventory level, stock level; **Lagerhaltung** *f* storekeeping; **Lagerhaltungskosten** *pl* inventory carrying costs, warehouse charges; **Lagerhaus** *nt* warehouse, store; **Lagerist(in)** *m(f)* storeman (storewoman); **Lagerleiter(in)** *m(f)* camp commander

lagern ['la:gɐn] **I.** *vt* ❶ (*hinlegen*) lay down ❷ (COM: *auf Lager nehmen*) store **II.** *vi* ❶ (*liegen*) lie ❷ (COM: *am Lager sein*) be stored ❸ (*Menschen, a.* MIL) camp **III.** *vr* settle o.s.

Lagerplatz *m* (*Rastplatz*) resting-place; **Lagerraum** *m* storeroom; **Lagerung** *f* storage; **Lagerverwalter(in)** *m(f)* (COM) stores supervisor

Lagune <-, -n> *f* lagoon

lahm [la:m] *adj* ❶ (*gelähmt*) lame ❷ (*fam*) dreary, dull; **eine ~e Entschuldigung** (*fam*) a poor [*o* lame] excuse; **eine ~e Ente sein** (*pej fam*) have no zip; **~ legen** paralyse, bring to a standstill; **Lahmarsch** *m* (*sl: Schimpfwort*) slowcoach *Br*, slowpoke *Am*; **lahmarschig** *adj* (*pej sl*) damn slow; **sei doch nicht so ~!** get your arse/ass in gear! *Br/Am*

lahmen *vi* be lame (*auf* in)

lähmen ['lɛ:mən] *vt* (*a. fig*) paralyse; **vor Angst wie gelähmt sein** be paralysed with fear

Lähmung ['lɛ:mʊŋ] *f* (*a. fig*) paralysis

Laib [laɪp] <-(e)s, -e> *m* loaf

Laich [laɪç] <-(e)s, -e> *m* (*in Schleim gehüllte Eier*) spawn; **laichen** *vi* (*Laich ablegen*) spawn

Laie ['laɪə] <-n, -n> *m* ❶ (*Kirche, a. fig*) layman ❷ (*fig*) amateur; **da staunt der ~, und der Fachmann wundert sich** (*fam*) that's a real turn-up for the book; **Laiendarsteller(in)** *m(f)* amateur actor (actress); **laienhaft** *adj* ❶ (*amateurhaft*) amateurish ❷ (*unfachmännisch*) lay

Lakai [la'kaɪ] <-en, -en> *m* lackey

Lake ['la:kə] <-, -n> *f* brine

Laken ['la:kən] <-s, -> *nt* sheet

lakonisch [la'ko:nɪʃ] *adj* laconic(al)

Lakritz(e) [la'krɪts] <-, -n> *m* liquorice

lallen ['lalən] *vt, vi* (*Säugling*) babble; (*Betrunkener*) slur

Lama[1] ['la:ma] <-(s), -s> *nt* llama

Lama[2] *m* (*buddhistischer Priester in Tibet*) lama

Lamaismus <-> *m* Lamism

Lamelle [la'mɛlə] <-, -n> *f* ❶ (BOT) lamella ❷ (*von Jalousien*) slat

Lametta [la'mɛta] <-s> *f* ❶ tinsel ❷ (*pej: Orden*) gongs *pl*

laminieren [lamɪ'ni:rən] *vt* (TECH) laminate

Lamm [lam, *pl:* 'lɛmɐ] <-(e)s, Lämmer> *nt* lamb; **Lammfell** *nt* lambskin

Lampe ['lampə] <-, -n> *f* lamp

Lampenfieber *nt* (THEAT) stage fright

Lampenschirm *m* lamp-shade

Lampion [lam'pjo:n] <-s, -s> *m* Chinese lantern

LAN *nt* (INFORM) *Abk. von* **local area network** LAN, lan

lancieren [lã'si:rən] *vt* launch

Land [lant, *pl:* 'lɛndɐ] <-(e)s, Länder> *nt* ❶ (*Fest~, Gelände*) land ❷ (*im Gegensatz zur Stadt*) country ❸ (*Staat*) country; (*Bundesland der BRD*) Land; (*in Österreich*) province; **an ~ gehen (setzen)** go (put) ashore; (**das**) **~ bebauen** work on [*o* cultivate] the land; **~ sichten** (MAR) sight land; **wieder ~ sehen** (*fig*) be back on dry land again; **~ in Sicht!** (MAR) land ahoy!; **zu ~ und zu Wasser** by land and by sea; **sich jdn (etw) an ~ ziehen** (*fam*) land s.o. (s.th.); **auf dem ~(e)** in the country; **aufs ~ gehen** go (in)to the country; **außer ~es gehen** leave the country; **aus aller Herren Länder** from the four corners of the earth; **hier zu ~e** here, in this country

i Land & Leute

The representative bodies in nearly all the **Länder** (states of Germany and provinces of Austria) are called *Landtage* (state or provincial parliaments). Only in Hamburg and Bremen are they called *Bürgerschaften* (city parliaments); in Berlin it is the *Abgeordnetenhaus* (house of representatives), and in Vienna, the *Gemeinderat* (city council). In Switzerland, depending on the canton, they are called either *Kantonsrat* or *Landsrat* (cantonal council), or *Großer Rat* (great council).

Landadel *m* landed gentry; **Landarbeiter(in)** *m(f)* farm [*o* agricultural] worker; **Landbesitz** *m* land, landed property [*o* estate]; ~ **haben** own land; **Landbesitzer(in)** *m(f)* landowner; **Landbevölkerung** *f* rural population

Landeanflug *m* (AVIAT) approach; **Landebahn** *f* (AVIAT) runway, landing-strip

landeinwärts [-'--] *adv* inland

landen ['landən] **I.** *vt haben* (*a. fig*) land; **einen Coup (gegen jdn/etw)** ~ (*fam*) pull off a coup (against s.o./s.th.); **bei jdm einen Kinnhaken** ~ (*fam*) land s.o. a hook to the chin **II.** *vi sein* ❶ land ❷ (*fam: enden*) land up ❸ (*fam*) get somewhere (*mit etw bei jdm* with s.o. by s.th.); **weich** ~ (AVIAT) soft-land; **(sofort) im Papierkorb** ~ (*fam*) go (straight) into the wastepaper basket; **glaub' nur nicht, dass du damit bei mir ~ kannst!** (*fam*) don't think to get anywhere with me by that!

Landenge *f* isthmus

Landeplatz *m* (MAR) landing place; (AVIAT: *ausgebauter* ~) landing strip; (*nicht ausgebauter Platz zum Landen*) place to land

Ländereien [lɛndə'raɪən] *pl* estates

Länderspiel *nt* (SPORT) international

Landesarbeitsamt *nt* Regional Labour Exchange *Br,* Regional Labor Office *Am;* **Landesarbeitsgericht** *nt* Labour Court *Br,* Higher Labor Court *Am*

Landescheinwerfer *m* (AVIAT) landing light

Landesfarben *fpl* ❶ (*einer Nation*) national colours *pl* ❷ (*eines Bundeslandes der Bundesrepublik D.*) state colours *pl;* **Trikots in den** ~ (SPORT) jersey in national colours; **Landesgrenze** *f* ❶ (*eines Staates*) national boundary ❷ (*eines Bundeslandes der Bundesrepublik D.*) state boundary

Landeshauptmann *m* head of a province government

Landesinnere *nt* inland region; **tief ins ~ vorstoßen** penetrate into the heart of the country; **Landeskunde** *f* regional studies; **Landesregierung** *f* (*in der Bundesrepublik D.*) government of a Land; (*in Österreich*) provincial government; **Landessozialgericht** *nt* Higher Social Court; **Landessprache** *f* national language

Landesteg *m* landing stage

Landestracht *f* national costume; **Landestrauer** *f* national mourning; **landesüblich** *adj* customary; **Landesverrat** *m* high treason; **Landesverteidigung** *f* national defence *Br,* national defense *Am;* **Landeswährung** *f* national currenc; **Landeszentralbank** *f* state central bank

Landflucht *f* migration [*o* drift] from the land; **Landfriedensbruch** *m* (JUR) breach of the peace; **Landgang** *m* (MAR) shore leave; **Landgemeinde** *f* country community; **Landgericht** *nt* district court; **landgestützt** *adj* (MIL: *Raketen*) land-based; **Landgut** *nt* estate; **Landhaus** *nt* country house; **Landkarte** *f* map; **Landkreis** *m* administrative district; **X, Landkreis Y** X, county (of) Y; **landläufig** *adj* popular; **nach ~er Meinung** according to popular opinion; **Landleben** *nt* country life

Ländler <-s, -> *m* (*österr*) country dance

Landleute *pl* country people

ländlich ['lɛntlɪç] *adj* rural

Landmaschinen *pl* agricultural machinery *sing;* **Landplage** *f* (*fig fam*) pest; **Landratte** *f* (*hum*) landlubber; **Landregen** *m* steady rain

Landschaft *f* ❶ (*ländl. Gegend*) countryside ❷ (*auf Fotos, Gemälden*) landscape; **in der ~ herumstehen** (*fam hum*) stand around; **~s- und Biotopschutz** protection of landscapes and habitats; **landschaftlich** *adj* scenic; (*regional*) regional; **die ~e Schönheit dieser Gegend** the beauty of the scenery; **Landschaftsgärtner(in)** *m(f)* landscape gardener; **Landschaftspflege** *f* landscape management [*o* planning]; **Landschaftsschutzgebiet** *nt* landscape protection area, Area of Outstanding Natural Beauty, AONB

Landsknecht *m* (HIST: *Söldner*) mercenary

Landsmann, -männin <-(e)s, -leute> *m, f* compatriot, fellow countryman, countrywoman; **was für ein ~ sind Sie?** where do you come from?

Landstraße *f* road; (*im Gegensatz zur Autobahn*) ordinary road; **Landstreicher(in)** *m(f)* (*pej*) tramp, hobo *Am;* **Landstreitkräfte** *pl* land forces; **Landstrich** *m* area; **Landtag** *m* (*in Deutschland*) Landtag (*regional parliament*); **Landtagswahlen** *pl German regional elections*

Landung ['landʊŋ] *f* (MAR AERO MIL) landing; **weiche ~** soft landing; **Landungsboot** *nt* (MIL) landing craft; **Landungsbrücke** *f* jetty, landing-stage

Landvermesser(in) *m(f)* land surveyor; **Landvermessung** *f* land surveying

L

Landweg *m:* **auf dem ~** by land

Landwirt(in) *m(f)* farmer; **Landwirtschaft** *f* ① agriculture, farming ② *(Hof)* farm ③ *(die Landwirte)* farmers *pl;* **landwirtschaftlich** *adj* agricultural; **~e Maschinen** agricultural machinery *sing;* **Landwirtschaftsministerium** *nt* ministry of agriculture; *(in GB)* Board of Agriculture; *(in den USA)* Department of Agriculture; **Landwirtschaftsschule** *f* agricultural college

Landzunge *f* spit of land

lang [laŋ] <länger, längst> **I.** *adj* long; *(fam: groß, hoch aufgeschossen)* tall; **das weiß ich seit ~em** I have known that (for) a long time; **das habe ich ~e Zeit nicht gewusst** I haven't known that for a long time; **das ist schon ~ her** that's a long time ago; **in nicht allzu ~er Zeit** before too long; **ich fahre für längere Zeit weg** I'm going away for a long time; **zwei Meter ~** two metres long; **auf ~e Sicht** in the long term; **Sie müssen das auf ~e Sicht betrachten** you must take the long view; **ein ~es Gesicht machen** pull a long face; **einen ~en Hals machen** *(fam)* crane one's neck; **die Zeit wurde uns ~** time began to hang heavy on our hands; **etw ~ und breit erklären** go to great lengths to explain s.th.; **mir wird die Zeit nie ~** I never get bored; **etw auf die ~e Bank schieben** put s.th. off; **etw von ~er Hand vorbereiten** prepare s.th. carefully **II.** *adv:* **drei Tage/Wochen ~** for three days/weeks; **sein ganzes Leben ~** all his life; **~ ersehnt** longed-for; **~ erwartet** long-awaited; **über kurz oder ~** sooner or later; **etw ~ und breit erzählen** tell s.th. at great length; **~ gestreckt** long; **langarmig** *adj* long-armed; **langatmig** *adj (fig)* long-winded; **langbeinig** *adj* long-legged

lange [ˈlaŋə] *adv* ① long ② *(fam: bei weitem)*: **~ nicht so …** not nearly as …; **noch ~ nicht** not by any means; **das ist schon ~ her** it's a long time ago; **es ist noch gar nicht ~ her, dass …** it's not long since …; **er macht es nicht mehr ~** *(fam)* he won't last long [*o* much longer]; **je länger, je lieber** *(fam)* the longer the better; **das ist noch ~ kein Beweis** *(fam)* that's far from being evidence; **was du kannst, das kann ich schon ~** *(fam)* the things you can do are but child's play to me

Länge [ˈlɛŋə] <-, -n> *f* ① *(zeitlich, räumlich, a.* SPORT*)* length ② *(fig: langatmige Stelle)* long-drawn-out passage ③ (ASTR GEOG MATH) longitude ④ *(fam: Größe eines Menschen)* height; **der ~ nach** *(längs)* lengthwise; **der ~ nach hinfallen** fall flat; **etw in die ~ ziehen** protract s.th.; **sich in die ~ ziehen** go on and on; **mit einer ~ (Vorsprung) gewinnen** (SPORT) win by a length

langen [ˈlaŋən] **I.** *vt (reichen)* give, hand, pass; **jdm eine ~** *(fam)* smack someone's face **II.** *vi* ① *(genügen)* be enough, do, suffice ② *(sich erstrecken)* reach *(bis zu o an etw* s.th., *nach* for); **mir langt's!** I'm fed up with it!; **~ Sie zu!** *(fam: bei Tisch)* help yourself!; **es langt hinten und vorn nicht** *(fam)* it's nowhere near enough; **das Geld langt einfach nicht** *(fam)* there just isn't enough money

Längengrad *m* (GEOG) longitude

Längenmaß *nt* linear measure

längerfristig I. *adj* longer-term; **~es Darlehen** loan taken at relatively long terms **II.** *adv* in the longer term; **~ planen** plan for the longer term

Langeweile [ˈlaŋəvaɪlə/--ˈ--] <-> *f* boredom; **~ haben** be bored

langfädig *adj (CH: Rede, Ausführungen)* long-winded

Langfinger *m (fam)* pickpocket

langfristig I. *adj* long-term **II.** *adv* in the long term; **~ planen** plan for the long term

langjährig I. *adj* ① *(viele Jahre dauernd)* many years of ② *(seit vielen Jahren bestehend)* long-standing, of many years' standing; **unser ~er Mitarbeiter** our long-standing employee **II.** *adv* for many years

Langlauf <-(e)s> *m* (SPORT: *Ski~*) cross-country skiing; **Langläufer(in)** *m(f)* cross-country skier; **Langlaufski** *m* cross-country ski

langlebig *adj* ① *(haltbar)* long-lasting ② *(Gerücht)* long-lived; **Langlebigkeit** *f* durability, longevity

länglich [ˈlɛŋlɪç] *adj* elongated, long

Langmut <-> *f* forbearance, patience; **langmütig** *adj* forbearing, patient

längs [lɛŋs] **I.** *präp* along **II.** *adv* lengthways, lengthwise

Längsachse *f* longitudinal axis

langsam [ˈlaŋzaːm] **I.** *adj* slow **II.** *adv* slowly; *(fam: allmählich, endlich)* just about; **~(er) fahren** drive slowly (slow down); **es wird ~ Zeit, dass etw geschieht** *(fam)* it's about time s.th. happened; **es wurde aber auch ~ Zeit!** *(fam)* it was really high time! [*o* and about time too!]; **~ reicht es mir** *(fam)* I'm just about fed up with it; **so ~ sollte er kommen!** *(fam)* it's just about time he was here!; **immer schön ~!** *(fam)* easy does it!

Langsamkeit *f* slowness
Langschläfer(in) *m(f)* late riser
Langspielplatte *f* long-playing record
Längsschnitt *m* longitudinal section
längst [lɛŋst] *adv* (*schon lange*) for a long time; (*vor langer Zeit*) long ago; ~ **nicht so ...** not nearly as ...; **noch ~ nicht** not by any means; **das weiß ich schon ~** I've known that for ages; **..., aber der Zug war ~ weg** ..., but the train had long since gone
längstens *adv* ① (*spätestens*) at the latest ② (*höchstens*) at the most; **ich kann es dir ~ für drei Tage leihen** I can lend it to you for three days at the longest
Langstreckenflug *m* (AVIAT) long-haul flight, long-distance flight; **Langstreckenlauf** *m* long-distance run [*o* race]; **Langstreckenrakete** *f* (MIL AERO) long-range missile [*o* rocket]; **Langstreckenwaffe** *f* (MIL) long-range weapon
Languste [laŋ'gʊstə] <-, -n> *f* crayfish, crawfish *Am*
langweilen ['laŋvaɪlən] **I.** *vt* bore **II.** *vi* be boring **III.** *vr* be [*o* get] bored; **sich zu Tode ~** be bored to death
langweilig *adj* ① boring, tedious ② (*fam: langsam, lahm*) slow; **er ist mit allem so ~** he's such a slowcoach at everything
Langwelle *f* (RADIO) long wave
langwierig ['laŋviːrɪç] *adj* lengthy
Langzeit- *präfix* long-term; **Langzeitarbeitslose(r)** *f m* long-term unemployed (person); **Langzeitrisiko** *nt* long-term risk; **Langzeitspeicher** *m* (INFORM) long-term storage; **Langzeitstudie** *f* long-term study; **Langzeittest** *m* long-term test; **Langzeitwirkung** *f* long-term effect
LAN-Server <-s, -> *m* (INFORM) LAN server
Lanze ['lantsə] <-, -n> *f* lance; **für jdn eine ~ brechen** take up the cudgels for s.o.
Laos ['laːɔs] <-> *nt* Laos; **Laote, -tin** [la'oːtə] *m, f* Laotian; **laotisch** *adj* Laotian
Lapislazuli [lapɪs'laːtsuli] <-> *m* lapis lazuli
Lappalie [la'paːliə] <-, -n> *f* mere nothing, trifle
Lappen ['lapən] <-s, -> *m* (*Stück Stoff*) cloth; (*Wisch~*) duster; **jdm durch die ~ gehen** (*fam: entwischen*) slip through someone's fingers
läppisch ['lɛpɪʃ] *adj* ① (*dumm*) silly ② (*sehr gering*) mere; **das ist doch ~!** that's silly!; **~e zwanzig Euro** a mere twenty euro
Lapsus ['lapsʊs] *pl:* 'lapsuːs] <-, -> *m* slip
Laptop ['læptɒp] <-s, -s> *m* (INFORM) laptop
Lärche ['lɛrçə] <-, -n> *f* (*Baum*) larch
Larifari <-s> *nt* (*pej*) airy-fairy nonsense
Lärm [lɛrm] <-(e)s> *m* ① (*Krach*) noise ② (*Radau*) row ③ (*Aufsehen*) fuss; **~ schlagen** give the alarm; (*fig*) kick up a fuss; **viel ~ um nichts machen** make a lot of fuss about nothing; **Lärmbekämpfung** *f* noise prevention; **Lärmbelästigung** *f* noise disturbance; **Lärmbelastung** *f* noise pollution; **Lärmeinwirkung** *f* effect of noise; **lärmempfindlich** *adj* sensitive to noise
lärmen *vi* be noisy, make a noise; **lärmend** *adj* noisy
Lärmkulisse *f* acoustic environment; **Lärmminderung** *f* noise level reduction; **Lärmpegel** *m* noise level; **Lärmquelle** *f* source of noise; **Lärmschutz** *m* noise prevention; **Lärmschutzbereich** *m* noise prevention zone; **Lärmschutzmaßnahmen** *fpl* noise prevention measures; **Lärmschutzwall** *m*, **Lärmschutzwand** *f* sound [*o* noise] barrier
Larve ['larfə] <-, -n> *f* ① (BIOL) larva ② (*Maske*) mask
lasch [laʃ] *adj* ① (*schlaff*) limp ② (*zu nachgiebig*) lax ③ (*fam: Geschmack*) tasteless
Lasche ['laʃə] <-, -n> *f* (*Schuh~*) tongue; (*Schlaufe*) loop
Laser ['leːzɐ] <-s, -> *m* laser; **Laserbehandlung** *f* laser treatment; **Laserdrucker** *m* (INFORM) laser printer; **Laserstrahl** *m* laser beam; **Lasertechnik** *f* laser technology; **Laserwaffe** *f* (MIL) laser weapon
lassen ['lasən] *irr* **I.** *vt* ① (*zulassen, erlauben*) let ② (*veranlassen*): **etw tun ~** have [*o* get] s.th. done; **jdn etw tun ~** have [*o* make] s.o. do s.th. ③ (*be~*) leave; (*gewähren ~*) let ④ (*unter~*) omit ⑤ (*über~*): **jdm etw ~** let s.o. have s.th. ⑥ (*zurück~*) leave ⑦ (*hinaus~, hinein~*) let (*aus* out of, *in* into); **lasst uns gehen!** let's go!; **er lässt sich nicht überreden** he will not be persuaded; **er ließ sich nicht überzeugen** he would not be convinced; **ich lasse meinen Anzug reinigen** I have my suit cleaned; **sich einen Bart wachsen ~** grow a beard; **er ließ mich (eine Stunde) warten** he kept me waiting (for an hour); **~ Sie die Dinge, wie sie sind!** leave things as they are!; **~ Sie das!** stop it!; **lass mich in Ruhe!** leave me alone!; **~ wir das jetzt mal!** let's leave this now!; **dann ~ wir's eben!** let's drop the whole idea!; **~ wir es dabei (bewenden)!** let's leave it at that!; **~ Sie mir eine Woche Zeit!** give me a week!; **höflich ist er, das muss man ihm ~** he's polite, you must admit [*o* you've got to give him that]; **tu, was du nicht ~ kannst!** do what you think you must!; **jdn rufen [*o* kommen] ~** send for

s.o.; ~ **Sie es sich doch schicken!** have it sent to you!; **ich habe mir sagen ~, ...** I've been told ...; ~ **Sie sich das gesagt sein!** take it from me!; **jdm etw mitteilen** ~ let s.o. know s.th.; **von etw** ~ keep away from s.th.; **sie kann's einfach nicht** ~ she just can't help it; **das lässt sich machen!** that's possible!; **lass mich nur machen!** leave it to me!; **die Tür lässt sich nicht öffnen** the door doesn't open; **offen** ~ (*a. fig*) leave open **II.** *vi* (*ab~, aufgeben*) give up (*von etw* s.th.)

lässig ['lɛsɪç] *adj* ① (*ungezwungen*) casual ② (*sl: mit Leichtigkeit*) cool

Lasso ['laso] <-s, -s> *m/nt* lasso

Last [last] <-, -en> *f* ① (*a. fig*) burden, load ② (MAR AERO) cargo; **jdm zur ~ fallen** be a burden on s.o.; (*ihm lästig sein*) trouble s.o.; **jdm etw zur ~ legen** lay s.th. to someone's charge, charge s.o. with s.th.; **Lasten** *pl* (*Kosten*) costs *pl;* **steuerliche** ~ tax burden; **zu ~ von ...** chargeable to ...; **lasten** ['lastən] *vi* weigh (heavily) (*auf* on); **alle Verantwortung lastet auf mir** all the responsibility rests on me

Lastenaufzug *m* goods lift *Br,* goods elevator *Am;* **Lastentaxi** *nt* goods taxi

Laster[1] <-s, -> *m* (*fam: LKW*) lorry *Br,* truck *Am*

Laster[2] <-s, -> *nt* (*Untugend, Unsitte*) vice

Lästerer ['lɛstərɐ] <-s, -> *m,* **Lästerin** *f* ① (*Gottes~*) blasphemer ② (*fam: Schandmaul*) malicious tongue; **ein ~ sein** have a malicious tongue

lasterhaft *adj* depraved; **Lasterhaftigkeit** *f* depravation

Lästermaul *nt* (*pej: Person*) scandalmonger

lästern ['lɛstɐn] **I.** *vt* (*Gott*) blaspheme against **II.** *vi* (*fam*) make nasty remarks (*über* about)

lästig ['lɛstɪç] *adj* (*belästigend*) troublesome; (*ärgerlich*) annoying; **jdm ~ fallen** [*o* **sein**] molest [*o* pester] s.o.; **du kannst wirklich ~ sein** you can be a real nuisance; **er wird langsam ~** he's about becoming a nuisance

Lastkahn *m* barge

Lastkraftwagen *m* heavy goods vehicle

Lastschrift *f* (COM) ① (*~anzeige*) debit note ② (*Buchung*) debit entry

Lasttier *nt* pack animal; **Lastträger** *m* porter; **Lastwagen** *m* lorry *Br,* truck *Am;* **Lastzug** *m* trailer, truck

Lasur [la'zuːɐ] *f* glaze

Latein [la'taɪn] <-s> *nt* Latin; **ich bin mit meinem ~ am Ende** (*fam*) I'm at my wits' end

Lateinamerika *nt* Latin America; **Lateinamerikaner(in)** *m(f)* Latin American; **lateinamerikanisch** *adj* Latin-American

lateinisch *adj* Latin

latent [la'tɛnt] *adj* latent

Laterne [la'tɛrnə] <-, -n> *f* lantern; (*Straßen~*) streetlight; **Laternen pfahl** *m* lamp post

Latex ['laːtɛks] <-> *nt* latex

Latsche ['laːtʃə] <-, -n> *f* (*Nadelbaum*) mountain pine

Latschen ['laːtʃən] <-s, -> *m* (*fam*) ① (*Hausschuh*) slipper ② (*alter Schuh*) worn-out shoe

latschen *sein vi* (*fam*) ① (*herumlaufen*) traipse ② (*schlurfen*) slouch along

Latschenkiefer *f* mountain pine

Latte ['latə] <-, -n> *f* ① (*Brett*) slat ② (SPORT: *beim Hochsprung*) bar; (*beim Fußball*) crossbar; **eine ganze ~ von ...** a whole string of ...; **du hast sie doch nicht alle auf der ~!** (*sl*) you've got a screw loose!; **Lattenrost** *m* bed-lattice; **Lattenverschlag** *m* crate; **Lattenzaun** *m* wooden fence

Latz [lats, *pl:* 'lɛtsə] <-es, Lätze> *m* ① (*Kleider~*) bib ② (*Hosen~*) flap; **jdm eins vor den ~ knallen** (*sl*) clobber [*o* sock] s.o. one; **Latzhose** *f* dungarees *pl*

lau [laʊ] *adj* ① (*Flüssigkeit, a. fig*) lukewarm ② (*mild*) mild

Laub [laʊp] <-(e)s> *nt* leaves *pl;* **Laubbaum** *m* deciduous tree

Laube ['laʊbə] <-, -n> *f* ① (*Gang*) arbour ② (*Gartenhäuschen*) summerhouse

Laubfrosch *m* treefrog

Laubsäge *f* fretsaw

Laubwald *m* deciduous forest

Lauch [laʊx] <-(e)s, -e> *m* leek; **Lauchzwiebel** *f* spring onion

Lauer ['laʊɐ] <-> *f:* **auf der ~ liegen** [*o* **sein**] lie in wait; **lauern** *vi* (*a. fig*) lie in wait (*auf* for)

Lauf [laʊf, *pl:* 'lɔɪfə] <-(e)s, (Läufe)> *m* ① (*schneller Schritt*) run ② (*~ einer Maschine, Gang*) operation, running ③ (INFORM) run ④ (SPORT: *Wett~*) race ⑤ (*Gewehr~*) barrel ⑥ (*Bein von Tieren*) leg ⑦ (*Flussver~, a. ~ der Gestirne*) course ⑧ (*fig: Ver~, Ab~*) course; **der ~ der Dinge** the way things go; **den Dingen ihren** [*o* **freien**] **~ lassen** let things take their course; **seinen Gefühlen freien ~ lassen** give way to one's feelings; **im ~e des Gesprächs** in the course of the conversation; **im ~e der Jahre** in the course of the years

Laufbahn *f* (*Beruf*) career; **eine ~ ein-**

schlagen enter on a career

Laufbursche *m* (*obs*) errand-boy

laufen ['laʊfən] *irr* **I.** *vi* ❶ (*rennen*) run; (*zu Fuß gehen*) walk ❷ (*Maschine, Uhr*) go; (*funktionieren*) work ❸ (*undicht sein*) leak; (*Nase*) run ❹ (*Fluss*) run; (*Weg*) go ❺ (*im Gange sein*) go on; (FILM) be on; **was läuft im Kino?** what's on at the cinema?; **mal sehen, wie die Sache läuft!** (*fam*) let's see how things go!; **die Sache ist gelaufen** (*fam: erledigt*) it's all wrapped up; **kann Ihr Kind schon ~?** can your child already walk?; **wie ~ die Geschäfte?** how's business?; **die Geschäfte ~ schlecht** business is going badly; **unter dem Namen … ~** (*fam: heißen*) go by the name of …; **das läuft unter der Rubrik …** (*fam*) that comes under the category …; **die Versicherung läuft auf meinen Namen** the insurance is in my name **II.** *vt* ❶ (*rennen, a. eine Rekordzeit*) run ❷ (*zu Fuß gehen*) walk ❸ (AUTO: *fahren*) do; **Gefahr ~ etw zu tun** run the risk of doing s.th.; **Ski ~** ski; **Rollschuh ~** rollerskate; **Schlittschuh ~** skate; **sich warm ~** (SPORT) warm up; **~ lassen** let go

laufend **I.** *adj* ❶ (*Monat, Jahr*) current ❷ (*ständig*) ongoing; (*regelmäßig*) routine; **~e Nummer** serial number; **am ~en Band** (*fig*) continuously; **auf dem Laufenden bleiben** keep o.s. up-to-date; **jdn auf dem Laufenden halten** keep s.o. up-to-date **II.** *adv* continually

Läufer(in)[1] ['lɔɪfɐ] <-s, -> *m(f)* (SPORT) runner

Läufer[2] <-s, -> *m* ❶ (*beim Schachspiel*) bishop ❷ (*Treppen~*) runner; (*in der Wohnung*) rug ❸ (TECH: *Laufkatze*) crab

Lauffeuer *nt:* **die Nachricht verbreitete sich wie ein ~** the news spread like wildfire

Lauffläche *f* (TECH) ❶ (*von Reifen*) tread ❷ (AUTO: *bei Zylinder*) working surface; (*in Lager*) raceway

Laufgitter *nt* playpen

läufig *adj* (*Hund*) on heat

Laufkatze *f* (TECH) crab; **Laufkran** *m* travelling crane; **Laufkundschaft** *f* occasional customers *pl*

Laufmasche *f* (*im Strumpf*) ladder *Br,* run *Am*

Laufpass *m* (*fam*): **jdm den ~ geben** give s.o. his (her) marching orders *pl;* **sie gab mir den ~** she told me we were through

Laufrichtung *f* direction of movement; **Laufschiene** *f* (TECH) guide rail, track

Laufschritt <-(e)s> *m* ❶ (*schneller Schritt*) trot ❷ (MIL) double-quick; **im ~** trotting; (MIL) at the double

Laufstall *m* playpen

Laufsteg *m* (*für Mannequins*) catwalk

Laufvogel *m* flightless bird

Laufwerk *nt* (INFORM) drive

Laufzeit *f* ❶ (*von Brief*) transmission time ❷ (*Dauer*) duration; (*Lebensdauer*) life ❸ (*von Vertrag*) period of validity ❹ (SPORT) time ❺ (INFORM) runtime

Laufzettel *m* docket; (*Rundschreiben*) circular

Lauge ['laʊgə] <-, -n> *f* ❶ (CHEM) leach, lye ❷ (*Seifen~*) soapy water

Lauheit *f* ❶ (*von Flüssigkeit, a. fig*) lukewarmness ❷ (*Wind, Abend*) mildness

Laune ['laʊnə] <-, -n> *f* ❶ (*Grille, Einfall*) whim ❷ (*Stimmung*) mood; (*schlechte ~*) (bad) temper; **er hat mal wieder eine seiner ~n** he's in one of his moods; **guter/schlechter ~ sein** be in a good/bad mood; **man muss ihn nur bei ~ halten** (*fam*) you've only got to keep him happy; **aus einer ~ heraus** on a whim; **launenhaft** *adj* ❶ (*launisch*) moody ❷ (*unberechenbar*) capricious; **Launenhaftigkeit** *f* ❶ moodiness ❷ (*Unberechenbarkeit*) capriciousness

launig *adj* (*witzig*) witty

launisch *adj* (*pej*) ❶ (*launenhaft*) moody ❷ (*unberechenbar*) capricious

Laus [laʊs, *pl:* 'lɔɪzə] <-, Läuse> *f* louse *pl,* lice; **eine ~ ist ihm über die Leber gelaufen** (*fam*) something's biting him

lauschen ['laʊʃən] *vi* ❶ (*zuhören*) listen (*jdm* to s.o., *auf etw* to s.th.) ❷ (*heimlich*) eavesdrop; **Lauscher** *m* ❶ (*heimlicher Zuhörer*) eavesdropper ❷ (*in Jägersprache: Ohr*) ear

lauschig *adj* (*gemütlich*) cosy, snug

Lausejunge *m* rascal, scamp

Läusemittel *nt* lice treatment

lausen ['laʊzən] *vt* (*ent~*) delouse; **ich glaube, mich laust der Affe!** blow me down!

lausig **I.** *adj* (*fam*) lousy **II.** *adv* (*fam*) awfully; **~ schwer** bloody [*o* damn] difficult

Laut [laʊt] <-(e)s, -e> *m* sound; **keinen ~ von sich geben** not to make a sound; **~ geben** (*Hund*) give tongue

laut[1] *adj* ❶ (*nicht leise*) loud ❷ (*lärmend*) noisy; **~er!** (*als Aufforderung an Redner*) speak up! *Br,* louder! *Am;* **mit ~er Stimme** at the top of one's voice; **~ lesen** read aloud; **~ vorlesen** read out; **das Radio ~er stellen** turn the radio up; **etw ~ sagen** (*mit ~er Stimme*) say s.th. out

L

loud; **das solltest du besser nicht ~ sagen** you had better not shout that from the rooftops; ~ **werden** (*bekannt*) become known; ~**es Gelächter** roars *pl* of laughter

laut² *präp* according to

lauten *vi* be; (*These, Rede*) go; (*Inhalt eines Schreibens*) go, read; **auf den Inhaber ~** be payable to bearer; **die Anklage lautet auf Mord** the charge is (one of) murder

läuten ['lɔɪtən] *vt, vi* ring; **es hat eben geläutet** the bell just rung; **ich habe davon etw ~ hören** (*fam*) I've heard s.th. about it

lautend *adj:* **gleich ~** identical; **gleich ~e Abschrift** duplicate, true copy

lauter ['laʊtɐ] *adj* ❶ (*rein*) pure ❷ (*aufrichtig, ehrbar*) honourable; ~**e Wahrheit** honest truth; **das sind ~ Freunde** (*fam*) they're friends, all of them; **man konnte vor ~ Krach nichts verstehen** you couldn't understand a word for all the noise; ~ **Lügen!** nothing but lies!

läutern ['lɔɪtɐn] *vt* purify; **Läuterung** *f* purification

lauthals *adv* at the top of one's voice

lautlich *adj* phonetic

lautlos *adj* soundless

Lautschrift *f* phonetic script

Lautsprecher(box) *m* (loud)speaker; **Lautsprecherwagen** *m* loudspeaker car

lautstark *adj* loudly; **gegen etw ~ protestieren** protest loudly at [*o* against] s.th.; **Lautstärke** *f* loudness; (RADIO TV) volume; **Lautstärkeregler** *m* volume control

lauwarm *adj* ❶ (*Flüssigkeit, a. fig*) lukewarm ❷ (*nicht heiß*) slightly warm

Lava ['la:va] <-, (-ven)> *f* lava

Lavabo <-(s), -s> *nt* (*CH*) wash-basin

Lavendel [la'vɛndəl] <-s, -> *m* lavender

lavieren [la'vi:rən] *vi* ❶ (MAR) tack ❷ (*fig*) manoeuvre *Br,* maneuver *Am*

Lawine [la'vi:nə] <-, -n> *f* (*a. fig*) avalanche; **Lawinengefahr** *f* danger of avalanches; **lawinensicher** *adj* (*Ort*) secure from avalanches; **Lawinenverbauung** *f* avalanche barrier

lax [laks] *adj* lax

Lazarett [latsa'rɛt] <-(e)s, -e> *nt* (MIL) ❶ (*Militärkrankenhaus*) military hospital ❷ (*Krankenstation*) sick bay; **Lazarettschiff** *nt* (MIL) hospital ship; **Lazarettzug** *m* (MIL) hospital train

LCD *Abk. von* **liquid crystal display** LCD; **LCD-Anzeige** *f,* **LCD-Display** *nt* LCD-display

Lean Production [ˌli:nprə'dakʃn] <-> *f* (*kostengünstige Herstellung*) lean production

Lebemann <-(e), -männer> *m* rake, roué

Leben <-s, -> *nt* life; (*Betriebsamkeit*) activity, life; **so ist das ~** such is life; **er liebt das gute ~** he is fond of good living; **jdm das ~ zur Hölle machen** make someone's life hell; **am ~ bleiben (sein)** stay (be) alive; **sich durchs ~ schlagen** struggle through life; **du hast doch noch das ganze ~ vor dir** you've still got all your life in front of you; **eine Sache auf ~ und Tod** a matter of life and death; ~ **in die Bude bringen** make things hum; **sich das ~ nehmen** take one's (own) life; **Kampf auf ~ und Tod** life-and-death struggle; **etw ins ~ rufen** bring s.th. into being; **einem Kind das ~ schenken** give birth to a child; **etw für sein ~ gern haben (tun)** be mad about (doing) s.th.; **überall herrschte reges ~** a lot of activity was all around; **jdn ums ~ bringen** kill someone; **ums ~ kommen** lose one's life; **im ~ stehen** know what life is all about

leben ['le:bən] *vt, vi* live; **lebt er noch?** is he still alive?; **na, du lebst also auch noch?** (*hum fam*) well, so you're still among the living?; **von etw ~** live on s.th.; ~ **und ~ lassen** live and let live; **man lebt nur einmal!** (*prov*) you only live once!; **sie lebt sehr bescheiden (zurückgezogen)** she leads a very modest (retired) life

lebend *adj attr* live, alive; **er ist der ~e Beweis für ...** he is living proof of ...; ~**es Inventar** livestock; ~**e Sprachen** modern languages; **die Lebenden** the living; **Lebendgeburt** *f* (MED) live-birth; **Lebendgewicht** *nt* (*a. hum*) live weight

lebendig [le'bɛndɪç] *adj* ❶ (*nicht tot*) live, alive ❷ (*lebhaft*) lively; (*Erinnerung*) vivid; **sie nehmen's von den Lebendigen!** (*fam*) they will really have the shirt off your back!; **Lebendigkeit** *f* (*fig*) liveliness, vividness

Lebensabend *m* old age; **Lebensabschnitt** *m* period of life; **Lebensader** *f* (*fig*) lifeline; **Lebensarbeitszeit** *f* working life; **Lebensarbeitszeitverkürzung** *f* shortening of one's working life; **Lebensart** *f* ❶ (*Lebensweise*) way [*o* manner] of living ❷ (*fig: Benehmen*) manners *pl;* (*Lebensstil, Savoir-vivre*) style, lifestyle, way of live; **Lebensaufgabe** *f* life's work; **Lebensbedingungen** *pl* living conditions; **lebensbedrohend** *adj* life-threatening; **lebensbejahend** *adj* (PSYCH) positive, optimistic; **Lebensdauer** *f* life; **Lebensende** *nt* end of someone's [*o* one's] life; **bis an sein (mein) ~** till the end of his (my) life; **Lebenserfahrung** *f* experience of life; **lebenserhaltend** *adj* (MED) life-support; **Lebenserhaltungssystem** *nt* (MED) life-support system; **Lebenserwartung** *f* life expectancy

lebensfähig *adj* ❶ (MED) capable of living ❷ (*fig*) equipped for life

Lebensfreude *f* zest for life; **lebensfroh** *adj* full of the joys of life; **Lebensgefahr** *f* (mortal) danger; **unter ~** at the risk of one's life; **Vorsicht! ~!** Caution! Danger!; **es besteht ~** there is danger to life; **in ~ sein** be in danger of one's life; **außer ~ sein** be out of danger; **lebensgefährlich** *adj* highly dangerous; (*Verletzung*) critical; **Lebensgefährte, -tin** *m, f* partner; **Lebensgefühl** *nt* awareness of life

Lebenshaltungsindex *m* cost of living index *Br,* cost of living figure *Am;* **Lebenshaltungskosten** *pl* cost of living *sing*

lebensklug *adj* canny; **Lebenslage** *f* situation; **in jeder ~** in any situation; **lebenslänglich** *adj* (*lebenslang*) lifelong; **~ hinter Gittern sitzen** (*fam*) be behind bars for life; **er hat ~ bekommen** (*fam*) he got life; **Lebenslauf** *m* ❶ (*Lauf des Lebens, Leben*) life ❷ (*geschriebener*) curriculum vitae *Br,* résumé *Am;* **lebenslustig** *adj* lively, fond of life

Lebensmittel *ntpl* food *sing;* **Lebensmittelgeschäft** *nt* grocer's (shop) *Br,* grocery (store) *Am;* **Lebensmittelüberwachung** *f* control of foodstuffs; **Lebensmittelvergiftung** *f* food poisoning; **Lebensmittelversorgung** *f* food supply

Lebensmotto *nt* maxim of life, life's maxims

lebensmüde *adj* tired [*o* weary] of life

Lebensmut *m* vital energy; **Lebensnerv** *m* (*fig*) mainspring; **Lebensqualität** *f* quality of life; **Lebensraum** *m* ❶ environment; (BIOL) habitat ❷ (POL) lebensraum; **Lebensretter(in)** *m(f)* rescuer; **Lebensrhythmus** *m* macrobiotic rhythm; **Lebenssituation** *f* situation in life; **Lebensstandard** *m* standard of living, living standards; **Lebensstellung** *f* job for life; **Lebensunterhalt** *m* living, livelihood; **sich seinen ~ verdienen** earn [*o* make] a living; **Lebensversicherung** *f* life assurance, life insurance *bes. Am;* **eine ~ abschließen** take out a life assurance [*o* insurance]; **Lebenswandel** *m* (way of) life; **lockerer ~** loose living; **Lebensweise** *f* way of life, habits *pl;* **Lebensweisheit** *f* ❶ (*Lebenserfahrung*) wisdom ❷ (*Maxime fürs Leben*) maxim; **lebenswert** *adj* worth living; **lebenswichtig** *adj* essential, vital; **Lebenszeichen** *nt* sign of life; **er gab kein ~ mehr von sich** he showed no signs of life any more; **Lebenszeit** *f* lifetime; **auf ~** for life; **Beamter auf ~** permanent civil servant

Leber ['le:bɐ] <-, -n> *f* (ANAT) liver; **frisch von der ~ weg reden** (*fam*) speak frankly, speak one's mind; **was ist ihm über die ~ gelaufen?** (*fam*) what's biting him?; **Leberentzündung** *f* liver infection; **Leberfleck** *m* mole; **Leberfunktionsstörung** *f* liver disorder

Leberkäsebrötchen *nt roll with a kind of meat loaf*

Leberkrankheit *f* liver disorder; **Leberkrebs** *m* liver cancer; **Leberleiden** *nt* liver disorder

Leberpastete *f* liver pâté; **Lebertran** *m* cod-liver oil

Leberwerte *mpl* liver function reading

Leberwurst *f* liver sausage *Br,* liverwurst *Am;* **spiel doch nicht immer die beleidigte ~!** (*fam*) must you always get into a huff?

Leberzirrhose <-> *f* cirrhosis of the liver

Lebewesen *nt* living being [*o* creature]

Lebewohl [--'-] <-(e)s, -s/-e> *nt* farewell; **jdm ~ sagen** bid s.o. farewell

lebhaft *adj* ❶ (*voller Leben, a. fig: kräftig*) lively; (*temperamentvoll*) vivacious ❷ (COM: *Geschäft*) brisk; **~e Farben** bright colours; **~er Handel** brisk trade; **~e Phantasie** vivid imagination; **es geht hier recht ~ zu** things are pretty lively here; **Lebhaftigkeit** *f* ❶ (*Lebendigkeit*) liveliness; (*von Temperament*) vivaciousness ❷ (COM) briskness

Lebkuchen *m* gingerbread

leblos *adj* ❶ (*ohne Leben*) lifeless; (*unbeseelt, flau*) inanimate ❷ (*fig: leer, verlassen*) deserted, empty

Leblosigkeit *f* ❶ lifelessness ❷ (*fig: Leere*) emptiness; **Lebtag** *m* (*fam*): **das habe ich mein ~ noch nicht gesehen** I've never seen the like (of it) in all my life; **Lebzeiten** *fpl:* **zu seinen ~** (*als er noch lebte*) in his lifetime; (*zu seiner Zeit*) in his day

lechzen ['lɛçtsən] *vi* (*fig*) thirst, crave, long (*nach* for)

Lecithin [lɛtsi'ti:n] <-s> *nt* lecithin

Leck [lɛk] <-(e)s, -s> *nt* leak; **leck** *adj* leaky; **~ sein** leak

lecken[1] *vi* (*undicht sein*) leak

lecken[2] *vt, vi* (*schlecken*) lick; **seine Wunden ~** lick one's wounds; **sich die Finger nach etw ~** (*fam*) be panting for s.th.;

leck mich (am Arsch)! (*vulg*) fuck off!

lecker ['lɛkɐ] *adj* (*köstlich*) delicious; **Leckerbissen** *m* ❶ (*Speise*) titbit ❷ (*fig: Juwel*) gem; **Leckerei** *f* (*Süßigkeit*) dainty; **Leckermaul** *nt* (*fam*): **ein ~ sein** have a sweet tooth

leckschlagen *vi* hole

Leder ['le:dɐ] <-s, -> *nt* ❶ leather ❷ (SPORT: *fam: der Fußball*) ball; **am ~ bleiben** (SPORT: *fam*) stick with the ball; **jdm ans ~ wollen** (*fam*) want to get one's hand on s.o.; **zäh wie ~** (*fam*) as tough as old boots; **Lederbesatz** *m* leather trimming; **Ledereinband** *m* leather binding; **Lederhandschuh** *m* leather glove; **Lederhose** *f* (*von Tracht*) leather shorts *pl;* **Lederjacke** *f* leather jacket

ledern *adj* ❶ (*aus Leder*) leather ❷ (*zäh*) leathery

Lederpflegemittel *nt* leather conditioner; **Lederriemen** *m* leather strap; **Lederwaren** *pl* leather goods

ledig ['le:dɪç] *adj* ❶ (*unverheiratet*) single ❷ (*frei von*) free; **~e Mutter** unmarried mother; **aller Pflichten ~ sein** be free of all commitments

Ledige(r) <-n, -n> *f m* single person

lediglich ['le:dɪklɪç] *adv* merely

Lee [le:] <-> *f* (MAR) lee; **nach ~ (zu)** leeward

leer [le:ɐ] *adj* ❶ empty ❷ (*frei: Wohnung, Haus*) vacant; (*unmöbliert*) unfurnished ❸ (*unbeschrieben*) blank ❹ (*fig: hohl*) vain; **~es Gerede** idle talk; **~e Versprechungen** vain promises; **mit ~en Händen** (*fig*) empty-handed; **~ ausgehen** come away empty-handed; **es waren alles nur ~e Worte** it was all just talk; **~ stehen** stand empty; **die Straßen waren wie ~ gefegt** the streets were deserted

Leere ['le:rə] <-> *f* (*a. fig*) emptiness; **geistige ~** a mental vacuum; **gähnende ~** a yawning void

leeren *vt* empty

Leerformel *f* empty phrase

Leergewicht *nt* unladen weight; **Leergut** <-(e)s> *nt* (COM) empties *pl;* **Leerlauf** *m* ❶ (TECH) idle [*o* lost] motion ❷ (AUTO: *Gang*) neutral ❸ (*fig*) slack; **Leertaste** *f* space bar

Leerung *f* emptying; **nächste ~** (*eines Briefkastens*) next collection

legal [le'ga:l] *adj* legal, lawful; **legalisieren** *vt* legalize; **Legalität** *f* legality; **(etw) außerhalb der ~** illegal, (slightly) outside the law

Legasthenie [legaste'ni:] <-> *f* (SCHULE) dyslexia; **Legastheniker(in)** *m(f)* dyslexic

Legat[1] [le'ga:t] <-en, -en> *m* (*päpstlicher Gesandter*) legate

Legat[2] <-(e)s, -e> *nt* (JUR: *Vermächtnis*) legacy

Legebatterie *f* hen battery

legen ['le:gən] **I.** *vt* lay, put; (*an einen bestimmten Platz*) place; **jdn in Ketten ~** put s.o. in chains; **seine Stirn in Falten ~** frown; **einen Brand ~** start a fire; **etw beiseite ~** put s.th. aside; **jdm etw ans Herz ~** entrust s.th. to someone; **Wert auf etw ~** set great store by s.th.; **Eier ~** lay eggs; **jdm das Handwerk ~** (*fig*) put a stop to someone's game **II.** *vr* ❶ (*hin~*) lie down ❷ (*an einen best. Platz*) settle (*auf* on) ❸ (*fig: aufhören, abklingen*) abate, die down, subside; (*Zorn, Begeisterung*) wear off; **sich in die Sonne ~** lie in the sun; **sich in die Kurve ~** lean into the corner; **das legt sich** (*fam*) that'll sort itself out

legendär *adj* legendary

Legende [le'gɛndə] <-, -n> *f* legend

leger [le'ʒɛ:ɐ] *adj* casual

legieren [le'gi:rən] *vt* (*Metalle*) alloy

Legierung *f* ❶ (*Verfahren*) alloying ❷ (*Ergebnis*) alloy

Legion [le'gjo:n] *f* legion; **Legionär** *m* legionary

Legislative ['legɪslati:və] <-, -n> *f* (POL) legislative body, legislature

Legislaturperiode *f* (POL) parliamentary term *Br,* congressional term *Am*

legitim [legi'ti:m] *adj* legitimate; **Legitimation** *f* legitimation; **legitimieren I.** *vt* ❶ (*legitim machen*) legitimize ❷ (*berechtigen*) entitle **II.** *vr* (*sich ausweisen*) show proof of one's identity; **Legitimität** *f* legitimacy

Lehen ['le:ən] <-s, -> *nt* (HIST) feoff, fief; **Leh(e)nsherr** *m* (HIST) feudal lord; **Leh(e)nsmann** *m* (HIST) vassal

Lehm [le:m] <-(e)s, -e> *m* loam; (*Ton*) clay; **Lehmboden** *m* loamy soil; (*Tonboden*) clayey soil; **lehmig** *adj* loamy

Lehne ['le:nə] <-, -n> *f* (*Rücken~*) back(rest); (*Arm~*) arm(rest); **lehnen I.** *vt* lean (*an* against) **II.** *vi* be leaning (*an* against) **III.** *vr* lean (*an* against, *auf* on); **nicht aus dem Fenster ~!** (RAIL) do not lean out!; **Lehnenverstellung** *f* backrest adjustment; **Lehnsessel** *m,* **Lehnstuhl** *m* easy-chair

Lehnwort *nt* (LING) loan-word

Lehramt *nt:* **das ~** the teaching profession; **ein ~** a teaching post; **Lehramtsstudium** *nt* teacher training; **Lehranstalt** *f* educational establishment; **Lehrbeauftragte(r)** *f m* assistant lecturer *Br,* associate lecturer

Am; **Lehrberuf** *m* ① (*Beruf eines Lehrers*) teaching profession ② (*Beruf mit Lehrzeit*) skilled trade; **Lehrbrief** *m* ① (*Zeugnis*) certificate of apprenticeship ② (*Lektion bei Fernkurs*) correspondence lesson; **Lehrbuch** *nt* textbook

Lehre ['le:rə] <-, -n> *f* ① (*Berufsausbildung*) apprenticeship ② (*Lektion*) lesson ③ (*Lehrmeinung*) doctrine; (*Inhalt des ~ns*) teachings *pl;* (*Theorie*) theory ④ (TECH: *Mess~*) gauge *Br,* gage *Am;* **in die ~ gehen** serve one's apprenticeship (*bei jdm* with s.o.); **die christliche ~** Christian doctrine; **das soll dir eine ~ sein!** let that be a lesson to you!

lehren *vt, vi* teach; (*an einer Universität*) lecture

Lehrer(in) *m(f)* teacher; (*Privat~, Nachhilfe~*) tutor; (*Fahr~*) instructor (instructress)

Lehrfach *nt* subject; **Lehrfilm** *m* educational film; **Lehrgang** *m* course (*für* in); **einen ~ besuchen** take a course; **Lehrgeld** *nt* (HIST) (apprenticeship) premium; **für etw ~ zahlen** pay dearly for s.th.; **Lehrjahr** *nt* year as an apprentice; **~e sind keine Herrenjahre** (*prov*) life's not easy at the bottom; **Lehrkörper** *m* teaching staff; **Lehrkraft** *f* teacher

Lehrling *m* apprentice

Lehrmittel *ntpl* (SCHULE) teaching materials; **Lehrplan** *m* (SCHULE) (teaching) curriculum; (*einer Klassenstufe*) syllabus; **lehrreich** *adj* ① (*informativ*) instructive ② (*von erzieherischem Wert*) educational; **Lehrsatz** *m* (MATH) theorem; (*Dogma*) dogma

Lehrstelle *f* position as an apprentice

Lehrstück *nt* ① (THEAT) didactic play ② (*fig: Paradebeispiel*) prime example (*in* of)

Lehrstuhl *m* chair (*für* of)

Lehrzeit *f* apprenticeship

Leib [laɪp] <-(e)s, -er> *m* ① (ANAT: *Körper*) body ② (*Unter~*) abdomen; **jdm wie auf den ~ geschrieben sein** be tailor-made for s.o.; **am ganzen ~e zittern** tremble all over; **mit ~ und Seele** heart and soul; **er war mit ~ und Seele bei der Sache** he put his heart and soul into it; **bleiben Sie mir damit vom ~e!** (*fam*) stop pestering me with it!; **halt ihn mir vom ~!** keep him away from me; **jdm auf den ~ rücken** (*ihm zu nahe kommen*) crowd s.o.; (*sich jdn vorknöpfen*) get on at s.o.; (*hum: besuchen*) move in on s.o.; **ich habe es am eigenen ~e erfahren** I experienced it for myself; **er hat keinen Funken Anstand im ~e** he hasn't got a spark of decency in him; **Leibarzt** *m* personal physician

leiben ['laɪbən] *vi:* **das ist Peter wie er leibt und lebt** this is Peter to a T

Leibeserziehung *f* (*Sport*) physical training; **Leibeskräfte** *fpl:* **aus ~n** with all one's might; **Leibesübungen** *pl* (*Schulfach*) physical education

Leibgarde *f* bodyguard

Leibgericht *nt* favourite dish

leibhaftig I. *adj* incarnate, personified II. *adv* in person

leiblich *adj* ① (*körperlich*) bodily, physical ② (*Mutter, Vater*) natural; **~es Wohlbefinden** material well-being; **die ~en Genüsse** the pleasures of the flesh

Leibwächter *m* bodyguard

Leibwäsche *f* underwear

Leiche ['laɪçə] <-, -n> *f* body, corpse; **über ~n gehen** stop at nothing; **nur über meine ~!** (*fam*) not over my dead body!; **wie eine ~ auf Urlaub aussehen** (*fam*) look like death warmed up

leichenblass *adj* as pale as death; **Leichengift** *nt* (MED) ptomaine; **Leichenhalle** *f* mortuary; **Leichenschändung** *f* desecration of corpses; **Leichenschauhaus** *nt* morgue; **Leichenstarre** *f* (MED) rigor mortis; **Leichentuch** *nt* shroud; **Leichenverbrennung** *f* cremation; **Leichenwagen** *m* hearse; **Leichenzug** *m* funeral procession

Leichnam ['laɪçna:m] <-(e)s, -e> *m* body

leicht [laɪçt] I. *adj* ① (*von geringem Gewicht, a. fig*) light ② (*einfach*) easy ③ (*geringfügig*) slight; **man hat's nicht ~** life isn't easy; **das geht nicht so ~** that's not so easy; **mit ~er Hand** (*ohne Mühe*) effortlessly; **~er Tabak** mild tobacco; **~ wie eine Feder** as light as a feather; **~ gekleidet sein** be dressed in light clothes; **~ bekleidet** scantily dressed; **eine ~e Erkältung** a slight cold; **keinen ~en Stand haben** not to have an easy time of it; **~es Spiel haben** have a walkover; **Sie werden mit ihm ~es Spiel haben** he'll be no problem; **das ist ~ zu verstehen** that's easy to understand [*o* easily understood]; **~er gesagt als getan** easier said than done; **ein ~es Mädchen** (*pej*) a tart; **~en Herzens** with a light heart; **etw zu ~ nehmen, etw auf die ~e Schulter nehmen** take s.th. too lightly II. *adv* (*schnell*) easily; **das werde ich so ~ nicht vergessen** I won't forget that in a hurry; **das ist ~ möglich** that's quite possible; **das kann man sich ~ vorstellen** one can easily imagine that; **jdm ~ fallen** be easy for s.o.;

L

es sich ~ machen make things easy for oneself; **~ verdaulich** easily digestible; **~ verderblich** perishable; **~ verwundet** slightly wounded

Leichtathlet(in) *m(f)* athlete; **Leichtathletik** *f* athletics *pl*

leichtfertig *adj* ① (*gedankenlos*) thoughtless ② (*moralisch*) easygoing

leichtfüßig *adj* light-footed

Leichtgewicht *nt* (*Boxen, a. fig*) lightweight

leichtgläubig *adj* credulous; **Leichtgläubigkeit** *f* credulity

leichthin *adv* lightly

Leichtigkeit *f* (*fig: Mühelosigkeit*) ease; **mit ~** with no trouble at all

Leichtkraftrad *nt* moped

leichtlebig *adj* easy-going

Leichtmetall *nt* light metal

Leichtsinn <-(e)s> *m* ① (*Gedankenlosigkeit*) thoughtlessness ② (*Unvorsichtigkeit*) foolishness; **sträflicher ~** criminal negligence; **so** [*o* **was für**] **ein ~!** how silly!; **leichtsinnig** *adj* ① (*gedankenlos*) thoughtless ② (*töricht*) foolish

Leichtwasserreaktor *m* (TECH) light-water reactor

Leid [laɪt] <-(e)s> *nt* ① (*Sorge, Betrübnis*) grief, sorrow ② (*Schaden*) harm; **jdm sein ~ klagen** tell s.o. one's troubles *pl;* **jdm ein ~ antun** harm s.o.; **in Freud' und ~** come rain, come shine; **Freude und ~ mit jdm teilen** share one's joys and sorrows with s.o.; **es tut mir ~, dass ...** I regret that ...; (**das**) **tut mir ~!** I'm sorry (about it)!; **es tut mir ~ um sie** I'm sorry for her; **das wird dir noch ~ tun!** you'll regret it!; **jdm etw zu ~e tun** do s.o. harm, harm s.o.; **er tut keiner Fliege was zu ~e** he wouldn't hurt a fly

leid *adv:* **ich bin** (**habe**) **es ~** I'm tired of it; **ich bin Ihr ewiges Gerede ~** I'm fed up with your eternal chatter; *s. a.* **Leid**

Leiden *nt* suffering; (*Krankheit*) illness; (*Beschwerden*) complaint; **die Freuden und ~ des Lebens** the ups and downs of life

leiden ['laɪdən] *irr* **I.** *vt* ① (*er~*) suffer ② (*zulassen*) allow, permit; **~ können** like; **Not ~** be in want; **ich kann ihn nicht ~** I don't like him [*o* can't stand him]; **bei jdm wohl gelitten sein** be held in high regard by s.o. **II.** *vi* suffer (*an, unter* from); **leidend** *adj* ① (*er~*) suffering ② (*kränklich*) ailing

Leidenschaft *f* passion; **eine ~ für etw haben** have a passion for s.th.; **leidenschaftlich** *adj* passionate; **etw ~ gern tun** be passionately fond of doing s.th.; **Leidenschaftlichkeit** *f* passion; **leidenschaftslos** *adj* dispassionate

Leidensgenosse, -genossin *m, f* fellow-sufferer

leider ['laɪdɐ] *adv* unfortunately; **~ muss ich gehen** I'm afraid I have to go; **ja ~!** I'm afraid so!; **~ lässt sich das nicht machen** unfortunately that can't be done

leidig *adj* tiresome

leidlich *adj* reasonable; **es geht ihr so ~** (*fam*) she is so-so

Leidtragende(r) *f m* (*Benachteiligte*) sufferer, the one to suffer

leidvoll *adj* grievous

Leidwesen *nt:* (**sehr**) **zu meinem ~** (much) to my disappointment

Leier ['laɪɐ] <-, -n> *f* (MUS) lyre; **es ist immer die alte ~** (*fam*) it's always the same old story

Leierkasten *m* hurdy-gurdy

leiern *vt, vi* ① (*auf der Drehorgel*) grind ② (*pej: Gedicht*) drone

Leiharbeit *f* casual labour; **Leiharbeiter(in)** *m(f)* casual worker

Leihbibliothek *f,* **Leihbücherei** *f* lending library

leihen ['laɪən] *irr vt* ① (*aus~*) lend ② (*borgen*) borrow; **ich habe es mir geliehen** I've borrowed it; **jdm seine Aufmerksamkeit ~** lend s.o. one's attention

Leihgabe *f* loan; **Leihgebühr** *f* rental charge; (*für Bücher*) lending fee; **Leihhaus** *nt* pawnshop; **Leihmutter** *f* surrogate mother; **Leihmutterschaft** *f* surrogate motherhood, surrogacy; **Leihschein** *m* pawn ticket; (*für Buch*) borrowing slip; **Leihschwangerschaft** *f* surrogate pregnancy; **Leihwagen** *m* hire(d) car; **leihweise** *adv* on loan

Leim [laɪm] <-(e)s, -e> *m* glue; **jdm auf den ~ gehen** (*fam*) fall for someone's line; **aus dem ~ gehen** (*fam: auseinander fallen*) fall apart; **leimen** *vt* ① (*zusammen~*) glue (together) ② (*fam: hereinlegen*) take for a ride; **Leimfarbe** *f* distemper

Leine ['laɪnə] <-, -n> *f* (*Wäsche~*) line; (*Schnur*) cord; (*Hunde~*) leash, lead

Leinen ['laɪnən] <-s, -> *nt* linen; (*Bucheinband*) cloth; **in ~ gebunden** cloth-bound; **leinen** *adj* linen

Leinsamen *m* linseed

Leintuch *nt* (*Bettuch*) sheet

Leinwand *f* ① (*für Zelte, a. zum Bemalen*) canvas ② (FILM) screen

leise ['laɪzə] *adj* ① (*still*) quiet; (*nicht laut*) low ② (*schwach, gering*) faint ③ (*Stimme*) soft; **sei doch ~!** don't make such a noise!; **stell doch mal das Radio ~r!** turn the radio down!; **ich habe nicht die ~ste Ahnung** I haven't got the slightest [o faintest] idea; **sprechen Sie doch bitte etw ~r!** please keep your voice down a bit!

Leisetreter(in) *m(f)* (*pej*) pussyfooter

Leiste ['laɪstə] <-, -n> *f* ❶ (*Holz~*) strip; (*Umrandung*) border ❷ (ANAT) groin

Leisten ['laɪstən] <-s, -> *m:* **alles über einen ~ schlagen** (*fam*) measure everything by the same yardstick

leisten ['laɪstən] *vt* (*vollbringen*) achieve; **sich etw ~** (*erlauben*) allow o.s. s.th.; (*gönnen*) treat o.s. to s.th.; **sich etw ~ können** be able to afford s.th.; **jdm Beistand ~** lend s.o. one's support; **jdm einen Dienst ~** render s.o. a service; **einen Eid ~** take an oath; **jdm Hilfe ~** help s.o.; **gute Arbeit ~** do a good job; **Ersatz ~** provide a replacement; **jdm Genugtuung ~** give s.o. satisfaction; **jdm Gesellschaft ~** keep s.o. company; **Großes ~** achieve great things *pl;* **das kann ich mir nicht ~** I can't afford that; **er leistete sich die Frechheit zu ...** he had the cheek to ...; **da hat er sich aber etwas (Schönes) geleistet!** (*iro*) that was really brilliant of him!

Leistenbruch *m* (MED) hernia; **Leistengegend** *f* (ANAT) groin

Leistung *f* ❶ (*Geleistetes*) performance; (*geleistete Arbeit*) work ❷ (*~sfähigkeit*) capacity; (AUTO) power ❸ (*Zahlung durch Versicherung, Krankenkasse*) benefit ❹ (*betriebliche ~, Ausstoß*) output; **nach ~ bezahlt werden** be paid on results *pl;* **die ~en sind besser geworden** the levels of performance have improved; **schwache ~!** (*fam*) poor show!; **Leistungsabfall** *m* (TECH, ELEK) power diminution; **er hat einen ~** (SCHULE) his work has deteriorated; **Leistungsaufnahme** *f* (TECH, ELEK) power consumption [*o* input]; **Leistungsbewertung** *f* efficiency measurement; **leistungsbezogen** *adj* performance-oriented, achievement-oriented; **Leistungsbilanz** *f* balance of goods and services; **Leistungsdruck** *m* pressure (to do well), stress of performance; **Leistungsfach** *m* (SCHULE) special subject; **leistungsfähig** *adj* ❶ (*fähig*) able, capable; (*tüchtig*) efficient ❷ (COM: *produktiv*) productive; (*konkurrenzfähig*) competitive ❸ (AUTO) powerful ❹ (FIN: *zahlungskräftig*) solvent; **Leistungsfähigkeit** *f* ❶ (*Tüchtigkeit*) efficiency ❷ (COM: *Produktivität*) productive power; (*Konkurrenzfähigkeit*) competitiveness ❸ (AUTO) power ❹ (FIN: *Zahlungskraft*) solvency; **Leistungsgesellschaft** *f* performance-oriented society; **Leistungsknick** *m* bend in efficiency; **Leistungskontrolle** *f* performance control; **Leistungsminderung** *f* ❶ (*körperlich, geistig*) drop in efficiency ❷ (ELEK) power drop ❸ (TECH) drop in output; **Leistungsprüfung** *f* performance test; **Leistungstest** *m* performance test; (SCHULE) achievement test; **Leistungsträger(in)** *m(f)* key player; **Leistungswille** *m* motivation; **Leistungszulage** *f* productivity bonus

Leitartikel *m* leader *Br,* editorial *Am;* **Leitartikler(in)** *m(f)* leader-writer *Br,* editorial-writer *Am*

Leitbild *nt* model

leiten ['laɪtən] *vt* ❶ (*führen*) lead ❷ (*fig: lenken*) guide ❸ (*verantwortlich sein*) be in charge of; (COM: *als Manager*) direct, manage ❹ (PHYS ELEK) conduct; **(etw) gut ~** (PHYS ELEK) be a good conductor (of s.th.); **sich von jdm (etw) ~ lassen** let o.s. be guided by s.o. (s.th.)

leitend *adj* ❶ (*führend*) leading ❷ (*Stellung*) managerial ❸ (PHYS ELEK) conductive; **nicht ~** (ELEK) non-conductive; **~e(r) Angestellte(r)** executive; **der ~e Ingenieur** the engineer in charge

Leiter(in)¹ *m(f)* leader; (*Chef, Abteilungs~*) head; (*Geschäftsführer*) manager, manageress; (*Schul~*) headmaster, headmistress *Br,* principal *Am*

Leiter² *m* (PHYS ELEK) conductor

Leiter³ <-, -n> *f* ladder; **die ~ zum Erfolg** the stairway to success

Leiterplatte *f* circuit board

Leitfaden *m* ❶ guide; (*einführendes Handbuch*) introduction ❷ (*fig: in Handlung*) main connecting thread; **leitfähig** *adj* (PHYS ELEK) conductive; **Leitgedanke** *m* central idea; **Leithammel** *m* (*a. fig fam*) bellwether; **Leitlinie** *f* (*Grundsatz*) guideline; **Leitmotiv** *nt* leitmotiv; **Leitplanke** *f* (AUTO) crash-barrier; **Leitsatz** *m* guiding principle; **Leitstern** *m* (*a. fig*) lodestar

Leitung *f* ❶ (*das Führen*) leading ❷ (*fig: das Lenken, Steuern*) guiding ❸ (*Vorsitz*) leadership; (COM: *Management*) management; (*Schul~*) headship *Br,* principalship *Am* ❹ (*~spersonen, Leiter*) leaders *pl;* (COM: *Manager*) management ❺ (*Telefon~, Strom~*) wire; (*Gas~, Wasser~ im Haus*) pipe; (*Zuführungs~ für Gas und Wasser*) main ❻ (TELE: *Verbindung*) line; **wer hat die ~ dieses Projekts?** who is in charge of this project?; **die ~ des Marke-**

L

tingbereichs (COM) the management of the marketing division; **unter der ~ von …** (MUS) conducted by …; **die ~ ist besetzt** (TELE) the line is engaged *Br,* (the line is busy) *Am;* **er hat eine ziemlich lange ~** (*fam*) he's rather slow on the uptake; **Leitungsnetz** *nt* ❶ (ELEK) grid ❷ (*für Wasser, Gas*) mains system ❸ (TELE) network; **Leitungsrohr** *nt* main; (*im Haus*) pipe; **Leitungswasser** *nt* tapwater; **Leitungswiderstand** *m* (ELEK) resistance

Leitvermögen *nt* (ELEK) conductivity

Leitwerk *nt* (AVIAT) tail unit

Leitwolf *m* (*fig*) leader

Leitzins *m* (FIN) prime rate

Lektion [lɛk'tsjoːn] *f* (*a. fig*) lesson; **das wird ihm eine ~ sein** that'll teach him a lesson

Lektor(in) *m(f)* (*in einem Verlag*) editor

Lektüre [lɛk'tyːrə] <-, -n> *f* (*Lesen*) reading; (*Lesestoff*) reading matter

Lemming <-s, -e> *m* (*eine Art Wühlmaus*) lemming

Lende ['lɛndə] <-, -n> *f* (ANAT) loin; **Lendenbraten** *m* loin roast; **Lendengegend** *f* (ANAT) lumbar region; **Lendenschurz** *m* loincloth; **Lendenstück** *nt* (*Fleischstück*) piece of loin; **Lendenwirbel** *m* (ANAT) lumbar vertebra

lenkbar *adj* (*steuerbar*) steerable; (*Rakete*) guided

Lenkcomputer *m* guide computer

lenken ['lɛŋkən] *vt* ❶ (*führen, leiten*) direct, guide ❷ (*Fahrzeuge*) steer ❸ (*verwalten*) manage ❹ (*fig: Schritte, Gedanken, Gespräche*) direct (*auf* to); **jds Aufmerksamkeit auf jdn (etw) ~** draw someone's attention to s.o. (s.th.); **den Blick auf etw ~** turn one's eyes to s.th.; **gelenkte Wirtschaft** planned economy

Lenker(in) *m(f)* ❶ (*Fahrer*) driver ❷ (*Führer*) guide

Lenker *m* (*beim Fahrrad*) handlebars *pl;* **Lenkerarmaturen** *pl* (*beim Motorrad*) handlebar fittings

Lenkrad *nt* (steering) wheel; **Lenkradschaltung** *f* (AUTO) column gear change *Br,* column gear shift *Am;* **Lenkradschloss** *nt* (AUTO) steering-wheel lock

Lenkstange *f* (*an Motorrad, Fahrrad*) handlebars *pl*

Lenkung *f* ❶ (*das Leiten, Führen*) directing; (*das Steuern*) steering ❷ (AUTO: *Lenkvorrichtung*) steering

Lenkwaffe *f* (MIL) guided missile

Lenz [lɛnts] <-es, -e> *m* (*lit: Frühling*) springtime; **sich einen faulen ~ machen** (*fam*) laze about; **25 ~e zählen** (*hum*) have seen 25 summers

Leopard [leo'part] <-en, -en> *m* leopard

Lepra ['leːpra] <-> *f* (MED) leprosy; **Leprakranke(r)** *f m* leper

Lerche ['lɛrçə] <-, -n> *f* (*Singvogel*) lark

lernbegierig *adj* eager to learn; **lernbehindert** *adj* educationally handicapped; **Lerndiskette** *f* didactic disk

lernen ['lɛrnən] **I.** *vt* learn (*etw von jdm* s.th. from s.o., *etw zu tun* to do s.th., *von oder aus etw* from s.th.); **schwimmen ~** learn to swim; **du lernst es nie!** you'll never learn!; **er lernt Bäcker** he's learning the baker's trade, he's training as a baker; **tja, alles will gelernt sein** well, it's all a question of practice **II.** *vi* ❶ (*sich Wissen aneignen*) learn ❷ (*ausgebildet werden: in Lehrberuf*) train; (*zur Schule gehen*) go to school; (*studieren*) study; **von ihr kannst du nur ~!** she could really teach you a thing or two!

Lerner(in) *m(f)* learner

Lernerwörterbuch *nt* learner's dictionary

Lernfähigkeit *f* learning ability

Lernmittelfreiheit *f* free means *pl* of study; **Lerntechnik** *f* mnemonics *pl;* **Lernziel** *nt* (SCHULE) learning objective

Lesart ['leːsaːɐt] *f* (*a. fig*) version

lesbar *adj* (*leserlich*) legible

Lesbe ['lɛsbə] <-, -n> *f* (*sl*) dyke *Br,* dike *Am;* **Lesbierin** ['lɛsbiərɪn] *f* lesbian; **lesbisch** *adj* lesbian

Lesebuch *nt* reader; **Lesegerät** *nt* ❶ (*Mikrofilm~*) film reader ❷ (INFORM) reading device; **Leselampe** *f* reading lamp; **Lesemappe** *f* magazine-sharing club folder

lesen *irr vt, vi* ❶ read ❷ (*Vorlesung halten*) lecture (*über* on); **seine Handschrift kann man kaum ~** his handwriting is hardly legible; **… und da stand zu ~, dass …** … and it said there that …; **lesenswert** *adj* worth reading

Leseprobe *f* ❶ (THEAT) reading ❷ (*Buchausschnitt*) excerpt

Leser(in) *m(f)* (*Buch~*) reader

Leseratte *f* (*fam*) bookworm

Leserbrief *m* reader's letter; **Leserkreis** *m* readership

leserlich *adj* legible

Leserschaft *f* readers *pl*

Lesesaal *m* reading room; **Lesespeicher** *m* (INFORM) read only memory; **Lesestoff** *m* reading (matter); **Lesezeichen** *nt* (*in Buch, auch im Internet*) bookmark; **Lesezirkel** *m* magazine subscription club

Lesung *f* (PARL: *a. Dichter~*) reading

Lette, -tin ['lɛtə] <-n, -n> *m, f* Latvian; **lettisch** *adj* Latvian; **Lettland** <-s> *nt* Latvia

Obst und Gemüse

Fruit and Vegetables

1	Apfel	apple
2	Pfirsich	peach
3	Birne	pear
4	Kopfsalat	lettuce
5	Kirschen	cherries
6	Lauch	leek
7	Erdbeere	strawberry
8	Maiskolben	corn cob
9	Trauben	grapes
10	Zitrone	lemon
11	Orange	orange
12	Mandarine	mandarin, tangerine
13	Karotte	carrot
14	Blumenkohl, Karfiol (A)	cauliflower
15	Zwiebel	onion
16	Knoblauch	garlic
17	Stangensellerie	celery
18	Aubergine, Melanzani (A)	aubergine (GB), eggplant (USA)
19	Banane	banana
20	Kohl	cabbage
21	Gurke	cucumber
22	Kartoffel, Erdapfel (A)	potato
23	Tomate, Paradeiser (A)	tomato
24	Rosenkohl	Brussels sprouts

1	Klingel	school bell	9	Wischer	wiper (GB), eraser (USA)
2	Wanduhr	wall clock	10	Kreide	chalk
3	Weltkarte	map of the world	11	Abfalleimer	waste bin (GB), garbage can (USA)
4	Tafel	blackboard	12	Kartenständer	map stand
5	Tür	door	13	Lehrerpult	teacher's desk
6	Wasserhahn	water tap (GB), faucet (USA)	14	Schultasche	school bag
7	Waschbecken	washbasin, sink (USA)	15	Schreibtisch	desk
8	Schwamm	sponge	16	Stuhl	chair

Letzt [lɛtst] *f:* **zu guter ~** in the end; **das ist ja wohl das ~e!** (*fam*) that's the real last straw!; **sein ~es (her)geben** do one's utmost; **bis aufs ~** completely; **bis ins ~** down to the last detail

letzte *adj* ❶ (*zeitlich, räumlich*) last; (*abschließend, endgültig*) final ❷ (*äußerste*) extreme ❸ (*neueste*) latest ❹ (*fam: schlechteste*) most terrible; **er ging als Letzter** he was the last to go; **~r Ausweg** last resort; **~n Endes** after all; **jdm die ~ Ehre erweisen** pay one's last respects to s.o.; **~ Meldungen, ~ Nachrichten** latest news; **~ Runde** (SPORT) final round; **Letzter Wille** last will and testament; **an ~r Stelle liegen** (SPORT) be last; (*am Tabellenende*) be bottom; **in den ~n Zügen liegen** (*fam*) be at one's last gasp; **in ~r Zeit** recently; **das ist der ~ Dreck** (*fam*) that's absolute trash; **jdn wie den ~n Dreck behandeln** (*fam*) treat s.o. like dirt; *s. a.* **Letzt; letztendlich** *adv* at last, finally; **letztens** ['lɛtstəns] *adv* recently; **letztere** *adj* the latter

letztjährig *adj* last year's; **letztlich** *adv* in the end; **letztwillig** *adj:* **~e Verfügung** last will and testament

Leuchtanzeige *f* illuminated display; **Leuchtboje** *f* light-buoy; **Leuchtbombe** *f* (AVIAT, MIL) flare; **Leuchtdiode** *f* light-emitting diode; **Leuchtdiodenanzeige** *f* LED-display

Leuchte ['lɔɪçtə] <-, -n> *f* ❶ (*Licht*) light; (*Lampe*) lamp ❷ (*fam: begabter Mensch*) genius, shining star

leuchten *vi* ❶ (*glänzen, scheinen*) shine; (*glühen*) glow ❷ (*mit einer Lampe*) shine a [*o* the] lamp (*in* into, *auf* onto); **leuchtend** *adj* (*a. fig*) shining; **ein ~es Beispiel** a shining example; **mit ~en Augen** with shining eyes; **etw in den ~sten Farben schildern** paint s.th. in glowing colours

Leuchter *m* (*Kerzen~*) candlestick; (*Kron~*) chandelier

Leuchtfarbe *f* fluorescent paint [*o* colour]; **Leuchtfeuer** *nt* navigational light; **Leuchtkäfer** *m* glow-worm; **Leuchtkraft** *f* brightness; **Leuchtkugel** *f* flare; **Leuchtpistole** *f* flare pistol; **Leuchtrakete** *f* signal rocket; **Leuchtreklame** *f* neon sign; **Leuchtschrift** *f* illuminated letters *pl;* **Leuchtspurmunition** *f* (MIL) tracer bullets *pl;* **Leuchtstift** *m* highlighter; **Leuchtstofflampe** *f* fluorescent lamp; **Leuchtstreifen** *m* (TECH) fluorescent strip; **Leuchtturm** *m* lighthouse; **Leuchtwerbung** *f* illuminated advertising; **Leuchtzeichen** *nt* flare signal; **Leuchtzifferblatt** *nt* luminous dial

leugnen ['lɔɪgnən] *vt, vi* deny; **~ etw getan zu haben** deny having done s.th.; **es ist nicht zu ~, dass ...** it cannot be denied that ...

Leukämie [lɔɪkɛ'mi:] *f* (MED) leukaemia

Leumund ['lɔɪmʊnt] *m* (JUR) reputation

Leute ['lɔɪtə] *pl* people; **meine ~** (*Mannschaft, Arbeiter*) my staff; (*meine Familie*) my folks; **etw unter die ~ bringen** (*fam*) spread s.th. around; **ich kenne doch meine ~!** (*fam: ich kenne euch Brüder*) I know you lot!; **unter die ~ kommen** (*fam*) do the rounds *pl;* **was werden die ~ dazu sagen?** what will people say?

Leutnant ['lɔɪtnant] <-e, -s/(-e)> *m* (MIL: *beim Heer*) second lieutenant; (*Flieger~*) pilot officer *Br,* second lieutenant *Am;* **~ zur See** sub-lieutenant *Br,* lieutenant junior grade *Am*

leutselig *adj* affable; **Leutseligkeit** *f* affability

Leviten [le'vi:tən] *pl:* **jdm die ~ lesen** lecture s.o.

Lexem [lɛ'kse:m] <-s, -e> *nt* (LING) lexeme

lexikalisch [lɛksi'ka:lɪʃ] *adj* lexical

Lexikographie <-> *f,* **Lexikografie** *f* lexicography

Lexikon ['lɛksikɔn] <-s, -ka/(-ken)> *nt* ❶ (*Konversations~*) encyclop(a)edia ❷ (*obs: Wörterbuch*) dictionary

Libanese, -sin [liba'ne:zə] <-n, -n> *m, f* Lebanese; **libanesisch** *adj* Lebanese; **Libanon** ['li:banɔn] *m:* **der ~** the Lebanon

Libelle [li'bɛlə] <-, -n> *f* ❶ (*Insekt*) dragonfly ❷ (TECH: *an Wasserwaage*) spirit level

liberal [libe'ra:l] *adj* liberal; **liberalisieren** *vt* liberalize; **Liberalisierung** *f* liberalization; **Liberalismus** *m* liberalism

Liberia [li'be:ria] *nt* Liberia

Libero ['li:bero] <-s, -s> *m* (SPORT) sweeper

Libyen ['li:byən] *nt* Libya; **Libyer(in)** *m(f)* Libyan; **libysch** *adj* Libyan

Licht [lɪçt] <-(e)s, -er> *nt* ❶ (*a. fig*) light ❷ (*Könner*) genius; **mach mal das ~ an (aus)!** turn on (switch off) the light!; **etw ans ~ bringen** bring s.th. out into the open; **etw gegen das ~ halten** hold s.th. up to the light; **bei ~ betrachtet** (*am Tage*) in the daylight; (*fig*) in the cold light of day; **jdn hinters ~ führen** pull the wool over someone's eyes; **etw ins rechte ~ rücken** (*richtig stellen*) show s.th. in its true colours *pl;* **du stehst mir im ~** you're standing in my light; **plötzlich ging ihm ein ~ auf** (*fig*) suddenly it began to dawn on him; **wir müssen ~ in diese Angele-**

L

genheit bringen** we must cast some light on this matter; **man sollte nicht gegen das ~ fotografieren** one shouldn't take a photograph into the light

licht *adj* ① (*hell*) light ② (*Haar*) thin; (*Wald*) sparse; **ein ~er Augenblick** a lucid moment; **~e Weite** internal diameter

Lichtanlage *f* ① (*die Beleuchtung*) lights *pl* ② (*das Beleuchtungssystem*) lighting system; **Lichtbild** *nt* (*Diapositiv*) slide; **Lichtbildervortrag** *m* slide-illustrated lecture; **Lichtblick** *m* (*fig*) cheering prospect; **Lichtbogen** *m* arc; **Lichtbrechung** *f* refraction; **Lichtdruck** *m* ① (TYP) phototype ② (PHYS) light pressure; **lichtdurchlässig** *adj* light-transmissive; **lichtecht** *adj* non-fade; **Lichteinwirkung** *f* effect [*o* action] of light; **lichtempfindlich** *adj* sensitive to light; (TECH) photosensitive

lichten[1] **I.** *vt* (*ausdünnen*) thin out **II.** *vr* ① (*spärlicher werden*) thin out; (*schwinden, schrumpfen*) dwindle ② (*Nebel*) clear; (*Wolken, Dunkel*) lift ③ (*fig: aufgeklärt werden*) be cleared up

lichten[2] *vt:* **den Anker ~** weigh anchor

lichterloh [ˈlɪçtɐˈloː] *adv:* **~ brennen** be ablaze

Lichtfleck *m* light spot; **Lichtgeschwindigkeit** *f* (PHYS) speed of light; **mit ~** at the speed of light; **Lichtgriffel** *m* (*Laserlichtstift*) light pen; **Lichthof** *m* ① (ARCH) air well ② (ASTR A. PHOT) halo; **Lichthupe** *f* (AUTO) flasher; **Lichtjahr** *nt* light year; **Lichtleitung** *f* lighting wire; **Lichtmaschine** *f* (AUTO) alternator *Br*, generator *Am*; **Lichtmast** *m* lamp post; **Lichtmess** *f*: **Mariä ~** Candlemas; **Lichtmesser** *m* (PHOT) photometer; **Lichtorgel** *f* ① (*in Discothek*) clavilux ② (FILM THEAT) lighting console ③ (*~effekt*) light show; **Lichtpause** *f* blueprint; **Lichtquelle** *f* source of light; **Lichtreklame** *f* neon sign; **Lichtschacht** *m* ① (*in Haus*) air shaft ② (PHOT: *bei Spiegelreflexkamera*) focussing hood; **Lichtschalter** *m* (ELEK) light switch; **Lichtschein** *m* gleam of light; **lichtscheu** *adj* ① averse to light ② (*fig*) shady; **Lichtschutzfaktor** *m* protection factor; **Lichtsignal** *nt* light signal; **lichtstark** *adj* (OPT) intense; (PHOT) fast; **Lichtstärke** *f* ① (*einer Birne*) wattage ② (PHOT) speed; (OPT) luminous intensity; **Lichtstrahl** *m* beam of light

lichtundurchlässig *adj* opaque

Lichtung *f* clearing, glade

Lichtverhältnisse *pl* lighting conditions; **Lichtwelle** *f* (PHYS) light wave; **Lichtzeichenanlage** *f* (*im Straßenverkehr*) set of lights

Lid [liːt] <-(e)s, -er> *nt* (ANAT) eyelid; **Lidschatten** *m* eye-shadow; **Lidstrich** *m* eye-liner

lieb [liːp] *adj* ① (*geschätzt*) dear; (*geliebt*) beloved ② (*angenehm*) pleasant; (*nett*) nice; (*liebenswürdig*) kind ③ (*artig, brav*) good; **ich bin ihr von allen der ~ste** I'm her favourite; **es wäre sehr ~, wenn Sie …** it would be sweet of you if you …; **es wäre mir ~ zu …** I'd like to …; **den ~en langen Tag** the whole livelong day; **seine ~e Not haben** have no end of trouble (*mit* with); **er hatte seine ~e Not damit** it was very difficult for him; **um des ~en Friedens willen** (*fam*) for the sake of peace and quiet; **ach, du ~e Zeit!** (*fam*) goodness me!; **~ gewinnen** grow fond of; **~ haben** be fond of, love

liebäugeln [ˈliːpɔɪgəln] *vi:* **mit etw ~** have an eye on s.th.; **mit dem Gedanken ~ etw zu tun** be toying with the idea of doing s.th.

Liebchen [ˈliːpçən] *nt* (*obs*) sweetheart

Liebe [ˈliːbə] <-> *f* love (*zu jdm* of s.o., for s.o., *zu etw* of s.th.); **ein Kind der ~** a love-child; **~ macht blind** (*prov*) love is blind; **sie ist meine große ~** she's the love of my life; **~ machen** (*sl*) make love

Liebelei *f* (*obs*) flirtation

lieben *vt, vi* love; **etw nicht ~** not to like s.th.; **das würde ich ~d gern tun** I'd love to do so; **liebenswert** *adj* lovable

liebenswürdig *adj* ① (*liebenswert*) amiable ② (*freundlich*) kind; **wären Sie wohl so ~, …?** would you be so kind as to …?; **Liebenswürdigkeit** *f* kindness

lieber [ˈliːbɐ] **I.** *adj* (*Komparativ*) dearer; **er mag Techno ~ als Hip-Hop** he prefers techno to hiphop, he likes techno better than hiphop; **nichts ~ als das** there's nothing I'd rather do; **ich würde ~ nach Hause gehen** I'd rather go home; **Sie hätten ~ nicht kommen sollen** it would have been better if you hadn't come; **am liebsten würde ich …** what I'd like most would be to … **II.** *adv* ① (*eher*) rather ② (*besser*) better; **je länger, je ~** the longer the better; **ich möchte ~ nach Hause gehen** I'd [*o* I would] rather go home; **du bleibst ~ da** (*besser*) you'd [*o* you had] better stay there; **du hättest ~ nachgeben sollen** you'd have done better to have given in

Liebesbrief *m* love letter; **Liebesdienst** *m* (*fig: Gefallen*) favour; **Liebesentzug** <-s> *m* withdrawal of favours

Liebeserklärung *f* declaration of love; **jdm eine ~ machen** declare one's love to s.o.; **Liebesgabe** *f* alms *pl;* **Liebeskummer** *m* lovesickness; **~ haben** be lovesick; **Liebeslied** *nt* love song; **Liebesmühe** *f:* **es ist vergebliche ~** it's all futile; **Liebespaar** *nt* lovers *pl*, courting couple

liebevoll *adj* loving

Liebhaber(in) *m(f)* ① (*Geliebte*) lover ② (*Enthusiast*) enthusiast; (*Kenner*) connoisseur; **Liebhaberei** [li:pha:bəˈraɪ] *f* (*fig: Steckenpferd*) hobby; **aus ~** as a hobby; **Liebhaberstück** *nt* collector's item; **Liebhaberwert** *m* collector's value

liebkosen [li:pˈko:zən] <ohne ge-> *vt* caress, fondle

lieblich *adj* (*anmutig*) lovely; (*Wein*) sweet; (*reizend*) charming; (*köstlich*) delightful

Liebling *m* ① (*Günstling*) favourite ② (*Geliebte, Geliebter*) darling

lieblos *adj* ① (*unfreundlich*) unkind ② (*ohne Liebe*) unloving

Lieblosigkeit *f* ① (*Charakterzug*) unkindness ② (*Äußerung, Tat*) unkind remark [*o* act]

Liebschaft *f* (love) affair

Liebste(r) [ˈli:pstə] *f m* sweetheart

Lied [li:t] <-(e)s, -er> *nt* song; **es ist immer das alte ~** (*fam*) it's always the same old story; **davon kann ich auch ein ~ singen** (*fam*) I could tell you a thing or two about that myself; **das ist dann das Ende vom ~** (*fam*) it always ends like that; **Liederbuch** *nt* songbook

liederlich [ˈli:dɐlɪç] *adj* ① (*schlampig*) slovenly; (*nachlässig a.*) sloppy ② (*pej: unmoralisch: Mann*) dissolute, dissipated; (*Frau*) loose

Liederlichkeit *f* ① (*Schlampigkeit*) slovenliness ② (*Lebenswandel*) dissoluteness, looseness

Liedermacher(in) *m(f)* singer-songwriter

Lieferabkommen *nt* supply contract

Lieferant(in) <-en, -en> *m(f)* supplier

lieferbar *adj* (*vorrätig*) available; **die Ware ist sofort ~** the article can be supplied at once

Lieferbedingungen *fpl* terms of delivery; **Lieferfirma** *f* ① (*Versorgungsfirma*) supplier ② (*Zustellerfirma*) delivery firm

liefern [ˈli:fɐn] *vt, vi* ① (*versorgen mit*) supply; (*aus~*) deliver ② (*zur Verfügung stellen*) furnish, provide; (*Beweis*) produce; (*Ertrag, Ernte*) yield; **jdm eine Schlacht ~** do battle with s.o.; **jetzt ist er geliefert** (*fam*) now he's had it; **wir können nicht ins Ausland ~** we do not supply the foreign market; **ein spannendes Spiel ~** (SPORT) put on an exciting game

Lieferschein *m* delivery note; **Lieferstopp** *m* suspension of deliveries; **Liefertermin** *m* delivery date

Lieferung *f* ① (*Versorgung*) supply ② (*Aus~*) delivery; **Bezahlung bei ~, zahlbar bei ~** payable on delivery; **~ frei Haus** free delivery

Lieferwagen *m* van *Br,* panel truck *Am;* (*offener*) pick-up

Lieferzeit *f* time of delivery, delivery time

Liege [ˈli:gə] <-, -n> *f* couch

liegen [ˈli:gən] *irr vi* ① (*flach ~*) lie ② (*gelegen sein*) be situated; (*sein, sich befinden*) be ③ (*passen, zusagen*) suit (*jdm* s.o.), appeal (*jdm* to s.o.); **er liegt mir nicht** (*fam*) he's not my type; **das liegt mir absolut nicht** (*fam*) that's absolutely not my line; **mir liegt viel daran** it means a lot to me; **daran liegt mir wenig/nichts** that doesn't matter much/at all to me; **das liegt nicht an mir** (*das ist nicht meinetwegen so*) that's not because of me; (*das ist nicht meine Schuld*) that's not my fault; **woran liegt es?** what's the cause of it?; **an mir soll's nicht ~** (*fam: ich habe nichts dagegen*) it's all right by [*o* with] me; **es liegt bei Ihnen, ob …** it rests with you whether …; **lass es da ~** leave it there; **das liegt gar nicht in meiner Absicht** that's not at all my intention; **unser Haus liegt sehr ruhig** our house is in a very peaceful location; **wo liegt Herford?** where is Herford situated?; **wie die Dinge momentan ~** as things are at the moment; **fern ~** (*fig*) be far from; **es liegt mir fern ihn zu verurteilen** it is not my job to judge him; **~ bleiben** remain lying; (*vergessen werden*) be left behind; **im Bett ~ bleiben** remain in bed; **meine Arbeit ist ~ geblieben** my work was left undone; **unser Auto ist kurz vor London ~ geblieben** our car broke down just outside London; **~ lassen** (*vergessen*) leave behind; (*Arbeit unerledigt lassen*) leave; **jdn links ~ lassen** (*fam*) ignore [*o* disregard] s.o.; **alles ~ und stehen lassen** (*auf der Stelle aufhören*) drop everything; (*alles hinter sich lassen, zurücklassen*) leave everything behind; **sich wund ~** get bedsore

Liegenschaften *pl* real estate *sing;* **Liegenschaftsamt** *nt* property register

Liegeplatz *m* (MAR, RAIL) berth; **Liegesitz** *m* reclining seat; **Liegestuhl** *m* deckchair; **Liegewagen** *m* (RAIL) couchette coach *Br,* couchette car *Am*

Lift [lɪft] <-(e)s, -e/-s> *m* lift *Br,* elevator *Am*

Liga ['li:ga] <-, -gen> *f* league

Light-Produkt ['laɪt-] *nt* low fat product, low calory product

Likör [li'kø:ɐ] <-s, -e> *m* liqueur

lila ['li:la] *adj* purple, lilac

Lilie ['li:liə] *f* lily

Liliputaner(in) [lilipu'ta:nɐ] *m(f)* (*kleiner Mensch*) dwarf

Limonade [limo'na:də] <-, -n> *f* lemonade

Limousine [limu'zi:nə] <-, -n> *f* saloon *Br,* sedan *Am*

Linde ['lɪndə] <-, -n> *f* ❶ (*Baum*) lime (tree), linden tree ❷ (*~nholz*) limewood

lindern ['lɪndɐn] *vt* ❶ (*erleichtern*) ease, alleviate, relieve ❷ (*mildern*) soothe

Linderung *f* ❶ (*Erleichterung*) easing, alleviation, relief ❷ (*Milderung*) soothing

Lineal [line'a:l] <-s, -e> *nt* ruler

Linie ['li:niə] *f* line; (*Straßenbahn~*) number; (*Eisenbahn~, Bus~*) line; **fahren Sie mit ~ zehn!** take number ten!; **auf der ganzen ~** (*fig*) all along the line; **in erster ~** first of all; **~n ziehen** draw lines; **die vorderste ~** (MIL) the front line; **auf die schlanke ~ achten** watch one's waistline; **eine klare ~** (*fig*) a clear line; **Linienbus** *m* public service bus, regular bus; **Linienflug** *m* (AVIAT) scheduled flight; **Liniengrafik** *f* line graph; **Linienrichter(in)** *m(f)* (SPORT) linesperson; **Linienschiff** *nt* liner; **linientreu** *adj* (POL) loyal to the party line; **Linienverkehr** *m* regular traffic; (AVIAT) scheduled traffic

linieren *vt* draw lines on [*o* rule]; **liniert** *adj* ruled

link *adj* (*pej*): **ein ganz ~r Hund** an absolutely crooked son-of-a-bitch; **ein ganz ~s Ding drehen** get up to s.th. real crooked

Linke <-n, -n> *f* ❶ (*Hand*) left hand; (*Seite*) left side; (*beim Boxen*) left ❷ (POL) left

linke ['lɪŋkə] *adj* ❶ left ❷ (POL) left-wing; **~ Masche** (*beim Stricken*) purl (stitch); **~ Seite** left-hand side; (*Tuchseite*) wrong side; **mein ~r Nebenmann** my left-hand neighbour; **~r Hand, zur ~n Hand** on [*o* to] the left; **ein ~r Politiker** a left-wing politician; **der ~ Flügel von Labour** Labour's left wing

linken *vt* (*pej*): **jdn ~** (*hereinlegen*) con s.o., take s.o. for a ride

linkisch *adj* (*ungeschickt*) awkward

links [lɪŋks] *adv* (*a.* POL) left; (*auf der Linken*) on the left; (*nach, zur Linken*) to the left; **~ sein** (POL) be left-wing; **jdn ~ liegen lassen** (*fam*) ignore [*o* disregard] s.o.; **~ von etw** to the left of s.th.; **links von mir** to [*o* on] my left; (POL) left of me; **von ~** from the left; **sich ~ einordnen** (AUTO) move into the left-hand lane; **ganz ~ stehen** (POL) be an extreme leftist; **das mach' ich mit ~** (*fam*) that's kid's stuff for me

Linksaußen [-'--] *m* ❶ (*Fußball*) outside left ❷ (POL) extreme left-winger; **Linksdrall** *m* ❶ (*von Ball*) swerve to the left ❷ (POL) leftist leaning; **einem Ball einen ~ geben** (SPORT) hook a ball; **Linkshänder(in)** *m(f)* left-handed person; **linkshändig** ['lɪŋkshɛndɪç] *adj, adv* left-handed; **Linkskurve** *f* left-hand bend; **linksradikal** *adj* (POL) extreme left-wing; **er ist ~** he is a left-wing radical; **Linkssteuerung** *f* (AUTO) left-hand drive; **Linksverkehr** *m* driving on the left

Linoleum [li'no:leʊm] <-s> *nt* lino(leum)

Linolschnitt *m* linocut

Linse ['lɪnzə] <-, -n> *f* ❶ (*Hülsenfrucht*) lentil ❷ (OPT) lens; (PHOT: *Objektiv*) objective

linsen *vi* (*fam: gucken*) peek (*nach* at)

linsenförmig *adj* lenticular

Linsensuppe *f* lentil soup

Lippe ['lɪpə] <-, -n> *f* (ANAT) lip; **sie brachte kein Wort über die ~n** she could not say a word; **eine (dicke) ~ riskieren** (*sl*) be (damn) brazen; **an jds ~n hängen** hang on someone's every word; **Lippenbalsam** *m* lip balm; **Lippenbekenntnis** *nt* lip-service; **Lippenpflege** *f* lip care; **Lippenpomade** *f* lip salve; **Lippenstift** *m* lipstick

liquidieren [likvi'di:rən] *vt* ❶ (COM) put into liquidation, wind up ❷ (*Honorar*) charge ❸ (*töten*) liquidate

Liquidität *f* (COM FIN) liquidity

lispeln ['lɪspəln] *vi, vt* lisp

List [lɪst] <-, -en> *f* ❶ (*Schlauheit, Verschlagenheit*) artfulness, cunning ❷ (*Trick, Kunstgriff*) ruse, trick; **zu einer ~ greifen** resort to a ruse; **mit etw ~ und Tücke** (*hum fam*) with a little coaxing

Liste ['lɪstə] <-, -n> *f* (*Aufstellung*) list; (*Register*) register; **eine ~ aufstellen** draw up a list; **etw in eine ~ eintragen** put s.th. down on a list; **sich in eine ~ einschreiben** put o.s. on a list; **jdn auf die schwarze ~ setzen** blacklist s.o.; **Listenpreis** *m* (COM) list price

listig *adj* cunning

Litanei [lita'naɪ] *f* (*a. fig*) litany; **die alte ~** (*fam*) the same old story

Litauen ['lɪtaʊən] <-s> *nt* Lithuania; **Litauer(in)** *m(f)* Lithuanian; **litauisch** *adj* Lithuanian

Liter ['li:tɐ] <-s, -> *m/nt* litre *Br,* liter *Am*

? Grammatik

Liter is used without a preposition and is usually used in the singular: *Bei mir zu Hause werden zehn Liter Milch pro Woche getrunken. – We get through ten litres of milk a week at home.*

literarisch [lɪtəˈraːrɪʃ] *adj* literary
Literat(in) <-en, -en> *m(f)* man (woman) of letters
Literatur <-, -en> *f* literature; **Literaturangabe** *f* bibliographical reference; **Literaturgeschichte** *f* history of literature; **Literaturpreis** *m* literary award [*o* prize], award for literature; **Literaturwissenschaft** *f* literary studies, literature
Literflasche *f* litre bottle *Br,* liter bottle *Am*
Litfaßsäule [ˈlɪtfaszɔɪlə] *f* (*für Reklame*) advertizing column
Lithografie, **Lithographie** [litograˈfiː] *f* ❶ (*Verfahren*) lithography ❷ (*Ergebnis*) lithograph; **lithografisch**, **lithographisch** *adj* lithographic
Liturgie [litʊrˈgiː] *f* liturgy
Litze [ˈlɪtsə] <-, -n> *f* ❶ braid; (*an Uniform*) braiding ❷ (ELEK) flex
live [laɪf] *adj pred, adv* (RADIO TV) live; **Liveband** [ˈlaɪfˌbɛnt] <-, -s> *f* live band; **Livesendung** *f* live broadcast
Livland [ˈliːflant] <-s> *nt* (HIST) Livonia
Livree [liˈvreː] <-, -n> *f* livery

i Land & Leute

Der Lizentiat (licentiate or diploma) is the first academic degree attainable at a Swiss university. It is possible to carry on with postgraduate study to work towards a doctorate.

Lizenz [liˈtsɛnts] <-, -en> *f* licence *Br,* license *Am;* **in ~** under licence *Br,* under license *Am;* **Lizenzgeber(in)** <-s, -> *m(f)* licensor; **Lizenzgebühr** *f* licence fee *Br,* license fee *Am;* (*im Verlagswesen*) royalty; **Lizenznehmer(in)** *m(f)* licensee; **Lizenzspieler(in)** *m(f)* (SPORT) professional player
Lob [loːp] <-(e)s> *nt* praise; **über alles ~ erhaben** beyond praise; **er singt gern sein eigenes ~** (*fam*) he likes to blow his own trumpet
Lobby [ˈlɔbi] <-, -s> *f* (POL PARL) lobby
loben [ˈloːbən] *vt* praise; **da lob' ich mir doch ...!** I always say nothing can beat ...!; **das lob' ich mir** that's what I like; **lobend** *adj* commendatory; **jdn (etw) ~ erwähnen** commend s.o. (s.th.); **lobenswert** *adj* praiseworthy
löblich [ˈløːplɪç] *adj* (*meist ironisch*) commendable, laudable, praiseworthy
Loblied *nt* hymn of praise; **ein ~ auf jdn anstimmen** (*fig*) sing someone's praises *pl;* **Lobrede** *f* eulogy; **eine ~ auf jdn (etw) halten** eulogize s.o. (s.th.); **Lobredner(in)** *m(f)* (*fig*) eulogist
Loch [lɔx, *pl:* ˈlœçɐ] <-(e)s, Löcher> *nt* ❶ hole; (*im Reifen*) puncture; (*im Käse*) eye; (*Lücke*) gap; (*beim Billard*) pocket ❷ (*pej: schlechte Wohnung*) dump ❸ (*sl: Gefängnis*) jug; **aus dem letzten ~ pfeifen** (*fam: kaputt sein*) be on one's last legs *pl;* (*finanziell am Ende sein*) be on one's beam ends *pl;* **jdm ein ~ in den Bauch fragen** (*fam*) pester the living daylights out of s.o.; **er säuft wie ein ~** (*pej*) he drinks like a fish; **schwarzes ~** (PHYS) black hole
lochen *vt* (*Fahrkarten*) clip
Locher *m* (*Gerät zum Lochen*) punch
Lochfraß *m* (*Korrosion*) pitting; **Lochkarte** *f* (INFORM) punch card; **löchrig** *adj* full of holes; **Lochstreifen** *m* (INFORM) punch tape
Lochzange *f* (TECH) punch
Locke [ˈlɔkə] <-, -n> *f* curl, lock; **~n haben** have curly hair
locken[1] *vt* lure, tempt, entice; **jdn in einen Hinterhalt ~** lure s.o. into a trap; **Ihr Angebot lockt mich schon ...** well, I'm really tempted by your offer ...
locken[2] *vt, vr* (*kräuseln*) curl
Lockenkopf *m* ❶ (*lockiges Haar*) curly hairstyle ❷ (*Mensch mit ~*) curlyhead; **Lockenstab** *m* curling tongs *pl;* **Lockenwickler** *m* curler
locker [ˈlɔkɐ] **I.** *adj* ❶ (*lose, a. fig*) loose; (*nicht straff*) slack ❷ (*fam: gelöst, entspannt*) relaxed ❸ (*sl: lässig*) cool; **etw ~ machen** loosen [*o* slacken] s.th.; **bei ihm sitzt die Hand recht ~, er hat eine ~e Hand** (*fam*) he's quick to hit out; **ein ~er Lebenswandel** (*pej*) a loose life **II.** *adv* (*sl: problemlos*) easily
locker|lassen *irr vi* (*fam*): **nicht ~** not let up; **er ließ nicht locker, bis man ihm das Geld zurückerstattete** he didn't let up until he got his money back
locker|machen *vt* (*fam: Geld*) fork out, shell out, jar loose with *Am*
lockern **I.** *vt* ❶ (*locker machen*) loosen, slacken ❷ (*fig: entspannen*) relax **II.** *vr*

L

① (SPORT) loosen up ② (*fig: abklingen*) ease off ③ (*fig: gelöst, entspannter werden*) get more relaxed

lockig *adj* curly

Lockmittel *nt* lure; **Lockruf** *m* call

Lockung *f* (*a. fig: Ver~*) lure

Lockvogel *m* (*a. fig*) decoy, lure; **Lockvogelwerbung** *f* (MARKT) loss leader advertising *Br,* bait and switch tactics *Am*

lodern ['lo:dɐn] *vi* (*a. fig*) blaze

Löffel ['lœfəl] <-s, -> *m* ① (*Ess~*) spoon ② (*~ voll*) spoonful ③ (*Hasenohr*) ear ④ (TECH: *von ~ bagger*) shovel; **er hat die Weisheit nicht gerade mit ~n gefressen** (*fam*) he's not so bright after all; **sperr doch deine ~ auf!** (*fam*) why don't you damn well listen?; **du kriegst von mir gleich ein paar hinter die ~!** (*fam*) I'll give you a clout round the ear in a minute!; **sich etw hinter die ~ schreiben** get s.th. into one's thick head; **den ~ abgeben** (*sl: sterben*) kick the bucket; **Löffelbagger** *m* power-shovel, shovel dredger

löffeln *vt* spoon

löffelweise *adv* by the spoonful

Logarithmentafel [loga'rɪtmən-] *f* (MATH) log(arithm) table

Log-Datei ['lɔk-] *f* (INFORM) log file

logieren *vi* lodge, stay

Logik ['lo:gɪk] <-> *f* logic; **du hast** (**vielleicht**) **eine ~!** your logic is a bit quaint!

Logis [lo'ʒi:] <-, -> *nt* lodgings *pl;* (MAR) crew's quarters *pl;* **Kost und ~** board and lodging

logisch ['lo:gɪʃ] **I.** *adj* ① (*der Logik entsprechend*) logical ② (*fam: selbstverständlich*) natural **II.** *adv* (*natürlich*) of course

Logistik [lo'gɪstɪk] <-> *f* (MIL) logistics *pl*

Logo ['lo:go] <-s, -s> *nt* logo

Logopäde, -pädin [logo'pɛ:dɪn] *m, f* logopedist

Lohn [lo:n, *pl:* 'lø:nə] <-(e)s, Löhne> *m* ① (*Arbeits~*) pay, wage, wages ② (*fig: Belohnung*) reward

Lohnabbau *m* reduction of wages; **Lohnabkommen** *nt* wages agreement; **Lohnabrechnung** *f* pay slip; **Lohnausfall** *m* loss of earnings; **Lohnausgleich** *m* wage adjustment; **bei vollem ~** with full pay; **Lohnbüro** *nt* wages office; **Lohnempfänger(in)** *m(f)* wage earner

lohnen ['lo:nən] **I.** *vt* ① (*be~*) reward (*jdm etw* s.o. for s.th.) ② (*wert sein*) be worth; **etw** (**jdm etw**) **mit Undank ~** repay s.th. (s.o. for s.th.) with ingratitude **II.** *vr* be worth it, be worthwhile; **ein Besuch dort lohnt sich** it's worth visiting

löhnen ['lø:nən] *vi* (*fam: zahlen*) fork [*o* shell] out

lohnend *adj* ① (*einträglich*) profitable ② (*nutzbringend*) worthwhile

Lohnerhöhung *f* wage increase; **Lohnforderung** *f* wage claim; **Lohnfortzahlung** *f* continued payment of wages; **Lohngefälle** *nt* pay differential; **Lohnkosten** *pl* wage costs; **Lohnkürzung** *f* wage cut; **Lohnniveau** *nt* wage levels *pl;* **Lohn-Preis-Spirale** *f* (COM) wage-price spiral; **Lohnrunde** *f* wage round; **Lohnsteuer** *f* income tax; **Lohnsteuerjahresausgleich** *m* annual adjustment of income tax; **Lohnsteuerkarte** *f* (income) tax card; **Lohnstopp** *m* wage freeze; **Lohntüte** *f* wage packet

Loipe ['lɔɪpə] <-, -n> *f* (SPORT) cross-country ski run

Lokal [lo'ka:l] <-(e)s, -e> *nt* ① (*Kneipe*) pub *Br,* bar *Am* ② (*Restaurant*) restaurant

lokal *adj* local

Lokalaugenschein *m* (*österr*) visit to the scene of the crime

Lokalblatt *nt* local paper

lokalisieren *vt* ① (*Ort feststellen*) locate ② (MED: *Krankheitsherd*) localize; (*örtlich beschränken*) limit (*auf* to)

Lokalität *f* ① (*Gegend*) locality ② (*Räumlichkeit*) facilities *pl* ③ (*fam: Lokal*) pub *Br,* saloon *Am*

Lokalnachrichten *fpl* local news; **Lokalpatriotismus** *m* local patriotism; **Lokalradio** *nt* local [*o* community] radio; **Lokalsender** *m* local radio [*o* TV] station

Lokomotive [lokomo'ti:və] <-, -n> *f* (RAIL) engine, locomotive; **Lokomotivführer(in)** *m(f)* (RAIL) engine driver *Br,* engineer *Am;* **Lokomotivschuppen** *m* (RAIL) engine-shed

Lokus ['lo:kʊs] <-ses, -se> *m* (*fam*) loo *Br,* john *Am*

Looping ['lu:pɪŋ] <-s, -s> *m* (AVIAT) loop

Lorbeer ['lɔrbe:ɐ] <-s, -en> *m* ① (*Gewürz*) bayleaf ② (**sich**) **auf seinen ~en ausruhen** rest on one's laurels

Lore ['lo:rə] <-, -n> *f* (RAIL) truck, wagon

Los [lo:s] <-es, -e> *nt* ① (*Schicksal*) lot ② (*Lotterie~*) lottery ticket; **etw durch das ~ entscheiden** decide s.th. by casting lots; **das große ~** (**ziehen**) (*a. fig*) (hit) the jackpot; **das ~ fiel auf mich** it fell to my lot; **sie hat ein schweres ~** her lot is hard

los [lo:s] **I.** *adj pred* (*locker*) loose; **jdn** (**etw**) **~ sein** (*fam*) be [*o* have got] rid of s.o. (s.th.); **~ sein** (*fam: vor sich gehen*) be going on; (*nicht in Ordnung sein*) be the matter [*o* wrong]; **was ist ~?** (*fam*) what's up [*o* wrong]?; **hier ist nichts ~** (*fam*) there's nothing going on here; **mit ihm ist aber auch gar nichts ~!** (*fam*) he's a dead loss, he is!; **was ist denn mit dir ~?** (*fam*) what's the matter with you?; **dann war aber der Teufel ~** (*fam*) …, but then it was as if all hell had been let loose; **der Hund ist ~** the dog's got(ten) loose **II.** *adv:* **~!** (*vorwärts, komm*) come on!; (*weiter, geh*) go on!; (*beweg dich*) get going!; **von jdm (etw) ~ wollen** want to break away from s.o. (s.th.); **nun aber ~!** off we go!; **warum wollt ihr denn schon so früh ~?** (*fam*) why only do you want to be off so early?

lösbar *adj* soluble

los|binden *irr vt* untie (*von* from)

los|brechen *irr* **I.** *vt haben* break off **II.** *vi sein* break out

Löschblatt *nt* sheet of blotting paper

löschen[1] ['lœʃən] **I.** *vt* ① (*Feuer*) extinguish; (ELEK: *Licht*) switch out ② (*Durst*) quench ③ (*Kalk*) slake ④ (*Daten, Tonband*) erase; (*Speicher, Bildschirm*) clear; (*Information*) cancel ⑤ (*Schuld*) pay off **II.** *vi* (*Feuerwehr*) put out a [*o* the] fire

löschen[2] *vt, vi* (MAR: *entladen*) unload

Löschfahrzeug *nt* fire engine; **Löschgerät** *nt* fire extinguisher; **Löschmannschaft** *f* team of firemen; **Löschpapier** *nt* blotting paper; **Löschtaste** *f* (INFORM) erase key

Löschung[1] *f* ① (*Namens~*) striking off ② (*eines Kontos*) closing ③ (*Tilgung, Abzahlung*) paying off

Löschung[2] *f* (MAR: *von Ladung*) unloading

lose ['lo:zə] *adj* ① (*a. fig: von Lebenswandel*) loose; (*locker*) slack ② (*fig: nachlässig*) lax; **etw ~ verkaufen** sell s.th. loose

Lösegeld *nt* ransom

losen ['lo:zən] *vi* draw [*o* cast] lots (*um* for)

lösen ['lø:zən] **I.** *vt* ① (*entfernen, losmachen*) remove (*von* from) ② (*lockern*) loosen ③ (*fig*) solve ④ (CHEM) dissolve ⑤ (*Fahrkarte*) buy **II.** *vr* ① (*sich losmachen, a. fig*) detach (*von* from) ② (*losgehen: Schuss*) go off ③ (*locker werden*) loosen ④ (*fig: sich lockern*) come loose; (*sich entspannen*) relax ⑤ (*fig: sich trennen*) break away (*von* from) ⑥ (*sich aufklären, auf~*) be solved ⑦ (CHEM JUR POL) dissolve (*in* in); **Salz löst sich in Wasser** salt dissolves in water

Loser ['lu:zɐ] <-s, -> *m* loser

los|fahren *irr vi sein* (AUTO) drive off;

los|gehen *irr vi* ① (*fam: sich lösen, abgehen*) come off ② (*aufbrechen*) set off ③ (*Gewehr, Bombe*) go off ④ (*fam: anfangen*) start; **auf jdn ~** go for s.o.; **gleich geht's los!** (*fam*) it's just about to start!; **geht das schon wieder los?** (*fam: das Gemeckere*) here we go again!; **ich glaub', es geht los!** (*sl*) have you gone mad?; **los|haben** *irr vt* (*fam*): **etw (nichts) ~** be pretty clever (stupid); **sie hat ganz schön was los** she's really got what it takes; **los|kaufen** *vt* (*Entführten*) ransom, pay ransom for; **los|kommen** *irr vi* (*a. fig*) get away (*von* from); **los|lassen** *irr vt* (*nicht mehr festhalten*) let go of; **jdn auf jdn ~** (*fam*) let s.o. loose on s.o.; **lass mich los!** let me go!; **er ließ die Hunde auf mich los** he set the dogs on me; **dieser Gedanke lässt mich nicht mehr los** that thought is always haunting me; **dieses Buch lässt einen nicht mehr los** one can't put this book down

löslich ['lø:slɪç] *adj* soluble; **~er Kaffee** instant coffee

los|machen **I.** *vt* ① (*lösen*) unfasten; (*Handbremse*) let off ② (*freimachen*) free **II.** *vi* ① (MAR: *ablegen*) cast off ② (*fam: sich beeilen*) get a move on **III.** *vr* (*wegkommen, sich befreien*) get away (*von* from); (*Hund*) get loose; **los|reißen** *irr* **I.** *vt* tear off (*von jdm o etw* s.o., s.th.) **II.** *vr* ① (*Hund*) break free ② (*fig*) tear o.s. away (*von* from); **los|sagen** *vr:* **sich von jdm (etw) ~** break with s.o. (s.th.)

Losung ['lo:zʊŋ] *f* ① (MIL) password ② (*Devise*) watchword, motto

Lösung ['lø:zʊŋ] *f* ① (*Annullierung*) cancellation ② (*eines Rätsels, a.* MATH CHEM) solution; **Lösungsansatz** *m* beginnings of a solution

Lösungsmittel *nt* solvent; **lösungsmittelfrei** *adj* solvent-free

los|werden *irr vt* ① (*sich befreien von*) get rid of ② (*verlieren*) lose; **gestern bin ich beim Kartenspiel mein ganzes Geld losgeworden** (*fam*) I got cleaned out gambling at cards yesterday; **los|ziehen** *irr vi sein* (*aufbrechen*) set out (*nach* for)

Lot [lo:t] <-(e)s, -e> *nt* ① (*Senkblei*) plumb line ② (MATH) perpendicular; **ein ~ fällen** (MATH) drop a perpendicular; **wir werden die Sache schon wieder ins (rechte) ~ bringen** don't worry, we'll sort it out [*o* put matters straight]

loten *vt, vi* ① (TECH) plumb ② (MAR) sound

löten ['lø:tən] *vt, vi* solder

Lothringen ['lo:trɪŋən] <-s> *nt* Lorraine; **Lothringer(in)** *m(f)* Lorrainer; **lothringisch** *adj* Lorrainese

Lotion [lo'tsjo:n] <-, -en> *f* lotion

Lötkolben *m* soldering iron; **Lötlampe** *f* blowtorch

Lotos ['lo:tɔs] <-s> *m* lotus

lotrecht *adj* (MATH) perpendicular

Lotrechte *f* (MATH) perpendicular

Lötrohr *nt* blowpipe

Lotse ['lo:tsə] <-n, -n> *m* ❶ (MAR) pilot; (AVIAT: *Flug~*) flight controller ❷ (*Führer*) guide; **lotsen** *vt* pilot

Lötstelle *f* soldered point

Lotterie [lɔtə'ri:] *f* lottery; **Lotterielos** *nt* lottery ticket

lotterig ['lɔt(ə)rɪç] *adj* (*pej*) slovenly; **Lotterleben** *nt* (*pej*) dissolute life

Lotto ['lɔto] <-s> *nt* lottery; **im ~ gewinnen** win the lottery

Lötzinn *m* solder

Löwe ['løːvə] <-n, -n> *m* ❶ (*Raubtier*) lion ❷ (*Sternzeichen*) Leo; **sich in die Höhle des ~n wagen** beard the lion in his den; **Löwenanteil** *m* (*fam*) lion's share

Löwenmäulchen *nt* (*Blume*) snapdragon; **Löwenzahn** *m* dandelion

Löwin ['løːvɪn] *f* lioness

loyal [loa'ja:l] *adj* loyal (*jdm gegenüber* to s.o.); **Loyalität** *f* loyalty (*jdm gegenüber* to s.o.)

Luchs [lʊks] <-es, -e> *m* lynx

Lücke ['lʏkə] <-, -n> *f* (*a. fig*) gap; (*Gesetzes~, Schlupfloch*) loophole; **Lückenbüßer(in)** *m(f)* (*fam*) stopgap; **Lückenfüller** *m* filler; **lückenhaft** *adj* (*unvollständig*) defective, incomplete; (*fragmentarisch*) fragmentary; **lückenlos** *adj* ❶ (*vollständig*) complete ❷ (*ununterbrochen*) unbroken ❸ (*vollkommen*) perfect

Luder ['lu:dɐ] <-s, -> *nt* (*pej: Biest*) minx; **du dummes ~!** you stupid creature!; **so ein freches kleines ~!** such a cheeky little minx!

Lues *f* (MED: *Syphilis*) lues

Luft [lʊft] <-> *f* ❶ air; (*Atem*) breath ❷ (TECH: *Spiel*) room, space; **an die frische ~ gehen** get out in the fresh air; **jdn an die ~ setzen** (*fam*) give s.o. the push; **dicke ~!** (*fam*) a pretty bad atmosphere!; **die ~ ist rein!** (*fam*) the coast is clear!; **ich kriege keine ~ mehr** I can't breathe; **für mich ist er ~** he doesn't exist as far as I am concerned; **das ist völlig aus der ~ gegriffen** (*fam*) that's pure invention; **jdn (etw) in der ~ zerreißen** (*fam*) shoot s.o. (s.th.) down; **ich hänge völlig in der ~** (*fam*) I'm in a real sort of limbo; **es liegt etw in der ~** (*fam*) s.th. is in the air; **sich ~ machen, seinem Herzen ~ machen** give vent to one's feelings; **tief ~ holen** take a deep breath; **in die ~ fliegen, in die ~ jagen** blow up; **halt doch endlich mal die ~ an!** (*fam: halt den Mund*) won't you put a sock in it?; **jetzt halt aber mal die ~ an!** (*fam: lass das Übertreiben*) now, come off it!

Luftabwehr *f* (MIL) anti-aircraft defence *Br*, anti-aircraft defense *Am;* **Luftangriff** *m* air-raid (*auf* on); **Luftballon** *m* balloon; **Laufband** *nt* (SPORT) treadmill; **Luftbefeuchter** <-s, -> *m* humidifier; **Luftbelastung** *f* atmospheric pollution; **Luftbild** *nt* aerial picture; **Luftblase** *f* air bubble; **Luftbrücke** *f* airlift; **luftdicht** *adj* airtight; **Luftdruck** *m* air pressure

lüften ['lʏftən] **I.** *vt* air **II.** *vi* (*Luft hereinlassen*) let some air in; **einen Anzug zum Lüften hinaushängen** put a suit out to air

Luftfahrt *f* aviation; **Luftfederung** *f* ❶ (TECH) air cushioning ❷ (AUTO) air suspension; **Luftfeuchtigkeit** *f* atmospheric humidity; **Luftflotte** *f* air fleet; **Luftfracht** *f* air freight; **luftgekühlt** *adj* (AUTO) air-cooled; **luftgestützt** *adj* (*Flugkörper*) air-launched; **Luftgewehr** *nt* air-gun; **Lufthülle** *f* mantle of air

luftig *adj* ❶ (*mit, von Luft*) airy; (*windig*) breezy ❷ (*Kleid*) light

Luftkampf *m* air fight; **Luftkissenboot** *nt* hovercraft; **Luftkrieg** *m* aerial warfare; **Luftkühlung** *f* (AUTO) air-cooling; **Luftkurort** *m* (climatic) health resort; **Luftlandetruppen** *pl* (MIL) airborne troops; **luftleer** *adj:* **~er Raum** vacuum; **Luftlinie** *f* (*direkte Verbindung*) bee-line; **~ 100 km** 100 km bee-line [*o* as the crow flies]; **Luftloch** *nt* ❶ (TECH) airhole ❷ (AVIAT) air-pocket; **Luft-Luft-Rakete** *f* (MIL) air-to-air missile; **Luftmatratze** *f* airbed, lilo®; **Luftpirat(in)** *m(f)* hijacker *Br*, skyjacker *Am;* **Luftpost** *f:* **mit ~** by airmail; **Luftpumpe** *f* pneumatic pump; **Luftraum** *m* airspace; **Luftreinhaltung** *f* air-purity maintenance prevention of air pollution; **Luftrettungsdienst** *m* air rescue service; **Luftröhre** *f* (ANAT) windpipe; **Luftschacht** *m* air shaft; **Luftschicht** *f* atmospheric layer, layer of air; **Luftschiff** *nt* airship; **Luftschifffahrt** *f* aeronautics *pl;* **Luftschlange** *f* paper streamer; **Luftschlauch** *m* (AUTO) inner tube *Br*, air tube *Am;* **Luftschleuse** *f* air lock; **Luftschloss** *nt* (*fig*) castle in the air; **Luftschraube** *f* airscrew, propeller; **Luftschutz** *m* ❶ (*~maßnahmen*) air-raid precautions *pl* ❷ (*~truppe*) Civil Defence Service *Br;* **Luftschutzbunker** *m* concrete air-raid shelter; **Luftschutzkeller** *m* air-raid shelter; **Luftsprung** *m* jump in the air; **er machte vor Freude einen ~** he jumped for joy; **Luftströmung** *f* current of air;

Luftstützpunkt *m* (AVIAT MIL) air-base; **Lufttaxi** *f* air taxi; **Lufttemperatur** *f* air temperature; **Lufttransport** *m* air transport; **Lufttüchtigkeit** *f* (AVIAT: *Flugtüchtigkeit*) airworthiness; **Luftüberwachung** *f* air monitoring

Lüftung ['lʏftʊŋ] *f* airing; (*Be~, Ventilation*) ventilation; **Lüftungsschacht** *m* ventilation shaft

Luftveränderung *f* change of air; **Luftverkehr** *m* air traffic; **Luftverkehrsgesellschaft** *f* airline; **Luftverkehrslinie** *f* (*Route*) air route; **Luftverpester** *m* (*pej*) air polluter; **Luftverschmutzung** *f* air pollution; **Luftverteidigung** *f* air defence *Br*, air defense *Am*; **Luftwaffe** *f* (AVIAT MIL) air force; **Luftweg** *m* (AVIAT) air route; **auf dem ~** by air; **Luftwiderstand** *m* (PHYS) air resistance; **Luftzufuhr** *f* air supply; **Luftzug** *m* draught *Br*, draft *Am*

Lüge ['ly:gə] <-, -n> *f* lie; **jdn (etw) ~n strafen** belie s.o. (s.th.); **~n haben kurze Beine** (*prov*) truth will out *prov*

lügen *irr vi* lie, tell a lie [*o* stories]; **~ wie gedruckt** (*fam*) lie like mad; **ich müsste ~, wenn ...** I would be lying if ...; **das ist erstunken und erlogen!** (*fam*) that's a pack of lies!

Lügendetektor *m* lie detector

lügenhaft *adj* made-up, mendacious

Lügner(in) ['ly:gnɐ] *m(f)* liar

lügnerisch ['ly:gnərɪʃ] *adj* mendacious, untruthful

Luke ['lu:kə] <-, -n> *f* hatch; (*Dach~*) skylight

lukrativ [lukra'ti:f] *adj* lucrative

Lulatsch ['lʊlatʃ] *m* (*hum fam*): **langer ~** beanpole

Lümmel ['lʏməl] <-s, -> *m* (*fam: Flegel*) oaf, lout; **Lümmelei** *f* (*fam*) ① (*Flegelei*) rudeness ② (*Herumlümmeln*) lolling around

lümmeln *vr* lounge (about)

Lump [lʊmp] <-en, -en> *m* (*Schuft*) rogue

Lumpen ['lʊmpər] <-s, -> *m* rag

lumpen *vi* (*fam*): **sich nicht ~ lassen** splash out

Lumpengesindel *nt* (*pej*) rabble, riffraff *pl*; **Lumpenhändler(in)** *m(f)* rag-and-bone man (woman)

lunchen *vi* lunch

Lunge ['lʊŋə] <-, -n> *f* (ANAT) lungs *pl*; (*einzelner ~nflügel*) lung; **eiserne ~** (MED) iron lung; **der Hyde Park ist die grüne ~ Londons** Hyde Park is London's lung; **rauchen Sie auf ~?** do you inhale?; **Lungenbläschen** *nt* (ANAT) pulmonary alveolus

Lungenbraten *m* (*österr*) loin roast

Lungenentzündung *f* pneumonia; **Lungenflügel** *m* (ANAT) (lobe of the) lung; **lungenkrank** *adj* tubercular; **~ sein** have a lung disease; **Lungenkrankheit** *f* lung disease; **Lungenkrebs** *m* (MED) lung cancer; **Lungentuberkulose** *f* tuberculosis (of the lung)

Lunte ['lʊntə] <-, -n> *f* ① (HIST: *Zündschnur*) fuse ② (*Schwanz des Fuchses*) brush; **~ riechen** (*fam: Verdacht schöpfen*) smell a rat; (*Gefahr wittern*) smell danger

Lupe ['lu:pə] <-, -n> *f* (OPT) magnifying glass; **jdn (etw) unter die ~ nehmen** (*fam*) scrutinize [*o* examine] s.o. (s.th.) closely

Lupine [lu'pi:nə] <-, -n> *f* lupin *Br*, lupine *Am*

Lurch [lʊrç] <-(e)s, -e> *m* (*Amphibie*) batrachian

Lurker *m* (INTERNET: *passiver Teilnehmer in Newsgroups, Foren, Konferenzen*) lurker

Lust [lʊst, *pl:* 'lʏstə] <-, Lüste> *f* ① (*Freude*) joy, pleasure ② (*Neigung*) inclination ③ (*sinnliche Begierde*) desire; (*Sinnes~*) lust; **er ging mit ~ und Liebe an die Arbeit** he set to work enthusiastically; **seine ~ an etw haben** take a delight in s.th.; **wenig ~ haben zu etw** not be keen about s.th.; **ich habe keine ~ dazu** I don't feel like it; **alle ~ an etw verlieren** lose all interest in s.th.; **hast du ~ ins Kino zu gehen?** do you feel like going to the movies?; **ich hätte fast ~ zu ...** I've half a mind to ... **mir ist die ~ vergangen** I no longer feel like it

Lustbarkeit *f* festivity

Luster <-s, -> *m* (*österr: Kronleuchter*) chandelier

Lüster ['lʏstɐ] <-s, -> *m* ① (*Stoff, Glanzüberzug*) lustre ② (*Kronleuchter*) chandelier

Lüsterklemme *f* (ELEK) connector

lüstern ['lʏstɐn] *adj* lecherous; **nach etw ~ sein** lust after s.th.

Lüsternheit *f* lecherousness

lustfeindlich *adj* anti sexual pleasure

lustig ['lʊstɪç] *adj* funny; **es wurde später noch ganz ~** later on things got quite merry; **sich über jdn ~ machen** make fun of s.o.

Lüstling ['lʏstlɪŋ] *m* (*pej*) debauchee, lecher

lustlos *adj* ① (*ohne Begeisterung*) unenthusiastic ② (COM FIN: *Markt, Börse*) dull, slack

Lustmolch *m* (*pej*) sex maniac

Lustprinzip *nt* (PSYCH) pleasure principle; **Lustschloss** *nt* summer residence; **Lustspiel** *nt* (THEAT) comedy

Lutheraner(in) [lʊtəˈraːnɐ] *m(f)* Lutheran; **lutherisch** [ˈlʊtərɪʃ, lʊˈteːrɪʃ] *adj* Lutheran

lutschen [ˈlʊtʃən] *vt, vi* suck (*an etw* s.th.)

Lutscher *m* (*fam: Dauer~*) lollipop

Lutschtablette *f* lozenge

Luv [luːf] <-> *f* (MAR) windward

Luxemburg *nt* Luxembourg; **Luxemburger(in)** *m(f)* Luxembourger; **luxemburgisch** *adj* Luxembourg(ish)

luxuriös [lʊksuriˈøːs] *adj* luxurious; **ein ~es Leben** a life of luxury

Luxus [ˈlʊksʊs] <-> *m* luxury; (*Überfluss*) extravagance; **Luxusartikel** *mpl* luxury goods; **Luxusausführung** *f* de luxe model; **Luxushotel** *nt* luxury hotel; **Luxussteuer** *f* tax on luxuries

Luzerne [luˈtsɛrnə] <-, -n> *f* (*Kleeart*) lucerne *Br*, alfalfa *Am*

Lymphdrainage *f* (MED) lymphatic drainage; **Lymphe** [ˈlʏmfə] <-, -n> *f* (ANAT) lymph; **Lymphknoten** *m* (ANAT) lymph node

lynchen [ˈlʏnçən] *vt* lynch

Lynchjustiz *f* lynch-law; **Lynchmord** *m* lynching

Lyrik [ˈlyːrɪk] *f* lyric poetry; **Lyriker(in)** *m(f)* lyricist; **lyrisch** *adj* (*a. fig*) lyrical; **ein ~es Gedicht** a lyric poem

M m

M, m [ɛm] <-, -> *nt* M, m

M-und-S-Reifen *m* (AUTO) winter tyre, mud and snow tire

Machart *f* ❶ (*Fabrikat*) make ❷ (*Muster*) design

Mache <-> *f* (*fam: Täuschung*) sham; **etw in der ~ haben** be working on s.th.; **reine ~ sein** be a sham

machen [ˈmaxən] *vt* ❶ (*tun*) do ❷ (*verursachen*) make ❸ (*ausmachen*) matter; **mach's gut!** so long!; **ich mache mir nichts aus …** I don't care much for …; **ich mach' mir nichts daraus** I'm not keen on it; **er macht sich** he's getting good; **nun mach aber mal 'n Punkt!** come off it!; **gemacht!** O.K.! right!; **ich mache das schon** I'll see to that; **was machst du da?** what are you doing there?; **was machst du denn hier?** what on earth are you doing here?; **ich kann da nichts ~** I can't do anything about it; **was machst du Samstag?** what are you doing on Saturday?; **wie macht man das?** how do you do it?; **macht dich das an?** (*sl*) does that do anything for you?; **das Essen ~** do the cooking; **er wird's nicht mehr lange ~** he won't last long; **das macht nichts!** that doesn't matter!; **macht das was?** does that matter?; **mach mal!** get a move on!; **in die Hosen ~** wet o.s.

Machenschaften *fpl* machinations, wheelings and dealings

Macher(in) <-s, -> *m(f)* (*fam*) doer

Macho [matʃo] <-s, -s> *m* (*fam*) macho

Macht [maxt, *pl:* ˈmɛçtə] <-, Mächte> *f* power; **die Partei, die im Augenblick an der ~ ist** the party now in power; **an die ~ kommen** come into power; **mit aller ~** with might and main; **ich habe getan, was in meiner ~ stand** I did all in my power; **Machtapparat** *m* power apparatus; **Machtbereich** *m* sphere of influence; **Machtergreifung** *f* seizure of power; **Machthaber(in)** *m(f)* ruler

mächtig [ˈmɛçtɪç] *adj* ❶ (*gewaltig*) powerful ❷ (*fam: sehr groß*) mighty; **ein ~er Schlag** a powerful punch; **ein ~er Krieger** a mighty warrior; **~ Hunger haben** have a tremendous appetite; **sich ~ anstrengen** make a tremendous effort

Machtkampf *m* struggle for power; **machtlos** *adj* powerless; **Machtlosigkeit** *f* powerlessness; **Machtprobe** *f* trial of strength; **Machtstellung** *f* position of power; **Machtübernahme** *f* takeover; **Machtwort** *nt:* **ein ~ sprechen** exercise one's authority

Machwerk *nt* (*pej*) sorry effort

Mach-Zahl *f* (AVIAT) Mach number

Macke [ˈmakə] <-, -n> *f* (*eines Menschen*) quirk; (*Defekt, Fehler*) fault, defect

Macker [ˈmakɐ] <-s, -> *m* (*sl*) guy

madamig [maˈdamɪç] *adj* (*pej: aufgeplustert*) highfalutin *fam*, la-di-da, too-too

Mädchen [ˈmɛːtçən] <-s, -> *nt* girl; **~ für alles sein** be the general dogsbody; **mädchenhaft** *adj* girlish; **~ aussehen** look like a girl; **Mädchenname** *m* ❶ (*Vorname*) girl's name ❷ (*einer verheirateten Frau*) maiden-name

Made [ˈmaːdə] <-, -n> *f* maggot; **madig** *adj* worm-eaten; **jdm etw ~ machen** put s.o. off s.th.; **jdn ~ machen** run s.o. down

Madonna [maˈdɔna] *f* Madonna

Mafia [ˈmafia] <-, -s> *f* mafia

Magazin [magaˈtsiːn] <-s, -e> *nt* ❶ (MIL: *Waffen~*) magazine ❷ (*Zeitschrift*) magazine ❸ (*Lager*) storeroom; **Magaziner(in)** <-s, -> *m(f)* (*CH: Lagerist*) storeman

Magd [ma:kt, *pl:* 'mɛ:kdə] <-, Mägde> *f* maid(servant); (*auf Bauernhof*) farm lass

Magen ['ma:gən, *pl:* 'mɛ:gən] <-s, Mägen/ -> *m* stomach; **auf nüchternen ~** on an empty stomach; **Magenbeschwerden** *pl* stomach trouble *sing;* **Magenbitter** <-s, -> *m* bitters *pl;* **Magenblutung** *f* stomach bleeding; **Magen-Darm-Grippe** *f* gastro-enteritis; **Magendurchbruch** *m* perforation of the stomach; **Magengegend** *f* stomach region; **Magengeschwür** *nt* gastric ulcer; **Magenknurren** *nt* stomach rumbles *pl;* **Magenleiden** *nt* stomach disorder

Magensaft *m* gastric juice; **Magensäure** *f* gastric acid; **Magenschleimhaut** *f* stomach lining; **Magenschmerzen** *pl* stomachache; **ich habe ~** I have a pain in my stomach; **Magenverstimmung** *f* stomach upset

mager ['ma:gɐ] *adj* ① (*dünn*) skinny; (*Fleisch*) lean ② (*fam: dürftig*) meagre; **das war aber ~!** (*fam*) that was a poor do!

Magermilch *f* skimmed milk; **Magerquark** *m* low-fat curd cheese

Magersucht *f* anorexia

Magie [ma'gi:] *f* magic; **Magier(in)** ['ma:giɐ] *m(f)* magician; **magisch** *adj* magic(al); **mit ~er Gewalt** as if by magic

i Land & Leute

Der Magister (Master's degree), in Germany, Master of Arts (MA), corresponds to a diploma and is awarded after successful completion of an arts degree course. In Austria, it could also be awarded to a graduate of pharmaceutics.

Magistrat [magɪs'tra:t] <-(e)s, -e> *m* municipal authorities *pl*

Magma ['magma] <-s, Magmen> *nt* magma

Magnat [ma'gna:t] <-s, -en> *m* magnate

Magnesium [ma'gne:ziʊm] <-s> *nt* (CHEM) magnesium

Magnet [ma'gne:t] <-(e)s/-en, -e(n)> *m* magnet; **Magnetbahn** *f* magnetic railway; **Magnetband** *nt* magnetic tape; **Magnetfeld** *nt* magnetic field

magnetisch *adj* magnetic; **~e Bildaufzeichnung** magnetic video recording

Magnetkarte *f* magnetic card; **Magnetkopf** *m* (RADIO) magnetic head; **Magnetnadel** *f* magnetic needle; **Magnetplatte** *f* (INFORM) magnetic disk; **Magnetschalter** *m* (AUTO) solenoid switch; **Magnetspule** *f* magnetic coil; **Magnetstreifen** *m* magnetic strip

Mahagoni [maha'go:ni] <-> *nt* mahogany

Mähbinder *m* reaper-binder; **Mähdrescher** *m* combine

mähen ['mɛ:ən] *vt* (*Rasen*) mow; (*Gras*) cut; **Mäher(in)** *m(f)* ① (*Person*) mower ② (*Rasen~*) mower ③ (*Erntemaschine*) reaper

Mahl [ma:l] <-(e)s, -e> *nt* meal

mahlen ['ma:lən] **I.** *vt* (*Korn*) grind; **fein gemahlen** fine(ly) ground **II.** *vi* ① (AUTO: *Getrieberäder*) grind ② (AUTO: *Räder im Schlamm*) spin

Mahlzeit *f* meal; **na dann prost ~!** (*fam iro*) that's just great!

Mahnbrief *m* reminder

Mähne ['mɛ:nə] <-, -n> *f* mane

mahnen ['ma:nən] *vt* ① (*er~*) admonish (*wegen* on account of) ② (COM) demand payment from; (*schriftlich ~*) send a reminder (*jdn* to s.o.)

Mahnmal <-(e)s, -e> *nt* memorial

Mahnung *f* ① (COM) reminder ② (*Er~*) admonition

Mahnverfahren *nt:* **ein ~ einleiten gegen …** institute collection proceedings against …; **Mahnwache** *f* (POL) picket

Mai [maɪ] <-(e)s/-, -e> *m* May; **der Erste ~** May Day; **Maifeier** *f* (POL) May-Day celebrations *pl;* **Maiglöckchen** *nt* lily of the valley; **Maikäfer** *m* cockchafer

Mailand ['maɪlant] *nt* Milan

Mailbox ['meɪlbɒks] <-, -en> *f* (INFORM) mailbox

Mais [maɪs] <-es, (-e)> *m* maize *Br,* corn *Am;* **Maiskeimöl** *nt* corn germ oil; **Maiskolben** *m* corn cob

Majestät [majɛs'tɛ:t] *f* majesty; **Seine ~** His Majesty; **majestätisch** *adj* majestic

Majonäse [majɔ'nɛ:zə] <-, -n> *f* mayonnaise

Major(in) [ma'jo:ɐ] <-s, -e> *m(f)* (MIL) major

Majoran ['ma:joran] <-s, -e> *m* marjoram

Majorität [majori'tɛ:t] *f* majority; **die ~ haben** have a majority

makaber [ma'ka:bɐ] *adj* macabre

Makel ['ma:kəl] <-s, -> *m* ① (COM: *Defekt*) fault ② (*Fehler*) blemish; **makellos** *adj* ① spotless ② (*ohne Fehler*) faultless; **~er Ruf** impeccable reputation

mäkeln ['mɛ:kəln] *vi* carp, cavil (*an* at)

Make-up ['me:k'ap] *nt* make-up

Makkaroni [maka'ro:ni] *pl* macaroni *sing*

Makler(in) ['ma:klɐ] <-s, -> *m(f)* ① (*Wohnungs~*) estate agent *Br,* real estate agent

Am ❷ (*Börsen~*) broker; **Maklergebühr** *f* brokerage, broker's commission

Makrele [ma'kreːlə] <-, -n> *f* (*Raubfisch*) mackerel

Makroklima *nt* macro climate

Makrone [ma'kroːnə] <-, -n> *f* macaroon

Makulatur [makula'tuːɐ] <-, -en> *f* wastepaper

mal *adv* (*fam: einmal*): **besuch mich doch ~!** come and see me sometime!; **sieh ~ her!** now look here!; **lass ihn ~ machen!** just let him try!; **komm ~ her!** can you come here for a moment!; **geh ~ hin, sie wird dir sicher helfen** go ahead and see her, I'm sure she'll help you; **sag ~, ist das wahr?** tell me is that true?; **ich bin nun ~ so** that's just the way I am; **2 ~ 3** two times three

Mal[1] <-(e)s, -e> *nt* (*zeitlich*): **ein einziges ~** once; **das vorige ~** the time before; **das letzte ~** last time; **beim ersten ~** the first time; **mit einem ~** all at once; **ein für alle ~** once and for all

Mal[2] [maːl] <-(e)s, -e> *nt* ❶ (*Zeichen*) mark ❷ (*Mahn~*) memorial

malaiisch [ma'laɪɪʃ] *adj* Malayan

Malaria [ma'laːria] <-> *f* (MED) malaria

Malaysia [ma'laɪzia] *nt* Malaysia

Malbuch *nt* colouring book

malen ['maːlən] *vi* (*mit Farbe*) paint; (*zeichnen*) draw; **sich ~ lassen** have one's portrait painted

Maler(in) *m(f)* painter; **Malerei** *f* ❶ (*Kunst*) painting ❷ (*Gemälde*) picture

malerisch *adj* picturesque

Malheur [ma'løːɐ] <-s, -s/-e> *nt* mishap; **das ist doch kein ~!** that's not serious!

Malkasten *m* paintbox

malochen [ma'loːxən] <ohne ge-> *vi* (*sl*) drudge, slave

Malocher(in) <-s, -> *m(f)* (*sl*) grafter

Malstift *m* crayon

Malta ['malta] *nt* Malta; **Malteser(in)** <-s, -> *m(f)* Maltese; **maltesisch** *adj* Maltese

Malve ['malvə] <-, -n> *f* hollyhock, mallow

Malz [malts] <-es> *nt* malt; **Malzbier** *nt* malt beer; **Malzbonbon** *nt* malt lozenge; **Malzkaffee** *m* malt coffee

Mama ['mama] <-, -s> *f* (*fam*) mum(my) *Br*, mom *Am*; **Mamasöhnchen** ['mamazøːnçən] *nt* (*fam pej*) mummy's darling

Mammographie [mamogra'fiː] *f*, **Mammografie** *f* (MED) mammography

Mammon ['mamɔn] <-s> *m*: **der schnöde ~** filthy lucre

Mammut ['mamʊt] <-s, -e/-s> *nt* (*ausgestorbener Elefant*) mammoth; **Mammutbaum** *m* giant redwood

mampfen ['mam(p)fən] *vi* (*fam*) chomp

man [man] *pron* one; **~ hat mir gesagt** I was told; **~ kann nie wissen** you never can tell; **das tut ~ nicht** that's not done; **~ munkelt schon lange davon** it's been rumoured for some time

Management <-s, -s> *nt* management

Manager(in) ['mɛnɪdʒɐ] <-s, -> *m(f)* manager; **Managerkrankheit** *f* stress disease

manche(r, s) ['mançə] *pron* many a; **manch einer** many a person; **manche Leute** quite a few people; **manch anderer** many another; **manche Million** some million

mancherlei *adj* various; **~ Dinge** a number of things

manches *adj* (*vieles*) a good many things; **in manchem hat sie ja recht** she's right about some things

manchmal *adv* sometimes

Mandant(in) [man'dant] <-en, -en> *m(f)* (JUR) client

Mandarine [manda'riːnə] <-, -n> *f* tangerine

Mandat [man'daːt] <-(e)s, -e> *nt* ❶ (POL) mandate ❷ (JUR) brief ❸ (*Parlamentssitz*) seat; **sein ~ niederlegen** (PARL) resign one's seat; **Mandatsträger(in)** *m(f)* mandate holder

Mandel ['mandəl] <-, -n> *f* ❶ (*Frucht*) almond ❷ (ANAT: *Drüse*) tonsil; **gebrannte ~n** sugared almonds; **Mandelbaum** *m* almond tree; **Mandelentzündung** *f* (MED) tonsillitis; **mandelförmig** *adj* almond-shaped; **Mandelkleie** *f* almond meal; **Mandeloperation** *f* tonsil operation

Mandoline [mando'liːnə] <-, -n> *f* (MUS) mandolin

Mandschurei [mantʃu'raɪ] *f* Manchuria

Manege [ma'neːʒə] <-, -n> *f* arena, ring

Mangan [maŋ'gaːn] <-s> *nt* (CHEM) manganese

Mangel[1] ['maŋəl] <-, -n> *f* mangle; (*Heiß~*) rotary iron; **jdn durch die ~ drehen** (*fam*) put s.o. through the mill; **jdn in die ~ nehmen** (*fam*) give s.o. a grilling

Mangel[2] ['maŋəl, *pl:* 'mɛŋəl] <-s, Mängel> *m* ❶ (*Fehlen*) lack; (*Knappheit*) shortage (*an* of) ❷ (*Fehler*) fault; (TECH) defect; **~ an Arbeitskräften** shortage of staff; **aus ~ an ...** for want of ...; **Mangelerscheinung** *f* (MED) deficiency symptom

mangelhaft *adj* (*Schulnote*) unsatisfactory; (*unzureichend*) insufficient; (*fehlerhaft*) defective, faulty

Mangelkrankheit *f* (MED) deficiency disease

mangeln[1] ['maŋəln] *vt* (*Wäsche*) press

mangeln² *vi* (*fehlen*) want; **es mangelt an etw** there is lack of s.th.; **es mangelt ihr an nichts** she lacks for nothing

mangels ['maŋəls] *präp* for lack of

Mangelware *f* scarce commodity; ~ **sein** (*fig*) be a rare thing

Mango ['maŋgo] <-, -s> *f* mango

Manie [ma'ni:] *f* mania

Manier [ma'ni:ɐ] <-, -en> *f* manner; **höfliche ~en** (good) manners

manierlich *adj* (*Kind*) well-mannered; (*Aussehen*) respectable; **sich ~ benehmen** behave properly

Manifest [mani'fɛst] <-es, -e> *nt* manifesto; **Manifestant(in)** <-en, -en> *m(f)* (*österr: Demonstrant*) demonstrator; **manifestieren** *vr* manifest itself

Maniküre [mani'ky:rə] <-, -n> *f* ❶ manicure ❷ (*Person*) manicurist

maniküren <ohne ge-> *vt* manicure

Manipulation *f* manipulation; (*Trick*) manoeuvre *Br*, manoeuver *Am*

manipulieren [manipu'li:rən] *vt* manipulate

manisch ['ma:nɪʃ] *adj* manic; **manisch-depressiv** *adj* (MED) manic-depressive

Manko ['maŋko] <-s, -s> *nt* ❶ (*Fehler*) shortcoming ❷ (COM: *Fehlbetrag*) deficit

Mann [man, *pl:* 'mɛnɐ] <-(e)s, Männer> *m* man; (*Ehe~*) husband; **etw an den ~ bringen** get rid of s.th.; **seinen ~ stehen** hold one's own; **pro ~** per head; **~, o ~!** oh boy!; **den starken ~ markieren** (*fam*) act big

Männchen ['mɛnçən] <-s, -> *nt* ❶ (*kleiner Mann*) mannikin ❷ (*von Tieren*) male; (*von Vögeln*) cock; **~ machen** sit up and beg

Mannequin [manə'kɛ̃:] <-s, -s> *nt* fashion model

Männerberuf *m* male profession; **Männergesellschaft** *f* male dominated society

Mannesalter *nt:* **im besten ~ sein** be in one's prime

mannigfach ['manɪçfax] *adj* manifold

mannigfaltig *adj* diverse

männlich ['mɛnlɪç] *adj* ❶ (BIOL) male ❷ (GRAM) masculine ❸ (*mannhaft*) manly; **Männlichkeit** *f* ❶ (*Mannhaftigkeit*) manliness ❷ (*männliche Geschlechtsteile*) manhood; **Männlichkeitsritual** *nt* manhood ritual

Mannsbild *nt* (*österr: Mann*) fellow

Mannschaft *f* (SPORT) team; (AVIAT, MAR) crew; **Mannschaftsführer(in)** *m(f)* (SPORT) captain; **Mannschaftswagen** *m* (*Polizei*) police van; (MIL) troop carrier

mannshoch *adj* as high as a man

mannstoll *adj* (*fam*) man-mad

Manometer [mano'me:tɐ] <-s, -> *nt* (TECH) pressure gauge/gage *Br/Am*; **~!** (*fam*) boy oh boy!

Manöver [ma'nø:vɐ] <-s, -> *nt* manoeuvre *Br*, maneuver *Am*; **ins ~ gehen** go on manoeuvres *Br*, go on maneuvers *Am*

manövrieren [manø'vri:rən] *vt* manoeuvre *Br*, maneuver *Am*

manövrierunfähig *adj* disabled

Mansarde [man'zardə] <-, -n> *f* garret; (*Boden*) attic; **Mansardenwohnung** *f* attic flat

Manschette [man'ʃɛtə] <-, -n> *f* ❶ (*an Hemd*) cuff ❷ (TECH: *Dichtungs~*) sleeve; **~n haben** (*fam*) be in a funk; **Manschettenknopf** *m* cufflink

Mantel ['mantəl, *pl:* 'mɛntəl] <-s, Mäntel> *m* ❶ (*Kleidungsstück*) coat ❷ (TECH: *Rohr~*) jacket ❸ (*Reifen~*) casing; **Mantelaufschlag** *m* lapel

Manteltarifvertrag *m general agreement concerning conditions of employment*

manuell [manu'ɛl] *adj* manual

Manuskript [manʊ'skrɪpt] <-(e)s, -e> *nt* manuscript

Mäppchen *nt* (SCHULE) pencil case

Mappe ['mapə] <-, -n> *f* ❶ (*Aktentasche*) briefcase ❷ (*Hefter*) folder

Maracuja [mara'kuja] <-, -s> *f* passion fruit

Marathon ['maratɔn] <-s, -s> *m* marathon; **Marathonlauf** *m* (SPORT) marathon race

Märchen ['mɛ:ɐçən] <-s, -> *nt* ❶ fairytale ❷ (*fam*) tall story; **Märchenbuch** *nt* book of fairytales; **märchenhaft** *adj* ❶ (*in der Art eines Märchens*) fairytale; (*prädikativ*) like a fairytale ❷ (*fantastisch*) fabulous; **Märchenland** *nt* fairyland; **Märchenprinz** *m* (*fig*) Prince Charming

Marder ['mardɐ] <-s, -> *m* marten

Margarine [marga'ri:nə] <-> *f* margarine

Margerite [margə'ri:tə] <-, -n> *f* marguerite

marginalisieren *vt* (*geh*) marginalize

Maria [ma'ri:a] *f* Mary

Marienkäfer *m* ladybird *Br*, ladybug *Am*

Marihuana [marihu'a:na] <-(s)> *nt* marijuana; **Marihuanazigarette** *f* joint, reefer

Marille [ma'rɪlə] <-, -n> *f* (*österr*) apricot

Marinade [mari'na:də] <-, -n> *f* marinade

Marine [ma'ri:nə] <-, -n> *f* navy; **Marineflieger** *m* naval pilot; **Marineinfanterie** *f* marines *pl*; **Marineoffizier** *m* naval officer; **Marinestützpunkt** *f* naval base

marinieren *vt* marinate; **marinierter Hering** pickled herring

Marionette [mario'nɛtə] <-, -n> *f* ❶ (*Holzpuppe*) marionette ❷ (*fig*) puppet; **Marionettentheater** *nt* puppet theatre *Br*, puppet theater *Am*

Mark[1] [mark] <-(e)s> *nt* (ANAT) marrow; **das geht mir durch ~ und Bein** that goes right through me

Mark[2] <-> *f* (*alte Währung*) mark; **mit jeder ~ rechnen müssen** have to count every penny

markant [mar'kant] *adj* (*ausgeprägt*) clear-cut, prominent; (*auffallend*) striking

Marke ['markə] <-, -n> *f* ❶ (AUTO: *Auto~*) make ❷ (COM: *Warensorte*) brand ❸ (*Brief~*) stamp; (*Rabatt~*) trading-stamp; (*Essens~*) ticket; **Markenartikel** *m* proprietary article; **Markenartikler** <-s, -> *m* (COM) producer of a proprietary brand; **Markenbutter** *f* best quality butter; **Markeneinführung** *f* brand launch, launch of a new brand; **Markenname** *m* brand name; **Markenzeichen** *nt* ❶ (*Warenzeichen*) trade-mark ❷ (AUTO: *Firmenzeichen*) badge

Marketing ['markətɪŋ] <-s> *nt* marketing

markieren [mar'ki:rən] *vt* ❶ (*mit Markierung versehen*) mark ❷ (*fam: simulieren*) play; **er markiert doch nur** he's only acting

Markierstift *m* highlighter

Markierung *f* ❶ (*das Markieren*) marking ❷ (*Zeichen*) mark

markig *adj* (*kernig*) pithy

Markise [mar'ki:zə] <-, -n> *f* blind

Markknochen *m* marrowbone

Markstein *m* ❶ (*Grenzstein*) boundary-stone ❷ (*fig*) milestone

Markstück *nt* one-mark piece

Markt [markt, *pl:* 'mɛrktə] <-(e)s, Märkte> *m* ❶ market ❷ (*~platz*) marketplace; **auf dem ~** at the market; **auf den ~ gehen** go to the market; **auf dem ~ sein** (COM) be on the market; **auf den ~ kommen** (COM) come on the market; **auf den ~ bringen** (COM) put on the market; **wann ist wieder ~?** when is the next market?

Marktanalyse *f* market analysis; **Marktanteil** *m* (COM) market share; **Marktbude** *f* stall; **Markteinführung** *f* introduction onto the market; **Markterfordernisse** *pl* market requirements *pl;* **marktfähig** *adj* marketable; **Marktforschung** *f* market research; **Marktführer** *m* (COM) market leader; **Marktführerschaft** *f* market leadership; **Markthalle** *f* covered market

Marktkapazität *f* capacity of the market; **Marktlage** *f* state of the market; **Marktlücke** *f* gap in the market, opening; **in eine ~ stoßen** fill a gap in the market; **marktorientiert** *adj* market-focused; **Marktplatz** *m* marketplace; **Marktpotenzial** *nt*, **Marktpotential** *nt* market potential; **Marktpreis** *m* market price, market rate; **marktreif** *adj* (*Produkt*) ready for the market; **Marktreife** *f* readiness for the market (of a product); **Marktsättigung** *f* (MARKT) market saturation; **Marktsegment** *nt* (COM) market segment; **Marktstellung** *f* market position; **Markttag** *m* market day; **Markttest** *m* (MARKT) market testing; **Marktvolumen** *nt* (COM) market volume; **Marktwert** *m* market value; **Marktwirtschaft** *f* market economy; **freie ~** free-market economy; **marktwirtschaftlich** *adj* free-enterprise

Marmelade [marmə'la:də] <-, -n> *f* jam; (*Orangen~*) marmalade

Marmor ['marmɔr] <-s, -e> *m* marble; **marmorieren** *vt* marble; **Marmorkuchen** *m* marble cake; **marmorn** ['marmɔrn] *adj* marble; **Marmorsäule** *f* marble column

Marokkaner(in) [marɔ'ka:nɐ] *m(f)* Moroccan; **marokkanisch** *adj* Moroccan; **Marokko** [ma'rɔko] *nt* Morocco

Marone[1] [ma'ro:nə] <-, -n> *f* (*Esskastanie*) sweet chestnut [*o* edible]

Marone[2] *f* (*Pilz*) chestnut boletus

Marotte [ma'rɔtə] <-, -n> *f* quirk

Mars[1] [mars] <-> *m* (ASTR) Mars

Mars[2] *nt* (MAR: *Segel*) top

marsch *interj:* **~!** march!

Marsch[1] [marʃ, *pl:* 'mɛrʃə] <-(e)s, Märsche> *m* (MUS MIL) march; **jdm den ~ blasen** give s.o. a piece of one's mind; **sich in ~ setzen** move off

Marsch[2] <-, -en> *f* (*Landschaft*) fen, marsh

Marschall ['marʃal, *pl:* 'marʃɛlə] <-s, Marschälle> *m* (MIL) marshal

Marschbefehl *m* (MIL) marching orders *pl;* **Marschflugkörper** *m* (MIL) cruise missile; **Marschgepäck** *nt* pack

marschieren *vi* march

Marschkolonne *f* column; **Marschkompass** *m* compass; **Marschmusik** *f* military marches *pl;* **Marschrichtung** *f* route of march; (*fig*) line of approach; **Marschverpflegung** *f* rations *pl*

Marsmensch *m* Martian

Marter ['martɐ] <-, -n> *f* torture; **martern** *vt* torment, torture; **Marterpfahl** *m* stake; **Marterwerkzeug** *nt* instrument of torture

martialisch [mar'tsja:lɪʃ] *adj* martial, warlike

Märtyrer(in) [mɛr'ty:rɐ] <-s, -> *m(f)* (*a. fig*)

martyr; **jdn zum ~ machen** make a martyr of s.o.; **sich als ~ aufspielen** make a martyr of o.s.

Marxismus [marˈksɪsmʊs] *m* (POL) Marxism; **Marxist(in)** *m(f)* (POL) Marxist; **marxistisch** *adj* (POL) Marxist

März [mɛrts] <-es, -e> *m* March; **Anfang (Mitte, Ende) ~** at the beginning (in the middle, at the end) of March

Marzipan [martsiˈpa:n] <-s, -e> *nt* marzipan

Masche [ˈmaʃə] <-, -n> *f* ① (*Strick~*) stitch ② (*Netzschlinge*) hole, mesh ③ (*fam: Trick*) trick; **immer die alte ~!** the same old trick!; **jdm durch die ~n gehen** slip through someone's fingers; **das ist die große ~!** it's all the fad!

Maschendraht *m* wire netting; **Maschenweite** *f* mesh size

Maschine [maˈʃi:nə] <-, -n> *f* ① (TECH) machine ② (AUTO) engine ③ (AVIAT: *Flugzeug*) plane; **etw mit der ~ schreiben** type s.th.

maschinell *adj* mechanical

Maschinenbau *m* mechanical engineering; **Maschinenbauingenieur(in)** *m(f)* mechanical engineer; **Maschinencode** *m* machine code; **Maschinenfabrik** *f* engineering works *pl*; **Maschinengewehr** *nt* machine gun

maschinenlesbar *adj* (INFORM: *Ausweis*) machine readable; **Maschinenlesbarkeit** *f* machine readability

Maschinenöl *nt* lubricating oil; **Maschinenpark** *m* plant; **Maschinenpistole** *f* submachine gun; **Maschinenraum** *m* ① (MAR) engine-room ② (*in Werk*) plant room; **Maschinenschaden** *m* mechanical fault; **Maschinenschlosser(in)** *m(f)* engine fitter; **Maschinenschrift** *f* typescript

Maschinerie [maʃinəˈri:] *f* (*a. fig*) machinery

Maschinist(in) *m(f)* engineer

Maser [ˈma:zɐ] <-, -n> *f* (*in Holz*) grain, vein

Masern [ˈma:zɐn] *pl* (MED) measles

Maserung *f* grain

Maske [maskə] <-, -n> *f* ① (*Gesichts~, a.* INFORM) mask ② (THEAT) make-up; **sie ließ ihre ~ fallen** she slipped her mask; **das ist nur ~** that's all just pretence/pretense *Br/Am*; **jdm die ~ vom Gesicht reißen** unmask s.o.; **Maskenball** *m* masked ball; **Maskenbildner(in)** *m(f)* make-up artist; **Maskerade** [maskəˈra:də] <-, -n> *f* costume

maskieren **I.** *vt* disguise **II.** *vr* disguise o.s.

Maskottchen [masˈkɔtçən] <-s, -> *nt* mascot

maskulin [maskuˈli:n] *adj* masculine

Maskulinum <-s, -Maskulina> *nt* (LING) masculine

Masochist(in) [mazɔˈxɪst] <-en, -en> *m(f)* masochist; **masochistisch** *adj* masochistic

Maß[1] [ma:s] <-es, -e> *nt* ① (*~einheit*) measure (*für* of) ② (*~band*) tape measure ③ (*gemessene Größe*) measurement ④ (*Aus~*) degree, extent; **das ~ ist voll!** that's going too far!; **ein gewisses ~ an …** a certain degree of …; **in höchstem ~e** extremely; **in ~en** in moderation; **~ halten** be moderate

Maß[2] <-, -(e)> *f* (*Biermaß: Liter*) litre of beer *Br*; liter of beer *Am*

Massage [maˈsa:ʒə] <-, -n> *f* massage; **~n bekommen** get massage treatment; **Massageöl** *nt* massage oil; **Massagesalon** *m* massage parlour

Massaker [maˈsa:kɐ] <-s, -> *nt* massacre; **massakrieren** *vt* massacre

Maßarbeit *f* (*fig*) neat piece of work

Masse [ˈmasə] <-, -n> *f* ① (*ungeformter Stoff*) mass ② (*Menge*) heaps of ③ (*Menschenmenge*) crowd ④ (ELEK) mass; **die breite ~** the masses *pl*; **eine ganze ~ von …** a great deal of …; **Massekabel** *nt* ground cable

Massenandrang *m* crush; **es herrschte ~** there was a terrible crush; **Massenarbeitslosigkeit** *f* mass unemployment; **Massenartikel** *m* mass-produced article; **Massenbewegung** *f* mass movement; **Massenblatt** *nt* mass-circulation paper; **Massenentlassung** *f* mass redundancy; **Massengrab** *nt* mass grave; **Massengüter** *ntpl* bulk goods

massenhaft **I.** *adj* on a massive scale **II.** *adv* (*fam: sehr viel*) masses of

Massenkarambolage *f* (AUTO) pile-up; **Massenmedien** *ntpl* mass media *pl*; **Massenmensch** *m* mass man; **Massenmord** *m* mass murder; **Massenquartier** *nt* mass accommodation; **Massenproduktion** *f* mass production; **Massensterben** *nt* mass of deaths; **Massentierhaltung** *f* intensive livestock farming; **Massentourismus** *m* mass tourism; **Massenvernichtungswaffe** *f* weapon of mass destruction

Masseur(in) [maˈsø:ɐ] <-s, -e> *m(f)* masseur (masseuse)

Masseuse [maˈsø:zə] <-, -n> *f* (*obs: Masseurin*) masseuse

Maßgabe *f*: **nach ~** according to

maßgebend *adj* authoritative; **deine Meinung ist für mich nicht ~** I won't accept your opinion as authoritative
maßgeblich *adj* authoritative
massieren¹ *vt* massage
massieren² *vt* (MIL: *Truppen*) mass
massig **I.** *adj* massive **II.** *adv* (*fam*): **~ viel** stacks of
mäßig ['mɛːsɪç] *adj* ❶ (*gemäßigt*) moderate, temperate ❷ (*mittel~*) indifferent ❸ (*gering*) moderate; **mäßigen** ['mɛːsɪgən] **I.** *vt* (*mindern*) moderate **II.** *vr* restrain o.s.; **Mäßigkeit** *f* ❶ (*das Maßhalten*) moderation ❷ (*Mittel~*) mediocrity; **Mäßigung** *f* moderation, restraint
Massiv [ma'siːf] <-s, -e> *nt* massif
massiv *adj* ❶ (*fest, nicht hohl, pur*) solid ❷ (*Beleidigung*) gross; (*Kritik*) heavy
Maßkleidung *f* made-to-measure clothing *Br,* custom clothing *Am*
Maßkrug *m* litre/liter beer mug *Br/Am*
maßlos **I.** *adj* ❶ (*unmäßig*) immoderate ❷ (*gewaltig*) extreme; **~e Übertreibung** extreme exaggeration **II.** *adv* (*äußerst*) extremely; **Maßlosigkeit** *f* lack of moderation
Maßnahme <-, -n> *f* measure; **~n ergreifen um etw zu tun** take measures to do s.th.; **nicht vor ~n zurückschrecken** not shrink from taking action
Maßregel *f* rule; **maßregeln** ['---] *vt* ❶ (*Strafe verhängen*) discipline ❷ (*tadeln*) reprimand; **er wurde für seine unfreundlichen Worte gemaßregelt** he was rebuked for having spoken unkindly
maß|schneidern *vt* make to measure
Maßstab *m* ❶ (*Richtlinie*) standard ❷ (*Zollstock*) rule ❸ (*maßstäbliches Verhältnis*) scale; **hier ist eine Karte mit kleinem ~** this is a small-scale map; **das ist für mich kein ~** I don't take that as my yardstick; **Maßstäbe setzen** set a good standard *sing*
maßstab(s)gerecht *adj* (true) to scale
maßvoll *adj* moderate
Mast¹ [mast] <-(e)s, -en/(-e)> *m* ❶ (*Strom~*) pylon ❷ (*Antennen~*) mast
Mast² <-, -en> *f* (*das Mästen*) fattening
Mastbaum *m* (MAR) mast
Mastdarm *m* (ANAT) rectum
mästen ['mɛstən] **I.** *vt* fatten **II.** *vr* (*hum*) stuff o.s.
Mastschwein *nt* fattened pig
masturbieren [mastʊr'biːrən] *vt, vi* masturbate
Match [metʃ] <-es> *nt* (SPORT) match; **Matchball** *m* (*beim Tennis*) match point
Material [materi'aːl] <-s, -ien> *nt* material; **Materialanforderung** *f* materials requisition; **Materialaufwand** *m* material costs; **Materialbedarf** *m* material needs, material requirements; **Materialermüdung** *f* material fatigue; **Materialfehler** *m* material defect
materialisieren *vr* materialize
Materialismus *m* (*a.* PHILOS) materialism; **Materialist(in)** *m(f)* (*a.* PHILOS) materialist; **materialistisch** *adj* (*a.* PHILOS) materialistic
Materialkosten *pl* cost *sing,* of materials; **Materiallager** *nt* materials stock, stock of materials; **Materialprüfung** *f* materials testing, inspection of incoming materials; **Materialverbrauch** *m* materials usage; **Materialwirtschaft** *f* materials management
Materie [ma'teːriə] <-, -n> *f* ❶ matter ❷ (*Thema*) subject-matter; **die ~ beherrschen** know one's stuff
materiell *adj* ❶ (*die Materie betreffend, a. fig*) material ❷ (*geldlich*) financial
Mathematik [matema'tiːk] *f* mathematics; **Mathematiker(in)** *m(f)* mathematician; **mathematisch** *adj* mathematical
Matinee [mati'neː] <-, -n> *f* matinee
Matjeshering ['matjəsheːrɪŋ] *m* young herring
Matratze [ma'tratsə] <-, -n> *f* mattress; **an der ~ horchen** (*fam: ein Nickerchen machen*) turn in
Mätresse [mɛ'trɛsə] <-, -n> *f* (HIST) mistress
Matrikel [ma'triːkəl] <-, -n> *f* (*Universitäts~*) matriculation register; **Matrikelnummer** *f* registration number
Matrix ['maːtrɪks] <-, Matrizen> *f* matrix; **Matrixdrucker** *m* (INFORM) dot-matrix printer
Matrize [ma'triːtsə] <-, -n> *f* (*Schablone*) stencil; **etw auf ~ schreiben** stencil s.th.
Matrone [ma'troːnə] <-, -n> *f* matron; **matronenhaft** *adj* matronly
Matrose [ma'troːzə] <-n, -n> *m* ❶ (*Seemann*) sailor ❷ (*Dienstgrad*) ordinary seaman, rating *Br*
Matsch [matʃ] <-(e)s> *m* (*breiweiche Masse*) mush; (*Schlamm*) mud; (*Schnee~*) slush
matschig *adj* (*breiig*) mushy; (*schlammig*) muddy; (*Schnee*) slushy
matt [mat] *adj* ❶ (*glanzlos*) dull ❷ (*schwach*) weak ❸ (*beim Schach*) mate; **~es Papier** mat paper; **~e Glühbirne** opal bulb; **jdn ~ setzen** (*a. fig*) checkmate s.o.
Matte ['matə] <-, -n> *f* mat; **jdn auf die ~ legen** (SPORT) floor s.o; **auf der ~ stehen**

(*fam*) be at someone's place; (*bereit sein*) be there and ready for action

Mattglanz *m* dull finish; **Mattglas** <-es> *nt* frosted glass, ground glass; **Mattlack** *m* mat varnish; **Mattscheibe** *f* (*fam*) telly *Br*, tube *Am*; **er hat ~** (*dumm sein*) he's soft in the head

Mätzchen ['mɛtsçən] *ntpl:* **mach keine ~!** don't try anything funny!

mau *adj* (*fam*) poor, bad; (*Geschäft*) slack; **mir ist ~** I feel poorly

Mauer ['maʊɐ] <-, -n> *f* wall

mauern **I.** *vt* build, lay bricks **II.** *vi* (*beim Kartenspiel*) hold back

Mauersegler *f* swift; **Mauerstein** *m* building stone; **Mauervorsprung** *m* projection on the wall; **Mauerwerk** *nt* masonry, stonework

Maul [maʊl, *pl:* 'mɔɪlɐ] <-(e)s, Mäuler> *nt* mouth; (*Tierrachen*) jaws *pl;* **halt's ~!** (*vulg*) shut your gob!; **jdm das ~ stopfen** (*derb*) muzzle s.o., shut s.o. up; **ein großes ~ haben** (*derb*) be a big-mouth; **nimm das ~ nicht so voll!** (*derb*) don't be too cocksure!

Maulbeerbaum *m* mulberry

maulen ['maʊlen] *vi* moan

Maulesel *m* mule

maulfaul *adj* (*fam*): **sei nicht so ~!** haven't you got a tongue in your head?

Maulkorb *m* (*a. fig*) muzzle

Maultaschen *fpl* filled pasta squares

i Land & Leute

Maultaschen are a Swabian speciality which used to be made during Lent. **Maultaschen** are little pasta parcels, rather like large ravioli, filled with mince and spinach. They are eaten in soups or fried with onions.

Maultier *nt* mule; **Maul- und Klauenseuche** *f* foot-and-mouth disease; **Maulwurf** *m* mole; **Maulwurfshaufen** *m* molehill

Maurer(in) ['maʊrɐ] <-s, -> *m(f)* bricklayer; **Maurerkelle** *f* trowel; **Maurerkolonne** *f* bricklaying gang; **Maurermeister(in)** *m(f)* master builder

Mauretanien [maʊre'ta:niən] *nt* Mauretania

Maus [maʊs, *pl:* 'mɔɪzə] <-, Mäuse> *f* (*a.* INFORM) mouse (*pl* mice); **Mäuse** (*fam: Geld*) dough *sing;* **weiße Mäuse sehen** see pink elephants

Mäusebussard *m* (*Greifvogel*) buzzard

Mausefalle *f* ❶ mousetrap ❷ (*fig*) deathtrap; **Mauseloch** *nt* mouse-hole

Mauser ['maʊzɐ] <-> *f* (*bei Vögeln*) moult; **in der ~ sein** be moulting; **mausern** *vr* ❶ (*Vögel*) moult ❷ (*fig*) blossom out

mausetot *adj* (*fam*) stone dead

Mausklick <-s, -s> *m* (INFORM) click of the mouse; **Mauskursor** <-s, -s> *m* (INFORM) mouse cursor; **Mauspad** ['maʊspæd] <-s, -s> *nt* (INFORM) mouse pad; **Maussteuerung** *f* (INFORM) mouse control

Maut [maʊt] <-, -en> *f* toll; **Mautgebühr** *f* toll; **Mautstelle** *f* toll gate, toll barrier; **Mautstraße** *f* toll-road

maximal [maksi'ma:l] **I.** *adj* maximum **II.** *adv* at most

Maxime [ma'ksi:mə] <-, -n> *f* maxim

Maximum ['maksimʊm] <-s, -ma> *nt* maximum

Maxirock *m* maxi-skirt

Mayonnaise *f* mayonnaise

Mazedonien [matse'do:niən] *nt* Macedonia

Mäzen [mɛ'tse:n] <-s, -e> *m* patron

MB <-(s), -(s)> *nt Abk. von* **Megabyte** MB, Mb, MByte

MBA <-s, -> *m Abk. von* **Master of Business Administration** MBA

Mechanik [me'ça:nɪk] *f* mechanics *pl;* **Mechaniker(in)** *m(f)* mechanic; **mechanisch** *adj* mechanical

mechanisieren *vt* mechanize; **Mechanisierung** *f* mechanization; **Mechanisierungsprozess** *m* process of mechanization

Mechanismus <-, -men> *m* mechanism

Meckerei *f* grumbling, grousing

meckern ['mɛkɐn] *vi* ❶ (*Ziege*) bleat ❷ (*fam: nörgeln*) bleat, grouse (*über* at)

Medaille [me'daljə] <-, -n> *f* medal; **Medaillengewinner(in)** *m(f)* medallist

Medaillon [medal'jõ:] <-s, -s> *nt* locket

Medien ['me:diən] *pl* media; **Medienberater(in)** *m(f)* media consultant; **Medienberichterstattung** *f* media reporting; **Medienforschung** *f* media research; **mediengen** *adj* mediagenic; **mediengerecht** *adj* suited to the media; **Medienkonzentration** *f* media concentration; **Medienkonzern** *m* media concern; **Medienlandschaft** *f* <-> (*fig*) media landscape; **Medienliebling** *m* media darling, darling of the media; **Medienpolitik** *f* media policy; **Medienrummel** *m* media excitement; **Medienspektakel** *nt* media spectacle; **Medienverbund** *m* ❶ (SCHULE) multimedia system ❷ (COM) media syndicate; **medienwirksam** *adj* (*Person*) mediagenic

M

Medikament [medika'mɛnt] <-(e)s, -e> *nt* medicine; **Medikamentenmissbrauch** *m* drug abuse; **Medikamentensucht** *f* drug dependency; **Medikamentenverordnung** *f* drug regulation

medikamentös *adj* medicinal

Meditation *f* meditation

mediterran [meditɛ'ra:n] *adj* Mediterranean

meditieren [medi'ti:rən] *vi* meditate; **über etw ~** ponder over s.th.

Medizin [medi'tsi:n] <-, -en> *f* medicine

Medizinalassistent(in) *m(f)* houseman *Br,* intern *Am*

Medizinball *m* medicine ball

Mediziner(in) *m(f)* ❶ (*Arzt*) doctor ❷ (*fam: Medizinstudent*) medic

medizinisch *adj:* **jdn ~ behandeln** give s.o. medical treatment; **~e Fakultät** faculty of medicine

Medizinisch-Technische(r) Assistent(in) *m(f)* medical assistant

Medizinmann <-(e)s, -männer> *m* medicine man; **Medizinstudent(in)** *m(f)* medical student

Meer [me:ɐ] <-(e)s, -e> *nt* sea; **die ~e** the oceans; **eine Stadt am ~** a town by the sea; **Meerbusen** *m* bay, gulf; **Meerenge** *f* straits *pl*

Meeresalge *f* sea alga; **Meeresarm** *m* arm of the sea; **Meeresbiologie** *f* marine biology; **Meeresboden** *m* seabed; **Meeresforschung** *f* oceanography; **Meeresfrüchte** *pl* seafood; **Meeresgrund** *m* bottom of the sea; **Meereshöhe** *f* sea-level; **Meeresklima** *nt* maritime climate; **Meereskunde** *f* oceanography; **meereskundlich** *adj* oceanographic; **Meeresspiegel** *m* sea-level; **über/unter dem ~** above/ below sea-level; **Meeresströmung** *f* ocean current; **Meeresverschmutzung** *f* pollution of the sea(s)

Meerkatze *f* (*Affe*) guenon

Meerrettich *m* horseradish

Meerschweinchen *nt* guinea pig

Meerwasser *nt* sea water; **Meerwasserentsalzungsanlage** *f* desalination plant

Megabyte ['megabaɪt] *nt* (INFORM) megabyte

Megafon *nt s.* **Megaphon**

Megahertz ['megahɛrts] *nt* (PHYS) megahertz

Megaphon [mega'fo:n] <-s, -e> *nt* megaphone

Mehl [me:l] <-(e)s, -e> *nt* ❶ (*Getreide~*) flour; (*grobes*) meal ❷ (*Pulver*) powder; **mit ~ bestreuen** flour; **mehlig** *adj* ❶ floury ❷ (*Früchte*) mealy

Mehltau *m* (*Blattpilz*) mildew

Mehr <-(s)> *nt* (*Zunahme*) increase (*an* of)

mehr [me:ɐ] *pron, adv* more; **ich will viel ~** I want a lot more; **immer ~** more and more; **etw ~** a little more; **viel(e) ~** much (many) more; **nicht ~ viel(e)** not much (many) more; **nichts ~** no more; **noch ~?** any more?; **noch ~** even more; **~ gibt es nicht** there isn't any more, there aren't any more; **gibt es noch ~?** is there any more?, are there any more?; **reden wir nicht ~ darüber!** let's say no more about it!; **~ kann man sich doch nicht wünschen** what more could one want?; **zum Kindererziehen gehört ~ als nur …** there's more to bringing up children than just …; **umso ~** all the more; **je ~ du ihm gibst, desto ~ will er haben** the more you give him, the more he wants; **das beschämt mich umso ~** that makes me all the more ashamed; **es ist kein Wein ~ da** there isn't any more wine; **ich bin ~ als zufrieden** I'm more than satisfied; **kein Wort ~!** not another word!; **es war niemand ~ da** everyone had gone; **nicht ~ lange** not much longer

Mehrarbeit *f* overtime; **Mehraufwand** *m* additional expenditure; **Mehrbelastung** *f* excess load; (*fig*) additional burden; **Mehrbereichsöl** *nt* (AUTO) multigrade oil; **Mehrbetrag** *m* surplus; **mehrdeutig** ['me:ɐdɔɪtɪç] *adj* ambiguous; **mehrdimensional** *adj* multidimensional; **Mehreinnahme** *f* additional revenue

mehren ['me:rən] *vr* (*geh: sich ver~*) multiply

mehrere ['me:rərə] *pron, adj* several

mehrfach ['me:ɐfax] **I.** *adj* ❶ (*vielfach*) multiple ❷ (*wiederholt*) repeated **II.** *adv* (*mehrere Male*) several times

Mehrfachfahrschein *m* multi-journey ticket; **Mehrfachstecker** *m* (ELEK) multiple adaptor; **Mehrfachtäter(in)** *m(f)* serial offender

Mehrfamilienhaus *nt* multiple dwelling, house for several families

mehrfarbig *adj* multicoloured

Mehrheit *f* majority; **in der ~ sein** be in a majority; **eine ~ von drei Stimmen haben** be in a majority of three; **mit knapper ~** by a small majority; **Mehrheitsbeschluss** *m* majority decision; **durch ~** by a majority of votes; **mehrheitsfähig** *adj* capable of winning a majority; **Mehrheitswahlrecht** *nt* (POL) majority votes system

mehrjährig *adj* of several years; **~e …** several years of …

Mehrkosten *pl* additional costs

Mehrlinge <-> *pl* progeny of a multiple birth

mehrmals *adv* several times

mehrmotorig *adj* (AVIAT) multi-engined; **Mehrparteiensystem** *nt* multi-party system; **mehrplatzfähig** *adj* (INFORM) multi-station, capable of supporting multi-user operation; **Mehrplatzrechner** *m* (INFORM) multi-user [*o* multistation] system, networked system; **Mehrplatzsystem** *nt* (INFORM) multi-user system; **Mehrpreis** *m* extra, surcharge; **mehrsilbig** *adj* polysyllabic; **mehrsprachig** *adj* multilingual; **mehrstimmig** *adj* (MUS) for several voices; **mehrstöckig** *adj* multi-storey; **mehrstündig** *adj:* **sie trafen mit ~er Verspätung ein** they arrived several hours late; **mehrtägig** *adj:* **ein ~er Aufenthalt** a stay of several days; **Mehrverbrauch** *m* additional consumption; **Mehrweg-** *präfix* reusable; **Mehrwegflasche** *f* deposit bottle, returnable bottle; **Mehrwegverpackung** *f* reusable packaging; **Mehrwertsteuer** *f* value added tax, VAT; **mehrwöchig** *adj* of [*o* lasting] several weeks; **Mehrzahl** <-, -> *f* ❶ (GRAM) plural ❷ (*Mehrheit*) majority; **die ~ der Fälle** the majority of cases; **Mehrzweckfahrzeug** *nt* multi-purpose vehicle

meiden ['maɪdən] *irr vt* avoid

Meile ['maɪlə] *f* mile; **Meilenstein** *m* (*a. fig*) milestone; **meilenweit** *adv* miles and miles; **sie wohnen ~ weg** they live miles away; **vom Thema ~ entfernt sein** be miles off the subject

Meiler ['maɪlɐ] <-s, -> *m* charcoal-kiln

mein [maɪn] *pron* my; **ich habe ~e eigene Wohnung** I've got a flat of my own; **~es Wissens** as far as I know; **~e Damen und Herren!** Ladies and Gentlemen!; **einer ~er Lieblingsausdrücke** a favourite expression of mine

Meineid ['maɪnaɪt] <-(e)s, -e> *m* (JUR) perjury; **einen ~ leisten** commit perjury; **zum ~ verleiten** suborn to perjury; **meineidig** *adj* (JUR) perjured; **~ werden** perjure o.s.

meinen ['maɪnən] *vt, vi* ❶ (*glauben*) think ❷ (*sagen wollen*) mean; **was ~ Sie?** what do you think?; **~ Sie nicht auch?** don't you agree?; **~ Sie?** do you think so?; **das will ich ~** I should think so; **damit bin ich gemeint** that's meant for me; **so war das nicht gemeint** it wasn't meant like that; **wenn du meinst** if you like, I don't mind; **gut gemeint** well-meant

meiner ['maɪnɐ] *pron* of me

meine(r, s) *pron* (*substantivisch*) mine; **das ist dein Schirm, und wo ist meiner?** this is your umbrella, and where is mine?

meinerseits *adv* as far as I am concerned, for my part; **ganz ~!** the pleasure's mine!

meinesgleichen *pron* ❶ (*mir Ebenbürtige*) my equals *pl* ❷ (*Leute wie ich*) people *pl* like me

meinetwegen *adv* ❶ (*von mir aus*) for my part ❷ (*um meinetwillen*) for my sake; **er kann ~ sofort gehen** as far as I'm concerned he can leave at once; **kann ich gehen? - ~!** may I go? - all right!

meinige ['maɪnɪgə] *pron:* **der (die, das) Meine** mine

Meinung *f* opinion; **der ~ sein, dass ...** be of the opinion that ...; **meiner ~ nach** in my opinion; **seine ~ äußern** express an opinion; **jdn nach seiner ~ fragen** ask someone's opinion; **keine gute ~ über jdn haben** have a poor opinion of s.o.; **jdm die ~ sagen** give s.o. a piece of one's mind; **seine ~ ändern** change one's opinion; **eine vorgefasste ~** a preconceived view

Meinungsäußerung *f* opinion; **Meinungsaustausch** *m* exchange of views (*über* on); **Meinungsbildung** *f* formation of opinion; **Meinungsforscher(in)** *m(f)* canvasser, pollster; **Meinungsforschung** *f* public opinion research; **Meinungsumfrage** *f* opinion poll, canvassing; **Meinungsumschwung** *m* swing of opinion; **Meinungsverschiedenheit** *f* disagreement, difference of opinion

Meise ['maɪzə] <-, -n> *f* tit; **eine ~ haben** (*fam*) be nuts

Meißel ['maɪsəl] <-s, -> *m* chisel; **meißeln** *vt, vi* chisel

meist *adv* mostly, most of the time

meistbietend *adj* highest bidding; **~ versteigern** sell to the highest bidder

Meistbietende(r) <-n, -> *mf* highest bidder

meisten *adv:* **am ~** most of all

meistens *adv* mostly, most of the time

Meister(in) ['maɪstɐ] <-s, -> *m(f)* ❶ (*Handwerk*) master ❷ (SPORT) champion; **seinen ~ finden** meet one's match; **seinen ~ machen** take one's master craftsman's diploma

meiste(r, s) *pron:* **die meisten** most people; **das hat mir am meisten Freude gemacht** that gave me the most pleasure; **die meiste Zeit** most of the time; **die meisten sind Studenten** they are mostly students

Meisterbrief *m* master craftsman's certifi-

M

cate

meisterhaft I. *adj* masterly II. *adv* in a masterly manner

Meisterleistung *f* masterly performance

meistern *vt* master; **Schwierigkeiten ~** overcome difficulties

Meisterprüfung *f* examination for master craftsman's diploma; **Meisterschaft** *f* ❶ (*meisterliches Können*) mastery ❷ (SPORT) championship; **Meisterstück** *nt*, **Meisterwerk** *nt* (*fig*) masterpiece

Melancholie [melaŋko'liː] *f* melancholy; **melancholisch** *adj* melancholy

Melanzani [melan'tsaːni] *pl* (*österr*) aubergine *Br*, eggplant *Am*

Meldeamt *nt* registration office; **Meldefrist** *f* registration period; **Meldeschein** *m* certificate of registration

melden ['mɛldən] I. *vt* ❶ (*ankündigen*) announce ❷ (*benachrichtigen*) report; **du hast hier nichts zu ~!** you have no say in this! II. *vr* ❶ (*in der Schule*) put one's hand up ❷ (*sich zur Verfügung stellen*) report (*zu* for) ❸ (TELE) answer ❹ (*wieder von sich hören lassen*) get in touch (*bei* with); **melde dich mal wieder!** keep in touch!

Meldepflicht *f* compulsory registration; **meldepflichtig** *adj* ❶ (*Person*) obliged to register ❷ (*Krankheit*) notifiable

Meldung *f* ❶ (RADIO TV) report (*über* on) ❷ (SPORT) entry ❸ (*dienstlich*) report; **seine ~ zurückziehen** withdraw

meliert [me'liːɐt] *adj* mottled, speckled; **grau ~** greying

Melisse [me'lɪsə] <-> *f* balm

melken ['mɛlkən] *irr vt* ❶ milk ❷ (*fam: anpumpen*) fleece; **Melker(in)** *m(f)* milker

Melodie [melo'diː] *f* melody; **melodisch** *adj* melodic, tuneful

melodramatisch *adj* melodramatic

Melone [me'loːnə] <-, -n> *f* ❶ (*Frucht*) melon ❷ (*Hut*) bowler *Br*, derby *Am*

Membran(e) [mɛm'braːn(ə)] <-, -en> *f* ❶ (TECH TELE) diaphragm ❷ (ANAT) membrane

Memme ['mɛmə] <-, -n> *f* (*fam pej*) cissy

Memoiren [memo'aːrən] *pl* memoirs

Memorandum [memo'randʊm] <-s, -den/ -da> *nt* memorandum

Menge ['mɛŋə] <-, -n> *f* ❶ (*bestimmte Anzahl*) quantity ❷ **eine ~** (*viele*) a great many, lots of ❸ (*Menschen~*) crowd ❹ (MATH) set; **jede ~** (*fam*) lots and lots; **sich eine ~ einbilden** think a lot of o.s.; **Mengenangabe** *f* statement of quantity; **Mengenlehre** *f* (MATH) set theory; **mengenmäßig** *adj* quantitative; **Mengenrabatt** *m* bulk discount

Meniskus [me'nɪskʊs] <-s, Menisken> *m* (ANAT) meniscus

Menopause [meno'-] *f* menopause

Mensa ['mɛnza] <-, -s/-sen> *f* canteen

Mensch [mɛnʃ] <-en, -en> *m* person; **~en** human beings; (*Leute*) people; **die ~en** mankind; **~!** (*fam: bewundernd*) wow!; **~, habe ich einen Hunger!** boy, am I hungry!; **ich bin auch nur ein ~** I'm only human after all; **~en gibt's!** the people you meet!; **er ist ein guter ~** he's a good soul; **kein ~ war da** nobody was there; **so spricht heutzutage kein ~ (mehr)** nobody speaks like that nowadays

Menschenaffe *m* ape; **Menschenalter** *nt* generation; **Menschenfeind(in)** *m(f)* misanthrope; **Menschenfleisch** *nt* human flesh; **Menschenfresser** *m* cannibal; **Menschenfreund** *m* philanthropist; **Menschengedenken** *nt*: **seit ~** within living memory; **Menschenhandel** *m* slave trade, traffic in human beings; **Menschenkenner(in)** *m(f)* judge of human nature; **Menschenkenntnis** *f* knowledge of human nature; **~ haben** know human nature; **Menschenkette** *f* human chain; **Menschenleben** *nt* human life; **~ waren nicht zu beklagen** no casualities were reported; **der Unfall hat mehrere ~ gefordert** the accident claimed several lives; **menschenleer** *adj* deserted

Menschenliebe *f*: **aus reiner ~** from the sheer goodness of one's heart; **Menschenmenge** *f* crowd; **menschenmöglich** *adj* humanly possible; **das Menschenmögliche tun** do all that is humanly possible; **Menschenrechte** *ntpl* human rights; **Menschenrechtskommission** *f* Commission on Human Rights; **Menschenrechtsverletzung** *f* violation of human rights; **menschenscheu** *adj* afraid of people; **Menschenseele** *f*: **keine ~ war da** not a soul was there

Menschenskind *nt*, *interj*: **~!** heavens above!

menschenunwürdig *adj* beneath human dignity; **~e Behausung** dwelling unfit for human habitation; **menschenverachtend** *adj* inhuman; **Menschenverstand** *m*: **gesunder ~** common sense; **Menschenwürde** *f* human dignity

Menschheit *f*: **die ~** humanity, mankind

menschlich *adj* ❶ (*nicht tierisch*) human ❷ (*human*) humane; **die ~e Gesellschaft** the society of man

Menschlichkeit *f* humanity

Menstruation [mɛnstrua'tsjo:n] *f* menstruation; **Menstruationsschmerzen** *mpl* menstrual pain; **Menstruationsstörungen** *fpl* menstrual disorders

Mentalität [mɛntali'tɛ:t] *f* mentality

Menü [me'ny:] <-s, -s> *nt* (*a.* INFORM) menu; **Menüanzeige** *f* menu display; **Menüführung** *f* menu-driven operation; **menügesteuert** *adj* menu-driven; **Menüzeile** *f* menu line

Merchandising ['mɜ:tʃəndaɪzɪŋ] <-s> *nt* (COM) merchandising

merci [mɛrsi] *interj* (*CH*) thanks

Mergel ['mɛrgəl] <-s> *m* (GEOL) marl

Merger [mœ:ɐdʒɐ] *m* (*Fusion*) merger

Meridian [meri'dja:n] <-s, -e> *m* (ASTR) meridian

Merkblatt *nt* leaflet

merken ['mɛrkən] **I.** *vt* ① (*wahrnehmen*) notice ② (*spüren*) feel; **merkst du was?** can you feel anything?; **woran hast du das gemerkt?** how could you tell? **II.** *vr* (*im Gedächtnis behalten*) remember; **~ Sie sich das für die Zukunft!** remember that in future!; **das werd' ich mir ~!** I won't forget that!

merklich *adj* marked, noticeable

Merkmal <-s, -e> *nt* characteristic; **irgendwelche besonderen ~e?** any distinguishing marks?

Merksatz *m* mnemotechnic verse

Merkur [mɛr'ku:ɐ] <-(s)> *m* (ASTR) Mercury

merkwürdig *adj* (*seltsam*) curious, strange; **merkwürdigerweise** *adv* oddly enough, strange to say

meschugge [me'ʃʊgə] *adj* (*sl*) nuts; **dieser Krach macht mich ganz ~** this row is driving me silly

messbar *adj* measurable

Messbecher *m* measuring jug; **Messdaten** *pl* readings

Messdiener(in) *m(f)* server

Messe[1] [mɛsə] <-, -n> *f* mass

Messe[2] *f* (MAR: *Offiziers~*) mess

Messe[3] *f* (COM: *Ausstellung*) fair; **Messeausweis** *m* (trade) fair pass; **Messegelände** *nt* exhibition centre; **Messehalle** *f* exhibition hall

messen ['mɛsən] *irr* **I.** *vt* measure; **können Sie meinen Blutdruck ~?** could you take my blood pressure?; **jds Zeit ~** (SPORT) time s.o. **II.** *vr* compete (*mit* with)

Messeneuheit *f* (trade fair) innovation

Messer ['mɛsɐ] <-s, -> *nt* knife; **ein Kampf bis aufs ~** a fight to the finish; **unter's ~ kommen** (*fam*) go under the knife; **jdm das ~ an die Kehle setzen** put a knife to someone's throat; **jdn ans ~ liefern** shop s.o.; **Messerspitze** *f* knife point; (*in Rezept*) pinch; **Messerstecher** *m* knifer; **Messerstich** *m* stab wound

Messestand *m* exhibition stand *Br*, booth *Am*

Messfehler *m* error of measurement; **Messgerät** *nt* gauge *Br*, gage *Am*

Messias [mɛ'si:as] *m* Messiah

Messing ['mɛsɪŋ] <-s> *nt* brass; **mit ~ beschlagen** brass-bound

Messinstrument *nt* measuring instrument; **Messtechnik** *f* measuring technique; **Messtischblatt** *nt* ordnance survey map

Messung *f* ① (*das Abmessen*) measuring ② (*das Abgelesene*) reading ③ (*Messergebnis*) measurement

Messwert *m* measurement

Mestize [mɛs'ti:tsə] <-n, -n> *m* mestizo; **Mestizin** *f* mestiza

Metall [me'tal] <-s, -e> *nt* metal; **aus ~** metallic; **Metallarbeiter(in)** *m(f)* metalworker; **metallic** *adj* metallic; **metallisch** *adj* ① (*aus Metall*) metal ② (*Klang*) metallic; **Metallverarbeitung** *f* metal processing

Metamorphose [metamɔr'fo:zə] <-, -n> *f* metamorphosis

Metapher [me'tafɐ] <-, -n> *f* (LING) metaphor

Metaphysik *f* metaphysics *sing*; **metaphysisch** [meta'fy zɪʃ] *adj* metaphysical

Metastase [meta'sta:zə] <-, -n> *f* (MED) metastasis

Meteor [mete'o:ɐ] <-s, -e> *nt* (ASTR) meteor; **Meteorit** [meteo'ri:t] <-en, -en> *m* (ASTR) meteorite

Meteorologe, -login [meteo ro'lo:gə] <-n, -n> *m, f* meteorologist; (*fam*) weatherman (weather lady)

Meter ['me:tɐ] <-s, -> *nt (m)* metre *Br*, meter *Am*; **Metermaß** *nt* ① (*Zollstock*) metre rule *Br*, meter rule *Am* ② (*Bandmaß*) tape-measure

Methadon [meta'do:n] <-s> *nt* methadone

Methode [me'to:də] <-, -n> *f* method; **was sind denn das für (neue) ~n?** what sort of way is that to behave?; **methodisch** *adj* methodical

Methylalkohol [me'ty:l-] *m* (CHEM) methyl alcohol

metrisch ['me:trɪʃ] *adj* metric

Metropole [metro'po:lə] <-, -n> *f* metropolis

Metrum ['me:trʊm] <-s, Metren> *nt* (LIT MUS) metre

Metzelei [mɛtsə'laɪ] *f* (*pej*) butchery

Metzger(in) [mɛtsgɐ] <-s, -> *m(f)* butcher;

Metzgerei *f* butcher's
Meuchelmord *m* (treacherous) murder; **Meuchelmörder(in)** *m(f)* (treacherous) assassin
meuchlerisch ['mɔɪçlərɪʃ] *adj* murderous, treacherous
Meute ['mɔɪtə] <-, -n> *f* ❶ (*Jagdhunde*) pack of hounds ❷ (*Pöbel*) mob
Meuterei [mɔɪtə'raɪ] *f* mutiny; **Meuterer, -rin** *m, f* mutineer; **meutern** *vi* ❶ (*rebellieren*) mutiny ❷ (*fam: aufmucken*) moan
Mexikaner(in) [mɛksi'ka:nɐ] *m(f)* Mexican; **mexikanisch** *adj* Mexican; **Mexiko** ['mɛksiko] *nt* Mexico
miauen [mi'aʊən] <ohne ge-> *vi* miaow
mich [mɪç] *pron* me; (*reflexiv*) myself
mick(e)rig ['mɪk(ə)rɪç] *adj* (*fam*) ❶ (*kläglich*) pathetic ❷ (*lumpig*) mingy ❸ (*klein, schwächlich*) puny
Mieder ['mi:dɐ] <-s, -> *nt* ❶ (*Leibchen*) bodice ❷ (*~gürtel*) girdle; **Miederslip** *m* pantie briefs *pl;* **Miederwaren** *pl* corsetry *sing*
Mief [mi:f] <-(e)s> *m* (*fam: muffige Luft*) fug; **miefen** *vi* (*fam*): **hier mieft's** there's a pong in here
Miene ['mi:nə] <-, -n> *f* expression, face; **gute ~ zum bösen Spiel machen** grin and bear it; **ohne eine ~ zu verziehen** without moving a muscle
mies [mi:s] *adj* (*fam*) lousy; **jdn/etw ~ machen** run s.o./s.th. down; **Miesmacher(in)** *m(f)* (*pej*) kill-joy; **Miesmacherei** *f* (*pej*) belly-aching
Miesmuschel *f* mussel
Mietauto *m* hire(d) car
Miete ['mi:tə] <-, -n> *f* rent; **zur ~ wohnen** live in rented accommodation
Mieteinnahmen *fpl* rental income
mieten *vt* rent
Mieter(in) *m(f)* tenant
Mieterhöhung *f* rent increase; **Mieterschutz** *m* rent control
mietfrei *adj* rent-free; **Mietgebühr** *f* rental fee; **Mietkauf** *m* lease-purchase agreement; **Mietrückstände** *mpl* rent arrears
Mietshaus *nt* tenement, block of flats *Br,* apartment house *Am;* **Mietskaserne** *f* (*pej*) tenement house
Mietspiegel *m* rent level; **Mietverhältnis** *nt* tenancy; **Mietvertrag** *m* lease; **Mietwagen** *m* hire(d) car; **Mietwert** *m* (FIN) letting value; **Mietwohnung** *f* rented flat *Br,* rented apartment *Am;* **Mietzins** *m* rent
Mieze ['mi:tsə] <-, -n> *f* ❶ (*fam: Katze*) pussy ❷ (*sl: Mädchen*) bird *Br,* chick *Am*
Migräne [mi'grɛ:nə] <-, -n> *f* (MED) migraine
Migration <-, -en> *f* (*Wanderung*) migration
Mikado [mi'ka:do] <-> *nt* (*Spiel*) pick-a-stick
Mikro ['mikro] <-s, -s> *m* (*fam*) mike
Mikrobe [mi'kro:bə] <-, -n> *f* (BIOL) microbe
Mikrobiologie *f* microbiology; **Mikrochip** *m* (INFORM) microchip; **Mikrocomputer** *m* micro(computer); **Mikroelektronik** *f* microelectronics *sing;* **Mikrofiche** <-s, -s> *nt oder m* microfiche; **Mikrofilm** *m* microfilm; **Mikrofon** [mikro'fo:n] <-s, -e> *nt* microphone; **Mikrokassette** *f* microcassette; **Mikroklima** *nt* micro climate; **Mikroorganismus** *m* (BIOL) microorganism
Mikrophon *nt* microphone
Mikroprozessor *m* (INFORM) microprocessor
Mikroskop [mikro'sko:p] <-s, -e> *nt* microscope; **mikroskopisch** *adj* microscopic; **etw ~ untersuchen** examine s.th. under the microscope
Mikrotelefon *nt* (*in Armbanduhrgröße*) microtelephone
Mikrowelle *f* microwave; **Mikrowellenherd** *m* microwave (oven)
Milbe ['mɪlbə] <-, -n> *f* (*winziges Spinnentier*) mite
Milch [mɪlç] <-> *f* ❶ (*Kuh~*) milk ❷ (*Fischsamen*) milt, soft roe; **dicke ~** curds; **Milchbart** *m* ❶ downy beard ❷ (*fig*) milksop; **Milchdrüse** *f* mammary gland; **Milchflasche** *f* milk bottle; **Milchgeschäft** *nt* dairy; **Milchglas** <-es> *nt* frosted glass
milchig ['mɪlçɪç] *adj* milky
Milchkaffee *m* white coffee; **Milchkanne** *f* milk can; **Milchkuh** *f* (*a. fig*) milk cow
Milchmädchenrechnung *f* (*fig*) naïve fallacy
Milchprodukte *ntpl* dairy products, milk products; **Milchpulver** *nt* powdered milk; **Milchquote** *f* (*EU*) milk quota; **Milchreis** *m* rice pudding; **Milchsäure** *f* lactic acid; **Milchschokolade** *f* milk chocolate; **Milchstraße** *f* (ASTR) Milky Way; **Milchtüte** *f* milk carton; **Milchwirtschaft** *f* dairy farming; **Milchzahn** *m* milk tooth
mild [mɪlt] *adj* ❶ mild ❷ (*nachsichtig*) lenient; **... und das ist noch ~e ausgedrückt** ... to put it mildly; **~e Luft** gentle air
Milde ['mɪldə] <-> *f* ❶ (*Sanftheit*) gentleness, mildness ❷ (*Nachsichtigkeit*) leniency; **~ walten lassen** be lenient
mildern ['mɪldɐn] *vt* ❶ (*Schmerz*) ease, soothe ❷ (*mäßigen*) moderate; **~de**

Umstände (JUR) extenuating circumstances; **Milderung** *f* ❶ (*von Schmerz*) soothing ❷ (*Mäßigung*) mitigation, moderation; **Milderungsgrund** *m* (JUR) mitigating cause

Milieu [mi'ljø:] <-s, -s> *nt* ❶ background; (*Umwelt*) environment ❷ (*örtliche Atmosphäre*) atmosphere; **milieugeschädigt** *adj* (PSYCH) maladjusted

militant *adj* militant

Militär [mili'tɛ:ɐ] <-s> *nt* armed forces *pl;* **beim ~ sein** be in the forces; **zum ~ gehen** join up; **Militärakademie** *f* military academy; **Militärbündnis** *nt* military alliance; **Militärdienst** *m* military service; **seinen ~ ableisten** do national service; **Militärdiktatur** *f* military dictatorship; **Militärgericht** *nt* military court, court martial; **vor ein ~ gestellt werden** be tried by a court martial

militärisch *adj* military; **hier geht's aber sehr ~ zu!** it's very regimented here!; **~es Ziel** (AVIAT) strategic target

Militarismus [milita'rɪsmʊs] *m* militarism

Militärregierung *f* military government; **Militärstützpunkt** *m* military base; **Militärzeit** *f* army days *pl*

Miliz [mi'li:ts] <-, -en> *f* militia; **Milizionär** [militsjo'nɛ:ɐ] *m* militiaman

Millennium <-s, Millennien> *nt* millennium

Milliardär(in) *m(f)* multi-millionaire(ss)

Milliarde [mɪ'ljardə] <-, -n> *f* billion; **sieben ~n Menschen** seven billion people; **Milliardstel** *nt* billionth

Millimeter ['mɪli-] *nt* millimetre *Br,* millimeter *Am;* **Millimeterpapier** [--'----] *nt* graph paper

Million [mɪ'ljo:n] *f* million; **drei ~en Tote** three million casualties

Millionär(in) *m(f)* millionaire(ss); **millionenfach I.** *adj* millionfold **II.** *adv* a million times; **Millionengewinn** *m* ❶ (*Lotto*) prize of a million ❷ (COM) profit of millions; **millionenschwer** *adj* (*fam*) worth millions; **~e Gewinne machen** make millions in profit; **Millionenstadt** *f* town with over a million inhabitants

Millirem ['mɪli-] *nt* millirem

Milz [mɪlts] <-, -en> *f* (ANAT) spleen

Milzbrand *m* (MED, VET) anthrax

mimen ['mi:mən] *vt* ❶ (THEAT) mime ❷ (*heucheln*) pretend; **den Ahnungslosen ~** act the innocent

Mimik [mi:mɪk] *f* facial expression

mimisch *adj* mimic

Mimose [mi'mo:zə] <-, -n> *f* mimosa; **die reinste ~ sein** be oversensitive

Minarett [mina'rɛt] <-(e)s, -e> *nt* minaret

minder ['mɪndɐ] *adv* less; **das ist nicht ~ wichtig** that's no less important; **mehr oder ~** more or less; **minderbegabt** *adj* less gifted; **minderbemittelt** *adj* ❶ (*finanziell*) less well-off ❷ (*pej: geistig*) (mentally) less gifted; **mindere** *adj* (*geringere*) lesser; **Mindereinnahmen** *fpl* decrease *sing,* in receipts; **Minderheit** *f* minority; **in der ~ sein** be in the minority; **Minderheitenfrage** *f* (POL) minorities problem; **Minderheitsregierung** *f* minority government; **minderjährig** *adj:* **~ sein** be a minor; **Minderjährige(r)** *f m* minor; **Minderjährigkeit** *f* minority

mindern *vt* ❶ (*ver~*) lessen ❷ (*beeinträchtigen*) detract from ❸ (FIN: *herabsetzen*) reduce

Minderung *f* ❶ (JUR) erosion ❷ (*~ des Wertes*) depreciation

minderwertig *adj* inferior; (COM) low-quality; **Minderwertigkeit** *f* inferiority; (COM) low quality; **Minderwertigkeitsgefühl** *nt* feeling of inferiority; **~e haben** feel inferior; **Minderwertigkeitskomplex** *m* inferiority complex; **Minderzahl** <-> *f:* **in der ~ sein** be in the minority

Mindestabstand *m* minimum distance; **Mindestalter** *nt* minimum age; **Mindestanforderung** *f* minimum requirement; **Mindestbetrag** *m* minimum amount

mindeste ['mɪndəstə] **I.** *adj* least, slightest; **das wäre ja wohl das ~ gewesen!** that's the least you could have done! **II.** *adv:* **nicht im ~n** not in the least

Mindesteinkommen *nt* minimum income; **Mindestgebot** *nt* minimum bid

mindestens *adv* at least

Mindestgehalt *nt* ❶ (FIN) minimum salary ❷ (*Menge*) minimum content; **Mindesthaltbarkeitsdatum** *nt* shelf life, sell-by date; **Mindestlohn** *m* minimum wage; **Mindestmaß** *nt* minimum; **sich auf ein ~ beschränken** limit o.s. to the minimum; **Mindestpreis** *m* minimum price; **Mindeststrafe** *f* (JUR) minimum punishment; **Mindestumtausch** *m* (HIST) minimum obligatory exchange

Mine ['mi:nə] <-, -n> *f* ❶ (MIL) mine ❷ (*Bleistift~*) lead; (*Kugelschreiber~*) refill ❸ (MIN) mine; **auf eine ~ laufen** hit a mine; **Minenfeld** *nt* minefield; **Minensuchboot** *nt* mine-sweeper; **Minenwerfer** *m* trench mortar

Mineral [mine'ra:l] <-s, -e/-ien> *nt* mineral; **Mineralbad** *nt* (*Kurort*) spa; **mineralisch** *adj* mineral; **Mineralöl** *nt* oil;

M

Mineralölsteuer *f* tax on oil; **Mineralsalz** *nt* mineral salt; **Mineralstoffe** *mpl* minerals; **Mineralwasser** *nt* mineral water

i Land & Leute

In Austria it is customary to drink tap water, but not in Germany or Switzerland. There one buys bottled **Mineralwasser** (mineral water) in retail outlets that mainly sell drinks in crates. Mineral water contains various mineral salts and is often carbonated.

Miniatur [minia'tu:ɐ] <-, -en> *f* miniature; **Miniaturausgabe** *f* miniature version; (*von Buch*) miniature edition

Minibar *f* (*in Hotel*) mini-bar; **Minicassette** *f* mini-cassette

Minigolf *nt* crazy golf

Minijob *m badly-paid part-time job*

minimal [mini'ma:l] *adj* minimal; **Minimalforderung** *f* minimum demand

Minimum ['mi:nimʊm] <-s, -ma> *nt* minimum

Minipille *f* (MED) mini-pill; **Minipizza** *f* mini pizza; **Minirock** *m* miniskirt; **Minispion** *m* miniaturized bugging device

Minister(in) [mi'nɪstɐ] <-s, -> *m(f)* minister *Br,* secretary *Am*

Ministerialbeamte, **-beamtin** *m, f* ministry employee; **Ministerialrat**, **-rätin** *m, f* assistant head of government department

Ministerium [minɪs'te:riʊm] *nt* ministry *Br,* department *Am*

Ministerpräsident(in) *m(f)* prime minister; (*eines Bundeslandes*) leader of a Federal German state

i Land & Leute

The leader of a *Bundesland* (Federal German state) is called **der Ministerpräsident**, the minister-president or prime minister. In Austria he is called *der Landeshauptmann*, prime minister of a province. The head of the government of a Swiss canton is called *der Kantonalpräsident*, the president of a canton.

Minna ['mɪna] *f* (*fam*): **die grüne ~** the Black Maria *Br,* the paddy wagon *Am;* **jdn zur ~ machen** come down on s.o. like a ton of bricks

Minorität <-, -en> *f* minority

Minus ['mi:nʊs] <-, -> *nt* ❶ (FIN) deficit ❷ (*fig: ~ punkt*) bad point

minus *adv:* **zehn ~ vier ist sechs** ten minus four are six; **bei 20 Grad ~** at 20 degrees below zero

Minuspunkt *m* ❶ (SPORT: *Strafpunkt*) penalty point ❷ (*fig*) minus point; **das ist ein ~ für dich** that counts against you; **Minuszeichen** *nt* (MATH) minus sign

Minute [mi'nu:tə] <-, -n> *f* minute; **in letzter ~** at the last moment; **es dauert keine fünf ~n** it won't take five minutes; **minutenlang** *adv* for several minutes; **Minutenzeiger** *m* minute-hand

Minze ['mɪntsə] <-, -n> *f* mint

mir [mi:ɐ] *pron* to me; **ich habe ~ den Arm verletzt** I've hurt my arm; **ein Freund von ~** a friend of mine; **von ~ aus!** I don't mind!; **~ nichts, dir nichts** just like that

Mirabelle [mira'bɛlə] <-, -n> *f* mirabelle

Mischarbeitsplatz *m* (INFORM) mixed work station; **Mischbatterie** *f* (*an Waschbecken*) mixer tap; **Mischbrot** *nt bread made from more than one kind of flour;* **Mischehe** *f* mixed marriage

mischen ['mɪʃən] **I.** *vt* ❶ mix ❷ (*Karten*) shuffle **II.** *vr* (*sich ~ lassen*) mix; **sich unters Volk ~** mingle with the crowd

Mischform *f* mixture

Mischgewebe *nt* mixed fibres *pl;* **Mischhaut** *f* combination skin; **Mischkonzern** *m* (COM) conglomerate

Mischling *m* ❶ (*Tier*) half-breed ❷ (*Mensch*) half-caste; **Mischlingskind** *nt* half-caste child

Mischmasch ['mɪʃmaʃ] <-(e)s, -e> *m* (*fam*) hotchpotch

Mischmaschine *f* (TECH) cement-mixer

Mischpult *nt* mixing desk

Mischung *f* ❶ mixture; (*von Kaffee, Tee*) blend ❷ (*Kombination*) combination (*aus* of); **Mischungsverhältnis** *nt* ratio (of a mixture)

Mischwald *m* mixed woodland

miserabel [mize'ra:bəl] *adj* (*mies*) lousy

Misere [mi'ze:rə] <-, -n> *f* (*geh*) plight

Mispel ['mɪspəl] <-, -n> *f* medlar (tree)

missachten [mɪs'axtən] *vt* ❶ (*verachten*) despise ❷ (*vernachlässigen*) disregard, ignore; **Missachtung** *f* ❶ (*Verachtung*) disdain (of) ❷ (*Geringschätzung*) disregard

Missbehagen *nt* uneasiness; **das bereitet mir ein gewisses ~** that causes me a certain uneasiness of mind

Missbildung *f* deformity, malformation
missbilligen [mɪsˈbɪlɪgən] *vt* disapprove of; ~ **des Gemurmel** murmur of disapproval; **Missbilligung** *f* disapproval
Missbrauch *m* abuse; (*von Notbremse*) improper use; **missbrauchen** *vt* abuse; **jdn zu** [*o* **für**] **etw** ~ use s.o. for s.th.; **missbräuchlich** *adj* improper
missdeuten [mɪsˈdɔɪtən] *vt* misinterpret; **Missdeutung** *f* misinterpretation
missen [ˈmɪsən] *vt:* **ich möchte das nicht** ~ I wouldn't do without it
Misserfolg *m* failure
Missernte *f* crop failure
Missetat [ˈmɪsətaːt] *f* misdeed; **Missetäter(in)** *m(f)* criminal; **der jugendliche** ~ the young offender
Missfallen <-s> *nt:* **jds** ~ **erregen** incur someone's displeasure; **missfallen** [mɪsˈfalən] *irr vi* displease; **es missfällt mir, wenn du rauchst** I dislike your smoking cigarettes
Missgeburt [ˈ---] *f* ❶ (MED) deformed child ❷ (*Schimpfwort*) freak
missgelaunt *adj* bad-tempered
Missgeschick *nt* mishap; **ihm ist ein kleines** ~ **passiert** he's had a slight mishap
missglücken [mɪsˈglʏkən] *vi* fail; **sein Versuch missglückte** he failed in his attempt
missgönnen [mɪsˈgœnən] *vt:* **jdm etw** ~ begrudge s.o. s.th.
Missgriff [ˈ--] *m* mistake
Missgunst [ˈ--] *f* resentment, envy; **missgünstig** *adj* resentful, envious
misshandeln [mɪsˈhandəln] *vt* ill-treat, maltreat; **Misshandlung** [-ˈ--] *f* maltreatment
Mission [mɪˈsjoːn] *f* (*a. fig*) mission; **die Innere** ~ the home mission; **Missionar(in)** *m(f)* missionary; **missionarisch** *adj* missionary; **Missionsschule** *f* mission school
Missklang *m* ❶ (MUS) dissonance ❷ (*fig*) discordant note
Misskredit *m:* **jdn** (**etw**) **in** ~ **bringen** bring s.o. (s.th.) into discredit
misslich [ˈmɪslɪç] *adj* awkward
missliebig *adj* unpopular
Misslingen *nt* failure; **misslingen** [mɪsˈlɪŋən] *irr vi* fail
Missmanagement <-s> *nt* mismanagement
Missmut *m* displeasure; **missmutig** *adj* morose
missraten [mɪsˈraːtən] *irr vi* go wrong
Missstand *m* ❶ (*Mangel*) defect ❷ (*Ungerechtigkeit*) abuse; **einen** ~ **abstellen/beseitigen** remedy an abuse
Misstrauen <-s> *nt* ❶ distrust, mistrust (*gegenüber* of) ❷ (*Verdacht*) suspicion; ~ **gegen jdn hegen** mistrust s.o.; **misstrauen** [mɪsˈtraʊən] *vi* mistrust; **Misstrauensantrag** *m* (PARL) motion of no confidence; **Misstrauensvotum** *nt* (PARL) vote of no confidence
misstrauisch [ˈmɪstraʊɪʃ] *adj* distrustful; **Sie sind aber ~!** you do have a suspicious mind!
Missverhältnis *nt* discrepancy, disparity
missverständlich *adj* unclear
Missverständnis *nt* misunderstanding
missverstehen *irr vt* misunderstand; **ich glaube, Sie haben mich missverstanden** I think you've misunderstood me; **Sie dürfen mich nicht** ~ don't get me wrong
Misswirtschaft <-> *f* maladministration, mismanagement
Mist [mɪst] <-(e)s> *m* ❶ (*Dung*) dung; (*Dünger*) manure ❷ (*fam: Blödsinn*) rubbish; **~!** blast!; **was soll der ~!** oh, for crying out loud!; **da hast du ~ gemacht!** you've boobed there!; **das ist nicht auf seinem ~ gewachsen** he didn't do that off his own bat, that wasn't his doing
Mistel [ˈmɪstəl] <-, -n> *f* (*schmarotzende Pflanze*) mistletoe
Mistgabel *f* pitchfork; **Misthaufen** *m* manure heap; **Mistkäfer** *m* dung beetle; **Miststück** *nt* (*sl*): **~!** bastard!; (*Frau*) bitch!; **Mistwetter** *nt* (*fam*) lousy weather
mit [mɪt] **I.** *präp* with; **was ist ~ dir los?** what's the matter with you?; **bring ein Buch ~** bring a book with you; **ich hab' mein Scheckheft nicht ~** I haven't got my cheque book with me; **da komm' ich nicht ~** I'm not with you; **~ dem Auto** by car; **komm ~!** come along!; **~ einem Wort** in a word; **~ einem Mal** all at once; **~ der Zeit** in time **II.** *adv* (*ebenfalls*) as well; **das kommt noch ~ dazu** that's part and parcel of it
Mitangeklagte(r) *f m* co-defendant
Mitarbeit *f* cooperation, collaboration; (*Teilnahme, a.* PÄD) participation; **unter ~ von …** in collaboration with …; **mit|arbeiten** *vi* (*bei Projekt*) collaborate (*an* on); (*mithelfen*) cooperate (*bei* on); **im Unterricht ~** take an active part in lessons; **Mitarbeiter(in)** *m(f)* (*Angestellte*) employee; **Mitarbeiterstab** *m* staff
mit|bekommen *irr vt* ❶ (*verstehen*) get ❷ (*als Gabe*) get to take with one; **hast du den Unfall ~?** did you notice the accident?
mit|benutzen *vt* share
mit|bestimmen **I.** *vi* have a say (*bei* in)

II. *vt* have an influence on; **Mitbestimmung** *f* ❶ participation in decision-making ❷ (POL) co-determination; **Mitbestimmungsgesetz** *nt* worker participation law; **Mitbestimmungsrecht** *nt* right of participation
Mitbewerber(in) *m(f)* ❶ (COM) competitor ❷ (*für Stelle*) fellow applicant
Mitbewohner(in) *m(f)* fellow occupant
mit|bringen *irr vt* ❶ (*Geschenk*) bring ❷ (*Person*) bring along ❸ (*besitzen*) have, possess; **kannst du mir etw ~ (aus der Stadt)?** can you bring s.th. for me (from town)?; **Mitbringsel** <-s, -> *nt* ❶ (*Geschenk*) small present ❷ (*Andenken*) souvenir
Mitbürger(in) *m(f)* fellow citizen
mit|denken *vi* follow what is being said
mit|dürfen *vi* be allowed to go along
Miteigentümer(in) *m(f)* joint owner
miteinander [mɪtaɪ'nandɐ/'----] *adv* ❶ with each other ❷ (*gemeinsam*) together; **alle ~** one and all; **gut ~ auskommen** get along well
Miterbe, -bin *m, f* joint heir
mit|erleben *vt* see, witness
Mitesser *m* (*Haut~*) blackhead
mit|fahren *irr vi* go with; **kann ich ~?** can you give me a lift?; **Mitfahrer(in)** *m(f)* (fellow) passenger; **Mitfahrerzentrale** *f* agency for arranging lifts; **Mitfahrgelegenheit** *f* lift
Mitfinanzierung *f* co-finance
mit|fühlen *vt:* **ich kann dir das ~** I can feel for you; **mitfühlend** *adj* sympathetic
mit|führen *vt* ❶ (*Fluss*) carry along ❷ (*Papiere, Ware*) carry
mit|geben *irr vt:* **jdm etw ~** give s.o. s.th. to take with him (her, them)
Mitgefangene(r) *f m* fellow prisoner
Mitgefühl *nt* sympathy
mit|gehen *irr vi* ❶ (*mit jdm fortgehen*) go along ❷ (*sich mitreißen lassen*) respond (*mit* to); **etw ~ lassen** (*fam*) lift s.th.
mitgenommen *adj* run-down, worn-out; **du siehst ~ aus** you look the worse for wear
Mitgift <-, -en> *f* dowry
Mitglied *nt* member (*bei* of); **Mitgliedsausweis** *m* membership card; **Mitgliedsbeitrag** *m* membership subscription [*o* fee]; **Mitgliedschaft** *f* membership; **Mitgliedsland** *nt* member country
mit|haben *vt* have got s.th.
mit|halten *irr vi* ❶ (*beim Trinken*) keep pace ❷ (*bei Versteigerung*) stay in the bidding
mit|helfen *irr vi* help; **mithilfe** *adv* with the help (*von* of); **Mithilfe** *f* help, assistance; **unter ~ von ...** with the aid of ...
mit|hören I. *vt* ❶ (*belauschen*) listen in on ❷ (*mitbekommen*) hear II. *vi* ❶ (*lauschen*) listen in (*bei* on) ❷ (*zufällig*) overhear
Mitinhaber(in) *m(f)* (COM) joint-proprietor
mit|kommen *irr vi* ❶ (*begleiten*) come along (*mit* with) ❷ (*geistig folgen*) keep up; **ich bin nicht ganz mitgekommen** I didn't catch what you said; **da komm' ich nicht mehr mit** that beats me; **kommst du mit?** are you coming too?; **ich kann nicht ~** I can't come
mit|können *vi* be able to come [*o* go] along
mit|kriegen *vt* (*fam*) understand, realize
Mitläufer(in) *m(f)* (*pej*) fellow traveller
Mitleid <-(e)s> *nt* sympathy, compassion, pity (*mit* for); **mit jdm ~ haben** have pity on s.o.
Mitleidenschaft *f:* **in ~ ziehen** affect
mitleidig *adj* pitying; **mitleid(s)los** *adj* ❶ (*ohne Mitleid*) pitiless ❷ (*schonungslos*) ruthless
mit|machen *vt, vi* ❶ (*sich beteiligen*) join in, take part in (*etw o bei etw* s.th.) ❷ (*leiden*) go through; **einen Kurs ~** do a course; **das mache ich nicht länger mit** I've had quite enough of that
Mitmensch *m* neighbour, fellow creature; **mitmenschlich** *adj* human
mit|mischen *vi* (*fam*): **ich wollte da nicht ~** I didn't want to get involved
mit|müssen *vi* have to go too
Mitnahmemarkt *m* cash and carry
mit|nehmen *irr vt* ❶ take along ❷ (*erschöpfen*) exhaust, wear out ❸ (*in Mitleidenschaft ziehen*) affect; **kannst du mich ~?** can you give me a lift?
mitnichten *adv* not at all, by no means
mit|reden *vt, vi:* **ich habe da auch ein Wörtchen mitzureden** I'd like to have some say in this too; **da kann ich natürlich nicht ~** I wouldn't know anything about that
mit|reisen *vi* travel too, go too; **mit jdm ~** travel with s.o.
Mitreisende(r) *f m* fellow passenger
mit|reißen *irr vt* ❶ (*mitschleppen*) drag along ❷ (*fig*) carry away
mitsamt [mɪt'zamt] *adv* together with
mit|schicken *vt* ❶ (*a. schicken*) send along ❷ (*einer Sendung beifügen*) enclose
mit|schneiden *vt* (RADIO TV) tape-record
mit|schreiben *irr* I. *vt* take down II. *vi* take notes
Mitschuld <-> *f* ❶ (*Mitverantwortung*) responsibility (*an* for) ❷ (*kriminell*) com-

plicity (*an* in); **mitschuldig** *adj* partly to blame (*an* for); **Mitschuldige(r)** *f m* (JUR: *Komplize*) accomplice

Mitschüler(in) *m(f)* (*Klassenkamerad*) classe-mate

mit|singen *vi* sing along

mit|spielen *vi* ① (*mitmachen*) join in ② (SPORT) play (*bei* in) ③ (*fig*) play along; (*Gewicht haben*) be involved (*bei* in); **jdm übel ~** play s.o. a nasty trick

Mitsprache *f* a say; **Mitspracherecht** *nt* right to a say (in a matter); **jdm ein ~ einräumen** allow s.o. a say (*bei* in)

Mittag ['mɪtaːk] *m* midday, noon, lunchtime; **gegen ~** at noon; **zu ~ essen** have lunch; **ich mache jetzt ~** I'm having my lunch-break; **was gibt's zum ~?** what's for lunch?; **Mittagessen** *nt* lunch

mittags *adv* at lunchtime

Mittagspause *f* lunch-hour, lunch-break; **Mittagsruhe** *f* period of quiet; **Mittagsschlaf** *m* afternoon nap; **Mittagstisch** *m* dinner-table; **den ~ decken** lay the table for lunch; **Mittagszeit** *f* lunch-time

Mittäter(in) *m(f)* accomplice; **Mittäterschaft** <-> *f* (JUR) complicity

Mitte ['mɪtə] <-, -n> *f* middle; **ab durch die ~!** (*fam*) be off with you!; **~ Mai** in the middle of May; **die neue ~** (*in Großbritannien*) the Third Way; **Vertreter der ~** (POL) middle-of-the-roader; **links von der ~** (POL) left of centre; **zur ~ spielen** (SPORT: *Fußball*) centre; **sie ist ~ zwanzig** she is in her mid-twenties; **~ des Jahres** half-way through the year; **in die ~ nehmen** take between

mit|teilen I. *vt* tell; **wir freuen uns (bedauern) Ihnen mitzuteilen ...** we are pleased (regret) to inform you ... II. *vr* communicate (*jdm* with s.o.); **mitteilsam** *adj* communicative; **Mitteilung** *f* notification; (*Notiz*) memo; **jdm eine ~ von etw machen** inform s.o. of s.th., communicate s.th. to s.o.

Mittel ['mɪtəl] <-s, -> *nt* ① (*Präparat, Zubereitung*) preparation; (*Medizin*) medicine ② (*Hilfs~*) means *sing;* (*Maßnahme, Methode*) method ③ (MATH) average ④ (FIN) funds, resources; **ein ~ zum Zweck** a means to an end; **welches ~ nimmst du?** what do you use?; **~ und Wege finden** find ways and means; **mir ist jedes ~ recht** I don't care how I do it; **etw mit allen ~n versuchen** try one's utmost to do s.th.; **sich ein ~ verschreiben lassen gegen ...** get the doctor to prescribe s.th. for ...; **aus öffentlichen ~n** from public funds

Mittelalter *nt* Middle Ages *pl;* **mittelalterlich** *adj* medieval; **Mittelamerika** *nt* Central America

mittelbar ['mɪtlbaːɐ] *adj* indirect

Mittelbau *m* ① (ARCH) central block ② (SCHULE: *Uni-Lehrkörper*) non-professorial teaching staff; **Mittelding** *nt* (*fam*) something in between (*zwischen diesem und jenem* this and that); **Mitteleuropa** *nt* Central Europe; **mitteleuropäisch** *adj* Central European; **mittel- und osteuropäische Länder, MOEL** Central and Eastern European countries, CEECs; **Mittelfeld** *nt* ① (SPORT) midfield ② (*fig*) centre-field; **Mittelfinger** *m* middle finger; **mittelfristig** *adj* medium-term; **Mittelgebirge** *nt* low mountain range; **Mittelgewicht** *nt* (SPORT) middleweight; **Mittelklasse** *f* mid-range sector; **Mittelklassewagen** *m* mid-range car; **Mittelläufer** *m* (SPORT) centre-half; **Mittellinie** *f* centre line

mittellos *adj* without means; **Mittellosigkeit** *f* lack of means

mittelmäßig *adj* mediocre; **Mittelmäßigkeit** *f* mediocrity

Mittelmeer *nt* Mediterranean; **Mittelohr** *nt* middle ear; **Mittelohrentzündung** *f* middle ear infection; **mittelprächtig** *adj* (*fam*) middling; **Mittelpunkt** *m* centre; **im ~ stehen** be in the centre of attention

mittels ['mɪtəls] *präp* by means of

Mittelschiff *nt* (ARCH) nave

Mittelsmann <-(e)s, -leute/-männer> *m* intermediary

Mittelstand *m* ① middle classes *pl* ② (COM) small and medium-sized enterprises, SMEs; **mittelständisch** *adj* middle-class; **Mittelstellung** *f* (TECH) neutral position; **Mittelstreckenrakete** *f* (MIL) medium-range [*o* intermediate-range] missile; **Mittelstreifen** *m* (*auf Straße*) central reservation *Br,* median strip *Am;* **Mittelstufe** *f* middle school *Br,* junior high school *Am;* **Mittelstürmer(in)** *m(f)* (SPORT) centre-forward; **Mittelweg** <-(e)s> *m* (*fig*) middle course; **einen ~ einschlagen** steer a middle course; **Mittelwelle** *f* (RADIO) medium wave; **Mittelwert** *m* mean, average value

mitten ['mɪtən] *adv:* **~ auf (in, unter) ...** in the midst of ...; **~ durch ...** right across ..., right through ...; **~ in der Nacht** in the middle of the night; **~ im Winter** in the depth of winter; **mittendrin** *adv* right in the middle (*in etw* of s.th.); **mittendurch** *adv* right through the middle

Mitternacht ['mɪtɐnaxt] *f* midnight

Mittler(in) ['mɪtlɐ] <-s, -> *m(f)* mediator; (*von Ideen, Sprache*) medium

mittlere ['mɪtlərə] *adj attr* ❶ (*in der Mitte befindlich*) middle ❷ (*durchschnittlich*) average ❸ (*mittelmäßig*) mediocre, middling ❹ (MATH: *~r Wert*) mean ❺ (*mittelschwer*) intermediate; **von ~m Alter** middle-aged; ~ **Entfernung** middle distance; **der** (**die, das**) **Mittlere** the one in the middle

mittlerweile *adv* in the meantime, meanwhile

mit|trinken *irr vt:* **trink einen mit!** have a drink with me!

Mittwoch ['mɪtvɔx] <-(e)s, -e> *m* Wednesday; **mittwochs** *adv* on Wednesdays

mitunter [mɪt'ʊntɐ] *adv* from time to time, now and then, occasionally

mitverantwortlich *adj* jointly responsible; **Mitverantwortung** *f* share of the responsibility; **die ~ für etw übernehmen** assume a share of the responsibility for s.th.; **die ~ für etw tragen** bear a share of the responsibility for s.th.

Mitverfasser(in) *m(f)* co-author

mit|versichern *vt* include in the insurance

mit|wirken *vi* ❶ (*mitarbeiten*) collaborate (*an, bei* on), contribute (*bei* to) ❷ (*beteiligt sein*) be involved (*an, bei* in) ❸ (*mitspielen*) take part (*an, bei* in) ❹ (*mit im Spiel sein*) play a part (*an, bei* in) ❺ (*bei Aufführung*) perform (*an, bei* in); **Mitwirkung** *f:* **unter ~ aller Mitglieder** with the cooperation of all members; **unter ~ von ...** with the assistance of ...

mit|wollen *vi:* **willst du mit?** do you want to come along?

mit|zählen **I.** *vt* (*einrechnen*) count in **II.** *vi* (*eingeschlossen werden*) be included

Mixbecher *m* shaker

mixen ['mɪksən] *vt* mix; **Mixer** *m* ❶ (*Bar~*) cocktail waiter ❷ (*Mixgerät*) blender; (*zum Rühren*) mixer

Mixgetränk *nt* mixed drink

Mixtur [mɪks'tuːɐ] *f* mixture

Mobbing ['mɒbɪŋ] <-s> *nt* mobbing

Möbel ['møːbəl] <-s, -> *pl* ❶ furniture *sing* ❷ (*~stück*) piece of furniture; **Möbelpacker** *m* furniture packer, removal man; **Möbelpolitur** *f* furniture polish; **Möbelspedition** *f* removal firm; **Möbelstück** *nt* piece of furniture; **Möbeltischler(in)** *m(f)* cabinetmaker; **Möbelwagen** *m* removal van *Br,* furniture truck *Am*

mobil [mo'biːl] *adj* ❶ (*beweglich*) movable, mobile ❷ (*flink*) nimble

Mobile ['moːbile] <-s, -s> *nt* mobile

Mobile Computing ['məʊbaɪl kəm'pjuːtɪŋ] <-s> *nt* mobile computing

Mobilfunk *m* mobile telephone (system); **Mobilfunksystem** *nt* mobile communication system

Mobiliar [mobi'ljaːɐ] <-s, -e> *nt* furnishings *pl*

mobilisieren [mobili'ziːrən] *vt* (*a. fig*) mobilize

Mobilität [mobili'tɛːt] *f* mobility

mobilmachen *vi* (MIL) mobilize; **Mobilmachung** *f* (MIL) mobilization

Mobiltelefon *nt* mobile telephone

möblieren [mø'bliːrən] *vt* furnish; **möbliertes Zimmer** furnished room

möchten *vt s.* **mögen**

> **? Grammatik**
>
> **möchte** is used to express a polite request or desire, and usually corresponds to English 'would like' or 'want': *Was möchten Sie (bitte)? Ich möchte 150 Gramm Schinken (kaufen). – What would you like? I'd like 150 grams of ham, please. Ich möchte nichts mehr davon hören. – I don't want to hear any more about it. Ich möchte einmal nach Japan (fliegen). – I'd love to go to Japan.*

modal [mo'daːl] *adj* (LING) modal

Modalitäten [modali'tɛːtən] *pl* modalities

Mode ['moːdə] <-, -n> *f* ❶ (*Kleider~*) fashion ❷ (*Brauch*) custom; **wie es so ~ ist** as custom has it; **die neue(ste) ~** all the latest style; **in ~** modern; **es ist große ~** it's all the fashion; **aus der ~ kommen** go out of fashion; **Modeartikel** *m* fashion accessory; **Modeausdruck** *m* trendy expression; **Modefarbe** *f* fashionable colour; **Modegeschäft** *nt* fashion shop; **Modeheft** *nt* fashion magazine

Modell [mo'dɛl] <-s, -e> *nt* ❶ model ❷ (*Nachbildung*) mock-up ❸ (*Mannequin*) (fashion) model; **jdm ~ stehen** sit for s.o.; **modellieren** *vt, vi* model; **Modellversuch** *m* experiment

modeln *vi* [work as a] model

Modem ['moːdæm] <-s, -s> *nt* (INFORM: *Modulator/Demodulator*) modem

Modenschau *f* fashion parade; **Modepuppe** *f* (*fam pej*) model type

Moderation <-, -en> *f* presentation

Moderator(in) [modə'raːtoːɐ] *m(f)* presenter

moderieren *vt, vi* (RADIO TV) present

moderig ['moːdərɪç] *adj* musty

modern [moˈdɛrn] *adj* ① (*zeitgemäß*) modern, up-to-date ② (*modisch*) fashionable

modern [ˈmoːdɐn] *vi* (*faulen*) moulder

Moderne [moˈdɛrnə] <-> *f*: **Vertreter der ~** modernist

modernisieren [modɛrnɪˈziːrən] *vt* bring up to date

Modeschmuck *m* fashion jewellery; **Modeschöpfer(in)** *m(f)* stylist; **Modewort** *nt* in-word, buzzword; **Modezeichner(in)** *m(f)* fashion illustrator

modifizieren [modifɪˈtsiːrən] *vt* modify

modisch [ˈmoːdɪʃ] *adj* fashionable, stylish

Modul [moˈduːl] <-s, -e> *nt* (ELEK) module; **modular** *adj* modular; **Modultechnik** *f* (ELEK) modular technique

Modus [ˈmɔdʊs] <-, Modi> *m* ① (*Methode*) method ② (GRAM) mood ③ (INFORM) mode

Mofa [ˈmoːfa] <-(s), -s> *nt* small moped; **Mofafahrer(in)** *m(f)* autocyclist

mogeln [ˈmoːgəln] *vi* cheat

Mogelpackung *f* deceptive packaging

mögen [ˈmøːgən] *irr* **I.** *vt* (*gern haben*) like; **ich mag ihn nicht** I don't like him; **was möchten Sie gern?** what would you like? **II.** *vi* ① (*können*) may ② (*wollen*) want; **da ~ Sie recht haben** you may be right; **man möchte meinen …** you would think …; **ich möchte es nicht** I do not wish it; **ich möchte allein sein** I wish to be alone; **das mag ja sein** that may be so

möglich [ˈmøːklɪç] *adj* possible; (*eventuell*) potential; **nicht ~!** never!; **schon ~** may be; **~ ist alles** anything is possible; **sein Möglichstes tun, ~e wirtschaftliche Folgen** potential business impact, do one's utmost; **möglicherweise** *adv* possibly; **kann das ~ stimmen?** can that possibly be true?

Möglichkeit *f* ① (*das Möglichsein*) possibility ② (*Aussicht*) chance; **die ~ etw zu tun** the possibility of doing s.th.; **es besteht die ~, dass …** there is a possibility that …; **ist es die ~!** it's impossible!; **möglichst** *adv*: **~ …** as … as possible

Mohammedaner(in) [mohameˈdaːnɐ] *m(f)* (*obs*) Mohammedan; **mohammedanisch** *adj* Mohammedan

Mohn [moːn] <-(e)s, (-e)> *m* ① (*Pflanze*) poppy ② (*Samen*) poppy seed; **Mohnkuchen** *m* poppy-seed cake

Möhre [ˈmøːrə] <-, -n> *f* carrot

Mokick [ˈmoːkɪk] <-(s), -s> *nt* light motorcycle

mokieren [moˈkiːrən] *vr* sneer (*über* at)

Mokka [mɔka] <-s, -s> *m* mocha

Molch [mɔlç] <-(e)s, -e> *m* (*im Wasser lebender Schwanzlurch*) newt

Mole [ˈmoːlə] <-, -n> *f* (MAR) mole

Molekül [moleˈkyːl] <-s, -e> *nt* (CHEM PHYS) molecule

molekular [molekuˈlaːɐ] *adj* molecular; **Molekularbiologie** *f* molecular biology; **Molekulardesign** *nt* molecular design; **Molekulargewicht** *nt* (CHEM PHYS) molecular weight

Molke [ˈmɔlkə] <-, -n> *f* whey; **Molkerei** [mɔlkəˈraɪ] *f* dairy

Moll [mɔl] <-> *nt* (MUS) minor

mollig [ˈmɔlɪç] *adj* ① (*~ warm*) cosy ② (*dick*) plump

Molotow-Cocktail [ˈmɔlotɔf-] *m* Molotow Cocktail

Moment[1] [moˈmɛnt] <-(e)s, -e> *m* moment; **einen ~!** one moment!; **im ~** at the moment; **im ersten ~** for a moment

Moment[2] <-(e)s, -e> *nt* ① (PHYS) moment ② (*Element*) element

momentan **I.** *adj* momentary **II.** *adv* at the moment

Momentaufnahme *f* (*auch fig*) snapshot

Monarch(in) [moˈnarç] <-s/-en, -en> *m(f)* monarch; **Monarchie** [monarˈçiː] *f* monarchy; **Monarchist(in)** *m(f)* monarchist

Monat [ˈmoːnat] <-(e)s, -e> *m* month; **wie viel verdient er im ~?** how much does he earn a month?; **zweimal im ~** twice a month, twice monthly; **monatelang** *adv* for months; **es hat sich ~ hingezogen** it went on for months

monatlich *adj* monthly

Monatsanfang *m*: **am ~** at the beginning of the month; **Monatsbinde** *f* (MED) sanitary towel; **Monatsblutung** *f* menstrual period; **Monatsende** *nt* end of the month; **Monatsgehalt** *nt* monthly salary; **Monatskarte** *f* monthly season ticket *Br*, commutation ticket *Am*; **Monatslohn** *m* monthly wage; **Monatsrate** *f* monthly instalment; **Monatsschrift** *f* monthly

Mönch [mœnç] <-(e)s, -e> *m* monk

Mond [moːnt] <-(e)s, -e> *m* ① (*der Erde*) moon ② (ASTR) satellite; **die ist hinter dem ~** (*fam*) she's out of touch; **du lebst wohl hinter dem ~!?** (*fam*) where have you been!?

mondän [mɔnˈdɛn] *adj* chic

Mondbahn *f* ① (*von Erdmond*) moon's orbit ② (ASTR) lunar orbit; **Mondfähre** *f* (ASTR) lunar module; **Mondfinsternis** *f* eclipse of the moon; **mondhell** *adj* moonlit; **Mondlandschaft** *f* moonscape; **Mondlandung** *f* lunar landing, moon landing; **Mondlicht** <-(e)s> *nt* moonlight; **Mondoberfläche** *f* surface of the

M

moon; **Mondrakete** *f* mooncraft; **Mondschein** <-(e)s> *m* moonlight; **Mondscheintarif** *m* moonlight rate; **Mondsichel** *f* crescent moon; **Mondsonde** *f* (TECH) lunar probe; **Mondstein** *m* (*Halbedelstein*) moonstone; **mondsüchtig** *adj:* ~ **sein** sleepwalk

Moneten [mo'ne:tən] *pl* (*fam*) dough *sing*

Mongole, -lin [mɔŋ'go:lə] *m, f* Mongol; **Mongolei** *f:* **die** ~ Mongolia; **mongolisch** *adj* Mongolian

monieren [mo'ni:rən] *vt* (*beanstanden*): **etw** ~ complain about s.th.; ~**, dass …** complain that …

Monitor ['mo:nitɔr] <-s, -en> *m* monitor

Monogamie [monoga'mi:] <-> *f* monogamy

Monografie *f* monograph

Monogramm [mono'gram] <-s, -e> *nt* monogram

Monographie *f* monograph

Monokel [mo'nɔkəl] <-s, -> *nt* monocle

Monokultur *f* monoculture

Monolog [mono'lo:k] <-(e)s, -e> *m* monologue; **einen** ~ **halten** hold a monologue

Monopol [mono'po:l] <-s, -e> *nt* monopoly (*auf, für* on); **Monopolstellung** *f* monopoly

monotheistisch [monote'ɪstɪʃ] *adj* monotheistic

monoton [mono'to:n] *adj* monotonous; **Monotonie** *f* monotony

Monster ['mɔnstɐ] <-s, -> *nt* monster; **Monsterfilm** *m* ❶ (*aufwendiger Film, a. pej*) mammoth production ❷ (*Film mit Ungeheuern*) monster film

Monstranz [mɔn'strants] <-, -en> *f* monstrance

monströs *adj* ❶ (*ungeheuerlich*) monstrous ❷ (*ungeheuer groß*) monster

Monsun [mɔn'zu:n] <-s, -e> *m* monsoon

Montag ['mo:nta:k] <-(e)s, -e> *m* Monday

Montage [mɔn'ta:ʒə] <-, -n> *f* ❶ (*Errichtung*) installation ❷ (*Montieren*) assembly; (*Einbauen*) fitting; **auf** ~ **sein** be away on a job; **Montageband** *nt* assembly line; **Montagehalle** *f* assembly shop

Montanindustrie [mɔn'ta:n-] *f* coal and steel industry; **Montanunion** *f* European Coal and Steel Community

Monteur(in) [mɔn'tø:ɐ] <-s, -e> *m(f)* (TECH) fitter; (AUTO) mechanic; (ELEK) electrician

montieren [mon'ti:rən] *vt* ❶ (TECH: *aufbauen*) install ❷ (*zusammenbauen*) assemble ❸ (TYP) mount

Montur [mɔn'tu:ɐ] <-, -en> *f* uniform; (*fam*) gear

Monument [monu'mɛnt] <-s, -e> *nt* monument; **monumental** *adj* monumental

Moor [mo:ɐ] <-(e)s, -e> *nt* bog; (*Hoch~*) moor; **Moorbad** *nt* mud-bath

moorig *adj* boggy

Moos¹ *nt* (*sl: Geld*) dough

Moos² [mo:s] <-es, (-e)> *nt* moss; **moosbedeckt** *adj* moss-covered

Moped ['mo:pɛt] <-s, -s> *nt* moped

Mopp [mɔp] <-s, -s> *m* mop

Mops [mɔps, *pl:* 'mœpsə] <-es, Möpse> *m* ❶ (*kleiner, kurzhaariger Hund*) pug ❷ (*fam: kleine, dicke Person*) dumpling ❸ (*sl: Geld*): **Möpse** dough *sing*

mopsen ['mɔpsn] *vt* (*fam*) pinch (*jdm etw* s.th. from s.o.)

Moral [mo'ra:l] <-> *f* moral standards *pl;* (*einer Geschichte*) moral; **eine lockere** ~ loose morals *pl;* **eine doppelte** ~ double standards *pl;* **moralisch** *adj* moral; **kannst du das** ~ **vertreten?** do your morals allow you to do that?; **Moralpredigt** *f:* **jdm eine** ~ **halten** give s.o. a sermon

Moräne [mo'rɛ:nə] <-, -n> *f* (GEOL) moraine

Morast [mo'rast] <-(e)s, -e> *m* (*a. fig*) morass, mire

Moratorium <-s> *nt* moratorium

Morchel ['mɔrçəl] <-, -n> *f* (*Pilz*) morel

Mord [mɔrt] <-(e)s, -e> *m* murder; **einen** ~ **begehen** commit a murder; **das gibt** ~ **und Totschlag!** there'll be hell to pay!; **Mordanklage** *f:* ~ **erheben** lay a murder charge *Br,* lay a charge of homicide *Am;* **Mordanschlag** *m:* **einen** ~ **auf jdn verüben** carry out an assassination attempt on s.o.; **Morddrohung** *f* murder threat

morden ['mɔrdən] *vt, vi* kill, murder

Mörder(in) ['mœrdɐ] *m(f)* murderer (murderess); **Mörderbande** *f* gang of killers

mörderisch *adj* ❶ (*grässlich*) murderous ❷ (*rücksichtslos*) cutthroat

Mordfall *m* murder case *Br,* homicide case *Am;* **Mordkommission** *f* murder squad *Br,* homicide division *Am*

Mordsglück *nt* (*fam*) amazing luck; **Mordskerl** *m* (*fam*) hell of a guy; **Mordskrach** *m* (*fam*) terrible din; **mordsmäßig** *adj* (*fam*) incredible; **Mordsspaß** *m* (*fam*) great fun; **Mordswut** *f* (*fam*): **eine** ~ **im Bauch haben** be in a hell of a rage

Mordverdacht *m:* **unter** ~ **stehen** be suspected of murder; **Mordversuch** *m* murderous attempt; **Mordwaffe** *f* murder weapon

morgen ['mɔrgən] *adv* ❶ tomorrow ❷ ~ **in einer Woche** a week tomorrow; ~ **ist er eine Woche da** he'll have been here a week tomorrow; **von** ~ **an** as from tomorrow; **reicht es noch bis ~?** will tomorrow do?; **bis ~!** see you tomorrow!; *s. a.* **Morgen**

Morgen¹ *m* (*Feldmaß*) acre

Morgen² <-s, -> *m* (*Tageszeit*) morning; **am ~** in the morning; **der ~ dämmerte** morning dawned; **am frühen ~** early in the morning; **am nächsten ~** the morning after; **heute** (**gestern**) **~** this (yesterday) morning

Morgenausgabe *f* (*von Zeitung*) morning edition; **Morgendämmerung** *f* dawn

morgendlich ['mɔrgəntlɪç] *adj* morning

Morgenessen *nt* (*CH*) breakfast

Morgengrauen *nt* daybreak; **im ~** in the first light of dawn; **Morgengymnastik** *f*: **~ machen** do one's morning exercises *pl*; **Morgenluft** <-> *f* early morning air; **~ wittern** (*fam*) see one's chance; **Morgenmantel** *m* dressing gown; **Morgenmuffel** *m* (*fam*): **ein ~ sein** be terribly grumpy in the morning; **Morgenrock** *m* housecoat; **Morgenrot** *nt* dawn

morgens *adv* in the morning

Morgenstern *m ohne pl* morning star; **Morgenzug** *m* (RAIL) early train

morgig ['mɔrgɪç] *adj* ① (*von morgen*) tomorrow's ② (*am nächsten Tag*) tomorrow; **unser ~er Ausflug** our trip tomorrow; **der ~e Tag** tomorrow

Moritat ['mo:rita:t] <-, -en> *f* street ballad

Morphium ['mɔrfiʊm] <-s> *nt* morphine; **morphiumsüchtig** *adj* addicted to morphine

Morphologie ['mɔrfolo'gi:] <-> *f* (LING) morphology

morsch [mɔrʃ] *adj* rotten, brittle

Morsealphabet *nt* Morse code; **Morseapparat** *m* Morse telegraph

morsen ['mɔrzən] **I.** *vt* send in Morse **II.** *vi* send a message in Morse (code)

Mörser ['mœrzɐ] <-s, -> *m* (*a.* MIL) mortar

Morsezeichen *nt* Morse signal

Mörtel ['mœrtəl] <-s> *m* mortar; **Mörtelkelle** *f* trowel

Mosaik [moza'i:k] <-s, -en/(-e)> *nt* mosaic; **Mosaikfußboden** *m* mosaic floor

Moschee [mɔ'ʃe:] <-, -n> *f* mosque

Moschus ['mo:ʃʊs] <-> *m* musk

Möse ['mø:zə] <-, -n> *f* (*vulg*) cunt

Mosel ['mo:zl] <-> *f* Moselle

mosern ['mo:zɐn] *vi* (*fam*) gripe

Moskau ['mɔskaʊ] *nt* Moscow

Moskito [mɔs'ki:to] <-s, -s> *m* mosquito; **Moskitonetz** *nt* mosquito-net

Moslem ['mɔslɛm] <-s, -s> *m* Muslim; **moslemisch** *adj* Muslim; **Moslime** [mɔs'li:mə] <-,-n> *f* Muslim

Most [mɔst] <-(e)s, -e> *m* ① (*Saft*) fruit juice ② (*Wein~*) must ③ (*Apfel~*) cider

Motel ['mo:tɛl] <-s,-s> *nt* motel

Motiv [mo'ti:f] <-s, -e> *nt* ① (*Beweggrund*) motive ② (*Gegenstand*) subject ③ (*Malerei, Musik*) motif, theme; **ohne ~** motiveless

Motivation [motiva'tsio:n] <-, -en> *f* motivation

Motivator(in) [moti'va:to:ɐ] <-s, -en> *m(f)* (*Trainings- und Motivationsprogrammentwickler*) motivator

motivieren [moti'vi:rən] *vt* ① (*anregen*) motivate ② (*begründen*) give reasons (*etw* for s.th.); **Motivierung** *f* ① (*Motiv*) motive ② (*Vorgang*) motivation

Motor ['mo:tɔr/mo'to:ɐ] <-s, -en> *m* (AUTO) engine; **Motorblock** *m* (AUTO) engine block; **Motorboot** *nt* motorboat; **Motorengeräusch** *nt* sound of an engine; **Motorhaube** *f* bonnet *Br*, hood *Am*

Motorik [mo'to:rɪk] <-> *f* motor activity

motorisieren [motori'zi:rən] **I.** *vt* motorize **II.** *vr* get motorized

Motorleistung *f* engine performance; **Motorrad** *nt* motorbike; **Motorradfahrer(in)** *m(f)* motorcyclist; **Motorradrennen** *nt* motorcycle race; **Motorraum** *m* engine compartment; **Motorroller** *m* scooter; **Motorsäge** *f* power saw; **Motorschaden** *m* engine trouble; **Motorschlitten** *m* motorized sleigh; **Motorsport** *m* motor racing

Motte ['mɔtə] <-, -n> *f* moth; **von ~n zerfressen** moth-eaten; **Mottenkiste** *f* (*fam*): **aus der ~** ancient; **Mottenkugel** *f* mothball

Motto ['mɔto] <-s, -s> *nt* motto; (*in Buch*) epigraph

motzen ['mɔtsən] *vi* (*sl*) beef; **was hast du zu ~?** what are you beefing about?

Mountainbike ['maʊntɪnbaɪk] <-s, -s> *nt* mountain bike; **Mountainbiker(in)** <-s, -> *m(f)* mountain biker

Mouse-Potato ['maʊspəteɪtəʊ] <-, -es> *f* (*pej: Vor-dem-Computer-Hocker*) mouse potato

Möwe ['mø:və] <-, -n> *f* seagull

Mozambique [mozam'bɪk] *nt* Mozambique

Mücke ['mʏkə] <-, -n> *f* gnat, midge

mucken ['mʊkn] *vi* (*fam*) mutter

Mückenstich *m* gnat bite

Mucks [mʊks] *m* (*fam*): **keinen ~ sagen** not to make a sound; **ohne einen ~** without a murmur; **mucksen** *vr* (*fam*): **sich nicht ~** not budge; **mucksmäuschenstill** ['mʊks'mɔɪsçən'ʃtɪl] *adj* (*fam*) as quiet as a mouse

müde ['my:də] *adj* ① (*schläfrig*) tired ② (*überdrüssig*) tired, weary; **mit ~r Stimme** tiredly; **er wird es nie ~, über Politik zu sprechen** he never tires of talking about politics; **Müdigkeit** *f* tiredness

Muff¹ [mʊf] <-(e)s, -s> *m* (*Handwärmer*) muff

Muff² <-s> *m* (*fam: muffiger Geruch*) musty smell

Muffe ['mʊfə] <-, -n> *f* (TECH) sleeve; ~ **haben** (*sl*) have the shits *pl*

Muffel ['mʊfəl] <-s, -> *m* (*fam*) drip, wet blanket

Muffensausen *nt* (*fam*): ~ **haben** be scared stiff

muffig *adj* ① (*Geruch*) musty ② (*mürrisch*) grumpy

Mühe ['my:ə] <-, -n> *f* trouble; **mit Müh und Not** with great difficulty; **er machte sich nicht die ~ ...** he made no effort to ...; **es kostet einige ~** it's an effort to; **sich ~ geben etw zu tun** be at pains to do s.th.; **das hast du nun für deine ~!** see what you get for your pains!; **das ist nicht der ~ wert** it's not worth the trouble; **jdm viel ~ machen** put s.o. to a lot of trouble; **mühelos** *adj* effortless; **mühevoll** *adj* laborious

Mühle ['my:lə] <-, -n> *f* ① mill ② (*Kaffee~*) grinder ③ (*Spiel*) nine men's morris ④ (*fam: altes Flugzeug*) bus, crate; **Mühlrad** *nt* mill wheel; **Mühlstein** *m* millstone

mühsam **I.** *adj* arduous **II.** *adv* with difficulty

mühselig *adj* toilsome

Mukoviszidose [mukovɪstsɪ'do:zə] <-> *f* muco-viscidosis

Mulatte, **-tin** [mu'latə] <-n, -n> *m, f* mulatto

Mulde ['mʊldə] <-, -n> *f* hollow

Mull [mʊl] <-(e)s, -e> *m* muslin; (MED) gauze

Müll [mʏl] <-(e)s> *m* refuse, rubbish *Br,* garbage *Am;* **etw in den ~ werfen** throw s.th. out; **Müllabfuhr** *f* refuse collection *Br,* garbage collection *Am;* **Müllabladeplatz** *m* rubbish dump; **Müllaufbereitung** *f* waste treatment; **Müllaufbereitungsanlage** *f* waste-treatment plant; **Müllberg** *m* rubbish heap; **Müllbeseitigung** *f* refuse disposal *Br,* garbage disposal *Am*

Mullbinde *f* (MED) gauze bandage

Müllcontainer *m* waste container, rubbish container *Br,* garbage container *Am;* **Mülldeponie** *f* waste disposal site *Br,* sanitary landfill *Am;* **Mülleimer** *m* rubbish bin *Br,* garbage can *Am*

Müllhaufen *m* rubbish heap *Br,* garbage heap *Am;* **Müllkompostierung** *f* waste composting; **Müllschlucker** *m* refuse chute *Br,* garbage disposal unit *Am;* **Müllsortieranlage** *f* refuse-sorting plant; **Mülltonne** *f* dustbin *Br,* ashcan *Am,* trashcan; **Müllverbrennungsanlage** *f* incinerating plant; **Müllverwertung** *f* refuse utilization *Br,* garbage utilization *Am;* **Müllverwertungsanlage** *f* waste reprocessing plant; **Müllwagen** *m* dustcart *Br,* garbage truck *Am*

mulmig ['mʊlmɪç] *adj* (*fam*): **mir wird ganz ~ zumute** I'm feeling queasy

Multi <-s, -s> *m* (*fam: multinationaler Konzern*) multinational

multifunktionell *adj* multifunctional; **multikulturell** *adj* (*Gesellschaft*) multicultural, multiracial; **multilateral** *adj* (*mehrseitig*) multilateral; **Multimediazeitalter** *nt* multimedia age; **multinational** *adj* multinational; **~er Konzern** multinational company; **~e Friedenstruppe** (POL) multinational peace-keeping force

Multiple Sklerose [mʊl'ti:plə skle'ro:zə] <-> *f* multiple sclerosis

Multiplikation [mʊltiplika'tsjo:n] *f* multiplication; **Multiplikatoreneffekt** [mʊltiplika'to:rənɛ,fɛkt] *m* multiplying effect; **multiplizieren** *vt* (*a. fig*) multiply (*mit* by)

Multitalent *nt* all-rounder

Multivitaminpräparat *nt* multivitamin preparation

Mumie ['mu:miə] <-, -n> *f* mummy

Mumm [mʊm] <-s> *m* (*fam*): **die hat ~** (**in den Knochen**) she's got guts *pl*

Mumps [mʊmps] <-> *m* (MED) mumps

Mund [munt, *pl:* 'mʏndɐ] <-(e)s, Münder> *m* mouth; **halt den ~!** shut up!; **jdm den ~ verbieten** order s.o. to be quiet; **jdm nach dem ~ reden** say what s.o. wants to hear; **du nimmst den ~ ganz schön voll!** you're talking pretty big!; **da läuft einem ja das Wasser im ~e zusammen!** that looks really mouth-watering!; **den ~ auftun** (*fam*) speak out; **jdm etw in den ~ legen** put s.th. into someone's head; **sich etw vom ~e absparen** stint o.s. for s.th.; **sich den ~ fusselig reden** (*fam*) talk o.s. blue in the face; **Mundart** *f* dialect; **Munddusche** *f* water jet

munden ['mʊndən] *vi:* **sich etw ~ lassen** savour s.th.

münden ['mʏndən] *vi* ① (*Wasserlauf*) flow

(*in* into) ② (*Weg, a. fig*) lead (to)

Mundgeruch <-(e)s> *m* bad breath

Mundharmonika *f* (MUS) mouth organ

mündig ['mʏndɪç] *adj* ① (JUR) of age ② (*verantwortungsbewusst*) responsible; **jdn für ~ erklären** declare s.o. of age; **Mündigkeit** *f* majority

mündlich ['mʏntlɪç] *adj* verbal; **~e Prüfung** oral examination, oral test; **alles weitere ~!** I'll tell you the rest when I see you!

Mundpropaganda *f* verbal propaganda; **Mundraub** *m* (JUR) petty theft; **Mundschleimhaut** *f* mucous membrane of the mouth; **Mundstück** *nt* ① (*von Zigarette*) tip ② (MUS: *von Blasinstrument*) mouthpiece; **mundtot** *adj:* **jdn ~ machen** muzzle s.o.

Mündung ['mʏndʊŋ] *f* mouth; (*von Schusswaffe*) muzzle; **Mündungsfeuer** *nt* flash from the muzzle

Mundwasser *nt* mouthwash; **Mundwerk** *nt:* **ein großes ~ haben** have a big mouth; **Mundwinkel** *m* corner oft the mouth; **Mund-zu-Mund-Beatmung** *f* mouth-to-mouth resuscitation

Munition [muni'tsjo:n] *f* (*a. fig*) ammunition; **Munitionslager** *nt* ammunition dump; **Munitionsnachschub** *m* ammunition supply

munkeln ['mʊŋkəln] *vi:* **man munkelt, dass ...** there is a rumour that ...

Mun-Sekte *f* Moonies *pl*

Münster ['mʏnstɐ] <-s, -> *nt* (ARCH ECCL) cathedral, minster

munter ['mʊntɐ] *adj* ① (*lebhaft*) lively; (*lustig*) cheerful, merry ② (*wach*) awake; **gesund und ~** safe and sound; **Munterkeit** *f* (*Lebendigkeit*) liveliness; **Muntermacher** *m* (*fam: Aufputschmittel*) stimulant

Münzautomat *m* slot machine

Münze ['mʏntsə] <-, -n> *f* ① (*Geldstück*) coin ② (*Prägestätte*) mint; **Worte für bare ~ nehmen** take words at their face value; **jdm etw mit gleicher ~ heimzahlen** pay s.o. back in his (her, their) own coin for s.th.; **Münzeinwurf** *m* coin slot

münzen *vt* coin, mint; **das ist auf dich gemünzt** that's aimed at you

Münzfernsprecher *m* (TELE) ① (*Gerät*) pay phone ② (*Zelle*) callbox; **Münzsammlung** *f* coin collection, numismatic collection; **Münztank** *m* (AUTO) coin-operated, petrol pump *Br*, gas pump *Am*; **Münzwechsler** *m* change machine

mürbe ['mʏrbə] *adj* ① (*krümelig*) crumbly ② (*zart*) tender ③ (*brüchig*) brittle ④ (*fig*) worn-down; **jdn ~ machen** (*fig*) wear s.o. down; **~ werden** (*fig*) be worn down; **Mürb(e)teig** *m* short pastry

murmeln ['mʊrməln] *vi* murmur; (*unverständlich*) mumble, mutter

Murmeltier *nt* marmot; **wie ein ~ schlafen** (*fam*) sleep like a log

murren ['mʊrən] *vi* grumble (*über* at)

mürrisch ['mʏrɪʃ] *adj* ① (*übel gelaunt*) grumpy ② (*abweisend*) morose, sullen

Mus [mu:s] <-es, -e> *nt* mush

Muschel ['mʊʃəl] <-, -n> *f* ① mussel ② (*~schale*) shell ③ (TELE) mouthpiece

Muse ['mu:zə] <-, -n> *f* Muse

Museum [mu'ze:ʊm] <-s, -seen> *nt* museum

Musik [mu'zi:k] <-, -en> *f* music; **~ machen** play some music; **Musikakademie** *f* academy of music

musikalisch *adj* musical

Musikant(in) *m(f)* musician

Musikbegleitung *f:* **mit ~** accompanied by music; **Musikbox** *f* juke box; **Musikcassette** *f* music cassette

Musiker(in) <-s, -> *m(f)* musician

Musikhochschule *f* college of music; **Musikinstrument** *nt* musical instrument; **Musikkapelle** *f* band; **Musiklehrer(in)** *m(f)* music teacher; **Musikstück** *nt* piece of music; **Musiktheater** *nt* music theatre; **Musikunterricht** *m* musical lessons *pl*

musisch *adj* pertaining to the (fine) arts

musizieren [muzi'tsi:rən] *vi* play instruments

Muskateller [mʊska'tɛlɐ] <-s, -> *m* (*Weinsorte*) muscatel

Muskatnuss [mʊs'ka:t-] *f* nutmeg

Muskel ['mʊskəl] <-s, -n> *m* (ANAT) muscle; **Muskelkater** *m* (*fam*) aching muscles *pl*; **~ haben** be stiff; **Muskelpaket** *nt* (*fam*) muscleman; **Muskelprotz** *m* (*fam*) muscleman; **Muskelriss** *m* torn muscle; **Muskelschwäche** <-> *f* myasthenia; **Muskelzerrung** *f* pulled muscle

Muskulatur ['mʊskula'tu:ɐ] <-> *f* muscles

muskulös [mʊsku'lø:s] *adj* muscular; **~ gebaut sein** have a muscular build

Müsli ['my:sli] <-s, -s> *nt* muesli

Muss [mʊs] <-> *nt:* **es ist kein ~** it's not a must

Muße ['mu:sə] <-> *f* leisure; **dafür habe ich keine ~** I don't have the time (for it)

Mussehe ['mʊs,e:ə] *f* (*fam*) shot-gun wedding

müssen ['mʏsən] <muss, musste, gemusst> *vi* ① (*gezwungen sein*) have to, must ② (*eigentlich sollen*) ought to, should; **ich**

M

muss es nicht tun I don't have to do it; **musst du jetzt unbedingt gehen?** have you got to go now?; **wir mussten diese Woche schon zweimal zu ihm** we've had to go and see him twice this week; **das muss leider sein** I'm afraid it has to be; **ich muss es wohl verloren haben** I must have lost it; **es ~ fünf gewesen sein** there must have been five of them; **natürlich musste sie gerade jetzt kommen** she had to come just now; **das hätte man tun ~** this ought to have been done; **sein Gesicht hätten Sie sehen ~** you ought to have seen his face; **ich hätte es tun ~** I should have done it; **das müsste eigentlich reichen** this should be enough

? Grammatik

müssen is mostly used to express necessity or compulsion: *Wir müssen uns beeilen, wenn wir den Zug noch erreichen wollen. – We'll have to hurry if we want to catch the train. Wir müssen jetzt losfahren. – We must leave/have (got) to leave now. Die Pralinen* **darfst** *du nicht essen. – You mustn't eat the chocolates – (i.e. you're not allowed to).*
After a modal verb such as *müssen, wollen,* you can sometimes leave out the infinitive verb if it is a verb of movement (e.g. *gehen* or *kommen*): *Ich muss unbedingt zum Zahnarzt (gehen) – I really need to go the dentist. Willst du mit(kommen)? – Do you want to come too?*

Mußestunden *pl* leisure hours
müßig ['my:sɪç] *adj* ❶ (*untätig*) idle ❷ (*überflüssig*) pointless
Müßiggang <-(e)s> *m* idleness
Muster ['mʊstɐ] <-s, -> *nt* ❶ (*Probestück*) sample ❷ (*Stoff~*) pattern ❸ (*Vorbild*) model (*an* of); **als ~ dienen** serve as a model; **Musterbeispiel** *nt* classic example; **Musterexemplar** *nt* fine specimen; **mustergültig** *adj* exemplary; **musterhaft** *adj* exemplary; **Musterhaus** *nt* show house; **Musterklage** *f* (JUR) class-action lawsuit; **Musterknabe** *m* paragon
mustern ['mʊstɐn] *vt* ❶ (*kritisch betrachten*) scrutinize ❷ (MIL: *auf Wehrdiensttauglichkeit prüfen*): **jdn ~** give s.o. his medical
Musterpackung *f* sample pack; **Musterschüler(in)** *m(f)* star pupil
Musterung *f* ❶ (*Wehrdienst~*) medical examination for military service ❷ (*Durchsicht*) examinaton; **nach eingehender ~** on thorough inspection
Mut [mu:t] <-(e)s> *m* courage; **ich habe einfach nicht den ~ nein zu sagen** I don't have the courage to refuse; **den ~ verlieren** lose one's courage; **nur ~!** take courage!; **jdm ~ machen** encourage s.o.; **mir ist nicht zum Lachen zu ~e** I am not in the mood for laughing; **wie ist dir zu ~e?** how do you feel?
Mutation [muta'tsjo:n] <-, -en> *f* mutation
mutieren [mu'ti:rən] *vi* (*auch fig*) mutate
mutig *adj* brave, courageous
mutlos *adj* discouraged; **jdn ~ machen** discourage s.o.; **Mutlosigkeit** *f* discouragement
mutmaßen ['mu:tma:sən] *vt, vi* conjecture; **über das, was folgt, kann man nur ~** what will come next is a matter of conjecture; **mutmaßlich** *adj attr* most probable
Mutprobe *f* test of courage
Mutter[1] ['mʊtɐ, *pl:* 'mʏtɐ] <-, Mütter> *f* mother; **wie eine ~ zu jdm sein** be like a mother to s.o.
Mutter[2] <-, -n> *f* (TECH) nut
Mütterchen ['mʏtɐçən] *nt* (*alte Frau*) granny
Muttererde *f* ❶ (*Mutterboden*) topsoil ❷ (*Heimaterde*) native soil; **Muttergesellschaft** *f* (COM) parent company; **Muttergottes** <-> *f* Mother of God
Mutter-Kind-Pass *m record of pregnancy, childbirth and regular infant health check-ups given to women in Germany once they are pronounced pregnant*
Mutterkomplex *m* (PSYCH) mother complex; **Mutterland** *nt* mother country; **Mutterleib** *m* womb
mütterlich ['mʏtɐlɪç] *adj* maternal, motherly; **mütterlicherseits** *adv* on someone's mother side; **meine Großeltern ~** my maternal grandparents
Mutterliebe *f* maternal [*o* motherly] love; **Muttermal** <-s, -e> *nt* birthmark, mole; **Muttermilch** *f* mother's milk; **Mutterrolle** *f* maternal role; **Mutterschaft** *f* motherhood, maternity; **Mutterschaftsgeld** *nt* maternity grant; **Mutterschaftsurlaub** *m* maternity leave; **Mutterschutz** *m* maternity regulations *pl*
mutterseelenallein *adj, adv* all alone
Muttersöhnchen *nt* (*fam pej*) mummy's boy; **Muttersprache** *f* mother tongue, native language; **Muttersprachler(in)**

m(f) native speaker; **Muttertag** *m* Mother's Day

Mutti ['mʊti] <-, (s)> *f* (*fam*) mummy *Br,* mommy *Am*

mutwillig ['mu:tvɪ lɪç] *adj* malicious

Mütze ['mʏtsə] <-, -n> *f* cap; **was auf die ~ kriegen** (*fam*) get a ticking-off

MwSt *f Abk. von* **Mehrwertsteuer** VAT

Myrrhe ['mʏrə] <-> *f* myrrh

Myrte ['mʏrtə] <-, -n> *f* (*Strauch*) myrtle

mysteriös [mʏsteri ø:s] *adj* mysterious

Mysterium [mys'te:riʊm] <-s, Mysterien> *nt* mystery

Mystik ['mʏstɪk] *f* mysticism; **mystisch** *adj* mystic(al)

Mythologie [mytolo'gi:] *f* mythology

Mythos ['my:tɔs] <-, -then> *m* ❶ (*Gerücht*) myth ❷ (*Sage*) legend

N n

N, n [ɛn] <-, -> *nt* N, n

na [na(:)] *interj* (*fam*) well; **~ also! ~ eben! ~ bitte!** there you are!; **~, wenn schon** even so; **~ und?** so what?; **~, und ob!** you bet!; **~, dann nicht!** all right, have it your way!; **~ warte!** just you wait!; **~ so was!** well, I never!; **~, wird's bald?** well, how much longer are you going to take?

Nabe ['na:bə] <-, -n> *f* (*Rad~*) hub

Nabel ['na:bəl] <-s, -> *m* navel; (*Zentrum*) hub; **Nabelbruch** *m* umbilical hernia; **Nabelschnur** *f* (MED) umbilical cord

nach [na:x] **I.** *präp* ❶ (*zeitlich, a. der Reihenfolge ~*) after ❷ (*die Richtung angebend*) to ❸ (*gemäß*) according to; (*in Anlehnung an*) after; **~ jdm (etw) suchen** look for s.o. (s.th.); **sich sehnen ~ ...** long for ...; **riechen/schmecken ~ ...** smell/taste of ...; **~ zwanzig Minuten** after twenty minutes; **zwei Minuten ~ eins** two minutes past one *Br,* two minutes after one *Am;* **zahlbar ~ Empfang** payable on receipt; **einer ~ dem anderen** one after the other; **gehen Sie bitte ~ hinten/vorn** please go to the back/front; **der Zug ~ Heidelberg** the train for Heidelberg; **ich ziehe ~ München** I'll move to Munich; **~ Hause** home; **~ dem Gesetz** according to the law; **~ einem alten chinesischen Märchen** according to an old Chinese fairy-tale; **jdn ~ jdm benennen** name s.o. after s.o. *Br,* name s.o. for s.o. *Am;* **aller Wahrscheinlichkeit ~** in all probability; **es sieht ~ Regen aus** it looks like rain **II.** *adv* ❶ (*zeitlich*): **~ und ~** little by little; **~ wie vor** still ❷ (*räumlich*): **wir müssen ihm ~** we must follow him

nach|äffen ['na:xɛfən] *vt* (*etw nachmachen*) ape; (*jdn karikieren*) mimic

nach|ahmen ['na:xa:mən] *vt* imitate; **nachahmenswert** *adj* exemplary; **Nachahmung** *f* imitation **Nachahmungstrieb** *m* imitative impulse

Nachbar(in) ['naxba:ɐ] <-n/-s, -n> *m(f)* neighbour; **Nachbarhaus** *nt* house next door; **nachbarlich** *adj* ❶ (*benachbart*) neighbouring ❷ (*nachbarschaftlich*) neighbourly; **Nachbarschaft** *f* neighbourhood; **Nachbarstaat** *m* neighbouring state

Nachbau <-[e]s, -ten> *m* replica, reproduction

Nachbehandlung *f* (*a.* MED) aftertreatment

nach|bestellen *vt* order some more, reorder; **Nachbestellung** *f* ❶ (*Wiederholungsbestellung*) repeat order ❷ (*nachträgliche Bestellung*) later order

nach|beten *vt* (*fam*) parrot; **musst du ihm denn immer alles ~?** do you have to repeat everything he says parrot-fashion?

nach|bezahlen **I.** *vt* pay later **II.** *vi* pay the rest

nach|bilden *vt* copy; **Nachbildung** *f* imitation, copy

nach|datieren *vt* postdate

nachdem [na:x'de:m] *konj* after; **je ~** it (all) depends; **je ~, wie ...** depending on how ...

nach|denken *irr vi* think (*über* about); **nachdenklich** *adj* pensive, thoughtful

Nachdruck[1] <-(e)s> *m* ❶ (*Tatkraft*) energy, vigour ❷ (*Betonung*) emphasis, stress; **besonderen ~ auf etw legen** emphasize [*o* stress] s.th. particularly; **mit ~ arbeiten** work with vigour

Nachdruck[2] <-(e)s, -e> *m* (TYP) ❶ (*das ~en*) reprinting ❷ (*das Nachgedruckte*) reprint; **~ verboten** no part of this publication may be reproduced without the prior permission of the publisher; **nach|drucken** *vt* reprint

nachdrücklich ['na:xdrʏklɪç] *adj* emphatic

nach|eifern *vi:* **jdm ~** emulate s.o.

nach|eilen *vi sein* run after (*jdm* s.o., *einer Sache* s.th.)

nacheinander *adv* ❶ (*räumlich*) one after another ❷ (*zeitlich*) in succession

nach|empfinden *irr vt* ❶ (*nachfühlen*) feel ❷ (*anpassen, nachgestalten*) adapt (*etw einer Sache* s.th. from s.th.); **können Sie meine Wut ~?** can you really feel my rage?; **das kann ich Ihnen ~** I can understand your feelings

nach|erzählen *vt* retell; **Nacherzählung** *f* retelling; (SCHULE: *einer Geschichte*) reproduction

nach|fahren *vi* follow (on)

Nachfassaktion *f* (MARKT) follow-up campaign

nach|feiern *vt* (*Geburtstag*) celebrate after the event

Nachfolge *f* ❶ succession ❷ (*in Zusammensetzungen*) follow-up; **jds ~ antreten** succeed s.o.; **~ Christi** imitation of Christ; **Nachfolgemodell** *nt* (*von Produkt, Auto*) successor, follow-up model; **nach|folgen** *vi sein* (*a. fig*) follow (*jdm* s.o.); **nachfolgend** *adj* following, subsequent; **Nachfolger(in)** *m(f)* successor

nach|fordern *vt* demand an extra; **Nachforderung** *f* subsequent demand

nach|forschen *vi* investigate, try to find out; **Nachforschung** *f* enquiry *Br,* inquiry *Am;* (*amtliche ~*) investigation; **~en anstellen** make enquiries (*bezüglich* into)

Nachfrage *f* ❶ (*Erkundigung*) enquiry *Br,* inquiry *Am* ❷ (COM) demand (*nach o in* for); **Nachfrageinflation** *f* demand inflation; **nach|fragen** **I.** *vi* ask, enquire *Br,* inquire *Am* **II.** *vt* (COM) ask for; **Nachfragerückgang** *m* (COM) slump in demand; **Nachfrageschub** *m* surge in demand; **Nachfrageüberhang** *m* surplus demand

Nachfrist *f* extension

nach|fühlen *vt* feel; **das kann ich dir ~** I can understand your feelings

nach|füllen *vt* ❶ refill ❷ (*auf~*) top up

Nachfüllpackung *f* refill (pack)

nach|geben *irr vi* ❶ (*federn*) give ❷ (*fig*) give way (*jdm o einer Sache* to s.o., s.th.) ❸ (COM FIN: *Kurse*) drop, fall

Nachgebühr *f* excess postage

Nachgeburt *f* (MED) afterbirth

nach|gehen *irr vi* ❶ (*folgen*) follow (*jdm* s.o.) ❷ (*ausüben*) practise (*einer Sache* s.th.); (*verfolgen: Studium, Interessen*) pursue (*einer Sache* s.th.) ❸ (*erforschen*) investigate, look into (*einer Sache* s.th.) ❹ (*nicht aus dem Sinn gehen*) haunt (*jdm* s.o.) ❺ (*Uhr*) be slow; **meine Uhr geht zehn Minuten nach** my watch is ten minutes slow

Nachgeschmack *m* (*a. fig*) aftertaste

nachgewiesenermaßen *adv* as has been proved; **er ist ~ schuldig** he has been proved guilty

nachgiebig ['na:xgi:bɪç] *adj* ❶ (*weich*) soft; (*entgegenkommend*) compliant ❷ (*biegsam*) pliable; **Nachgiebigkeit** *f* ❶ (*Weichheit*) softness; (*Entgegenkommen, Konzilianz*) compliance ❷ (*Biegsamkeit*) pliability

nach|grübeln *vi* muse (*über* about)

nach|gucken *vt* (*fam*) check up, have a look

Nachhall *m* ❶ reverberation ❷ (*Anklang*) response (*auf* to); **nach|hallen** *vi* reverberate

nachhaltig ['na:xhaltɪç] *adj* ❶ (*andauernd*) lasting ❷ (*ausdauernd*) sustained; **~e Entwicklung** sustainable development; **Nachhaltigkeit** *f* sustainability

nach|hängen *irr vi:* **seinen Erinnerungen ~** indulge in one's memories

nach|helfen *irr vi:* **jdm** (**einer Sache**) ~ give s.o. (s.th.) a helping hand

nachher [na:x'he:ɐ/'--] *adv* (*danach*) afterwards; (*später*) later; **bis ~!** see you later!

Nachhilfe *f* ❶ (*Hilfe*) assistance, help ❷ (*~unterricht*) extra [*o* private] tuition; **Nachhilfestunde** *f* private lesson

Nachhinein *nt:* **im ~** afterwards; (*rückblickend*) in retrospect, with hindsight

nach|hinken *vi sein* (*fam*) lag behind (*hinter jdm o etw* s.o., s.th.)

Nachholbedarf *m:* **einen großen ~ haben** have a lot to catch up on

nach|holen *vt* ❶ (*Versäumtes aufholen*) make up (for), catch up (on) ❷ (*später holen*) get over; **ein Jahr später holte er seine Familie nach** a year later he got his family over

Nachhut <-> *f* (MIL) rearguard

nach|jagen *vi* ❶ *sein* chase after (*jdm o etw* s.o., s.th.) ❷ (*fig*) pursue (*einer Sache* s.th.)

nach|kaufen *vt* ❶ (*zeitlich*) buy later ❷ (*als Ersatz*) buy replacements (for); **Nachkaufgarantie** *f* availability guarantee

Nachkomme ['na:xkɔmə] <-n, -n> *m* descendant; **nach|kommen** *irr vi* ❶ *sein* (*später kommen*) come later; (*folgen*) follow (*jdm* s.o.) ❷ (*Schritt halten*) keep up (*mit* with) ❸ (*erfüllen*) comply with, fulfil (*einer Sache* s.th.); **Nachkommenschaft** *f* descendants *pl*

Nachkömmling ['na:xkœmlɪŋ] <-s, -e> *m* (*hum: Nachzügler*) latecomer

Nachkriegsdeutschland *nt* postwar Germany; **Nachkriegszeit** *f* postwar period

Nachlass ['na:xlas] <-es, -e> *m* ❶ (COM: *Preis~*) discount, reduction (*auf* on) ❷ (*Erbe*) estate; **nach|lassen** **I.** *irr vt* ❶ (*Preise*) reduce ❷ (*lockern*) slacken;

20% vom Verkaufspreis ~ give a 20% discount on the retail price **II.** *vi* ❶ (*abnehmen*) decrease ❷ (*sich abschwächen*) ease off; (*von Kälte*) abate

nachlässig ['na:xlɛsɪç] *adj* careless, negligent; **Nachlässigkeit** *f* carelessness, negligence

nach|laufen *irr vi sein:* **jdm** (**einer Sache**) ~ (*a. fig*) run after s.o. (s.th.)

Nachlese *f* ❶ (*Ähren~*) gleaning ❷ (*literarische ~*) further selection

Nachlösegebühr *f extra fee payable when train ticket is purchased on the train*

nach|lösen I. *vt* (RAIL): **eine Fahrkarte im Zug** ~ buy a ticket on the train **II.** *vi* (*zwecks Weiterfahrt*) pay the excess fare

nach|machen *vt* ❶ (*nachahmen*) copy, imitate ❷ (*fälschen*) forge; (*kopieren*) copy ❸ (*parodieren*) mimic; **das soll mir mal jd ~!** I'd like to see anybody else do that!

nach|messen *irr vt* ❶ (*zur Überprüfung*) check ❷ (*noch einmal messen*) measure again

Nachmieter(in) *m(f)* next tenant

Nachmittag *m* afternoon; **am** ~ in the afternoon; **am** ~ **des 10. März** on the afternoon of March 10th; **heute** ~ this afternoon; **gestern** ~ yesterday afternoon; **nachmittags** *adv* in the afternoon; **Nachmittagsvorstellung** *f* matinée

Nachnahme *f* cash on delivery *Br,* collect on delivery *Am;* **etw per ~ schicken** send s.th. COD; **Nachnahmegebühr** *f* COD charge

Nachname *m* last name, surname

Nachporto *nt* excess postage

nach|prüfen *vt* ❶ (*nochmals prüfen*) re-examine ❷ (*überprüfen*) check; (*auf Richtigkeit*) verify; **Nachprüfung** *f* ❶ (*Überprüfung*) check (*einer Sache* on s.th.) ❷ (*nochmalige Prüfung*) re-examination; (*spätere Prüfung*) later examination

nach|rechnen *vt, vi* check

Nachrede *f* (JUR): **üble** ~ defamation of character; **nach|reden** *vt* (*nachsprechen*) repeat

nach|reichen *vt* hand in later

Nachricht ['na:xrɪçt] <-, -en> *f* ❶ (*Mitteilung*) message ❷ (*Meldung*) (piece of) news *pl* ❸ (*Bestätigung*) confirmation; **eine** ~ a message [*o* a piece of news]; **die ~en** (RADIO TV) the news *sing;* **Nachrichtenagentur** *f* news agency; **Nachrichtendienst** *m* ❶ (RADIO TV) news service ❷ (MIL POL) intelligence (service); **Nachrichtenkanal** *m* (TV) news channel; **Nachrichtenmagazin** *nt* news magazine; **Nachrichtensatellit** *m* communications satellite; **Nachrichtensendung** *f* (RADIO TV) news cast; **Nachrichtensperre** *f* news blackout; **Nachrichtensprecher(in)** *m(f)* (RADIO TV) newsreader *Br,* newscaster *Am;* **Nachrichtentechnik** *f* telecommunications *sing;* **Nachrichtenwesen** *nt* communications *pl*

nach|rücken *vi sein* move up

Nachruf *m* obituary

nach|rüsten I. *vt* (*Gerät, Auto*) refit **II.** *vi* (MIL) rearm, deploy new arms; **Nachrüstung** *f* ❶ (*von Gerät, Auto*) refitting ❷ (MIL) rearmament, deployment of new arms

nach|sagen *vt* (*nachsprechen, wiederholen*) repeat; **jdm etw** ~ (*behaupten*) say s.th. of s.o.

Nachsaison *f* off-season, low season

nach|schauen I. *vt* have a look at **II.** *vi* ❶ (*hinterhersehen*) gaze after (*jdm* s.o., *einer Sache* s.th.) ❷ (*nachschlagen*) have a look

nach|schicken *vt* (*Briefe*) forward

nach|schießen *vt* (*fam*) give additionally; **Geld in etw** ~ pump additional cash into s.th.

nach|schlagen I. *irr vt* (*Wort*) look up **II.** *vi* (*ähneln*): **jdm** ~ take after s.o.; **Nachschlagewerk** *nt* reference book

Nachschlüssel *m* ❶ (*weiterer Schlüssel*) duplicate key ❷ (*Dietrich*) skeleton key

Nachschrift *f* ❶ (*im Brief*) postscript ❷ (*Abschrift*) transcript

Nachschub <-(e)s> *m* ❶ (*Verstärkung*) reinforcements *pl* ❷ (*Verpflegung*) supplies *pl* (*an* of)

nachschwätzen *vt* (*österr*) repeat parrot-fashion

Nachsehen *nt:* **das ~ haben** be left standing; **nach|sehen I.** *irr vt* ❶ (*nachschlagen*) look up ❷ (*nachsichtig sein*) forgive (*jdm etw* s.o. for s.th.) ❸ (*überprüfen*) give a check **II.** *vi* ❶ (*hinterhersehen*) gaze after (*jdm* s.o., *einer Sache* s.th.) ❷ (*nachschlagen*) have a look ❸ (*überprüfen*) check

Nachsendeanschrift *f* forwarding adress

nach|senden *irr vt* (*Briefe*) forward; **bitte ~!** please forward!; **nicht ~!** not to be forwarded!

Nachsicht *f* (*Geduld*) forbearance, leniency; ~ **haben** (**mit jdm**) be lenient (towards s.o.), be forbearing (with s.o.); **nachsichtig** *adj* ❶ (*geduldig*) forbearing (*gegen o mit* with) ❷ (*mild*) lenient (*gegen o mit* towards)

Nachsilbe *f* (LING) suffix

N

nach|sitzen *irr vi* (SCHULE) be kept in, get detention; **jdn ~ lassen** keep s.o. in, give s.o. detention

Nachsorge *f* (MED) after-care; **Nachsorgeklinik** *f* after-care clinic

Nachspeise *f* dessert, sweet

Nachspiel <-s> *nt* ❶ (THEAT) epilogue ❷ (MUS) closing section ❸ (*fig*) sequel; **ein tragisches ~ haben** have a tragic sequel

nach|spielen **I.** *vt* play **II.** *vi* (SPORT) play extra time

nach|sprechen *irr vt, vi* repeat (*jdm etw* s.th. after s.o., *jdm* what s.o. says)

nächst [nɛːçst] *präp* ❶ (*am ~en*) next to ❷ (*außer*) aside from; **nächstbeste** *adj* the first … that comes along; **Nächste(r)** *f m* ❶ (*in der Reihenfolge*) next one ❷ (*Mitmensch*) neighbour; **nächste** *adj* ❶ (*am ~n gelegen*) nearest ❷ (*zeitlich o räumlich folgend*) next ❸ (*Verwandte*) closest; **aus ~r Nähe** from close by; **die ~ Umgebung** the immediate vicinity; **~n Mittwoch** next Wednesday; **in ~r Zukunft** in the near future; **Nächstenliebe** *f* love for one's fellow men

nach|stehen *irr vi* ❶ (*nachgestellt sein*) come after ❷ (*geringer sein*): **jdm (in etw) ~** be inferior to s.o. (in s.th.); **jdm in nichts ~** be someone's equal in every aspect

nach|stellen **I.** *vt* ❶ (*nachstehen, folgen lassen*) put after ❷ (TECH: *neu justieren*) re-adjust; (*Uhr*) put back **II.** *vi:* **jdm ~** (*ihn verfolgen*) pursue s.o.; (*ihn belästigen*) pester s.o.

Nächstenliebe *f* ❶ (*Barmherzigkeit*) charity ❷ (*Liebe zum Nächsten*) brotherly love

nächstens *adv* ❶ (*bald*) before long, soon ❷ (*nächstes Mal*) next time

Nächstliegendste *nt* (*fig*) most obvious thing

nach|suchen *vi* ❶ (*suchen*) look (and see) ❷ (*ersuchen*) apply (*bei jdm um etw* to s.o. for s.th.)

Nacht [naxt, *pl:* 'nɛçtə] <-, Nächte> *f* (*a. fig*) night; **bei ~, des ~s, in der ~** at night; **es wird ~** it's getting dark; **bei ~ und Nebel** (*fam*) at dead of night; **eines ~s** one night; **in tiefster ~** at dead of night; **die ganze ~ hindurch** all night (long); **über ~** (*a. fig*) overnight; **diese ~** (*heute ~*) tonight; **vergangene ~** last night; **über ~ bleiben** stay the night; **gute ~!** good night; **na, dann gute ~!** (*fam ironisch*) nice prospects!; **heute ~** (*letzte ~*) last night; (*kommende ~*) tonight; **Dienstagnacht** Tuesday night

nachtaktiv *adj* (*Tier*) nocturnal

Nachtarbeit *f* night-work; **Nachtblindheit** *f* night blindness; **Nachtcreme** *f* night cream; **Nachtdienst** *m* night duty

Nachteil *m* ❶ (*Gegenteil von Vorteil*) disadvantage ❷ (*Schaden*) detriment; **jdm gegenüber im ~ sein** be at a disadvantage with s.o.; **zu jds ~** to some one's disadvantage [*o* detriment]; **es soll bestimmt nicht dein ~ sein!** you certainly won't lose by it!; **sich zu seinem ~ ändern** change for the worse; **nachteilig** *adj* ❶ (*von Nachteil*) disadvantageous ❷ (*ungünstig*) unfavourable

nächtelang ['nɛçtə'laŋ] *adv* for nights on end

nachten *vi* (*CH*) grow dark

Nachtessen *nt* (*CH*) supper

Nachteule *f* (*fam*) night-bird; **Nachtfalter** *m* moth; **Nachtflugverbot** *nt* ban on night flights; **Nachtfrost** *m* night frost; **Nachthemd** *nt* (*Damen~*) nightdress; (*fam*) nightie; (*Herren~*) nightshirt

Nachtigall ['naxtɪgal] <-, -en> *f* (*Singvogel*) nightingale

nächtigen *vi* spend the night

Nachtisch *m* dessert

Nachtklub *m* night club; **Nachtlager** *nt* place for the night; **Nachtleben** *nt* night life

nächtlich ['nɛçtlɪç] *adj attr* ❶ (*jede Nacht*) nightly ❷ (*in der Nacht*) night, nocturnal

Nachtlokal *nt* night spot; **Nachtportier** *m* night porter

Nachtrag ['naːxtraːk, *pl:* 'naːxtrɛːgə] <-(e)s, Nachträge> *m* ❶ (*zu einem Buch*) supplement; (*zu einem Manuskript*) addendum ❷ (*zu einem Brief*) postscript; **nach|tragen** *irr vt* (*hinzufügen*) add; **jdm etw ~** (*fig*) bear s.o. a grudge for s.th.; **nachtragend** *adj* unforgiving

nachträglich ['naːxtrɛːklɪç] *adj* ❶ (*zusätzlich*) additional ❷ (*später*) later ❸ (*verspätet*) belated; **~ herzlichen Glückwunsch** belated best wishes *pl*

Nachtragshaushalt *m* supplementary budget

nach|trauern *vi:* **jdm/einer Sache ~** mourn the loss of s.o./s.th.

Nachtruhe *f* ❶ (*Schlaf in der Nacht*) sleep, night's rest ❷ (*Schlafenszeit*) lights-out

nachts ['naxts] *adv* at night *Br,* nights *Am;* **bis 2 Uhr ~** till two in the morning

Nachtschalter *m* night desk; **Nachtschicht** *f* nightshift; **~ haben** be on nightshift; **nachtschlafend** *adj* (*fam*): **zu ~er Zeit** in the very middle of the night; **Nachtschwester** *f* night nurse

Nachtspeicherofen *m* (ELEK) storage heater; **Nachtstrom** *m* cheap rate electricity; **Nachttarif** *m* night tariff; **Nachttisch** *m* bedside table; **Nachttopf** *m* chamber pot; **Nachttresor** *m* night safe *Br,* night depository *Am;* **Nacht-und-Nebel-Aktion** *f* (*fam*) cloak-and-dagger operation; **Nachtvorstellung** *f* late-night performance; **Nachtwache** *f* night-watch; (*im Krankenhaus*) night duty; **Nachtwächter** *m* (*Wachmann*) night watchman; **Nachtzeit** *f* night-time

Nachuntersuchung *f* (MED) check-up

nachvollziehbar *adj* comprehensible

nach|vollziehen *irr vt* comprehend

nach|wachsen *irr vi sein* grow again

Nachwahl *f* (POL) by-election *Br,* special election *Am*

Nachwehen *pl* ❶ (MED) after-pains ❷ (*fig*) after-effects, painful aftermath *sing*

nach|weinen *vi* shed tears (*jdm o einer Sache* over s.o., s.th.)

Nachweis ['na:xvaɪs] <-es, -e> *m* ❶ (*Beweis*) proof (*für, über* of) ❷ (*Bescheinigung*) certificate; **den ~ für etw führen** furnish proof of s.th.; **nachweisbar** *adj* ❶ (*beweisbar*) provable ❷ (TECH: *auffindbar*) detectable; **nach|weisen** *irr vt* ❶ (*beweisen*) prove ❷ (TECH: *Fehler auffinden*) detect; **nachweislich** *adj* provable; **ein ~er Irrtum** a demonstrable error

Nachwelt *f:* **die ~** posterity

nach|werfen *irr vt:* **jdm etw ~** throw s.th. after s.o.; (*fam*) give s.o. s.th. on the cheap

nach|winken *vi:* **jdm ~** wave (goodbye) to s.o.

nach|wirken *vi* go on to have an effect; **Nachwirkung** *f* ❶ (*spätere Wirkung*) after-effect ❷ (*Auswirkung*) consequence

Nachwort <-(e)s, -e> *nt* epilogue

Nachwuchs *m* (*Nachkommen*) offspring *pl*

nach|zahlen *vt, vi* ❶ (*mehr zahlen*) pay extra ❷ (*später zahlen*) pay later

nach|zählen *vt, vi* check

Nachzahlung *f* additional payment

nach|zeichnen *vt* ❶ (*Umrisse*) go over ❷ (*kopieren*) copy

nach|ziehen I. *irr vt* ❶ (*Bein*) drag behind one ❷ (*Striche*) go over; (*Augenbrauen*) pencil over ❸ (*Schraube*) tighten up II. *vi sein* (*hinterherziehen*) follow (*jdm* s.o.)

Nachzug *m:* **~ von Familienangehörigen** reuniting of family members, family reunification

Nachzügler(in) ['na:xtsy:glɐ] *m(f)* (*a. fig*) latecomer

Nacken ['nakən] <-s, -> *m* neck; **jdn im ~ haben** (*fam*) have s.o. on one's tail; **die Furcht saß ihr im ~** (*fam*) she was frightened out of her wits; **Nackenstütze** *f* neck support

nackt [nakt] *adj* naked, nude; (*a. fig: unbewachsen*) bare; **Nacktbadestrand** *m* nudist beach; **Nacktheit** *f* nakedness, nudity

Nadel ['na:dəl] <-, -n> *f* needle; (*Ansteck~*) pin; **Nadelbaum** *m* conifer; **Nadeldrucker** *m* (INFORM) dot-matrix printer; **Nadelfilz** *m* needle felting; **Nadelhölzer** *pl* conifers; **Nadelkissen** *nt* pin-cushion; **Nadellager** *nt* (TECH) needle-roller bearing

nadeln *vi* (*Weihnachtsbaum*) shed its needles

Nadelöhr ['na:dəlœ:ɐ] <-s, (-e)> *nt* eye of a [*o* the] needle; **Nadelstich** *m* ❶ (*Wunde*) prick ❷ (*beim Nähen, a.* MED) stitch ❸ (*fig*) pinprick; **Nadelstreifenanzug** *m* pinstripe suit; **Nadelwald** *m* coniferous forest

Nagel ['na:gəl, *pl:* nɛ:gəl] <-s, Nägel> *m* nail; (*großer*) spike; (*hölzerner*) peg; **den ~ auf den Kopf treffen** hit the nail on the head; **Nägel mit Köpfen machen** do the job properly; **etw an den ~ hängen** (*fam*) chuck s.th. in; **sich etw unter den ~ reißen** (*fam*) pinch s.th.; **an den Nägeln kauen** bite one's nails; **dieses Problem brennt mir unter den Nägeln** this problem is preying on my mind; **Nagelbürste** *f* nailbrush; **Nagelfeile** *f* nailfile; **Nagellack** *m* nail varnish; **Nagellackentferner** *m* nail polish [*o* varnish] remover; **nageln** *vt* nail (*an, auf* (on)to); **nagelneu** *adj* (*fam*) brand-new; **Nagelpflege** *f* nail care; **Nagelschere** *f* nail-scissors *pl*

nagen ['na:gən] *vi, vt* ❶ (*a. fig*) gnaw (*an* at) ❷ (*zerfressen*) eat (*an* into); **nagend** *adj* ❶ (*Hunger*) gnawing ❷ (*Zweifel*) nagging; **Nager** *m,* **Nagetier** *nt* rodent

nah [na:] <näher, nächst> I. *adj* ❶ (*räumlich*) close, near, nearby ❷ (*zeitlich*) approaching, near ❸ (*eng, befreundet*) close; **der Nahe Osten** the Middle East; **die ~e Zukunft** the near future II. *adv* ❶ (*räumlich*) close, near (*an, bei* to) ❷ (*zeitlich*) close ❸ (*eng, intim*) closely; **jdm ~e sein** be near to s.o.; **jdm zu ~e treten** (*fig*) offend s.o.; **~ bevorstehen** be approaching; **ich war ~e daran zu gehen** I was on the point of leaving; **jdm etw ~e bringen** bring s.th. home to s.o.; **jdm ~e gehen** affect s.o.; **einander** [*o* **sich**] **~e kommen** become close; **jdm (einer Sache) ~e kommen** (*fast gleichen*) come close to s.o. (s.th.); **jdm etw ~e legen**

N

suggest s.th. to s.o.; **~e liegen** stand to reason, suggest itself; **~e liegend** nearby; **~e liegend** manifest, obvious; **einem Menschen ~e stehen** be close to a person; **einer Partei ~e stehen** sympathize with a party; **ich war den Tränen ~e** I was on the verge of tears **III.** *präp* close to, near; **~e der Stadtmitte** close to the city centre; **Nahaufnahme** *f* close-up

Nähe ['nɛːə] <-> *f* ❶ (*räumlich*) nearness, proximity; (*Nachbarschaft*) neighbourhood, vicinity ❷ (*zeitlich*) closeness; **es ist ganz in der ~** it is quite near; **ich habe ihn gern in meiner ~** I like to have him around; **in unmittelbarer ~** in close proximity; **in der (unserer) ~** close by (us); **aus der ~** from close up

nahebei ['naːə'baɪ] *adv* nearby

nahen ['naːən] *vi sein, vr haben* approach (*jdm* s.o., *einer Sache* s.th.)

nähen ['nɛːən] *vt, vi* sew

näher ['nɛːɐ] **I.** *adj* ❶ (*räumlich*) nearer (*jdm* to s.o., *einer Sache* to s.th.) ❷ (*zeitlich*) closer ❸ (*eingehender*) more detailed ❹ (*enger*) closer; **~e Umgebung** immediate vicinity **II.** *adv* ❶ (*räumlich, zeitlich*) closer, nearer ❷ (*genauer*) more closely ❸ (*eingehender*) in more detail; **das müssen wir uns einmal ~ ansehen** we ought to go into it; **können Sie das ~ beschreiben?** could you explain that in more detail?; **~ kennen lernen** get to know better; **bitte treten Sie ~!** please step up!; **~ kommen** come nearer; **jdm ~ kommen** get closer to s.o.; **das kommt der Sache schon näher** that's nearer the mark

Nähere *nt* details *pl;* **ich möchte ~s darüber erfahren** I would like to know more about it

Naherholung *f* local recreation; **Naherholungsgebiet** *nt* recreational area (close to a town)

Näherin ['nɛːərɪn] *f* seamstress

nähern ['nɛːɐn] **I.** *vr* approach (*jdm* s.o., *einer Sache* s.th.) **II.** *vt* bring closer

Näherungswert *m* (MATH) approximate value

nahezu ['naːə'tsuː] *adv* almost, nearly

Nähgarn *nt* (sewing) thread

Nahkampf *m* ❶ (MIL) close combat ❷ (SPORT) clinch

Nähkasten *m* sewing box; **Nähkorb** *m* work-basket; **Nähmaschine** *f* sewing machine; **Nähnadel** *f* (sewing) needle

Nährboden *m* ❶ (CHEM) nutrient medium ❷ (*fig*) breeding ground; **Nährcreme** *f* nourishing cream, replenishing cream

nähren ['nɛːrən] **I.** *vt* ❶ (*er~*) feed ❷ (*fig*) cherish, foster **II.** *vi* (*nahrhaft sein*) be nourishing **III.** *vr* feed o.s.

nahrhaft ['naːɐhaft] *adj* ❶ (*Essen*) nourishing, nutritious ❷ (*Boden*) fertile

Nährlösung *f* nutrient solution, substrate; **Nährsalz** *nt* nutritive salt; **Nährstoff** *m* nutrient; **nährstoffarm** *adj* ❶ (*Gewässer*) oligotrophic ❷ (*Nahrung*) nutrient-poor; **nährstoffreich** *adj* ❶ (*Gewässer*) eutrophic ❷ (*Nahrung*) nutritious

Nahrung ['naːrʊŋ] *f* food; **Nahrungsbiotop** *nt* food biotope; **Nahrungskette** *f* (BIOL) food chain; **Nahrungsmittel** *nt* foodstuff; **Nahrungsmittelindustrie** *f* food industry; **Nahrungsmittelvergiftung** *f* food poisoning; **Nahrungssuche** *f* search for food

Nährwert *m* nutritional value

Nähseide *f* sewing-silk

Naht [naːt, *pl:* 'nɛːtə] <-, Nähte> *f* ❶ (*Saum*) seam ❷ (MED BOT) suture ❸ (TECH) joint

nahtlos *adj* ❶ (*ohne Nähte*) seamless ❷ (*fig*) imperceptible, smooth; **~er Übergang** (*fig*) smooth transition

Nahtstelle *f* link, interface

Nahverkehr *m* local traffic; **Nahverkehrszug** *m* local train, commuter train

Nähzeug *nt* sewing kit

naiv [na'iːf] *adj* naive; **Naivität** [naivi'tɛːt] *f* naivety

Name ['naːmə] <-ns, -n> *m* name; **unter dem ~n XY** under the name of XY; **im ~n der Gerechtigkeit** in the name of justice; **ich gebe meinen ~n für eine solche Schweinerei nicht her!** I'll not lend my name to such a mean trick!; **das Kind beim ~n nennen** (*fam*) call a spade a spade; **in Gottes ~n, ja!** (*fam*) for heaven's sake, yes!; **dem ~n nach** by name; **seinen ~n nennen** give one's name

namenlos **I.** *adj* (*ohne Namen*) nameless; (*anonym*) anonymous **II.** *adv* (*äußerst*) unutterably

namens **I.** *adv* by the name of, named **II.** *präp* (*im Auftrag von*) in the name of, on behalf of

Namenstag *m* name day, Saint's day; **Namensverzeichnis** *nt* list of names; **Namensvetter** *m* namesake; **Namenszug** *m* (*Unterschrift*) signature

namentlich **I.** *adj* by name; **~e Abstimmung** roll call vote **II.** *adv* (*besonders*) especially, particularly

namhaft *adj* ❶ (*bekannt*) renowned, well-known ❷ (*beträchtlich*) considerable

nämlich ['nɛːmlɪç] **I.** *adj* same **II.** *adv* ❶ (*und zwar*) namely ❷ (*fam: weil*) you see; **ich kann nicht kommen, ich habe ~ noch zu tun** I can't come because I've still got some work to do, you see; **die Sache ist ~ die ...** it's like this you see ...

Nanotechnik *f* nanotechnology

nanu [na'nu:] *interj:* **~!** well I never!; **~, wer kommt denn da?** hello, who's this?

Napf [nɛpf, *pl:* 'nɛpfə] <-(e)s, Näpfe> *m* bowl

Narbe ['narbə] <-, -n> *f* ❶ (*a. fig*) scar ❷ (*Leder~*) grain ❸ (BOT) stigma; **narbig** *adj* scarred; (*Leder*) grained

Narkose [nar'ko:zə] <-, -n> *f* (MED) an(a)esthesia; **narkotisieren** *vt* (*a. fig*) drug

Narr [nar] <-en, -en> *m* ❶ (*Dummkopf*) fool ❷ (*Hof~*) jester; **jdn zum ~en halten** make a fool of s.o.; **einen ~en an jdm (etw) gefressen haben** dote on s.o. (s.th.); **sei kein ~!** don't be foolish!

i Land & Leute

Die Narrenfreiheit, literally 'fool's freedom', provides someone who is regarded as a bit of a joker the freedom to say bluntly what he/she thinks without fear of retribution.

Narrenhaus *nt* madhouse; **Narrenkappe** *f* fool's cap; **Narrheit** *f* ❶ (*das Närrischsein*) folly ❷ (*närrische Tat*) foolish thing to do

Närrin *f* fool; **närrisch** ['nɛrɪʃ] *adj* foolish, crazy

Narzisse [nar'tsɪsə] <-, -n> *f* narcissus; **gelbe ~** daffodil

Nasal(laut) [na'za:l] <-s, -e> *m* (LING) nasal (sound)

naschen ['naʃən] **I.** *vi* ❶ (*Süßigkeiten essen*) eat titbits ❷ (*verstohlen probieren*) pinch a bit; **gern ~** have a sweet tooth **II.** *vt* nibble; **naschhaft** *adj* fond of sweet things; **Naschkatze** *f* (*fam*): **eine ~ sein** have a sweet tooth

Nase ['na:zə] <-, -n> *f* (*a. fig*) nose; **auf der ~ liegen** (*fam: hingefallen sein*) be flat on one's face; (*krank sein*) be laid up; **jdn vor die ~ gesetzt bekommen** (*fam*) have s.o. plonked in front of one; **pro ~** (*fam: pro Kopf*) per head; **der ~e nach gehen** follow one's nose; **jdm etw unter die ~ reiben** (*fam*) rub someone's nose in s.th.; **jdm auf der ~ herumtanzen** (*fam*) play s.o. up; **ich lasse mir (von dir) nicht auf der ~ herumtanzen!** (*fam*) I won't stand any cheek (from you)!; **jdm etw auf die ~ binden** (*fam*) spill the beans about s.th. to s.o.; **seine ~ in anderer Leute Angelegenheiten stecken** (*fam*) poke one's nose into other people's business; **jdn an der ~ herumführen** (*fam*) lead s.o. by the nose; **jdm die Tür vor der ~ zuschlagen** (*fam*) slam the door in someone's face; **jdm die Würmer aus der ~ ziehen** (*fam*) drag it all out of s.o.; **er hat die richtige ~ dafür** (*fam*) he's got the nose for it; **eine gute ~ für etw haben** (*fam*) have a good nose for s.th.; **die ~ voll haben von ...** (*fam*) be fed up with ...

näseln ['nɛ:zəln] *vi* speak through one's nose

Nasenbein *nt* (ANAT) nasal bone; **Nasenbluten** *nt* nosebleed; **er hat ~** his nose is bleeding; **Nasenflügel** *m* (ANAT) side of the nose; **Nasenlänge** *f*: **jdm um eine ~ voraus sein** to beat s.o. by a nose; **Nasenloch** *nt* (ANAT) nostril; **Nasenrücken** *m* (ANAT) bridge of the nose; **Nasenscheidewand** *f* (ANAT) nasal septum; **Nasenschleimhaut** *f* (ANAT) mucous membrane; **Nasenspitze** *f* tip of the nose; **man sieht es ihm an der ~ an** you can tell by his face; **Nasenspray** *nt* nose spray; **Nasentropfen** *pl* nose drops; **Nasenwurzel** *f* (*Ansatzstelle der Nase an der Stirn*) bridge (of the nose)

Naseweis ['na:zəvaɪs] <-es, -e> *m* ❶ (*Besserwisser*) know-all ❷ (*vorlauter Mensch*) precocious brat; **naseweis** *adj* cheeky, saucy

Nashorn *nt* rhinoceros

nass [nas] *adj* wet; **~ bis auf die Haut** wet to the skin; **wie ein ~er Sack** (*fam*) like a wet rag

Nässe ['nɛsə] <-> *f* wetness; **vor ~ schützen** keep dry

nasskalt *adj* chilly and damp

Nassrasur *f* wet shave; **Nasszelle** *f* (ARCH) sanitary unit

Nastuch *nt* (*CH*) handkerchief

Nation [na'tsjo:n] *f* nation; **national** [natsio'na:l] *adj* national; **Nationalbewusstsein** *nt* national consciousness; **Nationalhymne** *f* national anthem; **Nationalist(in)** *m(f)* (POL) nationalist; **nationalistisch** *adj* (POL) nationalist(ic)

Nationalität *f* nationality; **Nationalmannschaft** *f* national team; **Nationalrat** *m* (*österr, CH*) National Assembly, parliament; **Nationalsozialismus** *m* national socialism; **Nationalstaat** *m* nation state; **Nationalversammlung** *f* national assembly

NATO [na:to] *f Abk. von* **North Atlantic Treaty Organization** NATO

Natrium ['na:trium] <-s> *nt* (CHEM) sodium

N

Natron ['na:trɔn] <-s> *nt* (CHEM): **kohlensaures** ~ sodium carbonate

Natter ['natɐ] <-, -n> *f* (*a. fig*) adder, viper

Natur [na'tu:ɐ] *f* ① nature ② (*freie* ~) countryside; **die** [*o* **Gottes**] **freie** ~ the open countryside; **von ~ aus schüchtern** shy by nature; **das liegt in der ~ der Dinge** that's in the nature of things

Naturalien [natu'ra:liən] *pl* natural produce *sing;* **in ~ bezahlt werden** be paid in kind

naturalisieren *vt* (JUR POL) naturalize

Naturalismus *m* naturalism

Naturallohn *m* payment in kind

naturbelassen *adj* in its natural state

Naturdenkmal *nt* natural monument

Naturell [natu'rɛl] <-s, -e> *nt* disposition, temperament

Naturereignis *nt,* **Naturerscheinung** *f* natural phenomenon; **naturfarben** *adj* natural-coloured; **Naturfaser** *f* natural fibre; **Naturforscher(in)** *m(f)* natural scientist; **Naturfreund(in)** *m(f)* nature-lover; **naturgemäß** **I.** *adj* natural **II.** *adv* naturally; **Naturgesetz** *nt* law of nature; **naturgetreu** *adj* ① (*wie in der Realität*) lifelike, true to life ② (*lebensgroß*) full-scale, life-size; **Naturhaushalt** *m* ecosystem; **Naturheilkunde** *f* natural medicine; **Naturheilverfahren** *nt* natural cure; **Naturkatastrophe** *f* natural disaster; **Naturkosmetik** *f* natural cosmetics; **Naturkostladen** *m* health food shop; **Naturkraft** *f* natural power; **Naturkräfte** physical agents; **Naturkunde** *f* natural history; **Naturlehrpfad** *m* nature trail

natürlich [na'ty:ɐlɪç] **I.** *adj* natural **II.** *adv* ① naturally ② (*selbstverständllich*) of course; ~**!** of course!, sure!; **Natürlichkeit** *f* naturalness

naturnah *adj* close to nature; **Naturprodukt** *nt* natural product; **Naturrecht** *nt* natural right; **naturrein** *adj* natural, pure; **Naturschauspiel** *nt* natural spectacle; **Naturschönheit** *f* beauty spot; **Naturschutz** *m* protection of nature; **Naturschutzbeauftragte(r)** *f m* commissioner for nature preservation; **Naturschutzbehörde** *f* nature conservation authority; **Naturschutzgebiet** *nt* nature reserve; **Naturvolk** *nt* primitive people; **Naturwissenschaft(en)** *f (pl)* natural sciences *pl;* **Naturwissenschaftler(in)** *m(f)* scientist; **naturwissenschaftlich** *adj* scientific

Navelorange *f* navel orange

Navigation [naviga'tsjo:n] *f* (MAR) navigation; **navigieren** *vt, vi* navigate

Nazi ['na:tsi] <-s, -s> *m* Nazi

NC *m Abk. von* **Netzcomputer** NC, network computer

Neandertaler [ne'andɐta:lɐ] <-s, -> *m* Neanderthal man

Nebel ['ne:bəl] <-s, -> *m* ① fog; (*dünn*) mist ② (*fig*) haze ③ (ASTR) nebula; **nebelhaft** *adj* (*fig*) nebulous; **Nebelhorn** *nt* (MAR) foghorn; **neb(e)lig** *adj* foggy, misty; **Nebelkrähe** *f* hooded crow; **Nebelscheinwerfer** *m* (AUTO) fog lamp *Br,* fog light *Am;* **Nebelschlussleuchte** *f* (AUTO) rear fog-light; **Nebelschwaden** [-ʃva:dən] <-s, -> *m* waft of mist

neben ['ne:bən] *präp* ① (*örtlich*) beside, next to … ② (*außer*) apart from … *Br,* aside from … *Am* ③ (*im Vergleich zu*) compared with …; **nebenan** [--'-] *adv* next door

Nebenanschluss *m* (TELE) extension; **Nebenausgaben** *pl* incidentals; **Nebenbedeutung** *f* secondary meaning

nebenbei [--'-] *adv* ① (*zu gleicher Zeit*) at the same time ② (*außerdem*) besides, moreover ③ (*beiläufig*) incidentally; ~ **bemerkt** by the way; ~ **arbeiten** work on the side

Nebenberuf *m,* **Nebenbeschäftigung** *f* sideline; **Nebenbuhler(in)** ['ne:bənbu:lɐ] *m(f)* rival; **Nebeneffekt** *m* side effect; **Nebeneinander** <-s> *nt* juxtaposition; **nebeneinander** *adv* ① (*räumlich*) side by side ② (*zeitlich*) at the same time; **Nebeneingang** *m* side entrance; **Nebeneinnahmen** *pl* additional income *sing;* **Nebenerscheinung** *f* side effect; **Nebenfach** *nt* subsidiary subject *Br,* minor *Am;* **Nebenfluss** *m* tributary; **Nebengebäude** *nt* ① (*benachbartes Haus*) adjacent building ② (*Anbau*) annex(e); **Nebengeräusch** *nt* (TELE RADIO TV) interference; **Nebengleis** *nt* (RAIL) siding *Br,* sidetrack *Am;* **Nebenhandlung** *f* subplot

nebenher *adv* ① (*gleichzeitig*) at the same time ② (*nebenbei, beiläufig*) by the by(e)

Nebenklage *f* (JUR) incidental action; **Nebenkläger(in)** *m(f)* (JUR) joint plaintiff; **Nebenkosten** *pl* additional costs, extra charges; **Nebenlinie** *f* (*in Genealogie*) collateral line; **Nebenmann** <-(e)s, -männer/-leute> *m* neighbour; **Nebenniere** *f* (ANAT) suprarenal capsule; **Nebenprodukt** *nt* by-product; **Nebenrolle** *f* minor part; **Nebensache** *f* minor matter, trifle; **nebensächlich** *adj* minor, unimportant; **Nebensaison** *f* dead season, off-season; **Nebensatz** *m* (GRAM) subordinate clause;

nebenstehend *adv* in the margin; **~e Abbildung** illustration opposite; **Nebenstelle** *f* ① (TELE) extension ② (COM: *Vertretung*) agency; (*Filiale*) branch; **Nebenstellenanlage** *f* (TELE) switchboard with extensions; **Nebenstraße** *f* ① (*innerhalb einer Stadt*) side street ② (*außerhalb der Stadt*) minor road; **Nebenstrecke** *f* (RAIL) branch line; **Nebenverdienst** *m* side income; **Nebenwirkung** *f* side effect; **Nebenzimmer** *nt* next [*o* adjoining] room; **in einem ~** in an adjoining room

nebst [ne:pst] *präp* together with

nebulös [nebu'løs] *adj* nebulous, vague

necken [nɛkən] **I.** *vt* tease (*jdn mit etw* s.o. about s.th.) **II.** *vr* have a tease; **neckisch** *adj* ① (*neckend*) teasing ② (*fam: kess*) saucy

Neffe ['nɛfə] <-n, -n> *m* nephew

Negativ <-s, -e> *nt* (PHOT) negative

negativ ['ne(:)gati:f] *adj* negative

Neger(in) ['ne:gɐ] <-s, -> *m(f)* (*pej*) negro (negress)

negieren *vt* ① (*verneinen*) negate ② (*bestreiten*) deny

nehmen ['ne:mən] *irr vt, vi* take; **etw in die Hand ~** pick s.th. up; (*fig*) take s.th. in hand; **wie viel ~ Sie dafür?** how much do you take for that?; **die ~'s von den Lebendigen** (*fam*) they make you pay through the nose; **die Dinge ~, wie sie kommen** take things as they come; **sie weiß ihn zu ~** she knows how to take him; **ein Hindernis ~** take an obstacle; **man nehme ...** take ...; **sich einen Anwalt ~** get a lawyer; **jdn zu sich ~** take s.o. in; **etw zu sich ~** take [*o* have] s.th.; **etw auf sich ~** take s.th. upon o.s.; **wie man's nimmt** (*fam*) that depends (on your point of view); **es sich nicht ~ lassen etw zu tun** insist on doing s.th.; **das nahm ihm alle Hoffnung** that took away all his hope; **etw schwer ~** take s.th. hard

Neid [naɪt] <-(e)s> *m* envy (*auf jdn* of s.o.); **vor ~ platzen** (*fam*) be eaten up with envy; **aus ~** out of envy; **der blanke ~** sheer envy; **vor ~ erblassen** grow pale with envy; **neiden** ['naɪdən] *vt:* **jdm etw ~** envy s.o. s.th.; **Neider(in)** *m(f)* envious person; **viele ~ haben** be much envied; **neidisch** *adj* envious, jealous (*auf* of)

Neige ['naɪgə] <-, -n> *f* ① (*im Glas*) dregs *pl* ② (*Reste*) remains *pl;* **bis zur bitteren ~** right to the bitter end; **zur ~ gehen** draw to an end

neigen **I.** *vt* (*beugen*) bend; (*senken*) lower; (*kippen*) tilt **II.** *vi:* **zu etw ~** tend [*o* have a tendency] to s.th. **III.** *vr* ① (*Ebene*) slope ② (*Person*) bend ③ (*sich ver~*) bow

Neigezug *m* (RAIL) tilting train

Neigung *f* ① (*Gefälle*) incline ② (*Tendenz*) tendency; (*Hang*) inclination

Neigungswinkel *m* angle of inclination

Nein [naɪn] <-s> *nt* no; **zwei Ja gegen fünf ~** (PARL) two ayes to five, noes *Br,* nays *Am;* **mit ~ antworten** answer in the negative; **nein** *adv* no; **da sage ich nicht Nein/nein** I wouldn't say no; **~ und nochmals ~!** for the last time: no!; **~, wie kann man bloß!** fancy doing that!; **~, so was!** well I never!; **Neinsager(in)** *m(f)* (*fig*) engrained obstructionist; **Neinstimme** *f* no-vote

Nektar ['nɛkta:ɐ] <-s> *m* nectar

Nektarine [nɛkta'ri:nə] <-, -n> *f* nectarine

Nelke ['nɛlkə] <-, -n> *f* ① (*Blume*) pink; (*gefüllt*) carnation ② (*Gewürz*) clove

nennen ['nɛnən] **I.** *irr vt* ① (*be~*) call ② (*aufzählen, angeben*) name ③ (*erwähnen*) mention; **jdn (etw) nach jdm ~** name s.o. (s.th.) after s.o. *Br,* for s.o. *Am;* **~ Sie mir bitte einen guten Arzt** please give me the name of a good doctor **II.** *vr* call o.s.; **und so was nennt sich Liebe** and that's what they call love; **nennenswert** *adj* worth mentioning; **Nenner** *m* (MATH) denominator; **etw auf einen gemeinsamen ~ bringen** (*a. fig*) reduce s.th. to a common denominator; **Nennwert** *m* (FIN) nominal value; **zum ~** at par

Neofaschismus *m* neo-fascism

Neon ['ne:ɔn] <-s> *nt* (CHEM) neon

Neonazi ['ne:ona:tsi] <-s, -s> *m* neo-Nazi; **Neonazismus** *m* neo-Nazi(i)sm; **neonazistisch** *adj* neo-Nazi

Neonlicht *nt* neon light; **Neonröhre** *f* neon tube

Neopren [neo'pre:n] <-s> *nt* neoprene

Nepp [nɛp] *m* (*fam*): **so ein ~!** that's daylight robbery!; **neppen** *vt* (*fam*) fleece

Nerv [nɛrf] <-s, -en> *m* nerve; **jdm auf die ~en gehen** (*fam*) get on someone's nerves; **die ~en verlieren** lose one's head; **die ~en nicht verlieren** not to lose one's cool; **Sie haben ~en!** (*fam*) you've got a nerve! *sing;* **~en wie Drahtseile** nerves of steel

nerven *vt* (*fam*) irritate; **jdn ~** get on someone's nerves

Nervenarzt, -ärztin *m, f* (MED) neurologist; **nervenaufreibend** *adj* nerve-racking; **Nervenbündel** *m* bundle of nerves; **Nervengift** *nt* nerve poison; **Nervenheilanstalt** *f* psychiatric clinic; **Nervenkrankheit** *f* nervous disease; **Nervenkrieg** *m* (*fig*) war of nerves

Nervensäge *f* (*pej*) pain in the neck; **Nervenschmerzen** *mpl* neuralgia; **nervenschwach** *adj* with weak nerves; **nervenstark** *adj* with strong nerves; **nervenstärkend** *adj* tonic; **Nervensystem** *nt* (ANAT) nervous system; **Nervenzelle** *f* (ANAT) nerve cell; **Nervenzentrum** *nt* (PHYS BIOL) nerve centre; **Nervenzusammenbruch** *m* nervous breakdown

nervlich *adj:* **er ist ~ fertig** he is at the end of his tether

nervös [nɛr'vø:s] *adj* nervous; **Nervosität** [nɛrvozi'tɛ:t] *f* nervousness

nervtötend *adj* nerve-racking; (*Geräusch*) irritating

Nerz [nɛrts] <-es, -e> *m* (*Marderart, a. Pelz*) mink

Nessel ['nɛsəl] <-, -n> *f* nettle; **sich in die ~n setzen** (*fam*) put o.s. in a spot; **Nesselfieber** *nt* nettle rash; **Nesselsucht** *f* urticaria

Nessessär <-(e)s> *nt* manicure set

Nest [nɛst] <-(e)s, -er> *nt* nest; (*pej: Kleinstadt*) little place; (*Dorf*) dump; **das eigene ~ beschmutzen** foul one's own nest; **Nestwärme** *f* (*fig*) love and security

Netikette [,netɪ'ket] *f* (*Internet-Benimmregeln*) netiquette

nett [nɛt] *adj* ❶ (*freundlich*) nice ❷ (*hübsch*) cute, pretty

Nettigkeit *f* kindness, goodness

netto ['nɛto] *adv* (COM) net; **Nettoeinkommen** *nt* net income; **Nettogewicht** *nt* net weight; **Nettolohn** *m* net wage; **Nettoumsatzerlöse** *pl* net turnover *sing*

Netz [nɛts] <-es, -e> *nt* ❶ net; (*Spinnen~*) web ❷ (INFORM) network; (ELEK) grid; **ans ~ gehen** (*Kraftwerk*) go into service, join up with the national grid; **jdm ins ~ gehen** fall into someone's trap; **der Ball ging ins ~** (SPORT) the ball went into the net; **Netzanschluss** *m* (ELEK) mains connection; **netzartig** *adj* reticular; **Netzauge** *nt* compound eye; **Netzgerät** *nt* (ELEK) mains receiver; **Netzhaut** *f* (ANAT) retina

Netzhemd *nt* string vest *Br,* undershirt *Am*

Netzknoten *m* (INFORM) node

Netzprojekteur(in) ['nɛtsprojɛk,tø:ɐ] <-s, -e> *m(f)* (*Netzwerkdesigner*) network designer

Netzspannung *f* (ELEK) mains voltage; **Netzstecker** *m* (ELEK) power plug; **Netzstrümpfe** *mpl* fish-net stockings; **Netzteil** *nt* (ELEK) power supply; **Netzteilnehmer** *m* (INFORM) member of the network

Netzwerk *nt* network; **Netzwerker(in)** <-s, -> *m(f)* (*Systeminstallator*) networking specialist (setting up networks); **Netzzugang** *m* access to the Net

neu [nɔɪ] *adj* new; **aufs Neue, von neuem** anew; **wieder ~ anfangen** start all over again; **die ~este Mode** the latest fashion; **~este Nachrichten** latest news; **was gibt es Neues?** what's the news? *Br,* what's new? *Am;* **das ist mir nichts Neues** that's no news to me; **das ist mir ~** that's new(s) to me

Neuankömmling *m* newcomer; **Neuanschaffung** *f* new purchase; **neuartig** *adj* new; **Neuauflage** *f* ❶ (*verbesserte, erweiterte Auflage*) new edition ❷ (*unveränderter Nachdruck*) reprint; **Neubau** *m* new building; **Neubaugebiet** *nt* development area; **Neubauwohnung** *f* newly built flat *Br,* apartment *Am;* **Neubearbeitung** *f* (*von Buch*) revised edition; **Neubewertung** *f* reassessment; **Neubildung** *f* ❶ (LING) neologism ❷ (*Regierung*) restructuring

Neueinsteiger(in) <-s, -> *m(f)* beginner, novice

neuerdings ['nɔɪɐ'dɪŋs] *adv* recently

Neuerscheinung *f* (*Buch*) new book

Neuerung *f* ❶ innovation ❷ (*Reform*) reform

Neufassung *f* revised version

Neufundland [nɔɪ'fʊntlant] <-s> *nt* Newfoundland

neugeboren *adj* newborn; **ich fühle mich wie ~** I feel like a new man [*o* woman]; **Neugestaltung** *f* rearrangement

Neugier *f s.* **Neugierde**

Neugierde <-> *f* curiosity; **aus ~** out of curiosity; **neugierig** *adj* curious (*auf* about); **da bin ich aber ~!** I can hardly wait!; **~ sein, ob ...** wonder if [*o* whether] ...; **sei doch nicht immer so ~!** curiosity killed the cat!; **Neuheit** *f* novelty

Neuigkeit *f* (piece of) news

Neuinszenierung *f* (THEAT FILM) new production; **Neujahr** *nt* New Year; **jdm zu ~ gratulieren** wish s.o. a Happy New Year; **Prost ~!** here's to the New Year!

Neukaledonien *nt* New Caledonia

Neuland <-(e)s> *nt* (*fig*) new ground

neulich *adv* recently, the other day

Neuling *m* newcomer; **neumodisch** *adj* (*fam*) new-fangled; **Neumond** *m* new moon

neun [nɔɪn] *num* nine; **alle ~e!** strike!; **Neuntel** <-s, -> *nt* ninth; **neunzehn** *num* nineteen; **neunzehnte** *adj* nineteenth; **neunzig** *num* ninety

Neuorientierung *f* reorientation; **Neuphilologe, -login** *m, f* modern linguist

Neuralgie [nɔɪral'giː] *f* (MED) neuralgia; **neuralgisch** *adj* (MED) neuralgic; **ein ~er Punkt** a trouble spot

Neurasthenie [nɔɪraste'niː] *f* (MED) neurasthenia

Neuregelung *f* revision; **Neureiche(r)** *f m* nouveau riche

Neurobiologie *f* neurobiology

Neurochirurg(in) ['nɔɪroçirʊrk] <-en, -en> *m(f)* neurosurgeon

Neurodermitis [nɔirodɛr'miːtɪs] <-> *f* neurodermitis

Neurose [nɔɪ'roːzə] <-, -n> *f* (MED) neurosis; **Neurotiker(in)** *m(f)* (PSYCH) neurotic; **neurotisch** *adj* (PSYCH) neurotic

Neuschnee *m* fresh snow

Neuseeland [-'--] <-s> *nt* New Zealand; **Neuseeländer(in)** *m(f)* New Zealander; **neuseeländisch** *adj* New Zealand

neutral [nɔɪ'traːl] *adj* neutral; **neutralisieren** *vt* neutralize; **Neutralität** *f* neutrality

Neutron [nɔɪ'troːn] <-s, -en> *nt* (PHYS) neutron; **Neutronenbombe** *f* (MIL) neutron bomb; **Neutronenstrahlung** *f* neutron radiation

Neutrum ['nɔɪtrʊm] <-s, -tra> *nt* (*a. fig*) neuter

Neuverschuldung *f* (FIN) new borrowings *pl*, taking on new debt; **Neuwagen** *m* new car; **Neuwahl** *f* (POL) re-election; **Neuwert** *m* purchase price; **neuwertig** *adj* as (good as) new

Neuzeit *f* modern times *pl*

Newbie ['njuːbiː] *m* (*Neuling im Internet*) newbie

Newsgroup ['njuːzgruːp] *f* (INTERNET) newsgroup

nicht [nɪçt] **I.** *adv* not; **~ einmal das** not even that; **~ doch!** (*gewiss ~*) certainly not!; (*hör auf*) don't! stop it!; **durchaus ~** not at all; **ganz und gar ~** by no means; **schön, ~?** nice, isn't it?; **~ mehr** [*o* **länger**] no longer; **~ mehr als ...** no more than ...; **noch ~** not yet; **du kommst doch, ~ wahr?** you're coming, aren't you?; **es ist ~ zu glauben** it is unbelievable; **~, dass ich wüsste** not that I know of **II.** *adj:* **~ leitend** (ELEK) non-conducting; **~ rostend** stainless; **~ Zutreffendes streichen** delete where non-applicable

? Grammatik

If you use **nicht** in a sentence that has a direct or an indirect object (or both), *nicht* comes after the object(s): *ich habe dein Buch nicht – I haven't got your book; du hast es mir nicht gegeben – you didn't give it to me.*
If you use **nicht** in a sentence with no object(s), it normally follows the verb: *Ich rauche nicht. – I don't smoke; Komm nicht wieder! – Don't come back again!*
When **nicht** is used in a sentence with two verbs or with a verb in two parts (i.e. a verb in the perfect or future tense, or a separable verb), **nicht** goes before the second verb or second part: *Ich will nicht mitkommen – I don't want to come. Ich habe es nicht so gemeint. – I didn't mean it. Sie machte die Tür nicht auf. – She didn't open the door.*

Nichtachtung *f* disregard (*jds o jdm gegenüber* for s.o., *einer Sache gegenüber* for s.th.)

Nichtanerkennung *f* non-recognition

Nichtangriffspakt *m* (POL) non-aggression pact

Nichtbeachtung *f* non-observance

Nichte ['nɪçtə] <-, -n> *f* niece

Nichteinhaltung *f* non-compliance (*einer Sache* with s.th.)

Nichteinmischung *f* (POL) non-intervention (*in* in)

Nichterscheinen *nt* (JUR) non-appearance; (*zum Dienst*) non-attendance (*zu, bei* at); **nichtessbar** *adj* non-edible

Nicht-EU- *adj* non-EU; **~ Stellen** non-EU related bodies *pl*

nichtig *adj* ❶ (JUR) invalid, void ❷ (*leer*) empty; (*unbedeutend*) trifling; **Nichtigkeit** *f* ❶ (JUR: *Ungültigkeit*) invalidity, voidness ❷ (*Leere, Eitelkeit*) emptiness, vanity; (*Kleinigkeit*) trifle; **Nichtigkeitserklärung** *f* (JUR) annulment

Nichtleiter *m* (ELEK) non-conductor

Nichtraucher(in) *m(f)* non-smoker

Nichtregierungsorganisation *f* non-govermental organisation

Nichts <-> *nt* ❶ (PHILOS) nothingness ❷ (*Geringfügigkeit*) trifle ❸ (*Mensch*) nobody

nichts [nɪçts] *pron* nothing; (*in fragenden o bedingenden Sätzen*) not anything; **~ als ...** nothing [*o* not anything] but ...; **ganz und gar ~** nothing at all; **um** [*o* **für**] **~** for nothing; **es macht ~** it doesn't matter; **~ zu danken!** don't mention it!; **~ da!** (*~ zu machen*) no chance!; (*weg da!*) no you don't!; **~ zu machen!** nothing doing!; **so viel wie ~** next to nothing; **wenn es wei-**

N

ter ~ ist! if that's all there is to it!; **das hat ~ zu bedeuten** that doesn't mean anything; **das ist ~ für mich** that's not my kind of thing; ~ **sagend** meaningless

Nichtschwimmer(in) *m(f)* non-swimmer

nichtsdestoweniger *adv* nevertheless

Nichtsnutz ['nɪçtsnʊts] <-, (-e)> *m* good-for-nothing

Nichtstuer(in) *m(f)* loafer; **Nichtstun** *nt* ① (*Faulenzen*) idleness ② (*Muße*) leisure

Nichtwähler(in) *m(f)* (POL) non-voter

Nichtweitergabe *f* (*von Atomwaffen*) non-proliferation

Nichtzahlung *f*: **bei ~** in default of payment

Nichtzutreffende, nicht Zutreffende *nt*: **~s (bitte) streichen** delete where non-applicable

Nickel ['nɪkəl] <-s> *nt* (CHEM) nickel; **Nickelallergie** *f* nickel allergy

nicken ['nɪkən] *vi* ① (*a. fig*) nod ② (*fam: schlafen*) snooze; **Nickerchen** ['nɪkɐçən] *nt* (*fam*) nap, snooze; **ein ~ machen** have a nap

nie [ni:] *adv* never; **fast ~** hardly ever; **jetzt oder ~** now or never; **~ und nimmer** never ever; ~ **wieder** never again

nieder ['ni:dɐ] **I.** *adj attr* ① (*niedrig*) low ② (*Triebe*) base **II.** *adv* down; **auf und ~** up and down; ~ **mit ...!** down with ...!

nieder|beugen *vt, vr* bend down; **nieder|brennen** *irr vt, vi* burn down

niederdeutsch *adj* ① (LING) Low German ② (GEOG: *norddeutsch*) North German

nieder|drücken *vt* ① press down ② (*bedrücken*) depress; **nieder|fallen** *irr vi sein* fall down

Niederfrequenz *f* (ELEK RADIO) low frequency

Niedergang *m* (*Verfall*) decline

nieder|gehen *irr vi* ① (*Regen*) fall ② (AVIAT: *a. allg: sinken*) descend

niedergeschlagen *adj* dejected, depressed; **Niedergeschlagenheit** *f* dejection

nieder|holen *vt* (*Flagge*) lower; **nieder|knien** *vi sein* kneel down; **nieder|kommen** *irr vi sein* (*obs*) be delivered (*mit* of)

Niederkunft ['ni:dɐkʊnft] <-> *f* (*obs*) delivery

Niederlage *f* (*a. fig*) defeat; **eine ~ erleiden** [*o* **einstecken müssen**] suffer a defeat; **jdm eine ~ beibringen** inflict a defeat on s.o.

Niederlande ['ni:dɐlandə] *pl*: **die ~** the Netherlands *sing o pl*; **Niederländer(in)** ['ni:dɐlɛndɐ] *m(f)* Dutch; **niederländisch** *adj* Dutch

nieder|lassen *irr vr* ① (*seinen Wohnsitz nehmen*) settle down ② (*Geschäft eröffnen*) establish o.s. ③ (*sich setzen*) sit down ④ (*Arzt, Anwalt*) set up a practice; **die niedergelassenen Ärzte** the general practitioners

Niederlassung *f* ① (*das Sich-Niederlassen*) settling; (*eines Rechtsanwaltes*) establishment ② (COM: *Geschäfts~*) registered office; (*Zweig~*) branch ③ (*Siedlung*) settlement; **Niederlassungsfreiheit** *f* right of establishment

nieder|legen **I.** *vt* ① (*hinlegen*) lay down ② (*Amt*) resign from; **die Arbeit ~** (*fig*) stop work **II.** *vr* (*sich hinlegen*) lie down; **Niederlegung** *f* ① (*von Kranz*) laying ② (*von Amt*) resignation (*einer Sache* from s.th.) ③ (*von Gedanken*) setting-out

niedermachen *vt* (*fam: niedermetzeln*) butcher, massacre; **nieder|reißen** *irr vt* ① pull down ② (*Grenzen*) tear down; **nieder|schießen** *irr vt, vi* shoot down

Niederschlag *m* ① (CHEM) precipitate ② (*Regen, Schnee*) precipitation ③ (*Ergebnis*) result; **nieder|schlagen** **I.** *irr vt* ① (*beim Boxen*) knock down ② (*Augen*) cast down ③ (*unterdrücken*) suppress ④ (JUR: *Verfahren*) dismiss **II.** *vr* ① (CHEM) precipitate ② (*ergeben*) result (*in* in); **Niederschlagsmenge** *f* (METE) (amount of) precipitation

nieder|schmettern *vt* ① smash down ② (*fig*) shatter; **niederschmetternd** *adj* (*fig*) shattering; **nieder|schreiben** *irr vt* write down; **Niederschrift** *f* ① (*das Niederschreiben*) writing down ② (*Notizen*) notes *pl*; (*Protokoll*) minutes *pl*; **nieder|setzen** **I.** *vt* set down **II.** *vr* sit down; **Niederspannung** *f* (ELEK) low tension [*o* voltage]; **nieder|stoßen** **I.** *irr vt* knock down **II.** *vi* (*von Raubvogel*) shoot down; **nieder|strecken** **I.** *vt* lay low **II.** *vr* stretch out

Niedertarif *m* low cost

Niedertracht <-> *f* despicableness, vileness; **niederträchtig** *adj* despicable, vile, mean

nieder|treten *irr vt* trample down

Niederung *f* ① (*Grasland, Sumpf*) marsh ② (*Senke*) depression

nieder|werfen **I.** *irr vt* ① (*hinwerfen*) throw down ② (*unterdrücken*) suppress; (*besiegen*) overcome **II.** *vr* prostrate o.s.

niedlich ['ni:tlɪç] *adj* sweet *Br*, cute *Am*

niedrig ['ni:drɪç] *adj* (*a. fig*) low; **Niedrigkeit** *f* (*a. fig*) lowness; **Niedrigstrahlung** *f* (PHYS) low-level radiation

niemals ['ni:ma:ls] *adv* never

Niemand <-s, (-e)> *m* nobody; **niemand** ['ni:mant] *pron* nobody, no-one; **ich sehe ~en** I don't see anybody; **~ anders** nobody else; **~ außer ihm** nobody but he; **Niemandsland** <-(e)s> *nt* no man's land

Niere ['ni:rə] <-, -n> *f* (ANAT) kidney; **es geht mir an die ~n** (*fam*) it gets me down; **Nierenbeckenentzündung** *f* pyelitis; **nierenförmig** *adj* kidney-shaped; **Nierenkolik** *f* renal colic; **Nierenleiden** *nt* kidney disease; **Nierenschale** *f* (MED) kidney dish; **Nierenschützer** *m* kidney belt; **Nierenstein** *m* kidney stone; (MED) renal calculus; **Nierentisch** *m* kidney-shaped table; **Nierenversagen** *nt* kidney failure

nieseln ['ni:zəln] *vi* drizzle; **Nieselregen** *m* drizzle

niesen ['ni:zən] *vi* sneeze

Nießbrauch ['ni:sbraux] <-(e)s> *m* (JUR) usufruct; **Nießbraucher(in)** *m(f)* (JUR) usufructuary

Niet(e) [ni:t] <-(e)s, -e> *m* (*Stift*) rivet; (*an Hosen*) stud

Niete <-, -n> *f* ① (*Los*) blank ② (*fam: Versager*) dead loss, failure; (*Reinfall*) flop

nieten *vt* rivet; **niet- und nagelfest** *adj* (*fam*) nailed down

Nikolaus ['nɪkolaus] <-, -e> *m* ① (*Name*) Nicholas ② (*Fest*) St. Nicholas' Day

Nikotin [niko'ti:n] <-s> *nt* nicotine; **nikotinarm** *adj* low-nicotine; **nikotinfrei** *adj* nicotine-free; **Nikotingehalt** *m* nicotine content; **Nikotinvergiftung** *f* nicotine poisoning

Nilpferd *nt* hippopotamus

Nimbus ['nɪmbʊs] <-, -se> *m* ① (*Heiligenschein*) halo ② (*Aura*) aura

nimmer ['nɪmɐ] *adv* never; **Nimmersatt** <-(e)s, (-e)> *m* glutton *Br*, grab-all *Am*; **nimmersatt** *adj* insatiable; **Nimmerwiedersehen** *nt*: **auf ~!** I never want to see you again!; **auf ~ verschwinden** disappear never to be seen again

nippen ['nɪpən] *vi* sip (*an* at)

Nippes *m*, **Nippsachen** ['nɪpəs] <-> *pl* knick-knacks *pl*

nirgends ['nɪrgənts] *adv* nowhere, not … anywhere

nirgendwo *adv* nowhere, not … anywhere

Nische ['ni:ʃə] <-, -n> *f* niche; **Nischenprodukt** *nt* niche product

nisten ['nɪstən] *vi* ① nest ② (*fig*) lodge; **Nistkasten** *m* nesting box; **Nistplatz** *m* nesting site

Nitrat [ni'tra:t] <-(e)s, -e> *nt* (CHEM) nitrate

Nitrit [ni'tri:t] <-(e)s, -e> *m* (CHEM) nitrite

Nitrolack ['ni:tro-] *m* cellulose; **Nitrolackierung** *f* cellulose painting

Nitrosamine [nitroza'mi:nə] <-> *pl* nitrosoamines

Nitroverdünnung *f* cellulose thinner

Niveau [ni'vo:] <-s, -s> *nt* (*a. fig*) level; **er hat ~** he is a man of culture; **das Theaterstück hat ~** the play is of a high standard; **das ist unter meinem ~** that's beneath me

niveaulos *adj* mediocre

niveauvoll *adj* high-class

nivellieren [nivɛ'li:rən] <ohne ge-> *vt* (*a. fig*) level out; **Nivellierung** *f* ① (*beim Vermessen*) levelling ② (*fig*) levelling out

Nixe [nɪksə] <-, -n> *f* (*Märchen-, Sagenfigur*) water-sprite

nobel ['no:bəl] *adj* ① (*edelmütig*) noble ② (*fam: großzügig*) generous; (*elegant, kostspielig*) posh; **Nobelherberge** *f* (*fam pej*) posh hotel

Nobelpreis [no'bɛlpraɪs] *m* Nobel prize

noch [nɔx] **I.** *konj:* **weder A, ~ B** neither A nor B **II.** *adv* ① (*weiterhin, immer ~*) still ② (*außerdem, sonst*) else ③ (*sogar ~*) even ④ (*irgendwann*) one day ⑤ (*gerade ~*) (only) just ⑥ (*fam*): **Geld ~ und ~** heaps and heaps of money; **~ einen Kaffee, bitte** another cup of coffee please; (**wünschen Sie**) **~ etw?** (do you wish) anything else?; **wie war doch ~ Ihr Name?** what was your name again?; **~ vor zwei Tagen** no more than two days ago; **~ nicht** not yet; **ich möchte gern ~ bleiben** I'd like to stay on longer; **du wirst es schon ~ verstehen** you'll understand it one day; **~ am selben Tag** on the very same day; **~ heute** this very day; **dumm und frech ~ dazu** stupid and cheeky with it; **~ obendrein** on top of everything; **ich habe nur ~ einen Freund** I have only one friend left; **nochmalig** *adj* renewed; **nochmals** *adv* again

Nockenwelle *f* (TECH) camshaft

Nomade, -din [nɔ'ma:də] <-n, -n> *m, f* nomad; **Nomadentum** *nt* nomadism

Nomenklatur [nomɛnkla'tu:ɐ] *f* nomenclature

Nominalwert *m* face value, nominal value

Nominativ ['nominati:f] *m* (GRAM) nominative

nominieren *vt* nominate; **Nominierung** *f* nomination

Nonkonformismus *m* nonconformism; **Nonkonformist(in)** *m(f)* nonconformist

Nonne ['nɔnə] <-, -n> *f* nun; **Nonnenkloster** *nt* convent

Nordamerika *nt* North America

N

Nordatlantisches Verteidigungsbündnis *nt* (POL MIL) NATO Alliance

Norden ['nɔrdən] <-s> *m* (GEOG) north; **von** ~ from the north; **nach** ~ to the north; **das Zimmer liegt nach** ~ the room faces north

Nordeuropa *nt* northern Europe

Nordhalbkugel *f* Northern Hemisphere

Nordirland *nt* Northern Ireland

nordisch *adj* ① (*nördlich*) northern ② (*skandinavisch*) nordic

nördlich ['nœrtlɪç] **I.** *adj* northern; ~**er Polarkreis** Arctic Circle **II.** *adv* north (*von* of) **III.** *präp* to the north of

Nordlicht *nt* northern lights *pl;* **Nordosten** [-'--] *m* north-east; **nordöstlich I.** *adj* north-eastern **II.** *adv* north-east (*von* of) **III.** *präp* to the north-east of; **Nordpol** *m* North Pole; **Nordsee** *f* North Sea; **Nord-Süd-Gefälle** *nt* (POL) North-South divide; **Nordwesten** [-'--] *m* north-west; **nordwestlich I.** *adj* north-western **II.** *adv* north-west (*von* of) **III.** *präp* to the north-west of; **Nordwind** *m* north wind

Nörgelei <-, -en> *f* grumbling; **nörgeln** ['nœrgəln] *vi* ① (*murren, knurren*) grumble ② (*herum~, kritisieren*) carp (*an* about); **Nörgler(in)** *m(f)* ① (*stets Murrender*) grumbler ② (*Meckerer*) carper

Norm [nɔrm] <-, -en> *f* standard; **die** ~ **sein** (*normal sein*) be the usual thing

normal [nɔr'ma:l] *adj* normal; (*von Maß, Gewicht*) standard; **Normalbenzin** *nt* regular (petrol); **normalerweise** *adv* normally, usually; **Normalfall** *m* normal case; **im** ~ normally; **Normalgröße** *f* standard size

normalisieren I. *vt* normalize **II.** *vr* get back to normal; **Normalität** <-> *f* normality

Normalmaß *nt* standard measure; **Normalnull** *f* sea-level; **Normalverbraucher** *m* average consumer; **Otto** ~ (*fam*) Mr Average; **Normalzeit** *f* standard time; **normen** *vt,* **normieren** *vt* standardize; **Normierung** *f,* **Normung** *f* standardization

Norwegen ['nɔrve:gən] *nt* Norway; **Norweger(in)** *m(f)* Norwegian; **Norwegerpullover** *m* Norwegian pullover; **norwegisch** *adj* Norwegian

Nostalgie [nɔstal'gi:] <-> *f* nostalgia; **nostalgisch** *adj* nostalgic

Not [no:t, *pl:* 'nø:tə] <-, Nöte> *f* ① (*Mangel*) want; (*Elend*) neediness ② (*Zwang, ~wendigkeit*) necessity ③ (*Schwierigkeit*) difficulty, trouble ④ (*Bedrängnis*) distress; **zur** ~ (*falls nötig*) if necessary; (*so eben noch*) at a pinch; **aus** ~ out of poverty; **seine liebe** ~ **haben mit …** have a hard time with …; **ich helfe dir, wenn** ~ **am Mann ist** (*fam*) I'll help you if you're short; ~ **tun** be necessary; **aus der** ~ **eine Tugend machen** (*prov*) make a virtue of necessity; ~ **leiden** suffer deprivation; ~ **leidend** needy; **in der** ~ **frisst der Teufel Fliegen** (*prov*) beggars can't be choosers; ~ **macht erfinderisch** (*prov*) necessity is the mother of invention; **ich bin in großer** ~ I'm in great distress

Notar(in) [no'ta:ɐ] *m(f)* notary; **Notariat** [notari'a:t] <-(e)s, -e> *nt* notary's office; **notariell** *adj* notarial; ~ **beglaubigen lassen** have attested by a notary

Notarzt, -ärztin *m, f* emergency doctor; **Notarztwagen** *m* emergency doctor's car; **Notaufnahme** *f* casualty (unit); **Notausgang** *m* emergency exit; **Notbehelf** *m* makeshift; **Notbeleuchtung** *f* emergency lighting; **Notbremse** *f* (RAIL) emergency brake; **Notdienst** *m:* ~ **haben** (*Apotheke*) be open 24 hours; (*Arzt*) be on call; **Notdurft** ['no:tdʊrft] *f* (*geh*): **seine** ~ **verrichten** relieve o.s.; **notdürftig** *adj* ① (*behelfsmäßig*) makeshift ② (*armselig*) poor; **etw** ~ **ausbessern** repair s.th. in a rough-and-ready way; **sich** ~ **verständigen können** be able to just about communicate

Note ['no:tə] <-, -n> *f* ① (SCHULE) mark ② (POL: *Schriftstück*) note ③ (MUS) note ④ (*Eigenart*) touch; **nach** ~**n singen (spielen)** sing (play) from music; **ganze** ~ (MUS) semibreve *Br,* whole note *Am;* **halbe** ~ (MUS) minim *Br,* half note *Am;* ~**n** (MUS) music *sing;* **einer Sache eine persönliche** ~ **geben** give s.th. a personal touch

i Land & Leute

A 'six' is the worst **Note** (mark) in German schools. It signifies 'unsatisfactory'. The best mark is 'one'. In Switzerland it is the other way round, with 'six' being the best, and 'one' the worst mark.

Notebook ['nəʊtbʊk] <-s, -s> *nt* (INFORM) notebook

Notenbank *f* (FIN) issuing bank, central bank; **Notenblatt** *nt* (MUS) sheet of music; **Notenpapier** *nt* (MUS) manuscript paper; **Notenschlüssel** *m* (MUS) (musical) clef; **Notenständer** *m* (MUS) music stand

Notepad ['nəʊtpɛd] <-s, -s> *nt* (*elektron.*

Notizbuch) notepad

Notfall *m* emergency; **im** ~ if needs be; **bei einem** ~ in case of emergency; **notfalls** *adv* if need be; **notgedrungen I.** *adj* imperative **II.** *adv* perforce; **Notgemeinschaft** *f* partners in adversity; **Notgroschen** *m* nest egg

notieren [no'ti:rən] *vt, vi* ❶ (*Notizen machen*) make a note of, note (down) ❷ (FIN: *an der Börse*) quote (*mit* at) ❸ (COM: *vormerken*) note; **Notierung** *f* ❶ (FIN: *an der Börse*) quotation ❷ (COM: *Auftrags~*) note

nötig ['nø:tɪç] **I.** *adj* necessary; **etw (bitter)** ~ **haben** need s.th. (badly); **habe ich es eigentlich** ~ **zu ...?** do I really need to ...?; **Sie haben's gerade** ~ **sich zu beschweren!** (*fam*) you're a fine one to complain!; **nur das Nötigste** only the bare necessities *pl* **II.** *adv* (*dringend*) urgently; **ich muss mal ganz** ~ (*zur Toilette*) I'm dying to go; **nötigen** ['nø:tɪgən] *vt* ❶ (*zwingen*) compel ❷ (*auffordern*) urge; **er lässt sich** [*o* **man muss ihn**] **immer erst** ~ he always needs prompting; **nötigenfalls** *adv* if necessary; **Nötigung** *f* ❶ (*Zwang*) compulsion ❷ (JUR) coercion

Notiz [no'ti:ts] <-, -en> *f* ❶ (*Zeitungs~*) item ❷ (*Vermerk*) note; (**keine**) ~ **nehmen von** take (no) notice of; **sich** ~**en machen** take notes; **Notizblock** <-(e)s, -s> *m* notepad, memo pad; **Notizbuch** *nt* notebook; **Notizzettel** *m* piece of paper

Notlage *f* plight; **in einer** ~ **sein** be in serious difficulties *pl;* **not|landen** *vi sein* (AVIAT) make a forced landing; **Notlandung** *f* (AVIAT) forced [*o* emergency] landing; **Notlösung** *f* temporary solution; **Notlüge** *f* white lie

notorisch [no'to:rɪʃ] *adj* notorious

Notruf *m* (TELE) emergency call; **Notrufsäule** *f* emergency telephone; **Notrutsche** *f* (AVIAT) escape chute; **Notsignal** *nt* signal of distress; **Notsitz** *m* (AUTO) foldaway seat; **Notstand** *m* ❶ (POL) state of emergency ❷ (*Krise*) crisis; **den** ~ **ausrufen** declare a state of emergency; **einen** ~ **beheben** put an end to a crisis; **Notstandsgebiet** *nt* ❶ (*wirtschaftliches*) depressed area ❷ (*Katastrophenregion*) disaster area; **Notstandsgesetz** *nt* emergency law; **Notstromaggregat** *nt* emergency generating set; **Notstromversorgung** *f* emergency power supply; **Notunterkunft** *f* emergency accommodation; **Notverband** *m* (MED) first-aid dressing; **Notverkauf** *m* forced sale; **Notwehr** *f* self-defence *Br,* self-defense *Am*

notwendig *adj* necessary; ~ **brauchen** need urgently; **das Notwendigste** (*das Nötigste*) the bare necessities *pl;* (*das Wesentliche*) the essentials *pl;* **Notwendigkeit** *f* necessity

Notzucht <-> *f* (JUR) rape (*an* on)

Nougat *m chocolate with ground nuts or almonds;* **weißer** ~ nougat

Novelle [no'vɛlə] <-, -n> *f* ❶ (*Erzählung*) novella ❷ (POL PARL: *Gesetzes~*) amendment

November [no'vɛmbɐ] <-(s), -> *m* November

Nu [nu:] *m:* **im** ~ in a flash [*o* a jiffy]

nüchtern ['nʏçtɐn] *adj* ❶ (*nicht betrunken*) sober ❷ (*vernünftig*) down-to-earth, rational ❸ (*fade, trocken*) dry, insipid; **auf** ~**en Magen** on an empty stomach; **die** ~**en Tatsachen** the plain facts; **Nüchternheit** *f* ❶ (*Abstinenz*) sobriety ❷ (*Vernunft*) rationality ❸ (*Fadheit*) insipidity ❹ (*von Tatsachen*) plainness

Nudel ['nu:dəl] <-, -n> *f* ❶ (*flache* ~) noodle; (*Faden~*) vermicelli ❷ (*fam*): **komische** ~ funny character; **Nudelsuppe** *f* noodle soup

Nugat ['nu:gat] <-s, -s> *m chocolate with ground nuts or almonds;* **weißer** ~ nougat

nuklear [nukle'a:ɐ] *adj* nuclear; **Nuklearindustrie** *f* nuclear industry; **Nuklearmedizin** *f* nuclear medicine; **Nuklearpark** *m* nuclear arsenal; **Nukleartest** *m* nuclear test

Nukleinsäure [nukle'i:n-] *f* (CHEM) nucleid acid

Null [nʊl] <-, -en> *f* ❶ (*Ziffer*) nought; (*auf Skalen, Thermometer*) zero; (TELE) O *Br,* zero *Am* ❷ (*fam: Versager*) wash-out

null *num* zero; (TELE) O *Br,* zero *Am;* (SPORT) nil; (*beim Tennis*) love; **es ist** ~ **Uhr zwanzig** it's twenty past/after midnight *Br/Am;* ~ **und nichtig** null and void; **für** ~ **und nichtig erklären** annul; ~ **Komma zwei fünf** (MATH) 0,25, point two five (.25); **in** ~ **Komma nichts** (*fam*) in no time at all; ~ **Ahnung haben von etw** (*sl*) be zero-rated at s.th.; **ich habe** ~ **Bock!** (*sl: keine Lust*) I couldn't be buggered

Nulldiät *f* (*fam*) calorie-free diet; **Nulllösung** *f* (POL) zero option; **Nullpunkt** <-(e)s> *m* zero; **die Stimmung sank unter den** ~ the atmosphere froze; **den** ~ **erreicht haben** have reached rock-bottom; **Nullrunde** *f* (*bei Tarifverhandlungen*) zero payround; **Nulltarif** *m* (*fam: kostenloses Fahren*) free travel; (*freier Eintritt*) free admission; **zum** ~ free (of

N

charge)
numerisch [nu'me:rɪʃ] *adj* numerical
Numerus ['nu:mərʊs] <-, Numeri> *m:* **~ clausus** (UNIV) restricted entry

i Land & Leute

Universities have the possibility of regulating the number of students for a particular course of study by means of the **Numerus clausus**. Only those applicants whose average mark is better than the **Numerus clausus** – which is usually set at 'sehr gut' (very good) – are allowed onto the course.

Nummer ['nʊmɐ] <-, -n> *f* ① (*a. von Zeitung*) number ② (*Größe*) size ③ (*fam hum: Typ*) character; **auf ~ Sicher gehen** (*fam*) play it safe; **zieh doch deine ~ woanders ab!** (*fam*) put on your show somewhere else!; **laufende ~** serial number; **eine ~ wählen** (TELE) dial a number; **nummerieren** [nʊme'ri:rən] *vt* number
Nummernkonto *nt* numbered account; **Nummernscheibe** *f* (TELE) dial; **Nummernschild** *nt* (AUTO) number plate *Br,* license plate *Am*
nun [nu:n] *adv* now; **er will ~ mal nicht** he simply doesn't want to; **~ ja, aber …** all right, but …; **~ also** well, then; **von ~ an** from now on; **~, da …** now that …; **was ~?** what now?; **das habe ich ~ davon** serves me right; **~ erst recht!** just for that!; **nunmehr** *adv* now
Nuntius ['nʊntsiʊs] <-, -tien> *m* nuncio
nur [nu:ɐ] *adv* only; **schon recht, ~ solltest du …** all right, only you should …; **wenn ~ …** if only …; **nicht ~ …, sondern auch** not only …, but also; **warum tut er das ~?** why on earth does he do that?; **~ zu!** (*interj*) go on!; **du brauchst es ~ zu sagen** just say the word; **sollen sie ~ alle lachen!** let them all laugh!; **was hat er ~?** I wonder what's wrong with him?
nuscheln ['nʊʃəln] *vt, vi* (*fam*) mumble
Nuss [nʊs, *pl:* 'nʏsə] <-, Nüsse> *f* (*a. fig*) nut; **eine harte ~ zu knacken haben** have a tough nut to crack; **er ist eine harte ~** he's a tough nut to crack; **Nussbaum** *m* ① walnut tree ② (*Holz*) walnut; **nussig** *adj* (*im Geschmack*) nutty; **Nussknacker** *m* nutcrackers *pl;* **Nussschale** *f* ① nutshell ② (*Boot*) cockleshell
Nüster ['nʏstɐ] <-, -n> *f* nostril
Nute [nu:t(ə)] <-, -en> *f* chase, flute, groove
Nutte ['nʊtə] <-, -n> *f* (*sl pej*) pro *Br,* hooker *Am;* **nuttig** *adj* (*pej*) tarty
Nutz ['nʊts] <-es> *m:* **sich etw zu ~e machen** (*verwenden*) utilize s.th.; (*ausnutzen*) take advantage of s.th.
nutzbar *adj* utilizable; **~ machen** utilize; **Nutzbarmachung** *f* utilization; **nutzbringend** *adj* profitable; **etw ~ anwenden** turn s.th. to good account
nütze ['nʏtsə] *adj pred:* **zu etw** (**nichts**) **~ sein** be useful for s.th. (be of no use for anything)
Nutzeffekt *m* efficiency
Nutzen ['nʊtsən] <-s> *m* ① (*Vorteil*) advantage, benefit; (*Gewinn*) profit ② (*Nützlichkeit*) usefulness; **zum ~ von …** for the benefit of …; **jdm von ~ sein** be useful to s.o.; **wer hat den ~ davon?** who reaps the benefits of it?
nutzen *vt,* **nützen** **I.** *vt* (*gebrauchen*) make use of, use **II.** *vi* be of use (*jdm* to s.o., *zu etw* for s.th.); **es nützt nichts** it's no use; **das nützt wenig** that's not much use; **das nützt doch niemandem** but that's of no use to anyone
Nutzerführung *f* (*für Internet-User*) user guide
Nutzfahrzeug *nt* (COM) commercial vehicle; **Nutzfläche** *f* ① (*in Geschäft*) usable floor-space ② (*in Landwirtschaft*) productive land; **Nutzholz** *nt* timber *Br,* lumber *Am;* **Nutzlast** *f* maximum load; **Nutzleistung** *f* (TECH) useful power
nützlich ['nʏtslɪç] *adj* ① (*nutzbringend*) useful ② (*hilfreich*) helpful; **Nützlichkeit** *f* ① (*Nutzen*) utility ② (*Vorteilhaftigkeit*) advantage ③ (*Dienlichkeit*) helpfulness; **Nützlichkeitsdenken** *nt* utilitarian thinking
nutzlos *adj* useless; **Nutzlosigkeit** *f* uselessness
Nutznießer(in) ['nʊtsni:sɐ] *m(f)* beneficiary; (JUR) usufructuary
Nutzpflanze *f* crop; **landwirtschaftliche ~n** arable crops
Nutzung *f* ① (*Gebrauch*) use ② (*das Ausnutzen*) exploitation; **Nutzungsrecht** *nt* (JUR) usufruct
Nylon ['naɪlɔn] *nt* (CHEM) nylon
Nymphe ['nʏmfə] *f* nymph
Nymphomanie [nʏmfoma'ni:] *f* nymphomania; **Nymphomanin** *f* nymphomaniac

O o

O, o [oː] <-, -> *nt* O, o

o *interj* oh!; **o ja!** oh yes!; **o nein!** oh no!; **o weh!** oh dear!

Oase [o'aːzə] <-, -n> *f* (*a. fig*) oasis

ob [ɔp] *konj* ❶ (*Frage einleitend*) if, whether ❷ (*vergleichend*): **als ~** as if ❸ (*fam*): **und ~!** you bet!; **~ sie mich wohl erkennt?** I wonder if she recognizes me; **ich weiß nicht, ~ sie kommen** I don't know whether or not they're coming; **und ~ ich das kann!** (*fam*) you bet I can do that!; **tu doch nicht so, als ~ (dich das interessiert)!** (*fam*) stop pretending (to be interested)!

Obdach *nt* shelter; **obdachlos** *adj* homeless; **~ werden** be made homeless; **Obdachlose(r)** *f m* homeless person; **Obdachlosenasyl** *nt* shelter for the homeless; **Obdachlosigkeit** <-> *f* homelessness

Obduktion [ɔpdʊk'tsjoːn] *f* post-mortem (examination)

O-Beine *pl* (*fam*) bandy legs, bowlegs; **o-beinig** *adj* bandy-legged

oben ['oːbən] *adv* ❶ (*vorher: in Brief*) above ❷ (*in der Höhe*) up ❸ (*hoch ~, am oberen Ende*) at the top ❹ (*im oberen Stock*) upstairs ❺ (*an der Oberfläche*) on the surface; **ganz ~** (*a. fig*) right at the top; **~ erwähnt** above-mentioned; **hier (dort) ~** up here (there); **von ~ bis unten** from top to bottom; (*bei Person*) from head to toe; **nach ~** upwards; (*im Haus*) upstairs; **der Befehl kommt von ~** it's orders from above; **der Weg nach ~ ist hart** it's hard to get to the top; **siehe ~** see above; **wie ~ erwähnt** as mentioned above; **von ~ herab** condescendingly; **~ ohne** (*fam*) topless; **mit dem Gesicht nach ~ liegen** lie face uppermost; **obenan** *adv* at the top; **obenauf** *adv* on the top; **wieder ~ sein** (*fam: wieder gesund sein*) be back on form; **obendrein** *adv* (*fam*) on top of everything

Ober ['oːbɐ] <-s, -> *m* waiter; **Herr ~!** waiter!

Oberarm *m* upper arm; **Oberarzt, -ärztin** *m, f* senior physician; **Oberbefehl** <-s> *m* (MIL) supreme command (*über* of); **den ~ haben** be in supreme command; **Oberbefehlshaber** *m* (MIL) commander-in-chief; **Oberbegriff** *m* generic term; **Oberbekleidung** *f* outer clothing; **Oberbett** *nt* quilt; **Oberbürgermeister(in)** *m(f)* Lord Mayor

Obere <-n> *nt* top; **obere** ['ɔbərə] *adj attr* upper; **die ~n Zehntausend** (*fam*) the upper crust

Oberfeldwebel *m* (MIL) ❶ (*beim Heer*) staff sergeant *Br*, first sergeant *Am* ❷ (*bei der Luftwaffe*) flight sergeant *Br*, master sergeant *Am*; **Oberfläche** *f* ❶ (*a. fig*) surface ❷ (MATH) surface area; **an die ~ kommen** (come to the) surface; (*fig*) emerge; **Oberflächenwasser** *nt* surface water; **oberflächlich** *adj* (*a. fig*) superficial; **Oberflächlichkeit** *f* superficiality; **obergärig** *adj* (*Altbier*) top-fermented; **Obergeschoss** *nt* upper floor; **im dritten ~** on the third/fourth floor *Br/Am*

oberhalb *adv, präp* above

Oberhand *f*: **die ~ (über jdn) gewinnen** get the better (of s.o.)

Oberhaupt *nt* head; **Oberhaus** *nt* (POL) upper house; (*in GB*) House of Lords; **Oberhemd** *nt* shirt

Oberin ['oːbərɪn] *f* ❶ (*im Kloster*) Mother Superior ❷ (*im Krankenhaus*) matron

oberirdisch *adj* above ground; (ELEK) overhead

Oberkellner(in) *m(f)* head waiter (waitress); **Oberkiefer** *m* upper jaw; **Oberkommando** *nt* (MIL) ❶ (*Oberbefehl*) supreme command ❷ (*~stab*) headquarters *pl*; **Oberkörper** *m* upper part of the body; **Oberlauf** *m* (*eines Flusses*) headwaters *pl*, upper course *pl*; **Oberleder** *nt* uppers *pl*; **Oberleitung** *f* ❶ (*Führung*) direction ❷ (ELEK) overhead cable; **Oberleitungsomnibus** *m* trolleybus; **Oberleutnant** *m* (MIL) ❶ (*beim Heer*) lieutenant *Br*, first lieutnant *Am* ❷ (*bei der Luftwaffe*) flying officer *Br*, first lieutenant *Am* ❸ (MAR): **~ zur See** lieutenant; **Oberlicht** *nt* ❶ (*Fenster*) high window ❷ (*an Tür*) fanlight; **Oberlippe** *f* upper lip; **Obermaterial** <-s, -ien> *nt* (*von Schuh*) upper; **Oberprima** *f* (*obs*) upper sixth *Br*, senior grade *Am*

Obers ['oːbɐs] <-> *nt* (*österr*) cream

Oberschenkel *m* thigh; **Oberschenkelbruch** *m* fracture of the thighbone [*o* femur]; **Oberschicht** *f* (*fig*) upper strata *pl*; **Oberschwester** *f* senior nursing officer; **Oberseite** *f* top side

Oberst ['oːbɐst] <-en/-s, -en/(-e)> *m* (MIL) ❶ (*beim Heer*) colonel ❷ (*Luftwaffen~*) group captain *Br*, colonel *Am*

Oberstaatsanwalt, -anwältin *m, f* (JUR) public prosecutor *Br*, district attorney *Am*

oberste *adj* ❶ topmost, uppermost ❷ (*fig*)

O

supreme; **das Oberste zuunterst kehren** turn everything upside down; **Oberster Gerichtshof** (*auch in den USA*) Supreme Court; (*in GB*) High Court of Justice

Oberstufe *f upper forms in secondary school*

Obertrottel *m* (*fam*) prize idiot

Oberverwaltungsgericht *nt* (JUR) Higher Administrative Court

Oberwasser *nt* (*bei Schleuse*) backwater; ~ **haben** (*fam*) have the upper hand

obgleich [-'-] *konj* although, even though

Obhut ['ɔphu:t] <-> *f* care; **jdn in** (**seine**) ~ **nehmen** take care of s.o.

obige *adj attr* above

Objekt [ɔp'jɛkt] <-(e)s, -e> *nt* (*a.* GRAM) object

Objektiv <-s, -e> *nt* (PHOT) lens, objective

objektiv *adj* objective

Objektivität *f* objectivity; **sich um größtmögliche ~ bemühen** try to be as objective as possible

Objektsatz *m* (LING) object clause

Oblate [o'bla:tə] <-, -n> *f* wafer

obliegen [-'--] <ohne ge-> *irr vi:* **jdm** ~ be incumbent upon s.o.; **Obliegenheit** *f* incumbency

obligat [obli'ga:t] *adj* obligatory; **Obligation** *f* (*a.* FIN) obligation; **obligatorisch** *adj* obligatory; (*Schulfach*) compulsory

Obmann *m* representative; ~ **der Geschworenen** foreman of the jury

Oboe [o'bo:ə] <-, -n> *f* (MUS) oboe

Obrigkeit ['o:brɪçkaɪt] *f:* **die** ~ (*die Behörden*) the authorities *pl;* **obrigkeitlich** *adj* authoritarian; **Obrigkeitsstaat** *m* authoritarian state

obschon [-'-] *konj* although

Observatorium [ɔpzɛrva'to:riʊm] *nt* observatory

Obst [o:pst] <-(e)s> *nt* fruit; **Obstbau** *m* fruit-growing; **Obstbaum** *m* fruit-tree; **Obsternte** *f* fruit-crop; **Obstgarten** *m* orchard; **Obsthandlung** *f* fruiterer's (shop) *Br,* fruit-store *Am*

Obstipation [ɔpstipa'tsjo:n] <-, -en> *f* obstipation

Obstkuchen *m* fruit tart [*o* cake]; **Obstmesser** *nt* fruit-knife; **Obstpflücker(in)** *m(f)* fruit-gatherer; **Obstsalat** *m* fruit-salad; **Obsttorte** *f* tart *Br,* fruit pie *Am*

obszön [ɔps'tsø:n] *adj* obscene; **Obszönität** *f* obscenity

Obus ['o:bʊs] <-ses, -se> *m* (*fam*) trolley

obwohl [-'-] *konj* (al)though

Ochse ['ɔksə] <-n, -n> *m* ① (*kastriertes männliches Rind*) bullock, ox ② (*Schimpfwort*) blockhead, dope; **ochsen** *vi* (*fam*) mug, swot; **Ochsenschwanzsuppe** *f* oxtail soup

Ocker ['ɔkɐ] <-s> *m/nt* ochre

Ode ['o:də] <-, -n> *f* ode

Öde ['ø:də] <-, -n> *f* ① (*öde Gegend*) desert, waste(land) ② (*Langweiligkeit*) dreariness, monotony; **öde** *adj* ① (*leer, verlassen*) abandoned, empty; (*unbewohnt*) bleak, desolate; (*unbebaut*) waste ② (*langweilig*) dreary, dull

Ödem [ø'de:m] <-s, -e> *nt* (MED) oedema

oder ['o:dɐ] *konj* or; ~ **aber …** or else …; ~ **auch** or perhaps; **entweder …** ~ either … or; **Sie kommen doch, ~?** you're coming, aren't you?; **sie kommt nicht, ~ doch?** she won't come, or will she?

Oder-Neiße-Linie *f* Oder-Neisse-Line

Ödipuskomplex *m* Oedipus complex

Ödland *nt* wasteland

Ofen ['o:fən, *pl:* 'ø:fən] <-s, -> *m* ① (*Herd*) stove ② (*Back~*) oven ③ (*Brenn~*) kiln; (ELEK: *Heiz~*) heater ④ (*Hoch~*) furnace; **jetzt ist der ~ aus!** (*fam*) now it's curtains for you!; **Ofenheizung** *f* stove heating; **Ofenrohr** *nt* stovepipe; **Ofenschirm** *m* firescreen

Off <-> *nt* (THEAT TV FILM) offstage

offen ['ɔfən] *adj* open; (*frei, vakant*) vacant; (*unerledigt*) outstanding; **auf ~er See** on the open sea; **Überfall auf ~er Straße** mugging; **~er Wein** wine by the carafe; **Tag der ~en Tür** open day; **ich bin Vorschlägen gegenüber stets** ~ I am always open to suggestions; **~er Widerstand** open resistance; **wir ließen die Angelegenheit** ~ we left the matter open; **zu jdm ~ sein** be open with s.o.; ~ **gesagt …** to tell you the truth …, to be honest …; **seine Meinung ~ sagen** speak one's mind; **ein ~es Wort mit jdm reden** have a frank talk with s.o.; **mit ~em Mund dastehen** stand gaping; **~e Türen einrennen** kick at an open door *sing;* **~e Handelsgesellschaft** (COM) general partnership; **~e Stelle** vacant post, vacancy; **ein ~es Geheimnis** an open secret; ~ **bleiben** (*a. fig*) remain open; ~ **halten** (*a. fig*) keep open; **die Ohren ~ halten** keep one's ear open; ~ **lassen** (*a. fig*) leave open; ~ **stehen** (*Fenster, Tür*) be open; (COM: *Rechnung*) be outstanding; **jdm ~ stehen** (*zugänglich, erreichbar sein*) be open to s.o.

offenbar [ɔfən'ba:ɐ] **I.** *adj* obvious **II.** *adv* (*vermutlich*) apparently; **offenbaren** [--'--] <ohne ge-> **I.** *vt* reveal **II.** *vr:* **sich jdm** ~ reveal o.s. to s.o.; **Offenbarung** *f* revelation; **Offenbarungseid** *m* (JUR) oath of

manifestation
Offenheit *f* candour, openness
offenherzig *adj* ① (*frank, freimütig*) candid, frank, open-hearted ② (*hum fam: tief ausgeschnitten*) revealing
offenkundig *adj* clear, obvious; **eine ~e Lüge** a downright lie
offensichtlich *adj* obvious
offensiv [ɔfɛnˈziːf] *adj* offensive; **Offensive** <-, -n> *f* offensive; **in die ~ gehen** take the offensive
öffentlich [ˈœfəntlɪç] *adj* public; **~es Ärgernis erregen** cause public annoyance; **etw ~ bekanntmachen** make s.th. public; **~e Toilette** public convenience *Br*, public comfort station *Am*; **~e Betriebe** public utilities *pl*; **~e Verkehrsmittel** means of public transport; **Persönlichkeit des ~en Lebens** person in public life; **die ~e Meinung** public opinion; **~es Recht** (JUR) public law; **Anstalt ~en Rechts** public institution; **Öffentlichkeit** *f* public; **mit etw an die ~ treten** bring s.th. before the public; **unter Ausschluss der ~ tagen** meet behind closed doors; **in aller ~** in public; **an die ~ gelangen** become known; **die ~ scheuen** shun publicity; **Öffentlichkeitsarbeit** *f* public relations *pl*; **öffentlich-rechtlich** *adj* under public law
Offerte [ɔˈfɛrtə] <-, -n> *f* offer
offiziell [ɔfiˈtsjɛl] *adj* official
Offizier [ɔfiˈtsiːɐ] <-s, -e> *m* (MIL) officer; **~ werden** (*zum ~ ernannt werden*) be commissioned; **mein Sohn will ~ werden** (*die ~slaufbahn einschlagen*) my son wants to be an officer; **diensthabender ~** officer of the day; **Offiziersanwärter** *m* officer cadet; **Offizierslaufbahn** *f* officer's career
Offlinebetrieb [ˈɔflaɪn-] *m* (INFORM) offline mode
öffnen [ˈœfnən] *vt, vi, vr* open; **Öffner** *m* opener; **Öffnung** *f* opening; **Öffnungspolitik** *f* policy of openness; **Öffnungswinkel** *m* (PHOT TECH) aperture angle; **Öffnungszeiten** *pl* hours of business
Offsetdruck [ˈɔfsɛt-] *m* (TYP) offset printing
oft [ɔft] *adv* frequently, often; **je öfter ..., desto ...** the more often ... the ...; **des Öfteren** quite often
öfter [ˈœftɐ] *adv* (every) once in a while
oftmals [ɔft] *adv* frequently, often
oh [oː] *interj* oh!
ohne [ˈoːnə] **I.** *präp* without; **~ weiteres** just like that; **so ~ weiteres geht das nicht** it doesn't work that easily; **das kann man ~ weiteres sagen** it's quite all right to say that; **die Sache ist nicht ~** (*fam: nicht schlecht*) it's by no means bad; **er ist gar nicht so ~** (*fam*) he's pretty hot indeed; **sei ~ Sorge** don't worry **II.** *konj:* **~ etw zu tun** without doing s.th.; **~ dass ich es bemerkte, ...** without my noticing it ...; **ohnedies** *adv* anyway; **ohnehin** *adv* anyway; **ohnegleichen** *adj* unparalleled; **ein Sieg ~** an unparalleled victory
Ohnmacht <-, -en> *f* ① (*Bewusstlosigkeit*) faint, swoon ② (*Machtlosigkeit*) powerlessness; **in ~ fallen** faint (*vor* from); **ohnmächtig** *adj* ① (*bewusstlos*) unconscious ② (*machtlos*) powerless; **werden** faint (*vor* from); **sie ist ~!** she's fainted!; **~e Wut** helpless rage; **einer Sache ~ gegenüberstehen** be helpless in the face of s.th.
Ohr [oːɐ] <-(e)s, -en> *nt* ear; **sich aufs ~ legen** (*fam*) turn in; **ganz ~ sein** (*hum fam*) be all ears *pl*; **auf dem linken ~ taub sein** be deaf in the left ear; **jdm etw um die ~en hauen** (*fam*) hit s.o. over the head with s.th.; **viel um die ~en haben** (*fam*) have a lot on one's plate; **jdm zu ~en kommen** reach someone's ears; **sitzt du auf deinen ~en?** (*fam*) are you deaf or s.th.?; **jdn übers ~ hauen** (*fam*) pull a fast one on s.o.; **bis über die ~en in Schulden stecken** (*fam*) be up to one's ears in debt; **bis über beide ~en in jdn verliebt sein** (*fam*) be head over heels in love with s.o.; **jdm mit etw in den ~en liegen** (*fam*) badger s.o. for s.th.; **die ~en steif halten** (*fam*) keep one's chin up; **die ~en spitzen** (*fam*) prick up one's ears; **es geht zum einen ~ hinein und zum anderen heraus** (*fam*) it goes in one ear and out the other; **auf dem ~ bin ich taub!** (*fam*) nothing doing!
Öhr [øːɐ] <-(e)s, -e> *nt* (*Nadel~*) eye
ohrenbetäubend *adj* deafening; **Ohrensausen** *nt* buzzing in one's ears; **Ohrenschmalz** *nt* earwax; **Ohrenschmerzen** *mpl* earache; **Ohrenschützer** *mpl* earmuffs
Ohrfeige *f* box on the ears; **jdm eine ~ geben** slap someone's face; **ohrfeigen** *vt* slap; **Ohrläppchen** [ˈoːɐlɛpçən] *nt* (ear)lobe; **Ohrmuschel** *f* outer ear; (ANAT) auricle; **Ohrring** *m* earring; **Ohrstecker** *pl* stud earrings; **Ohrwurm** *m* ① (*braunes Insekt*) earwig ② (*fam: Melodie*) catchy tune
okkult [ɔˈkʊlt] *adj* occult; **Okkultismus** *m* occultism
Okkupant [ɔkuˈpant] *m* (MIL) occupying power; **Okkupation** *f* (POL) occupation; **okkupieren** *vt* occupy

Öko- *präfix* ecological; **Ökogrenze** *f* (*höchste Belastbarkeit*) ecolimit; **Ökologe, -gin** [øko'lo:gə] *m, f* ecologist; **Ökologie** *f* ecology; **Ökologiebewegung** *f* ecology movement; **ökologisch** *adj* ecological; ~**er Landbau** organic farming

Ökonom(in) [øko'no:m] <-en, -en> *m(f)* economist; **Ökonometrie** <-> *f* econometrics *pl;* **Ökonomie** *f* ❶ economy ❷ (*Wissenschaft*) economics *sing;* **ökonomisch** *adj* ❶ (*auf die Wirtschaft bezogen*) economic ❷ (*sparsam*) economical

Ökopartei *f* ecology party; **Ökosteuer** *f* climate change levy, industrial energy tax; **Ökosensibilität** *f* (*Naturverbundenheit*) ecology sensibility; **Ökosystem** *nt* eco-system

Oktaeder [ɔkta'e:dɐ] <-s, -> *m* (MATH) octohedron

Oktanzahl [ɔk'ta:n-] *f* octane rating

Oktavband *m* octavo volume

Oktave [ɔk'ta:və] <-, -n> *f* (MUS) octave

Oktober [ɔk'to:bɐ] <-(s), -> *m* October

Oktoberrevolution *f ohne pl* (HIST) October Revolution

Okular [oku'la:ɐ] <-s, -e> *nt* eyepiece, ocular

okulieren *vt* (BOT: *veredeln*) graft

Ökumene [øku'me:nə] *f* ecumenical movement; **ökumenisch** *adj* ecumenical

Okzident [ɔktsi'dɛnt] <-s> *m* occident

Öl [ø:l] <-(e)s, -e> *nt* oil; ~ **ins Feuer gießen** add fuel to the fire; **in** ~ **malen** paint in oils *pl;* **auf** ~ **stoßen** strike oil; **Ölabscheider** *m* (*an Garage*) oil separator; **Ölbaum** *m* olive tree; **Ölbild** *nt* oil painting

Oldtimer ['o:lțtaɪmɐ] <-s, -> *m* ❶ (*vor 1919*) veteran car ❷ (*zwischen 1919 u. 1930*) vintage car

Oleander [ole'andɐ] <-s> *m* oleander

ölen *vt* oil; **wie ein geölter Blitz** (*fam*) like greased lightning

Ölexporteur *m* oil exporter; **Ölfarbe** *f* oil paint [*o* colour]; **Ölfeld** *nt* oilfield; **Ölfilm** *m* film of oil; **Ölfleck** *m* oilstain; **Ölförderung** *f* oil production; **Ölgemälde** *nt* oil painting; **Ölgewinnung** *f* oil production; **Ölhafen** *m* oil terminal; **ölhaltig** *adj* (*Öl enthaltend*) containing oil; **Ölheizung** *f* oil(-fired) heating

ölig *adj* (*a. fig*) oily

Olive [o'li:və] <-, -n> *f* olive; **Olivenbaum** *m* olive tree; **Olivenöl** *nt* olive oil; **olivgrün** *adj* olive-green

Öljacke *f* (MAR) oilskin jacket; **Ölkanister** *m* oil can; **Ölkonzern** *m* oil company; **Ölkrise** *f* oil crisis

oll [ɔl] *adj* (*fam*) old; **je** ~**er, je doller** the older, the sillier; **wo habe ich nur das** ~**e Ding hingetan?** I wonder where I've put that silly old thing?

Öllache *f* pool of oil; **Ölleitung** *f* ❶ (*Pipeline*) pipeline ❷ (AUTO) oil lead; **Öllieferant** *m* oil supplier; **Ölmessstab** *m* (AUTO) dipstick; **Ölpest** *f* oil spills, oil pollution; **Ölplattform** *f* oil rig; **Ölpumpe** *f* (AUTO) oil pump; **Ölquelle** *f* oil well; **Ölraffinerie** *f* oil refinery; **Ölsardine** *f* sardine; **wie die** ~**n sitzen** (*fam*) be crammed in like sardines; **Ölscheich** *m* (*hum*) oil sheikh; **Ölschicht** *f* oil film; **Ölschinken** *m* (*pej: großes Ölgemälde*) large pretentious oil painting; **Ölstand** *m* (AUTO) oil level; **Ölstandsmesser** *m* oil pressure gauge; **Öltanker** *m* oil tanker; **Ölteppich** *m* oil slick

Ölung *f* oiling; **die Letzte** ~ the extreme unction

Ölverbrauch *m* (AUTO) oil consumption; **Ölverknappung** *f* oil shortage; **Ölvorkommen** *nt* oil deposit; **Ölwanne** *f* (AUTO) sump *Br,* oil pan *Am;* **Ölwechsel** *m* (AUTO) oil change; **einen** ~ **machen** do an oil change

Olympiade [olʏm'pja:də] <-, -n> *f* Olympics *pl*

Olympiamannschaft *f* Olympic team; **Olympiastadion** *nt* Olympic stadium; **Olympiastützpunkt** *m* Olympic training centre

Olympionike, -kin <-n, -n> *m, f* Olympian

olympisch *adj* Olympic; **die Olympischen Spiele** the Olympic Games

Oma ['o:ma] <-, -s> *f* (*fam*) grandma, granny

Omelette [ɔm(ə)'lɛt] <-, -n> *f* omelet(te)

Omen ['o:mən] <-s, -> *nt* omen; **ominös** [omi'nø:s] *adj* ominous

Omnibus ['ɔmnibʊs] <-ses, -se> *m* bus; **mit dem** ~ **fahren** go by bus; **Omnibushaltestelle** *f* bus stop; **Omnibuslinie** *f* bus line

Onanie [ona'ni:] *f* masturbation

Onkel ['ɔŋkəl] <-s, -> *m* uncle; **der** ~ **Doktor** (*fam*) the nice doctor

Onlinebetrieb ['ɔnlaɪn-] *m* (INFORM) online mode; **Onlinebibliothek** *f* (INFORM) online library; **Onlinedienst** *m* (*Dienstleister, der Serviceleistungen wie z.B. einen eigenen Nachrichtendienst bietet*) online service; **Onlinelernen** *nt* (INTERNET) internet-based learning; **Onlineredakteur(in)** *m(f)* online editor; **Onlineshopping** *nt* (INTERNET) teleshopping

Onyx ['o:nyks] <-(es)> *m* onyx
Opa ['o:pa] <-s, -s> *m* (*fam*) grandad, grandpa
Opal [o'pa:l] <-s, -e> *m* opal
Oper ['o:pɐ] <-, -n> *f* ❶ (MUS: *als Gattung*) opera ❷ (*~nhaus*) opera house; **in die ~ gehen** go to the opera
Operateur(in) [opəra'tø:ɐ] <-s, -e> *m(f)* (MED) surgeon; **Operation** *f* operation; **sich einer ~ unterziehen** undergo an operation; **Operationssaal** *m* (MED) operating theatre *Br*, operating room *Am*; **Operationstisch** *m* operating table
operativ *adj* ❶ (MED) operative ❷ (MIL) operational
Operette [opə'rɛtə] <-, -n> *f* (MUS) operetta
operieren I. *vt* operate on (*jdn am Magen* someone's stomach) **II.** *vi* operate; **sich ~ lassen** have an operation
Opernglas *nt* opera glasses *pl*; **Opernhaus** *nt* opera house; **Opernsänger(in)** *m(f)* opera singer
Opfer ['ɔpfɐ] <-s, -> *nt* ❶ (*a. fig*) sacrifice ❷ (*Geschädigter*) victim; **ein ~ (für jdn) bringen** make a sacrifice (for s.o.); **kein ~ scheuen** consider no sacrifice too great; **jdm (einer Sache) zum ~ fallen** fall a victim to s.o. (s.th.); **Opferbereitschaft** *f* willingness to make sacrifices [*o* to sacrifice o.s.]; **opfern I.** *vt, vi* (*a. fig*) sacrifice **II.** *vr* ❶ (*sich auf~*) sacrifice o.s. ❷ (*hum fam: sich hergeben*) be a martyr; **Opferstock** *m* offertory box; **opferwillig** *adj* willing to make sacrifices
Opiat [o'pia:t] <-(e)s, -e> *nt* opiate
Opinion-Leader [ə'pɪnjən,li:dɐ] <-s, -> *m* (*Meinungsmacher*) opinion former
Opium ['o:piʊm] <-s> *nt* opium
opponieren [ɔpo'ni:rən] *vi* oppose (*gegen jdn o etw* s.o., s.th.)
opportun [ɔpɔr'tu:n] *adj* opportune; **Opportunismus** *m* opportunism; **Opportunist(in)** *m(f)* opportunist; **opportunistisch** *adj* opportunist(ic)
Opposition *f* opposition; **Oppositionsführer(in)** *m(f)* (PARL) opposition leader
Optik ['ɔptɪk] *f* ❶ optics *pl* ❷ (PHOT) lens system; **nur der ~ wegen** for visual effect only; **Optiker(in)** *m(f)* optician
optimal [ɔpti'ma:l] *adj* optimal; **das ist nicht ~** (*fam*) that's not ideal
optimieren *vt* optimize; **Optimierung** *f* optimization
Optimismus *m* optimism; **Optimist(in)** *m(f)* optimist; **optimistisch** *adj* optimistic
Option [ɔp'tsjo:n] <-, -en> *f* (FIN) option; **Optionsgeschäft** *f* (FIN) options trading; **Optionsschein** *m* (FIN) option warrant
optisch *adj* visual; (OPT) optical; **~e Täuschung** optical illusion; **rein ~** (*fam*) visually
Opus ['o:pʊs] <-> *nt* opus
Orakel [o'ra:kəl] <-s, -> *nt* oracle; **orakeln** <ohne ge-> *vi* ❶ (*in dunklen Worten reden*) speak in riddles *pl* ❷ (*hum: über Zukünftiges*) prognosticate
Orange[1] [o'raŋʒə] <-, -n> *f* (*Frucht*) orange
Orange[2] <-> *nt* (*Farbe*) orange
orangefarben *adj* orange
Orangenmarmelade *f* marmalade; **Orangensaft** *m* orange juice; **Orangenschale** *f* orange-peel
Orangerie [---'-] *f* orangery
Orang-Utan ['o:raŋ u:tan] <-s, -s> *m* orang-outang
Oratorium [ora'to:riʊm] <-s, -rien> *nt* (MUS) oratorio
Orchester [ɔr'kɛstɐ] <-s, -> *nt* (MUS) orchestra; **Orchestergraben** *m* orchestra pit
Orchidee [ɔrçi'de:] <-, -n> *f* orchid
Orden ['ɔrdən] <-s, -> *m* ❶ (*Mönchs~*) order ❷ (*Auszeichnung*) decoration; **jdm einen ~ für etw verleihen** decorate s.o. for s.th.; **Ordensband** *nt* ribbon; (MIL) medal ribbon; **Ordensgeistliche(r)** *m* priest in a religious order
ordentlich ['ɔrdəntlɪç] *adj* ❶ (*aufgeräumt*) orderly, tidy ❷ (*anständig*) decent; (*achtbar*) respectable ❸ (*annehmbar, vernünftig*) reasonable ❹ (*fam: tüchtig, gehörig*) proper, real; **ein ~es Frühstück** a proper breakfast; **eine ~e Tracht Prügel** a proper hiding; **~er Professor** full professor
Order ['ɔrdɐ] <-, -s, -n> *f* (*Anweisung, Auftrag*) order; **an die ~ von …** (COM) to the order of …; **sich an seine ~ halten** stick to one's orders *pl*
ordern *vt* (COM) order
ordinär [ɔrdi'nɛ:ɐ] *adj* ❶ (*vulgär*) vulgar ❷ (*alltäglich*) ordinary
Ordinarius [ɔrdi'na:riʊs] <-, -rien> *m* professor (*für* of)
ordnen ['ɔrdnən] **I.** *vt* ❶ (*organisieren*) order, organize ❷ (*in Ordnung bringen*) put in order ❸ (*an~, sortieren*) arrange **II.** *vr* ❶ get into order ❷ (*sich an~*) form (*zu etw* s.th.); **wohl geordnet** well arranged; **Ordner** *m* ❶ (*Akten~*) file ❷ (*bei Versammlung*) steward
Ordnung *f* ❶ (*das Ordnen*) ordering ❷ (*Ergebnis des Ordnens*) order ❸ (*Regelung*) rules *pl* ❹ (*Gesetzmäßigkeit*) routine ❺ (*Rang, a. in Mathematik und Biologie*) order; **~ halten** keep things in order; **(er ist) in ~** (he's) all right [*o* OK]; **jdn zur**

O

~ **rufen** call s.o. to order; **das bringen Sie wieder in ~!** you'll sort this out!; **können Sie diese Maschine wieder in ~ bringen?** can you fix this machine?; **die Maschine ist (wieder) in ~** the machine is fixed (again); **mit meinem CD-Spieler ist etwas nicht in ~** there's s.th. wrong with my CD-player; **klar, geht in ~!** (*fam*) sure, that's OK!; **~ muss sein!** we must have order!; **man muss sich an die ~ halten** one must stick to the rules; **nur der ~ halber** only as a matter of form; **sie ist ein Genie erster ~** she is a genius of the first order

Ordnungsamt *nt municipal authorities;* **ordnungsgemäß** *adj* according to the rules; **~ ablaufen** take its proper course

Ordnungsruf *m* (PARL) call to order; **Ordnungsstrafe** *f* fine; **jdn mit einer ~ belegen** fine s.o.; **ordnungswidrig** *adj* (JUR) irregular; **~ handeln** infringe regulations; **Ordnungswidrigkeit** *f* (JUR) infringement; **Ordnungszahl** *f* ① (MATH) ordinal number ② (PHYS) atomic number

Organ [ɔr'ga:n] <-s, -e> *nt* ① (MED ANAT: *Körper~*) organ ② (*fam: Stimme*) voice ③ (*Zeitung*) organ ④ (*Amt, Stelle*) instrument, organ

Organhandel *m* trade in human organs

Organigramm [ɔrgani'gram] <-(e)s, -e> *nt* organigram

Organisation [ɔrganiza'tsjo:n] *f* organization; **Organisationskomitee** *nt* organising committee; **Organisationstalent** *nt* organizing ability; **Organisator(in)** *m(f)* organizer; **organisatorisch** *adj* organizational; **~es Talent besitzen** have a gift for organization

organisch *adj* ① (CHEM) organic; **~e Stoffe** organic matter ② (MED: *körperlich*) physical

organisieren **I.** *vt, vi* ① organize ② (*sl: klauen*) lift **II.** *vr* organize; **das organisierte Verbrechen** organized crime

Organismus *m* organism

Organist(in) *m(f)* (MUS) organist

Organizer ['ɔ:gənaɪzɐ] <-s, -> *m* (*Taschencomputer*) palmtop (computer)

Organspende *f* organ donation; **Organspender(in)** *m(f)* (organ) donor; **Organtransplantation** *f* transplantation

Orgasmus [ɔr'gasmʊs] *m* orgasm; **orgastisch** *adj* orgasmic

Orgel ['ɔrgəl] <-, -n> *f* (MUS) organ; **Orgelkonzert** *nt* organ recital; **orgeln** *vi* (*Orgel spielen*) play the organ; **Orgelpfeife** *f* organ pipe

Orgie ['ɔrgiə] *f* orgy; **~n feiern** have orgies; (*fig*) go wild

Orient ['o:riɛnt/ori'ɛnt] <-> *m* Orient; **Orientale**, **-lin** *m, f* man (woman) from the Middle East; **orientalisch** *adj* Middle Eastern

orientieren **I.** *vr* ① (*sich zurechtfinden*) orientate o.s. (*an o nach* by) ② (*sich ausrichten, anpassen*) orientate (*an* to) ③ (*sich informieren*) inform o.s. (*über* about) **II.** *vt, vi* ① (*ausrichten, a. fig*) orientate (*auf o nach* towards) ② (*informieren*) inform (*über* about); **seine Ideen am Liberalismus ~** orientate one's ideas to liberalism

Orientierung *f* ① (*das Zurechtfinden, Ausrichten*) orientation; **als ~ für etw dienen** provide guidance for s.th. ② (*Informierung*) information; **die ~ verlieren** (*a. fig*) lose one's bearings *pl;* **Orientierungssinn** *m* sense of direction

Original [or(i)gi'na:l] <-s, -e> *nt* ① original ② (*Mensch*) character

original *adj* original

Originalfassung *f* original (version); **in der englischen ~** in the original English version

Originalität *f* ① (*Ursprünglichkeit, Urtümlichkeit*) originality ② (*Echtheit*) authenticity

originell *adj* (*witzig*) witty

Orkan [ɔr'ka:n] <-(e)s, -e> *m* ① hurricane ② (*fig*) storm; **orkanartig** *adj* hurricane-like

Ornament [ɔrna'mɛnt] <-(e)s, -e> *nt* ornament; **ornamental** *adj* ornamental

Ornat [ɔr'na:t] <-(e)s, -e> *m* regalia *pl,* vestments *pl*

Oropax® <-> *nt* ear plugs *pl*

Ort[1] [ɔrt] <-(e)s, -e> *m* ① place ② (MATH) locus; **am ~ des Verbrechens** in the locality of the crime; **~ der Handlung** (THEAT FILM) scene of the action; **an ~ und Stelle** (*sofort, vor ~*) on the spot; **an ~ und Stelle ankommen** arrive at one's destination; **ein abgelegener ~** a remote spot; **von ~ zu ~** from place to place; **der nächste ~** the next village [*o* town]; **vor ~** on the ground

Ort[2] <-(e)s> *nt* (MIN) coal face; **vor ~** (*fig*) on the ground

Örtchen ['œrtçən] *nt:* **das stille ~** (*hum: Toilette*) the smallest room

orten *vt* (AVIAT MAR) locate

orthodox [ɔrto'dɔks] *adj* orthodox

Orthographie [ɔrtogra'fi:] *f,*

Orthografie *f* orthography; **orthographisch** *adj,* **orthografisch** *adj* orthographic(al)

Orthopäde, **-pädin** [ɔrto'pɛːdə] *m, f* orthop(a)edist; **Orthopädie** [---'-] *f* orthopaedics *pl;* **orthopädisch** *adj* orthopaedic

örtlich ['œrtlɪç] *adj* local; **Örtlichkeit** *f* locality; **sich mit der ~ vertraut machen** familiarize o.s. with the locality

Ortsangabe *f* ❶ (*bei Briefen*) town ❷ (*bei Büchern*) place of publication; **ortsansässig** *adj* local; **die Ortsansässigen** the local residents; **Ortsausgang** *m* end of a town [*o* village]; **Ortsbesichtigung** *f* local survey, site inspection; **Ortsbestimmung** *f* position fixing

Ortschaft *f* (*Stadt*) town; (*Dorf*) village; **geschlossene ~** built-up area

Ortseingang *m* entrance to a town [*o* village]; **ortsfremd** *adj* non-local; **Ortsgespräch** *nt* (TELE) local call; **Ortskrankenkasse** *f* (*in Deutschland*) *pulsory medical assurance scheme;* **ortskundig** *adj:* **~ sein** know one's way around [*o* know the place]; **Ortsname** *m* place name; **Ortsnetz** *nt* ❶ (TELE) local exchange area ❷ (ELEK) local grid; **Ortsnetzkennzahl** *f* (TELE) STD code; **Ortsschild** *nt* place name sign; **Ortssinn** <-(e)s> *m* sense of direction; **Ortstarif** *m* (TELE) charge for local phone-call; **Ortsteil** *m* district; **ortsüblich** *adj:* **es ist hier ~** it's local custom here; **Ortsverband** *m* local committee; **Ortswechsel** *m* change of place; **Ortszeit** *f* local time; **Ortszuschlag** *m* local weighting allowance *Br*

Ortung *f* (MAR AERO) locating

Öse ['øːzə] <-, -n> *f* eyelet

Ossi ['ɔsɪ] <-s, -s> *m* (*fam*) *citizen of the former East Germany*

i Land & Leute

With the fall of the Wall between East and West Germany, a new expression arose in colloquial German. **Ossi** was often used pejoratively to describe Germans originating from the former East Germany.

Ost [ɔst] *m* ❶ (*Himmelsrichtung*) East ❷ (*~ wind*) East wind

Ostafrika *nt* East Africa; **Ostasien** *nt* Eastern Asia; **Ost-Berlin** *nt* East Berlin; **Ostblock** <-s> *m* (POL) Eastern Bloc; **ostdeutsch** *adj* East German; **Ostdeutschland** *nt* Eastern Germany; (HIST) East Germany; **Osten** <-s> *m* ❶ (*Himmelsrichtung*) East ❷ (POL: *Ostblock*): **der ~** the East; **der Nahe** (**Mittlere, Ferne**) **~** the Near (Middle, Far) East; **im** (**in den**) **~** in (to) the East

ostentativ [ɔstɛnta'tiːf] *adj* pointed

Osteoporose [ɔsteopo'roːzə] <-> *f* osteoporosis

Osterei *nt* Easter egg; **Osterfeuer** *nt bonfire lit on Easter Saturday;* **Osterglocke** *f* daffodil; **Osterhase** *m* Easter Bunny

i Land & Leute

Der Osterhase (Easter bunny) comes at Easter and hides brightly decorated hard-boiled eggs in their shells, Easter eggs and chocolate bunnies, and other presents round the house or garden, which the children then have to find.

österlich ['øːstɐlɪç] *adj* (of) Easter

Ostermarsch *m* peace march; **Ostermontag** *m* Easter Monday

Ostern ['oːstɐn] <-, -> *nt* Easter; **frohe ~!** Happy Easter!

Österreich ['øːst(ə)raɪç] *nt* Austria; **Österreicher(in)** *m(f)* Austrian; **österreichisch** *adj* Austrian

Ostersonntag *m* Easter Sunday; **Osterwoche** *f* Easter Week

Osteuropa *nt* Eastern Europe

Ostfriese, **-sin** <-n, -n> *m, f* East Frisian; **ostfriesisch** *adj* East Frisian; **Ostfriesland** *nt* East Frisia

Ostgote *m* (HIST) Ostrogoth

ostindisch ['-'--] *adj* East Indian

östlich ['œstlɪç] **I.** *adj* easterly **II.** *adv:* **~ von …** (to the) east of … **III.** *präp* (to the) east of …

Östrogen <-s, -e> *nt* estrogen

oströmisch *adj* Byzantine

Ostsee *f:* **die ~** the Baltic (Sea); **Oststaaten** *pl* (*der USA*) Eastern states; **Ostverträge** *pl* (POL) treaties with Eastern Bloc states

ostwärts *adv* eastwards

Ost-West-Beziehungen *pl* (POL) East-West relations

oszillieren *vi* (PHYS) oscillate

Otter[1] ['ɔtɐ] <-, -n> *f* (*Schlange*) adder, viper

Otter[2] <-s, -> *m* (*Fisch~*) otter

Otto ['ɔto] *m* (*hum fam*): **den flotten ~ haben** (*Durchfall*) have the runs *pl*

Ottomotor *m* otto engine

Outing ['aʊtɪŋ] <-s, -s> *nt* (*sich als Homosexueller zu erkennen geben*) coming out

Outsourcing ['aʊtsɔːsɪŋ] <-s> *nt* outsourcing

Ouvertüre [ovɛr'ty:rə] <-, -n> *f* (MUS) overture

oval [o'va:l] *adj* oval

Overall ['oʊvərɔ:l] <-s, -s> *m* overalls *pl*

overdressed [ˌəʊvə'drɛsd] *adj* (*unpassend fein gekleidet*) overdressed

Ovulation [ovula'tsjo:n] <-, -en> *f* ovulation; **Ovulationshemmer** <-s, -> *m* ovulation inhibitor

Oxid [ɔ'ksi:t] <-(e)s, -e> *nt* (CHEM) oxide; **Oxidation** *f* (CHEM) oxidation

oxidieren *vt, vi* (CHEM) oxidise

Ozean ['o:tsea:n] <-s, -e> *m* ocean; **Ozeandampfer** *m* ocean steamer; **ozeanisch** *adj* oceanic

Ozelot ['o:tselɔt] <-s, -e> *m* (*Raubkatze*) ocelot

Ozon [o'tso:n] <-s> *nt* (CHEM) ozone; **ozonarm** *adj* ozone-depleted; **Ozonbelastung** *f ohne pl* ozone pollution; **Ozonkiller** <-s, -> *m* (*fam*) ozone killer; **Ozonloch** *nt* hole in the ozone layer; **Ozonschicht** *f* ozone layer; **ozonschädigend** *adj* ozone depleting; **Ozonschild** *m* ozone shield; **Ozonsmog** *m* ozone smog

Pp

P, p [pe:] <-, -> *nt* P, p

Paar [pa:ɐ] <-(e)s, -e> *nt* pair; (*zwei Menschen*) couple; **ein ~ Schuhe** a pair of shoes; **die beiden sind ein ungleiches ~** the two of them make an odd couple

paar *adj:* **ein ~** a few; (*zwei, drei*) a couple of; **vor ein ~ Tagen** a few days ago; **die ~ Leute, die da waren** the few people who were there; **kannst du mir ein ~ Zeilen schreiben?** can you drop me a line?

paaren *vr* ① (*Tiere*) mate ② (*fig*) be combined

paarig *adj* in pairs

Paarlauf *m* (SPORT) pair scating

paarmal *adv:* **ein ~** a few times; (*zwei-, dreimal*) a couple of times

Paarung *f* ① (*von Tieren*) mating ② (SPORT) match ③ (*fig*) combination

paarweise *adv* in pairs *pl*

Pacemaker ['peɪsmeɪkɐ] <-s, -> *m* (*Vorreiter*) pacemaker

Pacht [paxt] <-, -en> *f* ① (*~verhältnis*) lease ② (*Entgelt*) rent; **etw in ~ geben** let (out) s.th. on lease; **etw in ~ nehmen** (**haben**) take (have) s.th. on lease; **pachten** *vt* lease; **etw für sich gepachtet haben** (*fam*) have the [*o* a] monopoly on s.th.; **Pächter(in)** ['pɛçtɐ] *m(f)* tenant; **Pachtvertrag** *m* lease

Pack¹ [pak] <-(e)s> *m* ① (*Haufen*) stack ② (*Bündel*) bundle; **mit Sack und ~** (*fam*) with bag and baggage

Pack² *nt* (*Gesindel*) rabble, riffraff

Packager ['pækidʒə] <-s, -> *m* packager

Päckchen ['pɛkçən] <-s, -> *nt* ① package ② (*Packung, Schachtel*) packet ③ (*Post~*) small parcel

Packeis *nt* pack ice

packeln *vi* (*österr: paktieren*) make a deal

packen **I.** *vt, vi* ① (*festhalten*) grab, seize ② (*begeistern*) grip, thrill ③ (*ein~*) pack; (*Päckchen, Pakete*) make up ④ (*fam: schaffen*) manage; **jdn beim Arm ~** grab someone's arm; **jdn am Kragen ~** grab s.o. by the collar; **ich pack's nicht!** (*fam*) I don't believe it!; **~ wir's!** (*fam*) let's get going! **II.** *vr* (*fam: sich davonmachen*) clear off; **packend** *adj* (*fesselnd*) gripping, thrilling; **Packer(in)** *m(f)* packer; **Packesel** *m* ① (*Lastesel*) pack-ass ② (*fig*) packhorse; **Packpapier** *nt* wrapping paper; **Packsattel** *m* pack-saddle

Packung *f* ① (*Päckchen, Schachtel*) packet ② (MED) compress ③ (TECH) gasket; **eine ~ Zigaretten** a packet of cigarettes *Br,* pack of cigarettes *Am*

Packungsbeilage *f* (*bei Medikamenten*) enclosed instructions for use

Packwagen *m* (RAIL) luggage van *Br,* baggage car *Am*

Pädagoge, -gin [pɛda'go:gə] *m, f* education(al)ist; **Pädagogik** [--'--] *f* education; **pädagogisch** *adj* educational, pedagogical; **Pädagogische Hochschule** teacher-training college

Paddel ['padəl] <-s, -> *nt* paddle; **Paddelboot** *nt* canoe; **paddeln** *vi* canoe, paddle

Päderast [pɛde'rast] <-en, -en> *m* pederast

paffen ['pafən] **I.** *vt* (*fam*) ① (*viel rauchen*) puff away at ② (*nicht inhalieren*) puff at **II.** *vi* ① (*viel rauchen*) puff away ② (*nicht inhalieren*) puff

Page ['pa:ʒə] <-n, -n> *m* ① (HIST) page ② (*Hotel~*) bellboy *Br,* bellhop *Am*

Pager ['peɪdʒɐ] <-s, -> *m* (*Funkrufempfänger*) pager

paginieren [pagi'ni:rən] *vt* (TYP) paginate

Pailette *f* sequin

Paket [pa'ke:t] <-(e)s, -e> *nt* ① (*Post~*) parcel ② (*Packung*) packet ③ (*fig*) package; **ein ~ aufgeben** mail a parcel; **etw als ~**

schicken send s.th. by parcel post; **Paketannahme** *f* parcels office; **Paketausgabe** *f* parcel-delivery; **Paketkarte** *f* dispatch form; **Paketpost** *f* parcel post; **Paketschalter** *m* parcels counter

Pakistan ['pa:kista:n] *nt* Pakistan

Pakt [pakt] <-(e)s, -e> *m* agreement, pact; **paktieren** *vi* make a pact

Palast [pa'last, *pl:* pa'lɛstə] <-es, Paläste> *m* (*a. fig*) palace

Palästina [palɛs'ti:na] *nt* Palestine; **Palästinenser(in)** [palɛsti'nɛnzɐ] *m(f)* Palestinian; **palästinensisch** *adj* Palestinian

Palaver [pa'la:vɐ] <-s, -> *nt* (*a. fig fam*) palaver; **palavern** <ohne ge-> *vi* (*a. fig fam*) palaver

Palette [pa'lɛtə] <-, -n> *f* ❶ (*Maler~*) palette ❷ (*Transport~*) pallet ❸ (MARKT: *Produkt ~*) range

palettieren *vt* to palletize

Palisade [pali'za:də] <-, -n> *f* palisade

Palme ['palmə] <-, -n> *f* palm (tree); **so etw bringt mich wirklich auf die ~!** (*fam*) such a thing really makes me see red!; **Palmöl** *nt* palm oil

Palmsonntag *m* Palm Sunday

Palmtop ['pɑ:mtɒp] <-s, -s> *nt* (INFORM) palmtop

Palmwedel *m* palm leaf; **Palmzweig** *m* palm leaf

Pampe ['pampə] <-> *f* (*fam*) slop

Pampelmuse ['pampəlmu:zə] <-, -n> *f* grapefruit

pampern ['pɛmpɐn] *vt* (*sl: verhätscheln*) pamper

Pamphlet [pam'fle:t] <-(e)s, -e> *nt* lampoon

pampig *adj* (*fam*) ❶ (*breiig*) gooey ❷ (*frech*) stroppy

Panama ['panama] *nt* Panama; **Panamaer(in)** <-s, -> *m(f)* Panamanian

Panflöte ['pa:n-] *f* pan-pipes *pl*

panieren [pa'ni:rən] *vt* coat with breadcrumbs; **Paniermehl** *nt* breadcrumbs *pl*

Panik ['pa:nɪk] *f* panic; **in ~ geraten** get into a panic; **nach dem Erdbeben brach eine ~ aus** after the earthquake panic broke out; **Panikkäufe** *pl* panic buying; **Panikmache** *f* (*fam*) panicmongering; **panisch** *adj* panic-stricken; **~e Angst** panic-stricken fear; **eine ~e Angst vor etw haben** be terrified of s.th.

Panne ['panə] <-, -n> *f* ❶ (*auch Auto~*) breakdown; (*Reifen~*) puncture ❷ (*fam: Schnitzer*) boob *Br,* goof *Am;* **er hatte eine ~** (*mit dem Auto*) his car broke down; (*eine Reifen~*) he had a puncture; **da ist mir wohl eine ~ passiert** (*fam*) I must have boobed there *Br,* I must have goofed there *Am;* **Pannendienst** *m* (AUTO) breakdown service

Panorama [pano'ra:ma] <-s, -men> *nt* panorama

panschen ['panʃən] **I.** *vt* (*Wein, Whisky*) adulterate **II.** *vi* (*fam*) splash (about)

Pansen ['panzən] <-s, -> *m* ❶ (*1. Magenabschnitt bei Wiederkäuern*) rumen ❷ (*fam*) belly

Panther ['pantɐ] <-s, -> *m,* **Panter** *m* panther

Pantine [pan'ti:nə] <-, -n> *f* clog

Pantoffel [pan'tɔfəl] <-s, -n> *m* slipper; **unterm ~ stehen** (*fam*) be henpecked; **Pantoffelheld** *m* (*fam*) henpecked husband

Pantomime[1] [panto'mi:mə] <-, -n> *f* (*Kunst*) (panto)mime

Pantomime, -min[2] *m, f* mime; **pantomimisch** *adj* in mime

pan(t)schen ['pan(t)ʃən] **I.** *vt* (*Wein, Whisky*) adulterate **II.** *vi* (*fam*) splash (about)

Panzer ['pantsɐ] <-s, -> *m* ❶ (HIST: *Rüstung*) armour ❷ (MIL) tank ❸ (*von Schildkröte*) shell ❹ (*fig*) shield; **Panzerabwehr** *f* (MIL: *~truppe*) anti-tank unit; **Panzerabwehrkanone** *f* (MIL) anti-tank gun; **Panzerfaust** *f* (MIL) bazooka; **Panzerglas** <-es> *nt* bulletproof glass; **Panzergranate** *f* (MIL) armour-piercing shell

panzern **I.** *vt* armour-plate **II.** *vr* (*fig*) arm o.s. (*gegen* against)

Panzerschrank *m* safe; **Panzerspähwagen** [--'---] *m* (MIL) armoured scout car; **Panzersperre** *f* tank trap, anti-tank barrier; **Panzerwagen** *m* armoured car

Papa ['papa/pa'pa:] <-(s), -s> *m* (*fam*) dad(dy) *Br,* pa, pop *Am*

Papagei [papa'gaɪ] <-en/-s, -en/(-e)> *m* parrot; **Papageienkrankheit** *f* (MED) parrot fever, psittacosis

Paperback ['pe:pɐbɛk] <-s, -s> *nt* paperback

Papi <-(s), -s> *m* (*fam*) daddy *Br,* pa, pop *Am*

Papier [pa'pi:ɐ] <-s, -e> *nt* ❶ (*a. Schriftstück*) paper ❷ (FIN: *Wert~*) security, bond; **~e** (*Ausweis~*) (identity) papers; (*Dokumente*) documents; **ein Blatt ~** a sheet of paper; **nur auf dem ~ existieren** exist on paper only; **etw zu ~ bringen** put s.th. down on paper; **Papiereinzug** *m* (*bei Drucker, Schreibmaschine*) paper feed; **Papierfabrik** *f* paper mill; **Papiergeld** *nt* paper money; **Papierkorb** *m* wastepaper basket *Br,* wastebasket *Am*

Papierkram *m* (*fam*) red tape, bumph *Br a.;* **Papierkrieg** <-(e)s> *m* (*fam*) red tape; **einen endlosen ~ mit den Behörden führen** go through an endless red tape with the authorities; **Papierstau** *m* (*bei Drucker*) paper jam; **Papiertaschentuch** *nt* paper handkerchief; **Papiertiger** *m* paper tiger; **Papiertragetasche** *f* paper carrier; **Papiertüte** *f* paper bag; **Papiervorschub** *m* (*an Drucker*) paper feed; **Papierwaren** *fpl* stationery *sing*

Pappband *m* ① (*Einband*) pasteboard ② (*Buch*) hardback

Pappbecher *m* paper cup

Pappe ['papə] <-, -n> *f* cardboard; **nicht von ~ sein** (*fam*) not to be sneezed at

Pappel ['papəl] <-, -n> *f* (*Laubbaum*) poplar

päppeln ['pɛpəln] *vt* (*fam*) nourish

Pappenheimer *pl* (*fam*): **ich kenne meine ~** I know you [*o* that] lot

Pappenstiel *m* (*fam*): **etw für einen ~ kriegen** get s.th. for a song; **hundert Euro sind kein ~** a hundred euro isn't chicken-feed

papperlapapp ['papɐla'pap] *interj* (*fam*) rubbish

pappig *adj* sticky

Pappkarton *m* ① (*Schachtel*) card-board box ② (*Pappe*) cardboard; **Pappmaschee** ['papmaʃe:] <-s, -s> *nt* papier-mâché; **Pappmaché** *nt* papier-mâché; **Pappnase** *f* false nose; **Pappschachtel** *m* cardboard box

Pappschnee *m* sticky snow

Pappteller *m* paper plate

Paprika[1] ['paprika] <-s, -(s)> *m* ① (*Gewürz*) paprika ② (*~schote*) red/yellow/green pepper

Paprika[2] <-, -(s)> *f* (*~schote*) red/yellow/green pepper

Papst [pa:pst, *pl:* 'pɛ:pstə] <-es, Päpste> *m* pope; (*Literatur~*) high priest; **päpstlich** ['pɛ:pstlɪç] *adj* papal; **~er als der Papst sein** be more Catholic than the Pope; **Papsttum** <-s> *nt* papacy

Parabel [pa'ra:bəl] <-, -n> *f* ① (*Gleichnis*) parable ② (MATH) parabola

Parabolantenne *f* (RADIO TV) satellite dish, parabolic receiving dish

Parade [pa'ra:də] <-, -n> *f* ① (MIL) parade, review ② (SPORT: *Abwehr*) parry; (*Torwart~ beim Fußball*) save; **Paradebeispiel** *nt* outstanding [*o* prime] example

Paradeiser [para'daɪzɐ] <-s, -> *m* (*österr*) tomato

Paradeschritt <-(e)s> *m* (MIL: *Stechschritt*) goose-step; **Paradeuniform** *f* (MIL) dress uniform

paradieren *vi* parade

Paradies [para'di:s] <-es, -e> *nt* (*a. fig*) paradise; **paradiesisch** *adj* paradisiac(al); (*fig*) heavenly; **~ schön sein** be like paradise

paradox [para'dɔks] *adj* paradoxical; **Paradox(on)** [pa'radɔkso:n] <-es, -e> *nt* paradox

Paraffin [para'fi:n] <-s, -e> *nt* (CHEM) paraffin

Paragraph [para'gra:f] <-en, -en> *m*, **Paragraf** *m* (*Abschnitt*) paragraph; (JUR) section; **Paragraphendschungel** *m* verbiage; **sich im ~ zurechtfinden** wade one's way through the verbiage

Paraguay ['pa:ragvai] *nt* Paraguay

parallel [para'le:l] *adj* (*geometrisch, a. fig*) parallel (*zu* to); **Parallele** <-, -n> *f* (*geometrisch, a. fig*) parallel (*zu* to); **Parallelogramm** [paralelo'gram] <-s, -e> *nt* (MATH) parallelogram

Parallelschwung *m* (SPORT) parallel turn; **Parallelstraße** *f* parallel road; **Parallelverarbeitung** *f* (INFORM) multiprocessing; **Parallelzugriff** *m* (INFORM) parallel access

Parameter [pa'ra:metɐ] <-, -> *m* parameter

paramilitärisch ['pa:ra-] *adj* para-military

Paranuss *f* Brazil nut

paraphieren [para'fi:rən] *vt* (POL) initial

Parapsychologie ['pa:ra-] *f* parapsychology

Parasit [para'zi:t] <-en, -en> *m* (*a. fig*) parasite

parat [pa'ra:t] *adj* ready; **etw ~ haben** (**halten**) have (keep) s.th. ready

Parfum *nt*, **Parfüm** [par'fy:m] <-s, -s/-e> *nt* perfume, scent; **Parfümerie** [---'-] *f* perfumery; **Parfümflasche** *f* perfume bottle; **parfümieren** **I.** *vt* perfume, scent **II.** *vr* put perfume on

Paria ['pa:ria] <-s, -s> *m* (*a. fig*) pariah

parieren [pa'ri:rən] **I.** *vt* (*einen Stoß, a. fig*) parry **II.** *vi* (*gehorchen*) obey

Pariser [pa'ri:zɐ] <-s, -> **I.** *m* (*Einwohner von Paris*) Parisian **II.** *adj* Parisian; **Pariserin** *f* Parisienne

Parität [pɑri'tɛ:t] *f* (FIN POL) parity

Park [park] <-s, -s/(-e)> *m* park

Parka ['parka] <-(s), -s> *m* parka

Parkbank *f* park bench

Parkdeck *f* (AUTO) parking level

parken *vt, vi* park; **Parken verboten!** no parking!

Parkett [par'kɛt] <-(e)s, -e> *nt* ① (*~fußboden*) parquet (flooring) ② (THEAT) stalls *Br,* parquet *Am;* **er legte eine tolle Nummer aufs ~** (*fam*) he put on a great show; **er kann sich auf jedem ~ bewegen** he can move in any society; **Parkettboden** *m* parquet floor

Parkfläche *f* parking place; **Parkgebühr** *f* parking tax; **Parkhaus** *nt* multistor(e)y covered car park; **Parkkralle** *f* wheel clamp; **Parklandschaft** *f* parkland; **Parkleitsystem** *nt* system guiding parkers to free spaces; **Parklicht** <-s> *nt* (AUTO) parking light; **Parklücke** *f* parking gap; **Parkplatz** *m* parking lot; **Parkplatznot** *f* dearth of parking spaces; **Parkscheibe** *f* parking disc; **Parkstreifen** *m* lay-by; **Parksünder(in)** *m(f)* parking offender; **Parkuhr** *f* parking meter; **Parkverbot** *nt* no parking; **Parkwächter(in)** *m(f)* ① (*in Parkanlage*) park keeper ② (*auf Parkplatz*) car-park attendant

Parlament [parla'mɛnt] <-(e)s, -e> *nt* parliament; **er wurde ins ~ gewählt** he was elected to parliament; **Parlamentarier(in)** *m(f)* parliamentarian; **parlamentarisch** *adj* parliamentary; **Parlamentsausschuss** *m* parliamentary committee; **Parlamentsbeschluss** *m* vote of parliament; **Parlamentsdebatte** *f* parliamentary debate; **Parlamentsferien** *pl* recess; **Parlamentsgebäude** *nt* houses of parliament; **Parlamentsmitglied** *nt* member of parliament; **Parlamentspräsident** *m* president of the parliament; **Parlamentssitzung** *f* sitting (of parliament); **Parlamentswahl** *f* parliamentary election

Parmesan [parme'za:n] <-s> *m* parmesan (cheese)

Parodie [paro'di:] *f* parody (*von* of, *auf* on); **parodieren** *vt* parody

Parodontose [parodɔn'to:zə] <-> *f* periodontosis

Parole [pa'ro:lə] <-, -n> *f* ① (MIL) password ② (POL) slogan ③ (*Wahlspruch*) motto

Parsing *nt* (INFORM) parsing

Partei [par'taɪ] <-, -en> *f* ① (POL) party ② (*Mieter*) tenant ③ (JUR) party; **die ~ wechseln** change parties *pl;* **~ sein** be bias(s)ed; **für jdn ~ ergreifen** take someone's part; **gegen jdn ~ ergreifen** take sides against s.o.; **nicht beteiligte ~** (JUR) third party; **schuldige ~** party in fault; **die vertragschließenden ~en** (JUR) the contracting parties; **Parteiapparat** *m* (POL) party machinery; **Parteibuch** *nt* (POL) party membership book; **er hat schon immer das richtige ~ gehabt** he's always been in the right party; **Parteienfinanzierung** *f* party financing; **Parteienlandschaft** *f* political landscape; **Parteifreund** *m* fellow party member; **Parteiführer(in)** *m(f)* (POL) party leader; **Parteiführung** *f* party leadership; **Parteigenosse, -genossin** *m, f* (POL) party member

parteiisch *adj* bias(s)ed

Parteilichkeit *f* partiality; **parteilos** *adj* (PARL) independent; **Parteimitglied** *nt* (POL) party member; **Parteinahme** *f* partisanship; **Parteiorgan** *nt* party organ; **Parteipolitik** *f* (POL) party politics *pl;* **parteipolitisch** *adj* (POL) party political; **Parteiprogramm** *nt* (POL) (party) manifesto *Br,* platform *Am;* **Parteispende** *f* party donation; **Parteispendenaffäre** *f* party donations scandal; **Parteitag** *m* (POL) party convention [*o* conference]; **parteiübergreifend** *adj* cross-party; **Parteivorsitzende(r)** *f m* (POL) party leader; **Parteivorstand** *m* party executive; **Parteizugehörigkeit** *f* (POL) party membership

Parterre [par'tɛr] <-s, -s> *nt* ① (ARCH) ground floor *Br,* first floor *Am* ② (THEAT) pit *Br,* parterre *Am;* **Parterrewohnung** *f* ground-floor flat [*o* apartment]

Partie [par'ti:] *f* ① (*Teil*) part; (*Ausschnitt*) section ② (SPORT: *Spiel*) game; (*Tennis*) set ③ (*fam: Glücksgriff*) catch ④ (COM: *von Waren*) lot; **eine ~ Schach spielen** play a game of chess; **sie ist eine gute ~ (für ihn)** (*fam*) she's a good catch (for him); **sie hat eine gute ~ gemacht** (*fam*) she has married well; **ich bin mit von der ~** you can count me in

partiell [par'tsjɛl] *adj* partial

Partikel [par'ti:kl] <-, -n> *f* particle

Partisan(in) [parti'za:n] <-s/-en, -en> *m(f)* partisan

Partisanenkrieg *m* partisan war, guerilla war

Partitur [parti'tu:ɐ] *f* (MUS) score

Partizip [parti'tsi:p] <-s, -ien> *nt* participle; **~ Präsens/Perfekt** present/past participle

Partner(in) ['partnɐ] *m(f)* partner; **Partnerschaft** *f* partnership; **Partnerstadt** *f* twin town; **Partnertausch** *m* partner-swapping; **Partnervermittlung** *f* dating agency

Party-Service *m* party catering service

Parzelle [par'tsɛlə] <-, -n> *f* plot *Br,* lot *Am;* **parzellieren** *vt* parcel out

Pascha ['paʃa] <-s, -s> *m* pasha

Pass [pas] <-es, Pässe> *m* ① (*Gebirgs~*) pass ② (*Reise~*) passport ③ (*beim Fußball*) pass

passabel *adj* ① (*leidlich*) passable ② (*Aussehen*) reasonable

Passage [pa'sa:ʒə] <-, -n> *f* passage; (*Ein-*

kaufs~) arcade

Passagier [pasaˈʒiːɐ] <-s, -e> *m* passenger; **blinder ~** (MAR) stowaway; **Passagierdampfer** *m* passenger steamer; **Passagierflugzeug** *nt* airliner; **Passagierliste** *f* passenger list; **Passagierschiff** *nt* passenger ship

Passant(in) *m(f)* passer-by

Passat(wind) [paˈsaːt] <-(e)s, -e> *m* trade wind

Passbild *nt* passport photo(graph)

passee [paˈseː] *adj*, **passé** *adj pred* out, passé

passen [ˈpasən] **I.** *vt* ① (*ein~*) fit (*in* in(to)) ② (SPORT: *einen Pass schlagen*) pass **II.** *vi* ① (*von der Größe her*) fit ② (*harmonieren*) go (*zu etw* with s.th.), be suited (*zu jdm* to s.o.) ③ (*angenehm sein*) suit (*jdm* s.o.) ④ (SPORT: *einen Pass schlagen*) pass ⑤ (*beim Kartenspiel, a. beim Quiz*) pass; **~ Ihnen die Schuhe?** do the shoes fit you?; **das Kleid passt wie angegossen** the dress fits like a glove; **diese Farben ~ nicht gut zueinander** these colours don't go together well; **sie ~ gut zueinander** they are well suited to each other; **passt es Ihnen am Montag?** is Monday all right for you?; **wann passt es Ihnen?** what time would suit you?; **passend** *adj* ① (*von der Größe, Form her*) fitting ② (*von Farbe, Stil her*) matching ③ (*treffend*) appropriate, fitting; **dazu ~de Schuhe** shoes to match; **haben Sie es ~?** (*Geldbetrag*) have you got the right money?

Passepartout [pasparˈtuː] <-s, -s> *nt* passepartout

Passfoto *nt* passport photo(graph)

passierbar *adj* passable

passieren [paˈsiːrən] **I.** *vt* ① (*vorbeifahren*) pass ② (*durch ein Sieb*) strain **II.** *vi sein* (*sich ereignen*) happen (*mit* to); **Passierschein** *m* pass, permit

Passion [paˈsjoːn] *f* passion; **passioniert** *adj* enthusiastic, passionate

Passionsfrucht *f* passion fruit

Passiv [ˈpasiːf] <-s, (-e)> *nt* (GRAM) passive (voice); **passiv** *adj* passive; **~er Wortschatz** passive vocabulary; **~es Mitglied** non-active member; **das ~e Wahlrecht** (POL) eligibility; **~er Widerstand** passive resistance

Passiva [paˈsiːva] *pl* (COM) liabilities

Passivität *f* passivity

Passivrauchen *nt* passive smoking

Passkontrolle *f* passport control; **Passstelle** *f* passport office

Passstraße *f* (mountain) pass

Passstück *nt* (TECH) adapter

Passwort *nt* (INFORM) password

Paste [ˈpastə] <-, -n> *f* paste

Pastell <-(s)> *nt* pastel; **Pastellfarbe** *f* pastel; **Pastellstift** *m* pastel crayon

Pastete [pasˈteːtə] <-, -n> *f* pie

pasteurisieren [pastøriˈziːrən] *vt* pasteurize

Pastille [paˈstɪlə] <-, -n> *f* lozenge, pastille

Pastor [ˈpastɔr] <-s, -en> *m* (*anglikanisch*) vicar; (*freikirchlich*) minister

Pate [ˈpaːtə] <-n, -n> *m* (*Tauf~*) godfather; **bei dieser Entwicklung hat er ~ gestanden** he sponsored this development; **Patenkind** *nt* godchild; **Patenonkel** *m* godfather; **Patenschaft** *f* (*a. fig*) sponsorship; (*für Täufling*) godparenthood

Patent [paˈtɛnt] <-(e)s, -e> *nt* ① patent ② (HIST MIL) commission; **ein ~ anmelden** apply for a patent (*auf* on)

patent *adj* ① (*glänzend, klug*) ingenious ② (*fam: praktisch, handlich*) handy ③ (*fam: prima*) great

Patentamt *nt* patent office

Patentante *f* godmother

Patentanwalt, **-anwältin** *m, f* patent agent *Br*, patent attorney *Am*; **patentieren** *vt* patent; (**sich**) **etw ~ lassen** take out a patent on s.th.; **Patentinhaber(in)** *m(f)* patentee; **Patentlösung** *f* (*fig*) patent remedy, easy answer; **Patentrecht** *nt* patent law; **Patentregister** *nt* patent rolls *pl*; **Patentrezept** *nt* (*fig*) patent remedy; **Patentverletzung** *f* (JUR) patent infringement

Pater [ˈpaːtɐ, *pl:* ˈpatreːs] <-s, -/-tres> *m* Father

pathetisch [paˈteːtɪʃ] *adj* emotive

pathogen [patoˈgeːn] *adj* (MED) pathogenic

pathologisch [patoˈloːgɪʃ] *adj* pathological

Pathos [ˈpaːtɔs] <-> *nt* pathos

Patient(in) [paˈtsjɛnt] <-en, -en> *m(f)* patient; **Patientenkartei** *f* patients file

Patin [ˈpaːtɪn] *f* (*Tauf~*) godmother

Patina [ˈpaːtina] <-> *f* (*a. fig*) patina; **patinieren** *vt* patinate

Patriarch [patriˈarç] <-en, -en> *m* (*a. fig*) patriarch; **patriarchalisch** *adj* (*a. fig*) patriarchal; **Patriarchat** <-(e)s> *nt* patriarchy

Patriot(in) [patriˈoːt] *m(f)* patriot; **patriotisch** *adj* patriotic; **Patriotismus** *m* patriotism

Patrizier(in) [paˈtriːtsiɐ] *m(f)* patrician

Patron(in) [paˈtroːn] <-s, -e> *m(f)* ① (HIST: *Schirmherr*) patron, patroness ② (*Heilige*) saint; **Patronat** <-(e)s, -e> *nt* patronage (*über* of)

Patrone [paˈtroːnə] <-, -n> *f* (MIL FILM) cartridge

Patronengurt *m* ammunition belt

Patrouille [pa'trʊljə] <-, -n> *f* patrol; **patrouillieren** [patrʊ'li:rən] *vi* patrol

patsch *interj* (*bei Schlag*) smack

Patsche ['patʃə] <-, -n> *f* (*fam*) ❶ (*Hand*) paw ❷ (*Matsch*) mud ❸ (*fig*) fix, jam; **in der ~ sitzen** be in a fix; **jdm aus der ~ helfen** get s.o. out of a jam; **patschen** *vi* ❶ (*spritzen*) splash ❷ (*schlagen*) smack; **Patschhändchen** *f* (*fam: von Kindern*) (tiny) hand; **patschnass** *adj* (*fam*) soaking wet

Patt [pat] <-s, (-s)> *nt* (*a. fig* POL) stalemate; **Pattsituation** *f* (*fig*) stale mate

patzen ['patsn] *vi* make a boob, slip up

Patzer ['patsɐ] *m* (*fam: Schnitzer*) boob *Br*, goof *Am*

patzig *adj* (*fam*) snotty

Pauke ['paʊkə] <-, -n> *f* (MUS) kettledrum; **mit ~n und Trompeten durchfallen** (*fam*) fail miserably; **auf die ~ hauen** (*fam: überschwänglich feiern*) paint the town red; (*übermäßig angeben*) blow one's own trumpet; **pauken I.** *vt* (*fam: büffeln*) swot up **II.** *vi* ❶ (MUS) drum ❷ (*fam: büffeln*) swot; **Paukenschlag** *m* (MUS) drum beat; **wie ein ~** like a thunderbolt; **Paukenwirbel** *m* (MUS) roll on the kettledrum; **Pauker** *m* ❶ (MUS) drummer ❷ (*fam: Lehrer*) crammer

pausbäckig ['paʊsbɛkɪç] *adj* chubby-cheeked

pauschal [paʊ'ʃa:l] *adj* ❶ (*geschätzt*) estimated, overall ❷ (*alles inbegriffen*) inclusive ❸ (*einheitlich*) flat-rate; **jdm etw ~ berechnen** charge s.o. a flat rate for, s.th.; **~e Lohnerhöhung** flat-rate wage increase; **Pauschalbetrag** *m* flat sum; **Pauschale** <-, -n> *f* ❶ (*Einheitspreis*) flat rate ❷ (*Schätzbetrag*) estimated amount; **pauschalieren** *vt* (COM) estimate at a flat rate; **pauschalisieren I.** *vt* lump together **II.** *vi* lump things together; **Pauschalpreis** *m* ❶ (*Zirkapreis*) estimated price ❷ (*Inklusivpreis*) inclusive price ❸ (*Einheitspreis*) flat rate; **Pauschalreise** *f* package tour; **Pauschaltourist(in)** *m(f)* package tourist; **Pauschalurlaub** *m* package holiday; **Pauschalversicherung** *f* comprehensive insurance

Pause¹ ['paʊzə] <-, -n> *f* ❶ (*Erholungs~*) break; (*kurzes Innehalten*) pause; (*Unterbrechung*) interval; (*Rast*) rest ❷ (MUS) rest; **eine ~ machen** (*zur Erholung, Entspannung*) make a break; (*rasten*) have a rest; (*innehalten*) (make a) pause; **die große ~** (*in der Schule*) break *Br*, recess *Am*

Pause² *f* (*Durchzeichnung*) tracing

pausen *vt* trace

Pausenfüller *m* stop gap

Pausenhof *m* schoolyard

pausenlos *adj* incessant, non-stop; **~ arbeiten** work incessantly [*o* non-stop]; **Pausenpfiff** *m* (SPORT) time-out whistle; **Pausenstand** *m* (SPORT) half-time score; **Pausenzeichen** *nt* ❶ (RADIO TV) call sign ❷ (MUS) rest

pausieren *vi* have a break

Pauspapier <-s> *nt* tracing paper

Pavian ['pa:via:n] <-s, -e> *m* (*großer Affe*) baboon

Pavillon ['pavɪljɔŋ] <-s, -s> *m* pavilion

Pay-TV ['peɪti:vi:] *nt* Pay TV

Pazifik [pa'tsi:fɪk] <-s> *m* Pacific

Pazifismus [patsi'fɪsmʊs] *m* pacifism; **Pazifist(in)** *m(f)* pacifist; **pazifistisch** *adj* pacifist

PC *m* <-s, -s> *Abk. von* **Personalcomputer** PC

Pech [pɛç] <-(e)s, (-e)> *nt* ❶ (*Material*) pitch ❷ (*fam: Missgeschick*) tough luck; **wie ~ und Schwefel zusammenhalten** be as thick as thieves; **bei etw ~ haben** (*fam*) have tough luck in s.th.; **~ gehabt!** (*fam*) tough!; **vom ~ verfolgt sein** (*fam*) be dogged by bad luck; **pechschwarz** *adj* pitch-black; **Pechsträhne** *f* (*fam*) run of bad luck; **Pechvogel** *m* (*fam*) unlucky thing

PDA *m Abk. von* **Personal Digital Assistant** PDA

Pedal [pe'da:l] <-s, -e> *nt* pedal; **fest in die ~e treten** pedal hard

Pedant(in) [pe'dant] <-en, -en> *m(f)* pedant; **Pedanterie** [pedantə'ri:] *f* pedantry; **pedantisch** *adj* pedantic

Pediküre [pedi'ky:rə] <-> *f* pedicure

Pegel ['pe:gəl] <-s, -> *m* ❶ (*Wasserstand*) water-depth gauge ❷ (RADIO) level recorder; **Pegelstand** *m* water level

Peilanlage *f* (AVIAT) direction finder; (MAR) sounding device; **peilen** ['paɪlən] *vt* ❶ (MAR: *ausloten*) sound ❷ (*einen Standort, ein U-Boot*) take the bearings of …; **die Lage ~** (*fam*) see how the land lies; **über den Daumen ~** (*fam*) guess [*o* estimate] roughly; **Peilfunk** *m* radio direction finder; **Peilgerät** *nt* direction finder; **Peilstab** *m* (AUTO: *Öl~*) dipstick; **Peilstation** *f* direction finding station

Pein [paɪn] <-> *f* agony; **peinigen** ['paɪnɪgən] *vt* ❶ torture ❷ (*fig*) torment; **Peiniger(in)** *m(f)* ❶ torturer ❷ (*fig*) tormentor

peinlich *adj* ❶ (*unangenehm*) embarras-

P

sing ❷ (*genau, gewissenhaft*) meticulous; **es ist mir sehr ~, aber ich muss es Ihnen einmal sagen** I don't know how to put it, but you really ought to know; **er vermied es ~st zu ...** he was at great pains not to ...; **er achtet ~st auf sein Äußeres** he takes great pains over his appearance

Peitsche ['paɪtʃə] <-, -n> *f* whip; **peitschen** *vt, vi* whip; **der Regen peitschte gegen die Fensterscheiben** rain was dashing against the window panes; **Peitschenhieb** *m* lash, stroke

Pekinese [pekɪ'ne:zə] <-n, -n> *m* Pekinese

Pelerine [pelə'ri:nə] <-, -n> *f* pelerine

Pelikan ['pe:lika:n] <-s, -e> *m* pelican

Pelle ['pɛlə] <-, -n> *f* (*fam*) skin; **jdm auf die ~ rücken** get on someone's back; **pellen I.** *vt* (*fam*) peel, skin **II.** *vr* peel; **Pellkartoffeln** *fpl* potatoes boiled in their jackets

Pelz [pɛlts] <-es, -e> *m* ❶ (*gegerbt*) fur ❷ (*ungegerbtes Fell*) hide, skin ❸ (*~mantel*) fur; **jdm auf den ~ rücken** (*fam*) crowd s.o.; **pelzbesetzt** *adj* fur-trimmed; **pelzgefüttert** *adj* fur-lined; **Pelzhändler(in)** *m(f)* fur trader; **Pelzkragen** *m* fur collar; **Pelzmantel** *m* fur coat; **Pelzmütze** *f* fur hat; **Pelztier** *nt* fur-bearing animal

Pendant [pã'dã:] <-s, -s> *nt* counterpart, opposite number

Pendel ['pɛndəl] <-s, -> *nt* pendulum; **Pendelbewegung** *f* pendular movement; **pendeln** *vi* ❶ (*schwingen*) swing (*hin und her* to and fro), oscillate ❷ (*von Personen*) commute; **Pendeltür** *f* swing door; **Pendelverkehr** *m* (AVIAT RAIL) ❶ shuttle service ❷ (*Vorort ~*) commuter traffic

Pendler(in) *m(f)* commuter

penetrant [pene'trant] *adj* ❶ (*Gestank*) penetrating ❷ (*aufdringlich*) pushing

penetrieren *vt* penetrate

peng [pɛŋ] *interj:* **~!** bang

penibel [pe'ni:bəl] *adj* pernickety, precise

Penis ['pe:nɪs] <-, -se> *m* penis

Penizillin [penitsɪ'li:n] <-s, -e> *nt* penicillin

Pennäler(in) [pɛ'nɛ:lɐ] *m(f)* (*veraltet: Gymnasiast*) grammar-school boy [*o* girl]

Pennbruder *m* (*fam*) bum *Br*, hobo *Am*

Penne ['pɛnə] <-, -n> *f* (*sl: Schule*) school; **pennen** *vi* (*sl*) doss down, kip; **Penner(in)** *m(f)* (*fam pej: Nichtsesshafter*) bum *Br*, hobo *Am;* (*Schlafmütze*) sleepyhead

Pension [pɛn'zio:n/pã'zio:n] *f* ❶ (*Ruhegehalt*) pension ❷ (*Ruhestand*) retirement ❸ (*Gästehaus*) pension ❹ (*Verpflegung*) board; **in ~ sein** (*pensioniert sein*) be retired [*o* in retirement]; **Pensionär(in)** *m(f)* ❶ (*Ruheständlerin*) pensioner ❷ (*Dauergast*) boarder; **Pensionat** <-(e)s, -e> *nt* boarding school; **pensionieren** *vt* pension off; **sich ~ lassen** retire; **pensioniert** *adj* retired; **Pensionsalter** *nt* pensionable age; **pensionsberechtigt** *adj* entitled to a pension; **Pensionskasse** *f* pension fund

Pensum ['pɛnzʊm] <-s, -sen/-sa> *nt* workload; **tägliches ~** daily quota

Peperoni [pepe'ro:ni] <-, -> *f* chillies *pl*

peppig *adj* (*fam*) lively, upbeat

per [pɛr] *präp* ❶ (*bis, am, mittels*) by ❷ (COM: *pro*) per; **~ Adresse** care of, c/o; **~ Post** by post; **sie sind ~ du** (**miteinander**) (*fam*) they're on first-name terms (with each other); **~ se** per se; **~ pedes** (*hum*) on Shank's pony

Perfekt <-(e)s, -e> *nt* (GRAM) perfect (tense)

perfekt [pɛr'fɛkt] *adj* ❶ (*vollkommen*) perfect ❷ *pred* (*abgemacht*) settled; **etw ~ machen** (*endgültig vereinbaren*) settle s.th.

Perfektion <-> *f* perfection

perfid(e) [pɛr'fi:t (-fi:də)] *adj* perfidious; **Perfidie** [--'-] *f* perfidy

Perforation <-, -en> *f* perforation

perforieren [pɛrfo'ri:rən] <ohne ge-> *vt* perforate

Performanz [pɛrfɔr'mants] <-, -en> *f* (LING) performance

Pergament [pɛrga'mɛnt] *nt* parchment; **in ~ gebunden** vellum-bound; **Pergamentpapier** *nt* greaseproof paper

Pergola ['pɛrgola] <-, Pergolen> *f* pergola

Periode [peri'o:də] <-, -n> *f* ❶ (*Zeitabschnitt*) period ❷ (*Menstruation*) period ❸ (ELEK) cycle; **sie bekam ihre ~ nicht** she didn't get [*o* have] her period; **4,36 ~** (MATH) 4.36 recurring; **Periodensystem** *nt* (CHEM) periodic system; **periodisch** *adj* periodic(al); **~er Dezimalbruch** (MATH) recurring decimal fraction

Peripherie [perife'ri:] *f* ❶ (*Außenrand*) periphery; (MATH: *von Kreis*) circumference ❷ (*von Stadt*) outskirts *pl*

Peripheriegerät *nt* (INFORM) peripheral

Periskop [perɪ'sko:p] <-(e)s, -e> *nt* periscope

Perle ['pɛrlə] <-, -n> *f* ❶ (*von Auster*) pearl; (*aus Holz, Glas*) bead ❷ (*fig*) gem ❸ (*Wasser~, Schweiß~*) bead; **perlen** *vi* ❶ (*in Flüssigkeit*) sparkle, effervesce ❷ (*herab~*) trickle; **Perlenkette** *f* string of pearls; **Perlhuhn** *nt* guinea fowl; **Perlmuschel** *f*

pearl oyster; **Perlmutt** <-s> *nt* mother-of pearl

Perlon ['pɛrlɔn] <-s> *nt* nylon

permanent [pɛrma'nɛnt] *adj* permanent; **Permanenz** <-> *f* permanence

perplex [pɛr'plɛks] *adj* dumbfounded

Perser(in) ['pɛrzɐ] *m(f)* Persian; **Perserteppich** *m* Persian carpet

Persianer [pɛrzi'a:nɐ] <-s, -> *m* ❶ (*Pelz*) Persian lamb ❷ (*Mantel*) Persian lamb coat

Persien [pɛrziən] *nt* Persia

Persiflage [pɛrzi'fla:ʒə] <-, -n> *f* pastiche

persisch *adj* Persian

Person [pɛr'zo:n] <-, -en> *f* person; **sechs ~en** six people; **ein Tisch für drei ~en** a table for three; **ich für meine ~** I for my part; **in eigener ~ erscheinen** appear in person; **die Geduld in ~ sein** be patience personified

Personal <-s> *nt* ❶ (*die Angestellten*) personnel, staff ❷ (*Dienerschaft*) servants *pl;* **Personalabbau** *m* reduction in staff, staff cuts *pl;* **Personalabteilung** *f* personnel department; **Personalakte** *f* personal file; **Personalausweis** *m* identity card; **Personalberater(in)** *m(f)* personnel consultant, consultant in human resources; **Personalbüro** *nt* personnel office; **Personalchef(in)** *m(f)* personnel manager; **Personalcomputer** *m* personal computer

Personalien [pɛrzo'na:liən] *pl* particulars

personalisieren *vt, vi* personalize

Personalkosten *pl* staff(ing) [*o* personnel] costs; **Personalplanung** *f* personnel planning; **Personalpolitik** *f* personnel [*o* staffing] policy

Personalpronomen *nt* personal pronoun

Personalunion *f* (HIST) personal union

Personalvermittlung *f* staff agency; **Personalwesen** *nt* personnel

Personenaufzug *m* lift *Br,* elevator *Am;* **Personenbeförderung** *f* carrying of passengers; **personenbezogen** *adj* (*Daten*) personal; **Personengesellschaft** *f association without independent legal existence under German law,* partnership; **Personenkraftwagen, Pkw** *m* motorcar *Br,* automobile *Am;* **Personenkult** *m* personality cult; **Personennahverkehr** *m* local passenger services *pl;* **Personenschaden** *m* injury to persons; **Personenschutz** *m* personal security; **Personenverkehr** *m* passenger services *pl;* **Personenwaage** *f* scales *pl;* **Personenzug** *m* stopping train, passenger train; **personifizieren** [pɛrzonifi tsi:rən] *vt* personify

persönlich [pɛr'zœ:nlɪç] **I.** *adj* personal **II.** *adv* personally; **ich ~ meine ...** I for my part think ...; **nehmen Sie doch nicht immer alles ~!** don't always take everything personally!; **der Kaiser ~** the Emperor himself; **sich für jdn (etw) ~ interessieren** take a personal interest in s.o. (s.th.); **~!** (*auf Brief*) private!; **Persönlichkeit** *f* ❶ (*persönliche Eigenschaften*) personality ❷ (*bedeutender Mensch*) personality; **eine ~ des öffentlichen Lebens** a public figure; **Persönlichkeitsentfaltung** *f* personality development; **Persönlichkeitsmerkmale** *ntpl* personal characteristics, personality traits

Perspektive [pɛrspɛk'ti:və] <-, -n> *f* ❶ (*optisch*) perspective ❷ (*Aussichten*) prospects *pl* ❸ (*Blickwinkel*) angle; **neue ~n eröffnen** open new horizons; **aus meiner ~** from my angle

perspektivlos *adj* without prospects; **Perspektivlosigkeit** *f* lack of prospects

Peru [pe'ru:] *nt* Peru; **Peruaner(in)** [peru'a:nɐ] *m(f)* Peruvian; **peruanisch** *adj* Peruvian

Perücke [pɛ'rʏkə] <-, -n> *f* wig

pervers [pɛr'vɛrs] *adj* perverted; **Perversion** *f* perversion **Perversität** *f* perversity

Pesete [pe'ze:tə] <-, -n> *f* Peseta

Pessimismus [pɛsi mɪsmʊs] *m* pessimism; **Pessimist(in)** *m(f)* pessimist; **pessimistisch** *adj* pessimistic; **da bin ich ziemlich ~** I'm rather pessimistic about it; **ich sehe das ziemlich ~** I view that rather pessimistically

Pest [pɛst] <-> *f* plague; **jdn hassen wie die ~** (*fam*) hate someone's guts; **etw hassen wie die ~** (*fam*) loathe s.th. like hell; **stinken wie die ~** (*fam*) stink like hell

Peterli ['pe:tɐli:] <-s> *m ohne pl* parsley

Petersilie [pete'zi:l ə] <-> *f* parsley

Petition [peti'tsjo:r] *f* petition

Petroleum [pe'tro:leʊm] <-s> *nt* paraffin *Br,* kerosene *Am;* **Petroleumlampe** *f* paraffin lamp *Br,* kerosene lamp *Am*

Petrus *m* Peter

petto ['pɛto] *adv* (*fam*): **etw in ~ haben** have s.th. up one's sleeve

Petze(r) *f* (*m*) *fam*) telltale; **petzen** ['pɛtsən] *vi* (*fam*) tell tales

Pfad [pfa:t] <-(e)s, -e> *m* path; **Pfadfinder** *m* boy scout; **Pfadfinderin** *f* girl guide *Br,* girl scout *Am*

Pfaffe ['pfafə] <-n, -n> *m* (*pej*) cleric

Pfahl [pfa:l, *pl:* 'pfɛ:lə] <-(e)s, Pfähle> *m* (*Zaun~*) stake; (*Pfosten*) post; **Pfahlbau** *m* ❶ (*Haus*) pile dwelling ❷ (*Bauweise*)

building on stilts; **Pfahlwurzel** *f* tap root

Pfalz [pfalts] <-, -en> *f* ❶ (HIST: *Kaiser~*) imperial palace ❷ (GEOG): **die** ~ the Palatinate

Pfand [pfant, *pl:* 'pfɛndɐ] <-(e)s, Pfänder> *nt* ❶ (*a. fig*) pledge ❷ (*Flaschen~*) deposit; **etw als ~ geben** (*a. fig*) pledge s.th.; **ein ~ einlösen** redeem a pledge; **auf dieser Flasche ist …** ~ there's a deposit of … on this bottle

pfändbar *adj* (JUR) distrainable

Pfandbrief *m* (FIN) bond

pfänden ['pfɛndən] *vt* (JUR) distrain upon; **jdn** ~ impound someone's possessions; **jdn ~ lassen** get the bailiffs onto s.o.

Pfandflasche *f* returnable bottle; **Pfandhaus** *nt* pawnshop; **Pfandleihe** *f* pawnbroking, pawnbroker; **Pfandschein** *m* (FIN) pawn ticket

Pfändung *f* (JUR) distraint

Pfanne ['pfanə] <-, -n> *f* ❶ (*Brat~*) pan ❷ (ANAT) socket ❸ (*Dach~*) pantile; **jdn in die ~ hauen** (*sl: scharf kritisieren*) slate s.o.; (*bei anderen heruntermachen*) do the dirty on s.o.

Pfannkuchen *m* pancake

Pfarramt *nt* priest's office; **Pfarrbezirk** *m* parish; **Pfarre** *f*, **Pfarrei** ['pfarə] <-, -n> *f* ❶ (*Gemeinde*) parish ❷ (*Pfarramt*) priest's office; **Pfarrer** *m* (*anglikanisch*) vicar; (*von Freikirchen*) minister; (*katholisch*) parish priest; **Pfarrgemeinde** *f* parish; **Pfarrhaus** *nt* (*anglikanisch*) vicarage; (*katholisch*) presbytery; **Pfarrkirche** *f* parish church

Pfau [pfaʊ] <-(e)s/-en, -en> *m* peacock; **Pfauenauge** *nt* (*Schmetterling*) peacock butterfly; (*Falter*) peacock moth; **Pfauenfeder** *f* peacock feather

Pfeffer ['pfɛfɐ] <-s> *m* pepper; **er kann bleiben, wo der ~ wächst!** (*fam*) he can take a running jump!; **Pfefferkorn** *nt* peppercorn

Pfefferkuchen *m* gingerbread

Pfefferminz(bonbon) *nt* peppermint; **Pfefferminze** [pfɛfɐ'mɪntsə] <-, -n> *f* peppermint; **Pfefferminzgeschmack** *m* peppermint flavour; **mit** ~ peppermint-flavoured; **Pfefferminztee** *m* peppermint tea

Pfeffermühle *f* pepper-mill

pfeffern *vt* ❶ (*mit Pfeffer würzen*) pepper ❷ (*fam: werfen*) hurl

Pfeife ['pfaɪfə] <-, -n> *f* ❶ (*zum ~n*) whistle; (*Quer~*) fife; (*Orgel~*) pipe ❷ (*Tabaks~*) pipe ❸ (*fam: Versager*) wash-out; **nach jds ~ tanzen** dance to someone's tune; **~ rauchen** smoke a pipe

pfeifen *irr vt, vi* ❶ whistle; (SPORT: *als Schiedsrichter*) ref ❷ (*Wind*) howl; **ich pfeife darauf!** (*fam*) I couldn't care less!; **aus dem letzten Loch** ~ (*fam*) be on one's last legs; **Pfeifenkopf** *m* bowl; **Pfeifenreiniger** *m* pipe-cleaner; **Pfeifenstopfer** *m* tamper

Pfeifer *m* (MUS) piper; (MIL MUS) fifer

Pfeifton *m* whistle

Pfeil [pfaɪl] <-(e)s, -e> *m* ❶ arrow ❷ (*Wurf~*) dart; **wie ein ~ davonschießen** be off like a shot; **~ und Bogen** bow and arrow

Pfeiler ['pfaɪlɐ] <-s, -> *m* (*a. fig*) pillar

Pfeilgift *nt* arrow poison; **pfeilschnell** *adj* as swift as an arrow; **Pfeilspitze** *f* arrowhead

Pfennig ['pfɛnɪç] <-(e)s, -e> *m* (*fig*) penny; **Pfennigabsatz** *m* stiletto heel; **Pfennigfuchser** *m* (*fam pej*) skinflint

Pferch [pfɛrç] <-(e)s, -e> *m* fold, pen

Pferd ['pfe:ɐt] <-(e)s, -e> *nt* ❶ (*a.* SPORT) horse ❷ (*Schachfigur*) knight; **zu ~e** on horseback; **immer langsam mit den jungen ~en!** (*fam*) hold your horses!; **keine zehn ~e bringen mich dahin** (*fam*) wild horses won't drag me there; **man kann mit ihm ~e stehlen** (*fam*) he's a real sport!; **das ~ beim Schwanz aufzäumen** put the cart before the horse; **aufs falsche ~ setzen** (*a. fig*) back the wrong horse; **er arbeitet wie ein** ~ (*fam*) he works like a Trojan; **Pferdefleisch** *nt* horseflesh; **Pferdefuß** *m*: **die Sache hat einen** ~ there's just one snag; **Pferderennbahn** *f* race course; **Pferderennen** *nt* horse-race; (*Sportart*) horse racing; **Pferdeschwanz** *m* horse's tail; (*Frisur*) pony-tail; **Pferdestall** *m* stable; **Pferdestärke** *f* horsepower, hp; **Pferdezucht** *f* ❶ (*das Züchten*) horse-breeding ❷ (*Gestüt*) studfarm

Pfiff [pfɪf] <-(e)s, -e> *m* ❶ (*Pfeifen*) whistle ❷ (*Flair*) flair

Pfifferling ['pfɪfɐlɪŋ] <-s, -e> *m* (*Speisepilz*) chanterelle; **keinen ~ wert** (*fam*) not worth a thing

pfiffig *adj* cute, sharp, sly; **Pfiffigkeit** *f* cuteness, sharpness; **Pfiffikus** ['pfɪfikʊs] <-/-ses, -se> *m* (*fam*) sly fellow

Pfingsten ['pfɪŋstən] *nt* Whitsun; **Pfingstfest** *nt* Whitsun, Pentecost; **Pfingstmontag** [-'--] *m* Whit Monday; **Pfingstrose** *f* peony; **Pfingstsonntag** [-'--] *m* Whit Sunday, Pentecost

Pfirsich ['pfɪrzɪç] <-s, -e> *m* peach; **Pfirsichbaum** *m* peach tree

Pflanze ['pflantsə] <-, -n> *f* plant

pflanzen *vt* plant

Pflanzenbestand *m* plant formation;

Pflanzendecke *f* plant [*o* vegetation] cover; **Pflanzenfaser** *f* plant fibre *Br,* plant fiber *Am;* **Pflanzenfett** *nt* vegetable fat; **Pflanzenfresser** *m* phytophage; **Pflanzengift** *nt* plant poison; **Pflanzenkunde** *f* botany; **Pflanzenöl** *nt* vegetable oil; **Pflanzenreich** *nt* plant world; **Pflanzenschutzmittel** *nt* pesticide; **Pflanzer(in)** *m(f)* planter

pflanzlich *adj* vegetable

Pflanzung *f* (*Plantage*) plantation

Pflaster ['pflastɐ] <-s, -> *nt* ① (*Straßen~*) pavement ② (*Heft~*) sticking-plaster; **ein teures ~** (*fam*) a pricey place; **ein heißes ~** (*fam*) a dangerous place; **Pflastermaler(in)** *m(f)* pavement artist; **pflastern** *vt* (*Straße*) pave; (*mit Kopfsteinpflaster*) cobble; **Pflasterstein** *m* paving-stone; (*Kopfstein*) cobble

Pflaume ['pflaʊmə] <-, -n> *f* ① plum; (*getrocknete ~*) prune ② (*fam: Blödmann*) dope

Pflaumenbaum *m* plum(tree); **Pflaumenmus** *nt* plum jam

Pflege ['pfle:gə] <-, -n> *f* ① care ② (*Kranken~*) nursing ③ (*von Kunst, Garten*) cultivation ④ (TECH: *Instandhaltung*) maintenance; **in ~ nehmen** look after; **jdn (etw) in ~ geben** have s.o. (s.th.) looked after; **pflegebedürftig** *adj* needing [*o* in need of] care; **Pflegeeltern** *pl* foster parents; **Pflegefall** *m* person in need of care; **Pflegeheim** *nt* nursing home; **Pflegehelfer(in)** *m(f)* care assistant; **Pflegekind** *nt* foster child; **Pflegekosten** *fpl* nursing fees; **Pflegekostenversicherung** *f* private nursing insurance; **pflegeleicht** *adj* (*von Kleidung*) easy-care; (*fig*) easy to handle; **Pflegemutter** *f* foster mother

pflegen **I.** *vt* ① care for, look after; (*Garten*) tend; (*Kranken*) nurse ② (*Kunst, Beziehungen*) cultivate ③ (TECH: *in Stand halten*) maintain **II.** *vi* (*gewohnt sein*) be accustomed (*zu* to) **III.** *vr* (*sein Äußeres ~*) care about one's appearance

Pflegenotstand *m shortage of nursing staff and facilities;* **Pflegepersonal** *nt* nursing staff; **Pfleger** *m* male nurse; **Pflegerin** *f* nurse; **Pflegesatz** *m* hospital charges *pl;* **Pflegeserie** *f* (*Kosmetik*) line of cosmetic products; **Pflegeshampoo** *nt* conditioning shampoo; **Pflegespülung** *f* conditioner; **Pflegevater** *m* foster father; **Pflegeversicherung** *f* (old age) care insurance

pfleglich *adj* careful

Pflegschaft *f* (JUR) ① (*Vormundschaft*) tutelage ② (*Vermögensverwaltung*) trusteeship

Pflicht [pflɪçt] <-, -en> *f* ① duty ② (SPORT) compulsory exercises *pl;* **seine ~ (gegenüber jdm) erfüllen** do one's duty (by s.o.); **seine ~ verletzen (vernachlässigen)** fail in (neglect) one's duty; **pflichtbewusst** *adj* conscious of one's duties

Pflichtenheft *nt* specification

Pflichterfüllung *f* fulfilment of one's duty; **Pflichtfach** *nt* (*in der Schule*) compulsory subject; **Pflichtgefühl** *nt* sense of duty; **pflichtgemäß** *adj* dutiful; **Pflichtteil** *m/nt* (JUR) legal portion; **Pflichtübung** *f* compulsory exercise; **pflichtvergessen** *adj* irresponsible; **Pflichtverteidiger(in)** *m(f)* (JUR) defence counsel appointed by the court

Pflock [pflɔk, *pl:* 'pflœkə] <-(e)s, Pflöcke> *m* peg

pflücken ['pflʏkən] *vt* pick, pluck; (*sammeln*) gather

Pflug [pflu:k, *pl:* 'pfly:gə] <-(e)s, Pflüge> *m* plough *Br,* plow *Am;* **Pflugbogen** *m* (SPORT) snowplough turn *Br,* snowplow turn *Am*

pflügen ['pfly:gən] *vt, vi* (*a. fig*) plough *Br,* plow *Am*

Pforte ['pfɔrtə] <-, -n> *f* gate

Pförtner¹ ['pfœrtnɐ] <-s, -> *m* (ANAT) pylorus

Pförtner(in)² *m(f)* porter; (*in Industriebetrieb*) gateman; **Pförtnerloge** *f* porter's office; (*in Industriebetrieb*) gatehouse

Pfosten ['pfɔstən] <-s, -> *m* post; (*Tür~*) doorpost; (*Mittel~ an Fenstern*) jamb; (*von Fußballtor*) (goal)post

Pfote ['pfo:tə] <-, -n> *f* ① (*Tier~*) paw ② (*sl: Hand*) mitt; **jdm eins auf die ~n geben** (*fam*) rap someone's knuckles; **sich die ~n verbrennen** (*fam*) burn one's fingers; **er hat überall seine ~n drin** (*fam*) he's got a finger in every pie

Pfriem [pfri:m] <-(e)s, -e> *m* awl

Pfropfen ['pfrɔpfən] <-s, -> *m* (*Stöpsel*) stopper; (*Korken*) cork; (*Holz~, Watte~*) plug; (MED: *Blut~*) thrombus

pfropfen *vt* ① (*fam: stopfen*) cram (*in* into) ② (BOT) graft

Pfründe ['pfrʏndə] <-, -n> *f* ① (HIST ECCL) church living, prebend ② (*fig*) sinecure

Pfuhl [pfu:l] <-(e)s, -e> *m* (*fig*) mire

pfui [pfʊɪ] *interj* (*Ausdruck des Ekels*) ugh; (*der Empörung*) boo; (*der Missbilligung*) tut tut

Pfund [pfʊnt] <-(e)s, -e> *nt* pound *pl,* lbs; **~ Sterling** pound (sterling)

pfundig *adj* (*bayrisch: klasse*) great *Br,*

swell *Am*

pfuschen *vi* (*fam*) ❶ (*in Schule, beim Spiel*) cheat ❷ (*bei Arbeit*) bungle; (*nachlässig ausführen*) scamp (*bei etw* s.th.); **jdm ins Handwerk** ~ (*fam*) interfere with someone's work; **Pfuscher(in)** *m(f)* (*fam*) botcher, bungler; **Pfuscherei** *f* (*fam*) bungling, botch-up

Pfütze ['pfʏtsə] <-, -n> *f* puddle

Phänomen [fɛno'me:n] <-s, -e> *nt* phenomenon; **phänomenal** *adj* phenomenal

Phantasie *f* imagination; **sie hat** ~ she's got imagination; **Phantasiegebilde** *nt* figment of one's imagination; **phantasielos** *adj* unimaginative; **phantasieren** *vi* fantasize; (MED) be delirious; **phantasievoll** *adj* highly imaginative

Phantast *m* visionary; **Phantasterei** *f* fantasy; **phantastisch** *adj* fantastic

Phantom [fan'to:m] <-s, -e> *nt* phantom; **einem** ~ **nachjagen** tilt at windmills; **Phantombild** *nt* identikit (picture)

Pharisäer [fari'zɛ:ɐ] <-s, -> *m* ❶ (HIST REL) Pharisee ❷ (*Heuchler*) hypocrite

Pharmaindustrie *f* pharmaceutical industry; **Pharmakologe, -gin** [farmako'lo:gə] *m, f* pharmacologist; **Pharmakologie** *f* pharmacology; **Pharmareferent(in)** *m(f)* medical representative

Pharmazeut(in) [farma'tsɔɪt] *m(f)* pharmacist; **pharmazeutisch** *adj* pharmaceutical

Pharmazie [farma'tsi:] <-> *f* pharmacy

Phase ['fa:zə] <-, -n> *f* phase

Philantrop(in) [filan'tro:p] *m(f)* philanthropist; **philantropisch** *adj* philanthropic(al)

Philatelie [filate'li:] *f* philately; **Philatelist(in)** *m(f)* philatelist

Philharmonie *f* (MUS) ❶ (*philharmonisches Orchester*) philharmonia ❷ (*Konzertsaal*) philharmonic hall

Philippine, -nin *m, f* Filipino; **Philippinen** [filɪ'pi:nən] *pl:* **die** ~ the Philippines; **philippinisch** *adj* Philippine

Philister [fi'lɪstɐ] <-s, -> *m* (HIST) Philistine; **philisterhaft I.** *adj* philistine **II.** *adv* like a philistine

Philologe, -gin [filo'lo:gə] *m, f* philologist; **Philologie** *f* philology

Philosoph(in) *m(f)* philosopher; **Philosophie** [filozo'fi:] *f* philosophy; **philosophieren** *vi* philosophize (*über* about); **philosophisch** *adj* philosophical

Phlegma ['flɛgma] <-s> *nt* phlegm; **Phlegmatiker(in)** *m(f)* phlegmatic person; **phlegmatisch** *adj* phlegmatic

Phobie [fo'bi:] <-, -n> *f* phobia

Phon [fo:n] <-s, -(s)> *nt* (PHYS) phon

Phonem [fo'ne:m] <-s, -e> *nt* (LING) phoneme

Phonetik [fo'ne:tɪk] *f* (LING) phonetics *pl;* **Phonetiker(in)** *m(f)* (LING) phonetician; **phonetisch** *adj* (LING) phonetic

Phonobranche *f* hifi industry

Phonotypistin [fonoty'pɪstɪn] *f* audio typist

Phosphat [fɔs'fa:t] <-(e)s, -e> *nt* (CHEM) phosphate; **Phosphatdünger** *m* phosphate fertilizer; **phosphatfrei** *adj* phosphate-free; **phosphathaltig** *adj* containing phosphates

Phosphor ['fɔsfɔr] <-s> *m* (CHEM) phosphorus; **phosphoreszieren** [fɔsforɛs'tsi:rən] *vi* phosphoresce

Photo- ['fo:to] *präfix* photo-

Photosynthese *f* photosynthesis; **Photozelle** *f* photoelectric cell

Phrase ['fra:zə] <-, -n> *f* phrase; **eine abgedroschene** ~ a hackneyed phrase; ~**n dreschen** (*fam*) churn out one cliché after another; **Phrasendrescher(in)** *m(f)* (*pej*) phrasemonger

pH-Wert *m* (CHEM) pH-value

Physik [fy'zi:k] <-> *f* physics *pl;* **physikalisch** *adj* physical; ~**e Experimente** experiments in physics; **Physiker(in)** *m(f)* physicist

Physikum <-s> *nt preliminary examination in medicine at university*

Physiognomie [fyziogno'mi:] *f* physiognomy

Physiologie *f* physiology; **physiologisch** *adj* physiological

Physiotherapeut(in) *m(f)* (MED) physiotherapist; **Physiotherapie** *f* (MED) physiotherapy

physisch ['fy:zɪʃ] *adj* physical

Pi [pi:] <-(s)> *nt* (MATH) pi

Pianist(in) [pia'nɪst] *m(f)* pianist

Piano ['pja:no] <-s, -s> *nt* piano; **Pianobar** ['pja:no,ba:ɐ] *f* piano bar

Pickel[1] ['pɪkəl] <-s, -> *m* (*Spitzhacke*) pickaxe

Pickel[2] *m* (*im Gesicht*) spot, pimple; **pickelig** ['pɪk(e)lɪç] *adj* spotty, pimply

picken ['pɪkən] *vt, vi* peck (*nach* at)

Picknick ['pɪknɪk] <-s, -e/-s> *nt* picnic; ~ **machen** have a picnic

Pictophone ['pɪktəfəʊn] <-s, -s> *nt* (*Handy zum Versenden von Digitalfotos*) pictophone

piekfein ['pi:k'faɪn] *adj* (*fam*) posh

pieksauber *adj* (*fam*) spotless

Piep *m* (*fam*): **keinen** ~ **sagen** not to say a word; **der sagt** [*o* **macht**] **keinen** ~ **mehr!** he's really had it!

piep [pi:p] *interj* chirp

piepe(gal) *adj pred* (*fam*) all one; **mir ist alles** ~ it's all one to me
piepen *vi* (*Vögel*) cheep; (*Mäuse, a. Kinder*) squeak; **bei dir piept's doch!** (*fam*) you're really off your head!
piepsig *adj* squeaky
Pier [piːɐ] <-s, -e> *m o f* (MAR) jetty, pier
piesacken ['piːzakən] *vt* (*fam*) ❶ (*belästigen*) pester ❷ (*peinigen*) torment
Pietät [pie'tɛːt] *f* ❶ piety ❷ (*Respekt*) respect (*gegenüber* for); (*Ehrfurcht*) reverence (*gegenüber* for); **pietätlos** *adj* irreverent; **pietätvoll** *adj* reverent
Pigment [pɪ'gmɛnt] <-(e)s, -e> *nt* pigment
Pik[1] [piːk] <-(s), -> *nt* (*Kartenfarbe*) spade; ~**-Ass** ace of spades
Pik[2] <-s, -e> *m* (*Groll*) grudge (*auf jdn* against s.o.)
pikant [pi'kant] *adj* piquant, spicy
Pike ['piːkə] <-, -n> *f* pike; **etw von der** ~ **auf lernen** learn s.th. starting from the bottom
piken *vt* (*fam*) prick
pikiert *adj* (*fam*) put out (*über* by); **ein** ~**es Gesicht machen** look put out
Pikkolo ['pɪkolo] <-s, -s> *m* quarter bottle (of champagne)
Pikkoloflöte *f* (MUS) piccolo
piksen ['piːk(s)ən] *vt, vi* (*fam*) prick
Piktogramm *nt* pictogram
Pilger(in) ['pɪlgɐ] *m(f)* pilgrim; **Pilgerfahrt** *f* pilgrimage
pilgern *vi* ❶ *sein* (*eine Pilgerfahrt machen*) go on a pilgrimage ❷ (*fam: gehen*) wend one's way
Pille ['pɪlə] <-, -n> *f* (*a. Antibaby~*) pill; **eine bittere** ~ a bitter pill; **Pillenknick** *m* (*fam*) slump in the birth-rate
Pilot(in) [pi'loːt] <-en, -en> *m(f)* (AVIAT) pilot; **Pilotanlage** *f* pilot plant; **Pilotprojekt** *nt* pilot scheme; **Pilotversuch** *m* pilot project
Pils [pɪls] <-es> *nt* pilsner (beer)
Pilz [pɪlts] <-es, -e> *m* ❶ fungus; (*essbarer*) mushroom; (*Giftpilz*) toadstool ❷ (*Hautpilz*) ringworm; **wie** ~**e aus der Erde schießen** spring up like mushrooms; **Pilzerkrankung** *f* fungal infection; **Pilzvergiftung** *f* fungus poisoning
PIN [pɪn] <-, -s> *f s.* **Persönliche Identifikationsnummer** PIN, personal identification number
pingelig ['pɪŋəlɪç] *adj* (*fam*) pernickety
Pinguin ['pɪŋguiːn] <-s, -e> *m* penguin
Pinie ['piːniə] *f* (*Nadelbaum*) pine (tree)
Pinkel ['pɪŋkl] <-s, -> *m*: **ein feiner** ~ a prig
pinkeln ['pɪŋkəln] *vi* (*fam*) pee
Pinkepinke ['pɪŋkə] <-> *f* (*sl: Geld*) dough
Pinne ['pɪnə] <-, -n> *f* pin
Pinnwand *f* notice board
Pinscher ['pɪnʃɐ] <-s, -> *m* (*Hunderasse*) pinscher
Pinsel ['pɪnzəl] <-s, -> *m* ❶ (*Maler~*) brush ❷ (*fam*): **ein eingebildeter** ~ a jumped-up so-and-so; **pinseln** *vt, vi* (*fam: anstreichen*) paint
Pinte ['pɪntə] <-, -n> *f* (*fam: Kneipe*) boozer *Br,* beer joint *Am,* dive
Pinzette [pɪn'tsɛtə] <-, -n> *f* a (pair of) tweezers *pl*
Pionier [pio'niːɐ] <-s, -e> *m* ❶ (MIL) engineer ❷ (*Bahnbrecher*) pioneer; **Pioniergeist** *m* pioneering spirit
Pipifax *m* (*fam hum*) nonsense
Pirat [pi'raːt] <-en, -en> *m* pirate; **Piratensender** *m* pirate radio station; **Piraterie** [pɪratə'riː] *f* (*a. fig*) piracy
Pirol [pi'roːl] <-s, -e> *m* (*Singvogel*) oriole
Pirsch [pɪrʃ] <-> *f* stalk; **auf die** ~ **gehen** go stalking
Pisse ['pɪssə] <-, (-n)> *f* (*vulg*) piss; **pissen** *vi* (*vulg*) ❶ (*urinieren*) piss ❷ (*regnen*) piss down
Pistazie [pɪs'taːtsiə] <-, -n> *f* pistachio
Piste ['pɪstə] <-, -n> *f* ❶ (AVIAT) runway; (AUTO) circuit ❷ (SPORT: *Ski~*) piste; **Pistenraupe** *f* piste caterpillar
Pistole [pɪs'toːlə] <-, -n> *f* pistol; **jdm die** ~ **auf die Brust setzen** hold a pistol to someone's head; **wie aus der** ~ **geschossen** like a shot; **Pistolenschuss** *m* pistol shot; **Pistolentasche** *f* holster
Placebo [pla'tseːbo] <-s, -s> *nt* (MED) placebo; **Placeboeffekt** *m* (MED) placebo effect
placken ['plakən] *vr* (*fam: sich mühen*) drudge, slave away; **Plackerei** *f* (*fam*) drudgery, grind
plädieren [plɛ'diːrən] *vi* (*vor Gericht, a. fig*) plead (*auf, für* for)
Plädoyer [plɛdoa'jeː] <-s, -s> *nt* ❶ (JUR) address to the jury *Br,* summation *Am* ❷ (*fig*) plea (*für* for)
Plage ['plaːgə] <-, -n> *f* ❶ (*Seuche*) plague ❷ (*fig*) nuisance; **es ist wirklich eine** ~ **mit ihm** he's a real nuisance; **plagen I.** *vt* ❶ (*quälen*) harass, plague; (*belästigen*) bother ❷ (*heimsuchen*) haunt; **von Zweifeln geplagt werden** be plagued by doubts **II.** *vr* ❶ (*sich herumschlagen*) be bothered (*mit* by) ❷ (*sich abmühen*) slog away
Plagiat [plagi'aːt] <-(e)s, -e> *nt* plagiarism; **ein** ~ **begehen** plagiarize
Plakat [pla'kaːt] <-(e)s, -e> *nt* ❶ (*zum Ankleben*) bill, poster ❷ (*zum Aufstellen*)

placard; ~**e ankleben verboten!** bill posters will be prosecuted!; **plakatieren** *vt* placard; **Plakatsäule** *f* advertisement pillar

Plakette [pla'kɛtə] <-, -n> *f* ① (*Ansteckknopf*) badge ② (*amtliche* ~) plaque

plan [pla:n] *adj* (*eben*) flat, level

Plan[1] [pla:n, *pl:* 'plɛ:nə] <-(e)s, Pläne> *m* ① (*Vorhaben*) plan ② (*Zeit~, Fahr~, Stunden~*) schedule, timetable ③ (*Stadt~*) map ④ (ARCH: *Bau~, Grundriss*) plan; **einen ~ (für etw) machen** make plans (for s.th.); **sie hat mit ihrem Sohn große Pläne** she has great plans for her son

Plan[2] <-es> *m* (*ebene Fläche, freier Platz*) plain; **auf den ~ treten** (*in Erscheinung treten*) arrive on the scene

Plane ['pla:nə] <-, -n> *f* ① (*wasserdichter Stoff*) tarpaulin ② (*~ndach*) awning ③ (*LKW-~*) hood

planen *vt, vi* plan

Planet [pla'ne:t] <-en, -en> *m* planet; **Planetarium** *nt* planetarium

Planfeststellungsverfahren *nt* planning permission hearings

planieren *vt* ① (*Erdboden*) level ② (TECH: *Werkstück*) planish; **Planierraupe** *f* bulldozer

Planke ['plaŋkə] <-, -n> *f* board, plank; (*Leit~*) crash barrier

Plänkelei [plɛŋkə'laɪ] *f* ① (MIL HIST) skirmish ② (*scherzhafter Streit*) squabble

plänkeln ['plɛŋkəln] *vi* ① (MIL HIST) skirmish ② (*sich scherzhaft streiten*) squabble

Plankton ['plaŋktɔn] <-s> *nt* plankton

planlos *adj* ① (*ohne Plan*) unsystematic ② (*ohne Ziel*) random; **Planlosigkeit** *f* lack of planning; **planmäßig** *adj* ① (*wie geplant*) according to plan ② (AVIAT MAR RAIL: *fahr~*) on schedule; **Plansoll** *nt* (COM) output target; **Planstelle** *f* post

Plantage [plan'ta:ʒə] <-, -n> *f* plantation

Plan(t)schbecken *nt* paddling pool

plan(t)schen *vi* splash around

Planung *f* planning; **(noch) in ~ sein** be (still) being planned

planvoll *adj* systematic

Planwagen *m* covered wag(g)on

Planwirtschaft *f* planned economy; **Planziel** *nt* target

Plappermaul *nt* (*fam*) babbler; **plappern** ['plapɐn] *vi* blab

plärren ['plɛrən] *vt, vi* (*fam*) ① (*heulen, weinen*) howl ② (*schlecht singen*) screech ③ (*von Radio*) blare

Plasma ['plasma] <-s, Plasmen> *nt* plasma

Plastik[1] ['plastɪk] *f* ① (*Skulptur*) sculpture ② (*Bildhauerkunst*) sculpture, plastic art ③ (MED) plastic surgery

Plastik[2] <-(s)> *nt* (*Kunststoff*) plastic; **Plastikbecher** *m* plastic beaker; **Plastikbeutel** *m* plastic bag; **Plastikbombe** *f* plastic bomb; **Plastikfolie** *f* plastic foil; **Plastikgeld** *nt* (*fam: Kreditkarten*) plastic money; **Plastiktüte** *f* plastic bag; (*Tragetasche*) carrier bag

plastisch *adj* ① (*formbar*) plastic ② (*anschaulich*) vivid ③ (*bildhauerisch*) plastic ④ (*Chirurgie*) plastic

Platane [pla'ta:nə] <-, -n> *f* (*Laubbaum*) plane tree

Platin ['pla:ti:n] <-s> *nt* (CHEM) platinum

platonisch [pla'to:nɪʃ] *adj* platonic

plätschern ['plɛtʃɐn] *vi* (*Bach, Quelle*) ripple, splash

platt [plat] *adj* ① (*eben, flach*) flat ② (*abgeschmackt*) flat; (*gewöhnlich*) dull ③ (*fam: überrascht*) flabbergasted; **einen Platten haben** (*fam: Autoreifen*) have a flat; **ich war ~ als ich ihn nach zehn Jahren wieder traf** (*fam*) I was flabbergasted to see him again after ten years

plattdeutsch *adj* Low German

Platte ['platə] <-, -n> *f* ① (*Metall~, Glas~*) sheet; (*Tisch~*) (table-)top; (*Stein~, Fliese*) flag(stone); (*Holz~*) board; (*Felsen~, Stein~*) ledge, slab ② (PHOT) plate ③ (*Schall~*) record, disc *Br,* disk *Am* ④ (*Gericht*) dish; (*Servierteller*) platter ⑤ (*fam: Glatze*) bald head; **kalte ~** cold dish; **die ~ hat einen Sprung** the record's stuck; **die ~ kenne ich schon!** (*fam*) I know that line! not that again!; **leg mal eine neue ~ auf!** (*fam*) change the record, can't you?

Plätteisen *nt* (*obs*) (smoothing)iron

plätten ['plɛtən] *vt* iron, press

Plattenbau <-[e]s, -ten> *m* building made with precast concrete slabs

Plattenhülle *f* record sleeve; **Plattenlabel** *nt* record label

Plattenspieler *m* record-player

Plattform <-, -en> *f* ① platform ② (*Basis*) basis

Plattfuß *m* ① (ANAT MED) flat foot ② (*fam: Reifenpanne*) flat

plattieren *vt* (*bei Metallverarbeitung*) plate

Plattitüde [plati'ty:də] <-, -n> *f* (*pej*) platitude

Platz [plats, *pl:* 'plɛtsə] <-es, Plätze> *m* ① (*Stelle, Ort, Arbeits~, Position*) place ② (*freier Raum*) room, space ③ (*öffentlicher ~*) square ④ (*Sitz~*) seat ⑤ (SPORT: *Spielfeld*) playing field; (*Tennis~, Handball~*) court; (*Fußball~*) field, pitch; **etw**

(**wieder**) **an seinen ~ stellen** put s.th. (back) in its place; **fehl am ~e sein** be out of place; **auf die Plätze, fertig, los!** (SPORT) ready, steady, go!; **~ nehmen** take a seat; **~ machen** make room (*für* for); (*aus dem Wege gehen*) get out of the way; **das erste Haus am ~** (*das beste Warenhaus der Stadt*) the best store in town; **ist hier noch ein ~ frei?** is there a free seat here?; **dieser ~ ist besetzt** this seat's taken; **der Schiedsrichter stellte den Mittelstürmer vom ~** the referee sent the centre-forward off; **Platzangst** <-> *f* (MED PSYCH) agoraphobia; **Platzanweiser(in)** *m(f)* usher(ette)

Plätzchen <-s, -> *nt* (Christmas) biscuit *Br,* cookie *Am*

platzen *vi* ① *sein* (*bersten*) burst ② (*aufreißen*) split ③ (*fam: von Wechsel*) bounce; **vor Neugierde ~** be bursting with curiosity; **vor Lachen ~** (*fam*) burst one's sides with laughter; **er platzte ins Zimmer** (*fam*) he burst into the room; **die Party ist geplatzt** the party is off; **einen Termin ~ lassen** (*fam*) bust up an appointment; **einen Plan ~ lassen** (*fam*) make a plan fall through

platzieren [pla'tsiːrən] **I.** *vt* ① (*hinstellen*) put ② (SPORT: *zielen*) place; **ein platzierter Schuss** (SPORT) a well-placed shot; **platziert schießen** (SPORT) place one's shots well **II.** *vr* ① (SPORT) be placed ② (*fam: sich stellen*) plant o.s.; **Platzierung** <-, -en> *f* order, place

Platzkarte *f* (RAIL) seat reservation ticket; **sich eine ~ bestellen** get a seat reservation; **Platzmangel** *m* lack of space

Platzpatrone *f* blank cartridge

Platzregen *m* downpour

Platzreservierung *f* seat reservation

platzsparend *adj attr* space-saving, saving space

Platzwunde *f* cut, laceration

Plauderei *f* chat; **Plauderer, -rin** *m, f* conversationalist; **plaudern** ['plaudɐn] *vi* ① (*plauschen*) chat (*über, von* about) ② (*aus~*) talk; **aus der Schule ~** tell tales out of school

plausibel [plaʊ'ziːbl] *adj* plausible

Playback ['pleːbɛk] <-s, -s> *nt* (*bei Schallplattenaufnahme*) double-tracking; (*bei Fernsehaufnahme*) miming

Playboy ['pleːbɔɪ] <-s, -s> *m* playboy

Player ['pleɪɐ] <-s, -> *m* (*E-Shopping-Kunde*) player

Plazenta [pla'tsɛnta] <-, -s oder Plazenten> *f* (ANAT) placenta

Plebiszit [plebɪs'tsiːt] <-s, -e> *nt* (POL) plebiscite

Pleite ['plaɪtə] <-, -n> *f* (*fam*) ① (COM) bankruptcy ② (*fig*) flop; **~ machen** (COM) go bust; **die ganze Sache war eine ~** the whole affair was a flop; **~ gehen** go bust; **pleite** *adj* (*fam*) broke, bust; **ich bin ~** I'm broke; **Pleitegeier** *m* (*Bankrotteur*) bankrupt; **der ~ schwebt über der Firma** the vultures are hovering over the firm

Plenarsaal [ple'naːɐ-] *m* (PARL) plenary assembly hall; **Plenarsitzung** *f* (PARL) plenary session

Plenum ['pleːnʊm] <-s> *nt* (PARL) plenum

Pleuelstange ['plɔɪəl-] *f* (AUTO) connecting rod

Plissee [plɪ'seː] <-s, -s> *nt* pleats *pl;* **plissieren** *vt* pleat

Plombe ['plɔmbə] <-, -n> *f* ① (*Verplombung*) lead seal ② (*Zahn~*) filling; **plombieren** *vt* ① (COM: *versiegeln*) seal ② (*Zähne*) fill

Plotter <-s, -> *m* (INFORM) plotter

plötzlich ['plœtslɪç] **I.** *adj* sudden **II.** *adv* suddenly; **ganz ~** all of a sudden

Plug-in [,plag'ɪn] *f* (*Softwareprogramm, das die Anwendungsmöglichkeiten eines Browsers erweitert*) plug-in

plump [plʊmp] *adj* ① (*ungeschickt*) awkward; (*unbeholfen*) clumsy ② (*taktlos, roh*) crude ③ (*unschön, unansehnlich*) ungainly; **Plumpheit** *f* ① (*Ungeschicklichkeit*) awkwardness; (*Unbeholfenheit*) clumsiness ② (*Taktlosigkeit, Rohheit*) crudeness ③ (*der Figur, des Aussehens*) ungainliness

plumps *interj* bang!

plumpsen ['plʊmpsən] *vi sein* (*fam*) fall

Plunder ['plʊndɐ] <-s> *m* junk

Plünderer(in) ['plʏndərɐ] *m(f)* looter, plunderer; **plündern** *vt* ① loot, plunder ② (*fig hum*) raid; **Plünderung** *f* looting, pillage

Plural ['pluːraːl] <-s, -e> *m* (GRAM) plural

Pluralismus *m* (POL) pluralism; **pluralistisch** *adj* pluralistic

Plus <-, -> *nt* ① (MATH: *~zeichen*) plus ② (COM: *Mehrumsatz*) increase; (*Überschuss*) surplus; (*Profit*) profit ③ (*~punkt*) advantage

plus [plʊs] *adv, präp* plus; (*Grad*) above zero

Plüsch [plyːʃ] <-(e)s, -e> *m* plush; **plüschig** *adj* plushy; **Plüschtier** *nt* soft toy

Pluspol *m* plus pole

Pluspunkt *m* (*fig*) advantage; **etw als ~ für sich buchen** count s.th. to one's credit; **das ist noch ein ~ für Sie** that's another point in your favour

Plusquamperfekt [-kvampɛrfɛkt] <-s, -e> *nt* (GRAM) past perfect, pluperfect
Pluszeichen *nt* plus sign
Plutoniumwirtschaft *f* plutonium industry
Pneu [pnɔː] <-s, -s> *m* (*CH*) tyre
pneumatisch [pnɔɪ'maːtɪʃ] *adj* pneumatic
Po [poː] <-(s), -s> *m* (*fam: Hintern*) botty
Pöbel ['pøːbəl] <-s> *m* mob, rabble; **pöbelhaft** *adj* vulgar
pochen ['pɔxən] *vi* ❶ (*klopfen*) knock (*an* at); (*leicht, leise*) rap ❷ (*Herz*) pound; (*Blut, Schläfen*) throb; **auf etw** (**sein gutes Recht**) ~ insist on s.th (one's rights)
Pocke ['pɔkə] <-, -n> *f* pock; **die ~n** (MED) smallpox; **Pockenimpfung** *f* (MED) smallpox vaccination; **pockennarbig** *adj* pockmarked
Podest [po'dɛst] <-(e)s, -e> *nt* ❶ (*Rednerbühne*) platform ❷ (*Sockel*) pedestal ❸ (*Treppenabsatz*) landing
Podium ['poːdiʊm] *nt* (*a. fig*) platform; **Podiumsdiskussion** *f* panel discussion
Poesie [poe'ziː] *f* poetry
Poesiealbum *nt* autograph book
Poet(in) [po'eːt] <-en, -en> *m(f)* poet; **poetisch** [po'eːtɪʃ] *adj* poetic
Pogrom [po'groːm] <-(e)s, -e> *nt* pogrom
Pointe ['poɛ̃ːtə] <-, -n> *f* ❶ (*von Witz*) punch-line ❷ (*Hauptsache*) (main) point; **pointiert** *adj* pithy
Pokal [po'kaːl] <-s, -e> *m* ❶ (*Trink~*) goblet ❷ (SPORT) cup; **Pokalsieger** *m* cupwinner; **Pokalspiel** *nt* (SPORT) cup final
Pökel ['pøkəl] <-s, -> *m* brine, pickle; **Pökelfleisch** *nt* salt meat; **pökeln** *vt* pickle, salt
Poker ['poːkɐ] <-s> *nt* poker; **Pokergesicht** *nt* poker face; **pokern** *vi* ❶ (*Poker spielen*) play poker ❷ (*feilschen*) haggle (*um* over)
Pol [poːl] <-s, -e> *m* (*a.* ELEK) pole
polar *adj* polar; **~e Kaltluft** an arctic cold front; **Polareis** *nt* polar ice; **Polarforscher(in)** *m(f)* polar explorer; **polarisieren** *vt, vi* polarize; **Polarität** *f* polarity; **Polarkreis** *m* polar circle; **nördlicher** (**südlicher**) ~ Arctic (Antarctic) circle; **Polarlicht** *nt* polar lights *pl;* **Polarstern** *m* Pole Star
Pole, -lin ['poːlə] <-n, -n> *m, f* Pole
Polemik [po'leːmɪk] *f* polemics *pl;* **polemisch** *adj* polemic; **polemisieren** *vi* polemicize; ~ **gegen …** inveigh against …
Polen ['poːlən] <-s> *nt* Poland
Polente [po'lɛntə] <-> *f* (*sl*) cops *pl*
Police [po'liːs(ə)] <-, -n> *f* policy
Polier [po'liːɐ] <-s, -e> *m* site foreman
polieren *vt* polish; **Poliertuch** *nt* polishing cloth; **Polierwachs** *nt* wax polish
Poliklinik ['poːlikliːnɪk] *f* ❶ (*Krankenhaus für ambulante Fälle*) clinic ❷ (*Krankenhausabteilung*) outpatients
Polio ['poːlio] <-> *f* (MED) polio
Politbüro [po'liːt-] *nt* (POL) Politburo
Politesse [poli'tɛsə] <-, -n> *f* (woman) traffic warden; (*fam*) meter maid
Politik [poli'tiːk] <-, (-en)> *f* ❶ politics *sing* ❷ (*bestimmte Richtung*) policy; **eine ~ der Eindämmung betreiben** pursue a policy of containment
Politiker(in) *m(f)* politician; **Politikum** *nt* political issue; **politisch** *adj* ❶ (*zur Politik gehörig*) political ❷ (*diplomatisch, klug*) politic
politisieren I. *vi* talk politics **II.** *vt:* **etw** ~ politicize s.th.; **Politisierung** *f* politicization
Politologe, -gin *m, f* political scientist; **Politologie** *f* political science
Politur [poli'tuːɐ] <-, -en> *f* ❶ (*das Polieren*) polishing ❷ (*Poliermittel*) polish
Polizei [poli'tsaɪ] *f* police *pl;* **dümmer als die ~ erlaubt** (*sl*) as thick as a brick; **Polizeiangaben** *pl:* **nach ~** according to the police; **Polizeiaufgebot** *nt* police presence; **Polizeiaufsicht** *f* police supervision; **unter ~ stehen** have to report regularly to the police; **Polizeibeamte(r), -beamtin** *m, f* police officer; **Polizeidienststelle** *f* police station; **Polizeigewahrsam** *m:* **in ~ sein** be in police custody; **Polizeihund** *m* police dog; **Polizeikelle** *f* police, signalling disc disk *Br,* signaling disk *Am*
polizeilich *adj attr* police, of the police; **~ angeordnet** by order of the police; **~ gesucht** wanted by the police; **Rauchen ~ verboten!** No smoking! by order of the police!; **Parken ~ verboten!** no parking
Polizeipräsident(in) *m(f)* chief constable *Br,* chief of police *Am;* **Polizeipräsidium** *nt* police headquarters *pl;* **Polizeirevier** *nt* ❶ (*Wache*) police station *Br,* station house *Am* ❷ (*Bezirk*) police district *Br,* precinct *Am;* **Polizeischutz** *m* police protection; **Polizeispitzel** *m* police informer *Br;* **Polizeistaat** *m* police state; **Polizeistern** *m* police badge; **Polizeistreife** *f* police patrol; **Polizeistunde** *f* closing time; **Polizeiwache** *f* police station *Br,* station house *Am*
Polizist(in) *m(f)* policeman (police woman)
Polizze [po'lɪtsə] <-, -n> *f* (*österr*) (insurance) policy

Polka ['pɔlka] <-, -s> *f* polka
Polkappe *f* polar ice cap
Pollen ['pɔlən] <-s, -> *m* pollen; **Pollenallergie** *f* pollen allergy; **Pollenflug** *m* pollen count; **Pollenflugkalender** *m* pollen count calendar; **Pollenflugvorhersage** *f* pollen count forecast; **Pollenwarndienst** *m* advance pollen warning service
polnisch ['pɔlnɪʃ] *adj* Polish
Polster ['pɔlstɐ] <-s, -> *nt* ❶ (~ *ung*) upholstery ❷ (*Wattierung bei Kleidung*) pad(ding) ❸ (*Kissen*) cushion ❹ (*Geldreserven*) reserves *pl;* **Polstergarnitur** *f* suite; **Polstermöbel** *ntpl* upholstered furniture *sing;* **polstern** *vt* ❶ (*Möbel*) upholster ❷ (*Kleidung, Türen*) pad; **Polstersessel** *m* easy chair; **Polsterung** *f* upholstery
Polterabend *m a party on the eve of a wedding*

i Land & Leute

Celebrated with friends and relatives a **Polterabend** is a party on the eve of a wedding, at which crockery is smashed to bring good luck – but the bridal couple have to do the sweeping up.

poltern ['pɔltɐn] *vi* ❶ (*laut sein, sich laut bewegen*) bang (about) ❷ (*rumpeln*) rumble
Polyamid [polya'mi:t] <-s, -e> *nt* (CHEM) polyamide
Polyäthylen [polyɛty'le:n] <-s, -e> *nt* (CHEM) polyethylene, polythene *Br*
Polyester [poly'ɛstɐ] <-s, -> *m* (CHEM) polyester
polygam [poly'ga:m] *adj* polygamous; **Polygamie** [---'-] *f* polygamy
Polyp [po'ly:p] <-en, -en> *m* ❶ (*Nesseltier*) polyp ❷ (MED): ~**en** adenoids ❸ (*sl: Polizist*) cop
Polytechnikum [poly'tɛçnikʊm] <-s, -ka> *nt* polytechnic
Polyurethan [polyure'ta:n] <-s> *nt* (CHEM) polyurethane
Pomade [po'ma:də] <-, -n> *f* pomade
Pomeranze [pomə'rantsə] <-, -n> *f* bitter orange
Pommes frites ['pɔmfrɪts/pɔm'fri:t(s)] *pl* chips *Br,* French fries *Am*
Pomp [pɔmp] <-(e)s> *m* pomp; **pompös** *adj* ❶ (*grandios*) grandiose ❷ (*aufgeblasen*) pompous
Poncho ['pɔntʃo] <-s, -s> *m* poncho
Pontius ['pɔntsiʊs] *m:* **von ~ zu Pilatus** from pillar to post
Ponton [pɔn'tõ:] <-s, -s> *m* pontoon; **Pontonbrücke** *f* pontoon bridge
Pony ['pɔni] <-s, -s> *nt* pony
Popanz ['po:pants] <-es, -e> *m* ❶ (*Schreckgespenst*) bog(e)y ❷ (*Person*) puppet
Popel ['po:pəl] <-s, -> *m* (*fam: Rotz*) bog(e)y; **popelig** *adj* (*fam*) ❶ (*knauserig*) stingy ❷ (*armselig*) crummy
Popelin [popə'li:n] <-s> *nt* poplin
popeln *vi* (*fam*) pick one's nose
Popo [po'po:] <-(s), -s> *m* (*fam*) botty
Popper ['pɔpɐ] <-s, -> *m* (*fam*) preppie
populär [popu'lɛ:ɐ] *adj* popular (*bei* with); **popularisieren** *vt* popularize; **Popularität** *f* popularity; **populärwissenschaftlich** **I.** *adj* popular science **II.** *adv* in a popular scientific way
Population [popula'tsjo:n] <-, -en> *f* (BIOL) population
Pore ['po:rə] <-, -n> *f* pore
Porno ['pɔrno] <-s, -s> *m* porn; **harter ~** hardcore (porn); **Pornofilm** *m* blue movie; **Pornografie** *f,* **Pornographie** *f* pornography; **pornografisch** *adj,* **pornographisch** *adj* pornographic
porös [po'rø:s] *adj* ❶ (*mit Poren*) porous ❷ (*brüchig*) perished
Porree ['pɔre] <-s, -s> *m* leek
Portal [pɔr'ta:l] <-s, -e> *nt* portal
Portemonnaie *nt* purse
Portfolio *nt* (FIN) portfolio
Portier [pɔr'tje:] <-s, -s> *m* porter
Portion [pɔr'tsjo:n] *f* ❶ (*beim Essen*) portion ❷ (*fam: Anteil*) amount; **eine ~ Kaffee** a pot of coffee; **eine halbe ~** (*Schwächling*) a half-pint
Portmonnee [pɔrtmɔ'ne:] <-s, -s> *nt* purse
Porto ['pɔrto] <-s, (-ti)> *nt* postage; (*Paket~*) carriage (*für* on); **portofrei** *adj* postage paid, post free; **portopflichtig** *adj* liable [*o* subject] to postage
Portrait [pɔr'trɛ:] <-s, -s> *nt* (*a. fig*) portrait; **portraitieren** *vt* ❶ (*ein Portrait machen*) paint a portrait (*jdn* of s.o.) ❷ (*schildern*) portray
Portugal ['pɔrtugal] *nt* Portugal; **Portugiese, -sin** [pɔrtu'gi:zə] <-n, -n> *m, f* Portuguese; **portugiesisch** *adj* Portuguese
Portwein ['pɔrt-] *m* port (wine)
Porzellan [pɔrtsɛ'la:n] <-s, -e> *nt* china; (*dünnes ~*) porcelain; **Porzellangeschirr** *nt* china
Posaune [po'zaʊnə] <-, -n> *f* (MUS) trombone
Pose ['po:zə] <-, -n> *f* pose
posen ['pəʊzən] *vi* (*posieren*) pose

P

posieren *vi* pose
Position *f* position; (COM: *auf einer Liste*) item; **positionieren** *vr* take a stand; **Positionslicht** *nt* (MAR) navigation light
positiv ['po:ziti:f] *adj* positive
Positiv <-s, -e> *nt* (PHOT) positive
Positur *f*: **sich in ~ setzen** take up a posture
Posse ['pɔsə] <-, -n> *f* (*a. fig*) farce
Possen <-s, -> *m* (*Unfug, Streich, Schabernack*) prank, tomfoolery; **possenhaft** *adj* farcical
possierlich [pɔ'si:ɐlɪç] *adj* comical, funny
Post [pɔst] <-> *f* mail, post; (*~gebäude*) post office; **zur ~ gehen** go to the post office; **die ~ war noch nicht da** the post has not yet come; **mit gleicher (getrennter) ~** (COM) by the same post (under separate cover); **einen Brief auf die ~ geben** post a letter *Br,* mail a letter *Am;* **postalisch** [pɔs'ta:lɪʃ] *adj* postal; **Postamt** *nt* post office; **Postanweisung** *f* money order, M.O., postal order, P.O.; **telegrafische ~** money telegram; **Postauto** *nt* (*LKW*) mail, van *Br,* truck *Am;* **Postbeamte(r)**, **-beamtin** *m, f* post office official; **Postbezug** *m* mail-order; **Postbote**, **-botin** *m, f* postman, -woman *Br,* mailman, -woman *Am*
Posten ['pɔstən] <-s, -> *m* ❶ (*Anstellung*) job, position ❷ (COM: *einer Aufstellung*) item ❸ (COM: *Warenmenge*) lot, quantity ❹ (*Streik~*) picket ❺ (MIL: *Wacht~*) guard, sentry; **wieder auf dem ~ sein** (*fam: fit, gesund sein*) be fit again; **auf verlorenem ~ stehen** be fighting a lost cause; **~ aufstellen** (*Wacht~*) post guards; (*Streik~*) set up pickets; **auf ~ stehen** be on guard; **ich bin heute noch nicht ganz auf dem ~** (*fam*) I'm not feeling quite up to par today; **einen ~ neu besetzen** fill a vacancy
Poster *nt/m* poster
Postfach *nt* post-office box, PO box
postfeministisch *adj* post-feminist
Postgeheimnis *nt* secrecy of the post; **Postgiroamt** *nt* National Giro office *Br;* **Postgirokonto** *nt* Post Office Giro account *Br*
postieren I. *vt* post **II.** *vr* position o.s.
Postkarte *f* postcard *Br,* postal card *Am;* **Postkutsche** *f* mail-coach; **postlagernd I.** *adj* to be called for **II.** *adv* poste restante; **Postleitzahl** *f* post code *Br,* zip code *Am*

i Land & Leute

With the advent of German reunification, it was necessary to introduce new **Postleitzahlen** (postcodes – zip codes in the USA). Since 1/7/93, German postcodes have had five digits; the first two digits indicate the town or region. In Austria and Switzerland, the postcodes have four digits and indicate the individual town or village; in Switzerland, the last two digits also indicate the street.

postmodern *adj* postmodern; **Postmoderne** *f* postmodernism
Postpaket *nt* parcel; **Postscheck** *m* Post Office Giro cheque *Br*
Postskriptum [pɔst'skrɪptʊm] <-s, -ta> *nt* postscript, PS
Postsparbuch *nt* Post Office savings book; **Postsparkasse** *f* Post Office savings bank; **Poststempel** *m* postmark; **Postüberweisung** *f* Girobank transfer; **Postweg** *m*: **auf dem ~** by post
postwendend *adv* ❶ by return of post [*o* mail *Am*] ❷ (*fig*) immediately
Postwertzeichen *nt* postage stamp; **Postwurfsendung** *f* direct-mail advertising; **Postzustellung** *f* postal [*o* mail] delivery
Potenz <-, -en> *f* ❶ (*a. fig*) potency ❷ (MATH) power; **in höchster ~** to the highest degree; **die dritte ~ zu vier ist vierundsechzig** (MATH) four to the power of three is sixty-four
Potenzial [potɛn'tsja:l] <-s, -e> *nt* potential
potenziell *adj* potential
Potpourri ['pɔtpʊri] <-s, -s> *nt* (*a. fig*) medley, potpourri (*aus* of)
Pott [pɔt] <-(e)s, Pötte> *m* pot
Poulet [pu'le:] <-s, -s> *nt* (*CH*) chicken
Powidl ['pɔvidl] <-> *m* (*österr*) plum jam
PR *f Abk. von* **Publicrelations** PR
Präambel [prɛ'ambəl] <-, -n> *f* preamble (*zu einer Sache* to s.th.)
Pracht [praxt] <-> *f* (*a. fig*) splendour; **Prachtausgabe** *f* de luxe edition
prächtig ['prɛçtɪç] *adj* splendid
Prachtkerl *m* (*fam*) ❶ (*großartiger Kerl*) great guy ❷ (*Prachtexemplar*) beauty; **Prachtstück** *nt* (*fam*) beauty; **prachtvoll** *adj* magnificent, splendid
Prädikat [prɛdi'ka:t] <-(e)s, -e> *nt* ❶ (GRAM) predicate ❷ (*Titel, Rang*) title ❸ (*Schulzensur*) grade; **Prädikatsnomen** *nt* (GRAM) complement
Präferenz [prɛfe'rɛnts] <-, -en> *f* preference
Präfix [prɛ'fɪks] <-es, -e> *nt* (GRAM LING) prefix
Prag [pra:k] <-s> *nt* Prague

prägen [prɛ:gən] *vt* stamp (*auf* on); (*Münzen, Wörter*) coin; (*formen*) shape; (*kennzeichnen*) characterize; **dieses Bild hat sich ihm ins Gedächtnis geprägt** this picture is engraved on his memory
Pragmatik [prak'ma:tɪk] <-> *f* (PHILOS LING) pragmatics; **Pragmatiker(in)** *m(f)* pragmatist; **pragmatisch** *adj* pragmatic
prägnant [prɛ'gnant] *adj* succinct, terse
Prägnanz <-> *f* succinctness, terseness
Prägung *f* ① (*das Prägen*) stamping; (*von Münzen, a. fig: von Begriffen*) coining ② (*das Formen*) shaping ③ (*auf Münzen*) strike
prähistorisch *adj* prehistoric
prahlen ['pra:lən] *vi* show off (*mit etw* s.th., *vor jdm* to s.o.); **Prahler(in)** *m(f)* boaster; **Prahlerei** *f* ① (*Großsprecherei*) bragging ② (*Angeberei*) showing-off; **prahlerisch** *adj* boastful, bragging; **Prahlhans** <-es, -hänse> *m* (*fam*) show-off
Praktik ['praktɪk] *f* method; **undurchsichtige ~en** shady practices
Praktikant(in) *m(f)* trainee
Praktiker(in) *m(f)* practical man (woman)
Praktikum ['praktikʊm] <-s, -ka> *nt* practical (training)
praktisch I. *adj* practical; **~er Arzt** general practitioner, GP II. *adv* ① (*in der Praxis*) in practice ② (*geschickt, praxisbezogen*) practically ③ (*fast, so gut wie*) virtually
praktizieren I. *vi* practise *Br*, practice *Am* II. *vt* (*handhaben*) practise *Br*, practice *Am*
Prälat [prɛ'la:t] <-en, -en> *m* prelate
Praline [pra'li:nə] <-, -n> *f* chocolate *Br*, chocolate candy *Am*
prall *adj* ① (*straff, fest*) firm, tight ② (*Sonne*) blazing; **prallvoll** *adj* (*fam*) filled to bursting
prallen *vi* ① *sein* (*von Ball*) bounce (*gegen* against) ② (*zusammen~*) collide (*gegen* with) ③ (*von Sonne*) blaze down (*auf* on)
Prämie ['prɛ:miə] <-, -n> *f* ① (*Preis*) award, prize ② (*Vergütung*) bonus ③ (*Versicherungs~*) premium; **prämi(i)eren** [prɛ'mi:rən/prɛmi'i:rən] *vt* (*mit einem Preis*) give an award (*etw* for s.th.)
prangen ['praŋən] *vi* be [*o* hang] resplendent
Pranger <-s, -> *m* (HIST) pillory; **jdn (etw) an den ~ stellen** pillory s.o. (s.th.)
Pranke ['praŋkə] <-, -n> *f* (*a. fam: Hand*) paw
Präparat [prɛpa'ra:t] <-(e)s, -e> *nt* (MED CHEM) ① (*vorbereitete Substanz*) preparation ② (*für Mikroskop*) slide; **präparieren** I. *vt* ① (*konservieren*) preserve ② (MED: *sezieren*) dissect ③ (*vorbereiten*) prepare II. *vr* prepare (*auf, für* for)
Präposition *f* (GRAM) preposition
Prärie [prɛ'ri:] *f* prairie
Präsens ['prɛ:zɛns] <-, -tia/-zien> *nt* (GRAM) present (tense)
Präsentation [prɛzɛnta'tsjo:n] <-, -en> *f* presentation; **präsentieren** I. *vt* present (*jdm etw* s.o. with s.th.) II. *vr* present o.s.
Präsenzbibliothek *f* reference library
Präservativ [prɛzɛrva'ti:f] <-s, -e> *nt* condom
Präsident(in) [prɛzi'dɛnt] *m(f)* president; **Herr Präsident (Frau Präsidentin)** Mister (Madam) President; **präsidieren** *vi* preside (*einer Sache* over s.th.); **Präsidium** *nt* ① (*Vorsitz*) presidency ② (*Partei~*) committee ③ (*Amtssitz, Hauptquartier*) headquarters *pl*
prasseln ['prasəln] *vi* ① *haben* (*Feuer*) crackle ② *sein* (*Regen*) drum ③ *sein* (*Vorwürfe*) rain down
prassen ['prasən] *vi* ① (*schlemmen*) feast ② (*schwelgen*) revel

i Land & Leute

Der Prater was originally the name for the leas and meadows on the right bank of the Danube downriver from Vienna. At the beginning of the 19th century an entertainment quarter grew up here with a big wheel and funfair.

Präteritum [prɛ'tɛ:ritʊm] *nt* (GRAM) preterite
präventiv [prɛvɛn'ti:f] *adj* preventive
Praxis ['praksɪs] <-, -xen> *f* ① (*a. Arzt~, Rechtsanwalts~*) practice ② (*Sprechzimmer eines Arztes*) surgery *Br*, doctor's office *Am* ③ (*eines Rechtsanwalts*) office; **Praxisbezug** *m* practical orientation
praxisfern *adj*, **praxisfremd** *adj* impractical; **praxisnah** *adj* practical
Präzedenzfall [prɛtse'dɛnts-] *m* precedent; **einen ~ schaffen** create a precedent
präzis [prɛ'tsi:s] *adj* precise; **präzise** *adj s.* **präzis**; **präzisieren** *vt* render more precisely; **Präzision** *f* precision; **Präzisionsinstrument** *nt* precision instrument
predigen ['pre:dɪgən] I. *vt* ① preach ② (*fam*) lecture (*jdm etw* s.o. on s.th.) II. *vi* (*a. fig*) preach; **Prediger(in)** *m(f)* (woman) preacher; **Predigt** ['pre:dɪçt] <-, -en> *f* (*a. fig*) sermon; **jdm eine ~ halten über etw** give s.o. a sermon on s.th.
Preis [praɪs] <-es, -e> *m* ① (*a. fig*) price (*für* of) ② (*bei Wettbewerb*) prize ③ (*Belohnung*) reward; **um jeden (keinen) ~**

(not) at any price; **im ~ steigen/fallen** go up/down in price; **zum ~ von ...** at a price of ...; **alles hat seinen ~** everything has its price; **gepfefferter ~** (*fam*) hefty price; **Preisabbau** *m* price reduction; **Preisangabe** *f* price quotation; **Preisanstieg** *m* rise in prices; **Preisaufschlag** *m* supplementary charge; **Preisausschreiben** *nt* competition; **Preisauszeichnung** *f* price marking; **Preisbildung** *f* price fixing; **Preisbindung** *f* (*~ der zweiten Hand*) retail price maintenance; **Preisdruck** <-(e)s> *m* downward pressure of prices; **Preiseinbruch** *m* collapse of prices

Preiselbeere ['praɪzlbeːrə] <-, -n> *f* cranberry

Preisempfehlung *f*: **unverbindliche ~** recommended price; **Preisentwicklung** *f* price trend; **Preiserhöhung** *f* price increase; **Preisermäßigung** *f* price cut; **Preisfrage** *f* ❶ (*Frage des Preises*) question of price ❷ (*Quizfrage*) prize question ❸ (*fam: großes Problem*) big question

Preisgabe *f* (*von Geheimnis*) betrayal

preis|geben *irr vt* ❶ (*aufgeben*) abandon ❷ (*aussetzen, ausliefern*) expose ❸ (*verraten*) betray

Preisgefüge *nt* price structure; **preisgekrönt** *adj* award-winning; **dieser Film wurde ~** this film was given an award; **Preisgericht** *nt* (*Jury*) jury; **Preisgeld** <-[e]s, -er> *nt* prize money *no pl;* **preisgünstig** *adj* inexpensive, low-priced; **Preisindex** *m* price index; **Preisklasse** *f* price category; **Preislage** *f* price range; **Preis-Leistungsverhältnis** *nt* cost effectiveness

preislich I. *adj attr* price **II.** *adv* in price

Preisliste *f* price list; **Preisnachlass** *m* price reduction; **Preisniveau** *nt* price level; **Preispolitik** *f* prices policy; **Preisrätsel** *nt* prize competition; **Preisrückgang** *m* price recession; **Preisschild** *nt* price-tag; **Preisschwankungen** *fpl* price fluctuations; **Preissenkung** *f* price cut; **Preisstabilität** *f* stability of prices; **Preissteigerung** *f* price increase; **Preisstopp** *m* price freeze; **Preisträger(in)** *m(f)* prizewinner; **Preistreiberei** *f* forcing up of prices; **Preisunterschied** *m* price difference; **preiswert** *adj* inexpensive, good value; **ein ~es Hemd** a shirt which is good value; **kann man bei ... ~ einkaufen?** do you get good value (for money) at ...?

prekär [preˈkɛːɐ] *adj* ❶ (*heikel*) precarious ❷ (*peinlich*) awkward

Prellbock *m* ❶ (RAIL) buffer-stop ❷ (*Sündenbock*) scapegoat

prellen [ˈprɛlən] **I.** *vt* ❶ (*fam*) cheat, swindle (*jdm um etw* s.o. out of s.th.) ❷ (*Körperteil*) bruise **II.** *vr* bruise o.s.

Prellung *f* (MED) bruise, contusion

Premiere [prəˈmjeːrə] *f* premiere

Premierminister(in) *m(f)* (POL) prime minister

preschen [ˈprɛʃən] *vi sein* (*fam*) dash

Presse [ˈprɛsə] <-, -n> *f* press; **Presseagentur** *f* press [*o* news] agency; **Pressearbeit** *f* public relations *pl;* **Presseausweis** *m* press card; **Pressechef(in)** *m(f)* chief press officer; **Presseerklärung** *f* statement to the press, press release; **Pressefotograf(in)** *m(f)* press photographer; **Pressefreiheit** *f* freedom of the press; **Pressekonferenz** *f* press conference; **Pressemeldung** *f* press report; **Pressemitteilung** *f* press release

pressen *vt* ❶ press, squeeze ❷ (*zwingen, zwängen*) force (*in* into)

Pressenotiz *f* short announcement in the newspaper; **Presserecht** *nt* press laws *pl;* **Presserummel** *m* throng of reporters; **Pressespiegel** *m* press review; **Pressesprecher(in)** *m(f)* press spokesman [*o* spokesperson]; **Pressestelle** *f* (MARKT) public relations [*o* press] office; **Pressestimme** *f* press commentary; **Pressezensur** *f* press curb

pressieren *vi* (*fam*) be urgent; **es pressiert nicht** there's no hurry [*o* it's not urgent]

Pression *f* pressure; **~en auf jdn ausüben** put pressure on s.o.

Presskohle *f* briquette; **Pressluft** *f* compressed air; **Pressluftbohrer** *m* pneumatic drill; **Presslufthammer** *m* air hammer

Prestige [prɛsˈtiːʒ(ə)] <-s> *nt* prestige; **Prestigedenken** *nt* status thinking; **Prestigegewinn** *m* increase in prestige; **Prestigeverlust** *m* loss of prestige

Preuße, -ßin [ˈprɔɪsə] <-n, -n> *m, f* Prussian; **Preußen** *nt* <-s> Prussia; **preußisch** *adj* Prussian

prickeln [ˈprɪkəln] *vi* (*kribbeln*) tingle; **prickelnd** *adj* ❶ (*kribbelnd*) tingling ❷ (*pikant*) piquant; (*erregend*) thrilling

Priem [priːm] <-(e)s, -e> *m* quid of tobacco; **priemen** *vi* chew tobacco

Priester [ˈpriːstɐ] *m* priest; **Priesteramt** *nt,* **Priesterin** *f* priestess; **Priestertum** *nt* priesthood; **Priesterweihe** *f* ordination (as a priest)

prima *adj* (*fam*) ❶ (COM: *erstklassig*) first-class ② (*toll*) fantastic, great, swell *bes. Am*

Primadonna [prima'dɔna] <-, Primadonnen> *f* primadonna

primär *adj* primary

i Land & Leute

All Swiss children have to attend a **Primarschule** (primary school) from the age of six. Depending on the canton, primary education lasts four to six years but is always free.

Primat[1] <-en, -en> *m* (ZOO) primate

Primat[2] *m/nt* <-(e)s, -e> (*Priorität, Vorherrschaft*) primacy (*über* over)

Primel ['pri:məl] <-, -n> *f* primrose; **eingehen wie eine ~** (*fam*) be completely flattened

Primetime ['praɪmtaɪm] <-, -s> *f* (*Hauptsendezeit*) prime time

primitiv [primi'ti:f] *adj* primitive; **Primitivität** *f* primitiveness; **Primitivling** *m* (*fam pej*) peasant; **Primus** ['pri:mʊs] <-, Primi oder -e> *m* top of the class

Primzahl ['pri:m-] *f* (MATH) prime number

Prinz [prɪnts] <-en, -en> *m* prince; **Prinzessin** [prɪn'tsɛsɪn] *f* princess; **Prinzgemahl** *m* prince consort

Prinzip [prɪn'tsi:p] <-s, -ien/(-e)> *nt* principle; **im ~** in principle; **aus ~** as a matter of principle, on principle; **so etw ginge gegen seine ~ien** such a thing would be against his principles; **er ist ein Mann mit ~ien** he's a man of principle(s); **prinzipiell** *adv* ① (*aus Prinzip*) on principle ② (*grundsätzlich*) in principle; **Prinzipienreiter(in)** *m(f)* (*pej*) stickler for one's principles; **prinzipientreu** *adj* true to one's principles

Priorität [priori'tɛ:t] *f* priority (*vor, gegenüber* over); **~en setzen** establish one's priorities; **höchste ~ haben** be of prime importance

Prise ['pri:zə] <-, -n> *f* ① (*kleines bisschen*) pinch; **eine ~ Salz** a pinch of salt ② (MAR) prize

Prisma ['prɪsma] <-s, -men> *nt* prism

Pritsche ['prɪtʃə] <-, -n> *f* ① (*Liegestatt*) plank bed ② (*LKW-Ladefläche*) platform

privat [pri'va:t] *adj* private; **~ versichert sein** be privately insured; **Privatadresse** *f* home address; **Privatangelegenheit** *f* private matter; **Privataudienz** *f* private audience; **Privatbesitz** *m* private property; **in ~** privately owned; **in ~ übergehen** pass into private hands; **~! Betreten verboten!** Private property! No trespassing!; **Privatdetektiv(in)** *m(f)* private detective; (*fam*) private eye; **Privatfernsehen** *nt* commercial television; **Privatgespräch** *nt* private conversation; **Privatgrundstück** *nt* private property; **~ kein Zutritt!** private property keep out!; **Privathand** *f*: **in Privathand** in private hands; **Privatinitiative** *f* private initiative

Privatisierung *f* (POL) privatization

Privatklinik *f* private hospital; **Privatkonto** *nt* personal account, private account; **Privatkunde** *m* private customer; **Privatleben** *nt* private life; **Privatlehrer(in)** *m(f)* private teacher, tutor; **Privatpatient(in)** *m(f)* private patient; **Privatperson** *f* private person; **Privatrecht** *nt* civil law; **privatrechtlich** *adj attr* civil law; **Privatsache** *f* private matter; **Privatschule** *f* private school; **Privatsekretär(in)** *m(f)* private secretary; **Privatsphäre** *f* privacy; **Privatunternehmen** *nt* private company; **Privatunterricht** *m* private tuition; **Privatvergnügen** *nt* (*fam*) private pleasure; **Privatvermögen** *nt* private fortune; **Privatweg** *m* private way; **Privatwirtschaft** *f* private industry; **privatwirtschaftlich** *adj* private-enterprise

Privileg [privi'le:k] <-(e)s, -ien> *nt* privilege; **privilegieren** *vt* privilege; **eine privilegierte Kaste** a privileged caste

Pro *nt*: **das ~ und Kontra** the pros and cons *pl*

pro[1] [pro:] *präp* per; **~ Kopf** per capita; **drei Euro ~ Stück** three euro each

pro[2] (*in Zusammensetzungen*) pro-; **~amerikanisch** pro-American

probat [pro'ba:t] *adj* proved, tried

Probe ['pro:bə] <-, -n> *f* ① (*Versuch, Prüfung*) test ② (*Muster*) pattern; (*Waren~, Beispiel, Kost~*) sample ③ (THEAT) rehearsal; **die ~ aufs Exempel machen** put it to the test; **jdn (etw) auf die ~ stellen** put s.o. (s.th.) to the test; **auf [o zur] ~** on test; **auf ~ angestellt** employed for a probationary period; **jds Geduld auf eine harte ~ stellen** try someone's patience sorely; **die ~ machen** (MATH) (make a) check; **eine ~ abhalten** (THEAT) rehearse; **Probeabzug** *m* (TYP) proof; **Probealarm** *m* practice alarm; **Probeangebot** *nt* trial offer; **Probebohrung** *f* exploratory boring, test drill; **Probeentnahme** *f* taking of samples; **Probeexemplar** *nt* sample; **Probefahrt** *f* test drive, trial run; **Probejahr** *nt* probationary year; **Probelauf** *m* trial run

P

proben *vt, vi* rehearse

Probenummer *f* trial copy; **Probepackung** *f* trial package; **Probeseite** *f* specimen page; **probeweise** *adv* on trial; (COM) on approval; **Probezeit** *f* probationary period

probieren *vt, vi* (*versuchen, a. kosten*) try

Problem [pro'ble:m] <-s, -e> *nt* problem; **ein ~ in Angriff nehmen** get down to a problem; **sich mit einem ~ auseinander setzen** work on a problem; **Problematik** [--'--] *f* (*Schwierigkeit*) set of difficulties [*o* problems] (*jds* with s.o., *einer Sache* with s.th.); **problematisch** *adj* ❶ (*problembeladen*) problematic ❷ (*fragwürdig*) questionable ❸ (*schwierig*) difficult; **die Lage ist ~** the situation is grave; **problematisieren** *vt:* **etw ~** expound the problems of s.th.; **Problembereich** *m* problem area; **problemlos** I. *adj* problem-free II. *adv* without any difficulties

Procedere [pro'tse:dərə] <-, -> *nt* (method of) procedure

Produkt [pro'dʊkt] <-(e)s, -e> *nt* (*a. fig*) product; **Produktanalyse** *f* product analysis; **Produktenhandel** *m* (COM) produce trade; **Produktentwicklung** *f* product development; **Produktgestaltung** *f* product design; **Produktgruppe** *f* product line; **Produkthaftung** *f* product liability

Produktion *f* production; **Produktionsabteilung** *f* production department; **Produktionsanlagen** *pl* production equipment, production plant; **Produktionsausfall** *m* loss of production; **Produktionsfehler** *m* production fault [*o* error]; **Produktionsgüter** *ntpl* producer goods; **Produktionskapazität** *f* production capacity, productive capacity; **Produktionskosten** *pl* production costs; **Produktionsleistung** *f* output; **Produktionsmittel** *ntpl* means *pl*, of production; **Produktionsrückgang** *m* drop in production; **Produktionsstandard** *m* production standard; **Produktionsstätte** *f* production facility, factory; **Produktionssteigerung** *f* increase in production; **Produktionsstockung** *f* interruption in production; **Produktionszweig** *m* industry

produktiv [produk'ti:f] *adj* productive; **Produktivität** *f* productivity; **Produktivitätszuwachs** *m* gain in productivity

Produktlinie *f* product line; **Produktmanager(in)** *m(f)* product manager; **Produktpalette** *f* (MARKT) product range; **Produktwerbung** *f* product advertising; **Produktzyklus** *m* (*Verkaufsdauer eines Produkts*) product cycle

Produzent(in) *m(f)* producer; **produzieren** I. *vt* produce II. *vr* (*angeben*) show off

profan [pro'fa:n] *adj* ❶ (*weltlich*) profane ❷ (*gewöhnlich, banal*) mundane

Professionalität *f* professionalism

professionell [profɛsio'nɛl] *adj* professional

Professor(in) *m(f)* professor; **~ für Biologie** professor of Biology; **zerstreuter ~** absent-minded professor

Professur *f* chair (*für* in)

Profi ['pro:fi] <-s, -s> *m* (*fam*) pro; (SPORT: *Rad~, Schwimm~*) professional (cyclist, swimmer)

Profil [pro'fi:l] <-s, -e> *nt* ❶ (*Seitenansicht von Gesicht*) profile ❷ (GEOG) section ❸ (*Quer~*) cross-section; (*Längs~*) vertical section ❹ (AVIAT) wing profile ❺ (*Reifen~*) tread ❻ (*Ansehen*) image; **profilieren** I. *vt* ❶ (*Reifen*) put a tread on ❷ (*abgrenzen*) define II. *vr* ❶ (*sich auszeichnen*) distinguish o.s. ❷ (*sich ein Image verleihen*) give o.s. a personal image; **profiliert** *adj* ❶ (*klar, scharf*) clear-cut ❷ (*hervorragend*) outstanding; (*hervorstechend*) distinctive; **Profilneurose** *f* (PSYCH) image complex

Profit [pro'fi:t] <-(e)s, -e> *m* profit; **~ aus etw schlagen** (*a. fig*) profit from s.th.; **profitabel** *adj* profitable; **Profitdenken** *nt* profit orientation; **Profitgier** *f* greed for profit; **profitieren** *vi* (*a. fig*) profit (*von* from, by); **Profitjäger(in)** *m(f)* (*fam*) profiteer

pro forma [pro'fɔrma] *adv* as a matter of form; **Proforma-Rechnung** *f* (COM) proforma invoice

profund [pro'fʊnt] *adj* profound, deep

Prognose [pro'gno:zə] <-, -n> *f* prognosis; (*Wetter~*) forecast; **prognostizieren** [prognɔsti'tsi:rən] *vt* predict

Programm [pro'gram] <-s, -e> *nt* ❶ programme *Br,* program *Am* ❷ (INFORM: *Computer~*) program ❸ (*beim Rennen*) card ❹ (THEAT) bill ❺ (RADIO TV: *Sendefolge*) program(me)s *pl* ❻ (*Sendekanal*) channel ❼ (*~heft*) program(me) guide ❽ (COM: *Sortiment, Produktions~*) range ❾ (*Tagesordnung*) agenda; **was steht für heute auf dem ~?** (*was haben wir vor?*) what's the program(me) for today?; (*was steht auf der Tagesordnung?*) what's on today's agenda?; **was läuft im andern ~?** (RADIO TV) what's on the other channel?; **Programmfehler** *m* (INFORM) programm(ing) error; **Programmfolge** *f* (RADIO TV) order of program(me)s; **Programmhinweis** *m* (RADIO TV) program(me) note

programmierbar *adj* programmable
programmieren **I.** *vt* ❶ (INFORM) program(me) ❷ (*konditionieren*) condition (*auf* to); **programmierter Unterricht** programmed course; **auf Erfolg programmiert sein** be conditioned to success **II.** *vi* (INFORM) program(me); **Programmierer(in)** *m(f)* (INFORM) programmer; **Programmierfehler** *m* programming error; **Programmiersprache** *f* (INFORM) programming language; **Programmierung** <-, -en> *f* programming
Programmkino *nt* repertory cinema; **Programmpunkt** *m* (*Tagesordnungspunkt*) item on the agenda; **Programmsteuerung** *f* (INFORM) program control; **Programmvorschau** *f* ❶ (TV) program(me) round-up ❷ (FILM) trailer; **Programmwahl** *f* ❶ (ELEK) cycle selection ❷ (TV) channel selection; **Programmzeitschrift** *f* program(me) guide
Progression [progrɛ'sio:n] *f* (*a.* FIN) progression
progressiv [--'-] *adj* (*a.* FIN) progressive
Prohibition [prohibi'tsjo:n] *f* Prohibition
Projekt [pro'jɛkt] <-(e)s, -e> *nt* project; **Projektanalyse** *f* project analysis; **Projektfinanzierung** *f* project financing, project funding; **Projektgruppe** *f* project team; **projektieren** *vt* project; **Projektingenieur** *m* project engineer
Projektion *f* projection
Projektleiter *m* project manager; **Projektmanagement** [-ˌmɛnɪdʒmɛnt] <-s> *nt* project management
Projektor *m* (FILM) projector
projizieren [proji'tsi:rən] *vt* project
Proklamation [proklama'tsjo:n] *f* proclamation; **proklamieren** *vt* proclaim
Pro-Kopf-Einkommen *nt* per capita income; **Pro-Kopf-Verbrauch** *m* per-capita consumption
Prokura [pro'ku:ra] <-, -ren> *f* (COM) procuration; **per** ~ by proxy, per procurationem, per pro., p.p.; **jdm** ~ **erteilen** grant s.o. procuration; **Prokurist(in)** *m(f)* (COM) attorney
Prolet [pro'le:t] <-en, -en> *m* (*pej*) prole
Proletariat [proletari'a:t] <-s> *nt* proletariat; **Proletarier(in)** [--'--] *m(f)* proletarian; **proletarisch** *adj* proletarian
Proll <-s, -s> *m* (*pej*) prole
Prolog [pro'lo:k] <-s, -e> *m* prolog(ue)
Prolongation [prolɔŋga'tsjo:n] <-, -en> *f* extension; **Prolongationswechsel** *m* renewal bill
prolongieren *vt* extend
Promenade [promə'na:də] <-, -n> *f* promenade; **promenieren** *vi* promenade
Promille [pro'mɪlə] <-(s), -> *nt* ❶ (*Tausendstel*) thousandth ❷ (*fam: Blutalkohol*) alcohol level; **er hatte 2,6** ~ he had an alcohol level of 260 millilitres; **Promillegrenze** *f highest permitted level of alcohol in the bloodstream;* **Promillemesser** *m* breathalyzer
prominent [promi'nɛnt] *adj* prominent; **Prominente(r)** <-n, -n> *f (m)* prominent figure, VIP; **Prominenz** <-> *f* prominent figures, VIP's *pl*
Promotion[1] [prə'moʊʃən] *f* (MARKT COM) promotion
Promotion[2] [promo'tsio:n] *f* doctorate, PhD
promovieren [promo'vi:rən] **I.** *vt* confer a doctorate on **II.** *vi* do a doctorate (*über* in)
prompt [prɔmpt] **I.** *adj* prompt **II.** *adv* ❶ (*sofort*) promptly ❷ (*selbstverständlich*) of course
Pronomen [pro'no:mən] <-s, -mina> *nt* (GRAM) pronoun
Propaganda [propa'ganda] <-> *f* ❶ (POL) propaganda ❷ (MARKT) publicity; **Propagandafeldzug** *m* ❶ (POL) propaganda campaign ❷ (MARKT) publicity campaign; **Propagandist(in)** *m(f)* ❶ (POL) propagandist ❷ (MARKT) demonstrator; **propagandistisch** *adj* propagandist(ic); **etw** ~ **ausnutzen** use s.th. as propaganda
propagieren *vt* propagate
Propan [pro'pa:n] <-s> *nt* (CHEM) propane; **Propangas** *nt* propane gas
Propeller [pro'pɛlɐ] <-s, -> *m* propeller; **ein Flugzeug mit** ~**antrieb** a propeller-driven plane
proper ['prɔpɐ] *adj* (*fam*) neat, trim
Prophet(in) [pro'fe:t] <-en, -en> *m(f)* prophet; **prophetisch** *adj* prophetic; **prophezeien** [profe'tsaɪən] <ohne ge-> *vt* (*vorhersagen*) foretell; (REL) prophesy; **Prophezeiung** *f* prophecy
prophylaktisch [profy'laktɪʃ] *adj* prophylactic
Proportion [propɔr'tsjo:n] *f* proportion; **proportional** *adj* proportional; ~ **zu …** in proportion to …; **umgekehrt** ~ (MATH) in inverse proportion; **proportioniert** *adj* proportioned
Proporz [pro'pɔrts] <-es> *m* proportional representation
proppe(n)voll ['prɔpə(n)'fɔl] *adj* (*fam*) jam-packed
Propst [pro:pst, *pl:* 'prø:pstə] <-es, Pröpste> *m* provost
Prosa ['pro:za] <-> *f* prose; **prosaisch** [pro'za:ɪʃ] *adj* (*a. fig: nüchtern*) prosaic

P

pros(i)t ['pro:st ('pro:zɪt)] *interj* cheers! here's to you! your health!; (*beim Niesen*) bless you!; ~ **Neujahr!** here's to the New Year!; ~ **allerseits!** cheers to everyone!; (*als Aufforderung zum Trinken*) bottoms up!

Prospekt [pro'spɛkt] <-(e)s, -e> *m* ❶ (*Aussicht*) prospect ❷ (COM: *Werbe~*) brochure; (*einzelner Zettel*) leaflet; **Prospektmaterial** *nt* descriptive material

Prostata ['prostata] <-> *f* (ANAT) prostate gland; **Prostatakrebs** *m* prostate cancer

prostituieren [prostitu'i:rən] *vr* (*a. fig*) prostitute o.s.; **Prostituierte** <-n, -n> *f* prostitute; **Prostitution** *f* prostitution

Protegé [prote'ʒe:] <-s, -s> *m* protégé

protegieren *vt* sponsor

Protein [prote'i:n] <-s, -e> *nt* protein

Protektion [protɛk'tsjo:n] *f* ❶ (*Schutz*) protection ❷ (*Förderung, Begünstigung*) patronage; **unter jds ~ stehen** (*von ihm beschützt werden*) be under someone's protection; (*von ihm begünstigt werden*) be someone's protégé [*o* under someone's patronage]; **Protektionismus** *m* (COM POL) protectionism

Protektorat <-(e)s, -e> *nt* ❶ (POL: *Schutzgebiet*) protectorate ❷ (*Schutz-, Schirmherrschaft*) patronage

Protest [pro'tɛst] <-(e)s, -e> *m* protest; **aus ~** in protest; **unter ~** (*gezwungenermaßen*) under protest; (*protestierend*) protesting; **gegen jdn (etw) ~ einlegen** make a protest against s.o. (s.th.); **Protestaktion** *f* protest

Protestant(in) *m(f)* Protestant; **protestantisch** *adj* Protestant; **Protestantismus** *m* Protestantism

protestieren *vi* protest (*gegen* against)

Protestkundgebung *f* protest rally; **Protestnote** *f* (POL) note of protest; **Protestversammlung** *f* protest meeting; **Protestwähler(in)** *m(f)* protest voter

Prothese [pro'te:zə] <-, -n> *f* (MED) prosthesis, artificial limb; (*Zahn~*) dentures; (*fam*) false teeth

Protokoll [proto'kɔl] <-s, -e> *nt* ❶ (*Niederschrift*) record ❷ (*Sitzungs~*) minutes *pl* ❸ (*Polizei~ einer Aussage*) statement ❹ (*Strafzettel*) ticket ❺ (*diplomatisches ~ bei Staatsbesuchen*) protocol; **~ führen** (*Sitzungs~*) keep the minutes; (*Gerichts~*) keep a record of the proceedings; (*Unterrichts~*) write a report; **etw zu ~ nehmen** take s.th. down; **etw zu ~ geben** have s.th. put on record; (*bei der Polizei*) say s.th. in one's statement; **protokollarisch** *adj* ❶ (*protokolliert*) on record; (*im Sitzungsprotokoll festgehalten*) in the minutes ❷ (*gemäß dem diplomatischen Protokoll, das Zeremoniell betreffend*): **~e Mindestforderungen** minimum demands of protocol; **~ gesehen** as regards protocol; **Protokollführer(in)** *m(f)* keeper of the minutes; (*amtlich*) recording clerk; (JUR) clerk of the court; **protokollieren** **I.** *vt* ❶ (*schriftlich festhalten*) take down ❷ (*Konferenz*) minute ❸ (*Unterrichtsverlauf*) write a report of **II.** *vi* ❶ (*bei Sitzung*) take the minutes down ❷ (*bei Aussage vor der Polizei*) take a [*o* the] statement down ❸ (*im Unterricht*) write the report

Proton [pro'to:n] <-s, -en> *nt* (PHYS) proton

Prototyp ['pro:toty:p] <-(e)s, -en> *m* prototype

Protz [prɔts] <-en/-es, -e(n)> *m* (*fam*) swank; **protzen** *vi* (*fam*) show off; **vor jdm mit etw ~** show s.th. off to s.o.; **protzig** *adj* (*fam*) showy, swanky

Proviant [provi'ant] <-(e)s, (-e)> *m* provisions *pl;* **sich mit ~ versehen** provide o.s. with food

Provider [prə'vaɪdə] <-s, -> *m* (*für den Internetzugang*) provider

Provinz [pro'vɪnts] <-, -en> *f* ❶ (*Teil eines Landes*) province ❷ (*kulturell zweitrangige Gebiete*): **die ~** the provinces *pl;* **provinziell** *adj* (*a. pej*) provincial; **Provinzler(in)** *m(f)* (*pej*) provincial; **Provinzstadt** *f* provincial town

Provision [provi'zjo:n] *f* (COM) commission; **auf ~** on commission; **Provisionsbasis** *f* commission basis; **auf Provisionsbasis arbeiten** work on a commission basis

provisorisch *adj* provisional, temporary; **Provisorium** *nt* provisional arrangement

provokant *adj* provocative

Provokateur(in) [provoka'tøːɐ] *m(f)* troublemaker; **Provokation** *f* provocation; **provozieren** *vt, vi* provoke

Prozedere [pro'tse:dərə] <-, -> *nt* procedure

Prozedur [protse'du:ɐ] *f* (*Vorgehensweise*) procedure; (*fam*) carry-on

Prozent [pro'tsɛnt] <-(e)s, -e> *nt* per cent; **wie viel ~?** what percentage?; **zehn ~** (*fam*) ten per cent; **ich bekomme hier ~e** I get a discount here; **in ~en ausgedrückt** expressed as a percentage; **Prozentsatz** *m* percentage; **prozentual** *adj attr* percentage; **~ ausgedrückt** expressed as a percentage

Prozess [pro'tsɛs] <-es, -e> *m* ❶ (JUR: *Gerichtsverfahren*) trial; (*Rechtsfall*) case ❷ (*Vorgang, Verfahren*) process; **er hat**

seinen ~ **gewonnen** (**verloren**) (JUR) he won (lost) his case; **gegen jdn einen ~ anstrengen** (JUR) bring an action against s.o.; **in einen ~ verwickelt sein** be involved in a lawsuit; **jdm den ~ machen** (JUR) bring s.o. to trial; **mit jdm** (**etw**) **kurzen ~ machen** (*fam*) make short work of s.o. (s.th.); **Prozessakten** *fpl* case files; **Prozessgegner(in)** *m(f)* (JUR) opposing party

prozessieren *vi* take legal proceedings (*gegen* against)

Prozession *f* procession

Prozesskosten *pl* legal costs; **Prozesslawine** *f* spate of trials

Prozessor *m* (INFORM) processor

Prozessordnung *f* rules of procedure

prüde ['pry:də] *adj* prudish; **Prüderie** [pry:də'ri:] *f* prudery

Prüfabzug *m* (TYP) proof

prüfen ['pry:fən] *vt* ❶ (*Kenntnisse abfragen*) examine ❷ (*proben, ausprobieren, auf die Probe stellen*) test ❸ (*besichtigen, mustern*) inspect ❹ (*nach~, über~*) check (*auf* for, *ob* to see if); (COM: *Bücher, Bilanz*) audit ❺ (*erwägen, betrachten*) consider; **Prüfer(in)** *m(f)* ❶ (*bei Examen*) examiner ❷ (COM: *Wirtschafts~, Buch~*) auditor; **Prüfgerät** *nt* ❶ (*Einzelgerät*) testing apparatus ❷ (*Gesamtheit der ~e*) testing equipment; **Prüfling** *m* examinee; **Prüfstand** *m* (AUTO) test bed; **Prüfstein** *m* (*fig*) touchstone (*für* of, for); **Prüfstempel** *m* test stamp

Prüfung *f* ❶ (*Examen*) exam(ination) ❷ (*Erprobung*) testing ❸ (*Musterung*) inspection ❹ (*Nach~, Über~*) check(ing); (*Wirtschafts~*) audit ❺ (*Erwägung*) consideration; **sich einer ~ unterziehen** (**eine ~ machen**) take an exam(ination); **eine ~ bestehen** pass an exam(ination); **Prüfungsangst** *f* exam nerves *pl;* **Prüfungsaufgabe** *f* test question; **Prüfungsausschuss** *m* ❶ (SCHULE) board of examiners ❷ (*bei Sachen*) board of inspectors; **Prüfungsergebnis** *nt* result of an [*o* the] examination; **Prüfungsgebühren** *fpl* examination fee *sing;* **Prüfungskommission** *f* ❶ (SCHULE) board of examiners ❷ (*bei Sachen*) board of inspectors; **Prüfungszeugnis** *nt* exam(ination) certificate

Prüfverfahren *nt* test procedure; (*Signifikanztest*) test of significance

Prügel[1] ['pry:gəl] <-s, -> *m* (*fam: Knüppel*) cudgel

Prügel[2] *pl* (*Tracht ~*) thrashing; **Prügelei** *f* brawl, fight; **Prügelknabe** *m* (*fig*) whipping boy; **prügeln I.** *vt, vi* beat **II.** *vr* fight (*mit jdm* s.o., *um* for); **Prügelstrafe** *f* corporal punishment

Prunk [prʊŋk] <-(e)s> *m* splendour; **prunken** *vi* be resplendent; **mit etw ~** make a show of s.th.

prusten ['pru:stən] *vi* snort; **vor Lachen ~** snort with laughter

Psalm [psalm] <-s, -en> *m* psalm

Pseudo-Krupp ['psɔydokrʊp] *m* (MED) pseudo croup

Pseudonym [psɔydo'ny:m] <-s, -e> *nt* pseudonym

pst [pst] *interj:* **~!** hush!

Psyche ['psy:çə] <-, -n> *f* psyche

psychedelisch [psyçe'de:lɪʃ] *adj* psychedelic

Psychiater(in) [psy'çja:tɐ] <-s, -> *m(f)* psychiatrist; (*fam*) shrink; **Psychiatrie** [psyçia'tri:] *f* psychiatry; **psychiatrisch** *adj* psychiatric; **sich in ~er Behandlung befinden** be under psychiatric treatment

psychisch *adj* ❶ (*die Psyche betreffend*) psychic ❷ (*psychologisch*) psychological; **ein ~es Phänomen** a psychic phenomenon; **~e Erkrankung** mental illness; **~ bedingt** psychologically determined

Psychoanalyse *f* psychoanalysis; **Psychoanalytiker(in)** *m(f)* psychoanalyst; **Psycho-Droge** ['psyço-] *f* (CHEM) psychoactive drug; **psychogen** [psyço'ge:n] *adj* psychogenic; **Psychogramm** *nt* ❶ (MED) psychograph ❷ (*fig*) profile; **Psycholinguistik** *f* psycholinguistics *pl;* **Psychologe, -gin** *m, f* psychologist; **psychologisch** *adj* psychological; **Psychopath(in)** [psyço'pa:t] <-en, -en> *m(f)* psychopath; **Psychopharmaka** [-'farmaka] *pl* (CHEM MED) psychopharmacological [*o* psychotropic] drugs; **Psychose** [psy'ço:zə] <-, -n> *f* (MED) psychosis; **Psychosekte** *f* psycho sect; **psychosomatisch** *adj:* **~e Krankheit** psychosomatic illness; **psychosozial** *adj* psychosocial; **Psychoterror** *m* psychological terror; **Psychotherapeut(in)** <-en, -en> *m(f)* psychotherapist; **Psychotherapie** [----'-] *f* (MED) psychotherapy

Pubertät [pubɛr'tɛ:t] *f* puberty

Publicrelations <-, -> *f* public relations

publik *adj* public

Publikation [publika'tsjo:n] *f* publication

Publikum ['pu:blikʊm] <-s> *nt* (*Zuschauer*) audience; **Publikumserfolg** *m* success with the public; **Publikumsgeschmack** *m* public taste; **Publikumsliebling** *m* darling of the public; **Publikumsmagnet** *m* crowd-puller; **Publikumsverkehr** *m* personal callers

P

publizieren [publi'tsi:rən] *vt, vi* publish
Publizieren *nt:* **elektronisches ~** electronic publishing
Publizist(in) *m(f)* publicist; **Publizistik** *f* journalism; **Publizität** *f* publicity; **publizitätsträchtig** *adj* offering good publicity
Puck [pʊk] <-s, -s> *m* puck
Pudding ['pʊdɪŋ] <-s, -e/-s> *m* blancmange; (*Kaltrühr~*) instant whip
Pudel ['pu:dəl] <-s, -> *m* (*Hunderasse*) poodle; **das also war des ~s Kern!** so that's it was all about!; **was stehst du da wie ein begossener ~?** (*fam*) why are you looking so sheepish?
Pudelmütze *f* bobble hat
pudelnass *adj* soaking wet; **pudelwohl** *adj* (*fam*): **sich ~ fühlen** feel really good
Puder ['pu:dɐ] <-s, -> *m* powder; **Puderdose** *f* powder tin; **pudern** *vt* powder; **Puderquaste** *f* powder puff; **Puderzucker** *m* icing sugar
Puff[1] [pʊf, *pl:* 'pʏfə] <-(e)s, Püffe> *m* ❶ (*Stoß*) thump; (*leichter Stoß in die Seite*) nudge ❷ (*Knall*) bang
Puff[2] <-s, -s> *m* (*sl: Bordell*) cathouse
puffen **I.** *vt* ❶ (*stoßen*) thump; (*leicht in die Seite*) nudge ❷ (*Abgase, Rauch*) puff **II.** *vi* ❶ (*von Lokomotive*) puff ❷ (*fam: puff machen*) go phut
Puffer[1] *m* (*Kartoffel~*) potato fritter
Puffer[2] *m* (RAIL) buffer; **puffern** *vt* (TECH) buffer; **Reibung ~** reduce friction; **Pufferstaat** *m* (POL) buffer state
Pulk [pʊlk] <-(e)s, -s> *m* group, throng
Pulle ['pʊlə] <-, -n> *f* (*fam: Flasche*) bottle; **volle ~** (*fam*) at full pelt
Pulli ['pʊli] <-s, -s> *m* (*fam*) jersey, sweater; **Pullover** [pʊ'lo:vɐ] <-s, -> *m* jersey, jumper *Br a.,* pullover, sweater; **Pullunder** [pʊ'lʊndɐ] <-s, -> *m* tank top
Puls [pʊls] <-es, -e> *m* (*a. fig*) pulse; **jdm den ~ fühlen** feel someone's pulse; **Pulsader** *f* artery
pulsieren *vi* (*a. fig*) pulsate, throb
Pulsmesser <-s, -> *m* (SPORT) pulse monitor; **Pulsschlag** *m* ❶ (ANAT) pulse-beat ❷ (*fig*) pulse; **Pulswärmer** *m* wristlet
Pult [pʊlt] <-(e)s, -e> *nt* desk
Pulver ['pʊlvɐ] <-s, -> *nt* powder; (*Schieß~*) gunpowder; **er hat sein ~ verschossen** he's shot his bolt; **Pulverfass** *nt* (*a. fig*) powder keg; **pulverisieren** *vt* powder, pulverize; **Pulverkaffee** *m* instant coffee; **Pulverschnee** *m* powder snow
Puma ['pu:ma] <-s, -s> *m* (*Raubtier*) puma
Pummel(chen) ['pʊməl] <-s, -> *m* (*nt*) (*fam: Dickerchen*) roly-poly; **pummelig** *adj* (*fam*) chubby
Pump <-s> *m* (*fam*) tick; **etw auf ~ kaufen** buy s.th. on tick
Pumpe ['pʊmpə] <-, -n> *f* ❶ pump ❷ (*fam: Herz*) ticker
pumpen[1] *vt, vi* pump
pumpen[2] *vt, vi* (*fam*) ❶ (*verleihen*) give on tick ❷ (*entleihen*) take on tick
Pumping ['pampɪŋ] <-s> *nt* (*anstrengendes Ganzkörpertraining*) pumping
Pumpstation *f* pumping station
Punker(in) ['paŋkɐ] <-s, -> *m(f)* punk
Punkt [pʊŋkt] <-(e)s, -e> *m* ❶ (*zur Bewertung, a. im Sport*) point; (*beim Kartenspiel*) pip ❷ (TYP: *Satzzeichen*) full stop *Br,* period *Am;* (*i-Punkt*) dot ❸ (*Ort*) point, spot ❹ (*bei Bericht, Liste, Diskussion*) item, point; **Sieger nach ~en** (SPORT) winner on points; **um ~ 10 Uhr** at ten sharp; **einen wunden ~ berühren** touch a sore spot; **bis zu einem gewissen ~** up to a certain point; **in allen ~en** in every respect; **~ für ~** point by point; **ein strittiger ~** a disputed point; **der springende ~** the salient [*o* crucial] point; **nun mach aber mal einen ~!** (*fam*) come off it!
Punktgewinn *m* (SPORT) score
punktieren *vt* ❶ (*tüpfeln*) dot ❷ (MED) aspirate
Punktion <-, -en> *f* (MED) aspiration
pünktlich ['pʏŋktlɪç] **I.** *adj* ❶ (*zur verabredeten Zeit*) punctual ❷ (*exakt*) precise **II.** *adv* ❶ (*zur verabredeten Zeit*) on time ❷ (*exakt*) precisely
Pünktlichkeit *f* ❶ (*zeitliche ~*) punctuality ❷ (*Exaktheit*) precision
Punktrichter(in) *m(f)* (SPORT) judge; **Punktsieg** *m* (SPORT) win on points; **Punktsieger(in)** *m(f)* (SPORT) winner on points
punktuell **I.** *adj* selective **II.** *adv:* **sich mit etw nur ~ befassen** deal with selected points of s.th. only
Punktzahl *f* score
Punsch [pʊnʃ] <-(e)s, -e> *m* punch
Pupille [pu'pɪlə] <-, -n> *f* (ANAT) pupil
Puppe ['pʊpə] <-, -n> *f* ❶ (*Kinderspielzeug*) doll; (*Marionette*) puppet; (*Schaufenster~*) dummy ❷ (*Insektenlarve*) pupa ❸ (*sl: Mädchen*) doll; **Puppenhaus** *nt* doll's house; **Puppenspiel** *nt* puppet show; **Puppentheater** *nt* puppet theatre; **Puppenwagen** *m* doll's pram
pur [pu:ɐ] *adj* ❶ pure ❷ (*völlig*) sheer; **~er Unsinn** utter nonsense
Püree <-s, -s> *nt* puree
Puritaner(in) <-s, -> *m(f)* Puritan
Purpur ['pʊrpʊr] <-s> *m* purple; **purpurn** *adj,* **purpurrot** *adj* crimson

Purzelbaum *m* somersault; **einen ~ machen** do a somersault
purzeln ['pʊrtsəln] *vi sein* tumble (*über* over)
Puste ['pu:stə] <-> *f* (*fam*) puff; **außer ~ sein** be out of puff
Pustekuchen *m:* **~!** (*interj*) fiddlesticks! no chance! nothing doing! that's what you think!
Pustel ['pʊstəl] <-, -n> *f* (*Pickel*) pimple; (MED) pustule
pusten ['pu:stən] *vi, vt* (*fam*) blow, puff
Pute(r) ['pu:tə] <-, -n> *f (m)* (*Truthahn als Braten*) turkey
puterrot *adj* scarlet, as red as a beetroot
Puts *pl* (*Verkaufsoptionen*) puts *pl*
Putsch [pʊtʃ] <-(e)s, -e> *m* (POL) coup d'état, revolt; **putschen** *vi* (POL) rebel, revolt; **Putschist(in)** *m(f)* rebel
Putz [pʊts] <-es> *m* ❶ (*Staat, Kleid*) finery; (*Besatz*) trimming ❷ (ARCH: *Ver~*) plaster; (*Rau~*) roughcast; **auf den ~ hauen** (*fam: groß feiern*) have a rave-up; (*prahlen*) show off; (*Krach schlagen*) kick up a fuss; **unter ~** under the plaster
putzen ['pʊtsən] **I.** *vt* ❶ (*reinigen*) clean; (*abwischen*) wipe; (*Nase*) blow, wipe; (*Zähne*) brush; (*Schuhe*) polish *Br,* shine *Am* ❷ (*schmücken*) decorate **II.** *vr* ❶ (*sich reinigen*) clean o.s. ❷ (*sich schmücken*) do o.s. up
Putzfimmel *m* (*pej*) obsession with cleaning; **Putzfrau** *f* cleaning lady *Br,* cleaner, scrubwoman *Am*
putzig *adj* (*fam*) ❶ (*komisch, merkwürdig*) funny ❷ (*süß, niedlich*) cute
Putzkolonne *f* team of cleaners; **Putzlappen** *m* (polishing) cloth; **Putzmacherin** *f* (*obs*) milliner; **Putzmittel** *nt* cleanser; **Putzteufel** *m* (*fam*) housework maniac; **Putztuch** *nt* ❶ (*Wischlappen*) cloth ❷ (*Staubtuch*) duster; **Putzwolle** *f* steel wool; **Putzzeug** *nt* cleaning things *pl*
puzzeln [pazəln] *vi* do a jigsaw puzzle; **Puzzle** [pazəl] <-s, -s> *nt* jigsaw puzzle
Pygmäe, -mäin [py'gmɛ:ə] <-n, -n> *m, f* Pygmy; **pygmäenhaft** *adj* pygmy-like
Pyjama [py'(d)ʒa:ma] <-s, -s> *m* pyjamas *Br,* pajamas *Am;* **Pyjamahose** *f* pyjama trousers *Br,* pajama trousers *Am*
Pyramide [pyra'mi:də] <-, -n> *f* pyramid; **pyramidenförmig I.** *adj* pyramid-shaped **II.** *adv* in the shape of a pyramid
Pyrenäen [pyrə'nɛ:ən] *pl:* **die ~** the Pyrenees; **Pyrenäenhalbinsel** *f* Iberian Peninsula
Pyromane, -nin [pyro'ma:nə] *m, f* pyromaniac; **Pyromanie** [---'-] *f* pyromania; **Pyrotechnik** ['----] *f* pyrotechnics *pl*
Pyrrhussieg ['pyrʊs-] *m* Pyrrhic victory
pythagoreisch [pytago're:ɪʃ] *adj* (MATH) Pythagorean; **~er Lehrsatz** Pythagoras' theorem
Python(schlange) ['py:tɔn(-)] *m* (*Riesenschlange*) python

Qq

Q, q [ku:] <-, -> *nt* Q, q
Quacksalber ['kvakzalbɐ] <-s, -> *m* (*pej*) quack; **Quacksalberei** *f* (*pej*) quackery
Quader ['kva:dɐ] <-s, -> *m* ❶ (ARCH) ashlar ❷ (MATH) cuboid; **Quaderstein** *m* square stone
Quadrant *m* quadrant
Quadrat [kva'dra:t] <-(e)s, -e> *nt* square; **eine Zahl ins ~ erheben** square a number; **sechzehn zum ~** sixteen squared; **25 m im ~** 25 m square; **quadratisch** *adj* ❶ (MATH: *Gleichung*) quadratic ❷ (*quadratförmig*) square; **Quadratkilometer** *nt* square kilometre *Br,* square kilometer *Am;* **Quadratmeter** *nt/m* square metre/meter *Br/Am;* **Quadratwurzel** *f* (MATH) square root; **die ~ aus 25 ziehen** work out the square root of 25; **Quadratzahl** *f* (MATH) square number; **Quadratzentimeter** *nt* square centimetre *Br,* square centimeter *Am*
quadrieren *vt* (MATH) square
Quadrophonie ['kvadrofo'ni:] *f,* **Quadrofonie** *f* quadrophonic sound; **quadrophonisch** *adj,* **quadrofonisch** *adj* quadrophonic
quaken ['kva:kən] *vi* ❶ (*Ente*) quack; (*Frosch*) croak ❷ (*fam: Menschen*) squawk
quäken ['kvɛ:kən] *vt, vi* (*fam*) screech
Quäker(in) <-s, -> *m(f)* Quaker
Qual ['kva:l] <-, -en> *f* pain; (*Seelen~*) anguish
quälen ['kvɛ:lən] **I.** *vt* torment; (*foltern*) torture **II.** *vr* ❶ (*sich mühen*) struggle ❷ (*seelisch*) torture o.s.
Quälerei *f* ❶ (*physisch*) torture; (*psychisch*) torment ❷ (*Mühseligkeit*) struggle
Quälgeist *m* (*fam*) nuisance, pest
Qualifikation [kvalifika'tsjo:n] *f* qualification
qualifizieren I. *vt* qualify **II.** *vr* (*a.* SPORT)

qualify (*für* for)

Qualität *f* quality; **hervorragende** ~ excellent [*o* top] quality; **schlechte** ~ poor quality

qualitativ [kvalita'ti:f/'----] *adj* qualitative

Qualitätsarbeit *f* quality work; **qualitätsbewusst** *adj* quality-conscious; **Qualitätserzeugnis** *nt* quality product; **Qualitätskennzeichen** *nt* quality label; **Qualitätskontrolle** *f* quality control; **Qualitätsminderung** *f* impairment [*o* reduction] of quality; **Qualitätssteigerung** *f* quality improvement *Br,* quality enhancement *Am;* **Qualitätsunterschied** *m* difference in quality; **Qualitätsverbesserung** *f* upgrading; **Qualitätsware** *f* quality goods *pl;* **Qualitätszertifikat** *nt* certificate of quality

Qualle ['kvalə] <-, -n> *f* (*Nesseltier*) jellyfish

Qualm [kvalm] <-(e)s> *m* dense smoke; **qualmen** *vi* smoke; (*pej: Zigaretten rauchen*) puff away; **qualmig** *adj* smoky

qualvoll ['kva:lfɔl] *adj* agonizing

Quant [kvant] <-s, -en> *nt* (PHYS) quantum; **Quäntchen** ['kvɛntçən] <-s> *nt* (*fam*) spot, tiny bit, modicum

Quantenphysik *f* quantum physics *sing;* **Quantensprung** *m* quantitative leap; **Quantentheorie** *f* (PHYS) quantum theory

Quantität *f* quantity; **quantitativ** [kvantita'ti:f/'----] *adj* quantitative

Quantum ['kvantʊm] *nt* ① (*Anzahl, Menge*) quantity, quantum ② (*Anteil*) quota (*an* of)

Quarantäne [karan'tɛ:nə] <-, -n> *f* quarantine; **unter ~ stellen** put in quarantine; **Quarantänestation** *f* quarantine ward

Quark [kvark] <-s> *m* ① soft curd cheese ② (*fam: Quatsch*) rubbish; **Quarkspeise** *m pudding made with quark*

Quart [kvart] <-s> *nt* (TYP: *~format*) quarto

Quartal [kvar'ta:l] <-s, -e> *nt* quarter; **Quartalsabschluss** *m* quarterly balance sheet; **Quartalsäufer(in)** *m(f)* periodic heavy drinker; **Quartalsende** *nt* end of the quarter; **quartalsweise** *adj, adv* quarterly

Quarte ['kvartə] <-, -n> *f* (MUS) fourth

Quartett [kvar'tɛt] <-(e)s, -e> *nt* (MUS) quartet(te)

Quartier [kvar'ti:ɐ] <-s, -e> *nt* ① (*Stadtteil*) district, quarter ② (*Unterkunft*) accomodation; (MIL) billet, quarters *pl*

Quarz [kva:ɐts] <-es, -e> *m* quartz; **Quarzuhr** *f* quartz clock; (*Armbanduhr*) quartz watch

quasi ['kva:zi] *adv* virtually; **er ist hier ~ der Manager** he is here in a quasi-managerial function

quasseln ['kvasəln] *vt, vi* (*fam*) blether

Quasselstrippe *f* (*fam pej*) chatterbox

Quaste ['kvastə] <-, -n> *f* ① (*Troddel*) tassel ② (*Pinsel~*) brush

Quatsch [kvatʃ] <-es> *m* (*fam*) ① (*Unsinn, dummes Geschwätz*) rubbish, twaddle ② (*Dummheiten*) nonsense; **ach, ~!** rubbish!; **so ein ~!** what a load of rubbish!; **red doch nicht so einen ~!** don't talk such a twaddle!; **lass den ~!** stop that nonsense!; **mach keinen ~!** don't be silly!

quatschen *vi* (*fam*) ① (*dumm daherreden*) gab ② (*plaudern, quasseln*) blether ③ (*sich unterhalten*) have a chat (*über* about) ④ (*petzen*) squeal (*bei jdm* to s.o.); **musst du denn immer stundenlang ~?** do you have to blether for hours on end?

Quatscherei *f* (*fam*) blethering

Quatschkopf *m* (*fam*) ① (*Schwätzer*) bletherer, windbag ② (*Blödmann*) fool

Quecke ['kvɛkə] <-, -n> *f* (*Süßgras*) couch grass

Quecksilber ['kvɛk-] *nt* (CHEM) mercury, quicksilver; **Quecksilbersäule** *f* column of mercury; **Quecksilbervergiftung** *f* mercury poisoning

Quell [kvɛl] <-(e)s, -e> *m* (*poet*) spring; **Quelle** <-, -n> *f* ① (*eines Flusses*) spring ② (*Öl~*) well ③ (*Ursprung*) source; **eine ~ erschließen** develop a source; **aus zuverlässiger ~** from a reliable source; **an der ~ sitzen** be well-placed

quellen *irr vi* ① (*heraus~*) well ② (*auf~, anschwellen*) swell

Quellenangabe *f* reference; **Quellenforschung** *f* source research; **Quellenschutzgebiet** *nt* spring protection area; **Quellensteuer** *f* (FIN) tax at source; **Quellentext** *m* source material

Quellgebiet *nt* head(water) of a river; **Quellwasser** *nt* spring water

Quengelei *f* (*fam*) whining; **quengelig** *adj* (*fam*) whining; **~ werden** start to whine; **~ sein** whine

quengeln ['kvɛŋəln] *vi* (*fam*) whine

Quengelware ['kvɛŋəl,va:rə] *f* (*Süßigkeiten vor der Kasse*) checkout tempters *pl*

quer [kve:ɐ] *adv* crossways, crosswise; **kreuz und ~ (durchs Land)** all over (the country); **die Schienen verlaufen ~ zur Straße** the rails run at right angles to the road; **~ gestreift** cross-striped; **sich ~ stellen** (*fam*) be awkward

Querachse *f* (TECH AUTO) transverse axis; **Querbalken** *m* crossbeam

Querdenker(in) *m(f)* maverick

Quere ['kveːrə] <-> *f:* **jdm in die ~ kommen** get in someone's way
Querelen [kve'relən] <-> *pl* disputes, quarrels
querfeldein [--'-] *adv* across country; **Querfeldeinrennen** *nt* cross-country (race)
Querflöte *f* (transverse) flute
Querformat *nt* oblong format
Querkopf *m* (*fam*) awkward customer; **querköpfig** *adj* wrongheaded; **Querleiste** *f* crosspiece; **Querschiff** *nt* (ARCH) transept; **Querschläger** *m* (MIL) ricochet; **Querschnitt** *m* (*a. fig*) cross-section
querschnitt(s)gelähmt *adj* paraplegic, paralysed below the waist
Querstraße *f:* **die Kaiserstraße ist eine ~ zur Römerstraße** Kaiserstraße runs at right angles to Römerstraße; **zwei ~n entfernt wohnen** live two blocks from here [*o* there]; **bei der zweiten ~** at the second turning; **Querstrich** *m* line; (*Gedankenstrich*) dash; **Quersumme** *f* (MATH) total of the digits of a number; **die ~ von 23 bilden** add the digits in 23; **Quertreiber(in)** *m(f)* troublemaker; **Quertreiberei** *f* troublemaking
Querulant(in) [kveru'lant] *m(f)* griper, grumbler
Querverbindung *f* ① connection, link ② (TECH) cross [*o* transverse] section; **eine ~ zu etw herstellen** make a connection with s.th.; **Querverweis** *m* cross-reference
quetschen ['kvɛtʃən] **I.** *vt* ① (*drücken*) squeeze ② (*zer~*) crush, squash ③ (MED) crush; **sich den Finger ~** squash one's finger **II.** *vr* ① (*sich klemmen*) be crushed ② (*sich zwängen*) squeeze (*in etw* into s.th.)
Quetschfalte *f* inverted pleat
Quetschung *f* bruise, contusion
quieken ['kviːkən] *vi* squeak, squeal
quietschen ['kviːtʃən] *vi* ① (*knarren*) creak, squeak ② (*von Reifen, a. von Menschen*) squeal
quietschfidel ['kviːtʃfi'deːl] *adj* (*fam*) as happy as a sandboy
Quietschgeräusch *nt* squealing
quietschvergnügt *adj* (*fam*) as happy as a sandboy
Quinte ['kvɪnt(ə)] <-, -en> *f* (MUS) fifth
Quintessenz ['kvɪntɛsɛnts] <-, -en> *f* quintessence
Quintett [kvɪn'tɛt] <-(e)s, -e> *nt* (MUS) quintet(te)
Quirl [kvɪrl] <-(e)s, -e> *m* ① (*Küchengerät*) beater, whisk ② (BOT) whorl
quirlen *vt* beat, whisk
quitt [kvɪt] *adj:* **jetzt sind wir ~** now we're quits
Quitte ['kvɪtə] <-, -n> *f* quince
quittieren *vt* ① (*bescheinigen*) give a receipt for ② (*Dienst*) quit
Quittung *f* receipt; **gegen ~** on production of a receipt; **eine ~ ausstellen (über etw)** give a receipt (for s.th.); **seine [*o* die] ~ kriegen** (*fam*) get one's come-uppance; **Quittungsblock** *nt* receipt book
Quiz [kvɪs] <-, -> *nt* quiz; **Quizmaster** ['kvɪsmaːstɐ] <-s, -> *m* quizmaster
Quote ['kvoːtə] <-, -n> *f* ① (COM: *Quantum*) quota ② (*statistischer Anteil*) proportion; **Quotenregelung** *f* (POL) quota system; **quotenträchtig** *adj* (*verspricht hohe Einschaltquoten*) promising high ratings
Quotient [kvo'tsjɛnt] *m* (MATH) quotient
quotieren *vt* be listed, be quoted

Rr

R, r [ɛr] <-, -> *nt* R, r
Rabatt [ra'bat] <-(e)s, -e> *m* (COM) discount; **~ bei Barzahlung** discount for cash; **5% ~ auf etw geben** give a 5% discount on s.th.
Rabatte <-, -n> *f* (flower) border
Rabauke [ra'baʊkə] <-n, -n> *m* (*fam*) lout
Rabe ['raːbə] <-n, -n> *m* raven; **stehlen wie ein ~** thieve like a magpie; **rabenschwarz** *adj* pitch-black
rabiat [rabi'aːt] *adj* ① (*wild*) wild ② (*gewalttätig*) violent
Rache ['raxə] <-> *f* revenge; (*Vergeltung*) vengeance; **an jdm für etw ~ nehmen** take revenge on s.th. for s.th.; **sie tötete ihn aus ~** she killed him in revenge; **als ~ für …** in revenge for …; **die ~ des kleinen Mannes** (*hum*) the underdog's revenge; **Racheakt** *m* act of revenge
Rachen ['raxən] <-s, -> *m* ① throat ② (*Maul*) jaws *pl* ③ (*Schlund*) abyss
rächen ['rɛçən] **I.** *vt* avenge **II.** *vr* take revenge (*an jdm für etw* on s.o. for s.th.); **sich für etw ~** be revenged for s.th.
Rachenhöhle *f* pharynx
Rachitis [ra'xiːtɪs] <-> *f* rickets *pl*
Rachsucht *f* vindictiveness; **rachsüchtig** *adj* vindictive

R

i Land & Leute

Raclette is a dish of melted, semi-hard Swiss cheese made from unpasteurized cow's milk, served with boiled potatoes in their skins and assorted side dishes.

Rad [raːt, *pl:* ˈrɛːdɐ] <-(e)s, Räder> *nt* ❶ wheel ❷ (*Fahr~*) bicycle; (*fam*) bike ❸ (SPORT: *Übung*) cartwheel; **das fünfte ~ am Wagen sein** be out of place; **ein ~ schlagen** turn a cartwheel; **~ fahren** (*Fahrrad fahren*) ride a bike; (*pej: kriechen*) suck up

Radar [raˈdaːɐ] <-s> *nt* radar; **Radarfalle** *f* radar trap; **Radargerät** *nt* radar unit; **Radarkontrolle** *f* radar speed check; **Radarschirm** *m* radar screen; **Radarstation** *f* (MIL) radar station

Radau [raˈdaʊ] <-s> *m* (*fam*) din, row; **~ machen** kick up a row

Raddampfer *m* paddle-steamer

radebrechen [ˈraːdəbrɛçən] *vi:* **sie versuchte zu ~, dass …** she tried to say in broken English that …; **radeln** [ˈraːdəln] *sein vi* (*fam*) bike, pedal

Rädelsführer(in) [ˈrɛːdəls-] *m(f)* ringleader

Räderwerk *nt* ❶ (TECH) mechanism ❷ (*fig*) machinery

Radfahrer(in) *m(f)* ❶ (*Fahrradfahrer*) cyclist ❷ (*pej fam*) crawler; **Radfahrweg** *m* cycle track

Radgabel *f* fork

Radi <-s, -> *m* (*österr*) radish

radieren [raˈdiːrən] *vi* ❶ (*mit Gummi*) erase, rub out ❷ (*Grafiktechnik*) etch; **Radiergummi** *m* rubber *Br,* eraser *Am*

Radierung *f* (*Grafik*) etching

Radieschen [raˈdiːsçən] <-s, -> *nt* radish

radikal [radiˈkaːl] *adj* radical; **Radikale(r)** *f(m)* radical; **radikalisieren I.** *vt* radicalize **II.** *vr* become radical; **Radikalismus** *m* radicalism; **Radikalkur** [-ˈ-] *f* drastic remedy; **eine ~ machen** effect a radical cure

Radio [ˈraːdio] <-s, -s> *nt* radio; **das kam gestern im ~** that was on the radio yesterday; **~ hören** listen to the radio; **etw im ~ hören** hear s.th. on the radio

radioaktiv *adj* radioactive; **~er Niederschlag** fall-out; **Endlagerung von ~en Abfallprodukten** final [*o* ultimate] storage of radioactive waste; **Radioaktivität** *f* radioactivity

Radiogerät *m* radio set; **Radiorecorder** [-reˈkɔrdɐ] <-s, -> *m* radio recorder; **Radioteleskop** *nt* (ASTR) radio telescope; **Radiowecker** *m* radio-alarm

Radium [ˈraːdiʊm] <-s> *nt* (CHEM) radium

Radius [ˈraːdiʊs] <-, -dien> *m* radius

Radkappe *f* (AUTO) hub cap; **Radkasten** *m* (AUTO) wheel casing; **Radlager** *nt* (AUTO) wheel bearing

Radrennbahn *f* cycling track; **Radrennen** *nt* cycle race; **Radrennfahrer(in)** *m(f)* racing cyclist; **Radsport** *m* cycling

Radstand *m* (AUTO) wheelbase

Radtour *f* cycle tour

Radwechsel *m:* **einen ~ machen** do a wheel change

RAF *f Abk. von* **Rote Armee Fraktion** Red Army Faction, RAF; **RAF-Mitglied** RAF member

raffen [ˈrafən] *vt* ❶ (*anhäufen*) heap ❷ (*sl: verstehen*) cotton on (*etw* to s.th.)

Raffgier *f* greed; **raffgierig** *adj* grasping

Raffinade [rafiˈnaːdə] <-, -n> *f* refined sugar

Raffinerie [rafinəˈriː] *f* refinery

Raffinesse [rafiˈnɛsə] <-, -n> *f* artfulness, cunning; **mit allen ~n** with all refinements

raffinieren *vt* refine; **raffiniert** *adj* ❶ (*Zucker, Öl*) refined ❷ (*fig*) cunning ❸ (*ausgesucht*) stylish

Raffke *m* (*fam pej*) money-grubber

Rage [ˈraːʒə] <-, -n> *f:* **in ~ kommen** get furious

ragen [ˈraːgən] *vi* loom, tower (*über* over)

Ragout [raˈguː] <-s, -s> *nt* ragout

Rahe [ˈraːə] <-, -n> *f* (MAR) yard

Rahm [raːm] <-(e)s> *m* cream

Rahmen [ˈraːmən] <-s, -> *m* frame; (*für Dias*) mount; (*Bereich*) framework; **im ~ einer Sache** within the framework of s.th.; **im ~ des Möglichen** within the bounds of possibility; **in großem ~** on a big scale; **aus dem ~ fallen** be different (from the rest); **rahmen** *vt* (*Bilder*) frame; (*Dias*) mount; **Rahmenbedingung** *f* general framework; **Rahmenhandlung** *f* (*lit*) background story; **Rahmenplan** *m* overall economic plan; **Rahmenrichtlinien** *pl* guidelines

Rahmsoße *f* cream(y) sauce

Rakete [raˈkeːtə] <-, -n> *f* rocket; (MIL) missile; **eine ~ abfeuern** launch a rocket, shoot a missile; **mit ~n beschießen** rocket; **Raketenabschussbasis** *f* (MIL) missile base; (*für Raumfahrt*) rocket launching site; **Raketenabwehrrakete** *f* (MIL) antimissile missile; **Raketenabwehrsystem** *nt* missile defence system; **Raketenantrieb** *m* rocket propulsion; **mit ~**

rocket-propelled; **raketenbestückt** *adj* (MIL) missile-equipped

Rallye ['rɛli] <-, -s> *f* rally

RAM <-s, -s> *nt* (INFORM) *Abk. von* **Random Access Memory** RAM

Rambazamba <-s> *nt* (*fam*): ~ **machen** kick up a fuss

Rambo-Typ ['ramboty:p] *m* (*fam*) Rambo

Ramme ['ramə] <-, -n> *f* (TECH) rammer; (*Pfahl~*) pile-driver; **rammen** *vt* ram

Rampe ['rampə] <-, -n> *f* ① (*Verlade~*) ramp ② (THEAT) apron ③ (*Raketen~*) missile base; **Rampenlicht** *nt*: **im ~ stehen** be in the limelight

ramponieren [rampo'ni:rən] *vt* (*fam*) bash, ruin; **ramponiert aussehen** (*Mensch*) look the worse for wear

Ramsch [ramʃ] <-(e)s> *m* junk, rubbish; **Ramschladen** *m* junk shop

Rand [rant, *pl:* 'rɛndɐ] <-(e)s, Ränder> *m* ① (~ *des Abgrundes, a. fig*) brink ② (*Saum*) border ③ (*um runde Gegenstände, Hut, Tasse*) brim, rim; (*Teller~*) edge ④ (*von Buch*) margin; **etw an den ~ schreiben** write s.th. in the margin; **voll bis zum ~** full to the brim; **am ~e des Waldes** at the edge of the forest; **mit etw zu ~e kommen** cope with s.th.; **mit etw nicht zu ~e kommen** not to be able to manage s.th.

Randale [ran'da:lə] *f* (*fam*) riot; ~ **machen** riot, go on a riot; **randalieren** *vi* rampage, riot

Randbemerkung *f* marginal note; **Randgebiet** *nt* ① (GEOG) fringe ② (*fig*) subsidiary; **Randgruppe** *f* fringe group; **randlos** *adj* (*Brille*) rimless; **Randstreifen** *m* (*an Straße*) shoulder, verge; **Randzone** *f* marginal zone

Rang [raŋ, *pl:* 'rɛŋə] <-(e)s, Ränge> *m* ① (*Rangstufe*) rank; (*Stellung*) position ② (THEAT) circle; **von hohem ~** of high standing; **Rangabzeichen** *nt* badge of rank, insignia

Rangelei *f* ① (*Balgerei*) scrapping ② (*fig*) wrangling

rangeln *vi* (*fig*) wrangle (*um* for)

Rangfolge *f* (order of) rank

Rangierbahnhof *m* marshalling yard *Br*, switchyard *Am*; **rangieren** [raŋ'ʒirən] **I.** *vi* rank; **sie rangiert an siebter Stelle** she takes seventh place **II.** *vt* (RAIL) shunt *Br*, switch *Am*; **Rangiergleis** *nt* siding *Br*, sidetrack *Am*

Rangliste *f* (SPORT) table; **Rangordnung** *f* hierarchy

Ranke ['raŋkə] <-, -n> *f* ① (BOT: *Halte~*) tendril; (*von Weinrebe*) shoot ② (*Trieb*) branch

Ränke *fpl*: ~ **schmieden** intrigue

ranken *vr* ① (*Pflanze*) entwine itself (*um* around) ② (*fig*) have grown up around

Rankengewächs *nt* climber

Ränkeschmied(in) *m(f)* intriguer

ran|kommen *irr vi* (*fam*): **an jdn ~** get at s.o.; **an den kommst du nicht ran!** you won't get anywhere with him!; **niemanden an sich ~ lassen** keep to o.s.

ran|machen *vt* (*fam*): **der macht sich an jede ran** he makes up to everyone

Ranzen ['rantsən] <-s, -> *m* satchel

ranzig ['rantsɪç] *adj* rancid

Rap [ræp] <-s, -s> *m* (MUS) rap

rapid [ra'pi:t] *adj* rapid

Rappe ['rapə] <-n, -n> *m* black horse

Rappel ['rapəl] <-s, -> *m* (*fam*): **den ~ kriegen** get one of one's crazes; **rappeln** *vi* rattle; **bei dir rappelt's wohl?** (*fam*) are you crazy?

Rapper(in) ['ræpɐ] <-s, -> *m(f)* rapper, rap artist

Raps [raps] <-es, (-e)> *m* (*Pflanze*) rape

rar [ra:ɐ] *adj* ① (*selten*) rare, scarce ② (*vorzüglich*) exquisite; **sich ~ machen** make o.s. scarce

Rarität *f* ① (*Seltenheit*) rarity ② (*Sammlerstück*) collector's item

rasant [ra'zant] *adj* ① (*sehr schnell*) fast, rapid ② (*fig*) meteoric ③ (*attraktiv*) vivacious

rasch [raʃ] *adj* speedy, swift

rascheln ['raʃəln] *vi* rustle; **mit etw ~** rustle s.th.

Rasen ['ra:zən] <-s, -> *m* ① (*Grasfläche*) lawn ② (SPORT) field

rasen ['ra:zən] *vi* ① *sein* (*schnell bewegen*) race, tear ② *haben* (*toben*) rave; ~ **gegen** ... crash into ...; **musst du so ~?** do you have to go so fast?

Rasenbankett *nt* (*an Straße*) grass verge

rasend **I.** *adj* ① (*sehr schnell*) tearing ② (*sehr wütend*) furious, raging; **du machst mich noch ~!** you'll be driving me crazy!; **ich habe ~e Kopfschmerzen** I've got a splitting headache **II.** *adv* like mad

Rasenmäher *m* lawn-mower; **Rasensprenger** *m* (lawn) sprinkler

Raser(in) *m(f)* (*fam: mit Auto*) speeder; **Raserei** *f* ① (*das Schnellfahren*) speeding ② (*irres Wüten*) frenzy, fury

Rasierapparat *m* razor; **Rasiercreme** *f* shaving cream

rasieren [ra'zi:rən] *vt* shave; **sich ~ (lassen)** have a shave; **ich rasiere mich nass** I have a wet shave

R

Rasierklinge *f* razorblade; **Rasiermesser** *nt* razor; **Rasierpinsel** *m* shaving brush; **Rasierschaum** *m* shaving lather, shaving foam; **Rasierseife** *f* shaving soap; **Rasierwasser** *nt* after-shave; **Rasierzeug** *nt* shaving-things *pl*

Raspel ['raspəl] <-, -n> *f* (*Gemüse~*) grater; **raspeln** *vt* rasp

Rasse ['rasə] <-, -n> *f* ❶ (*Menschen~*) race ❷ (*von Tieren*) breed

Rassel ['rasəl] <-, -n> *f* rattle; **rasseln** *vi* rattle; **durch eine Prüfung ~** (*fam*) flunk an exam

Rassendiskriminierung *f* racial discrimination; **Rassenhass** *m* racial hatred; **Rassenkrawall** *m* racial riot; **Rassentrennung** *f* racial segregation; **Rassenunruhen** *pl* racial disturbances

rassig *adj* ❶ (*heißblütig*) hot-blooded ❷ (*schnittig*) sleek

rassisch *adj* racial

Rassismus *m* racialism, racism; **Rassist(in)** *m(f)* racialist, racist; **rassistisch** *adj* racist

Rast [rast] <-, -en> *f* rest, repose; (MIL) halt; **~ machen** stop; **mach mal ~!** take a rest!; **ohne ~** without respite; **rasten** *vi* rest

Raster *nt* ❶ (TV) raster ❷ (TYP) raster screen

Rasterfahndung *f* screen search, computer search

Rasthof *m* (*an Autobahn*) service area; **rastlos** *adj* ❶ (*unermüdlich*) untiring ❷ (*innerlich unruhig*) restless; **Rastlosigkeit** *f* (*Ruhelosigkeit*) restlessness

Rastplatz *m* parking place, picnic area

Raststütze *f* (*beim Motorrad*) prop stand

Rasur [ra'zu:ɐ] <-, -en> *f* shave

Rat [ra:t, *pl:* 'rɛ:tə] <-(e)s, Räte> *m* ❶ *nur sing* (*Ratschlag*) advice ❷ (*Versammlung*) council ❸ (*Person*) councillor; **jdm einen ~ geben** give s.o. a piece of advice; **jdn um ~ fragen** ask someone's advice; **jdn/etw zu ~e ziehen** consult s.o./s.th.; **er ist ~** (*Regierungs~*) he is a senior official; (*Stadt~*) he is a councillor; **~ der Europäischen Union** European Union Council

Rate <-, -n> *f* instalment *Br,* installment *Am;* **auf ~n kaufen** buy on the instalment plan; **in ~n zahlen** pay in instalments

raten *irr vi* ❶ (*einen Rat geben*) advise, give advice ❷ (*erraten*) guess; **wir raten Ihnen dringend zu …** we strongly advise you to …; **ich würde nicht dazu ~** I wouldn't advise it; **wozu würden Sie mir ~?** what would you advise me to do?; **ich werde tun, was Sie mir ~** I shall do as you advise; **zur Vorsicht ~** advise caution; **ich habe nur geraten** it was just a guess; **dreimal darfst du ~** I'll give you three guesses; **ich kann auch nur ~!** your guess is as good as mine!

Ratenkauf <-(e)s, -käufe> *m* hire purchase, instalment sale; **Ratenzahlung** *f* ❶ (*Zahlung einer Rate*) payment of an instalment ❷ (*Zahlung in Raten*) payment by instalments

Ratgeber(in) *m(f)* ❶ *nur m* (*Nachschlagewerk*) reference work ❷ (*Berater*) adviser; **Rathaus** *nt* town hall; (*von größerer Stadt*) city hall

ratifizieren [ratifi'tsi:rən] *vt* ratify

Rätin ['rɛtɪn] *f* councillor

Ration [ra'tsjo:n] *f* ration; **eiserne ~** iron rations *pl*

rational *adj* rational

rationalisieren *vi* rationalize; **Rationalisierung** *f* rationalization; **Rationalisierungsmaßnahmen** *pl* rationalization measures

Rationalismus *m* (PHILOS) rationalism

rationell *adj* (*wirksam*) efficient; **~er Energieeinsatz** sound energy management

rationieren *vt* ration; **Rationierung** *f* rationing

ratlos **I.** *adj* helpless **II.** *adv* at a loss; **wir stehen diesem Problem ~ gegenüber** we are at a loss with this problem; **Ratlosigkeit** *f* helplessness; **in ihrer ~ …** not knowing what to do …

Rätoromanisch(e) *nt* Rhaeto-Romanic

ratsam *adj* advisable; **etw für ~ halten** believe s.th. advisable

Ratschlag *m* piece of advice

Rätsel ['rɛ:tsəl] <-s, -> *nt* ❶ riddle ❷ (*Kreuzwort~*) puzzle ❸ (*Geheimnis*) mystery; **das ist mir ein ~** it baffles me; **sie ist mir ein ~** she is a mystery to me; **des ~s Lösung** the answer of the riddle; **rätselhaft** *adj* mysterious; (*undurchschaubar*) enigmatic

Ratsherr *m* councillor *Br,* councilman *Am;* **Ratssitzung** *f* council meeting; **Ratsversammlung** *f* ❶ council meeting ❷ (*der versammelte Rat*) council board

Rattan ['ratan] <-s> *nt* rattan

Ratte ['ratə] <-, -n> *f* rat; **du dreckige ~!** (*vulg*) you dirty rat!; **Rattenfalle** *f* rat trap; **Rattengift** *nt* rat poison; **rattenschlecht** *adj* (*sl*) crummy, lousy, chickenshit *Am*

rattern ['ratɐn] *vi* clatter, rattle

ratzekahl ['ratsə'ka:l] *adj* (*fam*) totally

rau [raʊ] *adj* ❶ (*uneben*) rough ❷ (*Hals*) sore; (*Haut*) raw ❸ (*Stimme*) hoarse ❹ (*Sitten*) rude ❺ (*Klima, Wetter*) harsh, raw; **in ~en Mengen** lots and lots of …;

die ~e Wirklichkeit the hard facts *pl*

Raub [raup] <-(e)s> *m* ① robbery ② (*Geraubtes*) booty; **ein ~ der Flammen werden** fall victim to the flames; **Raubbau** *m* overexploitation; **mit etw ~ treiben** overexploit s.th.; **mit seiner Gesundheit ~ treiben** ruin one's health; **Raubdruck** *m* pirate edition

rauben I. *vt* ① rob (*jdm etw* s.o. of s.th.) ② (*entführen*) abduct, kidnap; **jdm die Unschuld ~** take someone's virginity II. *vi* plunder, rob

Räuber(in) ['rɔɪbɐ] <-s, -> *m(f)* robber; **Räuberbande** *f* ① (*Bande von Räubern*) band of robbers ② (*Diebsgesindel*) thieving riffraff

räuberisch *adj* rapacious; **~e Erpressung** (JUR) armed robbery

Raubkatze *f* big cat; **Raubkopie** *f* bootleg; **raubkopieren** *vt* make a pirate copy of, pirate; **Raubmord** *m* robbery with murder; **Raubmörder(in)** *m(f)* robber and murderer; **Raubpressung** *f* pirate(d) copy; **Raubritter** *m* robber baron; **Raubtier** *nt* beast of prey; **Raubüberfall** *m* robbery *Br*, holdup *Am*; **Raubvogel** *m* bird of prey

Rauch [raux] <-(e)s> *m* smoke; **Rauchabzug** *m* smoke outlet, flue; **Rauchbekämpfung** *f* smoke control; **Rauchbelästigung** *f* smoke nuisance

Rauchen *nt* smoking; **~ verboten!** no smoking!

rauchen¹ *vt, vi* (*Tabak*) smoke; **hast du was zu ~ dabei?** have you got a smoke?; **eine ~** have a smoke; **ich muss unbedingt eine ~!** I'm dying for a smoke!

rauchen² *vi* (*dampfen*) give off smoke, smoke; **~der Schlot** smoky chimney

Rauchentwicklung *f* formation of smoke

Raucher(in) *m(f)* smoker

Räucheraal *m* smoked eel

Raucherabteil *nt* (RAIL) smoker, smoking compartment

Raucherbein *nt hardening of the arteries of the leg* (*caused by smoking*); **Raucherecke** *f* smokers' corner; **Raucherhusten** *m* smoker's cough

Räucherlachs *m* smoked salmon

räuchern ['rɔɪçɐn] I. *vt* (*Fleisch*) smoke II. *vi* (*mit Räucherstäbchen*) burn incense; **Räucherspeck** *m* smoked bacon; **Räucherstäbchen** *nt* joss stick

Rauchfahne *f* smoke trail; **das Flugzeug zieht eine ~ hinter sich her** the plane is leaving a smoke trail behind it; **Rauchfleisch** *nt* smoked meat; **Rauchgase** *pl* flue gases; **Rauchgasentschwefelung** *f* flue gas desulphurization; **Rauchglocke** *f* pall of smoke

rauchig *adj* smoky

rauchlos *adj* smokeless; **Rauchsäule** *f* column of smoke; **Rauchschwaden** *pl* drifts of smoke; **Rauchverbot** *nt* smoking ban; **hier herrscht ~** there's no smoking here; **Rauchvergiftung** *f* fume poisoning; **eine ~ erleiden** be overcome by fumes; **Rauchwaren¹** *pl* (*Tabakwaren*) tobacco

Rauchwaren² *pl* (*Pelzwaren*) furs

Rauchwolke *f* smoke cloud

Räude ['rɔɪdə] <-, -n> *f* mange; **räudig** *adj* mangy

Raufasertapete *f* woodchip paper

raufen ['raufən] *vr:* **sich mit jdm ~** have a scrap with s.o.; **sich die Haare ~** (*a. fig*) tear one's hair; **Rauferei** *f* scrap; **in eine ~ mit jdm geraten** get into a scrap with s.o.

Rauheit *f* ① (*Unebenheit*) roughness ② (*von Stimme*) hoarseness ③ (*Sitten*) coarseness, rudeness

Raum [raum, *pl:* 'rɔɪmə] <-(e)s, Räume> *m* ① (*Zimmer*) room ② (*Gebiet*) area ③ (*Welt~*) space; **~ schaffen** make some space; **der ~ Frankfurt** the Frankfurt area; **~ sparend** space-saving

Raumaufteilung *f* floor plan

räumen ['rɔɪmən] I. *vi* (*um~*) rearrange things II. *vt* ① (*beiseite ~*) clear away ② (*evakuieren*) clear, evacuate ③ (*Zimmer, Wohnung*) vacate; **das Feld ~** quit the field; **jdn aus dem Weg ~** get rid of s.o.

Raumfähre *f* (*Welt~*) space shuttle; **Raumfahrer(in)** *m(f)* spaceman (spacewoman); **Raumfahrt** *f* space travel; **bemannte ~** manned space travel; **Raumfahrtbehörde** *f* space authority; **Raumfahrtzentrum** *nt* space centre *Br*, space center *Am*; **Raumfahrzeug** *nt* spacecraft

Räumfahrzeug *nt* (*für Schnee*) snowclearer

Raumflug *m* space flight

Raumgestaltung *f* interior design

Rauminhalt *m* volume

Raumkapsel *f* space capsule; **Raumlabor** *nt* space lab

räumlich ['rɔɪmlɪç] *adj:* **~ beengt wohnen** live in cramped conditions; **Räumlichkeit** *f* ① (*Zimmer*) room ② (*im Plural*): **~en** premises

Raummangel *m* lack of room [*o* space]; **Raummeter** *f* (*Holz*) cubic metre; **Raumordnung** *f* environmental planning; **Raumpfleger(in)** *m(f)* cleaner

Raumschiff *nt* space ship; **Raumsonde** <-, -n> *f* space probe; **Raumstation** *f* space station; **Raumteiler** *m* (*Möbel*) partition

Räumung ['rɔɪmʊŋ] *f* ❶ (COM) clearance ❷ (*einer Wohnung*) vacation ❸ (*Evakuierung*) evacuation; **Räumungsklage** *f* action for eviction; **Räumungsverkauf** *m* clearance sale

Raumverschwendung *f* waste of space; **Raumverteilungsplan** *m* room layout plan

raunen ['raʊnən] *vi, vt* whisper; **man raunt, dass ...** it's being whispered that ...

Raupe ['raʊpə] <-, -n> *f* (ZOO A. TECH) caterpillar; **Raupenfahrzeug** *nt* caterpillar vehicle

Raureif *m* hoarfrost, white frost

raus|bekommen I. *irr vt* (*zurückerhalten*): **einen Moment, Sie bekommen noch was raus!** just a moment, you have some change coming! **II.** *vi* (*herausfinden*): **haben Sie rausbekommen, wer es war?** have you found out who did it?

Rausch [raʊʃ] <-(e)s> *m* ❶ intoxication ❷ (*Ekstase*) ecstasy; **er hat einen ~** he is drunk; **seinen ~ ausschlafen** sleep it off

rauschen ['raʊʃən] *vi* ❶ (*Wasser*) roar ❷ (*Wind*) murmur ❸ (*Stoff*) rustle; **~der Beifall** resounding applause

rauschfrei *adj* (RADIO) low-noise

Rauschgift *nt* drugs *pl;* **~ nehmen** take drugs; **Rauschgiftdezernat** *nt* drug squad; **Rauschgifthandel** *m* drug trafficking; **Rauschgifthändler(in)** *m(f)* drug trafficker; **Rauschgiftsucht** *f* drug addiction; **rauschgiftsüchtig** *adj:* **~ sein** be a drug addict; **Rauschgiftsüchtige(r)** *f(m)* drug addict

raus|ekeln *vt* (*fam*) freeze out

raus|fliegen *irr vi* (*fam*) ❶ (*aus einer Firma*) get one's marching orders [*o* walking papers] ❷ (*aus einem Lokal*) be chucked out

raus|geben *irr vt:* **Sie haben mir zu wenig rausgegeben!** you've given me too little change!; **auf ... kann ich nicht ~** I haven't got change for ...

räuspern ['rɔɪspɐn] *vr* clear one's throat

rausschmeißen *vt* chuck [*o* kick] out [*o* sling]; **das ist rausgeschmissenes Geld!** that's money down the drain!; **Rausschmeißer** *m* (*fam*) bouncer

Raute ['raʊtə] <-, -n> *f* ❶ (BOT) rue ❷ (MATH) rhomb ❸ (*in Wappenkunde*) lozenge

Rave [reɪv] <-s, -s> *m* (*Jugendszene*) rave

Razzia ['ratsia, *pl:* 'ratsiən] <-, -ien/(-s)> *f* bust, raid; **eine ~ machen in ...** make a raid on ...

Reagenzglas *nt* (CHEM) test tube; **Reagenzpapier** *nt* test paper

reagieren [rea'gi:rən] *vi* react (*auf* to)

Reaktion [reak'tsjo:n] *f* reaction; **Reaktionsfähigkeit** *f* reactions *pl*

Reaktor <-s, -en> *m* reactor; **Reaktorblock** *m* reactor block; **Reaktorkern** *m* reactor core; **Reaktorsicherheit** *f* safety of the reactor; **Reaktorunglück** *nt* nuclear disaster

real [re'a:l] *adj* real; **Realeinkommen** *nt* real income

realisierbar *adj* feasible; **Realisierbarkeit** <-> *f* feasibility

realisieren *vt* ❶ (*verwirklichen*) carry out ❷ (*Vermögenswerte*) realize ❸ (*fam: erkennen*) realize

Realisierung <-, -en> *f* realisation

realistisch *adj* realistic

Realität *f* reality; **realitätsfern** *adj* unrealistic; **Realitätsferne** *f* lack of content with reality; **realitätsnah** *adj* realistic; **Realitätsnähe** *f* realism

Reality-TV [rɪ'ælətɪti:vi:] *nt* reality TV

Realkapital *nt* real capital; **Realkredit** *m* collateral loan; **Realschule** *f* secondary modern school *Br*

i Land & Leute

In respect of educational attainment, the **Realschule** lies somewhere between a *Hauptschule* (secondary modern) and a *Gymnasium* (grammar school). The school leaving certificate after Year 10 is called the *Mittlere Reife* – roughly equivalent to GCSEs. Usually pupils go on to three years of vocational training.

Realsozialismus *m* realistic socialism

Realwert *m* real asset; **Realzins** *m* real rate of interest

Rebe ['re:bə] <-, -n> *f* ❶ (*Rebstock*) vine ❷ (*Weinranke*) shoot

Rebell(in) [re'bɛl] *m(f)* rebel

rebellieren *vi* rebel, revolt; **Rebellion** <-,-en> *f* rebellion; **rebellisch** *adj* rebellious

Rebhuhn ['re:p-] *nt* partridge

Rebsorte *f* type of vine; **Rebstock** *m* vine

Rechaud [rɛ'ʃo:] <-(s), -s> *m* (*Spiritusbrenner*) spirit burner

Rechen ['rɛçən] <-s, -> *m* rake

rechen *vt* rake

Rechenart *f* type of calculation; **Rechenaufgabe** *f* (arithmetical) problem, sum; **Rechenbuch** *nt* arithmetic book; **Rechenfehler** *m* arithmetical error, miscalculation; **Rechenfunktion** *f* (INFORM) computational function; **Rechengeschwindigkeit** *f* computing speed; **Rechenmaschine** *f* adding machine

Rechenschaft *f*: **jdn zur ~ ziehen** call s.o. to account; **über etw ~ ablegen müssen** be held to account for s.th.; **dafür bin ich dir keine ~ schuldig** I don't have to account to you for that; **Rechenschaftsbericht** *m* report

Rechenschieber *m* slide-rule; **Rechenzentrum** *nt* (INFORM) computer centre/center *Br/Am*

Recherche [re'ʃɛrʃə] <-, -n> *f* investigation; **~n anstellen über ...** make enquiries about ...; **recherchieren** *vt, vi* investigate

Rechnen *nt* arithmetic, sums *pl*

rechnen ['rɛçnən] **I.** *vt* ① (MATH) calculate, work out ② (*einrechnen*) estimate, reckon; **die Kinder nicht gerechnet** not counting the children; **ich hatte mit einer Woche gerechnet** I was reckoning on one week **II.** *vi* ① (MATH) do sums ② (*gelten*) count (*als* as) ③ (*Haus halten*) economize; **ich hatte damit gerechnet, diese Woche fertig zu werden** I had calculated on finishing by this week; **von heute an gerechnet** counting from today; **damit hatte ich nicht gerechnet** I wasn't expecting that **III.** *vr* pay off; **etw rechnet sich** s.th. is economical

rechnergesteuert *adj* (INFORM) computer-controlled; **rechnergestützt** *adj* (INFORM) computer-aided

rechnerisch *adj* arithmetic; **~er Wert** book value; **rein ~** as far as the figures go

Rechnerverbund *m* (INFORM) computer network

Rechnung *f* ① (*Abrechnung*) bill *Br*, check *Am;* (COM) invoice ② (*Schätzung*) calculation; **das geht auf meine ~** (*zum Ober*) I'm paying; (*zum Bewirteten*) this one's on me; **auf ~ kaufen** buy on account; **nach deiner ~ müsste er Sonntag ankommen** by your calculations he will arrive on Sunday

Rechnungsabteilung *f* invoicing department, billing department *Am;* **Rechnungsausstellung** *f* invoicing, billing *Am;* **Rechnungsdatum** *nt* date of invoice; **Rechnungsjahr** *nt* (COM) financial year; **Rechnungslegung** *f* rendering of accounts; **Rechnungsnummer** *f* invoice number; **Rechnungsprüfer(in)** *m(f)* auditor; **Rechnungswesen** *nt* accounting

Recht [rɛçt] <-(e)s, -e> *nt* ① (*Anspruch*) right (*auf* to) ② (*Gesetz*) law; **im ~ sein** be in the right; **Sie haben ganz ~** you're quite right; **ein ~ auf etw haben** have a right to s.th.; **das ~ haben etw zu tun** have the right to do s.th.; **mit welchem ~ sagen Sie das?** what right have you to say that?; **mit welchem ~?** by what right?; **das ist mein gutes ~** I'm within my rights *pl;* **von ~s wegen** by rights *pl;* **die ~e für etw haben** (COM) have the rights for s.th.; **nach französischem ~** in [*o* under] French law; **~ und Ordnung** law and order

recht **I.** *adj* right; **du bist auf dem ~en Weg** you're on the right track; **zur ~en Zeit** at the right time; **~er Hand sehen Sie die Brücke** on your right hand you see the bridge; **es ist nur ~ und billig ...** it's only right ...; **die ~e Hand des Direktors** the director's right-hand person **II.** *adv* ① (*richtig*) properly ② (*ganz, ziemlich*) quite ③ (*sehr*) very; **es war ~ nett, aber ...** it was quite nice but ...; **wenn ich mich ~ erinnere ...** if I remember correctly ...; **jetzt erst ~** now more than ever; **wenn ich Sie ~ verstehe ...** if I get you right ...; **geschieht dir ~!** serves you right!; **ich weiß nicht ~** I don't really know

Rechte ['rɛçtə] <-n, -n> *f* ① (*Hand*) right hand; (*beim Boxen*) right ② (PARL) the right

Rechteck *nt* rectangle; **rechteckig** *adj* rectangular

rechtfertigen ['----] **I.** *vt* justify; **das ist durch nichts zu ~** that can in no way be justified **II.** *vr* justify o.s.; **Rechtfertigung** *f* justification; **zur ~ seiner Handlungsweise** as a justification for his action; **ihre einzige ~ war ...** her only defence was ...

rechtgläubig *adj* orthodox; **rechthaberisch** *adj* know-all; **rechtlich** *adj* legal; **jdn ~ belangen** take s.o. to court; **rein ~** from a legal point of view; **rechtlos** *adj* without rights; **Rechtlosigkeit** *f* ① (*Gesetzlosigkeit*) lawlessness ② (*von Personen*) lack of rights; **rechtmäßig** *adj* lawful, legitimate; **das steht mir ~ zu** I'm legally entitled to it; **der ~e Besitzer** the rightful owner; **Rechtmäßigkeit** *f* ① legality ② (*Legitimität*) legitimacy

rechts [rɛçts] **I.** *adv* on the right; **nach ~** to the right; **~ eingestellt sein** (POL) be oriented towards the right; **~ überholen** overtake on the right; **zweite Straße ~**

second turn to your right; ~ **von ...** to the right of ...; **sich ~ halten** keep right **II.** *adj:* ~ **gerichtet** (POL) oriented towards the right

Rechtsabbieger *m:* ~ **sein** be on the right-hand turn-off lane; **Rechtsabbiegerspur** *f* (AUTO) right-hand turn-off lane

Rechtsabteilung *f* legal department; **Rechtsanspruch** *m* legal right; **einen ~ auf etw haben** be legally entitled to s.th.; **Rechtsanwalt**, **-anwältin** *m, f* lawyer *Br,* attorney *Am;* **sich einen ~ nehmen** get a lawyer (attorney); **Rechtsauffassung** *f* legal opinion; **Rechtsauskunft** *f* legal advice

Rechtsaußen [rɛçts'aʊsən] <-(s), -> *m* (SPORT) outside-right

Rechtsbehelf *m* legal remedy; **Rechtsbeistand** *m* legal advice; (*Person*) legal adviser; **Rechtsberater(in)** *m(f)* legal counsel; **Rechtsberatung** *f* legal counselling; **Rechtsbruch** *m* infringement of the law

rechtsbündig *adj* (TYP) ranged right

rechtschaffen *adj* honest, upright; **Rechtschaffenheit** *f* honesty, uprightness

Rechtschreibfehler *m* spelling mistake; **Rechtschreibreform** *f* spelling reform; **Rechtschreibung** *f* spelling

i Land & Leute

The Vienna accord to reform German **Rechtschreibung** (orthography) was signed on 1st July, 1996. The new rules have been officially in force since 1st August, 1998. However, in the transitional phase up until 2005 it is permissible to use spellings from both the old and new rules.

Rechtsempfinden *nt* sense of justice; **Rechtsextremismus** *m* right-wing extremism; **Rechtsextremist(in)** *m(f)* right-wing extremist; **rechtsfähig** *adj* incorporated; **Rechtsfähigkeit** *f* capacity to hold rights and duties; **Rechtsform** *f* legal form; **Rechtsfrage** *f* legal question [*o* issue]; **Rechtsgewinde** *nt* (TECH) right-handed thread; **Rechtsgrundlage** *f* legal basis; **rechtsgültig** *adj* legal; **Rechtsgutachten** *nt* legal report; **Rechtshänder** <-s, -> *m* (*beim Boxen*) right-hander; **Rechtskraft** <-> *f* legal validity; ~ **erlangen** become law; **rechtskräftig** *adj* ❶ (*Urteil*) final ❷ (*Vertrag*) legally valid; **Rechtskurve** *f* right-hand bend; **Rechtslage** *f* legal situation; **Rechtsmittel** *nt* means of legal redress; **ein ~ einlegen bei ...** lodge an appeal at ...; **Rechtsnachfolger(in)** *m(f)* legal successor; **Rechtsnorm** *f* legal standard

Rechtsprechung *f* ❶ (*Durchführung*) administration of justice ❷ (*Gerichtsbarkeit*) jurisdiction ❸ (*bisherige ~*) precedents *pl*

rechtsradikal *adj* radical right-wing; **Rechtsschutz** *m* legal protection; **Rechtsschutzversicherung** *f* legal costs insurance; **Rechtsstaat** *m* constitutional state; **rechtsstaatlich** *adj* constitutional; **Rechtssteuerung** *f* (AUTO) right-hand drive; **Rechtsstreit** *m* lawsuit; **Rechtsverdreher** *m* (*pej*) shyster; **Rechtsverkehr** *m* (AUTO) driving on the right; **Rechtsweg** *m:* **den ~ beschreiten** take legal action; **rechtswidrig** *adj* illegal; **rechtswirksam** *adj* (legally) valid; **Rechtswissenschaft** *f* jurisprudence

rechtwinklig *adj* right-angled

rechtzeitig I. *adj* (*günstig*) timely **II.** *adv* ❶ (*früh genug*) in due [*o* good] time ❷ (*pünktlich*) punctually

Reck [rɛk] <-(e)s, -e> *nt* (SPORT) horizontal bar

recken I. *vt* stretch; **die Glieder ~** stretch one's limbs; **den Hals ~** crane one's neck (*nach* at) **II.** *vr* stretch o.s.; **sich ~ und strecken** have a good stretch

Recruiting [rɪ'kru:tɪŋ] <-s> *nt* (*Personalsuche*) recruiting

recyceln [ri'saikln] *vt* recycle; **Recycling** <-s> *nt* recycling; **Recyclingpapier** *nt* recycled paper

Redakteur(in) [redak'tø:ɐ] <-s, -e> *m(f)* editor; **Redaktion** *f* ❶ (*die Redakteure*) editorial staff ❷ (*Büro*) editorial office ❸ (*Schriftleitung*) editing; **redaktionell** *adj* editorial

Rede ['re:də] <-, -n> *f* ❶ (*Vortrag*) speech; (*Ansprache*) address ❷ (*Gespräch*) talk; **eine ~ halten** make a speech; **der hält bloß große ~n** he's all talk; **ihre ~ über ...** her talk on ...; **es ist die ~ davon, dass er zurücktreten will** there is some question of him resigning; **davon kann keine ~ sein** that's out of the question; **nicht der ~ wert!** don't mention it!; **jdn zur ~ stellen** take s.o. to task; **wovon ist die ~?** what are you talking about?; **Redefreiheit** *f* freedom of speech; **redegewandt** *adj* eloquent

reden *vi, vt* speak, talk (*mit jdm* with s.o., to s.o., *über* about); **mit dir rede ich nicht (mehr)** I'm not speaking to you; **ich werde mal ein Wörtchen mit ihm ~**

müssen I'll have to speak to him about it; **lauter** ~ speak up; **du hast gut ~!** it's easy for you to talk!; **wie redest du denn mit mir!** don't talk to me like that!; **wir wollen jetzt mal in Ruhe darüber** ~ let's talk it over quietly; ~ **wir nicht mehr davon!** let's drop it!; **darüber lässt sich** ~ that's a possibility; **er lässt nicht mit sich** ~ he's adamant

Redensart *f*: **bloße ~en** empty talk; **das ist nur so eine** ~ it's just a way of speaking

Redeweise *f* manner of speaking; **Redewendung** *f* idiomatic expression

redigieren [redi'gi:rən] *vt* edit

redlich ['re:tlɪç] *adj* honest; **das hat er sich ~ verdient** he has really earned it

Redner(in) ['re:dnɐ] <-s, -> *m(f)* speaker; **Rednerbühne** *f* platform

redselig *adj* talkative; **Redseligkeit** *f* talkativeness

reduzieren [redu'tsi:rən] *vt* reduce (*auf* to)

Reede ['re:də] <-, -n> *f* (MAR) roadstead; **auf ~ liegen** be lying in the roads *pl*; **Reeder(in)** *m(f)* shipowner; **Reederei** *f* shipping company

reell [re'ɛl] *adj* ❶ (COM: *solide*) solid ❷ (*anständig*) honest; **~e Preise** realistic prices

Reet ['re:t] <-(e)s> *nt* reed; **Reetdach** *nt* thatched roof; **reetgedeckt** *adj* thatched

Reexport *m* re-export

Referat [refə'ra:t] <-(e)s, -e> *nt* ❶ (SCHULE: *schriftliches Seminar~*) seminar paper; (*in der Schule*) project ❷ (*Ressort*) department, section; **ein ~ halten** present a paper [*o* project]

Referendar(in) [referɛn'da:ɐ] <-s, -e> *m(f)* ❶ (JUR) articled clerk ❷ (SCHULE) student teacher ❸ (*Anwärter für höheren Dienst*) trainee

Referendum [refe'rɛnʊm] <-s, Referenden oder Referenda> *nt* referendum

Referent(in) *m(f)* ❶ (*Berichterstatter*) speaker ❷ (*Fach~*) consultant

Referenz *f* reference; **jdn als ~ angeben** give s.o. as a reference; **Referenzen** *pl* references *pl*

referieren *vt, vi* give a talk (*über* on)

refinanzieren *vt* refinance

Reflation [refla'tsjo:n] <-, -en> *f* reflation; **reflationär** *adj* reflationary

reflektieren [reflɛk'ti:rən] **I.** *vt* (OPT) reflect **II.** *vi* (*geh*) reflect (*über* upon s.th.); **auf etw ~** have one's eye on s.th.; **~des Kennzeichen** (AUTO) reflectorized sign

Reflex [re'flɛks] <-es, -e> *m* ❶ (*Nerven~*) reflex ❷ (PHYS) reflection; **Reflexbewegung** *f* reflex action

Reflexion *f* (PHYS: *a. Überlegung*) reflection

reflexiv [reflɛ'ksi:f] *adj* (GRAM) reflexive; **Reflexivpronomen** *nt* reflexive pronoun

Reform [re'fɔrm] <-, -en> *f* reform

Reformation *f* reformation

reformbedürftig *adj* in need of reform; **reformfreudig** *adj* avid for reform

Reformhaus *nt* health food shop

reformieren *vt* reform

Reformkost *f* health food

Refrain [re'frɛ̃:] <-s, -s> *m* refrain, chorus

Regal [re'ga:l] <-s, -e> *nt* (*Bücher ~*) shelves *pl*

Regatta [re'gata] <-, Regatten> *f* regatta; **Regattastrecke** *f* regatta course

rege ['re:gə] *adj* ❶ (*betriebsam*) active ❷ (*flink*) agile; ~ **Beteiligung** lively participation

Regel ['re:gəl] <-, -n> *f* ❶ (*Vorschrift*) rule ❷ (*Menstruation*) period; **in der ~** as a rule; **sich etw zur ~ machen** make a habit of s.th.; **Regelarbeitszeit** *f* core working hours *pl*; **regelbar** *adj* ❶ (TECH: *einstellbar*) adjustable ❷ (*klärbar*) easily arranged; **Regelfall** *m* rule; **im ~** as a rule; **Regelkreis** *m* control loop; **regellos** *adj* ❶ (*unregelmäßig*) irregular ❷ (*unordentlich*) disorderly; **regelmäßig** *adj* regular; **~ spazieren gehen** take regular walks; **Regelmäßigkeit** *f* regularity; **in schöner ~** persistently

regeln *vt* ❶ (*einstellen*) regulate ❷ (*in Ordnung bringen*) settle; **es ist noch nichts geregelt** nothing has been arranged yet

regelrecht **I.** *adj* real **II.** *adv* really; **sie wurde ~ frech** she was getting downright cheeky

Regelsatzsteuer *f* standard rate tax

Regelschmerzen *mpl* period pains; **Regelstörungen** *fpl* menstrual disorders

Regelung *f* ❶ (*Abmachung*) arrangement ❷ (*Vorschrift*) regulation ❸ (TECH) controls *pl*; **eine ~ finden** come to an arrangement; **Regelventil** *nt* control valve; **regelwidrig** *adj* against the rules

Regen ['re:gən] <-s> *m* rain; **im ~** in the rain; **es sieht nach ~ aus** it looks like rain; **jdn im ~ stehen lassen** leave s.o. out in the cold

regen ['re:gən] *vt, vr* (*Person, a. fig*) move, stir; **ich kann mich kaum noch ~** I'm hardly able to move

regenarm *adj* rainless

Regenbogen *m* rainbow; **Regenbogenhaut** *f* iris

regenerativ *adj* regenerative

Regenfälle *pl* rains; **Regengebiet** *nt* rainfall area; **Regenmantel** *m* raincoat; **regenreich** *adj* rainy, wet; **Regenrinne** *f* ❶ (*an Hausdach*) gutter ❷ (*an Autodach*) roofrail; **Regenschauer** *m* shower; **Regenschirm** *m* umbrella

Regent(in) [re'gɛnt] <-en, -en> *m(f)* (*Herrscher*) ruler, sovereign

Regentag *m* rainy day; **Regentropfen** *m* raindrop

Regentschaft *f* ❶ (*Statthalterschaft*) regency ❷ (*Herrschaft*) reign; **die ~ übernehmen** take over as regent

Regenwald *m* rainforest; **Regenwasser** *nt* rainwater; **Regenwetter** *nt* rainy weather; **Regenwolke** *f* raincloud; **Regenwurm** *m* earthworm; **Regenzeit** *f* rainy season

Regie [re'ʒi:] <-, -n> *f* ❶ management ❷ (THEAT FILM) direction, production; **ich mache das in eigener ~** I do it myself; **unter der ~ von ...** directed by ...; **Regieanweisung** *f* (stage) direction

regieren [re'gi:rən] **I.** *vi* (*Herrscher*) reign; (*beherrschen*) rule **II.** *vt* (*beherrschen*) govern, rule (over)

Regierung *f* ❶ (*Kabinett*) government ❷ (*Herrschaft*) rule; (*von Monarch*) reign; **an die ~ kommen** come to office; **Regierungsantritt** *m* taking of office; **beim ~** when the government took office; **Regierungsapparat** *m ohne pl* apparatus of government; **Regierungsbeamte(r)**, **-beamtin** *m, f* government official; **Regierungsbezirk** *m* (*in Deutschland*) administrative district, region *Br,* county *Am;* **Regierungsbildung** *f* formation of a government; **Regierungschef(in)** *m(f)* head of the government; **Regierungserklärung** *f* (inaugural) government statement; **Regierungsfähigkeit** *f* ability to govern; **Regierungsgeschäfte** *ntpl* government business *sing;* **Regierungskoalition** *f* government coalition; **Regierungskommission** *f* government commission; **Regierungskrise** *f* government crisis, crisis of government; **Regierungspartei** *f* ruling party; **Regierungssprecher(in)** *m(f)* government spokesperson; **Regierungsumbildung** *f* government [*o* cabinet] reshuffle; **Regierungswechsel** *m* change of government; **Regierungszeit** *f* period of office, reign, rule

Regime [re'ʒi:m] <-s, -(s)> *nt* regime

Regiment [regi'mɛnt] <-(e)s, -er> *nt* (MIL) regiment

Region [re'gjo:n] *f* region; **regional** *adj* regional; **~ verschieden** varying from region to region; **Regionalplan** *m* regional plan

Regisseur(in) [reʒɪ'sø:ɐ] <-s, -e> *m(f)* director

Register [re'gɪstɐ] <-s, -> *nt* ❶ (*Buchindex*) index ❷ (*Verzeichnis*) register ❸ (*Orgel~*) stop; **führen Sie ein ~?** do you keep a register?; **alle ~ spielen lassen** pull out all the stops

Registratur [regɪstra'tu:ɐ] *f* ❶ (*Tätigkeit*) registry ❷ (*~ büro*) records ❸ (*bei Orgel*) stops *pl*

registrieren *vt* ❶ (*verzeichnen*) register ❷ (*bemerken, sich merken*) note; **Registrierkasse** *f* cash register; **Registrierung** *f* registration

Regler ['re:glɐ] <-s, -> *m* ❶ (ELEK) control ❷ (AUTO, ELEK) governor

reglos *adj* motionless

regnen ['re:gnən] *vi* rain; **es regnet in Strömen** it's pouring; **es regnete Proteste** protests were pouring in; **regnerisch** *adj* rainy

Regress [re'grɛs] <-es, -e> *m* recourse; **jdn in ~ nehmen** have recourse against s.o.; **Regressanspruch** *m* right of recourse; **Regressklage** *f* recourse claim; **regresspflichtig** *adj* liable for compensation

regulär [regu'lɛ:ɐ] *adj* (*normal*) normal

regulieren *vt* ❶ (TECH: *einstellen*) adjust ❷ (*Rechnung, Schaden*) settle; **Regulierung** *f* (TECH) regulation

Regung ['re:gʊŋ] *f* (*sachte Bewegung*) movement; **ohne jede ~** without a flicker; **regungslos** *adj* motionless

Reh [re:] <-(e)s, -e> *nt* deer

Rehabilitationszentrum *nt* rehabilitation centre/center *Br/Am;* **rehabilitieren** [rehabili'ti:rən] *vt* rehabilitate; **Rehabilitierung** *f* rehabilitation

Rehbock *m* roebuck; **Rehbraten** *m* roast venison; **Rehkeule** *f* haunch of venison; **Rehrücken** *m* saddle of venison

Reibach ['raɪbax] *m* (*sl*): **einen ~ machen** make a killing

Reibe ['raɪbə] <-, -n> *f* grater; **Reibeisen** *nt:* **wie ein ~** like sandpaper

Reibekuchen *m kind of potato fritter*

reiben **I.** *irr vt* rub; **an etw ~** rub s.th.; **jdm etw unter die Nase ~** rub someone's nose in s.th.; **sich die Hände ~** rub one's hands **II.** *vr* rub o.s. (*an* on, against); **sie ~ sich ständig aneinander** there's a lot of friction between them

Reibereien *fpl* friction *sing*

Reibung *f* (PHYS) friction; **Reibungsfläche** *f* (*fig*): **das bietet viele ~n** that's a potential cause of friction; **reibungslos** *adj* ❶ (PHYS) frictionless ❷ (*fig*) trouble-free;

das ging ja ~ that did go off smoothly

Reibungsverlust *m* friction loss; **Reibungswiderstand** *m* frictional resistance

Reich [raɪç] <-(e)s, -e> *nt* ① (*Kaiser~*) empire; (*König~*) kingdom ② (*Bereich*) realm

reich [raɪç] *adj* ① (*Reichtümer habend*) rich, wealthy (*an* in) ② (*umfassend*) large; **eine ~e Auswahl an …** a wide choice of …

reichen **I.** *vt* (*geben*) hand; (*herüber~*) pass **II.** *vi* ① (*genügen*) be enough, do, suffice ② (*sich erstrecken*) stretch (*bis* to), reach (*bis zu etw* s.th.); **danke, das reicht!** thanks, that's sufficient!; **jetzt reicht's mir aber!** that's the last straw!; **diese Packung Kaffee reicht mir eine Woche** this pack of coffee will last me one week; **soweit das Auge reicht** as far as the eye can see; **reicht die Milch?** is there enough milk?; **mir reicht's, ich gehe jetzt nach Hause!** I've had enough, I'm going home!

reichhaltig *adj* (*Essen*) rich

reichlich **I.** *adj* (*umfangreich*) ample; (*reichlich vorhanden*) plentiful; **~ Zeit haben** have plenty of time **II.** *adv* ① (*überreich*) amply ② (*fam: ziemlich*) pretty; **~ vorhanden sein** be in plentiful supply; **das ist ja ~ wenig!** that's rather little!; **~ ausfallen** (*von Kleidung*) be on the big side

i Land & Leute

During the German Reich, **der Reichstag** (sovereign assembly) was composed of representatives who were elected for four years according to the constitution of the Weimar Republic. After reunification, the parliament in Bonn took the decision to relocate to Berlin and in 1994, the **Reichstag** building in Berlin once again became the seat of federal parliament in Germany.

Reichtum *m* ① (*Wohlstand*) wealth, riches *pl* ② (*Überfluss*) abundance (*an* of); **zu ~ gelangen** become rich

Reichweite *f* ① (RADIO) range ② (*nächste Nähe*) reach; **außer ~ sein** be out of reach; **große ~** long range

Reif[1] [raɪf] <-(e)s> *m* (*Raureif*) hoar [*o* white] frost

Reif[2] <-(e)s, -e> *m* ① (*Arm~*) bangle ② (*Fass~*) hoop

reif *adj* ① (*Früchte, Alter*) ripe ② (*gereift*) mature; **wenn die Zeit dafür ~ ist** when the time is ripe; **Reife** <-> *f* ① (*das Reifsein*) ripeness ② (*fig*) maturity; **ihm fehlt die nötige ~** he's somewhat lacking in maturity

Reifen <-s, -> *m* ① (*Gummi~*) tyre *Br*, tire *Am* ② (*Arm~*) bangle ③ (*Fass~, Spiel~*) hoop

reifen *vi* ① ripen ② (*fig*) mature; **die Jahre ließen ihn ~** his character matured during the years

Reifendruck *m* (AUTO) tyre pressure *Br*, tire pressure *Am*; **Reifenpanne** *f* flat, puncture; **Reifenwechsel** *m* change of tyres

Reifeprüfung *f* (*in GB*) A level; (*in Schottland*) Highers *pl*; (*in den USA*) high-school graduation; **Reifezeugnis** *nt* A level certificate *Br*, high-school graduation certificate *Am*

reiflich *adj* careful, thorough; **nach ~er Überlegung** after careful consideration; **etw ~ überlegen** consider s.th. carefully

Reigen ['raɪgən] <-s, -> *m* round dance

Reihe ['raɪə] <-, -n> *f* ① (*Aufreihung*) line, row ② (THEAT) tier ③ (*Anzahl*) number; (*Serie*) series; **aus der ~ tanzen** step out of line; **in einer Reihe** in a line; **John ist als nächster mit der Beförderung an der ~** John is next in line for promotion; **das erste Taxi in der ~** the taxi at the head of the rank; **stell sie in ~n auf!** arrange them in rows!; **in ~ geschaltet** (ELEK) series-wound; **arithmetische ~** arithmetical progression; **du bist an der ~!** it's your turn!; **sie kommt immer außer der ~** she always comes just when she pleases

reihen **I.** *vt*: **auf eine Schnur ~** string on a thread **II.** *vr* (*fig*): **sich ~ an etw** follow after s.th.

Reihenfolge *f* order; **sind sie in der richtigen ~?** are they in the right order?; **etw in der logisch richtigen ~ tun** do s.th. in logical sequence

Reihenhaus *nt* terraced house; **Reihenhaussiedlung** *f* estate of terraced houses

reihenweise *adv* ① (*in Reihen*) in rows ② (*in Mengen*) by the dozen

Reiher ['raɪɐ] <-s, -> *m* heron

reihern *vi* (*sl*) puke

reihum [raɪ'ʊm] *adv*: **etw ~ gehen lassen** pass s.th. round

Reim [raɪm] <-(e)s, -e> *m* rhyme; **darauf kann ich mir keinen ~ machen** I can't make head or tail of it; **reimen** **I.** *vt* rhyme (*auf, mit* with) **II.** *vr* rhyme (*auf, mit* with)

reimportieren *vt* reimport

R

Reimschema *nt* rhyme scheme
rein¹ [raɪn] *adv* (*fam*) *s.* **herein, hinein**
rein² I. *adj* ① (*sauber*) clean ② (*völlig*) pure; **ein ~es Gewissen** a clear conscience; **~e Bosheit** malice pure and simple; **ein Kleid aus ~er Wolle** a pure wool dress; **der ~ste Blödsinn!** sheer nonsense! II. *adv* ① (*lediglich*) purely ② (*völlig*) absolutely; **~ zufällig** by sheer chance; **ist die Luft ~?** is it all clear now?; **~ waschen** clear
rein(e)|machen *vt* (*fam*) do the cleaning
Reinerlös *m* net proceeds *pl;* **Reinertrag** *m* net profit
Reinfall *m* disaster; (*fam*) flop; **rein|fallen** *irr vi* be taken in (*auf etw* by s.th.); **auf jdn ~** fall for someone's line
Reingewinn *m* (COM) net profit
Reinhaltung *f:* **~ der Luft** prevention of air pollution; **Reinheit** *f* ① (*Sauberkeit*) cleanness ② (*Lauterkeit*) purity

i Land & Leute

The German **Reinheitsgebot** (beer purity regulation) is one of the oldest laws governing foodstuffs in Germany. Since 1516 it has stipulated that only barley malt, hops, water and recently yeast may be used in the production of beer.

reinigen ['raɪnɪgən] I. *vt* clean; (*chemisch ~*) dry-clean II. *vr* ① (*Sache*) clean itself ② (*Person*) cleanse o.s.; **Reinigung** *f* ① (*Vorgang*) cleaning ② (*Anstalt*) dry cleaner's; **in der ~** (*von Kleidungsstück*) at the cleaner's; **zur ~ geben** send to the cleaner's; **Reinigungslotion** *f* cleansing lotion; **Reinigungsmilch** *f* cleansing milk, cleanser; **Reinigungsmittel** *nt* detergent
reinlich *adj* (*sauber*) cleanly
Reinmachefrau *f* cleaning lady
reinrassig *adj* ① (*Pferd*) thoroughbred ② (*Hund*) pedigree
Reinschrift *f* fair copy; **etw in ~ schreiben** write out a fair copy of s.th.
Reinvermögen *nt* net assets, net worth
reinvestieren *vt* reinvest
rein|würgen *vt* (*sl*): **jdm eine ~** teach s.o. a lesson
reinziehen *vt* (*sl*): **sich etw ~** (*Drogen*) take s.th.; (*Musik*) listen to s.th.; (*Film*) watch s.th.; (*Getränk*) knock s.th. back; (*essen*) guzzle s.th. down
Reis¹ <-es, -er> *nt* (*kleiner Zweig*) sprig
Reis² [raɪs] <-es, (-e)> *m* rice; **Reisbrei** *m* creamed rice
Reise ['raɪzə] <-, -n> *f* (*mit festem Ziel*) journey; (*Schiffs~*) voyage; (*kurze*) trip; **eine ~ machen** go on a journey; **eine ~ antreten** set out on a journey; **gute ~!** have a pleasant journey! [*o* a nice trip!]; **wir gehen jeden Sommer auf ~n** we go away every summer; **eine ~ um die Welt machen** travel round the world; **Reiseandenken** *nt* souvenir; **Reiseapotheke** *f* first aid kit; **Reisebranche** *f* travel industry; **Reisebüro** *nt* travel agency; **Reisebürokaufmann, -kauffrau** *m, f* travel agent; **reisefertig** *adj* ready to leave; **Reiseführer** *m* ① (*Buch*) guidebook ② (*Person*) courier; **Reisegefährte, -gefährtin** *m, f* travelling companion; **Reisegepäck** *nt* luggage *Br,* baggage *Am;* **Reisegesellschaft** *f* ① (*Personen*) party ② (*Veranstalter*) tour operator; **Reisejournalist(in)** [-ʒʊrnaˌlɪst] *m(f)* travel journalist; **Reisekosten** *pl* travelling expenses; **Reisekostenabrechnung** *f* claim for travel expenses; **Reisekostenzuschuss** *m* partial reimbursement of travel expenses; **Reisekrankheit** *f* travel sickness; **Reiseland** *nt* holiday destination; **Reiseleiter(in)** *m(f)* courier; **reiselustig** *adj* keen on travel(ling); **Reisemagazin** *nt* travel magazine
reisen *sein vi* travel; **gerne ~** be fond of travelling; **weit gereist** well travelled
Reisende(r) *f (m)* traveller *Br,* traveler *Am;* (COM: *Handels~*) (commercial) travel(l)er
Reisenecessaire ['raɪzənɛsɛsɛːɐ] <-s, -s> *nt,* **Reisenessessär** *nt* travelling manicure set; **Reisepass** *m* passport; **Reisepläne** *mpl* plans for one's journey; **Reiseprospekt** *m* travelling brochure; **Reiseroute** *f* travel route; **Reisescheck** *m* traveller's cheque; **Reiseschreibmaschine** *f* portable typewriter; **Reisespesen** *pl* travel expenses; **Reisetasche** *f* grip, travel(l)ing bag; **Reiseveranstalter** *m* tour operator; **Reiseverkehr** *m* holiday traffic; **Reiseversicherung** *f* travel insurance; **Reisevorbereitung** *f* travel preparations; **Reisewelle** *f* wave of holiday makers; **Reisewetterbericht** *m* holiday weather forecast; **Reisezeit** *f* travelling time; **Reiseziel** *nt* destination
Reisfeld *nt* paddy-field
Reisig ['raɪzɪç] <-s> *nt* brushwood
Reißaus [raɪs'aʊs] *m:* **~ nehmen** clear off [*o* take to one's heels]
Reißbrett *nt* drawing-board
reißen ['raɪsən] I. *irr vt* ① (*zerren*) drag;

(*fort~*) pull, tear (*etw von etw* s.th. off s.th.) ❷ (*zer~*) tear; **an sich** ~ seize hold of; **er riss es mir aus der Hand** he tore it out of my hand; **jdm die Maske vom Gesicht** ~ (*a. fig*) tear away someone's mask **II.** *vi* break, tear; **sich um etw** ~ scramble for s.th.; **ich reiße mich nicht darum ihn kennen zu lernen** I'm not exactly dying to make his acquaintance; **wenn alle Stricke** ~ if all else fails; **reißend** *adj* ❶ (*Fluss*) torrential ❷ (*Schmerz*) searing, violent; ~**en Absatz finden** sell like hot cakes

Reißer *m* (*fam: Film*) thriller

Reißverschluss *m* zip(per); **mach mal den** ~ **auf** (**zu**) can you (unzip it) zip it up?; **Reißverschlussprinzip** *nt* (AUTO) principle of alternation; **Reißwolf** *m* shredder; **Reißzwecke** *f* drawing-pin

Reitanzug *m* riding habit

reiten ['raɪtən] *irr vi, vt* ride; ~ **gehen** go for a ride; **auf einem Pferd** ~ ride a horse; **bei einem Rennen** ~ ride a race

Reiter(in) *m(f)* horseman (horsewoman), rider; **Reiterei** *f* cavalry; **Reiterstandbild** *nt* equestrian statue; **Reitgerte** *f* riding crop; **Reithose** *f* riding-breeches *pl;* **Reitpeitsche** *f* riding whip; **Reitpferd** *nt* saddle-horse; **Reitschule** *nt* riding school; **Reitstiefel** *m* riding-boot; **Reitweg** *m* bridle-path

Reiz [raɪts] <-es, -e> *m* ❶ (*Anziehung*) attraction ❷ (*Anreiz*) stimulus; **der** ~ **des Neuen** the charm of novelty; **einen** ~ **auf jdn ausüben** hold great attractions for s.o.; **reizbar** *adj* sensitive, touchy; **er ist leicht** ~ he is very irritable; **Reizbarkeit** *f* sensitivity [*o* irritability]

reizen *vt* ❶ (*Haut*) irritate ❷ (*verlocken*) appeal to ❸ (*provozieren*) provoke; **das könnte mich noch** ~ that would appeal to me

reizend *adj* (*charmant*) charming, delightful; **das ist ja** ~**!** (*iro*) that's just dandy!

Reizklima *nt* bracing climate; **reizlos** *adj* dull; **Reizschwelle** *f* ❶ (MED) stimulus threshold ❷ (MARKT) sales resistances *pl;* **Reizthema** *nt* controversial issue; **Reizüberflutung** *f*: **bei der heutigen** ~ with today's over-stimulation; **Reizung** *f* (MED) irritation; **reizvoll** *adj* attractive, charming; **Reizwäsche** *f* sexy underwear

rekeln ['re:kəln] *vr* loll about

Reklamation [reklama'tsjo:n] *f* (COM) complaint; **Reklamationsabteilung** *f* complaints department

Reklame [re'kla:mə] <-, -n> *f* ❶ (*Reklamewesen*) advertising ❷ (*Anzeige*) advertisement; ~ **machen für ...** advertise ...; **die Zeitung besteht zu 70% aus** ~ 70% of the magazine is advertisement; **Reklameschild** *nt* advertising hoarding [*o* sign]

reklamieren **I.** *vt* query **II.** *vi* make a complaint

rekonstruieren [rekɔnstru'i:rən] *vt* reconstruct

Rekonvaleszenz [rekɔnvalɛs'tsɛnts] <-> *f* (MED) reconvalescence

Rekord [re'kɔrt] <-(e)s, -e> *m* record; **einen** ~ **aufstellen** establish a record; **einen** ~ **brechen** break a record; **einen** ~ **einstellen** equal a record; **Rekordgewinn** *m* record profit; **Rekordinhaber(in)** *m(f)* record holder; **Rekordjahr** *nt* record year; **Rekordverlust** *m* record loss; **Rekordzeit** *f* record time

Rekrut [re'kru:t] <-en, -en> *m* recruit; **rekrutieren** *vt* recruit

Rektor(in) ['rɛktɔr] <-s, -en> *m(f)* ❶ (*an Universität*) vice-chancellor *Br,* rector *Am* ❷ (*an Schule*) headmaster (headmistress), principal *Am;* **Rektorat** <-(e)s, -e> *nt* ❶ (*Büro: Universität*) vice-chancellor's office *Br,* rector's office *Am;* (*Büro*) headmaster's study *Br,* principal's room *Am* ❷ (*Amtszeit: Universitätsrektor*) vice-chancellorship *Br,* rectorship *Am*

Rekultivierung *f* recultivation

Relais [rə'lɛ:] <-, -> *nt* (ELEK) relay

Relation [rela'tsio:n] *f*: **das steht in keiner** ~ **zu ...** that bears no relation to ...

relativ [rela'ti:f/'---] **I.** *adj* relative **II.** *adv* relatively

Relativitätstheorie *f* (PHYS) theory of relativity

Relaunch ['ri:,lɔ:ntʃ] <-es, -es> *m* (*Wiedereinführung eines Produkts*) relaunch

relevant [rele'vant] *adj* relevant

Relief [re'ljɛf] <-s, -s/-e> *nt* relief

Religion [reli'gjo:n] *f* ❶ religion ❷ (SCHULE: *Schulfach*) religious instruction; **Religionsfreiheit** *f* religious freedom; **Religionsgemeinschaft** *f* religious community; **Religionsgeschichte** *f* history of religion; **religionslos** *adj* (*atheistisch*) non-denominational; **Religionsunterricht** *m* religious instruction

religiös [reli'gjø:s] *adj* religious

Relikt [re'lɪkt] <-(e)s, -e> *nt* relic

Reling ['re:lɪŋ] <-, -s/(-e)> *f* (MAR) rail

Reliquie [re'li:kviə] <-, -n> *f* relic

Remis [rə'mi:] <-, -> *nt* draw, deadlock

rempeln ['rɛmpln] *vi* jostle, barge

Renaissance [rənɛ'sã:s] <-, -n> *f* renaissance

renaturieren [renatu'ri:rən] *vt* renaturalize,

R

return to its natural state; **Renaturierung** <-, -en> *f* renaturalization

Rendezvous [rãde'vu:/'---] <-, -> *nt* rendezvous

Rendite [rɛn'di:tə] <-, -n> *f* yield

renitent [reni'tɛnt] *adj* obstinate, refractory

Rennbahn *f* track

Rennen <-s, -> *nt:* **zum ~ gehen** (*Pferde~*) go to the races *pl;* (*Auto~*) go to the racing; **gut im ~ liegen** be well placed; **das ~ aufgeben** drop out; **das ~ machen** win the race

rennen ['rɛnən] *irr vi* ❶ (*laufen*) run ❷ (AUTO) race; **um die Wette ~** have a race; **gegen jdn ~** bump into s.o.

Renner *m* (COM) winner

Rennfahrer(in) *m(f)* ❶ (*Fahrrad~*) racing cyclist ❷ (AUTO) racing driver; **Rennpferd** *nt* racehorse; **Rennrad** *nt* racing bike; **Rennsport** *m* racing; **Rennstall** *m* stable; **Rennstrecke** *f* ❶ (AUTO) track ❷ (SPORT) course; (*für Läufer*) distance; **Rennwagen** *m* racing car

Renommee [renɔ'me:] <-s, -s> *nt* (*Ruf*) reputation; **renommieren** *vi* show off; **renommiert** *adj* renowned (*wegen* for)

renovieren [reno'vi:rən] *vt* renovate; **Renovierung** *f* renovation

rentabel [rɛn'ta:bəl] *adj* profitable; **das ist eine rentable Sache** it will pay; **Rentabilität** *f* profitability; **Rentabilitätsberechnung** *f* investment appraisal; **Rentabilitätssteigerung** *f* increase in profitability

Rente ['rɛntə] <-, -n> *f* ❶ (*Alters~*) (old age) pension ❷ (*Zinseinkünfte*) income; **Rentenalter** *nt* retirement age; **Rentenanleihe** *f* annuity bond; **Rentenanpassung** *f* index-linking of pensions; **Rentenanspruch** *m* right to a pension; **Rentenbank** *f* public mortgage bank; **Rentenbasis** *f* annuity basis; **Rentenbeitrag** *m* pension payment; **rentenberechtigt** *adj* entitled to a pension; **Rentenempfänger(in)** *m(f)* pensioner; **Rentenerosion** *f* (*Verfall des Rentensystems*) erosion of the pension system; **Rentenfinanzierung** *f* financing of pensions; **Rentenfonds** *m* (FIN) annuity fund; **Rentenmarkt** *m* (FIN) fixed-interest market; **Rentenplan** *m* pension plan; **Rentenversicherung** *f* pension (insurance) scheme; **Rentenversicherungsbeitrag** *m* pension scheme contribution; **Rentenversicherungssystem** *nt* pension insurance system; **Rentenwerte** *pl* (FIN) fixed interest securities

Rentier ['rɛnti:ɐ] <-s, -e> *m* reindeer

rentieren *vr:* **es rentiert sich nicht das zu tun** it's not worthwhile doing it; **das rentiert sich nicht** it's not worth it

Rentner(in) ['rɛntnɐ] <-s, -> *m(f)* pensioner

Reorganisation *f* reorganisation; **reorganisieren** *vt* reorganise

Reparatur [repəra'tu:ɐ] *f* repair; **in ~** being repaired; **etw in ~ geben** have s.th. repaired; **reparaturbedürftig** *adj* in need [*o* want] of repair; **Reparaturkosten** *pl* repair costs; **Reparaturwerkstatt** *f* workshop; (AUTO) garage

reparieren [repa'ri:rən] *vt* repair; (*ausbessern*) mend

Repertoire [repɛr'toa:ɐ] <-s, -s> *nt* repertoire

Report(age) [repɔr'ta:ʒə] <-, -n> *m* (*Bericht*) report; **Reporter(in)** [re'pɔrtɐ] *m(f)* reporter

Repräsentant(in) [reprɛzɛn'tant] <-en, -en> *m(f)* representative; **Repräsentantenhaus** *nt* (PARL) House of Representatives *Am*

Repräsentanz <-, -en> *f* branch

Repräsentation <-, -en> *f* representation; **repräsentativ** [----'-] *adj* ❶ (*typisch*) representative (*für* of) ❷ (*prestigehaft*) prestigious; **Repräsentativerhebung** *f* sample survey; **Repräsentativumfrage** *f* representative survey; **repräsentieren** *vt* (*darstellen*) represent

Repressalien [reprɛ'sa:liən] *fpl* reprisals; **~ ergreifen** take reprisals

repressiv [--'-] *adj* repressive

reprivatisieren *vt* reprivatise

Reproduktion *f* reproduction; **reproduzieren** *vt* reproduce

Reptil [rɛp'ti:l] <-s, -ien/-e> *nt* reptile

Republik [repu'bli:k] <-, -en> *f* republic; **Republikaner(in)** *m(f)* (POL) republican; **republikanisch** *adj* republican

Requiem ['re:kviɛm] <-s, -s> *nt* requiem

requirieren [rekvi'ri:rən] *vt* (MIL) requisition

Requisiten [rekvi'zi:tən] *ntpl* (THEAT) properties

resch *adj* (*österr: knusprig*) crisp

Reservat *nt* ❶ (*für Menschen*) reservation ❷ (*für Tiere*) reserve

Reserve [re'zɛrvə] <-, -n> *f* reserve (*an* of); (*Geld~*) reserve fund; **in ~ haben** have in reserve; **jdn aus der ~ locken** bring s.o. out of his shell; **Reservekanister** *m* (AUTO) spare tank; **Reserveoffizier** *m* reserve officer; **Reserverad** *nt* (AUTO) spare wheel; **Reservespieler(in)** *m(f)* (SPORT) reserve

reservieren *vt* reserve; **reserviert** *adj* reserved

Reservist *m* (MIL) reservist
Reservoir [rezɛr'voaːɐ] <-s, -e> *nt* reservoir
Residenz [rezi'den(t)s] *f* ❶ (*Wohnung*) residence ❷ (*~stadt*) royal capital
residieren *vi* reside
Resignation [rezɪgna'tsjoːn] *f* resignation; **in ~ verfallen** become resigned
resignieren *vi* resign
resolut [rezo'luːt] *adj* (*entschlossen*) decisive
Resolution <-, -en> *f* resolution
Resonanz [rezo'nants] <-, -en> *f*: **(keine) große ~ finden** meet with (little) good response
Respekt [re'spɛkt] <-(e)s> *m* respect; **bei allem ~** with all due respect; **allen ~!** well done!; **respektieren** *vt* respect; **respektlos** *adj* disrespectful; **respektvoll** *adj* respectful
Ressort [rɛ'soːɐ] <-s, -s> *nt* (*Abteilung*) department; **das gehört nicht zu meinem ~** that's out of my line; **das fällt in sein ~** that's his department
Ressourcen [rɛ'sʊrsə] <-> *pl* resources
Rest [rɛst] <-(e)s, -e> *m* rest; (MATH) remainder; (*Stoff~*) remnant; **der ~ ist für Sie!** (*Trinkgeld*) keep the change!; **jdm den ~ geben** (*fam*) finish s.o. off; **der letzte ~** the last bit; **den ~ mache ich** I'll do the rest
Restaurant [rɛsto'rãː] <-s, -s> *nt* restaurant
Restaurator(in) [restaʊ'raːtoːɐ] <-s, -en> *m(f)* restorer
restaurieren *vt* restore
Restbestand *m* remaining stock; **Restbetrag** *m* remaining sum
Resteverkauf *m* remnants sale
restlich *adj* remaining
restlos I. *adj* complete **II.** *adv* entirely, completely
Restposten *m* remaining stock
Restriktion [restrik'tsjoːn] <-, -en> *f* restriction; **restriktiv** *adj* restrictive
Restrisiko *nt* residual risk; **Reststoff** *m* residual [*o* recyclable] material; **Restsumme** *f* balance, amount remaining; **Restwert** *m* residual; **Restzahlung** *f* final payment
Resultat [rezʊl'taːt] <-(e)s, -e> *nt* (*Ergebnis*) result; **zu einem ~ kommen** arrive at a conclusion; **~e erzielen** get results
resultieren *vi* result (*aus* from)
Retorte [re'tɔrtə] <-, -n> *f* retort; **aus der ~** (*pej*) synthetic; **Retortenbaby** *nt* test-tube baby
Retourbillet [rətuːr-] *nt* (*CH*) return ticket, round-trip ticket *Am*
Retourgeld *nt* (*CH*) change
retten ['rɛtən] **I.** *vt* (*er~*) save (*vor etw* from s.th.); (*befreien*) rescue; **bist du noch zu ~?** are you out of your mind? **II.** *vr* escape; **sich vor etw nicht ~ können** be swamped with s.th.
Retter(in) *m(f)* rescuer, saviour; (*lit*) deliverer
Rettich ['rɛtɪç] <-s, -e> *m* radish
Rettung *f* rescue; **jds letzte ~ sein** be someone's last hope; **Rettungsaktion** *f* rescue (campaign); **Rettungsboot** *nt* lifeboat; **Rettungsflugwacht** *f* air rescue service; **Rettungshubschrauber** *m* rescue helicopter; **Rettungsinsel** *f* (MAR) inflatable life raft; **rettungslos I.** *adj*: **die Lage ist ~** the situation is hopeless **II.** *adv*: **~ verloren sein** be hopelessly lost; **Rettungsmannschaft** *f* rescue team; **Rettungsring** *m* lifebelt; **Rettungswagen** *m* ambulance, rescue vehicle
retuschieren [retu'ʃiːrən] *vt* (*a. fig*) retouch, touch up
Reue ['rɔɪə] <-> *f* remorse, repentance (*über* of); **reuen** *vt*: **jdn reut es etw getan zu haben** s.o. regrets having done s.th.; **reumütig** ['rɔɪmyːtɪç] *adj* remorseful, contrite, repentant
Reuse ['rɔɪzə] <-, -n> *f* fish trap
Revanche [re'vãːʃ(ə)] <-, -n> *f* revenge; (*Spiel*) return match; **jdm ~ geben** let s.o. have his (her) return match; **Revanchespiel** *nt* return-match; **revanchieren** *vr* (*sich rächen*) take one's revenge (*bei jdm für etw* on s.o. for s.th.); **ich revanchiere mich gelegentlich** (*sich erkenntlich zeigen*) I'll return the favour one day
Revers [re'veːɐ] <-, -> *nt* reverse
revidieren [revi'diːrən] *vt* revise
Revier [re'viːɐ] <-s, -e> *nt* ❶ (*fig hum*) district ❷ (*Jagd~*) hunting ground ❸ (*Polizei~*) beat *Br*, precinct *Am* ❹ (*Polizeistation*) police station *Br*, station house *Am* ❺ (MIL: *Kranken~*) sick-bay
Revision *f* ❶ (*Überprüfung*) revision ❷ (JUR) appeal; **~ einlegen** lodge an appeal (*bei* with); **Revisionsabteilung** *f* audit department
Revisor(in) <-s, -en> *m(f)* auditor
Revolte [re'vɔltə] <-, -n> *f* revolt; **revoltieren** *vi* revolt
Revolution [revolu'tsjoːn] *f* revolution; **revolutionär** *adj* revolutionary; **Revolutionär(in)** *m(f)* revolutionary
Revolver [re'vɔlvɐ] <-s, -> *m* revolver *Br*, gun *Am*; **Revolverblatt** *nt* (*pej*) scandal sheet; **Revolverlauf** *m* barrel
Revue [re'vyː] <-, -n> *f* (THEAT) revue; **etw ~ passieren lassen** pass s.th. in review

Rezensent(in) [retsɛn'zɛnt] *m(f)* reviewer; **rezensieren** *vt* review; **Rezension** *f* review; **Rezensionsexemplar** *f* review copy

Rezept [re'tsɛpt] <-(e)s, -e> *nt* ❶ (MED) prescription ❷ (*Koch~*) recipe ❸ (*fig*) cure (*für, gegen* for)

Rezeption *f* (*in Hotel*) reception

rezeptpflichtig *adj* available on prescription

Rezeptur <-, -en> *f* dispensing

Rezession [retsɛ'sjo:n] *f* recession

rezitieren [retsi'ti:rən] *vt, vi* recite

Rhabarber [ra'barbɐ] <-s> *m* rhubarb

Rhein [raɪn] <-(e)s> *m* Rhine; **Rheinarmee** *f* (MIL) British Army on the Rhine

Rhesusfaktor *m* (MED) rhesus factor; **Rhesusunverträglichkeit** *f* rhesus incompatibility

Rhetorik [re'to:rɪk] <-, -en> *f* rhetoric; **rhetorisch** *adj* rhetorical

Rheuma ['rɔɪma] <-s> *nt* rheumatism; **Rheumafaktoren** *mpl* rheumatoid factors; **Rheumamittel** *nt* cure for rheumatics; **rheumatisch** *adj* rheumatic; **Rheumatismus** *m* rheumatism; **Rheumatologe** *m* rheumatologist

Rhinozeros [ri'no:tserɔs] <-/-ses, -se> *nt* rhinoceros

Rhombus ['rɔmbʊs] <-, -ben> *m* rhomb(us)

rhythmisch *adj* rhythmical

Rhythmus ['rʏtmʊs] <-, -men> *m* rhythm

Ribisel ['ri:bi:zl] <-, -n> *f* (*österr*): **rote (schwarze) ~** redcurrant (blackcurrant)

Richtantenne *f* (RADIO) directional aerial

richten[1] ['rɪçtən] **I.** *vt* ❶ (*lenken*) direct (*auf* towards); (*zielen*) point (*auf* at) ❷ (*in Ordnung bringen*) fix ❸ (*zubereiten, vorbereiten*) prepare **II.** *vr* ❶ (*sich wenden*) be directed (*auf* towards) ❷ (*herantreten an*) consult ❸ (*gemeint sein gegen*) be aimed at; **ich richte mich ganz nach dir** I'll fit in with you

richten[2] *vi* (*urteilen*) judge (*über jdn* s.o.)

Richter(in) *m(f)* judge; **vor den ~ bringen** take to court; **richterlich** *adj* judicial; **Richterspruch** *m* (JUR) judgment

Richtfest *nt* topping-out ceremony

Richtfunkverbindung *f* (RADIO) directional radio link

Richtgeschwindigkeit *f* (AUTO) recommended speed

richtig ['rɪçtɪç] **I.** *adj* ❶ (*nicht falsch*) correct, right ❷ (*wirklich*) proper, real; **es ist nicht ~ zu lügen** it is not right to lie; **du bist wohl nicht ganz ~!** (*fam*) you must be out of your mind!; **bin ich hier ~ nach Coventry?** is this the right road to Coventry?; **etw ~ machen** do s.th. the right way; **das ist die ~e Einstellung!** that's the right way of looking at it! **II.** *adv* ❶ (*korrekt*) correctly, right ❷ (*geradezu*) really; **geht deine Uhr ~?** is your watch right?; **~!** (*stimmt!*) that's right!; **wenn ich mich ~ erinnere …** if I remember correctly …; **etw ~ stellen** (*berichtigen*) correct s.th.; **richtiggehend I.** *adj* (*echt*) veritable **II.** *adv* (*wirklich*) really; **Richtigkeit** *f* accuracy, correctness; **das hat schon seine ~** it's right enough

Richtlinie *f* guideline; **~ zur Umwelthaftung** directive on environmental liability; **Richtpreis** *m*: **unverbindlicher ~** recommended price; **Richtschnur** <-> *f* guiding principle

Richtung *f* ❶ direction ❷ (*Ansicht, Meinung, Tendenz*) trend; **ich fahre ~ Berlin** I'm heading for Berlin; **in jeder ~** each way; **etw in dieser ~** something along these lines

richtungweisend *adj* (*fig*) guiding

Richtwert *m* guide value, guideline

riechen ['ri:çən] *irr vt, vi* smell; **nach etw ~** smell of s.th.; **an etw ~** smell at s.th.; **gut (schlecht) ~** smell good (bad); **er kann mich nicht ~** (*fam*) he hates my guts; **(das) kann ich doch nicht ~!** (*fam*) I'm not psychic!; **riechend** *adj*: **übel ~** evil-smelling

Riecher *m*: **einen guten ~ für etw haben** have a nose for s.th.

Riege <-, -n> *f* (SPORT) team, squad

Riegel ['ri:gəl] <-s, -> *m* ❶ (*Schloss~*) bolt ❷ (*Stück*) bar; **den ~ vorlegen** bolt the door; **einer Sache einen ~ vorschieben** put a stop to s.th.

Riemen[1] *m* (*Ruder~*) oar; **sich in die ~ legen** (*a. fig*) put one's back into it

Riemen[2] ['ri:mən] <-s, -> *m* (*Gürtel~*) strap; (*Schuh~*) leather shoelace; (*Peitschen~*) thong; (*Treib~*) belt; **den ~ enger schnallen** (*a. fig*) tighten one's belt; **sich am ~ reißen** get a grip on o.s.

Riese ['ri:zə] <-n, -n> *m* giant; **nach Adam ~ bleiben noch 20 Euro übrig** that will leave 20 euro as my arithmetic tells me

Rieselfelder *pl* sewage farm *sing*

rieseln ['ri:zəln] *sein vi* ❶ (*Flüssigkeit*) trickle ❷ (*Schnee*) float down

Riesenauftrag *m* massive order; **Riesengewinn** *m* huge profit; **riesengroß** *adj* gigantic; **riesenhaft** *adj* colossal, gigantic; **Riesenrad** *nt* Ferris wheel; **Riesenschlange** *f* boa; **Riesenschritte** *pl* giant strides; **sich mit ~n nähern** be drawing on apace; **Riesenwuchs** *m* gigantism

riesig I. *adj* enormous, gigantic, colossal II. *adv* (*fam: sehr*) tremendously, immensely
Riff [rɪf] <-(e)s, -e> *nt* reef
rigoros [rigo'ro:s] *adj* rigorous
Rille ['rɪlə] <-, -n> *f* groove
Rind [rɪnt] <-(e)s, -er> *nt* ① (*Tier*) cow ② (*~fleisch*) beef; **~er** cattle
Rinde ['rɪndə] <-, -n> *f* (*von Käse*) rind; (*Baum~*) bark; (*Brot~*) crust
Rinderbraten *m* ① (*Bratstück*) joint of beef ② (*Braten*) roast beef; **Rinderfilet** *nt* fillet of beef; **Rinderwahnsinn** *m* mad cow disease, BSE; **Rindfleisch** *nt* beef; **Rindsleder** *nt* leather; **Rindvieh** *nt* ① cattle ② (*Schimpfwort*) ass
Ring [rɪŋ] <-(e)s, -e> *m* ring; **in den ~ steigen** (SPORT) climb into the ring
Ringbuch *nt* ring binder
Ringelblume *f* marigold
ringeln ['rɪŋəln] *vt, vr* curl; (*Schlange*) wriggle; **sich um etw ~** curl itself around s.th.
Ringelnatter *f* grass snake
Ringelspiel *nt* (*österr*) roundabout
ringen ['rɪŋən] *irr vi* ① (SPORT: *Ringkampf machen*) wrestle (*mit* with) ② (*kämpfen*) struggle (*um* for); **die Hände ~** wring one's hands; **nach Atem ~** gasp for breath; **Ringer(in)** *m(f)* wrestler
Ringfinger *m* ring finger
ringförmig *adj* ring-like; **~ umschließen** encircle
Ringkampf *m* (SPORT) wrestling match
Ringleitung *f* (TECH) circular main
rings [rɪŋs] *adv* all around; **sich ~ im Kreis aufstellen** make a circle
Ringstraße *f* ring road
ringsumher *adv* around
Rinne ['rɪnə] <-, -n> *f* ① (*Rille*) groove ② (*Abfluss~*) channel; **rinnen** *sein irr vi* (*fließen*) run
Rinnsal ['rɪnza:l] <-(e)s, -e> *nt* rivulet
Rinnstein *m* gutter; **im ~ enden** come to a sorry end
Rippchen ['rɪpçən] <-s, -> *nt* spare ribs *pl*
Rippe ['rɪpə] <-, -n> *f* ① (ANAT) rib ② (TECH: *Metallsegment*) fin; **nichts auf den ~n haben** be just skin and bones
Rippenfellentzündung *f* pleurisy
Risiko ['ri:ziko] <-s, -s/-ken> *nt* risk; **ein ~ eingehen** take a risk; **das ~ eingehen etw zu tun** take the risk of doing s.th.; **etw auf eigenes ~ tun** do s.th. at one's own risk; **Risikoausgleich** *m* balancing of risk; **Risikofaktor** *m* risk factor; **risikofrei** *adj* risk-free, without risk; **Risikofreude** *f* readiness to take risks; **Risikogruppe** *f* (high) risk group; **Risikokapital** *nt* risk capital; **risikolos** *adj* risk-free, without risk; **risikoreich** *adj* risky; **Risikoschwangerschaft** *f* high risk pregnancy; **Risikoversicherung** *f* term insurance
riskant [rɪs'kant] *adj* risky
riskieren *vt* risk; **das riskiere ich!** I'll risk it!; **sie wird es nicht ~ heute zu kommen** she won't risk coming today
Riss [rɪs] <-es, -e> *m* ① (*in Stoff*) rip, tear ② (*Sprung*) crack ③ (*Spalt*) crevice
rissig *adj* cracked; (*Haut*) chapped; **~ werden** crack
Rist [rɪst] <-es, -e> *m* ① (*des Fußes*) instep ② (*der Hand*) back of the hand ③ (*Pferde~*) withers *pl*
Ritt [rɪt] <-(e)s, -e> *m* ride; **einen ~ machen** go for a ride
Ritter ['rɪtɐ] <-s, -> *m* (HIST) knight; **jdn zum ~ schlagen** knight s.o.; **Ritterburg** *f* knight's castle; **Ritterkreuz** *nt* (MIL) Knight's Cross; **ritterlich** *adj* ① knightly ② (*fig*) chivalrous; **Ritterrüstung** *f* (HIST) knight's armour
rittlings ['rɪtlɪŋs] *adv* astride (*auf etw* s.th.)
Ritual [ritu'a:l] <-s, -e/-ien> *nt* ritual
rituell *adj* ritual
Ritus ['ri:tʊs] <-, -ten> *m* rite
Ritz [rɪts] <-es, -e> *m* ① (*Ritzer*) scratch ② (*Spalte*) crack
Ritze <-, -n> *f* (*Spalt*) crack; (*Fuge*) join, gap
ritzen I. *vt* ① (*kratzen*) scratch ② (*ein~*) carve II. *vr* (*sich verletzen*) scratch o.s.
Rivale, -lin [ri'va:lə] <-n, -n> *m, f* rival; **rivalisieren** *vi*: **mit jdm ~** compete with s.o.; **rivalisierend** *adj* rival; **Rivalität** *f* rivalry
Rizinus ['ri:tsinʊs] <-, -/-se> *nt* ① (*~öl*) castor-oil ② (*~pflanze*) castor-oil plant
RNS *f Abk. von* **Ribonukleinsäure** RNA
Robbe ['rɔbə] <-, -n> *f* seal
robben *sein vi* crawl
Robe ['ro:bə] <-, -n> *f* ① (*Amts~*) robe ② (*Abendkleid*) gown
Roboter ['rɔbɔtɐ] <-s, -> *m* robot
robust [ro'bʊst] *adj* ① (*widerstandsfähig*) robust ② (*kräftig gebaut*) rough
Röcheln ['rœçəln] *nt* groan
röcheln *vi* groan
Rochen ['rɔxən] <-s, -> *m* (*großer, scheibenförmiger Fisch*) ray
Rock [rɔk, *pl:* 'rœkə] <-(e)s, Röcke> *m* ① (*Kleidungsstück*) skirt ② (*Musik*) rock
Rockfestival *nt* rock festival
rockig *adj* (MUS) rocky
Rodel ['ro:dəl] <-s, -> *m* sleigh, toboggan; **Rodelbahn** *f* toboggan-run; **rodeln** *sein*

vi sledge, toboggan

roden ['ro:dən] *vt* clear; **Rodung** *f* clearing

Rogen ['ro:gən] <-s, -> *m* roe

Roggen ['rɔgən] <-s, (-)> *m* rye; **Roggenbrot** *nt* rye bread

roh [ro:] *adj* ① (*unfertig*) raw ② (*unbearbeitet*) rough; **jdn wie ein ~es Ei behandeln** kid-glove s.o.; **~e Gewalt** brute force; **Rohbau** *m* shell; **im ~ fertig sein** be structurally complete; **Rohertrag** *m* gross yield; **Roherz** *nt* raw ore; **Rohgewinn** *m* gross profit; **Rohheit** ['ro:haɪt] *f* ① (*Grobheit*) rudeness ② (*Brutalität*) brutality; **Rohkost** *f* raw fruit and vegetables

Rohling *m* ① (*brutaler Mensch*) brute *Br,* ruffian, thug *Am* ② (TECH: *Rohblock*) blank

Rohmilchkäse *m* raw milk cheese

Rohöl *nt* crude oil

Rohr [ro:ɐ] <-(e)s, -e> *nt* ① (*Röhre*) pipe ② (*Schilf*) reed; **Rohrbruch** *m* burst pipe

Röhre ['rø:rə] <-, -n> *f* ① (*Rohr*) tube ② (*Backofen*) oven; **in die ~ gucken** (*leer ausgehen*) not get one's dues; (*fam: TV schauen*) watch telly *Br,* watch the tube *Am*

rö(h)ren ['rø:rən] *vi* (*Hirsch*) bell

Röhrenverstärker *m* valve amplifier

Rohrleitung *f* pipe

Rohrmatte *f* (*als Sichtschutz*) reed mat

Rohrmöbel *pl* cane furniture *sing*

Rohrnetz *nt* service system; **Rohrpost** *f* pneumatic dispatch system; **Rohrschelle** *f* (TECH) pipe clip

Rohrstuhl *m* wickerwork chair

Rohrzucker *m* cane sugar

Rohseide *f* wild silk; **Rohstoff** *m* raw material; **Rohstoffausbeute** *f* raw material yield; **Rohstoffmangel** *m* shortage of raw materials; **Rohstoffpreis** *m* commodity price; **Rohstoffreserven** *pl* reserves of raw materials *pl;* **Rohstoffverarbeitung** *f* processing of raw materials; **Rohstoffverknappung** *f* scarcity of resources; **Rohzustand** *m:* **im ~** in its rough state

Rokoko ['rɔkoko] <-(s)> *nt* rococo

Rollbahn *f* ① (AVIAT: *Startbahn*) runway ② (AVIAT: *Zubringer~*) taxiway

Rollbraten *m* roast

Rollbrett *nt* skateboard

Rolle ['rɔlə] <-, -n> *f* ① (*Gerolltes*) roll ② (*Garn~*) reel ③ (TECH: *Möbelroller*) castor ④ (SPORT) forward roll ⑤ (FILM THEAT) part, role; (**das**) **spielt keine ~!** never mind!; **das spielt hier keine ~!** that doesn't concern us now!

rollen *haben* **I.** *vt* ① roll ② (*auf~*) roll up **II.** *vr* curl up **III.** *vi* ① roll ② (*Donner*) rumble ③ (MAR: *schlingern*) roll; **den Stein ins Rollen bringen** start the ball rolling

Rollenbild *nt* role model; **Rollenspiel** *nt* role play

Roller <-s, -> *m* ① (*Spielzeug*) scooter ② (*Motor~*) motor scooter

Rollfeld *nt* (AVIAT) runway; **Rollfilm** *m* roll-film; **Rollgeld** *nt* carriage

Rollkragenpulli *m* polo-neck, roll-neck sweater

Rollladen *m* (roller) shutters *pl*

Rollschrank *m* roll-fronted cupboard; **Rollschuh** *m* roller skate; **~ laufen** rollerskate; **Rollsplitt** *m* (loose) chippings; **Rollstuhl** *m* wheelchair; **an den ~ gefesselt** confined to a wheelchair; **Rollstuhlfahrer(in)** *m(f)* wheelchair user; **rollstuhlgerecht** *adj* suitable for wheelchairs; **Rolltreppe** *f* escalator

ROM <-s, -s> (INFORM) *Abk. von* **Read Only Memory** ROM

Roma ['ro:ma] *pl* Romany

Roman [ro'ma:n] <-s, -e> *m* novel; **romanhaft** *adj* like a novel

romanisch *adj:* **~e Sprachen** Romance languages; **~er Stil** Romanesque style

Romanistik [roma'nɪstɪk] <-> *f* Romance studies

Romanschriftsteller(in) *m(f)* novelist

Romantik [ro'mantɪk] *f* Romanticism; **romantisch** *adj* romantic

Römer(in) [rø:mɐ] <-s, -> *m(f)* Roman; **römisch** *adj* Roman; **~e Zahlen** Roman numerals

röntgen ['rœntgən] *vt* X-ray; **Röntgenaufnahme** *f/nt* X-ray; **Röntgengerät** *nt* X-ray equipment; **Röntgenpass** *m* X-ray registration card; **Röntgenstrahlen** *mpl* X-rays

Rosa ['ro:za] *nt* pink

rosa *adj* pink; **etw durch die ~(rote) Brille sehen** see s.th. through rose-coloured glasses

> **? Grammatik**
>
> Some foreign adjectives, especially those ending in a full vowel, are indeclinable e.g.: klasse, lila, orange, prima, **rosa**, super. *Sie trägt einen rosa Pullover. – She is wearing a pink jumper. Der lila Rock passt aber nicht dazu. – The purple skirt doesn't go with it though.*

Rose ['ro:zə] <-, -n> *f* rose

Rosé [ro'ze:] <-(s), (-s)> *m* (*Wein*) rosé

Rosenkohl *m* Brussel(s) sprouts *pl;* **Rosenkranz** *m* rosary; **Rosenmontag** *m* Shrove Monday; **Rosenstock** *m* rose tree
Rosette [roˈzɛtə] <-, -n> *f* rosette
rosig *adj* rosy; **~e Aussichten** rosy prospects; **die Lage sieht nicht sehr ~ aus** things don't look too rosy
Rosine [roˈziːnə] <-, -n> *f* raisin
Rosmarin [ˈroːsmariːn] <-s> *nt* rosemary
Ross [rɔs] <-es, -e> *nt* horse; (*poet*) steed; **auf dem hohen ~ sitzen** be on one's high horse; **Rosskastanie** *f* horse chestnut; **Rosskur** *f* kill-or-cure remedy; **eine ~ machen** follow a drastic cure
Rost[1] [rɔst] <-(e)s, -e> *m* (*auf Metall*) rust; **~ ansetzen** start to rust
Rost[2] <-es> *m* (*Brat~*) grill; **Rostbraten** *m* roast
rosten *vi* get rusty, rust
rösten [ˈrœstən] *vt* (*Brot*) toast; (*Kaffee*) roast
rostfrei *adj* stainless
Rösti *pl* <-> fried grated potatoes

i Land & Leute

Rösti are a Swiss speciality consisting of finely sliced raw or boiled potatoes fried with onions and herbs.

rostig *adj* (*a. fig*) rusty
Rostschutzfarbe *f* anti-rust paint; **Rostschutzmittel** *nt* rust-proofer; **Rostumwandler** *m* (AUTO) rust converter
Rot <-(s), -(s)> *nt* red; **bei ~ über die Ampel fahren** jump the lights
rot [roːt] *adj* red; **~ sehen** see red; **~ werden** blush; **da habe ich vielleicht einen ~en Kopf bekommen!** was my face red!; **Fehler ~ unterstreichen** underline mistakes in red; **~ glühend** red-hot
Rotationsprinzip *nt* (POL) rota system
rotblond *adj* strawberry blonde; **~es Haar** sandy hair; **rotbraun** *adj* reddish brown; **Rotbuche** *f* (common European) beech; **Rotdorn** <-(e)s, -e> *m* pink hawthorn
Röte [ˈrøːtə] <-> *f* red, redness
Rötel [ˈrøːtəl] <-s, -> *m* red chalk
Röteln [ˈrøːtəln] *pl* (MED) German measles *sing*
röten **I.** *vt* redden **II.** *vr* turn red
rothaarig *adj* red-haired
rotieren [roˈtiːrən] *vi* rotate; **am Rotieren sein** (*fam*) be rushing around like a mad thing
Rotkäppchen [ˈroːtkɛpçən] *nt* (*Märchen*) Little Red Riding-hood
Rotkehlchen *nt* (*kleiner Singvogel*) robin
Rotkohl *m* red cabbage
rötlich [ˈrøːtlɪç] *adj* reddish
Rotlichtmilieu *nt* demimonde; **Rotlichtviertel** *nt* red-light district
Rotstift *m* red pencil; **dem ~ zum Opfer fallen** be scrapped
Rotte [ˈrɔtə] <-, -n> *f* (*Bande*) gang
Rotwein *m* red wine
Rotwild *nt* red deer
Rotz [rɔts] <-es> *m* (*fam*) snot; **rotzen** *vi* (*fam*) blow one's nose; **Rotzfahne** *f* (*sl*) snot-rag; **rotzig** *adj* snotty; **Rotznase** *f* (*pej*) snotty(-nosed) kid
Roulade [ruˈlaːdə] <-, -n> *f* beef olive
Rouleau [ruˈloː] <-s, -s> *nt* roller blind
Roulette [ruˈlɛt] <-s, -s> *f* roulette
Route [ˈruːtə] <-, -n> *f* route
Routine [ruˈtiːnə] <-> *f* routine; **zur ~ werden** become routine; **Routineanruf** *m* routine phone call; **Routinearbeit** *f* routine work; **routinemäßig** *adj* routine; **Routineprüfung** *f* routine check; **routiniert** *adj* experienced
Rowdy [ˈraʊdi] <-s, -s> *m* hooligan
Rubbelmassage *f* body scrub
rubbeln [ˈrʊbln] *vi* rub, scratch
Rübe [ˈryːbə] <-, -n> *f* ❶ **gelbe ~** carrot; **weiße ~** turnip ❷ (*fam: Kopf*) nut; **jdm eins über die ~ geben** give s.o. a crack on the nut
Rubel [ˈruːbəl] <-s, -> *m* rouble
rüber|schieben *vt* (*sl*): **Geld ~** cough up [money]
Rubin [ruˈbiːn] <-s, -e> *m* ruby
Rubrik [ruˈbriːk] <-, -en> *f* ❶ (*Zeitungsspalte*) column ❷ (*Kategorie*) category
ruchbar [ˈruːxbaːɐ] *adj:* **etwas wird ~** s.th. becomes known
ruchlos [ruːxloːs] *adj* dastardly
Ruck [rʊk] <-(e)s, -e> *m* ❶ (*Stoß*) jerk, start; (*von Fahrzeugen*) jolt ❷ (*fig*) swing; **mit einem ~** at one go; **sich einen ~ geben** make an effort; **die Arbeit war ruck-zuck erledigt** the work was done before you could say Jack Robinson
Rückantwort *f* reply; **um ~ wird gebeten** please reply
ruckartig *adj* jerky
Rückblick *m:* **im ~ auf etw** looking back on s.th.; **rückblickend** *adj:* **~ lässt sich sagen, dass ...** looking back we can say that ...
ruckeln *vi* jerk, jolt; **an etw** *dat* **~** tug at s.th.
Rücken [ˈrʏkən] <-s, -> *m* back; **jdm den ~ zuwenden** turn one's back on s.o.; **mit dem ~ in Fahrtrichtung** with one's back to the engine; **hinter jds ~** behind some-

R

one's back; **jdm in den ~ fallen** stab s.o. in the back

rücken ['rʏkən] **I.** *vi sein* move; **können Sie etw ~?** could you move over a bit?; **in weite Ferne ~** recede into the distance; **an etw ~** move s.th.; **näher ~** come closer **II.** *vt haben* move

Rückendeckung *f* (*fig*) backing; **jdm ~ geben** back s.o.; **Rückenlehne** *f* backrest; **Rückenmark** *nt* spinal cord; **Rückenschmerzen** *pl:* **~ haben** have got a backache; **Rückenschwimmen** *nt* backstroke; **Rückenwind** *m* tail wind

rückerstatten *vt* refund, reimburse; **Rückerstattung** *f* refund, reimbursement

Rückfahrkarte *f* return ticket *Br,* round-trip ticket *Am;* **Rückfahrscheinwerfer** *m* reversing light; **Rückfahrt** *f* return journey

Rückfall *m* (*bei Krankheit, a. fig*) relapse; **rückfällig** *adj:* **~ werden** relapse; (JUR) lapse back into crime

Rückfenster *nt* (AUTO) rear window

rückfettend *adj* fat-restoring, fat-replenishing

Rückflug *m* (AVIAT) return flight; **Rückflugticket** *nt* return (air) ticket

Rückfrage *f:* **eine ~ halten bei ...** check s.th. with ...

Rückgabe *f* return; **Rückgaberecht** *nt* right of return

Rückgang *m:* **einen ~ zu verzeichnen haben an ...** have to report a drop in ...; **rückgängig** *adj:* **~ machen** (COM: *a. Termin*) cancel; (*absagen*) call off

Rückgebäude *nt* rear building

Rückgewinnung *f* recovery; (*von Rohstoffen*) recycling

Rückgrat ['rʏkraːt] <-(e)s, (-e)> *nt* backbone, spine; **jdm das ~ brechen** ruin s.o.

Rückhalt <-(e)s> *m:* **an jdm ~ haben** find a support in s.o.; **rückhaltlos** *adj* ❶ (*uneingeschränkt*) complete ❷ (*offen*) frank

Rückhand *f ohne pl* (SPORT: *Tennis*) backhand

Rückkaufsrecht *nt* right of repurchase; **Rückkaufswert** *m* repurchase value

Rückkehr <-> *f* return; **bei jds ~** on someone's return

Rücklage *f* ❶ (FIN) reserves *pl* ❷ (*Erspartes*) savings *pl*

Rücklauf *m* (TECH) return pipe; **rückläufig** *adj* (COM) dropping; **~e Tendenz** downward tendency

Rücklicht <-(e)s, -er> *nt* (AUTO) rear light

rücklings ['rʏklɪŋs] *adv* ❶ (*rückwärts*) backwards ❷ (*auf dem Rücken*) on one's back

Rückmarsch *m* march back; (*Rückzug*) retreat

Rückmeldung *f* ❶ (*an deutschen Universitäten*) re-registration ❷ (INFORM) echo

Rückporto *nt* return postage; **Rückreise** *f* return journey; **Rückreiseverkehr** *m* homebound traffic; **Rückrufaktion** *f* (COM) call-back

Rucksack *m* rucksack, backpack *Am;* **Rucksacktourist(in)** *m(f)* backpacker

Rückschau *f:* **~ auf etw halten** look back on s.th; **Rückschlag** *m* ❶ (*von Schusswaffe*) recoil ❷ (*fig*) set-back ❸ (MED: *Rückfall*) relapse; **einen ~ erleiden** suffer a set-back; **Rückschlagventil** *nt* back-flow preventer, check [*o* reflux] valve; **Rückschluss** *m:* **seine Rückschlüsse ziehen aus ...** draw one's own conclusions from ...; **Rückschritt** *m* (*fig*) step backwards; **Rückseite** *f* back; (*von Blatt, Zeitung*) back page; (*von Banknote*) reverse; (*von Gebäude*) rear

Rücksendung *f* return

Rücksicht <-, -en> *f* consideration; **mit ~ auf jdn** out of consideration for s.o.; **keine ~ auf jdn nehmen** show no consideration for s.o.; **Rücksichtnahme** <-> *f* consideration; **rücksichtslos** *adj* ❶ (*unüberlegt*) inconsiderate ❷ (*skrupellos*) ruthless; **~es Verhalten** reckless behaviour; **Rücksichtslosigkeit** *f* inconsiderateness; **rücksichtsvoll** *adj* considerate, thoughtful (*gegen* towards)

Rücksitz *m* ❶ (AUTO) backseat ❷ (*von Zweirad*) pillion; **auf dem ~ mitfahren** ride pillion; **Rücksitzbank** *f* (AUTO): **umlegbare ~** folding-down back seat; **Rückspiegel** *m* (AUTO) rear(-view) mirror; **Rückspiel** *nt* (SPORT) return match; **Rücksprache** *f* consultation; **~ nehmen mit jdm** confer with s.o.

Rückspulautomatik *f* (*von Kamera, Video*) automatic rewind

Rückstand *m* ❶ (*Schuld*) arrears *pl* ❷ (*Verzug*) delay ❸ (CHEM) residue; **er ist mit der Miete 3 Monate im ~** his rent is 3 months in arrears; **mit drei Punkten im ~ sein** (SPORT) be three points down; **rückständig** *adj* ❶ (*überfällig*) overdue ❷ (*zurückgeblieben*) backwards; **Rückständigkeit** *f* backwardness

Rückstau *m* (*von Wasser*) backwater; (AUTO) tailback; **Rückstellung** *f* accrual; **Rückstoß** *m* ❶ (*Schub*) thrust ❷ (*einer Schusswaffe*) recoil; **Rückstrahler** *m* reflector *Br,* bull's eye *Am;* **Rücktaste** *f* ❶ (*an Schreibmaschine*) back spacer ❷ (*an Tonbandgerät*) rewind key

Rücktritt *m* ① (*vom Amt*) resignation ② (*vom Vertrag*) withdrawal; **seinen ~ einreichen** hand in one's resignation; **Rücktrittbremse** *f* backpedal [*o* coaster] brake; **Rücktrittserklärung** *f* announcement of one's resignation; **Rücktrittsfrist** *f* period for withdrawal; **Rücktrittsrecht** *nt* (COM) right of withdrawal; **das ~ besagt, dass ...** the cancellation terms say that ...

Rückumschlag *m* business reply envelope

rückvergüten ['----] <ohne ge-> *vt* refund (*jdm etw* s.o. s.th.); **Rückvergütung** *f* refund

Rückversicherung *f* reinsurance

Rückwand *f* rear wall

rückwärtig ['rʏkvɛrtɪç] *adj* rear

rückwärts *adv* backwards; **~ fahren** back up, reverse; **Rückwärtsgang** *m* (AUTO) reverse gear

Rückweg *m* way back; **sich auf den ~ machen** head back

ruckweise *adj* jerkily

rückwirkend *adj* ① (FIN: *Zahlung*) backdated ② (JUR: *Gesetz*) retrospective; **Rückwirkung** *f* (*Auswirkung*) repercussion; **die Gehaltszahlung erfolgt mit ~ vom ...** salary payment will be backdated to ...; **rückzahlbar** *adj* repayable; **Rückzahlung** *f* ① (*von Schulden*) repayment ② (*Rückvergütung*) refund

Rückzieher *m*: **einen ~ machen** climb down

Rückzug *m* retreat; **auf dem ~** in the retreat

Rüde ['ry:də] <-n, -n> *m* (*männl. Hund*) male

rüde ['ry:də] *adj* impolite, rude

Rudel ['ru:dəl] <-s, -> *nt* (*Hunde, Wölfe*) pack; (*Wild*) herd

Ruder ['ru:dɐ] <-s, -> *nt* ① (*Boots~*) oar ② (AVIAT MAR: *Steuer~*) rudder; **die ~ einziehen** ship oars; **ans ~ kommen** take over the helm; **Ruderboot** *nt* rowing-boat *Br*, row boat *Am*; **Ruderer** *m* oarsman, rower; **Ruderin** *f* oarswoman, rower; **rudern** *vi* row; **mit den Armen ~** wave one's arms about; **Ruderregatta** *f* rowing regatta

Rüebli [ryəblɪ] <-s, -> *nt* (*CH*) carrot

Ruf [ru:f] <-(e)s, -e> *m* ① call; (*Schrei*) cry, shout ② (*Ansehen*) reputation; **einen guten ~ haben** have a good reputation; **jdn in schlechten ~ bringen** give s.o. a bad name

rufen I. *irr vt* (*herbei~*) call; **ins Gedächtnis ~** call to mind; **~ lassen** send for II. *vi* (*schreien*) cry, shout; **um Hilfe ~** cry for help; **wie gerufen kommen** be just what one needed

Rufmord *m* character assassination; **Rufname** *m* forename; **Rufnummer** *f* (TELE) telephone number; **Rufweite** *f*: **in ~** within earshot; **Rufzeichen** *nt* (TELE) ringing tone

Rüge ['ry:gə] <-, -n> *f* (*leichter Tadel*) rebuke; **jdm eine ~ erteilen** rebuke s.o. (*wegen* for); **rügen** *vt* reprimand (*wegen* for)

Ruhe ['ru:ə] <-> *f* ① (*Schweigen*) quiet; (*Stille*) silence ② (*innere ~*) calm, calmness ③ (*Erholung*) rest; **in ~ lassen** let alone; **er ist immer die ~ selbst** he's as cool as a cucumber; **er hat die ~ weg** (*fam*) he takes his time; **immer mit der ~!** keep calm!; **~, bitte!** quiet, please!; **ich brauche meine ~** I need a bit of peace; **lass mich in ~!** stop bothering me!; **zur ~ kommen** get some peace

Ruhegehalt *nt* pension; **ruhelos** *adj* restless; **Ruhelosigkeit** *f* restlessness

ruhen *vi* ① rest ② (JUR) be suspended

Ruhepause *f* break; **eine ~ einlegen** have a break; **Ruhestand** *m* retirement; **jdn in den ~ versetzen** retire s.o.; **Ruheständler(in)** *m(f)* (*fam*) retired person; **Ruhestellung** *f* resting position; **Ruhestörung** *f* (JUR) disturbance of the peace; **Ruhetag** *m* (*von Restaurant*) closing day; **Ruhezone** *f* resting place

ruhig *adj* ① (*gelassen*) calm ② (*geräuschlos*) quiet; **bleib ~!** keep calm!; **er sprach mit ~er Stimme** he spoke calmly; **ihr könnt ~ dableiben** feel free to stay here

Ruhm [ru:m] *m* <-(e)s> glory; **~ erlangen** come to fame

rühmen ['ry:mən] I. *vt* (*loben*) praise II. *vr*: **sich einer Sache ~** boast of s.th.

rühmlich *adj* praiseworthy; **eine ~e Ausnahme sein** be a notable exception

ruhmlos *adj* inglorious; **ruhmreich** *adj* glorious

Ruhr [ru:ɐ] <-, (-en)> *f* (MED) dysentery

Rührei *nt* scrambled eggs *pl*

rühren ['ry:rən] I. *vt* ① (*um~*) stir ② (*innerlich*) move, touch II. *vi* (*um~*) stir III. *vr* stir; **hier kann man sich nicht ~!** you can't move in here!; **rührend** *adj* (*bewegend*) touching; **das ist ~ von ihr!** that's sweet of her!

rührig *adj* active, agile

Rührlöffel *m* mixing spoon

rührselig *adj* sentimental

Rührung *f* emotion; **vor ~ nicht sprechen können** be choked with emotion

Ruin [ru'i:n] <-s> *m* ruin; **vor dem ~ ste-**

R

hen be on the brink of ruin; **Ruine** [ru'i:nə] <-, -n> *f* ① (*Gebäude*) ruin ② (*Mensch*) wreck; **ruinieren** **I.** *vt* ① (*Menschen*) ruin ② (*Kleider*) spoil **II.** *vr* ruin o.s.

rülpsen ['rʏlpsən] *vi* belch; **Rülpser** *m* belch, burp

Rum [rʊm] <-s, -s> *m* rum

Rumäne, **-nin** [ru'mɛ:nə] <-n, -n> *m, f* Romanian; **Rumänien** <-s> *nt* Romania; **rumänisch** *adj* Romanian; **Rumänisch(e)** *nt* Romanian

rum|kriegen *vt* (*fam*): **jdn** ~ talk s.o. round

Rummel ['rʊməl] <-s> *m* (*Betriebsamkeit*) bustle; **großen** ~ **um etw machen** make a great fuss about s.th.; **Rummelplatz** *m* fairground

rumoren [ru'mo:ren] <ohne ge-> *vi* ① (*lärmen*) rumble about ② (*Vorstellungen*) float about; **es rumort in meinem Bauch** my stomach is rumbling

Rumpelkammer *f* junk room

rumpeln ['rʊmpəln] *vi* rumble

Rumpf [rʊmpf, *pl:* 'rʏmpfə] <-(e)s, Rümpfe> *m* ① (*Körper, Leib*) trunk; (*Torso*) torso ② (MAR: *eines Schiffes*) hull; (AVIAT) fuselage

Rumpsteak ['rʊmpste:k] <-s, -s> *nt* rump steak

rumtreiben *vr* bum around; **Rumtreiber(in)** *m(f)* lay-about

rund [rʊnt] **I.** *adj* round; **ein** ~**es Dutzend** a good round dozen **II.** *adv* ① (~ *herum*) around ② (*etwa*) about; **heute Nacht geht's** ~ (*ist viel los*) there'll be a lot on tonight; **Rundbau** *m* (*mit Kuppeldach*) rotunda; **Rundblick** *m* panorama; **Rundbrief** *m* circular

Runde ['rʊndə] <-, -n> *f* ① (*im Rennsport*) lap ② (*Polizeirundgang*) round ③ (*beim Boxen*) round ④ (~ *Bier*) round; **über die** ~**n kommen** barely make it, scrape by; (SPORT) go the distance; **eine** ~ **ausgeben** stand a round; **etw über die** ~**n bringen** get s.th. through; **eine** ~ **um etw machen** ride round s.th.

runden **I.** *vt* round **II.** *vr* become round

runderneuern ['----] <ohne ge-> *vt* (*Reifen*) remould

Rundfahrt *f* tour; **eine** ~ **machen** go on a tour; **Rundflug** *m* sightseeing flight

Rundfunk *m* broadcasting; **im** ~ on the radio; **Rundfunkanstalt** *f* broadcasting company *Br,* radio station *Am;* **Rundfunkgebühren** *pl* radio licence fee *sing;* **Rundfunkprogramm** *nt* ① (*ausgestrahltes* ~) radio programme ② (*Programmzeitschrift*) radio programme guide; **Rundfunksender** *m* radio station; **Rundfunksendung** *f* radio programme

Rundgang *m* ① (*Besichtigung*) tour (*durch* of) ② (*Spaziergang*) walk ③ (*Inspektions*~) rounds *pl;* **seinen** ~ **machen** do one's rounds

rundheraus *adv* bluntly, flatly

rundherum *adv* all round

rundlich *adj* plump

Rundreise *f* tour (*durch* of); **Rundschreiben** *nt* circular

Rundumschlag *m* (*a. fig*) sweeping blow; **Rundumschutz** *m* all-round protection

Rundung *f* curve

Rundwanderweg *m* circular route

rundweg *adv* bluntly, flatly; **jdm etw** ~ **abschlagen** give s.o. a flat refusal

Rune ['ru:nə] <-, -n> *f* rune; **Runenschrift** *f* runic writing; **Runenzeichen** *nt* runic character

Runzel ['rʊntsəl] <-, -n> *f* wrinkle; ~**n bekommen** get wrinkles; **runzelig** *adj* wrinkled

runzeln *vt:* **die Stirn** ~ frown

Rüpel ['ry:pəl] <-s, -> *m* lout; **Rüpelei** *f* (*Verhalten*) loutishness; **rüpelhaft** *adj* loutish

rupfen ['rʊpfən] *vt* (*Unkraut*) pull up; (*Huhn*) pluck; **jdn** ~ (*fam*) fleece s.o.

ruppig ['rʊpɪç] *adj* gruff

Rüsche ['ry:ʃə] <-, -n> *f* (*an Kleidung*) frill, ruche

Ruß [ru:s] <-es> *m* soot; **Rußbildung** *f* soot formation

Russe, **-sin** ['rʊsə] <-n, -n> *m, f* Russian

Rüssel ['rʏsəl] <-s, -> *m* (*von Elefant*) trunk; (*von Schwein*) snout; (*von Insekten*) proboscis

rußen ['ru:sən] *vi* smoke; **rußig** *adj* sooty

russisch ['rʊsɪʃ] *adj* Russian

Russland ['rʊslant] <-s> *nt* Russia; **Russlanddeutsche(r)** *f m* Russian of German origin, ethnic German from Russia

rüsten ['rʏstən] *vi* (MIL) arm

Rüster ['ry:stɐ] <-, -n> *f* (*Ulme*) elm

rüstig ['rʏstɪç] *adj* sprightly

rustikal [rʊsti'ka:l] *adj* rustic

Rüstung[1] *f* (*Ritter*~) armour

Rüstung[2] *f* (MIL: *Auf*~) armament

Rüstungsbegrenzung *f* arms limitation; **Rüstungsexport** *m* export of armaments; **Rüstungsgegner(in)** *m(f)* supporter of disarmament; **Rüstungsindustrie** *f* armaments industry; **Rüstungskontrolle** *f* arms control; **Rüstungskontrollverhandlungen** *pl* arms control talks; **Rüstungsunternehmen** *nt* armaments company [*o* manufacturer]

Rute ['ru:tə] <-, -n> *f* ① (*Stock*) rod; (*Gerte*) switch ② (*Penis von Tier*) penis ③ (*Tierschwanz*) tail; (*Fuchs~*) brush; **Rutengänger(in)** *m(f)* dowser; **Rutengehen** *nt* dowsing

Rutsch [rʊtʃ] <-(e)s, -e> *m* ① (*Ab~*) slide ② (*Erd~*) landslide ③ (POL) shift; **guten ~!** Happy New Year!; **Rutschbahn** *f* (*für Kinder*) slide; **Rutsche** *f* (*a.* TECH) slide; **rutschen** *sein vi* ① (*gleiten*) slide ② (*aus~*) slip; (AUTO) skid; **rutsch mal'n Stück!** (*fam*) shove up a bit!; **rutschfest** *adj* non-slip; **Rutschgefahr** *f* danger of skidding; **rutschig** *adj* slippery

rütteln ['rʏtəln] *vi* (*wackeln, zittern*) shake; (*Fahrzeug*) jolt; **an etw ~** rattle at s.th.; **daran gibt's nichts zu ~!** (*fam*) there's no doubt about that!

Rüttelsieb *nt* (TECH) vibrating screen

Ss

S, s [ɛs] <-, -> *nt* S, s

Saal [za:l, *pl:* 'zɛ:lə] <-(e)s, Säle> *m* hall; (*Theater~*) auditorium

Saat [za:t] <-, -en> *f* ① (*das Säen*) sowing ② (*das Ausgesäte*) seed ③ (*Getreide auf dem Halm*) young crops *pl;* **die ~ für etw legen** sow the seed of s.th.; **Saatgut** *nt* seeds *pl*

Sabbat [zabat] <-s, -e> *m* Sabbath

sabbern *vi* (*fam*) slobber

Säbel ['zɛ:bəl] <-s, -> *m* sabre *Br,* saber *Am;* **krummer ~** scimitar; **mit dem ~ rasseln** rattle the sabre

Sabotage [zabo'ta:ʒə] <-, -n> *f* sabotage; **Sabotageakt** *m* act of sabotage; **Saboteur(in)** *m(f)* saboteur; **sabotieren** *vt* sabotage

Sachbearbeiter(in) *m(f)* (*auf Ämtern*) official in charge (*für* of); (*in Büro*) clerc; **Sachbeschädigung** *f* damage to property; **Sachbuch** *nt* non-fiction; **sachdienlich** *adj* useful; **es ist nicht ~, wenn ...** it won't help the matter, if ...; **~er Hinweis** useful clue

Sache [zaxə] <-, -n> *f* ① (*Ding*) thing; (*Gegenstand*) object ② (*Angelegenheit*) matter; **~n** Besitz, things; (*Kleider*) clothes; **kommen wir zur ~!** let's get to the point!; **das ist Ihre ~** that's your problem; **das gehört nicht zur ~** that's beside the point; **das tut nichts zur ~** it's of no account; **das ist nicht jedermanns ~** that's not to everybody's taste; **mit 120 ~n** (*fam*) at 120 kilometres per hour; **mach keine ~n!** don't be silly!; **da ist noch die ~ mit meinen Ausgaben ...** there's the matter of my expenses ...; **die ~ ist ernst** it's a serious matter; **seine ~ verstehen** know one's business; **das ist meine ~!** that's my business!; **sie mag süße ~n** she likes sweet things; **ich muss mir die ~ überlegen** I must think things over; **bei der ~ sein** be on the ball; **sich seiner ~ sicher sein** be sure of one's grounds *pl*

Sachgebiet *nt* area; **sachgemäß** *adj* appropriate, proper; **bei ~er Anwendung** if used properly; **Sachkenntnis** *f* ① (*Fachwissen*) knowledge of the subject ② (*Kenntnis der Sachlage*) knowledge of the facts; **sachkundig** *adj* well-informed, knowledgeable; **Sachlage** *f* situation, state of affairs

sachlich *adj* ① (*sachbezogen*) relevant ② (*objektiv*) objective ③ (ARCH) functional ④ (*unparteiisch*) impartial; **bleib mal ~!** don't get personal!

sächlich ['zɛçlɪç] *adj* (GRAM) neuter

Sachlichkeit *f* (*Objektivität*) objectivity

Sachmängel *pl* material defects; **Sachschaden** *m* damage to property

Sachse ['zaksə] <-n, -n> *m* Saxon; **Sachsen** *nt* Saxony; **Sächsin** ['zɛksɪn] <-, -nen> *f* Saxon; **sächsisch** ['zɛksɪʃ] *adj* Saxon

sacht(e) *adj* ① (*sanft*) gentle ② (*vorsichtig*) cautious; **nun mal ~!** take it easy!; **~, ~!** come, come!

Sachverhalt *m* facts *pl;* **Sachverständige(r)** <-n, -n> *f m* expert, specialist; (JUR) expert witness; **Sachverständigengutachten** *nt* specialist report; **Sachwert** *m* ① real [*o* intrinsic] value ② **~e** material assets; **Sachzwang** *m* practical constraint, situational requirement

Sack [zak, *pl:* 'zɛkə] <-(e)s, Säcke> *m* ① (*aus Jute*) sack; (*aus Papier*) bag ② (*vulg: Hoden*) balls *pl;* **fauler ~!** (*fam*) lazy bugger!; **jdn in den ~ stecken** (*fam*) put s.o. in the shade; **die Katze im ~ kaufen** (*fam*) buy a pig in a poke; **Sackbahnhof** *m* terminus

Säckel *m* (*Beutel*) bag; (*Geld~*) moneybag

Sackgasse *f* ① blind alley, dead end ② (*fig*) dead end; **in eine ~ gelangen** (*a. fig*) finish up a blind alley; (POL) reach an impasse; **wir stecken in einer ~** we've come to a dead end; **Sackhüpfen** *nt* sack-race; **Sackkarre** *f* handcart

Sacktuch *nt* (*österr*) handkerchief

Sadismus [za'dɪsmʊs] <-> *m* sadism; **Sadist(in)** *m(f)* sadist; **sadistisch** *adj* sadistic

säen ['zɛ:ən] *vt* sow; **dünn gesät** few and far between

Safari [za'fa:ri] <-, -s> *f* safari

Saffian ['zafia(:)n] <-s> *m* (*Leder*) morocco

Safran ['zafran] <-s> *m* saffron

Saft [zaft, *pl:* 'zɛftə] <-(e)s, Säfte> *m* ① (*Obst~*) juice; (*Pflanzen~*) sap ② (*sl: Strom, Kraftstoff*) juice ③ (*vulg: Sperma*) come; **saftig** *adj* ① (*voll von Saft*) juicy ② (*fig*) lush; **eine ~e Rechnung** a hefty bill

Saftladen *m* (*sl pej*) dump

Saftsack *m* (*sl: Schimpfwort*) sod

Sage ['za:gə] <-, -n> *f* legend; **es geht die ~, dass …** rumour has it that …

Säge ['zɛ:gə] <-, -n> *f* saw; **Sägeblatt** *nt* saw blade; **Sägebock** *m* sawhorse *Br,* sawbuck *Am;* **Sägemehl** *nt* sawdust

sagen ['za:gən] *vt* ① (*äußern*) say; (*mitteilen*) tell ② (*bedeuten*) mean; **~ wir …** suppose [*o* say] …; **viel ~d** meaningful, significant; **ich habe mir ~ lassen …** as far as I've heard …; **er lässt sich nichts ~** he won't listen to reason; **sie hat nichts zu ~** she has no say in the matter; **das hat nichts zu ~** it's of no account; **sage und schreibe …** really and truly …; **sag mal …** say, …; **sag bloß!** you don't say!; **wem ~ Sie das!** you don't need to tell me that!; **das kann man wohl ~!** you're telling me!; **sag bloß nicht, dass du nicht kommen kannst!** don't tell me you can't come!; **das sagt mir alles** that tells me all I need to know; **Sie haben mir nicht zu ~, was ich tun soll!** don't you tell me what to do!

sägen *vi* ① (*Holz*) saw ② (*fam: schnarchen*) snore *Br,* saw wood *Am*

sagenhaft *adj* ① (*legendär*) legendary ② (*fam: enorm*) terrific

Sägespäne *pl* wood shavings; **Sägewerk** *nt* sawmill

Sahara [za'ha:ra] <-> *f* Sahara

Sahne ['za:nə] <-> *f* cream; **die ~ abschöpfen** skim the cream off; **Sahnetorte** *f* cream gateau

Saison [zɛ'zõ(:)/zɛ'zɔŋ] <-, -s> *f* season; **Saisonarbeiter(in)** *m(f)* seasonal worker; **saisonbedingt** *adj* seasonal; **Saisonbetrieb** *m* seasonal operation [*o* business]

Saite ['zaɪtə] <-, -n> *f* string; **andere ~n aufziehen** get tough; **Saiteninstrument** *nt* stringed instrument

Sakko ['zako] <-s, -s> *m* sports jacket *Br,* sports coat *Am*

Sakrament [zakra'mɛnt] <-(e)s, -e> *nt* sacrament

Sakrileg [zakri'le:k] <-(e)s, -e> *nt* sacrilege

Sakristei [zakrɪs'taɪ] *f* sacristy

Salamander [zala'mandɐ] <-s, -> *m* (*Schwanzlurch*) salamander

Salami [za'la:mi] <-, -(s)> *f* salami; **Salamitaktik** *f* (POL) piecemeal tactics *pl*

Salat [za'la:t] <-(e)s, -e> *m* ① salad ② (*Pflanze*) lettuce; **da haben wir den ~!** (*fam*) what did I tell you!; **Salatbesteck** *nt* salad-servers *pl;* **Salatgurke** *f* cucumber; **Salatschleuder** *f* salad drainer; **Salatschüssel** *f* salad bowl; **Salatsoße** *f* salad dressing

Salbe ['zalbə] <-, -n> *f* ointment

Salbei ['zalbaɪ] <-s> *m* sage

salbungsvoll *adj* (*pej*) unctuous

Saldo ['zaldo] <-s, -den/-s/-di> *m* (FIN) balance; **per ~** on balance; **Saldovortrag** *m* balance carried [*o* brought] forward

Saline [za'li:nə] <-, -n> *f* salt-works *pl*

Salm [zalm] <-(e)s, -e> *m* (*Lachs*) salmon

Salmiak ['zalmjak] <-s> *m* sal ammoniac; **Salmiakgeist** <-(e)s> *m* ammonia

Salmonellen [zalmo'nɛlən] *pl* salmonellae *pl;* **Salmonellenvergiftung** *f* salmonellae poisoning

Salon [za'lõ:/za'lɔŋ] <-s, -s> *m* ① (*Gesellschaftszimmer*) drawing room *Br,* parlor *Am* ② (MAR) saloon ③ (*Friseur~*) salon; **salonfähig** *adj:* **der Witz ist nicht ~** it's a naughty joke

salopp [za'lɔp] *adj* (*nachlässig*) sloppy, slovenly; (*Ausdruck, Sprache*) slangy; **~e Kleidung** casual wear

Salpeter [zal'pe:tɐ] <-s> *nt* (CHEM) nitre

Salpetersäure *f* nitric acid

Salto ['zalto] <-s, -s/-ti> *m* somersault; **einen ~ machen** do a somersault

Salut [za'lu:t] <-(e)s, -e> *m* salute; **~ schießen** fire a salute; **salutieren** *vt, vi* salute

Salve ['zalvə] <-, -n> *f* (MIL) volley; **eine ~ auf jdn abschießen** fire a salvo at s.o.

Salz [zalts] <-es, -e> *nt* salt; **salzarm** *adj* low-salt; **~ leben** live on a low-salt diet

i Land & Leute

The **Salzburger Festspiele** (Salzburg Festival) was initiated in August 1920 and in the early years Max Reinhardt achieved great acclaim for his productions of Shakespeare. The ‚Everyman' performances on the steps of Salzburg cathedral have also become world famous.

salzen *vt* salt

Salzfässchen *nt* salt-cellar; **Salzgehalt** *m* salt content; **salzhaltig** *adj* (*Gestein*) saline

salzig *adj* salty

Salzkartoffeln *pl* boiled potatoes; **Salzsäure** *f* hydrochloric acid; **Salzstange** *f* pretzel stick; **Salzstreuer** *m* salt-sprinkler *Br,* salt-shaker *Am;* **Salzwasser** *nt* saltwater

Samen ['za:mə] <-s, -> *m* ❶ (BOT: *a. fig*) seed ❷ (ZOO) sperm ❸ (*Sperma*) semen; **Samenbank** *f* sperm bank; **Samenerguss** *m* ejaculation; **Samenkorn** *nt* seed; **Samenspender** *m* sperm donor; **Samenstrang** *m* (ANAT) spermatic cord; **Samenzelle** *f* sperm cell

Sammelanschluss *m* (TELE) private exchange; **Sammelband** *m* ❶ (*Anthologie*) anthology ❷ (*Hefter für Broschüren*) bound volume; **Sammelbecken** *nt* ❶ (*Behälter*) collecting tank ❷ (*fig*) melting pot (*von* for); **Sammelbegriff** *m* collective name; **Sammelbehälter** *m* holding basin; **Sammelbestellung** *f* collective order; **Sammelbüchse** *f* collecting box; **Sammelkasse** *f* general pay desk

sammeln ['zaməln] **I.** *vt* ❶ (*auf~, ernten*) gather ❷ (*an~*) collect; **E.A. Poe's gesammelte Werke** the collected works of E.A. Poe; **Kräfte** ~ gather one's strength **II.** *vr* ❶ (*sich ver~*) gather ❷ (*sich an~*) collect; **sich** ~ (*sich konzentrieren*) collect one's thoughts

Sammelnummer *f* (TELE) switchboard number; **Sammelsurium** [-'zu:riʊm] *nt* (*fam*) conglomeration; **Sammeltank** *m* collection tank

Sammler(in) *m(f)* collector; **Sammlerstück** *nt* collector's item

Sammlung *f* ❶ (~ *von Sammelstücken*) collection ❷ (*Anthologie*) anthology ❸ (*innere Fassung*) composure; **eine ~ für etw durchführen** hold a collection for s.th.

Sampler ['sɑ:mplə(r)] <-s, -> *m* (MUS) sampler

Sampling ['sɑmplɪŋ] <-s, -s> *nt* (MUS) sampling

Samstag ['zamsta:k] *m* Saturday; **samstags** *adv* on Saturdays *pl*

Samt [zamt] <-(e)s, -e> *m* velvet; **in ~ und Seide** in silks and satin

samt [zamt] **I.** *präp* (*fam: zusammen mit*) complete with **II.** *adv:* **ich hab' die Nase von euch ~ und sonders voll!** I'm fed up with you lot!

Samthandschuh *m* velvet glove; **jdn mit ~en anfassen** kid-glove s.o.

sämtlich ['zɛmtlɪç] *adj* (*alle*) all; **~e Kinder** all the children; **~e Anwesenden** all those present

Sanatorium [zana'to:riʊm] *nt* sanatorium

Sand [zant] <-(e)s, -e> *m* sand; **etw in den ~ setzen** (*fam*) muck s.th. up; **im ~e verlaufen** come to nothing; **jdm ~ in die Augen streuen** throw sand into someone's eyes

Sandale *f* sandal

Sandalette [zanda'lɛtə] <-, -n> *f* high-heeled sandal

Sandbank *f* sandbank, sandbar; **Sandboden** *m* sandy soil; **Sanddorn** *m* sea buckthorn; **Sandhaufen** *m* pile of sand

sandig *adj* sandy

Sandinist(in) *m(f)* sandinista

Sandkasten *m* ❶ sandpit *Br,* sand box *Am* ❷ (MIL) sand table; **Sandkorn** *nt* grain of sand

Sandkuchen *m* Madeira cake

Sandmann <-(e)s> *m* sandman

Sandpapier *nt* sandpaper

Sandsack *m* sandbag; (SPORT: *beim Boxen*) punchbag; **Sandstein** *m* sandstone; **sandstrahlen** ['-–] *vt* sandblast; **Sandstrand** *m* sandy beach; **Sandsturm** *m* sandstorm; **Sanduhr** *f* hourglass; **Sandwüste** *f* (sandy) desert

sanft [zanft] *adj* ❶ (*weich*) soft ❷ (*leicht*) gentle ❸ (*mild*) mild; **mit jdm ~ umgehen** be gentle with s.o.

Sänfte ['zɛnftə] <-, -n> *f* sedan-chair; **Sänftenträger** *m* sedan-bearer

sanftmütig *adj* meek

Sänger(in) *m(f)* singer *Br,* vocalist *Am*

sang- und klanglos *adv* (*fig*) without any ado

sanieren [za'ni:rən] *vt* ❶ (*Stadtgebiet*) redevelop ❷ (COM) put on it's feet

Sanierung *f* ❶ (*von Stadtgebiet*) redevelopment ❷ (COM) rehabilitation ❸ (MED) sanitation; **sanierungsbedürftig** *adj* (*Gebäude*) in need of renovation; (*Gebiet*) in need of redevelopment; **Sanierungsgebiet** *nt* renewal area; **Sanierungsmaßnahme** *f* sanitation measures *pl*

sanitär [zani'tɛ:ɐ] *adj:* **~e Verhältnisse** sanitary conditions; **~e Anlagen** sanitation facilities

Sanitäter(in) *m(f)* (*zivil*) first-aid attendant; (MIL) medical orderly

Sanitätsdienst *m* (MIL): **er ist im ~** he's in the medical corps; **Sanitätswesen** *nt* medical services *pl*

Sanktion [zaŋk'tsjo:n] *f* sanction; **~en gegen jdn verhängen** take sanctions against s.o.

S

sanktionieren *vt* sanction; **etw** ~ give one's sanction to s.th.

Saphir [za'fi:ɐ] <-s, -e> *m* sapphire

Sardelle [zar'dɛlə] <-, -n> *f* anchovy; **Sardellenpaste** *f* anchovy paste

Sardine [zar'di:nə] <-, -n> *f* sardine; **Sardinenbüchse** *f* sardine-tin

Sardinien [zar'di:niən] *nt* Sardinia; **sardisch** *adj* Sardinian

Sarg [zark, *pl:* 'zɛrgə] <-(e)s, Särge> *m* coffin *Br,* casket *Am*

Sarkasmus [zar'kasmʊs] <-ses, -men> *m* sarcasm; **sarkastisch** *adj* sarcastic

Sarkophag [zarko'fa:k] <-s, -e> *m* sarcophagus

Satan ['za:tan] <-s, -e> *m* Satan; **satanisch** *adj* satanic

Satellit [zatɛ'li:t] <-en, -en> *m* satellite; **Satellitenantenne** *f* satellite aerial; **Satellitenbild** *nt* (TV) satellite picture; **Satellitenfernsehen** *nt* satellite television; **Satellitenstaat** *m* satellite state; **Satellitenstadt** *f* satellite town

Satin [sa'tɛ̃:] <-s, -s> *m* satin

Satire [za'ti:rə] <-, -n> *f* satire (*auf* on); **Satiriker(in)** <-s, -> *m(f)* satirist; **satirisch** *adj* satirical

satt [zat] *adj* ❶ (*gesättigt*) full ❷ (*kräftig*) rich; **ich bin** ~ I've had enough; **etw** ~ **haben** be fed up with s.th.; **sich** (**an etw**) ~ **essen** eat one's fill (of s.th.); **ich kann mich nicht daran** ~ **sehen** I can't see enough of it

Sattel ['zatəl, *pl:* 'zɛtəl] <-s, Sättel> *m* saddle; **jdn in den** ~ **heben** (*a. fig*) give s.o. a leg up; **fest im** ~ **sitzen** be firmly in the saddle; **Satteldach** *nt* saddle roof; **sattelfest** *adj:* ~ **sein in ...** have a firm grasp of ...

satteln *vt* saddle

Sattelschlepper *m* articulated lorry *Br,* semitrailer *Am;* **Sattelstütze** *f* seat post; **Satteltasche** *f* ❶ (*an Pferdesattel*) saddlebag ❷ (*an Zweiradsattel*) pannier

sättigen ['zɛtɪgən] **I.** *vt* ❶ (*Person*) make replete ❷ (*stillen*) satisfy ❸ (CHEM) saturate **II.** *vi* be filling; **sättigend** *adj* filling; **Sättigung** *f* ❶ (*Sattsein*) repletion ❷ (COM CHEM: *a. von Farbe*) saturation; **Sättigungsgrad** *m* degree of saturation

Sattler(in) *m(f)* ❶ (*Sattelmacher*) saddler ❷ (*Polsterer*) upholsterer

Saturn [za'tʊrn] <-s> *m* Saturn

Satz [zats, *pl:* 'zɛtsə] <-es, Sätze> *m* ❶ (GRAM) sentence ❷ (TYP: *das Gesetzte*) type ❸ (SPORT: *Tennis~*) set ❹ (*Boden~*) dregs *pl;* (*Kaffee~*) grounds *pl* ❺ (MUS) movement ❻ (*Sprung*) jump, leap ❼ (FIN: *Gebühr*) charge; **einen** ~ **machen** jump, leap; **Satzbau** *m* (GRAM) sentence construction; **Satzbefehl** *m* (TYP) typographical command; **Satzherstellung** *f* typesetting; **Satzlehre** *f* (GRAM) syntax; **Satzspiegel** *m* (TYP) type area; **Satzteil** *m* (GRAM) constituent (of a sentence)

Satzung *f* ❶ (*von Körperschaften*) statutes *pl* ❷ (*von Vereinen, Gesellschaften*) rules *pl;* **satzungsgemäß** *adj* according to the statutes [*o* rules]; **satzungswidrig** *adj* against the statutes

Satzverlust *m* (SPORT) loss of a set

Satzzeichen *nt* (GRAM) punctuation mark

Sau [zaʊ, *pl:* 'zɔɪə] <-, Säue> *f* ❶ (*weibl. Schwein*) sow ❷ (*Schimpfwort*) dirty swine; **zur** ~ **machen** (*fam*) smash up; **das war unter aller** ~**!** (*fam*) that was bloody awful!; **Saubande** *f* (*fam*) gang of hoodlums

sauber ['zaʊbɐ] *adj* ❶ (*rein*) clean ❷ (*fam: nicht übel*) great ❸ (*gut gearbeitet*) accurate; ~ **halten** keep clean; **Sauberkeit** *f* ❶ (*Reinheit*) cleanness ❷ (*Sauberkeit im Hause*) cleanliness; **Sauberkeitsfimmel** *m* (*fam*) mania for cleanliness; **einen** ~ **haben** have a thing about cleanliness

säuberlich ['zɔɪbɐlɪç] *adv:* **fein** ~ neatly and tidily

Saubermann *m* (*fig*) Mr Clean

säubern ['zɔɪbɐn] *vt* ❶ (*reinigen*) clean (*etw von etw* s.th. off s.th.) ❷ (MIL: *ein Gebiet von Feindtruppen* ~) clear (*von* of); **Säuberung** *f* ❶ (*Reinigung*) cleaning ❷ (POL) purge

Saubohne *f* broad bean

Sauce ['zo:sə] <-, -n> *f* sauce

Saudi-Arabien ['zaʊdi-] *nt* Saudi Arabia; **saudiarabisch** *adj* Saudi Arabian

saudumm *adj* (*fam*) damn stupid

sauer ['zaʊɐ] *adj* ❶ sour ❷ (CHEM) acidic ❸ (*fam: verärgert*) cross (*auf* with); ~ **auf etw reagieren** take s.th. amiss; **saure Gurken** pickled cucumber; **saurer Regen** acid rain

? Grammatik

Adjectives ending in *-auer,* as in **sauer**, or *-euer,* as in *teuer,* drop the **e** before the -r when there is an ending: *Ich kann saure Sahne überhaupt nicht leiden. – I can't stand sour cream. Die kleinere Dose Erbsen ist teurer als die größere Dose. – The smaller tin of peas is more expensive than the larger one.*

Sauerampfer *m* sorrel; **Sauerbraten** *m* braised beef *Br,* sauerbraten *Am*

Sauerei [zauə'raɪ] *f* (*fam*): **so 'ne ~!** it's a bloody scandal!; **eine schöne ~ ist das hier drin!** it's a mess in here!

Sauerkirsche *f* sour cherry; **Sauerkraut** *nt* pickled cabbage, sauerkraut

säuerlich ['zɔɪɐlɪç] *adj* sour

Sauermilch *f* sour milk

Sauerstoff *m* oxygen; **Sauerstoffgerät** *nt* ❶ (MED) respirator ❷ (*für Taucher*) oxygen cylinder; **Sauerstoffmangel** *m* ❶ (MED) oxygen deficiency ❷ (*~ der Luft*) lack of oxygen; **Sauerstoffmaske** *f* oxygen mask; **Sauerstoffzelt** *nt* oxygen tent

Sauerteig *m* leaven

saufen ['zaʊfən] *irr vt, vi* (*sl*) booze

Säufer(in) ['zɔɪfɐ] <-s, -> *m(f)* boozer

Sauferei *f* (*sl*) booze-up

Saugbagger *m* suction dredge(r)

saugen ['zaʊgən] *irr vi, vt* ❶ (*ein~*) suck ❷ (*mit Staubsauger*) vacuum; (*fam*) hoover; **an etw ~** suck s.th.; **sich etw aus den Fingern ~** dream s.th. up

säugen ['zɔɪgən] *vt* suckle

Sauger *m* ❶ (*auf Flasche*) teat *Br,* nipple *Am* ❷ (*fam: Staub~*) vacuum, Hoover®

Säugetier *nt* mammal

saugfähig *adj* absorbent

Säugling ['zɔɪklɪŋ] *m* baby; **Säuglingsbadewanne** *f* baby bath; **Säuglingspflege** *f* babycare; **Säuglingsschwester** *f* infant nurse

Saukälte *f* (*fam*): **was für eine ~!** it's bloody freezing!

Säule ['zɔɪlə] <-, -n> *f* column; **Säulengang** *m* colonnade; (*Innenhof*) perystile; **Säulenhalle** *f* ❶ (*Halle mit Säulen*) columned hall ❷ (*am Eingang*) portico

Saum [zaʊm, *pl:* 'zɔɪmə] <-(e)s, Säume> *m* ❶ (*Näh~*) seam ❷ (*Einfassung*) hem

saumäßig *adj* (*fam*) lousy

säumen¹ ['zɔɪmən] *vt* (*einfassen*) hem

säumen² *vi* (*zaudern*) tarry; **säumig** *adj:* **~er Zahler** defaulter

Säumniszuschlag *m* delay penalty

Sauna ['zaʊna] <-, -s/Saunen> *f* sauna; **saunieren** *vi* have a sauna

Säure ['zɔɪrə] <-, -n> *f* ❶ (*von Frucht*) sourness ❷ (CHEM) acid; **säurebeständig** *adj* acid-proof

Saure-Gurken-Zeit (*fam*) silly season

säurehaltig *adj* acidic

Säureschutzmantel *m* acidic layer of the skin

Saurier ['zaʊriɐ] <-s, -> *m* dinosaur

Saus [zaʊs] *m:* **in ~ und Braus leben** live like a lord

säuseln ['zɔɪzəln] *vi* ❶ (*Wind in den Bäumen*) whisper ❷ (*Stimme*) purr

sausen ['zaʊzən] *vi* ❶ *sein* (*Mensch: eilen*) tear; (*Fahrzeug*) roar ❷ (*Wind*) whistle; **etw ~ lassen** (*fam*) drop s.th.

Saustall *m* (*fam*) pigsty; **Sauwetter** *nt* (*fam*) bloody weather; **sauwohl** *adj* (*fam*): **sich ~ fühlen** feel bloody good

Savanne [za'vanə] <-, -n> *f* savanna(h)

Saxophon [zakso'fo:n] <-s, -e> *nt,* **Saxofon** *nt* saxophone; **Saxophonist** *m,* **Saxofonist** *m* saxophone player

SB- *präfix* self-service

S-Bahn *f* (RAIL) suburban railway; (*Zug*) suburban train

Scanner ['skɛnɐ] <-s, -> *m* (INFORM) scanner

Schabe ['ʃa:bə] <-, -n> *f* cockroach

schaben ['ʃa:bən] *vt* scrape

Schabernack ['ʃa:bɐnak] <-(e)s, -e> *m:* **jdm einen ~ spielen** play a prank on s.o.

schäbig ['ʃɛ:bɪç] *adj* ❶ (*fadenscheinig*) shabby ❷ (*gemein*) mean *Br,* tacky *Am*

Schablone [ʃa'blo:nə] <-, -n> *f* stencil; **jdn in eine ~ zwängen** stereotype s.o.; **schablonenhaft** *adj:* **~ denken** think in stereotypes

Schach [ʃax] <-s, -s> *nt* ❶ (*Spiel*) chess ❷ (*Spielstellung*) check; **jdn in ~ halten** stall s.o.; (*mit Waffe*) keep s.o. covered; **spielst du ~?** can you play chess?; **Schachbrett** *nt* chessboard; **Schachbrettmuster** *nt* checkered pattern; **Schachfigur** *f* ❶ chessman ❷ (*fig*) pawn; (*fig* POL) figurehead; **schachmatt** *adj* ❶ (*im Spiel*) mated ❷ (*erledigt*) knackered; **Schachpartie** *f* game of chess; **Schachspieler(in)** *m(f)* chessplayer

Schacht [ʃaxt, *pl:* 'ʃɛçtə] <-(e)s, Schächte> *m* ❶ (*Bergwerks~*) shaft ❷ (*Kanal~*) drain ❸ (*Einstiegs~*) manhole

Schachtel ['ʃaxtəl] <-, -n> *f* box; **alte ~!** (*fam pej*) old bag!; **eine ~ Zigaretten** a packet of cigarettes; **Schachtelhalm** *m* horsetail

Schachzug *m* (*a. fig*) move

schade ['ʃa:də] *adj:* **wie ~!** what a pity!; **es ist sehr ~** it's a great pity; **es ist ~ um ihn** it is a pity about him; **um den ist es nicht ~** he's no great loss; **es ist ~ um das schöne Geld** what a shame that such money should go to waste; **sich für etw zu ~ sein** consider oneself too good for s.th.

Schädel ['ʃɛ:dəl] <-s, -> *m* skull; **jdm den ~ einschlagen** knock out someone's brains *pl;* **mir brummt der ~** my head is throbbing; **Schädelbruch** *m* fractured skull; **Schädeldecke** *f* top of the skull

S

Schaden ['ʃa:dən, *pl:* 'ʃɛ:dən] <-s, Schäden> *m* damage (*durch* caused by, *an* to); **jdm ~ zufügen** do harm to s.o.; **großen ~ anrichten** do a lot of damage; **den ~ wiedergutmachen** make good the damage

schaden *vi* ❶ (*Schaden zufügen*) damage ❷ (*schädlich sein*) harm; **das hat seinem Ruf sehr geschadet** that did a lot of damage to his reputation; **Rauchen schadet der Gesundheit** smoking can damage your health; **es wird mehr ~ als nützen** it will do more harm than good; **was kann denn das ~?** where's the harm in that?; **es schadet dir gar nichts, wenn ...** it won't hurt you to ...

Schadenersatz *m* compensation; **jdn auf ~ verklagen** claim compensation from s.o.; **~ leisten** pay compensation; **schadenersatzpflichtig** *adj* liable for damages; **Schadenfreiheitsrabatt** *m* no-claims bonus; **Schadenfreude** *f* malicious joy; **schadenfroh** *adj* gloating; **ein ~er Blick** a gloating look in her [*o* his] eyes; **Schadensabteilung** *f* claims department; **Schadensbegrenzung** *f* damage containment; **Schadensersatzanspruch** *m* claim for damages; **Schadensfreiheitsrabatt** *m* no-claim bonus [*o* discount]

schadhaft *adj* (*beschädigt*) damaged; (*Material*) defective, faulty

schädigen ['ʃɛ:dɪgən] *vt* ❶ (*fig*) damage, have a damaging impact on ❷ (*verletzen*) hurt, injure; **sich auf etw ~d auswirken** be damaging to s.th.; **Schädigung** *f* ❶ (*fig*) damage ❷ (*Verletzung*) harm; **die ~ seines Rufes** the damage to his reputation

schädlich *adj* damaging, harmful (*für* to); **Schädlichkeit** *f* harmfulness

Schädling *m* pest; **Schädlingsbekämpfung** *f* pest control; **Schädlingsbekämpfungsmittel** *nt* pesticide

schadlos *adv:* **sich an jdm (etw) ~ halten** take advantage of s.o. (s.th.)

Schadstoff *m* pollutant, contaminant; **schadstoffarm** *adj* low pollution; **Schadstoffbelastung** *f* pollution; **Schadstoffkonzentration** *f* concentration of pollutants *pl*

Schaf [ʃa:f] <-(e)s, -e> *nt* sheep; **du dummes ~!** (*Schimpfwort*) silly twit!; **das schwarze ~ der Familie** the black sheep of the family; **Schafbock** *m* ram

Schäfchen ['ʃɛ:fçən] *nt* lamb, little sheep; **sein(e) ~ ins Trockene bringen** feather one's own nest; **sein ~ im Trockenen haben** be out of the wood; **Schäfchenwolken** *pl* cirrus clouds *pl*

Schäfer(in) *m(f)* shepherd(ess); **Schäferhund** *m* Alsatian *Br,* German shepherd (dog) *Am*

Schaffell *nt* sheepskin

schaffen¹ ['ʃafən] *irr vt* (*erzeugen*) create; **wie geschaffen sein für ...** be made for ...

schaffen² **I.** *vt* ❶ (*erreichen*) manage ❷ (*bringen*) take; **~ wir es allein?** can we manage to do it alone?; **das wäre geschafft!** there, that's done!; **kannst du das Paket zur Post ~?** can you get this parcel to the post office?; **etw aus der Welt ~** settle s.th. **II.** *vi* (*süddeutsch: arbeiten*) work; **er macht sich im Garten zu ~** he's pottering about in the garden; **jdm zu ~ machen** give s.o. trouble; **damit habe ich nichts zu ~** I have nothing to do with it; **sich an etw zu ~ machen** fiddle about with s.th.

Schaffensdrang *m* energy; (*von Künstlern*) creative urge; **Schaffenskraft** *f* creativity

Schaffner(in) ['ʃafnɐ] *m(f)* ❶ (*Bus~*) conductor ❷ (RAIL) guard *Br,* conductor *Am*

Schafgarbe ['ʃa:fgarbə] <-> *f* yarrow; **Schafherde** *f* flock of sheep

Schafott [ʃa'fɔt] <-(e)s, -e> *nt* (HIST) scaffold; **das ~ besteigen** mount the scaffold

Schafskäse *m* feta, sheep's milk cheese; **Schafskopf** *m* ❶ (*Kartenspiel*) *a South German version of skat* ❷ (*Schimpfwort*): **~!** blockhead!; **Schaf(s)pelz** *m* sheepskin

Schaft [ʃaft, *pl:* 'ʃɛftə] <-(e)s, Schäfte> *m* ❶ (*Flinten~*) stock ❷ (*Stiel*) stalk ❸ (*Stiefel~*) leg; **Schaftstiefel** *mpl* high boots

Schafzucht *f* sheepbreeding

Schah [ʃa:] <-s, -s> *m* shah

Schakal [ʃa'ka:l] <-s, -e> *m* jackal

schäkern ['ʃɛ:kɐn] *vi* dally, flirt

Schal [ʃa:l] <-s, -e/-s> *m* scarf

schal [ʃa:l] *adj* (*abgestanden, a. fig*) stale

Schälchen ['ʃɛ:lçən] <-s, -> *nt* small bowl

Schale [ʃa:lə] <-, -n> *f* ❶ (*Gefäß*) bowl ❷ (*äußere Hülle*) skin ❸ (*geschälte Hülle*) peel ❹ (*von Schalentieren*) shell; **sich in ~ werfen** (*fam*) get dressed up

schälen ['ʃɛ:lən] **I.** *vt* (*Äpfel*) pare; (*Orangen*) peel; (*Kartoffeln*) skin; (*Eier*) shell **II.** *vr* (*Haut*) peel

Schalensitz *m* (AUTO) bucket seat

Schall [ʃal] <-(e)s> *m* sound; **schalldämmen** *vt* sound-proof; **Schalldämmung** *f* sound insulation; **Schalldämpfer** *m* ❶ (AUTO) silencer *Br,* muffler *Am* ❷ (*an Waffe*) silencer; **schalldicht** *adj* soundproof; **~ machen** soundproof

schallen *vi* (*tönen*) sound; (*er~*) ring out; (*widerhallen*) resound; **~des Gelächter** ringing laughter

Schallgeschwindigkeit *f* speed of sound; **Schallisolierung** *f* soundproofing; **Schallmauer** *f* sound barrier; **Schallpegel** *m* noise level; **Schallplatte** *f* record; **schallschluckend** *adj* noise absorbing; **Schallschluckhaube** *f* (INFORM) noise reducer; **Schallschutz** *m* soundproofing; **Schallschutzfenster** *nt* soundproof window; **Schallwelle** *f* sound wave

Schaltbild *nt* (ELEK) wiring diagram; **Schaltbrett** *nt* ① (ELEK) switchboard ② (AUTO) instrument panel

schalten ['ʃaltən] *vi* ① (AUTO) change gear ② (ELEK) switch (*auf* to) ③ (*reagieren*) react; **in den dritten (Gang) ~** change into third (gear) *Br*, shift into third (gear) *Am*

Schalter[1] *m* (ELEK) switch

Schalter[2] *m* (*Ausgabefenster*) counter; (*Fahrkarten~*) ticket window; **Schalterbeamte(r)**, **-beamtin** *m, f* (RAIL) ticket clerk; (*in Bank, Post*) counter clerk; **Schalterhalle** *f* (RAIL) booking hall; (*in Bank, Post*) hall; **Schalterschluss** *m* closing time; **Schalterstunden** *pl* business hours

Schaltgetriebe *nt* manual transmission *Br*, stick shift *Am*

Schaltjahr *nt* leap year; **Schaltknüppel** *m* (AUTO) gearstick; **Schaltkreis** *m* (ELEK) (switching) circuit; **Schaltplan** *m* (ELEK) wiring diagram [*o* scheme]; **Schaltpult** *nt* (ELEK) control desk; **Schaltstelle** *f* (*a. fig*) switch point; **Schalttafel** *f* (ELEK) switchboard; **Schalttag** *m* leap day; **Schaltzentrale** *f* control centre; (*fig*) nerve centre

Schaltung *f* ① (AUTO) gear-change ② (ELEK) wiring

Schalung *f* (TECH) formwork, shuttering; **Schalungsbrett** *nt* form board

Scham [ʃa:m] <-> *f* shame; **nur keine falsche ~!** no need for embarassment!; **Schambein** *nt* (ANAT) pubic bone

schämen ['ʃɛ:mən] *vr* be ashamed (*über* of); **er sollte sich was ~!** he ought to be ashamed of himself!; **schäm dich!** shame on you!; **sich vor jdm ~** feel ashamed in front of s.o.

Schamgefühl *nt* sense of shame; **Schamhaar** *nt* pubic hair; **schamhaft** *adj* bashful; **Schamlippen** *fpl* labia; **schamlos** *adj* (*a. fig*) shameless

Schande ['ʃandə] <-> *f* disgrace; **jdm ~ machen** put s.o. to shame; **zu meiner ~ …** to my eternal shame …; **mach uns keine ~!** don't disgrace us!

schänden ['ʃɛndən] *vt* violate

Schandfleck *m*: **ein ~ für jdn sein** be a blot for s.o.

schändlich *adj* shameful; **es ist ~, dass sich niemand um diese Leute kümmert** it's a disgrace that nobody cares for these people

Schandtat *f* scandalous deed; **zu jeder ~ bereit sein** be always ready for a lark

Schändung *f* violation

Schänke *f* tavern, inn

Schanker ['ʃaŋkɐ] <-s, -> *m* (MED) chancre

Schanze ['ʃantsə] <-, -n> *f* ① (MIL) entrenchment ② (SPORT: *Sprung~*) jump

Schar [ʃa:ɐ] <-, -en> *f* ① (*Menge*) crowd ② (*Gruppe*) band; **scharen** *vr*: **sich um jdn ~** gather around s.o.; **scharenweise** *adv* in droves

scharf [ʃarf] <schärfer, schärfst> *adj* ① (*schneidend*) sharp ② (*~ gewürzt*) hot ③ (*beißend*) caustic ④ (*streng*) severe ⑤ (*klar*) sharp ⑥ (*sl: sexuell*) horny, randy; **ich bin nicht gerade ~ darauf** I'm not exactly keen on it; **jdn ganz ~ auf etw machen** make s.o. quite keen on doing s.th.; **~er Verstand** keen intellect; **~ nachdenken** think hard; **~ nach links abbiegen** turn sharp left; **~er Hund** fierce dog; **~ schießen** shoot with live ammunition

Scharfblick *m* penetration

Schärfe ['ʃɛrfə] <-, -n> *f* ① (*von Schneide*) sharpness ② (PHOT) focus ③ (*Strenge*) severity; **schärfen** *vt* (*a. fig*) sharpen; **Schärfeneinstellung** *f* (PHOT) focusing control

scharfkantig *adj* sharp-edged

scharf|machen *vt*: **jdn ~** stir s.o. up

Scharfrichter *m* executioner; **Scharfschütze** *m* (MIL) marksman; **scharfsichtig** *adj* ① (*mit scharfen Augen*) sharp-sighted ② (*fig*) clear-sighted; **Scharfsinn** *m* acumen, keen perception; **scharfsinnig** *adj* astute, sharp-witted

Scharlach ['ʃarlax] <-s, -e> *m* ① (*Farbe*) scarlet ② (MED) scarlet fever

Scharlatan ['ʃarlata:n] <-s, -e> *m* charlatan

Scharnier [ʃar'ni:ɐ] <-s, -e> *nt* hinge

Schärpe <-, -en> *f* sash

scharren ['ʃarən] *vi* scrape; (*Vogel*) scratch; (*Pferd*) paw

Scharte ['ʃartə] <-, -n> *f* nick; **eine ~e auswetzen** make amends; **schartig** *adj* jagged, notched

scharwenzeln [ʃar'vɛntsəln] <ohne ge-, sein> *vi* (*fam*) dance attendance (*um* on)

Schaschlik <-s, -s> *m/nt* shashlik

Schatten ['ʃatən] <-s, -> *m* ① (*sonnenge-*

S

schützt) shade ❷ (*Schlag~, a. fig*) shadow; **im ~** in the shadow; **in jds ~ stehen** be in someone's shadow; **30° im ~** 30 degrees in the shade; **jdn in den ~ stellen** put s.o. in the shade; **Schattenmorelle** *f* morello cherry; **Schattenseite** *f* (*Nachteil*) downside; **Schattenspiel** *nt* shadow play

Schattenwirtschaft *f* (*Schwarzarbeiten*) black economy

schattieren *vt* shade; **Schattierung** *f* (*a. fig*) shade

schattig *adj* shady

Schatulle [ʃa'tʊlə] <-, -n> *f* (*Geld~*) coffer

Schatz [ʃats, *pl:* 'ʃɛtsə] <-es, Schätze> *m* ❶ treasure ❷ (*Liebste(r)*) sweetheart *Br,* cutie *Am;* **mein ~** love; **Schätze** pl; (*Reichtümer*) riches

Schatzamt *nt* Treasury

Schätzchen [ʃɛtsçən] <-s, -> *nt* (*fam*) darling, love

schätzen ['ʃɛtsən] *vt* ❶ (*hochachten*) think highly of; (*ehren*) respect ❷ (*ein~*) assess, estimate (*auf* at) ❸ (*meinen*) think; **gering ~** (*gering einschätzen*) disregard; (*verachten*) think little of; **schätz mal!** have a guess!; **£100 ist nur geschätzt** £100 is just an estimate; **grob geschätzt** at a rough estimate; **es lässt sich schwer ~** it's hard to estimate; **ich schätze, dass ...** my guess is that ...; **ich schätze, ja** I guess so; **etw zu ~ wissen** appreciate s.th.; **wie alt schätzt du ihn?** how old would you say he is?; **~ lernen** learn to appreciate

Schatzgräber *m* treasure-hunter; **Schatzkammer** *f* ❶ treasure vault ❷ (*fig*) storehouse; **Schatzkanzler(in)** *m(f)* minister of finance, Chancellor of the Exchequer *Br;* **Schatzmeister(in)** *m(f)* treasurer

Schätzung *f* (*Veranschlagung*) estimate; (*Wertein~*) valuation; **meiner ~ nach** in my estimation; **schätzungsweise** *adv* approximately, roughly

Schätzwert *m* estimated value

Schau [ʃaʊ] <-, -en> *f* (*Vorführung*) show; **das ist nur ~** (*fam*) it's just for show; **es war alles nur ~** (*fam*) it was all show; **eine ~ abziehen** (*fam*) put on a show; **etw zur ~ stellen** exhibit s.th.; (*fig*) parade s.th.; **Schaubild** *nt* diagram; **Schaubude** *f* (show-)booth

Schauder ['ʃaʊdɐ] <-s, -> *m* shiver, shudder; **ein ~ überlief sie** a shudder ran through her body; **schauderhaft** *adj* ❶ (*grässlich*) horrible ❷ (*fam: schlimm*) awful, terrible; **schaudern** *vi* shudder, shiver (*vor* with, *bei* at); **mich schaudert bei dieser Vorstellung** it gives me the creeps to think of that

schauen ['ʃaʊən] *vi* look; **schau, schau!** what do you know!; **aus dem Fenster ~** look out of the window

Schauer[1] *m* (*Regenguss*) shower

Schauer[2] ['ʃaʊɐ] <-s, -> *m* shiver, shudder; **ein ~ überlief sie** a shudder ran through her body; **Schauergeschichte** *f* horror story; **schauerlich** *adj* ❶ (*grässlich*) horrific ❷ (*fam: schlimm*) dreadful

Schaufel ['ʃaʊfəl] <-, -n> *f* ❶ (*Grabe~*) shovel ❷ (TECH: *Turbinen~*) vane; **eine ~ Kohle** a shovel(ful) of coal; **schaufeln** *vt, vi* shovel

Schaufenster *nt* shop-window; **im ~ ausstellen** display in the window; **Schaufensterauslage** *f* window display; **Schaufensterbummel** *m:* **einen ~ machen** go window-shopping; **Schaufensterdekorateur(in)** *m(f)* window-dresser; **Schaufensterpuppe** *f* shop-window dummy; **Schaufensterwerbung** *f* display advertising; **Schaukasten** *m* showcase

Schaukel ['ʃaʊkəl] <-, -n> *f* swing

schaukeln *vt, vi* ❶ (*auf Schaukel*) swing ❷ (*auf Stuhl*) rock ❸ (*pendeln*) sway to and fro; **wir werden das (Kind) schon ~!** (*fam*) we'll manage it!; **Schaukelpferd** *nt* rocking horse; **Schaukelpolitik** *f* seesaw policy; **eine ~ betreiben** pursue a fickle policy; **Schaukelstuhl** *m* rocking chair

schaulustig *adj* curious; **Schaulustige** *pl* onlookers

Schaum [ʃaʊm] <-(e)s> *m* foam; (*Seifen~*) lather; (*Bier~*) froth; **Schaumbad** *nt* bubble bath

schäumen ['ʃɔɪmən] *vi* foam, froth; (*Seife*) lather; (*Sekt, Sprudel*) bubble; **vor Wut ~** foam with rage

Schaumfestiger *m* (styling) mousse; **Schaumgummi** *m* foam rubber; **schaumig** *adj* foamy, frothy; **etw ~ schlagen** whip s.th. until frothy; **Schaumkelle** *f* skimmer; **Schaumlöffel** *m* skimmer; **Schäummittel** *nt* foaming agent; **Schaumschläger** *m* (*fig*) hot-air merchant; **Schaumschlägerei** *f* (*fig*) hot-air; **Schaumstoff** *m* foam material; **Schaumwein** *m* sparkling wine

Schauplatz *m* scene; **am ~ sein** be on the spot; **Schauprozess** *m* show trial

schaurig ['ʃaʊrɪç] *adj* ❶ (*entsetzlich*) gruesome ❷ (*fam: schlimm*) dreadful

Schauspiel *nt* ❶ (THEAT) drama, play ❷ (*Anblick*) sight, spectacle; **Schauspieler** *m* ❶ actor, player ❷ (*fig*) actor;

Schauspielerin *f* (*a. fig*) actress; **schauspielern** ['---] *vi* (*a. fig*) act; **Schauspielhaus** *nt* playhouse *Br,* theatre, theater *Am;* **Schauspielkunst** *f* dramatic art; **Schauspielschule** *f* drama school; **Schausteller** *m* showman

Scheck [ʃɛk] <-s, -s> *m* cheque *Br,* check *Am;* **ein ~ über ...** a cheque for ...; **einen ~ ausstellen** draw a cheque; **ein ungedeckter ~** a bounced cheque; **einen ~ einlösen** cash a cheque; **mit ~ bezahlen** pay by cheque; **Scheckbetrug** *m* cheque fraud; **Scheckbuch** *nt* cheque book

Schecke ['ʃɛkə] <-, -n> *f* (*scheckiges Pferd*) dappled horse

Scheckheft *nt* chequebook *Br,* checkbook *Am*

scheckig ['ʃɛkɪç] *adj* (*bunt~*) spotted; (*Pferd*) dappled

Scheckkarte *f* cheque (guarantee) card; **Schecknummer** *f* cheque number

scheel [ʃeːl] *adj:* **jdn ~ ansehen** give s.o. a dirty look

Scheffel ['ʃɛfl] <-s, -> *m* bushel; **scheffeln** ['ʃɛfəln] *vt:* **Geld ~** rake in money

scheffelweise *adv* by the sackful

Scheibe ['ʃaɪbə] <-, -n> *f* ① disc ② (TECH: *Unterleg~*) washer ③ (*Schieß~*) target ④ (*Glas~*) pane ⑤ (*Brot~*) slice; **von ihr könntest du dir eine ~ abschneiden!** you could take a leaf out of her book!; **Scheibenbremse** *f* (AUTO) disc brake; **Scheibengardine** *f* net curtain; **Scheibenrad** *nt* disc wheel; **Scheibenschießen** *nt* target shooting; **Scheibenwaschanlage** *f* windscreen washer unit *Br,* windshield washer unit *Am;* **Scheibenwischer** *m* windscreen wiper *Br,* windshield wiper *Am;* **Scheibenwischergummi** *nt* windscreen wiper blade *Br,* windshield wiper blade *Am*

Scheich [ʃaɪç] <-s, -s/-e> *m* sheik(h); **Scheichtum** *nt* sheik(h)dom

Scheide ['ʃaɪdə] <-, -n> *f* ① (*Messer~*) sheath ② (ANAT) vagina

scheiden ['ʃaɪdən] **I.** *irr vt* (*Eheleute*) divorce; **sich ~ lassen** get divorced; **sie lässt sich nicht von ihm ~** she won't give him a divorce; **sich von jdm ~ lassen** get a divorce from s.o. **II.** *vr:* **da ~ sich aber unsere Meinungen!** that's where we begin to differ!

Scheidewand *f* partition

Scheideweg *m:* **am ~ stehen** be at a crossroads

Scheidung *f* divorce; **die ~ einreichen** file a petition for divorce; **Scheidungsgrund** *m* ① (*Gründe*) grounds for divorce ② (*Person*) reason for (one's) divorce; **Scheidungsklage** *f* petition for divorce; **Scheidungsprozess** *m* divorce proceedings *pl*

Schein[1] <-(e)s, -e> *m* ① (*Bescheinigung*) certificate ② (*Geld~*) note *Br,* bill *Am*

i Land & Leute

In German universities, students have to gain **Scheine** (certificates) to progress from one year to the next. Only those students who attain a certain number or type of certificate(s) are allowed to enter for intermediate, and later degree, examinations.

Schein[2] ['ʃaɪn] *m* <-(e)s> ① (*An~*) appearances *pl* ② (*Licht~*) light; (*Schimmer*) gleam; **ihre Ehe besteht nur noch zum ~** their marriage has become a sham; **den ~ der Demokratie wahren** maintain a pretence of democracy; **um den ~ zu wahren** for the sake of appearances; **den äußeren ~ wahren** keep up appearances; **der ~ trügt** appearances are deceptive; **zum ~** in pretence; **Scheinasylant(in)** *m(f)* pseudo asylum-seeker; **scheinbar** *adv* ① (*anscheinend*) apparent, seeming ② (*vorgeblich*) feigned

scheinen *irr vi* ① (*leuchten*) shine ② (*den Anschein haben*) appear, seem; **es scheint mir, dass ...** it appears to me that ...; **mir scheint ...** it seems to me ...; **wie es scheint** as it seems; **es scheint fast so, als ob ...** it would seem that ...

Scheinfirma *f* dummy firm; **Scheingeschäft** *nt* dummy transaction; **Scheingewinn** *m* paper profit; **scheinheilig** *adj* hypocritical; **Scheinselbstständigkeit** *f* (*Arbeit von nur eine Firma*) fictitious self-employment; **Scheintod** *m* apparent death; **scheintot** *adj* in a state of suspended animation

Scheinwerfer *m* ① (AUTO) headlamp, light ② (*zur Beleuchtung*) floodlight; **Scheinwerferlicht** *nt* light of headlamps; **im ~ der Öffentlichkeit** in the glare of publicity

Scheiß *m* (*sl*): **red keinen ~!** don't talk crap!; **mach keinen ~!** stop messing about!; **Scheißdreck** *m* (*vulg*): **(das) geht dich einen ~ an!** that's none of your bloody business!; **Scheiße** ['ʃaɪsə] <-> **I.** *f* (*vulg*) shit; **in der ~ sitzen** be up shit creek **II.** *interj* (*vulg*) shit, fuck; **scheißegal** *adv* (*vulg*): **das ist mir (doch) ~** I couldn't care less; **scheißen** *irr vi* (*vulg*) shit; **auf etw** ~ (*vulg*) not give a shit about s.th; **Scheißer** *m* (*vulg*) bugger; **scheißfreundlich** *adj* (*fam*) as nice as pie; **Scheißhaus** *nt* (*vulg*) shithouse

Scheit [ʃaɪt] <-(e)s, -e> *nt* (*Holz~*) log

Scheitel [ˈʃaɪtəl] <-s, -> *m* parting *Br,* part *Am;* **vom** ~ **bis zur Sohle** from top to toe; **scheiteln** *vt* part; **Scheitelpunkt** *m* vertex

Scheiterhaufen *m* ❶ (HIST: *als Hinrichtung*) stake ❷ (HIST: *zur Leichenverbrennung*) pyre; **auf dem** ~ **verbrannt werden** be burned at the stake

Scheitern <-s> *nt* ❶ (*Fehlschlagen*) failure ❷ (*von Verhandlung*) breakdown; **zum** ~ **verurteilt** doomed to failure; **etw zum** ~ **bringen** make s.th. break down

scheitern [ˈʃaɪtɐn] *vi* ❶ *sein* (*fehlschlagen*) fail (*an* because of) ❷ (SPORT: *Misserfolg haben*) be defeated (*an* by); **sein Versuch scheiterte** he failed in his attempt; **die Verhandlungen sind gescheitert** the negotiations have broken down

Schelle¹ *f* (TECH: *Rohr~*) clamp

Schelle² [ˈʃɛlə] <-, -n> *f* (*Türklingel*) bell; **schellen** *vi:* **bei jdm** ~ ring at someone's door; **es hat geschellt** there was a ring at the door

Schellfisch *m* haddock

Schelm [ʃɛlm] <-(e)s, -e> *m* (*Spaßvogel*) rogue; **schelmisch** *adj* mischievous

Schelte [ˈʃɛltə] <-> *f:* ~ **bekommen** get a scolding; **schelten** *irr vt* chide (*wegen* for); **mit jdm** ~ scold s.o.

Schema [ˈʃeːma, *pl:* ˈʃeːmata] <-s, -s/-mata> *nt* ❶ (*Muster*) pattern ❷ (*Plan*) scheme ❸ (*Diagramm*) diagram; **nach** ~ **F gehen** go off pat; **schematisch** *adj* ❶ (*nach Schema*) schematic ❷ (*mechanisch*) mechanical

Schemel [ˈʃeːməl] <-s, -> *m* stool

schemenhaft *adj* shadowy

Schenke [ˈʃɛŋkə] <-, -n> *f* inn, tavern

Schenkel [ˈʃɛŋkəl] <-s, -> *m* ❶ (*Ober~*) thigh ❷ (*Unter~*) shank ❸ (MATH: *von Winkel*) side; **sich auf den** ~ **klopfen** slap one's thigh

schenken [ˈʃɛŋkən] **I.** *vt* give; **das habe ich geschenkt bekommen** I got it as a present; **sie schenkte ihm einen Sohn** she presented him with a son; **das ist geschenkt!** (*sehr billig*) that's a give-away!; **geschenkt!** (*fam*) forget it! **II.** *vr* (*sein lassen*): **sich etw** ~ skip s.th.

Schenkung *f* (JUR) gift; **Schenkungssteuer** *f* gift tax

Scherbe [ˈʃɛrbə] <-, -n> *f* fragment, piece; ~**n machen** break s.th.; **die** ~**n zusammenfegen** sweep up the pieces; ~**n bringen Glück** (*prov*) broken crockery brings you luck

Schere [ˈʃeːrə] <-, -n> *f* ❶ scissors *pl;* (*große* ~) shears *pl* ❷ (*Krebs~*) claw

scheren¹ *irr vt* (*beschneiden*) crop; (*Schafe, Teppich*) shear; **kurz geschoren** cropped; **kurz geschorenes Haar** hair cropped short

scheren² *vr* (*fam: sich kümmern*): **was schert's** (**mich**)? what do I care?; **sie hat sich nicht im Geringsten darum geschert** she couldn't have cared less

scheren³ *vr* (*weggehen*): **scher dich fort!** beat it! get lost!

Scherenschleifer(**in**) *m(f)* knifegrinder; **Scherenschnitt** *m* silhouette

Scherereien *pl* trouble *sing;* **jdm viel** ~ **machen** cause [*o* give] s.o. a lot of trouble

Scherge [ˈʃɛrgə] <-n, -n> *m* thug

Scherz [ʃɛrts] <-es, -e> *m* joke; **zum** ~ for a joke; **im** ~ jokily; **mach keinen** ~**!** (*fam*) you're joking!; **ich bin nicht zu** ~**en aufgelegt** I'm not in a joking mood; ~ **beiseite!** no kidding!; **Scherzartikel** *mpl* joke articles; **scherzen** *vi* jest, joke; **Sie** ~**!** you can't be serious!; **mit ihr ist nicht zu** ~ she is not to be trifled with; **er lässt nicht mit sich** ~ he is not a man to be trifled with; **Scherzfrage** *f* conundrum; **scherzhaft** *adv* (*aus Spaß*) jokingly; **etw** ~ **meinen** mean s.th. as a joke; **Scherzkeks** *m* (*hum fam*) joker

Scheu [ʃɔɪ] <-> *f* (*Schüchternheit*) shyness; **ohne jede** ~ without any inhibition; **seine** ~ **verlieren** lose one's inhibitions *pl;* **scheu** *adj* shy; (*zaghaft*) timid

scheuchen *vt* scare (off)

scheuen **I.** *vt* ❶ (*fürchten*) shy away from ❷ (*vermeiden*) shun; **keine Mühe** ~ go to endless trouble; **keine Kosten** ~ spare no expense; **er scheut die Verantwortung** he shies away from responsibilities *pl* **II.** *vr* (*zurückschrecken*): **sich nicht** ~ **etw zu tun** not be afraid of doing s.th. **III.** *vi* (*von Pferden*) shy (*vor* at)

Scheuerbürste *f* scrubbing brush; **Scheuerlappen** *m* floorcloth; **Scheuermittel** *nt* abrasive

scheuern [ˈʃɔɪɐn] *vt* ❶ (*putzen*) scour; (*schrubben*) scrub ❷ (*reiben*) chafe (*an* at); **sich wund**~ chafe o.s.; **jdm eine** ~ (*fam*) give s.o. a clout

Scheuklappe *f:* ~**n haben** be blinkered

Scheune [ˈʃɔɪnə] <-, -n> *f* barn

Scheusal [ˈʃɔɪzaːl] <-s, -e> *nt* monster; **ein wahres** ~ a perfect fright

scheußlich ['ʃɔɪslɪç] *adj* (*schlimm*) dreadful; (*ekelhaft*) hideous; **~es Wetter** awful weather

Schicht[1] [ʃɪçt] <-, -en> *f* ❶ (*Lage, Staub~*) layer ❷ (*auf Flüssigkeiten*) film; (*Farb~*) coat ❸ (*Gesellschafts~*) (social) class; **Leute aus allen ~en** people from all walks of life

Schicht[2] *f* ❶ (*Arbeitsabschnitt*) shift ❷ (*Arbeitsgruppe*) gang; **zur ~ gehen** go on shift; **Schichtarbeit** *f* shift-work; **Schichtarbeiter(in)** *m(f)* shift-worker

schichten *vt* ❶ (*in Schichten legen*) layer ❷ (*stapeln*) stack; **Schichtunterricht** *m* (SCHULE) instruction in shifts; **~ haben** be taught in shifts; **Schichtwechsel** *m* change of shift

schichtweise *adv:* **~ Farbe auftragen** apply [*o* put on] paint in coats

Schick [ʃɪk] <-(e)s> *m* (*Eleganz in der Kleidung*) style; **schick** *adj* (*elegant*) elegant; (*modisch reizvoll*) stylish; **ein ~es Kleid** a smart dress

schicken ['ʃɪkən] *vt* send; **jdn zu einem Kurs ~** send s.o. on a course; **jdn einkaufen ~** send s.o. to do the shopping

Schickeria *f* <-> (*fam*) trendy set

> **i Land & Leute**
>
> **Die Schickeria** is a rather pejorative term for an extravagantly behaved, exaggeratedly chic stratum of society: the in-crowd.

Schicki(micki) *m* <-s, -s> (*fam*) trendy

schicklich *adj* proper, fitting

Schicksal ['ʃɪkza:l] <-s, -e> *nt* fate; **das ist ~!** (*fam*) such is life!; **jdn seinem ~ überlassen** leave s.o. to his fate; **schicksalshaft** *adj* fateful; **Schicksalsschlag** *m* stroke of fate

Schiebedach *nt* (AUTO) sunroof; **Schiebefenster** *nt* sliding window

schieben ['ʃi:bən] *irr vt, vi* (*stoßend ~*) push; (*mit größerer Kraftanstrengung*) shove; **sich an die Spitze ~** (SPORT) push one's way to the front; **sich ineinander ~** telescope

Schieber[1] *m* (TECH) slide

Schieber(in)[2] *m(f)* (*Schwarzmarkthändler*) black marketeer

Schiebetür *f* sliding door

Schiebung *f* (*Begünstigung*) string-pulling; (SPORT) rigging; **~!** fix!

Schiedsgericht *nt* court of arbitration, arbitration tribunal

Schiedsrichter(in) ['ʃi:ts-] *m(f)* ❶ (SPORT) referee; (*bei Ballspielen, Hockey*) umpire ❷ (*Preisrichter*) judge

schiedsrichterlich *adj:* **~e Entscheidung** referee's [*o* umpire's] decision

Schiedsspruch *m* arbitration award; **Schiedsverfahren** *nt* arbitration proceedings *pl*

schief [ʃi:f] *adj* ❶ (*krumm*) crooked ❷ (*geneigt*) tilted; **dein Hut sitzt ~!** your hat's crooked!; **das Bild hängt ~** the picture isn't straight; **keine Sorge, wird schon ~ gehen!** don't worry, it'll go wrong nicely!; **irgendwas muss ~ gegangen sein!** something must have gone wrong!; **da bist du (aber) ~ gewickelt!** (*fam*) you've got another think coming!

Schiefer ['ʃi:fɐ] <-s, -> *m* slate; **Schieferdach** *nt* slate roof; **Schiefertafel** *f* slate

schieflachen *vr* double up with laughter

schielen ['ʃi:lən] *vi* squint; **nach etw ~en** (*verstohlen*) sneak a look at s.th.; (*offen*) eye s.th. up

Schienbein *nt* shin; **jdn vor's ~ treten** kick s.o. on the shin

Schiene ['ʃi:nə] <-, -n> *f* ❶ (RAIL) rail ❷ (MED) splint; **schienen** *vt* (MED) put in splints, splint

Schienenbus *m* rail bus; **Schienennetz** *nt* rail network; **Schienenstrang** *m* track

schier **I.** *adj* ❶ (*Fleisch*) lean and boneless ❷ (*fig*) sheer **II.** *adv* nearly, almost

Schießbefehl *m* order to shoot

Schießbude *f* shooting gallery; **Schießbudenfigur** *f* (*pej*) clown, ludicrous figure

schießen ['ʃi:sən] **I.** *irr vt* shoot; (*Kugel*) fire; (SPORT: *Ball*) kick; (*Tor*) score **II.** *vi* ❶ shoot (*auf, nach* at); (*mit Schusswaffe*) fire (*auf* at) ❷ *sein* (*fam: sich schnell bewegen*) shoot ❸ *sein* (*Flüssigkeit*) shoot; (*spritzen*) spurt; **in die Höhe ~** shoot up

Schießerei *f* shoot-out

Schießhund *m:* **aufpassen wie ein ~** (*fam*) watch like a hawk; **Schießplatz** *m* range; **Schießpulver** *nt* gunpowder; **Schießscharte** *f* embrasure; **Schießscheibe** *f* target; **Schießstand** *m* shooting range

Schiff [ʃɪf] <-(e)s, -e> *nt* ship; **an Bord des ~es** on board ship

schiffbar *adj* navigable

Schiffbau <-(e)s> *m* shipbuilding; **Schiffbruch** <-(e)s> *m* shipwreck; **~ erleiden** be shipwrecked; (*scheitern*) fail; **schiffbrüchig** *adj* shipwrecked; **Schiffbrüchige(r)** *f m* shipwrecked person

Schiffchen ['ʃɪfçən] *nt* ❶ (*kleines Schiff*) little ship, small boat ❷ (MIL: *Kopfbedeckung*) forage cap ❸ (*Weber~*) shuttle

Schiffer *m* ❶ (*Seemann*) sailor ❷ (*Käpt'n*) skipper; **Schifferklavier** *nt* accordion; **Schiffermütze** *f* yachting cap

Schifffahrt *f* ❶ (*Navigation*) navigation ❷ (*das Schifffahren*) shipping; **Schifffahrtslinie** *f* ❶ (*als Unternehmen*) shipping line ❷ (*Schifffahrtsweg*) shipping route; **Schifffahrtsweg** *m* ❶ (*Kanal*) waterway ❷ (*Schifffahrtslinie*) shipping route

Schiffsarzt *m* ship's doctor; **Schiffsjunge** *m* cabin-boy; **Schiffskoch** *m* ship's cook; **Schiffsküche** *f* caboose, galley; **Schiffsladung** *f* shipload; **Schiffspapiere** *pl* ship's papers; **Schiffsrumpf** *m* hull; **Schiffsschraube** *f* propeller; **Schiffszwieback** *m* ship's biscuit

Schiit [ʃi'i:t] <-en, -en> *m* shiite; **schiitisch** *adj* shiite

Schikane [ʃi'ka:nə] <-, -n> *f* ❶ harassment ❷ (SPORT) chicane; **eine Wohnung mit allen ~n** a flat with all the contemporary gadgets [*o* mod cons]; **das war reine ~** it was sheer bloody-mindedness; **schikanieren** *vt* harass; (*tyrannisieren*) bully

Schild¹ [ʃɪlt] <-(e)s, -e> *m* ❶ (*Schutz~*) shield ❷ (*Tierpanzer*) shell; **etw im ~e führen** be up to s.th.

Schild² *nt* <-(e)s, -er> ❶ (*Zeichen*) sign; (*an Tür*) nameplate ❷ (*Aufkleber*) label; (*Preis~*) ticket

Schilda ['ʃɪlda] *nt* (*in Literatur*) Gotham

Schildbürger *m* ❶ (*in Literatur*) Gothamite ❷ (*Schwachkopf*) dimwit; **Schildbürgerstreich** *m*: **das war (ja) wirklich ein ~!** that was a piece of first-class stupidity!

Schilddrüse *f* thyroid gland; **Schilddrüsenüberfunktion** *f* hyperthyroidism; **Schilddrüsenunterfunktion** *f* hypothyroidism

schildern ['ʃɪldɐn] *vt* describe; (*umreißen*) sketch; **Schilderung** *f* ❶ (*Beschreibung*) description ❷ (*Bericht*) account; **nach ihrer ~** by her account

Schildkröte *f* (*See~*) turtle; (*Land~*) tortoise; **Schildkrötensuppe** *f* turtle soup

Schilf [ʃɪlf] <-(e)s, -e> *nt* ❶ (*~pflanze*) reed ❷ (*~fläche*) reeds *pl*

Schillerlocke *f* ❶ (*Räucherfisch*) curled strip of smoked dogfish ❷ (*Gebäck*) cream horn

schillern ['ʃɪlɐn] *vi* shimmer; **schillernd** *adj* shimmering; (*in allen Farben*) opalescent; **eine ~e Persönlichkeit** an enigmatic character

Schimmel¹ ['ʃɪməl] <-s, -> *m* (*weißes Pferd*) white horse

Schimmel² <-s, -> *m* (*~pilz*) mould; **schimmelig** *adj* ❶ (*verschimmelt*) mouldy ❷ (*moderig*) mildewed; **schimmeln** *vi* go mouldy; **Schimmelpilz** *m* mould

Schimmer ['ʃɪmɐ] <-s, (-)> *m* gleam, glimmer, glitter; **keinen (blassen) ~ von etw haben** (*fam*) not have an inkling of s.th.; **schimmern** *vi* (*Licht*) glimmer; (*Gegenstände*) shimmer

Schimpanse [ʃɪm'panzə] <-n, -n> *m* chimpanzee

Schimpf [ʃɪmpf] <-(e)s, -e> *m*: **mit ~ und Schande** in disgrace; **schimpfen** *vi* curse (*auf* at); **mit jdm ~** tell s.o. off; **Schimpfwort** <-(e)s, -wörter> *nt* swearword

Schindel ['ʃɪndəl] <-, -n> *f* shingle; **Schindeldach** *nt* shingle roof

schinden ['ʃɪndən] **I.** *irr vt* ❶ (*peinigen*) maltreat ❷ (*Arbeitskräfte ausbeuten*) sweat ❸ (*fam: herausschlagen*) get, make; **Zeit ~** play for time; **Eindruck ~** try to impress **II.** *vr* (*sich abquälen*): **sich mit etw ~** slave away at s.th.; **Schinder(in)** *m(f)* (*Antreiber*) slavedriver; **Schinderei** *f* ❶ (*Plackerei*) drudgery ❷ (*Antreiberei*) sweating; **Schindluder** *nt*: **mit jdm ~ treiben** make cruel sport of s.o.

Schinken ['ʃɪŋkən] <-s, -> *m* ❶ ham ❷ (*fig hum: dickes Buch*) tome ❸ (*fig hum: großes Bild*) great daub; **Schinkenbrötchen** *nt* ham roll; **Schinkenspeck** *m* gammon

Schippe ['ʃɪpə] <-, -n> *f* (*Schaufel*) shovel, spade; **jdn auf die ~ nehmen** take someone for a ride; **schippen** *vt, vi* (*schaufeln*) shovel; **Schnee ~** clear the snow

schippern ['ʃɪpɐn] *vi sein* (*fam*) bob (along)

Schirm [ʃɪrm] <-(e)s, -e> *m* ❶ (*Regen~*) umbrella; (*Sonnen~*) parasol, sunshade ❷ (*Pilzkappe*) cap; **Schirmherr(in)** *m(f)* patron(ess), protector; **Schirmherrschaft** *f*: **unter der ~ von …** (*Leitung*) under the auspices of … *pl*; **Schirmmütze** *f* peaked cap; **Schirmständer** *m* umbrella stand

Schiss [ʃɪs] *m* (*sl*): **~ haben** be in a blue funk; **~ vor etw haben** be shit scared of s.th.

schizophren *adj* schizophrenic

Schizophrenie [ʃitsofre'ni:] <-> *f* schizophrenia

Schlacht [ʃlaxt] <-, -en> *f* battle; **die ~ bei …** the battle of …; **eine regelrechte ~** a pitched battle

schlachten ['ʃlaxtən] *vt* slaughter; (*hinschlachten*) butcher

Schlachtenbummler *m* (SPORT) away supporter

Schlachter *m* butcher; **Schlachterei** *f*

butcher's (shop)

Schlächterei [ʃlɛçtəˈraɪ] *f* (*fig*) massacre

Schlachtfeld *nt* battle-field

Schlachthof *m* slaughter-house

Schlachtplan *m* ❶ (MIL) battle plan ❷ (*fig*) plan of action; **Schlachtruf** *m* battle cry, war cry; **Schlachtschiff** *nt* battleship

Schlachtvieh *nt* animals for slaughter

Schlacke [ˈʃlakə] <-, -n> *f* ❶ (*Metall~*) slag ❷ (*Aschen~*) cinders *pl;* **~n** (MED) waste products

Schlaf [ʃlaːf] <-(e)s> *m* sleep; **im ~ sprechen** talk in one's sleep; **keinen ~ finden** be unable to sleep; **einen festen/leichten ~ haben** be a sound/light sleeper; **Schlafanzug** *m* pyjamas *Br,* pajamas *Am*

Schläfchen [ˈʃlɛːfçən] *nt:* **ein ~ machen** have a nap

Schläfe [ˈʃlɛːfə] <-, -n> *f* temple

schlafen *irr vi* sleep; **er saß da und schlief** he was sitting there, asleep; **versuche etw zu ~!** try and get some sleep!; **in dem Zelt können 10 Leute ~** the tent sleeps 10; **~ wir erst einmal darüber!** let's sleep on it!; **bei jdm ~** stay overnight with s.o.; **mit jdm ~** sleep with s.o.; **sich ~d stellen** pretend to be asleep

schlaff [ʃlaf] *adj* ❶ (*herabhängend*) slack ❷ (*welk, matt*) flabby ❸ (*kraftlos*) limp; **~er werden** slacken

Schlaffheit *f* slackness, limpness

Schlafforschung *f* sleep research

Schlafgelegenheit *f* place to sleep; **ich habe fünf ~en** I can put up five people; **Schlafkrankheit** *f* sleeping sickness; **Schlaflied** *nt* lullaby; **schlaflos** *adj* sleepless; **eine ~e Nacht verbringen** have a sleepless night; **Schlaflosigkeit** *f* sleeplessness; (MED) insomnia; **Schlafmittel** *nt* ❶ sleeping drug ❷ (*fig*) soporific; **Schlafmütze** *f* (*fam*) dope, sleepyhead

schläfrig [ˈʃlɛːfrɪç] *adj* drowsy, sleepy

Schlafsaal *m* dorm(itory); **Schlafsack** *m* sleeping-bag; **Schlafstadt** *f* dormitory town; **Schlafstörung** *f* sleeplessness, insommia; **Schlaftablette** *f* sleeping pill; **schlaftrunken** [ˈʃlaːftrʊŋkən] *adj* drowsy; **Schlafwagen** *m* sleeping-car, sleeper; **Schlafwagenplatz** *m* berth; **Schlafwandeln** <-s> *nt* sleep-walking; **Schlafwandler(in)** *m(f)* sleepwalker; **Schlafzimmer** *nt* bedroom; **Schlafzimmerblick** *m* (*hum fam*) come-to-bed eyes *pl*

Schlag ʃlaːk, *pl:* ˈʃlɛːgə] <-(e)s, Schläge> *m* ❶ blow ❷ (*Herz~*) beat ❸ (MED) stroke ❹ (ELEK) shock ❺ (*Tauben~*) pigeon-loft; **ein ~ ins Gesicht** a slap in the face; **mit einem ~** all at once; **~ auf ~** one after the other; **ein ~ ins Wasser** (*fam*) a let-down; **ich dachte, mich trifft der ~!** I was as if struck by lightning ; **Schläge kriegen** get a hiding; **vom gleichen ~ sein** be cast in the same mould; **das ist ein harter ~** that's a hard blow; **Schlagabtausch** *m* (*Boxen*) exchange of blows; (*fig*) clash; **Schlagader** *f* artery; **Schlaganfall** *m* stroke; **einen ~ bekommen** have a stroke; **schlagartig** **I.** *adj* (*unvermutet*) sudden **II.** *adv* suddenly; **Schlagbaum** *m* barrier; **Schlagbohrmaschine** *f* percussion drill

schlagen **I.** *irr vt* ❶ (*einmal*) strike ❷ (*prügeln*) beat ❸ (*treffen*) hit ❹ (*mit Werkzeug*) knock ❺ (*besiegen*) beat, defeat; **jdn im Tennis ~** beat s.o. at tennis; **gegen die Tür ~** beat on the door; **er schlägt hart** he hits hard; **jdn auf den Kopf ~** knock s.o. on the head; **jdn bewusstlos ~** knock s.o. unconscious; **jdn ins Gesicht ~** slap someone's face **II.** *vi* ❶ (*von Herz*) beat ❷ (*von Turmuhr*) strike; **ich gebe mich geschlagen** I admit defeat; **nach jdm ~** take after s.o.; **mit dem Kopf gegen etw ~** hit one's head against s.th. **III.** *vr* have a fight (*mit jdm* with s.o.); **sich gut ~** do well; **schlagend** *adj* (*fig: treffend*): **~es Argument** cogent argument; **~er Beweis** convincing proof

Schlager [ˈʃlaːgɐ] <-s, -> *m* ❶ (*~melodie*) pop-song ❷ (*Hit*) hit ❸ (*Buch*) bestseller

Schläger[1] [ˈʃlɛːgɐ] *m* (*für Ballspiel*) racquet *Br,* racket *Am;* (*für Hockey*) stick; (*für Tischtennis*) bat

Schläger[2] *m* (*Raufllustiger*) thug

Schlägerei *f* brawl, fight

Schlagerfestival *nt* pop-song festival

schlagfertig *adj* quick-witted; **~e Antwort** ready answer; **Schlagfertigkeit** *f* ready wit

Schlaghose *f* flared trousers *pl*

Schlaginstrument *nt* (MUS) percussion instrument

Schlagkraft *f* (*a. fig*) power; (MIL) striking power; **schlagkräftig** *adj* (*a. fig*) powerful; **Schlagloch** *nt* pothole; **Schlagobers** *nt* (*österr*) whipped cream; **Schlagrahm** *m* (*CH*) whipped cream; **Schlagsahne** *f* whipped cream; **Schlagseite** *f:* **~ haben** (MAR) be listing; (*fig fam: betrunken sein*) be half-seas over; **Schlagstock** *m* (*von Polizei*) truncheon; **Schlagwerk** *nt* (*von Uhr*) striking mechanism; **Schlagwetter** *nt* (*im Bergwerk*) firedamp; **Schlagwort** <-(e)s, -wörter> *nt* buzzword; (*Slogan*) slogan; **Schlagwortkatalog** *m* (*in Bibliothek*) subject cata-

S

logue; **Schlagzeile** *f* headline; **~n machen** hit the headlines; **Schlagzeug** *nt* drums *pl;* **Schlagzeuger(in)** *m(f)* drummer

Schlamassel [ʃla'masəl] <-s> *m* (*fam*) mess; **wir sitzen ganz schön im ~** now we're in a pretty mess

Schlamm [ʃlam] <-(e)s> *m* mud; **schlammig** *adj* muddy

Schlampe ['ʃlampə] <-, -n> *f* (*fam*) slut; **schlampen** *vi* (*fam*) be sloppy; **Schlamperei** *f* ❶ (*Unordnung*) mess ❷ (*Nachlässigkeit*) sloppiness; **schöne ~!** what a mess!; **schlampig** *adj* ❶ (*unordentlich*) untidy ❷ (*Arbeit, Tätigkeit*) slipshod

Schlange[1] ['ʃlaŋə] <-, -n> *f* snake

Schlange[2] *f* (*Menschen~*) queue *Br,* line *Am;* **~ stehen** queue up *Br,* stand in line *Am*

schlängeln ['ʃlɛŋəln] *vr* ❶ (*von Weg*) wind its way ❷ (*von Schlange*) wriggle

Schlangenbiss *m* snakebite; **Schlangengift** *nt* snake poison; **Schlangenleder** *nt* snakeskin; **Schlangenlinie** *f:* **in ~n fahren** swerve about

schlank [ʃlaŋk] *adj* ❶ (*Wuchs*) slim ❷ (*Körperteil, Gegenstand*) slender; **Schlankheitskur** *f:* **eine ~ machen** be on a diet

schlankweg *adv:* **~ ablehnen** refuse flatly

schlapp [ʃlap] *adj* ❶ (*erschöpft*) shattered, worn out ❷ (*feige, weich*) yellow; **Schlappe** <-, -n> *f* ❶ (MIL SPORT: *Niederlage*) defeat ❷ (*Rückschlag*) set-back; **eine ~ erleiden** suffer a defeat [*o* set-back]; **Schlapphut** *m* slouch hat; **schlappmachen** *vi* (*fam*) wilt; **Schlappschwanz** *m* (*fam pej*) sissy, weakling

Schlaraffenland [ʃla'rafən-] *nt* land of milk and honey

schlau [ʃlaʊ] *adj* (*verschlagen*) cunning, wily; (*klug*) clever, smart; **können Sie daraus ~ werden?** can you make this out? what do you make of this?; **Schlauberger** *m* (*fam*) smart alec

Schlauch [ʃlaʊx, *pl:* 'ʃlɔɪçə] <-(e)s, Schläuche> *m* ❶ (*Wasser~*) hose ❷ (*Reifen~*) tube ❸ (*fam: Strapaze*) slog, grind; **Schlauchboot** *nt* rubber dinghy

schlauchen **I.** *vt* fag (s.o.) out **II.** *vi* wear one out

Schläue ['ʃlɔɪə] <-> *f* cunning

Schlaufe ['ʃlaʊfə] <-, -n> *f* ❶ (*Schleife*) loop ❷ (*Aufhänge~*) hanger; **Schlaufenverschluss** *m* (*an Jacke*) loop fastening

Schlaumeier *m* (*fam*) clever-dick

schlecht [ʃlɛçt] **I.** *adj* ❶ (*nicht gut*) bad; (*übel*) poor ❷ (*verdorben*) off; **die Milch ist ~** the milk is [*o* has gone] off; **mir ist ~** I feel sick **II.** *adv* badly; **~ für jdn sein** be bad for s.o.; **er spielt ~ Tennis** he's bad at tennis; **ich kann ~ lügen** I'm very bad at telling lies; **ziemlich ~** baddish; **mehr ~ als recht** after a fashion; **~ über jdn reden** speak ill of s.o.; **er kann es sich ~ leisten abzulehnen** he can ill afford to refuse; **das geht ~** (*fam*) that's not really possible; **das kann man ~ machen** one can't very well do that; **~ gelaunt** bad-tempered; **~ machen** run down, disparage; **schlechterdings** ['ʃlɛçtɐ'dɪŋs] *adv:* **~ unmöglich** utterly impossible; **Schlechtheit** *f* badness; **schlechthin** *adv:* **der Dramatiker ~** THE playwright; **Schlechtigkeit** *f* ❶ (*Niederträchtigkeit*) baseness, vileness ❷ (*üble Tat*) misdeed

Schlechtwettergeld *nt* bad-weather pay

schlecken ['ʃlɛkən] *vt* lick; **sie schleckt gern** (*süddeutsch*) she likes eating sweets

Schleckermaul *nt:* **ein ~ sein** have a sweet tooth

Schlehdorn *m* blackthorn, sloe tree

Schlehe ['ʃle:ə] <-, -n> *f* sloe

schleichen ['ʃlaɪçən] **I.** *irr vi* ❶ (*langsam gehen*) creep; (*im Dunkeln herum~*) prowl about ❷ (*Zeit*) drag **II.** *vr* creep [*o* sneak]; **schleichend** *adj:* **~es Gift** slow poison; **Schleichhandel** *m* illicit trading (*mit* in); **Schleichweg** *m* secret [*o* hidden] path; **auf ~en** on the quiet; **Schleichwerbung** *f* background advertising

Schleie ['ʃlaɪə] <-, -n> *f* (*Karpfenfisch*) tench

Schleier ['ʃlaɪɐ] <-s, -> *m* veil; **den ~ lüften** lift the veil of secrecy; **Schleiereule** *f* barn owl; **schleierhaft** *adj* (*rätselhaft*) mysterious; **das ist mir völlig ~** it's a complete mystery to me

Schleierkraut *nt* gypsophila

Schleife <-, -n> *f* ❶ (*Schlaufe*) loop; (*Schuh~*) bow ❷ (*Wegkurve*) bend; (*Fluss~*) bow

schleifen[1] ['ʃlaɪfən] **I.** *irr vt* (*~d ziehen*) drag; **etw hinter sich her~** drag s.th. behind one **II.** *vi* drag, trail; **alles ~ lassen** slacken the reins; **die Kupplung ~ lassen** slip the clutch

schleifen[2] *vt* ❶ (*zu~*) cut ❷ (*schärfen*) sharpen, whet

schleifen[3] *vt* (MIL: *brutal drillen*) drill hard

Schleifgeräusch *nt* grinding noise; **Schleifmaschine** *f* grinding machine

Schleim [ʃlaɪm] <-(e)s, -e> *m* ❶ slime; (MED) mucus ❷ (*Hafer~*) gruel; **Schleimbeutel** *m* (ANAT) bursa

Schleimer(in) [ʃlaɪmɐ] <-s, -> *m(f)* (*fam pej*) crawler

Schleimhaut *f* mucous membrane; **schleimig** *adj* (*a. fig*) slimy

Schleimscheißer <-s, -> *m* (*pej*) arse-licker, brown-nose

schlemmen ['ʃlɛmən] *vi* feast; **Schlemmer(in)** *m(f)* gourmet; **Schlemmerei** *f* feasting

schlendern ['ʃlɛndɐn] *vi sein* saunter, stroll; **Schlendrian** ['ʃlɛndria:n] <-(e)s> *m* (*fam*) inefficiency

Schlenker <-s, -> *m* swerve

schlenkern ['ʃlɛŋkɐn] *vt, vi* dangle, swing; **mit den Beinen** ~ dangle one's legs

Schleppdampfer *m* (MAR) tug

Schleppe <-, -n> *f* (*Kleider~*) train

schleppen ['ʃlɛpən] **I.** *vt* ❶ (*schwer tragen*) lug ❷ (*hinter sich her~*) drag along; (*ab~*) tow **II.** *vr* drag o.s.; **schleppend** *adj* ❶ (*schleifend*) dragging ❷ (*zögernd*) sluggish; ~ **in Gang kommen** be very slow to start; **Schlepper** *m* ❶ (AUTO) tractor ❷ (MAR) tug ❸ (COM: *Kunden~*) tout; **Schleppkahn** *m* barge, lighter; **Schlepplift** *m* ski tow; **Schleppnetzfahndung** *f* dragnet; **Schlepptau** *nt* ❶ (MAR) tow rope ❷ (*bei Segelfliegerei*) trail rope; **ins** ~ **nehmen** take in tow

Schlesien ['ʃle:ziən] *nt* Silesia; **Schlesier(in)** *m(f)* Silesian; **schlesisch** *adj* Silesian

Schleuder ['ʃlɔɪdɐ] <-, -n> *f* ❶ (*Stein~*) sling *Br,* slingshot *Am* ❷ (TECH: *Zentrifuge*) centrifuge; (*Wäsche~*) spin-drier

Schleudergefahr *f* (AUTO) risk of skidding

Schleuderhonig *m* extracted honey

schleudern **I.** *vt* ❶ (*werfen, stoßen*) hurl; (*mit Schleuder*) sling ❷ (*zentrifugieren*) centrifuge, spin **II.** *vi* (AUTO) skid; **ins Schleudern geraten** go into a skid; (*fig*) run into trouble

Schleuderpreis *m* throwaway price; **zu ~en** dirt-cheap; **Schleudersitz** *m* ❶ (AVIAT) ejector seat ❷ (*fig*) hot seat

schleunig ['ʃlɔɪnɪç] *adj* (*schnell*) hasty, speedy; **schleunigst** *adv* right away; **verschwinde, aber ~!** scram, on the double!

Schleuse ['ʃlɔɪzə] <-, -n> *f* ❶ (*Kanal~*) lock ❷ (*Wehr~*) sluice; **schleusen** *vt* (*fam: einschmuggeln*) smuggle

Schlich [ʃlɪç] <-(e)s, -e> *m* (*Kunstgriff*) trick; **alle ~e kennen** know all the wheezes; **jdm auf die ~e kommen** get on to s.o.

schlicht [ʃlɪçt] *adj* simple; ~ **und einfach** plain and simple

schlichten *vt:* **einen Streit** ~ settle a dispute

Schlichtung <-, -en> *f* arbitration, conciliation; **Schlichtungsverfahren** *nt* conciliation procedure; **Schlichtungsverhandlungen** *pl* arbitration negotiations; **Schlichtungsversuch** *m* attempt at mediation

Schlick [ʃlɪk] <-(e)s, -e> *m* ooze, silt

Schließe <-, -n> *f* fastening

schließen ['ʃli:sən] **I.** *irr vt* ❶ (*zumachen*) close, shut ❷ (*beenden*) close, conclude; **Frieden** ~ make peace; **eine Lücke** ~ close a gap **II.** *vi* ❶ (*zumachen*) close [*o* shut] down ❷ (*schlussfolgern*) infer; **tut uns Leid, wir haben geschlossen** sorry, we're closed; **aus etw auf etw** ~ infer s.th. from s.th.

Schließfach *nt* (*Post~*) post-office box, PO Box; (*Bank~*) safe-deposit box; (*Gepäck~*) left-luggage locker

schließlich *adv* ❶ (*endlich*) eventually, finally ❷ (*immerhin*) after all; ~ **und endlich** at long last

Schließmuskel *m* (ANAT) sphincter

Schließung *f* ❶ (*Betriebseinstellung*) shutdown ❷ (~ *einer Versammlung*) breaking-up

Schliff [ʃlɪf] <-(e)s, -e> *m* ❶ (*Diamant, Glas*) cut ❷ (*das Schleifen*) cutting; **einer Sache den letzten ~ geben** put the finishing touches to s.th.

schlimm [ʃlɪm] *adj* (*böse, a. fig*) bad; **eine ~e Zeit durchmachen** go through a bad time; **es wird immer ~er** things are going from bad to worse; **es hätte ~er kommen können** it could have been worse; **umso ~er!** so much the worse!; **es könnte ~er sein** (*fam*) worse things happen at sea; **ist doch halb so** ~ it's not as bad as all that; **es kommt noch ~er** there is worse to come; **das Schlimmste ist vorbei** the worst is over; **das Schlimmste daran ist …** the worst of it is …; **schlimmstenfalls** *adv* at worst

Schlinge <-, -n> *f* ❶ (*Schleife, Öse*) loop ❷ (*zum Fangen*) snare ❸ (MED: *Binde*) sling; **sich aus der ~ ziehen** get out of a tight spot

Schlingel ['ʃlɪŋəl] <-s, -> *m* rascal

schlingen[1] ['ʃlɪŋən] **I.** *irr vt* ❶ (*binden*) tie ❷ (*um~*) wrap **II.** *vr:* **sich um etw** ~ coil itself around s.th.

schlingen[2] *vt* (*herunter~*): **schling nicht so!** don't bolt your food like that!

schlingern ['ʃlɪŋɐn] *vi* (*Schiff*) roll; (*Fahrzeug*) lurch

Schlingpflanze *f* creeper

Schlips [ʃlɪps] <-es, -e> *m* tie *Br,* necktie *Am;* **sich auf den ~ getreten fühlen** (*fam*) feel offended

S

Schlitten ['ʃlɪtən] <-s, -> *m* ① sledge *Br*, sled *Am* ② (*sl: Wagen*) motor; ~ **fahren** go tobogganing; **mit jdm ~ fahren** (*fam*) give s.o. a ticking-off; **Schlittenfahrt** *f* sledge ride

schlittern ['ʃlɪtɐn] *vi* ① *sein o haben* (*auf Rutschbahn*) slide ② (AUTO: *bei Glatteis*) skid

Schlittschuh *m* (ice-) skate; **Schlittschuhbahn** *f* ice rink; **Schlittschuhläufer(in)** *m(f)* skater; **Schlittschuhschritt** *m* (SPORT) skating step

Schlitz [ʃlɪts] <-es, -e> *m* slit; (*Einwurf~*) slot; **Schlitzauge** *nt* ① (*schlitzförmiges Auge*) slit eye ② (*Schimpfwort*) chink; **schlitzäugig** *adj* slant-eyed; **schlitzen** *vt* slit; **Schlitzohr** *nt* (*fam*) sly fox

Schlögel ['ʃløːgl] <-s, -> *m* (*österr*) leg; (*vom Wild*) haunch

schlohweiß ['ʃloː'vaɪs] *adj* snow-white

Schloss [ʃlɔs, *pl:* 'ʃlœsɐ] <-es, Schlösser> *nt* ① (*Burg*) castle; (*Palast*) palace ② (*Verschluss*) lock; (*Koffer~*) fastener; **hinter ~ und Riegel sitzen** be locked up

Schlosser(in) ['ʃlɔsɐ] <-s, -> *m(f)* locksmith; (*Bau~*) fitter; **Schlosserei** *f* metalworking shop

Schlossherr(in) *m(f)* lord (lady) of the castle; **Schlosshund** *m:* **heulen wie ein ~** howl one's head off; **Schlosspark** *m* castle grounds *pl*

Schlot [ʃloːt] *m* <-es,-e> ① (*Schornstein*) chimney; (*Fabrik~*) smokestack ② (*Vulkanöffnung*) vent; **rauchen wie ein ~** smoke like a chimney

schlotterig ['ʃlɔtərɪç] *adj* (*lose*) baggy

schlottern ['ʃlɔtɐn] *vi* ① (*lose hängen*) hang loose ② (*zittern*) shake, tremble; **mit ~den Knien** with trembling knees; **~ vor Angst** tremble with fear

schlottrig ['ʃlɔtrɪç] *adj* (*lose*) baggy

Schlucht [ʃlʊxt] <-, -en> *f* gorge, ravine

Schluchzen *nt* sobs *pl*

schluchzen ['ʃlʊxtsən] *vi* sob

Schluck [ʃlʊk] <-(e)s, -e> *m* gulp; (*Mundvoll*) sip; **Schluckauf** <-s> *m* hiccups *pl;* **Schluckbeschwerden** *fpl* difficulties in swallowing

Schluckbrunnen *m* (*für Grundwasserwärmepumpe*) drain(age) well

schlucken I. *vt* ① (*a. fig*) swallow; (*herunterwürgen*) gulp down ② (*fam: aufsaugen*) suck up **II.** *vi* swallow; **Schlucker** *m:* **armer ~** (*fam*) poor devil; **Schluckimpfung** *f* oral vaccine; **Schluckspecht** *m* (*fam*) boozer; **schluckweise** *adv* by draughts

schludern ['ʃluːdɐn] *vi* (*fam*) work sloppily;

schludrig *adj* (*fam: Arbeit*) slipshod; (*Person*) slapdash

Schlummer ['ʃlʊmɐ] <-s> *m* slumber; **schlummern** *vi* ① slumber ② (*fig*) be latent, lie dormant

Schlund [ʃlʊnt, *pl:* 'ʃlʏndə] <-(e)s, Schlünde> *m* ① (ANAT) gullet ② (*Abgrund*) abyss, chasm

schlüpfen ['ʃlʏpfən] *vi* ① *sein* slip ② (*Jungvögel*) hatch out; **in die** [*o* **aus den**] **Kleider(n)** ~ slip on [*o* off] one's clothes

Schlüpfer *m* panties *pl*

Schlupflid *nt* receding eyelid, inverted eyelid

Schlupfloch *nt* ① (*Durchlass für Tiere*) hole ② (*Gaunerversteck*) hideout ③ (*fig*) loophole

schlüpfrig ['ʃlʏpfrɪç] *adj* ① (*glatt*) slippery ② (*anstößig*) lewd

Schlupfwinkel *m* hiding place

schlurfen ['ʃlʊrfən] *vi sein* shuffle along

schlürfen ['ʃlʏrfən] *vt, vi* slurp

Schluss [ʃlʊs, *pl:* 'ʃlʏsə] <-es, Schlüsse> *m* ① (*Ende, Halt*) end ② (*Abschluss*) ending ③ (*Schlussfolgerung*) conclusion; **~ jetzt!** that's the end now!; **~ damit!** stop it!; **~ für heute!** that's it for today!; **~ machen** (*mit der Arbeit*) call it a day; (*Selbstmord begehen*) end it all; **mit jdm ~ machen** finish with s.o.; **zum ~** in the end; **welchen ~ ziehen Sie daraus?** what conclusion do you draw from all this?; **ein voreiliger ~** a rash conclusion; **Schlussabrechnung** *f* final account; **Schlussakte** *f* (POL) closing agreement; **Schlussbemerkung** *f* concluding remark; **Schlussbilanz** *f* closing balance (sheet)

Schlüssel ['ʃlʏsəl] <-s, -> *m* ① (*Tür~*) key ② (*Schrauben~*) spanner *Br*, wrench *Am* ③ (MUS) clef ④ (*Verteilungsquote*) ratio

Schlüsselanhänger *m* keyring pendant; **Schlüsselbein** *nt* collarbone; **Schlüsselblume** *f* cowslip; **Schlüsselbund** *m* bunch of keys; **Schlüsseldienst** *m* key cutting service; **Schlüsselerlebnis** *nt* (PSYCH) crucial experience; **schlüsselfertig** *adj* ready for occupancy; **ein ~es Haus** a new house ready for moving in; **Schlüsselindustrie** *f* key industry; **Schlüsselkind** *nt* latchkey child; **Schlüsselloch** *nt* keyhole; **durchs ~ gucken** spy through the keyhole; **Schlüsselqualifikation** *f* key qualification; **Schlüsselrolle** *f* key [*o* crucial] role; **Schlüsselstellung** *f* key position; **Beamter in ~** key official

Schlussfolgerung *f:* **~en ziehen aus …** draw conclusions from …

schlüssig ['ʃlʏsɪç] *adj* conclusive; **sich über etw ~ sein** have made up one's mind about s.th.

Schlusslicht <-(e)s, -er> *nt* ❶ (AUTO) tail-light ❷ (*fig*) back marker; **das ~ bilden** bring up the rear; **Schlusspfiff** *m* (SPORT) final whistle; **Schlussrunde** *f* (SPORT: *beim Boxen*) final round; (*beim Rennen*) final lap; **Schlusssitzung** *f* final [*o* closing] session; **Schlussstrich** *m* (*fig*) final stroke; **einen ~ unter etw ziehen** consider s.th. finished; **Schlussverkauf** *m* sale; **Schlusswort** <-(e)s, -e> *nt* ❶ (*in Rede*) closing remarks *pl* ❷ (*in Buch*) postscript

Schmach [ʃma:x] <-> *f*: **etw als ~ empfinden** see s.th. as a disgrace

schmachten ['ʃmaxtən] *vi* (*obs: vor Entbehrung*) languish; **nach etw ~** pine for s th; **schmachtend** *adj*: **ein ~er Blick** a languishing glance

schmächtig ['ʃmɛçtɪç] *adj* frail, slight

schmachvoll *adj* humiliating

schmackhaft ['ʃmakhaft] *adj* tasty; **jdm etw ~ machen** make s.th. palatable to s.o.

schmähen ['ʃmɛ:ən] *vt* abuse; **schmählich** *adj* (*schändlich*) shameful; (*demütigend*) humiliating

schmal [ʃma:l] *adj* ❶ (*eng*) narrow ❷ (*schlank*) slender, slim; **~e Lippen** thin lips

schmälern ['ʃmɛ:lɐn] *vt* ❶ (*beeinträchtigen*) diminish, lessen ❷ (*herabsetzen*) belittle; **Schmälerung** *f* detraction from

Schmalfilm *m* cine-film; **Schmalfilmkamera** *f* cine-camera

Schmalspur- (*in Zusammensetzungen*) small-time …

Schmalz [ʃmalts] <-es, -e> *nt* lard

schmalzig *adj* (*pej*) slushy

schmarotzen [ʃma'rɔtsən] <ohne ge-> *vi* ❶ (*Mensch*) sponge (*bei* on) ❷ (*Tiere, Pflanzen*) be parasitic (*bei* on); **Schmarotzer** *m* ❶ (*Mensch*) sponger *Br*, freeloader *Am* ❷ (*Tiere, Pflanzen*) parasite

Schmarren[1] <-s, -> *m pancake cut up into small pieces*

Schmarren[2] *m* (*fam: Unsinn*): **er versteht einen ~ davon** he doesn't know a thing about it; **das geht Sie einen ~ an!** that's none of your bloody business!

schmatzen ['ʃmatsən] *vi* eat noisily

Schmaus [ʃmaʊs] <-es> *m* feast; **schmausen** *vi* feast

schmecken ['ʃmɛkən] **I.** *vi* taste (*nach* of); **das schmeckt mir nicht** I don't like the taste of it; **das Essen schmeckt nach nichts!** the cooking has no taste!; **gut ~** taste good [*o* nice]; **das schmeckt nicht schlecht** it tastes all right to me; **das hat gut geschmeckt!** that was good!; **wie schmeckt's?** how do you like it? **II.** *vt* taste

Schmeichelei *f* flattery; **mit ~en kommst du nicht weit** flattery will get you nowhere

schmeichelhaft *adj* (*a. fig*) flattering

schmeicheln ['ʃmaɪçəln] *vi* flatter (*jdm* s.o.); **er fühlte sich von ihrer Rede sehr geschmeichelt** he was very flattered by her speech; **Schmeichler(in)** *m(f)* flatterer; **schmeichlerisch** *adj* flattering

schmeißen ['ʃmaɪsən] *irr vt* (*fam*) chuck, fling; **eine Sache** [*o* **den Laden**] **~** run the show

Schmeißfliege *f* bluebottle

Schmelz [ʃmɛlts] <-es, -e> *m* ❶ (*Email, Zahn~*) enamel ❷ (*Glanz, Glasur*) glaze ❸ (*der Stimme*) mellowness; **Schmelze** <-, -n> *f* ❶ (*von Metall*) melt ❷ (*Schmelzhütte*) smelting works *pl*

schmelzen ['ʃmɛltsən] *irr vt haben, vi sein* (*a. fig*) melt; **Schmelzhütte** *f* smelting works *pl*; **Schmelzkäse** *m* processed cheese *Br*, process cheese *Am*; **Schmelzofen** *m* (*für Metallerz*) melting furnace; **Schmelzpunkt** *m* melting point; **Schmelztiegel** *m* (*a. fig*) melting pot; **Schmelzwasser** *nt* snow water

Schmerbauch ['ʃme:ɐ-] *m* (*fam*) paunch

Schmerz [ʃmɛrts] <-es, -en> *m* pain; **hast du noch ~en?** is it still hurting?; **das ist gut gegen die ~en** this will help the pain; **~en haben** be in pain; **er schrie vor ~en** he screamed in pain; **ich habe ~en im Bein** I have a pain in my leg; **schmerzempfindlich** *adj* sensitive to pain

schmerzen *vi* (*weh tun*) hurt; **Schmerzensgeld** *nt* (JUR) damages *pl*; **Schmerzensschrei** *m* scream of pain; **Schmerzgrenze** *f* pain barrier; **schmerzhaft** *adj* ❶ painful ❷ (*betrüblich*) sad; **schmerzlich** *adj* (*traurig*) sad; **ein ~er Verlust** a severe loss; **ihm wurde ~ bewusst, dass …** he became painfully aware that …; **schmerzlos** *adj* painless; **kurz und ~** quite painless; **Schmerzmittel** *nt* pain-killer; **schmerzstillend** *adj* pain-killing; **~es Mittel** analgetic; **Schmerztablette** *f* pain-killer

Schmetterball *m* (SPORT) smash

Schmetterling ['ʃmɛtɐlɪŋ] *m* butterfly

schmettern ['ʃmɛtɐn] **I.** *vt* (*heftig werfen*) smash **II.** *vi* ❶ (SPORT: *Tennisball*) smash ❷ (MUS: *Trompete*) blare ❸ (*Stimme*) bellow

S

Schmied [ʃmiːt] <-(e)s, -e> *m* smith

Schmiede [ˈʃmiːdə] <-, -n> *f* forge, smithy; **schmiedeeisern** *adj* wrought-iron; **schmieden** *vt* forge (*zu* into); **Pläne** ~ hatch plans

schmiegen [ˈʃmiːgən] *vr* nestle, snuggle (*an* to); **sich an jdn** ~ nestle up to s.o.; **sich an jds Schulter** ~ nestle against someone's shoulder; **schmiegsam** *adj* supple

Schmiere [ˈʃmiːrə] <-, -n> *f* grease; ~ **stehen** (*fam*) be the look-out

schmieren **I.** *vt* ① (*auf~*) smear ② (*Maschinen*) lubricate; **jdn** ~ (*fam: bestechen*) grease someone's palms; **du kriegst gleich eine geschmiert!** (*fam*) I'll clout you one in a minute! **II.** *vi* ① (*sudeln, schlecht schreiben*) scrawl ② (*schmierig sein*) smear; **es läuft wie geschmiert** it's going like clockwork; **voll** ~ mess up; **Schmiererei** *f* ① (*Sudelei*) scrawl ② (*schlechte Malerei*) daubing ③ scribbling; **Schmierfett** *nt* grease; **Schmierfink** *m* ① (*mieser Schreiberling*) muckraker ② (*Schüler*) messy fellow; **Schmiergeld(er)** *nt (pl)* bribe *sing;* **als** ~ as a bribe; ~**(er) nehmen** take a bribe; **Schmiergeldzahlung** *f* payment of bribe money

schmierig *adj* ① (*fettig*) greasy ② (*widerlich*) dirty, filthy ③ (*fam: kriecherisch*) smarmy

Schmiermittel *nt* lubricant; **Schmieröl** *nt* lubricating oil; **Schmierpapier** *nt* rough paper; **Schmierseife** *f* soft soap; **Schmierzettel** *m* piece of rough paper

Schminke [ˈʃmɪŋkə] <-, -n> *f* make-up; **schminken** **I.** *vt* make up **II.** *vr* put on make-up; **Schminktäschchen** *nt* make-up bag

schmirgeln [ˈʃmɪrgəln] *vt* sand; **Schmirgelpapier** *nt* sandpaper

schmissig *adj* (*fam*) dashing

Schmöker [ˈʃmøːkɐ] <-s, -> *m* (*fam*) book, piece of light reading

schmökern *vi:* **in einem Buch** ~ bury o.s. in a book

Schmollecke *f:* **sich in seine** ~ **zurückziehen** withdraw to one's corner to sulk; **schmollen** [ˈʃmɔlən] *vi* sulk; **Schmollmund** *m* pout; **einen** ~ **ziehen** pout

Schmorbraten *m* pot-roast

schmoren [ˈʃmɔːrən] *vt, vi* braise; **jdn** ~ **lassen** leave s.o. to stew

Schmuck [ʃmʊk] <-(e)s, (-e)> *m* ① jewellery *Br,* jewelry *Am* ② (*Dekoration*) decoration

schmücken [ˈʃmʏkən] **I.** *vt* adorn, decorate **II.** *vr* adorn o.s.

Schmuckkästchen *nt* jewellery box; **schmucklos** *adj* (*fig*) plain, simple; **Schmuckstück** *nt* ① (*Juwel*) piece of jewellery ② (*fig*) gem

schmuddelig [ˈʃmʊdəlɪç] *adj* messy, dirty

Schmuddelkind *nt* (*fam*) (street) urchin

Schmuddelwetter *nt* (*fam*) mucky [*o* foul] weather

Schmuggel [ˈʃmʊgəl] <-s> *m* smuggling; **schmuggeln** *vt, vi* smuggle; **mit etw** ~ smuggle s.th.; **Schmuggelware** *f* contraband, smuggled goods *pl;* **Schmuggler(in)** *m(f)* smuggler

schmunzeln [ˈʃmʊntsəln] *vi* smile

schmusen [ˈʃmuːzən] *vi* have a cuddle; **mit jdm** ~ cuddle s.o.; **Schmusepuppe** *f* cuddly toy

Schmutz [ʃmʊts] <-es> *m* dirt; **jds Namen durch den** ~ **ziehen** drag someone's name through the mud; **schmutzen** *vi* get dirty; **Schmutzfink** *m* (*fam: Kind*) mucky pup; **Schmutzfleck** *m* dirty mark; **schmutzig** *adj* dirty; ~ **werden** get dirty; **etw** ~ **machen** get s.th. dirty; **eine** ~**e Phantasie haben** have a dirty mind; **Schmutzkampagne** *f* smear campaign; **Schmutzschicht** *f* layer of dirt; **Schmutztitel** *m* (TYP) half-title

Schnabel [ˈʃnaːbəl, *pl:* ˈʃnɛːbəl] <-s, Schnäbel> *m* ① (*von Vögeln*) beak, bill ② (*fam: Mund*) gob, trap; **darüber hältst du den** ~**!** keep your gob shut about this!; **halt den** ~**!** shut your trap!

Schnake [ˈʃnaːkə] <-, -n> *f* gnat, midge

Schnalle [ˈʃnalə] <-, -n> *f* ① (*Schuh~, Gürtel~*) buckle ② (*Schließe*) clasp; **schnallen** *vt* strap (*an* to); **etw auf etw** ~ strap s.th. onto s.th.; **hast du das jetzt geschnallt?** (*begriffen, fam*) have you got it now?

schnalzen [ˈʃnaltsən] *vi* (*mit der Zunge*) click one's tongue; (*mit den Fingern*) snap one's fingers

Schnäppchen [ˈʃnɛpçən] *nt* (*fam*) bargain; **Schnäppchenjagd** *f* (*fam*): **auf** ~ **gehen** go bargain hunting

schnappen [ˈʃnapən] **I.** *vt* ① (*ergreifen*) grab, snatch ② (*fam: fangen*) nab; **er schnappte mich am Ärmel** he grabbed my sleeve; **die Polizei hat ihn dabei geschnappt, wie er …** the police nabbed him when he … **II.** *vi:* **nach etw** ~ make a snap at s.th.; **nach Luft** ~ gasp for air

Schnappschuss *m* (PHOT) snapshot

Schnaps [ʃnaps, *pl:* ˈʃnɛpsə] <-es, Schnäpse> *m* booze *Br,* liquor *Am;* **Schnapsidee** *f* (*fam*) crackpot idea

schnarchen [ˈʃnarçən] *vi* snore

schnarren [ˈʃnarən] *vi* ① (*knarren*) creak

❷ (*summen*) buzz; **~de Geräusche** a series of creaks

schnattern [ˈʃnatɐn] *vi* ❶ (*Gänse, Enten*) quack ❷ (*pej: durcheinander schwatzen*) gabble, prattle

schnauben [ˈʃnaubən] *vi, vt* (*bes. von Pferd*) snort; (*pusten*) blow, puff; **vor Wut ~** snort with rage

schnaufen [ˈʃnaufən] *vi* puff, wheeze

Schnauzbart *m* moustache

Schnauze [ˈʃnautsə] <-, -n> *f* ❶ (*Tier~*) muzzle ❷ (*sl: Mund*) trap ❸ (*bes. Flugzeugspitze*) nose; (AUTO: *Vorderteil*) front; **halt die ~!** (*fam*) shut your trap!; **eine große ~ haben** (*fam*) be a big-mouth; **schnauzen** *vi* (*fam*) shout

schnäuzen [ˈʃnɔɪtsən] *vr* blow one's nose

Schnecke [ˈʃnɛkə] <-, -n> *f* snail; **jdn zur ~ machen** (*fam*) give s.o. a ticking-off; **schneckenförmig** *adj* spiral; **Schneckenhaus** *nt* snail-shell; **Schneckenpost** *f* (*sl: traditionelle Post*) snail mail; **Schneckentempo** *nt*: **im ~** at a snail's pace

Schnee [ʃneː] <-s> *m* (*a. fig: Heroin, Kokain*) snow; **der ewige ~** the eternal snows *pl*; **Schneeanzug** *m* snow suit; **Schneeball** *m* ❶ snowball ❷ (*Strauch*) guelder rose; **Schneeballeffekt** *m* snowball effect; **Schneeballschlacht** *f* snowball fight; **eine ~ machen** have a snowball fight; **Schneebesen** *m* whisk; **Schneebrille** *f* snow goggles *pl*; **Schneedecke** *f* blanket of snow; **Schneefall** *m* snowfall; **Schneeflocke** *f* snowflake; **Schneegestöber** *nt* snowstorm; **Schneeglöckchen** *nt* snowdrop; **Schneegrenze** *f* snow-line; **Schneehemd** *nt* white camouflage anorak; **Schneekanone** *f* snow cannon; **Schneekette** *f* (AUTO) snow chain; **Schneemann** <-(e)s, -männer> *m* snowman; **Schneematsch** *m* slush; **Schneemobil** *nt* snow mobile; **Schneepflug** *m* snowplough *Br*, snowplow *Am*; **Schneeregen** *m* sleet; **Schneeschauer** *m* snow shower; **Schneeschaufel** *f* snow-shovel *Br*, snowpusher *Am*; **Schneeschmelze** *f* thaw; **Schneesturm** *m* snowstorm *Br*, blizzard *Am*; **Schneetreiben** *nt* driving snow; **Schneeverwehung** *f* snowdrift; **schneeweiß** *adj* snowy-white; **Schneewittchen** *nt* Snow White

Schneid [ʃnaɪt] <-(e)s> *m* (*fam*) guts *pl*

Schneidbrenner *m* (TECH) cutting torch

Schneide [ʃnaɪdə] <-, -n> *f* ❶ (*Schärfe, Kante*) edge ❷ (*Klinge*) blade; **auf (des) Messers ~ stehen** be on a razor's edge

schneiden **I.** *irr vt* (*a. fig*) cut; **sich die Nägel ~** cut one's nails; **sich in den Finger ~** cut one's finger; **sich die Haare ~ lassen** have one's hair cut; **etw in zwei Teile ~** cut s.th. in half **II.** *vr* ❶ (*mit Messer*) cut o.s. ❷ (MATH: *Linien*) intersect; **schneidend** *adj* ❶ (*beißend*) biting ❷ (*durchdringend*) piercing

Schneider(in) *m(f)* tailor; (*Damen~*) dressmaker; **Schneiderei** *f* tailor's [*o* dressmaker's]; **schneidern** *vt* (*anfertigen*) make

Schneidersitz *m*: **im Schneidersitz** cross-legged

Schneidezahn *m* incisor

schneidig *adj* dashing

schneien [ˈʃnaɪən] *vi impers* snow

Schneise [ˈʃnaɪzə] <-, -n> *f* ❶ (*Wald~*) aisle ❷ (AVIAT: *Flug~*) path

schnell [ʃnɛl] *adj* (*~fahrend*) fast; (*rasch*) quick; **mach ~!** be quick!; **~, ~!** quick, quick!; **das ging ja ~** you were quick; **etw ganz ~ tun** be quick to do s.th.; **wie komme ich am ~sten zum Bahnhof?** what's the quickest way to the station?; **lass mich mal ~ sehen** let me have a quick look; **wir haben ~ etw gegessen** we had a quick meal; **er arbeitet ~** he is a fast worker; **~e Behelfsregelungen** quick-fix solutions

Schnellbahn *f* high-speed railway; **Schnellbauweise** *f* high-speed building methods *pl*; **Schnellboot** *nt* (MIL) motor-torpedo boat, MTB; **Schnelldrucker** *m* high-speed printer

schnellen [ˈʃnɛlən] *vi sein*: **in die Höhe ~** shoot up, tip up

Schnellfeuerwaffe *f* automatic weapon; **Schnellhefter** *m* spring folder

Schnelligkeit *f* speed; **mit großer ~** at fast speed; **die ~ der Strömung** the rapidity of the current

Schnellimbiss *f* snack-bar; **Schnellkochplatte** *f* high-speed ring; **Schnellkochtopf** *m* pressure cooker; **Schnellkurs** *m* crash course; **Schnelllader** *m* (AUTO: *für Batterie*) fast charger; **schnelllebig** *adj* fast-moving; **Schnellreinigung** *f* express cleaner's; **Schnellrücklauf** *m* fast rewind; **Schnellschuss** *m* (*fam*) s.th. that is quick off the mark

schnellstens *adv* as quickly as possible

Schnellstraße *f* expressway; **Schnellsuchlauf** *m* rapid search; **schnelltrocknend** *adj* quick-drying; **Schnellverfahren** *nt* ❶ (TECH) high-speed processing ❷ (JUR) summary trial; **im ~ abgeurteilt werden** be sentenced by a summary trial; **Schnellvorlauf** *m* fast forward

S

Schnellzug *m* fast train

Schnepfe [ˈʃnɛpfə] <-, -n> *f* ① (*größerer Vogel*) snipe ② (*fam: Schimpfwort*): **sie ist eine blöde ~!** she is a stupid cow!

schniefen [ˈʃniːfən] *vi* (*fam*) sniffle

Schnippchen [ˈʃnɪpçən] *nt* (*fam*): **jdm ein ~ schlagen** outsmart s.o.

schnippeln [ˈʃnɪpln] *vi* snip

schnippisch *adj* pert, saucy

Schnipsel *m/nt* scrap; **schnipseln** *vt* snip (*an* at)

Schnitt [ʃnɪt] <-(e)s, -e> *m* cut; (*Längs~, Quer~*) section; **einen ~ mit etw machen** (*fam*) make a profit by s.th; **im ~** on average

Schnittblumen *pl* cut flowers

Schnitte <-, -n> *f* ① (*Scheibe*) slice ② (*belegtes Brot*) open sandwich; **eine ~ Brot** a slice of bread

Schnittfläche *f* section

schnittig *adj* smart

Schnittkäse *m* sliced cheese, cheese slices; **Schnittlauch** *m* chives *pl;* **Schnittmenge** *f* (MATH) intersection; **Schnittmuster** *nt* paper pattern; **Schnittpunkt** *m* (*von Linien*) point of intersection; **Schnittstelle** *f* (INFORM) interface

Schnittwunde *f* cut; (*tiefe ~*) gash

Schnitzel[1] *nt* (*Schweine~*) pork cutlet; (*Kalbs~*) veal cutlet

i Land & Leute

A **Schnitzel** is an escalope of veal or pork, rolled in egg, breadcrumbs and flour, and fried.

Schnitzel[2] [ˈʃnɪtsəl] <-s, -> *nt m* (*Papier~*) scrap of paper; **Schnitzeljagd** *f* paper-chase

schnitzen [ˈʃnɪtsən] *vt* carve; **Schnitzer** *m* ① (*Holz~*) wood carver ② (*fam: Fehler*) blunder *Br,* howler *Am*

Schnitzmesser *nt* woodcarving knife

schnöde [ˈʃnøːdə] *adj:* **der ~e Mammon** filthy lucre

Schnorchel [ˈʃnɔrçəl] <-s, -> *m* snorkel

Schnörkel [ˈʃnœrkəl] <-s, -> *m* (*Verzierung*) flourish; **schnörkellos** *adj* without frills

schnorren *vt, vi* (*pej*) scrounge, cadge (*etw bei jdm* s.th. off s.b.); **Schnorrer(in)** *m(f)* scounger, sponger

Schnüffelei *f* ① (*Schnuppern*) sniffling ② (*Herumspionieren*) snooping

schnüffeln [ˈʃnʏfəln] *vi* ① (*schnuppern*) sniff (*an* at) ② (*fig*) snoop around

Schnuller [ˈʃnʊlɐ] <-s, -> *m* ① (*für Säugling*) dummy *Br,* pacifier *Am* ② (*Fläschchenaufsatz*) teat *Br,* nipple *Am*

Schnulze [ˈʃnʊltsə] <-, -n> *f* (*fam pej*) tear-jerker; **Schnulzensänger(in)** *m(f)* (*fam pej*) crooner

Schnupfen [ˈʃnʊpfən] <-s, -> *m* cold (in the head); **~ haben** have a cold; **~ bekommen** catch cold

schnupfen *vt* snort, sniff

schnuppe [ˈʃnʊpə] *adj* (*fam*): **das ist mir ~** it's all the same to me

schnuppern [ˈʃnʊpɐn] *vi* sniff; **an etw ~** sniff s.th.

Schnur [ʃnuːɐ, *pl:* ˈʃnyːrə] <-, Schnüre> *f* string; (*Kordel*) cord; (ELEK) flex

Schnürband *nt* lace

Schnürchen [ˈʃnyːɐçən] *nt:* **das klappt ja wie am ~** it's really going like clockwork

schnüren [ˈʃnyːrən] **I.** *vt* tie up **II.** *vi* (*zu fest sein*) be too tight

schnurgerade *adv* dead straight

schnurlos *adj* (*Telefon*) cordless

Schnurrbart *m* moustache *Br,* mustache *Am;* **schnurrbärtig** *adj* mustachioed

schnurren [ˈʃnʊrən] *vi* ① (*surren*) whir ② (*Katze*) purr

Schnurrhaare *pl* whiskers

Schnürsenkel *m* shoelace; **Schnürstiefel** *m* laced boot

schnurstracks [ˈʃnuːɐˈʃtraks] *adv* straight away

Schober [ˈʃoːbɐ] <-s, -> *m* (*österr: Scheune*) barn

Schock [ʃɔk] <-s, -s> *m* shock; **Schockfarbe** *f* blaze colour *Br,* electric colour, blaze color *Am,* electric color; **schockieren** *vt* shock

Schöffe, -fin [ˈʃœfə] <-n, -n> *m, f* (JUR) juror

Schokolade [ʃokoˈlaːdə] <-, -n> *f* chocolate; **Schokoladenriegel** *m* chocolate bar

Schokoladenseite *f* (*fig*) attractive side of things

Scholle[1] [ˈʃɔlə] <-, -n> *f* ① (*Fisch*) plaice ② (*auf Speisekarten*) sole

Scholle[2] *f* (*Erd~*) clod; (*Eis~*) floe

schon [ʃoːn] *adv* ① (*bereits*) already ② (*jemals*) ever ③ (*bloß*) just; **ich lebe ~ seit 2 Jahren in Berlin** I have been living in B. for 2 years; **sind Sie ~ (mal) in Spanien gewesen?** have you ever been to Spain?; **das habe ich ~ oft gehört** I've heard that often; **ich bin ~ lange fertig** I've been ready for ages; **wartest du ~ lange?** have you been waiting long?; **~ immer** always; **wenn ich das ~ höre!** if I even hear that!; **na, wenn ~!** so what!; **was ist das ~!** that's nothing!; **ja, ~ …** yes, well …; **das ist ~ möglich** that's quite possible; **mach ~!** get a move on!; **morgen ~ gar nicht**

tomorrow least of all

schön [ʃøːn] **I.** *adj* ① (*hübsch*) beautiful, lovely ② (*angenehm*) nice; **heute Nachmittag wird es ~** it's going to be fine this afternoon; **wir gehen, wenn das Wetter ~ ist** we'll go if it's fine; **eines ~en Tages** one fine day; **du bist mir ein ~er Freund!** a fine friend you are!; **das ist ja alles ~ und gut, aber ...** that's all very well, but ...; **immer ~ sachte!** nice and easy does it!; **das sind ja ~e Zustände!** here's a nice state of affairs! **II.** *adv* ① (*gut*) well ② (*ziemlich*) pretty; **schlaf ~!** sleep well!; **ganz ~ lange** quite a while

schonen [ˈʃoːnən] **I.** *vt* ① (*verschonen*) spare ② (*sorgfältig behandeln*) look after, take care of **II.** *vr* take care of o.s; **schonend** *adj* ① (*vorsichtig*) gentle ② (*mild*) mild; **etw ~ behandeln** treat s.th. with care; **jdm etw ~ beibringen** break s.th. to s.o. gently

Schonfrist *f* period of grace

Schongang *m* (*Waschen*) gentle action wash

Schönheit *f* ① beauty ② (*schöne Frau*) beautiful woman, beauty; **Schönheitsfarm** *f* beauty farm; **Schönheitsfehler** *m* (*von Menschen*) blemish; (*von Sachen*) flaw; **Schönheitsoperation** *f* cosmetic surgery; **Schönheitspflege** *f* beauty care

Schonkost *f* light diet

Schönschreibdrucker *m* (INFORM) letter-quality printer

schöntun *irr vi:* **jdm ~** soft-soap s.o.

Schonung[1] *f* (*vorsichtige Behandlung*) saving (of); **zur ~ der Möbel** for the protection of the furniture; **Schonung**[2] *f* (*Jungwald*) forest plantation area; **schonungslos I.** *adj* (*ohne Gnade*) merciless **II.** *adv* bluntly

Schonzeit *f* close season *Br,* closed season *Am*

Schopf [ʃɔpf, *pl:* ˈʃœpfə] <-(e)s, Schöpfe> *m* (*Haar~*) shock of hair; (*Vogel~, Feuer~*) crest; **die Gelegenheit beim ~e fassen** seize (on) the opportunity

schöpfen [ˈʃœpfən] *vt, vi* scoop (*aus* out of, from); **neuen Mut ~** draw new courage (*aus* from)

Schöpfer(in) *m(f)* creator; **schöpferisch** *adj* creative

Schöpfkelle *f* scoop; **Schöpflöffel** *m* ladle

Schöpfung *f* ① (*Kreation, Werk*) creation ② (*Erfindung*) invention; **Schöpfungsgeschichte** *f* Genesis

Schöps <-es, -e> *m* (*österr: Hammel*) wether

Schorf [ʃɔrf] <-(e)s, -e> *m* (*Wundkruste*) scab

Schornstein [ˈʃɔrnʃtaɪn] <-(e)s, -e> *m* chimney; (MAR RAIL) funnel; (*Fabrik~*) (smoke-) stack; **Schornsteinaufsatz** *m* chimney top; (*aus Blech*) chimney cowl; **Schornsteinfeger(in)** *m(f)* (chimney-) sweep

Schoss [ˈʃɔs] <-es, -e> *m* (*Trieb*) shoot, sprout

Schoß [ˈʃoːs, *pl:* ˈʃøːsə] <-es, Schöße> *m* lap; **auf dem ~** on one's lap; **Schoßhund** *m* lap-dog

Schote [ˈʃoːtə] <-, -r> *f* (*Kapselfrucht*) pod

Schott [ʃɔt] <-(e)s, -en/-s> *nt* (MAR) bulkhead

Schotte [ˈʃɔtə] <-n, -n> *m* Scot, Scotsman; **die ~n** the Scottish

Schotter [ˈʃɔtɐ] <-s> *m* ① (*Straßen~*) road-metal; (RAIL) ballast ② (*fam: Geld*) dough; **schottern** *vt* metal

Schottin *f* Scotswoman; **die ~nen** Scottish women; **schottisch** *adj* Scottish; **das ~e Hochland** the Scottish Highlands; **~er Whisky** Scotch Whisky; **Schottland** *nt* Scotland

schraffieren [ʃraˈfiːrən] *vt* hatch; **Schraffur** *f* hatching

schräg [ʃrɛːk] **I.** *adj* ① (*ungerade*) oblique ② (*geneigt*) sloping ③ (*quer laufend*) diagonal **II.** *adv* ① (*nicht parallel*) obliquely ② (*diagonal*) diagonally; **~ gegenüber** diagonally opposite; **jdn ~ ansehen** look down on s.o.; **Schräge** [ˈʃrɛːgə] <-, -n> *f* incline; **Schrägheck** *nt* (*am Auto*) coupé back; **Schrägschrift** *f* (TYP: *Kursivdruck*) italics *pl;* **Schrägstrich** *m* oblique stroke

Schramme [ˈʃramə] <-, -n> *f* scratch; **schrammen** *vt* scratch

Schrank [ʃraŋk, *pl:* ˈʃrɛŋkə] <-(e)s, Schränke> *m* cupboard *Br,* closet *Am;* (*Kleider~*) wardrobe; **Schrankbett** *nt* fold-away bed

Schranke [ˈʃraŋkə] <-, -n> *f* (*a. fig*) barrier; **das hält sich noch in ~n** that keeps within reasonable limits; **sein Ehrgeiz kennt keine ~n** there are no bounds to his ambition; **schrankenlos** *adj* unrestrained; **Schrankenwärter(in)** *m(f)* level crossing attendant

Schrankfach *nt* shelf; **Schrankwand** *f* wall unit

Schrapnell [ʃrapˈnɛl] <-s, -e/-s> *nt* shrapnel

Schraube [ˈʃraubə] <-, -n> *f* ① screw; (*mit Mutter*) bolt ② (AVIAT MAR) propeller; **eine ~ anziehen** tighten a screw; **bei ihm ist eine ~ los** (*fam*) he has a screw loose; **schrauben** *vt, vi* screw; **etw höher**

(**niedriger, fester**) ~ screw s.th. up (down, tighter); **Schraubendreher** *m* screwdriver; **Schraubenschlüssel** *m* spanner; **Schraubenzieher** *m* screwdriver

Schraubfassung *f* screw fixture; **Schraubstock** *m* vice *Br,* vise *Am;* **Schraubverschluss** *m* screw top, screw cap

Schrebergarten ['ʃre:bɐ-] *m* allotment

Schreck [ʃrɛk] <-(e)s, -e(n)> *m* fright, scare; **einen ~ bekommen** have a fright; **jdm einen ~ einjagen** give s.o. a fright; **mit dem ~en davonkommen** get off with no more than a fright

schrecken *vt* frighten, scare; **Schreckensbotschaft** *f* alarming piece of news; **Schreckensherrschaft** *f* reign of terror

Schreckgespenst *nt* nightmare

schreckhaft *adj* easily frightened

schrecklich I. *adj* (*furchtbar*) terrible; **du bist wirklich ~!** you're awful! II. *adv* (*fam: sehr*) awfully; **ist nicht so ~ wichtig** it's not awfully important; **~ gerne!** I'd absolutely love to!

Schreckschraube *f* (*pej*) battle-axe; **Schreckschuss** *m:* **einen ~ abgeben** fire a warning shot; **Schreckschusspistole** *f* blank gun; **Schrecksekunde** *f* (AUTO) reaction time

schreddern ['ʃrɛdɐn] *vt* shred

Schrei [ʃraɪ] <-(e)s, -e> *m* cry; (*lauter*) shout; (*gellend*) yell; (*kreischend*) scream, screech, shriek; **der letzte ~** (*Mode*) the latest thing; **einen ~ ausstoßen** utter a cry

Schreibblock *m* (writing-) pad

Schreibe *f* (*fam*) writing

Schreiben <-s, -> *nt* letter

schreiben ['ʃraɪbən] *irr vt, vi* write; **er schrieb 5 Seiten voll** he wrote five sheets of paper; **~ Sie Ihren Namen in Druckschrift!** print your name!; **wie schreibt man das?** how do you spell that?; **jdm ~** write to s.o.; **wir ~ uns** we write to each other; **ich habe ihm geschrieben, er solle kommen** I wrote to him to come

Schreiber *m* ❶ (*Brief~,*) writer ❷ (*Amts~*) clerk ❸ (TECH: *Registrierapparat*) recorder

schreibfaul *adj:* **~ sein** be no great letter-writer; **Schreibfeder** *f* (*Stahl~*) nib; **Schreibfehler** *m* (spelling) mistake; **Schreibheft** *nt* exercise-book; **Schreibkraft** *f* typist; **Schreibmappe** *f* portfolio; **Schreibmaschine** *f* typewriter; **~ schreiben** type; **mit ~ geschrieben** typewritten; **Schreibmaschinenpapier** *nt* typing paper; **Schreibpapier** *nt* writing paper; **Schreibpult** *nt* (writing) desk; **Schreibschrift** *f* ❶ (*von Hand*) cursive writing ❷ (TYP) script; **Schreibtisch** *m* desk; **Schreibtischtäter** *m* (*pej*) brains behind the scenes of a crime

Schreibung *f* (*Orthografie*) spelling; **falsche ~** misspelling

Schreibunterlage *f* desk pad; **Schreibwaren** *pl* writing materials; **Schreibwarenhandlung** *f* stationer's; **Schreibweise** *f* (*Rechtschreibung*) spelling; (*individuelle*) style; **Schreibzeug** <-(e)s> *nt* writing things *pl*

schreien ['ʃraɪən] *irr vi* shout; (*laut ~*) scream; **sich die Lunge aus dem Halse ~** scream one's head off; **sich heiser ~** scream o.s. hoarse; **sie schrie nach jdm** she cried for s.o. to come; **schreiend** *adj:* **eine ~e Ungerechtigkeit** a crying scandal; **~e Farben** loud colours; **Schreierei** *f* (*fam*) bawling; **Schreihals** *m* bawler

Schrein [ʃraɪn] <-(e)s, -e> *m* shrine

Schreiner(in) *m(f)* carpenter; **Schreinerei** *f* carpenter's workshop; **schreinern** I. *vi* do carpentry II. *vt* (*fertigen*) make

schreiten ['ʃraɪtən] *irr vi* stride; **im Zimmer auf und ab~** pace up and down the room; **zur Abstimmung ~** come to the vote

Schrift [ʃrɪft] <-, -en> *f* ❶ (*Hand~*) handwriting ❷ (TYP) type ❸ (*Broschüre*) leaflet; **die Heilige ~** the Holy scriptures *pl;* **seine ~en** his writings; **sie hat eine schöne ~** she has good handwriting; **Schriftart** *f* ❶ (*von Hand~*) script ❷ (TYP) type; **Schriftdeutsch** *nt* written [*o* standard] German; **Schriftführer(in)** *m(f)* secretary; **Schriftgrad** *m* (TYP) typesize; **Schriftleitung** *f* editorship

schriftlich I. *adj* written; **~e Beweise** evidence in writing II. *adv* in writing; **etw ~ festhalten** put down s.th. in writing; **das kann ich dir ~ geben!** (*fam*) I can tell you that for free!

Schriftsatz *m* ❶ (TYP) type ❷ (JUR) pleadings *pl;* **Schriftsetzer(in)** *m(f)* compositor, typesetter; **Schriftsprache** *f* written language; **Schriftsteller(in)** *m(f)* author(ess), writer; **schriftstellerisch** *adj* literary; **~ begabt sein** have a literary talent; **Schriftstück** *nt* paper; (*amtlich*) document; **Schriftverkehr** *m* correspondence; **Schriftwechsel** *m* correspondence

schrill [ʃrɪl] *adj* shrill

Schritt [ʃrɪt] <-(e)s, -e> *m* ❶ (*a. fig*) step; (*langer ~*) stride ❷ (*Gang*) gait, walk ❸ (*einer Hose*) crotch; **~ halten mit ...** keep up with ...; **einen ~ machen** take a step; **~ für ~** step by step; **~ fahren** go at crawl; **er beobachtete mich auf ~ und Tritt** he watched my every step; **es sind nur ein paar ~e** it's only a few steps; **den ersten ~ tun** make the first move; **ein entscheidender ~** a decisive step; **Schrittgeschwindigkeit** *f* walking pace; **Schrittmacher** *m* (*a.* MED) pacemaker; **Schritttempo** *nt*: **im ~ fahren** crawl along; **schrittweise** *adv* gradually

schroff [ʃrɔf] *adj* ❶ (*steil abfallend*) steep; (*jäh*) precipitous ❷ (*zerklüftet*) rugged ❸ (*barsch*) curt; **~e Gegensätze** sharp contrasts; **~er Widerspruch** downright contradiction

schröpfen [ˈʃrœpfən] *vt* (*fig*): **jdn ~** fleece s.o.

Schrot [ʃroːt] <-(e)s, -e> *m/nt* ❶ (*Blei~*) shot ❷ (*Getreide~*) wholemeal *Br,* wholewheat *Am;* **von altem ~ und Korn** of the good old type; **Schrotbrot** *nt* wholemeal bread *Br,* wholewheat bread *Am;* **Schrotflinte** *f* shotgun

Schrott [ʃrɔt] <-(e)s, -e> *m* scrap metal; **Schrotthalde** *f* scrap heap; **Schrotthändler(in)** *m(f)* scrap dealer; **Schrotthaufen** *m* ❶ (*Haufen von Schrott*) scrap heap ❷ (*fam: rostiges Auto*) pile of scrap; **Schrottplatz** *m* scrap yard; **schrottreif** *adj* ready for the scrap heap; **Schrottwert** *m* scrap value

schrubben [ˈʃrʊbən] **I.** *vt* scrub **II.** *vr* scrub o.s.; **Schrubber** *m* scrubbing brush

Schrulle [ˈʃrʊlə] <-, -n> *f* (*fam*) quirk; **schrullig** *adj* odd

schrumpfen [ˈʃrʊmpfən] *vi sein* (*a. fig*) shrink; (COM) decline; **Schrumpfkopf** *m* shrunken head; **Schrumpfung** *f* (*a. fig*) shrinking; (COM) decline

Schub [ʃuːp, *pl:* ˈʃyːbə] <-(e)s, Schübe> *m* ❶ (PHYS: *Vorschub*) thrust ❷ (*Stoß*) push; **Schuber** *m* slipcase; **Schubfach** *nt* drawer; **Schubkarre(n)** *m* wheelbarrow; **Schubkraft** *f* thrust; **Schublade** *f* drawer; **Schubs** [ʃʊps] <-es, -e> *m* (*fam*) push, shove; **jdm einen ~ geben** give s.o. a shove; **schubsen** *vt, vi* (*fam*) push, shove

schüchtern [ˈʃʏçtɐn] *adj* shy; **~ sein** feel shy; **Schüchternheit** *f* shyness

Schuft [ʃʊft] <-(e)s, -e> *m* heel, scoundrel

schuften *vi* (*fam*) slave away; **Schufterei** *f* (*fam*) graft; **schuftig** *adj* mean, vile

Schuh [ʃuː] <-(e)s, -e> *m* shoe; **jdm etw in die ~e schieben** put the blame for s.th. on s.o.; **wo drückt der Schuh?** what's the trouble?; **die ~e putzen** clean the shoes *Br,* shine the shoes *Am;* **Schuhanzieher** *m* shoehorn; **Schuhband** <-(e)s, -bänder> *nt* shoelace; **Schuhbürste** *f* shoebrush; **Schuhcreme** *f* shoe polish; **Schuhgeschäft** *nt* shoe shop; **Schuhgröße** *f* shoe size; **Schuhlöffel** *m* shoehorn; **Schuhmacher(in)** *m(f)* shoemaker; **Schuhputzmittel** *nt* shoe polish; **Schuhputzzeug** *nt* shoe polish; **Schuhsohle** *f* sole; **Schuhspanner** *m* shoetree

Schukostecker [ˈʃuːko-] *m* safety plug

Schulabbrecher(in) *m(f)* high school dropout; **Schularbeiten** *pl,* **Schulaufgaben** *pl* homework *sing;* **~ aufhaben** have got homework to do; **Schularzt, -ärztin** *m, f* school doctor; **Schulausflug** *m* school outing; **Schulbank** *f* school desk; **Schulbeispiel** *nt* classic example (*für* of); **Schulbildung** *f* education; **eine gute ~** a thorough schooling; **Schulbuch** *nt* school book; **Schulbuchverlag** *m* educational publishing company; **Schulbus** *m* school bus

Schuld [ʃʊlt] <-, -en> *f* ❶ (*moralische*) guilt ❷ (FIN) debt; **jdm die ~ an etw geben** blame s.o. for s.th.; **du bist ganz allein schuld** you only have yourself to blame; **daran bin ich schuld** I'm to blame for this; **wer ist schuld an dem Unfall?** who is to blame for this accident?; **du bist schuld, wenn wir den Zug verpassen** it's your fault if we miss the train; **die ~ auf sich nehmen** take the blame; **er ist schuld** the blame lies with him; **wir sind beide schuld** we share the blame; **ihn trifft keine ~** he can't be blamed, he's not to blame; **ich bin nicht schuld, wenn …** it won't be my fault if …; **wer ist schuld?** whose fault is it?; **du bist selbst schuld** it's all your own fault; **eine ~ begleichen** (*a. fig*) repay a debt; **sich etw zu ~en kommen lassen** do s.th. wrong; **schuldbewusst** *adj* feeling guilty; **~es Gesicht** guilty face; **Schulden** *pl* debt; **~ machen** get [*o* run] into debt; **aus den ~ herauskommen** get out of debt; **~ haben bei …** be in debt to …; **er hat ~ bei mir** he is in my debt; **schulden** *vt, vi* (*a. fig*) owe (*jdm etw* s.o. s.th.); **was schulde ich dir?** how much do I owe you?; **ich glaube, du schuldest mir eine Erklärung!** I think you owe me an explanation!; **Schuldenerlass** *m* debt remission; **schuldenfrei** *adj* free of debts; **~es Haus** unmortgaged house; **Schuldenlast** *f* debt burden; **Schuldfrage** *f* question of guilt; **Schuldgefühl** *nt* feeling of guilt; **schuldhaft** *adj* culpable

Schuldienst *m* teaching; **im ~ sein** be a teacher

S

schuldig ['ʃʊldɪç] *adj* ❶ (JUR: *a. moralisch* ~) guilty ❷ (*verantwortlich*) to blame (*an* for); **jdm nichts ~ bleiben** give s.o. as good as one gets; **jdn für ~ befinden** find s.o. guilty; **was bin ich (Ihnen) ~?** what do I owe you?; **kann ich dir den Rest ~ bleiben?** can I owe you the rest?; **ich bin dir noch ein Essen ~** I owe you a meal; **du bist mir noch mehr ~** you owe me more than that; **Schuldige(r)** *f m* (JUR) guilty person; **Schuldigkeit** *f:* **seine ~ tun** do one's duty

Schuldkomplex *m* (PSYCH) guilt complex; **schuldlos** *adj:* **an einem Verbrechen ~ sein** be innocent of a crime; **an einem Unfalle ~ sein** be not to blame for an accident; **Schuldner(in)** *m(f)* debtor; **Schuldnerstaat** *m* debtor nation; **Schuldschein** *m* promissory note, I.O.U. (= I owe you); **Schuldspruch** *m* verdict of guilty; **Schuldunfähigkeit** *f* (JUR) incapacity; **Schuldverschreibung** *f* (FIN) debenture bond; **Schuldzuweisung** *f* accusation, assignment of guilt

Schule ['ʃu:lə] <-, -n> *f* (*a. fig*) school; **in der ~** at school; **in die ~ gehen** go to school; **morgen ist keine ~** there's no school tomorrow; **durch eine harte ~ gehen** learn in a tough school; **~ machen** become the accepted thing; **schulen** *vt* school, train; **Schulenglisch** *f:* **mein ~** the English I learnt at school

Schüler(in) ['ʃy:lɐ] *m(f)* schoolboy (schoolgirl); **alle ~ dieser Schule** all the pupils of this school; **Schüleraustausch** *m* school exchange; **Schülerausweis** *m* student card; **Schülerkarte** *f* (school) season-ticket; **Schülermitverwaltung** [--'----] *f participation of pupils in school* (*administrative*) *affairs;* **Schülerzeitung** *f* school magazine

Schulfach *nt* school subject; **Schulferien** *pl* school holidays *Br,* vacation *Am;* **Schulfernsehen** *nt* educational television; **Schulfest** *nt* school function; **schulfrei** *adj:* **morgen ist ~** there's no school tomorrow; **Schulfreund(in)** *m(f)* school friend; **Schulfunk** *m* school's radio; **Schulgeld** *nt* school fees *pl;* **Schulheft** *nt* exercise book; **Schulhof** *m* school playground, schoolyard

schulisch *adj:* **jds ~e Leistungen** one's progress at school

Schuljahr *nt* ❶ school year ❷ (*Jahrgang*) year; **Schulkamerad** *m* schoolmate; **Schulkenntnisse** *pl* knowledge acquired at school; **Schulkind** *nt* schoolchild; **Schulklasse** *f* class

> **i Land & Leute**
>
> A **Schullandheim** is a country house used for school trips lasting several days.

Schulleiter(in) *m(f)* headmaster (headmistress) *Br,* principal *Am;* **Schulmappe** *f* schoolbag; **Schulmedizin** *f* school medicine; **Schulmeinung** *f* received opinion

schulmeistern ['---] *vt* (*belehren*) lecture

Schulpflicht *f* compulsory school attendance; **schulpflichtig** *adj* required to attend school; **Schulranzen** *m* satchel; **Schulrat, -rätin** <-(e)s, -räte> *m, f* schools inspector; **Schulreform** *f* educational reform; **Schulschiff** *nt* training ship; **Schulschluss** <-es> *m* end of school; **um 13 Uhr ist ~** school finishes at 13:00; **Schulspeisung** *f* free school meals *pl;* **Schulsprecher(in)** *m(f)* head boy (head girl); **Schulstress** *m:* **unter ~ leiden** be under stress at school; **Schulstunde** *f* lesson, period; **Schultasche** *f* schoolbag

Schulter ['ʃʊltɐ] <-, -n> *f* shoulder; **~ an ~** shoulder to shoulder; (*dicht gedrängt*) closely packed; **breite ~n haben** be broad-shouldered; (*fig*) have a broad back; **mit den ~n zucken** shrug one's shoulders; **jdn auf den ~n tragen** carry s.o. shoulder-high; **jdm bis an die ~n reichen** stand shoulder-high to s.o.; **etw auf die leichte ~ nehmen** take s.th. lightly; **Schulterblatt** *nt* shoulder blade; **Schulterbreite** *f* breadth of the shoulders; **schulterfrei** *adj* strapless; **Schultergelenk** *nt* shoulder joint; **Schulterklappe** *f* (MIL) ❶ (*von Mannschaft*) shoulder-strap ❷ (*von Offizieren*) epaulette; **schulterlang** *adj* shoulder-length

schultern *vt* shoulder

Schulterriemen *m* (MIL) shoulder strap; **Schulterschluss** <-es> *m* shoulder-to-shoulder stance, solidarity; **Schulterstück** *nt* ❶ (MIL: *Offiziers~*) epaulette ❷ (*Fleischstück*) piece of shoulder

Schulung ['ʃu:lʊŋ] *f* training; **politische ~** political instruction; **Schulungsdiskette** *f* (INFORM) training diskette, didactic disk; **Schulungskurs** *m* training course; **Schulungsmaßnahmen** *fpl* training programme

Schulunterricht *m* school lessons *pl;* **im ~** in school; **Schulwanderung** *f* school hike; **Schulweg** *m* way to school; **Schulweisheit** *f* (*pej*) book learning

Schulwesen *nt* educational system; **Schulwörterbuch** *nt* school dictionary; **Schulzeit** *f* school days *pl;* **Schulzeitung** *f* school magazine; **Schulzeugnis** *nt* school report; **Schulzwecke** *pl:* **für ~** for school

schummeln ['ʃʊməln] *vi* (*fam*) cheat

schumm(e)rig ['ʃʊm(ə)rɪç] *adj* dim

Schund [ʃʊnt] <-(e)s> *m* rubbish, trash; **Schundroman** *m* (*pej*) trashy novel

schunkeln ['ʃʊŋkəln] *vi* (*sich wiegen*) move to and fro

Schuppe ['ʃʊpə] <-, -n> *f* ① (*vom Fisch*) scale ② (*auf der Kopfhaut*): **~n haben** have dandruff ③ (*von Pflanzen*) squama; **es fiel mir wie ~n von den Augen** the scales fell from my eyes

Schuppen ['ʃʊpən] <-s, -> *m* ① (*Verschlag*) shed *Br,* shack *Am* ② (*sl: Lokal*) dive

schuppen *vr* scale off; **schuppenartig** *adj* scale-like; **Schuppenflechte** *f* psoriasis; **Schuppentier** *nt* scaly ant-eater; **schuppig** *adj* scaly; **deine Haut ist ~** your skin is flaking off

Schur [ʃuːɐ] <-, -en> *f* shearing

schüren ['ʃyːrən] *vt* ① (*Feuer im Ofen*) poke, rake ② (*fig. Streit*) stir up

schürfen ['ʃʏrfən] **I.** *vt* ① (*schrammen*) scratch ② (MIN) mine **II.** *vi* prospect (*nach* for) **III.** *vr* graze o.s.

schürfend *adj:* **tief ~** in-depth, profound

Schürfwunde *f* abrasion, graze

Schürhaken *m* poker

Schurke ['ʃʊrkə] <-n, -n> *m* rascal, rogue; **Schurkenstreich** *m* dirty trick

Schurwolle *f* new [*o* virgin] wool

Schurz [ʃʊrts] <-es, -e> *m* ① (*Arbeitsschürze*) apron ② (*Lenden~*) loincloth

Schürze ['ʃʏrtsə] <-, -n> *f* apron; **sich eine ~ umbinden** put an apron on; **Schürzenjäger** *m* (*fam pej*) philanderer

Schuss [ʃʊs, *pl:* ʃʏsə] <-es, Schüsse> *m* ① (*mit einer Waffe*) shot ② (*Tor~*) shot ③ (*kleine Menge einer Flüssigkeit*) dash ④ (*sl: Heroininjektion*) fix, hit; **zum ~ kommen** (SPORT) get a chance to shoot; **ein ~ in den Ofen sein** (*fam*) go off at half-cock; **weit vom ~ sein** (*fam*) be miles from where the action is; **etw gut in ~ haben** have s.th. in perfect condition; **etw in ~ bringen** knock s.th. into shape; **sich einen ~ setzen** (*sl: fixen*) give o.s. a fix; **ein ~ Whisky** a shot of whisky

Schüssel ['ʃʏsəl] <-, -n> *f* ① (*Küchengefäß*) bowl ② (*Toiletten~*) pan

Schussfahrt *f* (*beim Skifahren*) schuss

Schusslinie *f* line of fire; **in die ~ geraten** come under fire; **Schussrichtung** *f* direction of fire; **Schusswaffe** *f* firearm; **Schusswechsel** *m* exchange of shots; **Schussweite** *f* range of fire; **außer (in) ~** within (out of) range; **Schusswunde** *f* bullet wound

Schuster(in) ['ʃuːstɐ] <-s, -> *m(f)* shoemaker

Schutt [ʃʊt] <-(e)s> *m* rubble; **~ abladen** deposit rubble; **~ abladen verboten!** No tipping!; **in ~ und Asche liegen** lie in ruins; **in ~ und Asche legen** reduce to rubble; **Schuttabladeplatz** *m* refuse dump, tip

Schüttelfrost *m* (MED) shivering fit; **Schüttellähmung** *f* (MED) Parkinson's disease

schütteln ['ʃʏtəln] **I.** *vt* shake; **jdm die Hand ~** shake hands with s.o.; **eine Flasche ~** shake up a bottle **II.** *vr* shiver; **sich vor Lachen ~** shake with laughter

schütten ['ʃʏtən] *vt* ① tip ② (*gießen*) pour; **es schüttet** (*regnet*) it is pouring with rain

schütter ['ʃʏtɐ] *adj* (*spärlich*) thin

Schutthalde *f* ① (*Schuttplatz*) rubble tip ② (*Schutthaufen*) rubble heap

Schutz [ʃʊts] <-es> *m* ① protection (*gegen* from) ② (*Obdach, Zuflucht*) shelter (*gegen, vor* from); **ich will ihn nicht in ~ nehmen, aber …** I hold no brief for him but …; **jdn in ~ nehmen** stand up for s.o.; **im ~ des Felsens** under the shelter of the rock; **im ~ der Dunkelheit** under cover of darkness; **Schutzanstrich** *m* protective coating; **Schutzanzug** *m* protective clothing; **schutzbedürftig** *adj* in need of protection; **Schutzbehauptung** *f* (JUR) lie to cover o.s.; **Schutzblech** *nt* (AUTO) mudguard; **Schutzbrief** *m* (*für Autofahrer*) international travel cover; **Schutzbrille** *f* protective goggles *pl;* **Schutzdach** *nt* ① (*schützendes Dach*) protective roof ② (*Unterstand*) shelter

Schütze ['ʃʏtsə] <-n, -n> *m* ① marksman ② (MIL: *Dienstgrad*) private ③ (*Sternzeichen*) Sagittarius; **schützen** ['ʃʏtsən] **I.** *vt* protect (*gegen* against) **II.** *vi* (*Schutz bieten*) offer protection (*vor, gegen* from, against) **III.** *vr* protect o.s.; **ich werde mich (schon) zu ~ wissen!** I know how to look after myself!; **schützend** *adj* protective; **~ seine Hand über jdn halten** take s.o. under one's wing

i Land & Leute

In the autumn, rifle or shooting clubs organize **Schützenfeste** (fairs) which they open up to the general public. There are shooting demonstrations on the ranges and very often a shooting competition open to non-members.

Schutzengel *m* guardian angel
Schützengraben *m* (MIL) trench; **Schützenhilfe** *f* (*fam*): **jdm ~ geben** back up s.o.; **Schützenpanzer** *m* (MIL) armoured personnel carrier
Schutzfilm *m* protective coat; **Schutzfrist** *f* term of copyright; **Schutzgebühr** *f* (token) fee; **Schutzgeld** *nt* protection money; **Schutzgelderpressung** *f* demanding protection money; **Schutzgitter** *nt* ❶ (*Barriere*) protective barrier ❷ (ARCH TECH) protective grille; **Schutzhandschuh** *m* protective glove; **Schutzhelm** *m* safety helmet; **Schutzhülle** *f* protective cover; **Schutzhütte** *f* refuge, shelter; **Schutzimpfstoff** *m* protective vaccine; **Schutzimpfung** *f* vaccinataion, inoculation; **Schutzkappe** *f* cap; **Schutzleiste** *f* protective strip
Schützling [ˈʃʏtslɪŋ] *m* ❶ (*Protegé*) protégé ❷ (*Schutzbefohlene*) charge
schutzlos *adj* ❶ (*ungeschützt*) unprotected ❷ (*wehrlos*) defenceless; **einer Sache ~ ausgeliefert sein** be defenceless against s.th.; **jdm ~ ausgeliefert sein** be at the mercy of s.o; **Schutzmarke** *f* trademark; **eingetragene ~** registered trademark; **Schutzmaske** *f* mask; **Schutzmaßnahme** *f* precaution; (*Vorsichtsmaßnahme*) preventive measure; **Schutzmechanismus** *m* protective mechanism; **Schutzmittel** *nt* ❶ (*äußerlich*) means of protection ❷ (*innerlich*) protective substance; **Schutzpatron** *m* patron saint; **Schutzpolizei** *f* police force; **Schutzraum** *m* shelter; **Schutzschicht** *f* protective layer; **Schutzumschlag** *m* (*von Buch*) dust cover, jacket; **Schutzvorrichtung** *f* safety device; **Schutzweg** *m* (*österr: Fußgängerüberweg*) pedestrian crossing; **Schutzzoll** *m* protective duty
schwabbelig [ˈʃvabəlɪç] *adj* (*fam*) flabby, wobbly
Schwabe [ˈʃvaːbə] <-n, -n> *m* Swabian; **Schwaben** *nt* Swabia; **Schwäbin** *f* Swabian; **schwäbisch** [ʃvɛːbɪʃ] *adj* Swabian
schwach [ʃvax] *adj* ❶ (*körperlich*) weak ❷ (*gering, schlecht*) poor; **mir ist vor Hunger ganz ~** I feel faint with hunger; **mit ~er Stimme** in a feeble voice; **ein ~er Witz** a poor joke; **das ist (aber) ein ~es Bild!** (*fam*) that's a poor show!; **ein ~er Trost** a poor consolation; **~ auf den Beinen sein** feel weak at the knees; **er ist ~ in Mathematik** his maths is weak; **das ~e Geschlecht** the weaker sex; **mach mich nicht ~!** (*fam*) don't say that!
Schwäche [ˈʃvɛçə] <-, -n> *f* ❶ (*a. fig*) weakness ❷ (*Geringwertigkeit*) poorness; **das ist eine ~ von ihr** that is her weak side; **eine ~ haben für ...** have a weakness for ...; **Schwächeanfall** *m* sudden feeling of weakness; **schwächen I.** *vt* (*a. fig*) weaken **II.** *vr* weaken o.s.
Schwachkopf *m* (*Schimpfwort*) dimwit
schwächlich *adj* weakly
Schwächling *m* weakling
Schwachpunkt *m* weak point
Schwachsinn *m* ❶ (MED) mental deficiency ❷ (*fam: Handlung*) idiocy; **das ist doch ~!** (*fam*) that's a mug's game!; **schwachsinnig** *adj* ❶ (MED) mentally deficient ❷ (*fam*) idiotic, daft; **Schwachsinnige(r)** <-n, -n> *f m* ❶ (MED) mental defective ❷ (*fam*) idiot
Schwachstelle *f* weak point; **Schwachstrom** <-(e)s> *m* low-voltage [*o* weak] current
Schwächung *f* weakening
Schwade [ˈʃvaːdə] <-, -n> *f* swathe; **~n** cloud
Schwadron [ʃvaˈdroːn] <-, -en> *f* (MIL HIST) squadron
schwafeln [ˈʃvaːfəln] *vi* (*pej*) blether on
Schwager [ˈʃvaːgɐ] <-s, -> *m* brother-in-law; **Schwägerin** [ˈʃvɛːgərɪn] *f* sister-in-law
Schwalbe [ˈʃvalbə] <-, -n> *f* swallow; **eine ~ macht noch keinen Sommer** (*prov*) one swallow doesn't make a summer; **Schwalbennest** *nt* ❶ swallow's nest ❷ (MIL AERO: *M.G.-Stand*) blister, gun turret
Schwall [ʃval] <-(e)s, -e> *m* flood
Schwamm [ʃvam, *pl:* ˈʃvɛmə] <-(e)s, Schwämme> *m* ❶ sponge ❷ (*Haus~*) dry rot; **~ drüber!** (*fam*) let's forget about it!; **etw mit dem ~ abwischen** sponge s.th.; **schwammig** *adj* ❶ spongy ❷ (*aufgedunsen*) bloated; **~e Formulierung** woolly phrase
Schwan [ʃvaːn, *pl:* ˈʃvɛːnə] <-(e)s, Schwäne> *m* swan
schwanen [ˈʃvaːnən] *vi impers* (*fam*): **mir schwant, dass ...** I sense that ...; **mir schwant nichts Gutes** I don't like it; **mir schwant etw!** now, I understand!
Schwang [ʃvaŋ] *m:* **im ~e sein** (*fam*) be in
schwanger [ˈʃvaŋɐ] *adj* pregnant; **~ sein** be pregnant; **Schwangere** <-n, -n> *f* pregnant woman
schwängern [ˈʃvɛŋɐn] *vt* make pregnant; **geschwängert sein mit ...** (*fig*) be impregnated with ...

Schwangerschaft *f* pregnancy; **Schwangerschaftsabbruch** *m* abortion; **Schwangerschaftsgymnastik** *f* antenatal exercises *pl;* **Schwangerschaftstest** *m* pregnancy test

Schwank [ʃvaŋk, *pl:* 'ʃvɛŋkə] <-(e)s, Schwänke> *m* (THEAT) farce

Schwanken *nt* ① (*von Mensch*) staggering ② (*Preise, Kurse*) fluctuation ③ (*Zaudern, Zögern*) hesitation; (*Unbeständigkeit*) inconstancy; **der Kran geriet ins ~ und stürzte um** the crane began to sway and fell over

schwanken ['ʃvaŋkən] *vi* ① (*wanken*) stagger ② (MAR: *rollen*) roll ③ (*zögern*) hesitate ④ (*fluktuieren*) fluctuate; **er schwankte lange, ob er annehmen sollte oder nicht** he vacillated so long about accepting; **schwankend** *adj* ① (*wankend*) staggering ② (*zögernd*) hesitant; **sich auf ~em Boden bewegen** be on shaky ground; **Schwankung** *f* (*Fluktuation*) fluctuation

Schwanz [ʃvants, *pl:* 'ʃvɛntsə] <-es, Schwänze> *m* ① (*Tier~*) tail ② (AVIAT) tail; (*Ende*) end ③ (*sl: Penis*) cock, dick, prick; **den ~ hängen lassen** let its tail droop, be down in the dumps

schwänzeln ['ʃvɛntsəln] *vi* ① wag one's tail ② (*fig*) crawl

schwänzen ['ʃvɛntsən] **I.** *vt* (*fam*) skip **II.** *vi* (*fam*) play truant *Br,* play hooky *Am*

Schwarm [ʃvarm, *pl:* 'ʃvɛrmə] <-(e)s, Schwärme> *m* ① (*Flug~*) swarm ② (*Idol*) idol; (*fam*) crush

schwärmen ['ʃvɛrmən] *vi* ① *sein* (*Bienen*) swarm ② *haben:* **für jdn ~** be crazy about s.o.; **ins Schwärmen geraten** go into raptures; **Schwärmer(in)** *m(f)* ① (*Träumer, Fantast*) dreamer, visionary ② (*Nachfalter*) hawk moth, sphinx moth ③ (*Feuerwerk*) squib; **Schwärmerei** *f* enthusiasm

Schwarte ['ʃvaːɐtə] <-, -n> *f* ① (*Speck~*) rind ② (*fam: Buch*) tome

schwarz [ʃvarts] *adj* ① (*Farbe*) black ② (*illegal*) illegal, illicit; **es steht ~ auf weiß geschrieben** it's written down in black and white; **in den ~en Zahlen** (FIN) in the black; **~ werden** blacken; **ihm wurde ~ vor Augen** he had a blackout; **~ erworben** (*fam*) illicitly acquired; **etw ~ verdienen** (*fam*) earn s.th. on the side; **da kannst du warten, bis du ~ wirst!** (*fam*) you can wait till the cows come home!; **~es Loch** (ASTR) black hole; **~e Sonne** eclipse of the sun; **~ sehen** be pessimistic; **ich sehe schwarz für die Zukunft** I'm not very optimistic about the future; **dafür sehe ich ~** I'm pessimistic about it

Schwarzafrika *nt* Black Africa

Schwarzarbeit *f* illicit work, moonlighting; **schwarz|arbeiten** *vi* work on the side, moonlight; **Schwarzarbeiter(in)** *m(f)* moonlighter; **Schwarzbrot** *nt* black bread; **Schwarze(r)** *f m* (*Person*) black

Schwärze ['ʃvɛrtsə] <-, (-n)> *f* ① (*Düsterkeit*) blackness ② (*Farbe*) black dye; **schwärzen** *vt* blacken

schwarz|fahren *irr vi* dodge paying the fare; **Schwarzfahrer(in)** *m(f)* fare dodger *fam;* **Schwarzgeld** *nt* illegal earnings; **schwarzhaarig** *f* black-haired; **Schwarzhandel** *m* black marketeering

schwärzlich *adj* blackish; (*Haut*) dusky

Schwarzmarkt *m* black market; **Schwarzmarktpreis** *m* black market price, price on the black market; **Schwarzseher(in)** *m(f)* (*Pessimist*) pessimist; **Schwarzsender** *m* pirate station; **Schwarzwald** *m* Black Forest; **Schwarzwälder Kirschtorte** Black Forest gateau; **Schwarzweißfernseher** *m* monochrome set; **Schwarzweißfilm** *m* black-and-white film; **Schwarzwild** *nt* wild boars *pl;* **Schwarzwurzeln** *pl* black salsify

Schwatz [ʃvats] <-es, -e> *m* chat; **einen ~ machen** have a chinwag; **schwatzen** *vi* ① (*sich unterhalten*) talk ② (*pej: plappern*) prattle; **dummes Zeug ~** blether on; **Schwätzer(in)** ['ʃvɛtsɐ] *m(f)* (*pej*) bletherer; **schwatzhaft** *adj* ① (*redselig*) talkative ② (*pej: klatschsüchtig*) gossipy

Schwebe ['ʃveːbə] <-> *f:* **in der ~ sein** be undecided; (JUR) be pending; **Schwebebahn** *f* suspension railway; **Schwebebalken** *m* (SPORT) balance beam; **schweben** *vi* ① (*in der Luft*) float; (*auf der Stelle*) hover ② (*noch unentschieden*) be undecided; **der Prozess schwebt noch** (JUR) the case is still pending; **in Gefahr ~** be in danger; **Schwebestoffe** *pl* (PHYS) suspended matter

Schwede ['ʃveːdə] <-n, -n> *m* Swede; **Schweden** *nt* Sweden; **Schwedin** *f* Swede, Swedish woman/girl; **schwedisch** *adj* Swedish

Schwefel ['ʃveːfəl] <-s> *m* sulphur *Br,* sulfur *Am;* **Schwefeldioxid** *nt* sulphur dioxide; **schwefelhaltig** *adj* containing sulphur, sulphur(e)ous; **Schwefelsäure** *f* sulphuric acid; **Schwefelwasserstoff** *m* hydrogen sulphide

Schweif [ʃvaɪf] <-(e)s, -e> *m* (*poet*) tail

schweifen *vi sein* roam, rove, wander about; **den Blick ~ lassen** let one's eye travel

Schweigegeld *nt* hush-money; **Schweigemarsch** *m* silent march

Schweigeminute *f* one minute's silence

Schweigen *nt* silence; **jdn zum ~ bringen** silence s.o.; **sein ~ brechen** break one's silence

schweigen ['ʃvaɪgən] *irr vi* (*still sein*) be silent; **ganz zu ~ von ...** let alone ..., to say nothing of ...; **zu etw ~** make no reply to s.th.; **~de Mehrheit** silent majority; **Schweigepflicht** *f* pledge of secrecy; **unter ~ stehen** be bound to observe confidentiality; **ärztliche ~** medical secrecy

schweigsam *adj* ① (*still*) quiet ② (*wortkarg*) taciturn ③ (*verschwiegen*) discreet; **Schweigsamkeit** *f* ① (*Wortkargheit*) taciturnity ② (*Verschwiegenheit*) discretion

Schwein [ʃvaɪn] <-(e)s, -e> *nt* ① pig *Br*, hog *Am* ② (*Schimpfwort*) bastard; **~ haben** (*sl*) be lucky; **armes ~!** (*sl*) poor sod!; **Schweinebande** *f* (*sl*) pack; **Schweinebraten** *m* roast pork; **Schweinefett** *nt* lard; **Schweinefleisch** *nt* pork; **Schweinehund** *m* (*sl pej*) stinker, swine; **Schweinekotelett** *nt* pork chop

Schweinerei *f* ① (*Unordnung*) dirty mess ② (*Gemeinheit*) dirty trick

Schweineschmalz *nt* lard; **Schweinestall** *m* (*a. fig*) pigsty *Br*, pig pen *Am*; **Schweinsäuglein** ['ʃvaɪns,ɔɪglaɪn] *pl* piggy eyes; **Schweinsleder** *nt* pigskin

Schweiß [ʃvaɪs] <-es, (-e)> *m* sweat, perspiration; **der ~ stand ihm auf der Stirn** drops of perspiration stood on his forehead; **in ~ gebadet** wet with perspiration; **im ~e seines Angesichts** in the sweat of his brow; **Schweißausbruch** *m* sweating; **schweißbedeckt** *adj* covered in sweat

Schweißbrenner *m* (TECH) welding torch

Schweißdrüse *f* (ANAT) sweat gland

schweißen ['ʃvaɪsən] *vt* (TECH) weld

Schweißfüße *pl* sweaty feet; **schweißgebadet** *adj* bathed in sweat; **Schweißgeruch** *m* smell of sweat

Schweißnaht *f* (TECH) welded seam

Schweißperle *f* bead of sweat

Schweißstelle *f* weld

schweißtreibend *adj* (MED) sudorific; **~es Mittel** sudorific; **schweißtriefend** *adj* dripping with sweat; **Schweißtropfen** *m* bead of perspiration, drop of sweat

Schweiz [ʃvaɪts] <-> *f*: **die ~** Switzerland; **Schweizer** *m* Swiss; **~ Käse** Swiss cheese; **Schweizerdeutsch** *nt* Swiss-German; **Schweizerin** *f* Swiss woman/girl; **schweizerisch** *adj* Swiss

Schwelbrand *m* smouldering fire; **schwelen** ['ʃveːlən] *vi* (*a. fig*) smoulder

schwelgen ['ʃvɛlgən] *vi* indulge o.s. (*in* in); **im Luxus ~** wallow in luxury; **schwelgerisch** *adj* ① (*prachtvoll*) sumptuous ② (*maßlos*) self-indulgent

Schwelle ['ʃvɛlə] <-, -n> *f* ① (*Tür~, a. fig*) threshold ② (RAIL) sleeper *Br*, tie *Am*; **an der ~** on the threshold; **an der ~ zu einer großen Entdeckung stehen** be on the threshold of a great discovery

schwellen ['ʃvɛlən] *irr vt, vi* ① (*an~*) swell ② (*Wasser*) rise

Schwellenangst *f fear of embarking on something new*; **Schwellenland** *nt* Newly Industrializing Country, NIC; **Schwellenpreis** *m* threshold price; **Schwellenwert** *m* threshold value

Schwellkörper *m* (ANAT) erectile tissue

Schwellung *f* swelling

Schwemme ['ʃvɛmə] <-, -n> *f* (*Überfluss*) glut (*an* of); **schwemmen** *vt* (*an~*) wash up; **Schwemmland** *nt* (GEOL) alluvial land

Schwengel ['ʃvɛŋəl] <-s, -> *m* ① (*Glocken~*) clapper ② (*Pumpen~*) handle; **Schwengelpumpe** *f* handle pump

Schwenkarm *m* (TECH) pivoting arm

schwenkbar *adj* swivelling; (MIL) traversable

schwenken ['ʃvɛŋkən] **I.** *vt* ① (*schwingen*) wave ② (*herum~, a.* TECH) swing; **seinen Hut ~** wave one's hat **II.** *vi* (MIL) wheel; **die Kamera schwenkte auf das Haus** the camera panned in to the house; **Schwenkung** *f* swing

schwer [ʃveːɐ] **I.** *adj* ① (*von Gewicht*) heavy ② (*drückend, lästig*) oppressive ③ (*schwierig*) difficult, hard ④ (*schwerwiegend*) serious; **~en Herzens** with a heavy heart; **ich weiß, es ist ~ für sie, aber ...** I know it's hard on you, but ...; **es ist ~, mit ihm auszukommen** he is hard to get on with; **das dürfte dir doch nicht ~ fallen** you shouldn't find that too difficult; **es fällt mir schwer, ...** it's hard for me to ...; **es fällt mir ~, das zu glauben** I find it difficult to believe that; **es war nicht allzu ~, ihn zu finden** there was not much difficulty in finding him; **das Buch liest sich ~** the book is heavy going; **~ zu sagen** difficult to say; **~ krank sein** be seriously ill; **jdm das Leben ~ machen** make life difficult for s.o; **~ nehmen** take s.th. hard **II.** *adv* (*fam: sehr*) really; **ich muss ~ aufpassen** I must be very careful; **der hat ~ Geld** he is stinking rich; **da hast du dich aber ~ getäuscht!** you are seriously mistaken there!; **ich werd' mich ~ hüten!** there's no way!; ~

bewaffnet heavily armed; ~ **erziehbar** maladjusted; ~ **verdaulich** indigestible; ~ **verletzt** seriously injured; ~ **verständlich** hard to understand

Schwerarbeit *f* heavy labour; **Schwerarbeiter** *m* labourer; **Schwerbehinderte(r)** *f m* seriously handicapped person; **Schwerbeschädigte(r)** *f m* disabled person

Schwere ['ʃvɛːrə] <-> *f* ❶ (*Gewicht*) heaviness ❷ (*Schwierigkeit*) difficulty ❸ (PHYS: *Gravität*) gravity; **Schwerefeld** *nt* (PHYS) gravitational field; **schwerelos** *adj* weightless; **Schwerelosigkeit** *f* weightlessness

Schwerenöter [-nøːtɐ] <-s, -> *m* (*fam*) ladies' man

schwerfällig *adj* ❶ (*körperlich*) heavy ❷ (*geistig*) dull, slow; ~**er Stil** awkward style; **sich ~ bewegen** move cumbersomely; **Schwerfälligkeit** *f* ❶ (*körperlich*) heaviness ❷ (*geistig*) dullness ❸ (*Ungeschicktheit*) clumsiness; **Schwergewicht** *nt* ❶ (SPORT) heavyweight ❷ (*fig*) emphasis; **das ~ auf etw legen** put the emphasis on s.th., lay great stress on s.th.; **Schwergewichtler** *m* (SPORT: *Boxer*) heavyweight; **schwerhörig** *adj* hard of hearing; **Schwerhörigkeit** *f* hardness of hearing; **Schwerindustrie** *f* heavy industry; **Schwerkraft** <-> *f* gravity

Schwerkriminelle(r) *f m* serious criminal

schwerlich *adv* hardly; **nur ~** only with difficulty

schwerlöslich *adj* not easily dissoluble; **Schwermetall** *m* heavy metal; **Schwermut** *f* melancholy; **schwermütig** *adj* melancholy; **Schwermütigkeit** *f* melancholy; **Schwerpunkt** *m* ❶ (PHYS) centre of gravity ❷ (*fig*) main emphasis, stress; **den ~ auf etw legen** put the main emphasis on s.th., lay great stress on s.th.; **Schwerpunktprogramm** *nt* programme of emphasis; **Schwerpunktstreik** *m* pinpoint strike

Schwert [ʃveːɐt] <-(e)s, -er> *nt* ❶ (*Waffe*) sword ❷ (MAR: *am Schiffskiel*) centreboard; **Schwertfisch** *m* sword-fish; **Schwertlilie** *f* iris

Schwerverbrecher(in) *m(f)* criminal, serious offender; (JUR) felon; **Schwerverletzte(r)** *f m* serious casualty; **Schwerverwundete(r)** *f m* major casualty; **Schwerwasserreaktor** *m* (TECH) heavy water reactor; **schwerwiegend** *adj* serious

Schwester ['ʃvɛstɐ] <-, -n> *f* ❶ sister ❷ (*Kloster~*) nun ❸ (*Kranken~*) nurse; **Schwesterfirma** *f* associate firm, associate company; **Schwesternhelferin** *f* nursing auxiliary *Br*, nursing assistant *Am*

Schwiegereltern ['ʃviːgɐ-] *pl* parents-in-law; **Schwiegermutter** *f* mother-in-law; **Schwiegersohn** *m* son-in-law; **Schwiegertochter** *f* daughter-in-law; **Schwiegervater** *m* father-in-law

Schwiele ['ʃviːlə] <-, -n> *f* callus; **schwielig** *adj* callused

schwierig ['ʃviːrɪç] *adj* difficult; **es ist ~ mit ihm auszukommen** he is difficult to get on with; **das ist nicht ~** there's nothing difficult about it; **Schwierigkeit** *f* difficulty; **die ~ liegt darin ...** the difficult thing is ...; **er will nur ~en machen** he's just trying to be difficult; **er hatte ~en dabei** he had difficulty in doing that *sing*; **in ~en geraten** get into difficulties; **~en überwinden** get out of difficulties

Schwimmbad *nt* swimming pool; **Schwimmbagger** *m* dredger; **Schwimmbahn** *f* (SPORT) lane; **Schwimmbecken** *nt* pool; **Schwimmdock** *nt* (MAR) floating dock

schwimmen ['ʃvɪmən] *irr vi* ❶ swim ❷ (*Sachen*) drift, float ❸ (*fam: unter Wasser stehen*) be swimming ❹ (*fam: ratlos sein*) be all at sea; **~ gehen** go for a swim; **ins Schwimmen geraten** (*unsicher werden*) begin to flounder; **mir schwimmt's vor den Augen** everything's going round

Schwimmer(in) *m(f)* swimmer

Schwimmflosse *f* (*Fisch*) fin; (*Taucher, Wal, Robben*) flipper; **Schwimmgürtel** *m* swimming belt; **Schwimmkran** *m* floating crane; **Schwimmlehrer(in)** *m(f)* swimming instructor; **Schwimmsport** *m* swimming; **Schwimmverein** *m* swimming club; **Schwimmvogel** *m* waterbird; **Schwimmweste** *f* life jacket

Schwindel ['ʃvɪndəl] <-s, -> *m* ❶ (MED) dizziness ❷ (*Täuschung*) swindle; (*Betrug, Schwindelei*) fraud; **glaub doch diesen ~ nicht!** (*fam*) don't be taken in!; **das ganze war reiner ~** the whole thing was a fraud; **auf den ~ falle ich nicht herein!** it's an old trick!; **~ erregend** causing giddiness; **Schwindelanfall** *m* dizzy turn

Schwindelei *f* fib

schwindelfrei *adj*: **~ sein** have a good head for heights

schwind(e)lig *adj* dizzy, giddy; **mir ist ~** I feel dizzy; **davon wird mir ~** it makes me feel giddy; **mir wird leicht ~** I get dizzy easily

schwindeln¹ *vi*: **mir schwindelt** I feel dizzy; **in ~der Höhe** at a dizzy height

schwindeln² *vi* (*fam: lügen*) fib

schwinden ['ʃvɪndən] *irr vi* ❶ (*weniger wer-*

S

den) dwindle ② (*vergehen*) fade

Schwindler(in) <-s, -> *m(f)* ① (*Gauner*) swindler ② (*fam: Lügner*) fibber

Schwindsucht <-> *f* consumption; **schwindsüchtig** *adj* consumptive

Schwinge ['ʃvɪŋə] <-, -n> *f* (*Flügel*) wing; (*poet*) pinion

schwingen ['ʃvɪŋən] **I.** *irr vt* swing **II.** *vi* ① (*Pendel*) swing ② (*vibrieren*) vibrate **III.** *vr:* **er schwang sich in den Sattel** he swung himself into the saddle; **Schwingung** *f* (PHYS) ① (*Vibration*) vibration ② (*Welle*) oscillation; **etw in ~ versetzen** start s.th. vibrating

Schwips [ʃvɪps] <-es, -e> *m* (*fam*): **einen ~ haben** be tipsy

schwirren ['ʃvɪrən] *vi* ① *sein* (*sausen*) whizz ② (*surren*) buzz; **mir schwirrt der Kopf** my head is whirling

Schwitzbad *nt* Turkish bath

schwitzen ['ʃvɪtsən] *vi* sweat, perspire; **wegen etw ins Schwitzen geraten** (*fig*) get into a sweat about s.th.; **die Wände ~** the walls are damp with condensation; **dabei kommt man leicht ins Schwitzen** this is sweaty work

schwören ['ʃvø:rən] *irr vt, vi* swear; **jdn ~ lassen, dass er nichts verrät** swear s.o. to secrecy; **ich könnte ~, dass …** I could swear to it that …; **sich etw ~** swear s.th. to o.s.

schwul [ʃvu:l] *adj* (*fam*) gay

schwül [ʃvy:l] *adj* close, sultry

Schwule <-n, -n> *m* (*fam*) gay *Br,* fag *Am*

Schwüle ['ʃvy:lə] <-> *f* sultriness; **eine furchtbare ~ heute!** an awfully sultry weather today!

schwülstig ['ʃvʏlstɪç] *adj* (*pej: Stil, Rede*) bombastic

Schwund [ʃvʊnt] <-(e)s> *m* ① (*Schwinden*) decline, decrease ② (*Material~*) shrinkage

Schwung [ʃvʊŋ, *pl:* 'ʃvʏŋə] <-(e)s, Schwünge> *m* ① (*Elan*) zest ② (*Bewegung*) swing ③ (*fam: Haufen*) pile; **etw in ~ bringen** get s.th. going; **Schwungfeder** *f* (*bei Vögeln*) wing feather; **schwunghaft** *adj* ① (*Handel*) flourishing, roaring ② (*Rede*) emphatic

Schwungrad *nt* (TECH AUTO) flywheel; **schwungvoll** *adj* sweeping; **~e Rede** stirring speech

Schwur [ʃvu:ɐ, *pl:* 'ʃvy:rə] <-(e)s, Schwüre> *m* oath; **einen ~ leisten** take an oath; **Schwurgericht** *nt* court with a jury

Screenshot ['skri:nʃɔt] <-s, -s> *m* (INFORM) screenshot

scouten ['skaʊtən] *vi* (*sl: auskundschaften*) scout

Screen-Designer(in) ['skri:ndɪzaɪnɐ] *m(f)* (*Computergrafiker*) screen designer

Scribble ['skrɪbəl] <-s, -s> *nt* (*Skizze*) scribble; **scribbeln** ['skrɪbəln] *vt* (*hinkritzeln*) scribble

sechs [zɛks] *num* six; **Sechseck** *nt* hexagon; **sechsfach** *adj* sixfold; **sechshundert** *num* six hundred; **sechsjährig** *adj* six-year-old; **sechsmal** *adv* six times; **Sechstagerennen** [-'----] *nt* (SPORT) six-day (cycling) race; **sechstausend** *num* six thousand; **sechste** *adj* sixth; **Sechstel** <-s, -> *nt* sixth part; **sechstens** *adv* in the sixth place, sixthly

sechzehn ['zɛçtse:n] *num* sixteen; **sechzehnte** *adj* sixteenth; **Sechzehntel** <-s, -> *nt* sixteenth part

sechzig ['zɛçtsɪç] *num* sixty; **Sechziger(in)** *m(f)* sexagenarian; **in den sechziger Jahren** in the sixties; **sechzigjährig** *adj* sixty-year old; **sechzigste** *adj* sixtieth; **Sechzigstel** <-s, -> *nt* sixtieth part

Secondhandladen *m* secondhand shop

See[1] [ze:] <-s, -n> *m* (*Binnen~*) lake

See[2] <-> *f* (*Weltmeer*) sea; **eine Stadt an der ~** a town by the sea; **auf ~** at sea; **zur ~ gehen** go to sea; **in ~ stechen** put to sea; **Seeadler** *m* sea eagle; **Seebad** *nt* (*Ort*) seaside resort; **Seebär** *m* (*fam*): (**alter**) ~ sea-dog; **Seebeben** *nt* seaquake; **Seefahrer** *m* seafarer; **Seefahrt** *f* ① (*Seereise*) voyage ② (*Kreuzfahrt*) cruise ③ (*als Gewerbe*) navigation; **Seefisch** *m* salt-water fish; **Seefrachtbrief** *m* (COM) bill of lading, B./L.; **Seegang** <-(e)s> *m:* **hoher ~** rough seas *pl;* **Seegefecht** *nt* naval battle; **Seegras** <-es> *nt* ① (*Tang*) eelgrass ② (*zum Polstern*) sea-grass; **Seehafen** *m* seaport; **Seehandel** *m* maritime trade; **Seeherrschaft** *f* naval supremacy; **Seehund** *m* seal; **Seeigel** *m* sea urchin; **Seekarte** *f* nautical chart; **Seeklima** *nt* maritime climate; **seekrank** *adj* seasick; **leicht ~ werden** be a bad sailor; **nicht ~ werden** be a good sailor; **Seekrankheit** *f* seasickness; **Seekrieg** *m* naval warfare; **Seelachs** *m* pollack

Seele ['ze:lə] <-, -n> *f* ① soul ② (TECH: *bei Feuerwaffen*) bore; **von ganzer ~** with all one's heart; **sich die ~ aus dem Leibe reden** (*fam*) talk until one is blue in the face; **nun hat die arme ~ Ruh!** (*fam*) that'll put him out of his misery!; **Seelenheil** *nt* spiritual welfare; **Seelenleben** *nt* inner life; **Seelenruhe** *f* calmness; **in aller ~** calmly; **seelenruhig** *adv* (*innerlich ~*) calmly; (*fam*) as cool as a cucumber

Seeleute *pl* sailors, seamen
seelisch *adj* mental; **~e Grausamkeit** mental cruelty; **~ bedingt sein** have psychological causes
Seelöwe *m* sea lion
Seelsorge <-> *f* spiritual welfare; **Seelsorger(in)** *m(f)* pastor
Seeluft <-> *f* sea air; **Seemacht** *f* naval [*o* sea] power; **Seemann** <-(e)s, -leute> *m* sailor, seaman

i Land & Leute

Seemannsgarn, a sailor's yarn is the grossly exaggerated, truth-stretching tale of a sailor's astonishing experience at sea.

Seemeile *f* (= *1,852 km*) nautical [*o* sea] mile; **Seenot** <-> *f* distress; **in ~ geraten** get into distress; **Seenotkreuzer** *m* lifeboat; **Seenotruf** *m* distress signal; **Seepferdchen** *nt* sea-horse; **Seeräuber** *m* pirate; **Seeräuberei** *f* piracy; **Seeräuberschiff** *nt* pirate (ship); **Seerecht** *nt* (JUR) maritime law; (*Kriegsrecht*) law of naval warfare; **Seereise** *f* voyage; (*Kreuzfahrt*) cruise; **Seerose** *f* waterlily; **Seeschifffahrt** *f* ocean shipping; **Seeschlacht** *f* naval battle; **Seeschlange** *f* sea serpent; **Seestern** *m* starfish; **Seetang** *m* seaweed; **Seeteufel** *m* (*Speisefisch*) monkfish; **seetüchtig** *adj* (COM) seaworthy; **Seeufer** *nt* lakeside; **Seeverkehr** *m* maritime transport; **Seevogel** *m* sea bird; **Seewarte** *f* naval observatory; **Seeweg** *m* sea-route *Br,* sea-road *Am;* **auf dem ~** (COM) by sea, per sea; **auf dem ~ reisen** travel by sea; **Seewind** *m* sea breeze; **Seezunge** *f* (*Plattfisch*) sole
Segel ['ze:gəl] <-s, -> *nt* (MAR) sail; **mit vollen ~n** under full sail; **~ setzen** make sail; **die ~ streichen** (MAR) strike sail; (*einlenken*) give in; **Segelboot** *nt* sailingboat *Br,* sailboat *Am;* **Segelfliegen** *nt* gliding; **Segelflieger(in)** *m(f)* glider pilot; **Segelfliegerei** *f* gliding; **Segelflug** *m* glider flight; **Segelflugplatz** *m* gliding field; **Segelflugzeug** *nt* glider; **Segelklub** *m* sailing club; **segeln** *vi sein* sail; **von hier aus segelt man 3 Tage** it's 3 days' sail from here; **~ gehen** go for a sail; **mit jdm ~ gehen** take s.o. for a sail; **sie segelten nach Athen** they sailed the ship to Athens; **durch ein Examen ~** (*fam*) flop in an exam; **Segelohren** *pl* (*fam*) flappy ears; **Segelregatta** *f* sailing regatta; **Segelschiff** *nt* sailing ship [*o* vessel]; **Segeltörn** *m* cruise; **Segeltuch** <-(e)s> *nt* canvas; **Segelyacht** *f* sailing boat
Segen ['ze:gən] <-s, -> *m* (*a. fig*) blessing; **ein wahrer ~** a real boon; **meinen ~ hast du!** you have my blessing!; **segensreich** *adj* (*fig*) beneficent
Segler *m* ❶ (*Sport~*) yachtsman ❷ (*Schiff*) sailing vessel; **Seglerin** *f* yachtswoman
Segment [zɛ'gmɛnt] *nt* segment
segnen ['ze:gnən] *vt* bless; **das Zeitliche ~** (*geh: sterben*) depart this life
Sehen *nt* (*Sehkraft*) eyesight; **ich kenne sie nur vom ~** I know her only by sight
sehen ['ze:ən] *irr vt, vi* see; **~, wie jd etw macht** see s.o. do s.th.; **ich habe ihn noch nie schwimmen ~** I've never seen him swim(ming); **man hat ihn gesehen, wie er das Gebäude betrat** he was seen entering the building; **ich habe gesehen, wie es passiert ist** I saw it happen; **das habe ich schon dreimal gesehen** I've seen it done three times; **ich kann es nicht ~, wenn Menschen schlecht behandelt werden** I don't like to see people mistreated; **es war nichts zu ~** there was nothing to be seen; **wir ~ sie zurzeit nur selten** we don't see much of them nowadays; **sie will mich nicht mehr ~** she doesn't want to see me anymore; **du siehst wohl Gespenster!** you must be seeing things!; **seh' ich richtig, ist das nicht ...?** am I seeing things or is ...?; **ich sehe mich nicht in der Lage das zu tun** I can't see my way to doing that; **ich sah mich gezwungen zu ...** I saw myself obliged to ...; **mal ~, ob wir helfen können** we'll see if we can help; **wir werden ja bald ~, wer recht hat** we'll soon see who is right; **wollen wir mal ~, was passiert** let's just see what happens; **ich sehe nicht, wie ich da helfen kann** I don't see any way I can help; **mal ~, ob ich nicht was Besseres finden kann** let me see, if I can't find a better way; **wie ich sehe, hast du das immer noch nicht gemacht** I see you still haven't done that; **darf ich mal ~?** can I have a look?; **lass mal ~!** let's have a look!; **sieh doch, wer da ist!** look who's there!; **sieh mal!** just look!; **so gesehen** seen [*o* looked at] in this way; **sich ~ lassen** appear; **lass dich mal wieder ~!** do come again!; **nach jdm ~** come to see s.o; **sehenswert** *adj* ❶ (*interessant*) worth seeing ❷ (*bemerkenswert*) remarkable; **Sehenswürdigkeit** *f* sight; **die ~en einer Stadt besichtigen** see the sights of a town

Seher(in) *m(f)* seer; **Seherblick** *m* prophetic look
Sehfehler *m* visual defect; **sehgeschädigt** *adj* visually impaired; **Sehkraft** <-> *f* (eye)sight, vision; **Sehleistung** *f* visual acuity
Sehne ['ze:nə] <-, -n> *f* ❶ (ANAT) sinew, tendon ❷ (*Bogen~*) string ❸ (MATH) chord
sehnen ['ze:nən] *vr:* **sich nach etw (jdm)** ~ long for s.th. (s.o.); **ich sehne mich danach, meine Mutter wiederzusehen** I am longing to see my mother again
Sehnenriss *m* torn tendon; **Sehnenzerrung** *f* pulled tendon
Sehnerv *m* optic nerve
sehnig *adj* ❶ (*von Fleisch*) stringy ❷ (*von Person*) sinewy
sehnlich *adj* eager; (*glühend*) ardent
Sehnsucht <-, Sehnsüchte> *f* longing; (*stärker*) yearning (*nach* for); ~ **haben** have a longing [*o* yearning]; **sehnsüchtig** *adj* longing; (*stärker*) yearning; **~e Blicke auf etw werfen** look longingly at s.th.
sehr [ze:ɐ] *adv* very; (*nur beim Verb*) very much; **es ist ~ gut geschrieben** it's very well written; **~ gut möglich** very possible; **~ wenig Milch!** very little milk!; **~ viel größer** very much bigger; **ich bin nicht ~ musikalisch** I'm not much of a musician; **~ verlegen** much embarassed; **so ~ (zu ~)** so much (too much); **wie ~ er sich auch bemüht** however much he tries; **~ zu meinem Erstaunen** much to my astonishment
Sehschärfe *f* keenness of sight, visual acuity; **Sehstörung** *f* visual disorder; **Sehtest** *m* eye test; **Sehvermögen** *nt* powers of vision *pl*
seicht [zaɪçt] *adj* ❶ (*flach, nicht tief*) shallow ❷ (*fig*) trivial
Seide ['zaɪdə] <-, -n> *f* silk; **reine ~** real silk
Seidel ['zaɪdəl] <-s, -> *nt* (*Bier~*) mug
seiden *adj* silk, silken; **Seidenband** *nt* silk ribbon; **Seidenpapier** *nt* tissue paper; **Seidenraupe** *f* silkworm; **Seidenstrumpf** *m* silk stocking; **seidenweich** *adj* silky soft; **seidig** *adj* silky
Seife ['zaɪfə] <-, -n> *f* soap; **ein Stück ~** a cake of soap; **seifen** *vt* soap; **Seifenblase** *f* ❶ soap-bubble ❷ (*fig*) bubble; **~n machen** blow soap-bubbles; **die ~ zum Platzen bringen** dash someone's hopes *pl;* **Seifenlauge** *f* soap suds *pl;* **Seifenoper** *f* (*fam*) soap opera; **Seifenschale** *f* soap dish; **Seifenschaum** *m* lather; **Seifenspender** *m* soap dispenser; **Seifenwasser** *nt* suds *pl*
seihen ['zaɪən] *vt* sieve
Seil [zaɪl] <-(e)s, -e> *nt* rope; (*Kabel*) cable; **Seilbahn** *f* cable railway; **seil|hüpfen** *vi,* **seil|springen** *vi* skip; **Seiltänzer(in)** *m(f)* tightrope walker; **Seilwinde** *f* winch
Sein <-s> *nt* being; (PHILOS) existence
sein [zaɪn] *irr vi* be; **ist was?** is anything [*o* something] wrong?; **was ist?** what's the matter?; **er ist Deutscher** he is a German; **wer ist das?** who is that?; **ich bin's** it's me; **sei mir nicht böse, aber ...** don't be angry with me but ...; **sei so nett und ...** be so kind as to ...; **das kann schon ~** that may well be; **das wär's!** that's it!
sein [zaɪn] *pron* (*männlich*) his; (*weiblich*) her; (*Dinge, Tiere*) its; (*auf man bezogen*) one's *Br,* his *Am;* **er raucht ~e 50 Zigaretten pro Tag** he smokes his 50 cigarettes per day; **er ist gut ~e 3 Zentner schwer** he weighs a good 200 pounds; **seinerseits** *adv:* **er ~** he for his part; **seinerzeit** *adv* (*früher*) in those days; **seinesgleichen** *pron* his equals; **jdn wie ~ behandeln** treat s.o. like one's equal; **er hat nicht ~** there is no one like him; **er und ~** he and the like of him; **seinetwegen** *adv* ❶ (*wegen ihm*) on account of him, on his account ❷ (*für ihn*) on his behalf; **seinetwillen** *adv:* **um ~** for his sake; **sie hat es um ~ getan** she did it for him; **seinige** *pron* his, its; **das ~ tun** do one's bit; **die Seinen** his people
Seismograph *m* <-en, -en>, **Seismograf** *m* (TECH) seismograph
seit [zaɪt] *präp* ❶ (*Zeitpunkt*) since ❷ (*Zeitraum*) for; **erst ~ kurzem** not long since; **er lebte da schon ~ 1960** he had been living there since 1960; **ich komme schon ~ 1997 hierher** I've been coming here since 1997; **ich habe sie ~ 2 Jahren nicht gesehen** I haven't seen her for 2 years; **ich kenne ihn schon ~ Jahren** I've known him for years; **~ langem** for a long while; **~ neuestem** lately; **~ wann?** (*von wann an?*) since when?; (*wie lange?*) how long?

? Grammatik

seit indicates a period of time beginning in the past and continuing to the present or a more recent point in the past; it corresponds to English 'since' or 'for': *Wir haben ihn seit letztem Jahr nicht mehr gesehen. – We haven't seen him since last year. Seit einem Monat arbeitet sie als Dolmetscherin.*

– *She's been working as an interpreter for a month.*

Seitan *nt* (*Fleischimitat*) seitan
seitdem [-'-/'--] **I.** *konj* since **II.** *adv* since then
Seite ['zaɪtə] <-, -n> *f* ❶ side ❷ (*Flanke*) flank ❸ (*Richtung*) direction ❹ (*Druck~*) page; **rechte (linke)** ~ (*von Kleidungsstück*) right (wrong) side; **auf der anderen ~ Londons** on the other side of London; **er trat zur ~** he moved [*o* stood] to one side; **etw auf die ~ legen** put s.th. on one side; **~ an ~** side by side; **jdm zur ~ stehen** be by someone's side; **von väterlicher ~** on the paternal side; **alles hat seine zwei ~n** there are always two sides to every story; **er ist auf unserer ~** he's on our side; **die ~n wechseln** (SPORT) change sides; **etw von dritter ~ erfahren** hear s.th. from a third party; **beschreiben Sie beide ~n** write on both sides of the page; **auf ~ 17** on page 17
Seitenairbag ['saɪtən,ɛɐbɛg] *m* side-impact airbag
Seitenangabe *f* page reference; **Seitenansicht** *f* side view; (ARCH TECH) side elevation; **Seitenaufprallschutz** *m* (AUTO) side impact protection (bar); **Seitenaufruf** *m* (*Einheit zur Messung der besuchten Web-Seiten pro Besuch,* INTERNET) page view; **Seitenausgang** *m* side exit; **Seitenblick** *m* sidelong glance; **jm einen ~ zuwerfen** give s.o. a knowing glance, exchange a knowing glance with s.o.; **Seiteneingang** *m* side entrance; **Seitenflügel** *m* ❶ (ARCH) side wing ❷ (*Altar*) wing; **Seitengang** *m* (MAR) side strake; (RAIL) corridor; **Seitengebäude** *nt* annex; **Seitengewehr** *nt* (MIL) bayonet; **Seitenhieb** *m* (*fig*) sideswipe; **Seitenlage** *f* side position; **in ~ schlafen** sleep on one's side; **seitenlang** *adj* going on for pages; **sich ~ über etw auslassen** go on for pages about s.th; **Seitenlehne** *f* arm rest; **Seitenlinie** *f* ❶ (*genealogisch*) collateral line ❷ (SPORT: *Fußball*) touchline; (*Tennis*) sideline; **Seitenruder** *f* (AVIAT) rudder
seitens ['zaɪtəns] *präp* on the part of
Seitenschiff *nt* (ARCH) aisle; **Seitensprung** *m*: **einen ~ machen** have a bit on the side

i Land & Leute

A **Seitensprung**, literally 'sideways jump', is a euphemistic expression for an affair, a 'bit on the side' during a steady relationship or marriage.

Seitenstechen *nt*: ~ **haben** have a stitch (in one's side); **Seitenstraße** *f* side-street [*o* -road]; **Seitenstreifen** *m* ❶ (*von Straße*) verge ❷ (*an Autobahn*) hard shoulder *Br,* shoulder *Am;* **Seitentasche** *f* side pocket; **seitenverkehrt** *adj* the wrong way round; **Seitenwand** *f* side wall; **Seitenwechsel** *m* (SPORT) changeover; **Seitenwind** *m* crosswind; **Seitenzahl** *f* ❶ (*Zahl auf der Seite*) page number ❷ (*Gesamtzahl*) number of pages
seither *adv* since then
seitlich I. *adj* lateral; **bei ~em Wind** in a crosswind **II.** *adv:* ~ **von ...** at the side of ...; **ein Schiff ~ rammen** ram the side of a ship; **der Weg führt ~ am Haus entlang** the path goes down the side of the house
seitwärts *adv* sideways
Sekret [ze'kre:t] <-(e)s, -e> *nt* (MED) secretion
Sekretärin *f* secretary
Sekretariat [zekretari'a:t] <-(e)s, -e> *nt* ❶ (*Büro*) office ❷ (POL) secretariate
Sekt [zɛkt] <-(e)s, -e> *m* sparkling wine
Sekte ['zɛktə] <-, -n> *f* sect
Sektkelch *m* champagne flute
Sekundant [zekʊn'dant] <-en, -en> *m* (HIST) second
sekundär *adj* secondary; **Sekundärliteratur** *f* secondary literature

i Land & Leute

In Switzerland, the **Sekundarstufe I** (the first stage of secondary education) follows on from primary school. It lasts from three to five years depending on the canton and is compulsory. Afterwards it is possible to start vocational training in **Sekundarstufe II** (the second stage of secondary education), join a vocational school or college, start a teacher-training course for **Sekundarstufe I** or join a *Maturitätsschule* (grammar school) to study for the equivalent of A levels.

Sekunde [ze'kʊndə] <-, -n> *f* second; **eine ~, bitte!** just one second, please!; **auf die ~ genau** to the second; **im Bruchteil einer ~** in a split second; **Sekundenschnelle** *f*: **in ~** in a matter of seconds;

S

Sekundenzeiger *m* second hand

sekundieren *vi* second

selbst [zɛlpst] **I.** *pron:* **ich** ~ I myself; ~ **kommen** come personally; **das versteht sich von** ~ that goes without saying; **von** ~ on one's own accord; **etw** ~ **tun** do s.th. o.s.; **das funktioniert von** ~ it works automatically; ~ **gemacht** home-made; ~ **gestrickt** hand-knitted; ~ **verdientes Geld** money one has earned oneself **II.** *adv* (*sogar*) even; ~ **wenn ...** even if [*o* though] ...

Selbstachtung *f* self-esteem, self-respect

selbständig *adj* independent; **sich** ~ **machen** (COM) start one's own business, set up on one's own; (*verloren gehen*) grow legs *hum;* ~ **handeln** act on one's own; **Selbständigkeit** *f* independence

Selbstauslöser *m* (PHOT) delay timer, delayed-action shutter release; **Selbstbedienung** *f* self-service; **Selbstbedienungsladen** *m* self-service shop; **Selbstbefriedigung** *f* masturbation; **Selbstbehauptung** *f* self-assertion; **Selbstbeherrschung** *f:* **die** ~ **verlieren** (**wahren**) lose (keep) one's self-control; **Selbstbestätigung** *f:* **eine** ~ **brauchen** need s.th. to boost one's ego; **Selbstbestimmung** *f* self-determination; **Selbstbestimmungsrecht** *nt* right of self-determination; **Selbstbeteiligung** *f* (*Versicherung*) voluntary excess; **Selbstbetrug** *m* self-deception; **selbstbewusst** *adj* self-assured, self-confident; **Selbstbewusstsein** *nt* self-confidence; **Selbstbräuner** <-s, -> *m* self-bronzer, self-tanner; **Selbstdisziplin** *f* self-discipline; **Selbsterfahrungsgruppe** *f* encounter group; **Selbsterhaltung** *f* self-preservation, survival; **Selbsterhaltungstrieb** *m* survival instinct; **Selbsterkenntnis** *f* self-knowledge; **selbsterklärend** *adj:* **etw ist** ~ s.th. speaks for itself; **Selbstfinanzierung** *f* self-financing; **selbstgefällig** *adj* complacent, self-satisfied; **Selbstgefälligkeit** *f* complacency, self-satisfaction; **Selbstgespräch** *nt* (LIT) soliloquy; ~**e führen** talk to oneself; **selbstherrlich** *adj* (*pej*) ❶ (*eigenwillig*) high-handed ❷ (*selbstgefällig*) self-satisfied; **Selbsthilfe** *f* self-help; **zur** ~ **greifen** take matters in one's own hands; **Selbsthilfegruppe** *f* self-help group; **Selbstinszenierung** *f* (*pej*) self-dramatization; **Selbstjustiz** *f* arbitrary law; ~ **üben** take the law into one's own hands *pl;* **Selbstklebeetikett** *nt* self-adhesive label; **selbstklebend** *adj* self-adhesive; **Selbstkontrolle** *f* self-regulation; **Selbstkosten** *pl* (COM) prime costs; **Selbstkostenbeteiligung** *f* first amount, deductible sum; **Selbstkostenpreis** *m* cost price; **zum** ~ at cost; **Selbstkritik** *f* self-criticism; **Selbstlaut** *m* vowel; **selbstlos** *adj* unselfish; **Selbstlosigkeit** *f* unselfishness; **Selbstmedikation** *f* self-medication; **Selbstmitleid** *nt* self-pity

Selbstmord *m* suicide; ~ **begehen** commit suicide; **Selbstmörder(in)** *m(f)* suicide; **ich bin doch kein** ~**!** I have no desire to commit suicide!; **selbstmörderisch** *adj* suicidal; **selbstmordgefährdet** *adj* suicidal; **Selbstmordkommando** *nt* suicide squad; **Selbstmordversuch** *m* suicide attempt

selbstredend *adj* naturally, of course; **Selbstreinigungsvermögen** *nt* (*von Gewässern*) self-purification capacity; **Selbstschuss** *m* spring-gun; **Selbstschutz** *m* self-protection; **selbstsicher** *adj* self-confident; **selbstständig** *adj* independent; **sich** ~ **machen** (COM) start one's own business, set up on one's own; (*verloren gehen*) grow legs *hum;* ~ **handeln** act on one's own; **Selbstständigkeit** *f* independence; **Selbstsucht** *f* egoism; **selbstsüchtig** *adj* selfish; **selbsttätig** *adj* (TECH) automatic; **Selbsttäuschung** *f* self-deception; **Selbstüberschätzung** *f* over-estimation of one's abilities; **Selbstüberwindung** *f* will-power; **Selbstverleugnung** *f* self-denial; **Selbstversorger(in)** *m(f):* ~ **sein** be self-sufficient; (*im Urlaub*) be self-caterer

selbstverständlich I. *adj* (*offenbar*) natural, obvious; **es ist** ~ it goes without saying; **etw für** ~ **halten** take s.th. for granted **II.** *adv* of course; **Selbstverständlichkeit** *f:* **das war eine** ~ it was only natural; **es für eine** ~ **erachten** take it as a matter of course

Selbstverteidigung *f* self-defence; **Selbstvertrauen** *nt* self-confidence; **Selbstverwaltung** *f* ❶ (POL) self-administration ❷ (*von Körperschaft*) self-governing body; **Selbstverwirklichung** *f* self-realisation; **Selbstwählferndienst** *m* (TELE) subscriber trunk dialling; **Selbstwahrnehmung** *f* (PSYCH) perception of oneself; **seine** ~ the way one sees oneself; **Selbstwertgefühl** *nt* feeling of one's own worth, self-esteem; **Selbstzerstörung** *f* autodestruction; **Selbstzweck** *m* end in itself; **als** ~ as an end in itself

Selektion [zelɛk'tsjoːn] <-, -en> *f* selection

Selen [ze'leːn] <-s> *nt* (CHEM) selenium

selig ['zeːlɪç] *adj* ❶ (REL) blessed ❷ (*wonnig*)

blissful; **meine ~e Mutter** my late mother; **Seligkeit** *f* ❶ (REL) salvation ❷ (*großes Glücksgefühl*) bliss

Sellerie ['zɛləri] <-s, (-s)> *m o f* ❶ (*~knolle*) celeriac ❷ (*Stangen~*) celery

selten ['zɛltən] **I.** *adj* ❶ (*nicht häufig*) rare ❷ (*knapp*) scarce ❸ (*ungewöhnlich*) unusual; **~es Exemplar** (*eines Buches*) scarce copy **II.** *adv* (*nicht oft*) rarely, seldom; **höchst ~** hardly ever; **~ so gelacht!** (*fam*) what a laugh!; **Seltenheit** *f* ❶ (*seltenes Vorkommen*) rareness ❷ (*Rarität*) rarity; **Seltenheitswert** *m* rarity value

seltsam ['zɛltza:m] *adj* strange; (*sonderbar*) odd, queer; **Seltsamkeit** *f* ❶ (*~ einer Sache*) strangeness ❷ (*seltsames Ding*) oddness

Semantik [ze'mantɪk] <-> *f* semantics; **semantisch** *adj* semantic

Semester [ze'mɛstɐ] <-s, -> *nt* term *Br,* semester *Am;* **im 10. ~ sein** be in one's fifth year

Semikolon [zemi'ko:lɔn] <-s, -s/-kola> *nt* semicolon

Seminar [zemi'na:ɐ] <-s, -e> *nt* ❶ (*Fakultätsabteilung*) department ❷ (*Kurs*) seminar ❸ (*Priester~*) seminary ❹ (SCHULE: *Studien~*) teacher training college; **Seminararbeit** *f* seminar paper

Semit(in) [ze'mi:t] <-en, -en> *m(f)* Semite; **semitisch** *adj* Semitic

Semmel ['zɛməl] <-, -n> *f* roll; **wie warme ~n weggehen** sell like hot cakes

Senat [ze'na:t] <-(e)s, -e> *m* senate; **Senator(in)** *m(f)* senator; **Senatsausschuss** *m* senate committee

Sendbote *m* emissary

Sendeanlage *f* transmitting installation; **Sendeantenne** *f* (RADIO) transmitting aerial; **Sendebereich** *m* transmission range; **Sendefolge** *f* ❶ (*Serie*) series ❷ (*Teil einer Serie*) episode ❸ (*Programme*) programmes *pl;* **Sendegebiet** *nt* area; **Sendeleiter** *m* producer

senden[1] ['zɛndən] *irr vt* (*schicken*) send (*an* to); **jdm etw ~** send s.o. s.th.; **senden**[2] *vi, vt* (RADIO TV) broadcast; (*Funksignal*) transmit; **Sendepause** *f* (RADIO TV) intermission; **Sender** *m* (RADIO TV) ❶ (*Anlage*) transmitter ❷ (*Kanal*) channel *Br,* station *Am;* **Senderaum** *m* studio; **Sendereihe** *f* (RADIO TV) series; **Sendeschluss** *m* close-down, end of broadcasts; **Sendezeichen** *nt* callsign; **Sendezeit** *f* (RADIO TV) broadcasting time

Sendung *f* ❶ (COM) shipment ❷ (*Mission*) mission ❸ (RADIO TV) programme; **Sendungsbewusstsein** *nt* sense of mission

Senegal ['ze:negal] *m* Senegal; **Senegalese** *m* Senegalese; **Senegalesin** *f* Senegalese; **senegalesisch** *adj* Senegalese

Senf [zɛnf] <-(e)s, -e> *m* mustard; **seinen ~ dazu geben** (*fam*) have one's say; **Senfgas** *nt* (MIL) mustard gas

sengen ['zɛŋən] **I.** *vt* singe **II.** *vi* scorch

senil [ze'ni:l] *adj* senile; **Senilität** *f* senility

Senior ['ze:njo:ɐ] <-s, -en> *m:* **der ~** the senior; (*fam: Chef*) boss; **~en** (*ältere Mitbürger*) senior citizens; **Seniorenheim** *nt* old people's home; **Seniorenpass** *f* (RAIL) senior citizens' travel pass; **Seniorin** <-, -nen> *f* senior citizen

Senke <-, -n> *f* (GEOG) valley

senken ['zɛŋkən] **I.** *vt* ❶ (*niedriger lassen*) lower ❷ (COM FIN) decrease ❸ (TECH) sink **II.** *vr* (*sinken*) sink; (*absacken*) sag; **Senkfuß** *m* (MED) fallen arches *pl;* **Senkgrube** *f* cesspit

senkrecht *adj* vertical; (MATH) perpendicular; **Senkrechte** *f* (MATH) perpendicular; **Senkrechtstarter** *m* ❶ (AVIAT) vertical take-off aircraft ❷ (*fam*) whizz kid

Senkung *f* ❶ (GEOG: *Vertiefung*) valley ❷ (*von Lohn, Preisen*) cut ❸ (*das Absacken*) sag ❹ (MED: *Blut~*) sedimentation of the blood

Senne ['zɛnə] <-n, -n> *f* Alpine pasture; **Senner(in)** *m(f)* dairyman (dairymaid); **Sennhütte** *f* Alpine dairy hut

Sensation [zɛnza'tsjo:n] *f* sensation; **sensationell** *adj* sensational; **Sensationsgier** *f* sensation-seeking; **sensationslüstern** *adj* sensation-seeking; **Sensationsnachricht** *f* sensational news *sing;* **Sensationsprozess** *m* sensational trial

Sense ['zɛnzə] <-, -n> *f* scythe; **damit ist jetzt ~!** (*fam*) that's off!

sensibel [zɛn'zi:bəl] *adj* sensitive; **sensibilisieren** *vt* sensitize; **Sensibilität** *f* sensitivity

Sensor *m* (ELEK) sensor; **Sensorauge** *nt* (ELEK) sensor eye; **Sensortaste** *f* touch panel

sentimental [zɛntimɛn'ta:l] *adj* sentimental; **Sentimentalität** *f* sentimentality

separat [zepa'ra:t] *adj* separate; **~es Zimmer** self-contained room; **Separatismus** *m* (POL) separatism; **Separatist(in)** *m(f)* (POL) separatist

Séparée [zepa're:] <-s, -s> *nt,*
Separee *nt* ❶ (*Nische*) private booth ❷ (*Raum*) private room

September [zɛp'tɛmbɐ] <-(s), -> *m* September

Sequenz [ze'kvɛnts] <-, -en> *f* sequence

Serbe ['zɛrbə] <-n, -n> *m* Serbian; **Serbien**

['zɛrbiən] *nt* Serbia; **Serbin** <-, -en> *f* Serbian; **serbisch** *adj* Serbian

Serenade [zere'na:də] <-, -n> *f* (MUS) serenade

Serie ['ze:riə] <-, -n> *f* ① (TV) series ② (COM) line; **in ~ gehen** go into production; **serienmäßig** *adj:* **~e Ausrüstung** standard equipment; **~ hergestellt werden** be mass-produced; **Seriennummer** *f* serial number; **Serienproduktion** *f* series production; **in ~ gehen** go onto the production line; **Serienschaltung** *f* (ELEK) series connection; **serienweise** *adv* one after another

seriös [zeri'ø:s] *adj* serious; **~e Firma** sound firm

Sermon [zɛr'mo:n] *m:* **jdm einen langen ~ halten** give s.o. a long lecture

Serpentine [zɛrpɛn'ti:nə] <-, -n> *f* ① (*Straßenkehre*) double bend ② (*gewundene Straße*) winding road

Serum ['ze:rʊm] <-s, -ren/-ra> *nt* serum

Server *m* (*Computer, der die Infos zur Verteilung über das Internet bereithält und zur Verfügung stellt*) server

Service[1] ['sø:ɐvɪs] *m* (COM) service

Service[2] [zɛr'vi:s] <-, -s> *nt* (*Geschirr*) dinner service; (*Gläser~*) set

Servierbrett *nt* tray; **servieren** [zɛr'vi:rən] *vt* serve (*jdm etw* s.o. s.th.); **jdm den Ball ~** (*fam: Tennis*) hit the ball right to s.o.; **Serviererin** *f* waitress; **Serviertisch** *m* serving table; **Serviertochter** *f* (*CH*) waitress; **Servierwagen** *m* trolley

Serviette [zɛr'vjɛtə] <-, -n> *f* napkin, serviette; **Serviettenring** *m* napkin ring

servil [zɛr'vi:l] *adj* servile

Servobremse ['zɛrvo-] *f* (AUTO) power [*o* servo-assisted] brake; **Servolenkung** *f* (AUTO) power-assisted steering; **Servomotor** *m* servomotor

Servus ['zɛrvʊs] *interj* (*österr: zur Begrüßung*) hello!; (*beim Abschied*) so long!

Sessel ['zɛsəl] <-s, -> *m* easy chair; (*a. Lehnstuhl*) armchair; **Sessellift** *m* chairlift

sesshaft ['zɛshaft] *adj* ① (*stationär*) settled ② (*ansässig*) resident; **sich ~ machen** settle down

setzen ['zɛtsən] **I.** *vt* ① (*hinstellen*) set; (*platzieren*) place; (*legen*) put ② (*Frist*) fix ③ (*Baum*) plant ④ (TYP) set ⑤ (*Geld beim Spiel*) stake; **ein Kind auf die Knie ~** sit a child on one's knees; **etw an seinen Platz ~** put s.th. in its place; **sich den Hut auf den Kopf ~** put one's hat on one's head; **jdn über einen Fluss ~** put s.o. across a river; **seine Unterschrift unter ein Schriftstück ~** put one's signature to a document; **etw auf die Tagesordnung ~** put s.th. on the agenda; **ein Verb in die Vergangenheit ~** put a verb into the past tense **II.** *vi* ① (*springen*) jump (*über* over) ② (*bei Wette*) bet (*auf* on) **III.** *vr* ① sit down ② (CHEM: *Schwebstoffe*) settle; **darf ich mich zu Ihnen ~?** may I join you?; **setz dich zu mir (neben mich)!** sit by (with) me!; **sich auf einen Stuhl ~** sit down on a chair; **Setzer(in)** *m(f)* (TYP) typesetter; **Setzerei** *f* (TYP) ① (*in Verlag*) composing room ② (*als Firma*) typesetters *pl;* **Setzfehler** *m* printer's error; **Setzkasten** *m* (TYP) case; **Setzling** *m* (*Ableger*) seedling; **Setzmaschine** *f* (TYP) typesetting machine

Seuche ['zɔɪçə] <-, -n> *f* epidemic; **es ist wie eine ~** it's like an epidemic; **seuchenartig** *adj:* **sich ~ ausbreiten** spread like the plague; **Seuchenbekämpfung** *f* control of epidemics; **Seuchenerreger** *m* agent of epidemics; **Seuchenherd** *m* centre of an epidemic

seufzen ['zɔɪftsən] *vi* sigh (*vor* with); **~d** with a sigh; **Seufzer** *m* groan, sigh; **einen ~ ausstoßen** heave a sigh

Sex [zɛks] <-(es)> *m* sex; **Sexfilm** *m* sex film, porno film; **Sexismus** *m* sexism; **Sexist(in)** <-en, -en> *m(f)* sexist; **sexistisch** *adj* sexist; **Sexshop** *m* sex shop

Sextant [zɛks'tant] <-en, -en> *m* (MAR) sextant

Sextett [zɛks'tɛt] <-s, -e> *nt* sextet

Sextourismus *m* sex tourism

Sexualerziehung *f* sex education; **Sexualhormon** *nt* sex hormone; **Sexualität** *f* sexuality; **Sexualkunde** *f* (SCHULE) sexual education; **Sexualleben** *nt* sex life; **Sexualmoral** *f* sexual morals; **Sexualmord** *m* sex killing; **Sexualmörder** *m* sex murderer; **Sexualpartner(in)** *m(f)* sex partner; **Sexualverbrecher** *m* sex-offender

sexuell [zɛksu'ɛl] *adj* sexual

Sezessionskrieg [zetsɛ'sjo:ns-] *m* (HIST) American Civil War

sezieren [ze'tsi:rən] *vt* (ANAT) dissect

Shampoo ['ʃampo:] <-(s), -s> *nt* shampoo

Shareholder-Value ['ʃɛɐhəʊldɐˌvɛlju] <-s> *m* (*Kapitalanteil von Aktionären*) shareholder value

Shareware ['ʃeəweə] *f* (*Software, die man kostenlos testen kann*) shareware

Shetlandpony ['ʃætlantpo:ni] <-s, -s> *nt* shetland pony

Show [ʃo:] <-, (-s)> *f* show; **eine ~ abziehen** (*fam*) put on a show; **Showbusiness** ['ʃəʊbɪznɪs] <-> *nt* show business; **Showmaster** *m* compère *Br,* emcee *Am*

Siam ['zi:am] *nt* (*Thailand*) Siam; **siamesisch** [zia'me:zɪʃ] *adj* Siamese; ~**e Zwillinge** Siamese twins; **Siamkatze** *f* Siamese

Sibirien [zi'bi:riən] *nt* Siberia; **sibirisch** *adj* Siberian; ~ **Kälte** (*fam*) arctic temperatures

sich [zɪç] *pron reflexiv* ❶ (*acc: 3. pers sing*) himself, herself, itself; (*3. pers pl*) themselves ❷ (*dat: 3. pers sing*) to himself, to herself, to itself; (*3. pers pl*) to themselves; **an** ~ in itself; **an und für** ~ considered by itself; **außer** ~ **sein** be beside o.s; **das spricht für** ~ **selbst** that speaks for itself; **das ist eine Sache für** ~ that is another story; **wieder zu** ~ **kommen** recover consciousness; **sie haben** ~ **sehr gern** they are very fond of each other; **sie hat** ~ **das Bein gebrochen** she has broken her leg; **nur an** ~ **denken** think only of o.s.; **dieses Auto fährt** ~ **gut** this car drives well

Sichel ['zɪçəl] <-, -n> *f* ❶ sickle ❷ (*Mond~*) crescent; **sichelförmig** *adj* sickle-shaped

sicher ['zɪçɐ] *adj* ❶ (*vor Gefahr*) safe; (*geborgen*) secure ❷ (*gewiss*) certain, sure ❸ (*selbstbewusst*) self-assured; **sind Sie sich** (**dessen**) ~**?** are you certain of that?; **wissen Sie das** ~**?** are you certain?; **ganz** ~ for certain; **ich bin mir nicht ganz** ~**, aber ...** I don't know for certain, but ...; **es ist absolut** ~**, dass ...** it's an absolute certainty that ...; **es ist** ~**, dass er kommt** it is sure that he will come; **der Erfolg ist dir** ~ you're sure of success; ~ **ist** ~ it's best to make sure; **ich bin mir da ganz** ~ I'm perfectly sure; **da bin ich nicht so** ~ I'm not so sure about that; **sich seiner Sache** ~ **sein** be sure of o.s.; **das meinst du doch** ~ **nicht so?** surely you don't mean it?; **das ist so** ~ **wie nur etwas** that is as sure as anything; **aber** ~**!** take it from me!; **vor etw** ~ **sein** be safe from s.th.; **etw** ~ **aufbewahren** keep s.th. safe; **es ist so gut wie** ~ it's a safe guess; **die Stelle** ~ **bekommen** be sure to get the job; **etw an einem** ~**en Ort verwahren** put s.th. away safely; ~ **auf den Beinen** steady on one's feet; **ich weiß aus** ~**er Quelle, dass ...** I'm reliably informed that ...; ~ **stellen** (*garantieren*) guarantee; (JUR) take possession of

Sicherheit *f* ❶ (*vor Gefahr*) safety ❷ (COM: *Geld*) security ❸ (*Gewissheit*) certainty ❹ (*Auftreten, Überzeugung*) self-assurance; **mit tödlicher** ~ with absolute certainty; **mit** ~ **wissen, dass ...** know for certain that ...; **er wird mit** ~ **Erfolg haben** his success is certain; **wird das passieren? - ja, mit** ~ will it happen? - yes, for sure; **zur** ~ for security; **auf** ~ **spielen** (SPORT) play for safety; **sich in** ~ **bringen** get to safety; **das ist mit** ~ **richtig** that's definitely right; **Sicherheitsabstand** *m* safe distance; **Sicherheitsausschuss** *m* committee of public safety; **Sicherheitsberater(in)** *m(f)* safety adviser; **Sicherheitsbestimmungen** *pl* safety regulations; **Sicherheitsbindung** *f* (*von Ski*) safety binding; **Sicherheitsglas** *nt* safety glass; **Sicherheitsgründe** *pl* safety reasons; **Sicherheitsgurt** *m* (AUTO AERO) safety (seat) belt; **sicherheitshalber** *adv* to be on the safe side; **Sicherheitskette** *f* (*an Tür*) safety chain; **Sicherheitskräfte** *pl* security forces *pl;* **Sicherheitsmaßnahme** *f* safety measures; **Sicherheitsnadel** *f* safety pin; **Sicherheitspedal** *nt* safety pedal; **Sicherheitsrat** *m* (*der UNO*) Security Council; **Sicherheitsschloss** *nt* safety lock; **Sicherheitsverschluss** *m* safety clasp; **Sicherheitsvorkehrung** *f* safety precaution; **Sicherheitsvorschriften** *pl* safety regulations; **Sicherheitswacht** *f* security patrol; **Sicherheitswächter(in)** *m(f)* security patrol [*o* guard]

sicherlich *adj* certainly *Br,* sure *Am*

sichern **I.** *vt* ❶ (*sicher machen*) secure ❷ (*schützen*) safeguard ❸ (INFORM) back up ❹ (*Gewehr*) put the safety catch on; **sich etw** ~ secure s.th. for o.s. **II.** *vr* ❶ (*sich schützen*) protect o.s. ❷ (*beim Bergsteigen*) secure o.s.; **sich gegen etw** ~ guard o.s. against s.th.

sicher|stellen *vt* (*garantieren*) guarantee; (JUR) take possession of

Sicherung *f* ❶ (*Sicherstellung*) safeguarding ❷ (TECH) safety mechanism ❸ (INFORM) back up ❹ (ELEK) fuse ❺ (*an Schusswaffe*) safety-catch; **die** ~ **ist durchgebrannt** I've fused the lights; **Sicherungskopie** *f* (INFORM) back-up copy

Sicht [zɪçt] <-> *f* ❶ (*Sehen*) view ❷ (*Sichtverhältnisse*) visibility; **in** ~ **kommen** come into view; (**gute**) **schlechte** ~ (good) poor visibility; **die** ~ **beträgt nur 100 Meter** visibility is down to only 100 metres; **zahlbar bei** ~ (COM) payable at sight; **in** ~ **sein** be within sight; **die Küste kam in** ~ we came in sight of the coast; **auf lange** ~ in the long run; **sichtbar** *adj* visible; ~ **werden** appear; (*fig*) become apparent; **Sichtbarkeit** *f* visibility

sichten *vt* ❶ (MAR: *sehen*) sight ❷ (*prüfen*) examine ❸ (*aussuchen*) sift, sort out

S

Sichtgerät *nt* monitor; (INFORM) visual display unit, VDU; **Sichtgrenze** *f* visibility limit; **Sichtkontakt** *m* eye contact

sichtlich *adj* (*offenkundig*) obvious

Sichtschutz *m* (*um nicht gesehen zu werden*) sight screen

Sichtung *f* ① (*das Sehen*) sighting ② (*Prüfung*) inspection ③ (*Trennung, Aussortierung*) sifting, sorting

Sichtverhältnisse *pl* visibility; **Sichtvermerk** *m* endorsement; **Sichtweite** *f*: **außer ~** out of sight; **in ~ kommen** come into sight

Sickergrube *f* soakaway

sickern [ˈzɪkɐn] *vi sein* seep; **nach außen ~** leak out

Sickerwasser *nt* percolating water, water seepage

Sideboard [ˈsaɪdbɔːd] <-s, -s> *nt* sideboard

Sie *pron* you; **gehen ~!** go!; **wissen ~ was ...?** do you know what ...?

sie [ziː] *pron* (*nom sing*) she; (*acc sing*) her; (*sächlich*) it; (*im pl*) they *pl*, them; **wenn ich ~ wäre** if I were her; **~ war's nicht, ich war's** it wasn't her, it was me; **~ sind es** it is they

Sieb [ziːp] <-(e)s, -e> *nt* sieve; (*Tee~*) strainer; (*Durchschlag*) colander; **ein Gedächtnis wie ein ~** a memory like a sieve

Siebdruck *m* (silk) screen print, (silk) screen printing

sieben *vt* ① (*Speisen*) sieve, sift ② (*aussortieren*) weed; **es wird sehr gesiebt** they are very selective

sieben [ˈziːbən] *num* seven

Siebenbürgen [-ˈbʏrgən] *nt* (GEOG) Transylvania; **siebenfach** *adj* sevenfold; **Siebengestirn** *nt* (ASTR) Pleiades *pl*; **siebenhundert** *num* seven hundred; **siebenjährig** *adj* seven-year-old; **siebenmal** *adv* seven times; **Siebenmeter** [-ˈ--] *m* (SPORT) penalty; **Siebensachen** *pl* belongings; **Siebenschläfer** *m* (*kleines Nagetier*) dormouse

siebte *adj* seventh; **im ~n Himmel sein** be in seventh heaven; **Siebtel** <-s, -> *nt* seventh part; **siebtens** *adv* in the seventh place

siebzehn [ˈziːptseːn] *num* seventeen; **siebzehnte** *adj* seventeenth; **Siebzehntel** <-s, -> *nt* seventeenth

siebzig [ˈziːptsɪç] *num* seventy; **Siebziger(in)** *m(f)* septuagenarian; **siebzigjährig** *adj* seventy-year-old; **siebzigste** *adj* seventieth

siedeln [ˈziːdəln] *vi* settle

sieden [ˈziːdən] *irr vi* boil; **~d heiß** boiling hot; **Siedepunkt** *m* boiling-point; **Siedewasserreaktor** *m* boiling water reactor

Siedler(in) *m(f)* settler

Siedlung *f* ① (*An~*) settlement ② (*Wohn~*) housing estates *pl*

Sieg [ziːk] <-(e)s, -e> *m* victory (*über* over); **den ~ davontragen** win the day; **den ~ erringen** be victorious

Siegel [ˈziːgəl] <-s, -> *nt* seal; **unter dem ~ der Verschwiegenheit** under the seal of secrecy; **Siegellack** *m* sealing wax; **eine Stange ~** a stick of sealing wax; **siegeln** *vt* ① (*Urkunde*) affix a seal to ... ② (*ver~*) seal; **Siegelring** *m* signet ring

siegen [ˈziːgən] *vi* be victorious; (SPORT) win; **Sieger(in)** *m(f)* victor; (SPORT) winner; **zweiter ~** runner-up; **Siegerehrung** *f* (SPORT) presentation ceremony; **Siegerpose** *f* victory pose; **Siegerstraße** *f* (*fig*) road to victory; **Siegerurkunde** *f* (SPORT) winner's certificate

siegesbewusst *adj* confident of victory; **siegesgewiss** *adj* sure of victory; **siegestrunken** *adj* drunk with victory; **Siegeszug** *m* ① (*Triumphzug*) triumphal march ② (*einer Laufbahn*) victorious career

siegreich *adj* victorious

Signal [zɪˈgnaːl] <-s, -e> *nt* ① (*das ~ für etwas*) signal ② (*Zeichen*) sign; **ein ~ geben** give a signal; **~e setzen** blaze a trail *sing*; **Signalanlage** *f* set of signals *pl*; **Signalflagge** *f* signal flag; **signalisieren** *vt* signal; **Signallampe** *f* signal lamp; **Signalmast** *m* signal mast; **Signalpistole** *f* Very pistol; **Signalwirkung** *f* signal

Signatur [zɪgnaˈtuːɐ] *f* ① (*Unterschrift*) signature ② (*auf Karten*) symbol ③ (*Buch~*) shelf mark

signieren *vt* sign

Silbe [ˈzɪlbə] <-, -n> *f* syllable; **keine ~ sagen** not breathe a word; **ich verstehe keine ~** I don't understand a word; **Silbenrätsel** *nt game involving combining syllables to form words*

Silbentrennung *f* syllabification

Silber [ˈzɪlbɐ] <-s> *nt* ① (*das Metall*) silver ② (*~zeug*) silverware; **Silberbarren** *m* silver bar [*o* ingot]; **Silberbesteck** *nt* silver cutlery; **Silberblick** *m* squint; **silberfarben** *adj* silver; **Silberfischchen** *nt* (*flügelloses Insekt*) silverfish; **Silberfuchs** *m* silverfox; **Silbergehalt** *m* silver content; **Silbergeld** *nt* silver; **Silbergeschirr** *nt* silverware; **silberhaltig** *adj* silver-bearing; **Silberhochzeit** *f* silver wedding; **Silberlöwe** *m* puma; **Silbermedaille** *f* silver medal; **Silbermünze** *f* silver coin

silbern *adj* silver

Silbernotierung *f* (quoted) price of silver; **Silberpapier** *nt* (*Stanniol*) tinfoil; **Silberstreifen** *m* (*fig*): **es zeichnet sich ein ~ am Horizont ab** one can see light at the end of the tunnel; **Silberwaren** *pl* silver *sing*

Silhouette [zilu'ɛtə] <-, -n> *f* silhouette; **sich als ~ abzeichnen gegen …** be silhouetted against …

Silizium [zi'li:tsiʊm] <-s> *nt* (CHEM) silicon

Silo ['zi:lo] <-s, -s> *m* silo

Silver-Customer [ˌsɪlvɐ'kastəmɐ] <-s, -> *m* (*älterer Kunde*) silver-haired customer

Silvester [zɪl'vɛstɐ] <-s, -> *m/nt* New Year's Eve

Simili(**stein**) ['zi:mili] *m* artificial stone

Simpel *m* simpleton; **simpel** ['zɪmpəl] *adj* ① (*einfach*) plain, simple ② (*dumm*) stupid

Sims [zɪms] <-es, -e> *m/nt* (*Fenster~*) sill; (ARCH: *vorspringender Rand*) ledge; (*Kamin~*) mantelpiece

simsen *vt, vi* (*fam: eine SMS per Handy schicken*) text; **jdm ~** text s.o.

Simulant(**in**) [zimu'lant] <-en, -en> *m(f)* malingerer; **simulieren** *vt* ① (*vortäuschen*) feign, sham ② (PHYS) simulate

simultan [zimʊl'ta:n] *adj* simultaneous; **Simultandolmetscher**(**in**) *m(f)* simultaneous interpreter

Sinaihalbinsel *f* Sinai Peninsula

Sinfonie [zɪnfo'ni:] *f* symphony; **Sinfoniekonzert** *nt* symphony concert; **Sinfonieorchester** *nt* symphony orchestra

Singapur ['zɪŋgapu:ɐ] <-s> *nt* Singapore

Singelisierung [sɪŋəli'zi:rʊŋ] <-> *f* (*der Bevölkerung*) singlisation

Singen *nt* singing; (*im Chor*) chanting; **singen** ['zɪŋən] *irr vt, vi* ① sing ② (*sl: gestehen*) squeal; **Singsang** <-(e)s> *m* ① (*monotones Singen*) monotonous singing ② (*Aussprache*) singsong; **Singspiel** *nt* lyrical drama

Singular ['zɪŋgula:ɐ] <-s, -e> *m* singular

Singvogel *m* song-bird

sinken [zɪŋkən] *irr vi* sink; (*Preise*) drop, fall; **im Wert ~** decline in value; **in einen Sessel ~** sink into an armchair; **in jds Achtung ~** sink in someone's eyes

Sinkstoffe *pl* (CHEM) settleable solids

Sinn [zɪn] <-(e)s, -e> *m* ① (*~esorgan*) sense ② (*Verstand*) mind ③ (*Bedeutung*) meaning; **von ~en sein** be out of one's senses; **das hat keinen ~** there is no sense in that; **was für einen ~ soll das haben?** what's the sense of doing this?; **es hat keinen ~ zu weinen** there is no sense in crying; **einen ~ ergeben** make sense; **in gewissem ~e** in a sense; **das geht mir nicht aus dem ~** I can't get it out of my mind; **im ~ haben etw zu tun** have in mind to do s.th.; **mein Leben hat keinen ~** my life is meaningless; **Sinnbild** *nt* symbol; **sinnbildlich** *adj* symbolic(al)

Sinnen ['zɪnən] *nt*: **in ~ versunken** lost in meditation; **sinnen** *irr vi*: **über etw ~** brood over s.th.; **auf Unheil ~** plot, mischief; **auf Rache ~** meditate revenge; **Sinnenlust** *f* sensuality

sinnentleert *adj* bereft of content; **sinnentstellend** *adj* distorting the meaning

Sinnesänderung *f* change of mind; **Sinneseindrücke** *mpl* sensory impressions; **Sinnesorgan** *nt* sense organ; **Sinnesstörung** *f* sensory disorder; **Sinnestäuschung** *f* illusion; **Sinneswahrnehmung** *f* sensory perception; **Sinneswandel** *m* change of mind

sinnfällig *adj* obvious; **sinngemäß** *adj*: **etw ~ wiedergeben** give the gist of s.th; **sinngetreu** *adj* faithful

sinnieren *vi* ruminate

sinnig *adj* ① (*vernünftig*) sensible; (*sinnreich*) apt ② (*zweckmäßig*) practical; **sinnigerweise** *adv* (*iro*) naturally *iro*

sinnlich *adj* sensual; **ein ~er Mensch** a sensualist; **Sinnlichkeit** *f* sensuality

sinnlos *adj* ① (*zwecklos*) useless ② (*absurd, verrückt*) absurd ③ (*ohne Bedeutung*) meaningless; **~ betrunken** dead drunk; **es ist einfach ~** it just doesn't make sense; **Sinnlosigkeit** *f* ① (*Zwecklosigkeit*) uselessness ② (*Absurdität*) absurdity; **sinnreich** *adj* ① (*klug ersonnen*) ingenious ② (*geistreich*) witty; **Sinnsuche** *f* search for a meaning (in life); **sinnverwandt** *adj* synonymous; **~es Wort** synonym; **sinnvoll** *adj* ① (*zweckmäßig*) convenient ② (*klug*) ingenious; **sinnwidrig** *adj* absurd, senseless

Sintflut ['zɪntflu:t] <-> *f* (*fig*) deluge; **die ~** the Flood

Sippe ['zɪpə] <-, -n> *f* ① (*von Menschen*) family ② (ZOO) species; **Sippschaft** *f* ① (*pej: Verwandtschaft*) tribe ② (*pej: Gesindel*) bunch

Sirene [zi're:nə] <-, -n> *f* (*a. fig*) siren; **Sirenengeheul** *nt* wail of sirens

Sirup ['zi:rʊp] <-s, -e> *m* (*Zuckersaft*) treacle; (*Fruchtsaft mit Zucker*) syrup

Sitcom ['sɪtkɔm] <-, -s> *f* (*TV-Situationskomödie*) sitcom

Sitte ['zɪtə] <-, -n> *f* custom; **es ist ~ …** custom demands …; **wie es ~ ist** as custom has it; **Sittendezernat** *nt* vice squad;

Sittengeschichte *f* history of life and customs; **Sittenlehre** *f* ethics *pl;* **sittenlos** *adj* immoral; **Sittenlosigkeit** *f* immorality; **Sittenprediger** *m* (*fig*) sermonizer; **sittenstreng** *adj* puritanical; **Sittenstrolch** *nt* (*fam*) sex fiend; **Sittenverfall** *m* decline in moral standards

Sittich ['zɪtɪç] <-s, -e> *m* (*kleiner Vogel*) parakeet

sittlich *adj* moral

Sittlichkeit *f* morality; **Sittlichkeitsverbrechen** *nt* sex crime

sittsam *adj* decent; **Sittsamkeit** *f* decency

Situation [zitua'tsjo:n] *f* situation; **Herr der ~ sein** be master of the situation

Sitz [zɪts] <-es, -e> *m* ❶ seat ❷ (*Wohnsitz*) residence ❸ (*von Kleidern*) fit; **verstellbarer ~** adjustable seat; **mit ~ in Berlin** (COM) with the place of business and legal seat in Berlin; **Sitzbad** *nt* hipbath; **Sitzblockade** *f* sit-in

sitzen *irr vi* ❶ sit ❷ (*Hieb*) go home ❸ (*wohnen*) dwell, live ❹ (*von Kleidern*) fit ❺ (*fam: im Gefängnis*) be doing time; **auf dem Trockenen ~** be left high and dry; (*fig: kein Geld haben*) be in low water; **er hat einen ~** (*fam*) he has one too many; **~ bleiben** remain seated; **bleiben Sie** (**bitte**) **~!** please don't get up!; **~ bleiben** (*in der Schule*) stay down; **auf einer Ware ~ bleiben** be left with a merchandise; **über einer Arbeit ~** be occupied with a task; **diese Beleidigung lasse ich nicht auf mir ~!** I am not going to take that insult lying down!; **das Kleid sitzt nicht** the dress doesn't fit properly; **die Bemerkung saß** the remark was very apt; **~ lassen** (*bei Verabredung*) leave waiting; (*im Stich lassen*) leave in the lurch *Br*

Sitzfleisch *nt:* **kein ~ haben** not have the staying power, not be able to sit still

Sitzgelegenheit *f* seat, seating accomodation *pl;* **Sitzkissen** *nt* cushion; **Sitzlehne** *f* seat back; **Sitzplatz** *m* seat; **Sitzstreik** *m* sit-down strike

Sitzung *f* ❶ (*Konferenz*) meeting ❷ (JUR) session; **Sitzungsbericht** *m* minutes *pl;* **Sitzungsperiode** *f* session; **Sitzungssaal** *m* ❶ (*für Konferenz*) conference hall ❷ (JUR) court room

Sizilien [zi'tsi:liən] *nt* Sicily

Skala ['ska:la] <-, -len> *f* ❶ (ELEK) scale ❷ (*fig*) range; **Skalenbeleuchtung** *f* instrument lighting; **Skaleneinteilung** *f* graduation; **Skalenstrich** *m* grading line

Skalp [skalp] <-s, -e> *m* scalp

Skalpell [skal'pɛl] <-s, -e> *nt* (MED) scalpel

skalpieren *vt* scalp

Skandal [skan'da:l] <-s, -e> *m* ❶ scandal ❷ (*Lärm*) fuss, row; **es ist ein ~, dass sich niemand darum kümmert** it's a disgrace that nobody cares about that; **skandalös** *adj* scandalous; **Skandalprozess** *m* sensational case; **skandalträchtig** *adj* potentially scandalous

Skandinavien [skandi'na:viən] *nt* Scandinavia; **skandinavisch** *adj* Scandinavian

Skat [ska:t] <-(e)s, -e/-s> *m* skat

Skateboard ['skeɪtbɔ:d] <-s, -s> *nt* skateboard; **Skateboardfahrer(in)** *m(f)* skateboarder

skaten [ske:tn] *vi* (*fam*) blade

Skelett [ske'lɛt] <-(e)s, -e> *nt* skeleton

Skepsis ['skɛpsɪs] <-> *f* scepticism; **Skeptiker(in)** *m(f)* sceptic; **skeptisch** *adj* sceptical

Ski [ʃi:] <-(s), -er> *m* ski; **die ~er anschnallen** put on the skis; **~ fahren, ~ laufen** ski; **Skianzug** *m* ski suit; **Skiausrüstung** *f* skiing gear; **Skifahrer(in)** *m(f)* skier; **Skigymnastik** *f* skiing exercises *pl;* **Skihose** *f* ski-pants *pl;* **Skilaufen** *nt* skiing; **Skiläufer(in)** *m(f)* skier; **Skilehrer(in)** *m(f)* instructor; **Skilift** *m* ski-lift

Skinhead <-s, -s> *m* skinhead

Skipiste *f* ski-run; **Skispringen** *nt* ski jumping; **Skispringer(in)** *m(f)* ski-jumper; **Skistock** *m* ski-stick; **Skiträger** *m* ski rack

Skizze ['skɪtsə] <-, -n> *f* ❶ (*Abriss*) sketch ❷ (*Entwurf*) draft; (*Plan*) outline; **Skizzenbuch** *nt* sketchbook; **skizzenhaft** *adj* (*fig*) in broad outline; **skizzieren** [skɪ'tsi:rən] *vt* ❶ (*umreißen*) sketch ❷ (*Plan*) outline

S-Klasse *f* (*gesellschaftliche Upper-Class*) upper class

Sklave, -vin ['skla:və] <-n, -n> *m, f* slave; **jdn zum ~n machen** make a slave of s.o; **Sklavenhalter(in)** *m(f)* slave-owner; **Sklavenhandel** *m* slave-trade; **Sklaventreiber(in)** *m(f)* (*a. fig*) slave-driver; **Sklaverei** *f* slavery; **sklavisch** *adj* slavish

Skonto ['skɔnto] <-s, -s/-ti> *m/nt* (COM) cash discount; **bei Barzahlung 5% ~ geben** allow 5% discount for cash

Skorbut [skɔr'bu:t] <-(e)s> *m* (MED) scurvy

Skorpion [skɔrpi'o:n] <-s, -e> *m* ❶ (*Spinnentier*) scorpion ❷ (*Sternzeichen*) Scorpio

Skript [skrɪpt] <-(e)s, -s/-en> *nt* script

Skrupel ['skru:pəl] <-s, -> *m* scruple; **keine ~ haben etw zu tun** have no scruples to do s.th.; **ohne jeden ~** without the slightest scruple; **skrupellos** *adj* unscrupulous; **Skrupellosigkeit** *f* unscrupulousness

Skulptur [skʊlp'tuːɐ] <-, -en> *f* sculpture

skurril [skʊ'riːl] *adj* comical, droll

Skybeamer ['skaɪbiːmɐ] <-s, -> *m* (*Lichtstrahlen am Nachthimmel*) skybeamer

Slalom ['slaːlɔm] <-s> *m* slalom

Slawe, -win ['slaːvə] <-n, -n> *m, f* Slav; **slawisch** *adj* Slavonic; **Slawist(in)** *m(f)* Slavist; **Slawistik** *f* Slavonic studies *pl*

Slip <-s, -s> *m* briefs *pl;* **Slipeinlage** *f* panty-liner

Slowake, -kin [slo'vaːkə] <-n, -n> *m, f* Slovak; **Slowakei** *f* Slovakia; **slowakisch** *adj* Slovak(ian)

Slowenien [slo'veːniən] *nt* Slovenia

Slum [slam] <-s, -s> *m* slum

Smaragd [sma'rakt] <-(e)s, -e> *m* emerald; **smaragdgrün** [-'-'-] *adj* emerald-green

Smartcard ['smaːtkaːd] <-, -s> *f* smart card

Smog ['smɔk] <-s> *m* smog; **Smogalarm** *m* smog alert

Smoking ['smoːkɪŋ] <-s, -s> *m* dinner-jacket *Br,* tuxedo *Am*

SMS *m* (*Mobilfunk*) *Abk. von* **Short Message Service** short text-message service; **eine SMS(-Nachricht) senden** text-message; **das Versenden von SMS-Nachrichten** text messageing

Snail-Mail ['sneɪlmeɪl] <-, -s> *f* (*sl: herkömmliche Briefpost*) snail mail

Snowboard ['snəʊbɔːd] <-s, -s> *nt* (SPORT) snowboard; **snow|boarden** ['snəʊbɔːɐdən] *vi* snowboard

so [zoː] **I.** *adv* ❶ so ❷ (*auf diese Art*) like this, thus; **~!** (*da!*) there you are!; **~?** is that so?; **ach ~!** oh, I see!; **~ oder ~** one way or another; **~ ... wie** as ... as; **na, ~ was!** what do you know! well, did you ever!; **~ hören Sie doch!** now, do listen!; **ich will mal nicht ~ sein** all right, but just this once; **~ siehst du aus!** (*fam*) that's what you think!; **~ viel Tee** so much tea; **er war ~ dumm und hat es ihnen gesagt** he was so stupid as to tell them; **ich bin ja ~ müde** I'm so very tired; **~ kam es, dass ...** so it was that ...; **~ eine Woche** a week or so **II.** *adj:* **~ genannt** so-called **III.** *konj:* **~ dass ...** so that ...; **~ reich er auch ist** however rich he may be

sobald [zo'balt] *konj* as soon as

Socke ['zɔkə] <-, -n> *f* sock; **sich auf die ~n machen** (*fam*) take to one's heels

Sockel ['zɔkəl] <-s, -> *m* base; (*von Statue*) pedestal; **Sockelbetrag** *m* (*tariflicher ~*) flat cash supplement; **ein ~ von £ 3.50** a basic rate of £ 3.50

Soda ['zoːda] <-> *f* soda

sodann *adv* then, thereupon

sodass *konj* so that

Sodawasser *nt* soda water

Sodbrennen ['zoːt-] *nt* heartburn

Sodomie [zodo'miː] <-> *f* bestiality

soeben [zo'eːbən] *adv* just, this minute

Sofa ['zoːfa] <-s, -s> *nt* sofa; (*kleines ~*) settee; **Sofakissen** *nt* sofa cushion

sofern *konj* provided (that)

SoFi ['soːˌfiː] <-, -s> *f* (*fam: Sonnenfinsternis*) solar eclipse, eclipse of the sun

sofort [zo'fɔrt] *adv* at once, immediately; **~!** (*komme ~!*) coming!; **Sofortbildkamera** *f* Polaroid camera®; **Soforthilfe** *f* emergency aid [*o* relief]; **sofortig** *adj* immediate, instant; **Sofortlieferung** *f* immediate delivery; **Sofortmaßnahme** *f* immediate measure

Softie [zɔftɪ] <-s, -s> *m* (*fam*) caring type

Soft Skills ['sɔftˌskɪls] *pl* (*Charaktereigenschaften*) soft skills *pl*

Softwarepaket *nt* (INFORM) software package; **Softwarepiraterie** *f* software piracy

Sog [zoːk] <-(e)s, -e> *m* ❶ (*Explosions~*) suction ❷ (*Wasser~*) undertow

sogar [zo'gaːɐ] *adv* even; **sie ist ~ gekommen** she even came

sogleich [zo'glaɪç] *adv* at once

Sohle ['zoːlə] <-, -n> *f* ❶ (*Fuß~*) sole ❷ (MIN) bottom

Sohn [zoːn, *pl:* 'zœːnə] <-(e)s, Söhne> *m* son; **der verlorene ~** the prodigal son

Sojabohne *f* soya bean

solang(e) [zo'laŋə] *adv* as long as, so long as

solar *adj* solar; **~e Warmwasserbereitungsanlage** solar thermal water heating; **Solarenergie** *f* solar energy

Solarium [zo'laːrɪʊm] <-s, -en> *nt* solarium

Solarjalousie *f* (*Lamellen aus Spezialglas*) solar venetian blind

Solartechnik [zo' aːɐ-] *f* solar technology; **Solarzelle** *f* solar cell

solch [zɔlç] *adj* such; **~ ein Glück** such luck; **ich hab' ~en Durst!** I'm so thirsty!

Sold [zɔlt] <-(e)s, -e> *m* (MIL) pay

Soldat(in) [zɔl'daːt] <-en, -en> *m(f)* soldier; **der unbekannte ~** the Unknown Warrior

Soldatenfriedhof *m* military cemetery

Soldateska [zɔlda tɛska] <-, -ken> *f* band of soldiers; **soldatisch** *adj* ❶ (*soldatengemäß*) soldierlike ❷ (*militärisch*) military;

Söldner ['zœldnɐ] <-s, -> *m* mercenary

Sole ['zoːlə] <-, -n> *f* brine, saltwater

solidarisch [zoli'daːrɪʃ] *adj:* **~ sein mit ...** show solidarity with ...; **sich mit jdm ~ erklären** declare one's solidarity with s.o;

solidarisieren *vr:* **sich mit jdm ~** show one's solidarity with s.o; **Solidarität** *f* solidarity; **Solidaritätsstreik** *m* sympathy strike; **Solidaritätszuschlag** *m* solidarity levy; **Solidarpakt** <-(e)s> *m* solidarity pact

solide [zo'li:də] *adj* ① (*fest gebaut, a.* COM) solid ② (*ansehnlich*) sound ③ (*anständig*) respectable; **Solidität** *f* ① (*Stärke*) solidity ② (*Ansehnlichkeit*) soundness

Solist(in) *m(f)* soloist

Soll [zɔl] <-(s), -(s)> *nt* (COM) ① debit ② (*Sollseite*) debit side ③ (*Planvorsatz*) target; **~ und Haben** debit and credit; **ins ~ eintragen** (**im ~ verbuchen**) debit (enter on the debit side)

sollen ['zɔlən] *vi* shall; (*konjunktivisch*) should; (*subjunktivisch*) be to; (*angeblich*) be supposed to; (*Gerücht*) be said; **er soll sehr reich sein** he is said to be very rich; **was soll das (bedeuten)?** what's that supposed to mean?; **was soll (denn) das?** what do you think you're doing?, what's the point of that?; **was soll das denn?** what's that for?; **was soll ich hier?** what am I here for?; **was soll's?** so what?; (*fam*) what the heck!; **was soll das heißen?** what does that mean?; **was soll ich tun?** what am I to do?; **wer soll das sein?** who is that supposed to be?; **man sollte meinen ...** one would think ...; **sollte er es vergessen haben?** can he have forgotten it?; **sollte das möglich sein?** can this be possible?; **man sollte sie auch einladen** she ought to be invited too; **das hätten Sie nicht glauben ~** you shouldn't have believed it; **sie weiß nicht, was sie tun soll** she doesn't know what to do; **die Abreise soll heute stattfinden** the departure is to take place today; **wenn ich sterben sollte** if I come to die; **so etw soll es geben** these things happen

Sollseite *f* debit side; **Sollzinsen** *pl* interest charges

Solo ['zo:lo] <-s, -s/-li> *nt* solo

solvent [zɔl'vɛnt] *adj* (FIN) solvent

Solvenz [zɔl'vɛnts] <-> *f* solvency

Somalia [zo'ma:lja] *nt* Somalia; **Somalier(in)** *m(f)* Somalian; **somalisch** *adj* Somalian

somit *adv* consequently, therefore

Sommer ['zɔmɐ] <-s, -> *m* summer; **im ~** in (the) summer; **im nächsten ~** next summer; **Sommerfrische** *f* (*obs*): **in die ~ fahren** go away for a summer holiday; **Sommerhalbjahr** *nt* summer semester, summer term *Br;* **Sommerkleidung** *f* ① (*in eigener Garderobe*) summer clothing ② (COM: *als Artikel*) summerwear; **sommerlich** *adj* ① (*~ warm*) summery ② (*~er Tag*) summer ...; **~ gekleidet sein** be in summer clothes; **Sommerloch** *nt* (*fam*) silly season; **Sommermantel** *m* summer coat; **Sommerpause** *f* summer break; (JUR POL) summer recess; **Sommerreifen** *m* (AUTO) normal tyre; **Sommerschlussverkauf** *m* summer sale; **Sommersprossen** [-ʃprɔsən] *fpl* freckles; **sommersprossig** *adj* freckled; **Sommerzeit** *f* summer time

Sonate [zo'na:tə] <-, -n> *f* (MUS) sonata

Sonde ['zɔndə] <-, -n> *f* ① (MED: *a. Raum~*) probe; (*Wetter~*) sonde ② (MAR) plummet

Sonderabschreibung *f* special depreciation [*o* allowance]; **Sonderanfertigung** *f* item [*o* goods] made to specification [*o* order]; **Sonderangebot** *nt* special offer; **Sonderausführung** *f* special model; **Sonderausgabe** *f* ① (*Extrablatt*) special edition; (*Buch*) separate edition ② (FIN) extraordinary expenses *pl*

sonderbar *adj* odd, strange; **was ist daran ~?** what's strange about it?; **sonderbarerweise** *adv* strange to say

Sonderbedingungen *fpl* special terms; **Sonderbeilage** *f* (COM) special supplement; (*in Zeitung*) inset; **Sonderbericht** *m* special report; **Sonderbestimmungen** *fpl* special provision; **Sondereinheit** *f* special unit; **Sondereinlagen** *fpl* special deposit; **Sonderermittler(in)** *m(f)* (POL) special envoy; **Sonderfall** *m* ① (*besonderer Fall*) special case ② (*Ausnahme*) exception; **Sondergericht** *nt* special court

sondergleichen *adv* unequalled, unparalleled; **das ist eine Frechheit ~** that's the height of cheek!

Sonderheft *nt* special edition; **Sonderinteresse(n)** *nt (pl)* private [*o* particular] interest *sing;* **Sonderkommando** *nt* special unit; **Sonderkonditionen** *fpl* special terms; **Sonderkonto** *nt* special account; **Sonderling** *m* eccentric; **Sondermüll** *m* hazardous waste; **Sondermülldeponie** *f* hazardous waste depot

sondern *vt* (*abtrennen*) separate (*von* from)

sondern ['zɔndɐn] *konj* but; **~ was?** what then?; **nicht nur ..., ~ auch ...** not only ... but also ...

Sondernummer *f* special edition; **Sonderposten** *m* special item; **Sonderpreis** *m* special price; **Sonderregelung** *f* special provision; **Sonderschule** *f* special school

i Land & Leute

Sonderschulen (special schools) are for mentally, socially or physically handicapped children and teenagers. They are part of the general state school system and the teachers there have had special pedagogical training.

Sonderstellung *f* special position; **Sondertisch** *m* bargain counter; **Sonderurlaub** *m* special leave; **Sondervergütung** *f* extra pay; **Sondervollmacht** *f* special authority; **Sonderzeichen** *nt* special character; **Sonderzug** *m* special train

sondieren [zɔn'diːrən] **I.** *vt* sound out; **die Lage ~** (*fam*) find out how the land lies **II.** *vi* sound things out; **~, ob …** try to sound out, whether …

Sonett [zo'nɛt] <-(e)s, -e> *nt* (LIT) sonnet

Sonnabend ['zɔnaːbənt] <-s, -e> *m* Saturday; **sonnabends** *adv* on Saturdays

Sonne ['zɔnə] <-, -n> *f* sun; **an die ~ gehen** go out in the sun

sonnen *vr* ❶ sun o.s ❷ (*fig*) bask (*in etw* in s.th.)

Sonnenaufgang *m* sunrise; **bei ~** at sunrise; **Sonnenbad** *nt* sunbathing; **Sonnenbank** *f* tanning [*o* sun] bed; **sonnenbeschienen** *adj* sunlit; **Sonnenblocker** *m* sunblocker; **Sonnenblume** *f* sunflower; **Sonnenblumenöl** *nt* sunflower oil; **Sonnenbrand** *m* sunburn; **Sonnenbrille** *f* sunglasses *pl;* **Sonnendach** *nt* ❶ (*vor Fenstern*) sun-blind ❷ (AUTO) sun roof; **Sonneneinstrahlung** *f* insolation; **Sonnenenergie** *f* solar energy; **Sonnenfinsternis** *f* eclipse of the sun; **Sonnenfleck** *m* (ASTR) sunspot; **Sonnenkollektor** *m* solar panel; **Sonnenkraftwerk** *nt* solar power station; **Sonnenlicht** <-(e)s> *nt* sunlight; **Sonnenmilch** *f* suntan lotion; **Sonnenöl** *nt* suntan oil; **Sonnenschein** *m* sunshine; **Sonnenschirm** *m* (*für Garten*) sunshade; (*für Straße*) parasol; **Sonnenschutzmittel** *nt* sunscreen agent; **Sonnenseite** *f* sunny side; **Sonnenstich** *m* sunstroke; **du hast wohl einen ~!** (*fam*) you must have been out in the sun too long!; **Sonnenstrahl** *m* sunbeam; **Sonnensystem** *nt* solar system; **Sonnenuhr** *f* sundial; **Sonnenuntergang** *m* sunset *Br,* sundown *Am;* **Sonnenwende** *f* solstice

sonnig *adj* sunny; **~ere Gefilde** sunnier climes

Sonntag *m* Sunday; **sonntäglich** *adj attr* Sunday …; **~ gekleidet** dressed in one's Sunday best

sonntags *adv* on Sundays

Sonntagsarbeit *f* Sunday working; **Sonntagsausflug** *m* Sunday trip; **Sonntagsbeilage** *f* Sunday supplement; **Sonntagsdienst** *m:* **~ haben** (*Arzt*) be on Sunday duty; (*Apotheke*) be open on Sundays; **Sonntagsfahrer(in)** *m(f)* (*hum*) Sunday driver; **Sonn- und Feiertage** *pl* Sundays and bank holidays

Sonographie <-> *f*

Sonografie *f* (MED) sonography

sonst [zɔnst] *adv* ❶ (*im Übrigen*) otherwise ❷ (*außerdem*) else ❸ (*gewöhnlich, üblicherweise*) usually ❹ (*ehemals*) formerly; **~ noch etwas?** anything else?; **~ nichts** nothing else; **~ nirgends** nowhere else; **~ jemand** anybody else; **das kannst du ~ wem erzählen!** (*fam*) tell that to the marines!; **wenn es ~ nichts ist** if that is all; **wie ~** as usual

sonstig *adj* other; **Sonstiges** *nt* Any Other Business, AOB

Sopran [zo'praːn] <-s, -e> *m* (MUS) soprano

Sorbe, -bin ['zɔrbə] <-n, -n> *m, f* Sorb; **sorbisch** *adj* Sorb(ian)

Sorge ['zɔrgə] <-, -n> *f* (*Kummer*) care; (*quälende*) worry; (*Ungelegenheit*) trouble; **keine ~!** don't worry!; **~n haben** have problems; **~n haben, dass …** be worried that …; **jdm ~n machen** worry s.o; **sich ~n machen über (um) …** worry about …, fret about …; **sich keine ~n machen über …** not bother about …, not trouble o.s. about …; **in ~ sein, dass …** be afraid lest …; **das ist meine geringste ~** that is the least of my worries; **lass das meine ~ sein!** leave that to me!; **du hast ~n!** (*iro*) you think you've got problems!; **mach dir deshalb keine ~n!** don't worry about that!

sorgen I. *vt* take care (*für* of); **bitte ~ Sie dafür, dass …** please, see that …, make sure that …; **dafür werde ich ~** leave that to me; **dafür ist gesorgt** that has been seen to **II.** *vr* worry; **sich ~ (um) wegen …** be worried about …; **Sorgenfalte** *f* worry line; **sorgenfrei** *adj* ❶ (*frei von Sorgen*) free of care ❷ (*unbekümmert*) carefree; **Sorgenkind** *nt* problem child; **sorgenvoll** *adj* ❶ (*voll von Sorgen*) full of worries ❷ (*besorgt*) worried

Sorgerecht *nt* (JUR) custody

Sorgfalt ['zɔrkfalt] <-> *f* care; **viel ~ auf etw verwenden** take a lot of care over s.th; **sorgfältig** *adj* careful; **sorglos** *adj* ❶ (*unachtsam*) careless ❷ (*unbeküm-*

S

mert) carefree; **Sorglosigkeit** *f* ❶ (*Achtlosigkeit*) carelessness ❷ (*Unbekümmertheit*) carefreeness; **sorgsam** *adj* careful

Sorte ['zɔrtə] <-, -n> *f* ❶ (*Art*) kind, sort; (*Klasse*) grade ❷ (*Marke*) brand ❸ (FIN: *im pl*) foreign currency; **von allen ~n** of all sorts; **erste ~** best quality, A 1; **schlechtere ~** inferior quality; **du bist vielleicht 'ne ~!** (*fam*) you're a fine one!

sortieren *vt* sort; **etw in ein Regal ~** sort s.th. and put it in shelves; **Sortierlauf** *m* (INFORM) sort run; **Sortiermaschine** *f* sorting machine

Sortiment <-(e)s, -e> *nt* ❶ (*Auswahl*) assortment ❷ (COM) collection; **das ~** (*der Buchhandel*) the retail book trade; **Sortimentsbreite** *f* product range; **Sortimentserweiterung** *f* extension of product range

Soße ['zo:sə] <-, -n> *f* ❶ (*Sauce*) sauce; (*Braten~*) gravy ❷ (*fam: schmierige Substanz*) gunge

Souffleur, -leuse [zʊ'flø:ɐ (zʊ'flø:zə)] *m, f* (THEAT) prompter

soufflieren *vi* (THEAT) prompt

Souterrain [zutɛ'rɛ̃:/'---] <-s, -s> *nt* basement

Souvenir [zuvə'ni:ɐ] *nt* souvenir; **Souvenirladen** *m* souvenir shop

Souverän [zuvə'rɛ:n] <-s, -e> *m* sovereign; **souverän** *adj* ❶ (*selbständig*) sovereign ❷ (*fig*) superior; **die Lage ~ meistern** deal with the situation supremely well; **~ über etw hinweggehen** ignore s.th. blithely; **Souveränität** *f* sovereignty

soviel [-'-/'--] *konj* as far as; **~ ich weiß** as far as I know

soweit [-'-/'--] **I.** *adv* (*bis jetzt*) up to now; (*bis hierher*) thus far; *s.* **weit II.** *konj:* **~ ich sehe** as far as I can tell

sowenig I. *adv* (*eben~*) no more **II.** *konj* however little

sowie [-'-] *konj* ❶ (*sobald als*) as soon as ❷ (*und auch*) as well as

sowieso [--'-/'---] *adv* anyhow, in any case; **ich gehe ~ hin** I'm going there anyhow

Sowjet [zɔ'vjɛt/'--] <-s, -s> *m* Soviet; **Sowjetbürger(in)** *m(f)* Soviet citizen; **sowjetisch** [zɔ'vjɛtɪʃ] *adj* Soviet; **Sowjetunion** *f* (HIST) Soviet Union

sowohl [-'-] *konj:* **~ ... als auch** as well ... as, both ... and ...

sozial [zo'tsja:l] *adj* social; **~e Ausgrenzung** social exclusion; **~e Fürsorge** [*o* **Wohlfahrt**] social welfare; **die ~en Verhältnisse** social conditions; **die ~ Benachteiligten** the socially disadvantaged; **~ denken** be socially minded; **~es Jahr** *year spent by young person as voluntary assistant in hospitals, social services;* **er stammt aus einem ~ schwachen Milieu** he comes from a disadvantaged background; **Sozialabgaben** *pl* social welfare contributions; **Sozialamt** *nt* social welfare office; **Sozialarbeiter(in)** *m(f)* social worker; **Sozialausgaben** *fpl* social expenditure; **Sozialdemokrat(in)** *m(f)* social democrat; **sozialdemokratisch** *adj* social-democratic; **Sozialgericht** *nt* welfare tribunal; **Sozialhilfe** *f* income support *Br,* welfare (aid) *Am;* **Sozialhilfeempfänger(in)** *m(f)* person receiving income support *Br,* person receiving welfare aid *Am;* **Sozialhilfeleistung** *f* supplementary benefit

Sozialisation *f* (SCHULE) socialization; **sozialisieren** *vt* ❶ (SCHULE) socialize ❷ (POL) nationalize

Sozialismus *m* socialism; **Sozialist(in)** *m(f)* socialist; **sozialistisch** *adj* socialist

Sozialleistungen *fpl* social security benefits; **Sozialmieter(in)** *m(f)* social-security tenant; **Sozialneid** *m* social envy; **Sozialpartner** *pl* social partners; **Sozialplan** *m* social plan; **Sozialpolitik** *f* social policy; **Sozialstaat** *m* welfare state; **Sozialstation** *f* health and advice centre; **Sozialversicherung** *f* social security; **Sozialversicherungsbeitrag** *m* social security contribution, national insurance contribution *Br;* **Sozialwissenschaften** *pl* social sciences; **Sozialwohnung** *f* council flat [*o* house]

soziokulturell *adj* socio-cultural

Soziolekt *m* (LING) sociolect

Soziologe, -gin *m, f* sociologist

Soziologie [zotsiolo'gi:] *f* sociology

sozioökonomisch *adj* socio-economic

Sozius ['zo:tsiʊs] <-, -se> *m* ❶ (COM) partner ❷ (AUTO) pillion rider; **Soziussitz** *m* (AUTO) pillion seat; **auf dem ~ mitfahren** ride pillion

sozusagen [--'--/'----] *adv* so to speak

Spachtel ['ʃpaxtəl] <-s, -> *m o f* ❶ (*Werkzeug*) spatula ❷ (*Kitt*) filler; **spachteln** *vt* fill

Spaghetti [ʃpa'gɛtɪ] *pl,* **Spagetti** *pl* spaghetti *sing*

spähen ['ʃpɛ:ən] *vi* ❶ (*kundschaften*) reconnoitre, scout ❷ (*verstohlen*) peer; **nach jdm ~** look out for s.o.; **Späher** *m* (*Kundschafter*) scout; **Spähtrupp** *m* (MIL) patrol

Spalier [ʃpa'li:ɐ] <-s, -e> *nt* ❶ (*am Haus*) trellis ❷ (*Reihe von Leuten*) line; **ein ~ bilden** (*a.* MIL) form a lane

Spalt [ʃpalt] <-(e)s, -e> *m* ❶ (*Fels~*) crevice, fissure ② (*Riss*) crack ③ (*Öffnung*) opening ④ (*fig*) split; **die Tür einen ~ öffnen** open the door slightly; **spaltbar** *adj* ① (*Holz*) cleavable ② (PHYS) fissionable; **~er Stoff** fissionable material; **Spaltbarkeit** *f* ① (*von Holz*) cleavability ② (PHYS: *von Atomen*) fissionability

Spalte <-, -n> *f* ① (TYP) column ② (*Gletscher~*) crevasse; (*in Holz, Wand*) crack; **spalten** <gespaltet *o* gespalten> *vt* ① split; (*Holz*) chop, cleave ② (CHEM) crack; **die Partei hat sich gespalten** the party has split; **die Meinungen über diese Frage sind gespalten** opinions are divided on this question; **Spaltmaterial** *nt* (PHYS) fission material; **Spaltprodukt** *nt* (*nukleares ~*) product of fission; **Spaltung** *f* ① (*a. fig*) splitting ② (PHYS: *Atom*) fission ③ (*fig*) split

Span [ʃpaːn, *pl:* 'ʃpɛːnə] <-(e)s, Späne> *m* (*Holz~*) shaving; (*Metall~*) filing

Spanferkel *nt* sucking pig

Spange ['ʃpaŋə] <-, -n> *f* ① (*Schließe*) clasp ② (*Arm~*) bracelet ③ (*Haar~*) hair slide *Br,* barrette *Am* ④ (*Schuh~*) bar

Spanien ['ʃpaːniən] *nt* Spain; **Spanier(in)** *m(f)* Spaniard; **spanisch** *adj* Spanish; **~e Wand** folding screen; **das kommt mir ~ vor** that seems fishy to me

Spann [ʃpan] <-(e)s, -e> *m* (*Fußrist*) instep

Spannbeton *m* prestressed concrete

Spannbetttuch *nt* fitted sheet

Spannbreite *f* spectrum

Spanne ['ʃpanə] <-, -n> *f* ① (*Zeit~*) while ② (*kurze Entfernung*) short distance ③ (*Reichweite*) range ④ (COM: *Verdienst~, Preis~*) margin

spannen **I.** *vt* ① (*strecken*) stretch; (*Saiten*) tighten ② (*Feder*) tension; (*Bogen*) draw ③ (*Flinte*) cock; **den Verschluss ~** (PHOT) cock the shutter **II.** *vi* ① (*zu eng sein*) be too tight; (*Kleider*) fit tightly ② (*sl: mitbekommen*) get, grasp **III.** *vr* (*Haut*) go tout; **sich über etw ~** span s.th.; **spannend** *adj* exciting; (*aufregend*) thrilling; **Spanner** *m* ① (*Schuh~*) shoetree ② (*~falter*) geometer moth ③ (*pej: Voyeur*) peeping Tom; **Spannkraft** *f* ① (*von Muskel*) tonus ② (TECH) tension ③ (*fig*) vigour; **Spannschraube** *f* clamp bolt

Spannung *f* ① (TECH) tension ② (ELEK) tension voltage ③ (*Erregung*) excitement; (*Ungewissheit*) suspense; **~en** (POL) tension *sing;* **jdn in ~ halten** keep s.o. in suspense; **voller ~ warten** wait in suspense; **unter ~ stehen** (ELEK) be live; **Spannungsgebiet** *nt* (POL) flashpoint; **Spannungsmesser** *m* (ELEK) voltmeter; **Spannungsprüfer** *m* (ELEK) voltage detector

Spannweite *f* ① (*Flügel~*) wingspread ② (*Brücken~*) span width

Spanplatte *f* chip board

Sparbrief *m* (FIN) savings certificate; **Sparbuch** *nt* savings book; **Sparbüchse** *f* moneybox; **Spareinlage** *f* savings deposit

sparen ['ʃpaːrən] **I.** *vt* save; **dadurch ~ Sie viel Geld** that will save you a lot of money; **spar dir deine Ratschläge!** keep your advice! **II.** *vi* ① (*Geld*) save ② (*sparsam sein*) economize; **an etw ~** be sparing with s.th.; **auf etw ~** save up for s.th.; **Sparer(in)** *m(f)* saver; **Sparflamme** *f:* **auf ~** (*fig*) just ticking over

Spargel ['ʃpargəl] <-s, -> *m* asparagus

Sparguthaben *nt* savings account; **Sparkasse** *f* savings bank; **Sparkonto** *nt* savings account

spärlich ['ʃpɛːɐlɪç] *adj* ① (*dürftig*) scanty ② (*wenig*) sparse **~ bekleidet** scantily dressed; **~ bevölkert** sparsely populated; **~er Gewinn** meagre profit; **~e Nachrichten** meagre news; **~ vorhanden** scarce

Sparmaßnahme *f* economy measure; **Sparpackung** *f* (COM) economy size; **Sparpreis** *m* economy price

Sparren ['ʃparən] <-s, -> *m* rafter

Sparringspartner ['ʃparɪŋs-] *m* (SPORT) sparring partner

sparsam *adj* ① (FIN) thrifty ② (*haushaltend*) economical; **mit etw ~ umgehen** use s.th. sparingly; **Sparsamkeit** *f* ① (FIN) thrift ② (*sparsame Lebensführung*) economizing

Sparschwein *nt* piggy bank

Sparte ['ʃpartə] <-, -n> *f* (COM) line of business; **Spartenkanal** *m* (*Fernsehsender für best. Interessen*) special-interest channel

Spaß [ʃpaːs, *pl:* 'ʃpɛːsə] <-es, Späße> *m* ① (*Scherz*) joke ② (*Vergnügen*) fun; **aus ~** for fun; **Schwimmen macht mir ~** I enjoy swimming; **es hat mir überhaupt keinen ~ gemacht** I didn't enjoy it at all; **viel ~!** enjoy yourself!; **viel ~ an etw haben** have great fun doing s.th.; **es macht ~** it's fun; **den ~ verderben** spoil the fun; **das nimmt einem den ~ an der Arbeit** it takes all the fun out of work; **es macht nicht gerade ~ pleite zu sein** it's no fun being broke; **es macht keinen ~ mehr mit ihm zusammen zu sein** he's no fun to be with any more; **ich hab' doch nur ~ gemacht** I was just having a bit of fun; **er versteht keinen ~** he can't take a joke; **das ist kein ~ mehr** it's beyond a joke; **ich bin nicht zu Späßen aufgelegt**

S

I'm not in a joking mood; ~ **beiseite!** joking apart!; **mach keine Späße!** some hope!; **ich sag' das nicht nur zum** ~ I'm not saying it for the fun of it

spaßen *vi* joke; **Sie** ~ **wohl!** you must be joking!; **er lässt nicht mit sich** ~ he is not to be trifled with; **damit ist nicht zu** ~ that is no joking matter

spaßeshalber *adv* for the fun of it

Spaßgesellschaft *f* (*pej*) fun society

spaßhaft *adj*, **spaßig** *adj* droll, funny

Spaßverderber(in) *m(f)* killjoy, spoilsport; **Spaßvogel** *m* joker

Spat [ʃpa:t, *pl:* 'ʃpɛ:tə] <-(e)s, -e/Späte> *m* (MIN) spar

spät [ʃpɛ:t] *adj, adv* late; **zu etw zu** ~ **kommen** be late for s.th.; **ich bin heute Morgen zu** ~ **aufgestanden** I was late in getting up this morning; **er bezahlt seine Miete immer zu** ~ he is always late with his rent; **dadurch bin ich zu** ~ **zur Schule gekommen** that made me late for school; **es ist schon** ~ it's getting late; **er geht sehr** ~ **ins Bett** he keeps very late hours; ~ **zu Abend essen** have a late dinner

Spätaussiedler(in) *m(f) emigrant of German origin from any East European state;* **Spätbucher(in)** *m(f)* holiday-maker with a late [*o* last-minute] booking

Spatel ['ʃpa:təl] <-s, -> *m* spatula

Spaten ['ʃpa:tn] <-s, -> *m* spade

später *adj* later; **bis** ~**!** see you later!; **früher oder** ~ sooner or later; **komm um 6 und keine Minute** ~ come at 6 and no later; ~ **als ...** later than ...

spätestens *adv* at the latest; ~ **in einer Stunde** in one hour at the latest

Spätfolge *f meist pl* delayed effect

Spätgotik *f* (ARCH) late Gothic; **Spätherbst** *m* late autumn *Br,* fall *Am;* **Spätlese** *f* late vintage; **Spätobst** *nt* late fruit; **Spätschaden** *m meist pl* long-term damage; **Spätschicht** *f* late shift; **Spätsommer** *m* late summer; **Spätvorstellung** *f* late show

Spatz [ʃpats] <-en/(-es), -en> *m* sparrow; **das pfeifen die** ~**en von den Dächern** that is the talk of the town [*o* the story is in everyone's mouth]; **Spatzenhirn** *nt* (*pej*) birdbrain

Spätzle ['ʃpɛtslə] <-> *pl kind of egg noodles traditionally made in south-western Germany*

i Land & Leute

Spätzle are a speciality of Swabia and the Allgäu. Home-made pasta dough with eggs is passed through a press (or slicer) to form worms of pasta that drop into boiling salted water and cook until 'al dente'.

Spätzünder *m:* **er ist ein** ~ (*fam*) he's slow on the uptake

i Land & Leute

Spätzünder, literally 'late sparkers', are people who are a bit slow on the uptake.

Spätzündung *f* (AUTO) retarded ignition

spazieren [ʃpa'tsi:rən] *vi* stroll; (~ *gehen*) go for a walk; ~ **fahren** (*im Auto*) go for a drive; (*auf Zweirad*) go for a ride; ~ **führen** take out for a walk; ~ **gehen** go for a walk

Spazierfahrt *f* (*im Auto*) drive; (*auf Zweirad*) ride; **Spaziergang** *m* stroll, walk; **einen** ~ **machen** go for a stroll [*o* walk]; **Spaziergänger(in)** *m(f)* stroller; **Spazierstock** *m* walking stick; **Spazierweg** *m* walk

Specht [ʃpɛçt] <-(e)s, -e> *m* woodpecker

Speck [ʃpɛk] <-(e)s, -e> *m* (*Schweine~*) bacon; **geräucherter** ~ smoked bacon; **mit** ~ **fängt man Mäuse** (*prov*) good bait catches fine fish; ~ **ansetzen** (*fam*) put it on; **speckig** *adj* ❶ (*fettig*) lardy ❷ (*schmutzig*) greasy; **Speckscheibe** *f* rasher; **Speckseite** *f* flitch of bacon

Speckstein *m* (MIN) soapstone, steatite

Spediteur(in) [ʃpedi'tø:ɐ] *m(f)* (COM: *Fuhrunternehmer*) forwarding agent; (*Schiffsfracht~*) shipping agent; (*Möbel~*) furniture remover

Spedition(sfirma) *f* (*Fuhrunternehmen*) forwarding agency; (*Schiffsfracht~*) shipping agency; (*Möbel~*) removal firm; **Speditionskosten** *pl* haulage costs

Speer [ʃpe:ɐ] <-(e)s, -e> *m* (*Waffe*) spear; (SPORT) javelin; **Speerwerfen** *nt* throwing the javelin

Speiche ['ʃpaɪçə] <-, -n> *f* ❶ spoke ❷ (ANAT) radius

Speichel ['ʃpaɪçəl] <-s> *m* spittle; (MED) saliva; **Speicheldrüse** *f* salivary gland; **Speichelfluss** *m* (MED) salivation; **Speichellecker(in)** *m(f)* (*pej*) bootlicker, toady

Speichenrad *nt* (AUTO) wire wheel

Speicher ['ʃpaɪçɐ] <-s, -> *m* ❶ (*Lager~*) storehouse; (*Boden~*) attic, loft ❷ (*Wasser~*) reservoir ❸ (INFORM) memory; **auf**

dem ~ in the loft; **Speicherfunktion** *f* (INFORM) memory function; **speichern I.** *vt* ❶ (*Waren*) store ❷ (*fig*) store up **II.** *vr* accumulate; **Speicherplatz** *m* (INFORM) storage space; **Speicherschreibmaschine** *f* typewriter with memory; **Speicherschutz** *m* (INFORM) memory protection; **Speicherung** *f* ❶ (*Auf~*) storing ❷ (INFORM: *von Daten*) storage

speien ['ʃpaɪən] *irr vi, vt* ❶ (*spucken*) spit ❷ (*sich erbrechen*) vomit

Speise ['ʃpaɪzə] <-, -n> *f* ❶ (*Nahrung*) food ❷ (*Gericht*) dish; **Speiseeis** *nt* ice cream; **Speisekammer** *f* pantry; **Speisekarte** *f* menu; **Herr Ober, bitte die ~!** excuse me, may I have the menu, please!; **speisen I.** *vi* (*essen*) eat; **zu Mittag ~** have lunch; **zu Abend ~** have dinner **II.** *vt* ❶ (*beköstigen*) board, feed ❷ (TECH) feed; **Speisenaufzug** *m* service lift; **Speisenfolge** *f* order of the menu; **Speiseöl** *nt* cooking oil; **Speisequark** *m* soft curd (cheese); **Speiseröhre** *f* (ANAT) gullet, oesophagus; **Speisewagen** *m* (RAIL) dining car *Br,* diner *Am*

Speisung *f* ❶ (*Beköstigung*) feeding ❷ (TECH) supply

Spektakel[1] [ʃpɛk'ta:kəl] <-s, -> *m* (*fam: Radau*) row, shindy; **einen großen ~ machen** make a great fuss

Spektakel[2] <-s, -> *nt* (*Show*) spectacle

spektakulär *adj* spectacular

Spektralanalyse *f* (PHYS) spectrum analysis; **Spektralfarben** *fpl* colours of the spectrum

Spektrum ['ʃpɛktrʊm] <-s, -tren/-tra> *nt* spectrum

Spekulant(in) [ʃpeku'lant] *m(f)* speculator; **Spekulation** *f* ❶ (FIN) speculation ❷ (*Vermutung*) speculation; **~en anstellen** make speculations; **Spekulationsobjekt** *nt* object of speculation

spekulativ *adj* speculative

spekulieren *vi* ❶ (FIN) speculate (*mit* in) ❷ (*vermuten*) speculate; **~ auf ...** have hopes of ...

Spelunke [ʃpe'lʊŋkə] <-, -n> *f* (*fam pej*) dive

spendabel [ʃpɛn'da:bəl] *adj* open-handed

Spende ['ʃpɛndə] <-, -n> *f* ❶ (*Stiftung*) donation ❷ (*Almosen*) alms *pl;* **eine ~ machen** donate s.th; **spenden** *vt* donate; **für einen guten Zweck ~** give for charity; **Spendensammler(in)** *m(f)* fundraiser; **Spender(in)** *m(f)* ❶ donator ❷ (MED: *Blut~, Organ~*) donor; **spendieren** *vt:* **jdm etw ~** buy s.th. for s.o.; **seinen Freunden eine Runde Bier ~** treat one's friends to a round of beer

Sperber ['ʃpɛrbɐ] <-s, -> *m* (*kleiner Greifvogel*) sparrow hawk

Sperenzchen *pl* (*fam*): **mach keine ~!** don't be difficult!

Sperling ['ʃpɛrlɪŋ] *m* sparrow

Sperma ['ʃpɛrma] <-s, -en/-mata> *nt* sperm

spermizid *adj* spermicidal

sperrangelweit *adv:* **~ offen** gaping wide open

Sperre ['ʃpɛrə] <-, -n> *f* ❶ (TECH) catch, stop ❷ (*Straßen~*) roadblock ❸ (*Bahnhofs~*) barrier *Br,* gate *Am* ❹ (*Blockierung*) blockade; (*Verbot*) bar

sperren I. *vt* ❶ (*Licht, Gas ~*) cut off ❷ (*Straße*) close ❸ (SPORT) disqualify ❹ (TYP) space out; **etw für jdn ~** close s.th. for s.o.; **einen Scheck ~** stop a cheque **II.** *vr:* **sich ~ gegen ...** jib at ...

Sperrfeuer *nt* (MIL) barrage; **ins ~ der Kritik geraten** run into a barrage of criticism; **Sperrfrist** *f* (SPORT) suspension; **Sperrgebiet** *nt* prohibited area; **Sperrgut** *nt* bulky goods *pl Br,* bulk freight *Am;* **Sperrholz** *nt* plywood

sperrig *adj* bulky

Sperrkonto *nt* (COM) blocked account; **Sperrmüll** *m* bulky refuse; **Sperrmüllabfuhr** *f* removal of bulky refuse; **Sperrsitz** *m* (*im Kino*) back seats *pl;* **Sperrstunde** *f* ❶ (*im Lokal*) closing time *Br* ❷ (MIL) curfew; **Sperrung** *f* ❶ closing ❷ (ELEK TELE) cutting off ❸ (COM: *Konto~*) blocking; (COM: *Scheck~*) stopping; **Sperrvermerk** *m* notice of non-negotiability

Spesen ['ʃpe:zən] *pl* expenses; **außer ~ nichts gewesen** that was a complete waste of time (money, effort)

spezialangefertigt [ʃpe'tsja:l-] *adj* specially manufactured; **Spezialausbildung** *f* specialized training; **Spezialausführung** *f* special version; **Spezialgebiet** *nt* special subject; **spezialisieren** *vr:* **sich auf Geschichte ~** specialize in history *Br,* major in history *Am;* **Spezialisierung** *f* specialization

Spezialist(in) <-en, -en> *m(f)* specialist

Spezialität *f* speciality *Br,* specialty *Am;* **Spezialitätenrestaurant** *nt* speciality restaurant

speziell [ʃpe'tsjɛl] *adj* special

Spezifikation <-, -en> *f* specification; **spezifisch** *adj* specific; **~es Gewicht** (PHYS) specific gravity; **spezifizieren** *vt* specify; **Spezifizierung** <-, -en> *f* specification, itemisation

Sphäre ['sfɛ:rə] <-, -n> *f* sphere; **sphärisch** *adj* ❶ (MATH) spherical ❷ (*himmlisch*)

S

celestial

Sphinx [sfɪŋks] <-, -en> *f* sphinx

spicken ['spɪkən] **I.** *vt* ❶ (*Braten*) lard ❷ (*fam: bestechen*) square **II.** *vi* (*sl: abschreiben*) crib (*bei* from)

Spickzettel *m* crib-sheet

Spiegel ['ʃpiːgəl] <-s, -> *m* ❶ mirror ❷ (*Wasser~*) surface; (*Meeres~*) level ❸ (TYP: *Satz~*) type area; **in den ~ sehen** look in the mirror; **Spiegelbild** *nt* ❶ reflected image; (*Luftspiegelung*) mirage ❷ (*fig*) reflection; **spiegelblank** *adj* bright as a mirror, shining; **Spiegelei** *nt* fried egg; **spiegelglatt** *adj* as smooth as glass; (*Wasser*) glassy

spiegeln **I.** *vt* reflect **II.** *vi* glitter, shine **III.** *vr* be reflected

Spiegelreflexkamera *f* reflex camera; **Spiegelschrank** *m* (*in Bad*) mirrored bathroom cabinet; **Spiegelschrift** *f* mirror writing

Spiegelung *f* reflection; (*Luft~*) mirage

Spiel [ʃpiːl] <-(e)s, -e> *nt* ❶ (*das Spielen*) play ❷ (*Karten, Billard, Sport*) game; (SPORT: *Wettkampf*) match ❸ (*~ Karten*) pack of cards *Br*, deck of cards *Am*; (*Schach~, Kegel~*) set ❹ (TECH: *Maßunterschied*) play; (*von Pedalen*) free travel; (*von Lagern*) clearance; **ein ~ spielen** play a game; **im ~ sein** be at work; **leichtes ~ mit jdm haben** have an easy job of it with s.o.; **das ~ ist aus!** the game's up!; **jdn aus dem ~ lassen** keep s.o. out of it; **das ~ abbrechen** (SPORT) abandon play; **ins ~ kommen** come into play; **etw ins ~ bringen** bring s.th. up; **auf dem ~ stehen** be at stake; **aufs ~ setzen** risk s.th.; **jdm das ~ verderben** spoil someone's little game; **Spielart** *f* (ZOO BOT: *Abart*) variety; **Spielautomat** *m* slot machine; **Spielball** *m* (*fig*) plaything; **Spielbank** *f* casino

spielen **I.** *vt* ❶ (*ein Spiel*) play ❷ (*von Schauspieler*) act, play ❸ (FILM) show ❹ (*simulieren*) play; **spiel nicht die Unschuldige!** don't play the innocent!; **was wird hier gespielt?** (*fam*) what's going on here? **II.** *vi* ❶ (*ein Spiel*) play ❷ (*simulieren*) feign, simulate; **mit dem Gedanken ~ etw zu tun** toy with the idea of doing s.th.; **seine Freude war gespielt** he was pretending to be happy; **um Geld ~** play for money; **spielend** **I.** *adj* playing **II.** *adv* easily

Spieler(in) *m(f)* ❶ player ❷ (*Glücks~*) gambler; **Spielerei** *f* ❶ (*Zeitvertreib*) pastime ❷ (*Kinderei*) silly trick ❸ (*Leichtigkeit*) child's play, trifle; **spielerisch** **I.** *adj* ❶ (*verspielt*) playful ❷ (*mit Leichtigkeit*): **er tat es mit ~er Leichtigkeit** he did it with the greatest of ease; **die ~e Leistung** (SPORT) the playing **II.** *adv* with the greatest of ease; **Spielerwechsel** *m* (SPORT) substitution

Spielfeld *nt* field; (*für Tennis, Badminton, Squash*) court; **Spielfilm** *m* feature film; **Spielhalle** *f* amusement arcade; **Spielkamerad(in)** *m(f)* playfellow, playmate; **Spielkarte** *f* playing card; **Spielkasino** *nt* casino; **Spielkonsole** *f* game(s) console; **Spielleiter(in)** *m(f)* ❶ (THEAT: *Regisseur*) director; (FILM RADIO) producer ❷ (SPORT) organizer ❸ (TV) emcee; **Spielmacher(in)** *m(f)* (SPORT) key player; **Spielmann** <-(e)s, -leute> *m* ❶ (HIST) minstrel ❷ (MIL) bandsman; **Spielmarke** *f* chip, counter; **Spielplan** *m* (THEAT RADIO TV) program(me); **vom ~ absetzen** drop a play; **Spielplatz** *m* (*von Schule*) playground; (SPORT) playfield

Spielraum *m* ❶ (*fig*) scope; (*zeitlich*) time ❷ (COM) margin ❸ (TECH) play; (*Lager~*) clearance; **~ lassen** leave a margin

Spielregel *f* rule (of a game); **sich an die ~n halten** (*a. fig*) stick to the rules; **Spielsachen** *fpl* playthings, toys; **Spielschuld** *f* gambling debt; **Spielsucht** *f* addiction to gambling; **Spielsüchtige(r)** *f m* gambling addict; **Spieltheorie** *f* (MATH) game theory; **Spieltrieb** <-(e)s> *m* play instinct; **Spieluhr** *f* musical box *Br*, music box *Am*; **Spielverbot** *nt* (SPORT) ban; **~ haben** be banned; **Spielverderber(in)** *m(f)* spoilsport; **Spielwaren** *fpl* toys; **Spielweise** *f* way of playing; **Spielzeit** *f* (THEAT SPORT) season; **Spielzeug** <-(e)s, -e> *nt* toy

Spieß [ʃpiːs] <-es, -e> *m* ❶ (*Waffe*) spear ❷ (*Brat~*) spit; **am ~ braten** roast on a spit *Br*, barbecue *Am*; **den ~ umkehren** turn the tables *pl* ❸ (MIL: *sl*) kissem *Br*, topkick *Am*

Spießbürger(in) *m(f)* (*pej*) bourgeois; **spießbürgerlich** *adj* (*pej*) narrow-minded

spießen *vt:* **etw auf etw ~** (*Nadel*) pin s.th. on s.th.

Spießer *m* (*pej*) bourgeois; **Spießgeselle** *m* accomplice; **spießig** *adj* (*pej*) narrow-minded; **Spießrute** *f:* **~n laufen** (*fig*) run the gauntlet

Spinat [ʃpi'naːt] <-(e)s, -e> *m* spinach

Spind [ʃpɪnt] <-(e)s, -e> *m* (*Schrank*) locker

Spindel ['ʃpɪndəl] <-, -n> *f* ❶ spindle ❷ (*Hydrometer*) hydrometer; **spindeldürr** *adj* lean as a rake

Spin-Doctor ['spɪndɔktɐ] <-s, -s> *m* (*Ideengeber*) spin doctor

Spinett [ʃpi'nɛt] <-(e)s, -e> *nt* (MUS) spinet

Spinne ['ʃpɪnə] <-, -n> *f* spider; **spinnefeind** *adj:* **jdm ~ sein** be bitterly hostile to s.o.

spinnen ['ʃpɪnən] **I.** *irr vt* (*Garn*) spin **II.** *vi* (*fam*) be nutty; **spinnst du?** are you crazy?; **du spinnst wohl!** you must be kidding!

Spinner(in) *m(f)* ① (*Garn~*) spinner ② (*Schimpfwort*) nutcase *Br,* screwball *Am;* **Spinnerei** *f* ① (*Fabrik*) spinning mill ② (*fam: Blödsinn*) rubbish

Spinngewebe *nt* cobweb

Spinnrad *nt* spinning-wheel; **Spinnwebe** *f* spider's web

Spin-off-Produkt ['spinɔfprodʊkt] *nt* (*Nebenprodukt*) spin-off product

Spion [ʃpi'o:n] <-s, -e> *m* ① (MIL) spy ② (*Tür~*) spy-hole; **Spionage** [ʃpio'na:ʒə] <-> *f* espionage; **Spionageabwehr** *f* counter-espionage *Br,* counter-intelligence *Am;* **Spionagenetz** *nt* spy network; **Spionagering** *m* spynetwork; **spionieren** *vi* ① (MIL) spy ② (*fig*) snoop about

Spirale [ʃpi'ra:lə] <-, -n> *f* ① (*abstrakt*) spiral ② (*Draht~*) coil; **Spiralfeder** *f* coil spring; **Spiralnebel** *m* (ASTR) spiral nebula

Spiritismus [ʃpiri'tɪsmʊs] *m* spiritism, spiritualism; **Spiritist(in)** *m(f)* spiritualist; **spiritistisch** *adj* spiritualist

Spirituosen [ʃpiritu'o:zən] *fpl* spirits

Spiritus ['ʃpiritʊs] <-, -se> *m* spirit; **Spirituskocher** *m* spirit stove; **Spirituslampe** *f* spirit lamp

Spital [ʃpi'ta:l] <-s, -äler> *nt* (*CH*) hospital

Spitz <-es, -e> *m* (*Hunderasse*) Pomeranian, Spitz

spitz [ʃpɪts] *adj* ① pointed ② (*beißend*) pointed ③ (*sl: lüstern*) horny; **~ auslaufen** end in a point, taper; **~er Winkel** acute angle; **etw ~ kriegen** (*fam*) get wise to s.th; **Spitzbart** *m* goatee *Br;* **spitz|bekommen** *irr vt* (*fam*): **etw ~** get the point of s.th. get wise on s.th.; **Spitzboden** *m* (ARCH) pitched roof; **Spitzbogen** *m* pointed arch; **Spitzbube** *m* ① (*Schurke*) knave, rascal, rogue ② (*fam: frecher Bengel*) scamp; **spitzbübisch** [-by:bɪʃ] *adj* mischievous

Spitze ['ʃpɪtsə] <-, -n> *f* ① (*von Gegenständen*) point; (*von Fingern*) tip; (*von Gebäuden*) top ② (*Führungsschicht*) head ③ (*Zigaretten~*) holder ④ (*Stoff~*) lace ⑤ (*scharfe Bemerkung*): **das war eine ~ gegen dich** that was aimed at you; **das ist ~!** (*fam*) that's groovy!; **etw auf die ~ treiben** carry s.th. too far; **an der ~ von etw stehen** be at the head of s.th.

Spitzel ['ʃpɪtsəl] <-s, -> *m* (*fam: Schnüffler*) snooper; (*Polizei~*) police-informer; **spitzeln** *vi* act as an informer

spitzen *vt* (*schärfen*) sharpen; **die Ohren ~** prick up; **die Lippen ~** pucker one's lips

Spitzenanlage *f* first-class investment; **Spitzenbeamte(r)**, **-beamtin** *m, f* top civil servant; **Spitzengehalt** *nt* top salary; **Spitzengeschwindigkeit** *f* top speed; **Spitzenjahr** *nt* vintage year; **Spitzenkandidat** *m* favourite candidate; **Spitzenklasse** *f* (*fig*) top rate; **Spitzenkleid** *nt* lace dress; **Spitzenleistung** *f* ① (*fig*) top-rate performance ② (AUTO) peak performance; **Spitzenlohn** *m* top salary; **Spitzenqualität** *f* top quality; **Spitzenreiter** *m* ① (*Hit*) hit ② (SPORT) leader ③ (COM) top seller; **Spitzentechnologie** *f* state-of-the-art technology; **Spitzenverdiener(in)** *m(f)* top earner

spitzfindig *adj* over-subtle; **Spitzfindigkeit** *f* ① subtlety ② (*Haarspalterei*) hair-splitting; **Spitzhacke** *f* pick-axe; **Spitzmaus** *f* shrew; **Spitzname** *m* nickname; **spitzwinklig** *adj* acute-angled

Spleen [ʃpli:n] <-s, -e/-s> *m* (*fam*) craze; **du hast wohl 'n ~!** you must be round the bend!

Splitt [ʃplɪt] <-(e)s, -e> *m* grit

Splitter ['ʃplɪtɐ] <-s, -> *m* (*Holz~*) splinter; (*Glas~, Bruchstück*) fragment; (*Metall~*) scale; **splitterfasernackt** *adj* stark naked

Splittergruppe *f* (POL) splinter group; **splittern** *vi sein* splinter

splitternackt *adj* stark naked; **Splitterpartei** *f* splinter party

sponsern ['spɔnzɐn] *vt* sponser; **Sponsor(in)** ['spɔnzɐ] <-s, -en> *m(f)* sponsor

i Land & Leute

Die Sponsion is an academic ceremony in Austria at which master's degrees are awarded.

spontan [ʃpɔn'ta:n] *adj* spontaneous

sporadisch [ʃpo'ra:dɪʃ] *adj* sporadic

Spore ['ʃpo:rə] <-, -n> *f* (BOT) spore

Sporn ['ʃpɔrn] <-(e)s, Sporen> *m* ① (*pl Sporen*) spur ② (BOT) spur ③ (AVIAT) tail skid; **einem Pferd die Sporen geben** spur a horse; **sich die Sporen verdienen** win one's spurs; **spornen** *vt* spur

Sport [ʃpɔrt] <-(e)s> *m* sport; **~ treiben** go in for sports; **~ treibend** sporting; **gut im**

S

~ **sein** be good at sports; **Sportabzeichen** *nt* sports certificate; **Sportanzug** *m* sports clothes *pl;* **Sportart** *f* kind of sport; **Sportarzt** *m* sports physician; **Sportbeilage** *f* (*in Zeitung*) sport section; **Sportbericht** *m* sports report; **Sportbrille** *f* sports spectacles; **Sportgeschäft** *nt* sports shop *Br,* sports store *Am;* **Sportgetränk** *nt* sports drink; **Sporthalle** *f* sports hall; **Sportlehrer(in)** *m(f)* sports instructor; (SCHULE) PE [*o* physical education] teacher

Sportler *m* sportsman; **Sportlerin** *f* sportswoman

sportlich *adj* ❶ (*trainiert*) athletic ❷ (*Sport liebend*) sporting ❸ (AUTO) sporty; ~**e Kleidung** casual wear

Sportmaschine *f* (AVIAT) sporting plane; **Sportnachrichten** *pl* (*Zeitung*) sports news; **Sportplatz** *m* sports field *Br,* sporting ground *Am;* (SCHULE) playing field; **Sportveranstaltung** *f* sport(ing) event; **Sportverein** *m* sports club; **Sportwagen** *m* ❶ (AUTO) sports car; (*Zweisitzer*) open two-seater *Br,* roadster *Am* ❷ (*Kinderwagen*) folding pram; **Sportzeitung** *f* sports paper

Spott [ʃpɔt] <-(e)s> *m* mockery; (*Verachtung ausdrückend*) derision; **voller** ~ mockingly; **Spottbild** *nt* travesty; **spottbillig** *adj* dirt-cheap

Spöttelei [ʃpœtəˈlaɪ] *f* ❶ (*Spott*) mockery ❷ (*spöttische Bemerkung*) taunt; **spötteln** *vi* mock (*über etw* s.th.); **spotten** *vi* mock; **spotte nicht!** don't mock!; **über jdn** ~ mock s.o., poke fun at s.o; **Spötter(in)** [ˈʃpœtɐ] *m(f)* (*Satiriker*) satirist; **spöttisch** *adj* ❶ (*spottend*) mocking ❷ (*satirisch*) satirical; **Spottpreis** *m* ridiculously low price

sprachbegabt *adj* good at languages; **Sprachbegabung** *f* talent for languages

Sprache [ˈʃpraːxə] <-, -n> *f* language; (*Sprechweise*) speech; **heraus mit der ~!** out with it!; **etw zur ~ bringen** mention s.th.; **die ~ bringen auf …** bring the conversation round to …; **mit der ~ herausrücken** speak freely; **zur ~ kommen** be mentioned; **es verschlägt einem die** ~ it takes your breath away; **Spracherkennung** *f* (INFORM) speech [*o* voice] recognition; **Spracherwerb** *m* language acquisition; **Sprachfehler** *m* (MED) speech defect; **Sprachforscher(in)** *m(f)* linguist; **Sprachführer** *m* guide; **Sprachgebrauch** *m* usage; **der heutige** ~ the language of the present day; **Sprachgefühl** *nt* feeling for language; **Sprachgrenze** *f* linguistic boundary; **Sprachkenntnisse** *fpl* linguistic proficiency *sing;* **Bewerber mit deutschen ~n** applicants with a knowledge of German; **Sprachkompetenz** *f* (LING) linguistic competence; **sprachkundig** *adj* proficient in [*o* good at] languages; **Sprachkurs** *m* language course; **Sprachlabor** *nt* language laboratory; **Sprachlehre** *f* grammar; **Sprachlehrer(in)** *m(f)* language teacher

sprachlich *adj* linguistic

sprachlos *adj:* **einfach ~ sein** be simply speechless; **jdn ~ machen** strike s.o. dumb; **Sprachrohr** *nt* (*fig*) mouthpiece; **sich zum ~ von … machen** become the mouthpiece of …; **Sprachstörung** *f* speech disorder; **Sprachstudium** *nt* linguistic studies *pl,* study of languages; **Sprachurlaub** *m* language-learning holiday; **Sprachwissenschaft** *f* linguistics *pl;* **deutsche** ~ German philology; **vergleichende** ~ comparative linguistics; **Sprachwitz** *m* a way with words

Spray [spreɪ] <-s, -s> *nt* spray

sprechen [ˈʃprɛçən] *irr vt, vi* speak (*mit* to, with, *über* of, about); (*sich unterhalten*) talk (*mit* with, to, *von* about, of); **es spricht vieles dafür, dass …** there's every reason to believe that …; **was spricht dagegen?** what's there to be said against it?; **wir ~ uns noch!** you haven't heard the last of this!; **mit dir spreche ich nicht mehr!** I'm not speaking to you!; **antworte, wenn man mit dir spricht!** speak when you're spoken to!; **ich spreche im Namen aller** I speak for all of us; **kann ich bitte Herrn X. ~?** could I talk to Mr X. please?; **er hat davon gesprochen, dass er ins Ausland fahren will** he's been talking of going abroad; **sie ist nicht zu** ~ she's not in; **sprechend** *adj:* ~**e Blicke** knowing glances

Sprecher(in) *m(f)* ❶ (*Redner*) speaker ❷ (*offizieller* ~) spokesperson ❸ (RADIO: *Ansager*) announcer; **sich zum ~ von etw machen** become the spokesperson of s.th.

Sprechfunkgerät *nt* radiotelephone; **Sprechfunkverkehr** *m* local radio traffic; **Sprechstunde** *f* (*Arzt~*) consulting hours *pl;* ~ **samstags von … bis …** there will be a surgery from … to … on Saturdays; **Sprechstundenhilfe** *f* doctor's receptionist; **Sprechübung** *f* speech exercise; **Sprechweise** *f* manner of speaking; **Sprechzimmer** *nt* consulting room *Br,* doctor's office *Am*

spreizen ['ʃpraɪtsən] **I.** *vt* spread **II.** *vr* ① (*sich zieren*) kick up ② (*vornehm tun*) put on airs

Spreizfuß *m* (MED) splayfoot

Sprengbombe *f* (AVIAT MIL) high explosive bomb

sprengen¹ ['ʃprɛŋən] *vt* ① (*mit Sprengstoff*) blow up ② (*aufbrechen*) force; (*Fesseln*) break; **eine Versammlung ~** break up a meeting

sprengen² *vt* (*be~*) sprinkle

Sprengkommando *nt* demolition squad; **Sprengkopf** *m* warhead; **Sprengkörper** *m* explosive device; **Sprengkraft** <-> *f* explosive force; **Sprengladung** *f* explosive charge; **Sprengsatz** *m* blasting composition; **Sprengstoff** *m* explosive; **Sprengstoffanschlag** *m* bomb attack; **es wurde ein ~ auf … verübt** … was the subject of a bomb attack

Sprengung *f* blowing up; (*Fels~*) blasting

Sprengwagen *m* (*für Wasser*) street sprinkler

Sprengwirkung *f* explosive effect

Spreu [ʃprɔɪ] <-> *f* chaff; **die ~ vom Weizen trennen** separate the wheat from the chaff

Sprichwort ['ʃprɪç-] *nt* proverb; **sprichwörtlich** *adj* proverbial

sprießen ['ʃpri:sən] *irr vi* ① (*Triebe*) sprout ② (*aus dem Boden ~*) shoot, spring up

Springbrunnen *m* fountain; **springen** ['ʃprɪŋən] *irr vi* ① (SPORT: *a. fig*) jump; (*mit einem Satz*) leap; (*von Ball*) bounce; (*ins Wasser*) dive ② (*von Wasser*) gush, spout ③ (*platzen*) burst; (*Risse bekommen*) crack; **etw ~ lassen** (*fam*) fork s.th. out; **in die Bresche ~** throw oneself into the breach; **die Lokomotive sprang aus den Schienen** the engine jumped the track; **dünnes Glas springt leicht** thin glass cracks easily; **springend** *adj:* **der ~e Punkt** the crucial [*o* salient] point; **Springer(in)** *m(f)* jumper; (*bei Stabhochsprung*) vaulter; (*beim Schach*) knight; **Springflut** *f* spring tide; **Springreiten** *nt* show jumping

Sprinkleranlage ['ʃprɪŋkle-] *f* sprinkler system

Sprit [ʃprɪt] <-(e)s, -e> *m* ① (*Alkohol*) spirit ② (*fam: Benzin, Betriebsstoff*) juice

Spritze ['ʃprɪtsə] <-, -n> *f* ① (*Instrument*) syringe ② (*Injektion*) injection; **eine ~ geben** give an injection; **eine ~ bekommen** have an injection

spritzen **I.** *vt* ① (MED: *Medikament*) inject ② (*Injektion geben*) give an injection ③ (AUTO: *lackieren*) spray ④ (*Wasser ver~*) splash **II.** *vi* (*sprühen*) spray; (*heraus~*) spurt

Spritzenhaus *f* (*fam*) fire station

Spritzer *m* splash

spritzig *adj* ① (*lebendig*) lively ② (*Wein*) tangy

Spritzkuchen *m* fritter *Br*, cruller *Am*; **Spritzlackierung** *nt* spraying; **Spritzpistole** *f* spray gun; **Spritztour** *f* (*fam*) spin

spröde ['ʃprø:də] *adj* ① (*brüchig*) brittle ② (*Haut*) rough ③ (*verschlossen*) aloof; **Sprödigkeit** *f* ① (*Brüchigkeit*) brittleness ② (*der Haut*) roughness ③ (*von Personen*) aloofness

Spross [ʃprɔs] <-es, -e> *m* ① (BOT) shoot, sprout ② (*Abkömmling*) offspring; **ihre ~e** her offspring *pl*

Sprosse ['ʃprɔsə] <-, -n> *f* ① (*Leiter~*) rung, step ② (*Geweih~*) branch, tine; **sprossen** *vi* ① *sein* (*Triebe: sprießen*) sprout ② (*aus dem Boden schießen*) shoot up; **Sprossenwand** *f* (SPORT) wall bars *pl*

Sprössling ['ʃprœslɪŋ] *m* (*hum: Abkömmling*) offspring

Sprotte ['ʃprɔtə] <-, -n> *f* (*kleiner Fisch*) sprat

Spruch [ʃprʊx, *pl:* 'ʃprʏçə] <-(e)s, Sprüche> *m* ① (*Ausspruch*) saying; (*Lehrspruch, Sentenz*) aphorism ② (JUR: *Urteil*) sentence; (*Richter~*) judg(e)ment; (*Entscheidung*) decision ③ (*Geschworenen~*) verdict; (*Schieds~*) ruling; **mach keine Sprüche!** (*fam*) come off it!; **Sprüche klopfen** (*fam*) talk fancy; **Spruchband** *nt* banner

spruchreif *adj* ① (JUR) ripe for decision ② (*fam*) definite

Sprudel ['ʃpru:dəl] <-s, -> *m* ① sparkling mineral water ② (*Mineralquelle*) spring; **sprudeln** **I.** *vi sein o haben* ① (*auf~*) bubble ② (*vor Kohlensäure*) fizz **II.** *vi haben* (*überstürzt reden*) pour out

Sprühdose *f* aerosol

sprühen ['ʃpry:ən] **I.** *vi* ① *sein* (*Flüssigkeit*) spray ② *sein* (*Funken*) fly **II.** *vt haben* (*a. lackieren*) spray; **sprühend** *adj* (*überschäumend*) bubbling; **Sprühnebel** *m* mist; **Sprühregen** *m* drizzle

Sprung [ʃprʊŋ, *pl:* 'ʃprʏŋə] <-(e)s, Sprünge> *m* ① jump; (*~ ins Wasser*) dive ② (*Riss*) crack; **bei jdm auf einen ~ vorbeikommen** (*fam*) drop in to see s.o.; **ein großer ~ nach vorn** a great leap forward; **ein ~ ins Ungewisse** a leap in the dark; **(na,) dir werd' ich auf die Sprünge helfen!** (*fam*) I'll show you what's what!; **er kann keine großen Sprünge machen**

S

(fam) he can't make a big splash; **Sprungbrett** *nt (a. fig)* diveboard; **Sprunggelenk** *nt* ankle joint; **Sprunggrube** *f* (SPORT) pit; **sprunghaft** *adj* ❶ *(unbeständig)* volatile ❷ *(sehr rasch)* rapid; **Sprunghaftigkeit** *f* ❶ *(Unbeständigkeit)* volatile nature ❷ *(rasches Ansteigen)* rapidity; **Sprungschanze** *f* ski-jump; **Sprungtuch** *nt (von Feuerwehr)* jumping sheet *Br,* life net *Am;* **Sprungturm** *m* (SPORT) diving platform

Spucke ['ʃpʊkə] <-> *f* spittle; **mir bleibt die ~ weg!** I am flabbergasted!; **spucken** *vi* ❶ *(speien)* spit ❷ *(sich erbrechen)* puke ❸ (AUTO) sputter; **spuck's aus!** *(fam)* cough it up! spit it out!; **große Töne ~** *(fam)* talk big; **Spucknapf** *nt* spittoon

Spuk [ʃpu:k] <-(e)s,(-e)> *m* ❶ *(Erscheinung, Gespenst)* apparition ❷ *(fam: Ärger)* fuss; **spuken** *vi* haunt; **hier spukt's** this place is haunted

Spule ['ʃpu:lə] <-, -n> *f* ❶ *(Web~)* spool; *(Nähmaschinen~)* bobbin; *(Nähfaden~)* reel *Br,* spool *Am* ❷ (ELEK) coil

Spüle ['ʃpy:lə] <-, -n> *f* sink unit

spulen ['ʃpu:lən] *vt* reel, spool

spülen *vt, vi* ❶ *(WC)* flush ❷ *(Geschirr)* wash up ❸ *(Waschmaschine)* rinse; **Spülkasten** *m (bei Toilette)* cistern; **Spüllappen** *m* dishcloth; **Spülmaschine** *f* dishwasher; **spülmaschinenfest** *adj* dishwasher-proof; **Spülmittel** *nt* washing-up liquid; **Spülstein** *m* sink; **Spülung** *f* ❶ *(Toilette)* flush ❷ *(Scheiden~)* douche; **Spülwasser** *nt* dishwater

Spulwurm *m* (MED) roundworm

Spur [ʃpu:ɐ] <-, -en> *f* ❶ *(Bodenabdruck)* trace; *(Fährte)* track ❷ *(winzige Menge)* trace; *(von Gewürz)* touch ❸ *(Fahrbahn~)* lane ❹ (AUTO: *Rad~*) tracking; **keine ~ davon!** there's no trace of it!; **jdm auf der ~ sein** be on someone's track; **seine ~en verwischen** cover up one's tracks; **nicht die ~!** *(fam)* not in the slightest!; **wird die Operation ~en hinterlassen?** will the operation leave a mark?; **auf der richtigen ~ sein** be on the right track; **auf der rechten ~ fahren** drive in the right-hand lane; **auf der falschen ~ sein** be barking up the wrong tree

spuren *vi (fam: gehorchen)* toe the line

spüren ['ʃpy:rən] *vt (fühlen)* feel; **es zu ~ bekommen, dass ...** feel the effects of the fact that ...; **ich spürte, wie es sich bewegte** I felt it move; **ich spürte, dass er wütend wurde** I could feel him getting angry

Spurenelement *nt* trace element

Spurensicherung *f* ❶ *(polizeiliche Tätigkeit)* securing of evidence ❷ *(Polizeiabteilung)* forensic unit

Spürhund *m (für Drogen)* sniffer dog; *(für Verschüttete)* tracker dog

spurlos *adv* without (leaving) a trace; **~ an jdm vorübergehen** have no effect on s.o.

Spürnase *f (fig)* prying fellow; **eine ~ für etw haben** have a feel for s.th.; **Spürsinn** *m:* **~ für etw haben** have a scent [*o* flair] for s.th.

Spurt [ʃpʊrt] <-s, -s> *m* spurt

spurten ['ʃpʊrtən] *vi sein* (SPORT) make a final spurt

Spurweite *f* ❶ (AUTO: *von Fahrgestell*) track ❷ (RAIL: *des Geleises*) ga(u)ge

sputen ['ʃpu:tən] *vr* make haste

Squash ['skvɔʃ] <-, -> *nt* (SPORT) squash; **Squashhalle** *f* squash courts *pl*

Staat [ʃta:t] <-(e)s, -en> *m* ❶ *(Staatswesen)* state; *(Land)* country ❷ *(Prunk)* pomp; **Vater ~** *(hum)* the state; **damit kann man nicht viel ~ machen** that is nothing to write home about; **zum Wohle des ~es** in the national interest; **Staatenbund** *m* confederation; **staatenlos** *adj:* **~ sein** be a stateless person; **Staatenlose(r)** *f m* stateless person

staatlich *adj* ❶ *(staatsbezüglich)* state; *(national)* national ❷ *(öffentlich)* public; **~ anerkannt** state-approved; **~es Hoheitsgebiet** state territory; **~e Unterstützung** state allowance; **staatlicherseits** *adv* on a governmental level

Staatsakt *m* state occasion; **Staatsaktion** *f (fig)* major operation; **Staatsangehörige(r)** *f m:* **ein deutscher ~r sein** be a German national; **Staatsangehörigkeit** *f* nationality; **Staatsanleihe** *f* government bond; **Staatsanwalt** *m* public prosecutor *Br,* district attorney *Am;* **Staatsanwaltschaft** *f* public prosecutor's office *Br,* district attorney's office *Am;* **Staatsapparat** *m* apparatus of state; **Staatsauftrag** *m* government contract; **Staatsausgaben** *fpl* state [*o* government] spending; **Staatsbeamte, -beamtin** *m, f* civil servant; **Staatsbegräbnis** *nt* state funeral; **Staatsbesitz** *m* state ownership; **Staatsbesuch** *m* state visit; **Staatsbetrieb** *m* state-owned [*o* government-owned] company; **Staatsbürger(in)** *m(f)* citizen; **staatsbürgerlich** *adj* civic; **~e Rechte** civil rights; **Staatsdienst** *m* civil service *Br,* public service *Am;* **im ~** in the service of the state; **Staatseigentum** *nt* state property; **Staatsexamen** *nt* state exam(ination)

i Land & Leute

Some university courses in Germany, such as medicine, teaching and law, end with one or two **Staatsexamen** (final examinations) carried out by government-approved examiners.

Staatsfeind *m* public enemy; **Staatsfinanzen** *pl* public finances; **Staatsform** *f* type of state; **Staatsgebiet** *nt* national territory; **Staatsgeheimnis** *nt* official [*o* state] secret; **Staatsgewalt** *f* authority of the state; **Staatshaushalt** *m* national budget; **Staatskasse** *f* treasury; **Staatskirche** *f* state church; **Staatskosten** *pl*: **auf ~** at public expense; **Staatsmann** <-(e)s, -männer> *m* statesman; **staatsmännisch** ['ʃta:tsmɛnɪʃ] *adj* statesmanlike; **Staatsminister(in)** *m(f)* state minister; **Staatsoberhaupt** *nt* head of state; **Staatspräsident(in)** *m(f)* president; **Staatsräson** [-rɛˌzõ:] *f* reasons of state; **Staatsrat** *m* ❶ (*Institution*) council of state ❷ (*Person*) councillor of state; **Staatsrecht** *nt* constitutional law; **Staatsschuld** *f* national debt; **Staatssekretär(in)** *m(f)* permanent secretary *Br*, undersecretary *Am*; **Staatssicherheitsdienst** *m* (*in ehemaliger DDR*) state security service; **Staatsstreich** *m* coup d'état; **Staatstheater** *nt* state theatre; **Staatsvertrag** *m* international treaty

Stab[1] *m* ❶ (*leitende Gruppe*) panel ❷ (MIL: *~sabteilung*) staff ❸ (MIL: *Hauptquartier*) headquarters *pl*

Stab[2] [ʃta:p, *pl:* 'ʃtɛ:bə] <-(e)s, Stäbe> *m* (*Stange*) rod; (*Stock*) stick; **Stabhochspringer(in)** *m(f)* pole-vaulter; **Stabhochsprung** *m* pole-vault

stabil [ʃta'bi:l] *adj* ❶ (*nicht schwankend*) stable ❷ (*fest*) firm; (*kräftig*) sturdy; **Stabilisator** *m* (AUTO) anti-roll bar; **stabilisieren** *vt* stabilize; (POL: *Macht*) consolidate; **Stabilisierung** *f* stabilization; (*von Macht*) consolidation; **Stabilität** *f* ❶ (*Schwankungsfreiheit*) stability ❷ (*von Bau*) rigidity

Stabreim *m* (LING) alliterative rhyme

Stabsarzt *m* (MIL) captain (in the Medical Corps); (MAR MIL) staff-surgeon; **Stabschef** *m* chief of staff; **Stabsfeldwebel** *m* warrant officer class II *Br*, master sergeant *Am*

Stabwechsel *m* (SPORT: *bei Staffellauf*) baton change

Stachel ['ʃtaxəl] <-s, -n> *m* prickle; (*Dorn*) thorn; (*bei Insekten*) sting; (*des Igels*) spine; (*von Pflanzen*) spine; **Stachelbeere** *f* gooseberry; **Stachelbeerstrauch** *m* gooseberry bush; **Stacheldraht** *m* barbed wire; **Stacheldrahtverhau** *m* barbed-wire entanglement; **Stacheldrahtzaun** *m* barbed-wire fence

stachelig ['ʃtax(ə)lɪç] *adj* prickly; (*Pflanzen*) thorny; (*Tiere*) spiny

Stachelschwein *nt* porcupine

Stadel ['ʃta:dl] <-s, -> *m* barn; (*CH, österr*) shed

Stadion ['ʃta:diɔn] <-s, -dien> *nt* (SPORT) stadium

Stadium ['ʃta:diʊm] <-s, -dien> *nt* stage; **in vorgerücktem ~** (MED) at an advanced stage

Stadt [ʃtat, *pl:* 'ʃtɛ(:)tə] <-, Städte> *f* town; (*Groß~*) city; **in die ~ gehen** go into town; **in der ~ wohnen** live in town; **er ist nicht in der ~** he's out of town; **die ~ München** the city of Munich; **Stadtautobahn** *f* urban motorway; **Stadtbauamt** *nt* municipal planning department and building control office; **stadtbekannt** *adj* well-known; **es ist ~, dass ...** it is the talk of the town that ...; **Stadtbezirk** *m* municipal district; **Stadtbibliothek** *f* city library; **Stadtbild** *nt* (*von Kleinstadt*) townscape; (*von Großstadt*) urban features *pl*

Städtchen ['ʃtɛ(:)tçən] <-s, -> *nt* small town

Städtebau <-(e)s> *m* urban development

Städtepartnerschaft *f* town twinning

Städter(in) *m(f)* city dweller

Städtetourismus *m* city tourism

Stadtflucht *f* exodus from the cities; **Stadtgebiet** *nt* (*von Kleinstadt*) entire town; (*von Großstadt*) entire city; **Stadtgespräch** *nt*: **das ~ sein** be the talk of the town; **Stadtguerilla** *m* urban guerilla

städtisch ['ʃtɛ(:)tɪʃ] *adj* ❶ (*aus der Stadt*) town, city ❷ (*nach Art der Stadt*) urban; **~e Bevölkerung** the town [*o* city] population; **~e Lebensweise** the urban way of life; **~e Umwelt** urban environment

Stadtkommandant *m* (MIL) military governor of a town [*o* city]; **Stadtmauer** *f* city wall; **Stadtmitte** *f* town [*o* city] centre; **Stadtplan** *m* (town) map; **Stadtplanung** *f* town [*o* city] planning; **Stadtrand** *m* outskirts of a town [*o* city]; **Stadtrandsiedlung** *f* suburban housing scheme; **Stadtrat** <-(e)s, -räte> *m* ❶ (*Gremium*) town [*o* city] council ❷ (*Person*) town [*o* city] councillor; **Stadtrundfahrt** *f* town [*o* city] sightseeing tour; **Stadtstaat** *m* *German city with the status of a federal state;* **Stadtstreicher(in)** *m(f)* town [*o*

S

city] vagrant; **Stadtteil** *m* district, part of town; **Stadttor** *nt* town [*o* city] gate; **Stadtväter** *pl* (*hum*) city fathers; **Stadtverkehr** *m* city traffic; **Stadtverwaltung** *f* municipal authority, town council; **Stadtviertel** *nt* district, part of town, quarter; **Stadtwerke** *pl* town's [*o* city's] department of works; **Stadtzentrum** *nt* town [*o* city] centre

Staffage [ʃta'fa:ʒə] <-, -n> *f* decoration

Staffel ['ʃtafəl] <-, -n> *f* ❶ (MIL AERO: *Flug~*) squadron ❷ (MIL AERO: *Kompanie*) company ❸ (SPORT) relay; ~ **laufen** run in a relay

Staffelei *f* easel

Staffellauf *m* (SPORT) relay race

staffeln *vt* graduate *Br,* grade *Am*

Staffeltarife *mpl* sliding charges

Staffelung *f* (*der Gehälter,*) graduation *Br,* grading *Am*

Stagnation [ʃtagna'tsjo:n] *f* stagnancy, stagnation; **stagnieren** *vi* stagnate

Stahl [ʃta:l, *pl:* 'ʃtɛ:lə] <-(e)s, Stähle> *m* ❶ (*Metall*) steel ❷ (*poet: Schwert, Dolch*) blade; **Nerven aus** ~ iron nerves; **so hart wie** ~ as hard as steel; **Stahlbeton** *m* reinforced concrete; **Stahlblech** *nt* ❶ (*stählernes Blech*) sheet-steel ❷ (*Stück* ~) steel sheet

stählen ['ʃtɛ:lən] **I.** *vt* (*abhärten*) toughen **II.** *vr* ❶ (*sich abhärten*) toughen o.s. ❷ (*sich innerlich vorbereiten*) steel o.s.

Stahlfeder *f* ❶ (*Schreib~*) steel nib ❷ (*Sprungfeder*) steel spring; **Stahlgerüst** *nt* tubular steel scaffolding; **stahlhart** *adj* as hard as steel; **Stahlhelm** *m* steel helmet; **Stahlindustrie** *f* steel industry; **Stahlkocher** *m* (*fam*) steelworker; **Stahlrohrmöbel** *pl* tubular steel furniture; **Stahlträger** *m* steel girder; **Stahlwaren** *fpl* steelware *sing;* **Stahlwerk** *nt* steelworks

Stake ['ʃta:kə] <-, -n> *f* (MAR: *Bootshaken*) grappling hook; **staken** ['ʃta:kən] *vi* pole, punt

staksen ['ʃta:ksən] *vi sein* stalk

Stall [ʃtal, *pl:* 'ʃtɛlə] <-(e)s, Ställe> *m* (*Pferde~*) stable; (*Kuh~*) cowshed *Br,* cow barn *Am;* (*Schweine~*) pigsty *Br,* pen *Am;* **in den** ~ **bringen** put in stable; **sie sind aus dem gleichen** ~ (*fig*) they are out of the same stable; **seine Pferde stehen im** ~ **des Trainers** he stables his horses with the trainer; **Stallknecht** *m* stableman; **Stallung** *f* stables *pl*

Stamm [ʃtam, *pl:* 'ʃtɛmə] <-(e)s, Stämme> *m* ❶ (*Baum~*) trunk ❷ (LING) stem ❸ (COM: *Kundschaft*) regulars *pl* ❹ (MIL: *Stammannschaft*) permament staff ❺ (*Volks~*) tribe ❻ (BOT ZOO) phylum; **Stammaktie** *f* ordinary share *Br,* common share *Am;* **Stammbaum** *m* ❶ (*Abstammung*) family [*o* genealogical] tree; (*von Tieren*) pedigree; (*von Pferden*) stud-book ❷ (BOT ZOO) phylogenetic tree; **Stammbuch** *nt* (*Familien~*) family bible

stammeln ['ʃtaməln] *vt, vi* stammer

stammen *vi* ❶ (*ab~, a. fig*) come [*o* stem] (*aus, von* from) ❷ (*zeitlich*) date (*aus, von* from); **das Rezept stammt von meiner Tante** I've got this recipe from my aunt; **woher** ~ **Sie?** where do you come from?

Stammform *f* base form; **Stammgast** *m* regular; **Stammhalter** *m* son and heir; **Stammhaus** *nt* ❶ (*Familien~*) ancestral mansion ❷ (*in Fürstengeschlecht*) principal line ❸ (COM) parent branch

stämmig ['ʃtɛmɪç] *adj* (*kräftig*) sturdy *Br,* husky *Am*

Stammkapital *nt* (COM) ordinary share capital *Br,* common stack capital *Am;* **Stammkneipe** *f* local (pub); **Stammkunde, -kundin** *m, f* regular customer; **Stammlokal** *nt* favourite restaurant; **Stammpersonal** *nt* permanent staff; **Stammplatz** *m* usual seat; **Stammrolle** *f* (MIL) muster roll; **Stammtisch** *m:* **er ist zum** ~ **gegangen** he's gone off for a drink with his mates (to the local)

> **i Land & Leute**
>
> **Der Stammtisch** (a table reserved for regulars) can be found in almost every pub or restaurant.

Stammvater *m* progenitor; **stammverwandt** *adj* (LING) cognate; **Stammvokal** *m* (LING) root vowel; **Stammwähler(in)** *m(f)* (POL) staunch supporter, loyal voter

stampfen ['ʃtampfən] **I.** *vi* ❶ (*mit dem Fuß*) stamp ❷ (*von Schiff*) pitch ❸ (*Kolbengeräusch von Schiffsdiesel*) pound ❹ (*stapfen*) trudge **II.** *vt* (*fest~*) stamp; **Kartoffeln** ~ mash potatoes; **Stampfer** *m* ❶ (TECH) pounder ❷ (*pej: dicke Beine*) tree-trunks

Stand [ʃtant, *pl:* 'ʃtɛndə] <-(e)s, Stände> *m* ❶ (*das Stehen*) standing position ❷ (*~ für den Fuß, fester Halt*) foothold, footing ❸ (*Markt~*) booth, stand ❹ (*Wasser~*) level; (*der Sterne*) position; (*der Sonne*) height position; (*von Barometer*) height; (*von Thermometer*) reading ❺ (SPORT: *Spiel~*) score; (*Tabellen~*) standings *pl* ❻ (*Zustand*) condition, state ❼ (*Beruf,*

Gewerbe) profession, trade ③ (*soziale Stellung*) status; **einen schweren ~ haben** have a tough job; **nach ~ der Dinge** as things stand; **beim jetzigen ~ der Dinge** the way things stand at the moment; **etw auf den neuesten ~ bringen** bring s.th. up to date

Standard ['ʃtandart] <-s, -s> *m* standard; **Standardartikel** *m* standard article; **Standardausführung** *f* standard design; **Standardausrüstung** *f* standard equipment; **Standardbrief** *m* standard letter; **Standardgebühr** *f* standard fee; **Standardgröße** *f* standard size; **standardisieren** *vt* standardize; **Standardisierung** *f* standardization

Standarte [ʃtan'dartə] <-, -n> *f* standard

Standbild *nt* statue

Ständchen ['ʃtɛntçən] <-s, -> *nt* serenade; **jdm ein ~ bringen** serenade s.o.

Ständer ['ʃtɛndɐ] *m* (*Gestell*) stand

Standesamt *nt* registry office; **standesamtlich** *adj:* **~e Trauung** registry office wedding *Br*, civil wedding *Am;* **~ trauen** perform a registry office wedding *Br*, perform a civil wedding *Am;* **Standesbeamte**, **-beamtin** *m, f* registrar

standesgemäß *adv* befitting one's rank; **~ leben** live according to one's rank

standfest *adj* ① (*stabil*) stable ② (*fig*) steadfast; **Standfestigkeit** *f* ① (*Stabilität*) stability ② (*fig*) steadfastness; **Standgeld** *nt* demurrage, stallage; **Standgericht** *nt* (MIL JUR) court martial; **standhaft** *adj* steadfast; **sich ~ weigern** refuse staunchly; **Standhaftigkeit** *f* steadfastness; (*Entschlossenheit*) resolution; **stand|halten** *irr vi* ① (*Bauwerk*) hold ② (*widerstehen*) stand firm; **der Versuchung ~** resist temptation

Standheizung *f* (AUTO) stationary heating

ständig ['ʃtɛndɪç] *adj* ① (*dauernd*) permanent ② (*laufend*) constant, continual; **~es Einkommen** regular income; **~es Mitglied** full member; **~ krank sein** be always ill; **~ zu spät kommen** be constantly late; **~er Wohnsitz** permanent address

Standlicht *nt* (AUTO) sidelights *pl;* **mit ~ fahren** drive on sidelights; **Standmiete** *f* stall rental; **Standort** *m* ① (*Ort des Aufenthaltes*) location, site ② (AVIAT MAR) position ③ (MIL: *Garnison*) garrison ④ (*fig*) position ⑤ (BOT) habitat; **Standortwahl** *f* choice of location; **Standpauke** *f* (*fam*): **jdm eine ~ halten** give s.o. a telling-off; **Standpunkt** *m* ① (*Beobachtungspunkt*) point of view ② (*Ansicht*) standpoint; (*Gesichtspunkt*) point of view; **jdm seinen ~ klarmachen** give s.o. a piece of one's mind; **auf dem ~ stehen, dass ...** take the view that ...; **von meinem ~ aus ...** from my point of view ...; **Standrecht** *nt* (MIL) martial law; **das ~ verhängen** establish martial law; **standrechtlich** *adj:* **~ erschießen** shoot by sentence of the courtmartial; **Standspur** *f* hard shoulder; **Standuhr** *f* grandfather clock

Stange ['ʃtaŋə] <-, -n> *f* ① (*Stab*) pole; (*Gardinen~, Gitter~*) bar, rod ② (*Geweih~*) branch; **bei der ~ bleiben** stick at it; **jdm die ~ halten** stand up for s.o.; **jdn bei der ~ halten** bring s.o. up to scratch; **eine ~ Geld** a mint of money; **ein Anzug von der ~** a suit off the peg; **eine ~ Zigaretten** a carton of cigarettes

Stängel ['ʃtɛŋəl] <-s, -> *m* stalk, stem

Stangenbrot *nt* French loaf [*o* stick]

stänkern ['ʃtɛŋkɐn] *vi* (*fam*) stir things up

Stanniol [ʃta'njoːl] <-s, -e> *nt* silver foil; **Stanniolpapier** *nt* silver paper

Stanze ['ʃtantsə] <-, -n> *f* (TECH) ① (*Loch~*) punch ② (*Präge~*) die; **stanzen** *vt* ① (*aus~*) punch ② (*ein~*) stamp

Stapel ['ʃtaːpəl] <-s, -> *m* ① (*Haufen*) pile, stack ② (*Woll~*) staple; **auf ~ legen** (MAR) lay down; **vom ~ lassen** (MAR) launch; (*fig*) come out with; **vom ~ laufen** (MAR) be launched; **Stapelkasten** *m* crate; **Stapellauf** *m* (MAR) launching; **stapeln** **I.** *vt* stack up **II.** *vr* pile up

stapfen ['ʃtapfən] *vi sein* plod, trudge

Star[1] <-s, -e> *m* (*größerer Singvogel*) starling

Star[2] <-(e)s> *m* (MED) cataract; **grüner ~** glaucoma

Star[3] [ʃtaːɐ] <-s, -s> *m* (*Film~*) star

Starallüren *pl:* **~ haben** put on airs; **Staranwalt** *m* star lawyer

Starenkasten *m* (*Nistkasten*) nesting box

stark [ʃtark] <stärker, stärkst> **I.** *adj* ① strong; (*mächtig*) powerful ② (*beleibt*) large ③ (*heftig, schwer*) heavy ④ (*sl: großartig*) great; **das ist ja ein ~es Stück!** that's really a bit thick!; **sich für etw ~ machen** stand up for s.th.; **~er Motor** powerful engine; **der ~e Mann** (POL) strongman; **stärker werden** increase in strength **II.** *adv* ① (*beträchtlich*) greatly ② (*sehr: mit Verb*) a lot; (*mit adj*) very ③ (*sl: hervorragend*) great; **~ befahrene Straße** busy road; **ich bin ~ erkältet** I have a bad cold; **~ gefragt** (COM) in great demand; **~ gesalzen** very salty

Stärke[1] *f* (*Speise~*) starch

Stärke[2] ['ʃtɛrkə] <-, -n> *f* ① (*Kraft*) strength

❷ (*Intensität*) intensity ❸ (*Macht*) power ❹ (*Dicke von Werkstoffen*) thickness ❺ (MIL A. SPORT: *Anzahl*) size ❻ (*starke Seite*) strong point; **nicht die volle ~ haben** (MIL) be below strength; **stärken** ['ʃtɛrkən] **I.** *vt* ❶ (*kräftigen*) strengthen ❷ (*erfrischen*) fortify ❸ (*Wäsche*) starch; **jds Selbstvertrauen ~** give a boost to someone's confidence **II.** *vr* (*sich erfrischen*) fortify o.s.

Starkstrom *m* power [*o* heavy] current; **Starkstromleitung** *f* power line

Stärkung *f* ❶ (*das Starkmachen*) strengthening; (*Kräftigung*) invigoration ❷ (*Erfrischung*) refreshment; **eine kleine ~ zu sich nehmen** have a light snack; **Stärkungsmittel** *nt* (MED) tonic

starr [ʃtar] *adj* ❶ (*steif*) stiff; (*unbeweglich*) rigid ❷ (*bewegungslos*) motionless ❸ (*unbeugsam*) obstinate, stern; **~ vor Schrecken** paralysed with terror; **jdn ~ ansehen** stare at s.o.; **Starre** <-> *f* stiffness

starren *vi* ❶ (*starr blicken*) stare (*auf* at) ❷ (*strotzen*): **~ vor ...** be thick with ...; **vor Dreck ~** be thick with dirt

Starrheit *f* ❶ (TECH) stiffness, rigidity ❷ (*fig*) obstinacy, stubbornness; **Starrkopf** *m* obstinate mule; **Starrkrampf** *m* (MED) tetanus; **Starrsinn** *m* obstinacy, stubbornness; **starrsinnig** *adj* stubborn

Start [ʃtart] <-(e)s, -s/(-e)> *m* (*a.* SPORT) start; (AVIAT) take-off; (*von Rakete*) launch; **gut vom ~ wegkommen** get off to a good start; **jdm zu einem ~ im Geschäftsleben verhelfen** start s.o. in business; **fliegender ~** flying start; **stehender ~** dead [*o* standing] start; **zum ~ rollen** (AVIAT) taxi to the take-off point; **Startbahn** *f* (AVIAT) runway; **startbereit** *adj* ❶ (SPORT) ready to start ❷ (AVIAT) ready for take-off; **Startblock** *m* starting block

starten **I.** *vi* ❶ *sein* (*a.* SPORT) start off ❷ (AVIAT) take off ❸ (*fam: abreisen*) set off **II.** *vt* ❶ *haben* (*Rakete*) launch ❷ (*in Gang setzen*) start

Starterlaubnis *f* ❶ (SPORT) permission to take part ❷ (AVIAT) clearance (for take-off); **Starthilfe** *f* (*fig*): **die richtige ~ bekommen** get off to a flying start; **jdm eine gute ~ geben** give s.o. a good start in life; **Starthilfekabel** *nt* (AUTO) jump leads *pl;* **Startkapital** *nt* starting capital; **startklar** *adj* ❶ (SPORT) ready to start ❷ (AVIAT) ready for take-off; **Startschuss** *m* (SPORT) starting signal; **Startsignal** *nt* (*a. fig*) start signal (*zu* for)

Start-up ['sta:tap] <-s, -s> *m* (*Firmengründung*) formation of a company

i Land & Leute

Die Stasi is the popular abbreviation for the state security service, the former East German secret police.

Statik ['ʃta:tɪk] *f* ❶ (PHYS) statics *pl* ❷ (ARCH) structural engineering; **Statiker(in)** *m(f)* structural engineer

Station [ʃta'tsjo:n] *f* ❶ (*Abschnitt*) stage ❷ (RAIL) station ❸ (RADIO) station ❹ (*im Krankenhaus*) ward; **wir haben in Berlin zwei Tage ~ gemacht** we stopped over in Berlin for two days; **stationär** *adj* ❶ (*fest eingerichtet*) stationary ❷ (MED) in-patient; **~ behandeln** treat in hospital; **stationieren** *vt* (MIL) station; **Stationierung** *f* (MIL) stationing; **Stationsarzt** (**-ärztin**) *m(f)* ward doctor; **Stationsschwester** *f* ward sister; **Stationsvorsteher** *m* (RAIL) stationmaster *Br,* station agent *Am*

statisch ['ʃta:tɪʃ] *adj* statical

Statist [ʃta'tɪst] *m* (THEAT) supernumerary; (FILM) extra; **Statistik** *f* statistics *pl;* **statistisch** *adj* statistical; **~e Angaben** statistical returns

Stativ [ʃta'ti:f] <-s, -e> *nt* (PHOT) tripod

Statt <-> *f:* **an jds ~** in someone's place

statt [ʃtat] **I.** *präp:* **~ dessen** instead; **~ meiner** in my place **II.** *konj* instead of; **~ heim zu gehen ...** instead of going home ...

Stätte ['ʃtɛtə] <-, -n> *f* (*gehoben*) place

statt|finden *irr vi* take place; (*sich ereignen*) occur; **statt|geben** *irr vi* grant; **statthaft** *adj* allowed; (*gehoben*) permitted

Statthalter *m* governor

stattlich ['ʃtatlɪç] *adj* ❶ (*Gebäude*) stately; (*ansehnlich*) imposing; (*prächtig*) magnificent ❷ (*beträchtlich*) considerable; **Stattlichkeit** *f* ❶ (*von Gebäude*) stateliness ❷ (*Ansehnlichkeit*) imposingness; (*Pracht*) magnificence

Statue ['ʃta:tuə] <-, -n> *f* statue

Statur [ʃta'tu:ɐ] <-, -en> *f* build, stature

Status ['ʃta:tʊs] <-> *m* status; **Statussymbol** *nt* status symbol

Statut [ʃta'tu:t] <-(e)s, -en> *nt* statute; **~en** (*einer Gesellschaft*) articles

Stau [ʃtaʊ] <-(e)s, -e> *m* ❶ (*Verkehrs~*) traffic jam ❷ (*Wasser~*) build-up

Staub [ʃtaʊp] <-(e)s> *m* dust; **~ wischen** dust; **sich aus dem ~ machen** (*fam*) make off; **viel ~ aufwirbeln** cause a big stir; **diese Angelegenheit hat viel ~ aufgewirbelt** this affair has caused quite a stir; **Staubbeutel** *m* ① (BOT) anther ② (*von Staubsauger*) dust bag

Staubecken *nt* reservoir

stauben *vi* ① (*staubig sein*) be dusty ② (*Staub machen*) make dust

Staubfaden *m* (BOT) filament; **Staubfänger** ['ʃtaʊpfɛŋɐ] *m* dust collector; **Staubflocke** *f* fluff; **Staubgefäß** *nt* (BOT) stamen

staubig *adj* dusty

Staubkorn <-s, -körner> *nt* dust particle; **Staubniederschlag** *m* deposition of airborne solid matter; **Staubpartikel** *f* dust particle; **staubsaugen** *vi* vacuum; (*fam*) hoover; **Staubsauger** *m* vacuum cleaner; (*fam*) Hoover®; **Staubtuch** <-(e)s, -tücher> *nt* duster; **Staubwolke** *f* cloud of dust

stauchen ['ʃtaʊxən] *vt* (TECH) upset; **Stauchung** *f* ① (TECH) upsetting ② (MED) compression

Staudamm *m* dam

Staude ['ʃtaʊdə] <-, -n> *f* perennial herb; (*Strauch*) bush

stauen **I.** *vt* ① (*Wasser*) dam up ② (*Waren*) stow **II.** *vr* ① (*Verkehr*) get jammed; (*Menschen*) crowd ② (*Wasser*) build up; **der Verkehr staut sich** there is a tailback

Stauer *m* (MAR) stevedore

Staugefahr *f* risk of congestion

Staumauer *f* dam wall

Staumeldung *f* report of hold-ups

Staunen *nt* astonishment, amazement

staunen ['ʃtaʊnən] *vi* be astonished [*o* amazed] (*über* at); **da staunst du, was?** you didn't expect that, did you?; **da staune ich aber!** you amaze me!

Staupe ['ʃtaʊpə] <-, -n> *f* (*Hundekrankheit*) distemper

Stauraum *m* (AUTO) storage capacity [*o* space]; (MAR) stowage room

Stausee *m* reservoir

Stauung *f* ① (*Verkehrs~*) traffic jam, tailback ② (*Stockung*) pile-up

Stearin [ʃtea'riːn] <-s, -e> *nt* (CHEM) stearin

Stechapfel *m* thorn-apple

stechen ['ʃtɛçən] *irr* **I.** *vi, vt* ① (*Dorn*) prick; (*Biene*) sting; (*Mücke*) bite ② (*mit Waffe*) stab (*nach* at) ③ (*im Kartenspiel*) take; **Torf ~** cut peat; **in See ~** put to sea; **das sticht!** that's prickly!; (*tut weh*) that hurts! **II.** *vr* prick o.s. (*an* on); **ich hab mich in den Finger gestochen!** I've pricked my finger!; **stechend** *adj* ① (*Blick*) piercing ② (*Schmerz*) sharp ③ (*Geruch*) pungent; **Stechginster** *m* furze, gorse; **Stechkarte** *f* clocking-in card; **Stechmücke** *f* gnat, mosquito; **Stechpalme** *f* holly; **Stechuhr** *f* time-clock; **Stechzirkel** *m* dividers *pl*

Steckbrief *m* description (of the wanted person); **s~lich gesucht werden** be on the wanted list

Steckdose *f* (ELEK) socket

Stecken ['ʃtɛkən] <-s, -> *m* stick

stecken **I.** *vt* ① put ② (*befestigen*) pin (*an* onto) **II.** *vi* ① (*sein*) be ② (*fest~*) be stuck; **steckt der Schlüssel?** is the key in the lock?; **was steckt dahinter?** what's behind it?; **ich werd' ihm zeigen, was in mir steckt!** I'll show him what I'm made of!; **jdm etw ~** (*sl*) verraten, tell s.o. s.th.; **sich Watte in die Ohren ~** stuff cotton wool in one's ears; **~ bleiben** get stuck, stick fast; (*in einer Rede*) falter; **die Kugel blieb ~** the bullet was lodged; **den Schlüssel ~ lassen** leave the key in the lock

Steckenpferd *nt* hobby-horse

Stecker *m* (ELEK) plug

Steckkontakt *m* (ELEK) plug; **Stecknadel** *f* pin; **jdn wie eine ~ suchen** look for s.o. high and low; **Steckrübe** *f* swede, turnip; **Steckschlüssel** *m* (TECH) box spanner *Br*, socket wrench *Am*

Steg [ʃteːk] <-(e)s, -e> *m* ① (*Laufbrett*) gangplank ② (*Fußgängerbrücke*) footbridge ③ (AVIAT: *Holm*) web ④ (*Geigen~*) bridge

Stegreif ['ʃteːk,raɪf] *m*: **eine Rede aus dem ~ halten** make an off-the-cuff speech; **aus dem ~ spielen** improvise

Stehaufmännchen ['ʃteːaʊf,mɛnçən] *nt* tumbler

Stehen ['ʃteːən] *nt* standing; **zum ~ bringen** stop

stehen *irr* **I.** *vi* ① stand ② (*Kleider, Farbe*) suit **II.** *vt* (*Wache*) stand **III.** *vr*: **sich gut ~** be well-off; **auf jdn/etw ~** (*sl: gern mögen*) go for s.o./s.th.; **das steht dir** (*passt*) that suits you; **wie stehst du dazu?** what's your opinion on that?; **wie steht's?** how's things?; **wo steht das?** where does it say that?; **was steht im Brief?** what does the letter say?; **mir steht's bis hier** (*fam*) I'm sick and tired of it; **wo stehst du?** (*mit dem Auto*) where have you parked?; **es steht nicht gut für ihn** things don't look too bright for him; **~ bleiben** (*Fahrzeuge, Kolonne*) come to a standstill; (*Personen*) stop; (*nicht umfallen*) remain standing; (*Motor*) cut out; **ich bin auf Seite 16 ~ geblieben** I left off on page 16; **~ lassen** (*dalassen*) leave; (*vergessen*) leave behind; **er ließ die Suppe stehen** he left the soup untouched; **jdn**

S

draußen ~ lassen leave s.o. standing outside

stehend *adj:* ~**er Ausdruck** stock phrase; ~**en Fußes** instanter; ~**es Heer** regular army; ~**er Satz** (TYP) standing matter; ~**es Wasser** stagnant water

Stehkragen *m* stand-up collar; **Stehlampe** *f* standard lamp *Br,* floor lamp *Am;* **Stehleiter** *f* stepladder

stehlen ['ʃte:lən] *irr vt, vi* steal; **er kann mir gestohlen bleiben!** (*fam*) I couldn't care less about him!; **jdm die Zeit** ~ waste someone's time

Stehlokal *nt* stand-up café; **Stehplatz** *m* (*in Verkehrsmittel*) standing room; **einen** ~ **haben** have to stand

Steiermark ['ʃtaɪɐmark] *f* Styria

steif [ʃtaɪf] *adj* ❶ (*unbeweglich*) stiff; (*Penis*) erect; (*erstarrt*) numb ❷ (*geziert*) strained; (*förmlich*) formal; ~ **und fest behaupten, dass …** swear up and down that …; **die Ohren** ~ **halten** keep a stiff upper lip; ~ **werden** stiffen; ~**e Brise** stiff breeze; **Steifheit** *f* ❶ stiffness; (*Starrheit*) numbness ❷ (*fig*) formality

Steig [ʃtaɪk] <-(e)s, -e> *m* steep track

Steigbügel *m* stirrup

Steige <-, -n> *f* ❶ (*steile Stiege, Treppe*) staircase ❷ (*steiler Weg*) steep track; **Steigeisen** *nt* ❶ (*zum Klettern*) crampon ❷ (*Eisentritt in Mauer*) rung

steigen ['ʃtaɪgən] *irr vi* ❶ (*Flugzeug*) climb ❷ (*Temperatur, Preise*) rise; (*anwachsen, zunehmen*) increase; **ins Auto** ~ get into one's car; **Drachen** ~ **lassen** fly kites; **aus dem Bett** ~ get out of bed; **steigend** *adj:* ~**e Tendenz** upward tendency; **Steiger** *m* (MIN) foreman

steigern ['ʃtaɪgɐn] **I.** *vt* ❶ increase ❷ (*intensivieren*) intensify **II.** *vi* ❶ (GRAM) compare ❷ (*bei Auktionen*) bid (*um* for) **III.** *vr* ❶ (*anwachsen*) increase ❷ (*sich verbessern*) improve; **Steigerung** *f* ❶ increase ❷ (*Intensivierung*) intensification ❸ (GRAM) comparison ❹ (*Verbesserung*) improvement

Steigriemen *m* stirrup-strap

Steigung *f* ❶ (*Hang*) slope ❷ (*einer Straße*) gradient *Br,* grade *Am*

steil [ʃtaɪl] *adj* steep; ~ **abfallen** plunge; ~**es Dach** high roof; **Steilhang** *m* steep slope; **Steilheck** *nt* (AUTO) hatchback; **Steilküste** *f* cliffs *pl;* **Steilpass** *m* (SPORT: *Fußball*) through ball; **Steilufer** *nt* steep bank

Stein [ʃtaɪn] <-(e)s, -e> *m* ❶ stone ❷ (*Spiel~*) piece ❸ (*von Obst*) stone; **da fällt mir ein** ~ **vom Herzen!** that's a load off my mind!; ~ **und Bein schwören** (*fam*) swear blind; **jdm** ~**e in den Weg legen** put obstacles in someone's way; **den** ~ **ins Rollen bringen** start the ball rolling; **ich hab' bei ihr einen** ~ **im Brett** (*fam*) I'm well in with her; **ein Herz aus** ~ a heart of stone; **Steinadler** *m* golden eagle; **steinalt** *adj* as old as the hills; **Steinbock** *m* ❶ (*eine Art Gämse*) ibex ❷ (*Sternzeichen*) Capricorn; **Steinbruch** *m* quarry; **Steinbutt** *m* (*Plattfisch*) turbot

steinern ['ʃtaɪnɐn] *adj* ❶ stone ❷ (*fig*) stony

Steingut *nt* stoneware; **steinhart** *adj* hard as stone

steinig *adj* stony

steinigen ['ʃtaɪnɪgən] *vt* stone; **Steinigung** *f* stoning; **Steinkohle** *f* hard coal; **Steinkohlenbergwerk** *nt* coal mine, colliery; **Steinmarder** *m* beech marten; **Steinmetz** ['ʃtaɪnmɛts] <-(es), -e(n)> *m* stonemason; **Steinpilz** *m* yellow boletus; **steinreich** *adj* (*fam: sehr reich*) stinking rich, stony; **Steinsalz** <-es> *nt* rock salt; **Steinschlag** *m* rockfall; **Steinschüttung** *f* (*an Flussufer*) riprap; **Steinzeit** *f* Stone Age; **Steinzeug** *nt* stoneware

Steiß [ʃtaɪs] <-es, -e> *m* buttocks *pl;* (*von Vögeln*) rump; **Steißbein** *nt* coccyx; **Steißlage** *f* (MED) breech presentation

Stelldichein ['ʃtɛldɪç,aɪn] <-(s), -(s)> *nt* (*obs*) rendezvous *Br,* date *Am*

Stelle ['ʃtɛlə] <-, -n> *f* ❶ (*Ort*) place ❷ (*Fleck*) patch ❸ (*Anstellung*) job ❹ (*Buch~*) passage; (*Zitat*) quotation ❺ (*Behörde*) authority *Br,* agency *Am* ❻ (MATH) digit; **an erster** ~ in the first place; **an meiner** ~ in my place; **an dieser** ~ in this place; **wenn ich an Ihrer** ~ **wäre …** if I were you …; **an** ~ **von …** in place of …, instead of …; **auf der** ~ (*sofort*) on the spot; **an Ort und** ~ **sein** be on the spot; **an jds** ~ **treten** take the place of s.o.; **sich um eine** ~ **bewerben** apply for a vacancy; **zur** ~ **sein** be at hand, be present; **offene** ~, **freie** ~ vacancy

stellen ['ʃtɛlən] **I.** *vt* ❶ (*setzen, hin~*) put ❷ (*besorgen, zur Verfügung* ~) provide ❸ (*regulieren, ein~*) set (*auf* at) ❹ (*Feind* ~) corner; **die Heizung kleiner** ~ turn the heating down; **eine Frage** ~ ask a question; **eine Uhr** ~ set a watch [*o* clock]; **sich schlafend** ~ pretend to be asleep; **das Radio leiser (lauter)** ~ turn the radio down (up); **auf sich selbst gestellt sein** stand on one's own two feet; **jdm etw auf den Tisch** ~ put s.th. on the table for s.o. **II.** *vr* ❶ (*sich hin~*) stand up ❷ (*sich der*

Polizei ~) give o.s. up to the police; **wie stellst du dich dazu?** what's your opinion on that?

Stellenabbau *m* reduction [*o* shedding] of staff; **Stellenangebot** *nt* job offer; **Stellenausschreibung** *f* job advertisement; **Stellenbeschreibung** *f* job description; **Stellengesuch** *nt* application for a job; **Stellensuche** *f* job search; **Stellenvermittlung** *f* employment agency; **stellenweise** *adv* here and there, in places; **Stellenwert** *m* (*fig*) rank, rating; **einen hohen ~ haben** play an important role

Stellmacher *m* ❶ (*für Wagen*) cartwright ❷ (*Radmacher*) wheelwright

Stellplatz *m* (*für Auto*) parking space

Stellung *f* ❶ (*Körper~*) position ❷ (MIL) position ❸ (MIL: *Geschütz~*) emplacement ❹ (*Ansehen*) standing; (*Rang*) status ❺ (*Posten*) job, situation; **seine ~ behaupten** stand one's ground; **~ beziehen** (MIL) move into position; **die ~ halten** hold one's position; (*fig hum*) hold the fort; **in ~ bringen** (bring into) position; **~ nehmen zu ...** express one's opinion on ...; **für jdn ~ beziehen** come out in favour of s.o; **Stellungnahme** <-, -n> *f* ❶ (*Entgegnung*) statement (*zu* on) ❷ (*Haltung*) attitude; **seine ~ zu etw abgeben** make a statement on s.th.

Stellungsbefehl *m* (MIL) call-up *Br,* draft papers *Am;* **Stellungskrieg** *m* positional warfare

stellungslos *adj* unemployed, without a job

stellvertretend *adj* ❶ (*vorübergehend*) acting ❷ (*amtlich*) deputy; **~er Vorsitzender** vice-chairman; **~e Geschäftsführerin** deputy managing director; **~ für etw stehen** stand in for s.th; **Stellvertreter(in)** *m(f)* ❶ (*vorübergehender*) representative; (*von Arzt*) locum ❷ (*amtlicher*) deputy; (MIL) second in command; **Stellvertretung** *f:* **in ~ von ...** for ...; **die ~ von jdm übernehmen** stand in for s.o.

Stellwerk *nt* (RAIL) signal box *Br,* switchtower *Am*

Stelze ['ʃtɛltsə] <-, -n> *f* stilt; **stelzen** *vi* ❶ *sein* (*auf Stelzen gehen*) walk on stilts ❷ (*fam: lang ausschreiten*) stalk along; **Stelzvögel** *mpl* waders

Stemmeisen *nt* crowbar

stemmen ['ʃtɛmən] *vt* ❶ (*hoch~*) lift ❷ (*aufmeißeln*) chisel; **die Hände in die Seiten ~** set one's arms akimbo; **sich ~ gegen ...** (*dagegendrücken*) brace o.s. against ...; (*sich auflehnen*) oppose ...

Stempel ['ʃtɛmpəl] <-s, -> *m* ❶ (*Gummi~*) stamp ❷ (*Präge~, Münz~*) die ❸ (MIN: *Stütz~*) prop ❹ (*~ aufdruck*) stamp; (*eingebrannter ~*) brand; (*Post~*) postmark; (*Echtheits~ auf Gold, Silber*) hallmark; **Stempelaufdruck** *m* stamp; **Stempelfarbe** *f* stamping ink; **Stempelgebühr** *f* stamp duty; **Stempelgeld** *nt* dole (money); **Stempelkissen** *nt* ink pad; **stempeln** *vt* stamp; (*postalisch*) postmark; **~ gehen** (*fam*) be on the dole

Stenoblock *m* shorthand pad; **Stenogramm** [ʃteno'gram] <-s, -e> *nt* shorthand dictation; **ein ~ aufnehmen** take down in shorthand; **Stenograph(in)** [ʃteno'gra:f] <-en, -en> *m(f)* stenographer; **Stenographie** *f* shorthand; **stenographieren** **I.** *vi* do shorthand **II.** *vt* take down in shorthand; **stenographisch** **I.** *adj* shorthand **II.** *adv* in shorthand; **Stenotypist(in)** [ʃtenoty'pɪst] *m(f)* shorthand typist

Steppanorak *m* quilted anorak; **Steppanzug** *m* quilted suit; **Steppdecke** *f* quilt *Br,* comforter *Am*

Steppe ['ʃtɛpə] <-, -r> *f* steppe

steppen[1] *vi* (*tanzen*) tap-dance

steppen[2] ['ʃtɛpən] *vt* (*wattieren*) quilt; (*ab~*) stitch; **Steppweste** *f* quilted waistcoat

Sterbebett *nt* death-bed; **Sterbefall** *m* death; **Sterbegeld** *nt* death benefit; **Sterbehilfe** *f* (*Euthanasie*) euthanasia; **Sterbekasse** *f* death benefit fund

Sterben *nt* death; **die Angst vorm ~** fear of death; **im ~ liegen** be dying; **zum ~ langweilig** deadly boring

sterben ['ʃtɛrbən] *irr vi* die (*an* of); **daran wirst du nicht ~!** (*fam*) it won't kill you!; **eines gewaltsamen Todes ~** die a violent death; **eines natürlichen Todes ~** die a natural death; **vor Langeweile ~** be bored to death; **die ist für mich gestorben!** (*fam*) she might as well be dead!

Sterbenswörtchen *nt:* **kein ~ verraten** not breathe a (single) word

Sterbeort *m* deathplace; **Sterberate** *f* death rate, mortality; **Sterbesakramente** *pl* last sacraments; **Sterbeurkunde** *f* death certificate

sterblich *adj* mortal; **jds ~e Überreste** someone's mortal remains; **Sterblichkeit** *f* mortality

Stereo ['ʃte:reo] <-(s)> *nt* stereo; **in ~** in stereo; **Stereoanlage** *f* stereo (system); **Stereoaufnahme** *f* ❶ stereo recording ❷ (PHOT) stereoscopic picture; **Stereometrie** [ʃtereome'tri:] *f* (MATH) solid geometry, stereometry; **Stereoskop** [ʃtereo'sko:p] <-s, -e> *nt* stereoscope

Stereoturm *m* hi-fi stack

stereotyp [ʃtereo'ty:p] **I.** *adj* ① (TYP) stereotype ② (*fig*) stereotyped; ~**e Wendung** (LING) cliché **II.** *adv* (*fig*) in a stereotyped way

Stereotypie [---'-] *f* (TYP) stereotype printing

steril [ʃte'ri:l] *adj* sterile; **Sterilisation** [ʃteriliza'tsjo:n] *f* sterilization; **sterilisieren** *vt* sterilize; **Sterilisierung** *f* sterilization; **Sterilität** *f* sterility

Stern [ʃtɛrn] <-(e)s, -e> *m* (*a.* ~*förmiges Zeichen*) star; **mit** ~**en besät** starry; **es steht in den** ~**en** it's all in the stars; **Sternbild** *nt* ① (ASTR) constellation ② (*in der Astrologie*) sign; **Sterne-Hotel** *nt* first-class hotel; **Sternenbanner** *nt* Star-Spangled Banner, Stars and Stripes *pl;* **sternenklar** *adj* starlit; **Sternenzelt** *nt* (*poet*) starry firmament

Sternfahrt *f* (AUTO) rally

sternhagelvoll *adj* (*fam*) dead drunk

Sternhaufen *m* star cluster; **sternhell** *adj* starlit; **Sternkarte** *f* celestial chart; **Sternkunde** *f* astronomy; **Sternschnuppe** *f* shooting star; **Sternsinger** *pl* carol singers; **Sternstunde** *f* ① great moment ② (ASTR: *im Horoskop*) sidereal hour; **Sternsystem** *nt* (ASTR) galaxy; **Sternwarte** *f* observatory; **Sternzeit** *f* (*im Horoskop*) sidereal time

Sterz [ʃtɛrts] <-es, -e> *f* ① (*Schwanz, Steiß*) rump ② (*Pflug*~) handle

stet [ʃte:t] *adj* constant; ~**er Tropfen höhlt den Stein** (*prov*) constant dripping wears away the stone

Stethoskop [ʃteto'sko:p] <-(e)s, -e> *nt* stethoscope; **stetig** *adj* steady; ~**e Funktion** (MATH) steady function; **Stetigkeit** *f* steadiness; (*Beständigkeit*) constancy; (*Kontinuität*) continuity; **stets** [ʃte:ts] *adv* (*immer*) always; ~ **zu Diensten** ever at your service

Steuer[1] ['ʃtɔɪɐ] <-s, -> *nt* ① (MAR) helm ② (AUTO) steering wheel ③ (AVIAT) controls *pl;* **am** ~ **sitzen** be at the wheel; **das** ~ **übernehmen** take over; **jdn ans** ~ **lassen** let s.o. drive

Steuer[2] <-, -n> *f* ① (FIN) tax ② (*fam: Behörde*) the tax people; **nach** (**vor**) **Abzug der** ~**n** after (before) tax; ~**n eintreiben** collect taxes; ~**n erheben** levy taxes; ~**n hinterziehen** evade taxes; ~**n zahlen** pay tax *sing;* **Steuerabzüge** *mpl* tax deductions; **Steueranpassungen** *fpl* tax adjustments; **Steueranrechnung** *f* tax credit; **Steueranspruch** *m* tax claim; **Steueraufkommen** *nt* tax yield *Br,* internal revenue *Am;* **steuerbegünstigt** *adj* tax-deductible; **Steuerbelastung** *f* tax load; **Steuerbemessungsgrundlage** *f* basis of assessment; **Steuerberater(in)** *m(f)* tax consultant; **Steuerbescheid** *m* tax assessment; **Steuerbetrug** *m* tax fraud; **Steuerbevollmächtigte(r)** *m* agent in tax matters

steuerbord *adj* (MAR) starboard

Steuereinnahmen *fpl* tax revenue; **Steuererhöhung** *f* tax increase; **Steuererklärung** *f* tax return [*o* declaration]; **die** ~ **abgeben** file a return; **Steuererlass** *m* tax exemption; **Steuererleichterung** *f* tax relief; **Steuerermäßigung** *f* tax allowance; **Steuererstattung** *f* tax rebate [*o* refund]; **Steuerfahndung** *f* investigation of tax evasion; **Steuerflüchtling** *m:* **ein** ~ **sein** avoid tax by transferring assets abroad; **Steuerformular** *nt* tax form; **steuerfrei** *adj* exempt from tax; **Steuerfreibetrag** *m* tax allowance [*o* exemption]; **Steuergehilfe, -gehilfin** *m, f* articled clerk; **Steuergelder** *pl* taxes; **Steuergerät** *nt* ① (TECH) controller ② (RADIO) tuner; **Steuergesetzgebung** *f* tax legislation; **Steuerhinterziehung** *f* tax evasion; **Steuerkarte** *f* wage tax card; **Steuerklasse** *f* tax class

Steuerknüppel *m* (AVIAT) control column *Br,* control stick *Am*

steuerlich *adj:* ~**e Anreize** tax incentive schemes; **aus** ~**en Gründen** for tax purposes

Steuerloch *nt* (*Defizit im Finanzhaushalt*) tax deficit

Steuermann <-(e)s, -männer/-leute> *m* ① (*eingeteilter* ~) helmsman ② (*Schiffsoffizier*) first mate; **Steuermannspatent** *nt* (MAR) mate's ticket

Steuermarke *f* (*für Hunde*) dog license disc *Br,* dog tag *Am*

steuern *vt* ① (MAR) navigate, steer; (AVIAT) pilot; (AUTO) drive ② (*regulieren*) control

Steuernachlass *m* tax rebate; **Steueroase** *f* tax haven; **Steuerparadies** *nt* tax haven; **steuerpflichtig** *adj* liable to tax; **Steuerpflichtige(r)** *f m* person liable to tax; **Steuerpolitik** *f* fiscal policy; **Steuerprüfer(in)** *m(f)* tax inspector; **Steuerprüfung** *f* tax inspector's investigation

Steuerpult *nt* control desk

Steuerrad *nt* (AUTO) (steering) wheel; **das** ~ **übernehmen** take over

Steuerreform *f* tax reform

Steuerruder *nt* rudder

Steuersatz *m* rate of taxation; **Steuerschraube** *f* (*fig*): **die Regierung zieht die** ~ **an** the government is putting the screws on the taxpayer; **Steuerschuld** *f* tax owing; **Steuersenkung** *f* tax cut

Steuersünder(in) *m(f)* tax evader; **Steuerumgehung** *f* tax avoidance

Steuerung *f* ① (MAR: *das Steuern*) steering; (AVIAT) piloting ② (*fig*) control ③ (*Mechanismus einer ~*) steering gear; (AVIAT) controls *pl*

Steuerveranlagung *f* tax assessment; **Steuervorauszahlung** *f* prepayment of tax; **Steuervorteil** *m* tax advantage [*o* break]; **Steuerzahler(in)** *m(f)* taxpayer

Steuerzeichen *nt* (INFORM) control character

Steward [ˈstjuːɐt] <-s,-s> *m* steward

Stewardess [ˈstjuːɐdɛs] <-,-ssen> *f* stewardess

stibitzen [ʃtiˈbɪtsən] <ohne ge-> *vt* (*fam*) pilfer, swipe

Stich [ʃtɪç] <-(e)s, -e> *m* ① (*Nadel~*) prick; (*Messer~*) stab ② (*Mücken~*) bite; (*Bienen~*) sting ③ (*Näh~*) stitch ④ (*Schmerz*) piercing pain ⑤ (*Kupfer~, Stahl~*) engraving; **einen ~ haben** (*Speisen*) be off; (*fig fam: etw verrückt sein*) be round the bend; **jdn im ~ lassen** let s.o. down; **ein ~ ins Grüne** a tinge of green

Stichelei *f* (*fig*) sneering remarks *pl*

sticheln [ˈʃtɪçəln] *vi* ① (*nähen*) sew ② (*fig*) make sneering remarks (*gegen* at)

Stichflamme *f* tongue of flame

stichhaltig *adj* sound, valid; **~e Gründe** sound arguments; **Stichhaltigkeit** *f* soundness, validity

Stichling *m* (*kleiner Raubfisch*) stickleback

Stichprobe *f* spot check; **~n machen** make spot checks

Stichpunkt *m* headword; **Stichsäge** *f* fretsaw; **Stichtag** *m* qualifying date; **Stichwaffe** *f* stabbing weapon; **Stichwahl** *f* final ballot *Br*, run-off *Am*; **Stichwort** <-(e)s, -wörter> *nt* ① (*im Wörterbuch*) headword ② (*fig* THEAT) cue ③ (*schriftliches ~*) keyword; **stichwortartig** *adj*: **geben Sie es nur ~ wieder!** recount the main points of it!; **Stichwortkatalog** *m* (*Bibliothek*) classified catalogue; **Stichwunde** *f* stab wound

sticken [ˈʃtɪkən] *vt, vi* embroider; **Stickerei** *f* embroidery; **Stickgarn** *nt* embroidery silk

stickig [ˈʃtɪkɪç] *adj* ① (*Luft*) close, stuffy ② (*fig*) stifling

Stickmuster *nt* embroidery pattern; **Sticknadel** *f* embroidery needle

Stickoxid *nt* nitric oxide

Stickstoff *m* nitrogen; **Stickstoffdünger** *m* nitrogen fertilizer

stieben [ˈʃtiːbən] *irr vi* ① (*Funken*) fly ② (*rennen*) flee

Stiefbruder *m* stepbrother

Stiefel [ˈʃtiːfəl] <-s, -> *m* boot; **Stiefelknecht** *m* boot-jack

Stiefeltern *pl* step-parents; **Stiefkind** *nt* stepchild; **Stiefmutter** *f* stepmother

Stiefmütterchen *nt* (*kleine Pflanze*) pansy

Stiefschwester *f* stepsister; **Stiefsohn** *m* stepson; **Stieftochter** *f* stepdaughter; **Stiefvater** *m* stepfather

Stiege [ˈʃtiːgə] <-, -n> *f* staircase

Stieglitz [ˈʃtiːglɪts] <-es, -e> *m* (*kleiner Singvogel*) goldfinch

Stiel [ʃtiːl] <-(e)s, -e> *m* ① (*Griff*) handle; (*Besen~*) stick ② (*von Pflanze*) stalk; (*Stängel*) stem; **Stielaugen** *pl*: **~ machen** (*fam*) fig, be pop-eyed; **stieläugig** [ˈʃtiːlˌɔɪgɪç] *adj* (*fam*) stalk-eyed; **Stielkamm** *m* tail comb; **Stieltopf** *m* saucepan

Stier [ʃtiːɐ] <-(e)s, -e> *m* ① (*männl. Rind*) bull ② (*Sternzeichen*) Taurus; **den ~ bei den Hörnern packen** take the bull by the horns

stier [ʃtiːɐ] *adj* (*Blick*) glassy; (*leer*) vacant; **stieren** *vi* stare (*auf* at)

Stierkampf *nt* bull-fight; **Stierkämpfer(in)** *m(f)* bull-fighter

Stift¹ [ʃtɪft] <-(e)s, -e> *m* ① (*Holz~*) peg; (*Nagel*) tack ② (*Blei~*) pencil; (*Kugelschreiber*) pen

Stift² *nt* ① (*Diözese*) diocese ② (*Anstalt*) home ③ (*Domkapitel*) chapter

Stift³ *m* (*fam: Lehrling*) apprentice

stiften [ˈʃtɪftən] *vt* ① (*schenken, geben*) donate ② (*gründen*) found ③ (*verursachen*) bring about, cause; **Frieden ~** make peace; **Unfrieden ~** sow discord

stiften|gehen *irr vi* (*fam*) beat a hasty retreat, make off

Stifter(in) *m(f)* ① (*Schenkender*) donator ② (*Gründer*) founder

Stiftschlüssel *m* (TECH) pin spanner; (*Sechskant~*) socket screw key

Stiftskirche *f* collegiate church

Stiftung *f* ① (*Schenkung*) donation ② (*Gründung*) foundation ③ (JUR) foundation ④ (*Stipendium aus ~*) endowment

Stiftzahn *m* post crown

Stil [ʃtiːl] <-(e)s, -e> *m* style; **ein Gedicht im ~ der Romantik** a poem in the Romantic style; **so ein Haus ist nicht mein ~** that house is not my style; **alles in großem ~ tun** do things in style; **Stilblüte** *f* (*fam*) howler

Stilett [ʃtiˈlɛt] <-s, -e> *nt* stiletto

Stilgefühl *nt* sense of style; **stilgetreu** *adj*

in original style; **stilisieren** *vt* stylize; **Stilistik** *f* stylistics *pl;* **stilistisch** *adj* stylistic

still [ʃtɪl] *adj* ❶ (*ruhig*) quiet, silent ❷ (*unbewegt*) still; **~er Teilhaber** (COM) sleeping (*Am* silent) partner *Br;* **sei ~!** be quiet!; **Stille** ['ʃtɪlə] <-> *f* ❶ (*Ruhe*) quietness ❷ (*Unbewegtheit*) stillness; **sich in aller ~ davonmachen** make off secretly; **sich im Stillen denken** think to o.s.

stillen *vt* ❶ (*befriedigen*) satisfy; (*Durst*) quench ❷ (*Schmerz*) allay, ease ❸ (*Blut*) staunch ❹ (*Kind*) breast-feed

Stillhalteabkommen *nt* moratorium; **still|halten** *irr vi* ❶ keep still ❷ (*fig*) keep quiet

Stillleben *nt* (*Malerei*) still life

stilllegen *vt* (*Fahrzeug*) lay up; **Stilllegung** *f* ❶ (*von Betrieb*) closure, shutdown ❷ (*von Fahrzeug*) laying up

still|liegen *irr vi* ❶ (*Verkehr*) have come to a standstill ❷ (TECH: *eingestellt sein*) be at a standstill ❸ (*Fabrik*) be closed [*o* shut] down

stillos ['ʃti:l,lo:s] *adj* ❶ (*nicht zusammenpassend*) incongruous ❷ (*fig*) having no sense of style

Stillschweigen *nt* silence; **über etw ~ bewahren** maintain silence about s.th; **still|schweigen** *irr vi* remain silent; **zu etw ~** remain silent in the face of s.th.; **stillschweigend** *adj* (*fig*): **~es Einvernehmen** (**Übereinkommen**) tacit understanding (agreement); **still|sitzen** *irr vi* sit still; **Stillstand** <-(e)s> *m* ❶ (*Halt*) standstill ❷ (*Unterbrechung*) interruption; **zum ~ bringen** bring to a stop; **die Produktion zum ~ bringen** bring production to a standstill; **zum ~ kommen** come to a standstill; (*Motor*) stop; **still|stehen** *irr vi* ❶ be at a standstill; (MIL) stand at attention ❷ (*stehen bleiben*) stop

Stilmöbel *ntpl* period furniture; **stilvoll** *adj* stylish

Stimmabgabe *f* voting; **Stimmbänder** *pl* vocal cords; **stimmberechtigt** *adj* entitled to vote; **nicht ~** non-voting; **Stimmberechtigte(r)** *f m* person entitled to vote; **Stimmbruch** <-(e)s> *m:* **er ist im ~** his voice is breaking

Stimme ['ʃtɪmə] <-, -n> *f* ❶ voice ❷ (PARL: *Wahl~*) vote ❸ (MUS) part ❹ (*Presse~*) comment; **ich habe keine ~ mehr** I have lost my voice; **sie hat keine besonders gute ~** she hasn't got much of a voice; **mit tiefer ~** in a deep voice; **jdm seine ~ geben** (PARL) give one's vote to s.o.; **Mehrheit von einer Stimme** (PARL) single-vote majority; **er gewann mit einer Mehrheit von 150 ~n** he won by 150 votes

stimmen **I.** *vi* ❶ (*richtig sein*) be right ❷ (PARL: *ab~*) vote (*für/gegen* for/against); **stimmt das?** is that true [*o* right]? [*o* correct]; **stimmt's?** right?; **stimmt so!** (*Trinkgeld*) keep the change!; **das stimmt nicht** that's wrong **II.** *vt* (*Instrument*) tune (*höher/niedriger* up/down)

Stimmenauszählung *f* (PARL) count of votes; **Stimmengewinne** *pl* (PARL) votes gained; **Stimmengewirr** *nt* confused din of voices; **Stimmengleichheit** *f* (PARL) tie; **bei ~ den Ausschlag geben** give the casting vote; **bei ~ entscheidet die Stimme des Vorsitzenden** the vote of the chairman shall be decisive in the event of a tie; **Stimmenmehrheit** *f* majority of votes *Br,* plurality of votes *Am;* **einfache ~** bare [*o* mere] majority; **Stimmenthaltung** *f* abstention; **Stimmenverluste** *pl* (PARL) votes lost

Stimmgabel *f* tuning fork; **stimmhaft** *adj* (LING) voiced; **stimmig** *adj* (*Argumente*) coherent; **Stimmigkeit** *f* coherence; **Stimmlage** *f* (MUS) register; **stimmlos** *adj* (LING) voiceless; **Stimmrecht** *nt* right to vote; **~ haben** have a vote; **Stimmritze** *f* (ANAT) glottis

Stimmung ['ʃtɪmʊŋ] *f* ❶ (*Gemüts~*) mood ❷ (*öffentliche Meinung*) public opinion; **ich bin nicht in der ~ für diese Musik** I'm not in the mood for this type of music; **ich bin nicht in der richtigen ~** I'm not in the mood; **~ für (gegen) etw machen** stir up public opinion in favour of (against) s.th; **stimmungsaufhellend** *adj* (MED) anti-depressant; **Stimmungsumschwung** *m* change of atmosphere; (POL) swing; (*Börse, Markt*) change of tendency; **stimmungsvoll** *adj* (*idyllisch*) idyllic

Stimmzettel *m* ballot paper

Stimulation [ʃtimʊla'tsjo:n] *f* (*a. fig*) stimulation; **stimulieren** *vt* (MED: *a. fig*) stimulate

Stinkbombe *f* stink bomb

stinken ['ʃtɪŋkən] *irr vi* stink; **hier stinkt's!** it stinks in here!; **die ganze Sache stinkt!** (*fam*) the whole business stinks!; **die ganze Angelegenheit stinkt mir!** (*fam*) I'm fed up to the back teeth!; **stinkend** *adj* stinking; **stinkfaul** *adj* (*fam*) bone idle; **stinklangweilig** **I.** *adj* (*sl*) deadly boring **II.** *adv* (*sl*) in a deadly boring way; **stinknormal** *adj* (*sl*) boringly normal; **Stinktier** *nt* skunk; **Stinkwut** *f* (*fam*): **eine ~ haben** be furious

Stipendium [ʃti'pɛndiʊm] <-s, -dien> *nt* ❶ (*als Auszeichnung*) scholarship ❷ (*Stu-*

dienbeihilfe) grant

Stippvisite [ˈʃtɪp-] *f* (*fam*) flying visit

Stirn [ʃtɪrn] <-, -en> *f* forehead; (*gehoben*) brow; **hohe/niedrige** ~ high/low forehead; **die** ~ **bieten** defy; **er hatte die** ~, **mir das zu sagen** he had the cheek to tell me that; **die** ~ **runzeln** frown; **Stirnband** *nt* headband; **Stirnbein** *nt* (ANAT) frontal bone; **Stirnhöhle** *f* frontal sinus; **Stirnhöhlenvereiterung** *f* (MED) sinusitis; **Stirnrad** *nt* (TECH) spurwheel; **Stirnrunzeln** <-s> *nt* frown(ing); **Stirnseite** *f* (*von Gebäude*) gable-end

stöbern [ˈʃtøːbɐn] *vi* rummage (*nach* for)

stochern [ˈʃtɔxɐn] *vi* poke (*in* at)

Stock [ʃtɔk, *pl:* ˈʃtœkə] <-(e)s, Stöcke> *m* ❶ stick; (*Stab*) staff; (*Spazier~*) cane; (*Billard~*) cue ❷ (*Baum~*) roots *pl* ❸ (*~werk*) floor *Br,* storey, story *Am;* **am** ~ **gehen** walk with a stick; **im ersten** ~ on the first floor *Br,* on the second floor *Am;* **über** ~ **und Stein** up hill and down dale

stockbesoffen *adj* (*sl*) pissed; **stockdumm** *adj* (*fam*) thick; **stockdunkel** *adj* pitch-dark

stöckeln [ˈʃtœkəln] *vi sein* mince, trip

Stöckelschuh *m* stiletto

stocken [ˈʃtɔkən] *vi* ❶ (*innehalten*) break off, stop short ❷ (*nicht weitergehen*) make no progress ❸ (*Verkehr*) be halted; **ins Stocken geraten** begin to flag; **stockend** *adj* hesitant

stockfinster *adj* pitch-dark

Stockfisch *m* ❶ (*getrockneter Dorsch*) dried cod ❷ (*fam pej: Langweiler*) stuffed shirt

stockkonservativ *adj:* **er ist** ~ he is a dyed-in-the-wool conservative

stocksteif *adj* stiff as a poker

Stockung *f* ❶ (*von Verhandlungen*) breakdown ❷ (*Unterbrechung*) interruption ❸ (*Verkehrs~*) traffic-jam

Stockwerk *nt* floor *Br,* storey, story *Am;* **im oberen** ~ upstairs

Stoff [ʃtɔf] <-(e)s, -e> *m* ❶ (*Gewebe*) fabric, material; (COM: *Kleider~*) cloth ❷ (*Materie*) matter ❸ (*sl: Rauschgift*) dope, stuff ❹ (*Gesprächs~*) subject; ~ **für ein Buch** material for a book; ~ **zu etw geben** furnish matter for s.th.; **sich** ~ **beschaffen** (*Rauschgift*) score some stuff; **Stoffbahn** *f* length of material; **Stoffballen** *m* roll of cloth

Stoffel [ˈʃtɔfəl] <-s, -> *m* (*fam*) boor, yokel

Stofftier *nt* soft toy

Stoffwechsel *m* (MED) metabolism; **Stoffwechselprodukt** *nt* metabolic product

Stöhnen [ˈʃtøːnən] *nt* ❶ (*Seufzer*) groan ❷ (*Gestöhne*) groaning; **stöhnen** *vi* groan

Stollen¹ [ˈʃtɔlən] <-s, -> *m* (*Kuchen*) fruit loaf *Br,* stollen *Am*

Stollen² *m* ❶ (MIN) gallery ❷ (MIL: *bombensicherer Unterstand*) underground shelter

stolpern [ˈʃtɔlpɐn] *vi sein* stumble, trip (*über* over)

Stolz <-es> *m* pride; **jdn mit** ~ **erfüllen** be a source of pride to s.o.; **ihr ganzer** ~ her pride and joy

stolz [ʃtɔlts] *adj* ❶ proud (*auf* of) ❷ (*anmaßend*) arrogant ❸ (*großartig*) majestic, stately; ~ **sein auf ...** be proud of ...; **zu** ~ **sein, etw zu tun** have too much pride to do s.th.; **das ist nichts, worauf man** ~ **sein kann** that's nothing to be proud of

stolzieren *vi* (*hochmütig*) stalk; (*angeberisch*) strut

Stopfei *nt* darner

Stopfen *m* stopper; (*Korken*) cork

stopfen [ˈʃtɔpfən] **I.** *vt* ❶ (*Pfeife ~, Loch füllen*) fill; (*hinein~*) stuff ❷ (*Strümpfe ausbessern*) darn, mend ❸ (*mit Stöpsel zu~, Leck ~*) plug, stop up; **jdm den Mund** ~ silence s.o.; **er stopfte es in seine Tasche** he stuffed it away in his pocket **II.** *vi* (MED) be constipating; **Stopfgarn** *nt* darning cotton, mending thread; **Stopfnadel** *f* darning needle

Stopp [ʃtɔp] <-s, -s> *m* (*Halt*) halt, stop

Stoppel [ˈʃtɔpəl] <-, -n> *f* stubble; **Stoppelbart** *m* stubbly beard; **Stoppelfeld** *nt* stubble-field

stoppelig [ˈʃtɔp(ə)lɪç] *adj* stubbly

stoppen [ˈʃtɔpən] **I.** *vt* ❶ (*anhalten*) stop ❷ (*mit der Uhr ab~*) time **II.** *vi* stop; **halt! stopp!** stop right there!; **Stoppschild** *nt* stop sign; **Stoppuhr** *f* stop-watch

Stöpsel [ˈʃtœpsəl] <-s, -> *m* ❶ (*Pfropfen*) stopper; (*für Waschbecken*) plug ❷ (*fam: kleiner Junge*) little fellow

Stör [ʃtøːɐ] <-(e)s, -e> *m* (*großer Fisch*) sturgeon

Storch [ʃtɔrç, *pl:* ˈʃtœrçə] <-(e)s, Störche> *m* stork; **da brat' mir einer einen** ~**!** that beats everything!; **Storchennest** *nt* stork's nest

stören [ˈʃtøːrən] **I.** *vt* ❶ (*beeinträchtigen*) disturb ❷ (*lästig sein*) bother ❸ (*unterbrechen*) disrupt; **eins stört mich noch ...** one thing is still bothering me ...; **ich hoffe, ich störe (Sie) nicht** I hope I'm not disturbing you **II.** *vi* (*im Weg sein*) be in the way; **störe ich?** am I intruding?; **etw als** ~**d empfinden** find s.th. bothersome; **du hast mich im Schlaf gestört** you disturbed my sleep; **bitte nicht** ~ please do not disturb; **Störenfried** *m* trouble-maker; **Störfaktor** *m* source of irritation; **Störfall** *m* disruptive incident, malfunction; **Störgeräusch** *nt* (RADIO) interference; **Störmanöver** *nt* disruptive action

stornieren [ʃtɔr'ni:rən] *vt:* **einen Auftrag** ~ cancel an order; **eine Buchung** ~ reverse an entry

Stornierung <-, -en> *f* cancellation, reversal

Storno <-s, -s> *m* reversal

störrisch ['ʃtœrɪʃ] *adj* obstinate, stubborn; **ein ~es Kind** a refractory child; **~e Haare** unmanageable hair; **ein ~es Pferd** a restive horse

Störsender *m* (RADIO) jammer

Störung *f* ❶ (*Beeinträchtigung*) disturbance ❷ (*Unterbrechung*) disruption ❸ (RADIO) interference ❹ (ELEK TECH) trouble; (*Fehler*) fault; **entschuldigen Sie bitte die ~!** pardon the intrusion!; **eine ~ beseitigen** (ELEK TECH) clear a fault

Störungsdienst *m* (TECH) fault-complaint service; **störungsfrei** *adj* trouble-free; (RADIO) free from interference

Stoß [ʃto:s, *pl:* 'ʃtø:sə] <-es, Stöße> *m* ❶ push, shove; (*leichter Schlag*) nudge ❷ (*Erschütterung*) shock ❸ (*Stich*) stab ❹ (*Fecht~*) thrust ❺ (*Schwimm~*) stroke ❻ (*Trompeten~*) blast, sound ❼ (*Haufen*) pile; (*Akten~*) file (of deeds); (*Papier~*) bundle; **jdm einen ~ versetzen** deal s.o. a blow; **geben Sie Ihrem Herzen einen ~!** come on! get a move on!; **jdm einen ~ in die Rippen geben** poke s.o. in the ribs; **Stoßdämpfer** *m* (AUTO) shock absorber

Stößel ['ʃtø:səl] <-s, -> *m* ❶ (*in Mörser*) pestle ❷ (AUTO: *Ventil~*) tappet

stoßen *irr* **I.** *vt* ❶ (*einen Stoß geben*) push; (*leicht*) poke; (*mit der Faust*) punch ❷ (*mit einer Waffe*) thrust ❸ (*Stich*) stab; **sich den Kopf** ~ hit one's head; **jdn vor den Kopf** ~ offend s.o. **II.** *vi* ❶ **an etw** ~ hit s.th. ❷ (*angrenzen an*) border on; **gegen etw** ~ run into s.th.; **auf Widerstand** ~ meet with resistance; **zu jdm** ~ join s.o. **III.** *vr* (*sich wehtun*) bump [*o* knock] o.s.; **sich an etw** ~ bump against s.th., take offence at s.th; **stoßfest** *adj* shock-proof; **Stoßgebet** *nt* quick prayer; **Stoßseufzer** *m* deep sigh; **Stoßstange** *f* (AUTO) bumper; **hintere** (**vordere**) ~ rear (front) bumper; **Stoßtrupp** *m* (MIL) raiding party; **Stoßverkehr** *m* rush-hour traffic; **stoßweise** *adv* by fits and starts, spasmodically; **Stoßzahn** *m* tusk; **Stoßzeit** *f* (*im Verkehr*) rush hour

stottern ['ʃtɔtɐn] *vi* ❶ stutter ❷ (*Motor*) splutter

stracks [ʃtraks] *adv* ❶ (*direkt*) straight ❷ (*sofort*) immediately

Strafandrohung *f* (JUR): **unter** ~ under threat of penalty; **Strafanstalt** *f* penal institution; **Strafantrag** *m:* **einen ~ stellen** institute legal proceedings *pl;* **Strafanzeige** *f:* ~ **gegen jdn erstatten** bring a charge against s.o; **Strafarbeit** *f* (SCHULE) homework given as a punishment *Br;* (*fam*) lines *pl,* extra work *Am;* **Strafaufschub** *m* suspension of the sentence; (*von Hinrichtung*) reprieve; **Strafbank** *f* (SPORT) penalty bench; (*fam*) sinbin

strafbar *adj* punishable; ~ **nach …** punishable under …; ~ **sein** be an offence; **~e Handlung** offence *Br,* offense *Am;* **sich ~ machen** commit an offence

Strafbefehl *m* (JUR) order of summary punishment

Strafe ['ʃtra:fə] <-, -n> *f* ❶ (*Bestrafung*) punishment ❷ (*Geld~*) fine; (*Gefängnis~*) sentence ❸ (JUR, SPORT) penalty; **zur** ~ as a punishment; **du weißt, welche ~ darauf steht** you know the penalty; **das ist die ~ dafür, dass …** that's the penalty you pay for …; **seine gerechte ~ bekommen** get one's just deserts; **sie musste $50 ~ dafür zahlen** she had to pay a $50 fine for it

strafen *vt* punish; **er ist genug gestraft worden** he has been punished enough; **jdn für etw** ~ punish s.o. for s.th.; **jdn Lügen** ~ give the lie to s.o.; **jdn mit Verachtung** ~ treat s.o. with contempt

Straferlass *m* ❶ (*Amnestie*) amnesty ❷ (*Strafnachlass*) remission (of a sentence)

straff [ʃtraf] *adj* ❶ (*Seil: gespannt*) taut ❷ (*eng sitzend*) close-fitting, tight ❸ (*aufrecht, stramm*) erect ❹ (*strikt, exakt*) strict; **~e Haltung** straight military carriage; ~ **sitzen** (*Kleidung*) fit tightly; ~ **spannen** tighten; **~e Haut** firm skin

straffällig *adj:* ~ **werden** commit a criminal offence

straffen ['ʃtrafən] **I.** *vt* ❶ (*enger machen*) tighten ❷ (*Seil: spannen*) tauten **II.** *vr* ❶ (*enger werden*) tighten ❷ (*sich spannen*) become taut ❸ (*sich aufrichten*) straighten oneself

straffrei *adj:* ~ **ausgehen** [*o* **bleiben**] go unpunished; **Straffreiheit** *f* (JUR) exemption from punishment; (*Straflosigkeit*) impunity; **Strafgefangene**(**r**) *f m* prisoner; **Strafgericht** *nt:* **ein ~ über jdn abhalten** sit in judgment on s.o; **Strafgesetz** *nt* criminal [*o* penal] law; **Strafgesetzbuch** *m* Criminal Code; **Strafjustiz** *f* criminal justice

sträflich ['ʃtrɛːflɪç] *adj* ① (*zu bestrafend*) criminal ② (*unverzeihlich*) unpardonable; **es ist ~, bei so schönem Wetter drinnen zu bleiben** it's criminal to stay indoors in such lovely weather

Sträfling *m* prisoner; (*Zuchthäusler*) convict; **Sträflingskleidung** *f* prison clothing

straflos *adj:* ~ **ausgehen** come off clear; **Strafmaß** *nt* sentence; **strafmildernd** *adj* extenuating; **strafmündig** *adj:* ~ **sein** be of the age of criminal responsibility; **noch nicht ~ sein** be under the age of criminal responsibility; **Strafporto** *nt* excess postage; **Strafpredigt** *f:* **jdm eine ~ halten** give s.o. a dressing-down; **Strafprozess** *m* criminal case, criminal proceedings *pl;* **Strafpunkt** *m* (SPORT) penalty point; **Strafraum** *m* (SPORT) penalty area; **Strafrecht** *nt* criminal law; **strafrechtlich** *adj* criminal; **Strafregister** *nt* criminal records *pl;* **Auszug aus dem ~** excerpt from the criminal records; **Strafstoß** *m* (SPORT) penalty kick; **Straftat** *f* criminal offence *Br,* criminal offense *Am;* **Strafverfolger(in)** *m(f)* (JUR) public prosecutor *Br,* district attorney *Am;* **strafverschärfend** *adj* aggravating; **als ~ kam hinzu, dass ...** the crime was compounded by the fact that ...; **Strafversetzung** *f* disciplinary transfer; **Strafverteidiger(in)** *m(f)* counsel for the defence; **Strafvollzug** *m* penal system; **Strafwurf** *m* (SPORT) penalty throw; **Strafzettel** *m* ticket

Strahl [ʃtraːl] <-(e)s, -en> *m* ① (*Licht~*) ray ② (*Elektronen~*) beam ③ (*Wasser~*) jet

Strahlemann *m* (*fam*) golden boy

strahlen *vi* ① (*Wärme*) radiate; (*scheinen*) shine ② (*Radioaktivität*) be radioactive ③ (*Gesicht*) beam; **sie strahlte übers ganze Gesicht** her face was beaming with joy

Strahlenbelastung *f* (*radioaktive*) radiation exposure; **Strahlenbiologie** *f* radiobiology; **Strahlenbrechung** *f* refraction; **Strahlenbündel** *nt* pencil of rays

strahlend *adj* (*Gesicht*) beaming; (*Tag*) bright

Strahlendosis *f* dose of radiation; **strahlengeschädigt** *adj* (MED) radiation-damaged; **Strahlenrisiko** *nt* radiation risk; **Strahlenschutz** *m* radiation protection; **Strahlentherapie** *f* (MED) radiotherapy; **strahlenverseucht** *adj* contaminated (with radiation)

Strahler <-s, -> *m* ① (*Heiz~*) electric wall heater ② (*Punkt~*) spotlight

Strahlung *f* radiation; **strahlungsarm** *adj* (*Bildschirm*) low-radiation; **Strahlungsenergie** *f* radiation energy; **Strahlungsintensität** *f* intensity of radiation; **Strahlungswärme** *f* radiant heat

Strähne ['ʃtrɛːnə] <-, -n> *f* strand; **strähnig** **I.** *adj* straggly **II.** *adv* in strands

stramm [ʃtram] *adj* ① (*eng sitzend*) close-fitting, tight; (*Seil: gespannt*) taut ② (*fam: stark*) strapping; ~ **sitzen** (*Kleidung*) fit tightly; **strammstehen** *vi* (MIL) stand at attention; **strammziehen** *vt* tighten; **jdm die Hosen ~** give s.o. a good hiding

strampeln ['ʃtrampəln] *vi* ① thrash about ② (*sich abmühen*) drudge

Strand [ʃtrant, *pl:* 'ʃtrɛndə] <-(e)s, Strände> *m* (*Ufer*) shore; (*sandiger ~, Bade~*) beach; **am ~** on the beach; **Strandanzug** *m* beach suit; **stranden** *vi* ① *sein* be stranded, run aground ② (*scheitern*) fail; **Strandgut** *nt* (*angespültes ~*) jetsam; (*treibendes ~*) flotsam; **Strandhafer** *m* marram; **Strandhotel** *nt* seaside hotel; **Strandkorb** *m* canopied beach-chair

i Land & Leute

Strandkörbe (wicker beach chairs) are a characteristic of the beaches on the North and Baltic Sea coasts. They are large, stable, two-seater wicker chairs with a hood and sides of wickerwork to protect the occupants from the sometimes strong, cold north wind, rain or powerful sunshine.

Strandläufer *m* (*kurzbeiniger Vogel*) sandpiper

Strang [ʃtraŋ, *pl:* 'ʃtrɛŋə] <-(e)s, Stränge> *m* ① (*Strick*) rope ② (ANAT) cord; **am gleichen ~ ziehen** be in the same boat; **strangulieren** [ʃtraŋgu'liːrən] *vt* strangle

Strapaze [ʃtra'paːtsə] <-, -n> *f* hardship, strain; **strapazieren** *vt* ① (*erschöpfen*) knock up ② (*abnützen*) wear hard; **seine Nerven ~** strain one's nerves; **strapazierfähig** *adj* ① hard-wearing ② (*fam: Nerven*) strong, tough; **~e Schuhe** sturdy shoes; **strapaziös** *adj* tiring, wearing

Straps [ʃtraps] <-es, -e> *m* suspender *Br,* garter belt *Am*

Straße [ʃtraːsə] <-, -n> *f* ① street; (*Landstraße*) road ② (*Meerenge*) straits *pl;* **die ~ von Gibraltar** the Straits of Gibraltar; **auf die ~ setzen** turn out; (*fristlos kündigen*) sack; **auf die ~ gehen** (*demonstrieren*) take to the streets; **die ~ nach Kiel** the Kiel road; **über die ~ gehen** cross the

S

road; **der Mann auf der** ~ the man in the street

Straßenbahn *f* tram *Br;* streetcar *Am;* **mit der** ~ **fahren** go by tram/streetcar *Br/Am;* **Straßenbahner(in)** *m(f)* tramway/streetcar employee *Br/Am;* **Straßenbahnhaltestelle** *f* tram/streetcar stop *Br/Am;* **Straßenbahnlinie** *f* tram route *Br,* streetcar line *Am;* **Straßenbahnnetz** *nt* tramway/streetcar system *Br/Am*

Straßenbau *m* road construction; **Straßenbelag** *m* road surfacing; **Straßenbeleuchtung** *f* street lighting; **Straßenbenutzungsgebühr** *f* toll; **Straßendecke** *f* road surface; **Straßenecke** *f* street corner; **Straßenfeger** *m* road sweeper *Br,* street cleaner *Am;* **Straßenfest** *nt* street party; **Straßengraben** *m* (road) ditch; **Straßenhaftung** *f* (AUTO) ❶ (*von Kfz*) roadability ❷ (*von Reifen*) road adhesion; **Straßenhändler** *m* street-vendor *Br,* corner facer *Am;* **Straßenjunge** *f* street urchin *Br,* dead-end kid *Am;* **Straßenkampf** *m* (MIL) street fight; **Straßenkarte** *f* road map; **Straßenkehrmaschine** *f* street-sweeper *Br,* street cleanser *Am;* **Straßenkreuzer** *m* (*fam*) big limousine; **Straßenkreuzung** *f* crossroads *pl;* **Straßenkriminalität** *f* street crime; **Straßenlage** *f* (AUTO) road holding; **Straßenlärm** *m* road noise; **Straßenlaterne** *f* street lamp; **Straßenmarkierung** *f* (*Mittellinie*) road marking; (*größere* ~ *en*) traffic zoning; **Straßenmeisterei** *f* road maintenance department; **Straßenmusikant(in)** *m(f)* street musician, busker; **Straßennetz** *nt* road network [*o* system]; **Straßenreinigung** *f* street cleaning; **Straßensammlung** *f* street collection; **Straßensänger(in)** *m(f)* street singer; **Straßenschild** *nt* street sign; **Straßenschlacht** *f* street battle; **Straßenschlucht** *f* (*fam*) street (*between high-rise buildings*)*;* **Straßensperre** *f* roadblock; **Straßentransport** *m* road transport; **Straßentunnel** *m* road tunnel; **Straßenüberführung** *f* ❶ (*für Fahrzeuge*) flyover *Br,* overpass *Am* ❷ (*für Fußgänger*) pedestrian bridge, viaduct; **Straßenunterführung** *f* underpass, subway; **Straßenverhältnisse** *pl* road conditions; **Straßenverkehr** *m* traffic; **Straßenverkehrsamt** *nt* Road Traffic Licensing Department; **Straßenverkehrsordnung** *f* Highway Code; **Straßenverzeichnis** *nt* street directory; **Straßenzustand** *m* road conditions *pl;* **Straßenzustandsbericht** *m* road report

Stratege, -gin [ʃtraˈteːgə] <-n, -n> *m, f* strategist; **Strategie** [--ˈ-] *f* strategy; **strategisch** *adj* strategical

Stratosphäre [ʃtratoˈsfɛːrə] <-> *f* stratosphere; **stratosphärisch** *adj* stratospheric

sträuben [ˈʃtrɔɪbən] *vr* ❶ (*Haare*) stand on end ❷ (*sich widersetzen*) struggle [*o* strive] against; (*sich innerlich* ~) be reluctant

Strauch [ʃtraʊx, *pl:* ˈʃtrɔɪçɐ] <-(e)s, Sträucher> *m* shrub; (*Busch*) bush

straucheln [ˈʃtraʊxəln] *vi* ❶ *sein* (*stolpern*) stumble, trip (*über* over) ❷ (*fig*) go astray

Strauchwerk *nt* shrubs *pl;* (*Unterholz*) brushwood, underwood

Strauß[1] [ʃtraʊs, *pl:* ˈʃtrɔɪsə] <-es, Sträuße> *m* (*Blumen~*) bunch of flowers

Strauß[2] <-es, -e> *m* (*großer Laufvogel*) ostrich; **Straußenei** *nt* ostrich egg; **Straußenfeder** *f* ostrich feather

Strebe [ˈʃtreːbə] <-, -n> *f* ❶ (*Stütze, Pfeiler*) prop ❷ (*Verstrebung*) strut; **Strebebogen** *m* (ARCH) flying buttress

Streben *nt* ❶ (*Trachten*) striving (*nach* for) ❷ (*Bestrebung*) movement; **streben** *vi* (*sich mühen um*) strive (*nach* for, after); **in die Höhe** ~ (*emporschweben*) rise aloft

Strebepfeiler *m* (ARCH) buttress

Streber(in) *m(f)* (SCHULE: *pej*) swot *Br,* grind *Am;* **Streberei** *f* (SCHULE: *fam*) swotting *Br,* grinding *Am;* **streberhaft** *adj* over-ambitious, pushing; **strebsam** *adj* (*fleißig*) industrious; (*eifrig*) zealous

Strecke[1] [ˈʃtrɛkə] <-, -n> *f* ❶ (*Distanz*) distance; (MATH) line ❷ (*Streckenabschnitt*) stretch ❸ (*Route*) route ❹ (RAIL SPORT) track; **auf der** ~ **bleiben** fall by the wayside; **es hat auf der ganzen** ~ **geregnet** it rained all the way there

Strecke[2] *f* (*Jagdbeute*) bag; **zur** ~ **bringen** (*Jagd*) bag; (*Menschen*) hunt down

strecken **I.** *vt* ❶ (*dehnen*) stretch ❷ (*verlängern*) eke out; (*Speisen verdünnen*) thin down; **jdn zu Boden** ~ knock s.o. to the ground; **die Waffen** ~ lay down one's arms **II.** *vr* have a stretch

Streckenabschnitt *m* (RAIL) track section; **Streckenarbeiter** *m* plate-layer *Br,* construction laborer *Am;* **Streckennetz** *nt* (rail) network; **Streckennetzplan** *m* (RAIL) railway map *Br,* railroad map *Am;* **Streckenstilllegung** *f* (RAIL) railway closure; **Streckenwärter** *m* (RAIL) linesman *Br,* trackwalker *Am;* **streckenweise** *adv* here and there

Streckmuskel *m* (ANAT) extensor (muscle); **Streckverband** *m* (MED) traction bandage

Streetwear ['stri:tvɛə] <-> *f* (*Alltagskleidung*) street wear

Streetworker ['stri:twɜ:kɐ] <-s, -> *m* (*Sozialarbeiter*) community worker

Streich [ʃtraɪç] <-(e)s, -e> *m* ① (*Hieb, Schlag*) blow ② (*Possen, Schabernack*) prank, trick; **jdm einen ~ spielen** play a trick on s.o.

Streicheleinheiten *pl* tender loving care

streicheln ['ʃtraɪçəln] *vt* ① (*liebkosen*) caress ② (*streichen*) stroke

streichen *irr* **I.** *vt* ① (*mit Hand, Gegenstand*) stroke ② (*mit Farbe*) paint ③ (*löschen*) delete ④ (COM: *Auftrag*) cancel; (SPORT: *von Liste, Meldung*) scratch; **sich ein Brot ~** butter o.s. a slice of bread **II.** *vi* (*umher~*) ramble; **über etw ~** (*mit der Hand*) stroke s.th.

Streicher *pl* (MUS) strings

streichfähig *adj* easy to spread; **Streichholz** *nt* match; **Streichholzschachtel** *f* matchbox; **Streichinstrument** *nt* (MUS) string(ed) instrument

Streichkäse *m* cheese spread

Streichorchester *nt* string orchestra; **Streichquartett** *nt* string quartet

Streichung *f* ① (FIN) cut ② (*Aus~*) deletion

Streichwurst *f* meat paste, pâté

Streifband *nt* wrapper

Streife ['ʃtraɪfə] *f* patrol; **~ gehen** do one's rounds *pl*

Streifen ['ʃtraɪfən] <-s, -> *m* ① (*Strich*) stripe; (*breiter Strich*) streak ② (*Stück*) strip; (*Klebe~*) tape

streifen **I.** *vt* ① (*leicht berühren*) brush, touch ② (*hinweg~*) glide (*über* over) ③ (*im Gespräch*) touch upon; **die Kugel streifte ihn nur** the bullet only grazed him; **den Ring vom Finger ~** slip the ring off one's finger **II.** *vi* ① (*angrenzen*) border (*an* upon) ② (*umher~*) ramble, roam; **jdn mit einem Blick ~** glance fleetingly at s.o.

Streifenwagen *m* patrol car *Br,* squad car *Am*

Streiflicht *nt:* **ein ~ auf etw werfen** highlight s.th; **Streifschuss** *m* graze; **einen ~ bekommen** be grazed by a bullet; **Streifzug** *m* ① (*Erkundungszeit*) expedition; (MIL) raid ② (*fig*) brief survey (*durch* of)

Streik [ʃtraɪk] <-(e)s, -s> *m* strike; **einen ~ abbrechen** call off a strike; **einen ~ ausrufen** call a strike; **in den ~ treten** go on strike; **jdn zum ~ aufrufen** bring s.o. out on strike; **wilder ~** wildcat strike; **Streikabstimmung** *f* strike ballot; **Streikaufruf** *m* strike call; **Streikbrecher(in)** *m(f)* strikebreaker; **streiken** *vi* ① be on strike, strike ② (TECH: *hum*) pack up; **Streikende(r)** *f m* striker; **Streikgeld** *nt* strike pay; **Streikposten** *m* picket; **~ aufstellen** put up pickets; **~ stehen** picket; **Streikrecht** *nt* freedom to strike; **Streikwelle** *f* series of strikes

Streit [ʃtraɪt] <-(e)s, -e> *m* ① (*Wort~*) dispute; (*bes. zwischen Kindern*) squabble ② (*Kampf*) fight; **mit jdm einen ~ anfangen** pick a quarrel with s.o; **einen ~ vom Zaune brechen** kick up a row; **~ anfangen** start an argument; **streitbar** *adj* (*streitlustig*) pugnacious

streiten *irr* **I.** *vi* ① (*zanken*) quarrel; (*mit Worten ~*) argue (*mit jdm über* with s.o. about) ② (*kämpfen*) fight; (SPORT) compete (*um* for); **er muss immer ~** he is always arguing; **darüber lässt sich ~** this is open to argument **II.** *vr* (*sich ~*) quarrel; (*mit Worten*) argue; **wir wollen uns nicht darüber ~** let's not have a quarrel about it;

Streiter *m* ① (*Kämpfer*) fighter ② (*Verfechter*) champion; **Streiterei** *f* (*Zank*) quarrelling; (*Wortgefecht*) arguing; (*Auseinandersetzung*) argument; **Streitfall** *m* dispute; (JUR) case at issue; **Streitfrage** *f* point at issue *Br,* issue *Am*

streitig *adj:* **~ sein** (JUR) be under dispute; **jdm ein Recht ~ machen** contest someone's right to do s.th.

Streitkräfte *pl* forces; **streitlustig** *adj* pugnacious; (*aggressiv*) aggressive; **Streitschrift** *f* polemic; **streitsüchtig** *adj* quarrelsome; (*gehoben*) litigious; **Streitwert** *m* (JUR) amount in dispute

streng [ʃtrɛŋ] *adj* ① (*unnachsichtig*) severe; (*unnachgiebig, ernst*) stern ② (*Kälte*) intense ③ (*bestimmt*) strict; (*Regeln*) stringent ④ (*Charakter, Sitten*) austere ⑤ (*Geschmack*) sharp; **mit ~er Miene** with a stern face; **~er Arrest** close confinement; **es wird ~ auf Pünktlichkeit geachtet** they are very strict about punctuality; **jdn ~ bestrafen** punish s.o. severely; **~ verboten!** strictly forbidden!; **~ geheim** top secret

Strenge <-> *f* ① (*Unnachsichtigkeit*) severity; (*Ernst*) sternness ② (*Sitten, Charakter*) austerity ③ (*Bestimmtheit*) strictness

strenggenommen *adv* strictly speaking

Streptokokken <-> *pl* streptococci

Stress [ʃtrɛs] <-(es)> *m* stress; **stressen** *vt* stress, put under stress; **stressfrei** *adj* stress-free; **stressig** *adj* (*fam*) stressful; **Stresssituation** *f* stress situation

Streu [ʃtrɔɪ] <-, -en> *f* ① (*für das Vieh*) litter ② (*Strohlager*) bed of straw; **streuen** **I.** *vt* (*ver~*) scatter (*etw mit etw* s.th. with s.th.);

S

(*Materialien* ~) spread; (*be*~) sprinkle; **jdm Sand in die Augen** ~ pull the wool over someone's eyes **II.** *vi* (*Schusswaffe*) scatter

streunen [ˈʃtrɔɪnən] *vi sein* (*Menschen*) roam (*umher* about); (*Tiere*) stray

Streusalz *nt* road salt; **Streusand** *m* grit

Streusel [ˈʃtrɔɪzəl] *nt* crumble mixture; **Streuselkuchen** *m* crumble-topping cake

Streuung *f* ① (ELEK PHYS) scattering ② (*Streubreite*) mean variation ③ (MIL: *von Geschütz*) dispersion

Strich [ʃtrɪç] <-(e)s, -e> *m* ① (*Pinsel~, Feder~, Feilen~*) stroke; (*Linie*) line; (*kurzer* ~, *Gedanken~*) dash ② (*von Teppich*) pile; **unter dem** ~ (*insgesamt*) in total; (*tatsächlich*) in actual fact; **jdn nach** ~ **und Faden betrügen** sell s.o. down the river; **es geht mir gegen den** ~ it goes against the grain; **auf den** ~ **gehen** (*sl: sich prostituieren*) go on the game; **einen** ~ **unter etw machen** underline s.th.; (*fig*) put an end to s.th.; **jdm einen** ~ **durch die Rechnung machen** put a spoke in someone's wheel

Strichcode *m* bar code

stricheln [ˈʃtrɪçəln] *vt* ① sketch in ② (*schraffieren*) hatch; **eine gestrichelte Linie** a dotted line

Stricher [ˈʃtrɪçɐ] *m* (*sl*) rent boy

Strichjunge *m* rent boy; **Strichmädchen** *nt* (*fam*) streetwalker; **Strichpunkt** *m* semicolon; **strichweise** *adv* here and there

Strick [ʃtrɪk] <-(e)s, -e> *m* cord; (*dicker*) rope; **jdm einen** ~ **aus etw drehen** (*fam*) trip s.o. up with s.th.; **wenn alle** ~**e reißen** (*fam*) if all else fails; **Strickbund** *m* knitted welt

stricken [ˈʃtrɪkən] *vt, vi* knit

Strickgarn *nt* knitting wool; **Strickhemd** *nt* knitted shirt; **Strickjacke** *f* cardigan; **Strickkragen** *m* knitted collar; **Strickleiter** *f* rope ladder; **Strickmaschine** *f* knitting machine; **Stricknadel** *f* knitting needle; **Strickwaren** *pl* knitwear *sing;* **Strickweste** *f* cardigan

Striegel [ˈʃtriːgəl] <-s, -> *m* (*Pferde~*) currycomb; **striegeln** *vt* (*Pferd*) curry

Strieme [ˈʃtriːmə] <-, -n> *f* weal

strikt [ʃtrɪkt] *adj* strict

stringent *adj* stringent; (*Handlung*) tight

Strippe [ˈʃtrɪpə] <-, -n> *f* (*fam*) ① (*Faden*) string ② (*fam: Telefon*) blower; **an der** ~ **hängen** be on the blower; **jdn an der** ~ **haben** have s.o. on the blower

strittig [ˈʃtrɪtɪç] *adj* controversial, debatable

Stroh [ʃtroː] <-(e)s> *nt* straw; ~ **im Kopf haben** (*fam*) have sawdust between one's ears *Br,* be dead from the neck up *Am;* **strohblond** *adj* straw-coloured; **sie ist** ~ she is flaxen-haired; **Strohblume** *f* strawflower; **Strohdach** *nt* thatched roof; **Strohfeuer** *nt* (*fig*): **ein** ~ **sein** be a short-lived passion; **Strohhalm** *m* straw; **sich an einen** ~ **klammern** clutch at any straw; **Strohhut** *m* straw hat

Strohkopf *m* (*fam*) blockhead; **Strohmann** <-(e)s, -männer> *m* (*fig*) front man *Br,* stooge *Am;* **Strohsack** *m* palliasse; **heiliger** ~**!** Great Scott!; **Strohwitwe** *f* grass widow *Br,* sod widow *Am;* **Strohwitwer** *m* grass widower

Strolch [ʃtrɔlç] <-(e)s, -e> *m* scamp *Br,* rogue *Am,* bum

Strom[1] [ʃtroːm] <-(e)s, Ströme> *m* ① (*Fluss*) large river ② (*Strömung*) current ③ (*Menschen~*) stream; **mit** (**gegen**) **den** ~ with (against) the current; **gegen den** ~ **schwimmen** go against the tide (of opinion, fashion); **in Strömen fließen** flow freely; **es gießt in Strömen** it's pouring

Strom[2] *m* (ELEK) current; **mit** ~ **versorgen** provide electricity; **den** ~ **einschalten** (**ausschalten**) turn on (turn off) the current; **unter** ~ **stehen** be live; (*fig: high sein*) be high; ~ **führendes Kabel** live wire; **Stromabnehmer** *m* ① (ELEK) pantograph ② (*Stromkunde*) consumer of electricity

stromabwärts *adv* downstream; **stromaufwärts** *adv* upstream

Stromanschluss *m* grid-based electricity

Stromausfall *m* (ELEK) power failure

strömen [ˈʃtrøːmən] *vi sein* stream; **Menschen strömten heraus** people came streaming out; ~ **der Regen** pouring rain

Stromerzeuger *m* electrical generator set; **Stromerzeugung** *f* power generation

Stromgebiet *nt* (*Flusseinzugsgebiet*) river-basin

Stromkabel *nt* power cable; **Stromkreis** *m* (ELEK) circuit

stromlinienförmig *adj* streamlined

Strommast *m* pylon

Stromnetz *nt* power supply system; **Stromquelle** *f* source of power; **Stromrechnung** *f* electricity bill

Stromschnelle *f* rapids *pl*

Stromsperre *f* power cut; **Stromstärke** *f* strength of the electric current; **Stromstoß** *m* electric shock

Strömung [ˈʃtrøːmʊŋ] *f* ① current ② (*Tendenz, Richtung*) trend

Stromverbrauch *m* power consumption;

Stromversorgung *f* power supply; **Stromzähler** *m* electricity meter

Strophe [ʃtroːfə] <-, -n> *f* (*in Lied*) verse; (*in Gedicht*) stanza

strotzen [ˈʃtrɔtsən] *vi* abound (*vor* with); **vor Gesundheit/Kraft ~** be bursting with health/strength

Strudel [ˈʃtruːdəl] <-s, -> *m* ① whirlpool ② (*fig*) whirl ③ (*Gebäck*) strudel

Struktur [ʃtrʊkˈtuːɐ] <-, -en> *f* structure; (*von Gewebe*) texture; **strukturell** *adj* structural; **Strukturierung** *f* structuring; **strukturschwach** *adj* lacking in infrastructure; **Strukturwandel** *m* structural change

Strumpf [ʃtrʊmpf, pl ˈʃtrʏmpfə] <-(e)s, Strümpfe> *m* (*Herren~*) sock; (*Damen~*) stocking; **die Strümpfe anziehen (ausziehen)** put on (take off) one's stockings; **Strumpfband** <-(e)s, -bänder> *nt* garter; **Strumpffabrikant** *m* hosiery manufacturer; **Strumpfhalter** *m* suspender *Br*, garter *Am*; **Strumpfhose** *f* pair of tights *Br*, pantyhose *Am*; **Strumpfwaren** *pl* hosiery

struppig *adj* unkempt; (*Tier*) shaggy

Stube [ˈʃtuːbə] <-, -n> *f* room; (*gute ~*) parlour; **Stubenälteste(r)** *m* (MIL) senior soldier of a barrack room; **Stubenarrest** *m* confinement to one's room *Br*, arrest in quarters *Am*; **~ haben** be confined to quarters; **Stubenhocker(in)** *m(f)* (*fam*) stay-at-home; **stubenrein** *adj* (*Hund*) house-trained *Br*, housebroke *Am*

Stuck [ʃtʊk] <-e(s)> *m* (ARCH) arch stucco

Stück [ʃtʏk] <-(e)s> *nt* ① piece ② (*Abschnitt*) part; (*Bruch~*) fragment ③ (*Theater~*) play ④ (MUS) piece; **ein starkes ~** (*fam*) a bit thick; **ein Stück ~** a bar [*o* cake] of soap; **er kam ein ~ mit** he came along part of the way; **jdn ein ~ im Wagen mitnehmen** give s.o. a lift; **€ 2,- das ~** € 2 each; **~ für ~** piece by piece; **aus freien ~en** voluntarily; **in ~e gehen** break in pieces; **große ~e auf jdn halten** think highly of s.o.; **ein ~ spazieren gehen** go for a walk; **ein schönes ~ Geld** a pretty penny; **ich möchte drei ~ von diesen** I'll take three of these; **du mieses ~!** you rotten bastard!; **ein freches ~ sein** be a cheeky devil; **Stückarbeit** *f* piecework; **Stückgut** *nt* parcel service; **Stücklohn** *m* piece rate; **Stückpreis** *m* price for one; **Stückwerk** *nt* (*pej*) imperfect work; **Stückzahl** *f* number of pieces

Student(in) [ʃtuˈdɛnt] <-en, -en> *m(f)* student; **Studentenausweis** *m* student card; **Studentenheim** *nt* student hostel *Br*, dormitory *Am*; **Studentenschaft** *f* students *pl*; **studentisch** *adj* student

Studie [ˈʃtuːdiə] <-, -n> *f* ① study ② (*literarisch*) essay (*über* on)

Studienanfänger(in) *m(f)* first year student; **Studienbeihilfe** *f* educational grant; **Studiendirektor** *m* deputy principal; **Studienfach** *nt* subject; **Studienfahrt** *f* educational trip; **Studiengebühr** *f* tuition fee; **studienhalber** *adv* for the purpose of studying; **Studienjahr** *nt* academic year; **Studienrat, -rätin** *m, f* teacher at a secondary school; **Studienreise** *f* study trip

studieren **I.** *vi* study; **sie studiert noch** she's still a student; **bei jdm ~** study under s.o. **II.** *vt* study; **Sprachen ~** study modern languages; **etwas genau ~** (*prüfend betrachten*) look closely at s.th.; **Studierende(r)** *f m*, **studiert** *adj* educated

Studio [ˈʃtuːdio] <-s, -s> *nt* studio

Studium [ˈʃtuːdiʊm] <-s, -dien> *nt* study; **ein ~ aufnehmen** begin one's studies *pl*

Stufe [ˈʃtuːfə] <-, -n> *f* ① (*Treppen~*) step ② (*Stadium*) stage; (*Rang*) grade ③ (*Raketen~*) stage; **auf gleicher ~ stehen mit...** be on a level with...; **sich mit jdm auf eine ~ stellen** place o.s. on a level with s.o.; **'Vorsicht ~!'** 'Mind the step!'; **Stufenbarren** *m* (*sport*) asymmetric bars *pl*; **stufenförmig** *adj* ① stepped ② (GEOG) terraced ③ (*fig*) in stages; **Stufenheck** *nt* (AUTO) notchback **Stufenleiter** *f* (*fig*): **eine ~ zum Erfolg** a ladder to success; **stufenlos** *adj* direct; **~ einstellbar** fully adjustable; **Stufenschnitt** *m* (*Haarschnitt*) layered cut; **stufenweise** *adv* step by step

Stuhl¹ [ʃtuːl] <-(e)s, -e> *m* chair; **ist der ~ noch frei?** is this chair taken?; **der Heilige ~** the Holy See; **auf dem elektrischen ~ hinrichten** electrocute *Am*; **sich zwischen zwei Stühle setzen** fall between two stools; **das haut einen ja vom ~!** (*fam*) it knocks you sideways!

Stuhl² <-(e)s> *m* (MED: *~gang*) stool

Stuhlbein *nt* chair leg; **Stuhllehne** *f* back of a chair

Stulle [ˈʃtʊlə] <-, -n> *f* (*fam*) sandwich

Stulpe [ˈʃtʊlpə] <-, -n> *f* ① (*am Stiefel*) (boot-)top ② (*Ärmelaufschlag*) cuff ③ (*Handschuh~*) gauntlet

stülpen [ˈʃtʏlpən] *vt*: **etw über etw ~** put s.th. over s.th.

stumm [ʃtʊm] *adj* ① (*sprechunfähig*) dumb ② (LING) mute ③ (*schweigend*) silent; **jdn ~ machen** (*fam: töten*) silence s.o.;

Stumme(r) *f m* dumb person

Stummel [ˈʃtʊməl] <-s, -> *m* stub

Stummfilm *m* silent movie

Stümper(in) [ˈʃtʏmpɐ] *m(f)* (*pej*) botcher, bungler; **Stümperei** *f* botching [*o* bungling]; **stümperhaft** *adj* bungled; ~**e Arbeit** a botchy job; **stümpern** *vi* (*fam*): **er kann nur** ~ he's just a bungler

Stumpf [ʃtʊmpf] <-(e)s, Stümpfe> *m* (*Arm~, Baum~*) stump; **mit ~ und Stiel ausrotten** eradicate root and branch

stumpf [ʃtʊmpf] *adj* ❶ (*ohne Ecke*) blunt ❷ (MATH: *Winkel*) obtuse ❸ (*geistig abgestumpft*) dull; ~**er Kegel** truncated cone; ~ **werden** grow blunt

Stumpfheit *f* ❶ bluntness ❷ (*fig*) dullness; **Stumpfsinn** *m* ❶ (*Sinnlosigkeit*) mindlessness ❷ (*Langweiligkeit*) tedious business; **stumpfsinnig** *adj* ❶ (*geistig* ~) mindless ❷ (*elend langweilig*) tedious; **stumpfwinklig** *adj* (MATH) obtuse

Stunde [ˈʃtʊndə] <-, -n> *f* ❶ hour ❷ (*Unterrichts~*) lesson; **eine halbe** ~ half an hour; **eine dreiviertel** ~ three quarters of an hour; **von hier geht man 3 ~n** it's a three hours' walk from here; **jede volle** ~ every hour on the hour; **er kriegt 30 Euro die** ~ he is paid 30 euro an hour; **meine ~ ist gekommen** my hour has come

stunden *vt:* **jdm etw** ~ give s.o. time to pay s.th.; **eine Zahlung** ~ grant delay for payment; **können Sie mir den nächsten Betrag bis zum nächsten Ersten ~?** can you give me until the first of next month to replay the amount?

Stundengeschwindigkeit *f* speed per hour; **Stundenkilometer** *pl* kilometers per hour; **stundenlang** *adv* lasting for hours; **Stundenlohn** *m* hourly wage; **Stundenplan** *m* (SCHULE) time-table *Br*, schedule *Am;* **Stundensatz** *m* hourly rate; **stundenweise** *adv* ❶ (*ein paar Stunden*) for a few hours at a time ❷ (*pro Stunde*) by the hour; ~ **Beschäftigung** part-time job; **Stundenzeiger** *m* hour-hand

Stündlein [ˈʃtʏntlaɪn] *nt* (*dim von Stunde*) short hour; **sein letztes ~ hatte geschlagen** his last hour had come

stündlich [ˈʃtʏntlɪç] **I.** *adj* hourly **II.** *adv* every hour

Stunk [ʃtʊŋk] <-s> *m:* ~ **machen** (*fam*) kick up [*o* create] a stink

stupend *adj* (*geh*) amazing

stupide [ʃtuˈpiːdə] *adv* (*geistlos*) mindless

Stups [ʃtʊps] <-es, -e> *m* nudge; **stupsen** *vt* nudge; **Stupsnase** *f* snub nose

stur [ʃtuːɐ] *adj* (*eigensinnig*) stubborn; (*unnachgiebig*) obdurate; **Sturheit** *f* (*Eigensinn*) stubborness; (*Unnachgiebigkeit*) obdurateness

Sturm [ʃtʊrm] <-(e)s, Stürme> *m* ❶ (*Unwetter*) storm ❷ (MIL: *Angriff*) assault ❸ (SPORT: *beim Fußball*) forward line; ~ **laufen gegen...** be up in arms against...; ~ **läuten** ring the alarm; **im ~ nehmen** take by storm; **die Ruhe vor dem** ~ the calm before the storm; **Sturmangriff** *m* (MIL) assault (*auf* on)

stürmen [ˈʃtʏrmən] **I.** *vi* ❶ *haben* (*Wind*) blow ❷ (*Orkan*) rage ❸ *sein* (*eilen*) storm; **es stürmt** it's blowing a gale! **II.** *vt* (MIL: *a. fig*) storm

Stürmer(in) *m(f)* (SPORT) forward

Sturmflut *f* storm tide; **sturmgepeitscht** *adj* storm-lashed

stürmisch [ˈʃtʏrmɪʃ] *adj* ❶ (*Wetter*) stormy ❷ (*ungestüm*) impetuous; (*unruhig*) turbulent; (*wild*) wild; ~**er Jubel** tumultuous applause; ~**e See** rough sea; ~**er Liebhaber** ardent lover; **nicht so ~!** take it easy!

Sturmschäden *mpl* storm damage *sing;* **Sturmvogel** *m* petrel; **Sturmwarnung** *f* gale warning

Sturz [ʃtʊrts] <-es, Stürze> *m* ❶ (*Fall, a. fig*) fall ❷ (AUTO) camber ❸ (ARCH) lintel; ~ **einer Regierung** overthrow of a government

stürzen [ˈʃtʏrtsən] **I.** *vt* ❶ *haben* (*kippen*) turn upside down ❷ (PARL: *Regierung*) overthrow **II.** *vi* ❶ *sein* (*fallen*) fall (down) [*o* tumble] ❷ (*rennen*) come bursting ❸ (PARL) fall; **ins Wasser** ~ plunge **III.** *vr:* **sich auf jdn** ~ rush upon s.o.; **sich ins Unglück** ~ plunge into misery; **sich in Unkosten** ~ go to some expense; **sich auf die Zeitung** ~ grab the newspaper

Sturzflug *m* (AVIAT) nose-dive; **Sturzhelm** *m* crash helmet; **Sturzsee** *f* breaker; **Sturzwelle** *f* breakers *pl*

Stuß [ʃtʊs] *m* (*fam*): **red keinen ~!** don't talk such rubbish!

Stute [ˈʃtuːtə] <-, -n> *f* mare

Stütze [ˈʃtʏtsə] <-, -n> *f* ❶ support; (*Pfeiler*) pillar ❷ (*Hilfe*) aid [*o* help] ❸ (*pej: Sozialhilfe*) income support; **er ist mir eine große** ~ he is my mainstay

Stutzen [ˈʃtʊtsən] <-s, -> *m* (TECH: *Verbindungsstück*) connecting piece

stützen [ˈʃtʏtsən] **I.** *vt* ❶ support; (*ab~*) shore up ❷ (FIN) back ❸ (*fig*) back up; **einen Verdacht durch etw** ~ base a suspicion on s.th. **II.** *vr* ❶ lean (*auf* on) ❷ (*basieren*) be base (*auf* on)

stutzen¹ [ˈʃtʊtsən] *vt* (*beschneiden*) trim; (*Flügel, Hecke*) clip

stutzen² *vi* ❶ (*zögern*) hesitate ❷ (*plötz-*

lich stehen bleiben) stop short; **über etw** ~ be startled at s.th.

stutzig *adj:* **jdn ~ machen** make s.o. suspicious; **~ werden** begin to wonder

Stützmauer *f* supporting wall

Stützpunkt *m* base

stylen ['staɪln] *vt haben* (*Auto, Wohnung*) design

Styropor® [ʃtyro'poːɐ] <-s, -> *nt* polystyrene

Subjekt [zʊp'jɛkt] <-(e)s, -e> *nt* ❶ (GRAM) subject ❷ (*Kerl, pej*) creature; **subjektiv** *adj* subjective; **Subjektivität** *f* subjectivity

Subkultur *f* subculture

Subskribent(in) [zʊpskri'bɛnt] <-en, -en> *m(f)* subscriber; **subskribieren** *vt* subscribe (*etw* to s.th.); **Subskription** *f* subscription

substantiell [zʊpstan'tsjɛl] *adj* substantial

Substantiv ['zʊpstantiːf] <-s, -e> *nt* noun

Substanz <-, -en> *f* ❶ (*Stoff*) substance ❷ (*innerer Gehalt*) essence ❸ (FIN) capital assets *pl*

subsumieren [zʊpzu'miːrən] *vt* subsume

subtil [zʊp'til] *adj* ❶ (*zart*) delicate ❷ (*spitzfindig*) subtle

subtrahieren [zʊptra'hiːrən] *vt* subtract; **Subtraktion** [zʊptrak'tsjoːn] *f* subtraction

Subtropen *pl* (GEOG) subtropics; **subtropisch** *adj* subtropical

Subunternehmer(in) *m(f)* sub-contractor

Subvention [zʊpvɛn'tsjoːn] *f* (*von privater Seite*) subvention; (*vom Staat*) subsidy; **subventionieren** *vt* subsidize; **staatlich subventioniert** state-subsidized

Suchaktion *f* search operation; **Suchdienst** *m* missing persons tracing service

Suche ['zuːxə] <-, (-n)> *f* search (*nach* for); **vergebliche ~** wild goose chase; **auf der ~ nach etw sein** be looking for s.th.; **auf die ~ gehen nach...** go in search of...; **bei meiner ~ habe ich ein interessantes Buch gefunden** I found an interesting book in my search

suchen ['zuːxən] **I.** *vt* ❶ look for; (*intensiv* ~) search for ❷ (*danach streben*) seek; **ich habe den Streit nicht gesucht** the quarrel is not of my seeking **II.** *vi* search (*nach etw* for s.th.); **Sucher** *m* ❶ (*Mensch*) searcher [*o* seeker] ❷ (PHOT) view-finder; **Suchfunktion** *f* (INFORM) search function; **Suchgerät** *nt* locating equipment; **Suchinstrument** *nt* search tool; **Suchlauf** *m* (*bei Hi-fi-Geräten*) search

Suchmaschine *f* search engine

Sucht [zʊxt] <-, -e> *f* ❶ (MED) addiction (*nach* to) ❷ (*fig*) obsession (*nach* with); **suchterzeugend** *adj* addictive; **Suchtgefahr** *f* danger of addiction

süchtig ['zʏçtɪç] *adj* addicted (*nach* to); **davon wirst du ~!** that's addictive; **Süchtige(r)** *f m* addict; **Suchtkranke(r)** *f m* addict

Südafrika *nt* South Africa; **Südafrikaner(in)** *m(f)* South African; **südafrikanisch** *adj* South African

Südamerika *nt* South America; **südamerikanisch** *adj* South American

Sudan [zu'daːn] *m* Sudan

Süddeutsch *nt* South German; **Süddeutsche(r)** *f m* South German; **Süddeutschland** *nt* South Germany

Sudelei *f* ❶ (*Malerei*) daubing ❷ (*schlampige Arbeit*) botch

sudeln ['zuːdəln] *vi* ❶ (*Malerei*) daub; (*beim Schreiben*) scribble ❷ (*schlampen*) botch [*o* bungle]

Süden ['zyːdən] <-s> *m* south; **im ~ von** in the south of; **aus dem ~** from the south

Südengland *nt* the South of England; **Südfrüchte** *pl* citrus and tropical fruit; **Südhalbkugel** *f* southern hemisphere

südlich **I.** *adj* southern; **Wind aus ~er Richtung** southerly wind **II.** *adv:* **~ von** to the south of; **weiter ~ sein** be further south

Südost(en) *m* southeast; **südöstlich** *adj* southeast; **~ von...to** the southeast of...; **Südpol** *m* South Pole; **Südsee** *f* South Pacific; **Südstaaten** *pl* Southern States; **Südstaatler(in)** *m(f)* (*fam*) Southerner; **südwärts** *adv* southward(s); **Südwesten** *m* southwest; **aus ~** from the southwest; **südwestlich** *adj* ❶ (GEOG) southwestern ❷ (*Wind*) southwest(erly); **Südwind** *m* south wind

Suff [zʊf] <-(e)s> *m* (*fam*): **dem ~ verfallen sein** be on the bottle

süffig ['zʏfɪç] *adj* light and sweet; **der Wein ist ~** the wine is nice to drink

suggerieren [zʊge'riːrən] *vt* suggest; **jdm etw ~** influence s.o. by suggesting s.th.; **Suggestion** [zʊgɛs'joːn] <-, -en> *f* suggestion; **suggestiv** *adj* suggestive; **Suggestivfrage** *f* suggestive question

Suggestopädie [zʊgɛstopɛ'diː] <-> *f* super-learning

Suhle ['zuːlə] <-, -r> *f* muddy pool; **suhlen** *vr* wallow

Sühne [zyːnə] <-, -n> *f* atonement; (*Buße*) expiation; **als ~ für...** to atone for...; **sühnen** *vt:* **seine Schuld ~** atone for one's wrongs *pl;* **ein Verbrechen ~** atone for a crime

sukzessiv [zʊktsɛ'siːf] *adj* gradual

Sulfat [zʊlˈfaːt] <-(e)s, -e> *nt* (CHEM) sulphate

Sulfid [zʊlˈfiːt] <-(e)s, -e> *nt* (CHEM) sulphide

Sulfit [zʊlˈfɪt] <-s, -e> *nt* (CHEM) sulphite

Sultan [ˈzʊltaːn] <-s, -e> *m* sultan

Sultanine [zʊltaˈiːnə] *f* sultana *Br,* seedless raisin *Am*

Sülze [ˈzʏltsə] <-, -n> *f* brawn

summarisch [zʊˈmaːrɪʃ] *adj* summary; (*kurz*) brief; **etw ~ darstellen** summarize s.th.

Summe [ˈzʊmə] <-, -n> *f* sum; **die ~ meiner Wünsche** the total of my ambitions

summen [ˈzʊmən] **I.** *vt* (*Melodie*) hum **II.** *vi* (*Insekt*) buzz; **Summer** <-s, -> *m* (ELEK) buzzer

summieren *vr:* **sich ~ auf …** amount to …, run up to …

Sumpf [zʊmpf] <-(e)s, Sümpfe> *m* ❶ marsh; (*in den Tropen*) swamp ❷ (AUTO: *Ölsumpf*) sump; **ein ~ des Lasters** a den of vice; **Sumpffieber** *nt* malaria; **Sumpfgas** *nt* marsh-gas; **Sumpfgebiet** *nt* marshy district, wetlands *pl;* **sumpfig** *adj* marshy; (*in den Tropen*) swampy; **Sumpfpflanze** *f* marsh plant

Sünde [ˈzʏndə] <-, -n> *f* sin; **eine ~ begehen** sin; **Sündenbock** *m* scapegoat; **Sündenfall** *m* Fall; **Sünder(in)** *m(f)* sinner; **sündig** *adj* sinful; **sündigen** [ˈzʏndɪən] *vi* sin; (*fig*) trespass

super [ˈzuːpɐ] *adj* (*fam*) great, super; **Super(benzin)** *nt* four-star petrol *Br,* premium *Am;* **Superchip** *m* superchip; **Supercruiser** [ˈzuːpɐkruːzɐ] <-s, -> *m* (*Skateboard-Roller*) supercruiser; **Superding** *nt* (*fam*) super job; **Superlativ** [ˈzuːpɐlatiːf] <-s, -e> *m* superlative; **Supermacht** *f* superpower; **Supermarkt** *m* supermarket; **Supertanker** *m* supertanker

Suppe [ˈzʊpə] <-, -n> *f* (*dünne ~*) soup; (*dicke ~*) broth; **die ~ auslöffeln müssen** have to face the music; **jdm eine schöne ~ einbrocken** get s.o. into a nice mess; **jdm die ~ versalzen** queer someone's pitch; **Suppenfleisch** *nt* stewing meat; **Suppengrün** <-s> *nt* herbs and vegetables *pl;* **Suppenhuhn** *nt* boiling fowl; **Suppenküche** *f* soup kitchen; **Suppenschüssel** *f* tureen; **Suppenteller** *m* soup plate; **Suppenwürfel** *m* stock cube

supraleitend *adj* (*Physik*) superconductive

supranational [zupranatsjoˈnaːl] *adj* supranational

Surfbrett [ˈsœːɐf-] *nt* surfboard; **surfen** [ˈsœːfən] *vi* (*auch im Internet*) surf; **Surfer(in)** *m(f)* surfer

surren [ˈzʊrən] *vi* buzz

Surrogat [zʊroˈgaːt] <-(e)s, -e> *nt* surrogate

suspekt [zʊˈspɛkt] *adj* suspicious; **das ist mir ~** that seems suspicious to me

suspendieren [zʊspɛnˈdiːrən] *vt* suspend

süß [zyːs] *adj* ❶ (*Geschmack*) sweet ❷ (*lieblich*) lovely ❸ (*lieb*) sweet *Br,* cute *Am;* **Süße** <-, (-n)> *f* sweetness; **süßen** *vt* sweeten; **Süßholz** *nt* liquorice; **~ raspeln** soft-soap s.o.; **Süßigkeiten** *fpl* sweets *pl Br,* candy *Am;* **Süßkirsche** *f* sweet cherry; **süßlich** *adj* ❶ (*von Geschmack*) sweetish ❷ (*widerlich*) mawkish; (*rührseelig*) maudlin *Br,* sugar-coated *Am*

süßsauer *adj* ❶ (*von Geschmack*) sweet-and-sour ❷ (*Lächeln*) forced; **Süßspeise** *f* sweet dish *Br,* dessert *Am;* **Süßstoff** *m* sweetener; **Süßwaren** *pl* sweets *Br,* candy *Am;* **Süßwarengeschäft** *m* sweetshop *Br,* candy store *Am;* **Süßwasser** <-s> *nt* freshwater; **Süßwein** *m* dessert wine

Symbol [zʏmˈboːl] <-s, -e> *nt* symbol; **symbolisch** *adj* symbolic (*für* of); **symbolisieren** *vt* symbolize

Symmetrie [zʏmeˈtriː] *f* symmetry; **symmetrisch** *adj* symmetrical

Sympathie [zʏmpaˈtiː] *f* ❶ (*Zuneigung*) liking ❷ (*Mitgefühl*) sympathy; **Sympathieträger(in)** <-s, -> *m(f)* popular figure; **Sympathisant(in)** *m(f)* sympathizer; **sympathisch** *adj* (*Person*) nice; (*Aussehen*) pleasant; **er war mir gleich ~** I liked him at once; **das ~e Nervensystem** the sypathetic nervous system; **sympathisieren** *vi* sympathize (*mit* with)

Symphonie [zʏmfoˈniː] *f* symphony

Symptom [zʏmpˈtoːm] <-s, -e> *nt* symptom; **symptomatisch** *adj* symptomatic (*für* of)

Synagoge [zʏnaˈgoːgə] <-, -n> *f* synagogue

synchron [zʏŋˈkroːn] *adj* synchronous; (LING) synchronic; **synchronisieren** *vt* ❶ (TECH: *a. fig*) synchronize ❷ (FILM) dub; **Synchronisierung** *f* ❶ (TECH) synchronization ❷ (FILM) dubbing

Syndikat [zʏndiˈkaːt] <-(e)s, -e> *nt* syndicate

Syndikus [ˈzʏndikʊs] <-, -sse/-dizi> *m:* **der ~ der Firma** the company lawyer *Br,* the corporation lawyer *Am*

Synergieeffekt [zynɛrˈgiːɛfɛkt] *m* (*Zusammenwirken*) synergy effect

Synode [zyˈnoːdə] <-, -n> *f* synod

Synonym [zynoˈnyːm] <-s, -e> *nt* synonym;

synonym *adj* synonymous

syntaktisch [zʏn'taktɪʃ] *adj* syntactic(al); **Syntax** [zʏntaks] <-, -en> *m* syntax

Synthese [zʏn'te:zə] <-, -n> *f* synthesis; **synthetisch** *adj* synthetic; **synthetisieren** *vt haben* (CHEM) syntheticize

Syphilis [zʏfilɪs] <-> *f* syphilis

Syrien ['zy:riən] <-s> *nt* Syria; **Syrier(in)** <-s, -> *m(f)* Syrian; **syrisch** *adj* Syrian

System [zʏs'te:m] <-s, -e> *nt* ❶ (*Anlage*) system ❷ (*Methode*) method; **dahinter steckt ~!** there's method behind it!; **Systemanalyse** *f* systems analysis; **Systematik** [zʏstə'a:tɪk] *f* ❶ (*systematische Anordnung*) system ❷ (*Wissenschaft*) systematology; **systematisch** *adj* systematic; **~er Katalog** classified catalogue; **systematisieren** *vt* systematize; **systembedingt** *adj* determined by the system; **Systembetreuer(in)** [-bəˌtrɔɪɐ] <-s, -> *m(f)* (INFORM) systems administrator; **Systemfehler** *m* system error; **Systemkritiker(in)** *m(f)* (POL) critic of the system; **Systemzwang** *m* obligation to conform the system

Szenario [stse'na:rio] <-s, -s> *nt* scenario

Szene ['stse:nə] <-, -n> *f* ❶ (*Bühne*) stage ❷ (*Auftritt*) scene ❸ (*Milieu, fam*) scene; **ein Stück in ~ setzen** stage a play; **jdm eine ~ machen** make a scene in front of s.o.; **sich in der ~ auskennen** (*sl*) know the scene

Szenekneipe *f* in-place, in-pub

Szenenwechsel *m* scene change

Szenerie *f* ❶ (*Theater*) set ❷ (*Schauplatz*) scene

Tt

T, t [te:] <-, -> *nt* T, t

T-Träger *m* T-girder, T-bar

Tabak [tabak] <-s, -e> *m* tobacco; **Tabakhändler(in)** *m(f)* tobacconist; **Tabaksbeutel** *m* tobacco pouch; **Tabaksdose** *f* tobacco tin; **Tabakspfeife** *f* pipe; **Tabaksteuer** *f* duty on tobacco; **Tabakwaren** *pl* tobacco *sing*

tabellarisch [tabɛ'la:rɪʃ] *adj* tabular; **tabellarisieren** *vt* tabulate; **Tabellarisierung** <-, -en> *f* tabulation

Tabelle [ta'bɛlə] <-, -n> *f* table; (*als Grafik*) chart; **Tabellenform** *f*: **in ~** in tabular form; **Tabellenführer** *m* (SPORT) league leaders *pl*; **~ sein** be at the top of the league table; **Tabellenkalkulation** *f* spreadsheet; **Tabellenplatz** *m* (SPORT) place [*o* position] in the league; **Tabellenstand** *m* (SPORT) league situation

Tabernakel [tabɛr'na:kl] <-s, -> *m* tabernacle

Tablett [ta'blɛt] <-(e)s, -s> *nt* tray

Tablette [ta'blɛtə] <-, -n> *f* pill, tablet; **Tablettenmissbrauch** *m* pill abuse; **Tablettensüchtige(r)** *f m* pill addict

tabu [ta'bu:] *adj* taboo

Tabulator <-s, -en> *m* tabulator, tab

Tacho(meter) ['taxo'me:tɐ] <-s, -> *m* speedo(meter); **Tachometerantrieb** *m* speedo drive

Tadel ['ta:dəl] <-s, -> *m* ❶ (*Vorwurf*) reproach; (*Verweis*) reprimand; (*Rüge*) censure ❷ (SCHULE) black mark; **tadellos** *adj* ❶ (*Benehmen*) irreproachable ❷ (*vollkommen*) perfect; **tadeln** *vt* (*zurechtweisen*) rebuke, reprimand; (*kritisieren*) criticize; **tadelnd** *adj*: **ein ~er Blick** a reproachful look; **tadelnswert** *adj* blameworthy, reprehensible

Tafel ['ta:fəl] <-, -n> *f* ❶ (*Schul~*) blackboard; (*Platte*) slab; (*Schiefer~*) slate; (*Schokoladen~*) bar; (*Holz~*) panel ❷ (*Illustration*) plate; (*Tabelle*) index, list ❸ (*Tisch*) (dinner-) table; **die ~ aufheben** officially end the meal; **tafeln** *vi* feast; **mit jdm ~** dine with s.o.

täfeln ['tɛ:fəln] *vt* (*Decke*) panel; (*Wand*) wainscot

Tafelobst *nt* (dessert) fruit; **Tafelrunde** *f* company at table; **Tafelsilber** *nt* silver *Br*, flatware *Am*, flat silver

Täfelung *f* panelling, wainscoting

Tafelwasser *nt* table water; **Tafelwein** *m* table wine

Tafelzeichnung *f* (SCHULE) blackboard drawing

Taft [taft] <-(e)s, -e> *m* taffeta

Tag[1] [ta:k] <-(e)s, -e> *m* ❶ day ❷ (*Tageslicht*) daylight; **sie hat ihre ~e** (*Periode*) she has her period; **bei ~e** in the daytime; **es wird ~** it is getting light; **~ für ~** day after day; **in acht ~en** a week today, in a week's time; **er kommt in 3 ~en** he's coming in 3 days; **er muss jeden ~ kommen** he will arrive any day now; **zweimal am ~** twice a day; **von dem ~ an** from that day on; **den ganzen ~** all day; **irgendwann im Laufe des ~es** some time during the day; **den andern ~, am folgenden ~** the next day; **eines (schönen) ~es** one (fine) day; **guten ~!** (*morgens*) good morning!; (*nachmittags*) good

T

afternoon!, how do you do?; **schönen ~ noch!** have a nice day!; **~s darauf** the next day; **~s zuvor** the day before; **an den ~ bringen/kommen** bring/come to light; **es ist noch nicht aller ~e Abend** it's early days yet; **zu ~e fördern** unearth; (*fig*) bring to light; **zu ~e kommen/treten** come to light

i Land & Leute

The German Democratic Republic (GDR) or East Germany became part of the Federal Republic of Germany on 3rd October, 1990. The treaty on the final settlement of the German question was signed by the four victorious powers of the Second World War, the Federal Republic and the minister-president of the GDR in Moscow on September 12th. Since which time, October 3rd has been celebrated as **der Tag der deutschen Einheit**, the Day of German Unity.

Tag² [tɛk] <-s, -s> *nt/m* (*Etikett*) tag

tagaus *adv:* **~, tagein** day in, day out

Tagebau <-(e)s> *m* (MIN) open-cast mining; **Tagebuch** *nt* diary; **Tagedieb** *m* idler, loafer; **Tagegeld** *nt* daily allowance; **tagelang** *adj* lasting for days (on end); **Tagelöhner(in)** *m(f)* day-labourer

tagen ['ta:gən] *vi* ❶ (*Tag werden*) dawn ❷ (*beraten*) sit

Tagesablauf *m* course of the day; **Tagesanbruch** *m:* **bei ~** at daybreak; **Tagescreme** *f* day cream; **Tagesgeld** *nt* (FIN) overnight money; **Tagesgeschehen** *nt* events of the day; **Tagesgespräch** *nt* talk of the town; **Tageskarte** *f* ❶ (*für Bus, Straßenbahn*) day ticket ❷ (*Speisekarte*) menu of the day; **Tageskilometerzähler** *m* (AUTO) mileage recorder, odometer; **Tageskurs** *m* current rate; **Tageslicht** <-(e)s> *nt* daylight; **das ~ scheuen** shun the daylight; **ans ~ kommen** come to light; **Tageslichtprojektor** *m* overhead projector; **Tagesmutter** *f* child minder; **Tagesordnung** *f* agenda; **auf die ~ setzen** put on the agenda; **zur ~ übergehen** (*an die Arbeit gehen*) get down to business; **Tagesordnungspunkt** *m* item on the agenda; **Tagespreis** *m* (COM) current price; **Tagesproduktion** *f* daily production; **Tagesration** *f* daily rations *pl;* **Tagessatz** *m* daily rate; **Tagesstunden** *fpl* hours of daylight; **Tagessuppe** *f* soup of the day; **Tagesumsatz** *m* daily turnover; **Tagesverbrauch** *m* daily consumption; **Tageszeit** *f* time of day; **zu jeder ~** at any hour; **Tageszeitung** *f* daily paper

Tagewerk *nt* day's work

taghell *adj* as light as day

täglich ['tɛ:klɪç] **I.** *adj* daily **II.** *adv* every day

tagsüber *adv* during the day

tagtäglich I. *adj* daily **II.** *adv* every single day

Tagung *f* conference; (PARL JUR) sitting

Taifun [taɪ'fu:n] <-s, -e> *m* typhoon

Taikonaut(in) [taɪko'naʊt] <-en, -en> *m(f)* (*chinesischer Astronaut*) taikonaut

Taille ['taljə] <-, -n> *f* waist

Takt [takt] <-(e)s, -e> *m* ❶ (MUS: *Rhythmus*) time ❷ (AUTO) stroke ❸ (*~gefühl*) tact; **im ~** in time; **den ~ halten** keep time, play in time; **aus dem ~ kommen** play out of time; **den ~ schlagen** beat time; **Taktgefühl** *nt* tact

taktieren *vi* manoeuvre; **Taktik** ['taktɪk] *f* tactics *pl;* **Taktiker(in)** *m(f)* tactician; **taktisch** *adj* tactical

taktlos *adj* tactless; **Taktlosigkeit** *f* tactlessness

Taktstock *m* baton; **Taktstrich** *m* (MUS) bar(-line)

taktvoll *adj* tactful

Tal [ta:l, *pl:* 'tɛ:lɐ] <-(e)s, Täler> *nt* valley; (*poet*) vale; **talabwärts** *adv* ❶ down into the valley ❷ (*flussabwärts*) downstream

Talar [ta'la:ɐ] <-s, -e> *m* (*von Professor*) gown; (JUR) robe

talaufwärts [-'--] *adv* ❶ up the valley ❷ (*flussaufwärts*) upstream

Talent [ta'lɛnt] <-(e)s, -e> *nt* ❶ (*Begabung*) gift, talent (*zu* for) ❷ (*Person*) talented person; **talentiert** *adj* gifted, talented

Talfahrt *f* descent; **~ der Preise** downward trend of prices

Talg [talk] <-(e)s, (-e)> *m* ❶ (*roh*) suet; (*ausgelassen*) tallow ❷ (ANAT) sebum; **Talgdrüse** *f* (ANAT) sebaceous gland

Talisman ['ta:lɪsman] <-s, -e> *m* (lucky) charm

talken ['tɔ:kən] *vi* (*eine Talkshow leiten*) be a talk show host; **Talker(in)** ['tɔ:kɐ] <-s, -> *m(f)* (*Talkshowleiter*) talk-show host

Talkessel *m* basin

Talkshow ['tɔ:kʃoʊ] <-, -s> *f* talkshow

Talmigold ['talmi-] *nt* pinchbeck gold

Talmulde *f* basin, hollow

Talsohle *f* ❶ bed [*o* bottom] of a/the valley ❷ (COM: *wirtschaftliches Tief*) trough; **Talsperre** *f* ❶ (*Staumauer*) river dam ❷ (*Speichersee*) storage reservoir

Talstation *f* (*von Skilift*) station at the bottom end; **talwärts** *adv* ❶ down into the valley ❷ (*flussabwärts*) downstream

Tampon [tampɔn] *m* tampon; (*für Wunde*) plug

TAN <-, -s> *f Abk. von* **Transaktionsnummer** transaction number

Tand [tant] <-(e)s> *m* knicknacks *pl*, trinkets *pl*

Tändelei *f* ❶ (*Herumtrödelei*) dallying, trifling ❷ (*Liebelei*) dalliance

tändeln [ˈtɛndəln] *vi* ❶ (*trödeln*) dilly-dally ❷ (*flirten*) dally

Tang [taŋ] <-(e)s, (-e)> *m* seaweed

Tangente [taŋˈgɛntə] <-, -n> *f* (MATH) tangent

tangieren *vt* ❶ (*berühren*) touch ❷ (*kümmern*) affect, bother

Tango [ˈtaŋgo] <-s, -s> *m* tango

Tank [taŋk] <-s, -s/(-e)> *m* (*Behälter, a. Panzer*) tank; **Tankdeckel** *m* filler cap

tanken *vt, vi* fill up; **voll ~** fill up with petrol; **ich muss noch ~** I have to get some petrol; **wo kann man hier ~?** where can I get petrol round here?

Tanker *m* tanker; **Tankfüllstutzen** *m* tank filler neck; **Tankinhalt** *m* tank capacity [*o* volume]; **Tanklager** *nt* (*in Hafen*) petrol depot; **Tanklastzug** *m* tanker; **Tankstelle** *f* service [*o* filling] station [*o* petrol] *Br*, gas station *Am*; **Tankwagen** *m* ❶ (AUTO) tanker ❷ (RAIL) tank car; **Tankwart(in)** *m(f)* petrol pump attendant *Br*, gas station attendant *Am*

Tanne [ˈtanə] <-, -n> *f* fir, pine; **Tannenbaum** *m* fir tree, pine tree; **Tannennadeln** *fpl* fir-needles; **Tannenwald** *m* firwood, pine forest; **Tannenzapfen** *m* fir [*o* pine] cone

Tansania [tanzaˈniːa] *nt* Tanzania; **Tansanier(in)** *m(f)* Tanzanian; **tansanisch** *adj* Tanzanian

Tante [ˈtantə] <-, -n> *f* aunt; **Tante-Emma-Laden** *m* (*fam*) corner shop

Tantieme [tãˈtjɛːmə] <-, -n> *f* (*für Autoren, Erfinder*) royalty

Tanz [tants, *pl:* ˈtɛntsə] <-es, Tänze> *m* dance; **darf ich Sie um den nächsten ~ bitten?** may I have the next dance?; **zum ~en gehen** go to a dance; **Tanzbein** *nt:* **das ~ schwingen** (*hum*) shake a leg

tänzeln [ˈtɛntsəln] *vi* (*Mensch*) mince; (*Pferd*) step delicately

tanzen *vi, vt* dance

Tänzer(in) [ˈtɛntsɐ] *m(f)* dancer; (*Ballet~*) ballet dancer

Tanzfläche *f* dance floor; **Tanzkurs** *m* dancing course; **Tanzlokal** *nt* café with dancing; **Tanzmusik** *f* dance music; **Tanzorchester** *nt* dance orchestra; **Tanzschule** *f* dancing school; **Tanzstunde** *f* dancing lesson; **Tanztee** *m* tea-dance; **Tanzturnier** *nt* dancing contest

Tapet [taˈpeːt] *nt:* **etw aufs ~ bringen** (*fam*) bring s.th. up

Tapete [taˈpeːtə] <-, -n> *f* wallpaper; **Tapetenmuster** *nt* design; **Tapetenrolle** *f* roll of wallpaper; **Tapetenwechsel** *m* (*fig*) change of scenery

tapezieren [tapeˈtsiːrən] *vt* paper; **Tapeziertisch** *m* trestle table

tapfer [ˈtapfɐ] *adj* brave; (*mutig*) bold, courageous; **Tapferkeit** *f* bravery; (*Mut*) boldness, courage

tappen [ˈtapən] *vi sein* go [*o* come] falteringly; **im Dunkeln ~** grope in the dark

täppisch [ˈtɛpɪʃ] *adj* awkward, clumsy

Tara [ˈtaːra] <-, -ren> *f* (COM) tare

Tarantel [taˈrantəl] <-, -n> *f* tarantula; **wie von der ~ gestochen** as if stung by a bee

Tarif [taˈriːf] <-s, -e> *m* ❶ (*Lohn~*) rate ❷ (*Zoll~*) tariff; **Tarifabschluss** *m* wage settlement; **Tarifbezirk** *m* collective-agreement area; **Tarifgehalt** *nt* union rates *pl*; **Tarifgruppe** *f* grade; **Tarifkommission** *f* joint working party on pay; **tariflich** *adj* agreed; **Tariflohn** *m* standard wage; **Tarifpartner** *pl:* **die ~** union and management; **beide ~ …** both parties to the wage agreement …; **Tarifrunde** *f* round of wage talks, wage negotiations *pl*; **Tarifstreitigkeit** *f* wage dispute; **Tarifverhandlungen** *fpl* salary [*o* wage] negotiations; **Tarifvertrag** *m* wage agreement; **Tarifzone** *f* (*Verkehr*) fare zone

tarnen [ˈtarnən] *vt* ❶ camouflage ❷ (*Absichten*) disguise

Tarnfarbe *f* camouflage colour [*o* paint]

Tarnung *f* ❶ (MIL) camouflage ❷ (*von Agenten*) disguise

Tasche [ˈtaʃə] <-, -n> *f* ❶ (*bei Kleidungsstücken*) pocket ❷ (*Beutel*) pouch; (*Hand~*) bag *Br*, purse *Am*; (*Akten~*) briefcase; **in die ~ stecken** pocket; **jdn in die ~ stecken** put s.o. in the shade; **jdm auf der ~ liegen** be living off s.o.; **nimm die Hände aus der ~!** take your hands out of your pockets!; **Taschenbuch** *nt* paperback; **Taschendieb** *m* pickpocket; **vor ~en wird gewarnt!** beware of pickpockets!; **Taschenformat** *nt:* **im ~** pocket-sized; **Taschengeld** *nt* pocket-money; **Taschenkalender** *m* pocket diary; **Taschenkrebs** *m* common crab; **Taschenlampe** *f* torch *Br*, flashlight *Am*; **Taschenmesser** *nt* pocket-knife *Br*, jackknife *Am;* (*kleines*) penknife; **Taschenrechner** *m* pocket calculator; **Taschenschirm** *m* collapsible umbrella; **Taschenspiegel** *m* pocket mirror; **Taschenspielertrick** *m* sleight of hand; **Taschentuch** <-(e)s, -tücher> *nt* handkerchief; **Taschenuhr** *f* pocket watch; **Taschenwörterbuch** *nt* pocket dictionary

Tasse ['tasə] <-, -n> *f* cup; **eine ~ Tee** a cup of tea; **nicht alle ~n im Schrank haben** (*fam*) be a sandwich short of a picnic, be off one's rocker; **tassenfertig** *adj* instant

Tastatur [tasta'tu:ɐ] *f* keyboard; **Tastaturabdeckung** *f* (*an PC*) keyboard cover

Taste ['tastə] <-, -n> *f* (*von Klavier, Computer*) key; (*Telefon, Radio*) button; **auf die ~n hauen** (*fam*) hammer away at the keyboard

tasten I. *vi* feel; **nach etw ~** grope for s.th.; **sich ~** feel one's way **II.** *vt* (TELE) key; (*drücken*) press

Tastenfeld *nt* (*Tastatur*) keypad, keys; **Tastentelefon** *nt* push-button telephone

Tastsinn <-(e)s> *m* sense of touch

Tat [ta:t] <-, -en> *f* ❶ (*das Handeln*) action ❷ (*Helden~, Un~*) act, deed; (*Leistung*) feat; **auf frischer ~ ertappen** catch in the act; **ein Mann der ~** a man of action; **in der ~** indeed; **in die ~ umsetzen** put into action; **gute ~** good deed; **Tatbestand** *m* (JUR) facts *pl,* of the case; (*Sachlage*) facts *pl;* **Tatendrang** *m* thirst for action; **tatenlos** *adj* idle; **ich konnte nur ~ zusehen** I could only stand and watch

Täter(in) ['tɛ:tɐ] *m(f)* (JUR) perpetrator; **unbekannte ~** persons unknown; **Täterschaft** *f* guilt; **die ~ leugnen** deny one's guilt

tätig ['tɛ:tɪç] *adj* active; **in einer Sache ~ werden** take action in a matter; **tätigen** ['tɛ:tɪgən] *vt* (COM: *Geschäft*) effect; (*Abschluss*) conclude; **Tätigkeit** *f* ❶ (*Aktivität*) activity ❷ (*Beruf*) job; (*Beschäftigung*) occupation; (*Arbeit*) work; **die ~ einstellen** (*fam*) close up shop; **Tätigkeitsbereich** *m* field of activity; **Tätigkeitsmerkmale** *pl* job description *sing*

Tatkraft *f* drive, energy, vigour; **tatkräftig** *adj* energetic; **~e Hilfe** active help

tätlich ['tɛ:tlɪç] *adj* violent; **~ werden** come to blows; **jdn ~ angreifen** assault s.o.; **Tätlichkeit** *f* violence; **sich zu ~en hinreißen lassen** get violent

Tatoo [tə'tu:] <-s, -s> *nt* tatoo

Tatort *m* scene of the crime

tätowieren [tɛto'vi:rən] *vt* tattoo; **sich ~ lassen** have o.s. tattooed; **Tätowierung** *f* tattooing

Tatsache *f* fact; **den ~n ins Auge blicken** face the facts; **Tatsachenbericht** *m* documentary

tatsächlich I. *adj* actual, real **II.** *adv* (*in Wirklichkeit*) actually, really

tätscheln ['tɛtʃəln] *vt* pat

Tatze ['tatsə] <-, -n> *f* paw

Tau[1] [taʊ] <-(e)s, -e> *nt* (*Seil*) rope

Tau[2] <-(e)s> *m* (*Niederschlag*) dew

taub [taʊp] *adj* ❶ (*ohne Gehör*) deaf ❷ (*fig: leer*) empty, hollow; (*Gestein*) dead ❸ (*gefühllos*) numb; **für etw ~ sein** be deaf to s.th.; **sich ~ stellen** pretend not to hear; **sich jdm gegenüber ~ stellen** turn a deaf ear to s.o.; **meine Hände waren ~ vor Kälte** my hands were numb with cold

Taube ['taʊbə] <-, -n> *f* dove, pigeon; **Taubenschlag** *m* dovecot; (*für Brieftauben*) pigeon loft

Täuberich <-s, -e> *m* cock-pigeon

Taubheit *f* ❶ (*Gehörlosigkeit*) deafness ❷ (*Erstarrung von Körperteil*) numbness

taubstumm *adj* deaf and dumb; **Taubstumme(r)** *f m* deaf-mute

tauchen ['taʊxən] **I.** *vi* ❶ *sein o haben* dive (*nach* for) ❷ (*U-Boot*) submerge **II.** *vt haben* ❶ (*kurz ~*) dip ❷ (*Menschen ~*) duck

Taucher(in) *m(f)* diver

Taucheranzug *m* diving suit; **Taucherausrüstung** *f* diving equipment; **Taucherbrille** *f* diver's goggles *pl;* **Taucherflosse** *f* flipper; **Taucherglocke** *f* diving bell; **Taucherkrankheit** *f* diver's paralysis; **Tauchermaske** *f* diving mask

Tauchsieder *m* (ELEK) portable immersion heater

Tauchtiefe *f* (MAR) navigable depth

tauen ['taʊən] *sein o haben vi* melt, thaw

Taufbecken *nt* font

Taufe ['taʊfə] <-, -n> *f* ❶ (*das Sakrament*) baptism ❷ (*Vorgang*) christening; **ein Kind aus der ~ heben** stand sponsor to a child; **etw aus der ~ heben** start s.th. up; **taufen** *vt* ❶ baptize ❷ (*nennen*) christen; **sich ~ lassen** be baptized

Taufkapelle *f* baptistry; **Taufpate, -tin** <-n, -n> *m, f* godfather, godmother; **Taufregister** *nt* parish register; **Taufschein** *m* certificate of baptism; **Taufstein** *m* font

taugen [taʊgən] *vi* ❶ (*wert sein*) be good ❷ (*geeignet sein*) be suitable (*zu, für* for); **zu etw ~** be fit for s.th; **er taugt nichts** he is no good; **ob das wohl was taugt?** I wonder whether it is any good?

Taugenichts ['taʊgənɪçts] <-/-es, -e> *m* good-for-nothing

tauglich *adj* (*geeignet*) suitable (*zu, für*

for); (MIL) fit (for service); **Tauglichkeit** *f* suitability; (MIL) fitness

Taumel ['taʊməl] <-s> *m* ❶ (*Schwindel*) giddiness ❷ (*fig*) frenzy; **taumelig** *adj* (*schwindlig*) giddy; **taumeln** *haben o sein vi* stagger; **er taumelte über die Straße** he staggered across the street; **~d** staggering

Tausch [taʊʃ] <-(e)s, -e> *m* exchange; (*~handel*) barter; **im ~ gegen ...** in exchange for ...; **einen ~ machen** effect an exchange; **einen guten ~ machen** get a good deal; **Tauschabkommen** *nt* barter agreement; **Tauschbörse** *f* on-line exchange service

tauschen ['taʊʃən] *vt* exchange (*gegen* for); (*Güter*) barter

täuschen ['tɔɪʃən] **I.** *vt* (*jdn*) deceive; **so leicht können Sie mich nicht ~!** you won't fool me so easily! **II.** *vi* (*irreführend sein*) be deceptive **III.** *vr* be wrong, be mistaken (*über* about); **sich ~ lassen** let o.s. be deceived [*o* fooled]; **ich glaube ja, ich kann mich aber auch ~** I think so, but I may be wrong; **wir haben uns in ihr sehr getäuscht** she was a great disappointment to us; **täuschend** *adj* ❶ (*Nachahmung*) remarkable ❷ (*Ähnlichkeit*) striking

Tauschgeschäft *nt* barter deal; **Tauschhandel** *m* barter; **Tauschobjekt** *nt* barter object

Täuschung *f* ❶ (*das Täuschen*) deception ❷ (*Irrtum*) mistake; **gib dich nur keiner ~ hin!** you must not delude yourself!; **Täuschungsmanöver** *nt* ❶ (MIL) deception tactics *pl* ❷ (*fam*) ploy; **Täuschungsversuch** *m* (SCHULE) attempted cheating

tausend ['taʊzənt] *num* a [*o* one] thousand; **viele Tausende** thousands of; **ich habe ~ Dinge zu tun** I have a thousand and one things to do; **~ Ängste ausstehen** (*fam*) die a thousand deaths; **Tausender** <-s, -> *m* (*a. Geldschein*) thousand; **tausenderlei** ['taʊzəndɐ'laɪ] *adj* a thousand kinds of; **tausendfach** **I.** *adj* thousandfold **II.** *adv* in a thousand ways; **Tausendfüß(l)er** ['taʊzəntfy:slɐ] <-s, -> *m* millipede; **tausendjährig** *adj* ❶ (*Alter*) thousand year old ❷ (*Dauer*) thousand year long; **tausendmal** *adv* a thousand times; **tausendste** *adj* thousandth; **Tausendstel** <-s, -> *nt* thousandth

Tautropfen *m* dewdrop; **Tauwetter** *nt* thaw

Tauziehen *nt* (SPORT: *a. fig*) tug-of-war

Taxameter [taksa'me:tɐ] <-s, -> *m* taximeter

Taxi ['taksi] <-(s), -(s)> *nt* cab, taxi(cab); **ein ~ nehmen** take a taxi

taxieren [ta'ksi:rən] *vt* value; **~ auf ...** estimate at ...

Taxifahrer(in) *m(f)* taxi driver, cab driver; **Taxifahrt** *f* taxi ride; **Taxistand** *m* taxi rank

Team [ti:m] <-s, -s> *nt* team; **Teamarbeit** *f* teamwork; **teamfähig** *adj* (PSYCH) able to work in [*o* as part of] a team

Technik ['tɛçnɪk] *f* ❶ (*Technologie*) technology ❷ (*Funktionsweise*) mechanics *pl* ❸ (*Ingenieurwissenschaft*) engineering ❹ (*Verfahren*) technique; **technikbesessen** *adj* obsessed with new technologies; **Techniker(in)** *m(f)* ❶ (technical) engineer ❷ (SPORT) technician; **technikfeindlich** *adj* hostile to new technologies; **Technikfolgenabschätzung** *f* assessment of the effects of (new) technology; **Technikum** ['tɛçnikʊm] <-s, -ka/-ken> *nt* college of technology

technisch *adj* ❶ (*technologisch*) technological ❷ (*die Ausführung betreffend*) technical; **~e Daten** specifications; **~e Hochschule** technological university; **er ist ~ begabt** he is technically minded; **~e(r) Zeichner(in)** engineering draughtsperson; **Technischer Überwachungsverein** *m* Technical Control Board

Technokrat(in) [tɛçno'kra:t] *m(f)* technocrat; **technokratisch** *adj* technocratic

Technologie *f* technology; **Technologiepark** *m* technology park; **Technologietransfer** *m* transfer of technology; **technologisch** *adj* technological

Tee [te:] <-s, -s> *m* tea; **Fünf-Uhr-~** five o'clock tea; **~ machen** make tea; **eine Tasse ~** a cup of **Teebaumöl** *nt* (*Melaleuca alternifolia*) tea tree oil; **Teebeutel** *m* tea bag; **Tee-Ei** *nt* infuser *Br*, tea ball *Am;* **Teefilter** *m* tea filter; **Teegebäck** *nt* biscuits *pl;* **Teekanne** *f* teapot; **Teelöffel** *m* teaspoon

Teeny ['ti:ni] <-s, -s> *m* (*fam*) teeny bopper

Teer [te:ɐ] <-(e)s, -e> *m* tar; **teeren** *vt* tar; **Teerpappe** *f* tarboard

Teeservice *nt* tea-set; **Teesieb** *nt* tea-strainer; **Teestube** *f* tea-room; **Teewagen** *m* tea-trolley

Teich [taɪç] <-(e)s, -e> *m* pond; **Teichrose** *f* yellow water-lily

Teig [taɪk] <-(e)s, -e> *m* (*Brot~*) dough; (*Blätter~*) pastry; **teigig** *adj* doughy; **Teigwaren** *pl* pasta *sing*

Teil [taɪl] <-(e)s, -e> *m* ❶ (*Bruchteil, Teil*) part ❷ (*Anteil*) share; **zum ~** partly; **der größte ~ davon ist fertig** the greater part of it is done; **zum größten** ~ for the most part; **ich für meinen** ~ I, for my part; **ich habe einen ~ davon für mich behalten** I kept part of it for myself; **5 ~e Sand auf einen ~ Zement** 5 parts of sand to 1 of cement; **sich seinen ~ denken** draw one's own conclusions *pl;* **ein ~ der Leute** some of the people; **in zwei ~e zerschneiden** cut in two; **Teilabschnitt** *m* section, segment; **teilabschreiben** *vt* write down; **Teilabschreibung** *f* write-down; **Teilauflage** *f* (MARKT) split run; **teilbar** *adj* divisible (*durch* by); **Teilbarkeit** *f* divisibility; **Teilbetrag** *m* partial amount; (*auf Rechnung*) item; (*Abzahlung*) instal(l)ment

Teilchen ['taɪlçən] *nt* (*a.* PHYS) particle

teilen **I.** *vt* ❶ (*zerlegen*) divide (*in* into, *unter* among, *durch* by) ❷ (*auf~*) share (*unter* amongst, *mit* with) ❸ (*teilhaben*) share **II.** *vr* ❶ (*Straße, Fluss*) fork; (*Vorhang*) part ❷ (*in Gruppen*) split up ❸ (*auseinander gehen*) diverge; **geteilter Meinung sein** be of different opinions

Teilerfolg *m* partial success; **Teilergebnis** *nt* partial result; **Teilgebiet** *nt* (*räumlich*) area; (*Bereich*) branch

teil|haben *irr vi* participate (*an* in)

Teilhaber(in) *m(f)* (COM: *Gesellschafter*) partner; (*Beteiligter*) stakeholder; **stiller** ~ sleeping partner *Br,* silent partner *Am;* **Teilhaberschaft** <-> *f* partnership

Teilkaskoversicherung *f* partial coverage insurance; **Teillieferung** *f* delivery by instalments; **teilmöbliert** *adj* partially furnished

Teilnahme <-> *f* ❶ (*Beteiligung*) participation (*an* in) ❷ (*Anwesenheit*) attendance (*an* at) ❸ (*Interesse*) interest (*an* in); (*Mitgefühl*) sympathy; (*Beileid*) condolences; **teilnahmslos** *adj* (*gleichgültig*) apathetic, indifferent (*gegen* towards); **Teilnahmslosigkeit** *f* apathy, indifference; **teilnahmsvoll** *adj* sympathetic

teil|nehmen *irr vi* ❶ (*sich beteiligen*) participate [*o* take part] (*an* in) ❷ (*anwesend sein*) attend s.th ❸ (*sich interessieren*) take an interest (*für* in); **an einem Lehrgang** ~ do a course; **an einem Wettbewerb** ~ take part in a competition, enter for a competition; **Teilnehmer(in)** *m(f)* ❶ (*Beteiligte(r)*) participant ❷ (TELE) subscriber ❸ (SPORT) competitor; **der ~ meldet sich nicht** (TELE) there is no reply; **Teilnehmerverzeichnis** *nt* (TELE) telephone directory

teils *adv* partly; **wie geht's dir? - ~, ~** how are you? - so-so

Teilschaden *m* partial damage [*o* loss]; **Teilstrecke** *f* ❶ (RAIL) stretch ❷ (*bei Reise*) stage

Teilstrich *m* (*auf Skala*) secondary graduation line

Teilung *f* division

teilweise **I.** *adv* partly; (*manchmal*) sometimes; **der Roman ist ~ gut** the novel is good in parts **II.** *adj* partial

Teilzahlung *f* ❶ (*~skauf*) hire-purchase ❷ (*Rate*) instal(l)ment; **auf ~ kaufen** buy on hire-purchase; **Teilzahlungskauf** *m* instalment sale

Teilzeitarbeit *f* part-time employment; **teilzeitbeschäftigt** *adj* part-time employed; **Teilzeitkraft** *f* part-time worker

Teint [tɛ̃ː] <-s> *m* complexion

Telebanking *m* (INTERNET) homebanking

Telebrief *m* telemessage, mailgram *Am*

Telefax *nt* fax; **telefaxen** *vt* fax, send by fax; **Telefaxgerät** *nt* fax machine [*o* terminal]

Telefon [tele'foːn] <-s, -e> *nt* (tele)phone; **ans ~ gehen** answer the phone; **Telefonanlage** *f* telephone equipment; **Telefonanruf** *m* phone call; **Telefonanschluss** *m* telephone-connection; **einen ~ haben** be on the (tele)phone

Telefonat <-(e)s, -e> *nt* telephone call

Telefonauskunft *f* directory enquiries *Br,* directory information *Am;* **Telefonbuch** *nt* (tele)phone book; **Telefongebühr** *f* ❶ (*Gesprächsgebühr*) call charge ❷ (*Grundgebühr*) telephone rental; **Telefongespräch** *nt* ❶ (*Anruf*) (telephone) call ❷ (*Unterhaltung am Telefon*) telephone conversation

telefonieren *vi* make a telephone call; **sie telefoniert den ganzen Tag** she's on the phone all day long; **mit jdm** ~ speak to s.o. on the phone; **kann ich mal (bei dir) ~?** can I use your phone?

telefonisch *adj* telephonic; **~ anfragen** inquire by telephone; **eine ~e Mitteilung** a telephone message; **er ist ~ erreichbar** he can be contacted by phone

Telefonist(in) *m(f)* telephonist; (*in Firma*) switchboard operator

Telefonkarte *f* phonecard; **Telefonleitung** *f* telephone line; **Telefonnetz** *nt* telephone network; **Telefonnummer** *f* (tele)phone number; **eine ~ wählen** dial a number; **Telefonrechnung** *f* (tele)phone bill; **Telefonsystem** *nt* telephone system; **Telefonverbindung** *f* telephone connection; **Telefonverzeichnis** *nt* telephone directory; **Telefonzelle** *f* (tele)phone box *Br;* (tele)phone booth *Am;* **Telefonzentrale** *f* telephone exchange

telegen [tele'ge:n] *adj* telegenic

Telegraf [tele'gra:f] *m* telegraph; **Telegrafenamt** *nt* telegraph office; **Telegrafenleitung** *f* telegraph circuit; **Telegrafenmast** *m* telegraph pole; **Telegrafennetz** *nt* telegraph network

Telegrafie *f* telegraphy; **drahtlose ~** radio [*o* wireless] telegraphy; **telegrafieren** *vt, vi* telegraph, wire; (*kabeln*) cable; **telegrafisch** *adj* telegraphic; **jdm ~ Geld überweisen** wire s.o. money

Telegramm [tele'gram] <-s, -e> *nt* telegram *Br;* wire *Am;* (*Kabel~*) cable; **ein ~ aufgeben** hand in a telegram; **Telegrammadresse** *f* telegraphic address; **Telegrammformular** *nt* telegram form; **Telegrammstil** *m* telegram style

Telekinese [teleki'ne:zə] *f* telekinesis

Telekolleg ['te:ləkole:k] *nt* course of television lectures, Open University *Br*

Telekommunikation *f* telecommunications *pl;* **Telekopie** *f* fax

Telemarketing ['te:lə-] *nt* (*Verkauf über das Fernsehen*) telemarketing

Teleobjektiv ['te:lə-] *nt* telephoto lens

Telepathie [telepa'ti:] *f* telepathy

Teleskop [tele'sko:p] <-s, -e> *nt* telescope

Telespiel ['te:lə-] *nt* (TV) ❶ (*Fernsehspiel*) television play ❷ (*Computerspiel*) video game

Telex ['te:lɛks] <-, -(e)> *nt* telex; **Telexanschluss** *m* (TELE) telex link; **telexen** *vt* telex

Teller ['tɛlɐ] <-s, -> *m* plate; **Tellergericht** *nt* one course meal; **Tellermine** *f* (MIL) flat anti-tank mine; **Tellerrand** *m* (*fam*): **über den ~ nicht hinausschauen** not see further than [the end of] one's nose; **Tellerwäscher(in)** *m(f)* dishwasher

Tempel ['tɛmpəl] <-s, -> *m* temple

Tempera(farbe) ['tɛmpəra] *f* tempera

Temperament [tɛmp(ə)ra'mɛnt] *nt* ❶ (*Wesen*) temper, temperament ❷ (*Lebhaftigkeit*) vivacity ❸ (*Wesensart*) character, disposition, frame of mind; **temperamentvoll** *adj* lively, vivacious

Temperatur [tɛmpəra'tu:ɐ] *f* temperature; **jds ~ messen** take someone's temperature; **erhöhte ~ haben** have a temperature; **Temperaturfühler** *m* (TECH, ELEK) temperature senser; **Temperaturrückgang** *m* fall in temperature; **Temperaturschwankung** *f* variation in temperature

Tempo ['tɛmpo] <-s, -s/-pi> *nt* ❶ (*Geschwindigkeit*) speed ❷ (MUS) time; **das ~ angeben** set the pace; **~!** hurry up!; **~ zulegen** (AUTO) speed up; **Tempolimit** *nt* speed limit

temporär *adj* temporary

Temposünder(in) *m(f)* speeder

Tempo(taschentuch)® *nt* paper handkerchief

Tendenz [tɛn'dɛnts] <-, -en> *f* trend; (*Neigung*) tendency; **die ~ haben zu …** tend to …; **tendenziös** *adj* tendentious

tendieren *vi* tend (*zu* towards)

Tenne ['tɛnə] <-, -n> *f* threshing floor

Tennis ['tɛnɪs] <-> *nt* tennis; **Tennishalle** *f* indoor tennis centre; **Tennisplatz** *m* tennis court; **Tennisschläger** *m* tennis racket; **Tennisspiel** *nt* game of tennis

Tenor[1] ['te:nɔr] <-s> *m* (*Essenz*) tenor

Tenor[2] [te'no:ɐ, *pl:* te'nø:rə] <-s, Tenöre> *m* (MUS) tenor; **Tenorstimme** *f* (MUS) tenor

Teppich ['tɛpɪç] <-s, -e> *m* carpet; **etw unter den ~ kehren** sweep s.th. under the carpet; **Teppichboden** *m* fitted carpet; **Teppichkehrmaschine** *f* carpet-sweeper; **Teppichklopfer** <-s, -> *m* carpet beater; **Teppichschaum** *m* carpet foam

Termin [tɛr'mi:n] <-s, -e> *m* ❶ (*für Fertigstellung*) date, deadline; (COM: *Liefertag*) delivery date; (*bei Verabredung*) appointment ❷ (JUR) hearing; **einen ~ anberaumen für …** set a day [*o* date] for …; **einen ~ einhalten** keep (to) a date; **schon einen anderen ~ haben** have a prior engagement

Terminal ['tø:ɐmɪnəl] <-s, -s> *nt* terminal

Terminbörse *f* (COM) futures market; **termingemäß** *adj* on schedule; **Termingeschäft** *nt* dealing in futures; **termingerecht** *adj* on schedule; **terminieren** *vt* fix a deadline; **Terminkalender** *m* (appointments) diary; **Terminlieferung** *f* future delivery

Terminologie [tɛrminolo'gi:] *f* terminology

Terminplan *m* (time) schedule

Terminplanung *f* time scheduling

Terminverkauf *m* forward sale

Termite [tɛr'mi:tə] <-, -n> *f* termite, white ant

Terpentin [tɛrpɛn'ti:n] <-s, -e> *nt* turpentine

Terrain [tɛ'rɛ̃:] *nt* ❶ land, terrain ❷ (*fig*) territory; **sich auf unsicheres ~ begeben** get onto shaky ground

Terrasse [tɛ'rasə] <-, -n> *f* terrace; **Terrassendach** *nt* platform roof; **terrassenförmig** *adj* terraced

Terrine [tɛ'ri:nə] <-, -n> *f* tureen

Territorium <-s, -rien> *nt* territory

T

Terror ['tɛroːɐ] <-s> *m* terror; **Terroranschlag** *m* terrorist attack; **terrorisieren** *vt* terrorize; **Terrorismus** *m* terrorism; **Terrorismusbekämpfung** *f* counter terrorism; **Terrorist(in)** *m(f)* terrorist; **terroristisch** *adj* terrorist; **~e Vereinigung** terrorist organization

i Land & Leute

Die Tertiärstufe (tertiary stage) of the Swiss education system includes courses at universities and colleges, teacher training for the second stage of secondary education and higher vocational training.

Terz [tɛrts] <-, -en> *m* ❶ (MUS) third ❷ (*beim Fechten*) tierce

Terzett [tɛr'tsɛt] <-(e)s, -e> *nt* (MUS) trio

Tesafilm® ['teːza-] *m* Sellotape® *Br,* Scotch tape® *Am*

Test [tɛst] <-(e)s, -s/(-e)> *m* test

Testament [tɛsta'mɛnt] <-(e)s, -e> *nt* ❶ (JUR) will ❷ (*Vermächtnis*) legacy; **Altes/Neues ~** Old/New Testament; **eigenhändiges ~** holograph [*o* handwritten] will; **gemeinschaftliches ~** joint will; **sein ~ machen** make one's will; **testamentarisch** *adj* testamentary; **~ festgelegt** written in the will; **~e Verfügung** instruction in the will; **Testamentseröffnung** *f* reading of the will; **Testamentsvollstrecker(in)** *m(f)* executor

Testbild *f* (TV) testcard

testen *vt* test (*auf* for)

testieren *vt* (*bescheinigen*) certify; **jdm etw ~** certify s.th. for s.o.

Testperson *f* subject; **Testpilot(in)** *m(f)* test pilot; **Testprogramm** *nt* (INFORM) test program; **Testversion** *f* test version

Tetanusschutzimpfung *f* (MED) tetanus vaccination

Tête-à-tête [tɛta'tɛːt] <-, -s> *nt,* **Tete-a-tete** *nt* tête-à-tête

teuer ['tɔɪɐ] <teurer, teuerst> *adj* ❶ (*kostspielig*) expensive ❷ (*lieb*) dear; **das wird ihn ~ zu stehen kommen** that will cost him dear; **wie ~ ist es?** how much is it?; **da ist guter Rat ~** it's hard to know what to do; **Öl ist schon wieder teurer!** oil has gone up again!; **Teuerung** *f* rise in prices; **Teuerungsrate** *f* rate of price increases; **Teuerungszulage** *f* cost-of-living allowance

Teufel ['tɔɪfəl] <-s, -> *m* devil; **pfui ~!** how disgusting!; **in ~s Küche kommen** get into trouble; **mal' den ~ nicht an die Wand!** (*schwarz malen*) don't think the worst!; (*Unheil heraufbeschwören*) don't tempt fate!; **zum ~!** blast! damn!; **wer zum ~ ...?** who the devil ...?; **jdn zum ~ schicken** send s.o. packing; **Teufelsaustreibung** *f* exorcism; **Teufelskerl** *m* devil of a fellow; **Teufelskreis** *m* vicious circle; **Teufelszeug** *nt* (*pej*) hellish stuff

teuflisch *adj* devilish, diabolical, fiendish

Text [tɛkst] <-(e)s, -e> *m* ❶ (*Buch~*) text; (*Lied*) words *pl;* (*von Schlager*) lyrics *pl* ❷ (*unter Bild*) caption; **weiter im ~!** go on!; **Textbuch** *nt* ❶ (FILM) script ❷ (*für Lieder*) songbook; **Textdichter(in)** *m(f)* (*Oper*) librettist; (FILM) scenario writer; **texten** *vt* ❶ (MUS) write the lyrics [*o* words] [*o* text] ❷ (MARKT) copywrite; **Texter(in)** *m(f)* (MARKT) ad writer, copywriter

Textilfabrik *f* textile factory [*o* mill]; **Textilfaser** *f* spun rayon; **Textilgeschäft** *nt* clothes shop; **Textilien** [tɛks'tiːliən] *pl* textiles; **Textilindustrie** *f* textile industry; **Textilwaren** *pl* textiles

Textkritik *f* textual criticism; **Textstelle** *f* passage; **Textverarbeitung** *f* (INFORM) word processing; **Textverarbeitungsanlage** *f* (INFORM) word processing set-up; **Textverarbeitungsprogramm** *nt* (INFORM) word processing program, word processor; **Textverarbeitungssystem** *nt* (INFORM) word processing system

Theater [te'aːtɐ] <-s, -> *nt* ❶ (THEAT) theatre *Br,* theater *Am* ❷ (*fam: Aufheben*) fuss; **mach kein ~!** don't make a fuss!; **ins ~ gehen** go to the theatre; **~ spielen** put on an act; **das ist doch alles bloß ~!** it's all just play-acting!; **Theateraufführung** *f* performance; **Theaterbesuch** *m* visit to the theatre; **Theaterbesucher(in)** *m(f)* theatregoer; **Theaterkarte** *f* ticket; **Theaterkasse** *f* box-office *Br,* ticket-office [*o* window] *Am;* **Theaterprobe** *f* rehearsal; **Theaterstück** *nt* (stage) play; **Theatervorstellung** *f* performance

theatralisch [tea'traːlɪʃ] *adj* theatrical

Theke ['teːkə] <-, -n> *f* (*im Lokal*) bar; (*im Laden*) counter

Thema ['teːma, *pl:* 'teːmən] <-s, -men/-mata> *nt* ❶ (*Gegenstand*) subject, topic ❷ (*Leitgedanke*) theme; **kein ~ sein** be no subject for discussion; **das ~ wechseln** change the subject; **Thematik** [te'maːtɪk] *f* topic

Themse ['tɛmzə] *f* Thames

Theologe, -gin [teo'loːgə] <-n, -n> *m, f* theologian; **Theologie** *f* theology; **theologisch** *adj* theological

Theoretiker(in) [teo'reːtɪkɐ] *m(f)* theorist; **theoretisch** *adj* theoretical; **theoretisieren** *vi* theorize
Theorie [teo'riː] *f* theory
Therapeut(in) <-en, -en> *m(f)* therapist; **Therapeutik** [tera'pɔɪtɪk] *f* therapeutics *pl*
Therapie [--'-] *f* therapy; **therapieren** *vt* give therapy to, treat
Thermalbad [tɛr'maːl-] *nt* thermal bath; **Thermalquelle** *f* thermal spring
Thermen ['tɛrmən] *pl* (*Mineralquellen*) thermal springs
thermisch *adj* thermal; **~e Belastung** heat level; **~es Kraftwerk** thermal power station
Thermodrucker *m* (INFORM) thermal printer
thermodynamisch *adj* thermodynamic; **thermoelektrisch** *adj* thermoelectric; **Thermohose** *f* insulated trousers *pl*
Thermometer [tɛrmo'meːtɐ] <-s, -> *nt* thermometer; **Thermometerstand** *m* thermometer reading
thermonuklear *adj* thermonuclear
Thermosflasche® ['tɛrmɔs-] *f* thermos® flask; **Thermoskanne®** *f* thermos® jug
Thermostat [tɛrmo'staːt] <-(e)s/-en, -e(n)> *m* thermostat
These ['teːzə] <-, -n> *f* thesis
Thrombose [trɔm'boːzə] <-, -n> *f* (MED) thrombosis
Thrombozyt [trɔmbo'tsyːt] <-en, -en> *m* thrombocyte
Thron [troːn] <-(e)s, -e> *m* throne; **den ~ besteigen** ascend the throne; **Thronbesteigung** *f* accession to the throne; **thronen** *vi* ❶ (*auf dem Thron sitzen*) sit enthroned ❷ (*fig*) sit in state; **Thronfolge** *f* line of succession; **Thronfolger(in)** *m(f)* heir to the throne; **Thronrede** *f* (PARL) King's [*o* Queen's] speech
Thunfisch ['tuːn-] *m* tuna(fish)
Thüringen ['tyːrɪŋən] *nt* Thuringia; **Thüringer(in)** *m(f)* Thuringian; **thüringisch** *adj* Thuringian
Thymian ['tyːmiaːn] <-s, -e> *m* thyme
Tick [tɪk] <-(e)s, -s> *m* ❶ (MED) tic ❷ (*fam: Schrulle*) quirk ❸ (*fam: bisschen*) bit; **der Kerl hat doch einen ~!** that fellow's just crazy!
ticken *vi* (*Uhr*) tick; **du tickst (ja) nicht richtig!** (*fam*) you're off your rocker! you must be mad!
Ticktack *nt* tick-tock
Tie-Break ['taɪbreɪk] <-s, -s> *m* (*Tennis*) tie-break(er)
Tief <-s, -s> *nt* ❶ (METE) depression ❷ (*fig*) low
tief [tiːf] *adj* ❶ deep ❷ (*~gründig*) profound ❸ (*niedrig*) low ❹ (*dunkel*) deep ❺ (*Schlaf*) deep, sound; **der Teich war 3 Meter ~** the pond was 3 metres deep; **~ in jds Schuld stehen** be deeply indebted to s.o.; **~ in die Nacht hinein** far into the night; **im ~sten Winter** in the depths of winter; **~ atmen** draw a deep breath; **~ betrübt** deeply distressed; **~ bewegt** deeply moved; **~ im Innern** in one's heart of hearts; **~ greifend** far reaching; **~ schürfend** profound; **die ~ stehende Sonne** the sun low down on the horizon
Tiefbau *m* civil engineering; **Tiefdruck** <-s, -e> *m* (METE) low pressure; **Tiefdruckgebiet** *nt* (METE) low-pressure area
Tiefe ['tiːfə] <-, -n> *f* ❶ depth ❷ (*Tiefgründigkeit*) deepness, profundity ❸ (*Stärke, Größe*) intensity; **in der ~ versinken** sink into the depths *pl*
Tiefebene *f* lowlands, plain
Tiefenpsychologie *f* depth psychology; **Tiefenschärfe** *f* (PHOT) depth of focus [*o* field]; **Tiefenwirkung** *f* (PHOT) depth effect
Tiefflieger *m* (MIL) low-flying aircraft; **Tiefflug** *m* low-level flight; **Tiefgang** <-(e)s> *m* ❶ (MAR) draught ❷ (*fig*) depth; **Tiefgarage** *f* underground car park *Br,* underground parking lot *Am;* **tiefgekühlt** *adj* frozen; **tiefgründig** ['tiːfgrʏndɪç] *adj* deep, profound; **Tiefkühlfach** *nt* deep-freeze compartment; **Tiefkühlkost** *f* frozen food; **Tiefkühltruhe** *f* freezer; **Tiefland** <-(e)s, -e> *nt* lowlands; **Tiefpreis** *m* low price; **Tiefpunkt** *m* low point; **Tiefschlag** *m* (*a. fig*) hit below the belt; **Tiefsee** *f* deep sea; **Tiefseeforschung** *f* deep sea exploration; **Tiefseekabel** *nt* deep-sea cable; **tiefsinnig** *adj* profound; **Tiefstand** <-(e)s> *m* (*a. fig*) low; **tiefstapeln** *vi* be overmodest
Tiefstkurs *m* lowest price; **Tiefstpreis** *m* rock-bottom price
Tiegel ['tiːgəl] <-s, -> *m* ❶ (*zum Kochen*) saucepan ❷ (*Schmelz~*) crucible ❸ (TYP: *Druck~*) platen
Tier [tiːɐ] <-(e)s, -e> *nt* ❶ animal; (*großes ~*) beast ❷ (*brutale Person*) brute; **hohes ~** (*fam*) big shot; **Tierart** *f* animal species; **Tierarzt, -ärztin** *m, f* vet *Br,* veterinary surgeon, veterinarian *Am;* **Tierchen** ['tiːɐçən] *nt* little animal; **jdm ~ sein Pläsierchen** (*prov*) each to his own; **Tierernährung** *f* feedingstuffs *pl*
tierisch *adj* ❶ animal ❷ (*roh*) bestial ❸ (*sl: unerträglich*) beastly; **er gibt sich ~ viel Mühe** (*fam*) he goes to a hell of a lot of

trouble

Tierkreis *m* zodiac; **Tierkreiszeichen** *nt* (ASTR) sign of the zodiac; **welches ~ bist du?** what sign are you?; **Tierkunde** *f* zoology; **tierliebend** *adj* fond of animals; **Tiermedizin** *f* veterinary science; **Tiermehl** *nt* meat and bone meal; **Tiernahrung** *f* pet food; **Tierpark** *m* zoo; **Tierquälerei** *f* cruelty to animals; **Tierschutz** *m* prevention of cruelty to animals; **Tierschützer(in)** *m(f)* animal conservationist; **Tierschutzverein** *m* Royal Society for the prevention of cruelty to animals *Br,* RSPCA; **Tierversuch** *m* animal experiment; **Tierwelt** <-> *f* animal kingdom; **Tierzucht** *f* stockbreeding

Tiger ['ti:gɐ] <-s, -> *m* tiger

Tilde ['tɪldə] <-, -n> *f* (TYP) tilde

tilgbar *adj* (*Schuld*) redeemable

tilgen ['tɪlgən] *vt* ❶ (*beseitigen*) wipe out ❷ (*Schuld*) pay off

Tilgung *f* (*von Schulden*) repayment; **Tilgungsrate** *f* redemption; **Tilgungssumme** *f* redemption sum; **Tilgungszeitraum** *m* redemption period

timen ['taɪmən] *vt* time; **Timing** ['taɪmɪŋ] <-s> *nt* timing

Tinktur [tɪŋk'tu:ɐ] *f* tincture

Tinnef ['tɪnɛf] <-s> *m* (*fam*) junk, rubbish

Tinte ['tɪntə] <-, -n> *f* ink; **in der ~ sitzen** (*fam*) be in the soup; **Tintenfass** *nt* inkpot; **Tintenfisch** *m* cuttlefish, octopus, squid; **Tintenfleck** *m* (*auf Papier*) inkblot; (*auf Kleidung*) ink stain; **Tintenstrahldrucker** *m* ink-jet (printer)

Tipp [tɪp] <-s, -s> *m* (*Rat*) tip; (*Andeutung*) hint; (*~ an Polizei*) tip-off; **ein todsicherer ~** a dead cert; **gib mir einen ~, wie ich ...** give me a tip how to ...; **können Sie mir nicht einen ~ geben, an welchen der Herren ich mich wenden muss?** couldn't you advise me which of the gentlemen I should approach?

Tippelbruder *m* (*fam*) gentleman of the road

tippeln ['tɪpəln] *sein vi* (*kurze Schritte machen*) trip; (*von Kindern*) patter

tippen ['tɪpən] **I.** *vt* ❶ (*auf Schreibmaschine*) type (*etw* s.th.) ❷ (*leicht berühren*) tap, touch lightly **II.** *vi* ❶ (*raten*) bet, guess ❷ (*Tippzettel ausfüllen*) fill in the pools [*o* lottery] coupon; **jdm auf die Schulter ~** tap s.o. on the shoulder; **auf etw ~** reckon; **ich tippe im Lotto** I do the lottery

Tipp-Ex® ['tɪpɛks] <-> *nt* Tipp-Ex *Br,* white-out *Am*

Tippfehler *m* typing mistake; **Tippschein** *m* pool [*o* lottery] ticket

tipptopp ['tɪp'tɔp] *adj* (*fam*) ❶ (*blitzsauber*) immaculate ❷ (*prima*) first-class; **~ sauber** spotless

Tirol [ti'ro:l] *nt* the Tyrol; **Tiroler(in)** *m(f)* Tyrolese, Tyrolean

Tisch [tɪʃ] <-(e)s, -e> *m* table; **am ~** at the table; **sich zu ~ setzen** sit down at table; **wer saß bei Ihnen am ~?** who was at your table?; **jdn unter den ~ trinken** drink s.o. under the table; **den ~ decken** set [*o* lay] the table, lay the cloth; **unter den ~ fallen** (*fam*) go by the board; **etw unter den ~ fallen lassen** drop s.th.; **reinen ~ machen** get things straight; **am grünen ~** from a bureaucratic ivory tower; **bitte zu ~!** dinner/lunch is served!; **Tischbein** *nt* table-leg; **Tischdecke** *f* tablecloth; **tischfertig** *adj* ready-to-serve; **Tischfeuerzeug** *f* table-lighter; **Tischfußball** *nt* table football; **Tischgesellschaft** *f* dinner party; **Tischkarte** *f* place card; **Tischlampe** *f* table lamp

Tischler(in) *m(f)* joiner; (*Möbel~*) cabinet-maker; (*Bau~*) carpenter; **Tischlerei** *f* joiner's workshop

Tischnachbar(in) *m(f)* fellow diner; **Tischplatte** *f* tabletop; **Tischrechner** *m* (INFORM) desktop calculator; **Tischrede** *f* after-dinner speech; **Tischtennis** *nt* table tennis; **Tischtennisplatte** *f* table-tennis table; **Tischtennisschläger** *m* table-tennis bat; **Tischtuch** *nt* tablecloth; **Tischwäsche** *f* table linen; **Tischwein** *m* table wine

Titel ['ti:təl] <-s, -> *m* title; **einen ~ führen** have a title; **Titelbild** *nt* cover; **Titelblatt** *nt* title page; **Titelrolle** *f* title role; **Titelseite** *f* front page; **Titelverteidiger(in)** *m(f)* (SPORT) title holder; **Titelvorspann** *m* (FILM) opening credits [*o* titles]

Titten ['tɪtən] *fpl* (*vulg*) tits

titulieren [titu'li:rən] *vt* call; (*anreden*) address (*mit* as)

Toast¹ [to:st] <-(e)s, -s> *m* (*Trinkspruch*) toast; **einen ~ auf jdn ausbringen** propose a toast to s.o.

Toast² *m* (*Toastbrot*) toast; **Toaster** <-s, -> *m* toaster

toben ['to:bən] *vi* ❶ (*wüten*) rage ❷ (*Kinder*) rollick about

Tobsucht <-> *f* mad rage; **tobsüchtig** *adj* raving mad, maniacal; **Tobsuchtsanfall** *m* maniacal fit

Tochter ['tɔxtɐ, *pl:* 'tœçtɐ] <-, Töchter> *f* daughter; **Tochtergesellschaft** *f* (COM) subsidiary company

Tod [to:t] <-(e)s, (-e)> *m* death; **sich vor**

dem ~ fürchten be afraid of death; **sich zu ~e schämen** be utterly ashamed of o.s.; **des ~es sein** (*obs*) be doomed; **jdn zu ~e erschrecken** scare the daylights out of s.o.; **zu ~e erschrocken sein** be frightened to death; **zu ~e betrübt** in the depths of despair; **zu ~e langweilen** bore to death; **zum ~e verurteilen** sentence to death; **jdn auf den ~ nicht leiden können** (*fam*) not to be able to stand s.o.; **sich den ~ holen** (*vor Kälte*) catch one's death of cold; **todbringend** *adj* (*Krankheit*) fatal; (*Gift*) deadly; **todernst I.** *adj* deadly serious **II.** *adv* in dead earnest

Todesangst *f* mortal agony; **~ ausstehen** be scared to death; **Todesanzeige** *f* obituary; **Todesfall** *m* death; **Todesfalle** *f* death-trap; **Todeskampf** *m* death throes *pl;* **Todeskandidat** *m* (*Verurteilter*) condemned man; **Todeskommando** *nt* death squad; **Todesopfer** *nt* casualty, death; **Todesstoß** *m* deathblow; **einer Sache den ~ versetzen** deal the deathblow to s.th.; **jdm den ~ versetzen** deal s.o. a mortal blow; **Todesstrafe** *f* death penalty; **Todesstreifen** *m* (*an Grenzen*) death strip; **Todestag** *m* ❶ (*Sterbetag*) day of someone's death ❷ (*Jahrestag*) anniversary of someone's death; **Todesursache** *f* cause of death; **Todesurteil** *nt* death sentence; **Todesverachtung** *f:* **mit ~** (*fam*) with utter disgust

Todfeind(in) *m(f)* deadly enemy

todkrank *adj* dangerously ill

tödlich ['tø:tlɪç] *adj* deadly, mortal; (*Waffe, Dosis*) lethal; (*Unfall*) fatal; **~ verunglücken** be killed in an accident

todmüde *adv* half dead; **ich bin ~** I feel dead, I am half dead; **todschick** *adj* (*fam*) dead smart; **todsicher** *adj* dead certain; (*Methode*) sure-fire; **Todsünde** *f* mortal sin

Toilette [toa'lɛtə] <-, -n> *f* ❶ (*WC*) lavatory, toilet ❷ (*Körperpflege*) toilet; **auf die ~ gehen** go to the toilet; **auf der ~ sein** be in the toilet; **Toilettenartikel** *mpl* toiletries; **Toilettengarnitur** *f* bathroom set; **Toilettenpapier** *nt* toilet paper; **Toilettenseife** *f* toilet soap

toi, toi, toi ['tɔy 'tɔy 'tɔy] *interj* touch wood

Tokio ['to:kio] <-s> *nt* Tokyo

tolerant [tole'rant] *adj* tolerant (*gegen* of); **Toleranz** *f* tolerance (*gegen* of); **Toleranzgrenze** *f* limit of tolerance

tolerieren *vt* tolerate

toll [tɔl] *adj* ❶ (*fam*) groovy, terrific ❷ (*verrückt*) crazy, mad; **es kommt noch ~er!** there's more to come!; **er treibt es (etwas) zu ~** he's carrying on (a little) too much; **das war ein ~es Ding!** that was madness!; **das ist das Tollste, was ich je gehört habe!** that beats everything I've heard!; **das Tollste dabei ist …** the most incredible part about it is …

Tolle ['tɔlə] <-, -n> *f* quiff

Tollkirsche *f* belladonna, deadly nightshade

tollkühn *adj* daring; **Tollkühnheit** *f* daring

Tollpatsch ['tɔlpatʃ] <-(e)s, -e> *m* (*fam*) clumsy creature

Tollwut *f* (MED) rabies

Tölpel ['tœlpəl] <-s, -> *m* fool; **tölpelhaft** *adj* foolish, silly

Tomate [to'ma:tə] <-, -n> *f* tomato; **Tomatenketschup** *m* tomato ketchup; **Tomatenmark** *nt* tomato puree

Tombola ['tɔmbola] <-, -s/(-len)> *f* tombola

Tomographie *f*,

Tomografie *f* (MED) tomography

Ton¹ [to:n] <-(e)s, (-e)> *m* (*Erdart*) clay

Ton² [to:n, *pl:* 'tø:nə] <-(e)s, Töne> *m* ❶ (*Laut*) sound ❷ (*Betonung*) stress ❸ (*Atmosphäre*) atmosphere ❹ (*Farb~*) tone; **lass keinen ~ darüber verlauten!** don't say a word about it!; **keinen ~ von sich geben** not to utter a sound; **das gehört zum guten ~** that's how the best people do it; **der ~ macht die Musik** it's not what you say but the way you say it; **ich verbitte mir diesen ~!** I won't be spoken to like that!; **den richtigen ~ finden** strike the right note; **den ~ angeben** give the note; (*fig*) set the tone; **große Töne spucken** (*fam*) talk big; **etw in den höchsten Tönen loben** praise s.th. to high heaven; **hast du Töne …!** (*fam*) did you ever …!; **sich im ~ vergreifen** hit the wrong note; **Tonabnehmer** *m* pick-up; **tonangebend** *adj:* **~ sein** set the tone; **Tonarm** *m* (*vor Plattenspieler*) pick-up arm; **Tonarmlift** *m* tone arm lift; **Tonart** *f* ❶ (MUS) key ❷ (*Tonfall*) tone; **eine andere ~ anschlagen** change one's tune; **Tonband** *nt* ❶ (*Magnetband*) tape ❷ (*~gerät*) tape recorder; **auf ~ aufnehmen** record on tape; **Tonbandaufnahme** *f* tape recording

tönen ['tø:nən] **I.** *vi* ❶ (*erklingen*) sound; (*schallen*) resound ❷ (*sl: großspurig reden*) hold forth, sound off **II.** *vt* (*färben*) tint

Tonerde *f* aluminium oxide; **essigsaure ~** aluminium acetate

tönern ['tø:nɐn] *adj* clay

Tonfall *m* tone of voice; (*Intonation*) into-

T

nation; **Tonfilm** *m* sound film

Tongefäß *nt* earthenware vessel; **Tongeschirr** *nt* earthenware

Tonhöhe *f* pitch; **Tonkopf** *m* recording head; **Tonlage** *f* pitch (level); **Tonleiter** *f* scale; **tonlos** *adj* toneless; (*Stimme*) flat

Tonnage [tɔ'na:ʒə] <-, -n> *f* (MAR) tonnage

Tonne ['tɔnə] <-, -n> *f* ① (*Behälter*) cask, barrel ② (*1.000 kg*) (metric) tonne; ~ **Erdöläquivalent** tonne of oil equivalent, toe ③ (*pej: Person*) fatty; **Tonnengewölbe** *nt* (ARCH) barrel vaulting; **tonnenweise** *adj* by the ton

Tonspur *f* (TECH) sound track; **Tonstörung** *f* sound interference; **Tonstudio** *nt* recording studio

Tonsur [tɔn'zu:ɐ] *f* tonsure

Tontaube *f* clay pigeon; **Tontaubenschießen** *nt* clay pigeon shooting

Tontechniker(in) *m(f)* sound technician; **Tonträger** *m* sound carrier

Tönung *f* ① (*das Tönen*) tinting ② (*Farbton*) shade, tone; **Tönungscreme** *f* colouring cream

Topas [to'pa:s] <-es, -e> *m* topaz

Topf [tɔpf, *pl:* 'tœpfə] <-(e)s, Töpfe> *m* ① (*Gefäß*) pot ② (*fam: Toilette*) loo *Br,* john *Am;* **alles in einen ~ werfen** lump everything together

Topfen ['tɔpfn] <-s, -> *m* (*österr*) curd cheese

Töpfer(in) ['tœpfɐ] *m(f)* potter; **Töpferei** *f* pottery; **Töpferscheibe** *f* potter's wheel; **Töpferwaren** *pl* earthenware *sing*

Topfgucker *nt* (*fam*) nosy parker; **Topflappen** *m* ovencloth; **Topfpflanze** *f* potted plant

Topografie, **Topographie** [topogra'fi:] *f* topography; **topografisch**, **topographisch** *adj* topographical

toppen ['tɔpən] *vt* top

Tor[1] <-en, -en> *m* (*Narr*) fool

Tor[2] [to:ɐ] <-(e)s, -e> *nt* ① (*Zugang, a. fig*) gate; (*Durchfahrt*) gateway ② (*bei Fußball*) goal; **das ~ öffnen** (**schließen**) open (shut) the gates *pl;* **ein ~ erzielen** score a goal; **im ~ stehen** be in goal

Torbogen *m* archway; **Toreinfahrt** *f* entrance gate

Torf [tɔrf] <-(e)s> *m* peat; **~ stechen** cut peat; **Torfboden** *m* peat; **Torfmoor** *nt* peat bog

Torheit *f* ① (*törichte Art*) foolishness ② (*törichte Handlung*) foolish action

töricht ['tø:rɪçt] *adj* ① (*dumm*) foolish, stupid ② (*nutzlos, unerfüllbar*) idle

torkeln ['tɔrkəln] *sein vi* reel, stagger

Torlinie *f* (SPORT) goal-line

Törn ['tœrn] <-s, -s> *m* (MAR) cruise

Tornado [tɔr'na:do] <-s, -s> *m* tornado

Tornister [tɔr'nɪstɐ] <-s, -> *m* (MIL) knapsack; (*Schulranzen*) satchel

torpedieren [tɔrpe'di:rən] *vt* (MIL MAR: *a. fig*) torpedo; **Torpedo** [tɔr'pe:do] <-s, -s> *m* torpedo; **Torpedoboot** *nt* torpedo-boat

Torpfosten *m* ① gatepost ② (SPORT) goalpost; **Torraum** *m* (SPORT) goal area; **Torschluss** *m:* **kurz vor ~** at the eleventh hour; **Torschlusspanik** *f* (PSYCH) fear of being left on the shelf; **Torschütze, -schützin** *m, f* (SPORT) scorer

Torso ['tɔrzo] <-s, -s/-si> *m* torso

Torte ['tɔrtə] <-, -n> *f* (*Sahne~*) gâteau; (*Obst~*) flan; **Tortenheber** *m* cake slice; **Tortenplatte** *f* cake plate

Tortur [tɔr'tu:ɐ] *f* ① (*Folter*) torture ② (*fig*) ordeal

Torwart(in) ['to:ɐvart] <-(e)s, -e> *m(f)* goalkeeper

tosen ['to:zən] *vi* (*Meer*) roar; (*Sturm*) rage

tot [to:t] *adj* dead; **er ist seit zwei Jahren ~** he has been dead for two years; **~es Kapital** dead capital; **~er Punkt** (*in Verhandlungen*) deadlock; (*Stillstand*) standstill; **~er Winkel** blind spot; **das Tote Meer** the Dead Sea; **~ umfallen** drop dead; **~ geboren** still-born

total [to'ta:l] *adj* ① (*völlig*) total ② (*Staat*) totalitarian; **Totalausverkauf** *m* clearance sale; **totalitär** *adj* totalitarian; **Totalität** *f* totality; **Totalschaden** *m* write-off

tot|arbeiten *vr* work o.s. to death

Tote(r) ['to:tə] *f m* deceased, dead person; (MIL) casualty; **es gab 50 ~** fifty people were killed

töten ['tø:tən] *vt* ① (*umbringen*) kill ② (*Nerv*) deaden

Totenbett *nt* deathbed; **totenblass** *adj* deathly pale; **Totenfeier** *f* funeral ceremony; **Totengräber** *m* grave-digger; **Totenhemd** *nt* shroud; **Totenkopf** *m* ① (*Schädel*) death's head, skull ② (*Symbol*) skull and crossbones; **Totenmaske** *f* death mask; **Totenmesse** *f* mass for the dead; **Totenschein** *m* death certificate; **totenstill** *adj* deathly silent; **Totenstille** *f* deathly silence; **Totentanz** *m* danse macabre; **Totenwache** *f* wake

tot|fahren *irr vt* knock down and kill; **Totgeburt** *f* stillbirth; **tot|lachen** *vr* (*fig*) laugh one's head off; **tot|laufen** *irr vr* (*fig*) peter out

Toto ['to:to] <-s, -s> *m* (*Fußball~*) football pools *pl;* **ich spiele ~** I do the pools; **Totoschein** *m* pools coupon

Totschlag *m* (JUR) manslaughter *Br,* homicide *Am;* **tot|schlagen** *irr vt* kill; **Totschläger** *m* ① (*Mörder*) killer, murderer ② (*Knüppel*) cudgel *Br,* blackjack *Am;* **tot|schweigen** *irr vt* hush up; **tot|stellen** *vr* play dead; **tot|treten** *vt* (*Mensch, Tier*) trample to death; (*Insekt*) tread on and kill

Tötung *f* killing; **fahrlässige** ~ (JUR) manslaughter through culpable negligence

tough [taf] *adj* (*sl: knallhart*) tough

Toupet [tu'pe:] *nt* toupee; **toupieren** *vt* back-comb

Tour [tu:ɐ] <-, -en> *f* ① (*Ausflug*) tour; (*Fahrt*) trip ② (AUTO: *Umdrehung*) revolution ③ (*fam: Art und Weise*) play; **in einer** ~ (*fam*) incessantly; **er macht es auf die gemütliche** ~ (*fam*) he does it the easy way; **jdm die** ~ **vermasseln** (*fam*) mess up someone's plans *pl;* **auf** ~**en kommen** (AUTO) reach top speed; (*fig fam*) get into top gear; **krumme** ~**en** sharp practices; **auf vollen** ~**en laufen** go at full speed; **Tourenski** *m* (SPORT) cross-country ski; **Tourenzahl** *f* (AUTO) number of revolutions

Touri <-s, -s> *m* (*fam pej*) [mass] tourist

Tourismus *m* tourism; **Tourist(in)** *m(f)* tourist; **Touristenklasse** *f* (AVIAT) tourist class; **Touristenvisum** *nt* tourist visa; **Touristikunternehmen** *nt* tour company

Tournee [tʊr'ne:] <-, -s/-n> *f* (THEAT) tour; **auf** ~ **gehen** go on tour

Toxikologe, -gin [tɔksiko'lo:gə] <-n, -n> *m, f* toxicologist; **toxisch** ['tɔksɪʃ] *adj* toxic

Trab [tra:p] <-(e)s> *m* trot; **im** ~ at a trot; **jdn auf** ~ **bringen** (*fam*) make s.o. get a move on; **jdn in** ~ **halten** keep s.o. on the go

Trabant [tra'bant] <-en, -en> *m* (ASTR) satellite; **Trabantenstadt** *f* satellite town

Trabbi ['trabɪ] <-s, -s> *m* (*fam*) East German Trabant car

i Land & Leute

Der Trabbi or **der Trabant** was the most common car in the former East Germany. The typical model P601 was built between 1964 and 1989 with a two-stroke engine. As it could not compete with modern cars, it became the butt of many jokes.

traben ['tra:bən] *sein vi* trot

Tracht [traxt] <-, -en> *f* (*Kleidung*) dress, garb; (*Schwestern~*) uniform; **eine** ~ **Prügel** a good hiding

i Land & Leute

A **Tracht** is the traditional costume or uniform worn in particular regions or professions.

Trachten *nt* (*Streben*) endeavour; **trachten** ['traxtən] *vi* (*streben*) strive (*nach* for, after); **jdm nach dem Leben** ~ seek to kill s.o.

trächtig ['trɛçtɪç] *adj* pregnant

Tradition [tradi'tsjo:n] *f* tradition; **traditionell** *adj* traditional

Traffic ['træfɪk] *m* (*Nachfrage des Online-Angebots*) traffic

Tragbahre *f* stretcher; **tragbar** *adj* ① (*Gerät*) portable ② (*erträglich*) bearable ③ (*annehmbar*) acceptable (*für* to)

träge ['trɛ:gə] *adj* ① (*antriebsschwach*) sluggish ② (PHYS: *Masse*) inert

Tragen *nt:* **zum** ~ **kommen** have an effect

tragen ['tra:gən] **I.** *irr vt* ① carry ② (*Namen, Kosten, Schulden, Früchte*) bear ③ (*hervorbringen*) bear, yield, produce ④ (*Kleider*) wear; (*anhaben*) have on ⑤ (*erdulden*) endure ⑥ (*stützen*) support; **etw bei sich** ~ carry s.th. (with one); **viele Früchte** ~ produce a good crop of fruit; **der Brief trägt das Datum von ...** the letter is dated ... **II.** *vi* ① (*Eis*) bear ② (*Baum, Acker*) crop **III.** *vr* (*Kleid, Stoff*) wear; **sich mit dem Gedanken** ~**, etw zu tun** entertain the idea of doing s.th.

Träger ['trɛgɐ] <-s, -> *m* ① (*Gepäck~*) porter ② (*Balken*) beam; (*Eisen~*) girder ③ (*an Kleidung*) strap; (*Hosen~*) braces *pl* ④ (*Kultur~, Staat*) representative; (*Veranstaltungs~*) sponsor

trägerlos *adj* (*Kleid*) strapless; **Trägerrakete** *f* carrier rocket

Tragetasche *f* carrier bag

tragfähig *adj* able to take a load; **Tragfähigkeit** *f* ① (AUTO) load-capacity ② (*Brücke*) maximum load; **Tragfläche** *f* (AVIAT) wing; **Tragflügelboot** *nt* hydrofoil

Trägheit ['trɛ:khaɪt] *f* ① (*Antriebslosigkeit*) sluggishness; (*Faulheit*) idleness, laziness ② (PHYS) inertia; **Trägheitsmoment** *nt* (PHYS) moment of inertia

Tragik ['tra:gɪk] *f* tragedy

tragikomisch ['tra:giko:mɪʃ] *adj* tragicomic

tragisch *adj* tragic; **das ist nicht so** ~ that's not the end of the world

Traglast *f* load; (*Gepäck*) heavy luggage *Br,* heavy baggage *Am*

Tragödie [tra'gø:diə] <-, -n> *f* (*a. fig*) tragedy

T

Tragweite *f* ① (MIL: *Reichweite*) range ② (*fig*) scope; (*Konsequenzen*) consequences *pl*
Tragwerk *nt* wing assembly
Trainer(in) ['tre:nɐ] <-s, -> *m(f)* (SPORT) coach, trainer
trainieren **I.** *vt* train; (*eine Mannschaft*) coach (*zu* for) **II.** *vi:* **da musst du schon noch etw ~!** you'll have to practise that a bit more!
Training ['tre:nɪŋ] <-s, -s> *nt* ① training ② (*Übung*) practice; **Trainingsanzug** *m* tracksuit; **Trainingshose** *f* tracksuit trousers *pl;* **Trainingslager** *nt* training camp
Trakt [trakt] <-(e)s, -e> *m* (*Gebäude~*) part, wing
traktieren *vt* (*schlecht behandeln*) maltreat
Traktor ['trakto:ɐ] <-s, -en> *m* tractor
Tram [tram] <-s, -s> *f* (*nt: CH*) tram(way)
trampeln ['trampəln] *vt, vi* trample
Trampelpfad *m* path, track
trampen ['trɛmpən] *sein vi* hitchhike
Trampolin [trampo'li:n] <-s, -s/(-e)> *nt* (SPORT) trampoline
Tran [tra:n] <-(e)s, (-e)> *m* ① train-oil ② (*fam*): **er läuft wie im ~ herum** he's running around in a daze
Tranche ['trã∫(ə)] <-, -n> *f* (*Teilbetrag einer Emission*) tranche
tranchieren *vt* carve; **Tranchiermesser** *nt* carving-knife
Träne ['trɛ:nə] <-, -n> *f* tear; **in ~n ausbrechen** burst into tears; **unter ~n** in tears; **~n vergießen** shed tears; **ihr standen ~n in den Augen** there were tears in her eyes; **~n lachen** laugh till one cries; **tränen** *vi* water; **Tränendrüse** *f* lachrymal gland; **Tränengas** *nt* tear gas; **Tränensack** *m* lachrymal sac
Trank [traŋk] <-(e)s> *m* beverage, drink
Tränke ['trɛŋkə] <-, -n> *f* watering-place; **tränken** *vt* ① (*Tiere*) water ② (*durchnässen*) soak
Transaktion [transak'tsjo:n] *f* transaction
transatlantisch *adj* transatlantic
transchieren [trã'∫i:rən] *vt* carve; **Transchiermesser** *nt* carving-knife
Transfer [trans'fe:ɐ] <-s, -s> *m* transfer; **transferieren** *vt* transfer
Transformator [transfɔr'ma:to:ɐ] <-s, -en> *m* transformer
transformieren *vt* transform
Transfusion *f* (MED) transfusion
transgen *adj* transgenic
Transistor [tran'zɪsto:ɐ] <-s, -en> *m* transistor; **Transistorzündung** *f* (AUTO) transistorized ignition system
Transit [tran'zɪt/ tran'zi:t] <-s, -e> *m* transit; **Transitgüter** *ntpl* transit goods
transitiv ['tranziti:f] *adj* (GRAM) transitive
Transitverkehr *m* transit traffic; (*Handel*) transit trade; **Transitvisum** *nt* transit visa
Transmission *f* transmission
transnational *adj* transnational
Transparent [transpa'rɛnt] <-(e)s, -e> *nt* (*Spruchband*) banner; **transparent** *adj* ① (*durchscheinend*) transparent ② (*Argument*) lucid
transpirieren [transpi'ri:rən] *vi* perspire; (*Pflanzen*) transpire
Transplantation [transplanta'tsjo:n] *f* transplantation
Transport [trans'pɔrt] <-(e)s, -e> *m* transport; **transportabel** [transpɔr'ta:bəl] *adj* transportable; **Transportband** *nt* conveyer belt; **Transporter** *m* ① (MAR) cargo ship ② (AVIAT) transport plane ③ (AUTO) van; **Transporteur** *m* carrier, haulier; **transportfähig** *adj* moveable; **Transportflugzeug** *nt* transport aircraft; **transportieren** **I.** *vt* ① (*Güter*) transport ② (*Patienten*) move **II.** *vi* (*Förderband*) move; (*Kamera*) wind on; **Transportkosten** *pl* carriage *sing;* **Transportmittel** *nt* means of transport; **Transportschiff** *nt* cargo ship; (MIL) transport ship; **Transportunternehmen** *nt* haulage firm; **Transportunternehmer(in)** *m(f)* transport contractor, haulier; **Transportweg** *m* transport route
Transvestit [transvɛs'ti:t] <-en, -en> *m* transvestite
transzendental [transtsɛndɛn'ta:l] *adj* transcendental; **~e Meditation** transcendental meditation
Trapez [tra'pe:ts] <-es, -e> *nt* ① (MATH) trapezium ② (*im Zirkus*) trapeze
Trasse ['trasə] <-, -n> *f* marked-out route
Tratsch [tra:t∫] <-(e)s> *m* (*fam*) gossip, tittle-tattle; **tratschen** *vi* gossip
Tratte ['tratə] <-, -n> *f* (COM) draft
Traualtar *m* altar
Traube ['traʊbə] <-, -n> *f* ① (*ganzer Fruchtstand*) bunch of grapes; (*einzelne Beere*) grape ② (*Haufen, Gruppe*) bunch, cluster; **Traubensaft** *f* grape juice; **Traubenzucker** *m* dextrose, glucose
trauen ['traʊən] **I.** *vt* (*verheiraten*) marry; **sich ~ lassen** get married **II.** *vi* (*vertrauen*) trust; **ich traute meinen Ohren nicht** I couldn't believe my ears; **jdm nicht über den Weg ~** not to trust s.o. an inch **III.** *vr* (*wagen*) dare
Trauer ['traʊɐ] <-> *f* ① (*Gram*) grief, sorrow ② (*um einen Toten*) mourning; **in tiefer ~**

Sportartikel

Sports Equipment

1	Fußball	football (GB), soccer ball (USA)
2	Amerikanischer Fußball	American football (GB), football (USA)
3	Kegel	pins, bowling pin (USA)
4	Tauchermaske	diving mask
5	Tennisschläger	tennis racket
6	Tennisball	tennis ball
7	Federball	shuttlecock (GB), birdie (USA)
8	Badmintonschläger	badminton racket
9	Squashball	squash ball
10	Squashschläger	squash racket
11	Taucheranzug	diving suit
12	Querholz	bail
13	Stab	stump
14	Schlagholz	cricket bat
15	Hockeyschläger	hockey stick
16	Inlineskates	in-line skates, Rollerblades®
17	Schlittschuhe	ice-skates
18	Taucherflossen	flippers
19	Taucherbrille	diving goggles
20	Kricketball	cricket ball
21	Tischtennisschläger	table-tennis bat (GB), ping-pong paddle (USA)
22	Tischtennisball	table-tennis ball, ping-pong ball (USA)
23	Boule	boules, boccie-ball (USA)

1	Gleisnummer	platform number	10	Schultertasche	shoulder bag
2	Gleisanzeige	destination board	11	Handtasche	(hand)bag (GB), purse (USA)
3	Wagen	carriage (GB), car (USA)	12	Kosmetikkoffer	vanity case
4	Zugbegleiter	conductor	13	Koffer	suitcase
5	Überseekoffer	trunk	14	Rolle	wheel
6	Rucksack	rucksack (GB), backpack (USA)	15	Reisetasche	travel bag
7	Aktentasche	briefcase	16	Aktenkoffer	briefcase
8	Kleidersack	suit bag	17	Wochenendkoffer	weekend case
9	Kofferkuli	trolley (GB), baggage cart (USA)	18	Flugtasche	flight bag

... (*Traueranzeige*) much loved and sadly missed by ...; **Traueranzeige** *f* death notice; **Trauerarbeit** *f* (PSYCH) grieving; ~ **leisten** mourn; **Trauerbinde** *f* mourning armband; **Trauerfall** *m* death, bereavement; **Trauerflor** [-floːɐ] <-(e)s, (-e)> *m* black ribbon; **Trauerjahr** *nt* year of mourning; **Trauerkleidung** *f* mourning; **Trauerkloß** *m* (*fam*) wet blanket; **Trauermarsch** *m* funeral march

trauern *vi* mourn (*um jdn* for s.o.)

Trauerspiel *nt* (*a. fig*) tragedy

Trauerweide *f* weeping willow

Traufe ['traʊfə] <-, -n> *f* eaves *pl;* **vom Regen in die ~ kommen** (*prov*) jump out of the frying pan into the fire

träufeln ['trɔɪfəln] **I.** *vt haben* dribble **II.** *vi sein* trickle

Traum [traʊm, *pl:* 'trɔɪmə] <-(e)s, Träume> *m* dream; **der ~ ist ausgeträumt!** the honeymoon is over!; **aus der ~!** well, that was that!; **mein ~ ging in Erfüllung** my dream came true; **ich denke nicht im ~ daran!** I wouldn't dream of it!; **das ging wie im ~** (*fam*) it worked like a dream

Trauma *nt* <-s, -men *o* -ta> (*a. fig*) trauma; **traumatisch** *adj* (*a. fig*) traumatic; **traumatisiert** [traʊmati'ziːɐt] *adj* traumatized

Traumberuf *m* dream job; **Traumdeuter(in)** *m(f)* interpreter of dreams

träumen ['trɔɪmən] **I.** *vi* dream; **das hätte ich mir nicht ~ lassen** I'd never have thought it possible; **schlecht ~** have a bad dream; **davon ~, reich zu werden** dream of becoming rich; **von etw ~** dream about s.th.; **ich hätte mir nie ~ lassen, dass sie kommen würde** I never dreamt she would come **II.** *vt* dream; **träum was Schönes!** sweet dreams!; **Träumer(in)** *m(f)* (day)dreamer; **Träumerei** *f* ❶ (*das Träumen*) (day)dreaming ❷ (*die Vorstellung*) daydream, reverie; **träumerisch** *adj* ❶ (*verträumt*) dreamy ❷ (*schwärmerisch*) wistful

traumhaft *adj* ❶ (*wie im Traume*) dreamlike ❷ (*fantastisch*) fantastic; **Traumlandschaft** *f* dreamscape; **Traumpaar** *nt* (*fam*) perfect couple; **Traumtänzer(in)** *m(f)* dreamer

traumwandlerisch *adj* somnambulistic; (*fig*) instinctive

traurig ['traʊrɪç] *adj* ❶ sad ❷ (*beklagenswert*) sorry; **ein ~er Anblick** a sorry sight; **Traurigkeit** *f* sadness

Trauring *m* wedding ring; **Trauschein** *m* marriage certificate

traut [traʊt] *adj* ❶ (*gemütlich*) cosy ❷ (*vertraut*) familiar; **~es Heim Glück allein** (*prov*) home sweet home

Trauung *f* marriage ceremony, wedding; **Trauzeuge, -zeugin** *m, f* witness

Treck [trɛk] <-s, -s> *m* trek

Trecker *m* tractor

Treff <-s, -s> *m* (*fam*) ❶ (*Treffen*) meeting ❷ (*Treffpunkt*) haunt; **konspirativer ~** conspiratorial meeting; **Treffen** <-s, -> *nt* meeting; (SPORT) encounter

treffen ['trɛfən] **I.** *irr vt, vi* ❶ (*schlagen*) hit, strike (*an* in, on) ❷ (*begegnen*) meet; (*stoßen auf*) hit upon, run into ❸ (*kränken*) hurt ❹ (*Maßnahmen*) take **II.** *vi* (*Schlag*) hit; **nicht ~** miss; **auf etw/jdn ~** meet s.th./s.o.; **getroffen!** a hit! **III.** *vr* ❶ (*geschehen*) happen ❷ (*zusammen~*) meet; **es trifft sich gut, dass ...** it is convenient [*o* good] that ...; **sich getroffen fühlen** to feel hurt; **treffend** *adj* (*passend*) apt

Treffer *m* (*a. fig*) hit; (*in Lotterie*) winner; (SPORT: *Tor*) goal; **einen ~ erzielen** score a hit; (*im Fußball*) shoot a goal; **Trefferquote** *f* hit rate

trefflich *adj* excellent, splendid

Treffpunkt *m* meeting place; (*auf Flughafen, Bahnhof*) meeting point

treffsicher *adj* accurate; (*fig*) unerring

Treibeis *nt* drift-ice

Treiben *nt* hustle and bustle; **ich beobachte ihr ~ schon lange** I've been watching what they've been getting up to for a long time

treiben ['traɪbən] **I.** *irr vt haben* ❶ (*in Bewegung setzen, a. fig*) drive ❷ (*Geschäfte, Handel*) do ❸ (*Blüten, Knospen*) sprout; **du treibst mich noch zum Wahnsinn!** (*fam*) you're driving me mad!; **etw auf die Spitze ~** carry s.th. too far; **zur Verzweiflung ~** drive to despair **II.** *vi* ❶ *sein* (*sich fortbewegen, a. fig*) drift ❷ *haben* (BOT) sprout ❸ *haben* (MED) have a diuretic effect; **na, was treibst du denn so?** well, what have you been up to lately?; **es zu weit ~** go too far; **es mit jdm ~** (*sexuell*) have it off with s.o.; **treibend** *adj:* **die ~e Kraft** the driving force (*bei etw* behind s.th.)

Treiber *m* (*Vieh~*) drover; (*Jagd~*) beater

Treibgas *nt* propellant; **Treibgut** *nt* flotsam; **Treibhaus** *nt* hothouse; **Treibhauseffekt** *m* greenhouse effect; **Treibhausgasemissionen** *pl* greenhouse gas emissions; **Treibholz** <-es> *nt* driftwood; **Treibjagd** *f* battue; **Treibsand** *m* quicksand; **Treibsatz** *m* (*von Rakete*) rocket composition; **Treibstoff** *m* fuel; (*Raketen~*) propellant; **Treibstoffverbrauch** *m* fuel consumption

T

Trend [trɛnt] <-s, -s> *m* trend; **trendig** *adj* (*sl*) trendy; **Trendsetter(in)** <-s, -> *m(f)* trendsetter

trennbar *adj* separable

trennen ['trɛnən] **I.** *vt* ❶ (*entfernen*) separate (*von* from) ❷ (*Naht*) undo ❸ (ELEK TELE) disconnect, interrupt ❹ (*unterscheiden*) distinguish (*zwischen* between); **uns kann nichts ~** nothing can come between us **II.** *vr* ❶ part (*von jdm* from, with, *von etw* with) ❷ (*auseinander gehen*) separate; **von der Uhr kann ich mich nicht ~** I can't bear to part with this watch [*o* clock]

Trennlinie *f* dividing line

Trennung *f* ❶ (*Getrenntsein, -werden*) separation ❷ (GRAM: *Silben~*) division ❸ (*Auflösung*) dissolution ❹ (*Abschied*) parting; **Trennungsstrich** *m* hyphen

Trennwand *f* partition wall

treppab [-'-] *adv:* **treppauf, ~** up and down stairs

Treppe ['trɛpə] <-, -n> *f* staircase *Br,* stairs *pl,* stairway *Am;* **die ~ heraufgehen** go upstairs; **die ~ hinuntergehen** go downstairs, go down the stairs; **Treppenabsatz** *m* landing; **Treppengeländer** *nt* banister; **Treppenhaus** *nt* stairwell, staircase; **Treppenstufe** *f* stair, step

Tresen ['tre:zən] <-s, -> *m* (*Theke*) bar; (*Ladentisch*) counter

Tresor [tre'zo:ɐ] <-s, -e> *m* ❶ (*Raum*) vault ❷ (*Schrank*) safe; **Tresorraum** *m* strongroom, vault

Tretboot *nt* pedal boat, pedalo

treten ['tre:tən] **I.** *irr vi sein* ❶ (*in Pfütze*) step, tread ❷ (*Radfahrer*) pedal ❸ (*mit Fuß anstoßen*) kick (*gegen etw* s.th., *nach* out at); **treten Sie näher!** move closer!; **jdm auf die Füße ~** tread on someone's toes; **er ist mir auf den Fuß getreten!** he stepped on my foot!; **in den Streik ~** go on strike **II.** *vt haben* (*Fußtritt geben*) kick; **nach jdm (etw) ~** take a kick at s.o. (s.th.); **er trat mit Wucht gegen den Ball** he gave the ball a tremendous kick; **gegen das Bein getreten werden** get kicked in the leg

Tretmühle *f* (*a. fig*) treadmill

treu [trɔɪ] *adj* (*Partner*) faithful; (*Freund, Sohn*) loyal; (*Diener*) devoted; **seinem Vorsatz ~ bleiben** keep to one's resolution; **zu ~en Händen** in trust

Treubruch *m* breach of faith

Treue ['trɔɪə] <-> *f* faith; (*eheliche ~*) fidelity; (*Ergebenheit*) loyalty; **jdm die ~ halten** keep faith with s.o., remain faithful to s.o.; **Treu(e)eid** *m* oath of allegiance

Treuhand <-> *f* trust (company); **Treuhänder** *m* fiduciary, trustee; **Treuhandgesellschaft** *f* trust company; **treuherzig** *adj* innocent; (*vertrauensselig*) trusting; **Treuherzigkeit** *f* innocence; **treulos** *adj* faithless, disloyal; **Treulosigkeit** *f* faithlessness

Triathlet(in) <-en, -en> *m(f)* triathlete

Triathlon ['tri:atlɔn] <-s> *m* triathlon

Tribüne [tri'by:nə] <-, -n> *f* (*Redner~*) platform, rostrum; (*Zuschauer~*) gallery, stand

Tribut [tri'bu:t] <-(e)s, -e> *m* tribute; **jdm ~ zollen** (*a. fig*) pay tribute to s.o.; **tributpflichtig** *adj* (*obs*) tributary

Trichine [trɪ'çi:nə] <-, -n> *f* trichina

Trichter ['trɪçtɐ] <-s, -> *m* funnel; (*Granat~*) crater; **trichterförmig** *adj* funnel-like

Trick [trɪk] <-s, -s/(-e)> *m* trick; **ich kenne da noch einen viel besseren ~** I know a much better trick; **ein ganz gemeiner ~** a dirty trick; **wenn du erst einmal den ~ heraushast, wie man das einstellt** once you get the trick of adjusting it; **Trickaufnahme** *f* fake photo; **Trickbetrüger(in)** *m(f)* confidence trickster; **Trickfilm** *m* trick film; (*Zeichen~*) cartoon; **Trickkiste** *f* (*fam*) bag of tricks; **trickreich** *adj* (*fam*) tricky

tricksen ['trɪksən] *vi* (*fam*) fiddle, trick

Trieb [tri:p] <-(e)s, -e> *m* ❶ (*Natur~*) drive; (*Drang, Verlangen*) desire, urge; (*Selbsterhaltungs~*) instinct ❷ (*einer Pflanze*) shoot; **Triebfeder** *f* (*fig*) motivating force; **triebhaft** *adj* (*von Handlung*) compulsive; (*von Menschen*) ruled by one's physical urges; **Triebkraft** *f* ❶ (PHYS) motive power ❷ (*fig*) driving force; **Triebtäter** *m* sex offender; **Triebwagen** *m* (RAIL) railcar; **Triebwerk** *nt* (AVIAT) engine

triefen ['tri:fən] *irr vi* ❶ (*~d sein*) be dripping wet ❷ (*rinnen*) drip; **vor Nässe ~** be soaking wet

triftig ['trɪftɪç] *adj* (*Argument*) convincing; (*Grund*) good

Trigonometrie [trigonome'tri:] *f* trigonometry

Trikot *nt* jersey; (*Turnanzug*) leotard; (*eines Fußballspielers*) shirt; **Trikotwerbung** *f* (SPORT) shirt advertising

Triller ['trɪlɐ] *m* (MUS) trill; (*Vogel~*) warble; **trillern** *vi, vt* trill; (*Vögel*) warble; **Trillerpfeife** *f* whistle

trimmen ['trɪmən] **I.** *vt* (MAR AERO: *a. Hund*) trim **II.** *vr* (*fam*) do keep-fit exercises; **Trimmpfad** *m* (*fam*) keep-fit trail

trinkbar *adj* drinkable

trinken ['trɪŋkən] *irr vt, vi* drink; (*Tee, Kaffee*) have; **kann ich 'was zu ~ haben?**

may I have something to drink?; **jdm etw zu ~ geben** give s.o. a drink; **trink doch 'was!** have a drink!; **~ wir 'was!** let's have a drink!; **ich brauche 'was zu ~!** I need a drink!; **zu ~ anfangen** (*Alkohol*) take to drink; **einen ~ gehen** go out drinking; **möchtest du etwas zu ~?** would you like something to drink?; **darauf trinke ich** I'll drink to that

Trinker(in) *m(f)* alcoholic

trinkfest *adj* hard-drinking; **Trinkgelage** *nt* drinking session; **Trinkgeld** *nt* tip; **jdm ein ~ geben** tip s.o.

i Land & Leute

Tipping is voluntary but is often expected, as the wages in the service sector are very low. If one is happy with the service, a **Trinkgeld** (tip) of 5–10 % is usual in cafés and restaurants (around 15 % in Austria). A taxi driver would get one euro, a hairdresser one or two euro as a tip. A hotel chambermaid could expect one euro a night.

Trinkglas *nt* drinking glass; **Trinkhalle** *f* ❶ (*in Kurort*) pump-room ❷ (*an Straße*) refreshment kiosk; **Trinkhalm** *m* (drinking) straw; **Trinkspruch** *m* toast; **Trinkwasser** <-s> *nt* drinking water; **Trinkwasseraufbereitung** *f* drinking water preparation; **Trinkwasserknappheit** *f* drinking water shortage; **Trinkwasserressourcen** *pl* fresh water ressources; **Trinkwasserversorgung** *f* drinking water supply

trippeln ['trɪpəln] *sein vi* trip; (*geziert gehen*) mince

Tripper ['trɪpɐ] <-s, -> *m* gonorrh(o)ea

Tritt [trɪt] <-(e)s, -e> *nt* ❶ (*Schritt*) step ❷ (*Gang*) tread ❸ (*Fußspur*) footprint ❹ (*Stufe*) step ❺ (*Fuß~*) kick; **jdm einen ~ geben** give s.o. a kick; (*herauswerfen*) kick s.o. out; **~e hören** hear footsteps; **Trittblech** *nt* (AUTO) running board; **Trittbrettfahrer(in)** *m(f)* freerider; (*Am: fam fig: Nachahmer*) copycat, s.o. who jumps on the bandwagon; **Tritthocker** *m* step stool; **Trittleiter** *f* stepladder

Triumph [tri'ʊmf] <-(e)s, -e> *m* triumph; **Triumphbogen** *m* triumphal arch; **Triumphgeschrei** *nt* howl of triumph; **triumphieren** *vi* exult; **über jdn/etw ~** triumph over s.o./s.th.; **triumphierend** *adj* triumphant; **Triumphzug** *m* triumphal procession

trivial [trivi'a:l] *adj* trivial

Trivialliteratur *f* light fiction

trocken ['trɔkən] *adj* ❶ (*nicht feucht, a. fig*) dry; (*dürr*) arid ❷ (*Husten*) hacking; **~ werden** dry off [*o* out]; **auf dem Trockenen sitzen** be in a tight spot

? Grammatik

Adjectives ending in *-en*, as in **trocken**, can drop the **e** when there is an ending: *Ich habe trock(e) ne Haut. – I've got dry skin.*

Trockenautomat *m* (*für Wäsche*) automatic dryer; **Trockendock** *nt* dry dock; **Trockeneis** *nt* dry ice; **Trockengestell** *nt* drying rack; **Trockenhaube** *f* (TECH) hairdryer; **Trockenheit** *f* dryness; (*Dürre*) drought; **trocken|legen** *vt* ❶ (*Land*) drain ❷ (*Kind*) change ❸ (*fam: Trinker*) dry out; **Trockenmilch** *f* dried milk; **Trockenshampoo** *nt* dry shampoo; **Trockenspiritus** *m* solid fuel; **Trockenzeit** *f* ❶ (*von Wäsche*) drying time ❷ (*Jahreszeit*) dry season

trocknen ['trɔknən] *vt, vi* dry

Trödel ['trø:dəl] <-s> *m* (*fam*) junk

Trödelei *f* dawdling

trödeln *vi* dawdle

Trödler(in) *m(f)* ❶ (*Händler*) junk-dealer ❷ (*fam: Bummler*) dawdler

Trog [tro:k, 'trø:gə] <-(e)s, Tröge> *m* trough; (*Wasch~*) tub

trollen ['trɔlən] *vr* (*fam*) push off, take o.s. off

Trommel ['trɔməl] <-, -n> *f* ❶ (MUS) drum ❷ (TECH) barrel ❸ (*in Revolver*) revolving breech; **die ~ schlagen** play the drum; **die ~ für etw rühren** drum up support for s.th; **Trommelfell** *nt* eardrum; **Trommelfeuer** *nt* drumfire; **trommeln** *vi, vt* ❶ (*auf Trommel*) (beat the) drum ❷ (*Regen*) beat down; **Trommelrevolver** *m* revolver; **Trommelwirbel** *m* drum-roll; **Trommler(in)** *m(f)* drummer

Trompete [trɔm'pe:tə] <-, -n> *f* trumpet; **trompeten** <ohne ge-> **I.** *vi* trumpet **II.** *vt* (*ein Stück ~*) play on the trumpet; **Trompeter(in)** *m(f)* trumpeter

Tropen ['tro:pən] *pl* tropics; **Tropenanzug** *m* tropical suit; **Tropenhelm** *m* sun-helmet; **Tropeninstitut** *nt* tropical institute; **Tropenkrankheit** *f* tropical disease

Tropf¹ [trɔpf] <-(e)s> *m* (MED) drip; **am ~ hängen** (*fam*) be on a drip

Tropf² [*pl:* 'trœpfə] <-(e)s, Tröpfe> *m* (*fam*): **armer ~** poor devil

T

Tropfen <-s, -> *m* drop; (*Schweiß~*) bead; **ein ~ Blut** a drop of blood; **ein ~ auf den heißen Stein** a drop in the ocean; **ein guter ~** (*Wein*) a good wine; **steter ~ höhlt den Stein** (*prov*) constant dripping wears away the stone

tropfen ['trɔpfən] *vi* drip; **von seinen Kleidern tropfte Wasser** his clothes were dripping water; **tropfenweise** *adv* drop by drop

Tropfinfusion *f* (MED) intravenous drip; **tropfnass** *adj* dripping wet; **Tropfstein** *m* (*hängend*) stalactite; (*aufsteigend*) stalagmite; **Tropfsteinhöhle** *f* stalactite cave

Trophäe [tro'fɛ:ə] <-, -n> *f* trophy

tropisch ['tro:pɪʃ] *adj* tropical

Tross [trɔs] <-es, -e> *m* (MIL) baggage, train

Trost [tro:st] <-(e)s> *m* comfort, consolation; **das ist ein schwacher ~** (*iro*) some comfort that is; **nicht recht bei ~ sein** be out of one's mind

trösten ['trø:stən] **I.** *vt* comfort, console **II.** *vr* cheer up, console o.s. (*mit* with); **~ Sie sich!** never mind!; **tröstlich** *adj* comforting; **das ist ja sehr ~!** (*iro*) that's some comfort!

trostlos *adj* ❶ (*hoffnungslos*) hopeless ❷ (*freudlos*) cheerless ❸ (*elend*) wretched ❹ (*öde*) dreary; **Trostlosigkeit** *f* dreariness, hopelessness; **Trostpreis** *m* consolation prize; **trostreich** *adj* comforting

Tröstung *f* ❶ (*Trost*) comfort, consolation ❷ (*das Trösten*) comforting

Trott [trɔt] <-(e)s, -e> *m* ❶ (*Gangart*) trot ❷ (*fig*) routine, rut

Trottel ['trɔtəl] <-s, -> *m* (*fam*) fool, idiot, dope

trotten *sein vi* trot along

Trottoir [trɔ'toa:ɐ] <-s, -s/-e> *nt* (*CH*) pavement *Br*, sidewalk *Am*

Trotz [trɔts] <-es> *m* ❶ defiance ❷ (*trotziges Verhalten*) contrariness; **jdm zum ~** in defiance of s.o.; **aus ~** for spite

trotz *präp* despite, in spite of; **~ alledem** for all that

Trotzalter *nt*: **er befindet sich gerade im ~** he's going through a defiant phase

trotzdem *adv* nevertheless

trotzen *vi* ❶ (*die Stirn bieten*) defy (*jdm* s.o.); (*Gefahren*) brave ❷ (*trotzig sein*) be awkward [*o* contrary]; **trotzig** *adj* ❶ (*die Stirn bietend*) defiant; (*Kind*) awkward ❷ (*trotzköpfig*) contrary; **Trotzkopf** *m* (*fam*) contrary person; **Trotzreaktion** *f* act of defiance

trübe ['try:bə] *adj* ❶ (*glanzlos*) dim, dull; (*Flüssigkeit*) muddy; (*Himmel*) cloudy, overcast ❷ (*Stimmung*) gloomy; **~ Tasse** (*fam*) drip

Trubel ['tru:bəl] <-s> *m* hurly-burly

trüben ['try:bən] **I.** *vt* ❶ (*verdunkeln*) dim; (*stumpf machen, a. fig*) dull; (*Wasseroberfläche*) ruffle ❷ (*Freude, Verhältnis*) mar, spoil; (*Beziehungen*) strain **II.** *vr* grow cloudy [*o* gloomy] [*o* dull]

Trübsal ['try:pza:l] <-, -e> *f* afflictions *pl;* (*Kummer*) sorrow; **~ blasen** (*fam*) mope; **trübselig** *adj* ❶ (*betrübt*) gloomy ❷ (*trostlos*) bleak, depressing

trübsinnig *adj* gloomy, melancholy

Trübung *f* ❶ (*das Trübwerden*) dulling, ruffling ❷ (*fig*) spoiling, straining

trudeln ['tru:dəln] *sein vi* (AVIAT) spin

Trüffel ['trʏfəl] <-, -n> *f* truffle

Trug ['tru:k] <-(e)s> *m* deception; (*Fantasiegebilde*) delusion; **Trugbild** *nt* delusion

trügen ['try:gən] **I.** *irr vt* deceive **II.** *vi* be deceptive; **der Schein trügt** appearances are deceptive; **trügerisch** ['try:gərɪʃ] *adj* ❶ (*betrügerisch*) deceitful ❷ (*irreführend*) deceptive

Trugschluss *m* fallacy; **einem ~ unterliegen** be labouring under a misapprehension

Truhe ['tru:ə] <-, -n> *f* chest, trunk

Trümmer ['trʏmɐ] *pl* ❶ rubble *sing;* (*Ruinen, a. fig*) ruins *pl* ❷ (*Überreste*) remnants *pl;* **in ~n liegen** be in ruins; **in ~ gehen** be ruined; **Trümmerfeld** *nt* ❶ expanse of rubble ❷ (*fig*) scene of devastation; **Trümmerhaufen** *m* (*a. fig*) heap of rubble

Trumpf [trʊmpf, *pl:* 'trʏmpfə] <-(e)s, Trümpfe> *m* (*a. fig*) trump, trump-card; **Herz ist ~** hearts are trumps *pl;* **alle Trümpfe in der Hand haben** hold all the trumps

Trunk [trʊŋk] <-(e)s> *m* (*Getränk*) drink

trunken *adj* (*geh*) ❶ (*betrunken*) intoxicated ❷ (*vor Freude*) drunk (*vor* with); **Trunkenbold** <-(e)s, -e> *m* drunkard; **Trunkenheit** *f* drunkenness, intoxication; **~ am Steuer** (JUR) drunken driving

Trunksucht <-> *f* alcoholism; **trunksüchtig** *adj* alcoholic

Trupp [trʊp] <-s, -s> *m* bunch; (MIL) squad; (*beritten*) troop

Truppe ['trʊpə] <-, -n> *f* ❶ (*Schauspieler*) company, troupe ❷ (MIL) troops *pl;* (*Einheit*) unit; **kämpfende ~** combat element; **er ist nicht gerade von der schnellen ~** (*fam*) he's pretty slow on the uptake; **Truppen** *pl* troops; **Truppenabzug** *m* withdrawal of troops; **Truppenansammlung** *f* concentration of troops

Truppenbewegungen *fpl* troop movements; **Truppenteil** *m* unit; **Truppenübung** *f* field exercise; **Truppenübungsplatz** *m* military training area; **Truppenverschiebung** *f* moving of troops

Trust [trast/trʊst] <-(e)s, -e/-s> *m* (COM) trust

Trute <-, -n> *f* (*CH: Truthenne*) turkey

Truthahn ['tru:t-] *m* turkey(-cock); **Truthenne** *f* turkey(-hen)

Tschad [tʃɛt] <-> *m* Chad

Tscheche, -chin ['tʃɛçə] *m, f* Czech; **Tschechien** *nt* Czech Republic; **tschechisch** *adj* Czech

Tschechische Republik *f* Czech Republic

Tschechoslowakei [-slova'kaɪ] *f* (HIST) Czechoslovakia

T-Shirt ['ti:ʃə:t] <-s, -s> *nt* T-Shirt

Tube ['tu:bə] <-, -n> *f* tube; **auf die ~ drücken** (*fam*) put one's foot down

Tuberkulose [tubɛrku'lo:zə] <-, -n> *f* tuberculosis

Tuch [tu:x, *pl:* 'ty:çɐ] <-(e)s, Tücher> *nt* cloth; **wie ein rotes ~ wirken** be like a red rag to a bull (*auf jdn* to s.o.); **Tuchballen** *m* bale of cloth; **Tuchfühlung** *f* physical contact; **auf ~ gehen** move closer (*mit jdm* to s.o., *miteinander* together); **~ haben mit jdm** be in close touch with s.o.

tüchtig ['tʏçtɪç] **I.** *adj* ① (*fähig*) capable; (*leistungsfähig*) efficient ② (*fleißig*) good ③ (*fam: groß*) big, huge ④ (*fam: Schlag*) hard **II.** *adv* ① (*fleißig*) hard ② (*fam: sehr*) good and proper; **~ arbeiten** work hard; **~ essen** eat heartily; **Tüchtigkeit** *f* ability, efficiency

Tücke ['tʏkə] <-, -n> *f* ① (*Bosheit*) malice, spite ② (*Gefahr*) peril ③ (*Unberechenbarkeit*) perniciousness; **das ist die ~ des Objekts!** (*fam*) things have a will of their own!; **tückisch** *adj* ① (*boshaft*) malicious ② (*gefährlich*) treacherous ③ (*unberechenbar*) pernicious

Tüftelei *f* fiddly job; **tüfteln** ['tʏftəln] *vi:* **über etw ~** puzzle over s.th.

Tugend ['tu:gənt] <-, -en> *f* virtue; **aus der Not eine ~ machen** make a virtue of necessity; **tugendhaft** *adj* virtuous; **Tugendhaftigkeit** *f* virtuousness

Tüll [tʏl] <-(e)s, (-s/-e)> *m* tulle

Tülle ['tʏlə] <-, -n> *f* (*einer Kanne*) spout

Tulpe ['tʊlpə] <-, -n> *f* tulip

tumb *adj* stupid, dim-witted

tummeln ['tʊməln] *vr* ① (*sich beeilen*) hurry up, make haste ② (*umhertollen*) romp about; **Tummelplatz** *m* ① (*Spielplatz*) playground ② (*fig*) hotbed

Tumor ['tu:mo:ɐ] <-s, -e> *m* tumor

Tümpel ['tʏmpəl] <-s, -> *m* pool

Tumult [tu'mʊlt] <-(e)s, -e> *m* ① (*Bewegung in Menschenmenge*) commotion ② (*innerer Aufruhr*) tumult, turmoil

Tun <-s> *nt* conduct, doings *pl;* **mein ganzes ~** everything I do

tun [tu:n] *irr vt, vi* do; (*legen, stellen*) put; **wir müssen da etwas ~** we'll have to do something about it; **und was soll ich da ~?** and what do you want me to do about it?; **alle Hände voll zu ~ haben mit etw** have one's hands full with s.th.; **sie tut nur so** she's only pretending; **nichts mit ... zu ~ haben wollen** want nothing to do with ...; **jdm Unrecht ~** do s.o. an injustice; **sein Möglichstes ~** do one's best [*o* utmost]; **20 Euro tun's auch!** 20 euro should do!; **es zu ~ bekommen mit ...** get into trouble with ...; **tu mir bloß den (einen) Gefallen und halt den Mund!** do me a favour and shut up!; **etw noch einmal ~** do s.th. again; **zu ~ haben** have things to do; **er tut es ungern** he hates to do it; **es tut mir sehr Leid** I am very sorry; **er tut mir Leid** I am sorry for him; **tut mir Leid, (ist) ausgeschlossen** sorry, it's impossible; **es tut sich was** something is going on; **gesagt, getan** no sooner said than done; **was tut's?** what does it matter?; **das Auto tut's nicht mehr** (*fam*) the car has had it

Tünche ['tʏnçə] <-, -n> *f* ① whitewash ② (*fig*) veneer; **tünchen** *vt* whitewash

tunen ['tju:nən] *vt* tune

Tuner ['tju:næ] <-s, -> *m* tuner-amplifier

Tunesien [tu'ne:ziər] *nt* Tunisia; **Tunesier(in)** *m(f)* Tunisian; **tunesisch** *adj* Tunisian

Tunfisch *m* tuna

Tunichtgut ['tu:nɪç(t)gu:t] <-s, -e> *m* (*fam*) good-for-nothing

Tuning ['tju:nɪŋ] *nt* <-> tuning

Tunke ['tʊŋkə] <-, -n> *f* sauce; (*Braten~*) gravy; **tunken** *vt* dip

tunlichst *adv:* **ich werde es ~ vermeiden ...** I'll do my best to avoid ...

Tunnel ['tʊnəl] <-s, -/-s> *m* tunnel

Tunte ['tʊntə] <-, -n> *f* (*sl: Homosexueller*) fairy; **tuntig** *adj* (*pej*) poofy

Tüpfel(chen) ['tʏpfə] <-s, -> *m (nt)* dot; **das ~ auf dem i** the icing on the cake

tüpfeln *vt* dot, spot

Tupfen ['tʊpfən] <-s, -> *m* spot; (*kleiner ~*) dot; **tupfen** *vt* dab; **Tupfer** *m* (MED) swab

Tür [ty:ɐ] <-, -en> *f* door; **da ist jd an der ~** there's s.o. at the door; **in der ~ stehen** stand in the doorway; **vor der ~** at the door; **zwischen ~ und Angel** in passing;

vor der ~ stehen be on the doorstep; (*bevorstehen*) be just around the corner; **offene ~en einrennen** kick at an open door *sing;* **~ und Tor öffnen für ...** leave the way open for ...; **mit der ~ ins Haus fallen** blurt things out; **jdm die ~ vor der Nase zuschlagen** slam the door in someone's face; **~ an ~ mit jdm leben** live next door to s.o.; **Weihnachten steht vor der ~** Christmas is almost upon us; **Türangel** *f* door hinge

Turbine [tʊr'bi:nə] <-, -n> *f* turbine; **Turbinenantrieb** *m* turbine drive

Turbolader *m* (AUTO) turbocharger; **Turbomotor** *m* (AUTO) turbo engine

turbulent [tʊrbu'lɛnt] *adj* turbulent

Türgriff *m* door handle; **Türgriffsicherung** *f* (AUTO) door handle lock

Türke, -kin ['tʏrkə] *m, f* Turk; **Türkei** [-'-] <-> *f* Turkey

Türkis [tʏr'ki:s] <-(es), -e> *m* turquoise

türkisch *adj* Turkish; **Türkischer Honig** white nougat

Türklinke *f* door handle; **Türklopfer** *m* doorknocker

Turm [tʊrm, *pl:* 'tʏrmə] <-(e)s, Türme> *m* ❶ tower; (*Kirch~*) steeple ❷ (*Schachfigur*) castle, rook

Turmalin [tʊrma'li:n] <-s> *nt* tourmaline

Türmchen ['tʏrmçən] *nt* turret

türmen ['tyrmən] *haben* **I.** *vt* pile up **II.** *vi* (*fam: flüchten*) take to one's heels **III.** *vr* tower

turmhoch *adj* lofty, towering

Turmspringen *nt* (SPORT) high diving

Turmuhr *f* (*Kirch~*) church clock

Turnaroundzeit [ˌtœ:ɐnə'raʊnt-] *f* (INFORM) turnaround time

Turnen ['tʊrnən] <-s> *nt* (*Sportart*) gymnastics *pl;* (*Schulfach, fam*) PE [*o* PT]; **turnen** *vi* ❶ do gymnastics ❷ (*herum~*) climb about; (*von Kindern*) romp; **Turner(in)** *m(f)* gymnast; **Turngerät** *nt* ❶ (*Reck*) gymnastic apparatus ❷ (*Medizinbälle*) gymnastic equipment; **Turnhalle** *f* gym(nasium); **Turnhose** *f* gym shorts *pl*

Turnier [tʊr'ni:ɐ] <-s, -e> *nt* ❶ (SPORT) tournament ❷ (*Tanz~*) competition; **Turnierpferd** *nt* competition horse; **Turnierreiter(in)** *m(f)* competition rider

Turnlehrer(in) *m(f)* gym [*o* PE] teacher [*o* PT]; **Turnschuhe** *mpl* gym-shoes; **Turnschuhfirma** *f* (*fam*) trainer manufacturer; **Turnstunde** *f* gym [*o* PE] lesson [*o* PT]; **Turnübung** *f* gymnastic exercise; **Turnunterricht** *m* gymnastic instruction; (*Turnstunde*) gym, PE, PT; **Turnverein** *m* gymnastics club

Türöffner *m* (ELEK) buzzer; **Türrahmen** *m* door frame; **Türschild** *nt* doorplate; **Türschnalle** *f* (*österr*) door handle; **Türsteher** *m* bouncer

Tusch [tʊʃ] <-es, -e> *m* (MUS) flourish

Tusche ['tʊʃə] <-, -n> *f* Indian ink

tuscheln ['tʊʃəln] *vi* whisper; **hinter jds Rücken ~** talk behind someone's back

Tuschkasten *m* paintbox; **Tuschzeichnung** *f* pen-and-ink drawing

Tussi <-, -s> *f* (*sl pej*) female; **so eine blöde ~!** (*sl*) what a silly cow!

Tüte ['ty:tə] <-, -n> *f* bag; **in ~n verpacken** put in bags; **kommt nicht in die ~!** (*fam*) no way!

Tuten <-s> *nt* tooting; (*von Autohupe*) hooting; **von ~ und Blasen keine Ahnung haben** (*fam*) not to have a clue; **tuten** ['tu:tən] *vi* toot

TÜV ['tyf] <-s, -s> *m Akr. von* **Technischer Überwachungsverein** MOT; **TÜV-Plakette** *f German MOT sticker*

i Land & Leute

Der TÜV is the equivalent of MOT. Every vehicle licensed to drive on a public highway must undergo a **TÜV** (MOT) inspection first. If no defects are reported, a *TÜV-Plakette* (disc) valid for two years is attached to the vehicle's rear numberplate.

TV-Moderator(in) *m(f)* TV presenter; **TV-Positionierung** *f* product placement

Twen [tvɛn] *m* <-s, -s> *person in her/his twenties*

Twist[1] [tvɪst] <-(e)s, -e> *m* (*Garn*) twist

Twist[2] <-s, -s> *m* (*Tanz*) twist

Typ [ty:p] <-s, -en> *m* ❶ (*Modell*) model ❷ (*Menschenart*) type ❸ (*fam: Kerl*) bloke; **nicht mein ~** not my type; **vom ~ her völlig verschiedene Menschen sein** be totally different types of person; **dein ~ wird verlangt!** (*hum fam*) you're wanted!; **sie ist mein ~** she's my type; **dufter ~** (*fam*) great guy; **kaputter ~** (*sl*) bum

Type ['ty:pə] <-, -n> *f* ❶ (*Schreibmaschinen~*) type ❷ (*fam: Mensch*) character; **der ist eine komische ~** he's a strange character; **Typenbezeichnung** *f* (TECH) type designation; **Typenrad** *nt* (*bei Schreibmaschine*) daisy wheel; **Typenraddrucker** *m* daisy-wheel printer; **Typenradschreibmaschine** *f* daisy-wheel typewriter

Typhus ['ty:fʊs] <-> *m* typhoid fever
typisch *adj* typical (*für* of)
typisieren *vt* ❶ (*Produkte*) standardize ❷ (*Charakter*) stylize
Typografie, **Typographie** [typogra'fi:] *f* typography; **typografisch**, **typographisch** *adj* typographic(al)
Typus ['ty:pʊs] <-, -pen> *m* type
Tyrann [ty'ran] <-en, -en> *m* tyrant; **Tyrannei** *f* tyranny; **tyrannisch** *adj* tyrannical; **tyrannisieren** *vt* tyrannize

U u

U, u [u:] <-, -> *nt* U, u
U-Bahn *f* underground, subway *Am;* **mit der ~ fahren** go by underground [*o* subway]; **U-Bahnhof** *m* underground station
U-Boot *nt* submarine; **U-Boot-Krieg** *m* submarine warfare
U-Eisen *nt* (TECH) E-channel; **U-Profil** *nt* (TECH) channel section
Übel <-s, -> *nt* (*Missstand*) evil; **das kleinere ~ sein** be the lesser evil; **zu allem ~ ...** to make matters worse ...
übel ['y:bəl] **I.** *adj* ❶ bad, nasty ❷ (*böse, schlecht*) wicked; **nicht ~** not bad; **ein übler Bursche** a bad lot; **~ dran sein** be in a bad way; **davon kann einem ja ~ werden!** it's enough to make you feel sick! **II.** *adv* (*schlecht, schlimm*) badly; **das wäre gar nicht so ~** that wouldn't be such a bad thing; **übler Trick** nasty trick; **mir ist ~** I feel sick; **wohl oder ~** willy-nilly; **er wird es wohl oder ~ tun müssen** he'll have to do it whether he likes it or not; **das schmeckt gar nicht so ~** it doesn't taste so bad; **ich hätte nicht ~ Lust ...** I wouldn't mind ...; **~ gelaunt** ill-humoured; **~ nehmen** take amiss [*o* in bad part]; **nehmen Sie es mir nicht ~, aber ...** don't take it amiss but ...; **ich nehme es Ihnen nicht ~** I do not blame you for it; **~ riechend** evil-smelling; **jdm ~ wollen** wish s.o. ill
Übelkeit *f* (*a. fig*) nausea; **~ erregen** cause nausea; **Übelstand** *m* (social) evil; **Übeltat** *f* misdeed, wicked deed; **Übeltäter(in)** *m(f)* wrongdoer
üben ['y:bən] **I.** *vt* practise; (MIL) drill; **Geduld ~** be patient; **Kritik an etw (jdm) ~** criticize s.th. (s.o.) **II.** *vr:* **sich in etw ~** practise s.th. **III.** *vi* practise
über ['y:bɐ] **I.** *präp* ❶ (*räumlich*) over; (*oberhalb*) above, on top of; (*darüber hinaus*) across, beyond; (*auf*) on, upon ❷ (*während, bei, länger als*) over ❸ (*betreffend*) about, on ❹ (*bei Zahlenangaben: in Höhe von*) for; (*mehr als*) over ❺ (*auf dem Wege, vermittels*) via; **Fehler ~ Fehler** one mistake after another; **~ fünfzig Jahre alt** past fifty; **bis ~ die Ohren** up to one's ears; **~ all der Aufregung** what with all the excitement; **~ Bord** overboard; **es geht nichts ~ ...** there is nothing better than ...; **Literatur geht ihr ~ alles** she loves literature more than anything else; **~ München fliegen** fly via Munich; **ein Scheck ~ € 2.000,-** a cheque for € 2,000; **ein Buch ~ ...** a book on ...; **~ Nacht** during the night; **~ den Dingen stehen** be above it all; **~ Mittag bleiben** stay over lunch; **~ kurz oder lang** sooner or later **II.** *adv:* **~ und ~** all over
überall ['y:bɐ'al] *adv* everywhere *Br,* all over *Am;* **~ und nirgends** here, there and everywhere; **~ und nirgends zuhause sein** be at home everywhere and nowhere; **überallher** *adv* from all over; **überallhin** *adv* everywhere
überaltert *adj* superannuated
Überangebot *nt* surplus (*an* of)
überängstlich *adj* over-anxious
überanstrengen *vt, vr* overexert, overstrain; **überanstrenge dich bloß nicht!** (*iro*) don't strain yourself!; **Überanstrengung** *f* overexertion; **nervliche ~** nervous strain
überarbeiten I. *vt* go over; (*Buch*) revise **II.** *vr* overwork; **Überarbeitung** *f* (*von Text*) revision; (*Neufassung*) revised version
überaus *adv* exceedingly, extremely
überbacken *vt* put in the oven; (*bräunen*) brown
Überbau *m* (PHILOS) superstructure
überbeanspruchen *vt* ❶ (*Materialien*) overstrain; (*gewichtmäßig*) overload ❷ (*den Körper*) overtax; **Überbeanspruchung** *f* ❶ (*Materialien*) overstraining ❷ (*von Körper*) overtaxing
Überbein *nt* (MED) ganglion
überbelasten *vt* overload
überbelegt *adj* overcrowded
überbelichten *vt* (PHOT) overexpose
Überbeschäftigung *f* overemployment
überbesetzt *adj* overmanned, overstaffed; **Überbesetzung** *f* overmanning, overstaffing
überbetonen *vt* ❶ *fig*) overstress ❷ (*be-*

stimmte Körperteile) overaccentuate

überbevölkert *adj* overpopulated; **Überbevölkerung** *f* overpopulation

überbewerten *vt* ❶ (FIN) overvalue ❷ (*fig*) overrate; **wir wollen das doch nicht ~!** let's not attach too much importance to this!; **Überbewertung** *f* overvaluation, overrating

Überbezahlung *f* overpayment

überbieten **I.** *irr vt* ❶ (*bei Auktion*) outbid (*um* by) ❷ (*fig*) outdo; **einander ~** vie with each other (*in etw* in s.th.); **das ist nicht mehr zu ~!** (*fam*) that beats everything!; **einen Rekord ~** break a record **II.** *vr* (*sich selbst*) surpass o.s.

Überbleibsel ['y:bɐblaɪpsl] <-s, -> *nt* ❶ (*Rest*) remnant; (*Speiserest*) leftover ❷ (*Brauch*) survival

Überblick ['---] *m* ❶ (*freie Sicht*) view ❷ (*Abriss*) survey; (*Übersicht*) summary; **sich einen ~ über etw verschaffen** get a general idea of s.th.; **den ~ verlieren** lose track; **überblicken** *vt* ❶ (*Stadt*) overlook ❷ (*fig*) have a view of; **das lässt sich noch nicht ~** I cannot say as yet

überbringen *irr vt* deliver; **Überbringer(in)** *m(f)* bearer

überbrücken *vt* bridge; **die Gegensätze zwischen … und … ~** bridge the gap between … and …; **Überbrückungskredit** *m* bridging loan

überdachen *vt* roof over

überdauern *vt* survive

überdenken *irr vt* consider, think over; **etw noch einmal ~** reconsider s.th.

überdies [--'-] *adv* ❶ (*außerdem*) moreover ❷ (*ohnehin*) anyway

überdimensional *adj* oversize

überdosieren *vt* overdose; **Überdosis** *f* (MED) overdose; **eine ~ Schlaftabletten nehmen** take an overdose of sleeping pills

überdrehen *vt* ❶ (*Uhr*) overwind ❷ (*Gewinde*) strip ❸ (*Motor*) overrev; **überdreht** *adj* (*fam*) wound up

Überdruck[1] <-(e)s, -e> *m* (TYP) overprint

Überdruck[2] <-(e)s> *m* (TECH PHYS) excess pressure

Überdruss ['y:bɐdrʊs] <-es> *m* (*Widerwille*) aversion (*an* to); (*Übersättigung*) surfeit (*an* of); **bis zum ~** ad nauseam; **überdrüssig** ['y:bɐdrʏsɪç] *adj:* **jds/einer Sache ~ werden** grow tired of s.o./s.th.

überdüngen *vt* over-fertilize; **Überdüngung** *f* over-fertilization

überdurchschnittlich *adj* above-average

übereifrig *adj* overzealous, overenthusiastic

übereignen *vt* transfer (*jdm etw* s.th. to s.o.)

übereilen *vt:* **nur nichts ~!** don't rush things!; **übereilt** *adj* ❶ (*zu eilig*) hasty, rash ❷ (*unbedacht*) thoughtless

übereinander *adv* on top of each other; **~ legen** put on top of each other; **die Beine ~ schlagen** cross one's legs

überein|kommen [y:bɐ'aɪn-] *irr vi* agree; **Übereinkommen** <-s, -> *nt,* **Übereinkunft** <-, -künfte> *f* agreement, arrangement; **stillschweigendes Übereinkommen** tacit agreement; **ein Übereinkommen erzielen** come to [*o* reach] an agreement

überein|stimmen [y:bɐ'aɪn-] *vi* ❶ (*Personen*) agree (*mit jdm in etw* with s.o. on s.th.) ❷ (*Rechnungen*) correspond; (*zusammenpassen*) match; **übereinstimmend** **I.** *adj* ❶ (*Meinungen*) concurring ❷ (*einander entsprechend*) corresponding **II.** *adv* unanimously; **Übereinstimmung** *f* ❶ (*von Meinungen*) agreement ❷ (*Einklang*) correspondence; **in ~ mit jdm** in agreement with s.o.; (*mit etw*) in accordance with s.th.; **in ~ bringen** accommodate, conform

überempfindlich *adj* oversensitive (*gegen* to); (MED) hypersensitive; **Überempfindlichkeit** *f* oversensitivity; (MED) hypersensitivity

überessen *irr vr:* **sich an etw** gorge o.s. on

überfahren[1] *irr vt* ❶ run over ❷ (*Ampel*) go through ❸ (*fam: übertölpeln*) stampede (*jdn* s.o. into it)

über|fahren[2] **I.** *vt* (*mit einem Boot*) take across **II.** *vi sein* cross over

Überfahrt *f* crossing

Überfall *m* ❶ (*Angriff*) attack (*auf* on); (*Bank~*) holdup ❷ (*fam: unerwartetes Auftauchen*) invasion; **keine Bewegung, dies ist ein ~!** freeze, this is a holdup!; **überfallen** *irr vt* ❶ (*angreifen*) attack; (*Bank*) hold up ❷ (*Schlaf*) come over ❸ (*fam: unerwartet ~*) descend upon; **heftiges Fieber überfiel mich** I had a bad attack of fever; **jdn mit Fragen ~** bombard s.o. with questions; **überfällig** *adj:* **seit drei Tagen ~** three days overdue; **Überfallkommando** *nt* flying squad *Br,* riot-squad *Am*

Überfischung *f* overfishing

überfliegen *irr vt* ❶ fly over ❷ (*fig*) glance over

Überflieger(in) *m(f)* (*fam*) high-flyer

über|fließen *sein irr vi* overflow

überflügeln *vt* (*fig*) outdo, outstrip, surpass

Überfluss <-es> *m* abundance, plenty (*an*

of); **zu allem** ~ superfluously; (*obendrein*) into the bargain; **im** ~ **leben** live in luxury; **im** ~ **vorhanden** in plentiful supply; **Überflussgesellschaft** *f* affluent society; **überflüssig** *adj* superfluous; (*unnötig*) unnecessary; ~ **zu sagen, dass …** it goes without saying that …

überfluten *vt* (*a. fig*) flood

überfordern *vt* overtax; **damit ist sie überfordert** that's asking too much of her

überfrachten *vt* ① overload ② (*fig*) overcharge

überfragen *vt:* **tut mir Leid, aber da bin ich überfragt** sorry, but I don't know, I'm afraid you've got me there

Überfremdung *f* (*pej: einer Sprache, Kultur*) foreign infiltration

überfrieren <sein, ohne -ge-> *irr vi* freeze over; ~**de Nässe** black ice

überführen *vt* ① transfer; (*Auto*) drive; (*Leiche*) transport ② (*Täter*) convict (*einer Sache* of s.th.); **Überführung** *f* ① (*Transport*) transport ② (*Brücke*) bridge; (*Fußgänger~*) footbridge ③ (JUR) conviction

Überfülle ['----] *f* superabundance

überfüllt [--'-] *adj* overcrowded; (COM: *Lager*) overstocked; (*Kurs*) oversubscribed; **Überfüllung** *f* overcrowding

überfüttern *vt* (*a. fig*) overfeed

Übergabe *f* handing over; (MIL) surrender; (*von Neubau*) opening

Übergang *m* ① (*das Überqueren*) crossing ② (*Fußgänger~*) crossing *Br,* crosswalk *Am;* (*Brücke*) footbridge ③ (*Grenz~*) checkpoint ④ (*Bahn~*) level crossing *Br,* grade crossing *Am* ⑤ (*Wechsel*) transition; **Übergangsbestimmung** *f* interim regulation; **Übergangserscheinung** *f* transitory phenomenon; **Übergangsfrist** *f* transition period; **Übergangslösung** *f* provisional solution, temporary arrangement; **Übergangsmantel** *m* between-seasons coat; **Übergangsphase** *f* transitional period; **Übergangsstadium** *nt* stage of transition; **Übergangszeit** *f* transitional period

Übergardinen *pl* curtains *Br,* drapes *Am*

übergeben **I.** *irr vt* ① (*abliefern*) hand over ② (MIL) surrender ③ (*Amt, Würde*) hand over; **eine Sache einem Anwalt** ~ place a matter in the hands of a lawyer; **eine Straße dem Verkehr** ~ open a road to traffic **II.** *vr* (*erbrechen*) vomit

über|gehen[1] *sein irr vi* ① (*zu einer Partei*) go over ② (*sich verändern*) change [*o* turn] (into); (*Farben*) merge (into) ③ (*übernommen werden*) pass (*auf jdn* to s.o.); **die Augen gingen ihm über** his eyes were almost popping out of his head; **zum nächsten Punkt** ~ go on to the next point; **in andere Hände** ~ pass into other hands; **in jds Besitz** ~ become someone's property; **zum Angriff** ~ take the offensive

übergehen[2] *haben vt* ① (*auslassen*) skip ② (*übersehen*) overlook, pass over [*o* by]; **jds Einwände** ~ ignore someone's objections

übergenau *adj* overprecise

übergenug *adv* more than enough

übergeordnet *adj* higher

Übergepäck *nt* (AVIAT) excess baggage

Übergewicht *nt* ① overweight ② (*fig*) predominance; **das** ~ **bekommen** become predominant; **an** ~ **leiden** be overweight; **militärisches** ~ military dominance; **übergewichtig** *adj* overweight

überglücklich *adj* overjoyed

über|greifen *irr vi* (*sich verbreiten*) spread (*auf* to); **übergreifend** *adj* predominant; **Übergriff** *m* encroachment, infringement (*auf* on)

Übergröße *f* (*von Kleidung*) outsize; (*von Reifen*) oversize

überhand [y:bɐ'hant] *irr vi:* ~ **nehmen** get out of hand

Überhang *m* ① (FIN: *von Geld*) surplus money ② (*von Fels*) overhang; ~ **an Aufträgen** (COM) backlog; **über|hängen** **I.** *vi* overhang **II.** *vr:* **sich einen Mantel** ~ put a coat round one's shoulders; **sich ein Gewehr** ~ sling a rifle over one's shoulders

überhasten *vt* rush; **nur nichts** ~**!** don't rush things!; **überhastet** *adj* overhasty

überhäufen *vt* overwhelm (*mit* with); (*Schreibtisch*) pile high; **überhäuft werden mit Arbeit** be snowed under with work; **jdn mit Vorwürfen** ~ heap reproaches upon someone's head

überhaupt [y:bɐ'haupt/'---] *adv* ① (*sowieso*) in general ② (*außerdem*) anyway ③ (*eigentlich*) actually; **ich denke** ~ **nicht daran …** I've no intention whatsoever of …; **weißt du** ~**, …?** do you realize …?; **wer sind Sie** ~**?** who do you think you are?

überheblich [y:bɐ'he:plɪç] *adj* arrogant; **Überheblichkeit** *f* arrogance

überheizen *vt* overheat

überhitzen *vt* overheat

überhöht [--'-] *adj* ① (*Kurve*) superelevated *Br,* banked *Am* ② (*Preise*) excessive

über|holen[1] *vi* (MAR: *Schiff*) keel over

überholen[2] **I.** *vt* ① (AUTO) overtake, pass *Am* ② (*ausbessern*) overhaul; (*Motor*) recondition **II.** *vi* overtake, pass *Am;* ~ **ver-**

U

boten! no overtaking!, no passing! *Am;* **Überholmanöver** *nt* (AUTO) overtaking manœuvre; **Überholspur** *f* overtaking lane *Br,* passing lane *Am*

überholt *adj* ❶ out-dated ❷ (AUTO) reconditioned

Überholverbot *nt* ban on overtaking *Am*

überhören *vt* not to hear; (*absichtlich*) ignore; **sie überhörte meine Anspielungen geflissentlich** she studiously ignored my hints; **das möchte ich überhört haben!** I didn't hear that!

Über-Ich <-s> *nt* (PSYCH) super-ego

überirdisch *adj* (*fig*) celestial, heavenly; (*übernatürlich*) supernatural

überkandidelt ['y:bɐkandidəlt] *adj* (*fam*) eccentric

Überkapazität *f* overcapacity

überkleben *vt:* **etw mit ...** ~ stick ... over s.th.

über|kochen *sein vi* (*a. fig*) boil over

überkommen I. *irr vt* (*befallen*) come over **II.** *vi sein* (*überliefert werden*) be handed down (*jdm* to s.o.); **mich überkam Furcht** I was overcome with fear

überladen *irr vt* ❶ (*zu stark belasten*) overload ❷ (*zu voll packen, a. fig*) clutter; **überladen** *adj* ❶ (*Fahrzeug*) overloaded ❷ (*Stil*) ornate ❸ (*Bild*) cluttered

überlagern I. *vt* ❶ (RADIO TV) blot out ❷ (*Thema*) eclipse **II.** *vr* overlap

Überlandbus *m* coach; **Überlandleitung** *f* (ELEK) overhead power line

überlappen [y:bɐ'lapən] *vr* overlap

überlassen¹ *irr vt* ❶ (*jdm etw*) let s.o. have ❷ (*jdm anheim stellen*) leave it up to ❸ (*preisgeben*) abandon; **das bleibt Ihnen** ~ that's up to you; **jdn sich selbst** ~ leave s.o. to their own devices; **über|lassen²** *irr vt* (*übrig lassen*) leave (*jdm etw* s.th. for s.o.)

überlasten *vt* ❶ put too great a strain on; (*Mensch*) overtax ❷ (ELEK TELE) overload; **Überlastung** *f* ❶ (*von Mensch*) overtaxing; (*zu großer Stress*) overstress; (*Zustand*) strain ❷ (ELEK TELE) overloading; (TECH) overload; **Überlastungsschutz** *m* (ELEK) overload protection

Überlauf ['---] *m* (TECH) overflow

überlaufen [--'--] **I.** *adj* (*sehr überfüllt*) overcrowded **II.** *vi* (*gegnerische Abwehr*) overrun

über|laufen *sein irr vi* ❶ (*Wasser*) overflow ❷ (MIL) desert; **zum Überlaufen voll** full to overflowing; **Überläufer** *m* (MIL) deserter; (PARL) turncoat

überleben *vt, vi* ❶ (*länger leben als*) outlive, survive (*um* by) ❷ (*durchstehen*) live through; **das hat sich überlebt** that's had it's day; **das überlebe ich nicht!** (*fam*) that'll be the death of me!; **du wirst es schon** ~ (*iro*) it won't kill you; **Überlebende(r)** *f m* survivor; **überlebensgroß** *adj* larger than life; **Überlebenskünstler(in)** *m(f)* (*fig*) survivor; **Überlebenstraining** *nt* survival training

überlegen¹ I. *vi* (*nachdenken*) think; **lass mich mal** ~ now let me think **II.** *vt* (*durchdenken*) think over [*o* about]; **das werde ich mir** ~ I'll give it some thought; **hin und her** ~ deliberate; **das wäre zu** ~ it's worth thinking about; **es wäre (noch) zu** ~ it should be considered; **sie hat es sich anders überlegt** she's changed her mind

überlegen² [--'--] *adj* superior (*jdm* to s.o.); **ein ~er Sieg** a convincing victory

Überlegenheit *f* superiority

über|legt *adj* (well-)considered; **wohl** ~ well-considered; **etw wohl ~ tun** do s.th. after careful consideration; **Überlegung** *f* consideration, reflection; **~en anstellen** make observations (*zu* about); **das wäre wohl eine ~ wert** that is worth thinking about

über|leiten *vi* (*fig*) lead up (*zu etw* to s.th.); **Überleitung** *f* transition

überlesen *irr vt* overlook, miss

überliefern *vt* (*der Nachwelt*) hand down; **Überlieferung** *f* tradition; **an der ~ festhalten** hold on to tradition; **nach alter** ~ according to tradition

überlisten *vt* outwit

Übermacht <-> *f* ❶ superior strength ❷ (*von Gefühlen*) predominance; **übermächtig** *adj* ❶ (*durch Gewalt*) superior; (*Feind*) powerful ❷ (POL) all-powerful

übermalen *vt* paint over

übermannen *vt* overcome

Übermaß <-es> *nt* excess; **im** ~ excessively, to excess; **übermäßig** *adj* excessive; **sich ~ anstrengen** overdo things

Übermensch *m* superman; **übermenschlich** *adj* superhuman

übermitteln *vt* convey, transmit

übermorgen ['----] *adv* the day after tomorrow

übermüdet [--'--] *adj* overtired; **Übermüdung** *f* overtiredness

Übermut *m* ❶ (*Ausgelassenheit*) high spirits *pl* ❷ (*Mutwille*) mischief; **übermütig** *adj* ❶ (*ausgelassen*) high-spirited ❷ (*anmaßend*) arrogant

übernächst *adj* next ... but one; **~e Woche** the next week but one, the week after next; **am ~en Tag** two days later

übernachten *vi* sleep; **bei jdm** ~ stay at someone's place; **wie viele Leute können bei Ihnen ~?** how many people can you put up?; **wo haben Sie übernachtet?** where did you sleep?; **übernächtigt** [y:bɐˈnɛçtɪçt] *adj* tired, sleepy; **Übernachtung** *f* overnight stay; ~ **mit Frühstück** bed and breakfast; **was berechnen Sie für die ~?** what do you charge for the night?; **Übernachtungsmöglichkeit** *f* overnight accommodation

Übernahme [ˈ----] <-, -n> *f* ❶ (*das Übernehmen*) taking over; (*als Ergebnis*) takeover ❷ (*Ausdruck, Meinung*) adoption ❸ (*Amt*) assumption; **er hat sich zur ~ der Kosten verpflichtet** he has undertaken to pay the costs; **durch ~ dieser Aufgabe ...** by undertaking this task ...; **Übernahmeangebot** *nt* takeover bid; **Übernahmeversuch** *m* takeover attempt, attempted takeover; **Übernahmezeitraum** *m* takeover period

übernatürlich [ˈ-----] *adj* supernatural

übernehmen **I.** *irr vt* ❶ (*a. jdn ablösen*) take over ❷ (*Arbeit*) take on ❸ (*Amt, Verantwortung*) assume; **das ~ wir!** we'll take care of that! **II.** *vr* take on too much; (*sich überanstrengen*) overdo it; (*im Essen*) overeat

über|ordnen *vt:* **jdm jdn ~** put [*o* place] s.o. over s.o.; **etw einer Sache ~** give s.th. precedence over s.th.

überparteilich *adj* non-partisan

Überproduktion *f* overproduction

überprüfen *vt* ❶ check (*auf* for); (*Person*) screen; (*untersuchen*) scrutinize ❷ (*Maschine*) inspect; **Überprüfung** *f* ❶ checking; (*von Person*) screening ❷ (TECH) inspection; (*Kontrolle*) check

überqueren *vt* cross

überragen[1] *vt* ❶ (*größer sein*) tower above ❷ (*übertreffen*) outshine (*an* in)

über|ragen[2] *vi* (*senkrecht*) protrude; (*waagerecht*) jut out

überraschen [y:bɐˈraʃən] *vt* surprise; **wir wurden von einem Gewitter ~** we were caught in a storm; **lassen wir uns ~!** let's wait and see!; **überraschend** *adj* surprising; **Überraschung** *f* surprise; **Überraschungseffekt** *m* shock effect

Überreaktion *f* overreaction

überreden *vt* persuade (*jdn etw zu tun* s.o. to do s.th.); **Überredung** *f* persuasion

überregional *adj* nationwide

überreich *adj* abundant (*an* in)

überreichen *vt* hand over; (*feierlich*) present

überreif *adj* overripe

überreizen **I.** *vt* (*Fantasie*) overexcite; (*Nerven*) overstrain **II.** *vr* (*beim Kartenspiel*) overbid; **überreizt** *adj* overwrought

überrennen *irr vt* run down; (MIL) overrun; (*fig*) overwhelm

Überreste *m* remains *pl*, remmants *pl*

Überrollbügel *m* (AUTO) roll bar

überrumpeln *vt* take by surprise; **jdn mit einer Frage ~** throw s.o. with a question

überrunden *vt* ❶ (SPORT) lap ❷ (*fig*) outstrip

übersät [--ˈ-] *adj:* ~ **mit** strewn with

übersättigen *vt* satiate

Überschallflugzeug *nt* supersonic jet; **Überschallgeschwindigkeit** *f* supersonic speed

überschätzen *vt* overrate; (*Entfernung*) overestimate

überschauen *vt* ❶ (*Ortschaft, Platz*) overlook ❷ (*fig*) see

über|schäumen *sein vi* ❶ foam over ❷ (*fig*) brim over (*vor* with); **~de Begeisterung** effervescent enthusiasm

überschlafen *irr vt* sleep on

Überschlag [ˈ---] *m* (*ungefähre Berechnung*) estimate; **einen ~ machen** do a somersault

überschlagen[1] **I.** *irr vt* (*berechnen*) estimate roughly **II.** *vr* ❶ (*Fahrzeug*) turn over ❷ (*Ereignisse*) come thick and fast ❸ (*Stimme*) crack

über|schlagen[2] *vt:* **seine Beine ~** cross one's legs

über|schnappen *sein vi* ❶ (*Stimme*) crack ❷ (*fam*) crack up

überschneiden *irr vr* ❶ (*Linien*) intersect ❷ (*fig*) overlap; (*gleichzeitig geschehen*) coincide, overlap; **Überschneidung** *f* ❶ (*Linien*) intersection ❷ (*fig*) overlap; (*Gleichzeitigkeit*) coincidence

überschreiben *irr vt* ❶ (*mit Überschrift versehen*) head ❷ (*übertragen*) sign (*etw* s.th.), over (*jdm* to s.o.)

überschreiten *irr vt* ❶ (*überqueren*) cross ❷ (*Maß*) exceed; (*Grenze*) transgress; **er hat die Sechzig schon überschritten** he's past sixty already

Überschrift [ˈ---] *f* heading; (*Kopfzeile*) headline

Überschuldung *f* excessive debts *pl*

Überschuss *m* surplus (*an* of); **überschüssig** [ˈy:bɐʃʏsɪç] *adj* surplus; **Überschussmaterial** *nt* excess material; **Überschussproduktion** *f* surplus production

überschütten *vt* ❶ (*bedecken*) cover (*mit* with) ❷ (*mit Geschenken*) shower (*mit* with)

U

Überschwang ['y:bɐʃvaŋ] <-(e)s> *m* exuberance; **im ersten** ~(**e**) in the first flush of excitement; **überschwänglich** ['y:bɐʃvɛŋlɪç] *adj* effusive

über|schwappen *sein vi* slop [*o* splash] over

überschwemmen *vt* (*a. fig*) flood; **Überschwemmung** *f* ❶ (*Flut*) flood ❷ (*das Überschwemmen*) flooding; (*fig*) inundation; **Überschwemmungsgebiet** *nt* flood area

Übersee ['---] <-> *f* overseas *pl;* **nach/in** ~ overseas; **Überseedampfer** *m* ocean liner; **Überseehandel** *m* overseas trade; **überseeisch** *adj:* ~**e Besitzungen** overseas territories; **Überseemarkt** *m* overseas market

übersehbar [--'--] *adj* ❶ visible at a glance ❷ (*erkennbar*) clear; (*absehbar*) assessable; **der Schaden ist noch nicht** ~ the damage cannot be assessed yet; **übersehen**[1] *irr vt* ❶ (*Gegend*) look over ❷ (*erkennen*) see clearly; (*Bescheid wissen über*) have an overall view of … ❸ (*ignorieren*) overlook; (*nicht bemerken*) fail to notice; **die Lage** ~ be in full command of the situation

über|sehen[2] *irr vt:* **sich** (**an**) **etw** ~ get tired of seeing s.th.

übersenden *irr vt* send; (*Geld*) remit; **anbei** ~ **wir Ihnen …** (COM) enclosed please find …

über|setzen[1] **I.** *vt* (*mit Fähre*) ferry across **II.** *vi sein* cross (over)

übersetzen[2] *vt, vi* ❶ translate (*aus dem … ins …* from … into …) ❷ (TECH: *übertragen*) transmit; **etw falsch** ~ (*Sprache*) mistranslate s.th.

Übersetzer(in) *m(f)* translator; **Übersetzung** *f* ❶ (*sprachlich*) translation ❷ (TECH) transmission ratio

Übersicht ['---] <-, (-en)> *f* ❶ (*Überblick*) overall view ❷ (*Zusammenfassung*) survey; (*in Tabellenform*) table; **die** ~ **verlieren** lose track of things; **übersichtlich** *adj* ❶ (*erfassbar, klar*) clear ❷ (*Gelände*) open; **Übersichtlichkeit** *f* clarity

über|siedeln *sein vi* move (*nach* to); **Übersiedler(in)** *m(f)* migrant

übersinnlich *adj* ❶ supersensory ❷ (*übernatürlich*) supernatural; ~**e Wahrnehmung** extrasensory perception

überspannen *vt* ❶ (*Brücke*) span ❷ (*zu stark spannen*) put too much strain on … ❸ (*Forderungen*) push too far; **den Bogen** ~ overstep the mark; **überspannt** *adj* (*exaltiert*) eccentric; (*Ideen*) extravagant

überspitzt [--'-] *adj* (*fig*) oversubtle; (*übertrieben*) exaggerated

über|springen[1] *sein irr vi* (*a. fig*) jump (*auf* to); **zwischen ihnen sprang der Funke über** something clicked between them; **überspringen**[2] *irr vt* ❶ (*Hindernis*) jump ❷ (*auslassen*) skip

überstaatlich *adj* supra-national

über|stehen[1] *vi* jut out, project

überstehen[2] *irr vt* ❶ (*durchstehen*) get through ❷ (*überwinden*) overcome ❸ (*überleben*) survive; **das wäre überstanden!** thank heavens that's over!

übersteigen *irr vt* ❶ (*überklettern*) climb over ❷ (*hinausgehen über*) exceed; **jds Erwartungen** ~ exceed someone's expectations

überstimmen *vt* outvote; (*einen Antrag*) outvote, vote down

überstrahlen *vt* ❶ illuminate ❷ (*fig*) outshine

Überstunden *fpl* overtime; ~ **machen** work overtime; **fünf** ~ **machen** (*fam*) do five hours overtime; **Überstundenlohn** *m* overtime pay; **Überstundentarif** *m* overtime rate; **Überstundenverbot** *nt* overtime ban

überstürzen **I.** *vt* rush into; **man soll nichts** ~**!** look before you leap! **II.** *vr* (*Ereignisse*) happen in a rush; **überstürzt** *adj* overhasty, precipitate; **Überstürzung** *f* rush

übertölpeln [y:bɐ'tœlpəln] *vt* dupe, take in

übertönen *vt* drown (out)

Übertrag ['y:bɐtra:k *pl:* 'y:bɐtrɛgə] <-(e)s, -träge> *m* (*Summe*) sum carried forward; **übertragbar** *adj* transferable; (MED) communicable (*auf* to)

übertragen[1] **I.** *irr vt* ❶ (*übersetzen*) render (*in* into) ❷ (*an andere Stelle schreiben*) transfer; (*abschreiben*) copy out ❸ (*auf anderen Anwendungsbereich*) apply (*auf* to) ❹ (*an jdn übergeben*) transfer; (*Krankheit*) communicate (*auf* to) ❺ (*Kraft* ~) transmit ❻ (*verleihen*) confer (*jdm* on s.o.); (*auftragen*) assign (*jdm* to s.o.) ❼ (RADIO TV) broadcast ❽ (MUS: *in andere Tonart*) transpose; **etw im Fernsehen** ~ broadcast s.th. on television **II.** *vr* ❶ (*Krankheit*) be communicated (*auf* to) ❷ (TECH) be transmitted (*auf* to); **ihre Fröhlichkeit hat sich auf uns** ~ we were infected by their happiness

übertragen[2] *adj* figurative

Übertragung *f* ❶ (*Übersetzung*) rendering ❷ (MED: *von Krankheit*) communication ❸ (COM: *von Auftrag*) assignment ❹ (RADIO TV) broadcast; **Übertragungsnetz** *nt* transmission network

übertreffen *irr vt* surpass (*an* in, *bei weitem* by far); **alle Erwartungen** ~ exceed all expectations; **das übertrifft alles** that beats everything; **nicht zu ~ sein** be unsurpassable

übertreiben *irr vt* ① exaggerate ② (*zu weit treiben*) overdo; **man kann's auch ~** you can overdo things; **Übertreibung** *f* exaggeration

über|treten¹ *irr vi* ① (*Fluss*) break its banks ② (*zu einer anderen Partei*) go over (to) ③ (SPORT) overstep; **zum Protestantismus ~** turn Protestant

übertreten² *irr vt* (*Gesetz*) break, violate; **Übertretung** *f* (*von Gesetz*) violation

übertrieben [--'--] *adj* ① exaggerated ② (*unmäßig*) excessive

Übertritt ['---] *m* ① (*Grenz~*) crossing (*über* of) ② (REL) conversion ③ (POL) defection

übertrumpfen *vt* ① (*beim Kartenspiel*) overtrump ② (*fig*) outdo

übertünchen *vt* ① whitewash ② (*fig*) cover up

übervölkert [--'--] *adj* overpopulated; **Übervölkerung** *f* overpopulation

übervoll *adj* too full, overfull; (*von Menschen*) crammed (with people)

übervorteilen *vt* cheat

überwachen *vt* ① (*kontrollieren*) supervise ② (*beobachten*) keep a watch on ③ (*auf Monitor*) monitor; **Überwachung** *f* ① (*Kontrolle*) supervision ② (*Beobachtung*) observation; (*von Verdächtigen*) surveillance; **Überwachungskamera** *f* security [*o* surveillance] camera; **Überwachungsstaat** *m* police state

überwältigen [yːbɐ'vɛltɪgən] *vt* ① overpower ② (*Angst*) overcome; (*Schönheit*) overwhelm; **überwältigend** *adj* (*überragend*) overwhelming; (*Schönheit*) stunning

über|wechseln *sein vt* change over (*zu* to)

überweisen *irr vt* ① (*Geld*) transfer ② (*Patienten*) refer (*an* to); **Überweisung** *f* ① (*Geld~*) transfer ② (*von Patienten*) referral; **Überweisungsauftrag** *m* bank giro credit, transfer order

über|werfen¹ *irr vt* (*Kleidungsstück*) throw on

überwerfen² *irr vr:* **sich mit jdm ~** fall out with s.o.

überwiegen **I.** *irr vt* outweigh **II.** *vi* predominate; **überwiegend** *adj* predominant; **~e Mehrheit** vast majority

überwinden **I.** *irr vt* ① overcome; (*Schwierigkeiten*) get over ② (*hinter sich lassen*) outgrow **II.** *vr* overcome one's inclinations; **sich ~ etw zu tun** bring o.s. to do s.th.; **Überwindung** *f* ① overcoming; (*von Schwierigkeiten*) surmounting ② (*Selbst~*) willpower; **das hat mich viel ~ gekostet** that took me a lot of willpower

überwintern *vi* winter; (*Tiere*) hibernate

überwuchern *vt* overgrow

Überzahl *f:* **in der ~ sein** be superior in numbers, outnumber s.o.; **überzählig** ['yːbɐtsɛːlɪç] *adj* ① (*überschüssig*) surplus ② (*überflüssig*) superfluous ③ (*übrig*) spare

überzeichnen *vt* (*geh*) oversubscribe

überzeugen **I.** *vt* ① convince ② (*überreden*) persuade **II.** *vi* be convincing **III.** *vr:* **~ Sie sich selbst davon!** go and see for yourself!; **überzeugend** *adj* convincing; **überzeugt** *adj* convinced; **Überzeugung** *f* conviction; **es ist meine feste ~** it's my firm conviction; **der ~ sein, dass ...** be convinced that ...; **Überzeugungskraft** *f* persuasive power

überziehen¹ **I.** *irr vt* ① (*bedecken*) cover; (*mit Belag*) coat ② (*Konto*) overdraw (*um* by) **II.** *vi* (FIN) overdraw one's account **III.** *vr* (*sich bedecken*) become overcast

über|ziehen² *irr vt* ① (*anziehen*) put on ② (*fam*): **jdm eins ~** give s.o. a clout

Überzieher ['----] <-s, -> *m* (*Übermantel*) greatcoat, overcoat; (*leichter ~*) topcoat *Br*, duster *Am*; **Überziehung** [--'--] *f* (FIN: *Konto~*) overdraft; **Überziehungskredit** *m* overdraft provision

Überzug ['---] *m* ① (*Beschichtung*) coating; (*metallener ~*) plating ② (*Bett~, Sofa~*) cover

üblich ['yːplɪç] *adj* ① usual ② (*herkömmlich*) customary ③ (*normal*) normal; **nicht ~** unusual; **das ist bei uns so ~** that's usual for us; **allgemein ~ sein** be common practice; **~e Größe** standard size

U-Boot *nt* submarine; **U-Boot-Krieg** *m* submarine warfare

übrig ['yːbrɪç] *adj* left, remaining; **das Übrige** the remainder; **ein Übriges tun** do one more thing; **im Übrigen** by the way; **hast du eine Zigarette ~?** could you spare me a cigarette?; **für jdn etw ~ haben** (*fam*) have a soft spot for s.o.; **für jdn nichts ~ haben** (*fam*) have no time for s.o; **~ bleiben** be left (over); **es bleibt ihm nichts anderes ~** he has no other choice; **was blieb mir anderes ~, als ...?** what choice did I have but ...?; **jdm etw ~ lassen** leave s.th. for s.o.; **zu wünschen ~ lassen** leave s.th. to be desired

übrigens ['yːbrɪgəns] *adv* by the way, incidentally

Übung ['yːbʊŋ] *f* exercise; (*praktische Aus-*

übung) practice; ~ **macht den Meister** (*prov*) practice makes perfect; **in der ~ bleiben** keep in practice; **aus der** ~ out of practice; **das ist alles nur** ~ it all comes with practice; **Übungsbuch** *nt* exercise-book

UdSSR *f* (HIST) *Abk. von* **Union der Sozialistischen Sowjetrepubliken** USSR

U-Eisen *nt* (TECH) E-channel

Ufer ['u:fɐ] <-s, -> *nt* (*Fluss~*) bank; (*See~*) shore; **direkt am** ~ right on the waterfront; **etw ans ~ spülen** wash s.th. ashore; **das rettende ~ erreichen** reach terra firma

Uferböschung *f* embankment; **uferlos** *adj* (*grenzenlos*) boundless; **die Kosten gehen ins Uferlose** the costs are going up and up

Ufo <-(s), -s> *nt Abk. von* **unbekanntes Flugobjekt** Ufo

Uganda [u'ganda] *nt* Uganda; **Ugander(in)** *m(f)* Ugandan; **ugandisch** *adj* Ugandan

Uhr [u:ɐ] <-, -en> *f* ❶ (*Wand~, Stand~*) clock; (*Armband~, Taschen~*) watch ❷ (*Anzeigeinstrument*) gauge; **wie viel ~ ist es?** what time is it?; **um wie viel ~?** at what time?; **meine ~ geht vor/nach** my watch is fast/slow; **meine ~ geht genau** my watch keeps exact time; **nach meiner ~** by my watch; **Uhrarmband** *nt* watch strap; **Uhrenindustrie** *f* watch-and-clock-making industry; **Uhrkette** *f* watch chain; **Uhrmacher(in)** *m(f)* watchmaker; **Uhrwerk** *nt* clockwork; **Uhrzeiger** *m* hand; **Uhrzeigersinn** *m:* **im** ~ clockwise; **gegen den** ~ anti-clockwise; **Uhrzeit** *f* time; **haben sie die genaue ~?** do you have the correct time?

Uhu ['u:hu] <-s, -s> *m* eagle-owl

Ukraine [u'kraɪnə] *f* Ukraine; **Ukrainer(in)** *m(f)* Ukrainian; **ukrainisch** *adj* Ukrainian

Ulk [ʊlk] <-(e)s, -e> *m* lark; **etw aus ~ tun** do s.th. as a joke; **ulken** *vi* clown around; **ulkig** *adj* (*fam*) funny

Ulme ['ʊlmə] <-, -n> *f* elm

Ultimatum [ʊltɪ'ma:tʊm] <-s, -en> *nt* ultimatum

Ultrakurzwelle *f* ultra-high frequency, ultra-short wave; **Ultrakurzwellensender** *m* UHF station; **Ultraschall** *m* ultrasound; **Ultraschallbild** *nt* (MED) ultrasound picture; **Ultraschallgerät** *nt* (MED) ultrasonic receiver; **Ultraschalluntersuchung** *f* (MED) scan *Br;* **ultraviolett** *adj* (PHYS) ultra-violet

um [ʊm] **I.** *präp* ❶ (*räumlich*) round; (*ungefähr*) about, around; ~ **die Ecke** round the corner; ~ **die Welt** round the world; **die Erde dreht sich ~ die Sonne** the earth goes round the sun; ~ **einen Tisch sitzen** sit round a table; **besorgt sein ~ …** feel anxious about …; **sich ängstigen ~ …** be worried about … ❷ (*Maße*) about, at, by, for, toward(s); ~ **6 Uhr** at six (o'clock); ~ **jeden Preis** at any rate, at any price; ~ **keinen Preis** not at any price; ~ **alles in der Welt** for anything in the world; ~ **diese Zeit** by this time; ~ **einen Kopf größer** taller by a head; ~ **ein Haar** by a hair; **etwa ~ 6 Uhr** towards six ❸ (~ … *willen*) because of …, for …; (*wegen*) for the sake of …; ~ **Himmels willen!** for heaven's sake!; **ich beneide sie ~ ihren Erfolg** I envy them their success; **es tut mir Leid ~ ihn!** I'm sorry for him! **II.** *konj* (in order) to; **je … ~ so besser** the … the better **III.** *adv* (*ungefähr*) about; **so ~ Ostern** about Easter; **deine Zeit ist ~** your time is up

umadressieren *vt* readdress

um|ändern *vt* alter; (*modifizieren*) modify

um|arbeiten *vt* alter; (*Buch*) revise; (*Schriftstück*) rewrite; **einen Roman zu einem Drehbuch ~** adapt a novel for the screen

umarmen *vt* embrace; (*fester*) hug; **Umarmung** *f* embrace; (*festere ~*) hug

Umbau ['--] <-s, -e/-ten> *m* ❶ (ARCH) rebuilding ❷ (*organisatorischer ~*) reorganization; **um|bauen¹** *vt* ❶ (*Gebäude*) rebuild; (*Kulissen*) change ❷ (*Organisation*) reorganize

umbauen² *vt* enclose; **umbauter Raum** enclosed area

um|benennen *irr vt:* **etw in etw ~** rename s.th. s.th.

um|besetzen *vt* (THEAT) recast; (*Posten*) reassign; (*Mannschaft*) reorganize; (POL: *Kabinett*) reshuffle

um|biegen **I.** *irr vt haben* bend **II.** *vi sein* ❶ (*Weg*) bend ❷ (*umkehren*) turn round **III.** *vr haben* curl

um|bilden *vt* ❶ (*Verwaltung*) reorganize ❷ (POL: *Regierung*) reshuffle *Br,* shake up *Am*

um|binden *irr vt* tie on

um|blättern *vt, vi* turn over

um|blicken *vr* look round; **sich nach jdm (etw) ~** turn round to look at s.o. (s.th.)

um|bringen *irr vt* kill; **dieses endlose Warten bringt mich noch um!** (*fam*) this endless waiting will be the death of me!

Umbruch *m* ❶ (*Erneuerung*) radical change ❷ (TYP) makeup

um|buchen *vt, vi* ① (*Betrag*) transfer (*auf* to) ② (*Reise*) alter one's booking (*auf* for)

um|denken *vi* change one's views

um|disponieren *vi* change one's arrangements *pl*

um|drehen **I.** *vt* ① (*auf andere Seite*) turn over; (*auf den Kopf stellen*) turn up ② (*um die Achse*) turn round; (*Schlüssel*) turn ③ (*Hals*) wring; **den Spieß** ~ turn the tables *pl* **II.** *vr* ① (*sich umsehen*) turn round (*nach* to look at) ② (*im Bett*) turn over; **Umdrehung** [-'--] *f* ① turn ② (PHYS) rotation ③ (AUTO) revolution; **Umdrehungszahl** *f* (AUTO: *pro Minute*) revolutions per minute

umeinander *adv* about each other; (*räumlich*) round each other

um|erziehen *vt* re-educate

umfahren¹ *irr vt* (AUTO) drive round; (MAR) sail round; (AUTO: *um etw zu vermeiden*) make a detour round

um|fahren² *irr vt* (*niederfahren*) run down

um|fallen *sein irr vi* ① fall down *Br*, fall over *Am* ② (*fam: nachgeben*) give in [*o* way] ③ (*fam: ohnmächtig werden*) pass out; **vor Müdigkeit fast** ~ be almost dead on one's feet

Umfang *m* ① (*Kreis~*) perimeter; (*Leibes~*) girth ② (*Fläche*) area; (*Größe*) size ③ (*Anzahl*) amount ④ (*Ausmaß*) extent; (*von Arbeit*) scope; **in großem** ~ on a large scale; **in vollem** ~ fully; **solchen** ~ **annehmen, dass ...** assume such proportions that ...; **dieses Buch hat einen** ~ **von 500 Seiten** this book has 500 pages; **umfangreich** *adj* extensive

umfassen *vt* ① clasp, grasp; (*umarmen*) embrace ② (*enthalten*) contain; (*Zeitperiode*) cover; **umfassend** *adj* ① (*vieles enthaltend*) comprehensive ② (*weitreichend*) extensive ③ (*vollständig*) complete, full

Umfeld *nt* (associated) area [*o* field]

um|finanzieren *vi* refinance

um|formen *vt* ① remodel (*in* into) ② (ELEK) convert; **Umformer** *m* (ELEK) converter; **Umformung** *f* remodelling; (ELEK) conversion

Umfrage *f* survey; (*zur Erforschung der öffentlichen Meinung*) poll; **eine** ~ **machen** carry out a survey

um|füllen *vt* decant

um|funktionieren *vt:* **etw zu etw** ~ turn s.th. into s.th.

Umgang ['--] <-(e)s> *m* contact; (*Bekanntenkreis*) acquaintances *pl;* **im** ~ **mit ... muss man ...** in dealing with ... one must ...; **umgänglich** ['ʊmgɛŋlɪç] *adj* ① (*gesellig*) sociable ② (*verträglich*) affable ③ (*entgegenkommend*) obliging; **Umgangsformen** *pl* manners; **Umgangssprache** *f* colloquial speech; **Umgangston** *m* tone, way of speaking

umgeben *irr vt* surround; **Umgebung** *f* ① (*Umwelt*) surroundings *pl* ② (*von Stadt*) environs *pl* ③ (*Nachbarschaft*) neighbourhood ④ (*Milieu*) background; **London und** ~ London and surroundings

um|gehen¹ *sein irr vi* ① (*Gerücht*) circulate ② (*Gespenst*) walk ③ (*behandeln*) handle (*mit jdm, etw* s.o., s.th.); **hier geht ein Gespenst um** this place is haunted; **mit jdm grob** ~ treat s.o. roughly

umgehen² *irr vt* ① (*herumgehen*) go round ② (*Hindernis*) by-pass ③ (JUR) evade; (*Verordnung*) circumvent; **umgehend** ['---] *adj* immediate

Umgehung [-'--] *f* ① (*das Umgehen*) going round; (MIL) outflanking ② (*Straße*) detour; **unter** ~ **der Vorschriften** by circumventing the regulations; **Umgehungsstraße** *f* by-pass

umgekehrt **I.** *adj* ① reversed; (*Reihenfolge*) reverse ② (*gegenteilig*) contrary; **mit** ~**em Vorzeichen** with the roles reversed **II.** *adv* ① (*am Satzanfang: dagegen*) conversely ② (*anders herum*) the other way round; **gerade** ~**!** quite the contrary!

um|gestalten *vt* (*ändern*) alter; (*Verwaltung*) reorganize; (*umbilden*) remodel

um|graben *irr vt* (*Boden*) turn over

um|gruppieren *vt* rearrange; (*auf andere Gruppen verteilen*) regroup

um|gucken *vr* (*fam*) look about (*nach etw* for s.th.); **du wirst dich noch** ~**!** (*fam*) you've got another think coming!

Umhang *m* cape; **um|hängen** *vt* ① put on; (*Gewehr*) sling on ② (*Bild*) rehang; **sich etw** ~ put s.th. on; **jdm etw** ~ drape s.th. around s.o.; **Umhängetasche** *f* shoulder-bag

um|hauen *irr vt* cut down, fell; (*fam: erstaunen*) bowl over

umher [ʊm'heːɐ] *adv* about, around; **rings** ~ all around; **umher|blicken** *vi* glance round, look about; **umher|gehen** *irr vi* walk about; **umher|irren** *sein vi* ① (*von Person*) wander around [*o* about] ② (*Blicke*) roam about; **umher|schlendern** *vi* stroll about (*in* s.th.)

umhin [ʊm'hɪn] *adv:* **ich kann nicht** ~ **zu ...** I cannot but ...

umhören *vr* ask around

umhüllen *vt* wrap (*mit* in)

umjubeln *vt* cheer

Umkehr <-> *f* ① turning back ② (*Änderung*) change; **umkehrbar** *adj* reversible; **um|kehren** I. *vi sein* ① turn back ② (*fig*) change one's ways II. *vt haben* ① (*Kleidungsstück*) turn inside out ② (*Verhältnisse*) overturn ③ (MATH MUS) invert III. *vr haben* (*Verhältnisse*) become inverted; **Umkehrschluss** *m* inversion of an argument; **Umkehrung** *f* reversal; (MATH MUS) inversion; **die ~ der Gesellschaftsordnung** turning society upside down

um|kippen I. *vt haben* tip over II. *vi sein* ① tip over; (*Getränk*) be spilled ② (*fam: ohnmächtig werden*) pass out ③ (*Gewässer*) be [*o* become] polluted

umklammern *vt* clasp; (*Boxen*) clinch; **Umklammerung** *f* clutch; (*beim Boxen*) clinch; (MIL) pincer movement

um|klappen *vt* fold down

umkleiden¹ *vt* (*beziehen: mit Stoff*) cover

um|kleiden² *vr* (*sich umziehen*) change one's clothes

Umkleideraum ['----] *m* changing room; (THEAT) dressing-room

um|kommen *sein irr vi* be killed, die; **ich komme um vor Hitze!** (*fam*) the heat is killing me!; **vor Langeweile ~** (*fam*) be bored to death

Umkreis ['--] <-es> *m* (*Umgebung*) surroundings *pl;* **im ~ von …** within a radius of …; **im näheren ~** in the vicinity

umkreisen *vt* circle; (ASTR) revolve round; (*Raumfahrt*) orbit

um|krempeln ['ʊmkrɛmpəln] *vt* (*Hose, Ärmel*) turn up; (*umwenden*) turn inside out; **jdn ~** (*fam*) change someone's ways

um|laden *irr vt* reload; (MAR) transship

Umlage <-, -n> *f* levy, contribution

umlagern¹ *vt* (*umgeben*) surround

um|lagern² *vt* (*anders lagern*) re-store

Umlauf *m* ① (*Erd~*) revolution ② (*Geld~*) circulation ③ (*Rundschreiben*) circular; **in ~ bringen** circulate, put into circulation; (*Gerüchte*) spread; **im ~ sein** be circulating; **Umlaufbahn** *f* (ASTR) orbit; **~ um die Sonne** solar orbit; **um|laufen** I. *vt* (*umrennen*) knock over II. *vi sein* (*a.* FIN: *zirkulieren*) circulate

Umlaut *m* (LING) umlaut, vowel mutation

um|legen *vt* ① (*umhängen*) put round ② (*Leitungen, Schienen*) re-lay; (*Kranke*) move ③ (*Termin*) change (*auf* to) ④ (*sl: töten*) bump off

um|leiten *vt* (*Verkehr*) divert; **Umleitung** *f* (*Verkehrs~*) detour, diversion

um|lernen *vi* ① retrain ② (*Ansichten ändern*) change one's views

umliegend *adj* surrounding; **die ~e Gegend** the environs *pl*

ummanteln *vt* (TECH) jacket

um|modeln ['ʊm,mo:dəln] *vt* (*fam*) change

Umnachtung *f* (mental) derangement

um|packen *vt* repack

um|pflügen *vt* plough up

um|polen *vt* (ELEK) change the polarity

umquartieren *vt* re-accomodate

umrahmen *vt* frame

umranden *vt* border, edge

um|räumen I. *vt* (*anders anordnen*) rearrange; (*an anderen Platz bringen*) shift II. *vi* (*Möbel*) rearrange the furniture

um|rechnen *vt* (FIN) convert (*in* into); **Umrechnungskurs** *m* (FIN) rate of exchange

umreißen *haben irr vt* (*grob darstellen*) outline

um|rennen *irr vt* run into and knock down

umringen *vt* surround

Umriss ['--] *m* outline; (*Kontur*) contour; **umrissen** [ʊm'rɪsən] *adj:* **scharf ~** well defined

um|rühren *vt* stir

um|rüsten *vt* ① (MIL) re-equip (*auf* to) ② (TECH) reset ③ (ELEK) convert

Umrüstung <-, -en> *f* retooling, re-engineering

um|satteln *vi* (*fig*) change jobs *pl;* (*an Universität*) change courses; **von etw auf etw ~** switch from s.th. to s.th.

Umsatz *m* (COM) turnover; **Umsatzbericht** *m* sales report; **Umsatzbeteiligung** *f* commission; **Umsatzkurve** *f* sales curve; **Umsatzplus** *nt* (COM) increase in turnover; **Umsatzprognose** *f* predicted sales [*o* turnover]; **Umsatzrückgang** *m* decline [*o* drop] in sales; **umsatzschwach** *adj* inactive, weak; **Umsatzstatistik** *f* sales statistics *pl;* **Umsatzsteigerung** *f* increase [*o* upswing] in sales; **Umsatzsteuer** *f* sales tax

umsäumen *vt* ① (*beim Nähen*) edge ② (*Platz: umgeben*) line

um|schalten I. *vt* (ELEK) switch over II. *vi* ① (RADIO TV: *auf anderen Sender*) change over (*auf* to) ② (*in Denken*) change (*auf* to) ③ (AUTO) shift (*in* to); **Umschalttaste** *f* ① (TELE) reversing key ② (*bei Schreibmaschine*) shift-key

Umschau <-> *f* review; **um|schauen** *vr* look around (*nach* for); (*nach hinten*) look back

Umschichtung *f* regrouping, shifting; **gesellschaftliche ~** social upheaval

umschiffen *vt* sail round; (*Kap*) double

Umschlag *m* ① (*Brief~*) envelope; (*Hülle*) cover ② (*Buch~*) jacket ③ (*Hose*) turn-up;

(*Ärmel*) cuff ❹ (*Veränderung*) (sudden) change (*von etw* in s.th., *in etw* into s.th.) ❺ (MED) compress ❻ (COM: *Waren~*) volume of traffic; **um|schlagen I.** *irr vt* ❶ (*Seite*) turn over ❷ (*Saum*) turn up ❸ (*Ärmel*) tuck up; (*Kragen*) turn down ❹ (COM: *umladen*) transfer ❺ (COM: *umsetzen*) turn over **II.** *vi* ❶ (*Wetter*) change ❷ (*Wind*) veer round ❸ (*Boot*) capsize; **Umschlaghafen** *m* port of transshipment; **Umschlagplatz** *m* (COM) trade centre *Br*, trade center *Am*

umschließen *irr vt* enclose, surround

umschlingen *irr vt* ❶ (*Pflanze*) twine round ❷ (*umarmen*) embrace

um|schmeißen *irr vt* ❶ (*fam: umwerfen*) knock flying ❷ (*fam: erstaunen*) bowl over; **das schmeißt meine Pläne um** that mucks my plans up

um|schnallen *vt* buckle on

um|schreiben[1] *irr vt* ❶ (*Text*) rewrite ❷ (*bearbeiten*) adapt (*für* for) ❸ (*Besitz*) transfer ❹ (COM: *Wechsel*) alter (*auf* for)

umschreiben[2] *irr vt* ❶ (*mit anderen Worten ausdrücken*) paraphrase ❷ (*darlegen*) outline ❸ (*abgrenzen*) circumscribe ❹ (*nicht beim Namen nennen*) refer to obliquely; **Umschreibung** *f* ❶ (*fig*) paraphrase ❷ (*vager Hinweis*) oblique reference (*von* to)

Umschrift *f* ❶ (*auf Münze*) inscription ❷ (LING: *phonetische ~*) transcription

um|schulden *vt* reschedule, restructure

Umschuldung *f* funding

um|schulen *vt* ❶ (*auf andere Schule*) transfer to another school ❷ (*auf etw Neues*) retrain; **Umschulung** <-, -en> *f* retraining; **Umschulungskurs** *m* course for retraining

um|schütten *vt* ❶ (*ausschütten*) spill ❷ (*in ein anderes Gefäß*) decant

umschwärmen *vt* (*fig*) idolize; **von Verehrern umschwärmt** besieged by admirers

Umschweife *pl:* **ohne ~** without beating about the bush

umschwirren *vt* (*a. fig*) buzz round

Umschwung *m* (*Änderung*) drastic change (*zum Besseren* for the better); (*ins Gegenteil*) reversal

um|sehen *irr vr* look around (*nach* for); (*zurück*) look back; **sich in der Welt ~** see s.th. of the world; **sich in der Stadt ~** have a look around the town

umseitig *adj* overleaf; **die ~e Abbildung** the illustration overleaf

um|setzen I. *vt* ❶ (*Personen*) move to another seat ❷ (COM: *Waren*) turn over ❸ (*umwandeln*) convert (*etw in etw* s.th. into s.th.); (MUS) transpose ❹ (*Pflanze*) transplant ❺ (TYP) reset; **etw in die Tat ~** translate s.th. into action; **sein Geld in Kleidung ~** spend all one's money on clothes **II.** *vr* ❶ (*Personen*) change seats ❷ (*sich umwandeln*) be converted (*in etw* into s.th.)

Umsetzung *f:* **~ in die Tat** translation into action

Umsicht *f* circumspection, prudence; **umsichtig** *adj* circumspect, prudent

um|siedeln *vt haben, vi sein* resettle; **Umsiedler(in)** *m(f)* resettler; **Umsiedlung** *f* resettlement

um|sinken *irr vi* sink to the ground; **vor Müdigkeit ~** drop with exhaustion

umso *konj:* **~ besser** all the better, so much the better; **~ weniger** the more ... the less; **~ mehr, als ...** all the more considering ...

umsonst [ʊmˈzɔnst] *adv* ❶ (*vergeblich*) in vain ❷ (*erfolglos*) without success ❸ (*kostenlos*) for nothing, free of charge; **das hast du nicht ~ getan!** (*fam*) you'll pay for that!; **~ ist der Tod** (*prov*) you don't get anything for nothing in the world

umsorgen *vt* care for

umspannen[1] *vt* (*a. fig*) encompass; **etw mit beiden Armen ~** get both arms all the way round s.th.

um|spannen[2] *vt* ❶ (ELEK: *Strom*) transform ❷ (*Pferde*) change; **Umspannwerk** [ˈ---] *nt* (ELEK) transformer station

um|springen *irr vi* (*Wind*) veer round (*nach* to); **mit jdm grob ~** treat s.o. roughly; **so können Sie mit mir nicht ~!** you can't push me around like that!

Umstand *m* circumstance; (*Tatsache*) fact; **ein unvorhergesehener ~** s.th. unforeseen

Umstände [ˈʊmʃtɛndə] *mpl* ❶ circumstances *pl* ❷ (*Förmlichkeiten*) fuss *sing* ❸ (*Schwierigkeiten*) trouble *sing*; **es geht ihr den ~n entsprechend gut** she is as well as can be expected under the circumstances; **ohne große ~** without much fuss; **unter ~n** circumstances permitting; **unter keinen ~n** under no circumstances; **unter allen ~n** at all costs; **mildernde ~** (JUR) extenuating circumstances; **in anderen ~n sein** (*schwanger*) be pregnant; **machen Sie sich meinetwegen keine ~!** don't trouble yourself on my account!

umständlich *adj* ❶ (*Arbeitsweise*) awkward and involved ❷ (*Vorbereitung*) elaborate ❸ (*Erklärung*) long-winded

Umstandskleid *nt* maternity dress;

U

Umstandskleidung *f* maternity clothes; **Umstandswort** *nt* (GRAM) adverb
umstehend *adj* ❶ (*umseitig*) overleaf ❷ (*in der Nähe stehend*) standing round about; **die Umstehenden** the bystanders
um|steigen *sein irr vi* ❶ (*Bahn, Bus*) change (*nach* for) ❷ (*fam*) switch (*auf* to)
umstellen¹ *vt* (*umringen*) surround
um|stellen² **I.** *vt, vi* ❶ (*Möbel*) rearrange ❷ (*Betrieb, Hebel*) switch over; **auf Computer** ~ computerize **II.** *vr* (*im Lebensstil*) get used to a different lifestyle; **sich auf etw** ~ adjust to s.th.; **Umstellung** *f* ❶ rearrangement ❷ (*von Gerät, Hebel*) switch-over ❸ (*Anpassung*) adjustment (*auf* to); ~ **auf Computer** computerization; ~ **auf Erdgas** conversion to natural gas; ~ **auf den Euro** changeover to the euro; **das wird eine große ~ für ihn sein** it will be a big change for him
um|stimmen *vt:* **jdn** ~ change someone's mind; **er lässt sich nicht** ~ he's not to be persuaded
um|stoßen *irr vt* knock over; (*Pläne*) upset
umstritten *adj* ❶ (*noch nicht ausdiskutiert*) disputed ❷ (*fraglich*) controversial
um|strukturieren *vt* change the structure of ...; **Umstrukturierung** *f* restructuring
um|stülpen ['ʊmʃtʏlpən] *vt* turn upside down [*o* inside out]; (*Tasche*) turn out
Umsturz *m* (POL) coup d'état; **um|stürzen** **I.** *vt haben* ❶ overturn ❷ (POL) overthrow **II.** *vi sein* (*umfallen*) fall; (*Fahrzeug*) overturn; **Umsturzversuch** *m* attempted coup [*o* putsch]
Umtausch *m* exchange; **um|tauschen** *vt* exchange; (*Geld*) change (*in* into); **kann ich das ~?** is it possible to exchange this?
umtun *irr vr* (*fam*): **sich nach etw** ~ be looking for s.th.
um|verteilen *vt* redistribute
um|wälzen *vt* ❶ (TECH) circulate ❷ (*revolutionieren*) revolutionize; **umwälzend** *adj* (*revolutionär*) revolutionary; **Umwälzpumpe** *f* circulating pump; **Umwälzung** *f* ❶ (TECH) circulation ❷ (*Revolutionierung*) radical change
um|wandeln *vt* change (*in* into); (JUR: *Strafe*) commute; (COM) convert; **sie ist wie umgewandelt** she's a different person
Umwandlung <-, -en> *f* transformation, conversion
um|wechseln *vt* (*Geld*) change (*in* into)
Umweg *m* ❶ detour ❷ (*fig*) roundabout way; **auf ~en** indirectly; **einen ~ machen** (*unabsichtlich*) go the long way round; (*absichtlich*) make a detour
Umwelt *f* environment; **Umweltauflage** *f* environmental requirement; **Umweltbedingungen** *fpl* environmental conditions; **Umweltbelastung** *f* ecological damage, environmental pressure; **Umweltbewusstsein** *nt* environmental awareness; **Umweltbundesamt** *nt* department of the environment; **Umwelteinflüsse** *mpl* environmental influences; **Umwelterhaltung** *f* environmental preservation; **umweltfeindlich** *adj* ecologically harmful; **Umweltforschung** *f* environmental research; **umweltfreundlich** *adj* non-polluting, ecologically friendly; **~er Ansatz** eco-friendly approach; **umweltgefährdend** *adj* harmful to the environment; **Umweltgefährdung** *f* endangering the environment; **Umweltgefahren** *pl* environmental hazards; **Umweltgesichtspunkte** *pl:* **unter ~n** environmentally speaking; **Umweltgift** *nt* environmental pollutant; **Umweltkatastrophe** *f* ecological disaster; **Umweltministerium** *nt* Ministry of the Environment; **Umweltnormen** *pl* environmental standards; **Umweltpolitik** *f* environment(al) policy; **umweltpolititisch** *adj* environmental; **~e Maßnahmen** environmental policies; **Umweltprogramm** *nt* environmental policies *pl;* **Umweltqualität** *f* quality of the environment; **Umweltschäden** *pl* environmental damage *sing;* **umweltschonend** *adj* environmentally compatible; **Umweltschutz** *m* environmental protection; **Umweltschutzgesetz** *nt* environmental (protection) law; **Umweltschutzpapier** *nt* recycled paper; **Umweltschutztechnik** *f* conservation technology; **Umweltschützer(in)** *m(f)* environmentalist, conservationist; **Umweltsteuer** *f* ecology tax; **Umweltthema** *nt* environmental issue; **Umweltvergiftung** *f* contamination of the environment; **Umweltverschmutzer** *m* polluter; **Umweltverschmutzung** *f* pollution of the environment; **umweltverträglich** *adj* (*Produkte, Stoffe*) ecologically compatible; **~es Verfahren** environmental-friendly practice; **Umweltzeichen** *nt* eco-label; **Umweltzerstörung** *f* destruction of the environment
um|wenden **I.** *irr vt* turn over **II.** *vr* turn round (*nach* to)
umwerben *irr vt* court
um|werfen *irr vt* overturn; (*ändern*) upset; **ein Bier wird dich nicht gleich** ~ one beer won't knock you out
umwickeln *vt* (*mit Stoff*) wrap round; **etw**

mit Draht ~ wind wire round s.th.

umzäunen *vt* fence round; **Umzäunung** *f* fence

um|ziehen *sein* **I.** *irr vr* change one's clothes **II.** *vi* move (to)

umzingeln *vt* encircle, surround

Umzug *m* ① (*Festzug*) procession ② (*Wohnungswechsel*) move, removal; **Umzugskarton** *m* packing case; **Umzugskosten** *pl* removal costs

unabänderlich *adj* ① (*unwiderruflich*) unalterable ② (*ewig*) immutable

unabdingbar *adj* (*Voraussetzung*) indispensable

unabhängig *adj* independent (*von* of); ~ **davon, was Sie meinen** irrespective of what you think; ~**es Unternehmen** stand-alone company; **Unabhängigkeit** *f* independence

unabkömmlich *adj* engaged

unablässig *adj* incessant, unceasing

unabsehbar *adj* (*Schaden*) immeasurable; (*Folgen*) unforeseeable; **der Schaden ist noch** ~ the amount of damage is not yet known

unabsichtlich *adj* unintentional

unabwendbar *adj* inevitable

unachtsam *adj* ① (*unaufmerksam*) inattentive ② (*nicht sorgsam*) careless; **Unachtsamkeit** *f* ① (*Unaufmerksamkeit*) inattentiveness ② (*Achtlosigkeit*) carelessness

unähnlich *adj* dissimilar, unlike

unanfechtbar *adj* incontestable

unangebracht *adj* ① (*unzweckmäßig*) inappropriate ② (*unpassend*) unsuitable; **diese Bemerkung war** ~ that remark was uncalled-for

unangefochten *adj* unchallenged

unangemeldet *adj* ① (*nicht vorangemeldet*) unannounced; (*Besucher*) unexpected ② (*polizeilich*) unregistered

unangemessen *adj* ① (*unvernünftig*) unreasonable ② (*unzulänglich*) inadequate

unangenehm *adj* unpleasant; **er kann** ~ **werden** he can get quite nasty; **es ist mir** ~**, dass ich Sie gestört habe** I feel bad about having disturbed you; **von etw** ~ **berührt sein** be embarrassed by s.th.

unangepasst *adj* nonconformist

unangetastet *adj* untouched

unangreifbar *adj* unassailable

unannehmbar *adj* unacceptable

Unannehmlichkeit *f* trouble; ~**en haben** (**bekommen**) be in (get into) trouble *sing*

unansehnlich *adj* unsightly; (*Person*) plain

unanständig *adj* ① (*Kleidung*) indecent ② (*obszön*) dirty; **Unanständigkeit** *f* ① (*von Kleidung*) indecency ② (*Obszönität*) dirtiness; (*Ungehörigkeit*) rudeness

unantastbar *adj* ① (*über jeden Zweifel erhaben*) unimpeachable ② (*nicht verletzbar*) unviolable

unappetitlich *adj* (*a. fig*) unappetizing

Unart *f* bad habit; **unartig** *adj* naughty

unästhetisch *adj* unappetizing

unattraktiv *adj* unattractive

unauffällig *adj* inconspicuous; (*unscheinbar*) unobtrusive

unauffindbar *adj* nowhere to be found

unaufgefordert **I.** *adj* unsolicited **II.** *adv* without being asked

unaufhaltsam *adj* (*nicht aufzuhalten*) unstoppable; ~ **wachsende Bevölkerung** ever-expanding population

unaufhörlich *adj* incessant

unauflöslich *adj* indissoluble; (CHEM) insoluble

unaufmerksam *adj* inattentive; **Unaufmerksamkeit** *f* inattentiveness

unaufrichtig *adj* insincere

unaufschiebbar *adj* urgent; **die Angelegenheit ist** ~ the matter can't be put off

unausbleiblich *adj* inevitable

unausgefüllt *adj* ① (*Formular*) blank ② (*Mensch*) unfulfilled

unausgeglichen *adj* unbalanced; (*Mensch*) moody; **Unausgeglichenheit** *f* unbalance; (*fig*) moodiness; **die** ~ **seines Wesens** the unevenness of his temper

unausgegoren *adj* (*fig*) immature; (*Plan*) half-baked; **unausgereift** *adj* (*Plan*) poorly conceived

unauslöschlich *adj* (*a. fig*) indelible

unaussprechlich *adj* ① (*Wort*) unpronounceable ② (*unerhört*) unspeakable

unausstehlich *adj* intolerable

unausweichlich *adj* unavoidable

unbändig *adj* ① (*ausgelassen*) boisterous ② (*ungezügelt*) unrestrained; **ich habe** ~**en Hunger** I'm ravenous

unbarmherzig *adj* merciless; **Unbarmherzigkeit** *f* mercilessness

unbeabsichtigt *adj* unintentional

unbeachtet *adj* unnoticed; **das dürfen wir nicht** ~ **lassen** we mustn't leave that out of account; **etw** ~ **lassen** let s.th. pass

unbeanstandet *adj* not objected to

unbebaut *adj* ① (*Grundstück*) vacant ② (*Feld*) uncultivated

unbedacht *adj* (*unüberlegt*) thoughtless; (*übereilt*) rash

unbedeckt *adj* bare

unbedenklich *adj* completely harmless

unbedeutend *adj* ❶ (*unwichtig*) insignificant, unimportant ❷ (*geringfügig*) minor
unbedingt I. *adj* ❶ (*absolut*) absolute ❷ (*bedingungslos*) unconditional II. *adv* ❶ (*auf jeden Fall*) really ❷ (*erforderlich*) absolutely; **er wollte sie ~ sehen** he was hell-bent on seeing her; **das Buch musst du ~ lesen** you really must read that book; **Sie müssen ~ kommen!** you really must come!
unbefangen *adj* ❶ (*natürlich*) natural; (*ungehemmt*) uninhibited ❷ (*unparteiisch*) impartial; **Unbefangenheit** *f* ❶ (*Natürlichkeit*) naturalness ❷ (*Unparteilichkeit*) impartiality
unbefriedigend *adj* unsatisfactory
unbefristet *adj:* **~er Arbeitsvertrag** open-ended contract
unbefugt *adj* unauthorized
unbegabt *adj* untalented
unbegreiflich *adj* ❶ (*unverständlich*) incomprehensible ❷ (*unergründlich*) inscrutable; **das ist mir ~** I can't understand that
unbegrenzt *adj* unlimited
unbegründet *adj* groundless, unfounded
unbehaart *adj* hairless
Unbehagen *nt* ❶ (*körperlich*) discomfort ❷ (*gefühlsmäßig*) uneasiness; **unbehaglich** *adj* ❶ (*körperlich*) uncomfortable ❷ (*gefühlsmäßig*) uneasy
unbehelligt *adj* unmolested
unbeholfen *adj* awkward, clumsy; **Unbeholfenheit** *f* awkwardness
unbeirrbar *adj* unwavering
unbekannt *adj* unknown; **das ist mir ~** I don't know that; **~es Flugobjekt** unidentified flying object, UFO
Unbekannte *f* (MATH) unknown
Unbekannte(r) *m* unknown person, stranger
unbekleidet *adj* bare
unbekümmert *adj* ❶ (*unbesorgt*) unconcerned ❷ (*sorglos*) happy-go-lucky; **seien Sie ganz ~!** don't worry!
unbelastet *adj* ❶ (*Grundstück*) unencumbered ❷ (POL HIST) guiltless ❸ (*ohne Last*) unloaded ❹ (*unbeschwert*) free from worries
unbelehrbar *adj* fixed in one's views; **er ist einfach ~** you just can't tell him anything
unbeleuchtet *adj* (*Straße*) unlit
unbeliebt *adj* unpopular (*bei* with); **Unbeliebtheit** *f* unpopularity
unbemannt *adj* (*Raumflug*) unmanned
unbemerkt *adj* unnoticed; **~ bleiben** go unnoticed
unbenommen *adj:* **es bleibt Ihnen ~ zu ...** you are quite at liberty to ...
unbenutzt *adj* unused
unbeobachtet *adj* unobserved; **in einem ~en Augenblick** when nobody was looking
unbequem *adj* ❶ (*lästig*) inconvenient ❷ (*ungemütlich*) uncomfortable
Unbequemlichkeit *f* ❶ (*Lästigkeit*) inconvenience ❷ (*Ungemütlichkeit*) discomfort
unberechenbar *adj* unpredictable
unberührt *adj* ❶ untouched ❷ (*sexuell unerfahren*): **~ sein** be a virgin ❸ (*Natur*) unspoiled
unbeschadet *präp* regardless of
unbeschädigt *adj* undamaged
unbescholten *adj* ❶ (*Person*) respectable ❷ (*Ruf*) spotless
unbeschränkt *adj* unrestricted; (*Macht*) absolute; **jdm ~e Vollmacht geben** give s.o. carte blanche
unbeschreiblich *adj* indescribable
unbeschrieben *adj* (*Papier*) blank
unbeschwert *adj* ❶ unweighted ❷ (*sorglos*) carefree; (*Lektüre*) light-hearted
unbesehen *adv* indiscriminately; **das glaube ich dir ~** I believe it if you say so; **das glaube ich nicht ~** I'll believe that when I see it
unbesetzt *adj* vacant, unoccupied
unbesiegbar *adj* invincible
unbesiegt *adj* undefeated
unbesonnen *adj* rash; **Unbesonnenheit** *f* rashness
unbesorgt *adj* unconcerned; **seien Sie ~!** don't worry!; **Sie können ganz ~ sein** you can set your mind at ease
unbeständig *adj* ❶ (*Wetter*) changeable ❷ (*Mensch*) unsteady; **Unbeständigkeit** *f* ❶ (*von Wetter*) changeability ❷ (*von Mensch*) unsteadiness
unbestätigt *adj* unconfirmed
unbestechlich *adj* ❶ (*Person*) incorruptible ❷ (*Urteil*) unerring; **Unbestechlichkeit** *f* ❶ (*von Person*) incorruptibility ❷ (*von Urteil*) unerringness
unbestimmt *adj* ❶ (*ungewiss*) uncertain ❷ (*unklar*) vague ❸ (GRAM) indefinite; **auf ~e Zeit** for an indefinite period
Unbestimmtheit *f* uncertainty; (*Unklarheit*) vagueness
unbestreitbar *adj* (*Tatsache*) indisputable; (*Verdienste*) unquestionable
unbestritten *adj* undisputed; **es ist ~, dass ...** nobody denies that ...
unbeteiligt *adj* ❶ (*gleichgültig*) indifferent, unconcerned ❷ (*nicht teilnehmend*) uninvolved (*an o bei* in)

unbetont *adj* (LING) unstressed
unbeugsam *adj* uncompromising
unbewacht *adj* unguarded; (*Parkplatz*) unattented
unbewaffnet *adj* unarmed
unbeweglich *adj* ❶ (*nicht bewegbar*) immovable ❷ (*geistig* ~) inflexible; **~e Habe** (JUR) immovable property; **Unbeweglichkeit** *f* inflexibility
unbewohnbar *adj* uninhabitable
unbewohnt *adj* (*Gegend*) uninhabited; (*Haus*) unoccupied
unbewusst *adj* unconscious
unbezahlbar *adj* ❶ (*zu teuer*) prohibitive ❷ (*sehr nützlich*) invaluable
unbezahlt *adj* ❶ (*Urlaub*) unpaid ❷ (*Rechnung*) unsettled
unbezwinglich *adj* unconquerable; (*Drang*) invincible, uncontrollable
unblutig **I.** *adj* bloodless **II.** *adv* without bloodshed
unbotmäßig *adj* insubordinate
unbrauchbar *adj* of no use, useless; (*nicht zu verwenden*) unusable
unbürokratisch *adj* unbureaucratic
unchristlich *adj:* **eine ~e Zeit** (*fam*) an ungodly hour
und [ʊnt] *konj* and; **~ wenn ...** even if ...; **~?** so what?; **~ so weiter** and so forth [*o* on]; **~ dann?** (*danach*) and then?; (*was dann*) then what?; **~ wenn du noch so bettelst** no matter how much you beg; **~ das tat ich auch** which I did; **seien Sie so gut ~ ...** be so kind as to ...; **ich ~ ihm Geld leihen?** (*fam*) me, lend him money?; **ich konnte ~ konnte nicht aufhören** I simply couldn't stop
Undank *m* ingratitude; **~ ernten** get little thanks *pl;* **undankbar** *adj* ❶ (*Mensch*) ungrateful (*gegen* to) ❷ (*Aufgabe*) thankless; **Undankbarkeit** *f* ingratitude
undatiert *adj* undated
undefinierbar *adj* indefinable
undenkbar *adj* unthinkable
undenklich *adj:* **seit ~en Zeiten** since time immemorial
underdressed [ˈandɐdrɛsd] *adj* (*unpassend leger gekleidet*) underdressed
undeutlich *adj* indistinct
undicht *adj* (*gegen Luft*) not air-tight; (*gegen Wasser*) not water-tight; **~ sein** leak; **~e Stelle** (*a. fig*) leak
undifferenziert *adj* undifferentiated
Unding <-(e)s, -e> *nt* absurdity; **es ist ein ~ zu ...** it is preposterous to ...
undiszipliniert *adj* undisciplined
unduldsam *adj* intolerant; **Unduldsamkeit** *f* intolerance
undurchdringlich *adj* ❶ impenetrable (*für* to) ❷ (*Miene*) inscrutable
undurchführbar *adj* impracticable
undurchlässig *adj* impermeable, impervious (*für* to)
undurchsichtig *adj* ❶ opaque ❷ (*obskur*) obscure
uneben *adj* uneven; (*rau*) rough
unecht *adj* false; (*vorgetäuscht*) fake; (*künstlich*) artificial
unehelich *adj* illegitimate
unehrenhaft *adj* dishonourable
unehrlich *adj* dishonest; **Unehrlichkeit** *f* dishonesty
uneigennützig *adj* unselfish; **uneingelöst** *adj* (*Versprechen*) unfulfilled
uneingeschränkt *adj* unlimited, unrestricted
uneingeweiht *adj* uninitiated
uneinheitlich *adj* non-uniform
uneinig *adj* divided; **mit jdm ~ sein** disagree with s.o.; **Uneinigkeit** *f* disagreement
uneinnehmbar *adj* impregnable
uneins *adj* divided; **mit jdm ~ sein** disagree with s.o.
unempfänglich *adj* unsusceptible (*für* to)
unempfindlich *adj* ❶ insensitive (*gegen* to) ❷ (*strapazierfähig*) hard-wearing; (*Pflanzen*) hardy
unendlich *adj* infinite; (*zeitlich*) endless; **~ klein** (MATH) infinitesimal; **~ viele Leute** no end of people; **auf ~ eingestellt** (PHOT) focused at infinity; **Unendlichkeit** *f* infinity; (*zeitlich*) endlessness
unentbehrlich *adj* (*Person*) indispensable; (*Wissen*) essential
unentgeltlich *adj* free (of charge)
unentschieden *adj* ❶ (*noch nicht entschieden*) undecided ❷ (*unentschlossen*) indecisive ❸ (*Spiel*) drawn; **~ enden** end in a draw; **~ spielen** draw
unentschlossen *adj* indecisive; **ich bin noch ~** I haven't decided yet; **Unentschlossenheit** *f* indecision
unentschuldbar *adj* inexcusable; **das ist ~** it allows of no excuse
unentwegt *adj* incessant
unentwirrbar *adj* inextricable
unerbittlich *adj* inexorable
unerfahren *adj* inexperienced
unerfindlich *adj* (*unverständlich*) incomprehensible; **aus ~en Gründen** for some obscure reason *sing*
unerfreulich *adj* unpleasant
unergiebig *adj* unproductive
unergründlich *adj* unfathomable
unerheblich *adj* insignificant

U

unerhört I. *adj* ❶ (*ungeheuer*) enormous ❷ (*empörend*) outrageous; ~ **talentiert** exceedingly gifted II. *adv* incredibly; ~**!** honestly!; **das ist ja ~!** that's the limit!
unerkannt *adj* unrecognized
unerklärlich *adj* inexplicable
unerlässlich *adj* imperative
unerlaubt *adj* forbidden; (*ungesetzlich*) illegal; ~**e Entfernung von der Truppe** (MIL) absence without leave; ~**e Handlung** (JUR) tort
unerledigt *adj* unsettled
unermesslich *adj* immense, immeasurable
unermüdlich *adj* tireless, untiring
unerquicklich *adj* ❶ (*unerfreulich*) unedifying ❷ (*nutzlos*) fruitless
unerreichbar *adj* ❶ (*fig*) unattainable ❷ (*unzugänglich*) inaccessible
unerreicht *adj* ❶ (*fig*) unequalled ❷ (*Ziel*) unattained
unersättlich *adj* insatiable
unerschöpflich *adj* inexhaustible
unerschütterlich *adj* unshakeable
unerschwinglich *adj* (*Preis*) exorbitant, prohibitive; **für jdn ~ sein** be beyond someone's means
unersetzlich *adj* irreplaceable
unerträglich *adj* unbearable; (*Frechheit*) insufferable
unerwähnt *adj* unmentioned
unerwartet *adj* unexpected
unerwidert *adj* ❶ (*Brief*) unanswered ❷ (*Liebe*) unrequited
unerwünscht *adj* unwelcome; (*Kind*) unwanted
unfähig *adj* ❶ (*untüchtig*) incompetent ❷ (*nicht fähig*) incapable (of); **er ist einfach ~** he is simply incompetent; **Unfähigkeit** *f* ❶ incapacity ❷ (*mangelndes Können*) inability (for)
unfair *adj* ❶ (*unschön*) unfair ❷ (SPORT) foul
Unfall *m* accident; **Unfallanzeige** *f* notice of accident; **Unfallarzt, -ärztin** *m, f* specialist for accident injuries; **unfallbedingt** *adj* accidental; **Unfallbeteiligte(r)** *f m* person involved in an [*o* the] accident; **Unfallflucht** *f* hit-and-run (driving); **Unfallrente** *f* accident benefits *pl;* **Unfallrisiko** *nt* risk of accident; **Unfallschaden** *m* accident damage; **Unfallschutz** *m* ❶ (*im Betrieb*) prevention of accidents ❷ (*durch Versicherung*) accident insurance cover; **Unfallstation** *f* accident ward; **Unfallstelle** *f* scene of the accident; **unfallträchtig** *adj* accident-prone; **Unfallverhütung** *f* accident prevention; **Unfallversicherung** *f* accident insurance; **Unfallwagen** *m* ❶ (*verunglückter Wagen*) crash car ❷ (*unfallbeteiligter Wagen*) car involved in the accident
unfassbar *adj,* **unfasslich** *adj* incomprehensible
unfehlbar *adj* infallible; **Unfehlbarkeit** *f* infallibility
unfein *adj* indelicate; **das ist mehr als ~** that's most ungentlemanly; (*bei Damen*) that's most unladylike
unflätig ['ʊnflɛːtɪç] *adj* offensive; (*Sprache*) obscene
unförmig *adj* ❶ (*formlos*) shapeless ❷ (*nicht elegant*) inelegant ❸ (*groß*) cumbersome
unfrei *adj* (*Brief*) not prepaid
unfreiwillig *adj* ❶ (*unbeabsichtigt*) unintentional ❷ (*gezwungen*) compulsory
unfreundlich *adj* ❶ (*Person*) unfriendly ❷ (*Wetter*) inclement
Unfriede *m* strife; **in ~n mit jdm leben** live in conflict with s.o.
unfruchtbar *adj* infertile; (*fruchtlos*) fruitless; **Unfruchtbarkeit** *f* infertility; (*Fruchtlosigkeit*) fruitlessness
Unfug ['ʊnfuːk] <-(e)s> *m* nonsense; **~ treiben** get up to mischief; **lass den ~!** stop that nonsense!
Ungar(in) ['ʊŋgar] <-n, -n> *m(f)* Hungarian; **ungarisch** ['ʊŋgarɪʃ] *adj* Hungarian; **Ungarn** *nt* Hungary
ungastlich *adj* inhospitable
ungeachtet *präp* despite, in spite of; **~ dessen, dass es regnet** in spite of it raining; **~ aller Ermahnungen** despite all warnings
ungeahnt *adj* undreamt-of
ungebeten *adj* uninvited; ~**er Gast** intruder
ungebildet *adj* ❶ (*ohne Bildung*) uneducated ❷ (*unkultiviert*) uncultured
ungeboren *adj* unborn
ungebräuchlich *adj* uncommon
ungebührlich *adj* improper
ungebunden *adj* ❶ (*Buch*) unbound ❷ (*frei*) free; (*unabhängig*) fancy-free; **frei und ~** footloose and fancy-free
ungedeckt *adj* ❶ (*schutzlos*) unprotected ❷ (SPORT: *Spieler*) unmarked ❸ (COM: *Scheck*) uncovered ❹ (*Tisch*) unlaid
Ungeduld *f* impatience; **vor ~** with impatience; **ungeduldig** *adj* impatient
ungeeignet *adj* unsuitable (*für* to, for)
ungefähr ['ʊngəfɛːɐ] I. *adv* approximately, roughly; **~ 10 Uhr** about 10 o'clock; **kannst du mir ~ sagen, wie ...?** can you give me a rough idea of how ...?; **ich sage das nicht von ~** I have my reasons for say-

ing this; **es hat sich ~ so abgespielt ...** it happened s.th. like this ... **II.** *adj* approximate; **nach ~en Schätzungen** at a rough guess *sing*

ungefährlich *adj* ① (*sicher*) safe ② (*harmlos*) harmless

ungefärbt *adj* undyed

ungehalten *adj* indignant (*über* about)

Ungeheuer ['ʊngəhɔɪɐ] <-s, -> *nt* monster

ungeheuer **I.** *adj* ① (*riesig*) enormous, immense ② (*genial, kühn*) tremendous ③ (*vermessen*) outrageous ④ (*monströs*) monstrous; **~e Ausmaße annehmen** take on enormous dimensions **II.** *adv* ① (*sehr*) enormously ② (*negativ*) terribly

ungeheuerlich *adj* ① monstrous ② (*Verdacht*) dreadful ③ (*Leichtsinn, Verleumdung*) outrageous

ungehindert *adj* unhindered

ungehobelt *adj* (*fig*) uncouth

ungehörig *adj* impertinent; **Ungehörigkeit** *f* impertinence

ungehorsam *adj* disobedient; **Ungehorsam** *m* disobedience; (MIL) insubordination; **ziviler ~** civil disobedience

ungeklärt *adj* unsolved

ungekündigt *adj*: **in ~er Stellung** not under notice

ungekünstelt *adj* unaffected

ungekürzt *adj* (*Buch*) unabridged; (*Film*) uncut

ungeladen *adj* ① (*Gäste*) uninvited ② (*Gewehr*) unloaded

ungelegen *adj* inconvenient; **das kommt mir ~** that's inconvenient for me; **komme ich ~?** is this an inconvenient time for you?; **Ungelegenheit** *f*: **jdm ~en machen** inconvenience s.o.

ungelehrig *adj* unteachable

ungelenk *adj* awkward

ungelernt *adj* unskilled

ungeliebt *adj* unloved

ungelogen *adv* honestly; **dafür hab' ich ~ 2 Stunden gebraucht!** this took me 2 hours, and that's the honest truth!

ungemein **I.** *adj* immense **II.** *adv* exceedingly

ungemütlich *adj* ① (*örtlich*) uncomfortable ② (*Person*) uncomfortable to be with ③ (*Wetter*) unpleasant; **ich kann auch ~ werden!** I can be very unpleasant if I choose!; **es kann hier gleich sehr ~ werden!** things could get very nasty here in a moment!

ungenau *adj* ① (*nicht fehlerlos*) inaccurate ② (*nicht wahrheitsgetreu*) inexact ③ (*ungefähr*) rough

Ungenauigkeit *f* ① (*durch Fehler*) inaccuracy ② (*durch Abweichung von Tatsachen*) inexactitude

ungeniert ['ʊnʒe'niːɐt] *adj* ① (*frei, ungehemmt*) free and easy ② (*taktlos*) uninhibited; **greifen Sie bitte ~ zu!** please feel free to help yourself!

ungenießbar *adj* ① (*nicht essbar*) inedible; (*nicht trinkbar*) undrinkable ② (*fam: Angelegenheit*) unpalatable ③ (*fam: Mensch*) unbearable

ungenügend *adj* insufficient; (*Schulnote*) unsatisfactory

ungenutzt *adj* unused; **eine Gelegenheit ~ vorübergehen lassen** let an opportunity slip; **~e Energien** unexploited energies

ungeordnet *adj* (*a. fig*) disordered; **~e Verhältnisse** disorder *sing*

ungepflegt *adj* (*Hände, Rasen*) neglected; (*Mensch*) untidy

ungerade *adj* (*Zahl*) odd

ungerecht *adj* unfair, unjust; **ungerechtfertigt** **I.** *adj* unjustified **II.** *adv* unjustly; **Ungerechtigkeit** *f* injustice; **so eine ~!** how unjust!

ungeregelt *adj* irregular; **ein ~es Leben führen** lead a disorderly life

ungereimt *adj* ① (*ohne Reim*) unrhymed ② (*unzusammenhängend*) inconsistent

ungern *adv* unwillingly, reluctantly; **das tue ich nur höchst ~** I really dislike doing it; **das tue ich gar nicht einmal ~** I don't mind doing that at all

ungesalzen *adj* unsalted

ungeschehen *adj* undone; **etw ~ machen** undo s.th.

ungeschickt *adj* clumsy; (*undiplomatisch*) undiplomatic

ungeschliffen *adj* ① (*Edelstein*) uncut; (*Messer*) blunt ② (*Benehmen*) uncouth

ungeschminkt *adj* ① without make-up ② (*fig*) unvarnished; **die ~e Wahrheit** the unvarnished truth

ungeschoren *adj* ① unshorn ② (*fig*) spared; **jdn ~ lassen** (*fig*) spare s.o.; **jdn ~ davonkommen lassen** let s.o. off scot-free

ungesehen *adj* unseen

ungesellig *adj* unsociable

ungesetzlich *adj* illegal, unlawful

ungesichert *adj* unhedged

ungestillt *adj* ① (*Hunger*) unappeased; (*Durst*) unquenched ② (*Neugier*) unsatisfied; (*Verlangen*) unfulfilled

ungestört *adj* undisturbed

ungestraft *adv* with impunity

Ungestüm ['ʊngəʃtyːm] <-(e)s> *nt* impetuousness; **ungestüm** *adj* impetuous

ungesund *adj* unhealthy

ungetrübt *adj* ❶ (*Wasser*) clear ❷ (*Verhältnis*) unspoilt
Ungetüm ['ʊngəty:m] <-(e)s, -e> *nt* monster
ungeübt *adj* unpracticed
ungewiss *adj* uncertain; **jdn (über etw) im Ungewissen lassen** leave s.o. in the dark (about s.th.); **eine Reise ins Ungewisse** a journey into the unknown; **Ungewissheit** *f* uncertainty
ungewöhnlich *adj* unusual
ungewohnt *adj* ❶ (*fremd*) unfamiliar ❷ (*unüblich*) unusual; **das ist ~ für mich** I am not used to it
ungewollt *adj* unintentional
ungezählt *adj* ❶ (*zahllos*) countless ❷ (*nicht gezählt*) uncounted
Ungeziefer ['ʊngətsi:fɐ] <-s> *nt* pests, vermin *pl*
ungezogen *adj* (*Kind*) naughty; **Ungezogenheit** *f* ❶ naughtiness ❷ (*ungezogene Handlungen*) bad manners *pl*
ungezügelt *adj* (*fig*) unbridled
ungezwungen *adj* (*fig*) natural; **sich ~ bewegen** feel quite free; **Ungezwungenheit** *f* (*fig*) casualness
Unglaube *m* ❶ (*Misstrauen*) unbelief ❷ (REL) infidelity; **ungläubig** *adj* unbelieving; (REL) infidel; **~er Thomas** doubting Thomas
unglaublich [-'--] *adj* incredible
unglaubwürdig *adj* ❶ (*Sache*) implausible ❷ (*Mensch*) unreliable; **sich ~ machen** lose credibility
ungleich *adj* ❶ (*nicht gleichwertig*) unequal ❷ (*unähnlich*) dissimilar, unlike ❸ (*verschieden*) different; **Ungleichbehandlung** *f*: **~ der Geschlechter** gender gap; **Ungleichgewicht** *nt* imbalance; **ungleichmäßig** *adj* uneven
Unglück <-(e)s, -e> *nt* ❶ (*Unheil*) misfortune ❷ (*Unfall*) accident; (*Missgeschick*) mishap ❸ (*Schicksalsschlag*) disaster ❹ (*Pech*) bad luck ❺ (*seelisch*) unhappiness; **du hast Glück im ~ gehabt** it could have been a great deal worse for you; **du stürzt mich noch ins ~!** you'll be my undoing!; **sich ins ~ stürzen** rush headlong into disaster; **so ein ~!** what a disaster!; **unglücklich** *adj* ❶ (*bedauerlich*) unfortunate ❷ (*glücklos*) unlucky ❸ (*traurig*) unhappy; (*Liebe*) unrequited; **~ ausgehen** turn out badly; **eine ~e Figur abgeben** cut a sorry figure; **~ verliebt** crossed in love; **unglücklicherweise** *adv* unfortunately; **Unglücksfall** *m* accident
Ungnade <-> *f*: **bei jdm in ~ fallen** fall out of favour with s.o.; **ungnädig** *adj* ungracious; **etw ~ aufnehmen** take s.th. with bad grace
ungültig *adj* ❶ (*nichtig*) void ❷ (*nicht gültig*) invalid; (SPORT: *Tor*) disallowed; **etw für ~ erklären** declare s.th. null and void; **~ werden** (*Pass*) expire; **Ungültigkeit** *f* invalidity; **Ungültigkeitserklärung** *f* invalidation, declaration of invalidity
Ungunst *f*: **zu ~en von …** to the disadvantage of …; **ungünstig** *adj* (*Situation*) unfavourable; (*Termin*) inconvenient
ungut *adj*: **ein ~es Gefühl haben** have an uneasy feeling; **nichts für ~!** no offence!
unhaltbar [-'--] *adj* ❶ (*Behauptung*) untenable ❷ (*Zustand*) intolerable ❸ (*Torschuss*) unstoppable
unhandlich *adj* unwieldy
unharmonisch *adj* unharmonious
Unheil *nt* disaster
unheilbar [-'--] *adj* incurable; **~ krank sein** have a terminal illness
unheilvoll *adj* disastrous
unheimlich **I.** *adj* ❶ (*beängstigend*) frightening; (*nicht geheuer*) uncanny ❷ (*fam: hervorragend*) tremendous; **mir ist ~** I have an uncanny feeling; **er ist mir ~** he gives me the creeps **II.** *adv* (*fam: sehr*) incredibly; **~ viele Menschen** (*fam*) an incredible number of people
unhöflich *adj* impolite; **Unhöflichkeit** *f* impoliteness
unhygienisch *adj* unhygienic
Uniform [uni'fɔrm] <-, -en> *f* uniform
Unikum ['u:nikʊm, *pl:* 'u:nika] <-s, -ka/ -s> *nt* ❶ (*Einzigartiges*) unique object ❷ (*fam: Mensch*) real character
uninteressant *adj* uninteresting; **das ist doch völlig ~!** that's of absolutely no interest!
uninteressiert *adj* ❶ (*nicht interessiert*) uninterested ❷ (*gleichgültig*) disinterested
Universität [univɛrzi'tɛ:t] *f* university; **Universitätsklinik** *f* university hospital; **Universitätsstadt** *f* university town
Universum [uni'vɛrzʊm] <-s, -sen> *nt* universe
Unke ['ʊŋkə] <-, -n> *f* ❶ (*Kröte*) toad ❷ (*Schwarzseher*) Jeremiah
unkenntlich *adj* unrecognizable
Unkenntnis <-> *f* ignorance; **~ schützt vor Strafe nicht** ignorance is no excuse; **über etw in ~ sein** be ignorant about s.th.
unklar *adj* ❶ (*unverständlich*) unclear ❷ (*ungeklärt*) unclarified ❸ (*undeutlich*) indistinct; **über etw im Unklaren sein** be in the dark about s.th.; **Unklarheit** *f* lack of clarity; (*Ungewissheit*) uncertainty; **darüber herrscht noch ~** it is still uncer-

tain
unklug *adj* unwise
unkompliziert *adj* straightforward
unkontrollierbar *adj* uncontrollable
unkonzentriert *adj* lacking in concentration; ~ **arbeiten** lack concentration in one's work
Unkosten *pl* expenses; **laufende** ~ running costs; **sich in** ~ **stürzen** go to a lot of expense *sing;* **das ist mit großen** ~ **verbunden** that involves a great deal of expense *sing*
Unkraut *nt* weeds *pl;* ~ **vergeht nicht** (*prov*) it would take more than that to finish me
Unkultur *f* lack of culture
unkündbar *adj* (*Stellung*) permanent
unlängst *adv* recently
unlauter *adj* dishonest; (*Wettbewerb*) unfair
unleserlich *adj* unreadable
unleugbar [-'--] *adj* undeniable
unliebsam *adj* unpleasant; **das ist mir noch in** ~**er Erinnerung** that's still an unpleasant memory
unliniert *adj* unruled
unlogisch *adj* illogical
unlösbar [-'--] *adj* (*fig*) ❶ (*nicht lösbar*) insoluble ❷ (*untrennbar*) indissoluble
unlöslich *adj* (CHEM) insoluble
Unlust <-> *f* ❶ (*Lustlosigkeit*) listlessness ❷ (*Widerwille*) reluctance
unmaßgeblich *adj* ❶ (*unwichtig*) inconsequential ❷ (*nicht entscheidend*) unauthoritative
unmäßig *adj* immoderate; ~ **essen/trinken** eat/drink to excess
Unmenge *f* ❶ vast amount ❷ (*Unzahl*) vast number
Unmensch *m* brute; **unmenschlich** *adj* inhuman; **Unmenschlichkeit** *f* inhumanity
unmerklich [-'--] *adj* imperceptible
unmissverständlich *adj* unequivocal
unmittelbar *adj* ❶ (*direkt*) direct ❷ (*Nachbarschaft*) immediate; **in** ~**em Zusammenhang** in direct relationship (*mit* to)
unmodern *adj* old-fashioned
unmöglich *adj* impossible; (*fam: lächerlich*) ridiculous; **das ist mir** ~ that's impossible for me; **jdn (sich)** ~ **machen** make s.o. (o.s.) look ridiculous
unmoralisch *adj* immoral
unmotiviert **I.** *adj* unmotivated **II.** *adv* without motivation
unmündig *adj* ❶ underage ❷ (*unreif*) sheeplike; **Unmündigkeit** *f* minority; (*geistige Unreife*) mental immaturity
unmusikalisch *adj* unmusical
Unmut *m* ill-humour
unnachahmlich *adj* inimitable
unnachgiebig *adj* ❶ (*Material*) inflexible ❷ (*fig*) intransigent, unyielding
unnachsichtig *adj* (*streng*) severe; (*gnadenlos*) unrelenting
unnahbar *adj* unapprochable
unnatürlich *adj* unnatural
unnötig *adj* unnecessary; **sich** ~ **aufregen** get unnecessarily excited
unnütz *adj* useless
unordentlich *adj* ❶ (*Lebenswandel*) disorderly ❷ (*Zimmer*) untidy; **Unordnung** *f* disorder; (*Durcheinander*) mess; **in** ~ in a mess; **in** ~ **bringen** mess up; **in** ~ **sein** be in a muddle
unorthodox *adj* unorthodox
unparteiisch *adj* impartial; **Unparteiische(r)** *f m* umpire, referee; **die Meinung eines** ~**n** an impartial opinion
unpassend *adj* inappropriate, unsuitable; (*Zeitpunkt a.*) inopportune
unpersönlich *adj* impersonal
unpolitisch *adj* unpolitical
unpraktisch *adj* ❶ (*Mensch*) unpractical ❷ (*Maschine*) impractical
unproduktiv *adj* unproductive
unpünktlich *adj* (*Mensch*) unpunctual; (*Zug*) not on time; **Unpünktlichkeit** *f* unpunctuality
unrasiert *adj* unshaven
Unrat <-(e)s> *m* refuse
Unrecht <-(e)s> *nt* injustice, wrong; **im** ~ **sein** be wrong; **nicht zu** ~ not without good reason; **jdm** ~ **geben** contradict s.o.; **sich ins** ~ **setzen** put o.s. in the wrong; **zu** ~ unjustly; **ihr ist viel** ~ **geschehen** she has often been wronged; **unrecht** *adj* wrong; **das ist mir gar nicht mal** ~ I don't really mind; **jdm** ~ **tun** do s.o a wrong; **unrechtmäßig** *adj* illegitimate
unredlich *adj* dishonest
unreell *adj* (*unlauter*) unfair; (*unehrlich*) dishonest
unregelmäßig *adj* irregular; **Unregelmäßigkeit** *f* irregularity
unreif *adj* ❶ unripe ❷ (*fig*) immature
unrein *adj* ❶ (*schmutzig*) dirty ❷ (*Gedanken, Töne*) impure
unrentabel *adj* unprofitable
unrettbar [-'--] *adj:* ~ **verloren** irretrievably lost; (*aus Krankheitsgründen*) beyond all hope
unrichtig *adj* incorrect
Unruhe *f* ❶ (*innere* ~) restlessness ❷ (*Unfrieden*) unrest ❸ (*Lärm*) disturbance;

U

(*Geschäftigkeit*) bustle; ~ **stiften** create unrest; (*in der Schule*) make trouble; ~**n** (POL) unrest *sing;* ~**n auslösen** (POL) create a disturbance *sing;* **unruhig** *adj* ① (*ohne Ruhe*) restless ② (*laut*) noisy ③ (*Meer, Schlaf, Zeit*) troubled ④ (*nervös*) fidgety

uns [ʊns] *pron* (*im Akkusativ*) us; (*im Dativ*) (to) us; (*in Verbindung mit reflexivem Verb*) (to) ourselves

unsachgemäß *adj* improper

unsachlich *adj* unobjective; **nun werden Sie mal nicht ~!** now, don't become personal!

unsagbar *adj,* **unsäglich** *adj* unspeakable, unutterable

unsanft *adj* ungentle

unsauber *adj* ① (*schmutzig*) dirty ② (*unordentlich*) untidy ③ (*unlauter*) unfair

unschädlich *adj* harmless, innocuous; **etw ~ machen** render s.th. harmless

unscharf *adj* ① (*Bild*) blurred ② (*Munition*) blank ③ (*Begriff*) poorly defined

unschätzbar *adj* inestimable; **von ~em Wert** invaluable; (*Schmuck*) priceless

unscheinbar *adj* inconspicuous; (*unattraktiv*) unprepossessing

unschlagbar *adj* unbeatable

unschlüssig *adj* undecided; **sich über etw ~ sein** be undecided about s.th.; **Unschlüssigkeit** *f* indecision

Unschuld <-> *f* ① innocence ② (*Jungfräulichkeit*) virginity; **die ~ vom Lande** (*fam*) a real innocent; **ich wasche meine Hände in ~** I wash my hands of it; **unschuldig** *adj* innocent; (*jungfräulich*) virginal; **an etw ~ sein** not to be guilty of s.th.; ~ **tun** act the innocent

unselbständig, **unselbstständig** *adj* dependent; **sei doch nicht immer so ~!** show a bit of independence once in a while!; **Einkommen aus ~er Arbeit** income from salaried employment; **Unselbständigkeit**, **Unselbstständigkeit** *f* dependence

unser ['ʊnzɐ] *pron* ① our ② (*1. Person pl*) of us; **unsereiner** *pron,* **unsereins** *pron* (*fam*) the likes of us; **unseresgleichen** *pron* people like us; **uns(e)rige** ['ʊnz(ə)rɪgə] *pron* ours; **die Unsrigen** our people; **wir haben das Unsrige getan** we have done our part; **unsertwegen** *adv* on our behalf

unsicher *adj* ① (*gefährlich*) unsafe ② (*Hand*) unsteady ③ (*Kenntnisse*) shaky ④ (*verunsichert*) shaky, unsure ⑤ (*zweifelhaft*) uncertain; ~ **auf den Beinen** unsteady on one's feet; **er macht die Gegend ~** he knocks about the district; **Unsicherheit** *f* ① (*Gefahr*) danger ② (*Ungeübtheit, Verunsicherung*) unsureness ③ (*Ungewissheit*) uncertainty; **Unsicherheitsfaktor** *m* element of uncertainty

unsichtbar *adj* invisible

Unsinn <-(e)s> *m* nonsense, rubbish; **~!** nonsense!; **lass den ~!** stop fooling about!; ~ **reden** talk nonsense; **unsinnig** *adj* ① (*sinnlos*) nonsensical ② (*ungerechtfertigt*) absurd

Unsitte *f* ① (*üble Angewohnheit*) bad habit ② (*lästiger Brauch*) silly custom; **unsittlich** *adj* immoral

unsolide *adj* ① (*Lebenswandel*) free-living ② (COM) unreliable; **er lebt ziemlich ~** he has a rather unhealthy life-style

unsozial *adj* (*Maßnahme*) unsocial; (*Einstellung*) antisocial

unsportlich *adj* ① (*ungelenkig*) unathletic ② (*fig: unfair*) unsporting

unsterblich [-'--] **I.** *adj* immortal; **~e Liebe** undying love **II.** *adv* utterly; **sich ~ blamieren** make a complete fool of o.s.; **sich ~ verlieben** fall in love head over heels; **Unsterblichkeit** *f* immortality

unstet *adj* (*Entwicklung*) unsteady; (*Gefühl, Glück*) fickle

unstillbar *adj* ① (*Durst, a. fig*) unquenchable; (*Hunger, a. fig*) insatiable ② (*Blutung*) uncontrollable

Unstimmigkeit *f* discrepancy; (*innerer Widerspruch*) inconsistency

Unsumme *f* enormous sum

unsymmetrisch *adj* assymetrical

Unsympath <-en, -en> *m* (*fam pej*) creep

unsympathisch *adj* disagreeable, unpleasant; **der ist mir ~** I don't like him

Untat *f* atrocity

untätig *adj* ① idle ② (*nicht handelnd*) passive

untauglich *adj* ① (MIL) unfit; (*Person*) incompetent ② (*unpassend*) unsuitable

unteilbar [-'--] *adj* indivisible

unten ['ʊntən] *adv* below, underneath; (*im Hause*) downstairs; (*am unteren Ende, im unteren Teil*) at the bottom; **er ist bei mir ~ durch** (*fam*) I've finished with him; **von ~ nach oben** from the bottom toward the top; **von oben bis ~** from top to bottom; **von ~ her** from underneath; **ich weiß schon nicht mehr, was oben und ~ ist** I don't know whether I'm coming or going; **hier ~** down here; **wie ~** as below

unter ['ʊntɐ] *präp* ① under; (*unterhalb*) below, underneath ② (*zwischen*) among, amongst, between ③ (*weniger als*) below, under; ~ **dem Durchschnitt** below average; ~ **Freunden** among friends; **wir sind ~ uns** we are by ourselves; ~ **anderem** among other things *pl;* ~ **uns gesagt** between you and me; ~ **etw leiden** suffer from s.th.

Unterarm *m* forearm

Unterbau <-(e)s, -ten> *m* ❶ (*von Gebäude*) foundations *pl* ❷ (*fig*) substructure

unterbelichtet *adj* (PHOT) underexposed

unterbesetzt *adj* understaffed

unterbewerten ['-----] *vt* undervalue

Unterbewusstsein *nt* subconscious; **im ~** subconsciously

unterbezahlt *adj* underpaid

unterbieten *irr vt* undercut

unterbinden *irr vt* ❶ prevent, stop ❷ (MED: *Blutung*) ligature

unterbleiben *sein irr vi* ❶ (*nicht geschehen*) not happen ❷ (*aufhören*) cease ❸ (*versäumt werden*) be omitted; **das hat in Zukunft zu ~** that will have to stop in the future

Unterbodenschutz *m* (AUTO) underseal

unterbrechen **I.** *irr vt* interrupt; (*Stille*) break; (TELE) disconnect; **wir sind unterbrochen worden** (TELE) we've been cut off; **verzeihen Sie, dass ich Sie unterbreche** forgive me for interrupting **II.** *vi* break off; **Unterbrechung** *f* interruption; (*von Stille*) break; (TELE) disconnection; **mit ~en** with a few breaks in between; **ohne ~** without a break

unterbreiten *vt* present; **darf ich Ihnen einen Vorschlag ~?** may put a suggestion to you?

unter|bringen *irr vt* ❶ (*verstauen*) put ❷ (*beherbergen*) accommodate; (*in Haus, Hotel, Krankenhaus*) put up ❸ (*Arbeitslose*) fix up (*bei* with); **wie sind Sie untergebracht?** what's your accomodation like?; **ich kann Sie im Augenblick nirgends ~** (*fam: einordnen*) I can't place you at the moment; **etw ~** find room for s.th.; **jdn ~** put s.o. up

unterdessen *adv* in the meantime, meanwhile

Unterdruck <-(e)s> *m* ❶ (PHYS) below atmospheric pressure; (AUTO: *in Reifen*) underinflation ❷ (MED) low blood pressure

unterdrücken *vt* ❶ (*beherrschen*) oppress; (*Aufstand, Freiheit*) suppress ❷ (*Bemerkung, Gefühl, Tränen*) hold back; (*Lachen, Neugierde*) suppress; **Unterdrückung** *f* oppression, suppression

unterdurchschnittlich *adj* below average

untere *adj* lower

untereinander *adv* ❶ (*räumlich*) one below the other ❷ (*gegenseitig*) each other; (*miteinander*) among one another

unterentwickelt *adj* underdeveloped

unterernährt *adj* undernourished; **Unterernährung** *f* malnutrition

Unterführung [--'--] *f* underpass

Untergang <-(e)s> *m* ❶ (ASTR) setting ❷ (*von Schiff*) sinking ❸ (*Zugrundegehen*) decline; **dem ~ geweiht** doomed; **du bist noch mal mein ~!** (*fam*) you'll be the death of me!

Untergebene(r) [-----] *f m* subordinate

unter|gehen *sein irr vi* ❶ (ASTR) set ❷ (*Schiff*) sink ❸ (*zugrunde gehen*) decline; (*von einem Menschen*) perish; **davon geht die Welt nicht unter!** that isn't the end of the world!; **hier musst du deine Ellenbogen gebrauchen, oder du gehst unter!** you must use your elbows here or you'll go under!

untergeordnet *adj* ❶ (*Stellung*) subordinate ❷ (*Bedeutung*) secondary

Untergeschoss *nt* basement

Untergewicht *nt:* ~ **haben** be underweight

untergraben *irr vt* undermine

Untergrund *m* ❶ (*Farbschicht*) undercoat ❷ (*Erdschicht*) subsoil ❸ (POL) underground; **in den ~ gehen** (POL) go underground; **im ~ leben** (POL) live underground; **Untergrundbahn** *f* underground, tube *Br,* subway *Am*

unter|haken *vt* (*fam*): **jdn ~** take someone's arm; **sich bei jdm ~** link arms with s.o.

unterhalb *adv* below; (*bei Fluss*) downstream

Unterhalt <-(e)s> *m* (*Lebens~*) maintenance; **sie muss für seinen ~ aufkommen** she must pay for his keep; **seinen ~ verdienen** earn one's living

unterhalten **I.** *irr vt* ❶ (*Gebäude, Kontakte*) maintain ❷ (*Geschäft*) run ❸ (*Gäste*) entertain ❹ (*versorgen*) support **II.** *vr* ❶ (*sprechen*) talk (*mit* to, with) ❷ (*sich vergnügen*) amuse o.s., enjoy o.s.; **ich würde mich gern mal mit dir ~** I should like to have a little talk with you; **man kann sich (sehr) gut mit ihr ~** she's (really) easy to talk to; **sich mit jdm ~** have a talk with s.o.; **sich mit etw ~** amuse o.s. with s.th.; **ich hoffe, dass Sie sich gut ~** I hope you'll have a good time;

unterhaltend *adj,* **unterhaltsam** *adj* entertaining

unterhaltsberechtigt *adj* entitled to maintenance; **Unterhaltsgeld** *nt* main-

U

tenance; **Unterhaltspflicht** *f* obligation to pay maintenance

Unterhaltung [--'--] *f* ❶ (*Amüsement*) entertainment ❷ (*Gespräch*) conversation ❸ (*Erhaltung*) maintenance, upkeep; **mit jdm eine ~ führen** have a talk [*o* conversation] with s.o.; **Unterhaltungselektronik** *f* entertainment electronics *pl;* **Unterhaltungsindustrie** *f* entertainment industry; **Unterhaltungsliteratur** *f* light fiction; **Unterhaltungswert** <-s> *m* entertainment value

unterhandeln *vi* negotiate (*über etw* on s.th.); (MIL) parley; **Unterhändler(in)** *m(f)* negotiator; (MIL) parliamentary

Unterhaus *nt* Lower House; (*in GB*) House of Commons; **Mitglied des ~es** (*in GB*) member of parliament, MP; **Unterhauswahl** *f* (*in GB*) Commons vote

Unterhemd *nt* vest *Br,* undershirt *Am*

unterhöhlen *vt* ❶ hollow out ❷ (*unterminieren*) undermine

Unterholz <-es> *nt* undergrowth

Unterhose *f* (pair of) underpants

unterirdisch *adj* subterranean

unterjochen *vt* subjugate

unterkellern *vt* provide with a cellar; **das Gebäude ist nicht unterkellert** the building doesn't have a cellar

Unterkiefer *m* lower jaw

Unterkleidung *f* underwear

unter|kommen *sein irr vi* ❶ (*Unterkunft finden*) find lodgings [*o* accommodation] ❷ (*fam: Beschäftigung*) find a job (*als* as, *bei* at, with); **so etw ist mir (ja) noch nie untergekommen!** (*fam*) I've never come across anything like this!

unter|kriegen *vt* (*fam*) get down; **lass dich nicht von denen ~!** don't let them get you down!

Unterkühlung [--'--] *f* undercooling

Unterkunft ['ʊntɐkʊnft, *pl:* -kʏnftə] <-, -künfte> *f* ❶ (*Wohnung*) accommodation ❷ (MIL) quarters *pl;* **~ und Verpflegung** board and lodging

Unterlage *f* ❶ (*Schreib~*) pad ❷ (*Schriftstück*) document; **Unterlagen** *pl* documents *pl*

Unterlass ['ʊntɐlas] *m:* **ohne ~** incessantly

unterlassen *irr vt* (*versäumen*) omit; (*nicht durchführen*) not carry out; (*nicht tun*) refrain from; **~ Sie das!** stop that!; **~e Hilfeleistung** (JUR) failure to give assistance; **er hat es ~, mich zu benachrichtigen** he omitted to notify me; **~ Sie alles, was …** you should refrain from doing anything which …

Unterlassung <-, -en> *f* omission, default

Unterlauf *m* (*von Fluss*) lower stretches *pl*

unterlegen[1] [--'--] *adj* ❶ (*schwächer*) inferior ❷ (*im Kampfe*) defeated; **jdm ~ sein** be inferior to s.o.

unterlegen[2] *vt* (*etw verstärken*) underlay; (*mit Stoff*) line; **einer Melodie einen Text ~** put words to a tune

unter|legen[3] *vt* (*darunterlegen*) put underneath; **Unterlegscheibe** ['-----] *f* (TECH) shim, washer

Unterleib *m* abdomen; **Unterleibs-** (*in Zusammensetzungen*) abdominal

unterliegen *sein irr vi* ❶ be defeated ❷ (*fig*) succumb to ❸ (*unterworfen sein*) be subject to; **Luxusartikel ~ einer hohen Steuer** luxury goods are liable to a high tax

Unterlippe *f* lower lip

untermauern *vt* ❶ (*Gebäude*) underpin ❷ (*fig*) back up, underpin

Untermenü *nt* (INFORM) submenu

Untermiete *f:* **zur ~ wohnen** be a subtenant [*o* lodger]; **Untermieter(in)** *m(f)* lodger *Br,* roomer *Am*

Unternehmen [--'--] *nt* (*Firma, a. Vorhaben*) enterprise; (MIL: *Operation*) operation

unternehmen *irr vt* (*tun*) do; (*durchführen*) undertake; **Schritte gegen jdn ~** take steps against s.o.; **dagegen müssen wir etw ~** we must take some action against that

Unternehmensberater(in) *m(f)* management consultant; **Unternehmensberatung** *f* management consultancy; **Unternehmensform** *f* form of business (organisation); **Unternehmensführung** *f* management; **Unternehmensgewinne** *pl* corporate profits; **Unternehmensgründung** *f* founding of a company; **Unternehmensgruppe** *f* group (of companies); **Unternehmensleiter(in)** *m(f)* top manager, business executive; **Unternehmensleitung** *f* corporate management; **Unternehmensplan** *m* corporate plan; **Unternehmenspolitik** *f* corporate policy; **Unternehmensspitze** *f* top management; **Unternehmer(in)** [--'--] *m(f)* entrepreneur; (*Arbeitgeber*) employer; **unternehmerisch** *adj* enterprising; **Unternehmerlohn** *m* managerial income; **Unternehmerrisiko** *nt* commercial risk; **Unternehmertum** *nt* entrepreneurship; **Unternehmerverband** *m* trade [*o* employers'] association

Unternehmungsgeist *m* enterprise; **unternehmungslustig** *adj* enterprising

Unteroffizier *m* ❶ (*Funktion*) non-commissioned officer, N.C.O, non-com *Am* ❷ (*Dienstgrad: Armee*) sergeant; (*Luftwaffe*) corporal *Br,* airman first class *Am*

unter|ordnen **I.** *vt* subordinate to **II.** *vr* subordinate o.s. (to)

unterprivilegiert *adj* underprivileged

Unterredung [-‐'‐-] *f* discussion; (POL) talks *pl*

Unterricht ['ʊntərɪçt] *m* ❶ classes *pl,* lessons *pl* ❷ (*Lehren*) teaching; **am ~ teilnehmen** attend classes; **theoretischer ~** theoretical instruction; **~ geben** teach

unterrichten **I.** *vt* ❶ (*Schüler*) teach (*jdn in etw* s.o. s.th.) ❷ (*informieren*) inform (*von, über* about) **II.** *vi* teach; **gut unterrichtete Kreise** well-informed circles **III.** *vr:* **sich über etw ~** inform o.s. about s.th.; **sich von jdm über etw ~ lassen** be informed by s.o. about s.th.; **Unterrichtsstoff** *m* subject matter; **Unterrichtsstunde** *f* lesson *Br,* period *Am;* **Unterrichtung** *f* ❶ (*Informierung*) information ❷ (*Belehrung*) instruction

Unterrock *m* slip, petticoat

untersagen *vt* forbid (*jdm etw* s.o. s.th.)

Untersatz *m* mat; (*für Blumentopf*) saucer; **fahrbarer ~** (*fam*) wheels *pl*

unterschätzen *vt* underestimate

unterscheiden **I.** *irr vt* distinguish; (*auseinander halten*) tell apart; **können Sie die beiden ~?** can you tell which is which? **II.** *vr* differ (*von* from); **worin ~ sich die beiden?** what is the difference between the two of them?; **Unterscheidung** *f* differentiation; **eine ~ treffen** make a distinction

Unterschenkel *m* lower leg

unter|schieben¹ *irr vt* (*darunterschieben*) push underneath (*unter etw* s.th.)

unterschieben² *irr vt* (*unterstellen*): **jdm etw ~** attribute s.th. to s.o.

Unterschied ['ʊntəʃi:t] <-(e)s, -e> *m* difference; (*Unterscheidung*) distinction; **im ~ zu jdm (etw)** unlike s.o. (s.th.); **das ist kein großer ~** that makes no difference; **einen ~ machen zwischen … und …** make a distinction between … and …; **unterschiedlich** *adj* different; (*veränderlich*) variable; **das ist sehr ~** it varies a lot; **Beiträge von ~er Qualität** features of varying quality; **unterschiedslos** *adj* indiscriminate

unterschlagen *irr vt* (*Geld*) embezzle; (*Brief, Beweise*) withhold; (*Testament*) suppress; **wollten Sie mir diese Nachricht ~?** did you want to keep quiet about this news?; **Unterschlagung** *f* (FIN) embezzlement; (*von Dokumenten*) interception

Unterschlupf ['ʊntəʃlʊpf, *pl:* -ʃlypfə] <-(e)s, -schlüpfe> *m* ❶ (*Obdach*) shelter ❷ (*Versteck*) hiding-place

unterschreiben *irr vt* sign; **der Brief ist mit … unterschrieben** the letter is signed …; **das kann ich nur ~!** I'll subscribe to that!

unterschreiten *irr vt* fall short of; (*bei Betrag, Temperatur*) fall below of

Unterschrift ['‐--] *f* signature; **seine ~ unter etw setzen** put one's signature to s.th.; **Unterschriftenliste** *f* petition

unterschwellig *adj* subliminal

Unterseeboot *nt* submarine

Unterseite *f* underside; **an der ~** on the underside; **mit der ~ nach oben** upside down

untersetzen *vt* (TECH: *Getriebe*) reduce speed; **untersetzt** [-‐'-] *adj* ❶ (*Mensch*) stocky ❷ (TECH: *Getriebe*) reduced; **Untersetzungsverhältnis** *nt* (TECH) reduction ratio

unterspülen *vt* undermine, wash away the base of

unterste *adj* lowest; **die ~ Schublade** the bottom drawer

unterstehen **I.** *irr vi* be subordinate (*jdm* to s.o.), be under the control (*jdm* of s.o.); **alle Bürger ~ dem Gesetz** all citizens are subject to the law **ihm ~ acht Arbeiter** he is in charge of eight workers **II.** *vr* (*sich trauen*) dare; **untersteh dich!** don't you dare!; **was ~ Sie sich!** how dare you!

unter|stellen¹ **I.** *vt* (*unterbringen*) keep **II.** *vr* take shelter

unterstellen² **I.** *vt* ❶ (*unterordnen*) subordinate (*jdn jdm* s.o. to s.o.) ❷ (*annehmen*) suppose ❸ (*unterschieben*) insinuate (*jdm, dass …* that s.o. …) **II.** *vr* subordinate o.s. (*jdm* to s.o.); **ich bin Herrn … direkt unterstellt** I am directly under Mr …; **14 Mitarbeiter sind mir unterstellt** I'm in charge of 14 employees; **wollen Sie mir Fahrlässigkeit ~?** do you want to insinuate that I was negligent?; **Unterstellung** *f* ❶ (*Unterordnung*) subordination ❷ (*falsche Behauptung*) misrepresentation; **das ist eine böswillige ~!** that is slander!

unterstreichen *irr vt* (*a. fig*) underline

Unterstufe *f* (*in Schule*) lower grade

unterstützen *vt* (*a. fig*) support; (*finanziell*) subsidize; (*fördern*) sponsor; **jdn moralisch ~** give s.o. moral support; **Unterstützung** *f* ❶ (*Tätigkeit*) support ❷ (*Zuschuss*) aid, assistance; (*Beihilfe*) benefit payment

untersuchen *vt* ❶ examine (*auf* for); (*genau prüfen*) scrutinize; (*erforschen*) investigate ❷ (*wissenschaftlich*) survey ❸ (JUR) try ❹ (CHEM TECH) test (*auf* for) ❺ (*nachprüfen*) check, verify

Untersuchung [--'--] *f* ❶ examination; (*genau*) investigation (*über* into) ❷ (*wissenschaftliche* ~) survey ❸ (JUR) trial *Br,* probe *Am* ❹ (CHEM TECH) test; **ärztliche** ~ medical examination; **bei näherer** ~ on investigation; **Untersuchungsausschuss** *m* committee of inquiry; **Untersuchungsbeamter, -beamtin** *m, f* investigative officer; **Untersuchungsgefangene(r)** *f m* prisoner awaiting trial; **Untersuchungshaft** *f* detention while awaiting trial; **in** ~ **nehmen** commit for trial; **in** ~ **sein** [*o* **sitzen**] be in detention awaiting trial; **Untersuchungsrichter(in)** *m(f)* examining magistrate

Untertan <-s/(-en), -en> *m* (HIST) subject

untertan ['ʊntɐta:n] *adj:* **jdm** ~ **sein** be subject to s.o.; **untertänig** ['ʊntɐtɛ:nɪç] *adj* submissive, subservient; **Ihr** ~**ster Diener** your most humble servant

Untertasse *f* saucer; **fliegende** ~ (*fam*) flying saucer

unter|tauchen **I.** *vt* *haben* (*etw* ~) immerse; (*jdn* ~) duck **II.** *vi sein* ❶ dive; (*U-Boot*) submerge ❷ (*verschwinden*) disappear

unterteilen *vt* subdivide (*in* into); **Unterteilung** *f* subdivision (*in* into)

Untertitel *m* ❶ subtitle ❷ (FILM: *Bildunterschrift*) caption

untertreiben *vi* understate; **Untertreibung** *f* understatement

untertunneln *vt* tunnel; **Untertunnelung** *f* tunnelling

untervermieten ['-----] *vt* sublet

unterversichert *adj* underinsured

unterwandern *vt* (POL) infiltrate; **Unterwanderung** *f* (POL) infiltration

Unterwäsche *f* underwear

Unterwassermassage *f* underwater massage

unterwegs [ʊntɐ've:ks] *adv* on the way; **bei ihr ist ein Kind** ~ (*fam*) she is expecting

unterweisen *irr vt* instruct (*in* in)

Unterwelt *f* (*a. fig*) underworld

unterwerfen **I.** *irr vt* ❶ (*unterziehen*) subject to ❷ (*Land, Volk*) subjugate **II.** *vr* submit (to); **unterworfen** *adj:* **die** ~**en Völker** the subjugated nations; **dem Zeitgeschmack** ~ subject to prevailing tastes *pl;* **unterwürfig** [ʊntɐ'vʏrfɪç] *adj* submissive; (*kriecherisch*) obsequious, servile; **Unterwürfigkeit** *f* submissiveness; (*Kriecherei*) obsequiousness

unterzeichnen *vt* sign; **Unterzeichner(in)** *m(f)* signatory; **Unterzeichnete(r)** *f m* undersigned

unterziehen **I.** *irr vr* undergo (*einer Sache* s.th.); **sich einer Operation** ~ undergo an operation; **sich einer Prüfung** ~ take an examination **II.** *vt* subject (to); **jdn** (**etw**) **einer Prüfung** ~ subject s.o. (s.th.) to an examination

Untiefe *f* shallow, shoal

Untier *nt* monster

untragbar *adj* intolerable, unbearable

untrainiert *adj* untrained

untrennbar *adj* inseparable

untreu *adj* unfaithful; **bin ich dir jemals** ~ **gewesen?** have I ever been unfaithful to you?; **sich selbst** ~ **werden** be untrue to o.s.; **Untreue** *f* unfaithfulness

untröstlich *adj* inconsolable (*über* about)

untrüglich *adj* unmistakable

untypisch *adj* atypical (*für* of)

unüberhörbar *adj* unmistakable

unüberlegt *adj* ill-considered; (*übereilt*) rash

unübersehbar *adj* ❶ (*nicht übersehbar*) immense, vast ❷ (*nicht abschätzbar*) incalculable ❸ (*offensichtlich*) obvious

unübersetzbar *adj* untranslatable

unübersichtlich *adj* ❶ (*Kurve*) blind ❷ (*Organisation*) confused

unübertrefflich **I.** *adj* unsurpassable **II.** *adv* superbly

unübertroffen *adj* unsurpassed

unüberwindlich *adj* (*Schwierigkeiten*) insurmountable

unumgänglich *adj* ❶ (*wesentlich*) essential ❷ (*unvermeidlich*) inevitable

unumkehrbar *adv* irreversibly

unumschränkt *adj* unlimited; (POL: *Macht*) absolute

unumstößlich *adj* (*Entschluss*) irrevocable; (*Tatsache*) irrefutable

unumstritten *adj* undisputed

ununterbrochen *adj* ❶ (*nicht unterbrochen*) uninterrupted ❷ (*unaufhörlich*) continuous, incessant

unveränderlich *adj* ❶ (*unwandelbar*) unchangeable ❷ (*gleich bleibend*) invariable

unverändert *adj* unchanged

unverantwortlich *adj* irresponsible

unveräußerlich *adj* (*Rechte*) inalienable

unverbesserlich *adj* incorrigible

unverbindlich *adj* ❶ (*nicht bindend*) not binding, without obligation ❷ (*allgemein gehalten*) noncommittal ❸ (*unpersönlich*) curt; **lassen Sie es sich** ~ **zuschi-**

cken! have it sent to you without obligation!

unverbleit *adj* lead-free, unleaded

unverblümt *adj* blunt, open

unverdächtig *adj* ❶ (*nicht verdächtigt*) unsuspected ❷ (*harmlos*) unsuspicious

unverdaulich *adj* indigestible

unverdienterweise *adv* undeservedly

unverdorben *adj* (*a. fig*) unspoilt

unverdrossen *adj* (*unermüdlich*) indefatigable; (*unverzagt*) undaunted

unvereinbar *adj* incompatible; **miteinander ~ sein** be incompatible

unverfälscht *adj* unadulterated

unverfänglich *adj* harmless

unverfroren *adj* insolent

unvergänglich *adj* imperishable

unvergessen *adj* unforgotten

unvergesslich *adj* unforgettable

unvergleichlich *adj* incomparable

unverhältnismäßig *adv* ❶ disproportionately ❷ (*übermäßig*) excessively

unverheiratet *adj* unmarried

unverhofft *adj* unexpected; **völlig ~** out of the blue

unverhohlen *adj* unconcealed

unverkäuflich *adj* unmarketable; **~es Muster** free sample; ~ not for sale

unverkennbar *adj* unmistakable

unverletzlich *adj* (*fig*) inviolable

unverletzt *adj* unhurt, uninjured; (*Körperteil*) undamaged

unvermeidlich *adj* inevitable; (*nicht zu umgehen*) unavoidable

unvermindert *adj* undiminished

Unvermögen *nt* inability

unvermögend *adj* without means

unvermutet *adj* unexpected

Unvernunft *f* ❶ (*Uneinsichtigkeit*) unreasonableness ❷ (*Torheit*) stupidity ❸ (*Irrationalität*) irrationality; **unvernünftig** *adj* ❶ unreasonable ❷ (*töricht*) stupid

unverpackt *adj* loose, unpackaged

unverrichtet *adj*: **~er Dinge** without having achieved anything

unverschämt ['ʊnfɛrʃɛːmt] *adj* ❶ (*Benehmen*) impertinent, impudent ❷ (*Lüge*) blatant ❸ (*Preis*) exorbitant; **grinse nicht so ~!** take that cheeky grin off your face!; **Unverschämtheit** *f* (*Benehmen*) impertinence, impudence; **die ~ haben zu …** have the face to …; **so eine ~!** it's outrageous!

unverschuldet *adj* ❶ (*ohne Schulden*) free from debt; (*Grundstück*) unencumbered ❷ (*ohne Schuld*) through no fault of one's own

unversehens *adv* ❶ (*plötzlich*) all of a sudden ❷ (*überraschenderweise*) unexpectedly

unversehrt *adj* (*Mensch*) unscathed; (*Sache*) undamaged

unversöhnlich *adj* irreconcilable

unverständlich *adj* ❶ (*unbegreifbar*) incomprehensible ❷ (*kaum zu hören*) inaudible

unversteuert *adj* untaxed

unversucht *adj*: **nichts ~ lassen** try everything

unverträglich *adj* ❶ (*streitsüchtig*) quarrelsome ❷ (MED: *unbekömmlich*) intolerable

unverwandt **I.** *adj*: **~en Blickes** with a steadfast gaze **II.** *adv* fixedly, steadfastly

unverwechselbar *adj* unmistakable

unverwundbar *adj* invulnerable

unverwüstlich *adj* ❶ (*strapazierfähig*) indestructible; (*Gesundheit*) robust ❷ (*Humor*) irrepressible

unverzagt *adj* undaunted

unverzeihlich *adj* unpardonable

unverzollt *adj* duty unpaid

unverzüglich *adj* immediate

unvollendet *adj* unfinished; **die Unvollendete von Schubert** (MUS) Schubert's unfinished symphony

unvollkommen *adj* ❶ (*mangelhaft*) imperfect ❷ (*unvollständig*) incomplete; **Unvollkommenheit** *f* ❶ (*Mangelhaftigkeit*) imperfection ❷ (*Unvollständigkeit*) incompleteness

unvollständig *adj* incomplete; **tut mir Leid, aber Sie haben das Formular ~ ausgefüllt!** sorry, but you didn't fill the form out properly!

unvorbereitet *adj* unprepared (*auf* for)

unvoreingenommen *adj* unbiased, unprejudiced

unvorhergesehen *adj* unforeseen; (*Besuch*) unexpected

unvorschriftsmäßig *adj* against the regulations; **~ parken** park improperly

unvorsichtig *adj* careless; (*voreilig*) rash; **Unvorsichtigkeit** *f* carelessness; (*Voreiligkeit*) rashness

unvorstellbar *adj* inconceivable

unvorteilhaft *adj* disadvantageous

Unwägbarkeit <-, -en> *f* unpredictability

unwahr *adj* untrue

unwahrscheinlich **I.** *adj* improbable, unlikely; (*fam: groß*) incredible **II.** *adv* (*fam: sehr*) incredibly

unwandelbar *adj* ❶ (*unveränderlich*) immutable ❷ (*Gefühlshaltung*) unwavering

unwegsam *adj* rough

U

unweigerlich I. *adj* inevitable II. *adv* ❶ (*grundsätzlich*) invariably ❷ (*unvermeidlich*) inevitably
unweit *präp* not far from
Unwesen *nt:* **sein ~ treiben** do mischief
unwesentlich *adj* ❶ (*nichts zur Sache tuend*) irrelevant ❷ (*unwichtig*) unimportant; (*unbedeutend*) insignificant; **das ist ~** that doesn't matter
Unwetter *nt* thunderstorm
unwichtig *adj* unimportant; (*unbedeutend*) insignificant; (*ohne Belang*) irrelevant
unwiderlegbar *adj* irrefutable
unwiderruflich I. *adj* irrevocable II. *adv* irreversibly
unwiderstehlich *adj* irresistible
unwiederbringlich *adj* irretrievable
Unwille *m* ❶ indignation (*über* at) ❷ (*Widerwille*) reluctance; **seinem ~n Luft machen** give vent to one's indignation; **unwillig** *adj* ❶ indignant (*über* about) ❷ (*widerstrebend*) reluctant, unwilling; **unwillkommen** *adj* unwelcome; **unwillkürlich** *adj* ❶ (*spontan*) spontaneous ❷ (*instinktiv*) instinctive; **ich musste ~ lachen** I couldn't help laughing
unwirklich *adj* unreal
unwirksam *adj* ❶ (*wirkungslos*) ineffective ❷ (JUR: *nichtig*) null, void
unwirsch ['ʊnvɪrʃ] *adj* gruff
unwirtlich *adj* inhospitable
unwirtschaftlich *adj* uneconomic
unwissend *adj* ignorant; **Unwissenheit** *f* ignorance; **~ schützt vor Strafe nicht** ignorance is no excuse
unwissenschaftlich *adj* ❶ (*Vorgehensweise*) unscientific ❷ (*Ausdrucksweise*) unacademic
unwissentlich *adv* unwittingly
unwohl *adj* ❶ (*unpässlich*) indisposed, unwell ❷ (*unbehaglich*) uneasy; **ich fühle mich ~** I don't feel well; **Unwohlsein** *nt* indisposition
Unwort ['ʊnvɔrt] *nt* (*sprachlicher Fehlgriff*) faux-pas word
unwürdig *adj* unworthy (of)
Unzahl *f* huge number; **unzählig** *adj* countless, innumerable
Unze ['ʊntsə] <-, -n> *f* ounce
Unzeit *f:* **zur ~** at an inopportune moment, inopportunely; **unzeitgemäß** *adj* ❶ (*nicht zur Zeit passend*) untimely ❷ (*altmodisch*) old-fashioned
unzerbrechlich *adj* unbreakable
unzerkaut *adj* whole; **~ schlucken!** (*auf Beipackzettel*) to be swallowed whole!
unzerstörbar *adj* indestructible
unzertrennlich *adj* inseparable
Unzucht *f* (JUR) sexual offence; **unzüchtig** *adj* (JUR) indecent; (*obszön*) obscene
unzufrieden *adj* discontented, dissatisfied; (*unglücklich*) unhappy; **Unzufriedenheit** *f* discontent, dissatisfaction
unzugänglich *adj* ❶ (*örtlich*) inaccessible ❷ (*verschlossen*) inapproachable
unzulänglich *adj* ❶ (*nicht ausreichend*) insufficient ❷ (*unangemessen*) inadequate
unzulässig *adj* ❶ (JUR: *verboten*) inadmissible ❷ (*Anwendung, Verwendung*) improper; (TECH: *Belastung*) excessive
unzumutbar *adj* unreasonable; **Unzumutbarkeit** *f* unreasonableness
unzurechnungsfähig *adj* not responsible for one's actions; **er wurde für ~ erklärt** he was certified insane; **Unzurechnungsfähigkeit** *f* unsoundness of mind; **er machte ~ geltend** he put forward a plea of insanity
unzureichend *adj* insufficient
unzusammenhängend *adj* disjointed, incoherent
unzuverlässig *adj* unreliable
unzweckmäßig *adj* ❶ (*nicht ratsam*) inexpedient ❷ (*ungeeignet*) unsuitable ❸ (*unpraktisch*) impractical
unzweideutig *adj* unambiguous, unequivocal
unzweifelhaft I. *adj* undoubted II. *adv* undoubtedly, without doubt
üppig ['ʏpɪç] *adj* ❶ (*Lebensstil*) luxurious ❷ (*Ausstattung, Essen*) sumptuous ❸ (*Vegetation, Wachstum*) luxuriant
U-Profil *nt* (TECH) channel section
Urabstimmung ['u:ɐ-] *f* strike ballot
uralt ['u:ɐ'alt] *adj* ancient, very old; **aus ~en Zeiten** from long, long ago; **das Problem ist ~** the problem is age-old
Uran [u'ra:n] <-s, -e> *nt* uranium; **Uranvorkommen** *nt* uranium deposit
uraufführen ['u:ɐˌaʊffy:rən] *vt* (THEAT) play for the first time; (FILM) première; **uraufgeführt werden** have its première; **Uraufführung** *f* (THEAT) first night [*o* performance], première; (FILM) first showing
urbar ['u:ɐba:ɐ] *adj:* **~ machen** (*Wald*) clear; (*Land*) cultivate
Urbild *nt* prototype
Ureinwohner(in) *m(f)* native, original inhabitant
Urenkel *m* great-grandson; **Urenkelin** *f* great-granddaughter
urgemütlich *adj* really comfortable
Urgeschichte *f* prehistory
Urgroßeltern *pl* great-grandparents;

Urgroßmutter *f* great-grandmother; **Urgroßvater** *m* great-grandfather

Urheber(in) *m(f)* originator; (JUR: *Verfasser*) author; **Urhebergebühr** *f* copyright fee; **Urheberrecht** *nt* copyright (*an* on)

urheberrechtlich *adj* on copyright

urig ['u:rɪç] *adj* (*fam*) ❶ (*Mensch*) earthy ❷ (*Atmosphäre, Pub*) ethnic

Urin [u'ri:n] <-s, -e> *m* urine; **urinieren** *vi* urinate; **Urinzucker** *m* urine sugar

urkomisch *adj* (*fam*) incredibly funny

Urkunde ['u:ɐkʊndə] <-,-n> *f* document; (*eines Kaufes*) deed; (*Bescheinigung*) certificate; **eine ~ ausfertigen** (JUR) draw up a document (*über* about); **Urkundenfälschung** *f* falsification [*o* forgery] of a document

urkundlich *adj* documentary

URL *m Abk. von* **Uniform Resource Locator** (*gesamte Adresse einer Internet-Seite*) URL

Urlaub ['u:ɐlaʊp] <-(e)s, -e> *m* ❶ (*Ferien*) holiday(s) *Br,* vacation *Am* ❷ (MIL) leave of absence; **im ~** on holiday *Br,* on vacation *Am;* **~ haben** have holiday *Br,* have vacation *Am;* **~ nehmen** take a holiday *Br,* take a vacation *Am;* **drei Wochen ~** three weeks' holiday *Br,* three weeks' vacation *Am;* **in ~ fahren** go on holiday *Br,* go on vacation *Am;* **letztes Jahr haben wir in Spanien ~ gemacht** last year we were on holiday in Spain; **nächste Woche nehme ich mir einen Tag ~** next week I'll take a day off; **Urlauber(in)** *m(f)* holidaymaker *Br,* vacationist *Am;* **Urlaubsanspruch** *m* holiday entitlement *Br,* vacaton entitlement *Am;* **Urlaubsgeld** *nt* holiday pay *Br,* leave pay *Am;* **Urlaubszeit** *f* holiday season

Urne ['ʊrnə] <-, -n> *f* ❶ (*für Asche*) urn ❷ (PARL: *für Wahlzettel*) ballot-box; **an die ~n gehen** (*fam*) go to the polls

Ursache *f* ❶ cause ❷ (*Grund*) reason ❸ (*Beweggrund*) motive; **keine ~!** (*nach Dank*) don't mention it! *Br,* you're welcome! *Am;* **~ und Wirkung** cause and effect

Ursprung *m* ❶ origin ❷ (*fig*) source ❸ (*Herkunft*) extraction; **seinen ~ haben in** originate in

ursprünglich ['u:ɐʃprʏŋlɪç] **I.** *adj* original; (*anfänglich*) first; (*urwüchsig*) natural **II.** *adv* originally; (*anfänglich*) at first

Ursprungsland *nt* country of origin

Urteil ['ʊrtaɪl] <-s, -e> *nt* ❶ judgement ❷ (*Ansicht*) opinion ❸ (JUR: *Spruch*) verdict; (*Strafmaß*) sentence; (*von Schiedsgericht*) award; **darüber können Sie sich überhaupt kein ~ erlauben!** you're in no position to judge that!; **sich ein ~ bilden** form an opinion (*über* about); **das ~ sprechen** pronounce judgement (*über* on); **ein ~ fällen** pass judgement (*über* on); **ein ~ vollstrecken** enforce [*o* execute] a judgement; **nach dem ~ von Sachverständigen** according to expert opinion; **urteilen** *vi* judge (*über etw* s.th., *nach* by); **man sollte nie vorschnell ~** one should never make a hasty judgement; **~ Sie nicht zu hart über ihn** don't judge him too harshly; **wie ~ Sie über den Fall?** give us your opinion on the case; **Urteilsbegründung** *f* (JUR) opinion; **Urteilskraft** *f* power of judgement; **Urteilsspruch** *m* (JUR: *von Strafgericht*) sentence; (*von Geschworenen*) verdict; (*von Schiedsgericht*) award; **Urteilsvermögen** *nt* faculty of judgement; **Urteilsvollstreckung** *f* execution of the sentence

Urtext *m* original text

Ururgroßvater *m* great-great-grandfather

Urviech ['u:fi:ç] <-s, -er> *nt* (*fam*) real character

Urwald ['u:ɐvalt, *pl:* 'u:ɐvɛldɐ] <-(e)s, Urwälder> *m* jungle

urweltlich *adj* primeval

urwüchsig *adj* ❶ (*ursprünglich*) native, original ❷ (*unverbildet*) natural, unspoilt ❸ (*derb*) sturdy ❹ (*urgewaltig*) elemental

Urzeit *f* primeval times *pl;* **seit ~en** (*fam*) for donkey's years; **vor ~en** ages ago

Urzustand *m* original state

USA *pl* USA *sing*

Usurpator [uzʊr'pa:to:ɐ] *m* usurper; **usurpieren** *vt* usurp

Usus ['u:zʊs] <-> *m* (*fam*) custom

usw. *adv Abk. von* **und so weiter** etc

Utensilien [utɛn'zi:liən] *pl* utensils

Utilitarismus [utilita'rɪsmʊs] <-s> *m* (PHILOS) utilitarianism; **utilitaristisch** *adj* (PHILOS) utilitarian

Utopie [uto'pi:] *f* utopia; **utopisch** [u'to:pɪʃ] *adj* utopian

UV-Strahlen *pl* UV rays

Vv

V, v [faʊ] <-, -> *nt* V, v

Vabanquespiel [va'baŋk-] <-(e)s> *nt* (*fig*) dangerous game

Vagabund(in) [vaga'bʊnt] <-en, -en> *m(f)*

V

vagabond; **vagabundieren** *vi* ❶ (*als Vagabund leben*) live as a vagabond, live as vagabonds ❷ (*umherstreifen*) rove
vage [va:gə] *adj* vague
Vagina ['va:gina] <-> *f* (ANAT) vagina
Vaginalzäpfchen *nt* vaginal pessary
vakant [va'kant] *adj* vacant
Vakuum ['va:kuʊm] <-s, -en/-a> *nt* vacuum; **im** ~ in a vacuum; **vakuumverpackt** *adj* vacuum-packed
Valentinstag ['valənti:ns-] *m* Valentine's Day
Valenz [va'lɛnts] <-, -en> *f* (LING CHEM) valency
Valuta [va'lu:ta] <-, -ten> *f* ❶ (COM: *Datum*) value date ❷ (FIN: *Währung*) foreign currency
Vampir [vam'pi:ɐ] <-s, -e> *m* vampire
Vandale [van'da:lə] <-n, -n> *m* ❶ vandal, hooligan ❷ (HIST) Vandal; **hausen** [*o* **sich benehmen**] **wie die** ~**n** act like vandals; **Vandalismus** [vanda'lɪsmʊs] *m* vandalism
Vanille [va'nɪl(j)ə] <-> *f* vanilla; **Vanilleeis** *nt* vanilla ice-cream; **Vanillesauce** *f* custard
variabel [vari'a:bəl] *adj* variable
Variable *f* variable
Variante [vari'antə] <-, -n> *f* variant (*zu* on)
Variation *f* variation (*zu* on)
Varietät [varɪe'tɛ:t] <-, -en> *f* variety
Varietee [variə'te:] <-(s), -s> *nt*, **Varieté** *nt* variety *Br*, vaudeville *Am*
variieren [vari'i:rən] *vt*, *vi* vary
Vasall [va'zal] <-en, -en> *m* (*a. fig*) vassal
Vase ['va:zə] <-, -en> *f* vase
Vater ['fa:tɐ, *pl:* 'fɛ:tɐ] <-s, Väter> *m* father; **vom** ~ **auf den Sohn** from father to son; ~ **Staat** (*hum fam*) the State; **Vaterland** *nt* fatherland, native [*o* mother] country; **mein** ~ my country; **Vaterlandsliebe** *f* patriotism
väterlich ['fɛ:tɐlɪç] *adj* ❶ (*wie ein Vater*) fatherly ❷ (*dem Vater gehörig*) paternal; ~**es Erbteil** patrimony; **väterlicherseits** *adv* on one's father's side; **meine Großmutter** ~ my paternal grandmother
vaterlos *adj* fatherless; **Vatermord** *m* patricide; **Vatermörder(in)** *m(f)* patricide; **Vaterschaft** *f* fatherhood; (JUR) paternity; **Vaterschaftsklage** *f* paternity suit; **Vaterschaftsurlaub** *m* paternity leave; **Vaterstadt** *f* home town; **Vaterstelle** *f*: **bei jdm** ~ **vertreten** be a father to s.o.; **Vaterunser** <-s, -> *nt* Lord's Prayer
Vati ['fa:ti] <-s, -s> *m* (*fam*) dad(dy), pa *Am a.*
Vatikan [vati'ka:n] *m* vatican; **Vatikanstadt** <-> *f* Vatican City
V-Ausschnitt *m* V-neck; **ein Pullover mit** ~ a V-neck sweater
Veganer(in) [ve'ga:nɐ] <-s, -> *m(f)* (*radikaler Vegetarier*) vegan
Vegetarier(in) [vege'ta:riɐ] *m(f)* vegetarian; **vegetarisch** *adj* vegetarian
Vegetation *f* vegetation
vegetativ *adj* (MED) vegetative; ~**es Nervensystem** autonomic nervous system; **vegetieren** *vi* ❶ vegetate ❷ (*kümmerlich leben*) eke out a miserable existence
Vehemenz [vehe'mɛnts] <-> *f* vehemence
Veilchen ['faɪlçən] *nt* ❶ (*Blume*) violet ❷ (*fam: blaues Auge*) shiner, black eye; **veilchenblau** *adj* violet
Vektor ['vɛktɔr] <-s, -en> *m* (MATH) vector
Velo ['velo] <-s, -s> *nt* (*CH*) bicycle
Velours [ve'lu:ɐ] <-, -> *m* (*Textilgewebe*) velours; **Velours(leder)** *nt* suede
Vene ['ve:nə] <-, -n> *f* vein; **Venenentzündung** *f* phlebitis
venerisch [ve'ne:rɪʃ] *adj* (MED) venereal
Venezianer(in) [venetsi'a:nɐ] *m(f)* Venetian; **venezianisch** *adj* Venetian
Venezolaner(in) [venetso'la:nɐ] *m(f)* Venezuelan; **venezolanisch** *adj* Venezuelan; **Venezuela** [vene'tsue:la] *nt* Venezuela
Ventil [vɛn'ti:l] <-s, -e> *nt* valve; (*fig*) outlet
Ventilation *f* ❶ (*das Lüften*) ventilation ❷ (*die Anlage*) ventilation system
Ventilator *m* ventilator
ventilieren *vt* ❶ (*belüften*) ventilate ❷ (*sorgfältig erwägen*) consider carefully
verabreden [fɛr'apre:dən] **I.** *vt* (*arrangieren*) arrange; (*Zeitpunkt*) fix; **verabredet sein** have a date (*mit jdm* with s.o.) **II.** *vr:* **sich mit jdm** ~ arrange to meet s.o; **Verabredung** *f* ❶ (COM) appointment ❷ (*Vereinbarung*) arrangement ❸ (*Treffen*) engagement; (*mit Freund/in*) date; **ich habe heute eine** ~ I'm meeting someone today
verabreichen *vt:* **jdm Medizin** ~ administer medicine to s.o.
verabscheuen *vt* abhor, detest, loathe
verabschieden **I.** *vt* ❶ say goodbye to ❷ (*entlassen*) discharge ❸ (*Gesetz*) pass; (*Etat*) adopt **II.** *vr* say good-by(e) (*von jdm* to s.o.); (*formell*) take one's leave (*von jdm* of s.o.)
verachten *vt* ❶ despise; (*Tod, Gefahr*) scorn ❷ (*verschmähen*) disdain; **das ist nicht zu** ~ (*fam*) that's not to be sneezed at; **verächtlich** [fɛɐ'ɛçtlɪç] *adj* ❶ contemptuous, scornful ❷ (*verachtenswert*) contemptible, despicable; **etw** ~ **machen** belittle s.th.; **jdn** ~ **machen** run s.o. down; **Verachtung** *f* contempt, disdain,

scorn; **sie strafen ihn mit ~** they treat him with contempt

verallgemeinern [---'--] *vt* generalize; **Verallgemeinerung** *f* generalization

veralten *vi* (*ungebräuchlich werden*) become obsolete; (*Ansichten*) become antiquated; (*Mode*) go out of date; **veraltet** *adj* (*ungebräuchlich*) obsolete; (*Ansichten*) antiquated; (*aus der Mode*) out-of-date

Veranda [ve'randa] <-, -den> *f* porch, veranda

veränderlich *adj* (*Mensch, Wetter*) changeable; (MATH) variable; **Veränderlichkeit** *f* changeability, variability; **verändern** **I.** *vt* change **II.** *vr* change (*beruflich* one's job); **Veränderung** *f* change (*beruflich* of job); **an etw ~en vornehmen** make changes to s.th.

verängstigt [fɛr'ɛŋstɪçt] *adj* ① (*eingeschüchtert*) intimidated ② (*erschreckt*) scared

verankern *vt* ① (MAR) anchor ② (*fig*) establish (*in* in)

veranlagen *vt* (FIN: *zu Steuern*) assess (*mit* at); **veranlagt** *adj*: **künstlerisch ~ sein** have an artistic bent; **er ist eben so ~** that's just the way he is; **Veranlagung** *f* ① (FIN: *steuerlich*) assessment ② (*charakterlich*) disposition ③ (*körperlich*) predisposition ④ (*Hang*) tendency ⑤ (*Talent*) bent

veranlassen *vt* ① (*bewegen*) cause (*jdn etw zu tun* s.o. to do s.th.) ② (*anordnen*) arrange (*etw* for s.th.); **das Nötige ~** take the necessary steps *pl*; **bitte ~ Sie, dass ...** please see to it that ...; **sich veranlasst sehen etw zu tun** feel prompted to do s.th.

Veranlassung *f* ① (*Beweggrund*) cause, reason ② (*Betreiben*) instigation; **auf ~ von ...** at the instigation of ...; **~ geben** give cause (*zu etw* for s.th.); **ich habe dazu keine ~** I have no reason for doing it

veranschaulichen *vt* illustrate (*jdm etw an etw* s.th. to s.o. with s.th.)

veranschlagen *irr vt* estimate (*auf* at); **zu hoch ~** overestimate; **zu niedrig ~** underestimate

veranstalten *vt* ① (*organisieren*) arrange, organize ② (*Empfang*) give; (*Wahlen*) hold; **eine Sammlung ~** take up a collection; **Veranstalter(in)** *m(f)* (*Organisator*) organizer; (*von Konzerten, Shows*) promoter

Veranstaltung *f* event (*von* organized by); **Veranstaltungskalender** *m* calendar of events; **Veranstaltungsort** *m* venue

verantworten **I.** *vt* ① accept the responsibility for ② (*die Folgen tragen*) answer for (*etw vor jdm* s.th. to s.o.) **II.** *vr* justify (*für etw* s.th., *vor jdm* to s.o.); **verantwortlich** *adj* ① responsible ② (*haftbar*) liable; **jdm gegenüber für etw ~ sein** be responsible to s.o. for s.th.; **jdn für etw ~ machen** hold s.o. responsible for s.th.; **Verantwortlichkeit** *f* ① responsibility ② (*Haftbarkeit*) liability; **Verantwortung** *f* responsibility (*für* for); **die volle ~ für etw übernehmen** take full responsibility for s.th.; **zur ~ ziehen** call to account; **auf Ihre ~!** you take the responsibility!; **ich habe es auf eigene ~ getan** I did it on my own responsibility; **jdm die ~ für etw übertragen** put the responsibility for s.th. on s.o.; **verantwortungsbewusst** *adj* responsible; **Verantwortungsbewusstsein** *nt* sense of responsibility; **verantwortungslos** *adj* irresponsible; **verantwortungsvoll** *adj* responsible; **~e Staatsführung** good governance

verarbeiten *vt* ① use (*zu etw* to make s.th.) ② (*Rohstoffe, Daten*) process (*zu* into) ③ (*verbrauchen*) consume ④ (*geistig ~*) assimilate, digest; **~de Industrie** processing industry

verärgern *vt* annoy, vex

verarmen *sein vi* become impoverished; **Verarmung** *f* impoverishment; (*a. fig*) pauperization

verarschen *vt* (*sl*): **jdn ~** take the piss out of s.o.

verarzten *vt* (*fam: versorgen*) fix up

verästeln [fɛr'ɛstəln] *vr* ① (*Zweige*) branch out ② (*Adern, Probleme*) ramify; **Verästelung** *f* ① (*von Gezweig*) branching ② (*fig*) ramifications *pl*

Verätzung *f* burn

verausgaben *vr* ① (*finanziell*) overspend ② (*Kräfte*) overtax o.s.

veräußern *vt* dispose of

Veräußerung *f* disposal; **Veräußerungsgewinn** *m* capital gain; **Veräußerungswert** *m* residual [*o* scrap] value

Verb [vɛrp] <-s, -en> *nt* verb; **verbal** *adj* verbal

verballhornen [fɛr'balhɔrnən] *vt* ① (*einen Text*) corrupt ② (*parodieren*) parody

Verbalphrase *f* (LING) verbal phrase

Verband <-(e)s, Verbände> *m* ① (MED) dressing; (*mit Binden*) bandage ② (MIL: *Einheit*) unit; (AVIAT MAR: *Formation*) formation ③ (*Vereinigung*) association, federation; **~ Südostasiatischer Nationen** Association of South-East Asian Nations, ASEAN; **Verband(s)kasten** *m* first-aid

V

box; **Verbandstoff** *m* dressing; **Verbandzeug** *nt* first-aid supplies *pl*

verbannen *vt* (*a. fig*) banish, exile (*aus* from, *nach* to); **Verbannte(r)** *f m* exile; **Verbannung** *f* ❶ (*das Verbannen*) banishment ❷ (*Exil*) exile

verbarrikadieren **I.** *vt* barricade **II.** *vr* barricade o.s. in (*in etw* s.th.)

verbauen *vt* ❶ (*versperren*) obstruct ❷ (*falsch bauen*) construct badly ❸ (*als Material verbrauchen*) use in building; **sich (jdm) den Weg ~** bar one's (someone's) way (*zu* to); **jdm den Aufstieg ~** wreck someone's chances in life

verbeamten *vt:* **jdn ~** give the status of civil servant to s.o.

verbergen **I.** *irr vt* conceal, hide (*vor* from) **II.** *vr* conceal o.s., hide (*vor* from)

verbessern **I.** *vt* ❶ (*Lage*) improve; (*Leistung*) improve on ❷ (*berichtigen*) correct **II.** *vr* ❶ (*Lage*) get better, improve ❷ (*Mensch in seiner Leistung*) do better ❸ (*durch beruflichen Aufstieg*) better o.s. ❹ (*sich berichtigen*) correct o.s.; **verbessert** *adj* improved; **~e Staatsführung** improved governance; **Verbesserung** *f* ❶ improvement (*der Lage* in, *von Kenntnissen, Leistungen* on) ❷ (*durch berufl. Aufstieg*) betterment ❸ (SCHULE) correction; **verbesserungsfähig** *adj* open to improvement; **Verbesserungsvorschlag** *m* suggestion for improvement

verbeugen *vr* bow (*vor* to); **Verbeugung** *f* bow

verbeulen *vt* dent; **verbeult** *adj* battered

verbiegen **I.** *irr vt* bend **II.** *vr* bend; (*Holz*) warp

verbiestert *adj* (*fam*) grumpy

verbieten *irr vt* forbid; (*amtlicherseits*) prohibit (*jdm etw* s.o. from doing s.th.); **viele Ärzte ~ ihren Patienten das Rauchen** many doctors forbid their patients to smoke; **solche Dinge ~ sich von selbst** such things must be ruled out; **jdm den Mund ~** forbid s.o. to speak

verbilligen **I.** *vt* ❶ (*Preis*) reduce the price of ❷ (*Kosten*) reduce the cost of **II.** *vr* get cheaper

verbilligt *adj* cheap, at a reduced price

verbinden **I.** *irr vt* ❶ (*verknüpfen, a. fig*) connect, link ❷ (*gefühlsmäßig*) join together, unite ❸ (TELE) put through (*mit jdm* to s.o.) ❹ (MED) dress; (*mit Binden*) bandage ❺ (*kombinieren*) combine; **jdm die Augen ~** blindfold s.o.; **Sie sind falsch verbunden!** I'm sorry you've got the wrong number! **II.** *vr* ❶ (*gefühlsmäßig*) join together (*zu etw* in, to form s.th, *in etw* in s.th.) ❷ (*vereinigen, a.* CHEM) combine (*mit* with, *zu* to form)

verbindlich *adj* ❶ (*entgegenkommend*) obliging ❷ (*verpflichtend*) obligatory; (*bindend*) binding; **~sten Dank!** my best thanks! thank you ever so much!; **~ zusagen** accept definitely

Verbindlichkeit *f* ❶ (*Entgegenkommen*) obligingness ❷ (*eines Vertrags, einer Rechnung*) obligatory [*o* binding] nature ❸ (*Verlässlichkeit*) reliability ❹ (COM JUR): **~en** (*Verpflichtungen*) obligations *pl;* (FIN) liabilities *pl;* **seinen ~en nachkommen** fulfil one's obligations; (FIN) meet one's liabilities; **eine ~ eingehen** incur a liability

Verbindung *f* ❶ (*Kombination, a. chemischer Prozess*) combination ❷ (*Vereinigung*) association ❸ (*Beziehung, Kontakt*) contact (*zu, mit* with) ❹ (*Funk~*) communication ❺ (*Telefonanschluss, Verbindungsteil*) connection (*nach* to) ❻ (CHEM: *Prozessergebnis*) compound (*aus* of); **sich in ~ setzen mit ...** get in touch with ... *Br,* contact ... *Am;* **in ~ stehen mit jdm (etw)** be in touch with s.o. (s.th.); **mit jdm in ~ bleiben** keep in touch with s.o.; **eine ~ eingehen** (CHEM) form a compound (*mit etw* with s.th.); **eine ~ herstellen zwischen ...** establish a connection between ...; **Ihr Name wird mit dem Skandal in ~ gebracht** your name is mentioned in connection with the scandal; **ich werde meine ~en spielen lassen** I'll use my connections; **in ~ mit ...** (*im Zusammenhang mit*) in connection with ...; (*zusammen mit*) in conjunction with ...; **studentische ~** fraternity

Verbindungsmann <-(e)s, -männer/-leute> *m* (COM: *Agent*) contact; (MIL) liaison man; (*Mittelsmann*) intermediary; **Verbindungsoffizier** *m* (MIL) liaison officer; **Verbindungsstück** *nt* connecting piece

verbissen [fɛrˈbɪsən] *adj* dogged, grim; **Verbissenheit** *f* doggedness, grimness

verbitten *irr vr:* **ich verbitte mir diesen Ton!** I refuse to be talked to like that!; **das verbitte ich mir!** I won't have it!

verbittern **I.** *vt* embitter **II.** *vi* become embittered; **verbittert** *adj* embittered; **Verbitterung** *f* bitterness

verblassen *vi* (*a. fig*) fade, pale

Verbleib [fɛrˈblaɪp] <-(e)s> *m* whereabouts *pl*

verbleiben *irr vi sein* remain; **wir sollten so ~, dass ...** we should agree to ...

verbleien *vt* (*Benzin*) lead; **verbleit** *adj* (*Benzin*) leaded

verblenden *vt* ① (ARCH: *mit Verblendsteinen*) face ② (*blind machen*) blind; **Verblendstein** *m* (ARCH) facing brick; **Verblendung** *f* blindness

verblichen [fɛrˈblɪçən] *adj* ① (*verbleicht*) faded ② (*gestorben*) deceased

verblöden *sein vi* (*fam*) become a zombie

verblüffen [fɛrˈblʏfən] *vt* ① (*erstaunen*) amaze, stun ② (*verwirren*) baffle, stupefy; **Verblüffung** *f* ① (*Erstaunen*) amazement, stupefaction ② (*Verwirrung*) bafflement

verblühen *sein vi* (*a. fig*) fade, wither

verbluten *sein vi* bleed to death

verbocken *vt* (*fam: verpfuschen*) botch

verbohren *vr:* **sich in etw ~** become obsessed with s.th.; **verbohrt** *adj* ① (*eigensinnig*) obdurate, stubborn ② (*unflexibel*) inflexible; **Verbohrtheit** *f* inflexibility

verborgen *vt* lend out (*an* to)

verborgen [fɛrˈbɔrgən] *adj* hidden; **im Verborgenen** secretly; **im Verborgenen leben** live hidden away; **sich ~ halten** hide

Verborgenheit *f* seclusion, secrecy

Verbot [fɛrˈboːt] <-(e)s, -e> *nt* ban, prohibition; (JUR ECCL) interdiction; **trotz ärztlichen ~es** in spite of doctor's orders *pl;* **gegen ein ~ verstoßen** ignore a ban; **ein ~ aufheben** lift a ban

verboten *adj* forbidden; (*amtlich*) prohibited; (*ungesetzlich*) illegal; **Zutritt ~!** keep out! no admittance!; **du siehst wirklich ~ aus!** (*fam*) you look a real sight!; **Verbotsschild** *nt* prohibitive sign

Verbrauch <-(e)s> *m* consumption (*von, an* of); (*Geld~*) expenditure; **sparsam im ~** (AUTO) economical; **verbrauchen** *vt* ① consume; (*aufbrauchen*) use up ② (*abnutzen*) wear out ③ (*erschöpfen*) exhaust; **verbrauchte Luft** stale air

Verbraucher(in) <-s, -> *m(f)* consumer; **Verbraucherabholmarkt** *m* cash and carry; **Verbraucherausgaben** *fpl* consumer spending; **Verbraucherbefragung** *f* consumer survey; **Verbraucherberatung** *f* consumer advice (service); **verbraucherfeindlich** *adj* anti-consumer; **verbraucherfreundlich** *adj* consumer-friendly; **Verbrauchergruppe** *f* consumer group; **Verbrauchermarkt** *m* superstore, hypermarket; **Verbraucherschutz** *m* consumer protection; **Verbraucherverband** *m* consumers' association; **Verbraucherzentrale** *f* consumer advice centre; **Verbrauchsgüter** *ntpl* consumer goods; **verbraucht** *adj* used up, finished; (*Luft*) stale; (*Mensch*) worn-out

Verbrechen <-s, -> *nt* (*a. fig*) crime (*gegen, an* against); **verbrechen** *irr vt* (*fam: anstellen*) do (wrong); **was habe ich denn nun schon wieder verbrochen?** (*fam*) what on earth have I done now?; **wer hat denn dieses Gedicht verbrochen?** (*fam hum*) who's the perpetrator of this poem?; **Verbrecher(in)** *m(f)* criminal; **Verbrecherbande** *f* gang of criminals; **verbrecherisch** *adj* criminal

verbreiten *vt, vr* spread

verbreitern **I.** *vt* broaden, widen **II.** *vr* widen out; **Verbreiterung** *f* widening

verbreitet *adj* common; **eine ~e Zeitung** a newspaper with a wide distribution; **Verbreitung** *f* ① spreading ② (RADIO TV) radiation ③ (*Verteilung*) distribution; **Verbreitungsgebiet** *nt* (MARKT) circulation area

verbrennen **I.** *irr vt* ① burn; (*Leiche*) cremate ② (*versengen*) scorch; **sich die Finger ~** (*a. fig*) burn one's fingers **II.** *vi sein* burn (*Mensch* to death) **III.** *vr* burn o.s.; **Verbrennung** *f* ① (*das Verbrennen*) burning; (*von Treibstoff*) combustion; (*Leichen~*) cremation ② (MED) burn; **sie trug nur leichte ~en davon** she was not seriously burned; **~en zweiten Grades** second degree burns; **Verbrennungsmotor** *m* internal combustion engine; **Verbrennungsofen** *m* combustion furnace; **Verbrennungswärme** *f* heat of combustion

verbrieft *adj:* **~es Recht** vested interest [*o* right]

verbringen *irr vt* pass, spend

verbrüdern [fɛrˈbryːdɐn] *vr* ① (*sich zusammentun*) ally o.s. (*mit* with) ② (*fraternisieren*) fraternize (*mit* with); **Verbrüderung** *f* ① (*Zusammenarbeit*) alliance ② (*Fraternisierung*) fraternization

verbrühen **I.** *vt* scald **II.** *vr* scald o.s.; **Verbrühung** *f* scald

verbuchen *vt* (FIN) enter in the books; **diesen Erfolg kann ich für mich ~** I can credit myself with this success

verbummeln *vt* (*fam*) ① (*vertrödeln*) idle away ② (*verlieren*) lose ③ (*verpassen*) miss

Verbund [fɛrˈbʊnt] <-(e)s> *m* (COM) combine; **verbunden** *adj* ① (*verknüpft*) connected ② (*verpflichtet*) obliged (*jdm für etw* to s.o. for s.th. ; **damit sind Gefahren (Kosten) ~** that involves dangers (costs); **falsch ~!** (TELE) sorry, wrong number!

verbünden [fɛrˈbʏndən] *vr* ally o.s. (*mit*

V

with)

Verbundenheit *f* ❶ (*zwischen Personen*) closeness (*mit* to) ❷ (*mit Bräuchen, Heimat*) attachment (*mit* to)

Verbündete(r) *f m* ally

Verbundfahrausweis *m* travel pass (*valid for all forms of public transport*)

Verbundglas *nt* laminated glass; **Verbundnetz** *nt* (ELEK) (integrated) grid system; **Verbundstein** *m* interlocking paving stone; **Verbundsteinpflaster** *nt* interlocking pavement; **Verbundsystem** *nt* ❶ (*von Verkehrsbetrieben*) integrated system ❷ (COM) compound system ❸ (ELEK) grid [*o* interconnected] system; **Verbundwerbung** *f* (MARKT) joint advertising; **Verbundwerkstoff** *m* composite (material)

verbürgen *vt, vr* guarantee; **sich für etw (jdn) ~** vouch for s.th. (s.o.); **verbürgt** *adj* authentic; **ein ~es Recht** an established right

verbüßen *vt:* **seine Strafe ~** serve one's sentence

verchromt *adj* chromium-plated; **Verchromung** *f* chrome plating

Verdacht [fɛrˈdaxt] <-(e)s> *m* suspicion; **~ erregen** arouse suspicion; **in ~ haben** suspect; **den ~ auf jdn lenken** cast suspicion on s.o.; **der ~, dass ..., wäre mir nie gekommen** I had no suspicion that ...; **ich habe den ~, dass ...** I have a suspicion that ...; **auf ~** (*fam*) on spec; **es besteht ~ auf ...** ... is suspected; **mein ~ hat sich bestätigt** I was right in my suspicion; **über jeden ~ erhaben sein** be above all suspicion; **unter ~ stehen** be under suspicion; **der ~ fiel auf ihn** suspicion fell on him; **verdächtig** [fɛrˈdɛçtɪç] *adj* suspicious; **sich ~ machen** lay o.s. open to suspicion; **der Verdächtige** the suspect; **er ist des Mordes ~** he is suspected of murder; **das sieht mir ~ nach Masern aus** (*fam*) it looks suspiciously like measles to me; **verdächtigen** *vt* suspect (*einer Sache* of s.th.); **Verdächtigung** *f* suspicion; **falsche ~** false charge; **Verdachtsmoment** *nt* suspicious circumstance

verdammen [fɛrˈdamən] *vt* ❶ (*verurteilen*) condemn ❷ (*verfluchen*) damn; **verdammenswert** *adj* damnable; **Verdammnis** *f* damnation; **verdammt** **I.** *interj:* **~ (nochmal)!** damn (it all)!, blast! **II.** *adj* damned, bloody, fucking; **die sieht ~ gut aus!** (*fam*) she looks damned good!; **das tut ~ weh!** (*fam*) that hurts like hell!

verdampfen *vt haben, vi sein* vaporize

verdanken *vt:* **jdm etw zu ~ haben** [*o* **jdm etw ~**] owe s.th. to s.o.; **das haben wir nur dir zu ~** (*als Vorwurf*) we've got you to thank for it

verdattert [fɛrˈdatɐt] *adj, adv* (*fam*) flabbergasted

verdauen [fɛrˈdaʊən] **I.** *vt* (*a. fig*) digest **II.** *vi* digest one's food; **verdaulich** *adj* digestible; **leicht ~** easy to digest; **schwer ~** hard to digest, indigestible; **Verdauung** *f* digestion; **schlechte (gute) ~** poor (good) digestion; **Verdauungsbeschwerden** *pl* digestive trouble *sing;* **Verdauungssäfte** *mpl* digestive juices; **Verdauungsstörungen** *fpl* indigestion *sing;* **Verdauungstrakt** *m* digestive tract

Verdeck [fɛrˈdɛk] <-(e)s, -e> *nt* ❶ (AUTO) hood ❷ (MAR: *Sonnendeck*) sundeck; **verdecken** *vt* ❶ (*zudecken*) cover ❷ (*verstecken*) hide ❸ (*Absichten*) conceal; **verdeckt** *adj* ❶ (*versteckt*) concealed ❷ (*verborgen*) hidden

verdenken *irr vt:* **jdm etw ~** blame s.o. for s.th.

Verderb [fɛrˈdɛrp] <-(e)s> *m* ruin; **jdm auf Gedeih und ~ ausgeliefert sein** be completely and utterly at someone's mercy; **Verderben** <-s> *nt* (*Ruin*) ruin; **jdn ins ~ stürzen** bring disaster on s.o.; **er rennt in sein ~** he's rushing headlong towards ruin; **verderben** **I.** *irr vt haben* ❶ (*Geschäft, Spaß*) spoil ❷ (*ruinieren*) ruin ❸ (*sittlich*) corrupt, deprave; **an diesem Essen ist sowieso nichts mehr zu ~!** this meal is absolutely ruined anyway!; **sich den Magen ~** upset one's stomach; **es sich mit jdm ~** fall out with s.o.; **sich die Augen ~** ruin one's eyesight; **jdm die Freude ~** spoil someone's enjoyment (*an etw* of s.th.) **II.** *vi sein* ❶ (*Nahrungsmittel*) go off ❷ (*Ernte*) be ruined ❸ (*Material*) become spoiled; **verderblich** *adj* ❶ (*schädlich*) pernicious; (*Charakter schädigend*) corrupting ❷ (*Nahrungsmittel*) perishable; **leicht ~** easily perishable

verdeutlichen *vt* show clearly; (*klar machen*) clarify; (*erklären*) explain

verdeutschen *vt* ❶ (*ins Deutsche übertragen*) translate into German ❷ (*fam: in einfachen Worten sagen*) translate into normal English

verdichten **I.** *vt* ❶ (PHYS) compress ❷ (*komprimieren*) condense **II.** *vr* ❶ (*dichter werden*) thicken; (PHYS) become compressed ❷ (*sich häufen*) increase; (*sich vertiefen*) deepen; **Verdichtung** *f* (PHYS) compression

verdienen **I.** *vt* ❶ (*einnehmen*) earn; (*Gewinn machen*) make ❷ (*wert sein*) deserve; **damit verdiente er sich viel Geld** this earned him a lot of money; **das hat er sich verdient** he's earned it; **er verdient es, bestraft zu werden** he deserves to be punished; **er bekam, was er verdiente** he got what he deserved **II.** *vi* (*einnehmen*) earn; (*Gewinn machen*) make a profit (*an* on), profit (*an* from)

Verdienst¹ *nt* ❶ (*Anspruch auf Anerkennung*) merit; (*Anspruch auf Dank*) credit ❷ (*Beitrag*) contribution (*um etw* to s.th.); (*Dienst*) service (*um jdn/etw* to s.o./to s.th.)

Verdienst² <-(e)s, -e> *m* ❶ (*Gewinn*) profit ❷ (*Einkommen*) earnings *pl;* **Verdienstausfall** *m* loss of earnings *pl;* **Verdienstausfallentschädigung** *f* compensation for loss of earnings; **Verdienstmöglichkeiten** *pl* earning capacity *sing;* **Verdienstspanne** *f* profit margin; **verdienstvoll** *adj* deserving

verdient *adj* ❶ (*Lob, Strafe*) well-deserved ❷ (*Staatsmann, Wissenschaftler*) of great merit; **sich um etw ~ machen** render a great contribution [*o* great services] to s.th.; **selbst ~es Geld** money one has earned o.s; **verdientermaßen** [-'--'--] *adv* deservedly

verdoppeln **I.** *vr* double **II.** *vt* double; (*Anstrengungen*) redouble

Verdoppelung *f* ❶ doubling ❷ (*fig*) redoubling

verdorben [fɛr'dɔrbən] *adj* ❶ (*Laune, Freude, Party*) spoiled ❷ (*Lebensmittel*) tainted ❸ (*Magen*) upset ❹ (*moralisch*) corrupt; **Verdorbenheit** *f* depravity

verdorren [fɛr'dɔrən] *sein vi* wither

verdrahten *vt* (ELEK) wire

verdrängen *vt* ❶ (*ersetzen*) supersede ❷ (*vertreiben*) drive out; (*ausbooten*) oust ❸ (*Luft, Wasser*) displace ❹ (*Sorgen*) drive away; (*ins Unterbewusstsein*) repress

Verdrängung *f* ❶ (*das Ersetzen*) superseding ❷ (*das Vertreiben*) driving out ❸ (PHYS) displacement ❹ (*fig*) driving away; (PSYCH) repression; **Verdrängungswettbewerb** *m* destructive competition

verdrehen *vt* ❶ twist ❷ (*Augen*) roll; (*Glieder*) contort ❸ (*Tatsache*) distort; **jdm den Kopf ~** turn someone's head

verdreifachen *vt, vr* triple

verdrießen [fɛr'dri:sən] *irr vt* annoy, irritate; **es verdrießt mich** I'm sick and tired of it; **verdrießlich** *adj* ❶ (*Person*) morose ❷ (*Arbeit*) irksome, unpleasant

verdrossen [fɛr'drɔsən] *adj* ❶ (*lustlos*) unwilling ❷ (*verdrießlich*) morose; **Verdrossenheit** *f* ❶ (*Lustlosigkeit*) unwillingness ❷ (*Verdrießlichkeit*) moroseness

verdrücken **I.** *vt* (*fam: Essen*) polish off **II.** *vr* (*fam*) slink away; **~ wir uns!** let's beat it!

Verdruss [fɛr'drʊs] <-es> *m* annoyance; **zu meinem ~** to my annoyance

verduften *sein vi* (*fam*) beat it, slip away

verdummen *vt* (*dumm machen*) dull someone's mind

verdunkeln **I.** *vt* darken; (THEAT MIL) black out; (*Beweggründe*) obscure **II.** *vr* darken; (*Verstand*) become dulled; **Verdunkelung** *f* ❶ darkening; (THEAT MIL) blacking out ❷ (*fig*) dulling, obscuring ❸ (JUR) suppression of evidence

verdünnen *vt* thin down; (CHEM: *Lösung*) dilute; (*mit Wasser*) water down; **Verdünner** *m* (*Farb~*) thinner

verdünnisieren *vr* (*hum fam*) clear off

verdunsten *sein vi* evaporate; **Verdunster** *m* (TECH) humidifier; **Verdunstung** *f* evaporation

verdursten *sein vi* die of thirst

verdüstern [fɛr'dy:stən] *vt, vr* darken

verdutzt [fɛr'dʊtst] *adj* (*fam*) ❶ (*erstaunt*) taken aback ❷ (*verwirrt*) baffled

veredeln *vt* ❶ (*Industrieprodukte*) finish ❷ (*Rohstoffe*) refine

verehren *vt* ❶ (*anbeten*) honour ❷ (*bewundern*) admire ❸ (*fam: schenken*) present (*jdm etw* s.o. with s.th.); **Verehrtester** (*hum*) dear Sir!; **verehrte Anwesende!** Ladies and Gentlemen!; **Verehrer(in)** *m(f)* admirer; **Verehrung** *f* ❶ (*anbetende Liebe*) adoration ❷ (*eines Heiligen*) worship ❸ (*Hochachtung*) admiration; **verehrungswürdig** *adj* (*ehrwürdig*) venerable

vereidigen [fɛr'aɪdɪgən] *vt* swear in; **jdn auf die Bibel ~** make s.o. swear on the Bible; **vereidigt** *adj* sworn; **Vereidigung** *f* swearing in

Verein [fɛr'aɪn] <-(e)s, -e> *m* ❶ (*Gesellschaft*) association; (*Sport~*) club ❷ (*fam hum*) bunch; **eingetragener ~** registered society

vereinbar *adj* compatible; (*logisch*) consistent; **vereinbaren** *vt* ❶ (*absprechen*) agree; (*Termin, Treffen*) arrange ❷ (*in Einklang bringen*) reconcile (*etw mit etw* s.th. with s.th.); **vereinbart** *adj* agreed

Vereinbarung *f* agreement, arrangement; **eine ~ treffen** make an agreement; **laut** [*o* **nach**] **~** by arrangement

vereinen **I.** *vt* unite **II.** *vr* join together; **in diesem Plan ~ sich ... und ...** this plan

V

combines ... with ...

vereinfachen *vt* simplify; (MATH) reduce; **Vereinfachung** *f* simplification; (MATH) reduction

vereinheitlichen *vt* standardize

vereinigen *vt, vr* ① unite ② (*verbinden*) combine ③ (*fusionieren*) merge (*zu* into, *mit* with); **vereinigt** *adj* united; **die Vereinigten Staaten (von Amerika)** the United States (of America); **das Vereinigte Königreich** (*Großbritannien und Nordirland*) the United Kingdom; **die Vereinten Nationen** the United Nations; **Vereinigung** *f* ① (*Bund*) union ② (*Organisation*) organization

vereinsamen *sein vi* become isolated [*o* lonely]; **vereinsamt** *adj* isolated, lonely; **Vereinsamung** *f* isolation

Vereinsbeitrag *m* club subscription; **Vereinsmitglied** *nt* club member; **Vereinssatzung** *f* club statutes

vereint *adj* united

vereinzelt *adj* occasional, sporadic

vereisen [fɛɐ'aɪzən] *sein vi* (*Gegenstand*) freeze; (*Straße*) freeze over; (*Scheibe*) ice over; (AVIAT: *Tragfläche*) ice up

vereiteln [fɛɐ'aɪtəln] *vt* foil, frustrate, thwart

vereitern *vi* go septic; **vereitert sein** be septic; **Vereiterung** *f* sepsis

verenden *sein vi* (*Tiere*) die, perish

verengen **I.** *vt* ① make narrower ② (*zusammenziehen*) contract ③ (*Horizont*) narrow **II.** *vr* ① become narrow ② (*sich zusammenziehen*) contract ③ (*Horizont*) narrow

vererben **I.** *vt* ① (*Eigentum*) leave, bequeath (*jdm* to s.o.) ② (*Krankheit*) transmit; (*Eigenschaften*) pass on (*jdm o auf jdn* to s.o.) **II.** *vr* be transmitted [*o* passed] on (*auf jdn* to s.o.); **vererblich** *adj* (MED) hereditary; **Vererbung** *f* ① (*das Vererben*) bequeathing ② (*von Krankheit*) transmission; (*von Eigenschaften*) passing on ③ (MED: *das Phänomen*) heredity; **das ist ~** it's a matter of heredity [*o* it's hereditary]; **Vererbungslehre** *f* genetics *pl*

verewigen **I.** *vt* ① (*unsterblich machen*) immortalize ② (*System, Verhältnisse*) perpetuate **II.** *vr* immortalize o.s.

Verfahren <-s, -> *nt* ① (*Methode*) method ② (JUR) proceedings; (*als Einrichtung*) procedure ③ (TECH) process, technique; **ein ~ einleiten** (JUR) initiate legal proceedings *pl* (*gegen jdn* against s.o.); **das ~ einstellen** (JUR) quash [*o* drop] the proceedings

verfahren[1] *adj* (*fam*) bungled, muddled; **eine ~e Angelegenheit** a bungle, a muddle

verfahren[2] *irr vi sein* (*vorgehen*) proceed; **schlecht mit jdm ~** deal badly with s.o.

verfahren[3] *haben* **I.** *vt* ① (*Benzin*) use up ② (*Zeit, Geld*) spend in driving about **II.** *irr vr* lose one's way

Verfahrensfragen *pl* procedural questions; **Verfahrenskosten** *pl* cost of proceedings; **Verfahrenstechnik** *f* process engineering; **Verfahrensweise** *f* procedure, modus operandi

Verfall <-(e)s> *m* ① (*Zerfall*) decay; (*von Häusern*) dilapidation ② (*Niedergang*) decline ③ (*von Wechsel*) expiry, maturity; **in ~ geraten** decay, go to ruin; **dem ~ preisgeben** let go to ruin; **bei ~** (COM FIN) at maturity [*o* when due]

verfallen[1] *sein irr vi* ① (*zerfallen*) decay, go to ruin; (*körperlich, geistig, kulturell*) decline ② (*Wechsel*) fall due, mature; (*Scheck, a. Fahrkarte*) expire; (*Banknoten, Briefmarken*) become invalid ③ (*abhängig werden*) become a slave (*jdm/einer Sache* to s.o./to s.th.) ④ (*an etw denken*) think (*auf etw* of s.th.); **dem Alkohol ~** become addicted to alcohol; **wie bist du nur darauf ~?** whatever gave you that idea?

verfallen[2] *adj* ① (*Häuser*) dilapidated; (*abgezehrt*) emaciated; (*senil*) senile ② (COM FIN: *Banknoten*) invalid; (*Scheck*) expired ③ (*einem Laster*) addicted to; **er ist ihr völlig ~** he's completely under her spell

Verfallsdatum *nt* best-before date; **Verfallserscheinung** *f* symptom of decline (*bei* in); **Verfallstag** *m* ① (COM FIN) expiry date ② (*bei Lebensmitteln a.*) eat-by date

verfälschen *vt* falsify; (*Wein, Geschmack*) adulterate; **Verfälschung** *f* falsification

verfangen *irr vi, vr* become entangled, get caught

verfänglich [fɛɐ'fɛŋlɪç] *adj* ① (*heimtückisch*) insidious ② (*gefährlich*) dangerous ③ (JUR: *belastend*) incriminating

verfärben *vr* ① (*Kleidung*) change colour ② (*erblassen*) grow pale; (*erröten*) flush

verfassen *vt* write; **Verfasser(in)** *m(f)* author

Verfassung *f* ① (POL: *Staats~*) constitution ② (*Zustand*) state (*gesundheitl.* of health, *gemütsmäßig* of mind); **ich bin nicht in der ~, zu ...** I'm in no fit state to ...; **verfassunggebend** *adj* constituent

Verfassungsänderung *f* alteration to constitution; **Verfassungsbeschwerde** *f* complaint of unconstitutionality; **Verfassungsgericht** *nt* (JUR) constitutional court; **Verfassungsklage** *f* (JUR) complaint of unconstitutionality

verfassungsmäßig *adj* constitutional; **Verfassungsreform** *f* constitutional reform; **Verfassungsrichter(in)** *m(f)* judge of the constitutional court; **Verfassungsschutz** *m* (*Amt für* ~) Office for the Protection of the Constitution; **Verfassungstreue** *f* loyalty to the constitution; **verfassungswidrig** *adj* unconstitutional

verfaulen *sein vi* ❶ decay, rot ❷ (*fig*) degenerate

verfechten *irr vt* defend, maintain, stand up for; **Verfechter(in)** *m(f)* advocate, champion

verfehlen *vt* (*nicht treffen*) miss; **verfehlt** *adj* (*nicht angebracht*) inappropriate; **Verfehlung** *f* ❶ (*Sünde*) transgression; (*Vergehen*) misdemeanour ❷ (*Ziel~*) missing

verfeinden *vr*: **sich mit jdm** ~ make an enemy of s.o.

verfeinern **I.** *vt* refine; (*verbessern*) improve **II.** *vr* become refined; (*sich verbessern*) improve; **verfeinert** *adj* (*Geschmack, Verfahren*) sophisticated

Verfettung *f* (MED: *des Körpers*) obesity; (*einzelner Organe*) adiposity

verfeuern *vt* ❶ (*Munition*) fire ❷ (*Brennmaterial*) burn

verfilmen *vt* make a film of; **Verfilmung** *f* ❶ (*Vorgang*) filming ❷ (*Ergebnis*) film version

verfilzt *adj* ❶ (*fig*) entangled ❷ (*Wolle*) felted, matted

verfinstern **I.** *vt* darken; (ASTR: *Sonne, Mond*) eclipse **II.** *vr* (*a. fig*) darken

verflachen *sein vi* (*Diskussion*) become shallow

Verflechtung *f* (*fig*) interconnection

verfliegen **I.** *irr vi sein* ❶ (*vergehen*) pass, vanish ❷ (CHEM: *sich verflüchtigen*) vanish; (*Geruch*) fade away **II.** *vr haben* (AVIAT) lose one's bearings

verfließen *sein irr vi* ❶ (*Zeit*) go by, pass ❷ (*Farben*) run

verflixt [fɛrˈflɪkst] **I.** *adj* ❶ (*fam*) darned ❷ (*schwierig*) tricky **II.** *adv* darned **III.** *interj*: ~ (**noch mal**)! blast (it)! darn!; ~ **und zugenäht!** damn and blast!

verflossen [fɛrˈflɔsən] *adj* (*vergangen*) past, former; **seine Verflossene** (*fam*) his ex-girlfriend

verfluchen *vt* curse; **verflucht** **I.** *adj, adv* (*fam*) damn, bloody *Br,* fucking **II.** *interj*: ~! damn (it)!; ~ **noch mal!** fucking hell!; ~ **viel** a hell of a lot; **wir haben** ~ **geschuftet** we toiled like hell

verflüchtigen *vr* ❶ (*verdampfen*) evaporate ❷ (*fam: Person*) vanish ❸ (*Bedenken*) be dispelled

verflüssigen *vt, vr* liquefy; **Verflüssigung** *f* liquefaction

verfolgen *vt* ❶ (*a. Ziel, Idee*) pursue ❷ (*Spur, Unterricht, Person*) follow ❸ (POL) persecute; (JUR) prosecute ❹ (*heimsuchen*) haunt; **Verfolger(in)** *m(f)* ❶ pursuer ❷ (POL) persecutor; **Verfolgte(r)** *f m* (POL) victim of persecution; **Verfolgung** *f* ❶ (*das Nachjagen*) pursuit ❷ (POL) persecution; (JUR) prosecution; **die** ~ **aufnehmen** take up the chase; **Verfolgungsjagd** *f* chase, pursuit; **Verfolgungskampagne** *f* persecution campaign; **Verfolgungswahn** *m* (MED) persecution mania

verformen **I.** *vt* distort, make go out of shape (*zu* into) **II.** *vr* go out of shape

verfrachten *vt* ❶ (*transportieren*) transport; (MAR) ship ❷ (*fam: Person*) bundle off

verfranzen [fɛrˈfrantsən] *vr* ❶ (*fam*) lose one's bearings ❷ (*fam*) get in a muddle

verfremden *vt* defamiliarize; **Verfremdung** *f* defamiliarization

verfressen *adj* (*fam pej*) greedy

verfrüht *adj* premature

verfügbar *adj* available, disposable; **Verfügbarkeit** *f* availability

verfügen **I.** *vt* (*anordnen*) order; (*per Gesetz*) decree **II.** *vi* (*zur Verfügung haben*): **über etw** ~ have s.th. at one's disposal; (*bestimmen*) be in charge of s.th.; **er kann über seine Zeit nicht frei** ~ he is not master of his time; ~ **Sie über mich!** I am at your disposal!; **Verfügung** *f* (*Erlass*) decree; (*Anordnung*) order; (~*srecht*) disposal; **sich jdm zur** ~ **halten** be available to s.o.; **zu Ihrer** ~ at your disposal; **einstweilige** ~ (JUR) temporary injunction; **jdm zur** ~ **stehen** be at someone's disposal; **jdm etw zur** ~ **stellen** put s.th. at someone's disposal; **Verfügungsgewalt** *f* (JUR) right of disposal

verführen *vt* ❶ (*in Versuchung führen*) tempt ❷ (*sexuell*) seduce; **jdn zu etw** ~ encourage s.o. to do s.th.; **Verführer(in)** *m(f)* seducer (seductress); **verführerisch** *adj* (*verlockend*) enticing; **Verführung** *f* ❶ (*sexuell*) seduction ❷ (*Verlockung*) enticement

Vergabe *f*: ~ **von Aufträgen** placing of orders; ~ **von Verträgen** award of contracts

vergällen [fɛrˈgɛlən] *vt* (*fig*) embitter; (*Freude*) spoil; (*Leben schwer machen*) sour

vergaloppieren *vr* ❶ (*fam: irren*) blunder ❷ (*zu weit vorpreschen*) go too far

vergammeln **I.** *vi sein* (*fam*) ❶ (*verfaulen*)

V

go bad, rot ❷ (*Person*) go to seed **II.** *vt haben:* **seine Zeit** ~ idle away one's time; **einen Tag** ~ have a day doing nothing; **vergammelt** *adj* (*fam pej*) scruffy

vergangen [fɛɐ'gaŋən] *adj* ❶ (*früher*) bygone, past ❷ (*letzte*) last; ~**es Jahr** last year; ~**e Größe** former greatness; **Vergangenheit** *f* ❶ past ❷ (GRAM) past tense ❸ (*Geschichte*) history; **Vergangenheitsbewältigung** *f process of coming to terms with the past;* **vergänglich** [fɛɐ'gɛŋlɪç] *adj* transient, transitory; **Vergänglichkeit** *f* transitoriness

vergasen *vt* (*Kohle*) gasify; **Vergaser** *m* (AUTO) carburettor

vergeben *irr vt* ❶ (*Auftrag, Preis*) award (*an* to) ❷ (*verzeihen*) forgive (*jdm etw* s.o. for s.th.), pardon (*jdm etw* s.o. s.th.) ❸ (*Chancen*) throw away; **ist die Stelle schon ~?** has the vacancy been filled already?; **sind diese Plätze ~?** have these seats been taken?; **ich bin schon** ~ (*fam*) I'm already spoken for; **er würde sich nichts vergeben, wenn er sich einmal bedanken würde** it wouldn't hurt him to say thank you once in a while

vergebens *adv* in vain, vainly

vergeblich **I.** *adj* futile **II.** *adv* in vain; **Vergeblichkeit** *f* futility

Vergebung *f* forgiveness, pardon

vergegenwärtigen [---'---] *vr* ❶ (*vorstellen*) imagine ❷ (*vor Augen rufen*) visualize ❸ (*erinnern*) recall

Vergehen <-s, -> *nt* ❶ (*das Schwinden*) fading ❷ (JUR) offence; **vergehen** **I.** *irr vi* ❶ (*vorbeigehen*) pass; (*Liebe*) die ❷ (*dahinschwinden*) fade, waste away; (*nachlassen*) wear off; **das vergeht!** (*fam*) it'll pass!; **vor Neugier** ~ be dying of curiosity; **mir verging Hören und Sehen** (*fam*) I didn't know whether I was coming or going; **wie die Zeit vergeht!** how time flies! **II.** *vr* (*eine Untat begehen*) commit an offence; **sich an jdm** ~ assault s.o. indecently; **sich gegen etw** ~ commit an offence against s.th.

vergeistigt *adj* spiritual

vergelten *irr vt* repay (*jdm etw* s.o. for s.th.); **Gleiches mit Gleichem** ~ give tit for tat; **Vergeltung** *f* retribution; (*Rache*) retaliation; **Vergeltungsmaßnahme** *f* retaliatory measure; **Vergeltungsschlag** *m* act of reprisal

vergessen [fɛɐ'gɛsən] **I.** *irr vt, vi* ❶ forget ❷ (*liegen lassen*) leave; **das werde ich Ihnen nie** ~ (*Gutes*) I will always remember you for that; (*Schlechtes*) I will never forget that **II.** *vr* forget o.s.; **Vergessenheit** *f:* **in ~ geraten** fall into oblivion; **vergesslich** *adj* forgetful; **Vergesslichkeit** *f* forgetfulness

vergeuden [fɛɐ'gɔɪdən] *vt* waste; **Vergeudung** *f* waste

vergewaltigen [fɛrgə'valtɪgən] *vt* rape; (*fig: Sprache, Kunst*) violate; **Vergewaltiger** *m* rapist; **Vergewaltigung** *f* rape; (*fig*) violation

vergewissern [fɛrgə'vɪsɐn] *vr* make sure (*einer Sache* of s.th.)

vergießen *irr vt* (*Blut, Tränen*) shed; (*Flüssigkeit*) spill

vergiften *vt* (*a. fig*) poison; **Vergiftung** *f* poisoning

vergilbt [fɛɐ'gɪlpt] *adj* yellowed

Vergissmeinnicht [fɛɐ'gɪsmaɪnɪçt] <-(e)s, -(e)/(s)> *nt* forget-me-not

vergittern *vt* put a grate over …; **Vergitterung** *f* grating

verglasen [fɛɐ'gla:zən] *vt* glaze; **Verglasung** *f* glazing

Vergleich <-(e)s, -e> *m* ❶ comparison ❷ (JUR) settlement; **im ~ zu …** compared to …, in comparison with …; **einen ~ anstellen** make a comparison (*zwischen* between); **einem ~ standhalten** bear comparison; **es schneidet im ~ überhaupt nicht gut ab** it doesn't compare very well at all; **einen gütlichen ~ schließen** (JUR) reach an amicable settlement

vergleichbar *adj* comparable; **Vergleichbarkeit** *f* comparability

vergleichen **I.** *irr vt* compare (*mit* to, with); **ein Sonett mit einem anderen** ~ compare one sonnet with another **II.** *vr* ❶ compare o.s. (*mit jdm* with s.o, to s.o.) ❷ (JUR: *sich verständigen*) settle (*mit jdm* with s.o.); **wollen Sie sich etwa mit ihm ~?** don't tell me you mean to compare yourself to him!

Vergleichsjahr *nt* base year; **Vergleichsverfahren** *nt* composition proceedings; **Vergleichstest** *m* comparison; **vergleichsweise** *adv* comparatively; **es schneidet ~ schlecht (gut) ab** it compares badly (well)

Vergnügen <-s, -> *nt* (*Genuss*) pleasure; (*Freude*) joy; (*Amüsement*) amusement; (*Spaß*) fun; **(nur) zum** ~ (just) for fun; **mit** ~ with pleasure; **das wird ein teures** ~ that's going to be an expensive bit of fun; **na dann viel ~!** (*iro*) I wish you joy!; **viel ~!** enjoy yourself! have a good time!; **an etw ~ finden** take pleasure in s.th.; **etw zu seinem ~ tun** do s.th. for one's own amusement; **ich mache das nicht zu meinem** ~ I'm not doing it for the fun of it; **er fand großes ~ daran, Vögel zu beobachten** he got a lot of enjoyment from bird-watching

vergnügen [fɛrˈgny:gən] <ohne ge> *vr* amuse o.s., enjoy o.s.; **sich mit jdm/etw/einer Tätigkeit ~** amuse o.s. with s.o./s.th./by doing s.th.; **vergnüglich** *adj* enjoyable, pleasureable; **vergnügt** *adj* enjoyable; (*freudig, heiter*) cheerful; **Vergnügung** *f* ① (*Amüsement, Freude*) pleasure ② (*~sveranstaltung*) entertainment; **Vergnügungspark** *m* amusement park; **Vergnügungsreise** *f* pleasure trip; **Vergnügungssteuer** *f* entertainment tax *Br,* admission tax *Am;* **vergnügungssüchtig** *adj* pleasure-craving

vergolden *vt* ① (*mit Farbe*) paint gold ② (*mit Blattgold*) gild ③ (*feuervergolden*) gold-plate

vergönnen *vt* not begrudge (*jdm etw* s.o. s.th.); **es war ihm nicht vergönnt …** he was not granted the privilege of …

vergöttern [fɛrˈgœtɐn] *vt* (*fig*) idolize

vergraben **I.** *irr vt* bury **II.** *vr* (*sich zurückziehen*) hide o.s. away; **sie vergräbt sich in ihren Büchern** she buries herself in her books

vergrämt [fɛrˈgrɛ:mt] *adj* (*obs*) grief-stricken

vergreifen *irr vr* (*daneben greifen*) take the wrong; **sich an jdm ~** assault s.o.; **sich an etw ~** (*unterschlagen*) embezzle s.th.; **Sie ~ sich im Ton!** that's the wrong tone to speak to me in!

vergreisen *vi* become senile

vergriffen [fɛrˈgrɪfən] *adj* (*Ware*) sold out, out of stock; (*Buch*) out of print

vergrößern [fɛrˈgrø:sɐn] **I.** *vt* ① (*an Fläche, Umfang*) enlarge ② (*an Zahl, Umfang*) increase ③ (*ausdehnen*) extend; (COM: *Absatzmärkte*) expand ④ (OPT) magnify; (PHOT) blow up **II.** *vr* ① be enlarged ② (*anwachsen*) increase ③ (*sich ausdehnen*) be extended, expand ④ (*Pupille, Blutgefäße*) dilate; (*Leber, Niere*) become enlarged **III.** *vi* (OPT) magnify; **Vergrößerung** *f* ① (*flächenmäßig*) enlargement; (*nach Ausdehnung*) extension; (COM MARKT) expansion ② (*zahlenmäßig*) increase ③ (OPT) magnification; (PHOT) enlargement ④ (*von Pupille, Blutgefäßen*) dilation; (*von Organ*) enlargement; **Vergrößerungsglas** *nt* magnifying glass

vergucken *vr* (*fam*) see wrong; **sich in etw (jdn) ~** fall for s.th. (s.o.)

vergünstigt *adj:* **etw ~ kaufen** buy s.th. at a reduced price; **Vergünstigung** *f* ① (*preislich*) reduction ② (*Vorrecht*) favour, privilege

vergüten [fɛrˈgy:tər] *vt* ① (*Verlust ersetzen*) compensate (*jdm etw* s.o. for s.th.) ② (*Auslagen*) reimburse (*jdm etw* s.o. for s.th.) ③ (*Arbeitsleistung*) recompense, remunerate (*jdm etw* s.o. for s.th.) ④ (TECH: *Stahl*) temper ⑤ (PHOT: *Linse*) coat; **Vergütung** *f* ① (*Kompensation*) compensation ② (*Auslagenersatz*) reimbursement ③ (*Lohn*) recompense, remuneration ④ (TECH: *von Stahl*) tempering ⑤ (PHOT: *Linsenbeschichtung*) coating

verhaften [fɛrˈhaftən] *vt* arrest; **Sie sind verhaftet!** you are under arrest!; **Verhaftung** *f* arrest; **Verhaftungswelle** *f* wave of arrests

verhallen *sein vi* die [*o* fade] away; **ungehört ~** go unheeded

Verhalten <-s> *nt* ① (*Benehmen*) behaviour ② (*Haltung*) attitude ③ (*Vorgehen*) conduct

verhalten **I.** *irr vt* (*unterdrücken*) keep back; (*Zorn*) retain; (*Atem*) hold **II.** *vr* ① (*sich benehmen*) behave; (*handeln*) act ② (*sein*) be, be the case ③ (MATH) be; **a verhält sich zu b wie c zu d** a is to b as c to d ④ (CHEM: *reagieren*) react; **sich ruhig ~** keep quiet; **wenn sich das so verhält …** if that is the case …; **die Sache verhält sich folgendermaßen …** the matter is as follows …

Verhaltensforschung *f* behavioural research; **verhaltensgestört** *adj* disturbed, maladjusted; **Verhaltenskodex** *m* code of conduct; **Verhaltensmaßregel** *f* rule of conduct; **Verhaltensstörung** *f* behavioural disorder; **Verhaltenstherapie** *f* behavioural therapy; **Verhaltensweise** *f* behaviour

Verhältnis [fɛrˈhɛltnɪs] <-ses, -se> *nt* ① (*Relation*) proportion, relation ② (*Liebes~*) (love-)affair ③ (*im pl: Lage*) conditions *pl,* situation; (*Umstände*) circumstances *pl* ④ (*menschl. Beziehung*) relationship (*mit jdm o etw* with s.o., to s.th.); (*zwischen Staaten*) relations *pl* (*zu* with); **mit jdm ein ~ haben** have an affair with s.o.; **in keinem ~ zu etw stehen** be out of all proportion to s.th.; **bei den derzeitigen ~sen** under present conditions; **wir müssen klare ~se schaffen** we must get things straight; **ich bin für klare ~se** I want to know how we stand; **umgekehrtes ~** (MATH) inverse ratio; **in gesicherten ~sen** in easy circumstances; **er lebt über seine ~se** he lives beyond his means; **verhältnismäßig** *adv* ① (*proportional*) proportionally ② (*ziemlich*) relatively

Verhältnismäßigkeit *f:* **die ~ der Mittel** the appropriateness of the means; **Verhältnismäßigkeitsprinzip** *nt* principle of appropriateness; **Verhältniswahlrecht** *nt* proportional representation; **Verhältniswort** *nt* (GRAM) preposition

verhandeln **I.** *vt* ❶ negotiate ❷ (JUR) hear **II.** *vi* ❶ negotiate (*über* about) ❷ (JUR) hear a [*o* the] case; **Verhandlung** *f* ❶ negotiations *pl* ❷ (JUR) hearing; (*in Strafsache*) trial; **~en aufnehmen** enter into negotiations (*mit jdm* with s.o.); **da lasse ich mich auf keine ~en ein** (*fam*) I don't propose to enter into any long debates!; **Verhandlungsausschuss** *m* negotiating committee; **Verhandlungsbasis** *f* basis for negotiations; **verhandlungsbereit** *adj* ready to negotiate; **Verhandlungsbereitschaft** *f* readiness to negotiate; **Verhandlungsführer(in)** *m(f)* (chief) negotiator; **Verhandlungsposition** *f* negotiating position; **Verhandlungssache** *f* negotiable matter; **Verhandlungsstärke** *f* negotiating strength, bargaining power

verhängen *vt* ❶ (*mit Stoff*) cover (*mit* with) ❷ (*Strafe*) impose (*über jdn* on s.o.)

Verhängnis <-ses, -se> *nt* (*Unglück*) disaster; **jdm zum ~ werden** be someone's undoing; **verhängnisvoll** *adj* (*fatal*) fatal, fateful; (*katastrophal*) disastrous

verharmlosen *vt* belittle, play down; **Verharmlosung** *f* belittlement

verhärmt [fɛr'hɛrmt] *adj* careworn

verharren *vi* pause, remain; **auf seinem Standpunkt ~** persist in one's viewpoint

verharschen [fɛr'harʃən] *sein vi* (*Schnee*) crust

verhaspeln [fɛr'haspəln] *vr* get into a tangle

verhasst *adj* hated; **sich ~ machen** make o.s. hated; **wie mir so was ~ ist!** how much I hate such things!

verhätscheln *vt* pamper; (*verderben*) spoil

Verhau [fɛr'haʊ] <-(e)s, -e> *m* ❶ (*Sperre*) barrier ❷ (*fam: Unordnung*) mess

verhauen **I.** *irr vt* ❶ (*fam: prügeln*) beat up; (*Kind*) lick, thrash ❷ (*fam: schlecht machen*) muff **II.** *vr* (*fam: sich irren*) slip up; (*einen Fehler machen*) make a mistake

verheben *irr vr* hurt o.s. lifting s.th.

verheddern [fɛr'hɛdɐn] *vr* get into a tangle

verheeren [fɛr'he:rən] *vt* devastate; **verheerend** *adj* ❶ devastating ❷ (*fam: schrecklich*) frightful, ghastly

verhehlen [fɛr'he:lən] *vt* conceal, hide (*jdm etw* s.th. from s.o.)

verheilen *sein vi* (*a. fig*) heal

verheimlichen *vt* conceal, keep secret (*jdm etw* s.th. from s.o.); **Verheimlichung** *f* concealment

verheiraten **I.** *vt* marry (*mit* to); **er ist mit seinem Job verheiratet** (*hum fam*) he's married to his job **II.** *vr* get married (*mit jdm* to s.o.), marry (*mit jdm* s.o.)

verheißen *irr vt* promise; **Verheißung** *f* promise; **das Land der ~** the Promised Land; **verheißungsvoll** *adj* promising

verhelfen *irr vt:* **jdm zu etw ~** help s.o. to (get) s.th.

verherrlichen *vt* glorify; **Verherrlichung** *f* glorification

verhetzen *vt* incite

verhexen *vt* bewitch; **das ist doch wie verhext!** (*fam*) there must be a jinx on it!

verhindern *vt* prevent; (*Unheil*) avert; **das ließ sich leider nicht ~** it couldn't be helped; **ein verhinderter Schriftsteller** a would-be author; **Verhinderung** *f* aversion, prevention; **im Falle Ihrer ~ ...** should you be unable to come ...

verhöhnen *vt* deride, scoff at; **Verhöhnung** *f* deriding, scoffing

Verhör [fɛr'hø:ɐ] <-(e)s, -e> *nt* (*Befragung*) interrogation, questioning; (*vor Gericht*) examination; **verhören** **I.** *vt* (*befragen*) interrogate, question; (*vor Gericht*) examine **II.** *vr* mishear

verhüllen *vt* cover, veil

verhungern *sein vi* ❶ die of starvation, starve ❷ (*fam: großen Hunger haben*) be starving; **jdn ~ lassen** let s.o. starve to death

verhunzen [fɛɐ'hʊntsən] *vt* (*fam*) ruin, spoil

verhüten *vt* prevent; **das möge Gott ~!** God forbid!; **~de Maßnahmen** preventive measures; **Verhütung** *f* ❶ (*Verhinderung*) prevention ❷ (MED) prophylaxis ❸ (*Empfängnis~*) contraception; **Verhütungsmittel** *nt* contraceptive

verifizieren *vt* verify; **Verifizierung** *f* verification

verinnerlichen *vt* internalize (*etw* s.th.)

verirren *vr* ❶ lose one's way ❷ (*fig*) go astray

verjagen *vt* (*a. fig*) chase away

verjähren [fɛr'jɛ:rən] *sein vi* (JUR) fall under the statute of limitation; (*Anspruch*) be in lapse; **verjährt** *adj* ❶ (JUR) statute-barred ❷ (*fam*): **das ist schon längst ~** that's all over and done with; **Verjährung** *f* (JUR) ❶ (*von Straftat*) limitation ❷ (*von Anspruch*) lapse

verjubeln *vt* (*fam*) blow (*für etw* on s.th.)

verjüngen [fɛr'jʏŋən] **I.** *vt* rejuvenate **II.** *vr* (*nach oben o unten dünner werden*) narrow, taper

verkabeln *vt* (ELEK TELE) ① (*Drähte*) cable ② (*Apparate*) connect up ③ (RADIO TV) link up to the cable network; **Verkabelung** *f* (ELEK TELE) cabling

verkalken *sein vi* ① (*Kalk ansetzen*) calcify; (*Arterien*) get hardened; (*Wasserleitung*) fur up ② (*fam: Person*) become senile

verkalkulieren *vr* miscalculate

Verkalkung *f* ① (*das Kalkansetzen*) calcification; (*von Wasserleitung*) furring ② (*fam: Vergreisung*) senility

verkannt *adj* unappreciated

verkappt *adj* disguised

verkatert *adj* (*fam*) hung-over

Verkauf <-(e)s, Verkäufe> *m* ① sale; (*das ~en*) selling ② (*~sabteilung*) sales *sing;* **etw zum ~ anbieten** put s.th. up for sale; **steht es zum ~?** is it up for sale?

verkaufen I. *vt* (*a. fig*) sell (*für* for); **verraten und verkauft** (*fam*) well and truly sunk; **zu ~** for sale; **gegen bar ~** sell for cash; **von diesem Wörterbuch wurden 300.000 Exemplare verkauft** this dictionary sold 300,000 copies; **sein Leben teuer ~** sell one's life dearly II. *vr* ① (*Ware*) sell ② (*Person*) sell o.s.

Verkäufer(in) *m(f)* ① seller ② (*im Ladengeschäft*) shop assistant *Br,* clerk *Am* ③ (*im Außendienst*) salesman (saleswoman) *Br,* salesperson ④ (JUR) vendor; **verkäuflich** *adj* ① (COM MARKT: *verkaufbar*) marketable, sal(e)able ② (*kaufbar*) for sale; **leicht (schwer) ~** easy (hard) to sell; **Verkaufsabteilung** *f* sales department; **Verkaufsangebot** *nt* offer to sell; **Verkaufsaufforderung** *f* invitation to sell

Verkaufsausstellung *f* sales exhibition; **Verkaufsbedingungen** *fpl* conditions of sale; **Verkaufserlös** *m* sales revenue, proceeds of a sale; **Verkaufsgespräch** *nt* sales talk; **Verkaufsleiter(in)** *m(f)* sales manager; **Verkaufspreis** *m* retail price; **Verkaufsrekord** *m* sales record; **Verkaufsschlager** *m* big seller; **Verkaufsunterlagen** *pl* sales documentation; **Verkaufszahlen** *fpl* sales figures; **Verkaufsziel** *nt* sales objective

Verkehr [fɛr'ke:ɐ] <-(e)s> *m* ① (*Straßen~*) traffic ② (*Verbindung*) communication ③ (COM) circulation ④ (*Geschlechts~*) intercourse; **mit jdem im brieflichen ~ stehen** be corresponding with s.o.; **dem ~ übergeben** open to traffic; **den ~ umleiten** divert the traffic; **etw aus dem ~ ziehen** (COM FIN) withdraw s.th. from circulation; (*aus dem Straßen~*) withdraw s.th. from service

verkehren I. *vt:* **etw ins Gegenteil ~** reverse s.th. II. *vi* ① (*fahren*) run; (*fliegen*) fly ② (*gesellschaftlich*) associate (*mit jdm* with s.o.), frequent (*bei jdm* someone's house, *in einem Lokal* a pub, restaurant) ③ (*sexuell*) have (sexual) intercourse (*mit jdm* with s.o.) III. *vr:* **sich ins Gegenteil ~** become reversed

Verkehrsader *f* arterial road; **Verkehrsampel** *f* traffic lights *pl;* **Verkehrsamt** *nt* ① traffic office ② (*Verkehrsbüro*) tourist information office; **Verkehrsanbindung** *f* transport links *pl;* **Verkehrsaufkommen** *nt* traffic volume; **verkehrsbedingt** *adj:* **~e Emissionen** traffic emissions; **verkehrsberuhigt** *adj* (AUTO) traffic-calmed; **Verkehrsberuhigung** *f* traffic calming; **Verkehrsbeschränkung** *f* traffic restriction; **Verkehrschaos** *nt* traffic chaos; **Verkehrsdelikt** *nt* traffic offence; **Verkehrsdichte** *f* traffic density; **Verkehrsdurchsage** *f* traffic announcement; **Verkehrserziehung** *f* road safety training; **Verkehrsflugzeug** *nt* commercial aircraft; **Verkehrsfluss** *m* traffic flow; **Verkehrsfunk** *m* radio traffic service; **verkehrsgünstig** *adj* convenient; **Verkehrshinweis** *m* traffic announcement; **Verkehrsinsel** *f* traffic island *Br,* safety isle *Am;* **Verkehrsknotenpunkt** *m* railroad [*o* traffic] junction; **Verkehrskontrolle** *f* traffic control; **bei jdm eine ~ machen** stop s.o.; **Verkehrsleitsystem** *nt* traffic guidance system; **Verkehrsminister(in)** *m(f)* Minister of Transport; **Verkehrsmittel** *nt* means of transport *Br,* means of transportation *Am;* **Verkehrsnetz** *nt* transport network; **Verkehrsplanung** *f* transport planning; **Verkehrspolizei** *f* traffic police; **Verkehrspolizist(in)** *m(f)* traffic policeman (-woman) *Br,* speedcop *Am;* **Verkehrsregel** *f* traffic regulation; **Verkehrsregelung** *f* traffic control; **verkehrsreich** *adj* (*Gegend*) busy; **~e Zeit** peak time; **Verkehrsschild** *nt* traffic sign; **verkehrsschwach** *adj* ① (*Gegend*) with little traffic ② (*Zeit*) off-peak; **in ~en Zeiten** during slack periods *Br,* during light hours *Am;* **Verkehrssicherheit** *f* ① (*von Straßen*) road safety ② (*von Fahrzeugen*) roadworthiness; **Verkehrsstauung** *f* traffic jam; **Verkehrsstörung** *f* traffic hold-up *Br,* tie-up *Am;* **Verkehrssünder(in)** *m(f)* traffic offender; **verkehrstechnisch** I. *adj:* **~e Schwierigkeiten** technical difficulties involved in traffic engineering II. *adv:* **~ gesehen** from the technical viewpoint of traffic engineering;

Verkehrsteilnehmer(in) *m(f)* road user; **Verkehrstote** *pl* road casualties; **die Zahl der ~n** the toll of the road; **verkehrstüchtig** *f* ❶ (*Kfz*) roadworthy ❷ (*Person*) fit to drive; **Verkehrsunfall** *m* road accident; **Verkehrsunterricht** *m* traffic instruction; **Verkehrsverbindung** *f* (transport) link; **Verkehrsverbund** *m* combined transport authority; **Verkehrsverein** *m* tourist information office; **Verkehrsvorschrift** *f* traffic regulation; **Verkehrswacht** *f* road patrol; **Verkehrswert** *m* (COM FIN) market value; **Verkehrswesen** *nt* transport and communications *pl;* **verkehrswidrig** *adj* contrary to road traffic regulations; **sich ~ verhalten** break the road traffic regulations; **Verkehrszählung** *f* traffic census; **Verkehrszeichen** *nt* road sign, traffic sign

verkehrt I. *adj* (*falsch*) wrong; **eine ~e Welt** a topsy-turvy world II. *adv* wrongly; **etw ~ machen** do s.th. the wrong way; **du kannst gar nichts ~ machen** you can't go wrong; **etw ~ rum anhaben** (*fam*) have s.th. on back to front; (*innen nach außen*) inside out; **gar nicht (so) ~!** (*fam*) that can't be bad!; **du hältst das Bild ~ rum** you're holding the picture the wrong way round; **das Verkehrteste, was du tun konntest** the worst thing you could do

verkeilt *adj:* **ineinander ~** gridlocked

verkennen *irr vt* misjudge; (*unterschätzen*) underestimate; **deine Absichten sind nicht zu ~** your intentions are unmistakable; **wir ~ ja nicht, dass ...** we do not deny that ...

verketten *vt* (*fig*) link together; **verkettet sein** be interlinked

verkitten *vt* cement; (*Fenster*) putty

verklagen *vt* (JUR) sue (*wegen* for), take to court (*jdn auf etw* s.o. for s.th.)

verklappen *vt* (*Abfallstoffe*) dump (in the sea); **Verklappung** *f* (*Abfallstoffe*) dumping (into the sea); **verklärt** *adj* transfigured

verklausulieren [fɛrklaʊzu'liːrən] *vt* (*fam*) hedge in with clauses

verkleben *vt* ❶ (*zusammenkleben*) stick together ❷ (*zukleben*) cover (*mit* with)

verkleiden I. *vt* ❶ (*a. fig*) disguise; (*kostümieren*) dress up ❷ (*Wand: mit Stoff*) line; (*täfeln*) wainscot II. *vr* disguise o.s., dress up; **Verkleidung** *f* ❶ (*das Verkleiden*) disguising; (*das Kostümieren*) dressing up ❷ (*als Ergebnis*) disguise ❸ (*Stoff~*) lining; (*Täfelung*) wainscoting

verkleinern I. *vt* make smaller; (*Maßstab*) scale down; (PHOT) reduce II. *vi* (OPT) make everything (seem) smaller III. *vr* ❶ become smaller ❷ (*sich verringern*) decrease ❸ (*fig*) become less; **verkleinert** *adj* reduced; (*Maßstab*) scaled down; **Verkleinerung** *f* ❶ (*das Verkleinern*) making smaller; (*Maßstab*) scaling down ❷ (*von Bild*) reduced size reproduction; (PHOT) reduction; **Verkleinerungsform** *f* (LING) diminutive form

verklemmen *vr* become [*o* get] stuck; **verklemmt** *adj* (*Person*) inhibited

verklickern [fɛr'klɪkɐn] *vt* (*fam*): **jdm etw ~** make s.th. clear to s.o.

verklingen *irr vi sein* ❶ (*Ton*) die away ❷ (*fig*) fade

verkloppen [fɛr'klɔpən] *vt* (*fam*) ❶ (*verprügeln*): **jdn ~** give s.o. what-for ❷ (*verkaufen*): **etw ~** flog s.th.

verknallen *vr* (*fam*): **sich in jdn ~** fall for s.o.

Verknappung <-, -en> *f* shortage, scarcity

verknautschen [fɛr'knaʊtʃən] I. *vt* (*fam*) crumple, crush II. *vr* crease

verkneifen *irr vr* (*fam*): **sich etw ~** stop o.s. from doing [*o* saying] s.th.

verkniffen [fɛr'knɪfən] *adj* ❶ (*angestrengt: Gesicht*) strained ❷ (*verbissen: Gesicht*) pinched

verknittern *vt* crumple

verknöchert [fɛrknœçɐt] *adj* (*fig*) ossified

verknoten *vt* ❶ (*Schnur*) knot ❷ (*Paket*) tie up

verknüpfen *vt* ❶ (*Schnur*) knot, tie together ❷ (*fig*) combine; (*assoziieren*) associate

verkohlen I. *vt* (*fam*) have s.o. on II. *vi* char; (*Braten*) burn to a cinder

verkommen *sein irr vi* ❶ (*zugrunde gehen*) go to the dogs; (*sittlich*) become dissolute ❷ (*Gebäude*) become dilapidated ❸ (*Lebensmittel*) go off; **verkommen** *adj* ❶ (*Person*) depraved ❷ (*Gebäude*) dilapidated; **Verkommenheit** *f* ❶ (*von Person*) depravity ❷ (*von Gebäude*) dilapidation

verkomplizieren *vt* complicate

verkonsumieren *vt* (*fam*) get through

verkorken *vt* cork (up)

verkorksen [fɛr'kɔrksən] *vt* (*fam*) mess up; **jdm etw ~** mess s.th. up for s.o.; **sich den Magen ~** upset one's stomach; **verkorkst** *adj* (*fam*): **die Sache ist völlig ~** it's a real mess

verkörpern *vt* ❶ (*personifizieren*) embody ❷ (THEAT) portray; **Verkörperung** *f* ❶ (*Personifizierung*) embodiment, personification ❷ (THEAT) portrayal

verkrachen *vr* (*fam*): **sich mit jdm ~** fall

out with s.o; **verkracht** *adj* (*fam: ruiniert*) ruined; ~**er Typ** dead-beat type; ~**e Existenz** failure

verkraften *vt* come to terms with, cope with

verkrallen *vr:* **sich in etw** ~ get stuck into s.th.

verkrampft *adj* ❶ (*Sitzhaltung*) cramped ❷ (*fig*) tense

verkriechen *haben irr vr* (*fig*) hide o.s. away

verkrümeln [fɛrˈkryːməln] *vt, vr* (*fam*) make off

verkrümmen *vt, vr* bend; **Verkrümmung** *f* (MED) curvature

verkrüppelt *adj* crippled

verkrusten *vi sein, vr haben* become encrusted; **verkrustet** *adj* ❶ (*Wunde*) scabby ❷ (*Strukturen*) decrepit

verkühlen *vr* catch a chill

verkümmern *sein vi* ❶ (*Instinkt*) become stunted; (*Person*) waste away; (*Talent*) go to waste ❷ (MED) atrophy

verkünd(ig)en *vt* ❶ (*bekannt machen*) proclaim; (*ankündigen*) announce ❷ (*predigen*) preach ❸ (JUR: *Urteil*) pronounce ❹ (*Unheil*) forebode; **Verkünd(ig)ung** *f* ❶ (*Bekanntmachung*) proclamation; (*Ankündigung*) announcement ❷ (*Predigen*) preaching ❸ (JUR: *Urteils~*) pronouncement

verkupfern *vt* copper-plate

verkuppeln *vt* (*pej*) procure (*jdn an jdn* s.o. for s.o.)

verkürzen **I.** *vt* ❶ shorten ❷ (*beschränken, herabsetzen*) cut down, reduce **II.** *vr* ❶ (*kürzer werden*) be shortened ❷ (*Aufenthalt*) be reduced; **Verkürzung** *f* shortening

verlachen *vt* deride, laugh at

Verladebahnhof *m* loading station; **Verladebrücke** *f* loading bridge; **verladen** *irr vt* load (on to); (MAR) embark; (AVIAT) emplane; **Verladerampe** *f* loading platform; **Verladung** *f* loading; (MAR) embarkation; (AVIAT) emplaning

Verlag [fɛrˈlaːk] <-(e)s, -e> *m* publishing house, publishers *pl;* **bei welchem** ~ **ist das erschienen?** who published it?; **im** ~ **von …** published by …

verlagern **I.** *vt* shift; (*Interessen*) transfer **II.** *vr* ❶ shift ❷ (METE) move; **Verlagerung** *f* ❶ shift; (*Interessen~*) transfer ❷ (METE) movement, moving

Verlagsbuchhandel *m* publishing trade; **Verlagshaus** *nt* publishing house *Br,* book concern *Am;* **Verlagskatalog** *m* publisher's catalogue; **Verlagsleiter(in)** *m(f)* publishing director; **Verlagsredakteur(in)** *m(f)* (publishing) editor

Verlangen <-s> *nt* ❶ (*Forderung*) demand; (*Wunsch*) desire, wish ❷ (*Erfordernis*) request ❸ (*Sehnsucht*) longing, yearning; (*Begierde*) craving (*nach* for); **auf** ~ by request, on demand; **auf** ~ **der Lehrer** at the request of the teachers; **ich habe kein** ~**, ihn zu sehen** I have no desire to see him; **verlangen** [fɛrˈlaŋən] **I.** *vt* ❶ (*fordern*) demand ❷ (*wünschen*) desire ❸ (*haben wollen*) ask for, want ❹ (*erfordern*) require ❺ (*beanspruchen*) claim; **am Telefon verlangt werden** be wanted on the phone **II.** *vi* ❶ ask (*nach* for) ❷ (*sich sehnen*) long (*nach* for); **er verlangte zu wissen, was passiert war** he demanded to know what had happened; **das ist zu viel verlangt** that's asking too much; **verlangend** *adj* (*sehnsüchtig*) longing

verlängern [fɛrˈlɛŋɐn] **I.** *vt* ❶ (*länger machen*) lengthen ❷ (*Frist*) extend, prolong ❸ (COM: *Wechsel*) renew ❹ (SPORT: *Ball*) play [*o* touch] on (*zu jdm* to s.o.) **II.** *vr* ❶ (*räumlich*) be lengthened ❷ (*zeitlich*) be prolonged; **Verlängerung** *f* ❶ (*das Längermachen*) lengthening ❷ (*von Frist*) prolongation ❸ (SPORT: *eines Passes*) play-on (*zu* to) ❹ (*von Spielzeit*) extra time *Br,* overtime *Am;* **Verlängerungskabel** *f* (ELEK) extension lead

verlangsamen **I.** *vt* slow down; (*Geschwindigkeit a.*) reduce **II.** *vr* slow down

Verlass [fɛrˈlas] <-es> *m:* **es ist kein** ~ **auf ihn** there is no relying on him

verlassen[1] **I.** *irr vt* ❶ leave ❷ (*im Stich lassen*) abandon, desert, forsake; **und da verließen sie ihn** (*fam*) that's as far as I got **II.** *vr:* **sich** ~ **auf …** count [*o* rely] on …; **Sie können sich darauf** ~ you can count on it

verlassen[2] *adj* ❶ (*im Stich gelassen*) deserted, forsaken ❷ (*einsam*) lonely ❸ (*öde*) desolate; **wer sich auf ihn verlässt, ist** ~ if you rely on him, you've had it; **Verlassenheit** *adj* (*Einsamkeit*) loneliness

verlässlich [fɛrˈlɛslɪç] *adj* reliable

Verlaub [fɛrˈlaʊp] *m:* **mit** ~ (*hum*) by your leave, if you will pardon my saying so

Verlauf *m* ❶ (*von Zeit*) course ❷ (*Ausgang*) end; **im** ~ **des Gesprächs** in the course of the conversation; **einen guten (schlechten)** ~ **nehmen** go well (badly); **im weiteren** ~ **der Angelegenheit …** as things developed …; **verlaufen** **I.** *irr vi sein* ❶ (*Zeit*) pass ❷ (*vor sich gehen*) pro-

V

ceed, run ③ (*auseinander fließen*) run ④ (*sich erstrecken*) run; **alles ist gut ~** everything went well; **im Sande ~** peter out **II.** *vr* ① (*verschwinden*) disperse; (*sich verlieren*) disappear ② (*sich verirren*) get lost, lose one's way

Verlaufsform *f* (LING) progressive form, continuous form; **verlaust** *adj* lice-ridden

verlautbaren [fɛr'laʊtba:rən] *vt:* **etw ~ lassen** let s.th. be announced

verlauten *sein vi:* **etw (nichts) ~ lassen** give an (no) indication; **der Minister hat ~ lassen, dass …** the minister indicated that …

verleben *vt* (*verbringen*) spend; **verlebt** *adj* (*Person*) dissipated

verlegen[1] **I.** *vt* ① (*an falschen Platz legen*) mislay, misplace ② (*Platz verändern*) move, shift; (MIL) transfer *Br,* redeploy *Am* ③ (*zeitlich*) postpone (*auf* until) ④ (*Buch*) publish ⑤ (*Kabel, Fliesen*) lay ⑥ (*Straße*) relocate **II.** *vr::* **sich ~ auf …** (*beginnen mit*) take up; (*als Ausweg*) resort to

verlegen[2] *adj* embarrassed; **um etw ~ sein** be at a loss for s.th.; **um Geld ~ sein** be short of money; **Verlegenheit** *f* ① (*Befangensein*) embarrassment ② (*Klemme*) embarrassing situation; (*fam*) fix; **in ~ sein** be at a loss (*um* for); **jdn in ~ bringen** embarrass s.o.; **in ~ kommen** get embarrassed; **Verlegenheitslösung** *f* stop-gap

Verleger(in) *m(f)* publisher

Verlegung *f* ① (*Platzveränderung*) moving, shifting; (MIL: *Truppen~*) transfer ② (*von Kabel*) laying ③ (*zeitl. Verschiebung*) postponement

verleiden *vt:* **jdm etw ~** put s.o. off s.th.

Verleih <-(e)s, -e> *m* ① hire service ② (FILM: *~firma*) distributors ③ (*Auto~*) car rental; **verleihen** *irr vt* ① (*verborgen*) lend (out) *Br,* loan *Am;* (*gegen Entgelt*) rent (out) (*an jdn* to s.o.) ② (*Amt, Titel*) bestow, confer (*jdm* on s.o.) ③ (*Auszeichnung*) award (*jdm* to s.o.) ④ (*geben, verschaffen*) give; **Verleihung** *f* ① (*von Geld*) lending *Br,* loaning *Am;* (*von Gegenstand gegen Entgelt*) renting ② (*von Amt, Titel*) bestowal, conferring ③ (*von Auszeichnung*) award(ing)

verleiten *vt* ① (*verlocken*) tempt; (*verführen*) lead astray ② (*veranlassen*) lead (*jdn zu etw* s.o. to s.th.)

verlernen *vt* forget, unlearn

verlesen **I.** *irr vt* ① read out; (*Namen*) call out ② (*auslesen*) sort **II.** *vr* read wrong

verletzbar *adj* (*a. fig*) vulnerable; **verletzen** [fɛr'lɛtsən] **I.** *vt* ① hurt, injure ② (*fig*) hurt (someone's) feelings, wound ③ (*Gesetz*) break; (*Rechte, Intimsphäre*) violate; **sich am** [*o* **das**] **Bein ~** injure one's leg; **er wurde bei dem Unfall nicht verletzt** he was not injured in the crash; **es verletzte ihn sehr** it was very hurtful to him; **seine Pflicht ~** fail in one's duty; **den guten Geschmack ~** offend against good taste **II.** *vr* get hurt; **wenn ihr so weitermacht, verletzt sich bestimmt noch jemand!** if you go on like that someone is bound to get hurt!; **mit der Axt können Sie sich ~!** you could do yourself harm with that axe!; **verletzend** *adj* (*Bemerkung*) hurtful, offending

verletzt *adj:* **schwer ~** seriously injured; **Verletzte(r)** <-n, -n> *f m* injured person; (*bei Unfall*) casualty; **Verletzung** *f* ① (*Wunde*) injury; (*das Verletzen*) injuring, wounding ② (*fig*) hurting, wounding

verleugnen *vt* deny; **sich ~ lassen** pretend not to be there

verleumden [fɛr'lɔɪmdən] *vt* slander; (*schriftlich*) libel; **Verleumder(in)** *m(f)* slanderer; **verleumderisch** *adj* slanderous; **Verleumdung** *f* ① (*das Verleumden*) slandering ② (*Wort, Bemerkung*) slander; (*in Schriftform*) libel

verlieben *vr* fall in love (*in* with); **verliebt** *adj* amorous; **in jdn ~ sein** be in love with s.o.; **bis über beide Ohren ~** head over heels in love; **Verliebtheit** *f* being in love

verlieren [fɛr'li:rən] **I.** *irr vt* ① lose ② (*Blätter, Haare*) shed; **den Verstand ~** get out of one's mind **II.** *vi* lose; **wir wollen kein Wort mehr darüber ~** let's not waste another word on it; **du kannst nichts ~** you can't lose **III.** *vr* ① (*sich verirren*) lose one's way ② (*verschwinden*) disappear ③ (*abschweifen*) lose one's train of thought; **er verliert sich gern in Erinnerungen** he likes to lose himself in his memories; **er hatte sich bald in der Menge verloren** he was soon lost in the crowd; **Verlierer(in)** *m(f)* loser; **ein schlechter ~ sein** be a bad loser

Verlies [fɛr'li:s] <-es, -e> *nt* dungeon

verloben *vr* become engaged (*mit jdm* to s.o.); **Verlobte(r)** *f m* fiancé (fiancée); **Verlobung** *f* engagement

verlocken *vt* entice; (*versuchen*) tempt; **verlockend** *adj* enticing; (*verführerisch*) tempting; **Verlockung** *f* enticement; (*Versuchung*) temptation

verlogen [fɛr'lo:gən] *adj* ① (*Person*) mendacious ② (*Moral*) hypocritical; **Verlogenheit** *f* ① (*von Person*) mendacity ② (*Heuchelei von Moral*) hypocrisy

verloren [fɛɐ̯'lo:rən] *adj* ❶ lost ❷ (*hilflos*) forlorn; **eine ~e Partie** a lost game; **auf ~em Posten stehen** be fighting a lost cause; **~ gehen** be lost; **an dir ist ein Schauspieler verloren gegangen** you would have made a good actor; **Verlorenheit** *f* forlornness

verlosen *vt* draw lots for, raffle off; **Verlosung** *f* draw, raffle

verlöten *vt* solder

verlottern [fɛɐ̯'lɔtɐn] *sein vi* (*fam*) ❶ (*Mensch*) go to the dogs ❷ (*Lokal, Stadtteil*) get run down; **verlottert** *adj* (*fam: moralisch*) dissolute; (*Erscheinung*) scruffy; (*heruntergewirtschaftet*) run-down

verludern **I.** *vt* (*fam: Geld*) squander, fritter away **II.** *vi* (*fam*) go to the dogs

Verlust [fɛɐ̯'lʊst] <-es, -e> *m* loss; **~e** (MIL) casualties; **mit ~ verkaufen** sell at a loss; **beträchtliche ~e erleiden** suffer heavy losses; **verlustbringend** *adj* loss-making; **Verlustfaktor** *m* loss factor; **verlustig** *adj:* **einer Sache ~ gehen** lose [*o* forfeit] s.th.; **Verlustmeldung** *f* report of the loss; **eine ~ machen** report the loss; **verlustreich** *adj* ❶ (COM: *Firma*) heavily loss-making; (*Jahr, Geschäft*) of heavy losses ❷ (MIL) involving heavy casualties

vermachen *vt* bequeath (*jdm etw* s.th. to s.o.); **Vermächtnis** [fɛɐ̯'mɛçtnɪs] <-ses, -se> *nt* bequest; (*a. fig*) legacy

vermählen [fɛɐ̯'mɛ:lən] *vt, vr* marry, wed (*jdn o sich mit jdm* s.o.); **Vermählung** *f* marriage

vermarkten *vt* market; (*fig*) commercialize; **Vermarktung** *f* marketing

vermasseln [fɛɐ̯'masəln] *vt* (*fam*) mess up (*jdm etw* s.th. for s.o.)

vermehren *vt, vr* increase; (*fortpflanzen*) breed; **Vermehrung** *f* increase; (*durch Fortpflanzung*) breeding, reproduction

vermeiden *irr vt* avoid; **es lässt sich nicht ~** it cannot be helped; **Vermeidung** *f* avoidance; **zur ~ von …** to avoid …

vermeintlich [fɛɐ̯'maɪntlɪç] *adj* putative, supposed

vermengen *vt* mix

Vermerk <-(e)s, -e> *m* note, remark; **vermerken** *vt* note down; (*in Personalausweis, Kartei*) record

vermessen¹ **I.** *irr vt* ❶ measure ❷ (*Land*) survey **II.** *vr* (*falsch messen*) measure wrongly

vermessen² *adj* (*sehr kühn*) presumptuous; **Vermessenheit** *f* (*Anmaßung*) presumption

Vermessung *f* measurement; (*von Land*) survey; **Vermessungsamt** *nt* land survey office; **Vermessungsingenieur(in)** *m(f)* land surveyor

vermiesen [fɛɐ̯'mi:zən] *vt* (*fam*): **jdm etw ~** spoil things for s.o.; **ich werde mir die Reise von keinem ~ lassen!** I won't have anyone spoil the journey for me!

vermieten *vt, vi* let *Br,* rent *Am;* **Zimmer zu ~** rooms to let *Br,* rooms for rent *Am;* **Vermieter(in)** *m(f)* landlord (landlady); (JUR) lessor; **Vermietung** *f* letting out *Br,* renting out *Am*

vermindern **I.** *vt* lessen, reduce; **verminderte Zurechnungsfähigkeit** (JUR) diminished responsibility **II.** *vr* decrease

verminen *vt* mine

vermischen **I.** *vt* mix; (*Whisky, Tee, Tabak*) blend **II.** *vr* mix; (*fig*) mingle; **Vermischte(s)** *nt* miscellany

vermissen [fɛɐ̯'mɪsən] *vt* miss; **jdn als vermisst melden** report s.o. missing; **vermisst werden** be missing; **er wurde sehr vermisst** his absence was a real lack; **Vermisste(r)** <-n, -n> *f m* missing person

vermittelbar *adj* ❶ (*Idee, Gefühl*) communicable ❷ (*Arbeitsloser*) easy to place, employable

vermitteln **I.** *vt* ❶ (*Vertrag, Anleihe*) arrange, negotiate (*jdm* for s.o.) ❷ (*Wissen*) impart (*jdm* to s.o.) ❸ (TELE) connect, put through; **jdm etw ~** (*besorgen*) get s.th. for s.o. **II.** *vi* mediate (*bei* in); **Vermittler(in)** *m(f)* ❶ mediator ❷ (COM) agent ❸ (FIN: *a. Heirats~*) broker; **Vermittlung** *f* ❶ (*Schlichtung*) mediation ❷ (*Stellen~*) employment agency; (*Wohnungs~*) estate agency *Br,* realtor *Am* ❸ (TELE: *Amt*) exchange ❹ (TELE: *Telefonistin*) operator; **etw durch ~ von Freunden bekommen** get s.th. via friends; **Vermittlungsausschuss** *m* (*a.* PARL) mediation committee

vermöbeln [fɛɐ̯'mø:bəln] *vt* (*fam: verprügeln*) give (s.o.) a good hiding; (*bei Schlägerei*) beat (s.o.) up

vermodern [fɛɐ̯'mo:dɐn] *sein vi* decay, moulder

Vermögen <-s, -> *nt* ❶ (*Mittel*) means *pl;* (*Reichtum*) fortune ❷ (*Fähigkeit*) capability; **nach bestem ~** to the best of one's ability; **ein ~ kosten** cost a fortune; **vermögen** *irr vt:* **~ etw zu tun** be capable of doing s.th.; **es nicht ~ etw zu tun** be unable to do s.th.; **vermögend** *adj* (*reich*) wealthy, well-off

Vermögensabgabe *f* capital levy; **Vermögensanlage** *f* investment; **Vermögensberater(in)** *m(f)* investment consultant; **Vermögensberatung** *f* investment consultancy; **Vermögensbilanz** *f* asset and liability statement; **vermögensbildend** *adj* (FIN) wealth-creating; **Vermögensbildung** *f* capital formation; **Vermögenssteuer** *f* wealth tax; **Vermögensverhältnisse** *pl* pecuniary circumstances; **Vermögensverwalter(in)** *m(f)* investment manager; **Vermögenswert** *m* assets *pl;* **vermögenswirksam** *adj:* ~ **anlegen** save under the employees' savings scheme; ~**e Leistung** *employer's capital-forming payment under the employees' savings scheme*

vermummen **I.** *vt* (*warm anziehen*) wrap up warm **II.** *vr* ❶ (*sich warm anziehen*) wrap up warm ❷ (*sich verkleiden*) cloak, disguise; **vermummt** *adj* ❶ (*verkleidet*) cloaked, disguised ❷ (*eingemummt*) muffled-up; **Vermummungsverbot** *nt* (*bei Demonstrationen*) ban on face coverings

vermurksen *vt* (*fam*): **etw** ~ muck s.th. up

vermuten [fɛr'mu:tən] *vt* (*annehmen*) presume *Br,* suppose, reckon *Am;* (*mutmaßen*) suspect *Br,* guess *Am;* **vermutlich** **I.** *adj* presumable; (*Täter*) suspected **II.** *adv* presumably; **Vermutung** *f* ❶ (*Annahme*) assumption, supposition; (*Mutmaßung*) conjecture ❷ (*Verdacht*) suspicion; **die ~ liegt nahe, dass ...** there are grounds for the assumption that ...; **das ist eine reine ~ von dir** you're only guessing

vernachlässigen [fɛr'na:xlɛsɪgən] **I.** *vt* ❶ neglect ❷ (*nicht berücksichtigen*) ignore **II.** *vr* (*sein Äußeres*) neglect one's appearance; **vernachlässigbar** *adj* negligible; **Vernachlässigung** *f* ❶ neglect ❷ (*Nichtberücksichtigung*) ignoring

vernageln *vt* nail up

vernähen *vt* (*Stoffe*) neaten; (*Wunde*) stitch up

vernarben *sein vi* heal up

vernarrt *adj* infatuated (*in* with)

vernaschen *vt* (*fam: ein Mädchen, einen Mann*) make it with

Vernehmen <-s> *nt:* **dem ~ nach** according to rumour, from what I hear

vernehmen *irr vt* ❶ (*hören*) hear ❷ (*erfahren*) learn, understand ❸ (*vor Gericht*) examine; (*verhören*) question; **dem Vernehmen nach** from what I/we hear; **vernehmlich** *adj* audible, clear; **Vernehmung** *f* (*vor Gericht*) examination; (*Verhör*) questioning

verneigen *vr* ❶ bow (*vor* to) ❷ (~ *vor*) bow down before; **Verneigung** *f* bow

verneinen *vt* ❶ (*leugnen*) deny ❷ (*Frage*) answer in the negative; **verneinend** *adj* negative; **Verneinung** *f* ❶ (*Leugnung*) denial ❷ (*verneinte Form*) negative ❸ (GRAM) negation

vernetzen *vt* ❶ connect (*mit* up to) ❷ (INFORM) network, integrate into a network; **vernetzt** *adj* ; (*Computer*) linked up, networked; **Vernetzung** *f* (INFORM) networking

vernichten [fɛr'nɪçtən] *vt* ❶ (*ausrotten, a. fig*) exterminate ❷ (*zerstören*) destroy; **vernichtend** *adj* ❶ devastating ❷ (*Niederlage*) crushing; ~**e Kritik** scathing criticism; **jdn ~ schlagen** (SPORT) beat s.o. hollow; (MIL) destroy s.o. utterly; **jdm einen ~en Blick zuwerfen** look devastatingly at s.o.; **Vernichtung** *f* ❶ (*Ausrottung, a. fig*) extermination ❷ (*Zerstörung*) destruction; **Vernichtungswaffe** *f* (MIL) destructive weapon

vernickeln *vt* nickel-plate

verniedlichen *vt* trivialize

vernieten *vt* rivet

Vernunft [fɛr'nʊnft] <-> *f* good sense, reason; ~ **annehmen** see reason; **jdn zur ~ bringen** bring s.o. to their senses *pl;* **vernünftig** [fɛr'nʏnftɪç] **I.** *adj* ❶ (*einsichtig*) sensible ❷ (*rational*) rational ❸ (*akzeptabel*) reasonable; **sei doch ~!** be reasonable! **II.** *adv* (*fam: akzeptabel*) reasonably well; **vernunftorientiert** *adj* rational

veröden **I.** *vi sein* (*wüst werden*) become desolate **II.** *vt haben* (MED: *Krampfadern*) atrophy, obliterate

veröffentlichen *vt, vi* publish; **Veröffentlichung** *f* publication

verordnen *vt* ❶ (*anordnen, befehlen*) order ❷ (MED) prescribe (*jdm etw* s.th. for s.o.); **Verordnung** *f* ❶ (MED) prescription ❷ (*gesetzliche ~*) decree

verpachten *vt* lease (*an* to); **verpachtet sein** be under lease

verpacken *vt* ❶ pack; (*einwickeln*) wrap ❷ (*Gedanken*) package

Verpackung *f* ❶ packing; (*Papier~*) wrapping ❷ (*fig*) packaging; **Verpackungsgewicht** *nt* tare (weigh); **Verpackungsindustrie** *f* packaging industry; **Verpackungskosten** *pl* packing charges; **Verpackungsmaterial** *nt* packaging; **Verpackungsmüll** *m* packaging waste

verpassen *vt* ❶ (*versäumen*) miss ❷ (*fam: geben*) give; **jdm eine ~** (*fam*) clout s.o. one; **jdm einen Denkzettel ~** (*fam*) give s.o. s.th. to think about

verpatzen *vt* (*fam*) mess up

verpennen **I.** *vi* (*fam*) oversleep **II.** *vt* (*fam*) miss by oversleeping

verpesten *vt* contaminate, pollute; **Verpestung** *f* contamination, pollution
verpetzen *vt* (*fam*) sneak on (*bei* to)
verpfänden *vt* ① pawn ② (JUR: *Hypothek*) mortgage
verpfeifen *irr vt* (*fam*) grass on (*bei* to)
verpflanzen *vt* (*a. fig*) transplant; **Verpflanzung** *f* (*a. fig*) transplantation
verpflegen *vt* ① feed ② (MIL) ration; **Verpflegung** *f* ① (*das Verpflegen*) catering; (MIL) rationing ② (*Essen*) food; (MIL) rations *pl*; **Verpflegungskosten** *pl* cost of food
verpflichten I. *vt* ① (*moralisch*) oblige ② (*binden*) commit ③ (*einstellen*) engage II. *vi* (*moralisch*) carry an obligation (*zu etw* to do s.th.) III. *vr* (*durch Vertrag*) commit o.s.; **verpflichtet** *adv* obliged; **sich ~ fühlen etw zu tun** feel obliged to do s.th.; **sich jdm ~ fühlen** feel under an obligation to s.o.; **jdm zu Dank verpflichtet sein** be obliged to s.o.; **Verpflichtung** *f* ① (*moralische ~*) obligation (*zu etw* to do s.th.); (*Aufgabe*) duty ② (*Einstellung*) engagement; **dienstliche ~en haben** have official duties; **seinen ~en nachkommen** fulfil one's obligations
verpfuschen *vt* make a mess of, bungle
verplappern *vr* (*fam*) open one's mouth too wide
verplempern [fɛɐ'plɛmpɐn] *vt* (*fam*) fritter away, waste
verplomben *vt* seal
verpönt [fɛɐ'pø:nt] *adj* frowned on (*bei* by)
verprassen *vt* dissipate, squander (*für* on)
verprellen *vt* put off
verprügeln *vt* thrash
verpuffen *sein vi* ① go pop ② (*Wirkung*) fall flat
Verputz <-es> *m* plasterwork; **verputzen** *vt* ① (*mit Verputz*) plaster; (*Rauputz*) roughcast ② (*fam: aufessen*) polish off
verqualmen *vt* (*verräuchern*) fill with smoke; **verqualmt** *adj* filled with [*o* full of] smoke
verquatschen *vt* (*fam*): **seine Zeit ~** chat away one's time
verquicken [fɛɐ'kvɪkən] *vt* (*fig*) bring together; (*vermischen*) mix
verquollen [fɛɐ'kvɔlən] *adj* ① (*Holz*) warped ② (*Gesicht*) bloated; (*Augen*) puffy
verrammeln [fɛɐ'raməln] *vt* barricade
verramschen *vt* (COM) sell off cheap; (*fam*) flog *Br*
Verrat <-(e)s> *m* betrayal (*an* of); (JUR) treason (*an* against); **verraten** I. *irr vt* ① (*Geheimnis, Freunde, Land*) betray ② (*ausplaudern*) tell ③ (*zeigen*) reveal; **verrate nichts!** don't say a word!; **hast du das etwa ~?** did you let it out?; **~ und verkauft sein** (*fam*) be done for, have had it II. *vr* give o.s. away; **Verräter(in)** [fɛɐ'rɛ:tɐ] *m(f)* traitor; **verräterisch** *adj* ① treacherous ② (*heimtückisch*) perfidious ③ (*aufschlussreich*) revealing; (*verdächtig*) telltale
verrauchen I. *vi sein* (*fig*) cool down II. *vt haben* spend on smoking
verräuchert *adj* (*fam*) smoky
verrechnen I. *vt* ① (COM: *gegeneinander aufrechnen*) set off against ② (COM: *Scheck einziehen*) clear II. *vr* ① miscalculate ② (*fam: sich täuschen*) be mistaken; **da hast du dich aber schwer verrechnet!** (*fam*) you're very much mistaken there!; **Verrechnung** *f* (COM) ① (*Ausgleich*) settling of account ② (*Einzug von Scheck*) clearing; **Verrechnungsscheck** *m* crossed cheque *Br*, voucher check *Am*
verrecken [fɛɐ'rɛkən] *sein vi* (*sl*) croak
verregnet *adj* ① (*regnerisch*) rainy ② (*Urlaub*) spoiled by rain
verreisen *vi* go out of town [*o* away [*o* on] a journey]; **verreist sein** be away
verreißen *irr vt* (*fam: kritisieren*) tear to pieces
verrenken [fɛɐ'rɛŋkən] I. *vt* dislocate II. *vr* contort o.s.; **Verrenkung** *f* ① (*eines Akrobaten*) contortion ② (MED) dislocation; **geistige ~en** mental contortions
verrennen *haben vr*: **sich in etw ~** get stuck on s.th.
verrichten *vt* perform; **Verrichtung** *f*: **ihre täglichen ~en** her daily [*o* routine] tasks
verriegeln *vt* bolt
verringern [fɛɐ'rɪŋɐn] I. *vt* reduce II. *vr* ① (*abnehmen*) decrease ② (*sich verschlechtern*) deteriorate; **Verringerung** *f* ① reduction ② (*Abnahme*) decrease ③ (*Verschlechterung*) deterioration
verrinnen *sein irr vi* ① (*Wasser*) trickle away ② (*Zeit*) elapse
verrohen I. *vt* brutalize II. *vi sein* become brutalized
verrosten *sein vi* rust; **verrostet** *adj* rusty
verrotten [fɛɐ'rɔtən] *sein vi* ① (*verfaulen*) rot ② (*zu Kompost werden*) decompose; **verrottet** *adj* rotten
verrucht [fɛɐ'ru:xt] *adj* despicable, loathsome
verrücken *vt* (*verschieben*) shift
verrückt *adj* ① (*geisteskrank*) insane, mad ② (*fam*) crazy (*nach* about); **jdn ~ machen** drive s.o. mad; **so was Verrück-**

V

tes! what a crazy idea!; **du bist wohl ~!** you must be crazy!; **ich werd' ~!** (*fam*) I'll be blowed!; **bist du total ~ geworden?** are you raving mad?; **Verrücktheit** *f* (*fam*) ① (*Zustand*) craziness, madness ② (*Handlung*) crazy thing; **Verrücktwerden** *nt:* **es ist zum ~!** (*fam*) it's enough to drive you round the bend!

Verruf *m:* **in ~ geraten** (**bringen**) fall (bring) into disrepute; **verrufen** *adj* disreputable

verrühren *vt* mix

verrußen *sein vi* get sooty; **verrußt** *adj* sooty

verrutschen *sein vi* slip

Vers [fɛrs] <-es, -e> *m* ① (*Lied, Strophe*) verse ② (*Zeile*) line; **in ~e bringen** put into verse *sing*

versachlichen *vt* de-emotionalize

Versagen <-s> *m* ① (*Fehlschlag*) failure ② (*von Maschine*) breakdown *Br*, slip-up *Am*; **menschliches ~** human error; **versagen I.** *vt* (*verweigern*) refuse; **jdm etw ~** deny s.o. s.th. **II.** *vi* ① (*Person*) fail ② (*Maschine*) break down; (*Bremse*) fail; (*Gewehr*) fail to go off; **Versager(in)** *m(f)* failure

versalzen *irr vt* ① (*Speisen*) oversalt ② (*fam: verderben*) spoil

versammeln I. *vt* assemble; **vor versammelter Mannschaft** before the assembled company; (*fig*) in front of everybody **II.** *vr* assemble; (*Parlament*) sit; (*Mitglieder eines Vereins*) meet; **Versammlung** *f* ① (*Veranstaltung*) meeting ② (*versammelte Menschen*) assembly; **eine ~ abhalten** hold a meeting; **eine ~ einberufen** (**vertagen**) convene (adjourn) a meeting; **Versammlungsfreiheit** *f* freedom of assembly

Versand [fɛr'zant] <-(e)s> *m* dispatch; **Versandabteilung** *f* shipping department; **Versandanschrift** *f* dispatch note, parcel address

versanden *sein vi* ① silt up ② (*fig*) peter out

Versandhandel *m* mail-order trade; **Versandhaus** *nt* mail-order company; **Versandhauskatalog** *m* mail-order catalogue; **Versandkosten** *pl* delivery [*o* shipping] costs; **Versandpapiere** *pl* shipping documents; **Versandtasche** *f* (padded) envelope; **Versandvorschriften** *pl* forwarding [*o* shipping] instructions

versauen *vt* (*sl*) mess up

Versauerung *f*, **Versäuerung** *f* (*von Gewässer, Boden*) acidification

versaufen *irr vt* (*fam: Geld*) spend on booze

versäumen [fɛɐ'zɔymən] *vt* ① (*vernachlässigen*) neglect ② (*Unterricht*) miss ③ (*Zeit*) lose; **~ etw zu tun** fail to do s.th.; **Versäumnis** <-ses, -se> *nt* ① (*Unterlassung*) omission ② (*Nachlässigkeit, Fehler*) failing

verschachern [-'ʃaxɐn] *vt* (*fam*) barter away

verschaffen I. *vt* procure (*jdm etw* s.o. with s.th., s.th. for s.o.) **II.** *vr* get, obtain; **sich Klarheit ~** clarify the [*o* a] matter

verschalen *vt* (*Heizung*) encase; (*Wand*) panel; **Verschalung** *f* (TECH) casing, panelling; (*aus Brettern*) framework

verschämt *adj* coy

verschandeln [fɛr'ʃandəln] *vt* (*fam*) disfigure, spoil

verschanzen *vr* entrench o.s. (*hinter* behind)

verschärfen I. *vt* ① (*erhöhen*) increase; (*intensivieren*) intensify ② (*verschlimmern*) aggravate ③ (*Vorschriften*) tighten up; **Spannungen ~** heighten tensions **II.** *vr* ① (*sich steigern*) increase ② (*sich verschlimmern*) become aggravated

verscharren *vt* bury

verschaukeln *vt* (*fam*): **jdn ~** have s.o. for a sucker

verscheiden *sein irr vi* (*geh: sterben*) expire, pass away

verscheißern *vt* (*sl*): **jdn ~** take the piss out of s.o.

verschenken *vt* (*a. fig*) give away; **sein Herz an jdn ~** (*poet*) give s.o. one's heart

verscherbeln [fɛr'ʃɛrbəln] *vt* (*fam: verkaufen*) flog *Br*

verscherzen *vr* forfeit, lose; **sich Sympathien ~** lose popularity

verscheuchen [fɛr'ʃɔɪçən] *vt* ① frighten [*o* scare] away ② (*Sorgen*) drive away

verscheuern [fɛr'ʃɔɪɐn] *vt* (*fam*) sell off

verschicken *vt* ① (*versenden*) dispatch ② (*zur Erholung*) send away

verschiebbar *adj* (*Hebel*) sliding; (*Möbel*) movable

Verschiebebahnhof *m* marshalling [*o* shunting] yard *Br*, switchyard *Am*

verschieben I. *irr vt* ① (*verrücken*) move, shift ② (*aufschieben*) defer, postpone, put off (*um* for) ③ (*fam: Devisen, Waren*) traffic in **II.** *vr* ① move out of place ② (*Blickwinkel*) shift ③ (*aufgeschoben werden*) be postponed; **Verschiebung** *f* (*Aufschiebung*) postponement

verschieden [fɛr'ʃi:dən] **I.** *adj* ① (*unterschiedlich*) different (*von* from); (*auseinander gehend*) differing ② (*mehrere,* *einige*) several, various; ~ **sein** differ, vary; **Verschiedenes** several things *pl*, miscellaneous **II.** *adv* differently; **das ist** ~ (*hängt davon ab*) that depends; **verschiedenartig** *adj* ① (*unterschiedlich*) different ② (*mannigfaltig*) various; **Verschiedenartigkeit** *f* ① (*Unterschiedlichkeit*) different nature ② (*Vielfalt*) variety; **Verschiedenheit** *f* ① (*Unterschiedlichkeit*) difference; (*Unähnlichkeit*) dissimilarity; (*in der Meinung*) discrepancy ② (*Mannigfaltigkeit*) diversity, variety; **verschiedentlich** *adv* ① (*gelegentlich*) occasionally ② (*mehrmals*) several times

verschießen **I.** *irr vt* ① (MIL: *Munition*) use up ② (SPORT: *Ball*) miss **II.** *vi* (*Stoff*) fade

verschiffen *vt* ship

verschimmeln *sein vi* get mouldy

verschlafen[1] **I.** *irr vt* ① (*Termin*) miss by oversleeping ② (*Tag*) sleep through ③ (*Leben*) sleep away **II.** *vi* oversleep

verschlafen[2] *adj* ① (*beim Aufwachen*) drowsy, sleepy ② (*trottelig*) dozy

Verschlag <-(e)s, Verschläge> *m* (*Schuppen*) shack, shed

verschlagen[1] *irr vt* (*Ball*) mishit; **auf eine einsame Insel ~ werden** be cast up on a desert island; **irgendwohin ~ werden** end up somewhere; **jdm den Atem ~** take someone's breath away

verschlagen[2] *adj* sly, wily; **Verschlagenheit** *f* slyness

verschlampen *vt* (*fam: verlieren*) go and lose

Verschlankung [fɛr'ʃlaŋkʊŋ] *f* (*Abbau von hierarchischen Zwischenstufen*) lean management

verschlechtern [fɛr'ʃlɛçtɐn] **I.** *vt* ① make worse ② (*Qualität*) impair ③ (*verschlimmern*) aggravate **II.** *vr* deteriorate, get worse; **ich will mich nicht ~** (*finanziell*) I won't be worse off financially; **Verschlechterung** *f* deterioration

verschleiern **I.** *vt* ① veil ② (*Absichten*) cover up **II.** *vr* ① (*Frau*) veil o.s. ② (*Blick*) become blurred ③ (*Himmel*) become hazy; **verschleiert** *adj* ① (*Frau*) veiled ② (*Blick*) blurred ③ (*Himmel*) hazy; **Verschleierungstaktik** *f* (*fam*) cover-up tactics

Verschleiß [fɛr'ʃlaɪs] <-es, (-e)> *m* ① (*Abnutzung*) wear and tear ② (*Verbrauch*) consumption; **verschleißen** *irr vt, vi, vr* wear out; **Verschleißfestigkeit** *f* (TECH) wear resistance; **Verschleißteil** *nt* (TECH) wearing part

verschleppen *vt* ① (*Menschen*) abduct ② (*ausbreiten*) spread ③ (*verzögern*) draw out; (*Gesetzesvorlagen*) delay; (*Krankheit*) protract; **Verschleppung** *f* ① (*von Personen*) abduction ② (*Ausbreiten*) spreading ③ (*Verzögern*) delay; (*von Krankheit*) protraction

verschleudern *vt* ① (*vergeuden*) squander ② (COM) sell dirt cheap

verschließbar *adj* (*Flaschen*) closeable; (*Tür, Zimmer*) lockable; **verschließen** **I.** *irr vt* ① (*abschließen*) lock ② (*wegschließen*) lock away ③ (*zumachen*) close **II.** *vr* (*Person*) shut o.s. off (*vor* from); **sich einer Sache ~** shut one's mind to s.th.

verschlimmern **I.** *vt* aggravate, make worse **II.** *vr* get worse, worsen; **Verschlimmerung** *f* worsening

verschlingen *irr vt* ① (*verknoten*) entwine ② (*schnell essen*) devour; (*gierig*) gobble up; **einen Roman ~** (*fam*) devour a novel

verschlissen [fɛr'ʃlɪsən] *adj* worn-out

verschlossen [fɛr'ʃlɔsən] *adj* ① (*zu*) closed, shut; (*mit Schlüssel*) locked ② (*fig: reserviert*) reserved; **vor ~er Tür stehen** be left standing on the doorstep; **Verschlossenheit** *f* (*fig*) reserve

verschlucken **I.** *vt* swallow **II.** *vr* swallow the wrong way, choke over one's food

verschludern *vt* (*fam*) ① (*verlieren*) go and lose ② (*verlegen*) mislay

verschlungen [fɛr'ʃlʊŋən] *adj* entwined

Verschluss [fɛr'ʃlʊs] <-es, Verschlüsse> *m* ① (*Schloss*) lock; (*Deckel*) top; (*von Flasche*) stopper ② (PHOT) shutter ③ (*an Waffe*) breechblock; **unter ~** under lock and key; **Verschlussdeckel** *m* (AUTO: *Tank~*) filler cap

verschlüsseln *vt* (en)code

Verschlüsselung <-, -en> *f* (INFORM) encryption; **Verschlüsselungstechnik** *f* encryption technology

verschmachten *sein vi* ① (*hinsterben*) be dying (*vor Durst* of thirst, *vor Hitze* of heat) ② (*fig*) languish (*vor* for)

verschmähen *vt* spurn

verschmelzen *irr vt, vi* (*Metalle*) fuse

verschmerzen *vt* get over

verschmieren *vt* ① (*Löcher, Risse*) fill in ② (*verstreichen*) spread (*in* over) ③ (*schmierig machen*) smear

verschmitzt [fɛr'ʃmɪtst] *adj* mischievous; **Verschmitztheit** *f* mischievousness

verschmoren *sein vi* (ELEK: *Kontakte*) glaze, pit

verschmutzen **I.** *vt* ① dirty, soil ② (*Umwelt*) pollute **II.** *vi* ① (*Gegenstand, Person*) get dirty ② (*Umwelt*) become polluted; **verschmutzt** *adj* ① (*Gegenstand, Person*) dirty, soiled ② (*Umwelt*) polluted;

V

Verschmutztung *f* pollution; ~ **durch Gefahrstoffe** pollution from hazardous substances

verschnaufen *vi, vr* (*fam*) take a breather

verschneit *adj* snow-covered

Verschnitt *m* ① (*Schnapsmischung*) blend ② (*Abfall*) clippings *pl*

verschnörkelt *adj* ornate

verschnupft *adj:* ~ **sein** (*erkältet*) have a cold; (*fig fam*) be peeved (*über* about)

verschnüren [fɛrˈʃnyːrən] *vt* tie up; **Verschnürung** *f* string

verschollen [fɛrˈʃɔlən] *adj* missing; (*Kunstwerk*) forgotten; (JUR) presumed dead

verschonen *vt* spare (*jdn von etw* s.o. s.th.); **von etw verschont bleiben** escape s.th.

verschönern [fɛrˈʃøːnɐn] *vt* brighten up, embellish

verschränken [fɛrˈʃrɛŋkən] *vt* (*Arme*) fold; (*Beine*) cross

verschreiben **I.** *irr vt* ① (*verordnen*) prescribe ② (*Papier*) use up; **seine Seele dem Teufel** ~ sign away one's soul to the devil **II.** *vr* ① (*falsch schreiben*) make a slip of the pen ② (*sich widmen*) dedicate o.s. (*einer Sache* to s.th.); **verschreibungspflichtig** *adj* (MED) only available on prescription

verschrien [fɛrˈʃriː(ə)n] *adj* notorious

verschroben [fɛrˈʃroːbən] *adj* eccentric, odd

verschrotten *vt* scrap; **Verschrottung** *f* scrapping

verschüchtert [fɛrˈʃʏçtɐt] *adj* intimidated

Verschulden <-s> *nt* fault; **ohne mein** ~ through no fault of my own; **verschulden** **I.** *vt* be to blame for **II.** *vi, vr* (*Schulden machen*) get into debt; **verschuldet** *adj* indebted (*bei jdm* to s.o.); **Verschuldung** *f* indebtedness

verschütten *vt* ① (*Flüssigkeit*) spill ② (*Menschen*) bury alive

verschwägert [fɛrˈʃvɛːgɐt] *adj* related by marriage (*mit* to)

verschweigen *irr vt* conceal, hide (*jdm etw* s.th. from s.o.)

verschweißen *vt* weld together

verschwenden [fɛrˈʃvɛndən] *vt* waste; (*Geld*) squander (*an, für* on); **Verschwender(in)** *m(f)* spendthrift, squanderer; **verschwenderisch** *adj* ① spendthrift, wasteful ② (*extravagant*) extravagant; **Verschwendung** *f* wastefulness; **so eine ~!** what a waste!; **Verschwendungssucht** *f* extravagance

verschwiegen [fɛrˈʃviːgən] *adj* ① (*Person*) discreet ② (*Ort*) secluded; **Verschwiegenheit** *f* (*von Person*) discretion

verschwimmen *sein irr vi* (*undeutlich werden*) become blurred

Verschwinden <-s> *nt* disappearance; **verschwinden** *sein irr vi* disappear, vanish; **verschwinde!** (*fam*) clear off!; **~d klein** minute

verschwitzen *vt* ① (*durchschwitzen*) make sweaty ② (*fam: vergessen*) forget; **verschwitzt** *adj* ① (*Kleidung*) sweat-stained ② (*Mensch*) sweaty

verschwommen [fɛrˈʃvɔmən] *adj* ① (*vage*) vague ② (*ohne scharfe Konturen*) blurred; **ich sehe alles nur** ~ everything looks hazy to me

verschwören *irr vr* conspire, plot (*mit* with, *gegen* against); **Verschworene(r)** *f m* ① (*Verschwörer*) conspirator ② (*Komplize*) accomplice; **Verschwörer(in)** *m(f)* conspirator, plotter; **Verschwörung** *f* conspiracy, plot; **eine ~ anzetteln** hatch a plot

Versehen <-s, -> *nt* mistake, slip; (*Irrtum*) error; **aus** ~ by mistake

versehen **I.** *irr vt* ① (*ausstatten*) provide, supply ② (*Amt*) occupy; (*Dienst*) perform ③ (*geben*) give; **mit etw ~ sein** have s.th.; **etw mit seiner Unterschrift** ~ affix one's signature to s.th. **II.** *vr* ① (*sich irren*) be mistaken ② (*sich versorgen*) provide o.s. (*mit* with); **ehe man sich's versieht** before you could say Jack Robinson

versehentlich **I.** *adj* inadvertent; (*irrtümlich*) erroneous **II.** *adv* by mistake, inadvertently

Versehrte(r) [fɛrˈzeːɐtə] <-n, -n> *f m* disabled person

versenden *irr vt* send; (COM) forward; (*verfrachten*) ship

versengen *vt* scorch; (*anbrennen*) singe

versenken **I.** *vt* ① (*Schiff*) send to the bottom, sink ② (TECH) lower; (*Armlehne*) fold **II.** *vr* (*fig*) become absorbed (*in* in); **Versenkung** *f* ① (*das Versenken*) sinking ② (THEAT) trap-door ③ (*das Sichversenken*) immersion; **in der ~ verschwinden** (*vergessen werden*) sink into oblivion; **aus der ~ auftauchen** re-emerge on the scene

versessen [fɛrˈzɛsən] *adj:* **auf etw ~ sein** be keen on s.th., mad about s.th; **Versessenheit** *f* keenness (*auf* on)

versetzen **I.** *vt* ① (*von einer Stelle zu einer andern*) move, shift; (*Pflanze*) transplant ② (*Person*) transfer; (*in höhere Schulklasse*) move up ③ (*verpfänden*) pawn ④ (*vermischen*) mix ⑤ (*Schlag*) give ⑥ (*erwidern*) retort ⑦ (*fam: nicht kommen*) stand up; **ihr Freund hat sie versetzt** her friend stood her up; **in den vor-**

zeitigen Ruhestand ~ pension off; **jdn in Wut** ~ send s.o. into a rage; **jdn in die Lage** ~ **etw zu tun** put s.o. in a position to do s.th.; **in Angst** ~ terrify **II.** *vr:* ~ **Sie sich in meine Lage!** put yourself in my place!; **Versetzung** *f* ❶ (*beruflich*) transfer; (*Höher~*) promotion ❷ (SCHULE) moving up; **Versetzungszeugnis** *nt* end-of-year report

verseuchen [fɛɐ'zɔɪçən] *vt* ❶ (*infizieren*) infect ❷ (*vergiften, a. fig*) contaminate; **verseucht** *adj* (*auch fig*) contaminated; **Verseuchung** *f* ❶ (*Infektion*) infection ❷ (*mit Giftstoff*) contamination

Versfuß *m* foot

Versicherer *m* insurer; **versichern** **I.** *vt* ❶ (*beteuern*) affirm; (*bestätigen*) assure (*etw* s.th., *jdn einer Sache* s.o. of s.th.) ❷ (*sein Leben*) assure; (*Sache*) insure **II.** *vr* ❶ (*sich vergewissern*) make sure (of) ❷ (*Versicherung abschließen*) insure o.s.; **Versicherte(r)** <-n, -n> *f m* insured [*o* assured] party; **Versicherung** *f* (*des Eigentums*) insurance; (*des Lebens*) assurance; **Versicherungsanspruch** *m* insurance claim; **Versicherungsbeitrag** *m* insurance premium; **Versicherungsbetrug** *m* insurance fraud; **Versicherungsdauer** *f* period of (insurance) cover; **versicherungsfähig** *adj* insurable; **Versicherungsfall** *m* insured event; **Versicherungsgesellschaft** *f* insurance [*o* assurance] company; **Versicherungskaufmann** *m*, **-kauffrau** *f* insurance broker; **Versicherungspflicht** *f* compulsory insurance; **Versicherungspolice** *f* insurance policy; **Versicherungsprämie** *f* insurance premium; **Versicherungsschutz** *m* insurance cover; **Versicherungssumme** *f* sum insured [*o* assured]; **Versicherungsvertreter(in)** *m(f)* insurance agent; **Versicherungswert** *m* insurable value

versickern *sein vi* ❶ seep away ❷ (*Unterhaltung*) dry up

versiegeln *vt* seal

versiegen *sein vi* (*a. fig*) dry up

versiert [vɛr'zi:ɐt] *adj* (*fachmännisch erfahren*) experienced

versilbern *vt* ❶ silver-plate ❷ (*fam: verkaufen*) flog *Br;* **Versilberung** *f* ❶ (*Silberschicht*) silver-plate ❷ (*das Versilbern*) plating

versinken *irr vi sein* ❶ (*untergehen*) sink; (*Schiff*) founder ❷ (*fig*) lose o.s. (*in etw* in s.th.); **in Gedanken versunken sein** be lost in thought; **die Sonne versank am Horizont** the sun sank beneath the horizon

versinnbildlichen [fɛɐ'zɪnbɪltlɪçən] *vt* symbolize

Version [vɛr'zjo:n] *f* version

versklaven *vt* (*a. fig*) enslave

Versmaß *nt* metre

versnobt [fɛɐ'snɔpt] *adj* snobbish

versoffen [fɛɐ'zɔfən] *adj* (*pej*) boozy

versohlen *vt* (*fam*) belt

versöhnen [fɛɐ'zø:nən] **I.** *vt* (*a. fig*) reconcile (*mit* to); (*besänftigen*) appease **II.** *vr* get reconciled (*mit* to); **versöhnlich** *adj* conciliatory; (*vergebend*) forgiving; ~ **stimmen** placate; **Versöhnung** *f* reconciliation; (*Besänftigung*) appeasement

versonnen [fɛɐ'zɔnən] *adj* (*gedankenverloren*) lost in thought; (*träumerisch*) dreamy

versorgen **I.** *vt* ❶ (*sich kümmern um*) look after, take care of ❷ (*beliefern*) provide [*o* supply] (*mit* with) ❸ (*unterhalten*) provide for **II.** *vr* provide o.s. (*mit etw* with s.th.); **sich selbst** ~ take care of o.s.; **Versorgung** *f* ❶ (*das Sichkümmern*) care ❷ (*Belieferung, Bestückung*) supply ❸ (*Unterhalt*) providing (*jds* for s.o.); **öffentliche** ~ provision of public utilities; **versorgungsberechtigt** *adj* entitled to maintenance; **Versorgungskette** *f* supply chain; **Versorgungsleitung** *f* supply line; **Versorgungsnetz** *nt* ❶ (*öffentliches* ~) supply grid ❷ (COM: *Waren~*) supply network; **Versorgungsschwierigkeiten** *pl* supply problems

verspachteln *vt* fill in

verspannen *vr* (*Muskel*) tense up

Verspannung *f* tenseness

verspäten *vr* ❶ (*zu spät kommen*) be late ❷ (*aufgehalten werden*) be delayed; **verspätet** *adj* belated, late; **Verspätung** *f* (RAIL AERO) delay; (*von Person*) late arrival; **alle Züge haben** ~ there are delays to all trains; (**15 Minuten**) ~ **haben** be (15 minutes) late

verspeisen *vt* consume

verspekulieren **I.** *vt* (*Geld*) lose through speculation **II.** *vr* ❶ (FIN) ruin o.s. by speculation ❷ (*fig*) be out in one's calculations

versperren *vt* ❶ (*blockieren*) bar, block; (*verschließen*) lock up ❷ (*Zukunftsaussichten*) obstruct **Sie** ~ **mir die Sicht!** you're obstructing my view!

verspielen **I.** *vt* (*a. fig*) gamble away **II.** *vi:* (**bei jdm**) **verspielt haben** have had it (as far as s.o. is concerned)

versponnen *adj* eccentric; (*Idee*) odd

verspotten *vt* mock

versprechen **I.** *irr vt* promise (*jdm etw* s.o. s.th.) **II.** *vr* ❶ (*erwarten*) expect to gain

V

(*etw von etw* by s.th.) ② (*Nichtgemeintes sagen*) make a slip of the tongue; **viel ~d** (very) promising; **Versprechen** *nt*, **Versprechung** *nt* promise
verspritzen *vt* ① (*versprühen*) spray ② (*durch Planschen*) spatter, splash
verspüren *vt* feel
verstaatlichen *vt* nationalize; **Verstaatlichung** *f* nationalization
Verstädterung *f* urbanization
Verstand [fɛr'ʃtant] <-(e)s> *m* (*Intellekt*) intellect, mind; (*Denkfähigkeit*) reason; (*Vernunft*) (common) sense; (*Urteilsfähigkeit*) judgement; **ein scharfer ~** a keen mind; **er hat nicht für fünf Pfennig ~** he hasn't the sense he was born with; **nicht bei ~ sein** be out of one's mind; **den ~ verlieren** go out of one's mind; **mehr Glück als ~ haben** have more luck than brains; **verstandesmäßig** *adj* rational, intellectual; **Verstandesmensch** *m* rational person
verständig [fɛr'ʃtɛndɪç] *adj* ① (*einsichtig*) understanding ② (*vernünftig*) reasonable, sensible; **verständigen** **I.** *vt* inform, notify (*von* of) **II.** *vr* ① (*kommunizieren*) communicate (*mit jdm* with s.o.) ② (*sich einigen*) come to an understanding (*mit jdm* with s.o.); **Verständigung** *f* ① (*Informierung*) information, notification ② (*Kommunikation*) communication ③ (*Übereinkunft*) agreement, understanding ④ (TELE) audibility
verständlich *adj* ① (*einsichtig*) intelligible ② (*begreiflich*) understandable; (*begreifbar*) comprehensible ③ (*hörbar*) audible; **jdm etw ~ machen** make s.o. understand s.th.; **sich ~ machen** make o.s. understood; **schwer ~** difficult to understand; **Verständlichkeit** *f* ① comprehensibility ② (*Hörbarkeit*) audibility
Verständnis [fɛr'ʃtɛntnɪs] <-ses, (-se)> *nt* ① (*Begreifen*) comprehension, understanding (*für* of) ② (*Mitgefühl*) sympathy (*für* for) ③ (*Sinn für etw*) appreciation (*für* of); **dafür habe ich kein ~** I have no time for that kind of thing; **verständnislos** *adj* (*ohne Einfühlungsvermögen*) unsympathetic (*für* towards); **verständnisvoll** *adj* (*mitfühlend*) sympathetic (*für* towards)
verstärken **I.** *vt* ① (*a. fig*) reinforce, strengthen ② (ELEK) amplify ③ (*steigern*) intensify ④ (*vermehren*) increase; **seine Anstrengungen ~** increase one's efforts **II.** *vr* ① (*sich vermehren*) increase ② (*intensiver werden*) intensify, strengthen; **Verstärker** *m* amplifier; **Verstärkung** *f* ① reinforcement, support ② (RADIO) amplification ③ (*Intensivierung, a.* PHOT) intensification ④ (*Vermehrung*) increase; (MIL) reinforcements *pl*
verstauben *sein vi* get dusty; **verstaubt** *adj* dusty; (*Ansichten*) fuddy-duddy
verstauchen [fɛr'ʃtaʊxən] *vt* sprain; **ich habe mir die Hand verstaucht** I've sprained my hand
Verstauchung *f* sprain(ing)
verstauen *vt* ① (*Gepäck*) pack (*in* into) ② (MAR) stow
Versteck [fɛr'ʃtɛk] <-(e)s, -e> *nt* hiding-place; **~ spielen** play hide-and-seek; **aus dem ~ auftauchen** come out of concealment; **verstecken** **I.** *vt* conceal, hide (*vor* from) **II.** *vr* conceal o.s. *Br*, hide, hide up *Am*; **Sie brauchen sich vor ihm nicht zu ~** you do not need to fear comparison with him; **er hat etw in seiner Tasche versteckt** he's hiding s.th. in his pocket; **Versteckspiel** *nt* hide-and-seek *Br*, hide-and-coop *Am*; **versteckt** *adj* ① (*verborgen*) concealed, hidden ② (*verstohlen*) furtive; **sich ~ halten** stay in concealment
verstehen **I.** *irr vt, vi* ① understand ② (*deuten*) interpret ③ (*einsehen*) see ④ (*können*) know (*etw zu tun* how to do s.th., *etw* s.th., *von etw* about s.th.); **das kann ich eben nicht ~** that's what I can't understand; **was ~ Sie unter exzentrisch?** what do you understand by eccentric?; **wie ~ Sie seine Bemerkungen?** what do you understand by his remarks?; **ich verstehe die Situation so, dass …** my understanding of the situation is that …; **falsch ~** misunderstand; **jdm zu ~ geben, dass …** give s.o. to understand that …; **verstanden?** do you understand me?, got the idea? *Br*, O.K.? *Am*; **ich verstehe!** I see! **II.** *vr* ① (*sich verstehen können*) understand each other ② (*miteinander auskommen*) get along with each other; **er versteht sich als Künstler** he sees himself as an artist; **das versteht sich von selbst** that goes without saying; **sich auf etw ~** be an expert at s.th.
versteifen **I.** *vt* ① (*verstärken*) reinforce, strengthen ② (TECH) strut **II.** *vr* ① stiffen up ② (*sich verhärten*) harden; **sich auf etw ~** become set on s.th.
versteigen *irr vr haben* (*fig*) have the presumption (*zu* to)
Versteigerer *m* auctioneer; **versteigern** *vt* auction (off); **etw ~ lassen** put s.th. up for auction; **Versteigerung** *f* auction
versteinern *vi* petrify, turn (in)to stone; **Versteinerung** *f* ① (*Vorgang*) petrifaction ② (*Fossil*) fossil

verstellbar *adj* adjustable; **verstellen** **I.** *vt* ❶ (*in Unordnung bringen*) misplace, put in the wrong place ❷ (*Möbel*) shift ❸ (*versperren*) block ❹ (*Stimme, Handschrift*) disguise **II.** *vr* (*fig*) dissemble, hide one's true feelings; **Verstellschraube** *f* (AUTO) adjusting screw; **Verstellung** *f* (*Vortäuschung*) pretending; **Verstellungskünstler(in)** *m(f)* (*fam*) phoney

versteppen *vi* turn into desert; **Versteppung** *f* desertification

versteuern *vt* pay on; **Versteuerung** *f* taxation

verstimmen *vt* (*fig*) disgruntle, put out; **verstimmt** *adj* ❶ (MUS) out of tune ❷ (*verärgert*) put out ❸ (*Magen*) upset; **Verstimmung** *f* ill-feeling

verstockt [fɛɐ'ʃtɔkt] *adj* ❶ (*widerspenstig*) obstinate, stubborn ❷ (*unnachgiebig*) unrepentant; **Verstocktheit** *f* ❶ (*Widerspenstigkeit*) obstinacy, stubbornness ❷ (*Unnachgiebigkeit*) unrepentance

verstohlen [fɛɐ'ʃto:lən] *adj* furtive, surreptitious

verstopfen *vt* ❶ (*Loch*) stop up ❷ (*Straße*) block, jam; **verstopft** *adj* ❶ (*blockiert*) blocked, log-jammed ❷ (MED) constipated ❸ (*Nase*) stuffed up; **Verstopfung** *f* ❶ (*Blockierung*) blockage ❷ (MED) constipation

verstorben [fɛɐ'ʃtɔrbən] *adj* deceased; (*attr*) late

verstört [fɛɐ'ʃtø:ɐt] *adj* (*verwirrt*) disconcerted

Verstoß *m* offence (*gegen* against), violation (*gegen* of); **verstoßen** **I.** *irr vt* (*vertreiben*) expel (*aus* from) **II.** *vi* offend (*gegen etw* against s.th.)

verstrahlt *adj* contaminated by radiation

Verstrebung *f* (TECH) support

verstreichen **I.** *irr vi sein* (*Zeit*) elapse, pass (by); (*Frist*) expire **II.** *vt haben* ❶ (*Farbe, Salbe*) put on (*auf* to) ❷ (*Mauerrisse*) fill in

verstreuen *vt* scatter

verstricken *vr* (*fig*) become entangled

verstümmeln [fɛɐ'ʃtʏməln] *vt* ❶ mutilate ❷ (*Nachricht*) distort; **Verstümmelung** *f* ❶ mutilation ❷ (*Verzerrung*) distortion

verstummen *sein vi* ❶ (*Ton, a. fig*) become silent ❷ (*Person*) fall silent

Versuch [fɛɐ'zu:x] <-(e)s, -e> *m* ❶ attempt (*etw zu tun* at doing s.th., to do s.th.) ❷ (*Experiment*) experiment; (*Test*) test ❸ (*Essay*) essay; **es ist einen ~ wert** it's worth trying; **beim ersten ~** at the first try; **das kommt auf einen ~ an** we'll have to have a try; **einen ~ anstellen** carry out an experiment; **alle ~e scheiterten** all attempts were defeated

versuchen **I.** *vt* ❶ attempt, try ❷ (*sich bemühen*) strive ❸ (*kosten*) taste ❹ (*in Versuchung führen*) tempt; **~ etw zu tun** attempt [*o* try] to do s.th.; **es ~** have a try; **lass mich mal ~!** let me have a try!; **versuch's noch mal!** have another try!; **ich werd' es mal ~** I'll give it a try; **bitte versuche doch zu verstehen!** do try to understand! **II.** *vr:* **sich an etw ~** try one's hand at s.th.; **Versuchsanlage** *f* experimental [*o* pilot] plant; **Versuchsballon** *m* sounding balloon; **einen ~ steigen lassen** fly a kite; **Versuchsbohrung** *f* (*Erdöl~*) test drilling; **Versuchsergebnis** *nt* result of experiments; **Versuchskaninchen** *nt* (*fig*) guinea-pig; **Versuchsperson** *f* test subject; **Versuchsprojekt** *nt* research [*o* experimental] project; **Versuchsreihe** *f* series of experiments; **Versuchstier** *nt* experimental animal; **versuchsweise** *adv* (*als Versuch*) on a trial basis; **Versuchung** *f* temptation; **in ~ führen** lead into temptation; **in ~ kommen** be tempted

versumpfen *sein vi* ❶ become boggy [*o* marshy] ❷ (*fam: verwahrlosen*) go to pot ❸ (*sich in Lokal betrinken*) get involved in a booze-up

versündigen *vr* sin (*an* against)

versunken [fɛɐ'zʊŋkən] *adj* ❶ (*gesunken*) sunken ❷ (*Kultur*) submerged ❸ (*vertieft*) absorbed, immersed

versüßen *vt* (*fig*) make more pleasant (*jdm etw* s.th. for s.o.)

Vertäfelung *f* panelling

vertagen **I.** *vt* adjourn; (*verschieben*) postpone (*auf* until, till); (PARL) prorogue *Br,* table *Am* **II.** *vr* be adjourned; (JUR) adjourn; **Vertagung** *f* adjournment; (PARL) prorogation

vertauschen *vt* (*verwechseln*) mix up

verteidigen [fɛɐ'taɪdɪgən] **I.** *vt, vi* defend **II.** *vr* defend o.s.; **sich selbst ~** (*vor Gericht*) conduct one's own defence; **Verteidiger(in)** *m(f)* ❶ defender ❷ (*Befürworter*) advocate ❸ (JUR) counsel for the defence *Br,* attorney for the defense *Am* ❹ (*beim Fußball*) back; **Verteidigung** *f* defence *Br,* defense *Am;* **Verteidigungsfähigkeit** *f* (MIL) defensive capability; **Verteidigungskrieg** *m* defensive war; **Verteidigungsminister** *m* Minister of Defence; **Verteidigungsministerium** *nt* Ministry of Defence; **Verteidigungsrede** *f* ❶ (JUR) speech for the defence ❷ (*fig*) apologia; **Verteidigungszweck** *m:* **für ~e** for defence purposes

verteilen **I.** *vt* ① distribute (*an* to, *unter* among) ② (*ausstreuen*) spread (*über* over); **verteilen Sie die Farbe gleichmäßig!** spread the paint evenly! **II.** *vr* (*Personen*) spread out; (*zeitlich*) be spread (*über* over); **Verteiler** *m* ① (AUTO) distributor ② (*~schlüssel auf Rundschreiben*) list of people to receive a copy; **Verteilerkasten** *m* (ELEK TELE) distributor box; **Verteilernetz** *nt* distribution network

Verteilung *f* ① (*Austeilung*) distribution ② (*Zuteilung*) allocation; **Verteilungskampf** *m:* ~ **auf dem Arbeitsmarkt** battle for jobs on the labo(u)r market; **einen ~ um etw führen** battle for a share of s.th.

verteuern **I.** *vt* make dearer **II.** *vr* become dearer; **Verteuerung** *f* increase [*o* rise] in price

verteufeln *vt* condemn; **verteufelt** **I.** *adj* (*fam*) devilish **II.** *adv* damned; **Verteufelung** *f* condemnation

vertiefen *vt, vr* (*a. fig*) deepen; **sich in etw ~** become absorbed in s.th.; **Vertiefung** *f* ① deepening ② (*Vertieftsein*) absorption

vertikal [vɛrti'ka:l/'---] *adj* vertical

vertilgen *vt* ① (*ausrotten*) exterminate ② (*Unkraut*) destroy ③ (*fam: verzehren*) devour; **Vertilgung** *f* ① (*Ausrottung*) extermination ② (*Unkraut*) destruction

vertippen *vr* make a typing error

vertonen *vt* set to music; **Vertonung** *f* setting

vertrackt [fɛr'trakt] *adj* (*fam*) confounded

Vertrag [fɛr'tra:k, *pl:* fɛr'trɛ:gə] <-(e)s, Verträge> *m* (*Arbeits~*) contract; (*Abkommen*) agreement; (POL) treaty

vertragen **I.** *irr vt* (*ertragen*) endure, stand, tolerate; **er verträgt keine Milch** milk does not agree with him; **er kann viel ~** (*fam: Alkohol*) he's able to hold his drink; **er kann keinen Spaß ~** he can't take a joke; **ich kann alles ~, nur keine Schlamperei** I can tolerate anything except sloppiness; **die Wand könnte noch einen Anstrich ~** (*fam*) the wall could stand another coat of paint; **ich glaub, ich kann noch ein Stück Kuchen ~** I think I can manage another piece of cake **II.** *vr* ① get along (*mit jdm* with s.o.) ② (*vereinbar sein*) be consistent (*mit etw* with s.th.); **vertraglich** **I.** *adj* contractual **II.** *adv* by contract

verträglich [fɛr'trɛ:klɪç] *adj* ① (*umgänglich*) amicable, peaceable ② (*bekömmlich*) wholesome; (*Speisen*) digestible ③ (*vereinbar*) compatible (with)

Vertragsabschluss *m* completion of a contract; **Vertragsbedingungen** *fpl* terms [*o* conditions] of a contract; **Vertragsbruch** *m* breach of contract; **vertragsbrüchig** *adj:* ~ **werden** break a contract; **vertragschließend** *adj:* ~**e Partei** contracting party; **Vertragsdauer** *f* contractual period; **Vertragsentwurf** *m* draft contract [*o* agreement] [*o* treaty]; **Vertragshändler** *m* appointed dealer; **Vertragspartner(in)** *m(f)* partner to a contract [*o* treaty]; **Vertragsstrafe** *f* penalty of breach of contract; **Vertragsverletzung** *f* violation of contract; **Vertragsverletzungsverfahren** *nt* infringement proceedings *pl;* **Vertragswerkstatt** *f* authorized garage; **vertragswidrig** **I.** *adj* contrary to the agreement **II.** *adv* in breach of contract

Vertrauen <-s> *nt* confidence, trust (*zu, in, auf* in); **im ~ (gesagt)** strictly in confidence; **im ~ auf ...** relying on ..., trusting to ...; **zu jdm ~ haben** be confident in s.o.; **jds ~ besitzen** enjoy someone's confidence; **jdn ins ~ ziehen** admit [*o* take] s.o. into one's confidence; **ich habe volles ~ zu ihm** I have every trust in him; **er ist ein ~ erweckender Mensch** he is a person inspiring confidence

vertrauen *vi* trust; **jdm ~** have confidence in s.o.

Vertrauensarzt, -ärztin *m, f* independent examining doctor; **vertrauensbildend** *adj* confidence building; **Vertrauensbruch** *m* breach of trust; **Vertrauensfrage** *f* (PARL) question of confidence; **Vertrauenskrise** *f* (POL) confidence crisis; **Vertrauenslehrer(in)** *m(f)* (SCHULE) liaison teacher; **Vertrauensmann** <-(e)s, -männer/-leute> *m* intermediary agent; (*gewerkschaftlich*) union representative; **Vertrauenssache** *f* ① (*vertrauliche Sache*) confidential matter ② (*Sache des Vertrauens*) matter of trust; **Vertrauensschwund** *m* loss of confidence; **Vertrauensstellung** *f* position of trust; **vertrauensvoll** *adj* trusting; **Vertrauensvotum** *nt* (PARL) vote of confidence; **vertrauenswürdig** *adj* trustworthy; **Vertrauenswürdigkeit** *f* trustworthiness

vertraulich *adj* ① (*geheim*) confidential ② (*plump~*) familiar; **Vertraulichkeit** *f* ① (*vertrauliche Haltung*) confidentiality ② (*vertrauliche Mitteilung*) confidence ③ (*plumpe ~*) familiarity

verträumen *vt* dream away; **verträumt** *adj* ① (*träumerisch*) dreamy ② (*idyllisch*) sleepy

vertraut *adj* ① intimate ② (*bekannt*) familiar; **sich mit dem Gedanken ~ machen, dass …** get used to the idea that …; **sich mit etw ~ machen** acquaint o.s. with s.th.; **Vertraute(r)** *f m* intimate friend; **Vertrautheit** *f* ❶ (*Intimität*) intimacy ❷ (*Bekanntheit*) familiarity

vertreiben *irr vt* ❶ drive away; (*aus Land*) expel (from) ❷ (COM: *verkaufen*) sell; **sich die Zeit ~** while [*o* pass] away one's time; **Vertreibung** *f* expulsion

vertretbar *adj* justifiable; **nicht ~** (*unhaltbar*) untenable

vertreten *vt* ❶ (*als Bevollmächtigter*) represent ❷ (*zeitweilig ersetzen*) replace ❸ (*einstehen*) answer for ❹ (JUR) plead (*jdn* someone's case) ❺ (*Interessen*) attend to ❻ (*Ansicht*) take; **sich die Beine ~** (*fam*) stretch one's legs; **er vertritt die Firma in London** he represents the firm in London

Vertreter(in) *m(f)* ❶ (*Repräsentant*) representative ❷ (*Stell~*) deputy; (*bei Ärzten, Geistlichen*) locum tenens ❸ (*Fürsprecher*) advocate ❹ (*Handels~*) sales representative; **Vertreterprovision** *f* agent's commission

Vertretung *f* ❶ (*Repräsentanz*) representation ❷ (*Ersatz*) replacement ❸ (*im Amt*) substitution ❹ (*Agentur*) agency; **in ~** (*bei Briefen*) on behalf of …; **für jdn die ~ übernehmen** take the place of s.o.

Vertrieb [fɛr'tri:p] *m* ❶ sales, marketing ❷ (*Abteilung*) sales department

Vertriebene(r) *f m* exile

Vertriebsabteilung *f* (COM) sales department; **Vertriebserlös** *m* (COM) sales revenue; **Vertriebsgesellschaft** *f* (MARKT) marketing organization; **Vertriebskosten** *pl* distribution [*o* sales] costs; **Vertriebsleiter(in)** *m(f)* (MARKT) sales manager; **Vertriebsnetz** *nt* marketing network; **Vertriebspolitik** *f* (MARKT) distribution policy; **Vertriebsweg** *m* distribution channel

vertrinken *vt* spend on drink

vertrocknen *sein vi* ❶ (*Quelle*) dry up ❷ (*Pflanze*) wither; (*Lebensmittel*) go dry

vertrödeln *vt* fritter away

vertrösten *vt:* **jdn von einem Tag zum anderen ~** put s.o. off from day to day

vertuschen [fɛr'tʊʃən] *vt* hush up

verübeln *vt:* **jdm etw ~** blame s.o. for s.th.

verüben *vt* commit, perpetrate

verulken *vt* (*fam*) make fun of, tease

verunglimpfen [fɛr'ʊnglɪmpfən] *vt* disparage

verunglücken *sein vi* ❶ (*Person*) have an accident; (*Flugzeug*) crash ❷ (*fam: misslingen*) go wrong; **mit dem Auto ~** have a car accident; **mit dem Flugzeug ~** be in a plane crash; **tödlich ~** be killed in an accident; **verunglückt** *adj* (*nicht gelungen*) unsuccessful

verunreinigen [fɛr'ʊnraɪnɪgən] *vt* ❶ (*Kleidung*) soil ❷ (*Umwelt*) pollute; **Verunreinigung** *f* ❶ (*von Kleidung*) soiling ❷ (*von Umwelt*) pollution

verunsichern *vt* make uncertain (*in* of); **verunsichert** *adj* uncertain; **Verunsicherung** *f* uncertainty

verunstalten [fɛr'ʊnʃtaltən] *vt* disfigure

veruntreuen [fɛr'ʊntrɔɪən] *vt* embezzle; **Veruntreuung** *f* embezzlement

verursachen *vt* cause; **Beschwerden ~** (MED) give rise to trouble; **Verursacher(in)** *m(f)* cause

verurteilen *vt* (*a. fig*) condemn; (*zu Strafe*) sentence; **jdn zu einer Geldstrafe ~** impose a fine on s.o.; **der zum Tode Verurteilte** the condemned man; **Verurteilung** *f* (*a. fig*) condemnation; (*Schuldspruch*) conviction

vervielfachen *vt* multiply

vervielfältigen [fɛr'fi:lfɛltɪgən] *vt* duplicate; **Vervielfältigung** *f* ❶ duplication ❷ (*Kopie*) copy

vervierfachen *vt, vr* quadruple

vervollkommnen [fɛr'fɔlkɔmnən] **I.** *vt* perfect **II.** *vr* perfect o.s.; **Vervollkommnung** *f* perfection

vervollständigen *vt* complete; **Vervollständigung** *f* completion

verwackeln *vt* (*Foto*) blur

verwählen *vr* (TELE) dial the wrong number; **Verzeihung, habe mich verwählt!** sorry, wrong number!

verwahren **I.** *vt* have in safekeeping, keep (safe); **etw an einem sicheren Ort ~** put s.th. away safely **II.** *vr:* **sich ~ gegen …** protest against …

verwahrlost [fɛr'va:elo:st] *adj* ❶ (*vernachlässigt*) neglected; (*Äußeres einer Person*) unkempt ❷ (*moralisch*) decadent; **Verwahrlosung** *f* ❶ (*von Person*) neglect of o.s.; (*von Gebäude*) dilapidation ❷ (*moralisch*) depravity

Verwahrung *f* (*von Geld*) keeping; (*von Straftäter*) custody; **jdm etw in ~ geben** give s.th. to s.o. for safekeeping; **jdn in ~ nehmen** take s.o. into custody; **etw in ~ nehmen** take s.th. into safekeeping

verwaist [fɛr'vaɪst] *adj* ❶ (*ohne Eltern*) orphaned ❷ (*verlassen*) deserted

verwalten *vt* ❶ (*Erbe, Vermögen*) administer ❷ (*Fabrik*) manage, run; (POL: *leiten*) govern ❸ (*Amt*) hold; **Verwalter(in)**

V

m(f) administrator; (*Treuhänder*) trustee

Verwaltung *f* ❶ (*Administration*) administration ❷ (COM: *Firmenleitung*) management; **Verwaltungsapparat** *m* administrative machinery; **Verwaltungsarbeit** *f* administrative work; **Verwaltungsausschuss** *m* management committee; **Verwaltungsbeamte, -beamtin** *m, f* civil servant; **Verwaltungsbezirk** *m* administrative district; **Verwaltungsgericht** *nt* Administrative Court; **Verwaltungsgerichtshof** *m* Higher Administrative Court; **Verwaltungskosten** *pl* administrative costs; **Verwaltungsrat** *m* administrative board, board of directors; **verwaltungstechnisch** *adj*: **aus ~en Gründen** for administrative reasons

verwandelbar *adj* transformable; (TECH) convertible

verwandeln *vt, vr* change, turn (*in* into); **Verwandlung** *f* change, transformation; **Verwandlungsszene** *f* (THEAT) transformation scene

verwandt [fɛrˈvant] *adj* ❶ related (*mit* to) ❷ (*fig*) kindred (*mit* to); **einander sehr ~ sein** be very much akin to each other; **Verwandte(r)** *f m* relation, relative; **Verwandtschaft** *f* ❶ (*Verwandtsein*) relationship ❷ (*die Verwandten*) relations *pl* ❸ (*fig*) affinity, kinship; **verwandtschaftlich** *adj* family

verwarnen *vt* caution, warn; **er ist oft genug verwarnt worden** he had plenty of warning; **Verwarnung** *f* caution, warning; **jdm eine ~ geben** give s.o. a warning; (*gebührenpflichtig*) fine s.o.

verwaschen *adj* ❶ (*verblichen*) faded ❷ (*fam*) wishy-washy

verwässern *vt* ❶ water down ❷ (*fig*) dilute

verwechseln *vt* mix up; **jdn mit jdm ~** take s.o. for s.o. else; **zum Verwechseln ähnlich** as like as two peas; **Verwechslung** *f* ❶ confusion ❷ (*Irrtum*) mistake

verwegen [fɛrˈveːgən] *adj* daring, bold; **Verwegenheit** *f* daring, boldness

verwehen **I.** *vt* ❶ blow away; (*Schnee*) drift ❷ (*zudecken*) cover over **II.** *vi* (*Rauch*) drift away

verwehren *vt* ❶ (*verhindern*) bar (*jdm, etw zu tun* s.o. from doing s.th.) ❷ (*verweigern*) refuse (*jdm etw* s.o. s.th.)

Verwehung *f* (*Schnee~, Sand~*) drift

verweichlichen **I.** *vt haben* make soft **II.** *vr sein* grow soft; **Verweichlichung** *f* softness

Verweigerer *m* refusenik; **verweigern** *vt* deny, refuse (*jdm etw* s.o. s.th.); **Verweigerung** *f* denial, refusal

verweilen *vi* linger, stay; **bei etw ~** (*fig*) dwell on s.th.

verweint *adj* ❶ (*Gesicht*) tear-stained ❷ (*Augen*) tear-swollen

Verweis <-es, -e> *m* ❶ (*Rüge*) rebuke, reprimand ❷ (*Hinweis*) reference (*auf* to); **jdm einen ~ erteilen** reprimand [*o* rebuke] s.o.

verweisen *irr vt* ❶ (*hinweisen*) refer (*jdn auf etw o an jdn* s.o. to s.th., s.o.) ❷ (*des Landes, von der Schule*) expel; **auf etw ~** refer to s.th.

verwelken *sein vi* ❶ (*Blumen*) wilt ❷ (*Schönheit*) fade

verwendbar *adj* usable (*zu* for)

verwenden **I.** *irr vt* use; (*benutzen*) employ; (*verwerten*) utilize; **Fleiß auf etw ~** put hard work into s.th.; **viel Zeit ~ auf …** spend a lot of time on … **II.** *vr* (*fürsprechen*) intercede (*bei jdm für jdn* with s.o. on someone's behalf); **Verwendung** *f* employment, use; (*von Geld, Zeit*) expenditure (*auf* on); **Verwendungszweck** *m* purpose, use

verwerfen **I.** *irr vt* ❶ (*ablehnen*) reject; (*Antrag*) dismiss ❷ (*verdammen*) condemn **II.** *vr* ❶ (*Holz*) warp ❷ (GEOL) fault; **verwerflich** *adj* reprehensible

verwerten *vt* make use of, utilize; (COM) exploit; **Verwertung** *f* using, utilization

verwesen [fɛrˈveːzən] *sein vi* (*in Fäulnis übergehen*) decay; (*Fleisch*) rot; **Verwesung** *f* decomposition; **in ~ übergehen** start to decay

verwickeln **I.** *vt* ❶ (*Fäden*) tangle up ❷ (*fig*) involve (*jdn in etw* s.o. in s.th.) **II.** *vr* ❶ become tangled ❷ (*in Widersprüche*) get o.s. tangled up (*in etw* in s.th.); **verwickelt** *adj* (*fig*) complicated, intricate; **Verwicklung** *f* involvement (*in* in); (*Komplikation*) complication

verwildern *sein vi* ❶ (*Gärten*) overgrow ❷ (*Tier*) become wild ❸ (*fam: Person*) run wild; **verwildert** *adj* ❶ (*Tier*) wild ❷ (*Garten*) overgrown ❸ (*fam: Aussehen*) unkempt

verwinden *irr vt* get over

verwinkelt *adj* full of corners

verwirken *vt* forfeit

verwirklichen **I.** *vt* realize **II.** *vr* ❶ (*in Erfüllung gehen*) be realized, come true ❷ (*von Person*) fulfil o.s.; **Verwirklichung** *f* ❶ (*Realisierung*) realization ❷ (*Selbst~*) fulfilment

verwirren [fɛrˈvɪrən] **I.** *vt* (*durcheinander bringen*) confuse; **verwirrt dich das?** am I confusing you? **II.** *vr* (*fig*) become confused; **Verwirrspiel** *nt* confusion; **verwirrt** *adj* ❶ (*durcheinander*) confused ❷ (*verlegen*) embarrassed; **Verwirrung** *f* (*Durcheinander*) confusion; **jdn in ~ bringen** confuse s.o.

verwischen **I.** *vt* (*a. fig*) blur **II.** *vr* (*a. fig*) become blurred

verwittern [fɛr'vɪtɐn] *sein vi* weather; **verwittert** *adj* weathered; **Verwitterung** *f* weathering

verwitwet *adj* widowed; **Frau X, ~e Y** Mrs X, the widow of Mr Y

verwöhnen [fɛr'vøːnən] *vt* spoil; (*verzärteln*) pamper; **verwöhnt** *adj* ❶ (*Kind*) spoiled ❷ (*Geschmack*) discriminating; **vom Schicksal ~** smiled upon by fate

verworfen [fɛr'vɔrfən] *adj* depraved; **Verworfenheit** *f* depravity

verworren [fɛr'vɔrən] *adj* ❶ (*Lage*) complicated, intricate ❷ (*Gedanken*) confused

verwundbar *adj* (*a. fig*) vulnerable; **verwunden** *vt* injure, wound

verwunderlich *adj* ❶ (*erstaunlich*) amazing, surprising ❷ (*sonderbar*) strange; **es ist nicht ~, dass …** it is small wonder that …; **das ist kaum ~** it's hardly to be wondered at; **verwundern** **I.** *vt* astonish **II.** *vr* be surprised, wonder (*über* at); **Verwunderung** *f* astonishment; **zu meiner ~** to my astonishment

verwundet *adj* (*a. fig*) wounded; **leicht ~** slightly wounded; **Verwundete(r)** *f m* wounded [*o* injured] person; **die ~n** the wounded; (MIL *a.*) the casualties; **Verwundung** *f* wound, injury

verwunschen [fɛr'vʊnʃən] *adj* enchanted

verwünschen *vt* ❶ (*verzaubern*) cast a spell on ❷ (*verfluchen*) curse; **verwünscht** *adj* ❶ (*verflucht*) cursed ❷ (*verhext*) bewitched

verwurzelt *adj* (*fig*) deeply rooted (*in o mit etw* in s.th.)

verwüsten *vt* devastate, ravage; **Verwüstung** *f* devastation

verzagen *sein vi* lose courage [*o* heart]; **an etw ~** despair of s.th.; **verzagt** *adj* despondent, disheartened

verzählen *vr* count wrong(ly), miscount

verzahnt *adj* linked together; **Verzahnung** *f* (*a. fig*) dovetailing; (TECH: *von Zahnrädern*) gearing

verzapfen *vt* (*fam*): **Blödsinn ~** come out with rubbish

verzaubern *vt* ❶ put a spell on ❷ (*bezaubern*) enchant

verzehnfachen *vt, vr* increase ten-fold

Verzehr <-(e)s> *m* consumption; **Verzehrbon** *m* meal voucher; **verzehren** **I.** *vt* (*a. fig*) consume **II.** *vr* eat one's heart out; (*vor Kummer*) be consumed (*vor* with); (*vor Sehnsucht*) pine (*nach jdm* for s.o.)

verzeichnen *vt* ❶ (*aufzeichnen*) record ❷ (*falsch zeichnen*) draw wrongly; **Verzeichnis** <-ses, -se> *nt* (*Liste*) list; (*Register*) register; (TELE) directory

verzeihen [fɛr'tsaɪən] *irr vt* ❶ (*vergeben*) forgive ❷ (*entschuldigen*) excuse, pardon; **~ Sie!** excuse me! (I) beg your pardon!; **verzeihlich** *adj* ❶ forgivable ❷ (*entschuldbar*) excusable, pardonable; **Verzeihung** *f* ❶ (*Vergebung*) forgiveness ❷ (*Entschuldigung*) pardon; **~!** excuse me! sorry!; **jdn um ~ bitten** apologize to s.o., beg someone's pardon

verzerren **I.** *vt* ❶ (*a. fig*) distort; (*Gesicht*) contort ❷ (*Muskel*) strain **II.** *vr* become contorted [*o* distorted] (*zu* in); **verzerrt** *adj*: **ein ~es Bild von der Wirklichkeit** a distorted view of life; **Verzerrung** *f* (*a. fig*) distortion

verzetteln **I.** *vt* (*seine Kräfte*) dissipate **II.** *vr* waste a lot of time; (*in Details*) get bogged down

Verzicht [fɛr'tsɪçt] <-(e)s, -e> *m* renunciation (*auf* of); **verzichten** *vi* (*auskommen ohne*) do without; **~ auf …** (*Erbschaft, Eigentum*) renounce; (*Anspruch*) waive; **Verzichterklärung** *f* waiver, disclaimer; **Verzichtklausel** *f* waiver clause

verziehen **I.** *irr vt haben* ❶ (*Kind*) spoil ❷ (*Mund*) twist (*zu* into) **II.** *vr haben* ❶ (*Holz*) warp ❷ (*fam: verschwinden*) disappear; (*Gewitter*) pass; (*Wolken*) disperse; (*fam: schlafengehen*) be off to bed **III.** *vi sein* (*umziehen*) move (*nach* to); **das Gesicht ~** pull a face

verzieren *vt* decorate; **Verzierung** *f* decoration; (ARCH: *Ornamentik*) ornamentation

verzinsen **I.** *vt* pay interest on …; **mit 8% verzinst sein** bear interest at 8%; **verzinstes Darlehen** loan with interest **II.** *vr* bear [*o* yield] interest; **verzinslich** *adj*: **~es Darlehen** loan with interest

verzogen [fɛr'tsoːgən] *adj* ❶ (TECH: *Holz*) warped ❷ (*Kind*) spoiled ❸ (*aus Wohnung*) moved away; **‚Empfänger ~'** no longer at this address

verzögern **I.** *vt* delay; (*verlangsamen*) slow down **II.** *vr* be delayed; **der Beginn des Spiels verzögerte sich wegen Regens** (SPORT) rain delayed play; **Verzögerung** *f* ❶ delay ❷ (*das Verzögern*) delaying ❸ (*Verlangsamung*) slowing down; **Verzögerungstaktik** *f* delaying tactics *pl*

verzollen *vt*: **etw ~** pay duty on s.th.;

V

haben Sie etwas zu ~? have you anything to declare?; **verzollt** *adj* duty-paid

verzückt [fɛr'tsʏkt] *adj* (*ekstatisch*) ecstatic, enraptured; **Verzückung** *f*: **in ~ über etw geraten** go into raptures over s.th.

Verzug [fɛr'tsu:k] <-(e)s> *m* delay; **ohne ~** without delay; **in ~ geraten** fall behind (*mit etw* with s.th.); **es ist Gefahr im ~** there is danger ahead; **Verzugszinsen** *mpl* (COM) interest *sing*, on arrears

verzwanzigfacht *adv* grown 20-fold

verzweifeln *haben o sein vi* despair (*an* of); **es ist zum Verzweifeln!** it's enough to drive one to despair!; **verzweifelt** *adj* ❶ (*von Situation*) despairing ❷ (*aussichtslos*) desperate; **~ sein** (*von Person*) be in despair; **~ kämpfen** fight with desperation; **Verzweiflung** *f* ❶ (*als Gemütszustand*) despair ❷ (*Ratlosigkeit*) desperation; **aus reiner ~** in sheer desperation; **~ überkam ihn** he was filled with despair; **sie tötete ihn aus ~** in despair, she killed him; **seine ~ darüber, vielleicht nie mehr nach Hause zurückkehren zu können** his despair of ever being able to return home; **in ~ geraten** despair; **jdn zur ~ bringen** be the despair of s.o.; **Verzweiflungstat** *f* act of desperation; **sich zu einer ~ hinreißen lassen** do s.th. desperate

verzweigen *vr* ❶ (*Bäume*) branch out; (*Straße*) branch off ❷ (*fig*) ramify; **verzweigt** *adj* (*a. fig*) ramified; **Verzweigung** *f* ❶ (*von Bäumen*) branching ❷ (*fig*) ramification

verzwickt [fɛr'tsvɪkt] *adj* (*fam*) knotty, tricky, complicated

Veteran [vetə'ra:n] <-en, -en> *m* (MIL: *a. fig*) veteran

Veterinär [vetəri'nɛ:ɐ] *m* veterinary surgeon *Br*, veterinarian *Am*

Veto ['ve:to] <-s, -s> *nt* veto; **gegen etw sein ~ einlegen** veto s.th.; **wenn sie ihr ~ einlegen ...** if they veto it ...; **Vetorecht** *nt* power of veto; **das ~ haben** have a veto; **von seinem ~ Gebrauch machen** use one's veto

Vetter ['fɛtɐ] <-s, -n> *m* cousin; **Vetternwirtschaft** *f* nepotism

VHS *f Abk. von* **Volkshochschule** adult education centre

via [vi:a] *präp* via

Viadukt [via'dʊkt] <-(e)s, -e> *m* viaduct

Vibration [vibra'tsjo:n] <-, -en> *f* vibration; **vibrationsfrei** *adj* vibration-free

Vibrator [vi'bra:to:ɐ] <-s, -en> *m* vibrator; **vibrieren** [vi'bri:rən] *vi* vibrate; (*Stimme*) tremble

Videoaufzeichnung ['vi:deo-] *f* video recording; **Videoband** *nt* video tape; **Videoclip** *m* video clip; **Videogerät** *m* video set; **Videokamera** *f* video camera; **Videokassette** *f* video cassette; **Videokassettenrecorder** *m* video cassette recorder; **Videokünstler(in)** *m(f)* video artist; **Videorecorder** *m* video recorder; **Videospiel** *nt* video game; **Videothek** [video'tɛ:k] <-, -en> *f* video-tape library

Vieh [fi:] <-(e)s> *nt* ❶ (*Nutztiere*) livestock ❷ (*fam: tierischer Mensch*) bastard, swine; **500 Stück ~** 500 head of cattle; **Viehbestand** *m* livestock; **Viehfutter** *nt* fodder; **Viehhandel** *m* cattle trade; **Viehhändler** *m* cattle [*o* livestock] dealer; **viehisch** ['fi:ɪʃ] *adj* (*pej*) brutish; **Viehseuche** *f* livestock disease; **Viehtränke** *f* cattle watering place; **Viehzucht** *f* cattle [*o* stock] breeding

viel [fi:l] *pron, adj* a great deal, a lot of, much; **~e** a lot of, many; **so viel(e)** so much (so many); **so viel** so much; **so ~ du willst** as much as you like; **halb so ~** half as much; **so ~ wie gestern** as much as yesterday; **wie ~** how much *pl;* (*wie viele*) how many; **sehr ~(e)** very much (a great many); **ein bisschen ~** a little too much; **davon gibt es nicht mehr ~e** there aren't a lot left; **die Straße ist ~ befahren** this street is very busy; **noch einmal so ~** as much again; **~ besser** much better; **ziemlich ~** a good deal (of); **ziemlich ~e** a good many; **sich nicht ~ aus etw machen** not to make much of s.th.; **~ Vergnügen!** have a good time!; **~ Glück!** good luck!; **~en Dank!** thanks a lot!; **~ beschäftigt** very busy; **~ gekauft** much-purchased; **~ geliebt** much-loved; **~ gereist** much-travelled; **~ geschmäht** much-maligned; **ein ~ sagender Blick** a meaningful look; **~ versprechend** (very) promising; **zu ~** too much; **er hat zu ~ getrunken** he's had too much to drink; **mach dir nicht zu ~ Sorgen!** don't worry too much!; **vieldeutig** *adj* ambiguous; **Vieleck** *nt* polygon

vielerlei ['fi:lɐ'laɪ] *adj* ❶ (*substantivisch*) all kinds of things ❷ (*attr*) all sorts of, various

vielfach ['fi:lfax] **I.** *adj* manifold; (*attr*) multiple **II.** *adv* (*mehrfach*) many times; (*in vielen Fällen*) in many cases

Vielfalt ['fi:lfalt] <-, -en> *f* great variety; **eine ~ an Vogelarten** a large variety of birds; **vielfältig** ['fi:lfɛltɪç] *adj* diverse, varied; **Vielfraß** ['fi:lfra:s] <-es, -e> *m* (*Tier, a. fig*) glutton

vielleicht [fi'laɪçt] *adv* ❶ maybe, perhaps

❷ (*fam: wirklich*) really; **könnten Sie mir ~ behilflich sein?** could you by any chance be able to help?; **der ist ~ ein Idiot!** he really is an idiot!

? Grammatik

vielleicht can often be translated as *'might be'* instead of *'is perhaps'*: *Er ist vielleicht im Garten. – He might be in the garden.*
er wird vielleicht is best translated as *'he might'* (rather than 'he will perhaps'): *Er wird vielleicht morgen kommen. – He might come tomorrow.*

vielmal(s) *adv* ❶ (*viele Male*) many times ❷ (*sehr*) a lot, very much; **ich bitte ~ um Entschuldigung** I'm awfully sorry; **ich danke Ihnen** ~ many thanks
vielmehr *konj* ❶ rather ❷ (*sondern, nur*) just; **dies soll Ihnen ~ zeigen, wie es funktioniert** this is just to show you how it works; **er ist, ~ war, Soldat** he is, or rather was, a soldier
vielpolig *adj* (ELEK) multipolar
vielseitig *adj* (*Mensch*) versatile; (*Interessen*) varied; (*Bildung, Können*) all-round; **auf ~en Wunsch** by popular request
Vielzahl *f* ❶ (*Menge*) multitude ❷ (*Fülle*) abundance
vier [fiːɐ] *num* four; **unter ~ Augen** face to face; **jdn unter ~ Augen sprechen** speak to s.o. privately; **wir sind zu ~t** there are four of us; **zu je ~en** in fours; **auf allen ~en** on all fours; **alle ~e von sich strecken** (*fam*) stretch out full length; **die Vier** the four; **Vier-Augen-Gespräch** *nt* face-to-face discussion; **vierbändig** [ˈfiːrbɛndɪç] *adj* four-volume; **vierdimensional** *adj* four-dimensional; **Viereck** *nt* quadrangle, square; **viereckig** *adj* quadrangular, square
viereinhalb *num* four and a half
Vierer [ˈfiːrɐ] <-s, -> *m* (*Ruderboot*) four; **Viererbob** *m* four-man bob; **viererlei** [ˈfiːrəlaɪ] *adj* ❶ (*substantivisch*) four different sorts ❷ (*attr*) four kinds of
vierfach I. *adj* fourfold, quadruple; **in ~er Ausfertigung** in quadruplicate II. *adv* fourfold, four times
Vierfarbendruck [-ˈ---] <-(e)s, -e> *m* ❶ (*Verfahren*) four-colour printing ❷ (*Ergebnis*) four-colour print
Vierganggetriebe *nt* (AUTO) four-speed gearbox
viergeschossig *adj* four-storey
vierhändig [ˈfiːɐhɛndɪç] *adj* (MUS) four-handed; **~ spielen** play s.th. for four hands
vierhundert *num* four hundred
Vierjahresplan *m* four-year plan
vierjährig *adj* (*vier Jahre alt*) four-year-old
Vierkanteisen *nt* square steel bar; **vierkantig** *adj* square (-headed)
Vierlinge [ˈfiːɐlɪŋə] *mpl* quadruplets
Viermächteabkommen *nt* (POL) Quadripartite agreement
viermal *adv* four times; **~ so viele** four times as many; **viermalig** *adj* done four times
viermotorig *adj* (AVIAT) four-engined
Vierradantrieb *m* four-wheel drive; **vierräd(e)rig** [ˈfiːɐrɛːd(ə)rɪç] *adj* four-wheeled; **vierspurig** *adj* ❶ (*Straße*) four-lane ❷ (*Tonband*) four-track; **vierstellig** *adj* four-figure; **~e Zahl** four-figure number; **Viersternehotel** *nt* 4-star hotel; **Viertaktmotor** *m* four-stroke engine
vierte *adj* fourth; **im ~n Gang fahren** drive in fourth; **wir brauchen noch einen Vierten zum Bridge** we need a fourth for our game of bridge
vierteilig *adj:* **~er Roman** a four-part novel; **~es Service** a four piece set
viertel *adj* quarter; **ein ~ Pfund** a quarter of a pound
Viertel[1] [ˈfɪrtəl] <-s, -> *nt* (*Maß*) fourth (part); **~ nach elf** (a) quarter past eleven; **~ vor zwölf** (a) quarter to twelve; **ein ~** (*1/4 l Wein*) a quarter
Viertel[2] *nt* (*Stadtteil*) district, quarter
Vierteljahr *nt* quarter (of a year), three months; **Vierteljahresschrift** *f* quarterly; **vierteljährlich** I. *adj* quarterly II. *adv* every three months, quarterly; **Viertelliter** *m* quarter of a litre; **Viertelnote** *f* (MUS) crotchet *Br,* quarter note *Am;* **Viertelpause** *f* (MUS) crotchet-rest *Br,* quarter-note rest *Am;* **Viertelstunde** *f* quarter of an hour *Br,* quarter hour *Am;* **viertelstündlich** I. *adj* quarter-hour II. *adv* every quarter of an hour
Viertürer *m* (AUTO) four-door model
vierzehn [ˈfɪrtseːn] *num* fourteen; **~ Tage** a fortnight *Br,* two weeks *Am;* **vierzehntägig** *adj* fortnightly; **vierzehnte** *adj* fourteenth; **Vierzehntel** *nt* fourteenth
vierzig [ˈfɪrtsɪç] *num* forty; **vierzigste** *adj* fortieth
Vierzimmerwohnung *f* four-room flat *Br,* four-room apartment *Am*
Vietnam [viətˈna(ː)m] *nt* Vietnam; **Vietnamese, -sin** [viətnaˈmeːzə] *m, f* Vietnamese; **vietnamesisch** *adj* Vietnamese

V

Vietnamisierung *f* (POL) Vietnamization

Vigilantentum [vigi'lantentu:m] <-s> *nt practice of forming vigilance committees*

Vikar [vi'ka:ɐ] <-s, -e> *m* curate

Villa ['vɪla] <-, -len> *f* villa; **Villenviertel** *nt* exclusive residential district [*o* area]

violett [vio'lɛt] *adj* violet

Violine [vio'li:nə] <-, -n> *f* violin; **Violinist(in)** *m(f)* violinist; **Violinschlüssel** *m* (MUS) treble clef; **Violoncello** [violɔn'tʃɛlo] <-s, -s> *nt* (violon)cello

V.I.P. <-, -s> *m Abk. von* **Very Important Person** VIP

Viper ['vi:pɐ] <-, -n> *f* (*gefährliche Giftschlange*) adder, viper; **Vipernnatter** *f* (*in Europa*) viperine snake; (*in Nordamerika*) garter snake

Virtual Reality [ˌvɜ:tʃʊəl rɪ'ælətɪ] <-> *f* virtual reality

virtuell *adj* virtual; **~es Einkaufszentrum** (INTERNET) shopping mall; **~e Realität** virtual reality

Virtuose, -sin *m, f* virtuoso

Virenprüfprogramm *nt* virus detector

Virus ['vi:rʊs] <-, -ren> *nt* virus; **schleichender ~** slow virus; **Viruskrankheit** *f* viral disease

Visage [vɪ'zɑ:ʒə] <-, -n> *f* (*fam pej*) face, mug

Visagist(in) *m(f)* make-up artist

Visier [vi'zi:ɐ] <-s, -e> *nt* ① (*von Helm*) visor ② (*von Gewehr*) sight; **ins ~ bekommen** get in one's sights; **ins ~ nehmen** train one's sights on …

Vision [vi'zjo:n] <-, -en> *f* vision; **Visionär(in)** *m(f)* visionary

Visit ['vɪzɪt] *m* (INTERNET: *Besuch einer Web-Site*) visit

Visitation [vizita'tsjo:n] <-, -en> *f* ① (*Durchsuchung*) search ② (*Besichtigung*) inspection; **Visite** [vi'zi:tə] <-, -n> *f* ① (*im Krankenhaus*) round ② (*zu Hause*) house call, visit; **~ machen** do one's rounds *pl;* **zur ~ kommen** come on a visit; **Visitenkarte** *f* (*a. fig*) visiting card *Br,* calling card *Am*

Viskose [vɪs'ko:zə] <-> *f* (CHEM) viscose

Viskosität *f* (TECH) viscosity

visuell [vizu'ɛl] *adj* visual

Visum ['vi:zʊm] <-s, -sa/-sen> *nt* visa

vital [vi'ta:l] *adj* vigorous; **Vitalität** *f* vitality

Vitamin [vita'mi:n] <-s/(-), -e> *nt* vitamin; **Vitaminmangel** <-s> *m* vitamin deficiency; **vitaminreich** *adj* rich in vitamins; **Vitamintabletten** *fpl* vitamin tablets

Vitrine [vi'tri:nə] <-, -n> *f* ① (COM: *Schaukasten*) show-case ② (*Glasschrank*) glass cabinet

Vizekönig(in) *m(f)* viceroy, (vicereine)

Vizepräsident(in) *m(f)* ① (POL) vice-president ② (COM) deputy chairman (chairwoman)

V-Mann *m* contact

Vogel ['fo:gəl, *pl:* 'føgəl] <-s, Vögel> *m* (*a. fig*) bird; **der ~ ist ausgeflogen** the bird has flown; **einen ~ haben** (*fam*) be off one's rocker; **den ~ abschießen** (*fam*) surpass everyone; **jdm den ~ zeigen** tap one's forehead; **~ friss oder stirb!** do or die!; **Vogelbauer** *nt* birdcage; **Vogelbeerbaum** *m* mountain ash, rowan; **Vogelbeere** *f* rowan berry

Vögelchen ['fø:gəlçən] *nt* birdie

Vogelei *nt* bird's egg; **vogelfrei** *adj* outlawed; **für ~ erklären** outlaw; **Vogelfutter** *nt* bird-seed; **Vogelhaus** *nt* (*im Garten*) bird-house; **Vogelkirsche** *f* wild cherry; **Vogelmilbe** *f* chicken mite

vögeln ['fø:gəln] *vi, vt* (*vulg*) screw

Vogelnest *nt* bird's nest; **Vogelperspektive** *f* bird's-eye view; **Heidelberg aus der ~** a bird's-eye view of Heidelberg; **Vogelscheuche** <-, -n> *f* (*a. fig fam*) scarecrow; **Vogelwarte** *f* ornithological station; **Vogelzug** *m* (bird) migration

Vogerlsalat *m* (*österr*) lamb's lettuce

Vogesen [vo'ge:zn] *pl* Vosges

Voicemail ['vɔɪsmeɪl] <-, -s> *f* (*Handyanrufbeantworter*) voicemail

Vokabel [vo'ka:bəl] <-, -n> *f* word; **Vokabular** [vokabu'la:ɐ] <-s, -e> *nt* vocabulary

Vokal [vo'ka:l] <-s, -e> *m* vowel

Volatilität [volatɪlɪ'tɛ:t] <-> *f* (*Schwankungen der Wertpapiere*) volatility

Volk [fɔlk, *pl:* 'fœlkɐ] <-(e)s, Völker> *nt* ① people; (*Nation*) nation ② (*~smenge*) crowd ③ (*die unteren Schichten*) the lower classes *pl;* **das litauische ~** the Lithuanian people; **das einfache ~** the common people; **das gemeine ~** (*pej*) the mob, the rabble; **ein Mann aus dem ~** a man of the people; **die Stimme des ~es** the voice of the nation; **zum ~ sprechen** address the nation; **viel ~** lots of people; **das ist ein ~ für sich** they're a race apart

Völkerbund *m* (HIST POL) League of Nations; **Völkergemeinschaft** *f* community of nations; **Völkerkunde** *f* ethnology; **Völkerkundemuseum** *nt* museum of ethnology; **Völkermord** *m* genocide; **Völkerrecht** *nt* international law; **völkerrechtlich** *adj* ① (*das Völkerrecht betreffend*) according to international law ② (*dem Völkerrecht unterliegend*) under international law; **Völkerverständigung**

f international understanding; **Völkerwanderung** *f* ❶ (HIST) migration of the people ❷ (*hum*) mass migration

Volksabstimmung *f* plebiscite; **Volksbefragung** *f* public opinion poll; **Volksbegehren** *nt* petition for a referendum; **Volksbelustigung** *f*: **zur allgemeinen ~** for public entertainment; **Volkscharakter** *m* national character; **Volksdemokratie** *f* people's democracy; **volkseigen** *adj* nationally-owned; **Volksempfinden** *nt* public feeling; **Volksentscheid** *m* referendum; **Volksfest** *nt* public festival; (*Kirmes*) funfair

i Land & Leute

A **Volksfest** is a traditional fair lasting several days with various attractions such as a big wheel, rollercoaster and beer tents. One of the most famous is the *Munich Oktoberfest*.

Volksfront *f* (POL) popular front; **Volksgesundheit** *f* health of the nation, public health; **Volksheld** *m* popular hero; **Volkshochschule** *f* adult education centre

i Land & Leute

Volkshochschulen (German adult education centres) are autonomous, public institutions of further education. Their range of courses covers such things as computing, languages, philosophy and dancing. They are intended for people from all walks of life and every age group, and are becoming increasingly recognized as valid further vocational training.

Volkshochschulkurs *m* adult education class; (*abends*) evening class; **Volkskrankheit** *f* widespread disease; **Volkskunde** *f* folklore; **volkskundlich** *adj* folkloristic; **Volkslied** *nt* folk song; **Volksmärchen** *nt* folk tale; **Volksrepublik** *f* People's Republic; **Volksschule** *f* (*obs*) elementary [*o* primary] school *Br,* grade school *Am;* **Volksstamm** *m* tribe; **Volkstanz** *m* folk dance; **Volkstracht** *f* (*Nationaltracht*) national costume; **Volkstum** <-(e)s> *nt* national traditions *pl;* **volkstümlich** ['fɔlksty:mlɪç] *adj* ❶ (*traditionell*) traditional ❷ (*beim Volk beliebt*) popular; **Volksverhetzung** *f* incitement of the people; **Volksvertreter(in)** *m(f)* representative of the people; **Volksvertretung** *f* representative body (of the people); **Volkswirt(in)** *m(f)* economist; **Volkswirtschaft** *f* ❶ (*die Nationalökonomie*) national economy ❷ (*~slehre*) economics *pl;* **Volkszählung** *f* (*national*) census

voll [fɔl] **I.** *adj* ❶ full (*von* of); (*gedrängt*) crowded ❷ (*ganz*) complete, entire, whole ❸ (*~zählig*) complete ❹ (*gefüllt*) filled ❺ (*fam: betrunken*) plastered; **die ~e Summe** the entire sum; **die ~e Wahrheit** the whole truth; **mit ~em Mund** with one's mouth full; **in ~er Fahrt** at full speed; **so, das Maß ist ~!** so that's enough of that!; **mit ~em Recht etw tun** be perfectly right to do s.th.; **aus dem Vollen schöpfen** draw on unlimited resources *pl;* **jdn für ~ nehmen** take s.o. seriously **II.** *adv* ❶ fully ❷ (*vollkommen*) completely; **den Mund ~ nehmen** overdo it; **~ dahinter stehen** be fully behind s.th.; **~ dabei sein** (*fam*) be totally involved; **~ füllen** fill (up); **~ gepfropft/gestopft** (*fam*) crammed, packed; **~ machen** (*Gefäß*) fill up; (*vervollständigen*) complete; **die Windeln ~ machen** (*fam*) fill the nappies; **~ pumpen** fill with air; **~ schmieren** mess up; **~ schreiben** fill with writing; **~ stopfen** cram full; **~ tanken** fill up

vollauf *adv* completely, fully; **vollautomatisch** *adj* fully automatic; **vollautomatisiert** *adj* fully automated; **Vollbad** *nt* (proper) bath; **Vollbart** *m* (full) beard; **Vollbeschäftigung** <-> *f* full employment; **Vollblut** <-(e)s, -e> *nt* (*Pferde~*) thorough-bred (horse) *Br,* blooded horse *Am;* **Vollbremsung** *f* emergency stop; **eine ~ machen** do an emergency stop; **vollbringen** *irr vt* accomplish, achieve; **ein Wunder ~** perform a miracle; **vollbusig** *adj* full-bosomed; **Volldampf** *m*: **mit ~** (*fam*) flat out; **mit ~ voraus** (*fam*) full tilt

Völlegefühl ['fœlə-] *nt* satiety

vollelektronisch *adj* fully electronic

vollenden **I.** *vt* ❶ (*abschließen*) complete ❷ (*vervollkommnen*) make complete **II.** *vr* ❶ (*zum Abschluss kommen*) come to an end ❷ (*vollkommen werden*) be completed; **vollendet** *adj* ❶ (*vollkommen*) completed ❷ (*Schönheit*) perfect

vollends ['fɔlɛnts] *adv* (*völlig*) completely; (*gänzlich*) altogether

Vollendung *f* ❶ completion ❷ (*Vervollkommnung, Vollkommenheit*) perfection; **vor ~ des 30. Lebensjahres** before com-

pletion of the 30th year of one's life
Völlerei [fœlə'raɪ] *f* gluttony
Volleyball ['vɔlibal] <-> *m* (SPORT) volleyball
vollführen *vt* execute, perform
Vollgas *nt:* **mit ~** (AUTO) at full throttle; (*fam*) full tilt; **~ geben** open it right up; (*fam*) step on the gas
völlig ['fœlɪç] *adj* complete; **~er Blödsinn!** utter nonsense!
volljährig *adj* of age; **Volljährigkeit** *f* majority

i Land & Leute

In Germany and Austria one becomes **volljährig** (of age) at 18, and in Switzerland at 20 years of age.

Volljurist(in) *m(f)* fully qualified lawyer
vollkaskoversichert *adj:* **ich bin ~** I have fully comprehensive insurance; **Vollkaskoversicherung** *f* fully comprehensive insurance
vollklimatisiert *adj* fully air-conditioned
vollkommen *adj* ① (*perfekt*) perfect ② (*völlig*) complete; **Vollkommenheit** *f* perfection
Vollkornbrot *nt* wholemeal bread
Volllast *f* (AUTO) full load
Vollmacht <-, -en> *f* power, authority; (JUR) power of attorney; **jdm eine ~ ausstellen** [*o* **erteilen**] give s.o. power of attorney
Vollmilch *f* (*mit 3,5% Fett*) full-cream milk
Vollmond *m* full moon
Vollpension *f* full board
vollschlank *adj* (*füllig*) full-figured
vollständig *adj* complete, entire; **~ machen** complete; **Vollständigkeit** *f* completeness; **der ~ halber** to complete the picture
vollstrecken *vt* carry out, execute; **Vollstreckung** *f* execution; **Vollstreckungsbefehl** *m* (JUR) writ of execution
vollsynchronisiert *adj* (AUTO) fully synchronized
Volltextsuche *f* (INFORM) full text search
Volltreffer *m* (*a. fig*) bull's eye
vollverchromt *adj* full-chrome
Vollversammlung *f* plenary meeting
Vollwaschmittel *nt* detergent
vollwertig *adj* ① (*Kost*) full ② (*Ersatz*) fully adequate; **Vollwertkost** *f* wholefoods *pl*
vollzählig ['fɔltsɛːlɪç] *adj* complete; **wir sind ~ erschienen** everyone of us came
vollziehen **I.** *irr vt* carry out, execute **II.** *vr* (*stattfinden*) take place; **Vollzug** <-(e)s> *m* ① (*Ausführung*) carrying out, execution ② (*Straf~*) penal system; **Vollzugsanstalt** *f* penal institution
Volontär(in) [volɔn'tɛːɐ] *m(f)* trainee; **volontieren** *vi* work as a trainee
Volt [vɔlt] <-/-(e)s, -> *nt* (ELEK) volt
Volumen [vo'luːmən] <-s, -/-mina> *nt* (*a. fig*) volume
von [fɔn] *präp* of; (*durch*) by; (*~ weg*) from; **~ ... an** from ... on; **~ nun an** henceforth; **~ morgen an** from tomorrow; **~ hinten** from behind; **~ selbst** automatically; **~ wegen!** (*fam*) no way!; **~ mir aus!** I don't mind!; **~ vornherein** from the (very) beginning; **~ Zeit zu Zeit** from time to time; **~ klein auf** from childhood; **dieses Gedicht ist von Schiller** this poem is by Schiller; **das hängt vom Wetter ab** that depends on the weather; **sich ~ ... ernähren** feed on ...; **wimmeln ~ ...** crawl with ...; **sie haben ~ dir gesprochen** they were talking about you; **grüßen Sie ihn ~ mir** my best regards to him

? Grammatik

Nouns of number, such as *das Dutzend, das Hundert, das Tausend, die Million, die Milliarde*, when used in the plural without a preceding numeral, are followed by a phrase with **von**: *Dutzende von Fehlern, Hunderte von Zuschriften, Tausende von Touristen, Millionen von Menschen.*

voneinander *adv* from [*o* of] each other; **vonnöten** [fɔn'nøːtən] *adj:* **~ sein** be necessary; **vonstatten** [fɔn'ʃtatən] *adv:* **~ gehen** (*stattfinden*) take place; **wie geht so etw ~?** what is the procedure for that?
vor [foːɐ] **I.** *präp* ① (*örtlich, zeitlich*) before ② (*Zeit*) before, prior to; (*nachgestellt*) ago; (*bei Uhrzeit*) to ③ (*Ort*) in front of ④ (*ursächlich*) with; **~ allem** above all, first of all; **nicht ~ ...** not till ...; **~ der Zeit** before time *Br,* ahead of time *Am;* **fünf (Minuten) ~ zehn** five (minutes) to ten; **~ drei Wochen** three weeks ago; **~ Schmerz schreien** cry out with pain; **~ Freude hüpfen** jump for joy; **~ Zeugen** in presence of witnesses; **~ unserem Hause** in front of our house; **~ sich hin** to o.s.; **~ sich gehen** take place **II.** *adv:* **~ und zurück** backwards and forwards; **nach wie ~** still; **vorab** [foːɐ'ap] *adv* first of all, to begin with

? Grammatik

vor corresponds to English 'ago' or 'before' and is always used with the dative case in time expressions: *Vor fünf Jahren hat sie angefangen Deutsch zu lernen. – She started to learn German five years ago. Vor einem Jahr war sie noch in ihn verliebt. – A year ago she was still in love with him. Er beschreibt die Verhältnisse vor dem Krieg. – He describes the conditions before the war.*

Vorabend *m* ① (*der vorhergehende Abend*) evening before ② (*fig*) eve

Vorahnung *f* premonition, presentiment

voran [fo'ran] *adv* ① (*vorn*) first, in front of ② (*vorwärts*) forwards; **voran|gehen** *sein irr vi* ① go in front ② (*fig*) precede; **mit gutem Beispiel** ~ set a good example; **jdm** ~ go ahead of s.o.; **voran|kommen** *sein irr vi* ① get on ② (*Fortschritte erzielen*) make progress

Voranmeldung *f* ① (*terminlich*) appointment ② (TELE) booking

Voranschlag *m* estimate

Voranzeige *f* ① (THEAT) advance notice ② (FILM) trailer *Br*, preview *Am*

Vorarbeit *f* groundwork, preparatory work; **die** ~ **leisten für ...** prepare the ground for ...; **vor|arbeiten** **I.** *vi* work in advance **II.** *vr* work one's way forward; **Vorarbeiter(in)** *m(f)* foreman (forewoman)

voraus [fo'raus] *adv* ① (*voran*) in front (*jdm* of s.o.) ② (*vorher*): **im Voraus** in advance; **sie war ihrer Zeit** ~ she was ahead of her time

voraus|ahnen *vt* anticipate

voraus|eilen *sein vi* (*a. fig*) hurry on ahead (of)

voraus|gehen *sein irr vi* ① go in front ② (*fig*) precede

vorausgesetzt *konj:* ~, **dass ...** provided (that) ...

voraus|haben *irr vt:* **jdm etw** (**viel**) ~ have the advantage of (a great advantage over) s.o.

Voraussage *f* prediction; (*Wetter~*) forecast; **voraus|sagen** *vt* predict (*jdm etw* s.th. for s.o.); **vorausschauend** [-'--] **I.** *adj* foresighted **II.** *adv* with regard to the future

voraus|schicken *vt* ① (*Sachen*) send on ahead ② (*einleitend sagen*) say in advance

voraussehbar *adj* foreseeable; **voraus|sehen** *irr vt* foresee

voraus|setzen *vt* presuppose; **als selbstverständlich** ~ take for granted; **vorausgesetzt, dass ...** provided that ...; **Voraussetzung** *f* ① (*Vorbedingung*) prerequisite ② (*Annahme*) premise ③ (*Qualifikation*) qualification; **unter der ~, dass ...** on condition that ...

Voraussicht [-'--] <-> *f* foresight; **aller** ~ **nach** in all probability; **in weiser** ~ with great foresight; **voraussichtlich** **I.** *adj* (*vorauszusehend*) expected **II.** *adv* (*wahrscheinlich*) probably

voraus|zahlen *vt* pay in advance; **Vorauszahlung** [-'---] *f* advance payment; (**nur**) **gegen** ~**!** cash in advance!

Vorbau *m* porch; (*Balkon*) balcony

Vorbedacht *m:* **mit** ~ deliberately, on purpose

Vorbedeutung *f* portent

Vorbehalt <-(e)s, -e> *m* reservation; **geheimer** [*o* **innerer**] ~ mental reservation; **unter dem** ~**, dass ...** with the reservation that ...; **vor|behalten** *irr vt* ① reserve (*sich etw* s.th. for o.s.) ② leave (*jdm etw* s.th. up to s.o.); **alle Rechte** ~ all rights reserved; **Irrtümer** ~ errors excepted; **vorbehaltlich** *adv* subject to ...; ~ **anderer Regelungen** unless otherwise provided; **vorbehaltlos** *adj* unconditional

Vorbehandlung *f* pretreatment

vorbei [fɔr'baɪ/foːɐ'baɪ] *adv* ① (*räumlich*) past ② (*zeitlich*) gone, over, past; **das ist jetzt alles** ~ all that is now past; **was** ~ **ist, ist** ~ what's past, is past; ~**!** (*nicht getroffen*) missed!

vorbei|fahren *sein irr vi* go/drive/sail past (*an jdm o etw* s.o., s.th.)

vorbei|gehen *sein irr vi* ① (*a. fig*) go past, pass by (*an jdm* s.o.) ② (*aufhören*) pass; **eine Gelegenheit** ~ **lassen** let an opportunity slip by; **im Vorbeigehen** (*a. fig*) in passing; **ich gehe nachher mal bei ihm vorbei** I'll look in on him later in the day

vorbei|kommen *sein irr vi* (*fam: besuchen*) drop in (*bei jdm* on s.o.); **ich komme nicht daran vorbei ...** I have no alternative but ...

vorbei|lassen *irr vt* let pass

Vorbeimarsch *m* march-past *Br*, street parade *Am;* **vorbei|marschieren** *vi* march past (*an jdm* s.o.)

vorbei|reden *vi:* **aneinander** ~ talk at cross purposes; **an etw** ~ talk round s.th.

vorbei|schießen **I.** *irr vi sein* (*schnell* ~) shoot past (*an jdm o etw* s.o., s.th.) **II.** *vt haben* (*am Ziel*) miss (*an etw* s.th.)

V

vorbelastet *adj* handicapped; **da ist er erblich ~** it runs in the family
Vorbemerkung *f* preliminary note [*o* remark]
vorbereiten **I.** *vt* prepare **II.** *vr* prepare o.s. (*auf* for); **vorbereitend** *adj* preparatory; **Vorbereitung** *f* preparation; **Vorbereitungsdienst** *m* (SCHULE: *Referendarszeit*) teaching practice
Vorbesitzer(in) *m(f)* previous possessor
vor|bestellen *vt* order in advance; (*Zimmer, Tisch*) book; **Vorbestellung** *f* advance order; (*Zimmer~*) booking *Br,* reservation *Am*
vorbestraft *adj* previously convicted; **jemand, der nicht ~ ist** (JUR: *bei erster Verurteilung*) a first offender
Vorbeugehaft *f* preventive detention; **vor|beugen** **I.** *vi* (*vermeiden*) prevent; (*ausschließen*) preclude (*einer S.* s.th.) **II.** *vr* bend forward; **vorbeugend** *adj* preventive, prophylactic; **Vorbeugung** *f* prevention (*von, gegen* of); (MED) prophylaxis; **zur ~ gegen ...** for the prevention of ...
Vorbild *nt* model; (*Beispiel*) example; **jdn als ~ hinstellen** hold s.o. up as a model; **dieses Gedicht nimmt Shakespeare's Sonette zum ~** this poem is modelled on Shakespeare's sonnets; **sich jdn zum ~ nehmen** model o.s. on s.o.; **Vorbildfunktion** *f* function as a model [*o* an example]
vorbildlich *adj* exemplary
Vorbildung *f* (*schulisch*) educational background
Vorbote *m* harbinger
vor|bringen *irr vt* ❶ (*sagen*) say; (*Meinung, Forderung*) express ❷ (*Beweise*) bring forward
vorchristlich *adj* pre-Christian
Vordach *nt* canopy; (*von Zelt*) awning
vor|datieren *vt* antedate, predate
Vordenker(in) *m(f)* mentor
Vorderachse ['fɔrdɐ-] *f* front axle
Vorderansicht *f* front view
Vorderasien *nt* Near East
Vorderbein *nt* foreleg
Vorderdeck *nt* fore deck
vordere ['fɔrdərə] *adj* front
Vorderfront *f* frontage; **Vordergrund** *m* foreground; **im ~** in the foreground; **sich in den ~ schieben** push o.s. to the fore; **im ~ stehen** be to the fore; **vordergründig** ['fɔrdɐgrʏndɪç] *adj* (*oberflächlich*) superficial
Vordermann <-(e)s, -männer> *m* person in front; **jdn auf ~ bringen** (*fam*) make s.o. toe the line
Vorderrad *nt* front wheel; **Vorderradantrieb** *m* front-wheel drive
Vorderschinken *m* shoulder ham
Vorderseite *f* front; (*von Münze*) obverse; (*von Buch*) odd page
Vordersitz *m* front seat
vorderste *adj* frontmost
Vorderteil *nt o m* front, front part; (TECH) head, nosepiece; (*von Schiff*) prow
Vordiplom *nt* intermediate exam
vor|drängen *vr* push to the front; **sich in einer Schlange ~** jump a queue *Br,* push to the front of a line *Am;* **vor|dringen** *sein irr vi* advance; (*in den Weltraum*) penetrate (*in* into); **vordringlich** *adj* urgent
Vordruck <-(e)s, -e> *m* (*Formular*) form *Br,* blank *Am*
vorehelich *adj* premarital
voreilig *adj* rash; **~e Schlüsse ziehen** jump to conclusions; **es war ~ von ihm, das zu versprechen** it was rash of him to promise that
voreingenommen *adj* biased, prejudiced (*für* in favour of, *gegen* against)
Voreinstellung *f* pre-installed setting
vor|enthalten *irr vt* withhold (*jdm* from s.o.)
Vorentscheidung *f* preliminary decision; **eine ~ fällen** make [*o* come to] a preliminary decision; **Vorentscheidungsrunde** *f* (SPORT) preliminary round
Vorentwurf *m* project investigations *pl*
vorerst [foːɐ'eːɐst/'--] *adv* for the time being
vorexerzieren *vt* (*fam*) demonstrate
Vorfahr ['foːɐfaːɐ] <-en, -en> *m* ancestor, forefather
vor|fahren *sein irr vi* ❶ (*ankommen*) drive up (*bei* to) ❷ (*an die Spitze fahren*) drive in front; **Vorfahrt** <-> *f* right of way; **die ~ (nicht) beachten** observe (ignore) the right of way; **vorfahrtsberechtigt** *adj:* **ich war ~** I had the right of way; **Vorfahrtsstraße** *f* major road; **Vorfahrt(s)zeichen** *nt* give way sign *Br,* yield sign *Am*
Vorfall *m* ❶ (*Geschehnis*) incident, occurrence ❷ (MED) prolapse; **vor|fallen** *irr vi* ❶ (*geschehen*) happen, occur ❷ (*fallen*) fall forward; **in dem Haus sind seltsame Dinge vorgefallen** some strange things have happened in that house
vor|finden *irr vt* discover, find
Vorform *f* early form
Vorfreude *f* anticipation
Vorfrühling *m* early spring
vor|fühlen *vi* (*fig*) put out a few feelers; **bei jdm ~** sound s.o. out

vor|führen *vt* ❶ (FILM) show ❷ (*präsentieren*) present; (*Mode*) model ❸ (*Angeklagten*) bring forward; **Vorführgerät** *nt* projector; **Vorführraum** *m* projection; **Vorführung** *f* ❶ (FILM) show ❷ (THEAT: *a. Varietee*) performance ❸ (*Mode~*) presentation; **Vorführwagen** *m* demonstration car

Vorgabe *f* instruction; (*Golf*) handicap; **Vorgaben** *pl* (*Bedingungen*) directions; (*Richtlinien*) guidelines

Vorgang *m* ❶ (*Ereignis*) event ❷ (*Hergang*) course of events ❸ (BIOL CHEM TECH: *Prozess*) process ❹ (JUR: *Akten*) file; **erzählen Sie uns den ~** tell us how it happened; **Vorgänger(in)** *m(f)* predecessor

Vorgarten *m* front garden *Br,* dooryard *Am*

vor|geben *irr vt* ❶ (SPORT) give ❷ (*vortäuschen*) pretend ❸ (*nach vorne reichen*) pass forward

Vorgebirge *nt* foothills *pl*

vorgeblich I. *adj* (*sogenannt*) so-called II. *adv* (*angeblich*) supposedly

vorgefasst *adj* preconceived; **~e Meinung** prejudice

vorgefertigt *adj* prefabricated

Vorgefühl <-(e)s> *nt* anticipation; (*Vorahnung*) presentiment

vorgeheizt *adj* preheated

Vorgehen *nt* (*Verfahren*) procedure; **gemeinsames ~** concerted action

vor|gehen *sein irr vi* ❶ (*nach vorn gehen*) go forward ❷ (*früher gehen*) go on ahead; (*als Erster gehen*) go first ❸ (*handeln*) act, proceed ❹ (JUR) take legal proceedings (*gegen* against) ❺ (*wichtiger sein*) have priority ❻ (*sich ereignen*) go on, happen; **meine Uhr geht (fünf Minuten) vor** my watch is (five minutes) fast; **wir gehen schon vor und treffen euch dann am Bahnhof** we'll leave now and we'll see you at the station; **was geht hier vor?** what's going on here?; **die Arbeit geht vor** work comes first

Vorgehensweise *f* procedure

Vorgeschichte *f* ❶ (*Urgeschichte*) prehistory ❷ (*einer Person, eines Falles*) antecedents *pl*

Vorgeschmack <-(e)s> *m* (*fig*) foretaste

vorgeschrieben *adj* (*Dosis*) prescribed

vorgesehen *adj* intended, designated; (*Geld*) earmarked

Vorgesetzte(r) <-n, -n> *f m* superior

vorgestern *adv* the day before yesterday; **das ist doch von ~!** (*fam*) that's antiquated!; **vorgestrig** *adj* of the day before yesterday

vor|greifen *irr vi* (*einer Sache*) anticipate; **jdm ~** forestall s.o.; **Vorgriff** *m* anticipation (*auf* of); (*beim Erzählen*) leap ahead

Vorhaben <-s, -> *nt* ❶ (*Plan*) plan ❷ (*Absicht*) intention

vor|haben *irr vt* ❶ (*beabsichtigen*) have in mind, intend; (*geplant haben*) have planned ❷ (*im Begriff sein*) be about to; **haben Sie morgen (schon) etwas vor?** do you have any plans for tomorrow?; **wenn Sie nichts anderes ~** unless you are otherwise engaged; **mit jdm Großes ~** have great plans for s.o.; **wir hatten es nicht vor** we weren't planning to

Vorhalle *f* entrance hall, vestibule; (*im Parlament*) lobby

vor|halten I. *irr vt* ❶ **jdm jdn ~** (*als Beispiel*) hold s.o. up to s.o. ❷ (*vorwerfen*) reproach (*jdm etw* s.o. with s.th.); **jdm einen Fehler ~** reproach s.o. for his mistake II. *vi* (*ausreichen*) last; **Vorhaltungen** *fpl* reproaches; **jdm ~ dafür machen, dass er etw getan hat** reproach s.o. for having done s.th.

Vorhand <-> *f* (*Tennis*) forehand

vorhanden [fo:ɐˈhandən] *adj* ❶ (*verfügbar*) available ❷ (*existierend*) existing; **ein Bad war nicht ~** there was no bathroom; **Vorhandensein** *nt* existence

Vorhang *m* curtain *Br,* shade *Am*

Vorhängeschloss *nt* padlock

Vorhaut *f* (ANAT) foreskin, prepuce

vorher [fo:ɐˈheːɐ/ˈ--] *adv* (*früher*) before now; **am Tage ~** the day before [*o* the previous day]; **kurz ~** a short time before; **weitermachen wie ~** continue as before; **konntest du das nicht ~ sagen?** couldn't you have said that earlier?

vorherbestimmt *adj* predestined; **Vorherbestimmung** *f* predestination

vorher|gehen *sein irr vi* (*fig*) precede

vorherig [fo:ɐˈheːrɪç] *adj* ❶ (*früher*) previous ❷ (*ehemalig*) former

Vorherrschaft *f* predominance; (POL: *Hegemonie*) hegemony; **vor|herrschen** *vi* (*überwiegen*) prevail; (*Ton angeben*) predominate; **vorherrschend** *adj* ❶ (*tonangebend*) predominant ❷ (*weitverbreitet*) prevailing

Vorhersage <-, -n> *f* prediction; (*von Wetter*) forecast; **vorher|sagen** [-ˈ---] *vt* foretell, predict; (*Wetter*) forecast; **das hab' ich dir doch vorhergesagt!** I told you so!

vorhersehbar *adj* foreseeable; **vorher|sehen** [-ˈ---] *irr vt* foresee

vor|heucheln *vt*: **jdm etw ~** feign [*o* pretend] s.th. to s.o.

vorhin [fo:ɐˈhɪn] *adv* just now

Vorhof *m* ❶ (ARCH) forecourt ❷ (ANAT: *Herz~*) vestibule

Vorhut ['foːɐhuːt] <-, (-en)> *f* (MIL) vanguard

vorig *adj* ❶ (*früher*) previous ❷ (*vergangen*) last; **~en Monat habe ich das letzte Mal von ihm gehört** I last heard from him a month ago

Vorjahr *nt* previous year; **vorjährig** *adj* last year's

Vorkämpfer(in) *m(f)* champion (*für* of), pioneer

Vorkasse *f* cash in advance

Vorkaufsrecht *nt* option of purchase

Vorkehrung ['foːɐkeːrʊŋ] <-, -en> *f* precaution; **die nötigen ~en treffen** take the necessary precautions

Vorkenntnisse *pl* ❶ (*Wissen*) previous knowledge ❷ (*Erfahrung*) previous experience; **~ nicht erforderlich** no previous experience necessary

vor|knöpfen *vt* (*fam*): **sich jdn ~** button s.o.

Vorkommen <-s> *nt* ❶ (*das Auftreten*) occurrence ❷ (MIN) deposit; **vor|kommen** *irr vi* ❶ (*geschehen*) happen ❷ (*den Anschein haben*) seem; **es kommt mir so vor** it seems to me like that; **so etwas ist mir noch nicht vorgekommen** I've never heard of such a thing; **so was soll ~!** that's life!; **das kann schon mal ~** that can happen to anybody; **ich komme mir dumm vor** I feel stupid; **das kommt dir nur so vor** it only seems to you like that; **Vorkommnis** <-sses, -sse> *nt* incident, occurrence

Vorkriegszeit *f* prewar days *pl*

vor|laden *irr vt* (JUR) summon; **jdn ~ lassen** take out a summons against s.o.; **Vorladung** *f* (JUR) summons

Vorlage *f* ❶ (*das Vorlegen*) presentation ❷ (*Muster*) model, pattern ❸ (*Entwurf*) draft; (PARL) bill ❹ (SPORT: *von Fußball*) through-ball; **jdm eine ~ unterbreiten** make a submission to s.o.

vor|lassen *irr vt* ❶ (*vorgehen lassen*) let go in front ❷ (*zulassen*) admit, allow in

Vorlauf *m* ❶ (AUTO: *Rad~*) caster ❷ (TECH: *Pumpen~*) flow pipe

Vorläufer *m* (*fig*) precursor

vorläufig **I.** *adj* temporary; (*provisorisch*) provisional **II.** *adv* (*einstweilig*) temporarily; (*fürs Erste*) for the time being; **weil es nur ~ ihr Zuhause war** because of the temporariness of her home

vorlaut *adj* cheeky *Br*, fresh *Am*; **~es Wesen** pertness

Vorleben *nt* former life, past

Vorlegebesteck *nt* carvers *pl*; **vor|legen** *vt* ❶ (*bei Tisch*) serve (*jdm etw* s.o. with s.th.) ❷ (*zeigen*) produce, show; (*Schriftstück*) submit ❸ (*unterbreiten*) present

vor|lesen *irr vt* read aloud *Br*, read out loud *Am*; **jdm etw ~** read s.th. to s.o.

Vorlesung *f* lecture; **über etw ~en halten** give lectures on s.th.; **eine ~ hören** go to lectures *pl*; **Vorlesungsverzeichnis** *nt* lecture timetable

vorletzt *adj* last but one, penultimate; **~es Jahr** the year before last

vorlieb [foːɐ'liːp] *adv*: **mit etw ~ nehmen** put up with s.th., make do with s.th.

Vorliebe <-, -n> *f* preference; **etw mit ~ tun** particularly like doing s.th.; **ich habe eine ~ für kräftige Farben** I like rich colours a lot; **er redet mit ~ über Politik** he loves talking politics

vor|liegen *irr vi* ❶ (*zur Verfügung stehen*) be available ❷ (*eingereicht sein*) be in; (POL: *Gesetzesvorlage*) be before the house ❸ (*vorhanden sein*) be, exist; **da muss ein Irrtum ~** there must be some mistake; **vorliegend** *adj* ❶ (*Akten*) on hand ❷ (*Gründe*) existing; **im ~en Fall(e)** in the present case

vor|lügen *irr vt*: **jdm etw ~** tell s.o. lies *pl*

vor|machen *vt*: **jdm etw ~** (*zeigen*) show s.o. how to do s.th.; (*täuschen*) humbug s.o.; **machen Sie sich nichts vor!** don't fool [*o* kid] yourself!; **wir wollen uns doch nichts ~!** let's stop pretending!, let's be honest about this!

Vormacht(stellung) *f* supremacy (*gegenüber* over)

vormalig *adj* former; **vormals** *adv* formerly

Vormann *m* foreman

Vormarsch <-(e)s> *m* (MIL) advance; **auf dem ~ sein** be on the advance; **im ~ sein** be gaining ground

vor|merken *vt* make a note of, note down; **einen Platz ~** book [*o* reserve] a seat

Vormittag *m* morning; **vormittags** *adv* in the morning; (*bei Uhrzeit*) a.m

Vormund <-(e)s, -e> *m* guardian; **Vormundschaft** *f* guardianship, tutelage

vorn [fɔrn] *adv* ❶ in front ❷ (*am Anfang*) at the beginning ❸ (*am Vorderende*) at the front; **nach ~** forward; **ganz ~** right in the front; **~ in …** at the front of …; **von ~** from the beginning; **noch einmal von ~** all over again; **von ~ anfangen** (*neues Leben*) start afresh; **sich von ~ und hinten bedienen lassen** be waited on hand and foot; **nach ~ rücken** move up front; **weit ~** a long way ahead

Vorname *m* Christian name, first name

vornehm [ˈfoːɐneːm] *adj* ❶ (*kultiviert*) distinguished ❷ (*edel*) noble ❸ (*sozial hochgestellt*) high-ranking; (*adlig*) aristocratic ❹ (*elegant*) fashionable; **~e Gesinnung** high mind; **die ~e Gesellschaft** high society; **~ tun** (*fam*) act posh; **die ~ste Pflicht** the first [*o* foremost] duty

vor|nehmen *irr vt* ❶ (*durchführen*) carry out; (*Änderungen*) make ❷ (*in Angriff nehmen*) get to work (*sich etw* on s.th.) ❸ (*planen*) intend (*sich etw* to do s.th.); **sich jdn ~** (*fam*) have a word with s.o.; **vornehmlich** *adv* ❶ (*hauptsächlich*) especially, principally ❷ (*vorzugsweise*) first and foremost

vor|neigen *vr* lean forward

vornherein *adv:* **von ~** from the start

vornüber *adv* forwards

Vor-Ort- [-ˈ-] (*in Zusammensetzungen*) on-site

Vorort <-(e)s, -e> *m* suburb; **Vorort(s)zug** *m* suburban train *Br,* shuttle train *Am*

Vorplatz *m* forecourt

Vorposten *m* (MIL) outpost

vor|preschen *sein vi* hurry ahead, shoot forward

vorprogrammiert *adj* ❶ (*automatisch*) automatic ❷ (*vorbestimmt*) predetermined

Vorrang <-(e)s> *m* ❶ (*Vordringlichkeit*) priority ❷ (*Reihenfolge*) precedence (*gegenüber* over); **den ~ vor jdm haben** have precedence over s.o.; **vorrangig** *adj* primary, (having) priority; **Vorrangstellung** *f:* **eine ~ einnehmen** [*o* **haben**] **in …** have a position of importance in …

Vorrat [ˈfoːɐraːt, *pl:* ˈfoːɐrɛːtə] <-(e)s, Vorräte> *m* stock, supply; **einen ~ anlegen** lay in stocks; **auf ~ haben** (COM) keep in stock; **mein Wein ist fast alle, ich muss meinen ~ auffüllen** I must stock up on wine, I've almost run out; **vorrätig** [ˈfoːɐrɛːtɪç] *adj* (*auf Lager*) in stock; (*verfügbar*) available; **nicht ~** out of stock; **Vorratsbehälter** *m* storage tank; **Vorratskammer** *f* (*für Lebensmittel*) larder, pantry; **Vorratsraum** *m* store room; (*in einem Laden*) stock room

Vorraum *m* anteroom; (THEAT FILM: *Foyer*) foyer

vor|rechnen *vt* ❶ reckon up (*jdm etw* s.th. for s.o.) ❷ (*aufzählen*) enumerate

Vorrecht *nt* prerogative; (*Privileg*) privilege

Vorrede *f* ❶ (*Vorwort*) preface ❷ (THEAT) prologue ❸ (*einleitende Rede*) introductory speech; **Vorredner(in)** *m(f)* previous speaker; **mein ~** the previous speaker

Vorreiter(in) *m(f)* forerunner

Vorrichtung *f* device, gadget

vor|rücken **I.** *vt haben* move forward; (*Schachfiguren*) move on **II.** *vi sein* move forward; (MIL) advance; (*im Beruf*) move up

Vorruhestand *m* early retirement; **Vorruhestandsregelung** *f* early retirement scheme

Vorrunde *f* (SPORT) preliminary round

vor|sagen *vt* tell; **jdm ~** tell s.o. the answer

Vorsaison *f* early season

Vorsatz[1] *nt* (*von Buch*) endpaper

Vorsatz[2] *m* intention; **mit ~** (JUR) with intent; **mit guten Vorsätzen** with good intentions; **mit dem ~ zu …** with the intention of …; **den ~ fassen etw zu tun** resolve to do s.th.; **vorsätzlich** [ˈfoːɐzɛtslɪç] *adj* deliberate, intentional; (*willentlich*) wilful; (JUR) premeditated; **etw ~ tun** do s.th. with intent

Vorsatzlinse *f* (PHOT) ancillary lens

Vorschau *f* preview *Br,* prevue *Am;* (FILM) trailer

Vorschein *m:* **zum ~ kommen** (*sichtbar werden*) appear; (*ans Licht kommen*) come to light

vor|schicken *vt* send forward

vor|schieben **I.** *irr vt* ❶ (*davor schieben*) push in front ❷ (*nach vorn schieben*) push forward ❸ (MIL: *Truppen*) move forward ❹ (*vorschützen*) put forward as a pretext **II.** *vr* (*Personen*) press forward; (*Wolken*) move forward

vor|schießen **I.** *irr vt haben* (*Geld*) advance **II.** *vi sein* shoot forward

Vorschlag *m* proposal *Br,* proposition *Am;* (*Anregung*) suggestion; **auf meinen ~ hin** at my suggestion; **mein ~ lautet …** my suggestion is …; **Vorschläge sind willkommen** I'm open to suggestions; **vor|schlagen** *irr vt* propose, suggest; (*nominieren*) nominate (*jdn für etw* s.o. for s.th.); **ich schlage vor, wir gehen** I suggest going; **was schlagen Sie vor?** what do you suggest we do?

Vorschlaghammer *m* sledge-hammer

Vorschlagwesen *nt:* **innerbetriebliches ~** suggestion-book system

vorschnell *adj* rash

vor|schreiben *irr vt* ❶ (*Text*) write out (*jdm* for s.o.) ❷ (*anordnen*) stipulate; (*diktieren*) dictate; (MED: *Dosis*) prescribe

Vorschrift *f* ❶ (*Bestimmung*) regulation ❷ (*Anweisung*) instruction, order; **laut ~** according to regulation; **das verstößt**

gegen die ~en that is contrary to the regulations; **welche ~en hatten Sie?** what were your instructions?; **ich lasse mir von niemandem ~en machen** I don't take orders from anyone; **Dienst nach ~** work-to-rule; **vorschriftsmäßig** **I.** *adj* regulation; (*korrekt*) correct; (MED: *Dosis*) prescribed **II.** *adv* according to (the) regulations, as instructed

Vorschub *m:* **~ leisten** encourage (*jdm* s.o., *einer Sache* s.th.)

Vorschulalter *nt* pre-school age; **Vorschule** *f* nursery school

> **i Land & Leute**
>
> In Switzerland, every child has the right to at least one or two years at **Vorschule** (nursery school) which is voluntary and free. In most cantons the children are looked after for 4–5 hours a day and prepared for primary school.

Vorschulerziehung *f* pre-school education

Vorschuss *m* (FIN) advance; **jdm einen ~ geben** give s.o. an advance

vor|schützen *vt* plead as an excuse; **nur keine Müdigkeit ~!** (*fam*) don't you tell us you're tired!

vor|schweben *vi:* **jdm ~** be in someone's mind

vor|schwindeln *vt:* **jdm etw ~** lie to s.o.

vor|sehen **I.** *irr vt* ① (*planen*) plan *Br*, schedule *Am* ② (*einplanen*) provide for ③ (*zuweisen*) intend (*etw für etw* s.th. for s.th.) ④ (*bestimmen*) designate (*jdn für etw* s.o. for s.th.); **der Vertrag sieht vor, dass ...** the contract [*o* treaty] stipulates that ...; **wie vorgesehen** according to plan; **so war das nicht vorgesehen** it wasn't planned to happen that way **II.** *vr* beware (*vor* of), take care; **sieh dich vor, was du sagst!** watch what you say!; **sieh dich vor, dass er dich nicht betrügt!** take care he doesn't cheat you!

Vorsehung *f* Providence

vor|setzen *vt* ① (*nach vorn*) put forward; (*davor setzen*) put in front ② (*anbieten*) offer (*jdm etw* s.o. s.th.) ③ (*fam: Lügen~*) dish (*jdm etw* s.th. up to s.o.)

Vorsicht <-> *f* care; (*bei Gefahr*) caution; (*Umsicht*) prudence; (*Behutsamkeit*) wariness; **~!** watch out!; (*auf Kisten*) with care!; **~ Stufe!** mind the step!; **es ist trotz aller ~ kaputtgegangen** it got broken despite all the care we took; **vorsichtig** *adj* careful; (*besonnen*) cautious; **sei ~ mit den Gläsern!** be careful with the glasses!; **sei ~, dass sie dich nicht hören!** be careful they don't hear you!; **vorsichtshalber** *adv* as a precaution; **etw ~ tun** take the precaution of doing s.th.; **Vorsichtsmaßnahme** *f* precaution; **es ist eine reine ~** it's purely precautionary; **~n treffen** take precautions

Vorsilbe *f* (GRAM) prefix

vor|singen **I.** *irr vt* sing (*jdm etw* s.th. to s.o.) **II.** *vi* (THEAT: *als Probe vor Engagement*) audition

vorsintflutlich *adj* (*hum fam*) antediluvian

Vorsitz <-es> *m* chairmanship; (*Präsidentenamt*) presidency; **den ~ führen** be the chairman (*bei etw* of s.th.); **den ~ übernehmen** take the chair; **unter dem ~ von ...** under the chairmanship of ...; **Vorsitzende(r)** *f m* chairman, chairwoman; (*Präsident, Vereins~*) president; **der ~ Deng** Chairman Deng

Vorsorge <-> *f* ① (*Fürsorge*) provision ② (*Vorsichtsmaßnahme*) precaution; **~e treffen** take precautions; (*fürs Alter*) make provisions; **vor|sorgen** *vi* provide (for), make provisions (*für* for, *dass* so that); **Vorsorgeuntersuchung** *f* (MED) preventive medical check-up; **vorsorglich** **I.** *adj* precautionary **II.** *adv* as a precaution

Vorspann ['fo:ɐʃpan] <-(e)s, -e> *m* ① (*Vorlauf von Tonband, Film*) leader ② (FILM) opening credits *pl*

Vorspeise *f* appetizer, hors d'oevre, starter; **was nehmen wir als ~?** what do we have for a starter?

Vorspiegelung *f:* **unter ~ von etw** under the pretence of s.th.; **unter ~ falscher Tatsachen** under false pretences

Vorspiel *nt* ① (MUS) prelude ② (THEAT) prologue ③ (*bei Geschlechtsverkehr*) foreplay

vor|spielen **I.** *vt* ① (MUS) play (*jdm etw* s.th. for s.o.) ② (THEAT) act (*jdm etw* s.th. for s.o.) ③ (*fig*) act out a sham (*jdm etw* of s.th. in front of s.o.); **spiel mir doch nichts vor!** don't try and pretend to me! **II.** *vi* play; (THEAT MUS) audition (*jdn ~ lassen* s.o.); **jdm eine Komödie ~** (*fig*) play out a farce in front of s.o.

vor|sprechen **I.** *irr vt* pronounce (*jdm etw* s.th. for s.o.) **II.** *vi* ① (*besuchen*) call (*bei jdm* on s.o.) ② (THEAT: *zur Probe*) audition

vor|springen *sein irr vi* ① leap forward ② (*hervorragen*) jut out, project, protrude; **vorspringend** *adj* projecting; (*Nase, Kinn*) prominent

Vorsprung *m* ① (ARCH) projection ② (*Vorteil) advantage (*über* of) ❸ (SPORT) lead (*vor* over); **er hat 10 m ~** he is in the lead by ten meters; **jdm 15 Minuten ~ geben** give s.o. a 15-minute start

Vorstadt *f* suburb; **Vorstädter(in)** *m(f)* suburban(ite); **vorstädtisch** *adj* suburban

Vorstand *m* ❶ (*Gremium*) board; (*von Verein*) committee ❷ (*Person*) chairman (of the board), managing director; **Vorstandsetage** *f* boardroom; **Vorstandsmitglied** *nt* member of the executive [*o* board]; (*von Verein*) committee member; **Vorstandssitzung** *f* board meeting; **Vorstandsvorsitzende(r)** *f m* chairperson, chairman (chairwoman) of the board of directors

vor|stehen *irr vi* ❶ (*hervorragen*) project, protrude ❷ (*leiten*): **einer Sache ~** [*o* **Schule**] be the, head *Br*, principal of s.th. *Am*; (*einem Haushalt*) preside over; (*einem Geschäft*) manage s.th.; (*einer Abt.*) be in charge of s.th.; **vorstehend** *adj* ❶ (*Zähne, Nase, Ecken*) prominent, protruding ❷ (*in Brief*) above; **Vorsteher(in)** *m(f)* (*Büro~*) (office) manager; (*Bahnhofs~*) station-master; **Vorsteherdrüse** *f* (ANAT) prostate gland

vor|stellen **I.** *vt* ❶ (*Uhr*) put on (*um* by) ❷ (*einführen*) introduce (*jdn jdm* s.o. to s.o.) ❸ (*darstellen*) respresent; (*bedeuten*) mean, signify ❹ (*vorführen, bekannt machen*) present, show (*jdm etw* s.o. s.th.); **darf ich Ihnen Herrn X. ~?** allow me to introduce Mr X *Br*, I'd like you to meet Mr X *Am* **II.** *vr* ❶ (*in der Phantasie*) imagine (*etw* s.th.); (*sich ausmalen*) picture (*etw* s.th.) ❷ (*sich bekannt machen*) introduce o.s. (*jdm* to s.o.) ❸ (*bei Bewerbung*) go for an interview; **stell dir vor!** fancy that!; **stell dir mal vor, du seist reich** imagine yourself rich; **du kannst dir nicht ~ wie …** you can't imagine how …; **vorstellig** *adj*: **bei jdm ~ werden** go to s.o; (*sich beschweren*) lodge a complaint with s.o.; **Vorstellung** *f* ❶ (THEAT) performance; (*Film~*) showing ❷ (*Gedanke*) idea, notion; (*~skraft*) imagination ❸ (*Einführung*) introduction; (*von Marktneuheiten*) presentation; **wenn das deine ~ von Spaß ist …** if that's your idea of fun …; **du hast manchmal merkwürdige ~en** you have some strange ideas; **sich eine ~ von etw machen** form an idea of s.th.; **Vorstellungsgespräch** *nt* interview; **Vorstellungskraft** *f* imagination; **Vorstellungsvermögen** *nt* powers of imagination; **Vorsteuer** *f* VAT on input

Vorstoß *m* ❶ (*Vordringen*) venture ❷ (MIL) advance, push ❸ (*Versuch*) attempt; **vor|stoßen** **I.** *irr vt haben* push forward **II.** *vi sein* venture; (MIL) advance

Vorstrafe *f* previous conviction; **Vorstrafenregister** *nt* criminal record

vor|strecken *vt* ❶ (*Gegenstand*) stretch forward; (*Arme, Hände*) stretch out; (*Krallen*) put out ❷ (*Geld*) advance (*jdm* s.o.)

Vorstufe *f* preliminary stage

Vortag *m* day before

vor|täuschen *vt* feign; **Vortäuschung** *f* pretence; **unter ~ falscher Tatsachen** under false pretences

Vorteil ['fɔrtaɪl] *m* advantage; **~e bringen** be advantageous; **die Vor- und Nachteile** the pros and cons; **sich zu seinem ~ ändern** change for the better; **damit sind Sie mir gegenüber im ~** that gives you an advantage over me; **sich durch etw jdm gegenüber einen ~ verschaffen** get the advantage of s.o. by doing s.th.; **für jdn von ~ sein** be advantageous to s.o.; **jdm gegenüber im ~ sein** have the advantage over s.o.; **~e aus etw ziehen** benefit from s.th.; **vorteilhaft** *adj* advantageous; **es ist ~ für mich …** it is to my advantage to …; **es wirkte sich ~ für uns aus** it worked out advantageously for us

Vortrag ['foːɐtraːk, *pl:* 'foːɐtrɛːgə] <-(e)s, Vorträge> *m* ❶ (*Bericht, Lesung*) lecture ❷ (FIN) balance carried forward; **einen ~ halten** give a lecture; **ich wollte nur eine kurze Erklärung und bekam einen Vortrag zu hören** I asked for a short explanation and got a lecture; **vor|tragen** *irr vt* ❶ (*berichten*) report; (*darlegen*) present ❷ (FIN) carry forward; **ein Gedicht ~** recite a poem; **Vortragsabend** *m* lecture evening; **Vortragsreihe** *f* series of lectures

vortrefflich [foːɐ'trɛflɪç] *adj* excellent, splendid; **Vortrefflichkeit** *f* excellence

vor|treiben *irr vt* (*Bergbau*): **einen Stollen ~** drive a gallery on

vor|treten *sein irr vi* ❶ step forward ❷ (*hervorragen*) jut out, project

Vortritt <-(e)s> *m* precedence; **jdm den ~ lassen** let s.o. go first

vorüber [vo'ryːbɐ] *adv* over, past; **vorüber|gehen** *sein irr vi* ❶ (*räumlich*) go past, pass by (*an jdm o etw* s.o., s.th.) ❷ (*zeitlich*) pass ❸ (*zu Ende gehen*) be over ❹ (*ignorieren*) ignore (*an jdm o etw* s.o., s.th.); **das ging nicht spurlos an ihr vorüber** it left its mark on her; **vorübergehend** *adj* ❶ (*momentan*) momentary ❷ (*zeitweilig*) temporary; **sich ~ aufhalten** stay for a short time

V

Vorübergehende(r) *f m* passer by
Vorübung *f* preliminary exercise
Vor- und Zuname *m* first and second name
Voruntersuchung *f* (JUR) preliminary investigation
Vorurteil *nt* bias, prejudice; **das ist ein ~** it's prejudice; **ein ~ haben gegen ...** be prejudiced against; **es gibt eine Menge ~e hinsichtlich ...** there's a lot of prejudice about ...; **vorurteilsfrei** *adj*, **vorurteilslos** I. *adj* unprejudiced; (*Entscheidung*) unbiased II. *adv* without prejudice [*o* bias]
Vorväter ['fo:ɐˌfɛ:tɐ] *pl* ancestors, forefathers
Vorverkauf *m* (THEAT SPORT) advance booking; **Vorverkaufsstelle** *f* advance booking office
vor|verlegen *vt* ❶ (*Termin*) bring forward ❷ (MIL: *Front*) push forward
Vorverstärker *m* (ELEK RADIO) pre-amplifier
vorvorgestern *adv* three days ago
vor|wagen *vr* venture forward
Vorwahl *f* ❶ preliminary election *Br*, primary *Am* ❷ (TELE) dialling code *Br*, area code *Am*
Vorwand <-(e)s, Vorwände> *m* pretext; **unter dem ~, dass ...** under the pretext that ...; **unter dem ~ etw zu tun** under the pretext of doing s.th.; **er sucht nur nach einem ~** he's only making excuses *pl*
vorwärts ['fɔrvɛrts] *adv* forward, onward; **~!** let's go!; (MIL) forward march!; **~ bringen** advance; **jdn ~ bringen** help s.o. to get on; **~ gehen** come on, progress; **in/mit etw ~ kommen** make progress in/with s.th.; (*fig*) get on with s.th.; **wir kamen im Schnee nur langsam ~** we made slow progress through the snow; **sie kamen im offenen Gelände gut ~** they made good progress across the open country; **Vorwärtsgang** *m* (AUTO) forward gear
Vorwäsche *f* prewash; **vor|waschen** *irr vt* pre-wash
vorweg [fo:ɐ'vɛk] *adv* ❶ (*vorher*) before ❷ (*an der Spitze*) at the front ❸ (*von vornherein*) at the outset; **vorweg|nehmen** *irr vt* anticipate
vor|weisen *irr vt* produce, show; **etw ~ können** (*fig*) have s.th.
vor|werfen *irr vt* (*tadeln*) reproach (*jdm etw* s.o. for s.th.); (*beschuldigen*) accuse (*jdm etw* s.o. of s.th.); **sich nichts vorzuwerfen haben** have nothing to reproach o.s. with
vorwiegend I. *adj* predominant II. *adv* chiefly, mainly, predominantly
Vorwissen *nt*: **ohne mein ~** without my previous knowledge
Vorwitz <-es> *m* (*obs*) ❶ (*Vorlautheit*) forwardness, pertness ❷ (*Keckheit*) cheek; **vorwitzig** *adj* ❶ (*vorlaut*) forward, pert ❷ (*keck*) cheek
Vorwort <-(e)s, -e> *nt* foreword, preface
Vorwurf *m* reproach; (*Beschuldigung*) accusation; **jdm etw zum ~ machen** reproach s.o. with s.th.; **jdm den ~ der ... machen** accuse s.o. of ...; **vorwurfsvoll** *adj* reproachful
Vorzeichen *nt* ❶ (*Omen*) omen ❷ (MED) preliminary symptom ❸ (MUS: *vor Einzelnote*) accidental; (*Kreuz*) sharp sign; (*b*) flat sign ❹ (MATH) plus [*o* minus] sign; **mit umgekehrtem ~** the other way round; **unter gleichem ~** under the same circumstances *pl*
vorzeigbar *adj* presentable; **Vorzeigefrau** *f* token woman; **vor|zeigen** *vt* produce, show; **Vorzeigeobjekt** *nt* showpiece
Vorzeit *f* ❶ (*Urzeit*) prehistoric times *pl* ❷ (*weit zurückliegende Zeit*) dim and distant past; **vorzeitig** *adj* (*zu früh*) early; (*Altern, Tod*) premature
vor|ziehen *haben irr vt* ❶ (*hervorziehen*) pull out; (*Vorhänge*) draw ❷ (*lieber mögen*) prefer (*etw einer anderen Sache* s.th. to s.th. else); (*bevorzugen*) favour ❸ (*bevorzugt abfertigen*) give priority to; **was ziehen Sie vor?** which do you prefer?; **ich ziehe das Leben auf dem Land vor** my preference is for country life
Vorzimmer *nt* anteroom; (*von Büro*) outer office; **Vorzimmerdame** *f* (*obs*) receptionist
Vorzug *m* ❶ (*gute Eigenschaft*) merit ❷ (*Vorliebe*) preference ❸ (*Vorteil*) advantage; **einer Sache den ~ geben** prefer s.th.; (*Vorrang geben*) give s.th. precedence (*über* over)
vorzüglich [fo:ɐ'tsy:klɪç] *adj* excellent, superb; (*Qualität*) exquisite
Vorzugsaktien *fpl* preference shares; **Vorzugsbedingungen** *fpl* preferential conditions; **Vorzugspreis** *m* special price; **vorzugsweise** *adv* ❶ by preference, preferably ❷ (*hauptsächlich, vorwiegend*) chiefly, mainly
Votum ['vo:tʊm] <-s, -ten/-ta> *nt* vote
vulgär [vʊl'gɛ:ɐ] *adj* vulgar
Vulkan [vʊl'ka:n] <-s, -e> *m* volcano; **Vulkanausbruch** *m* volcanic eruption; **vulkanisch** *adj* volcanic

Vulkanisieranstalt *f* recapping shop; **vulkanisieren** *vt* vulcanize; (*Reifen runderneuern*) recap

Ww

W, w [veː] <-, -> *nt* W, w

WAA <-> *f Abk. von* **Wiederaufbereitungsanlage** reprocessing plant

Waage ['vaːgə] <-, -n> *f* ① (*Gerät*) (pair of) scales *pl;* (*Brücken~ für Lastwagen*) weighbridge ② (*Sternzeichen*) Libra; **sich die ~ halten** counterbalance each other

waagerecht *adj* horizontal, level

Waagschale *f* pan, scale; **er legt jedes Wort auf die ~** he weighs every word; **seinen Einfluss in die ~ werfen** bring one's influence to bear

wabbelig ['vab(ə)lɪç] *adj* ① (*Pudding*) wobbly ② (*Person*) flabby

Wabe ['vaːbə] <-, -n> *f* honeycomb; **wabenförmig** *adj* honeycombed; **Wabenhonig** *m* comb honey

wabern ['vaːbɐn] *vi* undulate; (*Nebel*) waft

wach [vax] *adj* ① *pred* awake ② (*aufgeweckt*) alert, wide-awake; **~ liegen** lie awake; **~ werden** wake up

Wache ['vaxə] <-, -n> *f* ① (*Wachdienst*) guard ② (*Wachlokal*) guard-house, guard-room ③ (*Polizei~*) police station ④ (MIL: *Posten*) sentinel, sentry ⑤ (MAR) watch; **~ haben** be on watch [*o* on guard duty]; **auf ~** on guard; **bei jdm ~ halten** keep watch over s.o.; **die ~ ablösen** relieve the guard

wachen *vi* ① (*wach sein*) be awake; (*nicht schlafen können*) lie awake ② (*aufpassen*) watch (*über* over) ③ (*Wache halten*) keep watch (*bei jdm* by someone's bedside)

Wachmann *m* watchman

Wacholder [va'xɔldɐ] <-s, -> *m* juniper; **Wacholderschnaps** *m* gin

Wachposten *m* sentry, guard

wach|rufen *irr vt* (*Erinnerungen*) call to mind, evoke

Wachs [vaks] <-es, -e> *nt* wax; **wie ~ in jds Händen sein** be like wax in someone's hands

wachsam *adj* ① vigilant, watchful ② (*vorsichtig*) on one's guard; **ein ~es Auge auf etw (jdn) haben** keep a watchful eye upon s.th. (s.o.); **Wachsamkeit** *f* ① vigilance ② (*Vorsichtigkeit*) guardedness

wachsartig *adj* cereous

wachsen[1] ['vaksən] *irr vi* ① *sein* (*größer werden*) grow ② (*zunehmen*) increase, mount; **er ist mir ans Herz gewachsen** I've got fond of him; **in die Höhe ~** grow taller; **jdm gewachsen sein** be a match for s.o.; **einer Sache gewachsen sein** be equal to s.th.; **er ist mir über den Kopf gewachsen** he's become too much for me; **gut gewachsen** (*Frau*) having a good figure; (*Mann*) being well built; (*Baum*) well-grown; **sich einen Bart ~ lassen** grow a beard; **sich die Haare ~ lassen** let one's hair grow; **wild ~d** wild(-growing)

wachsen[2] *vt haben* (*mit Wachs*) wax

wächsern ['vɛksɐn] *adj* (*a. fig*) waxen

Wachsfigur *f* wax work; **Wachsfigurenkabinett** *nt* waxworks *pl*

Wachstuch *nt* oilcloth

Wachstum ['vakstuːm] *nt* ① growth ② (*fig*) increase; **Wachstumsaktie** *f* (FIN) growth stock; **Wachstumsbranche** <-, -n> *f* growth industry; **wachstumsfördernd** *adj* growth-promoting; **wachstumshemmend** *adj* growth-inhibiting; **Wachstumshormon** *nt* growth hormone; **Wachstumsindustrie** *f* growth industry; **Wachstumsmarkt** *m* growth market; **wachstumsorientiert** *adj* growth-oriented; **Wachstumsrate** *f* growth rate

wachsweich *adj* as soft as butter; (*fig*) woolly

Wächter(in) *m(f)* ① guardian ② (*Aufseher*) attendant

Wachtmeister *m* constable *Br,* patrolman *Am;* **Wachtposten** *m* ① (MIL) guard, sentry ② (*bei Diebstahl*) look-out

Wachtraum *m* daydream

Wachturm *m* watch-tower

Wachwechsel *m* (MIL) changing of the guard

wack(e)lig ['vak(ə)lɪç] *adj* ① wobbly; (*Zahn*) loose; (*Möbel*) rickety ② (*Wirtschaft, Unternehmen*) shaky; **~ auf den Beinen sein** be shaky on one's legs

Wackelkontakt *m* (ELEK) loose connection

wackeln ['vakəln] *vi* ① wobble; (*zittern*) shake; (*Zahn, Schraube*) be loose ② (*Herrschaft*) totter ③ *sein* (*unsicher gehen*) totter; **der Stuhl wackelt** the chair has a wobble; **mit dem Kopf ~** wag one's head

wacker ['vakɐ] *adj* ① (*tapfer*) brave ② (*tüchtig*) upright; **sich ~ halten** hold one's ground

Wade ['vaːdə] <-, -n> *f* calf; **Wadenbein** *nt* fibula; **Wadenkrampf** *m* cramp in the [*o* one] 's calf; **Wadenwickel** *m* leg compress

Waffe ['vafə] <-, -n> *f* (*a. fig*) weapon; (*Schuss~*) gun; **zu den ~n!** to arms!; **~n tragen** carry arms; **gegen jdn zu den ~n greifen** take up arms against s.o.

Waffel ['vafəl] <-, -n> *f* ① (*in Fett gebacken*) waffle ② (*Eis~*) wafer; **Waffeleisen** *nt* waffle iron

Waffenbesitz *m* possession of arms; **Waffenembargo** *nt* arms embargo; **Waffengattung** *f* arm of the service; **Waffengewalt** *f*: **mit ~** by force of arms; **Waffenhandel** *m* arms traffic; **Waffenkammer** *f* (MIL) armoury *Br,* armory *Am;* **Waffenlager** *nt* ① (MIL: *von regulärer Armee*) ordnance depot ② (*von Terroristen*) cache; **Waffenlieferung** *f* supply of arms; **Waffenruhe** *f* ceasefire; **Waffenschein** *m* fire-arms licence *Br,* gun-license *Am;* **Waffenschmuggel** *m* gun-running; **Waffenstillstand** *m* armistice; **Waffensystem** *nt* weapons system

Wagemut *m* daring; **wagemutig** *adj* daring

Wagen ['va:gən] <-s, -> *m* ① (*Auto*) car; (*Liefer~*) van ② (RAIL) carriage *Br,* car *Am;* **der Große (Kleine) ~** (ASTR) the Big (Little) Dipper; **jdm an den ~ fahren** (*fam*) pick holes in s.o.; **sich nicht an den ~ fahren lassen** (*fam*) not to stick s.th.; **mit dem ~ fahren** go by car

wagen ['va:gən] *vt* ① venture ② (*aufs Spiel setzen*) risk ③ (*sich getrauen*) dare; **es ~** (*es darauf ankommen lassen*) take a chance; **ich wage sogar zu behaupten …** I venture to say that …; **sich vor die Tür ~** venture out of doors; **wer wagt, gewinnt** (*prov*) nothing ventured, nothing gained; **~ Sie nicht zu …!** don't you dare (to) …!; **das wagt er nicht!** he daren't do it!; **wie kannst du es ~, solche Dinge zu sagen!** how dare you say such things!

Wagenburg-Mentalität *f* siege mentality

Wagendach *nt* (AUTO) body ceiling; **Wagenheber** *m* jack; **Wagenkolonne** *f* vehicular convoy; **Wagenladung** *f* ① (RAIL) wag(g)onload ② (AUTO: *Last~*) truckload; **Wagenpark** *m* fleet of cars; **Wagenrad** *nt* cart wheel; **Wagenschmiere** *f* cart-grease; **Wagenwäsche** *f* car washing

Waggon [va'gõ:] <-s, -s> *m* ① (RAIL: *Fahrzeug*) wag(g)on *Br,* freight car *Am* ② (*Ladung*) wag(g)onload *Br,* carload *Am;* **waggonweise** *adv* by the wag(g)onload *Br,* by the carload *Am*

waghalsig *adj* foolhardy; (*Unternehmen*) daredevil

Wagnis <-ses, -se> *nt* ① (*Risiko*) risk ② (*waghalsiges Unternehmen*) hazardous business

Wagon *m s.* **Waggon**; **wagonweise** *adv s.* **waggonweise**

Wahl [va:l] <-, -en> *f* ① (PARL) election ② (*Auswahl*) choice; **keine andere ~ haben, als …** have no alternative but …; **jdm die ~ lassen** leave s.o. to choose; **erste/zweite ~** top/second quality; **welchen Verlauf nimmt die ~?** which way is the voting going?; **bei der ~ führen** head the poll; **zur ~ gehen** go to the polls; **er erhielt bei der ~ wenige Stimmen** he polled badly in the election

Wählautomatik *f* (TELE) automatic dialling

wählbar ['vɛ:lba:ɐ] *adj* eligible; **Wählbarkeit** *f* eligibility

wahlberechtigt *adj* entitled to vote; **Wahlberechtigte(r)** *f m* person entitled to vote; **Wahlbeteiligung** *f* poll; **eine hohe ~** a heavy poll; **Wahlbetrug** *m* electoral fraud; **Wahlbezirk** *m* ward

wählen ['vɛ:lən] **I.** *vi* ① (*abstimmen*) vote ② (*Wahl abhalten*) hold elections ③ (*aus~*) choose ④ (TELE) dial; **~ gehen** go to the polls **II.** *vt* ① (PARL) elect, vote for ② (*aus~*) choose ③ (TELE) dial; **er wurde zum Vorsitzenden gewählt** he was elected chairman; **jdn in den Bundestag ~** elect s.o. to the B; **vom Volk gewählt** elected by the vote of the people

Wahlergebnis *nt* election result

Wähler(in) *m(f)* voter; **Wählergunst** *f* goodwill of the voters

wählerisch *adj* discriminating, particular

Wählerschaft *f* (*die Wähler*) electorate; (*~ eines Abgeordneten*) constituents *pl*

Wahlfach *nt* (SCHULE) optional subject

Wahlgeheimnis *nt* (PARL) election secrecy; **Wahlgeschenk** *nt* (PARL) pre-election promise

Wahlheimat *f* country of one's choice

Wahlhelfer(in) *m(f)* electoral assistant; **Wahlkabine** *f* polling booth; **Wahlkampf** *m* election campaign; **Wahlkreis** *m* constituency *Br,* district *Am;* **Wahllokal** *nt* polling station

wahllos **I.** *adj* indiscriminate **II.** *adv* ① indiscriminately ② (*zufällig*) at random, haphazardly

Wahlniederlage *f* election defeat; **Wahlpflichtfach** *nt* (SCHULE) compulsory optional subject; **Wahlplakat** *nt* election poster; **Wahlprogramm** *nt* (PARL) platform *Br,* ticket *Am;* **Wahlpropaganda** *f* election propaganda; **Wahlrecht** <-(e)s> *nt* ① (*aktives*) right to vote; (*passives*) eligibility ② (*Gesetzeswerk*) electoral law;

allgemeines ~ universal suffrage
Wahlrede *f* election speech *Br,* campaign speech *Am;* **Wahlredner(in)** *m(f)* stump speaker
Wahlschein *m* polling card; **Wahlsieg** *m* electoral victory; **Wahlspruch** *m* motto; **Wahltag** *m* election day
Wählton *m* (TELE) dialling tone
Wahlurne *f* ballot box; **Wahlversammlung** *f* election meeting *Br,* caucus *Am;* **Wahlversprechen** *nt* pre-election promise
wahlweise *adv* alternatively
Wahlzettel *m* ballot-paper
Wahn [va:n] <-(e)s> *m* ❶ delusion, illusion ❷ (MED: *Manie*) mania; **in einem ~ leben** labour under a delusion; **in dem ~ leben, dass ...** labour under the delusion that ...; **Wahnsinn** ['va:nzɪn] <-(e)s> *m* ❶ (MED) insanity ❷ (*fam: Verrücktheit*) madness; **das ist reiner ~!** it's sheer madness!; **das ist doch ~!** what madness!; **wahnsinnig** **I.** *adj* ❶ (MED) insane ❷ (*fam: verrückt*) crazy, mad (*vor* with) ❸ (*fam: herrlich*) terrific ❹ (*fam: sehr viel*) awful, dreadful; **jdn ~ machen** drive s.o. crazy [*o* mad]; **~ werden** go crazy [*o* mad]; **du bist ja ~!** you must be mad!; **sich ~ freuen** be mad with joy; **wie ~** like mad; **es ist mir ~ peinlich** I feel dreadful about it **II.** *adv* (*fam*) incredibly; **Wahnsinnige(r)** *f m* lunatic
wahr [va:ɐ] *adj* ❶ (*nicht falsch*) true ❷ (*echt, wirklich*) genuine, real ❸ (*eigentlich*) real, veritable; **nicht ~?** right?; **das ist nicht das Wahre** (*fam*) it's not the real thing; **das ist ein ~es Wunder** it's a real miracle; **wie ~!** too true!; **die ~e Liebe** true love; **das ist das Wahre!** (*fam*) that's the genuine article!
wahren ['va:rən] *vt* ❶ (*bewahren*) keep, preserve ❷ (*Interessen, Rechte*) look after, protect; **den Schein ~** keep up appearances *pl*
währen ['vɛ:rən] *vi* last; **was lange währt, wird endlich gut** (*prov*) a happy outcome is worth waiting for
während ['vɛ:rənt] **I.** *präp* during **II.** *konj* while; (*bei Gegensätzen*) whereas
wahrhaben ['---] *irr vt:* **etw nicht ~ wollen** not want to admit s.th.
wahrhaft ['va:ɐhaft/-'-] **I.** *adj* ❶ (*ehrlich*) truthful ❷ (*echt*) real, true ❸ (*wirklich*) veritable **II.** *adv* really, truly; **wahrhaftig** [-'--] **I.** *adj* ❶ (*ehrlich*) truthful ❷ (*aufrichtig*) honest ❸ (*wahr*) true **II.** *adv* ❶ really ❷ (*tatsächlich*) actually
Wahrheit *f* truth; **die ~ sagen** tell the truth; **die ~ sieht etwas anders aus** reality is somewhat different; **um die ~ zu sagen ...** to tell the truth ...; **die ~ ist, dass ...** the truth of it is that ...; **in ~** in reality; **wahrheitsgetreu** *adj* truthful
wahrnehmbar *adj* noticeable, perceptible; **nicht ~** imperceptible; **wahr|nehmen** *irr vt* ❶ (*sinnlich*) perceive; (*bemerken*) be aware of ... ❷ (*Gelegenheit*) take; (*Termin, Frist*) observe ❸ (*Interessen*) look after; **Wahrnehmung** *f* ❶ (*sinnlich*) perception ❷ (*von Gelegenheit*) taking; (*von Termin*) observing ❸ (*von Interessen*) looking after; **außersinnliche ~** extrasensory perception
wahr|sagen ['---] *vt, vi* predict the future (*jdm* to s.o.); (*aus Karten*) read cards; **sich ~ lassen** have one's fortune told; **Wahrsager(in)** *m(f)* fortune-teller; **Wahrsagerei** *f* fortune-telling; **Wahrsagung** *f* prediction
wahrscheinlich [va:ɐ'ʃaɪnlɪç] **I.** *adj* likely, probable; (*plausibel*) plausible **II.** *adv* probably; **es ist nicht sehr ~, dass er kommt** he is not likely to come; **es ist ~, dass er sich hier aufhält** this is a likely place for him to stay; **~ wird er weggehen** the probability is that he will leave; **Wahrscheinlichkeit** *f* likelihood, probability; (*Plausibilität*) plausibility; **aller ~ nach** in all probability; **wie groß ist die ~, dass ...?** how likely is it that ...?; **Wahrscheinlichkeitsgrad** *m* degree of probability; **Wahrscheinlichkeitsrechnung** *f* probability calculus
Wahrung *f* (*Erhaltung*) preservation
Währung ['vɛ:rʊŋ] *f* currency; **Währungsausgleich** *m* exchange equalisation, currency conversion compensation; **Währungseinheit** *f* monetary unit; **Währungsfonds** *m* Monetary Fund; **Währungsgebiet** *nt* currency area; **währungspolitisch** *adj* in terms of monetary policy; **Währungsreform** *f* currency [*o* monetary] reform; **Währungsreserven** *fpl* foreign exchange reserves; **Währungssystem** *nt* currency [*o* monetary] system; **Währungsunion** *f* monetary union
Wahrzeichen *nt* emblem; (*Gebäude*) symbol
Waise ['vaɪzə] <-, -n> *f* orphan; **Waisenhaus** *nt* orphanage; **Waisenknabe** *m:* **gegen ihn bin ich ein ~** (*fam*) I'm a beginner compared with him; **Waisenrente** *f* orphan's allowance
Wal [va:l] <-(e)s, -e> *m* whale
Wald [valt, *pl:* 'vɛldɐ] <-(e)s, Wälder> *m*

wood; (*Forst*) forest; **den ~ vor lauter Bäumen nicht sehen** (*fam*) miss the wood for the trees; **ich glaub' ich steh' im ~!** (*fam*) I must be seeing [*o* hearing] things!; **Waldbestand** *m* forest cover; **Waldbrand** *m* forest fire; **Walderdbeere** *f* wild strawberry; **Waldhorn** *nt* (MUS) French horn

waldig *adj* wooded, woody

Waldlauf *m* cross-country run; **Waldlehrpfad** *m* nature trail; **Waldmeister** *m* woodruff; **Waldrand** *m* edge of the forest; **waldreich** *adj* densely wooded; **Waldschaden** *m* damage to woods [*o* forests]; **Waldsterben** *nt* dying of the forests

Waldung *f* woodland

Waldweg *m* forest path; **Waldwiese** *f* glade; **Waldwirtschaft** *f* forestry

Wales *nt* Wales

Walfang *m* whaling

Waliser(in) *m(f)* Welshman (Welsh woman); **die ~** the Welsh *pl;* **walisisch** *adj* Welsh

Walkman ['wɔːkmən] <-s, -s> *m* (RADIO) walkman

Wall [val, *pl:* 'vɛlə] <-(e)s, Wälle> *m* ❶ (*Erd~*) embankment ❷ (*Schutzwall*) rampart

Wallach ['valax] <-(e)s, -e> *m* gelding

wallend ['valənd] *adj* (*Haar*) flowing

Wallfahrer(in) *m(f)* pilgrim; **Wallfahrt** *f* pilgrimage; **Wallfahrtsort** *m* place of pilgrimage

Walnuss *f* walnut

i Land & Leute

Die Walpurgisnacht, the Walpurgis Night, is the eve of May 1st and according to ancient German folklore is the night of the witches' sabbath on the Blocksberg, a more recent name for the Brocken, the highest peak of the Harz mountains in central Germany.

Walross *nt* walrus

walten ['valtən] *vi:* **über etw ~** rule over s.th.; **Gnade ~ lassen** show mercy; **jdn frei schalten und ~ lassen** give s.o. a free hand; **Vernunft ~ lassen** let reason prevail

Walzblech *nt* sheet metal

Walze ['valtsə] <-, -n> *f* ❶ (*Rolle*) roller ❷ (*Schreibmaschinen~*) platen ❸ (*in Musikinstrumenten*) barrel; (*in Spieluhr*) cylinder, drum

walzen ['valtsən] **I.** *vt* roll **II.** *vi* (*tanzen*) waltz

wälzen ['vɛltsən] **I.** *vt* ❶ (*rollen*) roll; (*in Butter*) toss ❷ (*fam: Akten, Bücher*) pore over; **Probleme ~** turn over problems in one's mind **II.** *vr* ❶ (*sich rollen*) roll ❷ (*vor Schmerzen*) writhe (*vor* with) ❸ (*Menschenmenge*) surge; **die Schuld auf jdn ~** shift the blame onto s.o.

walzenförmig *adj* cylindrical

Walzer ['valtsɐ] <-s, -> *m* (MUS) waltz

Wälzer ['vɛltsɐ] <-s, -> *m* (*fam: dickes Buch*) heavy tome

Walzstraße *f* rolling train; **Walzwerk** *nt* rolling mill

Wampe ['vampə] <-,-n> *f* (*pej*) paunch

Wams [vams, *pl:* 'vɛmzɐ] <-es, Wämser> *nt* (HIST) jerkin

Wand [vant, *pl:* 'vɛndə] <-, Wände> *f* ❶ (*a.* ANAT) wall ❷ (*Scheide~*) partition ❸ (*von Gefäß*) side; **spanische ~** folding screen; **mit dem Kopf gegen die ~ rennen** be banging one's head against a brick wall; **weiß wie die ~ sein** be as white as a sheet; **die Wände haben Ohren** walls have ears; **die Wände hochgehen** (*fam*) go up the walls; **Wandbehang** *m* wall hanging

Wandel ['vandəl] <-s> *m* ❶ (*Änderung*) change ❷ (*Lebens~*) mode of life; **im ~ der Zeiten** throughout the ages; **Wandelanleihe** *f* (FIN) convertible loan; **wandelbar** *adj* changeable

Wandelgang *m* covered walk; **Wandelhalle** *f* (THEAT) foyer; (*im Kurhaus*) pump room

wandeln[1] *vi sein* (*sich ergehen*) stroll, walk; **ein ~des Wörterbuch** a walking dictionary

wandeln[2] *vr* (*sich ändern*) change

Wanderarbeiter(in) *m(f)* migrant worker; **Wanderausstellung** *f* touring [*o* travelling] exhibition; **Wanderbühne** *f* touring company; **Wanderdüne** *f* drifting dune

Wanderer, **-rin** *m, f* hiker

Wanderkarte *f* trail map

wandern ['vandɐn] *vi* ❶ *sein* (*gehen*) roam, wander; (*reisen*) travel ❷ (*als Freizeitgestaltung*) hike, ramble ❸ (*umherschweifen*) roam ❹ (*sich bewegen*) move, travel; (*treiben*) drift; **das wandert in den Papierkorb!** (*fam*) that's for the waste-paper basket!

Wanderpokal *m* challenge cup; **Wanderratte** *f* brown rat; **Wanderschaft** *f* travels *pl;* **auf ~ gehen** go off on one's travels; **auf ~ sein** be on one's travels

Wandertag *m* (SCHULE) *day in German*

schools on which pupils go on an outing

Wanderung *f* ① (*Ausflug*) walk ② (*von Vögeln, Völkern*) migration; **eine ~ machen** go on a walk, hike; **Wanderungsbewegung** *f* migration

Wandervogel *m* (*passionierter Wanderer*) hiker

Wandkalender *m* wall calendar; **Wandkarte** *f* wall map

Wandlampe *f* wall lamp [*o* light]

Wandlung ['vandlʊŋ] *f* ① change; (*Um~*) transformation ② (*des Messopfers*) transubstantiation ③ (JUR) cancellation; **eine ~ zum Besseren** a change for the better

Wandschrank *m* wall cupboard; **Wandtafel** *f* blackboard; **Wandteppich** *m* tapestry; **Wanduhr** *f* wall clock; **Wandverkleidung** *f* (*aus Holz*) panelling

Wange [vaŋə] <-, -n> *f* (ANAT) cheek

Wankelmotor ['vaŋkəl-] *m* rotary piston [*o* Wankel] engine

Wankelmut ['vaŋkəlmu:t] *m* fickleness, inconstancy; **wankelmütig** *adj* fickle, inconstant

wanken ['vaŋkən] *vi* ① *haben* (*schwanken*) sway; (*Knie*) shake; (*Boden*) rock ② *haben* (*unsicher sein o werden*) waver; (*Regierung, Herrschaft*) totter; (*unentschieden sein*) vacillate ③ *sein* (*~ d gehen*) stagger; **ins Wanken bringen** cause to rock [*o* sway]; **ins Wanken geraten** begin to rock [*o* sway]; **das brachte ihren Entschluss ins Wanken** that made her waver in her decision

wann [van] *adv* when; **~ kommen Sie?** when are you coming?; **ich weiß nicht, ~ sie kommt** I don't know when she is coming; **bis ~ ist das Visum gültig?** until when is the visa valid?; **von ~ bis ~?** during what times?; **seit ~?** (*zeitlich*) how long?; (*entrüstet o zweifelnd*) since when?

Wanne ['vanə] <-, -n> *f* ① (*Bade~*) tub ② (AUTO: *Öl~*) sump *Br,* oil pan *Am;* **Wannenbad** *nt* bath

Wanst [vanst, *pl:* 'vɛnstə] <-es, Wänste> *m* (*pej: dicker Bauch*) paunch; **sich den ~ vollschlagen** stuff o.s.

Wanze ['vantsə] <-, -n> *f* (*a. Minispion*) bug

WAP-Handy *nt* WAP phone

Wappen ['vapən] <-s, -> *nt* ① (*Familien~*) (coat of) arms ② (*auf Münze*) heads *pl;* **Wappenkunde** *f* heraldry; **Wappenschild** *m* shield; **Wappentier** *nt* heraldic animal

wappnen ['vapnən] *vr* prepare (o.s.) (*gegen etw* for s.th.)

Ware ['va:rə] <-, -n> *f* ① (*als Produkt*) product ② (*Artikel*) article ③ (*als Verkaufs~*) merchandise; **~n** goods; **seine ~n anpreisen** cry one's wares; **Warenangebot** *nt* range of goods for sale; **Warenaufzug** *m* goods hoist; **Warenausfuhr** *f* exportation of goods; **Warenausgang** *m* sales of goods; **Warenbestand** *m* stocks *pl,* of goods; **Wareneinfuhr** *f* importation of goods; **Wareneingang** *m* receipt of goods; **Warenhaus** *nt* (department) store; **Warenhauskette** *f* chain of department stores; **Warenkorb** *m* (COM) basket of goods; **Warenlager** *nt* ① (*Vorrat*) stocks *pl* ② (*Raum*) warehouse; **Warenlieferung** *f* delivery of goods; **Warenmuster** *nt* commercial sample; **Warenprobe** *f* trade sample; **Warensendung** *f* consignment of goods; **Warensortiment** *nt* line [*o* assortment] of goods; **Warentermingeschäft** *nt* commodity future (transaction); **Warenverkehr** *m* movement of goods, trade; **Warenvorrat** *m* goods in stock, stocks; **Warenwirtschaft** *f* commodities management; **Warenzeichen** *nt* trade-mark

warm [varm] <wärmer, wärmst> *adj* ① (*a. fig*) warm; (*Wetter, Essen, Trinken*) hot ② (*fam: homosexuell*) queer; **das hält ~** it keeps you warm; **mir ist (zu) ~** I'm warm; **bist du ~ angezogen?** are you dressed up warmly?; **das Essen ~ stellen** keep the food warm; **~ werden** warm up; **sich ~ laufen** (*a. Motor*) warm up; **sich jdn ~ halten** keep in with s.o.

Warmduscher <-s, -> *m* (*pej sl*) wuss(y)

Wärme ['vɛrmə] <-, (-n)> *f* (*a. fig*) warmth; (PHYS) heat; **ist das eine ~!** isn't it warm!; **die Wintersonne hat nicht viel ~** there isn't much warmth in the winter sun; **die ~ regulieren** regulate the heat; **Wärmeableitung** *f* (*in Gewässer*) thermal water discharge; **Wärmebehandlung** *f* heat treatment; **Wärmebelastung** *f* (*der Umwelt*) calefaction, thermal pollution; **Wärmedämmung** *f* (heat) insulation; **wärmeempfindlich** *adj* sensitive to heat; **Wärmehaushalt** *m* (*der Umwelt*) heat [*o* thermal] level; **Wärmeisolierung** *f* heat insulation; **Wärmekraftwerk** *nt* thermal power station, thermo-electric station; **Wärmelehre** *f* theory of heat; **Wärmeleiter** *m* heat conductor; **Wärmeleitung** *f* (AUTO: *Weiterleitung*) heat conduction

wärmen ['vɛrmən] **I.** *vt* warm; (*Speisen, Getränke*) heat up **II.** *vr* warm o.s. **III.** *vi* (*Kleidung*) be warm

Wärmepumpe *f* heat pump

Wärmeregler *m* thermostat; **Wärmerückgewinnung** *f* heat recovery; **Wärmespeicher** *m* heat accumulator; **Wärmestrahlung** *f* thermal radiation; **Wärmetauscher** *m* heat exchanger

Wärmflasche *f* hot-water bottle

warmherzig *adj* warm-hearted

Warmluft <-> *f* warm air; **Warmstart** *m* (INFORM) warm start; **Warmwasserbereiter** *m* water heater; **Warmwasserspeicher** *m* hot-water tank

Warnblinkanlage *f* warning flasher device; **Warndreieck** *nt* warning triangle

warnen ['varnən] *vt, vi* warn; **jdn davor ~ etw zu tun** warn s.o. not to do s.th.; **ich warne dich!** I'm warning you!; **sag nicht, ich hätte dich nicht gewarnt!** you have been warned!; **er hat mich davor gewarnt** he warned me off

Warnhinweis *m* warning notice

Warnkreuz *nt* (RAIL) warning cross; **Warnlicht** *nt* warning light; **Warnlichtschalter** *m* (AUTO) hazard flasher switch; **Warnmeldung** *f* warning (announcement); **Warnruf** *m* warning cry; **Warnschild** *nt* warning sign; **Warnschuss** *m* warning shot; **Warnsignal** *nt* warning signal; (RAIL) level-crossing signal; **Warnstreik** *m* token strike

Warnung *f* warning (*vor etw* about s.th., *vor Gefahr* of danger); **lass dir das eine ~ sein!** let this be a warning to you!; **sich etw eine ~ sein lassen** take warning from s.th.

Warnzeichen *nt* warning sign

Warschau ['varʃaʊ] *nt* Warsaw

Wartefrist *f* waiting period

Wartehalle *f* (AVIAT) departure lounge

Warteliste *f* waiting list

warten[1] ['vartən] *vi* (*harren*) wait (*auf* for); **darauf ~, dass jd etw tut** wait for s.o. to do s.th.; **es hat sich wirklich gelohnt, darauf zu ~** it was definitely worth waiting for; **da kannst du lange ~!** (*fam*) I wouldn't dream of it!; **worauf wartest du denn noch?** well, what are you waiting for?; **wart's ab, gleich wird er wütend!** wait for it, he's going to get mad!; **warte mal!** wait a minute!; **~, bis man an der Reihe ist** wait one's turn; **warte mit dem Abendessen nicht auf mich!** don't wait with supper for me!

warten[2] *vt* (*pflegen*) service, maintain

Wärter(in) ['vɛrtɐ] *m(f)* ❶ attendant ❷ (*Gefängnis~*) warder (wardress) *Br,* guard *Am*

Warteraum *m* waiting room; **Warteschlange** *f* queue; **Warteschleife** *f* (AVIAT): **~n ziehen** circle; **Wartezeit** *f* waiting period; **lange ~** long wait; **Wartezimmer** *nt* waiting-room

Wartung *f* ❶ (TECH) maintenance ❷ (AUTO) servicing; **wartungsarm** *adj* low-maintenance; **wartungsfrei** *adj* maintenance-free

warum [va'rʊm] *adv* why; **das Warum und Weshalb** the whys and wherefores *pl;* **~ nicht gleich so?!** that's better!

Warze ['vartsə] <-, -n> *f* (*Haut~*) wart

was[1] [vas] *pron* ❶ (*Frage*) what ❷ (*fam: wieso*) what … for, why; **was brauchen Sie?** what can I get you?; **~ ist denn?** what is it now?; **~ du nicht sagst!** you don't say!; **~ hast du da grade gesagt?** what's that you said?; **~ geht dich das an?** what's that to you?; **~ macht das schon!** what does it matter!; **weißt du ~, …** tell you what, …; **und ~ weiß ich …** and what have you …

? Grammatik

was für is used for uncountable and plural nouns and does not change: *Was für Blumen möchten Sie? – What sort of/kind of flowers would you like?*
With **was für ein**, *ein* declines like the indefinite article: *Was für einen Hund sollen wir kaufen? – What sort of a dog shall we buy?*
When **was für einer/eine/eines?** is used as a pronoun on its own, *einer* etc. is declined like a pronoun: *Ich habe ein neues Auto gekauft.- Was für ein(e)s? – I've bought a new car. – What kind?*
In the plural **was für welche?** is used: *Ich habe Blumen gekauft. – Was für welche? – I've bought some flowers. – What kind?*

was[2] *pron s.* **etwas**: **is ~?** something the matter?; **na, so ~!** (*fam*) well, I never!; **ich muss dir ~ sagen …** let me tell you something …

Waschanlage *f* (AUTO) ❶ (*Auto~*) car wash ❷ (*Scheiben~*) windscreen wiper *Br,* windshield washer *Am;* **Waschautomat** *m* automatic washing machine; **waschbar** *adj* washable

Waschbär *m* raccoon

Waschbecken *nt* washbasin; **Waschbeton** *m* exposed aggregate concrete; **Waschbetonplatte** *f* exposed aggregate panel

Waschbrettbauch *m* (*flacher Bauch von Männern*) washboard stomach

Wäsche ['vɛʃə] <-, -n> *f* ① (*Bett~*) linen ② (*das Waschen*) washing; **schmutzige ~ waschen** (*fig*) wash one's dirty linen in public; **in der ~ sein** be in the wash; **dumm aus der ~ gucken** (*fam*) look stupid; **~ waschen** do the washing

waschecht *adj* ① (*Farbe*) fast ② (*echt*) genuine, pukka

Wäschegeschäft *nt* draper's; **Wäscheklammer** *f* clothes peg; **Wäschekorb** *m* dirty-clothes basket; **Wäscheleine** *f* clothes line

waschen ['vaʃən] **I.** *irr vt* ① wash ② (*Wäsche*) do the washing; **sich die Haare ~** wash one's hair **II.** *vr* have a wash

? Grammatik

sich waschen is used: *Ich wasche mich – I'm washing myself/I'm having a wash.* but *Ich wasche mir die Hände. – I'm washing my hands.*

Wäscherei [vɛʃə'raɪ] *f* laundry

Wäscheschleuder *f* spin drier; **Wäscheschrank** *m* linen cupboard; **Wäscheständer** *m* clothes-horse; **Wäschetrockner** *m* (ELEK) tumble drier

Waschküche *f* ① laundry ② (*fam: Nebel*) pea-souper; **Waschlappen** *m* ① flannel *Br,* washrag *Am* ② (*pej: Feigling*) sissy, softy; **Waschmaschine** *f* washing machine; **Waschmittel** *nt* detergent; **Waschpulver** *nt* washing powder; **Waschraum** *m* washroom; **Waschsalon** *m* launderette *Br,* laundromat *Am;* **Waschschüssel** *f* wash-basin; **Waschstraße** *f* (AUTO) car-wash plant; **Waschtisch** *m* washstand; **Waschwasser** *nt* washing water; **Waschweib** *nt* (*pej*) gossip; **Waschzettel** *m* (TYP) blurb; **Waschzeug** <-(e)s> *nt* toilet things *pl*

Wasser ['vasɐ] <-s, -> *nt* water; **unter ~ stehen** be under water; **der Ausflug ist ins ~ gefallen** the excursion is off; **zu Lande und zu ~** on land and water; **~ lassen** (*urinieren*) pass water; **sich über ~ halten** stay above water; **mir lief das ~ im Munde zusammen** my mouth watered; **ein Boot zu ~ lassen** launch a boat; **der kocht auch nur mit ~!** he's only human after all!; **jdm das ~ abgraben** steal someone's thunder; **Wasseranschluss** *m* water connection; **Wasseraufbereitung** *f* treatment of water; **Wasseraufbereitungsanlage** *f* water treatment plant; **Wasserball** *m* ① (*Ball*) beach ball; (*für Wasserpolo*) water-polo ball ② (*Spiel*) water polo; **Wasserbett** *nt* water bed

Wässerchen ['vɛsɐçən] *nt:* **er sieht aus, als ob er kein ~ trüben könnte** he looks as if butter wouldn't melt in his mouth

Wasserdampf *m* steam; **wasserdicht** *adj* ① (*a. fig*) waterproof ② (*wasserdicht*) watertight; **Wassereimer** *m* bucket, pail; **Wasserfall** *m* waterfall; **reden wie ein ~** (*fam*) talk nineteen to the dozen; **Wasserfarbe** *f* water-colour; **Wasserfloh** *m* water-flea; **Wasserflugzeug** *nt* seaplane; **wassergekühlt** *adj* (AUTO) water-cooled; **Wasserglas** *nt* tumbler, water glass; **Wassergraben** *m* ① (*um Burg*) moat ② (SPORT) water-jump; **Wasserhahn** *m* water tap *Br,* faucet *Am;* **Wasserhaushalt** *m* water balance

wässerig ['vɛsərɪç] *adj* watery; **~e Lösung** (CHEM) aqueous solution; **jdm den Mund ~ machen** make someone's mouth water

Wasserkessel *m* ① (TECH) boiler ② (*im Haushalt*) kettle; **Wasserknappheit** *f* water shortages; **Wasserkopf** *m* (MED) hydrocephalus; **Wasserkraft** *f* water-power; **Wasserkraftwerk** *nt* hydro-electric power station; **Wasserkreislauf** *m* water cycle; **Wasserkühlung** *f* (AUTO) water-cooling; **Wasserlauf** *m* water-course; **Wasserleiche** *f* corpse found in water; **Wasserleitung** *f* ① (*Rohr*) water pipe ② (*Anlagen*) plumbing; **Wasserlilie** *f* water-lily; **Wassermangel** <-s> *m* water shortage; **Wassermann** <-(e)s> *m* (*Sternzeichen*) Aquarius; **Wassermelone** *f* water-melon

wassern ['vasɐn] *vi haben o sein* (AVIAT) land on water [*o* the sea]

wässern ['vɛsɐn] *vt* ① (*Erbsen*) soak ② (*bewässern*) water

Wassernutzungsrecht *nt* water right; **Wasserpflanze** *f* aquatic plant; **Wasserpistole** *f* water-pistol; **Wasserrad** *nt* water-wheel; **Wasserratte** *f* ① water rat ② (*fam: Kind*) water baby; **wasserreich** *adj* ① (*Fluss*) containing a lot of water ② (*Gegend*) abounding in water; **Wasserrohr** *nt* water-pipe; **Wasserschaden** *m* water damage; **wasserscheu** *adj* scared of water; **Wasserschutzgebiet** *nt* protected water gathering grounds *pl;* **Wasserski** *m* water-ski; **~ fahren** go [*o* do] water-skiing; **Wasserspeicher** *m* reservoir; **Wasserspeier** *m* gargoyle; **Wasserspiegel** *m* ① (*Wasserstand*) water-level ② (*Wasseroberfläche*) surface of the water; **Wassersport** *m* water sports *pl;* **Wasserspülung**

f flush; **Wasserstand** *m* water-level; **hoher** (**niedriger**) ~ high (low) water

Wasserstoff <-(e)s> *m* hydrogen; **Wasserstoffbombe** *f* hydrogen bomb, H-bomb; **Wasserstoffsuperoxyd** *nt* hydrogen peroxide

Wasserstrahl *m* jet of water; **Wasserstraße** *f* waterway; **Wassertropfen** *m* water-drop; **Wasserturm** *m* water-tower; **Wasseruhr** *f* water meter

Wasserung *f* (AVIAT) alighting on water

Wasserverbrauch *m* water consumption; **Wasserverdrängung** *f* (MAR) displacement of water; **Wasserversorgung** *f* water supply; **Wasserverunreinigung** *f* water pollution; **Wasservogel** *m* waterfowl; **Wasserwaage** *f* spirit-level; **Wasserweg** *m* waterway; **auf dem** ~ by water [*o* sea]; **Wasserwelle** *f* shampoo and set; **Wasserwerfer** *m* water cannon; **Wasserwerk** *nt* waterworks *pl;* **Wasserwirtschaft** *f* water engineering; **Wasserzeichen** *nt* watermark

waten ['va:tən] *vi sein* wade

watscheln ['vatʃəln] *vi sein* waddle

Watschen <-, -> *f* (*österr*) slap on the face

Watt[1] [vat] <-(e)s, -en> *nt* (~*landschaft*) mud-flats *pl*

i Land & Leute

Das Watt is a large area of tidal mudflats (tideland in the USA) on the North Sea coast. At low tide one can walk on the sandy seabed; at high tide it lies several metres underwater and flat-bottomed coastal ships sail over it.

Watt[2] <-s, -> *nt* (ELEK) watt

Watte ['vatə] <-, -n> *f* cotton wool *Br,* cotton *Am;* **jdn in** ~ **packen** wrap s.o. in cotton wool; **Wattebausch** *m* cotton-wool ball; **Wattestäbchen** *nt* cotton-wool tip

wattieren *vt* ① (*füttern*) line with padding ② (*absteppen*) quilt

weben ['ve:bən] *irr vt, vi* weave; **Weber**(**in**) *m(f)* weaver; **Weberei** *f* ① (*Betrieb*) weaving-mill ② (*das Weben*) weaving; **Webfehler** *m* weaving flaw

Webseite *f* (INTERNET) web page

Website ['websaɪt] *f* (*mehrere zusammengehörige Webseiten*) web site

Webstuhl *m* loom

Wechsel ['vɛksəl] <-s, -> *m* ① (*Änderung*) change ② (*abwechselnder* ~) alternation ③ (FIN: *Geld*~) exchange ④ (COM FIN) bill (of exchange) ⑤ (SPORT: *beim Staffellauf*) baton change; **im** ~ alternately; **einen** ~ **ausstellen** (COM) draw a draft; **Wechselautomat** *m* change machine [*o* dispenser]; **Wechselbeziehung** *f* correlation, interrelation; **in** ~ **zueinander stehen** be correlated; **Wechselfälle** *mpl* vicissitudes; **Wechselgeld** <-(e)s> *nt* change; **wechselhaft** *adj* changeable; (*launisch*) fickle; **Wechseljahre** *pl* menopause; **in den** ~**n sein** be suffering from the menopause; **in die** ~ **kommen** start the menopause; ~ **des Mannes** andropause; **Wechselkurs** *m* rate of exchange; **Wechselkursmechanismus** *m* exchange course mechanism; **Wechselkursschwankungen** *fpl* exchange rate fluctuations

wechseln ['vɛksəln] *vt* ① change (*in* into) ② (*austauschen*) exchange; **können Sie mir einen Euro** ~**?** can you give me change for an euro?; **ich kann auf € 10,- nicht** ~ I haven't got change for € 10; **ein Rad** ~ change a wheel; **den Besitzer** ~ change hands *pl;* **ich habe von Philosophie zu Mathematik gewechselt** I changed from philosophy to maths; **Euro in Pfund** ~ exchange euro for pounds; **wechselnd** *adj* ① changing; (*ab*~) alternating ② (*unterschiedlich*) variable ③ (*wechselhaft*) changeable; ~**e Winde** variable winds

wechselseitig *adj* reciprocal; (*gegenseitig*) mutual; **die** ~**e Beziehung zwischen ...** the reciprocal relationship between ...

Wechselspiel *nt* interplay; **Wechselstrom** *m* alternating current, A.C.; **Wechselstube** *f* bureau de change; **wechselvoll** *adj* varied; **wechselweise** *adv* alternately, in turn; **Wechselwirkung** *f* interaction; **in** ~ **stehen** interact

Wecken *nt:* **Ausgang bis zum** ~ **haben** (MIL) have overnight leave

wecken ['vɛkən] *vt* ① wake (up), waken ② (*fig*) arouse; **sich** ~ **lassen** have s.o. wake one up; **Wecker** *m* alarm-clock; **jdm auf den** ~ **gehen** (*fam*) get on someone's nerves, give s.o. the needle; **Weckmittel** *nt* (MED) cerebral stimulant

Wedel ['ve:dəl] <-s, -> *m* ① (*Fächer*) fan ② (*Staub*~) duster ③ (*Blatt*~) frond; **wedeln** *vi* ① **mit etw** ~ (*winken*) wave s.th.; **mit einem Fächer** ~ wave a fan; **mit dem Schwanz** ~ wag one's tail ② (*beim Skifahren*) wedel

weder ['ve:dɐ] *konj:* ~ **... noch ...** neither ... nor; ~ **in dem einen, noch in dem anderen Fall** in neither case

Weg [ve:k] <-(e)s, -e> *m* ① (*Pfad, a. fig*) path ② (*Route*) way ③ (*Art und Weise*)

way ❹ (*fam: Besorgung*) errand; **der ~ zum Bahnhof** the way to the station; **auf dem ~ hierher** on the way here; **jdn aus dem ~ räumen** get s.o. out of the way; **jdm aus dem ~ gehen** keep out of someone's way; **jetzt steht uns nichts mehr im ~e** now nothing stands in our way; **ich will dir nicht im ~e stehen** don't let me stand in your way; **es gibt viele ~e, das Problem zu lösen** there are many ways of solving this problem; **wir nahmen den ~ über das Feld** we took a path across the fields; **wir müssen uns auf den ~ machen** we must be making tracks; **du bist auf dem richtigen ~** you're on the right track; **etw zu ~e bringen** manage s.th.; (*erreichen*) accomplish s.th.

weg [vɛk] *adv:* **ich muss ~** I must be off; **er ist schon ~** he has already gone; **meine Uhr ist ~** my watch is gone; **er war ~, bevor ich den Mund auftun konnte** he was away before I could say a word; **~ mit euch!** scram!; **los, ~ von hier!** let's scram!; **~ da!** out of the way!; **~ vom Fenster sein** (*fam*) be out of the game; **ich kann jetzt nicht ~** I can't leave now

Wegbereiter(in) [ve:k-] *m(f)* forerunner, precursor; **~ für etw sein** pave the way for s.th.; **~ für jdn sein** prepare the way for s.o.

Wegbeschreibung *f* directions *pl*

weg|blasen *irr vt* blow away; **wie weggeblasen sein** have vanished

weg|bleiben *irr vi* ❶ stay away ❷ (*nicht mehr kommen*) stop coming ❸ (*ausgelassen werden*) be omitted; **mir bleibt die Spucke weg!** (*fam*) I'm absolutely flabbergasted!

weg|bringen *irr vt* ❶ take away ❷ (*zur Reparatur*) take in ❸ (*fam: Flecken*) get off (*von* from)

Wegelagerer ['ve:gəla:gərɐ] *m* highwayman

wegen ['ve:gən] *präp* because of, on account of; (*infolge*) due to; **jdn ~ etw bestrafen** punish s.o. for s.th.; **~ seiner Mutter** on account of his mother; **von ~!** (*ganz und gar nicht*) nothing of the sort!

Wegerich ['ve:gərɪç] <-s, -e> *m* (*Pflanze*) plantain

weg|fahren **I.** *irr vi sein* (*abfahren*) leave; (*mit Auto*) drive away; (*verreisen*) go away **II.** *vt haben* (*wegschaffen*) take away; (*Auto*) drive away

weg|fallen *irr vi* ❶ *sein* (*ausgelassen werden*) be omitted ❷ (*abgeschafft werden*) cease to apply ❸ (*überflüssig werden*) become no longer necessary; **etw ~ lassen** discontinue s.th.

weg|fegen *vt* (*a. fig*) sweep away

weg|fliegen *irr vi sein* fly away; (*Hut*) fly off; (AVIAT) fly out (*von* of)

weg|führen *vt* ❶ lead away ❷ (*vom Thema*) lead off

Weggang ['vɛkgaŋ] *m* leaving, departure

weg|geben *irr vt* ❶ (*verschenken*) give away ❷ (*in Pflege geben*) have looked after ❸ (*zum Reparieren bringen*) take in

weg|gehen *irr vi* ❶ *sein* go, leave; (*ausgehen*) go out ❷ (*fam: Fleck*) come off ❸ (*fam: Waren*) sell; **geh mir bloß damit weg!** (*fam*) don't talk to me about that!

weg|gießen *irr vt* pour away

Wegguckmentalität *f* don't-want-to-know mentality

weg|haben *irr vt* (*fam: erledigt haben*) have got done; **einen ~** (*betrunken sein*) be tight; (*verrückt sein*) be off one's head

weg|holen *vt* take away; **sich was ~** (*fam: Krankheit*) catch s.th.

weg|jagen *vt* chase [*o* drive] away

weg|kommen *irr vi* (*fam*) ❶ *sein* (*weggehen können*) get away ❷ (*abhanden kommen*) disappear, get lost; **gut bei etw ~** come off well with s.th.; **mach, dass du wegkommst!** make yourself scarce!

weg|lassen *irr vt* ❶ (*fam: gehen lassen*) let go ❷ (*auslassen*) leave out

weg|laufen *irr vi sein* run away (*vor* from)

weg|legen *vt* put away; (*zur Seite*) put aside

weg|müssen *irr vi* ❶ (*fortgehen müssen*) have to be off ❷ (*entfernt werden müssen*) have to be removed; **der Schrank muss hier erstmal weg!** (*fam*) we'll have to move the cupboard!

weg|nehmen *irr vt* take away; **Gas ~** (AUTO) ease off the accelerator *Br,* ease off the gas *Am*

weg|rationalisieren *vt* (*Arbeitsplätze*) rationalize away

weg|räumen *vt* clear away

weg|schaffen *vt* ❶ (*beseitigen*) get rid of ❷ (*wegräumen*) clear away

weg|scheren *vr* (*fam*) shove off

weg|schicken *vt* ❶ (*um etwas zu holen*) send off ❷ (*abschicken, hinausschicken*) send away

weg|schieben *irr vt* shove away

weg|schleppen **I.** *vt* drag away **II.** *vr* haul o.s. away

weg|schmeißen *irr vt* (*fam*) chuck away

weg|schütten *vt* pour away

weg|sehen *irr vi* look away

weg|setzen *vr* (*woanders hin*) move away

weg|stecken *vt* put away

W

weg|stellen *vt* (*fortstellen*) put away
weg|stoßen *irr vt* push away; (*mit Fuß*) kick away
Wegstrecke ['ve:k-] *f* stretch of road
weg|tragen *irr vt* carry away
weg|treten *irr vi sein* (MIL) fall out
weg|tun *irr vt* (*fam*) ❶ (*fortlegen*) put away ❷ (*wegwerfen*) throw away
Wegweiser ['ve:k-] *m* sign(post)
weg|werfen *irr vt* throw away; **du wirfst wirklich dein Geld weg!** you're pouring money down the drain!; **Wegwerfwindel** *f* disposable nappy/diaper *Br/Am*
weg|wischen *vt* ❶ wipe off ❷ (*fig*) dismiss
Wegzeiger *m* sign
weg|ziehen **I.** *irr vt* ❶ *haben* (*Mensch: fortziehen*) pull away (*jdm* from s.o.) ❷ (*beiseite ziehen*) draw back **II.** *vi sein* (*die Wohnung wechseln*) move away; (*von Vögeln*) migrate
Weh [ve:] <-(e)s, -e> *nt* woe; **weh** **I.** *interj:* **o ~!** oh dear! **II.** *adj* (*wund*) sore; **mir tut der Magen ~** my stomach aches; **davon tun mir die Augen ~** it makes my eyes ache; **mir tut alles ~** I'm aching all over; **es tut mir ~ zu …** it grieves me to …; **wehe** ['ve:ə] *interj:* **~ dir, wenn …** you'll be sorry if …; **~!** (*bloß nicht!*) you dare!; **~, du gehst dahin!** watch out if you go there!
Wehe <-, -n> *f* (*Schnee~*) drift
Wehen *fpl* ❶ (*Geburts~*) labour pains ❷ (*fig*) birth pangs
wehen ['ve:ən] **I.** *vi* ❶ (*Wind*) blow ❷ (*Fahne*) wave ❸ (*Haare*) blow about ❹ (*Geruch, Klang*) drift; **es wehte ein starker Wind** the wind was blowing hard **II.** *vt* blow; (*sanft*) waft
Wehklage *f* lament(ation); **wehklagen** *vi* lament (*über* over)
wehleidig *adj* (*pej*) ❶ (*überempfindlich*) oversensitive to pain ❷ (*voller Selbstmitleid*) self-pitying ❸ (*jammernd*) snivelling; **Wehmut** <-> *f* ❶ (*Melancholie*) melancholy ❷ (*Sehnsucht*) wistfulness; **wehmütig** *adj* ❶ (*melancholisch*) melancholy ❷ (*sehnsüchtig*) wistful
Wehr[1] [ve:ɐ] <-(e)s, -e> *nt* (*Wasser~*) weir
Wehr[2] <-, -en> *f* (*Feuer~*) fire brigade *Br,* fire department *Am;* **sich zur ~ setzen** defend o.s.
Wehrbeauftragte(r) *m* ombudsman for the Armed Forces; **Wehrdienst** <-(e)s> *m* military service; **jdn zum ~ einberufen** call s.o. up *Br,* draft s.o. *Am;* **Wehrdienstverweigerer** *m* conscientious objector; **Wehrdienstverweigerung** *f* conscientious objection
wehren ['ve:rən] **I.** *vr* ❶ (*sich widersetzen*) (put up a) fight ❷ (*sich verteidigen*) defend o.s.; **sich seiner Haut ~** defend o.s. vigorously **II.** *vi* (*Einhalt gebieten*) check; **wehret den Anfängen!** these things must be nipped in the bud!; **Wehrexperte, -expertin** *m, f* defense expert; **wehrhaft** *adj* ❶ (*kampfesbereit*) able to put up a fight ❷ (*befestigt*) well-fortified; **wehrlos** *adj* ❶ defenceless ❷ (*hilflos*) helpless; **jdm ~ ausgeliefert sein** be at someone's mercy; **Wehrlosigkeit** *f* ❶ defencelessness ❷ (*Hilflosigkeit*) helplessness; **Wehrmacht** <-> *f:* **die ~** (HIST) The German Armed Forces *pl;* **Wehrpass** *m* service-record book; **Wehrpflicht** <-> *f* conscription; **allgemeine ~** conscription; **wehrpflichtig** *adj* liable for military service; **Wehrpflichtige(r)** *m* ❶ (*vor der Erfassung*) person liable for military service ❷ (*Eingezogener*) conscript *Br,* draftee *Am;* **Wehrsold** *m* (military) pay; **Wehrsportgruppe** *f* para-military group; **wehrtauglich** *adj* fit for military service; **Wehrtechnik** *f* defence engineering; **Wehrübung** *f* reserve duty training exercise
Weib [vaɪp] <-(e)s, -er> *nt* ❶ (*pej*) female ❷ (*obs: Frau*) woman; **Weibchen** ['vaɪpçən] *nt* (*Tier~*) female, mate; **Weiberfeind** *m* (*pej*) misogynist, woman-hater; **Weiberheld** *m* (*pej*) lady-killer, womanizer; **Weibervolk** <-s> *nt* (*pej*) females *pl,* womenfolk; **weibisch** *adj* effeminate; **weiblich** *adj* ❶ (*das Geschlecht bezeichnend*) female ❷ (*feminin*) feminine; **Weiblichkeit** *f* (*Eigenschaft*) femininity; **die holde ~** (*hum*) the fair sex; **Weibsbild** *nt* (*pej*) female
weich [vaɪç] *adj* (*a. fig*) soft; **~ werden** soften; (*nachgeben*) give in; (*gerührt werden*) be moved; **ich bekam ~e Knie** my knees turned to jelly; **ein ~ gekochtes Ei** a soft-boiled egg
Weiche[1] ['vaɪçə] <-, -n> *f* (RAIL) points *Br,* switch *Am;* **die ~n stellen** switch the points; (*fig*) set the course
Weiche[2] *f* ❶ (*Weichheit*) softness ❷ (ANAT: *Flanke*) side
weichen ['vaɪçən] *irr vi* ❶ (*a. fig*) give way ❷ (*zurück~*) retreat (*vor jdm* from s.o.) ❸ (*nachlassen*) ease ❹ (*verschwinden*) go; **jdm nicht von der Seite ~** not leave someone's side
Weichheit *f* ❶ softness ❷ (*Zartheit*) tenderness ❸ (*Schwachheit*) weakness ❹ (*Weichherzigkeit*) soft-heartedness; **weichherzig** *adj* soft-hearted

Weichherzigkeit *f* soft-heartedness
Weichkäse *m* soft cheese
weichlich *adj* ❶ (*weich*) soft ❷ (*schwächlich*) weak; (*verweichlicht*) effeminate; **Weichlichkeit** *f* (*fig*) weakness; **Weichling** *m* (*pej*) softy, weakling
Weichsel[1] ['vaɪksəl] <-> *f* Vistula
Weichsel[2] ['vaɪksl] <-, -n> *f* (*österr, CH*) sour cherry
Weichspüler *m* (*Wäsche~*) softener
Weide[1] *f* willow
Weide[2] ['vaɪdə] <-, -n> *f* (*Vieh~*) pasture; **weiden I.** *vi* graze **II.** *vt* graze, put out to pasture **III.** *vr:* **sich an etw ~** revel in s.th.; (*sadistisch*) gloat over s.th.
Weidengebüsch *nt* willow bush; **Weidengeflecht** *nt* wicker-work; **Weidenrute** *f* willow rod [*o* switch]
Weidmann ['vaɪtman] <-(e)s, -männer> *m* huntsman; **weidmännisch** *adv* in a huntsman's manner; **Weidmannsheil** *interj:* **~!** good hunting!
weigern ['vaɪgɐn] *vr* refuse; **Weigerung** *f* refusal
Weihbischof *m* suffragan bishop
Weihe[1] *f* (*Greifvogel*) harrier
Weihe[2] ['vaɪə] <-, -n> *f* consecration; **weihen** *vt* consecrate; **dem Untergang geweiht sein** be doomed to disaster
Weiher ['vaɪɐ] <-s, -> *m* pond
Weihnachten ['vaɪnaxtən] *nt* Christmas; **fröhliche ~!** merry Christmas!; **das ist ein Gefühl wie ~** (*fam*) it's an odd feeling; **weihnachtlich** *adj* ❶ Christmassy ❷ (*festlich*) festive; **Weihnachtsabend** *m* Christmas Eve; **Weihnachtsbaum** *m* Christmas tree; **Weihnachtsbotschaft** *f* Christmas message; **Weihnachtseinkäufe** *pl:* **seine ~ erledigen** do one's Christmas shopping; **Weihnachtsfeiertag** *m:* **zweiter ~** Boxing Day; **Weihnachtsfest** *nt* Christmas; **Weihnachtsgeld** *nt* Christmas money; **Weihnachtsgeschenk** *nt* Christmas present, Christmas gift *Am;* **Weihnachtsgratifikation** *f* Christmas bonus; **Weihnachtslied** *nt* carol; **Weihnachtsmann** <-(e)s, -männer> *m* ❶ Father Christmas, Santa Claus ❷ (*pej*) clown; **Weihnachtsmarkt** *m* Christmas fair

i Land & Leute

The most famous **Weihnachtsmarkt** (Christmas market) in Germany is in Nürnberg (Nuremberg) but there are similar markets in many other towns, either on individual days or throughout the whole of Advent, where Christmas presents, Christmas decorations, household goods and many other things are sold.

Weihrauch *m* incense; **Weihwasser** *nt* holy water
weil [vaɪl] *konj* because
Weilchen ['vaɪlçən] *nt* little while
Weile <-> *f* while; **eine ganze ~** a good while; **vor einer ganzen ~** a long while ago
weilen *vi* ❶ (*bleiben*) stay ❷ (*sein*) be
Weiler ['vaɪlɐ] <-s, -> *m* hamlet
Wein [vain] <-(e)s, -e> *m* ❶ wine ❷ (*Pflanze*) vine; **wilder ~** Virginia creeper; **jdm reinen ~ einschenken** tell s.o. the plain truth; **Weinbau** <-(e)s> *m* wine-growing; **Weinbeere** *f* grape; **Weinberg** *m* vineyard; **Weinbergschnecke** *f* snail; (*als Gericht*) escargot; **Weinbrand** *m* brandy
weinen ['vaɪnən] *vt, vi* cry; (*aus Kummer*) weep (*um* for, *über* over, *aus o vor* with)
weinerlich *adj* (*pej*) whining
Weinessig *m* vinegar; **Weinfass** *nt* wine cask; **Weinflasche** *f* wine bottle; **Weinglas** *nt* wineglass; **Weingut** *nt* wine-growing estate; **Weinhändler(in)** *m(f)* wine dealer; **Weinhandlung** *f* wine shop; **Weinkarte** *f* wine list; **Weinkeller** *m* ❶ (*Kellerei*) wine-cellar ❷ (*Lokal*) wine tavern; **Weinkenner(in)** *m(f)* connoisseur of wine; **Weinlese** *f* grape harvest, vintage; **Weinprobe** *f* wine-tasting; **Weinrebe** *f* vine; **weinrot** *adj* wine-red; **Weinsorte** *f* sort of wine; **Weinstock** <-(e)s, -stöcke> *m* vine; **Weinstube** *f* wine tavern; **Weintraube** *f* grape
Weise ['vaɪzə] <-, -n> *f* ❶ (*Verfahren*) fashion, manner, way ❷ (*Melodie*) melody, tune; **jdm zeigen, auf welche Art und ~ etw gemacht wird** show s.o. the way to do s.th.; **man kann mit ihm nur auf eine Art und ~ reden** there's only one way to speak to him; **auf irgendeine Art und ~** in one way or another; **in gewisser ~** in a way
weise ['vaɪzə] *adj* wise
weisen ['vaɪzən] **I.** *irr vt:* **jdm den Weg ~** show s.o. the way **II.** *vi* (*zeigen*) point (*auf* at, *nach* to)
Weisheit *f* ❶ wisdom ❷ (*weiser Spruch, Lebens~*) wise saying; **das ist auch nicht der ~ letzter Schluss!** that's not exactly the ideal solution!
Weisheitszahn *m* wisdom tooth

W

weis|machen *vt:* **jdm etw** ~ make s.o. believe s.th.; **lassen Sie sich nichts ~!** don't be taken in!; **das kannst du wem anders ~!** *(fam)* pull the other one!

weiß [vaɪs] *adj* ❶ white ❷ *(unbeschrieben)* blank; **das Weiße Haus** the White House; ~ **werden** turn white; ~ **glühend** incandescent, white-hot

weissagen ['---] *vt* foretell, prophesy; **Weissagung** *f* prophecy

Weißblech *nt* tinplate; **Weißbrot** *nt* ❶ *(Brotart)* white bread ❷ *(Laib)* white loaf; **Weißbuch** *nt* (POL) white paper; **Weißdorn** <-(e)s, -e> *m* hawthorn

weißen ['vaɪsən] *vt* *(tünchen)* whitewash

Weißglut <-> *f* incandescence, white heat; **jdn zur ~ bringen** make s.o. livid; **Weißgold** *nt* white gold; **weißhaarig** *adj* white-haired

Weißkohl *m* *(österr)* white cabbage

weißlich *adj* whitish

Weißwandreifen *m* (AUTO) whitewall tyre *Br,* whitewall tire *Am*

Weißwein *m* white wine

i Land & Leute

Der Weißwurstäquator, literally 'the white sausage equator', is a jokey partition running roughly along the rivers Main and Danube, dividing Bavaria and Bavarian-speaking areas from Prussian-speaking areas – that is to say, from everything non-Bavarian. In addition, it purports to describe where one can find the typical *Weißwurst* (whitish Bavarian veal sausage).

Weisung *f* direction; **auf ~** on instructions *pl;* **weisungsgemäß** *adj* as instructed

weit [vaɪt] **I.** *adj* ❶ wide ❷ *(breit)* broad ❸ *(lang)* long; **im ~eren Sinne** in the broader sense; **das liegt noch in ~er Ferne** it's still in the distant future **II.** *adv* *(Entfernung)* far; **ziemlich ~ am (Anfang) Ende** fairly near the (beginning) end; **von ~em** from a long way off; **~ gefehlt!** far from it!; **wie ~ bist du?** how far have you got?; **wie ~ fahren Sie?** how far are you going?; **ist es noch ~?** is it far?; **kommen Sie von ~ her?** have you come far?; **so ~ ist es noch nicht** it has not come to that yet; **das geht zu ~** that's going too far; **das würde zu ~ führen** that would be taking things too far; **~ blickend** far-sighted; **~ gehend** *(adjektivisch)* far-reaching; *(adverbial)* largely, to a large extent; **~ gereist** widely travelled; **~ hergeholt** far-fetched; **~ reichend** *(fig)* far-reaching; **~ gereist** well travelled; **~ verbreitet** widespread; **~ verzweigt** with many branches; **so ~ fertig sein** be more or less ready; **es ist gleich so ~** it'll soon be time

weitab *adv* far away *(von* from); **weitaus** *adv* far; **~ der beste ...** by far the best ...; **Weitblick** <-(e)s> *m* *(fig)* far-sightedness

Weite[1] *f* *(Entfernung)* distance; **das ~ suchen** *(fam)* take to one's heels

Weite[2] ['vaɪtə] <-, -n> *f* ❶ *(als Maß)* width ❷ *(Größe)* expanse; **weiten** **I.** *vt* widen; *(Schuhe)* stretch **II.** *vr* widen; *(a. fig)* broaden

weiter ['vaɪtɐ] **I.** *adj* *(Komparativ von weit)* farther **II.** *adj* *(zusätzlich)* further; **~e Informationen** further information *sing* **III.** *adv* ❶ *(zudem)* furthermore ❷ *(noch hinzu)* further ❸ *(sonst)* otherwise; **das ist ~ kein Unglück** that presents no great problem; **sie hat nicht ~ geweint** she didn't really cry much; **es besteht ~ keine Gefahr** there is no real danger; **~ nichts?** is that all?; **ich brauche ~ nichts als ...** all I need is ...; **immer ~** on and on; **und ~?** and then?; **und so ~** and so on

weiter|behandeln *vt* (MED) give further treatment; *(mit Arznei)* carry on medication

weiter|bilden *vr* continue one's education; **Weiterbildung** *f* further education

weiter|bringen *irr vt* advance, take further

Weitere *nt* ❶ *(das Weitere)* the rest ❷ *(Genaueres)*: **~s** further details *pl;* **ohne Weiteres** just like that; **bis auf Weiteres** for the time being; **alles ~** everything else

weiter|empfehlen *irr vt* recommend

weiter|entwickeln *irr vt, vr* develop *(zu* into); **Weiterentwicklung** *f* (TECH) (further) development

Weiterfahrt *f* continuation of one's journey; **vor meiner ~ ...** before continuing my journey ...

weiter|führen **I.** *vt* *(fortsetzen)* carry on, continue **II.** *vi* lead on; **~de Schularten** secondary schools; **das führt uns nicht weiter** that doesn't get us anywhere

Weitergabe *f* *(Übermittlung)* transmission; **weiter|geben** *irr vt* ❶ *(weiterreichen)* pass on ❷ *(übermitteln)* transmit

weiter|gehen *irr vi sein* go on; **~!** move on!; **so kann es nicht ~** things can't go on like this; **wie soll es nun ~?** what's going to happen now?

weiter|helfen *irr vi:* **jdm ~** help s.o. along

weiterhin *adv* furthermore

weiter|kommen *irr vi* ❶ *sein* *(auf dem*

Wege) get further ② (*Fortschritte machen*) make headway; **hier kommen wir nicht weiter** we're just not getting anywhere

weiter|leiten *vt* pass on (*an* to); (*weiterbefördern*) forward

weiter|machen *vt* carry on (*etw* with s.th.)

Weiterreise *f* continuation of one's journey; **gute ~!** hope the rest of your journey goes well!

weiter|sagen *vt* pass on

Weiterverarbeitung *f* (further) processing

Weiterverkauf *m* resale

weither *adv* from far away

weitherzig ['vaɪthɛrtsɪç] *adj* charitable, understanding

weithin *adv* ① (*weit im Umkreis*) for a long way ② (*bekannt, beliebt*) widely ③ (*weitgehend*) to a large extent; **~ unbekannt** largely unknown

weitläufig *adj* ① (*Gebäude*) spacious ② (*verzweigt*) rambling ③ (*Verwandte*) distant

weitmaschig *adj* (*Strickware*) loose knit; (*Netz*) wide-meshed

weitschweifig *adj* circuitous, lengthy; **~ werden** grow lengthy

weitsichtig *adj* ① (MED) long-sighted *Br*, far-sighted *Am* ② (*fig*) far-sighted; **Weitsichtigkeit** *f* ① (MED) long-sightedness *Br*, far-sightedness *Am* ② (*fig*) far-sightedness

Weitsprung *m* long jump *Br*, broad jump *Am*

Weitwinkelobjektiv *nt* (PHOT) wide-angle lens

Weizen ['vaɪtsən] <-s, -> *m* wheat

i Land & Leute

Weizenbier is a light or dark, slightly sweet, full-bodied beer made with up to 50 % wheat malt, and is drunk out of a tall thin glass.

Weizenmehl *nt* wheat flour

welch [vɛlç] *pron:* **~ ein ...** what ...

welche(r, s) *pron* ① (*interrogativ*) which ② (*relativ*) that, which, who; **~s Kleid soll ich anziehen?** which dress shall I wear?; **~r von den beiden?** which of the two?; **diejenigen, ~ ...** those who ...; **derjenige, ~r ...** he who ...

? Grammatik

welcher/welche/welches is declined like a relative pronoun:

Welchen Ring/Welche Uhr/Welches Armband/Welche Ohrringe möchten Sie? – Which ring/watch/strap/earrings would you like?

welk [vɛlk] *adj* (*Blume*) faded, wilted; (*Blatt*) dead; **~e Haut** flaccid skin; **welken** *vi sein* (*a. fig*) fade, wilt

Wellblech *nt* corrugated iron; **Wellblechhütte** *f* corrugated-iron shelter

Welle ['vɛlə] <-, -n> *f* ① (*a.* PHYS) wave ② (RADIO) wavelength ③ (TECH) shaft; **~n schlagen** create a stir *sing*; **grüne ~** (AUTO) traffic pacer, linked traffic lights *Br*, synchronized traffic lights *Am*

wellen *vr* become wavy

Wellenbereich *m* (PHYS) frequency range; (RADIO) waveband; **Wellenberg** *m* giant wave; **Wellenbrecher** *m* breakwater; **wellenförmig** I. *adj* wave-like, wavy II. *adv* in the form of waves; **Wellengang** <-(e)s> *m* waves *pl*; **Wellenlänge** *f* (PHYS) wavelength; **auf gleicher ~ liegen** [*o* **sein**] be on the same wavelength; **Wellenlinie** *f* wavy line; **Wellenreiten** *nt* (SPORT) surfing; **Wellenschlag** <-(e)s> *m* breaking of the waves

Wellensittich *m* budgerigar; (*fam*) budgie

Wellental *nt* wave trough

wellig *adj* (*Oberfläche*) undulating; (*Haar*) wavy

Wellness-Bereich ['vɛlnɛsbəraɪç] *m* (*zum Wohlfühlen*) wellness area; **Wellness-Produkt** ['vɛlnɛsprɔˌdʊkt] *nt* wellness product

Wellpappe *f* corrugated cardboard

Welpe ['vɛlpə] <-n, -n> *m* whelp

Wels [vɛls] <-es, -e> *m* (*großer, schuppenloser Fisch*) catfish

Welt [vɛlt] <-, -en> *f* world; **alle ~** all the world, everybody; **auf der ~** on earth; **in aller ~** all over the world; **auf die ~ kommen** come into the world; **nicht um alles in der ~** not for anything on earth; **aus der ~ schaffen** do away with, eliminate, settle; **in die ~ setzen, zur ~ bringen** bring into the world, give birth to; **in der ~ herumgekommen sein** have been all over the world; **das kostet doch nicht die ~!** it won't cost the earth!; **die ~ ist klein!** (*fam*) it's a small world!; **in etw in der ~ führend sein** lead the world in s.th.; **davon geht die ~ nicht unter!** (*fam*) it's not the end of the world!; **Weltall** *nt* universe; **Weltanschauung** *f* philosophy of life; **Weltausstellung** *f* world exhibition; **Weltbank** *f* World Bank;

W

weltberühmt *adj* world-famous; **Weltbeste(r)** *f m* (SPORT) world record holder *Br,* world's record holder *Am;* **Weltbevölkerung** *f* world population; **Weltbild** *nt* view of life; **Weltempfänger** *m* world radio (with world-wide reception); **Weltenbummler(in)** *m(f)* globetrotter

weltfremd *adj* unworldly; (*naiv*) unrealistic; **Weltgeschichte** *f* universal history; **Welthandel** *m* world trade; **Weltherrschaft** *f* world domination; **Weltkarte** *f* map of the world; **Weltkrieg** *m:* **der Erste (Zweite)** ~ World War one (two); **Weltlage** *f* global backdrop

weltläufig *adj* cosmopolitan

weltlich *adj* mundane, worldly; (*diesseitig*) secular

Weltliteratur *f* world literature; **Weltmacht** *f* world power; **weltmännisch** ['vɛltmɛnɪʃ] *adj* sophisticated, urbane; **Weltmarkt** <-(e)s> *m* world market; **Weltmarktpreis** *m* world market price, price on the world market; **Weltmeer** *nt* ocean; **Weltmeister(in)** *m(f)* world champion *Br,* world's champion *Am;* **Weltmeisterschaft** *f* world championship *Br,* world's championship *Am;* **Weltöffentlichkeit** *f* world public; **Weltpolitik** *f* world politics *pl;* **Weltrang** *m:* **von** ~ world-famous; **Weltrangliste** *f* (SPORT) world ranking

Weltraum <-(e)s> *m* space; **Weltraumbehörde** *f* space agency; **Weltraumfähre** *f* space shuttle; **Weltraumfahrt** *f* space travel; **Weltraumforschung** *f* space research; **Weltraumlabor** *nt* space laboratory; **Weltraumrüstung** *f* space armament; **Weltraumwaffe** *f* space weapon

Weltreise *f* journey round the world; **eine ~ machen** go round the world; **Weltreisende(r)** *f m* globetrotter; **Weltrekord** *m* world record *Br,* world's record *Am;* **Weltrekordler(in)** *m(f)* world record holder *Br,* world's record holder *Am;* **Weltschmerz** <-es> *m* world-weariness; **Weltsicherheitsrat** *m* U.N. Security Council; **Weltsprache** *f* world language; **Weltstadt** *f* cosmopolitan city, metropolis; **Welttournee** *f* world tour; **Weltuntergang** *m* (*a. fig*) end of the world; **Weltuntergangsstimmung** *f* apocalyptic mood; **weltweit** *adj* global, worldwide; **Weltwirtschaft** *f* world economy; **Weltwirtschaftskrise** *f* world economic crisis; **Weltwunder** *nt:* **die sieben** ~ the Seven Wonders of the World; **Weltzeit** *f* universal time; **Weltzeituhr** *f* world clock

wem [ve:m] *pron* (*dat*) to whom; ~ **von euch soll ich das Geld geben?** to which, of you should I give the money?; ~ **... auch (immer)** no matter who ... to

wen [ve:n] *pron* (*acc*) whom; ~ **von diesen hast du gestern gesehen?** which of these did you see yesterday?; ~ **auch immer ...** whoever ...

Wende ['vɛndə] <-, -n> *f* ❶ (*Wendung*) turn ❷ (*Änderung*) change ❸ (SPORT) face vault; **Wendefläche** *f* (AUTO) turning area; **Wendejacke** *f* reversible jacket; **Wendekreis** *m* ❶ (GEOG) tropic ❷ (AUTO) turning circle

Wendeltreppe ['vɛndəl-] *f* spiral staircase

wenden **I.** *a. irr vt* turn (*in entgegengesetzte Richtung* round, *auf die andere Seite* over); **du kannst es drehen oder ~, wie du willst, ...** whichever way you look at it ... **II.** *vi* ❶ (MAR: *gieren*) yaw ❷ (*umkehren*) turn round **III.** *vr* turn round; **sich ~ an ...** (*um Hilfe*) turn to ...; (*um Auskunft*) consult ...; **sich gegen ...** ~ come out against ...; **sich zum Guten** ~ take a turn for the better; **bitte ~!** (please) turn over!, P.T.O.

Wendepunkt *m* turning point

wendig *adj* ❶ (*behende*) agile, nimble ❷ (AUTO: *leicht zu handhaben*) manoeuvrable ❸ (*Person*) agile; **Wendigkeit** *f* ❶ (*Behändigkeit*) nimbleness ❷ (AUTO) manoeuvrability ❸ (*von Person*) agility

Wendung *f* ❶ turn ❷ (*Änderung*) change ❸ (*Rede~*) expression, phrase; **die Dinge nahmen eine tragische** ~ events took a tragic turn

wenig ['ve:nɪç] *adj, adv* little; **~e** few, some; **ein ~ besser** a little better; **das ist** ~ that isn't much; **ich habe zu ~ Geld** I don't have enough money; **mit ~en Ausnahmen** with few exceptions; **wie ~e das sind!** how few they are!; **gar nicht so ~e** some few; **genauso ~ wie du** as few as you; **ich habe sowieso zu** ~ I've got too few [*o* too little] as it is

weniger **I.** *adj, pron* less *pl,* fewer; **es wird immer** ~ it's getting less and less; **nichts ~ als ...** no fewer than ... **II.** *adv* less; **noch** ~ even less; **je mehr ... desto ~ ...** the more ... the less ...; **das finde ich ~ schön** that's not so nice; ~ **bedeutend** of less importance

wenigste *adj sing* least *pl,* fewest; **am ~n** fewest; **er hat am ~n Geld** he has the least money; **darüber mache ich mir die ~n Sorgen** that's the least of my worries; **und das ist noch das ~!** and that's the least of it!

wenigstens *adv* at least; **wir können es ~ versuchen** we can at least try; **du könntest dich ~ entschuldigen** at the very least you could apologize

wenn [vɛn] *konj* ❶ (*bedingend*) if, in case ❷ (*zeitlich*) when; **~ er auch noch so dumm sein mag ...** however stupid he may be ...; **na, ~ das so ist!** well, in that case!; **na, ~ schon!** (*fam*) so what of it!; **immer ~ ...** whenever ...; **~ man bedenkt, dass ...** considering ...; **außer ~** unless ...; **~ es nicht anders geht** if there's no other way; **wenngleich** [-'-] *konj* although, even though

? Grammatik

wenn, when it means 'when', introduces a clause referring to the present, future, or repeated actions in the past: *Wenn ich arbeite, brauche ich Ruhe. – I need peace and quiet when I work. Wenn sie nicht einschlafen konnte, sah sie fern. – She watched TV when she was unable to get to sleep.* Clauses with **als** refer to a single event in the past: *Als sie heiratete, war sie erst 19 Jahre alt. – She was only 19 when she got married.*

wer [veːɐ] *pron* ❶ (*relativ*) he who, the person who ❷ (*interrogativ*) who; (*auswählend*) which ❸ (*fam: jemand*) somebody, s.o.; (*in Fragen, Konditionalsätzen*) anybody, anyone; **~ auch immer ...** whoever ...; **da ist ~ für dich** there's s.o. to see you; **ist ~ gekommen?** did anyone come?; **~ da?** (MIL) who goes there?; **~ von ...** which (one) of ...; **ist da ~?** (*fam*) is anybody there?; **~ sein** (*fam*) be somebody

Werbeabteilung *f* advertising [*o* publicity] department; **Werbeagentur** *f* advertising agency; **Werbeaktion** *f* advertising [*o* publicity] campaign; **Werbeaufwendungen** *pl* gross advertising expenditure *sing;* **Werbebanner** *m* (INTERNET) banner; **Werbebeilage** *f* advertising supplement; **Werbebranche** *f ohne pl* advertising industry; **Werbebroschüre** *f* brochure, pamphlet; **Werbeeinnahmen** *fpl* advertising revenue; **Werbefachmann, -frau** *m, f* advertising specialist; **Werbefernsehen** *nt* television commercials *pl;* **Werbefilm** *m* advertising film; (*Werbespot*) commercial; **Werbefläche** *f* advertising space; **Werbefunk** *m* commercials *pl;* **Werbegeschenk** *nt* (promotional) gift; **Werbekampagne** *f* advertising campaign; **Werbekonzept** *nt* advertising concept; **Werbekosten** *pl* advertising expenses; **Werbeleiter(in)** *m(f)* advertising [*o* publicity] manager; **Werbematerial** *nt* advertising material; **Werbemittel** *nt* means of advertising

werben ['vɛrbən] **I.** *irr vi* (COM) advertise (*für etw* s.th.); **um junge Wähler ~** try to attract young voters **II.** *vt:* **Kunden ~** win customers; **neue Leser ~** attract new readers

Werbeprospekt *m* advertising leaflet; **Werbeschrift** *f* (POL) publicity leaflet; (COM) advertising leaflet; **Werbeslogan** *m* advertising slogan; **Werbespot** *m* advertising spot, commercial; **Werbestrategie** *f* advertising strategy; **Werbetext** *m* advertising copy; **~ in Form eines Leitartikels** advertorial; **Werbeträger** *m* (advertising) medium; **Werbetrommel** *f:* **die ~ rühren** (*fam*) beat the big drum (*für etw* for s.th.); **werbewirksam** *adj* effective (for advertising purposes); **Werbewirkung** *f* advertising effect; **Werbezweck** *m* advertising purpose

Werbung *f* ❶ (COM: *Propaganda*) advertising ❷ (*Werbeabteilung*) publicity department; **für etw ~ machen** advertise s.th.; **ich habe die ~ für X im Fernsehen gesehen** I've seen X advertised on television; **die ~ im Fernsehen** the TV advertisements *pl;* **die Zeitschrift besteht zu 60% aus ~** 60% of the magazine is advertisements *pl;* **sie ist in der ~** she's in advertising; **Werbungskosten** *pl* advertising costs, income-related costs

Werdegang <-(e)s> *m* ❶ (*Entwicklung*) development ❷ (*beruflich*) career

Werden *nt* ❶ (*Entwicklung*) development ❷ (*philosophisch*) Becoming; **im ~ sein** be in the making

werden ['veːɐdən] *irr vi* ❶ (*futurisch, konjunktivisch*) will [*o* shall] ❷ (*zu etw ~*) become, get ❸ (*sein ~*) be going to be ❹ (*sich verwandeln in*) turn into; **anders ~** change; **wer wird denn gleich!** (*fam*) come on, now!; **es wird gleich regnen** it's going to rain; **verrückt ~** go crazy; **kalt ~** turn cold; **wird schon ~!** it'll turn out all right!; **was soll das ~?** what's that going to be?; **wird Zeit, dass du kommst** it's time you came; **das Stück wurde verfilmt** the play was turned into a film; **nichts wird ihn von seinem Vorhaben**

W

abbringen nothing will turn him from his purpose; **alt** ~ become old; **Arzt** ~ become a doctor; **ich weiß nicht, was aus ihm noch werden soll** I don't know what will become of him

werfen ['vɛrfən] **I.** *irr vt, vi* ① throw (*nach* at) ② (*Junge kriegen*) have; **einen Blick auf etw** ~ cast one's eyes over s.th.; **einen Schatten auf …** ~ throw a shadow on …; **sich in einen Sessel** ~ drop into an armchair; **einen Ball 50 m weit** ~ throw a ball 50 metres; **sich auf jdn** ~ throw o.s. at s.o.; **sie warf ihm einen eisigen Blick zu** she threw him an icy look **II.** *vi:* **mit etw** ~ throw s.th.; **mit Fremdwörtern um sich** ~ bandy foreign words about; **hat die Katze geworfen?** has the cat had its youngs? **III.** *vr* (TECH: *Holz*) warp; (*Metall*) buckle

Werft [vɛrft] <-, -en> *f* (MAR) shipyard; (AVIAT) hangar; **Werftarbeiter** *m* shipyard worker; **Werftkran** *m* quayside crane

Werg [vɛrk] <-(e)s> *nt* tow; **mit** ~ **verstopfen** tow

Werk [vɛrk] <-(e)s, -e> *nt* ① (*hergestelltes* ~) work ② (*Gesamt~*) works *pl* ③ (*Fabrik*) works *pl* ④ (TECH: *Mechanismus*) mechanism; **das ist mein** ~ this is my doing; **ab** ~ (COM) ex works *pl;* **am** ~ **sein** be at work; **es sind Kräfte am** ~**, die …** there are forces at work which …; **ein literarisches** ~ a work of literature

Werkbank <-, -bänke> *f* workbench

werkeln ['vɛrkəln] *vi* potter around

werkgetreu *adj* true to the original

Werkkunstschule *f* arts and crafts school; **Werkmeister** *m* foreman; **Werksangehörige(r)** *f m* works [*o* factory] employee; **Werksarzt, -ärztin** *m, f* company doctor; **Werkschutz** *m* works [*o* factory], security service; **werkseigen** *adj* company; **Werksgelände** *nt* factory premises *pl;* **Werksleiter(in)** *m(f)* works [*o* factory] manager

Werkspionage *f* industrial espionage; **Werkstatt** *f* workshop; (*Auto~*) garage; (*eines Künstlers*) studio; **Werkstattwagen** *m* repair [*o* workshop] truck; **Werkstoff** *m* material; **Werkstück** *nt* (TECH) workpiece

Werksvertrag *m* contract of manufacture; **Werkswohnung** *f* company flat *Br,* company apartment *Am*

Werktag *m* work(ing) day; **werktags** *adv* on workdays

werktätig *adj* working; ~**e Bevölkerung** working classes *pl;* **die Werktätigen** the working people

Werkzeug <-(e)s, -e> *nt* (*a. fig*) tool; **Werkzeugkasten** *m* toolbox; **Werkzeugmacher(in)** *m(f)* toolmaker; **Werkzeugmaschine** *f* machine tool; **Werkzeugschrank** *f* tool cabinet; **Werkzeugtasche** *f* tool bag

Wermut ['ve:ɐmu:t] <-(e)s> *m* ① (*Pflanze*) wormwood ② (*aromatisierter Wein*) vermouth; **ein** ~**stropfen** a drop of bitterness

Wert [ve:ɐt] <-(e)s, -e> *m* ① (*Geld~, Bedeutung*) value ② (~*gegenstand*) article of value; ~**e** (*Ergebnis~, Test~*) results; **von** ~ **sein** be of value; **ich lege keinen großen** ~ **darauf** I don't attach great importance to it; **sie kennen ihren wahren** ~ **nicht** they don't appreciate her real value; **sittliche** ~**e** moral standards; **wenn Sie** ~ **auf meine Meinung legen …** if you value my opinion …; **Bücher im** ~ **von € 500,-** € 500 worth of books; **seinen wahren** ~ **zeigen** show one's true worth; **im** ~ **steigen** increase in value

wert [ve:ɐt] *adj:* **was ist der Wagen** ~**?** what's the value of the car?; **was ist er gebraucht** ~**?** what's it's second-hand value?; **es ist sein Geld** ~ it's good value; **der ist sein Geld nicht** ~**!** it doesn't give you value for money!; **was ist das** ~**?** what's this worth?; **so viel kann es unmöglich** ~ **sein!** it can't be worth that!; **ob es der Mühe** ~ **ist?** is it worth the trouble?; **wie viel ist das momentan** ~**?** what's the current worth of this?

Wertangabe *f* declaration of value; **Wertarbeit** *f* workmanship; **wertbeständig** *adj* stable in value; **Wertbeständigkeit** *f* stability of value; **Wertbrief** *m* registered letter

werten *vt* ① (*beurteilen*) judge (*als* to be) ② (*einstufen*) rate (*als* as) ③ (SPORT: *Punkte geben*) give a score; (*als gültig* ~) allow; **ein Tor nicht** ~ (SPORT) disallow a goal

Wertesystem *nt* system of values; **Wertewandel** *m* change in values

wertfrei *adj* (*fig*) unbiased, without prejudice

Wertgegenstände *mpl* valuables

Wertigkeit *f* (CHEM LING) valency

Wertkartenhandy *nt* card mobile

wertlos *adj* valueless, worthless; **Wertmaßstab** *m* standard; **Wertminderung** *f* reduction in value; **Wertpapier** *nt* bond, security; **Wertpapierbörse** *f* stock exchange; **Wertpapierhandel** *m* securities trading; **Wertpapierhändler(in)** *m(f)* securities dealer; **Wertpapiermarkt** *m* securities market; **Wertschätzung** *f* esteem, high regard

Wertschöpfung *f* value production; **Wertstoffhof** *m* recycling centre

Wertung *f* assessment, evaluation; (*Beurteilung*) judging; (SPORT: *nach Punkten*) scoring

Werturteil *nt* value judgement

Wertverlust *m* depreciation

wertvoll *adj* ① precious, valuable ② (*ethisch*) worthy

Wertvorstellung *f* moral concept; **Wertzuwachs** *m* increase in value

Wesen ['veːzən] <-s, -> *nt* ① (*Natur*) nature ② (*Kreatur*) creature; **ein menschliches ~** a human being; **ein fröhliches ~ haben** have a happy nature; **es entspricht nicht meinem ~, so etw zu sagen** it is not my nature to say things like that; **wesenhaft** *adj* essential, intrinsic; **wesenlos** *adj* insubstantial; **Wesenszug** *m* characteristic feature, trait

wesentlich **I.** *adj* ① (*essenziell*) essential ② (*grundlegend*) fundamental ③ (*eigentlich*) intrinsic ④ (*beträchtlich*) substantial ⑤ (*wichtig*) important; **das Wesentliche** the essential part; (*Kern*) the gist; **~e Mängel** broad deficiencies **II.** *adv* ① (*beträchtlich*) considerably ② (*grundlegend*) fundamentally; **es ist mir ~ lieber, wenn wir ...** I'd much rather we ...; **im Wesentlichen** essentially

weshalb [-'-] *adv* ① (*Frage*) why ② (*relativ*) for which reason; **der Grund, ~ ...** the reason why ...

Wespe ['vɛspə] <-, -n> *f* wasp; **Wespennest** *nt* wasps' nest; **in ein ~ stechen** stir up a hornets' nest

wessen ['vɛsən] *pron* ① (*von wem*) whose ② (*wovon*) of what

i Land & Leute

As a counterpoint to *Ossi*, the expression **Wessi** emerged after reunification amongst the citizens of former East Germany to describe – often pejoratively – their fellow citizens in former West Germany.

Westdeutschland *nt* Western Germany

Weste ['vɛstə] <-, -n> *f* ① (*Herren~*) waistcoat *Br*, vest *Am* ② (*Strick~*) cardigan; **eine reine ~ haben** have a clean slate

Westen ['vɛstən] <-s> *m* West; **im ~ von ...** to the west of ...; **der Wind kommt von ~** the wind is blowing from the west; **nach ~ unterwegs** west-bound

Westentasche *f* waistcoat pocket *Br*, vest pocket *Am*; **etw wie seine ~ kennen** (*fam*) know s.th. like the palm of one's hand

Western ['vɛstɐn] <-s, -> *m* (FILM) western

Westfalen [vɛst'faːlən] <-s> *nt* Westphalia

westindisch *adj* West Indian; **die ~en Inseln** the West Indies

Westküste *f* west coast

westlich **I.** *adj* ① (GEOG) western ② (POL) Western ③ (METE) westerly; **~ ausgerichtet** westernized; **am weitesten ~** westernmost **II.** *adv* to the west (*von* of) **III.** *präp* west of ...

Westmächte ['vɛstmɛçtə] *fpl* (POL) Western Powers

westwärts *adv* westward(s), (to the) west

Westwind *m* west wind

weswegen *adv* ① (*Frage*) why ② (*relativ*) for which reason; **der Grund, ~ ...** the reason why ...

Wettannahme *f* betting office

Wettbewerb ['vɛtbəvɛrp] <-(e)s, -e> *m* competition; **in ~ treten** enter into competition (*mit jdm* with s.o.); **Wettbewerber(in)** *m(f)* competitor; **Wettbewerbsfähigkeit** *f* competitiveness; **Wettbewerbsregel** *f* competition rule; **Wettbewerbsverzerrung** *f* competitive distortions *pl*

Wette ['vɛtə] <-, -n> *f* bet; **ich gehe jede ~ ein, dass ...** I'll bet you anything that ...; **mit jdm um die ~ laufen** race s.o.; **lass uns um die ~ laufen!** let's run race!; **darauf gehe ich jede ~ ein!** I'll bet you anything you like!; **mit jdm eine ~ eingehen** have a bet with s.o.; **was gilt die ~?** what will you bet me?

Wetteifer *m* competitive zeal; **wetteifern** ['---] *vi* vie (*mit jdm um etw* with s.o. for s.th.)

wetten *vt, vi* bet (*auf etw* on s.th., *mit jdm* with s.o., *mit jdm um etw* s.o. s.th.); **ich habe mit ihm gewettet, dass ...** I have a bet with him that ...; **ich habe mit ihm um 10 Euro gewettet** I bet him 10 euro; **zehn gegen eins ~** bet ten to one; **~, dass er kommt!** I bet he'll come!; **~, dass du das nicht tust!** bet you won't do it!; **~, dass ich das tue!** bet you I do!

Wetter ['vɛtɐ] <-s, -> *nt* (METE) ① weather ② (*Un~*) storm, tempest; **bei (diesem) kalten ~** in (this) cold weather; **was für ein ~!** what weather!; **wie ist das ~?** what's the weather like?; **bei jedem ~** in all weathers *pl*; **bei jdm gut ~ machen** make up to s.o.; **schlagende ~** (MIN) firedamp *sing*

Wetteramt *nt* weather office

Wetteraussichten *pl* weather outlook [*o* prospects]; **Wetterbericht** *m* weather report; **wetterbeständig** *adj* weatherproof; **Wetterdienst** *m* meteorological [*o* weather] service; **Wetterfahne** *f* weather vane; **wetterfest** *adj* weatherproof; **wetterfühlig** *adj* sensitive to changes in the weather; **Wetterfühligkeit** *f* sensitivity to the weather; **Wetterhahn** *m* weathercock; **Wetterkarte** *f* weather chart [*o* map]; **Wetterlage** *f* weather situation; **Wetterleuchten** *nt* ① sheet lightning ② (*fig*) storm clouds *pl*

wettern ['vɛtɐn] *vi* ① (*ein Gewitter geben*): **es wettert** there's a thunderstorm ② (*schimpfen*) curse and swear; **gegen** [*o* **auf**] **etw** ~ rail against s.th.

Wettersatellit *m* weather satellite; **Wetterumschwung** *m* sudden change in the weather; **Wettervorhersage** *f* weather forecast; **Wetterwarte** *f* meteorological [*o* weather] station; **Wetterwolke** *f* storm cloud

Wettkampf *m* competition; **Wettkämpfer(in)** *m(f)* competitor; **Wettlauf** *m* race; **einen ~ machen** run a race; **wettlaufen** *vi* run a race; **Wettläufer(in)** *m(f)* runner

wett|machen *vt* make up for; (*Verluste*) make good; (*Rückstand*) make up

Wettrennen *nt* race; **Wettrüsten** <-s> *nt* arms race; **Wettstreit** *m* competition, contest; **mit jdm in ~ liegen** compete with s.o.; **mit jdm in ~ treten** enter into competition with s.o.

wetzen ['vɛtsən] **I.** *vt haben* (*schärfen*) sharpen, whet **II.** *vi sein* (*fam: rennen*) scoot; **Wetzstein** *m* whetstone

WG <-, -s> *f* (*fam*) *Abk. von* **Wohngemeinschaft** shared flat

Whirlpool ['wɜːlpuːl] <-s, -s> *m* whirlpool bath; **Whirlwanne** *f* whirlpool bath

Wichse ['vɪksə] <-, -n> *f* ① (*Schuh~*) shoe polish ② (*fam: Prügel*) hiding; **du kriegst gleich ~!** you'll get a good hiding!; **wichsen** **I.** *vi* (*vulg*) jerk off, wank *Br* **II.** *vt:* **seine Schuhe ~** polish one's shoes *Br*, shine one's shoes *Am*; **Wichser** *m* (*vulg*) wanker *Br*, jerk-off *Am*

Wicht [vɪçt] <-(e)s, -e> *m* ① (*kleines Geschöpf*) creature ② (*poet: Gnom*) goblin; **armer ~** poor wretch; **Wichtelmännchen** *nt* brownie

wichtig ['vɪçtɪç] *adj* important; **ich verstehe nicht, warum das ~ sein soll** I don't see the importance of that; **nicht** (**besonders**) **~ sein** be of no (great) importance; **sie will sich nur ~ machen** she just wants to get attention; **sich ~ vorkommen** be full of o.s.; **Wichtigkeit** *f* importance; **Wichtigtuer(in)** *m(f)* (*pej*) pompous ass, stuffed shirt; **Wichtigtuerei** *f* (*pej*) pomposity, pompousness

Wicke ['vɪkə] <-, -n> *f* garden pea

Wickel ['vɪkəl] <-s, -> *m* ① (MED) compress ② (*Locken~*) curler; **beim ~ kriegen** (*fam*) grab by the scruff of the neck; (*fig*) have someone's guts for garters; **Wickelkind** *nt* ① (*Säugling*) babe-in-arms ② (*fig*) baby; **Wickelkommode** *f* baby's changing unit

wickeln **I.** *vt* ① (*ein~*) wrap (*in* in) ② (*schlingen*) wind (*um* round) ③ (ELEK: *Spule*) coil; **jdn um den Finger ~** twist s.o. round one's finger; **da bist du aber schief gewickelt!** (*fam*) you've got another think coming!; **einen Säugling ~** put on a baby's nappy *Br*, put on a baby's diaper *Am* **II.** *vr* wrap o.s. [*o* itself] (*in* in, *um* around)

Wickelraum *m* nursing room

Widder ['vɪdɐ] <-s, -> *m* ① (*Schafbock*) ram ② (*Sternzeichen*) Aries

wider ['viːdɐ] *präp:* **~ Erwarten** contrary to expectations *pl;* **das Für und Wider** the pros and cons *pl;* **widerfahren** *irr vi sein* happen (*jdm* to s.o.); (*Unglück*) befall (*jdm* s.o.)

Widerhaken *m* (*an Angel, Pfeil*) barb

Widerhall *m* ① echo, reverberation ② (*fig*) response; **wider|hallen** *vi* echo, reverberate (*von* with)

widerlegen *vt* ① (*Argumente*) disprove, refute ② (*Person*) prove wrong

widerlich ['viːdɐlɪç] *adj* ① (*eklig*) disgusting ② (*Person*) repulsive ③ (*fam: schlimm*) nasty

widernatürlich *adj* ① (*unnatürlich*) unnatural ② (*pervers*) perverted

widerrechtlich *adj* illegal, unlawful; **sich etw ~ aneignen** misappropriate s.th.

Widerrede *f* contradiction; **keine ~!** don't argue!; **ich dulde keine ~** I will not have any arguments about it; **ohne ~** without protest

Widerruf *m* revocation; (COM: *von Bestellung*) cancellation; **bis auf ~** until revoked; **~ leisten** recant; **widerrufen** *irr vt* (*Erlaubnis*) revoke; (*Befehl*) countermand; (*Aussage, Geständnis*) retract

Widersacher(in) *m(f)* adversary, antagonist, opponent

Widerschein *m* reflection

widersetzen *vr* oppose (*jdm, einer Sache* s.o., s.th.)

Widersinn <-(e)s> *m* absurdity

widersinnig *adj* absurd, nonsensical

widerspenstig ['vi:dɐʃpɛnstɪç] *adj* ① (*aufsässig*) unruly, wilful; (*eigensinnig*) stubborn ② (*fig*) unmanageable; **~e Haare** unruly hair; **Der Widerspenstigen Zähmung** (*Drama von Shakespeare*) The Taming of the Shrew; **Widerspenstigkeit** *f* ① (*Aufsässigkeit*) unruliness; (*Eigensinn*) stubbornness ② (*fig*) unmanageableness

wider|spiegeln **I.** *vt* (*a. fig*) reflect **II.** *vr* be reflected

widersprechen **I.** *irr vi* contradict (*jdm, einer Sache* s.o., s.th.); **da muss ich aber ~!** I've got to contradict you there!; **rundheraus ~** give a flat contradiction **II.** *vr* ① (*von Person*) contradict (*sich selbst* o.s., *einander* each other) ② (*Aussagen*) be inconsistent; **widersprechend** *adj* (*Aussagen*) inconsistent, contradictory

Widerspruch *m* contradiction; **im ~ zu etw stehen** be contradictory to s.th.; **er duldet keinen ~** he dislikes any contradiction of his view; **auf ~ stoßen** meet with opposition (*bei* from); **zu etw im ~ stehen** be contradictory to s.th.; **es ist kein ~ zu behaupten …** it is not contradictory to say …; **widersprüchlich** *adj* contradictory; **~es Verhalten** inconsistent behaviour; **Widerspruchsgeist** *m* spirit of opposition; **er war voller ~** he was in a contradictory mood; **widerspruchslos** *adv* without arguing

Widerstand *m* ① (*Widersetzung*) resistance ② (ELEK) resistor; **zum ~ aufrufen** call upon people to resist; **auf ~ stoßen** meet with resistance; **jdm (gegen etw) keinen ~ leisten** offer no resistance to s.o. (s.th.); **es erhebt sich ~** there is resistance; **Widerstandsbewegung** *f* resistance movement; **widerstandsfähig** *adj* (MED TECH) resistant (*gegen* to); (*robust*) robust; **Widerstandsfähigkeit** *f* (MED TECH) resistance (*gegen* to); (*Robustheit*) robustness; **Widerstandskämpfer(in)** *m(f)* resistance fighter; **Widerstandskraft** *f* power of resistance; **widerstandslos** *adj, adv* without resistance

widerstehen *irr vi* resist; (*standhalten*) withstand

Widerstreben [--'--] *nt* reluctance; **widerstreben** *vi* ① oppose (*jdm, einer Sache* s.o., s.th.) ② (*zuwider sein*): **es widerstrebt mir so etw zu tun** I am reluctant to do anything like that; **widerstrebend** *adj* ① (*widerwillig*) reluctant ② (*gegensätzlich*) conflicting; **etw ~ tun** do s.th. with reluctance

Widerstreit *m* conflict (*zu* with)

widerwärtig ['vi:dɐvɛrtɪç] *adj* ① (*ekelhaft*) disgusting ② (*unangenehm*) objectionable; **Widerwärtigkeit** *f* ① offensiveness; (*Ekelhaftigkeit*) disgusting nature ② (*Unannehmlichkeit*) objectionable nature

Widerwille *m* (*Widerstreben*) reluctance; **mit ~n** reluctantly; **etw mit ~n tun** do s.th. with reluctance; **widerwillig** *adj* reluctant, unwilling; **er ist nur ~ Soldat** he is a reluctant soldier; **etw ~ tun** do s.th. with reluctance

widmen ['vɪtmən] **I.** *vt* (*zueignen*) dedicate (*jdm etw* s.th. to s.o.); (*schenken, verwenden auf*) devote (*jdm etw* s.th. to s.o.) **II.** *vr* (*hingeben*) devote o.s. to …; (*einem Problem, Gästen*) attend to …; **Widmung** <-, -en> *f* dedication (*an* to)

widrig ['vi:drɪç] *adj* adverse; (*ungünstig*) unfavourable

wie [vi:] *adv, konj* ① (*fragend*) how; (*welcher Art, was*) what ② (*vergleichend bei adj o adv*) as; (*vergleichend bei Substantiv*) like; **so groß, ~ er ist …** as big as he is …; **~ dem auch sei …** be that as it may …; **ich habe es ~ er gemacht** I did as he did; **~ Sie selbst gesagt haben** as you yourself said; **~ kommt denn das?** how come?; **~ kommt es, dass …?** how is it that …?; **~ ist das möglich?** how can that be?; **~ viele?** how many?; **~ viel** how much *pl;* (*wie viele*) how many; **um ~ viel größer** how much bigger; **~ geht's?** how are you?; **~ wäre es damit?** how about it?; **~ wär's mit einem Spaziergang?** how about going for a walk?; **~ geht's im Betrieb?** how are things at the office?; **na, und ~!** and how!; **~ sie nun mal ist …** the way she is …; **~ noch nie** as never before; **~ ist er?** what's he like?; **~ ein Mann** like a man; **~ verrückt** (*fam*) like anything; **mach es so ~ ich** do it like I do; **~ findest du das?** how do you like that?; **~ bitte?** pardon?; **~ man's nimmt** that depends

Wiedehopf ['vi:dəhɔpf] <-(e)s, -e> *m* (*Vogel mit langem, dünnem Schnabel*) hoopoe

wieder ['vi:dɐ] *adv* again; **da sieht man mal ~ …** it just shows …; **immer ~** time and again; **schon ~!** not again!; **schon ~ Eier!** not eggs again!; **da bin ich ~** it's me again; **du schon ~?** you again!; **da wären wir ~!** here we are again!; **~ aufbauen** rebuild, reconstruct; **~ aufbereiten** recycle, reprocess; **~ aufladen** recharge; **~ beleben** revive; **~ einführen** reintroduce; **~ eingliedern** reintegrate; **~ einsetzen**

reinstate; ~ **einstellen** re-employ; ~ **erkennen** recognize; ~ **ernennen** reappoint; ~ **eröffnen** reopen; ~ **erzählen** retell; ~ **finden** find again; ~ **gutmachen** make good, compensate for; ~ **sehen** see again, meet again; ~ **vereinigen** reunite

wieder- *präfix* re-

Wiederaufbau <-(e)s> *m* (*a. fig*) rebuilding, reconstruction

Wiederaufbereitung *f* ① recycling ② (*von Atommüll*) reprocessing; **Wiederaufbereitungsanlage** *f* (*für Kernbrennstoff*) reprocessing plant

Wiederaufnahme *f* ① (*von Gespräch*) resumption; (*von Ideen*) readoption ② (JUR) reopening; **Wiederaufnahmeverfahren** *nt* (JUR: *im Strafrecht*) retrial; (*im Zivilrecht*) rehearing; **wieder|auf|nehmen** *irr vt* ① (*Gespräch*) resume; (*Ideen, Hobbies*) take up again ② (JUR) reopen ③ (*in Gemeinschaft*) readmit

wieder|bekommen *irr vt* get back

Wiederbelebung *f* (*a. fig*) revival; (MED) resuscitation; **Wiederbelebungsversuch** *m* ① (MED) attempt at resuscitation ② (*fig*) attempt at revival; ~**e bei jdm anstellen** attempt to revive s.o.

Wiederbeschaffung *f* replacement

wiederbeschreibbar *adj* (*CD*) rewritable

wieder|bringen *irr vt* bring back

Wiedereinfuhr *f* re-importation; **Wiedereinführung** *f* reintroduction

Wiedereingliederung *f* (*von Straftätern*) reintegration

Wiedereinstellung *f* re-employment

Wiedereintritt *m* re-entry (*in* into)

wieder|erhalten *irr vt* recover

wieder|erlangen *vt* regain; (*Eigentum*) recover

Wiederernennung *f* reappointment

Wiedereröffnung *f* reopening

wieder|erstatten *vt* refund, reimburse (*jdm etw* s.o. for s.th.)

Wiedergabe *f* ① (*von Bild*) reproduction ② (*fig*) rendering ③ (*Übersetzung*) translation; **bei der** ~ in reproduction; **getreue** ~ (*von Bild, Ton*) high fidelity

wieder|geben *irr vt* ① (*zurückgeben*) give back ② (*beschreiben*) describe ③ (*reproduzieren*) reproduce; **was ich empfinde, lässt sich nicht** ~ words cannot convey what I feel

Wiedergeburt *f* rebirth, reincarnation

wieder|gewinnen *irr vt* (*a. fig*) regain; (*Person*) win back

Wiedergutmachung *f* compensation; (POL) reparations *pl;* (JUR) redress; **als ~ für …** to make up for …

wieder|haben *irr vt* (*fam*) have got back; **etw ~ wollen** want s.th. back

wiederher|stellen *vt* restore; (*reparieren*) repair; (*Beziehungen*) re-establish; **wiederhergestellt sein** (*gesundheitlich*) have recovered; **Wiederherstellung** *f* re-establishment, restoration; (*gesundheitlich*) restoration of one's health

wieder|holen[1] *vt* (*zurückholen*) get back

wiederholen[2] **I.** *vt, vi* (*noch einmal tun*) repeat; (*mehrmals*) reiterate **II.** *vr* ① (*Person*) repeat o.s. ② (*noch einmal geschehen*) recur; **wiederholt** *adj* repeated; **zum ~en Male** once again; **~e Male** repeatedly; **Wiederholung** *f* repetition; (*mehrmalige* ~) reiteration; (RADIO TV) repeat; (SCHULE: *von Lernstoff*) revision; (SPORT: *von Spiel*) replay; (*von Strafstoß*) retake

Wiederhören *nt:* **auf ~!** (TELE) goodbye!; (RADIO) goodbye for now!

Wiederinstandsetzung *f* repair, repairs (*einer Sache* to s.th.)

wieder|käuen ['viːdɐkɔɪən] **I.** *vt* ① (*von Tier*) ruminate ② (*fam*) go over and over again **II.** *vi* ① ruminate ② (*fam*) harp on; **Wiederkäuer** *m* ruminant

Wiederkehr ['viːdɐkeːɐ] <-> *f* ① (*Rückkehr*) return ② (*ständiges Vorkommen*) recurrence; **bei meiner** ~ on my return; **wieder|kehren** *vi* ① *sein* (*sich wiederholen*) be repeated ② (*immer wieder vorkommen*) recur ③ (*zurückkehren*) return

wieder|kommen *irr vi sein* come back

Wiedersehen *nt* reunion; **Auf/auf ~!** goodbye!, see you again! *Am;* **Wiedersehensfreude** *f* pleasure of seeing each other again

wiederum ['viːdərʊm] *adv* ① (*nochmals*) again, anew ② (*hingegen*) on the other hand; **sie ~ sagte, …** she, for her part, said …

Wiedervereinigung *f* reunification

Wiederverheiratung *f* remarriage

Wiederverkäufer *m* reseller; (*Einzelhändler*) retailer; **Wiederverkaufswert** *m* resale value

Wiederverwendung *f* reuse; **Wiederverwertung** *f* reutilization

Wiedervorlage *f* renewed submission

Wiederwahl *f* re-election; **wieder|wählen** *vt* re-elect

Wiederzulassung *f* re-admission; (AUTO) relicensing

Wiege ['viːgə] <-, -n> *f* cradle

Wiegemesser *nt* chopping knife

wiegen[1] ['viːgən] *irr vt, vi* (*Gewicht feststellen*) weigh; ~ **lassen** (*Gepäck*) weigh in

wiegen[2] **I.** *vt* ❶ (*schaukeln*) rock; (*Hüften*) sway; (*Kopf*) shake slowly ❷ (*zerkleinern*) chop up **II.** *vr* (*Boot*) rock gently; (*Bäume, Personen*) sway

Wiegenlied *nt* cradle song, lullaby

wiehern ['vi:ɐn] *vi* ❶ (*Pferd*) neigh ❷ (*pej: lachen*) bray

Wien [vi:n] *nt* Vienna; **Wiener(in)** *m(f)* Viennese; ~ **Schnitzel** veal cutlet, Wiener schnitzel; ~ **Würstchen** frankfurter *Br,* wiener *Am*

Wiese ['vi:zə] <-, -n> *f* meadow

Wiesel ['vi:zəl] <-s, -> *nt* weasel

wieso [vi'zo:] *adv* why; ~ **weißt du das?** how do you know that?

wievielt *adj:* **den Wievielten haben wir heute?** what day of the month is it?

Wild [vɪlt] <-(e)s> *nt* ❶ (*~ tiere*) game; (*Rot~*) deer ❷ (*Fleisch vom Rot~*) venison

wild *adj* ❶ wild ❷ (*unzivilisiert*) savage ❸ (*heftig*) fierce, furious; **den ~en Mann markieren** (*fam*) come the heavy; ~ **durcheinander liegen** be strewn all over the place; **sei nicht so ~!** (*fam*) calm down a bit!; **das ~e Durcheinander im Zimmer** the wild disorder of the room; **das ist doch halb so ~!** (*fam*) it's not all that bad!; ~ **wachsend** wild(-growing)

Wildbach *m* torrent

Wildbret ['vɪltbrɛt] <-s> *nt* (*Fleisch vom Rotwild*) venison; **Wilddieb** *m* poacher

Wilde(r) <-n, -n> *f m* ❶ savage ❷ (*Übergeschnappter*) madman, madwoman

Wildente *f* wild duck

Wilderer, -rin *m, f* poacher; **wildern** ['vɪldɐn] *vi* ❶ (*vom Menschen*) poach ❷ (*von Hund*) kill game

wildfremd *adj* (*fam*) completely strange

Wildheit *f* wildness; (*Kampf, Blicke*) fierceness; (*von Eingeborenen*) savagery

Wildhüter(in) *m(f)* gamekeeper

Wildleder *nt* suede

Wildnis <-> *f* wilderness

Wildpark *m* (*für Rotwild*) game [*o* deer] park

wildreich *adj* abounding in game

Wildsau *f* ❶ wild sow ❷ (*sl pej*) pig

Wildschaden *m* damage caused by game

Wildschwein *nt* wild boar [*o* pig]

Wildwasserfahrt *f* rapid-river canoeing; **Wildwechsel** *m* deer pass

Wildwestfilm *m* western

Wille ['vɪlə] <-ns, (-n)> *m* ❶ will ❷ (*Absicht*) intention; **seinen ~n durchsetzen** have one's own way; **einen eigenen ~n haben** have a will of one's own; **gegen seinen ~n handeln** go against one's will; **beim besten ~n nicht** not with the best will in the world; **das geschah gegen meinen ~n** that was done against my will; **ich kann mich beim besten ~n nicht erinnern** I can't for the life of me remember

willenlos *adj* spineless, weak-willed; **er ist völlig ~** he has no will of his own; **jds ~es Werkzeug sein** be someone's mere tool

willens ['vɪləns] *adj:* ~ **sein** be willing

Willensfreiheit *f* freedom of will; **Willenskraft** *f* strength of mind, will-power; **willensschwach** *adj* weak-willed; **willensstark** *adj* strong-willed; **willentlich** ['vɪləntlɪç] *adj* deliberate, wilful

willfährig ['vɪlfɛ:rɪç] *adj:* **jdm ~ sein** submit to s.o.

willig *adj* willing

Willkommen *nt* welcome; **willkommen** *adj* welcome; **Sie sind uns jederzeit ~!** you always are welcome here!; **herzlich ~!** welcome!; **jdn bei sich ~ heißen** welcome s.o. to one's house

Willkür ['vɪlky:ɐ] <-> *f* arbitrariness; **jds ~ ausgeliefert sein** be completely at someone's mercy; **willkürlich** *adj* ❶ (*despotisch*) arbitrary ❷ (*vorsätzlich*) at will

wimmeln ['vɪməln] *vi* swarm, teem (*von* with); **die Bahnhofshalle wimmelte von Leuten** the station was swarming with people

wimmern ['vɪmɐn] *vi* whimper

Wimpel ['vɪmpəl] <-s, -> *m* pennant

Wimper ['vɪmpɐ] <-, -n> *f* eyelash; **ohne mit der ~ zu zucken** without batting an eyelid; **Wimperntusche** *f* mascara

Wind [vɪnt] <-(e)s, -e> *m* wind; **der ~ kommt von Westen** it's a west wind; **hart am ~ segeln** sail close to the wind; **jetzt weht hier ein frischerer ~** now there's a wind of change here; **sehen, woher der ~ weht** see which way the wind blows; **jdm den ~ aus den Segeln nehmen** take the wind out of someone's sails; **von etw ~ bekommen** get wind of s.th.; **Bedenken in den ~ schlagen** cast caution to the winds; **mach nicht so viel ~!** (*fam*) don't make such fuss!

Windbeutel *m* ❶ (*Gebäck*) cream puff ❷ (*pej: Person*) frivolous and irresponsible person; **Windbö(e)** *f* gust of wind

Winde[1] ['vɪndə] <-, -n> *f* (TECH) winch, windlass

Winde[2] *f* bindweed

Windei *nt* (*pej*) non-starter

Windel ['vɪndəl] <-, -n> *f* nappy *Br,* diaper *Am;* **Windelhöschen** *nt* disposable nappy *Br,* disposable diaper *Am*

windelweich *adj* (*fam*): **jdn ~ schlagen**

beat the shit out of s.o.

winden I. *irr vt* ❶ (*wickeln*) wind ❷ (*hoch~*) hoist, winch ❸ (*Kranz*) bind ❹ (*ent~*) wrest (*jdm etw aus der Hand* s.th. out of someone's hand) II. *vr* ❶ (*Pflanze, Schlange*) wind (itself) ❷ (*vor Verlegenheit*) squirm (*vor* with, in); (*vor Schmerz*) writhe (*vor* with, in) ❸ (*Fluss*) meander; (*Weg*) wind

Windenergie *f* wind energy

Windeseile *f*: **sich mit ~ verbreiten** spread like wildfire; **etw in ~ tun** do s.th. in no time at all

Windfang *m* ❶ (*als Vorflur*) draught-excluder *Br,* draft-excluder *Am* ❷ (*als Vorbau*) porch; **windgeschützt** I. *adj* sheltered (from the wind) II. *adv:* **das Haus liegt ~** the house lies in a sheltered place; **Windhauch** *m* breath of wind; **Windhose** *f* vortex; **Windhund** *m* ❶ greyhound ❷ (*pej: Luftikus*) careless and unreliable sort

windig *adj* ❶ windy ❷ (*pej: unsicher*) dubious

Windjacke *f* windcheater; **Windkraftwerk** *nt* wind power station; **Windlicht** *nt* storm lantern; **Windmühle** *f* windmill; **Windmühlenflügel** *m* windmill vane; **Windparkanlage** *f* wind-farm; **Windpocken** *pl* chicken-pox *sing;* **Windrad** *nt* (TECH) wind turbine; **Windrichtung** *f* wind direction; **Windrose** *f* ❶ (MAR) compass card ❷ (METE) wind rose; **Windschatten** <-s> *m* lee; (*von Fahrzeugen*) slipstream; **windschief** *adj* crooked; **Windschutzscheibe** *f* windscreen *Br,* windshield *Am;* **Windschutzstreifen** *m* shelter belt, windbreak; **Windstärke** *f* windforce; **windstill** *adj* windless; **es ist völlig ~** there's no wind at all; **Windstille** *f* calm; **Windstoß** *m* gust of wind

Windsurfen *nt* (SPORT) windsurfing; **windsurfen** *vi* (SPORT) go windsurfing; **Windsurfer(in)** *m(f)* windsurfer

Windung *f* ❶ (ELEK: *Spulen~*) coil ❷ (*Fluss~*) meander ❸ (TECH: *Schrauben~*) thread; **die Straße hat viele ~en** the road is full of twists and turns

Wink [vɪŋk] <-(e)s, -e> *m* ❶ (*Hinweis*) hint, tip ❷ (*Zeichen*) sign; **jdm einen ~ geben** (*Tipp*) drop s.o. a hint; **jdm einen leisen ~ geben ...** give s.o. a gentle hint ...; **einen ~ verstehen** know how to take a hint

Winkel ['vɪŋkəl] <-s, -> *m* ❶ (MATH) angle ❷ (TECH: *Werkzeug*) square ❸ (*Stelle, Ecke*) corner; **spitzer/stumpfer/rechter ~** acute/obtuse/right angle; **toter ~** dead angle [*o* space]; **Winkeladvokat** *m* (*pej*) incompetent lawyer; **Winkeleisen** *nt* angle iron

winkelig *adj* ❶ (*Gässchen*) twisty ❷ (*Städtchen*) full of nooks and crannies

Winkellineal *nt* triangle; **Winkelmesser** *m* protractor

Winkelzug *m* dodge, trick

winken ['vɪŋkən] I. *irr vt, vi:* **jdm ~** wave one's hands to s.o.; **jdm zum Abschied ~** wave s.o. goodbye; **jdn zu sich ~** beckon [*o* wave] s.o. over to one; **er winkte mich zu sich** he waved me over; **mit dem Taschentuch ~** wave one's handkerchief; **einem Taxi ~** hail a taxi; **einem Kellner ~** call a waiter II. *vi* (*in Aussicht stehen*) be in store; **dem Gewinner winkt eine Reise nach London** the winner will receive a trip to London

winklig *adj* ❶ (*Gässchen*) twisty ❷ (*Städtchen*) full of nooks and crannies

winseln ['vɪnzəln] *vi* (*Hund*) whine; (*Mensch*) whimper; (*um Gnade*) grovel

Winter ['vɪntɐ] <-s, -> *m* winter; **durch den ~ bringen** winter; **es wird ~** winter is coming; **im ~** in winter; **mitten im ~** in the depth of winter; **Winterdienst** *m* (AUTO) winter road clearance; **Winterfell** *nt* winter coat; **Wintergarten** *m* conservatory; **Wintergetreide** *nt* winter crop; **Winterkleidung** *f* winter clothing; **winterlich** *adj* wintry; **~ gekleidet** dressed for winter

Wintermantel *m* winter (over) coat; **Winterreifen** *m* (AUTO) winter tyre/tire *Br/Am;* **Winterruhe** *f* winter rest period; **Winterschlaf** *m* (*von Tieren*) hibernation; **~ halten** hibernate; **Winterschlussverkauf** *m* winter (clearance) sales; **Wintersemester** *m* winter semester; **Wintersonnenwende** *f* winter solstice; **Wintersport** *m* winter sports *pl;* **Winterszeit** *f* (*literarisch*) wintertime

Winzer(in) ['vɪntsɐ] *m(f)* wine-grower

winzig ['vɪntsɪç] *adj* ❶ (*sehr klein*) tiny ❷ (*unbedeutend*) petty; **ein ~es Bisschen** a tiny little bit; **~ klein** minute

Winzling ['vɪntslɪŋ] <-, -e> *m* (*pej*) mite

Wipfel ['vɪpfəl] <-s, -> *m* treetop

Wippe ['vɪpə] <-, -n> *f* seesaw; **wippen** *vi* ❶ (*auf Wippe*) seesaw ❷ (*auf und ab ~*) bob up and down; (*hin und her ~*) teeter; **mit dem Fuß ~** jiggle one's foot; **in den Knien ~** give at the knees

wir [viːɐ] *pron* we; **~ beide/drei** the two/three of us; **~ sind's!** it's us!

Wirbel ['vɪrbəl] <-s, -> *m* ❶ (*a. fig*) whirl ❷ (*Wasser~*) eddy, whirlpool ❸ (ANAT:

Rücken~) vertebra ❹ (*am Scheitel*) crown; **mach nicht so 'n ~!** (*fam*) don't make such a to-do!; **das hat einen ganz schönen ~ gemacht!** (*fam*) that caused a lot of commotion!

wirbellos *adj* (*Lebewesen*) invertebrate

wirbeln *vt, vi* whirl; (*Staub, Laub*) swirl; (*Trommel*) roll

Wirbelsäule *f* spinal column

Wirbelsturm *m* whirlwind

Wirbeltier *nt* vertebrate

Wirken <-s> *nt* (*geh*) work; **am ~ sein** be at work

wirken¹ ['vɪrkən] **I.** *vi* ❶ (*wirksam sein*) have an effect (*auf* on) ❷ (*so erscheinen*) appear, seem ❸ (*zur Geltung kommen*) be effective ❹ (*am Werk sein*) be at work; **wirkt die Tablette schon?** is the pill taking effect?; **sie wirkt jünger, als sie ist** she seems younger than she is; **das wirkt nur so** it only seems like it **II.** *vt:* **Wunder ~** work wonders

wirken² *vt* (*weben*) weave

wirklich **I.** *adv* really; **ach ~?** (*als Antwort*) (what,) really?; **ich weiß ~ nicht, was ich davon halten soll** I really don't know what to think; **sie ist ~ blöd** (*fam*) she is really an idiot; **hat er das ~ gesagt?** did he actually say that?; **wenn du ~ einen Jaguar hast ...** if you actually own a Jaguar ... **II.** *adj* (*tatsächlich*) real; **ein ~er Freund** a true friend; **Wirklichkeit** *f* reality; **~ werden** come true

wirksam *adj* effective; **~ werden** take effect; **~ bleiben** remain in effect; **Wirksamkeit** *f* effectiveness

Wirkstoff *m* active agent [*o* substance]

Wirkung *f* effect (*bei, auf* on); **unsere Warnung hatte keine ~** our warning was to no effect; **seine ~ verfehlen** not have the desired effect; **Wirkungsbereich** *m* ❶ (MIL) effected area ❷ (*Tätigkeitsbereich*) domain; **Wirkungsgrad** *m* (TECH) (degree of) effectiveness; **Wirkungskreis** *m* sphere of activity; **wirkungslos** *adj* ineffective; **Wirkungslosigkeit** *f* ineffectiveness; **wirkungsvoll** *adj* effective, efficacious; **Wirkungsweise** *f* (mode of) action; **die ~ eines ...** the way a ... works

wirr [vɪr] *adj* ❶ (*durcheinander*) confused ❷ (*unordentlich*) tangled ❸ (*verworren*) weird; (*verstiegen*) wild; **~e Gedanken** weird thoughts; **er ist ein ~er Kopf** he has crazy ideas; **Wirren** *pl* (POL) confusion *sing*; **Wirrkopf** *m* muddle-head; **Wirrwarr** ['vɪrvar] <-s> *m* ❶ (*Durcheinander*) confusion ❷ (*Stimmen~*) hubbub

Wirsing(kohl) ['vɪrzɪŋ] <-s> *m* savoy (cabbage)

Wirt [vɪrt] <-(e)s, -e> *m* (*Gast~*) landlord; **ich hatte die Rechnung ohne den ~ gemacht** (*fam*) there was one thing I hadn't reckoned with; **Wirtin** *f* (*Gast~, Vermieterin*) landlady

Wirtschaft ['vɪrtʃaft] *f* ❶ (*Volks~*) economy ❷ (*Industrie*) business world ❸ (*Gast~*) pub *Br*, bar *Am*; **das ist ja eine saubere ~ hier!** (*fam*) that's a fine state of affairs!; **die ~ ankurbeln** improve economies *pl*; **in der freien ~ tätig sein** work in industry; **wirtschaften** *vi* ❶ (*sparsam sein*) economize ❷ (*sich beschäftigen*) potter about

Wirtschafterin *f* housekeeper

wirtschaftlich *adj* ❶ (*volks~*) economic ❷ (*sparsam, a.* AUTO) economical; **mit etw ~ umgehen** use s.th. economically; **man muss ~ denken** one has to be economically minded; **in ~er Hinsicht schon, aber ...** economically yes, but ...; **~ vertretbar** economically defendable; **Wirtschaftlichkeit** *f* economy

Wirtschaftsabkommen *nt* trade agreement; **Wirtschaftsaufschwung** *m* economic recovery [*o* upswing]; **Wirtschaftsbereich** *m* economic sector; **Wirtschaftsbeziehungen** *fpl* business relations; **Wirtschaftsentwicklung** *f* commercial development; **Wirtschaftsfaktor** *m* economic factor; **Wirtschaftsflüchtling** *m* economic refugee; **Wirtschaftsgebäude** *nt* working quarters *pl*; **Wirtschaftsgeld** *nt* housekeeping money; **Wirtschaftsgymnasium** *nt* commercial high school; **Wirtschaftshilfe** *f* economic aid; **Wirtschaftsjahr** *nt* financial year; **Wirtschaftskraft** *f* economic power; **Wirtschaftskriminalität** *f* business delinquency; **Wirtschaftskrise** *f* economic crisis; **Wirtschaftslage** *f* economic situation; **Wirtschaftsleben** *nt* business; **Wirtschaftsmacht** *f* economic power; **Wirtschaftsminister(in)** *m(f)* minister of trade and commerce; **Wirtschaftsministerium** *nt* (*in GB*) Ministry of Trade and Commerce; (*in den USA*) Department of Commerce; **Wirtschaftsordnung** *f* economic system; **Wirtschaftsplanung** *f* economic planning; **Wirtschaftspolitik** *f* economic policy; **wirtschaftspolitisch** *adj:* **~e Zusammenarbeit** economic policy cooperation; **Wirtschaftsprüfer(in)** *m(f)* accountant; **Wirtschaftsraum** *m* economic region; **Wirtschaftssystem** *nt* economic system; **Wirtschaftsteil** *m* (*in Zeitung*) financial [*o* business] section;

Wirtschafts- und Sozialausschuss *m* Economic and Social Committee; **Wirtschafts- und Währungsunion** *f* Economic and Monetary Union; **Wirtschaftsunion** *f* economic union; **Wirtschaftswachstum** *nt* economic growth; **Wirtschaftswissenschaft** *f* economics *pl;* **Wirtschaftswunder** *nt* (HIST) economic miracle; **Wirtschaftszweig** *m* branch of industry

Wirtshaus *nt* (*Lokal*) pub *Br,* bar *Am;* (*Gasthof*) inn; **Wirtsleute** *pl* landlord and landlady

Wisch [vɪʃ] <-(e)s, -e> *m* ❶ (*pej: Zettel*) piece of paper ❷ (*mit Gedrucktem*) scrap of bumph

wischen ['vɪʃən] *vt, vi* ❶ wipe; (*reinigen*) wipe clean ❷ (*fam: sich schnell bewegen*) whisk; **jdm eine ~** (*fam*) clout s.o. one; **einen gewischt bekommen** (*fam: einen Stromschlag bekommen*) get a shock

Wischerblatt *nt* (AUTO) wiper blade

Wischlappen *m* cloth

Wisent ['vi:zɛnt] <-s, -e> *m* bison

Wismut ['vɪsmu:t] <-(e)s> *nt* bismuth

wispern ['vɪspɐn] *vt, vi* whisper

Wissbegier(de) *f* thirst for knowledge; **wissbegierig** *adj* eager to learn

wissen ['vɪsən] *irr vt* ❶ (*informiert sein, kennen*) know (*von* about) ❷ (*sich erinnern*) remember ❸ (*sich vor Augen führen*) realize; **von jdm (etw) nichts ~ wollen** not be interested in s.o. (s.th.); **nicht dass ich wüsste** not that I know; **als ob ich das wüsste!** how should I know!; **Bescheid ~** (*fam*) know a thing or two; **das hättest du doch ~ müssen!** you ought to have known that!; **das möchte ich auch ~** that's what I'd like to know, too; **was weiß ich?** who knows?; **weiß ich doch nicht!** I wouldn't know!; **man kann nie ~ …** you never know …; **er weiß, was gut ist** he knows a good thing when he sees it; **weiß der Himmel!** (*fam*) God knows!; **wenn ich das wüsste!** goodness knows!; **jdn etw ~ lassen** tell s.o. s.th.; **er hält sich für wer weiß wie schlau** he thinks he's ever so smart

Wissen <-s> *nt* knowledge; **meines ~s** to the best of my knowledge; **ohne ihr ~** without her knowledge

Wissenschaft *f* science; **Wissenschaftler(in)** *m(f)* scientist; (*Geistes~*) academic; **wissenschaftlich** *adj* scientific; **~e Bewertung** science-based assessment; **~ arbeiten** work scientifically; **Wissenschaftsminister(in)** *m(f)* minister of science; **Wissensdrang** *m,* **Wissensdurst** *m* thirst for knowledge; **Wissensgebiet** *nt* field (of knowledge); **Wissensgrundlage** *f* knowledge base; **wissenswert** *adj* worth knowing

wissentlich ['vɪsəntlɪç] **I.** *adj* deliberate, intentional **II.** *adv* deliberately, intentionally, knowingly

wittern ['vɪtɐn] **I.** *vt* (*a. fig*) scent **II.** *vi* (*von Wild*) sniff the air

Witterung *f* ❶ (*Wetter*) weather ❷ (*Geruchswahrnehmung*) scent (*von* of); **bei günstiger ~** if the weather is good; **Witterungsverhältnisse** *pl* weather conditions

Witwe ['vɪtvə] <-, -n> *f* widow; **~ werden** be widowed; **Witwenrente** *f* widow's pension; **Witwer** <-s, -> *m* widower

Witz [vɪts] <-es, -e> *m* ❶ (*Scherz, Spaß*) joke ❷ (*geistvolle Schärfe*) wit; **das ist kein ~!** it's no joke!; **das ist kein ~ mehr!** it's beyond a joke!; **einen ~ über etw machen** make a joke about s.th.; **das soll wohl ein ~ sein!** you must be joking!; **mach keine ~e!** you're joking!; **und das ist der ganze ~ dabei!** and that's all there is to it!; **Witzblatt** *nt* joke book; **Witzbold** ['vɪtsbɔlt] <-(e)s, -e> *m* joker; **du ~!** (*fam*) you're a great one!; **Witzelei** *f* teasing; **witzeln** ['vɪtsəln] *vi* joke (*über* about)

Witzfigur *f* (*a. fig*) joke figure

witzig *adj* ❶ (*spaßig*) funny ❷ (*geistreich*) witty; **sehr ~!** (*fam*) you're a great one!

WM <-, -s> *f Abk. von* **Weltmeisterschaft** world championship

wo [vo:] **I.** *adv* where; **ach ~!** (*fam*) nonsense!; **~ gehst du hin?** where are you going to? **II.** *konj:* **~ … doch** (*Gegensatz*) when …; **warum machst du es denn auf diese Art, ~ es doch so viel einfacher wäre?** why do you do it that way when it would be much easier like this?

woanders *adv* elsewhere, somewhere else

wobei *pron* ❶ (*Frage*) how?; (*bei was*) at what? ❷ (*relativ*) in which; **~ mir einfällt, …** which reminds me …

Woche ['vɔxə] <-, -n> *f* week; **das ist eine ~ Arbeit** (*fam*) that's a week's work; **in einer ~** in a week; **~ für ~** week in, week out; **dreimal die ~** three times a week; **morgen in einer ~** a week tomorrow; **zwei ~n Ferien** two weeks' holiday; **Wochenarbeitszeit** *f* working week; **Wochenbericht** *m* weekly report; **Wochenbett** *nt* (*obs*) lying-in; **im ~ liegen** be lying in; **Wochenblatt** *nt* weekly; **Wocheneinnahmen** *pl* weekly income;

Wochenendbeilage *f* (*in Zeitung*) weekly supplement; **Wochenendbeziehung** *f* weekend relationship; **Wochenende** <-(e)s, -en> *nt* weekend; **zum ~** for the weekend; **schönes ~!** have a nice weekend!; **übers ~ verreisen** go away for the weekend; **ein langes ~ machen** take a long weekend; **er verbringt die ~n auf dem Lande** he spends his weekends in the country; **Wochenendhaus** *m* weekend house; **Wochenkarte** *f* weekly season ticket

wochenlang *adj, adv* for weeks

Wochenlohn *m* weekly wage; **Wochenschau** *f* (FILM) newsreel; **Wochentag** *m* ❶ (*im Gegensatz zum Sonntag*) weekday ❷ (*bestimmter*) day of the week; **wochentags** *adv* on weekdays

wöchentlich ['vœçəntlɪç] **I.** *adj* weekly; **der ~e Großeinkauf** the weekly shopping trip **II.** *adv* weekly; **einmal ~** once a week; **~ bezahlen** pay by the week; **sich ~ abwechseln** take turns every week

Wochenzeitschrift *f* weekly (magazine)

Wöchnerin ['vœçnərɪn] *f* woman in childbed

wodurch *pron* ❶ (*Frage*) how ❷ (*Relativpronomen*) which

wofür *pron* ❶ (*Frage*) for what? what … for?; (*warum auch*) why ❷ (*relativ*) for which, which … for; **~ halten Sie mich?** what do you take me for?; **…, ~ er jetzt zahlen muss** … which he has to pay for now

Woge ['vo:gə] <-, -n> *f* wave; **wenn sich die ~n geglättet haben** when things have calmed down

wogegen *adv* ❶ (*gegen was?*) against what? ❷ (*relativ*) against which, which … against

wogen ['vo:gən] *vi* (*a. fig*) surge

woher [-'-] *pron* ❶ (*Frage*) from where? where … from? ❷ (*wie*) how ❸ (*relativ*) from which, where … from; **~ wissen Sie das?** how do you know that?; **ach, ~!** (*fam*) nonsense!

wohin *pron* ❶ (*Frage*) where (to)? ❷ (*relativ*) where; **~ du auch siehst** wherever you look; **ich muss mal ~** (*fam: zur Toilette*) I've got to go somewhere

Wohl [vo:l] <-(e)s> *nt* well-being; **auf Ihr ~!** here's to you! your health!; **zum ~!** cheers!

wohl *adv* ❶ (*gut, gesund*) well ❷ (*zwar, freilich*) all right, it is true, to be sure ❸ (*vielleicht*) perhaps ❹ (*wahrscheinlich*) probably; **~ ausgewogen** well balanced; **~ bedacht** well considered; **~ begründet** well-founded; (*Strafe*) well-justified; **~ durchdacht** well thought out; **~ geordnet** well-ordered; **~ tuend** most agreeable; **~ tun** do good; **jdm ~ tun** (*angenehm sein*) do s.o. good; (*Gutes tun*) benefit s.o.; **~ überlegt** well-considered; **ich fühle mich nicht ~** I don't feel well; **~ bekomm's!** your health!; **~ oder übel** like it or not; **das ist ~ das Beste** I suppose it's the best thing; **was er ~ hat?** I wonder what's wrong with him?; **du bist ~ verrückt!** you must be mad!; **das mag ~ sein** that may well be; **das ist doch ~ nicht dein Ernst!** you can't be serious!; **ich habe es ~ gewusst, aber was konnte ich machen?** it's true that I knew but what could I have done?; **sie hat es ~ gesagt, aber …** she may have promised, but …

wohlan *interj* well now!

wohlauf **I.** *interj* well then! **II.** *adj* in good health, well; **~ sein** be in good health

Wohlbefinden *nt* well-being

Wohlbehagen *nt* comfort, ease

wohlbehalten *adj* ❶ (*Person*) safe and sound ❷ (*Gegenstand*) intact

wohlbekannt *adj* well-known

Wohlergehen <-s> *nt* well-being

wohlerwogen *adj* well considered

wohlerzogen *adj* (*Erwachsene*) well-bred; (*Kind*) well-mannered

Wohlfahrt <-> *f* welfare; **Wohlfahrtseinrichtungen** *pl* social services; **Wohlfahrtsstaat** *m* welfare state

Wohlgefallen <-s> *nt* pleasure, satisfaction; **sein ~ an etw haben** take pleasure in s.th.; **sich in ~ auflösen** (*fam*) vanish into thin air; **wohlgefällig** *adj* ❶ (*gefallend*) pleasing ❷ (*erfreut, zufrieden*) well-pleased

wohlgemeint *adj* well-meant

wohlgemerkt *adv* mark you, mind (you)

wohlgenährt *adj* well-fed

wohlgeraten *adj* ❶ (*Werk*) successful ❷ (*Kind*) fine

Wohlgeruch *m* fragrance

Wohlgeschmack *m* pleasant taste

wohlgesinnt *adj* well-disposed (*jdm* towards s.o.)

wohlhabend *adj* prosperous, well-to-do

wohlig *adj* pleasant; (*heimelig*) cosy

Wohlklang *m* melodious sound

wohlmeinend *adj* well-meaning

wohlriechend *adj* fragrant

wohlschmeckend *adj* palatable

Wohlsein *nt*: **zum ~!** your health!

Wohlstand <-(e)s> *m* affluence, prosperity; **Wohlstandsgesellschaft** *f* affluent

society
Wohltat *f:* **das ist eine wahre ~!** that's a real comfort!; **jdm eine ~ erweisen** do s.o. a good turn; **Wohltäter(in)** *m(f)* benefactor (benefactress); **wohltätig** *adj* charitable; **Wohltätigkeit** *f* charity; **Wohltätigkeitsveranstaltung** *f* charity performance
wohltuend *adj* most agreeable
wohlverdient *adj* well-deserved
Wohlverhalten *nt* good conduct
wohlverstanden **I.** *adj* well-understood **II.** *adv* mark you, mind (you)
wohlweislich *adv* very wisely
Wohlwollen <-s> *nt* benevolence, goodwill; **selbst mit dem größten ~ ...** with the best will in the world ...; **wohl|wollen** *irr vi:* **jdm ~** wish s.o. well; **wohlwollend** *adj* benevolent; **jdm gegenüber ~ sein** be kindly disposed towards s.o.
Wohnanhänger *m* caravan *Br,* trailer *Am;* **Wohnanlage** *f* housing development, housing estate *Br;* **Wohnbevölkerung** *f* residential population; **Wohnblock** <-s, -s> *m* block of flats; **Wohncontainer** *m* portacabin; **Wohndichte** *f* housing [*o* residential] density
wohnen ['vo:nən] *vi* live, stay (*bei* with); **er wohnt bei seinen Eltern** he lives with his parents; **ein Haus, in dem man nicht ~ kann** a house not fit to live in; **im Hotel ~** stay at a hotel
Wohnfläche *f* living space; **Wohngebiet** *nt* residential district [*o* area]; **Wohngeld** *nt* public housing allowance; **Wohngemeinschaft** *f people sharing a flat or a house;* **Wohnhaus** *nt* residential building *Br,* apartment house *Am;* **Wohnheim** *nt* residential home *Br,* rooming house *Am;* (*Studenten~*) hostel; **Wohnkomfort** *m* home comfort; **Wohnküche** *f* kitchen-cum-living room; **Wohnlage** *f* residential area; **ein Haus in schöner ~** a nicely situated house
wohnlich *adj* cosy; **es sich ~ machen** make o.s. comfortable
Wohnmobil <-s, -e> *nt* (AUTO) camper, motor caravan, RV (recreation vehicle) *Am*
Wohnort *m* (place of) residence; **Wohnqualität** *f* quality of housing; **Wohnrecht** *nt* (JUR) right of residence; **Wohn-Schlafzimmer** *nt* bed-sitting room; **Wohnsiedlung** *f* housing estate; **Wohnsilo** *m* (*pej*) concrete block; **Wohnsitz** *m* domicile; **ständiger ~** permanent residence; **ohne festen ~** of no fixed abode
Wohnung *f* flat *Br,* apartment *Am;* **neue ~en bauen** build new homes; **freie ~ haben** have free lodging; **Wohnungsamt** *nt* housing office; **Wohnungsangebot** *nt* housing stock; **Wohnungsbau** <-(e)s> *m* house building; **Wohnungsbauprogramm** *nt* housing programme; **Wohnungsbedarf** *m* housing need; **Wohnungsbesetzer(in)** *m(f)* squatter; **Wohnungsinhaber(in)** *m(f)* householder, occupant; **Wohnungsmangel** <-s> *m* housing shortage; **Wohnungsmarkt** <-(e)s> *m* housing market; **Wohnungsmarktanzeige** *f* residential property advertisement; **Wohnungsnachfrage** *f* housing demand; **Wohnungsnachweis** *m* accomodation registry; **Wohnungsnot** *f* (serious) housing shortage; **Wohnungssuche** *f:* **auf ~ sein** be flat-hunting; **Wohnungssuchende(r)** *f m* flat-hunter; **Wohnungswechsel** *m* change of address
Wohnviertel *nt* residential quarter [*o* section]; **Wohnwagen** *m* caravan *Br,* trailer *Am;* **Wohnwert** <-(e)s> *m* residential amenity; **Wohnzimmer** *nt* living-room
wölben ['vœlbən] *vr* curve; (*Straße*) buckle
Wölbung *f* curvature; (ARCH: *bogenförmig*) arch; (ARCH: *kuppelförmig*) dome
Wolf [vɔlf, *pl:* 'vœlfə] <-(e)s, Wölfe> *m* ❶ (ZOO) wolf ❷ (MED) intertrigo ❸ (TECH: *Fleisch~*) mincer *Br,* grinder *Am;* (*für Schrott*) shredder; **~ im Schafspelz** wolf in a sheep's clothing; **jdn durch den ~ drehen** put s.o. through his paces; **Wölfin** ['vœlfɪn] *f* she-wolf
Wolfram ['vɔlfram] <-s> *nt* (CHEM) tungsten, wolfram
Wolfshunger *m* (*fam*) ravenous hunger; **einen ~ haben** be ravenous
Wolke ['vɔlkə] <-, -n> *f* (*a. fig*) cloud; **aus allen ~n fallen** be flabbergasted; **Wolkenbruch** *m* cloudburst; **Wolkendecke** <-> *f* cloud cover [*o* pall]; **Wolkenkratzer** *m* skyscraper; **wolkenlos** *adj* cloudless
wolkig *adj* cloudy
Wolldecke *f* (woollen) blanket
Wolle ['vɔlə] <-, -n> *f* wool; **reine ~** pure wool; **sich mit jdm in der ~ haben** (*fam*) be at loggerheads with s.o.; **sich mit jdm in die ~ kriegen** (*fam*) start squabbling with s.o.; **wollen** *adj* (*aus Wolle*) woollen
wollen ['vɔlən] **I.** *irr vi* (*Willen haben*): **da ist nichts zu ~** there's nothing I can do about it; **er will es nicht gewesen sein** he maintains that it wasn't him; **na, dann ~ wir mal!** all right, let's get started!; **wenn du willst, kannst du gehen** you can go if you want; **ich will nicht** I don't want to; **will sie es wirklich?** does she

really want to?; **tu, was du willst** do as you want; **willst du jetzt wohl ruhig sein!** will you be quiet!; **das will nichts heißen!** that doesn't mean anything!; **die Schnittwunde will nicht heilen** the cut won't heal; **du kannst sagen, was du willst ...** (*fam*) say what you will ...; **das ist, wenn du so willst, ...** it is, if you will, ...; **ich will unbedingt ins Kino!** I'm set on going to the cinema! **II.** *vt* (*bezwecken, wünschen*) want; **etw tun ~** want to do s.th.; **ich will zu Herrn Y** I want to see Mr Y; **ich will, dass du herkommst** I want you to come here; **ich will das sofort erledigt haben** I want it done now; **was will er von dir?** what does he want with you?; **sonst willst du nichts?** (*ironisch*) you don't want much; **er will nicht unterschreiben** he won't sign; **ich wollte nur helfen** I only meant to help; **willst du damit sagen, dass du nicht kommst?** do you mean to say you're not coming?; **er wollte niemand beleidigen** he meant no offence

wollig *adj* wooly; **Wolljacke** *f* cardigan; **Wollstoff** *m* woollen material

Wollust [ˈvɔlʊst] <-> *f* ① (*Sinnlichkeit*) voluptuousness ② (*Lüsternheit*) lust; **wollüstig** [ˈvɔlʏstɪç] *adj* ① (*sinnlich*) sensual, voluptuous ② (*lüstern*) lusty; **jdn ~ ansehen** give s.o. a lascivious look

Wollwaren *pl* woollen goods; **Wollwäsche** *f* washing woollens

Womanizer [ˈvʊmənaɪzɐ] <-s, -> *m* (*Schürzenjäger*) womanizer

womit [-ˈ-] *pron* ① (*Frage*) with what? what ... with? ② (*relativ*) with which; (*bei Bezug auf ganzen Satz*) by which; **~ kann ich dienen?** what can I do for you?; **~ ich nicht sagen will, dass ...** which doesn't mean to say that ...

womöglich *adv* possibly

wonach *pron* ① (*Frage*) after what? what ... after? ② (*relativ: zufolge*) according to which; **~ ich mich sehne, ist ...** what I am longing for is ...; **das Land, ~ ich mich sehne** the country which I am longing for; **~ riecht das?** what does it smell of?

Wonne [ˈvɔnə] <-, -n> *f* bliss; **aber mit ~!** with great pleasure!; **das ist eine wahre ~** it's a sheer delight

Woofs [vuːfs] *pl Abk. von* **well-off older folks** (*gut situierte ältere Leute*) woofs *pl*

Woopies [ˈvuːpiːs] *pl Abk. von* **well-off older people** (*gut situierte ältere Leute*) woopies *pl*

woran [voˈran] *pron* ① (*Frage*) by what? ② (*relativ, mit Bezug auf vorausgehenden Satz*) by which; **~ denkst du?** what are you thinking of?; **~ arbeiten Sie?** what are you working at?; **~ erinnert Sie das?** what does that remind you of?; **man weiß bei ihm nie, ~ man ist** with him you never know where you are at; **..., ~ man sieht ...** ... by which is shown ...

worauf [voˈrauf] *pron* ① (*Frage*) (up)on what? ② (*relativ: zeitlich*) whereupon; **~ du dich verlassen kannst!** ... of which you can be sure!; **~ wartest du?** what are you waiting for?

woraus [voˈraus] *pron* ① (*Frage*) (out) of what? what ... of? ② (*relativ*) out of which, from which; **~ schließen Sie das?** from what do you deduce that?; **..., ~ ich schließe, dass ...** ... from which I conclude that ...

worin [voˈrɪn] *pron* ① (*Frage*) in what? what ... in? ② (*relativ*) in which, which ... in, wherein; **~ besteht der Unterschied?** what is the difference?

Workout [vɔːkˈaʊt] <-s, -s> *nt* (*Ausdauertraining*) workout

Wort [vɔrt] <pl: einzelne 'Wörter'; 'Worte' im Zusammenhang> *nt* word; **~ für ~** word for word; **sowas kann man mit ~en nicht beschreiben** words cannot describe it; **mir fehlen die ~e** words fail me; **mit einem ~** in a word; **mit anderen ~en** in other words; **ein paar ~e sprechen** say a few words; **jdn beim ~ nehmen** take s.o. at his word; **du hast mir das ~ aus dem Munde genommen** you took the words out of my mouth; **für jdn ein gutes ~ einlegen** put in a word for s.o.; **sein ~ halten** keep one's word; **ich gebe dir mein ~ darauf** I give you my word on it; **sein ~ brechen** break one's word; **ich habe sein ~** I have his word for it; **das ist ein ~!** wonderful!; **davon hat man mir kein ~ gesagt** they didn't tell me anything about it; **dein ~ in Gottes Ohr!** let us hope so!; **jdm ins ~ fallen** interrupt s.o.; **jdm das ~ abschneiden** cut s.o. short; **zu ~ kommen** get a chance to speak; **jdm das ~ erteilen** allow s.o. to speak; **in ~e fassen** put into words

Wortart *f* (GRAM) part of speech

wortbrüchig *adj* false; **~ werden** break one's word

Wörterbuch *nt* dictionary

Worterkennung *f* word recognition

Wörterverzeichnis *nt* glossary

Wortfetzen *pl* scraps of a conversation *pl*

Wortführer(in) *m(f)* spokesman (spokes-

W

woman), spokesperson; **Wortgefecht** *nt* battle of words; **wortgetreu** *adj, adv* verbatim; **wortkarg** *adj* taciturn; **Wortklauberei** [ˈvɔrtklaubəˈraɪ] *f* cavilling, quibbling; **Wortlaut** <-(e)s> *m* wording; **im ~** verbatim; **nach dem ~ des Vertrages** by the terms of the contract

wörtlich [ˈvœrtlɪç] *adj* (*Bedeutung*) literal; (*Wiedergabe*) word-for-word; **~e Rede** direct speech; **etw ~ übersetzen** translate s.th. literally

wortlos I. *adj* silent II. *adv* without saying a word; **Wortmeldung** *f* request to speak; **~en liegen nicht vor** there is nobody who asked leave to speak; **wortreich** *adj* (*Rede*) verbose, wordy; (*Protest*) voluble

Wortschatz <-es, -schätze> *m* vocabulary; **Wortschwall** <-(e)s> *m* torrent of words; **Wortspiel** *nt* play upon words, pun; **Wortstellung** *f* (GRAM) word order; **Wortwahl** *f* choice of words; **Wortwechsel** *m* verbal exchange; **einen ~ haben** have a quarrel; **wortwörtlich** I. *adj* word-for-word, verbatim II. *adv* word for word, verbatim

worüber [voˈryːbɐ] *adv* ❶ (*Frage*) about what? what … about? ❷ (*örtlich*) over what? what … over? ❸ (*relativ*) about which, which … about; (*örtlich*) over which, which … over; (*bei Bezug auf vorausgehenden Satz*) which

worum [voˈrʊm] *adv* ❶ (*Frage*) about what? what … about? ❷ (*relativ*) about which, which … about; **~ handelt es sich?** what's it about?

worunter [voˈrʊntɐ] *adv* ❶ (*Frage*) under what? what … under? ❷ (*relativ*) under which, which … under; **~ leidest du denn?** what are you suffering from?

wovon *adv* ❶ (*Frage*) from what? what … from? ❷ (*relativ*) from which, which … from; (*bei Bezug auf vorausgehenden Satz*) about which, which … about; **~ sprechen Sie?** what are you talking about?; **~ hat er das abgeleitet?** what did he derive that from?; **~ auch immer Sie sprechen** whatever you're talking about

wovor *adv* ❶ (*Frage*) before what? what … before? ❷ (*relativ*) before which, which … before; **~ fürchtest du dich?** what are you afraid of?; **etwas, ~ ich ihn schon immer gewarnt habe** something I have always warned him about

wozu [-ˈ-] *adv* ❶ (*Frage*) to what? what … to?; (*warum*) why? ❷ (*relativ*) to which, which … to; **~ soll das gut sein?** what is that supposed to be good for?; **~ denn?** why should I?

Wrack [vrak] <-(e)s, -s/(-e)> *nt* (*a. fig*) wreck

wringen [ˈvrɪŋən] *irr vt* wring

Wucher [ˈvuːxɐ] <-s> *m* profiteering; (*bei Geldverleih*) usury; **das ist doch der reinste ~!** that's daylight robbery!; **Wucherer, -rin** *m, f* profiteer; (*Geldverleiher*) usurer; **wucherisch** *adj* profiteering; (*Zinsen*) usurious; **Wuchermiete** *f* extortionate rent

wuchern [ˈvuːxɐn] *vi* ❶ *sein* (*empor~*) proliferate ❷ (*von Haaren*) grow profusely; **wuchernd** *adj* proliferous

Wucherpreis *m* exorbitant price

Wucherung *f* ❶ (MED) growth, tumour ❷ (BOT) proliferation

Wucherzins *m* usurious interest

Wuchs [vuːks] <-es> *m* ❶ (*Wachstum*) growth ❷ (*Körper~*) stature

Wucht [vʊxt] <-> *f* ❶ force; (*Stoßkraft*) momentum ❷ (*fam: eine ganze Menge*) load ❸ (*fam: Prügel*) good hiding; **Anna ist eine ~!** (*fam*) Anna is smashing!; **wuchten** *vt, vi* (*hochheben*) heave; **wuchtig** *adj* ❶ (*schwer, a. fig*) heavy ❷ (*kräftig*) powerful

wühlen [ˈvyːlən] I. *vi, vt* ❶ dig (*nach* for); (*von Nager*) burrow ❷ (*stöbern*) root, rummage (*nach etw* for s.th.) ❸ (*Schmerzen*) gnaw (*in* at) ❹ (*zersetzend tätig sein*) stir things up II. *vr* (*durch Akten*) burrow one's way (through)

Wühlkorb *m* bargain basket

Wühlmaus *f* vole

Wühltisch *m* bargain counter

Wulst [vʊlst, *pl:* ˈvʏlstə] <-(e)s, Wülste> *m* bulge; (*Flaschen~, Glas~*) lip; (AUTO: *Reifen~*) bead; (*Falte*) fold; **wulstig** *adj* bulged; (*Lippen*) thick

wund [vʊnt] *adj* sore; **~er Punkt** sore point; **sich ~ reiben** make o.s. sore (by chafing); **sich die Füße ~ laufen** walk one's legs off; **sich ~ liegen** get bedsores

Wunde [ˈvʊndə] <-, -n> *f* (*a. fig*) wound; **alte ~n wieder aufreißen** open up old sores

Wunder [ˈvʊndɐ] <-s, -> *nt* ❶ (*überraschendes Ereignis*) wonder ❷ (REL: *Übernatürliches*) miracle ❸ (*Person*) marvel; **das ist kein ~** no wonder; **~ tun** work wonders; **er wird sein blaues ~ erleben** (*fam*) he won't know what's hit him; **es geschehen noch Zeichen und ~** (*hum*) wonders will never cease; **sich ~ was einbilden** think one is too wonderful for words

wunderbar *adj* ❶ (*schön*) marvellous, wonderful ❷ (*übernatürlich*) miraculous;

wunderbarerweise *adv* miraculously; **Wunderkind** *nt* child prodigy

wunderlich *adj* ❶ (*merkwürdig*) odd, strange ❷ (*wundersam*) wondrous

wundern **I.** *vt* surprise; **das wundert mich aber!** you amaze me!; **es würde mich nicht ~, wenn …** I wouldn't be surprised if …; **es wundert mich, dass du nicht daran gedacht hast** I'm surprised you didn't think of that **II.** *vr* be surprised [*o* astonished] (*über* at)

wunderschön *adj* lovely, wonderful; **wundervoll** *adj* marvellous, wonderful

Wundsalbe *f* antiseptic ointment; **Wundstarrkrampf** *m* tetanus

Wunsch [vʊnʃ, *pl:* 'vʏnʃə] <-(e)s, Wünsche> *m* ❶ wish; (*sehnliches Verlangen*) desire ❷ (*Bitte*) request; **es ging alles nach ~** everything was going smoothly; **ich lese ihr jeden ~ von den Augen ab** I anticipate her every wish; **dein ~ sei mir Befehl** your wish is my command; **dein ~ soll in Erfüllung gehen** you shall have your wish; **haben Sie noch einen ~?** is there anything else you'd like?; **da war der ~ der Vater des Gedankens** the wish was father to the thought; **Wunschdenken** *nt* wishful thinking

Wünschelrute ['vʏnʃəlru:tə] *f* dowsing rod; **Wünschelrutengänger(in)** *m(f)* dowser

wünschen [vʏnʃən] *vt, vi* wish (*sich etw* s.th., *jdm etw* s.o. s.th.); (*im Stillen*) wish (*sich etw* for s.th.); (*bitten*) ask (*sich etw* for s.th.); (*begehren, verlangen*) want; **ich wünschte, du wärest still** I wish you'd be quiet; **jdm alles Gute ~** wish s.o. well; **jdm frohe Weihnachten ~** wish s.o. a happy Christmas; **es war genauso wie ich es mir gewünscht hatte** it was everything I had wished for; **sie hat alles, was man sich nur ~ kann** she has everything she could wish for; **das lässt zu ~ übrig** that leaves s.th. to be desired; **wünschenswert** *adj* desirable

wunschgemäß *adv* as planned [*o* requested]; **Wunschkind** *nt* wanted [*o* planned] child; **Wunschkonzert** *nt* request programme; **Wunschtraum** *m* dream; (*Illusion*) illusion; **Wunschzettel** *m* list of things desired

Würde ['vʏrdə] <-, -n> *f* ❶ dignity ❷ (*Ehre*) honour ❸ (*Titel*) title; **in Amt und ~n** in an exalted position; **unter jds ~** beneath someone's dignity; **unter aller ~** (*fam*) beneath contempt; **würdelos** *adj* undignified; **Würdenträger(in)** *m(f)* dignitary; **würdevoll** *adj* dignified

würdig *adj* ❶ (*wert*) worthy ❷ (*würdevoll*) dignified; **du bist ihrer nicht ~** you are unworthy of her

würdigen ['vʏrdɪgən] *vt* ❶ (*einschätzen*) appreciate ❷ (*respektieren*) respect ❸ (*für würdig befinden*) deem (*jdn einer Sache* s.o. worthy of s.th.); **etw zu ~ wissen** appreciate s.th.; **sie würdigte ihn keines Blickes** she did not deign to look at him

Würdigung *f* ❶ (*Anerkennung*) appreciation ❷ (*Ehrung*) honour

Wurf [vʊrf, *pl:* 'vʏrfə] <-(e)s, Würfe> *m* ❶ throw; (*beim Handball*) shot ❷ (*das Werfen*) throwing ❸ (*Jungtiere*) litter; (*das Werfen*) birth; **einen guten ~ tun** (*Glück haben*) hit the jackpot; **zum ~ ausholen** get ready to throw

Würfel ['vʏrfəl] <-s, -> *m* ❶ (*Spiel~*) die, dice *pl* ❷ (MATH) cube; **die ~ sind gefallen** the die is cast; **~ spielen** play at dice; **Würfelbecher** *m* shaker; **würfelförmig** *adj* cube-shaped, cubic; **Würfelspiel** *nt* ❶ (*als Spielart*) dice ❷ (*eine Partie ~*) game of dice; **Würfelzucker** *m* cube sugar, lump sugar; **zwei Stück ~** two lumps (of sugar)

Wurfgeschoss *m* missile, projectile; **Wurfpfeil** *m* dart; **Wurfsendung** *f* circular; **Wurfspieß** *m* javelin

würgen ['vʏrgən] **I.** *vt* ❶ (*Luft ab~*) strangle, throttle ❷ (*schlucken*) choke **II.** *vi* ❶ (*mühsam schlucken*) choke ❷ (*hoch~*) retch; **mit Hängen und Würgen** by the skin of one's teeth

Wurm [vʊrm, 'vʏrmə] <-(e)s, Würmer> *m* ❶ worm; (*Made, Larve*) maggot ❷ (*fam: Kind*) (little) mite; **da ist der ~ drin!** (*fam*) there's s.th. wrong somewhere!; **jdm die Würmer aus der Nase ziehen** (*fam*) drag it all out of s.o.

Würmchen ['vʏrmçən] *nt* ❶ (*kleiner Wurm*) small worm ❷ (*fam: Kind*) (poor) little mite

wurmen ['vʊrmən] *vt* (*fam*): **es wurmt mich** I'm rankling with it

wurmförmig *adj* vermiform, worm-shaped

Wurmfortsatz *m* (ANAT) vermiform appendix

wurmstichig *adj* (*Holz*) full of worm-holes

Wurst [vʊrst, 'vʏrstə] <-, Würste> *f* sausage; **das ist mir ~** (*fam*) it is all the same to me *Br,* I don't give a hang *Am;* **jetzt geht's um die ~!** (*fam*) here we go! now for it!

Würstchen ['vʏrstçən] *nt* ❶ (small) sausage ❷ (*pej: ein Niemand*) squirt; **heiße ~** hot sausages; **armes ~** poor devil; **Würstchenstand** *m* sausage stand *Br,* hot-dog stand *Am*

wursteln ['vʊrstəln] *vi* (*fam*) muddle along

Wurstfabrik *f* sausage factory

wurstig *adj* (*fam*) couldn't-care-less; **Wurstigkeit** *f* (*fam*) couldn't-care-less attitude

Wurstkonserve *f* tinned sausages *sing;* **Wurstvergiftung** *f* sausage poisoning; **Wurstwaren** *pl* sausages

Würze ['vʏrtsə] <-, -n> *f* ① (*Gewürz*) seasoning, spice ② (*Reiz*) spice; **in der Kürze liegt die ~** (*prov*) brevity is the soul of wit

Wurzel ['vʊrtsəl] <-, -n> *f* (*von Pflanzen, Zähnen*) root; (LING) radical, stem; **~n schlagen** root; (*sich einleben*) put down roots; **etw mit der ~ ausrotten** eradicate s.th.; **die ~ aus einer Zahl ziehen** (MATH) find the root of a number; **Wurzelbehandlung** *f* (MED) root treatment

wurzeln *vi* (*a. fig*) be rooted; (*verursacht worden sein*) have its roots (*in etw* in s.th.)

Wurzelzeichen *nt* (MATH) radical sign

würzen ['vʏrtsən] *vt* ① season ② (*fig*) add spice to

würzig *adj* ① (*Speisen*) tasty; (*scharf*) spicy ② (*aromatisch*) aromatic ③ (*Luft*) fragrant

Würzmittel *nt* condiment; **Würzstoff** *m* flavouring

wuseln *vi* bustle about

Wust [vu:st] <-(e)s> *m* ① (*unordentlicher Haufen*) heap ② (*Menge*) pile ③ (*Durcheinander*) jumble

wüst [vy:st] *adj* ① (*öde*) desert, waste; (*verlassen*) deserted, desolate ② (*unordentlich*) chaotic; (*wild*) wild ③ (*liederlich, ausschweifend*) dissolute, wild ④ (*rüde*) vile ⑤ (*schlimm, schrecklich*) awful; **~ aussehen** look a real mess

Wüste ['vy:stə] <-, -n> *f* ① desert ② (*Öde, a. fig*) wilderness; **jdn in die ~ schicken** (*fam*) send s.o. packing; **Wüstensand** *m* desert sand; **Wüstenbildung** *f* desertification

Wüstling ['vy:stlɪŋ] *m* (*pej*) lecher

Wut [vu:t] <-> *f* ① (*Zorn*) fury, rage ② (*Verbissenheit*) frenzy; **jdn in ~ bringen** infuriate s.o.; **er kochte vor ~** (*fam*) he was boiling with rage; **wenn ihn die ~ packt ...** when he gets in(to) a rage ...; **seine ~ in sich hineinfressen** (*fam*) lump it; **er schäumte vor ~** he foamed with rage; **er ließ seine ~ an mir aus** he vented his rage on me; **in ~ geraten** fly into a rage; **ich hab' vielleicht 'ne ~ im Bauch!** (*fam*) I'm livid!; **Wutanfall** *m* fit of rage; **Wutausbruch** *m* outburst of rage

wüten ['vy:tən] *vi* ① (*toben*) rage ② (*Zerstörungen anrichten*) cause havoc ③ (*mit Worten*) storm (*gegen* at); **wütend** *adj* ① (*erzürnt*) enraged, furious; (*Menschenmenge*) angry, rioting ② (*Sturm*) raging ③ (*heftig*) fierce; **auf jdn ~ sein** be mad at s.o.; **über etw ~ sein** be furious about s.th.; **~ sein** be in a rage; **jdn ~ machen** put s.o. into a rage

wutentbrannt *adj* enraged, furious; **wutschnaubend** *adj* snorting with rage; **Wutschrei** *m* yell of rage; **wutverzerrt** *adj* distorted with rage

WWU *f Abk. von* **Wirtschafts- und Währungsunion** EMU

WWW *f* (INTERNET) *Abk. von* **World Wide Web** the Web

X x

X, x [ɪks] <-, -> *nt* X, x

X *nt:* **jdm ein X für ein U vormachen** (*fam*) put one over on s.o.

x-Achse *f* (MATH) x-axis

X-Beine *pl* knock-knees; **~ haben** be knock-kneed; **x-beinig** *adj* knock-kneed

x-beliebig *adj* (*fam*) any old ...; **das würde ich nicht für jeden ~en tun** I wouldn't do that for just anyone

x-fach *adj* (*fam*): **trotz ~er Ermahnungen** in spite of umpteen warnings

x-mal *adv* (*fam*): **ich hab' dir schon ~ gesagt ...** I've told you umpteen times ...

x-te *adj* (*fam*): **zum ~n Mal** for the umpteenth time

Xanthippe [ksan'tɪpə] <-, -n> *f* (*pej*) harridan

Xenon ['kse:nɔn] <-s> *nt* (CHEM) xenon

xenophob [kseno'fo:p] *adj* xenophobic; **Xenophobie** <-> *f* xenophobia

Xerogramm [kse:ro'gram] *nt* (TYP) xerographic copy; **Xerographie** *f*, **Xerografie** *f* (TYP) xerography; **Xerokopie** *f* xerographic print

Xylophon [ksylo'fo:n] <-s, -e> *nt*, **Xylofon** *nt* xylophone

Y y

Y, y ['ypsilɔn] <-, -> *nt* Y, y
y-Achse <-, -n> *f* (MATH) y-axis
Yacht *f* yacht
Yak [jak] <-s, -s> *m* (*wild lebendes Rind*) yak
Yeppy <-s, -s> *m Abk. von* **young, European and proud of it** yeppy
Yoga ['jo:ga] <-s> *m/nt* yoga; **Yogasitz** *m* lotus position
Yogi ['jo:gi] <-(s), -s> *m* yogi
Ypsilon *nt* ❶ (*Buchstabe*) y ❷ (*griechischer Buchstabe*) upsilon
Ysop ['i:zɔp] <-s, -e> *m* (*Pflanze*) hyssop
Ytong® [y:tɔŋ] <-s, -s> *m* breezeblock
Yucca ['jʊka] <-, -s> *f* yucca
Yuppie ['jʊpɪ] <-s, -s> *m* (*fam*) yuppie

Z z

Z, z [tsɛt] <-, -> *nt* Z, z
z.A. *Abk. von* **zur Anstellung** on probation
Zack [tsak] *m* (*fam*): **auf ~ sein** be on the ball; **jdn auf ~ bringen** knock s.o. into shape; **jdn auf ~ halten** keep s.o. on his toes; **zack** *interj*: **~, ~!** chop, chop!
Zacke(n) <-s, -> *f (m)* point; (*Auszackung*) indentation; (*von Gabel*) prong; (*von Kamm*) tooth; **ihm würde kein ~ aus der Krone fallen, wenn er ...** it wouldn't hurt him to ...; **zackig** *adj* ❶ (*gezackt*) jagged; (*Blätter*) serrated ❷ (*fam: Mensch*) smart ❸ (*fam: Rhythmus*) brisk
zagen ['tsa:gən] *vi* be apprehensive, hesitate; **zaghaft** *adj* timid; **Zaghaftigkeit** *f* timidity
zäh [tsɛ:] *adj* ❶ (*~flüssig*) viscous ❷ (*widerstandsfähig*) tough; **~ wie Leder** (*fam*) as tough as leather; **~ werden** toughen up; **sie hielt ~ an ihren Prinzipien fest** she held tenaciously to her principles; **sein ~er Lebenswille** his tenacity of life; **~er Verkehr** slow-moving traffic; **zähflüssig** *adj* ❶ thick, viscous ❷ (*Verhandlung*) slow-moving; **Zähflüssigkeit** *f* thickness, viscosity; **Zähigkeit** *f* (*Strapazierfähigkeit*) toughness; (*Hartnäckigkeit*) tenacity
Zahl [tsa:l] <-, -en> *f* (MATH GRAM) number; (*Ziffer*) figure, numeral; (*Zahlzeichen*) cipher; **eine große ~ von Leuten** large numbers of people; **dreistellige ~** three-figure number; **der ~ nach** in number; **an ~ übertreffen** outnumber; **haben Sie die ~en vom Vorjahr gesehen?** (COM) have you seen last year's figures?
zahlbar *adj* payable (*an* to); **~ bei Erhalt** payable on receipt **~ bei Lieferung** cash on delivery
zahlen ['tsa:lən] *vt, vi* pay; **auf Rechnung ~** pay on account; **dieses Mal zahle ich!** this is on me; **Herr Ober, bitte ~!** waiter, the bill/check please! *Br/Am;* **Kinder ~ die Hälfte** children half-price; **sie zahlten ihm die Reise nach England** they paid for him to go to England; **eine Rate für etw ~** make a payment on s.th.
zählen ['tsɛ:lən] *vt, vi* count; **bis zehn ~** count to ten; **jdn zu seinen Freunden ~** count s.o. among one's friends; **du kannst auf seine Hilfe ~** you can count on him to help; **Picasso zählt zu den bekanntesten Malern unserer Zeit** Picasso ranks as one of the best-known painters of our time; **man kann ihn nicht zu den Punks ~** one cannot number [*o* count] him among the punks
Zahlenfolge *f* order of numbers; **Zahlenkombination** *f* combination of numbers; **zahlenmäßig** *adv* in numerical terms, numerically; **Zahlenmaterial** *nt* figures *pl;* **Zahlenreihe** *f* sequence of numbers; **Zahlenschloss** *nt* combination lock; **Zahlenverhältnis** *nt* ratio
Zahler *m* payer
Zähler *m* ❶ (MATH) numerator ❷ (*Ablesegerät*) meter; **Zählerstand** *m* meter reading
Zahlkarte *f* giro transfer form
zahllos *adj* countless, innumerable
Zahlmeister *m* (MIL) paymaster; (MAR) purser
zahlreich *adj* numerous
Zahltag *m* pay day
Zahlung *f* payment; **in ~ geben** trade in; **in ~ nehmen** take as a trade-in; **eine ~ leisten** make a payment; **etw zur ~ vorlegen** present s.th. for payment; **die ~en einstellen** stop payments
Zählung *f* count; (TECH) metering; (*Volks~*) census
Zahlungsabkommen *nt* payments agreement; **Zahlungsanweisung** *f* (*durch Bank*) giro transfer order; (*durch Post*) post-office order, P.O.O.; **Zahlungsart** *f* method of payment

Zahlungsaufforderung *f* request [*o* demand] for payment; **Zahlungsaufschub** *m* extension of credit; (JUR) moratorium; **Zahlungsauftrag** *m* payment order; **Zahlungsbedingungen** *pl* terms of payment; **Zahlungsbefehl** *m* order to pay; **Zahlungsempfänger** *m* payee; **zahlungsfähig** *adj* solvent; **Zahlungsfähigkeit** *f* ability to pay; ~ **von Rentensystemen** solvency of pension systems; **Zahlungsfrist** *f* time allowed for payment; **zahlungskräftig** *adj* wealthy; **Zahlungsmittel** *nt* (*gesetzliches* ~) (legal) tender *Br,* lawful money *Am;* (*Währung*) currency; **Zahlungsmoral** *f* paying habits *pl;* **zahlungspflichtig** *adj* obliged [*o* liable] to pay; **Zahlungsschwierigkeiten** *pl* financial difficulties; **Zahlungsunfähigkeit** *f* inability to pay; **zahlungsunwillig** *adj* unwilling to pay; **Zahlungsverkehr** *m* monetary [*o* payment] transactions; **bargeldloser** ~ cashless transfer system; **Zahlungsverpflichtungen** *pl* liabilities to pay; **Zahlungsverzug** *m* arrears *pl,* default; **Zahlungsweise** *f* method of payment; **Zahlungsziel** *nt* period allowed for payment

Zählwerk *nt* counter

Zahlwort <-(e)s, -wörter> *nt* numeral; **Zahlzeichen** *nt* numerical symbol

zahm [tsa:m] *adj* (*a. fig*) tame

zähmen ['tsɛ:mən] *vt* ❶ tame ❷ (*Leidenschaft*) control; **Zahmheit** *f* tameness; **Zähmung** *f* taming

Zahn [tsa:n, *pl:* 'tsɛ:nə] <-(e)s, Zähne> *m* ❶ (ANAT) tooth *pl,* teeth ❷ (TECH: *von Zahnrad*) cog ❸ (*von Briefmarke*) perforation; **falsche Zähne** false teeth; **jdm auf den ~ fühlen** (*aushorchen*) sound s.o. out; (*scharf befragen*) grill s.o.; **Haare auf den Zähnen haben** (*pej*) be a Tartar; **sich einen ~ ziehen lassen** have a tooth out; **bis an die Zähne bewaffnet sein** be armed to the teeth; **die Zähne zeigen** (*a. fig*) show one's teeth; **sich die Zähne putzen** brush one's teeth; **der ~ der Zeit** the ravages of time; **einen ~ zulegen** (*sl*) get a move on

Zahnarzt, **-ärztin** *m, f* dentist; **Zahnarztbesuch** *m* visit to the dentist; **Zahnarzthelferin** *f* dentist's assistant; **Zahnbehandlung** *f* dental treatment; **Zahnbein** *nt* dentine; **Zahnbelag** <-(e)s> *m* crusts on the teeth; **Zahnbrücke** *f* (dental) bridge; **Zahnbürste** *f* tooth brush

Zähnefletschen *nt* snarling; **Zähneklappern** *nt* chattering of teeth

zahnen ['tsa:nən] *vi* cut one's teeth, teethe

Zahnersatz *m* dentures *pl;* **Zahnfäule** <-> *f* caries; **Zahnfleisch** *nt* gum; **auf dem ~ gehen** (*fam*) be all-in; **Zahnfleischbluten** *nt* bleeding of the gums; **Zahnfüllung** *f* filling; **Zahnhals** *m* neck of the tooth; **Zahnklinik** *f* dental clinic; **Zahnkrone** *f* (dental) crown; **zahnlos** *adj* toothless; **Zahnlücke** *f* gap between one's teeth; **Zahnmedizin** *f* dental medicine; **Zahnnerv** *m* dental nerve; **Zahnpasta** ['tsa:npasta] <-, (-s)> *f* tooth paste; **Zahnpflege** *f* dental hygiene; **Zahnprothese** *f* dental prothesis, denture; **Zahnputzglas** *nt* toothbrush glass; **Zahnrad** *nt* (TECH) cogwheel, gear; **Zahnradbahn** *f* rack-railway *Br,* rack-railroad *Am;* **Zahnschmelz** *m* (tooth) enamel; **Zahnschmerzen** *pl:* **ich habe ~** I have a toothache *sing;* **Zahnseide** *f* dental floss; **Zahnspange** *f* brace; **Zahnstange** *f* (TECH) gear rack; **Zahnstein** <-(e)s> *m* tartar; **Zahnstocher** *m* tooth pick; **Zahntechniker(in)** *m(f)* dental technician; **Zahnwurzel** *f* root of a [*o* the] tooth

Zampano [tsam'pa:no] <-s, -s> *m* (*fam*): **der große ~** the big cheese

Zander *f* (*Fisch*) pikeperch, zander

Zange ['tsaŋə] <-, -n> *f* ❶ (TECH: *Kneif~, Flach~*) pliers *pl;* (*Beiß~, a. von Tier*) pincers *pl;* (*Feuer~*) tongs *pl;* (*medizinische ~*) forceps *pl* ❷ (SPORT: ~ *beim Ringkampf*) double lock; **eine ~** a pair of pincers; **jdn in die ~ nehmen** (*fam: fertig machen*) give s.o. a pasting; (*in die Enge treiben*) put the screws on s.o.; (SPORT: *beim Ringkampf*) put a double lock on s.o.; **zangenförmig** *adj* pincer-shaped; **Zangengeburt** *f* forceps delivery

Zank [tsaŋk] <-(e)s> *m* quarrel, row; **Zankapfel** *m* (*fig*) bone of contention

zanken **I.** *vi* (*schimpfen*) scold (*mit jdm* s.o.) **II.** *vr* quarrel, row, squabble; **sich mit jdm ~** have a row with s.o.; **sie haben sich gezankt** they've had a quarrel

Zänkerei [tsɛŋkə'raɪ] *f* quarrelling, squabbling

zänkisch ['tsɛŋkɪʃ] *adj* (*streitlustig*) quarrelsome; (*Frau*) shrewish

Zanksucht <-> *f* quarrelsomeness

Zäpfchen ['tsɛpfçən] *nt* ❶ (MED: *Einführ~*) suppository ❷ (ANAT: *Gaumen~*) uvula ❸ (TECH) small plug

Zapfen ['tsapfən] <-s, -> *m* ❶ (*Nadelbaum~*) cone ❷ (TECH: *Lager~*) journal ❸ (TECH: *Möbelholz~*) tenon ❹ (TECH: *in Drehzapfenlager*) pin ❺ (*Eis~*) icicle

zapfen *vt* tap

Zapfenstreich *m* (MIL) tattoo *Br,* taps *Am*

Zapfgeschwindigkeit *f* delivery rate; **Zapfhahn** *m* tap; **Zapfpistole** *f* nozzle; **Zapfsäule** *f* petrol/gas pump *Br/Am;* **Zapfventil** *nt* delivery nozzle

zappelig *adj* fidgety, wriggly; **jdn ~ machen** give s.o. the fidgets *pl;* ~ **werden** get the fidgets *pl*

zappeln ['tsapəln] *vi* (*herum~*) fidget; (*sich winden*) wriggle; **zappel nicht so rum!** don't fidget!; **jdn ~ lassen** keep s.o. in suspense

Zappelphilipp *m* (*fam*) fidget; **was bist du für ein ~!** have you got the fidgets?

zappenduster ['tsapən'du:stɐ] *adj* (*fam*): **nun ist es aber ~!** now we're really in the soup!

Zar [tsa:ɐ] <-s/-en, -en> *m* (HIST) czar; **Zarin** *f* (HIST) czarina

zart [tsa:ɐt] *adj* ❶ tender; (*Gesundheit*) delicate; (*zerbrechlich*) fragile, frail ❷ (*feinfühlig*) sensitive ❸ (*Farbe*) pale ❹ (*weich*) soft; ~ **besaitet sein** be highly sensitive; ~ **fühlend** sensitive; **Zartgefühl** *nt* delicacy of feeling, sensitivity; **zartgrün** *adj* pale green

zärtlich ['tsɛ:ɐtlɪç] *adj* loving, tender; (*streichelnd*) caressing; **Zärtlichkeit** *f* ❶ (*Zärtlichsein*) tenderness ❷ (*Liebkosung*) caress

Zauber ['tsaʊbɐ] <-s, -> *m* ❶ (*Magie*) magic ❷ (*Reiz*) charm ❸ (*~spruch*) (magic) spell; **fauler ~** (*pej*) humbug *Br,* punk *Am;* **was soll der ganze ~?** (*fam*) why all the fuss?; **Zauberei** *f* ❶ (*Magie*) magic, sorcery, witchcraft ❷ (*Zauberkunststück*) conjuring trick; **ein Buch über ~** a book on witchcraft; **wie durch ~** as if by magic

Zauberer, -rin *m, f* ❶ (*Magier*) magician; (*Hexer*) sorcerer, wizard ❷ (*Zauberkünstler*) conjurer; **ein ~ mit dem Ball** (SPORT) a wizard with the ball

Zauberformel *f* magic formula; **zauberhaft** *adj* enchanting; **Zauberkunst** *f* ❶ (*Magie*) magic ❷ (*Taschenspielerei*) conjuring; **Zauberkünstler(in)** *m(f)* conjurer; **Zauberkunststück** *nt* conjuring trick; **er unterhielt sie mit ein paar ~en** he entertained them with a display of magic; **Zauberlehrling** ['tsaʊbɐ,le:ɐlɪŋ] *m* magician's/sorcerer's apprentice

zaubern ['tsaʊbɐn] **I.** *vi* ❶ (*Magie ausüben*) do magic ❷ (*Zauberkunststücke zeigen*) do conjuring tricks; **ich kann doch nicht ~!** (*fam*) I'm not a magician! **II.** *vt* produce as if by magic; **er zauberte die Taube in seinen Hut** he made the dove disappear in his hat by magic

Zauberspruch *m* (magic) spell; **Zauberstab** *m* (magic) wand; **Zaubertrank** *m* magic potion; **Zauberwort** *nt* magic word

Zauderer *m* vacillator

zaudern ['tsaʊdɐn] *vi* (*schwanken*) vacillate; (*zögern*) hesitate; **ohne auch nur einen Augenblick zu ~** without the slightest hesitation

Zaum [tsaʊm, *pl:* 'tsɔɪmə] <-(e)s, Zäume> *m* bridle; **im ~ halten** bridle, keep a tight rein on

zäumen ['tsɔɪmən] *vt* bridle

Zaun [tsaʊn, *pl:* 'tsɔɪnə] <-(e)s, Zäune> *m* fence; **einen Streit vom ~e brechen** pick a quarrel; **Zaungast** *m* (*fam*) *s.o. who gets a free view of an event;* **Zaunkönig** *m* (*kleiner Singvogel*) wren; **Zaunlatte** *f* pale, stake; **Zaunpfahl** *m* (fencing) post; **ein Wink mit dem ~** a broad hint

zausen ['tsaʊzən] *vt* ruffle

z.B. *Abk. von* **zum Beispiel** e.g

Zebra ['tse:bra] <-s, -s> *nt* zebra; **Zebrastreifen** *m* zebra crossing *Br,* crosswalk *Am*

Zeche ['tsɛçə] <-, -n> *f* ❶ (*Wirtshausrechnung*) bill *Br,* check *Am* ❷ (*Bergwerk*) (coal-)mine ❸ (*Bergwerksgesellschaft*) mining company; **die ~ bezahlen** (*a. fig*) foot the bill; **zechen** *vi* (*ein Zechgelage machen*) carouse; (*fam: sich betrinken*) booze; **Zechgelage** *nt* carouse; **Zechkumpan** *m* (*fam*) drinking-mate; **Zechtour** *f* pub crawl *Br*

Zecke ['tsɛkə] <-, -n> *f* tick; **Zeckenbiss** *m* tick bite; **Zeckenimpfung** *f* tick vaccination

Zeder ['tse:dɐ] <-, -n> *f* (*Nadelbaum*) cedar; **Zedernholz** *nt* cedar wood

Zehe ['tse:ə] <-, -n> *f* ❶ (ANAT) toe ❷ (*Knoblauch~*) clove; **große ~** big toe; **jdm auf die ~n treten** (*fam*) tread on someone's toes; **Zehennagel** *m* toe nail; **Zehenspitze** *f* tip of the toe; **auf (den) ~n gehen** (walk on) tiptoe

zehn [tse:n] *adj* ten

Zehner <-s, -> *m* ❶ (MATH) ten ❷ (*fam: Geldschein*) tenner; **Zehnerkarte** *f* (*für Schwimmbad*) 10-visit-ticket; **zehnerlei** *adj* of ten different sorts; **Zehnerpackung** *f* packet of ten

Zehneuroschein *m* ten-euro note

Zehnfingersystem *nt* touch-typing method; **zehnjährig** *adj* ten-year-old; **Zehnkampf** *m* (SPORT) decathlon; **zehnmal** *adv* ten times

zehntausend *adj* ten thousand; **die oberen ~** the upper ten *Br,* the four hundred *Am;* **Zehntausende von Menschen** tens of thousands of people

zehnte *adj* tenth; **Zehntel** <-s, -> *nt* tenth; **zehntens** *adv* in the tenth place, tenthly

zehren ['tseːrən] *vi* ❶ (*leben*) live (*von etw* on s.th.) ❷ (*fig*) feed (*von etw* on s.th.) ❸ (*entkräften*) wear (*an jdm* s.o.), out ❹ (*Kummer*) gnaw (*an jdm* at s.o.); (*an Gesundheit*) undermine (*an etw* s.th.)

Zeichen ['tsaɪçən] <-s, -> *nt* ❶ sign; (*Hinweis, Signal*) signal ❷ (*Merkmal*) token; (*An~*) indication; (*Erkennungs~*) identification ❸ (*Schrift~*) character; (*Karten~, Symbol*) symbol; (*Satz~*) punctuation mark; **ein ~ geben** give a sign [*o* signal]; **jdm ein ~ geben etw zu tun** sign to s.o. to do s.th.; **als ~ der Verehrung** as a token of respect; **zum ~, dass ...** to show that ...

Zeichenblock <-(e)s, -s/-blöcke> *m* drawing-pad; **Zeichenbrett** *nt* drawing-board; **Zeichendreieck** *nt* set-square; **Zeichenerklärung** *f* (*auf Landkarte*) legend; (*auf Fahrplänen*) key to the symbols; **Zeichenkunst** *f* (art of) drawing; **Zeichenlehrer(in)** *m(f)* art teacher; **Zeichenpapier** *nt* drawing paper; **Zeichensaal** *m* art-room; **Zeichensetzung** *f* punctuation; **Zeichensprache** *f* sign language; **Zeichenstift** *m* drawing pencil; **Zeichenstunde** *f* art lesson; **Zeichentisch** *m* drawing table; **Zeichentrickfilm** *m* animated cartoon; **Zeichenunterricht** *m* ❶ (*Unterrichtsstunde*) drawing lesson ❷ (*Schulfach*) art

zeichnen ['tsaɪçnən] **I.** *vi* draw; **gezeichnet: xy** signed: xy **II.** *vt* ❶ (*ab~*) draw ❷ (FIN: *Anleihe*) subscribe to; **eine Kurve ~** map a graph, plot a curve

Zeichner(in) *m(f)* draughtsman *Br*, draftsman (-woman) *Am*; (*technischer ~*) engineering draughtsman (-woman)

Zeichnung *f* ❶ (*Darstellung, Entwurf*) drawing; (*Skizze*) sketch ❷ (*Schilderung*) depiction ❸ (FIN: *einer Anleihe*) subscription ❹ (*Struktur von Fell*) markings *pl*; **zur ~ auflegen** (FIN) invite subscriptions for; **zeichnungsberechtigt** *adj* authorized to sign

Zeigefinger *m* index finger, forefinger

zeigen ['tsaɪgən] **I.** *vt* show; **ohne irgendwelche Gefühle zu ~** without any show of emotion *sing*; **jdm etw ~** show s.th. to s.o.; **zeig mir, wie man das macht!** show me how to do it!; **dir werd' ich's ~!** (*fam*) I'll show you!; **dem hab' ich's aber gezeigt!** (*fam*) that showed him!; **ihnen wurde die Fabrik gezeigt** they were shown around the factory **II.** *vi* (*anzeigen, deuten*) point (*auf* at); **der Zeiger zeigt auf Rot, wenn ...** the dial will show red if ...; **zeig nicht mit dem Finger!** don't point!; **er zeigte mit dem Stock auf das Haus** he pointed his stick in the direction of the house; **in welche Richtung zeigt es?** in which direction is it pointing?; **kannst du mir ~, wer er ist?** could you point him out to me? **III.** *vr* ❶ (*offensichtlich werden*) appear ❷ (*sich herausstellen*) prove, turn out; **wie sich gleich ~ wird** as will presently appear; **da zeigt sich mal wieder, dass ...** it all goes to prove that ...; **es zeigte sich, dass er selbst der Mörder war** he turned out to be the murderer himself; **sich dankbar ~** show one's gratitude

Zeiger *m* (*Instrumenten~*) indicator, pointer; (*Uhren~*) hand; **Zeigestock** *m* pointer

Zeile ['tsaɪlə] <-, -n> *f* ❶ (*Text~*) line ❷ (TV) scanning line ❸ (*Reihe, Häuser~*) row; **Zeilenabstand** *m* line spacing; **Zeilenlänge** *f* length

Zeisig ['tsaɪzɪç] <-s, -e> *m* (*Singvogel*) siskin

Zeit ['tsaɪt] <-, -en> *f* ❶ time ❷ (*Ära, Epoche*) age ❸ (GRAM) tense; **es ist ~, dass wir gehen** it's time we went; **seit einiger ~** for some time past; **das wird aber auch ~!** about time too!; **von ~ zu ~** from time to time; **morgen um diese ~** this time tomorrow; **von der ~ an** from that time on; **wie die ~ vergeht!** how time flies!; **es ist an der ~** the time has come; **das braucht seine ~** it takes time to do that; **sich bei etw ~ lassen** take one's time over s.th.; **keine ~ für jdn haben** have no time for s.o.; **sich ~ für etw nehmen** make time for s.th.; **ich fahre längere ~ weg** I'm going away for a long time; **die ganze ~** all the time; **welche ~ hatte er?** (SPORT) what was his time?; **es wird langsam ~, dass sie kommt** it's about time she was here; **alles zu seiner Zeit!** there's a time and a place for everything!; **dies ist wohl kaum die rechte ~ um ...** this is hardly the time to ...; **jetzt ist die richtige ~ es zu tun** now's the time to do it; **es ist an der ~ etw zu tun** the time has come to do s.th.; **jds ~ auf 100 m stoppen** (SPORT) time s.o. over 100 metres; **das war genau zur rechten ~** that was very timely; **das waren noch ~en!** those were the days!; **die ~ drängt** time is pressing; **das hat ~** there's no hurry about it; **damit hat es ~ bis morgen** that can wait until tomorrow; **wir sind die längste ~**

Freunde gewesen this is the end of our friendship; **eine ~ lang** (for) a while; **zur ~ Kaiser Wilhelms I.** at the time of Emperor William I

zeit *präp:* ~ **meines Lebens** in my lifetime

Zeitabschnitt *m* period (of time); **Zeitabstand** *m* time interval; **Zeitalter** <-s, -> *nt* age; **Zeitangabe** *f* ❶ (*Datum*) date ❷ (*Uhrzeit*) time (of day); **Zeitansage** *f* ❶ (RADIO) time check ❷ (TELE) speaking clock; **Zeitarbeit** *f* temporary work; **Zeitbombe** *f* time bomb; **Zeitdauer** *f* duration; **Zeitdruck** <-(e)s> *m* pressure of time; **unter ~** under pressure; **Zeiteinheit** *f* unit of time; **Zeiteinteilung** *f* timing; **Zeitersparnis** *f* saving of time; **Zeitfahren** *nt* (SPORT) time trial

zeitgebunden *adj* ❶ (*abhängig von der Zeit*) dependent on a particular time ❷ (*vorübergehend*) temporary

Zeitgeist <-es> *m* spirit of the times; **zeitgemäß** *adj* up-to date; ~ **sein** be keeping with the times; **Zeitgenosse, -sin** *m, f* contemporary; **seltsamer ~** (*pej*) oddball; **zeitgenössisch** *adj* contemporary; **Zeitgeschichte** *f* contemporary history; **Zeitgeschmack** *m* prevailing taste; **Zeitgewinn** *m* gain in time; **Zeithistoriker(in)** *m(f)* contemporary historian

zeitig *adj, adv* early

zeitigen ['tsaɪtɪgən] *vt* (*hervorbringen*) bring about

Zeitkarte *f* season ticket *Br,* commutation ticket *Am*

zeitlebens [tsaɪt'le:bəns] *adv* all one's life

zeitlich I. *adj* ❶ (*auf die Zeit bezogen*) temporal ❷ (*chronologisch*) chronological **II.** *adv* ❶ timewise ❷ (*chronologisch*) chronologically; **passt dir das ~?** is the time convenient for you?; ~ **zusammenfallen** coincide; **das Zeitliche segnen** (*geh: sterben*) depart this life; **Dinge ~ aufeinander abstimmen** synchronize things

zeitlos *adj* timeless

Zeitlupe *f:* **etw in ~ zeigen** show s.th. in slow motion; **Zeitlupentempo** *nt* slow motion; **im ~** at a snail's pace; **Zeitmangel** <-s> *m* lack of time; **Zeitnehmer(in)** *m(f)* (SPORT) timekeeper; **Zeitplan** *m* schedule; **Zeitpunkt** *m* ❶ (*Termin*) time ❷ (*Augenblick*) moment; **Zeitraffer** *m* (PHOT FILM) time-lapse photography; **zeitraubend** *adj* time-consuming; **Zeitraum** *m* period of time; **Zeitrechnung** *f* calendar; **die christliche ~** the Christian calendar; **nach/vor unserer ~** A.D./B.C.; **Zeitschaltuhr** *f* time switch

Zeitschrift *f* magazine; (*wissenschaftlich*) journal, periodical; **Zeitschriftenabonnement** *nt* magazine subscription; **Zeitschriftenbeilage** *f* magazine supplement; **Zeitschriftenständer** *m* magazine rack

Zeitsoldat *m* regular soldier; **Zeitspanne** *f* period of time

zeitsparend *adj* time-saving

Zeittafel *f* chronological table; **Zeittakt** *m* (TELE) unit length

zeittypisch ['tsaɪt,ty:pɪʃ] *adj* typical of the time

Zeitung ['tsaɪtʊŋ] *f* (news)paper; **eine ~ abonnieren** subscribe to a newspaper; **Zeitungsanzeige** *f* newspaper advertisement, announcement in the (news)paper; **Zeitungsartikel** *m* newspaper article; (*kurzer ~*) item; **Zeitungsausschnitt** *m* newspaper cutting; **Zeitungsausträger(in)** *m(f)* newspaper carrier; **Zeitungsbeilage** *f* newspaper supplement; **Zeitungsente** *f* (*fam*) canard; **Zeitungsinserat** *nt* newspaper advertisement; **Zeitungsjargon** *m* (*pej*) journalese; **Zeitungskiosk** *m* newsstand; **Zeitungsleser(in)** *m(f)* newspaper reader; **Zeitungsmeldung** *f* (piece of) news; **Zeitungspapier** *nt* newsprint; (*als Altpapier, zum Einwickeln*) newspaper; **Zeitungsreklame** *f* newspaper advertising; **Zeitungsstand** *m* newspaper rack; **Zeitungsverkäufer(in)** *m(f)* newsvendor; **Zeitungsverleger** *m* newspaper publisher; **Zeitungswesen** <-s> *nt* newspaper world, press

Zeitverlust *m* loss of time; **Zeitverschiebung** *f* time lag; **Zeitverschwendung** *f* waste of time; **Zeitvertrag** *m* (*befristeter Arbeitsvertrag*) temporary contract; **Zeitvertreib** *m* (*Hobby*) pastime; **zum ~** to pass the time; **Zeitverzögerung** *f* time delay; **Zeitvorgabe** ['tsaɪt,fo:ɐga:bə] *f* time setting

zeitweilig *adj* temporary

zeitweise *adv* at times

Zeitwort *nt* verb; **Zeitzeichen** *nt* time signal; **Zeitzeuge, -zeugin** *m, f* contemporary witness; **Zeitzünder** *m* time fuse

zelebrieren [tsele'bri:rən] *vt* celebrate

Zelle ['tsɛlə] <-, -n> *f* ❶ (*kleiner Raum*) cell ❷ (ELEK) cell ❸ (TELE) booth

Zellgewebe *nt* cell tissue; **Zellkern** *m* (cell) nucleus

Zellophan® [tsɛlo'fa:n] <-s, (-e)> *nt* cellophane

Zellstoff *m* cellulose

Zellteilung *f* cell division

Z

Zellulitis [tsɛlu'li:tɪs] <-> *f* (MED) cellulitis
Zelluloid [tsɛlu'lɔɪt] <-(e)s> *nt* celluloid
Zellulose [tsɛlu'lo:zə] <-, (-n)> *f* cellulose
Zellwand *f* cell wall; **Zellwolle** *f* spun rayon
Zelt [tsɛlt] <-(e)s, -e> *nt* tent; (*Indianer~*) tepee, wigwam; (*Zirkus~*) big top; **seine ~e abbrechen** pack one's bags; **seine ~e aufschlagen** settle down; **Zeltbahn** *f* strip of canvas; **Zeltdach** *nt* ❶ (*Dach eines Zeltes*) tent-roof ❷ (ARCH: *Hausdachform*) pyramid roof; **zelten** *vi* camp; **Zeltlager** *nt* camp; **Zeltleine** *f* guy (line); **Zeltleinwand** *f* canvas; **Zeltstange** *f* tent pole
Zement [tse'mɛnt] <-(e)s, -e> *m* (*a.* MED) cement; **zementieren** *vt* (*a. fig*) cement
Zenit [tse'ni:t] <-(e)s> *m* (*a. fig*) zenith; **die Sonne steht im ~** the sun is at its zenith
zensieren *vt* ❶ (*der Zensur unterziehen*) censor ❷ (SCHULE: *beurteilen, benoten*) mark
Zensor(in) *m(f)* censor
Zensur [tsɛn'zu:ɐ] *f* ❶ (*Kontrolle*) censorship ❷ (*~stelle*) board of censors ❸ (SCHULE: *Note*) mark; **der ~ unterliegen** be censored; **gute ~en** (SCHULE) a good report *sing*
zensurieren *vt* (*österr*) censor
Zentimeter ['tsɛnti-] *nt* centimetre *Br*, centimeter *Am*
Zentner ['tsɛntnɐ] <-s, -> *m* hundredweight; **Zentnerlast** *f* (*fig*) heavy burden; **mir fiel eine ~ vom Herzen** it was a great weight off my mind; **zentnerweise** *adv* by the hundredweight
zentral [tsɛn'tra:l] *adj* (*a. fig*) central
Zentralbank *f* central bank; **~präsident(in)** president of the central bank
Zentrale <-, -n> *f* ❶ (*Zentralbüro*) head office ❷ (*Taxi~*) headquarters *pl* ❸ (TECH: *Schalt~*) central office; (TELE: *Amt*) exchange; (TELE: *in Firma*) switchboard
Zentraleinheit *f* (INFORM) central processing unit, CPU; **Zentraleinkauf** *m* central buying
Zentralheizung *f* central heating
zentralisieren *vt* centralize; **Zentralismus** <-> *m* centralism; **zentralistisch** *f* centralistic
Zentralkomittee *nt* central committee; **Zentralrechner** *m* (INFORM) mainframe; **Zentralregierung** *f* central government; **Zentralstelle** *f*: **~ für die Vergabe von Studienplätzen** UCCA *Br*, SAT center *Am*; **Zentralverriegelung** *f* (AUTO) central door locking
zentrieren *vt* centre *Br*, center *Am*
Zentrifugalkraft *f* centrifugal force
Zentrifuge [tsɛntri'fu:gə] <-, -n> *f* centrifuge
zentripetal [tsɛntripe'ta:l] *adj* centripetal
Zentrum ['tsɛntrʊm] <-s, -tren> *nt* (*a. fig*) centre *Br*, center *Am*; **im ~ New Yorks** in the centre of N.Y. *Br*, in downtown N.Y. *Am*
Zepter ['tsɛptɐ] <-s, -> *nt* sceptre; **das ~ führen** (*fam*) wield the sceptre
zerbeißen *irr vt* chew; (*auseinander beißen*) chew through
zerbomben *vt* bomb out; **zerbombt** *adj* bombed out
zerbrechen *irr vt haben, vi sein* break into pieces; **sich den Kopf ~** rack one's brains *pl;* **am Leben ~** be destroyed by life; **zerbrechlich** *adj* fragile; **Vorsicht, ~!** fragile, handle with care
zerbröckeln *vt haben, vi sein* crumble
zerdrücken *vt* ❶ crush; (*zerquetschen*) mash ❷ (*Stoff: zerknittern*) crease
Zeremonie [tseremo'ni:] <-, -n> *f* ceremony; **Zeremoniell** <-s, -e> *nt* ceremonial; **zeremoniell** *adj* ceremonial
zerfahren *adj* ❶ (*Weg*) rutted ❷ (*unkonzentriert*) distracted
Zerfahrenheit *f* ❶ (*Unkonzentriertheit*) distraction ❷ (*Schusseligkeit*) scattiness
Zerfall <-(e)s> *m* ❶ (*Auflösung*) disintegration; (*Gebäude~*) decay ❷ (*fig*) decline ❸ (*Fäulnis*) decomposition
zerfallen **I.** *irr vi* ❶ *sein* (*Häuser*) decay, fall into ruin ❷ (*verwesen*) decompose ❸ (*fig*) decline ❹ (*sich gliedern*) fall (*in* into); **zu Staub ~** crumble into dust **II.** *adj* (*Gebäude*) tumble-down
Zerfallsprodukt *nt* (PHYS) daughter product; **Zerfallsprozess** *m* decomposition
zerfetzen *vt* (*a. fig*) tear to pieces; **zerfetzt** *adj* (*Kleidung*) ragged, tattered; (*Körper*) lacerated
zerfleischen *vt* tear to pieces; **sich gegenseitig ~** tear each other apart; **sich mit Selbstvorwürfen ~** torment o.s. with self-reproaches
zerfließen *irr vi sein* (*Tinte*) run; (*schmelzen, a. fig*) melt away; **vor Mitleid ~** be overcome with pity
zerfressen *irr vt* ❶ (CHEM) corrode ❷ (*fig*) consume; **von Motten ~** moth-eaten
zerfurcht *adj* furrowed
zergehen *irr vi sein* (*sich auflösen*) dissolve; **auf der Zunge ~** melt in the mouth; (*Fleisch*) fall apart
zergliedern *vt* ❶ (BIOL) dissect ❷ (*analysieren*) analyse
zerhacken *vt* chop up

zerkleinern *vt* reduce to small pieces
zerklüftet [tsɛr'klʏftət] *adj* fissured
zerknautscht *adj* creased
zerknirscht *adj* remorseful; **Zerknirschung** *f* remorse
zerknittern *vt* crease, crumple
zerknüllen *vt* crumple [*o* scrunch] up
zerkochen *vt, vi sein* cook to a pulp; (*zu lange kochen*) overcook
zerkratzen *vt* scratch to pieces
zerkrümeln *vt* crumble
zerlassen *irr vt* melt
zerlegbar *adj* can be taken apart
zerlegen *vt* ① (*auseinander nehmen*) take apart; (AUTO: *Getriebe*) strip down ② (*Braten*) carve up; (BIOL) dissect ③ (GRAM) analyse ④ (MATH) reduce (*in* to); **eine Zahl in ihre Faktoren** ~ (MATH) factorize a number; **einen Satz** ~ (GRAM) parse a sentence; **etw in seine Einzelteile** ~ take s.th. to pieces
zerlumpt *adj* (*pej*) ragged, tattered
zermalmen [tsɛr'malmən] *vt* (*a. fig*) crush; (*mit den Zähnen*) crunch
zermartern *vt:* **sich den Kopf** ~ rack one's brains (*über* over)
zermürben *vt* (*fig*): **jdn** ~ wear s.o. down; **zermürbend** *adj* trying
zernagen *vt* gnaw to pieces
zerpflücken *vt* (*a. fig*) pick to pieces
zerquetschen *vt* crush, squash
Zerrbild *nt* ① (*fig*) caricature ② (*in Spiegelkabinett*) distorted image
zerreden *vt* (*Problem*) flog to death
zerreiben *irr vt* (*a. fig*) crumble, crush; (*im Mörser*) grind
zerreißen **I.** *irr vt haben* (*versehentlich*) tear; (*absichtlich*) tear up; (*zerstückeln*) dismember; (*zerfleischen*) tear apart; **es zerreißt mir das Herz** it breaks my heart **II.** *vi sein* (*Papier, Stoff*) tear; (*Faden, Seil*) break; **ich kann mich doch nicht** ~**!** I can't be in two places at once!
Zerreißprobe *f* (*fig*) crucial test (*für* of)
zerren ['tsɛrən] *vt* (*Muskel*) pull, strain; (*reißen*) tear (*an* at); **an etw** ~ tug at s.th.
zerrinnen *irr vi sein* (*a. fig*) melt away; **wie gewonnen so zerronnen** (*prov*) easy come easy go
Zerrung *f* (MED) pulling
zerrütten [tsɛr'rʏtən] *vt* destroy, ruin; (*Nerven, Gesundheit*) shatter; **in zerrüttetem Zustand** in a very bad way
zersägen *vt* saw up
zerschellen [tsɛr'ʃɛlən] *vi sein* be dashed [*o* smashed] to pieces; (*Schiff*) be wrecked
zerschlagen **I.** *irr vt* ① (*in Stücke* ~) smash; (*zerschmettern*) shatter ② (*auseinander schlagen*) break up ③ (*fig*) crush **II.** *vr* (*fehlschlagen*) fall through **III.** *adj* (*erschöpft*) washed out; **sich wie** ~ **fühlen** feel washed-out; **Zerschlagung** *f* disruption
zerschmettern *vt, vi* (*a. fig*) shatter; (*Gegner*) crush
zerschneiden *irr vt* (*in Stücke*) cut up
zersetzen **I.** *vt* ① (*verfaulen lassen*) decompose ② (*zerätzen*) corrode ③ (*unterminieren*) undermine **II.** *vr* ① (*verfaulen*) decompose ② (*zerätzt werden*) corrode; **zersetzend** *adj* (*fig*) subversive; **Zersetzung** *f* ① (*Fäulnis*) decomposition ② (*Zerätzung*) corrosion ③ (*Unterminierung*) undermining; **Zersetzungsprodukt** *nt* educt; **Zersetzungsprozess** *m* breakdown [*o* decomposition] process
zersiedeln *vt* spoil (by development); **Zersiedelung** *f:* ~ **der Landschaft** uncontrolled urban spread
zersplittern *vt, vi, vr* (*in Stücke* ~) shatter; (*Holz*) splinter; **sich** ~ (POL) fragment
zerspringen *irr vi* ① *sein* (*in Stücke gehen*) shatter ② (*Sprünge bekommen*) crack; **vor Ungeduld** ~ burst with impatience
zerstampfen *vt* ① (*zerstoßen*) grind, pound ② (*zerquetschen*) mash
zerstäuben [tsɛr'ʃtɔʏbən] *vt* spray; **Zerstäuber** *m* (*Spray*) spray; (*Parfüm~*) atomizer
zerstechen *vt* (*Material*) puncture; **von Mücken zerstochen** bitten all over by midges
zerstören *vt* (*a. fig*) destroy; (*ruinieren*) ruin; **jds Hoffnungen** ~ wreck someone's hopes; **Zerstörer** *m* (MAR MIL) destroyer; **zerstörerisch** *adj* destructive; **Zerstörung** *f* destruction; (*Ruin*) ruin; **Zerstörungswahn** *m* (MED) detrimental delusion; **Zerstörungswut** *f* (MED) destructive mania
zerstoßen *irr vt* (*Gewürz*) grind, pound
zerstreuen **I.** *vt* ① (*auflösen, vertreiben*) disperse ② (*verstreuen*) scatter (*über* over) ③ (*unterhalten*) divert; **jds Zweifel** ~ dispel someone's doubts **II.** *vr* ① (*auseinander gehen*) disperse ② (*sich ablenken*) amuse o.s.; **zerstreut** *adj* (*fig*) absent-minded; **Zerstreutheit** *f* absent-mindedness; **Zerstreuung** *f* (*Ablenkung*) diversion
zerstückeln *vt* ① (*Leiche*) dismember ② (*Bauland*) carve up; **Zerstückelung** *f* dismemberment
zerteilen *vt* (*aufteilen*) split up
zertrampeln *vt* trample on
zertreten *irr vt* crush
zertrümmern *vt* smash, destroy, wreck

Zervelatwurst [tsɛrvəˈlaːt-] *f* cervelat
Zerwürfnis [tsɛrˈvʏrfnɪs] <-ses, -se> *nt* disagreement
zerzausen *vt* dishevel, tousle; **zerzaust** *adj* windswept
Zeter [ˈtseːtɐ] *nt:* ~ **und Mordio schreien** scream blue murder, raise a hue and cry; **zetern** *vi* ❶ (*schreien*) clamour; (*keifen*) nag ❷ (*jammern*) moan
Zettel [ˈtsɛtəl] <-s, -> *m* (*Stück Papier*) piece of paper; (*beschriebener*) note; (*Formular*) form; **Zettelkasten** *m* (*Kasten für Zettel*) file-card box
Zeug [tsɔɪk] <-(e)s, -e> *nt* (*fam*) ❶ stuff ❷ (*Kleider*) things *pl* ❸ (*Dinge*) things *pl* ❹ (*Quatsch*) rubbish; **red kein dummes ~!** don't talk drivel!; **das ~ zu etw haben** have got what it takes to be s.th.; **jdm etw am ~e flicken** run s.o. down; **sich ins ~ legen** put one's shoulder to the wheel
Zeuge [ˈtsɔɪgə] <-n, -n> *m*, **Zeugin** *f* (*a. fig*) witness (*einer Sache* to s.th.); **als ~ aussagen** (bear) witness; **vor ~n** in front of witnesses
zeugen[1] *vi:* **von etw ~** show s.th.; **für (gegen) jdn ~** testify for (against s.o.)
zeugen[2] *vt:* **ein Kind ~** father a child
Zeugenaussage *f* testimony; **Zeugenstand** *m* witness box *Br*, witness stand *Am;* **Zeugenvernehmung** *f* examination of the witness(es)
Zeugnis <-ses, -se> *nt* ❶ (SCHULE) report ❷ (*Arbeits~*) reference; **gute ~se haben** have good qualifications; **jdm ein ~ ausstellen** give s.o. a. reference; **gegen jdn ~ ablegen** give evidence against s.o.
Zeugung *f* fathering; **Zeugungsakt** *m* act of procreation; **zeugungsfähig** *adj* fertile; **zeugungsunfähig** *adj* sterile
z. H. *Abk. von* **zu Händen (von)** att; **~ Frau Moon** att.: Ms Moon
Zickzack [ˈtsɪktsak] <-(e)s, -e> *m* zigzag; **im ~ fahren** [*o* **gehen**] zigzag; **zickzackförmig** *adj* zigzag; **~ verlaufen** zigzag
Ziege [ˈtsiːgə] <-, -n> *f* goat; **blöde ~!** (*pej*) stupid cow!
Ziegel [ˈtsiːgəl] <-s, -> *m* ❶ (*~stein*) brick ❷ (*Dach~*) tile; **Ziegeldach** *nt* tiled roof; **Ziegelei** *f* brickworks *pl;* (*für Dachziegel*) tile-making works *pl;* **ziegelrot** *adj* brick-red; **Ziegelstein** *m* brick
Ziegenbock *m* billy goat; **Ziegenkäse** *m* goat's cheese; **Ziegenleder** *nt* kid(-leather), kidskin
Ziegenpeter *m* (*fam*) mumps *sing*
Ziehen *nt* (*Schmerz*) dragging pain
ziehen [ˈtsiːən] **I.** *irr vt* ❶ pull; (*zerren*) tug ❷ (*Pflanzen*) grow; (*Tiere*) breed; **einen Zahn ~** pull out a tooth; **nach oben ~** pull up; **einen Graben ~** dig a ditch; **die Blicke auf sich ~** attract attention; **den Kürzeren ~** (*fam*) come off worst, get the worst of it **II.** *vi* ❶ (*zerren*) pull ❷ (*Luftzug*): **es zieht** there's a draught ❸ *sein* (*Tee*) draw ❹ *sein* (*ein~*) penetrate (*in etw* s.th.) ❺ *sein* (*wandern*) go, move; **lass mich mal ~!** (*an Zigarette*) give me a drag!; **sich in die Länge ~** drag; **etw nach sich ~** lead to [*o* entail] s.th.; **der Wagen zieht nicht richtig** the car isn't pulling very well; **nach rechts ~** (AUTO) pull to the right; **an seiner Zigarette ~** pull at one's cigarette; **er zog auf die linke Spur** (AUTO) he pulled across to the left-hand lane; **das zieht bei mir nicht!** (*fam*) I don't like that sort of thing!; **so was zieht immer!** (*fam*) that sort of thing always goes down well!; **zieht's dir?** (*durch Luftzug*) are you in a draught?; **zu jdm ~** move in with s.o.; **mir zieht's in der Schulter** my shoulder hurts; **was zieht dich denn nach Chicago?** what is so special about Chicago then?
Ziehharmonika *f* concertina
Ziehung *f* (*von Lotterie*) draw
Ziel [tsiːl] <-(e)s, -e> *nt* ❶ (*Reise~*) destination; (*Zweck, Absicht*) aim, goal, objective ❷ (*der Wünsche, der Kritik*) object ❸ (*im Rennsport*) finish ❹ (*~scheibe,*) target ❺ (COM: *Zahlungs~*) credit period; **durchs ~ gehen** (SPORT) cross the finishing line; (*Pferdesport*) pass the winning-post; **sein ~ verfehlen** miss one's aim; **mit dem ~ etw zu tun** with the aim of doing s.th.; **sich hohe ~e setzen** aim high; **zum ~ gelangen** reach one's goal; **ins ~ treffen** hit the target; **Zielband** <-(e)s, -bänder> *nt* (SPORT) finishing-tape; **zielbewusst** *adj* purposeful
zielen *vi* ❶ aim (*auf* at) ❷ (*Bemerkung*) be aimed (*auf* at); **mit dem Revolver auf jdn ~** aim a pistol at s.o.
Zielfernrohr *nt* telescopic sight; **Zielgerade** *f* (SPORT) home straight; **zielgerichtet** *adj* purposeful, purposive; **Zielgruppe** *f* target group; **Zielgruppenforschung** *f* target group research; **Zielkamera** *f* finish camera; **Zielkauf** *m* credit purchase; **Ziellinie** *f* (SPORT) finishing-line; **ziellos** *adj* aimless, purposeless; **Zielmarkt** *m* target market; **Zielort** *m* destination; **Zielperson** *f* target; **Zielscheibe** *f* ❶ target ❷ (*von Angriffen*) object; **Zielsetzung** *f* objective, target; **zielsicher** *adj* ❶ (*Mensch*) unerring ❷ (*Planen, Handeln*) purposeful; **Zielsprache** *f* target

language; **zielstrebig** I. *adj* determined II. *adv* full of determination; **Zielvorstellung** *f* objective

ziemen ['tsi:mən] *vr:* **das ziemt sich nicht** it isn't proper

ziemlich I. *adv* ① (*beträchtlich*) quite; (*fam*) pretty ② (*fam: fast*) almost, nearly; **das ist so ~ dasselbe** it's pretty much the same; **~ viele Leute** quite a few people; **so ~ fertig** pretty well finished II. *adj* (*beträchtlich*) considerable; **mit ~er Sicherheit** fairly certainly; **eine ~e Enttäuschung** quite a disappointment

Zierde ['tsi:ɐdə] <-, -n> *f* ① (*Schmuck*) decoration ② (*Ehre*) honour; **zur ~** for decoration

zieren ['tsi:rən] I. *vt* ① (*schmücken*) adorn ② (*auszeichnen*) grace II. *vr* ① (*Umstände machen*) make a fuss; (*beim Essen*) need a lot of pressing ② (*Frau*) act coyly ③ (*sich gekünstelt benehmen*) be affected; **ohne sich zu ~** without having to be pressed

Ziergarten *m* ornamental garden; **Zierleiste** *f* ① edging ② (TYP) vignette ③ (AUTO) moulding *Br,* molding *Am*

zierlich *adj* (*niedlich*) dainty; (*fein, zerbrechlich*) delicate; **Zierlichkeit** *f* (*Niedlichkeit*) daintiness; (*Feinheit, Zerbrechlichkeit*) delicateness

Ziernaht *f* decorative stitching; **Zierpflanze** *f* ornamental plant; **Zierschrift** *f* ornamental lettering; **Zierstrauch** *m* ornamental shrub

Ziffer ['tsɪfɐ] <-, -r> *f* ① (*Zahl*) figure, number; (*Zahlzeichen*) digit; (*Schriftzeichen*) cipher ② (*eines Paragraphen*) clause; **in ~n schreiben** write in figures; **Zifferblatt** *nt* (*an Uhr*) dial, face

zig *adj* (*fam*) umpteen; **ich habe dir ~mal gesagt ...** I've told you umpteen times ...

Zigarette [tsiga'rɛtə] <-, -n> *f* cigarette; **eine ~ drehen** roll a cigarette; **Zigarettenanzünder** *m* cigarette lighter; **Zigarettenautomat** *m* cigarette machine; **Zigarettenetui** *nt* cigarette case; **Zigarettenpackung** *f* cigarette packet/pack *Br/Am;* **Zigarettenspitze** *f* cigarette-holder; **Zigarettenstummel** *m* cigarette end/butt *Br/Am*

Zigarillo [tsiga'rɪlɔ] <-s, -s> *m* cigarillo

Zigarre [tsi'garə] <-, -n> *f* cigar; **Zigarrenkiste** *f* cigar-box; **Zigarrenspitze** *f* cigar-holder; **Zigarrenstummel** *m* cigar-butt

Zigeuner(in) [tsi'gɔɪnɐ] *m(f)* gipsy

Zikade [tsi'ka:də] <-, -n> *f* cicada

Zimbabwe [zɪm'bapve] <-s> *nt* Zimbabwe; **zimbabwisch** *adj* Zimbabwean

Zimmer ['tsɪmɐ] <-s, -> *nt* room; **~ frei** vacancies; **Zimmerantenne** *f* (RADIO) indoor aerial; **Zimmerdecke** *f* ceiling; **Zimmereinrichtung** *f* furniture; **Zimmerflucht** *f* suite (of rooms); **Zimmerkellner** *m* room-waiter; **Zimmerlautstärke** *f:* **können Sie ihren Apparat auf ~ stellen?** could you turn it down a bit?; **Zimmermädchen** *nt* chambermaid; **Zimmermann** <-(e)s, -leute> *m* carpenter

zimmern ['tsɪmɐn] I. *vt* ① make [*o* construct] from wood ② (*konstruieren*) construct II. *vi* do carpentry; **an etw ~** make s.th. from wood; (*fig*) work on s.th.

Zimmernachweis *m* accomodation service; **Zimmerpflanze** *f* indoor plant; **Zimmertemperatur** *f* room temperature; **Zimmervermittlung** *f* ① (*als Einrichtung*) accomodation agency ② (*als Tätigkeit*) accomodation service

zimperlich ['tsɪmpɐlɪç] *adj* ① (*überempfindlich*) nervous (*gegen* about); (*zart besaitet*) squeamish ② (*geziert*) affected; **Zimperlichkeit** *f* ① (*Überempfindlichkeit*) nervousness ② (*Wehleidigkeit*) softness

Zimt [tsɪmt] <-(e)s, -e> *m* cinnamon

Zink [tsɪŋk] <-(e)s> *nt* zinc

Zinke ['tsɪŋkə] <-, -n> *f* (*an Gabel*) prong; (*am Kamm*) tooth

zinken *adj* (*aus Zink*) zinc

zinken *vt* (*sl: Karten markieren*) mark

Zinn [tsɪn] <-(e)s> *nt* tin; **Zinnbecher** *m* pewter tankard

Zinne ['tsɪnə] <-, -n> *f* ① (*von Burgmauer*): **~n** battlements ② (*Berg~*) pinnacle

zinne(r)n *adj* pewter

Zinngeschirr *m* pewter ware

Zinnober [tsɪ'no:bɐ] <-s, -> *m* ① (*Farbe*) cinnabar, vermilion ② (*fam: Unsinn*) rubbish; (*Getue*) fuss; **zinnoberrot** *adj* vermilion

Zinnsoldat *m* tin soldier

Zinsbelastung *f* interest load

Zinsen ['tsɪnzən] *pl* interest *sing;* **~ tragen** bear interest; **ein Darlehen zu 5% ~** a loan at 5% interest

Zinserhöhung *f* rise in the interest rate; **Zinsertrag** *m* interest proceeds *pl;* **Zinseszins** *m* compound interest; **Zinsfuß** *m* interest rate; **zinsgünstig** *adj* at a favourable rate of interest; **zinslos** *adj* interest-free; **Zinspolitik** *f* interest rate policy; **Zinssatz** *m* interest rate, rate of interest; **Zinssenkung** *f* reduction in the interest rate, interest rate cut; **Zinsverlust** *m* loss of interest; **Zinszahlung** *f* interest payment

Zionismus [tsio'nɪsmʊs] <-> *m* Zionism; **Zionist(in)** *m(f)* Zionist; **zionistisch** *adj* Zionist

Zipfel ['tsɪpfəl] <-s, -> *m* ❶ (*Stoff~*) corner ❷ (*Wurst~*) end; **Zipfelmütze** *f* pointed cap

zippen ['tsɪpən] *vt* (*Daten*) zip

Zirbeldrüse ['tsɪrbəl-] *f* (ANAT) pineal gland

zirka ['tsɪrka] *adv* about, circa

Zirkel ['tsɪrkəl] <-s, -> *m* ❶ (*Gerät*) compasses *pl* ❷ (*Personenkreis*) circle

Zirkulation [tsɪrkula'tsjo:n] *f* circulation

zirkulieren *vi haben o sein* circulate

Zirkus ['tsɪrkʊs] <-, -se> *m* ❶ circus ❷ (*fam: Theater, Getue*) to-do; **Zirkuszelt** *nt* big top

zirpen ['tsɪrpən] *vi* cheep, chirp

zisch *interj* hiss; **zischeln** ['tsɪʃəln] *vi* whisper

zischen ['tsɪʃən] **I.** *vi* ❶ hiss; (*brutzeln*) sizzle ❷ *sein* (*fam: verschwinden*) whizz **II.** *vt* (*sprechen*) hiss; **Zischlaut** *f* (LING) sibilant

ziselieren [tsizə'li:rən] *vt* (*Schwert, Messer*) chase

Zisterne [tsɪs'tɛrnə] <-, -n> *f* cistern, well

Zitadelle [tsita'dɛlə] <-, -n> *f* citadel

Zitat [tsi'ta:t] <-(e)s, -e> *nt* quotation; **falsches** ~ misquotation

Zither ['tsɪtɐ] <-, -n> *f* (MUS) zither

zitieren *vt* ❶ (*Zitat angeben*) quote ❷ (*vorladen*) summon (*vor* before)

Zitronat <-(e)s, -e> *nt* candied lemon peel

Zitrone [tsi'tro:nə] <-, -n> *f* lemon; **jdn wie eine ~ auspressen** squeeze s.o. until the pips squeak; **Zitronenfalter** *m* brimstone butterfly; **Zitronensaft** *m* ❶ (*purer Saft*) lemon juice ❷ (*Mischgetränk*) lemon squash; **Zitronenschale** *f* lemon peel

Zitrusfrucht ['tsi:trʊs-] *f* citrus fruit

zitterig *adj* shaky

zittern ['tsɪtɐn] *vi* ❶ (*vor Wut, Furcht*) tremble (*vor* with); (*vor Schwäche*) shake (*vor* with); (*vor Kälte*) shiver (*vor* with) ❷ (*vibrieren*) quiver; **am ganzen Körper ~** be all of a shake; **mit ~der Stimme** with a shaky voice; **Zittern** *nt* trembling; **das große ~ haben** (*fam*) be all of a tremble; **das große ~ kriegen** (*fam*) tremble in one's shoes

Zitterpappel *f* aspen

zittrig *adj* shaky

Zitze ['tsɪtsə] <-, -n> *f* (*bei weibl. Säugetieren*) teat

Zivil [tsi'vi:l] <-s> *nt*: **in ~** in civilian clothes; (*fam*) in civvies; **zivil** *adj* ❶ (*nicht mil*) civilian ❷ (*fam: anständig, angemessen*) civil; (*Preise*) reasonable; **~er Bevölkerungsschutz** civil defence *Br*, civil defense *Am*; **Zivilbevölkerung** *f* civilian population; **Zivilcourage** *f* courage (to stand up for one's beliefs); **Zivildienst** *m* civilian [*o* community] service

i Land & Leute

Conscientious objectors in Germany have to do 10 months of **Zivildienst** (community service) – the time required for military service. Since 1997, community service has also been an option in Switzerland; it is usually undertaken in the field of health care and in Austria and Switzerland lasts 12 months. In Germany, a *Zivi*, short for *Zivildienstleistender*, will often act as a carer for the aged, driver for the handicapped or assistant in a youth hostel.

Zivildienstleistende(r) *m young man doing social work instead of military service;* **Zivilgesellschaft** *f* civil society

Zivilisation [tsiviliza'tsjo:n] *f* civilization; **Zivilisationserscheinung** *f* phenomenon of civilization; **Zivilisationskrankheit** *f* disease of modern civilization; **zivilisationsmüde** *adj* tired of modern-day society

zivilisatorisch **I.** *adj* of civilization **II.** *adv* in terms of civilization

zivilisiert *adj* civilized

Zivilist(in) *m(f)* civilian

Zivilleben *nt* civilian life; (*fam*) civvy street; **Zivilluftfahrt** *f* civil aviations *pl;* **Zivilprozess** *m* civil action; **Zivilprozessordnung** *f* (JUR) Civil Practice Act *Br*, Rules of Civil Procedure *Am;* **Zivilrecht** *nt* civil law; **zivilrechtlich** *adj* (of) civil law; **Zivilschutz** *m* civil defence *Br*, civil defense *Am*

Zobel ['tso:bəl] <-s, -> *m* (*Marder, a. Fell*) sable

zocken ['tsɔkn] *vi* (*sl*) gamble

Zoff ['tsɔf] <-s> *m* (*sl: Ärger*) trouble

Zögern *nt* hesitation; **ein Augenblick des ~s** a moment's hesitation

zögern ['tsø:gɐn] *vi* hesitate; **wir sollten nicht länger ~** we should not hesitate any longer; **ohne auch nur einen einzigen Augenblick zu ~** without the slightest hesitation

Zögling ['tsø:klɪŋ] *m* (*obs*) pupil

Zölibat [tsøli'ba:t] <-(e)s> *m/nt* celibacy;

im ~ leben be celibate

Zoll[1] <-, -> *m* (*altes Längenmaß*) inch

Zoll[2] [tsɔl, *pl:* 'tsœlə] <-(e)s, Zölle> *m* ❶ (*Waren~*) customs duty ❷ (*Amt, Behörde*) customs *pl;* ~ **auf etw zahlen** pay duty on s.th.; **Zollabfertigung** *f* ❶ (*Vorgang*) customs clearance ❷ (*Dienststelle*) checkpoint; **Zollabgabe** *f* customs duty; **Zollamt** *nt* customs house; **Zollbeamte(r)**, **-beamtin** *m, f* customs officer [*o* official]; **Zollbegleitpapiere** *ntpl* customs documents; **Zollbehörde** *f* customs authority; **Zollbereich** *m* customs matters *pl*

zollen ['tsɔlən] *vt:* **jdm Beifall ~** applaud s.o.; **jdm Tribut ~** pay tribute to s.o.; **jdm Achtung ~** respect s.o.

Zollerklärung *f* customs declaration; **Zollfahnder(in)** *m(f)* customs investigator; **Zollfahndung** *f* customs investigation department; **zollfrei** *adj* duty-free; **Zollgebiet** *nt* customs district; **Zollgebühr** *f* (customs) duty; **Zollgrenze** *f* customs frontier; **Zollinhaltserklärung** *f* customs declaration; **Zollkontrolle** *f* customs check; **zollpflichtig** *adj* dutiable *Br,* customable *Am;* **Zollschranke** *f* customs barrier

Zollstock *m* inch, rule, ruler

Zolltarif *m* customs tariff; **Zollunion** *f* customs union

Zombie ['tsɔmbɪ] <-(s), -s> *m* (*a. fig*) zombie

Zone ['tso:nə] <-, -n> *f* ❶ (*Gebiet*) zone ❷ (*Geltungsbereich von Ticket*) fare stage; **Zonengrenze** *f* (HIST) zonal border

Zoo *m* zoo; **in den ~ gehen** go to the zoo; **Zoologe, -gin** [tso:o'lo:gə] *m, f* zoologist; **Zoologie** *f* zoology; **zoologisch** *adj* zoological

Zoom ['zu:m] <-s> *nt* (PHOT) zoom lens; **zoomen** I. *vt* (PHOT) zoom in on II. *vi* (PHOT) zoom

Zopf [tsɔpf, *pl:* 'tsœpfə] <-(e)s, Zöpfe> *m* ❶ (*Haar~*) pigtail ❷ (*Gebäck*) plaited loaf; **sein Haar in Zöpfe flechten** plait one's hair; **ein alter ~ sein** be a hoary relic

Zorbing <-s> *nt* (*Fortbewegung in einem großen, transparenten, luftgepolsterten Ball*) zorbing

Zorn [tsɔrn] <-(e)s> *m* anger; (*Wut*) rage; **was man im ~ sagt** words spoken in anger; **in großem ~** in great anger; **seinen ~ an jdm auslassen** vent one's anger on s.o.; **Zornesausbruch** *m* fit of anger; **Zornesröte** *f* flush of anger

zornig *adj* angry; **auf jdn ~ sein** be angry [*o* furious] with s.o.

Zote ['tso:tə] <-, -n> *f* smutty joke

Zottel ['tsɔtəl] <-s, -n> *m* rat's tail; **zottelig** *adj* (*Haar*) shaggy

zu [tsu:] I. *präp* ❶ (*hin*) to ❷ (*Lage*) at ❸ (*zeitlich*) at ❹ (*für*) for; ~ **Spottpreisen** dirt cheap; ~ **Weihnachten** at Christmas; **~m Fenster hinaus** out of the window; **~m Arzt gehen** go to the doctor's; **jdn ~m Freund haben** have s.o. as a friend; **was sollen wir ~m Essen trinken?** what shall we drink with our meal?; **etw ~ etw legen** put s.th. with s.th.; **sich ~ jdm setzen** sit with s.o.; ~ **nichts ~ gebrauchen sein** be no use at all; **jdm ~ etw gratulieren** congratulate s.o. on s.th.; **~r Belohnung** as a reward; **~r Probe** on approval; **jdn ~ etw machen** make s.o. s.th.; ~ **etw werden** turn into s.th.; **es steht 3 : 1** (SPORT) the score is three-one II. *adv* ❶ (*allzu*) too ❷ (*geschlossen*) closed, shut ❸ (*örtlich: hin*) towards; **keineswegs ~ früh** none too soon; **das ist wirklich ~ nett von dir!** (*iro*) too kind of you!; **wir haben ~!** (*Laden*) we're closed!; **ihre Augen fielen ~** her eyes closed; ~ **Ende gehen** come to a close III. *konj* (*mit Infinitiv*) to; **ich habe noch ~ arbeiten** I have some work to do; **das ist noch ~ prüfen** that's still to be checked; **es ist ~m Verrücktwerden!** it's enough to lose your sanity!

zuallererst *adv* first of all

zuallerletzt *adv* last of all

Zubehör ['tsu:bəhø:ɐ] <-(e)s, (-e)> *nt* accessories *pl;* **ohne ~** bare, plain; **mit ~** with all conveniences; **Zubehörteil** *nt* accessory, attachment

zu|beißen *irr vi* bite; (*Hund*) snap

Zuber ['tsu:bɐ] <-s, -> *m* tub

zu|bereiten *vt* prepare; (*Getränk*) mix; **Zubereitung** *f* preparation

zu|billigen *vt* grant (*jdm etw* s.o. s.th.)

zu|binden *irr vt* tie up; (*Schuhe*) lace up

zu|bleiben *irr vi sein* (*fam*) stay shut

zu|blinzeln *vi* wink (*jdm* at s.o.)

zu|bringen *irr vt* ❶ (*Zeit*) pass, spend ❷ (*fam: zumachen können*) get shut

Zubringer *m* ❶ (*~straße*) feeder road ❷ (AVIAT: *~bus*) airport bus; **Zubringerdienst** *m* shuttle service

Zucchini [tsu'ki:nɪ] *fpl* courgettes *Br,* zucchini *Am*

Zucht [tsʊxt] <-> *f* ❶ (*Auf~, Züchten*) breeding; (*von Pflanzen*) cultivation ❷ (*~generation*) breed; (*von Pflanzen*) stock ❸ (*Disziplin*) discipline; ~ **und Ordnung** discipline; **in ~ halten** keep in hand; **Tiere zur ~ halten** keep animals for

breeding; **Zuchtbulle** *m* breeding bull
züchten ['tsʏçtən] *vt* ❶ (*Tiere*) breed; (*Bienen*) keep ❷ (*Pflanzen*) cultivate; **Züchter(in)** *m(f)* ❶ (*von Tieren*) breeder ❷ (*von Pflanzen*) cultivator
Zuchthaus *nt* prison *Br*, penitentiary *Am*; **Zuchthäusler(in)** *m(f)* convict; (*sl*) con; **Zuchthausstrafe** *f* prison sentence
Zuchthengst *m* stud horse
züchtigen ['tsʏçtɪgən] *vt* (*prügeln*) beat, flog; **Züchtigung** *f* (*Prügel*) beating, flogging; **körperliche** ~ corporal punishment
zuchtlos *adj* undisciplined; **Zuchtlosigkeit** *f* lack of discipline
Zuchtvieh *nt* breeding cattle
zucken ['tsʊkən] **I.** *vi* ❶ (*nervös, krampfhaft*) twitch; (*zusammenfahren*) jerk ❷ *sein* (*Blitz*) flash; **es zuckt mir in der Schulter** I have a twinge in my shoulder; **ohne mit der Wimper zu** ~ without batting an eyelid **II.** *vt:* **die Achseln** ~ shrug one's shoulders
zücken ['tsʏkən] *vt* ❶ (*Messer*) draw ❷ (*fam: Brieftasche*) pull out
Zucker ['tsʊkɐ] <-s, (-)> *m* sugar; **Zuckeraustauschstoff** *m* sugar substitute; **Zuckerbrot** *nt:* **mit** ~ **und Peitsche** with a stick and a carrot; **Zuckerdose** *f* sugar bowl; **Zuckerguss** *m* icing *Br*, frosting *Am*; **Zuckerhut** *m* sugar loaf; **zuckerig** *adj* sugary
zuckerkrank *adj* diabetic; **Zuckerkranke(r)** *f m* diabetic; **Zuckerkrankheit** *f* diabetes
zuckern *vt* sugar; **der Kaffee ist zu stark gezuckert** the coffee has too much sugar in it
Zuckerrohr *nt* sugar-cane; **Zuckerrübe** *f* sugar beet; **Zuckerstreuer** *m* sugar sprinkler; **zuckersüß** *adj* (*a. fig*) sugar-sweet, (as) sweet as sugar
Zuckung *f:* **nervöse** ~**en** nervous twitches
zu|decken *vt* cover (up) (*mit etw* with s.th.)
zudem [tsu'de:m] *adv* in addition, moreover
zu|denken *irr vt:* **jdm etw zugedacht haben** have s.th. in store for s.o.
zu|drehen **I.** *vt* ❶ (*Wasserhahn*) turn off ❷ (*zuwenden*) turn; **jdm den Rücken** ~ turn one's back upon s.o. **II.** *vr* (*sich zuwenden*) turn (to)
zudringlich *adj* intrusive; ~ **werden** make advances *pl* (*zu jdm* to s.o.); **Zudringlichkeit** *f* intrusiveness; (*sexuell*) advances *pl*
zu|drücken *vt* press shut; **ein Auge** ~ (*fam*) turn a blind eye
zu|eilen *vi sein* rush (*auf jdn o etw* towards s.o., s.th.)
zueinander *adv* ❶ (*gegenseitig*) to each other ❷ (*zusammen*) together; ~ **passen** (*Farben,*) go together; (*Personen*) suit each other
zu|erkennen *irr vt* (*belohnen*) award (*jdm etw* s.th. to s.o.); **jdm eine Auszeichnung** ~ bestow a decoration on s.o.
zuerst *adv* ❶ (*als erster*) first ❷ (*zunächst*) at first ❸ (*zum ersten Mal*) first, for the first time; **wer** ~ **kommt, mahlt** ~ first come, first served; ~ **hast du etw anderes gesagt** that's not what you said first; ~ **gehe ich schwimmen** first of all I'm going swimming
zu|erteilen *vt* award (*jdm etw* s.th. to s.o.)
zu|fächeln *vt:* **sich (jdm) Kühlung** ~ fan o.s. (s.o.)
zu|fahren *irr vi* ❶ *sein:* **auf jdn** ~ drive towards s.o. ❷ (*fam: los-, weiterfahren*) get a move on; **Zufahrt** *f* ❶ (*Hinfahrt*) approach ❷ (*Einfahrt*) entrance ❸ (~ *zu einem Haus*) drive(way); **Zufahrtsstraße** *f* access road; (*zur Autobahn*) approach road
Zufall *m* accident, chance; **durch** ~ by chance; **das ist** ~**!** it's pure chance!; **es war reiner** ~**, dass ...** it was pure accident that ...; **es ist kein** ~**, dass ...** it's no accident that ...; **die Dinge dem** ~ **überlassen** leave things to chance; **welch (ein)** ~**!** what a coincidence!
zu|fallen *irr vi sein* ❶ (*Tür*) close, shut ❷ (*Aufgabe, Rolle*) fall (*jdm* to s.o., upon s.o); (*Preis*) go (*jdm* to s.o.); **die Augen fallen ihr ja schon zu!** she can scarcely keep her eyes open!
zufällig **I.** *adj* chance; (*Ergebnis*) accidental; **eine** ~**e Begegnung** a chance meeting **II.** *adv* by chance; **das war rein** ~ it was pure chance; **ich war** ~ **da** I happened to be there; **haben Sie** ~ **ihre Telefonnummer?** have you got her phone number by any chance?
Zufallsbekanntschaft *f* chance acquaintance; **Zufallstreffer** *m* ❶ fluke ❷ (SPORT) lucky goal
zu|fassen *vi* ❶ (*zugreifen*) take hold of it [*o* them] ❷ (*Gelegenheit ergreifen*) seize an [*o* the] opportunity ❸ (*helfen*) lend a hand
zu|fliegen *irr vi sein* ❶ (*fam: Tür*) slam shut ❷ (*Vogel*) fly to
zu|fließen *irr vi* flow towards; **jdm Geld** ~ **lassen** pour money into someone's coffers
Zuflucht <-> *f* (*a. fig*) refuge, shelter (*vor* from); **seine** ~ **zu etw nehmen** resort to s.th.; **du bist meine letzte** ~ you are my last hope

Zufluss *m* ❶ (*a. fig*) influx ❷ (*Nebenfluss*) tributary; (*zu einem See*) inlet
zu|flüstern *vt, vi* whisper (*jdm etw* s.th. to s.o.)
zufolge [tsu'fɔlgə] *präp* ❶ (*gemäß*) according to ❷ (*aufgrund*) as a consequence of
zufrieden [tsu'fri:dən] *adj* content(ed); **mit etw ~ sein** be satisfied with s.th.; **sich mit etw ~ geben** be content with s.th.; **~ lassen** let alone, leave in peace; **~ stellen** satisfy; **schwer zufrieden zu stellen** difficult to please; **~ stellend** satisfactory; **Zufriedenheit** *f* ❶ contentedness ❷ (*Befriedigtsein*) satisfaction
zu|frieren *irr vi sein* freeze up [*o* over]
zu|fügen *vt* ❶ (*fam: dazutun*) add ❷ (*antun*) cause, do; (*Böses*) inflict (upon)
Zufuhr [tsu:fu:ɐ] <-, -en> *f* ❶ (*Versorgung*) supply (*nach* to); (MIL: *Nachschub*) supplies *pl* ❷ (METE) influx; **jdm die ~ abschneiden** cut off supplies to s.o.; **die ~ von Lebensmitteln** the supply of provisions; **zu|führen** *vt* ❶ (*versorgen*) supply (*jdm etw* s.o. with s.th.) ❷ (*bringen, zur Verfügung stellen*) bring; **etw seiner Bestimmung ~** put s.th. to its intended use; **jdn der gerechten Strafe ~** give s.o. the punishment he [*o* she] deserves
Zug¹ [tsu:k, *pl:* 'tsy:gə] <-(e)s, Züge> *m* (RAIL) train; **mit dem ~ fahren** go by train; **im ~** on the train; **der ~ hat Verspätung** the train is late
Zug² *m* ❶ (*Charakter~*) characteristic, trait ❷ (*Gesichts~*) feature; **das war kein schöner ~ von ihm** that wasn't very nice of him; **er hat einen ~ zur Extravaganz** he tends to be extravagant
Zug³ *m* ❶ (*~luft*) draught *Br,* draft *Am* ❷ (*an Zigarette*) drag, pull ❸ (*langgezogene Gruppe*) procession ❹ (MIL: *Kompaniegruppe*) platoon ❺ (*Spielstein setzen*) move ❻ (*Schluck*) gulp, mouthful ❼ (TECH: *~kraft*) tension; **du bist am ~!** it's your move!; **~ um ~** step by step; **einen ~ machen** (*an Zigarette*) take a pull; (**nicht**) **zum ~(e) kommen** (not) get a look-in; **in den letzten Zügen liegen** be at one's last gasps; **etw in vollen Zügen genießen** enjoy s.th. to the full
Zugabe *f* (*Zuschlag*) extra; (*Bonus*) bonus; (COM: *Werbegeschenk*) free gift; (MUS THEAT) encore; **als ~** (COM) into the bargain
Zugabteil *nt* railway compartment
Zugang *m* ❶ (*Zutritt, a. fig*) access ❷ (*Eingang, Einfahrt*) entrance ❸ (COM: *Neueingang von Waren*) receipt; (*von Schülern*) intake; (*von Patienten*) admission; **zu etw ~ haben** have access to s.th.; **zugänglich** ['tsu:gɛŋlɪç] *adj* ❶ (*erreichbar*) accessible; (*benutzbar*) available; (*Bibliotheken*) open ❷ (*Personen*) approachable; **der Allgemeinheit ~** open to the public; **sie ist Komplimenten leicht ~** she is quite amenable to compliments
Zugbrücke *f* drawbridge
zu|geben *irr vt* ❶ (*eingestehen*) admit ❷ (*hinzufügen*) add; **gib's zu!** admit it!; **~, dass etw wahr ist** admit the truth of s.th.; **ich gebe zu ...** I have to admit ...
zugegen *adv* present (*bei* at)
zu|gehen *irr vi* ❶ *sein* (*fam: schließen*) shut ❷ (*Nachricht*) reach (*jdm* s.o.); **auf jdn ~** approach [*o* go towards] s.o.; **es geht auf den Winter zu** winter is drawing near; **hier geht es nicht mit rechten Dingen zu** there's something fishy around here; **dort ging's sehr lustig zu** we had a great time there
zu|gehören *vi* belong (*jdm* to s.o.); **zugehörig** *adj* (*dazugehörend*) accompanying; **Zugehörigkeit** *f* ❶ (*Mitgliedschaft*) membership (*zu* of); (*zu Konfession, Nation*) affiliation ❷ (*Gefühl*) sense of belonging
zugekifft *adj* (*sl*) high [on hash or marijuana]
zugeknöpft *adj* (*pej*) reserved, uncommunicative
Zügel ['tsy:gəl] <-s, -> *m* (*a. fig*) rein; **die ~ anziehen** draw in the reins; (*fig*) keep a tighter rein (*bei* on); **die ~ schießen lassen** give free rein to one's rage [*o* feelings]
zugelassen *adj* ❶ (AUTO) licensed ❷ (*erlaubt*) permitted; **~e Schadstoffwerte** levels of contaminants permitted
zügellos *adj* (*a. fig*) unbridled; (*ausschweifend*) licentious; **Zügellosigkeit** *f* lack of restraint, licentiousness
zügeln **I.** *vt* ❶ (*Pferd*) rein in ❷ (*fig*) check, curb **II.** *vr* (*sich zurückhalten*) restrain o.s.
zugestandenermaßen *adv* admittedly *Br,* concededly *Am*
Zugeständnis *nt* concession (*an* to); **zu|gestehen** *irr vt* ❶ (*einräumen*) concede, grant ❷ (*zugeben*) admit
zugetan ['tsu:gəta:n] *adj* fond (of)
Zugfahrkarte *f* train ticket; **Zugführer(in)** *m(f)* ❶ (RAIL) chief guard *Br,* conductor *Am* ❷ (MIL) platoon [*o* section] commander
zugig *adj* draughty *Br,* drafty *Am*
Zugkraft *f* ❶ (TECH) tractive power ❷ (*fig*) appeal, attraction; **zugkräftig** *adj* (*fig*) catchy, eye-catching
zugleich *adv* ❶ (*ebenso*) both ❷ (*zur gleichen Zeit*) at the same time; **sie lachte**

und weinte ~ she was both laughing and crying

Zugluft *f* draught *Br,* draft *Am*

Zugmaschine *f* (*von Sattelschlepper*) traction engine, tractor

Zugpersonal *nt* (RAIL) train personnel

Zugpferd *nt* (*fig*) crowd puller

zu|greifen *irr vi* ❶ (*schnell nehmen*) grab it [*o* them]; (*bei Tisch*) help o.s. ❷ (*schnell handeln*) act fast; **greifen Sie zu!** help yourself!

Zugrestaurant *nt* (RAIL) dining car

Zugriff *m* ❶ (*das Zugreifen*): **durch raschen** ~ by acting quickly ❷ (INFORM) access; **Zugriffsberechtigung** *f* (INTERNET) access privileges; **Zugriffszeit** *f* (INFORM) access time

zugrunde, **zu Grunde** *adv:* **etw ~ legen** base s.th. on s.th.; **etw ~ liegen** be based on s.th.; ~ **richten** ruin, destroy

Zugschaffner(in) *m(f)* (RAIL) train conductor; **Zugsekretariat** *nt* (RAIL) secretarial compartment

zugunsten, **zu Gunsten** *präp* (*von o mit Genitiv*) in favour of

zugute *adv:* **jdm etw ~ halten** make allowances for s.th.; **jdm ~ kommen** be of benefit to s.o.; **jdm etw ~ kommen lassen** let s.o. have s.th.

Zugverbindung *f* train connection; **Zugverkehr** *m* railway traffic *Br,* railroad traffic *Am*

Zugvogel *m* migratory bird

zu|haben *irr vi* (*Laden*) be closed

zu|halten **I.** *irr vt* keep closed [*o* shut]; **jdm den Mund** ~ cover someone's mouth with one's hands; **sich die Ohren** ~ put one's hands over one's ears **II.** *vi:* **auf etw** ~ make straight for …

Zuhälter ['tsu:hɛltɐ] *m* pimp, ponce

zu|hauen **I.** *irr vt* ❶ (*Stein*) pare; (*Baumstamm*) hew ❷ (*fam: Tür*) slam **II.** *vi* (*zuschlagen*) strike out

zuhauf *adv* (*poet*) in throngs

Zuhause [tsu'haʊzə] <-s, -> *nt* home; **hast du kein ~?** haven't you got a home to go to?; **zuhause** *adv* at home

zu|heilen *vi sein* heal up [*o* over]

Zuhilfenahme *f:* **unter** (**ohne**) ~ **von …** with (without) the help of …

zu|hören *vi* listen (*jdm* to s.o.); **nun hören Sie mal zu!** now listen!; **ich höre sehr genau zu!** I'm all ears!; **Zuhörer(in)** *m(f)* listener *pl a.,* audience *sing;* **Zuhörerschaft** *f* audience

zu|jubeln *vi* cheer (*jdm* s.o.)

zu|kehren *vt:* **jdm das Gesicht** ~ turn to face s.o.; **jdm den Rücken** ~ (*a. fig*) turn one's back (up)on s.o.

zu|klappen *vt haben, vi sein* snap shut

zu|kleben *vt* (*Briefumschlag*) stick down; (*Loch*) stick up

zu|knöpfen *vt* button up

zu|kommen *irr vi* ❶ *sein* (*gebühren*) become, befit ❷ (*hingehen*) come towards (*auf jdn* s.o.); **jdm etw ~ lassen** (*schenken*) give s.o. s.th.; (*senden*) send s.o. s.th.; **diesem Treffen kommt große Bedeutung zu** this meeting is of great importance; **etw auf sich ~ lassen** wait and see

Zukunft ['tsu:kʊnft] <-> *f* ❶ future ❷ (GRAM) future tense; **in** ~ in future; **in naher** ~ in the near future; **das liegt noch in weiter** ~ that is still very much in the future; **eine große ~ haben** have a great future

zukünftig **I.** *adj* future; **mein(e) Zukünftige(r)** (*hum*) my intended **II.** *adv* in future

Zukunftsaussichten *fpl* future prospects; **Zukunftsbranche** *f* new industry; **Zukunftsforscher(in)** *m(f)* futurist, futurologist; **Zukunftsforschung** *f* futurology; **Zukunftsmusik** *f* (*fam*) a pie in the sky; **Zukunftsperspektive** *f* future prospects *pl;* **Zukunftspläne** *mpl* plans for the future; **zukunftssicher** *adj* with a safe [*o* guaranteed] future; **Zukunftstechnologie** *f* new technology

Zukurzgekommene(r) *f m one who came off badly, one who missed out*

zu|lächeln *vi:* **jdm** ~ smile at s.o.

Zulage *f* ❶ (*Geld~*) extra pay; (*Gefahren~*) danger-money ❷ (*Gehaltserhöhung*) rise *Br,* raise *Am*

zu|langen *vi* (*bei Tisch*) help o.s.

zu|lassen *irr vt* ❶ (*Tür*) leave shut ❷ (*Zugang gewähren*) admit ❸ (*dulden*) allow, permit ❹ (*amtlich*) authorize; (*Arzt, Heilpraktiker*) register; (*Kraftfahrzeug*) license; ~**, dass etw geschieht** allow s.th. to happen

zulässig ['tsu:lɛsɪç] *adj* allowed, permissible, permitted; (*amtlicherseits*) authorized; ~**es Gesamtgewicht** (AUTO) maximum laden weight

Zulassung *f* ❶ (AUTO) papers *pl* ❷ (*amtliche Autorisierung*) authorization; (*von Kfz*) licensing; **Antrag auf ~ zur Prüfung** application to enter the examination; **Zulassungsbedingungen** *fpl* admission requirements, registration requirements; **Zulassungsbeschränkung** *f* restriction of admissions; **zulassungspflichtig** *adj* (*form*) requiring licensing [*o* registration]; **Zulassungspapiere** *ntpl* (vehicle) registration documents; **Zulassungsstelle** *f* registration office; **Zulassungsverfahren** *nt* registration [*o* admission] procedure

Zulauf <-(e)s> *m:* **großen ~ haben** (*gut besucht sein*) be very popular; (FILM THEAT) draw large crowds; **zu|laufen** *irr vi* ❶ **auf jdn zugelaufen kommen** come running towards s.o. ❷ **spitz ~** run to a point ❸ (*Wasser*) run in; **die Katze ist mir zugelaufen** it's a stray cat

zu|legen I. *vt* ❶ (*da~*) put on ❷ (*hinzufügen*) add; (*bei Verlustgeschäft*) lose; **einen Zahn ~** (*fam*) get a move on II. *vi* (*fam: an Gewicht*) put on weight III. *vr* (*fam*): **sich etw ~** get o.s. s.th., treat o.s. to s.th.

zuleide, zu Leide *adv:* **jdm etw ~ tun** do s.o. harm, harm s.o.; **er tut keiner Fliege was ~** he wouldn't hurt a fly

zu|leiten *vt* ❶ (*durch Leitung zuführen*) let in, supply ❷ (*zusenden*) forward, send on; **Zuleitung** *f* (TECH) supply; (ELEK) conductor; **Zuleitungsrohr** *nt* feed pipe

zuletzt *adv* ❶ (*als Letzter*) last ❷ (*endlich*) in the end; **damit hatte ich ~ gerechnet** that was the last thing I expected

zuliebe *adv:* **jdm ~** for someone's sake

Zulieferer *m* (COM) supplier

Zulieferindustrie *f* supply industry

Zulu ['tsu:lu] *m* Zulu

zum [tsʊm] (*zu dem*): **~ Beispiel** for instance; **~ Glück** fortunately; **~ Teil** partially

zu|machen I. *vt* (*fam: schließen*) close, shut; (*Loch*) stop up; (*Brief*) seal; (*Weinflasche*) cork up II. *vi* ❶ (*fam: sich beeilen*) get a move on ❷ (*fam: den Laden ~*) close down

zumal I. *konj* especially [*o* particularly] as II. *adv* especially, particularly

zu|mauern *vt* brick [*o* wall] up

zumeist *adv* for the most part, mostly

zumindest *adv* at least

zumute, zu Mute *adv:* **mir ist nicht zum Lachen ~** I am not in the mood for laughing; **wie ist dir ~?** how do you feel?

zu|muten ['tsu:mu:tən] *vt:* **jdm etw ~** expect s.th. of s.o.; **jdm zu viel ~** expect too much of s.o.; **sich zu viel ~** take on too much; **seinem Körper zu viel ~** overtax o.s.; **Zumutung** *f* unreasonable demand; (*Frechheit*) cheek; **das ist eine ~!** that's a bit much!

zunächst *adv* ❶ (*vor allem*) first, first of all ❷ (*vorläufig*) for the time being

zu|nähen *vt* sew up

Zunahme *f* increase; (*Ansteigen*) rise

Zuname *m* surname *Br,* last name *Am*

Zündeinstellung *f* (AUTO) ignition [*o* timing] adjustment

zünden [tsʏndən] I. *vi* ❶ (*Feuer fangen*) catch fire ❷ (AUTO) fire II. *vt* ❶ (*Rakete*) fire ❷ (*Bombe*) detonate; **zündend** *adj* (*Rede*) stirring; (*Vorschlag*) exciting; (*Idee*) ingenious

Zünder ['tsʏndɐ] <-s, -> *m* (MIL) fuse

Zündflamme *nt* (*in Gasbrenner*) pilot flame [*o* light]; **Zündholz** *nt* match; **ein ~ anreißen** strike a match; **Zündholzschachtel** *f* match-box; **Zündhütchen** ['tsʏnthy:tçən] *nt* percussion cap; **Zündkabel** *nt* (AUTO) plug lead; **Zündkerze** *f* (AUTO) sparking-plug *Br,* spark-plug *Am;* **Zündschlüssel** *m* (AUTO) ignition key; **Zündschnur** *f* fuse; **Zündspule** *f* (AUTO) ignition [*o* spark] coil; **Zündstoff** *m* (*fig*) dynamite; **Zündung** *f* (AUTO) ignition; **die ~ einstellen** adjust the timing; **Zündverteiler** *m* (AUTO) distributor

zu|nehmen *irr vi* ❶ (*an Gewicht*) gain weight ❷ (*anwachsen*) increase (*an* in); **5 Kilo ~** gain 5 kilos; **~der Mond** waxing moon

zu|neigen I. *vi* be inclined towards; **ich neige zu der Ansicht, dass ...** I'm inclined to think that ... II. *vr* lean towards; **sich dem Ende ~** be drawing to a close; (*knapp werden*) be running out; **Zuneigung** *f* affection; **~ zu jdm fassen** take a liking to s.o.; **~ für jdn empfinden** feel affection for s.o.

Zunft [tsʊnft, *pl:* 'tsʏnftə] <-, Zünfte> *f* guild

zünftig ['tsʏnftɪç] *adj* ❶ (*fam: geziemend*) proper; (*prima*) great ❷ (*professionell*) professional; **eine ~e Anglerkluft** a proper angler's outfit

Zunge ['tsʊŋə] <-, -n> *f* ❶ (ANAT) tongue ❷ (*Seezunge*) sole; **jdm die ~ herausstrecken** stick one's tongue out at s.o.; **eine scharfe ~ haben** have a sharp tongue; **dabei bricht man sich ja die ~ ab!** (*fam*) I can't get my tongue round it!; **auf der ~ brennen** burn the tongue; **ich hab's auf der ~!** (*fam*) I have it on the tip of my tongue!

züngeln ['tsʏŋəln] *vi* ❶ (*Schlange*) dart its tongue in and out ❷ *sein* (*Flamme*) lick

Zungenbelag *m* coating of the tongue; **Zungenbrecher** *m* (*Wort*) tongue-twister; **Zungenfertigkeit** *f* eloquence, volubility; **Zungenkuss** *m* French kiss; **Zungenspitze** *f* tip of the tongue

Zünglein ['tsʏŋlaɪn] *nt:* **das ~ an der Waage sein** tip the scales

zunichte *adv:* **~ machen** (*zerstören*) destroy, ruin; (*vereiteln*) frustrate

Z

zu|nicken *vi* nod (*jdm* to, at s.o.)
zunutze, **zu Nutze** *adv:* **sich etw ~ machen** (*verwenden*) utilize s.th.; (*ausnutzen*) take advantage of s.th.
zuoberst *adv* right on [*o* at] the top
zu|ordnen *vt* assign to
zu|packen *vi* (*fam*) ❶ (*bei einer Gelegenheit*) grasp ❷ (*bei der Arbeit*) get down to it ❸ (*helfen*) lend a hand
zupfen ['tsʊpfən] *vt* (*Unkraut, Fäden, Maschen*) pull; (*Wolle*) pick; **jdn am Ärmel ~** tug at someone's sleeve
zur [tsuːɐ] *präp* (*zu der*): **~ Ansicht** (COM) on approval; **~ Weihnachtszeit** at Christmas time; **~ See fahren** go to sea
zurande *adv:* **mit etw ~ kommen** cope with s.th.; **mit etw nicht ~ kommen** not to be able to manage s.th.
zurate *adv:* **jdn/etw ~ ziehen** consult s.o./s.th.
zu|raten *irr vi* advise (strongly) (*jdm, etw zu tun* s.o. to do s.th.); **auf ihr Zuraten (hin)** on her advice
zurechnungsfähig *adj* of sound mind; **Zurechnungsfähigkeit** *f* soundness of mind; **verminderte ~** diminished responsibility; **an jds ~ zweifeln** (*fam*) wonder if s.o. is compos mentis
zurecht|finden *irr vr* find one's way (*in* around); **findest du dich damit zurecht?** can you get the hang of it?
zurecht|kommen *irr vi* ❶ (*auskommen*) manage (*mit* on) ❷ (*bewältigen*) cope (*mit* with); **mit jdm ~** get on (well) with s.o.; **mit etw ~** cope with s.th.
zurecht|legen *vt* get out ready; **sich etw ~** get s.th. out ready; (*fig*) work s.th. out
zurecht|machen *vt* (*Zimmer*) prepare *Br,* fix *Am;* **sich ~** get dressed; (*sich schminken*) put on one's make-up
zurecht|weisen *irr vt* (*tadeln*) reprimand; **Zurechtweisung** *f* reprimand
Zureden *nt:* **auf mein ~ (hin)** with my encouragement; (*Überreden*) with my persuasion; **freundliches ~** friendly persuasion; **zu|reden** *vi* ❶ (*überreden*) keep on (*jdm* at s.o.) ❷ (*ermutigen*) encourage (*jdm* s.o.)
zu|reiten *irr vt haben* (*Pferd*) break in
zu|richten *vt* ❶ (TECH: *zubereiten*) dress, finish ❷ (*beschädigen*) make a mess of ❸ (*verletzen*) injure; **jdn übel ~** beat s.o. up
zürnen ['tsʏrnən] *vi* be angry (*jdm* with s.o.)
Zurschaustellung *f* display, parading
zurück [tsu'rʏk] *adv* ❶ back ❷ (COM: *im Rückstand*) behind; **hin und ~** there and back; **bis ins 16. Jahrhundert ~** as far back as the 16th century; **hinter seiner Zeit ~ sein** be behind the times *pl*
zurück|behalten *irr vt* keep back
zurück|bekommen *irr vt* get back
zurück|bezahlen *vt* pay back, repay
zurück|bleiben *irr vi* ❶ *sein* stay [*o* remain], behind ❷ (*nicht Schritt halten, a. fig*) fall behind; (*entwicklungsmäßig*) be backward ❸ (*übrig bleiben*) be left (behind); (*als Krankheitsfolge, Schaden*) remain; **das bleibt hinter meinen Erwartungen zurück** that doesn't come up to my expectations
zurück|blicken *vi* look back
zurück|bringen *irr vt* ❶ (*wieder herbringen*) bring back ❷ (*wieder wegbringen*) take back
zurück|datieren *vt* backdate
zurück|denken *irr vi* think back (*an* to)
zurück|drängen *vt* ❶ drive [*o* force] back [*o* push] ❷ (*fig*) repress
zurück|erobern *vt* (MIL) reconquer
zurück|erstatten *vt* refund; (*Ausgabe*) reimburse
zurück|fahren **I.** *irr vi sein* ❶ drive [*o* go] back ❷ (*plötzlich zurückweichen*) start back **II.** *vt haben* drive back
zurück|fallen *irr vi sein* ❶ (*in einen Fehler, in ein Laster*) relapse (*in* into) ❷ (SPORT) drop back ❸ (COM: *Umsätze*) drop ❹ (*an Besitzer*) revert (*an* to) ❺ (*leistungsmäßig*) fall behind ❻ (*Schande, Untat*) reflect (*auf jdn* on s.o.)
zurück|finden *irr vi* find one's way back
zurück|fließen *irr vi sein* flow back
zurück|fordern *vt* demand back
zurück|führen **I.** *vt* ❶ lead back ❷ (MATH) reduce; (*ableiten, erklären*) put down to ❸ (*zurückverfolgen*) trace back **II.** *vi* lead back
zurück|geben *irr vt* ❶ give back ❷ (*erwidern*) return
zurück|gehen *irr vi* ❶ *sein* go back (*nach, in* to) ❷ (*zurückweichen*) retreat ❸ (*Geschäft*) fall off; (*Preise, Vorräte*) go down; (*Schmerz, Sturm*) die down; **~ auf …** go back to …; **~ lassen** (*Warensendung*) return, send back
zurückgeblieben *adj* retarded
zurückgezogen **I.** *adj* ❶ (*Leben*) secluded ❷ (*Person*) withdrawn **II.** *adv* in seclusion; **Zurückgezogenheit** *f* seclusion
zurück|greifen *irr vi* fall back (*auf* upon)
zurück|halten **I.** *irr vt* ❶ (*nicht fortlassen*) hold [*o* keep] back ❷ (*aufhalten*) hold up ❸ (*nicht freigeben*) withhold ❹ (*fig: unterdrücken*) repress ❺ (*hindern*) keep (*jdn von etw* s.o. from s.th.) **II.** *vi* (*verheim-*

lichen) hold back (*mit etw* s.th.) **III.** *vr* ❶ (*reserviert sein*) be reserved ❷ (*sich beherrschen*) contain o.s. ❸ (*bescheiden sein*) keep in the background; **zurückhaltend** *adj* ❶ (*beherrscht*) restrained ❷ (*vorsichtig*) cautious ❸ (*reserviert*) reserved; **Zurückhaltung** *f* ❶ (*Beherrschtheit*) restraint ❷ (*Vorsicht*) caution

zurück|holen *vt* fetch back; **jdn** ~ (*fig*) ask s.o. to come back

zurück|kehren *vi* ❶ *sein* come back, return (*von, aus* from) ❷ (*fortgehen*) go back, return (*nach, zu* to)

zurück|kommen *irr vi* ❶ *sein* (*a. fig*) come back, return ❷ (*Bezug nehmen*) refer (*auf* to)

zurück|lassen *irr vt* ❶ (*hinterlassen*) leave ❷ (*liegen lassen*) leave behind, allow back; **eine Nachricht** ~ leave word

zurück|legen **I.** *vt* ❶ (*an seinen Platz*) put back; (*Kopf*) lay back ❷ (*aufbewahren, reservieren*) put aside; (*Geld*) lay aside ❸ (*Strecke*) cover; **können Sie es mir ~?** could you put it aside for me?; **ein gutes Stück Weg** ~ cover quite a distance **II.** *vr* lie back

zurück|liegen *irr vi* ❶ (*örtlich*) be behind ❷ (*zeitlich*) be ... ago; **das liegt zehn Jahre zurück** that was ten years ago

Zurücknahme <-, -n> *f* ❶ (*das Zurücknehmen*) taking back ❷ (*einer Bestellung, einer Klage*) withdrawal; (*einer Anordnung, Zustimmung*) revocation; (*einer Beschuldigung*) retraction

zurück|nehmen *irr vt* ❶ take back ❷ (*Behauptung*) withdraw; (*Gesetz, Anordnung*) revoke; (COM: *Auftrag*) cancel; (*Vorwurf*) retract; **sein Wort** ~ go back on one's promise

zurück|pfeifen *vt* (*fig*) bring s.o. back into line

zurück|prallen *vi sein* bounce back; (*Geschoss*) ricochet; (*Strahlen, Hitze*) be reflected; **von etw** ~ be bounced back off s.th.

zurück|reisen *vi sein* return, travel back

zurück|rufen *irr vt* ❶ (*a.* TELE) call back ❷ (*zurückbeordern*) recall; **sich etw ins Gedächtnis** ~ call s.th. to mind

zurück|schalten *vt* (AUTO) change back

zurück|schauen *vi* (*a. fig*) look back (*auf* at, on)

zurück|schicken *vt* send back

zurück|schieben *irr vt* push back

zurück|schlagen **I.** *irr vt* ❶ (*Angriff, Feind*) beat back, repulse ❷ (*Ball*) return ❸ (*umschlagen*) fold back; (*Buchseiten*) leaf back; (*Schleier*) lift **II.** *vi* ❶ (*a. fig*) hit back, strike back ❷ (*Pendel*) swing back

zurück|schrecken *irr vi sein* shrink [*o* start] back (*vor* from); **vor nichts** ~ stop at nothing

zurück|sehnen **I.** *vr* long to return (*nach* to) **II.** *vt* long for the return (*jdn o etw* of s.o., s.th.)

zurück|senden *irr vt* send back

zurück|setzen **I.** *vt* ❶ (*an frühere Stelle*) put back ❷ (*nach hinten*) move back; (AUTO: *Wagen*) reverse ❸ (*benachteiligen*) neglect; **sich zurückgesetzt fühlen** feel neglected **II.** *vi* (AUTO: *mit Wagen*) reverse

zurück|springen *irr vt sein* jump [*o* leap] back

zurück|stecken **I.** *vt* (*Gegenstand*) put back **II.** *vi* ❶ (*anspruchsmäßig*) lower one's expectations; (*weniger ausgeben*) cut back ❷ (*nachgeben*) backtrack

zurück|stehen *irr vi* ❶ (*hintanstehen*) take second place ❷ (*unberücksichtigt bleiben*) be left out

zurück|stellen *vt* ❶ (*a. Uhr*) put back ❷ (*beiseite stellen*) put aside ❸ (*hintanstellen*) defer ❹ (*beiseiteschieben*) put aside; **seine Pläne** ~ shelve one's plans

zurück|stoßen *irr vt* ❶ push back ❷ (*fig*) reject

zurück|strömen *vi* ❶ *sein* (*Fluss*) flow back ❷ (*Menschen*) stream back

zurück|stufen *vt* downgrade

zurück|treiben *irr vt* drive back

zurück|treten *irr vi* ❶ *sein* (*sich zurückstellen*) step back ❷ *haben* (SPORT: *beim Fußball*) kick back ❸ *sein* (*fig: Regierung*) resign ❹ *sein* (*von einem Vertrag*) withdraw (*von* from) ❺ *sein* (*an Bedeutung verlieren*) fade; **bitte ~!** stand back, please!; **hinter jdm (etw)** ~ come second to s.o. (s.th.)

zurück|verlangen *vt* demand back

zurück|versetzen **I.** *vt* ❶ (*zurückverwandeln*) restore (*in* into) ❷ (SCHULE: *Schüler in alte Klasse*) move down (*in* into) **II.** *vr* (*sich zurückdenken*) think o.s. back (*in* to)

zurück|weichen *irr vi* ❶ *sein* (MIL) fall back; (*erschrocken*) shrink back (*vor* from) ❷ (*fig*) retreat

zurück|weisen *irr vt* ❶ (*Gegenstand, a. fig*) reject ❷ (*abweisen*) turn away; (*zurückschicken*) turn back; **einen Angriff** ~ repel an attack; **einen Antrag** ~ reject [*o* turn down] an application; **Zurückweisung** *f* ❶ (*von Gegenstand, a. fig*) rejection ❷ (*Abweisung*) turning away ❸ (*Abschlagen von Angriff*) repulsion

zurück|werfen *irr vt* ❶ (*Ball*) throw back

Z

❷ (MIL: *Feind*) repulse ❸ (*reflektieren*) reflect ❹ (*wirtschaftlich*) set back (*um* by)

zurück|wollen *vi* want to go back

zurück|zahlen *vt* pay back, repay; **wann soll ich das Geld ~?** when do you want me to pay back the money?

zurück|ziehen **I.** *irr vt haben* ❶ pull [*o* draw] back ❷ (*zurücknehmen*) withdraw **II.** *vr haben* ❶ retire, withdraw (*von, aus* from) ❷ (MIL) retreat **III.** *vi sein* ❶ move back ❷ (*Vögel*) fly back

Zuruf *m* call, shout; **zu|rufen** *irr vt, vi* shout (*jdm etw* s.th. at s.o.)

zurzeit *adv* at present, at the moment

Zusage <-, -n> *f* ❶ (*Versprechen*) promise ❷ (*Zustimmung*) assent, consent ❸ (*Annahme*) acceptance ❹ (*Bestätigung*) confirmation; **zu|sagen** **I.** *vt* ❶ (*versprechen*) promise ❷ (*bestätigen*) confirm; **jdm etw auf den Kopf ~** tell s.o. s.th. outright **II.** *vi* ❶ (*auf Einladung*) accept, promise to come ❷ (*behagen, gefallen*) appeal (*jdm* s.o.)

zusammen [tsuˈzamən] *adv* together; **etw ~ tun** do s.th. together; **nur wir beide ~** just you and me together

Zusammenarbeit *f* co-operation; (*mit dem Feind*) collaboration; (*einer Gemeinschaft*) team work; **im Geiste freundschaftlicher ~** in a spirit of friendship and collaboration; **in ~ mit ...** in co-operation with ...; **zusammen|arbeiten** *vi* co-operate, work together; (*mit dem Feind*) collaborate

zusammen|ballen **I.** *vt* (*zusammenkneten*) make into a ball; (*zusammenknüllen*) screw up into a ball **II.** *vr* (*sich ansammeln*) accumulate; (*Menschenmenge*) mass (together)

zusammen|bauen *vt* put together; (TECH AUTO) assemble; **etw wieder ~** reassemble s.th.

zusammen|beißen *irr vt:* **die Zähne ~** grit one's teeth

zusammen|binden *irr vt* bind [*o* tie] together

zusammen|bleiben *vi sein* stay together

zusammen|brechen *irr vi sein* (*zusammenfallen*) cave in; (*Wirtschaft*) collapse; (*Mensch*) break down; **der Verkehr ist völlig zusammengebrochen** traffic has come to a complete standstill

zusammen|bringen *irr vt* ❶ (*sammeln*) bring together, collect; (*Geld*) raise ❷ (*Leute*) bring together [*o* into contact with each other] ❸ (*fam: zustande bringen*) manage; (*Gedanken, Worte, Sätze*) put together

Zusammenbruch *m* breakdown, collapse

zusammen|drücken *vt* press together; (*verdichten*) compress

zusammen|fahren **I.** *irr vi* ❶ *sein* (*erschrecken*) start ❷ (AUTO: *zusammenstoßen*) collide **II.** *vt* ❶ *haben* (*fam: überfahren*) run over ❷ (*fam: Kfz kaputtfahren*) wreck

zusammen|fallen *irr vi* ❶ *sein* (*einstürzen, in sich ~*) collapse ❷ (*sich decken*) coincide ❸ (*sich senken*) go down

zusammen|falten *vt* fold (up)

zusammen|fassen **I.** *vt* ❶ (*kombinieren*) combine (*zu* to) ❷ (*vereinigen*) unite ❸ (MATH) sum ❹ (*in Bericht*) summarize **II.** *vi* (*als Fazit*) sum up; **lassen Sie mich (kurz) ~ ...** just to sum up ...; **Zusammenfassung** *f* ❶ (*Kombinierung*) combination ❷ (*Vereinigung*) union ❸ (*Abriss, Auszug*) abstract; (*eines Textes*) résumé, summary

zusammen|fließen *irr vi sein* (*Wasserläufe*) flow together; (*Farben*) run together; **Zusammenfluss** *m* confluence

zusammen|fügen *vt, vr* fit together

zusammen|führen *vt* bring together; (*Familien*) reunite

zusammen|gehören *vi* ❶ belong together ❷ (*Gegenstände*) go together; **zusammengehörig** *adj* ❶ (*Kleidungsstück*) matching ❷ (*Menschen*) related; **Zusammengehörigkeit** *f* identity, unity; **Zusammengehörigkeitsgefühl** *nt* ❶ (*einer Gruppe*) communal spirit; (*einer Mannschaft*) team spirit ❷ (POL) feeling of solidarity

zusammengesetzt *adj* composed (*aus etw* of s.th.)

zusammengewürfelt *adj* (*bunt ~*) motley, oddly assorted

Zusammenhalt <-(e)s> *m* ❶ (*das Zusammenhalten*) cohesion ❷ (TECH: *Kohäsion*) cohesive strength; **zusammen|halten** **I.** *irr vt* hold together; (*Geld*) hold on to **II.** *vi* ❶ hold together ❷ (*als Freunde*) stick together

Zusammenhang <-(e)s, -hänge> *m* connection (*von, zwischen* between); (*Text~*) context; (*Wechselbeziehung*) correlation (*von, zwischen* between); (*Verflechtung*) interrelation (*von, zwischen* between); (*innerhalb einer Erzählung*) coherence; **etw aus dem ~ reißen** detach s.th. from its context; **im ~ mit etw** in connection with s.th.; **im ~ mit etw stehen** be connected with s.th.; **in diesem ~** in this context; **zusammen|hängen** *irr vi* ❶ (*Gegenstände*) be joined ❷ (*fig*) be connected; **wie hängt das ~?** how is that?; **zusammenhängend** *adj* coherent; (*ununterbrochen*) continous; **zusammenhang(s)los** *adj* (*nicht zusammenhängend*) incoherent; (*weitschweifig*) rambling; **Zusammenhang(s)losigkeit** *f* incoherence

zusammenklappbar *adj* folding; (*Stuhl, Tisch*) collapsible; **zusammen|klappen** I. *vt haben* (*Messer, Stuhl*) fold up; (*Schirm*) shut II. *vi* ❶ *sein* (*Stuhl*) collapse ❷ (*fam: Person*) flake out

zusammen|kleben *vt haben, vi sein* stick together

zusammen|knüllen *vt* crumple up

zusammen|kommen *irr vi* ❶ *sein* come together; (*sich treffen*) meet (*mit jdm* s.o.); (*Umstände*) combine ❷ (*fam: sich ansammeln*) accumulate

zusammen|krachen *vi* ❶ *sein* (*fam: Gebäude*) break down with a crash ❷ (*fam: Fahrzeuge*) crash into each other

zusammen|kratzen *vt* (*a. fig*) rake [*o* scrape] together

Zusammenkunft [tsuˈzamənkʊnft, *pl:* -kʏnftə] <-, -künfte> *f* gathering, meeting

zusammen|laufen *irr vi* ❶ *sein* (*Flüssigkeit*) collect ❷ (*Farben*) run together ❸ (*Menschen*) gather

Zusammenleben *nt* living together; **im ~ mit …** living together with …

zusammenlegbar *adj* collapsible, foldable; **zusammen|legen** I. *vt* ❶ (*zusammenfalten*) fold ❷ (*kombinieren*) combine ❸ (*stapeln*) pile together II. *vi* (*Geld*) club together

zusammen|nehmen I. *irr vr* ❶ (*sich anstrengen*) make an effort ❷ (*im Benehmen*) pull o.s. together; **nimm dich ~!** pull yourself together! II. *vt* (*Gegenstände*) gather up; **alles zusammengenommen** all in all

zusammen|packen I. *vt* pack up II. *vi* (*fam: aufgeben*) pack it all in

zusammen|passen *vi* ❶ (*Personen*) suit each other ❷ (*Dinge*) go together

zusammen|pferchen *vt* ❶ (*Tiere*) herd together ❷ (*Personen*) pack together

Zusammenprall *m* collision; (*fig*) clash; **zusammen|prallen** *vi* ❶ *sein* (*kollidieren*) collide ❷ (*fig*) clash

zusammen|pressen *vt* squeeze together; (*verdichten*) compress

zusammen|raffen *vt* ❶ (*Dinge*) bundle together ❷ (*aufhäufen*) amass, pile up

zusammen|rechnen *vt* add [*o* total] up; **alles zusammengerechnet** all together; (*fig*) all in all

zusammen|reimen I. *vt* (*fam*): **sich den Rest ~** put two and two together; **das kann ich mir nicht ~** I can't make head or tail of it II. *vr* make sense; **wie reimt sich das zusammen?** that doesn't make any sense!

zusammen|reißen *irr vr* pull o.s. together

zusammen|rollen I. *vt haben* roll up II. *vr haben* curl up; (*Schlange*) coil up; (*Igel*) roll up into a ball

zusammen|rotten *vr* band together (*gegen* against)

zusammen|rücken I. *vt* ❶ *haben* (*Möbel*) move closer together ❷ (*Wörter*) close up II. *vi sein* move up closer

zusammen|rufen *irr vt* call together

zusammen|scheißen *irr vt* (*sl*): **jdn ~** give s.o. a bollocking

zusammen|schlagen I. *irr vt* ❶ (*zerschlagen*) smash up ❷ (*aneinander schlagen*) knock together; (*die Hände*) clap; (*Hacken*) click ❸ (*verprügeln*) beat up II. *vi* (*von Wasser*) close, dash (*über jdm o etw* over s.o., s.th.)

zusammen|schließen *irr vr* combine, join together; (COM: *fusionieren*) amalgamate; **Zusammenschluss**RR *m* ❶ combining ❷ (COM) amalgamation

zusammen|schnüren *vt* tie up; **jdm das Herz ~** make someone's heart bleed

zusammen|schrauben *vt* bolt [*o* screw] together

zusammen|schreiben *irr vt* (*Wörter*) write together

zusammen|schrumpfen *vi* ❶ *sein* shrivel up ❷ (*fig*) dwindle (*auf* to)

zusammen|schweißen *vt* (*a. fig*) weld together

Zusammensein <-s> *nt* get-together

zusammen|setzen I. *vt* ❶ put together; (*aus Teilen*) assemble (*zu* to make) ❷ (*Personen nebeneinander setzen*) seat together II. *vr* ❶ sit together ❷ (*zwecks Konferenz*) get together ❸ (*bestehen aus*) consist of, be composed of; **Zusammensetzung** *f* (*Aufbau*) composition; (*Kombination*) combination

Zusammenspiel <-(e)s> *nt* ❶ (MUS) ensemble playing ❷ (THEAT) ensemble acting ❸ (SPORT) teamwork ❹ (*fig*) cooperation; (*von Kräften*) interaction

zusammen|stecken I. *vt* fit together; **die Köpfe ~** (*flüstern*) whisper to each other II. *vi* (*fam*) be together

zusammen|stellen *vt* ❶ put together ❷ (*arrangieren*) arrange ❸ (*kompilieren*) compile; (*Liste*) draw up ❹ (*Gruppe*) assemble; **eine Mannschaft ~** (SPORT) pick

Z

a team; **Zusammenstellung** *f* ❶ (*Arrangement*) arrangement ❷ (*Kompilierung*) compilation ❸ (*Übersicht*) survey ❹ (*Zusammensetzung*) composition

Zusammenstoß *m* ❶ (*Auto, Zug, Schiff, a. fig*) collision, crash ❷ (MIL: ~ *der Meinungen*) clash; **zusammen|stoßen** **I.** *irr vt haben* knock together **II.** *vi sein* ❶ (*kollidieren*) collide ❷ (MIL: *streiten*) clash

zusammen|streichen *irr vt* (*Budget*) cut down

zusammen|stürzen *vi sein* (*zusammenfallen*) collapse, tumble down

zusammen|tragen *irr vt* (*a. fig*) collect

Zusammentreffen *nt* ❶ (*Treffen*) meeting ❷ (MIL: *Kampf*) encounter ❸ (*zeitlich*) coincidence; **zusammen|treffen** *irr vi* ❶ *sein* meet (*mit jdm* s.o.) ❷ (*feindlich*) encounter ❸ (*gleichzeitig geschehen*) coincide

zusammen|treten *irr vi sein* (*Konferenz*) meet; (PARL) assemble; (JUR: *Gericht*) sit

zusammen|tun **I.** *irr vt* (*fam*) ❶ put together ❷ (*mischen*) mix **II.** *vr* combine forces, get together

Zusammenwirken *nt* combination, interaction; **zusammen|wirken** *vi* act in combination, combine

zusammen|zählen *vt* add [*o* sum] up

zusammen|ziehen **I.** *irr vt* ❶ *haben* draw together ❷ (MATH: *addieren*) add together; (*reduzieren*) reduce ❸ (*Truppen*) assemble, concentrate; **seine Augenbrauen ~** knit one's eyebrows **II.** *vi sein* (*in eine Wohnung*) move in together (*mit jdm* with s.o.) **III.** *vr* ❶ *haben* (*sich kontrahieren*) contract; (*enger werden*) narrow ❷ (*Gewitter, a. fig*) be brewing

Zusatz *m* ❶ (*Zugabe*) addition ❷ (*zusätzl. Bemerkung*) additional remark, postscript ❸ (*Additiv*) additive; **unter ~ von ...** with the addition of ...; **Zusatzausrüstung** *f* extra equipment; **Zusatzgerät** *nt* attachment; (TECH) additional implement; **Zusatzklausel** *f* additional clause; **Zusatzkosten** *pl* additional costs

zusätzlich ['tsu:zɛtslɪç] **I.** *adj* additional; (*ergänzend*) supplementary **II.** *adv* in addition; **Zusatzpension** ['tsu:zatspɛn,zio:n] *f* additional pension; **Zusatzstoffe** *pl* additives

zu|schanzen ['tsu:ʃantsən] *vt:* **jdm etw ~** make sure s.o. gets s.th.

zu|schauen *vi* watch (*jdm* s.o., *bei etw* s.th., *jdm bei etw* s.o. doing s.th.); **ich schaue nur zu** I'm only looking on

Zuschauer(in) *m(f)* (SPORT) spectator; (THEAT) member of the audience; (*Fernseh~*) viewer; (*neugieriger ~*) bystander, onlooker; **Zuschauerbefragung** *f* (TV) audience survey; **Zuschauerraum** *m* (THEAT) auditorium; **Zuschauertribüne** *f* stand; **Zuschauerzahl** *f* attendance figure

zu|schicken *vt* send (*jdm etw* s.th. to s.o.); **sich etw ~ lassen** send for s.th.

zu|schieben *irr vt* ❶ (*schließen*) slide shut; (*Schublade*) push shut ❷ (*heimlich*) slip s.o. s.th.; **jdm die Schuld ~** put [*o* lay] the blame on s.o.; **jdm die Verantwortung ~** saddle the responsibility upon s.o.

zu|schießen **I.** *irr vi sein* rush (*auf jdn, etw* up to s.o., s.th.) **II.** *vt haben* (*beitragen*) contribute; **jdm den Ball ~** kick the ball to s.o.

Zuschlag *m* ❶ (RAIL) supplement ❷ (COM: *Preis~*) surcharge ❸ (*bei Auktion*): **jdm den ~ erteilen** knock down the lot to s.o.; (*bei Ausschreibung*) award the contract to s.o.; **zu|schlagen** **I.** *irr vt* (*Tür*) slam; (*Buch*) shut; (*Gebiet*) annex to **II.** *vi* ❶ (*Fenster, Tür*) bang shut ❷ (*schlagen*) strike ❸ (*fam: zugreifen*) get in quickly

zu|schließen *irr vt* lock; **den Laden ~** lock up the shop

zu|schnappen *vi sein* (*Schloss*) snap shut

zu|schneiden *irr vt* cut to size; **auf jdn (etw) genau zugeschnitten sein** be tailor-made for s.o. (s.th.)

Zuschnitt *m* (*Kaliber*) calibre *Br*, caliber *Am*

zu|schnüren *vt* ❶ (*Paket*) tie up ❷ (*Schuhe*) lace up; **die Angst schnürte ihm die Kehle zu** he was choked with fear

zu|schrauben *vt* ❶ (*Ventil*) screw shut ❷ (*Schraubdeckel*) screw on

zu|schreiben *irr vt* ascribe (*jdm etw* s.th. to s.o.); **das hat er nur sich selbst zuzuschreiben** he's got himself to blame

Zuschrift *f* (*Brief*) letter; (*auf Anzeige*) reply

zuschulden, **zu Schulden**[RR] *adv:* **sich etw ~ kommen lassen** do s.th. wrong

Zuschuss[RR] *m* ❶ (*Unterstützungszahlung*) grant, subsidy; (*Extrageld*) something towards it ❷ (TYP) overplus; **Zuschussbetrieb**[RR] *m* subsidized establishment

zu|schütten *vt* (*zufüllen*) fill up

zu|sehen *irr vi* ❶ (*beobachtend*) watch (*jdm* s.o., *bei etw* s.th., *jdm bei etw* s.o. doing s.th.); (*unbeteiligt*) look on ❷ (*Sorge tragen*): **~, dass ...** see to it that ...; **mir blieb nichts übrig, als zuzusehen** I could only stand by and watch; **ich kann doch nicht (einfach) ~, wie sie ...** I can't sit back and watch her ...

zusehends *adv* (*offensichtlich*) visibly; (*merklich*) noticeably; (*rasch*) rapidly
zu|senden *irr vt* forward, send
zu|setzen I. *vt* ❶ (*hinzufügen*) add ❷ (*fam: Geld*) shell out II. *vi* (*pej*): **jdm ~** lean on s.o.; (*Kälte, Krankheit*) take a lot out of s.o.
zu|sichern *vt* assure (*jdm etw* s.o. of s.th.)
Zuspätkommende(r) *f m* latecomer
zu|sperren *vt* (*zuschließen*) lock; (*verriegeln*) bolt
zu|spielen *vt* (SPORT) pass (to); **jdm etw ~** play s.th. on to s.o.
zu|spitzen *vr* (*Lage*) come to a crisis, get critical
zu|sprechen I. *irr vi* ❶ (*einem Getränk*) drink copiously; (*dem Essen*) eat heartily ❷ (*einem Menschen*) talk (*jdm* to s.o.) II. *vt* ❶ (JUR: *gerichtlich*) adjudge ❷ (*Preis, Gewinn*) award; **jdm Trost ~** comfort s.o.; **das Kind wurde der Mutter zugesprochen** the mother was granted custody of the child
Zuspruch <-(e)s> *m* ❶ (*Aufmunterung*) words *pl*, of encouragement; (*Trost*) words *pl*, of comfort ❷ (*Anklang*): **~ finden** be popular; (THEAT FILM) meet with general acclaim
Zustand *m* ❶ (*Beschaffenheit*) condition, state ❷ (*Lage*) situation; (*rechtliche, politische Lage*) status ❸ (*Entwicklungsstufe*) phase ❹ **Zustände** state of affairs; **der gegenwärtige ~** the status quo; **in gutem (schlechtem) ~** in good (bad) shape; (*Gebäude*) in good (bad) repair; **in angetrunkenem ~** under the influence of alcohol; **das sind ja schöne Zustände!** (*iro*) that's a fine state of affairs!; **Zustände kriegen** (*fam*) hit the roof
zustande, zu Stande[RR] *adv*: **~ bringen** achieve, manage; **~ kommen** (*geschehen*) come about; (*erreicht werden*) be achieved; **Zustandekommen** *nt* (*Geschehen*) taking place; (*Erreichen*) achievement, achieving
zuständig *adj* competent; (*verantwortlich*) responsible; (JUR: *Gericht*) having jurisdiction; **nicht ~** incompetent; **dafür bin ich nicht ~** that's not in my department; **~ sein** (JUR) have jurisdiction; **Zuständigkeit** *f* ❶ (*Kompetenz*) competence; (*des Gerichts*) jurisdiction ❷ (*~sbereich*) area of responsibility; **Zuständigkeitsbereich** *m* area of authority [*o* responsibility]
zustatten *adv*: **jdm ~ kommen** come in useful for s.o.
zu|stecken *vt*: **jdm etw (heimlich) ~** slip s.o. s.th.; **sie steckte ihm etwas Geld zu** she slipped him some money
zu|stehen *irr vi*: **etw steht jdm zu** s.o. is entitled to s.th.; **es steht ihm nicht zu darüber zu urteilen** he has no right to judge that
Zustelldienst *m* delivery service
zu|stellen *vt* ❶ (*Brief*) deliver (*jdm etw* s.th. to s.o.); (JUR) serve (*jdm etw* s.o. with s.th.) ❷ (*verbarrikadieren*) block (up); **Zusteller** *m* ❶ (*Briefträger*) postman ❷ (*Speditionsfirma*) delivery agent; **Zustellgebühr** *f* delivery charge; **Zustellung** *f* (*Post~*) delivery; (JUR) service (of a writ)
zu|stimmen *vi* agree (*einer Sache* to s.th.); (*einwilligen*) consent (to s.th.); (*billigen*) approve (of s.th.); **Zustimmung** *f* (*Einverständnis*) agreement, assent; (*Einwilligung*) consent; (*Billigung*) approval; **allgemeine ~ finden** meet with general approval; **zustimmungspflichtig** *adj* (*form: Gesetzesantrag, Reform*) requiring approval
zu|stoßen I. *irr vt* (*heftig schließen*) push shut II. *vi* (*geschehen*) happen (*jdm* to s.o.)
zu|streben *vi* ❶ *sein* head [*o* make] (*auf* for) ❷ (*fig*) strive (*auf* for)
Zustrom <-(e)s> *m* (*Menschenmenge*) influx; (*Andrang*) crowd, throng; **großen ~ haben** be very popular
zu|stürzen *vi sein* rush (*auf* up to)
zutage, zu Tage[RR] *adv*: **~ fördern** unearth; (*fig*) bring to light; **~ kommen** [*o* **treten**] (*a. fig*) come to light
Zutaten *fpl* ingredients *pl*
zuteil *adv*: **jdm wird etw ~** s.th. falls to someone's share; **jdm etw ~ werden lassen** bestow s.th. (up)on s.o.; **ihm wurde die Ehre ~ zu …** he was given the honour of …
zu|teilen *vt* (*zuweisen*) allocate, allot; **mir wurde die fünfte Klasse zugeteilt** I was assigned the fifth class [*o* form]; **Zuteilung** *f* ❶ (*Zuweisung*) allocation ❷ (*das Zugewiesene*) allotment
zutiefst *adv* deeply
zu|tragen I. *irr vt* (*Neuigkeiten*) report (*jdm* to s.o.) II. *vr* (*geschehen*) happen, take place
zuträglich ['tsuːtrɛːklɪç] *adj* good (for); (*förderlich*) conducive (to)
Zutrauen *nt* confidence (*zu* in); **~ zu jdm haben, ~ in jdn setzen** trust s.o.; **~ zu jdm fassen** begin to trust s.o.
zu|trauen *vt*: **jdm etw ~** credit s.o. with s.th.; (*für fähig halten*) believe s.o. capable of s.th.; **jdm nicht viel ~** have no high opinion of s.o.; **sich zu viel ~** (*sich über-*

nehmen) take on too much; **das hätte ich dir nie zugetraut!** I never thought you had it in you!; **dem ist alles zu~!** I can well believe it of him!; **das trau' ich mir zu** I think I can do it; **zutraulich** *adj* (*Mensch*) trusting; (*Tier*) friendly

zu|treffen *irr vi* ① (*richtig sein*) be correct ② (*gelten*) apply (*für* to); **das trifft besonders auf Sie zu!** that applies especially to you!; **zutreffend** *adj* ① (*richtig*) correct, right ② (*auf etw ~*) applicable; **Zutreffendes bitte ankreuzen** mark with a cross where applicable

zu|trinken *irr vi* drink (*jdm* to s.o.); (*mit Trinkspruch*) toast (*jdm* s.o.)

Zutritt <-(e)s> *m* (*Einlass*) admission (to), admittance; (*Zugang*) (free) access; **kein ~! ~ verboten!** no admittance! no entry!; **sich zu einem Raum ~ verschaffen** gain admission to a room; **~ für Unbefugte verboten** no admittance except on business

Zutun *nt* assistance

zu|tun *irr vt:* **kein Auge ~** (*nicht schlafen können*) not sleep a wink

zuungunsten *präp:* **~ von jdm** to the disadvantage of s.o.

zuverlässig ['tsu:fɛrlɛsɪç] *adj* reliable; **ich weiß aus ~er Quelle, dass ...** I am reliably informed that ...; **Zuverlässigkeit** *f* reliability

Zuversicht ['tsu:fɛrzɪçt] <-> *f* confidence; **zuversichtlich** *adj* confident; **ich bin ~, dass ich gewinne** I'm confident of succeeding; **ich bin ganz ~, dass ...** I have every confidence that ...

zuviel *adv s.* **viel** too much

zuvor *adv* before; (*zuerst*) beforehand; **kurz ~** shortly before; **im Jahr ~** in the previous year; **am Tag ~** the day before

zuvor|kommen *irr vi sein* anticipate; (*verhindern*) forestall; **zuvorkommend** *adj* (*hilfsbereit*) helpful; (*höflich*) courteous; **Zuvorkommenheit** *f* (*Hilfsbereitschaft*) helpfulness; (*Höflichkeit*) courtesy

Zuwachs ['tsu:vaks] <-es> *m* increase (*an* of); **~ bekommen** (*fam: ein Kind*) have an addition to the family; **zu|wachsen** *irr vi* ① *sein* (*Loch*) grow over; (*hum: mit Haaren*) become overgrown ② (*Wunde*) heal (over) ③ (FIN: *zufallen*) accrue (*jdm* to s.o.); **Zuwachsrate** *f* growth rate

zu|wandern *vi sein* immigrate; **Zuwanderung** *f* immigration

zuwege, zu Wege[RR] *adv:* **~ bringen** manage; (*erreichen*) accomplish

zuweilen *adv* from time to time, now and then

zu|weisen *irr vt* allot, assign (*jdm etw* s.th. to s.o.)

zu|wenden I. *irr vt* ① (*a. fig*) turn towards ② (*zuteilen*) give (*jdm etw* s.o. s.th.) **II.** *vr* ① turn to face (*jdm, einer Sache* s.o., s.th.) ② (*sich widmen*) devote o.s. (*jdm, einer Sache* to s.o., s.th.); **Zuwendung** *f* ① (*Geldbetrag*) sum; (*Schenkung*) donation ② (*liebevolle Aufmerksamkeit*) care

zu|werfen *irr vt* (*Tür*) slam; **jdm einen Blick ~** cast a glance at s.o.; **jdm einen bösen Blick ~** look daggers at s.o.

zuwider *adv* (*entgegen*) contrary (*einer Sache* to s.th.); **das ist mir ~** I detest that

Zuwiderhandelnde(r) *f m* offender *Br,* violator *Am;* **Zuwiderhandlung** *f* contravention, violation

zuwiderlaufen *irr vi* go directly against

zu|winken *vi* wave (*jdm* to s.o.)

zu|zahlen *vt:* **€ 20,- ~** pay another € 20

zu|ziehen I. *irr vt* ① *haben* (*Vorhang*) draw ② (*schließen*) close ③ (*Schlinge*) tighten; **sich jds Hass ~** incur someone's hatred; **sich eine Krankheit ~** contract an illness; **sich Verletzungen ~** sustain injuries **II.** *vi sein* (*in Ortschaft*) move in

Zuzug <-(e)s> *m* (*Zustrom*) influx

zuzüglich ['tsu:tsy:klɪç] *präp* plus

Zwang [tsvaŋ, *pl:* 'tsvɛŋə] <-(e)s, Zwänge> *m* ① (*Notwendigkeit*) compulsion ② (*moralischer*) constraint; (*Verpflichtung*) obligation ③ (*Gewalt*) force; **tu dir keinen ~ an!** feel free!; **etw unter ~ tun** be forced to do s.th.; **sich keinen ~ antun** feel free and easy

zwängen ['tsvɛŋən] *vt* force; **sich durch etw ~** squeeze through s.th.

zwanglos *adj* (*locker*) casual; (*ungezwungen*) free and easy; (*ohne Förmlichkeit*) informal; **Zwanglosigkeit** *f* (*Unbekümmertheit*) casualness

Zwangsabgabe *f* compulsory levy [*o* charge]; **Zwangsarbeit** *f* forced labour/labor *Br/Am;* **Zwangsarbeiter(in)** *m(f)* forced labourer/laborer *Br/Am;* **Zwangsernährung** *f* forced feeding; **Zwangshandlung** *f* (PSYCH) compulsive act; **Zwangsjacke** *f* (*a. fig*) straitjacket; **jdm eine ~ anlegen** put s.o. in a straitjacket; **Zwangslage** *f* dilemma, predicament

zwangsläufig *adj* inevitable; **das war wohl ~ so** it was inevitable that that would happen

Zwangsmaßnahme *f* compulsory measure; (POL: *Sanktion*) sanction; **Zwangsräumung** *f* compulsory evacuation; **zwangsumsiedeln** *vt* displace by force; **Zwangsverkauf** *m* forced sale

Zwangsversteigerung *f* compulsory auction; **Zwangsvollstreckung** *f* execution; **Zwangsvorstellung** *f* obsession

zwangsweise I. *adj* compulsory II. *adv* compulsorily

zwanzig ['tsvantsɪç] *num* twenty

Zwanzigeuroschein *m* twenty-euro note

zwanzigfach *adj* twentyfold; **zwanzigjährig** *adj* twenty-year-old; **zwanzigste** *adj* twentieth; **Zwanzigstel** <-s, -> *nt* twentieth part

zwar [tsva:ɐ] *adv* ❶ (*erklärend*) it is true, to be sure ❷ (*wohl ..., aber*): **... ~ ..., aber ...**, but; **und ~** namely, that is; **es wird ~ nicht einfach sein** it won't be easy, in fact

Zweck ['tsvɛk] <-(e)s, -e> *m* ❶ (*Verwendung*) purpose ❷ (*Ziel*) aim ❸ (*Sinn, Nutzen*) point; **sich für einen guten ~ einsetzen** work for a good cause; **zu welchem ~?** to what end?; **der ~ heiligt die Mittel** the end justifies the means; **es hat keinen ~ zu bleiben** there's no point in staying; **Sinn und ~ ist ...** the point is that ...; **jds ~en dienen** serve someone's purposes; **für unsere ~e** for our purposes; **es hat keinen ~!** it's no use!

zweckbedingt *adj* determined by its function

Zweckbündnis ['tsvɛk,bʏntnɪs] *nt* alliance of convenience

zweckdienlich *adj* (*förderlich*) expedient

Zwecke ['tsvɛkə] <-, -n> *f* (*Heft~*) drawing-pin *Br*, thumbtack *Am*

zweckentfremden <ohne ge-> *vt* misuse; **zweckentsprechend** *adj* appropriate; **Zweckgemeinschaft** *f* partnership of convenience

zwecklos *adj* (*unnütz*) useless; (*sinnlos*) pointless

zweckmäßig *adj* (*passend*) suitable; (*ratsam, förderlich*) expedient; (*nützlich*) useful; (*wirksam*) effective

zwecks [tsvɛks] *präp* for the purpose of

Zwecksparen *nt* target saving; **Zweckverband** *m* ad hoc authority, joint body; **zweckwidrig** *adj* inappropriate

zwei [tsvaɪ] *num* two; **zu ~en** in twos, two by two; **(nur) wir ~** (just) the two of us; **dazu gehören ~** (*fam*) it takes two

zweiarmig *adj* (TECH) with two branches

Zweibettkabine *f* (MAR) double berth; **Zweibettzimmer** *nt* twin room

zweideutig ['tsvaɪdɔɪtɪç] *adj* ❶ ambiguous, equivocal ❷ (*obszön*) suggestive; **Zweideutigkeit** *f* ❶ ambiguity, equivocalness ❷ (*Obszönität*) suggestiveness

zweidimensional *adj* two-dimensional

Zweidrittelmehrheit *f* (PARL) two-thirds majority

Zweier ['tsvaɪɐ] <-s, -> *m* (*fam: Schulnote*) good; **Zweierbob** *m* (SPORT) two-man bob; **Zweierkajak** *m* (SPORT) double kayak

zweierlei *adj* two kinds of; **aus ~ Leder** of two kinds of leather; **~ Sorten** two different kinds

zweifach *adj* ❶ (*doppelt*) double ❷ (*zweimal*) twice; **in ~er Ausfertigung** in duplicate

Zweifamilienhaus *nt* two-family house *Br*, duplex house *Am*

zweifarbig *adj* two-colour, two-tone

Zweifel ['tsvaɪfəl] <-s, -> *m* doubt (*an* about); **ich habe so meine ~, ob ...** I am in doubt as to whether ...; **etw in ~ ziehen** cast doubt on s.th.; **daran gibt's keinen ~** there's no doubt about it; **es steht außer ~, dass ...** it's beyond doubt that ...; **ohne jeden ~** without question; **er ist ohne ~ ...** without question he is ...; **jdm gegenüber ~ hegen** be doubtful about s.o.

zweifelhaft *adj* doubtful; (*verdächtig*) dubious; **es ist ~, ob er starten wird** (SPORT) he's a doubtful starter

zweifellos I. *adj* (*unbezweifelbar*) undisputed II. *adv* without doubt; (*als Antwort*) undoubtedly

zweifeln *vi:* **an jdm/etw ~** doubt s.o./s.th.; **ich zweifle nicht daran** I don't doubt it

Zweifelsfall *m* doubtful case; **im ~** in case of doubt; (*fam: gegebenenfalls*) if necessary

zweifelsfrei I. *adj* unequivocal II. *adv* beyond all doubt

Zweifler(in) *m(f)* sceptic

Zweig [tsvaɪk] <-(e)s, -e> *m* (*a. fig*) branch; (*kleiner*) twig; **auf keinen grünen ~ kommen** (*fam*) get nowhere

Zweiggeschäft *nt* branch

Zweiggesellschaft *f* subsidiary

zweigleisig *adj* (RAIL) double-track; **~ fahren** (*fam*) have two strings to one's bow

Zweigniederlassung *f* subsidiary; **Zweigstelle** *f* branch

zweihändig ['tsvaɪhɛndɪç] *adj* two-handed; (MUS) for two hands

zweihundert *num* two hundred

zweijährig *adj* ❶ (*zwei Jahre alt*) two-year-old ❷ (BOT) biennial

Zweikampf *m* single combat; (*Duell*) duel

zweimal *adv* twice; **sich etw nicht ~ sagen lassen** not have to be told s.th. twice; **zweimalig** *adj* done twice; (*wiederholt*) repeated

Zweimaster *m* (MAR) two-master

zweimotorig *adj* twin-engined; **~es Düsenflugzeug** twin-jet
Zweiparteiensystem *nt* (POL) two-party system
zweipolig *adj* (ELEK) bipolar
Zweirad *nt* (*Fahrrad*) bicycle; **zweirädrig** ['tsvaɪrɛːdrɪç] *adj* two-wheeled
zweireihig **I.** *adj* ① (*in zwei Reihen*) double-row, in two rows ② (*Jacke*) double-breasted **II.** *adv* in two rows
zweischneidig *adj* (*a. fig*) double-edged; **das ist ein ~es Schwert** it cuts both ways
zweiseitig **I.** *adj* ① (POL: *Vertrag, Beziehungen*) bilateral ② (*Stoff*) reversible **II.** *adv* on two sides
zweisitzig *adj* two-seat(er)
zweispaltig *adj* (TYP) double-columned, in double columns
Zweispänner ['tsvaɪʃpɛnɐ] *m* carriage and pair
zweisprachig *adj* (*Wörterbuch, Land*) bilingual; (*Vertrag*) in two languages
zweistimmig *adj* (MUS) for two voices
zweistöckig *adj* two-storeyed
zweistufig *adj* two-stage; **~er Scheibenwischer** two-stage windscreen/windshield wiper *Br/Am*
zweistündig *adj* of two hours, two hour
zweit [tsvaɪt] *adv:* **zu ~** in twos; **das Leben zu ~** living with s.o.; **wir sind zu ~** there are two of us
Zweitakter *m,* **Zweitaktmotor** *m* two-stroke (engine)
zweitälteste *adj* second eldest
Zweitausfertigung *f* duplicate
zweitbeste *adj* second best
zweite *adj* second; (*nächster*) next; **Zweite(r)** (SPORT) runner-up; **an ~r Stelle** in second place; **~r Klasse fahren** (RAIL) go second; **ich sage dir das kein ~s Mal!** I won't tell you a second time!; **einen guten ~n Platz belegen** (SPORT) come a good second
Zweiteiler *m* (*Badeanzug*) bikini; **zweiteilig** *adj* (*Kleidungsstück*) two-piece; (*Fernsehserie*) two-part
zweitens ['tsvaɪtəns] *adv* secondly
zweitklassig *adj* (*fig*) second-rate; **zweitletzte** *adj* last but one; **zweitrangig** *adj* second-rate; **Zweitschrift** *f* copy; **Zweitstimme** *f* (POL) second vote
Zweitürer *m* (AUTO) two-door
Zweitwagen *m* second car; **Zweitwohnung** *f* second home; **Zweiwegebox** *f* two-way speaker
zweizeilig *adj* ① (*mit zwei Zeilen*) two-lined ② (TYP: *mit ~em Abstand*) double-spaced
Zwerchfell ['tsvɛrçfɛl] *nt* (ANAT) diaphragm
Zwerg(in) *m(f)* ① dwarf; (*Garten~*) gnome ② (*Knirps*) midget ③ (*pej*) squirt
Zwergbetrieb *m* dwarf enterprise
zwergenhaft *adj* ① dwarfish ② (*fig*) diminutive
Zwerghuhn *nt* bantam
Zwergschule *f* village school; **Zwergstaat** *m* mini-state; **Zwergvolk** *nt* pygmy tribe; **Zwergwuchs** *m* stunted growth, dwarfism
Zwetschge ['tsvɛtʃgə] <-, -n> *f* plum; **Zwetschgenwasser** *nt* plum brandy
Zwickel ['tsvɪkəl] <-s, -> *m* ① (*Hosenteil*) gusset; (MAR: *am Segel*) gore ② (ARCH) spandrel
zwicken ['tsvɪkən] *vi, vt* ① (*kneifen*) pinch ② (*schmerzen*) hurt; **Zwicker** <-s, -> *m* pince-nez; **Zwickmühle** *f* (*beim Mühlespiel*) double-mill; **in der ~ sitzen** be in a dilemma
Zwieback ['tsviːbak] <-(e)s, -e> *m* rusk *Br,* cracker *Am*
Zwiebel ['tsviːbəl] <-, -n> *f* onion; (*Blumen~*) bulb; **zwiebelförmig** *adj* bulbous
zwiebeln *vt* (*fam: antreiben*) drive hard; (*schikanieren*) harass
Zwiebelschale *f* onion-skin; **Zwiebelsuppe** *f* onion soup; **Zwiebelturm** *m* onion dome
Zwiegespräch *nt* dialogue; **Zwielicht** <-(e)s> *nt* twilight; (*abends*) dusk; (*morgens*) half-light; **ins ~ geraten** become suspect; **zwielichtig** *adj* (*pej*) shady; **Zwiespalt** <-(e)s> *m* conflict; **in einen ~ geraten** get into a conflict; **zwiespältig** ['tsviːʃpɛltɪç] *adj* (*Gefühle*) mixed; (*widerstreitend*) conflicting; **Zwietracht** <-> *f* discord; **~ säen** sow the seeds of discord
Zwillich ['tsvɪlɪç] <-s, -e> *m* ticking
Zwilling ['tsvɪlɪŋ] <-s, -e> *m* twin; **~e** (*Sternzeichen*) Gemini; **eineiige ~** identical twins; **Zwillingsbruder** *m* twin brother; **Zwillingsgeburt** *f* twin birth; **Zwillingsschwester** *f* twin sister; **Zwillingsstecker** *m* (ELEK) biplug
Zwingburg *f* (*a. fig*) stronghold
Zwinge <-, -n> *f* (TECH: *Werkzeug*) clamp
zwingen ['tsvɪŋən] **I.** *irr vt* compel, force **II.** *vr* force o.s.; **sich ~ etw zu tun** force o.s. to do s.th. **III.** *vi:* **ich sehe mich gezwungen ...** I feel compelled to ...; **ich sehe mich zu der Folgerung gezwungen, dass ...** I feel forced to conclude that ...
zwingend *adj* ① (*Notwendigkeit*) urgent ② (*logisch ~*) necessary ③ (*schlüssig*) conclusive; **er legte seinen Fall mit ~er**

Logik dar he presented his case compellingly; **ein ~es Argument** a forcible argument

Zwinger *m* (*Hunde~*) kennels *pl*

zwinkern ['tsvɪŋkən] *vi* blink; **mit den Augen ~** twinkle

Zwirn [tsvɪrn] <-(e)s, -e> *m* ① thread, yarn ② (*fam: Geld*) dough; **Zwirnsfaden** *m* thread

zwischen ['tsvɪʃən] *präp* ① (*in der Mitte von zwei Dingen*) between ② (*unter einer Anzahl*) among, amongst; **~ ihnen ist nichts** there's nothing between them; **Zwischenakt** *m* (THEAT) interval; **Zwischenaufenthalt** *m* intermediate stop; **Zwischenbemerkung** *f* incidental remark; (*Unterbrechung*) interruption; **Zwischenbericht** *m* interim report; **Zwischenbescheid** *m* provisional notification; (JUR) interlocutory decree; **Zwischenbilanz** *f* ① (COM) interim balance ② (*fig*) provisional appraisal; **eine ~ ziehen** take stock provisionally; **Zwischendeck** *nt* (MAR) 'tween decks; **Zwischendecke** *f* false ceiling; **Zwischending** <-s> *nt* cross; **ein ~ sein zwischen ...** be halfway between ...

zwischendurch *adv* (*zeitlich*) in between times; **etw ~ machen** (*nebenher*) fit s.th. in

Zwischenergebnis *nt* provisional [*o* interim] result; (SPORT) latest score; **Zwischenfall** *m* incident; **ohne Zwischenfälle** without incidents; **Zwischenfrage** *f* question; **Zwischengas** *nt* (AUTO): **~ geben** double-declutch; **Zwischengericht** *nt* entrée; **Zwischenglied** *nt* (*a. fig*) (connection) link; **Zwischengröße** *f* in-between size; **Zwischenhandel** *m* intermediate trade; **Zwischenhändler** *m* middleman; **zwischen|kuppeln** *nt* (AUTO) double-clutch; **zwischen|lagern** *vt* store (temporarily); **Zwischenlagerung** *f* temporary storage; **Zwischenlandung** *f* (AVIAT) stopover; **Zwischenmahlzeit** *f* snack

zwischenmenschlich *adj* between people; **~e Beziehungen** interpersonal relations

Zwischenprüfung *f* intermediate examination; **Zwischenraum** *m* ① (*zeitlich*) interval ② (TYP) space; (*Lücke*) gap; **Zwischenruf** *m* interruption; **~e** heckling; **Zwischenrufer(in)** *m(f)* heckler; **Zwischenrunde** *f* (SPORT) intermediate round; **Zwischenspiel** *nt* (*a. fig*) interlude; **zwischenstaatlich** *adj* (*international*) international; (*auf Bundesstaatenebene*) interstate; **Zwischenstation** *f* intermediate stop; **~ machen** stop off; **Zwischenstecker** *m* (ELEK) adaptor; **Zwischenstück** *nt* connecting piece, connection; **Zwischentitel** *m* (FILM) title link; **Zwischenwand** *f* dividing wall; (*Stellwand*) partition; **Zwischenzeit** *f* ① (*Zeitraum*) interval ② (SPORT) intermediate time; **in der ~** in the meantime; **zwischenzeitlich** *adv* meantime; **Zwischenzeugnis** *nt* interim report

Zwist [tsvɪst] <-es, -e> *m* discordance

zwitschern ['tsvɪtʃɐn] *vi* chirp, twitter

Zwitter ['tsvɪtɐ] <-s, -> *m* hermaphrodite; **zwitterhaft** *adj* hermaphroditic

zwo [tsvo:] *num* (*fam*) two

zwölf [tsvœlf] *num* twelve; **~ Uhr** (**mittags**) twelve noon; **fünf Minuten vor ~** at the eleventh hour

Zwölfender *m* (*Hirsch*) royal

zwölffach *adj* twelvefold

Zwölffingerdarm *m* (ANAT) duodenum

zwölfjährig *adj* twelve-year-old

Zwölfkampf *m* (SPORT) twelve-exercise event

zwölfmalig *adv* repeated twelve times; **zwölfte** *adj* twelfth; **Zwölftel** <-s, -> *nt* twelfth; **zwölftens** *adv* in (the) twelfth place, twelfth(ly); **Zwölftonlehre** *f* (MUS) dodecaphony; **Zwölftonmusik** *f* (MUS) twelve-tone music

Zyanid [tsya'ni:t] <-s, -e> *nt* (CHEM) cyanide

Zyankali [tsyaŋ'ka:li] <-(s)> *nt* (CHEM) potassium cyanide

zyklisch ['tsy:klɪʃ] *adj* cyclic(al)

Zyklon [tsy'klo:n] <-s, -e> *m* (METE) cyclone

Zyklotron [tsyklo'trɔ:n] *nt* (PHYS) cyclotron

Zyklus ['tsy:klʊs] <-, -klen> *m* cycle

Zylinder [tsi'lɪndɐ/tsy'lɪndɐ] <-s, -> *m* ① (MATH TECH AUTO) cylinder ② (*Hut*) top-hat; (*fam*) topper; **Zylinderblock** *m* (AUTO) cylinder block; **Zylinderkopf** *m* (AUTO) cylinder head; **Zylinderkopfdichtung** *f* (AUTO) cylinder head gasket; **zylindrisch** *adj* cylindrical

Zyniker(in) ['tsy:nɪkɐ] *m(f)* cynic; **zynisch** *adj* cynical; **Zynismus** <-, -men> *m* cynicism

Zypern ['tsy:pɐn] *nt* Cyprus

Zypresse [tsy'prɛsə] <-, -n> *f* (*Baum*) cypress

Zypriot(in) [tsypri'o:t] <-en, -en> *m(f)* Cypriot; **zyprisch** *adj* Cyprian

Zyste ['tsʏstə] <-, -n> *f* (MED) cyst

Zytostatikum [tsyto'sta:tikʊm] <-s, -statika> *nt* cytostatic drug

Englische Kurzgrammatik

Substantiv

Das **Geschlecht** der Substantive stimmt im Englischen mit dem natürlichen Geschlecht überein. Da der Artikel immer gleich ist, erkennt man es nur an dem Pronomen (persönliches Fürwort).

the boy	he	er
the lady	she	sie
the book	it	es

Schiffsnamen sind meist weiblich. Auch Länder, Autos und Flugzeuge werden oft durch den Gebrauch der weiblichen Pronomen personifiziert.

Im **Plural** wird an den Singular eines Substantivs ein ***-s*** angehängt. Dieses *s* wird stimmhaft [z] gesprochen nach Vokalen und stimmhaften Konsonanten:

days	[deɪz]	Tage
dogs	[dɒgz]	Hunde
boys	[bɔɪz]	Jungen

und stimmlos nach allen stimmlosen Konsonanten:

books	[bʊks]	Bücher
hats	[hæts]	Hüte

Bei Wörtern, die auf ***-ce, -ge, -se, -ze*** enden, wird das im Singular stumme ***-e*** wie [ɪ] ausgesprochen:

pieces	['piːsɪz]	Stücke
sizes	['saɪzɪz]	Größen

Auf einen Zischlaut ***(s, ss, sh, ch, x, z)*** endende Wörter bekommen ***-es*** [ɪz] angehängt:

box**es**	['bɒksɪz]	Schachteln
boss**es**	['bɒsɪz]	Chefs

Auslautendes ***y***, dem ein Konsonant vorausgeht, wird im Plural zu ***-ies*** [ɪz]:

lady	Dame	lad**ies**	['leɪdɪz]	Damen
pony	Pony	pon**ies**	['pəʊnɪz]	Ponys

auch Wörter, die auf ***-o*** enden, und einen Konsonanten vorangestellt haben, bekommen oft ***-es***:

tomato**es**	[tə'mɑːtəʊz]	Tomaten
hero**es**	['hɪərəʊz]	Helden

Einige auf *-f* oder *-fe* endende Wörter erhalten im Plural die Endung ***-ves***:

Singular			Plural		
half	[hɑːf]	Hälfte	hal**ves**	[hɑːvz]	Hälften
knife	[naɪf]	Messer	kni**ves**	[naɪvz]	Messer
leaf	[liːf]	Blatt	lea**ves**	[liːvz]	Blätter
wife	[waɪf]	Ehefrau	wi**ves**	[waɪvz]	Ehefrauen

Andere ändern ihren Vokal bzw. ihre Vokale:

Singular			Plural		
foot	[fʊt]	Fuß	f**ee**t	[fiːt]	Füße
man	[mæn]	Mann	m**e**n	[men]	Männer
woman	['wʊmən]	Frau	w**o**m**e**n	['wɪmɪn]	Frauen

Unregelmäßige Pluralbildungen und solche auf ***-ves, -oes*** bzw. ***-os*** sind im englisch-deutschen Teil des Wörterbuchs angegeben.

Nominativ/Akkusativ/Dativ/Genitiv

Nominativ und Akkusativ haben dieselbe Form. Der Genitiv wird meist mit Hilfe von ***of***, der Dativ mit ***to*** ausgedrückt.

- Der **Dativ** kann auch ohne ***to*** gebildet werden, wenn das Dativobjekt unbetont ist. Das Dativobjekt steht dann direkt hinter dem Verb:

	He gives the porter the ticket.
anstelle von:	He gives the ticket to the porter.

- Im Unterschied zum Deutschen wird auch bei folgenden Ausdrücken die Form des **Genitivs** mit ***of*** gebraucht:

a cup **of** coffee	eine Tasse Kaffee
the city **of** London	London
the Isle **of** Wight	die Insel Wight

- Der **sächsische Genitiv**, der häufig bei Personen und personifizierten Begriffen zur Bezeichnung des Besitzes verwendet wird und vor dem Substantiv steht, das er näher bestimmt, ist ähnlich wie im Deutschen: „Vaters Hut". Er wird im Singular durch Apostroph und ***s*** gekennzeichnet:

my sister**'s** room	das Zimmer meiner Schwester

und im Plural durch den Apostroph allein:

my sisters**'** room	das Zimmer meiner Schwestern

Wörter wie z. B. ***shop, church, cathedral*** werden nach dem sächsischen Genitiv oft weggelassen:

at the butcher**'s**	*statt:* at the butcher's shop	beim Metzger
St. Paul**'s**	*statt:* St. Paul's Cathedral	die St.-Pauls-Kathedrale

Adjektiv

Das Adjektiv bleibt nach Geschlecht und Zahl immer unverändert.

Steigerung

Bei der **regelmäßigen Steigerung** erhalten einsilbige Adjektive im Komparativ die Endung ***-er*** [ə(r)] und im Superlativ ***-est*** [ɪst].

great	great**er** (than)	grea**test**
groß	größer (als)	am größten

- Bei Adjektiven, die auf ***-e*** enden, entfällt bei der Steigerung mit ***-er, -est*** ein ***e:*** fine, fin**er**, fin**est**.
- Bei Endbuchstaben ***d, g, n*** und ***t*** werden bei der Steigerung mit ***-er, -est*** verdoppelt, wenn ihnen ein kurzes, betontes ***a, e, i*** oder ***o*** vorausgeht: big, big**ger**, big**gest**.

Zwei- und mehrsilbige Adjektive werden im Komparativ mit ***more*** [mɔː] (mehr) und im Superlativ mit ***most*** [məʊst] (meist) gesteigert.

difficult	**more** difficult (than)	**most** difficult
schwierig	schwieriger (als)	am schwierigsten

Unregelmäßige Steigerung

good gut	**better** besser	**best** am besten
bad schlecht	**worse** schlechter	**worst** am schlechtesten
much/many viel/viele	**more** mehr	**most** am meisten
little wenig	**less** weniger	**least** am wenigsten

Unregelmäßige Steigerungsformen sind im englisch-deutschen Teil des Wörterbuchs angegeben.

Adverb

Adverbien werden gebildet, indem man an ein Adjektiv ***-ly*** anhängt.

slow	slow**ly**	He speaks slow**ly.**	Er spricht langsam.
quick	quick**ly**	He runs quick**ly.**	Er läuft schnell.

- Ein Sonderfall ist ***well,*** das Adverb zu *good* (gut).

He speaks English **well.**	Er spricht gut Englisch.

- Adverbien mit der Endung ***-ly*** werden mit ***more*** und ***most*** gesteigert.

slow**ly** langsam	**more** slowly langsamer	**most** slowly am langsamsten

Verb

Präsens

Infinitiv: (Grundform)		**to knock** klopfen	**to call** rufen	**to go** gehen	**to wash** waschen	**to study** studieren
I	(ich)	knock	call	go	wash	study
you	(du, Sie)	knock	call	go	wash	study
he	(er)					
she	(sie)	knock**s**	call**s**	go**es**	wash**es**	studi**es**
it	(es)	[nɒks]	[kɔːlz]	[gəʊz]	['wɒʃɪz]	['stʌdɪz]
we	(wir)	knock	call	go	wash	study
you	(ihr, Sie)	knock	call	go	wash	study
they	(sie)	knock	call	go	wash	study

Nur die 3. Person Singular wird verändert.

Das ***-s*** ist stimmlos nach stimmlosen Konsonanten *(he knocks)* und stimmhaft nach Vokalen *(he goes)* sowie stimmhaften Konsonanten *(he calls)*.

Präteritum und Partizip Perfekt

Die Vergangenheitsform wird gebildet, indem man ***-ed*** an die Grundform des Verbs anhängt.

Infinitiv: (Grundform)	**to open** öffnen	**to arrive** ankommen	**to stop** anhalten	**to carry** tragen
I	open**ed** ['əʊpənd]	arrive**d** [ə'raɪvd]	stop**ped** [stɒpt]	carr**ied** ['kærɪd]
you, he, she, it, we, you, they	open**ed**	arrive**d**	stop**ped**	carr**ied**

- Bei Verben, die auf ***-e*** enden, entfällt ein *e:* agree**d**, arrive**d**.
- Ein auslautendes ***-y*** verwandelt sich in ***-ied:*** hurr**ied**
- Auslautendes ***b, d, g, m, n, p, s, t*** wird verdoppelt, wenn es nach kurzem, betonten Vokal steht.
- Bei mehrsilbigen Verben, die auf ***-l*** enden, wird im britischen Englisch dieses meist verdoppelt: travel, trave**ll**ed.
- Das Partizip Perfekt ist gleich dem Präteritum:

opened geöffnet	**arrived** angekommen	**stopped** angehalten	**carried** getragen

Die Formen der **unregelmäßigen Verben** sind in einer gesonderten Liste aufgeführt.

Die Hilfsverben

Präsens und Partizip Präsens

Infinitiv: (Grundform)	**to be** sein	**to have** haben	**to do** tun, machen
I	**am** ich bin	**have** ich habe	**do** ich tue
you	**are** du bist; Sie sind	**have** du hast; Sie haben	**do** du tust; Sie tun
he, she, it	**is** er, sie, es ist	**has** er, sie, es hat	**does** er, sie, es tut
we	**are** wir sind	**have** wir haben	**do** wir tun
you	**are** ihr seid; Sie sind	**have** ihr habt; Sie haben	**do** ihr tut; Sie tun
they	**are** sie sind	**have** sie haben	**do** sie tun
Partizip:	**being** seiend	**having** habend	**doing** tuend

Im gesprochenen Englisch werden häufig Kurzformen gebraucht:

am	→ **'m**	**I'm**
are	→ **'re**	**you're**
is	→ **'s**	**he's, she's**
have	→ **'ve**	**I've**
has	→ **'s**	**he's, she's**

Verneinung	**Kurzform**
are not	**aren't**
is not	**isn't**
have not	**haven't**
has not	**hasn't**
do not	**don't**
does not	**doesn't**

Präteritum und Partizip Perfekt

Infinitiv: (Grundform)	**to be** sein	**ho have** haben	**to do** tun, machen
I	**was** ich war	**had** ich hatte	**did** ich tat
you	**were** du warst; Sie waren	**had** du hattest; Sie hatten	**did** du tatest; Sie taten
he, she, it	was er, sie, es war	had er, sie, es hatte	did er, sie, es tat
we	**were** wir waren	**had** wir hatten	**did** wir taten
you	**were** ihr wart; Sie waren	**had** ihr hattet; Sie hatten	**did** ihr tatet; Sie taten
they	**were** sie waren	**had** sie hatten	**did** sie taten
Partizip:	**been** gewesen	**had** gehabt	**done** getan
Kurzform:		**'d**	
Verneinung:	**wasn't** **weren't**	**hadn't**	**didn't**

Perfekt

Das Perfekt bildet man im Unterschied zum Deutschen immer mit ***have*** + Partizip Perfekt.

I have had	ich habe gehabt
I have been	ich bin gewesen
I have done	ich habe getan
I have called	ich habe gerufen
I have arrived	ich bin angekommen
I have gone	ich bin gegangen

Plusquamperfekt

Das Plusquamperfekt wird mit ***had*** + Partizip Perfekt gebildet.

I had had	ich hatte gehabt
I had been	ich war gewesen
I had done	ich hatte getan
I had called	ich hatte gerufen
I had arrived	ich war angekommen
I had gone	ich war gegangen

Unselbstständige Hilfsverben

Sie können nicht selbstständig auftreten, sondern müssen immer von einem anderen Verb (im Infinitiv ohne *to*) begleitet werden.

I **you** **he, she, it** **we** **you** **they**	**can** können	**may** dürfen	**shall** sollen	**will** wollen, werden	**must** müssen
Verneinung:	**cannot** **can't**	**must not** **mustn't**	**shall not** **shan't**	**will not** **won't**	**need not** **needn't**

Diese Verben sind bei allen Personen gleich; die dritte Person Singular hat **kein** ***-s***.

Präteritum		**Ersatz**	
could	konnte	to be able (to)	können, im Stande sein (zu)
might	könnte	to be allowed (to)	mögen, dürfen, können
would	würde	to want, to wish (to)	wollen, wünschen
should	sollte	to be obliged (to)	verpflichtet sein (zu)

Verneinung:	**could not**	**might not**	**would not**	**should not**
	couldn't	**mightn't**	**wouldn't**	**shouldn't**

- Die Formen des Präteritums, die denen des Konditionals gleich sind, findet man oft in Höflichkeitswendungen:

Could you give me ...?	Können sie mir ... geben?
Would you ..., please.	Würden Sie bitte ... .
Would you like ...?	Wollen/Möchten Sie ...?
I should like	Ich möchte ... .

Futur und Konditional

Das Futur wird mit Hilfe von ***shall/will*** (1. Person Singular und Plural) und ***will*** in den übrigen Personen und das Konditional mit ***should/would*** (1. Person Singular und Plural) und ***would*** in den übrigen Personen gebildet. In der gesprochenen Sprache wird fast nur die Kurzform verwendet.

Futur		**Konditional**	
I shall/will go	ich werde gehen	**I should/ would go**	ich würde gehen
you will go	du wirst gehen; Sie werden gehen	**you would go**	du würdest gehen; Sie würden gehen
he, she, it will go	er, sie, es wird gehen	**he, she, it would go**	er, sie, es würde gehen
we shall/ will go	wir werden gehen	**we should/ would go**	wir würden gehen
you will go	ihr werdet gehen; Sie werden gehen	**you would go**	ihr würdet gehen; Sie würden gehen
they will go	sie werden gehen	**they would go**	sie würden gehen
Kurzform:	**I'll go, you'll go, he'll go, we'll go, you'll go, they'll go**	**I'd go, you'd go, he'd go, we'd go, you'd go, they'd go**	

Frage und Verneinung mit do

Das Hilfsverb ***do*** wird zur Bildung der fragenden und der mit ***not*** verneinten Form der selbstständigen Verben verwendet.

Do you speak German? **Does he know?** **Did you call?**	Sprechen Sie Deutsch? Weiß er es? Haben Sie gerufen?
I do not (don't) speak German. **He does not (doesn't) know.** **I did not (didn't) call.**	Ich spreche kein Deutsch. Er weiß es nicht. Ich habe nicht gerufen.
Didn't he come? **Didn't she call?**	Ist er nicht gekommen? Hat sie nicht gerufen?

- ***do*** wird nicht verwendet in Fragesätzen, in denen ein Fragewort selbst das Subjekt ist:

Who wrote the letter?	Wer schrieb den Brief?
Which of these trains goes to London?	Welcher dieser Züge fährt nach London?

und auch nicht in Sätzen mit den Hilfsverben:

am, are, is, was, were, can, could, may, might, must, shall, should, will, would

Verlaufsform

Die Verlaufsform wird mit dem Hilfsverb ***be*** und dem Partizip Präsens ***(-ing)*** gebildet. Mit der Verlaufsform wird eine Handlung ausgedrückt, die gerade abläuft, noch andauert oder noch nicht abgeschlossen ist, war oder sein wird.

I am working.	Ich arbeite gerade.
I was working.	Ich arbeitete (gerade).
I shall be working.	Ich werde arbeiten.
It is raining.	Es regnet.

- Bei Verben, die auf ***-e*** enden, entfällt das ***e:*** **arrive, arriving.**
- Bei Verben, die auf ***-ie*** enden, verwandelt sich dies in ***y:*** **lie, lying.**
- Für die Verdoppelung der Endkonsonanten gelten dieselben Regeln wie zur Bildung des Präteritums: **stop, stopping; travel, travelling**.
- Die Form ***be going to*** wird für eine beabsichtigte Handlung, die in naher Zukunft stattfinden wird, verwendet.

I **am going to** go London next week.	Ich werde nächste Woche nach London fahren.
She **is going to** buy a new dress.	Sie wird sich ein neues Kleid kaufen.

Gerundium

Das Gerundium (Verb + *-ing*) ist die substantivierte Form des Infinitivs.

Instead of **writing** I'd rather go for a walk.	Anstatt zu schreiben würde ich lieber spazieren gehen.
Smoking is dangerous.	Rauchen ist gefährlich.

Passiv

Zur Bildung des Passivs verwendet man das Hilfsverb ***be*** und das Partizip Perfekt.

The doctor examines Peter.	Der Arzt untersucht Peter.
Peter **is examined** (by the doctor).	Peter wird (vom Arzt) untersucht.
Somebody stole my bike.	Jemand hat mein Fahrrad gestohlen.
My bike **was stolen**.	Mein Fahrrad wurde gestohlen.

Personalpronomen

Subjektsfall		**Objektsfall**	
I	ich	**me**	mir/mich
you	du; Sie	**you**	dir/dich; Ihnen/Sie
he	er	**him**	ihm/ihn
she	sie	**her**	ihr/sie
it	es	**it**	ihm/es
we	wir	**us**	uns/uns
you	ihr; Sie	**you**	euch/euch; Ihnen/Sie
they	sie	**them**	ihnen/sie

- Im Objektsfall steht ***to*** (Dativ), wenn das Pronomen besonders hervorgehoben werden soll:

I gave the book **to** him.	Ich gab ihm *(betont)* das Buch.
anstatt: I gave him the book.	Ich gab ihm *(unbetont)* das Buch.

Possessivpronomen

Das Possessivpronomen ist für Singular und Plural gleich. Es hat adjektivische und substantivische Formen.

Adjektivisch (verbunden)

my book	mein Buch	**my books**	meine Bücher
your book	dein/Ihr Buch	**your books**	deine/Ihre Bücher
his book	sein Buch	**his books**	seine Bücher
her book	ihr Buch	**her books**	ihre Bücher
its book	sein Buch	**its books**	seine Bücher
our car	unser Auto	**our cars**	unsere Autos
your car	euer/Ihr Auto	**your cars**	eure/Ihre Autos
their car	ihr Auto	**their cars**	ihre Autos

Substantivisch (allein stehend)

mine	meines/der, die, das meinige/die meinigen
yours	deines/Ihres; der, die, das deinige/Ihrige; die deinigen/Ihrigen
his	seines/der, die, das seinige/die seinigen
hers	ihres/der, die, das ihrige/die ihrigen
ours	unseres/der, die, das unsrige/die unsrigen
yours	eures/Ihres; der, die, das eurige/Ihrige; die eurigen/Ihrigen
theirs	ihres/der, die, das ihrige/die ihrigen

It's not my book. It's yours. Es ist nicht mein Buch. Es ist deines.

Demonstrativpronomen

Singular: **this** dieser, diese, dieses **that** jener, jene, jenes	Plural: **these** diese **those** jene
This is an English book and **that** is a German book. Dies hier ist ein englisches Buch und das da ist ein deutsches Buch.	
These pictures are nicer than **those**. Diese Bilder sind schöner als jene.	

Reflexivpronomen

myself	mich	**ourselves**	uns
yourself	dich; sich	**yourselves**	euch; sich
himself	sich	**themselves**	sich
herself	sich		
itself	sich		
I enjoy **myself**.		Ich amüsiere mich.	
You enjoy **yourself**.		Du amüsierst dich./Sie amüsieren sich.	
He enjoys **himself**.		Er amüsiert sich.	
She enjoys **herself**.		Sie amüsiert sich.	
We enjoy **ourselves**.		Wir amüsieren uns.	
You enjoy **yourselves**.		Ihr amüsiert euch./Sie amüsieren sich.	
They enjoy **themselves**.		Sie amüsieren sich.	

Relativpronomen

	Personen	**Sachen**	**Personen und Sachen**
Nominativ (Wer? Was?)	**who**	**which**	**that**
Genitiv (Wessen)	**whose**	**of which**	
Dativ (Wem?)	**to whom**	**to which**	
Akkusativ (Wen? Was?)	**whom/who**	**which**	**that**

Das Relativpronomen hat im Singular und im Plural die gleiche Form.

- Im Akkusativ kann ***that*** auch wegfallen:

This is the strangest book **(that)** I have ever read.	
Das ist das merkwürdigste Buch, das ich je gelesen habe.	

Interrogativpronomen

Substantivisch (allein stehend)

who?	wer?	**Who are you?**	Wer sind Sie?
whose?	wessen?	**Whose car is this?**	Wessen Auto ist das?
whom?/who?	wem/wen?	**Who(m) did you help?** **Who(m) did you see?**	Wem hast du geholfen? Wen hast du gesehen?
what?	was?	**What is that?**	Was ist das?
which?	welche/ welcher/ welches?	**Which is the quickest way?**	Welches ist der kürzeste Weg?

who/whose/whom fragen nach Personen, ***what*** nach Sachen und ***which*** nach Sachen aus einer bestimmten Anzahl.

- **Präpositionen** im Fragesatz werden **nachgestellt**:

Where do you come **from**?	woher?
What are you looking **for**?	wonach?
What do you want this **for**?	wofür?
What are you laughing **at**?	worüber?
Who are you speaking **to**?	mit wem?

Adjektivisch (verbunden)

What book?	*Was für ein* Buch?
What English songs?	*Was für* englische Lieder?
Which book?	*Welches* Buch? (von mehreren Büchern)

Die indefinitiven Pronomen: *some* und *any*

some/somebody/someone/something

some und seine Zusammensetzungen stehen

1. in bejahenden Sätzen,
2. in Fragesätzen, wenn darauf eine bejahende Antwort erwartet wird.

1. I'd like **some** strawberry jam. Ich hätte gern die Erdbeermarmelade.
Somebody/Someone has stolen my purse. Jemand hat meinen Geldbeutel gestohlen.
I'd like **something** to drink. Ich hätte gern etwas zu trinken.
2. May I have **some** more tea, please? – Yes, of course. Kann ich noch etwas Tee haben? – Aber selbstverständlich.

any/anybody/anyone/anything

any und seine Zusammensetzungen werden verwendet in

1. verneinten Sätzen,
2. in Fragesätzen, auf welche die Antwort ungewiss ist,
3. in Bedingungssätzen.

1.	I don't have **any** friends in London. Ich habe keine Freunde in London.
2.	Is there **anybody/anyone** who speaks German? Spricht hier jemand Deutsch?
	Have you got **any** stamps? Haben Sie vielleicht ein paar Briefmarken?
	Can I do **anything** for you? Kann ich irgendetwas für Sie tun?
3.	If I had **any** stamps I would post the letter. Wenn ich Briefmarken hätte, würde ich den Brief einwerfen.

Übersicht über die wichtigsten unregelmäßigen englischen Verben

Infinitiv	Präteritum	Partizip Perfekt	Deutsch
abide	abode, abided	abode, abided	aushalten; bleiben
arise	arose	arisen	entstehen
awake	awoke	awaked, awoken	aufwecken; aufwachen
be	was *sing*, were *pl*	been	sein
bear	bore	borne	tragen; ertragen
beat	beat	beaten	schlagen
become	became	become	werden
beget	begot,	begotten	hervorbringen
begin	began	begun	beginnen
bend	bent	bent	biegen, beugen
beseech	besought	besought	anflehen
beset	beset	beset	bedrängen
bet	bet, betted	bet, betted	wetten
bid	bid	bid	bieten
bind	bound	bound	binden
bite	bit	bitten	beißen
bleed	bled	bled	bluten
blow	blew	blown	blasen
break	broke	broken	(zer) brechen
breed	bred	bred	züchten
bring	brought	brought	bringen
build	built	built	bauen
burst	burst	burst	bersten
buy	bought	bought	kaufen
can	could	–	können
cast	cast	cast	werfen; formen
catch	caught	caught	fangen
choose	chose	chosen	(aus) wählen
cleave	cleaved, clove	cleft, cleaved	aufspalten
cling	clung	clung	haften
come	came	come	kommen
cost	cost	cost	kosten
creep	crept	crept	kriechen
cut	cut	cut	schneiden
deal	dealt	dealt	verteilen; ausgeben
dig	dug	dug	graben
do	did	done	tun
draw	drew	drawn	zeichnen; ziehen
dream	dreamed, dreamt	dreamed, dreamt	träumen
drink	drank	drunk	trinken
drive	drove	driven	fahren
dwell	dwelt	dwelt	wohnen, leben

eat	ate	eaten	essen
fall	fell	fallen	fallen
feed	fed	fed	füttern; ernähren
feel	felt	felt	fühlen
fight	fought	fought	kämpfen
find	found	found	finden
flee	fled	fled	fliehen
fling	flung	flung	schleudern
fly	flew	flown	fliegen
forbid	forbad(e)	forbidden	verbieten
forget	forgot	forgotten	vergessen
forsake	forsook	forsaken	verlassen; aufgeben
freeze	froze	frozen	(ge) frieren
get	got	got, *Am* gotten	bekommen
gild	gilded, gilt	gilded, gilt	vergolden
give	gave	given	geben
go	went	gone	gehen; fahren
grind	ground	ground	(zer) mahlen
grow	grew	grown	wachsen
hang	hung, *jur* hanged	hung, *jur* hanged	hängen
have	had	had	haben
hear	heard	heard	hören
heave	heaved, hove	heaved, hove	heben; schleppen
hew	hewed	hewn, hewed	hauen, schlagen
hide	hid	hidden	verstecken
hit	hit	hit	schlagen
hold	held	held	halten
hurt	hurt	hurt	verletzen; weh tun
keep	kept	kept	halten; aufbewahren
kneel	knelt	knelt	knien
know	knew	known	wissen
lay	laid	laid	legen
lead	led	led	führen
lean	leaned, leant	leaned, leant	sich (an) lehnen
leap	leaped, leapt	leaped, leapt	springen, hüpfen
learn	learned, learnt	learned, learnt	lernen
leave	left	left	verlassen
lend	lent	lent	leihen
let	let	let	lassen
lie	lay	lain	liegen
light	lit, lighted	lit, lighted	anzünden
lose	lost	lost	verlieren
make	made	made	machen
may	might	–	dürfen
mean	meant	meant	meinen; vorhaben
meet	met	met	treffen

mistake	mistook	mistaken	missverstehen
mow	mowed	mown, mowed	mähen
pay	paid	paid	zahlen
put	put	put	setzen, stellen, legen
quit	quit, quitted	quit, quitted	kündigen; verlassen
read	read	read	lesen
rend	rent	rent	zerreißen
rid	rid	rid	befreien
ride	rode	ridden	reiten
ring	rang	rung	klingeln; läuten
rise	rose	risen	aufstehen; steigen
run	ran	run	rennen, laufen
saw	sawed	sawed, sawn	sägen
say	said	said	sagen
see	saw	seen	sehen
seek	sought	sought	suchen
sell	sold	sold	verkaufen
send	sent	sent	senden, schicken
set	set	set	setzen
sew	sewed	sewed, sewn	nähen
shake	shook	shaken	schütteln; erschüttern
shave	shaved	shaved, shaven	rasieren
shear	sheared	sheared, shorn	scheren
shed	shed	shed	vergießen
shine	shone	shone	scheinen; leuchten
shit *vulg*	shit *vulg*	shit *vulg*	scheißen *vulg*
shoe	shod	shod	(*Pferd*) beschlagen
shoot	shot	shot	schießen
show	showed	shown	zeigen; ausstellen
shrink	shrank	shrunk	schrumpfen, eingehen
shut	shut	shut	schließen, zumachen
sing	sang	sung	singen
sink	sank	sunk	sinken
sit	sat	sat	sitzen
slay	slew	slain	erschlagen
sleep	slept	slept	schlafen
slide	slid	slid	rutschen
sling	slung	slung	schleudern
slink	slunk	slunk	schleichen
slit	slit	slit	(auf) schlitzen
smell	smelled, smelt	smelled, smelt	riechen
smite *cld*	smote	smitten	schlagen
sow	sowed	sowed, sown	(aus) säen

speak	spoke	spoken	sprechen
speed	speeded, sped	speeded, sped	sausen, jagen
spell	spelled, spelt	spelled, spelt	buchstabieren
stave n	stove, staved in	stove, staved in	eindrücken
steal	stole	stolen	stehlen
swell	swelled	swollen	(an) schwellen
swim	swam	swum	schwimmen
swing	swung	swung	schwingen; schaukeln
take	took	taken	nehmen
teach	taught	taught	lehren, unterrichten
tear	tore	torn	zerreißen
tell	told	told	erzählen
think	thought	thought	denken
thrive	throve, thrived	thriven, thrived	gedeihen
throw	threw	thrown	werfen, schleudern
thrust	thrust	thrust	stoßen; drängen
tread	trod	trodden	schreiten; treten
wake	woke, waked	woken, waked	aufwachen; wecken
wear	wore	worn	(*Kleidung*) tragen
weave	wove	woven	weben
weep	wept	wept	weinen
win	won	won	gewinnen
wind	wound	wound	drehen, kurbeln
wring	wrung	wrung	auswringen
write	wrote	written	schreiben

Deutsche Kurzgrammatik – Brief German Grammar

Articles

A German noun can be either **masculine, feminine** or **neuter**.

The **gender** of a noun can be recognized by its article: *der, die* or *das*.

	Definite article				**Indefinite article**			
	m	**f**	**nt**	**pl**	**m**	**f**	**nt**	**pl**
Nom.	der	die	das	die	ein	eine	ein	does not
Acc.	den	die	das	die	einen	eine	ein	exist in
Gen.	des	der	des	der	eines	einer	eines	German
Dative	dem	der	dem	den	einem	einer	einem	

Nouns

In German the declension of nouns is characterized as *strong, weak* and *mixed* (compare the declension of adjectives).

Nouns with a strong declension are recognizable by the endings *s, sch, ß* and *z*. The genitive singular of these nouns adds an *-es* to the word:

Hals- Halses, Busch – Busches, Fuß – Fußes, Reiz – Reizes.

1. Strong declension: masculine and neuter

	Plural with ~e	**Plural with ¨e**	**Plural with ~er**	**Plural with ¨er**
Singular				
Nom.	der Tag	der Traum	das Kind	das Dach
Acc.	den Tag	den Traum	das Kind	das Dach
Gen.	des Tag(e)s	des Traum(e)s	des Kind(e)s	des Dach(e)s
Dative	dem Tag(e)	dem Traum(e)	dem Kind(e)	dem Dach(e)
Plural				
Nom.	die Tage	die Träume	die Kinder	die Dächer
Acc.	die Tage	die Träume	die Kinder	die Dächer
Gen.	der Tage	der Träume	der Kinder	der Dächer
Dative	den Tagen	den Träumen	den Kindern	den Dächern

	Plural with	**Plural without an ending**	
	~s	**~**	**with ¨**
Singular			
Nom.	das Auto	der Tischler	der Vogel
Acc.	das Auto	den Tischler	den Vogel
Gen.	des Autos	des Tischlers	des Vogels
Dative	dem Auto	dem Tischler	dem Vogel
Plural			
Nom.	die Autos	die Tischler	die Vögel
Acc.	die Autos	die Tischler	die Vögel
Gen.	der Autos	der Tischler	der Vögel
Dative	den Autos	den Tischlern	den Vögeln

2. Strong declension: feminine

	Plural with ¨e	Plural without an ending	Plural with ~s
Singular			
Nom.	die Wand	die Mutter	die Bar
Acc.	die Wand	die Mutter	die Bar
Gen.	der Wand	der Mutter	der Bar
Dative	der Wand	der Mutter	der Bar
Plural			
Nom.	die Wände	die Mütter	die Bars
Acc.	die Wände	die Mütter	die Bars
Gen.	der Wände	der Mütter	der Bars
Dative	den Wänden	den Müttern	den Bars

3. Weak declension: masculine

Singular			
Nom.	der Bauer	der Bär	der Hase
Acc.	den Bauern	den Bären	den Hasen
Gen.	des Bauern	des Bären	des Hasen
Dative	dem Bauern	dem Bären	dem Hasen
Plural			
Nom.	die Bauern	die Bären	die Hasen
Acc.	die Bauern	die Bären	die Hasen
Gen.	der Bauern	der Bären	der Hasen
Dative	den Bauern	den Bären	den Hasen

4. Weak declension: feminine

Singular				
Nom.	die Uhr	die Feder	die Gabe	die Ärztin
Acc.	die Uhr	die Feder	die Gabe	die Ärztin
Gen.	der Uhr	der Feder	der Gabe	der Ärztin
Dative	der Uhr	der Feder	der Gabe	der Ärztin
Plural				
Nom.	die Uhren	die Federn	die Gaben	die Ärztinnen
Acc.	die Uhren	die Federn	die Gaben	die Ärztinnen
Gen.	der Uhren	der Federn	der Gaben	der Ärztinnen
Dative	den Uhren	den Federn	den Gaben	den Ärztinnen

5. Mixed declension: masculine and feminine

Declined in the singular like a *strong* noun and in the plural as a *weak* noun.

Singular				
Nom.	das Auge	das Ohr	der Name	das Herz
Acc.	das Auge	das Ohr	den Namen	das Herz
Gen.	des Auges	des Ohr(e)s	der Namens	des Herzens
Dative	dem Auge	dem Ohr(e)	dem Namen	dem Herzen

Plural				
Nom.	die Augen	die Ohren	die Namen	die Herzen
Acc.	die Augen	die Ohren	die Namen	die Herzen
Gen.	der Augen	der Ohren	der Namen	der Herzen
Dative	den Augen	den Ohren	den Namen	den Herzen

6. Declension of Adjectives

	Masculine	
Singular		
Nom.	der Reisende	ein Reisender
Acc.	den Reisenden	einen Reisenden
Gen.	des Reisenden	eines Reisenden
Dative	dem Reisenden	einem Reisenden
Plural		
Nom.	die Reisenden	Reisende
Acc.	die Reisenden	Reisende
Gen.	der Reisenden	Reisender
Dative	den Reisenden	Reisenden

	Feminine	
Singular		
Nom.	die Reisende	eine Reisende
Acc.	die Reisende	eine Reisende
Gen.	der Reisenden	einer Reisenden
Dative	der Reisenden	einer Reisenden
Plural		
Nom.	die Reisenden	Reisende
Acc.	die Reisenden	Reisende
Gen.	der Reisenden	Reisender
Dative	den Reisenden	Reisenden

	Neuter	
Singular		
Nom.	das Neugeborene	ein Neugeborenes
Acc.	das Neugeborene	ein Neugeborenes
Gen.	des Neugeborenen	eines Neugeborenen
Dative	dem Neugeborenen	einem Neugeborenen
Plural		
Nom.	die Neugeborenen	Neugeborene
Acc.	die Neugeborenen	Neugeborene
Gen.	der Neugeborenen	Neugeborener
Dative	den Neugeborenen	Neugeborenen

7. Declension of Proper Nouns

The genitive of proper nouns is determined by various rules:

Proper noun with an article	Proper noun without an article	Proper noun ending in s, ß, x, z	Several proper nouns one after the other	Proper noun with apposition
remains unchanged	adds an s	adds an apostrophe	the last name adds an *s*	is declined like a noun
des Aristoteles	Marias Auto	Aristoteles' (Schriften)	Johann Sebastian Bachs (Musik)	Nom.: Karl der Große
des (schönen) Berlin	die Straßen Berlins	die Straßen Calais'		Acc.: Karl den Großen Gen.: Karls des Großen Dative: Karl dem Großen

Surnames add an *-s* in the plural:
e.g. die Schneider*s*.

If a surname ends in *s*, *ß*, *x* oder *z*, *-ens* is added:
e.g. die Schmitz*ens*.

The proper names of streets, buildings, companies, ships, newspapers and organizations are always declined.

Adjectives

When an adjective stands *in front* of a noun it has to agree with the **gender, case** and **number** of the noun. As with nouns, the declension of adjectives is characterized as *strong, weak* and *mixed*.

1. The strong form

- with adjective + noun combinations *without* an article
- when an adjective precedes a noun without indicating the gender
  e.g. mehrere liebe Kinder, manch guter Wein.

– after *cardinal numbers*, as well as '*ein paar*', '*ein bisschen*',

e.g. Sie hörte zwei laute Schritte.
Wir machen eine Reise mit ein paar guten Freunden.
Mit einem bisschen guten Willen schaffst du das.

	m	f	nt
Singular			
Nom.	guter Wein	schöne Frau	liebes Kind
Acc.	guten Wein	schöne Frau	liebes Kind
Gen.	guten Wein(e)s	schöner Frau	lieben Kindes
Dative	gutem Wein(e)	schöner Frau	liebem Kind(e)
Plural			
Nom.	gute Weine	schöne Frauen	liebe Kinder
Acc.	gute Weine	schöne Frauen	liebe Kinder
Gen.	guter Weine	schöner Frauen	lieber Kinder
Dative	guten Weinen	schönen Frauen	lieben Kindern

2. The weak form

– with adjective + noun combinations with the definite article *der, die, das*
– and with pronouns which indicate the gender of the noun

e.g. *diese(r), folgende(r), jede(r), welche(s, r)*

	m	f	nt
Singular			
Nom.	der gute Wein	die schöne Frau	das liebe Kind
Acc.	den guten Wein	die schöne Frau	das liebe Kind
Gen.	des guten Wein(e)s	der schönen Frau	des lieben Kindes
Dative	dem guten Wein	der schönen Frau	dem lieben Kind
Plural			
Nom.	die guten Weine	die schönen Frauen	die lieben Kinder
Acc.	die guten Weine	die schönen Frauen	die lieben Kinder
Gen.	der guten Weine	der schönen Frauen	der lieben Kinder
Dative	den guten Weinen	den schönen Frauen	den lieben Kindern

3. The mixed form

– with adjective + noun combinations with the indefinite article *ein, kein* (with masculine and neuter nouns in the singular)
– and the possessive pronouns *mein, dein, sein, unser, euer, ihr*

	m	nt
Singular		
Nom.	ein guter Wein	ein liebes Kind
Acc.	einen guten Wein	ein liebes Kind
Gen.	eines guten Wein(e)s	eines lieben Kindes
Dative	einem guten Wein(e)	einem lieben Kind

4. Adjectives ending in -abel, -ibel, -el

When declined, these adjectives lose the '-*e*'.

	miserabel	penibel	heikel
Singular			
Nom.	ein miserabler Stil	eine penible Frau	ein heikles Problem
Acc.	einen miserablen Stil	eine penible Frau	ein heikles Problem
Gen.	eines miserablen Stils	einer peniblen Frau	eines heiklen Problems
Dative	einem miserablen Stil	einer peniblen Frau	einem heiklen Problem
Plural			
Nom.	miserable Stile	penible Frauen	heikle Probleme
Acc.	miserable Stile	penible Frauen	heikle Probleme
Gen.	miserabler Stile	penibler Frauen	heikler Probleme
Dative	miserablen Stilen	peniblen Frauen	heiklen Problemen

5. Adjectives ending in -er, -en

- normally retain the *'e'* in the declined form, but not in elevated literary style
  e.g. finster — eine finstren Züge
- the same applies to adjectives whose origins are not German
  e.g. makaber — eine makabre Geschichte
  integer — ein integrer Beamter

6. Adjectives ending in -auer, -euer

- normally drop the *'e'* in the declined form
  e.g. teuer — ein teures Geschenk
  sauer — saure Gurken

7. Adjectives ending in -ß

- keep the *'ß'* after a long vowel
  e.g. groß — mein großer Bruder
  bloß — eine bloße Freundschaft

Comparison of adjectives

	m	f	nt
Positive	schön	schöne	schönes
Comparative	schöner	schönere	schöneres
Superlative	der schönste	die schönste	das schönste

If you want to use the comparative/superlative forms in the accusative, genitive or dative then the same rules apply as for an adjective in its positive form before a noun.
e.g. der Garten mit den schönsten Blumen (dative, plural)
the garden with the prettiest flowers

Exceptions:

1. Adjectives and adverbs add an 'e' before the superlative endings when:

- they are only one syllable
- the last syllable is stressed
- the ending is -s, -ß, -st, -x, -z (always)
- the ending is -d, -t, -sch (usually)
  e.g. spitz — Adj. spitze(r,s)
  Adv. am spitzesten
  beliebt — Adj. beliebteste(r, s)
  Adv. am beliebtesten

This applies equally to compound adjectives and adverbs as well as those with a prefix, regardless of stress

e.g. unsanft		Adj.	unsanfteste(r, s)
		Adv.	am unsanftesten

2. Single syllable adjectives whose root vowel is a, o, u add an umlaut in the comparative and superlative forms:

e.g. arm	ärmer	ärmste(r, s)
groß	größer	größte(r, s)
klug	klüger	klügste(r, s)

3. The following groups of adjectives never have an umlaut in the comparative and superlative forms:

– those with the diphthong *-au*:

faul	fauler	faulste(r, s)
kraus	krauser	krauseste(r, s)
schlau	schlauer	schlaueste(r, s)

– those with the suffixes *-bar*, *-haft*, *-ig*, *-lich*, *-sam*:

dankbar	dankbarer	dankbarste(r, s)
schwatzhaft	schwatzhafter	schwatzhafteste(r, s)
schattig	schattiger	schattigste(r, s)
stattlich	stattlicher	stattlichste(r, s)
sorgsam	sorgsamer	sorgsamste(r, s)

– adjectives which occur as participles:

überrascht	überraschter	überraschteste(r, s)

– adjectives of foreign origin:

banal	banaler	banalste(r, s)
interessant	interessanter	interessanteste(r, s)
grandios	grandioser	grandioseste(r, s)

– Irregular comparative/superlative forms of adjectives and adverbs:

gut	besser	beste(r, s)
viel	mehr	meiste(r, s)
gern	lieber	am liebsten
bald	eher	am ehesten

Adverbs

When an adjective is used as an adverb it remains unchanged:

e.g. er singt gut
sie schreibt schön
er läuft schnell

The rules for the comparison of adverbs are the same as those for adjectives:

e.g. er singt besser
sie schreibt schöner
er läuft schneller

Most adverbs form the superlative after the pattern *am …sten:*

e.g. er singt am besten
sie schreibt am schönsten
er läuft am schnellsten

Verbs

PRESENT TENSE

The present tense in German is used to express an act in the present, a general statement of fact or an event in the future:

e.g. Was machst du? Ich lese. What are you doing? I'm reading
Die Erde dreht sich um die Sonne. The Earth revolves around the Sun.
Morgen fliege ich nach Rom. I'm flying to Rome tomorrow.

1. Regular verbs (weak conjugation)

	machen	**legen**	**sagen**	**sammeln**
ich	mache	lege	sage	sammle
du	machst	legst	sagst	sammelst
er				
sie	macht	legt	sagt	sammelt
es				
wir	machen	legen	sagen	sammeln
ihr	macht	legt	sagt	sammelt
sie	machen	legen	sagen	sammeln

Verbs with a stem ending in *s*, *ss*, *ß* and *z*:

	rasen	**passen**	**grüßen**	**reizen**
ich	rase	passe	grüße	reize
du	rast	passt	grüßt	reizt
er				
sie	rast	passt	grüßt	reizt
es				
wir	rasen	passen	grüßen	reizen
ihr	rast	passt	grüßt	reizt
sie	rasen	passen	grüßen	reizen

Verbs with a stem ending in *d* or *t*, or with a consonant + m, or a consonant + n add an *-e* in the 2nd. person singular.

	reden	**wetten**	**atmen**	**trocknen**
ich	rede	wette	atme	trockne
du	redest	wettest	atmest	trocknest
er				
sie	redet	wettet	atmet	trocknet
es				
wir	reden	wetten	atmen	trocknen
ihr	redet	wettet	atmet	trocknet
sie	reden	wetten	atmen	trocknen

Verbs with a stem ending in an unstressed *-e* or *-er* drop the *-e* in the 1st. person singular:

e.g. angeln — ich angle
zittern — ich zittre

2. Irregular verbs (strong conjugation) usually change their stem vowels.

	tragen	blasen	laufen	essen
ich	trage	blase	laufe	esse
du	trägst	bläst	läufst	isst
er				
sie	trägt	bläst	läuft	isst
es				
wir	tragen	blasen	laufen	essen
ihr	tragt	blast	lauft	esst
sie	tragen	blasen	laufen	essen

⇒ See also the irregular verbs in the main body of the dictionary and in the list on page 663

PRETERITE (IMPERFECT) TENSE

The imperfect tense expresses a past event:

e.g. Letztes Jahr reisten wir nach Spanien.
We went to Spain last year.

1. Regular verbs

	machen	sammeln	grüßen	reizen
ich	machte	sammelte	grüßte	reizte
du	machtest	sammeltest	grüßtest	reiztest
er				
sie	machte	sammelte	grüßte	reizte
es				
wir	machten	sammelten	grüßten	reizten
ihr	machtet	sammeltet	grüßtet	reiztet
sie	machten	sammelten	grüßten	reizten

Verbs with a stem ending in *d*, *t*, a consonant + m or a consonant + n:

	reden	wetten	atmen	trocknen
ich	redete	wettete	atmete	trocknete
du	redetest	wettetest	atmetest	trocknetest
er				
sie	redete	wettete	atmete	trocknete
es				
wir	redeten	wetteten	atmeten	trockneten
ihr	redetet	wettetet	atmetet	trocknetet
sie	redeten	wetteten	atmeten	trockneten

2. Irregular verbs

	tragen	blasen	laufen	essen
ich	trug	blies	lief	aß
du	trugst	bliest	liefst	aßt
er				
sie	trug	blies	lief	aß
es				
wir	trugen	bliesen	liefen	aßen
ihr	trugt	bliest	lieft	aßt
sie	trugen	bliesen	liefen	aßen

⇒ See also the irregular verbs in the main body of the dictionary and in the list on page 663

PERFECT TENSE

The perfect tense is used to express an <u>isolated event or condition in the past</u>:

e.g. Der Zug ist abgefahren. — The train has gone.
Heute Nacht hat es geregnet. — It rained last night.

The perfect tense is formed with the present tense of the auxiliary verbs *haben* or *sein* and the past participle.

1. Verbs which express movement or a change of state, form the perfect tense with *sein*.

	radeln	fahren	verstummen	sterben
ich	bin geradelt	bin gefahren	bin verstummt	bin gestorben
du	bist geradelt	bist gefahren	bist verstummt	bist gestorben
er				
sie	ist geradelt	ist gefahren	ist verstummt	ist gestorben
es				
wir	sind geradelt	sind gefahren	sind verstummt	sind gestorben
ihr	seid geradelt	seid gefahren	seid verstummt	seid gestorben
sie	sind geradelt	sind gefahren	sind verstummt	sind gestorben

2. Transitive, reflexive and impersonal verbs form the perfect tense with *haben*, as do most intransitive verbs when they express a permanent condition.

	legen	sich freuen	regnen	leben
ich	habe gelegt	habe mich gefreut		habe gelebt
du	hast gelegt	hast dich gefreut		hast gelebt
er				
sie	hat gelegt	hat sich gefreut	es hat geregnet	hat gelebt
es				
wir	haben gelegt	haben uns gefreut		haben gelebt
ihr	habt gelegt	habt euch gefreut		habt gelebt
sie	haben gelegt	haben sich gefreut		haben gelebt

Forming the past participle: with or without "ge-":

Most past participles are formed by putting **ge-** in front of the verb stem and adding either **-t** (weak verbs) or **-en** (strong verbs). In the past participles of strong verbs, the vowel of the verb stem is usually changed:

e.g. **bau·en** gebaut
hö·ren gehört
le·sen gelesen
sin·gen gesungen

In compound German verbs formed with a so-called "separable" (and always stressed) adverbial prefix (indicated by a thin vertical line between prefix and verb, see below), the syllable **-ge-** is inserted between the prefix and the stem of the verb:

auf|bau·en auf**ge**baut
zu|hö·ren zu**ge**hört
vor|le·sen vor**ge**lesen

Important: A great number of verbs form the past participle without the prefix **ge-**. Most of these verbs (with very few exceptions) belong to two basic groups:

1. <without ge-> All verbs ending in -ieren:

mar·schie·ren marschierte (ist) marschiert
pro·bie·ren probierte (hat) probiert

NB These verbs still form the past participle <without ge-> when they contain a "separable" (stressed) prefix:

ab|mar·schie·ren marschierte ab (ist) abmarschiert
aus|pro·bie·ren probierte aus (hat) ausprobiert

2. <without ge-> All verbs beginning with one of the following, always unstressed (and therefore "inseparable") prefixes:

be-, emp-, ent-, er-, ge-, ver-, zer-
be·bau·en bebaute (hat) bebaut
er·hö·ren erhörte (hat) erhört
ge·stal·ten gestaltete (hat) gestaltet
ver·lan·gen verlangte (hat) verlangt

Those verbs with an "inseparable" (and also unstressed) prefix (indicated by the lack of a thin vertical line, see below) also belong to this group:

um·ge·hen umging (hat) umgangen
un·ter·su·chen untersuchte (hat) untersucht
über·set·zen übersetzte (hat) übersetzt

NB Again, these verbs still form the past participle <without ge-> when they have a "separable" (stressed) prefix:

um|ge·stal·ten gestaltete um (hat) umgestaltet
ab|ver·lan·gen verlangte ab (hat) abverlangt
zu·rück|über·set·zen übersetzte zurück (hat) zurückübersetzt

A very few verbs which do not belong to either of these two groups (e.g. miauen, trompeten, stibitzen – note however the stress!), also form the past participle <without ge-> and are accordingly so indicated in the dictionary.

THE PAST PERFECT (PLUPERFECT) TENSE

The past perfect tense is used to describe an event that had already finished when another event happened:

e.g. Als er im Kino ankam, hatte der Film schon begonnen.
When he arrived at the cinema the film had already started.

It is formed with the past (imperfect) tense of *haben* or *sein* and the *past participle*.

	fahren	sterben	legen	leben
ich	war gefahren	war gestorben	hatte gelegt	hatte gelebt
du	warst gefahren	warst gestorben	hattest gelegt	hattest gelebt
er				
sie	war gefahren	war gestorben	hatte gelegt	hatte gelebt
es				
wir	waren gefahren	waren gestorben	hatten gelegt	hatten gelebt
ihr	wart gefahren	wart gestorben	hattet gelegt	hattet gelebt
sie	waren gefahren	waren gestorben	hatten gelegt	hatten gelebt

THE FUTURE TENSE

The future tense is used to express something that will happen in or refers to the future: e.g. advance notification, intentions, suppositions, promises.

It is formed with the present tense of the auxiliary verb *werden* and the *infinitive of the main verb:*

e.g. Morgen wird es schneien. — It will (*or* is going to) snow tomorrow.
Er wird noch im Urlaub sein. — He will still be on holiday.
Ich werde dich immer lieben. — I will always love you.

	legen	fahren	sein	haben	können
ich	werde legen	werde fahren	werde sein	werde haben	werde können
du	wirst legen	wirst fahren	wirst sein	wirst haben	wirst können
er					
sie	wird legen	wird fahren	wird sein	wird haben	wird können
es					
wir	werden	werden	werden	werden	werden
	legen	fahren	sein	haben	können
ihr	werdet	werdet	werdet	werdet	werdet
	legen	fahren	sein	haben	können
sie	werden	werden	werden	werden	werden
	legen	fahren	sein	haben	können

THE PRESENT SUBJUNCTIVE

The present subjunctive is formed from the present stem of the verb with the endings: *-e, -est, -e, -en, -et, -en* added. It is used to express indirect speech:

e.g. Kannst du mir helfen? (Direkte Rede) — Can you help me? (Direct speech)
Er fragt sie, ob sie ihm helfen könne. (Indirekte Rede) — He asked her if she could help him. (Indirect speech)

Some irregular verbs add an umlaut to or change the vowel in the **indicative** but do not in the subjunctive:

Infinitive	**Present Indicative**	**Present Subjunctive**
fallen	du fällst	du fallest
geben	du gibst	du gebest

As well as in indirect speech, the present subjunctive is also used in a few set expressions:

e.g. Er lebe hoch! — Three cheers for him!
Gott sei Dank! — Thank God!
Man nehme Salz, Mehl und Butter … — Take salt, flour and butter …

	legen	**küssen**	**reden**
ich	lege	küsse	rede
du	legst	küssest	redest
er			
sie	lege	küsse	rede
es			
wir	legen	küssen	reden
ihr	leget	küsset	redet
sie	legen	küssen	reden

Present subjunctive of the auxiliary verbs *sein, haben* and *werden*:

	sein	**haben**	**werden**
ich	sei	habe	werde
du	seist	habest	werdest
er			
sie	sei	habe	werde
es			
wir	seien	haben	werden
ihr	seiet	habet	werdet
sie	seien	haben	werden

Present subjunctive of the modal verbs:

	können	**dürfen**	**mögen**	**müssen**	**sollen**	**wollen**
ich	könne	dürfe	möge	müsse	solle	wolle
du	könnest	dürfest	mögest	müssest	sollest	wollest
er						
sie	könne	dürfe	möge	müsse	solle	wolle
es						
wir	können	dürfen	mögen	müssen	sollen	wollen
ihr	könn(e)t	dürf(e)t	mög(e)t	müss(e)t	soll(e)t	woll(e)t
sie	können	dürfen	mögen	müssen	sollen	wollen

THE IMPERFECT SUBJUNCTIVE

The imperfect subjunctive is formed from the *past stem of the verb* with the endings *-e, -(e) st, -e, -en, -(e)t, -en.* With regular verbs the imperfect subjunctive is identical to the past indicative; irregular verbs with *i* or *ie* in the forms of the past tense retain these spellings in the imperfect subjunctive.

The imperfect subjunctive is used to express hypothetical statements, comparisons and as an expression of politeness:

e.g. Wenn ich Zeit hätte, ginge ich mit dir ins Kino.
If I had time I would come with you to the cinema.
Die Leiter schwankte so, als fiele sie gleich um.
The ladder was swaying so much it looked like it was about to fall.
Könnten Sie uns bitte eine Auskunft geben?
Could you give us some information, please?

	gehen/ging	**rufen/rief**	**greifen/griff**
ich	ginge	riefe	griffe
du	ging(e)st	rief(e)st	griff(e)st
er			
sie	ginge	riefe	griffe
es			
wir	gingen	riefen	griffen
ihr	ging(e)t	rief(e)t	griff(e)t
sie	gingen	riefen	griffen

Verbs with the vowels *a, o* and *u* in the past indicative add an umlaut in the imperfect subjunctive:

	singen/ sang	**fliegen/ flog**	**fahren/ fuhr**	**sein/ war**	**haben/ hatte**	**werden/ wurde**
ich	sänge	flöge	führe	wäre	hätte	würde
du	säng(e)st	flög(e)st	führ(e)st	wär(e)st	hättest	würdest
er						
sie	sänge	flöge	führe	wäre	hätte	würde
es						
wir	sängen	flögen	führen	wären	hätten	würden
ihr	säng(e)t	flög(e)t	führ(e)t	wär(e)t	hättet	würdet
sie	sängen	flögen	führen	wären	hätten	würden

Conditional clauses

A conditional clause often starts with "if" or "unless"; it is used to express something that might happen if certain conditions were met and is formed with the imperfect subjunctive of *werden* and the *infinitive* of the main verb.

e.g. Wenn ihr uns einladen würdet, würden wir kommen.
If you were to invite us, we would come.

	legen	fahren
ich	würde legen	würde fahren
du	würdest legen	würdest fahren
er		
sie	würde legen	würde fahren
es		
wir	würden legen	würden fahren
ihr	würdet legen	würdet fahren
sie	würden legen	würden fahren

THE IMPERATIVE

The imperative expresses a demand, request, warning or ban and is formed with either the 2nd. person singular or plural.

1. Regular verbs add to the stem an *-e* in the singular and a *-t* in the plural. The plural form of the imperative is identical to the 2nd. person plural, present indicative.

In the polite form using *Sie*, the verb is **inverted** (i.e. predicate before subject):

e.g. Sie schreiben einen Brief. (eine Feststellung/Indikativ)
You are writing a letter. (a statement/indicative)
Schreiben Sie einen Brief! (eine Aufforderung/Imperativ)
Write a letter! (a demand/imperative)

Infinitive	Singular	Plural	Polite form
schreiben	schreibe	schreibt	schreiben Sie
singen	singe	singt	singen Sie
trinken	trinke	trinkt	trinken Sie
atmen	atme	atmet	atmen Sie
reden	rede	redet	reden Sie

Exceptions:

Verbs which end in *-eln*, *-ern* can drop the *-e* in the singular.

Infinitive	Singular	Plural	Polite form
sammeln	samm(e) le	sammelt	sammeln Sie
fördern	förd(e) re	fördert	fördern Sie
handeln	hand(e) le	handelt	handeln Sie

If the verb stem ends in *-m* or *-n* and is preceded by an *h, l, m, n,* or *r*, the *-e* ending in the singular can be dropped.

Infinitive	Singular	Plural	Polite form
rühmen	rühm(e)	rühmt	rühmen Sie
qualmen	qualm(e)	qualmt	qualmen Sie
kämmen	kämm(e)	kämmt	kämmen Sie
rennen	renn(e)	rennt	rennen Sie
lernen	lern(e)	lernt	lernen Sie

If however, the *-m* or *-n* is preceded by another consonant, the *-e* ending must be retained: e.g. atme, rechne.

2. Irregular verbs *without* a vowel change to *-i* or *-ie* in the present tense, form the imperative according to the same rules as regular verbs.

⇒ The imperative forms are given in the list of irregular verbs.

Vowel change to *-i* or *-ie*

Infinitive	Singular	Plural
lesen	lies	lest
werfen	wirf	werft
essen	iss	esst
sehen	sieh	seht

The auxiliary verbs *sein, haben* and *werden*

Infinitive	Singular	Plural
sein	sei	seid
haben	habe	habt
werden	werde	werdet

ACTIVE AND PASSIVE

In an *active* sentence the subject performs the stated action; in the *passive*, the subject is being acted upon

e.g. Die Parlamentarier wählen den Präsidenten. (Aktiv)
The members of parliament elect the president. (Active)
Der Präsident wird von den Parlamentariern gewählt. (Passiv)
The president is elected by the members of parliament. (Passive)

The passive is formed with *werden* and the *past participle.*

Present	ich werde geliebt	ich werde geschlagen
Past	ich wurde geliebt	ich wurde geschlagen

The auxiliary verbs *haben, sein* and *werden*

They are called “auxiliary verbs” because with their help, certain tenses (e.g. the perfect, pluperfect, future) and the passive are formed.

Present

	sein	haben	werden
ich	bin	habe	werde
du	bist	hast	wirst
sie	ist	hat	wird
es			
wir	sind	haben	werden
ihr	seid	habt	werdet
sie	sind	haben	werden

The Present Participle

The present participle is formed by adding *-d* to the *infinitive* of the verb

e.g. singend, lachend, etc.

It expresses a shorter version of a subordinate clause:

e.g. Er saß in der Badewanne und sang. — Er saß *singend* in der Badewanne.
He sat in the bath and sang. — He sat in the bath *singing*.
Sie öffnete die Tür und lachte. — Sie öffnete *lachend* die Tür.
She opened the door and laughed. — She opened the door *laughing*.

The Past participle

The past participle of regular verbs is formed according to the following rule:

	Prefix	+	Stem	+	Ending
e.g. machen	ge	+	mach	+	t

legen	*ge*leg*t*
sagen	*ge*sag*t*
vierteln	*ge*viertel*t*
rasen	*ge*ras*t*
hassen	*ge*hass*t*
küssen	*ge*küss*t*
reizen	*ge*reiz*t*
reden	*ge*rede*t*
wetten	*ge*wette*t*
trocknen	*ge*trockne*t*

Verbs ending in *-ieren* omit the prefix *ge-*, as do those with the prefix *be-*, *em-*, *ent-*, *er-*, *ver-* and *zer-*. The following rule applies:

	Stem	+	Ending
e.g. manövr*ieren*	manövrier	+	t

*em*pören	empör*t*
*ent*giften	entgifte*t*
*er*setzen	ersetz*t*
*ver*trösten	vertröste*t*
*zer*reden	zerrede*t*

Inseparable compound verbs also drop the *ge-*.

übersetzen	übersetz*t*
durchwaten	durchwate*t*
unterlegen	unterleg*t*
umarmen	umarm*t*

The past participle of separable compound verbs (e.g. durchmachen) is formed according to the following rule:

Prefix Verb	**+**	**Prefix PP ge-**	**+**	**Verb Stem**	**+**	**Ending t**
durch	+	ge	+	mach	+	t

anbeten	an*ge*bete*t*
überschnappen	über*ge*schnapp*t*
umdeuten	um*ge*deute*t*

PRONOUNS

Pronouns are declined in German like articles, nouns, adjectives and adverbs.

1. The personal pronoun

A personal pronoun denotes the person who is speaking or about whom someone is speaking.

Nominative	Accusative	Genitive	Dative
ich	mich	meiner	mir
du	dich	deiner	dir
er	ihn	seiner	ihm
sie	sie	ihrer	ihr
es	es	seiner	ihm
wir	uns	unser	uns
ihr	euch	euer	euch
sie	sie	ihrer	ihnen

2. The reflexive pronoun

A reflexive pronoun refers to the subject of a sentence and must agree with the subject in case and number.

e.g. ich wasche mich
du wäschst dich
er/sie/es wäscht sich
wir waschen uns
ihr wascht euch
sie waschen sich

3. The possessive pronoun

A possessive pronoun indicates belonging or ownership and agrees in **case**, **gender** and **number** with the noun to which it refers.

It may appear like an adjective before a noun or stand in place of a noun.

a) Used as an adjective

	m	f	nt	pl
1. Person Singular				
Nom.	mein	meine	mein	meine
Acc.	meinen	meine	mein	meine
Gen.	meines	meiner	meines	meiner
Dative	meinem	meiner	meinem	meinen
2. Person Singular				
	dein	deine	dein	deine
			declined like *mein*	
3. Person Singular				
	sein	seine	sein	seine
			declined like *mein*	
3. Person Singular				
	ihr	ihre	ihr	ihre
			declined like *mein*	
3. Person Singular				
	sein	seine	sein	seine
			declined like *mein*	
1. Person Plural				
Nom.	unser	uns(e)re	unser	uns(e)re
Acc.	uns(e)ren	uns(e)re unsern	unser	uns(e)re
Gen.	uns(e)res	uns(e)rer	uns(e)res	uns(e)rer
Dative	uns(e)rem	uns(e)rer unserm	uns(e)rem	uns(e)ren unserm
2. Person Plural				
Nom.	euer	eure	euer	eure
Acc.	euren	eure	euer	eure
Gen.	eures	eurer	eures	eurer
Dative	eurem	eurer	eurem	euren
3. Person Plural				
Nom.	ihr	ihre	ihr	ihre
Acc.	ihren	ihre	ihr	ihre
Gen.	ihres	ihrer	ihres	ihrer
Dative	ihrem	ihrer	ihrem	ihren

b) Used as a noun

	m	f	nt	pl
1. P. Sing.	meiner	meine	mein(e)s	meine
2. P. Sing	deiner	deine	dein(e)s	deine
3. P. Sing. m, nt	seiner	seine	sein(e)s	seine
3. P. Sing. f	ihrer	ihre	ihr(e)s	ihre
1. P. Pl.	uns(e) rer	uns(e) re	uns(e) res	uns(e) re
2. P. Pl.	eurer	eure	eures, euers	eure
3. P. Pl.	ihrer	ihre	ihr(e)s	ihre

4. The demonstrative pronoun

A demonstrative pronoun indicates which person or thing is being referred to.

	m	f	nt	Plural
Nom.	dieser	diese	dieses	diese
Acc.	diesen	diese	dieses	diese
Gen.	dieses	dieser	dieses	dieser
Dative	diesem	dieser	diesem	diesen
Nom.	jener	jene	jenes	jene
Acc.	jenen	jene	jenes	jene
Gen.	jenes	jener	jenes	jener
Dative	jenem	jener	jenem	jenen
Nom.	derjenige	diejenige	dasjenige	diejenigen
Acc.	denjenigen	diejenige	dasjenige	diejenigen
Gen.	desjenigen	derjenigen	desjenigen	derjenigen
Dative	demjenigen	derjenigen	demjenigen	denjenigen
Nom.	derselbe	dieselbe	dasselbe	dieselben
Acc.	denselben	dieselbe	dasselbe	dieselben
Gen.	desselben	derselben	desselben	derselben
Dative	demselben	derselben	demselben	denselben

The definite article *der, die, das* is also used as a demonstrative pronoun.

5. The relative pronoun

The most common relative pronouns are *der, die, das*; less common are *welcher, welche, welches*. All relative pronouns introduce a subordinate clause which supplements the main clause. Relative pronouns agree in **gender** and **number** with the word in the main clause to which they refer.

e.g. Er putzt sein neues Auto, das/welches er sich gekauft hat.
He is cleaning the new car that/which he bought.

	m	f	nt	Plural
Nom.	welcher	welche	welches	welche
Acc.	welchen	welche	welches	welche
Gen.	dessen	deren	dessen	deren
Dative	welchem	welcher	welchem	welchen

Wer and *was* can also be used as relative pronouns:

e.g. Wer das behauptet, lügt. — Whoever says that is lying.
Mach doch, was du willst! — Oh, just do what you want!

6. The interrogative pronoun

An interrogative pronoun distinguishes between a **person** (Wer?) and a **thing** (Was?). It only occurs in the singular.

	Person	Thing
Nom.	*Wer* spielt mit?	*Was* ist das?
Acc.	*Wen* liebst du?	*Was* höre ich da?
Gen.	*Wessen* Haus ist das?	
Dative	*Wem* gehört das Haus?	

The genitive of the interrogative pronoun: *wessen* (Whose?) is more and more being replaced by the dative *wem*.

e.g. Wem gehört das Haus? (statt: Wessen Haus ist das?)
Whose house is that?

Was für ein(er)... (What sort of a ...) is used to ask after the particular character of a person or thing

e.g. Was für ein Mensch ist Peter eigentlich?
What sort of a person is Peter really?/What is Peter really like?

Was für einen Anzug möchten Sie?
What sort of suit would you like?

The interrogative pronouns *welcher, welche* and *welches* are used to ask after one particular person or item amongst several

e.g. Welche Schuhe soll ich nehmen? (die Braunen oder die Schwarzen?)
Which shoes shall I take? (the brown or the black ones?)
Mit welchem Bus kommst du? (mit dem um 16 oder 17 Uhr?)
Which bus will you be on? (the 4 or 5 o'clock?)
Welches Eis schmeckt dir besser? (Erdbeer- oder Schokoladeneis?)
Which ice cream do you like more? (strawberry or chocolate?)

	m	f	nt	Plural
Nom.	welcher	welche	welches	welche
Acc.	welchen	welche	welches	welche
Gen.	welches	welcher	welches	welcher
Dative	welchem	welcher	welchem	welchen

PREPOSITIONS

+ **Accusative**:	
bis	durch
für	gegen
je	ohne
pro	um
wider	

+ **Dative**:	
ab	aus
außer	bei
binnen	entgegen
entsprechend	gegenüber
gemäß	mit
nach	nächst
nahe	nebst
samt	seit
von	zu
zufolge	zuwider

+ **Accusative/Dative** *:	
an	auf
entlang	hinter
in	neben
über	unter
vor	zwischen

* With *movement* and *change of direction* the accusative is used (Wohin? – Where to?/ Whither?).

With *details of location* the dative is used (Wo? – Where?)

e.g. Er hängt die Uhr an die Wand. (Wohin?)
He is hanging the clock on the wall.
Die Uhr hängt an der Wand. (Wo?)
The clock is hanging on the wall.

⇒ Every prepositional headword in the dictionary has the necessary case indicated next to it.

Some prepositions can be amalgamated with the correct form of the definite article to form a single word:

e.g.	an/in	+ dem	becomes	am/im
	bei	+ dem	becomes	beim
	von	+ dem	becomes	vom
	zu	+ dem/der	becomes	zum/zur
	an/in	+ das	becomes	ans/ins

Übersicht über die wichtigsten unregelmäßigen deutschen Verben

Ableitungen und Zusammensetzungen sind unter dem Grundverb nachzuschlagen; z. B. **ab|brechen** unter **brechen**

Infinitiv	Präteritum	Partizip Perfekt
backen	backte (buk)	gebacken
befehlen	befahl	befohlen
beginnen	begann	begonnen
beißen	biss	gebissen
bergen	barg	geborgen
bersten	barst	geborsten <sein>
bewegen	bewog	bewogen
biegen	bog	gebogen
bieten	bot	geboten
binden	band	gebunden
bitten	bat	gebeten
blasen	blies	geblasen
bleiben	blieb	geblieben <sein>
bleichen	bleichte (blich)	gebleicht (geblichen) <sein>
braten	briet	gebraten
brechen	brach	gebrochen <sein>
brennen	brannte	gebrannt
bringen	brachte	gebracht
denken	dachte	gedacht
dreschen	drosch	gedroschen
dringen	drang	gedrungen <sein>
dürfen	durfte	dürfen, gedurft
empfehlen	empfahl	empfohlen
essen	aß	gegessen
fahren	fuhr	gefahren <sein>
fallen	fiel	gefallen <sein>
fangen	fing	gefangen
fechten	focht	gefochten
finden	fand	gefunden
flechten	flocht	geflochten
fliegen	flog	geflogen <sein>
fliehen	floh	geflohen <sein>
fließen	floss	geflossen <sein>
fragen	fragte	gefragt
fressen	fraß	gefressen

Infinitiv	Präteritum	Partizip Perfekt
frieren	fror	gefroren <sein>
gären	gor (gärte)	gegoren (gegärt) <sein>
gebären	gebar	geboren
geben	gab	gegeben
gedeihen	gedieh	gediehen <sein>
gehen	ging	gegangen <sein>
gelingen	gelang	gelungen <sein>
gelten	galt	gegolten
genesen	genas	genesen <sein>
genießen	genoss	genossen
geschehen	geschah	geschehen <sein>
gewinnen	gewann	gewonnen
gießen	goss	gegossen
gleichen	glich	geglichen
gleiten	glitt (gleitete)	geglitten (gegleitet) <sein>
glimmen	glomm, glimmte	geglommen, geglimmt
graben	grub	gegraben
greifen	griff	gegriffen
haben	hatte	gehabt
hangen	hing	gehangen
hängen	hing (hängte)	gehangen (gehängt) <sein>
hängen	hängte (hing)	gehängt (gehangen)
hauen	haute	gehauen (hieb)
hauen	hieb (haute)	gehauen
heben	hob (hub)	gehoben
heißen	hieß	geheißen
helfen	half	geholfen
kennen	kannte	gekannt
klimmen	klomm	geklommen <sein>
klingen	klang	geklungen
kneifen	kniff	gekniffen

Infinitiv	Präteritum	Partizip Perfekt
kommen	kam	gekommen <sein>
können	konnte	können, gekonnt
laden	lud	geladen
lassen	ließ	lassen, gelassen
laufen	lief	gelaufen <sein>
leiden	litt	gelitten
leihen	lieh	geliehen
lesen	las	gelesen
liegen	lag	gelegen <sein>
löschen	losch	geloschen <sein>
lügen	log	gelogen
mahlen	mahlte	gemahlen
meiden	mied	gemieden
melken	molk, melkte	gemolken, gemelkt
messen	maß	gemessen
misslingen	misslang	misslungen <sein>
mögen	mochte	mögen, gemocht
müssen	musste	müssen, gemusst
nehmen	nahm	genommen
nennen	nannte	genannt
pfeifen	pfiff	gepfiffen
preisen	pries	gepriesen
quellen	quoll	gequollen <sein>
raten	riet	geraten
reiben	rieb	gerieben
reißen	riss	gerissen <sein>
reiten	ritt	geritten <sein>
rennen	rannte (rennte)	gerannt <sein>
riechen	roch	gerochen
ringen	rang	gerungen
rinnen	rann	geronnen <sein>
rufen	rief	gerufen
salzen	salzte	gesalzen (gesalzt)
saufen	soff	gesoffen
saugen	sog, saugte	gesogen, gesaugt
schaffen	schuf, schaffte	geschaffen, geschafft
schallen	schallte, scholl	geschallt

Infinitiv	Präteritum	Partizip Perfekt
scheiden	schied	geschieden <sein>
scheinen	schien	geschienen
scheißen	schiss	geschissen
schelten	schalt	gescholten
scheren	schor (scherte)	geschoren (geschert)
schieben	schob	geschoben
schießen	schoss	geschossen <sein>
schinden	schindete	geschunden
schlafen	schlief	geschlafen
schlagen	schlug	geschlagen <sein>
schleichen	schlich	geschlichen <sein>
schleifen	schliff	geschliffen
schließen	schloss	geschlossen
schlingen	schlang	geschlungen
schmeißen	schmiss	geschmissen
schmelzen	schmolz	geschmolzen <sein>
schneiden	schnitt	geschnitten
schrecken	schreckte, schrak	geschreckt <sein>
schreiben	schrieb	geschrieben
schreien	schrie	geschrie(e)n
schreiten	schritt	geschritten <sein>
schweigen	schwieg	geschwiegen
schwellen	schwoll	geschwollen <sein>
schwimmen	schwamm	geschwommen <sein>
schwinden	schwand	geschwunden <sein>
schwingen	schwang	geschwungen
schwören	schwor (schwur)	geschworen
sehen	sah	gesehen
sein	war	gewesen <sein>
senden	sandte (sendete)	gesandt (gesendet)
sieden	sott, siedete	gesotten, gesiedet
singen	sang	gesungen
sinken	sank	gesunken <sein>
sinnen	sann	gesonnen
sitzen	saß	gesessen <sein>
sollen	sollte	sollen, gesollt
spalten	spaltete	gespaltet, gespalten

Infinitiv	Präteritum	Partizip Perfekt
speien	spie	gespie(e)n
spinnen	spann	gesponnen
spleißen	spliss	gesplissen
sprechen	sprach	gesprochen
sprießen	spross	gesprossen <sein>
springen	sprang	gesprungen <sein>
stechen	stach	gestochen <sein>
stecken	steckte (stak)	gesteckt
stehen	stand	gestanden <sein>
stehlen	stahl	gestohlen
steigen	stieg	gestiegen <sein>
sterben	starb	gestorben <sein>
stieben	stob	gestoben <sein>
stinken	stank	gestunken
stoßen	stieß	gestoßen <sein>
streichen	strich	gestrichen <sein>
streiten	stritt	gestritten
tragen	trug	getragen
treffen	traf	getroffen
treiben	trieb	getrieben <sein>
treten	trat	getreten <sein>
triefen	triefte	getrieft (getroffen) <sein>
trinken	trank	getrunken
trügen	trog	getrogen
tun	tat	getan
verderben	verdarb	verdorben <sein>
verdrießen	verdross	verdrossen
vergessen	vergaß	vergessen
verlieren	verlor	verloren
wachsen	wuchs	gewachsen <sein>
wägen	wog	gewogen
waschen	wusch	gewaschen
weben	webte	gewebt (gewoben)
weichen	wich	gewichen <sein>
weisen	wies	gewiesen
wenden	wendete, wandte	gewendet, gewandt
werben	warb	geworben
werden	wurde	worden, geworden <sein>
werfen	warf	geworfen
wiegen	wog	gewogen
winden	wand	gewunden
winken	winkte	gewinkt (gewunken)
wissen	wusste	gewusst
wollen	wollte	wollen, gewollt
wringen	wrang	gewrungen
ziehen	zog	gezogen <sein>
zwingen	zwang	gezwungen

Falsche Freunde – False Friends

Bedeutung des englischen Ausdrucks:	English	Deutsch	englische Übersetzung des deutschen Ausdrucks:
eigentlich	**actual**	**aktuell**	topical
den ganzen Tag	**all day**	**alltäglich**	everyday
auch	**also**	**also**	so; (*Füllwort*) well
werden	**become**	**bekommen**	get
unbeschrieben	**blank**	**blank**	shining; (*übertragen*) sheer
blinzeln	**blink**	**blinken**	*Auto:* signal, indicate
mutig	**brave**	**brav**	(*Kind*) good, well-behaved
hell	**bright**	**breit**	broad; (*weit*) wide
Hütte	**cabin**	**(Umkleide)Kabine**	changing room
Koch/Köchin	**chef**	**Chef**	boss
Pommes frites	**chips** (*Br*)	**Chips**	crisps
Begriff	**concept**	**Konzept**	(*für Aufsatz*) rough copy
zubereiten	**cook**	**kochen**	*Wasser:* boil
Getreide	**corn**	**Korn**	seed; (*Sand-*) grain
Handwerk	**craft**	**Kraft**	strength; force, power
knapp; barsch	**curt**	**kurz**	short; (*bündig*) brief
stumm	**dumb** (*Br*)	**dumm**	stupid
schließlich	**eventually**	**eventuell**	possible; perhaps, possibly
Stoff	**fabric**	**Fabrik**	factory
befestigen	**fasten**	**fasten**	fast
schnalzen mit	**flick**	**flicken**	mend
Fußboden	**floor**	**Flur**	hall
Formel	**formula**	**Formular**	form
Messgerät	**gage** (*Am*)	**Gage**	fee
heiter	**genial**	**genial**	(*umgangsspr*) brilliant
dienstbarer Geist	**genie**	**Genie**	genius
Geschenk	**gift**	**Gift**	poison; (*Tier-*) venom
Blick	**glance**	**Glanz**	shine
kurz ansehen	**glance**	**glänzen**	shine
gütig	**gracious**	**graziös**	graceful
belanglos	**inconsequential**	**inkonsequent**	inconsistent
Vorstellungsgespräch	**(job) interview**	**Interview**	interview
Insel	**island**	**Island**	Iceland

Art	**kind**	**Kind**	child
Arbeit	**labo(u)r**	**Labor**	lab(oratory)
Mangel	**lack**	**Lack**	varnish; *von Auto:* paint
Festland	**land**	**Land**	country
Zitrone	**lemon**	**Limone**	lime
Liste	**list**	**List**	cunning; (*Trick*) ruse, trick
Ortsansässige(r)	**local**	**Lokal**	pub (*Br*); restaurant
Begierde	**lust**	**Lust haben**	feel like
Mann	**man**	**(Ehe)Mann**	husband
Landkarte	**map**	**Mappe**	briefcase; (*Hefter*) folder
Orangenmarmelade	**marmalade**	**Marmelade**	jam
Bedeutung	**meaning**	**Meinung**	opinion
Mitte	**middle**	**Mittel**	preparation; (*Hilfs-*) means
mittleren Alters	**middle-aged**	**mittelalterlich**	medieval
Dunst	**mist**	**Mist**	dung; (*fam*) rubbish
Art	**mode**	**Mode**	fashion
edel; adlig	**noble**	**nobel** (*fam*)	generous
Benachrichtigung	**notice**	**Notiz**	(*Vermerk*) note
gewöhnlich	**ordinary**	**ordinär**	(*vulgär-*) vulgar
Backofen	**oven**	**Ofen**	stove; (*Heiz-*) heater
zufällig hören	**overhear**	**überhören**	(*absichtlich*) ignore
überwachen	**oversee**	**übersehen**	fail to notice
Aufsicht; Versehen	**oversight**	**Übersicht**	overall view
Mitleid erregend	**pathetic**	**pathetisch**	emotive
Benzin	**petrol**	**Petroleum**	paraffin
Foto	**photograph**	**Fotograf**	photographer
Arzt/Ärztin	**physician**	**Physiker(in)**	physicist
eingelegtes Gemüse	**pickles** *pl*	**Pickel** *pl*	spots, pimples
mollig	**plump**	**plump**	clumsy; (*roh*) crude
Beute	**plunder**	**Plunder**	junk
Polizei	**police**	**Police**	(insurance) policy
wichtigste(r, s)	**principal**	**prinzipiell**	on principle
kündigen	**quit**	**quittieren**	give a receipt for
voreilig	**rash**	**rasch**	speedy, swift
vernünftig	**rational**	**rationell**	efficient
Quittung	**receipt**	**Rezept**	(MED) prescription; (*Koch*) recipe
wiedergewinnen	**reclaim**	**reklamieren**	**I.** *tr* query; **II.** *itr* make a complaint
Wiedergewinnung	**reclamation**	**Reklamation**	(COM) complaint
mieten	**rent** *vt*	**(sich) rentieren**	be worth it
rostig	**rusty**	**rüstig**	sprightly
Sauce	**sauce**	**Soße**	(*Braten-*) gravy
Plan	**scheme**	**Schema**	(*Muster*) pattern

gewissenhaft	**scrupulous**	**skrupellos**	unscrupulous
Meer	**sea**	**See** (*m*)	lake
Geheimnis	**secret**	**Sekret**	(MED) secretion
vernünftig	**sensible**	**sensibel**	sensitive
ernst	**serious**	**seriös**	(*anständig*) respectable
scharf; spitz	**sharp**	**scharf**	(*gewürzt*) hot; (*streng*) severe
Schnitzer; Zettel	**slip**	**Slip**	briefs *pl*
Rauchen	**smoking**	**Smoking**	dinner-jacket, tuxedo (*Am*)
ausgeben	**spend** (*money*)	**spenden**	donate
entdecken	**spot** *vt*	**spotten**	mock
bleiben	**stay**	**stehen**	stand; (*gut passen*) suit
noch	**still** *adv*	**still**	quiet, silent
Hocker	**stool**	**Stuhl**	chair
Strähne	**strand**	**Strand**	beach
Bach	**stream**	**Strom**	(ELEK) current
mitfühlend	**sympathetic**	**sympathisch**	pleasant, nice
Mitleid	**sympathy**	**Sympathie**	(*Zuneigung*) liking
Tablette	**tablet**	**Tablett**	tray
Geschmack	**taste**	**Taste**	key
Landstreicher(in)	**tramp**	**Tramper(in)**	hitchhiker
Leichenbestatter	**undertaker**	**Unterneh-mer(in)**	employer
gefühllos	**unsympathetic**	**unsympathisch**	unpleasant
Unterhemd	**vest** (*Br*)	**Weste**	(*Herren-*) waistcoat; (*Strick-*) cardigan
Lagerhaus	**warehouse**	**Warenhaus**	(department) store
sich fragen	**wonder**	**(sich) wundern**	be surprised

Zahlwörter – Numerals

1 Grundzahlen – Cardinal numbers

0 null *nought, zero*
1 eins *one*
2 zwei *two*
3 drei *three*
4 vier *four*
5 fünf *five*
6 sechs *six*
7 sieben *seven*
8 acht *eight*
9 neun *nine*
10 zehn *ten*
11 elf *eleven*
12 zwölf *twelve*
13 dreizehn *thirteen*
14 vierzehn *fourteen*
15 fünfzehn *fifteen*
16 sechzehn *sixteen*
17 siebzehn *seventeen*
18 achtzehn *eighteen*
19 neunzehn *nineteen*
20 zwanzig *twenty*
21 einundzwanzig *twenty-one*
22 zweiundzwanzig *twenty-two*
23 dreiundzwanzig *twenty-three*
30 dreißig *thirty*
31 einunddreißig *thirty-one*
32 zweiunddreißig *thirty-two*
33 dreiunddreißig *thirty-three*
40 vierzig *forty*
41 einundvierzig *forty-one*
50 fünfzig *fifty*
51 einundfünfzig *fifty-one*
60 sechzig *sixty*
61 einundsechzig *sixty-one*
70 siebzig *seventy*
71 einundsiebzig *seventy-one*
80 achtzig *eighty*
81 einundachtzig *eighty-one*
90 neunzig *ninety*
91 einundneunzig *ninety-one*
100 hundert *one hundred*
101 hundert(und)eins *hundred and one*
102 hundert(und)zwei *hundred and two*
110 hundert(und)zehn *hundred and ten*
200 zweihundert *two hundred*
300 dreihundert *three hundred*
451 vierhundert(und)einundfünfzig *four hundred and fifty-one*
1000 tausend *a (od one) thousand*
2000 zweitausend *two thousand*
10 000 zehntausend *ten thousand*
1 000 000 eine Million *a (od one) million*
2 000 000 zwei Millionen *two million*
1 000 000 000 eine Milliarde *a (od one) billion*
1 000 000 000 000 eine Billion *a (od one) trillion*

2. Ordnungszahlen – Ordinal numbers

1. erste *first*
2. zweite *second*
3. dritte *third*
4. vierte *fourth*
5. fünfte *fifth*
6. sechste *sixth*
7. siebente *seventh*
8. achte *eighth*
9. neunte *ninth*
10. zehnte *tenth*
11. elfte *eleventh*
12. zwölfte *twelfth*
13. dreizehnte *thirteenth*
14. vierzehnte *fourteenth*
15. fünfzehnte *fifteenth*
16. sechzehnte *sixteenth*
17. siebzehnte *seventeenth*
18. achtzehnte *eighteenth*
19. neunzehnte *nineteenth*
20. zwanzigste *twentieth*

21. einundzwanzigste
twenty-first
22. zweiundzwanzigste
twenty-second
23. dreiundzwanzigste *twenty-third*
30. dreißigste *thirtieth*
31. einunddreißigste
thirty-first
40. vierzigste *fortieth*
41. einundvierzigste *forty-first*
50. fünfzigste *fiftieth*
51. einundfünfzigste
fifty-first
60. sechzigste *sixtieth*
61. einundsechzigste
sixty-first
70. siebzigste *seventieth*
71. einundsiebzigste
seventy-first
80. achtzigste *eightieth*
81. einundachtzigste
eighty-first
90. neunzigste *ninetieth*
100. hundertste
(one) hundredth
101. hundertunderste
hundred and first
200. zweihundertste
two hundredth
300. dreihundertste
three hundredth
451. vierhundert(und)
einundfünfzigste *four hundred and fifty-first*
1000. tausendste *(one) thousandth*
1100. tausend(und)-
einhundertste *(one) thousand and (one) hundredth*
2000. zweitausendste
two thousandth
100 000. einhunderttausendste
(one) hundred thousandth
1 000 000. millionste
millionth
10 000 000. zehnmillionste
ten millionth

3. Bruchzahlen – Fractional numbers

$^1/_2$ ein halb *one (od a) half*
$^1/_3$ ein Drittel *one (od a) third*
$^1/_4$ ein Viertel *one (od a) fourth (od a quarter)*
$^2/_3$ zwei Drittel *two thirds*
$^3/_4$ drei Viertel
three fourths, three quarters
$^1/_5$ ein Fünftel *one (od a) fifth*
$^2/_5$ zwei Fünftel *two fifths*
$^1/_{10}$ ein Zehntel *one (od a) tenth*
$^3/_{10}$ drei Zehntel *three tenths*
$^1/_{100}$ ein Hundertstel
one hundredth
$^1/_{1000}$ ein Tausendstel
one thousandth
$^1/_{1\,000\,000}$ ein Millionstel
on millionth
$1^1/_2$ anderthalb *one and a half*
$2^1/_2$ zwei(und)einhalb *two and a half*
$5^3/_8$ fünf drei achtel
five and three eighths
1,1 eins Komma eins
one point one (1.1)

4. Vervielfältigungszahlen – Multiples

einfach *single*
zweifach *double*
dreifach *threefold, treble, triple*
vierfach *fourfold, quadruple*
fünffach *fivefold*
hundertfach *(one) hundredfold*

Britische und amerikanische Maße und Gewichte
British and American Weights and Measures

Längenmaße – Linear measures

1 inch (in) 1″		= 2,54 cm
1 foot (ft) 1′	= 12 inches	= 30,48 cm
1 yard (yd)	= 3 feet	= 91,44 cm
1 furlong (fur)	= 220 yards	= 201,17 m
1 mile (m)	= 1760 yards	= 1,609 km
1 league	= 3 miles	= 4,828 km

Nautische Maße – Nautical measures

1 fathom	= 6 feet	= 1,829 m
1 cable	= 608 feet	= 185,31 m
1 nautical, sea mile	= 10 cables	= 1,853 km
1 sea league	= 3 nautical miles	= 5,550 km

Feldmaße – Surveyors' measures

1 link	= 7,92 inches	= 20,12 cm
1 rod, perch, pole	= 25 links	= 5,029 mb
1 chain	= 4 rods	= 20,12 m

Flächenmaße – Square measures

1 square inch		= 6,452 cm^2
1 square foot	= 144 sq inches	= 929,029 cm^2
1 square yard	= 9 sq feet	= 0,836 m^2
1 square rod	= 30,25 sq yards	= 25,29 m^2
1 acre	= 4840 sq yards	= 40,47 Ar
1 square mile	= 640 acres	= 2,59 km^2

Raummaße – Cubic measures

1 cubic inch		= 16,387 cm^3
1 cubic foot	= 1728 cu inches	= 0,028 m^3
1 cubic yard	= 27 cu feet	= 0,765 m^3
1 register ton	= 100 cu feet	= 2,83b2 m^3

Britische Hohlmaße – Measures of capacity

Flüssigkeitsmaße – Liquid measures of capacity

1 gill		= 0,142 l
1 pint (pt)	= 4 gills	= 0,568 l
1 quart (qt)	= 2 pints	= 1,136 l
1 gallon (gal)	= 4 quarts	= 4,546 l
1 barrel	= *(für Öl)* 35 gallons *(Bierbrauerei)* 36 gallons	= 159,106 l = 163,656 l

Trockenmaße – Dry measures of capacity

1 peck	= 2 gallons	= 9,092 l
1 bushel	= 4 pecks	= 36,368 l
1 quarter	= 8 bushels	= 290,935 l

Amerikanische Hohlmaße – Measures of capacity

Flüssigkeitsmaße – Liquid measures of capacity

1 gill		= 0,118 l
1 pint	= 4 gills	= 0,473 l
1 quart	= 2 pints	= 0,946 l
1 gallon	= 4 quarts	= 3,785 l
1 barrel	= *(für Öl)* 42 gallons	= 159,106 l

Handelsgewichte – Avoirdupois weights

1 grain (gr)		= 0,0648 g
1 dram (dr)	= 27,3438 grains	= 1,772 g
1 ounce (oz)	= 16 drams	= 28,35 g
1 pound (lb)	= 16 ounces	= 453,59 g
1 stone	= 14 pounds	= 6,348 kg
1 quarter	= 28 pounds	= 12,701 kg
1 hundredweight (cwt)	= *(Br long cwt)* 112 pounds *Am short cwt)* 100 pounds	= 50,8 kg = 45,36 kg
1 ton	= *(Br long ton)* 20 cwt *(Am short ton)* 2000 pounds	= 1016 kg = 907,185 kg

Deutsche Maße und Gewichte
German Weights and Measures

Längenmaße		Zeichen	Vielfaches der Einheit
Seemeile	*nautical mile*	sm	1852 m
Kilometer	*kilometre*	km	1000 m
Meter	*metre*	m	Grundeinheit
Dezimeter	*decimetre*	dm	0,1 m
Zentimeter	*centimetre*	cm	0,01 m
Millimeter	*millimeter*	mm	0,001 m
Flächenmaße			
Quadratkilometer	*square kilometre*	km²	1 000 000 m²
Hektar	*hectare*	ha	10 000 m²
Ar	*are*	a	100 m²
Quadratmeter	*square metre*	m²	1 m²
Quadratdezimeter	*square decimetre*	dm²	0,01 m²
Quadratzentimeter	*square centimetre*	cm²	0,0001 m²
Quadratmillimeter	*square millimetre*	mm²	0,000 001 m²
Kubik- und Hohlmaße			
Kubikmeter	*cubic metre*	m³	1 m³
Hektoliter	*hectolitre*	hl	0,1 m³
Kubikdezimeter	*cubic decimetre*	dm³	0,001 m³
Liter	*litre*	l	
Kubikzentimeter	*cubic centimetre*	cm³	0,000 001 m³
Gewichte			
Tonne	*ton*	t	1000 kg
Doppelzentner	–	dz	100 kg
Kilogramm	*kilogramme*	kg	1000 g
Gramm	*gramme*	g	1 g
Milligramm	*milligramme*	mg	0,001 g

Bundesrepublik Deutschland
Federal Republic of Germany

Bundesländer (und ihre Hauptstädte)	**Länder (and their capitals)**
Baden-Württemberg (Stuttgart)	Baden-Württemberg (Stuttgart)
Bayern (München)	Bavaria (Munich)
Berlin (Berlin)	Berlin (Berlin)
Brandenburg (Potsdam)	Brandenburg (Potsdam)
Bremen (Bremen)	Bremen (Bremen)
Hamburg (Hamburg)	Hamburg (Hamburg)
Hessen (Wiesbaden)	Hesse (Wiesbaden)
Mecklenburg-Vorpommern (Schwerin)	Mecklenburg-West Pomerania (Schwerin)
Niedersachsen (Hannover)	Lower Saxony (Hanover)
Nordrhein-Westfalen (Düsseldorf)	North Rhine-Westphalia (Düsseldorf)
Rheinland-Pfalz (Mainz)	Rhineland-Palatinate (Mainz)
Saarland (Saarbrücken)	Saarland (Saarbrücken)
Sachsen (Dresden)	Saxony (Dresden)
Sachsen-Anhalt (Magdeburg)	Saxony-Anhalt (Magdeburg)
Schleswig-Holstein (Kiel)	Schleswig-Holstein (Kiel)
Thüringen (Erfurt)	Thuringia (Erfurt)

Österreich
Austria

Bundesländer (und Hauptstädte)	Provinces (and capitals)
Burgenland (Eisenstadt)	Burgenland (Eisenstadt)
Kärnten (Klagenfurt)	Carinthia (Klagenfurt)
Niederösterreich (St. Pölten)	Lower Austria (St. Pölten)
Oberösterreich (Linz)	Upper Austria (Linz)
Salzburg (Salzburg)	Salzburg (Salzburg)
Steiermark (Graz)	Styria (Graz)
Tirol (Innsbruck)	Tyrol (Innsbruck)
Vorarlberg (Bregenz)	Vorarlberg (Bregenz)
Wien (Wien)	Vienna (Vienna)

Die Schweiz
Switzerland

Kantone (und Hauptorte)	Cantons (and capitals)
Aargau (Aarau)	Aargau (Aarau)
Appenzell Außerrhoden (Herisau)	Appenzell Outer Rhodes (Herisau)
Appenzell Innerrhoden (Appenzell)	Appenzell Inner Rhodes (Appenzell)
Basel-Land (Liestal)	Basel-Land (Liestal)
Basel-Stadt (Basel)	Basel-Stadt (Basel, Basle)
Bern (Bern)	Bern (Bern)
Freiburg (Freiburg)	Fribourg (Fribourg)
Genf (Genf)	Geneva (Geneva)
Glarus (Glarus)	Glarus (Glarus)
Graubünden (Chur)	Graubünden, Grisons (Chur)
Jura (Delémont)	Jura (Delémont)

Luzern (Luzern)	Lucerne (Lucerne)
Neuenburg (Neuenburg)	Neuchâtel (Neuchâtel)
Sankt Gallen (Sankt Gallen)	St. Gall(en) (St. Gall(en)
Schaffhausen (Schaffhausen)	Schaffhausen (Schaffhausen)
Schwyz (Schwyz)	Schwyz (Schwyz)
Solothurn (Solothurn)	Solothurn (Solothurn)
Tessin (Bellinzona)	Ticino (Bellinzona)
Thurgau (Frauenfeld)	Thurgau (Frauenfeld)
Unterwalden nid dem Wald (Stans)	Nidwalden (Stans)
Unterwalden ob dem Wald (Sarnen)	Obwalden (Sarnen)
Uri (Altdorf)	Uri (Altdorf)
Waadt (Lausanne)	Vaud (Lausanne)
Wallis (Sitten)	Valais (Sion)
Zug (Zug)	Zug (Zug)
Zürich (Zürich)	Zürich (Zürich)

United Kingdom – Vereinigtes Königreich

Capital: London

England

County (Grafschaft)	Abbreviation (Abkürzung)	Administrative centre (Hauptstadt)
Bedfordshire	Beds	Bedford
Berkshire	Berks	Reading
Buckinghamshire	Bucks	Aylesbury
Cambridgeshire	Cambs	Cambridge
Cheshire	Ches	Chester
Cornwall	Corn	Truro
Cumbria		Carlisle
Derbyshire	Derbs	Matlock
Devon		Exeter
Dorset		Dorchester
Durham	Dur	Durham
East Sussex	E. Sussex	Lewes
Essex		Chelmsford
Gloucestershire	Glos	Gloucester
Greater London		**London**
Greater Manchester		Manchester
Hampshire	Hants	Winchester
Hertfordshire	Herts	Hertford
Kent		Maidstone
Lancashire	Lancs	Preston
Leicestershire	Leics	Leicester
Lincolnshire	Lincs	Lincoln
Merseyside		Liverpool
Norfolk		Norwich
Northamptonshire	Northants	Northampton
Northumberland	Northd	Morpeth
North Yorkshire	N. Yorks	Northallerton
Nottinghamshire	Notts	Nottingham
Oxfordshire	Oxon	Oxford
Shropshire	Salop	Shrewsbury
Somerset	Som	Taunton
South Yorkshire	S. Yorks	Barnsley
Staffordshire	Staffs	Stafford
Suffolk	Suff	Ipswich
Surrey		Kingston upon Thames
Tyne and Wear		Newcastle upon Tyne
Warwickshire	Warks	Warwick
West Midlands	W. Midlands	Birmingham
West Sussex	W. Sussex	Chichester
West Yorkshire	W. Yorks	Wakefield

Wiltshire	Wilts	Trowbridge
Worcestershire	Worcs	Worcester

Wales, *Welsh:* Cymru

Unitary authority	Administrative headquarters
Anglesey	Llangefni
Blaenau Gwent	Ebbw Vale
Bridgend	Bridgend
Caerphilly	Hengoed
Cardiff	**Cardiff**
Carmarthenshire	Carmarthen
Ceredigion	Aberaeron
Conwy	Conwy
Denbighshire	Ruthin
Flintshire	Mold
Gwynedd	Caernarfon
Merthyr Tydfil	Merthyr Tydfil
Monmouthshire	Cwmbran
Neath Port Talbot	Port Talbot
Newport	Newport
Pembrokeshire	Haverfordwest
Powys	Llandrindod Wells
Rhondda Cynon Taff	Clydach Vale
Swansea	Swansea
Torfaen	Pontypool
Vale of Glamorgan	Barry
Wrexham	Wrexham

Scotland

Unitary authority	Administrative headquarters
Aberdeen City	
Aberdeenshire	Aberdeen
Angus	Forfar
Argyll and Bute	Lochgilphead
Clackmannanshire	Alloa
Dumfries and Galloway	Dumfries
Dundee City	
East Ayrshire	Kilmarnock
East Dunbartonshire	Kirkintilloch
East Lothian	Haddington
East Renfrewshire	Giffnock
Edinburgh City	
Falkirk	Falkirk
Fife	Glenrothes

Glasgow City	
Highland	Inverness
Inverclyde	Greenock
Midlothian	Dalkeith
Moray	Elgin
North Ayrshire	Irvine
North Lanarkshire	Motherwell
Orkney Islands	Kirkwall
Perth and Kinross	Perth
Renfrewshire	Paisley
Scottish Borders	Melrose
Shetland Islands	Lerwick
South Ayrshire	Ayr
South Lanarkshire	Hamilton
Stirling	Stirling
West Dunbartonshire	Dunbarton
Western Isles	Stornoway
West Lothian	Livingston

Northern Ireland

Counties	Principal town (Hauptstadt)
Antrim	**Belfast**
Armagh	Armagh
Down	Downpatrick
Fermanagh	Enniskillen
Londonderry	Londonderry
Tyrone	Omagh

Republic of Ireland *or* Irish Republic – Republik Irland
Gaelic: Èire

Capital: Dublin

Provinces **Counties**	**Principal town (Hauptstadt)**
Connacht, *formerly:* **Connaught**	
Galway, *Gaelic:* Gaillimh	Galway
Leitrim, *Gaelic:* Liathdroma	Carrick-on-Shannon
Mayo, *Gaelic:* Mhuigheo	Castlebar
Roscommon, *Gaelic:* Ros Comáin	Roscommon
Sligo, *Gaelic:* Sligeach	Sligo
Leinster	
Carlow, *Gaelic:* Cheatharlach	Carlow
Dublin, *Gaelic:* Baile Átha Cliath	**Dublin**
Kildare, *Gaelic:* Chill Dara	Naas
Kilkenny, *Gaelic:* Chill Choinnigh	Kilkenny
Laois/Laoighis/Leix	Portlaoise
Longford, *Gaelic:* Longphuirt	Longford
Louth, *Gaelic:* Lughbhaidh	Dundalk
Meath, *Gaelic:* na Midhe	Navan
Offaly, *Gaelic:* Ua bhFailghe	Tullamore
Westmeath, *Gaelic:* na h-Iarmhidhe	Mullingar
Wexford, *Gaelic:* Loch Garman	Wexford
Wicklow, *Gaelic:* Cill Mhantáin	Wicklow
Munster	
Clare, *Gaelic:* An Cláir	Ennis
Cork, *Gaelic:* Chorcaigh	Cork
Kerry, *Gaelic:* Chiarraighe	Tralee
Limerick, *Gaelic:* Luimneach	Limerick
Tipperary, *Gaelic:* Thiobrad Árann	Clonmel
Waterford, *Gaelic:* Phort Láirge	Waterford
Ulster	
Cavan, *Gaelic:* Cabháin	Cavan
Donegal, *Gaelic:* Dún na nGall	Lifford
Monaghan, *Gaelic:* Mhuineachain	Monaghan

United States of America – Vereinigte Staaten von Amerika

Capital: Washington, D.C.

Federal State (Bundesstaat)	Capital (Hauptstadt)
Alabama	Montgomery
Alaska	Juneau
Arizona	Phoenix
Arkansas	Little Rock
California	Sacramento
Colorado	Denver
Connecticut	Hartford
Delaware	Dover
Florida	Tallahassee
Georgia	Atlanta
Hawaii	Honolulu
Idaho	Boise
Illinois	Springfield
Indiana	Indianapolis
Iowa	Des Moines
Kansas	Topeka
Kentucky	Frankfort
Louisiana	Baton Rouge
Maine	Augusta
Maryland	Annapolis
Massachusetts	Boston
Michigan	Lansing
Minnesota	Saint Paul
Mississippi	Jackson
Missouri	Jefferson City
Montana	Helena
Nebraska	Lincoln
Nevada	Carson City
New Hampshire	Concord
New Jersey	Trenton
New Mexico	Santa Fe
New York	Albany
North Carolina	Raleigh
North Dakota	Bismarck
Ohio	Columbus
Oklahoma	Oklahoma City
Oregon	Salem
Pennsylvania	Harrisburg
Rhode Island	Providence
South Carolina	Columbia
South Dakota	Pierre
Tennessee	Nashville

Texas	Austin
Utah	Salt Lake City
Vermont	Montpelier
Virginia	Richmond
Washington	Olympia
West Virginia	Charleston
Wisconsin	Madison
Wyoming	Cheyenne

Canada – Kanada

Capital: Ottawa

Province	**Capital**
Alberta	Edmonton
British Columbia	Victoria
Manitoba	Winnipeg
New Brunswick	Fredericton
Newfoundland	Saint John's
Novia Scotia	Halifax
Ontario	Toronto
Prince Edward Island	Charlottetown
Québec	Québec
Saskatchewan	Regina
Territory	**Capital**
Northwest Territories	Yellowknife
Nunavut Territory (*since 1st April 1999*)	Iqaluit
Yukon Territory	Whitehorse

Australia – Australien

Capital: Canberra

State	Capital
New South Wales	Sydney
Queensland	Brisbane
South Australia	Adelaide
Tasmania	Hobart
Victoria	Melbourne
Western Australia	Perth
Territory	**Capital**
Australian Capital Territory	Canberra
Northern Territory	Darwin

New Zealand – Neuseeland

Capital: Wellington

North Island
South Island
Stewart Island
Chatham Islands
Small outlying islands
Auckland Islands
Kermadec Islands
Campbell Island
the Antipodes
Three Kings Islands
Bounty Island
Snares Island
Solander Island
Dependencies
Tokelau Islands
Ross Dependency
Niue Island (free associate)
Cook Islands (free associates)

Nützliche Redewendungen – Useful Phrases

„Wie drücke ich mich aus, wenn ich etwas über mich erzählen möchte?“	“What do I say, when I want to say something about myself?”
Ich heiße …	My name is ...
Ich bin … [Nationalität]/Ich komme aus … [Land].	I'm ... [English/German etc.]/I'm from ... [England/Germany etc.].
Ich wohne in … . Das ist in der Nähe von …/nördlich/südlich/westlich/östlich von …	I live in ... . That's near .../north/south/west/east of ...
Ich mache hier Urlaub/besuche hier einen Sprachkurs/bin Austauschschüler(in)/bin mit dem/meinem … [Fußballverein] hier.	I'm on holiday/doing a language course/on a school exchange/with the/my ... [football club] here.
Ich bleibe einen Tag/… Tage/eine Woche/… Wochen.	I'm staying for a day/for ... days/for a week/for ... weeks.
Hier/Während meines Aufenthalts wohne ich in/bei …	During my time here I'm staying in/at/with ...
Mein Vater/Papa ist …/arbeitet (als …) bei …	My father/dad is a(n) .../works (as a(n) ...) at ...
Meine Mutter/Mama ist …	My mother/mum is ...
Ich habe eine Schwester/… Schwestern (und einen Bruder/… Brüder).	I've got a/one sister/... sisters (and a/one brother/... brothers).
Ich gehe in/besuche die Hauptschule/Realschule/das Gymnasium in …	I go to ... secondary school/grammar school (in ...).
Ich bin in der/gehe in die … Klasse.	I'm in Year ...
Ich bin … (Jahre alt).	I'm ... (years old).
Ich spiele gern [Fußball] …/Ich mag …	I like playing ... [football]/I like ...

„Wie drücke ich mich aus, wenn ich etwas über andere erfahren möchte?“	“What do I say, when I want to find out something about other people?”
Wie heißt du?	What's your name?
Woher kommst du?	Where do you come from?
Wo wohnst du?	Where do you live?
Wo ist/liegt das?	Where is that?
Was machst du hier?	What are you doing/do you do here?
Wie lange bleibst du hier?	How long are you staying (here)?
Wo wohnst du hier?	Where are you staying?
Was macht dein Vater/Papa?	What does your father/dad do?
Wo arbeitet er?	Where does he work?
Was macht deine Mutter/Mama?	What does your mother/mum do?
Hast du Geschwister?	Have you got/Do you have any brothers or sisters?
In welche Klasse/Schule gehst du?	What year are you in/school do you got to?
In der wievielten Klasse bist du?	What year are you in?
Wie alt bist du?	How old are you?
Was machst du gerne?	What do you like doing?
Was sind deine Hobbys?	What are your hobbies?

„Wie drücke ich mich aus, wenn ich der gleichen Meinung bin?“	“What do I say, when I agree?”
(Das) stimmt!/Genau!	(That's) right!/Exactly!
Ich auch!	Me too!/I do too!/So do I!
Ich auch nicht!	Nor me!/Neither do I!
Ja, den/die/das finde ich auch gut/toll/klasse/süß/spitze …	Yes, I think he/she/it's good/brilliant/great/sweet/ace too ...

„Wie drücke ich mich aus, wenn ich nicht der gleichen Meinung bin?“	“What do I say, when I disagree?”
Das stimmt doch gar nicht!/Nein!	That's not right (at all)!/That's (all) wrong!/That's not true!/No!
Doch!	Yes I am/was/will/can/could/do/did!
Nein, den/die/das finde ich blöd/doof/ätzend …	No, I think he/she/it's silly/stupid/revolting ...

„Wie drücke ich mich aus, wenn ich meine Meinung sagen will?“	“What do I say, when I want to say what I think?”
Ich glaube/denke/meine/finde (nicht), dass …	I (don't) believe/think that ...
Meiner Meinung nach …	In my opinion ...

„Wie drücke ich mich aus, wenn ich dem anderen zeigen will, dass ich zuhöre?“	“What do I say, when I want to show that I' m listening?”
Echt?	Really?
Ehrlich?	Honestly?
Ach so!	I see!

„Wie drücke ich mich aus, wenn ich nach dem Weg fragen will?“	“What do I say, when I want to ask the way?”
Wo ist der/die/das (nächste) …?	Where is the (nearest) ...?
Wie komme ich zur/zum (nächsten) …?	How do I get to the (nearest) ...?
Können Sie mir sagen/erklären, wo der/die/das (nächste) … ist?	Could you tell me where the (nearest) ... is?

„Wie drücke ich mich aus, wenn ich sagen will, dass es mir gut geht?“	“What do I say, when I want to say that I'm feeling good?”
Mir geht's heute echt gut!	I feel really good today!
Ich bin heute voll gut drauf!	I'm in a really good mood today!
Ich fühle mich heute super/spitze/saugut!	I feel great/fantastic/bloody great!

„Wie drücke ich mich aus, wenn ich sagen will, dass es mir schlecht geht?“	“What do I say, when I want to say that I'm not feeling well?”
Mir geht's heute nicht gut/echt schlecht!	I don't feel/I'm not feeling well today/I feel really terrible!
Ich bin heute voll mies drauf!	I'm in a foul/really bad mood today!
Ich fühle mich heute echt mies/schlecht!	I feel really lousy/rotten today!

„Wie drücke ich mich aus, wenn ich sagen will, dass mir etwas gefällt?“	“What do I say, when I want to say that I like something?”
Der/die/das ist/echt super/spitze/klasse/spannend/cool!	He/she/it's really brilliant/ace/great/exciting/cool!

„Wie drücke ich mich aus, wenn ich sagen will, dass mir etwas nicht gefällt?“	“What do I say, when I want to say that I don't like something?”
Der/die/das ist/echt blöd/doof/langweilig/ätzend!	He/she/it's really silly/stupid/boring/revolting!

„Wie drücke ich mich aus, wenn ich einen Freund/eine Freundin anrufe?“	“What do I say, when I ring/phone a friend?”
Hallo, … [Name], hier ist …/ich bin's, …	Hello, it's ... [name] here/speaking./ it's me, ...
Also dann bis um … (Uhr)/später/morgen!	OK then, see you at ... (o'clock)/later/tomorrow!
Tschüs!/Ciao!	Bye!/Cheerio!

„Wie drücke ich mich aus, wenn ich mit Erwachsenen telefoniere?“	“What do I say, when I speak to adults on the phone?”
Guten Tag, Herr/Frau …, hier ist …	Good morning/afternoon, Mr/Mrs ..., it's ... here/speaking.
Kann ich bitte (mit) … sprechen/Ist … da/zu Hause?	Could I speak to .../Is ... there/at home?
(Soll ich ihr/ihm etwas ausrichten?)	(Can I give her/him a message?)
Nein, danke. Das ist nicht nötig.	No, thank you. That's OK.
Ich rufe später noch mal an.	I'll ring/try again later.
Ja, könnten Sie ihm/ihr bitte sagen, dass …	Yes, could you please tell him/her that/to ...
Vielen Dank! Auf Wiederhören!	Many thanks! Goodbye!

„Wie drücke ich mich aus, wenn ich auf einen Anrufbeantworter sprechen muss?“	“What do I say, when I have to speak to an answering machine?”
Guten Tag/Hallo! Hier ist … .	Good morning/afternoon./Hello! This is ... (speaking).
Ich wollte (nur) fragen, ob.../sagen, dass …	I (just) wanted to ask if .../say that ...
Ich bin (bis … Uhr) unter der Nummer … erreichbar.	You can reach me (until ... o'clock) on ... [number].
Danke und tschüs!	Thanks, bye!

„Wie drücke ich mich aus, wenn ich jemandem meine E-Mail-/ Internetadresse geben möchte?"

Meine E-Mail-Adresse ist: tobias.mustermann@t-online.de
(sprich: tobias punkt mustermann at t (binde) strich online punkt d e)

Meine Homepage-Adresse ist: http://www.t-online.de/~mustermann
(sprich: h t t p doppelpunkt doppelslash w w w punkt t (binde)strich online punkt d e slash tilde mustermann)

"What do I say, when I want to give somebody my e-mail/Internet address?"

My e-mail address is: tobias.mustermann@t-online.de
(say: tobias dot mustermann at t dash online dot d e)

My homepage address is: http://www.t-online.de/~mustermann
(say: h t t p colon forward slash forward slash w w w dot t dash online dot d e forward slash tilde mustermann)

„Wie drücke ich mich aus, wenn ich einen Dankesbrief an meine Gastfamilie schreiben will?“

Stuttgart, den 12.8.2003

Liebe Mrs Seaton, lieber Mr Seaton und lieber John,

ich möchte mich noch einmal recht herzlich für die schönen Tage bei Ihnen bedanken. Ich bin ein bisschen traurig, dass die Zeit bei Ihnen so schnell vergangen ist.

Mir hat unser gemeinsames Wochenende in Ihrem Ferienhaus besonders gut gefallen. Ein paar von den Fotos, die ich dort gemacht habe, schicke ich mit.

Meine Englischlehrerin hat gesagt, ich hätte in den zwei Wochen wirklich große Fortschritte gemacht. Sie hat den anderen in der Klasse geraten, auch einmal an so einem Austausch teilzunehmen.

Jetzt freue ich mich schon auf April, wenn John nach Stuttgart kommt. Meine Eltern und ich haben schon Pläne gemacht, was wir mit ihm unternehmen wollen. Ich hoffe, dass es ihm hier genauso gut gefällt, wie mir bei Ihnen.

Bitte grüßen Sie auch besonders Jenny und Kate von mir. Ich hoffe, dass ich Sie schon bald wieder sehe.

Viele liebe Grüße

Thomas

"What do I write, when I want to write a thank-you letter to my hosts?"

12th August 2003

Dear Mr and Mrs Seaton, dear John,

I'd like to thank you once again for the really lovely time I spent with you. I am a little sad that it all went so quickly.

I especially liked the weekend we spent together at your holiday home. I enclose a few of the photos I took there.

My English teacher said that I had really made great progress in those two weeks. She suggested the rest of the class should go on an exchange too.

I'm already looking forward to April, when John comes over to Stuttgart. My parents and I have already planned where we want to go with him. I hope he will like it here as much as I did with you.

Please give my regards to Jenny and Kate too. I hope to see you again soon.

With love from

Thomas

„Wie drücke ich mich aus, wenn ich eine Bewerbung um ein Praktikum schreiben will?"

Thomas Mustermann
Stuttgarter Str. 9
71234 Stuttgart,
Tel.: (0711) 2345678

den 12. 12. 2003

British Airways
PO Box 12345
GB-London W12 3PT

Bewerbung um eine Praktikumsstelle

Sehr geehrte Damen und Herren,

hiermit bewerbe ich mich um eine Stelle als Praktikant in Ihrem Werk in London.

Ich besuche die 12. Klasse des Schiller-Gymnasiums in Stuttgart mit den Leistungskursen Englisch und Mathematik. Nach meinem Abitur möchte ich Maschinenbau studieren.

Die Sommerferien, vom 20. Juli bis 30. August, vor der 13. Klasse und den Abiturprüfungen möchte ich dazu nutzen, meine Englischkenntnisse zu vertiefen und gleichzeitig die Arbeitswelt kennen zu lernen.

Im Falle Ihrer Zusage würde ich mich sehr freuen, wenn Sie mir bei der Wohnungssuche behilflich sein könnten.

Vielen Dank im Voraus für Ihre wohlwollende Prüfung meiner Bewerbung.

Mit freundlichen Grüßen

Thomas Mustermann

Anlagen: Lebenslauf
Beglaubigte Zeugniskopien

Lebenslauf

Name:	Thomas Mustermann
Geburtstag:	2. 3. 1987
Geburtsort:	Stuttgart
Schulbildung:	Grundschule in Stuttgart von 1992–1996 Gymnasium in Stuttgart seit 1996 (Abitur voraussichtlich Juli 2005)
Fremdsprachen:	Englisch und Französisch fließend in Wort und Schrift
Kenntnisse:	Computerkenntnisse Windows 98, Word, Excel Programmiersprachen C, C++
Interessen:	Fremdsprachen, Automobilsport

"What do I write, when I want to apply for work experience?"

Thomas Mustermann
Stuttgarter Str. 9
71234 Stuttgart,
Tel: (07 11) 23 45 67 68

12th December 2003

British Airways
PO Box 12345
London W12 3PT

Application for work experience

Dear Sir or Madam,

This is an application to undertake a period of work experience at your factory/plant/offices in London.

I am at present in Year 12 of the Schiller Gymnasium in Stuttgart, specializing in English and Mathematics. After my A-levels I intend to study mechanical engineering.

I would like to use the period from July 20th to August 30th of the summer holidays before Year 13 and my A-level exams to improve my English and experience a little of the world of work.

Should you offer me a place, I would be very grateful if you could help me to find accommodation.

Thank you in advance for taking the trouble to read my application.

Yours faithfully,

Thomas Mustermann

Enclosures: CV
certified copies of reports

Curriculum Vitae

Name:	Thomas Mustermann
Date of Birth:	2/3/1987
Place of Birth:	Stuttgart
Schools:	Primary school in Stuttgart from 1992–1996 Grammar School in Stuttgart from 1996 (A-levels expected July 2005)
Foreign Languages:	fluent spoken and written English and French
Further skills:	Windows 98, Word, Excel Programming Languages C, C++
Hobbies:	Foreign languages, Motor racing

„Wie drücke ich mich aus, wenn ich mich als Aupairmädchen bewerben will?"

Marion Mustermann
Stuttgarter Str. 9
71234 Stuttgart, den 8.11.2003
Tel.: (07 11) 2 34 56 78

Mr and Mrs Smith
33 Kensington Avenue
GB-London W24 8LU

Bewerbung als Aupairmädchen

Sehr geehrte Mr und Mrs Smith,

ich habe Ihre Anzeige in der Stuttgarter Zeitung vom 4.11.2003 gelesen und bewerbe mich hiermit um die Stelle als Aupairmädchen in Ihrem Hause.

Zur Zeit besuche ich die 10. Klasse der Schlossrealschule in Stuttgart und lerne seit fünf Jahren Englisch. Im Juli werde ich hoffentlich die Schule mit der Mittleren Reife abschließen. Deshalb würde ich mich freuen, wenn ich ab dem 1. August für einen Monat auf Ihre beiden Kinder aufpassen dürfte.

Ich habe zwei jüngere Geschwister, einen Bruder (10 Jahre), und eine Schwester (6 Jahre) auf die ich regelmäßig aufpassen muss, weil unsere Eltern beide berufstätig sind. Mein Vater ist Bankkaufmann und meine Mutter arbeitet als Teilzeitkraft in einer Boutique.

Ich würde mich sehr freuen, wenn ich auf Ihre Kinder aufpassen dürfte und dabei mehr über die britische Lebensart, die mir wirklich sehr gefällt, lernen könnte.

Bitte schreiben Sie mir bald.

Mit freundlichen Grüßen

Marion Mustermann

**"What do I write,
when I want to apply for an au-pair job?"**

Marion Mustermann
Stuttgarter Str. 9
71234 Stuttgart
Tel: (0711) 2345678

8th Nov. 2003

Mr and Mrs Smith
33 Kensington Avenue
London W24 8LU

Application for the post of au pair

Dear Mr and Mrs Smith,

I read your advertisement in the 4/11/03 edition of the Stuttgarter Zeitung and would like to apply for the post of au pair with you.

At present I am in Year 10 of the Schloss Secondary School in Stuttgart and have been learning English for five years. I expect to leave school in July with my school leaving certificate (equivalent of GCSEs). I would therefore be delighted to be allowed to look after your two children for one month from August 1st.

I have one younger brother (10) and one sister (6) whom I regularly have to look after because our parents both work. My father works in a bank and my mother works part-time in a boutique.

I would very much like to be allowed to look after your children and at the same time learn more about the British way of life, which I find very attractive.

Please let me know soon.

Yours sincerely

Marion Mustermann

„Wie drücke ich mich aus, wenn ich Informationen über einen Feriensprachkurs einholen will?"

Marion Mustermann
Stuttgarter Str. 9
71234 Stuttgart, den 5.11.2003
Tel.: (07 11) 2 34 56 78

English Language Courses

Ihr Feriensprachkurs in Brighton

Sehr geehrte Damen und Herren,

von meinem Englischlehrer habe ich Informationen über Ihr Institut erhalten und möchte nächstes Jahr im August gern an einem Sprachkurs in Brighton teilnehmen.

Ich besuche die 9. Klasse des Gymnasiums und lerne seit drei Jahren Englisch. Meine Noten in Englisch sind jedoch nicht besonders gut.

Bitte senden Sie mir ausführliches Informationsmaterial über Ihre Kurse. Mich interessiert besonders, ob ich an einem Einstufungstest teilnehmen muss. Außerdem würde ich gerne wissen, wie lange der Unterricht jeden Tag dauert und wann er stattfindet. Mein Lehrer hat mir gesagt, dass Sie sich um die Unterbringung kümmern. Wäre es möglich, dass ich bei einer Familie wohne, die eine Tochter in meinem Alter hat?

Ich hoffe, schon bald von Ihnen zu hören.

Mit freundlichen Grüßen

Marion Mustermann

"What do I say, when I want to find out about a holiday language course?"

Marion Mustermann
Stuttgarter Str. 9
71234 Stuttgart
Tel: (0711) 2345678

5th Nov. 2003

English Language Courses

Your holiday language course in Brighton

Dear Sir or Madam,

I have received some information about your institute from my English teacher and would like to attend a language course in Brighton in August of next year.

I am in Year 9 of the local Grammar School and have been learning English for three years. My marks in English are not particularly good however.

Please send me detailed information on your courses. I would particularly like to know if I will have to take an assessment test.
I would also like to know how much tuition there is each day and at what time. My teacher has told me that you will arrange accommodation. Would it be possible to live with a family with a daughter of my own age?

I hope to hear from you soon.

Yours sincerely

Marion Mustermann

„Wie drücke ich mich aus, wenn ich einem Fanclub schreibe?"

Melanie Mustermann
Maierstr. 34
D-70012 Stuttgart, den 4. 12. 2003

xyz Fanclub
PO Box 12345
GB-London E17 5BO

Hallo Ihr!

Ich finde xyz total super und möchte unbedingt ein Autogramm von ihm haben. Ich habe alle seine CDs und sammle jeden Artikel und jedes Foto, das ich finde. Könnt Ihr mir bitte seine Adresse schicken, damit ich ihm direkt schreiben kann? Es wäre echt super, wenn Ihr mir bald antworten würdet.

Tschüs!

Melanie

**"What do I say,
when I write to a fan club?"**

Melanie Mustermann
Maierstr. 34
D-70012 Stuttgart

4th Dec. 2003

xyz Fan Club
PO Box 12345
London E17 5BO

Hi there!

I think xyz is absolutely ace and would really love to have his autograph. I've got all his CDs and collect every article and photo of him I can find. Could you please send me his address so that I can write to him direct? It would be really brilliant if you were to reply soon.

Cheers!

Melanie

„Wie drücke ich mich aus, wenn ich einer neuen Brieffreundin zum ersten Mal schreibe?"

Jessica Mustermann
Maierstr. 34
D-70012 Stuttgart
den 5. Dezember 2003

Liebe Christine,

ich heiße Jessica Mustermann und bin 16 Jahre alt. Mein Englischlehrer hat uns gestern im Unterricht eine Liste mit Jungs und Mädchen aus Großbritannien gegeben, die eine Brieffreundin oder einen Brieffreund in Deutschland suchen. Ich habe dich ausgesucht, weil wir fast gleich alt sind und du die gleichen Hobbys wie ich hast.

Ich wohne mit meinen Eltern und meinem kleinen Bruder Markus in Stuttgart. Mein Vater ist Ingenieur bei Porsche. Er baut die coolen schnellen Autos, die du sicherlich auch kennst. Meine Mama ist Hausfrau. Mein Bruder Markus ist erst acht und geht noch in die Grundschule. Ich gehe in die 10. Klasse des Mörike-Gymnasiums und lerne seit dem 5. Schuljahr Englisch. Meine Lieblingsfächer sind natürlich Englisch, Sport und Mathe. In welche Klasse gehst du und was sind deine Lieblingsfächer? Hast du auch Geschwister und was machen deine Eltern beruflich? Meine Hobbys sind wie deine Lesen, Musik hören und Rad fahren, außerdem spiele ich seit sechs Jahren Klavier. Spielst du auch ein Instrument?

Ich hoffe du schreibst mir bald, denn ich will noch sooo viel über dich und Großbritannien wissen, z. B. welche Musik du gern hörst und was du mit deinen Freundinnen so am Wochenende machst.

Viele liebe Grüße

Jessica

"What do I say, when I write to a pen friend for the first time?"

Jessica Mustermann
Maierstr. 34
D-70012 Stuttgart
5th Dec. 2003

Dear Christine,

My name is Jessica Mustermann and I am 16 years old. Yesterday in class my English teacher gave us a list of boys and girls from Britain who are looking for pen friends in Germany. I picked you out because we are almost exactly the same age and have the same hobbies.

I live with my parents and my younger brother Markus in Stuttgart. My father works as an engineer for Porsche. He builds those cool sports cars – you know the ones! My mum is a housewife.
My brother Markus is only eight and still goes to primary school. I am in Year 10 of the Mörike Gymnasium and have been learning English since Year 5. My favourite subjects are English (of course), Sport and Maths. What Year are you in and what are your favourite subjects? Do you have any brothers or sisters and what do your parents do? Like you, my hobbies are reading, listening to music, and cycling; I've also been learning the piano for six years. Do you play an instrument too?

I hope you write back soon, as I want to know sooo much about you and Britain, e.g. what sort of music you like and what you and your friends do at weekends.

With love from,

Jessica

Floskeln für den Beginn und den Schluss eines Briefes
Phrases for the beginning and end of letters

An Freunde und Bekannte:	**To Friends and Acquaintances:**
Hallo …!	Hi ...!
Liebe(r) …,	Dear ...,
vielen Dank für deinen Brief.	Many thanks for your letter.
Ich habe mich sehr gefreut von dir zu hören.	I was really glad/delighted to hear from you.
Entschuldige/es tut mir Leid, dass ich so lange nicht geschrieben habe.	I apologize/I'm sorry for not having written for so long.
Viele herzliche Grüße an euch alle, auch von …	... sends his/her fondest regards to you all, too.
Bitte grüße auch … von mir.	Please also give my regards to ...
Ich würde mich freuen bald wieder von dir zu hören.	I'd love to hear from you again soon.
Grüß' … von mir.	Give ... my love.
Schreib doch mal wieder.	Write again soon.
Hoffentlich höre ich bald wieder etwas von dir.	Look forward to hearing from you again soon.
Dein(e) …	Yours ...
Viele liebe Grüße …	Love .../Lots of love ...
Ciao …	Cheers ...

An Firmen oder Organisationen:	**To Firms or Organizations:**
Sehr geehrte Damen und Herren,	Dear Sir or Madam,
Sehr geehrte Frau …,/ Sehr geehrter Herr …,	Dear Mrs ...,/Dear Mr ...,
Ich möchte mich erkundigen, ob …	I wonder if you could let me know whether ...
Ich möchte nachfragen, ob …	I would like to enquire whether ...
Würden Sie mir bitte … schicken?	Would you be so kind as to/please send me ...?
In Erwartung Ihrer Antwort verbleibe ich …	In anticipation of your reply I remain ...
Mit freundlichen Grüßen	Yours sincerely/Yours faithfully

Begrüßung, Vorstellung, Verabschiedung	Greeting, Introduction, Farewell
Guten Morgen!	Good morning!
Guten Tag!	Good morning/afternoon!
Grüß Gott! (*südd*)	Hello!
Guten Abend!	Good evening!
Hallo!	Hello!
Grüß dich!	Hello!/Hi (there)!
Mein Name ist Becker.	My name is Becker.
Wie geht es Ihnen/dir?	How are you?
Wie geht's?	How are things?
Danke, gut. Und Ihnen/dir?	Thanks, fine. And you?
Auf Wiedersehen!	Goodbye!
Tschüs!/Ciao!	Bye!/Cheerio!
Bis morgen!	See you tomorrow!
Bis später!	See you later!
Viel Vergnügen!	Have fun!
Gute Nacht!	Good night!
Grüßen Sie/Grüß Marion von mir.	Give Marion my regards.

Bitte und Dank	Please and Thanks
Ja, bitte.	Yes, please.
Nein, danke.	No, thank you.
Danke, sehr gern!	Yes please!
Danke, gleichfalls!	Thank you, (and) the same to you!
Könnten Sie mir bitte helfen?	Could you help me, please?
Bitte sehr./Gern geschehen.	Not at all./You're welcome.
Vielen Dank!	Thanks a lot!
Das ist doch nicht der Rede wert.	Don't mention it.

Sich entschuldigen, etwas bedauern	To apologize, to regret something
Entschuldigung!	Sorry!/Excuse me!
Ich möchte mich entschuldigen.	I must/I'd like to apologize.
Das tut mir (sehr) Leid!	I'm (very) sorry (about it)!
Es war nicht so gemeint.	It wasn't meant like that.
Schade!	Pity!/Shame!
Das ist aber schade!.	That's a pity/shame

Glückwünsche zu verschiedenen Anlässen	**Congratulations for various occasions**
Herzlichen Glückwunsch!	Congratulations!
Viel Erfolg!	Good luck!
Viel Glück!	Best of luck!/Good luck!
Gute Besserung!	(Hope you) get well soon!
Schöne Ferien!	Have a nice holiday!
Frohe Ostern!	Happy Easter!
Frohe Weihnachten und ein gutes neues Jahr!	Merry Christmas and a Happy New Year!
Alles Gute zum Geburtstag!	Happy Birthday!
Meine besten Wünsche zum Geburtstag!	Many happy returns of the day!
Ich drücke dir die Daumen.	I'll keep my fingers crossed for you.

DIE ANREDE	**BEGINNINGS**
Sie schreiben:	**You write:**
an einen guten Bekannten oder Freund	**to a good acquaintance or friend**
Liebe Daniela,	Dear Daniela,
Lieber Christian,	Dear Christian,
Hallo, Markus!	Hi, Markus!

an jemanden, den Sie gut kennen	**to somebody you know well**
Liebe Frau Mayer,	Dear Mrs Mayer,
Liebe Kolleginnen, liebe Kollegen,	Dear colleagues,

an jemanden, den Sie persönlich	**to somebody you know personally**
oder geschäftlich kennen	**or through work**
Sehr geehrte Frau Meiser,	Dear Mrs Meiser,
Sehr geehrter Herr Fischer,	Dear Mr Fischer,

an eine Firma oder Person, deren Namen Sie nicht kennen	**to a firm or person whose name you don't know**
Sehr geehrte Damen und Herren,	Dear Sir or Madam,

an eine Person, deren Titel Sie kennen	**to a person whose title you know**
Sehr geehrter Herr Dr. Schmidt,	Dear Dr. Smith,
Sehr geehrte Frau Professor (Schmidt),	Dear Professor (Smith),

DIE GRUSSFORMEL	**ENDINGS**
Informell:	**Informal:**
Mach's gut!	Cheerio!/All the best!
Bis bald!	See you soon!
Viele liebe Grüße	With love from/With lots of love
Viele Grüße	Best wishes
Herzliche Grüße	Kind regards
Mit besten Grüßen	Yours

Alles Liebe	With love
Alles Gute, Dein(e)	All the best, love
Tschüs!	Bye! or Cheerio!

Formell:	**Formal:**
Mit freundlichen Grüßen	Yours sincerely
verbleibe ich mit freundlichen Grüßen	I remain, Yours faithfully/sincerely

Sehr respektvoll:	**Very respectful:**
Hochachtungsvoll	Yours faithfully

Gegenüberstellung: American English – British English – Deutsch

American English (Am)	British English (Br)	Deutsch
airplane	aeroplane	Flugzeug *nt*
antenna	aerial	Antenne *f*
apartment	flat	(Miets)wohnung *f*
apartment house	block of flats	Mietshaus *nt*
attorney	lawyer, solicitor, barrister	Rechtsanwalt, -anwältin *m, f*
baby carriage	pram	Kinderwagen *m*
baby-stroller	pushchair, buggy	(*für Babys*) Sportwagen *m*
backpack	rucksack, backpack	Rucksack *m*
baggage car	luggage van	Gepäckwagen *m*
band-aid	plaster, elastoplast	Pflaster *nt*
bangs	fringe	Pony *m* (*Frisur*)
bathroom	toilet	Toilette *f*
bill	(bank)note	Geldschein *m*
billfold	wallet	Brieftasche *f*
bleachers	uncovered stand (seats)	Zuschauersitze (*im Freien*)
blinder	blinker	Scheuklappe *f*
blow away (*sl*)	hammer (*sl*)	vernichtend schlagen
bookstore	bookshop	Buchhandlung *f*
buck (*sl: $*)	quid (*sl: £*)	Dollar *m*/Pfund *nt*
buddy (*fam*)	mate (*fam*)	Kumpel *m*
bulletin board	notice board	schwarzes Brett
burglarize	burgle	einbrechen in
busy (TELE)	engaged	besetzt (TELE)
candy, a piece of	sweet	Bonbon *nt*
candy store	sweet shop	Süßwarenladen *m*
car	carriage	Waggon *m*
car, freight car	(goods) waggon	(Güter)wagen *m*
carnival	funfair	Jahrmarkt *m*
casket, coffin	coffin	Sarg *m*
catchall	junk room	Rumpelkammer *f*
central, switchboard	switchboard	(Telefon)zentrale *f*
checkbook	cheque-book	Scheckheft *nt*

American English (Am)	British English (Br)	Deutsch
checkers	draughts	Damespiel *nt*
checking account	current account	Girokonto *nt*
chips, potato chips	crisps	Kartoffelchips *pl*
clean-up (*sl*), profit	profit	Gewinn *m*
clothes-dryer	tumble-dryer	Wäschetrockner *m*
coat check	cloakroom	Garderobe *f*
collect call	reverse-charge call	R-Gespräch *nt*
condo(minium)	owner-occupied flat	Eigentumswohnung *f*
conductor	chief guard	Zugführer(in) *m*(*f*)
cookie	biscuit	Keks *m*
corn	maize	Mais *m*
cot	folding bed	Klappbett *nt*
counterclockwise	anticlockwise	gegen den Uhrzeigersinn
crib	cot	Kinderbett *nt*
crossing guard	lollipop man/lady	Schülerlotse, -lotsin *m, f*
crosswalk	pedestrian crossing	Fußgängerüberweg *m*
curb(stone)	kerb(stone)	Bordstein *m*
custom-made clothes	made-to-measure clothes	Maßkleidung *f*
diaper	nappy	Windel *f*
dishtowel, tea towel	tea towel	Geschirrtuch *nt*
divided highway	dual carriageway	vierspurige Schnellstraße
dorm(itory)	hall of residence	Studentenwohnheim *nt*
downtown	city/town centre	Stadtzentrum *nt*
dresser	dressing table	(Frisier)Kommode *f*
driver's license	driving licence	Führerschein *m*
duplex	semi-detached house	Doppelhaushälfte *f*
efficiency (apartment)	bedsit	Einzimmerapartment *nt*
eggplant	aubergine	Aubergine *f*
elective	option	Wahlfach *nt*
elementary school	primary school	Grundschule *f*
elevator	lift	Aufzug *m*
emergency room	casualty	Notaufnahme *f*
exclamation point	exclamation mark	Ausrufezeichen *nt*
fall, autumn	autumn	Herbst *m*

American English (Am)	British English (Br)	Deutsch
fanny pack	bum bag	Gürteltasche *f*
faucet, tap	tap	Wasserhahn *m*
fender	wing	Kotflügel *m*
fire department	fire brigade	Feuerwehr *f*
first floor	ground floor	Erdgeschoss *nt*
flashlight	torch	Taschenlampe *f*
freeway	motorway	Autobahn *f*
french fries	chips	Pommes frites *pl*
galoshes	Wellingtons	Gummistiefel *pl*
garbage	rubbish	Müll *m*
garbage can	rubbbish bin	Mülleimer *m*
garbageman	dustman, bin man *(fam)*	Müllmann *m*
garbage truck	dustcart, bin lorry *(fam)*	Müllwagen *m*
gas(oline)	petrol	Benzin *nt*
gas station	petrol station	Tankstelle *f*
gawker (*pej*)	gawper (*fam*)	Gaffer(in) *m*(*f*)
general delivery	poste restante	postlagernd
German shepherd	Alsatian	Schäferhund *m*
girl scout	girl guide	Pfadfinderin *f*
godawful (*fam*)	terrible	fürchterlich
goddam(ned) (*sl*)	bloody awful (*sl*)	beschissen (*sl*)
gotten	got	bekommen (haben)
grade	1. class; 2. mark	1. Klasse *f*; 2. Note *f*
grade school	primary school	Grundschule *f*
green thumb	green fingers	grüner Daumen
ground	earth	Erde, erden (ELEK)
guy (*fam*)	bloke (*fam*), guy *(fam)*	Kerl *m*
high school	secondary school	weiterführende Schule
hightail it (*fam*)	clear off (*fam*)	abhauen (*fam*)
highway	motorway	Autobahn *f*
hood	bonnet	Motorhaube *f*
hooky, play hooky (*fam*)	play truant, bunk off (*fam*)	(die Schule) schwänzen (*fam*)
house-break (*an animal*)	house-train	(ein Tier) stubenrein machen

American English (Am)	British English (Br)	Deutsch
housing development	housing estate	Wohnsiedlung *f*
ice pop, popsicle	ice lolly	Eis *nt* am Stiel
John Doe	Joe Bloggs	Otto Normalverbraucher
jumper	pinafore dress	Trägerkleid *nt*
jumper cables	jump leads	Starthilfekabel *nt*
know-it-all (*fam*)	know-all (*fam*)	Besserwisser(in) *m(f)*
ladybug	ladybird	Marienkäfer *m*
last name	surname	Nachname *m*
layover, stopover	stopover	Zwischenlandung *f*
license plate	number plate	Autokennzeichen *nt*
life preserver	lifebelt	Rettungsring *m*
line	queue	(*Menschen-*) Schlange *f*
line up, stand in line	queue	Schlange stehen
liquor store	off-licence	Wein- und Spirituosenhandlung *f*
lunchroom	canteen	Kantine *f*
lush (*sl pej*)	piss artist (*sl pej*)	Säufer(in) *m(f)* (*pej*)
mailbox	letter box	Briefkasten *m*
mailman	postman	Briefträger *m*
major	main subject	Hauptfach *nt*
math	maths	Mathe *f*
men's room	Gents	Herrentoilette *f*
metermaid	traffic warden	Politesse *f*
Mother's Day	Mothering Sunday	Muttertag *m*
movie	film	Film *m*
nail polish	nail varnish	Nagellack *m*
natality, birthrate	birthrate	Geburtenziffer *f*
neat (*fam*)	ace (*fam*)	super (*fam*)
newsdealer	newsagent	Zeitungshändler(in) *m(f)*
nightstick	truncheon	Schlagstock *m*
notebook	exercise book	Übungsheft *nt*
odometer	mileage indicator, mileometer	Kilometerzähler *m*
on-ramp, off-ramp	slip road	Zubringer *m*; Auffahrt, Ausfahrt *f*

American English (Am)	British English (Br)	Deutsch
pacifier	dummy	Schnuller *m*
pack (*of cigarettes*)	packet	Schachtel *f* (*Zigaretten*)
panhandle	scrounge	schnorren
panhandler	scrounger	Schnorrer(in) *m*(*f*)
pants	trousers	Hose *f*
pantsuit	trouser suit	Hosenanzug *m*
pantyhose	tights	Strumpfhose *f*
parentheses	brackets	(runde) Klammern *pl*
parking lot	car park	Parkplatz *m*
parochial school	denominational school	Konfessionsschule *f*
part (*in hair*)	parting	Scheitel *m*
patrolman	policeman on patrol	Streifenpolizist *m*
pavement	road surface	Fahrbahn *f*
paycheck	pay packet	Gehalt *m*
pen pal	penfriend	Brieffreund(in) *m*(*f*)
period	full stop	Punkt *m*
pharmacist	chemist	Drogist(in) *m*(*f*)/ Apotheker(in) *m*(*f*)
phone booth	phone box, phone booth	Telefonzelle *f*
pickle	gherkin	Essigurke *f*
pinwheel	windmill, whirligig; Catherine wheel	Windrädchen *nt*; Feuerrad *nt*
plastic wrap	cling film	Frischhaltefolie *f*
principal	headteacher	Rektor(in) *m*(*f*)
pry (open)	prize (open)	aufbrechen
public school	state school	staatliche Schule
purse, pocketbook	handbag	Handtasche *f*
quiz	short test	kurze Prüfung
railroad	railway	Eisenbahn *f*
railroad crossing	level crossing	Bahnübergang *m*
realtor, real estate agent	estate agent	Grundstücksmakler(in) *m*(*f*)
recreational vehicle, RV	camper van	Wohnmobil *nt*
regular, normal	normal	normal
rent, to	rent, hire	mieten

American English (Am)	British English (Br)	Deutsch
rent (out)	rent out, let; hire out	vermieten
re-run (TV)	repeat	Wiederholung *f*
restroom	toilet	Toilette *f*
résumé	CV	Lebenslauf *m*
review	revision	Wiederholung *f* (*von Stoff*)
robe, bathrobe	dressing gown	Morgenmantel *m*
round-trip ticket	return ticket	Rückfahrkarte *f*
rowboat	rowing boat	Ruderboot *nt*
rowhouse	terraced house	Reihenhaus *nt*
rumpus room	playroom	Spielzimmer *nt*
run (*in stocking*)	ladder	Laufmasche *f*
sailboat	sailing boat	Segelschiff *nt*
sales clerk, salesperson	shop assistant	Verkäufer(in) *m(f)*
sales tax	value-added tax	Mehrwertsteuer *f*
schedule	timetable	Stundenplan *m*
school principal	headteacher; headmaster, headmistress	Rektor(in) *m(f)*
second floor	first floor	erster Stock
Secretary of the Interior	Home Secretary	Innenminister(in) *m(f)*
sedan	saloon	Limousine *f*
semi(trailer)	articulated lorry	Sattelschlepper *m*
shine	shoe polishing	Schuhputzen *nt*
shopping cart	shopping trolley	Einkaufswagen *m*
sick	ill	krank
sidewalk	pavement	Gehweg *m*
silent partner	sleeping partner	stiller Gesellschafter
squad car	patrol car	Streifenwagen *m*
station wagon	estate (car)	Kombi(wagen) *m*
store	shop	Laden *m*
storekeeper	shopkeeper	Ladenbesitzer(in) *m(f)*
strip mining	open-cast mining	Tagebau *m*
stroller	pushchair, buggy	(*für Babys*) Sportwagen *m*
student	pupil	Schüler(in) *m(f)*
subway	underground, tube (*fam*)	U-Bahn *f*

American English (Am)	British English (Br)	Deutsch
sunroom	conservatory	Wintergarten *m*
suspenders	braces	Hosenträger *pl*
switch	points	Weiche *f*
switchblade (knife)	flick knife	Schnappmesser *nt*
tailpipe, exhaust pipe	exhaust pipe	Auspuffrohr *nt*
third-class mail, printed matter	printed matter	Drucksache *f*
thumb-tack	drawing pin	Reißnagel *m*
tideland	mud-flats	Watt *nt*
toiletries bag	sponge bag	Kulturbeutel *m*
toll-free	free of charge	gebührenfrei
tow-truck	breakdown vehicle	Abschleppwagen *m*
tractor-trailer	articulated lorry	Sattelschlepper *m*
traffic circle	roundabout	Kreisverkehr *m*
training wheels	stabilisers	Stützräder *pl*
trainman	railway man	Eisenbahner *m*
trash	rubbish	Abfall *m*
trash can	rubbish bin	Abfalleimer *m*
Treasury Secretary	Chancellor of the Exchequer	Finanzminister(in) *m(f)*
truck	lorry	Lastwagen *m*
trucker	lorry driver	Lastwagenfahrer(in) *m(f)*
trucking	road haulage	Spedition *f*
trunk	boot	Kofferraum *m*
turn signal	indicator	Blinker *m*
tuxedo	dinner-jacket	Smoking *m*
undershirt	vest	Unterhemd *nt*
underwear	pants	Unterhose *f*
upgrade	upward slope	Steigung *f* (*im Gelände*)
vacation	holiday	Ferien *pl*
vacationer	holiday-maker	Urlauber(in) *m(f)*
vendue, auction	auction	Auktion *f*
vest	waistcoat	(Herren)weste *f*
vocational school	technical college	Berufsschule *f*
wallet	purse	Geldbeutel *m*

American English (Am)	British English (Br)	Deutsch
washcloth, wash-rag	flannel	Waschlappen *m*
windshield	windscreen	Windschutzscheibe *f*
workweek	working week	Arbeitswoche *f*
wrecker	breakdown vehicle	Abschleppwagen *m*
wrench	spanner	Schraubenschlüssel *m*
yard	garden	Garten *m*
yellow (*color of traffic light*)	amber	gelb (*Ampelfarbe*)
yellow jacket	wasp	Wespe *f*
zip code, ZIP code	postcode, postal code	Postleitzahl *f*
zipper	zip (fastener)	Reißverschluss *m*
zucchini	courgette	Zucchini *f*

Das Buchstabieralphabet

		Deutsch
A	wie	Anton
B	wie	Berta
C	wie	Cäsar
D	wie	Dora
E	wie	Emil
F	wie	Friedrich
G	wie	Gustav
H	wie	Heinrich
I	wie	Ida
J	wie	Johannes
K	wie	Kaufmann
L	wie	Ludwig
M	wie	Martha
N	wie	Nordpol
O	wie	Otto
P	wie	Paula
Q	wie	Quelle
R	wie	Richard
S	wie	Siegfried
T	wie	Theodor
U	wie	Ulrich
V	wie	Viktor
W	wie	Wilhelm
X	wie	Xanthippe
Y	wie	Ypsilon
Z	wie	Zeppelin

The English Alphabet

		British	American
A	as in	Andrew	Abel
B	as in	Benjamin	Baker
C	as in	Charlie	Charlie
D	as in	David	Dog
E	as in	Edward	Easy
F	as in	Frederic	Fox
G	as in	George	George
H	as in	Harry	How
I	as in	Isaac	Item
J	as in	Jack	Jig
K	as in	King	King
L	as in	Lucy	Love
M	as in	Mary	Mike
N	as in	Nelly	Nan
O	as in	Oliver	Oboe
P	as in	Peter	Peter
Q	as in	Queenie	Queen
R	as in	Robert	Roger
S	as in	Sugar	Sugar
T	as in	Tommy	Tare
U	as in	Uncle	Uncle
V	as in	Victor	Victor
W	as in	William	William
X	as in	Xmas	X
Y	as in	Yellow	Yoke
Z	as in	Zebra	Zebra

Notizen

Notizen

Notizen

Notizen